Henssler/Willemsen/Kalb (Hrsg.) · **Arbeitsrecht Kommentar**

Arbeitsrecht Kommentar

herausgegeben von

Prof. Dr. Martin Henssler
Universität zu Köln

Prof. Dr. Heinz Josef Willemsen
Rechtsanwalt, Fachanwalt für Arbeitsrecht, Düsseldorf

Dr. Heinz-Jürgen Kalb
Vizepräsident des LAG Köln

6. Auflage

2014

Bearbeiter der 6. Auflage

Prof. Dr. Georg Annuß, LL.M.,
RA, München

Prof. Klaus Bepler, VorsRiBAG a.D., Berlin

Prof. Dr. Claudia Bittner, LL.M.,
Ri'inSG, Frankfurt/M.

Dr. Susanne Clemenz,
RAin FAArbR, Gütersloh

Dr. Martin Diller, RA FAArbR, Stuttgart

Dr. Boris Dzida, RA FAArbR, Hamburg

Dr. Benno Alexander Fischer, LL.M.,
RA u. StB, Düsseldorf

Dr. Hans Jörg Gäntgen, VorsRiLAG, Köln

Prof. Dr. Björn Gaul, RA FAArbR, Köln

Prof. Dr. Richard Giesen,
Universitätsprofessor, München

Dr. Michael Gotthardt,
VorsRiLAG, Düsseldorf

Prof. Dr. Martin Henssler,
Universitätsprofessor, Köln

Dr. Carmen Silvia Hergenröder,
RAin, Daxweiler

Prof. Dr. Curt Wolfgang Hergenröder,
Universitätsprofessor,
Stv.Vors. KArbG, Mainz

Prof. Dr. Klaus-Stefan Hohenstatt,
RA FAArbR, Hamburg

Dr. Heinz-Jürgen Kalb,
Vizepräs. LAG, Köln

Prof. Dr. Michael Kliemt,
RA FAArbR, Düsseldorf

Prof. Dr. Rüdiger Krause,
Universitätsprofessor, Göttingen

Dr. Mark Lembke, LL.M., RA FAArbR,
Attorney-at-Law (New York), Frankfurt/M.

Dr. Josef Molkenbur, VorsRiLAG, Halle/S.

Dr. Thomas Müller-Bonanni, LL.M.,
RA, Düsseldorf

Bernhard Nimscholz,
RA, Ltd VDir a.D., Haan

Prof. Dr. Susanne Peters-Lange,
Hochschule Bonn-Rhein-Sieg, Hennef

Martin Quecke,
VorsRiLAG, Düsseldorf

Prof. Dr. Hermann Reichold,
Universitätsprofessor, Tübingen

Prof. Dr. Oliver Ricken,
Universitätsprofessor, Bielefeld

Dr. Hans-Jürgen Rupp, Richter, Ulm

Prof. Dr. Bernd Sandmann,
RA FAArbR, Augsburg

Reinhard Schinz, VorsRiLAG, Berlin

Dr. Johannes Schipp,
RA FAArbR, Gütersloh

Harald Schliemann,
Thüringer Justizminister a.D.
VorsRiBAG i.R., RA Isernhagen/Hannover

Dr. Werner Schmalenberg,
RA FAArbR u. Notar a.D., Bremen

Dr. Peter Schrader, RA FAArbR, Hannover

Prof. Dr. Christoph H. Seibt, LL.M.,
RA FAStR, Attorney-at-Law (New York),
Hamburg

Prof. Dr. Heinrich M. Stindt, RA, Köln

Kathrin Thies, Ri'inArbG, Magdeburg

Prof. Dr. Gregor Thüsing, LL.M.,
Universitätsprofessor,
Attorney-at-Law (New York), Bonn

Prof. Dr. Kerstin Tillmanns,
Universitätsprofessorin, Hagen

Prof. Dr. Heinz Josef Willemsen,
RA FAArbR, Düsseldorf

Werner Ziemann, VorsRiLAG, Hamm

Zitierempfehlung:
HWK/*Bearbeiter*, § ... Gesetz ... Rz. ...

*Bibliografische Information
der Deutschen Nationalbibliothek*

Die Deutsche Nationalbibliothek verzeichnet diese Publikation in der Deutschen Nationalbibliografie; detaillierte bibliografische Daten sind im Internet über http://dnb.d-nb.de abrufbar.

Verlag Dr. Otto Schmidt KG
Gustav-Heinemann-Ufer 58, 50968 Köln
Tel. 02 21/9 37 38-01, Fax 02 21/9 37 38-943
info@otto-schmidt.de
www.otto-schmidt.de

ISBN 978-3-504-42690-3

©2014 by Verlag Dr. Otto Schmidt KG, Köln

Das Werk einschließlich aller seiner Teile ist urheberrechtlich geschützt. Jede Verwertung, die nicht ausdrücklich vom Urheberrechtsgesetz zugelassen ist, bedarf der vorherigen Zustimmung des Verlages. Das gilt insbesondere für Vervielfältigungen, Bearbeitungen, Übersetzungen, Mikroverfilmungen und die Einspeicherung und Verarbeitung in elektronischen Systemen.

Das verwendete Papier ist aus chlorfrei gebleichten Rohstoffen hergestellt, holz- und säurefrei, alterungsbeständig und umweltfreundlich.

Einbandgestaltung: Jan P. Lichtenford, Mettmann
Satz: Schäper, Bonn
Druck und Verarbeitung: Kösel, Krugzell
Printed in Germany

Vorwort

Die arbeitsrechtliche Praxis ist in besonderem Maße auf eine verlässliche Hilfe durch arbeitsrechtliche Literatur angewiesen. Zum einen erschwert der Verzicht des Gesetzgebers auf eine Kodifikation die Rechtsanwendung. Zum anderen führen laufende Gesetzesänderungen innerhalb dieser zersplitterten Arbeitsrechtsordnung dazu, dass es erheblicher Anstrengung bedarf, um stets über den aktuellen Gesetzesstand und die mit ihm verbundenen Rechtsfragen informiert zu bleiben. Nur eine Gesamtkommentierung des Arbeitsrechts, die in zügiger Auflagenfolge erscheint, kann den hieraus entstehenden Informationsbedarf decken. Sie bietet zudem den Vorteil einer vernetzten Darstellung der zahlreichen Einzelgesetze, unter anderem in Form von Querverweisen. Die Zusammenfassung in einem einzigen Band erleichtert den schnellen Zugriff.

Der dieser Konzeption folgende „HWK" hat sich in den zehn Jahren seit seinem ersten Erscheinen als feste Größe in der arbeitsrechtlichen Wissenschaft und Praxis etabliert. Er verbindet die praxisnahe Kommentierung mit dem Streben nach wissenschaftlicher Gründlichkeit, was die Autoren zu einem hohen Maße an Prägnanz und Begrenzung auf das Wesentliche zwingt. Sein Ziel ist nicht die rein deskriptive Zusammenfassung der vorhandenen Rechtsprechung und Literatur, sondern die problemorientierte Information des Lesers, die insbesondere auch Fragen der rechtssicheren Gestaltung mit einschließt. Dem entspricht es, dass neben Richtern und Hochschullehrern zahlreiche Anwälte an der Kommentierung mitwirken.

Inhaltlich werden alle für die tägliche arbeitsrechtliche Praxis wichtigen Gesetze kommentiert; besonderer Wert wird auf die europarechtlichen, sozialrechtlichen und steuerrechtlichen Bezüge gelegt. Bei den Nachweisen in den Fußnoten steht die aktuelle Rechtsprechung ganz im Vordergrund. Im Hinblick auf die verbreitete Nutzung elektronischer Datenbanken wird konsequent und durchgehend jede Entscheidung mit Datum und Aktenzeichen zitiert, womit die sofortige Auffindbarkeit gewährleistet ist. Um den Lesefluss nicht zu stören, werden alle Zitate von Rechtsprechung und Literatur in Fußnoten aufgeführt. Auch diese für den „HWK" typische Gestaltung hat sich bewährt, wie aus dem Kreis der Nutzer immer wieder bestätigt wird.

Mit der nun vorgelegten sechsten Auflage befindet sich der Kommentar auf dem Rechtsstand vom 1.1.2014. Er berücksichtigt die seit dem Erscheinen der Vorauflage zu verzeichnenden Gesetzesänderungen, u.a. das Gesetz zur Förderung der Mediation und anderer Verfahren der außergerichtlichen Konfliktbeilegung, das Gesetz zu Änderungen im Bereich der geringfügigen Beschäftigung, das Seearbeitsgesetz und das Gesetz zur Änderung des Prozesskostenhilfe- und Beratungshilferechts. Ebenso umfassend eingearbeitet wurden die aktuellen Entwicklungen in der Rechtsprechung. Besonders hervorgehoben sei nur die vielfältige neue Judikatur zur Leiharbeit, angefangen von der Berücksichtigung der Leiharbeitnehmer bei arbeitsrechtlichen Schwellenwerten über die Durchsetzung von „equal-pay"-Ansprüchen bis hin zu den Rechtsfolgen nicht mehr nur „vorübergehender" Arbeitnehmerüberlassung. Grundsätzlich Neues gibt es auch im Befristungsrecht zum missbräuchlichen Einsatz von Kettenbefristungen, im Arbeitskampfrecht zum Streikrecht in kirchlichen Einrichtungen und im Bereich des Betriebsübergangs bei der dynamischen Bezugnahme auf Tarifverträge (EuGH zu „Alemo-Herron"). Auch diesmal ist die Neuauflage somit ein Spiegelbild der Dynamik des kommentierten Rechtsgebiets, deren verlässliche Nachzeichnung sich Verlag und Autoren zur Aufgabe gesetzt haben.

Angesichts der damit verbundenen Anstrengungen haben wir wieder allen Anlass, den Mitwirkenden an diesem Kommentar, insbesondere allen Autoren, unseren herzlichen Dank auszusprechen. Ein besonderer Dank gilt aber auch dem Verlag, namentlich Frau Dr. Julia Beck und Frau Sonja Behrens-Khaled, durch deren kontinuierliche Beratung und Koordination das erfolgreiche Zusammenwirken einer großen Anzahl von hochspezialisierten Autoren erst möglich wurde. Nicht zuletzt danken wir unseren Lesern, deren Nutzen im Zentrum unserer Bemühungen steht und auf deren wohlwollend-kritische Begleitung wir auch für die weitere Zukunft hoffen.

Köln/Düsseldorf, im März 2014

Martin Henssler   *Heinz Josef Willemsen*   *Heinz-Jürgen Kalb*

Bearbeiterverzeichnis

Annuß	§§ 113, 120–128 InsO, SprAuG (zus. mit *Nicolai Girlich*)
Bepler	§§ 2a, 40–45, 72–77, 80–100 ArbGG
Bittner	§§ 621–625 BGB
Clemenz	§§ 87–89 BetrVG
Diller	§§ 42–46 BetrVG, § 110 GewO, §§ 59–83 HGB
Dzida	§§ 47–59a, 118–132 BetrVG (zus. mit *Hohenstatt*), MgVG (zus. mit *Hohenstatt*), SEBG (zus. mit *Hohenstatt*)
Fischer	§§ 19/38 EStG
Gäntgen	ArbZG, § 630 BGB, § 109 GewO
Gaul	§§ 15–21 BEEG, §§ 1–6, 77 BetrVG
Giesen	EBRG, §§ 104–113 SGB VII, § 116 SGB X
Gotthardt	§§ 9–14 AÜG, §§ 305–310 BGB
Henssler	TVG
C.S. Hergenröder	§§ 1–33 BBiG
C.W. Hergenröder	ArbPlSchG, Art. 3, 9, 12, 14 GG, MuSchG
Hohenstatt	§§ 47–59a BetrVG (zus. mit *Dzida*), §§ 111–117 BetrVG (zus. mit *Willemsen*), §§ 118–132 BetrVG (zus. mit *Dzida*), MgVG (zus. mit *Dzida*), SEBG (zus. mit *Dzida*)
Kalb	§§ 1, 2, 3–39, 64–71, 78–79, 101–122 ArbGG, §§ 1–8, 15–19 AÜG
Kliemt	§§ 76, 76a BetrVG, Anh. § 9 KSchG, NachwG
Krause	§§ 614–619a BGB
Lembke	BDSG, §§ 106–110 BetrVG (zus. mit *Willemsen*), §§ 105–108 GewO, PflegeZG
Molkenbur	§§ 2, 3, 8, 17–22 KSchG
Müller-Bonanni	§ 613a BGB ab Rz. 221 (zus. mit *Willemsen*)
Nimscholz	ATZG (zus. mit *Stindt*), §§ 110, 111 SGB III
Peters-Lange	§§ 38, 95–106, 157–160 SGB III
Quecke	§§ 1 (zus. mit *Thies*), 1a, 4–7, 15, 16, 23–26 KSchG
Reichold	§§ 7–41, 74, 75 BetrVG
Ricken	§§ 92–105 BetrVG, §§ 7, 7b, 8 SGB IV, § 41 SGB VI
Rupp	AGG
Sandmann	§§ 626–629 BGB
Schinz	BUrlG
Schipp	BetrAVG
Schliemann	AAG, EFZG
Schmalenberg	§ 620 BGB, TzBfG
Schrader	§§ 60–73b, 78–86a, 90, 91 BetrVG
Seibt	DrittelbG, MitbestG, WpÜG
Stindt	ATZG (zus. mit *Nimscholz*)
Thies	§ 1 KSchG (zus. mit *Quecke*), §§ 9–14 KSchG, §§ 81, 84–92 SGB IX
Thüsing	§§ 119, 123, 611–613 BGB
Tillmanns	AEntG, Art. 45, 157, 267 AEUV, Art. 6 EUV, JArbSchG, Art. 3, 8, 9 Rom-I-VO
Willemsen	§§ 106–110 BetrVG (zus. mit *Lembke*), §§ 111–117 BetrVG (zus. mit *Hohenstatt*), § 613a BGB (ab Rz. 221 zus. mit *Müller-Bonanni*), §§ 5, 126, 194, 322–325 UmwG
Ziemann	§§ 46–63 ArbGG

Inhaltsübersicht

		Seite
Vorwort		VII
Bearbeiterverzeichnis		VIII
Abkürzungsverzeichnis		XI
Literaturverzeichnis		XIX

AAG	Gesetz über den Ausgleich der Arbeitgeberaufwendungen für Entgeltfortzahlung	1
AEntG	Arbeitnehmer-Entsendegesetz – Gesetz über zwingende Arbeitsbedingungen für grenzüberschreitend entsandte und für regelmäßig im Inland beschäftigte Arbeitnehmer und Arbeitnehmerinnen	6
AEUV	Vertrag über die Arbeitsweise der Europäischen Union (Auszug) Art. 45, 157, 267	30
AGG	Allgemeines Gleichbehandlungsgesetz	61
ArbGG	Arbeitsgerichtsgesetz	102
ArbPlSchG	Arbeitsplatzschutzgesetz – Gesetz über den Schutz des Arbeitsplatzes bei Einberufung zum Wehrdienst	380
ArbZG	Arbeitszeitgesetz	394
ATZG	Altersteilzeitgesetz	451
AÜG	Arbeitnehmerüberlassungsgesetz – Gesetz zur Regelung der Arbeitnehmerüberlassung	477
BBiG	Berufsbildungsgesetz (Auszug) §§ 1–33	546
BDSG	Bundesdatenschutzgesetz (Auszug) §§ 3, 4f, 4g, 5, 32	585
BEEG	Bundeselterngeld- und Elternzeitgesetz – Gesetz zum Elterngeld und zur Elternzeit (Auszug) §§ 15–21	621
BetrAVG	Betriebsrentengesetz – Gesetz zur Verbesserung der betrieblichen Altersversorgung	644
BetrVG	Betriebsverfassungsgesetz	750
BGB	Bürgerliches Gesetzbuch (Auszug) §§ 119, 123, 305–310, 611–630	1350
BUrlG	Bundesurlaubsgesetz – Mindesturlaubsgesetz für Arbeitnehmer	1928
DrittelbG	Drittelbeteiligungsgesetz – Gesetz über die Drittelbeteiligung der Arbeitnehmer im Aufsichtsrat	1995
EBRG	Europäische Betriebsräte-Gesetz – Gesetz über Europäische Betriebsräte	2023
EFZG	Entgeltfortzahlungsgesetz – Gesetz über die Zahlung des Arbeitsentgelts an Feiertagen und im Krankheitsfall	2059
EStG	Einkommenstcuergesetz (Auszug) §§ 19/38	2135
EUV	Vertrag über die Europäische Union (Auszug) Art. 6	2156
GewO	Gewerbeordnung (Auszug) §§ 105–110	2163

Inhaltsübersicht

		Seite
GG	Grundgesetz für die Bundesrepublik Deutschland (Auszug) Art. 3, 9, 12, 14	2217
HGB	Handelsgesetzbuch (Auszug) §§ 59–83	2326
InsO	Insolvenzordnung (Auszug) §§ 113, 120–128	2374
JArbSchG	Jugendarbeitsschutzgesetz – Gesetz zum Schutz der arbeitenden Jugend	2393
KSchG	Kündigungsschutzgesetz	2416
MgVG	Gesetz über die Mitbestimmung der Arbeitnehmer bei einer grenzüberschreitenden Verschmelzung	2682
MitbestG	Mitbestimmungsgesetz – Gesetz über die Mitbestimmung der Arbeitnehmer	2689
MuSchG	Mutterschutzgesetz – Gesetz zum Schutz der erwerbstätigen Mutter	2747
NachwG	Nachweisgesetz – Gesetz über den Nachweis der für ein Arbeitsverhältnis geltenden wesentlichen Bedingungen	2771
PflegeZG	Pflegezeitgesetz – Gesetz über die Pflegezeit	2797
Rom-I-VO	Rom-I-VO – Verordnung (EG) Nr. 593/2008 des Europäischen Parlaments und des Rates vom 17. Juni 2008 über das auf vertragliche Schuldverhältnisse anzuwendende Recht (Auszug) Art. 3, 8, 9	2813
SEBG	SE-Beteiligungsgesetz – Gesetz über die Beteiligung der Arbeitnehmer in einer Europäischen Gesellschaft	2826
SGB III	Sozialgesetzbuch Drittes Buch – Arbeitsförderung – (Auszug) §§ 38, 95–100, 104–106, 110–111, 157–160	2842
SGB IV	Sozialgesetzbuch Viertes Buch – Gemeinsame Vorschriften für die Sozialversicherung – (Auszug) §§ 7, 7b, 8	2898
SGB VI	Sozialgesetzbuch Sechstes Buch – Gesetzliche Rentenversicherung – (Auszug) § 41	2925
SGB VII	Sozialgesetzbuch Siebtes Buch – Gesetzliche Unfallversicherung – (Auszug) §§ 104–113	2931
SGB IX	Sozialgesetzbuch Neuntes Buch – Rehabilitation und Teilhabe behinderter Menschen – (Auszug) §§ 81, 84–92	2957
SGB X	Sozialgesetzbuch Zehntes Buch – Sozialverwaltungsverfahren und Sozialdatenschutz – (Auszug) § 116	2983
SprAuG	Sprecherausschussgesetz – Gesetz über Sprecherausschüsse der leitenden Angestellten	3004
TVG	Tarifvertragsgesetz	3032
TzBfG	Teilzeit- und Befristungsgesetz – Gesetz über Teilzeitarbeit und befristete Arbeitsverträge	3147
UmwG	Umwandlungsgesetz (Auszug) §§ 5, 126, 194, 322–325	3248
WpÜG	Wertpapiererwerbs- und Übernahmegesetz (Auszug) §§ 10, 11, 14, 27	3271
Stichwortverzeichnis		3287

Abkürzungsverzeichnis

AA – Agentur für Arbeit
aA – anderer Ansicht
AAG – Aufwendungsausgleichsgesetz
ÄArbVtrG – Gesetz über befristete Arbeitsverträge mit Ärzten in der Weiterbildung
ABA – Arbeitsgemeinschaft für betriebliche Altersversorgung e.V.
abgedr. – abgedruckt
AbgG – Abgabengesetz; Abgeordnetengesetz
abl. – ablehnend
ABl. – Amtsblatt
ABM – Arbeitsbeschaffungsmaßnahme
Abs. – Absatz
Abschn. – Abschnitt
abw. – abweichend
aE – am Ende
AEntG – Arbeitnehmer-Entsendegesetz
AEUV – Vertrag über die Arbeitsweise der Europäischen Union
AEVO – Arbeitserlaubnisverordnung; Ausbilder-Eignungsverordnung
aF – alte Fassung
AFG – Arbeitsförderungsgesetz
AFRG – Arbeitsförderungs-Reformgesetz
AG – Aktiengesellschaft; Amtsgericht
AGB – Allgemeine Geschäftsbedingungen
AGBG – Gesetz zur Regelung des Rechts der Allgemeinen Geschäftsbedingungen
AGG – Allgemeines Gleichbehandlungsgesetz
AiB – Arbeitsrecht im Betrieb (Zeitschrift)
AktG – Aktiengesetz
Alg – Arbeitslosengeld
Alhi – Arbeitslosenhilfe
allg. – allgemein
allgM – allgemeine Meinung
AltZertG – Altersvorsorgeverträge-Zertifizierungsgesetz
AMBl. BY – Amtsblatt des Bayerischen Staatsministeriums für Arbeit und Sozialordnung
AMBV – Arbeitsmittelbenutzungsverordnung
AMG – Arzneimittelgesetz
ANBA – Amtliche Nachrichten der Bundesagentur für Arbeit
Anh. – Anhang
Anl. – Anlage
Anm. – Anmerkung
AnwBl. – Anwaltsblatt
AO – Abgabenordnung; Anordnung
AP – Arbeitsrechtliche Praxis (Nachschlagewerk des Bundesarbeitsgerichts)
AR – Aufsichtsrat
ArbG – Arbeitsgericht
ArbGeb – Arbeitgeber
ArbGG – Arbeitsgerichtsgesetz
ArbGV – Arbeitsgerichtsverfahren
Arbl. – Arbeitsloser
AR-Blattei – Arbeitsrecht-Blattei (Loseblattsammlung)
ArblV – Arbeitslosenversicherung
ArbMedVV – Verordnung zur arbeitsmedizinischen Vorsorge

ArbN – Arbeitnehmer
ArbNErf – Arbeitnehmererfindung
ArbnErfG – Gesetz über Arbeitnehmererfindungen
ArbPlSchG – Arbeitsplatzschutzgesetz
ArbR – Arbeitsrecht aktuell (Zeitschrift)
ArbRB – Der Arbeitsrechtsberater (Zeitschrift)
ArbRGegw – Das Arbeitsrecht der Gegenwart
ArbSchG – Arbeitsschutzgesetz
ArbStättV – Verordnung über Arbeitsstätten (Arbeitsstättenverordnung)
ArbuR – Arbeit und Recht (Zeitschrift), auch AuR
ArbVerh – Arbeitsverhältnis
ArbVG – Arbeitsverfassungsgesetz (Österreich)
ArbZG – Arbeitszeitgesetz
ArEV – Verordnung über die Bestimmung des Arbeitsentgelts in der Sozialversicherung
ARGE/Arge. – Arbeitsgemeinschaften
ArGV – Verordnung über die Arbeitsgenehmigung für ausländische Arbeitnehmer
ARS – Arbeitsrechtssammlung, Entscheidungen des Reichsarbeitsgerichts und der Landesarbeitsgerichte
ARST – Arbeitsrecht in Stichworten
Art. – Artikel
ASG – Arbeitssicherstellungsgesetz
ASiG – Gesetz über Betriebsärzte, Sicherheitsingenieure und andere Fachkräfte für die Arbeitssicherheit (Arbeitssicherheitsgesetz)
ASR – Technische Regeln für Arbeitsstätten
AsylbLG – Asylberwerberleistungsgesetz
ATZ – Altersteilzeit
ATZG – Altersteilzeitgesetz
AÜ – Arbeitnehmerüberlassung
AuA – Arbeit und Arbeitsrecht (Zeitschrift)
AufenthG – Aufenthaltsgesetz
Aufl. – Auflage
AÜG – Arbeitnehmerüberlassungsgesetz
AÜKostV – Verordnung über die Kosten der Erlaubnis zur gewerbsmäßigen Arbeitnehmerüberlassung
AuR – Arbeit und Recht, auch ArbuR
ausf. – ausführlich
AuslG – Ausländergesetz
AVAG – Anerkennungs- und Vollstreckungsausführungsgesetz
AVE – Allgemeinverbindlicherklärung
AVG – Angestelltenversicherungsgesetz
AVmG – Altersvermögensgesetz
AVR – Arbeitsvertragsrichtlinien
AVwGebO – Allgemeine Verwaltungsgebührenordnung
AZO – Arbeitszeitordnung

BA – Bundesagentur für Arbeit
BaFin – Bundesanstalt für Finanzdienstleistungsaufsicht
BAG – Bundesarbeitsgericht
BAGE – Amtliche Sammlung der Entscheidungen des Bundesarbeitsgerichts
BAnz. – Bundesanzeiger

Abkürzungsverzeichnis

BArbBl. – Bundesarbeitsblatt
BAT – Bundesangestelltentarifvertrag
BAVAZ – bedarfsabhängige variable Arbeitszeit
BayObLG – Bayerisches Oberstes Landesgericht
BayVBl. – Bayerische Verwaltungsblätter
BayVGH – Sammlung von Entscheidungen des Bayerischen Verwaltungsgerichtshofs
BB – Der Betriebs-Berater (Zeitschrift)
BBergG – Bundesberggesetz
BBesG – Bundesbesoldungsgesetz
Bbg. – Brandenburg
BBG – Beitragsbemessungsgrenze; Bundesbeamtengesetz
BBG-KV – Beitragsbemessungsgrenze in der Krankenversicherung
BBG-RV – Beitragsbemessungsgrenze in der Rentenversicherung
BBiG – Berufsbildungsgesetz
BC – Bilanzbuchhalter und Controller (Zeitschrift)
Bd. – Band
BDA – Bundesvereinigung Deutscher Arbeitgeberverbände
BDSG – Bundesdatenschutzgesetz
BeamtStG – Beamtenstatusgesetz
BeamtVG – Beamtenversorgungsgesetz
BeE – betriebsorganisatorisch eigenständige Einheit
BEEG – Gesetz zum Elterngeld und zur Elternzeit
Begr. – Begründung
BegrRegE – Begründung des Regierungsentwurfs
BehR – Behindertenrecht (Zeitschrift)
Beil. – Beilage
BEM – Betriebliches Eingliederungsmanagement
BENeuglG – Gesetz zur Zusammenführung und Neugliederung der Bundeseisenbahnen
BerBiFG – Berufsbildungsförderungsgesetz
BerHG – Beratungshilfegesetz
BErzGG – Bundeserziehungsgeldgesetz
BeschFG – Gesetz zur Förderung der Beschäftigung
BeschSchG – Gesetz zum Schutz der Beschäftigten vor sexueller Belästigung am Arbeitsplatz
BeschVerfV – Beschäftigungsverfahrensordnung
BesG – Besoldungsgesetz
betr. – betreffend
BetrAV – Betriebliche Altersversorgung (auch als Zeitschrift)
BetrAVG – Gesetz zur Verbesserung der betrieblichen Altersversorgung
BetrR – Der Betriebsrat (Zeitschrift)
BetrSichV – Verordnung über Sicherheit und Gesundheitsschutz bei der Bereitstellung und Benutzung von Arbeitsmitteln sowie beim Betrieb überwachungsbedürftiger Anlagen
BetrVG – Betriebsverfassungsgesetz
BeurkG – Beurkundungsgesetz
BfA – Bundesversicherungsanstalt für Angestellte
BFDG – Bundesfreiwilligendienstgesetz
BFH – Bundesfinanzhof
BG – Die Berufsgenossenschaft (Zeitschrift)
BGB – Bürgerliches Gesetzbuch
BGBl. – Bundesgesetzblatt
BGG – Gesetz zur Gleichstellung behinderter Menschen (Behindertengleichstellungsgesetz)
BGH – Bundesgerichtshof
BGHZ – Entscheidungen des Bundesgerichtshofs in Zivilsachen
BGleiG – Gesetz zur Gleichstellung von Frauen und Männern in der Bundesverwaltung und in den Gerichten des Bundes
BGSG – Bundesgrenzschutzgesetz
BGV – Berufsgenossenschaftliche Vorschriften
BIBB – Bundesinstitut für Berufsbildung
BildschArbV – Bildschirmarbeitsverordnung
BImSchG – Bundes-Immissionsschutzgesetz
BinSchG – Binnenschifffahrtsgesetz
BKGG – Bundeskindergeldgesetz
BKK (Die) – Zeitschrift der betrieblichen Krankenversicherung
BKR – Zeitschrift für Bank- und Kapitalmarktrecht
BKU – Bund Katholischer Unternehmer
Bln.-Bbg. – Berlin-Brandenburg
BlStSozArbR – Blätter für Steuerrecht, Sozialversicherung und Arbeitsrecht
BMA(S) – Bundesminister(ium) für Arbeit (und Sozialordnung)
BMF – Bundesminister(ium) der Finanzen
BNichtrSchG – Bundesnichtraucherschutzgesetz
BNotO – Bundesnotarordnung
BPersVG – Bundespersonalvertretungsgesetz
BPflV – Bundespflegesatzverordnung
BQG – Beschäftigungs- und Qualifizierungsgesellschaft
BR – Betriebsrat; Bundesrat
BRAGO – Bundesgebührenordnung für Rechtsanwälte
BR-Drs. – Drucksache des Deutschen Bundesrates
BReg. – Bundesregierung
BRG – Betriebsrätegesetz
BRRG – Beamtenrechtsrahmengesetz
BSchGO – Bühnenschiedsgerichtsordnung
BSG – Bundessozialgericht
BSHG – Bundessozialhilfegesetz
Bsp. – Beispiel(e)
bspw. – beispielsweise
BStBl. – Bundessteuerblatt
BT – Bundestag
BT-Drs. – Drucksache des Deutschen Bundestages
Buchst. – Buchstabe
BUKG – Bundesumzugskostengesetz
BUrkG – Beurkundungsgesetz
BUrlG – Bundesurlaubsgesetz
BuW – Betrieb und Wirtschaft (Zeitschrift)
BV – Betriebsvereinbarung
BVerfG – Bundesverfassungsgericht
BVerfGE – Entscheidungen des Bundesverfassungsgerichts
BVerfGG – Bundesverfassungsgerichtsgesetz
BVerwG – Bundesverwaltungsgericht
BVG – Besonderes Verhandlungsgremium; Bundesversorgungsgesetz
BW – Baden-Württemberg
BWP – Berufsbildung in Wissenschaft und Praxis (Zeitschrift)
bzgl. – bezüglich

Abkürzungsverzeichnis

BZRG – Bundeszentralregistergesetz
bzw. – beziehungsweise

CaS – Causa Sport (Zeitschrift)
CCZ – Corporate Compliance Zeitschrift
CFL – Corporate Finance Law (Zeitschrift)
CGD – Christlicher Gewerkschaftsbund Deutschland
ChemG – Gesetz zum Schutz vor gefährlichen Stoffen (Chemikaliengesetz)
c.i.c. – culpa in contrahendo
CoPers – Computer+Personal (Zeitschrift)
CR – Computer und Recht (Zeitschrift)

DA – Durchführungsanordnung
DAngVers – Die Angestelltenversicherung (Zeitschrift)
DB – Der Betrieb (Zeitschrift)
DBA – Doppelbesteuerungsabkommen
DBGrG – Gesetz über die Gründung einer Deutsche Bahn Aktiengesellschaft
DCGK – Deutscher Corporate Governance Kodex
DEuFamR – Deutsches und europäisches Familienrecht (Zeitschrift)
DEVO – Datenerfassungsverordnung
DGB – Deutscher Gewerkschaftsbund
d. Gr. – der (Entscheidungs-)Gründe
dh. – das heißt
diff. – differenzierend
Diss. – Dissertation
DOV – Die Ortskrankenkasse (Zeitschrift)
DRiG – Deutsches Richtergesetz
DrittelbG – Drittelbeteiligungsgesetz
DRK – Deutsches Rotes Kreuz
Drs. – Drucksache
DRV – Deutsche Rentenversicherung (Zeitschrift)
DS-GVO – Datenschutz-Grundverordnung
DStR – Deutsches Steuerrecht (Zeitschrift)
DStRE – Deutsches Steuerrecht – Entscheidungsdienst
DuD – Datenschutz und Datensicherheit (Zeitschrift)
Düss. – Düsseldorf
DV – Durchführungsvereinbarung; auch: Dienstvereinbarung
DVBl. – Deutsches Verwaltungsblatt
DVO – Durchführungsverordnung
DVO-TVG – Verordnung zur Durchführung des Tarifvertragsgesetzes
DZWIR – Deutsche Zeitschrift für Wirtschafts- und Insolvenzrecht

E – Entscheidungen
EBR – Europäischer Betriebsrat
EBRG – Europäisches Betriebsräte-Gesetz
EBV – Entgeltbescheinigungsverordnung
EEK – Entscheidungssammlung zur Entgeltfortzahlung im Krankheitsfalle
EFG – Entscheidungen der Finanzgerichte
EFZG – Entgeltfortzahlungsgesetz
EG – Europäische Gemeinschaft; Vertrag zur Gründung der Europäischen Gemeinschaft
EGBGB – Einführungsgesetz zum Bürgerlichen Gesetzbuche

EGMR – Europäischer Gerichtshof für Menschenrechte
EGV – Vertrag zur Gründung der Europäischen Gemeinschaft
EhfG – Entwicklungshelfer-Gesetz
Einf. – Einführung
Einl. – Einleitung
einschl. – einschließlich
einschr. – einschränkend
EKD – Evangelische Kirche in Deutschland
ELSTAM – Elektronische Lohnsteuerabzugsmerkmale
EMRK – Konvention zum Schutze der Menschenrechte und Grundfreiheiten
endg. – endgültig
Erg.-Bd. – Ergänzungsband
ESC – Europäische Sozialcharta
ESt – Einkommensteuer
EStG – Einkommensteuergesetz
EStH – Einkommensteuer-Hinweise
EStR – Einkommensteuer-Richtlinien
ESVGH – Entscheidungssammlung des Hessischen Verwaltungsgerichtshofs und des Verwaltungsgerichtshofs Baden-Württemberg
etc. – et cetera
EU – Europäische Union
EÜG – Eignungsübungsgesetz
EuGH – Gerichtshof der Europäischen Gemeinschaften
EuGRZ – Europäische Grundrechte-Zeitschrift
EuGVÜ – Europäisches Übereinkommen über die gerichtliche Zuständigkeit und die Vollstreckung gerichtlicher Entscheidungen in Zivil- und Handelssachen
EuGVVO – Verordnung des Rates über die gerichtliche Zuständigkeit und die Anerkennung und Vollstreckung von Entscheidungen in Zivil- und Handelssachen
EuInsVO – Europäische Insolvenzverordnung
EuRAG – Gesetz über die Tätigkeit europäischer Rechtsanwälte in Deutschland
Euro-AS – Informationsdienst europäisches Arbeits- und Sozialrecht
EUV – Vertrag über die Europäische Union
EuZA – Europäische Zeitschrift für Arbeitsrecht
EuZW – Europäische Zeitschrift für Wirtschaftsrecht
eV – eingetragener Verein
ev. – evangelisch
EVertr – Einigungsvertrag
EWiR – Entscheidungen zum Wirtschaftsrecht
EWR – Europäischer Wirtschaftsraum
EzA – Entscheidungssammlung zum Arbeitsrecht
EzAÜG – Entscheidungssammlung zum Arbeitnehmerüberlassungsgesetz
EzB – Entscheidungssammlung zum Berufsbildungsrecht

f., ff. – folgende(r), fortfolgende
FA – Fachanwalt Arbeitsrecht (Zeitschrift); Finanzamt
FamFG – Gesetz über das Verfahren in Familiensachen und in den Angelegenheiten der freiwilligen Gerichtsbarkeit

FamRZ – Zeitschrift für das gesamte Familienrecht
FernUSG – Fernunterrichtsschutzgesetz
FG – Finanzgericht
FGG – Gesetz über die freiwillige Gerichtsbarkeit
FlaggRG – Gesetz über das Flaggenrecht der Seeschiffe und die Flaggenführung der Binnenschiffe
Fn. – Fußnote
FPersV – Fahrpersonalverordnung
FPfZG – Familienpflegezeitgesetz
FS – Festschrift
FuL – Forschung und Lehre (Zeitschrift)

G – Gesetz
GA – Geschäftsanweisung
GBl. – Gesetzblatt
GbR – Gesellschaft bürgerlichen Rechts
GBR – Gesamtbetriebsrat
GdB – Grad der Behinderung
GDL – Gewerkschaft Deutscher Lokomotivführer
GefStoffV – Verordnung zum Schutz vor Gefahrstoffen (Gefahrstoffverordnung)
gem. – gemäß
GenDG – Gendiagnostikgesetz
GenG – Genossenschaftsgesetz
GenTG – Gentechnikgesetz
GesBergV – Gesundheitsschutz-Bergverordnung
Gesetzesbegr. – Gesetzesbegründung
GewArch – Gewerbearchiv (Zeitschrift)
GewO – Gewerbeordnung
GG – Grundgesetz
ggf. – gegebenenfalls
ggü. – gegenüber
GK – Gemeinschaftskommentar
GKG – Gerichtskostengesetz
GmbH – Gesellschaft mit beschränkter Haftung
GmbHG – GmbH-Gesetz
GmSOGB – Gemeinsamer Senat der Obersten Gerichtshöfe des Bundes
GO – Gemeindeordnung
GPR – Zeitschrift für Gemeinschaftsprivatrecht
GrCh – Europäische Grundrechte-Charta
grds. – grundsätzlich
GRUR – Gewerblicher Rechtsschutz und Urheberrecht (Zeitschrift)
GRURPrax – Gewerblicher Rechtsschutz und Urheberrecht. Praxis im Immaterialgüter- und Wettbewerbsrecht
GS – Großer Senat; Gedächtnisschrift
GSG – Gerätesicherheitsgesetz
GüKG – Güterkraftverkehrsgesetz
GVBl. – Gesetz- und Verordnungsblatt
GVG – Gerichtsverfassungsgesetz
GvKostG – Gesetz über die Kosten der Gerichtsvollzieher
GWR – Gesellschafts- und Wirtschaftsrecht (Zeitschrift)

HaftpflG – Haftpflichtgesetz
HAG – Heimarbeitsgesetz
Hess. – Hessen, hessischer
HGB – Handelsgesetzbuch
hL – herrschende Lehre
hM – herrschende Meinung
HRG – Hochschulrahmengesetz

Hs. – Halbsatz
HV – Hauptversammlung
HwB-AR – Handwörterbuch zum Arbeitsrecht
HwO – Handwerksordnung
HzA – Handbuch zum Arbeitsrecht

IAO – Internationale Arbeitsorganisation
IBR – Immobilien- und Baurecht (Zeitschrift)
idF – in der Fassung
idR – in der Regel
idS – in diesem Sinne
ieS – im engeren Sinne
IfSG – Gesetz zur Verhütung und Bekämpfung von Infektionskrankheiten beim Menschen
ILO – International Labour Organisation
im Erg. – im Ergebnis
info also – Informationen zum Arbeitslosenrecht und Sozialhilferecht (Zeitschrift)
insb. – insbesondere
insg. – insgesamt
InsO – Insolvenzordnung
iS – im Sinne
iSd. – im Sinne des
iSv. – im Sinne von
iÜ – im Übrigen
iVm. – in Verbindung mit
iwS – im weiteren Sinne

JArbSchG – Jugendarbeitsschutzgesetz
JArbSchSittV – Verordnung über das Verbot der Beschäftigung von Personen unter 18 Jahren mit sittlich gefährdenden Tätigkeiten
JAV – Jugend- und Auszubildendenvertretung
JbArbR – Jahrbuch des Arbeitsrechts
jew. – jeweils
JFDG – Jugendfreiwilligendienstegesetz
JurBüro – Das juristische Büro (Zeitschrift)
JuSchG – Jugendschutzgesetz
JVEG – Justizvergütungs- und Entschädigungsgesetz
JW – Juristische Wochenschrift
JZ – Juristenzeitung

K&R – Kommunikation und Recht (Zeitschrift)
KAGB – Kapitalanlagegesetzbuch
Kap. – Kapitel
KAPOVAZ – kapazitätsorientierte variable Arbeitszeit
KBR – Konzernbetriebsrat
KfzPflVV – Kraftfahrzeug-Pflichtversicherungsverordnung
KG – Kammergericht; Kommanditgesellschaft
KGaA – Kommanditgesellschaft auf Aktien
KindArbSchV – Kinderarbeitsschutzverordnung
KlimaBergV – Klima-Bergverordnung
KMU – Kleine und mittelständische Unternehmen
KO – Konkursordnung
KODA – Ordnungen zur Mitwirkung bei der Gestaltung des Arbeitsrechts durch eine Kommission
Komm. – Kommentierung
KostO – Kostenordnung
KostRMoG – KostenrechtsmodernisierungsgesetzKRG – Kontrollratsgesetz

krit. – kritisch
KrV – Die Krankenversicherung (Zeitschrift)
KrW – Kreislaufwirtschaftsgesetz
KSchG – Kündigungsschutzgesetz
KSzW – Kölner Schrift zum Wirtschaftsrecht
Kug – Kurzarbeitergeld
KunstUrhG – Gesetz betreffend das Urheberrecht an Werken der bildenden Künste und der Photographie
KV – Kostenverzeichnis; Krankenversicherung
KVLG – Gesetz zur Weiterentwicklung des Rechts der gesetzlichen Krankenversicherung
KVRS – Die Krankenversicherung in Rechtsprechung und Schrifttum
kw – künftig wegfallend

LAG – Landesarbeitsgericht
LAGE – Entscheidungen der Landesarbeitsgerichte
LASI – Länderausschuss für Arbeits- und Sicherheitstechnik
lfd. – laufende
LFZG – Lohnfortzahlungsgesetz
LG – Landgericht
li. Sp. – linke Spalte
Lit. – Literatur
LJ – Lebensjahr
LPartG – Lebenspartnerschaftsgesetz
LPVG – Landespersonalvertretungsgesetz
LS – Leitsatz
LSchlG – Ladenschlussgesetz
LSG – Landessozialgericht
LSt – Lohnsteuer
LStDV – Lohnsteuer-Durchführungsverordnung
LStH – Lohnsteuer-Hinweise
LStR – Lohnsteuer-Richtlinien
lt. – laut
ltd. – leitend(e/r)
LuftSiG – Luftsicherheitsgesetz
LVA – Landesversicherungsanstalt

MAGS NRW – Ministerium für Arbeit, Gesundheit und Soziales des Landes Nordrhein-Westfalen
MASSKSNRW – Ministerium für Arbeit, Soziales und Stadtentwicklung, Kultur und Sport des Landes NRW
MAV – Mitarbeitervertretung
MAVO – Mitarbeitervertretungsordnung
MDR – Monatsschrift für Deutsches Recht (Zeitschrift)
mE – meines Erachtens
MedR – Medizinrecht (Zeitschrift)
MfS – Ministerium für Staatssicherheit
mHa – mit Hinweis auf
MiArbG – Mindestarbeitsbedingungengesetz
missverst. – missverständlich
MiStra – Anordnung über die Mitteilung in Strafsachen
Mitbest. – Mitbestimmung
MitbestBeiG – Mitbestimmungs-Beibehaltungsgesetz
MitbestG – Gesetz über die Mitbestimmung der Arbeitnehmer
MitbestR – Mitbestimmungsrecht
MontanMitbestErgG – Montan-Mitbestimmungsergänzungsgesetz
MontanMitbestG – Gesetz über die Mitbestimmung der Arbeitnehmer in den Aufsichtsräten und Vorständen der Unternehmen des Bergbaus und der Eisen und Stahl erzeugenden Industrie
MTV – Manteltarifvertrag
MünchArbR – Münchener Handbuch zum Arbeitsrecht
MuSchArbPlV – Verordnung zum Schutze der Mütter am Arbeitsplatz
MuSchG – Mutterschutzgesetz
MV – Mecklenburg-Vorpommern
MVG – Mitarbeitervertretungsgesetz
mwN – mit weiteren Nachweisen
mWv. – mit Wirkung vom
mWz. – mit Wirkung zum
mzwN – mit zahlreichen weiteren Nachweisen

Nachw. – Nachweis(e)
NachwG – Nachweisgesetz
Nds. – Niedersachsen
NdsRpfl – Niedersächsische Rechtspflege (Zeitschrift)
nF – neue Fassung
NJOZ – Neue juristische Online-Zeitschrift
NJW – Neue Juristische Wochenschrift
NJW-CoR – Computerreport der Neuen Juristischen Wochenschrift
NJW-RR – NJW-Rechtsprechungsreport
Nr. – Nummer
n. rkr. – nicht rechtskräftig
NRW – Nordrhein-Westfalen
NTS – NATO-Truppenstatut
nv. – nicht veröffentlicht
NVwZ – Neue Zeitschrift für Verwaltungsrecht
NW – Nordrhein-Westfalen
NWVBl. – Nordrhein-Westfälische Verwaltungsblätter
NZA – Neue Zeitschrift für Arbeitsrecht
NZA-RR – Neue Zeitschrift für Arbeitsrecht/Rechtsprechungsreport
NZS – Neue Zeitschrift für Sozialrecht
NZV – Neue Zeitschrift für Verkehrsrecht

ÖAT – Zeitschrift für das öffentliche Arbeits- und Tarifrecht
OEG – Opferentschädigungsgesetz
OFD – Oberfinanzdirektion
o.g. – oben genannt/e/er/es/en/em
OGH – Oberster Gerichtshof (Österreich)
OHG – Offene Handelsgesellschaft
ÖJZ – Österreichische Juristen-Zeitung
OLG – Oberlandesgericht
OLGR – OLGReport
OLGZ – Entscheidungen der Oberlandesgerichte in Zivilsachen einschl. der freiwilligen Gerichtsbarkeit
ÖPNV – Öffentlicher Personennahverkehr
OS – Orientierungssatz
OT-Mitgliedschaft – (Verbands-)Mitgliedschaft ohne Tarifbindung
OVG – Oberverwaltungsgericht
OWiG – Gesetz über Ordnungswidrigkeiten

PatG – Patentgesetz
PersR – Personalrat; Der Personalrat (Zeitschrift)

Abkürzungsverzeichnis

PersV – Die Personalvertretung (Zeitschrift)
PersVG – Personalvertretungsgesetz
PflR – PflegeRecht (Zeitschrift)
PflV – Pflegeversicherung
PflVG – Gesetz über die Pflichtversicherung für Kraftfahrzeughalter
PKH – Prozesskostenhilfe
PM – Pressemitteilung
PostPersRG – Postpersonalrechtsgesetz
PrKG – Preisklauselgesetz
ProdHG – Produkthaftungsgesetz
ProdSG – Produktsicherheitsgesetz
PSA – Personal-Service-Agentur
PStV – Personenstandsverordnung
PSVaG – Pensions-Sicherungsverein auf Gegenseitigkeit
PV – Pflegeversicherung

r+s – recht und schaden (Zeitschrift)
RabelsZ – Rabels Zeitschrift für ausländisches und internationales Privatrecht
RABl. – Reichsarbeitsblatt
RAG – Reichsarbeitsgericht
RAGE – Amtliche Sammlung der Entscheidungen des Reichsarbeitsgerichts
RdA – Recht der Arbeit (Zeitschrift)
RdErl. – Runderlass
Rdschr. – Rundschreiben
RDV – Recht der Datenverarbeitung (Zeitschrift)
RefE – Referentenentwurf
RegE – Regierungsentwurf
re. Sp. – rechte Spalte
Rev. – Revision
RG – Reichsgericht
RGBl. – Reichsgesetzblatt
RGRK – Reichsgerichtsräte-Kommentar
Rh.-Pf. – Rheinland-Pfalz
RiA – Das Recht im Amt (Zeitschrift)
RiStBV – Richtlinien für das Straf- und Bußgeldverfahren
RIW – Recht der internationalen Wirtschaft (Zeitschrift)
rkr. – rechtskräftig
RL – Richtlinie
RNotZ – Rheinische Notar-Zeitschrift
röm.-kath. – römisch-katholisch
RöV – Verordnung über den Schutz vor Schäden durch Röntgenstrahlen (Röntgenverordnung)
Rpfleger – Der Deutsche Rechtspfleger (Zeitschrift)
RPflG – Rechtspflegergesetz
RRG – Rentenreformgesetz
Rspr. – Rechtsprechung
RsprEinhG – Gesetz zur Wahrung der Einheitlichkeit der Rechtsprechung der Obersten Gerichtshöfe des Bundes
RV – Rentenversicherung
RVG – Rechtsanwaltsvergütungsgesetz
RVG-VV – Rechtsanwaltsvergütungsgesetz-Vergütungsverzeichnis
RVO – Reichsversicherungsordnung
Rz. – Randzahl
RzK – Rechtsprechung zum Kündigungsrecht

S. – Satz; Seite
s. – siehe

s.a. – siehe auch
Sa.-Anh. – Sachsen-Anhalt
Saarl. – Saarland
SachBezV – Verordnung über den Wert der Sachbezüge in der Sozialversicherung (Sachbezugsverordnung)
Sachs. – Sachsen
Sachverst. – Sachverständige(r)
SAE – Sammlung arbeitsrechtlicher Entscheidungen (Zeitschrift)
SchlHA – Schleswig-Hosteinische Anzeigen
Schl.-Holst. – Schleswig-Holstein
SchwarzArbG – Gesetz zur Bekämpfung der Schwarzarbeit
SchwbG – Schwerbehindertengesetz
SE – Societas Europaea (Europäische Aktiengesellschaft)
SEBG – Gesetz über die Beteiligung der Arbeitnehmer in einer Europäischen Gesellschaft
SeeArbG – Seearbeitsgesetz
SeemG – Seemannsgesetz
SE-VO – EU-Verordnung des Rates über das Statut der Europäischen Gesellschaft
SG – Sozialgericht
SGb – Die Sozialgerichtsbarkeit (Zeitschrift)
SGB – Sozialgesetzbuch
SGG – Sozialgerichtsgesetz
SGleiG – Soldatinnen- und Soldatengleichstellungsgesetz
SigG – Signaturgesetz
SigV – Signaturverordnung
s.o. – siehe oben
sog. – so genannt
SoldG – Soldatengesetz
SoldGG – Soldatinnen- und Soldaten-Gleichbehandlungsgesetz
SozV – Sozialversicherung
SozVers – Die Sozialversicherung (Zeitschrift)
SprAu – Sprecherausschussgesetz
SprAuG – Sprecherausschussgesetz
SpuRt – Sport und Recht (Zeitschrift)
SR – Soziales Recht (Zeitschrift)
StabG – Stabilitätsgesetz
StBerG – Steuerberatungsgesetz
StBGebV – Steuerberatergebührenverordnung
StGB – Strafgesetzbuch
str. – streitig
StrahlenschutzV – Verordnung über den Schutz vor Schäden durch ionisierende Strahlen (Strahlenschutzverordnung)
st. Rspr. – ständige Rechtsprechung
StVG – Straßenverkehrsgesetz
StVO – Straßenverkehrsordnung
StVZO – Straßenverkehrs-Zulassungs-Ordnung
s.u. – siehe unten
SvEV – Verordnung über die sozialversicherungsrechtliche Beurteilung von Zuwendungen des Arbeitgebers als Arbeitsentgelt (Sozialversicherungsentgeltverordnung)
SVG – Soldatenversorgungsgesetz

Thür. – Thüringen
TKG – Telekommunikationsgesetz
TMG – Telemediengesetz
TPG – Transplantationsgesetz

TRA – Technische Regeln über Arbeitsstätten
TRGS – Technische Regeln für Gefahrstoffe
TV – Tarifvertrag
TVAöD – Tarifvertrag für Auszubildende im öffentlichen Dienst
TVG – Tarifvertragsgesetz
TVöD – Tarifvertrag für den öffentlichen Dienst
TVÜ – Überleitungstarifvertrag
TzBfG – Teilzeit- und Befristungsgesetz

u. – und
ua. – unter anderem, und andere
uam. – und andere mehr
ÜbRL – Übernahmerichtlinie
ÜbRL-UG – Übernahmerichtlinie-Umsetzungsgesetz
UFITA – Archiv für Urheber-, Film-, Funk- und Theaterrecht (Zeitschrift)
U-Kasse – Unterstützungskasse
ULAK – Urlaubs- und Lohnausgleichskasse für die Bauwirtschaft
umstr. – umstritten
UmweltHG – Umwelthaftungsgesetz
UmwG – Umwandlungsgesetz
UrhG – Urheberrechtsgesetz
USG – Gesetz über die Sicherung des Unterhalts der zum Wehrdienst einberufenen Wehrpflichtigen und ihrer Angehörigen (Unterhaltssicherungsgesetz)
USK – Urteilssammlung für die gesetzliche Krankenversicherung
UStG – Umsatzsteuergesetz
UStR – Umsatzsteuer-Richtlinien
uU – unter Umständen
UV – Unfallversicherung
UVV – Unfallverhütungsvorschriften

v.a. – vor allem
VAG – Versicherungsaufsichtsgesetz
VAHRG – Versorgungsausgleichshärtenregelungsgesetz
VC – Vereinigung Cockpit
VereinsG – Vereinsgesetz
VerglO – Vergleichsordnung
VermBG – Gesetz zur Förderung der Vermögensbildung der Arbeitnehmer
VersAusglG – Versorgungsausgleichsgesetz
VersR – Zeitschrift für Versicherungsrecht, Haftungs- und Schadensrecht
Vfg. – Verfügung
vgl. – vergleiche
vH – vom Hundert
VKA – Vereinigung der kommunalen Arbeitgeberverbände
VO – Verordnung
VOBl. – Verordnungsblatt
Vorb. – Vorbemerkung
Vors. – Vorsitzende(r)
VorsRi – Vorsitzende/r Richter/in
VSSR – Vierteljahresschrift für Sozialrecht
VTV – Tarifvertrag über das Sozialkassenverfahren im Baugewerbe
VV – Vergütungsverzeichnis
VVaG – Versicherungsverein auf Gegenseitigkeit
VVG – Gesetz über den Versicherungsvertrag

VwGO – Verwaltungsgerichtsordnung
VwKostG – Verwaltungskostengesetz
VwVfG – Verwaltungsverfahrensgesetz
VwVG – Verwaltungsvollstreckungsgesetz
vZvE – verbleibendes zu versteuerndes Einkommen

WA – Wirtschaftsausschuss; Westdeutsche Arbeitsrechtsprechung
weiterf. – weiterführend(e)
WHO – Weltgesundheitsorganisation
WissZeitVG – Wissenschaftszeitvertragsgesetz
WM – Wertpapier-Mitteilungen (Zeitschrift)
WO – Wahlordnung
WOSprAuG – Wahlordnung zum Sprecherausschuss
WPflG – Wehrpflichtgesetz
WPO – Wirtschaftsprüferordnung
WpÜG – Wertpapiererwerbs- und Übernahmegesetz
WRV – Weimarer Reichsverfassung
WuM – Wohnungswirtschaft und Mietrecht (Zeitschrift)
WzS – Wege zur Sozialversicherung (Zeitschrift)

ZA – Zusatzabkommen
ZA NTS – Zusatzabkommen zum Nato-Truppenstatut
ZAS – Zeitschrift für Arbeits- und Sozialrecht
zB – zum Beispiel
ZBVR – Zeitschrift für Betriebsverfassungsrecht
ZDG – Zivildienstgesetz
ZDVG – Gesetz über den Vertrauensmann der Zivildienstleistenden
ZESAR – Zeitschrift für europäisches Sozial- und Arbeitsrecht
ZevKR – Zeitschrift für evangelisches Kirchenrecht
ZfA – Zeitschrift für Arbeitsrecht
ZfS – Zentralblatt für Sozialversicherung, Sozialhilfe und Versorgung (Zeitschrift)
ZfSch – Zeitschrift für Schadensrecht
ZGR – Zeitschrift für Unternehmens- und Gesellschaftsrecht
ZHR – Zeitschrift für das gesamte Handelsrecht und Wirtschaftsrecht
Ziff. – Ziffer
ZIP – Zeitschrift für Wirtschaftsrecht
ZiS – Zeitschrift für internationale Strafrechtsdogmatik
ZM – Zahnärztliche Mitteilungen
ZMV – Die Mitarbeitervertretung (Zeitschrift)
ZPO – Zivilprozessordnung
ZRHO – Rechtshilfeordnung für Zivilsachen
ZRP – Zeitschrift für Rechtspolitik
ZSR – Zeitschrift für Schweizerisches Recht
zT – zum Teil
ZTR – Zeitschrift für Tarifrecht
ZUM – Zeitschrift für Urheber- und Medienrecht
zust. – zustimmend
zutr. – zutreffend
zvE – zu versteuerndes Einkommen
ZVK – Zusatzversorgungskasse des Baugewerbes VVaG
ZZP – Zeitschrift für Zivilprozess

Literaturverzeichnis

Adomeit/Mohr, Kommentar zum Allgemeinen Gleichbehandlungsgesetz, 2. Aufl. 2011
Ahrend/Förster/Rößler, Steuerrecht der betrieblichen Altersversorgung, Loseblatt
Allary/Olschewski/Waldhorst, Die neue Altersteilzeit, 3. Aufl. 2005
Andresen/Förster/Rößler/Rühmann, Arbeitsrecht der betrieblichen Altersversorgung, Loseblatt
Annuß/Thüsing, Teilzeit- und Befristungsgesetz, 3. Aufl. 2012 (zit. Annuß/Thüsing/*Bearbeiter*)
AnwK-ArbR/*Bearbeiter*, s. *Hümmerich/Boecken/Düwell*
Anzinger/Koberski, Kommentar zum Arbeitszeitgesetz, 4. Aufl. 2014
APS/*Bearbeiter*, s. *Ascheid/Preis/Schmidt*
AR-Blattei/*Bearbeiter*, s. *Dieterich/Neef/Schwab*
Ascheid, Beweislastfragen im Kündigungsschutzprozess, 1989
Ascheid, Kündigungsschutzrecht, 1993
Ascheid, Urteils- und Beschlussverfahren im Arbeitsrecht, 2. Aufl. 1998
Ascheid/Preis/Schmidt, Großkommentar zum Kündigungsrecht, 4. Aufl. 2012 (zit. APS/*Bearbeiter*)
Assmann/Pötzsch/Schneider, Wertpapiererwerbs- und Übernahmegesetz, 2. Aufl. 2013
Auffarth/Schönherr, Arbeitsgerichtsgesetz, Loseblatt

Bader/Bram/Dörner/Kriebel/Nungeßer/Suckow, Kündigungs- und Bestandsschutz im Arbeitsverhältnis, Loseblatt (zit. Bader ua./*Bearbeiter*)
Bader/Creutzfeldt/Friedrich, Arbeitsgerichtsgesetz, 5. Aufl. 2008 (zit. BCF/*Bearbeiter*)
Baeck/Deutsch, ArbZG, Kommentar, 3. Aufl. 2014
Bauer, Sprecherausschussgesetz und leitende Angestellte, 1989
Bauer/Diller, Wettbewerbsverbote, 6. Aufl. 2012
Bauer/Göpfert/Krieger, Kommentar zum AGG, 3. Aufl. 2011
Bauer/Krieger/Arnold, Arbeitsrechtliche Aufhebungsverträge, 9. Aufl. 2014
Bauer/Lingemann/Diller/Haußmann, Anwalts-Formularbuch Arbeitsrecht, 5. Aufl. 2014
Baumbach/Hopt, Handelsgesetzbuch, 36. Aufl. 2014
Baumbach/Hueck, GmbH-Gesetz, 20. Aufl. 2013
Baumbach/Lauterbach/Albers/Hartmann, Zivilprozessordnung, 72. Aufl. 2014 (zit. BLAH/*Bearbeiter*)
Baums/Thoma, WpÜG, Kommentar, Loseblatt
BCF/*Bearbeiter*, s. *Bader/Creutzfeldt/Friedrich*
Beckedahl, Der Europäische Betriebsrat, 1996
Becker/Wulfgramm, Arbeitnehmerüberlassungsgesetz, 3. Aufl. 1985
Beck'scher Online-Kommentar Arbeitsrecht (zit. BeckOKArbR/*Bearbeiter*)
Benecke/C.S. Hergenröder, Berufsbildungsgesetz, Kommentar, 2009
Berscheid, Arbeitsverhältnisse in der Insolvenz, 1999
Besgen, Handbuch Betriebsverfassungsrecht, 2. Aufl. 2010 (zit. *Besgen*, BVR)
Besgen/Prinz, Neue Medien und Arbeitsrecht, 2006
BLAH/*Bearbeiter*, s. *Baumbach/Lauterbach/Albers/Hartmann*
Blanke, Europäische Betriebsräte-Gesetz, 2. Aufl. 2006
Blomeyer, Das Verbot der mittelbaren Diskriminierung gemäß Art. 119 EGV, 1994
Blomeyer/Rolfs/Otto, Betriebsrentengesetz, 5. Aufl. 2010
Blümich, EStG, KStG, GewStG, Loseblatt (zit. Blümich/*Bearbeiter*)
Bode/Grabner, Pensionsfonds und Entgeltumwandlung in der betrieblichen Altersversorgung, 2002
Boecken, Unternehmensumwandlungen und Arbeitsrecht, 1996
Boecken/Joussen, Teilzeit- und Befristungsgesetz, 3. Aufl. 2012
Boemke, Gewerbeordnung, Kommentar zu §§ 105–110, 2003
Boemke/Lembke, Arbeitnehmerüberlassungsgesetz, 3. Aufl. 2013
Boewer, Teilzeit- und Befristungsgesetz, Kommentar, 2002
Böhm/Spiertz/Spohner, BAT, Loseblatt
Boldt, Mitbestimmungsgesetz Eisen und Kohle, 1952
Bonanni, Der gemeinsame Betrieb mehrerer Unternehmen, 2003
Borgwardt/Fischer/Janert, Sprecherausschussgesetz, 2. Aufl. 1990
Bötticher, Die gemeinsamen Einrichtungen der Tarifvertragsparteien, 1966
Brackmann, Handbuch der Sozialversicherung, Loseblatt (zit. Brackmann/*Bearbeiter*)
Brand (Hrsg.), SGB III, 6. Aufl. 2012
Braun/Mühlhausen/Munk/Stück, Berufsbildungsgesetz, 2004
Brox/Rüthers, Arbeitskampfrecht, 2. Aufl. 1982
Brox/Rüthers/Henssler, Arbeitsrecht, 18. Aufl. 2010
Brox/Walker, Zwangsvollstreckungsrecht, 9. Aufl. 2011
Bruns, Elternzeit, 2. Aufl. 2011
Buchner, Wettbewerbsverbote während und nach Beendigung des Arbeitsverhältnisses, 1995
Buchner/Becker, Mutterschutzgesetz, Bundeselterngeld- und Elternzeitgesetz, 8. Aufl. 2008

Literaturverzeichnis

Buschmann/Dieball/Stevens-Bartol, Das Recht der Teilzeitarbeit, 2. Aufl. 2001
Buschmann/Ulber, Arbeitszeitgesetz, Kommentar, 7. Aufl. 2011
Busemann/Schäfer, Kündigung und Kündigungsschutz im Arbeitsverhältnis, 5. Aufl. 2006
Bütefisch/Wylka, Die Sozialauswahl, 2000

Callies/Ruffert (Hrsg.), EUV/AEUV, Das Verfassungsrecht der Europäischen Union mit Europäischer Grundrechtecharta, 4. Aufl. 2011
Caspers, Personalabbau und Betriebsänderung im Insolvenzverfahren, 1996
Cherdron, Tarifliche Sanierungs- und Sozialplanvereinbarungen, 2008
Clemenz/Kreft/Krause, AGB-Arbeitsrecht Kommentar, 2013

Dachrodt/Engelbert, Praktiker-Kommentar zum Betriebsverfassungsrecht, 2002
Däubler, Arbeitskampfrecht, 3. Aufl. 2011
Däubler, Arbeitsrecht, 10. Aufl. 2014
Däubler, Gläserne Belegschaften? Das Handbuch zum Arbeitnehmerdatenschutz, 5. Aufl. 2010
Däubler (Hrsg.), Tarifvertragsgesetz, 3. Aufl. 2012
Däubler, Tarifvertragsrecht: ein Handbuch, 3. Aufl. 1993
Däubler/Bertzbach (Hrsg.), Kommentar zum AGG, 3. Aufl. 2013
Däubler/Bonin/Deinert, AGB-Kontrolle im Arbeitsrecht, 3. Aufl. 2010 (zit. DBD/*Bearbeiter*)
Däubler/Hjort/Schubert/Wolmerath, Arbeitsrecht, Individualarbeitsrecht mit kollektivrechtlichen Bezügen, Handkommentar, 3. Aufl. 2013 (zit. HaKo-ArbR/*Bearbeiter*)
Däubler/Kittner/Klebe/Wedde (Hrsg.), BetrVG – Betriebsverfassungsgesetz mit Wahlordnung, 13. Aufl. 2012 (zit. DKKW/*Bearbeiter*)
Dauner-Lieb/Heidel/Ring, AnwaltKommentar BGB, Band 2: Schuldrecht, 2005
Dauses, Handbuch des EU-Wirtschaftsrechts, Loseblatt
DBD/*Bearbeiter*, s. *Däubler/Bonin/Deinert*
Deinert/Neumann, Handbuch SGB IX, 2. Aufl. 2009
Dersch/Volkmar, Arbeitsgerichtsgesetz, 6. Aufl. 1955
DFL/*Bearbeiter*, s. *Dornbusch/Fischermeier/Löwisch*
Dieterich/Neef/Schwab, Arbeitsrecht-Blattei (zit. AR-Blattei/*Bearbeiter*)
Dietz/Nikisch, Arbeitsgerichtsgesetz, 1954
Dietz/Richardi, Betriebverfassungsgesetz, 6. Aufl. 1982
DKKW/*Bearbeiter*, s. *Däubler/Kittner/Klebe/Wedde*
Dobberahn, Das neue Arbeitszeitgesetz in der Praxis, 2. Aufl. 1996
Dorn/Nackmayr, Das neue Berufsbildungsgesetz, 2005
Dornbusch/Fischermeier/Löwisch, Fachanwaltskommentar Arbeitsrecht, 6. Aufl. 2014 (zit. DFL/*Bearbeiter*)
Dreier (Hrsg.), Grundgesetz, Bd. 1, Art. 1–19, 3. Aufl. 2013
Dunkl/Moeller/Baur/Feldmeier, Handbuch des vorläufigen Rechtsschutzes, 3. Aufl. 1999
Dütz/Thüsing, Arbeitsrecht, 18. Aufl. 2013
Düwell (Hrsg.), Betriebsverfassungsgesetz, Handkommentar, 4. Aufl. 2014 (zit. HaKo-BetrVG/*Bearbeiter*)
Düwell/Lipke (Hrsg.), Arbeitsgerichtsgesetz, 3. Aufl. 2012

Ehrich/Fröhlich, Die Einigungsstelle, 2. Aufl. 2010
Ehricke/Ekkenga/Oechsler, Wertpapiererwerbs- und Übernahmegesetz, 2003
Eichenhofer, Internationales Sozialrecht, 1994
Ennemann/Griese, Taktik des Arbeitsgerichtsprozesses, 2. Aufl. 2003
Erfurter Kommentar zum Arbeitsrecht, hrsg. von *Müller-Glöge/Preis/Schmidt*, 14. Aufl. 2014 (zit. ErfK/*Bearbeiter*)
Erman, BGB, 13. Aufl. 2011 (zit. Erman/*Bearbeiter*)
Etzel, Betriebsverfassungsrecht, 8. Aufl. 2002

Feldgen, Nachweisgesetz, 1995
Fiebig, Ermessensspielraum der Einigungsstelle, 1992
Fiebig/Gallner/Mestwerdt/Nägele, Kündigungsschutzgesetz, Handkommentar, 4. Aufl. 2012 (zit. HaKo-KSchG/*Bearbeiter*)
Fitting/Engels/Schmidt/Trebinger/Linsenmaier, Betriebsverfassungsgesetz, 26. Aufl. 2012 (zit. *Fitting*)
FK-InsO/*Bearbeiter*, s. *Wimmer*
Franßen/Haesen, Arbeitnehmerüberlassungsgesetz, Kommentar, Loseblatt
Friedemann, Das Verfahren der Einigungsstelle bei Interessenausgleich und Sozialplan, 1996
Fuchs (Hrsg.), Europäisches Sozialrecht, 6. Aufl. 2013
Fuchs/Köstler/Pütz, Handbuch zur Aufsichtsratswahl, 5. Aufl. 2012
Fuchs/Marhold, Europäisches Arbeitsrecht, 3. Aufl. 2010
Gagel (Hrsg.), SGB II/SGB III – Grundsicherung und Arbeitsförderung, Loseblatt (zit. Gagel/*Bearbeiter*)

Gaier/Wendtland, Allgemeines Gleichbehandlungsgesetz – AGG, 2006
Galperin/Löwisch, Betriebsverfassungsgesetz, 6. Aufl. 1982 mit Nachtrag 1985
Gamillscheg, Die Grundrechte im Arbeitsrecht, 1990
Gamillscheg, Kollektives Arbeitsrecht, Band II: Betriebsverfassung, 2008
Gamillscheg/Hanau, Die Haftung des Arbeitnehmers, 2. Aufl. 1974
Gaul, B., Aktuelles Arbeitsrecht, 2000 ff. (zit. *Bearbeiter* in Gaul, AktuellAR Jahr, S.)
Gaul, B., Das Arbeitsrecht der Betriebs- und Unternehmensspaltung, 2002
Gedon/Hurlebaus, Berufsbildungsrecht, Loseblatt
Geibel/Süßmann, WpÜG, Kommentar, 2. Aufl. 2008
Geigel, Der Haftpflichtprozess, 26. Aufl. 2011 (zitiert Geigel/*Bearbeiter*)
Gemeinschaftskommentar zum Arbeitsgerichtsgesetz, Loseblatt (zit. GK-ArbGG/*Bearbeiter*)
Gemeinschaftskommentar zum Betriebsverfassungsgesetz, 10. Aufl. 2014 (zit. GK-BetrVG/*Bearbeiter*)
Gemeinschaftskommentar zum Bundesurlaubsgesetz, 5. Aufl. 1992 (zit. GK-BUrlG/*Bearbeiter*)
Gemeinschaftskommentar zum Kündigungsschutzgesetz und zu sonstigen kündigungsschutzrechtlichen Vorschriften (KR), 10. Aufl. 2013 (zit. KR/*Bearbeiter*)
Gemeinschaftskommentar zum Mitbestimmungsgesetz, Loseblatt (zit. GK-MitbestG/*Bearbeiter*)
Gemeinschaftskommentar zum Teilzeitarbeitsrecht, 1987 (zit. GK-TzA/*Bearbeiter*)
Germelmann/Matthes/Prütting, Arbeitsgerichtsgesetz, 8. Aufl. 2013 (zit. GMP/*Bearbeiter*)
Geßler/Hefermehl/Eckardt/Kropff, Aktiengesetz, 1973 ff.
Geyer/Knorr/Krasney/Schmatz/Fischwasser, Entgeltfortzahlung, Krankengeld, Mutterschaftsgeld, Loseblatt
Gift/Baur, Das Urteilsverfahren vor den Gerichten für Arbeitssachen, 1993
GK, s. Gemeinschaftskommentar
GMP/*Bearbeiter*, s. *Germelmann/Matthes/Prütting*
Gola/Schomerus, Bundesdatenschutzgesetz, Kommentar, 11. Aufl. 2012
Gola/Wronka, Handbuch zum Arbeitnehmerdatenschutz, 6. Aufl. 2013
Gotthardt, Arbeitsrecht nach der Schuldrechtsreform, 2. Aufl. 2003
Goutier, Kommentar zum Umwandlungsrecht, 1996
Grabitz/Hilf/Nettesheim, Das Recht der Europäischen Union, Loseblatt
Graue, Mutterschutzgesetz, 2. Aufl. 2009
Griebeling/Griebeling, Betriebliche Altersversorgung, 2. Aufl. 2003
Grimm/Brock, Praxis der Arbeitnehmerüberlassung, 2004
Grimmke/Podewin/Thau, Altersteilzeit G, 2005
Groß/Thon/Ahmad/Woitaschek, BetrVG, Kommentar, 2. Aufl. 2008 (zit. GTAW/*Bearbeiter*)
Großkommentar zum Aktiengesetz, hrsg. von Hopt/Wiedemann, 4. Aufl. 1992 ff. (zit. GroßkommAktG/*Bearbeiter*)
Grüll/Janert, Die Konkurrenzklausel, 5. Aufl. 1993
Grunsky, Arbeitsgerichtsgesetz, 7. Aufl. 1995
Grunsky, Wettbewerbsverbote für Arbeitnehmer, 2. Aufl. 1987
Grunsky/Moll, Arbeitsrecht und Insolvenz, 1997
GTAW/*Bearbeiter*, s. *Groß/Thon/Ahmad/Woitaschek*
Gussone/Voelzke, Altersteilzeitrecht, 2000

Haarmann/Schüppen, Frankfurter Kommentar zum WpÜG, 3. Aufl. 2008 (zit. Haarmann/Schüppen/*Bearbeiter*)
Habersack/Drinhausen, SE-Recht, 2013
Hachenburg (Hrsg.), GmbHG, Großkommentar, 8. Aufl. 1989 ff.
HaKo-ArbR, s. *Däubler/Hjort/Schubert/Wolmerath*
HaKo-BetrVG, s. *Düwell*
HaKo-KSchG, s. *Fiebig/Gallner/Mestwerdt/Nägele*
Hanau/Adomeit, Arbeitsrecht, 14. Aufl. 2007
Hanau/Steinmeyer/Wank, Handbuch des europäischen Arbeits- und Sozialrechts, 2002
Handbuch zum Arbeitsrecht (HzA), hrsg. von Leinemann, Loseblatt (zit. HzA/*Bearbeiter*)
Hartz/Meeßen/Wolf, ABC-Führer Lohnsteuer, Loseblatt
HAS/*Bearbeiter*, s. *Weiss/Gagel*
Hauck/Helml/Biebl, Arbeitsgerichtsgesetz, 4. Aufl. 2011
Hauck/Noftz, Sozialgesetzbuch, Loseblatt (zit. Hauck/*Bearbeiter*)
Heidelberger Kommentar zur Insolvenzordnung, 6. Aufl. 2011 (zit. HK-InsO/*Bearbeiter*)
Heidelberger Kommentar zum Kündigungsschutzgesetz, 4. Aufl. 2001 (zit. HK-KSchG/*Bearbeiter*)
Heilmann, Mutterschutzgesetz, 2. Aufl. 1991
Heinze, Personalplanung, Einstellung und Kündigung: die Mitbestimmung des Betriebsrates bei personellen Maßnahmen, 1982
Heise/Lembke/v. Steinau-Steinrück, BetrVG, 2008 (zit. HLS/*Bearbeiter*)
Helml, Kommentar zum Entgeltfortzahlungsgesetz, 1995
Hennige, Das Verfahrensrecht der Einigungsstelle, 1996

Henssler/Moll/Bepler, Der Tarifvertrag, 2013 (zit. HMB/*Bearbeiter*)
Henssler/Olbing/Reinecke/Voelzke, Das arbeits- und sozialrechtliche Korrekturgesetz und die Scheinselbständigkeit, 1999
Henssler/v. Westphalen, Praxis der Schuldrechtsreform, 2. Aufl. 2003
Herbst/Bertelsmann/Reiter, Arbeitsgerichtliches Beschlussverfahren, 2. Aufl. 1998
Hergenröder, Zivilprozessuale Grundlagen richterlicher Rechtsfortbildung, 1995
Hess, Insolvenzarbeitsrecht, 2. Aufl. 2000
Hess/Weis/Wienberg, Kommentar zur Insolvenzordnung mit EGInsO, 3. Aufl. 2006
Hess/Worzalla/Glock/Nicolai/Rose/Huke, BetrVG, Kommentar, 9. Aufl. 2014 (zit. Hess u.a./*Bearbeiter*)
Heubeck/Höhne/Paulsdorff/Rau/Weinert, Gesetz zur Verbesserung der betrieblichen Altersversorgung, Bd. 1, Arbeitsrechtliche Vorschriften, 2. Aufl. 1982 (zit. HHPRW/*Bearbeiter*)
Heymann, Handelsgesetzbuch, Bd. 3 (§§ 238–342a), 2. Aufl. 1999
HHPRW/*Bearbeiter*, s. *Heubeck/Höhne/Paulsdorff/Rau/Weinert*
HK-InsO/*Bearbeiter*, s. Heidelberger Kommentar zur Insolvenzordnung
HK-KSchG/*Bearbeiter*, s. Heidelberger Kommentar zum Kündigungsschutzgesetz
HLS/*Bearbeiter*, s. *Heise/Lembke/v. Steinau-Steinrück*
HMB/*Bearbeiter*, s. *Henssler/Moll/Bepler*
Höfer, Gesetz zur Verbesserung der betrieblichen Altersversorgung, Bd. 1: Arbeitsrecht, Loseblatt
Hoffmann/Lehmann/Weinmann, Mitbestimmungsgesetz, 1978
Hölters, Handbuch des Unternehmens- und Beteiligungskaufs, 7. Aufl. 2010
Höpfner, Die systemkonforme Auslegung, 2008
v. Hoyningen-Huene, Betriebsverfassungsrecht, 6. Aufl. 2007
v. Hoyningen-Huene, Die kaufmännischen Hilfspersonen: Handlungsgehilfen, Handelsvertreter, Handelsmakler, systematischer Kommentar der §§ 59–104 HGB, 1996
v. Hoyningen-Huene/Linck, Kündigungsschutzgesetz, 15. Aufl. 2013
Hromadka/Maschmann/Wallner, Tarifwechsel, 1996
Hromadka/Sieg, Kommentar zum Sprecherausschussgesetz, 2. Aufl. 2010
Hueck/Nipperdey, Arbeitsrecht, Bd. 1, 7. Aufl. 1963, Bd. II Teilbd. 1, 7. Aufl. 1970
Hüffer, Aktiengesetz, 10. Aufl. 2012
van Hulle/Maul/Drinhausen, Handbuch zur Europäischen Gesellschaft (SE), 2007
Hümmerich, Gestaltung von Arbeitsverträgen, 2. Aufl. 2010
Hümmerich/Boecken/Düwell, AnwaltKommentar Arbeitsrecht, 2. Aufl. 2010 (zit. AnwK-ArbR/*Bearbeiter*)
Hurlebaus (Hrsg.), Entscheidungssammlung zum Berufsbildungsrecht (EzB), Loseblatt
HzA/*Bearbeiter*, s. Handbuch zum Arbeitsrecht

Jacobs, Tarifeinheit und Tarifkonkurrenz, 1999
Jacobs/Krause/Oetker/Schubert, Tarifvertragsrecht, 2. Aufl. 2013 (zit. JKOS/*Bearbeiter*)
Jaeger/Röder/Heckelmann, Praxishandbuch Betriebsverfassungsrecht, 2003
Jannott/Frodermann, Handbuch der Europäischen Aktiengesellschaft – Societas Europaea, 2005
Jarass/Pieroth, Grundgesetz für die Bundesrepublik Deutschland, 12. Aufl. 2012
Jauernig, BGB, 15. Aufl. 2014
Jauernig/Hess, Zivilprozessrecht, 30. Aufl. 2011
JKOS/*Bearbeiter*, s. *Jacobs/Krause/Oetker/Schubert*
Joost, Betrieb und Unternehmen als Grundbegriffe im Arbeitsrecht, 1988
Junker, Grundkurs Arbeitsrecht, 12. Aufl. 2013

Kaiser, Sprecherausschüsse für leitende Angestellte, 1995
Kaiser/Dunkl/Hold/Kleinsorge, Entgeltfortzahlungsgesetz, 5. Aufl. 2000 (zit. KDHK/*Bearbeiter*)
Kallmeyer, Umwandlungsgesetz, Kommentar, 5. Aufl. 2013
Kasseler Handbuch zum Arbeitsrecht, hrsg. von *Leinemann*, 2. Aufl. 2000 (zit. KassHdb/*Bearbeiter*)
Kasseler Kommentar Sozialversicherungsrecht, Loseblatt (zit. KassKomm/*Bearbeiter*)
Kater/Leube, Gesetzliche Unfallversicherung, SGB VII, 1997
KDHK/*Bearbeiter*, s. *Kaiser/Dunkl/Hold/Kleinsorge*
KDZ/*Bearbeiter*, s. *Kittner/Däubler/Zwanziger*
Kempen/Zachert, Tarifvertragsgesetz, 4. Aufl. 2006
Kemper/Kisters-Kölkes/Berenz/Huber, BetrAVG, 5. Aufl. 2013 (zit. KKBH/*Bearbeiter*)
Kiel/Koch, Die betriebsbedingte Kündigung, 2000
Kilger/Schmidt, Insolvenzgesetze, 17. Aufl. 1997
Kirchhof, Private Rechtsetzung, 1987
Kissel, Arbeitskampfrecht, 2002
Kissel/Mayer, Gerichtsverfassungsgesetz, 7. Aufl. 2013
Kittner/Däubler/Zwanziger, Kündigungsschutzrecht, Kommentar für die Praxis zu Kündigungen und anderen Formen der Beendigung von Arbeitsverhältnissen, 8. Aufl. 2011 (zit. KDZ/*Bearbeiter*)
Kittner/Zwanziger/Deinert (Hrsg.), Arbeitsrecht, 6. Aufl. 2011
KKBH/*Bearbeiter*, s. *Kemper/Kisters-Kölkes/Berenz/Huber*

Klebe/Ratayczak/Heilmann/Spoo, Betriebsverfassungsgesetz, 17. Aufl. 2012
Klenner/Ochs/Seifert, Arbeitszeit und Strukturwandel, 1998
Klie/Krahmer/Plantholz, Sozialgesetzbuch XI, Soziale Pflegeversicherung, Lehr- und Praxiskommentar, 4. Aufl. 2013 (zit. Klie/Krahmer/*Bearbeiter*)
Kliemt, Formerfordernisse im Arbeitsverhältnis, 1995
Klinkhammer/Welslau (Hrsg.), Europäische Betriebsräte, 1995
Knorr/Bichlmeier/Kremhelmer, Handbuch des Kündigungsrechts, 4. Aufl. 1998
Koberski/Asshoff/Eustrup/Winkler, Arbeitnehmer-Entsendegesetz, Mindestarbeitsbedingungengesetz, Kommentar, 3. Aufl. 2011
Kölner Kommentar zum Aktiengesetz, hrsg. von *Zöllner*, 2. Aufl. 1986 ff. (zit. KölnKommAktG/*Bearbeiter*)
Kölner Kommentar zum Umwandlungsgesetz, hrsg. von *Dauner-Lieb/Simon*, 2009 (zit. KölnKommUmwG/*Bearbeiter*)
Kölner Kommentar zum WpÜG, hrsg. von *Hirte/von Bülow*, 2. Aufl. 2010 (zit. KölnKommWpÜG/*Bearbeiter*)
Köstler/Müller/Sick, Aufsichtsratspraxis, 10. Aufl. 2013
Kötter, Gesetz über die Mitbestimmung der Arbeitnehmer in den Aufsichtsräten und Vorständen der Unternehmen des Bergbaus und der Eisen und Stahl erzeugenden Industrie vom 21. Mai 1951, 1952
KR/*Bearbeiter*, s. Gemeinschaftskommentar zum Kündigungsschutzgesetz
Krause, Standortsicherung und Arbeitsrecht, 2007
Krauskopf, Soziale Krankenversicherung, Pflegeversicherung, Loseblatt (zit. Krauskopf/*Bearbeiter*)
Kübler/Prütting/Bork (Hrsg.), Kommentar zur Insolvenzordnung, Loseblatt
Kunz/Wedde, Entgeltfortzahlungsrecht (EFZR), 2. Aufl. 2005
Küttner (Hrsg.), Personalbuch 2011, 18. Aufl. 2011 (zit. Küttner/*Bearbeiter*, Stichwort, Rz.)

Lakies, Vertragsgestaltung und AGB im Arbeitsrecht, 2. Aufl. 2011
Lakies/Malottke, Berufsbildungsgesetz, 4. Aufl. 2011
Lakies/Schoden, Jugendarbeitsschutzgesetz, 6. Aufl. 2010
Landmann/Rohmer, GewO, Loseblatt
Langohr-Plato, Betriebliche Altersversorgung, 6. Aufl. 2013
Larenz/Canaris, Methodenlehre der Rechtswissenschaft, 6. Aufl. 1991
Lauterbach/Watermann/Breuer, Unfallversicherung, Sozialgesetzbuch VII, Kommentar, Loseblatt (zit. Lauterbach/*Bearbeiter*)
Leinemann/Linck, Urlaubsrecht, 2. Aufl. 2001
Leinemann/Taubert, Berufsbildungsgesetz, 2. Aufl. 2008
Lembke, Arbeitsvertrag für Führungskräfte, 5. Aufl. 2012
Lembke, Die Arbeitskampfbeteiligung von Außenseitern, 1999
Lembke, Mediation im Arbeitsrecht, 2001
Leonhardt/Smid/Zeuner, Insolvenzordnung, Kommentar, 3. Aufl. 2010
Lepa, Haftungsbeschränkungen bei Personenschäden nach dem Unfallversicherungsrecht, 2004
Lieb/Jacobs, Arbeitsrecht, 9. Aufl. 2006
Lindemann, Flexible Gestaltung von Arbeitsbedingungen nach der Schuldrechtsreform, 2003
Linnenkohl/Rauschenberg, Arbeitszeitgesetz, Handkommentar, 2. Aufl. 2004
Löwisch, Kommentar zum Sprecherausschussgesetz, 2. Aufl. 1994
Löwisch/Kaiser, Betriebsverfassungsgesetz, 6. Aufl. 2010
Löwisch/Rieble, Tarifvertragsgesetz, 3. Aufl. 2012
Löwisch/Spinner/Wertheimer, Kommentar zum Kündigungsschutzgesetz, 10. Aufl. 2013
Lutter (Hrsg.), Kölner Umwandlungsrechtstage, 1995
Lutter (Hrsg.), Umwandlungsgesetz, 5. Aufl. 2014
Lutter/Hommelhoff (Hrsg.), GmbH-Gesetz, Kommentar, 18. Aufl. 2012
Lutter/Hommelhoff (Hrsg.), SE-Kommentar, 2008
Lutter/Krieger, Rechte und Pflichten des Aufsichtsrats, 5. Aufl. 2008

v. Mangoldt/Klein/Starck, Grundgesetz, 6. Aufl. 2010
Marienhagen/Künzl, Entgeltfortzahlungsgesetz, Loseblatt
Maunz/Dürig, Grundgesetz, Kommentar, Loseblatt
Meinel/Heyn/Herms, Allgemeines Gleichbehandlungsgesetz, Kommentar, 2. Aufl. 2010
Meisel/Sowka, Mutterschutzgesetz, Mutterschaftshilfe, Erziehungsgeld, 5. Aufl. 1999
Mengel, Compliance und Arbeitsrecht, 2009
Mengel, Umwandlungen im Arbeitsrecht, 1997
Molitor/Volmer/Germelmann, Jugendarbeitsschutzgesetz, 3. Aufl. 1986
Mues/Eisenbeis/Laber, Handbuch zum Kündigungsrecht, 2. Aufl. 2010
MüKo, s. Münchener Kommentar
Müller, Europäische Betriebsräte-Gesetz (EBRG), Kommentar, 1997
Müller/Berenz, EntgeltfortzahlungsG und AufwendungsausgleichsG, 2007
Müller/Lehmann, Kommentar zum Mitbestimmungsgesetz Bergbau und Eisen, 1952
v. Münch/Kunig (Hrsg.), Grundgesetz, 5. Aufl. 2000 ff.

MünchArbR/*Bearbeiter*, s. Münchener Handbuch zum Arbeitsrecht
Münchener Handbuch des Gesellschaftsrechts, Bd. IV: Aktiengesellschaft, 3. Aufl. 2007 (zit. MünchGesR/*Bearbeiter*)
Münchener Handbuch zum Arbeitsrecht, hrsg. von *Richardi/Wlotzke/Wißmann/Oetker*, 3. Aufl. 2009 (zit. MünchArbR/*Bearbeiter*)
Münchener Kommentar zum Aktiengesetz, 2. Aufl. 2000 ff. (zit. MükoAktG/*Bearbeiter*)
Münchener Kommentar zum Bürgerlichen Gesetzbuch, hrsg. von *Rebmann/Rixecker/Säcker*, 5. Aufl. 2006 ff. (zit. MüKoBGB/*Bearbeiter*)
Münchener Kommentar zur Insolvenzordnung, hrsg. von *Kirchhof/Stürner/Eidenmüller*, 3. Aufl. 2013 (zit. MüKoInsO/Bearbeiter)
Münchener Kommentar zur Zivilprozessordnung, hrsg. von *Rauscher/Wax/Wenzel*, 3. Aufl. 2007 ff. (zit. MüKoZPO/*Bearbeiter*)
MünchGesR/*Bearbeiter*, s. Münchener Handbuch des Gesellschaftsrechts
Musielak, Zivilprozessordnung, 10. Aufl. 2013

Nagel/Freis/Kleinsorge, Beteiligung der Arbeitnehmer im Unternehmen auf der Grundlage europäischen Rechts, 2. Aufl. 2010
Natter/Gross, Arbeitsgerichtsgesetz, 2. Aufl. 2013
Natzel, Berufsbildungsgesetz, 3. Aufl. 1982
Nerlich/Römermann (Hrsg.), Insolvenzordnung, Loseblatt
Neumann/Biebl, Arbeitszeitgesetz, 16. Aufl. 2012
Neumann/Fenski, Bundesurlaubsgesetz, 10. Aufl. 2011
Neumann/Pahlen/Majerski-Pahlen, SGB IX, 12. Aufl. 2010
Nikisch, Arbeitsrecht, 2. Aufl. 1959
Nimscholz/Oppermann/Ostrowicz, Altersteilzeit, Handbuch für die Personal- und Abrechungspraxis, 7. Aufl. 2011

Oetker/Preis/Balze (Hrsg.), Europäisches Arbeits- und Sozialrecht – EAS, Loseblatt
Ostrowicz/Künzl/Schäfer, Handbuch des arbeitsgerichtlichen Verfahrens, 4. Aufl. 2010
Otto, Arbeitskampf- und Schlichtungsrecht, 2006
Otto/Schwarze/Krause, Die Haftung des Arbeitnehmers, 4. Aufl. 2014

Palandt, Bürgerliches Gesetzbuch, 73. Aufl. 2014
Paulsdorff, Kommentar zur Insolvenzsicherung der betrieblichen Altersversorgung, 2. Aufl. 1996
Picot/Schnitker, Arbeitsrecht bei Unternehmenskauf und Restrukturierung, 2001
Pieroth/Schlink, Grundrechte Staatsrecht II, 29. Aufl. 2013
Plath, BDSG, 2013 (zit. Plath/*Bearbeiter*)
Preis, Der Arbeitsvertrag, 4. Aufl. 2011
Preis, Grundfragen der Vertragsgestaltung im Arbeitsrecht, 1993
Preis, Prinzipien des Kündigungsrechts bei Arbeitsverhältnissen, 1987
Preis/Temming, Die Urlaubs- und Lohnausgleichskasse im Kontext des Gemeinschaftsrechts, 2006
Prütting/Wegen/Weinreich, BGB, Kommentar, 8. Aufl. 2013 (zit. PWW/*Bearbeiter*)
PWW/*Bearbeiter*, s. *Prütting/Wegen/Weinreich*

Rademacher, Der Europäische Betriebsrat, 1996
Raiser/Veil, Mitbestimmungsgesetz und Drittelbeteiligungsgesetz, Kommentar, 5. Aufl. 2009
Reichel/Koberski/Ansey, Tarifvertragsgesetz, Kommentar, Loseblatt
Reichold, Arbeitsrecht, 4. Aufl. 2012
RGRK – Das Bürgerliche Gesetzbuch mit besonderer Berücksichtigung der Rechtsprechung des Reichsgerichts und des Bundesgerichtshofes, 12. Aufl. 1974 ff., Bd. 2, Teillieferung 3–1 (§§ 611–620 BGB), 1997 (zit. RGRK/*Bearbeiter*)
Richardi, Arbeitsrecht in der Kirche, 6. Aufl. 2012
Richardi (Hrsg.), Betriebsverfassungsgesetz mit Wahlordnung, 14. Aufl. 2014
Ricken, Autonomie und tarifliche Rechtsetzung, 2006
Rieble, Arbeitsmarkt und Wettbewerb, 1996
Ringleb/Kremer/Lutter/v. Werder, Deutscher Corporate Governance Kodex, Kommentar, 5. Aufl. 2014
Rittweger/Petri/Schweikert, Altersteilzeit, 2. Aufl. 2002
Röder/Baeck, Interessenausgleich und Sozialplan, 4. Aufl. 2009
v. Roetteken, Allgemeines Gleichbehandlungsgesetz, Loseblatt
Röhsler/Borrmann, Wettbewerbsbeschränkungen für Arbeitnehmer und Handelsvertreter, 1981
Rolfs, Das Versicherungsprinzip im Sozialversicherungsrecht, 2000
Rolfs/Giesen/Kreikebohm/Udsching, Sozialrecht, SGB IV, SGB X, SGG, Schwerpunktkommentar, 2008
Rosenberg/Schwab/Gottwald, Zivilprozessrecht, 17. Aufl. 2010
Rotter, Nachwirkung der Normen eines Tarifvertrags, 1992
Rowedder/Schmidt-Leithoff, GmbH-Gesetz, 5. Aufl. 2013

Gesetz über den Ausgleich der Arbeitgeberaufwendungen für Entgeltfortzahlung (AAG)

vom 22.12.2005 (BGBl. I S. 3686),
zuletzt geändert durch Gesetz vom 12.4.2012 (BGBl. I S. 579)

1 *Erstattungsanspruch*
(1) Die Krankenkassen mit Ausnahme der landwirtschaftlichen Krankenkasse erstatten den Arbeitgebern, die in der Regel ausschließlich der zu ihrer Berufsausbildung Beschäftigten nicht mehr als 30 Arbeitnehmer und Arbeitnehmerinnen beschäftigen, 80 Prozent

1. des für den in § 3 Abs. 1 und 2 und den in § 9 Abs. 1 des Entgeltfortzahlungsgesetzes bezeichneten Zeitraum an Arbeitnehmer und Arbeitnehmerinnen fortgezahlten Arbeitsentgelts,
2. der auf die Arbeitsentgelte nach der Nummer 1 entfallenden von den Arbeitgebern zu tragenden Beiträge zur Bundesagentur für Arbeit und der Arbeitgeberanteile an Beiträgen zur gesetzlichen Kranken- und Rentenversicherung, zur sozialen Pflegeversicherung und die Arbeitgeberzuschüsse nach § 172a des Sechsten Buches Sozialgesetzbuch sowie der Beitragszuschüsse nach § 257 des Fünften und nach § 61 des Elften Buches Sozialgesetzbuch.

(2) Die Krankenkassen mit Ausnahme der landwirtschaftlichen Krankenkasse erstatten den Arbeitgebern in vollem Umfang

1. den vom Arbeitgeber nach § 14 Abs. 1 des Mutterschutzgesetzes gezahlten Zuschuss zum Mutterschaftsgeld,
2. das vom Arbeitgeber nach § 11 des Mutterschutzgesetzes bei Beschäftigungsverboten gezahlte Arbeitsentgelt,
3. die auf die Arbeitsentgelte nach der Nummer 2 entfallenden von den Arbeitgebern zu tragenden Beiträge zur Bundesagentur für Arbeit und die Arbeitgeberanteile an Beiträgen zur gesetzlichen Kranken- und Rentenversicherung, zur sozialen Pflegeversicherung und die Arbeitgeberzuschüsse nach § 172a des Sechsten Buches Sozialgesetzbuch sowie der Beitragszuschüsse nach § 257 des Fünften und nach § 61 des Elften Buches Sozialgesetzbuch.

(3) Am Ausgleich der Arbeitgeberaufwendungen nach den Absätzen 1 (U1-Verfahren) und 2 (U2-Verfahren) nehmen auch die Arbeitgeber teil, die nur Auszubildende beschäftigen.

2 *Erstattung*
(1) Die zu gewährenden Beträge werden dem Arbeitgeber von der Krankenkasse ausgezahlt, bei der die Arbeitnehmer und Arbeitnehmerinnen, die Auszubildenden oder die nach § 11 oder § 14 Abs. 1 des Mutterschutzgesetzes anspruchsberechtigten Frauen versichert sind. Für geringfügig Beschäftigte nach dem Vierten Buch Sozialgesetzbuch ist zuständige Krankenkasse die Deutsche Rentenversicherung Knappschaft-Bahn-See als Träger der knappschaftlichen Krankenversicherung. Für Arbeitnehmer und Arbeitnehmerinnen, die nicht Mitglied einer Krankenkasse sind, gilt § 175 Abs. 3 Satz 2 des Fünften Buches Sozialgesetzbuch entsprechend.

(2) Die Erstattung wird auf Antrag erbracht. Sie ist zu gewähren, sobald der Arbeitgeber Arbeitsentgelt nach § 3 Abs. 1 und 2 und § 9 Abs. 1 des Entgeltfortzahlungsgesetzes, Arbeitsentgelt nach § 11 des Mutterschutzgesetzes oder Zuschuss zum Mutterschaftsgeld nach § 14 Abs. 1 des Mutterschutzgesetzes gezahlt hat.

(3) Der Arbeitgeber hat einen Antrag nach Absatz 2 Satz 1 durch gesicherte und verschlüsselte Datenfernübertragung aus systemgeprüften Programmen oder mittels maschineller Ausfüllhilfe an die zuständige Krankenkasse zu übermitteln. Dabei ist zu gewährleisten, dass dem jeweiligen Stand der Technik entsprechende Maßnahmen zur Sicherstellung von Datenschutz und Datensicherheit getroffen werden, die insbesondere die Vertraulichkeit und Unversehrtheit der Daten sowie die Authentifizierung der übermittelnden und empfangenden Stelle gewährleisten. Bei der Nutzung allgemein zugänglicher Netze sind Verschlüsselungsverfahren zu verwenden. Den Übertragungsweg und die Einzelheiten des Verfahrens wie den Aufbau des Datensatzes legt der Spitzenverband Bund der Krankenkassen in Grundsätzen fest, die vom Bundesministerium für Arbeit und Soziales im Einvernehmen mit dem Bundesministerium für Gesundheit zu genehmigen sind; die Bundesvereinigung der Deutschen Arbeitgeberverbände ist anzuhören.

3 *Feststellung der Umlagepflicht*
(1) Die zuständige Krankenkasse hat jeweils zum Beginn eines Kalenderjahrs festzustellen, welche Arbeitgeber für die Dauer dieses Kalenderjahrs an dem Ausgleich der Arbeitgeberaufwendungen nach

§ 1 Abs. 1 teilnehmen. Ein Arbeitgeber beschäftigt in der Regel nicht mehr als 30 Arbeitnehmer und Arbeitnehmerinnen, wenn er in dem letzten Kalenderjahr, das demjenigen, für das die Feststellung nach Satz 1 zu treffen ist, vorausgegangen ist, für einen Zeitraum von mindestens acht Kalendermonaten nicht mehr als 30 Arbeitnehmer und Arbeitnehmerinnen beschäftigt hat. Hat ein Betrieb nicht während des ganzen nach Satz 2 maßgebenden Kalenderjahrs bestanden, so nimmt der Arbeitgeber am Ausgleich der Arbeitgeberaufwendungen teil, wenn er während des Zeitraums des Bestehens des Betriebs in der überwiegenden Zahl der Kalendermonate nicht mehr als 30 Arbeitnehmer und Arbeitnehmerinnen beschäftigt hat. Wird ein Betrieb im Laufe des Kalenderjahrs errichtet, für das die Feststellung nach Satz 1 getroffen ist, so nimmt der Arbeitgeber am Ausgleich der Arbeitgeberaufwendungen teil, wenn nach der Art des Betriebs anzunehmen ist, dass die Zahl der beschäftigten Arbeitnehmer und Arbeitnehmerinnen während der überwiegenden Kalendermonate dieses Kalenderjahrs 30 nicht überschreiten wird. Bei der Errechnung der Gesamtzahl der beschäftigten Arbeitnehmer und Arbeitnehmerinnen bleiben schwerbehinderte Menschen im Sinne des Neunten Buches Sozialgesetzbuch außer Ansatz. Arbeitnehmer und Arbeitnehmerinnen, die wöchentlich regelmäßig nicht mehr als 10 Stunden zu leisten haben, werden mit 0,25, diejenigen, die nicht mehr als 20 Stunden zu leisten haben, mit 0,5 und diejenigen, die nicht mehr als 30 Stunden zu leisten haben, mit 0,75 angesetzt.

(2) Der Arbeitgeber hat der nach § 2 Abs. 1 zuständigen Krankenkasse die für die Durchführung des Ausgleichs erforderlichen Angaben zu machen.

(3) Der Spitzenverband Bund der Krankenkassen regelt das Nähere über die Durchführung des Feststellungsverfahrens nach Absatz 1.

4 Versagung und Rückforderung der Erstattung

(1) Die Erstattung kann im Einzelfall versagt werden, solange der Arbeitgeber die nach § 3 Abs. 2 erforderlichen Angaben nicht oder nicht vollständig macht.

(2) Die Krankenkasse hat Erstattungsbeträge vom Arbeitgeber insbesondere zurückzufordern, soweit der Arbeitgeber

1. schuldhaft falsche oder unvollständige Angaben gemacht hat oder
2. Erstattungsbeträge gefordert hat, obwohl er wusste oder wissen musste, dass ein Anspruch nach § 3 Abs. 1 und 2 oder § 9 Abs. 1 des Entgeltfortzahlungsgesetzes oder nach § 11 oder § 14 Abs. 1 des Mutterschutzgesetzes nicht besteht.

Der Arbeitgeber kann sich nicht darauf berufen, dass er durch die zu Unrecht gezahlten Beträge nicht mehr bereichert sei. Von der Rückforderung kann abgesehen werden, wenn der zu Unrecht gezahlte Betrag gering ist und der entstehende Verwaltungsaufwand unverhältnismäßig groß sein würde.

5 Abtretung

Ist auf den Arbeitgeber ein Anspruch auf Schadenersatz nach § 6 des Entgeltfortzahlungsgesetzes übergegangen, so ist die Krankenkasse zur Erstattung nur verpflichtet, wenn der Arbeitgeber den auf ihn übergegangenen Anspruch bis zur anteiligen Höhe des Erstattungsbetrags an die Krankenkasse abtritt.

6 Verjährung und Aufrechnung

(1) Der Erstattungsanspruch verjährt in vier Jahren nach Ablauf des Kalenderjahrs, in dem er entstanden ist.

(2) Gegen Erstattungsansprüche dürfen nur Ansprüche aufgerechnet werden auf

1. Zahlung von Umlagebeträgen, Beiträge zur gesetzlichen Krankenversicherung und solche Beiträge, die die Einzugsstelle für andere Träger der Sozialversicherung und die Bundesagentur für Arbeit einzuziehen hat,
2. Rückzahlung von Vorschüssen,
3. Rückzahlung von zu Unrecht gezahlten Erstattungsbeträgen,
4. Erstattung von Verfahrenskosten,
5. Zahlung von Geldbußen,
6. Herausgabe einer von einem Dritten an den Berechtigten bewirkten Leistung, die der Krankenkasse gegenüber wirksam ist.

7 Aufbringung der Mittel

(1) Die Mittel zur Durchführung der U1- und U2-Verfahren werden von den am Ausgleich beteiligten Arbeitgebern jeweils durch gesonderte Umlagen aufgebracht, die die erforderlichen Verwaltungskosten angemessen berücksichtigen.

Ausnahmevorschriften **AAG**

(2) Die Umlagen sind jeweils in einem Prozentsatz des Entgelts (Umlagesatz) festzusetzen, nach dem die Beiträge zur gesetzlichen Rentenversicherung für die im Betrieb beschäftigten Arbeitnehmer, Arbeitnehmerinnen und Auszubildenden bemessen werden oder bei Versicherungspflicht in der gesetzlichen Rentenversicherung zu bemessen wären. Bei der Berechnung der Umlage für Aufwendungen nach § 1 Abs. 1 sind Entgelte von Arbeitnehmern und Arbeitnehmerinnen, deren Beschäftigungsverhältnis bei einem Arbeitgeber nicht länger als vier Wochen besteht und bei denen wegen der Art des Beschäftigungsverhältnisses auf Grund des § 3 Abs. 3 des Entgeltfortzahlungsgesetzes kein Anspruch auf Entgeltfortzahlung im Krankheitsfall entstehen kann, sowie einmalig gezahlte Arbeitsentgelte nach § 23a des Vierten Buches Sozialgesetzbuch nicht zu berücksichtigen. Für die Zeit des Bezugs von Kurzarbeitergeld bemessen sich die Umlagen nach dem tatsächlich erzielten Arbeitsentgelt bis zur Beitragsbemessungsgrenze in der gesetzlichen Rentenversicherung.

8 Verwaltung der Mittel

(1) Die Krankenkassen verwalten die Mittel für den Ausgleich der Arbeitgeberaufwendungen als Sondervermögen. Die Mittel dürfen nur für die gesetzlich vorgeschriebenen oder zugelassenen Zwecke verwendet werden.

(2) Die Krankenkasse kann durch Satzungsregelung die Durchführung der U1- und U2-Verfahren auf eine andere Krankenkasse oder einen Landes- oder Bundesverband übertragen. Der Einzug der Umlagen obliegt weiterhin der übertragenden Krankenkasse, die die von den Arbeitgebern gezahlten Umlagen an die durchführende Krankenkasse oder den Verband weiterzuleiten hat. § 90 des Vierten Buches Sozialgesetzbuch gilt entsprechend.

9 Satzung

(1) Die Satzung der Krankenkasse muss insbesondere Bestimmungen enthalten über die
1. Höhe der Umlagesätze,
2. Bildung von Betriebsmitteln,
3. Aufstellung des Haushalts,
4. Prüfung und Abnahme des Rechnungsabschlusses.

(2) Die Satzung kann
1. die Höhe der Erstattung nach § 1 Abs. 1 beschränken und verschiedene Erstattungssätze, die 40 vom Hundert nicht unterschreiten, vorsehen,
2. eine pauschale Erstattung des von den Arbeitgebern zu tragenden Teils des Gesamtsozialversicherungsbeitrags für das nach § 11 des Mutterschutzgesetzes gezahlte Arbeitsentgelt vorsehen,
3. die Zahlung von Vorschüssen vorsehen,
4. *(weggefallen)*
5. die Übertragung nach § 8 Abs. 2 enthalten.

(3) Die Betriebsmittel dürfen den Betrag der voraussichtlichen Ausgaben für drei Monate nicht übersteigen.

(4) In Angelegenheiten dieses Gesetzes wirken in den Selbstverwaltungsorganen nur die Vertreter der Arbeitgeber mit; die Selbstverwaltungsorgane der Ersatzkassen haben Einvernehmen mit den für die Vertretung der Interessen der Arbeitgeber maßgeblichen Spitzenorganisationen herzustellen.

(5) Die Absätze 1 bis 4 gelten auch für die durchführende Krankenkasse oder den Verband nach § 8 Abs. 2 Satz 1.

10 Anwendung sozialversicherungsrechtlicher Vorschriften

Die für die gesetzliche Krankenversicherung geltenden Vorschriften finden entsprechende Anwendung, soweit dieses Gesetz nichts anderes bestimmt.

11 Ausnahmevorschriften

(1) § 1 Abs. 1 ist nicht anzuwenden auf
1. den Bund, die Länder, die Gemeinden und Gemeindeverbände sowie sonstige Körperschaften, Anstalten und Stiftungen des öffentlichen Rechts sowie die Vereinigungen, Einrichtungen und Unternehmungen, die hinsichtlich der für die Beschäftigten des Bundes, der Länder oder der Gemeinden geltenden Tarifverträge tarifgebunden sind, sowie die Verbände von Gemeinden, Gemeindeverbänden und kommunalen Unternehmen einschließlich deren Spitzenverbände,
2. zivile Arbeitskräfte, die bei Dienststellen und diesen gleichgestellten Einrichtungen der in der Bundesrepublik Deutschland stationierten ausländischen Truppen und der dort auf Grund des Nordatlantikpaktes errichteten internationalen militärischen Hauptquartiere beschäftigt sind,

3. Hausgewerbetreibende (§ 1 Abs. 1 Buchstabe b des Heimarbeitsgesetzes) sowie die in § 1 Abs. 2 Satz 1 Buchstabe b und c des Heimarbeitsgesetzes bezeichneten Personen, wenn sie hinsichtlich der Entgeltregelung gleichgestellt sind,

4. die Spitzenverbände der freien Wohlfahrtspflege (Arbeiterwohlfahrt, Diakonisches Werk der Evangelischen Kirche in Deutschland, Deutscher Caritasverband, Deutscher Paritätischer Wohlfahrtsverband, Deutsches Rotes Kreuz und Zentralwohlfahrtsstelle der Juden in Deutschland) einschließlich ihrer selbstständigen und nichtselbstständigen Untergliederungen, Einrichtungen und Anstalten, es sei denn, sie erklären schriftlich und unwiderruflich gegenüber einer Krankenkasse mit Wirkung für alle durchführenden Krankenkassen und Verbände ihre Teilnahme am Umlageverfahren nach § 1 Abs. 1.

(2) § 1 ist nicht anzuwenden auf

1. die nach § 2 Abs. 1 Nr. 3 des Zweiten Gesetzes über die Krankenversicherung der Landwirte versicherten mitarbeitenden Familienangehörigen eines landwirtschaftlichen Unternehmers,

2. Dienststellen und diesen gleichgestellte Einrichtungen der in der Bundesrepublik Deutschland stationierten ausländischen Truppen und der dort auf Grund des Nordatlantikpaktes errichteten internationalen militärischen Hauptquartiere mit Ausnahme der in Absatz 1 Nr. 2 genannten zivilen Arbeitskräfte,

3. im Rahmen des § 54a des Dritten Buches Sozialgesetzbuch bezuschusste betriebliche Einstiegsqualifizierungen und im Rahmen des § 79 Absatz 2 des Dritten Buches Sozialgesetzbuch bezuschusste Berufsausbildungen in außerbetrieblichen Einrichtungen.

12 *Freiwilliges Ausgleichsverfahren*
(1) Für Betriebe eines Wirtschaftszweigs können Arbeitgeber Einrichtungen zum Ausgleich der Arbeitgeberaufwendungen errichten, an denen auch Arbeitgeber teilnehmen, die die Voraussetzungen des § 1 nicht erfüllen. Die Errichtung und die Regelung des Ausgleichsverfahrens bedürfen der Genehmigung des Bundesministeriums für Gesundheit.

(2) Auf Arbeitgeber, deren Aufwendungen durch eine Einrichtung nach Absatz 1 ausgeglichen werden, finden die Vorschriften dieses Gesetzes keine Anwendung.

(3) Körperschaften, Personenvereinigungen und Vermögensmassen im Sinne des § 1 Abs. 1 des Körperschaftsteuergesetzes, die als Einrichtung der in Absatz 1 bezeichneten Art durch das Bundesministerium für Gesundheit genehmigt sind, sind von der Körperschaftsteuer, Gewerbesteuer und Vermögensteuer befreit.

1 **I. Ziele und Entstehung des Gesetzes.** Das Gesetz über den Ausgleich der ArbGebAufwendungen für Entgeltfortzahlung (AAG) bezweckt, für **KleinArbGeb** mit nicht mehr als 30 ArbN die Lasten der **Entgeltfortzahlung im Krankheitsfall** nach dem EFZG durch das Umlageverfahren U1 und für **alle ArbGeb** die Lasten aus den **Zahlungen an die Mutter nach dem MuSchG** durch das Umlageverfahren U 2 zu verteilen.

2 Mit dem AAG ist die bis dahin aufrechterhalten gebliebenen Vorgängerregelung der §§ 10 ff. LFZG für KleinArbGeb mit nicht mehr als 20 ArbN aufgehoben worden. Das BVerfG hatte im Jahr 2003 festgestellt, dass jenes Umlageverfahren Mütter bei der Einstellung bei solchen ArbGeb, die keine KleinArbGeb sind, benachteiligen können, weil für diese ArbGeb kein Ausgleich geregelt sei[1]. Zudem waren vom Umlageverfahren U1 Angestellte nicht erfasst; Ersatz- und Betriebskrankenkassen waren in die Verfahren nicht einbezogen. Dies alles hat der Gesetzgeber durch das AAG bereinigt[2].

3 Das AAG wurde als Art. 1 des G v. 22.12.2005 beschlossen und im selben Monat verkündet[3]. Es ist gem. seinem Art. 4 S. 2 am 1.1.2006 in Kraft getreten. § 2 II 3, § 3 III, § 7, § 8 II und § 9 sind rückwirkend am 1.10.2005 in Kraft getreten. Inzwischen ist es mehrfach geändert worden. Vor allem sind die landwirtschaftl. Krankenkassen aus seinem Anwendungsbereich herausgenommen worden.

4 **II. Erstattungsleistungen.** Das AAG gibt dem ArbGeb nach näherer Maßgabe von § 1 Ansprüche auf Erstattung von Aufwendungen nach dem EFZG (U1-Verfahren) und dem MuSchG (U2-Verfahren). Diese Erstattungen werden durch Umlagen finanziert. Die Erstattung der Leistungen des ArbGeb und die Festsetzung, Erhebung und die Verwaltung der durch Umlagen aufzubringenden Erstattungsmittel liegt bei den Krankenkassen.

5 **KleinArbGeb** erhalten gem. § 1 I Erstattungen für das nach § 3 I und II und § 9 I EFZG wegen **krankheitsbedingter Arbeitsunfähigkeit** fortgezahlte Arbeitsentgelt sowie die damit verbundenen sozialversicherungsrechtl. Leistungen. Erstattungsfähig sind ausschließlich die nach diesen Bestimmungen von Gesetzes wegen geschuldeten Leistungen an den ArbN. Leistungen, die der ArbGeb darüber hinaus er-

---

1 BVerfG 18.11.2003 – 1 BvR 302/96, BVerfGE 109, 64. || 2 Vgl. schon BR-Drs. 822/04 v. 28.10.2004. || 3 BGBl. 2005 I S. 3686.

bringt, etwa eine längere als sechs Wochen dauernde Entgeltfortzahlung oder die Entgeltweiterzahlung wegen eines Amtbesuchs an einen nicht arbeitsunfähigen ArbN (§ 616 BGB)[1], fallen nicht unter § 1 I Nr. 1.

Alle ArbGeb erhalten nach § 1 II die Leistungen erstattet, die sie als Zuschuss zum **Mutterschaftsgeld** nach § 14 I MuSchG oder als infolge eines **mutterschutzrechtlichen Beschäftigungsverbots** fortzuzahlendes Arbeitsentgelt nach § 11 MuSchG einschl. der damit verbundenen sozialversicherungsrechtl. Leistungen erbracht haben. 6

Die Erstattung erfolgt auf **Antrag** von der Kasse, bei der der nach § 3, § 9 EFZG anspruchsberechtigte ArbN oder nach § 11 und 14 MuSchG anspruchsberechtigte ArbNin versichert sind; dabei ist der Antrag elektronisch zu stellen (§ 2). 7

III. Anwendungsbereiche der Umlageverfahren. Das AAG hat auf der Seite der **ArbGeb** grds. **zwei** gegenständlich unterschiedliche **Anwendungsbereiche**; sie sind als Umlageverfahren „U1" (betr. EFZG) und „U2" (betr. MuSchG) gekennzeichnet. Für die Frage der Teilnahme an beiden Verfahren kommt es auf den ArbGeb an, der Partei des Arbeitsvertrags ist, nicht aber auf einen davon zu unterscheidenden EinsatzArbGeb[2]. Der grds. **Regelungsmechanismus** ist für beide Umlageverfahren gleich. 8

Am Umlageverfahren nach § 1 I wegen EFZG-bedingter Aufwendungen des ArbGeb („U1") nehmen nur **KleinArbGeb** teil, das sind solche, die idR ausschließlich der zu ihrer Berufsausbildung Beschäftigten nicht mehr als 30 ArbNin und ArbN beschäftigen. In gewissem Gegensatz hierzu ordnet § 1 III an, dass am U1-Verfahren auch ArbGeb teilnehmen, die nur Auszubildende beschäftigen. 9

Am Umlageverfahren nach § 1 II für **MuSchG**-bedingte Aufwendungen („U2") nehmen **alle ArbGeb** teil; auf die Zahl der Beschäftigten kommt es nicht an[3]. 10

Ausgenommen von der Teilnahme am Umlageverfahren U1 sind nach näherer Maßgabe von § 11 I Nr. 1 bis 3 die öffentl. ArbGeb, die Zivilbeschäftigten bei ausländischen Stationierungstruppen und Hausgewerbetreibende. Die Spitzenverbände der freien Wohlfahrtspflege einschl. ihrer selbstständigen und nicht selbstständigen Untergliederungen sind ebenfalls ausgenommen, es sei denn, sie hätten schriftlich und unwiderruflich gegenüber einer Krankenkasse mit Wirkung für alle Krankenkassen ihre Teilnahme am Umlageverfahren erklärt (§ 11 I Nr. 4). 11

Von beiden Umlageverfahren gibt es nach näherer Maßgabe von § 11 II Nr. 1 bis 3 für die Familienangehörigen eines landwirtschaftl. Unternehmers, für Dienststellen, die vom Nordatlantikpakt erfasst sind und für Einstiegsqualifizierungen und außerbetriebl. bezuschusste Berufsausbildungseinrichtungen weitere Ausnahmen. 12

IV. Aufbringung der Umlagemittel. Die Aufbringung der Mittel für die Erstattungsleistungen erfolgt gem. § 7 I durch Erhebung einer Umlage bei den am jeweiligen Umlageverfahren beteiligten ArbGeb. Die jeweilige Umlage hat die erforderlichen Verwaltungskosten angemessen zu berücksichtigen[4]. Die Umlage nach § 7 II ist in jeweils einem Prozentsatz vom tatsächlichen oder fiktiven rentenversicherungspflichtigen Arbeitsentgelt zu bemessen; für ArbVerh mit einer Dauer von höchstens vier Wochen und für Kurzarbeit gelten insoweit besondere Regelungen. 13

V. Durchführung. Durchführungsorgane für beide Umlageverfahren sind grds. die **Krankenkassen** iSd. § 21 II SGB I ohne die landwirtschaftl. Krankenkasse, nämlich die Orts-, Betriebs- und Innungskrankenkassen, die Deutsche Rentenversicherung Knappschaft-Bahn-See und die Ersatzkassen. **Zuständig** ist die Krankenkasse, bei der der ArbN gesetzl. krankenversichert ist. Die Krankenkasse kann die Durchführung der U1- und U2-Verfahren nach Maßgabe von § 8 III auf eine andere Krankenkasse oder einen Landes- oder Bundesverband übertragen. 14

Die Krankenkassen haben die Umlageverfahren nach näherer Maßgabe der §§ 8, 9 und 10 im Rahmen ihrer Selbstverwaltung zu organisieren und durchzuführen. Dabei wirken in den Selbstverwaltungsorganen nur Vertreter der ArbGeb mit (§ 9 IV 1). Das so gebildete Geldaufkommen für den Ausgleich der ArbGebAufwendungen ist als Sondervermögen zu verwalten. 15

§ 12 I ermöglicht ArbGeb, für einen Wirtschaftszweig steuerbegünstigte (Abs. 3) Einrichtungen zum Ausgleich der ArbGebAufwendungen zu errichten, an denen auch ArbGeb teilnehmen können, die die Voraussetzungen des § 1 nicht erfüllen. Die Errichtung und die Regelungen des Ausgleichsverfahrens bedürfen der Genehmigung durch das BM für Gesundheit. Werden Aufwendungen durch eine solche Einrichtung ausgeglichen, finden die Vorschriften „dieses Gesetzes" (sc. §§ 1 bis 11) keine Anwendung (Abs. 2). 16

VI. Streitigkeiten. Für Streitigkeiten aus dem AAG ist die Sozialgerichtsbarkeit zuständig (§ 51 I Nr. 8 SGG). 17

---

1 SG Marburg 9.3.1993 – S-6/Kr-496/92. || 2 *Schmitt*, EFZG, § 1 AAG Rz. 12. || 3 *Buchner*, NZA 2006, 121 (122). || 4 Vgl. dazu BSG 13.12.2011 – B 1 KR 3/11 R, NZA-RR 2012, 537; *Meyerhoff*, jurisPR-SozR 17/2012 Anm. 3.

Arbeitnehmer-Entsendegesetz (AEntG)
Gesetz über zwingende Arbeitsbedingungen für grenzüberschreitend entsandte und für regelmäßig im Inland beschäftigte Arbeitnehmer und Arbeitnehmerinnen

vom 20.4.2009 (BGBl. I S. 799),
zuletzt geändert durch Gesetz vom 25.11.2012 (BGBl. II S. 1381)

Vorbemerkungen

1 **I. Entstehung und Zweck des Gesetzes.** Der deutsche Gesetzgeber hatte am 26.2.1996 das AEntG aF erlassen, nachdem zuvor die Bemühungen um eine entsprechende Richtlinie auf EU-Ebene gescheitert waren[1]. Die EU folgte dann jedoch mit der RL 96/71 über die Entsendung von Arbeitnehmern im Rahmen der Erbringung von Dienstleistungen v. 16.12.1996[2] nach, welche durch das Erste SGB III-Änderungsgesetz[3] sowie das Gesetz zu Korrekturen in der Sozialversicherung und zur Sicherung der Arbeitnehmerrechte[4] ins deutsche Recht umgesetzt wurde. Durch Gesetz v. 20.4.2009[5] wurde das AEntG mit dem Ziel, das Gesetz übersichtlicher zu gestalten, neu strukturiert und teilweise inhaltlich geändert. Neben dem AEntG steht das MiArbG (vgl. Rz. 2). Insg. stellt das deutsche Recht damit zurzeit fünf unterschiedliche Wege zur Schaffung von Mindestarbeitsbedingungen zur Verfügung: das MiArbG, die AVE oder die ErstreckungsVO nach § 7 (vgl. §§ 3, 8), die Spezialregelungen für die Pflegebranche in §§ 10 ff. sowie § 19 HAG für die Heimarbeit[6]. Mit der Gesetzesänderung wurde zudem schon durch die Neufassung des Titels verdeutlicht, dass die Normen nicht nur für nach Deutschland entsandte, sondern grds. für alle im Inland in den jeweiligen Branchen tätigen ArbN zwingende Mindestarbeitsbedingungen schaffen. Der Schutz auch der inländischen ArbN ist nun ausdrückliches Ziel des AEntG; damit erfüllt das AEntG partiell die Funktion eines Mindestlohngesetzes[7].

2 Neben der Novelle des AEntG wurde das Gesetz über die Festsetzung von Mindestarbeitsbedingungen (**Mindestarbeitsbedingungengesetz** – MiArbG)[8] durch Gesetz v. 22.4.2009[9] neu gefasst. Das MiArbG bezieht sich nur auf Mindest**entgelte**. Es erlaubt die Festsetzung von Mindestlöhnen in Branchen, die eine Tarifbindung unter 50 % haben (§ 1 II MiArbG). Liegt die Tarifbindung darüber, ist eine Aufnahme des Tariflohns in das AEntG möglich (vgl. § 4 Rz. 1). Ob damit eine klare Abgrenzung von AEntG und MiArbG geschaffen wurde, ist fraglich[10]. Offen ist weiter, ob neben den gesetzl. Anforderungen für die Festsetzung von Mindestlöhnen weitere ungeschriebene Voraussetzungen bestehen[11]. Die festgesetzten Mindestentgelte verdrängen grds. (vgl. aber § 8 II MiArbG) andere tarifl. Entgeltbestimmungen, die einen niedrigeren Lohn vorsehen (§ 8 I MiArbG). Dies gilt auch ggü. ausländischen ArbGeb (vgl. auch § 2 Rz. 5). Ob das Gesetz verfassungs- und europarechtl. Anforderungen genügt, wird bezweifelt, insb. wird die Regelung des § 8 II MiArbG kritisiert[12].

3 Die Ziele des AEntG sind in § 1 formuliert. Die dort in S. 1 genannten Ziele entsprechen grds. denen der RL 96/71. Diese zielt auf die **Wahrung der Rechte der ArbN** und die **Förderung eines länderübergreifenden Dienstleistungsverkehrs durch einen fairen Wettbewerb**[13] ab. Diesen fairen Wettbewerb sah die EU dadurch gefährdet, dass es – insb. in der Baubranche – verstärkt zur Entsendung ausländischer ArbN aus Ländern mit niedrigerem Lohn- und ArbN-Schutzniveau in Staaten kam, in denen einheimische ArbGeb höhere Löhne zahlen und mehr ArbN-Rechte wahren mussten. In den Genuss dieser Vorteile kamen die entsandten ArbN nicht, denn ihr ArbVerh unterlag in aller Regel trotz der Entsendung dem Recht des entsendenden Staates. Dies liegt daran, dass im Geltungsbereich der sog. Rom-I-VO (vgl. Rom-I-VO Rz. 1) das ArbVerh dem Recht des gewöhnlichen Arbeitsortes, dem Recht der einstellenden Niederlassung oder dem Recht unterliegt, mit dem das ArbVerh die engste Verbindung

---

1 BGBl. I S. 227. ||2 ABl. 1997 L 18/1. Vgl. nun auch den Vorschlag für eine RL zur Durchsetzung der RL 96/71/EG über die Entsendung von Arbeitnehmern im Rahmen der Erbringung von Dienstleistungen v. 21.3.2012, COM(2012) 131 final, sowie den Vorschlag für eine RL über die Bedingungen für die Einreise und den Aufenthalt von Drittstaatsangehörigen im Rahmen einer konzerninternen Entsendung v. 13.7.2010, 2010/0209 (COD). ||3 V. 16.12.1997, BGBl. I S. 2970. ||4 V. 19.12.1998, BGBl. I S. 3843. ||5 BGBl. I S. 799. ||6 Vgl. auch *Stiebert/Pötters*, RdA 2013, 101. ||7 Einen dahingehenden „Paradigmenwechsel" stellt *Sittard*, Tarifnormerstreckung, S. 321 f., fest. Zur Entwicklung des AEntG vgl. auch Thüsing/*Thüsing*, Vor § 1 AEntG Rz. 1 ff. ||8 Gesetz v. 11.1.1952, BGBl. I S. 17. ||9 BGBl. I S. 818. ||10 *Sansone/Ulber*, AuR 2008, 125 (126); *Sittard*, Tarifnormerstreckung, S. 443 ff. ||11 *Sittard*, Tarifnormerstreckung, S. 454 ff. ||12 Vgl. *Sittard*, Tarifnormerstreckung, S. 451 ff. mwN; *Maier*, NZA 2009, 351 (354); *Sodan/Zimmermann*, ZfA 2008, 526 (536 ff.) und NJW 2009, 2001 (2003 ff.); *Thüsing*, ZfA 2008, 590 (600 ff.). ||13 Unter Abs. 5 der Erwägungsgründe zur RL 96/71; EuGH 18.12.2007 – Rs. C-341/05, Slg. 2007 I, 11767 (Rz. 74 ff.) – Laval. Zur wettbewerbsrechtl. Wirkung des Entsenderechts *Sellin*, Arbeitnehmermobilität und Entsenderecht, 2006.

aufweist (vgl. für Deutschland Art. 8 Rom-I-VO, Rom-I-VO Rz. 7, 11 ff.); alle drei Anknüpfungspunkte führen regelmäßig zum Recht des entsendenden Staates[1]. Auch § 39 II 1 AufenthG (vgl. auch § 284 III SGB III), der bei ungünstigeren Arbeitsbedingungen die Versagung der Arbeitserlaubnis vorsieht, greift für ArbN aus anderen Mitgliedstaaten der EU nicht ein (Art. 45 AEUV Rz. 34; zu aus der EU entsandten Drittstaatsangehörigen vgl. dort Rz. 11); iÜ vermittelt er auch keinen Vergütungsanspruch[2].

Für den entsendenden ArbGeb stellte die Ausnutzung des Lohn- und ArbN-Schutzgefälles einen wettbewerblichen Vorteil dar, der von den Staaten mit höherem Lohn- und ArbN-Schutzniveau als ungerechtfertigt empfunden wurde („Sozialdumping"[3]). Die RL 96/71 ordnet daher in Art. 3 I an, dass unabhängig von dem Recht, welches nach allg. Regeln auf das ArbVerh anwendbar wäre, bestimmte Regelungen, die den ArbN in dem Land schützen, in das er entsandt ist, Anwendung finden müssen. Diese Regelungen sind in §§ 2 ff. wiedergegeben; erfasst ist insb. auch der Mindestlohn. § 2 statuiert damit sog. Eingriffsnormen iSd. Art. 9 Rom-I-VO, welche sich über das an sich anwendbare Recht hinwegsetzen (Rom-I-VO Rz. 7, 32 ff.). Ob ein Verstoß gegen das AEntG zugleich einen Verstoß gegen die Regelungen des UWG darstellen kann, ist noch unentschieden[4]. 4

II. Vereinbarkeit des AEntG bzw. der RL 96/71 mit höherrangigem Recht. 1. Verfassungsrecht. Ua. wurde die Vereinbarkeit des § 1 IIIa aF (jetzt §§ 3, 7, 8) mit Art. 9 III GG bezweifelt, da durch die Norm Druck auf den ArbN ausgeübt werde, um der größeren Einflussmöglichkeit willen Mitglied einer der tarifvertragsschließenden Parteien zu werden. Das BVerfG hat die entsprechende Verfassungsbeschwerde nicht zur Entscheidung angenommen[5]. Nicht angenommen wurde auch eine Verfassungsbeschwerde[6] gegen die VO über zwingende Arbeitsbedingungen für die Branche Briefdienstleistungen[7]. 5

Nach Ansicht des BAG ist auch die Erstreckung der für allgemeinverbindlich erklärten TV in § 1 III aF (jetzt §§ 3, 8), dh. die Einbeziehung ausländischer ArbGeb in das Sozialkassenverfahren, verfassungsgemäß[8]. Ebenso ist die in § 1a aF (jetzt § 14) normierte Bürgenhaftung mit Art. 12 GG vereinbar[9]. 6

2. Recht der EU. a) Richtlinie 96/71. Die RL 96/71 und das AEntG beschränken den entsendenden ArbGeb in seiner Dienstleistungsfreiheit gem. Art. 56 AEUV. Dieser bestimmt in Abs. 1, dass Beschränkungen des freien Dienstleistungsverkehrs innerhalb der EU grds. verboten sind. Regelungen, welche geeignet sind, die Dienstleistungsfreiheit zu beschränken, bedürfen damit einer Ermächtigungsgrundlage. Als solche wurden Art. 57 II, 66 EGV aF (jetzt: Art. 53 I, 62 AEUV) herangezogen; im Schrifttum wird dies jedoch als unzureichend kritisiert[10]. Die RL 2006/123 v. 12.12.2006 über Dienstleistungen im Binnenmarkt[11] lässt gem. ihrem Art. 3 Ia die Bestimmungen der RL 96/71 unberührt. Dies gilt auch für die Rom-I-VO[12]. 7

b) AEntG. aa) Vereinbarkeit mit Art. 56 AEUV. Der EuGH hat bislang nur zur Vereinbarkeit von Bestimmungen in nationalen Umsetzungsgesetzen mit Art. 56 AEUV (Art. 49 EGV aF) entschieden. Dabei ist zu beachten, dass im Falle der Unvereinbarkeit einer nationalen Regelung mit Unionsrecht die nationale Norm nicht anzuwenden ist (AEUV Vorb. Rz. 30). Dies gilt freilich nur, wenn der Anwendungsbereich des Art. 56 AEUV eröffnet ist, also nicht ggü. Drittstaaten[13]. Die Dienstleistungsfreiheit ist aber betroffen, wenn ein in der EU ansässiges Unternehmen seine **aus einem Drittstaat stammenden** ArbN innerhalb der EU entsenden möchte (dazu Art. 45 AEUV Rz. 11)[14]. Zu einer Vorlage an den EuGH ist grds. nur das BAG verpflichtet. Hält ein deutsches unterinstanzliches Gericht eine Norm des AEntG für nicht mit Art. 56 AEUV vereinbar, muss es die Norm **inzident verwerfen oder vorlegen** (AEUV Vorb. Rz. 33 f.). 8

---

1 Näher Hanau/Steinmeyer/Wank/*Hanau*, § 15 Rz. 466 ff.; ErfK/*Schlachter*, § 1 AEntG Rz. 3 f.; *Junker*, JZ 2005, 481 (484 f.). ||2 BAG 25.6.2002 – 9 AZR 439/01, AP Nr. 15 zu § 1 AEntG. ||3 Der Begriff „Sozialdumping" sollte indes nur verwendet werden, wenn das Unterbieten ortsüblicher Preise auf rechtswidrigem Verhalten beruht, vgl. Hanau/Steinmeyer/Wank/*Hanau*, § 15 Rz. 464. Zur ökonomischen Terminologie und weiterführend *Möschel*, BB 2005, 1164 ff. ||4 *Ulber*, § 1 Rz. 19; *Koberski/Eustrup/Winkler*, § 1 Rz. 12 ff.; *Schwab*, AR-Blattei SD 370.3, Rz. 14 ff.; *Bayreuther*, DB 2011, 706 (707); *Oetker*, FS Bepler, 2012, S. 467. ||5 BVerfG 18.7.2000 – 1 BvR 948/00, AP Nr. 4 zu § 1 AEntG. Weiterführend zu den verfassungsrechtl. Bedenken *Ulber*, § 1 7 Rz. 2 ff.; *Humbert*, Staatliche Regelungsbefugnisse für Arbeitsentgelte und -bedingungen, 2004, S. 184 ff., 204 ff.; Däubler/*Lakies*, § 5 TVG Anhang 2 § 1 AEntG Rz. 67 ff. Vgl. zur Verfassungskonformität von § 8 II weiter § 8 Rz. 3 a.E. ||6 BVerfG 10.6.2009 – 1 BvR 1196/09, nv.; vgl. auch BVerwG 28.1.2010 – 8 C 19.09, BVerwGE 136, 54. ||7 BAnz. Nr. 242 v. 29.12.2007, S. 8410; vgl. § 7 Rz. 2. Die VO war aufgrund von Verfahrensfehlern unwirksam, BVerwG 28.1.2010 – 8 C 19.09, BVerwGE 136, 54 (Rz. 73); BAG 18.4.2012 – 5 AZR 630/10, AP Nr. 65 zu § 138 BGB. ||8 BAG 25.6.2002 – 9 AZR 405/00 und 439/01, v. 25.1.2005 – 9 AZR 44/04, AP Nr. 12, 15, 22 zu § 1 AEntG. ||9 BVerfG 20.3.2007 – 1 BvR 1047/05, NZA 2007, 609 ff.; BAG 6.11.2002 – 1 AZR 617/01 (A); 12.1.2005 – 5 AZR 617/01, AP Nr. 1, 2 zu § 1a AEntG; 20.7.2004 – 9 AZR 345/03, AP Nr. 19 zu § 1 AEntG. ||10 *Fritzsche*, Die Vereinbarkeit des AEntG sowie der erfassten Tarifverträge mit höherrangigem Recht, 2001, S. 138 ff.; *Gronert*, Die Entsendung von Arbeitnehmern im Rahmen der grenzüberschreitenden Erbringung von Dienstleistungen, 2001, S. 96 ff.; *Görres*, Grenzüberschreitende Arbeitnehmerentsendung in der EU, 2003, S. 223 ff. Anders *Hanau*, NJW 1996, 1369 (1373); *Zipperling*, Arbeitnehmerentsendung im Spannungsfeld von nationalem und europäischem Recht, 2006, S. 102 f. ||11 ABl. 2006 L 376/36. ||12 Vgl. Art. 23 Rom-I-VO sowie den Erwägungsgrund 40 zur VO. ||13 BAG 3.5.2006 – 10 AZR 344/05, AP Nr. 5 zu § 1 AEntG; 15.2.2012 – 10 AZR 711/10, NZA 2012, 760. ||14 EuGH 19.1.2006 – Rs. C-244/04, Slg. 2006 I, 885 (Rz. 34) – Kommission gegen Deutschland; 9.8.1994 – Rs. C-43/93, Slg. 1993 I, 3803 (Rz. 15) – Vander Elst.

AEntG Vorb. Rz. 9

9 Die Vereinbarkeit der nationalen Umsetzungsgesetze mit der RL 96/71, insb. auch die des AEntG, hatte der EuGH wiederholt zu prüfen. Grds. geht das Gericht davon aus, dass die zwingende Anordnung von Mindestarbeitsbedingungen nur in dem Rahmen möglich ist, den die RL 96/71 eröffnet. Dh., dass zB ein Mindestlohn für entsandte ArbN nur gem. Art. 3 I 1 und X der RL, also nur durch Rechts- oder Verwaltungsvorschrift oder durch AVE, festgelegt werden kann. Dies bedeutet, dass es im Rahmen von Vergaberegelungen für öffentl. Bauaufträge nicht zulässig ist, die Auftragserteilung von der Einhaltung bestimmter regionaler Tariflöhne abhängig zu machen (Tariftreueerklärung)[1].

10 Daneben geht der EuGH allg. von dem Grundsatz aus, dass Art. 56 AEUV nicht nur die Beseitigung jeder Diskriminierung des in einem anderen Mitgliedstaat ansässigen Dienstleistenden auf Grund seiner Staatsangehörigkeit verlange, sondern auch die Aufhebung aller Beschränkungen – selbst wenn sie unterschiedslos für inländische Dienstleistende wie für solche aus anderen Mitgliedstaaten gelten –, sofern die Beschränkungen geeignet sind, die Tätigkeiten des Dienstleistenden, der in einem anderen Mitgliedstaat ansässig ist und der dort rechtmäßig ähnliche Dienstleistungen erbringt, zu unterbinden, zu behindern oder weniger attraktiv zu machen[2] (sog. **Beschränkungsverbot**, vgl. auch Art. 45 AEUV Rz. 45 ff.). Eine Beschränkung könne auch in nationalen Regelungen des Aufnahmemitgliedstaates bestehen, wenn diese zusätzliche administrative und wirtschaftl. Kosten und Belastungen für den Dienstleistenden verursachen. Die Regelungen des AEntG können also grds. gegen das Beschränkungsverbot verstoßen.

11 Für beschränkende Regelungen kommt allerdings eine **Rechtfertigung** in Betracht. Nach Ansicht des EuGH sind Beschränkungen gerechtfertigt, wenn sie auf zwingenden Gründen des Allgemeininteresses beruhen, soweit dieses Interesse nicht bereits durch Vorschriften geschützt wird, denen der Dienstleistende in dem Mitgliedstaat unterliegt, in dem er ansässig ist, und sofern sie geeignet sind, die Verwirklichung des mit ihnen verfolgten Zieles zu gewährleisten, ohne über das hinauszugehen, was zur Erreichung dieses Zieles erforderlich ist[3]; mit anderen Worten muss die Beschränkung zwingenden Allgemeininteressen dienen und verhältnismäßig sein.

12 Für das AEntG ist maßgeblich, dass auch der **ArbN-Schutz** zu den zwingenden Gründen des Allgemeininteresses gehört[4], so zB auch der soziale Schutz der ArbN des Baugewerbes[5]. Notwendig ist aber, dass die beschränkende Regelung den ArbN einen tatsächlichen Vorteil verschafft, der deutlich zu ihrem sozialen Schutz beiträgt[6]. Ob Regelungen des AEntG dem ArbN-Schutz dienen, hat das nationale Gericht anhand einer objektiven Betrachtung zu prüfen.

13 In der Gesetzesbegr. zum AEntG 996 hatte der Gesetzgeber als Ziele des Gesetzes noch den Schutz der deutschen Bauwirtschaft und den Abbau der Arbeitslosigkeit genannt[7]. Indessen sind nach Ansicht des EuGH Ziele wirtschaftl. Art, wie der Schutz der inländischen Unternehmen, nicht geeignet, eine Beschränkung zu rechtfertigen. Die in der Gesetzesbegr. dargelegte Absicht des Gesetzgebers ist allerdings nicht ausschlaggebend; sie kann aber ein Anhaltspunkt sein[8]. In seiner Rspr. hat der EuGH darüber hinaus die Verhinderung von unlauterem Wettbewerb als legitimes Ziel akzeptiert, jedenfalls soweit kein Widerspruch zwischen dieser Zielverfolgung und dem Ziel der Erreichung von ArbN-Schutz bestehe[9]. Mit dieser Rspr. sucht der Gesetzgeber von 2009 in Einklang zu kommen, wenn er in § 1 S. 1 die Schaffung angemessener Mindestarbeitsbedingungen und die Sicherung eines fairen Wettbewerbs als Ziele des Gesetzes benennt.

14 Insg. kommt es daher für die Vereinbarkeit des AEntG mit Art. 56 AEUV darauf an, ob die einzelne Regelung dem ausländischen ArbN einen tatsächlichen, insb. materiellen Vorteil bringt. Ein Vorteil liegt nicht vor, wenn die Regelung einen Schutz bietet, den der ArbN auch ohne Eingreifen der Norm bereits vollständig oder im Wesentlichen innehat[10].

15 **bb) Vereinbarkeit mit den Assoziierungsabkommen.** Die EU und ihre Mitgliedstaaten haben mit Kroatien ein Assoziierungsabkommen geschlossen, welches trotz des EU-Beitritts dieses Staats noch

---

1 EuGH 3.4.2008 – Rs. 346/06, Slg. 2008 I, 1989 (Rz. 33 ff.). – Rüffert; vgl. auch *Ulber*, AEntG, Einl. Rz. 34; *Greiner*, ZIP 2011, 2129; *Dietlein*, FS Stern, 2012, S. 1329. ||2 EuGH 7.10.2010 – Rs. C-515/08, Slg. 2010 I, 9133 (Rz. 29) – Santos Palhota; 18.7.2007 – Rs. C-490/04, Slg. 2007 I, 6095 (Rz. 63) – Kommission gegen Deutschland; 12.10.2004 – Rs. C-60/03, Slg. 2004 I, 9555 (Rz. 31). – Wolff & Müller; 24.1.2002 – Rs. C-164/99, Slg. 2002 I, 787, 812 – Portugaia Construções. ||3 EuGH 18.12.2007 – Rs. C-341/05, Slg. 2007 I, 11767 (Rz. 101) – Laval; 24.1.2002 – Rs. C-164/99, Slg. 2002 I, 787, 813 – Portugaia Construções. ||4 EuGH 15.3.2001 – Rs. C-165/98, Slg. 2001 I, 2189, 2222 – Mazzoleni; 24.1.2002 – Rs. C-164/99, Slg. 2002 I, 787, 813, 815 – Portugaia Construções; 12.10.2004 – Rs. C-60/03, Slg. 2004 I, 9555 (Rz. 35) – Wolff & Müller; 14.4.2005 – Rs. C-341/02, Slg. 2005 I, 2733 (Rz. 24) – Kommission gegen Deutschland; 11.12.2007 – Rs. C-438/05, Slg. 2007 I, 10779 (Rz. 77) – Viking. Zust. Däubler/*Lakies*, § 5 TVG Anhang 2 § 1 AEntG Rz. 55 ff. ||5 EuGH 23.11.1999 – Rs. C-369/96, Slg. 1999 I, 8453, 8514 – Arblade; 18.12.2007 – Rs. C-341/05, Slg. 2007 I, 11767 (Rz. 57, 103 ff.) – Laval (betr. kollektive Maßnahme). ||6 EuGH 18.7.2007 – Rs. C-490/04, Slg. 2007 I, 6095 (Rz. 46) – Kommission gegen Deutschland; 12.10.2004 – Rs. C-60/03, Slg. 2004 I, 9555 (Rz. 38) – Wolff & Müller; 24.1.2002 – Rs. C-164/99, Slg. 2002 I, 787, 815 – Portugaia Construções. Weiterführend *Velikova*, Arbeitnehmerentsendung und Kollektivvertragssystem, 2012, S. 185 ff. ||7 BT-Drs. 13/2414, 6 f. ||8 EuGH 24.1.2002 – Rs. C-164/99, Slg. 2002 I, 787, 814 f. – Portugaia Construções; 25.10.2001 – Rs. C-49, 50, 52–54, 68–71/98, Slg. 2001 I, 7831 (Rz. 40) – Finalarte. ||9 EuGH 12.10.2004 – Rs. C-60/03, Slg. 2004 I, 9555 (Rz. 41 f.) – Wolff & Müller. ||10 EuGH 19.6.2008 – Rs. C-319/06, Slg. 2008 I, 4323 (Rz. 42 f.) – Kommission gegen Luxemburg; 25.10.2001 – Rs. C-49, 50, 52–54, 68–71/98, Slg. 2001 I, 7831 (Rz. 45) – Finalarte.

von Bedeutung sein kann (AEUV Vorb. Rz. 27f., Art. 45 AEUV Rz. 10). Auch mit Marokko, Tunesien, Algerien, Mazedonien, Albanien, Montenegro und Serbien bestehen ähnliche Abkommen. In ihnen wird den ArbN ein beschränkter Zugang zum Arbeitsmarkt[1] und Gleichbehandlung gewährt. Der EuGH hat ua. für das seinerzeit mit Polen geschlossene Abkommen eine unmittelbare Direktwirkung des Gleichbehandlungsgebots angenommen (zur Direktwirkung vgl. Art. 45 AEUV Rz. 10 und AEUV Vorb. Rz. 27f.)[2]. Für die in diesen Abkommen enthaltenen Bestimmungen über den Dienstleistungsverkehr und die Freizügigkeit der ArbN trifft dies nicht zu[3]. Die Vereinbarkeit des § 1a aF (jetzt § 14) mit den mit der Türkei geschlossenen Abkommen und den dort enthaltenen Verschlechterungsverboten (Art. 45 AEUV Rz. 9) ist bejaht worden[4].

cc) Beispiele. (1) Mindestlohn. Mit Art. 56 AEUV ist es grds. **vereinbar**, wenn eine Norm einen Unternehmer mit Sitz in einem anderen Mitgliedstaat verpflichtet, die nach nationalem Recht festgelegten Mindestlöhne zu zahlen[5]. Maßnahmen, die den ausländischen ArbGeb dazu zwingen, einen über dem gesetzl. Mindestlohn liegenden Tariflohn zu zahlen, sind dagegen nicht mehr mit Art. 56 AEUV vereinbar[6] (vgl. auch oben Rz. 9). Die Berechnung des Mindestlohns durch die Zollbehörden (§ 16) entsprach zunächst nicht den Anforderungen, die Art. 3 der RL 96/71 stellt. Die Behörden müssen den zu zahlenden Mindestlohn (vgl. § 2 TV Mindestlohn, unten § 7 Rz. 2) ermitteln und mit dem real gezahlten Lohn vergleichen. Dabei wurden zunächst die vom ArbGeb gezahlten Zulagen oder Zuschläge (mit Ausnahme des Bauzuschlags gem. § 2 I TV Mindestlohn) nicht auf den zu zahlenden Mindestlohn angerechnet. Nach Ansicht des EuGH müssen jedoch grds. auch Zuschläge und sonstige Zahlungen auf den zu zahlenden Mindestlohn angerechnet werden, solange diese Zahlungen nicht das Gleichgewicht zwischen der Leistung des ArbN und der von ihm erhaltenen Vergütung verändern, also eine Entlohnung für die „normale" Arbeitsleistung darstellen (zB 13. und 14. Monatsgehalt[7])[8]. Nach Ansicht des BAG ist daher bei den vom ArbGeb tatsächlich erbrachten Zahlungen für die Anrechnung auf den zu zahlenden Mindestlohn darauf abzustellen, ob die vom ArbGeb erbrachte Leistung ihrem Zweck nach gerade diejenige Arbeitsleistung des ArbN entgelten soll, die durch den Mindestlohn zu vergüten ist. Dazu sei dem erkennbaren Zweck des tarifl. Mindestlohns, den der ArbN als unmittelbare Leistung für die verrichtete Tätigkeit begehrt, der zu ermittelnde Zweck der jeweiligen Leistung des ArbGeb gegenüberzustellen[9]. Daher können auch Spätschichtzulagen angerechnet werden[10]. Damit wären **nicht** auf den zu zahlenden Mindestlohn **anzurechnen**: gezahlte Qualitätsprämien, Schmutz-, Erschwernis- oder Gefahrenzulagen[11], Entgelte für Überstunden, Beiträge für zusätzliche betrAV sowie Beträge und Pauschalbeträge, die für die tatsächlich durch die Entsendung entstandenen Aufwendungen gezahlt werden. Nicht anzurechnen wären auch Sonderzahlungen wie Jubiläumsprämien, Weihnachtsgeld, (zusätzliches) Urlaubsgeld oder Ergebnisbeteiligungen[12] und Zahlungen, zu denen der ArbGeb durch das Gesetz verpflichtet wird, wie zB Nachtzuschläge (§ 6 V ArbZG)[13]. Zur Frage der Berücksichtigung sog. vermögenswirksamer Leistungen[14] sowie von Einmalzahlungen des ArbGeb, die zur Überbrückung bis zum Inkrafttreten einer Tariflohnerhöhung dienen, hat das BAG den EuGH angerufen[15].

Die Verpflichtung zur Zahlung eines Mindestlohns kann zudem **unverhältnismäßig** und damit mit Art. 56 AEUV unvereinbar sein, wenn sie auf Beschäftigte eines grenznahen Unternehmens angewandt wird, die einen Teil ihrer Arbeit in Teilzeit und nur für kurze Zeiträume im Hoheitsgebiet eines oder mehrerer anderer Mitgliedstaaten erbringen[16]. Solche Fälle können daher die Unanwendbarkeit der Vorschrift zur Folge haben (vgl. Rz. 8).

Gegen das Diskriminierungsverbot des Art. 56 AEUV verstößt es, wenn sich ein in einem anderen Mitgliedstaat ansässiger ArbGeb anders als ein ArbGeb aus dem Aufnahmemitgliedstaat nicht der Pflicht zur Zahlung des in einem für allgemeinverbindlich erklärten TV festgesetzten Mindestlohns durch Abschluss eines **FirmenTV** entziehen kann[17] (vgl. dazu § 8 Rz. 4).

---

1 Zu den Beschränkungen BAG 25.6.2002 – 9 AZR 405/00 und 439/01, AP Nr. 12 und 15 zu § 1 AEntG. || 2 EuGH 29.1.2002 – Rs. C-162/00, Slg. 2002 I, 1049 (Rz. 24) – Pokrzeptowicz-Meyer. Ebenso für das Niederlassungsrecht in Art. 44 III des Abkommens EuGH 27.9.2001 – Rs. C-63/99, Slg. 2001 I, 6369, 6408f. – Gloszczuk. || 3 BAG 25.6.2002 – 9 AZR 405/00, AP Nr. 12 zu § 1 AEntG; 15.2.2012 – 10 AZR 711/10, NZA 2012, 760. || 4 LAG Berlin 9.7.2004 – 8 Sa 804/04, EzAÜG § 1a AEntG Nr. 4; LAG Hess. 1.12.2003 – 16 Sa 461/03, EzAÜG § 1 AEntG Nr. 18. || 5 EuGH 24.1.2002 – Rs. C-164/99, Slg. 2002 I, 787, 813 – Portugaia Construções; 14.4.2005 – Rs. C-341/02, Slg. 2005 I, 2733 (Rz. 24) – Kommission gegen Deutschland. Auch die Verpflichtung zur Zahlung von ArbGebBeiträgen zu einem Schlechtwetter- und Treuemarkensystem kann mit Art. 56 AEUV vereinbar sein, EuGH 23.11.1999 – Rs. C-369/96, Slg. 1999 I, 8453, 8519 – Arblade. || 6 EuGH 18.12.2007 – Rs. C-341/05, Slg. 2007 I, 11767 (Rz. 80ff.) – Laval (betr. kollektive Maßnahme). || 7 Koberski/Asshoff/Eustrup/Winkler, § 5 Rz. 16. || 8 EuGH 14.4.2005 – Rs. C-341/02, Slg. 2005 I, 2733 (Rz. 24ff.) – Kommission gegen Deutschland. Vgl. zur Berechnung auch Deckers, NZA 2008, 321. || 9 BAG 18.4.2012 – 4 AZR 139/10, NZA 2013, 392. || 10 LAG Bln.-Bbg. 1.9.2011 – 25/Sa 131/11, nv., nrkr. || 11 Anders BayObLG 28.5.2002 – 3 ObOWi 29/02 und 27.11.2002 – 3 ObOWi 93/02, AP Nr. 10 und 13 zu § 1 AEntG; diff. Thüsing/Bayreuther, § 8 Rz. 11f. || 12 Hier diff. Koberski/Asshoff/Eustrup/Winkler, § 5 Rz. 15. || 13 LAG Bln.-Bbg. 1.9.2011 – 25/Sa 131/11, nv., nrkr. || 14 Dazu auch LAG Bln.-Bbg. 1.9.2011 – 25/Sa 131/11, nv., nrkr. || 15 BAG v. 18.4.2012 – 4 AZR 168/10 (A), NZA 2013, 386. || 16 EuGH 15.3.2001 – Rs. C-165/98, Slg. 2001 I, 2189, 2223ff. – Mazzoleni. || 17 EuGH 24.1.2002 – Rs. C-164/99, Slg. 2002 I, 787, 816f. – Portugaia Construções; BAG 20.7.2004 – 9 ARZ 343/03, AP Nr. 18 zu § 1 AEntG.

AEntG Vorb. Rz. 19   Vorbemerkungen

19   **(2) Bürgenhaftung.** Das BAG hatte die Vereinbarkeit der in § 1a aF (jetzt § 14) geregelten Bürgenhaftung mit Art. 56 AEUV bezweifelt, da diese besonders intensive Kontrollen und Nachweispflichten insb. ausländischer Nachunternehmer durch inländische Generalunternehmer auslöse (vgl. auch § 14 Rz. 2, 4)[1]. Der EuGH hat die Vereinbarkeit indessen bejaht; für den ArbN stelle es einen tatsächlichen Vorteil dar, wenn er einen zweiten, idR zahlungskräftigeren Schuldner erhalte[2].

20   **(3) Urlaubsvergütung und Urlaub.** Unter den Voraussetzungen der §§ 3, 5, 8 werden ArbGeb mit Sitz in einem anderen Mitgliedstaat verpflichtet, am deutschen Sozialkassenverfahren teilzunehmen. Daraus kann für den begünstigten ArbN ein Anspruch auf **Urlaubsvergütung** resultieren. Der EuGH hat über die Vereinbarkeit dieser Regelung mit Art. 56 AEUV nicht endgültig entschieden[3]; die Vereinbarkeit mit Art. 56 AEUV sei jedoch gegeben, wenn durch das Verfahren den ArbN ein tatsächlicher Vorteil verschafft werde und die Anwendung der Regelung iÜ verhältnismäßig sei. Beides ist wohl zu bejahen[4]. Durch die Bestimmungen in § 5 Nr. 3 wird eine Doppelbelastung des ArbGeb verhindert[5], so dass das Verfahren nur dann zum Zuge kommt, wenn dem ArbN tatsächlich auf Grund deutschen Tarifrechts ein höherer Anspruch auf Urlaubsvergütung zusteht. Der EuGH führt aus, dass es für den ArbGeb möglicherweise weniger belastend sein könne, wenn er die Urlaubsvergütung, die dem ArbN nach den deutschen Vorschriften zustünde, unmittelbar an diesen zu zahlen hätte. Er schließt aber nicht aus, dass ein Anspruch gegen die Urlaubskasse den ausländischen ArbN besser schützt; das gilt allerdings nur, wenn der ArbN diesen Anspruch ohne verfahrensmäßigen Aufwand geltend machen kann[6].

21   Mit Art. 56 AEUV vereinbar ist ebenfalls die zwingende Ausdehnung der **Urlaubslänge** gem. § 5 Nr. 2 Alt. 1 auf die von in anderen Mitgliedstaaten ansässigen Dienstleistenden nach Deutschland entsandten ArbN[7].

22   Dagegen war es mit Art. 56 AEUV nicht vereinbar, dass **Mischbetriebe** mit Sitz in einem anderen Mitgliedstaat durch Art. 1 IV idF v. 26.2.1996 (vgl. Rz. 1) anders als deutsche Mischbetriebe stets unter die SozialkassenTV des Baugewerbes fielen[8].

23   **(4) Prüfung und Kontrolle.** Mit Art. 56 AEUV ist es grds. vereinbar, dass bestimmte Unterlagen über das ArbVerh des entsandten ArbN erstellt und am Arbeitsort oder an einem zugänglichen und klar bezeichneten Ort im Hoheitsgebiet des Aufnahmestaates für die mit der Durchführung von Kontrollen betrauten Behörden bereitgehalten werden müssen[9]. Das gilt auch für die Verpflichtung eines ArbN, der in einem anderen Mitgliedstaat ansässig ist, (zusätzliche) Auskünfte zu erteilen[10]. Dabei sind jedoch nur Maßnahmen zulässig, die zum Schutz der ArbN geeignet und erforderlich sind. Für die Anforderungen, die § 19 II stellt, dürfte dies insb. wegen der zeitlichen Begrenzung der Pflichten[11] anzunehmen sein. IÜ ist diese Vorschrift unionsrechtskonform auszulegen (vgl. AEUV Vorb. Rz. 22f.): Legt das in einem anderen Mitgliedstaat ansässige Unternehmen die Unterlagen vor, welche es nach dem Recht seines Niederlassungsstaates über das ArbVerh führen muss, und genügen diese Unterlagen bereits, um den Schutz des ArbN sicherzustellen, können durch deutsche Behörden keine weiteren Unterlagen verlangt werden. Das Erfordernis, die Unterlagen in deutscher Sprache vorzuhalten, ist mit Art. 56 AEUV vereinbar[12]. Unvereinbar war indes das für einen ausländischen Verleiher in § 3 II idF v. 16.12.1997[13] aufgestellte Erfordernis, den Einsatzort und jede Änderung des Ortes zu melden[14]. Nach der Neufassung obliegt diese Pflicht nun dem Entleiher (§ 18 III 1). An der Unvereinbarkeit des Erfordernisses mit Art. 56 AEUV dürfte dies nichts ändern.

24   **(5) Anmeldepflicht.** Die in § 18 I[15] bzw. II[16] begründete Anmeldepflicht für ausländische ArbGeb soll grds. nicht gegen Art. 56 AEUV verstoßen[17]. Nach der Entscheidung des BSG 6.3.2003 wurde der Anwendungsbereich der Norm jedoch eingeschränkt, vgl. § 18 Rz. 2. Der EuGH hat entschieden, dass das Anmeldungserfordernis nicht den Charakter eines Genehmigungsverfahrens annehmen und zu Verzögerungen bei der Aufnahme der Arbeit führen darf[18].

---

1 BAG 6.11.2002 – 5 AZR 617/01 (A), AP Nr. 1 zu § 1a AEntG m. Anm. *Franzen*, SAE 2003, 190ff. ||2 EuGH 12.10.2004 – Rs. C-60/03, Slg. 2004 I, 9555 (Rz. 40) – Wolff & Müller. Nachfolgend BAG 12.1.2005 – 5 AZR 617/01, AP Nr. 2 zu § 1a AEntG. ||3 Im Urt. EuGH 18.7.2007 – Rs. C-490/04 Slg. 2007 I, 6095 – Kommission gegen Deutschland, hatte die Kommission keine ausreichenden Beweise für eine Vertragswidrigkeit dargetan. ||4 Vgl. BAG 20.7.2004 – 9 ARZ 343/03, AP Nr. 18 zu § 1 AEntG; 21.11.2007 – 10 AZR 782/06, AP Nr. 297 zu § 1 TVG Tarifverträge: Bau; 15.2.2012 – 10 AZR 711/10, NZA 2012, 760. ||5 *Ulber*, § 1 Rz. 32. ||6 EuGH 25.10.2001 – Rs. C-49, 50, 52–54, 68–71/98, Slg. 2001, 7831 (Rz. 44ff.) – Finalarte; dabei weist der EuGH ua. auf das Sprachproblem hin. ||7 EuGH 25.10.2001 – Rs. C-49, 50, 52–54, 68–71/98, Slg. 2001, 7831 (Rz. 57ff.) – Finalarte. ||8 EuGH 25.10.2001 – Rs. C-49, 50, 52–54, 68–71/98, Slg. 2001, 7831 (Rz. 82) – Finalarte; BAG 25.1.2005 – 9 AZR 44/04, AP Nr. 22 zu § 1 AEntG. ||9 EuGH 23.11.1999 – Rs. C-369/96, Slg. 1999 I, 8453, 8521 – Arblade; 7.10.2010 – Rs. C-515/08, Slg. 2010 I, 9133 (Rz. 55) – Santos Palhota. ||10 EuGH 25.10.2001 – Rs. C-49, 50, 52–54, 68–71/98, Slg. 2001, 7831, (Rz. 66ff.) – Finalarte. ||11 Vgl. EuGH 19.6.2008 – Rs. C-319/06, Slg. 2008 I, 4323 (Rz. 173ff.) – Kommission gegen Luxemburg. ||12 EuGH 18.7.2007 – Rs. C-490/04, Slg. 2007 I, 6095 (Rz. 63ff.) – Kommission gegen Deutschland. ||13 BGBl. I S. 2970. ||14 EuGH 18.7.2007 – Rs. C-490/04, Slg. 2007 I, 6095 (Rz. 83ff.) – Kommission gegen Deutschland. ||15 OLG Düss. 16.3.2000 – 2b Ss (OWi) 2/00 – (OWi) 9/00 I, AP Nr. 1 zu § 3 AEntG (zu § 3 I aF). ||16 OLG Karlsruhe 25.7.2001 – 3 Ss 159/00, wistra 2001, 477 (zu 3 II aF). ||17 Ebenso *Ulber*, § 18 Rz. 4f. ||18 EuGH 7.10.2010 – Rs. C-515/08, Slg. 2010 I, 9133 (Rz. 34ff.) – Santos Palhota.

Abschnitt 1. Zielsetzung

1 *Zielsetzung*
Ziele des Gesetzes sind die Schaffung und Durchsetzung angemessener Mindestarbeitsbedingungen für grenzüberschreitend entsandte und für regelmäßig im Inland beschäftigte Arbeitnehmer und Arbeitnehmerinnen sowie die Gewährleistung fairer und funktionierender Wettbewerbsbedingungen. Dadurch sollen zugleich sozialversicherungspflichtige Beschäftigung erhalten und die Ordnungs- und Befriedungsfunktion der Tarifautonomie gewahrt werden.

Normzweck. Die Bestimmung der Gesetzesziele durch § 1 ist ein Novum des AEntG idF v. 20.4.2009 (Vorb. Rz. 1). S. 1 der Vorschrift verdeutlicht zunächst, dass dieses Gesetz nicht nur Mindestarbeitsbedingungen für nach Deutschland entsandte ArbN schaffen will, sondern die **Einhaltung dieser Mindestarbeitsbedingungen von allen im Inland regelmäßig tätigen ArbN** verlangt. Dieses Gesetzesziel sowie das Ziel der Gewährleistung eines fairen Wettbewerbs entspricht grds. den Zielen der RL 96/71 (vgl. Vorb. Rz. 3 f.). Der in S. 1 verwendete Begriff der „Angemessenheit" der Arbeitsbedingungen ist auslegungsbedürftig. Vorgeschlagen wird eine Anknüpfung an die Angemessenheitsvermutung der TV[1]. Weiter wird als Referenzpunkt die Sicherung eines angemessenen Lebensstandards oder das Verhältnis von Leistung und Gegenleistung vorgeschlagen[2]. Letzteres ist vorzugswürdig; es erlaubt eine Anlehnung an die Rspr. des BAG zum Lohnwucher (vgl. § 611 BGB Rz. 78 f.). 1

Auf den in S. 2 genannten **Erhalt sozialversicherungspflichtiger Beschäftigung** hatte schon das AEntG von 1996 (vgl. Vorb. Rz. 12) abgestellt. Die Wahrung der Ordnungs- und Befriedungsfunktion der Tarifautonomie wird als viertes Ziel genannt. Gemeint ist freilich nur die Tarifautonomie der deutschen Tarifpartner. Ihr Schutz wird insoweit bewirkt, als die Tarifnormerstreckung durch das AEntG verhindern kann, dass durch die Entsendung von ArbN, für die ihre heimischen Arbeitsbedingungen gelten, die prägende Wirkung deutscher Tarifverträge auf eine bestimmte Branche verloren geht[3]. Andererseits wird durch das AEntG die Pluralität des Tarifsystems wegen der verdrängenden Wirkung des erstreckten Tarifvertrags auf andere Tarifverträge eingeschränkt (vgl. § 8 Rz. 3). 2

Abschnitt 2. Allgemeine Arbeitsbedingungen

2 *Allgemeine Arbeitsbedingungen*
Die in Rechts- oder Verwaltungsvorschriften enthaltenen Regelungen über

1. die Mindestentgeltsätze einschließlich der Überstundensätze,
2. den bezahlten Mindestjahresurlaub,
3. die Höchstarbeitszeiten und Mindestruhezeiten,
4. die Bedingungen für die Überlassung von Arbeitskräften, insbesondere durch Leiharbeitsunternehmen,
5. die Sicherheit, den Gesundheitsschutz und die Hygiene am Arbeitsplatz,
6. die Schutzmaßnahmen im Zusammenhang mit den Arbeits- und Beschäftigungsbedingungen von Schwangeren und Wöchnerinnen, Kindern und Jugendlichen und
7. die Gleichbehandlung von Männern und Frauen sowie andere Nichtdiskriminierungsbestimmungen

finden auch auf Arbeitsverhältnisse zwischen einem im Ausland ansässigen Arbeitgeber und seinen im Inland beschäftigten Arbeitnehmern und Arbeitnehmerinnen zwingend Anwendung.

I. Entstehungsgeschichte und Norminhalt. Die Vorschrift wurde mit weitgehend gleichem Wortlaut durch das Gesetz zu Korrekturen in der Sozialversicherung und zur Sicherung der Arbeitnehmerrechte (vgl. Vorb. Rz. 1) als § 7 I aF eingeführt. Sie setzt im Wesentlichen die Bestimmung des Art. 3 I 1 Spiegelstr. 1 der RL 96/71 um[4]. Nach dieser Regelung müssen ArbN, welche von einem Unternehmen mit Sitz in einem Mitgliedstaat in einen anderen Mitgliedstaat entsandt werden, die Arbeits- und Beschäftigungsbedingungen des Aufnahmestaates gewährt werden, welche durch Rechts- oder Verwaltungsvorschrift festgelegt sind. Zum Verhältnis zu § 3 vgl. dort Rz. 2. 1

§ 1 legt sog. Eingriffsnormen nach Art. 9 Rom-I-VO fest (vgl. Rom-I-VO Rz. 7, 33 ff.). Diese finden auf das ArbVerh stets Anwendung, unabhängig von der Rechtsordnung, der das ArbVerh unterliegt. Viele der Normen, welche durch § 1 als Eingriffsnormen bestimmt werden, wurden bereits vor Schaffung der Regelung als solche qualifiziert. IÜ ist zu beachten, dass das auf das ArbVerh anwendbare Recht auch 2

---

1 Thüsing/*Thüsing*, § 1 Rz. 8. ||2 *Ulber*, § 1 Rz. 16. ||3 Vgl. *Sittard*, Tarifnormerstreckung, S. 323 f., der auch auf die Möglichkeit einer „Abwärtsspirale" hinweist. ||4 BT-Drs. 16/10486, 11.

noch durch andere Vorschriften überlagert werden kann (vgl. Rom-I-VO Rz. 28 ff.). Insg. unterliegen solche ArbVerh damit einem „Mischrecht".

3 **II. Anwendungsbereich.** Die Vorschrift gilt bei grenzüberschreitender Beschäftigung in **jeder Branche**, nicht nur in den in § 4 genannten Branchen. Sie ist nur auf ArbGeb mit Sitz im Ausland anwendbar, welche ArbN im Inland beschäftigen. Auf eine „Entsendung" kommt es nicht an; die Vorschrift ist auch anzuwenden, wenn der ArbGeb mit Sitz im Ausland im Inland sog. Ortskräfte anwirbt. Zur Auslegung des Begriffs „Arbeitsverhältnis" vgl. § 3 Rz. 3. Staatsangehörigkeit oder Wohnsitz des ArbGeb oder des ArbN sind irrelevant.

4 Die in Abs. 1 genannten Mindestarbeitsbedingungen können in Rechts- oder Verwaltungsvorschriften enthalten sein. Dazu gehören neben den gesetzl. Regelungen, RechtsVO, Verwaltungsvorschriften oder Runderlasse der BA. Nicht erfasst sind BV und TV, auch nicht solche TV, die für allgemeinverbindlich erklärt wurden. Für diese gilt § 3. Für VO nach § 7 (ErstreckungsVO), welche inhaltlich ebenfalls tarifl. Bestimmungen betreffen, gilt ebenfalls § 3, der hier als lex specialis vorgeht[1].

5 **Nr. 1** bezieht sich auf Mindestentgeltsätze, doch sieht die deutsche Rechtsordnung bislang Mindestlöhne nicht vor; ob es zur Festsetzung von Entgelthöhen durch das MiArbG (vgl. Vorb. Rz. 2, vgl. zudem § 8 I MiArbG) kommt, ist offen. Eine Anknüpfung wäre im Bereich des § 17 BBiG sowie an die Rspr. zum Lohnwucher (vgl. § 611 BGB Rz. 78 f.)[2] möglich. Die Tatsache, dass die deutsche Rechtsordnung insoweit keine ausdrückliche Regelung bereithält, begründet keinen Verstoß gegen die Pflicht, Art. 3 RL 96/71 umzusetzen. Denn Art. 3 der RL fordert die Mitgliedstaaten lediglich auf, die Arbeitsbedingungen zu garantieren, die einheimischen ArbN zugute kommen. Die Mitgliedstaaten sind nicht verpflichtet, neue Arbeitsbedingungen erst zu schaffen. **Nr. 2** erfasst den Mindesturlaub nach § 3 BUrlG und § 125 SGB IX bzw. nach Zusatzurlaub gewährenden Landesgesetzen sowie das Mindesturlaubsentgelt nach § 11 I 1 BUrlG, nicht aber „zusätzliches Urlaubsgeld". Dieses wird aber von § 5 Nr. 2 Alt. 3 erfasst. Unter **Nr. 3** fallen insb. die entsprechenden Bestimmungen des ArbZG und des LSchlG. Unter den Bedingungen für die Überlassung von ArbN in **Nr. 4** sind sowohl die arbeitsrechtl. wie die gewerbe-, vermittlungs- und erlaubnisrechtl. Bestimmungen zur AÜ zu verstehen[3]. Die Norm ist nicht auf die gewerbsmäßige AÜ beschränkt[4]. Die Normen des Arbeitsschutzes ieS, die **Nr. 5** erfasst, galten auch schon vor Schaffung der Vorschrift als Eingriffsnormen iSd. Art. 9 Rom-I-VO. **Nr. 6** bezieht sich insb. auf die Schutzvorschriften des MuSchG und des JArbSchG (vgl. insoweit Rom-I-VO Rz. 35). **Nr. 7** erstreckt den Anwendungsbereich auf Nichtdiskriminierungsbestimmungen, insb. die des AGG[5].

Abschnitt 3. Tarifvertragliche Arbeitsbedingungen

3 *Tarifvertragliche Arbeitsbedingungen*
Die Rechtsnormen eines bundesweiten Tarifvertrages finden unter den Voraussetzungen der §§ 4 bis 6 auch auf Arbeitsverhältnisse zwischen einem Arbeitgeber mit Sitz im Ausland und seinen im räumlichen Geltungsbereich dieses Tarifvertrages beschäftigten Arbeitnehmern und Arbeitnehmerinnen zwingend Anwendung, wenn der Tarifvertrag für allgemeinverbindlich erklärt ist oder eine Rechtsverordnung nach § 7 vorliegt. Eines bundesweiten Tarifvertrages bedarf es nicht, soweit Arbeitsbedingungen im Sinne des § 5 Nr. 2 oder 3 Gegenstand tarifvertraglicher Regelungen sind, die zusammengefasst räumlich den gesamten Geltungsbereich dieses Gesetzes abdecken.

1 **I. Normzweck.** Die Norm erstreckt die Anwendbarkeit für allgemeinverbindlich erklärter TV und VO nach § 7 auf ArbVerh, bei denen der ArbGeb seinen Sitz im Ausland hat, soweit jener ArbN im räumlichen Geltungsbereich des TV beschäftigt. Durch die Vorschrift wird im Wesentlichen die Bestimmung des Art. 3 I 1 Spiegelstr. 2 RL 96/71 umgesetzt[6]. Die jeweiligen Normen werden für zwingend anwendbar erklärt; dh. sie werden zu Eingriffsnormen iSd. Art. 9 Rom-I-VO (vgl. Vorb. Rz. 4). Die Vorschrift erfasst allerdings nur TV und VO nach § 7, die die Voraussetzungen der §§ 4 bis 6 erfüllen.

2 Die Vorschrift ist im Zusammenhang mit § 2 zu sehen. § 3 erfasst grds. nur die Arbeitsbedingungen der in § 4 aufgezählten **Branchen**, soweit diese in **allgemeinverbindlichen TV** oder **VO nach § 7** geregelt sind. VO nach § 7 sind solche, in denen tarifl. Bestimmungen auf nicht Tarifgebundene erstreckt werden (ErstreckungsVO). Daher bezieht sich § 3 materiell nur auf **tarifliche Regelungen bestimmter Branchen**, die für zwingend anwendbar erklärt werden, während § 2 allg. für Rechts- und Verwaltungsvorschriften gilt. Der mögliche Regelungsgegenstand, also die regelbaren Arbeitsbedingungen, stimmen weitgehend (vgl. aber § 2 Rz. 5) mit den in § 2 genannten überein. Auch hier sind also insb. das Mindestent-

---

1 *Ulber*, § 2 Rz. 13. || 2 ErfK/*Schlachter*, § 2 AEntG Rz. 2; Thüsing/*Thüsing*, § 2 Rz. 6 f. Dagegen *Temming*, RdA 2005, 186 (190); *Bayreuther*, NZA 2010, 1157; *Franzen*, ZESAR 2011, 101. || 3 Dazu *Franzen*, EuZA 2011, 451. || 4 *Ulber*, § 2 Rz. 33. || 5 *Wiedemann/Wank*, Anh. 1 zu § 5 TVG Rz. 2. Ausführlich *Lüttringhaus*, Grenzüberschreitender Diskriminierungsschutz – Das internationale Privatrecht der Antidiskriminierung, 2010, S. 217 ff. || 6 BT-Drs. 16/10486, 11.

gelt, Urlaubsdauer und Urlaubsentgelte, aber auch die anderen in § 2 Nr. 3 bis 7 genannten Bereiche, vor allem die Arbeitszeit, die AÜ, der Arbeitsschutz ieS sowie die Gleichbehandlung, erfasst.

II. Geltungsbereich. 1. Arbeitsverhältnis. Die Norm setzt voraus, dass zwischen dem ausländischen ArbGeb und seinem ArbN ein ArbVerh besteht. Ob das Rechtsverhältnis als solches zu qualifizieren ist, beurteilt sich gem. Art. 2 II RL 96/71 für nach Deutschland entsandte ArbN nach deutschem Recht (vgl. vor § 611 BGB Rz. 19 ff.); Scheinselbständige sind daher als ArbN zu behandeln[1]. Zum Leih-ArbVerh vgl. § 8 Rz. 5.

2. ArbGeb. Die Norm gilt für ArbGeb mit **Sitz im Ausland**. Allerdings dürfen nach dem in Art. 56 AEUV enthaltenen Diskriminierungsverbot ausländische ArbGeb keinesfalls schlechter gestellt werden als inländische. Dies wird durch das Wort „auch" in S. 1 klargestellt und dadurch erreicht, dass nach § 8 auch ArbGeb mit Sitz im Inland – unabhängig von der rechtl. Grundlage (§§ 3, 5 TVG, 7 AEntG) – verpflichtet werden, die jeweiligen Arbeitsbedingungen zu gewähren. § 3 erfasst auch ArbGeb mit Sitz im nicht europäischen Ausland[2]; die Beschäftigung erfolgt hier oftmals auf Grund von internationalen Abkommen (vgl. AEUV Vorb. Rz. 4).

3. ArbN. Die ArbN müssen im räumlichen Geltungsbereich des TV bzw. der VO beschäftigt werden; die Beschäftigung muss jedenfalls **im Inland** erfolgen[3]. S. 1 hat nur zur Voraussetzung, dass ein ArbVerh zwischen einem ArbN und einem ArbGeb mit Sitz im Ausland besteht. Auf die Staatsangehörigkeit oder den Wohnsitz des ArbN kommt es nicht an und auch nicht darauf, ob der ArbN aus dem Ausland entsandt wurde.

4. Tarifvertrag oder VO nach § 7. Eine Erstreckung ist durch VO nach § 7 (ErstreckungsVO) oder durch TV möglich. Zur ErstreckungsVO vgl. § 7. Für die Erstreckung der Normen **eines Tarifvertrags** auf entsandte ArbN ist es nach S. 1 notwendig, dass der TV für **allgemeinverbindlich** erklärt wurde (vgl. § 5 TVG). Dies trifft zurzeit auf die TV über ein Mindestentgelt in den Elektrohandwerken sowie im Friseurhandwerk[4], beide aus dem Jahr 2013, zu[5]. Erforderlich ist weiter, dass durch den TV die ArbGeb auf den Tarif des **Arbeitsorts** verpflichtet werden (sog. Arbeitsortsprinzip)[6]. Die Erstreckung findet auch statt, wenn der für allgemeinverbindlich erklärte TV zu einem anderen, zB einem FirmenTV, in Tarifkonkurrenz steht (vgl. § 8 Rz. 4).

Nach der Neuregelung des Gesetzes v. 20.4.2009 (Vorb. Rz. 1) muss es sich grds. (S. 1) um einen **bundesweiten** TV handeln. Die Gesetzesbegr. bezieht sich hier auf die „bisherige Praxis"[7]. Nach S. 2 kann davon abgewichen werden, wenn es sich um tarifl. Urlaubsregelungen gem. § 5 Nr. 2 oder 3 handelt, allerdings nur, wenn die regionalen TV zusammengefasst räumlich den Bereich der Bundesrepublik abdecken. Ohne diese Sonderregelung wäre das Urlaubskassenverfahren aus dem Anwendungsbereich des AEntG herausgefallen, da hier in einigen Ländern eigene Tarifwerke bestehen[8].

Die Erstreckung kann auch für mehrere (bundesweite) TV mit unterschiedlichen Regelungsgegenständen erfolgen; ein einheitlicher „Entsendetarifvertrag" und auch ein besonderer „Mindestarbeitsbedingungstarifvertrag" sind nicht erforderlich[9]. In einem solchen TV können auch regional unterschiedliche Regelungen getroffen werden[10]. Weiter ist die Erstreckung des TV auf entsandte ArbN auch für verschiedene Lohngruppen möglich[11] (vgl. § 5 Rz. 2).

4 Einbezogene Branchen
§ 3 gilt für Tarifverträge

1. des Bauhauptgewerbes oder des Baunebengewerbes im Sinne der Baubetriebe-Verordnung vom 28. Oktober 1980 (BGBl. I S. 2033), zuletzt geändert durch die Verordnung vom 26. April 2006 (BGBl. I S. 1085), in der jeweils geltenden Fassung einschließlich der Erbringung von Montageleistungen auf Baustellen außerhalb des Betriebssitzes,
2. der Gebäudereinigung,
3. für Briefdienstleistungen,
4. für Sicherheitsdienstleistungen,
5. für Bergbauspezialarbeiten auf Steinkohlebergwerken,
6. für Wäschereidienstleistungen im Objektkundengeschäft,
7. der Abfallwirtschaft einschließlich Straßenreinigung und Winterdienst und
8. für Aus- und Weiterbildungsdienstleistungen nach dem Zweiten oder Dritten Buch Sozialgesetzbuch.

---

1 Vgl. LAG Hess. 29.10.2007 – 16 Sa 2012/06, nv.; weiterführend *Sittard*, Tarifnormerstreckung, S. 410 ff. ||2 BAG 25.6.2002 – 9 AZR 405/00 und 439/01, AP Nr. 12 und 15 zu § 1 AEntG; LAG Hess. 22.11.2004 – 16 Sa 143/04, nv. (auch Doppelstaatler); ErfK/*Schlachter*, § 3 AEntG Rz. 5. ||3 *Krebber*, IPrax 2001, 22 (24). ||4 BAnz. AT 23.12.2013 B1. ||5 BAnz. AT 23.12.2013 B2. ||6 *Ulber*, § 3 Rz. 23. ||7 BT-Drs. 16/10486, 11. ||8 Vgl. BT-Drs. 16/11669, 20. ||9 BAG 19.5.2004 – 5 AZR 449/03, AP Nr. 16 zu § 1 AEntG (zum „Entsendetarifvertrag"); *Sittard*, Tarifnormerstreckung, S. 341 f. und S. 349 ff. ||10 *Ulber*, § 3 Rz. 11. ||11 BT-Drs. 14/45, 25.

AEntG § 4 Rz. 1   Einbezogene Branchen

1 I. Normzweck. Die Erstreckung von Normen aus für allgemeinverbindlich erklärten TV und VO nach § 7 gem. § 3 ist auf die in § 4 aufgezählten Branchen beschränkt. Die Gesetzesnovelle v. 20.4.2009 (Vorb. 1) hat den Kreis der betroffenen Branchen erweitert. Der Gesetzgeber hatte allgemein Branchen mit einer Tarifbindung von über 50 % die Aufnahme in die gesetzl. Regelung angeboten[1]. Unter einer Tarifbindung von 50 % wurde verstanden, dass die an die TV gebundenen ArbGeb mindestens die Hälfte der unter den Geltungsbereich der TV fallenden ArbN beschäftigen. Da die Norm die Branchen ausdrücklich aufführt, ist es nicht mehr erforderlich, dass in der konkreten Branche weiterhin eine Tarifbindung von über 50 % besteht[2]. Bzgl. der in der Branche ausgeübten Tätigkeiten und Gewerke sind die Einschränkungen in § 6 zu beachten.

2 II. Branchen. 1. Baugewerbe. Nr. 1 erfasst die TV des Bauhaupt- und des Baunebengewerbes iSd. BaubetriebeVO und Montageleistungen auf Baustellen außerhalb des Betriebssitzes. Einschränkungen ergeben sich aus § 6 II und III, vgl. § 6 Rz. 3.

3 Die Vorschrift erfasst auch Montagearbeiten auf Baustellen. Auf Grund der Vorgaben des Art. 3 II RL 96/71 wurde der Anwendungsbereich durch § 6 I 1 eingeschränkt. § 6 I 2 stellt klar, dass sich die Einschränkung nur auf Montagearbeiten und nur auf für diese geltende Lohn- und Urlaubsregelungen bezieht.

4 2. Sonstige Branchen. Nr. 2 bis 8 erfassen weitere Branchen. Dies ist nach Art. 3 X Spiegelstr. 1 RL 96/71 zulässig. In das Gesetz aufgenommen sind das Gebäudereinigerhandwerk[3], Briefdienstleistungen[4] (vgl. auch Vorb. Rz. 5), der Sicherheitsdienst, Bergbauspezialarbeiten in Steinkohlebergwerken, Wäschereidienstleistungen im Objektkundengeschäft, die Abfallwirtschaft[5] und Aus- und Weiterbildungsdienstleistungen nach den SGB II und III. Für die Pflegebranche wurden in §§ 10 ff. Spezialregelungen geschaffen. Zu den jeweils für diese Branchen erlassenen VO vgl. § 7 Rz. 2.

5 *Arbeitsbedingungen*
Gegenstand eines Tarifvertrages nach § 3 können sein

1. Mindestentgeltsätze, die nach Art der Tätigkeit, Qualifikation der Arbeitnehmer und Arbeitnehmerinnen und Regionen differieren können, einschließlich der Überstundensätze,

2. die Dauer des Erholungsurlaubs, das Urlaubsentgelt oder ein zusätzliches Urlaubsgeld,

3. die Einziehung von Beiträgen und die Gewährung von Leistungen im Zusammenhang mit Urlaubsansprüchen nach Nummer 2 durch eine gemeinsame Einrichtung der Tarifvertragsparteien, wenn sichergestellt ist, dass der ausländische Arbeitgeber nicht gleichzeitig zu Beiträgen zu der gemeinsamen Einrichtung der Tarifvertragsparteien und zu einer vergleichbaren Einrichtung im Staat seines Sitzes herangezogen wird und das Verfahren der gemeinsamen Einrichtung der Tarifvertragsparteien eine Anrechnung derjenigen Leistungen vorsieht, die der ausländische Arbeitgeber zur Erfüllung der gesetzlichen, tarifvertraglichen oder einzelvertraglichen Urlaubsanspruchs seines Arbeitnehmers oder seiner Arbeitnehmerin bereits erbracht hat, und

4. Arbeitsbedingungen im Sinne des § 2 Nr. 3 bis 7.

1 I. Normzweck. Die Erstreckung von Normen aus für allgemeinverbindlich erklärten TV und VO nach § 7 beschränkt sich nach § 5 auf die dort genannten Arbeitsbedingungen.

2 II. Arbeitsbedingungen. 1. Mindestentgeltsätze. Nr. 1 erfasst die Mindestentgeltsätze einschl. der Überstundensätze. Die RL 71/96 überlässt in Art. 3 I 2 die Bestimmung des Begriffs „Mindestlohnsatz" den Rechtsvorschriften und/oder den Praktiken des Mitgliedstaats. Das BAG hat bereits entschieden, dass eine Erstreckung auch für mehrere TV mit unterschiedlichen Regelungsgegenständen erfolgen könne; ein einheitlicher „Entsendetarifvertrag" ist nicht erforderlich[6] (vgl. oben § 3 Rz. 8). Entsprechend sollte schon auch nach altem Recht die Erstreckung des TV auf entsandte ArbN für **verschiedene Lohngruppen** möglich sein; diese Erweiterung stehe im Einklang mit der RL 71/96[7]. Die Erstreckung des gesamten „Lohngitters" ist nach der Gesetzesbegr. unzulässig[8]. Differenzierungen sollen nach der Gesetzesbegr. zulässig sein in Bezug auf die ausgeübte Tätigkeit (zB Innen- und Unterhaltsreinigung/Glas- und Fassadenreinigung; Dachdecker/Maler und Lackierer)[9], das Qualifikationsniveau (zB gelernt/ungelernt) und in Bezug auf regionale Besonderheiten. Der den Mitgliedstaaten durch Art. 3 I 2 RL 71/96 eingeräumte Spielraum gestattet es hingegen nicht, Mindestlohnsätze nur für Baugewerke anzuordnen, die im Wege der Vergabe öffentl. Bauaufträge ausgeführt werden (vgl. Vorb. Rz. 9)[10]. Zur Behandlung unterschiedlicher **Lohnbestandteile** vgl. Vorb. Rz. 16.

---

1 BT-Drs. 16/10486, 11. Zur Ausdehnung des Anwendungsbereichs *Sittard*, ZIP 2007, 1444 ff. ‖ **2** ErfK/*Schlachter*, § 4 AEntG Rz. 1; Thüsing/*Bayreuther*, § 7 Rz. 10. ‖ **3** Hierzu können auch Spültätigkeiten gehören: BAG 30.1.2013 – 4 AZR 272/11, AP Nr. 24 zur 1 TVG Tarifverträge: Gebäudereinigung; LAG Nds. 5.7.2011 – 13 Sa 1954/10, nv. ‖ **4** Dazu *Sittard*, NZA 2007, 1090 ff. ‖ **5** Zu Verwertung von Altpapier LAG Bln.-Bbg. 1.9.2011 – 25/Sa 131/11, nv., nrkr. ‖ **6** BAG 19.5.2004 – 5 AZR 449/03, AP Nr. 16 zu § 1 AEntG. ‖ **7** BT-Drs. 14/45, 25. Zur Vereinbarkeit mit europäischem Recht ErfK/*Schlachter*, § 5 AEntG Rz. 2; *Sittard*, Tarifnormerstreckung, S. 337 f.; Thüsing/*Bayreuther*, § 8 Rz. 3 ff. ‖ **8** BT-Drs. 16/10486, 12. ‖ **9** BT-Drs. 16/10486, 12. ‖ **10** EuGH 3.4.2008 – Rs. 346/06, Slg. 2008 I, 1989 (Rz. 24 ff.) – Rüffert.

2. Urlaubsregelungen. Nr. 2 erfasst die Urlaubsdauer, das Urlaubsentgelt sowie zusätzliches Urlaubsgeld. Ansprüche auf Urlaubsabgeltung oder entsprechende Entschädigungsansprüche sind nach Sinn und Zweck ebenfalls erfasst[1]. Durch eine unbezahlte Freistellung kann der Urlaubsanspruch nicht erfüllt werden. Eine entsprechende Vereinbarung mit dem Ziel, dem ArbN einen Anspruch auf Abgeltung des Urlaubs zu verschaffen, läuft den Zielen der RL 2003/88/EG[2] (Art. 7 II) zuwider[3].

3. Einbeziehung in das Sozialkassenverfahren im Baugewerbe (Nr. 3)[4]. Zur Abwicklung von Urlaubsansprüchen wurden in der Bauwirtschaft Sozialkassen als gemeinschaftliche Einrichtungen der TV-Parteien geschaffen. Das Verfahren ist im TV über das Sozialkassenverfahren im Baugewerbe (VTV[5]) geregelt (vgl. § 13 BUrlG Rz. 64 ff.). Der ArbGeb, welcher ArbN nach Abs. 1 entsendet, wird in das Kassenverfahren einbezogen, dh. er zahlt monatlich für jeden entsandten ArbN Urlaubskassenbeiträge an die Urlaubs- und Lohnausgleichskasse der Bauwirtschaft (ULAK) in Wiesbaden[6]. Die Vereinbarkeit dieser Norm mit Art. 56 AEUV steht nicht endgültig fest; vgl. Vorb. Rz. 20 f.

Die in der Vorschrift genannten Voraussetzungen bezwecken, eine Doppelbelastung des ausländischen ArbGeb zu vermeiden (sog. **Doppelbelastungsverbot**)[7]. Der ArbGeb muss daher die Beiträge nicht zahlen, wenn er bereits Beiträge zu einer vergleichbaren Einrichtung im Staate seines Sitzes leisten muss oder wenn und soweit er den Urlaubsentgeltanspruch bereits erfüllt hat[8]. Die Beitragspflicht gilt gem. § 8 I 1 auch für inländische ArbGeb; diese können sich gem. § 8 Abs. 2 auch nicht durch den Abschluss eines spezielleren TV der Beitragspflicht entziehen[9]. Etwaige tarifl. Bestimmungen sind ggf. analog anzuwenden, um eine wirkliche Gleichbehandlung von ausländischen und inländischen ArbGeb zu erzielen[10]. Zudem ist ein Günstigkeitsvergleich mit dem materiellen ausländischen Recht vorzunehmen. Eine Einbeziehung in das Urlaubskassenverfahren kommt nicht in Betracht, wenn der entsandte ArbN nach den Vorschriften des Entsendelandes besser gestellt ist als deutsche ArbN nach Maßgabe der TV[11]. Hat der ArbGeb Urlaubsvergütungen geleistet, kann er mit einem Erstattungsanspruch nach § 13 I VTV gem. § 18 V VTV nicht gegen Beitragsforderungen aufrechnen[12]. Hat der ArbGeb zu Unrecht Beiträge geleistet, kann er diese gem. § 812 BGB zurückverlangen; dem kann die ULAK nicht entgegenhalten, sie sei wegen Zahlung von Urlaubsabgeltungsbeiträgen an die ArbN entreichert[13]. Die Beitragspflicht bleibt auch bestehen, wenn die Ansprüche der ArbN verfallen sind[14]. An eine Tilgungsbestimmung ist die ULAK grds. gebunden[15]. Hat der ArbGeb durch Falschmeldungen zu niedrige Beiträge gezahlt, können die der ULAK noch zustehenden Beiträge gem. § 287 S. 2 ZPO geschätzt werden[16].

6 Besondere Regelungen

(1) Dieser Abschnitt findet keine Anwendung auf Erstmontage- oder Einbauarbeiten, die Bestandteil eines Liefervertrages sind, für die Inbetriebnahme der gelieferten Güter unerlässlich sind und von Facharbeitern oder Facharbeiterinnen oder angelernten Arbeitern oder Arbeiterinnen des Lieferunternehmens ausgeführt werden, wenn die Dauer der Entsendung acht Tage nicht übersteigt. Satz 1 gilt nicht für Bauleistungen im Sinne des § 101 Abs. 2 des Dritten Buches Sozialgesetzbuch und nicht für Arbeitsbedingungen nach § 5 Nr. 4.

(2) Im Falle eines Tarifvertrages nach § 4 Nr. 1 findet dieser Abschnitt Anwendung, wenn der Betrieb oder die selbständige Betriebsabteilung im Sinne des fachlichen Geltungsbereichs des Tarifvertrages überwiegend Bauleistungen gemäß § 101 Abs. 2 des Dritten Buches Sozialgesetzbuch erbringt.

(3) Im Falle eines Tarifvertrages nach § 4 Nr. 2 findet dieser Abschnitt Anwendung, wenn der Betrieb oder die selbständige Betriebsabteilung überwiegend Gebäudereinigungsleistungen erbringt.

(4) Im Falle eines Tarifvertrages nach § 4 Nr. 3 findet dieser Abschnitt Anwendung, wenn der Betrieb oder die selbständige Betriebsabteilung überwiegend gewerbs- oder geschäftsmäßig Briefsendungen für Dritte befördert.

---

1 BAG 14.8.2007 – 9 AZR 167/07, NZA 2008, 236. || 2 ABl. 2003 L 299/9. || 3 Vgl. ErfK/*Schlachter*, § 5 Rz. 4. Anders LAG Hess. 16.9.2009 – 18 Sa 576/09, nv. || 4 Dazu *Preis/Temming*, Die Urlaubs- und Lohnausgleichskasse im Kontext des Gemeinschaftsrechts, 2006. || 5 Im Internet unter www.soka-bau.de/sokabau_2011/desktop/de/Tarifvertraege/vtv/. || 6 Weitere Urlaubskassen sind die SOKA-Berlin und die UKB in München, dazu AnwK-ArbR/*Kühn*, § 5 AEntG Rz. 6. || 7 Weiterführend *Sittard*, Tarifnormerstreckung, S. 346 ff. || 8 Vgl. BAG 15.2.2012 – 10 AZR 711/10, NZA 2012, 760. Dazu *Koberski/Asshoff/Eustrup/Winkler*, § 5 Rz. 72 ff. Die ULAK bietet entsprechende Freistellungsmöglichkeiten für die Länder Österreich, Belgien, Schweiz, Frankreich, Dänemark, Italien an, mit denen entsprechende Rahmenvereinbarungen geschlossen wurden, vgl. http://www.soka-bau.de/soka-bau_2011/desktop/de/Europa/Urlaubskassensysteme/. || 9 BAG 20.7.2004 – 9 ARZ 343/03, AP Nr. 18 zu § 1 AEntG; der 10. Senat hat seine frühere entgegenstehende Ansicht aufgegeben, BAG 13.5.2004 – 10 AS 6/04, IBR 2004, 462; LAG Hess. 16 Sa 530/02, NZA-RR 2004, 649. || 10 Zu § 13 I 1 VTV/2000 BAG 25.1.2005 – 9 AZR 146/04, AP Nr. 21 zu § 1 AEntG. || 11 BAG 20.7.2004 – 9 AZR 343/03, AP Nr. 18 zu § 1 AEntG. || 12 BAG 21.11.2007 – 10 AZR 782/06, AP Nr. 297 zu § 1 TVG Tarifverträge: Bau. || 13 LAG Hess. 16.8.2004 – 16 Sa 198/04, AR-Blattei ES 370.3 Nr. 15. Zur Darlegungs- und Beweislast BAG 14.2.2007 – 10 AZR 63/06, NZA-RR 2007, 300. Zur Anrechnung von Beitragsleistungen auf Beitragsschulden LAG Hess. 9.8.2004 – 16/10 Sa 1434/01, nv. || 14 BAG 25.1.2005 – 9 AZR 621/03, nv. Zu Schadensersatzansprüchen gegen die ULAK bei Verfall BAG 14.8.2007 – 9 AZR 167/07, NZA 2008, 236. || 15 LAG Hess. 21.3.2005 – 16/10 Sa 1283/03, nv. || 16 BAG 14.12.2010 – 10 AZR 517/10, AP Nr. 338 zu § 1 TVG Tarifverträge: Bau.

(5) Im Falle eines Tarifvertrages nach § 4 Nr. 4 findet dieser Abschnitt Anwendung, wenn der Betrieb oder die selbständige Betriebsabteilung überwiegend Dienstleistungen des Bewachungs- und Sicherheitsgewerbes oder Kontroll- und Ordnungsdienste erbringt, die dem Schutz von Rechtsgütern aller Art, insbesondere von Leben, Gesundheit oder Eigentum dienen.

(6) Im Falle eines Tarifvertrages nach § 4 Nr. 5 findet dieser Abschnitt Anwendung, wenn der Betrieb oder die selbständige Betriebsabteilung im Auftrag eines Dritten überwiegend auf inländischen Steinkohlebergwerken Grubenräume erstellt oder sonstige untertägige bergbauliche Spezialarbeiten ausführt.

(7) Im Falle eines Tarifvertrages nach § 4 Nr. 6 findet dieser Abschnitt Anwendung, wenn der Betrieb oder die selbständige Betriebsabteilung gewerbsmäßig überwiegend Textilien für gewerbliche Kunden sowie öffentlich-rechtliche oder kirchliche Einrichtungen wäscht, unabhängig davon, ob die Wäsche im Eigentum der Wäscherei oder des Kunden steht. Dieser Abschnitt findet keine Anwendung auf Wäschereidienstleistungen, die von Werkstätten für behinderte Menschen im Sinne des § 136 des Neunten Buches Sozialgesetzbuch erbracht werden.

(8) Im Falle eines Tarifvertrages nach § 4 Nr. 7 findet dieser Abschnitt Anwendung, wenn der Betrieb oder die selbständige Betriebsabteilung überwiegend Abfälle im Sinne des § 3 Absatz 1 Satz 1 des Kreislaufwirtschaftsgesetzes sammelt, befördert, lagert, beseitigt oder verwertet oder Dienstleistungen des Kehrens und Reinigens öffentlicher Verkehrsflächen und Schnee- und Eisbeseitigung von öffentlichen Verkehrsflächen einschließlich Streudienste erbringt.

(9) Im Falle eines Tarifvertrages nach § 4 Nr. 8 findet dieser Abschnitt Anwendung, wenn der Betrieb oder die selbständige Betriebsabteilung überwiegend Aus- und Weiterbildungsmaßnahmen nach dem Zweiten oder Dritten Buch Sozialgesetzbuch durchführt. Ausgenommen sind Einrichtungen der beruflichen Rehabilitation im Sinne des § 35 Abs. 1 Satz 1 des Neunten Buches Sozialgesetzbuch.

1   **I. Normzweck.** Die Vorschrift schränkt den Anwendungsbereich von § 3 bzgl. bestimmter Tätigkeiten und Betriebe wieder ein. Abs. 1 wurde auf Grund europarechtl. Vorgaben eingefügt (Rz. 2); die Abs. 2 bis 9 legen für die Definition des Betriebs bzw. der selbständigen Betriebsabteilung das Überwiegensprinzip fest (Rz. 3).

2   **II. Kurzfristige Montagearbeiten (Abs. 1).** Auf Grund der Vorgaben des Art. 3 II RL 96/71 wurde der Anwendungsbereich des § 4 Nr. 3 für **kurzfristige** Montagearbeiten eingeschränkt. S. 2 dieser Vorschrift stellt klar, dass sich die Einschränkung nur auf Montagearbeiten und nur auf für diese geltende Lohn- und Urlaubsregelungen bezieht.

3   **III. Überwiegensprinzip (Abs. 2 bis 9). 1. Baugewerbe (Abs. 2).** Erforderlich ist nach Abs. 2, dass der Betrieb **überwiegend** Bauleistungen gem. § 101 II SGB III[1] erbringt. Für das Überwiegen der Bauleistungen ist auf die Anzahl der Arbeitsplätze bzw. auf die Arbeitszeit abzustellen. Im Streitfall genügt ein Kläger der Darlegungslast, wenn er behauptet, die Leistungen nähmen mehr als 50 % der Arbeitszeit der beschäftigten ArbN in Anspruch[2]. Auf wirtschaftl. Gesichtspunkte wie Umsatz, Verdienst oder handels- oder gewerberechtl. Kriterien kommt es nicht an[3]. Dabei ist wegen möglicher saisonaler Schwankungen auf das gesamte Kalenderjahr abzustellen[4]. Nach Abs. 1 S. 1 sind auch selbständige Betriebsabteilungen erfasst. Maßgeblich ist, wie der Begriff „selbständige Betriebsabteilung" im anzuwendenden TV definiert wird[5]. So wird in § 1 VI VTV (vgl. § 5 Rz. 4) die selbständige Betriebsabteilung als „Gesamtheit von Arbeitnehmern, die außerhalb der stationären Betriebsstätte eines ... [nicht baulichen] Betriebs baugewerbliche Arbeiten ausführt" beschrieben[6]. Das Merkmal der Selbständigkeit wird durch die bloße Spezialisierung von Arbeitsgruppen nicht erfüllt. Selbständigkeit ist aber gegeben, wenn der ausländische ArbGeb in Deutschland eine Niederlassung unterhält, von der aus der Einsatz der entsandten ArbN koordiniert wird[7].

---

1 § 101 II SGB III lautet: „Ein Betrieb des Baugewerbes ist ein Betrieb, der gewerblich überwiegend Bauleistungen auf dem Baumarkt erbringt. Bauleistungen sind alle Leistungen, die der Herstellung, Instandsetzung, Instandhaltung, Änderung oder Beseitigung von Bauwerken dienen. Ein Betrieb, der überwiegend Bauvorrichtungen, Baumaschinen, Baugeräte oder sonstige Baubetriebsmittel ohne Personal Betrieben des Baugewerbes gewerblich zur Verfügung stellt oder überwiegend Baustoffe oder Bauteile für den Markt herstellt, sowie ein Betrieb, der Betonentladegeräte gewerblich zur Verfügung stellt, ist kein Betrieb im Sinne des Satzes 1." Erfasst sind nicht Fertigbauarbeiten, LAG Hess. 18.8.2003 – 16 Sa 1888/02, EzAÜG § 1 AEntG Nr. 16, auch nicht der Bergbau, BAG 26.9.2007 – 10 AZR 415/06, NZA 2007, 1442, und nicht die AÜ im Baubereich, LAG Hess. 23.10.2006 – 16 Sa 527/06, NZA-RR 2007, 234. Zur Abgrenzung zum industriellen Anlagebau LAG Hess. 14.11.2012 – 18 Sa 1479/11. ||2 BAG 17.10.2012 – 10 AZR 500/11, NZA-RR 2013, 365. Im Einzelnen zur Darlegungs- und Beweislast AnwK-ArbR/*Kühn*, § 7 AEntG Rz.8. ||3 BAG 28.5.2008 – 10 AZR 358/07, AP Nr. 301 zu § 1 TVG Tarifverträge: Bau; 20.6.2007 – 10 AZR 302/06, AP Nr. 26 zu § 1 TVG Tarifverträge: Holz; 19.11.2008 – 10 AZR 864/07, nv. ||4 BAG 25.1.2005 – 9 AZR 146/04, AP Nr. 21 zu § 1 AEntG. ||5 ErfK/*Schlachter*, § 6 AEntG Rz. 4. Vgl. LAG Hess. 14.11.2012 – 18 Sa 1479/11. ||6 Dazu BAG 17.10.2012 – 10 AZR 500/11, NZA-RR 2013, 365. Krit. *Sittard*, Tarifnormerstreckung, S. 334. ||7 BAG 28.9.2005 – 10 AZR 28/05, NZA 2006, 379 (381 f.); 21.11.2007 – 10 AZR 782/06, AP Nr. 297 zu § 1 TVG Tarifverträge: Bau.

2. **Sonstige Branchen (Abs. 3 bis 9).** Die von der Rspr. zum Begriff des Überwiegens für das Baugewerbe entwickelten Grundsätze dürften auf die anderen in den Abs. 3 bis 9 erfassten Branchen zu übertragen sein; dies gilt insb. für die Bergbauspezialarbeiten.

§ 7 Rechtsverordnung

(1) Ist für einen Tarifvertrag im Sinne dieses Abschnitts ein gemeinsamer Antrag der Parteien dieses Tarifvertrages auf Allgemeinverbindlicherklärung gestellt, kann das Bundesministerium für Arbeit und Soziales durch Rechtsverordnung ohne Zustimmung des Bundesrates bestimmen, dass die Rechtsnormen dieses Tarifvertrages auf alle unter seinen Geltungsbereich fallenden und nicht an ihn gebundenen Arbeitgeber sowie Arbeitnehmer und Arbeitnehmerinnen Anwendung finden. § 5 Abs. 1 Satz 1 Nr. 2 des Tarifvertragsgesetzes findet entsprechend Anwendung. Satz 1 gilt nicht für tarifvertragliche Arbeitsbedingungen nach § 5 Nr. 4.

(2) Kommen in einer Branche mehrere Tarifverträge mit zumindest teilweise demselben fachlichen Geltungsbereich zur Anwendung, hat der Verordnungsgeber bei seiner Entscheidung nach Absatz 1 im Rahmen einer Gesamtabwägung ergänzend zu den in § 1 genannten Gesetzeszielen die Repräsentativität der jeweiligen Tarifverträge zu berücksichtigen. Bei der Feststellung der Repräsentativität ist vorrangig abzustellen auf

1. die Zahl der von den jeweils tarifgebundenen Arbeitgebern beschäftigten unter den Geltungsbereich des Tarifvertrages fallenden Arbeitnehmer und Arbeitnehmerinnen,
2. die Zahl der jeweils unter den Geltungsbereich des Tarifvertrages fallenden Mitglieder der Gewerkschaft, die den Tarifvertrag geschlossen hat.

(3) Liegen für mehrere Tarifverträge Anträge auf Allgemeinverbindlicherklärung vor, hat der Verordnungsgeber mit besonderer Sorgfalt die von einer Auswahlentscheidung betroffenen Güter von Verfassungsrang abzuwägen und die widerstreitenden Grundrechtsinteressen zu einem schonenden Ausgleich zu bringen.

(4) Vor Erlass der Rechtsverordnung gibt das Bundesministerium für Arbeit und Soziales den in den Geltungsbereich der Rechtsverordnung fallenden Arbeitgebern sowie Arbeitnehmern und Arbeitnehmerinnen, den Parteien des Tarifvertrages sowie in den Fällen des Absatzes 2 den Parteien anderer Tarifverträge Gelegenheit zur schriftlichen Stellungnahme innerhalb von drei Wochen ab dem Tag der Bekanntmachung des Entwurfs der Rechtsverordnung.

(5) Wird erstmals ein Antrag nach Absatz 1 gestellt, wird der Antrag im Bundesanzeiger veröffentlicht und mit ihm der Ausschuss nach § 5 Abs. 1 Satz 1 des Tarifvertragsgesetzes (Tarifausschuss) befasst. Stimmen mindestens vier Ausschussmitglieder für den Antrag oder gibt der Tarifausschuss innerhalb von drei Monaten keine Stellungnahme ab, kann eine Rechtsverordnung nach Absatz 1 erlassen werden. Stimmen zwei oder drei Ausschussmitglieder für den Antrag, kann eine Rechtsverordnung nur von der Bundesregierung erlassen werden. Die Sätze 1 bis 3 gelten nicht für Tarifverträge nach § 4 Nr. 1 bis 3.

I. Normzweck. § 7 regelt den Erlass sog. ErstreckungsVO. Durch diese können tarifl. Bestimmungen, welche das Mindestentgelt und die Urlaubsansprüche einschl. des Sozialkassenverfahrens (§ 5 Nr. 1 bis 3) betreffen, in den Branchen nach § 4 auch ohne AVE zu zwingenden Mindestarbeitsbedingungen werden. Die Mindestarbeitsbedingungen und das Sozialkassenverfahren gelten damit für sämtliche inländischen ArbGeb, unabhängig von ihrer Tarifbindung, sowie für sämtliche ArbGeb mit Sitz im Ausland, welche ArbN in der Bundesrepublik Deutschland beschäftigen. Die in § 3 genannten Verfahren der AVE und der ErstreckungsVO stehen gleichberechtigt nebeneinander, auch wenn für das Verfahren nach § 7 ein Antrag auf AVE erforderlich ist. Das Erstreckungsverfahren ist nicht verfassungswidrig (vgl. Vorb. Rz. 5).

II. Erlassene VO. Mittlerweile ist die Neunte VO über zwingende Arbeitsbedingungen im **Baugewerbe** v. 16.10.2013 ergangen, welche den TV-Mindestlohn v. 3.5.2013 erstreckt[1]. Weitere VO sind zurzeit die Dritte VO über zwingende Arbeitsbedingungen für **Bergbauspezialarbeiten** auf Steinkohlebergwerken v. 22.11.2013[2], die Siebte VO über zwingende Arbeitsbedingungen im **Maler- und Lackiererhandwerk** v. 24.4.2013[3], die Siebte VO über zwingende Arbeitsbedingungen im **Dachdeckerhandwerk** v. 9.12.2013[4], die Vierte VO über zwingende Arbeitsbedingungen im **Gebäudereinigerhandwerk** v. 7.10.2013[5], die VO über zwingende Arbeitsbedingungen im **Gerüstbauerhandwerk** v. 17.7.2013[6], die VO über zwingende Arbeitsbedingungen im **Steinmetz- und Steinbildhauerhandwerk** v. 24.9.2013[7], die Zweite VO über zwingende Arbeitsbedingungen für **Aus- und Weiterbildungsdienstleistungen** nach dem Zweiten oder Dritten Buch Sozialgesetzbuch v. 26.6.2013[8] und die Fünfte VO über zwingende Arbeitsbedingungen für die **Abfallwirtschaft** einschließlich Straßenreinigung und Winterdienst v. 26.1.2013[9]. Nicht mehr gültig sind: die VO über zwingende Arbeitsbedingungen für **Sicherheitsleistungen** v. 5.5.2010[10]; die VO über

---

1 BAnz. AT 18.10.2013 V1; juris: BauArbbV 9. ||2 BAnz. AT 27.11.2013 V1; juris: BergbauArbbV 3. ||3 BAnz. AT 29.4.2013 V1; juris: MalerArbV 7. ||4 BAnz. AT 13.12.2013 V1; juris: DachdArbV 7. ||5 BAnz. AT 8.10.2013 V1; juris: GebäudeArbbV 4. ||6 BAnz. AT 26.7.2013 V1; juris: GerüstbArbV. ||7 BAnz. AT 25.9.2013 V 1; juris: SteinmetzArbbV. ||8 BAnz. AT 28.6.2013 V1; juris: AusbDienstLArbbV 2. ||9 BAnz. AT 30.1.2013 V1; juris: AbfallArbbV 5. ||10 BAnz. 2011, Nr. 72, S. 1692; juris: SicherheitArbbV.

zwingende Arbeitsbedingungen für **Wäschereidienstleistungen** im Objektkundengeschäft v. 21.10. 2009[1], die Dritte VO über zwingende Arbeitsbedingungen im **Abbruchgewerbe** v. 20.3.2008[2] und die VO über zwingende Arbeitsbedingungen für die Branche **Briefdienstleistungen**[3], vgl. zu dieser auch Vorb. Rz. 5. Zu den Anträgen anderer Branchen auf Erlass einer ErstreckungsVO vgl. unten Rz. 7.

3 **III. Verfahren. 1. Grundsätzliches.** Abs. 1 S. 1 enthält die Ermächtigungsgrundlage für den Erlass von ErstreckungsVO ohne Zustimmung des Bundesrats. Dem VO-Geber steht ein Ermessensspielraum zu („kann"). Voraussetzung für den Erlass ist seit der Gesetzesnovelle v. 20.4.2009 (Vorb. 1), dass **beide** TV-Parteien einen Antrag auf AVE (§ 5 TVG Rz. 16 ff.) gestellt haben. Die VO kann ergehen, wenn das Verfahren der AVE noch nicht abgeschlossen oder der Antrag auf AVE abgelehnt wurde. Wird ein Antrag erstmals gestellt, gilt Abs. 5 (Rz. 7). Nach Abs. 4 ist rechtl. Gehör zu gewähren. Die VO darf den jeweiligen TV nicht inhaltlich ändern[4]. Die jeweiligen VO sind idR befristet. Ist dies nicht der Fall, tritt die VO nicht automatisch mit dem zugrundeliegenden TV außer Kraft; sie ist aufzuheben[5]. Bis zur Aufhebung sind die Normen der VO weiter anzuwenden[6]. Eine Nachwirkung (analog) § 4 V TVG lehnt das BAG ab[7].

4 **2. Voraussetzungen für den Erlass einer VO.** Eine VO kann nur für die in § 4 genannten Branchen ergehen und inhaltlich nur die in § 5 Nr. 1 bis 3 genannten Regelungsgegenstände betreffen, also nur das Mindestentgelt und die Urlaubsansprüche einschl. des Sozialkassenverfahrens (Abs. 1 S. 3). Der TV muss die Voraussetzungen des § 3 erfüllen; insb. muss es sich um einen bundesweiten TV handeln. Der Antrag muss von tariffähigen und tarifzuständigen Parteien gestellt werden. Diese müssen zuvor einen Antrag auf AVE gestellt haben (Rz. 3). Weiter steht dem VO-Geber ein **Ermessens**spielraum zu (Abs. 1 S. 1: „kann"). Wie auch sonst sollte zwischen Entschließungs- und Auswahlermessen differenziert werden, dh. es ist zunächst zu fragen, **ob** für eine bestimmte Branche eine VO erlassen werden sollte (Abs. 1). Wird dies bejaht, ist auf der zweiten Stufe zu fragen, **welcher** TV erstreckt werden sollte, sofern für eine bestimmte Branche mehrere TV existieren (Abs. 2, 3). Den TV-Parteien soll ein Anspruch auf rechtsfehlerfreie Entscheidung zustehen[8].

5 a) **Entschließungsermessen (Abs. 1).** Im Rahmen der Prüfung des „ob" war schon zum alten Recht umstritten, welchen Bindungen das BMAS bei der Entscheidung über den Erlass der VO unterliegt[9]. Zum neuen Recht ist zunächst festzustellen, dass grds. die Voraussetzungen, die Abs. 2 an das Auswahlermessen und die, die § 5 TVG an eine AVE stellt, nicht erfüllt sein müssen[10]. Allerdings muss die VO gem. Abs. 1 S. 2, § 5 I 1 Nr. 2 TVG wie eine AVE „im öffentlichen Interesse geboten" sein (vgl. § 5 TVG Rz. 13 f.). Hier wird vorgeschlagen, an die Prüfung des öffentl. Interesses einen strengeren Maßstab anzulegen[11].

6 b) **Auswahlermessen (Abs. 2, 3).** Existieren in einer Branche mindestens zwei sich überschneidende TV, kann nur einer der existierenden TV erstreckt werden. Bei der Auswahl ist der VO-Geber an die Maßgaben der Abs. 2 und 3 gebunden. Es muss damit eine Gesamtabwägung erfolgen, die die in § 1 genannten Aspekte sowie „ergänzend" die in Abs. 2 S. 2 näher beschriebene „Repräsentativität" der TV erfasst. Bei der Repräsentativität sei nicht allein die zahlenmäßige Tarifbindung ausschlaggebend[12]. Die Regelung wird methodisch und in der Sache, insb. in Bezug auf die Tarifautonomie Andersorganisierter (vgl. § 8 Rz. 3), kritisiert[13]. Abs. 3, nach dem der Gesetzgeber bei der Abwägungsentscheidung die Grundsätze der praktischen Konkordanz „mit besonderer Sorgfalt" zu beachten hat, ist überflüssig.

7 **3. Erstmaliger Antrag auf Erlass einer VO.** Wird in einer Branche erstmals ein Antrag auf Erlass einer ErstreckungsVO gestellt, ist nach dem in Abs. 5 beschriebenen Verfahren der Tarifausschuss (§ 5 TVG Rz. 21) zu beteiligen.

8 *Pflichten des Arbeitgebers zur Gewährung von Arbeitsbedingungen*
(1) Arbeitgeber mit Sitz im In- oder Ausland, die unter den Geltungsbereich eines für allgemeinverbindlich erklärten Tarifvertrages nach den §§ 4 bis 6 oder einer Rechtsverordnung nach § 7 fallen, sind verpflichtet, ihren Arbeitnehmern und Arbeitnehmerinnen mindestens die in dem Tarifvertrag für den Beschäftigungsort vorgeschriebenen Arbeitsbedingungen zu gewähren sowie einer gemeinsamen Einrichtung der Tarifvertragsparteien die ihr nach § 5 Nr. 3 zustehenden Beiträge zu leisten. Satz 1 gilt unabhängig davon, ob die entsprechende Verpflichtung kraft Tarifbindung nach § 3 des Tarifvertragsgesetzes oder kraft Allgemeinverbindlicherklärung nach § 5 des Tarifvertragsgesetzes oder auf Grund einer Rechtsverordnung nach § 7 besteht.

---

1 BAnz. 2009, Nr. 160, S. 3634; juris: WäschereiArbV. || **2** BAnz. 2008, Nr. 48, S. 1103; juris: AbbruchArbV 3. || **3** BAnz. 2007, Nr. 242, S. 8410; juris: BriefArbbV. || **4** ErfK/*Schlachter*, § 7 AEntG Rz. 3. || **5** BAG 20.4.2011 – 4 AZR 467/09, NZA 2011, 1105. || **6** BAG 20.4.2011 – 4 AZR 467/09, NZA 2011, 1105, mHa BT-Drs. 14/45, 26. || **7** BAG 20.4.2011 – 4 AZR 467/09, NZA 2011, 1105; zust. *Sittard*, NZA 2012, 299; dagegen ErfK/*Schlachter*, § 7 AEntG Rz. 7. || **8** Thüsing/*Bayreuther*, § 7 Rz. 12, 33 f. und zum Rechtsschutz der Arbeitsvertragsparteien ebenda Rz. 35 ff. || **9** *Ritgen*, NZA 2005, 673 ff. || **10** *Bayreuther*, DB 2009, 678 (679). || **11** *Sittard*, Tarifnormerstreckung, S. 429 f. Weniger einschränkend Thüsing/*Bayreuther*, § 7 Rz. 13 ff. || **12** BT-Drs. 16/10486, 12. Dazu und zur Repräsentativität allg. *Sittard*, Tarifnormerstreckung, S. 431 ff.; ErfK/*Schlachter*, § 7 Rz. 8. || **13** *Thüsing*, ZfA 2008, 590 (629 ff.); *Sodan/Zimmermann*, ZfA 2008, 526 (569 ff.); *Sittard*, Tarifnormerstreckung, S. 431 ff.; Thüsing/*Bayreuther*, § 7 Rz. 29 ff.

(2) Ein Tarifvertrag nach den §§ 4 bis 6, der durch Allgemeinverbindlicherklärung oder Rechtsverordnung nach § 7 auf nicht an ihn gebundene Arbeitgeber sowie Arbeitnehmer und Arbeitnehmerinnen erstreckt wird, ist von einem Arbeitgeber auch dann einzuhalten, wenn er nach § 3 des Tarifvertragsgesetzes oder kraft Allgemeinverbindlicherklärung nach § 5 des Tarifvertragsgesetzes an einen anderen Tarifvertrag gebunden ist.

(3) Wird ein Leiharbeitnehmer oder eine Leiharbeitnehmerin vom Entleiher mit Tätigkeiten beschäftigt, die in den Geltungsbereich eines für allgemeinverbindlich erklärten Tarifvertrages nach den §§ 4, 5 Nr. 1 bis 3 und § 6 oder einer Rechtsverordnung nach § 7 fallen, hat der Verleiher zumindest die in diesem Tarifvertrag oder in dieser Rechtsverordnung vorgeschriebenen Arbeitsbedingungen zu gewähren sowie die der gemeinsamen Einrichtung nach diesem Tarifvertrag zustehenden Beiträge zu leisten.

I. Normzweck. Die Vorschrift stellt die Pflichten des ArbGeb zur Gewährung der Mindestarbeitsbedingungen nach den §§ 3 bis 7 allg. (Abs. 1), bei Konkurrenz zu spezielleren TV (Abs. 2) und bei Leiharbeit (Abs. 3) klar. 1

II. Allgemeine Verpflichtung (Abs. 1). Die Norm stellt die Pflichten des ArbGeb fest, der einer ErstreckungsVO nach § 7 oder einem für allgemeinverbindlich erklärten TV nach §§ 4 bis 6 unterliegt. Die Verpflichtung ergibt sich für inländische ArbGeb bereits aus § 7 AEntG, §§ 3, 5 TVG und für ausländische ArbGeb aus § 3. Die Vorschrift verdeutlicht aber, dass inländische und ausländische ArbGeb die gleichen Mindestarbeitsbedingungen zu gewähren haben, und zwar diejenigen des Beschäftigungsorts (Arbeitsortprinzip). Für nichttarifl. Arbeitsbedingungen gilt dies nach § 2. 2

III. Konkurrierende TV (Abs. 2). Abs. 2 regelt den Fall, dass ein ArbGeb zur Gewährung von tarifl. Mindestarbeitsbedingungen gem. Abs. 1 verpflichtet ist und gleichzeitig nach § 3 oder § 5 TVG einem **anderen TV** unterliegt. Durch die Gesetzesnovelle v. 20.4.2009 (Vorb. 1) wurde entsprechend der bereits vorher bestehenden Tendenz[1] festgelegt, dass der andere TV **verdrängt** wird, also nicht anzuwenden ist. Der ArbGeb kann den Verpflichtungen nach Abs. 1 also nicht dadurch ausweichen, dass er sich an einen anderen TV bindet, insb. nicht an einen spezielleren FirmenTV. Letzteres hatte der EuGH bereits in seiner Entscheidung v. 24.1.2002[2] verlangt, jedenfalls soweit ausländischen ArbGeb diese Möglichkeit nicht eingeräumt würde (vgl. Vorb. Rz. 18). Weiter hatte er im Urteil v. 18.12.2007[3] entschieden, dass eine Regelung unzulässig sei, die die Bindung an einen ausländischen TV mit der fehlenden Bindung an einen inländischen TV gleichsetze. Insoweit war die Neuregelung bereits durch unionsrechtl. Anforderungen vorgegeben. Ob die ausnahmslose (vgl. aber Rz. 4) Verdrängung anderer TV mit Art. 9 III GG vereinbar ist und inwieweit sie tatsächlich durch Unionsrecht notwendig wurde, ist umstritten[4]. 3

Durch Abs. 2 nicht ausdrücklich geregelt ist, ob die Verdrängung auch stattfindet, wenn der **andere TV** für die ArbN **günstigere** Regelungen enthält. Nach richtiger Ansicht ist das nicht der Fall[5]. Dies ist aus der Formulierung „mindestens" in Abs. 1 S. 1 und aus der Gesetzesbegr. zu schließen, die sich auf die Entscheidung des EuGH 24.1.2002 bezieht[6]. Hier hatte der EuGH festgestellt, dass es europarechtlich unzulässig sei, wenn ein inländischer ArbGeb den in einem für allgemeinverbindlich erklärten TV festgesetzten Mindestlohn durch den Abschluss eines FirmenTV **unterschreiten** kann, während dies einem ArbGeb, der in einem anderen Mitgliedstaat ansässig ist, nicht möglich ist. 4

IV. Leiharbeitsverhältnisse (Abs. 3). Die Regelung wurde als § 1 II aF aufgenommen, nachdem der EuGH festgestellt hatte, dass § 1b AÜG aF, der eine grenzüberschreitende AÜ so gut wie unmöglich machte, mit Art. 56 AEUV nicht vereinbar war (vgl. § 1b AÜG Rz. 8)[7]. In der Neufassung erleichtert § 1b AÜG innerhalb des EWR die grenzüberschreitende AÜ. Nach Abs. 3 müssen den aus dem Inland oder aus dem Ausland entliehenen ArbN die Mindestarbeitsbedingungen gewährt werden, die für den Entleihbetrieb gelten. Dabei kommt es nicht darauf an, ob die AÜ den Anforderungen des AÜG genügte[8]. Grds. lässt es das AÜG durch den Abschluss von speziellen TV für LeihArbN zu, diese entgegen dem Gleichbehandlungsgebot des AÜG (vgl. § 9 AÜG Rz. 12) abweichend (dh. schlechter) als die Stammbelegschaft des Entleihbetriebes zu entlohnen (vgl. § 3 AÜG Rz. 36)[9]. Abs. 3 schränkt diese Möglichkeit jedoch ein. Auf diese Weise wird verhindert, dass Leiharbeit zur Umgehung des nach dem AEntG zu zahlenden Mindestlohns eingesetzt wird[10]. Voraussetzung ist allerdings, dass der Betrieb des Entleihers 5

---

1 Ebenso *Sittard*, ZIP 2007, 1444 (1447ff.). || **2** EuGH 24.1.2002 – Rs. C-164/99, Slg. 2002 I, 787, 816f. – Portugaia Construções; BAG 20.7.2004 – 9 ARZ 343/03, AP Nr. 18 zu § 1 AEntG. || **3** EuGH 18.12.2007 – Rs. C-341/05, Slg. 2007 I, 11767 (Rz. 116) – Laval. || **4** Vgl. *Sittard*, Tarifnormerstreckung, S. 435ff.; *Preis/Greiner*, ZfA 2009, 825ff.; *Maier*, NZA 2009, 351 (352ff.); *Sodan/Zimmermann*, NJW 2009, 2001 (2003ff.); *Moll*, RdA 2010, 321 (324ff.); *Thüsing/Bayreuther*, § 8 Rz. 25ff.; *Gülker*, Die Geltungserstreckung günstigerer Tarifverträge im Anwendungsbereich des AEntG, 2012, S. 47ff. || **5** Ebenso *Sittard*, Tarifnormerstreckung, S. 436f.; *Bayreuther*, DB 2009, 678 (681); *Sansone/Ulber*, AuR 2008, 125 (127); *Joussen*, ZESAR 2009, 355 (363f.); ErfK/*Schlachter*, § 7 Rz. 3. Anders wohl *Willemsen/Sagan*, NZA 2008, 1216 (1220). || **6** EuGH 24.1.2002 – Rs. C-164/99, Slg. 2002 I, 787, 814f. – Portugaia Construções. || **7** EuGH 25.10.2001 – Rs. C-493/99, Slg. 2001 I, 8163, 8178ff. – Kommission gegen Deutschland. Dazu *Raab*, ZfA 2003, 889ff. || **8** BAG 17.4.2013 – 10 AZR 185/12, EzA § 1 AEntG Nr. 14. || **9** Zur Frage, ob dies auch durch ausländischem Recht unterliegende TV möglich ist, *Franzen*, EuZA 2011, 452 (467ff.). || **10** *Koberski/Asshoff/Winkler/Eustrup*, § 8 Rz. 13.

in den Geltungsbereich des erstreckten TV fällt[1]. Die LeihArbN sind zudem in das Sozialkassenverfahren einzubeziehen. Für LeihArbN gilt zudem die durch § 3a AÜG gezogene Lohnuntergrenze. Aufgrund dieser Norm wurde die Erste VO über eine Lohnuntergrenze in der Arbeitnehmerüberlassung v. 21.12.2011[2] erlassen, die jedoch zum 31.10.2013 außer Kraft trat. Diese galt auch für im Ausland ansässige Verleiher (vgl. § 3a AÜG Rz. 1). Im Verhältnis dieser Lohnuntergrenze zu der durch Abs. 3 angeordneten, kann sich der LeihArbN auf das Günstigkeitsprinzip berufen[3].

9 *Verzicht, Verwirkung*
Ein Verzicht auf das Mindestentgelt nach § 8 ist nur durch gerichtlichen Vergleich zulässig. Die Verwirkung des Anspruchs der Arbeitnehmer und Arbeitnehmerinnen auf das Mindestentgelt nach § 8 ist ausgeschlossen. Ausschlussfristen für die Geltendmachung des Anspruchs können ausschließlich in dem für allgemeinverbindlich erklärten Tarifvertrag nach den §§ 4 bis 6 oder dem der Rechtsverordnung nach § 7 zugrunde liegenden Tarifvertrag geregelt werden; die Frist muss mindestens sechs Monate betragen.

1 **Normzweck.** § 9 entspricht inhaltlich weitgehend § 4 IV TVG, so dass auf die dortige Komm. verwiesen werden kann[4]. Es muss sich aber nach S. 1 um einen gerichtl. Vergleich handeln. Eine etwaige Ausschlussfrist muss mindestens sechs Monate betragen und in einem TV geregelt sein, der die Voraussetzungen der §§ 4 bis 6 erfüllt und für allgemeinverbindlich erklärt wurde oder für den eine ErstreckungsVO nach § 7 vorliegt[5].

Abschnitt 4. Arbeitsbedingungen in der Pflegebranche

10 *Anwendungsbereich*
Dieser Abschnitt findet Anwendung auf die Pflegebranche. Diese umfasst Betriebe und selbständige Betriebsabteilungen, die überwiegend ambulante, teilstationäre oder stationäre Pflegeleistungen oder ambulante Krankenpflegeleistungen für Pflegebedürftige erbringen (Pflegebetriebe). Pflegebedürftig ist, wer wegen einer körperlichen, geistigen oder seelischen Krankheit oder Behinderung für die gewöhnlichen und regelmäßig wiederkehrenden Verrichtungen im Ablauf des täglichen Lebens vorübergehend oder auf Dauer der Hilfe bedarf. Keine Pflegebetriebe im Sinne des Satzes 2 sind Einrichtungen, in denen die Leistungen zur medizinischen Vorsorge, zur medizinischen Rehabilitation, zur Teilhabe am Arbeitsleben oder am Leben in der Gemeinschaft, die schulische Ausbildung oder die Erziehung kranker oder behinderter Menschen im Vordergrund des Zweckes der Einrichtung stehen, sowie Krankenhäuser.

11 *Rechtsverordnung*
(1) Das Bundesministerium für Arbeit und Soziales kann durch Rechtsverordnung ohne Zustimmung des Bundesrates bestimmen, dass die von einer nach § 12 errichteten Kommission vorgeschlagenen Arbeitsbedingungen nach § 5 Nr. 1 und 2 auf alle Arbeitgeber sowie Arbeitnehmer und Arbeitnehmerinnen, die unter den Geltungsbereich einer Empfehlung nach § 12 Abs. 4 fallen, Anwendung finden.

(2) Das Bundesministerium für Arbeit und Soziales hat bei seiner Entscheidung nach Absatz 1 neben den in § 1 genannten Gesetzeszielen die Sicherstellung der Qualität der Pflegeleistung sowie den Auftrag kirchlicher und sonstiger Träger der freien Wohlfahrtspflege nach § 11 Abs. 2 des Elften Buches Sozialgesetzbuch zu berücksichtigen.

(3) Vor Erlass einer Rechtsverordnung gibt das Bundesministerium für Arbeit und Soziales den in den Geltungsbereich der Rechtsverordnung fallenden Arbeitgebern und Arbeitnehmern und Arbeitnehmerinnen sowie den Parteien von Tarifverträgen, die zumindest teilweise in den fachlichen Geltungsbereich der Rechtsverordnung fallen, und paritätisch besetzten Kommissionen, die auf der Grundlage kirchlichen Rechts Arbeitsbedingungen für den Bereich kirchlicher Arbeitgeber in der Pflegebranche festlegen, Gelegenheit zur schriftlichen Stellungnahme innerhalb von drei Wochen ab dem Tag der Bekanntmachung des Entwurfs der Rechtsverordnung.

---

1 BAG 21.10.2009 – 5 AZR 951/08, AP Nr 14 zu § 1 TVG Tarifverträge: Maler. Zu den dadurch eröffneten Möglichkeiten des ArbGeb, mit der Einführung von Leiharbeit den MindestlohnTV zu entkommen, *Rieble*, DB 2011, 356 (357); *Bayreuther*, DB 2011, 706 (710). ||2 BAnz. 2011 Nr. 195, S. 4608; juris: LohnUGAÜV 1. ||3 ErfK/*Schlachter*, § 8 AEntG Rz. 5. ||4 Zum Verhältnis beider Normen *Bayreuther*, DB 2009, 678 (681). ||5 Dazu *Kortstock*, NZA 2010, 311.

12 *Kommission*
(1) Das Bundesministerium für Arbeit und Soziales errichtet eine Kommission zur Erarbeitung von Arbeitsbedingungen oder deren Änderung. Die Errichtung erfolgt im Einzelfall auf Antrag einer Tarifvertragspartei aus der Pflegebranche oder der Dienstgeberseite oder der Dienstnehmerseite von paritätisch besetzten Kommissionen, die auf der Grundlage kirchlichen Rechts Arbeitsbedingungen für den Bereich kirchlicher Arbeitgeber in der Pflegebranche festlegen.

(2) Die Kommission besteht aus acht Mitgliedern. Das Bundesministerium für Arbeit und Soziales benennt je zwei geeignete Personen sowie jeweils einen Stellvertreter auf Grund von Vorschlägen

1. der Gewerkschaften, die in der Pflegebranche tarifzuständig sind,
2. der Vereinigungen der Arbeitgeber in der Pflegebranche,
3. der Dienstnehmerseite der in Absatz 1 genannten paritätisch besetzten Kommissionen sowie
4. der Dienstgeberseite der in Absatz 1 genannten paritätisch besetzten Kommissionen.

(3) Die Sitzungen der Kommission werden von einem oder einer nicht stimmberechtigten Beauftragten des Bundesministeriums für Arbeit und Soziales geleitet. Die Kommission kann sich eine Geschäftsordnung geben.

(4) Die Kommission beschließt unter Berücksichtigung der in den §§ 1 und 11 Abs. 2 genannten Ziele Empfehlungen zur Festsetzung von Arbeitsbedingungen nach § 5 Nr. 1 und 2. Sie kann eine Ausschlussfrist empfehlen, die den Anforderungen des § 9 Satz 3 entspricht. Empfehlungen sind schriftlich zu begründen.

(5) Die Kommission ist beschlussfähig, wenn alle Mitglieder anwesend oder vertreten sind. Ein Beschluss der Kommission bedarf jeweils einer Mehrheit von drei Vierteln der Mitglieder

1. der Gruppe der Mitglieder nach Absatz 2 Nr. 1 und 2,
2. der Gruppe der Mitglieder nach Absatz 2 Nr. 3 und 4,
3. der Gruppe der Mitglieder nach Absatz 2 Nr. 1 und 3 sowie
4. der Gruppe der Mitglieder nach Absatz 2 Nr. 2 und 4.

(6) Mit Beschlussfassung über Empfehlungen nach Absatz 4 wird die Kommission aufgelöst.

13 *Rechtsfolgen*
Eine Rechtsverordnung nach § 11 steht für die Anwendung der §§ 8 und 9 sowie der Abschnitte 5 und 6 einer Rechtsverordnung nach § 7 gleich.

I. Normzweck. Die §§ 10 bis 13 enthalten Sonderregelungen für den Bereich der Pflegebranche. Die Vorschriften beschränken sich auf Pflegebetriebe, dh. solche Betriebe, die überwiegend ambulante, teilstationäre oder stationäre Pflegeleistungen erbringen (§ 10 I 1). Hier kommt es nicht zu einer Tarifnormerstreckung durch AVE oder eine ErstreckungsVO gem. § 7. Vielmehr werden die Arbeitsbedingungen von einer Kommission festgelegt und durch RechtsVO gem. §§ 11, 13, 8 zu zwingend von in- und ausländischen ArbGeb einzuhaltenden Recht transformiert[1]. Am 15.7.2010 wurde die VO über zwingende Arbeitsbedingungen für die Pflegebranche ausgefertigt[2]. 1

II. Kritik. Mit dieser Regelung werden nicht tarifliche, sondern von einer Kommission festgelegte Mindestarbeitsbedingungen erstreckt; es handelt sich also um eine Regelung von Mindestarbeitsbedingungen, die eher im MiArbG (vgl. Vorb. Rz. 2) hätte angesiedelt werden sollen[3]. Europarechtlich wenig glücklich ist die durch § 13 angeordnete Gleichstellung der VO nach § 11 mit der ErstreckungsVO in § 7. Eine ErstreckungsVO wird durch Art. 3 I 1 Spiegelstr. 2 RL 96/71 legitimiert. Eine VO nach § 11 kann als nicht tarifl. Regelung unionsrechtlich nur zulässig sein (vgl. Vorb. Rz. 9), wenn sie als Rechtsvorschrift gem. Art. 3 I 1 Spiegelstr. 1 RL 96/71 qualifiziert wird. Ihrer Rechtsnatur nach ist die VO nach § 11 daher eher § 2 zuzurechnen[4]. 2

Abschnitt 4a. Arbeitsbedingungen im Gewerbe des grenzüberschreitenden Straßentransports von Euro-Bargeld

13a *Gleichstellung*
Die Verordnung (EU) Nr. 1214/2011 des Europäischen Parlaments und des Rates vom 16. November 2011 über den gewerbsmäßig grenzüberschreitenden Straßentransport von Euro-Bargeld zwischen den Mitgliedstaaten des Euroraums (ABl. L 316 vom 29.11.2011, S. 1) steht für die Anwendung der §§ 8 und 9 sowie der Abschnitte 5 und 6 einer Rechtsverordnung nach § 7 gleich.

---

1 Zu Ausschlussfristen (§§ 13, 9 S. 3) vgl. *Löwisch*, RdA 2009, 215 (219). ||2 BAnz. 2010, Nr. 110, S. 2571; juris: PflegeArbbV. ||3 *Sittard*, NZA 2009, 346 (349). ||4 *Sittard*, NZA 2009, 346 (349).

AEntG § 13a Rz. 1   Gleichstellung

1   Am 30.11.2012 ist die **VO 1214/2011** über den gewerbsmäßigen grenzüberschreitenden Straßentransport von Euro-Bargeld sowie die Änderungen des Güterkraftverkehrsgesetzes in Kraft getreten. Sie regelt für die Staaten der EU die Zugangsvoraussetzungen zum Markt des gewerblichen grenzüberschreitenden Transports von Euro-Bargeld. Art. 24 der VO enthält eine Vorschrift zur Entlohnung des die Transporte durchführenden Sicherheitspersonals, welches grenzüberschreitend tätig ist. Nach Art. 24 I der VO kann der ArbN grds. die Mindestlohnsätze verlangen, die der Staat gewährt, in welchen der ArbN das Euro-Bargeld zustellt bzw. von dem er es abholt (sog. Aufnahmestaat, Art. 1f) VO). Der Anspruch steht neben dem Anspruch auf Lohn, den der ArbN in seinem Herkunftsstaat erhält (arg. Art. 24 I 2 VO); in diesem Verhältnis gilt das Günstigkeitsprinzip.

2   Die VO ist in Deutschland auch im Verhältnis zwischen ArbGeb und ArbN unmittelbar anwendbares Recht (AEUV Vorb. Rz. 12). Art. 24 der VO enthält im Wesentlichen kollisionsrechtl. Regeln. Dass diese Bestimmung einer RechtsVO nach § 7 durch § 13a gleichgestellt wird, vermag nicht unmittelbar einzuleuchten. Art. 24 der VO genießt Vorrang vor den Bestimmungen des AEntG (AEUV Vorb. Rz. 27). Der Gesetzgeber wollte wohl erreichen, dass die Regelungen zur Durchsetzung des Mindestlohns, die die §§ 8 und 9 sowie die Abschnitte 5 und 6 des AEntG bereithalten, auch auf den nach Art. 24 der VO zu gewährenden Mindestlohn angewendet werden.

Abschnitt 5. Zivilrechtliche Durchsetzung

14 *Haftung des Auftraggebers*
Ein Unternehmer, der einen anderen Unternehmer mit der Erbringung von Werk- oder Dienstleistungen beauftragt, haftet für die Verpflichtungen dieses Unternehmers, eines Nachunternehmers oder eines von dem Unternehmer oder einem Nachunternehmer beauftragten Verleihers zur Zahlung des Mindestentgelts an Arbeitnehmer oder Arbeitnehmerinnen oder zur Zahlung von Beiträgen an eine gemeinsame Einrichtung der Tarifvertragsparteien nach § 8 wie ein Bürge, der auf die Einrede der Vorausklage verzichtet hat. Das Mindestentgelt im Sinne des Satzes 1 umfasst nur den Betrag, der nach Abzug der Steuern und der Beiträge zur Sozialversicherung und zur Arbeitsförderung oder entsprechender Aufwendungen zur sozialen Sicherung an Arbeitnehmer oder Arbeitnehmerinnen auszuzahlen ist (Nettoentgelt).

1   **I. Normzweck.** Die vor der Gesetzesnovelle v. 20.4.2009 (Vorb. 1) in § 1a enthaltene Regelung[1] begründet eine verschuldensunabhängige, gesamtschuldnerische Haftung des Generalunternehmers auf das Nettoentgelt, welches den ArbN nach dem AEntG zu zahlen ist. Die Haftung ist auf das Nettoentgelt beschränkt; darunter ist nach S. 2 das Mindestentgelt nach Abzug der Steuern und der Sozialversicherungsbeiträge[2] zu verstehen; Annahmeverzugslohn, Verzugszinsen usw. sind nicht erfasst[3]. Der Generalunternehmer haftet wie ein selbstschuldnerischer Bürge (§§ 773 I Nr. 1, 771 BGB). Die Haftung ist nicht auf aus dem Ausland entsandte ArbN beschränkt, sondern erfasst alle ArbN des Subunternehmens. Sie besteht nur ggü. den ArbN bzw. der Urlaubskasse. Durch die Haftung soll für den Generalunternehmer ein Anreiz gesetzt werden, nur mit korrekt handelnden Subunternehmern zusammenzuarbeiten[4]. Gehaftet wird auch im Falle der Insolvenz[5]. Dem Generalunternehmer ist anzuraten, sich wegen möglicher Forderungen auf Grund dieser Vorschrift durch Einbehaltung von Entgeltbestandteilen vertragl. abzusichern[6].

2   Für den Generalunternehmer wird es regelmäßig schwieriger sein, die Korrektheit und Solvenz ausländischer Subunternehmer zu beurteilen; die Bürgenhaftung macht diese daher im Verhältnis zu deutschen Subunternehmern weniger attraktiv. Aus diesem Grunde könnte die Norm gegen die Dienstleistungsfreiheit (Art. 56 AEUV) verstoßen (oben Vorb. Rz. 19, unten Rz. 4)[7]. Wurde der Subunternehmer in einem Urteil nicht zur Zahlung verpflichtet, kann sich der Generalunternehmer darauf berufen. Wurde umgekehrt der Subunternehmer zur Zahlung verpflichtet, wirkt die Rechtskraft dieses Urteils nicht zu Lasten des Generalunternehmers; ihm steht ein Bestreiten mit Nichtwissen offen[8]. Auch bei Ansprüchen, die die ULAK (§ 5 Rz. 4) geltend macht, kann der Generalunternehmer mit Nichtwissen bestreiten[9].

---

[1] Allg. *Gündisch*, Die Bürgenhaftung nach § 1a AEntG in rechtspolitischer Hinsicht, 2006.   ‖ [2] Wenn der ArbN nicht der deutschen SozV unterliegt, erfolgt der Abzug in Höhe der Beiträge, die an den ausländischen SozV-Träger gezahlt wurden, BAG 17.8.2011 – 5 AZR 490/10, AP Nr. 5 zu § 1a AEntG. Zur „faktischen Bruttolohnhaftung" im Baugewerbe vgl. § 28e IIIa–IIIf SGB IV; dazu AnwK-ArbR/*Kühn*, § 14 AEntG Rz. 15.   ‖ [3] Auch zur Berechnung BAG 12.1.2005 – 5 AZR 617/01, AP Nr. 2 zu § 1 AEntG. Weiterführend *Deckers*, NZA 2008, 321 ff.   ‖ [4] Krit. ErfK/*Schlachter*, § 14 AEntG Rz. 1.   ‖ [5] Im Insolvenzfall kann die BA ggü. dem Hauptunternehmer nicht die gem. § 187 (jetzt § 169) S. 1 SGB III übergegangenen Aufwendungen für das Insolvenzgeld geltend machen, BAG 8.12.2010 – 5 AZR 95/10, AP Nr. 4 zu § 1a AEntG; *Steinmeyer*, BB 2010, 2301. Anders *Sasse/Scholz*, BB 2010, 2301.   ‖ [6] Weiterführend AnwK-ArbR/*Kühn*, § 14 AEntG Rz. 18 f.; Thüsing/*Mohr*, § 14 Rz. 21 ff.   ‖ [7] Weiterführend *Rieble/Lessner*, ZfA 2002, 29 (56 ff.); *Franzen*, SAE 2003, 190 (191 f.).   ‖ [8] BAG 2.8.2006 – 10 AZR 688/05, AP Nr. 3 zu § 1a AEntG.   ‖ [9] BAG 19.11.2008 – 10 AZR 864/07, nv.

II. Unternehmer. Unternehmer iSd. Norm ist, wer Bauleistungen im Rahmen gewerbl. Tätigkeit an Dritte in Auftrag gibt. Auf die Rechtsform des Unternehmens kommt es nicht an. Bauherren, die Bauleistungen in Auftrag geben, sind dagegen nicht Unternehmer iSd. Norm[1], auch nicht, wenn sie selbst Bauunternehmer sind[2] oder fälschlich als Inhaber aufgetreten sind[3]. Auch Unternehmen der öffentl. Hand sind nicht erfasst. Dagegen sind Bauträger, die sich ggü. dem Bauherrn zur Erstellung verpflichten und die Gebäude nach Errichtung veräußern wollen, Unternehmer iSd. Norm[4]. Der Generalunternehmer haftet nicht nur für ein Subunternehmen, sondern auch für von diesem beauftragte Sub-Subunternehmen. Der Subunternehmer selbst haftet ebenfalls für den Sub-Subunternehmer; aus dem Wortlaut der Norm ergeben sich insoweit keine Beschränkungen[5]. General- und Subunternehmer haften gem. §§ 774 II, 426 BGB als Gesamtschuldner. Die Frage, ob gesellschaftsrechtlich eine Haftung gegeben ist, wird gesondert nach den Grundsätzen des internationalen Gesellschaftsrechts entschieden. Maßgeblich ist das Personalstatut der Gesellschaft, das sich nach dem effektiven Verwaltungssitz richtet[6]. 3

III. Vereinbarkeit mit höherrangigem Recht. Insoweit die Norm eine verschuldensunabhängige Haftung begründet, hat das BVerfG die Vereinbarkeit der Norm mit Art. 12 GG bejaht[7]. Das BAG hatte die Verfassungsmäßigkeit der Norm bestätigt, aber wegen eines möglichen Verstoßes gegen Art. 56 AEUV den EuGH angerufen[8]. Der EuGH[9] bejahte die Vereinbarkeit mit Art. 56 AEUV (Rz. 2 und Vorb. Rz. 5, 19). 4

15 *Gerichtsstand*
Arbeitnehmer und Arbeitnehmerinnen, die in den Geltungsbereich dieses Gesetzes entsandt sind oder waren, können eine auf den Zeitraum der Entsendung bezogene Klage auf Erfüllung der Verpflichtungen nach den §§ 2, 8 oder 14 auch vor einem deutschen Gericht für Arbeitssachen erheben. Diese Klagemöglichkeit besteht auch für eine gemeinsame Einrichtung der Tarifvertragsparteien nach § 5 Nr. 3 in Bezug auf die ihr zustehenden Beiträge.

Art. 6 RL 96/71 fordert, dass der ArbN die ihm auf Grund der Richtlinie gewährten Arbeits- und Beschäftigungsbedingungen vor einem Gericht des Aufnahmestaates einklagen kann. Diese Klagemöglichkeit wäre ohne Einfügung des § 15 in Deutschland regelmäßig nicht gegeben, da nach den allg. Vorschriften über die internationale Zuständigkeit (vgl. Rom-I-VO Rz. 3 f.) die deutschen Gerichte regelmäßig nicht zuständig gewesen wären[10]. Vor der Gesetzesnovelle v. 20.4.2009 (Vorb. 1) war die Regelung in § 8 aF enthalten. § 15 begründet auch die sachliche Zuständigkeit der ArbG, und zwar auch für Ansprüche aus der in § 14 normierten Bürgenhaftung[11]. Die Norm gilt nur für den Fall der Entsendung des ArbN[12]. Daneben hat der Betroffene die Möglichkeit, eine Klage im Ausland nach den dort geltenden Regelungen über die internationale Zuständigkeit zu erheben. 1

Klagebefugt sind die in die Bundesrepublik Deutschland entsandten ArbN sowie gem. S. 2 die gemeinsamen Einrichtungen der TV-Parteien wegen Ansprüchen nach § 5 Nr. 3. Für Klagen der ULAK (§ 5 Rz. 4) nach § 14 ist örtlich ausschließlich das ArbG Wiesbaden zuständig[13]; für die internationale Zuständigkeit gelten die allg. Regeln der EG-VO 44/2001 (Rom-I-VO Rz. 3)[14]. 2

Abschnitt 6. Kontrolle und Durchsetzung durch staatliche Behörden

16 *Zuständigkeit*
Für die Prüfung der Einhaltung der Pflichten eines Arbeitgebers nach § 8 sind die Behörden der Zollverwaltung zuständig.

17 *Befugnisse der Behörden der Zollverwaltung und anderer Behörden*
Die §§ 2 bis 6, 14, 15, 20, 22 und 23 des Schwarzarbeitsbekämpfungsgesetzes sind entsprechend anzuwenden mit der Maßgabe, dass

---

1 BAG 6.11.2002 – 5 AZR 617/01 (A) u. v. 12.1.2005 – 5 AZR 617/01, AP Nr. 1, 2 zu § 1a AEntG. Krit. *Bayreuther*, DB 2011, 706 (707). ‖2 BAG 28.3.2007 – 10 AZR 76/06, NZA 2007, 613. ‖3 LAG Berlin 1.11.2005 – 3 Sa 1307/05, AR-Blattei ES 370.3 Nr. 22. ‖4 BAG 16.5.2012 – 10 AZR 190/11, AP Nr. 6 zu § 1a AEntG. ‖5 *Ulber*, § 14 Rz. 18. ‖6 LAG Hess. 7.11.2005 – 16 Sa 636/05, nv. ‖7 BVerfG 20.3.2007 – 1 BvR 1047/05, NZA 2007, 609; vgl. weiter *Rieble/Lessner*, ZfA 2002, 29 (44 ff.). ‖8 BAG 6.11.2002 – 5 AZR 617/01 (A), AP Nr. 1 zu § 1a AEntG. ‖9 EuGH 12.10.2004 – Rs. C-60/03, Slg. 2004 I, 9555, 9566 ff. (Rz. 28 ff.) – Wolff & Müller. Nachfolgend BAG 12.1. 2005 – 5 AZR 617/01, AP Nr. 2 zu § 1a AEntG. ‖10 ArbG Wiesbaden 7.10.1997 – 8 Ca 1172/97, AP Nr. 3 zu Art. 5 Brüsseler Abkommen. ‖11 BAG 11.9.2002 – 9 AZR 3/02, AP Nr. 82 zu § 2 ArbGG 1979. Für Widerklage BAG 25.1.2005 – 9 AZR 44/04, AP Nr. 22 zu § 1 AEntG. ‖12 BAG 2.7.2008 – 10 AZR 355/07, AP Nr. 1 zu Verordnung Nr. 44/2001/EG. ‖13 LAG Bln.-Bbg. 10.6.2009 – 6 SHa 977/09, nv.; ArbG Hannover 17.9.2003 – 12 Ca 472/03, EzAÜG § 1a AEntG Nr. 3. Vgl. BAG 15.2.2012 – 10 AZR 711/10, NZA 2012, 760. ‖14 BAG 2.7.2008 – 10 AZR 355/07, AP Nr. 1 zu Verordnung Nr. 44/2001/EG; 15.2.2012 – 10 AZR 711/10, NZA 2012, 760.

AEntG § 17 Rz. 1   Befugnisse der Behörden der Zollverwaltung und anderer Behörden

1. die dort genannten Behörden auch Einsicht in Arbeitsverträge, Niederschriften nach § 2 des Nachweisgesetzes und andere Geschäftsunterlagen nehmen können, die mittelbar oder unmittelbar Auskunft über die Einhaltung der Arbeitsbedingungen nach § 8 geben, und
2. die nach § 5 Abs. 1 des Schwarzarbeitsbekämpfungsgesetzes zur Mitwirkung Verpflichteten diese Unterlagen vorzulegen haben.

Die §§ 16 bis 19 des Schwarzarbeitsbekämpfungsgesetzes finden Anwendung. § 6 Abs. 3 des Schwarzarbeitsbekämpfungsgesetzes findet entsprechende Anwendung. Für die Datenverarbeitung, die dem in § 16 genannten Zweck oder der Zusammenarbeit mit den Behörden des Europäischen Wirtschaftsraums nach § 20 Abs. 2 dient, findet § 67 Abs. 2 Nr. 4 des Zehnten Buches Sozialgesetzbuch keine Anwendung.

1   **I. Normzweck.** §§ 16, 17 regeln die Zuständigkeit und die Prüfungsbefugnisse, welche die Aufsichtsbehörde bei der Überwachung der Arbeitsbedingungen nach § 1 innehat. Die Überwachung der Erfüllung der Pflichten aus § 8 dient insb. dem ausländischen ArbN, der seine Rechte oft nicht kennen bzw. nicht durchsetzen wird.

2   **II. Zuständigkeit.** Die Zuständigkeit der Behörden erstreckt sich (soweit nicht Zuständigkeiten nach einem anderen Gesetz begründet sind) lediglich auf die Kontrolle der Mindestarbeitsbedingungen nach § 8. Die Behörden haben daher insb. den zu zahlenden Mindestlohn zu ermitteln und diesen mit dem real gezahlten Lohn zu vergleichen. Vgl. dazu Vorb. Rz. 15.

3   Nach § 16 sind die **Behörden der Zollverwaltung** zuständig. Daneben haben die in §§ 2 bis 6, 14, 15, 20, 22 und 23 SchwarzArbG[1] genannten Behörden (ua. nach Landesrecht zuständige Behörden, BA, Einzugsstellen, Finanzbehörden, Sozialhilfeträger, Träger der Kranken-, Unfall- und RV, vgl. § 2 II SchwarzArbG) neben den im SchwarzArbG geregelten, weit gehenden Befugnissen das Recht zur Einsichtnahme in die in S. 1 Nr. 1 genannten Unterlagen. Gem. S. 3, der auf § 6 III SchwarzArbG verweist, ist die jeweils zuständige Behörde, ggf. auch die Ausländerbehörde zu unterrichten.

4   **III. Pflichten des ArbGeb.** Den ArbGeb, die ArbN und ggf. auch angetroffene Dritte treffen gem. S. 1 Nr. 2 die **Mitwirkungspflichten** aus § 5 I SchwarzArbG und die **Aufzeichnungs- und Bereithaltungspflichten** aus § 19.

18 *Meldepflicht*

(1) Soweit die Rechtsnormen eines für allgemeinverbindlich erklärten Tarifvertrages nach den §§ 4, 5 Nr. 1 bis 3 und § 6 oder einer Rechtsverordnung nach § 7 auf das Arbeitsverhältnis Anwendung finden, ist ein Arbeitgeber mit Sitz im Ausland, der einen Arbeitnehmer oder eine Arbeitnehmerin oder mehrere Arbeitnehmer oder Arbeitnehmerinnen innerhalb des Geltungsbereichs dieses Gesetzes beschäftigt, verpflichtet, vor Beginn jeder Werk- oder Dienstleistung eine schriftliche Anmeldung in deutscher Sprache bei der zuständigen Behörde der Zollverwaltung vorzulegen, die die für die Prüfung wesentlichen Angaben enthält. Wesentlich sind die Angaben über

1. Familienname, Vornamen und Geburtsdatum der von ihm im Geltungsbereich dieses Gesetzes beschäftigten Arbeitnehmer und Arbeitnehmerinnen,
2. Beginn und voraussichtliche Dauer der Beschäftigung,
3. Ort der Beschäftigung, bei Bauleistungen die Baustelle,
4. Ort im Inland, an dem die nach § 19 erforderlichen Unterlagen bereitgehalten werden,
5. Familienname, Vornamen, Geburtsdatum und Anschrift in Deutschland des oder der verantwortlich Handelnden,
6. Branche, in die die Arbeitnehmer und Arbeitnehmerinnen entsandt werden sollen, und
7. Familienname, Vornamen und Anschrift in Deutschland eines oder einer Zustellungsbevollmächtigten, soweit dieser oder diese nicht mit dem oder der in Nummer 5 genannten verantwortlich Handelnden identisch ist.

Änderungen bezüglich dieser Angaben hat der Arbeitgeber im Sinne des Satzes 1 unverzüglich zu melden.

(2) Der Arbeitgeber hat der Anmeldung eine Versicherung beizufügen, dass er seine Verpflichtungen nach § 8 einhält.

(3) Überlässt ein Verleiher mit Sitz im Ausland einen Arbeitnehmer oder eine Arbeitnehmerin oder mehrere Arbeitnehmer oder Arbeitnehmerinnen zur Arbeitsleistung einem Entleiher, hat der Entleiher unter den Voraussetzungen des Absatzes 1 Satz 1 vor Beginn jeder Werk- oder Dienstleistung der zuständigen Behörde der Zollverwaltung eine schriftliche Anmeldung in deutscher Sprache mit folgenden Angaben zuzuleiten:

---

[1] V. 23.7.2004, BGBl. I S. 1842, zuletzt geändert BGBl. 2011 I S. 2258.

Erstellen und Bereithalten von Dokumenten § 19 AEntG

1. Familienname, Vornamen und Geburtsdatum der überlassenen Arbeitnehmer und Arbeitnehmerinnen,
2. Beginn und Dauer der Überlassung,
3. Ort der Beschäftigung, bei Bauleistungen die Baustelle,
4. Ort im Inland, an dem die nach § 19 erforderlichen Unterlagen bereitgehalten werden,
5. Familienname, Vornamen und Anschrift in Deutschland eines oder einer Zustellungsbevollmächtigten des Verleihers,
6. Branche, in die die Arbeitnehmer und Arbeitnehmerinnen entsandt werden sollen, und
7. Familienname, Vornamen oder Firma sowie Anschrift des Verleihers.

Absatz 1 Satz 3 gilt entsprechend.

(4) Der Entleiher hat der Anmeldung eine Versicherung des Verleihers beizufügen, dass dieser seine Verpflichtungen nach § 8 einhält.

(5) Das Bundesministerium der Finanzen kann durch Rechtsverordnung im Einvernehmen mit dem Bundesministerium für Arbeit und Soziales ohne Zustimmung des Bundesrates bestimmen,

1. dass, auf welche Weise und unter welchen technischen und organisatorischen Voraussetzungen eine Anmeldung, Änderungsmeldung und Versicherung abweichend von Absatz 1 Satz 1 und 3, Absatz 2 und 3 Satz 1 und 2 und Absatz 4 elektronisch übermittelt werden kann,
2. unter welchen Voraussetzungen eine Änderungsmeldung ausnahmsweise entfallen kann, und
3. wie das Meldeverfahren vereinfacht oder abgewandelt werden kann, sofern die entsandten Arbeitnehmer und Arbeitnehmerinnen im Rahmen einer regelmäßig wiederkehrenden Werk- oder Dienstleistung eingesetzt werden oder sonstige Besonderheiten der zu erbringenden Werk- oder Dienstleistungen dies erfordern.

(6) Das Bundesministerium der Finanzen kann durch Rechtsverordnung ohne Zustimmung des Bundesrates die zuständige Behörde nach Absatz 1 Satz 1 und Absatz 3 Satz 1 bestimmen.

I. Normzweck. Die in der Vorschrift begründete Anmeldepflicht erleichtert den Aufsichtsbehörden die Überwachung der Mindestarbeitsbedingungen gem. § 8[1]. Die Versicherung in Abs. 2 bzw. Abs. 4 soll dem ArbGeb bzw. dem Entleiher seine Pflichten vor Augen führen. § 20 I ermöglicht dann die Information der Finanzämter. Abs. 5 enthält eine Ermächtigungsgrundlage. Die genannten Ministerien können abweichende Meldpflichten schaffen; damit soll vor allem den Besonderheiten des Gebäudereinigerhandwerks entsprochen werden[2]. Entsprechend erging die VO über Meldepflichten nach dem AEntG v. 10.9.2010[3]. Die Bestimmung der Zollbehörden nach Abs. 6 ist bereits erfolgt[4]. 1

II. Anwendungsbereich. Die Vorschrift kommt nur zur Anwendung, wenn **Werk- oder Dienstleistungen grenzüberschreitend** erbracht werden. Sie gilt nur für ArbGeb bzw. Verleiher mit Sitz im Ausland; ein Verstoß gegen das Diskriminierungsverbot des Art. 56 AEUV soll dadurch nicht begründet werden (vgl. Vorb. Rz. 24). Für die Meldpflicht des Entleihers nach Abs. 3 ist es gleichgültig, ob sich der Sitz des Entleihers im In- oder Ausland befindet. Die Verpflichtung des Entleihers, den Einsatzort und jede Änderung des Ortes zu melden, sofern der Verleiher einen Sitz im Ausland hat, dürfte mit Art. 56 AEUV nicht vereinbar sein (vgl. Vorb. Rz. 23). 2

Nach einer entsprechenden Entscheidung des BSG[5] wurde der Wortlaut der Norm dahingehend eingeschränkt, dass nur ArbVerh anzumelden sind, auf welche ein für allgemeinverbindlich erklärter TV oder eine ErstreckungsVO (nun § 7) Anwendung finden (vgl. Vorb. Rz. 24). Die Meldpflichten nach § 8 AÜG bleiben unberührt. Abzulehnen ist die Ansicht des OLG Karlsruhe, nach der die Meldpflicht entfallen soll, wenn der ausländische Verleiher nach eigener Prüfung mit Recht zu dem Ergebnis kommt, dass im konkreten Fall keine Mindestarbeitsbedingungen bei Entsendung von ArbN in den Geltungsbereich des AEntG einzuhalten sind[6]. 3

19 *Erstellen und Bereithalten von Dokumenten*
(1) Soweit die Rechtsnormen eines für allgemeinverbindlich erklärten Tarifvertrages nach den §§ 4, 5 Nr. 1 bis 3 und § 6 oder einer entsprechenden Rechtsverordnung nach § 7 über die Zahlung eines Mindestentgelts oder die Einziehung von Beiträgen und die Gewährung von Leistungen im Zusammenhang mit Urlaubsansprüchen auf das Arbeitsverhältnis Anwendung finden, ist der Arbeitgeber verpflichtet, Beginn, Ende und Dauer der täglichen Arbeitszeit der Arbeitnehmer und Arbeitnehmerinnen aufzuzeichnen und diese Aufzeichnungen mindestens zwei Jahre aufzubewahren. Satz 1 gilt

---

[1] Anmeldevordruck im Internet unter www.zoll.de (Unternehmen/Arbeit). Die Meldung indiziert die tatsächliche Arbeitsleistung, LAG Hess. 4.10.2004 – 16/15 Sa 143/03, EzAÜG § 3 AEntG Nr. 3. ||[2] BT-Drs. 16/3064, 8 zu § 3 III aF. ||[3] BGBl. I S. 1304; juris: AEntGMeldV. ||[4] VO v. 22.4.2004, BGBl. I S. 907. ||[5] BSG 6.3.2003 – B 11 AL 27/02 R, SozR 4–7822 Nr. 1 zu § 3 AEntG; dazu *Kingreen*, SGb 2004, 127. ||[6] OLG Karlsruhe 25.7.2001 – 3 Ss 159/00, wistra 2001, 477. Hier hätte ein Verbotsirrtum (vgl. § 23 Rz. 2) näher gelegen.

AEntG § 19 Rz. 1 — Erstellen und Bereithalten von Dokumenten

entsprechend für einen Entleiher, dem ein Verleiher einen Arbeitnehmer oder eine Arbeitnehmerin oder mehrere Arbeitnehmer oder Arbeitnehmerinnen zur Arbeitsleistung überlässt.

(2) Jeder Arbeitgeber ist verpflichtet, die für die Kontrolle der Einhaltung eines für allgemeinverbindlich erklärten Tarifvertrages nach den §§ 4, 5 Nr. 1 bis 3 und § 6 oder einer Rechtsverordnung nach § 7 erforderlichen Unterlagen im Inland für die gesamte Dauer der tatsächlichen Beschäftigung der Arbeitnehmer und Arbeitnehmerinnen im Geltungsbereich dieses Gesetzes, mindestens für die Dauer der gesamten Werk- oder Dienstleistung, insgesamt jedoch nicht länger als zwei Jahre in deutscher Sprache bereitzuhalten. Auf Verlangen der Prüfbehörde sind die Unterlagen auch am Ort der Beschäftigung bereitzuhalten, bei Bauleistungen auf der Baustelle.

1 **Normzweck.** In § 19 werden dem ArbGeb entsprechende Pflichten zur Erstellung, Aufbewahrung und Bereithaltung von Unterlagen auferlegt. Zu den Unterlagen, die der ArbGeb gem. Abs. 2 vorzulegen hat, gehören die Niederschriften über die Arbeitsbedingungen nach § 2 NachwG und § 11 I AÜG, Lohnlisten, Kontrolllisten, Urlaubspläne, Arbeitszeitnachweise uÄ. Die Behörde muss anhand der Unterlagen in der Lage sein, das reine Mindestentgelt (vgl. §§ 16, 17 Rz. 2) zu ermitteln. Zu den Unterlagen gehören weiter Belege über die Überweisung von Beiträgen zu den Sozialkassen.

2 Die Vorschriften sind unter Berücksichtigung der Rspr. des EuGH unionsrechtskonform, dh. unter Berücksichtigung der Dienstleistungsfreiheit des ArbGeb gem. Art. 56 AEUV, auszulegen, vgl. AEUV Vorb. Rz. 26. Entsprechende Anordnungen der Behörden sind daher nur zulässig, wenn sie zum Schutz der ArbN geeignet und erforderlich sind. Legt das in einem anderen Mitgliedstaat ansässige Unternehmen die Unterlagen vor, welche es nach dem Recht seines Niederlassungsstaates über das ArbVerh ohnehin führen muss, und genügen diese Unterlagen bereits, um den Schutz des ArbN sicherzustellen, können durch deutsche Behörden keine weiteren Unterlagen verlangt werden. Das Erfordernis, die Unterlagen in deutscher Sprache vorzulegen, ist mit Art. 56 AEUV vereinbar[1], auf eine entsprechende Anordnung ist aber zu verzichten, wenn innerhalb der Behörde sprachkundige Mitarbeiter vorhanden sind.

20 *Zusammenarbeit der in- und ausländischen Behörden*
(1) Die Behörden der Zollverwaltung unterrichten die zuständigen Finanzämter über Meldungen nach § 18 Abs. 1 und 3.

(2) Die Behörden der Zollverwaltung und die übrigen in § 2 des Schwarzarbeitsbekämpfungsgesetzes genannten Behörden dürfen nach Maßgabe der datenschutzrechtlichen Vorschriften auch mit Behörden anderer Vertragsstaaten des Abkommens über den Europäischen Wirtschaftsraum zusammenarbeiten, die diesem Gesetz entsprechende Aufgaben durchführen oder für die Bekämpfung illegaler Beschäftigung zuständig sind oder Auskünfte geben können, ob ein Arbeitgeber seine Verpflichtungen nach § 8 erfüllt. Die Regelungen über die internationale Rechtshilfe in Strafsachen bleiben hiervon unberührt.

(3) Die Behörden der Zollverwaltung unterrichten das Gewerbezentralregister über rechtskräftige Bußgeldentscheidungen nach § 23 Abs. 1 bis 3, sofern die Geldbuße mehr als zweihundert Euro beträgt.

(4) Gerichte und Staatsanwaltschaften sollen den nach diesem Gesetz zuständigen Behörden Erkenntnisse übermitteln, die aus ihrer Sicht zur Verfolgung von Ordnungswidrigkeiten nach § 23 Abs. 1 und 2 erforderlich sind, soweit dadurch nicht überwiegende schutzwürdige Interessen des Betroffenen oder anderer Verfahrensbeteiligter erkennbar beeinträchtigt werden. Dabei ist zu berücksichtigen, wie gesichert die zu übermittelnden Erkenntnisse sind.

1 § 20 fasst die Möglichkeiten der Information und Zusammenarbeit zwischen unterschiedlichen Behörden zusammen. Nach Abs. 2 kann auch eine Zusammenarbeit mit ausländischen Behörden des EWR erfolgen (vgl. auch Art. 4 RL 96/71).

21 *Ausschluss von der Vergabe öffentlicher Aufträge*
(1) Von der Teilnahme an einem Wettbewerb um einen Liefer-, Bau- oder Dienstleistungsauftrag der in § 98 des Gesetzes gegen Wettbewerbsbeschränkungen genannten Auftraggeber sollen Bewerber oder Bewerberinnen für eine angemessene Zeit bis zur nachgewiesenen Wiederherstellung ihrer Zuverlässigkeit ausgeschlossen werden, die wegen eines Verstoßes nach § 23 mit einer Geldbuße von wenigstens zweitausendfünfhundert Euro belegt worden sind. Das Gleiche gilt auch schon vor Durchführung eines Bußgeldverfahrens, wenn im Einzelfall angesichts der Beweislage kein vernünftiger Zweifel an einer schwerwiegenden Verfehlung im Sinne des Satzes 1 besteht.

(2) Die für die Verfolgung oder Ahndung der Ordnungswidrigkeiten nach § 23 zuständigen Behörden dürfen öffentlichen Auftraggebern nach § 98 Nr. 1 bis 3 und 5 des Gesetzes gegen Wettbewerbsbeschränkungen und solchen Stellen, die von öffentlichen Auftraggebern zugelassene Präqualifikati-

---

1 EuGH 18.7.2007 – Rs. C-490/04, Slg. 2007 I, 6095 (Rz. 63 ff.) – Kommission gegen Deutschland.

Bußgeldvorschriften § 23 AEntG

onsverzeichnisse oder Unternehmer- und Lieferantenverzeichnisse führen, auf Verlangen die erforderlichen Auskünfte geben.

(3) Öffentliche Auftraggeber nach Absatz 2 fordern im Rahmen ihrer Tätigkeit beim Gewerbezentralregister Auskünfte über rechtskräftige Bußgeldentscheidungen wegen einer Ordnungswidrigkeit nach § 23 Abs. 1 oder 2 an oder verlangen von Bewerbern oder Bewerberinnen eine Erklärung, dass die Voraussetzungen für einen Ausschluss nach Absatz 1 nicht vorliegen. Im Falle einer Erklärung des Bewerbers oder der Bewerberin können öffentliche Auftraggeber nach Absatz 2 jederzeit zusätzlich Auskünfte des Gewerbezentralregisters nach § 150a der Gewerbeordnung anfordern.

(4) Bei Aufträgen ab einer Höhe von 30 000 Euro fordert der öffentliche Auftraggeber nach Absatz 2 für den Bewerber oder die Bewerberin, der oder die den Zuschlag erhalten soll, vor der Zuschlagserteilung eine Auskunft aus dem Gewerbezentralregister nach § 150a der Gewerbeordnung an.

(5) Vor der Entscheidung über den Ausschluss ist der Bewerber oder die Bewerberin zu hören.

Die Vorschrift sanktioniert Unternehmer bei erheblichen Verstößen gegen das AEntG, die Ordnungswidrigkeiten nach § 23 darstellen, zusätzlich mit einem Ausschluss vom Wettbewerb um öffentl. Liefer-, Bau- oder Dienstleistungsaufträge. Die Norm durchbricht damit den vergaberechtl. Grundsatz, nach welchem das wirtschaftlichste Angebot den Zuschlag erhalten muss (§ 97 V GWB). Der Begriff des Auftraggebers ist in § 98 GWB definiert. Zur Problematik der Tariftreueerklärungen Art. 9 GG Rz. 71f., Vorb. Rz. 8. 1

Ein **erheblicher Verstoß** liegt vor, wenn eine Geldbuße von mindestens 2500 Euro verhängt wurde. Der Ausschluss kann nach Abs. 1 S. 2 auch bereits vor Durchführung des Bußgeldverfahrens erfolgen[1]. Auskunft wird nach Abs. 2 nur auf ein Verlangen der Vergabebehörden erteilt. 2

22 Zustellung

Für die Anwendung dieses Gesetzes gilt der im Inland gelegene Ort der Werk- oder Dienstleistung sowie das vom Arbeitgeber eingesetzte Fahrzeug als Geschäftsraum im Sinne des § 5 Abs. 2 des Verwaltungszustellungsgesetzes in Verbindung mit § 178 Abs. 1 Nr. 2 der Zivilprozessordnung.

Die Vorschrift erleichtert die Zustellung von Schriftstücken, insb. wenn die Meldung nach § 18 I 2 Nr. 5 und 7 nicht erfolgt ist. Die Zustellung in Fahrzeuge wurde aufgenommen, um den Besonderheiten des Briefzustellergewerbes Rechnung zu tragen[2]. 1

23 Bußgeldvorschriften

(1) Ordnungswidrig handelt, wer vorsätzlich oder fahrlässig

1. entgegen § 8 Abs. 1 Satz 1 oder Abs. 3, jeweils in Verbindung mit einem Tarifvertrag nach den §§ 4 bis 6, der nach § 5 des Tarifvertragsgesetzes für allgemeinverbindlich erklärt oder durch Rechtsverordnung nach § 7 Abs. 1 erstreckt worden ist, eine dort genannte Arbeitsbedingung nicht gewährt oder einen Beitrag nicht leistet,
2. entgegen § 17 Satz 1 in Verbindung mit § 5 Abs. 1 Satz 1 des Schwarzarbeitsbekämpfungsgesetzes eine Prüfung nicht duldet oder bei einer Prüfung nicht mitwirkt,
3. entgegen § 17 Satz 1 in Verbindung mit § 5 Abs. 1 Satz 2 des Schwarzarbeitsbekämpfungsgesetzes das Betreten eines Grundstücks oder Geschäftsraums nicht duldet,
4. entgegen § 17 Satz 1 in Verbindung mit § 5 Abs. 3 Satz 1 des Schwarzarbeitsbekämpfungsgesetzes Daten nicht, nicht richtig, nicht vollständig, nicht in der vorgeschriebenen Weise oder nicht rechtzeitig übermittelt,
5. entgegen § 18 Abs. 1 Satz 1 oder Abs. 3 Satz 1 eine Anmeldung nicht, nicht richtig, nicht vollständig, nicht in der vorgeschriebenen Weise oder nicht rechtzeitig vorlegt oder nicht richtig, nicht vollständig, nicht in der vorgeschriebenen Weise oder nicht rechtzeitig zuleitet,
6. entgegen § 18 Abs. 1 Satz 3, auch in Verbindung mit Absatz 3 Satz 2, eine Änderungsmeldung nicht, nicht richtig, nicht vollständig, nicht in der vorgeschriebenen Weise oder nicht rechtzeitig macht,
7. entgegen § 18 Abs. 2 oder 4 eine Versicherung nicht beifügt,
8. entgegen § 19 Abs. 1 eine Aufzeichnung nicht, nicht richtig oder nicht vollständig erstellt oder nicht mindestens zwei Jahre aufbewahrt oder
9. entgegen § 19 Abs. 2 eine Unterlage nicht, nicht richtig, nicht vollständig oder nicht in der vorgeschriebenen Weise bereithält.

(2) Ordnungswidrig handelt, wer Werk- oder Dienstleistungen in erheblichem Umfang ausführen lässt, indem er als Unternehmer einen anderen Unternehmer beauftragt, von dem er weiß oder fahrlässig nicht weiß, dass dieser bei der Erfüllung dieses Auftrags

---

1 Zu Recht krit. ErfK/*Schlachter*, § 21 AEntG Rz. 1. || 2 BT-Drs. 16/10486, 15.

1. entgegen § 8 Abs. 1 Satz 1 oder Abs. 3, jeweils in Verbindung mit einem Tarifvertrag nach den §§ 4 bis 6, der nach § 5 des Tarifvertragsgesetzes für allgemeinverbindlich erklärt oder durch Rechtsverordnung nach § 7 Abs. 1 erstreckt worden ist, eine dort genannte Arbeitsbedingung nicht gewährt oder einen Beitrag nicht leistet oder

2. einen Nachunternehmer einsetzt oder zulässt, dass ein Nachunternehmer tätig wird, der entgegen § 8 Abs. 1 Satz 1 oder Abs. 3, jeweils in Verbindung mit einem Tarifvertrag nach den §§ 4 bis 6, der nach § 5 des Tarifvertragsgesetzes für allgemeinverbindlich erklärt oder durch Rechtsverordnung nach § 7 Abs. 1 erstreckt worden ist, eine dort genannte Arbeitsbedingung nicht gewährt oder einen Beitrag nicht leistet.

(3) Die Ordnungswidrigkeit kann in den Fällen des Absatzes 1 Nr. 1 und des Absatzes 2 mit einer Geldbuße bis zu fünfhunderttausend Euro, in den übrigen Fällen mit einer Geldbuße bis zu dreißigtausend Euro geahndet werden.

(4) Verwaltungsbehörden im Sinne des § 36 Abs. 1 Nr. 1 des Gesetzes über Ordnungswidrigkeiten sind die in § 16 genannten Behörden jeweils für ihren Geschäftsbereich.

(5) Die Geldbußen fließen in die Kasse der Verwaltungsbehörde, die den Bußgeldbescheid erlassen hat. Für die Vollstreckung zu Gunsten der Behörden des Bundes und der unmittelbaren Körperschaften und Anstalten des öffentlichen Rechts sowie für die Vollziehung des dinglichen Arrestes nach § 111d der Strafprozessordnung in Verbindung mit § 46 des Gesetzes über Ordnungswidrigkeiten durch die in § 16 genannten Behörden gilt das Verwaltungs-Vollstreckungsgesetz. Die nach Satz 1 zuständige Kasse trägt abweichend von § 105 Abs. 2 des Gesetzes über Ordnungswidrigkeiten die notwendigen Auslagen; sie ist auch ersatzpflichtig im Sinne des § 110 Abs. 4 des Gesetzes über Ordnungswidrigkeiten.

1 **I. Normzweck.** Verstöße gegen Bestimmungen des AEntG sind in der Praxis besonders häufig. Aus diesem Grund schafft die Vorschrift einen umfangreichen **Katalog von Ordnungswidrigkeiten**. Abs. 2 begründet auch für den Generalunternehmer einen Bußgeldtatbestand. Verstöße gegen zwingende Arbeitsbedingungen nach § 2 stellen demggü. keine Ordnungswidrigkeit dar. Neben der Vorschrift kommt in den Fällen der Beschäftigung von Ausländern ohne Genehmigung (vgl. Vorb. Rz. 3) eine Ordnungswidrigkeit gem. § 404 II Nr. 3 SGB III in Betracht.

2 **II. Allgemeines.** Ordnungswidrigkeiten können gem. § 10 OWiG durch **vorsätzliches** sowie **fahrlässiges** Handeln begangen werden, soweit das Gesetz fahrlässiges Handeln ausdrücklich mit Geldbuße bedroht. In Abs. 1 und 2 erstreckt die Vorschrift den Anwendungsbereich auf Fahrlässigkeit. Der Täter kann sich gem. § 11 I OWiG auf einen Tatbestandsirrtum bzw. gem. § 11 II OWiG auf einen Verbotsirrtum berufen[1]. Er handelt nicht schuldhaft, wenn der Verbotsirrtum unvermeidbar ist, was bei Verstößen gegen §§ 8, 18, 19 jedoch regelmäßig zu verneinen ist[2]. Auf einen Tatbestandsirrtum kann sich der Generalunternehmer im Falle des Abs. 2 nicht berufen, wenn er konkrete Anhaltspunkte dafür hatte, dass der Subunternehmer gegen die Vorschriften des AEntG verstoßen könnte.

3 Beschäftigt ein Unternehmer an einem Tag mehrere ArbN unter Verstoß gegen Vorschriften des § 8, liegt idR **Tateinheit** gem. § 19 OWiG vor. Zu prüfen ist, ob der Einsatz der ArbN auf einem oder mehreren Entschlüssen des Täters beruht[3]. Bei unterschiedlichen Verstößen gegen § 8 und § 18 bzw. § 19 ist dagegen idR Tatmehrheit (§ 20 OWiG) gegeben[4], so dass für jede Ordnungswidrigkeit gesondert eine Geldbuße festzusetzen ist.

4 **III. Ordnungswidrigkeit des ArbGeb bzw. sonstiger Auskunftspflichtiger (Abs. 1).** Täter nach Abs. 1 Nr. 1 ist der ArbGeb. Handelt es sich um eine juristische Person, eine Personenhandelsgesellschaft oder eine nicht geschäftsfähige natürliche Person, gilt § 9 I OWiG, dh. als Täter kommt der Vertreter in Betracht. Nach § 9 II OWiG kann Täter darüber hinaus eine beauftragte Person sein, wenn sie mit der Leitung des Betriebs, eines Betriebsteils oder mit der Erfüllung bestimmter Pflichten beauftragt ist. In den Fällen des Abs. 1 Nr. 3 können auch weitere Personen Täter sein, soweit sie Auskunfts- oder Mitwirkungspflichten treffen. Die Verjährung der Tat beginnt erst mit dem Wegfall der Pflicht zur Zahlung des Mindestlohns[5].

5 **IV. Ordnungswidrigkeit des Auftraggebers (Abs. 2).** Nach Abs. 2 kommt als Täter auch ein Auftraggeber in Betracht, der Bauleistungen in erheblichem Umfang ausführen lässt. Von einem erheblichen Umfang ging die früher zuständige BA bereits bei einem Auftragsvolumen von 10 000 Euro aus. Zum Tatbestandsirrtum oben Rz. 2.

---

1 Zur Abgrenzung Thüsing/*Kudlich*, § 23 Rz. 12 ff. ||2 Einen Verbotsirrtum für einen kleineren inländischen ArbGeb nimmt das BayObLG in seinem Urt. v. 13.10.1999 – 3 ObOWi 88/99, NStZ 2000, 141, an; anders OLG Bbg. 3.4.2003 – 2 Ss (OWi) 158B/02, IBR 2003, 510: Erkundigungspflicht eines kleineren Unternehmers. Zum Umfang der Informationspflicht OLG Thür. 1.11.2005 – 1 Ss 222/05, nv. ||3 BayObLG 29.6.1999 – 3 ObOWi 50/99, GewArch 2000, 31. ||4 ErfK/*Schlachter*, § 23 AEntG Rz. 3. ||5 OLG Thür. 2.2.2006 – 1 Ss 97/05, GewArch 2006, 210.

V. Zumessung der Geldbuße (Abs. 3). Die Geldbuße kann in den Fällen des Abs. 1 Nr. 1 und des Abs. 2 500 000 Euro erreichen. Bei der Zumessung ist § 17 OWiG zu beachten. Nach § 17 II OWiG kann bei Fahrlässigkeit nur die Hälfte des angedrohten Höchstbetrages verhängt werden. Gem. § 17 III OWiG sind der Vorwurf, den der Täter trifft, seine wirtschaftl. Verhältnisse sowie die Bedeutung der Ordnungswidrigkeit zu berücksichtigen. Dies verlangt eine Einzelfallbetrachtung[1]. Nach § 17 IV OWiG soll die Geldbuße den wirtschaftl. Vorteil, den der Täter aus der Ordnungswidrigkeit gezogen hat, übersteigen. Dabei kann sogar das gesetzl. Höchstmaß überschritten werden.

Der wirtschaftl. Gewinn setzt sich zusammen aus der Differenz zwischen dem gezahlten Lohn und dem geschuldeten Mindestentgelt und dem Marktvorteil, den der Unternehmer erlangt hat[2]. Für den Marktvorteil hielt die nach alter Rechtslage zuständige BA eine Orientierung an 20 % des Unternehmergewinns für zulässig. In den Fällen des Abs. 2 nannte die BA im Falle eines Auftragsvolumens von 10 000 bis 25 000 Euro eine Geldbuße iHv. 2/5 des Volumens als Richtwert für angemessen. Im Falle eines höheren Volumens sollte die Geldbuße nicht höher als 30 % sein. In jedem Fall ist jedoch eine Einzelfallbetrachtung nach Maßgabe des § 17 III OWiG vorzunehmen.

Abschnitt 7. Schlussvorschriften

24 *Evaluation*
Die nach § 7 festgesetzten Mindestentgeltsätze sind im Hinblick auf ihre Beschäftigungswirkungen, insbesondere auf sozialversicherungspflichtige Beschäftigung sowie die Schaffung angemessener Mindestarbeitsbedingungen, fünf Jahre nach Inkrafttreten des Gesetzes zu überprüfen.

25 *Inkrafttreten, Außerkrafttreten*
Dieses Gesetz tritt am Tag nach der Verkündung in Kraft.

Das AEntG ist in seiner Neufassung am 24.4.2009 in Kraft getreten. Es wurde keine Übergangsregelung geschaffen. Die Neufassung erstreckt sich damit auf alle Sachverhalte, die sich seit dem 24.4.2009 im Geltungsbereich des geänderten AEntG verwirklichen[3].

---

1 OLG Thür. 19.8.2004 – 1 Ss 93/04, GewArch 2005, 26. || 2 Zur Berechnung vgl. auch Thüsing/*Kudlich*, § 23 Rz. 52 f. || 3 Vgl. BAG 21.11.2007 – 10 AZR 782/06, AP Nr. 297 zu § 1 TVG Tarifverträge: Bau.

Vertrag über die Arbeitsweise der Europäischen Union (AEUV)

in der Fassung des Vertrags von Lissabon zur Änderung des Vertrags über die Europäische Union und des Vertrags zur Gründung der Europäischen Gemeinschaft v. 13.12.2007, ABl. EU 2007 C 306/1, konsolidierte Fassung ABl. EU 2012 C 326/1

– Auszug –

Vorbemerkungen

I. Allgemeines ... 1	1. Primäres EU-Recht ... 6
II. Arbeitsvölkerrecht der europäischen Staaten ... 2	2. Sekundäres EU-Recht ... 9
	3. Sonstige Rechtsquellen ... 24
III. Arbeitsrecht der Europäischen Union ... 5	4. Verhältnis zum nationalen Recht ... 27

1 **I. Allgemeines.** Unter dem Begriff „europäisches Arbeitsrecht" wird hier maßgeblich der Teil des Arbeitsrechts verstanden, der durch oder auf Grund von Rechtsakten der EU geschaffen wurde (Rz. 5 ff.). Im Vordergrund stehen dabei die Art. 45 und 157 (Art. 39, 141 EGV aF). Unter den Begriff „europäisches Arbeitsrecht" lässt sich aber auch der Teil des Arbeitsvölkerrechts fassen, welcher sich auf die europäischen Staaten bezieht, insb. die das Arbeitsrecht betreffenden Übereinkommen des Europarats (Rz. 2–4).

2 **II. Das Arbeitsvölkerrecht**[1] **der europäischen Staaten** ist für die praktische Rechtsanwendung von geringerer Relevanz, da die jeweiligen Abkommen idR den Bürgern keine subjektiven, durchsetzbaren Rechte verleihen, sondern nur die Mitgliedstaaten verpflichten, die das Abkommen ratifiziert haben. Zu den wichtigsten **Abkommen des Europarats** gehören: die Europäische Konvention zum Schutz der Menschenrechte und Grundfreiheiten (**EMRK**) v. 4.11.1950[2] (vgl. auch Rz. 7, Art. 6 EUV Rz. 12 f.), über deren Verletzung der EGMR auch auf Antrag eines Bürgers, einer nichtstaatlichen Organisation oder Personenvereinigung entscheiden kann, die Europäische Sozialcharta (**ESC**) v. 18.10.1961[3] und die zu dieser ergangenen Zusatzprotokolle[4], das Europäische Niederlassungsabkommen v. 13.12.1955[5] und das Übereinkommen zum Schutz des Menschen bei der automatischen Verarbeitung personenbezogener Daten v. 28.1.1981[6].

3 **Sonstige internationale Übereinkommen** mit arbeitsrechtl. Bezug sind das Europäische Übereinkommen über die Arbeit des im internationalen Straßenverkehr beschäftigten Fahrpersonals (AETR) v. 1.7.1970[7], das Abkommen über die Arbeitsbedingungen der Rheinschiffer v. 21.5.1954[8], die Vereinbarung über die Hafenstaatkontrolle v. 26.1.1982[9], das EU-Truppenstatut v. 17.11.2003[10] und das Nato-Truppenstatut v. 19.6.1951[11] und das dazugehörige Zusatzabkommen v. 3.8.1959[12].

4 Weiter bestehen **Abkommen** mit Albanien[13], Kroatien[14] und der Russischen Föderation[15] über die Beschäftigung zur Erweiterung der beruflichen und sprachlichen Kenntnisse. Daneben existieren Regierungsvereinbarungen zur Beschäftigung auf Grund von Werkverträgen mit der Türkei[16], Bosnien-Herzegowina[17], Mazedonien[18], Kroatien[19] und Serbien.[20] Diese Abkommen sind für die Erteilung einer

---

1 Zu den wichtigsten allg. völkerrechtl. Abkommen mit Bezügen zum Arbeitsrecht MünchArbR/*Birk*, 2. Aufl. 2000, § 18 Rz. 7 ff. ||2 BGBl. 1952 II S. 685, Neubekanntmachung v. 22.10.2010, BGBl. II S. 1198, ergänzt durch Protokoll Nr. 14 v. 13.5.2004, BGBl. 2006 II S. 138. Das Protokoll ist am 1.6.2010 in Kraft getreten. Zuletzt geändert durch Protokolle Nr. 14 bis 15, 16 v. 27.5.2009, 24.6.2013, 2.10.2013, welche noch nicht in Kraft getreten sind. ||3 BGBl. 1964 II S. 1261, zuletzt geändert BGBl. 2001 II S. 970. Die Bundesrepublik Deutschland hat die Revidierte Sozialcharta v. 1.7.1999 bisher nur gezeichnet. Zur ESC *Kothe*, FS Birk, 2008, S. 417 ff.; *Lörcher*, AuR 2011, 107. ||4 V. 5.5.1988, v. 21.10.1991 und v. 9.11.1995; die Bundesrepublik Deutschland hat diese jedoch nicht ratifiziert. ||5 BGBl. 1959 II S. 997. ||6 BGBl. 1985 II S. 539; das Zusatzprotokoll v. 8.11.2001 hat die Bundesrepublik Deutschland ratifiziert (BGBl. 2002 II S. 1882), es ist am 1.7.2004 in Kraft getreten. ||7 BGBl. 1974 II S. 1475, zuletzt geändert BGBl. 2011 II S. 1095. Vorrangig gilt allerdings die EU-VO 561/2006, ABl. 2006 L 102/1 und ABl. 2009 L 70/19. ||8 BGBl. 1957 II S. 217. ||9 BGBl. 1982 II S. 585; Neufassung BGBl. 2013 II S. 187. Vgl. dazu nun die RL 2009/16 v. 23.4.2009, ABl. 2009 L 131/57 und ABl. 2013 L-32/23. ||10 BGBl. 2005 II S. 18. ||11 BGBl. 1961 II S. 1183, 2010 II S. 825. ||12 BGBl. 1961 II S. 1183, zuletzt geändert BGBl. 2006 I S. 2407. ||13 V. 10.12.1991, BGBl. 1992 II S. 116. ||14 V. 13.9.2002, BGBl. 2003 II S. 10, 185. ||15 V. 17.5.1993, BGBl. 1993 II S. 1732. ||16 V. 18.11.1991, BGBl. 1992 II S. 54, zuletzt geändert BGBl. 1998 II S. 94. ||17 V. 20.2.1995, BGBl. 1995 II S. 374, zuletzt geändert BGBl. 2007 II S. 1541. ||18 V. 23.6.1995, BGBl. 1995 II S. 731. ||19 V. 13.9.2002, BGBl. 2003 II S. 8, 186. ||20 Abkommen wird seit 2001 vorläufig von der BA angewandt.

Arbeitserlaubnis von Bedeutung (vgl. § 29 I und II BeschV)[1]. Auch wenn Kroatien zwischenzeitlich der EU beigetreten ist, bleiben im Hinblick auf die ArbN-Freizügigkeit die Übergangsregelungen (Rz. 5) zu beachten. Vgl. weiter zu den Assoziierungsabkommen der EU Art. 45 Rz. 9 f.

III. Arbeitsrecht der Europäischen Union. Mit dem Vertrag über die EU v. 7.2.1992[2] wurde die EG Teil der EU und das bisherige Gemeinschaftsrecht ein eigenständiger Teil des Rechts der EU. Die maßgeblichen Regelungen mit arbeitsrechtl. Inhalt wurden von der damaligen Europäischen Gemeinschaft geschaffen. Mit dem Vertrag von Lissabon (vgl. Rz. 6) wurde allerdings die Bezeichnung „Gemeinschaft" aufgegeben (vgl. Rz. 6).

Zu den nunmehr 28 Staaten der EU gehören neben der Bundesrepublik Deutschland Belgien, Dänemark, Finnland, Frankreich, Griechenland, Großbritannien, Irland, Italien, Luxemburg, die Niederlande, Österreich, Portugal, Schweden, Spanien, seit dem 1.5.2004 die zehn weiteren Beitrittsländer Estland, Lettland, Litauen, Malta, Polen, Slowakei, Slowenien, Tschechische Republik, Ungarn und Zypern[3], seit dem 1.1.2007 Bulgarien und Rumänien[4] sowie seit dem 1.7.2013 Kroatien. Grds. gilt in den neuen Mitgliedstaaten das europäische Recht. Für einige arbeitsrechtl. relevante Bereiche wurden allerdings Übergangsfristen vereinbart[5]; solche gelten zurzeit nur noch für Kroatien. So wurde im sensiblen Bereich der ArbN-Freizügigkeit eine maximal siebenjährige Übergangsfrist statuiert, die es den alten Mitgliedstaaten erlaubt, zunächst für zwei, dann drei und ggf. zwei weitere Jahre ihre nationalen Regelungen beizubehalten. Von dieser Möglichkeit hatte die Bundesrepublik Deutschland Gebrauch gemacht. Für Kroatien gilt zunächst eine zweijährige Frist, die am 30.6.2015 ausläuft[6]. Für alle anderen Mitgliedstaaten gilt die volle Arbeitnehmerfreizügigkeit.

1. Primäres EU-Recht. a) Übersicht. Das primäre EU-Recht enthält in erster Linie institutionelle Regelungen, Kompetenzregelungen und Zielvorgaben. Regelungswerke sind vor allem **EUV (Vertrag über die Europäische Union)**[7] und **AEUV (Vertrag über die Arbeitsweise der Europäischen Union)**[8] einschl. Anhänge, Zusatzprotokolle und Erklärungen. Daneben enthält der Vertrag über die Europäische Atomgemeinschaft arbeitsschutzrechtl. Regelungen. EUV und der frühere EGV wurden mWz. 1.12.2009[9] durch den am 13.12.2007 unterzeichneten **Vertrag von Lissabon**[10] modifiziert. Der EGV wurde nach Art. 21 des Änderungsvertrags in „Vertrag über die Arbeitsweise der Europäischen Union" umbenannt; die Zählung der Artikel hat sich geändert. Zum Primärrecht zählt nun auch die **Charta der Grundrechte der EU** v. 7.12.2000[11] (Rz. 7, Art. 6 EUV Rz. 8 ff.).

Durch den Vertrag von Lissabon wurde der für das Arbeitsrecht relevante **Art. 6 EUV**[12] modifiziert, s. die Komm. dort. Die Norm ist aus sich selbst heraus wenig verständlich. **Abs. 3** erfasst maßgeblich den **ungeschriebenen Grundrechtsschutz**, der bereits vor dem Vertrag von Lissabon gewährleistet war Art. 6 EUV Rz. 3 ff.). **Abs. 1** inkorporiert nunmehr den geschriebenen Grundrechtskatalog der **Charta der Grundrechte der EU** (Art. 6 EUV Rz. 8 ff.). **Abs. 2** schafft die unionsrechtl. Grundlage für den Beitritt der Union zur **EMRK**. Die EMRK hat jedoch gem. Abs. 3 bereits heute Bedeutung (Art. 6 EUV Rz. 12 f.).

b) Anwendbarkeit. Das Primärrecht richtet sich seiner Natur nach zum überwiegenden Teil an die Organe der EU und die Mitgliedstaaten. Ist jedoch (auch) der Bürger Adressat der Bestimmung (zB Verbot der Diskriminierung wegen des Geschlechts nach Art. 157 I und II[13]; vgl. Art. 157 Rz. 4; Art. 45 Rz. 1), ist diese unmittelbar anwendbar (**horizontale Direktwirkung**). Das bedeutet, dass sie auch im Verhältnis von (privatem) ArbGeb zu ArbN gelten. Zum Grundrechtsschutz in der Union und der Frage, ob diese Grundrechte horizontale Direktwirkung haben können, vgl. Art. 6 EUV Rz. 2, 6 f.

---

1 Dazu *Velikova*, Arbeitnehmerentsendung und Kollektivvertragssystem, 2012, S. 126 ff.; *Maiß*, Die Entsendung von Arbeitnehmern aus den MOE-Staaten auf Werkvertragsbasis nach der EU-Osterweiterung, 2008; *Reim*, Auf dem Weg nach Europa, Werkvertragsarbeitnehmer aus Mittel- und Osteuropa im Kontext des nationalen, Völker- und Gemeinschaftsrechts, 2000; *Dienelt*, InfAuslR 2004, 325 ff. Vgl. zur Beantragung einer Arbeitserlaubnis http://www.arbeitsagentur.de/zentraler-Content/Veroeffentlichungen/Merkblatt-Sammlung/MB-16-Beschaeftigung-auslaendischer-AN.pdf sowie http://www.arbeitsagentur.de/zentraler-Content/Veroeffentlichungen/Merkblatt-Sammlung/MB-16a-Beschaeftigung-auslaendischer-AN.pdf (beide Stand 7.2013). ‖ 2 „Vertrag von Maastricht", BGBl. II S. 1253. ‖ 3 Beitrittsvertrag und Beitrittsakte, ABl. 2003 L 235/17 ff. und 33 ff. ‖ 4 Beitrittsvertrag und Beitrittsakte, ABl. 2005 L 157/11 ff., 203 ff. ‖ 5 Dazu *Weiss*, FS Heinze, 2005, S. 1067 ff.; *Langer*, NZA 2005, 83 ff.; *Wank*, NZA 2005, 88 ff.; *Tschäpe*, Die Übergangsbestimmungen zur Arbeitnehmerfreizügigkeit und zum Grundstücksverkehr im Rahmen der EU-Osterweiterung, 2004; *Dienelt*, Freizügigkeit nach der Osterweiterung, 2004; bzgl. AÜ *Boemke*, BB 2005, 266 ff. ‖ 6 Vgl. Anhang V zu Art. 18 der Beitrittsakte, ABl. 2012 L 112/67 ff.; BAnz AT 28.6.2013 B4. ‖ 7 ABl. 1992 C 191/1 ff., konsolidierte Fassung ABl. 2012 C 326/13. ‖ 8 ABl. 2007 C 306/202 ff., konsolidierte Fassung ABl. 2012 C 326/47. ‖ 9 Vgl. Art. 6 II des Änderungsvertrages, ABl. 2007 C 306/135. ‖ 10 ABl. 2007 C 306/1, konsolidierte Fassung ABl. 2009 C 290/1. ‖ 11 ABl. 2000 C 364/1, konsolidierte Fassung ABl. 2012 C 326/391. ‖ 12 In Art. 151 AEUV wird zudem auf die Europäische Sozialcharta v. 18.10.1961 (Rz. 2) und die Gemeinschaftscharta der sozialen Grundrechte der Arbeitnehmer v. 9.12.1989, Vorentwurf Kom/89/248 endg., verwiesen. Der Vertrag über eine Verfassung für Europa v. 16.12.2004, ABl. 2004 C 310/1, ist nicht in Kraft getreten. ‖ 13 EuGH 8.4.1976 – Rs. 43/75, Slg. 1976, 455 (472 ff.) – Defrenne II.

9 **2. Sekundäres EU-Recht.** Das sekundäre EU-Recht leitet sich vom Primärrecht ab und muss mit diesem in Einklang stehen. Zum sekundären EU-Recht gehören gem. Art. 288 insb. Verordnungen (VO), Richtlinien und Empfehlungen.

10 Zum Erlass sekundären EU-Rechts bedarf die EU einer **Ermächtigungsgrundlage**. Ermächtigungsgrundlagen für das Arbeitsrecht finden sich in den Art. 151 ff., insb. in Art. 153. Die schwer verständliche Norm[1] beschränkt die EU auf die Unterstützung und Ergänzung der Tätigkeiten der Mitgliedstaaten. Gem. Abs. 5 sind zudem das Arbeitsentgelt (dazu Art. 157 Rz. 38), das Koalitionsrecht, das Streik- und Aussperrungsrecht ausgenommen[2].

11 **a) Verordnungen. aa) Allgemeines.** Auf dem Gebiet des Arbeitsrechts verleiht der AEUV keine Kompetenzen zum Erlass von VO. Diese haben daher mit Ausnahme der VO 492/2011 über die Freizügigkeit der ArbN innerhalb der Union (Art. 45 Rz. 2) für das Arbeitsrecht nur am Rande Bedeutung, so zB die VO 561/2006[3], welche für angestellte wie selbständige Fahrer Einsatz- und Ruhezeiten regeln. Arbeitsrechtl. relevant sind zB die Rom-I-VO (vgl. Komm. zu Art. 3, 8, 9 Rom-I-VO) für die Bestimmung des anwendbaren Rechts bei individualarbeitsrechtl. Streitigkeiten mit Auslandsbezug sowie Art. 9 der Rom-II-VO für die Bestimmung des anwendbaren Rechts für die deliktische Haftung bei Arbeitskampfmaßnahmen mit Auslandsbezug (Art. 3, 8, 9 Rom-I-VO Rz. 49) und ferner die VO 574/72 zur Beweiskraft ausländischer Arbeitsunfähigkeitsbescheinigungen (dort Art. 18, vgl. Art. 45 Rz. 2)[4].

12 **bb) Anwendbarkeit.** Gem. Art. 288 II haben VO allgemeine Geltung. Sie sind in allen ihren Teilen verbindlich und gelten unmittelbar (auch horizontal, dh. zwischen Privaten) in jedem Mitgliedstaat.

13 **b) Richtlinien. aa) Allgemeines.** Richtlinien sind das maßgebliche Gestaltungsinstrument der EU auf dem Gebiet des Arbeitsrechts. Die wichtigsten der bislang ergangenen arbeitsrechtl. RL werden unter Art. 157 AEUV Rz. 37 ff., 56 ff. sowie an den Stellen dargestellt, an welchen die RL das deutsche Arbeitsrecht umgestaltet haben (zB § 613a BGB, AGG).

14 **bb) Anwendbarkeit.** Nach Art. 288 III sind RL für jeden Mitgliedstaat, an den sie gerichtet sind, hinsichtlich des zu erreichenden Ziels verbindlich. Die Umsetzung muss in der von der RL genannten Frist erfolgen. Schon während der Frist darf der Mitgliedstaat allerdings keine Vorschriften erlassen, die geeignet sind, die Erreichung des Ziels ernstlich infrage zu stellen („Frustrationsverbot")[5]. Die Form und Mittel zur Erreichung des Ziels sind jedoch der jeweiligen innerstaatlichen Stelle überlassen; allerdings sind solche zu wählen, die für die Gewährleistung der praktischen Wirksamkeit der RL unter Berücksichtigung des mit ihnen verfolgten Zwecks am geeignetsten sind[6]. RL sind daher im jeweiligen Mitgliedstaat grds. **nicht unmittelbar anwendbar**. Sie enthalten vielmehr eine Verpflichtung des nationalen Gesetzgebers, die RL innerhalb einer bestimmten Frist in nationales Recht umzusetzen. Dagegen können **Private** grds. keine Rechte aus der RL herleiten bzw. nicht durch die RL verpflichtet werden. So müssten die **Tarifpartner** „unter Beachtung d[ ]er Richtlinie vorgehen"[7]. Gleiches gelte für die **Betriebspartner**[8].

15 Von diesem Grundsatz fehlender unmittelbarer Anwendbarkeit macht der EuGH jedoch eine Ausnahme, wenn der Mitgliedstaat es versäumt hat, die RL fristgerecht umzusetzen. In diesem Fall kann sich der Mitgliedstaat selbst auf die fehlende Umsetzung nicht mehr berufen. Der Private kann daher **ggü. dem Mitgliedstaat** Rechte aus der RL geltend machen (sog. **vertikale Direktwirkung**). Die vertikale Direktwirkung setzt voraus, dass nach Ablauf der Umsetzungsfrist[9] die RL nicht fristgerecht oder unzulänglich umgesetzt wurde und die Vorschrift, auf welche sich der ArbN beruft, inhaltlich unbedingt und hinreichend genau ist[10]. Auf arbeitsrechtl. RL trifft Letzteres allerdings oft nicht zu.

16 Auf die vertikale Direktwirkung kann sich der Betroffene auch berufen, wenn Klagegegner nicht die Bundesrepublik Deutschland, sondern ein nichtstaatl., aber dem öffentl. Bereich zurechenbares Rechtssubjekt ist, zB ein **öffentl. ArbGeb**[11]. Darunter ist unabhängig von ihrer Rechtsform jede Einrichtung zu verstehen, die dem Staat oder dessen Aufsicht untersteht und die kraft staatl. Rechtsakts eine Dienstleistung im öffentl. Interesse zu erbringen hat und hierzu mit besonderen Rechten ausgestattet

---

1 Calliess/Ruffert/*Krebber*, Art. 153 AEUV Rz. 1. ||2 Vgl. EuGH 11.12.2007 – Rs. C-438/05, Slg. 2007 I, 10779 (Rz. 39 ff.) – Viking; 18.12.2007 – Rs. C-341/05, Slg. 2007 I, 11767 (Rz. 86 ff.) – Laval. ||3 V. 15.3.2006, ABl. 2006 L 102/1; ABl. 2009 L 70/19. ||4 Vgl. Art. 18 VO 574/72. ||5 EuGH 4.7.2006 – Rs. C-212/04, Slg. 2006 I, 6057 (Rz. 121) – Adeneler; 22.11.2005 – Rs. C-144/04, Slg. 2005 I, 9981 (Rz. 67 ff.) – Mangold. ||6 EuGH 4.7.2006 – Rs. C-212/04, Slg. 2006 I, 6057 (Rz. 93) – Adeneler. ||7 EuGH 13.9.2011 – Rs. C-447/09, Slg. 2011 I, 8003 (Rz. 48) – Prigge; 7.6.2012 – Rs. C-132/11, NZA 2012, 742 (Rz. 22) – Tyrolean Airways; 18.11.2004 – Rs. C-284/02, Slg. 2004 I, 11143 (Rz. 59) – Sass. Dagegen ErfK/*Franzen*, § 1 TVG Rz. 9; JKOS/*Krause*, Rz. 172 f. Vgl. auch EuGH 10.3.2005 – Rs. C-196/02, Slg. 2005 I, 1789 (Rz. 70 f.) – Niloloudi. Ausführlich auch zur früheren Rspr. und zur Gegenansicht *Dewald*, Die Anwendung des Unionsrechts auf den deutschen Tarifvertrag, 2012, S. 117 ff. ||8 EuGH 6.12.2012 – Rs. C-152/11, NZA 2012, 1435 (Rz. 34, 72) – Odar. Vgl. auch EuGH 8.11.2012 – Rs. C-229/11, NZA 2013, 1273 (Rz. 25) – Heimann. ||9 EuGH 17.1.2008 – Rs. C-246/06, Slg. 2008 I, 105 (Rz. 28 f.) – Navarro. ||10 EuGH 1.7.2010 – Rs. C-194/08, Slg. 2010 I, 6281 (Rz. 44 ff.) – Gassmayr; 26.2.1986 – Rs. 152/84, Slg. 1986, 723 (748 ff.) – Marshall I. ||11 EuGH 24.1.2012 – Rs. C-282/10, NZA 2012, 139 (Rz. 38) – Dominguez; 26.2.1986 – Rs. 152/84, Slg. 1986, 723 (749) – Marshall I; BAG 23.3.2010 - 9 AZR 128/09, AP Nr. 3 zu § 125 SGB IX.

ist, welche über diejenigen hinausgehen, die für die Beziehungen zwischen Privaten gelten[1], zB kommunale ArbGeb, öffentl.-rechtl. verfasste Kreditinstitute[2], nicht aber der Rettungsdienst des Roten Kreuzes[3]. Der öffentl. ArbGeb kann selbst keine Rechte und Pflichten aus der RL geltend machen[4].

Die Grundsätze über die vertikale Direktwirkung finden auch Anwendung, wenn sich der Private ggü. einer **anderen staatlichen Stelle**, zu der er nicht in einem ArbVerh steht, auf eine arbeitsrechtl. RL berufen will. Deshalb kann auch der (private) ArbGeb aus einer arbeitsrechtl. RL Rechte ggü. einer staatlichen Stelle herleiten, wenn diese in einer Weise Hoheitsbefugnisse gegen ihn ausübt, welche nicht im Einklang mit der RL stehen[5]. **17**

Eine weiter gehende Direktwirkung der RL im Verkehr zwischen Privaten (**horizontale Direktwirkung**) lehnt der EuGH weiterhin ab[6]. Der ArbN kann daher ggü. seinem privaten ArbGeb keine Rechte aus einer nicht ordnungsgemäß umgesetzten RL herleiten. In diesem Fall bleiben dem ArbN nur Entschädigungsansprüche gegen den Mitgliedstaat (Rz. 21 ff.). **18**

cc) Richtlinienkonforme Auslegung[7]. Gem. Art. 288 III und Art. 4 III 3 EUV ist der Mitgliedstaat zur Umsetzung der RL und damit zur Erreichung der Ziele der RL verpflichtet. Dies hat Folgen für die Auslegung des nationalen Rechts, durch welches die RL umgesetzt wird. Die Auslegung nationalen Rechts hat sich an dem Sinn und Zweck zu orientieren, den die Union mit der Richtlinie verfolgt[8]. In einem ersten Schritt ist deshalb die RL selbst auszulegen. Dazu sind insb. die Erwägungen zur RL, welche dieser vorangestellt sind, die amtl. Erläuterungen und die Materialien heranzuziehen. Weiter sind die anderen Sprachversionen des RL-Textes zu berücksichtigen. In einem zweiten Schritt ist zu prüfen, ob das nationale Recht den Anforderungen, die die RL stellt, genügt. Dabei ist im Rahmen der üblichen Methodik möglichst ein Einklang mit den Anforderungen der RL herzustellen[9]. Erlaubt die Wortlautgrenze keinen Einklang, ist zu prüfen, ob im Wege der Analogie oder der teleologischen Reduktion ein Einklang zu erreichen ist. Voraussetzung dafür ist die Planwidrigkeit der Regelung, die sich insb. daraus ergeben kann, dass der Gesetzgeber eine richtlinienkonforme Regelung hatte schaffen wollen[10]. Der EuGH fordert, dass die nationalen Gerichte „unter Berücksichtigung des ... innerstaatlichen Rechts und unter Anwendung der danach anerkannten Auslegungsmethoden alles tun, was in ihrer Zuständigkeit liegt, um die volle Wirksamkeit der ... Richtlinie zu gewährleisten und zu einem Ergebnis zu gelangen, das mit dem von der Richtlinie verfolgten Ziel übereinstimmt"[11]. Dies gilt auch für nationales Recht, welches älter ist als die RL selbst[12]. **19**

Es ist allerdings zu berücksichtigen, dass sich das Umsetzungsgebot gem. Art. 288 III und Art. 4 III 3 EUV an den Mitgliedstaat richtet. Dieser entscheidet darüber, welche staatl. Organe mit der Umsetzung der RL beauftragt sind. In Deutschland ist das Prinzip der Gewaltenteilung (Art. 20 III GG) zu beachten; die Umsetzung der RL an sich ist also dem deutschen Gesetzgeber vorbehalten. Sie kann nicht gegen den Willen des Gesetzgebers durch die Gerichte erfolgen. Die richtlinienkonforme Auslegung kann daher nicht dazu führen, dass der Richter das nationale Recht contra legem mit dem Ziel interpretiert, den Anforderungen der RL Genüge zu tun[13]. Eine richtlinienkonforme Auslegung scheidet deshalb aus, wenn der Gesetzgeber zum Ausdruck gebracht hat, dass er eine der RL möglicherweise nicht entsprechende Regelung hat setzen oder beibehalten wollen[14]. Hat der Gesetzgeber die RL insg. nicht umgesetzt, darf sich der Richter nicht zum Ersatzgesetzgeber aufschwingen[15]. Ob eine über die Korrektur planwidriger Lücken hinausgehende Pflicht zur „richtlinienkonformen Rechtsfortbildung" besteht, ist daher zweifelhaft[16]. Ist der deutsche Gesetzgeber der Ansicht, dass die RL oder Teile der RL bereits durch bestehendes Recht ausreichend umgesetzt sind, können und müssen auch diese Gesetze richt- **20**

---

1 EuGH 7.9.2006 – Rs. C-54/04, Slg. 2006 I, 7213 (Rz. 29) – Marrosu. ‖ **2** ErfK/*Wißmann*, Vorb. AEUV Rz. 25. ‖ **3** BAG 18.2.2003 – 1 ABR 2/02, AP Nr. 11 zu § 611 BGB – Arbeitsbereitschaft. ‖ **4** EuGH 8.10.1987 – Rs. 80/86, Slg. 1987, 3969 (3985 f.) – Kolpinghuis Nijmegen. ‖ **5** EuGH 25.7.1991 – Rs. C-345/89, Slg. 1991 I, 4047 (4065 ff.) – Stoeckel. ‖ **6** EuGH 24.1.2012 – Rs. C-282/10, NZA 2012, 139 (Rz. 37) – Dominguez; 19.1.2010 – Rs. C-555/07, Slg. 2010 I, 365 (Rz. 46) – Kücükdeveci; 14.7.1994 – Rs. 91/92, Slg. 1994, 3325 (3355 f.) – Faccini Dori. Dazu *Kerwer*, Das europäische Gemeinschaftsrecht und die Rechtsprechung der deutschen Arbeitsgerichte, 2003, S. 105 ff. ‖ **7** Zur richtlinienkonformen Auslegung allg.: *Franzen*, Privatrechtsangleichung durch die EG, 1999, S. 291 ff.; *Canaris*, Die richtlinienkonforme Auslegung und Rechtsfortbildung im System der juristischen Methodenlehre, FS Bydlinski, 2002, S. 47 ff.; *Herresthal*, Rechtsfortbildung im europarechtlichen Bezugsrahmen, 2006; *Weber*, Grenzen EU-rechtskonformer Auslegung und Rechtsfortbildung, 2010. ‖ **8** EuGH 10.4.1984 – Rs. 14/83, Slg. 1984, 1891 (1909) – v. Colson und Kamann. ‖ **9** EuGH 4.2.1988 – Rs. 157/86, Slg. 1988, 673 (690) – Murphy; BVerfG 26.9.2011 – 2 BvR 2216/06, NJW 2012, 669; BAG 24.3.2009 – 9 AZR 983/07, AP Nr. 39 zu § 7 BUrlG; *Roth*, Europäisches Recht und nationales Recht, FS 50 Jahre BGH, 2000, Bd. 2, S. 847 (865 f.). ‖ **10** BAG 18.12.2008 – 8 AZR 660/07, ZTR 2009, 534; BGH 26.11.2008 – VIII ZR 200/05, BGHZ 179, 27. ‖ **11** EuGH 24.1.2012 – Rs. C-282/10, NZA 2012, 139 (Rz. 24 ff.) – Dominguez; 10.3.2011 – Rs. C-109/09, Slg. 2011 I, 1309 (Rz. 55) – Deutsche Lufthansa; 5.10.2004 – Rs. C-397/01, Slg. 2004 I, 8835 (Rz. 110 ff.) – Pfeiffer. ‖ **12** EuGH 10.3.2011 – Rs. C-109/09, Slg. 2011 I, 1309 (Rz. 52) – Deutsche Lufthansa; 4.7.2006 – Rs. C-212/04, Slg. 2006 I, 6057 (Rz. 108) – Adeneler. ‖ **13** EuGH 10.3.2011 – Rs. C-109/09, Slg. 2011 I, 1309 (Rz. 54) – Deutsche Lufthansa; 15.4.2008 – Rs. C-268/06, Slg. 2008 I, 2483 (Rz. 100) – Impact; BAG 24.3.2009 – 9 AZR 983/07, AP Nr. 39 zu § 7 BUrlG; *Canaris*, FS Bydlinski, 2002, S. 91 ff. ‖ **14** BVerfG 26.9.2011 – 2 BvR 2216/06, NJW 2012, 669; BAG 22.1.2009 – 8 AZR 906/07, AP Nr. 1 zu § 15 AGG; 20.7.2004 – 9 AZR 343/03, AP Nr. 18 zu § 1 AEntG; 5.6.2003 – 6 AZR 114/02, AP Nr. 2 zu § 611 BGB – Bereitschaftsdienst; 18.2.2003 – 1 ABR 2/02, AP Nr. 11 zu § 611 BGB – Arbeitsbereitschaft. ‖ **15** Ausf. MünchArbR/*Birk*, 2. Aufl. 2000, § 18 Rz. 106; BAG 5.3.1996 – 1 AZR 590/92, AP Nr. 226 zu Art. 3 GG. ‖ **16** *Schürnbrand*, JZ 2007, 910 ff. mwN. Dahingehend aber *Schlachter*, RdA 2005, 115 (117 ff.).

linienkonform ausgelegt werden[1]. Vor Ablauf der Umsetzungsfrist ist eine richtlinienkonforme Auslegung des nationalen Rechts möglich, aber nicht zwingend[2]. Etwas anderes kann nur gelten, wenn sich durch die nicht richtlinienkonforme Auslegung das mit der RL verfolgte Ziel nicht mehr ernsthaft erreichen ließe (vgl. Rz. 14). Führen die Ergebnisse einer richtlinienkonformen Auslegung zur Änderung einer gefestigten Rspr., gewährt das BAG grds. Vertrauensschutz[3], sofern nicht unmittelbar anwendbares europäisches Recht dem entgegensteht[4] (vgl. weiter Art. 267 Rz. 20). Maßgeblich dafür ist, ob und ab welchem Zeitpunkt die Rechtsprechungsänderung vorhersehbar war[5]. Ob auch TV und BV richtlinienkonform ausgelegt werden müssen, hängt davon ab, ob die RL die Tarif- bzw. Betriebspartner verpflichtet (dazu Rz. 14 aE).[6]

21 **dd) Entschädigungsansprüche bei fehlender oder mangelhafter Umsetzung.** Setzt ein Mitgliedstaat eine RL nicht fristgerecht und/oder nicht ordnungsgemäß um, kann der Mitgliedstaat dem Privaten, dem durch die Nichtumsetzung ein Schaden entstanden ist, zur Leistung einer Entschädigung verpflichtet sein. Es handelt sich um einen Fall der Staatshaftung. Der Anspruch begründet sich nicht nach deutschem Staatshaftungsrecht, Rechtsgrundlage ist vielmehr das EU-Recht[7]. Die Verfahrensanforderungen richten sich allerdings nach nationalem Recht[8]. Der Staat darf an die Geltendmachung eines solchen Anspruchs vor den nationalen Gerichten keine höheren Anforderungen stellen als an Klagen, welche sich auf das nationale Staatshaftungsrecht stützen (Äquivalenzgrundsatz). Die Durchsetzung des Anspruchs darf nicht übermäßig erschwert werden (Effektivitätsgrundsatz)[9]. Für § 839 BGB hat der EuGH keinen Verstoß gegen den Effektivitätsgrundsatz festgestellt[10]. Ein Entschädigungsanspruch kann auch dadurch begründet werden, dass ein nationales (auch höchstinstanzliches) Gericht EU-Recht unrichtig anwendet und dem Rechtsuchenden dadurch ein Schaden entsteht[11].

22 Der Anspruch auf Entschädigung ist an drei **Voraussetzungen** geknüpft[12]: Erstens muss die nicht oder nicht ordnungsgemäß umgesetzte Vorschrift darauf gerichtet sein, dem Geschädigten ein Recht zu verleihen. Der Inhalt dieses Rechts muss durch die RL ausreichend bestimmt sein. Zweitens muss der Verstoß des Mitgliedstaats gegen das Umsetzungsgebot der RL hinreichend qualifiziert sein. Das ist insb. der Fall, wenn der Mitgliedstaat die Grenzen, welche seinem Ermessen bei der Umsetzung der RL gesetzt sind, offenkundig und erheblich überschritten hat. Dies wurde vom BGH für den Fall verneint, dass bis zur Klärung durch den EuGH die mangelhafte Umsetzung der RL nicht offenkundig war[13]. Besteht kein Ermessensspielraum, kann eine Verletzung des EU-Rechts genügen[14]. Drittens muss zwischen dem Verstoß und dem Schaden ein unmittelbarer Kausalzusammenhang bestehen.

23 **c) Empfehlungen, Stellungnahmen.** Empfehlungen und Stellungnahmen sind gem. Art. 288 V nicht verbindlich, können aber für die Auslegung des (umgesetzten) EU-Rechts von Bedeutung sein[15].

24 **3. Sonstige Rechtsquellen. a) Völkerrechtliche Verträge. aa) Allgemeines.** Die EU ist gem. Art. 47 EUV (Art. 281 EGV aF) Völkerrechtssubjekt und kann daher selbst völkerrechtl. Verträge schließen.

25 **bb) Anwendbarkeit.** Gem. Art. 218 geschlossene Abkommen sind für die Organe der Union und für die Mitgliedstaaten verbindlich (Art. 216 II); sie haben daher ggü. anderen Rechtsakten der EU Vorrang[16]. Vorschriften aus Abkommen, welche von der Union mit internationalen Organisationen oder Drittstaaten geschlossen wurden, können darüber hinaus wie eine RL (Rz. 15 ff.) unmittelbar anwendbar sein (vgl. Art. 45 Rz. 9 f.)[17].

---

1 EuGH 14.7.1994 – Rs. 91/92, Slg. 1994, 3325 (3355f.) – Faccini Dori; BAG 2.4.1996 – 1 ABR 47/95, AP Nr. 5 zu § 87 BetrVG 1972 – Gesundheitsschutz. ‖ 2 EuGH 4.7.2006 – Rs. C-212/04, Slg. 2006 I, 6057 (Rz. 115) – Adeneler; BAG 18.2.2003 – 9 AZR 272/01, AP Nr. 22 zu § 611a BGB. Daher auch keine Vorlageberechtigung nach Art. 267 II: EuGH 15.3.2001 – Rs. C-165/98, Slg. 2001 I, 2189 (2219f.) – Mazzoleni. ‖ 3 BAG 23.3.2006 – 2 AZR 343/05, v. 12.7.2007 – 2 AZR 619/05, AP Nr. 21, 33 zu § 17 KSchG 1969; 24.3.2009 – 9 AZR 983/07, AP Nr. 39 zu § 7 BUrlG. ‖ 4 BAG 26.4.2006 – 7 AZR 500/04, AP Nr. 23 zu § 14 TzBfG. ‖ 5 BAG 24.3.2009 – 9 AZR 983/07, AP Nr. 39 zu § 7 BUrlG. ‖ 6 Ähnlich im Erg. *Wißmann*, FS Bepler, 2012, S. 649 (zur unionsrechtskonformen Auslegung); ErfK/*Wißmann*, AEUV Vorb. Rz. 38. Ausführlich *Dewald*, Die Anwendung des Unionsrechts auf den deutschen Tarifvertrag, 2012, S. 179ff. ‖ 7 EuGH 25.11.2010 – Rs. C-429/09, Slg. 2010 I, 12167 (Rz. 45) – Fuß II; 26.1.2010 – Rs. C-118/08, EuGRZ 2010, 183 (Rz. 29) – Transportes Urbanos; 24.3.2009 – C-445/06, Slg. 2009 I, 2119 (Rz. 19) – Danske Slagterier. ‖ 8 EuGH 24.3.2009 – Rs. C-445/06, Slg. 2009 I, 2119 (Rz. 31) – Danske Slagterier. ‖ 9 EuGH 26.1.2010 – Rs. C-118/08, EuGRZ 2010, 183 (Rz. 31) – Transportes Urbanos; 19.11.1991 – Rs. C-6/90, 9/90, Slg. 1991 I, 5357, 5416 – Francovich. ‖ 10 EuGH 24.3.2009 – Rs. C-445/06, Slg. 2009 I, 2119 (Rz. 40ff., 58ff., zu § 852 I BGB Rz. 27ff.) – Danske Slagterier; BGH 4.6.2009 – III ZR 144/05, BGHZ 181, 199 (211f.). ‖ 11 EuGH 13.6.2006 – Rs. C-173/03, Slg. 2006 I, 5177 (Rz. 30ff.) – Traghetti del Mediterraneo SpA; 30.9.2003 – Rs. C-224/01, Slg. 2003 I, 10239 (10305ff., 10324ff.) – Köbler; dazu *v. Danwitz*, JZ 2004, 301ff.; *Kremer*, NJW 2004, 480ff. ‖ 12 EuGH 25.11.2010 – Rs. C-429/09, Slg. 2010 I, 12167 (Rz. 47ff.) – Fuß II; 26.1.2010 – Rs. C-118/08, EuGRZ 2010, 183 (Rz. 30) – Transportes Urbanos; 24.3.2009 – Rs. C-445/06, Slg. 2009 I, 2119 (Rz. 19) – Danske Slagterier; 19.11.1991 – Rs. C-6/90, 9/90, Slg. 1991 I, 5357 (5413ff.) – Francovich. ‖ 13 BGH 24.10.1996 – III ZR 127/91, BGHZ 134, 30 (38ff.); EuGH 5.3.1996 – Rs. C-46/93, 48/93 Slg. 1996 I, 1029 (1150) – Brasserie du pêcheur. ‖ 14 EuGH 25.1.2007 – Rs. C-278/05, Slg. 2007 I, 1053 (Rz. 71) – Robins. ‖ 15 EuGH 13.12.1989 – Rs. C-322/88, Slg. 1989, 4407 (4421) – Grimaldi. ‖ 16 EuGH 11.4.2013 – Rs. C-335/11, NZA 2013, 553 (Rz. 28) – Ring; 21.12.2011 – Rs. C-366/10, NVwZ 2012, 226 (Rz. 50) – Air Transport Association of America. ‖ 17 EuGH 12.4.2005 – Rs. C-265/03, Slg. 2005 I, 2579 (Rz. 21) – Simutenkov; 29.1.2002 – Rs. C-162/00, Slg. 2002 I, 1049 (1079) – Pokrzeptowicz-Meyer; 27.9.2001 – Rs. C-63/99, Slg. 2001 I, 6369 (6407) – Gloszczuk; BAG 22.3.2000 – 7 AZR 226/98, AP Nr. 24 zu § 57b HRG; Grabitz/Hilf/Nettesheim/*Forsthoff*, Art. 45 AEUV Rz. 32ff.

b) Europäisches Richterrecht. Entscheidungen des Gerichtshofs der Europäischen Union (vgl. Art. 251 ff.) bzw. des Gerichts (Art. 256) entfalten Rechtskraft grds. nur inter partes. Im Falle der Vorabentscheidung (Art. 267; vgl. unten Art. 267 Rz. 1 ff.) binden sie das vorlegende nationale Gericht. De jure kommt den Entscheidungen des Gerichtshofs und des Gerichts keine präjudizielle Wirkung zu. De facto allerdings werden die Entscheidungen von den nationalen Gerichten beachtet, zumal ein oberstes nationales Gericht zur Vorlage an den EuGH gem. Art. 267 III unter den dort genannten Voraussetzungen verpflichtet wäre. 26

4. Verhältnis zum nationalen Recht. a) Vorrang europäischen Rechts. Die Bundesrepublik Deutschland hat eigene Hoheitsrechte gem. Art. 23 GG auf die EU übertragen und sie damit zur Schaffung einer supranationalen Rechtsordnung ermächtigt. Primäres und sekundäres EU-Recht beanspruchen daher Vorrang vor nationalem Recht; der Lex-posterior-Grundsatz findet in diesem Verhältnis keine Anwendung[1]. In dem Fall, dass sich europäisches und nationales Recht widersprechen, ist demnach das europäische Recht anzuwenden. Dies gilt für nicht nur für einfaches nationales Gesetzesrecht, sondern auch für TV[2]. Der nationale Richter hat das dem europäischen Recht widersprechende Recht außer Acht zu lassen (vgl. Rz. 30 ff.). 27

Eine Kollision zwischen europäischem und nationalem Recht liegt vor, wenn der Sachverhalt unter die Tatbestände einer Norm des europäischen und einer Norm des nationalen Rechts zu subsumieren ist und beide Normen unterschiedliche Rechtsfolgen anordnen. Eine Kollision besteht nicht, wenn das europäische Recht eine Abweichung durch nationales Recht zulässt. Auf dem Gebiet des Arbeitsrechts ist es insb. möglich, dass der Mitgliedstaat bei der Umsetzung einer RL über deren Mindestanforderungen zulässigerweise hinausgeht (Art. 153 IV). Zu einer Kollision zwischen nationalem und europäischem Recht kommt es aber nur, soweit das europäische Recht in dem konkreten Rechtsverhältnis tatsächlich Anwendung findet. Eine Kollision nationalen Rechts mit einer **Richtlinie** entsteht daher nur, wenn die RL im konkreten Fall unmittelbar anwendbar ist. Da die RL im Rechtsverhältnis zwischen privatem ArbGeb und ArbN keine Anwendung findet (Rz. 14), hat der nationale Richter eine richtlinienwidrige nationale Bestimmung anzuwenden[3]; von der Verpflichtung zur richtlinienkonformen Auslegung (Rz. 19 f.) ist er freilich nicht entbunden. 28

Das Verhältnis des primären und sekundären EU-Rechts zu den Normen des GG ist ungeklärt. Während der EuGH annimmt, dass das EU-Recht auch dem nationalen Verfassungsrecht vorgehe[4], behält sich das BVerfG grds. vor, das Unionsrecht daraufhin zu prüfen, ob es die Grenzen der an die EU übertragenen Hoheitsrechte nicht überschreitet (Ultra-vires-Kontrolle)[5] und es mit den Grundrechten vereinbar ist[6]. Solange aber durch die Union ein wirksamer Grundrechtsschutz gewährleistet wird, verzichtet das BVerfG auf eine eigene Prüfung. Entsprechende Verfassungsbeschwerden und Richtervorlagen werden nicht angenommen[7]. Auf Grund des zunehmenden Schutzes der Menschen- und Grundrechte durch die EU (Art. 6 EUV, vgl. Rz. 6 ff.) dürfte sich daran auch in Zukunft nichts ändern. 29

b) Gerichtliche Durchsetzung. Das nationale Gericht ist von Amts wegen verpflichtet zu prüfen, ob eine Kollision zwischen nationalem und europäischem Recht vorliegt. Stellt es eine solche fest, hat es das europäische Recht anzuwenden. Eine Verpflichtung zur Vorlage an den EuGH oder ein übergeordnetes nationales Gericht besteht nicht[8]. Das Gericht muss daher die europarechtswidrige nationale Norm inzident verwerfen[9]. Das gilt auch für Normen eines TV[10]. Die Europarechtswidrigkeit führt nicht zur Nichtigkeit der nationalen Norm[11]. Die Verwerfungskompetenz der nationalen Gerichte kann zu einer uneinheitlichen Rspr. führen. Die unrichtige Anwendung des EU-Rechts durch den nationalen Richter kann die Rechtskraft seiner Entscheidung freilich nicht hindern[12]. 30

Diese Verwerfungskompetenz besteht allerdings nur, soweit das europäische Recht Anwendung findet. Im Falle nicht oder nicht ordnungsgemäß umgesetzter RL ist zu beachten, dass diese grds. nicht unmittelbar anwendbar sind. Der nationale Richter kann (und muss) daher nur eine richtlinienkonforme Auslegung des nationalen Rechts vornehmen; er darf nicht zum Ersatzgesetzgeber werden. Ist 31

---

1 EuGH 15.7.1964 – Rs. 6/64, Slg. 1964, 1251 (1269) – Costa./. ENEL.; 13.2.1969 – Rs. 14/68, Slg. 1969, 1 (13 f.) – Wilhelm. ||2 EuGH 13.9.2011 – Rs. C-447/09, Slg. 2011 I, 8003 (Rz. 46 ff.) – Prigge; 10.3.2011 – Rs. C-379/09, Slg. 2011 I, 1379 (Rz. 33 ff.) – Casteels; 31.5.1995 – Rs. 400/93, Slg. 1995 I, 1275 (1313 f.) – Royal Copenhagen; 20.3.2003 – Rs. C-187/00, Slg. 2003 I, 2741 (2794 f.) – Kutz-Bauer. ||3 ZB BAG 18.2.2003 – 1 ABR 2/02, AP Nr. 11 zu § 611 BGB – Arbeitsbereitschaft. Weiter kann er eine nationale Norm außer Acht lassen, wenn für den Erlass der nationalen Norm durch eine Richtlinie Verfahrensvorschriften aufgestellt wurden und diese nicht eingehalten worden sind, EuGH 26.9.2000 – Rs. C-443/98, Slg. 2000 I, 7535 (7584 f.) – Unilever Italia. ||4 EuGH 26.2.2013 – Rs. C-399/11, NJW 2013, 1215 (Rz. 59) – Melloni; 11.1.2000 – Rs. C-285/98, Slg. 2000 I, 69 (102) – Kreil; 17.12.1970 – Rs. 11/70, Slg. 1970, 1125 (1135) – Internationale Handelsgesellschaft. ||5 BVerfG 30.6.2009 – 2 BvE 2/08 u.a., BVerfGE 123, 267 (353 ff.); 6.7.2010 – 2 BvR 2661/06, BVerfGE 126, 286 (Honeywell). ||6 BVerfG 12.10.1993 – 2 BvR 2134 und 2159/92, BVerfGE 89, 155 (188). ||7 BVerfG 22.10.1986 – 2 BvR 197/83, BVerfGE 73, 339 (387) – Solange II; 7.6.2000 – 2 BvL 1/97, BVerfGE 102, 147 (161 ff.) – Bananenmarkt; 13.3.2007 – 1 BvF 1/05, BVerfGE 118, 79 ff. ||8 Krit. *Wackerbarth/Kreße*, EuZW 2010, 252 ff.; dagegen *ErfK/Wißmann*, AEUV Vorb. Rz. 41. Vgl. auch EuGH 19.11.2009 – Rs. C-314/08, Slg. 2009 I, 11049 (Rz. 81 ff.) – Filipiak. ||9 EuGH 19.1.2010 – Rs. C-555/07, Slg. 2010 I, 365 (Rz. 53 f.) – Kücükdeveci. Vgl. zB LAG Berlin 24.7.2007 – 7 Sa 561/07, NZA-RR 2008, 17. ||10 EuGH 7.2.1991 – 184/89, Slg. 1991 I, 297 (321) – Nimz. ||11 Weiterführend *ErfK/Wißmann*, AEUV Vorb. Rz. 42. ||12 EuGH 16.3.2006 – Rs. C-234/04, Slg. 2006 I, 2585 (Rz. 21) – Kapferer.

eine richtlinienkonforme Auslegung nicht möglich, muss er das richtlinienwidrige nationale Recht anwenden (Rz. 29); dem Betroffenen bleibt nur ein Entschädigungsanspruch gegen den Staat (Rz. 21 ff.).

Will ein ArbGeb oder ein ArbN eine mögliche Verletzung europäischen Arbeitsrechts vor dem EuGH geltend machen, kann er dem nationalen Gericht die der Verletzung zugrunde liegende Rechtsfrage stellen; das Gericht ist gem. Art. 267 I und II zur Vorlage aber lediglich berechtigt, nicht verpflichtet. Für das Arbeitsrecht besteht eine Verpflichtung zur Vorlage unter den Voraussetzungen des Art. 267 III grds. nur für das BAG. Käme das BAG seiner Vorlagepflicht nicht nach, kann der Betroffene nach der Rspr. des BVerfG uU wegen einer Verletzung des Rechts auf den gesetzl. Richter gem. Art. 101 I 2 GG Verfassungsbeschwerde erheben (Art. 267 AEUV Rz. 13, 15). Vgl. iÜ die Komm. zu Art. 267.

45 Freizügigkeit der Arbeitnehmer

(1) Innerhalb der Union ist die Freizügigkeit der Arbeitnehmer gewährleistet.

(2) Sie umfasst die Abschaffung jeder auf der Staatsangehörigkeit beruhenden unterschiedlichen Behandlung der Arbeitnehmer der Mitgliedstaaten in Bezug auf Beschäftigung, Entlohnung und sonstige Arbeitsbedingungen.

(3) Sie gibt – vorbehaltlich der aus Gründen der öffentlichen Ordnung, Sicherheit und Gesundheit gerechtfertigten Beschränkungen – den Arbeitnehmern das Recht,

a) sich um tatsächlich angebotene Stellen zu bewerben;

b) sich zu diesem Zweck im Hoheitsgebiet der Mitgliedstaaten frei zu bewegen;

c) sich in einem Mitgliedstaat aufzuhalten, um dort nach den für die Arbeitnehmer dieses Staates geltenden Rechts- und Verwaltungsvorschriften eine Beschäftigung auszuüben;

d) nach Beendigung einer Beschäftigung im Hoheitsgebiet eines Mitgliedstaats unter Bedingungen zu verbleiben, welche die Kommission durch Verordnungen festlegt.

(4) Dieser Artikel findet keine Anwendung auf die Beschäftigung in der öffentlichen Verwaltung.

I.	Allgemeines	1	IV. Sachlicher Anwendungsbereich	22
1.	Normzweck	1a	1. Allgemeines	22
2.	Rechtsgrundlagen	2	2. Ausreise, Einreise und Aufenthalt	24
II.	Persönlicher Anwendungsbereich	4	3. Zugang zur Beschäftigung	33
1.	Berechtigte	4	4. Gleichbehandlung bei der Ausübung der Beschäftigung	38
2.	Verpflichtete	20		
III.	Räumlicher Anwendungsbereich	21	5. Beschränkungsverbot	45

I. Allgemeines. Durch den **Vertrag von Lissabon**[1] v. 13.12.2007, der am 1.12.2009 in Kraft getreten ist (Vorb. Rz. 6), wurde Art. 39 EGV aF zu **Art. 45 des Vertrags über die Arbeitsweise der Europäischen Union (AEUV)**. Inhaltlich wurden keine wesentlichen Änderungen vorgenommen.

1. Normzweck. Die Freizügigkeit der ArbN gehört zu den **Grundfreiheiten**, die der AEUV garantiert. Sie gibt dem ArbN das Recht, in jedem Mitgliedstaat eine Beschäftigung zu suchen und diese auszuüben (Abs. 3). Weiter ist eine Ungleichbehandlung bei der Beschäftigung, Entlohnung und sonstigen Arbeitsbedingungen, die an die Staatsangehörigkeit anknüpft, ausgeschlossen (Abs. 2). Diese Rechte stehen dem ArbN nicht nur ggü. dem Mitgliedstaat, sondern auch ggü. privaten ArbGeb zu (horizontale Direktwirkung, Rz. 20). Art. 45 gilt für den neuen Mitgliedstaat Kroatien auf Grund von Übergangsregelungen noch nicht (Vorb. Rz. 5).

2. Rechtsgrundlagen. Neben Art. 45 sind Rechtsgrundlagen für die Freizügigkeit der ArbN die Art. 46–48, die VO 492/2011 v. 5.4. 2011 über die Freizügigkeit der ArbN innerhalb der Union[2], welche die VO 1612/68[3] am 15.6.2011 aufhob, sowie die RL 2004/38[4] über die Freizügigkeit der ArbN innerhalb der Gemeinschaft und die RL 2003/86 betr. das Recht auf Familienzusammenführung[5]. Für Deutschland erfolgte die Umsetzung im Freizügigkeitsgesetz/EU[6]. Mit diesen RL wird die Freizügigkeit stärker an die bloße Unionsbürgerschaft (Rz. 5) gekoppelt; die Frage der ArbN-Eigenschaft bleibt allerdings weiterhin für das mehr als dreimonatige Aufenthaltsrecht relevant (vgl. Art. 7 I RL 2004/38). Daneben treten eine Reihe von RL, welche die Anerkennung von Berufsabschlüssen regeln (Rz. 36). Diese Vorschriften werden ergänzt durch Bestimmungen, welche die soziale Sicherheit der ArbN gewährleisten sollen. Dies sind insb. die seit dem 1.5.2010 geltenden VO 883/2004[7] und 987/2009[8], die VO 859/2003[9] sowie die VO 1231/2010[10].

---

[1] ABl. 2007 C 306/1. || [2] ABl. 2011 L 141/1. || [3] V. 15.10.1968, ABl. 1968 L 257/2, zuletzt geändert durch RL 2004/38, ABl. 2004 L 158/77. || [4] V. 29.4.2004, ABl. 2004 L 158/77. || [5] V. 22.9.2003, ABl. 2003 L 251/12. || [6] V. 30.7.2004, BGBl. I S. 1950, zuletzt geändert durch Gesetz v. 17.6.2013, BGBl. I S. 1555. || [7] V. 29.4.2004, ABl. 2004 L 166/1 (zur Koordinierung der Systeme der sozialen Sicherheit). Dazu *Barlage-Melber/Lexa*, ZESAR 2010, S. 471. || [8] V. 16.9.2009, ABl. 2009 L 284/1 (zur Festlegung der Modalitäten für die Durchführung der Verordnung (EG) Nr. 883/2004 über die Koordinierung der Systeme der sozialen Sicherheit). || [9] V. 14.5.2003, ABl. 2003 L 124/1 (betr. Drittstaatsangehörige). || [10] V. 24.11.2010, ABl. 2010 L-344/1.

Die Freizügigkeit der Unionsbürger (Art. 20) wird weiter durch **Art. 21 I** gewährt, nach welchem jeder **3**
Unionsbürger das Recht hat, sich im Hoheitsgebiet der Mitgliedstaaten vorbehaltlich der im AEUV
und der in den Durchführungsvorschriften vorgesehenen Beschränkungen und Bedingungen frei zu bewegen und aufzuhalten, und weiter durch **Art. 18 I**, nach dem jede Diskriminierung auf Grund der
Staatsangehörigkeit verboten ist. Auf diese Bestimmungen kann sich der Betroffene unmittelbar ggü.
dem Mitgliedstaat berufen; auch eine horizontale Direktwirkung der Bestimmung wird zunehmend bejaht[1]. IÜ ist das Verhältnis dieser Regelungen zur ArbN-Freizügigkeit des Art. 45 nicht vollends geklärt[2].
Grds. ist Art. 45 lex specialis zu Art. 18[3]. Auch auf Art. 21 I kann sich der betroffene ArbN wohl nur berufen, wenn er die Voraussetzungen erfüllt, unter denen Art. 45 und das korrespondierende Sekundärrecht Freizügigkeit gewähren[4]. So überspielt Art. 21 I nicht die Bedingungen des allg. Aufenthaltsrechts
für Unionsbürger, welche sich aus der RL 2004/38 ergeben[5]. Sind diese Voraussetzungen aber erfüllt
oder gewährt der Mitgliedstaat unabhängig von diesen Voraussetzungen ein Aufenthaltsrecht, leitet
der EuGH ein umfassendes Gleichbehandlungsgebot aus Art. 18 I ab, indem er Regelungen in RL, die
eine Ungleichbehandlung zulassen, sehr restriktiv interpretiert[6]. Außerhalb des Anwendungsbereichs
von Art. 45 kann sich der Betroffene, zB der Auszubildende, der nicht in einem ArbVerh steht[7], oder der
Rentner, der nie von seiner Freizügigkeit Gebrauch gemacht hatte[8], auf Art. 21 I berufen.

II. Persönlicher Anwendungsbereich. 1. Berechtigte. Auf die Freizügigkeit können sich primär **4**
Staatsangehörige eines Mitgliedstaats (dazu Rz. 5 ff.) berufen, welche in einem anderen Mitgliedstaat
ein ArbVerh begründen oder ausüben wollen (dazu Rz. 13 ff.).

a) Staatsangehörigkeit. aa) Unionsbürger. Die Freizügigkeit steht grds. nur Personen zu, welche die **5**
Staatsangehörigkeit eines Mitgliedstaates haben, also Unionsbürger sind (Art. 20 I 1). Die Unionsbürgerschaft wird in der Rspr. des EuGH zunehmend zum Anknüpfungspunkt von Freizügigkeit und
Gleichbehandlungsrechten, denn für das Gericht ist die Unionsbürgerschaft „der grundlegende Status
der Angehörigen des Mitgliedstaats ..., der denjenigen unter ihnen, die sich in der gleichen Situationen
befinden, ... unbeschadet der ausdrücklich vorgesehenen Ausnahmen Anspruch auf die gleiche rechtliche Behandlung gibt."[9] Welchen Personen die Staatsangehörigkeit eines Mitgliedstaates verliehen
wird, regelt der Mitgliedstaat nach nationalem Recht[10]. Die Mitgliedstaaten haben dazu entsprechende
Erklärungen abgegeben[11]. Die Bundesrepublik Deutschland hat erklärt, dass Deutsche iSd. EU-Rechts
alle Deutschen sind, die von Art. 116 GG erfasst werden. Auf den Wohnsitz oder den gewöhnlichen Aufenthalt des Unionsbürgers kommt es nicht an. Es schadet nicht, wenn ein Unionsbürger zusätzlich die
Staatsangehörigkeit eines Drittstaats hat. Dies gilt auch, wenn der Aufnahmestaat lediglich die Staatsangehörigkeit des Drittstaats anerkennt[12].

Personen, die ausschließlich die Staatsangehörigkeit eines Drittstaats haben, kommt die Freizügig- **6**
keit nur zugute, wenn sie durch eine Sonderregelung begünstigt werden (Rz. 7 ff.) oder wenn sie Familienangehörige eines Unionsbürgers sind (Rz. 12).

bb) Angehörige von Drittstaaten[13]. Diesen Personen kann, soweit sie nicht als Familienangehörige **7**
eines Unionsbürgers begünstigt werden, die Freizügigkeit nur auf Grund völkerrechtl. Abkommen zustehen. Dies gilt auch für Staatenlose und Flüchtlinge[14].

(1) Angehörige von Staaten des Europäischen Wirtschaftsraums (EWR) oder der Schweiz. Nach **8**
Art. 28 des Abkommens über den EWR v. 2.5.1992 und dessen Anhang V[15] steht den Angehörigen
von Staaten des EWR die **volle Freizügigkeit** iSd. Art. 39 zu. Das Abkommen ist mWz. 1.1.1994 in Kraft
getreten[16]; es entfaltet keine Rückwirkung. Nach dem Beitritt Österreichs, Finnlands und Schwedens

---

1 Grabitz/Hilf/Nettesheim/*v. Bogdandy*, Art. 18 AEUV Rz. 26 ff. ||2 Dazu *Strunz*, Die Freizügigkeit von Personen in der Europäischen Union, 2004, S. 155 ff.; *Höfler*, Die Unionsbürgerfreiheit, 2009, S. 87 ff.; *Wollenschläger*, ZEuS 2009, 1 (15 ff.). ||3 EuGH 13.12.2013 – Rs. C-379/11, NZA 2013, 83 (Rz. 30) – Caves Krier Frères; 11.1.2007 – Rs. C-40/05, Slg. 2007 I, 99 (Rz. 33 f.) – Lyyski; 18.12.2007 – Rs. C-341/05, Slg. 2007 I, 11767 (Rz. 54 f.) – Laval (zur Dienstleistungsfreiheit). ||4 So auch Grabitz/Hilf/Nettesheim/*Forsthoff*, Art. 45 AEUV Rz. 445; Grabitz/Hilf/Nettesheim/*v. Bogdandy*, Art. 18 AEUV Rz. 55 ff.; *Riesenhuber*, Europäisches Arbeitsrecht, 2009, § 3 Rz. 104. In diese Richtung EuGH 21.9.1999 – Rs. C-378/97, Slg. 1999 I, 6207 (6265) – Wijsenbeek; 11.4.2000 – Rs. C-356/98, Slg. 2000 I, 2623 (2676 f.) – Kaba; 20.9.2001 – Rs. 184/99, Slg. 2001 I, 6193 (6244) – Grzelczyk; 4.7.2013 – Rs. C-233/12, ZESAR 2013, 465 (Rz. 25) – Gardella (bzgl. Art. 20 AEUV); weiter gehend EuGH 11.7.2002 – Rs. C-224/98, Slg. 2002 I, 6191 (6222 ff.) – D'Hoop. ||5 EuGH 11.12.2007 – Rs. C-291/05, Slg. 2007 I, 10719 (Rz. 28) – Eind; 7.9.2004 – Rs. C-456/02, Slg. 2004 I, 7573 (Rz. 30 ff.) – Trojani; 17.9.2002 – Rs. C-413/99, Slg. 2002 I, 7091 (7165 ff.) – Baumbast und R. ||6 EuGH 15.3.2005 – Rs. C-209/03, Slg. 2005 I, 2119 (Rz. 28 ff.) – Bidar; 7.9.2004 – Rs. C-456/02, Slg. 2004 I, 7573 (Rz. 37 ff.) – Trojani. ||7 Vgl. EuGH 23.10.2007 – Rs. C-11/06 und 12/06, Slg. 2007 I, 9161 (Rz. 23 ff.) – Morgan. ||8 EuGH 23.4.2009 – Rs. C-544/07, EuZW 2009, 538 (Rz. 60 ff.) – Rüffler. ||9 EuGH 6.12.2012 – Rs. C-356/11, NVwZ 2013, 419 (Rz. 43) – O und S; 8.3.2011 – Rs. C-34/09, Slg. 2011 I, 1177 (Rz. 41 f.) – Ruiz Zambrano; 15.3.2005 – Rs. C-209/03, Slg. 2005 I, 2119 (Rz. 28 ff.) – Bidar. ||10 EuGH 20.2.2001 – Rs. 192/99, Slg. 2001 I, 1237 (1265) – Kaur. ||11 Weiterführend Grabitz/Hilf/Nettesheim/*Forsthoff*, Art. 45 AEUV Rz. 20 ff. ||12 EuGH 7.7.1992 – Rs. C-369/90, Slg. 1992 I, 4239 (4262) – Micheletti (zur Niederlassungsfreiheit). ||13 Vertiefend *Wilson*, Die Rechte von Drittstaatsangehörigen nach Gemeinschaftsrecht, 2007. ||14 v. d. Groeben/Schwarze/*Wölker*/Grill, EU-/EG-Vertrag, Bd. 1, 6. Aufl. 2003, Vor Art. 39 bis 41 Rz. 73. ||15 BGBl. 1993 II S. 266. ||16 BGBl. 1993 II S. 519 ff.

AEUV Art. 45 Rz. 9   Freizügigkeit der Arbeitnehmer

zur EG sind von diesem Abkommen nur noch Island, Liechtenstein und Norwegen betroffen. Mit der Schweiz haben die EU und die Mitgliedstaaten ein Abkommen über die Freizügigkeit geschlossen[1].

9   **(2) Angehörige von Staaten, mit denen die EU Abkommen geschlossen hat**[2]. **(a) Türkei**[3]. Zwischen der EWG und der Türkei wurde am 12.9.1963 ein **Assoziierungsabkommen** geschlossen[4], welches zusammen mit den konkretisierenden **Beschlüssen des Assoziationsrats** türkischen ArbN Arbeits- und Aufenthaltsrechte zubilligt. So besteht gem. Art. 6 I des Beschlusses 1/80 des Assoziationsrats[5], dem unmittelbare Wirkung zukommt[6], ein Anspruch auf Erneuerung der Arbeitserlaubnis, wenn der ArbN ein Jahr ordnungsgemäß in einem Mitgliedstaat beschäftigt war; erst nach vier Jahren ordnungsgemäßer Beschäftigung besteht ein Recht auf Zugang zum Arbeitsmarkt[7]. Art. 13 und Art. 41 I des Zusatzprotokolls[8], die ebenfalls unmittelbar anwendbar sind, verbieten es, die Rechtsstellung der Arbeitsuchenden und ArbN im Verhältnis zu ihrer Rechtsstellung am 1.12.1980 zu verschlechtern[9]. Unmittelbare Wirkung kommt auch dem Gleichbehandlungsgebot des Art. 10 I zu[10]. Art. 7 gewährt Familienangehörigen eines türkischen ArbN unter bestimmten Voraussetzungen ein Recht auf Zugang zum Arbeitsmarkt.[11] Art. 3 I des Beschlusses 3/80 des Assoziationsrats[12] enthält ein sozialversicherungsrechtl. Diskriminierungsverbot. Art. 12, der die schrittweise Herstellung der Freizügigkeit vorsieht, wird vom EuGH so interpretiert, dass die im Rahmen des Art. 45 geltenden Grundsätze so weit wie möglich auf türkische ArbN übertragen werden müssen[13].

10 **(b) Assoziierungsabkommen.** Die EU und die Mitgliedstaaten haben mit den Staaten Tunesien, Algerien, Marokko, Kroatien, Mazedonien, Albanien, Montenegro und Serbien **Assoziierungsabkommen** geschlossen (Art. 217), welche den Angehörigen dieser Staaten beschränkte Rechte bzgl. der Gleichbehandlung bei den Arbeitsbedingungen und im Rahmen der sozialen Sicherheit gewähren[14]. Kroatien ist der EU zwar beigetreten, soweit und solange jedoch die Übergangsregelungen (Vorb. Rz. 5) gelten, kann das Abkommen noch von Bedeutung sein[15]. Weiter sind die in Vorb. Rz. 4 genannten Übereinkommen für diese Staaten zu beachten. Den weniger eingeschränkten Gleichbehandlungsgeboten in den Assoziierungsabkommen mit Marokko, Algerien und Tunesien kommt unmittelbare Wirkung zu[16]; eine horizontale Direktwirkung hat der EuGH auch für Art. 37 des seinerzeit mit Polen und für Art. 38 des

---

1 Abkommen v. 21.6.1999 zwischen der Europäischen Gemeinschaft und ihren Mitgliedstaaten einerseits und der Schweizerischen Eidgenossenschaft andererseits über die Freizügigkeit, BGBl. 2001 II S. 810. Das Abkommen ist am 1.6.2002 in Kraft getreten, ABl. 2002 L 114/6. Vgl. *Benesch*, Das Freizügigkeitsabkommen zwischen der Schweiz und der Europäischen Gemeinschaft, 2007; *Epiney*, SJZ 2009, 25; *Imhof*, ZESAR 2008, 425; *Streinz/Franzen*, EUV/AEUV, 2. Aufl. 2012, Art. 45 Rz. 50ff. ‖ 2 *Christen*, BArbBl. 2005, 4ff. ‖ 3 Weiterführend *Hekimler*, ZESAR 2013, 61; *Can*, Das Assoziationsverhältnis zwischen der Europäischen Gemeinschaft und der Türkei, 2002; *Gutmann*, Die Assoziationsfreizügigkeit türkischer Staatsangehöriger, 2. Aufl. 1999. ‖ 4 ABl. 1964, 217/3687, BGBl. 1964 II S. 509, zuletzt geändert BGBl. 1975 II S. 165; Zusatzprotokoll v. 23.11.1970, ABl. 1972 L 293/2. ‖ 5 V. 19.9.1980, abgedr. in ANBA 1981, 2. ‖ 6 Vgl. nur EuGH 23.1.1997 – Rs. 171/95, Slg. 1999 I, 341 (348f.) – Tetik. ‖ 7 EuGH 19.11.2002 – Rs. C-188/00, Slg. 2002 I, 10691 (10722ff.) – Kurz; 11.5.2000 – Rs. 37/98, Slg. 2000 I, 2927 (2967ff.) – Savas; 10.2.2000 – Rs. 340/97, Slg. 2000 I, 957 (982ff.) – Nazli (anschließende Straffälligkeit). ‖ 8 ABl. 1972 L 293/2. ‖ 9 EuGH 21.10.2003 – Rs. C-317/01, Slg. 2003 I, 12301 (12370ff.) – Abatay. ‖ 10 BAG 22.3.2000 – 7 AZR 226/98, AP Nr. 24 zu § 57b HRG. ‖ 11 Dazu EuGH 19.7.2012 – Rs. C-451/11, NVwZ 2012, 1235 (Rz. 27ff.) – Dülger. ‖ 12 V. 19.9.1980, ABl. 1983 C 110/1. ‖ 13 EuGH 19.7.2012 – Rs. C-451/11, NVwZ 2012, 1235 (Rz. 48) – Dülger. ‖ 14 Vertiefend *Jakob*, Die Assoziation zwischen der Europäischen Gemeinschaft und ihren Mitgliedstaaten sowie Tunesien, Marokko und Algerien, 2006. **1. Tunesien:** Europa-Mittelmeer-Abkommen zur Gründung einer Assoziation zwischen den Europäischen Gemeinschaften und ihren Mitgliedstaaten einerseits und der Tunesischen Republik andererseits v. 17.7.1995, ABl. 1998 L 97/2 (Art. 64); Kooperationsübereinkommen zwischen der EWG und der Tunesischen Republik v. 25.4.1976, ABl. 1978 L 265/2 (Art. 40). **2. Algerien:** Europa-Mittelmeer-Abkommen zur Gründung einer Assoziation zwischen den Europäischen Gemeinschaften und ihren Mitgliedstaaten einerseits und der Demokratischen Volksrepublik Algerien andererseits v. 22.4.2002, ABl. 2005 L 265/2 (Art. 67, 68). **3. Marokko:** Europa-Mittelmeer-Abkommen zur Gründung einer Assoziation zwischen den Europäischen Gemeinschaften und ihren Mitgliedstaaten einerseits und dem Königreich Marokko andererseits v. 26.2.1996, ABl. 2000 L 70/2 (Art. 64, 65); Kooperationsübereinkommen zwischen der EWG und dem Königreich Marokko v. 27.4.1976, ABl. 1978 L 264/2 (Art. 40, 41). **4. Kroatien:** Stabilisierungs- und Assoziierungsabkommen zwischen den Europäischen Gemeinschaften und ihren Mitgliedstaaten einerseits und der Republik Kroatien andererseits v. 29.10.2001, ABl. 2005 L 26/3 (Art. 45). **5. Mazedonien:** Stabilisierungs- und Assoziierungsabkommen zwischen den Europäischen Gemeinschaften und ihren Mitgliedstaaten einerseits und der ehemaligen jugoslawischen Republik Kroatien andererseits v. 9.4.2001, ABl. 2004 L 84/3 (Art. 44). **6. Albanien:** Stabilisierungs- und Assoziierungsabkommen zwischen den Europäischen Gemeinschaften und ihren Mitgliedstaaten einerseits und der Republik Albanien andererseits v. 12.6.2006, ABl. 2009 L 107/166 (Art. 46–48). **7. Montenegro:** Stabilisierungs- und Assoziierungsabkommen zwischen den Europäischen Gemeinschaften und ihren Mitgliedstaaten einerseits und der Republik Montenegro andererseits v. 29.4.2010, ABl 2010 L 108/3 (Art. 49, 51). **8. Serbien:** Stabilisierungs- und Assoziierungsabkommen zwischen den Europäischen Gemeinschaften und ihren Mitgliedstaaten einerseits und der Republik Serbien andererseits v. 22.7.2013, ABl. 2013 L 278/14 (Art. 49–51). Ein entsprechendes Abkommen mit **Bosnien und Herzegowina** ist in Vorbereitung. ‖ 15 Vgl. *Dienelt*, Freizügigkeit nach der Osterweiterung, 2004, S. 11ff.; *Wank*, NZA 2005, 88ff. ‖ 16 *Runggaldier/Reissner* in Oetker/Preis, EAS, B 2000, Stand 6/08, Rz. 232 mwN.

mit der Slowakei geschlossenen Abkommens bejaht[1]. Ein Anspruch auf erstmaligen Zugang zum Arbeitsmarkt eines Mitgliedstaats und ein Aufenthaltsrecht[2] wird nicht eingeräumt. Daneben bestehen **Abkommen über Partnerschaft und Zusammenarbeit** mit Russland und zahlreichen weiteren Staaten der ehemaligen Sowjetunion, in welchen auch Regelungen über Arbeitsbedingungen enthalten sind[3]. Auch Regelungen aus diesen Abkommen kann unmittelbare Wirkung zukommen; dies hat der EuGH für das Gleichbehandlungsgebot des Art. 23 des Partnerschaftsabkommens mit Russland angenommen[4].

(c) **Drittstaatsangehörige bei Entsendung aus einem EU- oder EWR-Mitgliedstaat**[5]. Nach der Rspr. des EuGH haben Unternehmen, welche in der EU oder im EWR niedergelassen sind, das Recht, Drittstaatsangehörige, die von ihnen ordnungsgemäß beschäftigt werden, vorübergehend in andere Mitgliedstaaten zu entsenden. Das Recht auf Entsendung steht dem die Dienstleistungsfreiheit (Art. 56) in Anspruch nehmenden ArbGeb zu[6], nicht dem ArbN. Der ArbN kann sich auf Art. 45 nicht berufen, da er keinen Zutritt zum Arbeitsmarkt anstrebt[7]. Vgl. auch die Komm. zum AEntG. **11**

cc) **Familienangehörige.** Familienangehörigen steht eine **abgeleitete Freizügigkeit** nach den Regelungen der RL 2004/38, der RL 2003/38 und der VO 492/2011 (Rz. 2) zu[8]. Ihr Einreise- und Aufenthaltsrecht hängt damit von der Rechtsposition des ArbN ab[9]; der Status eines ehemaligen Wanderarbeiters kann genügen[10]. Ein Aufenthaltsrecht haben, soweit der ArbN über angemessenen Wohnraum verfügt, der Ehegatte[11], Verwandte in absteigender Linie, die noch nicht 21 Jahre alt sind oder denen der ArbN Unterhalt gewährt, Verwandte und Verschwägerte in aufsteigender Linie, denen der ArbN Unterhalt gewährt (Art. 2 Nr. 2c, d RL 2004/38). Bei der Gewährung des Unterhalts kommt es nur auf die tatsächlichen Umstände, weder auf das Bestehen einer Leistungsverpflichtung noch auf eine Bedürftigkeit des Unterhaltenen an[12]. Die Rechtsposition der Ehegatten erstreckt sich grds. nicht auf Partner einer nichtehelichen Lebensgemeinschaft[13]. Partner einer eingetragenen Lebenspartnerschaft oder Personen, welche in einem ähnlichen Rechtsverhältnis nach dem Recht eines anderen Mitgliedstaats leben, sind grds. gem. Art. 2 Nr. 2b RL 2004/38 gleichgestellt. Art. 10 VO 492/2011 sieht eine Gleichbehandlung der Kinder des ArbN für die Schul- und Berufsausbildung vor; hieraus kann ein selbständiges Aufenthaltsrecht des Kindes erwachsen[14]. **12**

b) **Arbeitnehmereigenschaft**[15]. **aa) Allgemeines.** Auf die Freizügigkeit kann sich der ArbN, aber auch der ArbGeb berufen, der eine Person als ArbN beschäftigen möchte (Rz. 19). Der Begriff des ArbN ist nicht nach nationalem Recht auszulegen, sondern nach europäischem Recht. Ansonsten bliebe es den Mitgliedstaaten überlassen, durch hohe Anforderungen an die ArbN-Eigenschaft den Anwendungsbereich der Freizügigkeit einzuengen[16]. Eine normierte Definition findet sich im europäischen Recht allerdings nicht. Der ArbN-Begriff wurde daher durch die Rspr. des EuGH konkretisiert. Der Gerichtshof stellt zunächst fest, dass es **keinen einheitlichen ArbN-Begriff** im europäischen Recht gebe. Vielmehr könne die Definition des Begriffs je nach Anwendungsbereich unterschiedlich sein[17]. Da diese Abweichungen im Erg. jedoch nur Randbereiche berühren, wird im Folgenden auch auf Ausführungen des EuGH Bezug genommen, die zu anderen Grundfreiheiten ergangen sind. **13**

---

1 EuGH 29.1.2002 – Rs. C-162/00, Slg. 2002 I, 1049 (1082) – Pokrzeptowicz-Meyer; 8.5.2003 – Rs. C-438/00, Slg. 2003 I, 4135 (4164 Rz. 24 ff.) – Kolpak. Ebenso für das Niederlassungsrecht in Art. 44 III des mit Polen geschlossenen Abkommens EuGH 27.9.2001 – Rs. C-63/99, Slg. 2001 I, 6369 (6408 f.) – Gloszczuk. Für Art. 45 III des mit Tschechien geschlossenen Abkommens EuGH 20.11.2001 – Rs. C-268/99, Slg. 2001 I, 8615 (8671 ff.) – Jany. Anders für das Recht auf Zugang zum Arbeitsmarkt BAG 25.6.2002 – 9 AZR 405/00 und 439/01, AP Nr. 12 und 15 zu § 1 AEntG.   ‖2 Vgl. dazu BVerfG 8.12.2009 – 1 C 14/08 und 1 C 16/08, BVerwGE 135, 325 und 334 zu dem mit Tunesien bzw. der Türkei geschlossenem Abkommen.   ‖3 **Ukraine:** Abkommen v. 14.6.1994, ABl. 1998 L 49/3; **Russland:** v. 24.6.1994, ABl. 1997 L 327/3; **Republik Moldau:** v. 28.11.1994, ABl. 1998 L 181/3; **Kasachstan:** v. 23.1. 1995, ABl. 1999 L 196/3; **Kirgisische Republik:** v. 19.2.1995, ABl. 1999 L 196/48; **Georgien:** v. 22.4.1996, ABl. 1999 L 205/3; **Aserbaidschan:** v. 22.4.1996, ABl. 1999 L 246/3; **Usbekistan:** v. 21.6.1996, ABl. 1999 L 21/3; **Armenien:** v. 22.4. 1996, ABl. 1999 L 239/3; **Tadschikistan:** v. 11.10.2004, ABl. 2009 L 350/3.   ‖4 EuGH 12.4.2005 – Rs. C-265/03, Slg. 2005 I, 2579 (Rz. 21) – Simutenkov.   ‖5 Dazu *Wichmann*, Dienstleistungsfreiheit und grenzüberschreitende Entsendung von Arbeitnehmern, 1998.   ‖6 EuGH 27.3.1990 – Rs. C-113/89, Slg. 1990 I, 1417 (1443) – Rush Portuguesa; 19.1.2006 – Rs. 244/04, Slg. 2006 I, 885 (Rz. 30 ff.) – Kommission gegen Deutschland; Hanau/Steinmeyer/Wank/*Hanau*, HAS, 2002, § 15 Rz. 10, 425 ff.   ‖7 EuGH 25.10.2001 – Rs. C-49, 50, 52–54, 68–71/98, Slg. 2001 I, 7831 (7897 Rz. 22 f.) – Finalarte; 9.8.1994 – Rs. C-43/93, Slg. 1993 I, 3803 (3825) – Vander Elst. Anders *Gerken/Löwisch/Rieble*, BB 1995, 2370 (2372 f.).   ‖8 Dazu *Welte*, ZAR 2009, 61.   ‖9 EuGH 8.11.2012 – Rs. C-40/11, NVwZ 2013, 357 (Rz. 67) – Iida; 30.3.2006 – Rs. C-10/05, Slg. 2006 I, 3145 (Rz. 16 f., 24) – Mattern; 11.4.2000 – Rs. C-356/98, Slg. 2000 I, 2623 (2675 f.) – Kaba.   ‖10 EuGH 11.12.2007 – Rs. C-291/05, Slg. 2007 I, 10719 (Rz. 35 ff.) – Eind; 17.9.2002 – Rs. C-413/99, Slg. 2000 I, 7091 (7153 ff.) – Baumbast und R.   ‖11 Auf ein Zusammenleben der Ehegatten kommt es nicht an, EuGH 13.2.1985 – Rs. 267/83, Slg. 1985, 567 (589 f.) – Diatta.   ‖12 EuGH 18.6. 1987 – Rs. 316/85, Slg. 1987, 2811 (2838) – Lebon. Vertiefend v. d. Groeben/Schwarze/Wölker/*Grill*, EU-/EG-Vertrag, Bd. 1, 6. Aufl. 2003, Art. 39 Rz. 75.   ‖13 EuGH 17.4.1986 – Rs. 59/86, Slg. 1986, 1283 (1300 f.) – Reed.   ‖14 EuGH 23.2.2010 – Rs. C-310/08, Slg. 2010 I, 1065 – Ibrahim.   ‖15 Weiterführend *Ziegler*, Arbeitnehmerbegriffe im europäischen Arbeitsrecht, 2011; *Rebhahn*, EuZA 2012, 3; auch zur Arbeitnehmerähnlichkeit *Wank*, EuZA 2008, 172.   ‖16 EuGH 19.3.1964 – Rs. C-75/63, Slg. 1964, 379 (396) – Unger; 21.6.1988 – Rs. 39/86, Slg. 1988, 3161 (3201) – Lair.   ‖17 EuGH 13.1.2004 – Rs. C-256/01, Slg. 2004 I, 873 (927) – Allonby; 12.5.1998 – Rs. C-85/96, Slg. 1998 I, 2691 (2719) – Martínez Sala.

14 Für die Freizügigkeit geht der EuGH grds. davon aus, dass der **ArbN-Begriff weit auszulegen** sei[1]. Art. 1 I VO 492/2011 spricht davon, dass der ArbN eine Tätigkeit in einem „Lohn- oder Gehaltsverhältnis" ausübe. Daraus folgert der EuGH, dass sich der ArbN durch die weisungsgebundene Erbringung einer Leistung für einen anderen während einer bestimmten Zeit auszeichne, sofern der andere für diese Tätigkeit eine Gegenleistung versprochen habe[2]. Abzustellen sei nicht auf die „formale Einstufung als Selbständiger" nach innerstaatlichem Recht[3]. Es komme auf die „Freiheit bei der Wahl von Zeit, Ort und Inhalt" der Arbeit an[4]. Dagegen spricht die Innehabung oder Teilhabe an unternehmerischen Risiken, die freie Gestaltung der Arbeitszeit und die Beschäftigung von Hilfskräften für eine Tätigkeit als Selbständiger[5]. Bei der Tätigkeit muss es sich um eine wirtschaftl. iSd. Art. 2 handeln. Auf eine bestimmte Mindestdauer des Beschäftigungsverhältnisses kommt es nicht an[6]. Umstände aus der Zeit vor oder nach der Beschäftigung sind unerheblich[7]. Im Grundsatz unterscheidet sich dieser ArbN-Begriff damit nicht wesentlich vom deutschen ArbN-Begriff (Vor § 611 BGB Rz. 19 ff.)[8]; in den Randbereichen kommen jedoch durchaus Abweichungen vor.

15 bb) **Einzelfälle.** Die ArbN-Eigenschaft wird vom EuGH **bejaht:** Unabhängig vom öffentl.-rechtl. Status des ArbGeb zB für Beamte oder Beschäftigte im öffentl. Dienst[9], auch für Referendare[10] (vgl. aber Rz. 23) sowie für Beschäftigte internationaler Organisationen[11]. Berufssportler sind ebenfalls ArbN[12]; eine wirtschaftl. Tätigkeit iSd. Art. 2 liegt allerdings nicht vor, wenn die Betätigung lediglich von sportlichem Interesse ist[13]. Eine wirtschaftl. Tätigkeit kann aber vorliegen, wenn eine gewerbl. Tätigkeit für kirchliche, religiöse oder weltanschaulich geprägte Vereinigungen geleistet wird, sofern diese für die Tätigkeit eine Gegenleistung erbringen[14]. Dies gilt grds. ebenfalls für eine Beschäftigung durch die Gesellschaft des Ehegatten[15]. Einem Geschäftsführer, der zugleich Alleingesellschafter ist, wurde die ArbN-Eigenschaft abgesprochen[16]. IÜ kann ein Geschäftsführer jedoch ArbN sein (Vor § 611 BGB Rz. 94 f. mwN)[17]; dies gilt sogar, wenn er Mitglied der Unternehmensleitung ist.[18] Grds. können auch Prostituierte ArbN sein[19].

16 ArbN-Eigenschaft ist anzunehmen für **Teilzeitkräfte**, auch wenn sie zB nur wenige Stunden wöchentlich arbeiten[20] oder wenn ihr Vertrag keine Mindeststundenzahl vorsieht[21]. Die ArbN-Eigenschaft hindert es auch nicht, wenn die Bezahlung unter dem branchenüblichen Mindesteinkommen liegt (wie zB bei Praktikanten oder Auszubildenden[22]) und/oder die Person daneben andere Einkünfte erzielt[23]. Es kommt auch nicht darauf an, ob die Entlohnung die Existenz sichert oder die Höhe des (gesetzl. in einigen Mitgliedstaaten vorgeschriebenen) Mindestlohns erreicht[24]. Es ist daher unschädlich, wenn die Person neben der abhängigen Beschäftigung öffentl. Mittel zur Sicherung ihres Lebensunterhalts erhält[25]. Auch nach dem früheren § 19 BSHG (vgl. nun § 16d SGB II) Beschäftigte sind als ArbN einzustufen[26]. Schließlich hindert auch eine Beteiligung am Unternehmensgewinn die ArbN-Eigenschaft grds. nicht[27].

---

1 EuGH 3.5.2012 – Rs. C-337/10, NVwZ 2012, 688 (Rz. 23) – Neidel; 6.11.2003 – Rs. C-413/01, Slg. 2003 I, 13187 (13228) – Ninni-Orasche.   ‖2 EuGH 13.12.2013 – Rs. C-379/11, NZA 2013, 83 (Rz. 26) – Caves Krier Frères; 3.5.2012 – Rs. C-337/10, NVwZ 2012, 688 (Rz. 23) – Neidel; 11.11.2010 – Rs. C-232/09, Slg. 2010 I, 11405 (Rz. 39) – Danosa; 4.2.2010 – Rs. C-14/09, Slg. 2010 I, 931 (Rz. 19) – Genc; 3.7.1986 – Rs. 66/85, Slg. 1986, 2121 (2144) – Lawrie-Blum. Zur Weisungsbindung auch Hanau/Steinmeyer/Wank/*Wank*, HAS, 2002, § 14 Rz. 14.   ‖3 EuGH 11.11.2010 – Rs. C-232/09, Slg. 2010 I, 11405 (Rz. 41) – Danosa.   ‖4 EuGH 13.1.2004 – Rs. C-256/01, Slg. 2004 I, 873 (929 f.) – Allonby.   ‖5 EuGH 14.12.1989 – Rs. C-3/87, Slg. 1989, 4459 (4505) – The Queen – Ministry of Agriculture.   ‖6 Weiterführend Streinz/*Franzen*, EUV/AEUV, 2. Aufl. 2012, Art. 45 Rz. 35 f.   ‖7 EuGH 6.11.2003 – Rs. C-413/01, Slg. 2003 I, 13187 (13229 ff.) – Ninni-Orasche; 21.6.1988 – Rs. 197/86, Slg. 1988, 3205 (3244) – Brown.   ‖8 *Mankowski*, BB 1997, 465 (468).   ‖9 EuGH 3.5.2012 – Rs. C-337/10, NVwZ 2012, 688 (Rz. 25) – Neidel; 10.3.2005 – Rs. C-178/04, ABl. C 156/21 (Rz. 19) – Marhold; 30.9.2003 – Rs. C 224/01, Slg. 2003 I, 10239 (10316 ff.) – Köbler; 15.1.1998 – Rs. C-19/96, Slg. 1998 I, 47 (65) – Schöning-Kougebetopoulou; 3.7.1986 – Rs. 66/85, Slg. 1986, 2121 (2145) – Lawrie-Blum.   ‖10 EuGH 10.12.2009 – C-345/08, Slg. 2009 I, 11677 (Rz. 31) – Peśla; 17.3.2005 – Rs. C-109/04, Slg. 2005 I, 2421 (Rz. 13 ff.) – Kranemann.   ‖11 EuGH 16.2.2006 – Rs. C-185/04, Slg. 2006 I, 1453 (Rz. 12) – Öberg.   ‖12 EuGH 16.3.2010 – Rs. C-325/08, Slg. 2010 I, 2177 (Rz. 27 f.) – Olympique Lyonnais; 13.4.2000 – Rs. 176/96, Slg. 2000 I, 2681 (2732) – Lehtonen; 15.12.1995 – Rs. C-415/93, Slg. 1995 I, 4921 (5068 ff.) – Bosman; 12.12.1974 – Rs. 36/74, Slg. 1974, 1405 (1418) – Walrave.   ‖13 EuGH 15.12.1995 – Rs. C-415/93, Slg. 1995 I, 4921 (5064) – Bosman.   ‖14 EuGH 5.10.1988 – Rs. 196/87, Slg. 1988, 6159 (6173) – Steymann.   ‖15 EuGH 8.6.1999 – Rs. C-337/97, Slg. 1999 I, 3289 (3311) – Meeusen.   ‖16 EuGH 27.6.1996 – Rs. 107/94, Slg. 1996 I, 3113 (3121) – Asscher.   ‖17 EuGH 7.5.1998 – Rs. 350/96, Slg. 1998 I, 2521 (2529 f., 2544 ff.) – Clean Car Autoservice.   ‖18 EuGH 11.11.2010 – Rs. C-232/09, Slg. 2010 I, 11405 (Rz. 38 ff.) – Danosa.   ‖19 Betr. Dienstleistungsfreiheit: EuGH 20.11.2001 – Rs. C-268/99, Slg. 2001 I, 8615 (8675 ff.) – Jany; 18.5.1982 – Rs. 115 und 116/81, Slg. 1982, 1665 (1707 ff.) – Adoui und Cornuaille; VGH Mannheim 19.4.2000 – 11 S 1387/99, NVwZ 2000, 1070 (1071 ff.); BVerfG 22.3.2000 – 2 BvR 426/00, NVwZ 2000, Beil. 7, 73 f.   ‖20 EuGH 4.2.2010 – Rs. C-14/09, Slg. 2010 I, 931 (Rz. 19) – Genc.   ‖21 EuGH 26.2.1992 – Rs. C-357/89, Slg. 1992 I, 1027 (1059) – Raulin.   ‖22 EuGH 30.3.2006 – Rs. C-10/05, Slg. 2006 I, 3145 (Rz. 18 ff.) – Mattern.   ‖23 EuGH 26.2.1992 – Rs. C-3/90, Slg. 1992 I, 1071 (1105) – Bernini; 3.6.1986 – Rs. 139/85, Slg. 1986, 1741 (1749 ff.) – Kempf; 23.3.1982 – Rs. 53/81, Slg. 1982, 1035 (1050 f.) – Levin.   ‖24 EuGH 4.2.2010 – Rs. C-14/09, Slg. 2010 I, 931 (Rz. 19) – Genc; 23.3.1982 – Rs. 53/81, Slg. 1982, 1035 (1050 f.) – Levin.   ‖25 EuGH 3.6.1986 – Rs. 139/85, Slg. 1986, 1741 (1750 f.) – Kempf.   ‖26 EuGH 26.11.1998 – Rs. C-1/97, Slg. 1998 I, 7747 (7781) – Birden.   ‖27 EuGH 14.12.1989 – Rs. C-3/87, Slg. 1989, 4459 (4505) – The Queen – Ministry of Agriculture.

Aus Art. 45 IIIa, b ergibt sich, dass die Freizügigkeit auch demjenigen zusteht, der sich um Arbeit bewirbt. Der **Arbeitsuchende** ist daher als ArbN zu qualifizieren[1]. Der bloße Bezug von Alg genügt indes nicht[2] (vgl. auch Rz. 28). **Aus dem Arbeitsleben ausgeschiedene ArbN** können gem. Art. 45d unter bestimmten Voraussetzungen in dem Mitgliedstaat verbleiben (Rz. 29). 17

Dagegen ist nach der Rspr. des EuGH **kein ArbN**, wer lediglich Tätigkeiten erbringt, die völlig untergeordnet und unwesentlich und die wirtschaftl. nicht von einem gewissen Wert sind[3]. Dazu kann auch eine Beschäftigung zählen, die lediglich auf therapeutische Zwecke und die Wiedereingliederung in das Arbeitsleben abzielt[4]. Nach Ansicht des BVerwG soll auch die bloße Mithilfe im Haushalt der Familie gegen Kost und Unterbringung nicht ausreichend sein[5]. Die ArbN-Eigenschaft **endet** grds. mit der Beendigung des ArbVerh, sofern sich an dieses nicht eine Arbeitssuche (Rz. 27) anschließt[6]. Aus dem Grundsatz der Gleichbehandlung (Rz. 38ff.) kann jedoch folgen, dass der frühere ArbN weiterhin Anspruch auf bestimmte, während seines ArbVerh erworbene Vergünstigungen hat[7]. 18

cc) **Arbeitgeber.** Auf die Freizügigkeit der ArbN kann sich auch der **ArbGeb** berufen, der einen ArbN aus einem anderen Mitgliedstaat anstellen will[8]. Aus Art. 2 VO 492/2011 (Rz. 2) ergibt sich, dass ArbGeb mit den Angehörigen fremder Mitgliedstaaten Arbeitsverträge schließen und diese erfüllen können, ohne dass sich daraus Diskriminierungen ergeben dürfen. Auch private Arbeitsvermittler können sich unter bestimmten Voraussetzungen auf die ArbN-Freizügigkeit berufen[9]. 19

2. Verpflichtete. Die Freizügigkeit ist zunächst durch die Mitgliedstaaten zu gewährleisten, dh. sowohl durch den Heimat-, wie durch den Aufnahmestaat. Darüber hinaus verpflichten die aus Art. 45 resultierenden Diskriminierungsverbote auch Private, sog. horizontale Direktwirkung[10]. Der einzelne ArbN kann sich demnach auch ggü. dem ArbGeb auf das Diskriminierungsverbot berufen. Er kann sich daneben gegen Diskriminierungen wenden, welche aus TV, Verbandsvorschriften und sonstigen Kollektivvereinbarungen resultieren[11]. Daneben kann er sich auf Art. 7 IV VO 492/2011 stützen. Ob sich die horizontale Direktwirkung auch auf Beschränkungsverbote (Rz. 45ff.) erstreckt, bleibt abzuwarten. 20

III. Räumlicher Anwendungsbereich. Der räumliche Anwendungsbereich ergibt sich aus Art. 52 EUV iVm. Art. 355, welcher die Anwendung der Bestimmungen des Vertrages auf die Hoheitsgebiete der Mitgliedstaaten im Einzelnen festlegt. Die Beschäftigung muss jedoch nicht auf dem Gebiet der Union ausgeübt werden. Ausreichend ist es, wenn ein hinreichend enger Bezug zum Recht eines Mitgliedstaates besteht. Das ist zB der Fall bei der Beschäftigung auf Grund eines Heuerverhältnisses, welches dem Recht eines Mitgliedstaates unterliegt, auf einem Schiff, das die Flagge eines Mitgliedstaates führt[12]. Ausreichend ist es zB, wenn der ArbN seinen Wohnsitz in einen anderen Mitgliedstaat verlegt[13] oder der Arbeitsvertrag nach dem Recht eines Mitgliedstaats geschlossen wurde, in einer Gerichtsstandsvereinbarung ein Gerichtsstand in einem Mitgliedstaat bestimmt wurde und der ArbN dem SozV- und Steuersystem eines Mitgliedstaats unterworfen ist[14]. Der hinreichend enge Bezug wird durch die vorübergehende Entsendung in einen Drittstaat nicht abgebrochen[15]. 21

IV. Sachlicher Anwendungsbereich. 1. Allgemeines. a) Unionsrechtlicher Bezug. Die Regelungen über die Freizügigkeit greifen nur ein, wenn der Sachverhalt einen relevanten Auslandsbezug aufweist[16]. Das ist auch der Fall, wenn der ArbN, der zunächst in einem Mitgliedstaat wohnt und arbeitet, lediglich seinen Wohnsitz in einen anderen Staat verlegt[17]. Reine „Inlandssachverhalte" werden – zumindest nach bisheriger Rspr. des EuGH[18] – nicht erfasst. 22

---

1 EuGH 12.5.1998 – Rs. C-85/96, Slg. 1998 I, 2691 (2719) – Martínez Sala; vgl. auch *Runggaldier/Reissner* in Oetker/Preis, EAS, B 2000, Stand 6/08, Rz. 81ff. || 2 EuGH 4.10.1991 – Rs. C-15/10, Slg. 1991 I, 4655 (4680) – Middleburgh (vorangegangene freiwillige Zahlung von Beiträgen zur Arbeitslosenversicherung durch Selbständigen). || 3 EuGH 17.3.2005 – Rs. C-109/04, Slg. 2005 I, 2421 (Rz. 12) – Kranemann; 13.4.2000 – Rs. 176/96, Slg. 2000 I, 2681 (2731) – Lehtonen; 5.10.1988 – Rs. 196/87, Slg. 1988, 6159 (6173) – Steymann; 3.7.1986 – Rs. 66/85, Slg. 1986, 2121 (2144) – Lawrie-Blum; 23.3.1982 – Rs. 53/81, Slg. 1982, 1035 (1050) – Levin. || 4 EuGH 7.9.2004 – Rs. C-456/02, Slg. 2004 I, 7573 (Rz. 18ff.) – Trojani; 31.5.1989 – Rs. 344/87, Slg. 1989, 1621 (1646) – Bettary. || 5 BVerwG 24.10.1984 – 1 B 9/84, NJW 1985, 1301f. || 6 EuGH 20.3.2001 – Rs. C-33/99, Slg. 2001 I, 2415 (2472) – Fahmi. || 7 EuGH 31.5.2001 – Rs. C-43/99, Slg. 2001 I, 4265 (4313f.) – Leclere; 11.9.2008 – Rs. C-228/07, Slg. 2008 I, 6989 (Rz. 37ff.) – Petersen. || 8 EuGH 16.4.2013 – Rs. C-202/11, RIW 2013, 372 (Rz. 17) – Las; 13.12.2012 – Rs. C-379/11, NZA 2013, 83 (Rz. 28) – Caves Krier Frères. || 9 EuGH 11.1.2007 – Rs. C-208/05, Slg. 2007 I, 181 (Rz. 25ff.) – ITC. || 10 EuGH 6.2.2000 – Rs. C-281/98, Slg. 2000, 4139 (4173) – Angonese. Weiterführend auch zur Kritik in der Lit. Calliess/Ruffert/*Brechmann*, Art. 45 Rz. 52ff. || 11 EuGH 28.6.2012 – Rs. C-172/11, NZA 2012, 863 (Rz. 36) – Erny. || 12 EuGH 27.9.1989 – Rs. 9/88, Slg. 1989, 2989 (3010) – Da Veiga. || 13 EuGH 4.7.2013 – Rs. C-233/12, ZESAR 2013, 465 (Rz. 25) – Gardella; 16.10.2008 – Rs. 527/06, Slg. 2008 I, 7735 (Rz. 43ff.) – Renneberg. || 14 EuGH 30.4.1996 – Rs. C-214/94, Slg. 1996 I, 2273 (2278f.) – Boukhalfa; BAG 8.8.1996 – 6 AZR 771/93, AP Nr. 22 zu Art. 48 EWG-Vertrag. || 15 EuGH 15.12.1995 – Rs. C-415/93, Slg. 1995 I, 4921 (5067) – Bosman; 12.7.1984 – Rs. 237/83, Slg. 1984, 3153 (3162f.) – Prodest; weitgehend: EuGH 29.7.1994 – Rs. 60/93, Slg. 1994 I, 2991 (3003) – Alderweireld. Grabitz/Hilf/Nettesheim/*Forsthoff*, Art. 45 Rz. 64f. || 16 EuGH 16.4.2013 – Rs. C-202/1, RIW 2013, 372 (Rz. 17) – Las; 1.4.2008 – Rs. C-212/06, Slg. 2008 I, 1683 (Rz. 38ff.) – Regierung de la Communauté française und Gouvernement wallon. || 17 EuGH 18.7.2007 – Rs. C-212/05, Slg. 2007 I, 6303 (Rz. 17ff.) – Hartmann; vgl. auch EuGH 21.2.2006 – Rs. C-152/03, Slg. 2006 I, 1711 (Rz. 33ff.) – Ritter-Coulais. || 18 Vgl. nun aber EuGH 8.3.2011 – Rs. C-34/09, Slg. 2011 I, 1177 (Rz. 41ff.) – Ruiz Zambrano, dazu *Hailbronner/Thym*, NJW 2011, 2088ff. Anders EuGH 1.3.2011 – C-457/09, Slg. 2011 I, 819 (Rz. 25) – Chartry.

23 **b) Öffentliche Verwaltung.** Abs. 4 bestimmt, dass die Vorschrift keine Anwendung auf die Beschäftigung in der öffentl. Verwaltung findet. Der EuGH legt diese Vorschrift eng aus; sie bleibe auf Stellen beschränkt, deren Ausübung typischerweise staatl. Hoheitsfunktionen beanspruche und die deshalb eine besondere Verbundenheit des Stelleninhabers zum Staat voraussetze[1]. In Deutschland ist die Berufung eines Unionsbürgers in das Beamtenverhältnis gem. § 7 I Nr. 1a BBG, § 7 I Nr. 1a BeamtStG möglich; dem Vorbehalt des Abs. 4 entsprechen § 7 II BBG und § 7 II BeamtStG. Die ganz überwiegende Anzahl von Tätigkeiten in der öffentl. Verwaltung fällt demnach nicht unter die Ausnahmevorschrift[2]; dies gilt erst recht für die Beschäftigung bei Verwaltungseinrichtungen, welche kommerzielle Dienstleistungen anbieten, zB im öffentl. Verkehrswesen, bei Energieversorgern, im Post- und Fernmeldewesen, bei Rundfunk- und Fernsehanstalten und im öffentl. Gesundheitswesen[3].

24 **2. Ausreise, Einreise und Aufenthalt.** Rechtsfragen der Ausreise, Einreise und des Aufenthalts sind nach der deutschen Rechtsordnung Teilgebiete des öffentl. Rechts. Da sie aber für die Freizügigkeit von zentraler Bedeutung sind, werden sie hier behandelt. Zu den Freizügigkeitsrechte s. Rz. 25 ff., zu den Grenzen Rz. 30 ff.

25 **a) Ausreise aus der Bundesrepublik Deutschland.** Das BVerfG stützt die Ausreise- und Auswanderungsfreiheit auf Art. 2 I GG[4]. Daneben kann sich der Unionsbürger auf Art. 21 I (Rz. 3) berufen. Die Ausreisefreiheit wird weiter gewährt in Art. 5 I EMRK (Vorb. Rz. 2, 6) und in Art. 12 II des Internationalen Pakts über bürgerliche und politische Rechte[5]. Zur Suche, Begründung oder Ausübung eines ArbVerh in einem anderen Mitgliedstaat kann sich der Unionsbürger auf Art. 45 und auf Art. 4 RL 2004/38 (Rz. 2) stützen.

26 **b) Einreise, Aufenthalt und Verbleib in einem Mitgliedstaat. aa) Einreise und Aufenthalt. (1) Zum Zwecke der Ausübung eines ArbVerh.** Die Einreisefreiheit wird neben Art. 45 auch von Art. 21 I gewährleistet, vgl. dazu aber Rz. 3. IÜ wird das allg. Recht zur Einreise und zum Aufenthalt in der Bundesrepublik Deutschland vom deutschen Ausländerrecht geregelt, also dem Aufenthaltsgesetz und dem Asylverfahrensgesetz. Für Unionsbürger, welche nach Deutschland oder in einen anderen Mitgliedstaat zum Zwecke der Suche und Ausübung eines ArbVerh einreisen oder sich dort aufhalten wollen, gelten vorrangig (Vorb. Rz. 27 ff.) Art. 45 I und III und die RL 2004/38, welche in der Bundesrepublik Deutschland durch das FreizügigkeitsG/EU (Rz. 2) umgesetzt wurde. Nach Art. 5 I RL 2004/38 hat der Mitgliedstaat einem Unionsbürger die Einreise zu gestatten, wenn dieser einen gültigen Personalausweis oder Reisepass vorlegen kann. Dem Unionsbürger ist gem. § 5 I FreizügigkeitsG/EU weiter eine „Bescheinigung über das Aufenthaltsrecht" zu erteilen. Diese Aufenthaltserlaubnis hat nur deklaratorische Wirkung, da der Unionsbürger ein eigenes subjektives Recht auf den Aufenthalt hat; ein solches Recht wird ihm nicht erst durch den Mitgliedstaat verliehen. Für einen Zeitraum von bis zu drei Monaten kann sich der Unionsbürger ohne weiteres in einem anderen Mitgliedstaat aufhalten (Art. 6 RL 2004/38). Als ArbN oder Selbständiger kann er grds. unbegrenzt bleiben (Art. 7 I a RL 2004/38). Nach Art. 16 RL 2004/38 besteht nach fünf Jahren rechtmäßigen Aufenthalts ein Daueraufenthaltsrecht.

27 **(2) Zur Stellensuche.** Aus Abs. 3a und b ergibt sich, dass die Freizügigkeit auch einem Unionsbürger zusteht, der sich in einem anderen Mitgliedstaat auf eine Stelle bewerben möchte. Der EuGH hat daraus geschlossen, dass auch der Arbeitsuchende sich auf die Freizügigkeit berufen kann[6]. Dies gilt auch, wenn er in dem Mitgliedstaat erst nach Stellenangeboten suchen will. Darüber hinaus ordnet Art. 5 VO 492/2011 an, dass ein Staatsangehöriger eines Mitgliedstaats, der in einem anderen Mitgliedstaat eine Beschäftigung sucht, dort die gleiche Hilfe erhalten muss, wie sie ein Einheimischer erhält. Nicht eindeutig geklärt ist, inwieweit das Aufenthaltsrecht des Arbeitsuchenden befristet werden kann. Nach Ansicht des EuGH ist ein sechsmonatiges Aufenthaltsrecht jedenfalls ausreichend. Kann der Betrof-

---

1 EuGH 17.12.1980 – Rs. 149/79, Slg. 1980, 3881 (3900) – Kommission gegen Belgien; 3.7.1986 – Rs. 66/85, Slg. 1986, 2121 (2147) – Lawrie-Blum; 29.10.1998 – Rs. C-114/97, Slg. 1998 I, 6717 (6742) – Kommission gegen Spanien. Keine Anwendung auf Tätigkeit für private Sicherheits- und Überwachungsunternehmen: EuGH 31.5.2001 – Rs. C-283/99, Slg. 2001 I, 4363 (4385 ff.) – Kommission gegen Italien. Beschränkte Anwendung auf Kapitäne EuGH 30.9.2003 – Rs. C-47/02 und Rs. C-405/01, Slg. 2004 I, 10447 (10491 ff.) – Anker und Slg. 2004 I, 10391 (10438 ff.) – Colegio; 10.3.2005 – Rs. C-178/04, ABl. C 156/21 (Rz. 20 ff.) – Marhold. Weiterführend Hanau/Steinmeyer/Wank/*Hanau*, HAS, 2002, § 15 Rz. 134 ff. ||2 EuGH 3.7.1986 – Rs. 66/85, Slg. 1986, 2121 (2146 f.) – Lawrie-Blum (Studienreferendar); 27.11.1991 – Rs. C-4/91, Slg. 1991 I, 5627 (5639 f.) – Bleis (Lehrer); 30.11.2000 – Rs. C-195/98, Slg. 2000 I, 10497 (10548) – ÖGB (Lehrer und Assistenten); 30.9.2003 – Rs. C-224/01, Slg. 2003 I, 10239 (10316 ff.) – Köbler (Universitätsprofessoren); 30.5.1989 – Rs. 33/88, Slg. 1989, 1591 (1609) – Allué (Fremdsprachenlektor an Universität); 28.11.1989 – Rs. 379/87, Slg. 1989, 3967 (3988 ff.) – Groener (Fremdsprachenlektor an öffentlicher Bildungseinrichtung); 9.9.2003 – Rs. C-285/01, Slg. 2003 I, 8219 (Rz. 50) – Burbaud (höherer Dienst der Krankenhausverwaltung); 13.7.1993 – Rs. C-42/92, Slg. 1993 I, 4047 (4069 ff.) – Tijssen (staatl. Wirtschaftsprüfer); 16.6.1987 – Rs. 225/85, Slg. 1987, 2625 (2639 f.) – Kommission gegen Italien (Forscher im nationalen Forschungsrat, der nicht mit staatl. Leitungs- und Beratungsfunktionen betraut war). ||3 EuGH 2.7.1996 – Rs. C-290/94, Slg. 1996 I, 3285 (3319 ff.) – Kommission gegen Griechenland; 2.7.1996 – Rs. C-473/93, Slg. 1996 I, 3248 (3277 ff.) – Kommission gegen Luxemburg. ||4 BVerfG 16.1.1957 – Rs. 1 BvR 253/56, BVerfGE 6, 32 (41 f.). ||5 V. 19.12.1966, BGBl. 1973 II S. 1534. ||6 EuGH 12.5.1998 – Rs. C-85/96, Slg. 1998 I, 2691 (2719) – Martínez Sala; zum Einwand fehlender Vermittelbarkeit auf dem Arbeitsmarkt Hanau/Steinmeyer/Wank/*Hanau*, HAS, 2002, § 15 Rz. 43 ff.

fene aber nach dieser Frist nachweisen, dass seine Arbeitssuche begründete Aussicht auf Erfolg hat, darf er nicht ausgewiesen werden[1]. Die Stellensuche in anderen Mitgliedstaaten kann auch durch die EURES (European Employment Services) und die sog. Euroberater[2] unterstützt werden.

bb) Verbleiberechte. (1) Arbeitslosigkeit. Nach Art. 7 IIIb, c RL 2004/38 darf die Arbeitserlaubnis bei unfreiwilliger[3] Arbeitslosigkeit nicht entzogen werden, wenn die zuständige AA dies ordnungsgemäß bestätigt. Nach Art. 7 I–III VO 492/2011 und Art. 24 I RL 2004/38 genießt der Arbl. die gleichen sozialen Vergünstigungen sowie die gleichen Rechte im Hinblick auf die berufl. Wiedereingliederung und Wiedereinstellung wie Einheimische. Er kann wie diese Berufsschulen und Umschulungszentren in Anspruch nehmen.   28

(2) Ausscheiden aus dem Arbeitsleben. ArbN, die eine bestimmte Zeit in einem anderen Mitgliedstaat beschäftigt waren, das Rentenbezugsalter erreicht haben oder dauerhaft arbeitsunfähig sind und deshalb aus dem ArbVerh ausscheiden, können gem. Art. 45 IIId grds. in diesem Staat verbleiben. Die Freizügigkeit aus dem Arbeitsleben ausgeschiedener ArbN wurde durch Art. 17 RL 2004/38 (Rz. 2, vgl. § 4a FreizügigkeitsG/EU) erweitert.   29

c) Vorbehalt der öffentlichen Ordnung, Sicherheit und Gesundheit. Die sich aus Abs. 3 ergebenden Freizügigkeitsrechte stehen unter dem Vorbehalt von Beschränkungen, die aus Gründen der öffentl. Ordnung, Sicherheit und Gesundheit gerechtfertigt sind. Auf diesen Vorbehalt können sich auch Private berufen[4]. Konkretisiert wird der Vorbehalt durch Art. 27 RL 2004/38 (Rz. 2), der in Deutschland durch § 6 FreizügigkeitsG/EU umgesetzt wurde. Danach kann aus den genannten Gründen die Einreise sowie die Erteilung oder Verlängerung der Aufenthaltserlaubnis verweigert werden. Die Beschränkungen sind allerdings dem Grundsatz der Verhältnismäßigkeit unterworfen, daher darf die Freizügigkeit nur beschränkt werden, wenn eine tatsächliche, gegenwärtige und erhebliche Gefährdung besteht, die ein Grundinteresse der Gesellschaft berührt (Art. 27 II RL 2004/38)[5]. Gegen entsprechende Entscheidungen müssen Rechtsbehelfe zur Verfügung stehen; ein abgelehntes Gesuch muss nach angemessener Frist einer erneuten Prüfung unterzogen werden[6].   30

Aus Gründen der **öffentl. Gesundheit** können die Beschränkungen auferlegt werden, wenn eine Krankheit mit epidemischem Potenzial iSd. einschlägigen Rechtsinstrumente der Weltgesundheitsorganisation und sonstige übertragbare, durch Infektionserreger oder Parasiten verursachte Krankheiten besteht (Art. 29 I RL 2004/38). In Deutschland dürften Krankheiten und Infektionen mit Krankheitserregern nach §§ 6, 7 IfSG maßgeblich sein[7]. Tritt die Krankheit erst drei Monate nach der Einreise auf, ist eine Ausweisung oder die Verweigerung der Verlängerung der Aufenthaltserlaubnis unzulässig (Art. 29 II RL 2004/38).   31

Beschränkungen zum Schutze der **öffentl. Sicherheit und Ordnung** sind nur zulässig, wenn die Gefährdung auf das persönliche Verhalten der Person zurückzuführen ist (Art. 27 II RL 2004/38). Die Begriffe öffentl. Sicherheit und Ordnung sind eng auszulegen. Sie setzen voraus, dass außer der sozialen Störung, die jeder Gesetzesverstoß darstellt, eine tatsächliche, gegenwärtige und erhebliche Gefahr vorliegt, die ein Grundinteresse der Gesellschaft berührt[8]. Jedoch kommt den Mitgliedstaaten bei der Definition ein Beurteilungsspielraum zu[9]. Wirtschaftl. Gründe (Gläubigerschutz) sind nicht ausreichend[10]. Die Beschränkung darf nicht auf ein Verhalten gestützt werden, welches der Staat bei Inländern toleriert (zB Prostitution)[11]. Eine strafrechtl. Verurteilung allein rechtfertigt die Beschränkung nicht (Art. 27 II 2 RL 2004/38). So ist eine auf generalpräventive Argumente (zB bei Rauschgiftdelikten) gestützte Ausweisung unzulässig (Art. 27 II 4 RL 2004/38)[12]. Auch die Inanspruchnahme von Sozialhilfe im Aufnahmestaat lässt eine Beschränkung der Freizügigkeit nicht zu[13].   32

3. Zugang zur Beschäftigung. Nach Art. 1 VO 492/2011 hat der Unionsbürger ungeachtet seines Wohnorts das Recht, ein ArbVerh in einem anderen Mitgliedstaat nach den für die ArbN dieses Staates geltenden Rechts- und Verwaltungsvorschriften aufzunehmen und auszuüben (Abs. 1). Er hat insb. mit   33

---

1 EuGH 26.2.1991 – Rs. C-292/89, Slg. 1991 I, 745 (779) – Antonissen. || 2 Es handelt sich um ein europäisches Informationsnetz für Fragen der Beschäftigung; im Internet unter http://ec.europa.eu/eures/. Sog. Euroberater finden sich bei der BA, bei einzelnen AA, beim DGB usw. || 3 Weiterführend Hanau/Steinmeyer/Wank/*Hanau*, HAS, 2002, § 15 Rz. 53 ff.; EuGH 6.11.2003 – Rs. C-413/01, Slg. 2003 I, 13187 (13233 ff.) – Ninni-Orasche. || 4 EuGH 15.12.1995 – Rs. C-415/93, Slg. 1995 I, 4921 (5066) – Bosman. || 5 EuGH 27.4.2006 – Rs. C-441/02, Slg. 2006 I, 3449 (Rz. 35, 70 ff.) – Kommission gegen Deutschland; 26.11.2002 – Rs. C-100/01, Slg. 2002 I, 10981 (11015) – Oteiza Olazabal. || 6 EuGH 17.6.1997 – Rs. C-65/95, Slg. 1997 I, 3343 (3387 ff.) – Shingara. || 7 Zu den dort genannten Krankheiten gehören gem. § 6 I 1 Nr. 1h auch die Masern; zu den relevanten Krankheitserregern gehört nach § 7 III 1 Nr. 2 der HI-Virus. Dies ist nach Ansicht von MünchArbR/*Birk*, 2. Aufl. 2000, § 19 Rz. 59, richtlinienwidrig. || 8 EuGH 4.10.2012 – Rs. C-249/11, NVwZ 2013, 273 (Rz. 40) – Byankov. Zu den Verfahrensanforderungen EuGH 4.6.2013 – Rs. C-300/11, EuGRZ 2013, 281 (Rz. 50) – ZZ. || 9 EuGH 4.12.1974 – Rs. 41/74, Slg. 1974, 1337 (1350) – van Duyn. || 10 EuGH 4.10.2012 – Rs. C-249/11, NVwZ 2013, 273 (Rz. 39) – Byankov. || 11 EuGH 18.5.1982 – Rs. 115 und 116/81, Slg. 1982, 1665 (1707) – Adoui und Cournaille. || 12 EuGH 27.4.2006 – Rs. C-441/02, Slg. 2006 I, 3449 (Rz. 93 ff.) – Kommission gegen Deutschland; 29.4.2004 – Rs. C-482/01, Slg. 2004 I, 5257 (5318) – Orfanopoulos; 10.2.2000 – Rs. C-340/97, Slg. 2000 I, 957 (987 f.) – Nazli. || 13 EuGH 20.9.2001 – Rs. 184/99, Slg. 2001 I, 6193 (6245 f.) – Grzelczyk; v. d. Groeben/Schwarze/*Wölker*/*Grill*, Kommentar zum EU-/EG-Vertrag, Bd. 1, 6. Aufl. 2003, Art. 39 Rz. 134 mwN. Vgl. auch Art. 14 III RL 2004/38.

dem gleichen Vorrang wie inländische Stellenbewerber Anspruch auf Zugang zu den verfügbaren Stellen (Abs. 2). Es handelt sich bei dem Recht auf Zugang zur Beschäftigung um eine besondere Ausprägung des Gleichbehandlungsgrundsatzes. Es lässt sich auf Art. 45 II, IIIa–c stützen; der Vorbehalt der öffentl. Sicherheit und Ordnung (Rz. 30ff.) ist auch hier anwendbar[1]. Auch die mittelbare Diskriminierung (Rz. 40ff.) ist unzulässig[2]. Für das Zugangsrecht sind im Einzelnen die Art. 2–6 VO 492/2011 relevant. Insb. darf nach Art. 6 I VO 492/2011 von einem Unionsbürger hinsichtlich des Gesundheitszustandes, des Berufs oder sonstiger Anforderungen nicht mehr verlangt werden als von Inländern.

34 **a) Arbeitserlaubnis.** Zunächst einmal bedarf es für die Aufnahme einer Beschäftigung keiner Arbeitserlaubnis, wie sie von den Angehörigen von Drittstaaten verlangt wird (vgl. § 39 AufenthG).

35 **b) Sprachkenntnisse.** Erfordert eine bestimmte Beschäftigung allerdings Sprachkenntnisse, sind entsprechende Anforderungen in Rechts- oder Verwaltungsvorschriften oder Verwaltungspraktiken zulässig (Art. 3 I 2 VO 492/2011)[3]. Der private ArbGeb kann von dem Unionsbürger nur die Sprachkenntnisse verlangen, die er auch von inländischen Stellenbewerbern erwartet. Eine Forderung nach einem speziellen Nachweis, der von ausländischen Unionsbürgern nur unter unverhältnismäßigen Kosten und Mühen erworben werden kann und der zum Nachweis für notwendige Sprachkenntnisse nicht erforderlich ist, darf der ArbGeb nicht stellen[4].

36 **c) Berufliche Qualifikation.** Im Hinblick auf die berufliche Qualifikation kann der ArbGeb grds. eine im Inland absolvierte Ausbildung verlangen. In einer Reihe von RL wurden die Mitgliedstaaten jedoch verpflichtet, besondere Regelungen zu schaffen, nach denen in einem anderen Mitgliedstaat erworbene Diplome, Befähigungsnachweise und Prüfungszeugnisse im Inland anzuerkennen sind. Diese RL wurden durch die RL 2005/36 zusammengefasst[5]. Sofern keine Anerkennungsregelungen für bestimmte Qualifikationen bestehen, ist der Mitgliedstaat verpflichtet, die Gleichwertigkeit eines ausländischen Diploms zu prüfen[6]. Bei objektiver Gleichwertigkeit der Diplome darf der Mitgliedstaat die Anerkennung nicht verweigern[7]. Wurden RL nicht rechtzeitig in nationales Recht umgesetzt, kann sich aus der RL ein Recht auf Zulassung zu einem bestimmten Beruf ergeben[8]. Stellt der ArbGeb auf die Berufserfahrung ab, sind in einem anderen Mitgliedstaat erworbene Fähigkeiten gleichwertig zu berücksichtigen[9].

37 **d) Quotenregelungen.** Nach Art. 4 I VO 492/2011 dürfen in Rechts- und Verwaltungsvorschriften keine Quotenregelungen geschaffen werden, die sich auf den Anteil der Staatsangehörigen anderer Mitgliedstaaten beziehen. Aus diesem Grund dürfen auch Berufssportvereine etwaige Quotenregelungen nicht auf die Angehörigen der Mitgliedstaaten erstrecken[10]. Hängen bestimmte Vergünstigungen vom Anteil inländischer ArbN ab, sind nach Abs. 2 der Regelung die ArbN anderer Mitgliedstaaten zu den inländischen ArbN zu rechnen.

38 **4. Gleichbehandlung bei der Ausübung der Beschäftigung. a) Allgemeines.** Abs. 2 bestimmt die Abschaffung jeder auf Staatsangehörigkeit beruhenden unterschiedlichen Behandlung der ArbN in Bezug auf Beschäftigung, Entlohnung oder sonstiger Arbeitsbedingungen. Nach Ansicht des EuGH ist Art. 45 II nur eine „spezifische Ausprägung des in Art. 18 I verankerten fundamentalen Verbots der Diskriminierung auf Grund der Staatsangehörigkeit"[11]. Konkretisiert wird dieses Gleichbehandlungsgebot durch die Art. 7–9 VO 492/2011.

39 Verstößt eine gesetzl. Norm gegen ein Diskriminierungsverbot, wird sie durch vorrangiges europäisches Recht (Vorb. Rz. 27ff.) ersetzt, dh. die benachteiligte Gruppe wird in die begünstigende Regelung miteinbezogen. Die Gleichstellung erfolgt grds. mit Rückwirkung (die Ausführungen zu Art. 157 gelten entsprechend, vgl. dort Rz. 33). Verstößt eine Regelung in einem TV[12], einer sonstigen Kollektivvereinbarung oder einem Arbeitsvertrag gegen das Diskriminierungsverbot, sind diese Regelungen gem. Art. 7 IV VO 492/2011 nichtig[13], dh. die Begünstigung ist auch der benachteiligten Gruppe zu gewähren[14]. Versagt der ArbGeb dem Stellenbewerber auf Grund seiner Staatsangehörigkeit die Einstel-

---

[1] v. d. Groeben/Schwarze/*Wölker/Grill*, EU-/EG-Vertrag, Bd. 1, 6. Aufl. 2003, Art. 39 Rz. 122 mwN; anders Streinz/*Franzen*, EUV/AEUV, 2. Aufl. 2012, Art. 45 Rz. 125. ||[2] EuGH 7.5.1998 – Rs. 350/96, Slg. 1998 I, 2521 (2529f., 2546ff.) – Clean Car Autoservice. ||[3] EuGH 28.11.1989 – Rs. 379/87, Slg. 1989, 3967 (3991ff.) – Groener. ||[4] EuGH 6.6.2000 – Rs. 281/98, Slg. 2000 I, 4139 (4173ff.) – Angonese. ||[5] V. 30.9.2005, ABl. 2005 L 255/22, dazu *Kluth/Rieger*, EuZW 2005, 486ff. Für Rechtsanwälte vgl. RL 98/5 v. 16.2.1998, ABl. 1998 L 77/36. Zu Ärzten vgl. *Kremalis*, Freizügigkeit von Ärzten innerhalb der EU, 2008. ||[6] EuGH 10.12.2009 – Rs. C-345/08, Slg. 2009 I, 11677 (Rz. 31) – Peśla; 15.10.1987 – Rs. 222/86, Slg. 1987, 4097 (4116f.) – UNECTEF. ||[7] EuGH 10.12.2009 – Rs. C-345/08, Slg. 2009 I, 11677 (Rz. 37ff.) – Peśla; 13.11.2003 – Rs. C-313/01, Slg. 2003 I, 13467 (13514ff.) – Morgenbesser; BAG 21.2.2007 – 4 AZR 225/06, ZTR 2007, 675. ||[8] EuGH 14.7.2005 – Rs. C-141/04, Slg. 2005 I, 7163 (Rz. 30ff.) – Peros. ||[9] EuGH 26.10.2006 – Rs. C-371/04, Slg. 2006 I, 10257 (Rz. 18ff.) – Kommission gegen Italien. ||[10] EuGH 15.12.1995 – Rs. C-415/93, Slg. 1995 I, 4921 (5074) – Bosman. ||[11] EuGH 16.9.2004 – Rs. C-465/01, Slg. 2004 I, 8291 (Rz. 25) – Kommission gegen Österreich. ||[12] EuGH 15.1.1998 – Rs. C-15/96, Slg. 1998 I, 47 (70) – Schöning-Kougebetopoulou. ||[13] EuGH 28.6.2012 – Rs. C-172/11, NZA 2012, 863 (Rz. 52ff.) – Erny. ||[14] EuGH 26.1.1999 – Rs. C-18/95, Slg. 1999 I, 345 (394) – Terhoeve; 15.1.1998 – Rs. C-15/96, Slg. 1998 I, 47 (70) – Schöning-Kougebetopoulou. Zurückhaltender EuGH 28.6.2012 – Rs. C-172/11, NZA 2012, 863 (Rz. 52ff.) – Erny.

lung oder versagt er seinem ArbN aus diesem Grund eine Beförderung, kommen **Entschädigungs-** und **Schadensersatzansprüche** nach den Grundsätzen, die zur RL 76/207 (vgl. Art. 157 Rz. 52f.) entwickelt wurden, in Betracht, die sich durch eine Analogie zu § 15 I, II AGG realisieren lassen[1].

b) Unmittelbare und mittelbare Diskriminierung. aa) Allgemeines. Verboten ist jede unterschiedliche Behandlung, die unmittelbar an die Staatsangehörigkeit anknüpft. Das gilt auch bei vorübergehender Beschäftigung in einem Drittstaat[2]. In st. Rspr. geht der EuGH davon aus, dass auch die mittelbare Diskriminierung grds. nicht zulässig ist. Sie liegt vor, wenn eine Regelung sich ihrem Wesen nach eher auf WanderArbN als auf inländische ArbN auswirken kann und folglich die Gefahr besteht, dass diese besonders benachteiligt werden[3]. Die Diskriminierung kann jedoch unter bestimmten Voraussetzungen gerechtfertigt sein (Rz. 42). 40

Eine mittelbare Diskriminierung liegt nahe, wenn die Regelung eine unterschiedliche Behandlung vorsieht, welche an Umstände anknüpft, die tatsächlich mehr oder minder stets mit einer bestimmten Staatsangehörigkeit einhergehen, zB frühere **Beschäftigungszeiten** in einem bestimmten Mitgliedstaat[4], die Ausstellung von **Personenstandsurkunden** durch einen bestimmten Mitgliedstaat[5], der **Geburtsort**, der **Ort der Eheschließung** oder auch die Zugehörigkeit zu einer bestimmten **Berufsgruppe**[6]. Insb. die Wahl des **Wohnsitzes** als Unterscheidungskriterium kann zu mittelbarer Diskriminierung führen[7]. Regelungen, die auf die Zugehörigkeit zu einer ethnischen Gruppe abstellen, fallen unter das Verbot der §§ 7, 1 AGG (§ 1 AGG Rz. 3); sie können aber gleichzeitig eine mittelbare Diskriminierung wegen der Staatsangehörigkeit darstellen und umgekehrt[8]. 41

bb) Rechtfertigung. Zulässig ist eine Diskriminierung im Rahmen des Vorbehalts von Abs. 3 (Rz. 30 ff.) oder, wenn sie durch objektive, von der Staatsangehörigkeit der betroffenen ArbN unabhängige Erwägungen gerechtfertigt ist und in einem angemessenen Verhältnis zum verfolgten Zweck steht[9]. Ob bei einer unmittelbaren Diskriminierung durch den Staat eine Rechtfertigung möglich ist, bleibt umstritten[10]. Als legitimer Zweck kommen bspw. die Kohärenz des Steuersystems[11], der Schutz der öffentl. Gesundheit[12], die Förderung eines hohen Ausbildungsniveaus[13] und der Mobilität von Studierenden[14], eine angemessene Bedarfsdeckung im Rahmen des zur Verfügung stehenden Finanzhaushalts[15], nicht aber allg. Haushaltserwägungen[16], administrative Schwierigkeiten[17], die leichtere Zustell- 42

---

1 Vgl. Hanau/Steinmeyer/Wank/*Hanau*, HAS, 2002, § 15 Rz. 212 (zu § 611a BGB aF); ErfK/*Wißmann*, Art. 45 AEUV Rz. 53; *Roloff/Lampe*, JuS 2007, 354 (355, 359), auch zu einem Anspruch aus § 823 II BGB. ||2 EuGH 12.12.1974 – Rs. 36/74, Slg. 1974, 1405 (1420f.) – Walrave. ||3 EuGH 12.2.1974 – Rs. 152/73, Slg. 1974, 153 (164f.) – Sotgiu; 30.11.2000 – Rs. 195/98, Slg. 2000 I, 10497 (10549) – ÖGB; 28.6.2012 – Rs. C-172/11, NZA 2012, 863 (Rz. 41) – Erny. ||4 EuGH 30.11.2000 – Rs. 195/98, Slg. 2000 I, 10497 (10547ff.) – ÖGB (Lohnsteigerung); 12.3.1998 – Rs. C-187/96, Slg. 1998 I, 1995, 1115 ff. – Kommission gegen Griechenland (Lohnsteigerung oder Dienstalter); 15.1.1998 – Rs. C-15/96, Slg. 1998 I, 47 (65ff.) – Schöning-Kougebetopoulou (tarifliche Höhergruppierung); 23.2.1992 – Rs. C-419/92, Slg. 1992 I, 505 (519ff.) – Scholz (Punktesystem bei Bewerbung); 12.3.1998 – Rs. C-187/96, Slg. 1998 I, 1095 (Rs. 21ff.) – Kommission gegen Griechenland (Dienstalter); 30.9.2003 – Rs. C-224/01, Slg. 2003 I, 10239 (10316ff.) – Köbler (Dienstalter); 10.3.2005 – Rs. C-178/04, ABl. C 156/21 – Marhold (Treueprämie); 28.6.2012 – Rs. C-172/11, NZA 2012, 863 (Rz. 36) – Erny (Entgeltaufstockung bei ATZ). ||5 EuGH 2.12.1997 – Rs. C-336/94, Slg. 1997 I, 6761 (6780) – Dafeki (Altersruhegeld); 14.3.2000 – Rs. C-102 und 221/98, Slg. 2000 I, 1287 (1325ff.) – Kocak. ||6 EuGH 30.5.1989 – Rs. 33/88, Slg. 1989, 1591 (1610ff.) – Allué I. ||7 EuGH 29.10.1998 – Rs. C-114/97, Slg. 1998 I, 6732 (6742ff.) – Kommission gegen Spanien (staatliche Zulassung); 14.9.1999 – Rs. 391/97, Slg. 1999 I, 5451 (5483ff.) – Gschwind (Ehegattensplitting); 25.1.2007 – Rs. C-329/05, Slg. 2007 I, 1107 (Rz. 21ff.) – Meindl (Zusammenveranlagung v. Ehegatten); 5.3.1998 – Rs. C-160/96, Slg. 1998 I, 843 (882ff.) – Molenaar (Pflegegeld); 12.5.1998 – Rs. C-85/96, Slg. 1998 I, 2691 (2716ff.) – Martínez Sala; 18.7.2007 – Rs. C-212/05, Slg. 2007 I, 6303 (Rz. 22ff.) – Hartmann (Erziehungsgeld); 21.2.2006 – Rs. C-152/03, Slg. 2006 I, 1711 (Rz. 33ff.) – Ritter-Coulais; 18.7.2007 – Rs. C-182/06, Slg. 2007 I, 6705 (Rz. 30ff.) – Lakebrink (Steuerabzug); 17.1.2008 – Rs. C-152/05, Slg. 2008 I, 39 (Rz. 25) – Kommission gegen Deutschland (Eigenheimzulage); 16.10.2008 – Rs. 527/06, Slg. 2008 I, 7735 (Rz. 43ff.) – Renneberg (neg. Steuern); 10.9.2009 – Rs. C-269/07, Slg. 2009 I, EuZW 2009, 743 (Rz. 65ff.) – Kommission gegen Deutschland (Altersvorsorgezulage); 14.6.2012 – Rs. C-542/09, ZESAR 2013, 37 (Rz. 38) – Kommission gegen Niederlande (Studienbeihilfe); 13.12.2013 – Rs. C-379/11, NZA 2013, 83 (Rz. 31ff.) – Caves Krier Frères (ArbGebBeihilfe für Arbeitslose); 20.6.2013 – Rs. C-20/12, EuGRZ 2013, 429 (Rz. 34ff.) – Giersch (Studienbeihilfe). ||8 ErfK/*Wißmann*, Art. 45 AEUV Rz. 48. ||9 EuGH 7.5.1998 – Rs. 350/96, Slg. 1998 I, 2521 (2529f., 2547) – Clean Car Autoservice; 30.11.2000 – Rs. 195/98, Slg. 2000 I, 10497 (10549) – ÖGB; 18.1. 2007 – Rs. 332/05, Slg. 2007 I, 563 (Rz. 26) – Celozzi. ||10 Ablehnend Calliess/Ruffert/*Brechmann*, Art. 45 Rz. 46 mwN; Grabitz/Hilf/Nettesheim/*Forsthoff*, Art. 45 Rz. 325ff. Bejahend *Riesenhuber*, Europäisches Arbeitsrecht, 2009, § 3 Rz. 40. ||11 EuGH 28.1.1992 – Rs. C-204/90, Slg. 1992 I, 249 (283f.) – Bachmann; 13.11.2003 – Rs. C-209/01, Slg. 2003 I, 13389 (13425f.) – Schilling. Vgl. auch EuGH 30.1.2007 – Rs. C-150/04, Slg. 2007 I, 1163 (Rz. 65ff.) – Kommission gegen Dänemark. ||12 EuGH 10.3.1993 – Rs. C-111/91, Slg. 1993 I, 817 (843f.) – Kommission gegen Luxemburg. ||13 EuGH 20.6.2013 – Rs. C-20/12, EuGRZ 2013, 429 (Rz. 47ff.) – Giersch. ||14 EuGH 14.6.2012 – Rs. C-542/09, ZESAR 2013, 37 (Rz. 79ff.) – Kommission gegen Niederlande. ||15 EuGH 2.8.1993 – Rs. C-259/91, Slg. 1993 I, 4309 (4334) – Allué II. ||16 EuGH 17.3.2005 – Rs. C-109/04, Slg. 2005 I, 2421 (Rz. 31ff.) – Kranemann; 14.6.2012 – Rs. C-542/09, ZESAR 2013, 37 (Rz. 58) – Kommission gegen Niederlande; 20.6.2013 – Rs. C-20/12, EuGRZ 2013, 429 (Rz. 47ff.) – Giersch. ||17 EuGH 16.9.2004 – Rs. C-400/02, Slg. 2004 I, 8471 (Rz. 29ff.) – Merida; 28.6.2012 – Rs. C-172/11, NZA 2012, 863 (Rz. 48) – Erny.

barkeit von Bescheiden und die leichtere Vollstreckbarkeit von Strafen[1] oder die leichtere Sicherung eines aktualitätsbezogenen Unterrichts[2] in Betracht.

43 cc) **Anwendungsbereich.** Das Diskriminierungsverbot in Abs. 2 erfasst die Bereiche Beschäftigung, Entlohnung und „sonstige Arbeitsbedingungen". Die VO 492/2011 erweitert den Anwendungsbereich auf sämtliche „Beschäftigungs- und Arbeitsbedingungen", insb. die Entlohnung, die Kündigung, die berufliche Wiedereingliederung und die Wiedereinstellung (Art. 7 I VO 492/2011). Zu den „sonstigen Arbeitsbedingungen" gehören bspw. freiwillig gezahlte Trennungsentschädigungen[3], Überbrückungsbeihilfe[4], besonderer Kündigungsschutz[5], Abschluss unbefristeter Verträge[6] sowie die in Rz. 41 Fn. 4 genannten Vergünstigungen. Erfasst sind weiter steuerliche und soziale Vergünstigungen (Art. 7 II VO 492/2011; Rz. 42 Fn. 11)[7], die Inanspruchnahme von Berufsschulen und Umschulungszentren (Art. 7 III VO 492/2011), die Zugehörigkeit zur Gewerkschaft und die Ausübung gewerkschaftlicher Rechte und die Wählbarkeit zu Organen der ArbN-Vertretungen[8] (Art. 8 VO 492/2011) sowie die Wohnung einschl. der Erlangung des Eigentums an dieser (Art. 9 VO 492/2011). Nach Art. 8 I 1 Hs. 2 VO 492/2011 kann ein Staatsangehöriger eines anderen Mitgliedstaats allerdings von der Teilnahme an der Verwaltung von Körperschaften des öffentl. Rechts und der Ausübung eines öffentl.-rechtl. Amts ausgeschlossen werden. IÜ erfasst das Diskriminierungsverbot auch den Bereich der öffentl. Verwaltung; die Ausnahmevorschrift des Abs. 4 (Rz. 23) findet im Rahmen des Abs. 2 keine Anwendung[9].

44 c) **Inländerdiskriminierung.** Zu einer sog. Inländerdiskriminierung kann es kommen, wenn das EU-Recht ausländischen WanderArbN bestimmte Rechte zuerkennt, welche die Mitgliedstaaten ihren eigenen Staatsangehörigen nicht einräumen, so dass der einheimische ArbN ggü. dem ausländischen benachteiligt ist. Nach der Rspr. des EuGH kann sich der Betroffene in einer solchen Situation nur auf das Diskriminierungsverbot des Abs. 2 stützen, wenn ein sog. grenzüberschreitender Sachverhalt (Rz. 22) vorliegt[10].

45 **5. Beschränkungsverbot.** Der EuGH geht in seiner Rspr. über das Diskriminierungsverbot (Rz. 38 ff.) hinaus. Unwirksam können auch nicht diskriminierende Regelungen sein, die einen Staatsangehörigen eines Mitgliedstaats daran hindern oder davon abhalten können, sein Herkunftsland zu verlassen, um von seinem Recht auf Freizügigkeit Gebrauch zu machen[11]. Dies gilt auch, wenn diese Regelungen gleichermaßen für Inländer gelten. Beschränkungsverbote wurden durch die Rspr. des EuGH zunächst für die Warenverkehrsfreiheit (Art. 28) und die Dienstleistungsfreiheit (Art. 56) entwickelt. Ungeklärt ist, inwieweit eine horizontale Direktwirkung (Rz. 1, 20) des Beschränkungsverbots besteht. Der EuGH nimmt eine horizontale Direktwirkung ggü. privaten (Sport-)Verbänden an, soweit „kollektive Regelungen", zB TV, betroffen sind[12].

46 Wie weitgehend die vom EuGH zu den anderen Grundfreiheiten aufgestellten Grundsätze auf die ArbN-Freizügigkeit übertragbar sind, ist noch offen[13]. In der Lit. wird überwiegend angenommen, dass es sich um Regelungen handeln müsse, die den Zugang zum Arbeitsmarkt bzw. zur Arbeitsstelle betref-

---

1 EuGH 7.5.1998 – Rs. 350/96, Slg. 1998 I, 2521 (2529f., 2547ff.) – Clean Car Autoservice; 26.10.1995 – Rs. C-151/94, Slg. 1995 I, 3685 (3706) – Kommission gegen Luxemburg.   ‖2 EuGH 2.8.1993 – Rs. C-259/91, Slg. 1993 I, 4309 (4334) – Allué II; 20.10.1993 – Rs. C-272/92, Slg. 1993 I, 5185 (5207f.) – Spotti.   ‖3 EuGH 12.2.1974 – Rs. 152/73, Slg. 1974, 153 (163ff.) – Sotgiu.   ‖4 EuGH 16.9.2004 – Rs. C-400/02, Slg. 2004 I, 8471 (Rz. 20) – Merida.   ‖5 EuGH 13.12.1972 – Rs. 44/72, Slg. 1972, 1243 (1248f.) – Marsman.   ‖6 EuGH 12.5.2005 – Rs. C-278/03, Slg. 2005 I, 3747 (Rz. 13ff.) – Kommission gegen Italien.   ‖7 Weiter EuGH 30.9.1975 – Rs. C-32/75, Slg. 1975, 1085 (1095) – Cristini (Fahrpreisermäßigungen); 10.3.1993 – Rs. C-111/91, Slg. 1993 I, 817 (843ff.) – Kommission gegen Luxemburg (Leistung anlässlich Geburt); 8.6.1999 – Rs. C-337/9, Slg. 1999 I, 3289 (3312) – Meeusen (Studienfinanzierung); 20.9.2001 – Rs. 184/99, Slg. 2001 I, 6193 (6241ff.) – Grzelczyk (Sozialhilfe); 12.9.2002 – Rs. C-431/01, Slg. 2002 I, 7075 (7082ff.) – Mertens (direkte Steuern); 21.2.2008 – Rs. C-507/06, Slg. 2008 I, 943 (Rz. 15) – Klöppel (Kinderbetreuungsgeld). Weiterführend Hanau/Steinmeyer/Wank/*Hanau*, HAS, 2002, § 15 Rz. 175ff.   ‖8 EuGH 16.9.2004 – Rs. C-465/01, Slg. 2004 I, 8291 (Rz. 27ff.) – Kommission gegen Österreich.   ‖9 Hanau/Steinmeyer/Wank/*Hanau*, HAS, 2002, § 15 Rz. 144ff.   ‖10 EuGH 2.7.1998 – Rs. C-22/95, Slg. 1998 I, 4239 (4250) – Kapasakalis; 11.10.2001 – Rs. C-95/99, Slg. 2001 I, 7413 (7462) – Khalil.   ‖11 EuGH 15.12.1995 – Rs. C-415/93, Slg. 1995 I, 4921 (5069) – Bosman; 27.1.2000 – Rs. C-190/98, Slg. 2000 I, 493 (521f.) – Graf; 12.12.2002 – Rs. C-385/00, Slg. 2002 I, 11819 (Rz. 78) – de Groot; 23.9.2003 – Rs. C-109/01, Slg. 2003 I, 9607 (9687) – Akrich; 2.10.2003 – Rs. C-232/01, Slg. 2003 I, 11525 (11542) – van Lent; 17.3.2005 – Rs. C-109/04, Slg. 2005 I, 2421 (Rz. 12) – Kranemann; 15.9.2005 – Rs. C-464/02, Slg. 2005 I, 7929 (Rz. 34ff.) – Kommission gegen Dänemark; 19.1.2006 – Rs. 244/04, Slg. 2006 I, 885 – Kommission gegen Deutschland; 11.1.2007 – Rs. C-208/05, Slg. 2007 I, 181 (Rz. 33) – ITC; 1.4.2008 – Rs. C-212/06, Slg. 2008 I, 1683 (Rz. 45) – Regierung der Communauté française und Gouvernement wallon; 10.3. 2011 – Rs. C-379/09, Slg. 2011 I, 1379 (Rz. 22ff.) – Casteels; 8.11.2011 – C-461/11 EuZW 2013, 72 (Rz. 30) – Radziejewski; 16.4.2013 – Rs. C-202/11, RIW 2013, 372 (Rz. 17) – Las. Zur Dienstleistungsfreiheit: EuGH 15.3.2001 – Rs. C-165/98, Slg. 2001 I, 2189 (2221) – Mazzoleni; 24.1.2002 – Rs. C-164/99, Slg. 2002 I, 787 (812) – Portugaia Construções; 12.10.2004 – Rs. C-60/03, Slg. 2004 I, 9555 (9567 Rz. 31f.) – Wolff & Müller; *Roloff*, Das Beschränkungsverbot des Art. 39 EG (Freizügigkeit) und seine Auswirkungen auf das nationale Arbeitsrecht, 2003, S. 27ff.   ‖12 EuGH 16.3.2010 – Rs. C-325/08, Slg. 2010 I, 2177 (Rz. 30ff.) – Olympique Lyonnais. Weiterführend Hanau/Steinmeyer/Wank/*Hanau*, HAS, 2002, § 15 Rz. 252f.   ‖13 Ausf. Grabitz/Hilf/Nettesheim/*Forsthoff*, Art. 45 Rz. 188ff.; *Körber*, Grundfreiheiten im Privatrecht, 2004, S. 261ff.; *Parpart*, Die unmittelbare Bindung Privater an die Personenverkehrsfreiheit, 2003; *Preedy*, Die Bindung Privater an die europäischen Grundfreiheiten, 2005, S. 39ff.

fen[1]. Regelungen, die nur die Ausübung der Tätigkeit bestimmen, genügten grds. nicht[2]. Im Fall Bosman[3] hat der EuGH eine Transferregelung für unzulässig erklärt, welche den Vereins- und Landeswechsel für Fußballspieler nach Ablauf ihres Vertrages erschwerte[4]. Damit stellt sich grds. die Frage, ob und inwieweit Regelungen, die eine Bindung des ArbN an den Arbeitsvertrag über längere Dauer hinweg bezwecken – insb. durch Vertragsstrafen (vgl. auch § 309 BGB Rz. 8 f.) – mit Art. 45 vereinbar sind. Aber auch Vorschriften, die an die Beendigung des Vertrages durch den ArbN anderweitige Nachteile knüpfen (Verlust von Anwartschaften bei der betrAV,[5] Ansprüche des ArbGeb auf Rückzahlung von Aus- und Weiterbildungskosten), könnten betroffen sein. „Treueprämien", die bei Fortführung des ArbVerh mit dem (deutschen) ArbGeb gezahlt werden, sind mit Art. 45 nicht vereinbar[6]. Für den Verlust der bloßen Chance auf eine Abfindung, die bei arbeitnehmerseitiger Kündigung zu zahlen wäre, hat der EuGH keinen Verstoß gegen Art. 45 angenommen[7].

Eine beschränkende Regelung ist zulässig, wenn mit ihr ein berechtigter, mit dem AEUV vereinbarer Zweck verfolgt wird und sie aus zwingenden Gründen des Allgemeininteresses gerechtfertigt sowie verhältnismäßig ist[8]. Eine Beschränkung kann daher gerechtfertigt sein, wenn sie dem ArbN-Schutz dient[9], dh. wenn sie den ArbN einen tatsächlichen Vorteil verschafft, der deutlich zu ihrem sozialen Schutz beiträgt[10]. Der Grundsatz der Bestenauslese kann eine Beschränkung rechtfertigen[11]. Grds. können auch beschäftigungspolitische Ziele, der Schutz der nationalen SozVers.-Systeme[12] oder der Schutz der Verbraucher[13] zu einer Rechtfertigung führen. **47**

Gegen das Verbot der Beschränkung der Dienstleistungsfreiheit (Art. 56 AEUV) können insb. nationale Regelungen verstoßen, welche aus dem Ausland entsandten ausländischen ArbN günstigere inländische Arbeitsbedingungen (zB Mindestlohn) gewähren, da hierdurch die wirtschaftl. Attraktivität der Entsendung für den ausländischen ArbGeb sinkt[14]. Vgl. insg. die Komm. zum AEntG Vorb. Rz. 7 ff. **48**

157 Gleichstellung von Mann und Frau im Erwerbsleben

(1) Jeder Mitgliedstaat stellt die Anwendung des Grundsatzes des gleichen Entgelts für Männer und Frauen bei gleicher oder gleichwertiger Arbeit sicher.

(2) Unter „Entgelt" im Sinne dieses Artikels sind die üblichen Grund- oder Mindestlöhne und -gehälter sowie alle sonstigen Vergütungen zu verstehen, die der Arbeitgeber auf Grund des Dienstverhältnisses dem Arbeitnehmer unmittelbar oder mittelbar in bar oder in Sachleistungen zahlt. Gleichheit des Arbeitsentgelts ohne Diskriminierung auf Grund des Geschlechts bedeutet,

a) dass das Entgelt für eine gleiche nach Akkord bezahlte Arbeit auf Grund der gleichen Maßeinheit festgesetzt wird,

b) dass für eine nach Zeit bezahlte Arbeit das Entgelt bei gleichem Arbeitsplatz gleich ist.

(3) Das Europäische Parlament und der Rat beschließen gemäß dem ordentlichen Gesetzgebungsverfahren und nach Anhörung des Wirtschafts- und Sozialausschusses Maßnahmen zur Gewährleistung der Anwendung des Grundsatzes der Chancengleichheit und der Gleichbehandlung von Männern und Frauen in Arbeits- und Beschäftigungsfragen, einschließlich des Grundsatzes des gleichen Entgelts bei gleicher oder gleichwertiger Arbeit.

(4) Im Hinblick auf die effektive Gewährleistung der vollen Gleichstellung von Männern und Frauen im Arbeitsleben hindert der Grundsatz der Gleichbehandlung die Mitgliedstaaten nicht daran, zur Er-

---

1 Grabitz/Hilf/Nettesheim/*Forsthoff*, Art. 45 Rz. 220 ff. ||2 *Roloff*, Das Beschränkungsverbot des Art. 39 EG (Freizügigkeit) und seine Auswirkungen auf das nationale Arbeitsrecht, 2003, S. 105 f. mwN; Calliess/Ruffert/*Brechmann*, Art. 45 Rz. 50 f. mwN; *Schrammel/Winkler*, Europäisches Arbeits- und Sozialrecht, 2010, S. 60. ||3 EuGH 15.12.1995 – Rs. C-415/93, Slg. 1995 I, 4921 (5069 ff.); 13.4.2000 – Rs. C-176/96, Slg. 2000 I, 2681 (2732) – Lehtonen; BAG 20.11.1996 – 5 AZR 518/95, AP Nr. 12 zu § 611 BGB – Berufssport. Vgl. auch BGH 27.9.1999 – II ZR 305/98, BGHZ 142, 304 (314 f.); 25.9.1999 – II ZR 377/98, AP Nr. 114 zu Art. 12 GG. ||4 Ebenso bzgl. Transferzeiten EuGH 13.4.2000 – Rs. C-190/98, Slg. 2000 I, 2681 (2728 ff.) – Lehtonen. ||5 EuGH 10.3.2011 – Rs. C-379/09, Slg. 2011 I, 1379 (Rz. 23 ff.) – Casteels. ||6 EuGH 10.3.2005 – Rs. C-178/04, ABl. C 156/21 (Rz. 24 ff.) – Marhold. ||7 EuGH 27.1.2000 – Rs. C-190/98, Slg. 2000 I, 493 (523 f.) – Graf. ||8 EuGH 16.3.2010 – Rs. C-325/08, Slg. 2010 I, 2177 (Rz. 38) – Olympique Lyonnais; 10.3.2011 – Rs. C-379/09, Slg. 2011 I, 1379 (Rz. 30) – Casteels; 16.4.2013 – Rs. C-202/11, RIW 2013, 372 (Rz. 23) – Las. ||9 Zur ArbN-Freizügigkeit: EuGH 8.11.2011 – Rs. C-461/11 EuZW 2013, 72 (Rz. 30) – Radziejewski; 16.4.2013 – Rs. C-202/11, RIW 2013, 372 (Rz. 28) – Las. Zur Dienstleistungsfreiheit: EuGH 23.11.1999 – Rs. C-369/96, Slg. 1999 I, 8453 (8514) – Arblade; 15.3.2001 – Rs. C-165/98, Slg. 2001 I, 2189 (2222) – Mazzoleni; 24.1.2002 – Rs. C-164/99, Slg. 2002 I, 787 (813) – Portugaia Construções; 18.12.2007 – Rs. C-341/05, Slg. 2007 I, 11767 (Rz. 103 ff.) – Laval; 7.10.2010 – Rs. C-515/08, Slg. 2010 I, 9133 (Rz. 47) – Santos Palhota; zur Niederlassungsfreiheit: EuGH 11.12.2007 – Rs. C-438/05, Slg. 2007 I, 10779 (Rz. 77 ff.) – Viking. ||10 Zur Dienstleistungsfreiheit: EuGH 24.1.2002 – Rs. C-164/99, Slg. 2002 I, 787 (815) – Portugaia Construções; 25.10.2001 – Rs. C-49, 50, 52–54, 68–71/98, Slg. 2001, 7831 (7901) (Rz. 42) – Finalarte. ||11 EuGH 9.9.2003 – Rs. C-285/01, Slg. 2003 I, 8219 (Rz. 103 f.) – Burbaud. ||12 EuGH 11.1.2007 – Rs. C-208/05, Slg. 2007 I, 181 (Rz. 25 ff.) – ITC. ||13 EuGH 19.1.2006 – Rs. C-2006 I, 801 (Rz. 31) – Colegio des Ingeniros. ||14 EuGH 24.1.2002 – Rs. C-164/99, Slg. 2002 I, 787 (812) – Portugaia Construções; 25.10.2001 – Rs. C-49, 50, 52–54, 68–71/98, Slg. 2001, 7831 (7900 Rz. 28 ff.) – Finalarte; *Birk*, FS Wißmann, 2005, S. 523 ff.

leichterung der Berufstätigkeit des unterrepräsentierten Geschlechts oder zur Verhinderung bzw. zum Ausgleich von Benachteiligungen in der beruflichen Laufbahn spezifische Vergünstigungen beizubehalten oder zu beschließen.

I. Allgemeines	1
1. Normzweck	1a
2. Sekundärrecht	2
3. Verhältnis zum nationalen Recht	3
II. Grundsatz der Entgeltgleichheit (Abs. 1 u. 2)	4
1. Allgemeines	4
2. Persönlicher Anwendungsbereich	5
3. Räumlicher Anwendungsbereich	7
4. Sachlicher Anwendungsbereich	8
5. Diskriminierung	22
6. Rechtsfolge eines Verstoßes	29

III. Chancengleichheit und Gleichbehandlung in (sonstigen) Arbeits- und Beschäftigungsfragen (Abs. 3)	37
1. Allgemeines; Richtlinie 2006/54	37
2. Persönlicher Anwendungsbereich	41
3. Räumlicher Anwendungsbereich	42
4. Sachlicher Anwendungsbereich	43
5. Diskriminierung	45
6. Beweislast	51
7. Rechtsfolgen	52
IV. Positive Diskriminierung (Abs. 4)	54

1 I. Allgemeines. Durch den **Vertrag von Lissabon**[1], der am 1.12.2009 in Kraft getreten ist (Vorb. Rz. 6), wurde Art. 141 EGV ohne wesentliche inhaltliche Veränderung zu **Art. 157 AEUV**.

1a 1. Normzweck. Art. 157 zielt ab auf die **Gleichbehandlung von Männern und Frauen im Arbeitsleben**. Demggü. enthielt die Vorgängernorm zu Art. 141 EGV aF, Art. 119 EGV idF v. 7.2.1992, lediglich ein Verbot der Ungleichbehandlung bei der Entlohnung. Der Grundsatz der Gleichbehandlung von Mann und Frau ist auch in Art. 23 GrCh[2] normiert worden; schon vor dessen Schaffung gehörte er zu den Grundrechten der Union[3]. Die umfangreiche Rspr. des EuGH zu den Fragen der Diskriminierung auf Grund des Geschlechts dient für die sich entwickelnde Rechtslage zu sonstigen Diskriminierungsverboten (vgl. Komm. zum AGG) als Vorbild.

Abs. 3 enthält eine Ermächtigungsgrundlage für Parlament und Rat, weitere Maßnahmen zur Gewährleistung des Gleichbehandlungsgrundsatzes im Arbeitsleben zu treffen. Abs. 4 der Norm stellt eine Öffnungsklausel dar, nach der die Mitgliedstaaten diskriminierende Regelungen schaffen können, um der Benachteiligung eines Geschlechts entgegenzuwirken.

2 2. Sekundärrecht. Zum Sekundärrecht gehört zunächst die RL 2006/54 zur Verwirklichung des Grundsatzes der Chancengleichheit und Gleichbehandlung im Arbeitsleben von Männern und Frauen[4]. Diese Richtlinie wird sozialrechtl. flankiert durch die RL 79/7[5]. Daneben wurden spezielle Richtlinien über den Elternurlaub[6] und für Selbständige[7] geschaffen.

3 3. Verhältnis zum nationalen Recht. Art. 157 genießt, soweit die Norm unmittelbar anwendbar ist (Rz. 4, 40), Vorrang vor nationalem Recht (Vorb. Rz. 27 ff.). Steht die nationale Norm nicht mit Art. 157 in Einklang, ist sie nicht anzuwenden[8]. Das gilt auch für Normen eines TV[9]. Nationales Recht ist iSd. Art. 157 auszulegen.

4 II. Grundsatz der Entgeltgleichheit (Abs. 1 u. 2). 1. Allgemeines. Abs. 1 und 2 haben unmittelbare, auch horizontale Wirkung, dh. der Betroffene kann sich nicht nur unmittelbar ggü. dem Staat, sondern auch ggü. einem Privaten auf die Norm berufen (sog. **horizontale Direktwirkung**)[10]. Der ArbN kann also auf Grundlage des Grundsatzes der Entgeltgleichheit ggü. dem öffentl. und privaten ArbGeb seinen Anspruch[11] auf Gleichbehandlung vor den nationalen Gerichten geltend machen. Sekundärrechtl. wird der Grundsatz der Entgeltgleichheit durch die RL 2006/54 (Rz. 2) konkretisiert, welche in Deutschland insb. durch §§ 1, 2 I Nr. 2 AGG umgesetzt wurde.

5 2. Persönlicher Anwendungsbereich. a) Berechtigte. Auf das Recht zur Gleichbehandlung können sich ArbN berufen. Auch wenn der EuGH im Grundsatz davon ausgeht, dass es europarechtl. keinen einheitlichen ArbN-Begriff gebe[12], kann auf die Darstellung zur Freizügigkeit verwiesen werden (Art. 45 Rz. 13 ff.), zumal auch dort teilweise auf Ausführungen des EuGH zurückgegriffen wurde, die sich auf

---

1 ABl. 2007 C 306/1. ||2 V. 7.12.2000, ABl. 2000 C 364/1; dazu Vorb. Rz. 7, 9. Vgl. zudem Art. 16 der Gemeinschaftscharta der sozialen Grundrechte der Arbeitnehmer v. 9.12.1989, Vorentwurf Kom/89/248 endg. ||3 Vgl. EuGH 8.4.1976 – Rs. 43/75, Slg. 1976, 455 (473 Rz. 12) – Defrenne II. ||4 RL v. 26.7.2006, ABl. 2006 L 204/23. ||5 RL v. 19.12.1978 zur schrittweisen Verwirklichung des Grundsatzes der Gleichbehandlung von Männern und Frauen im Bereich der sozialen Sicherheit, ABl. 1979 L 6/24. ||6 RL 2010/18/EU v. 8.3.2010 zur Durchführung der von BUSINESSEUROPE, UEAPME, CEEP und EGB geschlossenen überarbeiteten Rahmenvereinbarung über den Elternurlaub und zur Aufhebung der Richtlinie 96/34/EG), ABl. 2010 L 68/13. ||7 RL 2010/41 v. 7.7.2010 zur Verwirklichung des Grundsatzes der Gleichbehandlung von Männern und Frauen, die eine selbständige Erwerbstätigkeit ausüben, ABl. 2010 L 180/1. ||8 EuGH 7.2.1991 – Rs. 184/89, Slg. 1991 I, 297 (320 f.) – Nimz; BAG 23.9.1992 – 4 AZR 30/92, AP Nr. 1 zu § 612 BGB – Diskriminierung. ||9 EuGH 7.2.1991 – Rs. 184/89, Slg. 1991 I, 297 (320 f.) – Nimz. ||10 EuGH 8.4.1976 – Rs. 43/75, Slg. 1976, 455 (472 ff.) – Defrenne II; einschr. Calliess/Ruffert/*Krebber*, Art. 157 Rz. 5 f. mwN. ||11 EuGH 7.2.1991 – Rs. 184/89, Slg. 1991 I, 297 (320) – Nimz. ||12 EuGH 12.5.1998 – Rs. C-85/96, Slg. 1998 I, 2691 (2719) – Martínez Sala.

die Gleichbehandlung der Geschlechter bezogen. Berechtigt kann auch ein Dritter sein, insb. wenn er Empfänger des Entgelts ist, zB die Witwe im Rahmen der Hinterbliebenenversorgung[1].

b) Verpflichtete. Das Gleichbehandlungsgebot verpflichtet die **Mitgliedstaaten**, die **öffentl. und die privaten ArbGeb** (Rz. 4). Zur Beachtung des Gleichbehandlungsgrundsatzes sind auch die **TV-Parteien** verpflichtet[2]. Bei einem Verstoß einer Tarifnorm gegen das Gleichbehandlungsgebot ist aber der jeweilige ArbGeb zur Entgeltzahlung usw. verpflichtet. Da Abs. 2 S. 1 auch „mittelbare" Arbeitsentgelte erfasst, findet der Gleichbehandlungsgrundsatz auch Anwendung, wenn die Leistung von einem Dritten (zB im Rahmen der betrAV) gezahlt wird. Zur Zahlung verpflichtet ist aber auch in diesem Fall der ArbGeb[3]; dies legt der Wortlaut der Norm nahe, nach dem von Entgelten die Rede ist, die „der ArbGeb" zahlt. Nimmt der Dritte jedoch eine „Treuhänderfunktion" für den ArbGeb wahr, ist er selbst zur Zahlung verpflichtet[4]. Keine Anwendung findet der Gleichbehandlungsgrundsatz, wenn ArbVerh zu zwei unterschiedlichen ArbGeb miteinander verglichen werden[5]. 6

3. Räumlicher Anwendungsbereich. Für den räumlichen Anwendungsbereich gelten die zu Art. 45 dargestellten Grundsätze (dort Rz. 21)[6]. 7

4. Sachlicher Anwendungsbereich. a) Allgemeines. Der Begriff des **Entgelts** wird in Abs. 2 S. 1 näher bestimmt. Insb. auf Grund der Formulierung „sowie alle sonstigen Vergütungen" ist der Begriff weit; zusätzlich ist er nach der Rspr. des EuGH extensiv auszulegen. Gleichgültig ist es, ob die Leistung auf Grund vertragl. oder gesetzl. Grundlage erfolgt oder ob sie freiwillig erbracht wird[7]. Der Grundsatz des gleichen Entgelts gilt für jeden einzelnen Entgeltbestandteil[8]. 8

b) Einzelfälle. Unter den Entgeltbegriff fallen neben den in der Norm genannten „üblichen Grund- oder Mindestlöhne(n) und -gehälter(n)" bspw.: Stück- oder Ergebnislöhne[9], der dienstalterabhängige Aufstieg in eine höhere **Vergütungsgruppe**[10], Weihnachts**gratifikationen**[11], **Zulagen**[12], zB für ungünstige Arbeitszeiten[13], **Vergünstigungen** im Reiseverkehr[14] und bei der Nutzung von Betriebseinrichtungen[15], **Entgeltfortzahlung** bei Krankheit[16] (nicht aber Beihilfeleistungen)[17], **bezahlte Freistellung** wegen der Teilnahme an Schulungsveranstaltungen durch den BR[18], Leistungen während[19] bzw. wegen[20] des **Mutterschaftsurlaubs**, **Entlassungsentschädigungen**[21], **Abfindungen**[22], **Übergangsgeld**[23] und **Überbrückungsrenten**[24]. Es muss allerdings ein enger Zusammenhang zwischen der Art der Arbeitsleistung und der Höhe des Arbeitsentgelts bestehen; dies ist nicht der Fall, wenn lediglich ein Platz in einer Kindertageseinrichtung angeboten wird[25]. 9

---

1 EuGH 9.10.2001 – Rs. C-379/99, Slg. 2001 I, 7275 (7297) – Menauer; 6.10.1993 – Rs. C-19/91, Slg. 1993 I, 4879 (4944) – Ten Oever; 17.4.1997 – Rs. C-147/95, Slg. 1997 I, 2057 (2081) – Evrenopoulos; 7.1.2004 – Rs. C-117/01, Slg. 2004 I, 541 (577f.) – K.B.   ‖2 EuGH 7.2.1991 – Rs. 184/89, Slg. 1991 I, 297 (321) – Nimz.   ‖3 So auch *Schlachter* in Oetker/Preis, EAS, B 4100, Stand: 4/98, Rz. 24.   ‖4 EuGH 9.10.2001 – Rs. C-379/99, Slg. 2001 I, 7275 (7297ff.) – Menauer; 28.9.1994 – Rs. C-200/91, Slg. 1994 I, 4389 (4411f.) – Coloroll; 28.9.1994 – Rs. C-128/93, Slg. 1994 I, 4583 (4597) – Fisscher.   ‖5 EuGH 13.1.2004 – Rs. C-256/01, Slg. 2004 I, 873 (922ff.) – Allonby (betr. leiharbeitsähnliches Verhältnis); 17.9.2002 – Rs. C-320/00, Slg. 2002 I, 7325 (7353f.) – Laurence; BAG 3.4.2003 – 6 AZR 633/01, AP Nr. 185 zu § 242 BGB Gleichbehandlung.   ‖6 Weiterführend Calliess/Ruffert/*Krebber*, Art. 157 Rz. 16ff.   ‖7 EuGH 17.5.1990 – Rs. C-262/88, Slg. 1990 I, 1889 (1950) – Barber; 6.2.1996 – Rs. C-457/93, Slg. 1996 I, 243 (266) – Lewark; 7.3.1996 – Rs. C-278/93, Slg. 1996 I, 1165 (1189) – Freers; 21.10.1999 – Rs. 333/97, Slg. 1999 I, 7243 (7278) – Lewen.   ‖8 EuGH 30.3.2000 – Rs. C-236/98, Slg. 2000 I, 2189 (2220) – JämO; 26.6.2001 – Rs. C-381/99, Slg. 2001 I, 4961 (4990) – Brunnhofer.   ‖9 EuGH 31.5.1995 – Rs. C-400/93, Slg. 1995 I, 1275 (1303) – Royal Copenhagen.   ‖10 EuGH 7.2.1991 – Rs. 184/89, Slg. 1991 I, 297 (318) – Nimz; 18.11.2004 – Rs. C-284/02, Slg. 2004 I, 11143 (Rz. 34) – Sass; 10.3.2005 – Rs. C-196/02, Slg. 2005 I, 1789 (Rz. 44ff.) – Nikoloudi.   ‖11 EuGH 21.10.1999 – Rs. C-333/97, Slg. 1999 I, 7243 (7278) – Lewen; 9.9.1999 – Rs. C-281/97, Slg. 1999 I, 5127 (5146) – Krüger.   ‖12 EuGH 26.6.2001 – Rs. C-381/99, Slg. 2001 I, 4961 (4990) – Brunnhofer.   ‖13 EuGH 30.3.2000 – Rs. C-236/98, Slg. 2000 I, 2189 (2219) – JämO.   ‖14 EuGH 9.2.1982 – Rs. 12/81, Slg. 1982, 359 (370) – Garland.   ‖15 EuGH 17.2.1998 – Rs. C-249/96, Slg. 1998 I, 621 (643) – Grant.   ‖16 EuGH 13.7.1989 – Rs. 171/88, Slg. 1989, 2743 (2759) – Rinner-Kühn; 8.9.2005 – Rs. C-191/03, Slg. 2005 I, 7631 (Rz. 29) – McKenna (Krankheit und Schwangerschaft).   ‖17 BAG 14.8.2007 – 9 AZR 943/06, AP Nr. 1 zu § 33 AGG; zu Recht krit. auch in diesem Punkt *Schlachter*, Anm. ebenda.   ‖18 EuGH 4.6.1992 – Rs. C-360/90, Slg. 1992 I, 3589, 3611f. – Bötel; 6.2.1996 – Rs. C-457/93, Slg. 1996 I, 243 (267) – Lewark. Für Personalrat: EuGH 7.3.1996 – Rs. C-278/93, Slg. 1996 I, 1165 (1190) – Freers. Zur Rechtfertigung einer solchen Ungleichbehandlung: BAG 5.3.1997 – 7 AZR 581/92, AP Nr. 123 zu § 37 BetrVG 1972; *Schlachter*, in Oetker/Preis, EAS, B 4100, Stand: 4/98, Rz. 21 ff.   ‖19 EuGH 13.2.1996 – Rs. C-342/93, Slg. 1996 I, 475 (499) – Gillespie; 27.10.1998 – Rs. C-411/96, Slg. 1998 I, 6401 (6453) – Boyle; 30.3.2004 – Rs. C-147/02, Slg. 2004 I, 3101 (3142) – Alabaster.   ‖20 EuGH 16.9.1999 – Rs. C-218/98, Slg. 1999 I, 5723 (5747) – Abdoulaye.   ‖21 EuGH 17.5.1990 – Rs. C-262/88, Slg. 1990 I, 1889 (1949) – Barber; 17.2.1993 – Rs. C-173/91, Slg. 1993 I, 673 (697f.) – Kommission gegen Belgien; 9.2.1999 – Rs. C-167/97, Slg. 1999 I, 623 (676) – Seymour-Smith; 13.7.2000 – Rs. C-166/99, Slg. 2000 I, 6155 (6185) – Defreyn; 16.12.2004 – Rs. C-520/03, Slg. 2004 I, 12065 (Rz. 30ff.) – Valero.   ‖22 EuGH 8.6.2004 – Rs. C-220/02, Slg. 2004 I, 5907 (5952) – Österreichischer Gewerkschaftsbund; 14.9.1999 – Rs. C-249/97, Slg. 1999 I, 5295 (5324) – Gruber. Nicht aber Steuervergünstigungen: EuGH 21.7.2005 – Rs. C-207/04, Slg. 2005 I, 7453 (Rz. 21ff.) – Vergani.   ‖23 EuGH 9.12.2004 – Rs. C-19/02, Slg. 2004 I, 11491 (Rz. 34ff.) – Hlozek; 27.6.1990 – Rs. C-33/89, Slg. 1990 I, 2591 (2611) – Kowalska.   ‖24 EuGH 9.11.1993 – Rs. C-132/92, Slg. 1993 I, 5579 (5603) – Roberts.   ‖25 EuGH 19.3.2002 – Rs. C-476/99, Slg. 2002 I, 2891 (2932ff.) – Lommers.

10 **c) Leistungen im Rahmen der Altersversorgung.** Nach der Rspr. des EuGH ist zwischen Sozial- und Betriebsrenten zu unterscheiden.

10a **aa) Gesetzliche Rentenversicherung.** Nicht unter den Entgeltbegriff fallen die Beiträge zur und die Leistungen aus der gesetzl. RV, da diese nicht „auf Grund des Dienstverhältnisses" anfallen, sondern auf gesetzl. Grundlagen beruhen, welche von sozialpolitischen Erwägungen des Staates bestimmt werden[1].

10b **bb) Beamtenversorgung.** Beamtenpensionen fallen dagegen unter bestimmten Voraussetzungen unter den Entgeltbegriff, da der Staat als ArbGeb auftritt[2].

11 **cc) Betriebliche Altersversorgung.** Zu den Beiträgen zur und den Leistungen aus der betrAV besteht eine umfangreiche Rspr. des EuGH, die in den Art. 5 ff. RL 2006/54 Niederschlag gefunden hat.

11a **(1) Beiträge.** Die Beiträge zur betrAV sind Entgelt iSd. Art. 157[3]. Auf die Art der betrAV kommt es nicht an. Die rechtl. Grundlage (Arbeitsvertrag, BV, freiwillige Leistung des ArbGeb usw.) ist gleichgültig; unschädlich ist es auch, wenn die Modalitäten durch gesetzl. Vorschriften geregelt werden[4], selbst wenn diese eine Pflichtmitgliedschaft anordnen[5]. Kein Entgelt soll aber vorliegen, wenn das Bruttogehalt von Männern und Frauen gleich ist, vom Gehalt der Männer aber ein Prozentsatz für einen Fonds der Hinterbliebenenversorgung abgeführt wird, soweit dieses System den entsprechenden Teil eines SozV-Systems ersetzt[6].

12 Im Falle der Zusage einer Rente mit einem garantierten Leistungsumfang steht die Gleichheit der Beitragszahlung in Konflikt mit der statistisch höheren Lebenserwartung der Frauen, aus der resultiert, dass zur Sicherung der Rentenansprüche der Frauen ein höheres Beitragsvolumen notwendig ist. Der EuGH geht zunächst davon aus, dass die Rentenhöhe der Frauen aus diesem Grunde nicht unter der der Männer liegen dürfe. Weiter stellt er fest, dass der ArbN-Anteil an der betrAV als Teil des Lohnanspruchs für Männer und Frauen stets gleich hoch sein müsse. Für den ArbGebAnteil gilt dies jedoch nicht, soweit der höhere ArbGebAnteil notwendig ist, um die Zusage einer bestimmten Rentenhöhe (für Frauen) zu erreichen[7].

13 Sagt der ArbGeb lediglich die Zahlung von Beiträgen in einer bestimmten Höhe zu, folgt daraus im Umkehrschluss, dass diese Leistungen entsprechend den nach Geschlecht unterschiedlichen versicherungsmathematischen Faktoren in unterschiedlicher Höhe ausgezahlt werden können[8].

14 **(2) Leistungen.** Auch die Leistungen aus der betrAV fallen unter den Entgeltbegriff und sind damit grds. (Rz. 13) in gleicher Höhe auszuzahlen[9]. Da der Erhalt und die Höhe der Leistung von der Möglichkeit des **Zugangs** zu dem Betriebsrentensystem abhängt, unterfällt auch die Zugangsregelung dem Diskriminierungsverbot[10], Art. 9 Ia–c RL 2006/54 (Rz. 2). Das gilt auch, wenn die Möglichkeit besteht, dass die Zugehörigkeit zu einem Betriebsrentensystem durch Gesetz vorgeschrieben wird[11]. Auch die Festsetzung unterschiedlicher **Altersgrenzen** für den Leistungsbezug ist unzulässig[12], Art. 9 Ie, f RL 2006/54 (Rz. 2).

15 Wechselt der ArbN zu einem neuen ArbGeb und übernimmt dieser die Leistungsverpflichtungen des Systems, aus dem der ArbN ausscheidet, so hat der neue ArbGeb ggf. die Leistungen zu erhöhen, um dem Grundsatz der Gleichbehandlung Genüge zu tun[13].

16 **d) Gleiche oder gleichwertige Arbeit.** Zur Feststellung der Gleichheit oder Gleichwertigkeit der Arbeit sind zwei Personen oder Personengruppen eines Betriebes oder eines Unternehmens heranzuziehen. Der EuGH hat es beim Fehlen einer Vergleichsperson nicht zugelassen, die tatsächliche Entlohnung des ArbN mit der hypothetischen Entlohnung eines ArbN des anderen Geschlechts zu vergleichen[14].

---

1 EuGH 22.11.2012 – Rs. C-385/11, NZA 2012, 1425 (Rz. 20 ff.) – Elbal Moreno; 25.5.1971 – Rs. C-80/70, Slg. 1971, 445 (451 f.) – Defrenne I. ||2 EuGH 28.9.1994 – Rs. C-7/93, Slg. 1994 I, 4471 (4518) – Beune; 29.11.2001 – Rs. C-366/99, Slg. 2001 I, 9383 (9428 ff.) – Griesmar; 13.12.2001 – Rs. C-206/00, Slg. 2001 I, 10201 (10232) – Mouflin; 23.10.2003 – Rs. C-4/02, Slg. 2003 I, 12575 (12632) – Schönheit; 12.9.2002 – Rs. C-351/00, Slg. 2002 I, 7007 (7046 ff.) – Niemi. ||3 EuGH 11.3.1981 – Rs. 69/80, Slg. 1981, 767 (790) – Worringham; 25.5.2000 – Rs. 50/99, Slg. 2000 I, 4039 (4064) – Podesta. ||4 EuGH 28.9.1994 – Rs. C-200/91, Slg. 1994, 4389 (4422) – Coloroll. ||5 EuGH 25.5.2000 – Rs. 50/99, Slg. 2000 I, 4039 (4065 f.) – Podesta. ||6 EuGH 3.12.1987 – Rs. 192/85, Slg. 1987, 4753 (4782 ff.) – Newstead. ||7 EuGH 28.9.1994 – Rs. C-200/91, Slg. 1994, 4389 (4423 ff.) – Coloroll; 22.12.1993 – Rs. C-152/91, Slg. 1993 I, 6935 (6962) – Neath. ||8 *Schlachter* in Oetker/Preis, EAS, B 4100, Stand: 4/98, Rz. 17; *Blomeyer* NZA 1995, 49 (50). ||9 EuGH 1.4.2008 – Rs. C-267/06, Slg. I 2008, 1757 (Rz. 42 ff.) – Maruko mwN. ||10 EuGH 13.5.1986 – Rs. 170/84, Slg. 1986, 1607 (1621, 1625) – Bilka; 28.9.1994 – Rs. C-57/93, Slg. 1994 I, 4541 (4572 ff.) – Vroege; 24.10.1996 – Rs. C-435/93, Slg. 1996 I, 5223 (5249 ff.) – Dietz; 13.1.2004 – Rs. C-256/01, Slg. 2004 I, 873 (925) – Allonby. ||11 EuGH 24.10.1996 – Rs. C-435/93, Slg. 1996 I, 5223 (5249 ff.) – Dietz ||12 EuGH 17.5.1990 – Rs. C-262/88, Slg. 1990 I, 1889 (1953) – Barber; 14.12.1993 – Rs. C-110/91, Slg. 1993 I, 6591 (6614 ff.) – Moroni. Anders für einmalige Zahlung: EuGH 16.2.1982 – Rs. 19/81, Slg. 1982, 555 (577) – Burton. ||13 EuGH 28.9.1994 – Rs. C-200/91, Slg. 1994, 4389 (4328 ff.) – Coloroll. ||14 EuGH 27.3.1980 – Rs. C-129/79, Slg. 1980, 1275 (1289) – Macarthys. Weiterführend Calliess/Ruffert/*Krebber*, Art. 157 Rz. 51.

Zwei Tätigkeiten sind als „gleich" oder „gleichwertig" anzusehen, wenn die ArbN unter Zugrundelegung einer Gesamtheit von Faktoren, wie Art der Arbeit, Ausbildungsanforderungen und Arbeitsbedingungen, als in einer vergleichbaren Situation befindlich angesehen werden können[1]. Abs. 1 stellt klar, dass sich der Grundsatz der Lohngleichheit auch auf gleichwertige Arbeiten erstreckt. Unter welchen Voraussetzungen zwei Tätigkeiten als gleichwertig zu behandeln sind, lässt sich nicht ohne weiteres feststellen. Die Kommission hat zu dieser Frage ein Memorandum und einen Leitfaden herausgegeben[2]. Es kommt nicht auf eine Ähnlichkeit der Tätigkeiten an, sondern darauf, ob den Tätigkeiten derselbe Wert zukommt. Von besonderer Relevanz sind die Art der Arbeit, die Ausbildungsanforderungen und die Arbeitsbedingungen[3].

Die Gleichheit oder Gleichwertigkeit ist **objektiv** zu beurteilen[4], auf die subjektive Wertschätzung des ArbGeb kommt es nicht an. Die Beurteilung obliegt den nationalen Gerichten[5]. Eine Orientierung an tarifvertragl. Eingruppierungsvorschriften ist zulässig[6].

Beim Vergleich der Tätigkeiten ist auf die **tatsächlich ausgeführten Arbeiten** abzustellen, nicht auf etwaige Aufgabenbeschreibungen. Auch die Verpflichtung eines ArbN, zusätzliche Leistungen zu erbringen, soll an der Gleichheit oder Gleichwertigkeit der Leistung nichts ändern, wenn diese zusätzlichen Leistungen nicht in Anspruch genommen werden[7]. Eine höhere Entlohnung ist jedoch zulässig, wenn der ArbN eine höhere Qualifikation aufweist, welche ihm ein breiteres Einsatzgebiet eröffnet[8]. Höhere (Zeit-)Löhne können auch ArbN gezahlt werden, die bessere Leistungen erbringen. Die Leistungsunterschiede zwischen den ArbN müssen jedoch feststellbar sein. Eine höhere Entlohnung gleich zu Einstellungsbeginn ist damit nicht zulässig[9].

Weiter kommt es nicht auf den Umfang der zeitlichen Verpflichtung an. Mit identischen Aufgaben betraute **Voll- und Teilzeitbeschäftigte** verrichten daher gleiche oder gleichwertige Arbeiten[10]. Zulässig ist es aber, wenn der ArbGeb Überstundenzuschläge erst ab dem Überschreiten der Vollarbeitszeit zahlt[11]; andererseits darf Mehrarbeit, die über die individuelle Arbeitszeit eines Teilzeitbeschäftigten hinaus geleistet wird, nicht schlechter vergütet werden als die entsprechenden Arbeitsstunden eines Vollzeitbeschäftigten[12]. Die Höhe des Altersruhegelds kann von der tatsächlich geleisteten Arbeitszeit abhängig gemacht werden[13]. Auch soll das Ruhen des ArbVerh wegen Elternzeit die Höhe einer Sonderzuwendung mindern können[14].

IÜ muss die Lohngleichheit grds. nicht nur bei gleichzeitiger, sondern auch bei **sukzessiver Beschäftigung** beachtet werden. Dem Nachfolger auf einem Arbeitsplatz darf bei gleichem Arbeitsinhalt und -volumen daher nicht weniger gezahlt werden als dem Vorgänger, weil er ein anderes Geschlecht hat. Eine sukzessive Ungleichbehandlung, die aus wirtschaftl. Gründen uÄ erfolgt, ist dagegen zulässig[15]. Ist eine Tätigkeit höherwertiger als eine andere, muss für sie erst recht (mindestens) der gleiche Lohn gezahlt werden[16].

5. Diskriminierung. a) **Allgemeines.** Abs. 1 u. 2 verbieten nicht nur die **unmittelbare**, sondern auch die **mittelbare Diskriminierung** wegen des Geschlechts. Eine Diskriminierung liegt vor, wenn dieselbe Vorschrift auf ungleiche Sachverhalte oder unterschiedliche Vorschriften auf gleiche Sachverhalte angewandt werden[17]. Die Ungleichbehandlung gleichgeschlechtlich und verschiedengeschlechtlich orientierter Personen soll keine Diskriminierung wegen des Geschlechts sein[18].

b) **Unmittelbare Diskriminierung.** Eine Definition der unmittelbaren Diskriminierung findet sich in Art. 2 Ia RL 2006/54 (Rz. 2). Eine Regelung oder Maßnahme ist demnach unmittelbar diskriminierend, wenn eine Person auf Grund ihres Geschlechts in einer vergleichbaren Situation eine weniger günstige Behandlung erfährt, als sie eine Person des anderen Geschlechts erfährt, erfahren hat oder erfahren würde. Das ist nicht nur der Fall, wenn ausdrücklich zwischen Männern und Frauen differenziert wird,

---

1 EuGH 28.2.2013 – Rs. C-427/11, NZA 2013, 315 (Rz. 27) – Kenny. || 2 Memorandum v. 23.6.1994, Kom/94/6 endg.; Leitfaden v. 17.7.1996 zur Anwendung des Grundsatzes des gleichen Entgelts für Männer und Frauen bei gleichwertiger Arbeit, Kom/96/336 endg. || 3 EuGH 11.5.1999 – Rs. 309/97, Slg. 1999 I, 2865 (2916) – Wiener Gebietskrankenkasse. || 4 Vgl. dazu auch Erman/*Hanau*, 10. Aufl. 2000, § 612 BGB Rz. 30f. || 5 EuGH 28.2.2013 – Rs. C-427/11, NZA 2013, 315 (Rz. 28) – Kenny; 30.3.2000 – Rs. C-236/98, Slg. 2000 I, 2189 (2221) – JämO. || 6 EuGH 31.5.1995 – Rs. C-400/93, Slg. 1995 I, 1275 (1313) – Royal Copenhagen; 1.7.1986 – Rs. 237/85, Slg. 1986, 2101 (2115) – Rummler. || 7 *Schlachter* in Oetker/Preis, EAS, B 4100, Stand: 4/98, Rz. 29. || 8 EuGH 11.5. 1999 – Rs. C-309/07, Slg. 1999 I, 2865 (2916f.) – Wiener Gebietskrankenkasse. || 9 EuGH 26.6.2001 – Rs. C-381/99, Slg. 2001 I, 4961 (4999) – Brunnhofer. || 10 EuGH 31.3.81 – Rs. 96/80, Slg. 1981, 911 (925f.) – Jenkins. || 11 EuGH 15.12.1994 – Rs. C-399/92, Slg. 1994 I, 5727 (5755) – Helmig. || 12 EuGH 6.12.2007 – Rs. C-300/06, Slg. 2007 I, 10573 (Rz. 31ff.) – Voß. || 13 EuGH 23.10.2003 – Rs. C-4/02, Slg. 2003, 12575 (12639) – Schönheit. || 14 BAG 21.5.2008 – 5 AZR 187/07, AP Nr. 1 zu § 15 BEEG; 15.4.2003 – 9 AZR 137/02, AP Nr. 4 zu § 1 TVG Tarifverträge: Bäcker. Zum „Wochenurlaub" BAG 21.3.2002 – 6 AZR 108/01 (A), AP Nr. 2 zu § 23a BAT-O. || 15 EuGH 27.3.1980 – Rs. C-129/79, Slg. 1980, 1275 (1288f.) – Macarthys. || 16 EuGH 4.2.1988 – Rs. 157/86, Slg. 1988, 673 (690) – Murphy. || 17 EuGH 11.5.1999 – Rs. 309/97, Slg. 1999 I, 2865 (2916) – Wiener Gebietskrankenkasse. || 18 EuGH 17.2.1998 – Rs. C-249/96, Slg. 1998 I, 621 (651) – Grant. Dazu *Strick*, DEuFamR 2000, 82 (85 mwN). Die Entlassung eines Transsexuellen wegen einer Geschlechtsumwandlung stellt auch nach der Rspr. des EuGH eine Diskriminierung wegen des Geschlechts dar, EuGH 30.4.1996 – Rs. 13/94, Slg. 1996 I, 2149 (2165) – P; 7.1.2004 – Rs. C-117/01, Slg. 2004 I, 541 (578ff.) – K.B.

sondern auch, wenn an Merkmale angeknüpft wird, die ausschließlich eines der Geschlechter aufweist, wie Schwangerschaft, Geburt, Wehrpflicht usw. (vgl. Rz. 46)[1]. Eine Rechtfertigung ist auch bei der unmittelbaren Diskriminierung möglich[2].

24 c) **Mittelbare Diskriminierung.** Demggü. liegt eine mittelbare Diskriminierung nach Art. 2 Ib RL 2006/54 (Rz. 2) vor, wenn dem Anschein nach (geschlechts-)neutrale Vorschriften, Kriterien oder Verfahren Personen, die einem Geschlecht angehören, in besonderer Weise ggü. Personen des anderen Geschlechts benachteiligen, es sei denn, die betreffenden Vorschriften, Kriterien oder Verfahren sind durch ein rechtmäßiges Ziel sachlich gerechtfertigt und die Mittel sind zur Erreichung dieses Ziels angemessen und erforderlich. Auf die (fehlende) Absicht, ein Geschlecht durch die Regelung oder Maßnahme zu diskriminieren, kommt es nicht an[3]. Typisches Beispiel ist die Benachteiligung von Teilzeitkräften[4]. Daneben kommt die Anknüpfung an unregelmäßige und/oder befristete Beschäftigung, an die Inanspruchnahme von Elternzeit[5], an Heimarbeit, an die Versetzungsbereitschaft oder an die Bereitschaft, Überstunden zu leisten, an einen gehobenen Status (Vorgesetzter, leitender Angestellter usw.) in Betracht.

25 Zur Feststellung einer mittelbaren Diskriminierung ist es notwendig, **Vergleichsgruppen** zu bilden[6]. Dabei sind, soweit wie möglich, alle Personen einzubeziehen, auf welche sich das untersuchte Differenzierungskriterium auswirken kann[7]. Bei einer vertragl. Einheitsregelungen sind alle Personen einzubeziehen, in deren Vertrag die Regelung enthalten ist. Bei einer Bestimmung in einem Kollektivvertrag sind alle Personen einzubeziehen, die in den persönlichen Geltungsbereich des Vertrages fallen oder gleichgestellt sind. Bei einer allg. gesetzl. Bestimmung ist grds. die gesamte Erwerbsbevölkerung einzubeziehen[8].

26 Dann ist die geschlechtsspezifische Zusammensetzung in der benachteiligten Gruppe und die in der Gesamtgruppe zu vergleichen[9]. Die „Gegenprobe", dh. die Prüfung, ob die nachteilige Wirkung auch anders als durch das Geschlecht erklärt werden kann, ist nicht erforderlich. Es muss von der benachteiligenden Regelung ein wesentlich höherer Anteil der Angehörigen eines Geschlechts betroffen sein[10]. Genaue Prozentzahlen lassen sich der Rspr. des EuGH hierzu nicht entnehmen.

27 Eine mittelbare Diskriminierung liegt nicht vor, wenn die benachteiligende Regelung **angemessen und notwendig** und durch nicht auf das Geschlecht bezogene, sachliche Gründe **gerechtfertigt** ist. Die Rechtfertigung bezieht sich nicht auf die Höhe des den jeweiligen Vergleichsgruppen gezahlten Entgelts, sondern auf die Zahlung unterschiedlichen Entgelts an sich[11]. Notwendig ist, dass die Regelung der Verwirklichung eines wirklichen unternehmerischen Bedürfnisses oder eines legitimen Ziels der Sozialpolitik eines Mitgliedstaats dient, welches mit dem EU-Recht vereinbar ist, und die Regelung zu diesem Zweck in geeigneter, erforderlicher und verhältnismäßiger Weise eingesetzt wird. Die Wahl der Mittel zur Erreichung des Ziels steht grds. im Ermessen des Gesetzgebers bzw. der Sozialpartner[12]. Die Beurteilung obliegt grds. dem nationalen Gericht[13]. So dürfen ArbN mit höherem Erfahrungswissen oder einer besonderen Qualifikation bevorzugt werden[14]. Für eine Differenzierung nach der Berufserfahrung kann grds. an das Kriterium Dienstalter bzw. Betriebszugehörigkeit angeknüpft werden[15]. Bevorzugt werden können auch ArbN, welche qualitativ oder quantitativ höhere Arbeitsleistungen erbringen[16] oder über ein höheres Maß an (erforderlicher) Flexibilität und Mobilität verfügen[17]. Die Bevorzugung von ArbN auf Grund einer pauschal behaupteten höheren „Motivation" ist keine Rechtfertigung[18]. Auch kann eine Diskriminierung bei der Einstellung nicht durch Umstände gerechtfertigt

---

1 EuGH 8.11.1990 – Rs. 177/88, Slg. 1990, 3941 (3973) – Dekker; 14.7.1994 – Rs. 32/93, Slg. 1994 I, 3567 (3585) – Webb; 19.11.1998 – Rs. 66/96, Slg. 1998 I, 7327 (7370) – Høj Pedersen.   ‖2 EuGH 26.6.2001 – Rs. C-381/99, Slg. 2001 I, 4961 (Rz. 62 ff.). – Brunnhofer; weiterführend Calliess/Ruffert/*Krebber*, Art. 157 Rz. 58.   ‖3 EuGH 13.5.1986 – Rs. 170/84, Slg. 1986, 1607 (1628) – Bilka.   ‖4 EuGH 10.3.2005 – Rs. C-196/02, Slg. 2005 I, 1789 (Rz. 44 ff.) – Nikoloudi; 13.5.1986 – Rs. 170/84, Slg. 1986, 1607 (1626 ff.) – Bilka.   ‖5 EuGH 20.6.2013 – Rs. C-7/12, nv. (Rz. 18 ff.) – Riežniece.   ‖6 Zur Bedeutung allgemeiner, nicht auf den ArbGeb bezogener Statistiken (im Rahmen des § 22 AGG) BAG 22.7.2010 – 8 AZR 1012/08, AP Nr. 2 zu § 22 AGG. Vgl. auch EuGH 28.2.2013 – C-427/11, NZA 2013, 315 (Rz. 43 ff.) – Kenny.   ‖7 Vgl. EuGH 31.5.1995 – Rs. C-400/93, Slg. 1995 I, 1275 (1310) – Royal Copenhagen.   ‖8 Ausf. *Schlachter* in Oetker/Preis, EAS, B 4100, Stand: 4/98, Rz. 44.   ‖9 Ausf. *Schlachter* in Oetker/Preis, EAS, B 4100, Stand: 4/98, Rz. 43 ff. EuGH 9.2.1999 – Rs. C-167/97, Slg. 1999 I, 623 (682 ff.) – Seymour-Smith. Der EuGH verzichtet allerdings oft auf einen Vergleich mit der Gesamtgruppe, vgl. EuGH 28.9.1994 – Rs. C-57/93, Slg. 1994 I, 4591 (4572 ff.) – Vroege; weiterführend Calliess/Ruffert/*Krebber*, Art. 157 Rz. 50.   ‖10 EuGH 9.9.2003 – Rs. C-25/02, Slg. 2003 I, 8349 (8384) – Rinke; 23.10.2003 – Rs. C-4/02, Slg. 2003 I, 12575 (12634) – Schönheit.   ‖11 EuGH 28.2.2013 – Rs. C-427/11, NZA 2013, 315 (Rz. 38) – Kenny.   ‖12 Bzgl. Altersdiskriminierung EuGH 5.3.2009 – Rs. C-388/07, Slg. 2009 I, 1569 (Rz. 51) – Age Concern; 16.10.2007 – Rs. C-411/05, Slg. 2007 I, 8531 (Rz. 65, 68) – Palacios de la Villa; 19.1.2010 – Rs. C-555/07, Slg. 2010 I, 365 (Rz. 38) – Kücükdeveci.   ‖13 EuGH 13.5.1986 – Rs. C-170/84, Slg. 1986, 1607 (1628) – Bilka.   ‖14 EuGH 7.2.1991 – Rs. C-184/89, Slg. 1991 I, 297 (321) – Nimz; 27.10.1993 – Rs. C-127/92, Slg. 1993, 5535 (Rz. 25) – Enderby; 17.10.1989 – Rs. C-109/88, Slg. 1989, 3199 (3228) – Danfoss.   ‖15 EuGH 3.10.2006 – Rs. C-17/05, Slg. 2006 I, 9583 (Rz. 33 ff.) – Cadman; BAG 21.5.2008 – 5 AZR 187/07, AP Nr. 1 zu § 15 BEEG.   ‖16 EuGH 15.12.1994 – Rs. C-399/92, Slg. 1994 I (Rz. 26 ff.) – Helmig; 31.5.1995 – Rs. C-400/93, Slg. 1995 I, 1275 (1312 f.) – Royal Copenhagen.   ‖17 EuGH 27.10.1993 – Rs. 127/92, Slg. 1993, 5535 (Rz. 25) – Enderby.   ‖18 EuGH 13.7.1989 – Rs. 171/88, Slg. 1989, 2743 (2761) – Rinner-Kühn (angebliche höhere Motivation und betriebl. Verbundenheit von Vollzeitkräften).

werden, welche erst im Laufe des ArbVerh zu Tage treten[1]. Eine Regelung ist auch nicht automatisch gerechtfertigt, wenn sich das Differenzierungskriterium in einer gesetzl. oder tarifl. Norm findet; vielmehr unterliegen Gesetzgeber und Tarifpartner selbst dem Gleichbehandlungsgebot[2]. So ist kein legitimer sozialpolitischer Zweck ersichtlich, wenn die Tarifparteien in einer Regelung geringfügig Beschäftigte von einem Anspruch auf Sonderzahlung ausnehmen[3]. Finanzielle Engpässe und Sparzwänge sind keine Rechtfertigung; sie müssen „geschlechtsneutral" erreicht werden[4]. Eine Ungleichbehandlung kann aber gerechtfertigt sein, wenn sie an eine ungleiche gesetzl. Regelung (zB unterschiedliche Altersgrenzen für Rentenbezug) anknüpft[5].

d) Beweislast. Die Beweislast für eine geschlechtsbedingt geringere Entlohnung trägt grds. der Anspruchsteller. Allerdings sieht Art. 19 I RL 2006/54 (Rz. 2, vgl. insoweit § 22 AGG) eine Beweisregelung vor, wenn der Anspruchsteller Indizien beweist, die eine unmittelbare oder mittelbare Diskriminierung vermuten lassen (vgl. § 22 AGG Rz. 1)[6]. Beweiserleichterungen existieren auch, wenn ein Entlohnungssystem so undurchschaubar gestaltet ist, dass das Merkmal, welches den benachteiligenden Effekt hervorruft, nicht festgestellt werden kann[7]. Der ArbGeb trägt die Beweislast für die Rechtfertigung der Ungleichbehandlung. 28

6. Rechtsfolge eines Verstoßes. a) Allgemeines. Im Falle eines Verstoßes einer Regelung gegen den in Art. 157 normierten Gleichbehandlungsgrundsatz ist die Regelung **nicht anzuwenden**. Dies gilt unabhängig davon, ob es sich um eine gesetzl., eine tarifvertragl. oder eine einzelvertragl. Regelung handelt. Unanwendbar ist lediglich die Regelung, die ein Geschlecht benachteiligt. Das benachteiligte Geschlecht ist damit in die begünstigende Regelung miteinzubeziehen. Dies führt zu einer automatischen **Anpassung nach oben**[8]. 29

Der Gesetzgeber, die TV-Parteien bzw. die Vertragsparteien können allerdings auch eine Einschränkung bzw. Minderung der Leistung auf niedrigerem Niveau bestimmen, solange diese neue Regelung dem Grundsatz der Gleichbehandlung der Geschlechter entspricht[9]. Verliert das vormals begünstigte Geschlecht bereits erworbene Ansprüche, Anwartschaften oder ähnliche Vorteile, kann die Neuregelung ihrerseits eine Benachteiligung des vormals begünstigten Geschlechts darstellen[10]. 30

TV-Parteien können sich gegen die Unanwendbarkeit einer Regelung nicht mit dem Argument der Tarifautonomie zur Wehr setzen[11]. Problematisch ist es allerdings, wenn ein TV eine Vielzahl gleichheitswidriger Bestimmungen oder Gewichtungen enthält. Für diese Situation wird eine befristete Aussetzung des Rechtsstreits, während derer den TV-Parteien Gelegenheit gegeben wird, sich neu zu einigen, vorgeschlagen[12]. Der EuGH lässt dies indes nicht zu[13]. 31

b) Gleichheit des Entgelts. Zur Gleichheit des Entgelts enthält zunächst Abs. 2 S. 1 eine Ausgangsbestimmung. Die Gleichheit bei Zeitlohnsystemen ergibt sich von selbst. Bei Leistungslohnsystemen muss nicht nur die Maßeinheit, sondern auch die Berechnungsmethode iÜ dieselbe sein. Bei Mischsystemen müssen die jeweiligen Systembestandteile unabhängig voneinander verglichen werden; ein pauschaler Gesamtvergleich ist unzulässig[14]. 32

c) Rückwirkung der Entscheidung. aa) Allgemeines. Art 119 EGV idF v. 7.2.1992 (jetzt: Art. 157) verpflichtete die Mitgliedstaaten, den Grundsatz des gleichen Entgelts ab dem 31.12.1962 anzuwenden[15]. Seit diesem Zeitpunkt entfaltet die Norm **unmittelbare, auch horizontale Wirkung** (Rz. 4). Der Anspruch des Betroffenen auf ein höheres Entgelt besteht also rückwirkend bis zu diesem Zeitpunkt, sofern er nicht verjährt ist oder Ausschlussfristen greifen. Da das EU-Recht keine Regelungen zur Verjährung oder zu Ausschlussfristen enthält, sind diese nach nationalem Recht zu beurteilen. Solche nationalen Regelungen sind aber dann nicht anzuwenden, wenn sie ungünstiger gestaltet sind als Beschränkungen, die sich auf nationales Recht beziehen (Äquivalenzgrundsatz), oder wenn sie den Anspruch faktisch ausschließen oder übermäßig erschweren (Effektivitätsgrundsatz)[16]. 33

---

1 EuGH 26.6.2001 – Rs. C-381/99, Slg. 2001 I, 4961 (4999) – Brunnhofer. ||2 EuGH 18.11.2004 – Rs. C-284/02, Slg. 2004 I, 11143 (11166) – Sass; 6.4.2000 – Rs. C-226/98, Slg. 2000 I, 2447 (2481f.) – Jørgensen. Vgl. aber EuGH 28.2.2013 – Rs. C-427/11, NZA 2013, 315 (Rz. 49) – Kenny. ||3 EuGH 9.9.1999 – Rs. C-281/97, Slg. 1999 I, 5127 (5149) – Krüger. ||4 EuGH 6.4.2000 – Rs. C-226/98, Slg. 2000 I, 2447 (2481f.) – Jørgensen. ||5 EuGH 9.12.2004 – Rs. C-19/02, Slg. 2004 I, 11491 (Rz. 41ff.) – Hlozek. ||6 Vgl. auch zu Auskunftsansprüchen gegen den ArbGeb EuGH 19.4.2012 – Rs. C-415/10, NJW 2012, 2497 (Rz. 32ff.) – Meister; 21.7.2011 – Rs. C-104/10, Slg. 2011 I, 6813 (Rz. 29ff.) – Kelly. ||7 EuGH 17.10.1989 – Rs. 109/88, Slg. 1989, 3199 (3226) – Danfoss; 31.5.1995 – Rs. C-400/93, Slg. 1995 I, 1275 (1306) – Royal Copenhagen; 10.3.2005 – Rs. C-196/02, Slg. 2005 I, 1789 (1827ff.) – Nikoloudi. ||8 EuGH 27.6.1990 – Rs. C-33/89, Slg. 1990 I, 2591 (2612f.) – Kowalska. ||9 EuGH 28.9.1994 – Rs. C-200/91, Slg. 1994 I, 4389 (4414f.) – Coloroll; 28.9.1994 – Rs. C-408/92, Slg. 1994 I, 4435 (4466) – Avdel Systems. ||10 EuGH 28.9.1994 – Rs. C-408/92, Slg. 1994 I, 4435 (4467) – Avdel Systems. ||11 EuGH 7.2.1991 – 184/89, Slg. 1991 I, 297 (321) – Nimz. ||12 *Schlachter* in Oetker/Preis, EAS, B 4100, Stand: 4/98, Rz. 60. ||13 EuGH 11.9.2003 – Rs. C-77/02, Slg. 2003 I, 9027 (1067) – Steinicke; 7.2.1991 – Rs. C-184/89, Slg. 1991 I, 297 (321) – Nimz. ||14 EuGH 31.5.1995 – Rs. C-400/93, Slg. 1995 I, 1275 (1305ff.) – Royal Copenhagen; 30.3.2000 – Rs. C-236/98, Slg. 2000 I, 2189 (2220) – JämO; *Schlachter* in Oetker/Preis, EAS, B 4100, Stand: 4/98, Rz. 27. ||15 Vgl. die früheren Art. 119 I EGV, Art. 7 I EGV, Art. 313 EGV. ||16 EuGH 8.7.2010 – Rs. C-246/09, NJW 2010, 2713 (Rz. 25ff.) – Bulicke (zu § 15 IV AGG); 15.4.2010 – Rs. C-542/08, ZESAR 2011, 28 (Rz. 17ff.) – Barth; 1.12.1998 – Rs. C-326/96, Slg. 1998 I, 7835 (7865) – Levez.

34 **bb) Betriebliche Altersversorgung. (1) Allgemeines.** Im Bereich der betrAV kann die Rückwirkung der Entscheidung zu erheblichen finanziellen Belastungen der Unternehmen führen. Aus Gründen des Vertrauensschutzes (vgl. Art. 267 Rz. 20) haben der EuGH und der Gemeinschaftsgesetzgeber daher die Rückwirkung zeitlich begrenzt. Dabei unterscheidet der Gerichtshof zwischen dem Zugang zu einem System der betrAV und sonstigen Regelungen, die die Modalitäten (Höhe, Fälligkeit usw.) der Leistung bestimmen. War in einem Mitgliedstaat der Grundsatz des gleichen Entgelts allerdings schon vor dem 8.4.1976 in nationales Recht umgesetzt (zB Art. 3 II GG), kann sich der Betroffene auf diese nationalen Vorschriften ab deren Inkrafttreten berufen[1].

35 **(2) Zugang zu einem System der betrieblichen Altersversorgung.** Den Anspruch auf Zugang zu einem System der betrAV begrenzt der EuGH bis zum 8.4.1976[2]. An diesem Tag hatte der Gerichtshof in der Sache „Defrenne II" die unmittelbare horizontale Wirkung des Art. 119 EGV idF v. 7.2.1992 (jetzt Art. 157) festgestellt (Rz. 4). Rückwirkend bis zu diesem Datum müssen also alle Zeiten berücksichtigt werden, während derer dem ArbN der Zugang zum Betriebsrentensystem hätte eröffnet werden müssen. Allerdings muss auch der ArbN die Beiträge, die er hätte aufbringen müssen, nachträglich leisten.

36 **(3) Sonstige Regelungen zu den Modalitäten der Leistungen aus der betrieblichen Altersversorgung.** Für solche Regelungen, welche sich auf die Höhe, die Fälligkeit, den Ausschluss usw. von Leistungen aus der betrAV auswirken, bestimmt das Protokoll zu Art. 119 EGV idF v. 7.2.1992, dass Leistungen nicht als Entgelt iSd. Norm gelten, sofern und soweit sie auf **Beschäftigungszeiten vor dem 17.5.1990** zurückgeführt werden können[3]. Mit dieser Regelung soll die Rückwirkung bis zu diesem Zeitpunkt begrenzt werden, vgl. nun auch Art. 12 I RL 2006/54 (Rz. 2). Am 17.5.1990 hat der Gerichtshof in der Sache „Barber" entschieden, dass sich ein Betroffener nicht auf die unmittelbare Wirkung des (heutigen) Art. 157 berufen könne, um mit Wirkung von einem vor Erlass dieses Urteils liegenden Zeitpunkt einen Rentenanspruch geltend zu machen[4]. Dies hat der EuGH später dahingehend konkretisiert, dass die zeitliche Beschränkung für Leistungen gelte, welche für Beschäftigungszeiten nach dem 17.5.1990 geschuldet würden[5].

37 **III. Chancengleichheit und Gleichbehandlung in (sonstigen) Arbeits- und Beschäftigungsfragen (Abs. 3). 1. Allgemeines; Richtlinie 2006/54.** Abs. 3 enthält die Ermächtigungsgrundlage zum Erlass von RL zur Durchsetzung der Entgeltgleichheit (Rz. 4 ff.), aber auch zum Erlass von RL zur Gleichbehandlung in sonstigen Arbeits- und Beschäftigungsfragen. Eine ähnliche (schwer abgrenzbare[6]) Ermächtigungsgrundlage enthält Art. 153 I i.

38 Für Maßnahmen, welche sich auf das Entgelt beziehen, besteht ein Widerspruch der Norm zu Art. 153 V, nach welchem die EU keine Ermächtigungsgrundlage für den Erlass von RL besitzt, welche das Arbeitsentgelt betreffen. Dieser Widerspruch kann nur aufgelöst werden, indem man aus Art. 153 V Maßnahmen, welche die „relative Arbeitsentgelthöhe" betreffen, also die Höhe des Entgelts eines ArbN im Vergleich zu anderen ArbN, ausnimmt[7].

39 Indem Abs. 3 die Ermächtigung auf den weiten Begriff der „Arbeits- und Beschäftigungsfragen" erstreckt, scheint die Norm von der Existenz eines allg. primärrechtl. Gleichbehandlungsgrundsatzes in allen Arbeitsbedingungen auszugehen. Dafür spricht auch Art. 23 GrCh (Art. 6 EUV Rz. 6 f.)[8]. Sekundärrechtl. wurde der Gleichbehandlungsgrundsatz bereits durch die RL 76/207, dh. nunmehr die RL 2006/54 (Rz. 2) auf den Zugang zur Beschäftigung, die Berufsbildung, den berufl. Aufstieg sowie auf die Arbeitsbedingungen erstreckt. Die RL wurde in Deutschland maßgeblich durch das AGG umgesetzt. Auf die Komm. hierzu wird daher zunächst verwiesen.

40 Die RL 2006/54 (Rz. 2) hat im Gegensatz zu Art. 157 I und II **keine unmittelbare horizontale Direktwirkung**, dh. der ArbN kann sich ggü. dem privaten ArbGeb nicht auf die RL, sondern nur auf das nationale Recht berufen, mit dem die RL umgesetzt wurde. Ggü. einem öffentl. ArbGeb kann er jedoch Rechte aus der RL geltend machen (Vorb. Rz. 16 f.). IÜ ist er auf Schadensersatzansprüche gegen den Mitgliedstaat beschränkt (Vorb. Rz. 21 ff.). Unmittelbare horizontale Wirkung könnte aber der ungeschriebene primärrechtl. Gleichbehandlungsgrundsatz haben (Rz. 39; Art. 6 EUV Rz. 6 f.).

41 **2. Persönlicher Anwendungsbereich.** Für den persönlichen Anwendungsbereich der RL kann wiederum auf die Darstellung zur Freizügigkeit verwiesen werden (Art. 45 Rz. 13 ff.). Es fallen daher auch

---

1 EuGH 10.2.2000 – Rs. C-50/96, Slg. 2000 I, 743 (791 f.) – Deutsche Telekom; 10.2.2000 – Rs. 234 und 235/96, Slg. 2000 I, 799 (819 f.) – Vick; 10.2.2000 – Rs. 270 und 271/97, Slg. 2000 I, 929 (950) – Sievers. Vgl. auch BVerfG 5.8.1998 – 1 BvR 264/98, AP Nr. 56 zu Art. 101 GG; 19.5.1999 – 1 BvR 263/98, NZA 1999, 815 f. ||2 EuGH 10.2.2000 – Rs. C-50/96, Slg. 2000 I, 743 (787) – Deutsche Telekom; 11.12.1997 – Rs. C-246/96, Slg. 1997 I, 7153 (7182 ff.) – Magorrian. ||3 BGBl. 1992 II S. 1253, 1296. Die Protokolle waren gem. Art. 311 EGV aF Bestandteil des Vertrages. ||4 EuGH 17.5.1990 – Rs. C-262/88, Slg. 1990 I, 1889 (1955 f.) – Barber. ||5 EuGH 6.10.1993 – Rs. C-19/91, Slg. 1993 I, 4926 (4945) – Ten Oever; 28.9.1994 – Rs. C-200/91, Slg. 1994 I, 4389 (4421 ff.) – Coloroll; 10.2.2000 – Rs. C-50/96, Slg. 2000 I, 743 (787 f.) – Deutsche Telekom; BAG 3.6.1997 – 3 AZR 910/95, AP Nr. 35 zu § 1 BetrAVG Gleichbehandlung. ||6 Vgl. Grabitz/Hilf/*Langenfeld*, Das Recht der EU, Art. 157 Rz. 79; EuGH 13.9.2007 – Rs. C-307/05, Slg. 2007 I, 7109 (Rz. 39 ff.) – Alonso. ||7 Vgl. zu den unterschiedlichen Ansichten *Riesenhuber*, Europäisches Arbeitsrecht, 2009, § 4 Rz. 10 ff. ||8 Calliess/Ruffert/*Krebber*, Art. 157 Rz. 72. Krit. Grabitz/Hilf/*Langenfeld*, Das Recht der EU, Art. 157 Rz. 7.

Beschäftigte im öffentl. Dienst[1], Beamte[2], Angehörige der Streitkräfte[3] und Selbständige[4] in den Anwendungsbereich.

3. Räumlicher Anwendungsbereich. S.o. Rz. 7. 42

4. Sachlicher Anwendungsbereich. Art. 14 Ia RL 2006/54 (Rz. 2) erstreckt das Gleichbehandlungsgebot auf die Bedingungen des Zugangs – einschl. der Auswahlkriterien – zu den Beschäftigungen oder Arbeitsplätzen – unabhängig vom Tätigkeitsbereich oder Wirtschaftszweig – und zu allen Stufen der berufl. Rangordnung. Zum Zugang zur Beschäftigung zählt auch der Anspruch auf Wiedereingliederung und Wiedereinstellung[5]. Art. 14 Ib RL 2006/54 betrifft die Gleichbehandlung in Bezug auf den Zugang zu allen Arten und Stufen der Berufsberatung, der Berufsbildung, der berufl. Weiterbildung und Umschulung. Art. 14 Ic RL 2006/54 verbietet schließlich die Diskriminierung hinsichtlich der Arbeits- einschl. der Entlassungsbedingungen[6]. Zu den Arbeitsbedingungen gehört auch ein Anspruch auf Erholungs- und Erziehungsurlaub, auf Verkürzung der Arbeitszeit[7], auf ATZ[8] oder auf einen Kindertagesstättenplatz[9]. Unter den Begriff der Entlassung fällt auch die einvernehmliche Beendigung des ArbVerh[10]. 43

Nach Art. 2 Ic und d, II RL 2006/54 (Rz. 2) sind auch Belästigungen sowie die sexuelle Belästigung am Arbeitsplatz als Diskriminierung wegen des Geschlechts zu betrachten. Sie liegen vor bei unerwünschten, geschlechtsbezogenen Verhaltensweisen bzw. bei jeder Form von unerwünschtem Verhalten sexueller Natur, das sich in unerwünschter verbaler, nicht-verbaler oder physischer Form äußert, wenn dieses Verhalten bezweckt oder bewirkt, dass die Würde der betreffenden Person verletzt wird, insb. wenn ein von Einschüchterungen, Anfeindungen, Erniedrigungen, Entwürdigungen und Beleidigungen gekennzeichnetes Umfeld geschaffen wird. 44

5. Diskriminierung. a) Allgemeines. Art. 14 I RL 2006/54 (Rz. 2) verbietet die unmittelbare wie die mittelbare Diskriminierung wegen des Geschlechts. S. dazu oben Rz. 22 ff. und die Komm. zu § 3 AGG. 45

Unmittelbare Diskriminierungen knüpfen häufig an die Schwangerschaft der ArbNin an[11]. Der EuGH differenziert dabei zwischen unzulässigen Benachteiligungen auf Grund der Schwangerschaft und des Mutterschutzes und zulässigen Benachteiligungen, die an Krankheiten anknüpfen, auch wenn diese auf die Schwangerschaft zurückzuführen sind[12]. Eine schwangere ArbNin darf auch nicht entlassen werden, wenn sie als Schwangerenvertretung eingestellt wurde[13]. Eine Entlassung soll auch bei Abschluss eines befristeten Arbeitsvertrages unzulässig sein, sogar wenn feststeht, dass die ArbNin auf Grund der Schwangerschaft während eines wesentlichen Teils der Vertragszeit nicht wird arbeiten können[14]. Auch die Kündigung vorbereitende Maßnahmen dürfen nicht getroffen werden[15]. Eine Verpflichtung zur Offenbarung der Schwangerschaft im Einstellungsgespräch ist auch bei Bestehen eines mutterschutzbedingten Beschäftigungsverbots nicht gegeben[16]; die Anfechtung eines Arbeitsvertrages aus diesem Grunde ist ebenfalls ausgeschlossen[17]. Ebenso ist die Nichtverlängerung eines befristeten Arbeitsvertrages auf Grund der Schwangerschaft unzulässig[18]. 46

Insb. in den Fällen der **mittelbaren Diskriminierung** kommt eine **Rechtfertigung** (Rz. 27) in Betracht. So hat der EuGH entschieden, dass die Bevorzugung von Bewerbern, die einen Wehr- oder Ersatzdienst abgeleistet haben, bei der Einstellung in den juristischen Vorbereitungsdienst zulässig sei[19]. Da die Sozialpolitik in die Zuständigkeit der Mitgliedstaaten fällt, zwingt das EU-Recht auch nicht dazu, dass Vollzeitbeschäftigte und Teilzeitbeschäftigte im Rahmen der Sozialauswahl im Falle einer betriebsbedingten Kündigung (§ 1 III KSchG) miteinander verglichen werden müssen[20]. Zur Förderung von Kleinbetrieben können diese von kündigungsschutzrechtl. Bestimmungen ausgenommen werden[21]. 47

---

1 EuGH 2.10.1997 – Rs. C-1/95, Slg. 1997 I, 5253 (5281) – Gerster; 17.10.1995 – Rs. C-450/93, Slg. 1995 I, 3051 (3071 ff.) – Kalanke. ‖ 2 EuGH 7.12.2000 – Rs. C-79/99, Slg. 2000 I, 10997 (11028 f.) – Schnorbus (betr jur. Vorbereitungsdienst). ‖ 3 EuGH 11.1.2000 – Rs. C-285/98, Slg. 2000 I, 69 (104) – Kreil; 26.10.1999 – Rs. C-273/99, Slg. 1999 I, 7403 (7440) – Sirdar. ‖ 4 EuGH 21.5.1985 – Rs. 248/83, Slg. 1985, 1459 (1482 ff.) – Kommission gegen Deutschland. ‖ 5 EuGH 9.2.1999 – Rs. C-167/97, Slg. 1999 I, 623 (678) – Seymour-Smith. ‖ 6 Dazu EuGH 18.11.2010 – Rs. C-356/09, Slg. 2010 I, 11939 (Rz. 24 ff.) – Kleist. ‖ 7 Zu letztem: EuGH 30.3.2000 – Rs. C-236/98, Slg. 2000 I, 2189 (2224 f.) – JämO. ‖ 8 EuGH 20.3.2003 – Rs. C-187/00, Slg. 2003 I, 2741 (2787) – Kutz-Bauer; 11.9.2003 – Rs. C-77/02, Slg. 2003 I, 9027 (9062 ff.) – Steinicke. Dazu auch BAG 20.8.2002 – 9 AZR 750/00, AP Nr. 6 zu § 1 TVG Tarifverträge: Süßwarenindustrie. ‖ 9 EuGH 19.3.2002 – Rs. C-476/99, Slg. 2002 I, 2891 (2932 ff.) – Lommers. ‖ 10 EuGH 21.7.2005 – Rs. C-207/04, Slg. 2005 I, 7453 (Rz. 21 ff.) – Vergani; 16.2.1982 – Rs. C-19/81, Slg. 1982, 555 (575) – Burton. ‖ 11 Vgl. dazu auch die RL 92/85 v. 19.10.1992 über die Durchführung von Maßnahmen zur Verbesserung der Sicherheit und des Gesundheitsschutzes von schwangeren Arbeitnehmerinnen, Wöchnerinnen und stillenden Arbeitnehmerinnen am Arbeitsplatz, ABl. L 348/1. ‖ 12 EuGH 8.11.1990 – Rs. C-179/88, Slg. 1990 I, 3979 (3999 f.) – Handels- og Kontorfunktionærernes Forbund; 19.11.1998 – Rs. C-66/96, Slg. 1998, 7327 (7370 ff.) – Høj Pedersen. ‖ 13 EuGH 14.7.1994 – Rs. C-92/93, Slg. 1994 I, 3567 (3587 f.) – Webb. ‖ 14 EuGH 4.10.2001 – Rs. C-109/00, Slg. 2001, 6993 (7025 f.) – Tele Danmark. Dagegen *Thüsing*, DB 2001, 2451 (2452). ‖ 15 EuGH 11.10.2007 – Rs. C-460/06, Slg. 2007 I, 8511 (Rz. 33) – Paquay. ‖ 16 EuGH 3.2.2000 – Rs. C-207/98, Slg. 2000 I, 549 (573 f.) – Mahlburg. ‖ 17 EuGH 5.5.1994 – Rs. C-421/92, Slg. 1994 I, 1657 (1675) – Habermann-Beltermann. Zur Rechtslage bei befristeten ArbVerh *Eichinger* in Oetker/Preis, EAS, B 4200, Stand: 1/99, Rz. 46. ‖ 18 EuGH 4.10.2001 – Rs. C-438/99, Slg. 2001, 6915 (6955) – Melgar. ‖ 19 EuGH 7.12.2000 – Rs. C-79/99, Slg. 2000 I, 10997 (11033) – Schnorbus. ‖ 20 EuGH 26.9.2000 – Rs. C-322/98, Slg. 2000 I, 7505 (7531) – Kachelmann. ‖ 21 EuGH 30.11.1993 – Rs. C-189/91, Slg. 1993 I, 6185 (6223) – Kirsammer-Hack.

48 **b) Geschlecht als „echte" Voraussetzung.** Ausnahmen vom Grundsatz der Gleichbehandlung können nach Art. 14 II RL 2006/54 (Rz. 2) von den Mitgliedstaaten im Hinblick auf den Zugang zur Beschäftigung vorgesehen werden, wenn ein geschlechtsbezogenes Merkmal auf Grund der Art einer bestimmten berufl. Tätigkeit oder der Bedingungen ihrer Ausübung eine „wesentliche und entscheidende berufliche Anforderung darstellt, sofern es sich um einen rechtmäßigen Zweck und eine angemessene Anforderung handelt". Die Regelung soll die einschlägige Rspr. des EuGH zu den Ausnahmen wiedergeben. Nach dieser dürfen Ausnahmen nur spezifische Tätigkeiten betreffen[1], sie sind eng auszulegen und unter Beachtung des Grundsatzes der Verhältnismäßigkeit anzuwenden[2]. Die nationalen Stellen verfügen jedoch über einen bestimmten Ermessensspielraum, wenn sie bestimmte Tätigkeiten vom Gleichbehandlungsgebot ausnehmen[3]. Vor diesem Hintergrund ist der Begriff „wesentliche und entscheidende berufliche Anforderung" eng auszulegen (vgl. auch § 8 AGG Rz. 2).

49 **c) Vorschriften zum Schutz der Frau.** Sie sind nach Art. 28 I RL 2006/54 (Rz. 2) zulässig, insb. bei Schwangerschaft und Mutterschaft. Zu dem durch die RL 2002/73 (Rz. 2) geschaffenen Anspruch auf Rückkehr auf den Arbeitsplatz nach Ablauf des Mutterschaftsurlaubs vgl. Art. 15 RL 2006/54.

50 **d) Maßnahmen zur Förderung der Chancengleichheit.** Art. 3 RL 2006/54 (Rz. 2) lässt Maßnahmen zur Förderung der Chancengleichheit zu, auch wenn diese benachteiligenden Wirkungen für Männer haben. Die Regelung verweist auf Art. 157 IV, vgl. Rz. 54f.

51 **6. Beweislast.** Zur Beweislast gelten die zum Lohngleichheitsgebot dargestellten Grundsätze (Rz. 28).

52 **7. Rechtsfolgen.** Es gilt zunächst das zur Lohnungleichbehandlung Ausgeführte (Rz. 29ff.), dh. die diskriminierende Maßnahme (zB die Kündigung[4]) ist **nichtig**, eine diskriminierende Regelung ist nicht anzuwenden. Dadurch kann auch hier eine Anpassung nach oben erfolgen (zB im Falle diskriminierender Urlaubsregelungen). Bei diskriminierenden Maßnahmen kommt weiter ein Anspruch des ArbN auf Unterlassung in Betracht. Dabei ist jedoch stets zu beachten, dass die RL 2006/54 (Rz. 2) keine unmittelbare horizontale Wirkung hat (Rz. 40).

53 Daneben können **Schadensersatz- oder Entschädigungsansprüche** des ArbN bestehen. Das europäische Recht enthält für derartige Ansprüche selbst keine Rechtsgrundlage. Art. 18 RL 2006/54 (Rz. 2) sieht vor, dass die Mitgliedstaaten einen tatsächlichen und wirksamen Rechtsschutz gewährleisten und daher im Falle von Verstößen gegen den Gleichbehandlungsgrundsatz Sanktionen vorsehen müssen, die abschreckende Wirkung haben; der erlittene Schaden muss auf „angemessene Art und Weise" ausgeglichen werden. Entschädigungshöchstgrenzen sind grds. nicht zulässig[5]. Verstöße gegen den Gleichbehandlungsgrundsatz müssen nach ähnlichen sachlichen und verfahrensrechtl. Regeln geahndet werden wie Verstöße gegen nationales Recht, die ihrer Art und Schwere nach gleichartig sind[6]. Der Schadensersatzanspruch darf nicht vom Verschulden des ArbGeb abhängig gemacht oder durch Rechtfertigungsgründe ausgeschlossen werden[7]. Zu diesem Zweck hatte der deutsche Gesetzgeber § 611a II–IV BGB aF geschaffen; § 15 AGG sieht nun einen Entschädigungs- und einen Schadensersatzanspruch vor; letzterer wurde wie die Vorgängerbestimmung zu § 611a BGB aF wiederum vom Verschulden abhängig gemacht (vgl. § 15 AGG Rz. 3). Gewährt der nationale Gesetzgeber einen Schadensersatzanspruch, sind Zinsen ab der Entstehung des Anspruchs zu zahlen[8]. Der nationale Gesetzgeber ist weiter verpflichtet sicherzustellen, dass ArbN nicht im Falle der Durchsetzung ihres Rechts auf Gleichbehandlung Maßregelungen (insb. Kündigungen, Art. 24 RL 2006/54) durch den ArbGeb zu befürchten haben[9] (vgl. § 16 AGG).

54 **IV. Positive Diskriminierung (Abs. 4).** Nach dieser Vorschrift können die Mitgliedstaaten gegen den Gleichbehandlungsgrundsatz zum Zwecke der Erleichterung der Berufstätigkeit des unterrepräsentierten Geschlechts bzw. zum Ausgleich von Benachteiligungen verstoßen. Aus dieser Regelung resultiert kein Recht des einzelnen ArbN auf die Durchführung entsprechender Maßnahmen. Art. 3 RL 2006/54 (Rz. 2) verweist lediglich auf die Vorschrift.

55 Da die Norm weiter gefasst ist als die ähnliche Bestimmung des früheren Art. 2 IV RL 76/207 (Rz. 2), sie als Primärrecht dieser Regelung jedoch vorgeht, ist die bisherige Rspr. des EuGH zur positiven Diskriminierung[10] nur noch eingeschränkt gültig[11]. Neben allg. Hilfsangeboten für das unterrepräsentierte

---

1 EuGH 30.6.1988 – Rs. 318/86, Slg. 1988, 3559 (3581) – Kommission gegen Frankreich. ||2 EuGH 15.5.1986 – Rs. 222/84, Slg. 1986, 1651 (1687) – Johnston. ||3 EuGH 26.10.1999 – Rs. C-273/99, Slg. 1999 I, 7403 (7442) – Sirdar. ||4 EuGH 26.2.1986 – Rs. 152/84, Slg. 1986, 723 (739) – Marshall I. ||5 So zuvor EuGH 10.4.1984 – Rs. 14/83, Slg. 1984, 1891 (1909) – v. Colson und Kamann; 2.8.1993 – Rs. C-271/91, Slg. 1993 I, 4367 (4407) – Marshall II. ||6 EuGH 22.4.1997 – Rs. C-180/95, Slg. 1997 I, 2195 (2222) – Draemphael. ||7 EuGH 22.4.1997 – Rs. C-180/95, Slg. 1997 I, 2195 (2220) – Draemphael; 8.11.1990 – Rs. 177/88, Slg. 1990, 3941 (3975) – Dekker. ||8 EuGH 2.8.1993 – Rs. C-271/91, Slg. 1993 I, 4367 (4409) – Marshall II. ||9 EuGH 22.9.1998 – Rs. C-185/97, Slg. 1998 I, 5199 (5221) – Coote. ||10 EuGH 19.3.2002 – Rs. C-476/99, Slg. 2002 I, 2891 (2934ff.) – Lommers; 28.3.2000 – Rs. C-158/97, Slg. 2000 I, 1875 (1916ff.) – Badeck; 17.10.1995 – Rs. C-450/93, Slg. 1995 I, 3051 (3077f.) – Kalanke; 11.11.1997 – Rs. C-409/95, Slg. 1997 I, 6363 (6391ff.) – Marschall. ||11 Vgl. EuGH 30.9.2004 – Rs. C-319/03, Slg. 2004 I, 8807 (Rz. 29ff.) – Briheche; Calliess/Ruffert/*Krebber*, Art. 157 Rz. 75; einschr. *Eichinger*, in Oetker/Preis, EAS, B 4200, Stand: 1/99, Rz. 103.

Geschlecht (zB Schulungen) sind gerade auch eine Besserstellung bei den Arbeitsbedingungen[1] sowie die Einführung einer Quotenregelung zulässig. Die Maßnahmen müssen nicht unmittelbar an das Geschlecht anknüpfen; es genügt, wenn sie mittelbar (zB über das Kriterium Teilzeitbeschäftigung) das unterrepräsentierte Geschlecht begünstigen[2]. Grds. müssen die Maßnahmen dem Verhältnismäßigkeitsgrundsatz entsprechen[3]. Nicht gestattet ist die Bevorzugung von minderqualifizierten ArbN des unterrepräsentierten Geschlechts[4].

Die Norm richtet sich nicht an die Kollektivvertragsparteien und auch nicht an den privaten ArbGeb; die Einführung einer „Geschlechterquote" ist dem privaten ArbGeb also versagt[5]. Art. 3 RL 2006/54 (Rz. 2) wird auch für das Merkmal „Geschlecht" durch § 5 AGG umgesetzt. § 5 AGG ist verfehlt, weil sich die Norm gerade an private ArbGeb und Sozialpartner richtet (vgl. auch § 5 AGG Rz. 1). Da sie in Bezug auf das Merkmal „Geschlecht" nicht nur gegen die RL, sondern auch gegen Primärrecht verstößt, ist sie nicht anzuwenden (vgl. Vorb. Rz. 27; Art. 6 EUV Rz. 6 f.)[6].   56

267 Vorabentscheidungsverfahren
Der Gerichtshof der Europäischen Union entscheidet im Wege der Vorabentscheidung
a) über die Auslegung der Verträge,
b) über die Gültigkeit und die Auslegung der Handlungen der Organe, Einrichtungen oder sonstigen Stellen der Union.

Wird eine derartige Frage einem Gericht eines Mitgliedstaats gestellt und hält dieses Gericht eine Entscheidung darüber zum Erlass seines Urteils für erforderlich, so kann es diese Frage dem Gerichtshof zur Entscheidung vorlegen.

Wird eine derartige Frage in einem schwebenden Verfahren bei einem einzelstaatlichen Gericht gestellt, dessen Entscheidungen selbst nicht mehr mit Rechtsmitteln des innerstaatlichen Rechts angefochten werden können, so ist dieses Gericht zur Anrufung des Gerichtshofs verpflichtet.

Wird eine derartige Frage in einem schwebenden Verfahren, das eine inhaftierte Person betrifft, bei einem einzelstaatlichen Gericht gestellt, so entscheidet der Gerichtshof innerhalb kürzester Zeit.

I. Allgemeines. Durch den **Vertrag von Lissabon**[7], der am 1.12.2009 in Kraft getreten ist (Vorb. Rz. 6) wurde Art. 234 EGV aF zu **Art. 267 AEUV**. Die inhaltlichen Änderungen sind für das Arbeitsrecht nicht relevant.   1

1. Normzweck. Jedes nationale Gericht ist verpflichtet, anhängige Verfahren daraufhin zu überprüfen, ob dem nationalen Recht vorrangige (Vorb. Rz. 27 ff.) Regelungen des EU-Rechts Anwendung finden. Das EU-Recht hat der nationale Richter in eigener Verantwortung auszulegen und anzuwenden (Vorb. Rz. 19 f.). Mit dem Vorabentscheidungsverfahren nach Art. 267 soll die **einheitliche Auslegung und Anwendung des EU-Rechts** gefördert werden. Daneben stärkt die Norm den Individualrechtsschutz der Unionsbürger. Der EuGH ist keine „Superrevisionsinstanz"; vielmehr gibt er dem Gericht und den Parteien die Möglichkeit, im Rahmen eines Zwischenverfahrens die Gültigkeit und die Auslegung europarechtl. Normen feststellen zu lassen.   1a

2. Sonstige Verfahren vor dem EuGH. Das Vertragsverletzungsverfahren nach Art. 258 (vgl. Rz. 15) und das Nichtigkeitsverfahren von Art. 263 können nur durch die Kommission bzw. die in Art. 263 genannten Organe durchgeführt werden. Sie spielen für das Arbeitsrecht eine weniger große Rolle.[8]   2

3. Richtervorlage nach Art. 100 GG. Zu einer Konkurrenz der Zwischenverfahren nach Art. 267 vor dem EuGH und nach Art. 100 GG vor dem BVerfG kann es kommen, wenn im Ausgangsrechtsstreit neben einer Europarechtswidrigkeit auch eine mögliche Verfassungswidrigkeit des nationalen Rechts in Betracht kommt. Muss das nationale Recht wegen Europarechtswidrigkeit unangewendet bleiben (Vorb. Rz. 27 ff.), ist die Richtervorlage zum BVerfG unzulässig, da die Norm nicht mehr entscheidungserheblich ist. In sonstigen Fällen hat das Gericht nach Zweckmäßigkeitsgesichtspunkten (zB. Verfahrensdauer) zwischen beiden Vorlageverfahren zu entscheiden.[9]   3

II. Gegenstand des Vorabentscheidungsverfahrens. Nach Maßgabe von Abs. 1 entscheidet der EuGH ausschließlich über die **Auslegung und die Gültigkeit von EU-Recht**. Die Gültigkeit primären Unionsrechts (Vorb. Rz. 6 ff.) und die Auslegung und Gültigkeit nationalen Rechts können nicht Verfahrens-   4

---

1 BVerwG 18.7.2002 – 3 C 54/01, DVBl. 2003, 139 (142 f.): Förderung selbständiger Betriebsgründung im Handwerk. ||2 EuGH 6.7.2000 – Rs. C-407/98, Slg. 2000 I, 5539 (5581) – Abrahamsson. ||3 Calliess/Ruffert/*Krebber*, Art. 157 Rz. 76 f. ||4 EuGH 6.7.2000 – Rs. C-407/98, Slg. 2000 I, 5539 (5583) – Abrahamsson. ||5 Vgl. Calliess/Ruffert/*Krebber*, Art. 157 Rz. 78. Vgl. auch *Hanau*, Frauenförderung bei Ausschreibung und Besetzung von Arbeitsplätzen im deutschen und europäischen Recht, GS Lüderitz, 2000, S. 241, 262 (zum früheren § 611a BGB). ||6 Anders *Burg*, Positive Maßnahmen zwischen Unternehmerfreiheit und Gleichbehandlung, 2008, S. 44 f. mwN zum Streitstand. ||7 ABl. 2007 C 306/1. ||8 Vgl. ErfK/*Wißmann*, Art. 267 AEUV Rz. 3. ||9 BVerfG 11.7.2006 – 1 BvL 4/00, BVerfGE 116, 202 (Rz. 52); 18.11.2008 – 1 BvL 4/08, EzA § 622 BGB 2002 Nr. 6; ErfK/*Wißmann*, Art. 267 AEUV Rz. 49.

AEUV Art. 267 Rz. 5

gegenstand sein. Auch über die Anwendung des EU-Rechts auf den Sachverhalt entscheidet der EuGH nicht[1]. Da der EuGH jedoch idR sehr fallbezogen argumentiert, wird dem nationalen Gericht vielfach die Subsumtion abgenommen. Der EuGH befindet auch **nicht** darüber, ob Normen des nationalen Rechts mit dem EU-Recht vereinbar sind[2], inwieweit sie europarechtskonform auszulegen sind[3] oder ob sie wegen Europarechtswidrigkeit keine Anwendung finden. Über diese Fragen hat das nationale Gericht zu entscheiden.

5 Nach Abs. 1a kann zunächst die **Auslegung des AEUV** Gegenstand des Vorabentscheidungsverfahrens sein. Die Vorschrift erfasst nicht nur den Vertragstext, sondern das in Vorb. Rz. 6 ff. genannte Primärrecht. Der Begriff Auslegung ist weit zu verstehen; er umfasst insb. die teleologische Auslegung[4], aber auch die Analogie.

6 Unter die in Abs. 1 Buchst. b genannten „Handlungen der Organe" fällt ua. das gesamte Sekundärrecht (Vorb. Rz. 9 ff.). Die Norm ermöglicht es damit, die **Auslegung und die Gültigkeit sämtlicher VO, Richtlinien, Empfehlungen und Stellungnahmen** zum Verfahrensgegenstand zu machen. Auch völkerrechtl. Verträge (Vorb. Rz. 24 f.), bei denen die EU (ggf. neben den Mitgliedstaaten[5]) Vertragspartei ist, sind überprüfbar. Bei der Prüfung der Gültigkeit von Sekundärrecht untersucht der EuGH allein mögliche Verstöße gegen höherrangiges EU-Recht.

7 **III. Vorlage durch das nationale Gericht. 1. Vorlageberechtigung (Abs. 2). a) Gericht.** Vorlageberechtigt nach Abs. 2 sind nur Gerichte. Dies sind Einrichtungen, welche auf gesetzl. Grundlage geschaffen wurden, deren Gerichtsbarkeit einen ständigen und obligatorischen Charakter hat und die Rechtsstreitigkeiten auf Grundlage eines rechtsstaatlich geordneten Verfahrens in richterlicher Unabhängigkeit potenziell rechtskräftig entscheiden[6]. Damit fallen sämtliche Gerichte der Arbeitsgerichtsbarkeit unter den Gerichtsbegriff des Abs. 2. Keine Gerichte in diesem Sinne sind Registergerichte[7] oder mit der beklagten Verwaltung institutionell verbundene Gerichte[8], vertragl. gebildete Schiedsgerichte[9], Einigungsstellen und Schiedsstellen gem. § 76 BetrVG[10].

8 **b) Vorlagebefugnis.** Das Gericht kann dem EuGH eine Frage zur Gültigkeit und Auslegung des EU-Rechts vorlegen, wenn diese Frage im Prozess aufgeworfen wird und wenn das Gericht ihre Beantwortung für seine eigene Urteilsfällung für erforderlich hält.

9 Das Verfahren, in welchem die Frage entscheidungserheblich wird, kann neben dem Urteilsverfahren ein Beschlussverfahren (zB nach §§ 80 ff. ArbGG), ein Verfahren der freiwilligen Gerichtsbarkeit, aber auch ein Verfahren des einstw. Rechtsschutzes sein[11].

10 Die Entscheidung des EuGH muss für den Erlass des Urteils **erforderlich** sein. Die Beurteilung der Erforderlichkeit ist grds. Sache des nationalen Gerichts. Der EuGH weist die Vorlage nur zurück, wenn offensichtlich kein Zusammenhang zwischen der vom vorlegenden Gericht gestellten Frage und den Gegebenheiten oder dem Gegenstand des Ausgangsverfahrens besteht, wenn das Problem hypothetischer Natur ist, so dass der EuGH nur als Gutachter tätig würde[12], oder wenn der EuGH nicht über die tatsächlichen oder rechtl. Angaben verfügt, die für eine zweckdienliche Beantwortung der Frage notwendig sind[13]. Vorgelegt werden kann zB die Frage, ob das EU-Recht einschlägig ist, ob eine nationale Norm europarechtskonform auszulegen ist[14], oder die Frage, wie nationale Regelungen auszulegen sind, die (ggf. überschießend)[15] Unionsrecht übernehmen[16].

11 Das Gericht **kann** vorlegen; die Entscheidung steht in seinem Ermessen (vgl. aber Rz. 12 und Rz. 15). Das gilt auch, wenn das Gericht von der Rspr. des EuGH abweichen will. Das Gericht entscheidet von Amts wegen; es bedarf keines Antrags von Seiten der Parteien. Die Verfahrensbeteiligten können die Vorlage lediglich anregen; eine solche Anregung bedarf keiner förmlichen Bescheidung durch das Gericht[17]. Die Verfahrensbeteiligten können die Vorlage nur erzwingen, indem sie den Rechtsstreit bis in die letzte Instanz weiterführen (Rz. 12). Das Gericht kann auch eine Frage vorlegen, die vom EuGH bereits entschieden wurde, um auf diese Weise eine erneute Prüfung zu erreichen (vgl. auch Art. 104 II der

---

1 EuGH 31.5.1995 – Rs. C-400/93, Slg. 1995 I, 1275 (1305 ff.) – Royal Copenhagen; BAG 18.2.2003 – 1 ABR 2/02, AP Nr. 12 zu § 611 BGB Arbeitsbereitschaft. || 2 EuGH 9.11.2006 – Rs. C-346/05, Slg. 2006, 10951 (Rz. 18) – Chateignier; 1.2.1996 – Rs. C-177/94, Slg. 1996 I, 161 (174) – Perfili. || 3 EuGH 26.10.2006 – Rs. C-4/05, Slg. 2006 I, 10279 (Rz. 36) – Güzeli. || 4 ZB EuGH 29.3.2001 – Rs. C-62/99, Slg. 2001 I, 2579 (2607 ff.) – bofrost. || 5 Dazu Calliess/Ruffert/*Wegener*, Art. 267 Rz. 10. || 6 EuGH 31.1.2013 – Rs. C-394/11, nv. (Rz. 38) – Belov mwN. || 7 Vgl. aber EuGH 16.12.2009 – Rs. C-210/06, Slg. 2009 I, 9641 (Rz. 57 f.) – CARTESIO. || 8 EuGH 30.5.2002 – Rs. C-516/99, Slg. 2002 I, 4573 (4606) – Schmid; 15.1.2002 – Rs. C-182/00, Slg. 2002 I, 547 (565 f.) – Lutz. || 9 EuGH 1.6.1999 – Rs. C-126/27, Slg. 1999 I, 3055 (3092) – Eco Swiss. || 10 ErfK/*Wißmann*, Art. 267 AEUV EGV Rz. 17. || 11 EuGH 13.4.2000 – Rs. C-176/96, Slg. 2000 I, 2681 (2724 f.) – Lehtonen. || 12 EuGH 6.12.2012 – Rs. C-152/11, NZA 2012, 1435 (Rz. 24) – Odar; 11.12.2007 – Rs. C-438/05, Slg. 2007 I, 10779 (Rz. 28) – Viking; 22.11.2005 – Rs. C-144/04, Slg. 2005 I, 9981 (Rz. 36) – Mangold. || 13 EuGH 6.12.2012 – Rs. C-152/11, NZA 2012, 1435 (Rz. 24) – Odar. || 14 EuGH 14.9.2000 – Rs. C-343/98, Slg. 2000 I, 6659 (6699 f.) – Collino. || 15 EuGH 10.12.2009 – Rs. C-323/08, Slg. 2009 I, 11621 – Rodríguez Mayor. || 16 EuGH 17.12.1998 – Rs. C-2/97, Slg. 1998 I, 8597 (8641) – IP. || 17 BAG 20.11.2001 – 1 AZR 97/01, AP Nr. 39 zu § 113 BetrVG 1972; ErfK/*Wißmann*, Art. 267 AEUV Rz. 23.

VerfahrensO)[1]. Dies gilt sogar, wenn die erste Entscheidung des EuGH in demselben Ausgangsverfahren ergangen ist[2].

2. Vorlagepflicht. a) Letztinstanzliche Gerichte (Abs. 3). Zur Vorlage **verpflichtet** sind nationale Gerichte, deren Entscheidungen nicht mehr mit Rechtsmitteln angefochten werden können, also jedenfalls BGH, BAG und BSG. Daneben sollen nach überwiegender Ansicht alle Gerichte vorlageverpflichtet sein, wenn gegen ihre Entscheidung im konkreten Fall **kein Rechtsmittel mehr zulässig ist**[3]. Daher kann auch ein ArbG zur Vorlage verpflichtet sein, wenn die Berufung nach § 64 ArbGG nicht statthaft ist. Eine Vorlagepflicht eines LAG besteht hingegen nicht, da die Nichtzulassungsbeschwerden nach § 72a und § 92a ArbGG als Rechtsmittel iSd. Abs. 3 anzusehen sind[4]. Keine Rechtsmittel, die die Vorlagepflicht entfallen ließen, sind die Verfassungsbeschwerde oder der Antrag auf Wiederaufnahme des Verfahrens. 12

Das Gericht entscheidet über die Vorlage von Amts wegen; die Vorlagepflicht entsteht nur, wenn die Beantwortung der Frage für die Entscheidung des Gerichts erforderlich ist (Rz. 10); insb. wenn das Gericht von der Rspr. des EuGH abweichen will. Eine Vorlagepflicht besteht **nicht**, wenn der EuGH die Frage bereits (für ein anderes Verfahren) entschieden hat – sei es auch in abstrakter Art und Weise[5] –, und das Gericht der Entscheidung folgen will. Eine Vorlagepflicht besteht auch nicht, wenn die richtige Auslegung des EU-Rechts derart offenkundig ist, dass für vernünftige Zweifel kein Raum bleibt[6]. Nach Ansicht des BVerfG ist dies nur dann der Fall, wenn das Gericht überzeugt sein kann, dass auch für die Gerichte der übrigen Mitgliedstaaten und für den EuGH die gleiche Gewissheit bestünde[7]. 13

b) Verwerfung von EU-Recht. Eine ungeschriebene Vorlagepflicht besteht für alle Gerichte, welche in ihren Entscheidungen Regelungen des EU-Rechts als ungültig behandeln wollen[8]. Insoweit nimmt der EuGH ein Verwerfungsmonopol für sich in Anspruch. 14

c) Verletzung der Vorlagepflicht. Verletzt ein Gericht seine Vorlagepflicht, stehen den Verfahrensbeteiligten grds. keine Rechtsbehelfe zur Verfügung. Die Beteiligten können jedoch das BVerfG wegen der Verletzung des grundrechtsgleichen **Rechts auf den gesetzl. Richter** gem. Art. 101 I 2 GG mit der Verfassungsbeschwerde anrufen[9]. Diese kann insb. Erfolg haben, wenn es an der Offenkundigkeit der richtigen Auslegung des Unionsrechts (Rz. 13) fehlt[10]. 15

Verstößt in einer bestimmten Rechtsfrage ein erheblicher Teil der Gerichte sowie das zuständige höchstinstanzliche Gericht gegen die Vorlagepflicht, kann es zu einem **Vertragsverletzungsverfahren** nach Art. 258 kommen[11]. Da in der Verletzung der Vorlagepflicht ein Verstoß gegen das EU-Recht liegt, kann der Mitgliedstaat zudem für Schäden, die aus der Verletzung resultieren, haftbar sein (Vorb. Rz. 21 ff.).

3. Gang des Verfahrens. a) Einleitung des Verfahrens. Das nationale Gericht setzt analog § 148 ZPO das Ausgangsverfahren aus und beschließt das Vorabentscheidungsersuchen. In diesem Beschluss sollten in der Begründung das für die Frage erhebliche innerstaatl. Recht sowie alle relevanten Tatsachen und Erwägungen dargestellt werden, so dass der EuGH den Inhalt der Frage richtig erfassen kann[12]. Auf diese Weise wird dem EuGH auch eine Umdeutung von Fragen ermöglicht, die er für nicht vorlagefähig hält (Rz. 10). Die Vorlage erfolgt in der Amtssprache des Gerichts. Der EuGH hat praktische Anweisungen veröffentlicht, wie die Schriftsätze der Anwälte der Parteien auszusehen haben[13]. Weiter hat er Hinweise zur Vorlage von Vorabentscheidungsersuchen durch die nationalen Gerichte gegeben[14]. Die Vorlage ist vom Gericht gem. Art. 21 I der Satzung[15] des EuGH unmittelbar an die Kanzlei des EuGH zu übermitteln. Die Prozessakten sind beizufügen. 16

---

1 Verfahrensordnung des Gerichtshofes der Europäischen Union, konsolidierte Fassung v. 25.9.2012, ABl. 2012 L 265/2; ABl. 2013 L 173/65. || 2 ZB EuGH 2.5.1996 – Rs. C-206/94, Slg. 1996 I, 2357 (2382 ff.) – Paletta II; 6.3.2003 – Rs. C-466/00, Slg. 2003 I, 2219 (2272) – Kaba II. || 3 BVerfG 13.6.1997 – 1 BvR 2102/95, AP Nr. 52 zu Art. 101 GG; ErfK/*Wißmann*, Art. 267 AEUV Rz. 26 mwN; Rengeling/Middeke/Gellermann/*Middeke*, Handbuch des Rechtsschutzes in der EU, 2. Aufl. 2003, § 10 Rz. 57. Dahin gehend auch EuGH 4.6.2002 – Rs. C-99/00, Slg. 2002 I, 4839 (4885) – Lyckeskog. || 4 ErfK/*Wißmann*, Art. 267 AEUV Rz. 28 f. || 5 BAG 5.3.1996 – 1 AZR 590/92, AP Nr. 226 zu Art. 3 GG. || 6 BAG 27.6.2006 – 1 ABR 18/05, AP Nr. 14 zu § 112a BetrVG 192; 6.11.2002 – 5 AZR 617/01 (A), AP Nr. 1 zu § 1a AEntG; Rengeling/Middeke/Gellermann/*Middeke*, Handbuch des Rechtsschutzes in der EU, 2. Aufl. 2003, § 10 Rz. 61 ff. || 7 BVerfG 25.2.2010 – 1 BvR 230/09, NJW 2010, 1268. Zurückhaltender BVerfG 25.1.2011 – 1 BvR 1741/09, NJW 2011, 1427 (1431). || 8 EuGH 17.7.1997 – Rs. C-334/95, Slg. 1997 I, 4517 (4554 f.) – Krüger. || 9 BVerfG 14.7.2006 – 2 BvR 264/06, JZ 2007, 87 f.; 5.8.1998 – 1 BvR 264/98 und v. 13.6.1997 – 1 BvR 2102/95, AP Nr. 56 und 52 zu Art. 101 GG; BAG 23.3.2010 – 9 AZR 128/09, AP Nr. 3 zu § 125 SGB IX. Weiterführend ErfK/*Wißmann*, Art. 267 AEUV Rz. 36 ff. || 10 BVerfG 25.2.2010 – 1 BvR 230/09, NJW 2010, 1268. || 11 EuGH 9.12.2003 – Rs. C-129/00, Slg. 2003 I, 14637 (14686 ff.) – Kommission gegen Italien. || 12 EuGH 8.7.1998 – Rs. C-9/98, Slg. 1998 I, 4261 (4265) – Agostini. Vgl. auch: EuGH 23.2.2003 – Rs. C-445/01, Slg. 2003 I, 1807 (1817 ff.) – Simoncello; 21.1.2003 – Rs. C-318/00, Slg. 2003 I, 905 (932 ff.) – Bacardi; 8.5.2003 – Rs. C-111/01, Slg. 2003 I, 4207 (4238 Rz. 33 ff.) – Ganter. || 13 V. 15.10.2004, ABl. L 361/15, und die Änderungen dieser Anweisungen v. 27.1. 2009, ABl. L 29/51. Die Schriftsätze sollten so beschaffen sein, dass sie vom Gericht elektronisch verwaltet, gescannt und mit Texterkennungsprogrammen bearbeitet werden können. Der Seitenumfang ist begrenzt. || 14 ABl. 2011 C 160/01. || 15 Protokoll über die Satzung des Gerichtshofs der Europäischen Wirtschaftsgemeinschaft, unterzeichnet in Brüssel am 17.4.1957, neugefasst in Protokoll Nr. 3 über die Satzung des Gerichtshofs der Europäischen Union, ABl. 2012 L 228/1.

17 b) **Verfahrensablauf.** Beim EuGH wird das Ersuchen in sämtliche Amtssprachen der Union übersetzt und anschließend den Parteien des Ausgangsverfahrens, den Mitgliedstaaten, der Kommission und ggf. dem Rat bzw. dem Europäischen Parlament zugeleitet. Innerhalb von zwei Monaten können diese Stellung nehmen. Das Gericht wird nicht beteiligt. Eine Stellungnahme der Bundesrepublik Deutschland erfolgt durch das jeweils zuständige Bundesministerium. Darauf folgt die mündliche Verhandlung vor dem EuGH. Gem. Art. 105 ff. der VerfahrensO des EuGH (Rz. 11) kann bei außerordentl. Dringlichkeit ein beschleunigtes Verfahren erfolgen. Das Verfahren vor dem EuGH ist gem. Art. 143 VerfahrensO grds. kostenfrei.

18 c) **Beendigung des Verfahrens.** Der EuGH entscheidet regelmäßig durch **Urteil**, welches in öffentl. Sitzung verkündet und dem vorlegenden Gericht übermittelt wird. Das Urteil wird durch die Schlussanträge des Generalanwalts vorbereitet, welche mit dem Urteil in der amtl. Sammlung veröffentlicht werden. Das vorlegende Gericht kann weiter die Erledigung des Verfahrens vor dem EuGH bewirken, indem es das Vorabentscheidungsersuchen zurücknimmt[1]; dies hat zu geschehen, wenn die Vorlagefrage ihre Entscheidungserheblichkeit verliert.

19 **4. Inhalt und Wirkung des Urteils.** Das Urteil wird mit dem Tage der Verkündung rechtskräftig. Für die Bindung ist zu berücksichtigen, dass der EuGH lediglich über die Gültigkeit und Auslegung des EU-Rechts entscheidet, nicht aber über den Ausgangsrechtsstreit (Rz. 4). In diesem Rahmen wirkt das Urteil verbindlich; allerdings nur inter partes. Die Auslegungsergebnisse des EuGH sind für den nationalen Richter bindend[2]. Das nationale Gericht hat also den Urteilstenor auszulegen und auf den Ausgangsrechtsstreit anzuwenden. Außerhalb des Rechtsstreits (erga omnes) wirkt das Urteil nur, wenn der EuGH eine Norm des EU-Rechts für ungültig erklärt hat.

20 Das Urteil hat grds. **Rückwirkung**; diese kann jedoch an der Rechtskraft früherer unionsrechtswidriger Urteile nichts ändern[3]. Gelegentlich hat der EuGH die Rückwirkung aus Gründen des **Vertrauensschutzes** zeitlich beschränkt (vgl. Art. 157 Rz. 34 ff.)[4]. Eine solche Beschränkung nimmt der EuGH nur in dem Urteil vor, in dem erstmals über die Auslegungsfrage entschieden wird; eine nachträgliche Beschränkung in späteren Urteilen scheidet aus Gründen der Gleichbehandlung und Rechtssicherheit aus[5]. Voraussetzung einer Beschränkung sind der gute Glaube der Betroffenen und die Gefahr schwerwiegender Störungen[6]. Durch ein nationales Gericht kann eine Begrenzung der Rückwirkung aus Gründen des Vertrauensschutzes nicht erfolgen; dem stehen der Anwendungsvorrang (Vorb. Rz. 27 ff.) und der Grundsatz der einheitlichen Auslegung des Unionsrechts entgegen[7]. Allerdings kann ein Staatshaftungsanspruch möglich sein[8]. In Abgrenzung dazu gewährt das BAG ggf. Vertrauensschutz, soweit es um die richtlinienkonforme Auslegung des nationalen Rechts geht (Vorb. Rz. 20).

---

1 BAG 17.7.1997 – 8 AZR 156/95, AP Nr. 15 zu EWG-Richtlinie Nr. 77/187. ||2 BAG 24.3.2009 – 9 AZR 983/07, AP Nr. 39 zu § 7 BUrlG. ||3 EuGH 16.3.2006 – Rs. C-234/04, Slg. 2006 I, 2585 (Rz. 21) – Kapferer. ||4 EuGH 12.12.1996 – Rs. C-241/95, Slg. 1996 I, 6699 (6731) – Accrington Beef; 26.4.2005 – Rs. C-376/02, Slg. 2005 I, 3445 (Rz. 32) – Goed Wonen. Dazu *Schaer*, Rechtssicherheit und Vertrauensschutz als Grenzen rückwirkender Rechtsprechung im Europäischen Arbeitsrecht, 2010; *Ludewig*, Die zeitliche Beschränkung der Wirkung von Urteilen des EuGH im Vorabentscheidungsverfahren, 2012; *Altmeyer*, Vertrauensschutz im Recht der EU und im deutschen Recht, 2003. ||5 EuGH 6.3.2007 – Rs. C-292/04, Slg. 2007 I, 1835 (Rz. 37) – Meilicke; 12.2.2009 – Rs. C-138/07, Slg. 2009 I, 731 (Rz. 68) – Cobelfret. ||6 EuGH 12.2.2009 – Rs. C-138/07, EuZW 2009, 329 (Rz. 68) – Cobelfret. ||7 BAG 23.3.2010 – 9 AZR 128/09, AP Nr. 3 zu § 125 SGB IX mwN auch zu Ausnahmekonstellationen; 26.4.2006 – 7 AZR 500/04, AP Nr. 23 zu § 14 TzBfG. ||8 BVerfG 6.7.2010 – 2 BvR 2661/06, BVerfGE 126, 286 (Rz. 84 f.).

Allgemeines Gleichbehandlungsgesetz (AGG)

vom 14.8.2006 (BGBl. I S. 1897),
zuletzt geändert durch Gesetz vom 3.4.2013 (BGBl. I S. 610)

Abschnitt 1. Allgemeiner Teil

1 *Ziel des Gesetzes*
Ziel des Gesetzes ist, Benachteiligungen aus Gründen der Rasse oder wegen der ethnischen Herkunft, des Geschlechts, der Religion oder Weltanschauung, einer Behinderung, des Alters oder der sexuellen Identität zu verhindern oder zu beseitigen.

I. Gesetzesziel. § 1 legt das Regelungsziel des AGG fest und enthält für andere Normen wesentliche Tatbestandsmerkmale (vgl. nur §§ 7, 13 I). Die Benachteiligungsgründe sind in § 1 **abschließend** aufgeführt, dh. Benachteiligungen wegen anderer Merkmale sind nach dem AGG nicht verboten, es sei denn, diese führen zu einer mittelbaren Benachteiligung wegen eines der in § 1 genannten Merkmale (dazu § 3 Rz. 6 ff.). Eine analoge Anwendung des AGG auf andere Merkmale, wie zB politische Ansichten, Staatsangehörigkeit oder Krankheit (s. Rz. 9), ist ausgeschlossen. 1

II. Verbotene Differenzierungsmerkmale. 1. Rasse und ethnische Herkunft bilden gemeinsam ein **einheitliches Benachteiligungsmerkmal**. Sie bezwecken einen umfassenden Schutz vor Benachteiligungen durch Rassismus und Fremdenfeindlichkeit und sind weit zu verstehen[1]. Es existieren nicht verschiedene Rassen, sondern nur eine menschliche **Rasse**. Die Verwendung des Begriffs Rasse in der RL 2000/43/EG und § 1 impliziert nicht die Akzeptanz davon abweichender Theorien, sondern knüpft sprachlich am Begriff des Rassismus an[2]. 2

Für den Begriff der **ethnischen Herkunft** stellt der Gesetzgeber auf das Internationale Übereinkommen zur Beseitigung jeder Form von Rassendiskriminierung (CERD) ab[3]. Es ist der Oberbegriff zum Merkmal Rasse. Erfasst werden danach „Benachteiligungen auf Grund der Rasse, der Hautfarbe, der Abstammung, des nationalen Ursprungs oder des Volkstums (im Sinne des ethnischen Ursprungs)". Mangels gesetzgeberischer Anleitung werden zur näheren Bestimmung des Begriffs der Ethnie in Anlehnung an eine in England bestehende Rspr. folgende Kriterien herangezogen[4]: Eine lange gemeinsame Geschichte und eine eigene kulturelle Tradition, einschl. familiärer und sozialer Gebräuche und Sitten. Daher ist nicht jede Gemeinschaft, die sich als etwas anderes sieht und spezielle Traditionen hat, eine eigene Ethnie. Zu einer eigenen Kulturgemeinschaft, ausgeprägt durch gemeinsame Sitten und Gebräuche und uU ein besonderes Erscheinungsbild durch spezielle Kleidung, muss eine gemeinsame Geschichte kommen[5], derer sich die Gruppe bewusst ist. In die zu treffende Gesamtbeurteilung sind noch weitere Kriterien mit abgeschwächter Bedeutung einzustellen[6]: Eine eigene Religion bzw. ein eigenes Verständnis einer Religion ist zwar nicht zwingend erforderlich, allerdings ein Indiz für eine eigene Ethnie. Auch spricht es für eine eigene Ethnie, wenn eine Personengruppe auf Grund bestimmter Unterschiede von der regionalen Mehrheit als nicht zugehörig angesehen wird, wobei eine Ethnie auch die regionale Mehrheit stellen kann. Besteht eine eigene Sprache bzw. ein eigener Dialekt, so deutet auch dies auf eine eigene Ethnie hin, ebenso wie ein gemeinsamer geographischer Ursprung. Die Beurteilung des Vorliegens einer Ethnie anhand dieser Kriterien im Wege einer Gesamtbetrachtung stellt die Rechtsanwender im Einzelfall vor schwierige Probleme. Während zB Sinti und Roma eine Ethnie darstellen sollen, wird gleiches zB für die Bayern abgelehnt, obwohl eine gemeinsame Geschichte, eine örtl. Zusammengehörigkeit, spezielle Sitten und Gebräuche und ein eigener Dialekt (bzw. mehrere Dialekte) vorhanden sind[7]. Hier könnte man noch weiter gehen und weitere ethnische (Unter-)Gruppen wie die Schwaben oder Franken bilden usw., was letztlich das Tatbestandsmerkmal ausufern ließe. Auch Ostdeutsche („Ossis") sind keine Ethnie[8]. Vom Begriff der Ethnie wird nicht die Ungleichbehandlung aus Gründen der **Staatsangehörigkeit** erfasst[9]. Daher bleiben die Vorschriften über die Einreise und den Aufenthalt von Drittstaatsangehörigen sowie ihren Zugang zu Beschäftigung und Beruf unberührt. 3

2. Geschlecht meint das **biologische** Geschlecht, dh. die Summe der körperlichen Merkmale mit eindeutig männlicher bzw. weiblicher Ausprägung, bestehend aus chromosomalem (Genom), gonadalem (Geschlechtsdrüsen [Keimdrüsen], Eierstöcke und Hoden), gonoduktalem (innere Geschlechtsorgane 4

---

[1] BT-Drs. 16/1780, 30. ||[2] Grde. Nr. 5–7 RL 2000/43/EG und BT-Drs. 16/1780, 30f. ||[3] V. 7.3.1966, BGBl. 1969 II S. 961; vgl. BT-Drs. 16/1780, 31. ||[4] Vgl. Schiek/*Schiek*, § 1 Rz. 14; *Thüsing*, Rz. 179 jew. mN. ||[5] *Bauer/Göpfert/Krieger*, § 1 Rz. 21 fordern mindestens drei Generationen. ||[6] Vgl. Schiek/*Schiek*, § 1 Rz. 14. ||[7] *Thüsing*, Rz. 181; *Bauer/Göpfert/Krieger*, § 1 Rz. 22, die allerdings Ausnahmen anerkennen (Rz. 23); zweifelnd Däubler/Bertzbach/*Däubler*, § 1 Rz. 43. ||[8] ArbG Stuttgart 15.4.2010 – 17 Ca 8907/09, NZA-RR 2010, 344. ||[9] Grd. Nr. 13 RL 2000/43/EG. Ein Schutz nur für Unionsbürger erfolgt primärrechtl. über Art. 18 AEUV.

wie Prostata oder Eileiter) und genitalem (äußere Geschlechtsorgane wie Penis oder Klitoris) Geschlecht[1]. Neben den eindeutigen Formen „männlich" und „weiblich", bei denen die genannten Merkmale übereinstimmen, kennt das biologische Geschlecht auch Zwitterformen, also Formen der Zwischengeschlechtlichkeit/Intersexualität[2]. Nicht gemeint ist die sexuelle Ausrichtung oder Orientierung eines Menschen, welche von dem Merkmal der sexuellen Identität erfasst wird (dazu Rz. 12). Nach Ansicht des EuGH wird auch die **Transsexualität** (Geschlechtsidentitätsstörung, bei der Menschen zwar biologisch eindeutig einem Geschlecht zugeordnet werden können, sich aber psychisch dem anderen Geschlecht zugehörig fühlen)[3] unabhängig vom Vorliegen der Voraussetzungen nach § 8 TranssexuellenG[4] vom Geschlechtsbegriff erfasst (s. Rz. 11)[5].

5   **3. Religion und Weltanschauung** sollen einheitlich den Bereich des Glaubens und Bekenntnisses schützen. Zwar werden die Begriffe weder vom Richtlinien- noch vom Gesetzgeber definiert, doch kann auf die bislang zu Art. 4 GG ergangenen Entscheidungen zurückgegriffen werden[6]. Danach versteht man unter Religion und Weltanschauung „eine mit der Person des Menschen verbundene Gewissheit über bestimmte Aussagen zum Weltganzen sowie zur Herkunft und zum Ziel des menschlichen Lebens"[7]. Die Begriffe unterscheiden sich nur darin, dass die Religion auf eine den Menschen überschreitende und umgreifende („transzendente") Wirklichkeit gerichtet ist, während sich die Weltanschauung auf innerweltliche („immanente") Bezüge beschränkt[8]. Auf die zahlenmäßige Stärke oder die soziale Relevanz einer Religions- bzw. Weltanschauungsgemeinschaft kommt es nicht an[9]. Allerdings können allein die Behauptung und das Selbstverständnis einer Gemeinschaft keine solche begründen. Es muss sich tatsächlich nach geistigem Gehalt und äußerem Erscheinungsbild um eine Religions- oder Weltanschauungsgemeinschaft handeln[10].

6   Das bedeutet, dass nicht jede Überzeugung, die auf eine Ordnung der erlebbaren Wirklichkeit gerichtet ist, eine Weltanschauung ist. Der Begriff ist eng zu verstehen und erfasst insb. nicht die allg. politische Gesinnung[11], persönliche Einstellungen, Sympathien oder Haltungen[12]. Vorliegen muss ein Fundamentalkonzept, das einer Religion vergleichbar Antworten auf die elementaren Fragen der menschlichen Existenz, wie Sinn, Ursprung und Ziel des menschlichen Lebens, gibt. Während es sich nach bisheriger Rspr. bei **Scientology** weder um eine Religions- noch um eine Weltanschauungsgemeinschaft handelte, da letztlich die Verfolgung wirtschaftlicher Ziele im Vordergrund stehe[13], wird das zumindest für den Bereich des AGG anders gesehen, weil eine subjektive Weltsicht als zentrales Kriterium für eine Weltanschauung vorliege[14].

7   Geschützt sind jeweils das **forum internum** (der Glaube als solcher) und das **forum externum** (Handlungen auf Grund des Glaubens), wobei nicht jedes Handeln, das der Glaubende als für sich verbindlich empfindet, erfasst wird. Das Handeln muss objektiv erforderlich sein für die Religion bzw. die Weltanschauung[15]. Eine Grenze für die Religions- und Weltanschauungsfreiheit bildet die allg. Wertordnung des GG[16]. Die besondere Möglichkeit zur Rechtfertigung nach § 9 ist zu beachten.

8   **4. Der Begriff der Behinderung** entspricht ausweislich der Begr. des Regierungsentwurfs[17] dem von § 2 I 1 SGB IX und § 3 BGG[18]. Danach sind Menschen behindert, „wenn ihre körperliche Funktion, geistige Fähigkeit oder seelische Gesundheit mit hoher Wahrscheinlichkeit länger als sechs Monate von dem für das Lebensalter typischen Zustand abweichen und daher ihre Teilhabe am Leben in der Gesellschaft beeinträchtigt ist"[19]. Damit sind zwei Punkte relevant: (1) die Störung, iS einer Abweichung vom alterstypischen Zustand, einer der og. Funktionen und (2) die daraus folgende Beeinträchtigung im Alltagsleben. Der Begriff der **Funktionsstörung** ist weit auszulegen: Er umfasst körperliche Funktionsstörungen (nicht nur zB Störungen des Bewegungsapparates, sondern auch abstoßend wirkende Entstellungen, vor allem des Gesichts), geistige Funktionsstörungen (zB Debilität, Demenz, Lernbehinderungen) und seelische Funktionsstörungen (insb. körperlich nicht begründbare Psychosen)[20]. Ob die Funktionsstörung letztlich eine Behinderung iSd. AGG darstellt, ergibt sich erst aus einem Vergleich mit den Altersgenossen und der Feststellung einer Beeinträchtigung der Teilhabe am Leben in der Gesellschaft. Die Notwendigkeit einer Funktionsabweichung vom alterstypischen Zustand schließt jede

---

1 Vgl. Pschyrembel, Klinisches Wörterbuch, 263. Aufl 2012, Stichwort: „Geschlecht". ‖ 2 Pschyrembel, Klinisches Wörterbuch, 263. Aufl 2012, Stichwort: „Intersexualität". ‖ 3 Pschyrembel, Klinisches Wörterbuch, 263. Aufl 2012, Stichwort: „Transsexualität". ‖ 4 V. 10.9.1980, BGBl. I S. 1654. ‖ 5 EuGH 30.4.1996 – Rs. C-13/94, NZA 1996, 695; 7.1.2004 – Rs. C-117/01, NJW 2004, 1440. ‖ 6 *Annuß*, BB 2006, 1629 (1631). ‖ 7 BAG 22.3.1995 – 5 AZB 21/94, NZA 1995, 823 (827 mwN); s. zum Begriff „Weltanschauung" auch BT-Drs. 16/2022, 13. ‖ 8 BAG 22.3.1995 – 5 AZB 21/94, NZA 1995, 823 (827). ‖ 9 BVerfG 19.10.1971 – 1 BvR 387/65, NJW 1972, 327 (329). ‖ 10 BVerfG 5.2.1991 – 2 BvR 263/86, NJW 1991, 2623 (2624); 28.8.1992 – 1 BvR 632/92, NVwZ 1993, 357 (358). ‖ 11 BT-Drs. 16/2022, 13; s.a. LAG München 10.1.2012 – 7 Sa 851/11, Rz. 81ff.; aA LAG Köln 13.2.2012 – 2 Sa 768/11, Rz. 46. ‖ 12 BAG 20.6.2013 – 8 AZR 482/12, Rz. 38f. ‖ 13 BAG 22.3.1995 – 5 AZB 21/94, NZA 1995, 823. ‖ 14 ErfK/*Schlachter*, § 1 AGG Rz. 8; *Thüsing*, ZfA 2001, 397 (405). ‖ 15 So zB das Tragen eines Kopftuches (BAG 10.10.2002 – 2 AZR 472/01, NZA 2003, 483; BVerfG 24.9.2003 – 2 BvR 1436/02, NJW 2003, 3111) oder mehrfaches Beten am Tag (LAG Hamm 26.2.2002 – 5 Sa 1582/01, NZA 2002, 1090). ‖ 16 BVerwG 23.3.1971 – I C 54.66, BVerwGE 37, 344ff. ‖ 17 BT-Drs. 16/1780, 31. ‖ 18 V. 27.4.2002, BGBl. I S. 1468; BAG 17.12.2009 – 8 AZR 670/08, NZA 2010, 383 (385); abw. KR/*Treber*, § 1 AGG Rz. 49. ‖ 19 S.a. EuGH 11.4.2013 – Rs. C-335/11, NZA 2013, 553 (555) – Ring. ‖ 20 Neumann/Pahlen/Majerski-Pahlen/*Neumann*, § 2 SGB IX Rz. 9ff.

Beeinträchtigung aus, die durch jugendliches oder höheres Alter bedingt und damit nicht regelwidrig ist[1], was im Streitfall durch ein medizinisches Gutachten zu bestimmen ist. Darüber hinaus fordert der EuGH, dass die Beeinträchtigung ein **Hindernis für die Teilhabe** am Berufsleben bildet[2], wohingegen nach der Definition des § 2 I 1 SGB IX und des § 3 BGG eine Beeinträchtigung der Teilhabe am Leben in der Gesellschaft ausreicht, welches neben dem Berufsleben auch weitere Lebensbereiche umfasst[3]. Diese Überschreitung der europäischen Vorgaben durch den nationalen Gesetzgeber ist mit der RL vereinbar. Die Beeinträchtigung der Teilhabe am Leben in der Gesellschaft ergibt sich in aller Regel schon unmittelbar aus der Funktionsstörung[4]. Sofern im Einzelfall Zweifel bestehen, kann je nach betroffenem Lebensbereich ein sozialwissenschaftliches, pädagogisches, arbeitswissenschaftliches, etc. Gutachten Aufklärung schaffen. Nach Ansicht des EuGH soll es für eine Benachteiligung auf Grund einer Behinderung nicht erforderlich sein, dass die benachteiligte Person selbst behindert ist, vielmehr genüge, dass die Benachteiligung auf Grund der Behinderung eines Dritten erfolgt[5].

Auf den prozentualen **Grad der Behinderung** nach § 69 I SGB IX kommt es nicht an, so dass auch schon vollkommen geringfügige Behinderungen erfasst werden. Auch ein Verschulden des Behinderten am Eintreten der Beeinträchtigung wirkt sich nicht aus. Ist die Beeinträchtigung jedoch zu beseitigen und weigert sich der Betroffene, dann dürfte – bei Fehlen einer damit verbundenen psychischen Störung – so wenig eine Behinderung vorliegen wie bei einem Menschen, der sich entscheidet, nur noch den linken Arm zu benutzen. Erfasst sein dürften grds. auch **Süchte**, da sie die Kriterien der og. Definition erfüllen (zB Alkoholsucht[6], Drogensucht[7]; inwiefern dagegen bei Nikotinsucht eine Abweichung vom alterstypischen Zustand und eine Beeinträchtigung des Lebens in der Gesellschaft vorliegt, erscheint fraglich). Nicht erfasst vom Begriff der Behinderung ist die **Krankheit**[8]; für eine Regelung hierzu fehlt der EU die Rechtsetzungskompetenz[9]. Die Krankheit wird nach dem EuGH von der Behinderung durch ihre Dauer abgegrenzt, dh. es muss für eine Behinderung wahrscheinlich sein, „dass sie von langer Dauer ist"[10]. Hierzu bedarf es uU einer Prognose in Form eines Sachverständigengutachtens über den wahrscheinlichen Krankheitsverlauf. Was dabei unter langer Dauer zu verstehen ist, bleibt der EuGH zu erklären schuldig. Im o.g. Verfahren reichten 7 ½ Monate jedenfalls nicht. Zwar gilt für gemeinschaftsrechtl. Begriffe grds. eine autonome und einheitliche Auslegung durch den EuGH. Allerdings dürfte die vom deutschen Gesetzgeber gewollte Anknüpfung an die Sechs-Monats-Grenze des § 2 I 1 SGB IX dennoch maßgeblich bleiben, weil es ihm unbenommen ist, über den europarechtl. geforderten Schutz hinauszugehen. Damit liegt keine Behinderung vor bei Erkältungen, Grippeerkrankungen, Masern, etc. Bei Verletzungen mit langwieriger Genesungsdauer (zB Einsetzen eines neuen Kniegelenks) kann dagegen eine Behinderung vorliegen, wenn die Krankheit ein Hindernis für die Teilhabe am Berufsleben bildet und länger als sechs Monate dauert[11].

5. **Alter** meint das biologische Lebensalter eines Menschen. Erfasst wird jedes Alter. Obschon Regelungsmotiv der RL vorwiegend der Schutz älterer ArbN war[12], sind auf Grund des klaren Richtlinien- und Gesetzeswortlauts Benachteiligungen wegen hohen Alters ebenso wie solche wegen niedrigen Alters verboten. Es sind die besonderen Möglichkeiten zur Rechtfertigung nach § 10 zu beachten.

6. **Sexuelle Identität.** Die Wortwahl bei der Festlegung des Begriffs der sexuellen Identität entspricht der des § 75 BetrVG. Bezweckt wird in erster Linie der Schutz homosexueller und bisexueller Männer und Frauen. Allerdings sollen auch transsexuelle oder zwischengeschlechtliche Menschen erfasst sein[13]. Diese letzten beiden Merkmale werfen Abgrenzungsfragen hinsichtlich des Merkmals Geschlecht auf. Denn der EuGH sieht Transsexuelle als vom Merkmal des Geschlechts erfasst an (s. Rz. 4). Die Internationale Statistische Klassifikation der Krankheiten und verwandter Gesundheitsprobleme (ICD-10-WHO)[14] ordnet Transsexualismus (= Transsexualität) jedoch als Persönlichkeits- und Verhaltensstörung ein und definiert ihn als den „Wunsch, als Angehöriger des anderen Geschlechtes zu leben und anerkannt zu werden"[15]. Danach handelt es sich bei der Transsexualität nicht um eine Frage der chromosomalen Disposition und der körperlichen Beschaffenheit, also des Geschlechts, sondern um eine des psychischen Selbstverständnisses[16], mithin um eine Frage der sexuellen Identität. Ein Grund, von dieser international anerkannten Einordnung abzuweichen, ist nicht ersichtlich. Letztlich dürfte es aber auf die Abgrenzung kaum ankommen, weil daran keine Konsequenzen geknüpft sind, sofern der Schutz Transsexueller überhaupt gewährleistet ist. Gleiches gilt für die Zwischengeschlechtlichkeit,

---

1 Vgl. LAG Hamm 3.11.2011 – 15 Sa 869/11, Rz. 77. ||2 Fettleibigkeit ist danach keine Behinderung, OVG Lüneburg 31.7.2012 – 5 LC 216/10, RiA 2012, 213. ||3 Neumann/Pahlen/Majerski-Pahlen/*Neumann*, § 2 SGB IX Rz. 3. ||4 Neumann/Pahlen/Majerski-Pahlen/*Neumann*, § 2 SGB IX Rz. 18. ||5 EuGH 17.7.2008 – Rs. C-303/06, NZA 2008, 932 – Coleman (Behinderung des eigenen Kindes). ||6 Vgl. Neumann/Pahlen/Majerski-Pahlen/*Neumann*, § 2 SGB IX Rz. 12 mwN. ||7 Vgl. BAG 14.1.2004 – 10 AZR 188/03, AP AVR Nr. 3 Caritasverband Anlage 1 zu § 2 SGB IX; aA für das AGG *Thüsing*, Rz. 209. ||8 BAG 22.10.2009 – 8 AZR 642/08, NZA 2010, 280 (282f.); zur Abgrenzung s.a. BAG 28.4.2011 – 8 AZR 515/10, NJW 2011, 2458. ||9 EuGH 11.7.2006 – Rs. C-13/05, NZA 2006, 839 – Chacon Navas. ||10 EuGH 11.4.2013 – Rs. C-335/11, NZA 2013, 553 (555) – Ring; 11.7. 2006 – Rs. C-13/05, NZA 2006, 839 – Chacon Navas. ||11 *Bayreuther*, FS Reuter, 2010, S. 453 (459ff.); abw. ErfK/*Schlachter*, § 1 AGG Rz. 9f. ||12 KOM (1999) 565 endg., S. 3. ||13 BT-Drs. 16/1780, 31. ||14 Vgl. die im deutschen Gesundheitswesen angewandte 10. Revision, Version 2013: http://www.dimdi.de/static/de/klassi/icd-10-who/kodesuche/onlinefassungen/htmlamtl2013/(25.6.2013). ||15 ICD-10-WHO unter F.64.0. ||16 Vgl. Pschyrembel, Klinisches Wörterbuch, 263. Aufl 2012, Stichwort: „Geschlecht", „Transsexualität".

die trotz der Begr. des Regierungsentwurfs dem Merkmal „Geschlecht" zuzuordnen ist, da es sich bei der Zwischengeschlechtlichkeit um keine Frage des sexuellen Selbstverständnisses, sondern der biologischen Disposition eines Menschen handelt (s. Rz. 4).

12 Schließlich ist die Weite des Begriffs fraglich. Die RL selbst verwendet nicht den Begriff der sexuellen Identität, sondern den der sexuellen Ausrichtung. Während der Begriff der sexuellen Identität wohl mehr auf das sexuelle Selbstverständnis der Person zielt, scheint sich die „sexuelle Ausrichtung" eher auf das Objekt der Sexualität zu richten. Was genau gemeint ist, erklären weder RL noch Gesetzesmaterialien. Aus der Aufzählung in der Begr. des Regierungsentwurfs[1] und dem allg. Verständnis des Begriffs der sexuellen Identität in § 75 BetrVG[2] wird allerdings gefolgert, dass sexuelles Verhalten an sich nicht geschützt sein soll, dh. weder besondere sexuelle Vorlieben noch Praktiken[3], es sei denn, das sexuelle Verhalten dient als Anknüpfungspunkt einer Benachteiligung wegen der sexuellen Identität[4]. Nicht geschützt sind strafbewehrte Neigungen wie zB Pädophilie (§ 176 StGB) oder Nekrophilie (§ 168 StGB).

2 Anwendungsbereich

(1) Benachteiligungen aus einem in § 1 genannten Grund sind nach Maßgabe dieses Gesetzes unzulässig in Bezug auf:

1. die Bedingungen, einschließlich Auswahlkriterien und Einstellungsbedingungen, für den Zugang zu unselbständiger und selbständiger Erwerbstätigkeit, unabhängig von Tätigkeitsfeld und beruflicher Position, sowie für den beruflichen Aufstieg,
2. die Beschäftigungs- und Arbeitsbedingungen einschließlich Arbeitsentgelt und Entlassungsbedingungen, insbesondere in individual- und kollektivrechtlichen Vereinbarungen und Maßnahmen bei der Durchführung und Beendigung eines Beschäftigungsverhältnisses sowie beim beruflichen Aufstieg,
3. den Zugang zu allen Formen und allen Ebenen der Berufsberatung, der Berufsbildung einschließlich der Berufsausbildung, der beruflichen Weiterbildung und der Umschulung sowie der praktischen Berufserfahrung,
4. die Mitgliedschaft und Mitwirkung in einer Beschäftigten- oder Arbeitgebervereinigung oder einer Vereinigung, deren Mitglieder einer bestimmten Berufsgruppe angehören, einschließlich der Inanspruchnahme der Leistungen solcher Vereinigungen,
5. den Sozialschutz, einschließlich der sozialen Sicherheit und der Gesundheitsdienste,
6. die sozialen Vergünstigungen,
7. die Bildung,
8. den Zugang zu und die Versorgung mit Gütern und Dienstleistungen, die der Öffentlichkeit zur Verfügung stehen, einschließlich von Wohnraum.

(2) Für Leistungen nach dem Sozialgesetzbuch gelten § 33c des Ersten Buches Sozialgesetzbuch und § 19a des Vierten Buches Sozialgesetzbuch. Für die betriebliche Altersvorsorge gilt das Betriebsrentengesetz.

(3) Die Geltung sonstiger Benachteiligungsverbote oder Gebote der Gleichbehandlung wird durch dieses Gesetz nicht berührt. Dies gilt auch für öffentlich-rechtliche Vorschriften, die dem Schutz bestimmter Personengruppen dienen.

(4) Für Kündigungen gelten ausschließlich die Bestimmungen zum allgemeinen und besonderen Kündigungsschutz.

1 I. Systematik. § 2 beschreibt den sachlichen Anwendungsbereich des AGG. Der persönliche Anwendungsbereich wird von §§ 6, 18 und 24 geregelt.

2 II. Abs. 1 entspricht in den Nr. 1–4 (Beschäftigung und Beruf) den Art. 3 Ia–d RL 2000/43/EG, 2000/78/EG und 76/207/EWG (zusätzlich nur der klarstellende Hinweis auf individual- und kollektivrechtliche Maßnahmen in Nr. 2) und in den Nr. 5–8 (sozialrechtliche und zivilrechtliche Tatbestände) Art. 3 Ie–h RL 2000/43/EG. Nr. 8 umfasst zusätzlich Art. 2a RL 2004/113/EG.

3 1. Nach Abs. 1 Nr. 1 ist das AGG auf den Bereich der Bedingungen für den Zugang zu unselbständiger und selbständiger Erwerbstätigkeit für alle Tätigkeitsfelder und beruflichen Positionen und den beruflichen Aufstieg sachlich anwendbar. Damit korrespondieren § 6 I 2, der für den persönlichen Anwendungsbereich nicht das Vorliegen eines Vertrags fordert, sondern auch Bewerber und Menschen in einer nachvertraglichen Situation mit umfasst, und § 6 III, nach welchem die Vorschriften des Abschnitts 2 auch für Selbständige und Organmitglieder entsprechend gelten. Betont werden wegen ihrer besonderen Bedeutung Auswahlkriterien und Einstellungsbedingungen. Nr. 1 enthält damit eine Ein-

---

1 BT-Drs. 16/1780, 31. || 2 Vgl. nur Richardi/*Richardi*, § 75 BetrVG Rz. 31. || 3 *Bauer/Göpfert/Krieger*, § 1 Rz. 53; ErfK/*Schlachter*, § 1 AGG Rz. 16; Schleusener/Suckow/Voigt/*Schleusener*, § 1 Rz. 74; aA *Annuß*, BB 2006, 1629 (1630 f.). || 4 ZB Benachteiligung eines Mannes wegen sexueller Handlungen mit einem anderen Mann.

schränkung der Vertragsabschlussfreiheit[1], sofern es um Erwerbstätigkeit geht, also um eine dauerhafte, entgeltliche Tätigkeit, die der Schaffung einer Lebensgrundlage dient. Danach darf kein Bewerber um eine Stelle als Beschäftigter aus einem Grund nach § 1 abgelehnt werden, gleich um welche Tätigkeit oder berufliche Position er sich bewirbt. Auch dürfen für ihn keine anderen – erschwerenden – Verfahren zur Einstellung gelten oder ihm schlechtere Konditionen für die Tätigkeit[2] oder im Zusammenhang mit dieser, wie zB keine Übernahme der Umzugskosten, angeboten werden (**Einstellungsbedingungen**). Obschon BV und TV erst in Nr. 2 erwähnt werden, sind sie nach dem gesetzgeberischen Willen auch von den restlichen Nummern erfasst, so dass auch in kollektiven Vereinbarungen enthaltene Zugangshindernisse oder -erschwernisse grds. unzulässig sind. Das Gleiche gilt sinngemäß für den **beruflichen Aufstieg**, in erster Linie also für Beförderungen, dh. die Zuweisung einer höherwertigen Tätigkeit. Ob eine Tätigkeit höherwertig ist, ergibt sich aus einer Abwägung der Gesamtumstände des Einzelfalls nach der Verkehrsanschauung. Indizien für eine Beförderung sind ua. ein größerer Aufgabenbereich, mehr unterstellte Mitarbeiter, größeres Büro, höheres Gehalt[3]. Auch aus der Art der Entlohnung (zB Dienstwagen) lassen sich Rückschlüsse ziehen.

Problematisch ist, inwiefern **Selbständige** in den Schutzbereich des AGG mit einbezogen werden. Da auch Selbständige nur hinsichtlich des Zugangs zur Erwerbstätigkeit und des berufl. Aufstiegs geschützt sind, ist nicht jeder Vertrag erfasst, der von einem Selbständigen geschlossen wird. Vielmehr muss dieser Vertrag den Zugang zur selbständigen Erwerbstätigkeit insg. ermöglichen. Dienst- oder sonstige Verträge, die auf einen einmaligen Leistungsaustausch gerichtet sind, unterfallen also nicht Nr. 1, sondern uU dem zivilrechtl. Teil des AGG[4]. Allerdings kann auch ein zivilrechtl. Vertrag im Einzelfall derart ausgestaltet sein, dass der Nichtabschluss den Zugang zu einer Erwerbstätigkeit insg. verwehren würde, wie zB wenn ein freier Mitarbeiter nur für ein Unternehmen arbeiten und den Großteil seiner verfügbaren Zeit dauerhaft hierauf verwenden würde (etwa ein freischaffender Reporter berichtet exklusiv nur für eine Zeitschrift oder ein selbständiger Berater arbeitet nur für ein Unternehmen). Der Anwendungsbereich der Nr. 1 dürfte dagegen bei Franchise-[5] oder ähnlichen Verträgen (zB Vertragswerkstatt) idR eröffnet sein, da hier der Vertrag die Grundlage für die Tätigkeit als Selbständiger bildet[6]. Auch der berufl. Aufstieg von Selbständigen wird geschützt, wie etwa bei der Frage, ob ein lokaler Franchisenehmer auch einen überregionalen Franchisevertrag erhält. Zu beachten ist, dass der Zugang zur Erwerbstätigkeit und der berufl. Aufstieg nicht nur den Zugang zu einer (höher gestellten) Tätigkeit – einschl. deren Verlängerung[7] – umfassen, sondern auch die **Beendigung** als deren actus contrarius[8].

Gem. § 6 III erfasst der persönliche Geltungsbereich des AGG auch **Organmitglieder** von Gesellschaften[9]. Bei Organmitgliedern ist stets zwischen der gesellschaftsrechtl. Stellung, zB als Geschäftsführer einer GmbH (§ 35 I GmbHG), und dem zugrunde liegenden Anstellungsverhältnis zu unterscheiden, welches nach hM grds. nicht arbeitsrechtl. Natur ist[10]. Auch wenn der EuGH zumindest für den Anwendungsbereich der RL 76/207/EWG davon ausgeht, dass der dort enthaltene Schutz der ArbN vor geschlechtsbezogenen Benachteiligungen sich auch auf die Organstellung bezieht[11], erfasst der sachliche Geltungsbereich des § 2 I Nr. 1 nur das Anstellungsverhältnis, da nur dieses die Grundlage für die Erwerbstätigkeit bildet[12]. Inwiefern indes nach der vorgenannten Rspr. des EuGH noch die grundlose Abberufung einer schwangeren Geschäftsführerin nach § 38 I GmbHG ohne Beachtung von § 9 III MuSchG zulässig ist, ist fraglich[13]. Auch bei der **Aufnahme einer Person als Gesellschafter** findet das AGG grds. keine Anwendung[14].

2. **Nr. 2.** Während sich Nr. 1 nur auf den Zugang zu einer Beschäftigung bezieht, umfasst Nr. 2 sämtliche Beschäftigungs- und Arbeitsbedingungen und in Übereinstimmung mit § 6 I 2 Alt. 2 auch die Beendigungsbedingungen. Nr. 2 ist damit denkbar weit und soll einen umfassenden Schutz der Beschäftigten **in allen Beziehungen** auf das Beschäftigungsverhältnis **zu allen Zeiten** absichern. Die Beschäftigungs- und Arbeitsbedingungen umfassen ausdrücklich auch das Arbeitsentgelt und die Entlassungsbedingungen als besonders wichtige Regelbeispiele. Der Begriff des Arbeitsentgelts entspricht dem des Art. 157 AEUV und erfasst jede Leistung, die zumindest mittelbar auf Grund des Beschäftigungsverhältnisses für geleistete oder noch zu leistende Arbeit gewährt wird, gleich in welcher Form sie erbracht wird und ob sie auf Grund Arbeitsvertrags oder Gesetzes geschuldet ist[15]. Auch Beihilfeleistungen für Beamte sind danach Arbeitsentgelt in diesem Sinne[16], Leistungen einer Versorgungseinrich-

---

[1] ErfK/*Schlachter*, § 2 AGG Rz. 4. || [2] An dieser Stelle besteht eine Schnittmenge zu § 2 I Nr. 2. Eine genaue Abgrenzung ist nicht erforderlich. || [3] Nr. 2 greift auch anstelle der Nr. 1, wenn es sich um keine Beförderung, sondern lediglich eine Gehaltserhöhung handelt, vgl. ErfK/*Schlachter*, § 2 AGG Rz. 7. || [4] Anders Schiek/*Schmidt*, § 6 Rz. 13, die eine weite Auslegung vertritt. || [5] *Giesler/Güntzel*, ZIP 2008, 11. || [6] Ebenso *Thüsing*, Rz. 94. || [7] BGH 23.4.2012 – II ZR 163/10, NZA 2012, 797 (798 f.). || [8] S. zur vergleichbaren Auslegung des Art. 12 GG Maunz/Dürig/*Scholz*, Art. 12 GG Rz. 288 mwN; aA *Bauer/Göpfert/Krieger*, § 6 Rz. 31 mwN, die die Beendigung nach §§ 242, 138 BGB beurteilen. || [9] *Bauer/Arnold*, ZIP 2008, 993. || [10] Näher *Annuß*, ZInsO 2001, 344 ff., der dieser hM allerdings selbst krit. gegenübersteht. || [11] EuGH 11.11.2010 – Rs. C-232/09, NZA 2011, 143 (147 f.) – Danosa. || [12] *Bauer/Göpfert/Krieger*, § 2 Rz. 16; Däubler/Bertzbach/*Däubler*, § 2 Rz. 26; *Reufels/Moll*, NZA-RR 2011, 281 (283 f.). || [13] Die Möglichkeit zur grundlosen Abberufung verneinend v. *Steinau-Steinrück/Mosch*, NJW-Spezial 2011, 178 (179); zweifelnd *Oberthür*, NZA 2011, 253 (257). || [14] Ausf. *Schroeder/Diller*, NZG 2006, 728 ff. || [15] EuGH 9.2.1982 – Rs. C-12/81, NJW 1982, 1204; 17.5.1990 – Rs. C-262/88, NJW 1991, 2204 (2205) – Barber. || [16] EuGH 6.12.2012 – Rs. C-124/11, NVwZ 2013, 132 – Dittrich.

AGG § 2 Rz. 7   Anwendungsbereich

tung, in die ein Beschäftigter alleine einzahlt, hingegen nicht[1]. Die Entlassungsbedingungen beziehen sich nicht auf die Kündigung (vgl. § 2 IV und hier Rz. 12 f.), sondern auf die Bedingungen einer Beendigung und sonstige nachwirkende Folgen aus dem Beschäftigungsverhältnis, wie zB Abfindungsregelungen oder Zeugniserteilung. In welcher Form die Beschäftigungs- und Arbeitsbedingungen vorliegen, ist unerheblich, so dass alle Individual- und Kollektivvereinbarungen, insb. **Betriebsvereinbarungen und Tarifverträge**, erfasst sind. Auch bei einseitigen Maßnahmen des ArbGeb, allen voran bei Weisungen nach §§ 6 II, 106 S. 1 GewO, sind die Benachteiligungsverbote des AGG zu beachten.

7 **3. Nr. 3** betrifft umfassend alle Formen der Berufsberatung, Berufsbildung, Umschulung, etc. Erfasst sind damit nicht nur die Bildungsverhältnisse nach dem BBiG (s. dort), sondern jegliche Form der berufsbezogenen Fort- und Weiterbildung unabhängig davon, ob die Bildungsmaßnahme beim ArbGeb (dann schon Nr. 2) oder einem privaten oder öffentl. Anbieter durchgeführt wird. Voraussetzung ist allerdings stets, dass die Maßnahme in einem Beschäftigungsverhältnis erfolgt (§ 6 Rz. 2 ff.). Ein solches kann auch beim Erwerb **praktischer Berufserfahrung** vorliegen, der überwiegend durch unentgeltliche Praktika oder Volontariate erfolgt. Die allg. Weiterbildung ohne konkreten Bezug zum ArbVerh unterfällt Nr. 7 (s. Rz. 9). Als Vorstufe zu den Bildungsmaßnahmen ist auch die Berufsberatung erfasst. Dazu gehört nicht nur die klassische Beratung in Form von Einzelgesprächen durch Mitarbeiter der Personalabteilung, sondern jegliche Form der Beratung in Bezug auf Karriereplanung und Beruf, also auch allg. Informationsveranstaltungen oder Eignungsuntersuchungen. Geschützt ist nach dem Wortlaut jeweils nur der **Zugang**. Sofern allerdings die Ausgestaltung eines Ausbildungsverhältnisses Betroffene von diesem abhalten würde, ist der Anwendungsbereich des AGG auch diesbzgl. eröffnet. Darüber hinaus ist auch die Beendigung als actus contrarius zum Zugang geschützt (vgl. Rz. 4).

8 **4. Nr. 4.** Das AGG bezweckt einen umfassenden Schutz der Beschäftigten im Hinblick auf die Beschäftigung. Daher ist auch die Mitgliedschaft in Vereinigungen, die in irgendeiner Weise an die Beschäftigung anknüpfen, von § 2 erfasst. Nr. 4 korrespondiert insoweit mit § 18, der den persönlichen Anwendungsbereich über § 6 hinaus auf TV-Parteien und weitere ArbN-Vereinigungen erstreckt. Geschützt sind die Betroffenen umfassend, wobei das Gesetz ausdrücklich den Schutz hinsichtlich Mitgliedschaft, Mitwirkung und die Inanspruchnahme von Leistungen aufführt.

9 **5. Nr. 5–8.** Die Nr. 5–7 gehen auf die Antirassismus-RL 2000/43/EG zurück und sind europarechtlich nur in Bezug auf das Merkmal Rasse/ethnische Herkunft gefordert. Nr. 8 beruht zusätzlich auf der RL 2004/113/EG, so dass hier auch das Geschlecht mit einzubeziehen war. Der Gesetzgeber favorisierte jedoch ein einheitliches Regelungskonzept und damit eine einheitliche Geltung aller Merkmale des § 1 im sachlichen Anwendungsbereich. Die in den Nr. 5–7 erfassten Sachverhalte werden oftmals öffentl.-rechtl. Regelungen unterliegen. Allerdings sind auch privatrechtl. Verträge denkbar, für die das Benachteiligungsverbot nach § 19 gilt. **Sozialschutz nach Nr. 5**, einschl. der sozialen Sicherheit und der Gesundheitsdienste, meint in erster Linie gesundheitsbezogene Leistungen von entsprechenden Anbietern (Ärzte, Krankenhäuser, Pflegedienste, etc.), die auf privatrechtl. Basis erbracht werden. Auch fallen unter den Sozialschutz sämtliche privatrechtl. Versicherungen wie (zusätzliche) Krankenversicherung, Unfallversicherung, Lebensversicherung, etc. Nicht gemeint sind dagegen Leistungen nach den Sozialgesetzbüchern, da Abs. 2 S. 1 die Anwendung des AGG insofern ausschließt. **Soziale Vergünstigungen nach Nr. 6** sind keine Gesundheits- oder Sicherungsleistungen wie nach Nr. 5, sondern „Vorteile wirtschaftlicher oder kultureller Art, die entweder von öffentlichen Stellen oder von privaten Einrichtungen" gewährt werden[2]. Als **Beispielsfälle** werden kostenlose oder verbilligte Fahrten in öffentl. Verkehrsmitteln, Preisnachlässe auf Eintrittskarten für kulturelle oder andere Veranstaltungen oder verbilligte Mahlzeiten in der Schule für Kinder aus einkommensschwachen Familien genannt[3]. Die Bildung im Rahmen eines Beschäftigungsverhältnisses unterfällt bereits der spezielleren Nr. 3 (s. Rz. 7). **Bildung iSd. Nr. 7** meint daher die allg. Bildung als die Vermittlung jeder Art von Wissen oder Fähigkeiten, wie zB Sprach-, Mal- oder Töpferkurse. Darüber hinaus werden auch Verträge mit Privatschulen erfasst und der Anwendungsbereich sogar auf private Kindergärten bezogen[4]. Umfasst soll nicht nur der direkte Zugang zur Bildung sein, sondern auch die Gewährung von Ausbildungsbeihilfen und Stipendien[5]. **Nr. 8** erfasst im Gegensatz zu den Nr. 5–7 vorwiegend privatrechtl. Schuldverhältnisse. Sie bezieht sich auf **Güter und Dienstleistungen**, wobei der Begriff des Gutes dem der Ware aus Art. 28 AEUV entspricht, mithin ein Erzeugnis gemeint ist, das einen Geldwert hat und damit Gegenstand von einem Handelsgeschäft sein kann[6]. Der Begriff der Dienstleistung meint solche iSv. Art. 57 AEUV, also eine entgeltliche, selbständige Tätigkeit insb. im gewerblichen, kaufmännischen, handwerklichen oder freiberuflichen Bereich[7], dh. Dienst- und Werkverträge, Geschäftsbesorgungsverträge, Mietverträge („einschließlich von Wohnraum") oder Finanzdienstleistungen wie Kredit- und Versicherungsverträge, Leasingverträge, etc. Diese Leistungen unterfallen allerdings nur Nr. 8, wenn sie **der Öffentlichkeit zur Verfügung stehen**, dh. die Erklärung des Anbieters muss über dessen Privatsphäre hinausgehen (durch Anzeigen in Tageszeitungen, Schaufensterauslagen, Veröffentlichungen im Internet uÄ)[8].

---

[1] BVerwG 25.7.2007 – 6 C 27/06, Rz. 38. ||[2] KOM (1999) 566 endg., S. 8. ||[3] KOM (1999) 566 endg., S. 8.
||[4] Däubler/Bertzbach/*Franke*, § 2 Rz. 51. ||[5] Kom (1999) 566 endg. S. 8; MüKoBGB/*Thüsing*, § 2 AGG Rz. 33. ||[6] EuGH 10.12.1968 – Rs. C-7/68, EuGHE 14, 633. ||[7] Callies/Ruffert/*Kluth*, Art. 57 AEUV Rz. 8 ff.
||[8] BT-Drs. 16/1780, 32.

§ 2 AGG

III. Abs. 2 soll eine Bereichsausnahme für bestimmte Leistungen bilden[1]. Soweit es um Leistungen nach dem SGB geht, gelten gem. **Satz 1** § 33c SGB I und § 19a SGB IV. Dagegen ist der Sinn des **Satzes 2** nicht klar. Nach seinem Wortlaut scheint er das AGG auch für den Bereich der betriebl. Altersversorgung auszuschließen. Ein solcher Ausschluss wäre jedoch klar richtlinienwidrig, da die RL einen umfassenden Benachteiligungsschutz hinsichtlich des Arbeitsentgelts fordern, wozu nach der Rspr. des EuGH auch Leistungen der betriebl. Altersversorgung gehören[2]. Das BetrAVG enthält jedoch keine Norm, die einen solchen Schutz umfassend sicherstellen könnte[3]. Daher ist Abs. 2 S. 2 richtlinienkonform dahingehend zu interpretieren, dass er keinen Ausschluss der Anwendbarkeit des AGG enthält[4]. 10

IV. Abs. 3 stellt klar, dass das AGG lediglich der RL-Umsetzung dient und keine abschließende Regelung des Schutzes vor Benachteiligungen ist[5]. Benachteiligungsverbote oder Gleichbehandlungsgebote aus anderen Rechtsvorschriften, sei es aus solchen, die jedermann schützen (zB § 4 TzBfG), oder solchen zum Schutz bestimmter Personengruppen (zB MuSchG), bleiben unberührt und sind neben dem AGG anwendbar[6]. Dies gilt auch für den allg. arbeitsrechtl. Gleichbehandlungsgrundsatz. 11

V. Abs. 4. Der in dieser Form erst durch eine Stellungnahme des Bundesrates eingebrachte Abs. 4[7] nimmt nach seinem Wortlaut Kündigungen aus dem Anwendungsbereich des AGG heraus. Für diese sollen ausschließlich die Regelungen zum allg. und besonderen Kündigungsschutz gelten. Da die RL 2000/43/EG, 2000/78/EG (jeweils Art. 3 I c) sich jedoch ausdrücklich auch auf die „Entlassungsbedingungen" erstrecken, worunter nach der Rspr. des EuGH auch die Kündigung selbst fällt[8], wäre eine dem Wortlaut entsprechende Auslegung, nach welcher die in den RL verankerten Benachteiligungsverbote auf das Kündigungsschutzrecht keine Anwendung finden, richtlinienwidrig. 12

Den Anforderungen der AntidiskriminierungsRL ist bei Kündigungen über die **arbeitsrechtlichen und allgemeinen Generalklauseln** sowie die wertungsoffenen Rechtsbegriffe zur vollen Wirkung zu verhelfen[9]. Die §§ 1–10 sind daher im Rahmen der Prüfung der Sozialwidrigkeit einer Kündigung nach dem KSchG anzuwenden[10]. Im Anwendungsbereich des KSchG ist eine Kündigung daher sozial nicht gerechtfertigt, wenn sie einen ArbN unzulässig benachteiligt, weil der Grund für die Kündigung dann nicht personen-, verhaltens- oder betriebsbedingt ist. Außerhalb des Anwendungsbereichs des KSchG kann ein Schutz vor Benachteiligungen bei Kündigungen über eine Anwendung der Generalklauseln nach §§ 138 und 242 BGB hergestellt werden[11]. Die Beweislastverteilung entspricht jeweils der des § 22. Die Konsequenz eines Verstoßes gegen ein Benachteiligungsverbot durch eine Kündigung ist idR lediglich die Unwirksamkeit. Schadensersatz- oder Entschädigungsansprüche kommen nur über die allg. Anspruchsgrundlagen in Betracht. § 15 I u. II greifen nicht, was von den RL auch nicht gefordert wird[12]. 13

Im Rahmen einer **Sozialauswahl nach § 1 III KSchG** ist die bisherige Praxis, dem ArbN für jedes Lebensjahr einen Punktwert zuzuschreiben, problematisch[13]. Denn die Berücksichtigung des Lebensalters zu Gunsten der älteren ArbN und damit zu Lasten der jüngeren ist nur zulässig, wenn sie durch ein legitimes Ziel gerechtfertigt und verhältnismäßig ist. Der inzwischen aufgehobene § 10 S. 3 Nr. 6 aF[14] regelte insofern zwar die generelle Zulässigkeit der Berücksichtigung des Alters in der Sozialauswahl, allerdings nur, „soweit dem Alter kein genereller Vorrang ggü. anderen Auswahlkriterien zukommt, sondern die Besonderheiten des Einzelfalls und die individuellen Unterschiede zwischen den vergleichbaren Beschäftigten, insb. ihre Chancen auf dem Arbeitsmarkt entscheiden". Auf diesen Maßstab kann nach wie vor abgestellt werden, denn die Aufhebung dieser Norm hatte gesetzessystematische Gründe und keine inhaltlichen[15]. Nur sofern also zB tatsächlich ein Nachteil für ältere ArbN auf dem Arbeitsmarkt besteht, ist eine verhältnismäßige Berücksichtigung des Lebensalters neben anderen Kriterien zulässig. Dazu wird es ratsam sein, Altersgruppen zu bilden, innerhalb denen die ArbN nach der konkreten Marktsituation unterschiedliche Aussichten auf eine Neuanstellung haben, und den Personen innerhalb derselben Gruppe jeweils den gleichen Punktwert zuzuordnen (zur Berücksichtigung des Le- 14

---

1 BT-Drs. 16/1780, 32. ||2 EuGH 17.5.1990 – Rs. C-262/88, NZA 1990, 775 – Barber; 9.10.2001 – Rs. C-379/99, NZA 2001, 1301 (1302 mwN). ||3 In § 1b I 4 BetrAVG wird der allg. Gleichbehandlungsgrundsatz lediglich erwähnt; vgl. auch *Rengier*, NZA 2006, 1251. ||4 BAG 11.12.2007 – 3 AZR 249/06, NZA 2008, 533; 14.1.2009 – 3 AZR 20/07, NZA 2009, 489. ||5 BT-Drs. 16/1780, 32. ||6 Weitere wichtige Instrumente des Diskriminierungsschutzes neben dem AGG sind: Art. 3 III, 12a IV 2, 33 II GG, § 75 I BetrVG bzw. § 27 I SprAuG und § 67 I BPersVG bzw. die landesrechtl. Normen, §§ 104, 99 II Nr. 6 BetrVG, BGleiG bzw. entsprechende Landesgesetze, §§ 81 ff. SGB IX, SoldGG sowie SGleiG. ||7 BR-Drs. 329/06(B); nach BT-Drs. 15/5717 war nur eine „vorrangige" Geltung des KSchG vorgesehen. ||8 EuGH 11.7.2006 – Rs. C-13/05, NZA 2006, 839 – Chacon Navas. ||9 Ebenso ErfK/*Schlachter*, § 2 AGG Rz. 18; *Hamacher/Ulrich*, NZA 2007, 657 (658 ff.); vgl. auch LAG BW 15.6.2007 – 4 Sa 14/07, Rz. 43. ||10 BAG 6.11.2008 – 2 AZR 523/07, NZA 2009, 361 (363 f.). ||11 LAG Hamm 17.7.2008 – 16 Sa 544/08, NZA-RR 2009, 13 (15); LAG Thüringen 19.6.2007 – 5 Ta 55/07, Rz. 8 ff. mwN. ||12 Ebenso *Schmitz-Scholemann/Brune*, RdA 2011, 129 (135); *Bauer/Göpfert/Krieger*, Rz. 69; *Adomeit/Mohr*, NJW 2009, 2255 (2256 f.); s.a. ausf. und mit zahlr. wN *Adomeit/Mohr*, § 2 Rz. 219 ff.; aA LAG Sachs. 27.7.2012 – 3 Sa 129/12, Rz. 53; LAG Bremen 29.6.2010 – 1 Sa 29/10, NZA-RR 2010, 510; andeutungsweise BAG 22.10.2009 – 8 AZR 642/08, NZA 2010, 280 (281 f. mwN). ||13 AA BAG 18.3.2010 – 2 AZR 468/08, NZA 2010, 1059 (1061); 5.11.2009 – 2 AZR 676/08, NZA 2010, 457 (459); wie hier *Annuß*, BB 2006, 325 (326); *Wendeling-Schröder*, NZA 2007, 1399 (1404). ||14 Aufhebung durch Art. 8 I Nr. 1a Gesetz v. 2.12.2006, BGBl. I S. 2742. ||15 Da gem. § 2 IV für Kündigungen das AGG nicht gelten soll, war eine Regelung zur Sozialauswahl bei der betriebsbedingten Kündigung überflüssig. § 10 S. 3 Nr. 6 wurde daher mit Nr. 7 durch Art. 8 I Nr. 1a G v. 2.12.2006 (BGBl. I S. 2742) aufgehoben.

bensalters in Sozialplänen s. § 10 Rz. 14). Aus der Sozialauswahl können gem. § 1 III 2 KSchG ArbN wieder herausgenommen werden, wenn dies zur **Sicherung**[1] **einer ausgewogenen Personalstruktur** des Betriebes im berechtigten betriebl. Interesse liegt. Hierbei kann es auch zulässig sein, an Merkmale nach § 1 anzuknüpfen, also zB zur Sicherung einer ausgewogenen Altersstruktur ArbN aus einer bestimmten Altersgruppe aus der Sozialauswahl auszunehmen, sofern die Auswahl entsprechend dem Verhältnismäßigkeitsgrundsatz erfolgt[2].

15 Auch in Bezug auf altersabhängige Kündigungsfristen und Unkündbarkeitsregelungen besteht das Problem, wie der Benachteiligungsschutz der RL zu berücksichtigen ist. Während die Staffelung der **gesetzlichen Kündigungsfristen** des § 622 II 1 BGB im Hinblick auf erdientes Vertrauen auf den Fortbestand des ArbVerh zulässig sein dürfte[3], ist die starre Altersgrenze des § 622 II 2 BGB richtlinienwidrig[4]. Da das Verbot der Altersdiskriminierung nach der Rspr. des EuGH primärrechtl. verankert ist[5], muss § 622 II 2 BGB unangewendet bleiben[6]. § 622 II 1 BGB findet damit auf ArbN jeden Alters Anwendung[7]. Die nach Ansicht der hM an den Generalklauseln zu messenden individual- oder kollektivrechtlich **vereinbarten Kündigungsfristen** sind zulässig, auch wenn sie unterschiedlich lange Fristen für verschiedene Altersstufen vorsehen, sofern damit ein legitimes Ziel verfolgt wird und die Unterschiede verhältnismäßig sind. Bei der Überprüfung von **Unkündbarkeitsregelungen**[8] kann auf die Aussage von § 10 S. 3 Nr. 7 aF zurückgegriffen werden. Mit einer solchen Regelung muss ein besonderes legitimes Ziel verfolgt werden. Es wird regelmäßig in der Belohnung von Betriebstreue liegen, mit der die Beschäftigten gleichzeitig enger an die Firma gebunden werden sollen, indem sie sich ihres Arbeitsplatzes sicher sein können. Die Unkündbarkeitsregelung muss überdies verhältnismäßig sein, wofür verlässliche Maßstäbe fehlen[9]. Es gibt keine verschiedenen Stufen der Unkündbarkeit, eine Abwägung ist daher immer nur mit der Stärke des Eingriffs in den Kündigungsschutz Dritter möglich. Daher wird eine Klausel dort nicht zulässig sein, wo die Sozialauswahl ansonsten grob fehlerhaft iSd. § 1 IV, V KSchG wäre (§ 10 S. 3 Nr. 7 aF).

3 *Begriffsbestimmungen*
(1) Eine unmittelbare Benachteiligung liegt vor, wenn eine Person wegen eines in § 1 genannten Grundes eine weniger günstige Behandlung erfährt, als eine andere Person in einer vergleichbaren Situation erfährt, erfahren hat oder erfahren würde. Eine unmittelbare Benachteiligung wegen des Geschlechts liegt in Bezug auf § 2 Abs. 1 Nr. 1 bis 4 auch im Falle einer ungünstigeren Behandlung einer Frau wegen Schwangerschaft oder Mutterschaft vor.

(2) Eine mittelbare Benachteiligung liegt vor, wenn dem Anschein nach neutrale Vorschriften, Kriterien oder Verfahren Personen wegen eines in § 1 genannten Grundes gegenüber anderen Personen in besonderer Weise benachteiligen können, es sei denn, die betreffenden Vorschriften, Kriterien oder Verfahren sind durch ein rechtmäßiges Ziel sachlich gerechtfertigt und die Mittel sind zur Erreichung dieses Ziels angemessen und erforderlich.

(3) Eine Belästigung ist eine Benachteiligung, wenn unerwünschte Verhaltensweisen, die mit einem in § 1 genannten Grund in Zusammenhang stehen, bezwecken oder bewirken, dass die Würde der betreffenden Person verletzt und ein von Einschüchterungen, Anfeindungen, Erniedrigungen, Entwürdigungen oder Beleidigungen gekennzeichnetes Umfeld geschaffen wird.

(4) Eine sexuelle Belästigung ist eine Benachteiligung in Bezug auf § 2 Abs. 1 Nr. 1 bis 4, wenn ein unerwünschtes, sexuell bestimmtes Verhalten, wozu auch unerwünschte sexuelle Handlungen und Aufforderungen zu diesen, sexuell bestimmte körperliche Berührungen, Bemerkungen sexuellen Inhalts sowie unerwünschtes Zeigen und sichtbares Anbringen von pornographischen Darstellungen gehören, bezweckt oder bewirkt, dass die Würde der betreffenden Person verletzt wird, insbesondere wenn ein von Einschüchterungen, Anfeindungen, Erniedrigungen, Entwürdigungen oder Beleidigungen gekennzeichnetes Umfeld geschaffen wird.

(5) Die Anweisung zur Benachteiligung einer Person aus einem in § 1 genannten Grund gilt als Benachteiligung. Eine solche Anweisung liegt in Bezug auf § 2 Abs. 1 Nr. 1 bis 4 insbesondere vor, wenn jemand eine Person zu einem Verhalten bestimmt, das einen Beschäftigten oder eine Beschäftigte wegen eines in § 1 genannten Grundes benachteiligt oder benachteiligen kann.

---

1 In der Insolvenz ist im Rahmen der Sozialauswahl auch die *Schaffung* einer ausgewogenen Personalstruktur gem. § 125 I Nr. 2 Hs. 2 InsO zulässig; vgl. auch LAG Nürnberg 23.5.2012 – 4 Sa 658/11, Rz. 58. ‖ 2 BAG 19.7.2012 – 2 AZR 352/11, NZA 2013, 86 (89); 28.6.2012 – 6 AZR 682/10, NZA 2012, 1090 (1092); 15.12.2011 – 2 AZR 42/10, NZA 2012, 1044 (1048f.). ‖ 3 LAG Hess. 13.5.2013 – 7 Sa 511/12; vgl. auch LAG München 29.4.2008 – 7 Sa 873/07, Rz. 64; KR/*Treber*, § 10 AGG Rz. 16. ‖ 4 EuGH 19.1.2010 – Rs. C-555/07, NZA 2010, 85 – Kücükdeveci; BAG 1.9.2010 – 5 AZR 700/09, NZA 2010, 1409 (1410); zu entspr. tarifvertragl. Regelungen und der erforderlichen „Anpassung nach oben" s.a. BAG 29.9.2011 – 2 AZR 177/10, NZA 2012, 754. ‖ 5 EuGH 22.11.2005 – Rs. C-144/04, NZA 2005, 1345 – Mangold; 19.1.2010 – Rs. C-555/07, NZA 2010, 85 – Kücükdeveci. ‖ 6 BAG 1.9.2010 – 5 AZR 700/09, NZA 2010, 1409 (1410). ‖ 7 LAG Bln.-Bbg. 26.8.2008 – 7 Sa 252/08, AE 2009, 56; LAG Schl.-Holst. 28.5.2008 – 3 Sa 31/08, SchlHA 2008, 364. ‖ 8 Ausf. Wiedemann/*Thüsing*, § 1 Rz. 678ff. mwN. ‖ 9 Ua. deswegen für eine grds. Unwirksamkeit von Unkündbarkeitsregelungen, die weit überwiegend auf das Lebensalter abstellen, *Lingemann*/*Gotham*, NZA 2007, 663 (665).

Begriffsbestimmungen

I. Allgemeines. § 3 definiert die verschiedenen Arten der Benachteiligung und setzt Art. 2 II–IV der RL 2000/43/EG, 2000/78/EG und 76/207/EWG sowie Art. 2 Buchst. a–d der RL 2004/113/EG um. Der nationale Gesetzgeber verwendet bewusst den Begriff der Benachteiligung statt den der Diskriminierung, weil er damit deutlich machen wollte, dass nicht jede unterschiedliche Behandlung einen Verstoß gegen das AGG darstellt, sondern sie im Einzelfall gerechtfertigt sein kann[1]. Zu den Anforderungen an eine AGG-konforme Stellenausschreibung s. § 11; zur Reichweite des Fragerechts des ArbGeb bei Einstellungen s. § 7 Rz. 2 f.

II. Unmittelbare Benachteiligung. 1. Abs. 1 S. 1 definiert die unmittelbare Benachteiligung. Erforderlich ist danach zunächst, dass eine Person eine weniger günstige Behandlung erfährt, als eine andere Person „erfährt, erfahren hat oder erfahren würde". Anzustellen ist also eine **Vergleichsbetrachtung**, wobei die tatsächliche Existenz einer Vergleichsperson nicht erforderlich ist („erfahren würde"). Bei Fehlen einer Vergleichsperson genügt die hypothetische Frage, wie diese in der konkreten Situation behandelt worden wäre[2]. Ob eine **weniger günstige Behandlung**, welche auch in einem Unterlassen bestehen kann, vorliegt, richtet sich nach der wertenden Beurteilung eines objektiven Betrachters und nicht nach dem subjektiven Empfinden des Beeinträchtigten[3]. Auch liegt eine ungünstigere Behandlung nicht schon dann vor, wenn der Betroffene in nur irgendeinem Punkt weniger günstig behandelt wird als eine Vergleichsperson, denn der Nachteil in einem Punkt kann durch die Besserstellung in einem anderem aufgewogen werden[4]. Insofern ist auch ein **sachgruppenübergreifender Vergleich** zulässig[5]. Ist ein solcher Vergleich jedoch mangels tauglichen Vergleichsmaßstabs nicht möglich, ist vom Vorliegen einer ungünstigeren Behandlung auszugehen. Lediglich die **Gefahr einer Benachteiligung** genügt nicht[6], die Benachteiligung muss vielmehr tatsächlich eingetreten sein, sei es auch nur einer hypothetischen Vergleichsperson ggü. Bei Einstellungsentscheidungen kann eine ungünstigere Behandlung schon dann vorliegen, wenn ein Bewerber auf Grund eines Merkmals nach § 1 in der Vorauswahl ausscheidet, auch wenn er auf Grund eines zulässigen Differenzierungskriteriums in der Endausscheidung ohnehin nicht genommen worden wäre[7]. Die Benachteiligung liegt hier bereits in der Versagung der Einstellungschance[8]. Der Vergleich mit einer anderen Person verlangt zudem das Abstellen auf eine **vergleichbare Situation**, die für den jeweiligen Einzelfall anhand von Sinn und Zweck der die Differenzierung enthaltenden Regel zu bestimmen ist[9].

Die ungünstigere Behandlung erfolgt **wegen** eines Merkmals nach § 1, wenn sie durch eines (oder mehrere) dieser Merkmale motiviert ist bzw. der Benachteiligende bei seiner Handlung hieran anknüpft. Eine über die Anknüpfung an das Merkmal als solche hinausgehende **subjektive Komponente** iS einer Benachteiligungsabsicht ist für die unmittelbare Benachteiligung – bis auf die Fälle der verdeckten Benachteiligung – nicht erforderlich[10]. Allerdings reicht es gem. § 7 I 2 aus, wenn der Benachteiligende das Vorliegen eines in § 1 genannten Grundes – unabhängig von dessen tatsächlichem Vorhandensein – nur annimmt[11]. Bei **Gremienentscheidungen** liegt nach hM eine Benachteiligung wegen eines Merkmals nach § 1 erst dann vor, wenn die Mehrheit des Gremiums ihre Entscheidung maßgeblich an dessen Nicht-/Vorhandensein ausrichtet[12].

Eine unmittelbare Benachteiligung kann nur vorliegen, wenn auf Grund des Differenzierungskriteriums die benachteiligte Gruppe hinsichtlich des Merkmals nach § 1 homogen ist, dh. eine Gruppe zB ausschließlich Männer oder Frauen erfasst[13]. Eine unmittelbare Benachteiligung kann sowohl in einer offenen Anknüpfung an das Merkmal, als auch – in Form des Umgehungstatbestands einer „**verdeckten Benachteiligung**" – darin liegen, dass der ArbGeb zwar eine nicht merkmalsbezogene Formulierung wählt, diese sich jedoch lediglich als Tarnungsversuch einer beabsichtigten unmittelbaren Benachteiligung erweist[14].

2. Satz 2 setzt Art. 2 VII der RL 76/207/EWG um und berücksichtigt die Rspr. des EuGH in der Rechtssache *Dekker*[15], wonach die Benachteiligung wegen Schwangerschaft[16] eine unmittelbare sei, weil sie nur Frauen ggü. eintreten könne. Daraus dürfte die allg. Regel abzuleiten sein, dass eine unmittelbare

---

[1] BT-Drs. 16/1780, 30. ||[2] *Schiek*, NZA 2004, 873 (874). ||[3] BAG 25.2.2010 – 6 AZR 911/08, NZA 2010, 561 (564). ||[4] Vgl. BVerwG 29.10.2009 – 2 C 82/08, NVwZ-RR 2010, 243 (243 f.); s.a. LAG Köln 29.10.2012 – 5 Sa 549/11, Rz. 81. ||[5] *Thüsing*, Rz. 229. ||[6] So aber BT-Drs. 16/1780, 32; wie hier ErfK/*Schlachter*, § 3 AGG Rz. 5; *Thüsing*, Rz. 237 ff. ||[7] *Bauer/Göpfert/Krieger*, § 3 Rz. 13. ||[8] BAG 19.8.2010 – 8 AZR 530/09, NZA 2010, 1412 (1415); s.a. BVerwG 3.3.2011 – 5 C 16/10, NZA 2011, 977 (980). ||[9] BAG 7.7.2011 – 1 AZR 34/10, NZA 2011, 1370 (1372 f.) – Zulässigkeit des Ausschlusses einer Sozialplanabfindung bei Bezug einer Erwerbsminderungsrente; weitere Einzelfälle: BAG 21.1.2011 – 9 AZR 565/08, NZA-RR 2011, 439 (442 f.) – Zulässigkeit des Ausschlusses einer Sozialplanabfindung bei Eintritt in die Altersrente; 19.8.2010 – 8 AZR 466/09, DB 2011, 359 f. – keine Vergleichbarkeit eines Bewerbers bei fehlender obj. Eignung; s. dazu auch § 6 Rz. 2 mwN. ||[10] BAG 17.8.2010 – 9 AZR 839/08, NJW 2011, 550 (552); 22.10.2009 – 8 AZR 642/08, NZA 2010, 280 (283). ||[11] BAG 20.6.2013 – 8 AZR 482/12, Rz. 36; 17.12.2009 – 8 AZR 670/08, NZA 2010, 383 (384). ||[12] *Bauer/Göpfert/Krieger*, § 7 Rz. 16; *Thüsing*, Rz. 232. ||[13] Ausf. *Rupp*, RdA 2009, 307. ||[14] Bsp. bei *Däubler*, ZfA 2006, 479 (485 f.). Zu den einzelnen Formen der unmittelbaren Benachteiligung *Rupp*, RdA 2009, 307. ||[15] EuGH 8.11.1990 – Rs. C-177/88, NZA 1991, 171; vgl. auch EuGH 11.11.2010 – Rs. C-232/09, NZA 2011, 143 (146) – Danosa; BVerfG 28.4.2011 – 1 BvR 1409/10, NZA 2011, 857 (858). ||[16] Zum Vorliegen einer Schwangerschaft bei Vornahme einer In-vitro-Fertilisation s. EuGH 26.2.2008 – Rs. C-506/06, NZA 2008, 345 – Mayr.

Benachteiligung in allen Fällen vorliegt, in denen zwar nicht direkt an ein Merkmal des § 1 angeknüpft wird, aber an einem solchen, welches in untrennbarem Zusammenhang mit einem in § 1 genannten Grund steht[1]. Dies kann etwa die Anknüpfung an die Möglichkeit zur Beanspruchung vorzeitiger Altersrente sein, wenn diese Möglichkeit abhängig vom Geschlecht zu unterschiedlichen Zeitpunkten besteht[2].

6   III. **Mittelbare Benachteiligungen** gem. Abs. 2 sind bei formaler Betrachtung zwar **merkmalsneutral**, dh. ohne Anknüpfung an ein Merkmal nach § 1 ausgestaltet, doch werden von ihr Gruppen, die sich jeweils hinsichtlich eines in § 1 genannten Merkmals unterscheiden, tatsächlich ungleich betroffen. Im Gegensatz zu den Fällen der verdeckten Benachteiligung muss in diesen Konstellationen zumindest die Möglichkeit bestehen, dass von der benachteiligenden Maßnahme sowohl Personen der einen wie der anderen Gruppe (zB Frauen und Männer) erfasst werden[3]. Eine mittelbare Benachteiligung kann deshalb nicht in einer konkreten Einzelmaßnahme als solcher, sondern nur in der **Anwendung einer allgemeinen Regel** bzw. eines verallgemeinernden Kriteriums durch den ArbGeb liegen[4]. Dabei kann die Benachteiligung einer Gruppe nur im Vergleich mit der durch die Maßnahme vermeintlich begünstigten Gruppe festgestellt werden.

7   Die **Vergleichsgruppen** sind in Übereinstimmung mit den Grundsätzen der Rspr. des BAG[5] sowie des EuGH[6] zu bilden. Zunächst setzt die mittelbare Benachteiligung – wie die unmittelbare – voraus, dass die unterschiedlichen Gruppen sich in einer vergleichbaren Lage befinden[7]. Die erforderliche Vergleichbarkeit der jeweiligen Lage bestimmt sich nach dem Zweck der zu prüfenden Regelung und deren Anspruchsvoraussetzungen[8]. Bei der **Zuwendung von Vorteilen** sind anschließend die prozentualen Anteile jeder Gruppe sowohl an der begünstigten als auch an der benachteiligten Gruppe zu ermitteln und zueinander ins Verhältnis zu setzen[9]. Sofern eine Gruppe von Merkmalsträgern zu einem höheren Prozentsatz (näher Rz. 8) in der benachteiligten als in der begünstigten Gruppe vertreten ist, liegt zu deren Lasten eine mittelbare Benachteiligung vor. Ist eine **Auswahlentscheidung** zu treffen, so ist maßgeblich, ob die Auswahlgruppe im Vergleich zur Gruppe der für die zu besetzende Position bei objektiver und abstrakter Betrachtung an sich geeigneten potentiellen Bewerber durch die Aufstellung bestimmter zusätzlicher Anforderungen zum Nachteil einer Gruppe verändert worden ist. Insoweit ist daher die Verteilung der Merkmalsträger in der Gruppe der an sich geeigneten potentiellen Bewerber mit jener in der durch zusätzliche Auswahlkriterien definierten Gruppe zu vergleichen. Die Vergleichsgruppe ist anhand der jeweils in Rede stehenden Maßnahmen zu bestimmen. Geht es um eine mittelbare Benachteiligung bei der **Einstellung**, ist der an sich geeignete Bewerberkreis als Vergleichsgruppe heranzuziehen. Inwieweit die räumliche Begrenzung der Vergleichsgruppe erforderlich ist, hängt nicht zuletzt von der Art der Tätigkeit ab. Bei hoch qualifizierten Tätigkeiten ist regelmäßig ein bundesweiter Vergleich durchzuführen, wohingegen für minder qualifizierte Positionen und die damit typischerweise einhergehende Immobilität der Bewerber eine regionale oder sogar nur lokale Betrachtung ausreichen kann. Bei **normativ geltenden tariflichen**[10] **und betrieblichen Regelungen** prägt regelmäßig deren jeweiliger Geltungsbereich die räumliche Abgrenzung der Vergleichsgruppe. Bei unternehmensbezogenen Regelungen ist die Gesamtheit der im Unternehmen beschäftigten ArbN entscheidend, wobei eine mittelbare Benachteiligung insb. auch darin liegen kann, dass die ArbN eines Betriebs einheitlich schlechter behandelt werden als die in den anderen Betrieben desselben Unternehmens beschäftigten ArbN. In der Rspr. des BAG finden sich bislang keine verlässlichen Grundsätze für die Bestimmung der jeweils maßgeblichen Vergleichsgruppe[11], so dass in der Rechtspraxis eine erhebliche Unsicherheit besteht. In jedem Fall muss die Vergleichsgruppe sich auf eine **ausreichende Zahl von Personen** beziehen, um zufällige Erscheinungen zu vermeiden[12].

8   Sofern eine Gruppe von Trägern eines Merkmals nach § 1 zu einem höheren Prozentsatz in der benachteiligten als in der begünstigten Gruppe vertreten ist, liegt zu deren Lasten eine mittelbare Benachteiligung vor[13]. Nach der früheren Ansicht von Rspr. und hM[14] zu § 611a BGB aF war Voraussetzung, dass die Benachteiligung einen „wesentlich höheren Anteil" der einen Gruppe erfassen musste. Abs. 2 fordert nunmehr, dass die neutralen Kriterien andere Personen in „besonderer Weise benachteiligen können" und ist damit weiter. Ein tatsächliches Ungleichgewicht muss daher nicht vorliegen, mangels einschlägiger Statistiken kann eine hypothetische Betrachtungsweise genügen[15], wobei an

---

1 Vgl. BT-Drs. 16/1780, 32; KR/*Treber*, AGG § 3 Rz. 2.   ‖ 2 EuGH 18.11.2010 – Rs. C-356/09, NZA 2010, 1401 (1402f.). – Kleist; zum Vorliegen einer mittelbaren Benachteiligung in einem ähnlichen Fall s. Rz. 11.   ‖ 3 *Rupp*, RdA 2009, 307 (308 mwN).   ‖ 4 MüKoBGB/*Müller-Glöge*, 4. Aufl. 2005, § 611a BGB Rz. 29.   ‖ 5 Vgl. nur BAG 22.4.2010 – 6 AZR 966/08, NZA 2010, 947 (949f.); 23.2.1994 – 4 AZR 219/93, DB 1995, 226 und grundlegend BAG 14.10.1986 – 3 AZR 66/83, NZA 1987, 445.   ‖ 6 EuGH 9.2.1999 – Rs. C-167/97, Slg 1999, I-623 – Seymour-Smith; 13.5.1986 – Rs. 170/84, NZA 1986, 599 – Bilka.   ‖ 7 BAG 6.10.2011 – 6 AZN 815/11, NZA 2011, 1431 (1433 mwN); 27.1.2011 – 6 AZR 526/09, NZA 2011, 1361 (1364 mwN); s.a. *Wißmann*, RdA 2011, 181 (187).   ‖ 8 BAG 19.4.2012 – 6 AZR 578/10, Rz. 35; vgl. auch *Rupp*, RdA 2009, 307.   ‖ 9 LAG Hamburg 20.11.2008 – 7 Sa 41/08, ZTR 2009, 204ff.; s.a. *Rupp*, RdA 2009, 307.   ‖ 10 Soweit nur eine schuldrechtl. Bindung durch Bezugnahme vorliegt, bestimmt sich der Kreis nur unter den ArbN des ArbGeb.   ‖ 11 Nachw. bei *W. Blomeyer*, SAE 1994, 174 (179).   ‖ 12 EuGH 27.10.1993 – Rs. C-127/92, NZA 1994, 797 (798).   ‖ 13 Ebenso *C. Blomeyer*, S. 26ff.; MüKoBGB/*Müller-Glöge*, 4. Aufl. 2005, § 611a BGB Rz. 30ff.   ‖ 14 Ausf. Staudinger/*Annuß*, Neubearb. 2005, § 611a BGB Rz. 39ff.   ‖ 15 BAG 18.8.2009 – 1 ABR 47/08, NZA 2010, 222 (225); ErfK/*Schlachter*, § 3 AGG Rz. 12.

diese strenge Maßstäbe anzulegen sind. Der objektive Tatbestand der mittelbaren Benachteiligung ist zu bejahen, wenn eine unterschiedliche Betroffenheit auch im Hinblick auf eine ohne das Differenzierungskriterium zu erwartende Normalverteilung verlässlich festgestellt werden kann und diese nicht auf Zufall beruht[1]. Starre Grenzen lassen sich insoweit nicht ziehen, doch ist eine Ungleichbehandlung in dem hier relevanten Sinne anzunehmen, wenn eine strukturelle Verfestigung der unterschiedlichen Betroffenheit und mithin nicht lediglich eine temporäre Erscheinung vorliegt[2]. Der damit anerkannte weite Tatbestand der mittelbaren Benachteiligung ist in seiner Verknüpfung mit der Rechtfertigungsebene zu sehen. So erscheint ein bestimmtes Unternehmensinteresse umso eher als sachlich ausreichender Grund zur Rechtfertigung einer faktischen Ungleichbehandlung, je geringer die Betroffenheit der benachteiligten Gruppe im Vergleich zur begünstigten Gruppe ist.

Für die Bejahung des Tatbestands des Abs. 2 ist nicht erforderlich, dass die faktische Benachteiligung einer merkmalsrelevanten Gruppe auf merkmalsspezifischen Gründen beruht („**wegen eines in § 1 genannten Grundes**")[3]. Das Kriterium der merkmalsspezifischen Benachteiligung ist vielmehr ein Wertungsgesichtspunkt, der allein auf der Rechtfertigungsebene bei der umfassenden Güterabwägung Berücksichtigung findet[4]. 9

Nach der gesetzl. Konstruktion des Abs. 2 gehört zum Tatbestand als **negatives Tatbestandsmerkmal** das Fehlen rechtfertigender Gründe („es sei denn ..."), was eine Verhältnismäßigkeitsprüfung nach den allg. Grundsätzen erfordert; zur Darlegungslast s. § 22 Rz. 1. 10

Einzelfälle für mittelbare Ungleichbehandlungen[5]: **ethnische Herkunft:** Anknüpfung an Sprache[6] oder landestypische Kleidung; **Geschlecht:** Anknüpfung an Körperkraft oder Körpergröße, Nichtberücksichtigung von Elternzeit bei der Ermittlung der Berufsjahre[7] oder von Zeiten der Beschäftigungsverbote nach dem MuSchG bei einem Bewährungsaufstieg[8], Anknüpfung an die Möglichkeit, vorzeitige Altersrente zu beanspruchen, wenn dies Frauen überproportional betrifft[9], die Bezahlung einer Teilzeitbeschäftigten pro-rata-temporis schließt dagegen eine Benachteiligung aus[10], ebenso wie die unterschiedslose zeitratierliche Kürzung in einer Versorgungsordnung für jeden Tatbestand des vorzeitigen Ausscheidens[11]; desgleichen ist die Berücksichtigung der Bereitschaft, über die regelmäßige Arbeitszeit hinaus zu arbeiten[12], oder die tarifvertragl. vorgesehene Hemmung der Laufzeit für einen Stufenaufstieg bei Inanspruchnahme von Elternzeit[13] keine mittelbare Benachteiligung wegen des Geschlechts; **Religion/Weltanschauung:** Festlegung von festen Pausenzeiten ohne Möglichkeiten zur Abweichung für die Gebetszeiten für Muslime; problematisch ist, ob das Verbot des Tragens eines Kopftuches eine mittelbare oder unmittelbare Benachteiligung wegen der Religion darstellt[14]; **Behinderung:** Anknüpfung an bestimmte Fähigkeiten (Treppensteigen, Schichtarbeit[15]), nicht hingegen die Anknüpfung an hohe Fehlzeiten[16]; **Alter:** Anknüpfung an Berufserfahrung[17] oder Betriebszugehörigkeit[18], nicht hingegen eine Klausel über die Gewährung einer Jahressonderzahlung, die an einen Stichtag geknüpft ist, ggü. ArbN, die vor Erreichen des Stichtags in Rente gehen[19]; **sexuelle Identität:** Einladung zu Firmenevents für „Mitarbeiter X und Gattin" bzw. „Mitarbeiterin Y und Gatten" statt „Mitarbeiter/in und Partner/in", Gewährung bestimmter Leistungen nur für verheiratete Mitarbeiter[20]. Die Anknüpfung an den Familienstand kann eine unmittelbare Benachteiligung wegen der sexuellen Ausrichtung sein[21]. Dagegen spricht nicht 11

---

1 Ebenso G. *Wisskirchen*, Mittelbare Diskriminierung, S. 94 f.; *Schiek*, Differenzierte Gerechtigkeit, S. 65; dagegen W. *Blomeyer*, SAE 1994, 174 (177 f.). || 2 Insoweit ähnlich MüKoBGB/*Müller-Glöge*, 4. Aufl. 2005, § 611a BGB Rz. 32; *Wißmann*, FS Wlotzke, 1996, S. 809 (812). || 3 Anders noch die frühere Rspr. zu § 611a BGB aF: BAG 14.10.1986 – 3 AZR 66/83, NZA 1987, 445; s.a. EuGH 13.5.1986 – Rs. 170/84, NZA 1986, 599 – Bilka. || 4 *Schlachter*, Gleichberechtigung, S. 133; *Thüsing*, Rz. 263; zur aA Staudinger/*Annuß*, Neubearb. 2005, § 611a BGB Rz. 37. || 5 Weitere Bsp. KR/*Treber*, § 3 AGG Rz. 62 ff. || 6 BAG 28.1.2010 – 2 AZR 764/08, NZA 2010, 625; 22.6.2011 – 8 AZR 48/10, NZA 2011, 1226. || 7 ArbG Heilbronn 3.4.2007 – 5 Ca 12/07, ArbuR 2007, 391 f. || 8 LAG Bln.-Bbg. 7.1.2009 – 15 Sa 1717/08, nv. || 9 BAG 15.2.2011 – 9 AZR 584/09, NZA-RR 2011, 467 (470 f.); unterscheide aber EuGH 16.9.2010 – Rs. C-356/09, NZA 2010, 1401 (1402 f.) – Kleist, wo die Anknüpfung an eine für Männer und Frauen unterschiedliche Altersregelung zu im Hinblick auf das Geschlecht homogenen Gruppen geführt hatte und mithin eine unmittelbare Benachteiligung vorlag (s. dazu bereits Rz. 5). || 10 BAG 28.5.2013 – 3 AZR 266/11, nv.; 24.9.2008 – 10 AZR 639/07, AP TVöD § 24 Nr. 2 (Rz. 22 ff.). || 11 LAG Rh.-Pf. 29.8. 2008 – 9 Sa 266/08, NZA-RR 2009, 35 (36). || 12 LAG Köln 8.5.2009 – 4 Sa 1225/08, NZA-RR 2009, 580; LAG Schl.-Holst. 4.3.2009 – 3 Sa 410/08, ArbRB 2009, 194. || 13 BAG 27.1.2011 – 6 AZR 526/09, ZTR 2011, 357 ff. || 14 Für eine unmittelbare Benachteiligung *Däubler*, ZfA 2006, 479 (488), wobei er sich auf ein Verbot religiös motivierten Tragens bezieht; VG Düss. 5.6.2007 – 2 K 6225/06, Rz. 99 ließ die Frage offen; zur Rechtmäßigkeit eines gesetzl. Kopftuchverbots und einer darauf fußenden Abmahnung/Kündigung s. BAG 12.8.2010 – 2 AZR 593/09, NZA-RR 2011, 162; 10.12.2009 – 2 AZR 55/09, DB 2010, 1016; 20.8.2009 – 2 AZR 499/08, BB 2009, 1917 vgl. auch zur Möglichkeit der Rechtfertigung eines Kopftuchverbotes *Lingemann/Müller*, BB 2007, 2006 (2011). || 15 LAG Bln.-Bbg. 4.12.2008 – 26 Sa 343/08, LAGE § 3 AGG Nr. 1. || 16 LAG Köln 15.2.2008 – 11 Sa 923/07, NZA-RR 2008, 622. || 17 Beachte EuGH 7.6.2012 – Rs. C-132/11, NZA 2012, 742 (743) – Tyrolean Airways. || 18 *Rieble/Zedler*, ZfA 2006, 273 (284 f.); vgl. auch BAG 18.8.2009 – 1 ABR 47/08, DB 2010, 284. || 19 BAG 12.12. 2012 – 10 AZR 718/11, NZA 2013, 577 (579). || 20 EuGH 10.5.2011 – Rs. C-147/08, NZA 2011, 557 (559 f.) – Römer; BVerwG 28.10.2010 – 2 C 52/09, NVwZ-RR 2011, 205 (206 ff.); 28.10.2010 – 2 C 56/09, nv.; 28.10.2010 – 2 C 47/09, NVwZ 2011, 499 (500 f.); BAG 18.3.2010 – 6 AZR 156/09, NZA 2010, 824 (828 ff.). || 21 BAG 15.9.2009 – 3 AZR 294/09, NZA 2010, 216; 14.1.2009 – 3 AZR 20/07, NZA 2009, 489; EuGH 1.4.2008 – Rs. C-267/06, NZA 2008, 459 – Tadao Maruko.

Erwägungsgrund Nr. 22 der RL 2000/78/EG, der nur klarstellen soll, dass die Richtlinie die Zuständigkeit der Mitgliedstaaten für familienrechtl. Regelungen nicht berührt, ohne aber Benachteiligungen zu ermöglichen, die verboten sind[1].

12 **IV. Belästigung.** Abs. 3 stellt klar, dass auch die Belästigung eine Benachteiligung iSd. AGG ist. Diese Klarstellung ist erforderlich, denn die Belästigung ist strukturell verschieden von der Benachteiligung. Im Gegensatz zur Benachteiligung nach den Abs. 1 und 2 zielt die Belästigung nicht auf eine Schlechterstellung des Betroffenen, sondern bedeutet (allein) einen Angriff auf dessen Persönlichkeit. Bei der Belästigung liegt das Unrecht schon in der Handlung selbst und kann deshalb ohne vergleichende Betrachtung festgestellt werden[2].

13 Der **Begriff der Verhaltensweise** ist denkbar weit. Sie kann verbaler oder nonverbaler Art sein und erfasst insb. Verleumdungen, Beleidigungen und abwertende Äußerungen[3], Anfeindungen, Drohungen und körperliche Übergriffe, also Berührungen[4]. Auch das sog. Stalking (vgl. § 238 StGB) kann eine – uU auch sexuelle – Belästigung darstellen[5]. Die Verhaltensweise muss darüber hinaus **unerwünscht** sein, was aus der Sicht eines objektiven Beobachters zu beurteilen ist[6]. Auf die Unerwünschtheit muss der Betroffene also nicht vorher ausdrücklich hingewiesen haben; hat er es aber, ergibt sie sich daraus unweigerlich auch für einen objektiven Beobachter[7]. Das Verhalten muss mit einem Merkmal des § 1 „**in Zusammenhang stehen**". Dieser Begriff dürfte ebenfalls weit zu verstehen sein und jede unmittelbare oder mittelbare Anknüpfung an ein Merkmal des § 1, unabhängig von dessen tatsächlichem Vorliegen (vgl. § 7 I Hs. 2), ausreichen lassen.

14 Wesentlich für den Tatbestand der Belästigung ist die Verletzung der Würde der Person durch das unerwünschte Verhalten[8]. Sofern der Handelnde diese **bezweckt**, also vorsätzlich handelt, ist der tatsächliche Eintritt einer Verletzung nicht erforderlich, so dass auch der bloße Versuch einer Belästigung von Abs. 3 erfasst wird[9]. Tritt die Würdeverletzung jedoch tatsächlich ein, wurde sie also **bewirkt**, ist Vorsatz beim Handelnden entbehrlich. Ob die **Verletzung der Würde einer Person** vorliegt, ist nach objektiven Maßstäben zu beurteilen[10]. Die unerwünschte Verhaltensweise muss an sich geeignet sein, eine Verletzung herbeizuführen. Damit sollen nach der Entwurfsbegr. geringfügige Eingriffe ausscheiden, wobei die Schwelle einer Menschenwürdeverletzung iSd. Art. 1 GG nicht erreicht werden müsse[11]. Der Maßstab bleibt damit weitestgehend unbestimmt. Eine Orientierung an der Rspr. zu den §§ 185 ff. StGB und zu § 823 I BGB liegt nahe.

15 Weiterhin muss durch die unerwünschte Verhaltensweise ein von Einschüchterungen, Anfeindungen, Erniedrigungen, Entwürdigungen oder Beleidigungen **gekennzeichnetes Umfeld** geschaffen werden[12]. Damit werden einmalige Würdeverletzungen in aller Regel nicht vom Tatbestand des Abs. 3 erfasst[13]. Was darüber hinaus unter dem „Umfeld" zu verstehen ist, bleibt unklar. Sicher ist es nicht im umfassenden Sinne des Unternehmens oder Betriebes zu verstehen. Vielmehr genügt es, wenn das entsprechende Klima in einer einzelnen Abteilung herrscht oder auch von mehreren Handelnden auf einen einzelnen Arbeitsplatz bezogen ist, denn das Umfeld ist vom Benachteiligten aus zu bestimmen. Die Handlungen eines einzelnen ArbN können nur in Einzelfällen genügen, wenn er damit das Umfeld anderer ArbN prägt; agiert jedoch ein einzelner Vorgesetzter ggü. seinen Untergebenen zB erniedrigend, so schafft er hiermit in aller Regel ein Umfeld iSd. Abs. 3. Belästigungen eines Arbeitskollegen **außerhalb des Arbeitskontexts** werden angesichts § 2 nicht erfasst.

16 **V. Die sexuelle Belästigung** ist ein Unterfall der allg. Belästigung nach Abs. 3, bezieht sich jedoch nur auf § 2 I Nr. 1–4 (Beschäftigung und Beruf). Hinsichtlich der anderen Bereiche des § 2 kann bei sexuellen Belästigungen dennoch auf Abs. 3 zurückgegriffen werden[14]. Für die Tatbestandsmerkmale „unerwünschtes Verhalten", „bezweckt oder bewirkt" und „Verletzung der Würde einer Person" kann auf die Ausführungen zu Abs. 3 verwiesen werden. Auch das Tatbestandsmerkmal des von bestimmten Handlungsweisen „gekennzeichneten Umfelds" entspricht inhaltlich dem des Abs. 3, wobei im Gegensatz zu Abs. 3 kein zusätzliches Erfordernis darstellt, sondern nur als Beispiel für Würdeverletzungen angeführt ist („insbesondere" statt „und"). Außerdem können – im Unterschied zur Belästigung nach § 3 III – auch einmalige Verhaltensweisen den Tatbestand des Abs. 4 erfüllen[15].

17 Im Gegensatz zu Abs. 3 muss das Verhalten sexuell bestimmt sein. Dazu gehören nach dem Gesetz ua. unerwünschte sexuelle Handlungen und Aufforderungen zu diesen, sexuell bestimmte körperliche Berührungen, Bemerkungen sexuellen Inhalts sowie unerwünschtes Zeigen und sichtbares Anbringen

---

1 BAG 14.1.2009 – 3 AZR 20/07, NZA 2009, 489; EuGH 1.4.2008 – Rs. C-267/06, NZA 2008, 459 – Tadao Maruko; s.a. *Franzen*, EuZA 2009, 395; abweichend insofern BGH 14.2.2007 – IV ZR 267/04, VersR 2007, 676 (678f.); s.a. BVerwG 25.7.2007 – 6 C 27/06, NJW 2008, 246 (249); BVerfG 20.9.2007 – 2 BvR 855/06, ZTR 2007, 702 (703f.). ‖2 *Thüsing*, ZfA 2001, 397 (411). ‖3 Vgl. LAG Rh.-Pf. 11.3.2009 – 7 Sa 235/08, nv. ‖4 BT-Drs. 16/1780, 33. ‖5 Ausf. auch zu den Konsequenzen für den ArbGeb *Göpfert/Siegrist*, NZA 2007, 473. ‖6 *Adomeit/Mohr*, Rz. 226. ‖7 BAG 9.6.2011 – 2 AZR 323/10, NZA 2011, 1342 (1343). ‖8 BT-Drs. 16/1780, 33. ‖9 *Adomeit/Mohr*, Rz. 232. ‖10 ErfK/*Schlachter*, § 3 AGG Rz. 18. ‖11 BT-Drs. 16/1780, 33. ‖12 BAG 24.9.2009 – 8 AZR 705/08, NZA 2010, 387 (389). ‖13 BAG 9.6.2011 – 2 AZR 323/10, NZA 2011, 1342 (1343); 24.4.2008 – 8 AZR 347/07, NZA 2009, 38 (40). ‖14 ErfK/*Schlachter*, § 3 AGG Rz. 20. ‖15 BAG 9.6.2011 – 2 AZR 323/10, NZA 2011, 1342 (1343).

von pornographischen Darstellungen. Abstrakt dürfte unter der **sexuellen Bestimmung** Vorsatz einschl. bedingt vorsätzlichen Handelns zu verstehen sein[1]. Umfasst sind damit auch Fälle, in denen der Handelnde weiß, dass sein objektiv zweideutiges Verhalten („freundschaftlich" oder „sexuell") als sexuell aufgefasst werden könnte, er solches aber billigend in Kauf nimmt[2]. Die sexuelle Belästigung stellt nach § 7 III eine Verletzung vertragl. Pflichten dar und ist ein „an sich" wichtiger Kündigungsgrund gem. § 626 BGB[3].

VI. Auch die **Anweisung zur Benachteiligung** stellt nach der gesetzl. Konzeption eine Benachteiligung dar, und zwar unabhängig davon, ob die Anweisung ausgeführt wird (vgl. S. 2: „benachteiligen kann"). Die Anweisung zur Benachteiligung muss aus einem in § 1 genannten Grund und **vorsätzlich** erfolgen, wobei nicht erforderlich ist, dass sich der Anweisende der Verbotswidrigkeit seines Handelns bewusst ist[4]. Sie muss sich auf die Vornahme einer Benachteiligung beziehen, dh. einer Handlung nach den Abs. 1–5, so dass auch die **Anweisung zur Anweisung** erfasst ist. Sofern Voraussetzung einer Benachteiligung ein subjektives Element des Benachteiligenden ist, ist dieses für den Angewiesenen im Rahmen des Abs. 5 verzichtbar, denn es ist unerheblich, ob der Angewiesene weiß, dass die Benachteiligung aus einem Grund des § 1 erfolgt[5]. 18

Fraglich ist, inwiefern **Dritte** (zB Kunden oder Lieferanten) als Angewiesene oder Anweisende in Betracht kommen. Unter Hinweis auf den Wortlaut des S. 2 („jemand") wird vertreten, dass keine Einschränkung in Bezug auf die Person des Angewiesenen bestehe, solange ein Rechtsverhältnis bestehe, das den Angewiesenen zur Befolgung der Weisung verpflichte[6]. Mitunter wird sogar eine faktische Weisungsbefugnis zwischen Anweisendem und Angewiesenem als ausreichend erachtet, die vorliege, wenn infolge „rechtlicher, sozialer, wirtschaftlicher oder intellektueller Macht" Druck auf den Angewiesenen ausgeübt werde[7]. Vorwiegend wird jedoch angenommen, dass der Begriff der Anweisung sich an dem arbeitsrechtl. Weisungsbegriff ausrichte und daher nur weisungsbefugte Personen als Anweisende gem. Abs. 5 in Betracht kämen und somit auch nur weisungsunterworfene Personen als Angewiesene[8]. Auch wenn im Einzelfall ein Weisungsverhältnis bestand, stellt die Anweisung nach Abs. 5 gem. § 7 III eine Vertragsverletzung dar und braucht nicht befolgt zu werden (§§ 6 II AGG, 106 GewO, § 315 III BGB). Liegt eine Anweisung eines Vorgesetzten vor (und evtl. auch eine tatsächliche Benachteiligung durch einen Beschäftigten), sind Pflichtverletzungen dieser Personen dem ArbGeb uU über §§ 31 oder 278 BGB zuzurechnen, so dass für den Benachteiligten Ansprüche nach § 15 I und II bestehen können (s. § 15 Rz. 4). 19

4 *Unterschiedliche Behandlung wegen mehrerer Gründe*
Erfolgt eine unterschiedliche Behandlung wegen mehrerer der in § 1 genannten Gründe, so kann diese unterschiedliche Behandlung nach den §§ 8 bis 10 und 20 nur gerechtfertigt werden, wenn sich die Rechtfertigung auf alle diese Gründe erstreckt, derentwegen die unterschiedliche Behandlung erfolgt.

§ 4 stellt klar, dass bei einer Benachteiligung durch mehrere Gründe nach § 1 alle Gründe der Rechtfertigung bedürfen und regelt damit etwas Selbstverständliches. Nach dem Wortlaut kann eine Rechtfertigung lediglich nach den §§ 8–10 und 20 erfolgen. Dass § 5 nicht genannt ist, beruht auf einem Redaktionsversehen. Darüber hinaus stellt § 4 klar, dass bei einer Benachteiligung aus einem Bündel von Motiven nur *eine* Benachteiligung vorliegt und nicht jeder Grund eine eigene Benachteiligung mit eigenen Rechtsfolgen zB nach § 15 darstellt[9]. Schließlich folgt aus § 4, dass bei einer unterschiedlichen Behandlung aus mehreren Gründen, bei denen der in § 1 genannte Grund nur unbedeutendes Nebenmotiv ist und die Ungleichbehandlung also maßgeblich auf nicht verpönten Merkmalen beruht, auch dieses unbedeutende Nebenmotiv der Rechtfertigung bedarf[10]. 1

5 *Positive Maßnahmen*
Ungeachtet der in den §§ 8 bis 10 sowie in § 20 benannten Gründe ist eine unterschiedliche Behandlung auch zulässig, wenn durch geeignete und angemessene Maßnahmen bestehende Nachteile wegen eines in § 1 genannten Grundes verhindert oder ausgeglichen werden sollen.

§ 5 setzt Art. 5 RL 2000/43/EG, Art. 7 I RL 2000/78/EG, Art. 2 VIII RL 76/207/EWG und Art. 6 RL 2004/113/EG um. Er stellt den §§ 8–10 und § 20 einen weiteren Rechtfertigungsgrund zur Seite. § 5 soll Maßnahmen, die auf die Behebung bestehender Nachteile gerichtet sind, ebenso zulassen wie präventive Maßnahmen zur Vermeidung künftiger Nachteile. Es handelt sich damit um Maßnahmen, die tat- 1

---

[1] *Thüsing*, Rz. 289. || [2] *Thüsing*, Rz. 290; nur im Erg. wohl auch ErfK/*Schlachter*, § 3 AGG Rz. 21, die die sexuelle Bestimmung anhand des Eindrucks eines objektiven Beobachters ermitteln möchte. Diese Vorgehensweise dürfte jedoch mit dem Wortlaut des Abs. 4 („bestimmt") nicht vereinbar sein. || [3] BAG 9.6.2011 – 2 AZR 323/10, NZA 2011, 1342; LAG MV 14.8.2012 – 5 Sa 324/11, Rz. 30. || [4] BT-Drs. 16/1780, 33. || [5] *Thüsing*, Rz. 306. || [6] ErfK/*Schlachter*, § 3 AGG Rz. 23. || [7] Däubler/Bertzbach/*Deinert*, § 3 Rz. 85. || [8] *Annuß*, BB 2006, 1629 (1632); *Simon/Greßlin*, BB 2007, 1782. || [9] KR/*Treber*, § 4 AGG Rz. 2. || [10] BAG 17.12.2009 – 8 AZR 670/08, NZA 2010, 383 (385 mwN); auch schon BVerfG 16.11.1993 – 1 BvR 258/86, NZA 1994, 745 (746).

sächlich bestehende Ungleichheiten zumindest verringern sollen, indem sie die bislang bevorzugte Gruppe benachteiligen[1]. Nach den RL sollte es lediglich den Mitgliedstaaten erlaubt sein, spezifische positive Maßnahmen zur Förderung wegen eines in § 1 genannten Grundes benachteiligter Personen beizubehalten oder zu beschließen. § 5 geht darüber hinaus und erweitert diese Befugnis auf alle Adressaten der Benachteiligungsverbote (ArbGeb, Betriebspartner und TV-Parteien). Ob der Gesetzgeber sich damit noch **richtlinienkonform** verhält, wird unterschiedlich beurteilt[2].

2 Der **Begriff der Maßnahme** ist weit auszulegen[3]. Er umfasst alle möglichen Gestaltungen wie zB TV, BV, AuswahlRL nach § 95 BetrVG, Integrationsvereinbarungen nach § 83 SGB IX oder arbeitsvertragl. Regelungen. Dabei kommt den Fördermaßnahmen kein absoluter Vorrang zu, dh. starre Quoten, bei denen zB dem unterrepräsentierten Geschlecht im Rahmen einer Einstellung bei gleicher Qualifikation automatisch der Vorrang vor dem anderen Geschlecht eingeräumt wird, sind unzulässig[4]. Es muss sichergestellt sein, dass bei gleicher Qualifikation eine objektive Auswahl zwischen den Bewerbern in jedem Einzelfall erfolgt. Fördermaßnahmen müssen nicht nur geeignet, sondern auch angemessen sein, letztlich also verhältnismäßig iwS. Die Kriterien entsprechen insofern den zur RL 76/207 EWG bzw. zu § 611a BGB aF entwickelten. Ziel der Maßnahme muss stets der Ausgleich eines bestehenden Nachteils oder die Verhinderung künftiger Nachteile sein. Die Beurteilung der Verhältnismäßigkeit erfolgt im Wege einer wertenden Gesamtabwägung. Kriterien dafür sind ua., wie schwer der bestehende oder zu erwartende Nachteil wiegt und wie stark durch die Maßnahme in die Rechte der Betroffenen eingegriffen wird, inwiefern ein Verzicht auf die Maßnahme zu einer Zementierung der Zustände führen würde oder welches Ausmaß ein zu erwartender Nachteil hat[5]. Begünstigungen, die aus sonstigen Rechtsgründen erfolgen (zB nach den Schutzbestimmungen des SGB IX: ua. §§ 71 ff., 82 S. 2, 125 oder des MuSchG: ua. §§ 3, 4, 6, 7)[6], werden von § 5 nicht berührt[7].

3 Als zulässige Fördermaßnahmen kommen damit zB in Betracht (zum Fragerecht des ArbGeb zur Durchsetzung von Maßnahmen nach § 5 s. § 7 Rz. 3): **Geschlecht:** unter og. Voraussetzungen Einstellungsquoten, besonders flexible Arbeitszeitmodelle für alleinerziehende ArbN oder kostengünstige Betriebskindergartenplätze (es werden hier weit überwiegend Frauen profitieren); **ethnische Herkunft:** längerer Urlaub für Familienbesuche im Herkunftsland[8], Sprachkurse, Hilfe bei der Wohnungssuche; **Religion/Weltanschauung:** zusätzliche Gebetspausen für Muslime oder vorrangige Berücksichtigung von Urlaubsgesuchen von Muslimen während des Ramadan, bei Wochenendschichten keine Zuweisung von Sonntagsbeschäftigung an praktizierende Christen oder von Samstagsbeschäftigung an praktizierende Juden; **Behinderung:** spezielle Quoten zur Einstellung oder Förderung (wie bei Geschlecht); **Alter:** Angebot befristeter Verträge oder spezieller Fortbildungsmaßnahmen für bestimmte Altersgruppen, Zusatzurlaub für ältere ArbN bei schwerer körperlicher Arbeit (vgl. § 10 Rz. 8).

Abschnitt 2. Schutz der Beschäftigten vor Benachteiligung

Unterabschnitt 1. Verbot der Benachteiligung

6 *Persönlicher Anwendungsbereich*
(1) **Beschäftigte im Sinne dieses Gesetzes sind**
1. **Arbeitnehmerinnen und Arbeitnehmer,**
2. **die zu ihrer Berufsbildung Beschäftigten,**
3. **Personen, die wegen ihrer wirtschaftlichen Unselbständigkeit als arbeitnehmerähnliche Personen anzusehen sind; zu diesen gehören auch die in Heimarbeit Beschäftigten und die ihnen Gleichgestellten.**

Als Beschäftigte gelten auch die Bewerberinnen und Bewerber für ein Beschäftigungsverhältnis sowie die Personen, deren Beschäftigungsverhältnis beendet ist.

(2) **Arbeitgeber (Arbeitgeber und Arbeitgeberinnen) im Sinne dieses Abschnitts sind natürliche und juristische Personen sowie rechtsfähige Personengesellschaften, die Personen nach Absatz 1 beschäftigen. Werden Beschäftigte einem Dritten zur Arbeitsleistung überlassen, so gilt auch dieser als Arbeit-**

---

1 Allg. *Sacksofsky*, ZESAR 2004, 208 ff.; vgl. auch EuGH 11.11.1997 – Rs. C-409/95, NZA 1997, 1337 (1338) – Marschall mwN; LAG Düss. 12.11.2008 – 12 Sa 1102/08, ZTR 2009, 271. ǁ 2 Gegen Richtlinienkonformität: *Annuß*, BB 2006, 1629 (1634); ErfK/*Schlachter*, § 5 AGG Rz. 2; *Kamanabrou*, RdA 2006, 321 (333); dafür: *Adomeit/Mohr*, § 5 Rz. 12; *Bauer/Göpfert/Krieger*, § 5 Rz. 3; *Däubler/Bertzbach/Hinrichs*, § 5 Rz. 16; Schleusener/Suckow/Voigt/ *Schleusener*, § 5 Rz. 2; *Thüsing*, Rz. 390. ǁ 3 *Franke/Merx*, AuR 2007, 235 mit zahlr. Bsp. für positive Maßnahmen auf S. 236 f. ǁ 4 EuGH 17.10.1995 – Rs. C-450/93, NZA 1995, 1095 f. – Kalanke; 11.11.1997 – Rs. C-409/95, NZA 1997, 1337 ff. – Marschall; 28.3.2000 – Rs. C-158/97, NZA 2000, 473 ff. – Badeck; BAG 5.3.1996 – 1 AZR 590/92, NZA 1996, 751 ff. ǁ 5 S.a. EuGH 19.3.2002 – Rs. C-476/99, NZA 2002, 501 (504) – Lommers. ǁ 6 Däubler/Bertzbach/*Hinrichs*, § 5 Rz. 11 f., 45 mwBsp. ǁ 7 BT-Drs. 16/1780, 34 mit Verweis auf die RL 2002/73/EG, welche Vaterschaftsurlaub als Bsp. nennt. ǁ 8 Däubler/Bertzbach/*Hinrichs*, § 5 Rz. 41 f.

geber im Sinne dieses Abschnitts. Für die in Heimarbeit Beschäftigten und die ihnen Gleichgestellten tritt an die Stelle des Arbeitgebers der Auftraggeber oder Zwischenmeister.

(3) Soweit es die Bedingungen für den Zugang zur Erwerbstätigkeit sowie den beruflichen Aufstieg betrifft, gelten die Vorschriften dieses Abschnitts für Selbständige und Organmitglieder, insbesondere Geschäftsführer oder Geschäftsführerinnen und Vorstände, entsprechend.

I. Systematik. § 6 beschreibt den persönlichen Anwendungsbereich des AGG. Ergänzt wird er durch § 24, der den persönlichen Anwendungsbereich auf bestimmte öffentl.-rechtl. Dienstverhältnisse wie Beamte, Richter und Zivildienstleistende erweitert, und durch § 18, der eine entsprechende Anwendung des Abschnitts 2 auf das Verhältnis zwischen bestimmten Vereinigungen und ihren Mitgliedern festlegt. 1

II. Abs. 1 setzt Art. 3 Ia–c der RL 2000/43/EG, 2000/78/EG und 76/207/EWG um. Oberbegriff für den erfassten Personenkreis[1] ist der „**Beschäftigte**", gleichgültig ob in der **Privatwirtschaft oder im öffentl. Dienst**[2]. Beamte, Richter und Zivildienstleistende werden von den Nr. 1–3 nicht erfasst; für sie gelten die Bestimmungen des 2. Abschnitts gem. § 24 aber entsprechend. S. 2 stellt hinsichtl. § 2 I Nr. 1, 2 klar, dass ein **aktuelles Beschäftigungsverhältnis nicht erforderlich** ist. Erfasst werden auch Personen, deren Beschäftigungsverhältnis bereits beendet ist[3], und **Bewerber** um ein Beschäftigungsverhältnis, soweit sie sich subjektiv ernsthaft beworben haben[4]. Auf die objektive Eignung soll es für die Bewerbereigenschaft nach der Ansicht des BAG nicht ankommen[5]. Allerdings liegt nach dieser Rspr. nur dann eine Benachteiligung eines Bewerbers iSv. § 3 I oder II vor, wenn sich dieser mit anderen Bewerbern in einer vergleichbaren Situation befindet, was die objektive Eignung für die Stelle „nach der im Arbeitsleben herrschenden Verkehrsanschauung" voraussetzt[6]. 2

1. Nr. 1. Der **Arbeitnehmerbegriff** des Abs. 1 S. 1 Nr. 1 entspricht dem durch das BAG geprägten[7]. Damit müssen im Wesentlichen drei Kriterien vorliegen (vgl. Vor § 611 BGB Rz. 24 ff.)[8]: Der Beschäftigte muss (1) auf Grund eines privatrechtl. Vertrages (2) zu einer entgeltlichen Dienstleistung verpflichtet sein und (3) diese Dienstleistung im Dienste eines anderen, also unselbständig erbringen. Obschon der nationale Gesetzgeber den Beschäftigtenbegriff nicht nur auf ArbN nach deutschem Verständnis bezog, sondern durch §§ 6 I 1 Nr. 2 und 3, 6 I 2, III und 24 sehr weit gefasst hat, ist die Frage verblieben, ob Organmitglieder, die nach Weisungen der Gesellschafter die Gesellschaft vertreten, insb. also die **Geschäftsführer** einer GmbH, ArbN sind[9]. Diese Frage ist von Relevanz, weil für Organmitglieder gem. Abs. 3 das AGG nur hinsichtlich des Zugangs zur Erwerbstätigkeit sowie des berufl. Aufstiegs Anwendung findet, während ArbN vom gesamten sachlichen Anwendungsbereich des AGG erfasst werden. Nach herrschendem nationalen Verständnis sind Geschäftsführer einer GmbH in aller Regel keine ArbN (s. Vor § 611 BGB Rz. 95 mwN). Nur in Ausnahmefällen, in denen der Geschäftsführer auf Grund seiner Weisungsgebundenheit keine wesentlichen Entscheidungen mehr treffen darf, soll es anders liegen können. Dagegen geht die hM zum Europarecht auf Grund der Gebundenheit des Geschäftsführers an die Weisungen der Gesellschafter grds. von seiner ArbN-Eigenschaft aus[10]. 3

2. Nr. 2. In Übereinstimmung mit § 2 I Nr. 3 erstreckt sich der persönliche Geltungsbereich auf die zu ihrer Berufsbildung Beschäftigten, also nicht nur auf die zu ihrer Berufs*aus*bildung Beschäftigten (wie etwa in § 5 I 1 BetrVG[11], § 5 I 1 ArbGG). Abs. 1 S. 1 Nr. 2 erstreckt sich somit auf alle Personen, die an irgendeiner Form der berufl. Aus-, Fort-, Weiterbildung oder Umschulung teilnehmen, gleich ob die Berufsbildungsmaßnahme vom ArbGeb oder einem Dritten durchgeführt wird. Sofern die Bildungsmaßnahme in einem ArbVerh stattfindet[12], greift Nr. 1. Aber auch ansonsten muss der Teilnehmer an der Bildungsmaßnahme als solcher „beschäftigt" sein. Der Träger der Bildungsmaßnahme muss also ein einem ArbGeb vergleichbares Weisungsrecht bzgl. Inhalt, Zeit und Ort der Tätigkeit des Teilnehmers haben[13], weil nur dann eine die Anwendbarkeit des 2. Abschnitts des AGG rechtfertigende Gefährdungslage besteht[14]. Gem. Art. 3 Ib der RL 2000/78EG, 2000/43/EG und 2002/73/EG erfasst der Bereich der Berufsbildung zudem die „praktische Berufserfahrung", so dass zu den Bildungsmaßnahmen nach richtlinienkonformer Auslegung auch **Praktikanten, Werkstudenten** und **Volontäre** gehören (vgl. § 2 Rz. 7). 4

---

1 Entspr. Anwendung soll das AGG nach der Entwurfsbegr. (BT-Drs. 16/1780, 34) für Menschen haben, denen auf Grund des SGB IX eine arbeitnehmerähnliche Stellung zukommt; das sollen insb. die in Werkstätten für behinderte Menschen Beschäftigten und Rehabilitanden sein. ||2 Für Beschäftigte des öffentl. Dienstes kann also bei geschlechtsbezogenen Benachteiligungen eine Benachteiligung iSd. AGG und eine solche iSd. einschlägigen Gleichstellungsgesetzes vorliegen. ||3 BAG 15.9.2009 – 3 AZR 294/09, NZA 2010, 216 (219). ||4 LAG Hess. 19.12.2011 – 16 Sa 965/11, Rz. 23; LAG Rh.-Pf. 11.1.2008 – 6 Sa 522/07, NZA-RR 2008, 343; s.a. § 15 Rz. 6. ||5 BAG 18.3.2010 – 8 AZR 77/09, NZA 2010, 872 (873); anders noch zu § 611a BGB aF BAG 12.11.1998 – 8 AZR 365/97, NZA 1999, 371. ||6 BAG 7.4.2011 – 8 AZR 679/09, NZA-RR 2011, 494 (496); 19.8.2010 – 8 AZR 466/09, DB 2011, 359f.; 18.3.2010 – 8 AZR 1044/08, NZA 2010, 1129 (1131). ||7 Schiek/*Schmidt*, § 6 Rz. 3. ||8 Ausf. Staudinger/*Richardi/Fischinger*, Vorbem. zu §§ 611ff. BGB Rz. 223ff. ||9 Ausf. Bauer/*Arnold*, ZIP 2008, 993. ||10 *Thüsing*, Rz. 97 mwN; vgl. auch EuGH 7.5.1998 – Rs. C-350/96, NZG 1998, 809; zur fehlenden Anwendbarkeit von § 85 SGB IX auf schwerbehinderte Geschäftsführer s. OLG Düss. 18.10.2012 – I-6 U 47/12, GmbHR 2012, 1347. ||11 Vgl. dazu Richardi/*Richardi*, § 5 BetrVG Rz. 66. ||12 ZB im Rahmen einer berufl. Fortbildung, vgl. ErfK/*Schlachter*, § 57 BBiG Rz. 1. ||13 Ebenso Bauer/*Göpfert/Krieger*, § 6 Rz. 7. ||14 Vgl. zur Rspr. hinsichtl. der Berufsbildung iSv. § 5 ArbGG BAG 24.2.1999 – 5 AZB 10/98, NZA 1999, 557 (558ff.).

5 3. **Nr. 3** erfasst sog. **arbeitnehmerähnliche Personen** (ausf. hierzu Vor § 611 BGB Rz. 111 ff.). Darüber hinaus werden nach Nr. 3 Hs. 2 die in Heimarbeit Beschäftigten und die ihnen Gleichgestellten iSv. § 1 I und II HAG erfasst.

6 **III. Gem. Abs. 2 S. 1 ist ArbGeb iSd. §§ 7–18** der Vertragspartner des Beschäftigten. Dies kann eine natürliche oder juristische Person sein. In Abs. 2 S. 2 und 3 wird sichergestellt, dass jeweils die Person, die dem ArbN in vergleichbarer Funktion wie ein ArbGeb entgegentritt, an die Pflichten des AGG gebunden ist, auch wenn sie nicht ArbGeb iSd. §§ 611 ff. BGB ist. In Fällen der Arbeitnehmerüberlassung gilt daher nicht nur der VertragsArbGeb als ArbGeb iSd. §§ 7–18, sondern auch der Entleiher (Abs. 2 S. 2), so dass auch für Ansprüche zwischen Entleiher und LeihArbN aus dem AGG zB nach § 15 II der Rechtsweg zu den ArbG eröffnet ist[1]. Bei den in Heimarbeit Beschäftigten gilt der Auftraggeber bzw. der Zwischenmeister (vgl. § 2 III HAG) als ArbGeb (Abs. 2 S. 3).

7 **IV. Abs. 3** ergänzt den Beschäftigtenbegriff des Abs. 1 um die Personengruppen der Selbständigen und Organmitglieder, soweit es um den Zugang zur Erwerbstätigkeit und den berufl. Aufstieg geht. Abs. 3 steht damit in engem Zusammenhang mit § 2 I Nr. 1, welcher den sachlichen Anwendungsbereich des AGG auf die selbständige Erwerbstätigkeit erstreckt (s. § 2 Rz. 4). **Organmitglieder** sind insb. Geschäftsführer einer GmbH gem. § 35 I GmbHG (zur Frage, ob diese unter Abs. 1 S. 1 Nr. 1 fallen können, s. Rz. 3) sowie Vorstände einer AG gem. §§ 76 ff. AktG. **Selbständige** sind Personen, die anderen Personen gegen Entgelt Leistungen erbringen, ohne diesen ggü. weisungsgebunden zu sein. Grundlage dieser Leistung kann jede Art von Vertrag sein, wie Dienst- (§ 611 BGB) oder Werkvertrag (§ 631 BGB), Maklervertrag (§ 651 BGB), Geschäftsbesorgungsvertrag (§ 675 BGB) etc.[2]. Allerdings erfährt die Einbeziehung von Organmitgliedern und Selbständigen eine wesentliche Einschränkung dadurch, dass sie nur erfasst sind, „soweit es die Bedingungen für den Zugang zur Erwerbstätigkeit sowie den beruflichen Aufstieg betrifft" (vgl. § 2 Rz. 4). Sofern die Voraussetzungen des Abs. 3 gegeben sind, ordnet er eine entsprechende Geltung der §§ 7–18 an. Damit könnten bei der Anwendung dieser Normen die Besonderheiten der Organmitgliedschaft bzw. der Selbständigkeit zu berücksichtigen sein[3]. Allerdings dürfte die Anordnung einer nur entsprechenden Geltung allein dem Aufbau des AGG geschuldet sein, der in den §§ 7–18 in erster Linie von einer Anwendung auf ArbN ausgeht, und nicht im Sinne einer abgeschwächten Anwendbarkeit auf Organmitglieder und Selbständige zu verstehen sein; demgemäß ist davon auszugehen, dass der 2. Abschnitt des AGG insofern in vollem Umfang zur Anwendung kommt[4].

§ 7 Benachteiligungsverbot

(1) Beschäftigte dürfen nicht wegen eines in § 1 genannten Grundes benachteiligt werden; dies gilt auch, wenn die Person, die die Benachteiligung begeht, das Vorliegen eines in § 1 genannten Grundes bei der Benachteiligung nur annimmt.

(2) Bestimmungen in Vereinbarungen, die gegen das Benachteiligungsverbot des Absatzes 1 verstoßen, sind unwirksam.

(3) Eine Benachteiligung nach Absatz 1 durch Arbeitgeber oder Beschäftigte ist eine Verletzung vertraglicher Pflichten.

1 **I. Abs. 1 Hs. 1** legt als zentrale Norm des 2. Abschnitts des AGG ein allg. Benachteiligungsverbot wegen eines in § 1 genannten Grundes fest (zur Bedeutung von Abs. 1 Hs. 2 s. bereits § 3 Rz. 3). Nach der Entwurfsbegr. soll sich das Benachteiligungsverbot neben dem ArbGeb auch gegen **Arbeitskollegen und Dritte**, wie zB Kunden des ArbGeb richten[5]. Das ist nach der Ausgestaltung des AGG zumindest zweifelhaft, weil die an das Benachteiligungsverbot geknüpften Rechtsfolgen sich ausschließlich auf Personen beziehen, zwischen denen vertragl. Beziehungen bestehen (vgl. Abs. 2 und 3), sofern sie sich nicht auf Ansprüche gegen den ArbGeb beschränkt sind (§§ 12–15). Wenn zwischen Benachteiligendem und Betroffenem also keine unmittelbaren vertragl. Beziehungen im Anwendungsbereich des § 2 bestehen, kommen nur Rechtsfolgen außerhalb des AGG in Betracht, insb. Ansprüche nach § 823 I BGB (in seltenen Fällen[6] durch eine Verletzung des allg. Persönlichkeitsrechts als sonstiges Recht), § 823 II BGB iVm. Schutzgesetz (zB § 177 StGB) und § 7 BDSG (zu diesem Anspruch sowie weiteren möglichen Folgen von Verstößen gegen das BDSG s. Vorb. BDSG Rz. 74–79 und 86). § 7 I ist allerdings **kein Schutzgesetz iSd. § 823 II BGB**[7]. Der Gesetzgeber hat mit der Ausgestaltung des AGG deutlich gemacht, dass sich ein Verstoß gegen Abs. 1 nur innerhalb der jeweiligen vertragl. Beziehung auswirken soll. Bestehen solche vertragl. Beziehungen, kann die Verletzung des Benachteiligungsverbots verschiedene Rechts-

---

1 BAG 15.3.2011 – 10 AZB 49/10, EzA-SD 2011, Nr. 10, 12. ||2 So Schiek/*Schmidt*, § 6 Rz. 13 mwBsp. ||3 *Bauer/Göpfert/Krieger*, § 6 Rz. 36 nennen beispielhaft den besonderen Entscheidungsspielraum bei der Anstellung und Bestellung von Organmitgliedern nach § 38 I GmbHG oder § 84 AktG; ebenso *Adomeit/Mohr*, § 6 Rz. 43. ||4 Ebenso Schiek/*Schmidt*, § 6 Rz. 17. ||5 BT-Drs. 16/1780, 34; Schleusener/Suckow/Voigt/*Schleusener*, § 7 Rz. 4. ||6 Vgl. Staudinger/*Annuß*, Neubearb. 2005, § 611a BGB Rz. 80. ||7 *Adomeit/Mohr*, § 15 Rz. 146; *Bauer/Göpfert/Krieger*, § 7 Rz. 7; MüKoBGB/*Thüsing*, § 15 AGG Rz. 53; zu § 611a Staudinger/*Annuß*, Neubearb. 2005, § 611a BGB Rz. 81 mwN; aA Schleusener/Suckow/Voigt/*Voigt*, § 15 Rz. 26; Däubler/Bertzbach/*Deinert*, § 15 Rz. 124 mwN.

folgen nach sich ziehen (ausf. dazu Rz. 4f. und § 15). Benachteiligende Rechtsgeschäfte sind gem. Abs. 2 bzw. § 134 BGB iVm. Abs. 1 nichtig. Ansonsten bestehen die Rechte der §§ 13–15.

Die Unwirksamkeit von Vereinbarungen erfasst Abs. 2 ggü. Abs. 1 speziell. Abs. 1 erlangt daher in erster Linie bei einseitigen Maßnahmen des ArbGeb Bedeutung. Benachteiligende **Weisungen des ArbGeb** sind unwirksam. Auch schränkt Abs. 1 das **Fragerecht des ArbGeb** ein (zu den Anforderungen an eine AGG-konforme Stellenausschreibung s. § 11). Denn der ArbGeb hat ein Fragerecht nur soweit er ein berechtigtes schutzwürdiges Interesse an der Beantwortung der Frage für das ArbVerh hat und dahinter das Interesse des ArbN am Schutz seines Persönlichkeitsrechts und an der Unverletzbarkeit seiner Individualsphäre zurücktreten muss[1]. Bereiten Fragen eine Benachteiligung vor, die unter § 7 fallen würde, kann der ArbGeb an der Frage kein Interesse haben. Sie ist unzulässig und darf mit einer Lüge beantwortet werden.

Im Einzelnen: Das Verbot, nach der **ethnischen Herkunft** zu fragen, erfasst nicht die Frage, ob ein **Aufenthaltstitel oder eine Arbeitsberechtigung** vorliegen. Die Frage nach **Sprachkenntnissen** kann zu einer mittelbaren Benachteiligung führen und damit unzulässig sein[2], sofern sie nicht nach § 3 II gerechtfertigt ist. Hinsichtlich der Frage nach der **Schwangerschaft** hat sich an der Rechtslage durch die Einführung des AGG nichts geändert[3]. Sie ist grds. unzulässig, gleich ob ein unbefristetes[4] oder ein befristetes ArbVerh geschlossen wird und schon im Zeitpunkt des Vertragsschlusses feststeht, dass die ArbNin für eine wesentliche Zeit fehlen wird[5]. Gleichwohl dürfte die Frage in wenigen Ausnahmefällen nach § 8 zulässig sein[6], etwa wenn die ArbNin aufgrund der Schwangerschaft überhaupt nicht in der Lage ist, ein auf wenige Monate befristetes ArbVerh zu erfüllen. Für die Frage nach **Wehr- oder Ersatzdienst** gilt das zur Schwangerschaft Ausgeführte entsprechend. Die Frage nach dem **Geschlecht** ist nur unter den engen Voraussetzungen des § 8 zulässig, also wenn das Geschlecht eine wesentliche und entscheidende berufl. Anforderung darstellt. Desgleichen ist die Frage nach der **Transsexualität** in aller Regel unzulässig[7], gleich ob man die Transsexualität dem Merkmal Geschlecht oder sexuelle Ausrichtung zuordnet (s. § 1 Rz. 4, 11). Fragen nach **Religion und Weltanschauung** sind grds. mangels Relevanz für das ArbVerh unzulässig. Soweit dies im Einzelfall anders sein sollte, ist eine Rechtfertigung der Frage, insb. in Fällen des § 9, möglich. Nur sofern man mit der alten Rspr. Scientology weder als Religion noch als Weltanschauung ansieht (§ 1 Rz. 6), darf nach einer diesbezüglichen Mitgliedschaft weiterhin gefragt werden. Das AGG schützt einheitlich **Behinderung wie Schwerbehinderung**[8]. Im bestehenden ArbVerh ist die Frage danach jedenfalls nach sechs Monaten (ggf. Eintritt des Schwerbehindertenschutzes nach §§ 85ff. SGB IX) zulässig. Antwortet ein ArbN wahrheitswidrig auf die Frage nach seiner (Schwer-)Behinderung, darf er sich anschließend nicht auf seine (Schwer-)Behinderteneigenschaft berufen[9]. Im Übrigen, dh. namentlich im Rahmen der Vertragsanbahnung, ist eine Frage nach einer (Schwer-)Behinderung grds. unzulässig[10]. Aus dem Vorliegen bestimmter Erkrankungen und Leiden kann möglicherweise auf das Vorliegen einer Behinderung geschlossen werden, so dass Fragen auch hiernach unzulässig sein können[11]. Ausnahmsweise kann die Frage nach einer Behinderung zulässig sein, wenn eine bestimmte Fähigkeit eine wesentliche und entscheidende Voraussetzung für die Ausübung der Tätigkeit und die Differenzierung verhältnismäßig ist (§ 8 I). Die Frage darf sich aber auch dann nicht pauschal auf das Vorliegen der Schwerbehinderteneigenschaft oder irgendeiner Behinderung richten, sondern muss konkret die Auswirkungen auf das ArbVerh betreffen („Haben Sie eine Behinderung, die Ihnen die Ausübung von ... [konkrete Tätigkeit] unmöglich macht oder wesentlich erschwert?"). Darüber hinaus kann die Frage gem. § 5 gerechtfertigt sein, wenn sie zur Durchsetzung positiver Maßnahmen (zB Erfüllung einer Integrationsvereinbarung nach § 83 SGB IX) erforderlich ist[12]. Erfolgt in diesem Fall eine Lüge, so ist die Anfechtung nach § 123 I Alt. 1 BGB dennoch ausgeschlossen, weil es an der Kausalität zwischen Täuschung und Willenserklärung des ArbGeb fehlt[13]. Die Anfechtung ist auch ausgeschlossen, wenn die Behinderung für den ArbGeb offensichtlich war und deshalb bei ihm kein Irrtum entstanden ist[14]. Die Frage nach dem **Alter** ist in aller Regel unzulässig. Eine Rechtfertigung gem. § 10 ist möglich. Wird nach der Berufserfahrung gefragt, so kann das – namentlich bei Tätigkeiten, deren Wahrnehmung keine Erfahrung voraussetzt – auf eine mittelbare Benachteiligung zielen, so dass die Frage nur bei Vorliegen der Voraussetzungen des § 3 II zulässig ist. Eine Rechtfertigung der Frage nach der **sexuellen Identität** gem. § 8 ist nur schwer vorstellbar. Auch

---

1 BAG 7.6.1984 – 2 AZR 270/83, NZA 1985, 57 mwN. ||2 Vgl. ArbG Berlin 26.9.2007 – 14 Ca 10356/07, EzA-SD 2007, Nr. 26, 7. ||3 Lediglich die Einordnung als unmittelbare Benachteiligung ist nun durch § 3 I 2 klargestellt. ||4 EuGH 3.2.2000 – Rs. C-207/98, NZA 2000, 255 – Mahlburg; BAG 6.2.2003 – 2 AZR 621/01, NZA 2003, 848f. ||5 EuGH 16.10.2001 – Rs. C-109/00, NZA 2001, 1241 – Tele Danmark, wobei eine wesentliche Zeit in diesem Fall maximal 3 ½ von 6 Monaten waren; LAG Köln 11.10.2012 – 6 Sa 641/12, NZA-RR 2013, 232. ||6 Pallasch, NZA-RR 2013, 232 (233f.); Däubler/Bertzbach/*Däubler*, § 7 Rz. 28. ||7 EuGH 30.4.1996 – Rs. C-13/94, NZA 1996, 695; anders noch BAG 21.2.1991 – 2 AZR 449/90, NZA 1991, 719. ||8 Anders noch § 81 SGB IX, der nur die Schwerbehinderung erfasste. ||9 BAG 16.2.2012 – 6 AZR 553/10, NZA 2012, 555 (560); ausf. Giesen, RdA 2013, 48. ||10 Ausf. zum Fragerecht bzgl. Behinderung Joussen, NZA 2007, 174ff.; Brors, DB 2003, 1734ff. ||11 BAG 17.12.2009 – 8 AZR 670/08, NZA 2010, 383 (385). ||12 Ebenso Joussen, NZA 2007, 174 (177f.). ||13 Vgl. BAG 7.7.2011 – 2 AZR 396/10, NZA 2012, 34; anders läge es in dem Fall, in dem der ArbGeb gerade einen Schwerbehinderten (etwa zur Erfüllung der Schwerbehindertenquote) einstellen will und der nicht behinderte Bewerber angibt, behindert zu sein. ||14 BAG 18.10.2000 – 2 AZR 380/99, NZA 2001, 315.

die Frage nach einer gleichgeschlechtlichen Lebenspartnerschaft dürfte außerhalb spezieller Tätigkeiten im kirchl. Rahmen kaum zu rechtfertigen sein.

4 **II. Abs. 2** stellt klar, dass der vertragl. Verstoß gegen ein Benachteiligungsverbot die Unwirksamkeit der entsprechenden individual- oder kollektivrechtl. Vertragsklausel zur Folge hat[1]. Ein Rückgriff auf § 134 BGB iVm. § 7 I ist insofern entbehrlich, wobei sonstige Unwirksamkeitsgründe nicht verdrängt werden. Eine **geltungserhaltende Reduktion** einer benachteiligenden Klausel auf das nicht benachteiligende Maß ist auf Grund von Abs. 2 nicht möglich[2].

5 Bei **Individualvereinbarungen** bleibt bei Unwirksamkeit einzelner Klauseln der Rest des Vertrags entgegen der Zweifelsregelung des **§ 139 BGB** regelmäßig wirksam[3]. Das ergibt sich aus dem Schutzzweck des § 7 II. Gleiches gilt für kollektive Regelungen[4]. Darüber hinaus ist, auch wenn davon auszugehen ist, dass die Parteien den Vertrag ohne die Benachteiligung nicht geschlossen hätten, in Anlehnung an die Rspr. des EuGH zu Art. 141 EG (jetzt Art. 157 AEUV) **für die Vergangenheit** eine „Angleichung nach oben" vorzunehmen[5]. Das gilt aber nur, sofern dem Gleichbehandlungsgebot nicht auf andere Weise Geltung verschafft werden kann[6]. „Angleichung nach oben" bedeutet, dass der benachteiligte ArbN entsprechend den Umständen seines Beschäftigungsverhältnisses (also uU anteilige Kürzung bei Teilzeit[7]) für die Vergangenheit Anspruch auf die gleiche Behandlung und auf Anwendung der gleichen Regelung wie die nicht benachteiligten ArbN hat. Dagegen kann der ArbGeb nach Ansicht des BAG grds. nicht einwenden, dass er nur einen bestimmten Dotierungsrahmen zur Verfügung stellen wollte, sofern sein Interesse, von zusätzlichen finanziellen Belastungen und Verwaltungsaufwand verschont zu bleiben, nicht ausnahmsweise Vorrang ggü. dem Interesse der benachteiligten Beschäftigten an der uneingeschränkten Beachtung des Gleichbehandlungsgebots verdient und der ArbGeb durch die zusätzlichen Leistungen nicht finanziell überfordert wird[8]. Der erhöhte Anspruch kann rückwirkend auf den Zeitpunkt des ersten Vorliegens der Benachteiligung geltend gemacht werden. § 15 III, der nur Schadensersatz- und Entschädigungsansprüche erfasst, steht nicht entgegen[9]. Grenze der Rückwirkung ist der zeitliche Anwendungsbereich des AGG (§ 33). Der erhöhte Anspruch endet mit der Etablierung eines diskriminierungsfreien Entgeltsystems[10].

6 **III.** Gem. Abs. 3 liegt eine Vertragsverletzung vor, wenn der **ArbGeb oder ein Beschäftigter** gegen das Benachteiligungsverbot verstößt. Benachteiligt der ArbGeb einen Beschäftigten, verletzt er diesem ggü. seine vertragl. Verhaltenspflichten. Benachteiligt ein Beschäftigter einen anderen Beschäftigten, kommt eine Vertragsverletzung nur im Verhältnis zum ArbGeb in Betracht. Diese Vertragsverletzung wird von Abs. 3 unabhängig vom konkreten Vertragsinhalt fingiert[11]. Benachteiligungen durch **Dritte**, wie Kunden oder Lieferanten, ggü. Beschäftigten ihres Vertragspartners werden von Abs. 3 nicht erfasst.

8 Zulässige unterschiedliche Behandlung wegen beruflicher Anforderungen

(1) Eine unterschiedliche Behandlung wegen eines in § 1 genannten Grundes ist zulässig, wenn dieser Grund wegen der Art der auszuübenden Tätigkeit oder der Bedingungen ihrer Ausübung eine wesentliche und entscheidende berufliche Anforderung darstellt, sofern der Zweck rechtmäßig und die Anforderung angemessen ist.

(2) Die Vereinbarung einer geringeren Vergütung für gleiche oder gleichwertige Arbeit wegen eines in § 1 genannten Grundes wird nicht dadurch gerechtfertigt, dass wegen eines in § 1 genannten Grundes besondere Schutzvorschriften gelten.

1 I. Abs. 1 setzt Art. 4 I RL 2000/43/EG und 2000/78/EG sowie Art. 2 VI RL 76/207/EWG um und regelt, unter welchen allg. Voraussetzungen berufliche Anforderungen eine Ungleichbehandlung rechtfertigen können. Einschlägig ist Abs. 1 nur für unmittelbare Benachteiligungen, da bei der mittelbaren Benachteiligung das Fehlen eines sachlichen Grundes zur Rechtfertigung bereits zu den tatbestandlichen Voraussetzungen gehört. Bei einer Belästigung oder sexuellen Belästigung nach § 3 III bzw. IV kommt eine Rechtfertigung nach Abs. 1 nicht in Betracht. Der einheitliche Rechtfertigungsmaßstab nach Abs. 1 bezieht sich auf alle in § 1 genannten Gründe. Der Schutzstandard soll dem aus § 611a I 2 BGB aF entsprechen[12]: Die Ungleichbehandlung kann nicht durch bloße Zweckmäßigkeitserwägungen gerechtfertigt werden, vielmehr muss die Forderung nach dem Vorliegen oder Nichtvorliegen eines von § 1 geschützten Merkmals (1) auf Grund der Art der auszuübenden Tätigkeit oder der Bedingungen ihrer

---

1 BAG 13.10.2009 – 9 AZR 722/08, NZA 2010, 327 (331). ||2 *Thüsing*, Rz. 493. ||3 BAG 6.4.2011 – 7 AZR 524/09, NZA 2011, 970 (972). ||4 Allg. zu den Rechtfolgen einer gegen Benachteiligungsverbote verstoßenden Kollektivvereinbarung *Wiedemann*, NZA 2007, 950. ||5 EuGH 13.12.1989 – Rs. C-102/88, NZA 1991, 59 f.; 7.2.1991 – Rs. C-184/89, NJW 1991, 2207; BAG 10.11.2011 – 6 AZR 148/11, NZA 2012, 161 (163); aA OVG Sa.-Anh. 11.12.2012 – 1 L 9/12, Rz. 169 ff. ||6 BAG 7.3.1995 – 3 AZR 282/94, NZA 1996, 48. ||7 Vgl. EuGH 27.6.1990 – Rs. C-33/89, NZA 1990, 771. ||8 BAG 7.3.1995 – 3 AZR 282/94, NZA 1996, 48, das unter diesen Umständen uU sogar einen Wegfall der gewährten Leistungen vorgenommen hätte; s.a. BAG 14.5.2013 – 1 AZR 44/12, NZA 2013, 1160 (1162). ||9 ErfK/*Schlachter*, § 7 AGG Rz. 8. ||10 BAG 8.12.2011 – 6 AZR 319/09, NZA 2012, 275 (277). ||11 ErfK/*Schlachter*, § 7 AGG Rz. 9. ||12 BT-Drs. 16/1780, 35.

Ausübung eine wesentliche und entscheidende berufliche Anforderung darstellen und (2) verhältnismäßig sein[1].

Das Vorliegen oder Nichtvorliegen eines Merkmals nach § 1 ist eine **wesentliche** und **entscheidende** **berufliche Anforderung**, wenn ein Angehöriger der jeweils anderen Gruppe des Merkmals die vertragsmäßige Leistung nicht oder nur untauglich erbringen könnte[2]. Dass eine Person der anderen Gruppe die Tätigkeit überhaupt nicht erbringen kann, wird nur ausnahmsweise, wie zB bei einer Amme, der Fall sein. In anderen Fällen wird die Person der anderen Gruppe die Leistung zwar regelmäßig erbringen können, aber nicht gleichermaßen (zB männliches Model für Frauenkleider)[3]. In welchen Fällen das (Nicht-)Vorliegen eines Merkmals eine wesentliche und entscheidende berufliche Anforderung ist, wird man abstrakt kaum genauer bestimmen können als durch den Hinweis, dass es hier letztlich um nichts anderes als eine Interessenabwägung geht, in deren Rahmen nicht aus dem Auge verloren werden darf, dass nur die „sachlich absolut notwendigen Ausnahmen geduldet werden"[4]. Eine besonders ausgeprägte **körperliche Eignung** kann für bestimmte Aufgaben (zB Berufsfeuerwehr) eine wesentliche und entscheidende berufl. Anforderung sein und daher eine Altersgrenze rechtfertigen[5]. Auch soll eine zulässige unterschiedliche Behandlung nach der Entwurfsbegr. bspw. vorliegen, wenn bei Organisationen der in Deutschland anerkannten **nationalen Minderheiten** und der anerkannten Regional- oder Minderheitensprachen Personen bevorzugt eingestellt werden, die der jeweiligen Gruppe angehören[6], wobei dies kaum für Positionen ohne direkten Bezug zur Haupttätigkeit der Organisation gelten kann (zB für Hausmeister oder Gärtner). Desgleichen dürfte eine merkmalsspezifische Anknüpfung nach Abs. 1 zulässig sein, wenn dies zur **Authentizitätswahrung** (vgl. etwa obiges Bsp. mit dem Model[7]) oder nach einer gesetzl. Bestimmung (vgl. § 64a I BBergG aF[8]) erforderlich ist. Ist auf Grund einer merkmalsneutralen Stellenbesetzung oder Tätigkeitsvergabe der Erfolg der Aufgabe gefährdet, fragt sich, in welchen Fällen dies eine Unterscheidung rechtfertigt. So ist es zulässig, einen Sozialarbeiter oder einen Amtsvormund merkmalsabhängig auszuwählen, wenn die Zugehörigkeit zu einer bestimmten Gruppe Voraussetzung für die Realisierung des Resozialisierungserfolgs ist[9], oder eine weibliche Gleichstellungsbeauftragte zu suchen, wenn ein nicht unerheblicher Teil der Tätigkeiten von einem Mann nicht ausgeübt werden könnte, ohne den verfolgten Zweck zu gefährden[10]. Schwieriger erscheint dagegen die Frage, inwieweit auch das **unternehmerische Interesse** des ArbGeb, insb. eine von diesem getroffene Grundlagenentscheidung über die unternehmerische Ausrichtung, eine Unterscheidung rechtfertigen kann. Nicht überzeugend ist es, Vorurteile der Kundschaft grds. nicht als ausreichend anzusehen[11]. Wesentlich ist demggü., dass sich die Pflicht zur Gleichbehandlung nur gegen den ArbGeb richtet und nicht jedermann außerhalb arbeitsrechtl. Beziehungen trifft (s. § 7 Rz. 1). Soweit daher im allg. Zivilrechtsverkehr das Marktprinzip nicht durch besondere Differenzierungsverbote eingeschränkt worden ist, wird man die zur Realisierung eines bestimmten unternehmerischen Erfolgs notwendigen Maßnahmen prinzipiell als unverzichtbare Voraussetzungen anerkennen müssen[12]. Dies gilt grds. auch für Positionen in der Binnenorganisation des ArbGeb, soweit sie zum Zweck der glaubhaften Darstellung einer bestimmten Unternehmensphilosophie mit den Angehörigen einer bestimmten Merkmalsgruppe besetzt werden müssen. Zu beachten ist, dass den ArbGeb die Beweislast für die Notwendigkeit der Maßnahme trifft und ein bloßer Verweis auf ein unternehmerisches Konzept, dessen Erforderlichkeit und Erfolg nicht näher dargelegt werden, nicht genügen kann[13].

II. Abs. 2 soll den vormals in § 612 III BGB geregelten Grundsatz der Entgeltgleichheit bzgl. des Geschlechts aufgreifen und ihn auf alle in § 1 genannten Merkmale übertragen. Der ArbGeb soll insb. Kosten, die infolge eines besonderen Schutzerfordernisses entstehen, nicht auf die betroffenen Personen abwälzen können, da dies eine ungerechtfertigte Benachteiligung auf Grund eines Merkmals nach § 1 bedeuten würde. **Besondere Schutzvorschriften** idS sind ua. Beschäftigungs- oder Arbeitsverbote für werdende Mütter (§§ 3, 4, 6 bzw. 8 MuSchG) oder Jugendliche (§§ 22–27 JArbSchG) und besondere Fürsorgepflichten für Jugendliche (§§ 28–31 JArbSchG) oder Behinderte (§ 81 IV 1 Nr. 4, 5 SGB IX). Inwiefern die Zahlung eines höheren/geringeren Entgelts für unterschiedliche Gruppen, die sich durch ein Merkmal nach § 1 unterscheiden, aus anderen Gründen gerechtfertigt werden kann, wird durch Abs. 2 nicht beantwortet. Nach der Entwurfsbegr. soll Abs. 2 iVm. § 2 I Nr. 2 und § 7 I auch eine Anspruchsgrundlage für Ansprüche auf gleiches Entgelt für gleiche oder gleichwertige Arbeit bilden[14]. Dies findet im Wortlaut jedoch keinen Widerhall. Abs. 2 stellt daher **keine Anspruchsgrundlage** dar[15], sondern schneidet lediglich einen potentiellen Rechtfertigungsgrund für eine ungleiche Vergütung ab. Für einen

---

1 Eingehend zur Verhältnismäßigkeitsprüfung BAG 28.5.2009 – 8 AZR 536/08, NZA 2009, 1016 (1021). ‖ 2 BAG 28.5.2009 – 8 AZR 536/08, NZA 2009, 1016 (1019); LAG Bln.-Bbg. 13.1.2012 – 6 Sa 2159/11, NZA-RR 2012, 183 (185). ‖ 3 Weitere Bsp. KR/*Treber*, § 8 AGG Rz. 12 ff. ‖ 4 *Wiedemann/Thüsing*, NZA 2002, 1234 (1238). ‖ 5 EuGH 12.1.2010 – Rs. C-229/08, NVwZ 2010, 244 (246) – Wolf. ‖ 6 BT-Drs. 16/1780, 35. ‖ 7 Zum Model vgl. auch LAG Köln 19.7.1996 – 7 Sa 499/96, NZA-RR 1997, 84. ‖ 8 V. 13.8.1980, BGBl. I S. 1310, aufgeh. mWv. 25.3.2009 durch Gesetz v. 17.3.2009, BGBl. I S. 550. ‖ 9 ArbG Hamm 6.9.1984 – 4 Ca 1076/82, DB 1984, 2700; LAG Nds. 19.4.2012 – 4 SaGa 1732/11, Rz. 5 f. ‖ 10 BAG 18.3.2010 – 8 AZR 77/09, NZA 2010, 872 (875). ‖ 11 So etwa HWK/*Thüsing*, 2. Aufl. 2006, § 611a BGB Rz. 31. ‖ 12 Ebenso BAG 28.5.2009 – 8 AZR 536/08, NZA 2009, 1016 (1019). ‖ 13 Vgl. BAG 10.10.2002 – 2 AZR 472/01, NZA 2003, 483 (486); 22.1.2009 – 8 AZR 906/07, NZA 2009, 945 (950). ‖ 14 BT-Drs. 16/1780, 35. ‖ 15 *Bauer/Göpfert/Krieger*, § 8 Rz. 43; ErfK/*Schlachter*, § 8 AGG Rz. 8.

Anspruch auf höhere Vergütung ist auf die sonstigen rechtl. Möglichkeiten zurückzugreifen (zB § 4 TzBfG, Art. 157 AEUV, § 15 I AGG).

4   Abs. 2 greift nur bei gleicher oder gleichwertiger Arbeit. Nach der Rspr. zu § 612 III BGB aF liegt **gleiche Arbeit** vor, „wenn Arbeitnehmer an verschiedenen oder nacheinander an denselben technischen Arbeitsplätzen identische oder gleichartige Tätigkeiten ausüben"; weichen einzelne Handlungen voneinander ab, ist auf die jeweils überwiegend auszuübende Tätigkeit abzustellen[1]. Arbeiten werden danach solange als gleich bzw. gleichartig anzusehen sein, wie die ArbN gegeneinander ausgetauscht werden können[2]. **Gleichwertig** sollen nach der Begr. des Gesetzentwurfs zu § 612 III BGB Arbeiten sein, wenn sie nach objektiven Maßstäben der Arbeitsbewertung denselben Arbeitswert haben, wobei die Praxis der Tarifvertragsparteien und die Verkehrsanschauung Anhaltspunkte geben sollen[3]. Letztendlich bleibt die Bestimmung gleichwertiger Arbeit mangels objektiver Maßstäbe schwierig[4]. Zunächst ist der Gegenstand der geschuldeten Arbeitsleistung festzustellen. Anschließend sind die Tätigkeiten miteinander zu vergleichen, wobei für die Wertigkeit maßgeblich auf erforderliche Vorkenntnisse und Fähigkeiten im Hinblick auf Art, Vielfalt und Qualität abzustellen ist[5].

5   Die Begriffe „Vereinbarungen" und „Vergütung" sind weit auszulegen. **Vereinbarungen** sind wie in § 2 I Nr. 2 alle individual- oder kollektivrechtl. Regelungen. Der Begriff der **Vergütung** entspricht dem des Art. 157 AEUV (s. § 2 Rz. 6). Damit können auch Leistungen nach Beendigung des ArbVerh (Entlassungsentschädigungen, Leistungen der betriebl. Altersversorgung etc.) erfasst sein[6].

9 Zulässige unterschiedliche Behandlung wegen der Religion oder Weltanschauung

(1) Ungeachtet des § 8 ist eine unterschiedliche Behandlung wegen der Religion oder der Weltanschauung bei der Beschäftigung durch Religionsgemeinschaften, die ihnen zugeordneten Einrichtungen ohne Rücksicht auf ihre Rechtsform oder durch Vereinigungen, die sich die gemeinschaftliche Pflege einer Religion oder Weltanschauung zur Aufgabe machen, auch zulässig, wenn eine bestimmte Religion oder Weltanschauung unter Beachtung des Selbstverständnisses der jeweiligen Religionsgemeinschaft oder Vereinigung im Hinblick auf ihr Selbstbestimmungsrecht oder nach der Art der Tätigkeit eine gerechtfertigte berufliche Anforderung darstellt.

(2) Das Verbot unterschiedlicher Behandlung wegen der Religion oder der Weltanschauung berührt nicht das Recht der in Absatz 1 genannten Religionsgemeinschaften, der ihnen zugeordneten Einrichtungen ohne Rücksicht auf ihre Rechtsform oder der Vereinigungen, die sich die gemeinschaftliche Pflege einer Religion oder Weltanschauung zur Aufgabe machen, von ihren Beschäftigten ein loyales und aufrichtiges Verhalten im Sinne ihres jeweiligen Selbstverständnisses verlangen zu können.

1   **I. Hintergrund der Norm.** § 9 beruht auf Art. 4 II RL 2000/78/EG. Während die RL einerseits in Art. 1 die unterschiedliche Behandlung wegen der Religion oder Weltanschauung verbietet, ermöglicht sie mit Art. 4 II den Mitgliedstaaten, in bestimmtem Umfang Regelungen aufrecht zu erhalten, die Religions- oder Weltanschauungsgemeinschaften eine unterschiedliche Behandlung auf Grund der Religion oder Weltanschauung erlauben. Art. 4 II 1 RL 2007/78/EG erinnert insofern an § 8 I, als er eine Ungleichbehandlung nur dann duldet, wenn die Religion oder Weltanschauung einer Person nach der Art der Tätigkeit oder der Umstände ihrer Ausübung angesichts des Ethos der Organisation eine wesentliche und gerechtfertigte berufliche Anforderung darstellt. Derartige Regelungen bestehen in Deutschland auf Grund Verfassungsrechts. Art. 140 GG gesteht iVm. Art. 137 III, VII WRV Religions- und Weltanschauungsgemeinschaften das Recht zu, über Ordnung und Verwaltung ihrer Angelegenheiten selbstständig zu entscheiden[7]. Dieses Recht umfasst grds. auch die Berechtigung, die Religion oder Weltanschauung als berufl. Anforderung für die bei ihnen Beschäftigten zu bestimmen und darüber hinaus allg. Verhaltensanforderungen aufzustellen, die über den Bereich des bloßen Bekenntnisses hinausgehen. Das Selbstbestimmungsrecht der Religions- und Weltanschauungsgemeinschaften wird vorliegend durch die Gesetzgebung auf europäischer Ebene nicht eingeschränkt[8]. Neben § 9 sollen für berufl.

---

1 BAG 23.8.1995 – 5 AZR 942/93, NZA 1996, 579 (580). ||2 Vgl. *Thüsing*, Rz. 363 mwN. ||3 BT-Drs. 8/3317, 10; ausf. *Adomeit/Mohr*, § 8 Rz. 98 ff. ||4 Vgl. Staudinger/*Richardi/Fischinger*, § 612 BGB Rz. 62. ||5 BAG 23.8.1995 – 5 AZR 942/93, NZA 1996, 579 (581). ||6 EuGH 17.5.1990 – Rs. C-262/88, NJW 1991, 2204 (2205) – Barber. ||7 Ausf. zum die Kirchen betreffenden Verfassungsrecht und dem Selbstbestimmungsrecht der Kirchen bei der Personenauswahl und der Festlegung von Loyalitätsobliegenheiten *Richardi*, Arbeitsrecht in der Kirche, § 1 Rz. 1 ff., § 6 Rz. 1 ff. und *Thüsing/Fink-Jamann/v. Hoff*, ZfA 2009, 153 ff. ||8 Vgl. *Richardi*, Arbeitsrecht in der Kirche, § 1 Rz. 31 ff., § 4 Rz. 34, der das Selbstbestimmungsrecht der Kirchen nach deutschem Verständnis als „gemeinschaftsfest" betrachtet; *Fischermeier*, FS Richardi, 2007, S. 875, 883 ff., der nach einer Auslegung des § 4 II RL 2000/78/EG unter Berücksichtigung der „Amsterdamer Kirchenerklärung" zu dem Schluss kommt, dass die RL das kirchl. Selbstbestimmungsrecht im bisherigen Umfang wahrt; im Erg. ebenso *Hanau/Thüsing*, Europarecht und kirchl. ArbR, 2001, S. 34 f.; *Joussen*, RdA 2003, 32 (36 ff.); *Reichold*, NZA 2001, 1054; *Adomeit/Mohr*, § 9 Rz. 22 ff.; das kirchl. Selbstbestimmungsrecht eingeschränkt sehen *Budde*, AuR 2005, 353 (356 ff.); *Belling*, NZA 2004, 885, 886 f.; *Däubler*, RdA 2003, 204 (208). S.a. *Schliemann*, FS Richardi, 2007, S. 959 ff., der den Status der Kirchen und ihrer Einrichtungen gefährdet sieht und für eine Festschreibung des kirchl. Selbstbestimmungsrechts auf Primärrechtsebene plädiert.

Anforderungen auch bei Religions- und Weltanschauungsgemeinschaften die allg. Regeln des § 8 gelten, wobei dies auf Grund des niedrigeren Maßstabs des § 9 (s. Rz. 4) kaum relevant werden dürfte.

II. Religionsgemeinschaft und zugeordnete Einrichtungen. § 9 privilegiert Religionsgemeinschaften. Ob eine solche vorliegt, ergibt sich aus dem Begriff der Religion (vgl. § 1 Rz. 5 ff.). IÜ entspricht der Begriff der Religionsgemeinschaft dem aus Art. 137 III WRV. Vom Privileg des § 9 sind nicht nur die Religionsgemeinschaft selbst, sondern auch die ihr zugeordneten Einrichtungen unabhängig von deren Rechtsform erfasst. Voraussetzung für die Zuordnung soll nach der Entwurfsbegr., die insofern auf mehrere Entscheidungen des BVerfG[1] verweist, sein, dass „der Zweck der Vereinigung gerade auf die Erreichung eines solchen [religiösen] Zieles gerichtet ist. Das gilt ohne weiteres für organisatorisch oder institutionell mit Kirchen verbundene Vereinigungen wie kirchliche Orden, deren Daseinszweck eine Intensivierung der gesamtkirchlichen Aufgaben enthält. Es gilt aber auch für andere selbständige oder unselbständige Vereinigungen, wenn und soweit ihr Zweck die Pflege oder Förderung eines religiösen Bekenntnisses oder die Verkündung des Glaubens ihrer Mitglieder ist"[2]. Maßstab für das Vorliegen dieser Voraussetzungen *könne* das Ausmaß der institutionellen Verbindung mit einer Religionsgemeinschaft oder die Art der mit der Vereinigung verfolgten Ziele sein[3]. Damit ist freilich nicht viel gewonnen. Zur Aufhellung der Kriterien einer Zuordnung ist insb. auf die zu § 118 II BetrVG ergangene Rspr. abzustellen (ausf. § 118 BetrVG Rz. 32 ff.): Danach muss eine Einrichtung, damit sie einer Religionsgemeinschaft zugeordnet werden kann, (1) nach ihrer Zweckbestimmung einen Auftrag der Religionsgemeinschaft erfüllen[4]. Ein nach den Glaubensinhalten zu ermittelnder Auftrag wäre bei den christl. Kirchen zB die tätige Nächstenliebe, so dass karitative Einrichtungen insofern ohne weiteres „an der Verwirklichung eines Stückes Auftrag der Kirche"[5] teilhaben. Darüber hinaus muss die Einrichtung (2) in Verbindung mit den Amtsträgern der Kirche stehen, denn die Wahrnehmung ihrer Aufgabe muss „sich als Wesens- und Lebensäußerung der Kirche darstellen"[6]. Dazu ist zum einen erforderlich, dass die Religionsgemeinschaft die Einrichtung zur Verwirklichung ihres religiösen Auftrags als ihr zugehörig begreift und zum anderen, dass sie einen ordnenden Einfluss auf die Einrichtung hat[7]. Dieser muss nicht satzungsmäßig abgesichert sein, vielmehr genügt im Einzelfall eine personelle Verflechtung zwischen den Führungsgremien der Einrichtung und den Amtsinhabern der Religionsgemeinschaft[8].

III. Vereinigung. Weiterhin privilegiert § 9 Vereinigungen, die sich die gemeinschaftl. Pflege einer Religion oder Weltanschauung zur Aufgabe gemacht haben. Dieser Passus erfüllt die Anforderungen des Art. 137 VII WRV, der die Selbstverwaltungsfreiheit für Religionsgemeinschaften nach Art. 137 III WRV gleichermaßen auf Weltanschauungsgemeinschaften bezieht. Ob eine solche Gemeinschaft vorliegt, ist abhängig vom Begriff der Weltanschauung (s. § 1 Rz. 5 f.). Der Schutz erfasst auch ihnen zugeordnete Einrichtungen nach den soeben für die Religionsgemeinschaften dargestellten Maßstäben. Allerdings scheint § 9 noch darüber hinaus zu gehen, indem er das Privileg auf Vereinigungen erstreckt, die sich die gemeinschaftl. Pflege einer Religion oder Weltanschauung zur Aufgabe gemacht haben. Was hiermit im Einzelnen gemeint ist, ist unklar. Als Beispielsfälle werden die unabhängigen Schwangerschaftsberatungsstellen „Donum Vitae" genannt[9]. Damit wäre der Gesetzgeber allerdings über den Rahmen der RL hinausgegangen, deren Art. 4 II nur die Beibehaltung nationalstaatl. Regelungen und Gepflogenheiten erlaubt, nicht aber die Schaffung neuer Ausnahmebestimmungen, welche mit der im Widerspruch zum übrigen Arbeitsrecht stehenden Ausweitung des Religions- und Weltanschauungsprivilegs verbunden wäre[10]. Eine einschränkende richtlinienkonforme Auslegung ist daher angezeigt[11].

IV. Berufliche Anforderung. Eine Differenzierung nach Religion oder Weltanschauung ist nur zulässig, wenn das jeweilige Bekenntnis eine gerechtfertigte berufl. Anforderung im Hinblick auf das Selbstbestimmungsrecht der Vereinigung oder die Art der Tätigkeit darstellt. Der Maßstab ist im Vergleich zu § 8 also niedriger, wo die berufl. Anforderung wesentlich und entscheidend sein muss. Inwiefern ein bestimmtes Bekenntnis eine berufl. Anforderung darstellt, können die Vereinigungen nach ihrem Selbstverständnis unter Beachtung der verfassungsrechtl. Vorgaben selbst bestimmen[12]. Die gestellte Anforderung muss auch im Hinblick auf das Selbstbestimmungsrecht oder nach der Art der konkreten Tätigkeit gerechtfertigt sein, was die Beachtung des Verhältnismäßigkeitsprinzips voraussetzt. Demgemäß kommt – in Übereinstimmung mit dem kirchl. Selbstbestimmungsrecht – eine Rechtfertigung umso weniger in Betracht, je weniger der Beschäftigte mit dem auf dem Glauben/der Anschauung beruhenden Wirken der Vereinigung in Berührung kommt. So wäre es eine zulässige berufl. Anforderung, von einem leitenden Mitarbeiter der Caritas oder deren Pflegepersonal[13] zu fordern, dass sie Mitglied

---

1 BVerfG 16.10.1968 – 1 BvR 241/66, BVerfGE 24, 236 (246 f.); 11.10.1977 – 2 BvR 209/76, BVerfGE 46, 73 (85 ff.). || 2 BT-Drs. 16/1780, 35 aus BVerfG 16.10.1968 – 1 BvR 241/66, BVerfGE 24, 236 (246 f.); vgl. auch LAG Hess. 8.7.2011 – 3 Sa 742/10, LAGE § 9 AGG Nr. 1 (ev. Zusatzversorgungskasse). || 3 BT-Drs. 16/1780, 35. || 4 Vgl. Richardi/*Thüsing*, § 118 BetrVG Rz. 199. || 5 BVerfG 11.10.1977 – 2 BvR 209/76, BVerfGE 46, 73 (85 ff.). || 6 BAG 6.12.1977 – 1 ABR 28/77, DB 1978, 943 (944). || 7 Vgl. BAG 6.12.1977 – 1 ABR 28/77, DB 1978, 943 f.; 14.4.1988 – 6 ABR 36/86, NJW 1988, 3283. || 8 BAG 14.4.1988 – 6 ABR 36/86, NJW 1988, 3283. || 9 ErfK/*Schlachter*, § 9 AGG Rz. 2. || 10 Ebenso ErfK/*Schlachter*, § 9 AGG Rz. 2. || 11 KR/*Treber*, § 9 AGG Rz. 8. || 12 LAG Rh.-Pf. 2.7.2008 – 7 Sa 250/08, EzA-SD 2008, Nr. 17, 6; *Joussen*, NZA 2008, 675 ff. || 13 LAG Rh.-Pf. 2.7.2008 – 7 Sa 250/08, EzA-SD 2008, Nr. 17, 6.

der katholischen Kirche sind[1], wohingegen die gleiche Forderung an den Gärtner grds. nicht gestellt werden darf (s. dazu auch § 5 Abs. 3 und 4 der Grundordnung des kirchlichen Dienstes im Rahmen kirchlicher Arbeitsverhältnisse).

5 V. Abs. 2 stellt klar, dass durch Abs. 1 nicht das Recht der Religions- oder Weltanschauungsgemeinschaften angetastet wird, besondere Verhaltensanforderungen an ihre Mitarbeiter zu stellen. Die Organisationen können von ihren Mitarbeitern ein **loyales und aufrichtiges Verhalten** verlangen, wobei es Sache der Organisationen selbst ist, insoweit verbindliche innere Regelungen zu schaffen[2]. In welchem Umfang Vorgaben der Religions- oder Weltanschauungsgemeinschaften bestehen und diese arbeitsrechtl. Maßnahmen rechtfertigen, ist unter Berücksichtigung des kirchl. Selbstbestimmungsrechts gerichtlich überprüfbar[3], wobei die Rechte der betroffenen ArbN in die Abwägung einzubeziehen sind[4]. Verhaltensanforderungen sind zB das Verbot einer zweiten Eheschließung nach Scheidung[5] oder das Verbot der Vollziehung homosexueller Praktiken[6]. Inwiefern Abs. 2 auch eine Benachteiligung aus anderen Gründen gem. § 1 als wegen der Religion oder Weltanschauung erlaubt, ist umstr. (vgl. das Bsp. von soeben: die Benachteiligung wegen Vollziehung homosexueller Praktiken ist eine Benachteiligung wegen der sexuellen Identität)[7]. Nach seinem Wortlaut enthält Abs. 2 lediglich einen Rechtfertigungsgrund für die unterschiedliche Behandlung wegen Religion oder Weltanschauung. Die og. Kündigung wegen Vollziehung homosexueller Praktiken würde damit gegen das AGG verstoßen und wäre unzulässig. Verfassungsrechtlich ist jedoch ein anderes Ergebnis vorgegeben, denn zum Selbstbestimmungsrecht der Kirchen gehört es auch, selbst zu bestimmen, welches Verhalten über das Bekenntnis hinaus durch ihre wesentlichen Glaubens- und Sittenlehren gefordert wird[8]. Dies zugrunde gelegt, ist Abs. 2 entsprechend extensiv auszulegen. Europäisches Recht steht einer solchen Auslegung nicht entgegen[9].

10 *Zulässige unterschiedliche Behandlung wegen des Alters*
Ungeachtet des § 8 ist eine unterschiedliche Behandlung wegen des Alters auch zulässig, wenn sie objektiv und angemessen und durch ein legitimes Ziel gerechtfertigt ist. Die Mittel zur Erreichung dieses Ziels müssen angemessen und erforderlich sein. Derartige unterschiedliche Behandlungen können insbesondere Folgendes einschließen:

1. die Festlegung besonderer Bedingungen für den Zugang zur Beschäftigung und zur beruflichen Bildung sowie besonderer Beschäftigungs- und Arbeitsbedingungen, einschließlich der Bedingungen für Entlohnung und Beendigung des Beschäftigungsverhältnisses, um die berufliche Eingliederung von Jugendlichen, älteren Beschäftigten und Personen mit Fürsorgepflichten zu fördern oder ihren Schutz sicherzustellen,
2. die Festlegung von Mindestanforderungen an das Alter, die Berufserfahrung oder das Dienstalter für den Zugang zur Beschäftigung oder für bestimmte mit der Beschäftigung verbundene Vorteile,
3. die Festsetzung eines Höchstalters für die Einstellung auf Grund der spezifischen Ausbildungsanforderungen eines bestimmten Arbeitsplatzes oder auf Grund der Notwendigkeit einer angemessenen Beschäftigungszeit vor dem Eintritt in den Ruhestand,
4. die Festsetzung von Altersgrenzen bei den betrieblichen Systemen der sozialen Sicherheit als Voraussetzung für die Mitgliedschaft oder den Bezug von Altersrente oder von Leistungen bei Invalidität einschließlich der Festsetzung unterschiedlicher Altersgrenzen im Rahmen dieser Systeme für bestimmte Beschäftigte oder Gruppen von Beschäftigten und die Verwendung von Alterskriterien im Rahmen dieser Systeme für versicherungsmathematische Berechnungen,
5. eine Vereinbarung, die die Beendigung des Beschäftigungsverhältnisses ohne Kündigung zu einem Zeitpunkt vorsieht, zu dem der oder die Beschäftigte eine Rente wegen Alters beantragen kann; § 41 des Sechsten Buches Sozialgesetzbuch bleibt unberührt,

---

1 Zur Zulässigkeit der Kündigung einer kirchl. Mitarbeiterin, die Mitglied einer anderen Glaubensgemeinschaft ist, s.a. BAG 25.4.2013 –2 AZR 579/12, NZA 2013, 1131 (1136); 21.2.2001 – 2 AZR 139/00, NZA 2001, 1136 (1138 ff.); EGMR 3.2.2011 – 18136/02, EzA § 611 BGB 2002 Kirchl. Arbeitnehmer Nr. 17. ||2 So zB geschehen für die kath. Kirche durch die „Grundordnung des kirchl. Dienstes im Rahmen kirchlicher Arbeitsverhältnisse" oder für die ev. Kirche durch die „Loyalitätsrichtlinien für privatrechtliche berufliche Mitarbeit in EKD und Diakonie". ||3 Grundlegend BVerfG 4.6.1985 – 2 BvR 1703/83, NJW 1986, 367 (368 f.). ||4 EGMR 23.9.2010 – 425/03, NZA 2011, 277 ff. - Obst und 23.9.2010 – 1620/03, NZA 2011, 279 ff. - Schüth; BAG 8.9.2011 – 2 AZR 543/10, NJW 2012, 1099; s.a. *Joussen*, RdA 2011, 173 (175 f.). ||5 BAG 14.10.1980 – 1 AZR 1274/79, NJW 1981, 1228. ||6 BAG 30.6.1983 – 2 AZR 524/81, NJW 1984, 1917. ||7 Für eine extensive Auslegung, die Benachteiligungen aus anderen Gründen gestattet, *Bauer/Göpfert/Krieger*, § 9 Rz. 16 f.; *Thüsing*, Rz. 489 ff.; dagegen *Kamanabrou*, RdA 2006, 321 (328); ErfK/*Schlachter*, § 9 AGG Rz. 4; *Däubler/Bertzbach/Wedde*, § 9 Rz. 74 ff.; *Adomeit/Mohr*, § 9 Rz. 20; Schiek/*Schmidt*, § 9 Rz. 19. ||8 Ausf. *Fischermeier*, FS Richardi, 2007, S. 875 ff.; vgl. auch *Bauer/Göpfert/Krieger*, § 9 Rz. 16 f.; *Thüsing*, Rz. 489 ff.; einen Konflikt zwischen § 9 AGG und dem Verfassungsrecht lediglich konstatierend ErfK/*Schlachter*, § 9 AGG Rz. 4; grundlegend zum kirchl. Selbstbestimmungsrecht BVerfG 4.6.1985 – 2 BvR 1703/83, NJW 1986, 367. ||9 *Bauer/Göpfert/Krieger*, § 9 Rz. 16 f.; *Fischermeier*, FS Richardi, 2007, S. 875, 883 ff. mwN; *Joussen*, RdA 2003, 32 (38); *Kamanabrou*, RdA 2006, 321 (328); *Richardi*, Arbeitsrecht in der Kirche, § 4 Rz. 34 mwN, allgemeiner § 1 Rz. 31 ff.; *Thüsing*, Rz. 489 ff.; aA *Budde*, AuR 2005, 353 (359); *Däubler/Bertzbach/Wedde*, § 9 Rz. 74; wohl auch *Schliemann*, FS Richardi, 2007, S. 959 (970 ff.).

6. Differenzierungen von Leistungen in Sozialplänen im Sinne des Betriebsverfassungsgesetzes, wenn die Parteien eine nach Alter oder Betriebszugehörigkeit gestaffelte Abfindungsregelung geschaffen haben, in der die wesentlich vom Alter abhängenden Chancen auf dem Arbeitsmarkt durch eine verhältnismäßig starke Betonung des Lebensalters erkennbar berücksichtigt worden sind, oder Beschäftigte von den Leistungen des Sozialplans ausgeschlossen haben, die wirtschaftlich abgesichert sind, weil sie, gegebenenfalls nach Bezug von Arbeitslosengeld, rentenberechtigt sind.

I. Allgemeine Anforderungen. S. 1 setzt Art. 6 RL 2000/78/EG um[1] und normiert die Voraussetzungen für die Zulässigkeit einer unterschiedlichen Behandlung wegen des Alters. Als allg. Prinzip zur Bestimmung der Zulässigkeit einer Ungleichbehandlung wegen des Alters – gleich ob durch individual- oder kollektivvertragliche Regelung – wird in den Sätzen 1 und 2 der **Verhältnismäßigkeitsgrundsatz** festgelegt. Die **Legitimität des Zieles** ist unter Berücksichtigung der fachlich-beruflichen Zusammenhänge aus Sicht des ArbGeb, der BV- oder TV-Parteien zu beurteilen[2]. Eine ausdrückliche Nennung des Ziels ist auch in kollektiven Regelungen nicht erforderlich[3]. 1

Dabei sollen nach der Entwurfsbegr. *auch* Ziele verfolgt werden können, die über die Situation eines einzelnen Unternehmens oder einer Branche hinausgehen und von allg. Interesse sind, wie Beschäftigungspolitik[4], die Lage auf dem Arbeitsmarkt oder berufl. Bildung[5]. Nach der Rspr. des EuGH können indes legitime Ziele iSv. Art. 6 I RL 2000/78/EG nur solche sozialpolitischer Art sein[6]. Damit können nach Ansicht der höchstrichterl. Rspr. Differenzierungen nach dem Alter etwa zur Gewährleistung der Flugsicherheit oder anderer (öffentl.-rechtl.) Zwecke als solche sozialpolitischer Art jedenfalls nicht nach Art. 6 I RL 2000/78/EG gerechtfertigt werden[7]. Dem folgend legt das BAG § 10 europarechtkonform dahingehend aus, dass die vorgenannten Ziele (Flugsicherheit und andere öffentl.-rechtl. Zwecke als solche sozialpolitischer Art) keine legitimen Ziele iSv. § 10 sind[8], aber bei Vorliegen der weiteren (im Vergleich zu § 10 strengeren[9]) Voraussetzungen unterschiedliche Behandlungen nach § 8 (entspricht Art. 4 I RL 2000/78/EG) rechtfertigen können[10]. Nach Ansicht des EuGH können darüber hinaus die Mitgliedstaaten auf der Grundlage der Ermächtigungsvorschrift des Art. 2 V RL 2000/78/EG Sozialpartnern gestatten, benachteiligende Maßnahmen zu treffen, die „in einer demokratischen Gesellschaft für die Gewährleistung der öffentlichen Sicherheit, die Verteidigung der Ordnung und die Verhütung von Straftaten, zum Schutz der Gesundheit und zum Schutz der Rechte und Freiheiten anderer notwendig" und iÜ verhältnismäßig sind[11]. Von dieser Möglichkeit hat der deutsche Gesetzgeber keinen Gebrauch gemacht, so dass auf der Grundlage der Rspr. des BAG zu den legitimen Zielen nach § 10 die Ziele dieses nach Ansicht des EuGH – neben Art. 4 I und Art. 6 I RL 2000/78/EG – dritten Rechtfertigungsgrunds ausschließlich im Rahmen der Auslegung des Art. 8 berücksichtigt werden können. 2

Vor diesem Hintergrund werden Höchstaltersgrenzen abhängig von dem mit ihnen verfolgten Zweck jeweils nach § 10 und/oder nach § 8 zu prüfen sein, wie etwa in Bezug auf Altersgrenzen bei der Einstellung von Polizisten[12] und Feuerwehrleuten (s. § 8 Rz. 2). Auch in Bezug auf Piloten und Sachverständige gibt es unter dem Gesichtspunkt der öffentl. Sicherheit zahlreiche Entscheidungen. So genügt eine tarifvertragl. Altersgrenze von 60 Jahren für Piloten nicht den Anforderungen von § 10 und § 8[13]. Hingegen erscheint die Annahme, dass eine Altersgrenze für flugmedizinische Sachverständige[14] von 68 Jahren objektiv und angemessen und durch ein legitimes Ziel gerechtfertigt ist, nicht zwingend und ebenso wenig mit dem AGG und den zugrunde liegenden RL vereinbar wie pauschale Altersgrenzen von 68 Jahren für andere Sachverständige[15], soweit diese auf der Erwägung beruhen, dass ein älterer Sachverständiger nicht mehr in der Lage ist, Gutachten von angemessener Qualität zu erstellen[16]. Eine Rechtfertigung von solchen Altersgrenzen kommt allerdings über S. 3 Nr. 5 in Betracht, wenn die Grenze auf die Erreichung eines Alters bezogen ist, in dem der Betroffene eine Rente wegen Alters beantragen kann (s. Rz. 13). Die Rechtfertigung einer Altersgrenze wird nicht dadurch entbehrlich, dass sie für alle Betroffenen dieses Alters gleichermaßen gilt[17]. Die unmittelbare Benachteiligung liegt hier in der ungünstigeren Behandlung ggü. Jüngeren. Zu Altersgrenzen in Form von Höchstaltersgrenzen s. S. 3 Nr. 3. 3

---

1 Während die Nr. 1–4 den Art. 6 Ia–c, II RL 2000/78/EG umsetzen, haben die Nr. 5 und 6 keine Entsprechung in den RL. ‖ 2 BT-Drs. 16/1780, 36. ‖ 3 EuGH 6.11.2012 – Rs. C-286/12, EuGRZ 2012, 752; BAG 30.11.2010 – 3 AZR 754/08, DB 2011, 1002 (1003). ‖ 4 BAG 25.2.2010 – 6 AZR 911/08, NZA 2010, 561 (565). ‖ 5 BT-Drs. 16/1780, 36. ‖ 6 BVerfG 24.10.2011 – 1 BvR 1103/11, NZA 2012, 202 (203 mwN zur Rspr. des EuGH). ‖ 7 EuGH 13.9.2011 – Rs. C-477/09, NJW 2011, 3209 (3213 mwN) – Prigge; BVerfG 24.10.2011 – 1 BvR 1103/11, NZA 2012, 202 (203). ‖ 8 AA *Mohr*, SAE 2013 36 (41). ‖ 9 S. zu den unterschiedl. Maßstäben auch in der Rspr. des EuGH *Brors*, RdA 2012, 346 (350). ‖ 10 BAG 18.1.2012 – 7 AZR 112/08, NZA 2012, 575 (578f.). ‖ 11 EuGH 13.9.2011 – Rs. C-477/09, NJW 2011, 3209 (3213f.) – Prigge; *Gottwald*, DB 2012, 1270 (1271). ‖ 12 BVerwG 20.2.2012 – 2 B 136/11, Rz. 9; OVG NRW 29.3.2012 – 6 B 398/12, Rz. 15. ‖ 13 EuGH 13.9.2011 – Rs. C-447/09, NZA 2011, 1039 – Prigge; BAG 15.2.2012 – 7 AZR 946/07, NZA 2012, 866; 18.1.2012 – 7 AZR 112/08, NZA 2012, 575. Anders hinsichtl. einer tarifvertragl. Altersgrenze für Kabinenpersonal BAG 23.6.2010 – 7 AZR 1021/08, NZA 2010, 1248. Zu Flugingenieuren s. BAG 15.2.2012 – 7 AZR 904/08, nv. ‖ 14 So aber OVG Nds. 13.9.2006 – 12 ME 275/06, ArbRB 2007, 69. ‖ 15 AA BVerwG 26.1.2011 – 8 C 46/09, NZA-RR 2011, 233 (234f.); Hess. VGH 26.2.2013 – 7 A 1644/12. Z, GewArch 2013, 251; VGH BW 18.9.1990 – 14 S 1252/90, NVwZ-RR 1991, 193. ‖ 16 Vgl. auch BVerwG 1.2.2012 – 8 C 24/11, NJW 2012, 1018 (1019). ‖ 17 So jedoch das OLG Frankfurt 28.11.2006 – 2 Not 13/06, DNotZ 2007, 157 (158) für die Altersgrenze von 68 Jahren für Notare.

4 Die vorgenannte Einschränkung der legitimen Ziele auf solche sozialpolitischer Art schließt die Verfolgung unternehmensbezogener Interessen nicht aus[1], wie zB die Sicherung oder die Schaffung einer ausgewogenen Personalstruktur[2] oder die Begrenzung der finanziellen Belastung in einer Versorgungsordnung durch eine Altersabstandsklausel[3].

5 Die auf einem rechtmäßigen Ziel beruhende Benachteiligung muss nicht nur verhältnismäßig sein, sondern auch **objektiv** gerechtfertigt. Dabei ist zu prüfen, ob das verfolgte Interesse auf tatsächlichen und nachvollziehbaren Erwägungen beruht und ob die Ungleichbehandlung nicht nur auf Grund von bloßen Vermutungen oder subjektiven Einschätzungen vorgenommen wird[4]. Darüber hinaus ist nach Ansicht des BAG eine Verhältnismäßigkeitsprüfung vorzunehmen, dh. das verfolgte Ziel muss in einem angemessenen Verhältnis zu der Ungleichbehandlung stehen[5]. Verlangt ist mithin eine Abwägung zwischen dem Schutz vor Ungleichbehandlung und dem verfolgten Ziel.

6 In S. 3 werden Beispielsfälle angeführt, in denen eine unterschiedliche Behandlung wegen des Alters gestattet ist, sofern der Verhältnismäßigkeitsgrundsatz beachtet wird. Ist ein konkreter Fall dort nicht erfasst, bleibt eine Rechtfertigung nach S. 1 u. 2 möglich[6].

7 II. Nr. 1 bezeichnet als **legitimes Ziel** die Förderung der berufl. Eingliederung sowie den Schutz von jugendlichen und älteren Beschäftigten sowie von Personen mit Fürsorgepflichten. Soweit es um die Förderung der berufl. Eingliederung geht, ist zu beachten, dass auch eine Rechtfertigung nach § 5 in Betracht kommt. Die Rechtfertigung nach Nr. 1 setzt voraus, dass die betroffene Personengruppe tatsächlich besonderen Schutzes bedarf[7].

8 Zur Erfüllung der Ziele ist die Festlegung besonderer **Bedingungen für den Zugang** zur Beschäftigung und besonderer Beschäftigungs- und Arbeitsbedingungen, einschl. Entlohnung sowie der Beendigung des ArbVerh, erlaubt. Bei den Zugangsbedingungen ließe sich zB an Gesundheitsprüfungen ab einem gewissen Alter denken. Besondere **Beschäftigungs- und Arbeitsbedingungen** wären zB die Verringerung der zu leistenden Stundenzahl mit ansteigendem Alter bei Arbeiten, die einen intensiven Körpereinsatz verlangen, oder die Gewährung zusätzlicher Urlaubstage bei einem gesteigerten Erholungsbedürfnis älterer Beschäftigter[8]. Eine zulässige unterschiedliche Entlohnung wegen des Alters selbst ist nur schwer vorstellbar[9]; zulässig kann es aber sein, eine mit zunehmendem Alter erhöhte Qualifikation (zB Berufserfahrung, die zu einer tatsächlich besseren Aufgabenerfüllung führt) oder sonstige typischerweise mit einem bestimmten Alter verbundene Merkmale (Betriebstreue[10]) zu entgelten, wobei es sich regelmäßig allerdings um mittelbare Benachteiligungen wegen des Alters handeln dürfte[11], für die § 3 II gilt[12]. Zu den Beendigungsbedingungen zählen insb. zB Altersteilzeitverträge und sonstige vertragl. Gestaltungen, die einen angemessenen Übergang in die Rente ermöglichen sollen. Auch soll die pauschale Herausnahme von Mitarbeitern aus der Sozialauswahl wegen deren Rentennähe hiernach gerechtfertigt sein können[13].

9 III. Nr. 2 nennt als mögliche zulässige Maßnahme die **Festlegung von Mindestanforderungen** an das Alter oder die Berufserfahrung für den Zugang zur Beschäftigung. Die Anforderungen müssen sich aus der konkreten Tätigkeit ergeben, wie zB bei Tätigkeiten mit besonderen Führungs- oder Beratungsaufgaben[14]. Darüber hinaus ist nach Nr. 2 die Festlegung bestimmter **mit der Beschäftigung verbundener Vorteile** möglich. Das soll insb. Entgeltregelungen betreffen[15], die nicht die in Nr. 1 vorausgesetzte Zielrichtung haben. Allerdings gilt auch hier, dass bei einer Anknüpfung an die Berufserfahrung keine unmittelbare Benachteiligung vorliegt, weshalb § 3 II einschlägig ist. Diesbzgl. nahm der EuGH an, dass nach dem Dienstalter unterscheidende Entgeltsysteme zulässig sind, weil „der Rückgriff auf das Kriterium des Dienstalters in der Regel zur Erreichung des legitimen Zieles geeignet ist, die Berufserfahrung zu honorieren, die den Arbeitnehmer befähigt, seine Arbeit besser zu verrichten"[16]. Der ArbGeb brauche nicht besonders darzulegen, dass der Rückgriff auf dieses Kriterium zur Erreichung des genannten

---

1 BAG 22.1.2009 – 8 AZR 906/07, NZA 2009, 945 (949); KR/*Treber*, § 10 AGG Rz. 6; *Waltermann*, ZfA 2006, 305 (315), zumindest für das Interesse des ArbGeb an einer ausgewogenen Personalstruktur. ||2 EuGH 6.11.2012 – Rs. C-286/12, EuGRZ 2012, 752; BAG 24.1.2013 – 8 AZR 429/11, NZA 2013, 498 (502); 22.1.2009 – 8 AZR 906/07, NZA 2009, 945; LAG Hess. 19.11.2008 – 8 Sa 722/08, nv. ||3 LAG Nds. 23.6.2011 – 4 Sa 381/11 B, Rz. 53; LAG Rh.-Pf. 19.12.2008 – 6 Sa 399/08, nv. ||4 BAG 21.1.2009 – 8 AZR 906/07, NZA 2009, 945; 13.10.2009 – 9 AZR 722/08, NZA 2010, 327 (332). ||5 BAG 22.1.2009 – 8 AZR 906/07, NZA 2009, 945. ||6 BAG 26.5.2009 – 1 AZR 198/08, NZA 2009, 849 (853). ||7 Vgl. zum Verbot der Nachtarbeit von Frauen EuGH 25.7.1991 – Rs. C-345/89, DB 1991, 2194; BVerfG 28.1.1992 – 1 BvR 1025/82 ua., NZA 1992, 270. ||8 BAG 20.3.2012 – 9 AZR 529/10, NZA 2012, 803. ||9 Zur Unwirksamkeit der Staffelung einer Grundvergütung nach Alter gem. § 27 BAT s. EuGH 8.9.2011 – Rs. C-297/10, NZA 2011, 1100 – Hennigs; BAG 10.11.2011 – 6 AZR 148/11, NZA 2012, 161; OVG Sa.-Anh. 11.12.2012 – 1 L 9/12. Zur Unwirksamkeit der Staffelung des Grundgehalts in den Besoldungsgruppen R1 und R2 nach Lebensaltersstufen gem. § 38 BBesG aF VG Frankfurt 20.8.2012 – 9 K 5034/11. F, ZBR 2013, 172. ||10 Vgl. BAG 15.11.2012 – 6 AZR 359/11, NZA 2013, 629 (633). ||11 Zur Berücksichtigung von Berufserfahrung bei anderen Arbeitgebern s. EuGH 7.6.2012 – Rs. C-132/11, NZA 2012, 742 (743) – Tyrolean Airways. ||12 *Waltermann*, ZfA 2006, 305 (321 mwN); *Lingemann/Gotham*, NZA 2007, 663 (666). ||13 LAG Nds. 16.5.2008 – 16 Sa 1157/07, nv. ||14 Vgl. *Lingemann/Müller*, BB 2007, 2006 (2009). ||15 BT-Drs. 16/1780, 36. ||16 EuGH 3.10.2006 – Rs. C-17/05, NZA 2006, 1205 – Danfoss; vgl. auch EuGH 17.10.1989 – Rs. C-109/88, NZA 1990, 772 – Cadman.

Zieles in Bezug auf einen bestimmten Arbeitsplatz geeignet ist, sofern nicht der ArbN Gesichtspunkte geltend macht, die ernsthafte Zweifel hieran aufkommen lassen[1].

Diese Rspr. ist im Grundsatz schlüssig und entspricht zudem der in § 22 festgelegten Verteilung der Beweislast bei mittelbaren Benachteiligungen (s. § 22 Rz. 1). Allerdings ist zu beachten, dass Dienstalter und Berufserfahrung nicht geeignet sind, jede Unterscheidung zu rechtfertigen. Gerade bei einfacheren Tätigkeiten dürfte ab einer gewissen Dauer der Tätigkeit ein größeres Maß an Berufserfahrung keinen Mehrwert mit sich bringen. Eine dennoch darauf abstellende Differenzierung wäre also eine unzulässige mittelbare Benachteiligung. Darüber hinaus kann ein dienstaltergebundenes Entgeltsystem aber auch die Betriebstreue honorieren und zudem Anreize enthalten, dem ArbGeb treu zu bleiben. Ein ausschließlich nach dem Lebensalter unterscheidendes Entgeltsystem dürfte hingegen auch unter dem Gesichtspunkt der generalisierenden Honorierung der Berufserfahrung nicht zu rechtfertigen sein[2]. 10

IV. Nr. 3 bestimmt, dass die Festlegung eines Höchstalters für die Einstellung zulässig sein kann, sei es auf Grund spezifischer Ausbildungsanforderungen eines bestimmten Arbeitsplatzes oder auf Grund der Notwendigkeit einer angemessenen Beschäftigungsdauer vor Eintritt in den Ruhestand. Dieser Regelung liegt die Überlegung zugrunde, dass bei älteren Beschäftigten, deren Rentenalter bereits absehbar ist, einer aufwendigen Einarbeitung am Arbeitsplatz und/oder kostenintensiven Schulungen auch eine betriebswirtschaftl. sinnvolle Mindestdauer der produktiven Arbeitsleistung gegenüberstehen muss[3]. Pauschale **Altersgrenzen** sind damit typischerweise nicht vereinbar[4]. Sofern im Einzelfall betriebswirtschaftl. Gründe für solche Altersgrenzen vorgebracht werden können, muss die Festlegung des Höchstalters verhältnismäßig sein. Allg. gültige Berechnungsmethoden sind abzulehnen[5]. Vielmehr richtet sich die Zulässigkeit der Altersgrenze nach den Umständen des Einzelfalls, wie ua. nach der Kostenintensivität und der Dauer einer Ausbildung bzw. der Einarbeitung auf der einen Seite und insb. einem wirtschaftlichen Nutzen des ArbN bereits während der Ausbildungs- bzw. Einarbeitungszeit auf der anderen Seite. 11

V. Nr. 4 soll klarstellen, dass die Festsetzung von Altersgrenzen bei den betriebl. Systemen der sozialen Sicherheit (zur Anwendbarkeit des AGG auf die betriebl. Altersversorgung s. § 2 Rz. 10) regelmäßig keine Benachteiligung wegen des Alters darstellt[6]. Zulässig sind auch Anforderungen an die Mindestdauer der Betriebszugehörigkeit oder eine Kappungsgrenze für anrechenbare Dienstjahre[7], Höchstaltersgrenzen[8] sowie unterschiedliche Altersgrenzen für bestimmte Beschäftigte oder Gruppen von Beschäftigten, wenn damit ein legitimes Ziel verfolgt wird und die Verhältnismäßigkeit gewahrt bleibt. Ein solches zulässiges Ziel liegt regelmäßig in der Funktionsfähigkeit der Sozialsysteme[9]. Darüber hinaus darf die Festsetzung von Altersgrenzen nicht zu einer Benachteiligung wegen des Geschlechts oder wegen eines anderen in § 1 genannten Grundes führen (vgl. § 4)[10]. 12

VI. Nach Nr. 5 sind Vereinbarungen möglich, die die Beendigung des Beschäftigungsverhältnisses ohne Kündigung zu einem Zeitpunkt vorsehen, zu dem der Beschäftigte eine Rente wegen Alters beantragen kann[11]. Nr. 5 ist richtlinienkonform[12], obwohl die Regelung im Gegensatz zu den Nr. 1–4 kein unmittelbares Vorbild in der RL hat. Denn es dient dem beschäftigungspolitischen Ziel, möglichst viele Menschen aus der Arbeitslosigkeit in ein RegelArbVerh zu bringen, wenn ältere Menschen, die bereits durch erdiente Leistungen dauerhaft anderweitig versorgt sind, aus dem Erwerbsleben in den Ruhestand treten, weil so Arbeitsplätze für jüngere Menschen frei werden und eine bessere Beschäftigungsverteilung zwischen den Generationen ermöglicht wird[13]. Aus den gleichen Gründen sind grds. auch ge- 13

---

1 EuGH 3.10.2006 – Rs. C-17/05, NZA 2006, 1205 – Cadman; ebenso BAG 27.1.2011 – 6 AZR 578/09, ZTR 2011, 365. ||2 LAG Bln.-Bbg. 11.9.2008 – 20 Sa 2244/07, NZA-RR 2009, 378; s.a. EuGH 8.9.2011 – Rs. C-297/10, NZA 2011, 1100 – Hennigs. ||3 Vgl. insofern auch BVerwG 23.2.2012 – 2 C 76/10, NVwZ 2012, 880; 19.2.2009 – 2 C 18/07, ZTR 2009, 391 zu Höchstaltersgrenzen für Lehrer zur Gewährleistung eines ausgewogenen zeitlichen Verhältnisses von Lebensdienstzeit und Ruhestandszeit; zu Höchstaltersgrenzen bei der Einstellung aus sonstigen Gründen (zB ggü. Polizisten, Feuerwehrleuten und Piloten ua. zur Gewährleistung der öffentl. Sicherheit) s. Rz. 3. ||4 AA für den öffentl. Dienst BVerwG 24.9.2009 – 2 C 31/08, NVwZ 2010, 251 (254); 19.2.2009 – 2 C 18/07, NVwZ 2009, 840 (841); vgl. auch LAG Düss. 12.3.2008 – 12 Sa 232/08, DÖD 2008, 275. ||5 Nach *Bauer/Göpfert/Krieger*, § 10 Rz. 34 kann der ArbGeb vorsehen, dass die Beschäftigungsdauer noch regelmäßig die dreifache Einarbeitungszeit betragen kann. ||6 BT-Drs. 16/1780, 36. ||7 BAG 12.2.2013 – 3 AZR 100/11, DB 2013, 1245 und 11.12.2012 – 3 AZR 634/10, BetrAV 2013, 245, wobei insofern jeweils nur eine mittelbare Benachteiligung vorlag und eine Rechtfertigung nach § 3 II zu erfolgen hatte. ||8 S. nur LAG Bremen 4.9.2012 – 1 Sa 30/12, Rz. 57ff. mit zahlr. wN; s.a. LAG BW 23.11.2011 – 2 Sa 77/11, Rz. 51 und LAG Düss. 29.2.2012 – 12 Sa 1430/11, Rz. 47, die Höchstaltersgrenzen von 45 bzw. 50 Jahren für unangemessen hielten. ||9 BAG 11.12.2012 – 3 AZR 634/10, BetrAV 2013, 245; vgl. im Erg. auch BAG 11.8.2009 – 3 AZR 23/08, DB 2010, 341, wobei es hier richtigerweise um die Gleichbehandlung in der Zeit und nicht zwischen Personen geht. ||10 EuGH 17.10.1989 – Rs. 109/88, NZA 1990, 772 – Danfoss; 3.10.2006 – Rs. C-17/05, NZA 2006, 1205 – Cadman; ||11 Eingehend *Bayreuther*, NJW 2012, 2758. ||12 EuGH 12.10.2010 – Rs. C-45/09, NZA 2010, 1167 – Rosenbladt; BAG 18.6.2008 – 7 AZR 116/07, NZA 2008, 1302 (1305ff.); s.a. EuGH 5.3.2009 – Rs. C-388/07, NZA 2009, 305 – Age Concern England; 16.10.2007 – Rs. C-411/05, NZA 2007, 1219 (1221) – Palacios de la Villa. ||13 BAG 5.3.2013 – 1 AZR 417/12, NZA 2013, 916 (919); 12.6.2013 – 7 AZR 917/11, Rz. 31ff.; 8.12.2010 – 7 AZR 438/09, NZA 2011, 586 (590); LAG Hamburg 22.2.2011 – 4 Sa 76/10; s.a. die Nachw. in der vorstehenden Fn. und EuGH 12.1.2010 – Rs. C-341/08, NJW 2010, 587 (591) – Petersen; 18.11.2010 – Rs. C-250/09, NJW 2011, 42 – Georgiev.

setzl. Altersgrenzen zum Übertritt in den Ruhestand zulässig[1]. Die Höhe der Rente, die ein Einzelner beanspruchen kann, ist für die Rechtfertigung einer Altersgrenzenregelung grds. nicht entscheidend[2]. Sonstige Altersgrenzen in Individual- oder Kollektivvereinbarungen, die nicht an die Rentenberechtigung wegen des Alters anknüpfen, sind nicht an S. 3 Nr. 5, sondern an S. 1 und 2 (bzw. an § 8) zu messen (s. Rz. 3). Gem. Hs. 2 bleibt § 41 SGB VI unberührt.

14 **VII. Nr. 6** soll klarstellen, dass das Alter mit den im Zusammenhang mit der Beendigung des ArbVerh stehenden Leistungen des ArbGeb aus einem Sozialplan nach § 112 BetrVG berücksichtigt werden darf[3]. Da ein Sozialplan gem. § 112 I 2 BetrVG die wirtschaftl. Nachteile, die einem ArbN infolge einer Betriebsänderung entstehen, ausgleichen oder mildern soll, darf nach Alter oder Betriebszugehörigkeit[4] unterschieden werden, wenn damit der unterschiedlichen Belastung durch der Betriebsänderung Rechnung getragen wird. Nr. 6 nennt dafür zwei Möglichkeiten: (1) Nach Alter oder Betriebszugehörigkeit gestaffelte Abfindungsregelungen[5] bei Bestehen wesentlich vom Alter abhängender Chancen auf dem Arbeitsmarkt und (2) den Ausschluss[6] von Leistungen des Sozialplans bei anderweitiger wirtschaftlicher Absicherung eines Gekündigten durch Bezug einer Rente, ggf. nach Bezug von Arbeitslosengeld[7].

15 Während beim Ausschluss von Sozialplanleistungen der Nachweis einer anderweitigen Absicherung durch Sozialleistungen (Arbeitslosengeld und Rente) durch Klärung der Rechtslage erfolgt, muss bei den nach Alter oder Betriebszugehörigkeit gestaffelten Abfindungsregelungen nachgewiesen werden können, dass tatsächlich für die Gruppe eines bestimmten Alters schlechtere Chancen auf dem Arbeitsmarkt bestehen, so dass linear mit dem Alter ansteigende Abfindungen kaum mehr zu rechtfertigen sind[8]. Die Begrenzung einer Sozialplanabfindung auf einen Höchstbetrag ist auf Grund der Beschränktheit des Sozialplanvolumens zulässig, auch wenn dadurch ältere Menschen (stärker) belastet werden[9]. Die Zulässigkeit der unterschiedlichen Berücksichtigung des Alters in Sozialplänen, die keinen solchen iSd. § 112 I 2 BetrVG darstellen (freiwilliger Sozialplan ohne Vorliegen des Voraussetzungen des § 111 BetrVG oder Tarifsozialplan) oder in individualvertragl. Abfindungsregelungen unterfällt nicht Nr. 6, sondern unterliegt den allg. Voraussetzungen von S. 1 und 2[10].

Unterabschnitt 2. Organisationspflichten des Arbeitgebers

11 *Ausschreibung*
Ein Arbeitsplatz darf nicht unter Verstoß gegen § 7 Abs. 1 ausgeschrieben werden.

1 § 11 soll einer Benachteiligung frühzeitig entgegenwirken und verbietet daher jede benachteiligende Form der Stellenausschreibung. Obwohl § 11 im Vergleich zu § 611b BGB aF und § 7 I TzBfG auf die Formulierung „weder öffentlich noch innerhalb des Betriebs" verzichtet, umfasst § 11 gleichermaßen jede interne wie externe Ausschreibung[11]. Über den Wortlaut hinaus dürfen nicht nur Ausschreibungen von Arbeitsplätzen nicht gegen § 7 I verstoßen. Vielmehr soll **jede Ausschreibung** für die in § 6 I genannten Personen erfasst sein, insb. also auch Ausschreibungen im Bereich der berufl. Aus- und Weiterbildung. Keine Ausschreibung liegt dagegen vor, wenn der ArbGeb einzelne Personen gezielt auf ihr Interesse an einer Stelle oder Fortbildung anspricht.

2 Das Ausschreibungsverbot nach § 11 fordert, dass die Ausschreibung „nicht unter Verstoß gegen § 7 Abs. 1" erfolgt, was bei Anknüpfung an einem Merkmal nach § 1 auch das Fehlen eines Rechtfertigungsgrunds nach §§ 5, 8–10 voraussetzt. Liegt ein Rechtfertigungsgrund vor, ist eine Ausschreibung so zu formulieren, dass sie in ihrer **gesamten Ausdrucksweise** nicht an das Vorhandensein oder Fehlen eines der Merkmale des § 1 anknüpft (zB geschlechtsneutrale Ausschreibung durch Zusatz „m/w"; altersunabhängige Ausschreibung[12], problematisch wäre: „Wir suchen einen erfahrenen Mitarbeiter", uU

---

1 EuGH 21.7.2011 – Rs. C-159/10, C-160/10, EuGRZ 2011, 486 – Fuchs, Köhler; BVerwG 6.12.2011 – 2 B 85/11, NVwZ 2012, 1052; allg. *Schäfer*, NJW-Spezial 2013, 178. ||2 EuGH 5.7.2012 – Rs. C-141/11, NZA 2012, 785 (787) – Hörnfeldt. ||3 BT-Drs. 16/1780, 36. ||4 Beachte: Bei einer Differenzierung nach der Betriebszugehörigkeit handelt es sich um eine mittelbare Diskriminierung, die nur nach § 3 II zu rechtfertigen ist, so dass § 10 nicht unmittelbar anwendbar ist. ||5 BAG 12.4.2011 – 1 AZR 743/09, NZA 2011, 985; 12.4.2011 – 1 AZR 764/09, NZA 2011, 988; die Zulässigkeit der Unterscheidung nach dem Alter hinsichtlich sonstiger Leistungen als Abfindungen (Fahrtkostenzuschüsse, Fortbildungsbeihilfen etc.) richtet sich nach S. 1 und 2. ||6 Oder als mildere Maßnahme die Zahlung einer geringeren Abfindung. Auch ist eine Staffelung von Leistungen möglich je nachdem, ob Beschäftigte Anspruch auf die volle oder nur einen Teil der Rente haben. ||7 EuGH 6.12.2012 – Rs. C-152/11, NZA 2012, 1435 – Odar; BAG 23.4.2013 – 1 AZR 916/11, NZA 2013, 980 (981); 26.3.2013 – 1 AZR 813/11, NZA 2013, 921 (924); 26.5.2009 – 1 AZR 198/08, NZA 2009, 849; s.a. *Zange*, NZA 2013, 601; einschränkend für ArbN, die erhebliche Rentenkürzungen gewärtigen müssen, LAG Hamm 29.8.2012 – 4 Sa 668/11, Rz. 81ff. zur Zulässigkeit der Kürzung von Sozialplanleistungen um 1/60 für jeden Lebensmonat nach Vollendung des 60. LJ BAG 23.3.2010 – 1 AZR 832/08, NZA 2010, 774. ||8 Ebenso *Lingemann/Gotham*, NZA 2007, 663 (664); *Lingemann/Müller*, BB 2007, 2006 (2008); vgl. auch BAG 12.4.2011 – 1 AZR 764/09, NZA 2011, 988. ||9 LAG Schl.-Holst. 28.2.2012 – 3 Sa 473/11, Rz. 32ff.; LAG Bln.-Bbg. 9.12.2010 – 26 Sa 1632/10, Rz. 36. ||10 Vgl. BAG 25.2.2010 – 6 AZR 911/08, NZA 2010, 561 (565). ||11 BT-Drs. 16/1780, 36. ||12 BAG 19.8.2010 – 8 AZR 530/09, NZA 2010, 1412 (1415).

auch „Für unser junges Team suchen wir ..."[1]). Unproblematisch wäre hingegen die Ausschreibung der Stelle eines „Junior Personalreferent"[2]. Problematisch können auch Ausschreibungen sein, die an sich merkmalsneutral sind, aber von einem Bewerber die Vorlage bestimmter Unterlagen fordern, die auf eine Unterscheidung nach einem Merkmal des § 1 schließen lassen (zB Heiratsurkunde – sexuelle Identität, Geburtsurkunde – Alter) sowie – beim Hinzukommen weiterer, auf eine Benachteiligung hinweisender Umstände[3] – das Verlangen nach einem Lichtbild[4]. Am sichersten dürfte insofern die Formulierung sein: „Um eine Bewerbung unter Beifügung der aussagekräftigen Bewerbungsunterlagen wird gebeten"[5]. § 11 enthält keine eigene **Rechtsfolge**. Relevant ist ein Verstoß gegen § 11 daher nur insofern, als er ein Indiz für einen Verstoß gegen § 7 I bei der nachfolgenden Einstellungsentscheidung bildet[6] und die Vermutungswirkung des § 22 nach sich zieht[7]. Lässt der ArbGeb die Ausschreibung durch Dritte vornehmen, so sind nach hM Verstöße dieser Dritten gegen die Pflicht zur merkmalsneutralen Ausschreibung des ArbGeb diesem unabhängig vom Verschulden der Dritten zuzurechnen und können damit die Indizwirkung nach § 22 begründen[8]. Ansprüche nach § 15 gegen einen Personalvermittler selbst oder sonstige bei der Ausschreibung tätige Dritte sind ausgeschlossen[9]. Allerdings besteht gegen den Dritten ein Auskunftsanspruch nach § 242 BGB über die Identität des Auftraggebers[10]. Ein Auskunftsanspruch eines abgelehnten Bewerbers über die Gründe für die Auswahlentscheidung besteht nicht[11]. Der ArbGeb kann die Bewerberdaten bis zum Ablaufen der Ausschlussfrist des § 15 IV speichern; für eine darüber hinausgehende Aufbewahrung bedarf er der Zustimmung des Bewerbers[12].

Der **BR** hat nach § 80 I Nr. 1, 2a BetrVG[13] über die Einhaltung des Gebots der merkmalsneutralen Ausschreibung zu wachen. Allerdings kann der BR die Zustimmung zur Einstellung gem. § 92 II Nr. 1 BetrVG[14] nicht mit der Begründung verweigern, der ArbGeb habe bei der Stellenausschreibung gegen § 11 verstoßen[15]. Hat der BR aber die Ausschreibung des Arbeitsplatzes im Betrieb nach § 93 BetrVG verlangt, so kann man den Fall, dass sie unter Verletzung des § 11 erfolgt ist, so ansehen, als wäre eine nach § 93 BetrVG erforderliche Ausschreibung im Betrieb unterblieben. Der BR kann daher in diesem Fall die Zustimmung zur Einstellung nach § 99 II Nr. 5 BetrVG verweigern[16]. 3

12 Maßnahmen und Pflichten des Arbeitgebers

(1) Der Arbeitgeber ist verpflichtet, die erforderlichen Maßnahmen zum Schutz vor Benachteiligungen wegen eines in § 1 genannten Grundes zu treffen. Dieser Schutz umfasst auch vorbeugende Maßnahmen.

(2) Der Arbeitgeber soll in geeigneter Art und Weise, insbesondere im Rahmen der beruflichen Aus- und Fortbildung, auf die Unzulässigkeit solcher Benachteiligungen hinweisen und darauf hinwirken, dass diese unterbleiben. Hat der Arbeitgeber seine Beschäftigten in geeigneter Weise zum Zwecke der Verhinderung von Benachteiligung geschult, gilt dies als Erfüllung seiner Pflichten nach Absatz 1.

(3) Verstoßen Beschäftigte gegen das Benachteiligungsverbot des § 7 Abs. 1, so hat der Arbeitgeber die im Einzelfall geeigneten, erforderlichen und angemessenen Maßnahmen zur Unterbindung der Benachteiligung wie Abmahnung, Umsetzung, Versetzung oder Kündigung zu ergreifen.

(4) Werden Beschäftigte bei der Ausübung ihrer Tätigkeit durch Dritte nach § 7 Abs. 1 benachteiligt, so hat der Arbeitgeber die im Einzelfall geeigneten, erforderlichen und angemessenen Maßnahmen zum Schutz der Beschäftigten zu ergreifen.

(5) Dieses Gesetz und § 61b des Arbeitsgerichtsgesetzes sowie Informationen über die für die Behandlung von Beschwerden nach § 13 zuständigen Stellen sind im Betrieb oder in der Dienststelle bekannt zu

---

1 LAG Hamburg 23.6.2010 – 5 Sa 14/10, NZA-RR 2010, 629; beachte aber auch LAG Bln.-Bbg. 8.8.2013 – 26 Sa 1083/13, Rz. 46 ff.; LAG München 13.11.2012 – 7 Sa 705/12, BB 2013, 570; LAG Nürnberg 16.5.2012 – 2 Sa 574/11, BB 2012, 2824; zur im Einzelfall zulässigen Suche nach Berufsanfängern LAG Nürnberg 11.7.2012 – 4 Sa 596/11, Rz. 52 ff. ||2 LAG Bln.-Bbg. 21.7.2011 – 5 Sa 847/11, DB 2011, 2326. ||3 Däubler/Bertzbach/*Bertzbach*, § 22 Rz. 44b.; *Gruber*, NZA 2009, 1247 (1248). ||4 Hieraus können Rückschlüsse auf Geschlecht, ethnische Abstammung und Alter gezogen werden. ||5 Schwierigkeiten dagegen könnte bereits die Anforderung der „üblichen" Bewerbungsunterlagen bereiten, weil dazu bislang ua. auch die Beifügung eines Lichtbildes gehört. ||6 Ausf. *Adomeit/Mohr*, NZA 2007, 179. ||7 BAG 19.8.2010 – 8 AZR 530/09, NZA 2010, 1412 (1415f.); LAG BW 20.3.2009 – 9 Sa 5/09, nv. ||8 BAG 5.2.2004 – 8 AZR 112/03, NZA 2004, 540; wohl auch BAG 17.12.2009 – 8 AZR 670/08, NZA 2010, 383 (385); BVerfG 21.9.2006 – 1 BvR 308/03, NZA 2007, 195; einschränkend *Thüsing*, Rz. 667; aA *Adomeit/Mohr*, NJW 2007, 2522, die eine Haftung nur bei Zurechnung über die §§ 31, 278, 831 BGB bzw. § 3 V 2 AGG annehmen. Ausf. zur Haftung des ArbGeb bei Einschaltung Dritter bei der Personalbeschaffung *Diller*, NZA 2007, 649. ||9 LAG Schl.-Holst. 22.11.2012 – 4 Sa 246/12, Rz. 71; LAG Düss. 14.2.2008 – 11 Sa 1939/07, Rz. 49; aA *Diller*, NZA 2007, 649 (651 f.). ||10 LAG Köln 17.4.2008 – 10 Sa 21/08, NZA-RR 2009, 123. Der Rechtsweg zu den ArbG ist für diese Auskunftsklagen nicht eröffnet, BAG 27.8.2008 – 5 AZB 71/08, NZA 2008, 1259. ||11 EuGH 19.4.2012 – Rs. C-415/10, NZA 2012, 493 – Meister; BAG 25.4.2013 – 8 AZR 287/08, Rz. 56 ff. ||12 Ausf. zur Aufbewahrung der Bewerberdaten *Moos/Bandehzadeh/Bodenstadt*, DB 2007, 1194. ||13 Den Personalrat trifft die gleiche Pflicht nach § 68 I Nr. 2, 5a BPersVG bzw. den entsprechenden landesrechtl. Normen. ||14 Gleiches gilt für den Bereich des öffentl. Dienstes nach § 75 I 1 iVm. § 77 II Nr. 1 oder 2 BPersVG bzw. den Landespersonalvertretungsgesetzen. ||15 Zu § 611b BGB aF Staudinger/*Annuß*, Neubearb. 2005, § 611b BGB Rz. 8 mwN. ||16 Ebenso zu § 611b BGB aF LAG Hess. 13.7.1999 – 4 TaBV 192/97, NZA-RR 1999, 641; Staudinger/*Annuß*, Neubearb. 2005, § 611b BGB Rz. 8. mwN; aA *Thüsing*, Rz. 669.

machen. **Die Bekanntmachung kann durch Aushang oder Auslegung an geeigneter Stelle oder den Einsatz der im Betrieb oder der Dienststelle üblichen Informations- und Kommunikationstechnik erfolgen.**

1 **I. Abs. 1,** der an den früheren § 2 I BeschSchG angelehnt ist, statuiert die in den folgenden Absätzen weiter ausgeformte Pflicht des ArbGeb, durch präventive Maßnahmen den Eintritt von (weiteren) Benachteiligungen zu vermeiden. Abs. 1 wird ergänzt durch § 81 IV SGB IX[1]. Der ArbGeb hat geeignete Maßnahmen zum Schutz der Beschäftigten vor Benachteiligungen durch Arbeitskollegen oder Dritte, wie etwa Kunden, zu ergreifen. Erforderlich ist in jedem Fall, dass die begangene oder drohende Benachteiligung einen **Arbeitsplatzbezug** hat[2]. Dadurch wird die Schutzpflicht des ArbGeb auf den Bereich beschränkt, den er kontrollieren kann. Erfasst wird jedes Verhalten, das in unmittelbarem Zusammenhang mit dem Beschäftigungsverhältnis steht, unabhängig von einem räumlichen Bezug; denn ein Beschäftigter wird durch außerhalb der Arbeitsstätte anlässlich des Beschäftigungsverhältnisses erfolgende Belästigungen ebenso betroffen wie durch Belästigungen am Arbeitsplatz selbst[3]. Welche **Maßnahmen** zu ergreifen und ob diese geeignet sind, richtet sich nach den Umständen des Einzelfalls, wie zB der Größe des Betriebs, der Zusammensetzung der Belegschaft, aber auch nach der Schwere der Benachteiligung, ihrer Dauer und danach, ob sie erstmals oder bereits wiederholt aufgetreten ist. Zu denken ist sowohl an organisatorische Maßnahmen als auch an eine Aufklärung über die Problematik der Benachteiligung sowie an Ethikrichtlinien[4]. Dabei richtet sich die **Erforderlichkeit** einer Maßnahme nach objektiven Gesichtspunkten, nicht nach der subjektiven Einschätzung auf ArbGeb- oder ArbN-Seite. Grenze der Erforderlichkeit ist die rechtl. und tatsächliche Möglichkeit des ArbGeb zur Durchsetzung der Maßnahme. Dem ArbGeb kommt ein Ermessensspielraum zu, welche Maßnahme er ergreift. Kommt bei rechtsfehlerfreier Ermessensausübung nur noch eine Maßnahme in Betracht, kann sich ein Anspruch gegen den ArbGeb auf die Durchführung dieser Maßnahme ergeben[5]. Verstößt der ArbGeb gegen die sich aus Abs. 1–4 ergebenden Pflichten, haftet er uU für eigenes **Organisationsverschulden** aus § 280 BGB[6]. Eine Haftung aus § 15 kommt nicht ohne weiteres in Betracht, da allein der Verstoß gegen die sich aus Abs. 1–4 ergebenden Pflichten noch keine Benachteiligung darstellt[7].

2 **II. Gem. Abs. 2 S. 1** soll der ArbGeb insb. durch berufl. Aus- und Fortbildung Maßnahmen zum Schutz vor Benachteiligungen ergreifen. Eine Schulung aller Beschäftigten – oder jedenfalls der Führungskräfte[8] – zum Zweck der Verhinderung von Benachteiligungen liegt nahe. Die regelmäßige Wiederholung einer erfolgreich vorgenommenen Schulung dürfte nicht erforderlich sein[9]. Hat der ArbGeb sich vergewissert, dass eine ausreichende Schulung durch einen anderen als ihn selbst (etwa durch den letzten ArbGeb oder bei LeihArbN durch den Verleiher) durchgeführt wurde und dass der „fremdgeschulte" ArbN danach nicht nach dem AGG auffällig geworden ist, dürfte auch das zur Erfüllung seiner Pflichten aus § 12 genügen und eine weitere Schulung entbehrlich sein[10]. Sollen Schulungen stattfinden, sind die Beteiligungsrechte des BR im Rahmen von §§ 96 ff. BetrVG bzw. des Personalrats nach §§ 75 III Nr. 7 BPersVG zu beachten[11]. Sind geeignete Schulungen erfolgt, gilt das gem. **Abs. 2 S. 2** zunächst als Erfüllung der Pflichten aus Abs. 1, so dass eine Haftung aus eigenem Verschulden gem. § 15 für einen daraufhin folgenden Erstverstoß nicht in Betracht kommt[12]. Zeigen sich trotz erfolgter Schulungen Benachteiligungen im Betrieb oder gibt es sonstige für den ArbGeb erkennbare Hinweise, dass die Schulungen ihren Zweck nicht erfüllt haben, also Benachteiligungen durch Beschäftigte zu befürchten sind[13], lebt die Pflicht des ArbGeb wieder auf, und er hat (weitere) Maßnahmen zu ergreifen[14]. Unterlässt er diese, haftet er ggf. nach § 15 aus eigenem Organisationsverschulden.

3 **III. Abs. 3** konkretisiert in Anlehnung an den früheren § 4 I BeschSchG die Pflicht des ArbGeb, präventive Maßnahmen zu ergreifen, wenn Beschäftigte gegen das Benachteiligungsverbot des § 7 I und damit gegen ihre arbeitsvertragl. Pflichten (§ 7 III) verstoßen haben. Zur Vermeidung weiterer Benachteiligungen hat der ArbGeb **zunächst gegen die Benachteiligenden** mit den üblichen arbeitsrechtl. Instrumenten vorzugehen[15]. Das sind in erster Linie die in Abs. 3 nicht abschließend aufgezählten Mög-

---

1 Nach *Bauer/Göpfert/Krieger*, § 12 Rz. 2 ist § 81 IV SGB IX richtlinienkonform auch auf behinderte Menschen, die nicht schwerbehindert sind, anzuwenden. ||2 *Thüsing*, Rz. 684; deutlich weiter *Däubler/Bertzbach/Buschmann*, § 12 Rz. 10. ||3 *Schlachter*, NZA 2001, 121 (124 mwN). ||4 Ausf. dazu *Schneider/Sittard*, NZA 2007, 654. Zum Fehlen eines MibestR des BR bei Erlass einer Ethikrichtlinie, die lediglich die Pflichten der ArbN nach dem AGG beschreibt, s. BAG 22.7.2008 – 1 ABR 40/07, NZA 2008, 1248 (1256). ||5 BAG 25.10.2007 – 8 AZR 593/06, NZA 2008, 223 (226); *Kocher/Wenckebach*, SR 2013, 17 (27). ||6 *Bauer/Göpfert/Krieger*, § 12 Rz. 5; *Hoch*, BB 2007, 1732 (1733); stark einschränkend *Adomeit/Mohr*, § 12 Rz. 56 ff.; darüber hinaus kommt eine Haftung für fremdes Verschulden unter den Voraussetzungen der §§ 278, 31 BGB in Betracht; vgl. auch *Bauer/Evers*, NZA 2006, 893 (893 f.). ||7 *Jauernig/Mansel*, BGB, § 12 AGG Rz. 6 wmN. ||8 *Grobys*, NJW 2006, 2950. ||9 Ebenso wohl *Hoch*, BB 2007, 1732 (1736); aA *Bauer/Göpfert/Krieger*, § 12 Rz. 23. ||10 AA *Hoch*, BB 2007, 1732 (1736). ||11 *Bauer/Göpfert/Krieger*, § 12 Rz. 25; *Däubler/Bertzbach/Buschmann*, § 12 Rz. 19; vgl. auch VG Frankfurt 10.9.2007 – 23 L 1680/07, NZA-RR 2008, 52. ||12 *Bauer/Evers*, NZA 2006, 893; allg. zum Ausschluss der Haftung des ArbGeb durch Schulungen *Hoch*, BB 2007, 1732. ||13 So zB, wenn singulär unerwünschte Verhaltensweisen, die mit einem in § 1 genannten Grund in Verbindung stehen, durch einzelne Beschäftigte auftauchen, aber noch nicht ausreichen, um ein Umfeld iSd. § 3 III zu schaffen. ||14 *Bauer/Göpfert/Krieger*, § 12 Rz. 17 f.; ErfK/*Schlachter*, § 12 AGG Rz. 2. ||15 Zu den Voraussetzungen einer ordentl. Kündigung s. LAG Hamm 22.10.1996 – 6 Sa 730/96, NZA 1997, 769; 10.3.1999 – 18 Sa 2328/98, NZA-RR 1999, 623.

lichkeiten bzw. ggü. Beamten zusätzlich disziplinarrechtl. Schritte[1]. Die Maßnahmen müssen geeignet, erforderlich und angemessen, mithin verhältnismäßig sein[2]. Sind Maßnahmen gegen den/die Benachteiligenden nicht Erfolg versprechend oder waren sie in der Vergangenheit zwecklos, können sich die Maßnahmen auch als ultima ratio gegen den Betroffenen wenden, wobei hier insb. an die Um- oder Versetzung des Betroffenen zu denken ist[3].

IV. Abs. 4 konstatiert noch einmal ausdrücklich die Verpflichtung des ArbGeb zur Ergreifung schützender Maßnahmen, wenn die Benachteiligung von einem Dritten herrührt (zB ein Auslieferungsfahrer wird von Kunden wegen seiner ethnischen Herkunft schikaniert)[4]. Nicht zuletzt an diesem Beispiel aus der Entwurfsbegr. zeigt sich, dass Benachteiligungen durch Dritte ausschließlich in der Form von Belästigungen möglich sind[5]. Die angemessene Reaktion des ArbGeb auf Vorgaben durch Kunden hängt von den Umständen des Einzelfalls ab, wobei insb. auch die wirtschaftl. Interessen des ArbGeb zu beachten sind. Vom ArbGeb kann nicht verlangt werden, eine wichtige Kundenbeziehung (Großabnehmer) zu beenden oder schwer zu belasten, um einen ArbN zu schützen[6]. Der ernsthafte Versuch einer Einwirkung auf den Dritten ist ihm jedoch zumutbar[7]. Auch kann vom ArbGeb verlangt werden, bei Massengeschäften mit Laufkundschaft gegen einzelne Personen ein Hausverbot zu verhängen.

V. Abs. 5 Zur Erleichterung der Wahrnehmung der Rechte der Betroffenen hat der ArbGeb nach Abs. 5 das AGG und § 61b ArbGG sowie Informationen über die für eine Beschwerde nach § 13 zuständigen Stellen bekannt zu machen. Dies kann durch Aushang, Auslegung oder unter Einsatz der in dem Betrieb üblichen Informations- und Kommunikationstechnik, wie zB dem Intranet, erfolgen. Erforderlich ist, dass der gesamte Adressatenkreis in der Lage ist, von den Informationen Kenntnis zu erlangen. Die Informationspflicht stellt eine **gesetzliche Nebenpflicht** aus dem ArbVerh dar. Verletzungen können zu Schadensersatzansprüchen nach § 280 I BGB führen; Schwierigkeiten dürfte insoweit allerdings der Kausalitätsnachweis bereiten.

Unterabschnitt 3. Rechte der Beschäftigten

13 *Beschwerderecht*
(1) Die Beschäftigten haben das Recht, sich bei den zuständigen Stellen des Betriebs, des Unternehmens oder der Dienststelle zu beschweren, wenn sie sich im Zusammenhang mit ihrem Beschäftigungsverhältnis vom Arbeitgeber, von Vorgesetzten, anderen Beschäftigten oder Dritten wegen eines in § 1 genannten Grundes benachteiligt fühlen. Die Beschwerde ist zu prüfen und das Ergebnis der oder dem beschwerdeführenden Beschäftigten mitzuteilen.
(2) Die Rechte der Arbeitnehmervertretungen bleiben unberührt.

Abs. 1 sieht das Recht der Beschäftigten vor, sich wegen einer eingetretenen Benachteiligung bei einer zuständigen Stelle zu beschweren. Der Begriff der **zuständigen Stelle** ist weit auszulegen. Gemeint sind neben dem ArbGeb auch Vorgesetzte, Gleichstellungsbeauftragte oder eine besondere betriebl. Beschwerdestelle[8]. Hinsichtlich des Ob, des Ortes und der organisatorischen Ansiedelung der Errichtung einer solchen Beschwerdestelle sowie bzgl. ihrer personellen Besetzung hat der BR **kein Mitbestimmungsrecht nach § 87 I Nr. 1 BetrVG**[9]. Ein MitbestR kann allerdings bestehen, wenn der ArbGeb ein besonderes Verfahren bei der Beschwerdeprüfung, wie die Befragung von ArbN als Zeugen, regeln will[10]. Die Beschwerde ist an keine **Voraussetzungen** gebunden, außer dass sich der Beschäftigte vom ArbGeb, von Vorgesetzten, anderen Beschäftigten oder Dritten benachteiligt fühlen muss. Eine Beschwerde ohne eigene (gefühlte) Betroffenheit ist unzulässig, so dass insb. eine Beschwerde zu Gunsten Dritter nicht von § 13 ermöglicht wird[11]. Form- oder Fristerfordernisse existieren nicht und dürfen auch weder individual- noch kollektivrechtl. vorgegeben werden (§ 31)[12]. Die Beschwerde ist keine Voraussetzung für die Geltendmachung anderer Ansprüche. Sie ist **inhaltlich zu prüfen**[13]. Dh. nicht nur, dass das Vorbringen des Beschäftigten zur Kenntnis zu nehmen und abzuwägen ist, sondern dass eine umfassende Aufklärung des Sachverhalts zB durch Anhörung der Beteiligten und evtl. Dritter

---

1 Weitere Bsp. bei *Hoch*, BB 2007, 1732 (1734), ua.: Sichtblenden an Arbeitstischen oder Beleuchtung von Wegen und Parkplätzen. ‖ 2 LAG Nds. 29.11.2008 – 1 Sa 547/08, NZA-RR 2009, 249; 13.10.2009 – 1 Sa 832/09, nv. ‖ 3 ErfK/*Schlachter*, § 12 AGG Rz. 4; *Thüsing*, Rz. 694 hält sogar die Kündigung des ArbN unter den Voraussetzungen einer Druckkündigung für möglich; zur Druckkündigung im Lichte der Diskriminierungsverbote s. *Deinert*, RdA 2007, 275. ‖ 4 Ausf. zur Haftung des ArbGeb bei Benachteiligungen durch externe Dritte *Simon/Greßlin*, BB 2007, 1782 (1788). ‖ 5 ErfK/*Schlachter*, § 12 AGG Rz. 5; *Thüsing*, Rz. 690. ‖ 6 *Adomeit/Mohr*, § 12 Rz. 48. ‖ 7 Zu weitgehend *Däubler/Bertzbach/Buschmann*, § 12 Rz. 30, der unter Verweis auf BAG 27.4.2004 – 1 ABR 7/03, NZA 2004, 556 notfalls die Drohung mit dem Abbruch der Geschäftsbeziehung durch den ArbGeb fordert. ‖ 8 BT-Drs. 16/1780, 37. ‖ 9 BAG 21.7.2009 – 1 ABR 42/08, NZA 2009, 1049 (1050ff.). ‖ 10 Ebenso BAG 21.7.2009 – 1 ABR 42/08, NZA 2009, 1049 (1051); LAG Hamburg 17.4.2007 – 3 TaBV 6/07, DB 2007, 1417 mwN. ‖ 11 ErfK/*Schlachter*, § 13 AGG Rz. 1; Däubler/Bertzbach/*Buschmann*, § 13 Rz. 12. ‖ 12 Ebenso LAG Nürnberg 19.2.2008 – 6 TaBV 80/07, DB 2009, 71. ‖ 13 Ausf. zum Verfahren *Gach/Julis*, BB 2007, 773 (776ff.).

zu erfolgen hat. Die Prüfung hat entweder durch den ArbGeb oder durch einen von ihm beauftragten Beschäftigten zu erfolgen. Das Ergebnis der Prüfung ist dem Beschäftigten unabhängig von ihrem Ausgang mitzuteilen. Stellt der ArbGeb eine Benachteiligung fest, hat er gem. § 12 geeignete Maßnahmen zu ergreifen. **Abs. 2** stellt ergänzend klar, dass die Rechte der ArbN-Vertretungen, insb. die des BR nach § 85 BetrVG oder der Personalvertretungen nach § 68 BPersVG bzw. den LPersVG, unangetastet neben § 13 bestehen.

14 *Leistungsverweigerungsrecht*
Ergreift der Arbeitgeber keine oder offensichtlich ungeeignete Maßnahmen zur Unterbindung einer Belästigung oder sexuellen Belästigung am Arbeitsplatz, sind die betroffenen Beschäftigten berechtigt, ihre Tätigkeit ohne Verlust des Arbeitsentgelts einzustellen, soweit dies zu ihrem Schutz erforderlich ist. § 273 des Bürgerlichen Gesetzbuchs bleibt unberührt.

1   Die Vorschrift des § 14 ist dem früheren § 4 II BeschSchG nachgebildet und berechtigt Beschäftigte, die Tätigkeit ohne Verlust des Entgeltanspruchs einzustellen, wenn der ArbGeb keine ausreichenden Maßnahmen zur Unterbindung einer (sexuellen) Belästigung ergreift. Erfasst werden nur Benachteiligungen nach § 3 III und IV, nicht aber solche nach § 3 I, II oder V. Eine analoge Anwendung scheidet mangels Planwidrigkeit der Regelungslücke aus[1]. Die offensichtliche Ungeeignetheit iSv. S. 1 ist nach einem objektiven Maßstab zu bestimmen, allerdings steht dem ArbGeb ein Beurteilungs- und Ermessensspielraum zu[2]. Sie ist gegeben, wenn die Maßnahme ohne weiteres erkennbar die Belästigung nicht beseitigen oder zumindest eindämmen kann. Bestehen ersichtlich besser geeignete Maßnahmen, die nicht wesentlich mehr Aufwand bedeuten, so spricht dies für die offensichtliche Ungeeignetheit. Das Leistungsverweigerungsrecht besteht nur, soweit es zum Schutz des betroffenen Beschäftigten **erforderlich** ist. Es besteht daher (räumlich) nur dort, wo die Belästigung erfolgen kann und (zeitlich) nur solange sie andauern kann und ist ausgeschlossen, wenn mildere, gleich effektive Möglichkeiten vorhanden sind, selbst wenn der Belästigte sie nicht kennt. Eine Pflicht des Belästigten, einen anderen Arbeitsplatz zur Vermeidung der Belästigung anzunehmen, existiert nicht[3]. Besteht keine **Wiederholungsgefahr**, besteht auch kein Leistungsverweigerungsrecht. Je mehr Belästigungen in der Vergangenheit erfolgt sind, desto wahrscheinlicher wird eine Wiederholung sein. Allerdings kann auch eine einmalige Belästigung genügen, wenn auf Grund der Umstände des Einzelfalls mit deren Wiederholung zu rechnen ist. Bei besonders schwerwiegenden Belästigungen wird man dem Beschäftigten weniger das Risiko einer Wiederholung zumuten können, so dass ein Leistungsverweigerungsrecht eher zuzugestehen ist. IÜ muss die Belästigung eine solche Intensität aufweisen, dass dem Beschäftigten unter Berücksichtigung der gesamten Rahmenbedingungen eine weitere Tätigkeit nicht zugemutet werden kann. Bei Vorliegen einer betriebl. Zwangssituation (zB Feuer) kann das Leistungsverweigerungsrecht vorübergehend entfallen; es endet, wenn der ArbGeb die zum Schutz des ArbN erforderliche Maßnahme nachgeholt und den ArbN davon in Kenntnis gesetzt hat[4].

2   Verweigert der ArbN seine Leistung ohne Leistungsverweigerungsrecht, verletzt er seine vertragl. Pflichten. Das **Risiko des Nichtvorliegens der Voraussetzungen** des S. 1 trägt der ArbN. Er hat die Voraussetzungen des Leistungsverweigerungsrechts im Streitfall darzulegen und zu beweisen. Besteht dagegen das Leistungsverweigerungsrecht und macht der Beschäftigte davon Gebrauch, hat der ArbGeb dem ArbN für den betreffenden Zeitraum nach dem Entgeltausfallprinzip das Entgelt einschl. etwaiger Zuschläge weiter zu zahlen. Erfasst sind damit auch Überstunden, die der ArbN ohne Leistungsverweigerungsrecht geleistet hätte; Anwesenheitsprämien dürfen nicht gekürzt werden. Das allg. Leistungsverweigerungsrecht des § 273 BGB bleibt gem. S. 2 unberührt. Soweit § 14 nicht greift, kommt auch ein Leistungsverweigerungsrecht wegen persönlicher Unzumutbarkeit nach § 275 III BGB nicht in Betracht.

15 *Entschädigung und Schadensersatz*
(1) Bei einem Verstoß gegen das Benachteiligungsverbot ist der Arbeitgeber verpflichtet, den hierdurch entstandenen Schaden zu ersetzen. Dies gilt nicht, wenn der Arbeitgeber die Pflichtverletzung nicht zu vertreten hat.

(2) Wegen eines Schadens, der nicht Vermögensschaden ist, kann der oder die Beschäftigte eine angemessene Entschädigung in Geld verlangen. Die Entschädigung darf bei einer Nichteinstellung drei Monatsgehälter nicht übersteigen, wenn der oder die Beschäftigte auch bei benachteiligungsfreier Auswahl nicht eingestellt worden wäre.

---

[1] Vgl. BT-Drs. 15/4538, 7, wo sich das Leistungsverweigerungsrecht noch auf alle Benachteiligungen nach § 3 erstreckt und die später erfolgte und Gesetz gewordene eingeschränkte Fassung; ebenso Schleusener/Suckow/Voigt/*Suckow*, § 14 Rz. 10. ||[2] KR/*Treber*, § 14 AGG Rz. 4 ||[3] ErfK/*Schlachter*, § 14 AGG Rz. 1. ||[4] *Thüsing*, Rz. 575; aA Schleusener/Suckow/Voigt/*Suckow*, § 14 Rz. 10: Wegfall des Leistungsverweigerungsrechts auch ohne Kenntnis des ArbN von der Durchführung der arbeitgeberseitigen Maßnahme.

(3) Der Arbeitgeber ist bei der Anwendung kollektivrechtlicher Vereinbarungen nur dann zur Entschädigung verpflichtet, wenn er vorsätzlich oder grob fahrlässig handelt.

(4) Ein Anspruch nach Absatz 1 oder 2 muss innerhalb einer Frist von zwei Monaten schriftlich geltend gemacht werden, es sei denn, die Tarifvertragsparteien haben etwas anderes vereinbart. Die Frist beginnt im Falle einer Bewerbung oder eines beruflichen Aufstiegs mit dem Zugang der Ablehnung und in den sonstigen Fällen einer Benachteiligung zu dem Zeitpunkt, in dem der oder die Beschäftigte von der Benachteiligung Kenntnis erlangt.

(5) Im Übrigen bleiben Ansprüche gegen den Arbeitgeber, die sich aus anderen Rechtsvorschriften ergeben, unberührt.

(6) Ein Verstoß des Arbeitgeber gegen das Benachteiligungsverbot des § 7 Abs. 1 begründet keinen Anspruch auf Begründung eines Beschäftigungsverhältnisses, Berufsausbildungsverhältnisses oder einen beruflichen Aufstieg, es sei denn, ein solcher ergibt sich aus einem anderen Rechtsgrund.

I. Systematik. Benachteiligende Maßnahmen sind nicht nur unwirksam gem. § 7 I, II, sondern können nach § 15 auch Ansprüche auf materiellen und immateriellen Schadensersatz begründen. Solche Ansprüche sind durch die RL nicht vorgeschrieben, aber erlaubt.

II. Abs. 1. 1. Schaden. Abs. 1 regelt den Ersatz materieller Schäden, insb. in Form entgangenen Gewinns. Der Schaden ist nach den allg. Grundsätzen zu ermitteln[1]. Liegt ein Schaden vor, ist er nach den §§ 249 ff. BGB zu ersetzen. Geschuldet ist der Erfüllungsschaden. Auch aus Abs. 6, der lediglich die Naturalrestitution im Wege der Begründung eines Beschäftigungsverhältnisses ausschließt, ergibt sich nichts Gegenteiliges. Für den bestqualifizierten, aber benachteiligend nicht eingestellten Bewerber sind nach hM höchstens die bis zum Erreichen des ersten Kündigungstermins hypothetisch entstehenden Vermögensvorteile zu gewähren[2]. Dabei ist anderweitiger oder böswillig unterlassener anderweitiger Verdienst ebenso schadensmindernd zu berücksichtigen wie die Ersparnis etwaiger mit der erstrebten Position verbundener besonderer Aufwendungen. Inwiefern auch bei einer benachteiligend nicht vorgenommenen Beförderung eine Beschränkung des Anspruchs auf Ersatz des entgangenen höheren Einkommens in Betracht kommt, ist umstritten: Da es dem ArbGeb in aller Regel verwehrt sei, eine Lohnsenkung mittels Änderungskündigung durchzusetzen, kommt nach einer Ansicht ein unbeschränkter Anspruch auf den erhöhten Lohn in Betracht[3]. Auf eine Beschränkung der Zahlungen bis zum Zeitpunkt des Wirksamwerdens einer hypothetischen ordentlichen (Änderungs-)Kündigung stellt hingegen eine aA ab und zieht zur Begrenzung des Anspruchs bei fehlender Anwendbarkeit des KSchG zusätzlich den Rechtsgedanken der §§ 9, 10 KSchG heran[4].

2. Verschulden. Gem. Abs. 1 S. 2 ist Vertretenmüssen Voraussetzung für den Schadensersatzanspruch. Das ist im Hinblick auf die europäischen Vorgaben problematisch[5]. Zwar fordern die RL überhaupt keinen Schadensersatzanspruch, doch muss nach Ansicht des EuGH eine Norm, die Verstöße gegen ein Benachteiligungsverbot sanktioniert, bei einem bloßen Verstoß gegen das Benachteiligungsverbot unabhängig vom Vorliegen eines Verschuldens die volle Haftung auslösen und für sich geeignet sein, eine abschreckende Wirkung ggü. dem ArbGeb zu haben[6]. Nach einer Ansicht genügt Abs. 1 gemeinsam mit Abs. 2 diesen Voraussetzungen: Denn der Forderung nach einer verschuldensunabhängigen Haftung sei der Gesetzgeber mit Abs. 2 (bei europarechtskonformer Auslegung, s. Rz. 7) nachgekommen[7]. Diese Ansicht ist jedoch vor dem Hintergrund der klaren Anforderungen des EuGH an zivilrechtliche Sanktionen[8] abzulehnen. Überdies ist zu beachten, dass der verschuldensunabhängige Entschädigungsanspruch nach § 611a II BGB aF sowohl materiellen als auch immateriellen Schadensersatz erfasste[9], wohingegen auf der Grundlage des AGG der materielle Schaden nur noch verschuldensabhängig nach Abs. 1 ersetzt wird. Abs. 1 stellt mithin durch das Erfordernis des Verschuldens hinsichtlich eines materiellen Schadens eine Verschlechterung für die Betroffenen dar, so dass auch ein Verstoß gegen das sog. Absenkungsverbot nach Art. 8d RL 2002/73/EG, Art. 15 RL 2000/43/EG und Art. 17 2000/78/EG vorliegt[10]. Ein Verstoß gegen primäres Europarecht liegt - auch unter Berücksichtigung der Rspr. des EuGH in Sachen Mangold und Kücükdeveci[11] - allerdings nicht vor; das Verschuldenserfordernis nach Abs. 1 S. 2 ist daher weder unwirksam[12] noch unanwendbar[13]. Staatl. ArbGeb sol-

---

1 Vgl. Palandt/*Grüneberg*, Vorb v § 249 BGB Rz. 10. ||2 *Adomeit/Mohr*, § 15 Rz. 38; *Bauer/Göpfert/Krieger*, § 15 Rz. 27; Däubler/Bertzbach/*Deinert*, § 15 Rz. 39a ff.; *Thüsing*, Rz. 539; *Stoffels*, RdA 2009, 204 (213); abw. KR/*Treber*, § 15 AGG Rz. 23, der zusätzlich eine Entschädigung für den Verlust des arbeitsrechtl. Bestandsschutzes fordert. ||3 *Thüsing*, Rz. 542. ||4 *Bauer/Göpfert/Krieger*, § 15 Rz. 29; *Adomeit/Mohr*, § 15 Rz. 42. ||5 Ausf. ErfK/*Schlachter*, § 15 AGG Rz. 1 f. ||6 EuGH 8.11.1990 – Rs. C-177/88, NZA 1991, 171 (172) – Dekker; 22.4.1997 – Rs. C-180/95, NZA 1997, 645 (646) – Draehmpaehl. ||7 *Bauer/Evers*, NZA 2006, 893 (893). ||8 EuGH 8.11.1990 – Rs. C-177/88, NZA 1991, 171 (172) – Dekker; 22.4.1997 – Rs. C-180/95, NZA 1997, 645 (646) – Draehmpaehl. ||9 Ausf. Staudinger/*Annuß*, Neubearb. 2005, § 611a BGB Rz. 97 ff.; *Annuß*, NZA 1999, 738 (740 f.). ||10 Ebenso *Stoffels*, RdA 2009, 204 (210). ||11 EuGH 22.11.2005 – Rs. C-144/04, NZA 2005, 1345 – Mangold; 19.1.2010 – Rs. C-555/07, NZA 2010, 85 – Kücükdeveci. ||12 So aber *Thüsing*, Rz. 545 in Fällen der Geschlechtsdiskriminierung. ||13 *Stoffels*, RdA 2009, 204 (211); *Adomeit/Mohr*, § 15 Rz. 31; aA ErfK/*Schlachter*, Rz. 1 f. mwN; Däubler/Bertzbach/*Deinert*, § 15 Rz. 30, der mit einem unzutreffenden Verweis auf die Rspr. des EuGH in Sachen Mangold für eine allg. Unanwendbarkeit richtlinienwidrigen innerstaatl. Rechts eintritt; KR/*Treber*, § 15 AGG Rz. 14.

len sich nach einer Ansicht ggü. ihren ArbN im Rahmen des Abs. 1 nicht auf fehlendes Verschulden berufen können[1].

4 Zur Bestimmung des Vertretenmüssens gelten die §§ 276–278 BGB. Verschulden des ArbGeb liegt insb. bei eigenen Verstößen gegen ein Benachteiligungsverbot und bei eigenem Organisationsverschulden im Rahmen von § 12 vor. Wie bei § 280 I 2 BGB trägt der ArbGeb die Beweislast für fehlendes Verschulden. Die Pflichtverletzung eines Organmitglieds kann dem ArbGeb nach **§ 31 BGB**, die eines Beschäftigten unter den Voraussetzungen des **§ 278 BGB** zugerechnet werden, so dass der Benachteiligte Ansprüche gegen den ArbGeb haben kann[2] (zu Haftungsfragen, wenn im Rahmen der Einstellung Dritte tätig werden, s. § 11 Rz. 2). Problematisch ist, ob Kollegen eines Beschäftigten als Erfüllungsgehilfen, dh. als Personen in Betracht kommen, die mit dem Willen des ArbGeb bei Erfüllung einer diesem obliegenden Verbindlichkeit als seine Hilfspersonen tätig werden[3]. Nur sofern der ArbGeb sich zur Erfüllung seiner Pflichten anderer ArbN bedient, handeln diese als Erfüllungsgehilfen, und eine Zurechnung ist nach § 278 BGB möglich. Erfasst sind damit nicht nur Fälle, in denen ein ArbN Vorgesetztenfunktionen ggü. anderen ArbN ausübt, sondern auch solche, in denen zB ein Lagerverwalter homosexuellen Beschäftigten schlechteres Material gibt als heterosexuellen Beschäftigten. Regelmäßig sind jedoch gleichrangige Arbeitskollegen keine Erfüllungsgehilfen des ArbGeb zur Erfüllung seiner Pflichten aus dem AGG[4]. Das gilt auch für Belästigungen nach § 3 III u. IV. Zwar werden hier ausdrücklich Pflichten auch für die ArbN untereinander normiert, doch begründet dies keine Zurechnung an den ArbGeb über § 278 BGB. Vielmehr stehen hier dem ArbGeb die üblichen arbeitsrechtl. Instrumente wie **Abmahnung, ordentliche oder außerordentliche Kündigung** zur Verfügung, welche der ArbGeb auf Grund seiner Verpflichtungen aus § 12 uU sogar zu ergreifen hat, um eine Haftung für eigenes Organisationsverschulden zu vermeiden.

5 **3. Sonstige Modalitäten.** Der Schadensersatzanspruch nach Abs. 1 ist ein vertragl. Anspruch und setzt das Bestehen eines Schuldverhältnisses, hier Beschäftigungsverhältnisses, wozu auch das Vertragsanbahnungs- und -abwicklungsverhältnis gehören (§ 6 I 2), voraus. Der Anspruch nach Abs. 1 lehnt sich an § 280 I 1 und 2 BGB an. Die einem Bewerber im Rahmen des § 15 obliegende Beweislast dafür, dass er der bestgeeignete Bewerber war, wird durch § 22 nicht berührt[5]. Pflichtverletzung des Schädigers ist der Verstoß gegen das Benachteiligungsverbot nach § 7 I. Findet eine Zurechnung des Verhaltens eines ArbN gem. § 278 BGB statt, so ist ein Rückgriff des ArbGeb gegen den benachteiligenden ArbN **nicht** nach den **Grundsätzen des innerbetrieblichen Schadensausgleichs** beschränkt[6], denn die „Gefahr, Benachteiligungen zu begehen", gehört nicht zu dem vom ArbGeb zu tragenden Betriebsrisiko. Ein Anspruch des ArbGeb ist jedoch regelmäßig nach den Grundsätzen von Treu und Glauben ausgeschlossen, wenn der ArbN nach der Weisung des ArbGeb gehandelt hat. Auch kommt eine Berücksichtigung arbeitgeberseitigen Mitverschuldens nach § 254 BGB in Betracht, wenn die Benachteiligung auch auf eine Verletzung der Pflichten des ArbGeb nach § 12 zurückzuführen ist[7]. Sofern mit Zahlungen nach Abs. 1 entgangene Einnahmen kompensiert werden, besteht Steuerpflicht[8].

6 **III. Abs. 2. 1. Schaden.** Abs. 2 normiert die Voraussetzungen für den Ersatz von immateriellen Schäden und ist lex specialis zu § 253 BGB. Das Vorliegen eines **immateriellen Schadens** wird vermutet[9]. Würde man dem ArbN die Last des Nachweises eines immateriellen Schadens aufbürden, würde man die Möglichkeit der Geltendmachung des Anspruchs derart einengen, dass ein Konflikt mit dem Gebot der effektiven Sanktionierung bestünde. Die Vermutung des Vorliegens eines immateriellen Schadens kann der ArbGeb im Einzelfall widerlegen[10], so zB wenn sich eine einer potentiell benachteiligten Gruppe angehörende Person ersichtlich nicht ernsthaft auf eine nicht merkmalsneutral ausgeschriebene Stelle beworben hat[11], oder zwar eine Benachteiligung vorliegt, aber eine Person aus der begünstigten Gruppe klagt[12]. Mit dem Argument, der ArbGeb habe überhaupt keinen Bewerber eingestellt, ist die Vermutung nicht zu widerlegen, da die Benachteiligung bereits in der Versagung der Einstellungschance liegt[13].

---

1 *Windel*, RdA 2011, 193 (196); *Thüsing*, Rz. 545. || 2 *Bauer/Evers*, NZA 2006, 893 (894); ausf. auch *Bauer/Göpfert/Krieger*, § 15 Rz. 18ff. und insb. *Simon/Greßlin*, BB 2007, 1782 zur Haftung des ArbGeb bei Benachteiligungen durch Beschäftigte und Dritte. || 3 BGH 9.10.1986 – I ZR 138/84, NJW 1987, 1323 (1326); 8.2.1974 – V ZR 21/72, NJW 1974, 692 (693). || 4 *Bauer/Evers*, NZA 2006, 893 (894); *Simon/Greßlin*, BB 2007, 1782 (1783). || 5 BAG 19.8.2010 – 8 AZR 530/09, NZA 2010, 1412 (1417). || 6 Ebenso *Bauer/Göpfert/Krieger*, § 7 Rz. 44; aA *Thüsing*, Rz. 509; *Simon/Greßlin*, BB 2007, 1782 (1789). || 7 *Thüsing*, Rz. 509; *Bauer/Göpfert/Krieger*, § 7 Rz. 44, die zu Recht darauf hinweisen, dass regelmäßig das Verschulden des ArbN überwiegen wird und die Haftungsquote des ArbGeb daher verhältnismäßig gering ausfallen dürfte. || 8 Vgl. *Bauer/Günther*, NJW 2007, 113ff., bei der Kompensation sonstiger Schadensposten (Heilbehandlungskosten) sei keine Einkommensteuer abzuführen. || 9 BAG 19.8.2010 – 8 AZR 530/09, NZA 2010, 1412 (1416); 22.1.2009 – 8 AZR 906/07, NZA 2009, 945 (952). || 10 AA LAG München 19.11.2008 – 5 Sa 556/08, nv. || 11 LAG BW 20.3.2009 – 9 Sa 5/09, nv.; LAG Hamburg 12.1.2009 – 3 Ta 26/08, LAGE § 15 AGG Nr. 8; LAG Rh.-Pf. 11.1.2008 – 6 Sa 522/07, NZA-RR 2008, 343; zum alten Recht BAG 12.11.1998 – 8 AZR 365/97, NZA 1999, 371. || 12 Ebenso *Thüsing*, Rz. 517, wobei es auch in diesem Fall wie im vorherigen bereits an einer Benachteiligung des Anspruchstellers fehlt. || 13 BAG 23.8.2012 – 8 AZR 285/11, NZA 2013, 37 (38).

2. Verschulden. Der Entschädigungsanspruch ist § 611a II BGB aF nachgebildet, erstreckt sich aber 7
auf alle Tatbestände einer Benachteiligung. Damit wollte der Gesetzgeber den Anforderungen der RL
und des EuGH[1] nach einer wirksamen und insb. verschuldensunabhängigen Sanktion bei Verletzung
des Benachteiligungsverbots durch den ArbGeb nachkommen. Das ist bei den Voraussetzungen eines
Entschädigungsanspruchs zu bedenken: Abs. 2 verweist hinsichtlich der Anspruchsvoraussetzungen
(abgesehen von dem Erfordernis eines materiellen Schadens) auf Abs. 1, doch wird von dieser Rechtsgrundverweisung nach richtlinienkonformer Reduktion Abs. 1 S. 2 nicht erfasst. Der Anspruch besteht
daher **verschuldensunabhängig**[2]. Das Verhalten eines Erfüllungsgehilfen wird dem ArbGeb analog § 278
BGB zugerechnet[3].

3. Entschädigung. Die zu zahlende Entschädigung muss **angemessen** sein. Eine Klage kann unbezif- 8
fert auf die Zahlung einer „angemessenen Entschädigung" gerichtet sein, muss aber die Tatsachen benennen, auf Grund derer das Gericht die Entschädigung bemessen kann[4]. Insofern haben die Gerichte
einen weiten Beurteilungsspielraum, in welchem die Umstände des Einzelfalls zu berücksichtigen sind.
Dazu zählen etwa Art und Schwere der Benachteiligung, ihre Dauer und ihre Folgen, der Anlass und
der Beweggrund des Handelns, der Grad des Verschuldens, also zB die Möglichkeit ihrer Vorhersehbarkeit und Verhinderung, sowie die wirtschaftliche Situation der Beteiligten, etwa geleistete Wiedergutmachung oder erhaltene Genugtuung und das Vorliegen eines Wiederholungsfalls[5]. Eine höhere Entschädigung ist insb. dann geboten, wenn ein Beschäftigter aus mehreren Gründen unzulässig
benachteiligt wird. Zusätzlich ist der **Sanktionszweck** der Norm zu berücksichtigen, so dass die Höhe
auch danach zu bemessen ist, was zur Erzielung einer abschreckenden Wirkung erforderlich ist[6]. Abs. 2
wird dadurch nicht zu einer Regelung über Strafschadensersatz[7]. Im Vordergrund steht der Ersatz des
immateriellen Schadens, allerdings sind bei Bemessung der Entschädigungshöhe auch Aspekte zur
Verhaltenslenkung zu berücksichtigen. Anders als beim Schmerzensgeldausgleich mit seiner Genugtu-
ungsfunktion[8] hat sich die Bemessung der Entschädigungshöhe nach dem Sanktionierungsgedanken
allein mit Blick auf den ArbGeb und die Schwere seines Verstoßes gegen das Benachteiligungsverbot
zu richten. Abzustellen ist in erster Linie auf Art und Schwere des Verstoßes sowie die wirtschaftl. Leistungsfähigkeit des ArbGeb. Im Wiederholungsfall kann die Entschädigungshöhe deutlich hinaufgesetzt
werden. Ist die Benachteiligung dem ArbGeb nicht subjektiv vorwerfbar, dürfte eine Berücksichtigung
des Sanktionierungsgedankens ausscheiden[9].

4. Abs. 2 S. 2 legt eine **Obergrenze von drei Brutto-Monatsgehältern** für die Entschädigung fest, wenn 9
der Beschädigte auch bei benachteiligungsfreier Auswahl nicht eingestellt worden wäre. Die Beweislast
trifft insofern den ArbGeb. Diese Regelung entspricht § 611a III BGB aF und ist mit europäischem
Recht vereinbar[10]. Eine Obergrenze für den Fall, dass der Bewerber bei benachteiligungsfreier Auswahl
eingestellt worden wäre, besteht nicht. In solchen Fällen soll sich eine Grenze aus dem Rechtsgedanken
bzw. entsprechend §§ 9, 10 KSchG ergeben[11]. Eine **Klage** auf angemessene Entschädigung wird wie ein
Schmerzensgeldanspruch geltend gemacht. Dh. die Klage selbst kann in Ausnahme zu § 253 II Nr. 2
ZPO unbeziffert auf eine „angemessene Entschädigung nach Ermessen des Gerichts" gerichtet sein[12].
Allerdings muss die Klagebegründung alle Tatsachen, die für die Bemessung relevant sein können, und
einen Rahmen enthalten, innerhalb dessen die Klagepartei die Entschädigung für angemessen erachtet[13]. Werden Entschädigungszahlungen nach Abs. 2 geleistet, so sind diese **steuerfrei**[14]. Entschädigungsansprüche nach Abs. 2 sind zudem pfändbar und unterfallen der Insolvenzmasse[15].

IV. Abs. 3[16] privilegiert den ArbGeb, der in Anwendung kollektivrechtl. Vereinbarungen handelte. Er 10
haftet nur für Vorsatz und grobe Fahrlässigkeit[17]. Dahinter steht der Gedanke der höheren Richtigkeitsgewähr, die **Tarifverträgen, Betriebs- und Dienstvereinbarungen** zukommt. Da diese Richtigkeitsgewähr auch dann gelte, wenn auf einen TV Bezug genommen wurde, soll das Haftungsprivileg auch bei
einzelvertraglichen Bezugnahmen gelten[18]. Dabei ist zu bedenken, dass die Richtigkeitsgewähr einem
in Bezug genommenen TV nur zukommt, wenn sich das ArbVerh im Anwendungsbereich (örtlich, zeitlich, fachlich, persönlich) des TV befindet und auf den TV insg. und nicht nur auf einzelne Regelungen
verwiesen wird (vgl. zum gleich gelagerten Problem bei § 310 IV iVm: § 307 III 1 BGB: § 307 BGB Rz. 14)[19].
Darüber hinaus soll das Haftungsprivileg auch auf **allgemeinverbindlich** erklärte TV Anwendung finden[20]. Die Haftungsprivilegierung bezieht sich nach ihrem Wortlaut nur auf den Entschädigungs-

---

1 Vgl. nur EuGH 22.4.1997 – Rs. C-180/95, NZA 1997, 645 – Draempaehl. ||2 BAG 19.8.2010 – 8 AZR 530/09, NZA 2010, 1412 (1416); 22.1.2009 – 8 AZR 906/07, NZA 2009, 945 (950). ||3 Ebenso *Simon/Greßlin*, BB 2007, 1782 (1784). ||4 BAG 22.10.2009 – 8 AZR 642/08, NZA 2010, 280 (281); 22.1.2009 – 8 AZR 906/07, NZA 2009, 945. ||5 BAG 22.1.2009 – 8 AZR 906/07, NZA 2009, 945 (952); *Adomeit/Mohr*, § 15 Rz. 62ff. ||6 BT-Drs. 16/1780, 38; BAG 22.1.2009 – 8 AZR 906/07, NZA 2009, 945 (952). ||7 Däubler/Bertzbach/*Deinert*, § 15 Rz. 14 mwN. ||8 Vgl. BGH 19.9.1961 – VI ZR 259/60, BGHZ 35, 363. ||9 Staudinger/*Annuß*, Neubearb. 2005, § 611a BGB Rz. 102 zu § 611a BGB aF. ||10 EuGH 22.4.1997 – Rs. C-180/95, NZA 1997, 645 – Draempaehl. ||11 *Bauer/Evers*, NZA 2006, 893 (896). ||12 *Bauer/Göpfert/Krieger*, § 15 Rz. 37; *Thüsing*, Rz. 522. ||13 BGH 13.12.1951 – III ZR 144/50, BGHZ 4, 138; 30.4.1996 – VI ZR 55/95, NJW 1996, 2425. ||14 *Bauer/Günther*, NJW 2007, 113 (114); *Cornelius/Lipinski*, BB 2007, 496 (498). ||15 LAG BW 23.9.2011 - 18 Sa 49/11, NZA-RR 2012, 33 (34f.). ||16 Zur Vereinbarkeit mit dem Gemeinschaftsrecht s. *Jacobs*, RdA 2009, 193 (198). ||17 Im Einzelnen dazu *Nebeling/Miller*, RdA 2007, 289 (292ff.). ||18 BT-Drs. 16/1780, 38. ||19 Ebenso Däubler/Bertzbach/*Deinert*, § 15 Rz. 94. ||20 BT-Drs. 16/1780, 38.

anspruch nach Abs. 2, obwohl das Regelungsmotiv ebenso auf Abs. 1 zutreffen würde. Ob eine Auslegung über den Wortlaut hinaus möglich ist, ist umstritten[1].

11 Schuldhaft handelt der ArbGeb nicht schon dann, wenn er wissentlich die Kollektivnorm anwendet, sondern erst, wenn er weiß bzw. grob fahrlässig nicht weiß, dass die Anwendung der Norm zu einer Benachteiligung iSd. AGG führt[2]. Einfache Fahrlässigkeit bleibt also folgenlos. Daher verstößt die Regelung des Abs. 3 gegen Europarecht, weil sie mit der Forderung des EuGH nach einer verschuldensunabhängigen Haftung bei Schadensersatzansprüchen als Folge von Benachteiligungen nicht in Einklang zu bringen ist (vgl. auch Rz. 3)[3]. Ob dies zu einer unbeschränkten Haftung führt, wenn der ArbGeb eine juristische Person des öffentl. Rechts ist oder unmittelbar geltende Benachteiligungsverbote des AEUV einschlägig sind, wie das Verbot der Geschlechtsdiskriminierung nach Art. 157 AEUV oder das nach der Rspr. des EuGH bestehende primärrechtl. verankerte Verbot der Altersdiskriminierung[4], erscheint fraglich[5].

12 **V. Abs. 4.** Hintergrund der europarechtskonformen[6], kurzen **Ausschlussfrist** des Abs. 4 ist, dass angesichts der Beweislastverteilung in § 22 dem ArbGeb nicht zugemutet werden soll, Unterlagen über Einstellungsentscheidungen etc. bis zum Ablauf der allg. Verjährungsfrist von drei Jahren aufbewahren zu müssen[7]. Die Frist von zwei Monaten, die nach neuer Rspr. des BAG nicht nur für die Ansprüche nach den Abs. 1 und 2, sondern auch für evtl. konkurrierende deliktische Ansprüche[8] gilt und sich nach den §§ 187 ff. BGB berechnet[9], beginnt gem. **S. 2** in dem Zeitpunkt, zu welchem der Benachteiligte von der Benachteiligung **Kenntnis erlangt**[10]. Insofern ist auf die Maßstäbe von § 199 I Nr. 2 BGB zurückzugreifen mit der Einschränkung, dass aufgrund des Wortlauts von Abs. 4 S. 2 die grob fahrlässige Unkenntnis nicht genügt[11]. Entscheidend ist danach die Kenntnis der anspruchsbegründenden Tatsachen[12]. Nach Ansicht des BAG ist hierzu nicht nur die Kenntnis der Benachteiligung als solcher erforderlich (dh. im Fall der Bewerbung oder des berufl. Aufstiegs der Zugang der Ablehnung). Hinzukommen müsse die Kenntnis von Tatsachen (Indizien), die auf eine Benachteiligung wegen eines Merkmals nach § 1 schließen lassen. Eine positive Kenntnis der Motive der benachteiligenden Person sei hingegen nicht erforderlich[13]. Sofern die Benachteiligung ein **Dauertatbestand**[14] ist oder sich **aus verschiedenen Handlungen zusammensetzt**, beginnt die Frist erst mit der Aufhebung des Zustands bzw. der letzten Handlung[15].

13 Der Anspruch ist **schriftlich** (§§ 126, 126a BGB) geltend zu machen[16]. Tarifvertragl. kann nicht nur eine längere, sondern auch eine kürzere Frist vereinbart werden[17]. § 31 steht dem nicht entgegen, allerdings darf die Verkürzung nach den Vorgaben des EuGH zur effektiven Gestaltung von Schadensersatz- und Entschädigungsansprüchen nicht dazu führen, dass die Geltendmachung des Anspruchs über Gebühr erschwert wird[18]. Eine **Frist von drei Wochen** dürfte in Anlehnung an § 4 S. 1 KSchG und § 17 S. 1 TzBfG noch zulässig sein[19]. Obschon der Gesetzgeber eine Bezugnahme durch TV wegen deren erhöhter Richtigkeitsgewähr zulässt, ist die Abweichung durch **einzelvertragliche Bezugnahme** auf einen zeitlich, räumlich und sachlich einschlägigen TV nicht möglich, wie sich aus einem Umkehrschluss zu § 22 II TzBfG und § 13 I 2 BUrlG ergibt, wo der Gesetzgeber die Möglichkeit der Bezugnahme jeweils ausdrücklich normiert hat[20]. Als weitere Frist zur Geltendmachung der Ansprüche der Abs. 1[21] und 2 ist die Klageerhebungsfrist des **§ 61b I ArbGG** zu beachten (s. dort).

14 **VI. Abs. 5** stellt klar, dass Ansprüche gegen den ArbGeb aus sonstigen Rechtsvorschriften unberührt bleiben. Sofern aus der Formulierung „**im Übrigen**" gefolgert wird, dass die Einschränkungen nach Abs. 3 und 4 sowie § 61b I ArbGG auch für alle sonstigen Ansprüche gelten sollen[22], steht dem der aus-

---

1 Für eine Anwendung auf Abs. 1: *Annuß*, DB 2006, 1629 (1635); *Bauer/Göpfert/Krieger*, § 15 Rz. 45; *Jacobs*, RdA 2009, 193 (198); dagegen: Däubler/Bertzbach/*Deinert*, § 15 Rz. 92; MüKoBGB/*Thüsing*, § 15 AGG Rz. 40. ||2 ErfK/*Schlachter*, § 15 AGG Rz. 14; *Kamanabrou*, RdA 2006, 321 (337). ||3 Ausf. ErfK/*Schlachter*, § 15 AGG Rz. 14; *Kamanabrou*, RdA 2006, 321 (337 f.); *Kamanabrou*, ZfA 2006, 327 (339); aA Schleusener/Suckow/Voigt/*Voigt*, § 15 Rz. 59. ||4 EuGH 22.11.2005 – Rs. C-144/04, NZA 2005, 1345 – Mangold; 19.1.2010 – Rs. C-555/07, NZA 2010, 85 – Kücükdeveci. ||5 Bejahend MüKoBGB/*Thüsing*, § 15 AGG Rz. 41; vgl. auch Rz. 3. ||6 BAG 21.6.2012 – 8 AZR 188/11, NZA 2012, 1211 (1212); 24.9.2009 – 8 AZR 705/08, NZA 2010, 387 (391f.); andeutungsweise EuGH 8.7.2010 – Rs. C-246/09, NZA 2010, 869 (870) – Bulicke. ||7 BT-Drs. 16/1780, 38. ||8 BAG 21.6.2012 – 8 AZR 188/11, NZA 2012, 1211 (1215); ebenso Schleusener/Suckow/Voigt/*Voigt*, § 15 Rz. 70; aA bislang hier, s. 5. Aufl. ||9 Zur Frage der Anwendbarkeit von § 167 ZPO auf die Frist des § 15 IV: LAG Schl.-Holst. 30.5.2013 – 4 Sa 62/13. ||10 Zur Darlegungs- und Beweislast für die Fristwahrung LAG Hamm 22.5.2012 – 19 Sa 1658/11, Rz. 43. ||11 BAG 15.3.2012 – 8 AZR 37/11, NZA 2012, 910 (917). ||12 BAG 15.3.2012 – 8 AZR 37/11, NZA 2012, 910 (917); s.a. BAG 15.3.2012 – 8 AZR 160/11. ||13 Eingehend BAG 15.3.2012 – 8 AZR 37/11, NZA 2012, 910 (917f.) ||14 Kein Dauertatbestand ist nach BAG 24.9.2009 – 8 AZR 705/08, NZA 2010, 387 (393) das Beschmieren von Toiletten mit ausländerfeindlichen Parolen. ||15 *Adomeit/Mohr*, § 15 Rz. 107. ||16 *Annuß*, BB 2006, 1629 (1635); Däubler/Bertzbach/*Deinert*, § 15 Rz. 110; aA *Bauer/Göpfert/Krieger*, § 15 Rz. 55 (einfache Textform ausreichend); Schleusener/Suckow/Voigt/*Voigt*, § 15 Rz. 77 (Telefax genügt). ||17 Vgl. LAG Hamm 1.6.2012 – 18 Sa 683/11, Rz. 78 ff.; LAG Köln 2.3.2011 – 1 Ta 375/10, Rz. 32. ||18 Vgl. EuGH 22.4.1997 – Rs. C-180/95, NZA 1997, 645 – Draempaehl. ||19 Ebenso MüKoBGB/*Thüsing*, § 15 AGG Rz. 46. ||20 Im Erg. ebenso Schiek/*Kocher*, § 15 Rz. 58; aA *Bauer/Göpfert/Krieger*, § 15 Rz. 61. ||21 Zwar spricht der Wortlaut nur von Entschädigungsansprüchen, gemeint sind jedoch alle Ansprüche nach § 15. ||22 *Bauer/Göpfert/Krieger*, § 15 Rz. 67.

drückliche Wortlaut in Abs. 4 u. 61b I ArbGG entgegen[1]. Als weitere Ansprüche kommen in erster Linie solche aus § 1004 BGB und § 823 I BGB (in seltenen Fällen[2] durch eine Verletzung des allg. Persönlichkeitsrechts als sonstiges Recht) in Betracht. Ansprüche nach § 280 I BGB und uU iVm. § 311 II BGB werden durch Abs. 1 als lex specialis verdrängt, soweit der Anspruch allein mit einem Verstoß gegen das Benachteiligungsverbot begründet wird[3]. Ferner ist § 7 I kein Schutzgesetz iSv. § 823 II BGB, so dass auch ein solcher Anspruch ausscheidet (s. a. § 7 Rz. 1)[4].

VII. Abs. 6 stellt ebenso wie zuvor § 611a II, V BGB aF[5] klar, dass im Gegensatz zum zivilrechtl. Teil des AGG aus der Verletzung eines Benachteiligungsverbots kein Kontrahierungszwang entsteht. Ein Kontrahierungszwang aus anderen Gründen bleibt davon unberührt. Solche anderen Gründe können in erster Linie tarifl. Einstellungsansprüche bzw. Rechtsansprüche auf einen berufl. Aufstieg (insb. tariflicher Bewährungsaufstieg) sein. Für Bewerber zum öffentl. Dienst kann sich aus Art. 33 II GG ein Einstellungsanspruch ergeben, „wenn sämtliche Einstellungsvoraussetzungen in der Person des Bewerbers erfüllt sind und dessen Einstellung die einzig denkbare rechtmäßige Entscheidung der Behörde ist, weil sich jede andere Entscheidung als rechtswidrig oder ermessensfehlerhaft darstellt"[6]. Oftmals wird dem Dienstherrn jedoch ein Entscheidungsspielraum verbleiben, so dass sich der Anspruch lediglich auf fehlerfreie Ermessensausübung bei einer erneuten Auswahlentscheidung richtet[7]. Auch nach Einführung des AGG dürfte sich ein entsprechender Anspruch auf bevorzugte Berücksichtigung für Schwerbehinderte aus dem Schwerbehindertenrecht (§§ 81 ff. SGB IX) ergeben[8]. 15

16 Maßregelungsverbot

(1) Der Arbeitgeber darf Beschäftigte nicht wegen der Inanspruchnahme von Rechten nach diesem Abschnitt oder wegen der Weigerung, eine gegen diesen Abschnitt verstoßende Anweisung auszuführen, benachteiligen. Gleiches gilt für Personen, die den Beschäftigten hierbei unterstützen oder als Zeuginnen oder Zeugen aussagen.

(2) Die Zurückweisung oder Duldung benachteiligender Verhaltensweisen durch betroffene Beschäftigte darf nicht als Grundlage für eine Entscheidung herangezogen werden, die diese Beschäftigten berührt. Absatz 1 Satz 2 gilt entsprechend.

(3) § 22 gilt entsprechend.

I. Abs. 1 entspricht dem bereits in § 612a BGB und § 5 TzBfG enthaltenen Grundsatz, dass Beschäftigte wegen der zulässigen **Inanspruchnahme ihrer Rechte** nach den §§ 7 I, 12–15 nicht benachteiligt werden dürfen; Abs. 1 ist ggü. § 612a BGB lex specialis[9]. Da eine benachteiligende Weisung gem. § 7 I unwirksam wäre, dürfte der Beschäftigte die Ausführung unterlassen. Satz 1 stellt ausdrücklich klar, dass die Weigerung, eine derartige Weisung auszuführen, vom ArbGeb nicht mit Sanktionen belegt werden darf. Die Inanspruchnahme nur vermeintlich dem Beschäftigten zustehender Rechte kann jedoch selbstverständlich mit den üblichen arbeitsrechtl. Mitteln, insb. einer Abmahnung oder einer Kündigung, sanktioniert werden, ebenso wie über die bloße Weigerung hinausgehende vertragswidrige Handlungen des Beschäftigten. 1

Benachteiligung iSd. Abs. 1 ist jede (mittelbare oder unmittelbare) ungünstigere Behandlung im Vergleich zur hypothetischen Lage ohne die Inanspruchnahme von Rechten durch den Beschäftigten. Sie erfasst den Abschluss von Vereinbarungen ebenso wie einseitige Maßnahmen des ArbGeb rechtsgeschäftlicher oder tatsächlicher Art. § 16 gilt auch für die Vereinbarungen von Klauseln in TV, BV oder DV. Da **Vergleichsmaßstab** die hypothetische Lage ohne die Inanspruchnahme von Rechten ist, muss die zulässige Rechtsausübung der tragende Beweggrund für die Ungleichbehandlung gewesen sein[10]. Ob die Benachteiligung der Inanspruchnahme der Rechte folgen muss[11] oder ihr auch vorausgehen kann[12], ist umstritten. Das Maßregelungsverbot richtet sich ausdrücklich gegen den **ArbGeb**, wobei auch **Dritte** gemeint sind, die ArbGebFunktionen ausüben (zB Vorgesetzte, Geschäftsführer einer Gesellschaft). Geschützt wird nicht nur der Beschäftigte, der ein Recht in Anspruch nimmt, sondern gem. **Abs. 1 S. 2** auch andere Beschäftigte des benachteiligenden ArbGeb, die den Beschäftigten bei der Rechtsausübung unterstützen oder als Zeugen agieren. **Unterstützung** ist jede Handlung[13], die der Rechtsverfolgung dient. Sie darf, wie die Rechtsverfolgung selbst, nur sanktioniert werden, wenn sie unzulässig ist. 2

---

1 Ebenso Däubler/Bertzbach/*Deinert*, § 15 Rz. 97 nur für § 15 IV; MüKoBGB/*Thüsing*, § 15 AGG Rz. 48. ‖ 2 Staudinger/*Annuß*, Neubearb. 2005, § 611a BGB Rz. 80; Schleusener/Suckow/Voigt/*Voigt*, § 15 Rz. 23; vgl. auch BAG 24.9.2009 – 8 AZR 636/08, NZA 2010, 159 (163); OLG Köln 24.5.2012 – 7 U 207/11, nv. und ausf. *Adomeit*/*Mohr*, § 15 Rz. 141 ff. ‖ 3 BAG 21.6.2012 – 8 AZR 188/11, NZA 2012, 1211 (1214). ‖ 4 *Bauer/Göpfert/Krieger*, § 7 Rz. 7; MüKoBGB/*Thüsing*, § 15 AGG Rz. 53; aA Schleusener/Suckow/Voigt/*Voigt*, § 15 Rz. 26; Däubler/Bertzbach/*Deinert*, § 15 Rz. 124 mwN. ‖ 5 S. dazu auch EuGH 10.4.1984 – Rs. 14/83 und 79/83, NZA 1984, 157 und DB 1984, 1042. ‖ 6 BAG 19.2.2003 – 7 AZR 67/02, NZA 2003, 1271 (1273 mwN). ‖ 7 BAG 5.3.1996 – 1 AZR 590/92, NZA 1996, 751. ‖ 8 Zur früheren Rechtslage BAG 19.9.1979 – 4 AZR 887/77, DB 1980, 405; 28.4.1998 – 9 AZR 348/97, NZA 1999, 152. ‖ 9 *Bauer/Göpfert/Krieger*, § 16. Rz. 5. ‖ 10 BAG 2.4.1987 – 2 AZR 227/86, NZA 1988, 18 (19). ‖ 11 *Thüsing*, NZA 1994, 728 (730 f.). ‖ 12 So die hM, vgl. Staudinger/*Richardi*/*Fischinger*, § 612a BGB Rz. 21 mwN. ‖ 13 Einschränkend *Bauer/Göpfert/Krieger*, § 16 Rz. 11, die den Schutz bei unbedeutenden Unterstützungshandlungen wie der Nennung eines Rechtsanwalts entfallen lassen wollen.

AGG § 16 Rz. 3

3   II. **Abs. 2** stellt klar, dass der ArbGeb keine Folgen daraus ableiten darf, dass der Benachteiligte die Benachteiligung geduldet oder zurückgewiesen hat. Das gilt gem. Abs. 2 S. 2 auch ggü. Personen, die Beschäftigte bei der Inanspruchnahme ihrer Rechte unterstützen oder diesbzgl. als Zeugen auftreten. Gem. **Abs. 3** findet die in § 22 geregelte Beweislastverteilung auch im Rahmen von § 16 Anwendung. Diese Regelung war erforderlich, da § 22 direkt nur für Benachteiligungen aus Gründen der in § 1 genannten Motive gilt, hier die Benachteiligung aber wegen der Inanspruchnahme von Rechten im Hinblick auf eine Benachteiligung erfolgt. § 16 ist **Schutzgesetz iSv. § 823 II BGB**[1]. Vertragl. Ansprüche kommen über § 280 I BGB in Betracht[2]. IÜ ist die maßregelnde **Maßnahme unwirksam**.

Unterabschnitt 4. Ergänzende Vorschriften

17 *Soziale Verantwortung der Beteiligten*
(1) Tarifvertragsparteien, Arbeitgeber, Beschäftigte und deren Vertretungen sind aufgefordert, im Rahmen ihrer Aufgaben und Handlungsmöglichkeiten an der Verwirklichung des in § 1 genannten Ziels mitzuwirken.

(2) In Betrieben, in denen die Voraussetzungen des § 1 Abs. 1 Satz 1 des Betriebsverfassungsgesetzes vorliegen, können bei einem groben Verstoß des Arbeitgebers gegen Vorschriften aus diesem Abschnitt der Betriebsrat oder eine im Betrieb vertretene Gewerkschaft unter der Voraussetzung des § 23 Abs. 3 Satz 1 des Betriebsverfassungsgesetzes die dort genannten Rechte gerichtlich geltend machen; § 23 Abs. 3 Satz 2 bis 5 des Betriebsverfassungsgesetzes gilt entsprechend. Mit dem Antrag dürfen nicht Ansprüche des Benachteiligten geltend gemacht werden.

1   I. **Abs. 1** enthält einen allg. **Programmsatz**. Das AGG soll ua. Anlass sein, Personalprozesse in Unternehmen und Betrieben unter dem Gesichtspunkt des Benachteiligungsschutzes zu überprüfen und ggf. neu zu definieren[3]. Aus Abs. 1 können keine unmittelbaren Rechte oder Pflichten, wie etwa ein Verhandlungsanspruch, abgeleitet werden.

2   II. **Gem. Abs. 2 S. 1**[4] können in betriebsratsfähigen Betrieben der BR oder – unabhängig vom Bestehen eines solchen – eine im Betrieb vertretene Gewerkschaft[5] bei einem groben Verstoß des ArbGeb gegen die §§ 7–16 beim ArbG beantragen, dem ArbGeb aufzugeben, die Handlung zu unterlassen, die Vornahme einer Handlung zu dulden oder eine Handlung vorzunehmen (§ 23 III 1 BetrVG)[6]. Angesichts der Verweisung auf das BetrVG dürfte eine solche Möglichkeit für Personalräte und in Dienststellen vertretene Gewerkschaften auch über § 24 nicht in Betracht kommen[7]. Ein grober **Verstoß** kann bspw. darin liegen, dass der ArbGeb die zum Schutz seiner Beschäftigten objektiv gebotenen Maßnahmen unterlässt oder selbst in grober Weise gegen das Benachteiligungsverbot verstößt. Der Verstoß muss **grob** gewesen sein, dh. „objektiv erheblich und offensichtlich schwerwiegend" (vgl. § 23 BetrVG Rz. 7). Aus dem systematischen Zusammenhang mit § 23 III BetrVG folgt, dass der Verstoß erst dann grob ist, wenn er geeignet ist, die „gute Ordnung" des Betriebs zu beeinträchtigen[8]. Eine **Kollektivbezogenheit des Verstoßes** dürfte insofern nicht erforderlich sein, jedoch muss der Verstoß eine gewisse Schwere erreichen[9] und dadurch gleichsam auf die anderen ArbVerh ausstrahlen[10]. Da der Antrag auf ein zukünftiges Verhalten des ArbGeb gerichtet und nicht als Sanktion gedacht ist, muss kein Verschulden vorliegen[11]. Auch kann bereits die einmalige Pflichtverletzung genügen, wenn diese ausreichend schwerwiegend war[12]. Wiederholungsgefahr ist nicht erforderlich[13]. Wurde der ArbGeb in dem Erkenntnisverfahren nach Abs. 2 S. 1 Hs. 1 iVm. § 23 III 1 BetrVG zur Unterlassung, Duldung oder Vornahme einer Handlung verurteilt, erfolgt die **Durchsetzung** dieser Verpflichtung auf Antrag gem. Abs. 2 S. 1 Hs. 2 nach § 23 III 2–5 BetrVG (s. § 23 BetrVG Rz. 37 ff.).

3   III. **Nach Abs. 2 S. 2** kann der BR nicht im Wege des Abs. 2 S. 1 iVm. § 23 BetrVG Ansprüche eines Benachteiligten geltend machen, worunter in erster Linie Ansprüche eines Beschäftigten aus § 15 zu verstehen sind, aber auch sonstige, die sich aus benachteiligenden Maßnahmen des ArbGeb ergeben (zB Feststellung der Unwirksamkeit einer Maßnahme). Sofern ein Beschäftigter selbst auf Unterlassung, Duldung oder Vornahme einer Handlung klagen könnte, stellt sich also die Frage, inwiefern dadurch eine Klagemöglichkeit nach Abs. 2 S. 1 ausgeschlossen ist. Zu Recht wird auf die Unstimmigkeit hingewiesen, dass bei einem parallelen Bestehen der Klagemöglichkeiten BR oder Gewerkschaft klagen könnten, obwohl sich der einzig Betroffene bewusst dagegen entscheidet[14]. Doch wollte der Gesetz-

---

1 Ebenso *Adomeit/Mohr*, § 16 Rz. 34; zu § 612a BGB Staudinger/*Richardi/Fischinger*, § 612a Rz. 32. ||2 Zu § 612a BGB Staudinger/*Richardi/Fischinger*, § 612a Rz. 32. ||3 BT-Drs. 16/1780, 39. ||4 § 17 II ist europarechtl. nicht geboten und geht über das von den RL Geforderte hinaus. ||5 Voraussetzung ist insofern, dass wenigstens ein Beschäftigter des ArbGeb bei der Gewerkschaft organisiert ist. ||6 LAG Saarl. 11.2.2009 – 1 TaBV 73/08, nv. ||7 *Thüsing*, Rz. 618; aA *Besgen/Roloff*, NZA 2007, 670 (671). ||8 *Besgen/Roloff*, NZA 2007, 670 (672). ||9 BT-Drs. 16/2022, 12. ||10 *Hayen*, AuR 2007, 6 (11); *Thüsing*, Rz. 615; aA *Klumpp*, NZA 2006, 904 (906); *Bauer/Göpfert/Krieger*, § 17 Rz. 17. ||11 BAG 23.6.1992 – 1 ABR 11/92, NZA 1992, 1095 (1097 mwN). ||12 BAG 14.11.1989 – 1 ABR 87/88, NZA 1990, 357. ||13 BAG 18.4.1985 – 6 ABR 19/84, NZA 1985, 783; vgl. auch BAG 23.6.1992 – 1 ABR 11/92, NZA 1992, 1095 (1097). ||14 *Klumpp*, NZA 2006, 904 (905).

geber BR und Gewerkschaft bei einem hinreichend gewichtigen Verstoß eigene Rechte verleihen und lediglich die Prozessstandschaft ausschließen[1]. Also besteht unter den jeweiligen Voraussetzungen eine doppelte Klagemöglichkeit, wobei durch Abs. 2 S. 2 klargestellt ist, dass BR oder Gewerkschaft nicht im Namen des Benachteiligten vorgehen können.

18 *Mitgliedschaft in Vereinigungen*
(1) Die Vorschriften dieses Abschnitts gelten entsprechend für die Mitgliedschaft oder die Mitwirkung in einer
1. **Tarifvertragspartei,**
2. **Vereinigung, deren Mitglieder einer bestimmten Berufsgruppe angehören oder die eine überragende Machtstellung im wirtschaftlichen oder sozialen Bereich innehat, wenn ein grundlegendes Interesse am Erwerb der Mitgliedschaft besteht,**

sowie deren jeweiligen Zusammenschlüssen.

(2) Wenn die Ablehnung einen Verstoß gegen das Benachteiligungsverbot des § 7 Abs. 1 darstellt, besteht ein Anspruch auf Mitgliedschaft oder Mitwirkung in den in Absatz 1 genannten Vereinigungen.

§ 18 erweitert in Übereinstimmung mit § 2 I Nr. 4 den persönlichen Geltungsbereich des AGG. Von den Pflichten des Abschnitts 2 werden nach Abs. 1 Nr. 1 **Tarifvertragsparteien** erfasst. Das sind in erster Linie Gewerkschaften, die die Voraussetzungen des § 2 I TVG (s. § 2 TVG Rz. 1 ff.) erfüllen sowie gem. § 54 III Nr. 1 und § 82 S. 2 Nr. 3 HwO Handwerksinnungen und Landesinnungsverbände. Bezweifeln ließe sich, ob § 18 I Nr. 1 auch ArbGebVereinigungen umfasst, obwohl diese TV-Parteien iSd. § 2 I TVG sind. Denn für den einzelnen tariffähigen ArbGeb scheint die Gefährdungslage ggü. der ArbGeb-Vereinigung grundverschieden von der eines ArbN zu seinem (potentiellen) ArbGeb bzw. zur Gewerkschaft zu sein. Der Eröffnung des sachlichen Anwendungsbereichs nach § 2 Nr. 4 für die Mitgliedschaft und Mitwirkung in einer ArbGebVereinigung könnte auch mit einer Anwendung des zivilrechtl. Teils des AGG Rechnung getragen werden. Dennoch dürfte an dem klaren Wortlaut des Abs. 1 Nr. 1 einstweilen festzuhalten sein. Allerdings kommt für reine OT-Verbände (Verbände, die nach ihrer Satzung keine TV schließen) eine Anwendung von Abs. 1 Nr. 1 nicht in Betracht. Sie sind keine TV-Parteien nach § 2 I TVG[2]. 1

Nr. 2 erstreckt sich auf bestimmte **Vereinigungen**. Die Rechtsform der Vereinigung spielt keine Rolle, unerheblich ist auch, ob die Mitgliedschaft in der Vereinigung freiwillig oder obligatorisch ist[3]. Alt. 2 geht über die Erfordernisse der RL hinaus und normiert die bisherige Rspr. zur Mitgliedschaft in Vereinigungen mit einer überragenden Machtstellung bei grundlegendem Interesse an der Mitgliedschaft[4]. Gemeint sind damit Vereinigungen wie der Deutsche Sportbund[5], Landessportverbände[6] oder ein Stadtjugendring[7]. Ein grundlegendes Interesse ist anzunehmen, wenn durch die fehlende Mitgliedschaft erhebliche Nachteile drohen. Neben den TV-Parteien nach Nr. 1 und den Vereinigungen nach Nr. 2 werden auch deren **jeweilige Zusammenschlüsse** verpflichtet. 2

Geschützt sind sowohl die **Mitgliedschaft** als auch die **Mitwirkung**[8]. Damit wird die Position der (potentiellen) Mitglieder umfassend, also auch im Hinblick auf einzelne Leistungen, und nicht nur bzgl. der Mitgliedschaft geschützt. Abs. 2 legt in Abweichung von § 15 VI ausdrücklich einen **Kontrahierungszwang** fest und entspricht insofern der früheren Rechtslage. 3

Abschnitt 3. Schutz vor Benachteiligung im Zivilrechtsverkehr

19–21 *(nicht kommentiert)*

Abschnitt 4. Rechtsschutz

22 *Beweislast*
Wenn im Streitfall die eine Partei Indizien beweist, die eine Benachteiligung wegen eines in § 1 genannten Grundes vermuten lassen, trägt die andere Partei die Beweislast dafür, dass kein Verstoß gegen die Bestimmungen zum Schutz vor Benachteiligung vorgelegen hat.

---

[1] BT-Drs. 16/2022, 12. || [2] Wiedemann/*Oetker*, § 2 TVG Rz. 21 f. || [3] MüKoBGB/*Thüsing*, § 18 AGG Rz. 4. || [4] BGH 26.6.1979 – KZR 25/78, NJW 1980, 186; 10.12.1984 – II ZR 91/84, NJW 1985, 1216; 19.10.1987 – II ZR 43/87, NJW 1988, 552; 23.11.1998 – II ZR 54/98, NJW 1999, 1326. || [5] BGH 2.12.1974 – II ZR 78/72, NJW 1975, 771. || [6] BGH 10.12.1985 – KZR 2/85, NJW-RR 1986, 583. || [7] LG Heidelberg 12.1.1990 – 5 O 149/89, NJW 1991, 927. || [8] BAG 17.6.2008 – 3 AZR 409/06, NZA 2008, 1244 (1246).

1 § 22 enthält eine **Beweislastregelung** – keine Beweislastumkehr – zu Gunsten des Benachteiligten; die §§ 292, 294 ZPO sind nicht anwendbar[1]. Die Beweislastregelung greift ein, soweit der ArbN einen Anspruch wegen Verstoßes gegen das Benachteiligungsverbot geltend machen kann. In Betracht kommen die Geltendmachung von Schadensersatz- oder Entschädigungsansprüchen nach § 15 I und II, aber auch sonstige vertragl. Ansprüche oder Feststellungsklagen, soweit diese auf den Verstoß gegen das Diskriminierungsverbot gestützt werden[2]. Auf deliktische Ansprüche wegen der Verletzung des allg. Persönlichkeitsrechts findet § 22 keine Anwendung[3]. § 22 ist § 611a I 3 BGB aF und § 81 II 2 Nr. 1 SGB IX aF nachgebildet, setzt Art. 8 RL 2000/43/EG, Art. 10 RL 2000/78/EG, 2004/113 EG um und soll die Vorgaben der BeweislastRL 97/80/EG[4] erfüllen. Mit § 22 wird berücksichtigt, dass der Grund für die Ungleichbehandlung eines ArbN zumeist in der Sphäre des ArbGeb liegt, in die der ArbN idR keinen Einblick hat[5]. Auch besteht für den ArbN grds. kein Anspruch auf Auskunft über die Gründe für die Auswahlentscheidung des ArbGeb[6]. § 22 gilt – außer für die mittelbare[7] – für alle Formen der Benachteiligung nach § 3 sowie für § 16 entsprechend (vgl. § 16 III). Zwar scheint der Gesetzgeber nach der Entwurfsbegr. zu § 22 in Übereinstimmung mit der Rspr. des EuGH[8] mit § 22 nur die alte Rechtslage zu § 611a BGB aF, nach der der Beweis der Rechtfertigung auch bei der **mittelbaren Benachteiligung** dem Anspruchsgegner oblag, nachvollziehen zu wollen[9]. Doch führt er in der Entwurfsbegr. zu § 3 II ausdrücklich an, dass auf Grund der Weite des Anwendungsbereichs einer mittelbaren Benachteiligung der Anspruchsteller darlegungs- und beweispflichtig auch hinsichtlich eines sachlichen Grundes für eine Rechtfertigung sowie für die Erforderlichkeit und Angemessenheit der Benachteiligung ist[10]. Dieser ausdrücklich begründete und systematisch schlüssige Wille des Gesetzgebers hat in der gesetzl. Konstruktion seinen Niederschlag gefunden. Nach § 3 II ist die Rechtfertigung negatives Tatbestandsmerkmal einer mittelbaren Benachteiligung. Die Benachteiligung hat jedoch nach § 22 der Anspruchsteller zu beweisen, so dass er auch das Fehlen der negativen Tatbestandsvoraussetzungen vortragen muss[11], wobei die Anforderungen an diesen Vortrag im Rahmen einer abgestuften Darlegungs- und Beweislast auf der ersten Stufe nicht allzu hoch anzusetzen sind. Ein Verstoß gegen die dem AGG zugrunde liegenden RL sowie die BeweislastRL 97/80/EG liegt hierin nicht, da der deutsche Gesetzgeber mit seiner Konzeption nur deren Regelungen nachvollzieht[12]. Soweit der Anspruchsteller keine Kenntnis über das Vorliegen rechtfertigender Gründe haben kann, hat der Anspruchsgegner nach § 242 BGB im Rahmen einer abgestuften prozessualen Darlegungs- und Beweislast über den Hintergrund der Differenzierung Auskunft zu geben[13]. Ein Auskunftsanspruch steht Benachteiligten auf Grund der ihnen umfangreich zugute kommenden Beweiserleichterung des § 22 im Übrigen grds. nicht zu[14].

2 Die Beweisführung erfolgt nach der gesetzl. Konzeption in zwei Stufen[15]. Auf der **ersten Stufe** hat der (vermeintlich) Benachteiligte Indizien vorzubringen, die eine Benachteiligung wegen eines in § 1 genannten Grundes vermuten lassen (zur Auslösung der Vermutungsregel des § 22 bei AGG-widrigen Stellenausschreibungen oder bei Überschreitung des Fragerechts des ArbGeb bei der Einstellung s. § 11 Rz. 2 bzw. § 7 Rz. 2f.). Nach der Rspr. des BAG ist an die Vermutungsvoraussetzungen des § 22 kein zu strenger Maßstab anzulegen; es genügt danach, wenn aus den vorgetragenen Tatsachen nach allg. Lebenserfahrung eine überwiegende Wahrscheinlichkeit für das Vorliegen einer Benachteiligung besteht[16]. Ein Vollbeweis ist hier also nicht erforderlich. Die **Beweiserleichterung gilt nicht** für das Vorliegen einer benachteiligenden Maßnahme oder eines Merkmals nach § 1, sondern sie ist nur auf den Benachteiligungsgrund bezogen[17]. Der ArbN hat deshalb nach den allg. Regeln zu beweisen, dass eine ihn benachteiligende Maßnahme bzw. ein Merkmal nach § 1 (zB Behinderung statt Krankheit oder Weltanschauung[18] statt politischer Ansicht) vorliegt. Nur soweit er behauptet, die Benachteiligung sei **wegen** eines Merkmals nach § 1 erfolgt, es also um die Frage der Kausalität geht, greift die Beweiserleichterung in Form der Reduzierung des Beweismaßes[19] ein.

---

1 Vgl. BAG 24.4.2008 – 8 AZR 257/07, NZA 2008, 1351 (1352f.). ||2 Offengelassen von LAG Köln 10.5.1990 – 8 Sa 462/89, LAGE § 611a BGB Nr. 5; wie hier *Hanau*, FS Gnade, 1992, S. 351 (353); *Thüsing*, Rz. 647. ||3 BAG 15.3.2012 – 8 AZR 37/11, NZA 2012, 910 (919). ||4 V. 15.12.1997, ABl. L 14/6. ||5 EuGH 27.10.1993 – Rs. C-127/92, NZA 1994, 797 (798); 31.5.1995 – Rs. C-400/93, DB 1995, 1615 (1616). ||6 EuGH 19.4.2012 – Rs. C-415/10, NZA 2012, 493 – Meister. ||7 Vgl. zu § 611a BGB aF Staudinger/*Annuß*, Neubearb. 2005, § 611a BGB Rz. 109 mwN auch zur aA; *Prütting*, FS 50 Jahre BAG, 2004, S. 1311 (1319). ||8 EuGH 13.5.1986 – Rs. C-170/84, NZA 1986, 599 – Bilka. ||9 BT-Drs. 16/1780, 47; ebenso *Grobys*, NZA 2006, 898 (899); *Prütting*, FS 50 Jahre BAG, 2004, S. 1311 (1319). ||10 BT-Drs. 16/1780, 33. ||11 Ebenso Gaier/Wendtland/*Gaier*, § 22 Rz. 155; *Bauer/Göpfert/Krieger*, § 3 Rz. 37; *v. Steinau-Steinrück/Schneider/Wagner*, NZA 2005, 28 (31); aA Däubler/Bertzbach/*Bertzbach*, § 22 Rz. 37; ErfK/*Schlachter*, § 3 Rz. 13; *Adomeit/Mohr*, § 22 Rz. 52; Schleusener/Suckow/Voigt/*Voigt*, § 22 Rz. 10. ||12 AA Däubler/Bertzbach/*Bertzbach*, § 22 Rz. 37. ||13 *Bauer/Göpfert/Krieger*, § 3 Rz. 37. ||14 EuGH 19.4.2012 – Rs. C-415/10, NZA 2012, 493 – Meister; LAG Hamburg 9.11.2007 – H 3 Sa 102/07, LAGE § 15 AGG Nr. 2. ||15 Ausf. KR/*Treber*, § 22 AGG Rz. 8ff. ||16 BAG 27.1.2011 – 8 AZR 580/09, NZA 2011, 737 (739). ||17 ErfK/*Schlachter*, § 22 AGG Rz. 2; ebenso zu § 611a BGB aF: BAG 5.2.2004 – 8 AZR 112/03, NZA 2004, 540; aA LAG BW 1.2.2011 – 22 Sa 67/10, NZA-RR 2011, 237 (239). ||18 BAG 20.6.2013 – 8 AZR 482/12, Rz. 37f. ||19 Die Beweismittel dagegen sind die des Vollbeweises, so dass insb. eine Versicherung an Eides statt nach § 294 ZPO nicht in Betracht kommt.

Beweislast Rz. 5 § 22 AGG

Eine die Vermutung des § 22 begründende Tatsache kann ggü. Schwerbehinderten[1] in Verstößen gegen die Pflichten nach §§ 81, 82 SGB IX liegen (keine Einschaltung der Agentur für Arbeit gem. § 81 I 1, 82 S. 1 SGB IX[2], keine Einladung zu einem Vorstellungsgespräch nach § 82 S. 2 SGB IX[3]). Verstöße gegen die Pflicht zur Beteiligung der Schwerbehindertenvertretung nach § 81 I 6 SGB IX[4] und zur Unterrichtungs- und Begründungspflicht nach § 81 I 9 SGB IX[5] begründen hingegen grds. keine Vermutung. Allein die Kenntnis des ArbGeb von der Schwangerschaft einer Bewerberin[6], der Ausspruch einer gegen Vorschriften des MuSchG verstoßenden Kündigung[7], der Ausspruch einer krankheitsbedingten Kündigung wegen andauernder Arbeitsunfähigkeit ggü. einem Schwerbehinderten[8] oder das Vorliegen eines Merkmals nach § 1 in der Person des Benachteiligten an sich[9] genügen nicht als Indiz für eine Benachteiligung. Auch die Vorlage ärztlicher Bescheinigungen des Inhalts, dass eine psychische Erkrankung auf Mobbinghandlungen beruhe, ist für die Beweisführung grds. nicht ausreichend[10]. Ebenso wenig folgt aus dem Hinweis auf veraltete EDV-Kenntnisse ein Indiz für eine Benachteiligung wegen des Alters[11] oder aus der Formulierung „flexibel und belastbar" in einer Stellenanzeige ein Indiz für eine Benachteiligung wegen einer Behinderung[12]. Auch stellt eine deutlich höhere Männerquote bei Führungspositionen im Unternehmen allein kein Indiz für eine Benachteiligung wegen des Geschlechts dar[13]. Die Besetzung einer Stelle vor Eingang einer Bewerbung schließt eine Benachteiligung durch die Ablehnung der – dann üblicherweise inhaltlich nicht weiter zur Kenntnis genommenen – Bewerbung aus[14]. Gleichwohl kann in der Ausgestaltung des Bewerbungsverfahrens, zB der Verkürzung der Bewerbungsfrist, eine Benachteiligung liegen[15]. 3

Als Tatsachen, deren Indizwirkung zur Umkehr der Beweislast führen kann, kommen bspw. merkmalsspezifische Stellenausschreibungen (s. § 11 Rz. 2)[16], handschriftliche Hervorhebung eines zu betreuenden Kindes durch den ArbGeb in den (zurückgesandten) Bewerbungsunterlagen[17], wechselnde oder in sich widersprüchliche Begründungen für die benachteiligende Maßnahme[18], die Ablehnung der Bewerbung eines Menschen mit Sprechstörung wegen fehlender „großer Kommunikationsprobleme"[19]; diskriminierende Äußerungen des ArbGeb oder von Personen, die ihm zugerechnet werden[20], oder die öffentl. Äußerung eines ArbGeb, er werde keine ArbN einer bestimmten ethnischen Herkunft oder Rasse einstellen[21] oder etwaige vorangegangene Benachteiligungen einer merkmalsrelevanten Gruppe in Betracht. Sofern einzelne Tatsachen allein die Vermutungswirkung nicht auslösen, ist eine Gesamtbetrachtung vorzunehmen, ob die vorgebrachten Indizien und Hilfstatsachen die Vermutungswirkung begründen können[22]. 4

Dem ArbGeb obliegt auf der **zweiten Stufe** der Beweis dafür, dass die tatsächlich unterschiedliche Betroffenheit der Vergleichsgruppen/-personen nicht auf merkmalsspezifischen Gründen beruht oder die Differenzierung nach § 3 II oder §§ 5, 8–10 gerechtfertigt ist[23]. Der ArbGeb kann sich zur **Widerlegung der Vermutung des § 22** nur auf solche Umstände berufen, die ihn bei der benachteiligenden Maßnahme geleitet haben. Ein Nachschieben objektiv vorliegender, subjektiv jedoch nicht maßgeblicher Rechtfertigungsgründe genügt daher nicht[24]. Wegen dieser materiellen Betrachtungsweise ist nicht ausschlaggebend, ob die maßgeblichen Gründe ausdrücklich genannt worden sind, allerdings wird dem ArbGeb der Nachweis schwer fallen, dass es sich um ein tatsächlich auswahlrelevantes Kriterium und nicht lediglich um eine Schutzbehauptung handelt[25]. Allein der Umstand, dass eine weibliche Bewerberin zu einem Vorstellungsgespräch eingeladen wurde, vermag die durch eine nicht geschlechtsneutrale Stellenausschreibung ausgelöste Vermutung nach § 22 nicht zu widerlegen[26]. Auch kann der Vermutung für einen benachteiligenden Ausschluss aus einem Bewerbungsverfahren nicht erfolgreich mit dem Argu- 5

---

1 Nach BAG 27.1.2011 – 8 AZR 580/09, NZA 2011, 737 (739) ist mit einem Verstoß gegen die Vorschriften des SGB IX keine Vermutungswirkung für behinderte Menschen mit einem GdB von weniger als 50 verbunden. ||2 BVerwG 3.3.2011 – 5 C 16/10, NZA 2011, 977 ||3 BAG 16.2.2012 – 8 AZR 697/10, NZA 2012, 667 und zur Möglichkeit, entspr. Pflichtverstöße zu heilen, LAG Hess. 7.12.2011 – 2 Sa 851/11, Rz. 26. ||4 AA LAG Bln.-Bbg. 16.11.2011 – 24 Sa 1606/11, Rz. 38. ||5 Vgl. LAG Bln.-Bbg. 20.12.2011 – 3 Sa 1505/11, Rz. 56f. mwN. ||6 BAG 24.4.2008 – 8 AZR 257/07, NZA 2008, 1351 (1353). ||7 LAG Hamm 16.5.2012 – 3 Sa 1420/11, Rz. 85, 92. ||8 LAG Köln 4.7.2013 – 13 Sa 1198/12. ||9 OLG Düss. 28.10.2012 – I-6 U 47/12, Rz. 114; LAG München 5.5.2011 – 3 Sa 1241/10, Rz. 40. ||10 LAG Schl.-Holst. 15.10.2008 – 3 Sa 196/08, SchlHA 2009, 166. ||11 LAG Köln 27.8.2008 – 9 Sa 649/08, ArbuR 2009, 102. ||12 LAG Nürnberg 19.2.2008 – 6 Sa 675/07, NZA 2009, 148. ||13 BAG 22.7.2010 – 8 AZR 1012/08, DB 2011, 177 (179); 27.1.2011 – 8 AZR 483/09, NZA 2011, 689 (691f.); allg. zur möglichen Vermutungswirkung von Statistiken und Quoten BAG 21.6.2012 – 8 AZR 364/11, NZA 2012, 1345 (1348); ausf. *Benecke*, DB 2011, 93. ||14 BAG 19.8.2010 – 8 AZR 370/09, NZA 2011, 200 (201f.); LAG Köln 1.10.2010 – 4 Sa 796/10, NZA-RR 2011, 176 (177). ||15 BAG 17.8.2010 – 9 AZR 839/08, NJW 2011, 550 (553). ||16 BAG 27.4.2000 – 8 AZR 295/99, nv.; 5.2.2004 – 8 AZR 112/03, NZA 2004, 540. ||17 LAG Hamm 6.6.2013 – 4 Sa 62/13. ||18 BAG 21.6.2012 – 8 AZR 364/11, NZA 2012, 1345 (1349) ||19 LAG Köln 26.1.2012 – 9 Ta 272/11, Rz. 20. ||20 EuGH 25.4.2013 – Rs. C-82/12, EuZW 2013, 469 – Asociata ACCEPT; BVerfG 16.11.1993 – 1 BvR 258/86, NZA 1994, 745 (745). ||21 EuGH 10.7.2008 – Rs. C-54/07, NZA 2008, 929 – Feryn. ||22 BAG 24.4.2008 – 8 AZR 257/07, NZA 2008, 1351 (1354); zur Möglichkeit der Heilung von die Indizwirkung begründenden Handlungen s. LAG Köln 29.1.2009 – 7 Sa 980/08, nv.; weitere Bsp. bei KR/*Treber*, § 22 AGG Rz. 14ff. ||23 Vgl. BAG 21.7.2009 – 9 AZR 431/08, NZA 2009, 3319; LAG Köln 13.12.2010 – 2 Sa 924/10, NZA-RR 2011, 175f. ||24 BVerfG 16.11.1993 – 1 BvR 258/86, NZA 1994, 745 (746); BAG 5.2.2004 – 8 AZR 112/03, NZA 2004, 540 (544); *Grobys*, NZA 2006, 898 (901). ||25 Vgl. auch MüKoBGB/*Müller-Glöge*, 4. Aufl. 2005, § 611a BGB Rz. 85. ||26 OLG Karlsruhe 13.09.2011 – 17 U 99/10, NZA-RR 2011, 632 (634).

ment entgegen getreten werden, der ArbGeb habe überhaupt keinen Bewerber eingestellt, da die Benachteiligung bereits in der Versagung der Einstellungschance liegt[1].

23 *(nicht kommentiert)*

Abschnitt 5. Sonderregelungen für öffentlich-rechtliche Dienstverhältnisse

24 *Sonderregelung für öffentlich-rechtliche Dienstverhältnisse*
Die Vorschriften dieses Gesetzes gelten unter Berücksichtigung ihrer besonderen Rechtsstellung entsprechend für

1. **Beamtinnen und Beamte des Bundes, der Länder, der Gemeinden, der Gemeindeverbände sowie der sonstigen der Aufsicht des Bundes oder eines Landes unterstehenden Körperschaften, Anstalten und Stiftungen des öffentlichen Rechts,**
2. **Richterinnen und Richter des Bundes und der Länder,**
3. **Zivildienstleistende sowie anerkannte Kriegsdienstverweigerer, soweit ihre Heranziehung zum Zivildienst betroffen ist.**

1 § 24 ergänzt die Regelung des § 6 über den persönlichen Anwendungsbereich des AGG. Hintergrund dieser Regelung ist, dass die dem AGG zugrunde liegenden RL nicht zwischen privat- und öffentl.-rechtl. Beschäftigten unterscheiden[2]. Beamte und Richter waren früher nicht von § 611a BGB aF erfasst, erhielten aber umfassenden Schutz über Art. 33 II GG, der auch weiterhin neben dem AGG jede Auswahlentscheidung, die sich an anderen Kriterien als Eignung, Befähigung und fachlicher Leistung orientiert, verbietet und damit über das AGG hinausgeht[3]. Wer unter Nr. 1–3 fällt, richtet sich nach dem jeweils einschlägigen Gesetz (Beamte: BBG bzw. Landesbeamtengesetz – nicht von § 24 erfasst sind Kirchenbeamte; Richter: DRiG; Zivildienstleistende: ZDG). Für eine Klage dieser Personen, mit der Ansprüche wegen eines Verstoßes gegen das Benachteiligungsverbot bei der Bewerbung auf eine Einstellung als Richter oder Beamter geltend gemacht werden, ist der Rechtsweg zu den VerwG eröffnet[4]. Soldaten werden von § 24 nicht erfasst[5]. Für sie gelten das SGleiG[6] und das SoldGG[7].

2 Gem. § 24 gilt das AGG für die dort genannten Personen[8] **entsprechend unter Berücksichtigung ihrer besonderen Rechtsstellung**. Zu beachten sind daher ua. die hergebrachten Grundsätze des Berufsbeamtentums (Art. 33 V GG), die verfassungsrechtl. geschützte Stellung der Richter (Art. 97 GG) sowie die in den og. Spezialgesetzen normierten Besonderheiten. Diese bilden für den Dienstherren zusätzliche Rechtfertigungsmöglichkeiten und schneiden den Beschäftigten bestimmte Rechte ab, wie zB das in § 14 vorgesehene Leistungsverweigerungsrecht, wenn dem dienstl. Belange entgegenstehen[9].

Abschnitt 6. Antidiskriminierungsstelle

25–30 *(nicht kommentiert)*

Abschnitt 7. Schlussvorschriften

31 *Unabdingbarkeit*
Von den Vorschriften dieses Gesetzes kann nicht zu Ungunsten der geschützten Personen abgewichen werden.

1 Das AGG ist zwingendes Arbeitnehmerschutzrecht mit der Folge, dass entgegenstehende Vereinbarungen unwirksam sind. Es gilt nicht der Vorrang der Individualvereinbarung. Ein bewusster Verzicht auf Rechte aus dem AGG ist wie im Verbraucherschutzrecht des BGB nicht möglich. Auch durch Kollektivvereinbarungen wie TV oder BV und DV kann nicht zuungunsten der ArbN abgewichen werden. Der insoweit erforderliche Günstigkeitsvergleich erfolgt im Gegensatz zu dem nach § 3 I vorzuneh-

---

1 BAG 23.9.2012 – 8 AZR 285/11, NZA 2013, 37 (38). ||2 Vgl. BT-Drs. 16/1780, 49. ||3 *Thüsing*, Rz. 155. ||4 OVG Rh.-Pf. 22.6.2007 – 2 F 10596/07, NZA-RR 2007, 491. ||5 BVerwG 18.10.2007 – 1 WB 67/06, Rz. 31. ||6 V. 27.12.2004 (BGBl. I S. 3822). ||7 V. 14.8.2006 (BGBl. I S. 1897, 1904). ||8 S. nur BVerwG 24.9.2009 – 2 C 31/08, NVwZ 2010, 251 (254); 19.2.2009 – 2 C 18/07, NVwZ 2009, 840 (841). ||9 BT-Drs. 16/1780, 49.

menden Gesamtvergleich aller vertragl. geschuldeten Tätigkeiten (s. § 3 Rz. 2) wie bei § 12 EFZG[1] oder § 13 I 3 BUrlG[2] als Einzelvergleich, so dass die jeweiligen Vorschriften punktuell zu vergleichen sind[3].

Auf Rechte aus dem AGG kann nicht **im Voraus verzichtet werden**. Sind sie einmal entstanden und fällig, so ist ein Verzicht **bei oder nach Beendigung des ArbVerh** möglich[4]. Ob er auch bei Fortbestehen des ArbVerh zulässig ist, ist umstritten[5]. In welcher Form der Verzicht erfolgt, spielt keine Rolle. Er ist auch in einem gerichtl. oder außergerichtl. **Vergleich** zulässig. **Tatsachenvergleiche** (zB Einigung über das Vorliegen einer Benachteiligung oder die Angemessenheit der Höhe des Entschädigungsanspruchs), sind – wie das Zugestehen des gegnerischen Tatsachenvortrags vor Gericht – stets zulässig. 2

32 *(nicht kommentiert)*

33 *Übergangsbestimmungen*
(1) Bei Benachteiligungen nach den §§ 611a, 611b und 612 Abs. 3 des Bürgerlichen Gesetzbuchs oder sexuellen Belästigungen nach dem Beschäftigtenschutzgesetz ist das vor dem 18. August 2006 maßgebliche Recht anzuwenden.

(2)–(5) (…)

Abs. 1 regelt als Übergangsbestimmung den **zeitlichen Anwendungsbereich** des Gesetzes. Benachteiligungen, die vor dem 18.8.2006 erfolgt sind, unterfallen nicht dem AGG[6], sondern den iÜ außer Kraft getretenen §§ 611a, 611b und 612 III BGB aF bzw. dem BeschSchG. Gleiches gilt für § 81 II SGB IX[7], da § 33 nur klarstellende Funktion zukommt. Maßgeblich für die Bestimmung des Zeitpunkts ist die Vornahme der Handlung und nicht der daraus resultierende Erfolg[8]. **Rechtsfolgen** wie zB die Unwirksamkeit einer benachteiligenden Maßnahme können nicht über den 18.8.2006 hinaus in die Vergangenheit reichen. Für die Handlungen vor dem 18.8.2006 bleibt es bei der bis dahin geltenden Rechtslage, auch wenn sich die Auswirkungen erst nach dem 18.8.2006 ergeben[9]. Verträge, die eine fortlaufende Benachteiligung enthalten (**Beispiel:** älterer ArbN erhält wegen Alters weniger Lohn), sind für die Zukunft anzupassen. Die benachteiligende Maßnahme liegt insofern in dem Unterlassen der Änderung. 1

---

1 ErfK/*Reinhard*, § 12 EFZG Rz. 7 mwN. ||2 ErfK/*Gallner*, § 13 BUrlG Rz. 6. ||3 Ebenso *Adomeit/Mohr*, § 31 Rz. 7; einschr. Schleusener/Suckow/Voigt/*Suckow*, § 31 Rz. 12. ||4 MüKoBGB/*Thüsing*, § 31 AGG Rz. 3. ||5 Vgl. einerseits MüKoBGB/*Thüsing*, § 31 AGG Rz. 3 mit Verweis auf die Rspr. zu § 12 EFZG; andererseits *Bauer/Göpfert/Krieger*, § 31 Rz. 14. ||6 BAG 24.9.2009 – 8 AZR 636/08, NZA 2010, 159 (161). ||7 BT-Drs. 16/1780, 53; s.a. BAG 16.9.2008 – 9 AZR 791/07, NZA 2009, 79 (80). ||8 BAG 17.12.2009 – 8 AZR 670/08, NZA 2010, 383 (386). ||9 Es sei denn, es liegt ein Dauertatbestand vor: LAG Hess. 7.2.2012 – 2 Sa 1411/10, Rz. 50.

Arbeitsgerichtsgesetz (ArbGG)

in der Fassung der Bekanntmachung vom 2.7.1979 (BGBl. I S. 853, 1036),
zuletzt geändert durch Gesetz vom 10.10.2013 (BGBl. I S. 3786)

Erster Teil. Allgemeine Vorschriften

1 *Gerichte für Arbeitssachen*
Die Gerichtsbarkeit in Arbeitssachen – §§ 2 bis 3 – wird ausgeübt durch die Arbeitsgerichte – §§ 14 bis 31 –, die Landesarbeitsgerichte – §§ 33 bis 39 – und das Bundesarbeitsgericht – §§ 40 bis 45 – (Gerichte für Arbeitssachen).

1 **I. Inhalt und Zweck.** Die Gerichtsbarkeit in Arbeitssachen wird durch die Vorschrift den Gerichten für Arbeitssachen in ausschließlicher Zuständigkeit zugewiesen. Was Arbeitssachen sind, wird in §§ 2 I–III, 2a I u. III festgelegt. Des Weiteren wird ein dreistufiger Aufbau für die Gerichte für Arbeitssachen festgeschrieben. Näheres zum Aufbau findet sich in §§ 14–31 für die ArbG, in §§ 33–39 für die LAG und in §§ 40–45 für das BAG.

2 Mit der Neufassung von § 48 und der in Bezug genommenen §§ 17–17b GVG durch das 4. VwGO-ÄnderungsG v. 17.12.1990[1] hat der Gesetzgeber die Gleichwertigkeit aller Rechtswege verwirklicht. Zu diesen zählt auch die Arbeitsgerichtsbarkeit. Seitdem bildet die Arbeitsgerichtsbarkeit auch im Verhältnis zur ordentl. Gerichtsbarkeit nicht nur eine andere sachliche Zuständigkeit, sondern einen eigenen Rechtsweg[2]. Die zeitweilig diskutierte Zusammenlegung der Arbeitsgerichtsbarkeit mit der ordentl. Gerichtsbarkeit[3] wäre ein Rückschritt[4]. Sinnvoll erscheint dagegen die Vereinheitlichung der Rechtswege im Zusammenhang mit der Kündigung von Personen mit Sonderkündigungsschutz[5].

3 **II. Deutsche Gerichtsbarkeit. 1. Territorialprinzip.** Der deutschen Gerichtsbarkeit unterliegen nach dem Territorialitätsprinzip alle natürlichen und juristischen Personen auf deutschem Staatsgebiet, damit Inländer wie Ausländer. Dem Staat steht diesen Personen ggü. die hoheitliche Befugnis zur Ausübung der Rechtspflege, die sog. Gerichtshoheit zu, die auch mit dem Begriff der Gerichtsbarkeit bezeichnet wird. IdS meint deutsche Gerichtsbarkeit den räumlichen und vor allem den persönlichen Umfang der Gerichtshoheit der Bundesrepublik Deutschland.

4 **2. Ausnahmen.** Grds. untersteht der gesamte Staatsraum der Bundesrepublik Deutschland ihrer Gerichtsbarkeit. Abweichungen können sich aber aus völkerrechtl. Vereinbarungen ergeben[6]. In sog. **Exterritorialität** sind zB Gebäude, in denen diplomatische Missionen oder Konsuln tätig sind, von der deutschen Gerichtsbarkeit ausgenommen (§§ 18 u. 19 GVG).

5 Für bestimmte Personen bestehen Ausnahmen von der deutschen Gerichtsbarkeit, sog. **Exemtionen**, insb. nach §§ 18, 19 GVG iVm. völkerrechtl. Vereinbarungen. Die deutsche Gerichtsbarkeit erstreckt sich ferner nach § 20 II GVG nicht auf Personen, die gem. den allg. Regeln des Völkerrechts, auf Grund völkerrechtl. Vereinbarungen oder sonstiger Rechtsvorschriften von ihr befreit sind. Nach allg. Völkergewohnheitsrecht, bei dem es sich um bindendes Bundesrecht handelt (Art. 25 GG), sind Staaten der Gerichtsbarkeit anderer Staaten nicht unterworfen (sog. **Immunität**), soweit ihre hoheitliche Tätigkeit von einem Rechtsstreit betroffen ist. Dagegen besteht keine Regel des Völkerrechts, nach der die inländische Gerichtsbarkeit für Klagen in Bezug auf ihre nichthoheitliche Tätigkeit ausgeschlossen wäre[7]. Maßgebend für die Unterscheidung zwischen hoheitlicher und nicht hoheitlicher Staatstätigkeit ist nicht deren Form, Motiv oder Zweck, sondern die Natur der umstrittenen staatlichen Handlung bzw. des streitigen Rechtsverhältnisses. Dabei ist die Qualifikation mangels völkerrechtl. Abgrenzungskriterien grds. nach nationalem Recht vorzunehmen[8]. Entscheidend kommt es darauf an, ob es sich um typisches Verhalten der Staatsgewalt handelt. Der auswärtige Staat soll im Kernbereich seiner diplomatischen/konsularischen Tätigkeit nicht behindert werden. Daher ist ein ausländischer Staat hinsichtlich arbeitsrechtl. Bestandsstreitigkeiten mit Konsulatsangestellten, die nach dem Inhalt ihres ArbVerh originär konsularische (hoheitliche) Aufgaben wahrzunehmen haben, grds. nicht der deutschen Gerichtsbarkeit unterworfen[9]. Auch Presse-/Öffentlichkeitsarbeit für einen Staat oder eine Behörde wird

---

1 BGBl. I S. 2809. || 2 BAG 26.3.1992 – 2 AZR 443/91, NZA 1992, 954; 28.10.1997 – 9 AZB 35/97, NZA 1998, 219; 24.4.1996 – 5 AZB 25/95, NJW 1996, 2948; *Walker*, Der einstweilige Rechtsschutz, Rz. 734. || 3 *Wolf*, AuA 2005, 86; *Hanau*, FS Bartenbach, 2005, S. 647; *Schul*, NZA 2005, 1151 f. || 4 *Kalb*, FS Hanau, 1999, S. 19 ff. || 5 *Hohmann*, ZRP 2005, 159. || 6 Vgl. *Zöller/Geimer*, ZPO, IZPR Rz. 36. || 7 BVerfG 30.4.1963 – 2 BvM 1/62, BVerfGE 16, 27; 13.12.1977 – 2 BvM 1/76, BVerfGE 46, 342; BAG 3.7.1996 – 2 AZR 513/95, BAGE 83, 262; 20.11.1997 – 2 AZR 631/96, BAGE 87, 144; 23.11.2000 – 2 AZR 490/99, AP GVG § 20 Nr. 2; 25.10.2001 – 2 AZR 501/00, BB 2002, 787; 16.5.2002 – 2 AZR 688/00, AP Nr. 3 zu § 20 GVG. || 8 BVerfG 30.4.1963 – 2 BvM 1/62, BVerfGE 16, 27; 12.4.1983 – 2 BvR 678/81 ua., BVerfGE 64, 1; BAG 16.5.2002 – 2 AZR 688/00, AP Nr. 3 zu § 20 GVG. || 9 BAG 25.10.2001 – 2 AZR 501/00, BB 2002, 787; 16.5.2002 – 2 AZR 688/00, NZA 2002, 386.

der hoheitlichen Tätigkeit zugeordnet[1]. Nach § 20 II GVG erstreckt sich die deutsche Gerichtsbarkeit nicht auf zwischenstaatl. Organisationen, soweit diese auf Grund völkerrechtl. Vereinbarungen vor ihr befreit sind[2]. Dagegen unterliegen ausländische Staaten in Bestandsschutzstreitigkeiten mit an ihren diplomatischen Vertretungen in Deutschland nach privatem Recht (Arbeitsrecht) beschäftigten Ortskräften, die keine hoheitlichen Aufgaben zu erfüllen haben, der deutschen Gerichtsbarkeit[3].

3. Truppen der Vertragsstaaten des Nordatlantischen Verteidigungsbündnisses. Der deutschen Gerichtsbarkeit unterliegen die zivilen Arbeitskräfte bei den in Deutschland stationierten Truppen der Vertragsstaaten des Nordatlantischen Verteidigungsbündnisses. Aufseiten der Vertragsstaaten handelt in Prozessstandschaft die Bundesrepublik Deutschland[4]. Nicht der deutschen Gerichtsbarkeit unterfallen jedoch die Mitglieder des zivilen Gefolges und die ihnen durch völkerrechtl. Abkommen gleichgestellten Personen[5]. Für Streitigkeiten über die Rechte der Betriebsvertretungen kann die deutsche Gerichtsbarkeit gegeben sein[6].

4. Kirchen, andere Religionsgesellschaften und deren Einrichtungen. Rechtsstreitigkeiten zwischen Bürgern und Kirchen, anderen Religionsgesellschaften und deren Einrichtungen, können im Grundsatz durch staatl. Gerichte entschieden werden. Insoweit gelten für Rechtsstreitigkeiten dieser Art keine Besonderheiten bzgl. des Rechtswegs zu den staatl. Gerichten[7]. ArbN, die Ansprüche aus ihrem ArbVerh mit Kirchen, anderen Religionsgesellschaften oder deren Einrichtungen geltend machen, können daher Rechtsschutz im staatlichen arbeitsgerichtl. Verfahren beanspruchen. Soweit sich die Kirchen der Privatautonomie zur Begründung von ArbVerh bedienen, findet auf diese ArbVerh das staatl. Arbeitsrecht Anwendung. Staatliche ArbG sind deshalb auch zuständig für Kündigungsschutzprozesse dieser ArbN[8]. Insoweit kann das den Religionsgesellschaften nach Art. 140 GG iVm. Art. 137 III WRV eingeräumte Recht, ihre Angelegenheiten selbständig innerhalb der Schranken des für alle geltenden Gesetzes zu ordnen und zu verwalten, nur den Inhalt des anwendbaren materiellen Arbeitsrechts beeinflussen. Die Verfassungsgarantie des Selbstbestimmungsrechts der Religionsgesellschaften bleibt für die Gestaltung der ArbVerh von Bedeutung[9]. Das Selbstbestimmungsrecht der Kirchen und Religionsgesellschaften führt nur in Ausnahmefällen zu einer Einschränkung des staatl. Rechtsschutzes. Ausgenommen von der staatl. Gerichtsbarkeit sind innerkirchl. Maßnahmen, die im staatl. Zuständigkeitsbereich keine unmittelbaren Rechtswirkungen entfalten. Bei diesen innerkirchl. Angelegenheiten sind die Kirchen nicht an das für alle geltende Gesetz gebunden[10]. Zu dem innerkirchl. Bereich, in dem staatl. Gerichtsbarkeit in das Selbstbestimmungsrecht der Kirchen nicht eingreifen kann, gehören vor allem geistlich-seelsorgerische Angelegenheiten, Maßnahmen der Kirchenverfassung und -organisation[11]. Nach Art. 137 III 2 WRV gehört zum innerkirchl., nicht nachprüfbaren Bereich auch das kirchl. Ämterrecht. Jede Religionsgesellschaft verleiht ihre Ämter ohne Mitwirkung des Staates oder der bürgerlichen Gemeinde. Staatl. Gerichte dürfen die Besetzung kirchl. Ämter nicht kontrollieren[12].

5. Besondere Sachentscheidungsvoraussetzung. Das Bestehen der deutschen Gerichtsbarkeit ist eine besondere Sachentscheidungsvoraussetzung ieS (selbständiges Hindernis prozessualer Art)[13], so dass bei ihrem Fehlen die Klage nicht zuzustellen, bei dennoch erfolgter Zustellung als unzulässig abzuweisen ist[14]. Die Verweisung an ein ausländisches Gericht kommt nicht in Betracht. Auf die Befreiung von der deutschen Gerichtsbarkeit nach den Grundsätzen der Immunität bzw. Exterritorialität gem. §§ 18–20 GVG kann verzichtet werden[15].

III. Internationale Zuständigkeit. Die internationale Zuständigkeit ist eine in jeder Instanz von Amts wegen zu prüfende Prozessvoraussetzung. Sie folgt grds. aus der örtlichen Zuständigkeit[16]. Eine völkerrechtl. Zuständigkeitsordnung fehlt[17]. Für die EU bildet Art. 81 AEUV die Rechtsgrundlage zur einheitlichen Normierung der justiziellen Zusammenarbeit in Zivilsachen als Gemeinschaftsrecht. Näheres regelt die EG-Verordnung Nr. 44/2001 v. 22.12.2000 über die gerichtl. Zuständigkeit und die Anerkennung und Vollstreckung von Entscheidungen in Zivil- und Handelssachen (**EuGVVO**), welche das Brüsseler Übereinkommen v. 27.9.1968 über die gerichtl. Zuständigkeit und die Vollstreckung gerichtl. Entscheidungen in Zivil- und Handelssachen (EuGVÜ) weitgehend ersetzt. Das EuGVÜ behält seine Gültigkeit in den in Art. 349 AEUV ausgeklammerten Territorien[18]. Einschlägig sind für das Individualarbeitsrecht insb. die Art. 18–20 EuGVVO. Soweit nationale Bestimmungen der EuGVVO widersprechen, werden sie

---

1 BAG 23.11.2000 – 2 AZR 490/99, AP Nr. 2 zu § 20 GVG. || 2 BAG 10.11.1993 – 7 AZR 600/92, EzAÜG § 1 ArbGG Nr. 1. || 3 BAG 20.11.1997 – 2 AZR 631/96, AP Nr. 1 zu § 18 GVG. || 4 BAG 17.10.1990 – 5 AZR 645/89, nv. || 5 BAG 30.4.1992 – 2 AZR 548/91, nv. || 6 BAG 12.2.1985 – 1 ABR 3/83, AP Nr. 1 zu Art. 1 NATO-Truppenstatut. || 7 BAG 11.3.1986 – 1 ABR 26/84, AP Nr. 25 zu Art. 140 GG. || 8 BAG 11.3.1986 – 1 ABR 26/84, AP Nr. 25 zu Art. 140 GG; 21.10.1982 – 2 AZR 591/80, AP Nr. 14 zu Art. 140 GG. || 9 BVerfG 4.6.1985 – 2 BvR 1703, 1718/83 und 2 BvR 856/83, NJW 1986, 367 (368). || 10 BVerfG 17.2.1965 – 1 BvR 732/64, BVerfGE 18, 385 (387f.); 21.9.1976 – 2 BvR 350/75, BVerfGE 42, 312 (334). || 11 BAG 11.3.1986 – 1 ABR 26/84, AP Nr. 25 zu Art. 140 GG. || 12 BAG 11.3.1986 – 1 ABR 26/84, AP Nr. 25 zu Art. 140 GG. || 13 BAG 30.4.1992 – 2 AZR 548/91, nv. || 14 Zur Abweisung als unzulässig BAG 23.11.2000 – 2 AZR 490/99, AP Nr. 2 zu § 20 GVG; 23.1.2008 – 5 AZR 60/07, NJW 2008, 2797. || 15 BAG 27.1.1988 – 7 ABR 30/87, nv. || 16 BAG 23.1.2008 – 5 AZR 60/07, NZA 2008, 1374; 8.12.2010 – 10 AZR 562/08; 18.7.2013 – 6 AZR 882/11(A). || 17 Geimer, Internationales Zivilprozessrecht, 6. Aufl. 2009, Rz. 126. || 18 Geimer, Internationales Zivilprozessrecht, 6. Aufl. 2009, Rz. 246.

durch die Verordnung verdrängt[1]. Die Regeln des EuGVÜ wurden über ein „Parallelübereinkommen" zwischen den EG- und EFTA-Staaten am 16.9.1988 in Lugano (LugÜ I) im Wesentlichen übernommen. Die Konkordanz in der Artikelfolge war durch die EuGVVO beseitigt. Um wieder einen Parallellauf mit der EuGVVO zu erreichen, wurde das neue (revidierte) Lugano-Übereinkommen v. 30.10.2007 (LugÜ II) geschlossen, das am 1.1.2010 in Kraft getreten ist. Das Verhältnis zur EuGVVO regelt Art. 64 LugÜ II[2]. Für Klagen von in die Bundesrepublik entsandten ausländischen ArbN sowie von gemeinsamen Einrichtungen der TV-Parteien nach dem AEntG folgt die internationale Zuständigkeit deutscher ArbG aus § 8 AEntG[3]. Bei arbeitsrechtl. Streitigkeiten im EWR ist nach dem sog. Übereinkommen von Rom v. 19.6.1980 iÜ das Recht des Staates anzuwenden, in dem der ArbN seine beruflichen Verpflichtungen im Wesentlichen erfüllt, und zwar unabhängig von einer abweichenden Rechtswahl der Parteien im Arbeitsvertrag[4]. Für die ab dem 17.12.2009 geschlossenen Arbeitsverträge folgt dies aus der EU-VO Nr. 593/2008, sog. Rom-I-VO (s. hierzu die Komm. der Art. 3, 8 u. 9 Rom-I-VO).

2 Zuständigkeit im Urteilsverfahren

(1) Die Gerichte für Arbeitssachen sind ausschließlich zuständig für

1. bürgerliche Rechtsstreitigkeiten zwischen Tarifvertragsparteien oder zwischen diesen und Dritten aus Tarifverträgen oder über das Bestehen oder Nichtbestehen von Tarifverträgen;
2. bürgerliche Rechtsstreitigkeiten zwischen tariffähigen Parteien oder zwischen diesen und Dritten aus unerlaubten Handlungen, soweit es sich um Maßnahmen zum Zwecke des Arbeitskampfs oder um Fragen der Vereinigungsfreiheit einschließlich des hiermit im Zusammenhang stehenden Betätigungsrechts der Vereinigungen handelt;
3. bürgerliche Rechtsstreitigkeiten zwischen Arbeitnehmern und Arbeitgebern
    a) aus dem Arbeitsverhältnis;
    b) über das Bestehen oder Nichtbestehen eines Arbeitsverhältnisses;
    c) aus Verhandlungen über die Eingehung eines Arbeitsverhältnisses und aus dessen Nachwirkungen;
    d) aus unerlaubten Handlungen, soweit diese mit dem Arbeitsverhältnis im Zusammenhang stehen;
    e) über Arbeitspapiere;
4. bürgerliche Rechtsstreitigkeiten zwischen Arbeitnehmern oder ihren Hinterbliebenen und
    a) Arbeitgebern über Ansprüche, die mit dem Arbeitsverhältnis in rechtlichem oder unmittelbar wirtschaftlichem Zusammenhang stehen;
    b) gemeinsamen Einrichtungen der Tarifvertragsparteien oder Sozialeinrichtungen des privaten Rechts über Ansprüche aus dem Arbeitsverhältnis oder Ansprüche, die mit dem Arbeitsverhältnis in rechtlichem oder unmittelbar wirtschaftlichem Zusammenhang stehen,
    soweit nicht die ausschließliche Zuständigkeit eines anderen Gerichts gegeben ist;
5. bürgerliche Rechtsstreitigkeiten zwischen Arbeitnehmern oder ihren Hinterbliebenen und dem Träger der Insolvenzsicherung über Ansprüche auf Leistungen der Insolvenzsicherung nach dem Vierten Abschnitt des Ersten Teils des Gesetzes zur Verbesserung der betrieblichen Altersversorgung;
6. bürgerliche Rechtsstreitigkeiten zwischen Arbeitgebern und Einrichtungen nach Nummer 4 Buchstabe b und Nummer 5 sowie zwischen diesen Einrichtungen, soweit nicht die ausschließliche Zuständigkeit eines anderen Gerichts gegeben ist;
7. bürgerliche Rechtsstreitigkeiten zwischen Entwicklungshelfern und Trägern des Entwicklungsdienstes nach dem Entwicklungshelfergesetz;
8. bürgerliche Rechtsstreitigkeiten zwischen den Trägern des freiwilligen sozialen oder ökologischen Jahres oder den Einsatzstellen und Freiwilligen nach dem Jugendfreiwilligendienstegesetz;
8a. bürgerliche Rechtsstreitigkeiten zwischen dem Bund oder den Einsatzstellen des Bundesfreiwilligendienstes oder deren Trägern und Freiwilligen nach dem Bundesfreiwilligendienstgesetz;
9. bürgerliche Rechtsstreitigkeiten zwischen Arbeitnehmern aus gemeinsamer Arbeit und aus unerlaubten Handlungen, soweit diese mit dem Arbeitsverhältnis im Zusammenhang stehen;
10. bürgerliche Rechtsstreitigkeiten zwischen behinderten Menschen im Arbeitsbereich von Werkstätten für behinderte Menschen und den Trägern der Werkstätten aus den in § 138 des Neunten Buches Sozialgesetzbuch geregelten arbeitnehmerähnlichen Rechtsverhältnissen.

---

1 BAG 23.1.2008 – 5 AZR 60/07, NZA 2008, 1374. ||2 *Geimer*, Internationales Zivilprozessrecht, 6. Aufl. 2009, Rz. 247ff. ||3 Vgl. dazu BAG 11.9.2002 – 5 AZB 3/02, DB 2003, 780. ||4 Vgl. EuGH 15.3.2011 – Rs. C-29/10 – Koelzsch; aber auch EuGH 12.9.2013 – Rs. C-64/12 – Schlecker.

(2) Die Gerichte für Arbeitssachen sind auch zuständig für bürgerliche Rechtsstreitigkeiten zwischen Arbeitnehmern und Arbeitgebern,

a) die ausschließlich Ansprüche auf Leistung einer festgestellten oder festgesetzten Vergütung für eine Arbeitnehmererfindung oder für einen technischen Verbesserungsvorschlag nach § 20 Abs. 1 des Gesetzes über Arbeitnehmererfindungen zum Gegenstand haben;

b) die als Urheberrechtsstreitsachen aus Arbeitsverhältnissen ausschließlich Ansprüche auf Leistung einer vereinbarten Vergütung zum Gegenstand haben.

(3) Vor die Gerichte für Arbeitssachen können auch nicht unter die Absätze 1 und 2 fallende Rechtsstreitigkeiten gebracht werden, wenn der Anspruch mit einer bei einem Arbeitsgericht anhängigen oder gleichzeitig anhängig werdenden bürgerlichen Rechtsstreitigkeit der in den Absätzen 1 und 2 bezeichneten Art in rechtlichem oder unmittelbar wirtschaftlichem Zusammenhang steht und für seine Geltendmachung nicht die ausschließliche Zuständigkeit eines anderen Gerichts gegeben ist.

(4) Auf Grund einer Vereinbarung können auch bürgerliche Rechtsstreitigkeiten zwischen juristischen Personen des Privatrechts und Personen, die kraft Gesetzes allein oder als Mitglieder des Vertretungsorgans der juristischen Person zu deren Vertretung berufen sind, vor die Gerichte für Arbeitssachen gebracht werden.

(5) In Rechtsstreitigkeiten nach diesen Vorschriften findet das Urteilsverfahren statt.

I. Inhalt und Zweck 1	4. Abgrenzung zur Finanzgerichtsbarkeit ... 27
1. Zulässigkeit des Rechtswegs 2	5. Abgrenzung zur ordentlichen Gerichtsbarkeit 28
2. Enumerative und abschließende Aufzählung 3	6. Prüfung der Rechtswegzuständigkeit 31
3. Ausschließliche, fakultative und erweiterte Zuständigkeit 5	III. Fallgruppen der Rechtswegzuständigkeit . 32
	1. Tarifvertragsstreitigkeit 32
4. Rechtswegzuständigkeit für besondere Verfahrensarten 8	2. Arbeitskampfstreitigkeit 44
	3. Vereinigungsfreiheitsstreitigkeit 58
5. Vorfragenprüfungskompetenz 14	4. Streitigkeiten zwischen Arbeitnehmern und Arbeitgebern 65
6. Rechtswegzuständigkeit für Widerklage ... 18	IV. Örtliche Zuständigkeit 141
7. Rechtswegzuständigkeit bei Aufrechnung .. 19	1. Allgemeines 141
II. Rechtswegzuständigkeit 20	2. Allgemeiner Gerichtsstand 142
1. Bürgerliche Streitigkeiten 20	3. Besonderer Gerichtsstand 143
2. Abgrenzung zur Verwaltungsgerichtsbarkeit 21	4. Gerichtsstandsvereinbarung 152
3. Abgrenzung zur Sozialgerichtsbarkeit 23	

I. Inhalt und Zweck. Die Vorschrift regelt im Zusammenhang mit §§ 2a und 3 die Rechtswegzuständigkeit der Gerichte für Arbeitssachen. In Abs. 5 findet sich sodann eine Regelung, wonach für die Fälle von Abs. 1–4 das Urteilsverfahren stattfindet. **1**

1. Zulässigkeit des Rechtswegs. Die Zulässigkeit des Rechtswegs zu den Gerichten für Arbeitssachen wird in §§ 2 und 3 für Rechtssachen des Urteilsverfahrens (§ 2 V) und in § 2a für Rechtssachen des Beschlussverfahrens (§ 2a II) geregelt. Bei der Zulässigkeit des Rechtswegs handelt es sich um eine von Amts wegen zu prüfende Prozessvoraussetzung. Es geht darum, in welcher Gerichtsbarkeit der Rechtsstreit abzuhandeln ist. Durch das 4. VwGO-ÄnderungsG v. 17.12.1990[1] hat der Gesetzgeber die Gleichwertigkeit aller Rechtswege verwirklicht. Zu diesen zählt auch die Arbeitsgerichtsbarkeit. Seitdem bildet die Arbeitsgerichtsbarkeit auch im Verhältnis zur ordentl. Gerichtsbarkeit nicht nur eine andere sachliche Zuständigkeit, sondern einen eigenen Rechtsweg. Die Entscheidung über die Rechtswegzuständigkeit richtet sich nach § 48 I 1 ArbGG iVm. §§ 17–17b GVG. **2**

2. Enumerative und abschließende Aufzählung. Im Gegensatz zu § 13 GVG und § 40 VwGO, welche die Zulässigkeit des Rechtswegs zu den ordentl. bzw. zu den VerwG mittels einer Generalklausel bestimmen, regelt Abs. 1 durch eine enumerative Aufzählung die Zuständigkeit der ArbG. Maßgeblich ist, ob der jeweilige Rechtsstreit einem der enumerativ aufgezählten Fälle unterfällt, und nicht, ob ein Tatbestand als solcher „arbeitsrechtlicher" oder „bürgerlich-rechtlicher" Natur ist. Die §§ 2 und 3 werden aber in der arbeitsgerichtl. Rspr. **weit ausgelegt**. Die Rspr. orientiert sich an dem Grundsatz, dass es das Ziel des ArbGG ist, alle bürgerl.-rechtl. Streitigkeiten, die überwiegend durch das ArbVerh bestimmt werden, auch prozessrechtl. dem Arbeitsgerichtsverfahren zu unterstellen. Bürgerl.-rechtl. Streitigkeiten, die nicht in § 2 bezeichnet sind, fallen wegen der umfassenden Zuständigkeit für bürgerl.-rechtl. Streitigkeiten in die Rechtswegzuständigkeit der ordentl. Gerichte. **3**

Die Aufzählung in § 2 ist **abschließend**. Dies folgt nicht nur aus der detaillierten Aufzählung in Abs. 1 und der konkreten Ergänzung in Abs. 2, sondern auch aus den Regelungen in Abs. 3 über die Zusam- **4**

---
1 BGBl. I S. 2809.

menhangsklagen und in Abs. 4 über die begrenzte Zulässigkeit von Rechtswegvereinbarungen, die überflüssig wären, wenn die Rechtswegzuständigkeit ohnehin dispositiv wäre.

5   **3. Ausschließliche, fakultative und erweiterte Zuständigkeit.** Ausschließlich sind die Gerichte für Arbeitssachen im Urteilsverfahren in den Fällen des Abs. 1 Nr. 1–10 zuständig. Die Rechtswegzuständigkeit anderer Gerichte kann bis auf die in Abs. 4 geregelte Ausnahme nicht durch Parteivereinbarungen[1] und nicht durch rügeloses Verhandeln begründet werden.

6   Fakultativ sind die Gerichte für Arbeitssachen zuständig in Sachen nach Abs. 2 („auch"). Insoweit besteht für die klagende Partei ein Wahlrecht. Ebenfalls fakultativ zuständig sind die Gerichte für Arbeitssachen bei ausnahmsw. zugelassener Parteivereinbarung nach Abs. 4.

7   Erweitert wird die Rechtswegzuständigkeit der Gerichte für Arbeitssachen durch Abs. 3 für Zusammenhangsklagen.

8   **4. Rechtswegzuständigkeit für besondere Verfahrensarten. a) Urteils- und Wechselprozess.** Nach § 46 II 2 finden die Vorschriften über den Urkunden- und Wechselprozess (§§ 592–605a ZPO) keine Anwendung im arbeitsgerichtl. Urteilsverfahren. § 46 II 2 enthält jedoch keine Rechtswegregelung für den Urkunden- und Wechselprozess, sondern er schließt diese Verfahrensart lediglich für Rechtsstreitigkeiten vor den Gerichten für Arbeitssachen aus[2].

9   Ansprüche aus Urkunden, die vor den Gerichten für Arbeitssachen im Urteilsverfahren durchzusetzen sind, können auch nicht alternativ vor den ordentl. Gerichten im Urkunds- oder Wechselprozess geltend gemacht werden[3].

10 **b) Mahnverfahren.** Für das Mahnverfahren vor den Gerichten für Arbeitssachen gelten die §§ 688–703d ZPO, soweit nicht in § 46a II–VIII anderes bestimmt ist (§ 46a I). In Abweichung von § 689 II ZPO richtet sich die örtliche Zuständigkeit nach § 46a II. Für die Rechtswegzuständigkeit besteht keine Sonderregelung, weshalb § 2 gilt.

11 **c) Arrest- und Verfügungsverfahren.** Das Arrest- und das Verfügungsverfahren nach §§ 916 ff. ZPO findet über § 62 II 1 auch im arbeitsgerichtl. Urteilsverfahren Anwendung. Die Rechtswegzuständigkeit für diese Verfahren richtet sich mangels abweichender Regelungen nach §§ 2 und 3. Eine fakultative Zuständigkeit des AG der belegenen Sache nach §§ 919 und 942 ZPO scheidet selbst in dringenden Fällen aus, weil diese Normen nur die sachliche und örtliche Zuständigkeit des AG innerhalb des Rechtswegs zu den ordentl. Gerichten regeln.

12 **d) Zwangsvollstreckungsverfahren.** Ist für die Zwangsvollstreckung funktionell das Vollstreckungsgericht zuständig (Forderungspfändung nach §§ 828 ff. ZPO; Immobiliarvollstreckung nach §§ 864 ff. ZPO), so ist das AG (§ 764 I ZPO) als Vollstreckungsgericht zuständig[4]. Arbeitsrechtl. wird dies praktisch bei Zusammenrechnungsbeschlüssen nach § 850e ZPO.

13 Ist dagegen das Prozessgericht erster Instanz auch für die Zwangsvollstreckung zuständig (Handlungs- und Unterlassungsvollstreckung nach §§ 887, 888 und 890 ZPO), so ist das ArbG zuständig. Dieses ist auch für eine Vollstreckungsabwehrklage nach § 767 ZPO zuständig, sofern diese gegen einen arbeitsgerichtl. Titel gerichtet ist. Gleiches gilt für die Vollstreckung aus anderen Titeln als Urteilen, wenn bei einer klageweisen Geltendmachung des titulierten Anspruchs die ArbG zuständig gewesen wären[5]. Demggü. entscheiden über die Drittwiderspruchsklagen nach § 771 ZPO die ordentl. Gerichte, denn Gegenstand dieser Klagen ist die materielle Berechtigung der klagenden Partei am Vollstreckungsgegenstand und nicht der vom ArbG titulierte Anspruch. Wurde in einem arbeitsgerichtl. Vergleich eine Räumungsverpflichtung übernommen, ist über die Räumungspflicht nach § 794a ZPO durch das AG zu entscheiden, weil für die Mietstreitigkeit das AG zuständig gewesen wäre[6].

14 **5. Vorfragenprüfungskompetenz.** Die Rechtswegzuständigkeit der ArbG wird nicht dadurch infrage gestellt, dass über eine Vorfrage entschieden werden muss, die in eine andere Rechtswegzuständigkeit fällt. Über die Vorfrage können die Gerichte für Arbeitssachen mitbefinden[7], ohne in die Rechtswegzuständigkeit anderer Gerichte einzugreifen, weil der Entscheidung im Hinblick auf die Vorfrage keine Rechtskraft erwächst. Entsprechend kann im Urteilsverfahren über solche zum Beschlussverfahren gehörenden Vorfragen entschieden werden und umgekehrt[8].

15 Über die rechtswegfremde Vorfrage darf jedoch nicht durch **Zwischenfeststellungsurteil** nach § 256 II ZPO entschieden werden, denn hierfür müsste die Rechtswegzuständigkeit gegeben sein.

---

1 BGH 7.11.1996 – IX ZB 15/96, NJW 1997, 328.   ‖2 BAG 7.11.1996 – 5 AZB 19/96, MDR 1997, 269.   ‖3 BAG 7.11.1996 – 5 AZB 19/96, MDR 1997, 269.   ‖4 Schwab/Weth/*Walker*, § 2 Rz. 14.   ‖5 LAG Hamm 16.12.2004 – 2 Ta 639/04, LAGReport 2005, 128; OLG Frankfurt 22.10.1984 – 17 W 46/84, DB 1985, 751.   ‖6 LAG Tübingen 22.7.1970 – 8 Ta 11/70, NJW 1970, 2046.   ‖7 BAG 5.3.1968 – 1 AZR 229/67, AP Nr. 6 zu § 611 BGB Treuepflicht; 21.3.1984 – 5 AZR 320/82, AP Nr. 1 zu § 2 ArbGG 1979; LAG München 20.1.1988 – 5 Sa 869/87, LAGE § 9 KSchG 1969 Nr. 7; LAG Berlin 21.9.1981 – 9 Sa 65/81, LAGE § 2 ArbGG 1979 Nr. 1.   ‖8 BAG 19.8.1975 – 1 AZR 613/74, AP Nr. 5 zu § 102 BetrVG 1972.

Geht es um **europarechtl. Vorfragen**, besteht eine Vorlageberechtigung der ArbG und LAG und eine Vorlageverpflichtung beim BAG (Art. 267 AEUV). 16

Der Vorsitzende kann die **Aussetzung des Verfahrens** anordnen, wenn die Entscheidung des Rechtsstreits ganz oder zum Teil von dem Bestehen oder Nichtbestehen eines Rechtsverhältnisses als Vorfrage abhängt, das den Gegenstand eines anderen anhängigen Rechtsstreits bilden oder von einer Verwaltungsbehörde festzustellen ist (§ 148 ZPO) oder sich im Laufe eines Rechtsstreits der Verdacht einer Straftat ergibt, deren Ermittlung auf die Entscheidung von Einfluss ist (§ 149 ZPO; vgl. im Einzelnen § 55 Rz. 16 ff.). Nach § 97 V ist ohne Rücksicht auf Verfahrensart und Gegenstand jedes Verfahren auszusetzen, in dem sich die Frage der Tariffähigkeit einer Vereinigung als Vorfrage stellt[1]. 17

6. Rechtswegzuständigkeit für Widerklage. Für die vor dem ArbG erhobene Widerklage muss die Rechtswegzuständigkeit nach §§ 2 bzw. 3 gegeben sein. § 33 ZPO enthält lediglich eine Bestimmung zur örtlichen Zuständigkeit. Die Rechtswegzuständigkeit für die Widerklage kann aber aus Abs. 3 folgen, wenn der mit der Widerklage verfolgte Anspruch mit der Hauptklage in rechtl. oder unmittelbar wirtschaftl. Zusammenhang steht und für seine Geltendmachung nicht die ausschließliche Zuständigkeit eines anderen Gerichts gegeben ist[2]. Fehlt für die Widerklage die Rechtswegzuständigkeit, muss das ArbG seine Rechtswegzuständigkeit insoweit verneinen, die Widerklage nach § 145 II ZPO abtrennen und diesen Teil des Rechtsstreits an das zuständige Gericht des zulässigen Rechtsweges verweisen. 18

7. Rechtswegzuständigkeit bei Aufrechnung. Die Gerichte für Arbeitssachen sind gehindert, über zur Aufrechnung gestellte rechtswegfremde Forderungen zu entscheiden, sofern für diese eine ausschließliche anderweitige Rechtswegzuständigkeit gegeben ist. Dem steht nicht § 17 II GVG entgegen, wonach das Gericht des zulässigen Rechtswegs den Rechtsstreit unter allen in Betracht kommenden rechtl. Gesichtspunkten entscheidet. Sinn und Zweck dieser Norm bestehen darin, eine einheitliche Sachentscheidung durch ein Gericht zu ermöglichen, wenn derselbe prozessuale Anspruch auf mehreren, eigentlich verschiedenen Rechtswegen zugeordneten Anspruchsgrundlagen beruht. Eine Zuständigkeit für die Entscheidung über die Wirkung einer Aufrechnung mit einer rechtswegfremden Gegenforderung wird damit nicht begründet. Die Aufrechnung ist kein „rechtlicher Gesichtspunkt" iSv. § 17 II GVG, sondern ein selbständiges Gegenrecht, das dem durch die Klage bestimmten Streitgegenstand einen weiteren selbständigen Gegenstand hinzufügt. Die Zuständigkeit der Gerichte für Arbeitssachen kann sich aber bei Aufrechnungen aus Abs. 3 ergeben, doch gilt dies nicht, wenn die zur Aufrechnung gestellte Forderung in die ausschließliche Zuständigkeit einer anderen Gerichtsbarkeit fällt[3]. Im letztgenannten Fall wird das ArbG durch Vorbehaltsurteil iSv. § 302 ZPO entscheiden (s. a. unten Rz. 135). IÜ wird es den Rechtsstreit bis zur rechtskräftigen Entscheidung der zuständigen Gerichte über die zur Aufrechnung gestellten Gegenforderung aussetzen. Nach deren Vorliegen wird das ArbG das Nachverfahren durchzuführen haben[4]. 19

II. Rechtswegzuständigkeit. 1. Bürgerliche Streitigkeiten. Nach § 2 besteht die Rechtswegzuständigkeit für alle Fallgruppen nur für bürgerl. Rechtsstreitigkeiten. Der Begriff der bürgerl. Rechtsstreitigkeit deckt sich mit demjenigen aus § 13 GVG und betrifft die Abgrenzung zu den öffentl.-rechtl. Streitigkeiten. Eine bürgerl. Rechtsstreitigkeit liegt dann vor, wenn der Streitgegenstand eine unmittelbare Rechtsfolge des Zivilrechts darstellt. Ist der Streitgegenstand eine unmittelbare Folge des öffentl. Rechts, ist eine öffentl.-rechtl. Streitigkeit gegeben[5]. Ob ein Rechtsstreit bürgerl.-rechtl. oder öffentl.-rechtl. Art ist, richtet sich nach der Natur des Rechtsverhältnisses, aus dem der Klageanspruch hergeleitet wird[6]. Dabei kommt es nicht darauf an, wie der Streitgegenstand von der klagenden Partei eingekleidet und rechtl. gewertet wird. Für die Beurteilung ist vielmehr entscheidend, ob die an der Streitigkeit Beteiligten zueinander in einem hoheitlichen Verhältnis der Über- und Unterordnung stehen, ob sich der Träger der hoheitlichen Gewalt der besonderen, ihm zugeordneten Rechtssätze des öffentl. Rechts bedient, oder ob er sich zivilrechtl. Regeln unterstellt[7]. 20

2. Abgrenzung zur Verwaltungsgerichtsbarkeit. Streitigkeiten zwischen dem öffentl.-rechtl. verfassten Dienstherrn und den Angestellten und Arbeitern des öffentl. Dienstes gehören in die Rechtswegzuständigkeit der Gerichte für Arbeitssachen. Den Anstellungsverhältnissen liegt ein Arbeitsvertrag zugrunde. Auch dann, wenn der ArbN öffentl. Funktionen ausübt oder seine Rechtsbeziehungen inhaltlich dem Beamtenrecht angeglichen sind (zB bei Ersatzschullehrern), bleibt es bei der arbeitsgerichtl. Zuständigkeit. Auch für die sog. Dienstordnungs-Angestellten der SozV-Träger besteht der Rechtsweg zu den ArbG[8]. 21

---

1 BAG 25.9.1996 – 1 ABR 25/95, AP Nr. 4 zu § 97 ArbGG 1979. ||2 LAG Hess. 20.1.2000 – 2 Ta 739/99, LAGE § 2 ArbGG 1979 Nr. 35. ||3 BAG 23.8.2001 – 5 AZB 3/01, AP Nr. 2 zu § 17 GVG. ||4 BAG 23.8.2001 – 5 AZB 3/01, AP Nr. 2 zu § 17 GVG. ||5 BAG 27.3.1990 – 3 AZR 188/89, AP Nr. 2 zu § 1 RuhegeldG Hamburg. ||6 GmSOGB v. 4.6.1974 – GmS-OGB 2/73, AP Nr. 3 zu § 405 RVO; BAG 13.7.1988 – 5 AZR 467/87, AP Nr. 11 zu § 2 ArbGG 1979; 27.3.1990 – 3 AZR 188/89, AP Nr. 2 zu § 1 RuhegeldG Hamburg; 22.9.1999 – 5 AZR 27/99, NZA 2000, 88. ||7 BAG 27.3.1990 – 3 AZR 188/89, AP Nr. 2 zu § 1 RuhegeldG Hamburg. ||8 BAG 6.11.1985 – 4 AZR 107/84, AP Nr. 61 zu § 611 BGB Dienstordnungs-Angestellte.

22 Der Verwaltungsrechtsweg ist hingegen gegeben bei Klagen aus dem **Beamtenverhältnis** (§ 126 BBG). Bei Lehrbeauftragten hängt die Abgrenzung des Rechtswegs zu den VerwG von dem zu den ArbG von der konkreten Ausgestaltung des Beschäftigungsverhältnisses ab. Bei kurzfristigen Lehraufträgen liegt regelmäßig ein privatrechtl. Dienstverhältnis vor[1]. Ein öffentl.-rechtl. Dienstverhältnis besonderer Art wird jedoch begründet, wenn der Lehrauftrag durch eine einseitige Maßnahme der Hochschule erteilt wird. Entsprechendes gilt für Verwalter von Professorenstellen[2].

23 **3. Abgrenzung zur Sozialgerichtsbarkeit.** Die Gerichte der Sozialgerichtsbarkeit sind nach § 51 I SGG zuständig für enumerativ aufgezählte öffentl.-rechtl. Streitigkeiten. Sie sind ferner in öffentl.-rechtl. Streitigkeiten zuständig, für die durch Gesetz der Rechtsweg vor diese Gerichte eröffnet wird (§ 51 I Nr. 10 SGG). Die Frage, ob eine Streitigkeit öffentl.-rechtl. oder bürgerl.-rechtl. Art ist, richtet sich nach der Natur des Rechtsverhältnisses, aus dem der Klageanspruch hergeleitet wird[3]. Entscheidend ist darauf abzustellen, ob der zur Klagebegründung vorgetragene Sachverhalt für die aus ihm hergeleitete Rechtsfolge, wenn es wie hier um die Abgrenzung zwischen Arbeits- und Sozialgerichtsbarkeit geht, von Rechtssätzen des Arbeitsrechts oder des Sozialrechts geprägt wird[4].

24 Öffentl.-rechtl. Natur ist der Anspruch des ArbN auf einen **ArbGebZuschuss nach § 257 SGB V**[5]. Wird der Anspruch jedoch auf einen Vertrag zwischen ArbGeb und ArbN gestützt, dann sind die Gerichte für Arbeitssachen zuständig[6]. Für Rechtsstreitigkeiten zwischen dem erwerbsfähigen Hilfebedürftigen und einer privaten Einrichtung als Leistungserbringerin aus dem Rechtsverhältnis der im öffentl. Interesse liegenden, zusätzlichen Arbeiten sind die Sozialgerichte zuständig (§ 51 I Nr. 4a SGG)[7].

25 Strittig ist die Rechtswegzuständigkeit, wenn die Arbeitsvertragsparteien darüber streiten, ob die **SozV-Beiträge** in zutreffender Höhe abgezogen wurden. Klagt der ArbN auf eine höhere Nettovergütung mit der Begründung, der ArbGeb habe zu hohe SozV-Beiträge abgezogen, so wird vom BSG die Zuständigkeit der Sozialgerichtsbarkeit angenommen[8]. Von der Zuständigkeit der Gerichte für Arbeitssachen geht hingegen das BAG aus[9].

26 Für die Klage des ArbGeb nach **§ 28g SGB IV** auf Erstattung der – nicht im Lohnabzugsverfahren einbehaltenen – SozV-Beiträge sind die Gerichte für Arbeitssachen zuständig[10]. Für Klagen auf Zahlung des ArbGebZuschusses zur gesetzl. Kranken- und Pflegeversicherung sind die Gerichte für Arbeitssachen hingegen nicht zuständig[11].

27 **4. Abgrenzung zur Finanzgerichtsbarkeit.** Geht es um Steuererstattungsforderungen des ArbGeb gegen den ArbN, weil jener vom FA zur Nachzahlung von LSt herangezogen wurde, so ist der Rechtsweg zu den Gerichten für Arbeitssachen gegeben. Der Freistellungs- und später Erstattungsanspruch findet seine Grundlage im ArbVerh[12]. Klagt der ArbN gegen den ArbGeb Ansprüche auf eine höhere Arbeitsvergütung mit der Begründung, der ArbGeb habe zu viel LSt abgezogen und abgeführt, so finden auch diese Ansprüche ihre Grundlage im ArbVerh, weshalb die Zuständigkeit der Gerichte für Arbeitssachen besteht[13]. Nimmt der ArbN den ArbGeb mit der Begründung, dieser habe keine oder zu wenig LSt an das FA abgeführt, auf Zahlung der LSt an das FA in Anspruch, soll ebenfalls von einer Rechtswegzuständigkeit der ArbG auszugehen sein (wobei es in der Praxis selten zu einem hinreichend bestimmten Antrag auf Abführung eines genau benannten Betrages, der abzuführen ist, kommt)[14]. Entsprechendes soll gelten, wenn der ArbN eine Nettolohnvereinbarung behauptet und Klage auf Abführung der LSt an das FA begehrt[15]. In der finanzgerichtl. Rspr. wird darauf verwiesen, an den im Finanzrechtsweg zu entscheidenden Streitigkeiten müsse eine Finanzbehörde beteiligt sein. Nach § 63 I FGO muss die finanzgerichtl. Klage gegen eine „Behörde" gerichtet werden[16].

28 **5. Abgrenzung zur ordentlichen Gerichtsbarkeit.** Bei der Zuständigkeitsabgrenzung zwischen ordentl. und ArbG handelt es sich zwar nach den §§ 17 ff. GVG, § 48 ebenfalls um eine Frage der Rechts-

---

1 BAG 16.12.1957 – 3 AZR 92/55, AP Nr. 3 zu § 611 BGB Lehrer, Dozenten. ||2 BAG 15.4.1982 – 2 AZR 1111/79, AP Nr. 27 zu § 611 BGB Lehrer, Dozenten; 27.6.1984 – 5 AZR 567/82, AP Nr. 42 zu § 611 BGB Lehrer, Dozenten; 30.11.1984 – 7 AZR 511/83, AP Nr. 43 zu § 611 BGB Lehrer, Dozenten. ||3 GmSOGB v. 4.6.1974 – GmS-OGB 2/73, AP Nr. 3 zu § 405 RVO; BGH 23.2.1988 – VI ZR 212/87, BGHZ 103, 255. ||4 BAG 13.7.1988 – 5 AZR 467/87, AP Nr. 11 zu § 2 ArbGG 1979. ||5 BAG 19.8.2008 – 5 AZB 75/08, NZA 2008, 1313. ||6 GmSOGB v. 4.6.1974 – GmS-OGB 2/73, AP Nr. 3 zu § 405 RVO. ||7 BAG 8.11.2006 – 5 AZB 36/06, AP Nr. 89 zu § 2 ArbGG 1979. ||8 BSG 7.6.1979 – 12 RK 13/78, AP Nr. 4 zu §§ 394, 395 RVO (betr. Klage auf Feststellung, dass Einbehaltung von Lohnanteilen für die vom ArbGeb entrichteten Beitragsanteile rechtswidrig ist). ||9 BAG 8.12.1981 – 3 AZR 71/79, AP Nr. 5 zu §§ 394, 395 RVO (betr. Klage auf Zahlung wg. SozV einbehaltenen Vergütungsanteils); 21.3.1984 – 5 AZR 320/82, AP Nr. 1 zu § 2 ArbGG 1979 (betr. Klage auf Zahlung eines höheren Teils der Vergütung, weil der ArbGeb wegen des Nachholverbots nicht befugt gewesen sei, SozV-Beiträge in dem geschehenen Umfang einzubehalten); LAG Berlin 21.9.1981 – 9 Sa 65/81, EzA § 2 ArbGG 1979 Nr. 1 (betr. Streit über Höhe einbehaltener Lohnsteuer). ||10 BAG 3.4.1958 – 2 AZR 469/56, BAGE 6, 7; 12.10.1977 – 5 AZR 443/76, AP Nr. 3 zu §§ 394, 395 RVO; 14.1.1988 – 8 AZR 238/85, BAGE 57, 192; 15.12.1993 – 5 AZR 326/93, AP Nr. 9 zu §§ 394, 395 RVO. ||11 BAG 1.6.1999 – 5 AZB 34/98, AP Nr. 1 zu § 257 SGB V. ||12 BAG 14.6.1974 – 3 AZR 456/73, BAGE 26, 187. ||13 LAG Hamm 16.6.1988 – 17 Sa 2204/87, DB 1988, 2316; LAG Berlin 21.9.1981 – 9 Sa 65/81, EzA § 2 ArbGG 1979 Nr. 1. ||14 Gift/Baur, C 92. ||15 Gift/Baur, C 92; aA LAG München 21.8.1985 – 5 Sa 62/85, LAGE § 2 ArbGG 1979 Nr. 4. ||16 FG München 20.7.2007 – 1 K 1376/07; vgl. aber BAG 11.6.2003 – 5 AZB 1/03, AP Nr. 84 zu § 2 ArbGG 1979.

wegzuständigkeit; es geht dabei jedoch nicht um die Abgrenzung zwischen bürgerl.- und öffentl.-rechtl. Streitigkeiten, sondern entscheidend um die Auslegung der §§ 2–5[1]. Vgl. ausf. § 48 Rz. 24.

Einstweilen frei. 29, 30

6. Prüfung der Rechtswegzuständigkeit. Die Prüfung der Rechtswegzuständigkeit und die gebotenen gerichtl. Entscheidungen richten sich nach § 48 ArbGG iVm. §§ 17–17b GVG. Auf die Komm. zu § 48 wird verwiesen. 31

III. Fallgruppen der Rechtswegzuständigkeit. 1. Tarifvertragsstreitigkeit. Nach Abs. 1 Nr. 1 besteht die Rechtswegzuständigkeit der Gerichte für Arbeitssachen für bürgerl. Streitigkeiten aus TV oder über das Bestehen/Nichtbestehen eines TV zwischen TV-Parteien (bzw. tariffähigen Parteien) oder zwischen diesen und Dritten (zB Verbandsmitglied oder Außenseiter). 32

a) Bürgerliche Rechtsstreitigkeit. TV-Streitigkeiten zählen regelmäßig zu den bürgerl. Rechtsstreitigkeiten. Auch der Streit zwischen TV-Parteien über die Wirksamkeit und Reichweite einer AVE nach § 5 TVG zählt zu den bürgerl.-rechtl. Streitigkeiten. Keine bürgerl.-rechtl. Streitigkeit liegt jedoch vor, wenn zwischen einer TV-Partei und dem für AVE zuständigen Bundesministerium oder der nach § 5 VI TVG ermächtigten obersten Arbeitsbehörde eines Landes ein Streit darüber ausgetragen wird, ob ein TV für allgemeinverbindlich zu erklären ist oder erklärt worden ist. Insoweit liegt eine öffentl.-rechtl. Streitigkeit vor, für die der Rechtsweg zu den VerwG eröffnet ist[2]. 33

Die Rechtswegzuständigkeit bei **Streit über AVE** lässt sich wie folgt schematisch darstellen: 34

– Streit zwischen TV-Parteien über die Wirksamkeit und Reichweite einer AVE nach § 5 TVG – Arbeitsgerichtsbarkeit
– Klage von TV-Partei auf Erteilung einer AVE[3] – Verwaltungsrechtsweg
– Klage von TV-Partei gegen erfolgte AVE (Klageart strittig) – Verwaltungsrechtsweg
– Rechtsschutz anderer Koalitionen ggü. AVE (zB Konflikt zwischen zwei Gewerkschaften) – Verwaltungsrechtsweg
– Rechtsschutz für Außenseiter (ArbGeb wegen „Zwangsanschluss" an Sozialkassen, ArbN wegen Verfallklausel) – Verwaltungsrechtsweg[4].

b) Parteien der Rechtsstreitigkeit. Nach Abs. 1 Nr. 1 ist Voraussetzung für die Rechtswegzuständigkeit ein Rechtsstreit zwischen TV-Parteien oder zwischen diesen und Dritten. **TV-Parteien** sind nach § 2 I TVG Gewerkschaften, einzelne ArbGeb sowie Vereinigungen von ArbGeb. Zusammenschlüsse von Gewerkschaften und von Vereinigungen von ArbGeb (Spitzenorganisationen) können ebenfalls selbst Parteien eines TV sein (§ 2 III TVG). TV-Parteien nach § 2 TVG können aber nur dann Parteien einer TV-Streitigkeit sein, wenn sie tatsächlich Partei eines TV sind, über dessen Bestehen oder Inhalt gestritten wird oder aus dem Rechte abgeleitet werden. Nicht erforderlich ist, dass die Parteien tatsächlich tariffähig sind oder der TV wirksam ist. Diese Fragen sind nur bei der Prüfung der Begründetheit zu berücksichtigen. Soweit die Wirksamkeit eines TV von der Tariffähigkeit oder Tarifzuständigkeit einer TV-Partei abhängt, ist darüber vorab nach § 2a I Nr. 4 iVm. § 97 im Beschlussverfahren zu entscheiden, während die TV-Streitigkeit nach § 97 V auszusetzen ist. Die arbeitsgerichtl. Rechtswegzuständigkeit wird auch angenommen, wenn eine Koalition, die nicht Partei des TV ist, Klage auf Feststellung des Bestehens oder Nichtbestehens des TV erhebt. 35

Ausreichend ist auch, wenn die TV-Streitigkeit zwischen einer TV-Partei und einem Dritten geführt wird. **Dritter** kann sein, wer nach § 50 ZPO parteifähig und nicht Partei des TV ist. Hierzu zählen Mitglieder einer TV-Partei, aber auch Außenseiter. Zu beachten ist, dass nach dem BAG für Unterlassungsansprüche der Gewerkschaften bei tarifwidrigen betriebl. Regelungen das Beschlussverfahren gegeben sein soll. 36

c) Streitigkeiten aus Tarifverträgen. Weitere Voraussetzung ist, dass der Streit aus einem TV oder über das Bestehen/Nichtbestehen eines TV geführt wird. Damit gehören Streitigkeiten zwischen einer TV-Partei und ihrem Mitglied über Beitragszahlungen und über Fragen der Mitgliedschaft nicht vor die Gerichte für Arbeitssachen, sondern vor die ordentl. Gerichte[5]. 37

TV-Streitigkeiten können den **schuldrechtl. Teil** des TV betreffen, zB bei der Durchsetzung der tarifl. Friedenspflicht[6], des tarifl. Einwirkungsanspruchs[7] und eines Schadensersatzanspruchs wegen Verletzung des TV. Die Klärung eines Rechtsanspruchs auf Teilnahme einer TV-Partei an TV-Verhandlungen wird ebenfalls zu den TV-Streitigkeiten gezählt[8]. 38

---

1 BAG 24.4.1996 – 5 AZB 25/95, BAGE 83, 40. ‖ 2 BVerwG 6.6.1958 – VII CB 187.57, AP Nr. 6 zu § 5 TVG; 3.11.1988 – 7 C 115/86, AP Nr. 23 zu § 5 TVG. ‖ 3 BVerwG 3.11.1988 – 7 C 115/86, AP Nr. 23 zu § 5 TVG (Anspruch auf ermessensfehlerfreie Entscheidung). ‖ 4 Mäßen/Mauer, NZA 1996, 121–126. ‖ 5 BGH 13.6.1966 – II ZR 130/64, AP Nr. 5 zu § 19 BetrVG; 4.7.1977 – II ZR 30/76, AP Nr. 25 zu Art. 9 GG. ‖ 6 BAG 21.12.1982 – 1 AZR 411/80, AP Nr. 76 zu Art. 9 GG Arbeitskampf. ‖ 7 BAG 18.2.1998 – 4 AZR 363/96, AP Nr. 3 zu § 1 TVG Kündigung; 29.4.1992 – 4 AZR 432/91, AP Nr. 3 zu § 1 TVG Durchführungspflicht. ‖ 8 BAG 2.8.1963 – 1 AZR 9/63, AP Nr. 5 zu Art. 9 GG.

39 Den **normativen Teil** des TV betreffende Streitigkeiten zählen nur dann zu den TV-Streitigkeiten, wenn diese Streitigkeit den eigentlichen Streitgegenstand bildet und nicht nur Vorfrage ist. Dabei wird es sich idR um Feststellungsklagen handeln, zB gerichtet auf die Feststellung des Inhalts oder des zeitlichen, räumlichen oder personellen Geltungsbereichs eines TV. Daran können die TV-Parteien im Hinblick auf den Umfang ihrer schuldrechtl. Friedens- und Einwirkungspflichten interessiert sein. Werden von ArbN Ansprüche aus dem normativen Teil des TV abgeleitet, folgt die Rechtswegzuständigkeit aus Abs. 1 Nr. 3a.

40 **d) Streitigkeiten über das Bestehen/Nichtbestehen von Tarifverträgen.** Zu den Streitigkeiten über das Bestehen oder Nichtbestehen von TV rechnen Streitigkeiten über die Wirksamkeit des Tarifabschlusses, die Beendigung der Laufzeit des TV[1], die Wirksamkeit der außerordentl. Kündigung eines TV[2], die inhaltliche Wirksamkeit des TV oder einzelner Tarifnormen oder -komplexe[3] oder die Auslegung von Tarifnormen[4]. Auch Streitigkeiten über den (räumlichen, fachlichen) Geltungsbereich eines TV werden von Abs. 1 Nr. 1 erfasst[5]. Die Möglichkeit der Führung eines Musterprozesses in der Form der Vergütungsklage oder einer Klage einer TV-Partei auf Durchführung des TV gegen die andere TV-Partei schließt das Rechtsschutzinteresse (regelmäßig Feststellungsinteresse) für TV-Streitigkeiten nicht aus[6]. Daher kann sich die TV-Streitigkeit schon wegen der erweiterten Rechtskraftwirkung ggü. Musterprozessen und Massenverfahren als effektiver und prozessökonomischer darstellen, zB bei der auf zutreffende Eingruppierung einer ganzen, klar abgrenzbaren Gruppe von ArbN gerichteten Feststellungsklage.

41 **e) Erweiterte Rechtskraftwirkung.** Rechtskräftige Entscheidungen der Gerichte für Arbeitssachen, die in Rechtsstreitigkeiten zwischen TV-Parteien (nicht zwischen nur einer TV-Partei und einem Dritten) aus dem TV oder über das Bestehen oder Nichtbestehen des TV ergangen sind, sind nach § 9 TVG in Rechtsstreitigkeiten zwischen tarifgebundenen Parteien sowie zwischen diesen und Dritten für die Gerichte und Schiedsgerichte bindend. Damit wird die grds. nur „inter partes" bestehende Rechtskraftwirkung ausgedehnt mit der Folge, dass die Entscheidung praktisch dieselbe Wirkung hat wie eine entsprechend gefasste TV-Klausel. An dieser erweiterten Rechtskraftwirkung sollen trotz der allgemeinen Fassung von § 9 TVG allein die Entscheidungen über den normativen, nicht jedoch die über den obligatorischen Teil des TV teilnehmen[7]. Schließlich kommt nur einem Sach-, nicht einem Prozessurteil die erweiterte Bindungswirkung zu.

42 Die erweiterte Rechtskraftwirkung gilt nach dem Wortlaut des § 9 TVG in Rechtsstreitigkeiten „zwischen tarifgebundenen Parteien sowie zwischen diesen und Dritten". Es genügt damit, dass nur eine Partei tarifgebunden ist. Darüber hinaus wird auch für Rechtsstreitigkeiten zwischen Arbeitsvertragsparteien, von denen keine tarifgebunden ist, von einer erweiterten Rechtskraftwirkung ausgegangen, wenn sie nur die Geltung des TV für das zwischen ihnen bestehende ArbVerh vereinbart haben.

43 Die Rechte der gebundenen Dritten werden dadurch gewahrt, dass sie dem Rechtsstreit der TV-Parteien als Nebenintervenienten nach § 66 ZPO beitreten können. Bei mehrgliedrigen TV besteht in aller Regel zwischen den TV-Parteien der gleichen Seite keine notwendige Streitgenossenschaft. Die Bindungswirkung des § 9 TVG beschränkt sich daher bei mehrgliedrigen TV regelmäßig auf die prozessbeteiligten Verbände[8] und deren Mitglieder. Wurde jedoch ausnahmsw. ein EinheitsTV abgeschlossen, sind die beteiligten vertragsschließenden Parteien in einer TV-Streitigkeit notwendige Streitgenossen[9].

44 **2. Arbeitskampfstreitigkeit.** Der Rechtsweg zu den Gerichten für Arbeitssachen ist nach Abs. 1 Nr. 2 gegeben für bürgerl. Rechtsstreitigkeiten zwischen tariffähigen Parteien oder zwischen diesen und Dritten aus unerlaubten Handlungen, soweit es sich um Maßnahmen zum Zwecke des Arbeitskampfes handelt.

45 **a) Bürgerliche Rechtsstreitigkeit.** Werden Rechte geltend gemacht, die im Arbeitskampfrecht und damit im Privatrecht ihre Grundlage haben, so liegt eine bürgerl. Rechtsstreitigkeit vor. Daher fällt in die Zuständigkeit der Gerichte für Arbeitssachen ein von der Gewerkschaft geltend gemachter Unterlassungsanspruch, Beamte nicht auf bestreikten Arbeitsplätzen einzusetzen[10]. Dass ein solcher Einsatz von Beamten auf einer Anordnung des Dienstherrn der Beamten beruht und diesen ggü. öffentl.-rechtl. Natur ist, ist insoweit ohne Bedeutung. Es geht nicht um die Frage, ob die nach Beamtenrecht, also nach öffentl. Recht, zu beurteilende Anordnung ggü. dem betroffenen Beamten wirksam ist, sondern um die Frage, ob der Dienstherr aus arbeitskampfrechtl. Gründen der Gewerkschaft ggü. verpflichtet ist, eine solche, dem Beamten ggü. möglicherweise beamtenrechtl. wirksame Anordnung zu unterlassen.

---

1 BAG 18.6.1997 – 4 AZR 710/95, AP Nr. 2 zu § 1 TVG Kündigung. || 2 BAG 18.2.1998 – 4 AZR 363/96, AP Nr. 3 zu § 1 TVG Kündigung; 18.6.1997 – 4 AZR 710/95, AP Nr. 2 zu § 1 TVG Kündigung; 18.12.1996 – 4 AZR 129/96, AP Nr. 1 zu § 1 TVG Kündigung; 26.9.1984 – 4 AZR 343/83, AP Nr. 21 zu § 1 TVG. || 3 BAG 28.9.1977 – 4 AZR 446/76, AP Nr. 1 zu § 9 TVG 1969. || 4 BAG 28.9.1977 – 4 AZR 446/76, AP Nr. 1 zu § 9 TVG 1969. || 5 BAG 10.5.1989 – 4 AZR 80/89, AP Nr. 6 zu § 2 TVG Tarifzuständigkeit; Schwab/Weth/*Walker*, § 2 Rz. 54. || 6 BAG 15.11.1957 – 1 AZR 610/56, AP Nr. 1 zu § 8 TVG. || 7 *Rieble*, NZA 1992, 250; *Gift/Baur*, C 30; aA *Dütz*, ArbRGeg., Bd. 20, 1983, S. 33, 38; Schwab/Weth/*Walker*, § 2 Rz. 56. || 8 BAG 28.9.1977 – 4 AZR 446/76, AP Nr. 1 zu § 9 TVG 1969. || 9 BAG 15.7.1986 – 1 AZR 654/84, AP Nr. 1 zu Art. 3 LPVG Bayern. || 10 BAG 10.9.1985 – 1 AZR 262/84, BAGE 49, 303.

Nicht in die Zuständigkeit der Gerichte für Arbeitssachen fallen dagegen Streitigkeiten, in denen sich 46
eine tariffähige Partei gegen **hoheitliche Maßnahmen** im Zusammenhang mit einem Arbeitskampf zur
Wehr setzt oder (umgekehrt) das Einschreiten des Hoheitsträgers gegen rechtswidrige Arbeitskampfmaßnahmen erzwingen will. Insoweit ist die Zuständigkeit der **VerwG** gegeben. Schadensersatzansprüche aus Amtspflichtverletzungen im Zusammenhang mit hoheitlichen Maßnahmen oder der Unterlassung derselben sind nach Art. 34 S. 3 GG vor den ordentl. Gerichten zu verfolgen.

Vor die **SG** gehören wiederum die Streitigkeiten, in denen ArbN oder der BR die Gewährung von Kug 47
oder Alg während eines Arbeitskampfes geltend machen und die BA die Leistung verweigert. Entsprechendes gilt bei der Verletzung der Neutralitätspflicht der BA durch Gewährung von Kug oder Alg während eines Arbeitskampfes (vgl. § 160 SGB III)[1].

Geht es dagegen um die Besteuerung einer Streikunterstützung, so sind die **FG** zuständig[2]. 48

b) Unerlaubte Handlung. Der Begriff der unerlaubten Handlung wird von der Rspr. weit ausgelegt. 49
Abs. 1 Nr. 2 will mit seiner weiten Fassung alle Rechtsstreitigkeiten aus der Beteiligung der Koalitionen
am Arbeitskampf und aus dieser Betätigung am Arbeitsleben erfassen, deren Zulässigkeit und Rechtmäßigkeit umstritten ist[3]. Als unerlaubte Handlung wird nicht nur ein unter § 823 BGB fallendes Verhalten angesehen, sondern jedes Verhalten, das sich als Maßnahme zum Zweck des Arbeitskampfes als
rechtswidrig darstellen kann[4]. Es wird als ausreichend angesehen, dass die streitigen (verschuldensunabhängigen) Unterlassungs- und Beseitigungsansprüche oder die Schadensersatzansprüche aus der
unerlaubten Handlung abgeleitet werden.

c) Maßnahmen zum Zwecke des Arbeitskampfes. Die Rechtswegzuständigkeit der Gerichte für Ar- 50
beitssachen ist nur gegeben im Hinblick auf unerlaubte Handlungen, soweit es sich um Maßnahmen
zum Zwecke des Arbeitskampfes handelt. Das Verhalten muss auf eine Beeinflussung des Arbeitskampfes abzielen. Ohne Bedeutung ist für die Frage der Rechtswegzuständigkeit, ob es sich um einen rechtmäßigen oder rechtswidrigen Arbeitskampf handelt.

Ob der Rechtsweg zu den Gerichten für Arbeitssachen auch noch gegeben ist, wenn es um sog. **Pro-** 51
testdemonstrationen, Demonstrationsstreiks, Sympathiestreiks und **politische Streiks** geht, ist umstritten. Ein Teil der Lit. geht von einem weiten Begriff der „Maßnahmen zum Zwecke des Arbeitskampfes" aus und nimmt eine Zuständigkeit der Gerichte für Arbeitssachen an[5]. Der BGH geht von einem
engeren Arbeitskampfbegriff zumindest im Hinblick auf politische Streiks aus und lehnt insoweit eine
Zuständigkeit der Gerichte für Arbeitssachen ab[6].

Keine Maßnahme zum Zweck des Arbeitskampfes liegt jedoch vor, wenn ein Gewerkschaftssekretär 52
auf einer Kundgebung vor Gewerkschaftsmitgliedern nicht deren ArbGeb oder Verband angreift, sondern sich gegen die Konkurrenztätigkeit anderer Unternehmer wendet[7].

Nicht ausreichend sind unerlaubte **Handlungen bei Gelegenheit** eines Arbeitskampfes. Hier kann 53
aber eine Rechtswegzuständigkeit nach Abs. 1 Nr. 3 oder Nr. 9 gegeben sein.

d) Parteien der Arbeitskampfstreitigkeit. Als Parteien kommen in Betracht auf beiden Seiten tarif- 54
fähige Parteien (Tariffähigkeit nach § 2 TVG) oder aber auf einer Seite eine tariffähige Person und auf
der anderen Seite ein Dritter. Ausreichend ist, dass die klagende Partei sich der Tariffähigkeit berühmt.
Ob die Tariffähigkeit vorliegt, ist in der Begründetheit zu prüfen. Hängt die Entscheidung von der Klärung der Tariffähigkeit ab, muss nach § 97 V bis zur Erledigung des gebotenen Beschlussverfahrens
nach § 2a I Nr. 4 die Aussetzung der Arbeitskampfstreitigkeit erfolgen. Im Eilverfahren scheidet eine
Aussetzung jedoch aus.

Dritte idS können ua. die Organe der streikführenden Gewerkschaften bzw. der aussperrenden Arb- 55
GebVerbände oder die Streikleiter und Streikposten sein (wobei es erhebliche Probleme bei der Formulierung des Passivrubrums geben kann). Insoweit kann, soweit die Klage des bestreikten ArbGeb
gegen seine streikenden ArbN gerichtet ist, zugleich eine Rechtswegzuständigkeit nach Abs. 1 Nr. 3d
bestehen.

Bei dem Streit um **Rechte oder Pflichten des BR im Arbeitskampf** handelt es sich um eine betriebs- 56
verfassungsrechtl. Angelegenheit, über die nach § 2a I Nr. 1 im Beschlussverfahren zu entscheiden ist.

Kommt es **zwischen ArbN** während eines Arbeitskampfes zu **unerlaubten Handlungen** (Nötigung, 57
Körperverletzung, Sachbeschädigung), dann folgt die arbeitsgerichtl. Rechtswegzuständigkeit nicht

---

1 BSG 4.10.1994 – 7 KlAR 1/93, AP Nr. 3 zu § 116 AFG; 5.6.1991 – 7 RAr 26/89, AP Nr. 2 zu § 116 AFG. ||2 BFH 24.10.1990 – X R 161/88, BFGE 162, 329. ||3 BAG 29.10.2001 – 5 AZB 44/00, AP Nr. 80 zu § 2 ArbGG 1979; 10.9. 1985 – 1 AZR 262/84, BAGE 49, 303; 18.8.1987 – 1 AZN 260/87, AP Nr. 33 zu § 72a ArbGG Grundsatz; BGH 28.3. 2000 – VI ZB 31/99, AP Nr. 73 zu § 2 ArbGG 1979. ||4 BAG 2.8.1963 – 1 AZR 9/63, AP Nr. 27 zu Art. 9 GG; 29.6. 1965 – 1 AZR 420/64, AP Nr. 6 zu Art. 9 GG; 14.2.1978 – 1 AZR 280/77, BAGE 30, 122; 10.9.1985 – 1 AZR 262/84, BAGE 49, 303; 18.8.1987 – 1 AZN 260/87, AP Nr. 33 zu § 72a ArbGG Grundsatz. ||5 GMP/*Schlewing*, § 2 Rz. 36; Schwab/Weth/*Walker*, § 2 Rz. 71. ||6 BGH 29.9.1954 – VI ZR 232/53, AP Nr. 2 zu § 2 ArbGG 1953; offen gelassen in BGH 28.3.2000 – VI ZB 31/99, AP Nr. 73 zu § 2 ArbGG 1979. ||7 BGH 28.3.2000 – VI ZB 31/99, AP Nr. 73 zu § 2 ArbGG 1979.

aus Abs. 1 Nr. 2, denn insoweit fehlt es an der Tariffähigkeit wenigstens einer Partei. In Betracht kommt dann aber eine Zuständigkeit nach Abs. 1 Nr. 9.

58 **3. Vereinigungsfreiheitsstreitigkeit.** Für Vereinigungsfreiheitsstreitigkeiten ist die Rechtswegzuständigkeit der Gerichte für Arbeitssachen nach Abs. 1 Nr. 2 gegeben bei einer bürgerl. Rechtsstreitigkeit zwischen tariffähigen Parteien oder zwischen diesen und Dritten, soweit es sich um unerlaubte Handlungen im Zusammenhang mit Fragen der Vereinigungsfreiheit einschl. der Fragen des Betätigungsrechts der Vereinigungen handelt.

59 **a) Allgemeines.** Wegen der Voraussetzungen der unerlaubten Handlung und der Parteien der Streitigkeit gelten die einschlägigen Ausführungen zu den Arbeitskampfstreitigkeiten entsprechend (vgl. Rz. 49, 54 ff.).

60 **b) Vereinigungsfreiheit und Betätigungsrecht der Vereinigungen.** Fragen der Vereinigungsfreiheit umfassen den Streit um die positive oder negative Koalitionsfreiheit auf ArbN- und ArbGebSeite. Um eine Angelegenheit der Vereinigungsfreiheit handelt es sich, wenn darüber gestritten wird, ob ArbN oder ArbGeb sich in einer Koalition zusammenschließen dürfen oder sich in ihrem Koalitionsrecht aus Art. 9 III GG beeinträchtigt fühlen, oder wenn zur Entscheidung steht, ob sich eine ArbN- oder ArbGebKoalition in bestimmter, von ihr in Anspruch genommener koalitionsspezifischer Weise betätigen darf[1]. **Unerlaubte Handlung** im Zusammenhang mit der Vereinigungsfreiheit ist das Verhalten eines Mitglieds einer Koalition, das in Ausübung seines Rechts auf koalitionsmäßige Betätigung erfolgt, sich aber als unzulässig erweisen kann, ebenso wie das Verhalten einer TV-Partei oder eines Dritten, das darauf gerichtet ist, dieses Recht auf koalitionsmäßige Betätigung zu behindern oder zu sanktionieren und sich als rechtswidrig erweisen kann[2].

61 Die Vereinigungsfreiheit und das Betätigungsrecht der Vereinigungen sind damit betroffen zB bei einem Streit über das Zugangsrecht einer Gewerkschaft zum Betrieb (unabhängig vom betriebsverfassungsrechtl. Zugangsrecht nach § 2 II BetrVG)[3], Gewerkschaftswerbung im Betrieb[4], das Recht zur Durchführung der Wahl von gewerkschaftl. Vertrauensleuten[5], den Anspruch auf Unterlassung von Gewerkschaftsaustrittsforderungen des ArbGeb anlässlich der Einstellung von ArbN[6] und die ehrenrührige Äußerung (mangelnde Tariftreue) eines Gewerkschaftssekretärs über einen ArbGeb[7].

62 Für den allg. **gewerkschaftlichen Unterlassungsanspruch** ist bzgl. der **Verfahrensart** zu differenzieren. Ein Urteilsverfahren kommt für den Unterlassungsanspruch dann in Betracht, wenn Regelungen angegriffen werden, die allein auf entsprechenden Vereinbarungen des ArbGeb mit den ArbN beruhen, ohne dass ein BR mitgewirkt hat. Die Rechtswegzuständigkeit folgt aus Abs. 1 Nr. 2[8]. Der Unterlassungsantrag einer Gewerkschaft, der sich gegen die Durchführung oder den Abschluss tarifwidriger Vereinbarungen der Betriebsparteien richtet, ist dagegen im Beschlussverfahren geltend zu machen. Er betrifft ungeachtet seiner Rechtsgrundlage eine betriebsverfassungsrechtl. Angelegenheit iSd. § 2a I Nr. 1. Zielt der Antrag der Gewerkschaft hingegen darauf, die negativen Folgen einer tarifwidrigen Vorgehensweise für ihre Mitglieder auszugleichen, folgt die Rechtswegzuständigkeit aus Abs. 1 Nr. 1, wobei das Urteilsverfahren die zutreffende Verfahrensart ist[9].

63 Die Rechtswegzuständigkeit nach Abs. 1 Nr. 2 ist auch gegeben für Streitigkeiten zwischen konkurrierenden Gewerkschaften oder ArbGebVerbänden, zB im Hinblick auf die **Mitgliederwerbung**[10].

64 Streitigkeiten zwischen einer TV-Partei und ihrem Mitglied über **Beitragszahlungen** und über **Fragen der Mitgliedschaft** gehören nicht vor die Gerichte für Arbeitssachen, sondern vor die ordentl. Gerichte[11]. Wird um die Aufnahme als Mitglied oder über den Ausschluss des Mitglieds gestritten, wird von der Rspr. der Rechtsweg zu den ordentl. Gerichten angenommen[12].

65 **4. Streitigkeiten zwischen Arbeitnehmern und Arbeitgebern.** Durch Abs. 1 Nr. 3 wird eine umfassende Zuständigkeit der Gerichte für Arbeitssachen für **individualrechtl. Ansprüche** aus dem ArbVerh begründet[13]. Die Vorschrift wird im Hinblick auf Parteien außerhalb des ArbVerh durch Abs. 1 Nr. 4–10 und § 3 ergänzt.

---

1 BGH 28.3.2000 – VI ZB 31/99, AP Nr. 73 zu § 2 ArbGG 1979 (betr. ArbN-Koalition); BAG 23.2.1979 – 1 AZR 540/77, AP Nr. 29 zu Art. 9 GG; 8.12.1978 – 1 AZR 303/77, AP Nr. 28 zu Art. 9 GG. ‖ 2 BAG 18.8.1987 – 1 AZR 260/87, AP Nr. 33 zu § 72a ArbGG 1979. ‖ 3 BAG 14.2.1978 – 1 AZR 280/77, BAGE 30, 122. ‖ 4 BAG 29.6.1965 – 1 AZR 420/64, BAGE 17, 218; 14.2.1967 – 1 AZR 494/65, BAGE 19, 217; 23.2.1979 – 1 AZR 540/77, AP Nr. 29 zu Art. 9 GG; 26.1.1982 – 1 AZR 610/80, BAGE 41, 1; 30.8.1983 – 1 AZR 121/81, AP Nr. 38 zu Art. 9 GG. ‖ 5 BAG 8.12.1978 – 1 AZR 303/77, BAGE 31, 167. ‖ 6 BAG 2.6.1987 – 1 AZR 651/85, AP Nr. 49 zu Art. 9 GG. ‖ 7 BAG 29.10.2001 – 5 AZB 44/00, AP Nr. 80 zu § 2 ArbGG 1979. ‖ 8 BAG 20.4.1999 – 1 ABR 72/98, AP Nr. 89 zu Art. 9 GG. ‖ 9 BAG 13.3.2001 – 1 AZB 19/00, AP Nr. 17 zu § 2a ArbGG 1979. ‖ 10 Schwab/Weth/*Walker*, § 2 Rz. 77; GMP/*Schlewing*, § 2 Rz. 46; aA noch zur alten Rechtslage: BGH 7.1.1964 – VI ZR 58/63, AP Nr. 1 zu § 1004 BGB; 6.10.1964 – VI ZR 176/63, AP Nr. 6 zu § 54 BGB. ‖ 11 BGH 13.6.1966 – II ZR 130/64, AP Nr. 5 zu § 19 BetrVG; 4.7.1977 – II ZR 30/76, AP Nr. 25 zu Art. 9 GG. ‖ 12 BGH 13.6.1966 – II ZR 130/64, AP Nr. 5 zu § 19 BetrVG; 28.9.1972 – II ZR 5/70, AP Nr. 21 zu Art. 9 GG; 27.2.1978 – II ZR 17/77, AP Nr. 27 zu Art. 9 GG; 22.9.1980 – II ZR 34/80, AP Nr. 33 zu Art. 9 GG; 30.5.1983 – II ZR 138/82, AP Nr. 9 zu § 20 BetrVG 1972. ‖ 13 BAG 23.2.1979 – 1 AZR 172/78, AP Nr. 30 zu Art. 9 GG.

Wer **ArbN** ist oder im arbeitsgerichtl. Verfahren als solcher zu behandeln ist, folgt aus § 5 (s. dort). 66

ArbGeb ist derjenige, der mindestens einen ArbN oder eine arbeitnehmerähnliche Person (§ 5 I 2) beschäftigt. ArbGeb kann sein eine natürliche oder eine juristische Person, nunmehr auch die GbR[1], mehrere natürliche oder juristische Personen (sog. einheitliches ArbVerh)[2], ein sog. mittelbarer ArbGeb[3], der Verleiher bei der erlaubten AÜ bzw. der Entleiher nach § 10 AÜG bei der unerlaubten AÜ, die in Anspruch genommenen persönlich haftenden Gesellschafter einer Handelsgesellschaft[4], nicht jedoch der Kommanditist bei Geltendmachung der Einstandspflicht nach § 171 HGB[5] oder der GmbH-Geschäftsführer[6]. Wird über das Vermögen des ArbGeb das Insolvenzverfahren eröffnet, sind die Klagen gegen den Insolvenzverwalter zu richten[7]. 67

Kein ArbGeb ist der vollmachtlose Vertreter nach § 179 BGB. Wer als Vertreter ohne Vertretungsmacht einen Vertrag schließt, ist zwar dem anderen Teil kraft Gesetzes nach dessen Wahl zur Erfüllung verpflichtet (§ 179 I BGB). Er wird aber nicht selbst Vertragspartner und erwirbt keinen eigenen Erfüllungsanspruch. Er ist deshalb nicht ArbGeb iSv. Abs. 1 Nr. 3[8]. Nimmt eine Partei des Arbeitsvertrags jemanden als Vertreter ohne Vertretungsmacht auf die Erfüllung von Ansprüchen aus dem ArbVerh oder auf Schadensersatz für solche Forderungen in Anspruch (§ 179 BGB), ist dennoch der Rechtsweg zu den Gerichten für Arbeitssachen gegeben. Der vollmachtlose Vertreter ist Rechtsnachfolger iSd. § 3[9]. 68

a) Streitigkeit aus dem Arbeitsverhältnis. Erfasst werden durch Abs. 1 Nr. 3a alle bürgerl. Rechtsstreitigkeiten, die ihre Grundlage im ArbVerh oder auch Berufsausbildungsverhältnis[10] der Parteien haben, auch wenn dieses schon beendet ist. Ob ein solches rechtswirksam oder ggf. anfechtbar begründet wurde, ist unerheblich, so dass auch Ansprüche aus faktischen oder fehlerhaften ArbVerh darunter fallen[11]. Das BAG hat aber das Erfordernis einer vertragl. Begründung der Arbeitspflicht als Voraussetzung des ArbN-Status auch zum Zweck der Rechtswegbestimmung stets für unverzichtbar gehalten. Für faktische ArbVerh besteht insoweit keine Ausnahme. Die Grundsätze über das faktische ArbVerh dienen der Regelung der Rechtsfolgen eines übereinstimmend in Vollzug gesetzten ArbVerh. Ihre Anwendung und damit die Zuständigkeit der ArbG setzt immer voraus, dass die Arbeit einvernehmlich erbracht worden ist. Erforderlich ist eine zunächst von beiden Parteien gewollte Beschäftigung des ArbN. Mag sich die vertragl. Grundlage auch als nichtig oder fehlerhaft erweisen, so muss doch stets jedenfalls dem Tatbestand nach ein Vertragsschluss vorgelegen haben[12]. Selbst wenn der ArbN sich mangels Schutzwürdigkeit nicht auf die Grundsätze eines fehlerhaften ArbVerh berufen kann, verbleibt es bei der Rechtswegzuständigkeit der Gerichte für Arbeitssachen. Auch ein ggf. nach § 850h ZPO fingiertes ArbVerh genügt zur Begründung der Rechtswegzuständigkeit[13]. Entsprechendes gilt für ein nach § 10 AÜG fingiertes ArbVerh sowie für Klagen von **LeihArbN** gegen den Entleiher[14]. 69

Ehemalige **Zwangsarbeiter**, die gegen ihren Willen nach Deutschland verbracht und ohne vertragl. Grundlage zur Arbeit herangezogen wurden, können Entschädigungsansprüche nicht vor den Gerichten für Arbeitssachen geltend machen, sondern nur vor den ordentl. Gerichten, denn sie wurden nicht als ArbN iSv. § 5 I beschäftigt[15]. Wurde in **Schwarzarbeit** eine Arbeitsleistung verrichtet, ist die Zuständigkeit der ArbG gegeben, weil die Schwarzarbeitsabrede regelmäßig nicht zur Nichtigkeit des Arbeitsvertrags führt[16], während die ordentl. Gerichte zuständig sind, wenn ein Werk erstellt wurde. Der prozessuale Anspruch muss seine Grundlage im ArbVerh finden. Unerheblich ist ferner, ob sich der Anspruch aus einem TV, einer BV, einer einzelvertragl. Abrede oder aus gesetzl. Vorschriften ergibt oder ob es um Haupt- oder Nebenpflichten aus dem ArbVerh geht. Die Rechtswegzuständigkeit ist auch bei Ansprüchen aus **ungerechtfertigter Bereicherung** (§§ 812ff. BGB) oder **Auftrag** (§§ 662ff. BGB) gegeben[17], ebenso bei Ansprüchen aus **Pflichtverletzung** (§ 280 BGB), **Schuldnerverzug** (§ 286 BGB) oder **Gläubigerverzug** (§ 293 BGB iVm. § 615 BGB). Unter Nr. 3a fallen außerdem Ansprüche nach § 612 BGB aus 70

---

1 Vgl. zur Parteifähigkeit BAG 1.12.2004 – 5 AZR 597/03, MDR 2005, 584; BGH 29.1.2001 – II ZR 331/00, BGHZ 146, 341; 18.2.2002 – II ZR 331/00, NJW 2002, 1207; zur Arbeitgeberstellung *Diller*, NZA 2003, 401; dagegen die überholte Rspr. BAG 16.10.1974 – 4 AZR 29/74, AP Nr. 1 zu § 705 BGB. ‖ 2 BAG 27.3.1981 – 7 AZR 523/78, AP Nr. 1 zu § 611 BGB Arbeitgebergruppe; offen gelassen in BAG 21.1.1999 – 2 AZR 648/97, AP Nr. 9 zu § 1 KSchG 1969 Konzern; krit. *Schwerdtner*, ZIP 1982, 900; *Wiedemann*, Anm. zu AP Nr. 1 zu § 611 BGB Arbeitgebergruppe. ‖ 3 BAG 9.4.1957 – 3 AZR 435/54, AP Nr. 2 zu § 611 BGB Mittelbares Arbeitsverhältnis. ‖ 4 BAG 14.11.1979 – 4 AZR 3/78, AP Nr. 2 zu § 4 TVG Gemeinsame Einrichtungen. ‖ 5 BAG 23.6.1992 – 9 AZR 308/91, AP Nr. 23 zu § 2 ArbGG 1979. ‖ 6 Schwab/Weth/*Walker*, § 2 Rz. 80 (jedoch Rechtswegzuständigkeit nach § 3 möglich). ‖ 7 BAG 17.1.2002 – 2 AZR 57/01, EzA § 4 nF KSchG Nr. 62. ‖ 8 BAG 7.4.2003 – 5 AZB 2/03, AP Nr. 6 zu § 3 ArbGG; aA Schwab/Weth/*Walker*, § 2 Rz. 79. ‖ 9 BAG 7.4.2003 – 5 AZB 2/03, AP Nr. 6 zu § 3 ArbGG; LAG Hamm 6.1.1997 – 9 Ta 172/96, AP Nr. 3 zu § 3 ArbGG 1979. ‖ 10 LAG Köln 16.6.2010 – 5 Ta 164/10, NZA-RR 2010, 490; LAG MV 27.11.2012 – 3 Ta 24/12. ‖ 11 BAG 25.4.1963 – 5 AZR 398/62, BAGE 14, 180; LAG Hamm 6.8.2012 – 2 Ta 787/11; LAG Hamm 24.7.2013 – 2 Ta 81/13. ‖ 12 BAG 14.12.1988 – 5 AZR 661/86, nv.; 14.1.1987 – 5 AZR 166/85, EzA § 611 BGB Faktisches Arbeitsverhältnis Nr. 1; 30.4.1997 – 7 AZR 122/96, AP Nr. 20 zu § 812 BGB; 19.7.1973 – 5 AZR 46/73, AP Nr. 19 zu § 611 BGB Faktisches Arbeitsverhältnis; 16.2.2000 – 5 AZR 71/99, BAGE 93, 310. ‖ 13 BGH 23.2.1977 – VIII ZR 222/75, AP Nr. 15 zu § 850h ZPO (offen lassend, ob durch § 850h ZPO ein ArbVerh oder nur ein Vergütungsanspruch bestimmter Höhe fingiert wird). ‖ 14 Vgl. BAG 15.3.2011 – 10 AZB 49/10, EzA § 2 ArbGG 1979 Nr. 78. ‖ 15 BAG 16.2.2000 – 5 AZB 71/99, BAGE 93, 310; zum Nichtbestehen von Ansprüchen vgl. BGH 27.5.2003 – VI ZR 389/02, MDR 2003, 1178. ‖ 16 BAG 26.2.2003 – 5 AZR 690/01, AP Nr. 24 zu § 134 BGB (zur Wirksamkeit des Arbeitsvertrags). ‖ 17 *Gift/Baur*, C 99.

sog. **fehlgegangener Vergütungserwartung** (zB Arbeitsleistung im Hinblick auf zugesagte Eheschließung oder Erbeinsetzung)[1]. Bei Mitarbeit von Ehegatten oder Kindern kommt es für die Zuständigkeit darauf an, ob diese auf rein familienrechtl. Grundlage (§§ 1360, 1619 BGB) oder im Rahmen eines ArbVerh erfolgt. Ein aus einem ArbVerh stammender Anspruch behält seine arbeitsrechtl. Natur, auch wenn er Gegenstand eines **Vergleichs** (§ 779 BGB) oder **Schuldanerkenntnisses** (§ 781 BGB) geworden ist[2]. Auch Streitigkeiten über solche Ansprüche, über die ein **Wechsel** oder **Scheck** ausgestellt wurde oder die sich aus einem abstrakten Schuldanerkenntnis ergeben, fallen unter Abs. 1 Nr. 3[3].

71 Für die **Vollstreckungsabwehrklage** gegen ein arbeitsgerichtl. Urteil (§ 767 ZPO) sind die Gerichte für Arbeitssachen zuständig[4]. Hat sich eine Arbeitsvertragspartei wegen eines arbeitsrechtl. Anspruchs in einer notariellen Urkunde der sofortigen Zwangsvollstreckung unterworfen, und wird gegen den titulierten Anspruch Vollstreckungsabwehrklage erhoben, gilt Entsprechendes.

72 Wird während des **Insolvenzverfahrens** des ArbGeb eine Forderung aus dem ArbVerh nach Grund oder Höhe bestritten, ist das ArbG für das Feststellungsverfahren nach §§ 179, 180 InsO zuständig, da die Insolvenzordnung an der Zuständigkeit gem. Abs. 1 Nr. 3 nichts ändert. Ebenso sind die Gerichte für Arbeitssachen zuständig für nach § 55 InsO rückständige Lohnansprüche als Masseverbindlichkeiten. Die Klage ist jeweils gegen den Insolvenzverwalter zu richten[5]. Wird jedoch von der BA Insolvenzgeld verlangt (§§ 165–171 SGB III), dann ist für die klageweise Geltendmachung der Rechtsweg zu den SG eröffnet (§ 51 I Nr. 4 SGG). Im Umfang des beantragten Insolvenzgeldes nach § 165 SGB III wäre eine Klage auf Arbeitsvergütung gegen den ArbGeb unbegründet. Mit Stellung des Insolvenzgeld-Antrags geht der entsprechende Anspruch auf Arbeitsvergütung auf die BA über (§ 169 SGB III). Für Klagen des Insolvenzverwalters gegen ArbN auf Rückgewähr vom ArbGeb geleisteter Vergütung nach **Insolvenzanfechtung** ist der Rechtsweg zum ArbG gegeben[6].

73 Zu unterscheiden ist bei der Bestimmung der Zuständigkeit der ArbG bei Streitigkeiten zwischen den Arbeitsvertragsparteien wegen einerseits **Werkmietwohnungen** (§ 576 BGB) und andererseits **Werkdienstwohnungen** (§ 576b BGB). Der Rechtsweg zu den Gerichten für Arbeitssachen ist für Streitigkeiten aus der Überlassung einer sog. Werkmietwohnung nicht eröffnet. Für Rechtsstreitigkeiten aus einem Mietverhältnis über Wohnraum sind nach § 23 Nr. 2a GVG die AG ausschließlich zuständig[7]. Die AG sind auch zuständig für Rechtsstreitigkeiten über sog. funktionsgebundene Werkmietwohnungen iSv. § 576 I Nr. 2 BGB[8]. Für Rechtsstreitigkeiten aus der Überlassung einer Werkdienstwohnung als unmittelbarer Bestandteil des ArbVerh ist dagegen der Rechtsweg zu den Gerichten für Arbeitssachen nach Abs. 1 Nr. 3a eröffnet[9]. Das gilt auch für eine Räumungsklage[10].

74 **b) Streitigkeit über das Bestehen oder Nichtbestehen eines Arbeitsverhältnisses.** Unter Abs. 1 Nr. 3b fallen Streitigkeiten darüber, ob zwischen den Parteien ein ArbVerh begründet worden ist, ob es sich bei dem begründeten Rechtsverhältnis um ein ArbVerh handelt, mit welchem Inhalt das ArbVerh besteht/bestand und ob es noch besteht oder wann es beendet wurde. Damit gehören unter Nr. 3b Verfahren über die Wirksamkeit einer Kündigung, Anfechtung, Befristungs- oder Bedingungsabrede, auch wenn sie Vereinbarungen zur Berufsausbildung betreffen[11], ferner Streitigkeiten über die Beendigung des ArbVerh wegen Erreichens der Altersgrenze oder wegen eines Aufhebungsvertrages. Die Rechtswegzuständigkeit nach Abs. 1 Nr. 3b erfasst auch Klagen auf Feststellung, dass ein Arbeitsvertrag wirksam zustande gekommen ist. Nach der hM unterfallen dieser Zuständigkeitsregelung auch die sog. Status- oder Feststellungsklagen von freien Mitarbeitern[12]. Selbst Streitigkeiten über den Inhalt des ArbVerh werden der Nr. 3b zugeordnet. Auch über die Frage, ob zwischen Entleiher und LeihArbN nach § 10 AÜG ein ArbVerh besteht, haben die Gerichte für Arbeitssachen nach Nr. 3b zu entscheiden.

75 Rechtsstreitigkeiten darüber, ob zwischen einem Auszubildenden als Mitglied eines betriebsverfassungsrechtl. Organs und dem ArbGeb nach § 78a BetrVG bzw. § 9 BPersVG nunmehr ein ArbVerh besteht, sind ebenfalls Rechtsstreitigkeiten über das Bestehen oder Nichtbestehen eines ArbVerh. Über sie ist im Urteilsverfahren zu entscheiden[13].

76 **c) Streitigkeit über das Eingehen und Nachwirken eines Arbeitsverhältnisses.** Von Abs. 1 Nr. 3c werden erfasst ua. Ansprüche aus einem Vorvertrag auf Abschluss eines Arbeitsvertrages, aus einem sog.

---

1 BAG 15.3.1960 – 5 AZR 409/58, AP Nr. 13 zu § 612 BGB; 19.2.1970 – 5 AZR 241/69, AP Nr. 26 zu § 612 BGB; 28.9.1977 – 5 AZR 303/76, AP Nr. 29 zu § 612 BGB; einschr. LAG Rh.-Pf. 19.5.2010 – 6 Ta 61/10. ‖ 2 *Grunsky*, § 2 Rz. 97; offen gelassen von BAG 7.11.1996 – 5 AZB 19/96, AP Nr. 1 zu § 46 ArbGG 1979, weil für Klage aus einem zwecks Bezahlung von Arbeitsentgelt begebenen Scheck der Rechtsweg zu den Gerichten für Arbeitssachen nach Abs. 1 Nr. 4a eröffnet ist. ‖ 3 Schwab/Weth/*Walker*, § 2 Rz. 101; offen gelassen von BAG 7.11.1996 – 5 AZB 19/96, AP Nr. 1 zu § 46 ArbGG 1979. ‖ 4 ArbG Hannover 19.1.1990 – 10 Ca 481/89, BB 1990, 928. ‖ 5 BAG 17.1.2002 – 2 AZR 57/01, EzA § 4 nF KSchG Nr. 62. ‖ 6 GmSOGB v. 27.9.2010 – 1/09, MDR 2011, 197 mwN. ‖ 7 BAG 2.11.1999 – 5 AZB 18/99, BAGE 92, 336. ‖ 8 BAG 2.11.1999 – 5 AZB 18/99, BAGE 92, 336. ‖ 9 BAG 3.6.1975 – 1 ABR 118/73, AP Nr. 3 zu § 87 BetrVG 1972; 23.8.1989 – 5 AZR 569/88, AP Nr. 3 zu § 365e BGB. ‖ 10 Vgl. LG Berlin 29.11.2012 – 63 T 198/12. ‖ 11 LAG Hess. 3.12.2010 – 8 Ta 217/10: Umschulung einer Strafgefangenen zur Köchin. ‖ 12 BAG 22.6.1977 – 5 AZR 753/75, AP Nr. 22 zu § 611 BGB Abhängigkeit. ‖ 13 BAG 22.9.1983 – 6 AZR 323/81, BAGE 44, 154; 23.8.1984 – 6 AZR 519/82, BAGE 46, 270; 13.11.1987 – 7 AZR 246/87, BAGE 57, 21.

Einfühlungsverhältnis[1], auf Ersatz von Vorstellungskosten, auf Rückgabe von Bewerbungsunterlagen, auf Übertragung einer Beförderungsstelle oder auf neue Entscheidung über die Auswahl unter den Bewerbern (Konkurrentenklage) und auf Schadensersatz aus Verschulden bei Vertragsschluss[2]. Genügend ist, dass über den Abschluss eines Arbeitsvertrages verhandelt wurde, auch wenn die Parteien sich dann nicht einigten. Es muss sich aber um Verhandlungen über die Eingehung eines ArbVerh handeln. Nicht in die Zuständigkeit der Gerichte für Arbeitssachen fallen Streitigkeiten über Verhandlungen über einen Werkvertrag, über einen Gesellschaftsvertrag oder über eine in Aussicht genommene Tätigkeit als Vertretungsorgan einer juristischen Person. Klagen auf Aufnahme in eine Sozietät gehören auch dann nicht in die Zuständigkeit der ArbG, wenn die Zusage mit Rücksicht auf ein bestehendes ArbVerh gegeben worden ist[3]. Dagegen ist die Rechtswegzuständigkeit der Gerichte für Arbeitssachen gegeben für Konkurrentenklagen selbst im Hinblick auf die Besetzung von Angestelltenstellen durch Beamte[4].

Um **Nachwirkungen** aus dem ArbVerh geht es bei Ansprüchen aus einem nachvertragl. Wettbewerbsverbot[5], auf Gewährung von betriebl. Ruhegeld, auf Erteilung eines Zeugnisses oder sonstiger Bescheinigungen und auf Erteilung einer Auskunft nebst diesbezüglichen Schadensersatzforderungen. 77

Für den **ArbGeb** kommen Klagen auf Unterlassung von Wettbewerb, auf die Rückgabe von Arbeitsunterlagen oder Werkzeugen, auf Auskünfte über vom ArbN bearbeitete Geschäftsvorfälle sowie auf Rückzahlung von ArbGebDarlehen, von Ausbildungs-, Umzugskosten oder Gratifikationen bei vorzeitiger Lösung des ArbVerh in Betracht. Auch der Anspruch des wirksam gekündigten ArbN auf Wiedereinstellung zählt zu den nachvertragl. Ansprüchen. 78

d) Streitigkeit aus unerlaubter Handlung. Für die Fallgruppe des Abs. 1 Nr. 3d ist erforderlich eine unerlaubte Handlung des ArbN ggü. dem ArbGeb oder umgekehrt (nicht: ggü. Dritten). Kommt es zu unerlaubten Handlungen zwischen ArbN, ist Abs. 1 Nr. 9 einschlägig. Die Klage kann nicht nur auf Schadensersatz gerichtet sein, sondern auch auf Unterlassung, Beseitigung oder Widerruf. Ausreichend sind auch Tatbestände der Gefährdungshaftung. Es genügt auch, dass der ArbGeb nach der Behauptung des Klägers für seine gesetzl. Vertreter oder angestellten ArbN einzustehen hat (§§ 31, 831 BGB). 79

Die unerlaubte Handlung muss mit dem ArbVerh **im Zusammenhang** stehen, nicht jedoch wie bei Abs. 1 Nr. 4a in einem rechtl. oder unmittelbar wirtschaftl. Zusammenhang[6]. Dies ist der Fall, wenn die unerlaubte Handlung zu dem ArbVerh der Parteien derart in einer engen Beziehung steht, dass sie in der besonderen Eigenart des ArbVerh und den ihm eigentümlichen Reibungen und Berührungspunkten wurzelt; ein lediglich äußerer oder zufälliger Zusammenhang ist nicht ausreichend[7]. Ein Zusammenhang soll nicht bzw. nicht mehr bestehen, wenn das ArbVerh für die unerlaubte Handlung gänzlich weggedacht werden kann, letztere also auch ohne das ArbVerh in ihrer konkreten Begehungsform so hätte begangen werden können[8]. Es genügt eine unerlaubte Handlung anlässlich der (erfolgreichen oder nicht erfolgreichen) Verhandlungen über die Eingehung eines ArbVerh, während des ArbVerh (geschäftsschädigende Äußerungen zur Abwerbung von ArbN) oder nach dessen Beendigung (Geheimnisverrat[9]; Verstoß gegen UWG durch Abwerbung von Mitarbeitern und Kunden[10]). Bei **Verletzung von Betriebsgeheimnissen** steht § 13 UWG der Rechtswegzuständigkeit der Gerichte für Arbeitssachen nicht entgegen, denn diese Norm enthält keine Regelung zur Rechtswegbestimmung[11]. Die innere Beziehung zum ArbVerh fehlt, wenn andere Umstände, zB familiäre Streitigkeiten zwischen im selben Haus wohnenden Familien, für die unerlaubte Handlung maßgeblich sind[12]. 80

Liegt zugleich eine Verletzung vor-, arbeits- oder nachvertragl. Pflichten vor, folgt die Rechtswegzuständigkeit auch aus Nr. 3a oder c. 81

e) Streitigkeit über Arbeitspapiere. Bei den Streitigkeiten über Arbeitspapiere geht es um Klagen auf Ausstellung/Ausfüllung, Herausgabe, Berichtigung, Ergänzung oder Schadensersatz wegen Pflichtverletzungen im Zusammenhang mit Arbeitspapieren. 82

aa) Arbeitspapiere. Arbeitspapiere sind alle Arten von Papieren, die für die berufliche Tätigkeit des ArbN Bedeutung haben. Begrifflich werden alle Unterlagen vom Bewerbungsschreiben bis hin zum Schlusszeugnis erfasst, die mit dem ArbVerh im Zusammenhang stehen. Zu den Arbeitspapieren zählen ua.: LStKarte (§ 39b EStG) nebst (Ausdruck der elektronischen) LStBescheinigung (§ 41b I 3 u. III 83

---

1 LAG Hamm 24.5.1989 – 15 Sa 18/88, LAGE § 611 BGB Probearbeitsverhältnis Nr. 2. || 2 Vgl. LAG Rh.-Pf. 27.3.2010 – 8 Ta 51/10. || 3 BAG 15.8.1975 – 5 AZR 217/75, AP Nr. 32 zu § 2 ArbGG 1953 Zuständigkeitsprüfung. || 4 BAG 2.12.1997 – 9 AZR 445/96, AP Nr. 40 zu Art. 33 Abs. 2 GG (LS 1); OVG NRW 27.4.2010 – 1 E 404/10, NZA-RR 2010, 433. || 5 OLG Nürnberg v. 24.7.2008 – 3 W 1462/08 (Abgrenzung zur wettbewerbsrechtl. Streitigkeit). || 6 LAG Nürnberg 27.4.2005 – 2 Ta 54/05, EzA-SD 2005, Nr. 17, 13. || 7 BGH 7.2.1958 – VI ZR 49/57, AP Nr. 48 zu § 2 ArbGG 1953. || 8 LAG Nürnberg 27.4.2005 – 2 Ta 54/05, EzA-SD 2005, Nr. 17, 13; *Fischer*, DB 1998, 1182. || 9 OLG Hamburg 30.12.2002 – 11 W 43/02, NZA 2003, 935; einschr. OLG Frankfurt 15.8.1991 – 6 U 233/90, DB 1991, 2680 (Anstiftung zum Geheimnisverrat durch längst ausgeschiedenen ArbN). || 10 KG Berlin v. 7.12.2004 – 5 W 153/04, DB 2005, 732 (Abwerbung durch ehemaligen Mitarbeiter und durch von diesem gegründete GmbH); OLG Frankfurt 23.9.2010 – 6 W 123/10, NZA-RR 2011, 102. || 11 LAG Nürnberg 27.4.2005 – 2 Ta 54/05, EzA-SD 2005, Nr. 17, 13. || 12 BAG 11.6.1995 – 5 AS 13/95, AP Nr. 32 zu § 2 ArbGG 1979.

EStG), Versicherungsausweis (§ 18h SGB IV), Urlaubsbescheinigung (§ 6 II BUrlG), Arbeitsbescheinigung (§ 312 SGB III), Aufenthaltstitel mit Erlaubnis einer Erwerbstätigkeit (§ 4 II u. III AufenthG), Aufenthaltserlaubnis (§ 7 AufenthG), Gesundheitsbescheinigung (§ 43 IfSG), (tarifl.) Lohnnachweiskarte für Urlaub, Lohnausgleich und Zusatzversorgung im Baugewerbe, einfaches oder qualifiziertes Zeugnis oder Zwischenzeugnis.

84 **bb) Bürgerliche Streitigkeiten.** Nach Abs. 1 Nr. 3e sind die Gerichte für Arbeitssachen zuständig für bürgerl. Rechtsstreitigkeiten zwischen ArbN und ArbGeb über Arbeitspapiere. Nach der Gesetzesbegründung soll sich eine Streitigkeit über Arbeitspapiere wegen des engen Sachzusammenhangs nicht nur auf die Herausgabe der Arbeitspapiere, sondern auch auf deren „ordnungsgemäße, insb. vollständige Ausfüllung und ggf. auf Ergänzung oder Berichtigung wegen des engen Sachzusammenhangs im Hinblick auf die schutzwürdigen Interessen des Arbeitnehmers" beziehen[1]. Strittig ist, ob der Gesetzgeber damit bewirkt hat, dass ein ArbN eine Klage auf Berichtigung eines öffentl.-rechtl. Arbeitspapiers vor den Gerichten für Arbeitssachen verfolgen kann[2].

85 **cc) Streitigkeiten um arbeitsrechtliche Arbeitspapiere.** Hierbei geht es um bürgerl.-rechtl. Rechtsstreitigkeiten. Der Klageanspruch wird aus dem ArbVerh hergeleitet. Die Ansprüche finden in Rechtssätzen des Arbeitsrechts ihre Rechtsgrundlage. Diese Ansprüche fallen somit in die Rechtswegzuständigkeit der Gerichte für Arbeitssachen, unabhängig davon, ob die Erteilung (= Ausstellung/Ausfüllung und Herausgabe)[3], Berichtigung oder Ergänzung dieser Arbeitspapiere verlangt wird.

86 **dd) Streitigkeiten um öffentlich-rechtliche Arbeitspapiere.** Für **Klagen auf Herausgabe** der öffentl.-rechtl. Arbeitspapiere (ua. LStKarte nebst [Ausdruck der elektronischen] LStBescheinigung, Versicherungsausweis, Arbeitsbescheinigung [§ 312 SGB III], Aufenthaltstitel mit Erlaubnis einer Erwerbstätigkeit [§ 4 II u. III AufenthG], Aufenthaltserlaubnis [§ 7 AufenthG] und Gesundheitsbescheinigung) wird der Rechtsweg zu den Gerichte für Arbeitssachen bejaht. Das Rechtsschutzinteresse für solche Klagen wird selbst dann angenommen, wenn der ArbN schon ein Verwaltungsverfahren (zB Antrag auf ArblUnterstützung) eingeleitet hat[4]. Auch für **Klagen auf Ausfüllung und Ergänzung** der öffentl.-rechtl. Arbeitspapiere wird die Rechtswegzuständigkeit der Gerichte für Arbeitssachen angenommen. Das Rechtsverhältnis, aus dem der ArbN einen Anspruch auf Erteilung (Ausfüllung und Herausgabe) einer Arbeitsbescheinigung herleitet, wird von den Rechtssätzen des Arbeitsrechts geprägt und ist demnach bürgerl.-rechtl.[5]. Erteilung bedeutet in aller Regel die vollständige – mit Unterschrift und Datumsangabe versehene – Beantwortung aller Fragen des amtl. Formblattes[6].

87 Von den Rechtsstreitigkeiten um die Erteilung eines öffentl.-rechtl. Arbeitspapiers werden unterschieden alle Rechtsstreitigkeiten, in denen es um den **zutreffenden Inhalt des Arbeitspapiers** geht, also insb. um die Berichtigung der LStKarte und der Arbeitsbescheinigung nach § 312 SGB III. Denn insoweit bestehen öffentl.-rechtl. Verpflichtungen des ArbGeb[7].

88 Bei der Beendigung des ArbVerh oder am Ende des Kalenderjahres hat der ArbGeb an die amtlich bestimmte Übermittlungsstelle eine elektronische LStBescheinigung zu übermitteln (§ 41b I EStG). Zudem hat der ArbGeb dem ArbN einen nach amtlich vorgeschriebenem Muster gefertigten Ausdruck der elektronischen LStBescheinigung auszuhändigen oder elektronisch bereitzustellen (§ 41b I 3 EStG). Die **Verpflichtung zu ordnungsgemäßen Angaben in den LStBescheinigungen** ist eine Nebenpflicht des ArbGeb aus dem ArbVerh. Daneben ist der ArbGeb aber auch nach § 41b I EStG öffentl.-rechtl. verpflichtet, ordnungsgemäß die Pflichtangaben in den LStBescheinigungen zu machen. Prägend für die inhaltliche Ausgestaltung der LStBescheinigung soll nicht die auf § 242 BGB beruhende Nebenpflicht des ArbGeb, sondern die Verpflichtung aus dem EStG sein. Die arbeitsrechtl. Nebenpflicht wird inhaltlich durch Regelungen des EStG ausgestaltet. Es gibt keine konkrete arbeitsrechtl. Vorschrift, die bestimmt, wie eine LStBescheinigung auszusehen hat. Demzufolge soll hier keine bürgerl.-rechtl. Streitigkeit, sondern eine steuerrechtl. Streitigkeit vorliegen. Hierfür sollen nicht die Gerichte für Arbeitssachen, sondern die FG zuständig sein[8]. Auch für eine Klage auf Berichtigung einer Bescheinigung zur Vorlage beim FA (hier: Umfang und Dauer des berufsbedingten Einsatzes an wechselnden Arbeitsorten und der dabei zurückgelegten Kilometer) soll der Rechtsweg zu den Gerichten für Arbeitssachen nicht gegeben sein[9]. Demggü. hat der BFH erkannt, dass das Klagebegehren auf Erteilung einer zutreffenden LStBescheinigung bzw. auf Berichtigung der LStBescheinigung im Kern

---

1 BT-Drs. 8/2535, 34. ||2 Gegen arbeitsgerichtl. Zuständigkeit: BAG 11.6.2003 – 5 AZB 1/03, EzA § 2 ArbGG 1979 Nr. 49; BSG 12.12.1990 – 11 RAr 43/88, NJW 1991, 2101. ||3 BAG 15.1.1992 – 5 AZR 15/91, AP Nr. 21 zu § 2 ArbGG 1979. ||4 BAG 15.1.1992 – 5 AZR 15/91, AP Nr. 21 zu § 2 ArbGG 1979; aA BSG 12.12.1990 – 11 RAr 43/88, NJW 1991, 2101 (kein Rechtsschutzbedürfnis für Klage auf Herausgabe, Ausstellung, Berichtigung oder Ergänzung der Arbeitsbescheinigung nach Einleitung des Verwaltungsverfahrens); BFH 29.6.1993 – VI B 108/92, AP Nr. 20 zu § 2 ArbGG 1979 (kein Rechtsschutzinteresse für Klage auf Abführung von LSt bzw. Berichtigung der LStBescheinigung). ||5 BAG 15.1.1992 – 5 AZR 15/91, AP Nr. 21 zu § 2 ArbGG 1979 (betr. Arbeitsbescheinigung). ||6 BAG 15.1.1992 – 5 AZR 15/91, AP Nr. 21 zu § 2 ArbGG 1979 (betr. Arbeitsbescheinigung). ||7 BAG 15.1.1992 – 5 AZR 15/91, AP Nr. 21 zu § 2 ArbGG 1979 (betr. Arbeitsbescheinigung). ||8 BAG 11.6.2003 – 5 AZB 1/03, EzA § 2 ArbGG 1979 Nr. 49; 7.5.2013 – 10 AZB 8/13; aA FG Nds. 1.8.2008 – 11 K 239/08, DStRE 2009, 187. ||9 ArbG Bielefeld 11.10.1989 – 2 Ca 1392/89, DB 1990, 1624.

eine bürgerl.-rechtl. Streitigkeit sei, für die der Finanzrechtsweg nicht gegeben sei[1]. Dem folgend wird in der Finanzgerichtsbarkeit auch für Klagen auf zutreffende Eintragungen, Ergänzungen oder Berichtigung von Daten in der LStBescheinigung von bürgerl. Rechtsstreiten ausgegangen. Eine Abgabenangelegenheit nach § 33 FGO liege nicht vor; an einem im Finanzrechtsweg zu entscheidenden Fall müsse eine Finanzbehörde beteiligt sein. Rechtsstreitigkeiten, die das bürgerl.-rechtl. Verhältnis zwischen Rechtspersonen des Privatrechts beträfen und in denen es um bloße Reflexwirkungen von Abgabenvorschriften in den Bereich des Privatrechts gehe, gehörten zu den bürgerl.-rechtl. Streitigkeiten[2].

Für die **Klage auf Berichtigung** einer nach § 312 SGB III zu erteilenden Arbeitsbescheinigung soll der Rechtsweg zu den SG und nicht zu den ArbG gegeben sein[3]. Denn alle Regelungen über den Inhalt der Arbeitsbescheinigung nach § 312 SGB III, insb. zu der Richtigkeit der vom ArbGeb gemachten Angaben, sind dem öffentl. Recht zuzuordnen[4]. Für die Klage auf Berichtigung der Arbeitsbescheinigung fehlt allerdings das Rechtsschutzbedürfnis, wenn bereits ein Verwaltungsverfahren auf Leistung von ArblUnterstützung läuft[5]. 89

Entsprechendes soll für die **Bescheinigungen ggü. den SozV-Trägern** gelten. Der Grundsatz, dass die ArbG für den Inhalt der öffentl.-rechtl. Arbeitspapiere nicht zuständig sind, gelte auch für (ergänzende) mündlich oder fernmündlich erteilte Auskünfte des ArbGeb ggü. den Behörden[6]. 90

Eine andere, nicht die Zuständigkeit betreffende Frage ist es, ob der ArbN materiell-rechtl. einen Anspruch darauf hat, dass der ArbGeb öffentl.-rechtl. Arbeitspapiere wie die LStKarte oder die Arbeitsbescheinigung nach § 312 SGB III mit einem bestimmten Inhalt ausstellt. Das wird verneint. Solche Arbeitspapiere haben in den einschlägigen Verwaltungsverfahren Beweisfunktion und stehen damit schriftl. Zeugenaussagen gleich. Die Verurteilung einer Partei zu einer bestimmten Aussage ist aber unzulässig[7]. Gibt der ArbGeb als Grund für die Beendigung des ArbVerh vertragswidriges Verhalten des ArbN an, so muss dieser bei Verweigerung von Alg und erfolglosem Widerspruchsverfahren eine entsprechende Klage beim SG gegen die BA erheben[8]. 91

f) **Streitigkeiten aus Zusammenhang mit ArbVerh.** Durch Einfügung von Abs. 1 Nr. 4a sollte sichergestellt werden, dass auch Streitigkeiten um die betrAV von den Gerichten für Arbeitssachen entschieden werden. Voraussetzung für diese Fallgruppe ist, dass nicht eine ausschließliche andere Rechtswegzuständigkeit besteht. Sowohl in Abs. 1 Nr. 4a als auch in Abs. 3 ist von einem „rechtlichen oder unmittelbar wirtschaftlichen Zusammenhang" die Rede, der sich bei Nr. 4a auf das „Arbeitsverhältnis" und bei Abs. 3 auf den Hauptprozess bezieht. Die engere Vorschrift der Nr. 4a führt dabei zu einer ausschließlichen Rechtswegzuständigkeit, während die weiter gefasste Vorschrift des Abs. 3 zu einer fakultativen Rechtswegzuständigkeit führt. 92

aa) **Parteien des Rechtsstreits.** Neben dem ArbGeb können an dem Rechtsstreit nicht nur ArbN, sondern auch deren **Hinterbliebene** beteiligt sein. Soweit es dabei um Erben geht, folgte die Rechtswegzuständigkeit bereits aus § 3, denn diese sind Rechtsnachfolger. Damit erfasst Abs. 1 Nr. 4a zusätzlich Hinterbliebene, die nicht Erben sind, denen aber nach dem Tode des ArbN eigenständige Ansprüche aus dem früheren ArbVerh des ArbN erwachsen[9]. Wer Kläger oder Beklagter ist, ist unerheblich. **Ehemalige ArbN** werden in Nr. 4 nicht genannt, weil ihre Ansprüche, soweit sie auf dem ArbVerh beruhen, ohnehin nach Abs. 1 Nr. 3a und 3c zur Zuständigkeit der ArbG gehören[10]. 93

bb) **Rechtlicher Zusammenhang.** Ein rechtl. Zusammenhang ist gegeben, wenn der Anspruch auf dem ArbVerh beruht oder durch dieses bedingt ist. Dann ist aber in aller Regel auch die Rechtswegzuständigkeit nach Abs. 1 Nr. 3a gegeben. Ansprüche des ArbN gegen den ArbGeb auf Leistungen der betrAV folgen nämlich aus Abs. 1 Nr. 3a[11]. Nach dem BAG können Streitigkeiten über abstrakte Rechtsgeschäfte (Vergleich, konstitutives abstraktes Schuldanerkenntnis, Scheck, Wechsel usw.), die auf dem ArbVerh beruhen, dem Abs. 1 Nr. 4a unterfallen, wenn sie nicht Abs. 1 Nr. 3a zugeordnet werden[12]. In die Zuständigkeit der Arbeitsgerichtsbarkeit fällt auch die Schadensersatzklage des ArbN gegen den Insolvenzverwalter wegen dessen persönlicher Haftung nach § 60 InsO[13]. 94

---

1 BFH 29.6.1993 – VI B 108/92, AP Nr. 20 zu § 2 ArbGG 1979; 19.10.2001 – VI R 36/96, DStRE 2002, 434. ||2 FG München 9.6.2004 – 1 K 1234/04, NZA 2005, 512, mit zust. Anm. *Gravenhorst* in juris-PR-ArbR 39/2004; Schl.-Holst. FG v. 11.11.1987 – I 464/87; FG München 30.6.1992 – 16 K 928/92; FG Nürnberg 2.2.1995 – VI 80/94, AP Nr. 35 zu § 2 ArbGG 1979; FG Bbg. v. 3.12.1996 – 1 K 1366/96, NZA-RR 1997, 355; FG Hamburg 10.12.2001 – II 275/01; FG Rh.-Pf. 23.9.2002 – 1 K 1626/02; FG Münster 4.7.2005 – 10 K 640/05 S, ebenso LAG Bbg. 5.12.2002 – 6 Ta 96/02, NZA-RR 2003, 376. ||3 BAG 13.7.1988 – 5 AZR 467/87, AP Nr. 11 zu § 2 ArbGG 1979; BSG 12.12.1990 – 11 RAr 43/88, NJW 1991, 2101. ||4 Ebenso LAG Düss. 9.9.1982 – 14 Sa 1022/82, EzA § 2 ArbGG 1979 Nr. 2; LAG Schl.-Holst. 9.10.1986 – 3 Ta 142/86, MDR 1987, 168; LAG Berlin 20.7.1987 – 9 Sa 47/87, DB 1987, 2662; LAG Hess. 5.1.1983 – 8 Ta 295/82, BB 1983, 2186. ||5 BSG 12.12.1990 – 11 RAr 43/88, NJW 1991, 2101. ||6 LAG Köln 8.11.1989 – 5 Sa 716/89, LAGE § 2 ArbGG 1979 Nr. 8. ||7 BGH 13.7.1965 – VI ZR 70/64, NJW 1965, 1803; vgl. auch *Matthes*, DB 1968, 1579 u. 1624; *Müller*, DB 1977, 997 und DB-Beil. 5/1986. ||8 BAG 13.7.1988 – 5 AZR 467/87, AP Nr. 11 zu § 2 ArbGG 1979. ||9 BAG 7.10.1981 – 4 AZR 173/81, BAGE 36, 274. ||10 BAG 17.1.1969 – 3 AZR 96/67, BAGE 21, 284; 17.5.1973 – 3 AZR 381/72, BAGE 25, 194. ||11 BAG 29.4.1994 – 3 AZB 18/93, AP Nr. 26 zu § 2 ArbGG 1979. ||12 BAG 7.11.1996 – 5 AZB 19/96, AP Nr. 1 zu § 46 ArbGG 1979. ||13 LAG MV 4.1.2011 – 5 Sa 138/10.

95 **cc) Unmittelbar wirtschaftlicher Zusammenhang.** Dieser ist anzunehmen, wenn der Anspruch auf demselben wirtschaftl. Verhältnis beruht oder wirtschaftl. Folge desselben Tatbestands ist. Die Ansprüche müssen innerlich eng zusammengehören, also einem einheitlichen Lebenssachverhalt entspringen. Diese Voraussetzungen liegen regelmäßig vor, wenn eine nicht aus dem ArbVerh resultierende Leistung im Hinblick auf das ArbVerh erbracht wird oder beansprucht werden kann. Der Zusammenhang kommt besonders deutlich dann zum Ausdruck, wenn die Leistung auch eine Bindung des ArbN an den Betrieb bezweckt[1]. Gedacht ist an Rechtsstreitigkeiten über Nebenleistungen des ArbGeb, wie die Möglichkeiten zum verbilligten Einkauf, das zinsgünstige ArbGeb-Darlehen[2], die Benutzung von betriebl. Sport- und sonstigen Einrichtungen oder Betriebssparkplätzen, die Überlassung von Werkzeugen oder Maschinen und die Lieferung von Hausbrandkohle, aber auch um dem ArbGeb zustehende Nutzungsentgelte im Nebentätigkeitsbereich[3]. Auch Ansprüche aus einer privaten Unfallversicherung des ArbGeb zu Gunsten des ArbN gehören hierher. Bietet der ArbGeb dem ArbN unabhängig von der Höhe des Preisnachlasses eine Möglichkeit zum Wareneinkauf, die ein Außenstehender nicht erhalten hätte, und wird dabei vereinbart, den Kaufpreis mit Ansprüchen des ArbN aus der Vergütung von Überstunden zu verrechnen, so sind nach Abs. 1 Nr. 4a für die Klage wegen Kaufpreiszahlungen die ArbG zuständig[4].

96 **g) Streitigkeit gegen gemeinsame Einrichtung.** Durch Abs. 1 Nr. 4b wird die Rechtswegzuständigkeit auf Streitigkeiten erstreckt, bei denen nicht der ArbGeb, sondern eine gemeinsame Einrichtung der TV-Parteien oder Sozialeinrichtung des privaten Rechts Gegner des ArbN oder eines Hinterbliebenen ist.

97 **aa) Gemeinsame Einrichtungen.** Der Begriff der gemeinsamen Einrichtungen der TV-Parteien in Nr. 4b entspricht dem des § 4 II TVG[5]. Gemeinsame Einrichtungen sind von den TV-Parteien geschaffene und von ihnen abhängige Organisationen, deren Zweck und Organisationsstruktur durch TV festgelegt wird. Die von den TV-Parteien geschaffene Einrichtung muss von ihnen selbst beeinflusst werden, wobei eine paritätische Aufsicht und Kontrolle der TV-Parteien bestehen muss. Paritätisch heißt dabei nicht, dass das Organ nur aus Vertretern der Tarifpartner besteht, sondern es können daneben auch „unparteiische" Dritte in das Aufsichtsorgan berufen werden. Schließlich muss ihr Zweck bestimmt und ihre Organisationsstruktur durch TV festgelegt werden[6]. Die Einrichtung muss zumindest passiv parteifähig sein, weil es sonst nicht zu Streitigkeiten mit ihr kommen kann. Zusatzversorgungskassen zählen regelmäßig nicht zu den gemeinsamen Einrichtungen[7].

98 Von großer praktischer Bedeutung sind die gemeinsamen Einrichtungen im **Baugewerbe** (Lohnausgleichs-, Urlaubs- oder Sozialkassen) und der als gemeinsame Einrichtung anerkannte[8] Gesamthafenbetrieb.

99 **bb) Sozialeinrichtungen des privaten Rechts.** Der Begriff der Sozialeinrichtung ist identisch mit dem des § 87 I Nr. 8 BetrVG (zB Pensions- oder Unterstützungskassen). Nach dem Wortlaut von Abs. 1 Nr. 4b sind in den Zuständigkeitsbereich der Gerichte für Arbeitssachen nur solche Sozialeinrichtungen einbezogen, die in der Rechtsform des privaten Rechts organisiert worden sind; dagegen kommt es bei öffentl.-rechtl. organisierten Versorgungsanstalten nicht darauf an, ob das Benutzungsverhältnis privatrechtl. ausgestaltet ist[9].

100 Daher sind für die **betrAV im öffentl. Dienst** die ordentl. Gerichte zuständig, wenn die Versorgungsleistungen durch eine Anstalt des öffentl. Rechtes nach privatrechtl. Grundsätzen gewährt werden[10]. Schlägt hingegen diese Versorgung aus Gründen fehl, die der öffentl. ArbGeb zu vertreten hat, sind für die daraus folgenden Schadensersatzansprüche wiederum die ArbG zuständig[11]. Auch für die verschuldensunabhängigen Verschaffungsansprüche sind die Gerichte für Arbeitssachen zuständig.

101 Eine Sozialeinrichtung iSv. Abs. 1 Nr. 4b liegt vor, wenn eine soziale Leistung des ArbGeb nach allg. Richtlinien aus einer abgesonderten, besonders zu verwaltenden Vermögensmasse erfolgt[12]. Sie dient der Verbesserung der sozialen Lebensbedingungen der ArbN und/oder ihrer Hinterbliebenen[13]. Auch die Sozialeinrichtung muss zumindest passiv parteifähig sein, weil es sonst nicht zu Streitigkeiten mit ihr kommen kann. Handelt es sich dagegen um eine selbständige Beschäftigungs- und Qualifizierungsgesellschaft, die vom früheren ArbGeb als externer Dienstleister eingeschaltet wurde, so sind wiederum die ordentlichen Gerichte zuständig[14].

---

1 BAG 24.9.2004 – 5 AZB 46/04, EzA § 2 ArbGG 1979 Nr. 62; 11.9.2002 – 5 AZB 3/02, BAGE 102, 343 (345); ArbG Düss. 8.3.2013 – 11 Ca 6953/12. ‖ 2 LAG München 2.1.2007 – 4 Ta 361/06, EzA-SD 2007, Nr. 3, 15. ‖ 3 BAG 24.9.2004 – 5 AZB 46/04, EzA § 2 ArbGG 1979 Nr. 62. ‖ 4 OLG Karlsruhe 28.1.1992 – 18a U 149/91, NJW-RR 1992, 562. ‖ 5 BAG 28.4.1981 – 3 AZR 255/80, AP Nr. 3 zu § 4 TVG Gemeinsame Einrichtungen; 25.1.1989 – 5 AZR 43/88, AP Nr. 5 zu § 1 GesamthafenbetriebsG. ‖ 6 BAG 25.1.1989 – 5 AZR 43/88, AP Nr. 5 zu § 1 GesamthafenbetriebsG. ‖ 7 BAG 10.8.2004 – 5 AZB 26/04, ZTR 2004, 603. ‖ 8 BAG 25.1.1989 – 5 AZR 43/88, AP Nr. 5 zu § 1 GesamthafenbetriebsG. ‖ 9 BAG 28.4.1981 – 3 AZR 255/80, AP Nr. 3 zu § 4 TVG Gemeinsame Einrichtungen. ‖ 10 BAG 10.8.2004 – 5 AZB 26/04, ZTR 2004, 603. ‖ 11 BAG 28.4.1981 – 3 AZR 255/80, AP Nr. 3 zu § 4 TVG Gemeinsame Einrichtungen. ‖ 12 BAG 24.4.1986 – 6 AZR 607/83, AP Nr. 7 zu § 87 BetrVG 1972 Sozialeinrichtung. ‖ 13 BAG 23.8.2001 – 5 AZB 11/01, AP Nr. 77 zu § 2 ArbGG 1979. ‖ 14 Vgl. ArbG Bonn 27.1.2010 – 5 Ca 2646/09.

h) **Streitigkeiten aus Insolvenzsicherung.** Von Abs. 1 Nr. 5 werden Streitigkeiten zwischen ArbN oder ihren Hinterbliebenen und dem Träger der Insolvenzversicherung über Ansprüche auf Leistungen der Insolvenzversicherung nach dem Vierten Abschnitt des Ersten Teils (§§ 7–15) des BetrAVG erfasst. Die Vorschrift bezieht sich einerseits auf ArbN (auch ehemalige ArbN) und ihre Hinterbliebenen (nicht etwa auf Dritte wie den geschiedenen Ehegatten mit einem Versorgungsausgleich) und andererseits auf den Träger der Insolvenzversicherung. Dies ist der in Köln ansässige Pensions-Sicherungs-Verein (PSV) VVaG (§ 14 I BetrAVG). Auf die Parteistellung des ArbN, Hinterbliebenen oder Trägers kommt es nicht an. Das ArbG ist also auch dann zuständig, wenn der Träger gegen den ArbN oder seinen Hinterbliebenen klagt, etwa auf Erstattung überzahlter Leistungen.

Keine ArbN iS dieser Vorschrift sind wegen § 5 I 3 Personen, die über den persönl. Geltungsbereich des § 17 I 1 BetrAVG hinaus in den Insolvenzschutz einbezogen sind (§ 17 I 2 BetrAVG). Für Streitigkeiten dieser Personen (zB Geschäftsführer, Vorstandsmitglieder) und dem Träger der Insolvenzsicherung sind nicht die Gerichte für Arbeitssachen, sondern die ordentl. Gerichte zuständig[1]. Unerheblich ist, ob der Organvertreter, dem die Pensionszusage erteilt wurde, vorher oder nachher als ArbN tätig war[2].

Erforderlich ist eine **bürgerl.-rechtl. Streitigkeit.** Das trifft zu, wenn bei unmittelbarer Geltendmachung des Anspruchs des ArbN gegen den ArbGeb oder seine Versorgungseinrichtung oder umgekehrt die Zuständigkeit des ArbG nach Abs. 1 Nr. 4 gegeben wäre. Da das Verhältnis zwischen ArbGeb und dem Träger der Insolvenzversicherung (PSV) öffentl.-rechtl. Natur ist (vgl. § 10 I BetrAVG), gehören Streitigkeiten über Beitrags-, Mitteilungs- und Auskunftspflichten (§§ 10, 11 BetrAVG) vor das VerwG.

i) **Streitigkeiten von Arbeitgebern gegen Einrichtungen.** Die Vorschrift des Abs. 1 Nr. 6 ergänzt Abs. 1 Nr. 4b u. 5, als auch Rechtsstreitigkeiten der gemeinsamen Einrichtungen mit ArbGeb (in ihrer Eigenschaft als ArbGeb) und zwischen solchen Einrichtungen der Rechtswegzuständigkeit der Gerichte für Arbeitssachen unterstellt werden. Es kann sich auch um eine gemeinsame Einrichtung von TV-Parteien ausländischen Rechts handeln[3]. Von praktischer Bedeutung ist die Vorschrift für Rechtsstreite, an denen die Urlaubs- und Lohnausgleichskasse für die Bauwirtschaft – ULAK – oder die Zusatzversorgungskasse des Baugewerbes VVaG – ZVK – beteiligt ist[4]. Allerdings ist für die Klage eines Insolvenzverwalters gegen die ZVK auf Erstattung von Beitragszahlungen der Rechtsweg zu den ordentl. Gerichten gegeben. Denn der Insolvenzverwalter wird insoweit nicht als ArbGeb tätig[5].

Der Anwendungsbereich von Abs. 1 Nr. 6 für Streitigkeiten zwischen ArbGeb und dem **Pensions-Sicherungs-Verein** (PSV) ist gering. Im Zuge der Änderung des BetrAVG ist der Sicherungsfall der wirtschaftl. Notlage mWz. 1.1.1999 gestrichen worden.

Erforderlich ist eine bürgerl.-rechtl. Streitigkeit. Da das Verhältnis zwischen ArbGeb und dem PSV öffentl.-rechtl. Natur ist (vgl. § 10 I BetrAVG), gehören Streitigkeiten über Beitrags-, Mitteilungs- und Auskunftspflichten (§§ 10, 11 BetrAVG) vor das VerwG.

j) **Entwicklungshelferstreitigkeiten.** Grundlage der Streitigkeit nach § 2 I Nr. 7 muss das Entwicklungshelfer-Gesetz (EhfG) v. 18.6.1969 sein. Dessen § 19 regelt den Rechtsweg ausdrücklich wie folgt: Für bürgerl. Streitigkeiten ist das ArbG zuständig (§ 19 I EhfG), für öffentl. Streitigkeiten ist der Rechtsweg zu den Gerichten der Sozialgerichtsbarkeit gegeben (§ 19 II EhfG). Der Entwicklungsdienstvertrag nach § 4 EhfG zwischen dem Träger und dem Helfer ist kein Arbeitsvertrag[6], weshalb eine Rechtswegzuständigkeit der Gerichte für Arbeitssachen nach Abs. 1 Nr. 3 ausscheidet. Der Helfer wird jedoch oft zu dem Projektträger im Ausland in einem ArbVerh stehen. Ob auf dieses das deutsche Arbeitsrecht Anwendung findet, bestimmt sich nach den Vorschriften und Regeln des Internationalen Privatrechts (Rom-I-VO). Ob die deutschen ArbG für derartige Streitigkeiten zuständig sind, ist eine Frage der internationalen Zuständigkeit der deutschen Gerichte.

k) **Streitigkeiten der Beteiligten am sozialen oder ökologischen Jahr oder an Freiwilligendiensten.** Die Rechtswegzuständigkeit der Gerichte für Arbeitssachen besteht nach Abs. 1 Nr. 8 auch für bürgerl. Rechtsstreitigkeiten zwischen den Trägern eines freiwilligen sozialen oder ökologischen Jahres oder den Einsatzstellen und Freiwilligen nach dem Jugendfreiwilligendienstegesetz (JFDG).

Die Helfer bzw. Freiwilligen sind weder ArbN noch Auszubildende. Da die Gerichte für Arbeitssachen über Streitigkeiten zwischen diesen Personen und den Trägern des freiwilligen sozialen oder ökologischen Jahres oder den Einsatzstellen nach dem JFDG entscheiden sollen, ist es erforderlich gewesen, in Abs. 1 Nr. 8 ausdrücklich die Rechtswegzuständigkeit zu regeln[7].

Wegen der besonderen Sachnähe der ArbG erstreckt sich deren Zuständigkeit nunmehr nach Abs. 1 Nr. 8a auch auf die bürgerl. Rechtsstreitigkeiten aus Beschäftigungen nach dem BFDG, die an die Stelle des nach Aussetzung der Wehrpflicht weggefallenen Zivildienstes treten.

---

1 BAG 20.5.1998 – 5 AZB 3/98, NZA 1998, 1247. ||2 LAG Köln 13.3.2006 – 6 Ta 63/06; 3.1.2011 – 7 Ta 363/10. ||3 Vgl. LAG BW 20.7.2011 – 10 Ta 6/11. ||4 Vgl. zur Zulässigkeit der mit Formular eingeleiteten Klagen der ZVK BAG 10.4.1991 – 4 AZR 479/90, AP Nr. 141 zu § 1 TVG Tarifverträge: Bau; 13.3.1996 – 10 AZR 721/95, AP Nr. 194 zu § 1 TVG Tarifverträge: Bau. ||5 Vgl. BGH 6.12.2012 – IX ZB 84/12. ||6 BAG 27.4.1977 – 5 AZR 129/76, AP Nr. 1 zu § 611 BGB Entwicklungshelfer. ||7 BAG 12.2.1992 – 7 ABR 42/91, AP Nr. 52 zu § 5 BetrVG 1972.

112 **l) Streitigkeiten zwischen Arbeitnehmern.** Von Abs. 1 Nr. 9 werden erfasst bürgerl.-rechtl. Streitigkeiten zwischen ArbN iSv. § 5 aus gemeinsamer Arbeit und aus unerlaubten Handlungen, soweit diese mit dem ArbVerh im Zusammenhang stehen (nicht erforderlich ist, dass die Streitparteien beim selben ArbGeb beschäftigt sind)[1].

113 Die Vorschrift ist analog anzuwenden auf die nach Abs. 1 Nr. 7 und 8 geschützten NichtArbN und auch dann, wenn Hinterbliebene von ArbN an der Streitigkeit beteiligt sind.

114 Nicht in die Zuständigkeit der Gerichte für Arbeitssachen fallen Streitigkeiten zwischen ArbGeb zB wegen Abwerbung, Beschäftigung Vertragsbrüchiger oder wegen Schadensersatzes im Zusammenhang mit einem unrichtigen Zeugnis[2]. Hierfür sind jeweils die ordentl. Gerichte zuständig.

115 **aa) Ansprüche aus gemeinsamer Arbeit.** Ansprüche aus gemeinsamer Arbeit kommen vor allem bei GruppenArbVerh vor. Zu unterscheiden ist zwischen einer **Betriebsgruppe**, dh. ArbN, die jeweils einzeln und voneinander unabhängig ihren Arbeitsvertrag mit dem ArbGeb abgeschlossen haben und durch ihn aus arbeitsorganisatorischen Gründen zwecks Erreichung eines Arbeitserfolges zusammengeschlossen werden (zB Akkord-, Reparatur- oder Werbekolonne), und einer **Eigengruppe**, dh. ArbN, die sich zur gemeinsamen Arbeitsleistung aus eigener Initiative zusammengetan haben und als Gruppe ihre Arbeitsleistung dem ArbGeb anbieten: zB Kapelle, Orchester, Ernte- und Pflückergruppe oder Putzkolonne. Ansprüche aus gemeinsamer Arbeit entstehen etwa bei einem Streit über die Verteilung des gemeinsamen Lohnes, bei Auflösung der Gruppe oder bei Leistung von Schadensersatz, ferner bei Fahrgemeinschaften oder gemeinsamer Anschaffung oder Benutzung von Werkzeugen oder Arbeitsmaterial. Dabei kann es auch um gesellschaftsrechtl. Ansprüche, Geschäftsführung ohne Auftrag (Hilfeleistung bei einem Arbeits- oder Wegeunfall) oder um Ansprüche aus ungerechtfertigter Bereicherung gehen[3].

116 **bb) Ansprüche aus unerlaubter Handlung.** Die ArbG sind auch zuständig für bürgerl. Streitigkeiten zwischen ArbN aus unerlaubter Handlung, soweit diese mit dem ArbVerh im Zusammenhang steht. Der Zusammenhang zwischen der unerlaubten Handlung und dem ArbVerh darf nicht bloß ein äußerer oder nur zufälliger sein[4]. Nötig ist vielmehr eine innere Beziehung zwischen beiden, dh. die unerlaubte Handlung muss in der besonderen Eigenart des ArbVerh und den ihnen eigentümlichen Reibungen und Berührungspunkten wurzeln[5]. Dazu gehören Körperverletzungen oder Sachbeschädigungen unter Arbeitskollegen während der Arbeit, auf dem Weg zur oder von der Arbeit und bei Betriebsfeiern und -ausflügen, nicht dagegen Vorkommnisse aus privatem Anlass (zB gemeinsamer Urlaub oder Tätlichkeiten auf dem Sportplatz).

117 **m) Streitigkeiten aus SGB IX.** Die Gerichte für Arbeitssachen sind nach Abs. 1 Nr. 10 zuständig für bürgerl. Rechtsstreitigkeiten zwischen behinderten Menschen im Arbeitsbereich von Werkstätten für behinderte Menschen und den Trägern der Werkstätten aus den in § 138 SGB IX geregelten arbeitnehmerähnlichen Rechtsverhältnissen. Zwischen den Genannten kann ein ArbVerh bestehen. Andernfalls liegt nach § 138 I SGB IX ein arbeitnehmerähnliches Rechtsverhältnis vor. Für Streitigkeiten aus diesem Rechtsverhältnis stellt Abs. 1 Nr. 10 klar, dass auch insoweit die Rechtswegzuständigkeit der Gerichte für Arbeitssachen gegeben ist. Nicht erfasst werden aber Streitigkeiten zwischen den behinderten Menschen und den Sozialleistungsträgern, die öffentl.-rechtl. Natur sind.

118 **n) Arbeitnehmererfindung/Urheberrecht.** Nach Abs. 2 sind die Gerichte für Arbeitssachen auch zuständig für bürgerl. Rechtsstreitigkeiten zwischen ArbN und ArbGeb, die ausschließlich Ansprüche auf Leistung einer festgestellten oder festgesetzten Vergütung für eine ArbNErf oder für einen technischen Verbesserungsvorschlag nach § 20 I ArbNErfG zum Gegenstand haben. Diese Vorschrift entspricht der Zuständigkeitsregelung des § 39 II ArbNErfG und des § 104 S. 2 UrhG.

119 Die Gerichte für Arbeitssachen sind in Sachen nach Abs. 2 nicht ausschließlich, sondern nur fakultativ zuständig („auch")[6]. Insoweit besteht für die klagende Partei ein **Wahlrecht**. Die Parteien können durch Vereinbarung die Rechtswegzuständigkeit der ordentl. Gerichte oder der Gerichte für Arbeitssachen begründen.

120 **aa) Vergütung für Arbeitnehmererfindung.** ArbNErf sind Erfindungen, die patent- oder gebrauchsmusterfähig sind (§ 2 ArbNErfG). Für alle Rechtsstreitigkeiten über Erfindungen eines ArbN sind nach § 39 ArbNErfG die für Patentstreitsachen zuständigen Gerichte ohne Rücksicht auf den Streitwert ausschließlich zuständig. Dies sind nach § 143 I PatG die Zivilkammern der LG ohne Rücksicht auf den Streitwert. Die Landesregierungen werden durch § 143 II PatG ermächtigt, durch RechtsVO die Patentstreitsachen für die Bezirke mehrerer LG einem von ihnen zuzuweisen; die Landesregierungen kön-

---

1 OLG Hamm 23.9.1999 – 6 W 31/99, NZA-RR 2000, 499. || 2 BGH 15.5.1979 – VI ZR 230/76, AP Nr. 13 zu § 630 BGB; 26.11.1963 – VII ZR 221/62, AP Nr. 10 zu § 826 BGB; OLG München 30.3.2000 – 1 U 624/99, OLGR München 2000, 337. || 3 LAG Köln 12.5.2009 – 4 Ta 111/09 (Anspruch von Oberarzt auf Honorarbeteiligung). || 4 OLG Hamm 23.9.1999 – 6 W 31/99, NZA-RR 2000, 499. || 5 BAG 11.7.1995 – 5 AS 13/95, AP Nr. 32 zu § 2 ArbGG 1979; BGH 12.3.2002 – X ARZ 314/01, AP Nr. 56 zu § 36 ZPO; 7.2.1958 – VI ZR 49/57, AP Nr. 48 zu § 2 ArbGG 1953. || 6 Schwab/Weth/*Walker*, § 2 Rz. 35 und 185.

nen diese Ermächtigungen auf die Landesjustizverwaltungen übertragen. Ausgenommen von der Regelung in § 39 I ArbNErfG zur ausschließlichen Zuständigkeit der Zivilkammern der LG sind Rechtsstreitigkeiten, die ausschließlich Ansprüche auf Leistung einer festgestellten oder festgesetzten Vergütung für eine Erfindung zum Gegenstand haben (§ 39 II ArbNErfG). Hierfür sieht Abs. 2 Buchst. a die fakultative Zuständigkeit der Gerichte für Arbeitssachen vor.

Die Rechtswegzuständigkeit hat zur Voraussetzung, dass es um eine **festgestellte oder festgesetzte** **121** **Vergütung** geht. Feststellung oder Festsetzung der Vergütung erfolgt nach § 12 ArbNErfG. Wird über die ArbNErf oder über die Richtigkeit der Vergütungsfestsetzung gestritten oder geht es um Schadensersatzansprüche des ArbN oder ArbGeb im Zusammenhang mit der ArbNErf, so sind die Zivilkammern der LG zuständig.

Nach dem Wortlaut darf die Streitigkeit ausschließlich die **Vergütungsansprüche** betreffen. Werden **122** daneben weitere Ansprüche im Zusammenhang mit der Erfindung geltend gemacht, sind für den gesamten Rechtsstreit die Zivilkammern des LG zuständig. Ein Teilurteil des ArbG darf nicht ergehen. Für die übrigen Ansprüche besteht auch keine Rechtswegzuständigkeit nach § 3, weil sie einer ausschließlichen Rechtswegzuständigkeit unterliegen. Die Rechtswegzuständigkeit der Gerichte für Arbeitssachen wird jedoch hergestellt, wenn die rechtswegfremden Ansprüche vollständig entfallen.

Die Rechtswegzuständigkeit der Gerichte für Arbeitssachen erstreckt sich auch auf **vorbereitende** **123** **Ansprüche**, also auf Auskunfts- und Rechnungslegungsansprüche, unabhängig davon, ob diese Ansprüche im Wege der Stufenklage geltend gemacht werden.

bb) Vergütung für technische Verbesserungsvorschläge. Technische Verbesserungsvorschläge sind **124** Vorschläge für sonstige technische Neuerungen, die nicht patent- oder gebrauchsmusterfähig sind (§ 3 ArbNErfG). Die in § 39 I ArbNErfG geregelte ausschließliche Zuständigkeit der für Patentstreitsachen zuständigen Gerichte gilt nur für Rechtsstreite über Erfindungen eines ArbN iSd. § 2 ArbNErfG, nicht dagegen für Rechtsstreite über technische Verbesserungsvorschläge eines ArbN iSd. § 3 ArbNErfG. Für diese sind gem. Abs. 1 Nr. 3a die Gerichte für Arbeitssachen zuständig[1]. Nur für Vergütungsansprüche wegen qualifizierter Verbesserungsvorschläge nach § 20 ArbNErfG findet sich in Abs. 2 Buchst. a die speziellere Regelung zur Rechtswegzuständigkeit, die Parteivereinbarungen zur Rechtswegzuständigkeit zulässt.

cc) Vergütungen in Urheberrechtssachen. Für alle Rechtsstreitigkeiten, durch die ein Anspruch aus **125** einem der im UrhG geregelten Rechtsverhältnisse geltend gemacht wird (Urheberrechtsstreitsachen), ist nach § 104 S. 1 UrhG der ordentl. Rechtsweg gegeben. Das gilt auch für eine Klage auf angemessene Vergütung nach § 32 I 2 UrhG[2]. Für Urheberrechtsstreitsachen aus Arbeits- oder Dienstverhältnissen, die ausschließlich Ansprüche auf Leistung einer **vereinbarten** Vergütung zum Gegenstand haben, bleiben jedoch nach § 104 S. 2 UrhG der Rechtsweg zu den Gerichten für Arbeitssachen und der Verwaltungsrechtsweg unberührt. Die Rechtswegzuständigkeit für Ansprüche auf Leistung einer vereinbarten Vergütung im Zusammenhang mit einem ArbVerh findet ihre Grundlage in Abs. 2 Buchst. b.

Für Auseinandersetzungen zwischen ArbN und ArbGeb über die **Nutzung von Computerprogrammen**, die der ArbN geschaffen oder eingebracht hat, ist daher der Rechtsweg zu den ordentl. Gerichten **126** gegeben[3], denn es geht nicht um die vereinbarte Vergütung. Entsprechendes gilt für den Anspruch auf Herausgabe des Quellcodes für Software[4] und für den Anspruch auf Wertersatz oder Sondervergütung für eine **Schaufensterdekoration** im Zusammenhang mit der Teilnahme des ArbGeb an einem Lieferantenwettbewerb[5].

Nach dem Wortlaut darf die Streitigkeit ausschließlich die **Vergütungsansprüche** betreffen. Ist die **127** Vereinbarung der Vergütung umstritten, ist dies als Vorfrage von den Gerichten für Arbeitssachen zu klären. Verneint das ArbG eine wirksame Vergütungsvereinbarung, ist der Rechtsstreit von Amts wegen an das zuständige ordentl. Gericht zu verweisen. Werden daneben **weitere Ansprüche** im Zusammenhang mit der Erfindung geltend gemacht, sind für den gesamten Rechtsstreit die Zivilkammern des LG zuständig.

o) Zusammenhangsklagen. Nach Abs. 3 können auch nicht unter Abs. 1 u. 2 fallende Rechtsstreitig- **128** keiten, die an sich in die Zuständigkeit der ordentl. Gerichte gehören, als sog. Zusammenhangsstreitigkeiten vor die Gerichte für Arbeitssachen gebracht werden, wenn der Anspruch mit einer bei einem ArbG anhängigen oder gleichzeitig anhängig werdenden bürgerl. Rechtsstreitigkeit der in den Abs. 1 und 2 bezeichneten Art in rechtlichem oder unmittelbar wirtschaftl. Zusammenhang steht und für seine Geltendmachung nicht die ausschließliche Zuständigkeit eines anderen Gerichts gegeben ist.

Eine vergleichbare Vorschrift für die ordentl. Gerichtsbarkeit gibt es nicht. Die Vorschrift will die Tei- **129** lung rechtl. oder wirtschaftl. zusammenhängender Verfahren zwischen ordentl. und ArbG im gebote-

---

1 BAG 30.4.1965 – 3 AZR 291/63, AP Nr. 1 zu § 20 ArbNErfG. ||2 LAG BW 31.5.2010 – 3 Ta 5/10, GRURPrax 2010, 376. ||3 BAG 21.8.1996 – 5 AZR 1011/94, AP Nr. 42 zu § 2 ArbGG 1979. ||4 LAG BW 22.8.2006 – 18 Ta 9/06. ||5 BAG 12.3.1997 – 5 AZR 669/95, AP Nr. 1 zu § 2 UrhG.

nen Umfang verhindern[1]. Sie ermöglicht einer Partei einseitig die klageweise Geltendmachung nichtarbeitsrechtl. Ansprüche im Arbeitsgerichtsprozess. Es besteht kein Zwang, sondern ein **Wahlrecht des Klägers**[2]. Die Vorschrift begründet keine ausschließliche, sondern eine fakultative Zuständigkeit. Insoweit kann die Rechtswegzuständigkeit auch zwischen den Parteien vereinbart werden. Eine Zuständigkeitsbegründung durch rügelose Einlassung scheidet jedoch aus, weil § 39 ZPO nicht für die Rechtswegzuständigkeit gilt. Eine konkludente Aufhebung der Zuständigkeitsvereinbarung ist jedoch möglich.

130 **aa) Arbeitsgerichtliche Streitigkeit als Hauptklage.** Voraussetzung für eine Zusammenhangszuständigkeit ist zunächst die Anhängigkeit einer arbeitsgerichtl. Streitigkeit nach Abs. 1 oder 2 (sog. Hauptklage). Dabei ist ohne Bedeutung, ob diese zulässig oder begründet ist. Nur die Rechtswegzuständigkeit des ArbG für die Hauptklage muss zweifelsfrei bestehen. Eine unzulässige Zwischenfeststellungsklage auf Feststellung gerade des Rechtsverhältnisses, von dessen rechtl. Qualifikation die Zuständigkeit des einen oder anderen Rechtswegs abhängt, reicht aber nicht als Hauptsacheklage aus, die nach Abs. 3 die Zusammenhangszuständigkeit begründen kann[3]. Abs. 3 findet auch keine Anwendung, wenn die Zuständigkeit für die Zusammenhangsklage allein aus der Verbindung mit einem Sic-non-Antrag folgen kann. Werden zusätzlich zu einem Feststellungsantrag, der einen Sic-non-Fall iSd. BAG-Rspr. darstellt, Leistungsanträge gestellt, muss für diese die Rechtswegzuständigkeit der Gerichte für Arbeitssachen nach Abs. 1 oder 2 gesondert festgestellt werden. Das BVerfG hat auf die Gefahr einer Manipulation bei der Auswahl des zuständigen Gerichts durch die klagende Partei hingewiesen, wenn diese im Wege der Zusammenhangsklage mit einem Sic-non-Fall weitere Streitgegenstände verbindet[4], was mit Art. 101 I 2 GG nicht zu vereinbaren wäre. Eine mit Art. 101 GG nicht zu vereinbarende Rechtswegerschleichung kann nicht dadurch wirksam verhindert werden, dass dem Kläger die Berufung auf die Zusammenhangszuständigkeit in Missbrauchsfällen nach Treu und Glauben (§ 242 BGB) versagt wird. Hierfür fehlt es an handhabbaren und hinreichend klaren Kriterien[5]. Dagegen soll eine rechtskräftig an das Arbeitsgericht verwiesene Klage als Hauptklage genügen.

131 **bb) Anhängigkeit der Hauptklage.** Die Hauptklage muss bei Einreichung der Zusammenhangsklage schon anhängig sein oder gleichzeitig anhängig gemacht werden. Wird zunächst nur der nichtarbeitsrechtl. Anspruch anhängig gemacht, fehlt es an der Rechtswegzuständigkeit. Dies hat zur Folge, dass die isolierte Zusammenhangsklage nach §§ 48 I ArbGG, 17a II GVG an das ordentl. Gericht zu verweisen ist. Wird jedoch vor der Verweisung die Hauptklage anhängig gemacht, dann wird dadurch die bis dahin fehlende Rechtswegzuständigkeit für den nichtarbeitsrechtl. Anspruch geheilt. Hat das ArbG bei zunächst isoliert erhobener Zusammenhangsklage die Zulässigkeit des Rechtswegs durch Beschluss nach §§ 48 I ArbGG, 17a II GVG verneint, der Kläger jedoch sofortige Beschwerde eingelegt und nunmehr Hauptklage erhoben, dann hat das LAG die Entscheidung des ArbG aufzuheben, sofern im Zeitpunkt der Entscheidung des LAG die Voraussetzungen des Abs. 3 vorliegen und also eine Rechtshängigkeit der Hauptklage gegeben ist.

132 Strittig ist, wie zu verfahren ist, wenn die Anhängigkeit der Hauptklage zB durch Teilvergleich, -urteil, -klagerücknahme oder -erledigungserklärung beendet wird und nur noch der vor die ordentl. Gerichte gehörende Anspruch verbleibt. ZT wird vertreten, dass durch den Wegfall der Hauptklage die einmal begründete Rechtswegzuständigkeit nicht berührt wird[6]. Demggü. ist das BAG der Ansicht, die Zuständigkeit der Gerichte für Arbeitssachen entfalle nach Sinn und Zweck der Bestimmung, wenn der Kläger die Hauptklage zurücknimmt, bevor der Beklagte zur Hauptsache verhandelt hat[7]. § 17 I 1 GVG spricht für die erstgenannte Ansicht.

133 **cc) Zusammenhang.** Gegenstand der Zusammenhangsklage muss eine bürgerl. Rechtsstreitigkeit sein. Die Vorschrift will die Teilung rechtl. oder wirtschaftl. zusammenhängender Verfahren zwischen den ordentl. Gerichten und den ArbG verhindern[8]. Die Zusammenhangsklage muss zur Hauptklage in einem **rechtl. oder unmittelbar wirtschaftl. Zusammenhang** stehen. Der Begriff ist nach dem Zweck der Vorschrift weit auszulegen. Ein Zusammenhang im weitesten Sinne wird als ausreichend erachtet, wobei auch auf die Kriterien des § 33 ZPO für den Zusammenhang zwischen Klage und Widerklage abgestellt wird[9]. Der unmittelbare wirtschaftl. Zusammenhang ist gegeben, wenn die Hauptklage und die Zusammenhangsklage aus dem gleichen einheitlichen Lebenssachverhalt entspringen und nicht nur rein zufällig eine Verbindung zueinander haben[10]. Für den geforderten Zusammenhang müssen die mit der Haupt- und Zusammenhangsklage verfolgten Ansprüche aus demselben Tatbestand abgeleitet werden (zB Verfolgung von Schadensersatzansprüchen gegen Anstifter, Gehilfen oder Mittäter, die nicht im ArbVerh stehen, oder Geltendmachung der Haupt- und Sicherheitsverbindlichkeit) oder dem

---

1 BAG 27.2.1975 – 3 AZR 136/74, AP Nr. 1 zu § 3 ArbGG 1953. ||2 Vgl. dagegen LG Köln 3.7.2012 – 8 O 81/12. ||3 BAG 28.10.1993 – 2 AZB 12/93, AP Nr. 19 zu § 2 ArbGG 1979. ||4 BVerfG 31.8.1999 – 1 BvR 1389/97, EzA § 2 ArbGG 1979 Nr. 47. ||5 BAG 11.6.2003 – 5 AZB 43/03, EzA § 2 ArbGG 1979 Nr. 60; LAG Hamm 28.12.2012 – 2 Ta 163/12. ||6 LAG Köln 28.2.1995 – 13 Ta 300/94, AP Nr. 37 zu § 2 ArbGG 1979. ||7 BAG 15.8.1975 – 5 AZR 217/75, AP Nr. 32 zu § 2 ArbGG 1953. ||8 BAG 27.2.1975 – 3 AZR 136/74, AP Nr. 1 zu § 3 ArbGG 1953. ||9 LAG Rh.-Pf. 12.7.2004 – 8 Ta 127/04. ||10 BAG 18.8.1997 – 9 AZB 15/97, AP Nr. 70 zu § 374 HGB; LAG Rh.-Pf. 23.5.2012 – 11 Ta 87/12.

Grunde nach auf demselben wirtschaftl. Komplex beruhen (zB Beschäftigung). Ein solcher Zusammenhang fehlt etwa bei der Hilfswiderklage eines Betriebserwerbers gegen den Veräußerer wegen Schadensersatz im Verhältnis zur Klage des ArbN auf Arbeitsentgelt und Feststellung[1].

Die Zusammenhangsklage ist **ausgeschlossen** bei ausschließlichem Gerichtsstand der Nichtarbeitssache, also zB bei Ansprüchen mit dinglichem Gerichtsstand (§ 24 ZPO) oder bei Streitigkeiten über Werkmietwohnungen (§ 29a ZPO iVm. § 23 I Nr. 2a GVG), ebenso in Wettbewerbsstreitigkeiten gegen Nichtarbeitnehmer (§ 13 I UWG)[2]. 134

dd) Zusammenhangsklage durch Klagehäufung oder Klageerweiterung. Abs. 3 regelt allein die Rechtswegzuständigkeit für die Zusammenhangsklage. Die sonstigen Zulässigkeitsvoraussetzungen müssen ebenfalls vorliegen. Die Zusammenhangsklage kann im Wege der Klagehäufung oder der nachträglichen Klageerweiterung anhängig gemacht werden. Im letztgenannten Fall müssen für die erste Instanz die Voraussetzungen für eine Klageänderung nach § 263 ZPO und für die zweite Instanz die strengeren Voraussetzungen nach § 533 ZPO vorliegen. Die Zusammenhangsklage kann auch im Wege der Widerklage erfolgen[3]. Die Vorschrift des Abs. 3 findet auf eine Aufrechnung mit rechtswegfremder Forderung entsprechende Anwendung[4]. Ist die Aufrechnung zulässig, aber der erforderliche Zusammenhang nicht gegeben, so kann das Gericht nach Erlass eines Vorbehaltsurteils nach § 302 ZPO das Verfahren wegen der Gegenforderung an das zuständige Gericht verweisen oder mit einer Frist zur anderweitigen Klageerhebung aussetzen[5]. Ein Vorbehaltsurteil muss auch ergehen, wenn die aufgerechneten Forderungen bereits anderweitig anhängig sind[6]. 135

ee) Parteien der Zusammenhangsklage. Voraussetzung für eine sog. Zusammenhangsklage ist, dass zumindest eine Partei des Hauptstreits als ArbN, ArbGeb, TV-Partei oder tariffähige Partei beteiligt ist; daneben können auch Dritte (zB Bürgen oder Gesamtschuldner) Kläger oder Beklagte sein (Bsp.: ArbN nimmt ArbGeb auf Lohnzahlung und daneben den Bürgen der Forderung gerichtlich in Anspruch). Bei einer Zusammenhangsklage nach Abs. 3 müssen also die Parteien der Zusammenhangsklage nicht identisch sein mit den Parteien der Hauptklage. Es genügt vielmehr, dass eine Partei der Hauptklage auch Partei der Zusammenhangsklage ist[7]. 136

ff) Folgen der Zusammenhangszuständigkeit. Auch für die Zusammenhangsklage richtet sich das Verfahren nach dem ArbGG. Über Haupt- und Zusammenhangsklage kann nach § 301 ZPO getrennt entschieden werden. Zu beachten ist, dass sich in der ersten Instanz die Kostentragungspflicht auch für die Zusammenhangsklage nach § 12a I 1 richtet. 137

p) Streitigkeiten der Organvertreter. Auf Grund einer Vereinbarung können nach Abs. 4 auch bürgerl. Rechtsstreitigkeiten zwischen juristischen Personen des Privatrechts und Personen, die kraft Gesetzes allein oder als Mitglieder des Vertretungsorgans der juristischen Person zu deren Vertretung berufen sind, vor die Gerichte für Arbeitssachen gebracht werden. Obwohl die sog. Organvertreter nicht als ArbN gelten (§ 5 I 3), soll die Möglichkeit geschaffen werden, ihre Streitigkeiten vor dem ArbG auszutragen. Erfasst werden nur Vertreter juristischer Personen des Privatrechts, nicht des öffentl. Rechts, auch wenn sie auf Grund privatrechtl. Vertrages angestellt sind. Ebenso wenig gilt der fakultative Gerichtsstand für Streitigkeiten zwischen Personengesamtheiten und den kraft Satzung oder Gesellschaftsvertrages zu ihrer Vertretung berufenen Personen. 138

Zu den **Organvertretern** zählen bei der AG die Mitglieder des Vorstands (§ 78 I AktG), bei der GmbH die Geschäftsführer (§ 35 I GmbHG), bei der eG die Mitglieder des Vorstands (§ 24 I GenG), bei der KGaA der persönlich haftende Gesellschafter (§ 278 AktG iVm. §§ 161, 125 HGB) und beim eV und der Stiftung privaten Rechts die Mitglieder des Vorstands (§§ 26 II, 86 BGB). Wegen der Einzelheiten wird auf die Komm. zu § 5 verwiesen. 139

Die Zuständigkeitsvereinbarung kann bereits generell oder für bestimmte Einzelfälle im Dienstvertrag oder später schriftl. oder auch mündlich, ausdrücklich oder konkludent getroffen werden. Abs. 4 geht dabei § 38 ZPO als lex specialis vor. Die Begründung der Rechtswegzuständigkeit durch rügelose Einlassung kommt jedoch nicht in Betracht, weil § 39 ZPO nicht für die Rechtswegzuständigkeit gilt. Ein Betriebserwerber kann nicht nach § 613a BGB, jedoch wegen Eintritts in einen Anstellungsvertrag an die Vereinbarung gebunden sein[8]. 140

IV. Örtliche Zuständigkeit. 1. Allgemeines. Eine besondere Regelung zur örtlichen Zuständigkeit findet sich im ArbGG in § 48 Ia mit dem **Gerichtsstand des Arbeitsortes** und in § 48 II, nach dem die TV-Parteien im TV die Zuständigkeit eines an sich örtlich unzuständigen ArbG festlegen können. IÜ gelten über § 46 II die Vorschriften der §§ 12–37 ZPO. 141

---

1 Vgl. LAG Bln.-Bbg. 27.4.2010 – 7 Ta 556/10. ||2 BAG 10.6.2010 – 5 AZB 3/10, MDR 2011, 110. ||3 LAG Hess. 20.1.2000 – 2 Ta 739/99, LAGE § 2 ArbGG 1979 Nr. 35. ||4 LAG Schl.-Holst. 14.9.1994 – 2 Ta 75/94, LAGE § 2 ArbGG 1979 Nr. 18. ||5 Vgl. LAG BW 28.4.2010 – 10 Sa 67/09, ZinsO 2010, 1655. ||6 Vgl. LAG Köln 18.8.2005 – 6 Sa 379/05, AuR 2006, 75. ||7 BAG 2.12.1992 – 5 AS 13/92, AP Nr. 24 zu § 2 ArbGG 1979. ||8 LAG Hamm 16.3.2005 – 2 Ta 235/04.

142 2. **Allgemeiner Gerichtsstand.** Dies ist auf Beklagtenseite bei natürlichen Personen deren Wohnsitz (§§ 12, 13 ZPO) und bei juristischen Personen deren Sitz (§ 17 ZPO). Letzteres gilt ebenfalls für Beklagte in der Form einer parteifähigen Personengesamtheit (OHG oder KG) und für nicht rechtsfähige, aber parteifähige Prozesssubjekte, insb. in Fällen des § 10 (zB Gewerkschaften).

143 3. **Besonderer Gerichtsstand. a) Erfüllungsort.** Der Erfüllungsort iSd. § 29 ZPO bestimmt sich nach materiellem Recht, vor allem nach § 269 BGB. Für Klagen auf Erfüllung des Arbeitsvertrages ist das ArbG des Ortes zuständig, an dem die streitige Verpflichtung zu erfüllen ist[1]. Hiernach ist an sich für jede streitige Verpflichtung (zB Vergütungspflicht, Arbeitspflicht) der Erfüllungsort gesondert zu ermitteln. Die Auslegung des Arbeitsvertrages wird indes regelmäßig dazu führen, dass ein einheitlicher Erfüllungsort gewollt ist, oder dies ergibt sich aus den Umständen[2]. So ist die Vergütungspflicht grds. dort zu erfüllen, wo die Arbeit geleistet wird. Für das ArbVerh gilt als gemeinsamer Erfüllungsort für die beiderseitigen Leistungsverpflichtungen der Schwerpunkt des Vertragsverhältnisses, der durch die Arbeitsleistung innerhalb eines Betriebes bestimmt wird[3]. Der einheitliche Erfüllungsort gilt grds. auch für Versorgungsansprüche. Die Besonderheiten der zugesagten Versorgung können jedoch dazu führen, dass der Erfüllungsort für die Versorgungsleistungen vom früheren gewöhnlichen Arbeitsort abweicht[4]. Fallen Arbeitsstätte und Betriebssitz zusammen, ist dieser auch Erfüllungsort. Bei Arbeit in einer Niederlassung oder Außenstelle ist der Ort des Zweigbetriebs zugleich der Erfüllungsort. Erbringt der ArbN seine Arbeitsleistung nicht stets am selben Ort, so sind zwei Fälle zu unterscheiden:

– Wird der ArbN für den Betrieb eingestellt und vom Betriebssitz aus immer wieder an verschiedene auswärtige Orte zur Ausführung von Arbeiten entsandt, wie zB Montagearbeiter und Kraftfahrer von Reisediensunternehmen (sog. weisungsgebundene Entsendung), so ist der Wohn- bzw. Betriebssitz des ArbGeb Erfüllungsort für die Arbeitsleistung[5].

– Wird dem ArbN ein bestimmter, fest umrissener Bezirk zugewiesen, in dem er von seinem Wohnsitz aus tätig wird und an den er immer wieder – wenn auch nicht täglich – zurückkehrt, so ist dieser Wohnort der Erfüllungsort. Dies gilt unabhängig davon, ob er täglich nach Hause zurückkehrt und in welchem Umfang er vom Betrieb Anweisungen für die Gestaltung seiner Reisetätigkeit erhält[6].

144 Der einheitliche Erfüllungsort ist nur für (arbeits-)vertragstypische Leistungen gegeben. Daneben kann aber noch der Gerichtsstand des Arbeitsortes nach § 48 Ia gegeben sein (vgl. § 48 Rz. 83a f.).

145 **b) Niederlassung.** Der Gerichtsstand der Niederlassung nach § 21 ZPO ist ein besonderer Gerichtsstand allein für Passivklagen gegen das Unternehmen, die sich auf den Geschäftsbetrieb der Niederlassung beziehen[7]. Klagen des ArbGeb gegen den ArbN können nicht am Ort der Niederlassung erhoben werden[8], auch nicht im Wege der Widerklage.

146 Unter einer selbständigen Niederlassung iSd. § 21 ZPO ist jede von dem Geschäftsinhaber usw. an einem anderen Ort als dem seines (Wohn-)Sitzes für eine gewisse Dauer errichtete, auf seinen Namen und für seine Rechnung betriebene und idR zum selbständigen Geschäftsabschluss und Handeln berechtigte Geschäftsstelle usw. zu verstehen[9]. Für den besonderen Gerichtsstand nach § 21 ZPO ist im Arbeitsrecht notwendig, dass die Niederlassung Arbeitsverträge abschließt und hieraus ein Rechtsstreit gegeben ist. Ein Abschluss durch die Hauptverwaltung für die Niederlassung genügt insoweit nicht; allerdings kann dann der Gerichtsstand nach § 29 ZPO (Erfüllungsort) gegeben sein.

147 Auch die **internationale Zuständigkeit** kann nach den Art. 18, 19 EuGVVO begründet sein, wenn der ArbGeb im Hoheitsgebiet eines Mitgliedstaats eine **Zweigniederlassung, Agentur oder sonstige Niederlassung** hat. Voraussetzung hierfür ist, dass es einen Mittelpunkt geschäftlicher Tätigkeit gibt, der auf Dauer als Außenstelle des Stammhauses hervortritt und dort Geschäfte in dessen Namen vorgenommen werden[10].

148 **c) Unerlaubte Handlung.** Nach § 32 ZPO ist das ArbG zuständig, in dessen Bezirk die unerlaubte Handlung des ArbGeb oder ArbN begangen worden ist.

149 **d) Widerklage.** Für die Widerklage ist nach § 33 ZPO auch das Gericht zuständig, bei dem die Klage anhängig ist, wenn der Gegenanspruch mit dem in der Klage geltend gemachten Anspruch oder mit den gegen ihn vorgebrachten Verteidigungsmitteln im Zusammenhang steht. Das gilt nur dann nicht, wenn es sich um nichtvermögensrechtl. Ansprüche handelt oder wenn für die Widerklage ein ausschließlicher Gerichtsstand gegeben ist. Eine Widerklage, die sich auch gegen eine bisher am Rechts-

---

1 LAG BW 25.3.1987 – 3 Sa 67/87, NZA Beil. 2/1988, 22. || 2 BAG 20.4.2004 – 3 AZR 301/03, BAGReport 2004, 383f. || 3 BAG 19.3.1996 – 9 AZR 656/94, BAGE 82, 243; BGH 26.11.1984 – II ZR 20/84, MDR 1985, 649. || 4 BAG 20.4.2004 – 3 AZR 301/03, BAGReport 2004, 383f. || 5 BAG 3.12.1985 – 4 AZR 325/84, AP Nr. 5 zu § 1 TVG Tarifverträge Großhandel; BGH 26.11.1984 – II ZR 20/84, MDR 1985, 649; LAG Rh.-Pf. 29.11.1984 – 8 Sa 694/84, NZA 1985, 540. || 6 EuGH 9.1.1997 – Rs. C-383/95, AP Nr. 2 zu Art. 5 Brüsseler Abkommen; LAG 12.6.1986 – 2 AZR 398/85, AP Nr. 1 zu Art. 5 Brüsseler Abkommen; ganz deutlich BAG 3.11.1993 – 5 AS 20/93, AP Nr. 11 zu § 17a GVG; 23.7.1997 – 5 AS 19/87; *Müller*, BB 2002, 1094; *Schulz*, NZA 1995, 14 (16); aA *Ostrop/Zumkeller*, NZA 1994, 644; *Krasshöfer-Pidde/Molkenbur*, NZA 1988, 236 (238). || 7 BGH 7.10.1977 – I ARZ 494/77, MDR 1978, 207. || 8 Schwab/Weth/*Walker*, § 48 Rz. 122. || 9 LAG Hess. 31.7.1987 – 13 Sa 1678/86. || 10 Vgl. BAG 25.6.2013 – 3 AZR 138/11.

streit nicht beteiligte Person (Drittwiderbeklagte) richtet, begründet für die Drittwiderbeklagte keinen Gerichtsstand nach § 33 I ZPO. Die Zuständigkeit des angerufenen Gerichts bedarf dann einer Gerichtsstandsbestimmung nach § 36 Nr. 3 ZPO, wenn die Drittwiderbeklagte in ihrem allg. Gerichtsstand verklagt werden soll und sich die örtliche Zuständigkeit des angerufenen Gerichts nicht bereits aus anderen Bestimmungen ergibt[1].

e) **Benachteiligung.** Zur örtlichen Zuständigkeit in Benachteiligungsfällen findet sich in § 61b II eine Sonderregelung. **150**

f) **Mehrere Gerichtsstände.** Bei örtlicher Zuständigkeit mehrerer ArbG **kann der Kläger wählen** (§ 35 ZPO). Verklagt der ArbN den ArbGeb am Gerichtsstand des Erfüllungsortes oder des Arbeitsortes, kann er im Falle des Unterliegens nicht mit Kosten belastet werden, die dadurch entstehen, dass der ArbGeb den Rechtsstreit von dem Hauptsitz der Firma aus geführt hat[2]. Da der Kläger nach § 35 ZPO die Wahl zwischen mehreren Gerichtsständen hat, muss sich der Beklagte an jedem normierten Gerichtsstand auf die Klage einlassen und kann der Kläger nur mit solchen Kosten belastet werden, die aus der Wahrnehmung der Termine aus dem Bezirk dieses Gerichts erwachsen[3]. **151**

4. Gerichtsstandsvereinbarung. Vereinbarungen über die Zuständigkeit eines an sich örtlich unzuständigen ArbG (zB im Arbeitsvertrag) sind grds. unzulässig. Denn § 38 I ZPO lässt eine solche Gerichtsstandsvereinbarung nur zu, wenn die Vertragsparteien Kaufleute, juristische Personen des öffentl. Rechts oder öffentl.-rechtl. Sondervermögen sind. Um eine Umgehung dieses Verbots durch eine Abrede über den Erfüllungsort zu verhindern, findet sich eine dem § 38 I ZPO entsprechende Vorschrift auch in § 29 II ZPO. Auch im Prozess wird das Prorogationsverbot durch verschiedene Vorschriften gesichert (vgl. §§ 39 S. 2, 331 I 2 ZPO). Nur ausnahmsw. ist eine Gerichtsstandsvereinbarung auch im Arbeitsrecht zulässig, nämlich entweder wenn sie ausdrücklich und schriftl. getroffen wird und einer der beiden Fälle des § 38 III Nr. 1 u. 2 ZPO vorliegt oder wenn die Voraussetzungen des § 38 II ZPO gegeben sind und eine schriftl. Abrede erfolgt. Letzteres ist bspw. der Fall, wenn ein deutscher ArbN bei einem ausländischen ArbGeb tätig ist und dieser keinen allg. Gerichtsstand in der Bundesrepublik Deutschland hat[4]. **152**

2a Zuständigkeit im Beschlussverfahren

(1) Die Gerichte für Arbeitssachen sind ferner ausschließlich zuständig für

1. Angelegenheiten aus dem Betriebsverfassungsgesetz, soweit nicht für Maßnahmen nach seinen §§ 119 bis 121 die Zuständigkeit eines anderen Gerichts gegeben ist;
2. Angelegenheiten aus dem Sprecherausschussgesetz, soweit nicht für Maßnahmen nach seinen §§ 34 bis 36 die Zuständigkeit eines anderen Gerichts gegeben ist;
3. Angelegenheiten aus dem Mitbestimmungsgesetz, dem Mitbestimmungsergänzungsgesetz und dem Drittelbeteiligungsgesetz, soweit über die Wahl von Vertretern der Arbeitnehmer in den Aufsichtsrat und über ihre Abberufung mit Ausnahme der Abberufung nach § 103 Abs. 3 des Aktiengesetzes zu entscheiden ist;
3a. Angelegenheiten aus den §§ 94, 95, 139 des Neunten Buches Sozialgesetzbuch;
3b. Angelegenheiten aus dem Gesetz über Europäische Betriebsräte, soweit nicht für Maßnahmen nach seinen §§ 43 bis 45 die Zuständigkeit eines anderen Gerichts gegeben ist;
3c. Angelegenheiten aus § 51 des Berufsbildungsgesetzes;
3d. Angelegenheiten aus § 10 des Bundesfreiwilligendienstgesetzes;
3e. Angelegenheiten aus dem SE-Beteiligungsgesetz vom 22. Dezember 2004 (BGBl. I S. 3675, 3686) mit Ausnahme der §§ 45 und 46 und nach den §§ 34 bis 39 nur insoweit, als über die Wahl von Vertretern der Arbeitnehmer in das Aufsichts- oder Verwaltungsorgan sowie deren Abberufung mit Ausnahme der Abberufung nach § 103 Abs. 3 des Aktiengesetzes zu entscheiden ist;
3f. Angelegenheiten aus dem SCE-Beteiligungsgesetz vom 14. August 2006 (BGBl. I S. 1911, 1917) mit Ausnahme der §§ 47 und 48 und nach den §§ 34 bis 39 nur insoweit, als über die Wahl von Vertretern der Arbeitnehmer in das Aufsichts- oder Verwaltungsorgan sowie deren Abberufung zu entscheiden ist;
3g. Angelegenheiten aus dem Gesetz über die Mitbestimmung der Arbeitnehmer bei einer grenzüberschreitenden Verschmelzung vom 21. Dezember 2006 (BGBl. I S. 3332) mit Ausnahme der §§ 34 und 35 und nach den §§ 23 bis 28 nur insoweit, als über die Wahl von Vertretern der Arbeitnehmer in das Aufsichts- oder Verwaltungsorgan sowie deren Abberufung mit Ausnahme der Abberufung nach § 103 Abs. 3 des Aktiengesetzes zu entscheiden ist;

---

1 BGH 28.2.1991 – I ARZ 711/90, NJW 1991, 2838; BAG 16.5.1997 – 5 AS 9/97, AP Nr. 53 zu § 36 ZPO. ||2 LAG Düss. 15.5.1991 – 7 Ta 141/91, MDR 1991, 996. ||3 LAG Düss. 15.5.1991 – 7 Ta 141/91, MDR 1991, 996; LAG Köln 9.6.1983 – 10 Ta 65/83, EzA § 91 ZPO Nr. 4; vgl. auch LAG Hamm 12.1.1984 – 8 Ta 242/83, EzA § 91 ZPO Nr. 5. ||4 BAG 27.1.1983 – 2 AZR 188/81, AP Nr. 12 zu § 38 ZPO Internationale Zuständigkeit.

4. die Entscheidung über die Tariffähigkeit und die Tarifzuständigkeit einer Vereinigung.

(2) In Streitigkeiten nach diesen Vorschriften findet das Beschlussverfahren statt.

1 **I. Funktion der Norm.** Neben der Festlegung der ausschließlichen Zuständigkeit der Arbeitsgerichtsbarkeit dient die Bestimmung der Zuweisung der genannten Angelegenheiten in das arbeitsgerichtl. **Beschlussverfahren (§§ 80 ff.).** Dabei sind Urteils- und Beschlussverfahren einander ausschließende Verfahrensarten. Eine Verbindung von Streitgegenständen, die unterschiedlichen Verfahrensarten zugeordnet sind, scheidet aus.

2 **II. Die Zuständigkeiten im Beschlussverfahren. 1. Angelegenheiten aus dem BetrVG (Abs. 1 Nr. 1).** a) **Negativabgrenzungen.** Die Zuständigkeit aus Abs. 1 Nr. 1 folgt dem Geltungsbereich des BetrVG (§§ 1, 130 BetrVG). Betriebe von Körperschaften des öffentl. Rechts unterstehen den **Personalvertretungsgesetzen.** Für Konflikte aus diesen Gesetzen sind die **VerwG** zuständig (zB §§ 83, 106 BPersVG). Die Abgrenzung richtet sich danach, wie der Träger der Arbeitsorganisation verfasst ist. Eine privatrechtl. Verfassung, die Inhaberschaft durch eine **juristische Person des Privatrechts**, hat die Geltung des BetrVG und die Zuständigkeit nach § 2a auch dann zur Folge, wenn der **Betriebsinhaber** von der öffentl. Hand abhängig ist[1]. Auch ein **Gemeinschaftsbetrieb**, an dem eine juristische Person des Privatrechts und eine Körperschaft des öffentl. Rechts beteiligt sind, fällt in den Geltungsbereich des BetrVG, wenn die gemeinsame Führung auf einer privatrechtl. Vereinbarung beruht[2].

3 Auch wegen der Abhängigkeit der Zuständigkeit nach Abs. 1 Nr. 1 vom Geltungsbereich des BetrVG sind die Gerichte für Arbeitssachen – insg. – **unzuständig** für Streitigkeiten aus dem **kirchlichen Mitarbeitervertretungsrecht**, mit dem die Kirchen für ihren Bereich und ihre karitativen oder erzieherischen Einrichtungen eine Mitwirkung und Mitbest. der im kirchl. Dienst Beschäftigten verwirklichen (§ 118 BetrVG). Insoweit haben die Kirchen eine eigene mehrstufige Kirchengerichtsbarkeit geschaffen[3]. Die **Auslegung** der Dienstvereinbarung einer kirchl. Mitarbeitervertretung, die nicht normativ wirkt, kann nur als Vorfrage in einem arbeitsgerichtl. Urteilsverfahren eine Rolle spielen[4].

4 Auf Grund ausdrücklicher Anordnung sind nicht die Gerichte für Arbeitssachen, sondern die **ordentl. Gerichte** zuständig für die gerichtl. Verfahren nach den **Straf- und Bußgeldvorschriften** der §§ 119–121 BetrVG[5].

5 b) **Betriebsverfassungsrechtliche Angelegenheiten.** Die Gerichte für Arbeitssachen sind ausschließlich zuständig für die Entscheidung von Streitfragen, welche die – idR auf Grund der Bestimmungen des Betriebsverfassungsrechts und unter Beteiligung der **Organe der Betriebsverfassung** geschaffene – **betriebl. Ordnung** und die in diesem Rahmen geltend gemachten Rechte und Pflichten der Betriebsparteien betreffen[6]. Das **betriebsverfassungsrechtl. Rechtsverhältnis** muss Grundlage des Streits und seiner Entscheidung sein[7].

6 Der Rechtsweg zu den Gerichten für Arbeitssachen ist allerdings nicht nur für Streitfragen eröffnet, die im BetrVG selbst geregelt sind. Es genügt, dass es sich um eine betriebsverfassungsrechtl. Angelegenheit handelt, auch wenn sie ihre **Grundlage in einem anderen Gesetz** (zB § 17 II KSchG; § 10 II ArbSchG; § 14 AÜG; § 99 SGB III; § 93 ff. SGB IX) oder in einer **tarifvertragl. Regelung** hat[8], es also um auf tarifvertragl. Grundlage entstandene besondere ArbN-Vertretungen (§§ 3, 117 BetrVG) oder um Konflikte über Zuständigkeiten und MitbestR des BR geht, die durch die TV-Parteien modifiziert wurden (zB nach § 99 oder § 102 VI BetrVG).

7 Für die Zivilbediensteten bei den Streitkräften der **NATO-Truppen** in der Bundesrepublik Deutschland gilt das **Bundespersonalvertretungsrecht.** Gleichwohl entscheiden die deutschen **ArbG** im Beschlussverfahren auch über Streitigkeiten aus diesem Betriebsvertretungsverhältnis[9].

8 c) **Zuordnung zum Beschlussverfahren.** Die ausschließliche Zuständigkeit für betriebsverfassungsrechtl. Angelegenheiten bereitet weniger Probleme als die Festlegung, ob eine streitige Angelegenheit im Urteilsverfahren (§ 2, §§ 46 bis 79) oder im arbeitsgerichtl. Beschlussverfahren (§§ 80 ff.) durchzuführen ist. Hierüber entscheidet das prozessuale Begehren des Antragstellers/Klägers, also der **Streitgegenstand** des Verfahrens. Ist der Streitgegenstand nach § 2 I iVm. V dem arbeitsgerichtl. Urteilsverfahren zugewiesen, ändert sich daran auch dann nichts, wenn die entscheidungserhebliche Rechtsfrage aus dem Betriebsverfassungsrecht stammt, etwa die Wirksamkeit einer Kündigung nur daran hängt, ob der BR ordnungsgemäß angehört worden ist, oder der geltend gemachte Anspruch aus Annahmeverzug nur dann besteht, wenn das tatsächliche Beschäftigungsangebot unter Verstoß gegen § 87 I Nr. 2 BetrVG erfolgte[10].

---

1 BAG 3.12.1985 – 4 ABR 60/84, BAGE 50, 258. || 2 BAG 24.1.1996 – 7 ABR 10/95, BAGE 82, 112. || 3 Hierzu *Fischermeier*, RdA 2007, 193. || 4 BAG 11.11.2008 – 1 AZR 646/07, ZMV 2008, 168. || 5 Zu Verfahrensfragen dort: DKKW/*Trümner*, § 119 BetrVG Rz. 20 ff., § 120 BetrVG Rz. 18 f., § 121 BetrVG Rz. 22 ff. || 6 GK-ArbGG/ *Dörner*, § 2a Rz. 11. || 7 Zum Kostenfreistellungsanspruch nach Ende der BR-Amtszeit BAG 24.10.2001 – 7 ABR 20/00, BAGE 99, 208. || 8 BAG 22.11.2005 – 1 ABR 49/04, BAGE 116, 223. || 9 Nr. 9 des Unterzeichnungsprotokolls zu Art. 56 Abs. 9 ZA NTS; BAG 7.11.2000 – 1 ABR 55/99, NZA 2001, 1211. || 10 BAG 18.9.2002 – 1 AZR 668/01, DB 2003, 1121.

Bei der Qualifizierung des Streitgegenstandes selbst muss häufig genauer geprüft werden, weil das BetrVG auch individuelle Rechte zuweist. Die Zuordnung zu einer der beiden Verfahrensarten erfolgt danach, ob die **Grundlage** des gerichtl. ausgetragenen Streits im **BR-Amt** liegt oder unmittelbar ein **betriebsverfassungsrechtl. Rechtsverhältnis** betrifft, über das im Verhältnis zwischen den Betriebsparteien gestritten wird (Beschlussverfahren), oder ob der eigentliche Streitgegenstand im **Individualarbeitsverhältnis** liegt, das lediglich durch betriebsverfassungsrechtl. Bestimmungen näher ausgestaltet ist (zB § 37 II, IV BetrVG: Urteilsverfahren). 9

In das Beschlussverfahren gehören danach ArbGebAnträge nach § 78a IV 1 Nr. 1 und 2 BetrVG, mit denen festgestellt werden soll, dass ein ArbVerh mit einem früheren Auszubildenden, der ein betriebsverfassungsrechtl. Amt inne hatte, nicht begründet wird, oder das einmal entstandene ArbVerh mit einem solchen ArbN aufgelöst werden soll[1]. Dasselbe gilt, wenn ein ArbGeb die Feststellung begehrt, ein ArbVerh sei nicht begründet worden, weil die Voraussetzungen der **Absätze 2 und 3** des § 78a BetrVG nicht erfüllt seien[2]. Um einer einheitlichen verfahrensrechtl. Bewältigung der hier in Frage kommenden Fallkonstellationen willen sollte – entgegen der hM[3] – auch der **Antrag des Auszubildenden** auf Feststellung des Bestehens eines ArbVerh auf Grund von § 78a BetrVG als Kehrseite eines solchen Antrages im arbeitsgerichtl. Beschlussverfahren durchgeführt werden. 10

Für das **Einigungsstellenverfahren** sieht § 98 ein besonderes Beschlussverfahren zur Klärung des Streites über die Person des Vorsitzenden der Einigungsstelle und die Zahl der Beisitzer vor (§ 76 II BetrVG), für das iÜ die allg. Regeln über das arbeitsgerichtl. Beschlussverfahren gelten. In das allg. Beschlussverfahren nach §§ 80 ff. gehören Streitigkeiten über die Zuständigkeit der Einigungsstelle, das dort zu beachtende Verfahren einschl. der Behandlung eines Ablehnungsantrags gegen den Vorsitzenden wegen Befangenheit, für den das ArbG erst- und letztinstanzlich zuständig ist (§ 1036 ZPO)[4], die Wirksamkeit und Anfechtung des Einigungsstellenspruchs nach § 76 V BetrVG und den Umfang der vom ArbGeb zu tragenden Kosten der Einigungsstelle nach § 76a I BetrVG[5]. 11

Für zwei Streitigkeiten aus dem **Insolvenzverfahren** ist eine Durchführung im arbeitsgerichtl. Beschlussverfahren vorgesehen: Nach § 122 InsO kann der Insolvenzverwalter, wenn nicht innerhalb von drei Wochen ein Interessenausgleich mit dem BR vereinbart worden ist, beim ArbG die Zustimmung zur Durchführung der Betriebsänderung beantragen; über den Antrag ist unter Beteiligung des Insolvenzverwalters und des BR zu entscheiden. Der Insolvenzverwalter kann im Beschlussverfahren auch einen Antrag nach § 126 InsO verfolgen; kommt es nicht zur Vereinbarung eines Interessenausgleichs mit Namensliste der zu kündigenden ArbN nach § 125 InsO, kann er die Zustimmung zur Kündigung der im Antrag namentlich benannten ArbN beantragen, wobei an diesem Verfahren neben dem Insolvenzverwalter und dem BR auch die in der Namensliste bezeichneten ArbN einschl. der etwa schon gekündigten zu beteiligen sind[6]. 12

Die Gerichte für Arbeitssachen sind im Beschlussverfahren auch zuständig für **öffentl.-rechtl. Streitigkeiten**, wenn es darum geht, ob die oberste Arbeitsbehörde eines Landes eine **Schulungs- oder Bildungsveranstaltung** zu Recht nach § 37 VII BetrVG als geeignet anerkannt hat[7]. In einem solchen Verfahren, in dem ein Spitzenverband antragsbefugt sein kann, ist die oberste Arbeitsbehörde des Landes Beteiligte. 13

Die ArbG müssen auch im arbeitsgerichtl. Beschlussverfahren entscheiden, wenn es um **Rechte der Verbände**, insb. der **im Betrieb vertretenen** Gewerkschaften, geht, die ihnen im Rahmen der Betriebsverfassung zugewiesen sind (zB Zutrittsrecht[8], Teilnahmerechte an Betriebsversammlungen und Sitzungen des Wirtschaftsausschusses). 14

Das arbeitsgerichtl. Beschlussverfahren ist auch dann die richtige Verfahrensart, wenn Inhalt, Wirkung und Wirksamkeit sowie Umsetzbarkeit einer von den Betriebsparteien oder die von der Einigungsstelle geschaffenen oder von ihnen zumindest zu verantwortenden **betriebl. Ordnung** infrage stehen. Hierzu gehören Anträge des BR oder des ArbGeb auf Feststellung der Unwirksamkeit einer **BV** oder eines **Einigungsstellenspruchs**, sowie Verfahren, in denen die Betriebsparteien darüber streiten, inwieweit eine vorangegangene betriebl. Ordnung auf der Grundlage einer BV oder Gesamtzusage/betriebl. Übung durch eine neue BV anders als beabsichtigt nicht oder nur eingeschränkt abgelöst worden ist[9]. Dasselbe gilt für einen Streit der Betriebspartner darüber, welche Wirkung die Kündigung einer BV hat und in welchem Umfang diese noch fortgilt[10]. Auch Anträge, mit denen die Betriebsparteien den zwischen ihnen umstrittenen Inhalt einer BV klären lassen wollen, gehören hierher. Dazu, Individual- 15

---

1 BAG 12.11.1997 – 7 ABR 73/96, BAGE 87, 110. || 2 BAG 11.1.1995 – 7 AZR 574/94, NZA 1995, 647. || 3 GK-ArbGG/*Dörner*, § 2a Rz. 47; GMP/*Matthes/Schlewing*, § 2a Rz. 52 mwN; BAG 22.9.1983 – 6 AZR 323/81, NZA 1984, 45. || 4 BAG 17.11.2010 – 7 ABR 100/09, NZA 2011, 940; krit. dazu *Deeg*, RdA 2011, 221; zum Verfahren auch *I. Schmidt*, JbArbR Bd. 40 (2003), S. 121, 123 ff.; *Eisemann*, FS 25 Jahre Arbeitsgemeinschaft Arbeitsrecht, 2006, S. 837 ff. || 5 BAG 27.7.1994 – 7 ABR 10/93, BAGE 77, 273. || 6 BAG 29.6.2000 – 8 ABR 44/99, BAGE 95, 197. || 7 BAG 11.8.1993 – 7 ABR 52/92, BAGE 74, 72. || 8 Anders, wenn eine nicht tariffähige Organisation – ggü. dem ArbGeb! – ein Zutrittsrecht zu Werbezwecken verfolgt: BAG 22.5.2012 – 1 ABR 11/11, NZA 2012, 1176. || 9 BAG 17.6.2003 – 3 ABR 43/02, BAGE 106, 301 (307). || 10 BAG 17.8.1999 – 3 ABR 55/98, NZA 2000, 498.

rechte aus der richtig verstandenen BV zu verfolgen, ist der BR aber nicht befugt[1], wobei es hier einer sorgfältigen Abgrenzung zur im Beschlussverfahren **zulässigen** Verfolgung eines **Durchführungsanspruchs** bedarf[2]. Das Beschlussverfahren ist die richtige Verfahrensart, wenn eine Gewerkschaft oder ein ArbGebVerband eine von den Betriebsparteien in Form einer BV geschaffene oder von ihnen auf der Grundlage einer Regelungsabsprache oder eines abgestimmten Verhaltens zu verantwortende betriebl. Ordnung wegen Verstoßes gegen höherrangiges, zB tarifliches Recht angreifen, indem sie deren Nichtigkeit festzustellen oder deren Durchführung zu unterlassen beantragen. Deshalb ist das Beschlussverfahren für den **Unterlassungsantrag einer Gewerkschaft**, der sich **gegen tarifwidrige betriebl. „Bündnisse für Arbeit"** unter Beteiligung des BR die zutreffende Verfahrensart[3]. Die **Antragsbefugnis** der Gewerkschaft ist in einem solchen Fall aus **Art. 9 III GG** herzuleiten[4]. Aus dieser Begründung ergibt sich zugleich, dass die Gewerkschaft den Unterlassungsanspruch im Urteilsverfahren durchsetzen muss, wenn der tarifgebundene ArbGeb versucht, tarifwidrige Arbeitsbedingungen ohne Mitwirkung des BR betriebseinheitlich durchzusetzen; hier geht es nur um die Durchsetzung der Koalitionsbetätigungsfreiheit ohne Bezug zu einem betriebsverfassungsrechtl. Rechtsverhältnis.

16   2. **Sonstige Zuständigkeiten im Beschlussverfahren nach Abs. 1 Nr. 2 bis 3g.** Eine geringere praktische Bedeutung als Abs. 1 Nr. 1 haben die in Nr. 2–3g aufgelisteten sonstigen ausschließlichen Zuständigkeiten für im Beschlussverfahren durchzuführende kollektivrechtl. Streitigkeiten.

17   Es sind dies nach **Nr. 2** Auseinandersetzungen über die Bildung von **SprAu**, die **Rechtsstellung** ihrer Mitglieder sowie die **Beteiligungsrechte** der SprAu. Im Zusammenhang mit der Feststellung der Wahlberechtigung und der Wählbarkeit sowie der Festlegung des Kreises der Personen, für die der SprAu Mitwirkungsbefugnisse hat, ist im Beschlussverfahren auch darüber zu entscheiden, ob ein ArbN oder eine Gruppe von ArbN den **Status** leitender Angestellter haben.

18   In **Nr. 3** geht es insb. um Rechtsstreitigkeiten über die **Anfechtung** und **Nichtigkeit** der **Wahl** der ArbN-Vertreter zum **Aufsichtsrat** nach den dort aufgezählten Mitbestimmungsgesetzen. Hierzu gehört **nicht** die Wahl der ArbN-Vertreter nach dem **Montan-MitbestG**. Die ArbN-Vertreter werden von der Hauptversammlung der Anteilseigner gewählt. Die Anfechtung dieser Wahl richtet sich nach §§ 250 ff. AktG. Es entscheiden die **ordentl. Gerichte**. Sie sind auch zuständig für die Abberufung von ArbN-Vertretern im Aufsichtsrat nach § 103 III AktG sowie bei Streitigkeiten, die sich aus der Rechtsstellung der ArbN-Vertreter im Aufsichtsrat ergeben.

19   **Nr. 3a** legt die Zuständigkeit und die Verfahrensart für streitige Angelegenheiten der **Schwerbehindertenvertretung** (§§ 94, 95 SGB IX) und der **Werkstatträte** (§ 139 SGB IX) umfassend fest[5]. Die Gerichte für Arbeitssachen sind deshalb für die Entscheidung in Angelegenheiten der Schwerbehindertenvertretung auch dann zuständig, wenn es um die Schwerbehindertenvertretung in einer Dienststelle der öffentl. Verwaltung geht[6]. In entsprechender Anwendung von Nr. 3a ist das arbeitsgerichtl. Beschlussverfahren stets ausschließlich eröffnet, wenn um Normen des Schwerbehindertenvertretungsrechts gestritten wird, die kollektiven Bezug haben; hierzu gehört auch der Streit über die Wirksamkeit der Wahl zur Gesamtschwerbehindertenvertretung[7].

20   Außer in Straf- und Bußgeldsachen entscheiden die ArbG auch in Angelegenheiten der **EBR** (**Nr. 3b**), insb. über den Umfang von **Auskunftsansprüchen** im Zusammenhang mit der Bildung von EBR zur Effektuierung der in der EWG-RL 95/45 verfolgten Ziele[8], oder wenn es um die Bestellung der inländischen ArbN-Vertreter geht[9].

21   **Auszubildende**, die ihre praktische Berufsausbildung **außerhalb** der schulischen und **betriebl. Berufsbildung** erhalten, sind regelmäßig keine ArbN. Sie können nicht zu einem BR wählen[10]. Für diesen Personenkreis besteht nach § 51 BBiG eine **eigene Interessenvertretung, die parteifähig (§ 10 S. 1 Hs. 2) und am Beschlussverfahren zu beteiligen (§ 83 III) ist**. Streitigkeiten, die dieses Vertretungsorgan betreffen, sind nach **Nr. 3c** der Zuständigkeit der ArbG im Beschlussverfahren zugewiesen. Entsprechendes gilt nach **Nr. 3d** für Streitigkeiten, welche die nach § 10 BFDG v. 28.4.2011[11] von den für das Allgemeinwohl engagierten Freiwilligen zur Interessenwahrnehmung zu wählenden Sprecherinnen und Sprecher betreffen.

21a   Für Angelegenheiten aus dem Gesetz über die Beteiligung der Arbeitnehmer in einer **Europäischen Gesellschaft** sind die ArbG zuständig mit den folgenden Ausnahmen: Keine Zuständigkeit besteht für Straf- und Bußgeldangelegenheiten (§§ 45, 46 SEBG) sowie für die in §§ 34–39 SEBG aufgeführten Mitbestimmungsangelegenheiten, soweit dort nicht über die Wahl von ArbN-Vertretern in das Aufsichts- oder Verwaltungsorgan und deren Abberufung zu entscheiden ist; über die Abberufung haben die ArbG dann nicht zu befinden, wenn es um eine Abberufung aus in der Person des Vertreters liegendem

---

1 BAG 18.1.2005 – 3 ABR 21/04, NZA 2006, 167. ||2 BAG 22.1.2013 – 1 ABR 92/11, DB 2013, 1184. ||3 BAG 13.3.2001 – 1 AZB 19/00, AP Nr. 17 zu § 2a ArbGG 1979 m. abl. Anm. *Reuter* = SAE 2002, 287 m. Anm. *Leipold*. ||4 Ebenso *Leipold*, SAE 2002, 292. ||5 BAG 16.4.2003 – 7 ABR 27/02, NZA 2003, 1105. ||6 BAG 11.11.2003 – 7 AZB 40/03, NZA-RR 2004, 657; 30.3.2010 – 7 AZB 32/09, NZA 2010, 668. ||7 BAG 22.3.2012 – 7 AZB 51/11, NZA 2012, 690. ||8 BAG 27.6.2000 – 1 ABR 32/99 (A), NZA 2000, 1330. ||9 BAG 18.4.2007 – 7 ABR 30/06, NZA 2007, 1375. ||10 BAG 12.9.1996 – 7 ABR 61/95, NZA 1997, 273. ||11 BGBl. I S. 687.

wichtigen Grund geht (§ 103 III AktG). Soweit hiernach eine Zuständigkeit der ArbG nicht besteht, entscheiden die ordentl. Gerichte.

Die Gerichte für Arbeitssachen haben weiter im Beschlussverfahren zu entscheiden über Streitigkeiten aus dem Gesetz über die Beteiligung der Arbeitnehmer und Arbeitnehmerinnen in einer Europäischen Genossenschaft (SCEBG) mit Ausnahme der dort in §§ 47, 48 genannten Straf- und Bußgeldangelegenheiten; die Rechtslage ist hier ähnlich wie im SEBG (oben Rz. 21a). Entsprechendes gilt für Streitigkeiten aus dem Gesetz über die Mitbestimmung der Arbeitnehmer bei einer grenzüberschreitenden Verschmelzung (MgVG), wobei hier im Einzelfall vorab die Zuständigkeit der nationalen Gerichtsbarkeit nach den allg. Regeln zu klären ist[1]. 21b

3. Entscheidungen über Tariffähigkeit und Tarifzuständigkeit (Nr. 4). Für Entscheidungen über die Tariffähigkeit und die Tarifzuständigkeit einer Vereinigung sind die ArbG zuständig, wobei § 97 hierfür **besondere Verfahrensregeln** enthält (vgl. die Erl. zu § 97). So muss die Frage nach der Tariffähigkeit oder der Tarifzuständigkeit einer Vereinigung stets in einem **gesonderten gerichtl. Beschlussverfahren** geklärt werden. Sie kann **nicht als Vorfrage** in einem anderen gerichtl. Verfahren beantwortet werden. Kommt es auf die Antwort an, muss das andere Verfahren bis zur Durchführung eines Beschlussverfahrens über die Tariffähigkeit oder Tarifzuständigkeit einer Vereinigung ausgesetzt werden (§ 97 V)[2], es sei denn, an deren Vorliegen bestehen keine ernstlichen Zweifel. 22

Bei der Entscheidung über die **Tariffähigkeit** geht es um die Feststellung, ob eine **Vereinigung** fähig ist, Partei eines TV zu sein, ob es sich also um eine Gewerkschaft, eine Vereinigung von ArbGeb iSv. § 2 I TVG oder einen tariffähigen Spitzenverband handelt. Das Gesetz spricht in diesem Zusammenhang die **Tariffähigkeit des einzelnen ArbGeb** bewusst nicht an. Hier sind keine übergeordneten ordnungspolitischen Interessen betroffen. Deshalb ist die Auffassung abzulehnen, es müsse auch insoweit ein – vorrangiges! – Beschlussverfahren nach §§ 2a I Nr. 4, 97 durchgeführt werden, etwa dann, wenn ein ArbGeb seine Tariffähigkeit und damit auch die Zulässigkeit, ihn zu bestreiken, unter Hinweis darauf infrage stellt, er sei Mitglied eines ArbGebVerbandes und deshalb nicht mehr individuell tariffähig[3]. 23

Entscheidungen über die **Tarifzuständigkeit** betreffen die Befugnis eines tariffähigen Verbandes, TV mit einem bestimmten **Geltungsbereich** abzuschließen. Dabei bestimmt sich die Tarifzuständigkeit grds. nach der **Satzung** der betreffenden Vereinigung. Streiten mehrere **DGB-Gewerkschaften** um ihre Tarifzuständigkeit für denselben Betrieb oder dasselbe Unternehmen, ist dieser Konflikt grds. nach § 16 DGB-Satzung durch eine beim DGB angesiedelte **Schiedsstelle** verbindlich sowohl für die streitenden Gewerkschaften, als auch für die betroffene ArbGebSeite zu entscheiden. Nach einer solchen Entscheidung der Schiedsstelle besteht nur noch eine **eingeschränkte Prüfungskompetenz** der ArbG im Beschlussverfahren nach §§ 2a I Nr. 4, 97[4]. 24

III. Entscheidung über die richtige Verfahrensart. Der **Antragsteller/Kläger gibt** durch seine Antrags-/Klageschrift zunächst vor, ob der von ihm eingereichte Antrag im Urteils- oder im Beschlussverfahren behandelt wird. Die Sache ist dementsprechend in das Register des ArbG einzutragen, dem nach dem Geschäftsverteilungsplan zuständigen Kammer zuzuteilen und zunächst in der gewählten Verfahrensart zu behandeln. 25

Ist die Angelegenheit der **materiell unrichtigen Verfahrensart** zugeordnet worden, hat das Gericht durch Beschluss nach §§ 48 I, 80 III ArbGG, § 17a II GVG analog vorab von Amts wegen die Unzulässigkeit der gewählten Verfahrensart festzustellen und die Sache in die richtige Verfahrensart zu verweisen[5]. Nach einer entsprechenden Neueintragung in die Register ist die Spruchkörper-Zuständigkeit nach dem Geschäftsverteilungsplan neu festzustellen. 26

Hält das ArbG die gewählte Verfahrensart für zulässig, kann es dies vorab aussprechen; es muss dies tun, wenn ein Beteiligter die gewählte Verfahrensart rügt (§ 17a III GVG)[6]. Gegen Entscheidungen nach § 17a II und III GVG stehen die in § 17a IV 3-5 GVG beschriebenen **Beschwerdemöglichkeiten** zur Verfügung. Das LAG kann die Rechtsbeschwerde gegen seine Entscheidung zulassen. Eine Beschwerde gegen die Nichtzulassung der Rechtsbeschwerde durch das LAG nach § 17a IV 3 GVG findet nicht statt[7]. 27

3 *Zuständigkeit in sonstigen Fällen*
Die in den §§ 2 und 2a begründete Zuständigkeit besteht auch in den Fällen, in denen der Rechtsstreit durch einen Rechtsnachfolger oder durch eine Person geführt wird, die kraft Gesetzes an Stelle des sachlich Berechtigten oder Verpflichteten hierzu befugt ist.

---

1 Zu den in Nr. 3d-f aF (jetzt: 3e-g) geregelten Bereichen vgl. *Kisker*, RdA 2006, 207 ff.; zur örtl. Zuständigkeit § 82 III-V. ‖ 2 Zum Kreis der Antragsbefugten BAG 29.6.2004 – 1 ABR 14/03, NZA 2004, 1236. ‖ 3 Richtig BAG 10.12.2002 – 1 AZR 96/02, BAGE 104, 155 (160): die Feststellung, dass ein ArbGeb durch den Beitritt zu einem ArbGebVerband seine individuelle Tariffähigkeit nicht verliert, wurde in Beantwortung einer Vorfrage getroffen; aA GK-ArbGG/*Dörner*, § 2a Rz. 78; GMP/*Matthes/Schlewing*, § 2a Rz. 83. ‖ 4 Vgl. hierzu BAG 25.9.1996 – 1 ABR 4/96, BAGE 84, 166. ‖ 5 GMP/*Matthes/Schlewing*, § 2a Rz. 96 ff.; Schwab/Weth/*Walker*, § 2a Rz. 118 ff. ‖ 6 Vgl. BAG 13.3.2001 – 1 AZB 19/00, BAGE 97, 167. ‖ 7 BAG 19.12.2002 – 5 AZB 54/02, BAGE 104, 239.

ArbGG § 3 Rz. 1

1 I. Zuständigkeit bei Rechtsnachfolge. Die ausschließliche Zuständigkeit der Gerichte für Arbeitssachen nach den §§ 2 und 2a besteht auch für Rechtsstreitigkeiten, an denen Personen beteiligt sind, die nicht selbst Arbeitsvertragspartei gewesen sind, sondern als **Rechtsnachfolger auf ArbGeb- oder ArbN-Seite** auftreten. Zur Begründung dieser Zuständigkeit reicht die Behauptung der Rechtsnachfolge aus[1]. Ob sie tatsächlich vorliegt, ist eine Frage der Begründetheit der Klage.

2 1. Gesetzliche Rechtsnachfolge. Erfasst wird die Einzel- und Gesamtrechtsnachfolge, gleich auf welcher Seite. Zur Einzelrechtsnachfolge kommt es in den **Fällen des gesetzl. Forderungsübergangs**, zB nach den §§ 426 II und 774 BGB, 6 EFZG, 9 II BetrAVG sowie § 115 SGB X. Die Zuständigkeit der Gerichte für Arbeitssachen besteht daher auch für eine auf § 115 X SGB gestützte Klage der BA gegen den ArbN auf Zustimmung zur Auszahlung des vom ArbGeb hinterlegten Abfindungsbetrages wegen der Gewährung von Alg[2]. Nicht um übergegangene arbeitsrechtl. Forderungen handelt es sich dagegen bei den originären Rückgriffsansprüchen der Berufsgenossenschaft nach den §§ 110, 111 SGB VII, die in die Zuständigkeit der SG fallen. Bei Rückgriffsansprüchen von Versicherungsunternehmen gegen ArbN ist entscheidend, ob es sich um übergegangene Ansprüche des ArbGeb oder von Dritten (zB des Leasinggebers) handelt[3].

3 Ein Rechtsnachfolger besonderer Art ist auch der **Pfändungsgläubiger**, dem eine Forderung nach den §§ 829, 835 ZPO zur Einziehung überwiesen worden ist. Er tritt bei der sog. **Drittschuldnerklage** an die Stelle des Forderungsinhabers, so dass die gepfändete Vergütungsforderung des Schuldners gegen den ArbGeb als Drittschuldner vor den ArbG einzuklagen ist. Gleiches gilt für den nach § 850h ZPO fingierten Arbeitsentgeltanspruch[4]. Für Klagen des Pfändungsgläubigers auf Auskunft und Schadensersatz nach § 840 I und II ZPO sind dagegen die ordentl. Gerichte zuständig, soweit sie nicht im Wege der Zusammenhangsklage nach § 2 III verfolgt werden[5].

4 Eine **Gesamtrechtsnachfolge** findet statt vor allem beim **Erbfall** nach § 1922 BGB, bei der **Verschmelzung** von Kapitalgesellschaften nach den §§ 2 ff. UmwG und bei den übrigen **Umwandlungen** nach dem UmwG (Spaltung, Vermögensübertragung, Formwechsel). Die Gerichte für Arbeitssachen sind auch für solche Ansprüche zuständig, die erst nach dem Erbfall in der Person des Erben entstehen, aber ihren Ursprung in dem ArbVerh des Erblassers haben[6]. Ferner ist auch für die Geltendmachung von Schadensersatzansprüchen aus unerlaubter Handlung durch den ArbN gegen den **Insolvenzverwalter** der Rechtsweg zu den Gerichten für Arbeitssachen eröffnet, weil der Insolvenzverwalter kraft Gesetzes mit Eröffnung des Insolvenzverfahrens alle Rechte und Pflichten übernimmt, die sich aus der ArbGeb-Stellung der Gemeinschuldnerin ergeben[7]. Streitig, aber unter dem Aspekt der Rechtsnachfolge zu bejahen ist die Zuständigkeit für eine Anfechtungsklage des Insolvenzverwalters nach §§ 129 ff. InsO wegen Rückzahlung vor Insolvenzeröffnung geleisteter Vergütung an den ArbN[8]. Die Gerichte für Arbeitssachen sind jedenfalls ausschließlich zuständig für eine vom ArbN gegen den Insolvenzverwalter erhobene leugnende Feststellungsklage[9].

5 2. Vertragliche Rechtsnachfolge. Zu einer vertragl. Rechtsnachfolge kommt es im Fall der **Abtretung** arbeitsrechtl. Ansprüche nach § 398 BGB, ferner in den Fällen der **Schuldübernahme** oder des Schuldbeitritts nach den §§ 414 ff. BGB und der **Firmenfortführung** oder des Eintritts eines Gesellschafters in das Geschäft eines Einzelkaufmanns nach den §§ 25, 28 HGB. Bei einer Betriebsübernahme nach § 613a BGB wird der Erwerber selbst ArbGeb, so dass die Zuständigkeit der ArbG schon nach § 2 begründet ist.

6 Der Begriff „Rechtsnachfolge" ist weit auszulegen[10]. Rechtsnachfolger ist daher auch der vollmachtlose Vertreter, der auf die Erfüllung von Ansprüchen aus dem ArbVerh oder auf Schadensersatz für solche Forderungen nach § 179 BGB in Anspruch genommen wird[11]. Gleiches gilt für die persönliche Inanspruchnahme des Insolvenzverwalters nach den §§ 60, 61 InsO für von ihm begründete arbeitsrechtl. Ansprüche[12] und die Inanspruchnahme persönlich haftender Gesellschafter bzw. Organvertreter des ArbGeb[13] oder Fälle der gesellschaftsrechtl. Durchgriffshaftung[14].

---

1 Vgl. Düwell/Lipke/*Krasshöfer*, § 3 Rz. 1; ErfK/*Koch*, § 3 ArbGG Rz. 1; Schwab/Weth/*Walker*, § 3 Rz. 31. ‖ 2 BAG 12.6.1997 – 9 AZB 5/97, EzA § 2 ArbGG 1979 Nr. 38.   ‖ 3 BAG 7.7.2009 – 5 AZB 8/09; LG Nürnberg-Fürth 21.11.2011 – 8 O 4916/11.   ‖ 4 Vgl. LAG Köln 9.11.2011 – 6 Ta 323/11; ArbG Passau 26.6.2006 – 2 Ca 185/06 D, NZA-RR 2006, 541.   ‖ 5 BAG 31.10.1984 – 4 AZR 535/82, EzA § 840 ZPO Nr. 1; 6.5.1990 – 4 AZR 56/90, EzA § 840 ZPO Nr. 3; LAG Köln 17.11.1989 – 9 Sa 906/89, LAGE § 12a ArbGG 1979 Nr. 14.   ‖ 6 BAG 7.10.1981 – 4 AZR 173/81, AP Nr. 1 zu § 48 ArbGG 1979.   ‖ 7 LAG Berlin 6.12.2002 – 9 Ta 1726/02, NZA 2003, 630.   ‖ 8 Einerseits BAG 27.2.2008 – 5 AZB 43/07; 15.7.2009 – GmS-OGB 1/09; andererseits BGH 2.4.2009 – IX ZB 182/08. ‖ 9 BAG 31.3.2009 – 5 AZB 98/08.   ‖ 10 Vgl. BGH 14.7.2011 – II ZB 75/10; BAG 31.3.2009 – 5 AZB 98/08; OLG Köln 2.3.2005 – 24 W 2/05, OLGReport 2005, 685; LAG München 19.1.2009 – 11 Ta 356/07.   ‖ 11 BGH 7.4.2003 – 5 AZB 2/03; anders im Fall des bloßen Mittlers BAG 27.8.2008 – 5 AZB 71/08.   ‖ 12 BGH 16.11.2006 – IX ZB 57/06, ZIP 2007, 94; BAG 9.7.2003 – 5 AZB 34/03, EzA § 3 ArbGG 1979 Nr. 5; LAG Nürnberg 29.3.2004 – 5 Ta 153/03, NZA-RR 2005, 214; LAG Hess. 15.8.2006 – 8 Ta 200/06, NZA-RR 2007, 218.   ‖ 13 Vgl. LAG Hamm 6.10.2005 – 2 Ta 899/04, NZA-RR 2005, 658; ArbG Düss. 23.6.2004 – 10 Ca 1430/04, NZA 2004, 1181; ArbG Münster 2.9.2004 – 3 Ca 563/04, NZA 2005, 182.   ‖ 14 Vgl. KG Berlin v. 7.12.2004 – 5 W 153/04, DB 2005, 732.

II. Prozessstandschaft. Der Rechtsweg zu den Gerichten für Arbeitssachen ist auch gegeben, wenn 7
der Rechtsstreit durch eine Person geführt wird, die kraft Gesetzes anstelle des sachlich Berechtigten
oder Verpflichteten hierzu befugt ist. Dabei kann es sich insb. um den vorläufigen oder endgültigen
Insolvenzverwalter, den Nachlassverwalter, den Testamentsvollstrecker, den **Zwangsverwalter** oder
die Bundesrepublik Deutschland als Prozessstandschafter für die Stationierungsstreitkräfte nach
Art. 56 VIII ZA NTS handeln. Die ArbG bleiben auch bei Streitigkeiten über den Rang von Insolvenzforderungen jedenfalls dann zuständig, wenn der Rechtsstreit bereits vor der Eröffnung des Insolvenzverfahrens anhängig war. Dies folgt aus § 180 II InsO.

Die Vorschrift erfasst schließlich über ihren Wortlaut hinaus auch die **gewillkürte Prozessstandschaft**. 8
Insoweit kann nichts anderes als bei der rechtsgeschäftl. Rechtsnachfolge wie im Fall der Abtretung
gelten. Davon zu unterscheiden ist die Frage, ob die Ermächtigung zur Prozessführung im Einzelfall zulässig ist. Voraussetzung dafür ist ein schützenswertes Interesse, das fremde Recht im eigenen Namen
gerichtlich geltend zu machen[1]. Verneint das ArbG die Wirksamkeit der Prozessführungsermächtigung,
hat es die Klage als unzulässig abzuweisen.

4 Ausschluss der Arbeitsgerichtsbarkeit
In den Fällen des § 2 Abs. 1 und 2 kann die Arbeitsgerichtsbarkeit nach Maßgabe der §§ 101 bis 110 ausgeschlossen werden.

Die Vorschrift betont und verstärkt die Ausschließlichkeitsregelung des § 2 I u. II. Sie soll sicherstel- 1
len, dass die Durchsetzung des materiellen Arbeitsrechts den dafür zuständigen Gerichten für Arbeitssachen vorbehalten bleibt[2]. Unzulässig wäre etwa der generelle Ausschluss der gerichtl. Entscheidung
durch vertragl. Vereinbarung oder auch die Abrede der Zuständigkeit eines staatl. Gerichts eines anderen Rechtsweges[3].

Lediglich in den Grenzen der §§ 101–110 kann die Arbeitsgerichtsbarkeit durch die Tarifparteien allg. 2
oder für den Einzelfall ausgeschlossen werden, wenn die Entscheidung durch ein Schiedsgericht erfolgen soll (vgl. § 101 Rz. 7 ff.). Die Befugnis zum Abschluss einer solchen Schiedsvereinbarung steht **allein
den Tarifparteien**, nicht auch den Betriebsparteien zu. Daher kann in einem Sozialplan nicht vereinbart werden, dass Meinungsverschiedenheiten zwischen ArbGeb und ArbN aus der Anwendung des Sozialplans durch einen verbindlichen Spruch der Einigungsstelle entschieden werden sollen[4].

Wie die Bezugnahme auf § 2 I u. II deutlich macht, wird die ausschließliche Zuständigkeit der Gerichte 3
für Arbeitssachen im Beschlussverfahren nach § 2a nicht erfasst. Die Zulässigkeit einer Schiedsabrede
beschränkt sich daher auf Streitgegenstände des Urteilsverfahrens. Für die Materie des Betriebsverfassungsrechts kommt sie nicht in Betracht: Der Ausschluss des Rechtsweges zu den ArbG kann auch
nicht durch die Festlegung der Verbindlichkeit des Einigungsstellenspruchs erreicht werden[5].

5 Begriff des Arbeitnehmers
(1) Arbeitnehmer im Sinne dieses Gesetzes sind Arbeiter und Angestellte sowie die zu ihrer Berufsausbildung Beschäftigten. Als Arbeitnehmer gelten auch die in Heimarbeit Beschäftigten und die ihnen Gleichgestellten (§ 1 des Heimarbeitsgesetzes vom 14. März 1951 – Bundesgesetzbl. I S. 191 –) sowie sonstige Personen, die wegen ihrer wirtschaftlichen Unselbständigkeit als arbeitnehmerähnliche Personen anzusehen sind. Als Arbeitnehmer gelten nicht in Betrieben einer juristischen Person oder einer Personengesamtheit Personen, die kraft Gesetzes, Satzung oder Gesellschaftsvertrags allein oder als Mitglieder des Vertretungsorgans zur Vertretung der juristischen Person oder der Personengesamtheit berufen sind.

(2) Beamte sind als solche keine Arbeitnehmer.

(3) Handelsvertreter gelten nur dann als Arbeitnehmer im Sinne dieses Gesetzes, wenn sie zu dem Personenkreis gehören, für den nach § 92a des Handelsgesetzbuchs die untere Grenze der vertraglichen Leistungen des Unternehmers festgesetzt werden kann, und wenn sie während der letzten sechs Monate des Vertragsverhältnisses, bei kürzerer Vertragsdauer während dieser, im Durchschnitt monatlich nicht mehr als 1000 Euro auf Grund des Vertragsverhältnisses an Vergütung einschließlich Provision und Ersatz für im regelmäßigen Geschäftsbetrieb entstandene Aufwendungen bezogen haben. Das Bundesministerium für Arbeit und Soziales und das Bundesministerium der Justiz können im Einvernehmen mit dem Bundesministerium für Wirtschaft und Technologie die in Satz 1 bestimmte Vergütungsgrenze durch Rechtsverordnung, die nicht der Zustimmung des Bundesrates bedarf, den jeweiligen Lohn- und Preisverhältnissen anpassen.

---

1 Vgl. BAG 12.4.1983 – 3 AZR 607/80, EzA § 9 BetrAVG Nr. 1; BSG 29.11.1988 – 11/7 RAr 79/87, BSGE 64, 199.
|| 2 Vgl. BAG 14.1.2004 – 4 AZR 581/02, NZA-RR 2004, 590. || 3 Vgl. GMP/*Germelmann*, § 4 Rz. 3. || 4 BAG
27.10.1987 – 1 AZR 80/86, NZA 1988, 207 (208); LAG Düss. 27.1.2009 – 17 Sa 1244/08. || 5 Vgl. BAG 20.11.1990 – 1
ABR 45/89, AP Nr. 43 zu § 76 BetrVG 1972.

ArbGG § 5 Rz. 1 — Begriff des Arbeitnehmers

1 **I. Arbeitnehmer iSd. Gesetzes.** Die Vorschrift bestimmt, wer ArbN iSd. ArbGG ist und damit den Rechtsweg zu den Gerichten für Arbeitssachen beschreiten kann. Da der Begriff des ArbN nicht näher definiert wird, muss der **allgemeine arbeitsrechtl. ArbN-Begriff** zugrunde gelegt werden. Danach ist ArbN, wer seine auf Grund eines privatrechtl. Schuldverhältnisses geschuldete Leistung in persönlicher Abhängigkeit **im Rahmen einer fremden Arbeitsorganisation** erbringt. Dabei ist für die häufig erforderliche Abgrenzung zum Rechtsverhältnis eines freien Mitarbeiters der Grad der persönlichen Abhängigkeit und die mit der Eingliederung in eine fremde Arbeitsorganisation verbundene **Weisungsgebundenheit** maßgeblich[1]. Dies allein genügt jedoch für die ArbN-Eigenschaft nicht. Voraussetzung ist vielmehr auch, dass die Dienste **auf Grund eines privatrechtl. Arbeitsverhältnisses** erbracht werden. Dieses wird idR durch einen Arbeitsvertrag begründet, kann aber ausnahmsw. auch durch Gesetz wie zB nach § 10 I AÜG oder nach § 78a II 1 BetrVG zustande kommen[2].

2 **1. Arbeiter und Angestellte.** ArbN sind daher zunächst Arbeiter und Angestellte, wobei die genaue Zuordnung zu einer dieser Gruppen für die Rechtswegzuständigkeit keine Rolle spielt. Die ArbN-Eigenschaft ist nach Maßgabe der o.g. Kriterien festzustellen[3]. Dabei sind die Umstände der Arbeitsleistung für die Abgrenzung entscheidend, nicht etwa die Modalitäten der Entgeltzahlung oder andere formelle Merkmale wie die Abführung von Steuern und SozV-Beiträgen[4]. Es kommt auch nicht darauf an, wie die Parteien das Vertragsverhältnis bezeichnen. Durch Parteivereinbarung kann die Bewertung einer Vertragsbeziehung als ArbVerh nicht abbedungen werden. Wenn Vertragsgestaltung und praktische Handhabung auseinander fallen, ist die praktische Durchführung des Vertragsverhältnisses entscheidend[5]. Nur in Zweifelsfällen, in denen auf Grund der tatsächlichen Umstände keine eindeutige Zuordnung möglich ist, ist der Wille der Parteien ausschlaggebend[6].

3 **Kein ArbN,** sondern selbständig und allenfalls arbeitnehmerähnlich ist nach der gesetzl. Wertung des § 84 I 2 HGB, wer im Wesentlichen frei seine Tätigkeit gestalten und seine Arbeitszeit bestimmen kann. Der Abstufung liegt also insg. ein dreigeteiltes System zugrunde, das zwischen ArbN, arbeitnehmerähnlichen Personen und Selbständigen unterscheidet[7]. Wer vertragl. geschuldete Leistungen nicht persönlich zu erbringen hat, sondern Hilfskräfte einstellen kann, die er selbst entlohnt, ist selbständiger Unternehmer[8].

4 **ArbGeb iSd. ArbGG** ist jeder, der einen ArbN beschäftigt. Während ArbN nur eine natürliche Person sein kann, handelt es sich beim ArbGeb vielfach auch um eine juristische Person.

5 **2. Auszubildende.** ArbN sind auch die zu ihrer Berufsausbildung Beschäftigten. Erfasst werden alle Bereiche der Berufsbildung nach § 1 I BBiG[9]. Ausschlaggebend für die Stellung als „Beschäftigter" ist weder der Lernort noch die Lehrmethode, sondern der Inhalt des Ausbildungsvertrages. Auch Auszubildende in berufsbildenden Schulen und „sonstigen Berufsbildungseinrichtungen" iSv. § 1 V BBiG können daher „zu ihrer Berufsausbildung Beschäftigte" nach § 5 I 1 sein[10].

6 Zur Berufsausbildung in diesem weiten Sinn gehört jede Maßnahme, die berufliche Kenntnisse und Fähigkeiten auf betriebl. Ebene **auf Grund eines privatrechtl. Vertrages** vermittelt[11]. Ob der Auszubildende eine Vergütung erhält, ist unerheblich[12]. Die Zuständigkeit der ArbG erstreckt sich daher auch auf **Umschüler** und **Teilnehmer an berufsvorbereitenden Maßnahmen**[13], **Anlernlinge, Praktikanten und Volontäre**, soweit sie zur Arbeitsleistung verpflichtet und nicht im Rahmen einer öffentl.-rechtl. geregelten Schul- oder Hochschulausbildung beschäftigt sind[14]. Auch Lernschwestern und Krankenpflegeschüler sind zu ihrer Berufsausbildung Beschäftigte[15].

7 Zur Beilegung von Streitigkeiten aus einem bestehenden Berufsausbildungsverhältnis können die Handwerksinnungen und die übrigen zuständigen Stellen iSd. BBiG **Schlichtungsausschüsse** errichten. Die Anrufung eines existierenden Ausschusses und die vollständige Durchführung des Schlichtungsverfahrens sind Zulässigkeitsvoraussetzungen für eine Klage vor dem ArbG, die von Amts wegen zu prüfen sind. Vgl. im Einzelnen die Erl. zu § 111 II.

---

1 Vgl. BAG 28.3.2001 – 7 ABR 21/00; 25.3.1992 – 7 ABR 52/91, BAGE 70, 104; 3.6.1998 – 5 AZR 656/97; LAG Hamburg 1.4.2009 – 3 Sa 58/08. ‖ 2 Vgl. BAG 18.1.1989 – 7 ABR 21/88, BAGE 61, 7; 25.11.1992 – 7 ABR 7/92, BAGE 72, 12; 22.3.2000 – 7 ABR 34/98, EzA § 14 AÜG Nr. 4. ‖ 3 Vgl. zur Darlegungslast LAG Hess. 27.6.2012 – 16 Ta 134/12. ‖ 4 Vgl. BAG 30.11.1994 – 5 AZR 704/93, NZA 1995, 622. ‖ 5 Vgl. BAG 12.9.1996 – 5 AZR 1066/94, BB 1996, 2045; 16.3.1994 – 5 AZR 447/92, AP Nr. 68 zu § 611 BGB Abhängigkeit. ‖ 6 BAG 29.1.1992 – 7 ABR 25/91, AP Nr. 47 zu § 5 BetrVG 1972; LAG Nürnberg 28.4.2010 – 4 Sa 566/09 (Volkshochschuldozent); LAG Hamm 7.2.2011 – 2 Ta 505/10 (Facharzt im Krankenhaus). ‖ 7 Vgl. GMP/*Müller-Glöge*, § 5 Rz. 4. ‖ 8 LAG Hamm 7.6.2010 – 2 Ta 116/10. ‖ 9 Vgl. BAG 24.9.2002 – 5 AZB 12/02, MDR 2002, 156; LAG BW 30.7.2004 – 5 Ta 12/04, LAGReport 2005, 96. ‖ 10 BAG 24.2.1999 – 5 AZB 10/98, EzA § 5 ArbGG 1979 Nr. 32; LAG Berlin 6.12.2004 – 16 Ta 2297/04, LAGE § 2 ArbGG 1979 Nr. 47. ‖ 11 BAG 27.9.2006 – 5 AZB 33/06, NZA 2006, 1432; 21.5.1997 – 5 AZB 30/96, NZA 1997, 1013. ‖ 12 BAG 24.9.1981 – 6 AZR 7/81, AP Nr. 26 zu § 5 BetrVG 1972. ‖ 13 BAG 10.2.1981 – 6 ABR 86/78, AP Nr. 25 zu § 5 BetrVG 1972; LAG Bremen 9.8.1996 – 2 Ta 15/96, BB 1996, 2363; LAG Hess. 3.12.2010 – 8 Ta 217/10; LAG MV 27.11.2012 – 3 Ta 24/12. ‖ 14 Vgl. den Rechtsweg abl. zu Praktikanten nach dem sog. Soester Modell LAG Hamm 13.10.2006 – 2 Ta 6/06, NZA-RR 2007, 97; zu Teilnehmern an einer von der ARGE geförderten Umschulungsmaßnahme LAG München 12.2.2009 – 11 Ta 512/08. ‖ 15 BAG 29.10.1957 – 3 AZR 411/55, AP Nr. 10 zu § 611 BGB Lehrverhältnis.

3. Beschäftigte in Heimarbeit. Heimarbeiter iSv. § 2 I HAG und **Hausgewerbetreibende** iSv. § 2 II 8
HAG gelten nach Abs. 1 S. 2 als ArbN[1]. Zwischenmeister und die anderen in § 1 II Buchst. a–d HAG genannten Personen können durch den Heimarbeitsausschuss mit Zustimmung der zuständigen Arbeitsbehörde bei entsprechender Schutzbedürftigkeit gleichgestellt werden. Auch diese **Gleichgestellten** gelten dann als ArbN ohne Rücksicht darauf, ob die Gleichstellung zu Recht erfolgt ist.

4. Arbeitnehmerähnliche Personen. Als ArbN gelten ferner Beschäftigte, die wegen ihrer wirtschaftl. 9
Unselbständigkeit als arbeitnehmerähnliche Personen anzusehen sind. Dies sind Selbständige, die nicht wie der ArbN persönlich, sondern **wirtschaftl. abhängig** sind. Der wirtschaftl. Abhängigkeit steht der Bezug eines Gründungszuschusses seitens der AA nicht entgegen[2]. Außerdem müssen sie ihrer sozialen Stellung nach **einem ArbN vergleichbar schutzbedürftig** sein[3]. Maßgeblich sind die gesamten Umstände des Einzelfalls unter Berücksichtigung der Verkehrsanschauung[4]. Die vergleichbare Schutzbedürftigkeit fehlt zB, wenn der Dienstnehmer Bezüge erhält, wie sie für Geschäftsführer oder Vorstandsmitglieder typisch sind, oder wie ein Unternehmer Arbeitskräfte im eigenen Namen beschäftigt[5]. Die Arbeitnehmerähnlichkeit ist dagegen zu bejahen, wenn das Schwergewicht der Erwerbstätigkeit bei den Diensten **für einen Auftraggeber** liegt und die hieraus fließende Vergütung die **entscheidende Existenzgrundlage** darstellt[6]. Dies kann auch bei einem als „freier Mitarbeiter" bezeichneten Rechtsanwalt[7] oder einem sog. Franchisenehmer[8] der Fall sein, nicht aber bei einem nebenberufl. Sportmanager[9] oder Golftrainer[10]. Eine selbständige Hebamme ist im Verhältnis zum Krankenhausträger keine arbeitnehmerähnliche Person[11], ebenso wenig der Rechtsanwalt in einem freien Mandatsverhältnis[12]. Die Partei, die ihre Anerkennung als arbeitnehmerähnliche Person erstrebt, hat ihre gesamten Einkommens- und Vermögensverhältnisse darzulegen[13].

Bei der Zuständigkeitsprüfung genügt die **Wahlfeststellung**, dass die Partei ArbN oder arbeitnehmer- 10
ähnliche Person ist[14]. Eine abschließende Klärung ist je nach Streitgegenstand erst für die Begründetheit der Klage erforderlich. Die erweiternde Anwendung der Schutzvorschrift des § 5 I 2 zugunsten vermeintlicher ArbGeb kommt nicht in Betracht[15].

5. Handelsvertreter. Handels- und Versicherungsvertreter sind nach den §§ 84 I, 92 I HGB **selbstän-** 11
dige Kaufleute, wenn sie im Wesentlichen frei ihre Tätigkeit gestalten und ihre Arbeitszeit bestimmen können. Andernfalls sind sie **kaufmännische Angestellte**, die als ArbN ohne weiteres der Zuständigkeit der ArbG unterfallen. Für die Abgrenzung kommt es auf die Umstände des Einzelfalls an[16]. Schließen sich mehrere selbständige Versicherungsvertreter zur gemeinsamen Berufsausübung in einer **Agentur** zusammen, begründet die in dem Gesellschaftsvertrag vereinbarte wechselseitige Verpflichtung der Partner zur Einbringung ihrer vollen Arbeitskraft regelmäßig keine entsprechende Verpflichtung im Verhältnis zu dem Versicherungsunternehmen, mit dem alle Partner individuelle Agenturverträge geschlossen haben[17]. Liegt ein Handelsvertreterverhältnis vor, kann die arbeitsgerichtl. Zuständigkeit nur nach der Sonderregelung des Abs. 3 begründet sein, die insoweit die allg. Bestimmung über arbeitnehmerähnliche Personen in Abs. 1 S. 2 verdrängt.

Handelsvertreter **gelten** nach Abs. 3 S. 1 iVm. § 92a HGB **als ArbN**, wenn sie vertragl. nicht oder nur 12
mit – bislang nicht erteilter – Genehmigung[18] für weitere Unternehmer tätig werden dürfen oder ihnen dies nach Art und Umfang der von ihnen verlangten Tätigkeit nicht möglich ist, also sog. **Einfirmenvertreter**[19], und auch nur dann, wenn sie während der letzten sechs Monate des Vertragsverhältnisses im Durchschnitt **monatlich nicht mehr als 1000 Euro** an Vergütung einschl. Provision und Ersatz für Aufwendungen bezogen haben. Maßgebend sind die unbedingt entstandenen Ansprüche des Handelsvertreters, unabhängig davon, ob, auf welche Art und Weise und in welchem Umfang sie erfüllt sind[20]. Im Geschäftsbetrieb des Handelsvertreters entstandene Aufwendungen, die dem Unternehmer nicht zu erstatten sind, bleiben außer Betracht[21]. Referenzzeitraum ist die Halbjahresfrist oder eine evtl. kürzere Vertragszeit vor Anhängigwerden des Rechtsstreits. Dies gilt auch, wenn der Handelsvertreter in dieser Zeit nicht gearbeitet und nichts verdient hat, weil es allein auf den rechtl. Bestand des Vertrags-

---

1 Praxisbsp.: LG Ansbach v. 22.1.2008 – 2 O 1412/06. ||2 BAG 21.12.2010 – 10 AZB 14/10, NZA 2011, 309. ||3 BAG 6.7.1995 – 5 AZB 9/93, AP Nr. 22 zu § 5 ArbGG 1979. ||4 BAG 16.7.1997 – 5 AZB 29/96, AP Nr. 37 zu § 5 ArbGG 1979. ||5 BGH 27.1.2000 – III ZB 67/99, NZA 2000, 390 (391). ||6 BAG 11.4.1997 – 5 AZB 33/96, AP Nr. 30 zu § 5 ArbGG 1979; LAG Rh.-Pf. 7.7.2008 – 6 Ta 95/08; zu den Sonderfall zwei konzernmäßig verbundener Auftraggeber LAG Bln.-Bbg. 31.8.2010 – 6 Ta 1011/10, NZA-RR 2010, 657. ||7 Vgl. OLG Bbg. 7.2.2002 – 14 W 10/01, NJW 2002, 1659. ||8 Vgl. OLG Saarbrücken 11.4.2011 – 5 W 71/11; LAG Nürnberg 20.8.2002 – 6 Ta 63/02, AuR 2002, 399; demggü. OLG Düss. 20.3.2002 – 6 W 59/01, OLGReport 2003, 67; 18.11.2008 – 19 W 131/08. ||9 Vgl. LAG Hamm 14.3.2007 – 2 Ta 751/06. ||10 Vgl. LAG Köln 18.5.2009 – 4 Ta 72/09. ||11 BAG 21.2.2007 – 5 AZB 52/06, NZA 2007, 699. ||12 LAG Köln 3.2.2011 – 6 Ta 409/10, NZA-RR 2011, 211; LAG Hess. 20.2.2012 – 13 Ta 468/11. ||13 LAG Rh.-Pf. 3.5.2010 – 11 Ta 163/09. ||14 BAG 14.1.1997 – 5 AZB 33/96, DB 1997, 684; 21.12.2010 – 10 AZB 14/10, NZA 2011, 309. ||15 LAG Köln 15.7.2010 – 6 Ta 189/10. ||16 Vgl. BAG 15.12.1999 – 5 AZR 3/99; 21.2.1990 – 5 AZR 162/89; LAG Nürnberg 17.6.2002 – 2 Ta 175/01, DB 2002, 1777; LAG Hamm 20.9.2004 – 2 Ta 644/03; OLG Nürnberg v. 26.2.2009 – 12 W 307/09; OLG Schl.-Holst. v. 28.5.2009 – 16 W 60/09. ||17 BAG 20.9.2000 – 5 AZR 271/99. ||18 Vgl. LAG Hamm 18.2.2009 – 2 Ta 863/07; OLG Frankfurt 8.1.2010 – 22 W 55/09. ||19 Vgl. zu der lediglich prozessualen Gleichstellung BAG 24.10.2002 – 6 AZR 632/00, NZA 2003, 668. ||20 BGH 12.2.2008 – VIII ZB 3/07; ferner OLG Köln 15.9.2008 – 19 W 18/08. ||21 BGH 12.2.2008 – VIII ZB 51/06; OLG Hamm 27.3.2008 – 18 W 23/06.

verhältnisses ankommt[1]. Unter diesen Voraussetzungen können auch **nebenberufliche Handels- und Versicherungsvertreter** als Einfirmenvertreter vor den Gerichten für Arbeitssachen klagen[2].

13 Die Verdienstgrenze kann nach Abs. 3 S. 2 durch Rechtsverordnung der jeweiligen Lohn- und Preisentwicklung angepasst werden. Die einmal begründete Zuständigkeit der ordentl. Gerichte bleibt allerdings nach § 17 I 1 GVG unberührt.

14 **II. Gesetzliche Vertreter.** Bei Personen, die kraft Gesetzes, Satzung oder Gesellschaftsvertrags allein oder als Mitglied des Vertretungsorgans zur Vertretung einer juristischen Person oder einer Personengesamtheit berufen sind, **fingiert** das Gesetz in Abs. 1 S. 3, dass der **Organvertreter kein ArbN** und das der Organstellung zugrunde liegende Anstellungsverhältnis kein ArbVerh ist[3]. Das gilt nicht nur für den Geschäftsführer einer GmbH und den persönlich haftenden Gesellschafter einer KG, sondern auch für den designierten Geschäftsführer einer GmbH, dessen Bestellung unterbleibt[4], den Geschäftsführer einer Vor-GmbH[5] und für den Geschäftsführer einer Kreishandwerkerschaft[6] bzw. eines Landesinnungsverbands[7]. Betroffen sind allein Personen mit **gesetzl. Vertretungsmacht**, wobei unerheblich ist, ob ihre Vertretungsmacht im Innenverhältnis beschränkt ist[8]. Auch der Geschäftsführer der Komplementär-GmbH bzw. Director der Komplementär-Limited[9] einer KG ist – mittelbar – kraft Gesetzes zur Vertretung dieser Personengesamtheit berufen und gilt daher nicht als ArbN unabhängig davon, ob das der Organstellung zugrunde liegende Rechtsverhältnis materiell-rechtl. ein freies Dienstverhältnis oder ein ArbVerh ist[10]. Die Fiktion greift uneingeschränkt für die Dauer der Organstellung ein, also bis zur Eintragung der Abberufung als Geschäftsführer im Handelsregister[11]. Die Eröffnung eines Insolvenzverfahrens lässt die Organstellung unberührt[12]. Für Betriebsrentenansprüche, die aus einer Versorgungszusage ggü. einem GmbH-Geschäftsführer resultieren, sind die ordentlichen Gerichte zuständig, selbst wenn der Anspruchsteller vorher oder nachher noch als ArbN tätig gewesen ist[13].

15 Nicht erfasst werden demggü. Personen, die lediglich auf Grund **rechtsgeschäftlicher Vertretungsmacht** zur Vertretung der Gesellschaft befugt sind, wie etwa Prokuristen und Generalbevollmächtigte oder Fremdgeschäftsführer einer GbR[14]. Besondere Vertreter eines Vereins nach § 30 BGB gelten nur dann nicht als ArbN, wenn ihre Vertretungsmacht auf der Satzung beruht, also die Satzung die Bestellung ausdrücklich zulässt[15]. Die Negativfiktion greift dann ein, wenn einem besonderen Vertreter die laufenden Geschäfte eines Vereins zur alleinigen Erledigung übertragen worden sind[16]. Werkleiter von gemeindlichen Eigenbetrieben nehmen demggü. keine Repräsentantenstellung ein, die nach dem Zweck der gesetzlichen Regelung die Austragung eines Streits im ArbGebLager vor den Gerichten für Arbeitssachen ausschließen soll[17].

16 Zu beachten ist, dass Abs. 1 S. 3 nur das der Organstellung zugrunde liegende Rechtsverhältnis betrifft und die Fiktion nicht eingreift, wenn die Rechtsstreitigkeit eine weitere Rechtsbeziehung der Parteien betrifft[18]. Ggf. sind die Verfahren nach Streitgegenständen zu trennen[19]. Entscheidend ist in solchen Fällen eine klar **unterscheidbare Doppelstellung als Organvertreter und als ArbN**[20]. War der Organvertreter vor seiner Bestellung ArbN der Gesellschaft, wird nach neuerer Rspr. im Zweifel das ArbVerh mit Abschluss des Geschäftsführerdienstvertrags aufgehoben[21]. Das kann anders sein, wenn ein Angestellter einer GmbH – zusätzlich – zum Geschäftsführer bestellt wird, ohne dass sich an den Arbeitsvertragsbedingungen iÜ etwas ändert. Wird der Geschäftsführer dann abberufen und entlassen, lebt das suspendierte ArbVerh wieder auf mit der Folge, dass Klage vor dem ArbG erhoben werden kann[22], und zwar auch wegen der Ansprüche aus der Zeit als Geschäftsführer[23]. Einer stillschweigenden Aufhebung des Arbeitsvertrages steht auch das Schriftformerfordernis des § 623 BGB entgegen[24]. Es wird allerdings durch einen – neuen – schriftlichen Geschäftsführerdienstvertrag, der künftig die ausschließliche Grundlage der Rechtsbeziehungen bilden soll, gewahrt[25]. Macht ein abberufenes Organmit-

---

1 BAG 15.2.2005 – 5 AZB 13/04, MDR 2005, 758; OLG Bbg. v. 17.4.2007 – 3 W 8/07, DB 2007, 1249. ||2 Vgl. BAG 15.2.2005 – 5 AZB 13/04, MDR 2005, 758; Düwell/Lipke/*Krasshöfer*, § 5 Rz. 8; GMP/*Müller-Glöge*, § 5 Rz. 41. ||3 Vgl. BAG 26.10.2012 – 10 AZB 60/12. ||4 BAG 25.6.1997 – 5 AZB 41/96, DB 1997, 2029. ||5 BAG 13.5.1996 – 5 AZB 27/95, NZA 1996, 952. ||6 BAG 11.4.1997 – 5 AZB 32/96, EzA § 5 ArbGG 1979 Nr. 23. ||7 LAG Nds. 4.2.2002 – 17 Ta 429/01, NZA 2003, 343. ||8 Vgl. BAG 6.5.1999 – 5 AZB 22/98, AP Nr. 46 zu § 5 ArbGG 1979; 12.7.2006 – 5 AS 7/06, NZA 2006, 1004; LAG Köln 21.3.2006 – 7 Ta 14/06. ||9 Vgl. LAG BW 12.2.2010 – 6 Ta 11/09, ZIP 2010, 1619. ||10 BAG 20.8.2003 – 5 AZB 79/02, AP Nr. 58 zu § 5 ArbGG 1979 m. Anm. *Wank* unter ausdrückl. Aufgabe v. BAG 15.4.1982 – 2 AZR 1101/79 und v. 13.7.1995 – 5 AZR 37/94; 3.2.2009 – 5 AZB 100/08; vgl. ferner LAG Hamm 18.8.2004 – 2 Ta 172/04, ZIP 2004, 2251. ||11 Vgl. BAG 26.10.2012 – 10 AZB 55/12. ||12 Vgl. BAG 4.2.2013 – 10 AZB 78/12 mwN. ||13 Vgl. LAG Köln 13.3.2006 – 6 Ta 63/06; 3.1.2011 – 7 Ta 363/10. ||14 LAG Hamm 14.4.2010 – 2 Ta 817/09. ||15 Vgl. BAG 5.5.1997 – 5 AZB 35/96, AP Nr. 31 zu § 5 ArbGG 1979. ||16 Vgl. LAG Berlin 28.4.2006 – 6 Ta 702/06, MDR 2006, 1119. ||17 BAG 17.12.2008 – 5 AZB 69/08. ||18 Vgl. BAG 15.3.2011 – 10 AZB 32/10; 20.8.2003 – 5 AZB 79/02, AP Nr. 58 zu § 5 ArbGG 1979 m. Anm. *Wank*; LAG Köln 10.9.2008 – 2 Ta 153/08; *Schrader*, DB 2005, 1457 (1462). ||19 Vgl. LAG Sachs. 7.7.2008 – 4 Ta 117/08. ||20 BAG 10.12.1996 – 5 AZB 20/96, NZA 1997, 674; LAG Bln.-Bbg. 20.1.2010 – 7 Ta 2656/09; LAG Hamm 27.1.2010 – 2 Ta 630/09. ||21 BAG 15.3.2011 – 10 AZB 32/10; 14.6.2006 – 5 AZR 592/05, MDR 2007, 396; 8.6.2000 – 2 AZR 207/99, AP Nr. 49 zu § 5 ArbGG 1979 mwN. ||22 Vgl. BAG 10.12.1996 – 5 AZB 20/96, NZA 1997, 674; LAG Köln 3.3.2011 – 10 Ta 301/10. ||23 Vgl. BAG 23.8.2011 – 10 AZB 51/10. ||24 LAG Köln 12.6.2003 – 6 Ta 94/03, nv; LAG Bln.-Bbg. 20.1.2010 – 7 Ta 2656/09; LAG Hamburg 5.7.2010 – 7 Ta 24/09, ZIP 2011, 291. ||25 Vgl. BAG 15.3.2011 – 10 AZB 32/10; 3.2.2009 – 5 AZB 100/08.

glied mit der Kündigungsschutzklage den Fortbestand eines seiner Auffassung nach begründeten ArbVerh geltend, so liegt ein sog. sic-non-Fall vor. Dann eröffnet bei streitiger Tatsachengrundlage schon die bloße Rechtsansicht der Klagepartei, es handele sich um ein ArbVerh, den Rechtsweg zu den ArbG[1].

Besteht neben dem Rechtsverhältnis, das der Organstellung zugrunde liegt, noch ein ArbVerh zu einer dritten Person, ist für eine daraus folgende Streitigkeit das ArbG zuständig. So kann etwa ein GmbH-Geschäftsführer je nach Vertragsgestaltung ArbN der Alleingesellschafterin sein[2]. Auch die Bestellung zum Geschäftsführer einer konzernabhängigen Gesellschaft beinhaltet allein noch keine konkludente Aufhebung des ArbVerh mit der Obergesellschaft[3]. Jedenfalls bleiben die ArbG für Streitigkeiten aus einem früheren ArbVerh zuständig, sofern das ArbVerh und nicht das Anstellungsverhältnis des Organvertreters den wesentlichen rechtl. Anknüpfungspunkt bietet[4]. 17

III. Beamte. Für Streitigkeiten aus dem Beamtenverhältnis sind nach den §§ 126 I BRRG, 126 BBG ausschließlich die Verwaltungsgerichte zuständig. Abs. 2 stellt klar, dass **Beamte als solche keine ArbN** und damit der arbeitsgerichtl. Zuständigkeit entzogen sind. Entsprechendes gilt für **Richter, Soldaten und Zivildienstleistende**, die ebenfalls in einem öffentl.-rechtl. Dienst- und Treueverhältnis stehen. Auch wenn der Beamte auf Abschluss eines Arbeitsvertrags unter gleichzeitiger Beurlaubung als Beamter klagt, soll der Rechtsweg zu den Gerichten für Arbeitssachen versperrt sein[5]. 18

Dies schließt nicht aus, dass der Beamte **nebenberuflich** zu einem Dritten in einem ArbVerh steht. Wegen der daraus resultierenden Streitigkeiten ist der Rechtsweg zu den Gerichten für Arbeitssachen nach allg. Grundsätzen eröffnet. Ob die Nebentätigkeit dienstrechtl. zulässig ist, ist hierfür unerheblich. 19

IV. Besondere Personengruppen. Da die Vorschrift den allg. arbeitsrechtl. ArbN-Begriff voraussetzt, können sich weitere Einschränkungen vor allem hinsichtlich der in **§ 5 II Nr. 3, 4 und 5 BetrVG** genannten Personen ergeben. Zu der Personengruppe, deren Beschäftigung vorwiegend durch Beweggründe karitativer oder religiöser Art bestimmt ist, gehören zunächst etwa **Ordensangehörige**, die in ihrem Verhältnis zum Orden nicht in einem ArbVerh stehen. Gleiches ist auch für die **Schwestern des Deutschen Roten Kreuzes** anerkannt, die nicht ArbNinnen der Schwesternschaft sind[6]. Der Rechtsweg zu den Gerichten für Arbeitssachen kann gleichwohl eröffnet sein, wenn solche Personen auf Grund eines Gestellungsvertrags Dritten als ArbN überlassen werden und dieses Rechtsverhältnis betroffen ist[7]. 20

Personen, deren Beschäftigung nicht in erster Linie ihrem Erwerb, sondern vorwiegend ihrer Heilung, Wiedereingewöhnung, sittlichen Besserung oder Erziehung dient, dürften zumeist schon wegen Fehlens eines privatrechtl. Vertrags keine ArbN sein. Das gilt für **Strafgefangene** auch dann, wenn sie nicht in der Anstalt, sondern in einem fremden Betrieb arbeiten[8]. Kein ArbVerh besteht auch zwischen erwerbsfähigen Hilfebedürftigen und Leistungserbringern auf Grund des § 16d SGB II (sog. **Ein-Euro-Jobs**)[9]. Insoweit ist die Zuständigkeit der Sozialgerichte nach § 51 I Nr. 4a SGG gegeben[10]. Gleiches gilt für **Pflegekräfte** zur Sicherstellung der häuslichen Pflege und hauswirtschaftlichen Versorgung iSv. § 77 SGB XI[11]. Für Rechtsstreitigkeiten zwischen behinderten Menschen im Arbeitsbereich von **Behindertenwerkstätten** und den Trägern der Werkstätten aus den in § 138 SGB IX geregelten arbeitnehmerähnlichen Rechtsverhältnissen folgt die arbeitsgerichtl. Zuständigkeit allerdings aus der Sondervorschrift des § 2 Nr. 10. 21

Jeweils besonders zu prüfen ist, ob **Familienangehörige** zueinander in einem ArbVerh stehen oder die Mitarbeit nur im Rahmen familienrechtl. Bindung etwa nach Maßgabe der §§ 1356, 1619 BGB stattfindet. Haben die Parteien zulässigerweise ein ArbVerh begründet, so sind für die daraus entstehenden Streitigkeiten die ArbG zuständig. Für die Annahme eines ernstlich gewollten ArbVerh sprechen insb. die regelmäßige Zahlung eines angemessenen Entgelts, die Einhaltung der betriebsüblichen Arbeitszeit und die Einordnung unter die Weisungsverhältnisse des Betriebs[12]. Durch eine bloße Zuschussvereinbarung für eine sog. **Integrierte Fachkraft** kommt kein ArbVerh zustande[13]. 22

6 Besetzung der Gerichte für Arbeitssachen
(1) Die Gerichte für Arbeitssachen sind mit Berufsrichtern und mit ehrenamtlichen Richtern aus den Kreisen der Arbeitnehmer und Arbeitgeber besetzt.

(2) *(weggefallen)*

---

1 Vgl. BAG 26.10.2012 – 10 AZB 60/12; LAG Bln.-Bbg. 27.12.2012 – 10 Ta 1906/12. ||2 Vgl. BAG 29.12.1997 – 5 AZB 38/97, AP Nr. 40 zu § 5 ArbGG 1979; GMP/*Müller-Glöge*, § 5 Rz. 49. ||3 BAG 20.10.1995 – 5 AZB 5/95, DB 1996, 483. ||4 BAG 20.5.1998 – 5 AZB 3/98, NZA 1998, 1247. ||5 BAG 16.6.1999 – 5 AZB 16/99, AP Nr. 65 zu § 2 ArbGG 1979; aA LAG Köln 25.3.1999 – 6 Ta 53/99. ||6 BAG 22.4.1997 – 1 ABR 74/96, EzA § 99 BetrVG 1972 Einstellung Nr. 3; 6.7.1995 – 5 AZB 9/93, AP Nr. 22 zu § 5 ArbGG 1979 mwN. ||7 GMP/*Müller-Glöge*, § 5 Rz. 25. ||8 Vgl. BAG 3.10.1978 – 6 ABR 46/76; LAG Bln.-Bbg. 3.6.2009 – 13 Ta 1102/09; anders bei einer Umschulungsvereinbarung LAG Hess. 3.12.2010 – 8 Ta 217/10. ||9 Vgl. BAG 8.11.2006 – 5 AZB 36/06; ferner v. 26.9.2007 – 5 AZR 857/06. ||10 LAG Berlin 27.3.2006 – 3 Ta 349/06, ZTR 2006, 344. ||11 Vgl. LAG Hess. 14.11.2011 – 4 Ta 443/11. ||12 Vgl. ArbG Siegburg 8.7.1986 – 4 Ca 2611/85, NJW-RR 1987, 73. ||13 Vgl. LAG Köln 27.11.2012 – 11 Ta 154/12.

1   **I. Inhalt und Zweck.** Die Vorschrift enthält den Grundsatz für die Besetzung der Gerichte für Arbeitssachen in allen Rechtszügen. Die Einzelheiten sind für die ArbG in den §§ 14–31, für die LAG in den §§ 33–39 und für das BAG in den §§ 40–45 festgelegt.

2   In allen Instanzen ist die Beteiligung von ehrenamtlichen Richtern aus den Kreisen der ArbN und ArbGeb vorgeschrieben. Die **starke Betonung des Laienelements** entspricht dem Grundsatz der sozialen Selbstverwaltung. Ihre Mitwirkung beruht auf der Erkenntnis, dass die Anschauungen der betriebl. Praktiker bei der Rechtsfindung und der Entscheidung unerlässliche Voraussetzung für die Akzeptanz der gerichtl. Entscheidungen sind. Ohne ihren Sachverstand könnten viele Probleme des Arbeitslebens nicht sachgerecht und für die Parteien des Arbeitslebens verständlich gelöst werden[1]. Zudem kommt der Tatsache, dass sich die typischen Interessengegensätze des Arbeitsgerichtsprozesses schon in der Besetzung der Richterbank widerspiegeln, eine nicht zu unterschätzende Befriedigungsfunktion zu[2]. Es gilt der Grundsatz der paritätischen Besetzung der Gerichte für Arbeitssachen mit ehrenamtlichen Richtern beider Seiten[3].

3   **II. Berufsrichter.** Abgesehen vom BAG werden die Berufsrichter ausschließlich als **Vorsitzende einer Kammer** tätig. Nähere Bestimmungen über die Rechtsstellung der Berufsrichter in der Arbeitsgerichtsbarkeit enthält das Gesetz nicht. Ihre statusrechtl. Rechte und Pflichten ergeben sich daher aus der Verfassung, dem für die Berufsrichter aller Gerichtsbarkeiten geltenden Deutschen Richtergesetz (DRiG) und den ergänzenden Landesrichtergesetzen.

4   Nach Art. 97 I GG, § 25 DRiG sind Richter **sachlich und persönlich unabhängig**, also bei ihrer Rspr. nicht an Weisungen, sondern nur an das Gesetz gebunden. Die Weisungsfreiheit besteht umfassend sowohl ggü. dem Dienstvorgesetzten als auch ggü. Empfehlungen oder Vorgaben der Exekutive. Auch eine Bindung an Entscheidungen höherer Gerichte ist grds. nicht gegeben[4].

5   Sofern die Rechtsprechungstätigkeit nicht berührt ist, untersteht auch der Berufsrichter nach § 26 DRiG der **Dienstaufsicht**. Dabei geht es um die Überwachung der äußerlich ordnungsgemäßen Ausübung der Amtsgeschäfte, etwa um die Sicherstellung eines angemessenen Verhaltens ggü. den Prozessparteien, der Erledigung eines üblichen Pensums, der sachgerechten Ausbildung der Referendare uam. Den Streit darüber, ob eine Maßnahme der Dienstaufsicht die **richterliche Unabhängigkeit** verletzt oder nicht, entscheidet nach den §§ 26 III, 61ff. DRiG das mit Berufsrichtern besetzte spezielle Richterdienstgericht.

6   Die allg. Pflichten der Berufsrichter sind geregelt in den §§ 38–43 DRiG, ferner in den kraft Verweisung gem. §§ 46, 71 DRiG anwendbaren Vorschriften des Bundesbeamtenrechts bzw. BeamtStG iVm. den landesgesetzl. Bestimmungen. Der **Richtereid** nach § 38 DRiG verlangt vom Richter Gesetzes- und Verfassungstreue, Unparteilichkeit und Unvoreingenommenheit ggü. den Prozessparteien sowie vor allem, nur der Wahrheit und Gerechtigkeit zu dienen. Von besonderer Bedeutung ist auch das sog. **Mäßigungsgebot des § 39 DRiG:** Danach hat sich der Richter innerhalb und außerhalb seines Amtes so zu verhalten, dass das Vertrauen in seine Unabhängigkeit nicht gefährdet wird. Eine einseitige Interessenwahrnehmung, zB die Mitarbeit in einem Arbeitskreis mit Auswirkung auf die eigene richterliche Entscheidungstätigkeit, ist unzulässig und kann zur Ablehnung wegen Befangenheit führen[5].

7   **III. Ehrenamtliche Richter.** Zur Rechtsstellung der ehrenamtlichen Richter enthält das DRiG nur einige grundsätzliche Aussagen in den §§ 44–45a DRiG. Dabei geht es vor allem um eine Stärkung der persönlichen Unabhängigkeit der ehrenamtlichen Richter. Die nähere Ausgestaltung ihrer Rechte und Pflichten ist nach § 45 IX DRiG den einzelnen Verfahrensordnungen vorbehalten. Das ArbGG regelt insoweit abschließend die Voraussetzungen und das Verfahren zur Berufung bzw. Abberufung der ehrenamtlichen Richter und enthält in § 26 eine Generalklausel zu ihrem Schutz.

8   Ehrenamtliche Richter nehmen ein **öffentl. Ehrenamt** wahr und sind ebenso wie die Berufsrichter nur an Recht und Gesetz gebunden und nur ihrem Gewissen unterworfen. Bei ihrer Entscheidung besteht **keinerlei Bindung an die Ansichten der Interessengruppen**, die sie nominiert haben. Die ehrenamtlichen Richter stehen den Berufsrichtern hinsichtlich ihrer Rechte und Pflichten grds. gleich. Ihnen kommt daher auch das sog. **Richterprivileg** der eingeschränkten Haftung nach § 839 II BGB zugute. Insb. haben sie als vollwertige Richter gleiches Stimmrecht, so dass bei den ArbG und LAG der Berufsrichter uU überstimmt werden kann. Ihnen muss daher auch das Recht zugebilligt werden, die Akten einzusehen, um sich über die Grundlagen der Entscheidung zu vergewissern[6].

9   Für den mit der Wahrnehmung ihrer richterlichen Aufgaben verbundenen Verdienstausfall und Kostenaufwand steht den ehrenamtlichen Richtern eine Entschädigung in Geld nach dem **Justizvergütungs- und -entschädigungsgesetz (JVEG)** v. 5.5.2004[7] zu. Die Entschädigung wird gezahlt für alle Aufwendungen, die durch die richterliche Tätigkeit bedingt sind, insb. also für die Teilnahme an den

---

1 Vgl. *Ide*, FS 100 Jahre DArbGV, 1994, S. 253f. ||2 Vgl. GMP/*Prütting*, § 6 Rz. 4. ||3 Vgl. BAG 21.9.1999 – 1 AS 6/99, NZA 2000, 389; 19.8.2004 – 1 AS 6/03, MDR 2005, 279. ||4 Vgl. *Schmidt/Luczak*, FS 100 Jahre DArbGV, 1994, S. 221, 232. ||5 Vgl. GMP/*Prütting*, § 6 Rz. 7; zum Ganzen ferner *Schmidt/Luczak*, FS 100 Jahre DArbGV, 1994, S. 221, 234f. ||6 Vgl. *Künzl*, ZZP 104, 185; GMP/*Prütting*, § 6 Rz. 16. ||7 BGBl. I S. 718, 776.

Kammersitzungen oder besonderen Beratungsterminen, für die Teilnahme an den Sitzungen des Beisitzerausschusses oder für die Teilnahme an Einführungs- und Fortbildungsveranstaltungen. Der Entschädigungsanspruch ist auf die dafür notwendige Zeit beschränkt[1].

Der ehrenamtliche Richter, der in einem ArbVerh steht, ist für die Ausübung der richterlichen Tätigkeit **von der Arbeit freizustellen**. Reicht die gesetzl. Zeitversäumnisentschädigung nicht aus, um den Verdienstausfall vollständig abzudecken, ist der ArbGeb nach § 616 S. 1 BGB zur ergänzenden Zahlung verpflichtet[2]. 10

6a Allgemeine Vorschriften über das Präsidium und die Geschäftsverteilung
Für die Gerichte für Arbeitssachen gelten die Vorschriften des Zweiten Titels des Gerichtsverfassungsgesetzes nach Maßgabe der folgenden Vorschriften entsprechend:

1. Bei einem Arbeitsgericht mit weniger als drei Richterplanstellen werden die Aufgaben des Präsidiums durch den Vorsitzenden oder, wenn zwei Vorsitzende bestellt sind, im Einvernehmen der Vorsitzenden wahrgenommen. Einigen sich die Vorsitzenden nicht, so entscheidet das Präsidium des Landesarbeitsgerichts oder, soweit ein solches nicht besteht, der Präsident dieses Gerichts.
2. Bei einem Landesarbeitsgericht mit weniger als drei Richterplanstellen werden die Aufgaben des Präsidiums durch den Präsidenten, soweit ein zweiter Vorsitzender vorhanden ist, im Benehmen mit diesem wahrgenommen.
3. Der aufsichtführende Richter bestimmt, welche richterlichen Aufgaben er wahrnimmt.
4. Jeder ehrenamtliche Richter kann mehreren Spruchkörpern angehören.
5. Den Vorsitz in den Kammern der Arbeitsgerichte führen die Berufsrichter.

7 Geschäftsstelle, Aufbringung der Mittel
(1) Bei jedem Gericht für Arbeitssachen wird eine Geschäftsstelle eingerichtet, die mit der erforderlichen Zahl von Urkundsbeamten besetzt wird. Die Einrichtung der Geschäftsstelle bestimmt bei dem Bundesarbeitsgericht das Bundesministerium für Arbeit und Soziales im Benehmen mit dem Bundesministerium der Justiz. Die Einrichtung der Geschäftsstelle bestimmt bei den Arbeitsgerichten und Landesarbeitsgerichten die zuständige oberste Landesbehörde.

(2) Die Kosten der Arbeitsgerichte und der Landesarbeitsgerichte trägt das Land, das sie errichtet. Die Kosten des Bundesarbeitsgerichts trägt der Bund.

8 Gang des Verfahrens
(1) Im ersten Rechtszug sind die Arbeitsgerichte zuständig.

(2) Gegen die Urteile der Arbeitsgerichte findet die Berufung an die Landesarbeitsgerichte nach Maßgabe des § 64 Abs. 1 statt.

(3) Gegen die Urteile der Landesarbeitsgerichte findet die Revision an das Bundesarbeitsgericht nach Maßgabe des § 72 Abs. 1 statt.

(4) Gegen die Beschlüsse der Arbeitsgerichte und ihrer Vorsitzenden im Beschlussverfahren findet die Beschwerde an das Landesarbeitsgericht nach Maßgabe des § 87 statt.

(5) Gegen die Beschlüsse der Landesarbeitsgerichte im Beschlussverfahren findet die Rechtsbeschwerde an das Bundesarbeitsgericht nach Maßgabe des § 92 statt.

9 Allgemeine Verfahrensvorschriften und Rechtsschutz bei überlangen Gerichtsverfahren
(1) Das Verfahren ist in allen Rechtszügen zu beschleunigen.

(2) Die Vorschriften des Gerichtsverfassungsgesetzes über Zustellungs- und Vollstreckungsbeamte, über die Aufrechterhaltung der Ordnung in der Sitzung, über die Gerichtssprache, über die Wahrnehmung richterlicher Geschäfte durch Referendare und über Beratung und Abstimmung gelten in allen Rechtszügen entsprechend. Die Vorschriften des siebzehnten Titels des Gerichtsverfassungsgesetzes sind mit der Maßgabe entsprechend anzuwenden, dass an die Stelle des Oberlandesgerichts das Landesarbeitsgericht, an die Stelle des Bundesgerichtshofs das Bundesarbeitsgericht und an die Stelle der Zivilprozessordnung das Arbeitsgerichtsgesetz tritt.

(3) Die Vorschriften über die Wahrnehmung der Geschäfte bei den ordentlichen Gerichten durch Rechtspfleger gelten in allen Rechtszügen entsprechend. Als Rechtspfleger können nur Beamte be-

---

1 Vgl. BAG 26.9.1972 – 1 AZR 227/72, DB 1973, 1783; LAG Bremen 25.7.1988 – 2 Ta 72/87, LAGE § 26 ArbGG 1979 Nr. 1; LAG Hamm 23.3.1993 – 8 Ta 294/91, LAGE § 26 ArbGG 1979 Nr. 3. || 2 Vgl. LAG Bremen 14.6.1990 – 3 Sa 132/89, LAGE § 616 BGB Nr. 5.

stellt werden, die die Rechtspflegerprüfung oder die Prüfung für den gehobenen Dienst bei der Arbeitsgerichtsbarkeit bestanden haben.

(4) Zeugen und Sachverständige erhalten eine Entschädigung oder Vergütung nach dem Justizvergütungs- und -entschädigungsgesetz.

(5) Alle mit einem befristeten Rechtsmittel anfechtbaren Entscheidungen enthalten die Belehrung über das Rechtsmittel. Soweit ein Rechtsmittel nicht gegeben ist, ist eine entsprechende Belehrung zu erteilen. Die Frist für ein Rechtsmittel beginnt nur, wenn die Partei oder der Beteiligte über das Rechtsmittel und das Gericht, bei dem das Rechtsmittel einzulegen ist, die Anschrift des Gerichts und die einzuhaltende Frist und Form schriftlich belehrt worden ist. Ist die Belehrung unterblieben oder unrichtig erteilt, so ist die Einlegung des Rechtsmittels nur innerhalb eines Jahres seit Zustellung der Entscheidung zulässig, außer wenn die Einlegung vor Ablauf der Jahresfrist infolge höherer Gewalt unmöglich war oder eine Belehrung dahin erfolgt ist, dass ein Rechtsmittel nicht gegeben sei; § 234 Abs. 1, 2 und § 236 Abs. 2 der Zivilprozessordnung gelten für den Fall höherer Gewalt entsprechend.

1 **I. Der Beschleunigungsgrundsatz (Abs. 1).** Das aus dem Rechtsstaatsprinzip des Grundgesetzes folgende **Gebot des effektiven Rechtsschutzes** verlangt eine zügige Durchsetzung des Rechts. Die Prozesse sollen nicht nur materiell gerecht, sondern auch in angemessener Zeit entschieden werden[1]. Denn eine lange Verfahrensdauer entwertet nicht selten den schließlich errungenen Prozesserfolg[2]. Daher stellt Abs. 1 besonders heraus, dass das Verfahren vor den Gerichten für Arbeitssachen in allen Rechtszügen zu beschleunigen ist. Das muss auch bei der Ermessensentscheidung über einen Aussetzungsantrag nach den §§ 148, 149 ZPO berücksichtigt werden[3]. Auch eine Aussetzung nach § 97 V hat zu unterbleiben, wenn über den erhobenen Anspruch ohne die Klärung der Tariffähigkeit oder Tarifzuständigkeit entschieden werden kann[4]. Mit der Einführung einer Verzögerungsrüge und eines Ausgleichsanspruchs wegen überlanger Verfahrensdauer in den §§ 198 ff. GVG soll der Rechtsschutz weiter verbessert werden[5].

2 Bei der **Beschleunigungsmaxime** handelt es sich um eine verfahrensrechtl. Zielvorgabe, aus der sich konkrete Rechtsfolgen nicht ohne weiteres entnehmen lassen. Vielmehr bedarf es dazu der Umsetzung durch besondere Vorschriften, wie sie das Gesetz an vielen Stellen enthält. Beispielhaft seien genannt:

– Abkürzung der **Einlassungsfrist** auf **eine Woche** nach den §§ 47 I, 80 II ggü. zwei Wochen in der ordentl. Gerichtsbarkeit;

– **Zurückweisung verspäteten Vorbringens** nach den §§ 56 II, 61a IV iVm. der vorrangigen Erledigung von Bestandsschutzstreitigkeiten;

– Abkürzung der **Einspruchsfrist** gegen Versäumnisurteile auf **eine Woche** nach § 59 S. 1 ggü. zwei Wochen in der ordentl. Gerichtsbarkeit;

– der Beschluss über die Ablehnung von Richtern ist nach § 49 III anders als in der Zivilgerichtsbarkeit unanfechtbar;

– es gab und gibt in der Arbeitsgerichtsbarkeit **keine Gerichtsferien und keine Terminverlegungspflicht** nach Maßgabe des § 227 III ZPO, wie § 46 II 2 klarstellt;

– die **Unzulässigkeit der Zurückverweisung** wegen eines Verfahrensmangels nach § 68.

3 Durch das am 1.5.2000 in Kraft getretene **Arbeitsgerichtsbeschleunigungsgesetz**[6] ist das Beschleunigungspotenzial ua. durch den Ausbau des Güteverfahrens nach § 54 I, die Erweiterung der Alleinentscheidungsbefugnis des Vorsitzenden nach § 55, die Anhebung der Berufungssumme nach § 64 und die Beschleunigung des Beschlussverfahrens durch Fristsetzung und Zurückweisung verspäteten Vorbringens nach § 83 weiter erhöht worden.

4 Der personell vergleichsweise kleinen Arbeitsgerichtsbarkeit ist es bislang trotz hoher Belastung gelungen, für effektiven Rechtsschutz und Rechtsfrieden in ihrem Zuständigkeitsbereich zu sorgen[7]. Die nach der Beschleunigungsmaxime angestrebte Verfahrensdauer von maximal drei Monaten für das arbeitsgerichtl. Verfahren wird allerdings inzwischen deutlich überschritten, auch wenn sie im Durchschnitt immer noch unter fünf Monaten liegt. Aus Abs. 1 ergibt sich unter diesem Aspekt ein Regelungsauftrag an den Haushaltsgesetzgeber, die sachlichen und insb. personellen Ressourcen der Arbeitsgerichtsbarkeit so zu gestalten, dass diese ihrer Pflicht zu möglichst schneller Streitentscheidung gerecht werden kann.

5 **II. Entsprechende Anwendung des Gerichtsverfassungsgesetzes (Abs. 2).** Nach Abs. 2 gelten bestimmte Vorschriften des GVG in allen Rechtszügen entsprechend. Die Aufzählung ist nicht abschließend, wie etwa § 13 II mit dem Verweis auf die Bestimmungen über Rechtshilfe zeigt.

---

1 Vgl. BVerfG 16.12.1980 – 2 BvR 419/80, BVerfGE 55, 349 (369); ferner v. 15.11.2001 – 1 BvR 793/01. ||2 Vgl. GMP/*Prütting*, § 9 Rz. 3. ||3 LAG Köln 30.8.2012 – 12 Ta 197/12; 31.10.2008 – 9 Ta 327/08; LAG Rh.-Pf. 28.10.2008 – 10 Ta 184/08; 2.7.2010 – 6 Ta 123/10. ||4 BAG 24.7.2012 – 1 AZB 47/11, MDR 2012, 1232. ||5 Vgl. BT-Drs. 17/3802. ||6 BGBl. I S. 333. ||7 Vgl. *Kalb*, FS Hanau, 1999, S. 19, 29.

Entsprechend anwendbar sind insb. die §§ 176–183 GVG über die Aufrechterhaltung der Ordnung in der Sitzung. Die sog. **Sitzungspolizei**, die von dem Hausrecht im und am Gerichtsgebäude zu trennen ist, obliegt grds. dem Vorsitzenden. Er ist für Maßnahmen nach den §§ 176, 177 GVG wie das Entfernen von Störern aus dem Sitzungssaal oder die Verhängung von Ordnungshaft ggü. nicht am Verfahren beteiligten Personen allein zuständig. Soweit Parteien, Zeugen und Sachverst. von den Ordnungsmitteln betroffen sind, entscheidet die Kammer. Zu beachten ist, dass Ordnungsmaßnahmen gegen Rechtsanwälte, die als Prozessbevollmächtigte auftreten, grds. unzulässig sind[1]. Dieses Privileg erstreckt sich auch auf die ihnen im Wesentlichen gleichgestellten Verbandsvertreter iSd. § 11 II, so dass mögliches Fehlverhalten wohl nur durch den Verband selbst geahndet werden kann[2]. 6

Anwendbar sind auch die Vorschriften über **Beratung und Abstimmung**. Nach § 194 I GVG leitet der Vorsitzende die Beratung, stellt die Fragen und sammelt die Stimmen. Der Vorsitzende, der für den ordnungsgemäßen Ablauf der Beratung und Abstimmung zu sorgen hat, entscheidet auch über die zeitlichen und räumlichen Umstände, also die Durchführung unmittelbar nach der Verhandlung, am Schluss des Sitzungstages oder an einem besonderen Tag. Nur bei Meinungsverschiedenheiten über den Beratungsvorgang selbst entscheidet nach § 194 II GVG das Gericht. Die Reihenfolge der Stimmabgabe legt § 197 GVG fest: Zunächst haben die ehrenamtlichen Richter ihre Stimmen nach dem Lebensalter abzugeben; der jüngere stimmt vor dem älteren. Zuletzt stimmt der Vorsitzende. Hieran wird deutlich, dass die ehrenamtlichen Richter bei der Beratung und Abstimmung gleichberechtigt mitwirken. Da nach § 196 I GVG die absolute Mehrheit der Stimmen entscheidet, kann der Kammervorsitzende im Einzelfall überstimmt werden. In der Praxis sind förmliche Abstimmungen außerordentl. selten, weil die Entscheidungen in aller Regel einstimmig ergehen. 7

Ausdrücklich für entsprechend anwendbar erklärt werden in Abs. 2 S. 2 auch die Vorschriften des 17. Titels des GVG über den **Rechtsschutz bei überlangen Gerichtsverfahren** und strafrechtlichen Ermittlungsverfahren, die am 3.12.2011 in Kraft getreten sind[3]. Nach näherer Maßgabe des § 198 GVG soll eine angemessene Entschädigung gezahlt werden, wenn ein Verfahrensbeteiligter infolge unangemessener Dauer eines Prozesses einen Nachteil erleidet. Unabdingbare Voraussetzung hierfür ist die Erhebung einer sog. **Verzögerungsrüge** bei dem mit der Sache befassten Gericht (§ 198 III GVG). Eine Klage auf Entschädigung vor dem sog. Entschädigungsgericht kann frühestens sechs Monate nach der Verzögerungsrüge erhoben werden. Sie muss spätestens sechs Monate nach Eintritt der Rechtskraft der Entscheidung, die das Verfahren beendet, oder nach einer anderen Verfahrenserledigung rechtshängig gemacht werden (§ 198 V GVG). **Entschädigungsgericht** ist nach Abs. 2 S. 2 iVm. § 201 I GVG das LAG, in dessen Bezirk das streitgegenständliche Verfahren durchgeführt wurde[4]. 7a

III. Einsatz und Aufgaben des Rechtspflegers (Abs. 3). Entsprechend anzuwenden sind in allen Rechtszügen auch die Vorschriften über die Wahrnehmung der Geschäfte bei den ordentl. Gerichten durch Rechtspfleger. Die Rechtspfleger werden daher in der Arbeitsgerichtsbarkeit wie in der ordentl. Gerichtsbarkeit eingesetzt[5]. Nach Abs. 3 S. 2 können nur Beamte als Rechtspfleger tätig werden, die die Rechtspflegerprüfung oder die Prüfung für den gehobenen Dienst bei der Arbeitsgerichtsbarkeit bestanden haben. Der Rechtspfleger ist nach § 9 RPflG sachlich unabhängig und nur an Gesetz und Recht gebunden. Anders als der Richter ist er aber nicht auch persönlich unabhängig. 8

In der Arbeitsgerichtsbarkeit sind dem Rechtspfleger in entsprechender Anwendung des § 3 Nr. 3 und 4 RPflG insb. folgen Aufgaben übertragen: 9

– das gesamte **Mahnverfahren**, § 20 Nr. 1 RPflG;

– bestimmte Maßnahmen im Verfahren über die **Prozesskostenhilfe** nach § 20 Nr. 4 und 5 RPflG, vor allem die Bestimmung des Zeitpunkts für die Einstellung und eine Wiederaufnahme der Zahlungen nach § 120 III ZPO sowie die Änderung und Aufhebung der Bewilligung der PKH nach den §§ 120 IV, 124 Nr. 2, 3 und 4 ZPO;

– die Erteilung der **vollstreckbaren Ausfertigung** in bestimmten Fällen, insb. bei Rechtsnachfolge, und die Erteilung weiterer vollstreckbarer Ausfertigungen nach § 20 Nr. 12 und 13 RPflG;

– das Kostenfestsetzungsverfahren, § 21 RPflG;

– nach § 24 II RPflG die Aufnahme von Klagen, Klageerwiderungen sowie anderen Anträgen und Erklärungen im Rahmen der sog. **Rechtsantragsstelle**, die Teil der Geschäftsstelle des ArbG nach § 7 ist[6].

Gegen die Entscheidungen des Rechtspflegers ist nach § 11 I RPflG das **Rechtsmittel** gegeben, das nach den allg. verfahrensrechtl. Vorschriften zulässig ist. Über die sofortige Beschwerde etwa nach § 104 III ZPO entscheidet das LAG als Beschwerdegericht, wenn und soweit ihr der Rechtspfleger nicht abhilft. Ist gegen die Entscheidung des Rechtspflegers an sich ein Rechtsmittel nicht gegeben, so findet 10

---

1 Vgl. *Kissel/Mayer*, § 176 GVG Rz. 40 ff. || 2 Vgl. GMP/*Germelmann*, § 11 Rz. 93; Düwell/Lipke/*Reinfelder*, § 9 Rz. 15. || 3 BGBl. I S. 2302. || 4 Vgl. BR-Drs. 716/11. || 5 Vgl. dazu und zur geschichtlichen Entwicklung *Hermann*, FS 100 Jahre DArbGV, 1994, S. 265 ff. mwN. || 6 Vgl. *Hermann*, FS 100 Jahre DArbGV, 1994, S. 265 (275 f.).

nach § 11 II RPflG die befristete Erinnerung statt, die bei Nichtabhilfe dem Richter zur Entscheidung vorzulegen ist.

11 **IV. Entschädigung oder Vergütung von Zeugen und Sachverständigen (Abs. 4).** Das Justizvergütungs- und -entschädigungsgesetz – JVEG – gilt kraft der Verweisung in Abs. 4 auch im ArbGV. Es regelt die Entschädigungsansprüche dem Grunde und der Höhe nach abschließend. Soweit ein Zeuge vom Gericht geladen war, besteht der Entschädigungsanspruch unabhängig von einer tatsächlichen Vernehmung. Der Zeuge hat nämlich auf die Ladung hin zu erscheinen, ohne dass ihm eine Prüfung der Zweckmäßigkeit seines Erscheinens zusteht[1]. Eine Entschädigung nach näherer Maßgabe des § 19 JVEG wird nach § 2 I JVEG nur auf fristgebundenes Verlangen gewährt, bei erheblichen Fahrtkosten oder sonstigen Aufwendungen nach § 3 JVEG auch als Vorschuss. Davon abgesehen kann der Zeuge ergänzende Lohnfortzahlungsansprüche nach § 616 S. 1 BGB bzw. tarifl. Vorschriften haben[2]. Auch wenn ein Verdienstausfall nicht eingetreten ist, erhält der Zeuge nach § 20 JVEG eine Mindestnachteilsentschädigung iHv. 3,50 Euro pro Stunde, es sei denn, dass er durch die Heranziehung ersichtlich keinen Nachteil erlitten hat[3]. Regelmäßig ist also ein Nachteil anzunehmen, der auch in einem Verlust an Freizeit bestehen kann.

12 **V. Notwendigkeit der Rechtsmittelbelehrung (Abs. 5).** Alle mit einem befristeten Rechtsmittel anfechtbaren Entscheidungen müssen mit einer entsprechenden Belehrung versehen werden. Das gilt nach Abs. 5 S. 2 auch für den umgekehrten Fall, dass ein Rechtsmittel nicht gegeben ist. Ob die Entscheidung im Urteils-, Beschluss- oder Beschwerdeverfahren ergeht, ist unerheblich.

13 **1. Gegenstand der Belehrungspflicht.** Die Belehrungspflicht knüpft an befristete Rechtsmittel an. Das **Rechtsmittel** unterscheidet sich vom **Rechtsbehelf** iwS dadurch, dass es den Eintritt der Rechtskraft hemmt (Suspensiveffekt) und die Rechtssache zur Entscheidung in der höheren Instanz anfällt (Devolutiveffekt). Im Vergleich zu den §§ 58 VwGO, 55 FGO und 66 SGG, die eine Belehrung auch über Rechtsbehelfe vorsehen, besteht die Belehrungspflicht nach Abs. 5 allgemein nur für Rechtsmittel ieS. Ob auch über einen – befristeten – Rechtsbehelf zu belehren ist, hat der Gesetzgeber jeweils konkret normiert, wie etwa beim Einspruch gegen ein Versäumnisurteil nach § 59 S. 3.

14 **Befristete Rechtsmittel** sind Berufung, Revision, Sprungrevision und Revisionsbeschwerde im Urteilsverfahren sowie Beschwerde, Rechtsbeschwerde und Sprungrechtsbeschwerde im Beschlussverfahren, ferner die sofortige Beschwerde[4] und die Rechtsbeschwerde im Beschwerdeverfahren nach § 78. Soweit das Rechtsmittel wie etwa die Revision oder die Sprungrevision einer besonderen Zulassung bedarf, ist auch die Belehrung darauf auszurichten.

15 Nicht zu den Rechtsmitteln zählen die Wiederaufnahme des Verfahrens nach § 79, die Wiedereinsetzung in den vorigen Stand, die Abänderungs- und die Vollstreckungsgegenklage nach den §§ 323, 767 ZPO. Auch die **Nichtzulassungsbeschwerde** nach den §§ 72a, 92a stellt nach höchstrichterlicher Rspr., der die Instanzgerichte folgen, mangels Devolutiveffekts **kein Rechtsmittel** ieS dar[5]. Daher laufen die Rechtsbehelfsfristen auch ohne gerichtl. Hinweis auf die Möglichkeit der Nichtzulassungsbeschwerde[6]. Gleiches muss für die Anhörungsrüge nach § 78a gelten.

16 **2. Form und Inhalt der Belehrung.** Die Rechtsmittelbelehrung ist nach Abs. 5 S. 1 notwendiger **Bestandteil der Entscheidung.** Sie kann – anders als die Belehrung über den Einspruch gegen ein Versäumnisurteil nach § 59 S. 3 – nicht in einem Anhang auf der Rückseite oder einem Beiblatt erfolgen. Vielmehr muss sie von den zuständigen Richtern unterschrieben sein. Ansonsten beginnt die Rechtsmittelfrist nicht zu laufen[7].

17 Die Belehrung darf sich nicht in Stichworten erschöpfen, sondern muss vollständig ausformuliert werden, so dass die rechtsunkundige Partei ohne weiteres Klarheit über die zur Wahrnehmung ihrer Rechte gegebenen Möglichkeiten erhält. Dies erfordert zwar **mehr als eine abstrakte Belehrung** über die in Arbeitsrechtsstreitigkeiten gegebenen Rechtsmittel, macht es den Gerichten aber nicht zur Aufgabe, den Parteien individuell abgestimmte Belehrungen über ihre Möglichkeiten zu erteilen. Ausreichend ist es vielmehr, dass in der Belehrung das oder die **konkret** in der jeweiligen prozessualen Situation **in Betracht kommende(n) Rechtsmittel** bezeichnet werden[8]. Dabei entspricht es allg. Ansicht, dass über die Möglichkeit einer Anschlussberufung nicht belehrt zu werden braucht. Die abstrakte Rechtsmittelbelehrung muss es den Parteien ermöglichen, sich allein aus der Belehrung über das für sie gegebene Rechtsmittel zu informieren. Hingegen wäre es unzureichend, wenn ohne Bezug zu der konkreten prozessualen Situation allg. über die Rechtsmittelmöglichkeiten nach dem ArbGG belehrt

---

1 Vgl. Zöller/*Greger*, § 401 ZPO Rz. 3. ‖ 2 Vgl. BAG 13.12.2001 – 6 AZR 30/01, EzA § 616 BGB Nr. 47. ‖ 3 Vgl. *Meyer/Höver/Bach*, JVEG, 25. Aufl. 2010, § 20 Rz. 20.6. ‖ 4 Vgl. LAG Rh.-Pf. 29.5.2008 – 10 Ta 86/08; zur Streitwertbeschwerde nach § 33 RVG LAG Köln 12.2.2010 – 7 Ta 363/09. ‖ 5 BAG 1.4.1980 – 4 AZN 77/80, AP Nr. 5 zu § 72a ArbGG 1979; 12.2.1997 – 5 AZN 1106/96, AP Nr. 38 zu § 72a ArbGG 1979; Düwell/Lipke/*Reinfelder*, § 9 Rz. 43 mwN zum Streitstand. ‖ 6 BAG 9.7.2003 – 5 AZN 316/03, DB 2003, 2184. ‖ 7 Vgl. BAG 6.3.1980 – 3 AZR 7/80, AP Nr. 1 zu § 9 ArbGG 1979; 1.3.1994 – 10 AZR 50/93, NJW 1994, 3181. ‖ 8 Vgl. BAG 20.2.1997 – 8 AZR 15/96, EzA § 9 ArbGG 1979 Nr. 11; GK-ArbGG/*Bader*, § 9 Rz. 92; eine individuelle Belehrung fordern LAG Berlin 7.1.1980 – 9 Sa 100/79, EzA § 64 ArbGG 1979 Nr. 1; GMP/*Prütting*, § 9 Rz. 37–40.

würde[1]. Sind an einem Rechtsstreit auf Beklagtenseite mehrere Personen als einfache Streitgenossen beteiligt und gibt das arbeitsgerichtl. Urteil der Klage nur hinsichtlich eines dieser Streitgenossen statt und weist es sie iÜ als unbegründet ab, ist die vom ArbG erteilte Rechtsmittelbelehrung: „Gegen dieses Urteil kann das Rechtsmittel der Berufung eingelegt werden, sofern der Wert des Beschwerdegegenstandes 600 Euro übersteigt ..." **hinreichend konkret**. Damit kann nämlich jede der betroffenen Parteien allein anhand der Rechtsmittelbelehrung jeweils für sich feststellen, ob für sie das konkret bezeichnete Rechtsmittel „Berufung" eröffnet ist oder nicht. Eine weiter gehende, individuell abgestimmte Rechtsmittelbelehrung wäre zwar möglich, ihr Fehlen macht aber die erteilte Belehrung nicht unrichtig iSv. Abs. 5 S. 4[2].

Die Partei oder der Beteiligte muss nach Abs. 5 S. 3 ferner über das Gericht, bei dem das Rechtsmittel einzulegen ist, die Anschrift des Gerichts sowie die **einzuhaltende Frist und Form** schriftl. belehrt werden. Daher ist die vollständige postalische **Adresse des Rechtsmittelgerichts** anzugeben[3]. Die Belehrungspflicht erstreckt sich auch auf den vor dem LAG bzw. BAG bestehenden **Vertretungszwang** und darauf, welche Personen (Rechtsanwälte/Verbandsvertreter) zur Einlegung des Rechtsmittels für die beschwerte Partei befugt sind[4]. 18

Nicht erforderlich ist demggü. die Belehrung über die Notwendigkeit einer **Begründung des Rechtsmittels** und eine hierfür vorgesehene Frist. Die rechtsunkundige Partei muss lediglich darüber Bescheid wissen, dass ein Rechtsmittel gegeben ist und dass dieses Rechtsmittel von einem Prozessbevollmächtigten in einer bestimmten Form und Frist einzulegen ist. Für die notwendige Begründung ist dann der Parteivertreter verantwortlich[5]. 19

3. Rechtsfolgen fehlender oder fehlerhafter Belehrung. Ist die Rechtsmittelbelehrung gänzlich unterblieben, unvollständig oder unrichtig, so beginnt die Rechtsmittelfrist nicht zu laufen, wie sich aus Abs. 5 S. 3 ergibt. Allerdings ist auch dann die Einlegung des Rechtsmittels nicht unbefristet zulässig. Vielmehr bestimmt Abs. 5 S. 4 im Interesse der Rechtssicherheit, dass in diesen Fällen eine **Jahresfrist seit Zustellung der Entscheidung** gilt. Davon gibt es nur zwei **Ausnahmen**: 20

– Auch nach Ablauf der Jahresfrist kann das Rechtsmittel noch eingelegt werden, wenn die fristgerechte Einlegung **infolge höherer Gewalt** unmöglich war. Da es sich um eine Art der Wiedereinsetzung handelt, wie die Verweisung auf § 234 I, II und § 236 II ZPO zeigt, muss das Merkmal der höheren Gewalt entsprechend § 233 ZPO iSv. „ohne das Verschulden der Partei" verstanden werden[6]. Bei derart unverschuldeter Versäumung der Jahresfrist ist das Rechtsmittel innerhalb einer zweiwöchigen Frist nach Behebung des Hindernisses einzulegen, und zwar nach § 236 II ZPO unter Angabe und Glaubhaftmachung der Tatsachen, die die Partei schuldlos an der rechtzeitigen Einlegung gehindert haben. Eines besonderen Antrags auf Wiedereinsetzung bedarf es nicht. 21

– Die Jahresfrist kommt ferner nicht zur Anwendung, wenn eine Belehrung dahin erfolgt ist, dass ein Rechtsmittel nicht gegeben sei. Das Rechtsmittel kann dann an sich unbefristet eingelegt werden. Im Einzelfall kann sich der Gegner allerdings auf den Einwand der prozessualen Verwirkung berufen[7]. 22

Enthält die Rechtsmittelbelehrung den Hinweis auf eine **längere Frist als die gesetzl. zutreffende**, so läuft die Rechtsmittelfrist aus Gründen des Vertrauensschutzes jedenfalls nicht vor dem angegebenen Zeitpunkt ab[8]. 23

Erklärt die Rechtsmittelbelehrung demggü. ein **nicht statthaftes Rechtsmittel** für zulässig, so begründet dieser Fehler nicht die Anfechtbarkeit der Entscheidung. Denn eine fehlerhafte Rechtsmittelbelehrung kann nicht dazu führen, dass ein nicht vorgesehener Rechtsweg eröffnet wird oder eine bereits abgelaufene Rechtsmittelfrist erneut beginnt[9]. Die falsche Rechtsmittelbelehrung vermag auch nicht die in den Tenor aufzunehmende Zulassung der Berufung oder Revision zu ersetzen[10]. Etwaige Gerichtskosten, die durch die Einlegung des unstatthaften Rechtsmittels anfallen, dürfen allerdings nach § 21 I GKG nicht erhoben werden, weil sie durch eine unrichtige Sachbehandlung verursacht worden sind[11]. 24

Bei gänzlich unterbliebener Zustellung der Entscheidung ist zu berücksichtigen, dass die Rechtsmittelfrist nach den §§ 66 I, 74 I in Übereinstimmung mit den §§ 517, 548 ZPO fünf Monate ab Verkündung zu laufen beginnt. Da der Fall der fehlenden Zustellung an sich nicht anders behandelt werden kann als die Zustellung einer Entscheidung ohne Rechtsmittelbelehrung innerhalb der Fünf-Monats-Frist, ging die Rspr. früher davon aus, dass diese Frist an die Stelle der in Abs. 5 S. 4 vorgesehenen Zustellung trat 25

---

1 BAG 20.2.1997 – 8 AZR 15/96, EzA § 9 ArbGG 1979 Nr. 11; LAG Bremen 24.7.2002 – 2 Sa 57/02, MDR 2003, 173. ||2 BAG 20.2.1997 – 8 AZR 15/96, EzA § 9 ArbGG 1979 Nr. 11. ||3 BAG 6.3.1980 – 3 AZR 7/80, AP Nr. 1 zu § 9 ArbGG 1979. ||4 BAG 29.4.1983 – 7 AZR 148/81, AP Nr. 2 zu § 9 ArbGG 1979. ||5 Vgl. BVerwG 17.4.2013 – 6 P 9/12, NJW 2013, 1617 mwN. ||6 Vgl. GMP/*Prütting*, § 9 Rz. 51; enger Düwell/Lipke/*Reinfelder*, § 9 Rz. 51. ||7 Vgl. Zöller/*Heßler*, § 567 ZPO Rz. 10 mwN. ||8 Vgl. BAG 23.11.1994 – 4 AZR 743/93; LAG Rh.-Pf. 16.1.2008 – 7 TaBV 60/07; einschr. LAG München 28.10.2010 – 11 Sa 852/10, LAGE § 9 ArbGG 1979 Nr. 8. ||9 BAG 6.8.1997 – 2 AZB 17/97, EzA § 9 ArbGG 1979 Nr. 12. ||10 BAG 4.4.1989 – 5 AZB 9/88, AP Nr. 13 zu § 64 ArbGG 1979; 20.9.2000 – 2 AZR 345/00, NJW 2001, 224. ||11 Vgl. BAG 15.12.1986 – 2 AZR 289/86, DB 1987, 1204; LAG Köln 1.10.2012 – 7 Ta 54/12.

und nach einer Addition der Fristen die Rechtsmittelfrist 17 Monate betrug[1]. Demggü. sieht das BAG in der Neufassung der §§ 66 I 2, 74 I 2 seit dem 1.1.2002 Spezialvorschriften, die eine Anwendung der Zwölf-Monats-Frist des Abs. 5 ausschließen[2]. **Berufungs- und Berufungsbegründungsfrist bzw. Revisions- und Revisionsbegründungsfrist beginnen danach spätestens mit Ablauf von fünf Monaten nach Verkündung** (vgl. § 66 Rz. 10)[3].

26 Mit Rücksicht darauf, dass die Rechtsmittelbelehrung Bestandteil des Urteils ist, wird eine **Nachholung oder Berichtigung** in unmittelbarer oder entsprechender Anwendung des § 319 ZPO für zulässig gehalten[4]. Dem ist jedenfalls aus Beschleunigungsgesichtspunkten im wohlverstandenen Interesse der Parteien zu folgen. Das Gericht ist nach § 319 I ZPO „von Amts wegen" zur Fehlerbehebung verpflichtet, wenn und sobald es von einem berichtigungsfähigen Fehler der Rechtsmittelbelehrung Kenntnis erlangt; iÜ prüft es die Berichtigung auf Antrag. Erst die Zustellung des Berichtigungsbeschlusses mit der richtigen Rechtsmittelbelehrung setzt den Lauf der Rechtsmittelfrist innerhalb der Grenzen des Abs. 5 S. 4 in Gang. Dabei ist unerheblich, ob die Prozesspartei die Unrichtigkeit der Belehrung erkannt hat oder erkennen konnte[5].

10 Parteifähigkeit

Parteifähig im arbeitsgerichtlichen Verfahren sind auch Gewerkschaften und Vereinigungen von Arbeitgebern sowie Zusammenschlüsse solcher Verbände; in den Fällen des § 2a Abs. 1 Nr. 1 bis 3f sind auch die nach dem Betriebsverfassungsgesetz, dem Sprecherausschussgesetz, dem Mitbestimmungsgesetz, dem Mitbestimmungsergänzungsgesetz, dem Drittelbeteiligungsgesetz, dem § 139 des Neunten Buches Sozialgesetzbuch, dem § 51 des Berufsbildungsgesetzes und den zu diesen Gesetzen ergangenen Rechtsverordnungen sowie die nach dem Gesetz über Europäische Betriebsräte, dem SE-Beteiligungsgesetz, dem SCE-Beteiligungsgesetz und dem Gesetz über die Mitbestimmung der Arbeitnehmer bei einer grenzüberschreitenden Verschmelzung beteiligten Personen und Stellen Beteiligte. Parteifähig im arbeitsgerichtlichen Verfahren sind in den Fällen des § 2a Abs. 1 Nr. 4 auch die beteiligten Vereinigungen von Arbeitnehmern und Arbeitgebern sowie die oberste Arbeitsbehörde des Bundes oder derjenigen Länder, auf deren Bereich sich die Tätigkeit der Vereinigung erstreckt.

1 **I. Parteifähigkeit im Zivilprozess.** Parteifähigkeit bedeutet, im eigenen Namen als Partei einen Prozess zur Rechtsverfolgung oder Rechtsverteidigung führen zu können. Die Grundnorm der Parteifähigkeit findet sich in § 50 ZPO, die kraft Verweisung in den §§ 46 II, 80 II auch für das Verfahren vor den Gerichten für Arbeitssachen entsprechend gilt. Nach **§ 50 I ZPO** ist parteifähig, wer rechtsfähig ist. Das sind zunächst **alle natürlichen und juristischen Personen** des privaten und des öffentl. Rechts, ferner auf Grund ausdrücklicher gesetzl. Regelung den §§ 124 I, 161 II HGB die **OHG** und die **KG** sowie **politische Parteien** nach § 3 PartG. Auch der **BGB-Außengesellschaft** wird Rechtsfähigkeit und damit aktive wie passive Parteifähigkeit zuerkannt, soweit sie durch Teilnahme am Rechtsverkehr eigene Rechte und Pflichten begründet[6].

2 Schließlich kann nach **§ 50 II ZPO** in der seit dem 30.9.2009 geltenden Fassung ein nichtrechtsfähiger Verein klagen und verklagt werden und hat insoweit die Stellung eines rechtsfähigen Vereins. Der alte Streit über die volle Parteifähigkeit des nichtrechtsfähigen Vereins auch für Aktivprozesse ist damit obsolet[7].

3 **II. Parteifähigkeit im arbeitsgerichtlichen Urteilsverfahren.** Über die allg. Regelung der Parteifähigkeit nach § 50 ZPO hinausgehend erklärt Hs. 1 auch die **Gewerkschaften** und **Vereinigungen von ArbGeb** sowie Zusammenschlüsse solcher Verbände für alle Verfahren vor den Gerichten für Arbeitssachen für parteifähig, und zwar unabhängig von der jeweiligen Rechtsform. Die Sondervorschrift war notwendig, weil die Gewerkschaften traditionell als nichtrechtsfähige Vereine organisiert sind. Auch für den Zivilprozess ist die aktive Parteifähigkeit der Gewerkschaften inzwischen allg. anerkannt[8].

4 Auch **Unterorganisationen einer Gewerkschaft** können den Gewerkschaftsbegriff iSd. § 10 erfüllen und damit parteifähig sein, wenn sie körperschaftlich organisiert, ggü. der Gesamtorganisation weitgehend selbständig und selbst tariffähig sind[9]. Die nach § 56 ZPO von Amts wegen zu prüfende Parteifähigkeit entfällt, wenn die Gewerkschaft oder ihre Unterorganisation im Laufe des Rechtsstreits ihre Tariffähigkeit verliert[10].

---

1 BAG 16.11.2005 – 7 AZR 81/05, NZA 2006, 784; 23.11.1994 – 4 AZR 743/93, AP Nr. 12 zu § 9 ArbGG 1979; 8.6.2000 – 2 AZR 584/99, NZA 2001, 343. ||2 BAG 28.10.2004 – 8 AZR 492/03, NZA 2005, 700; 3.11.2004 – 4 AZR 531/03; 16.12.2004 – 2 AZR 611/03, NZA 2005, 1133; 2.6.2005 – 2 AZR 177/04, FA 2005, 274; 6.7.2005 – 4 AZR 35/04; 24.10.2006 – 9 AZR 709/05, NZA 2007, 228. ||3 BAG 16.1.2008 – 7 AZR 1090/06. ||4 Vgl. Düwell/Lipke/*Reinfelder*, § 9 Rz. 56; GK-ArbGG/*Bader*, § 9 Rz. 101. ||5 Vgl. BAG 13.4.2005 – 5 AZB 76/04, NZA 2005, 836. ||6 Vgl. BGH 29.1.2001 – II ZR 331/00, NJW 2001, 1056; BAG 1.12.2004 – 5 AZR 597/03, MDR 2005, 584. ||7 Vgl. Zöller/*Vollkommer*, § 50 Rz. 22. ||8 Vgl. BGH 6.10.1989 – V ZR 152/88, MDR 1990, 141; Zöller/*Vollkommer*, § 50 ZPO Rz. 39. ||9 Vgl. BAG 22.12.1960 – 2 AZR 140/58, AP Nr. 25 zu § 11 ArbGG 1953: für den Ortsverein der IG Druck und Papier; LAG Hamm 31.5.2000 – 18 Sa 858/00, NZA-RR 2000, 535; LAG Düss. 13.12.2006 – 12 TaBV 95/06; LAG Hess. 17.9.2008 – 9 SaGa 1442/08. ||10 Vgl. BAG 25.9.1990 – 3 AZR 266/89, AP Nr. 8 zu § 9 TVG 1969.

Für „Vereinigungen von Arbeitgebern" ist die Sondervorschrift nur von Bedeutung, wenn es sich um nichtrechtsfähige Vereine handelt. Auch bei ihnen muss jedenfalls die Tariffähigkeit nach § 2 I TVG gegeben sein[1].

Parteifähig sind schließlich auch die **Spitzenorganisationen** von Gewerkschaften und ArbGebVereinigungen nach § 2 II u. III TVG. Wenn die Parteifähigkeit gegeben ist, besteht sie unbeschränkt mit der Wirkung, dass die Organisationen auch als ArbGeb ihrer eigenen Beschäftigten klagen und verklagt werden können[2].

III. Beteiligtenfähigkeit im arbeitsgerichtlichen Beschlussverfahren. § 10 Hs. 2 erweitert den Kreis der ohnehin nach § 50 ZPO und Hs. 1 parteifähigen Personen und Organisationen für das arbeitsgerichtl. Beschlussverfahren. Da dieses Verfahren keine Parteien, sondern nur Beteiligte kennt, wird die Parteifähigkeit im Beschlussverfahren richtigerweise als Beteiligtenfähigkeit bezeichnet. Es handelt sich dementsprechend um die Fähigkeit, im eigenen Namen ein Beschlussverfahren zur Rechtsverfolgung oder Rechtsverteidigung zu betreiben[3]. Maßgeblicher Zeitpunkt für die Feststellung der Beteiligtenfähigkeit ist der Schluss der Anhörung, auf die die Entscheidung des Gerichts ergeht[4].

Durch die besondere Regelung der Beteiligtenfähigkeit wird sichergestellt, dass auch die nach den aufgezählten Gesetzen beteiligten **Personen und Stellen** ihre Rechte im Beschlussverfahren geltend machen können. Beteiligtenfähig ist daher eine rechtl. unselbständige, aber im Handelsregister eingetragene Niederlassung einer ausländischen AG[5]. Gleiches gilt für eine tarifl. geschaffene Konzernauszubildendenvertretung, die mit Befugnissen nach §§ 72, 73 BetrVG ausgestattet ist[6]. Nicht beteiligtenfähig ist dagegen die Paritätische Kommission nach dem ERA-TV, weil sie nicht selbst Träger betriebsverfassungsrechtl. Rechte ist[7]. In Betracht kommende Personen sind etwa die Vertrauensleute der Schwerbehinderten, Beauftragte der Gewerkschaften und ArbGebVereinigungen, BR- oder Aufsichtsratsmitglieder und SprAuMitglieder. Beteiligtenfähig sind grds. auch einzelne ArbN als natürliche Person. Ob sie am konkreten Beschlussverfahren zu beteiligen sind, ist nach näherer Maßgabe des § 83 zu beurteilen. Bei einer sog. Doppelrelevanz rechtlich bedeutsamer Umstände sowohl für die Zulässigkeit als auch für die Begründetheit eines Antrags können die Verfahrensvoraussetzungen angenommen werden, um eine der Rechtskraft fähige Sachentscheidung zu ermöglichen[8].

Die **Beteiligtenfähigkeit endet** mit dem Verlust der Rechtsfähigkeit, also bei natürlichen Personen mit dem Tod, bei juristischen Personen mit Ende ihrer rechtl. Existenz. Wird eine juristische Person während eines Passivprozesses liquidiert, besteht ihre Beteiligtenfähigkeit allerdings bis zum Ende des anhängigen Verfahrens fort[9]. Gleiches gilt für den Fall, dass eine betriebsverfassungsrechtl. Stelle ihre Funktion während eines schwebenden Verfahrens verliert – zB der BR infolge der Beendigung der Arb-Verh aller BR-Mitglieder – und die Entscheidung des Gerichts noch Auswirkungen auf die Beteiligten haben kann[10]. Bei der **Funktionsnachfolge** zB durch den neugewählten BR ändert sich für die Beteiligtenfähigkeit nichts, weil die Identität der betriebsverfassungsrechtl. Stelle erhalten bleibt[11]. Für die Beteiligtenfähigkeit einer Stelle ist es ebenso unerheblich, wenn sich ihre Zusammensetzung durch Tod, Rücktritt oder Ausschluss eines Mitglieds oder durch Nachrücken eines Ersatzmitglieds ändert. Denn die beteiligten Stellen sind selbst Verfahrenssubjekte, nicht dagegen ihre einzelnen Mitglieder, die folgerichtig als Zeugen und nicht als Partei zu vernehmen sind[12].

IV. Rechtsfolgen fehlender Partei- oder Beteiligtenfähigkeit. Nach § 56 ZPO hat das Gericht den Mangel der Parteifähigkeit, der Prozessfähigkeit, der Legitimation eines gesetzl. Vertreters und der erforderlichen Ermächtigung zur Prozessführung jederzeit von Amts wegen zu berücksichtigen. Fehlte die Partei- oder Beteiligtenfähigkeit von Anfang an, ist die Klage/der Antrag – bei Unbehebbarkeit des Mangels – als unzulässig abzuweisen/zurückzuweisen. Bei einem **Streit über die Parteifähigkeit** oder die nach § 52 ZPO zu beurteilende Prozessfähigkeit gilt die Partei bis zur rechtskräftigen Feststellung des Mangels als partei- bzw. prozessfähig[13]. Ebenso ist beim Streit über die Beteiligtenfähigkeit im Beschlussverfahren zu verfahren[14]. Zeigt sich erst in der Rechtsmittelinstanz, dass der in der Sache verurteilte Rechtsmittelkläger nicht partei- oder prozessfähig gewesen ist, so ist nicht das Rechtsmittel als unzulässig zu verwerfen, sondern die Klage als unzulässig abzuweisen[15].

---

1 Vgl. GK-ArbGG/*Dörner*, § 10 Rz. 19. || 2 Vgl. GMP/*Matthes/Schlewing*, § 10 Rz. 16. || 3 Vgl. GMP/*Matthes/Schlewing*, § 10 Rz. 17. || 4 Vgl. LAG Schl.-Holst. 27.3.2012 – 1 TaBV 12b/11. || 5 BAG 11.6.2002 – 1 ABR 43/01, NZA 2003, 226; 20.4.2005 – 7 AZR 20/04, NZA 2005, 1006; 10.3.2009 – 1 ABR 93/07. || 6 BAG 24.8.2004 – 1 ABR 28/03, NZA 2005, 371. || 7 Vgl. BAG 16.8.2011 – 1 ABR 30/10. || 8 BAG 19.9.2006 – 1 ABR 53/05, NJW 2007, 1018. || 9 Vgl. BAG 17.10.1989 – 1 ABR 80/88, AP Nr. 29 zu § 111 BetrVG 1972. || 10 Vgl. BAG 17.7.1964 – 1 ABR 3/64, AP Nr. 3 zu § 80 ArbGG 1953; zur Frage des Restmandats BAG 28.10.1992 – 10 ABR 75/91, AP Nr. 63 zu § 112 BetrVG 1972; ferner BAG 14.8.2001 – 1 ABR 52/00, NZA 2002, 109. || 11 Vgl. BAG 27.1.1981 – 6 ABR 68/79, AP Nr. 2 zu § 80 ArbGG 1979; ferner BAG 22.3.2005 – 1 ABR 64/03, BB 2005, 2024. || 12 Vgl. Düwell/Lipke/*Dreher*, § 10 Rz. 13. || 13 Vgl. BAG 22.3.1988 – 3 AZR 350/86, AP Nr. 6 zu § 50 ZPO; 19.3.2002 – 9 AZR 752/00, NZA 2003, 59; Zöller/*Vollkommer*, § 56 ZPO Rz. 13 mwN. || 14 Vgl. BAG 25.8.1981 – 1 ABR 61/79; 12.1.2000 – 7 ABR 61/98, NZA 2000, 669; LAG Hess. 23.10.2008 – 9 TaBV 155/08. || 15 BGH 4.11.1999 – III ZR 306/98, NJW 2000, 289; Zöller/*Vollkommer*, § 56 ZPO Rz. 14 mwN.

11 Prozessvertretung

(1) Die Parteien können vor dem Arbeitsgericht den Rechtsstreit selbst führen. Parteien, die eine fremde oder ihnen zum Zweck der Einziehung auf fremde Rechnung abgetretene Geldforderung geltend machen, müssen sich durch einen Rechtsanwalt als Bevollmächtigten vertreten lassen, soweit sie nicht nach Maßgabe des Absatzes 2 zur Vertretung des Gläubigers befugt wären oder eine Forderung einziehen, deren ursprünglicher Gläubiger sie sind.

(2) Die Parteien können sich durch einen Rechtsanwalt als Bevollmächtigten vertreten lassen. Darüber hinaus sind als Bevollmächtigte vor dem Arbeitsgericht vertretungsbefugt nur

1. Beschäftigte der Partei oder eines mit ihr verbundenen Unternehmens (§ 15 des Aktiengesetzes); Behörden und juristische Personen des öffentlichen Rechts einschließlich der von ihnen zur Erfüllung ihrer öffentlichen Aufgaben gebildeten Zusammenschlüsse können sich auch durch Beschäftigte anderer Behörden oder juristischer Personen des öffentlichen Rechts einschließlich der von ihnen zur Erfüllung ihrer öffentlichen Aufgaben gebildeten Zusammenschlüsse vertreten lassen,
2. volljährige Familienangehörige (§ 15 der Abgabenordnung, § 11 des Lebenspartnerschaftsgesetzes), Personen mit Befähigung zum Richteramt und Streitgenossen, wenn die Vertretung nicht im Zusammenhang mit einer entgeltlichen Tätigkeit steht,
3. selbständige Vereinigungen von Arbeitnehmern mit sozial- oder berufspolitischer Zwecksetzung für ihre Mitglieder,
4. Gewerkschaften und Vereinigungen von Arbeitgebern sowie Zusammenschlüsse solcher Verbände für ihre Mitglieder oder für andere Verbände oder Zusammenschlüsse mit vergleichbarer Ausrichtung und deren Mitglieder,
5. juristische Personen, deren Anteile sämtlich im wirtschaftlichen Eigentum einer der in Nummer 4 bezeichneten Organisationen stehen, wenn die juristische Person ausschließlich die Rechtsberatung und Prozessvertretung dieser Organisation und ihrer Mitglieder oder anderer Verbände oder Zusammenschlüsse mit vergleichbarer Ausrichtung und deren Mitglieder entsprechend deren Satzung durchführt, und wenn die Organisation für die Tätigkeit der Bevollmächtigten haftet.

Bevollmächtigte, die keine natürlichen Personen sind, handeln durch ihre Organe und mit der Prozessvertretung beauftragten Vertreter.

(3) Das Gericht weist Bevollmächtigte, die nicht nach Maßgabe des Absatzes 2 vertretungsbefugt sind, durch unanfechtbaren Beschluss zurück. Prozesshandlungen eines nicht vertretungsbefugten Bevollmächtigten und Zustellungen oder Mitteilungen an diesen Bevollmächtigten sind bis zu seiner Zurückweisung wirksam. Das Gericht kann den in Absatz 2 Satz 2 Nr. 1 bis 3 bezeichneten Bevollmächtigten durch unanfechtbaren Beschluss die weitere Vertretung untersagen, wenn sie nicht in der Lage sind, das Sach- und Streitverhältnis sachgerecht darzustellen.

(4) Vor dem Bundesarbeitsgericht und dem Landesarbeitsgericht müssen sich die Parteien, außer im Verfahren vor einem beauftragten oder ersuchten Richter und bei Prozesshandlungen, die vor dem Urkundsbeamten der Geschäftsstelle vorgenommen werden können, durch Prozessbevollmächtigte vertreten lassen. Als Bevollmächtigte sind außer Rechtsanwälten nur die in Absatz 2 Satz 2 Nr. 4 und 5 bezeichneten Organisationen zugelassen. Diese müssen in Verfahren vor dem Bundesarbeitsgericht durch Personen mit Befähigung zum Richteramt handeln. Eine Partei, die nach Maßgabe des Satzes 2 zur Vertretung berechtigt ist, kann sich selbst vertreten; Satz 3 bleibt unberührt.

(5) Richter dürfen nicht als Bevollmächtigte vor dem Gericht auftreten, dem sie angehören. Ehrenamtliche Richter dürfen, außer in den Fällen des Absatzes 2 Satz 2 Nr. 1, nicht vor einem Spruchkörper auftreten, dem sie angehören. Absatz 3 Satz 1 und 2 gilt entsprechend.

(6) In der Verhandlung können die Parteien mit Beiständen erscheinen. Beistand kann sein, wer in Verfahren, in denen die Parteien den Rechtsstreit selbst führen können, als Bevollmächtigter zur Vertretung in der Verhandlung befugt ist. Das Gericht kann andere Personen als Beistand zulassen, wenn dies sachdienlich ist und hierfür nach den Umständen des Einzelfalls ein Bedürfnis besteht. Absatz 3 Satz 1 und 3 und Absatz 5 gelten entsprechend. Das von dem Beistand Vorgetragene gilt als von der Partei vorgebracht, soweit es nicht von dieser sofort widerrufen oder berichtigt wird.

I. Inhalt und Zweck. Die seit dem 1.7.2008 gültige Neufassung der Vorschrift beruht auf dem Gesetz zur Neuregelung des Rechtsberatungsrechts (RBerNG) v. 12.12.2007[1] und trägt dem Ziel der Angleichung der Verfahrensordnungen Rechnung. Sie orientiert sich an der Neuregelung der Prozessvertretung in der ZPO und berücksichtigt die in der Arbeitsgerichtsbarkeit geltenden Besonderheiten.

II. Prozessführung vor den Arbeitsgerichten (Abs. 1–3). 1. Durch die Parteien selbst. Das Verfahren vor dem ArbG ist grds. ein **Parteiprozess ohne Vertretungszwang**. Eine Ausnahme gilt nach Maßgabe des Abs. 1 S. 2 für die im Arbeitsrecht seltenen Fälle der Inkassozession oder Inkassoermächtigung. Die Parteien können den Prozess ansonsten ohne weiteres selbst führen, sofern sie auch prozessfähig sind. Dabei handelt es sich um die Fähigkeit, Prozesshandlungen selbst oder durch selbst bestellte Vertreter

---
[1] BGBl. I S. 2840.

wirksam vorzunehmen oder entgegenzunehmen. Nach § 52 ZPO ist prozessfähig, wer sich – selbständig – durch Vertrag verpflichten kann, gleichgültig, ob er den Prozess für sich oder als Vertreter eines anderen führen will. Auch der etwaige Prozessvertreter muss daher selbst prozessfähig sein[1].

Geschäftsunfähige und beschränkt geschäftsfähige **natürliche Personen** sind demzufolge nicht prozessfähig und handeln durch ihren gesetzl. Vertreter. Hat dieser den Minderjährigen nach § 112 BGB zum selbständigen Betrieb eines Erwerbsgeschäftes oder nach § 113 BGB zum Eintritt in Dienst oder Arbeit ermächtigt, besteht für die damit verbundenen Rechtsgeschäfte unbeschränkte Geschäftsfähigkeit. Im Umfang dieser Teilgeschäftsfähigkeit ist der Minderjährige dann auch aktiv und passiv prozessfähig. § 113 BGB gilt allerdings wegen der besonderen Schutzbedürftigkeit des Auszubildenden nicht für den Abschluss eines Berufsausbildungsvertrages nach dem BBiG. Bei Streitigkeiten aus dem Berufsausbildungsverhältnis wird der minderjährige ArbN also durch seinen gesetzl. Vertreter vertreten[2].

Prozessfähige **juristische Personen** oder rechtsfähige Vereinigungen müssen im Einzelfall durch ihre gesetzl. Vertreter oder analog § 11 Nr. 3 SGB X durch besonders Beauftragte handeln[3]. Die Prozessfähigkeit des ArbGeb bleibt auch nach dessen Löschung im Gesellschaftsregister bestehen, wenn er seinem Prozessbevollmächtigten zuvor wirksam Prozessvollmacht erteilt hat[4].

Zweifeln an der Prozessfähigkeit einer Partei hat das Gericht nach § 56 ZPO **von Amts wegen** nachzugehen. Bis zur abschließenden Klärung ist die Partei als prozessfähig zu behandeln[5]. Das Gericht hat alle in Betracht kommenden Beweise, insb. durch Einholung von Sachverständigengutachten, zu erheben[6]. Kann nach Erschöpfung aller Beweismittel nicht festgestellt werden, ob die Partei prozessfähig ist, muss sie als prozessunfähig angesehen werden mit der Folge, dass ein Sachurteil nicht ergehen kann[7].

2. Durch Dritte. Wenn eine Partei den Rechtsstreit nicht selbst führen möchte, kann sie sich durch einen **Rechtsanwalt** vertreten lassen. Die Regelung in Abs. 2 S. 1 entspricht der neuen Konzeption für den Zivilprozess, wonach die Prozessvertretung grds. Rechtsanwälten vorbehalten ist. Vertretungsberechtigt ist jeder bei einem deutschen Gericht zugelassene Rechtsanwalt. Dies gilt auch für **Syndikus-Anwälte** und Angestellte von ArbGeb, die gleichzeitig zugelassene Rechtsanwälte sind[8]. Will der Mitarbeiter als Anwalt auftreten, so muss er mit Blick auf § 46 BRAO deutlich machen, dass er das Mandat außerhalb seines Beschäftigungsverhältnisses wahrnimmt[9]. Nach § 157 ZPO kann der Rechtsanwalt einem bei ihm im Vorbereitungsdienst beschäftigten **Referendar** Untervollmacht zur Vertretung in der Verhandlung erteilen[10], aber anders als nach altem Recht nicht sonstige Personen wie etwa den Bürovorsteher oder die Anwaltsgehilfin in Untervollmacht auftreten lassen[11]. Bei plötzlicher Erkrankung des Prozessbevollmächtigten ist einem Antrag auf Terminverlegung zur Wahrung des Anspruchs auf rechtliches Gehör regelmäßig stattzugeben[12].

Abs. 2 S. 2 zählt abschließend **weitere Personen und Organisationen** auf, die zur Prozessvertretung vor dem ArbG befugt sind. Die Nrn. 1 und 2 entsprechen der Regelung in § 79 II 2 ZPO und stellen klar, dass **Beschäftigte der Partei** mit der notwendigen Vollmacht die Prozessvertretung übernehmen können, unabhängig davon, ob es sich bei der Partei um eine natürliche Person, eine Personengesellschaft, eine juristische Person oder einen Verein handelt. Es kommt auch nicht darauf an, ob der Vertreter über die Befähigung zum Richteramt verfügt. Zulässig ist nun auch die Vertretung durch **Konzernmitarbeiter**, etwa durch ein Mitglied der Rechtsabteilung des herrschenden Unternehmens (§§ 15, 17 AktG). Das Vorliegen eines Unternehmensverbundes sollte vorsorglich in der Prozessvollmacht vermerkt werden. Ebenso können sich auch **Behörden** und juristische Personen des öffentl. Rechts sowohl durch eigene Beamte oder Angestellte als auch durch Beschäftigte anderer Dienststellen oder von Zusammenschlüssen, zB von kommunalen Spitzenverbänden, vertreten lassen.

Wie bisher können auch volljährige Familienangehörige die **unentgeltliche** Prozessvertretung übernehmen, ferner Personen mit Befähigung zum Richteramt und Streitgenossen, und zwar unabhängig davon, ob die Vertretung nur einmalig oder „geschäftsmäßig" erfolgt[13].

In Nr. 3–5 sind diejenigen Organisationen aufgeführt, deren Vertreter auch bisher schon für ihre **Mitglieder**[14] vertretungsbefugt waren. In Betracht kommen:

– Vertreter von Gewerkschaften (zB IGBCE, IG Metall, CGM ua.)

– Vertreter von ArbGebVereinigungen[15] (zB Innungen[16], nicht dagegen Industrie- und Handelskammern sowie Handwerkskammern)

---

1 Vgl. Zöller/*Vollkommer*, § 52 ZPO Rz. 2. ||2 Vgl. GMP/*Germelmann*, § 11 Rz. 12. ||3 Zöller/*Vollkommer*, § 52 ZPO Rz. 6a. ||4 Vgl. BAG 4.6.2003 – 10 AZR 448/02; LAG Sachs. 15.1.2010 – 3 Sa 716/08. ||5 BAG 22.3. 1988 – 3 AZR 350/86, EzA § 50 ZPO Nr. 2. ||6 BGH 9.1.1996 – VI ZR 94/95, MDR 1996, 410. ||7 BGH 4.11.1999 – III ZR 306/98, MDR 2000, 223. ||8 Vgl. LAG Schl.-Holst. 13.2.2004 – 2 Ta 27/04, NZA-RR 2004, 607; Düwell/ Lipke/*Wolmerath*, § 11 Rz. 7. ||9 Vgl. LAG Hess. 28.5.2009 – 9 TaBV 35/09. ||10 Vgl. zum alten Recht BAG 22.2.1990 – 2 AZR 122/89, EzA § 11 ArbGG 1979 Nr. 7. ||11 Anders früher LAG München 10.3.1989 – 9 Ta 118/88, LAGE § 11 ArbGG 1979 Nr. 7. ||12 Vgl. LAG Hess. 28.1.2010 – 4 Ta 24/10. ||13 Vgl. BT-Drs. 16/3655, 93. ||14 Vgl. LAG München 17.7.2008 – 4 TaBV 20/08. ||15 Bejahend auch für den Fall der OT-Mitgliedschaft LAG Hamm 25.10.2000 – 18 Sa 261/00, BuW 2002, 44. ||16 Vgl. BAG 27.1.1961 – 1 AZR 311/59, AP Nr. 26 zu § 11 ArbGG 1953.

- Vertreter von Zusammenschlüssen von Gewerkschaften u. ArbGebVereinigungen (zB DGB, BDA)
- Vertreter von selbständigen Vereinigungen von ArbN mit sozial- oder berufspolitischer Zielsetzung (zB KAB, DAV, Marburger Bund)
- Vertreter der DGB-Rechtsschutz GmbH[1].

Im Gegensatz zur bisherigen Praxis sollen künftig unmittelbar die Gewerkschaft, der ArbGebVerband oder die Rechtsschutz-GmbH bevollmächtigt werden. Damit korrespondiert die Regelung in S. 3, wonach Bevollmächtigte, die nicht natürliche Personen sind, nicht nur durch ihre Organe, sondern wie bisher durch andere Vertreter handeln können, die hierzu – etwa auf Grund der Satzung oder einer einzelvertraglichen Ermächtigung – befugt sind.

10 Wie bisher besteht nach Nr. 4 und 5 auch die **Möglichkeit wechselseitiger Verbandsvertretung**. Danach ist die Vertretung „verschwisterter" Verbände und deren Mitglieder aus anderen Regionen oder Branchen zulässig, ferner von Zusammenschlüssen mit vergleichbarer Ausrichtung und deren Mitgliedern. Diese Regelung kann nicht auf die in Nr. 3 genannten Vereinigungen von ArbN mit sozial- oder berufspolitischer Zwecksetzung angewendet werden.

11 Abs. 3 kodifiziert das Verfahren zum **Ausschluss nicht vertretungsbefugter oder ungeeigneter Prozessvertreter** in Übereinstimmung mit § 79 III ZPO. Prozesshandlungen des Bevollmächtigten und Zustellungen an ihn sind nur bis zu dem Beschluss wirksam, der den Vertreter zurückweist oder ihm die weitere Vertretung untersagt. Der Beschluss ergeht nach § 55 I Nr. 11 durch den Vorsitzenden ohne Beteiligung der ehrenamtlichen Richter und ist unanfechtbar. Vor Erlass eines Versäumnisurteils gegen die dann nicht mehr vertretene Partei muss ihr allerdings rechtl. Gehör gewährt werden, um auf die neue prozessuale Situation reagieren zu können. An sich nach Abs. 2 Nr. 1–3 vertretungsbefugten Personen kann die weitere Vertretung untersagt werden, wenn sie nicht zu einem ordnungsgemäßen Sachvortrag in der Lage sind, zB bei unkontrollierter Erregung, Aggressivität ggü. anderen Prozessbeteiligten oder Trunkenheit. Das Gericht sollte von dieser Möglichkeit nur bei einer erheblichen Störung des Prozessablaufs Gebrauch machen[2]. Sie besteht ohnehin nicht bei Rechtsanwälten und denjenigen Organisationen, denen die Befugnis zur Vertretung vor dem LAG zusteht. Die Vorschrift des Abs. 3 kommt daher auch nur im Verfahren vor dem ArbG zur Anwendung.

12 **III. Prozessvertretung vor den LAG und dem BAG (Abs. 4).** In den Rechtsmittelinstanzen können die Parteien den Rechtsstreit nicht selbst führen. Vielmehr besteht **Vertretungszwang**. Der bisherige Anwaltszwang vor dem BAG ist aufgehoben. Dort können nun wie vor dem LAG anstelle der Anwälte auch die in Abs. 2 S. 2 Nr. 4 u. 5 bezeichneten Organisationen auftreten, also Vertreter von Gewerkschaften oder von Vereinigungen von ArbGeb oder von Zusammenschlüssen solcher Verbände, wenn sie kraft Satzung oder Vollmacht zur Vertretung befugt sind und der Zusammenschluss, der Verband oder deren Mitglieder Partei sind. Unerheblich ist, ob die Satzung und die Rechtsschutzrichtlinien eine Rechtsschutzgewährung für den jeweiligen Rechtsstreit vorsehen oder zulassen[3]. Demggü. sind Vertreter von ArbN-Vereinigungen mit sozial- oder berufspolitischer Zielsetzung nicht vertretungsberechtigt. Deren auf die Vertretung vor dem ArbG beschränkte Zulassung verstößt nicht gegen Art. 9 III GG[4]. Soweit **Verbandsvertreter vor dem BAG** auftreten, müssen sie allerdings die Befähigung zum Richteramt haben. Der Prozessbevollmächtigte muss auch durch seine Unterschrift deutlich machen, dass er die uneingeschränkte Verantwortung für den Inhalt der Rechtsmittelbegründungsschrift trägt[5].

13 Ein Verbandsvertreter kann die Prozessvertretung für den Insolvenzverwalter einer insolvent gewordenen Mitgliedsfirma nicht übernehmen, wenn nach der Verbandssatzung die Mitgliedschaft der Gemeinschuldnerin geendet hat und der Insolvenzverwalter selbst nicht Mitglied des Verbandes ist[6]. Die Erteilung einer **Untervollmacht** durch den Verbandsvertreter setzt voraus, dass der Dritte ebenfalls die an eine Organisationsvertretung gestellten Anforderungen erfüllt[7].

14 Die Partei selbst kann demnach im Urteilsverfahren vor dem LAG und dem BAG wirksam keine Prozesshandlungen vornehmen. Erscheint sie ohne Prozessvertreter, so ist sie **als säumig zu behandeln**. Sie kann insb. ein von einem Prozessvertreter eingelegtes – zulässiges – Rechtsmittel nicht zurücknehmen oder einen Prozessvergleich abschließen. In Betracht kommt allenfalls ein privatschriftl. Vergleich, der zwar auch zur Erledigung des Rechtsstreits führt, aber als Vollstreckungstitel ausscheidet. Hat die Partei von Anfang an keinen Prozessvertreter, so leidet das Rechtsmittel an einem unbehebbaren Verfahrensmangel und ist ggf. durch Beschluss nach § 522 I ZPO – ohne mündliche Verhandlung – oder durch unechtes Versäumnisurteil zu verwerfen[8].

15 Prozesshandlungen der Partei sind **ausnahmsweise zulässig**, soweit sie zu Protokoll der Geschäftsstelle des Gerichts erklärt werden können. Das gilt vor allem für den Einspruch gegen ein Versäumnis-

---

1 Vgl. LAG BW 8.10.1998 – 11 Sa 21/98, LAGE § 11 ArbGG 1979 Nr. 15; LAG Hamm 25.2.1999 – 17 Sa 2281/98, AuR 1999, 247. ||2 Vgl. VerfG Berlin 14.11.2012 – 33/12. ||3 BAG 28.4.2004 – 10 AZR 469/03, MDR 2004, 1139; 6.9.2006 – 5 AZR 684/05, NZA 2007, 526. ||4 LAG Hamm 15.7.1997 – 16 Sa 1235/96, NZA 1998, 502. ||5 Vgl. BAG 20.9.2011 – 9 AZN 582/11. ||6 BAG 20.11.1997 – 2 AZR 52/97, EzA § 11 ArbGG 1979 Nr. 14. ||7 LAG Berlin 7.8.1995 – 9 Sa 67/95, LAGE § 11 ArbGG 1979 Nr. 10. ||8 Vgl. LAG Saarl. 11.2.2010 – 2 Sa 8/10; LAG Rh.-Pf. 23.1.2008 – 7 Sa 625/07.

urteil des LAG nach § 64 VII iVm. § 59, für den Antrag auf PKH nach § 117 I ZPO sowie für das Ablehnungsgesuch nach § 49 iVm. § 44 ZPO und die Erklärung der Erledigung der Hauptsache nach § 91a I 1 ZPO. Auch in dem Verfahren über die sofortige Beschwerde besteht kein Anwaltszwang, es sei denn, das LAG ordnet eine mündliche Verhandlung an[1]. Zulässig ist schließlich auch die Rücknahme eines mangels hinreichender Vertretung unzulässigen Rechtsmittels durch die Partei selbst[2].

Ein **Syndikusanwalt** kann in den Rechtsmittelinstanzen nur dann als Prozessvertreter agieren, wenn er die Verantwortung für die Prozesshandlungen unabhängig von den Weisungen seines Auftraggebers übernimmt[3]. Denn Abs. 4 soll sicherstellen, dass der Rechtsanwalt als unabhängiges Organ der Rechtspflege tätig wird. Demgemäß verbietet § 46 BRAO ausdrücklich das Handeln für den Dienstherrn bzw. ArbGeb vor den Gerichten in der „Eigenschaft als Rechtsanwalt". Mit Rücksicht darauf ist eine Berufung unzulässig, wenn sie von einem angestellten Syndikusanwalt auf einem Kopfbogen seines ArbGeb eingelegt wird, er mit dem Zusatz „Syndikusanwalt" unterzeichnet und auch iÜ nicht deutlich macht, dass er den Mandanten als unabhängiger Rechtsanwalt vertritt[4]. 16

Zur Prozessvertretung vor den Rechtsmittelgerichten sind **Rechtslehrer** nicht zugelassen[5]. Dagegen können **ausländische Rechtsanwälte** aus einem EU-Mitgliedstaat nach Maßgabe des EuRAG v. 9.3. 2000[6] vor deutschen Gerichten als Prozessbevollmächtigte auftreten. Gem. § 28 EuRAG darf der EU-Rechtsanwalt in gerichtl. Verfahren mit Anwalts- und Vertretungszwang als Vertreter seines Mandanten nur im Einvernehmen mit einem zugelassenen Rechtsanwalt (Einvernehmensanwalt) handeln. Das Vorliegen dieses Einvernehmens ist gem. § 29 I EuRAG bei der ersten Handlung ggü. dem Gericht schriftlich nachzuweisen. Für den Nachweis reicht es jedoch aus, dass die Rechtsmittelschrift zusätzlich auch noch von einem in Deutschland zugelassenen Rechtsanwalt unterzeichnet worden ist[7]. Für Rechtsanwälte aus dem übrigen Ausland gelten die Sonderregelungen der §§ 206, 207 BRAO. 17

IV. Vertretung durch Richter. Abs. 5 enthält die in allen Verfahrensordnungen neu eingeführte Regelung zur Unvereinbarkeit der Prozessvertretung mit einer richterlichen Funktion an demselben Gericht. **Berufsrichter** dürfen generell nicht vor dem Gericht auftreten, dem sie angehören. S. 2 beschränkt das Vertretungsverbot für **ehrenamtliche Richter** auf den jeweiligen Spruchkörper, dem sie angehören. Es geht darum, bereits den Anschein der Voreingenommenheit zu vermeiden, der entstehen könnte, wenn ein regelmäßig vor einem Spruchkörper auftretender Prozessbevollmächtigter an demselben Spruchkörper zugleich richterlich tätig ist. Andererseits ermöglicht es diese Begrenzung der Unvereinbarkeitsregelung den Gerichten für Arbeitssachen, auch weiterhin auf ehrenamtliche Richter aus den Reihen der Gewerkschaften und ArbGebVerbände zurückgreifen zu können, weil diese nicht insg. an ihrer Vertretungstätigkeit gehindert werden[8]. Entscheidend ist die Zuordnung nach dem richterlichen **Geschäftsverteilungsplan**. Wird der ehrenamtliche Richter mehreren Spruchkörpern auf Dauer zugewiesen, gilt das Vertretungsverbot in dem entsprechenden Umfang. Dabei ist unerheblich, ob der ehrenamtliche Richter bereits in dem Spruchkörper, dem er angehört, tätig geworden ist. Eine Ausnahme von dem spruchkörperbezogenen Vertretungsverbot besteht nur für den Fall, dass der ehrenamtl. Richter für seinen ArbGeb oder Dienstherrn nach 11 II 2 Nr. 1 vor dem ArbG auftritt. 18

V. Heranziehung von Beiständen. Abs. 6 erlaubt abweichend vom früheren Recht das Auftreten von Beiständen in der Verhandlung vor dem ArbG. Inhaltlich entspricht die Beistandsregelung den übrigen Verfahrensordnungen wie etwa § 90 ZPO. Durch die entsprechende Anwendung von Abs. 3 S. 1 und 3 ist sichergestellt, dass der Vorsitzende ungeeignete Beistände ausschließen kann. 19

VI. Besonderheiten im Beschlussverfahren. Die §§ 80 II, 87 II, 92 II verweisen wegen der Vertretung der Beteiligten auf § 11 I–III u. V. Daraus folgt, dass die Beteiligten sich **in allen Instanzen** selbst vertreten können. Eine Vertretung durch Rechtsanwälte oder Verbandsvertreter ist selbstverständlich zulässig und in der Praxis die Regel. 20

Auch wenn die Beteiligten im Beschwerdeverfahren vor dem LAG selbst auftreten, muss jedenfalls die **Beschwerde** nach § 89 I von einem Rechtsanwalt oder einem postulationsfähigen Verbandsvertreter nach § 11 IV **eingelegt und begründet** werden. Gleiches gilt für das Rechtsbeschwerdeverfahren vor dem BAG nach § 94 I mit der zusätzlichen Maßgabe, dass die **Rechtsbeschwerdeschrift und die Rechtsbeschwerdebegründung** von einer Person mit der Befähigung zum Richteramt unterzeichnet sein muss. IÜ besteht auch vor dem BAG im Beschlussverfahren weder Vertretungs- noch Anwaltszwang. 21

11a *Beiordnung eines Rechtsanwalts, Prozesskostenhilfe*
(1) Die Vorschriften der Zivilprozessordnung über die Prozesskostenhilfe und über die grenzüberschreitende Prozesskostenhilfe innerhalb der Europäischen Union nach der Richtlinie 2003/8/EG gelten in Verfahren vor den Gerichten für Arbeitssachen entsprechend.

---

1 Vgl. LAG Köln 23.2.2005 – 7 Ta 12/05. ||2 Vgl. BAG 17.11.2004 – 9 AZN 789/04 (A), FA 2005, 95. ||3 Vgl. BAG 21.3.2002 – 6 AZR 144/01, NZA 2002, 1304. ||4 BAG 19.3.1996 – 2 AZB 36/96, NZA 1996, 671; LAG Hamm 16.11.1995 – 12 Sa 1319/95, LAGE § 11 ArbGG 1979 Nr. 11; vgl. ferner BAG 23.5.2005 – 4 AZR 139/04, DB 2005, 2025. ||5 Vgl. BSG 8.5.2007 – B 1 KR 160/06 B, NZA 2007, 916. ||6 BGBl. 2000 I S. 182. ||7 Vgl. BAG 13.12. 2012 – 6 AZR 303/12. ||8 Vgl. BAG 7.11.2012 – 7 AZR 646/10 (A).

(2) Das Bundesministerium für Arbeit und Soziales wird ermächtigt, zur Vereinfachung und Vereinheitlichung des Verfahrens durch Rechtsverordnung mit Zustimmung des Bundesrates Formulare für die Erklärung der Partei über ihre persönlichen und wirtschaftlichen Verhältnisse (§ 117 Abs. 2 der Zivilprozessordnung) einzuführen.

I. Beiordnung eines Rechtsanwalts. Aufgrund der bis zum 31.12.2013 geltenden Sonderregelung in den Abs. 1 bis 2a der Vorschrift war der hilfsbedürftigen Partei vom ArbG ein Rechtsanwalt auch dann beizuordnen, wenn die Angelegenheit keine hinreichende Aussicht auf Erfolg hatte, sofern der Gegner anwaltlich vertreten war. Die Beiordnung konnte nur unterbleiben, wenn sie aus besonderen Gründen nicht erforderlich war, oder die Rechtsverfolgung offensichtlich mutwillig war[1]. Es handelte sich um eine begrenzte PKH, die im Hinblick auf die Erfolgsaussicht weniger strenge Voraussetzungen als § 114 ZPO aufstellte. Der Gesetzgeber hat diese Sonderregelung durch das Gesetz zur Änderung des Prozesskostenhilfe- und Beratungshilferechts[2] mit der Begründung abgeschafft, die mit der Beiordnung bezweckte Waffengleichheit im arbeitsgerichtl. Verfahren werde „in ähnlicher Weise" durch § 121 II Alt. 2 ZPO gewährleistet. Danach ist einer Partei bei fehlendem Anwaltszwang im Rahmen der PKH auf Antrag ein Rechtsanwalt beizuordnen, wenn dies erforderlich erscheint oder der Gegner anwaltlich vertreten ist.

Nunmehr besteht bei der Gewährung von PKH ein Gleichklang zwischen ArbGG und ZPO. Der Gesetzgeber ist der Auffassung, die erhöhte Anforderung des § 114 I ZPO, dass die beabsichtigte Rechtsverfolgung oder Rechtsverteidigung hinreichende Aussicht auf Erfolg bieten muss, könne auch in der Arbeitsgerichtsbarkeit akzeptiert werden[3]. Da der Begriff der hinreichenden Erfolgsaussicht durch die Rspr. weit ausgelegt werde, bleibe die verfassungsrechtlich gebotene weitgehende Angleichung der Situation von bemittelten und mittellosen Rechtssuchenden bei der Verwirklichung des Rechtsschutzes auch im arbeitsgerichtl. Verfahren gewahrt. Dieser Aspekt ist bei der Bewilligung von PKH künftig verstärkt zu beachten. Hinzu kommt, dass das ArbG besonders ggü. einer rechtsunkundigen Partei von seiner Hinweispflicht nach § 139 ZPO Gebrauch machen muss. Dazu gehört auch ein Hinweis auf die Möglichkeit der PKH, wenn der Richter bemerkt, dass eine nicht durch einen Rechtsanwalt vertretene Partei hilfsbedürftig ist[4].

II. Prozesskostenhilfe. Die Vorschriften der ZPO über die PKH und über die grenzüberschreitende PKH innerhalb der EU gelten nach Abs. 1 in Verfahren vor den Gerichten für Arbeitssachen entsprechend. Eine Bewilligung von PKH scheidet allerdings grds. aus, wenn der Antragsteller gewerkschaftlichen Rechtsschutz in Anspruch nehmen kann[5]. Die **fehlende Vertretungsmöglichkeit durch einen Verbandsvertreter** kann ausnahmsweise dann angenommen werden, wenn auf Grund objektiver Umstände feststeht, dass ein hinreichendes Vertrauensverhältnis zwischen der Partei und ihrer Gewerkschaft/ArbGebVerband nicht mehr besteht[6]. Gleiches muss für den Fall gelten, dass der Verband die von seinem Mitglied beantragte Vertretung ohne zureichenden Grund ablehnt. Der Partei kann es nämlich nicht zugemutet werden, den ihr zustehenden Rechtsschutz in einem weiteren Prozess durchzusetzen[7]. Die Bewilligung der PKH hat zur Folge, dass die Partei nicht nur von den Gebühren und Auslagen ihres Anwalts, sondern nach § 122 I Nr. 1a ZPO auch von den Gerichts- sowie Gerichtsvollzieherkosten befreit wird. Nach § 123 ZPO verbleibt es je nach Prozessausgang nur bei der Pflicht, die dem Gegner entstandenen Kosten zu erstatten.

1. Voraussetzungen. Die Gewährung von PKH setzt nach § 114 I ZPO voraus, dass die beabsichtigte Rechtsverfolgung oder Rechtsverteidigung **hinreichende Aussicht auf Erfolg** bietet und **nicht mutwillig** erscheint. Es reicht aus, wenn bei einer vorläufigen Prüfung der Parteivortrag als vertretbar bezeichnet werden kann, wobei die Anforderungen an die tatsächlichen und rechtl. Voraussetzungen nicht überspannt werden dürfen; es genügt, wenn der Erfolg eine gewisse Wahrscheinlichkeit für sich hat, keineswegs ist eine überwiegende Wahrscheinlichkeit erforderlich[8]. Die Erfolgsaussicht ist zu verneinen, wenn der Klagevortrag unschlüssig bzw. die Klageerwiderung unerheblich ist. Mutwillig ist die Rechtsverfolgung oder Rechtsverteidigung nach der neuen Legaldefinition in § 114 II ZPO, wenn eine Partei, die keine PKH beansprucht, bei verständiger Würdigung aller Umstände von der Rechtsverfolgung oder Rechtsverteidigung absehen würde, obwohl eine hinreichende Aussicht auf Erfolg besteht. Mutwilligkeit ist danach anzunehmen, wenn eine wirtschaftlich leistungsfähige Partei bei vernünftiger Einschätzung der Prozesslage von der Rechtsverfolgung Abstand nehmen würde, weil ihr ein kostengünstigerer und ebenso Erfolg versprechender Weg offen steht[9]. Nach einer – bindenden – Verweisung im PKH-Verfahren darf das ArbG die Erfolgsaussichten einer Klage nicht mit der Begründung verneinen, der Rechtsweg zu ihm sei doch nicht gegeben[10].

---

1 Vgl. zu Einzelheiten Voraufl. § 11a ArbGG Rz. 5ff. ||2 BGBl. I S. 3533. ||3 Vgl. BT-Drs. 17/11472, 46. ||4 Vgl. Zöller/*Geimer*, vor § 114 ZPO Rz. 2 mwN. ||5 Vgl. LAG Köln 4.3.2004 – 10 Ta 401/03, AuR 2004, 319. ||6 Vgl. LAG Köln 16.2.1983 – 5 Ta 185/82, EzA § 115 ZPO Nr. 7; 4.3.2004 – 10 Ta 401/03, AuR 2004, 319; ausf. LAG Hamm 30.1.2006 – 4 Ta 675/05. ||7 Vgl. Düwell/Lipke/*Wolmerath*, § 11a Rz. 6 mwN. ||8 LAG Düss. 29.11.1999 – 15 Ta 553/99, LAGE § 114 ZPO Nr. 36; zum Ganzen ferner BVerfG 10.8.2001 – 2 BvR 569/01, AP Nr. 10 zu Art. 19 GG; LAG Bln.-Bbg. 20.6.2012 – 10 Ta 964/12. ||9 Vgl. BAG 17.2.2011 – 6 AZB 3/11, NZA 2011, 422; 8.9.2011 – 3 AZB 46/10; LAG Bln.-Bbg. 20.4.2012 – 26 Ta 535/12. ||10 Vgl. LAG Bln.-Bbg. 3.5.2012 – 20 Ta 367/12.

2. Verfahren. Die Bewilligung kann **nur auf Antrag** erfolgen (§ 117 ZPO). Die erkennbar hilfsbedürftige 5
Partei ist auf ihr Antragsrecht hinzuweisen. Der Antrag kann bereits vor Klageerhebung oder zeitgleich
mit ihr zu Protokoll der Geschäftsstelle oder bis zum Schluss der Instanz gestellt werden. Nach § 117 II
ZPO sind eine **Erklärung über die persönlichen und wirtschaftl. Verhältnisse** sowie entsprechende Belege beizufügen. Werden die Belege nicht innerhalb einer angemessenen Frist vorgelegt, so kann die Bewilligung entsprechend § 118 II 4 ZPO abgelehnt werden.

Vor der Bewilligung ist dem Gegner nach § 118 I 1 ZPO grds. Gelegenheit zur Stellungnahme zu geben. 6
Die Entscheidung ergeht sodann ohne mündliche Verhandlung durch zu begründenden **Beschluss** des
Kammervorsitzenden. Er muss anordnen, welcher Anwalt der Partei beigeordnet wird, ob und ggf. in
welcher Höhe Monatsraten zu entrichten oder Vermögenswerte, zB ein Teil der Kündigungsabfindung[1],
einzusetzen sind. Gegen die Entscheidung findet nach § 127 II u. III ZPO die sofortige Beschwerde
statt. Die Beschwerdeentscheidung des LAG ist unanfechtbar, es sei denn, die Rechtsbeschwerde wird
nach § 78 zugelassen.

Die uneingeschränkte Bewilligung bewirkt, dass die Partei für die Streitgegenstände, die im Zeitpunkt 7
der Entscheidung anhängig waren, von der Kostentragungspflicht nach Maßgabe der §§ 122 ff. ZPO befreit ist. Bei nachträglichen Erweiterungen der Gegenstände muss auch die Bewilligung ergänzt werden, und zwar wiederum durch Beschluss des Vorsitzenden ohne mündliche Verhandlung. Dies ist vor
allem auch bei einem etwaigen Prozessvergleich unter Einbeziehung bisher nicht anhängiger Gegenstände zu beachten. Der noch nicht beschiedene Antrag erstreckt sich idR konkludent auf den sog.
Mehrwert eines abschließenden Vergleichs[2]. Die Rechtsanwaltsvergütung für einen sog. **Vergleichsmehrwert** (1,0- oder 1,5-fache Einigungsgebühr) hängt von der Mitwirkung des Gerichts am Vergleichsschluss ab[3].

Die Prüfung, ob die Voraussetzungen für die Bewilligung von PKH gegeben sind, hat „zum rechten 8
Zeitpunkt" zu erfolgen. Das ist der **Zeitpunkt der Bewilligungsreife.** Bewilligungsreife ist eingetreten,
wenn PKH hätte bewilligt werden können und müssen, wenn also alle Voraussetzungen für die Bewilligung und insb. auch Erfolgsaussicht im oben geschilderten Sinn vorhanden waren[4]. Es geht nicht an,
zu diesem Zeitpunkt nicht zu entscheiden und erst nach einer späteren Entscheidung in der Sache die
PKH zu verweigern mit der Begründung, angesichts der Entscheidung in der Sache fehle es an hinreichender Aussicht auf Erfolg. Wird über den Antrag auf Bewilligung von PKH doch erst so spät entschieden, ist auf den früheren Zeitpunkt der Bewilligungsreife abzustellen mit der Folge, dass ohne
Rücksicht auf die Entscheidung in der Sache die begehrte PKH **rückwirkend** auf den Zeitpunkt der Bewilligungsreife zu bewilligen ist; das gilt nur dann nicht, wenn inzwischen feststehen sollte, dass einer
der Fälle des § 124 ZPO vorliegt[5]. Die Bewilligung kann ausnahmsweise auch nach Instanzende[6] erfolgen, wenn der **Antrag vor Instanzende** mit unvollständigen Angaben und Unterlagen nach § 117 III, IV
ZPO eingereicht worden ist und das Gericht eine **Nachfrist** zur Einreichung der noch fehlenden Unterlagen und Belege gesetzt hat. Eine nach dem Ende der Instanz ablaufende Nachfrist muss allerdings
eingehalten werden[7].

Gem. § 127 I 1 ZPO ergehen Entscheidungen im Verfahren über die PKH ohne mündliche Verhand- 9
lung durch Beschluss. Daher ist nach § 53 I 1 in erster und zweiter Instanz **allein der Vorsitzende** zuständig. Für bestimmte Verfahrensabschnitte besteht daneben funktionell eine Zuständigkeit des
Rechtspflegers[8]. Besteht kein anwaltlicher Vertretungszwang, so wird gem. § 121 II ZPO ein Rechtsanwalt nur beigeordnet, wenn die Vertretung durch einen Rechtsanwalt erforderlich erscheint oder der
Gegner durch einen Rechtsanwalt vertreten ist. Ersteres richtet sich nach der Maxime, ob eine Partei,
die nicht auf PKH angewiesen ist, in einem vergleichbaren Fall einen Rechtsanwalt hinzuziehen würde[9].
Die Beiordnung eines auswärtigen Prozessbevollmächtigten ist entsprechend § 121 III ZPO nur dann
zulässig, wenn dadurch keine zusätzlichen Kosten entstehen, in der Praxis verbreitet daher mit der Einschränkung „**zu den Bedingungen eines im Bezirk des Prozessgerichts niedergelassenen Anwalts**"[10],
ohne dass es einer gesonderten Einwilligung bedarf[11]. Der Anwalt hat dann allenfalls Anspruch auf Erstattung von Reisekosten, soweit Kosten für die Beiordnung eines sog. Verkehrsanwalts (§ 121 IV 2. Alt.
ZPO) erspart wurden[12]. In einfach gelagerten Fällen kann eine Anwaltsbeiordnung nach Maßgabe des

---

1 Vgl. LAG Köln 7.6.1988 – 10 Ta 75/88, LAGE § 115 Nr. 30; LAG Bremen 17.4.1998 – 4 Ta 20/98, LAGE § 115 ZPO Nr. 55. || 2 Vgl. LAG Köln 23.7.2012 – 1 Ta 153/12. || 3 Vgl. LAG BW 7.9.2010 – 5 Ta 132/10. || 4 Vgl. ArbG Nürnberg 16.12.2004 – 3 Ca 9646/04 A, MDR 2005, 697, für den Fall einer nachträglich unzulässig gewordenen Änderungsschutzklage; LAG BW 13.8.2010 – 3 Ta 7/10. || 5 LAG Düss. 29.11.1999 – 15 Ta 553/99, LAGE § 114 ZPO Nr. 36; LAG Hess. 21.5.2008 – 16 Ta 195/08. || 6 Vgl. zum Vergleichsabschluss nach § 278 VI ZPO LAG Nürnberg 25.2.2013 – 2 Ta 24/13. || 7 BAG 3.12.2003 – 2 AZB 19/03; LAG Köln 13.3.2009 – 4 Ta 76/09; 14.7.2008 – 2 Ta 203/08. || 8 Vgl. Zöller/*Geimer*, § 127 ZPO Rz. 8. || 9 Vgl. LAG Hamm 23.1.2006 – 18 Ta 909/05; LAG Schl.-Holst. 13.3.2009 – 5 Ta 22/09; LAG Nds. 23.3.2009 – 9 Ta 9/09; LAG Düss. 26.10.2010 – 3 Ta 582/10, JurBüro 2011, 147. || 10 Vgl. LAG München 4.12.2008 – 8 Ta 473/08; LAG Thür. 9.9.2008 – 7 Ta 79/08. || 11 Vgl. LAG Düss. 13.7.2010 – 3 Ta 382/10. || 12 BAG 18.7.2005 – 3 AZB 65/03, DB 2005, 2032; LAG München 12.6.2007 – 10 Ta 229/05; LAG Hamm 18.8.2008 – 7 Ta 519/08; LAG Sa.-Anh. 21.12.2010 – 2 Ta 184/10, NZA-RR 2011, 99; LAG Rh.-Pf. 23.4.2012 – 10 Ta 62/12.

§ 121 II ZPO unterbleiben[1]. Wird ein auswärtiger Rechtsanwalt ohne Einschränkung beigeordnet, kann er die Festsetzung der notwendigen Fahrtkosten und Abwesenheitsgelder verlangen[2].

10 Eine **Aufhebung der Bewilligung** kommt nach Maßgabe des § 124 ZPO in Betracht. Das Verfahren wird von Amts wegen eingeleitet. Wenn die Partei die Erfolgsaussichten vorgetäuscht hat, fällt die Aufhebungsentscheidung in die richterliche Zuständigkeit. Die Kontrolle der übrigen Aufhebungsgründe nach § 124 Nr. 2–4 ZPO obliegt dem Rechtspfleger. Diese Kompetenzverteilung gilt auch, wenn die Bewilligung nicht gänzlich aufgehoben, sondern nur zum Nachteil des PKH-Berechtigten geändert wird[3]. Der Rechtspfleger ist auch zuständig für spätere Zahlungsänderungen nach § 120a I ZPO bei wesentlicher Änderung der maßgebenden persönlichen und wirtschaftl. Verhältnisse der Partei. Dies hat die Partei ebenso wie eine Änderung der Anschrift dem Gericht unverzüglich mitzuteilen (§ 120a II 1 ZPO). Wenn die Partei ihre Mitteilungspflicht absichtlich oder aus grober Nachlässigkeit verletzt hat, soll die Bewilligung der PKH gem. § 124 I Nr. 4 ZPO aufgehoben werden.

11 **III. Formulare.** Für die Erklärung über die persönlichen und wirtschaftl. Verhältnisse muss die Hilfe suchende Partei den durch die PKH-Vordruckverordnung v. 17.10.1994[4] eingeführten Vordruck verwenden. Der nur dann vollständige Antrag auf Bewilligung von PKH muss vor Abschluss des Verfahrens in der Hauptsache vorliegen[5]. Benutzt die Partei das Formular nicht, so ist ihr Antrag idR mangels genügender Substanziierung zurückzuweisen. Nach einer solchen Zurückweisung kann erneut PKH unter Vorlage des Formulars beantragt werden, solange die Instanz noch nicht beendet ist. Mit dieser Maßgabe muss auch das Beschwerdegericht nachgereichte Erklärungen und Belege berücksichtigen[6].

12 *Kosten*
Das Justizverwaltungskostengesetz und die Justizbeitreibungsordnung gelten entsprechend, soweit sie nicht unmittelbar Anwendung finden. Bei Einziehung der Gerichts- und Verwaltungskosten leisten die Vollstreckungsbehörden der Justizverwaltung oder die sonst nach Landesrecht zuständigen Stellen den Gerichten für Arbeitssachen Amtshilfe, soweit sie diese Aufgaben nicht als eigene wahrnehmen. Vollstreckungsbehörde ist für die Ansprüche, die beim Bundesarbeitsgericht entstehen, die Justizbeitreibungsstelle des Bundesarbeitsgerichts.

Gerichtskostengesetz (GKG)

vom 5.5.2004 (BGBl. I S. 718), zuletzt geändert durch Gesetz vom 10.10.2013
(BGBl. I S. 3799)
– Auszug –

Abschnitt 7. Wertvorschriften

Unterabschnitt 1. Allgemeine Wertvorschriften

§ 39
Grundsatz

(1) In demselben Verfahren und in demselben Rechtszug werden die Werte mehrerer Streitgegenstände zusammengerechnet, soweit nichts anderes bestimmt ist.

(2) Der Streitwert beträgt höchstens 30 Millionen Euro, soweit kein niedrigerer Höchstwert bestimmt ist.

§ 40
Zeitpunkt der Wertberechnung

Für die Wertberechnung ist der Zeitpunkt der den jeweiligen Streitgegenstand betreffenden Antragstellung maßgebend, die den Rechtszug einleitet.

§ 42
Wiederkehrende Leistungen

(1) Bei Ansprüchen auf wiederkehrende Leistungen aus einem öffentlich-rechtlichen Dienst- oder Amtsverhältnis, einer Dienstpflicht oder einer Tätigkeit, die anstelle einer gesetzlichen Dienstpflicht geleistet werden kann, bei Ansprüchen von Arbeitnehmern auf wiederkehrende Leistungen sowie in Verfahren vor Gerichten der Sozialgerichtsbarkeit, in denen Ansprüche auf wiederkehrende Leistungen dem Grunde oder der Höhe nach geltend gemacht oder abgewehrt werden, ist der dreifache Jahresbetrag der wiederkehrenden Leistungen maßgebend, wenn nicht der Gesamtbetrag der geforderten Leistungen geringer ist. Ist im Verfahren vor den Gerichten der Verwaltungs- und Sozialgerichtsbarkeit die Höhe des Jahresbetrags nicht nach dem Antrag des Klägers bestimmt oder nach diesem mit vertretbarem Aufwand bestimmbar, ist der Streitwert nach § 52 Abs. 1 und 2 zu bestimmen.

---

1 Vgl. LAG Schl.-Holst. 8.2.2005 – 2 Ta 28/05, NZA-RR 2005, 383; LAG Hamm 29.11.2004 – 18 Ta 710/04, NZA 2005, 544. ||2 Vgl. BAG 17.9.2007 – 3 AZB 23/06; LAG Bln.-Bbg. 1.10.2008 – 17 Ta (Kost) 6081/08. ||3 Vgl. Zöller/*Geimer*, § 124 ZPO Rz. 5, 20. ||4 BGBl. I S. 3001. ||5 Vgl. LAG BW 3.4.2012 – 12 Ta 28/11. ||6 Vgl. Zöller/*Geimer*, § 117 ZPO Rz. 17.

(2) Für die Wertberechnung bei Rechtsstreitigkeiten vor den Gerichten für Arbeitssachen über das Bestehen, das Nichtbestehen oder die Kündigung eines Arbeitsverhältnisses ist höchstens der Betrag des für die Dauer eines Vierteljahres zu leistenden Arbeitsentgelts maßgebend; eine Abfindung wird nicht hinzugerechnet. Bei Rechtsstreitigkeiten über Eingruppierungen ist der Wert des dreijährigen Unterschiedsbetrags zur begehrten Vergütung maßgebend, sofern nicht der Gesamtbetrag der geforderten Leistungen geringer ist.

(3) Die bei Einreichung der Klage fälligen Beträge werden dem Streitwert hinzugerechnet; dies gilt nicht in Rechtsstreitigkeiten vor den Gerichten für Arbeitssachen. Der Einreichung der Klage steht die Einreichung eines Antrags auf Bewilligung der Prozesskostenhilfe gleich, wenn die Klage alsbald nach Mitteilung der Entscheidung über den Antrag oder über eine alsbald eingelegte Beschwerde eingereicht wird.

I. Vorbemerkung	1	III. Kostenfreiheit für bestimmte Verfahren	13
II. Kostenregelung für das Urteilsverfahren	2	IV. Streitwertberechnung	15
1. Gebühren	2	1. Grundsätze und Besonderheiten	15
2. Auslagen	6	2. ABC der sonstigen Streitwerte	26
3. Fälligkeit	8	3. Streitwertfestsetzung	27
4. Kostenschuldner	11		

I. Vorbemerkung. Durch das Kostenrechtsmodernisierungsgesetz v. 5.5.2004[1] ist das gesamte Kostenrecht mit dem Ziel größerer Transparenz und Vereinfachung neu gestaltet worden. Die früher in § 12 enthaltenen arbeitsgerichtl. Wert- und Kostenvorschriften wurden in das Gerichtskostengesetz (GKG) integriert. Für alle Rechtszüge gilt seitdem ein Pauschalgebührensystem, wonach das ganze Verfahren kostenmäßig durch eine pauschale Verfahrensgebühr abgegolten ist. Auch wenn das Gebührenniveau im Arbeitsgerichtsprozess nach wie vor deutlich unter dem des Zivilprozesses liegt, werden die Prozessparteien wegen der erheblichen Anhebung der Gerichtsgebühren doch fühlbar stärker an den Kosten des Verfahrens beteiligt[2]. Das gilt auch für die Anpassungen nach dem 2. KostRMoG[3]. Inhaltlich sind die Regelungen des § 12 aF weitgehend gleich geblieben und in dem jeweiligen Regelungszusammenhang des GKG wiederzufinden. IÜ kommen die allg. Bestimmungen der ZPO zur Anwendung. Das gilt insb. für die Grundsätze der Kostentragungspflicht nach den §§ 91ff. ZPO. Die Gerichtskosten umfassen **Gebühren und Auslagen**, für die das sog. Enumerationsprinzip gilt: Sie können nur auf Grund eines gesetzl. Kostentatbestands in Ansatz gebracht werden.

1

II. Kostenregelung für das Urteilsverfahren. 1. Gebühren. Maßgebend sind Teil 8 des Kostenverzeichnisses zu § 3 II GKG (Anlage 1 zum GKG) und die allg. Gebührentabelle zu § 34 GKG (Anlage 2 zum GKG). Aus dem Kostenverzeichnis (KV) ergibt sich, welche Verfahrenshandlung eine Gebühr in welcher Höhe des jeweiligen Tabellensatzes der anzuwendenden Gebührentabelle auslöst. Bestimmte Tatbestände der Beendigung des Verfahrens sind **gebührenrechtl. privilegiert**. Das gilt insb. für die Beendigung durch einen vor Gericht abgeschlossenen **Vergleich** (Vorbemerkung 8 KV). Weggefallen ist die Gebührenfreiheit bei einem außergerichtl., dem Gericht mitgeteilten Vergleich. Kompensiert wird das allerdings durch die praktisch häufig genutzte Möglichkeit, einen Vergleich gem. § 278 VI ZPO durch das Gericht feststellen zu lassen. Das Gebührenprivileg bleibt erhalten, wenn dies nach Verkündung des erstinstanzlichen Urteils, aber vor Ablauf der Rechtsmittelfrist geschieht[4]. Da die Vorbemerkung 8 KV für alle Rechtszüge gilt, entfällt die Verfahrensgebühr auch in der Berufungs- und Revisionsinstanz bei einem protokollierten oder durch Beschluss festgestellten Prozessvergleich. Zu beachten ist aber, dass die Gebührenprivilegierung nicht bei einem Teilvergleich wirksam wird, so dass die Gerichtsgebühren vom vollen Verfahrensstreitwert zu erheben sind[5].

2

Im Verfahren vor dem **ArbG** beträgt die pauschale Verfahrensgebühr nach Nr. 8210 KV das 2,0-fache der Ausgangsgebühr nach der Gebührentabelle. Endet das Verfahren ohne streitige Verhandlung, insb. also durch **Klagerücknahme vor Stellung der Anträge**, so entfällt die Verfahrensgebühr vollständig wie bei einem Prozessvergleich, wenn kein Versäumnisurteil ergeht. Bei bestimmten Erledigungstatbeständen **nach streitiger Verhandlung**, ua. Klagerücknahme, Anerkenntnisurteil, Erledigungserklärung nach § 91a ZPO, ermäßigt sich die Gebühr nach Nr. 8211 KV auf das 0,4-fache der Verfahrensgebühr. Ergänzende Voraussetzung dafür ist, dass ein mit der Abfassung eines Urteils vergleichbarer richterlicher Arbeitsaufwand nicht entsteht.

3

Im Urteilsverfahren vor dem **LAG** und dem **BAG** gilt das Pauschgebührensystem, wonach für das Berufungsverfahren im Allg. die 3,2-fache Gebühr (Nr. 8220 KV), für das Revisionsverfahren im Allg. die 4,0-fache Gebühr (Nr. 8230 KV) anfällt. Auch hier sind für eine Reihe von Beendigungstatbeständen Gebührenprivilegierungen vorgesehen, deren Bemessung sich am Umfang der dem Gericht ersparten Arbeit orientiert. Die Erledigung des Verfahrens durch Prozessvergleich führt sogar zum gänzlichen Wegfall der Gebühr und ist damit besonders privilegiert.

4

---

1 BGBl. I S. 718ff. || 2 Vgl. *Natter*, NZA 2004, 686 (687). || 3 Dazu näher *Düwell*, BB 2013, 373. || 4 Vgl. LAG Hamm 7.12.2010 – 6 Ta 486/10. || 5 Vgl. LAG BW 5.9.2005 – 3 Ta 136/05, Justiz 2007, 169; zur teilw. Berufungsrücknahme LAG Hamm 10.4.2006 – 16 Sa 2427/04, LAGE § 3 GKG 2004 Nr. 1.

5 Hauptabschnitt 3 des Teils 8 KV regelt die Gebührensätze im Verfahren über Anträge auf Anordnung, Abänderung oder Aufhebung eines **Arrestes** oder einer **einstw. Verfügung**. Die Verfahrensgebühr erster Instanz beläuft sich zunächst auf 0,4, erhöht sich jedoch wie im Hauptsacheverfahren auf 2,0, wenn besonderer Arbeitsaufwand für das Gericht dadurch entsteht, dass durch Urteil entschieden wird oder ein Beschluss nach § 91a oder § 269 III 3 ZPO ergeht. Für eine Privilegierung des einstw. Rechtsschutzes ist dann kein Raum mehr. Folgerichtig weist die Gebührenregelung für die Berufung im Eilverfahren keine Besonderheiten ggü. dem Hauptsacheverfahren auf.

6 **2. Auslagen.** Als weiterer Teil der Gerichtskosten fallen neben den Gebühren die durch das Verfahren entstandenen Auslagen an, die **in allen Instanzen** gem. § 3 II GKG nach näherer Maßgabe der Vorschriften des Teils 9 des Kostenverzeichnisses der Anlage 1 zum GKG zu erstatten sind. Für das ArbGV gelten keine Besonderheiten mehr. So werden nach Nr. 9002 Auslagen für Zustellungen neben Gebühren, die sich nach dem Streitwert richten, nur erhoben, soweit in einem Rechtszug Auslagen für mehr als zehn Zustellungen anfallen. Gemäß der Vorbemerkung 9 KV werden ferner Auslagen nicht erhoben, die durch eine für begründet befundene Beschwerde entstanden sind, soweit das Beschwerdeverfahren gebührenfrei ist. Anders ist es nur dann, wenn das Beschwerdegericht dem Gegner des Beschwerdeführers die Kosten auferlegt hat.

7 Grds. sind nach dem Auslagentatbestand Nr. 9005 KV auch die nach dem Justizvergütungs- und -entschädigungsgesetz (JVEG) zu zahlenden Beträge in voller Höhe von dem jeweiligen Kostenschuldner zu tragen. Insoweit ist allerdings die Sondervorschrift des Abs. 5 der Nr. 9005 KV zu beachten: Danach werden Kosten für vom Gericht herangezogene **Dolmetscher und Übersetzer** nicht erhoben, wenn ein Ausländer Partei und die Gegenseitigkeit verbürgt oder ein Staatenloser Partei ist. Die Kostenbefreiung erfasst neben den unmittelbaren Tätigkeitskosten auch die sonstigen Auslagen wie Wege- und Reisekosten, Portokosten, Mehrwertsteuer usw.[1]. Die Kostenprivilegierung setzt in jedem Fall voraus, dass die Heranziehung des Dolmetschers oder Übersetzers vom Gericht angeordnet und nicht lediglich als Parteimaßnahme geduldet wird.

8 **3. Fälligkeit.** Nach §§ 6 III, 9 GKG werden die Kosten im Unterschied zum Zivilprozess im ArbGV erst fällig, wenn das Verfahren in dem jeweiligen Rechtszug beendet oder eine unbedingte Entscheidung über die Kosten ergangen ist, das Verfahren sechs Monate geruht hat oder sechs Monate von den Parteien nicht betrieben worden ist bzw. sechs Monate unterbrochen oder ausgesetzt war. Ferner werden gem. § 11 GKG in allen Instanzen **keine Kostenvorschüsse** erhoben. Diese Regelung trägt den sozialen Belangen in Arbeitsrechtsstreitigkeiten Rechnung. Sie gilt auch für Maßnahmen der Zwangsvollstreckung aus arbeitsgerichtl. Titeln, und zwar auch dann, wenn das AG nach § 764 I ZPO als Vollstreckungsgericht tätig wird. Nach ausdrücklicher Anordnung des § 4 I 4 GVKostG dürfen auch die Gerichtsvollzieher keine Gebührenvorschüsse, wohl aber Auslagenvorschüsse erheben.

9 Eine **Beendigung des Verfahrens** tritt regelmäßig mit der Entscheidung durch Endurteil über den gesamten Streitstoff ein, sei es durch Schlussurteil – nicht bereits durch Teilurteil –, durch Anerkenntnis- oder Verzichtsurteil oder durch Versäumnisurteil, wenn und solange kein Einspruch eingelegt wird. Der Rechtsstreit kann auch auf Grund von Parteidispositionen wie Klage- oder Rechtsmittelrücknahme, übereinstimmende Erledigungserklärung oder Prozessvergleich enden. Soweit im Einzelfall noch eine abschließende Kostengrundentscheidung zu treffen ist, etwa nach § 91a ZPO, beendet erst dieser Beschluss die Instanz und löst damit die Fälligkeit aus[2].

10 Das **Ruhen des Verfahrens** setzt eine förmliche Anordnung durch das Gericht nach den §§ 251, 251a III ZPO voraus. Demggü. reicht für das **Nichtbetreiben des Verfahrens** aus, dass die Parteien den Rechtsstreit für die Dauer von sechs Monaten nicht in irgendeiner Weise gefördert haben, obwohl dies möglich gewesen wäre. Ein Nichtbetreiben konnte daher wegen der Aufnahmemöglichkeit auch dann vorliegen, wenn das Verfahren nach den §§ 239 ff. ZPO **unterbrochen** oder nach den §§ 246 ff. ZPO vom Gericht **ausgesetzt** worden ist[3]. Diese Tatbestände sind nunmehr in § 9 II Nr. 4 GKG ausdrücklich geregelt.

11 **4. Kostenschuldner.** Für die Bestimmung des Kostenschuldners sind gem. § 1 II Nr. 4 GKG die einschlägigen Vorschriften des GKG heranzuziehen. Kostenschuldner ist daher nach § 22 I GKG zunächst derjenige, der das Verfahren der Instanz beantragt hat, also der sog. **Antrags- oder Veranlassungsschuldner.** Darüber hinaus ist nach § 29 Nr. 1 GKG auch derjenige Kostenschuldner, dem durch **gerichtliche Entscheidung** die Kosten des Verfahrens auferlegt sind. Kostenschuldner ist nach § 29 Nr. 4 GKG ferner der Vollstreckungsschuldner für die notwendigen Kosten der Zwangsvollstreckung. Erinnerung und – unbefristete – Beschwerde gegen den gerichtl. Kostenansatz richten sich nach § 66 GKG[4].

12 Durch den **Ausschluss der Zweitschuldnerhaftung** nach Maßgabe des § 22 II GKG will das Gesetz den im Prozess erfolgreichen ArbN davor schützen, für die Kosten haften zu müssen, wenn sie vom unterlegenen ArbGeb nicht zu erlangen sind. Besteht nach § 29 Nr. 1 oder Nr. 2 GKG die Kostentragungspflicht einer Partei, kommt daneben eine subsidiäre Haftung des Antrags- oder Veranlassungsschuld-

---

[1] Vgl. GMP/*Germelmann*, § 12 Rz. 90. ||[2] Vgl. GMP/*Germelmann*, § 12 Rz. 76, 77. ||[3] Vgl. LAG Düss. 5.8.1982 – 7 Ta 72/82, LAGE § 12 ArbGG 1979 Nr. 2. ||[4] Vgl. LAG BW 29.2.2008 – 3 Ta 41/08.

ners nach § 22 I GKG nicht mehr in Betracht. Sie ist ferner dann ausgeschlossen, wenn und solange die Kostenschuld im Fall der Zurückverweisung des Rechtsstreits an die Vorinstanz nicht abschließend geklärt ist. Die Zweitschuldnerhaftung setzt wieder ein, wenn das Verfahren nach Zurückverweisung auf gerichtl. Anordnung sechs Monate geruht hat oder von den Parteien sechs Monate nicht betrieben worden ist. Gleiches wird man in den Fällen der Unterbrechung und der Aussetzung, die der Gesetzgeber offenbar übersehen hat, annehmen müssen[1].

III. Kostenfreiheit für bestimmte Verfahren. Nach § 2 II GKG werden Kosten in den dort genannten Verfahren nicht erhoben. Das betrifft vor allem die **Beschlussverfahren** nach § 2a I, insb. in Angelegenheiten aus dem BetrVG. Erfasst werden auch die besonderen Beschlussverfahren nach den §§ 97, 98 sowie nach den §§ 122 und 126 InsO. Die Kostenfreiheit gilt umfassend; es können weder Gebühren noch Auslagen erhoben werden, selbst wenn diese durch Zeugenentschädigung und Sachverständigenkosten in erheblichem Umfang anfallen. Dementsprechend darf auch keine Kostenentscheidung ergehen[2]. 13

Die Kostenfreiheit bezieht sich **dagegen nicht** auf **Sekundärverfahren**, die nur aus Anlass eines Beschlussverfahrens durchgeführt werden, wie zB Beschwerdeverfahren im Zuge der Streitwertfestsetzung. Für die hierdurch entstehenden Kosten gelten die jeweils einschlägigen Kostenregelungen. Für eine analoge Anwendung des Kostenprivilegs ist kein Raum[3]. 14

IV. Streitwertberechnung. 1. Grundsätze und Besonderheiten. Die Wertfestsetzung erfolgt nach den §§ 39 ff. GKG und ergänzend nach den §§ 3–9 ZPO unter Berücksichtigung der Sonderregelungen in § 42 I-III GKG. Diese verfolgen den sozialen **Zweck**, den Kostenaufwand bei Streitigkeiten über die wirtschaftl. Lebensgrundlage des ArbN zu begrenzen[4]. Sie beschränken das dem Gericht nach § 3 ZPO grds. eingeräumte Ermessen. Die Regelungen dienen zwar primär der Berechnung des Gebührenstreitwerts, wie auch der Ausschluss der Anwendbarkeit des § 62 S. 1 GKG nach S. 2 der Vorschrift zeigt. Über § 32 RVG wirken sie sich aber auch auf die Berechnung der Anwaltsgebühren aus, weil die Werte zumeist übereinstimmen. 15

Nach § 42 II 1 GKG ist für die Wertberechnung in den sog. **Bestandsstreitigkeiten**, die in der arbeitsgerichtl. Praxis dominieren, höchstens der Betrag des für die Dauer eines Vierteljahres zu leistenden Arbeitsentgelts maßgebend, wobei eine eingeklagte Abfindung nicht hinzugerechnet wird. Die Vorschrift kommt immer dann zur Anwendung, wenn um den Bestand eines ArbVerh gestritten wird, also auch beim Streit über die Wirksamkeit einer Anfechtung oder eines Aufhebungsvertrages. Sie gilt auch für die Wertberechnung bei Rechtsstreitigkeiten über das Bestehen, das Nichtbestehen oder die Kündigung eines Berufsausbildungsverhältnisses[5]. 16

Die in einer älteren Entscheidung des BAG vertretene Auffassung, bei dem Vierteljahresverdienst handele es sich nur um die Obergrenze für den vom Gericht nach freiem Ermessen festzusetzenden Streitwert[6], hat sich in der Rspr. der LAG und der Kommentarlit. nicht durchsetzen können[7]. Zwingende Anhaltspunkte für eine nach der Dauer des ArbVerh gestaffelte Bemessung des Streitwerts bis zu der genannten Obergrenze lassen sich dem Gesetz nicht entnehmen. Vielmehr muss sich die Streitwertberechnung auch hier nach dem prozessualen Anspruch richten, der in aller Regel auf die Feststellung des Bestands bzw. Fortbestands in der Zukunft gerichtet ist. Angesichts dieser Zukunftsbezogenheit der Bestandsstreitigkeiten ist im Regelfall ein **Vierteljahresverdienst** anzusetzen, der insoweit den **Regelstreitwert** bildet. Das gilt bei „unbefristeter" Antragstellung wie vor allem bei Eingreifen des allg. Kündigungsschutzes[8]. Eine niedrigere Bewertung kommt nur dann in Betracht, wenn sich aus dem Antrag und/oder seiner Begründung hinreichend deutlich ergibt, dass der Fortbestand des ArbVerh nur für einen kürzeren Zeitraum geltend gemacht werden soll[9]. 17

Für die Berechnung des Vierteljahresverdienstes ist das Arbeitsentgelt zu berücksichtigen, auf das der ArbN im Fall des Annahmeverzuges Anspruch hätte. Erfasst werden daher auch Zuschläge und Sonderzahlungen sowie Naturalleistungen wie Dienstwagen und Werkdienstwohnung, die **Entgeltcharakter** haben. Ist etwa ein 13. Monatsgehalt als zusätzliches Arbeitsentgelt vereinbart, so ist es bei der Berechnung des Vierteljahreseinkommens anteilig zu berücksichtigen[10]. Unberücksichtigt bleiben dagegen Gratifikationen mit Mischcharakter, mit denen vor allem die bisherige und künftige Betriebstreue honoriert werden soll[11]. Maßgeblich ist regelmäßig das vom ArbGeb geschuldete **Bruttoentgelt**. 18

---

1 Vgl. *Natter*, NZA 2004, 686 (687); *Hartmann*, Kostengesetze, 43. Aufl. 2013, § 22 GKG Rz. 20. ‖ 2 Vgl. BAG 31.10.1972 – 1 ABR 7/72, EzA § 40 BetrVG 1972 Nr. 3. ‖ 3 Vgl. LAG Köln 7.9.2007 – 10 Ta 224/07; LAG Hamm 19.3.2007 – 10 Ta 97/07; GMP/*Germelmann*, § 12 Rz. 142 mwN. ‖ 4 Vgl. BAG 30.11.1984 – 2 AZN 572/82 (B), NZA 1985, 369; LAG Rh.-Pf. 2.7.2004 – 3 Ta 135/04, NZA-RR 2005, 131; TZA/*Ziemann*, Streitwert und Kosten 1 A 10. ‖ 5 BAG 22.5.1984 – 2 AZB 25/82, EzA § 12 ArbGG 1979 Streitwert Nr. 33. ‖ 6 BAG 30.11.1984 – 2 AZN 572/82 (B), NZA 1985, 369. ‖ 7 Vgl. GMP/*Germelmann*, § 12 Rz. 102 ff.; Düwell/Lipke/*Krönig*, § 12 Rz. 31; Schwab/Weth/*Vollstädt*, § 12 Rz. 169 ff.; alle mwN. ‖ 8 Vgl. LAG Köln 17.7.2002 – 7 Ta 116/02, EzA-SD 2002, Nr. 20, 19; einschr. LAG Schl.-Holst. 28.5.2002 – 1 Ta 74/02, NZA-RR 2003, 219; LAG Rh.-Pf. 3.1.2006 – 7 Ta 243/05, AuR 2006, 334. ‖ 9 LAG Köln 15.11.1985 – 9 Ta 185/85, LAGE § 12 ArbGG 1979 Streitwert Nr. 42; 22.7.1991 – 10 Ta 102/91, LAGE § 12 ArbGG 1979 Streitwert Nr. 92; LAG Hess. 21.1.1999 – 15/6 Ta 630/98, NZA-RR 1999, 159; LAG Köln 26.9.2006 – 9 Ta 347/06, BB 2007, 612. ‖ 10 Vgl. LAG Köln 17.11.1995 – 5 Ta 288/95, NZA-RR 1996, 392; LAG Berlin 30.1.2004 – 17 Ta (Kost) 6147/03, NZA-RR 2005, 327. ‖ 11 Vgl. GMP/*Germelmann*, § 12 Rz. 104; Schwab/Weth/Vollstädt, § 12 Rz. 168.

19 Werden **mehrere Kündigungen** eines ArbVerh angegriffen, so ist jedenfalls dann, wenn zwischen den Kündigungen ein Zeitraum von mehr als drei Monaten liegt, jeweils der Regelstreitwert anzusetzen bzw. eine Streitwertaddition gem. § 5 ZPO vorzunehmen[1]. Spricht der ArbGeb in einem zeitnahen Zusammenhang und wegen des gleichen Lebenssachverhaltes vorsorglich eine zweite Kündigung aus, dann kann der auf die zweite Kündigung bezogene Klageantrag wegen wirtschaftl. Identität mit dem auf die erste Kündigung bezogenen Klageantrag nicht mit dem Regelwert des § 42 II 1 GKG bewertet werden. Unabhängig davon, ob durch die zweite Kündigung der beabsichtigte Beendigungszeitpunkt des ArbVerh um einige Monate verschoben werden könnte, ist der Wert des auf die **weitere Kündigung** bezogenen Klageantrags **regelmäßig mit einem Monatsgehalt** des Klägers anzusetzen. Für die Wertfestsetzung hat es idR keine Bedeutung, ob der ArbN den auf die erste Kündigung bezogenen Klageantrag im gleichen Verfahren um einen auf die zweite Kündigung bezogenen Antrag erweitert oder ob er in Bezug auf die zweite Kündigung ein weiteres Kündigungsschutzverfahren einleitet[2]. Für einen den Kündigungsschutzantrag ergänzenden **allgemeinen Feststellungsantrag** fällt regelmäßig ein besonderer Streitwert nicht an[3].

20 Wird zusammen mit der Kündigungsschutzklage im Wege der objektiven Klagehäufung der **Weiterbeschäftigungsanspruch** geltend gemacht, so ist er als weiterer Streitgegenstand auch gesondert zu bewerten. Über den zutreffenden Wertansatz gehen die Meinungen auseinander[4]. Der Wert beträgt **regelmäßig ein Monatsgehalt**, wenn kein außergewöhnliches Beschäftigungsinteresse erkennbar ist[5]. Das gilt auch für den Fall, dass der Weiterbeschäftigungsanspruch als uneigentlicher Hilfsantrag, also nur für den Fall des Erfolgs der Kündigungsschutzklage, verfolgt wird. Gemäß § 45 GKG ist der uneigentliche Hilfsantrag zu addieren, wenn er beschieden oder in einen Vergleich einbezogen wird[6]. Hat allerdings schon die Kündigungsschutzklage keinen Erfolg oder bedarf es aus anderen Gründen keiner Entscheidung über die Weiterbeschäftigung, so bleibt der uneigentliche Hilfsantrag für den Streitwert der Gerichtsgebühren außer Betracht[7]. Für die Rechtsanwaltsgebühren dürfte er dagegen in jedem Fall nach § 22 I RVG zu berücksichtigen sein, weil er Gegenstand der anwaltlichen Tätigkeit gewesen ist[8].

21 Werden gleichzeitig **Vergütungsansprüche** im Wege der objektiven Klagehäufung geltend gemacht, so hat nach der Grundregel des § 5 ZPO eine Addition der verschiedenen Streitgegenstände zu erfolgen. Das gilt wegen der Verschiedenartigkeit der Streitgegenstände jedenfalls dann, wenn Vergütung für die vor dem Beendigungszeitpunkt liegende Zeit eingeklagt wird[9]. Danach fällig werdende, vom Ergebnis der Kündigungsschutzklage abhängige Vergütungsansprüche bleiben dagegen nach Maßgabe der Sondervorschrift des § 42 III 1 GKG außer Betracht[10]. Diese Streitwertbegrenzung entspricht dem auch in § 42 II GKG zum Ausdruck kommenden Anliegen des Gesetzgebers, den Arbeitsgerichtsprozess aus sozialen Gründen kostengünstig zu gestalten.

22 Umstritten ist nach wie vor die zutreffende Bewertung einer **Änderungskündigung**, die der ArbN fristgerecht unter dem Vorbehalt des § 2 KSchG angenommen hat[11]. Grds. ist § 42 II 1 GKG anzuwenden, weil es der Sache nach um eine Bestandsstreitigkeit geht, die bei der Vorbehaltsannahme auf den Inhalt des ArbVerh beschränkt ist. Soweit die Änderungskündigung eine Verdienstminderung des ArbN betrifft, wird überwiegend die dreijährige Vergütungsdifferenz nach § 42 I 1 GKG zugrunde gelegt, jedoch begrenzt auf den Höchstbetrag des § 42 II 1 GKG[12]. Andernfalls ist der Wert der Änderung gem. § 3 ZPO zu schätzen, wobei das Vierteljahresentgelt wiederum die Obergrenze bildet[13]. Unter dem Aspekt der Rechtssicherheit kommt insoweit auch eine Pauschalierung auf zwei Monatsgehälter in Betracht[14].

23 Nach ausdrücklicher gesetzl. Regelung ist eine **Abfindung nicht streitwerterhöhend** zu berücksichtigen. Das gilt selbst dann, wenn der ArbN den **Auflösungsantrag** nach § 9 KSchG stellt und den Abfindungsbetrag beziffert[15]. Bleibt in diesem Fall die zugesprochene Abfindung hinter dem Antrag zurück, sind dem ArbN gleichwohl nach § 92 I ZPO anteilige Kosten aufzuerlegen. Das Additionsverbot des § 42 II 1 Hs. 2 GKG greift allerdings nicht ein, wenn eine vom Ausgang des Kündigungsrechtsstreits unab-

---

1 Vgl. LAG Thür. 14.11.2000 – 8 Ta 134/00, MDR 2001, 538; LAG Nürnberg 16.11.2004 – 5 Ta 214/04, JurBüro 2005, 97; aA LAG Rh.-Pf. 11.3.2005 – 6 Ta 24/05, NZA-RR 2005, 386; LAG Schl.-Holst. 8.2.2007 – 1 Ta 285/06. ||2 LAG Thür. 23.10.1996 – 8 Ta 109/96, LAGE § 12 ArbGG 1979 Streitwert Nr. 107; LAG Hess. 20.4.2004 – 15 Ta 573/03, NZA-RR 2004, 432; zum Ganzen ferner GMP/*Germelmann*, § 12 Rz. 108; TZA/*Ziemann*, 1 A 312 ff mwN. ||3 Vgl. LAG Hamm 3.2.2003 – 9 Ta 520/02, NZA-RR 2003, 321. ||4 Vgl. GK-ArbGG/*Schleusener*, § 12 Rz. 224; Übersicht bei TZA/*Ziemann*, 1 A 190. ||5 LAG Sachs. 15.5.1997 – 7 Ta 101/97, LAGE § 12 ArbGG 1979 Streitwert Nr. 111; LAG Köln 21.6.2002 – 7 Ta 59/02, MDR 2002, 1441; LAG Hamburg 29.7.2004 – 8 Ta 11/04; LAG Nürnberg 14.7.2004 – 6 Ta 2/04, MDR 2005, 223. ||6 Vgl. *Schneider/Herget*, Streitwertkommentar, 13. Aufl. 2011, Rz. 2835. ||7 Vgl. GMP/*Germelmann*, § 12 Rz. 118. ||8 Vgl. LAG Hamm 26.5.1989 – 8 Ta 65/89, LAGE § 19 GKG Nr. 6. ||9 Vgl. LAG Bremen 25.8.2005 – 3 Ta 39/05, LAGE § 42 GKG 2004 Nr. 5; LAG Nürnberg 14.7.2006 – 6 Ta 108/06; aA GMP/*Germelmann*, § 12 Rz. 107. ||10 Zutr. LAG Bremen 25.8.2005 – 3 Ta 39/05, FA 2005, 356 mwN. ||11 Ausf. zum Streitstand GMP/*Germelmann*, § 12 Rz. 119; Übersicht bei TZA/*Ziemann*, 1 A 103. ||12 Vgl. GK-ArbGG/*Schleusener*, § 12 Rz. 199; TZA/*Ziemann*, 1 A 79 ff. ||13 Diese Obergrenze gilt unabhängig vom Bewertungsansatz: LAG Köln 7.4.2010 – 6 Ta 96/10; LAG BW 31.7.2009 – 5 Ta 35/09. ||14 Vgl. LAG Berlin 29.5.1998 – 7 Ta 129/97 (Kost), LAGE § 12 ArbGG 1979 Streitwert Nr. 114; GMP/*Germelmann*, § 12 Rz. 120. ||15 BAG 26.5.1986 – 2 AZR 522/85, NZA 1987, 139; LAG Bbg. 17.4.2003 – 6 Ta 62/03, EzA-SD 2003, Nr. 11, 13; LAG Köln 17.8.2010 – 11 Ta 194/10.

hängige Abfindung eingeklagt wird, etwa auf Grund eines Sozialplans oder einer besonderen arbeitsvertragl. Zusage[1].

Bei Rechtsstreitigkeiten über **wiederkehrende Leistungen**, zB über laufende Betriebsrentenansprüche, ist der Wert des dreijährigen Bezugs (§ 42 I 1 GKG) und bei Rechtsstreitigkeiten über **Eingruppierungen** der Wert des dreijährigen Unterschiedsbetrages zur begehrten Vergütung maßgebend (§ 42 II 2 GKG), sofern nicht der Gesamtbetrag der geforderten Leistungen geringer ist. Abweichend von § 42 III Hs. 1 GKG werden nach Hs. 2 bis zur Klageerhebung entstandene Rückstände nicht hinzugerechnet. Die Streitwertbegrenzung gilt auch dann, wenn ausschließlich die bis zur Klageerhebung angefallenen Rückstände aus wiederkehrenden Leistungen eingeklagt werden[2]. Der Wert einer Feststellungsklage, die wiederkehrende Leistungen zum Gegenstand hat, kann regelmäßig mit 80 % des Werts einer entsprechenden Leistungsklage angesetzt werden[3]. Ein solcher Abschlag verbietet sich allerdings bei der üblichen sog. Eingruppierungsfeststellungsklage im öffentl. Dienst[4]. 24

Problematisch ist die Verknüpfung der Kündigungsschutzklage mit einer Leistungsklage auf **künftige Lohnzahlung**. Wenn dabei allein die Beendigung des ArbVerh im Streit steht, richtet sich die Festsetzung des Streitwerts ausschließlich nach § 42 II 1 GKG[5]. Ansonsten würde die vom Gesetzgeber aus sozialen Gründen vorgenommene Kostenprivilegierung ins Leere laufen[6]. 25

2. ABC der sonstigen Streitwerte. Soweit die zuvor erläuterten besonderen Regelungen des § 42 I–III GKG nicht eingreifen, sind gem. § 1 II Nr. 4 GKG für die Streitwertberechnung die §§ 39 ff. GKG und ergänzend §§ 3–9 ZPO anzuwenden. Die Generalklauseln der **§§ 3 ZPO, 48 II GKG und 23 III RVG** räumen dem Gericht die Befugnis ein, den Gegenstandswert nach freiem oder billigem Ermessen zu bestimmen. Daraus hat sich eine kaum noch überschaubare Streitwert-Rspr. entwickelt, die bisweilen erhebliche Bewertungsunterschiede aufweist[7]. Da die Rechtsbeschwerde im Bereich der Streitwertfestsetzung nach wie vor nicht zulässig ist (s. § 78 Rz. 30), kommt es auch in Zukunft vor allem auf die Festsetzungspraxis des jeweils zuständigen LAG an. Die folgende Übersicht soll eine Orientierung über die wichtigsten Streitgegenstände geben. Ergänzend kann auf den von der Konferenz der Präsidentinnen und Präsidenten der Landesarbeitsgerichte im Mai 2013 „zur Kenntnis genommenen" **Streitwertkatalog für die Arbeitsgerichtsbarkeit** verwiesen werden, dem allerdings nur Empfehlungscharakter zukommt[8]. 26

– **Abmahnung:** Der Streit über die Berechtigung einer Abmahnung wird in aller Regel mit einem Monatseinkommen bewertet, und zwar je Abmahnung, wobei eine niedrigere oder höhere Bewertung je nach Bedeutung im Einzelfall nicht ausgeschlossen ist[9].

– **Arbeitspapiere:** Für Streitigkeiten über die Erteilung bzw. Ausfüllung von Arbeitspapieren (LStKarte, Versicherungsnachweise, Arbeitsbescheinigung, Verdienstbescheinigung zwecks Erlangung des Insolvenzgeldes) werden regelmäßig bis zu 300 Euro je Arbeitspapier angesetzt[10].

– **Arbeitszeitreduzierung:** Bei einer Klage des ArbN auf Teilzeitbeschäftigung nach § 8 TzBfG bemisst sich der Streitwert gem. § 42 I 1 GKG auf das 36-fache der Vergütungsdifferenz, jedoch begrenzt auf das Vierteljahreseinkommen gem. § 42 II 1 GKG[11]. Ähnliches gilt für den Streit über den Abschluss eines Vertrages zur **Altersteilzeit im Blockmodell**[12].

– **Aufrechnung:** Die Primäraufrechnung, die die Klageforderung an sich nicht infrage stellt, bewirkt keine Streitwerterhöhung. Bei der Hilfsaufrechnung ist nach § 45 III GKG entscheidend, ob darüber entschieden oder eine Vergleichsregelung erzielt worden ist[13].

– **Beschäftigung:** Der im Rahmen eines Kündigungsschutzverfahrens gestellte Weiterbeschäftigungsantrag ist nach neuerer Rspr. mit einem Monatsbruttoeinkommen zu bewerten[14]. Wird er selbständig

---

1 Ebenso LAG Schl.-Holst. 26.10.2009 – 5 Ta 176/09. ||2 BAG 10.12.2002 – 3 AZR 197/02 (A), MDR 2003, 532. ||3 Vgl. BAG 19.7.1961 – 3 AZR 387/60, AP Nr. 7 zu § 3 ZPO. ||4 Vgl. LAG Köln 23.12.2004 – 4 (3) Ta 468/04, NZA-RR 2005, 488. ||5 Vgl. LAG Köln 29.5.2006 – 11 (14) Ta 110/06; diff. *Vossen*, DB 1986, 326 (327); auch LAG Hamm 30.1.2002 – 9 Ta 591/00, MDR 2002, 1015 und 30.1.2002 – 9 Ta 652/98, NZA-RR 2002, 267–270. ||6 Zutr. LAG Nürnberg 15.2.2005 – 8 Ta 26/05; LAG Köln 29.5.2006 – 11 (14) Ta 110/06, AuR 2006, 334; LAG Nürnberg 14.7.2006 – 6 Ta 108/06; aA ArbG Weiden 1.2.2005 – 1 Ca 1516/04 C, AuR 2005, 195m. zust. Anm. *Heimann*; GK-ArbGG/*Schleusener*, § 12 Rz. 332. ||7 Vgl. die umfangr. Sammlung in LAGE § 12 ArbGG 1979 Streitwert Nr. 1 ff.; ferner GK-ArbGG/*Schleusener*, § 12 Rz. 143 ff.; TZA/*Ziemann*, 1 A 19 ff.; *Berrisch*, FA 2002, 230 ff. ||8 Abrufbar etwa über die Homepage des LAG Hess. unter „Service-Wertfestsetzung"; dazu *Jörchel/Bader*, NZA 2013, 809. ||9 Vgl. LAG Hess. 16.5.2007 – 2 AZB 53/06, NZA 2007, 829; LAG Schl.-Holst. 7.6.1995 – 1 Ta 63/95, LAGE § 12 ArbGG 1979 Streitwert Nr. 103; Übersicht bei TZA/*Ziemann*, 1 A 55. ||10 LAG Köln 16.6.2003 – 2 Ta 157/03; LAG Rh.-Pf. 29.1.2007 – 1 Ta 11/07; Übersicht bei TZA/*Ziemann*, 1 A 123. ||11 LAG Köln 12.5.2011 – 2 Ta 87/11; 5.4.2005 – 3 Ta 61/05; LAG Hamburg 8.11.2001 – 6 Ta 24/01, EzA SD 8/2002, 5; LAG Schl.-Holst. 23.1.2003 – 4 Ta 190/02; aA LAG BW 15.2.2004 – 3 Ta 5/02, NZA-RR 2004, 220; diff. auch LAG Sa.-Anh. 1.3.2004 – 8 Ta 19/04, LAGE § 42 GKG 2004 Nr. 1: dreifaches Bruttomonatsentgelt der angestrebten Teilzeittätigkeit. ||12 Vgl. LAG Berlin 26.9.2005 – 17 Ta (Kost) 6059/05. ||13 Vgl. LAG Hamm 19.8.1982 – 8 Ta 193/82, MDR 1982, 1052. ||14 LAG Köln 21.6.2002 – Ta 59/02, EzA SD 19/2002, 15; LAG Sachs. 14.6.1993 – 4 Ta 12/93, LAGE § 12 ArbGG 1979 Streitwert Nr. 97; aA noch LAG Hamm 11.9.1986 – 8 Ta 218/86, LAGE § 12 ArbGG 1979 Streitwert Nr. 56.

etwa im Rahmen des einstw. Rechtsschutzes oder unabhängig von einer Kündigung verfolgt, so kann seine Bewertung mit bis zu drei Monatsgehältern gerechtfertigt sein[1].

- **Beschlussverfahren:** Die Bemessung des Gegenstandswerts für die anwaltliche Tätigkeit – Gerichtsgebühren werden nach § 2 II GKG nicht erhoben – richtet sich im Allg. nach der Generalklausel des § 23 III 2 RVG. Danach ist der Gegenstandswert, soweit er nicht anderweitig feststeht, nach billigem Ermessen zu bestimmen; in Ermangelung genügender tatsächlicher Anhaltspunkte für eine Schätzung und bei nicht vermögensrechtl. Gegenständen ist er auf 5 000 Euro, nach Lage des Falles niedriger oder höher, jedoch nicht über 500 000 Euro anzunehmen. Dies wird in den meisten Fällen zur Festsetzung des Regelwertes von 5 000 Euro führen[2]. In **Zustimmungsersetzungsverfahren bei personellen Angelegenheiten** nach § 99 BetrVG wird überwiegend eine Festsetzung in Anlehnung an die Grundsätze des § 42 II 1 GKG vorgenommen mit der Maßgabe, dass Abschläge (bis zu 40 %) wegen der verminderten Rechtskraftwirkung eines Beschlussverfahrens zu machen sowie bei mehreren Einstellungen Einzelwerte zu bilden und zusammenzurechnen sind[3]. Der sich ergebende Wert ist allerdings weiter herabzusetzen, wenn die personellen Maßnahmen auf einer einheitlichen unternehmerischen Entscheidung beruhen und die Einzelfälle keine Besonderheiten aufweisen[4]. Der Ansatz des § 42 II gilt auch für die Fälle der **Zustimmungsersetzung zur Kündigung** eines Amtsträgers nach § 103 BetrVG[5]. Begehrt der BR gem. § 80 III 2 BetrVG die Zustimmung des ArbGeb zur **Hinzuziehung eines Sachverst.**, handelt es sich wegen der damit unmittelbar verbundenen Kosten nicht mehr um eine nicht vermögensrechtl. Streitigkeit. Die Festsetzung des Gegenstandswertes hat deshalb nach Maßgabe der veranschlagten Kosten des Sachverst. zu erfolgen[6]. Bei einer **Betriebsänderung** sind auch die Zahl der betroffenen ArbN und der davon herrührende Prozentsatz der Belegschaft zu berücksichtigen[7]. In einem Beschlussverfahren, in dem streitig ist, ob ein **Betrieb mit mehreren Betriebsstätten** vorliegt, können ausgehend von dem Regelstreitwert nach § 23 III 2 RVG als Multiplikationsfaktor die Stufen des § 9 BetrVG herangezogen werden[8]. Für das Verfahren zur Bestellung einer betriebsverfassungsrechtl. **Einigungsstelle** nach § 98 ArbGG wird meist der Regelwert von 5 000 Euro angesetzt, der je nach Streitumfang angemessen erhöht oder erniedrigt werden kann[9]. Bei der **Anfechtung eines Einigungsstellenspruchs** ist das mit der Anfechtung verfolgte Interesse zu schätzen. Ist ein Sozialplan betroffen, kann das streitige Volumen zugrunde gelegt werden[10].

- **Betriebsübergang:** Wendet sich der ArbN mit einer Kündigungsschutzklage gegen eine betriebsbedingte Kündigung seines ArbVerh und nimmt er im Wege der subjektiven Klagehäufung einen angeblichen Betriebserwerber auf Feststellung des Bestehens eines ArbVerh in Anspruch, so handelt es sich um zwei eigenständig nach § 42 II 1 GKG zu bewertende Bestandsstreitigkeiten, die weder wirtschaftl. identisch sind, noch einheitlich entschieden werden müssen[11].

- **Einstweilige Verfügung:** Mit Rücksicht auf die befristete Bedeutung und die nur summarische Prüfung wird regelmäßig ein Abschlag von ⅓ bis ½ vom Wert der Hauptsache gerechtfertigt sein[12]. Der Ansatz des vollen Werts ist dagegen insb. bei sog. Leistungsverfügungen geboten, die die Entscheidung in der Hauptsache vorwegnehmen.

- **Nachteilsausgleich:** Zielt der Hauptantrag auf die Feststellung der Unwirksamkeit einer Kündigung und der hilfsweise gestellte Antrag auf Zahlung des Nachteilsausgleichs nach § 113 BetrVG, so hat bei Abweisung der Klage auch der Hilfsantrag einen eigenen Streitwert. § 42 II 1 Hs. 2 GKG ist nur auf Abfindungen nach dem KSchG anwendbar. Der Streitwert des Hilfsantrags kann aber nicht dem Streitwert des Kündigungsschutzantrages hinzugerechnet werden. Maßgeblich für den Streitwert ist vielmehr nach § 45 I 3 GKG der höhere Wert[13].

- **Vergleich:** Der Streitwert für einen mitverglichenen nicht rechtshängigen **Zeugnisanspruch** kann bis zu einem Monatseinkommen betragen, wenn Gegenstand der Kündigung verhaltens- oder personenbedingte Vorwürfe waren und/oder inhaltliche Festlegungen erfolgen[14]. Besteht nur ein sog. **Titulie-**

---

1 Vgl. LAG Hamburg 10.5.2004 – 8 Ta 5/04; LAG Köln 7.1.2010 – 7 Ta 386/09; TZA/*Ziemann*, 1 A 190 mwN. ‖2 Vgl. LAG Köln 30.9.1997 – 5 Ta 196/97, LAGE § 8 BRAGO Nr. 36 mwN; LAG Schl.-Holst. 7.12.2000 – 2 Ta 127/00, LAGE § 8 BRAGO Nr. 48. ‖3 Vgl. LAG Hamburg 22.9.2010 – 2 Ta 14/10; LAG Hamm 22.8.2005 – 10 Ta BV 94/05; ferner TZA/*Paschke*, 1 B 181ff.; speziell zu Versetzungen LAG Hamm 7.7.1994 – 8 TaBV 80/94, LAGE § 8 BRAGO Nr. 26; aA LAG Köln 30.9.1997 – 5 Ta 196/97, LAGE § 8 BRAGO Nr. 36; LAG Bremen 18.8.2000 – 1 Ta 45/00, LAGE § 8 BRAGO Nr. 46; LAG Schl.-Holst. 28.5.2004 – 2 Ta 95/04, JurBüro 2004, 541. ‖4 Vgl. LAG Hamm 22.8.2005 – 10 TaBV 94/05. ‖5 LAG Köln 22.3.1999 – 11 Ta 241/98, LAGE § 8 BRAGO Nr. 44a; LAG Nürnberg 2.4.1991 – 7 Ta 31/90, LAG 12 ArbGG 1979 Streitwert Nr. 90; LAG Rh.-Pf. 30.3.2004 – 2 Ta 69/04, NZA-RR 2004, 373; LAG Rh.-Pf. 26.3.2004 – 6 Ta 63/04; TZA/*Paschke*, 1 B 227. ‖6 LAG Hamm 12.6.2001 – 10 TaBV 50/01, LAGE § 8 BRAGO Nr. 50; LAG Köln 4.8.2010 – 6 Ta 225/10; TZA/*Paschke*, 1 B 148. ‖7 LAG MV 16.11.2000 – 1 Ta 67/00, LAGE § 8 BRAGO Nr. 47. ‖8 LAG Bremen 12.5.1999 – 1 Ta 16/99, LAGE § 8 BRAGO Nr. 43. ‖9 Vgl. LAG Köln 22.10.2009 – 7 Ta 104/09; LAG Schl.-Holst. 9.3.1993 – 4 Ta 13/93, LAGE § 8 BRAGO Nr. 19. ‖10 Vgl. BAG 9.11.2004 – 1 ABR 11/02 (A), NZA 2005, 70; diff. aber BAG 20.7.2005 – 1 ABR 23/03 (A), ArbRB 2005, 298; LAG Düss. 29.11.1994 – 7 Ta 1336/94, DB 1995, 52. ‖11 Vgl. LAG Köln 16.12.1993 – 12 Ta 204/93; LAG Berlin 5.1.2004 – 17 Ta (Kost) 6122/03, DB 2004, 211; aA LAG Schl.-Holst. 12.4.2005 – 1 Ta 85/04, LAGReport 2005, 223; LAG Nürnberg 13.7.2006 – 6 Ta 102/06. ‖12 Vg. GK-ArbGG/*Schleusener*, § 12 Rz. 210 mwN. ‖13 LAG Düss. 17.1.1985 – 7 Ta267/84, LAGE § 12 ArbGG 1979 Nr. 33; LAG BW 4.2.2004 – 3 Ta 7/04. ‖14 Vgl. LAG Köln 6.7.2009 – 7 Ta 147/09.

rungsinteresse, so ist idR nur ¼ bis ½ des Monatseinkommens in Ansatz zu bringen[1]. Oft wird das Titulierungsinteresse auch nur pauschal mit 250 Euro bewertet[2]. Bei der Einbeziehung streitiger, insb. bereits anderweit rechtshängiger Ansprüche erhöht sich der Vergleichswert entsprechend. Unstreitige Ansprüche, die in einen Vergleich lediglich protokollierend mit aufgenommen werden, wirken sich ohne erkennbares Titulierungsinteresse nicht streitwerterhöhend aus[3]. Umstritten ist, ob eine vergleichsweise vereinbarte **Arbeitsfreistellung** bis zum Ende der Kündigungsfrist einen **Mehrwert** darstellt. Verbreitet werden hierfür 25 % der auf den Freistellungszeitraum entfallenden Vergütung angesetzt[4], richtigerweise begrenzt auf den Wert des Beschäftigungsanspruchs – idR ein Monatsgehalt[5].

- **Zeugnis:** Ein Streitwert bis zu einem halben Monatseinkommen wird meist dem Titulierungsinteresse gerecht, wenn allein die **Erteilung eines Zeugnisses** oder Zwischenzeugnisses Streitgegenstand ist, ohne dass der Inhalt des Zeugnisses festgelegt werden soll[6]. Der Streit um eine **Zeugnisberichtigung** ist demggü. regelmäßig mit einem Monatseinkommen zu bewerten, und zwar unabhängig davon, ob es sich um ein Schluss- oder Zwischenzeugnis handelt[7].

3. Streitwertfestsetzung. Zu beachten ist, dass die Streitwertfestsetzung im arbeitsgerichtl. Urteil für den Kostenstreitwert nicht bindend ist, weil § 62 S. 1 GKG keine Anwendung findet. Sie kann zwar im Regelfall auch für die Gebührenberechnung durch das Gericht und den Anwalt zugrunde gelegt werden, schließt aber insb. bei unterschiedlichen Streitwerten für verschiedene Verfahrensabschnitte eine **gesonderte Festsetzung nach § 63 II GKG** nicht aus[8]. Das Prozessgericht hat danach den Wert „für die zu erhebenden Gebühren" grds. von Amts wegen immer dann festzusetzen, wenn Gerichtsgebühren nach dem Streitwert zu berechnen sind. In Verfahren vor den Gerichten für Arbeitssachen gilt dies mit der Einschränkung, dass ein Beteiligter oder die Staatskasse die Festsetzung beantragt[9] oder das Gericht sie für angemessen hält. Einer solchen Festsetzung bedarf es daher insb. nicht bei einer Erledigung des Rechtsstreits vor dem ArbG durch Vergleich oder Klagerücknahme vor streitiger Verhandlung und generell nicht im Beschlussverfahren wegen der dort bestehenden Gebührenfreiheit. Falls das Gericht eine Festsetzung vornimmt, ist den Parteien auch zur Vermeidung unnötiger Beschwerden zuvor rechtl. Gehör zu gewähren. 27

Der Streitwertbeschluss nach § 63 II GKG muss weder förmlich zugestellt noch mit einer Rechtsmittelbelehrung versehen werden. Denn bei der nach § 68 I iVm. § 63 III GKG innerhalb einer Ausschlussfrist von sechs Monaten zulässigen Beschwerde handelt es sich nicht um ein befristetes Rechtsmittel iSd. § 9 V. Die **einfache Beschwerde** ist statthaft, wenn der Wert des Beschwerdegegenstands 200 Euro übersteigt oder sie in dem angefochtenen Beschluss wegen grundsätzlicher Bedeutung zugelassen worden ist. Das Beschwerderecht ist vor allem deswegen von Bedeutung, weil nach § 32 I RVG der gem. § 63 II GKG festgesetzte Wert grds. auch für die Berechnung der Anwaltsgebühren maßgebend ist. 28

Ist eine Wertfestsetzung für die Gerichtsgebühren – noch – nicht erfolgt oder für die anwaltl. Gebührenberechnung nicht bindend, so kann der Rechtsanwalt eigenständig nach §§ 32 II, 33 RVG die Wertfestsetzung **beantragen**[10]. Die Gebühren für die anwaltl. Tätigkeit berechnen sich dann nicht nach dem für die Gerichtsgebühren maßgebenden Wert, wenn die gebührenauslösenden Tatbestände nicht übereinstimmen. Das kann etwa der Fall sein bei Beauftragung des Anwalts nach teilweiser Klagerücknahme oder bei einem sog. Vergleichsmehrwert. 29

Im Festsetzungsverfahren nach § 33 RVG sind **antragsberechtigt** der Rechtsanwalt, der Auftraggeber und ein erstattungspflichtiger Gegner sowie die Bundes- oder Landeskasse, bei PKH nur diese. Die Beteiligten sind vor der Entscheidung zu hören. Das Verfahren ist nach § 33 IX RVG gebührenfrei. Da der Beschluss bei einem Beschwerdewert von mehr als 200 Euro oder besonderer Zulassung wegen grundsätzlicher Bedeutung der **befristeten Beschwerde** nach § 33 III RVG unterliegt, muss die Entscheidung mit einer Rechtsmittelbelehrung förmlich zugestellt werden[11]. Die davon oft abweichende gerichtl. Praxis kann sich für die Beteiligten nicht nachteilig auswirken. Denn ohne die nach § 329 II 2 ZPO vorgeschriebene Zustellung wird eine Rechtsmittelfrist nicht in Gang gesetzt[12]. 30

Hilft das ArbG der Beschwerde nicht ab, so ist sie dem LAG als Beschwerdegericht vorzulegen, das abschließend entscheidet (§ 33 IV RVG). Im Beschwerdeverfahren gilt das **Verschlechterungsverbot**, 31

---

1 Vgl. LAG Düss. 14.5.1985 – 7 Ta 180/85, LAGE § 3 ZPO Nr. 4; diff. LAG Rh.-Pf. 16.6.2004 – 10 Ta 111/04, AuR 2005, 39; LAG Hamm 7.9.2005 – 9 Ta 77/05. ||2 Vgl. GK-ArbGG/*Schleusener*, § 12 Rz. 316 mwN. ||3 Vgl. LAG Köln 3.3.2009 – 4 Ta 467/08, NZA-RR 2009, 503; 21.6.2002 – 7 Ta 59/02, MDR 2002, 1441; LAG Rh.-Pf. 19.10.2004 – 9 Ta 208/04, NZA-RR 2005, 212. ||4 Vgl. LAG Schl.-Holst. 20.5.1998 – 3 Ta 37/98d, LAGE § 12 ArbGG 1979 Streitwert Nr. 113; LAG Sa.-Anh. 22.11.2000 – 1 Ta 133/00, LAGE § 10 BRAGO Nr. 11; diff. LAG Sachs.-Anh. v. 8.12.2004 – 8 Ta 163/04; LAG Köln 29.1.2002 – 7 Ta 285/01, LAGReport 2002, 225; LAG Rh.-Pf. 19.6.2002 – 2 Ta 531/02, MDR 2002, 1397. ||5 Vgl. LAG Nürnberg 14.7.2004 – 6 Ta 2/04, MDR 2005, 223; LAG München 12.9.2005 – 2 Ta 337/05; aA LAG Hamm 10.8.2005 – 9 Ta 222/05. |6 LAG Hamburg 12.1.1998 – 4 Ta 28/97, LAGE § 3 ZPO Nr. 9; LAG Sachs. 19.10.2000 – 9 Ta 173/00, LAGE § 3 ZPO Nr. 12; LAG Rh.-Pf. 2.6.2004 – 2 Ta 113/04, NZA-RR 2005, 326. ||7 LAG Düss. 19.8.1999 – 7 Ta 238/99, LAGE § 3 ZPO Nr. 10; diff. LAG Köln 21.11.1986 – 5 Sa 984/86, LAGE § 64 ArbGG 1979 Nr. 13; Übersicht bei TZA/*Ziemann*, 1 A 627. ||8 Vgl. *Creutzfeldt*, NZA 1996, 956 (957). ||9 Vgl. LAG Köln 20.6.2003 – 4 Ta 80/03, LAGE § 25 GKG Nr. 10. ||10 Vgl. LAG Köln 12.5.2011 – 2 Ta 87/11. ||11 LAG Köln 12.2.2010 – 7 Ta 363/09. ||12 Vgl. Zöller/*Vollkommer*, § 329 ZPO Rz. 26.

ArbGG § 12 Rz. 32 Kosten

dh., die Wertfestsetzung des ArbG darf nicht zum Nachteil des Beschwerdeführers abgeändert werden[1]. Abweichend von § 68 III GKG ist die erfolglose Beschwerde gebührenpflichtig, so dass der zurückweisende Beschluss eine Kostenentscheidung treffen muss[2]. Nach Nr. 8614 KV GKG fällt eine Gebühr von 50 Euro an, die bei teilweiser Verwerfung oder Zurückweisung auf die Hälfte ermäßigt oder ganz erlassen werden kann. § 33 IX 2 RVG schließt lediglich eine Kostenerstattung im Beschwerdeverfahren aus[3].

32 Die vom LAG für die Berufungsinstanz oder vom BAG für die Revisionsinstanz vorgenommene Streitwertfestsetzung ist unanfechtbar. Einwendungen können allenfalls im Wege der Gegenvorstellung oder mit dem besonderen Rechtsbehelf der Anhörungsrüge nach § 78a vorgebracht werden. §§ 66 III 3 GKG und 33 IV 3 RVG schließen eine Beschwerde an einen obersten Gerichtshof des Bundes ausdrücklich aus.

12a *Kostentragungspflicht*

(1) In Urteilsverfahren des ersten Rechtszugs besteht kein Anspruch der obsiegenden Partei auf Entschädigung wegen Zeitversäumnis und auf Erstattung der Kosten für die Zuziehung eines Prozessbevollmächtigten oder Beistandes. Vor Abschluss der Vereinbarung über die Vertretung ist auf den Ausschluss der Kostenerstattung nach Satz 1 hinzuweisen. Satz 1 gilt nicht für Kosten, die dem Beklagten dadurch entstanden sind, dass der Kläger ein Gericht der ordentlichen Gerichtsbarkeit, der allgemeinen Verwaltungsgerichtsbarkeit, der Finanz- oder Sozialgerichtsbarkeit angerufen und dieses den Rechtsstreit an das Arbeitsgericht verwiesen hat.

(2) Werden im Urteilsverfahren des zweiten und dritten Rechtszugs die Kosten nach § 92 Abs. 1 der Zivilprozessordnung verhältnismäßig geteilt und ist die eine Partei durch einen Rechtsanwalt, die andere Partei durch einen Verbandsvertreter nach § 11 Abs. 2 Satz 2 Nr. 4 und 5 vertreten, so ist diese Partei hinsichtlich der außergerichtlichen Kosten so zu stellen, als wenn sie durch einen Rechtsanwalt vertreten worden wäre. Ansprüche auf Erstattung stehen ihr jedoch nur insoweit zu, als ihr Kosten im Einzelfall tatsächlich erwachsen sind.

1 **I. Inhalt und Zweck.** Die Vorschrift regelt die Kostentragungspflicht im arbeitsgerichtl. Verfahren teilweise abweichend von den §§ 91 ff. ZPO. Mit dem weit gehenden Ausschluss der Kostenerstattung in erster Instanz soll die Prozessführung des wirtschaftl. schwächeren ArbN erleichtert werden. Die Regelung bewirkt eine **Risikominderung** und dient damit ebenso wie die Sondervorschriften des GKG zur Wertberechnung einer Kostenreduzierung für die rechtsuchenden Parteien. Mit der grundsätzlichen **Eigenbelastung** auch der obsiegenden Partei vor dem ArbG korrespondiert die **Belehrungspflicht** in Abs. 1 S. 2. Die schuldhafte Verletzung dieser Hinweispflicht kann einen Schadensersatzanspruch der betroffenen Partei begründen, mit dem sie gegen den Vergütungsanspruch des Rechtsanwalts aufrechnen kann[4].

2 Die in Abs. 2 normierte Kostenteilung bei einer Vertretung durch einen Verbandsvertreter im Urteilsverfahren zweiter Instanz trägt der Besonderheit Rechnung, dass diese Vertretung für das vertretene Mitglied in aller Regel kostenfrei, aber mittelbar durch die Mitgliedsbeiträge finanziert ist. Die Sonderregelung verhindert eine Ungerechtigkeit, die bei der Kostenausgleichung nach allg. Grundsätzen entstehen würde.

3 Abgesehen von diesen Besonderheiten richtet sich die Kostentragungspflicht im ArbGV nach den §§ 91 ff. ZPO. Auch die Bestimmungen über das **Kostenfestsetzungsverfahren** nach den §§ 103 ff. ZPO sind entsprechend anzuwenden (§ 46 II iVm. § 495 ZPO). Für die Festsetzung der Rechtsanwaltsgebühren gegen die eigene Partei gilt § 11 RVG. Dabei ist auch eine **Terminsgebühr** nach Nr. 3104 I Nr. 1 RVG-VV zu berücksichtigen, wenn ein schriftlicher **Vergleich nach § 278 VI ZPO** geschlossen wird[5]. Gegen den Kostenfestsetzungsbeschluss kann nach § 104 III 1 ZPO sofortige Beschwerde bzw. nach § 11 II 1 RPflG befristete Erinnerung eingelegt werden.

4 **II. Urteilsverfahren vor dem Arbeitsgericht (Abs. 1).** Im Urteilsverfahren vor dem ArbG besteht im Unterschied zu § 91 I ZPO kein Anspruch der siegreichen Partei auf Entschädigung wegen Zeitversäumnis und auf Erstattung der Kosten für die Zuziehung eines Prozessbevollmächtigten oder Beistandes. Daher können auch nicht anteilige Vergütungskosten für einen mit der Prozessführung betrauten Mitarbeiter der Partei geltend gemacht werden[6] Die gesetzl. Regelung ist verfassungskonform[7]. Der **Ausschluss der Erstattungsfähigkeit** gilt auch für die Vertretungskosten, die bei einem Nebenintervenienten oder Streitverkündeten anfallen[8]. Da es iÜ bei den allg. Regeln verbleibt, können nach § 91 I 2 ZPO jedenfalls die notwendigen Reisekosten der Partei, also Fahrt-, Übernachtungs- und Verpflegungskosten, ersetzt verlangt werden[9].

---

1 Vgl. LAG Köln 25.9.2009 – 13 Ta 302/09 mwN. ||2 LAG Köln 8.8.1991 – 11 Ta 127/91, LAGE § 10 BRAGO Nr. 4; LAG Hamm 19.3.2007 – 10 Ta 97/07. ||3 Vgl. LAG Köln 7.4.2010 – 6 Ta 96/10; LAG München 17.9.2010 – 10 Ta 529/09; *Schneider*, NJW 2006, 325 (328). ||4 Vgl. Düwell/Lipke/*Dreher*, § 12a Rz. 8. ||5 Vgl. BAG 20.6.2006 – 3 AZB 78/05, MDR 2007, 116. ||6 Vgl. LAG Hess. 5.12.2001 – 2 Ta 463/01, BRAGOreport 2002, 30. ||7 BVerfG 20.7.1971 – 1 BvR 231/69, AP Nr. 12 zu § 61 ArbGG. ||8 LAG BW 27.9.1982 – 1 Ta 182/82, AP Nr. 2 zu § 12a ArbGG 1979. ||9 Vgl. LAG Nürnberg 12.11.2010 – 4 Ta 145/10, JurBüro 2011, 141.

Die Sonderregelung gilt für alle Erscheinungsformen des Urteilsverfahrens im ersten Rechtszug, mithin auch im **Mahnverfahren** sowie im **Verfahren des einstw. Rechtsschutzes** bei Arrest und einstw. Verfügung. Unanwendbar ist sie dagegen im Verfahren der Zwangsvollstreckung, weil hier ein Grund zur Kostenschonung nicht mehr besteht. Es gilt die allg. Regelung des § 788 ZPO[1]. Die **Vollstreckungsabwehrklage** nach § 767 ZPO und der **Drittschuldnerprozess** im Zuge der Lohn- und Gehaltspfändung gehören allerdings zum Urteilsverfahren iSd. Abs. 1 S. 1[2].

Der Ausschluss der Kostenerstattung in dem bezeichneten Umfang betrifft nicht nur den prozessualen, sondern auch einen **materiell-rechtl. Kostenerstattungsanspruch**. Die gesetzl. Regelung unterscheidet nämlich nicht nach der Anspruchsgrundlage[3]. Demzufolge können auch vorprozessuale Anwaltskosten für Mahnschreiben nicht im Wege des Schadensersatzes geltend gemacht werden[4].

Verletzt der ArbGeb jedoch als Drittschuldner die ihm nach § 840 I ZPO obliegende Erklärungspflicht, so umfasst der Anspruch des Pfändungsgläubigers auf **Schadensersatz gem. § 840 II 2 ZPO** auch die Kosten für die Zuziehung eines Prozessbevollmächtigten zur Eintreibung der gepfändeten Forderung[5]. Begründet wird dies zutreffend damit, dass der Schadensersatzanspruch wegen schuldhafter Fehlinformation vor einer Drittschuldnerklage nichts mit einem prozessualen Kostenerstattungsanspruch zu tun hat und daher auch kein Anlass für eine Begrenzung besteht. Der Regelungszweck des Abs. 1 S. 1 verlangt nicht den Schutz des ArbGeb vor Kosten, die er dem Pfändungsgläubiger durch eigenes schuldhaftes Verhalten zugefügt hat. Der Schadensersatzanspruch kann bereits im rechtshängigen Drittschuldnerprozess durchgesetzt werden[6], nicht aber im vereinfachten Kostenfestsetzungsverfahren[7].

Die Regelung des Abs. 1 S. 1 steht einer **Kostenübernahme durch Parteivereinbarung**, etwa in einem außergerichtl. Vergleich oder in einem Prozessvergleich, nicht entgegen[8]. Allerdings ist in solchen Fällen eine schnelle gerichtl. Festsetzung nach § 103 ZPO nicht möglich, weil das verbilligte Kostenfestsetzungsverfahren nur für die Ermittlung der gesetzl. Prozesskosten geschaffen worden ist[9]. Mit Rücksicht darauf empfiehlt sich eine bezifferte Festlegung unmittelbar im Prozessvergleich, die vollstreckbar ist.

Die Partei kann jedenfalls die **Reisekosten** zu den Terminen vor dem ArbG nach Maßgabe des § 91 I 2 ZPO von dem unterlegenen Gegner erstattet verlangen. Die Kostenerstattungspflicht steht jedoch allgemein unter dem Prinzip der Verhältnismäßigkeit. Nimmt eine nicht im Bezirk des Gerichts wohnende Partei den Termin vor dem ArbG selbst wahr und entstehen dadurch Reisekosten in einer Höhe, die die Klageforderung um ein Vielfaches übersteigt, so handelt es sich um Kosten, die zur zweckentsprechenden Rechtsverfolgung nicht notwendig sind[10]. Lässt sich eine Partei im Verfahren vor dem ArbG durch einen nicht im Bezirk des ArbG niedergelassenen Rechtsanwalt vertreten, so sind die Reisekosten des Rechtsanwalts insoweit erstattungsfähig, als die obsiegende Partei durch die Anwaltsbeauftragung **auf Grund hypothetischer Berechnung** Reisekosten erspart hat[11]. In dieser Höhe sind auch die Kosten eines ortsansässigen Rechtsanwalts zu ersetzen[12]. IÜ werden die erstattungsfähigen Kosten einer Partei, die den Arbeitsrechtsstreit selbst führt, nicht durch die Kosten einer fiktiven Hinzuziehung eines Anwalts und eines Verkehrsanwalts beschränkt[13].

Zur Vorbereitung und Durchführung einer Drittschuldnerklage aufgewandte **Detektivkosten** sind regelmäßig nur erstattungsfähig, wenn sie zur Feststellung von Art und Umfang der vom Schuldner beim Drittschuldner erbrachten Arbeitsleistung dienen und die im Einzelnen darzustellende Ermittlungstätigkeit insoweit konkrete und gerichtsverwertbare Umstände beibringt[14]. Detektivkosten, die dadurch entstehen, dass der ArbGeb den Verdacht eines zur Kündigung berechtigenden Fehlverhaltens des ArbN überprüfen lassen will, sind dagegen mangels unmittelbaren Zusammenhangs mit dem späteren Prozess keine Prozesskosten iSd. § 91 ZPO[15].

---

1 Vgl. BGH 20.12.2005 – VII ZB 57/05, MDR 2006, 831. ||2 Vgl. LAG Düss. 9.6.2005 – 16 Ta 299/05; GMP/*Germelmann*, § 12a Rz. 24 mwN. ||3 BAG 30.4.1992 – 8 AZR 288/91, AP Nr. 6 zu § 12a ArbGG 1979; 27.10.2005 – 8 AZR 546/03, NZA 2006, 259; 11.3.2008 – 3 AZN 1311/07; LAG Hess. 18.9.2006 – 18/10 Sa 1725/05; ArbG Heilbronn 22.5.2001 – 1 Ca 198/01, NZA-RR 2002, 494. ||4 BAG 14.12.1977 – 5 AZR 711/76, EzA § 61 ArbGG Nr. 3; LAG Rh.-Pf. 23.8.2005 – 10 Ta 172/05; LAG Köln 10.7.2009 – 7 Ta 126/09. ||5 BAG 16.5.1990 – 4 AZR 56/90, EzA § 840 ZPO Nr. 3. ||6 Vgl. BAG 16.5.1990 – 4 AZR 56/90, EzA § 840 Nr. 3; ArbG Gießen 27.2.2002 – 2 Ca 115/01, FA 2002, 149. ||7 Vgl. BAG 16.11.2005 – 3 AZB 45/05, FA 2006, 52. ||8 BAG 20.1.2010 – 7 ABR 68/08, FA 2010, 308; 27.10.2005 – 8 AZR 546/03, NZA 2006, 259; LAG Hamm 26.2.1991 – 8 Sa 1497/90, LAGE § 12a ArbGG 1979 Nr. 15; vgl. auch LAG Düss. 15.8.2006 – 16 Ta 392/06, DB 2006, 2472. ||9 Zutr. LAG Düss. 1.4.1986 – 7 Ta 93/86, LAGE § 12a ArbGG 1979 Nr. 9; LAG Köln 2.1.2001 – 8 Ta 263/00, MDR 2001, 775; LAG Düss. 17.5.2004 – 16 Ta 274/04, MDR 2004, 1147. ||10 LAG Düss./Kammer Köln v. 8.4.1976 – 8 Ta 23/76, EzA § 91 ZPO Nr. 1. ||11 LAG Köln 23.2.2010 – 4 Ta 29/10; 15.10.1982 – 1/10 Ta 140/82, EzA § 91 ZPO Nr. 3; LAG München 27.6.2001 – 1 Ta 44/01, NZA-RR 2002, 161; LAG Rh.-Pf. 23.1.2004 – 2 Ta 1/04; 18.3.2009 – 11 Ta 11/09; LAG Berlin 12.5.2006 – 17 Ta (Kost) 6006/06, NZA-RR 2006, 538; LAG Schl.-Holst. 18.3.2009 – 3 Ta 30/09. ||12 Vgl. LAG Bln.-Bbg. 22.2.2012 – 17 Ta (Kost) 6010/12. ||13 LAG Nürnberg 29.8.2008 – 4 Ta 82/08. ||14 BAG 17.5.2001 – 8 AZR 25/01 (2) Ta 22/93, LAGE § 91 ZPO Nr. 21; LAG Hamm 7.11.1995 – 6 Sa 187/95, LAGE § 611 BGB Arbeitnehmerhaftung Nr. 19. ||15 LAG Hamburg 7.11.1995 – 3 Ta 13/95, LAGE § 91 ZPO Nr. 26; vgl. auch BAG 28.5.2009 – 8 AZR 226/08.

11 Auch sonstige **notwendige Kosten iSd. § 91 ZPO**, zB Aufwendungen für Fotokopien, Porto- und Telefonauslagen, bleiben im Grundsatz erstattungsfähig. Wegen der Einzelheiten wird auf die allg. Prozessrechtsliteratur verwiesen[1].

12 Für die Rechtswegverweisung nach **Anrufung eines unzuständigen Gerichts** gilt der Ausschluss der Kostenerstattung nach S. 1 nicht, wie Abs. 1 S. 3 ausdrücklich anordnet. Die dem Beklagten vor dem ordentl. Gericht entstandenen Anwaltskosten bleiben nach einer Prozessverweisung zum ArbG ohne Rücksicht darauf erstattungsfähig, ob der Anwalt die Vertretung vor dem ArbG fortführt oder nicht[2]. Verweist umgekehrt das ArbG den Rechtsstreit an das ordentl. Gericht oder das Finanzgericht, so bleibt es für das arbeitsgerichtl. Verfahren bei der Anwendung des Abs. 1 S. 1. Erstattet werden nur diejenigen Gebühren, die durch die Tätigkeit des Anwalts vor dem zuständigen Gericht – neu – entstanden sind[3].

13 **III. Urteilsverfahren vor dem LAG (Abs. 2).** In den Rechtsmittelinstanzen richtet sich die Kostenerstattung an sich uneingeschränkt nach den §§ 91 ff. ZPO. Das gilt für das Urteilsverfahren vor dem LAG und nunmehr auch für das Revisionsverfahren vor dem BAG nach Abs. 2 S. 1 mit der Maßgabe, dass bei einer Kostenverteilung nach § 92 I ZPO der auf einer Seite tätige Verbandsvertreter hinsichtlich der Kosten **fiktiv wie ein Rechtsanwalt** behandelt wird. Diese fiktiven Gebühren brauchen im Zuge der Kostenausgleichung nicht besonders angemeldet zu werden, soweit es sich um die üblichen Anwaltsgebühren handelt, die auch dem Rechtsanwalt des Gegners entstanden sind. Der Ansatz fiktiver Anwaltskosten in dieser Prozesskonstellation dient der kostenmäßigen Gleichbehandlung und der Abwehr gegnerischer Herauszahlungsansprüche. Will die Partei eigene Erstattungsansprüche geltend machen, so muss sie nach Abs. 2 S. 2 nachweisen, dass ihr die Kosten auch tatsächlich erwachsen sind[4].

14 **IV. Beschlussverfahren.** Die Sonderregelung des § 12a ist auf das Beschlussverfahren vor den Gerichten für Arbeitssachen nicht entsprechend anwendbar. Abgesehen davon, dass die Regelung ausdrücklich auf das Urteilsverfahren bezogen ist, besteht für eine Erstreckung auf das Beschlussverfahren auch kein Bedarf, weil eine prozessuale Kostenentscheidung nicht zu treffen ist[5]. Vielmehr richtet sich die Kostenerstattung nach den materiell-rechtl. Vorschriften des BetrVG und des Personalvertretungsrechts. Der Erstattungsanspruch insb. nach §§ 40 oder 76a III BetrVG kann nicht durch die analoge Anwendung des Abs. 1 unterlaufen werden[6].

15 Aus den gleichen Gründen ist für eine analoge Anwendung des Abs. 2 im Beschwerdeverfahren des Beschlussverfahrens vor dem LAG kein Raum.

16 Unanwendbar ist § 12a aber nur bei der Rechtsverfolgung unmittelbar im Beschlussverfahren. Macht ein BR-Mitglied demggü. seine auf § 37 II BetrVG gestützten Lohnansprüche im Urteilsverfahren geltend, so schließt Abs. 1 S. 1 den Anspruch auf Erstattung der erstinstanzlich entstandenen Rechtsanwaltskosten aus[7]. Es kommt also entscheidend auf die jeweilige Verfahrensart an.

13 Rechtshilfe

(1) Die Arbeitsgerichte leisten den Gerichten für Arbeitssachen Rechtshilfe. Ist die Amtshandlung außerhalb des Sitzes eines Arbeitsgerichts vorzunehmen, so leistet das Amtsgericht Rechtshilfe.

(2) Die Vorschriften des Gerichtsverfassungsgesetzes über Rechtshilfe und des Einführungsgesetzes zum Gerichtsverfassungsgesetz über verfahrensübergreifende Mitteilungen von Amts wegen finden entsprechende Anwendung.

1 **I. Rechtshilfe im Inland.** Die Regelung knüpft an Art. 35 I GG an, der bestimmt, dass sich alle Behörden des Bundes und der Länder gegenseitig Amts- und Rechtshilfe leisten. **Rechtshilfe** liegt vor, wenn das ersuchende Gericht die Amtshandlung auf Grund seiner sachlichen Zuständigkeit selbst vornehmen könnte und das ersuchte Gericht nur aus Gründen der Zweckmäßigkeit tätig wird. Von **Amtshilfe** spricht man dann, wenn andere als die den Gerichten vorbehaltene Maßnahmen erbeten werden, etwa eine behördliche Auskunft, die Übersendung von Akten, die Überlassung von Räumen usw.[8].

2 Abs. 1 S. 1 stellt zunächst klar, dass sich die **Arbeitsgerichte vorrangig selbst** Rechtshilfe leisten. Nur im Ausnahmefall kommt die Einschaltung eines AG in Betracht, nämlich dann, wenn die Amtshandlung außerhalb des Sitzes eines ArbG vorzunehmen ist. Theoretisch wäre es daher möglich, das AG um Rechtshilfe im – größeren – Gerichtsbezirk des ersuchenden ArbG zu bitten. Zweckmäßiger dürfte aber

---

1 Vgl. Zöller/*Herget*, § 91 ZPO Rz. 13 m. umfangr. Nachw.; zu den Kosten eines Privatgutachtens LAG Berlin 28.11.2006 – 17 Ta (Kost) 6080/06, ZTR 2007, 161. ||2 Vgl. BAG 1.11.2004 – 3 AZB 10/04, MDR 2005, 1301; 19.2.2013 – 10 AZB 2/13; LAG Köln 11.5.2011 – 7 Ta 323/10; LAG Schl.-Holst. 21.1.2013 – 5 Ta 197/12; aA LAG Bremen 5.7.1996 – 2 Ta 30/96, LAGE § 12a ArbGG 1979 Nr. 19. ||3 Vgl. LAG Schl.-Holst. 27.3.2003 – 2 Ta 31/03; OLG Bbg. 9.3.2000 – 8 W 246/99, MDR 2000, 788; LAG Rh.-Pf. 14.3.2007 – 6 Ta 64/07; FG Thür. 3.11.2006 – IV 70047/05 Ko; zur Streitwertbemessung OLG München 14.8.2008 – 7 W 2922/07. ||4 Vgl. Düwell/Lipke/*Dreher*, § 12a Rz. 11. ||5 Vgl. BAG 31.10.1972 – 1 ABR 7/72, EzA § 40 BetrVG 1972 Nr. 3. ||6 Vgl. LAG Hamm 10.2.2012 – 10 TaBV 67/11 mwN. ||7 BAG 30.6.1993 – 7 ABR 45/92, EzA § 12a ArbGG 1979 Nr. 10; ferner BAG 20.1.2010 – 7 ABR 68/08, NZA 2010, 777. ||8 Vgl. Kissel/*Mayer*, § 156 GVG Rz. 3 und 4.

insoweit die in § 58 I 2 vorgesehene Beauftragung des Kammervorsitzenden mit der Durchführung der Beweisaufnahme sein[1].

Nach Abs. 2 sind die Vorschriften der §§ 156–168 GVG für die Durchführung der Rechtshilfe im Inland entsprechend anzuwenden. Gemäß § 157 I GVG ist das Rechtshilfeersuchen an das ArbG zu richten, in dessen Bezirk die Amtshandlung vorgenommen werden soll. Das Ersuchen darf nach § 158 I GVG grds. nicht abgelehnt werden. Allein das Rechtshilfeersuchen eines im Instanzenzug nicht vorgesetzten Gerichts ist nach § 158 II GVG **abzulehnen**, wenn eine **unzulässige Amtshandlung** erbeten wird. Eine Rechtshilfehandlung ist dann verboten, wenn sie nach dem örtlichen Recht des ersuchten Gerichts oder nach dem Recht des ersuchenden und ersuchten Gerichts gegen Bundes- oder Landesrecht verstößt[2]. 3

§ 158 II GVG ist als Ausnahmevorschrift eng auszulegen[3]. Insb. darf das ersuchte Gericht die **Durchführung einer Beweisaufnahme** nicht ablehnen, weil es sie für überflüssig, unrechtmäßig oder wenig erfolgversprechend hält. Eine von dem ersuchten Gericht vorzunehmende Handlung ist vielmehr nur dann verboten, wenn sie schlechthin unzulässig ist, dh. dass sie ohne Rücksicht auf die konkrete prozessuale Situation (abstrakt) rechtl. unzulässig sein muss[4]. Die Frage der Zulässigkeit der Rechtshilfe im konkreten Fall obliegt hingegen allein der **Beurteilung durch das ersuchende Gericht**. Dieses hat zu überprüfen, ob die gesetzl. Voraussetzungen zur Vornahme der Rechtshilfe im einzelnen Fall zutreffen. Daraus folgt, dass das ersuchte Gericht grds. nicht zu prüfen hat, ob der Beweisbeschluss verfahrensrechtl. zu beanstanden ist. Der ersuchte Richter ist vielmehr der verlängerte Arm des Prozessgerichts. Dessen Verfahrensfehler sind nur im Rechtszug der Prozessgerichte überprüfbar. Ein Ersuchen um Rechtshilfe darf daher vom ersuchten Gericht nicht mit der Begründung abgelehnt werden, das Prozessgericht habe die Voraussetzungen für eine Beweisaufnahme nach § 375 I Nr. 3 ZPO verkannt[5]. Umstritten ist, ob der sog. **Ausforschungsbeweis** zu den verbotenen Prozesshandlungen nach § 158 II 1 GVG gehört. Jedenfalls dann ist die Durchführung der Rechtshilfe verboten, wenn der Beweisbeschluss keine hinreichenden Tatsachen enthält, über die der Rechtshilferichter eine Zeugenvernehmung durchführen könnte[6]. 4

Über die Berechtigung einer Ablehnung entscheidet entsprechend § 159 I GVG das LAG, zu dessen Bezirk das ersuchte ArbG gehört. Weist das LAG die Beschwerde des ersuchenden ArbG gegen die Ablehnung eines Rechtshilfeersuchens durch das ersuchte Gericht zurück, so kann das ersuchende ArbG **weitere Beschwerde zum BAG** einlegen, wenn die beteiligten ArbG in verschiedenen LAG-Bezirken liegen[7]. Beschwerdeberechtigt sind nach § 159 II GVG auch die Parteien und die vom ersuchten Gericht zu vernehmenden Personen. 5

Ist das ersuchte Gericht **örtlich unzuständig**, so gibt es das Ersuchen nach § 158 II 2 GVG an das zuständige ArbG ab. Auch bei einer Ablehnung wegen örtlicher Unzuständigkeit kann die Entscheidung des übergeordneten LAG eingeholt werden. 6

Die Rechtshilfehandlung, zumeist eine Beweisaufnahme, wird von dem nach der Geschäftsverteilung zuständigen Kammervorsitzenden **ohne Hinzuziehung der ehrenamtlichen Richter** durchgeführt, § 53 I 2. Zu einer Änderung oder Ergänzung eines Beweisbeschlusses ist er ebenso wenig berechtigt wie zu einer Beeidigung von Zeugen. Die Entscheidung darüber ist nach § 58 II 1 der Kammer des ersuchenden Gerichts vorbehalten. 7

II. Rechtshilfe im Ausland. Für Rechtshilfeersuchen in das Ausland gelten auf Grund der Verweisung in § 46 II die §§ 183 und 363 ZPO entsprechend. Die konkrete Durchführung richtet sich nach der Rechtshilfeordnung für Zivilsachen – ZRHO – und der gemeinsamen Anordnung des Bundesministeriums der Justiz und des Bundesministeriums für Arbeit und Soziales über den Rechtshilfeverkehr mit dem Ausland auf dem Gebiet der Arbeitsgerichtsbarkeit in der seit dem 1.1.2004 geltenden Fassung iVm. internationalen und zwischenstaatl. Rechtshilfeabkommen[8]. Im Wesentlichen stehen zwei Möglichkeiten offen: 8

Kann die Beweisaufnahme nach Maßgabe der bestehenden Staatsverträge oder mit Einverständnis des ausländischen Staates durch einen Bundeskonsul erfolgen, so ist das Ersuchen gem. § 363 II ZPO an ihn zu richten. IÜ hat der Kammervorsitzende die zuständige ausländische Behörde um die Durchführung der Rechtshilfe zu ersuchen. Prüfstelle für die Erledigung ausgehender Rechtshilfeersuchen iSd. § 9 ZRHO sind der Präsident des BAG und die Präsidenten der LAG für ihren jeweiligen Zuständigkeitsbereich. 9

III. Datenübermittlung an Dritte von Amts wegen. Abs. 2 erklärt die Vorschriften der **§§ 12ff. EGGVG** über verfahrensübergreifende Mitteilungen **von Amts wegen** auch im arbeitsgerichtl. Verfahren für an- 10

---

1 Vgl. Schwab/Weth/Vollstädt, § 13 Rz. 9, 11. || 2 BAG 16.1.1991 – 4 AS 7/90, EzA § 13 ArbGG 1979 Nr. 1. || 3 BAG 26.10.1999 – 10 AS 5/99, EzA § 158 GVG Nr. 1 mwN; Zöller/Lückemann, § 158 GVG Rz. 4, 5. || 4 BGH 31.5.1990 – III ZB 52/89, NJW 1990, 2936 mwN. || 5 BAG 23.1.2001 – 10 AS 1/01, EzA § 158 GVG Nr. 2. || 6 BAG 16.1.1991 – 4 AS 7/90, EzA § 13 ArbGG 1979 Nr. 1. || 7 BAG 16.1.1991 – 4 AS 7/90, EzA § 13 ArbGG 1979 Nr. 1. || 8 Vgl. Zöller/Geimer, § 363 ZPO Rz. 35ff.; ferner: www.internationale-rechtshilfe.nrw.de.

wendbar. Diese Bestimmungen sollen die Amtshilfe im Verhältnis zu anderen Gerichten, Behörden und sonstigen Stellen unter Beachtung des notwendigen Datenschutzes sichern[1]. Praktisch bedeutsam ist vor allem der Austausch personenbezogener Daten im Verhältnis zu den Trägern der SozV und Sozialhilfe. Dabei hat das ArbG nach § 13 EGGVG eine Interessenabwägung mit den schutzwürdigen Belangen des Betroffenen vorzunehmen. Nach § 17 EGGVG ist die Übermittlung personenbezogener Daten insb. zur Verfolgung von Straftaten oder Ordnungswidrigkeiten zulässig. Ob eine Mitteilungspflicht besteht, richtet sich nach bereichsspezifischen Regelungen wie etwa § 183 GVG für Straftaten in der Sitzung.

11 Unberührt bleiben die Vorschriften für die verfahrensübergreifende Datenübermittlung **auf Ersuchen anderer Behörden oder Dritter** etwa nach § 299 ZPO, § 35 I SGB I, §§ 67 ff., 78 SGB X[2].

13a *Internationale Verfahren*
Die Vorschriften des Buches 11 der Zivilprozessordnung über die justizielle Zusammenarbeit in der Europäischen Union finden in Verfahren vor den Gerichten für Arbeitssachen Anwendung, soweit dieses Gesetz nichts anderes bestimmt.

1 **I. Inhalt und Zweck.** Die mit dem EG-Vollstreckungstitel-Durchführungsgesetz[3] mWv. 21.10.2005 eingeführte Vorschrift stellt klar, dass die in Umsetzung europäischen Rechts geschaffenen Bestimmungen der §§ 1067 ff. ZPO über die justizielle Zusammenarbeit in Europa auch im arbeitsgerichtl. Verfahren gelten. Näher geregelt sind dort Zustellung, Beweisaufnahme und grenzüberschreitende Prozesskostenhilfe sowie die Behandlung europäischer Vollstreckungstitel.

2 **II. Durchführung von Beweisaufnahmen.** Nach § 1074 I ZPO ist generell für Beweisaufnahmen in der Bundesrepublik Deutschland als **ersuchtes Gericht** iSv. Art. 2 I der Verordnung (EG) Nr. 1206/2001 dasjenige **AG zuständig**, in dessen Bezirk die Verfahrenshandlung durchgeführt werden soll. Dies korrespondiert mit Nr. II der Gemeinsamen Anordnung von BMJ und BMAS, wonach für die Erledigung eingehender Rechtshilfeersuchen (3. Abschnitt ZRHO) auch im Bereich der Arbeitsgerichtsbarkeit die ordentl. Gerichte zuständig sind. Soll dagegen eine **Beweisaufnahme in Mitgliedstaaten der EU** erfolgen, so kann etwa das deutsche ArbG nach § 1072 ZPO entweder unmittelbar das zuständige Gericht eines anderen Mitgliedstaates um Aufnahme des Beweises ersuchen oder eine eigene unmittelbare Beweisaufnahme in dem anderen Mitgliedstaat beantragen[4].

Zweiter Teil. Aufbau der Gerichte für Arbeitssachen

14–39 *(nicht kommentiert)*

Dritter Abschnitt. Bundesarbeitsgericht

40–44 *(nicht kommentiert)*

45 *Großer Senat*
(1) Bei dem Bundesarbeitsgericht wird ein Großer Senat gebildet.

(2) Der Große Senat entscheidet, wenn ein Senat in einer Rechtsfrage von der Entscheidung eines anderen Senats oder des Großen Senats abweichen will.

(3) Eine Vorlage an den Großen Senat ist nur zulässig, wenn der Senat, von dessen Entscheidung abgewichen werden soll, auf Anfrage des erkennenden Senats erklärt hat, dass er an seiner Rechtsauffassung festhält. Kann der Senat, von dessen Entscheidung abgewichen werden soll, wegen einer Änderung des Geschäftsverteilungsplanes mit der Rechtsfrage nicht mehr befasst werden, tritt der Senat an seine Stelle, der nach dem Geschäftsverteilungsplan für den Fall, in dem abweichend entschieden wurde, nunmehr zuständig wäre. Über die Anfrage und die Antwort entscheidet der jeweilige Senat durch Beschluss in der für Urteile erforderlichen Besetzung.

---

[1] Vgl. dazu ausf. Zöller/*Lückemann*, Vorb. zu §§ 12–22 EGGVG Rz. 1 ff. ||[2] Zu den Grenzen der Übersendung von Arbeitsgerichtsakten an Arbeitsämter und Sozialgerichte *Dörner*, NZA 1989, 950. ||[3] BGBl. 2005 I S. 2477. ||[4] Vgl. hierzu näher Zöller/*Geimer*, § 1072 ZPO Rz. 7.

(4) Der erkennende Senat kann eine Frage von grundsätzlicher Bedeutung dem Großen Senat zur Entscheidung vorlegen, wenn das nach seiner Auffassung zur Fortbildung des Rechts oder zur Sicherung einer einheitlichen Rechtsprechung erforderlich ist.

(5) Der Große Senat besteht aus dem Präsidenten, je einem Berufsrichter der Senate, in denen der Präsident nicht den Vorsitz führt, und je drei ehrenamtlichen Richtern aus den Kreisen der Arbeitnehmer und Arbeitgeber. Bei einer Verhinderung des Präsidenten tritt ein Berufsrichter des Senats, dem er angehört, an seine Stelle.

(6) Die Mitglieder und die Vertreter werden durch das Präsidium für ein Geschäftsjahr bestellt. Den Vorsitz im Großen Senat führt der Präsident, bei Verhinderung das dienstälteste Mitglied. Bei Stimmengleichheit gibt die Stimme des Vorsitzenden den Ausschlag.

(7) Der Große Senat entscheidet nur über die Rechtsfrage. Er kann ohne mündliche Verhandlung entscheiden. Seine Entscheidung ist in der vorliegenden Sache für den erkennenden Senat bindend.

I. Allgemeines. Beim BAG ist ebenso wie bei allen anderen Obersten Gerichtshöfen des Bundes (§§ 132 ff. GVG, § 11 VwGO, § 11 FGO, § 41 SGG[1]) ein Großer Senat gebildet. Er soll innerhalb des BAG die **Einheitlichkeit der Rspr.** sicherstellen und die Möglichkeiten zur **Rechtsfortbildung** verstärken. Für die Rechtseinheitlichkeit zwischen den Fachgerichtsbarkeiten hat der **Gemeinsame Senat der Obersten Gerichtshöfe des Bundes** zu sorgen (RsprEinhG[2]). 1

II. Zusammensetzung. Der Große Senat des BAG besteht derzeit aus 16 Personen, der Präsidentin als Mitglied kraft Gesetzes, sowie neun durch das Präsidium zu Mitgliedern bestimmten Berufsrichtern und sechs ehrenamtl. Richtern (Abs. 5). Der **Entscheidung des Präsidiums** liegen – das Präsidium allerdings nicht bindende[3] – Vorschläge aus den einzelnen Senaten und den ArbN- und ArbGebVerbänden zugrunde. 2

III. Zuständigkeit. Der Große Senats ist nur zuständig, wenn ein Senat ihm eine Rechtsfrage zur Entscheidung vorlegt, in der er von der Entscheidung eines anderen Senats oder des Gemeinsamen Senats abweichen will (**Divergenzvorlage**, Abs. 2, 3), oder über die nach seiner Auffassung im Interesse der Fortbildung des Rechts oder der Sicherung einer einheitlichen Rspr. der Große Senat entscheiden sollte (**Grundsatzvorlage**, Abs. 4). Der Große Senat ist nicht befugt, von sich aus eine Rechtsfrage an sich zu ziehen. Eine Entscheidung durch den Großen Senat setzt stets den **Vorlagebeschluss** eines Fachsenats voraus[4]. 3

1. Divergenzvorlage. a) Voraussetzungen. Der Große Senat ist zuständig, wenn ein Senat bei der Beantwortung einer **abstrakten Rechtsfrage** von der Antwort eines anderen Senats oder des Großen Senats auf dieselbe abstrakte Frage abweichen will. Unter einer Abweichung ist die bewusste inhaltliche Änderung eines abstrakten Rechtssatzes, nicht lediglich dessen **Fortentwicklung**, **Verdeutlichung** oder **Klarstellung** zu verstehen. Der Große Senat ist nur zuständig, wenn der vom vorlegenden Senat beabsichtigte und der früher aufgestellte abstrakte Rechtssatz **nicht gleichzeitig richtig** sein können[5]. Darüber hinaus müssen die beiden einander widersprechenden Rechtssätze für die jeweiligen Entscheidungen **erheblich** sein[6]. 4

Eine Divergenzvorlage ist zulässig, wenn die Entscheidung, von der abgewichen werden soll, divergenz-fähig ist. Sie muss eine **abschließende rechtl. Bewertung** des Spruchkörpers enthalten[7] und von einem Senat stammen, der eine **andere Ordnungsnummer** trägt als der vorlegende Senat. Vor einer Abweichung von der Rspr. des eigenen Senats bedarf es keiner Anrufung des Großen Senats wegen Divergenz[8]. Sie scheidet auch aus, wenn der Senat, der abweichen will, für die betreffende Rechtsfrage nunmehr **allein** zuständig ist (Arg. Abs. 3 S. 2)[9]. Dies wird aber nur sehr selten vorkommen, weil jeder Senat eine umfassende Vorfragenkompetenz hat und nach dem Geschäftsverteilungsplan des BAG auch über „fremde" Rechtsfragen entscheiden muss, wenn sie einen Streitgegenstand betreffen, der nicht den zuständigkeitsbegründenden Schwerpunkt des Rechtsstreits ausmacht[10]. Eine Vorlagepflicht besteht wohl dann nicht, wenn die anderen Senate aus von außen wirkenden Gründen (BVerfG; neue Gesetzeslage) gehindert sind, die bisherige Rspr. fortzusetzen; fraglich ist allerdings, ob dies auch dann gilt, wenn es verschiedene Reaktionsmöglichkeiten auf diese Einwirkung gibt[11]. 5

Voraussetzung ist weiter, dass der Senat, von dem abgewichen werden soll, an seiner **Rechtsauffassung** bis zur Vorlage an den Großen Senat **festhält**. Eine Entscheidung ist nicht mehr divergenzfähig, 6

---

1 Vergleichend *Offerhaus*, FS 75 Jahre Reichsfinanzhof – Bundesfinanzhof, 1993, S. 623 ff. ||2 BGBl. 1968 I S. 661; hierzu *Kissel*, FS 75 Jahre Reichsfinanzhof – Bundesfinanzhof, 1993, S. 591. ||3 GK-ArbGG/*Dörner*, § 45 Rz. 7. ||4 GK-ArbGG/*Dörner*, § 45 Rz. 15. ||5 Enger *Rüthers/Bakker*, ZfA 1992, 199 (208): es genügt eine Änderung der „Identität" des Rechtssatzes. ||6 ErfK/*Koch*, § 45 ArbGG Rz. 3; GK-ArbGG/*Dörner*, § 45 Rz. 26; aA (Entscheidungserheblichkeit nur beim anfragenden Senat) *Rüthers/Bakker*, ZfA 1992, 199 (206 f.). ||7 GMP/*Prütting*, § 45 Rz. 17; zu § 72a: BAG 20.8.1986 – 8 AZN 244/86, NZA 1987, 68; teilw. weiter GK-ArbGG/*Dörner*, § 45 Rz. 27. ||8 Für § 72 II Nr. 2: BAG 21.2.2002 – 2 AZN 909/01, NZA 2002, 758. ||9 Düwell/Lipke/*Düwell*, § 45 Rz. 7; Schwab/Weth/*Liebscher*, § 45 Rz. 20. ||10 *Dörner*, FS Bepler, S. 101, 104 ff.; wohl auch Düwell/Lipke/*Düwell*, § 45 Rz. 8 ||11 Deshalb nicht unproblematisch BAG 19.9.2012 – 5 AZR 924/11, NZA 2013, 156.

wenn der betreffende Senat diese Rspr. bereits aufgegeben oder auf Anfrage des erkennenden Senats nach Abs. 3 S. 1 erklärt hat, dass er seine Rechtsauffassung aufgibt.

7   Eine Divergenzvorlage ist unzulässig, wenn sie erfolgt, bevor das **Anfrageverfahren** nach Abs. 3 S. 1 durchgeführt ist und zu dem dort vorgezeichneten Ergebnis geführt hat. Darüber, ob angefragt wird, entscheidet der Senat unter **Beteiligung der ehrenamtl. Richter**, die den Anfragebeschluss auch zu unterschreiben haben (Abs. 3 S. 3, § 75). Das gilt auch für die Antwort des Senats, von dessen Erkenntnis abgewichen werden soll. Eine Entscheidung nur durch die Berufsrichter des Senats ist geboten, wenn im Ausgangsverfahren über eine Revisionsbeschwerde nach § 77 zu entscheiden ist[1].

8   b) **Vorlagepflicht.** Liegen die Voraussetzungen für eine Divergenzvorlage vor, **muss** der betreffende Senat die Sache dem Großen Senat vorlegen. Der **Große Senat** ist in diesem Fall **gesetzl. Richter** iSd. Art. 101 I 1 GG. War es unter keinem rechtl. Gesichtspunkt vertretbar, also willkürlich, das Verfahren zur Anrufung des Großen Senats nicht einzuleiten, kommt eine **Verfassungsbeschwerde** gegen die (Allein-) Entscheidung des Fachsenats in Betracht[2].

9   **2. Grundsatzvorlage. a) Verfassungsrechtliche Bedenken.** Die Grundsatzvorlage des Abs. 4 geht auf nationalsozialistisches Gedankengut (GVG v. 28.6.1935) zurück[3]. Die Regelung begegnet auch unabhängig davon letztlich durchgreifenden verfassungsrechtl. Bedenken[4]. Die Richter des nach Geschäftsverteilungsplan zuständigen Fachsenats sind **gesetzl. Richter** iSd. Art. 101 I GG. Sie haben zur Rechtsfortbildung beizutragen; § 72 II Nr. 1 sieht die Zulassung der Revision an das BAG vor, nicht an dessen Großen Senat. Soll anstelle der Fachsenate ausnahmsweise der Große Senat der gesetzl. Richter sein, müsste **präzise** und **willkürausschließend** geregelt sein, wann dies so ist und wann nicht. Eine solche Regelung fehlt für die Grundsatzvorlage.

10 Abs. 4 gibt dem an sich zuständigen Fachsenat einen mit Art. 101 I 2 GG unvereinbar weiten Entscheidungsspielraum, ob er vor einer Sachentscheidung eine Grundsatzvorlage beschließt, sich also seiner Aufgabe als gesetzl. Richter entledigt. Eine **verfassungskonforme Auslegung**, die die Fachsenate von ihrer Pflicht, in ihrem Zuständigkeitsbereich selbst zur Rechtsfortbildung beizutragen, nicht unkalkulierbar freistellen kann, könnte zwar zunächst dahin gehen, Vorlagepflicht – und Vorlagerecht! – nur anzunehmen, wenn eine Rechtsfrage von näher zu bestimmender grundsätzlicher Bedeutung zur Entscheidung ansteht, die **für mehrere Fachsenate entscheidungserheblich** sein kann[5]. Zusätzlich könnte man erwägen, Abs. 3 im Rahmen des Abs. 4 sinngemäß anzuwenden, also die möglicherweise einmal befassten Senate um eine Stellungnahme zu der beabsichtigten Rspr. zu bitten und nur bei einem Widerspruch den Großen Senat anzurufen. Es bleibt indes in jedem Falle die nicht überwindbare **Unbestimmtheit** der Vorlagevoraussetzung „Frage von grundsätzlicher Bedeutung", die nicht nur als solche, sondern auch noch in Abgrenzung von § 72 II Nr. 1 zu klären wäre, so dass insg. von einer **Verfassungswidrigkeit des Abs. 4** auszugehen ist.

11 b) **Der Tatbestand des Abs. 4.** Wann eine Rechtsfrage iSv. Abs. 4 grundsätzliche Bedeutung hat, kann nicht allein unter Rückgriff auf die Rspr. zu § 72 II Nr. 1 festgestellt werden (dazu § 72 Rz. 10 ff.). Der Begriff in § 45 stellt deutlich höhere Anforderungen. Entscheidend ist, ob die umstrittene Rechtsfrage ein für die Rechtsordnung im Arbeitsleben ganz **wesentliches und prägendes Gewicht** hat[6]. Eine derartige Umschreibung löst das verfassungsrechtl. Problem aber nicht. Sie führt nicht zu einer im Vorhinein kalkulierbaren Vorlagepraxis, dh. einem normativ vorgezeichneten Wechsel des gesetzl. Richters.

12 **IV. Verfahren.** Die Einzelheiten des Verfahrens vor dem Großen Senat bis zur Entscheidung sind in § 8 der Geschäftsordnung des BAG[7] geregelt. In einer **Sitzung aller Mitglieder des Großen Senats** wird über die zur Beurteilung vorgelegte Rechtsfrage – nicht den Rechtsstreit, in dem sich diese Rechtsfrage stellt – durch Beschluss entschieden. Dabei hat der Große Senat – ggf. vorab entsprechend §§ 280, 303 ZPO – über die Zulässigkeit der Vorlage zu entscheiden, also darüber, ob die Vorlage seitens des zuständigen Senats erfolgte, und ob ein Vorlagegrund nach Abs. 2 auch tatsächlich besteht. Bejahendenfalls ergeht ein die Vorlagefrage beantwortender Beschluss. Eine Überprüfung, ob eine Rechtsfrage tatsächlich die vom vorlegenden Senat angenommene grundsätzliche Bedeutung hat, steht dem Großen Senat nicht zu[8]. Hierüber entscheidet der vorlegende Senat abschließend. Nach hier vertretener Auffassung müsste der nach Abs. 4 angerufene Große Senat allerdings das BVerfG nach Art. 101 GG anrufen, weil es keine verfassungsgemäße Norm zur Begründung seiner Entscheidungskompetenz gibt.

13 Bis zur Entscheidung behalten die Prozessparteien, für die durch das Verfahren vor dem Großen Senat **keine zusätzlichen Kosten** entstehen, das Recht, den Rechtsstreit durch Klagerücknahme, Rechts-

---

1 Düwell/Lipke/*Düwell*, § 45 Rz. 13. || 2 BVerfG 29.6.1976 – 2 BvR 948/75, BVerfGE 42, 237 (241 f.); zum Willkürmaßstab: *Offerhaus*, FS 75 Jahre Reichsfinanzhof – Bundesfinanzhof, 1993, S. 623 (637 f.); krit. *Rüthers/Bakker*, ZfA 1992, 199 (219 f.). || 3 Vgl. etwa *Rudolf Lehmann*, JW 1935, 2327 (2328 f.). || 4 Wohl auch GK-ArbGG/*Dörner*, § 45 Rz. 36 ff.; Düwell/Lipke/*Düwell*, § 45 Rz. 16 f.; BCF/*Friedrich*, § 45 Rz. 6; zweifelnd ErfK/*Koch*, § 45 ArbGG Rz. 4. || 5 ErfK/*Koch*, § 45 ArbGG Rz. 4; GK-ArbGG/*Dörner*, § 45 Rz. 53; dazu aber oben Rz. 5. || 6 Vgl. auch *Thüsing/Waldhoff*, ZfA 2011, 329 (375). || 7 Abgedruckt GK-ArbGG/Rechtsvorschriften. || 8 Ebenso GK-ArbGG/*Dörner*, § 45 Rz. 56; aA Hauck/Helml/Biebl/*Helml*, § 45 Rz. 5.

mittelrücknahme, Verzicht, Vergleich oder Anerkenntnis zu beenden und dem Verfahren vor dem Großen Senat die Grundlage zu nehmen[1].

V. Wirkung der Entscheidung. Der Fachsenat muss die Rechtsauffassung des Großen Senats in dem Rechtsstreit, der Anlass der Vorlage war, zugrunde legen (Abs. 7 S. 3). Eine darüber hinausgehende **Bindungswirkung** tritt nicht ein. Es handelt sich nur um eine weitere divergenzfähige Entscheidung iSv. Abs. 2, § 72 II Nr. 2. Will ein Senat hiervon abweichen, muss sich seine Anfrage nach Abs. 3 S. 1 an alle Senate des BAG richten.

14

Dritter Teil. Verfahren vor den Gerichten für Arbeitssachen

Erster Abschnitt. Urteilsverfahren

Erster Unterabschnitt. Erster Rechtszug

46 *Grundsatz*
(1) Das Urteilsverfahren findet in den in § 2 Abs. 1 bis 4 bezeichneten bürgerlichen Rechtsstreitigkeiten Anwendung.

(2) Für das Urteilsverfahren des ersten Rechtszugs gelten die Vorschriften der Zivilprozessordnung über das Verfahren vor den Amtsgerichten entsprechend, soweit dieses Gesetz nichts anderes bestimmt. Die Vorschriften über den frühen ersten Termin zur mündlichen Verhandlung und das schriftliche Vorverfahren (§§ 275 bis 277 der Zivilprozessordnung), über das vereinfachte Verfahren (§ 495a der Zivilprozessordnung), über den Urkunden- und Wechselprozess (§§ 592 bis 605a der Zivilprozessordnung), über die Entscheidung ohne mündliche Verhandlung (§ 128 Abs. 2 der Zivilprozessordnung) und über die Verlegung von Terminen in der Zeit vom 1. Juli bis 31. August (§ 227 Abs. 3 Satz 1 der Zivilprozessordnung) finden keine Anwendung. § 127 Abs. 2 der Zivilprozessordnung findet mit der Maßgabe Anwendung, dass die sofortige Beschwerde bei Bestandsschutzstreitigkeiten unabhängig von dem Streitwert zulässig ist.

I. Inhalt und Zweck. In Abs. 1 wiederholt die Vorschrift die Regelung in § 2 V, wonach in den Rechtsstreitigkeiten des § 2 I–IV das Urteilsverfahren stattfindet. Sodann ordnet Abs. 2 an, welche Verfahrensvorschriften für das arbeitsgerichtl. Urteilsverfahren des ersten Rechtszugs gelten. Für die weiteren Rechtszüge finden sich ähnliche Regelungen in § 64 VI und VII (Berufungsverfahren) bzw. § 72 V (Revisionsverfahren).

1

II. Urteilsverfahren. Der Begriff des Urteilsverfahrens wird vom Gesetz vorausgesetzt. Das Urteilsverfahren ist das dem üblichen Zivilprozess der ZPO angeglichene gerichtl. Verfahren, für das der Grundsatz der Mündlichkeit, der Verhandlungsgrundsatz/Kooperationsgrundsatz, die Dispositionsmaxime, der Grundsatz der Unmittelbarkeit, der Grundsatz der Öffentlichkeit und der Beschleunigungsgrundsatz gelten und das der Rechtsverwirklichung in Form der individuellen Rechtsdurchsetzung (Klägerperspektive) bzw. Rechtsabwehr (Beklagtenperspektive) unter Wahrung der Parteiautonomie dient. In Abgrenzung wird im Beschlussverfahren auf Antrag eines Beteiligten über betriebsverfassungsrechtl. oder sonstige kollektivrechtl. Fragen iSv. § 2a I entschieden. Die Wahl der Verfahrensart steht nicht zur Disposition der Parteien bzw. Beteiligten.

2

III. Verfahrensgrundsätze des arbeitsgerichtlichen Verfahrens. Das Zivilverfahrensrecht baut auf bestimmten Verfahrensgrundsätzen (Prozessmaximen) auf, die die wichtigen Entscheidungen für die Gestaltung des Verfahrens enthalten. Diese gelten mit Modifikationen auch im ArbG-Verfahren. Sie konkretisieren sich in zahlreichen Einzelbestimmungen, sind aber darüber hinaus in einschlägigen Zweifelsfragen als Wertentscheidung des Gesetzgebers zu berücksichtigen. Als wichtige Verfahrensgrundsätze sind der Dispositionsgrundsatz, der Verhandlungsgrundsatz/Kooperationsgrundsatz, der Grundsatz der Mündlichkeit, der Unmittelbarkeit und der Öffentlichkeit, der Konzentrationsgrundsatz und der Grundsatz der freien richterlichen Beweiswürdigung zu nennen; als verfassungsrechtl. gebotene Prozessmaxime tritt dazu der Grundsatz der Wahrung rechtl. Gehörs[2].

3

IV. Anzuwendende Vorschriften. 1. Überblick. Für das arbeitsgerichtl. Urteilsverfahren des ersten Rechtszugs gelten mit Vorrang die Normen des ArbGG. Soweit das ArbGG keine Regelung trifft, gelten die Vorschriften der ZPO über das Verfahren vor den AG (§§ 495–510b ZPO) entsprechend. Für das Verfahren vor den AG gelten nach § 495 ZPO die Vorschriften über das Verfahren vor den LG (§§ 253–494a ZPO), soweit nicht aus den allg. Vorschriften des Ersten Buches der ZPO (§§ 1–252 ZPO) und aus den §§ 495–510b ZPO sich Abweichungen ergeben.

4

---

1 BAG 4.9.1987 – 8 AZR 487/80, NJW 1988, 990. || 2 BAG 22.5.2007 – 3 AZN 1155/06, AP Nr. 6 zu § 448 ZPO.

5   **2. Ausdrücklich ausgenommene Vorschriften (Abs. 2 S. 2). a) Früher erster Termin (§§ 275–277 ZPO).** Die Vorschriften über den frühen ersten Termin zur mündl. Verhandlung und das schriftl. Vorverfahren (§§ 275–277 ZPO) finden nach Abs. 2 S. 2 keine Anwendung. Auf Grund der Vorschriften zum Güteverfahren (§ 54), zur Vorbereitung der streitigen Verhandlung (§ 56) und zur besonderen Prozessförderung in Kündigungsverfahren besteht hierfür auch kein Bedarf. Ein schriftl. Vorverfahren widerspräche auch der besonderen Betonung des Mündlichkeitsprinzips in §§ 54, 47 II.

6   **b) Verfahren nach billigem Ermessen (§ 495a ZPO).** Ebenfalls keine Anwendung findet nach Abs. 2 S. 2 das Verfahren nach billigem Ermessen des § 495a ZPO. Nach dieser Vorschrift kann das AG sein Verfahren nach billigem Ermessen bestimmen, wenn der Streitwert 600 Euro nicht übersteigt. Nur auf Antrag muss mündlich verhandelt werden.

7   **c) Entscheidung ohne mündliche Verhandlung.** Abs. 2 S. 2 ordnet des Weiteren den Ausschluss der Entscheidung ohne mündliche Verhandlung nach § 128 II ZPO an und betont auch auf diese Weise den besonderen Stellenwert des Mündlichkeitsprinzips im arbeitsgerichtl. Verfahren. Der Ausschluss des schriftl. Verfahrens betrifft aber nur das erstinstanzliche Verfahren. In der Berufungs- und ebenfalls in der Revisionsinstanz ist das schriftl. Verfahren mangels Bezugnahme auf Abs. 2 in § 64 VII bzw. § 72 VI zulässig.

8   **d) Urkunden- und Wechselprozess.** Schließlich finden nach Abs. 2 S. 2 die Vorschriften über den Urkunden- und Wechselprozess (§§ 592–605a ZPO) keine Anwendung. Abs. 2 S. 2 enthält keine Rechtswegregelung für den Urkunden- und Wechselprozess, sondern er schließt diese Verfahrensart lediglich für Rechtsstreitigkeiten vor den Gerichten für Arbeitssachen aus[1].

9   **e) Terminsverlegung.** Schließlich findet die Regelung aus § 227 III 1 ZPO zur erleichterten Möglichkeit der Terminsverlegung in der Zeit vom 1. Juli bis 31. August keine Anwendung. Für die Terminsverlegung bedarf es daher durchgehend eines erheblichen Grundes nach § 227 I 1 ZPO.

10   **V. Klage im arbeitsgerichtlichen Urteilsverfahren.** Das arbeitsgerichtl. Urteilsverfahren wird durch die Klage, durch Mahnantrag oder durch Antrag im Verfahren des Arrestes oder der einstw. Verfügung eingeleitet.

11   **1. Klage.** Die Klage leitet ohne Rücksicht auf Zulässigkeit und Begründetheit das Urteilsverfahren ein. Sie begründet das Prozessrechtsverhältnis zwischen den Parteien und zwischen den Parteien und dem Gericht. Sie enthält das Gesuch an das Gericht, durch Urteil Rechtsschutz zu gewähren, und legt dessen Art (Leistungs-, Feststellungs- oder Gestaltungsurteil) und Umfang (§ 308 ZPO) fest.

12   **2. Klagearten. a) Leistungsklage.** Leistungsklagen dienen der Durchsetzung eines vom Kläger behaupteten Anspruchs zum Zwecke der Befriedigung. Der Anspruch kann gerichtet sein auf ein positives Tun, ein Unterlassen (§§ 241 S. 2, 194 I BGB) oder ein Dulden. Das stattgebende Urteil enthält die rechtsbezeugende (deklaratorische), rechtskraftfähige Feststellung, dass der Anspruch besteht und den Leistungsbefehl an den Beklagten als Grundlage für die Zwangsvollstreckung.

13   **b) Feststellungsklage.** Feststellungsklagen (§ 256 ZPO) zielen auf die Feststellung, dass zwischen den Parteien ein Rechtsverhältnis besteht (positive Feststellungsklage) oder nicht besteht (negative Feststellungsklage). Sie können auch der Feststellung dienen, ob eine Urkunde echt oder unecht ist. Dabei beschränken sie sich auf die rechtsbezeugende (deklaratorische), rechtskraftfähige Feststellung; das Urteil enthält keinen vollstreckungsfähigen Leistungsbefehl. Ihr Ziel reicht nicht so weit wie bei den Leistungsklagen, ihr Gegenstand ist dagegen umfassender, sie können Rechte und Rechtsverhältnisse jeder Art betreffen, nicht nur Ansprüche wie bei den Leistungsklagen. Feststellungsurteile sind auch die klageabweisenden Urteile und die Zwischenurteile.

14   **aa) Besondere Prozessvoraussetzungen.** Die Feststellungsklage hat zwei besondere Prozessvoraussetzungen: Zum einen muss ihr als Streitgegenstand die Behauptung des Bestehens oder Nichtbestehens eines Rechtsverhältnisses zugrunde liegen, zum anderen muss der Feststellungskläger ein rechtl. Interesse an alsbaldiger Feststellung haben. Fehlt eine der beiden Voraussetzungen, ist die Feststellungsklage unzulässig. Gleichwohl lässt die Rspr. bei fehlendem Feststellungsinteresse ein klageabweisendes Sachurteil zu, weil das Fehlen des Feststellungsinteresses nicht ein Sachurteil überhaupt, sondern nur ein dem Kläger günstiges verhindere[2].

15   **bb) (Nicht-)Bestehen eines Rechtsverhältnisses.** Rechtsverhältnis ist eine aus dem vorgetragenen Sachverhalt abgeleitete Beziehung von Personen untereinander oder zu einem Gegenstand[3]. Es muss hinreichend konkret, dh. seinen wesentlichen Tatumständen nach eingrenzbar sein. Die Feststellung kann auch auf einzelne Folgen der Rechtsbeziehungen zielen, zB auf Feststellung eines einzelnen An-

---

[1] BAG 7.11.1996 – 5 AZB 19/96, AP Nr. 1 zu § 46 ArbGG 1979; zum Urkundenprozess bei Vergütungsansprüchen von Vorstandsmitgliedern vgl. OLG München 21.9.2011 – 7 U 4956/10 u. 7 U 4957/10. ||[2] BAG 21.6.2005 – 9 AZR 295/04, DB 2006, 400; 3.5.1994 – 9 AZR 606/92, AP Nr. 65 zu § 74 HGB; 14.3.1978 – VI ZR 68/76, NJW 1978, 2031. ||[3] BGH 15.10.1956 – III ZR 226/55, NJW 1957, 21.

spruchs[1]. Es kann auch um eine negative Feststellung gehen, dass kein Anspruch aus einer bestimmten selbständigen Anspruchsgrundlage besteht, wenn nach dem Sachverhalt andere, konkurrierende Anspruchsgrundlagen in Betracht kommen[2].

Das Rechtsverhältnis muss des Weiteren gegenwärtig sein. Es darf nicht erst künftig, kann aber noch bedingt oder betagt sein[3]. Dass es bereits vergangen ist, schadet nicht, wenn der Kläger daraus noch Wirkungen herleiten kann[4]. 16

Kein Rechtsverhältnis sind bloße, auch rechtserhebliche Tatsachen, ferner einzelne Elemente oder Vorfragen eines Rechtsverhältnisses[5] oder auch abstrakte Rechtsfragen ohne Bezug auf ein konkretes Rechtsverhältnis. Hierzu gehören auch Rechtsfragen, die erst für die künftige Entstehung von Rechtsverhältnissen Bedeutung haben. 17

cc) **Feststellungsinteresse.** Das rechtl. Interesse an alsbaldiger Feststellung nach § 256 I ZPO ist eine besondere Ausprägung des Rechtsschutzinteresses als Sachurteilsvoraussetzung. Dabei muss es sich um ein eigenes[6], nicht ausschließlich wirtschaftl. oder persönliches Interesse handeln. Anstelle des Feststellungsinteresses tritt bei der Zwischenfeststellungsklage nach § 256 II ZPO die Vorgreiflichkeit. Fehlt in einem Rechtsstreit das Feststellungsinteresse, ist daher stets zu prüfen, ob nicht Vorgreiflichkeit iSv. § 256 II ZPO vorliegt. Das Rechtsverhältnis muss durch eine tatsächliche Unsicherheit gefährdet sein. Dies ist der Fall, wenn Streit zwischen den Parteien über Art und Umfang eines Anspruchs besteht, wenn der Beklagte Rechten des Klägers zuwiderhandelt oder sie ernstlich bestreitet[7], wenn sich eine Partei eines Rechts gegen die andere berühmt[8]. Das Feststellungsinteresse entfällt, sobald der Beklagte seinen bisherigen Standpunkt als Irrtum erkennt und endgültig aufgibt. Das angestrebte Feststellungsurteil muss geeignet sein, die Unsicherheit zu beseitigen[9]. „Alsbald" iSv. § 256 I ZPO bedeutet, dass das Bedürfnis auf Feststellung wenigstens in nicht ferner Zukunft besteht[10]. 18

Das Feststellungsinteresse fehlt, wenn dem Kläger ein einfacherer Weg zur Verfügung steht, um sein Ziel zu erreichen. Dies trifft insb. in den Fällen zu, in denen eine Klage auf fällige Leistung möglich ist, ausgenommen die Feststellungsklage führt im Einzelfall unter dem Gesichtspunkt der Prozesswirtschaftlichkeit zu einer sinnvollen und sachgemäßen Erledigung der aufgetretenen Streitpunkte[11]. Für die negative Feststellungsklage entfällt das Feststellungsinteresse grds., sobald die positive Feststellungsklage erhoben wird und einseitig nicht mehr zurückgenommen werden kann[12], außer wenn zu diesem Zeitpunkt die negative Feststellungsklage aus der Sicht der letzten mündlichen Verhandlung entscheidungsreif ist[13]. Entsprechendes gilt für die positive Feststellungsklage, wenn später Leistungsklage mit gleichem Streitstoff erhoben wird[14]. 19

dd) **Zwischenfeststellungsklage.** Die Rechtskraftwirkung eines Urteils bezieht sich nur auf die Entscheidung über den prozessualen Anspruch selbst. Mit der Zwischenfeststellungsklage wird die Ausdehnung der Rechtskraft auf das ein Leistungsurteil bedingende Rechtsverhältnis und die tragenden Entscheidungsgründe bezweckt. Erhoben werden kann sie nur vom Kläger zusammen mit der Leistungsklage oder nachträglich (objektive Klagehäufung, § 260 ZPO) oder vom Beklagten als Widerklage. Eine zunächst allein erhobene selbständige Feststellungsklage wird zur Zwischenfeststellungsklage, wenn eine Leistungsklage oder Widerklage erst im Verlauf des Rechtsstreits nachgeschoben wird[15]. 20

Das Rechtsschutzbedürfnis liegt in der Vorgreiflichkeit. Diese ist gegeben, wenn das inzidenter zu klärende Rechtsverhältnis zwischen den Parteien noch über den Streitgegenstand hinaus Bedeutung gewinnen kann[16]. Es fehlt, wenn das Rechtsverhältnis keine weiteren Folgen zeitigen kann als die mit der Hauptklage zur Entscheidung gestellten, diese Entscheidung also die Rechtsbeziehungen mit Rechtskraftwirkung erschöpfend klarstellt. 21

c) **Gestaltungsklage.** Gestaltungsklagen dienen der Durchsetzung eines vom Kläger behaupteten privatrechtl. Rechts auf Begründung, Änderung oder Aufhebung eines Rechtsverhältnisses. Der Gestaltungsklage liegt kein Anspruch zugrunde. Sie ist vielmehr darauf gerichtet, durch ein rechtsänderndes (konstitutives) Urteil eine bisher nicht vorhandene Rechtsfolge zu schaffen, die mit der formellen Rechtskraft des stattgegebenen Urteils eintritt[17]. Anwendbar ist die Gestaltungsklage überall dort, wo das Gesetz für die Ausübung des Gestaltungsrechts Klage und Urteil voraussetzt (zB bei §§ 9, 10 KSchG; § 78a IV Nr. 2 BetrVG). 22

---

1 BAG 3.7.2013 – 4 AZR 961/11, EzA-SD 21/2013, 16. || 2 BGH 3.5.1983 – VI ZR 79/80, MDR 1983, 1014. || 3 BGH 10.10.1991 – IX ZR 38/91, MDR 1992, 297. || 4 BAG 21.3.1993 – 9 AZR 580/90, AP Nr. 22 zu § 256 ZPO 1977. || 5 BGH 1.1.1994 – III ZR 137/93, MDR 1995, 105 (betr. Wiedergabe gesetzl. Verbotstatbestands im Antrag). || 6 BAG 20.6.2013 – 6 AZR 842/11, EzA-SD 17/2013, 16 (betr. Musterprozess); BGH 6.7.1989 – IX 280/88, NJW-RR 1990, 318. || 7 BGH 7.2.1986 – V ZR 201/84, MDR 1986, 743. || 8 BGH 29.11.1990 – IX ZR 265/89, MDR 1991, 627. || 9 BGH 22.6.1977 – VIII ZR 5/76. || 10 *Thomas/Putzo*, § 256 ZPO Rz. 17. || 11 BGH 9.6.1983 – III ZR 74/82, MDR 1984, 28. || 12 BGH 28.6.1973 – VII ZR 200/72, MDR 1973, 925. || 13 BGH 22.1.1987 – I ZR 230/85, MDR 1987, 558. || 14 BGH 21.12.1989 – IX ZR 234/88, MDR 1990, 540. || 15 BGH 6.1.1989 – IX ZR 280/88, NJW-RR 1990, 318; 4.5.1994 – XII ZR 24/93, NJW 1994, 2759. || 16 BGH 17.5.1977 – VI ZR 174/74, MDR 1977, 1009; 4.5.1994 – XII ZR 24/93, NJW 1994, 2759; BAG 3.3.1999 – 5 AZR 363/98, AP Nr. 21 zu § 611 BGB Croupier. || 17 *Thomas/Putzo*, Vorb. § 253 ZPO Rz. 5.

46a Mahnverfahren

(1) Für das Mahnverfahren vor den Gerichten für Arbeitssachen gelten die Vorschriften der Zivilprozessordnung über das Mahnverfahren einschließlich der maschinellen Bearbeitung entsprechend, soweit dieses Gesetz nichts anderes bestimmt. § 690 Abs. 3 Satz 2 der Zivilprozessordnung ist nicht anzuwenden.

(2) Zuständig für die Durchführung des Mahnverfahrens ist das Arbeitsgericht, das für die im Urteilsverfahren erhobene Klage zuständig sein würde. *[ab 1.7.2014[1]: Die Landesregierungen werden ermächtigt, einem Arbeitsgericht durch Rechtsverordnung Mahnverfahren für die Bezirke mehrerer Arbeitsgerichte zuzuweisen. Die Zuweisung kann auf Mahnverfahren beschränkt werden, die maschinell bearbeitet werden. Die Landesregierungen können die Ermächtigung durch Rechtsverordnung auf die jeweils zuständige oberste Landesbehörde übertragen. Mehrere Länder können die Zuständigkeit eines Arbeitsgerichts über die Landesgrenzen hinaus vereinbaren.]*

(3) Die in den Mahnbescheid nach § 692 Abs. 1 Nr. 3 der Zivilprozessordnung aufzunehmende Frist beträgt eine Woche.

(4) *[bis 30.6.2014:]* Wird rechtzeitig Widerspruch erhoben und beantragt eine Partei die Durchführung der mündlichen Verhandlung, so hat die Geschäftsstelle dem Antragsteller unverzüglich aufzugeben, seinen Anspruch binnen zwei Wochen schriftlich zu begründen. *[ab 1.7.2014[2]: Wird rechtzeitig Widerspruch erhoben und beantragt eine Partei die Durchführung der mündlichen Verhandlung, so gibt das Gericht, das den Mahnbescheid erlassen hat, den Rechtsstreit von Amts wegen an das Gericht ab, das in dem Mahnbescheid gemäß § 692 Absatz 1 Nummer 1 der Zivilprozessordnung bezeichnet worden ist. Verlangen die Parteien übereinstimmend die Abgabe an ein anderes als das im Mahnbescheid bezeichnete Gericht, erfolgt die Abgabe dorthin. Die Geschäftsstelle hat dem Antragsteller unverzüglich aufzugeben, seinen Anspruch binnen zwei Wochen schriftlich zu begründen.]* Bei Eingang der Anspruchsbegründung bestimmt der Vorsitzende den Termin zur mündlichen Verhandlung. Geht die Anspruchsbegründung nicht rechtzeitig ein, so wird bis zu ihrem Eingang der Termin nur auf Antrag des Antragsgegners bestimmt.

(5) Die Streitsache gilt als mit Zustellung des Mahnbescheids rechtshängig geworden, wenn alsbald nach Erhebung des Widerspruchs Termin zur mündlichen Verhandlung bestimmt wird.

(6) Im Fall des Einspruchs hat das Gericht von Amts wegen zu prüfen, ob der Einspruch an sich statthaft und ob er in der gesetzlichen Form und Frist eingelegt ist. Fehlt es an einem dieser Erfordernisse, so ist der Einspruch als unzulässig zu verwerfen. Ist der Einspruch zulässig, hat die Geschäftsstelle dem Antragsteller unverzüglich aufzugeben, seinen Anspruch binnen zwei Wochen schriftlich zu begründen. Nach Ablauf der Begründungsfrist bestimmt der Vorsitzende unverzüglich Termin zur mündlichen Verhandlung.

(7) Das Bundesministerium für Arbeit und Soziales wird ermächtigt, durch Rechtsverordnung mit Zustimmung des Bundesrates den Verfahrensablauf zu regeln, soweit dies für eine einheitliche maschinelle Bearbeitung der Mahnverfahren erforderlich ist (Verfahrensablaufplan).

(8) Das Bundesministerium für Arbeit und Soziales wird ermächtigt, durch Rechtsverordnung mit Zustimmung des Bundesrates zur Vereinfachung der Mahnverfahrens und zum Schutze der in Anspruch genommenen Partei Formulare einzuführen. Dabei können für Mahnverfahren bei Gerichten, die die Verfahren maschinell bearbeiten, und für Mahnverfahren bei Gerichten, die die Verfahren nicht maschinell bearbeiten, unterschiedliche Formulare eingeführt werden. *[ab 1.7.2014[3]: Die Rechtsverordnung kann ein elektronisches Formular vorsehen; § 130c Satz 2 bis 4 der Zivilprozessordnung gilt entsprechend.]*

I. Inhalt und Zweck. Für das Mahnverfahren vor den Gerichten für Arbeitssachen gelten die §§ 688–703d ZPO, soweit nicht in Abs. 2–8 anderes bestimmt ist (Abs. 1). Für das arbeitsgerichtl. Verfahren bestehen hauptsächlich Besonderheiten im Hinblick auf die örtliche Zuständigkeit, die Widerspruchsfrist und den Ausschluss des Urkunden- und Wechselverfahrens. Die Möglichkeit einer Automatisierung des Mahnverfahrens vor den ArbG ist eröffnet (s. Abs. 1, 7 und 8).

II. Zulässigkeit des Mahnverfahrens. 1. Allgemeine Verfahrensvoraussetzungen. Für das arbeitsgerichtl. Mahnverfahren müssen die allg. Prozessvoraussetzungen des arbeitsgerichtl. Urteilsverfahrens vorliegen, nämlich der Rechtsweg zu den Gerichten für Arbeitssachen, Parteifähigkeit, Prozessfähigkeit, gesetzl. Vertretung, Rechtsschutzbedürfnis und örtliche Zuständigkeit. Das Vorliegen dieser Voraussetzungen hat der Rechtspfleger trotz Wegfalls der Schlüssigkeitsprüfung im Rahmen seines begrenzten Prüfungsrechts zu prüfen. Insb. Rechtswegerschleichungen wird er jedoch im Regelfall nicht begegnen können.

2. Örtliche Zuständigkeit. In Abweichung von § 689 II ZPO richtet sich die örtliche Zuständigkeit nach Abs. 2. Danach ist für die Durchführung des Mahnverfahrens das ArbG zuständig, das für die im

---

1 Gesetz zur Förderung des elektronischen Rechtsverkehrs mit den Gerichten v. 10.10.2013, BGBl. I S. 3786, 3789. ||2 Gesetz zur Förderung des elektronischen Rechtsverkehrs mit den Gerichten v. 10.10.2013, BGBl. I S. 3786, 3789. ||3 Gesetz zur Förderung des elektronischen Rechtsverkehrs mit den Gerichten v. 10.10.2013, BGBl. I S. 3786, 3789.

Urteilsverfahren erhobene Klage zuständig sein würde. Damit richtet sich die örtliche Zuständigkeit nach den §§ 12–37 ZPO und nicht – wie im zivilprozessualen Verfahren – nach dem Wohnsitz oder Sitz des Antragstellers. Wirksame Gerichtsstandsvereinbarungen nach § 38 III ZPO gelten auch im Mahnverfahren. Nach § 690 I Nr. 2 ZPO muss der Antragsteller in seinem Antrag auf Erlass des Mahnbescheids das Gericht bezeichnen, das für ein streitiges Verfahren zuständig ist. Durch die Bezeichnung des zuständigen ArbG übt der Antragsteller zugleich selbstbindend sein Wahlrecht nach § 35 ZPO aus. Geht das Mahnverfahren in das Hauptverfahren über, bleibt es bei der bestehenden örtlichen Zuständigkeit. Mit der Einfügung von S. 2 in Abs. 2 wird ab dem 1.7.2014 für die Landesregierungen die Möglichkeit geschaffen, die Durchführung des Mahnverfahrens einem ArbG zu übertragen, das für die Bezirke mehrerer ArbG allein zuständig ist. Zugleich ist eine Ermächtigung zur Subdelegation auf die jeweils zuständige oberste Landesbehörde normiert. Die Konzentration des arbeitsgerichtl. Mahnverfahrens an einem ArbG soll zudem durch Vereinbarung der betroffenen Länder auch über die jeweiligen Landesgrenzen hinaus geregelt werden können.

3. Zahlungsanspruch. Im Mahnverfahren kann nach § 688 I ZPO regelmäßig nur die Zahlung einer bestimmten Geldsumme in Euro geltend gemacht werden. Ausnahmsweise kann der Mahnbescheid auch auf eine bestimmte Geldsumme in ausländischer Währung lauten. Dies ist nach § 688 III ZPO der Fall, wenn das Anerkennungs- und Vollstreckungsausführungsgesetz v. 19.2.2001 dies vorsieht. 4

Das arbeitsgerichtl. Mahnverfahren ist dabei nur für Zahlungsansprüche zulässig, die im Urteilsverfahren geltend gemacht werden können (arg. Abs. 2). Soweit Zahlungsansprüche im Beschlussverfahren durchzusetzen sind, können sie nicht im arbeitsgerichtl. Mahnverfahren verfolgt werden. 5

Mehrere Zahlungsansprüche können in einem Mahnantrag verbunden werden, wenn für jeden Zahlungsanspruch die allg. und besonderen Verfahrensvoraussetzungen vorliegen (entspr. § 260 ZPO). Die gerichtl. Verbindung von Mahnbescheiden (entspr. § 147 ZPO) scheidet aus. Bei Streitgenossen nach § 59 ZPO ergehen für und gegen jeden getrennte, teilweise inhaltlich gleich lautende, voneinander abhängige Mahnbescheide. 6

4. Erbrachte Gegenleistung. Das Mahnverfahren findet nach § 688 II Nr. 2 ZPO nicht statt, wenn die Geltendmachung des Anspruchs von einer noch nicht erbrachten Gegenleistung abhängig ist. Die Forderung muss im Zeitpunkt des Mahnbescheiderlasses fällig und unbedingt sein. Ausgeschlossen sind künftige Ansprüche auf Arbeitsvergütung oder sonstige arbeitsvertragl. Geldleistungen, die ihren Rechtsgrund im Austauschverhältnis haben. Die §§ 257–259 ZPO (Klage auf künftige Leistung, Klage auf wiederkehrende Leistung, Klage wegen Besorgnis der Nichterfüllung) finden im Mahnverfahren keine entsprechende Anwendung. 7

5. Keine öffentliche Bekanntmachung. Nach § 688 II Nr. 3 ZPO findet das Mahnverfahren nicht statt, wenn die Zustellung des Mahnbescheids durch öffentl. Bekanntmachung iSv. §§ 185ff. ZPO erfolgen müsste. Wenn sich erst im Laufe des Mahnverfahrens herausstellt, dass eine Zustellung nur durch öffentl. Bekanntmachung möglich wäre, ist der Antrag auf Erlass eines Mahnbescheids zurückzuweisen (§ 691 I 1 Nr. 1 ZPO), wobei der Antragsteller vorab zu hören ist (§ 691 I 2 ZPO). Eine Abgabe entsprechend § 696 ZPO in das streitige Verfahren ist nicht möglich[1], weshalb vom Antragsteller Klage zu erheben ist. 8

III. Durchführung des Mahnverfahrens. 1. Antrag. a) Form. Das Mahnverfahren wird auf Antrag durchgeführt (§ 688 I ZPO). Der Antragsteller muss dafür grds. das amtlich vorgeschriebene Formular benutzen (§§ 703c II, 702 I 2 ZPO, § 46a VII). Dies gilt nicht für Mahnverfahren, in denen der Antragsteller das Mahnverfahren maschinell betreibt und in denen der Mahnbescheid im Ausland oder nach Art. 32 ZA-NTS v. 3.8.1959 zuzustellen ist. Für Rechtsanwälte gilt nicht der Zwang, sich der maschinell lesbaren Form zu bedienen. 9

Der Antrag bedarf nach § 690 II ZPO der handschriftl. Unterzeichnung. Hier gelten die gleichen Anforderungen wie für die Unterzeichnung eines bestimmenden Schriftsatzes (vgl. zum automatisierten Mahnverfahren Rz. 36). Die Einreichung des Antrags per Telefax ist zulässig. Der telegrafischen Einreichung steht der Vordruckzwang entgegen. 10

Im Mahnverfahren bedarf es des Nachweises einer Vollmacht nicht. Wer als Bevollmächtigter einen Antrag einreicht oder einen Rechtsbehelf einlegt, hat seine ordnungsgemäße Bevollmächtigung zu versichern (§ 703 ZPO). 11

Die Anträge und Erklärungen im Mahnverfahren können vor dem Urkundsbeamten der Geschäftsstelle abgegeben werden. Dabei werden die amtlichen Vordrucke ausgefüllt. Der Urkundsbeamte vermerkt unter Angabe des Gerichts und des Datums, dass er den Antrag oder die Erklärung aufgenommen hat (§ 702 I ZPO). 12

Der Antrag auf Erlass eines Mahnbescheids oder eines Vollstreckungsbescheids wird dem Antragsgegner nicht mitgeteilt (§ 702 II ZPO). 13

---

1 GK-ArbGG/*Bader*, § 46a Rz. 23; GMP/*Germelmann*, § 46a Rz. 10.

14 **b) Inhalt.** Der Mahnantrag muss entsprechend § 690 I Nr. 1–4 ZPO enthalten:

- die Bezeichnung der Parteien, ihrer gesetzl. Vertreter und der Prozessbevollmächtigten (Nr. 1);
- die Bezeichnung des Gerichts, bei dem der Antrag gestellt wird (Nr. 2);
- die Bezeichnung des Anspruchs unter bestimmter Angabe der verlangten Leistung; Haupt- und Nebenforderungen sind gesondert und einzeln zu bezeichnen (Nr. 3);
- die Erklärung, dass der Anspruch nicht von einer Gegenleistung abhängt oder dass die Gegenleistung erbracht ist (Nr. 4).

15 Die Bezeichnung des Gerichts, das für ein streitiges Verfahren zuständig ist (§ 690 I Nr. 5 ZPO), ist entbehrlich, weil eine Abgabe nach § 696 I 1 ZPO wegen Abs. 2 nicht stattfindet.

16 Nach § 690 I Nr. 3 ZPO ist nicht nur die Bezifferung jedes einzelnen Zahlungsanspruchs erforderlich, sondern es müssen auch Angaben zur zeitlichen Abgrenzung gemacht werden, da andernfalls der Umfang der Rechtskraft nicht feststellbar ist. Daneben ist im Hinblick auf jede Einzelforderung anzugeben, ob es sich zB um Arbeitsvergütung, Vergütungsfortzahlung, Überstundenvergütung oder Urlaubsgeld handelt. Nebenforderungen sind in Einzelforderungen aufzuschlüsseln (zB Auslagen, vorprozessuale Kosten). Durch diese Angaben, die keine substantiierte Anspruchsbegründung enthalten müssen, wird der Anspruch individualisiert und damit unterscheidbar gemacht.

17 **2. Entscheidung.** Zuständig für die Entscheidung über den Antrag auf Erlass eines Mahnbescheids ist der Rechtspfleger (§ 9 III 1 ArbGG iVm. § 20 Nr. 1 RPflG). Dieser hat von Amts wegen zu prüfen, ob die allg. Verfahrensvoraussetzungen und die besonderen Voraussetzungen für das Mahnverfahren vorliegen und ob der Antrag nach Form und Inhalt den gesetzl. Anforderungen genügt. Der Gesetzgeber hat auf eine Schlüssigkeitsprüfung durch den Rechtspfleger verzichtet. Dies kann zu einem Missbrauch des Mahnverfahrens führen. Der Vollstreckung eines Vollstreckungsbescheids ist mit § 826 BGB zu begegnen, wenn die Wahl des Mahnverfahrens durch den Gläubiger als missbräuchliche Umgehung der im Klageverfahren stattfindenden Schlüssigkeitsprüfung bewertet werden kann.

18 **a) Zurückweisung:** Der Mahnantrag wird nach § 691 I 1 ZPO bei Zuständigkeits- oder Formmängeln nach Anhörung des Antragstellers (§ 691 I 2 ZPO) zurückgewiesen.

Die Zurückweisung erfolgt durch zu begründenden und zuzustellenden (§ 691 II ZPO) Beschluss des Rechtspflegers auf Kosten des Antragstellers (§ 91 I ZPO).

19 Die Anfechtbarkeit ist nach § 691 III ZPO eingeschränkt.

20 Sollte durch die Zustellung des Mahnbescheids eine Frist gewahrt werden oder die Verjährung neu beginnen oder nach § 204 BGB gehemmt werden, so tritt die Wirkung mit der Einreichung oder Anbringung des Antrags auf Erlass des Mahnbescheids ein, wenn innerhalb eines Monats seit der Zustellung der Zurückweisung des Antrags Klage eingereicht und diese demnächst zugestellt wird (§ 691 II ZPO).

21 Bei fehlender Rechtswegzuständigkeit kommt keine Abgabe in die Gerichtsbarkeit des zuständigen Rechtswegs in Betracht, weil dem Rechtspfleger keine Kammerentscheidung nach § 48 I Nr. 2 möglich ist. Nach § 48 I Nr. 1 kann der Rechtspfleger jedoch bei fehlender örtlicher Zuständigkeit nach vorheriger Anhörung allein des Antragstellers (vor rechtswirksamer Zustellung des Mahnbescheids) das Mahnverfahren an das örtlich zuständige ArbG abgeben[1]. Sofern mehrere andere Gerichte örtlich zuständig sind, wird an das vom Antragsteller auszuwählende Gericht abgegeben, ansonsten nach Bestimmung durch den Rechtspfleger (§ 17a II 2 GVG). Der Beschluss des Rechtspflegers ist für das Gericht, an das abgegeben wird, bindend (§ 17a II 3 GVG), wobei die Bindungswirkung auf das Mahnverfahren beschränkt bleibt[2].

22 **b) Erlass des Mahnbescheids.** Liegen die allg. Verfahrensvoraussetzungen und die besonderen für das Mahnverfahren vor und genügt der Antrag nach Form und Inhalt den gesetzl. Anforderungen, so erlässt der Rechtspfleger den Mahnbescheid. Der Mahnbescheid enthält nach § 692 I Nr. 1–5 ZPO iVm. § 46a III folgende Angaben:

- die bereits bezeichneten Erfordernisse des Antrags (§ 690 I Nr. 1–4 ZPO);
- den Hinweis, dass das Gericht nicht geprüft hat, ob dem Antragsteller der geltend gemachte Anspruch zusteht;
- die Aufforderung, innerhalb von einer Woche (vgl. Abs. 3) seit der Zustellung des Mahnbescheids, soweit der geltend gemachte Anspruch als begründet angesehen wird, die behauptete Schuld nebst den geforderten Zinsen und den dem Betrage nach bezeichneten Kosten zu begleichen oder dem Gericht mitzuteilen, ob und in welchem Umfang dem geltend gemachten Anspruch widersprochen wird;

---

1 GK-ArbGG/*Bader*, § 46a Rz. 17; ähnl. zur alten Rechtslage BAG 28.12.1981 – 5 AR 201/81, AP Nr. 28 zu § 36 ZPO; aA GMP/*Germelmann*, § 46a Rz. 16. || 2 BAG 28.12.1981 – 5 AR 201/81, AP Nr. 28 zu § 36 ZPO.

- den Hinweis, dass ein dem Mahnbescheid entsprechender Vollstreckungsbescheid ergehen kann, aus dem der Antragsteller die Zwangsvollstreckung betreiben kann, falls der Antragsgegner nicht bis zum Fristablauf Widerspruch erhoben hat;
- den Hinweis, dass der Widerspruch mit einem Vordruck der beigefügten Art erhoben werden soll, der auch bei jedem ArbG erhältlich ist und ausgefüllt werden kann.

Der Mahnbescheid muss unterschrieben werden. Anstelle einer handschriftl. Unterzeichnung genügt ein entsprechender Stempelabdruck oder eine elektronische Signatur (§ 692 II ZPO). 23

Der Mahnbescheid wird dem Antragsgegner von Amts wegen zugestellt (§ 693 I ZPO). Die Geschäftsstelle des ArbG setzt den Antragsteller von der Zustellung des Mahnbescheids in Kenntnis (§ 693 II ZPO). Soll durch die Zustellung eine Frist gewahrt oder die Verjährung unterbrochen werden, so tritt die Wirkung, wenn die Zustellung demnächst erfolgt, bereits mit der Einreichung oder Anbringung des Antrags auf Erlass des Mahnbescheids ein (§ 167 ZPO). Dabei wird die Verjährung auch unterbrochen, wenn ein Mahnbescheid rechtzeitig beim unzuständigen ArbG eingeht und dann antragsgemäß an das zuständige ArbG abgegeben wird, welches dann – demnächst – den Mahnbescheid nach Ablauf der Verjährungsfrist zustellt[1]. 24

3. Widerspruch. Der Antragsgegner kann gegen den Anspruch oder einen Teil des Anspruchs bei dem ArbG, das den Mahnbescheid erlassen hat, schriftl. Widerspruch erheben (§ 694 I ZPO). Hierzu kann er sich des Urkundsbeamten der Geschäftsstelle des ArbG bedienen (§ 702 I 1 ZPO). Der Widerspruch soll innerhalb einer Woche erfolgen (Abs. 3). Dabei handelt es sich um keine verbindliche Ausschluss- oder Rechtsbehelfsfrist. Der Widerspruch kann vielmehr solange erhoben werden, wie der Vollstreckungsbescheid noch nicht verfügt ist (§ 694 I ZPO). „Verfügt" ist der Vollstreckungsbescheid, wenn er vom Rechtspfleger in den Geschäftsgang gegeben worden ist. Im Falle der Auslandszustellung beträgt die Widerspruchsfrist einen Monat (§ 32 III AVAG). 25

Ein verspäteter Widerspruch, der also eingeht, nachdem der Vollstreckungsbescheid schon verfügt ist, wird als Einspruch behandelt (§ 694 II 1 ZPO). Dies ist dem Antragsgegner, der den Widerspruch erhoben hat, mitzuteilen (§ 694 II 2 ZPO). Der Widerspruch ist schriftl. zu erheben (§ 694 I ZPO). Auf Grund der Ermächtigung in Abs. 8 S. 1 ist ein Vordruck für den Widerspruch eingeführt worden. Insoweit besteht aber kein Vordruckzwang für die Einlegung des Widerspruchs. In § 692 I Nr. 5 ZPO ist lediglich davon die Rede, dass der Widerspruch mit einem Vordruck der beigefügten Art erhoben werden soll. Daher reicht jeglicher schriftl. Widerspruch, der auch durch Telefax oder Telegramm eingereicht werden kann. Der Antragsgegner soll mit dem Widerspruch die erforderliche Anzahl von Abschriften einreichen (§ 695 S. 2 ZPO). 26

Der Widerspruch muss nicht begründet werden. Ist der Widerspruch vor Verfügung des Vollstreckungsbescheids eingelegt, wird das Mahnverfahren verlassen. Der Erlass eines Vollstreckungsbescheids ist unzulässig. Der Widerspruch kann auf einen der geltend gemachten Ansprüche oder einen abtrennbaren Anspruchsteil beschränkt werden. Dann kann wegen der Ansprüche oder der Anspruchsteile, die von dem Widerspruch nicht erfasst werden, ein Vollstreckungsbescheid ergehen. Ergibt der Teilwiderspruch gegen einen Mahnbescheid nicht eindeutig, gegen welche Teile des im Mahnbescheid bezeichneten Anspruchs er sich richtet, ist dem Antragsgegner Gelegenheit zur Klarstellung zu geben; bis zur Klarstellung ist der Widerspruch als unbeschränkt eingelegt zu behandeln[2]. 27

Das Gericht hat den Antragsteller von dem Widerspruch und dem Zeitpunkt seiner Erhebung in Kenntnis zu setzen (§ 695 S. 1 ZPO). Beantragt nun eine Partei die Durchführung der mündlichen Verhandlung, so hat die Geschäftsstelle dem Antragsteller unverzüglich aufzugeben, seinen Anspruch binnen zwei Wochen schriftl. zu begründen (Abs. 4 S. 1). Der Antrag auf Durchführung der mündlichen Verhandlung kann bereits vom Antragsteller im Mahnantrag bzw. vom Antragsgegner im Widerspruch oder getrennt davon von einer der Parteien im Laufe des Verfahrens gestellt werden. Der Vorsitzende bestimmt unverzüglich nach Eingang der Anspruchsbegründung Termin zur mündlichen Verhandlung (vgl. Abs. 4 S. 2). Dabei handelt es sich um einen Gütetermin. Geht die Anspruchsbegründung nicht rechtzeitig ein, so wird nach Abs. 4 S. 3 bis zu ihrem Eingang der Termin nur auf Antrag des Antragsgegners bestimmt. Mit der Änderung von Abs. 4 S. 1 wird klargestellt, dass die nach rechtzeitig erhobenem Widerspruch durchzuführende mündliche Verhandlung vor dem im Mahnbescheid bezeichneten Gericht oder bei einem Gericht erfolgt, an das die Parteien übereinstimmend eine Abgabe verlangen. Die Konzentrationsmöglichkeit auf ein gemeinsames Gericht betrifft allein das Mahnverfahren. Hinsichtlich der örtlichen Zuständigkeit für das sich ggf. anschließende streitige Verfahren sollen die allg. Vorschriften gelten. 28

Die Streitsache gilt nur dann als mit Zustellung des Mahnbescheids rechtshängig geworden, wenn alsbald nach Erhebung des Widerspruchs Termin zur mündlichen Verhandlung bestimmt wird (Abs. 5). 29

---

1 BAG 13.5.1987 – 5 AZR 106/86, AP Nr. 3 zu § 209 BGB. || 2 BGH 24.11.1982 – VIII ZR 286/81, MDR 1983, 224.

30   **4. Vollstreckungsbescheid.** Auf der Grundlage des Mahnbescheids erlässt das Gericht auf Antrag einen Vollstreckungsbescheid, wenn der Antragsgegner nicht rechtzeitig Widerspruch erhoben (§ 699 I 1 ZPO) oder den Widerspruch zurückgenommen hat (§ 697 IV 1 ZPO). Der Antrag kann nicht – auch nicht vorsorglich – vor Ablauf der Widerspruchsfrist des Abs. 3 von einer Woche gestellt werden; er hat die Erklärung zu enthalten, ob und welche Zahlungen auf den Mahnbescheid geleistet worden sind (§ 699 I 2 ZPO). Für den Antrag ist ein Vordruck zu verwenden (Abs. 8). Ist Widerspruch nicht erhoben und beantragt der Antragsteller den Erlass des Vollstreckungsbescheids nicht binnen einer sechsmonatigen Frist, die mit der Zustellung des Mahnbescheids beginnt, so fällt die Wirkung des Mahnbescheids weg (§ 701 S. 1 ZPO). Dasselbe gilt, wenn der Vollstreckungsbescheid rechtzeitig beantragt ist, der Antrag aber zurückgewiesen wird (§ 701 S. 2 ZPO). Der Antrag auf Erlass eines Vollstreckungsbescheids wird dem Antragsgegner nicht mitgeteilt (§ 702 II ZPO).

31   Der Vollstreckungsbescheid wird durch den Rechtspfleger erteilt (§ 20 Nr. 1 RPflG) und dem Antragsgegner von Amts wegen zugestellt, wenn nicht der Antragsteller die Übergabe an sich zur Zustellung im Parteibetrieb beantragt hat (§ 699 IV 1 ZPO).

32   Der Vollstreckungsbescheid steht einem Versäumnisurteil gleich (§ 700 I ZPO). Die Streitsache gilt als mit der Zustellung des Mahnbescheids rechtshängig geworden (§ 700 II ZPO).

33   **5. Einspruch.** Gegen den Vollstreckungsbescheid kann entsprechend § 59 Einspruch eingelegt werden. Die Einspruchsschrift muss die Bezeichnung des Vollstreckungsbescheids, gegen den der Einspruch gerichtet wird, und die Erklärung enthalten, dass gegen diesen Vollstreckungsbescheid Einspruch eingelegt wird (entspr. § 340 II ZPO). Eine Begründung des Einspruchs kann (entgegen § 340 III ZPO, der keine Anwendung finden kann) nicht erwartet werden, weil für den Mahn- und auch für den Vollstreckungsbescheid bereits die Begründung fehlt[1]. Der Vorsitzende kann einen unzulässigen Einspruch gegen einen Vollstreckungsbescheid als unzulässig verwerfen. Nach § 55 I Nr. 4a und II kann der Vorsitzende dies durch Urteil allein und ohne mündliche Verhandlung tun. Nach dem Übergang aus dem Mahnverfahren in das streitige Verfahren findet zunächst eine Güteverhandlung statt[2]. Eine Verhandlung über den Einspruch und die Hauptsache im Gütetermin ermöglicht eine zeitnahe Erörterung des Streitstands und eine schnelle Beilegung des Rechtsstreits.

34   **6. Kosten.** Die Kosten des Mahnverfahrens richten sich nach Nr. 8100 GKG KV (§ 3 II GKG), die Zustellkosten nach Nr. 9002 GKG KV. Die Erstattung außergerichtlicher Kosten regelt § 12a I.

35   **7. Prozesskostenhilfe.** PKH kann auch für das Mahnverfahren bewilligt werden, und zwar durch den Rechtspfleger. Eine Vertretung durch einen Rechtsanwalt wird regelmäßig für nicht erforderlich gehalten iSv. § 121 II ZPO[3]. Die Bewilligung erfasst nicht das sich ggf. anschließende Streitverfahren. Für eine Beiordnung eines Rechtsanwalts fehlt es an der Vertretung der Gegenseite durch einen Anwalt.

36   **IV. Automatisiertes Mahnverfahren.** Das Gesetz sah zunächst in Abweichung von § 703b ZPO keine Regelung für die Automatisierung des Mahnverfahrens im arbeitsgerichtl. Verfahren vor. Durch Gesetz v. 29.6.1998 hat der Gesetzgeber jedoch auch für das Mahnverfahren vor den ArbG eröffnet (s. Abs. 1, 7 und 8). RechtsVO nach Abs. 7 und Abs. 8 S. 2 wurden bislang nicht erlassen. Mit der Änderung in Abs. 8 wird ab dem 1.7.2014 die Möglichkeit geschaffen, durch RechtsVO für das arbeitsgerichtl. Mahnverfahren ein elektronisches Formular vorzusehen. Die Inhalte der RechtsVO ergeben sich insoweit aus dem Verweis auf die Vorschrift der ZPO.

46b Europäisches Mahnverfahren nach der Verordnung (EG) Nr. 1896/2006

(1) Für das Europäische Mahnverfahren nach der Verordnung (EG) Nr. 1896/2006 des Europäischen Parlaments und des Rates vom 12. Dezember 2006 zur Einführung eines Europäischen Mahnverfahrens (ABl. EU Nr. L 399 S. 1) gelten die Vorschriften des Abschnitts 5 des Buchs 11 der Zivilprozessordnung entsprechend, soweit dieses Gesetz nichts anderes bestimmt.

(2) Für die Bearbeitung von Anträgen auf Erlass und Überprüfung sowie die Vollstreckbarerklärung eines Europäischen Zahlungsbefehls nach der Verordnung (EG) Nr. 1896/2006 ist das Arbeitsgericht zuständig, das für die im Urteilsverfahren erhobene Klage zuständig sein würde.

(3) Im Falle des Artikels 17 Abs. 1 der Verordnung (EG) Nr. 1896/2006 ist § 46a Abs. 4 und 5 entsprechend anzuwenden. Der Antrag auf Durchführung der mündlichen Verhandlung gilt als vom Antragsteller gestellt.

1   Das 11. Buch der Zivilprozessordnung wurde mWv. 12.12.2008 um einen Abschnitt 5 „Europäisches Mahnverfahren nach der Verordnung (EG) Nr. 1896/2006" erweitert (§§ 1087–1096 ZPO). Dieses Mahnverfahren ist einstufig. Wird nicht fristgerecht Einspruch eingelegt, wird der Mahnbescheid für vollstreckbar erklärt. Die §§ 1087–1096 ZPO gelten auch für das arbeitsgerichtl. Verfahren, jedoch nach Maßgabe des § 46b, der zusammen mit den Neuregelungen zum Europäischen Mahnbescheid zu einem

---

1 GMP/*Germelmann*, § 46a Rz. 34. || 2 Krit. GK-ArbGG/*Bader*, § 46a Rz. 79. || 3 LAG Rh.-Pf. 16.1.2008 – 7 Ta 251/07.

Elektronische Akte

Alternativangebot zum Mahnverfahren nach nationalem Recht führt. Nach Abs. 2 bleibt es bei der Regelung des § 46a II hinsichtlich der örtlichen Zuständigkeit. Funktional zuständig bleibt der Rechtspfleger (§ 20 Nr. 7 u. 11 RPflG). Geht es jedoch um die Überprüfung des Europäischen Zahlungsbefehls und das Streitverfahren, ist der Richter zuständig.

Abs. 3 sieht für den Fall des Art. 17 I VO (EG) Nr. 1896/2006 vor, dass § 46a IV und V entsprechend anwendbar sind. Es bedarf aber keines Antrags des Antragstellers auf Durchführung der mündlichen Verhandlung; der Antrag gilt als vom Antragsteller gestellt. 2

46c Einreichung elektronischer Dokumente

(1) Soweit für vorbereitende Schriftsätze und deren Anlagen, für Anträge und Erklärungen der Parteien sowie für Auskünfte, Aussagen, Gutachten und Erklärungen Dritter die Schriftform vorgesehen ist, genügt dieser Form die Aufzeichnung als elektronisches Dokument, wenn dieses für die Bearbeitung durch das Gericht geeignet ist. Die verantwortende Person soll das Dokument mit einer qualifizierten elektronischen Signatur nach dem Signaturgesetz versehen. Ist ein übermitteltes elektronisches Dokument für das Gericht zur Bearbeitung nicht geeignet, ist dies dem Absender unter Angabe der geltenden technischen Rahmenbedingungen unverzüglich mitzuteilen.

(2) Die Bundesregierung und die Landesregierungen bestimmen für ihren Bereich durch Rechtsverordnung den Zeitpunkt, von dem an elektronische Dokumente bei den Gerichten eingereicht werden können, sowie die für die Bearbeitung der Dokumente geeignete Form. Die Landesregierungen können die Ermächtigung durch Rechtsverordnung auf die jeweils zuständige oberste Landesbehörde übertragen. Die Zulassung der elektronischen Form kann auf einzelne Gerichte oder Verfahren beschränkt werden.

(3) Ein elektronisches Dokument ist eingereicht, sobald die für den Empfang bestimmte Einrichtung des Gerichts es aufgezeichnet hat.

46d Gerichtliches elektronisches Dokument

Soweit dieses Gesetz dem Richter, dem Rechtspfleger, dem Urkundsbeamten der Geschäftsstelle oder dem Gerichtsvollzieher die handschriftliche Unterzeichnung vorschreibt, genügt dieser Form die Aufzeichnung als elektronisches Dokument, wenn die verantwortenden Personen am Ende des Dokuments ihren Namen hinzufügen und das Dokument mit einer qualifizierten elektronischen Signatur versehen.

46e Elektronische Akte

(1) Die Prozessakten können elektronisch geführt werden. Die Bundesregierung und die Landesregierungen bestimmen für ihren Bereich durch Rechtsverordnung den Zeitpunkt, von dem an elektronische Akten geführt werden sowie die hierfür geltenden organisatorisch-technischen Rahmenbedingungen für die Bildung, Führung und Aufbewahrung der elektronischen Akten. Die Landesregierungen können die Ermächtigung durch Rechtsverordnung auf die jeweils zuständige oberste Landesbehörde übertragen. Die Zulassung der elektronischen Akte kann auf einzelne Gerichte oder Verfahren beschränkt werden.

(2) In Papierform eingereichte Schriftstücke und sonstige Unterlagen sollen zur Ersetzung der Urschrift in ein elektronisches Dokument übertragen werden. Die Unterlagen sind, sofern sie in Papierform weiter benötigt werden, mindestens bis zum rechtskräftigen Abschluss des Verfahrens aufzubewahren.

(3) Das elektronische Dokument muss den Vermerk enthalten, wann und durch wen die Unterlagen in ein elektronisches Dokument übertragen worden sind.

Die Vorschriften dienen ua. der Umsetzung der RL 1999/93/EG v. 13.12.1999 über die gemeinschaftlichen Rahmenbedingungen für elektronische Signaturen[1] sowie der RL 2000/31/EG v. 8.6.2000 über den elektronischen Geschäftsverkehr[2]. Durch die Vorschriften wird die Einführung einer elektronischen Aktenbearbeitung innerhalb der Gerichte ermöglicht. Nach der Verordnung über den elektronischen Rechtsverkehr beim BAG[3] kann seit dem 1.4.2006 der Schriftverkehr mit dem BAG in elektronischer Form abgewickelt werden. Die Zulassung der elektronischen Form ist nicht auf einzelne Verfahren beschränkt. Die Schriftsätze müssen mit einer qualifizierten elektronischen Signatur nach dem SigG versehen werden. Bei wenigen Gerichten für Arbeitssachen (ua. beim BAG) ist ein elektronisches Gerichts- und Verwaltungspostfach eingerichtet worden. Diese sind unter http://www.egvp.de/gerichte/index.php im Internet ausgewiesen. Auf der hierfür eingerichteten Homepage (http://www.egvp.de/) finden sich allg. Informationen, Angaben zu den Bearbeitungsvoraussetzungen und technischen Voraussetzungen sowie Downloadmöglichkeiten für die erforderliche Software. 1

---

1 ABl. 1999 L 13/12. ||2 ABl. 2000 L 178/1. ||3 BGBl. 2006 I S. 519f.

[ab 1.7.2014[1]:

46f *Formulare; Verordnungsermächtigung*
Das Bundesministerium für Arbeit und Soziales kann durch Rechtsverordnung mit Zustimmung des Bundesrates elektronische Formulare einführen. Die Rechtsverordnung kann bestimmen, dass die in den Formularen enthaltenen Angaben ganz oder teilweise in strukturierter maschinenlesbarer Form zu übermitteln sind. Die Formulare sind auf einer in der Rechtsverordnung zu bestimmenden Kommunikationsplattform im Internet zur Nutzung bereitzustellen. Die Rechtsverordnung kann bestimmen, dass eine Identifikation des Formularverwenders abweichend von § 46c Absatz 3 auch durch Nutzung des elektronischen Identitätsnachweises nach § 18 des Personalausweisgesetzes oder § 78 Absatz 5 des Aufenthaltsgesetzes erfolgen kann.]

1   Durch die Einfügung von § 46f wird ab dem 1.7.2014 die Einreichung elektronischer Dokumente bei den ArbG an die Regelung für den Zivilprozess (künftig §§ 130a, 130d ZPO) angepasst. Die Nutzungspflicht wird um die vertretungsberechtigten Personen erweitert, die sich eines speziellen Übermittlungsweges auf der Grundlage des § 130a IV Nr. 2 ZPO bedienen können.

47 *Sondervorschriften über Ladung und Einlassung[2]*
(1) Die Klageschrift muss mindestens eine Woche vor dem Termin zugestellt sein.

(2) Eine Aufforderung an den Beklagten, sich auf die Klage schriftlich zu äußern, erfolgt in der Regel nicht.

1   **I. Inhalt und Zweck.** Die Vorschrift regelt in Abs. 1 nur noch die Einlassungsfrist für das arbeitsgerichtl. Verfahren. Die Abkürzung der in der ordentl. Gerichtsbarkeit geltenden Einlassungsfrist von zwei Wochen (§ 274 III 1 ZPO) auf eine Woche dient der besonderen Beschleunigung des arbeitsgerichtl. Verfahrens.

2   **II. Einlassungsfrist (Abs. 1).** Mit „Einlassungsfrist" wird der Zeitraum bezeichnet, welcher der beklagten Partei zwischen der Zustellung der Klage und dem ersten Termin, idR dem Gütetermin, mindestens verbleiben muss, um sich auf die Klage einzulassen, dh. zu ihr Stellung zu nehmen (§ 274 III 1 ZPO). Die Einlassungsfrist ist eine Schutzfrist für die beklagte Partei; sie gewährleistet den Anspruch der beklagten Partei auf rechtl. Gehör (Art. 103 I GG).

3   **1. Anwendungsbereich.** Für die Dauer der Einlassungsfrist enthält Abs. 1 – abgesehen von dem Fall, dass die beklagte Partei im Ausland wohnt – eine abschließende Regelung, die einem Rückgriff über § 46 II auf § 274 III 1 ZPO entgegensteht. Dabei wird nicht danach unterschieden, ob die beklagte Partei im Bezirk des ArbG oder außerhalb des Bezirks im Inland wohnt. Die Einlassungsfrist gilt nicht nur bei der Zustellung der Klage, sondern auch bei der Zustellung von objektiven und subjektiven Klageerweiterungen und von Widerklagen. Nach Eingang eines Widerspruchs im Mahnverfahren oder eines Einspruchs gegen einen Vollstreckungsbescheid ist ebenfalls die Einlassungsfrist zu beachten. Diese beginnt mit Zustellung des den im Mahnbescheid geltend gemachten Anspruch begründenden Schriftsatzes.

4   Die Einlassungsfrist ist nicht zu wahren, wo eine mündliche Verhandlung und damit eine Einlassung der gerichtl. Entscheidung nicht vorangehen muss. Daher ist bei der Anberaumung eines Termins zur mündlichen Verhandlung im Arrest- oder einstw. Verfügungsverfahren Abs. 1 nicht anwendbar[3].

5   **2. Dauer und Fristberechnung.** Die Einlassungsfrist beträgt – unabhängig vom inländischen Wohnort der beklagten Partei – eine Woche. Sie wird mit der Zustellung der Klage, Klageerweiterung oder Widerklage (jeweils und insoweit) in Lauf gesetzt. Unbeachtlich für den Beginn der Einlassungsfrist ist der ggf. vom Zugang der Klage abweichende Zeitpunkt des Zugangs der Ladung.

6   Die Berechnung der Frist richtet sich nach § 46 II ArbGG iVm. § 222 ZPO. Nach § 222 I ZPO gelten für die Berechnung der Frist die Vorschriften des BGB (§§ 187–193 BGB). Bei Bestimmung des Fristbeginns ist der Tag der Zustellung nach § 187 I BGB nicht mitzurechnen. Die Einlassungsfrist endet nach § 188 II BGB mit dem Ablauf des siebten Tages. Fällt der letzte Tag der Einlassungsfrist auf einen Sonntag, einen am Zustellungsort staatlich anerkannten allg. Feiertag oder einen Sonnabend, so tritt an die Stelle eines solchen Tages der nächste Werktag (§ 222 II ZPO).

7   Ist der Aufenthaltsort der beklagten Partei unbekannt, so kann die Zustellung der Klage und der Ladung durch öffentl. Bekanntmachung (öffentl. Zustellung) erfolgen (§ 185 ZPO). Zur **öffentl. Zustellung** wird ein Auszug des zuzustellenden Schriftstücks und eine Benachrichtigung darüber, wo das Schriftstück eingesehen werden kann, an der Gerichtstafel angeheftet (§ 186 II ZPO). Enthält das zuzustellende Schriftstück eine Ladung, so muss die Benachrichtigung den Hinweis enthalten, dass das Schriftstück eine Ladung zum Termin enthält, dessen Versäumung Rechtsnachteile zur Folge haben kann

---

1 Gesetz zur Förderung des elektronischen Rechtsverkehrs mit den Gerichten v. 10.10.2013, BGBl. I S. 3786, 3790. ||2 Amtl. Anm.: Die Worte „Ladung und" sind gegenstandslos. ||3 *Walker*, Der einstweilige Rechtsschutz, Rz. 738.

(§ 186 II ZPO). Das Prozessgericht kann nach § 187 ZPO zusätzlich anordnen, dass die Benachrichtigung einmal oder mehrfach im Bundesanzeiger oder in anderen Blättern zu veröffentlichen ist. Das Schriftstück gilt als zugestellt, wenn seit dem Aushang der Benachrichtigung ein Monat vergangen ist, wobei das Prozessgericht eine längere Frist bestimmen kann (§ 188 ZPO). Auch im Fall der öffentl. Zustellung im Inland gilt die Einlassungsfrist von einer Woche, die ab dem Zeitpunkt, zu dem die Klage nach § 188 ZPO als zugestellt gilt, beginnt.

3. **Auslandszustellung.** Der spezielle Fall der Auslandszustellung ist in § 47 nicht berücksichtigt. Insoweit findet nach § 46 II § 274 III 3 ZPO Anwendung. Danach hat der Vorsitzende bei der Festsetzung des Termins die Einlassungsfrist zu bestimmen, wenn die Zustellung im Ausland vorzunehmen ist. Diese muss mindestens eine Woche betragen, wird jedoch zur Gewährleistung des rechtl. Gehörs diese Mindestfrist im Regelfall deutlich überschreiten müssen.

4. **Fristabkürzung.** Nach § 226 I ZPO kann die Einlassungsfrist auf Antrag einer Partei abgekürzt werden. Die Abkürzung der Einlassungsfrist wird nicht dadurch ausgeschlossen, dass infolge der Abkürzung die mündliche Verhandlung nicht durch Schriftsätze vorbereitet werden kann (§ 226 II ZPO). Im arbeitsgerichtl. Verfahren ist die schriftsätzliche Vorbereitung im Regelfall nicht vorgesehen (Abs. 2). Der Abkürzungsantrag kann formlos gestellt werden; er bedarf der Begründung. Eine Glaubhaftmachung ist nicht vorgesehen. Der Gegner ist nicht zu dem Abkürzungsantrag anzuhören. Der Anspruch des Gegners auf rechtl. Gehör ist aber zu beachten. Der Vorsitzende entscheidet über den Antrag im Zusammenhang mit der Terminsbestimmung. Die Entscheidung ist kurz zu begründen und im Fall der ablehnenden Entscheidung mit der sofortigen Beschwerde nach § 78 I 1 ArbGG iVm. § 567 I Nr. 2 ZPO anfechtbar.

5. **Folgen bei Nichteinhaltung.** Bei Nichteinhaltung der Einlassungsfrist ist der Erlass eines Versäumnisurteils gegen die beklagte Partei unzulässig (§ 335 I Nr. 3 ZPO). Die Partei kann im Termin die Einlassung verweigern[1]. Verhandelt die beklagte Partei, so kann sie nach § 295 ZPO die Nichteinhaltung nicht mehr rügen.

III. **Ladungsfrist.** „Ladungsfrist" ist die Frist, die in einer anhängigen Sache zwischen der Zustellung der Ladung und dem Terminstag liegen soll. Sie dient der zeitlichen Vorbereitung des Termins, insb. der Freihaltung des Terminstages. Sie beträgt im erstinstanzlichen Verfahren nach § 46 II 1 ArbGG iVm. § 217 ZPO mindestens drei Tage. Die Fristberechnung richtet sich wie bei der Einlassungsfrist nach § 46 II ArbGG iVm. § 222 ZPO (vgl. Rz. 6). Die Ladungsfrist ist bei jeder Terminanberaumung, bei Vertagungen und Verlegungen zu beachten, und zwar unabhängig davon, ob sich die Partei im Inland oder Ausland aufhält. Sie soll nicht bei der Änderung der Terminsstunde gelten, was aber im Hinblick auf den Zweck, den Parteien eine Terminplanung zu ermöglichen, wenig überzeugt. Die Ladungsfrist ist nicht einzuhalten bei Anberaumung eines Verkündungstermins.

Für die Berechnung und Abkürzung der Ladungsfrist und für die Folgen von deren Nichteinhaltung gelten die gleichen Grundsätze wie für die Einlassungsfrist. In dem Antrag auf Einleitung eines Arrest- oder einstw. Verfügungsverfahrens wird regelmäßig ein Antrag auf Abkürzung der Ladungsfrist enthalten sein[2].

IV. **Ausschluss des schriftlichen Vorverfahrens.** Nach Abs. 2 soll eine Aufforderung an die beklagte Partei, sich auf die Klage schriftl. zu äußern, idR nicht erfolgen. Diese Vorschrift erscheint rechtspolitisch problematisch, ist dem Vorsitzenden doch bei fehlender schriftsätzlicher Stellungnahme der beklagten Partei vor dem Gütetermin eine gründliche Vorbereitung des Termins sehr erschwert.

48 Rechtsweg und Zuständigkeit

(1) Für die Zulässigkeit des Rechtsweges und der Verfahrensart sowie für die sachliche und örtliche Zuständigkeit gelten die §§ 17 bis 17b des Gerichtsverfassungsgesetzes mit folgender Maßgabe entsprechend:

1. Beschlüsse entsprechend § 17a Abs. 2 und 3 des Gerichtsverfassungsgesetzes über die örtliche Zuständigkeit sind unanfechtbar.
2. Der Beschluss nach § 17a Abs. 4 des Gerichtsverfassungsgesetzes ergeht, sofern er nicht lediglich die örtliche Zuständigkeit zum Gegenstand hat, auch außerhalb der mündlichen Verhandlung stets durch die Kammer.

(1a) Für Streitigkeiten nach § 2 Abs. 1 Nr. 3, 4a, 7, 8 und 10 sowie Abs. 2 ist auch das Arbeitsgericht zuständig, in dessen Bezirk der Arbeitnehmer gewöhnlich seine Arbeit verrichtet oder zuletzt gewöhnlich verrichtet hat. Ist ein gewöhnlicher Arbeitsort im Sinne des Satzes 1 nicht feststellbar, ist das Arbeitsgericht örtlich zuständig, von dessen Bezirk aus der Arbeitnehmer gewöhnlich seine Arbeit verrichtet oder zuletzt gewöhnlich verrichtet hat.

---

1 Zöller/*Greger*, § 274 ZPO Rz. 6. ||2 GMP/*Germelmann*, § 47 Rz. 23.

ArbGG § 48 Rz. 1

(2) Die Tarifvertragsparteien können im Tarifvertrag die Zuständigkeit eines an sich örtlich unzuständigen Arbeitsgerichts festlegen für

1. bürgerliche Rechtsstreitigkeiten zwischen Arbeitnehmern und Arbeitgebern aus einem Arbeitsverhältnis und aus Verhandlungen über die Eingehung eines Arbeitsverhältnisses, das sich nach einem Tarifvertrag bestimmt,
2. bürgerliche Rechtsstreitigkeiten aus dem Verhältnis einer gemeinsamen Einrichtung der Tarifvertragsparteien zu den Arbeitnehmern oder Arbeitgebern.

Im Geltungsbereich eines Tarifvertrags nach Satz 1 Nr. 1 gelten die tarifvertraglichen Bestimmungen über das örtlich zuständige Arbeitsgericht zwischen nicht tarifgebundenen Arbeitgebern und Arbeitnehmern, wenn die Anwendung des gesamten Tarifvertrags zwischen ihnen vereinbart ist. Die in § 38 Abs. 2 und 3 der Zivilprozessordnung vorgesehenen Beschränkungen finden keine Anwendung.

I. Inhalt und Zweck 1	2. Unzulässigkeit des beschrittenen Rechtsweges 39
II. Anwendungsbereich von Abs. 1 2	3. Form und Inhalt der Entscheidung 43
1. Rechtswegzuständigkeit 2	4. Anfechtbarkeit der Entscheidung 45
2. Internationale Zuständigkeit 4	5. Rechtsbeschwerde 49
3. Prozesskostenhilfeverfahren 6	6. Rechtsmittel gegen inkorrekte Rechtswegentscheidung 53
4. Arrest- und Verfügungsverfahren 8	7. Bindungswirkung der Entscheidung 59
5. Schiedsgerichtsbarkeit 10	8. Entscheidung des Gerichts des zulässigen Rechtsweges 61
6. Geschäftsverteilungsplan 11	9. Kosten der Verweisung 65
7. Mahnverfahren 12	10. Verweisung im PKH-Verfahren 66
8. Zwangsvollstreckungsverfahren 13	11. Rechtsfolgen des Verweisungsbeschlusses 67
9. Richtige Verfahrensart 14	V. Entscheidung über die Verfahrensart ... 68
10. Sachliche Zuständigkeit 15	VI. Entscheidung über örtliche Zuständigkeit 72
11. Örtliche Zuständigkeit 16	1. Allgemeines 72
III. Prüfung von Amts wegen 17	2. Besonderheiten bei Säumnis 75
1. Prüfungsreihenfolge 17	3. Entscheidung des ArbG 77
2. Maßgeblicher Zeitpunkt 18	VII. Gerichtsstand des Arbeitsortes 83a
3. Darlegungs- und Beweislast 19	VIII. Tarifvertragliche Regelung der örtlichen Zuständigkeit 84
IV. Entscheidungen über die Rechtswegzuständigkeit 35	
1. Zulässigkeit des beschrittenen Rechtsweges 36	

1 **I. Inhalt und Zweck.** Die Vorschrift regelt zum einen das Verweisungsverfahren bei Rechtswegunzuständigkeit, örtlicher Unzuständigkeit und bei Wahl der falschen Verfahrensart und zum anderen die Möglichkeit der tarifl. Regelung der örtlichen Zuständigkeit.

2 **II. Anwendungsbereich von Abs. 1. 1. Rechtswegzuständigkeit.** Bei der Zulässigkeit des Rechtsweges handelt es sich um eine von Amts wegen zu prüfende Prozessvoraussetzung. Es geht darum, in welcher Gerichtsbarkeit der Rechtsstreit abzuhandeln ist. Seit 1990[1] bildet die Arbeitsgerichtsbarkeit auch im Verhältnis zur ordentl. Gerichtsbarkeit nicht nur eine andere sachliche Zuständigkeit, sondern einen eigenen Rechtsweg[2].

3 Die Entscheidung über die Rechtswegzuständigkeit richtet sich nach Abs. 1 S. 1 iVm. §§ 17–17b GVG. Die Rechtswegzuständigkeit ist durch §§ 2 ff. besonders geregelt. Die Zuständigkeit ist teils eine ausschließliche, teils eine fakultative und teils eine erweiterte Zuständigkeit. Ausschließliche Zuständigkeit bedeutet, dass nur die arbeitsgerichtl. Zuständigkeit gegeben ist. Die Zuständigkeit eines anderen Gerichtszweiges kann weder durch Parteivereinbarung noch durch rügelose Einlassung (§ 39 ZPO) begründet werden. Auch eine tarifvertragl. Vereinbarung der Rechtswegzuständigkeit scheidet aus. Abs. 2 bezieht sich unmissverständlich nur auf die örtliche Zuständigkeit. Eine Ausnahme folgt aus § 2 IV. Danach können bürgerliche Streitigkeiten zwischen juristischen Personen des Privatrechts und den kraft Gesetzes oder kraft Organeigenschaft zur Vertretung berufenen Personen vor die Gerichte für Arbeitssachen gebracht werden.

4 **2. Internationale Zuständigkeit.** Die internationale Zuständigkeit ist eine in jeder Instanz von Amts wegen zu prüfende Prozessvoraussetzung[3]. Sie folgt grds. aus der örtlichen Zuständigkeit, vgl. § 1 Rz. 9.

5 Auf die internationale Zuständigkeit der Gerichte für Arbeitssachen findet § 48 keine Anwendung. Es gelten nicht die Regeln des § 17a GVG über die Vorabentscheidung und deren Anfechtbarkeit[4]. Ist das angerufene deutsche ArbG international unzuständig, scheidet eine Verweisung des Rechtsstreits von

---

1 4. VwGO-Änderungsgesetz, BGBl. I S. 2809. || 2 BAG 26.3.1992 – 2 AZR 443/91, NZA 1992, 954; 28.10.1997 – 9 AZB 35/97, NZA 1998, 219; 24.4.1996 – 5 AZB 25/95, NJW 1996, 2948; *Walker*, Der einstweilige Rechtsschutz, Rz. 734. || 3 Schwab/Weth/*Walker*, § 48 Rz. 14. || 4 Schwab/Weth/*Walker*, § 48 Rz. 15.

Amts wegen an ein ausländisches Gericht aus. Die Klage oder der Antrag sind mangels internationaler Zuständigkeit als unzulässig abzuweisen. Ein Vorabentscheidungsverfahren nach § 17a III, IV GVG zur Klärung der internationalen Zuständigkeit ist nicht gegeben. Daher ist noch in der Berufungs- und in der Revisionsinstanz von Amts wegen die internationale Zuständigkeit zu prüfen und ihr Fehlen kann auch dann noch zur Abweisung wegen Unzulässigkeit führen[1].

3. Prozesskostenhilfeverfahren. Wird PKH im Rahmen eines anhängigen Verfahrens beantragt, gilt Abs. 1 für gebotene Verweisungsentscheidungen. Der Rechtsstreit wird samt PKH-Verfahren verwiesen.

Wird aber ein isolierter PKH-Antrag beim örtlich oder vom Rechtsweg her unzuständigen Gericht eingereicht, ist die Anwendbarkeit von Abs. 1 umstritten[2]. Gegen die Anwendbarkeit des Abs. 1 wird zutreffend der eingeschränkte Prüfungsumfang im PKH-Verfahren (§ 118 ZPO) eingewandt, der eine frühzeitige und endgültige Entscheidung über die Rechtswegzuständigkeit nicht erfordert[3]. Erfolgt dennoch ein Verweisungsbeschluss, wird dieser jedoch für das Adressatengericht entsprechend § 17a II 3 GVG – nur für das PKH-Verfahren – als bindend angesehen[4].

4. Arrest- und Verfügungsverfahren. Auch das um vorläufigen Rechtsschutz nach §§ 916–945 ZPO ersuchte Gericht hat die Zulässigkeit des beschrittenen Rechtswegs nach § 17a GVG zu prüfen; dies gilt auch dann, wenn die Hauptsache schon anhängig und es das Gericht der Hauptsache iSd. § 937 ZPO ist[5]. Entsprechendes gilt für die örtliche Zuständigkeit[6].

Die Einreichung des Arrest- oder Verfügungsgesuchs bei einem vom Rechtsweg oder örtlich unzuständigen ArbG führt grds. zur Anwendung des Abs. 1. Der Rechtsstreit im Eilverfahren ist also von Amts wegen an das zuständige Gericht im zulässigen Rechtsweg zu verweisen (§ 17a II GVG). Der so eintretende Zeitverlust ist geringer als bei einer Abweisung des Antrags als unzulässig und daher mit dem Eilcharakter des Verfahrens vereinbar[7]. Nach zutreffender Ansicht sind die §§ 17–17b GVG jedoch nur unter Berücksichtigung des Beschleunigungszwecks des Eilverfahrens anwendbar. Daher kann bei besonderer Dringlichkeit oder bei der Notwendigkeit, den Antragsgegner mit der Arrest- oder Verfügungsentscheidung zu überraschen, weil andernfalls Vereitelungshandlungen zu befürchten sind, abweichend von § 17a II 1 GVG die Verweisung auch ohne Anhörung der Parteien erfolgen. Unter diesen Voraussetzungen ist auch eine Sachentscheidung nicht nur ohne mündliche Verhandlung (§ 17a IV 1 GVG), sondern ohne jede Anhörung des Gegners möglich. Ferner muss die Verweisung entgegen Abs. 1 Nr. 2 nicht notwendig durch die Kammer beschlossen werden. Sie ist vielmehr dann, wenn die besonderen Dringlichkeitsvoraussetzungen des § 944 ZPO (lex specialis) vorliegen, auch durch den Vorsitzenden allein möglich. Zudem wird vertreten, dass entgegen § 17a IV 3 GVG eine Anfechtbarkeit des Verweisungsbeschlusses im Eilverfahren ausgeschlossen ist[8].

5. Schiedsgerichtsbarkeit. § 48 findet keine Anwendung auf das Verhältnis zwischen der Arbeitsgerichtsbarkeit und der Schiedsgerichtsbarkeit. Bei nach § 101 wirksamer Schiedsabrede ist eine dennoch erhobene Klage als unzulässig abzuweisen.

6. Geschäftsverteilungsplan. Bei der Abgabe an die nach dem Geschäftsverteilungsplan zuständige Kammer innerhalb desselben Gerichts handelt es sich um eine gerichtsinterne Angelegenheit, die ohne Anhörung der Parteien erfolgen kann und nicht gesondert anfechtbar ist.

7. Mahnverfahren. Das Mahnverfahren nach den §§ 688 ff. ZPO findet nur im Zusammenhang mit Ansprüchen aus dem Urteilsverfahren statt (arg. § 46a II), nicht dagegen im Beschlussverfahren. Die Rechtswegzuständigkeit der ArbG im Mahnverfahren richtet sich nach § 2 und die örtliche Zuständigkeit nach § 46 II nach der für eine Klage im Urteilsverfahren. Wenn ein Mahnbescheid bei einem ArbG beantragt wird, obwohl dessen Rechtswegzuständigkeit nicht gegeben ist, so ist dieser als unzulässig zurückzuweisen. Bei örtlicher Unzuständigkeit kann der Rechtspfleger jedoch nach vorheriger Anhörung allein des Antragstellers das Mahnverfahren an das örtlich zuständige Gericht abgeben[9].

8. Zwangsvollstreckungsverfahren. Das mit einem Zwangsvollstreckungsgesuch angegangene Gericht muss seine örtliche Zuständigkeit und seine Rechtswegzuständigkeit von Amts wegen prüfen. Bei Unzuständigkeit ist nach Abs. 1 zu verweisen.

9. Richtige Verfahrensart. Urteils- und Beschlussverfahren schließen einander aus. Sie können auch nicht gem. § 147 ZPO verbunden werden. Ebenso scheidet eine Vereinbarung über die Verfahrensart aus. Nach Abs. 1 sind die §§ 17–17b GVG auch für die Zulässigkeit der Verfahrensart entsprechend anzuwenden.

---

1 Schwab/Weth/*Walker*, § 48 Rz. 15. || 2 Offen gelassen von BAG 27.10.1992 – 5 AS 5/92, NZA 1993, 285. || 3 Schwab/Weth/*Walker*, § 48 Rz. 22. || 4 BAG 27.10.1992 – 5 AS 5/92, NZA 1993, 285. || 5 BAG 24.5.2000 – 5 AZB 66/99, AP Nr. 45 zu § 17a GVG. || 6 Schwab/Weth/*Walker*, § 48 Rz. 24. || 7 *Walker*, Der einstweilige Rechtsschutz, Rz. 349; Schwab/Weth/*Walker*, § 48 Rz. 25. || 8 *Walker*, Der einstweilige Rechtsschutz, Rz. 350 ff.; Schwab/Weth/*Walker*, § 48 Rz. 26; GMP/*Germelmann*, § 48 Rz. 20; GK-ArbGG/*Bader*, § 48 Rz. 37; für Anfechtbarkeit des Verweisungsbeschlusses jedoch (ohne nähere Begr.) BAG 24.5.2000 – 5 AZB 66/99, AP Nr. 45 zu § 17a GVG; 29.10.2001 – 5 AZB 44/00, AP Nr. 80 zu § 2 ArbGG 1979. || 9 Zur alten Rechtslage BAG 28.12.1981 – 5 AZR 201/81, AP Nr. 28 zu § 36 ZPO.

15 **10. Sachliche Zuständigkeit.** Soweit in Abs. 1 von der sachlichen Zuständigkeit die Rede ist, handelt es sich um ein Redaktionsversehen des Gesetzgebers[1]. Im Bereich der Arbeitsgerichtsbarkeit hat die sachliche Zuständigkeit keine nennenswerte Bedeutung, denn im ersten Rechtszug sind nach § 8 die ArbG zuständig[2].

16 **11. Örtliche Zuständigkeit.** Für die Entscheidung zur örtlichen Zuständigkeit sieht Abs. 1 eine Modifizierung des Verweisungsverfahrens nach §§ 17–17b GVG vor.

17 **III. Prüfung von Amts wegen. 1. Prüfungsreihenfolge.** Die Zulässigkeit des Rechtswegs, die örtliche Zuständigkeit und die Wahl der richtigen Verfahrensart sind als Prozessvoraussetzungen von Amts wegen zu prüfen. Vorrang kommt der Prüfung der Rechtswegzuständigkeit zu, denn für die örtliche Zuständigkeit und die zutreffende Verfahrensart sind die Regeln des richtigen Rechtswegs maßgebend. Sodann schließt sich die Prüfung der richtigen Verfahrensart an. Erst dann kann die Frage der örtlichen Zuständigkeit beantwortet werden, weil sich die örtliche Zuständigkeit in den beiden Verfahrensarten nach unterschiedlichen Regeln bestimmt.

18 **2. Maßgeblicher Zeitpunkt.** Nach Abs. 1 iVm. § 17 I 1 GVG (ebenso § 261 II Nr. 2 ZPO) ist für die Prüfung der Rechtswegzuständigkeit und der örtlichen Zuständigkeit der Zeitpunkt der **Rechtshängigkeit** maßgeblich. Nach § 17 I 1 GVG wird die Zulässigkeit des bestrittenen Rechtswegs durch eine nach Rechtshängigkeit eintretende Veränderung der sie begründenden Umstände nicht berührt. Entsprechendes gilt nach Abs. 1 auch für die Verfahrensart und die örtliche Zuständigkeit. Voraussetzung für die fortbestehende Zuständigkeit ist aber ein unveränderter Streitgegenstand. Wird dieser zB durch Klageerweiterung verändert, kommt allein im Hinblick auf den veränderten Teil des Rechtsstreits eine Verweisung in Betracht[3]. Lagen bei Eintritt der Rechtshängigkeit die Zulässigkeitsvoraussetzungen noch nicht vor, so reicht es jedoch, wenn deren Vorliegen im Zeitpunkt der Entscheidung über die Zulässigkeit festgestellt werden kann. Dies kann selbst im Rechtsmittelverfahren der Fall sein. Ein zunächst unzuständiges Gericht kann nämlich noch im Laufe des Verfahrens zuständig werden, etwa durch zulässige rügelose Einlassung (nach Hinweis gem. § 504 ZPO) oder dadurch, dass der Beklagte beim angerufenen Gericht einen Gerichtsstand erwirbt.

19 **3. Darlegungs- und Beweislast. a) Grundsätze.** Für die Zulässigkeit des Rechtswegs ist der jeweilige Streitgegenstand maßgeblich. Den Streitgegenstand bestimmt grds. die klagende Partei. Das Klagebegehren ergibt sich aus dem Klageantrag iVm. der Klagebegründung, § 253 II Nr. 2 ZPO[4]. Sind die zuständigkeitsbegründenden Tatsachen streitig, muss ggf. Beweis erhoben werden. Die Beweislast trifft grds. die klagende Partei[5]. Beruft sich die beklagte Partei jedoch auf eine abweichende Gerichtsstandsvereinbarung, so liegt die Beweislast für diese Behauptung bei der beklagten Partei.

20 Bei mehreren Streitgegenständen hat die Prüfung der Rechtswegzuständigkeit für jeden Streitgegenstand gesondert zu erfolgen[6]. Dies gilt für die subjektive und für die objektive Klagehäufung. In Fällen der objektiven Klagehäufung wird jedoch häufig eine Zusammenhangszuständigkeit des ArbG nach § 2 III vorliegen[7].

21 Stützt die klagende Partei ihr Begehren auf eine Haupt- und eine Hilfsbegründung, orientiert sich die Prüfung der Rechtswegzuständigkeit an der Hauptbegründung. Das zuständige Gericht des Rechtsweges, der nach der Hauptbegründung zulässig ist, kann die Begründetheit des Begehrens gem. § 17 II 1 GVG auch unter dem rechtl. Gesichtspunkt prüfen, der für die Hilfsbegründung maßgeblich ist.

22 Hat die klagende Partei neben einem Hauptantrag auch einen oder mehrere Hilfsanträge gestellt, ist die Zulässigkeit des Rechtsweges zunächst nur für den Hauptantrag zu prüfen. Über ihn hat das zuständige Gericht im zutreffenden Rechtsweg zu entscheiden. Erst wenn auf Grund dieser Entscheidung der Hilfsantrag relevant wird, muss das dann mit der Sache befasste Gericht die Zulässigkeit des Hilfsantrages und damit auch die Rechtswegzuständigkeit prüfen. Insoweit kommt dann eine Weiterverweisung in einen anderen Rechtsweg, uU auch eine Rückverweisung in Betracht.

23 **b) Darlegung der Rechtswegzuständigkeit. aa) Abgrenzung zur Verwaltungs-, Finanz- und Sozialgerichtsbarkeit.** Bei der Abgrenzung zur Verwaltungs-, Finanz- und Sozialgerichtsbarkeit ist die Frage zu beantworten, ob eine Streitigkeit öffentl.- oder bürgerlich-rechtl. ist. Sie richtet sich nach der Natur des Rechtsverhältnisses, aus dem der Klageanspruch hergeleitet wird. Entscheidend dafür ist die wahre Natur des Anspruchs, wie er sich nach dem Sachvortrag des Klägers darstellt. Maßgebend ist also danach im Regelfall der Vortrag der klagenden Partei, dessen Richtigkeit zu unterstellen ist. Bei

---

1 BAG 26.3.1992 – 2 AZR 443/91, NZA 1992, 954; 4.1.1993 – 5 AS 12/92, NZA 1993, 522; BGH 19.12.1996 – III ZB 105/96, NJW 1998, 909. ‖ 2 Schwab/Weth/*Walker*, § 48 Rz. 12 unter Hinweis auf die Ausnahmevorschrift § 158 Nr. 5 SGB IX zum Geschäftsbereich des Bundesnachrichtendienstes. ‖ 3 BAG 29.11.2006 – 5 AZB 47/06, AP Nr. 90 zu § 2 ArbGG 1979; 28.10.1993 – 2 AZB 12/93, AP Nr. 19 zu § 2 ArbGG 1979. ‖ 4 BAG 28.10.1993 – 2 AZB 12/93, AP Nr. 19 zu § 2 ArbGG 1979. ‖ 5 BAG 28.10.1993 – 2 AZB 12/93, AP Nr. 19 zu § 2 ArbGG 1979; 24.4.1996 – 5 AZB 25/95, AP Nr. 1 zu § 2 ArbGG 1979 Zuständigkeitsprüfung. ‖ 6 BAG 24.4.1996 – 5 AZB 25/95, BAGE 83, 40. ‖ 7 BAG 27.10.1960 – 5 AZR 578/59, AP Nr. 14 zu § 5 ArbGG; 24.8.1972 – 2 AZR 437/71, AP Nr. 2 zu § 611 BGB Gemischter Vertrag.

der negativen Feststellungsklage ist auch der Vortrag der beklagten Partei heranzuziehen, um zu klären, welcher Natur die von ihr beanspruchten Rechte sind[1].

bb) Abgrenzung zur ordentlichen Gerichtsbarkeit. Bei der Zuständigkeitsabgrenzung zwischen ordentl. und ArbG handelt es sich zwar nach den §§ 17ff. GVG, § 48 ebenfalls um eine Frage der Rechtswegzuständigkeit; es geht dabei jedoch nicht um die Abgrenzung zwischen bürgerlich- und öffentl.-rechtl. Streitigkeiten, sondern entscheidend um die Auslegung der §§ 2–5 und damit um eine andere als die vom Gemeinsamen Senat der obersten Gerichtshöfe des Bundes behandelte Rechtsfrage[2]. 24

Zur Abgrenzung – bei str. Vortrag zum ArbN-Status (Rz. 34) – unterscheidet das **BAG**[3] drei Fälle: 25

– Zunächst sind die Fälle zu nennen, in denen der Anspruch lediglich auf eine arbeitsrechtl. Anspruchsgrundlage gestützt werden kann, jedoch fraglich ist, ob deren Voraussetzungen vorliegen (sog. **Sic-non-Fall**). Hauptbeispiel ist die auf die Feststellung des Bestehens eines ArbVerh gerichtete Klage. Die entsprechenden Tatsachenbehauptungen des Klägers sind hier „doppelrelevant", nämlich sowohl für die Rechtswegzuständigkeit als auch für die Begründetheit der Klage maßgebend.

– Davon zu unterscheiden sind diejenigen Fälle, in denen ein Anspruch entweder auf eine arbeitsrechtl. oder eine bürgerlich-rechtl. Anspruchsgrundlage gestützt werden kann, die in Betracht kommenden Anspruchsgrundlagen sich aber gegenseitig ausschließen (sog. **Aut-aut-Fall**). Dazu gehört etwa die Klage auf Zahlung des vereinbarten Entgelts für geleistete Arbeit aus einem Rechtsverhältnis, das der Kläger für ein ArbVerh, der Beklagte dagegen für ein – nicht arbeitnehmerähnliches – freies Mitarbeiterverhältnis hält.

– Weiter gibt es – wenn auch selten – Fälle, in denen ein einheitlicher Anspruch widerspruchslos sowohl auf eine arbeitsrechtl. als auch auf eine nicht arbeitsrechtl. Anspruchsgrundlage gestützt werden kann (sog. **Et-et-Fall**).

Das BAG folgt nun der Ansicht, wonach in den Fällen, in denen die Klage nur dann Erfolg haben kann, wenn der Kläger ArbN ist, die bloße „Rechtsbehauptung" des Klägers, er sei ArbN, zur Begründung der arbeitsgerichtl. Zuständigkeit ausreicht (**Sic-non-Fall**). Diese Fallgruppe ist dadurch gekennzeichnet, dass mit der Verneinung der Zuständigkeit der Rechtsstreit auch in der Sache praktisch entschieden ist. Wird der Rechtsstreit nicht verwiesen, erhält der Kläger eine – wenn auch klageabweisende – Sachentscheidung des Gerichts, vor dem er geklagt hat. Mehr kann er nicht verlangen. Der Gegner hat ohnehin ein Interesse daran, dass die Klage möglichst schnell (als unbegründet) abgewiesen wird; an einer Verweisung in eine andere Gerichtsbarkeit hat er kein schutzwürdiges Interesse. In derartigen Fällen verlangt weder die gesetzl. Zuständigkeitsverteilung noch der Gedanke der Respektierung der Nachbargerichtsbarkeit eine Verweisung auf einen anderen Rechtsweg. In diesem Zusammenhang kommt es nicht darauf an, ob der Vortrag des Klägers zur Rechtswegzuständigkeit schlüssig ist. Eine unterschiedliche Behandlung beider Fallgruppen (einerseits schlüssige, aber nicht bewiesene Behauptungen, andererseits bereits unschlüssige Behauptungen) ist nicht gerechtfertigt. Die Interessenlage ist dieselbe: Ein berechtigtes Interesse des Klägers daran, seinen Vortrag vor einem von ihm nicht angerufenen Gericht in tatsächlicher Hinsicht ergänzen zu können, ist nicht anzuerkennen. Das bedeutet: In Sic-non-Fällen, also wenn die Klage nur dann Erfolg haben kann, wenn der Kläger ArbN ist, reicht die bloße Rechtsbehauptung des Klägers, er sei ArbN, in bürgerl.-rechtl. Streitigkeiten zur Begründung der arbeitsgerichtl. Zuständigkeit aus[4]. 26

Macht eine beschäftigte Person geltend, das von ihr als ArbVerh verstandene Rechtsverhältnis sei weder durch einen Aufhebungsvertrag noch durch eine fristlose Kündigung beendet worden, liegt ebenfalls ein Sic-non-Fall vor, wenngleich der Aufhebungsvertrag und die fristlose Kündigung auch unabhängig von einem ArbN-Status unwirksam sein können. Entscheidend ist, ob die klagende Partei den Bestand des ArbVerh in der Weise zum Streitgegenstand macht, dass die Unwirksamkeit von Aufhebungsvertrag und Kündigung nicht unabhängig vom Status festgestellt werden sollen, sondern mit der weiteren Feststellung, dass es sich um ein fortbestehendes ArbVerh handelt[5]. 27

Die Zulässigkeit des Rechtswegs zu den Gerichten für Arbeitssachen folgt nicht bereits aus der Geltendmachung einer „Bruttoforderung". Hierin liegt kein Sic-non-Fall, weil auch im Rahmen eines freien Dienstvertrags Bruttoentgeltforderungen erhoben werden können[6]. 28

Diese Rechtsgrundsätze gelten nur, wenn zwischen den Parteien im Streit ist, ob der Kläger ArbN oder Selbständiger, insb. selbständiger Gewerbetreibender iSd. HGB oder freier Mitarbeiter ist. Sie finden jedoch keine Anwendung, wenn der Kläger zu dem Personenkreis gehört, der nach § 5 I 3 nicht als ArbN anzusehen ist. Denn die Fiktion greift unabhängig davon ein, ob sich das der Organstel- 29

---

1 GmS OGB v. 29.10.1987 – GmS OGB 1/86, MDR 1988, 554; 10.7.1989 – GmS OGB 1/88, MDR 1990, 508. ||2 BAG 24.4.1996 – 5 AZB 25/95, BAGE 83, 40. ||3 BAG 24.4.1996 – 5 AZB 25/95, BAGE 83, 40. ||4 BAG 24.4. 1996 – 5 AZB 25/95, BAGE 83, 40; 9.10.1996 – 5 AZB 18/96, AP Nr. 2 zu § ArbGG 1979 Zuständigkeitsprüfung (betr. auf KSchG gestützte Klage); 16.7.1997 – 5 AZB 29/96, BAGE 86, 178 (betr. Klage von Franchisenehmer). ||5 BAG 17.1.2001 – 5 AZB 18/00, AP Nr. 10 zu § 2 ArbGG 1979 Zuständigkeitsprüfung. ||6 BAG 26.9.2002 – 5 AZB 19/01, AP Nr. 83 zu § 2 ArbGG 1979 (unter Hinweis auf BGH 1.12.1997 – II ZR 232/96).

lung zugrunde liegende Rechtsverhältnis materiell-rechtl. als freies Dienstverhältnis oder als ArbVerh darstellt[1]. Auch wenn das Anstellungsverhältnis zwischen juristischer Person und Vertretungsorgan wegen starker interner Weisungsabhängigkeit als ArbVerh anzusehen sein sollte und deshalb dem materiellen Arbeitsrecht unterliegt, sind zur Entscheidung von Rechtsstreitigkeiten aus dieser Rechtsbeziehung wegen § 5 I 3, § 13 GVG die ordentl. Gerichte berufen. Nur dann, wenn die Rechtsstreitigkeit zwischen dem Mitglied des Vertretungsorgans und der juristischen Person nicht das der Organstellung zugrunde liegende Rechtsverhältnis, sondern eine weitere Rechtsbeziehung betrifft, greift die Fiktion des § 5 I 3 nicht ein[2]. In den Fällen des § 5 I 3 fehlt es an der notwendigen Doppelrelevanz der Frage, ob das zwischen den Parteien bestehende Vertragsverhältnis ein ArbVerh ist. Bei Organvertretern ist diese Frage für die Zulässigkeit des Rechtsweges unerheblich. Sie ist allein für die Begründetheit der Klage von Belang.

30 In den **Et-et-Fällen** hat der Kläger ein Wahlrecht, in welchem Rechtsweg er klagen will; erforderlich ist nur, dass das Gericht wenigstens für eine der in Betracht kommenden Anspruchsgrundlagen zuständig ist. Nach § 17 II 1 GVG prüft „das Gericht des zulässigen Rechtswegs" (dh. das Gericht, das wenigstens für eine Anspruchsgrundlage zuständig ist), den Rechtsstreit „unter allen in Betracht kommenden rechtl. Gesichtspunkte". Der Berechtigung des Gerichts entspricht eine Verpflichtung, alle Anspruchsgrundlagen zu überprüfen. Insbesondere steht es ihm nicht frei, den Rechtsstreit wegen bestimmter Anspruchsgrundlagen in einen anderen Rechtsweg zu verweisen oder eine Klageabweisung wegen fehlender Rechtswegzuständigkeit für einzelne Anspruchsgrundlagen. Insoweit besteht eine sog. rechtswegüberschreitende Kompetenz[3].

31 Für die **Aut-aut-Fälle** ist daran fest zu halten, dass die klagende Partei die zuständigkeitsbegründenden Tatsachen schlüssig vortragen und ggf. auch beweisen muss. Um eine „Rechtswegerschleichung" auszuschließen, muss schon im Rahmen der Zuständigkeitsprüfung entschieden werden, ob tatsächlich ein ArbVerh besteht. Erforderlichenfalls ist darüber Beweis zu erheben.

32 Die **Abgrenzung** von Sic-non-Fällen von Aut-aut-Fällen kann schwierig sein. Wird Kündigungsschutz geltend gemacht, spricht dies für einen Sic-non-Fall. Zweifelhaft wird dies schon, wenn die klagende Partei sich zusätzlich auf § 174 BGB beruft. Geht es um die Rechtswirksamkeit einer außerordentl. Kündigung, liegt dagegen regelmäßig ein Aut-aut-Fall vor (obwohl bei Umdeutung eine Sic-non-Konstellation gegeben sein kann). Wird bei der außerordentl. Kündigung aber nur ein Verstoß gegen § 102 BetrVG geltend gemacht, könnte ein Sic-non-Fall vorliegen. Auch Erschleichungsfälle sind denkbar. Mit einer auf die Feststellung des ArbVerh gerichteten Klage gelangt die klagende Partei in die Rechtswegzuständigkeit der Gerichte für Arbeitssachen, um dann Entgeltzahlung (Aut-aut-Fall) als Zusammenhangsklage geltend zu machen. Hier stellt sich die Frage, ob die unterstellte Zuständigkeit bei Sic-non-Fällen für eine Zusammenhangsklage genügt[4].

33 Im Sic-non-Fall ist daher die Gefahr einer Manipulation hinsichtlich der Auswahl des zuständigen Richters durch die klagende Partei gegeben, wenn diese im Wege der Zusammenhangsklage (§ 2 III) damit weitere Streitgegenstände verbindet. Eine solche Umgehungsmöglichkeit, die der klagenden Partei de facto die Wahl des Rechtswegs überlässt, ist mit Art. 101 I 2 GG nicht vereinbar[5] (vgl. auch § 2 Rz. 130).

34 Die Rspr. des BAG zu den unterschiedlichen Anforderungen an den Vortrag der klagenden Partei für die Rechtswegbestimmung setzt voraus, dass die tatsächlichen Grundlagen für die Beurteilung des ArbN-Status überhaupt im Streit sind. Andernfalls kommt es auf die Frage, welche spezifische Fallgestaltung vorliegt, für die Bestimmung des zuständigen Gerichts nicht an. Sind im Rechtswegbestimmungsverfahren die entscheidungserheblichen Tatsachen unstreitig, muss das angerufene Gericht sogleich darüber entscheiden, ob die klagende Partei ArbN bzw. arbeitnehmerähnliche Person ist[6].

35 **IV. Entscheidungen über die Rechtswegzuständigkeit.** Das Verweisungsverfahren für Entscheidungen zur Rechtswegzuständigkeit richtet sich nach Abs. 1 iVm. §§ 17–17b GVG.

36 **1. Zulässigkeit des beschrittenen Rechtsweges.** Ist der beschrittene Rechtsweg zulässig, kann das Gericht dies vorab aussprechen (§ 17a III 1 GVG). Ob es von dieser Möglichkeit Gebrauch macht, ist eine Frage der Anwendung des pflichtgemäßen Ermessens im Einzelfall[7]. Rügt eine Partei die Zulässigkeit des Rechtswegs, so muss das Gericht gem. § 17a III 2 GVG vorab entscheiden, und zwar – was sich aus § 17a IV 1 GVG ergibt – durch Beschluss. Dies gilt selbst dann, wenn die klagende Partei die Zuständigkeitsrüge erhebt[8].

---

1 BAG 23.8.2001 – 5 AZB 9/01, AP Nr. 54 zu § 5 ArbGG 1979; 13.5.1996 – 5 AZB 27/95, AP Nr. 27 zu § 5 ArbGG 1979; 6.5.1999 – 5 AZB 22/98, AP Nr. 46 zu § 5 ArbGG 1979. ||2 BAG 23.8.2001 – 5 AZB 9/01, AP Nr. 54 zu § 5 ArbGG 1979; 6.5.1999 – 5 AZB 22/98, AP Nr. 46 zu § 5 ArbGG 1979. ||3 BAG 18.8.1997 – 9 AZB 15/97, AP Nr. 70 zu § 74 HGB. ||4 *Reinecke*, ZIP 1997, 1525 ff. ||5 BVerfG 31.8.1999 – 1 BvR 1389/97, EzA-SD 20/1999, 7; BAG 11.6.2003 – 5 AZB 43/03, EzA § 2 ArbGG 1979 Nr. 60; dazu *Kluth*, NZA 2000, 463 u. 1275. ||6 BAG 17.6.1999 – 5 AZB 23/98, AP Nr. 39 zu § 17a GVG. ||7 BGH 28.2.1991 – III ZR 53/90, NJW 1991, 1686; 12.11.1992 – V ZR 230/91, NJW 1993, 389. ||8 Schwab/Weth/*Walker*, § 48 Rz. 46.

Vorabentscheidung bedeutet, dass isoliert von den Fragen der Zulässigkeit iÜ und den Fragen der Begründetheit und vor der Entscheidung in der Hauptsache entschieden wird. Entsprechend dem Sinn der Vorabentscheidung, Zweifel über die Zulässigkeit des Rechtswegs vor der Hauptsacheentscheidung zu klären, muss das Gericht erster Instanz den Rechtsstreit iÜ gem. § 148 ZPO aussetzen. Andernfalls könnte es bei Feststellung der Unzulässigkeit im Beschwerderechtszug zu Unvereinbarkeiten mit der Hauptsacheentscheidung kommen[1]. Auch ein Versäumnisurteil ist ausgeschlossen[2]. 37

Die Rechtswegrüge ist in analoger Anwendung des § 282 III 1 ZPO vor der Verhandlung zur Hauptsache anzubringen[3]. 38

2. Unzulässigkeit des beschrittenen Rechtsweges. a) Grundsätze. Ist der beschrittene Rechtsweg unzulässig, spricht das Gericht dies nach Anhörung der Parteien von Amts wegen aus und verweist den Rechtsstreit zugleich an das zuständige Gericht des zulässigen Rechtswegs. Die Entscheidung ergeht durch Beschluss und ist für das Gericht, an das der Rechtsstreit verwiesen worden ist, bindend (§ 17a II 1 und 3 GVG). Einer vorherigen Rüge durch eine Partei bedarf es nicht. Eine Abweisung der Klage als unzulässig ist nach dieser gesetzl. Regelung nicht mehr statthaft[4]. 39

b) Objektive und subjektive Klagehäufung. Allerdings können nicht verschiedene Ansprüche im Wege objektiver Klagehäufung (§ 260 ZPO) einem bestimmten Rechtsweg zugeführt werden. In einem solchen Falle ist vielmehr für jeden einzelnen Anspruch die Zulässigkeit des Rechtswegs getrennt zu prüfen und eine Entscheidung nach § 17a II oder III GVG zu treffen. Das Gleiche gilt für abtrennbare Klageansprüche im Rahmen einer subjektiven Klagehäufung[5]. 40

c) Widerklage. Ebenso ist bei Gegenansprüchen zu verfahren, die mittels einer Widerklage geltend gemacht werden. Das ArbG muss also ggf. seine Rechtswegzuständigkeit für die Widerklage verneinen, diese nach § 145 II ZPO abtrennen und diesen Teil des Rechtsstreits an das zuständige Gericht des zulässigen Rechtsweges verweisen[6]. 41

d) Aufrechnung. Die Gerichte für Arbeitssachen sind gehindert, über zur Aufrechnung gestellte rechtswegfremde Forderungen zu entscheiden, sofern für diese eine ausschließliche anderweitige Rechtswegzuständigkeit gegeben ist (vgl. § 2 Rz. 19). 42

3. Form und Inhalt der Entscheidung. Die Vorabentscheidung erfolgt durch Beschluss (§ 17a II 3 u. § 17a IV 1 GVG), der ohne mündliche Verhandlung ergehen kann (§ 17a IV 1 GVG). Der Beschluss über die Rechtswegzuständigkeit wie auch, im Fall der sofortigen Beschwerde, der Beschluss über eine Nichtabhilfe nach § 572 I ZPO, ergeht durch die voll besetzte Kammer[7]. Vor der Verweisungsentscheidung sind die Parteien anzuhören (§ 17a II 1 GVG). Die Anhörung kann schriftl. erfolgen[8]. Der Beschluss ist zu begründen (§ 17a IV 2 GVG) und mit einer Rechtsmittelbelehrung zu versehen (§ 9 V 1). Unterzeichnet der erkennende Richter lediglich den Tenor und nicht die angehefteten Gründe eines Verweisungsbeschlusses, führt dieser Verfahrensfehler nicht zur Nichtigkeit, sondern allenfalls zur Anfechtbarkeit des Beschlusses[9]. 43

Nach Abs. 1 Nr. 2 ergeht der Beschluss über die Rechtswegzuständigkeit auch außerhalb der mündlichen Verhandlung stets durch die Kammer[10]. 44

4. Anfechtbarkeit der Entscheidung. Der Beschluss über die Zulässigkeit des vom Kläger beschrittenen Rechtswegs wird rechtskräftig, wenn er nicht angefochten wird[11]. 45

Gegen den Beschluss nach § 17a II oder III GVG ist die sofortige Beschwerde nach den Vorschriften der jeweils anzuwendenden Verfahrensordnung gegeben (§ 17a IV 3 GVG). Einschlägig ist § 78 S. 1, wonach hinsichtlich der Beschwerde gegen Entscheidungen der ArbG die für die Beschwerde gegen Entscheidungen der AG maßgebenden Vorschriften der ZPO, dh. die §§ 567 ff. ZPO über die sofortige Beschwerde gelten. Bei einer die Rechtswegzuständigkeit bejahenden Entscheidung kann die beklagte Partei beschwert sein, während bei einer die Rechtswegzuständigkeit verneinenden Entscheidung die klagende Partei beschwert ist. Bei Verletzung des rechtl. Gehörs können beide Parteien beschwert sein. Die Abhilfe- bzw. Nichtabhilfeentscheidung des ArbG ergeht durch die Kammer[12]. 46

Durch die rechtzeitige Einlegung der sofortigen Beschwerde erlangt die Rechtswegentscheidung keine Rechtskraft. Das Hauptsacheverfahren darf nicht fortgesetzt werden, sondern muss ausgesetzt bleiben oder werden[13]. 47

Eine Überprüfung der Rechtswegentscheidung im Rechtsmittelverfahren der Hauptsache findet nicht statt (§§ 65, 73 II; ebenso § 17a V GVG). 48

---

1 BAG 26.3.1992 – 2 AZR 443/91, AP Nr. 7 zu § 48 ArbGG 1979. || 2 Schwab/Weth/*Walker*, § 48 Rz. 47. || 3 *Schwab*, NZA 1991, 662. || 4 BAG 26.3.1992 – 2 AZR 443/91, AP Nr. 7 zu § 48 ArbGG 1979. || 5 LAG Rh.-Pf. 27.2.2007 – 3 Ta 42/07; *Kissel*, NJW 1991, 951. || 6 *Schwab*, NZA 1991, 663. || 7 LAG Hamm 8.9.2011 – 2 Ta 738/10 mwN. || 8 Schwab/Weth/*Walker*, § 48 Rz. 53, der zutr. darauf hinweist, dass im Eilverfahren ausnahmsweise keine vorherige Anhörung stattfinden muss. || 9 BAG 31.8.2010 – 3 ABR 139/09, AP Nr. 19 zu § 48 ArbGG 1979. || 10 Zur Entscheidung allein durch den Vorsitzenden ausnahmsweise in Eilverfahren vgl. *Walker*, Der einstweilige Rechtsschutz, Rz. 271. || 11 BAG 1.3.1993 – 3 AZB 44/92, AP Nr. 25 zu § 2 ArbGG 1979. || 12 LAG Rh.-Pf. 25.1.2007 – 11 Ta 10/07. || 13 BAG 26.3.1992 – 2 AZR 443/91, AP Nr. 7 zu § 48 ArbGG 1979.

49 **5. Rechtsbeschwerde.** Die Beschwerde gegen den Beschluss des LAG an das BAG steht den Beteiligten nur zu, wenn sie in dem Beschluss zugelassen worden ist (§ 17a IV 4 GVG). Die Beschwerde ist zuzulassen, wenn die Rechtsfrage grundsätzliche Bedeutung hat oder das LAG von der Entscheidung eines obersten Gerichtshofes des Bundes oder des Gemeinsamen Senats der obersten Gerichtshöfe des Bundes abweicht (§ 17 IV 5 GVG u. § 78 S. 2 ArbGG iVm. § 72 II ArbGG). Das BAG ist an die Zulassung der Beschwerde gebunden (§ 17 IV 6 GVG).

50 Bei der nach § 17a IV 4 GVG vom LAG zugelassenen Beschwerde handelt es sich um eine Rechtsbeschwerde iSd. §§ 574 ff. ZPO[1]. Diese ist nach § 575 I ZPO binnen einer Notfrist von einem Monat nach Zustellung des Beschlusses einzulegen und nach § 575 II ZPO, sofern die Beschwerdeschrift keine Begründung enthält, binnen einer Frist von einem Monat nach Zustellung der angefochtenen Entscheidung zu begründen.

51 Ein Rechtsbehelf („Nichtzulassungsbeschwerde") gegen die Nichtzulassung der weiteren Beschwerde durch das LAG ist in § 17a IV GVG nicht vorgesehen[2]. Hat das LAG im Rechtswegbestimmungsverfahren die weitere sofortige Beschwerde nicht zugelassen, so kommen diese oder eine gesonderte Nichtzulassungsbeschwerde als außerordentl. Rechtsbehelfe auch dann nicht in Betracht, wenn die Entscheidung des Beschwerdegerichts gegen ein Verfahrensgrundrecht verstößt. Auch unter dem Gesichtspunkt einer „greifbaren Gesetzwidrigkeit" kommt kein außerordentl. Rechtsbehelf mehr in Betracht, allenfalls eine befristete Gegenvorstellung[3].

52 Nach dem BAG bestehen keine Bedenken, im Vorabverfahren nach § 17 IV GVG auch im Rahmen eines Gesuchs um vorläufigen Rechtsschutz die Rechtsbeschwerde zum BAG zuzulassen, auch wenn gegen das Urteil oder den Beschluss des LAG, mit dem dieses über das Gesuch als solches entscheidet, die Revision bzw. Rechtsbeschwerde nicht statthaft wäre (§§ 72 IV, 78)[4].

53 **6. Rechtsmittel gegen inkorrekte Rechtswegentscheidung. a) Rechtsmittel gegen Inzidententscheidung.** Hat das erstinstanzliche Gericht durch Urteil den Rechtsweg konkludent bejaht, sind die Rechtsmittelgerichte nach § 17a V GVG, §§ 65, 73 II gehindert, die Rechtswegfrage inhaltlich zu überprüfen, wenn eine Vorabentscheidung des erstinstanzlichen Gerichts nicht geboten war, insb. weil eine Rüge der Rechtswegzuständigkeit nicht erhoben wurde[5].

54 **b) Rechtsmittel gegen Inzidententscheidung trotz Rüge.** Entscheidet das ArbG entgegen § 48 I ArbGG, § 17a III 2 GVG trotz Rüge einer Partei über die Zulässigkeit des Rechtswegs nicht vorab durch Beschluss, sondern in den Gründen des der Klage stattgebenden Urteils, so kann die beklagte Partei gegen die inzident erfolgte Rechtswegentscheidung wahlweise sofortige Beschwerde oder Berufung einlegen (Grundsatz der Meistbegünstigung)[6].

55 Wird keine Berufung eingelegt, hilft keine isolierte Anfechtung des Beschlusses nach § 17a III GVG, weil die Entscheidung in der Hauptsache dann in Rechtskraft erwächst[7]. Werden sowohl Berufung gegen das Urteil und auch sofortige Beschwerde gegen den inzident in dem Urteil erfolgten Beschluss zur Rechtswegzuständigkeit eingelegt, so hat das LAG den Rechtsstreit in der Hauptsache zunächst auszusetzen bis zur Rechtskraft der Entscheidung im Vorabverfahren zur Rechtswegzuständigkeit. Wird im Vorabverfahren (ggf. nach zugelassener Rechtsbeschwerde) die Entscheidung des ArbG zur Rechtswegzuständigkeit bestätigt, kann das Hauptsacheverfahren fortgesetzt werden. Wird jedoch die Rechtswegzuständigkeit der Gerichte für Arbeitssachen verneint, hat das LAG das Urteil durch Beschluss aufzuheben und den Rechtsstreit an das zuständige erstinstanzliche Gericht zu verweisen.

56 Wird hingegen Berufung eingelegt, so darf das LAG den Rechtsstreit nicht an das ArbG zurückverweisen; § 65 steht in diesem Fall einer eigenen Prüfung der Zulässigkeit des Rechtsweges nicht entgegen[8]. Bejaht das LAG die Zulässigkeit des Rechtsweges, hat es dies vorab durch Beschluss auszusprechen. Lässt es hiergegen gem. § 17a IV 4 u. 5 GVG, § 78 S. 2 die Rechtsbeschwerde zu, hat es das Verfahren bis zur Entscheidung hierüber auszusetzen. Andernfalls hat es in der Hauptsache durch Urteil zu entscheiden. Hält das LAG die Zulässigkeit des Rechtsweges nicht für gegeben, so hat es dies ebenfalls durch Beschluss auszusprechen und unter Abänderung des arbeitsgerichtl. Urteils den Rechtsstreit an das zuständige erstinstanzliche Gericht des zulässigen Rechtsweges zu verweisen. Lässt es hiergegen keine Rechtsbeschwerde zu, ist der Beschluss rechtskräftig und bindet das Gericht, an das verwiesen wurde, hinsichtlich des Rechtsweges[9].

---

1 BAG 26.9.2002 – 5 AZB 15/02, AP Nr. 48 zu § 17a GVG. ||2 BAG 22.2.1994 – 10 AZB 4/94, AP Nr. 2 zu § 78 ArbGG 1979; 22.10.1999 – 5 AZB 21/99, BAGE 92, 326. ||3 BGH 20.10.2004 – XII ZB 35/04, MDR 2005, 339; BVerwG 5.10.2004 – 2 B 90/04, NJW 2005, 771; BFH 29.9.2005 – I B 70/05, nv.; aA Schwab/Weth/*Walker*, § 48 Rz. 78. ||4 BAG 24.5.2000 – 5 AZB 66/99, AP Nr. 45 zu § 17a GVG; aA Schwab/Weth/*Walker*, § 48 Rz. 78. ||5 BGH 19.11.1993 – V ZR 269/92, AP Nr. 21 zu § 17a GVG. ||6 BAG 26.3.1992 – 2 AZR 443/91, AP Nr. 7 zu § 48 ArbGG 1979; 15.4.1993 – 2 AZB 32/92, AP Nr. 12 zu § 5 ArbGG 1979. ||7 GK-ArbGG/*Bader*, § 48 Rz. 70. ||8 BAG 26.3.1992 – 2 AZR 443/91, AP Nr. 7 zu § 48 ArbGG 1979; 28.2.1995 – 5 AZB 24/94, AP Nr. 17 zu § 17a GVG. ||9 BAG 26.3.1992 – 2 AZR 443/91, AP Nr. 7 zu § 48 ArbGG 1979.

Die unterlassene Vorabentscheidung bleibt im Rechtsmittelrechtszug folgenlos, wenn die Rüge dort nicht weiterverfolgt, sondern fallen gelassen wird[1].

c) Rechtsmittel gegen Klageabweisung bei unzulässigem Rechtsweg. Weist das ArbG die Klage als unzulässig ab, weil die Rechtswegzuständigkeit nicht gegeben sei, kann der Kläger hiergegen wahlweise sofortige Beschwerde oder Berufung einlegen (Grundsatz der Meistbegünstigung). Wird keine Berufung eingelegt, hilft wiederum keine isolierte Anfechtung des Beschlusses nach § 17a III GVG, weil die Entscheidung in der Hauptsache dann in Rechtskraft erwächst[2]. Werden sowohl Berufung gegen das Urteil und auch sofortige Beschwerde gegen den inzident in dem Urteil erfolgten Beschluss zur Rechtswegzuständigkeit eingelegt, so hat das LAG den Rechtsstreit in der Hauptsache zunächst auszusetzen bis zur Rechtskraft der Entscheidung im Vorabverfahren zur Rechtswegzuständigkeit. Wird im Vorabverfahren (ggf. nach zugelassener Rechtsbeschwerde) die Entscheidung des ArbG zur Rechtswegzuständigkeit bestätigt, kann das Hauptsacheverfahren fortgesetzt werden. Das LAG darf die Sache, soweit ihre weitere Verhandlung erforderlich ist, unter Aufhebung des Urteils an das ArbG zurückverweisen, wenn eine Partei die Zurückverweisung beantragt[3]. Ohne Zurückverweisungsantrag trifft das LAG eine eigene Sachentscheidung. Wird jedoch die Rechtswegzuständigkeit der Gerichte für Arbeitssachen verneint, hat das LAG das Urteil durch Beschluss aufzuheben und den Rechtsstreit an das zuständige erstinstanzl. Gericht zu verweisen[4].

7. Bindungswirkung der Entscheidung. Hat ein Gericht den zu ihm beschrittenen Rechtsweg für zulässig erklärt, sind andere Gerichte an diese Entscheidung gebunden (§ 17a I GVG). Hat das ArbG den Rechtsweg zu den Gerichten für Arbeitssachen stillschweigend durch Erlass eines Urteils bejaht, ist das Rechtsmittelgericht nach § 17a V GVG, §§ 65, 73 II gehindert, die Frage des Rechtswegs zu prüfen. Dies gilt auch, wenn das ArbG unausgesprochen die Zulässigkeit des Rechtswegs angenommen hat[5]. Etwas anderes gilt nur dann, wenn wegen der Rüge einer Partei eine Vorabentscheidung des ArbG geboten war[6]. Hat das Gericht den beschrittenen Rechtsweg für unzulässig erachtet und den Rechtsstreit an das zuständige Gericht des zulässigen Rechtswegs verwiesen, ist der Beschluss für dieses Gericht hinsichtlich des Rechtswegs verbindlich (§ 17a II 3 GVG). Das Gericht, an das verwiesen worden ist, kann jedoch den Rechtsstreit wegen örtlicher Unzuständigkeit innerhalb „seines" Rechtswegs weiterverweisen[7]. Der wegen örtlicher Unzuständigkeit weiterverweisende Beschluss ist seinerseits nach § 48 I ArbGG, § 17a II 3 GVG bindend.

Die Rspr.[8] sprach offensichtlich gesetzwidrigen Beschlüssen die Bindungswirkung ab. Für diese Rspr. dürfte wegen der Abänderungsmöglichkeit nach § 572 I ZPO keine Grundlage mehr bestehen[9]. Zudem steht sie im Widerspruch zur Rspr. zum Wegfall der sog. außerordentl. Rechtsmittel (vgl. § 57 Rz. 22).

8. Entscheidung des Gerichts des zulässigen Rechtsweges. Das Gericht des zulässigen Rechtswegs entscheidet den Rechtsstreit unter allen in Betracht kommenden rechtl. Gesichtspunkten (§ 17 II 1 GVG). Ausgenommen hiervon sind nach Abs. 2 S. 2 lediglich Art. 14 III 4 GG (Streit über die Höhe der Entschädigung bei Enteignung) und Art. 34 S. 3 GG (Anspruch auf Schadensersatz und Rückgriff bei Amtspflichtverletzungen). Nach dieser Regelung müssen daher das ArbG, das von Anfang an angerufen worden ist und seine Zuständigkeit für gegeben erachtet bzw. ausdrücklich bejaht hat, und das ArbG, an das der Rechtsstreit bindend verwiesen worden ist, den Rechtsstreit unter allen in Betracht kommenden rechtl. Gesichtspunkten entscheiden. Insoweit kommt es nicht darauf an, welchem Rechtsgebiet die Norm angehört. Es sind also auch Anspruchsgrundlagen zu prüfen, für die das ArbG an sich nicht zuständig wäre. Das gilt nicht nur für mehrere Anspruchsgrundlagen bei gemischten Rechtsverhältnissen und für Klagegründe, die zur Rechtswegzuständigkeit der ordentl. Gerichte gehören (zB Werkvertrag oder Geschäftsführung ohne Auftrag), sondern auch für öffentl.-rechtl. Klagegründe[10]. Sofern es sich um ein und denselben Sachverhalt handelt, aus dem die klagende Partei Ansprüche herleitet, kommt eine von dieser veranlasste Beschränkung der Prüfung auf einzelne Anspruchsgrundlagen nicht in Betracht[11].

Eine Rückverweisung ist ausgeschlossen. Entsprechendes gilt für eine Weiterverweisung an ein Gericht eines anderen Rechtswegs. Wenn dennoch eine gesetzwidrige Rück- oder Weiterverweisung erfolgt, entfaltet allerdings auch sie die Bindungswirkung des § 17a II 3 GVG, sobald sie rechtskräftig wird[12]. Die Bindungswirkung dieser zweiten Verweisung hat dann Vorrang vor der Bindungswirkung der Ursprungsverweisung.

---

1 BAG 19.11.1997 – 5 AZR 21/97, AP Nr. 133 zu § 611 BGB Lehrer, Dozenten. ||2 GK-ArbGG/*Bader*, § 48 Rz. 70. ||3 Schwab/Weth/*Walker*, § 48 Rz. 49. ||4 BAG 26.3.1992 – 2 AZR 443/91, AP Nr. 7 zu § 48 ArbGG 1979. ||5 LAG Köln 21.4.2004 – 8 (13) Sa 136/03, LAGReport 2005, 63. ||6 BAG 9.7.1996 – 5 AZB 6/96, AP Nr. 24 zu § 17a GVG; 21.8.1996 – 5 AZR 1011/94, AP Nr. 42 zu § 2 ArbGG 1979; 12.3.1997 – 5 AZR 669/95, AP Nr. 1 zu § 2 UrhG; 11.11.1997 – 1 ABR 21/97, BAGE 78, 64; 24.3.1998 – 9 AZR 172/97, AP Nr. 4 zu § 21e GVG. ||7 BAG 1.7.1992 – 5 AS 4/92, BAGE 70, 374; 14.1.1994 – 5 AS 22/93, AP Nr. 43 zu § 36 ZPO; 20.9.1995 – 5 AZB 1/95, AP Nr. 23 zu § 17a GVG. ||8 BAG 1.7.1992 – 5 AS 4/92, BAGE 70, 374; 22.7.1998 – 5 AS 17/98, AP Nr. 55 zu § 36 ZPO. ||9 Zur Problematik: BGH 7.3.2002 – IX ZB 11/02, BGHZ 150, 133; 12.3.2002 – X ARZ 314/01; *Lipp*, NJW 2002, 1700. ||10 *Schwab*, NZA 1991, 663; *Klimpe-Auerbach*, ArbuR 1992, 114. ||11 BAG 20.10.1995 – 5 AZB 5/95, AP Nr. 36 zu § 2 ArbGG 1979. ||12 BGH 12.3.2002 – X ARZ 314/01, NZA 2002, 1109 (1110); 24.2.2000 – III ZB 33/99, ZIP 2000, 598; 13.11.2001 – X ZR 266/01, NZA 2002, 637.

63 Das Gericht, an das der Rechtsstreit von einem Gericht eines anderen Rechtswegs verwiesen worden ist, kann aber wegen örtlicher Unzuständigkeit innerhalb „seines" Rechtswegs weiterverweisen[1].

64 Erklärt das Gericht, an das der Rechtsstreit verwiesen wurde, sich gleichwohl für unzuständig, kommt es zu einem Bestimmungsverfahren in entsprechender Anwendung des § 36 I Nr. 6 ZPO. Die Vorschrift betrifft ihrem Wortlaut und ursprünglichen Sinn nach zunächst nur Kompetenzkonflikte zwischen verschiedenen ordentl. Gerichten im zivilprozessualen Verfahren. Es ist aber anerkannt, dass § 36 I Nr. 6 ZPO auch bei einem negativen Kompetenzkonflikt von Gerichten verschiedener Gerichtsbarkeiten entsprechend anwendbar ist, da andernfalls Rechtsschutzverweigerung einträte. In derartigen Fällen ist das zuständige Gericht von dem Obersten Gerichtshof des Bundes zu bestimmen, der zunächst um die Bestimmungen angegangen wurde. Die bindende Wirkung des Verweisungsbeschlusses ist auch im Bestimmungsverfahren des § 36 I Nr. 6 ZPO zu beachten. Nur so kann der Zweck des § 17a II 3 GVG erreicht werden, unnötige und zu Lasten der Parteien gehende Zuständigkeitsstreitigkeiten zu vermeiden. Das bedeutet: Es ist das Gericht als zuständig zu bestimmen, an das die Sache durch den ersten Verweisungsbeschluss gelangt ist[2].

65 **9. Kosten der Verweisung.** Wird der Rechtsstreit an ein anderes Gericht verwiesen, so werden die Kosten im Verfahren vor dem angegangenen Gericht als Teil der Kosten behandelt, die bei dem Gericht erwachsen, an das der Rechtsstreit verwiesen wurde (§ 17b II 1 GVG). Die entstandenen Mehrkosten sind dem Kläger auch dann aufzuerlegen, wenn er in der Hauptsache obsiegt (§ 17b II 2 GVG).

66 **10. Verweisung im PKH-Verfahren.** Wird ein PKH-Verfahren von einem AG oder LG an ein ArbG verwiesen, so ist dieses daran gebunden, jedoch nur hinsichtlich des Rechtswegs (§ 17a II 3 GVG entsprechend)[3]. Die Bindungswirkung des im PKH-Verfahren ergangenen Verweisungsbeschlusses erstreckt sich nicht auf das Hauptsacheverfahren[4]. Das ArbG darf die Erfolgsaussichten der beabsichtigten Klage nicht mit der Begründung verneinen, der Rechtsweg zu den ArbG sei nicht gegeben[5].

67 **11. Rechtsfolgen des Verweisungsbeschlusses.** Nach Eintritt der Rechtskraft des Verweisungsbeschlusses wird der Rechtsstreit mit Eingang der Akten bei dem im Beschluss bezeichneten Gericht anhängig. Die Wirkung der Rechtshängigkeit bleibt bestehen. Dies betrifft zum einen die prozessualen Wirkungen der Rechtshängigkeit (§ 17 I GVG), zum anderen die materiell-rechtl. Wirkungen der Rechtshängigkeit wie die Hemmung der Verjährung (§ 204 BGB) oder die Wahrung von Klagefristen (§ 4 KSchG; § 17 TzBfG).

68 **V. Entscheidung über die Verfahrensart.** Urteils- und Beschlussverfahren schließen einander aus[6]. Sie können auch nicht gem. § 147 ZPO verbunden werden. Ebenso scheidet eine Vereinbarung über die Verfahrensart aus. Nach Abs. 1 sind die §§ 17–17b GVG auch für die Zulässigkeit der Verfahrensart entsprechend anzuwenden.

69 Die Geltung dieser Vorschriften für die Prüfung der zulässigen Verfahrensart bedeutet, dass auch über die Frage, ob über die gestellten Anträge im Urteils- oder Beschlussverfahren zu entscheiden ist, vorab eine gesonderte Entscheidung durch Beschluss des ArbG zu ergehen hat, der einer gesonderten Anfechtung unterliegt. Die § 17a und § 17b GVG müssen insoweit analog angewandt werden[7]. Hält das ArbG die eingeschlagene Verfahrensart für zulässig, unterlässt es eine entsprechende Vorabentscheidung und unterbleibt auch eine entsprechende Rüge seitens der Parteien bzw. Beteiligten, obwohl die Verfahrensart unrichtig ist, kommt es in der unzulässigen Verfahrensart zu einem Urteil bzw. Beschluss (§ 84). Zwar ist diese Entscheidung mit der Berufung bzw. Beschwerde (§ 87 I) anfechtbar. Das LAG prüft jedoch nicht mehr, ob die Verfahrensart zulässig ist (§ 65 bzw. § 88).

70 Deshalb wird teilweise geltend gemacht, nicht nur das ArbG, sondern auch die zweite und dritte Instanz müssten vom Beschluss- in das Urteilsverfahren und umgekehrt durch Beschluss verweisen können, soweit dem nicht eine rechtskräftige Vorabentscheidung entgegensteht[8].

71 Erachtet dagegen das ArbG die Verfahrensart für unzulässig, hat es dies nach Anhörung der Parteien bzw. Beteiligten von Amts wegen auszusprechen und den Rechtsstreit in die zulässige Verfahrensart zu verweisen (§ 17a II 1 GVG). Wird vom Urteils- in das Beschlussverfahren verwiesen, sind dem Kläger die entstandenen Mehrkosten aufzuerlegen (§ 17b II GVG). Im umgekehrten Fall bedarf es keiner Kostenentscheidung, weil im Beschlussverfahren Kosten nicht erhoben werden (§ 12 V).

72 **VI. Entscheidung über örtliche Zuständigkeit. 1. Allgemeines.** Eine besondere Regelung zur örtlichen Zuständigkeit findet sich im ArbGG in Abs. 1a u. 2 (vgl. Rz. 83a f. u. 84 ff.) und in § 61b II 1 für Fälle der Benachteiligung. IÜ gelten über § 46 II die Vorschriften der §§ 12–37 ZPO. Im Beschlussverfahren richtet sich die örtliche Zuständigkeit nach § 82.

---

1 BAG 14.1.1994 – 5 AS 22/93, AP Nr. 43 zu § 36 ZPO. || 2 BAG 14.12.1998 – 5 AS 8/98, AP Nr. 38 zu § 17a GVG; 3.11.1993 – 5 AS 20/93, AP Nr. 11 zu § 17a GVG; 22.7.1998 – 5 AS 17/98, AP Nr. 55 zu § 36 ZPO. || 3 BAG 27.10.1992 – 5 AS 5/92, AP Nr. 5 zu § 281 ZPO 1977. || 4 BAG 27.10.1992 – 5 AS 5/92, AP Nr. 5 zu § 281 ZPO 1977; Schwab/Weth/*Walker*, § 48 Rz. 86. || 5 BAG 27.10.1992 – 5 AS 5/92, AP Nr. 5 zu § 281 ZPO 1977. || 6 St. Rspr. seit BAG 3.4.1957 – 1 AZR 289/55, AP Nr. 46 zu § 2 ArbGG 1953. || 7 Vgl. BAG 20.8.1991 – 1 ABR 85/90, AP Nr. 2 zu § 77 BetrVG 1972 Tarifvorbehalt. || 8 *Molkenbur*, DB 1992, 425.

Die örtliche Unzuständigkeit ist nur auf Einrede des Beklagten zu beachten. Dabei sind Rügen, welche die Zulässigkeit der Klage betreffen, von dem Beklagten gleichzeitig und vor der Verhandlung zur Hauptsache vorzubringen (§ 282 III 1 ZPO). 73

Verhandelt der Beklagte mündlich zur Hauptsache, ohne die Unzuständigkeit geltend zu machen, wird dadurch die Zuständigkeit eines Gerichts des ersten Rechtszuges begründet (rügelose Einlassung – § 39 S. 1 ZPO; nicht im Gütetermin!). Dies gilt indes nicht, wenn die gerichtl. Belehrung nach § 504 ZPO unterblieben ist (§ 39 S. 2 ZPO). 74

2. Besonderheiten bei Säumnis. Ist der Beklagte säumig, ist zwar das tatsächliche mündliche Vorbringen des Klägers als zugestanden anzusehen (§ 331 I 1 ZPO), nicht jedoch sein Vorbringen zur Zuständigkeit des Gerichts nach §§ 29 II, 38 ZPO (§ 331 I 2 ZPO). 75

Ist das Versäumnisurteil gegen den Kläger ergangen, kann nach Einspruchseinlegung der Beklagte wegen der Regelung in § 342 ZPO in dem neuen Termin noch die Einrede der örtlichen Unzuständigkeit erheben. 76

3. Entscheidung des ArbG. Hat der Beklagte die örtliche Zuständigkeit des angerufenen ArbG gerügt, so hat es hierüber nach Anhörung der Parteien zu entscheiden (Abs. 1 iVm. § 17a GVG). 77

– **Verneint das ArbG seine örtliche Zuständigkeit**, spricht es dies aus und verweist den Rechtsstreit zugleich an das örtlich zuständige ArbG (§ 17a II 1 GVG). Sind mehrere ArbG zuständig, wird an das vom Kläger auszuwählende Gericht verwiesen oder, wenn die Wahl unterbleibt, an das vom ArbG bestimmte (§ 17a II 2 GVG).

– Erachtet das ArbG die **örtliche Zuständigkeit eines anderen ArbG** für gegeben, hat es an dieses zu verweisen. Eine Abweisung der Klage als unzulässig durch Urteil ist auch dann gesetzwidrig, wenn der Kläger keinen Verweisungsantrag gestellt hat[1].

– **Bejaht das ArbG seine örtliche Zuständigkeit**, so hat es eine entsprechende Vorabentscheidung zu treffen (§ 17a III 2 GVG).

Der Beschluss des ArbG nach Abs. 2 oder 3 kann ohne mündliche Verhandlung ergehen (§ 17a IV 1 GVG; § 55 I Nr. 7, II 1). Für den Beschluss besteht ein Alleinentscheidungsrecht des Vorsitzenden (§ 55 I Nr. 7). Er ist zu begründen (§ 17a IV 2 GVG). Nach dem BAG ist eine fehlende Begründung dann unschädlich, wenn sich die Begründung aus der Akte ergibt[2]. 78

Beschlüsse des ArbG nach § 17a II u. III GVG über die örtliche Zuständigkeit sind unanfechtbar (Abs. 1 Nr. 1). Sie binden das Adressatengericht (§ 17a I GVG). Bei einem negativen Kompetenzkonflikt erfolgt die gerichtl. Zuständigkeitsbestimmung nach § 36 I Nr. 6 ZPO[3]. Danach hat das zuständige LAG das örtlich zuständige ArbG zu bestimmen, wenn sich verschiedene ArbG für örtlich unzuständig erklärt haben. Liegen diese ArbG in verschiedenen LAG-Bezirken, erfolgt die Zuständigkeitsbestimmung durch dasjenige LAG, zu dessen Bezirk das zuerst mit der Sache befasste ArbG gehört (§ 36 II ZPO)[4]. 79

Der Verweisungsbeschluss eines ArbG ist indes nach der bisherigen Rspr. ausnahmsweise nicht bindend, wenn der durch den Beschluss belasteten Partei entgegen § 17a II 1 GVG kein rechtl. Gehör gewährt worden ist[5], wenn entgegen dem Willen beider Parteien die örtliche Zuständigkeit verneint wird[6] oder wenn die Entscheidung willkürlich erfolgte[7]. Beschlüsse, durch die der Rechtsstreit wegen örtlicher Unzuständigkeit verwiesen wird, sollen ausnahmsweise auch dann nicht binden, wenn sich das verweisende Gericht über die Zuordnung des von ihm für maßgeblich gehaltenen Ortes (Wohnsitz, Sitz, Erfüllungsort, Begehungsort usw.) zu dem Bezirk des Gerichts, an das verwiesen worden ist, offensichtlich geirrt hat[8]. Gleiches soll gelten, wenn das verweisende Gericht offensichtlich über den Wohnsitz, Sitz, Erfüllungsort, Begehungsort usw. geirrt hat[9]. Das Gleiche wird angenommen, wenn der Irrtum des Gerichts auf falschen Angaben der klagenden Partei beruht[10]. Es erscheint zweifelhaft, ob auf Grund der Rspr. zum Wegfall der sog. außerordentl. Rechtsbehelfe an dieser Rspr. festgehalten werden kann[11]. Eine außerordentliche Beschwerde gegen einen Verweisungsbeschluss des ArbG wegen fehlender örtlicher Zuständigkeit ist nicht statthaft[12]. 80

Das LAG prüft im Berufungsverfahren nicht, ob das ArbG seine (örtliche) Zuständigkeit zu Unrecht angenommen hat (§ 65). 81

---

1 LAG Hamm 5.9.1991 – 16 Sa 629/91, NZA 1992, 136. || 2 BAG 3.11.1993 – 5 AS 20/93, AP Nr. 11 zu § 17a GVG. || 3 BAG 22.7.1998 – 5 AS 17/98, AP Nr. 55 zu § 36 ZPO. || 4 BAG 14.7.1998 – 5 AS 22/98, NZA 1998, 1189f. || 5 LAG Hamm 8.3.2011 – 1 SHa 5/11; BAG 29.6.1992 – 5 AS 7/92, NZA 1992, 1049; 1.7.1992 – 5 AS 4/92, BAGE 70, 374; 27.10.1992 – 5 AS 5/92, AP Nr. 5 zu § 281 ZPO 1977. || 6 LAG Bln.-Bbg. 23.12.2010 – 6 SHa 2694/10, EzA-SD 2/2011, 16; LAG BW 16.2.2005 – 3 AR 4/05, ArbuR 2005, 165. || 7 LAG Köln 17.8.2010 – 1 SHa 13/10, LAGE Art. 101 GG Nr. 3; 8.2.2010 – 1 SHa 4/10; LAG Hess. 8.1.2004 – 1 AR 36/03, LAGE § 48 ArbGG 1979 Nr. 16. || 8 BAG 31.1.1994 – 5 AS 23/93, AP Nr. 44 zu § 36 ZPO. || 9 BAG 30.3.1994 – 5 AS 6/94. || 10 BAG 11.11.1996 – 5 AS 12/96, AP Nr. 51 zu § 36 ZPO. || 11 BGH 20.10.2004 – XII ZB 35/04, MDR 2005, 339; BVerwG 5.10.2004 – 2 B 90/04, NJW 2005, 771; BFH 29.9.2005 – I B 70/05, nv.; aA BFH 8.9.2005 – IV B 42/05, NJW 2005, 3374. || 12 LAG Rh.-Pf. 25.7.2006 – 2 Ta 111/06.

ArbGG § 48 Rz. 82

82 Im Revisionsverfahren beim BAG findet die Vorschrift des § 65 entsprechende Anwendung (§ 73 II).

83 Die Verweisung eines Rechtsstreits (wegen örtlicher Unzuständigkeit) an ein Gericht desselben Rechtswegs schließt die Weiterverweisung in einen anderen Rechtsweg nicht aus[1].

83a **VII. Gerichtsstand des Arbeitsortes.** Die Regelung zum Gerichtsstand des Arbeitsortes in Abs. 1a soll dem ArbN nach der Gesetzesbegründung ermöglichen, Klage vor dem ArbG zu erheben, in dessen Bezirk die Arbeit verrichtet wird. Die Formulierung entspricht Art. 19 Nr. 2a VO (EG) Nr. 44/2001 v. 22.12.2000 über die gerichtliche Zuständigkeit und die Anerkennung und Vollstreckung von Entscheidungen in Zivil- und Handelssachen (EuGVVO). Der Gerichtsstand des Arbeitsortes soll vor allem den ArbN zugutekommen, die ihre Arbeit gewöhnlich nicht am Firmensitz oder am Ort der Niederlassung leisten. Vor allem Beschäftigten in der Dienstleistungsbranche, wie im Bereich der Gebäudereinigung, und Mitarbeitern im Außendienst[2] soll die Durchsetzung ihrer Ansprüche und Rechte erleichtert werden. Auch bei kurzzeitigen ArbVerh könnten die Beschäftigten den Gerichtsstand des Arbeitsortes nutzen. Unerheblich sei, ob an dem Ort der Arbeitsleistung eine räumliche Verfestigung der Betriebsstruktur des ArbGeb bestehe, ob und von wo aus Arbeitsanweisungen erteilt würden oder wo die Zahlung der Vergütung veranlasst werde. Für den besonderen Gerichtsstand des Arbeitsortes soll der Ort maßgeblich sein, an dem die geschuldete Arbeitsleistung tatsächlich erbracht werde. Erfolgt die Erbringung der Arbeitsleistung gewöhnlich an mehreren Orten, sei der Ort zu bestimmen, an dem die Arbeitsleistung überwiegend erbracht werde. Dies könne auch der Ort sein, an dem die Arbeit gemessen an der Gesamtdauer des ArbVerh erst kurzzeitig geleistet wurde, wenn auf der Grundlage des Arbeitsvertrages an diesem Ort die Arbeitsleistung bis auf weiteres verrichtet werden soll. Der gewöhnliche Arbeitsort ändere sich nicht dadurch, dass der ArbN die Arbeitsleistung vorübergehend an einem anderen Ort erbringe. Bei einem beendeten ArbVerh sei der Arbeitsort derjenige Ort, an dem der ArbN die Arbeitsleistung zuletzt gewöhnlich verrichtet habe.

83b Abs. 1a S. 2 regelt den Fall, dass ein Schwerpunkt der Tätigkeit nicht ermittelt werden kann, zB weil Tätigkeiten vertragsgemäß in mehreren Gerichtsbezirken zu erbringen sind. Es ist dann auf den Ort abzustellen, von dem aus die Arbeitsleistung erbracht wird[3]. Der Wohnort kann Arbeitsort sein, wenn dort mit der Arbeitsleistung verbundene Tätigkeiten erbracht werden, zB wenn ein Außendienstmitarbeiter zu Hause seine Reisetätigkeit für den ihm zugewiesenen Bezirk plant, Berichte schreibt oder andere mit der Arbeitsleistung verbundene Tätigkeiten verrichtet. Kein Arbeitsort ist gegeben, wenn sich zB ein Montagearbeiter oder ein Kraftfahrer im Rahmen einer Vielzahl einzelner weisungsgebundener Entsendungen vom Wohnort aus zum jeweiligen Einsatzort begibt.

84 **VIII. Tarifvertragliche Regelung der örtlichen Zuständigkeit.** Abs. 2 regelt eine Ausnahme zur weit gehenden Beschränkung der Prorogationsfreiheit im arbeitsgerichtl. Verfahren. Die TV-Parteien erhalten die Möglichkeit, kollektivrechtl. Prorogationsvereinbarungen zu treffen, um eine Konzentration von Rechtsstreiten in Bereichen ihrer Wahl zu erreichen. Die tarifl. Regelung muss sich im normativen Teil des TV befinden. Sie kann die ausschließliche oder nur eine zusätzliche örtliche Zuständigkeit eines ansonsten unzuständigen ArbG vorschreiben für bürgerliche Rechtsstreitigkeiten zwischen ArbN und ArbGeb aus einem ArbVerh und aus Verhandlungen über die Eingehung eines ArbVerh, sofern sich das ArbVerh nach einem TV bestimmt. Ohne Bedeutung ist, ob die Tarifbindung auf Grund normativer Tarifbindung, eines allgemeinverbindlichen TV oder auf Grund arbeitsvertragl. Inbezugnahme – des gesamten TV in seinem Geltungsbereich – gilt. Streitigkeiten über Nachwirkungen des ArbVerh unterfallen nach dem Wortlaut der Vorschrift nicht der kollektivrechtl. Prorogation, damit auch nicht Streitigkeiten aus einem Ruhestandsverhältnis.

85 Nach Abs. 2 Nr. 2 kann eine kollektivrechtl. Prorogation auch für bürgerliche Rechtsstreitigkeiten aus dem Verhältnis einer gemeinsamen Einrichtung der TV-Parteien zu den ArbN oder ArbGeb erfolgen, nicht jedoch zu deren Hinterbliebenen.

86 Die Erstreckung der kollektivrechtl. Prorogation auf Außenseiter hat zur Voraussetzung, dass der gesamte TV in Bezug genommen wird und dass das ArbVerh dem Geltungsbereich des TV unterfällt.

49 Ablehnung von Gerichtspersonen

(1) Über die Ablehnung von Gerichtspersonen entscheidet die Kammer des Arbeitsgerichts.

(2) Wird sie durch das Ausscheiden des abgelehnten Mitglieds beschlussunfähig, so entscheidet das Landesarbeitsgericht.

(3) Gegen den Beschluss findet kein Rechtsmittel statt.

1 **I. Inhalt und Zweck.** Ausschließung und Ablehnung dienen der Sicherung der Unparteilichkeit der Rspr. im konkreten Rechtsstreit und damit zugleich der Gewährleistung des gesetzl. Richters (Art. 101

---

1 BAG 4.1.1993 – 5 AS 12/92, AP Nr. 42 zu § 36 ZPO. || 2 LAG Hamm 8.3.2011 – 1 SHa 5/11 (Home Office eines Außendienstmitarbeiters); LAG Hess. 26.8.2008 – 4 Ta 308/08 (Home Office eines Außendienstmitarbeiters). || 3 LAG München 8.2.2010 – 1 SHa 4/10, ArbRB 2010, 114 (Einsatzort von Piloten).

I 2 GG). Das Gesetz unterscheidet zwischen Gründen, die der Gerichtsperson die Befugnis entziehen, in einem Verfahren ihr Amt auszuüben (Ausschließungsgründe), und Gründen, die der Partei/den Beteiligten das Recht geben, sie abzulehnen (Ablehnungsgründe).

§ 49 enthält ggü. §§ 41–49 ZPO vorgehende Sonderregelungen zum Verfahren bei Ausschließung und Ablehnung von Gerichtspersonen. Die materiellen Ausschließungs- und Ablehnungsgründe richten sich allein nach §§ 41, 42 ZPO. 2

§ 49 gilt für das erstinstanzliche Urteils- und Beschlussverfahren (§ 80 II). Für das zweitinstanzliche Verfahren gelten lediglich die Abs. 1 und 3 (§ 64 VII, § 87 II). Im Revisions- und Rechtsbeschwerdeverfahren findet allein Abs. 1 sinngemäß Anwendung[1]. 3

Lehnt eine Betriebspartei den **Vorsitzenden einer Einigungsstelle** wegen Besorgnis der Befangenheit ab, bestimmt sich das weitere Verfahren entsprechend den Vorschriften der ZPO über die Ablehnung von Schiedsrichtern im schiedsgerichtl. Verfahren. Die für das arbeitsgerichtl. Urteilsverfahren geltenden Vorschriften der §§ 49, 64 VII iVm. §§ 49, 72 VI iVm. § 49 sowie § 80 II für das Beschlussverfahren betreffen die Ablehnung von Gerichtspersonen. Sie sind wegen des für das gerichtl. Verfahren vorgesehenen Eintretens eines durch Geschäftsverteilungsplan bestimmten Nachrückers anstelle eines erfolgreich Abgelehnten auf das Einigungsstellenverfahren nicht übertragbar. Dem Einigungsstellenverfahren ist eine Ersatzbestellung des Einigungsstellenvorsitzenden fremd[2]. 4

II. Ausschließung. 1. Betroffener Personenkreis. „Ausschließung" ist die kraft Gesetzes eintretende und in jedem Stadium des Verfahrens von Amts wegen zu berücksichtigende Unfähigkeit von Gerichtspersonen zur Ausübung ihres Amtes in einem bestimmten Rechtsstreit. Dies betrifft die Berufsrichter und ehrenamtlichen Richter, nach § 10 S. 1 RPflG die Rechtspfleger sowie die Urkundsbeamten der Geschäftsstelle. Nicht zu den Gerichtspersonen zählen die sonstigen Bediensteten des ArbG (zB Wachtmeister, Mitglieder der gerichtl. Serviceeinheiten), Sachverst. (§ 406 ZPO), Dolmetscher (§ 191 GVG) und Gerichtsvollzieher (§ 155 GVG). 5

2. Ausschließungsgründe. Die materiellen Ausschließungsgründe des § 41 Nr. 1–6 ZPO gelten über die Verweisungsnorm des § 46 II auch im arbeitsgerichtl. Verfahren. Die Aufzählung dort ist erschöpfend[3]. Den Ausschließungsgründen ähnliche Fallgestaltungen sind jedoch stets als Ablehnungsgründe iSv. § 42 ZPO zu würdigen[4]. Keine Ausschließungsgründe sind Hinderungsgründe, die der Ausübung richterlicher Tätigkeit überhaupt entgegenstehen, wie fehlende Richteramtsbefähigung, bestimmte körperliche und geistige Gebrechen oder Unzuständigkeit nach Geschäftsverteilungsplan. Liegen Hinderungsgründe vor, ist das Gericht nicht ordnungsgemäß besetzt. Dies kann nach § 68 ArbGG iVm. § 547 Nr. 1–3 ZPO (ohne Zurückverweisungsmöglichkeit), nach § 579 Nr. 1 ZPO und uU nach §§ 42 und 48 ZPO entsprechend geltend gemacht werden[5]. 6

3. Ausschließungsverfahren. Liegt ein Ausschließungsgrund vor, so ist die Gerichtsperson kraft Gesetzes von der Ausübung des Amtes ausgeschlossen. An die Stelle der ausgeschlossenen Gerichtsperson tritt die nach dem Geschäftsverteilungsplan bestimmte Vertretung. Hat die Gerichtsperson Zweifel an der Ausschließung, kann sie eine Entscheidung von Amts wegen herbeiführen (§ 48 ZPO); hält die Gerichtsperson einen Ausschließungsgrund nicht für gegeben, kann ihn jede Partei/jeder Beteiligte in Form eines Ablehnungsgesuchs geltend machen (§ 42 I ZPO). In beiden Fällen findet gegen den Beschluss kein Rechtsmittel statt (Abs. 3). 7

Hat die ausgeschlossene Gerichtsperson bei einer Entscheidung mitgewirkt, führt dies nicht zur Nichtigkeit, jedoch zur Anfechtbarkeit der Entscheidung (§ 547 Nr. 2 ZPO). Liegt nur eine Mitwirkung bei gerichtl. Prozesshandlungen vor, so sind auch diese nicht nichtig; sie müssen während der Instanz in ordnungsgemäßer Besetzung wiederholt oder zurückgenommen werden. Die Unkenntnis der Gerichtsperson vom Ausschließungsgrund ist belanglos. § 295 ZPO (rügelose Einlassung) gilt nicht. 8

III. Ablehnung. Die Ablehnung einer Gerichtsperson wegen Besorgnis der Befangenheit bedarf stets besonderer Geltendmachung durch die Partei/den Beteiligten (Ablehnungsgesuch) oder durch die Gerichtsperson (Ablehnungsanzeige) und führt nur bei einer entsprechenden gerichtl. Entscheidung zum Ausscheiden der Gerichtsperson aus dem Prozess. Ausschließungsgründe sind stets (auch) absolute Ablehnungsgründe. Das Ablehnungsverfahren richtet sich vorrangig nach § 49 und iÜ nach §§ 42–49 ZPO; die Ablehnungsgründe folgen ausschließlich aus § 42 I ZPO. 9

1. Ablehnungsrecht. Das Ablehnungsrecht besteht ggü. und für Gerichtspersonen, für die auch eine Ausschließung in Betracht kommt. Betroffen sind Arbeitsrichter einschl. der ehrenamtlichen Richter, Rechtspfleger und die Urkundsbeamten der Geschäftsstelle, nicht jedoch die sonstigen Bediensteten des ArbG, Sachverst.[6], Dolmetscher und Gerichtsvollzieher. 10

---

1 GK-ArbGG/*Schütz*, § 49 Rz. 4. ||2 BAG 11.9.2001 – 1 ABR 5/01, AP Nr. 15 zu § 76 BetrVG 1972; krit. *Bertelsmann*, FS Wißmann, 2005, S. 230. ||3 So die hM, zB BGH 4.12.1989 – RiZ (R) 5/89, MDR 1990, 718. ||4 Zöller/*Vollkommer*, § 41 ZPO Rz. 1. ||5 Zöller/*Vollkommer*, § 41 ZPO Rz. 2. ||6 LAG Hamm 19.6.1986 – 8 Ta 16/86, AP Nr. 1 zu § 49 ArbGG 1979.

11 Das Ablehnungsrecht steht allen Parteien/Beteiligten zu, auch den Streitgehilfen (§ 67 ZPO); dies gilt selbst dann, wenn der Befangenheitsgrund nicht alle betrifft. Die Prozess- bzw. Verfahrensbevollmächtigten haben kein selbständiges Ablehnungsrecht aus eigener Person.

12 Ablehnbar sind bestimmte Gerichtspersonen, nicht ablehnbar sind das Gericht oder ein ganzer Spruchkörper, auch nicht eine einzelne Gerichtsperson allein wegen ihrer Zugehörigkeit zu einem Gericht oder Spruchkörper, es sei denn, der Ablehnungsgrund besteht gerade in der Mitwirkung an einer Kollegialentscheidung. Im Einzelfall kann die Ablehnung eines Spruchkörpers als Ablehnung bestimmter Mitglieder zu verstehen sein.

13 **2. Ablehnungsgründe.** Die Ablehnung von Gerichtspersonen kann nach § 42 I ZPO auf zwei Gründe gestützt werden: a) Vorliegen eines gesetzl. Ausschließungsgrundes und b) Besorgnis der Befangenheit.

14 **a) Gesetzlicher Ausschluss.** Für den Ablehnungsgrund „Ausschluss kraft Gesetzes" gelten die materiellen Grundsätze zum Ausschluss von Gerichtspersonen nach § 41 ZPO. Die gerichtl. Entscheidung auf ein Ablehnungsgesuch hat nur feststellenden Charakter, weil die Gerichtsperson bereits kraft Gesetzes ausgeschlossen ist.

15 **b) Besorgnis der Befangenheit.** Nach § 42 II ZPO setzt die Ablehnung wegen Besorgnis der Befangenheit einen Grund voraus, der **geeignet** ist, **Misstrauen gegen die Unparteilichkeit eines Richters zu rechtfertigen**. Gründe für ein solches Misstrauen sind gegeben, wenn ein Beteiligter von seinem Standpunkt aus bei vernünftiger, objektiver Betrachtung davon ausgehen kann, dass der Richter nicht unvoreingenommen entscheiden werde. Bei Anlegung dieses objektiven Maßstabes kommt es entscheidend darauf an, ob die Prozesspartei, die das Ablehnungsgesuch angebracht hat, von ihrem Standpunkt aus Anlass hat, Voreingenommenheit zu befürchten. Es muss also die Befürchtung bestehen, dass der abgelehnte Richter in die Verhandlung und Entscheidung des gerade anstehenden Falles sachfremde, unsachliche Momente mit einfließen lassen könnte und den ihm unterbreiteten Fall nicht ohne Ansehen der Person nur auf Grund der sachlichen Gegebenheiten des Falles und allein nach Recht und Gesetz entscheidet. Damit ist unter „Befangenheit" ein Zustand zu verstehen, der eine vollkommen gerechte, von jeder falschen Rücksicht freie Einstellung zur Sache beeinträchtigt. Die bereits erfolgte Bildung einer bestimmten Meinung (zB zur Rechtslage oder zur Beurteilung des Sachverhalts) genügt danach nicht, wenn nicht der Verdacht der Unsachlichkeit bei Bildung oder Beibehaltung der Meinung besteht. Das Ablehnungsverfahren nach § 42 II ZPO dient dementsprechend allein dazu, die Beteiligten vor der Unsachlichkeit des Richters aus einem in seiner Person liegenden Grund zu bewahren. Eine den Beteiligten ungünstige und möglicherweise auch unrichtige Rechtsauffassung als Ursache für die Parteilichkeit des Richters kommt als Ursache nicht in Betracht, es sei denn, die mögliche Fehlerhaftigkeit beruhe auf einer unsachlichen Einstellung des Richters oder auf Willkür[1]. Nicht erforderlich ist, dass die Gerichtsperson tatsächlich befangen ist; unerheblich ist, ob sie sich für befangen hält[2]. Ablehnungsgründe sind vom Gericht in ihrer Gesamtheit zu würdigen; dabei ist auch eine bestehende Prozessvertretung der Partei/Beteiligten zu berücksichtigen. In Zweifelsfällen soll iS einer Stattgabe des Ablehnungsgesuchs und nicht iS seiner Zurückweisung zu entscheiden sein[3].

16 **3. Verlust des Ablehnungsrechts. a) Rügelose Einlassung.** Nach § 43 ZPO, der über § 46 II anwendbar ist, kann eine Partei/ein Beteiligter eine Gerichtsperson wegen der Besorgnis der Befangenheit nicht mehr ablehnen, wenn sie sich bei ihr, ohne den ihr bekannten Ablehnungsgrund geltend zu machen, in eine Verhandlung eingelassen oder Anträge gestellt hat.

17 Der Ablehnungsgrund muss der Partei/dem Beteiligten bekannt sein, Kenntnis der Prozess-/Verfahrensvertretung wird zugerechnet; Kennenmüssen des Ablehnungsgrundes reicht nicht. Als „Einlassen" in eine Verhandlung genügt jedes prozessuale und der Erledigung eines Streitpunktes dienende Handeln der Parteien/Beteiligten unter Mitwirkung der Gerichtsperson, zB Besprechung der Sach- und Rechtslage, Vergleichsverhandlungen, Einlegung der Beschwerde, aktive Teilnahme an einer Beweisaufnahme. Dies gilt auch für den Gütetermin.

18 **b) Rechtsmissbrauch.** Rechtsmissbräuchlich und damit unzulässig sind Ablehnungsgesuche, die nur der Verschleppung des Prozesses dienen sollen oder die exzessiv zur Verfahrenskomplikation eingesetzt werden, die sich lediglich in der Wiederholung eines abgelehnten Gesuchs ohne neue Begründung erschöpfen, die nur Beleidigungen und Beschimpfungen der Gerichtsperson enthalten.

19 **4. Ablehnungsverfahren. a) Ablehnungsgesuch der Parteien/Beteiligten.** § 44 ZPO, der nach der Verweisung des § 46 II entsprechend anwendbar ist, regelt Form und Inhalt des Ablehnungsgesuchs. Das Ablehnungsgesuch ist nach § 44 I ZPO bei dem Gericht, dem die Gerichtsperson angehört, anzubringen; es kann vor der Geschäftsstelle zu Protokoll erklärt werden. Eine besondere Form oder ein Vertretungszwang sind nicht vorgeschrieben. Es kann mündlich oder schriftl. – auch von der Partei/dem Beteiligten selbst – beim ArbG, LAG oder BAG angebracht und bis zur Entscheidung zurückgenommen

---

1 BAG 10.7.1996 – 4 AZR 759/94 (A), AP Nr. 4 zu § 49 ArbGG 1979. || 2 BVerfG 4.6.1986 – 1 BvR 1046/85, AP Nr. 4 zu § 49 ArbGG 1979; 12.7.1986 – 1 BvR 713/83, NJW 1987, 430. || 3 Zöller/*Vollkommer*, § 42 ZPO Rz. 10.

werden. Aus dem Gesuch muss sich ergeben, welche Gerichtsperson(en) abgelehnt werden soll(en). In dem Gesuch sind die Tatsachen anzugeben, die die Ablehnung rechtfertigen sollen. Sie sind – bis zur Entscheidung über das Gesuch – nach § 44 II 1 ZPO glaubhaft zu machen, wobei die Partei/der Beteiligte zur Versicherung an Eides statt nicht zugelassen werden darf. Zur Glaubhaftmachung kann auf das Zeugnis des abgelehnten Richters Bezug genommen werden (§ 44 II 2 ZPO); die ablehnende Person kann sich aller sonstigen Beweismittel bedienen (§ 294 I ZPO). Die abgelehnte Gerichtsperson hat sich nach § 44 III ZPO über den Ablehnungsgrund dienstlich zu äußern; diese Äußerung ist der ablehnenden Person und den übrigen Parteien/Beteiligten zur Kenntnis und Stellungnahme zu geben. Einer dienstlichen Äußerung bedarf es nicht bei offensichtlich querulatorischen Gesuchen.

b) Selbstablehnungsanzeige der Gerichtsperson. Das Ablehnungsverfahren kann nach § 48 ZPO 20 auch von einer Gerichtsperson eingeleitet werden. § 48 ZPO findet gem. § 46 II im arbeitsgerichtl. Verfahren Anwendung. Die Selbstablehnung der Gerichtsperson geschieht durch Anzeige von einem Verhältnis, das ihre Ablehnung rechtfertigen könnte, oder wenn aus anderer Veranlassung Zweifel darüber entstehen, ob die Gerichtsperson kraft Gesetzes ausgeschlossen ist. In der Anzeige sind die eine Selbstablehnung oder Ausschließung ggf. begründenden Tatsachen mitzuteilen, ohne dass es aber einer Glaubhaftmachung bedarf. Vor der Entscheidung über die Anzeige ist eine Anhörung der Parteien/Beteiligten erforderlich[1].

c) Entscheidung über das Ablehnungsgesuch. aa) Zuständiger Spruchkörper. Über die Ablehnung 21 in erster Instanz entscheidet nach Abs. 1 die Kammer des ArbG, der diese Gerichtsperson angehört, und zwar unabhängig davon, ob auf Grund mündlicher Verhandlung oder ohne mündliche Verhandlung entschieden wird, unter Beteiligung der ehrenamtlichen Richter. Bei Ablehnung eines Kammermitgliedes ist dieses durch die geschäftsplanmäßige Vertretung zu ersetzen.

Wird das Ablehnungsgesuch im Laufe einer mündlichen Verhandlung gestellt, so tritt an die Stelle des 22 abgelehnten Berufsrichters dessen geschäftsplanmäßige Vertretung bzw. für den ehrenamtlichen Richter der nach der Liste nächstberufene Richter aus dem betroffenen Kreis der ArbN oder der ArbGeb. Wird ein Richter während der Verhandlung abgelehnt und würde die Entscheidung über die Ablehnung eine Vertagung der Verhandlung erfordern, so kann der Termin unter Mitwirkung des abgelehnten Richters fortgesetzt werden (§ 47 II 1 ZPO). Nach der Entscheidung über das Ablehnungsgesuch muss in dem ersten dann stattfindenden Termin das Gericht in der Besetzung tätig werden, in der es zur Zeit der Ablehnung tätig war; nur für den abgelehnten Richter tritt dann, wenn die Ablehnung für begründet erklärt worden ist, ein anderer Richter ein[2]. Das Ablehnungsverfahren erledigt sich nicht dadurch, dass nach § 39 der abgelehnte ehrenamtliche Richter ohnehin nicht zur weiteren Verhandlung hinzuzuziehen wäre.

Bei einem Ablehnungsgesuch außerhalb der mündlichen Verhandlung sind die nächstberufenen eh- 23 renamtlichen Richter zuständig, auch wenn der Ablehnungsgrund aus Ereignissen in einer vorangegangenen mündlichen Verhandlung hergeleitet wird.

Werden die drei Richter einer Kammerbesetzung abgelehnt, so tritt an die Stelle des Vorsitzenden der 24 geschäftsplanmäßig berufene Vertreter, für die ehrenamtlichen Richter sind die nach der Liste nächstberufenen heranzuziehen.

Wird die Kammer des ArbG durch Ausscheiden des abgelehnten Mitglieds **beschlussunfähig**, so ent- 25 scheidet nach Abs. 2 das LAG, und zwar ebenfalls in voller Besetzung[3]. Die gleichen Grundsätze (vgl. Rz. 21 ff.) gelten bei Ablehnung von Gerichtspersonen in der zweiten und dritten Instanz. Wird das LAG durch die Ablehnung beschlussunfähig, so muss das BAG über das Ablehnungsgesuch entscheiden[4].

Über die **Selbstablehnungsanzeige** entscheidet das Gericht durch Beschluss in der gleichen Beset- 26 zung wie über ein Ablehnungsgesuch.

Über offensichtlich unzulässige und rechtsmissbräuchliche Ablehnungsgesuche können die Gerichte 27 für Arbeitssachen unter Beteiligung des abgelehnten Richters entscheiden. Das Verbot der Selbstentscheidung gilt jedenfalls dann nicht, wenn mangels eines erkennbaren Befangenheits- oder Ausschlussgrundes eine Sachprüfung entfällt[5].

bb) Form. Die Entscheidung über das Ablehnungsgesuch bzw. über die Selbstablehnung ergeht 28 durch **Beschluss**, der nach § 9 V 2 eine Rechtsmittelbelehrung enthalten muss. Der Beschluss über das Ablehnungsgesuch ist zu begründen. Der Beschluss über eine Selbstablehnung soll dagegen keiner eingehenden Begründung bedürfen[6].

cc) Verfahren nach der Ablehnung. Ein abgelehnter Berufsrichter hat vor Erledigung des Ableh- 29 nungsgesuchs nur solche Handlungen vorzunehmen, die keinen Aufschub gestatten (§ 46 II ArbGG

---

1 BVerfG 8.6.1993 – 1 BvR 878/90, AP Nr. 3 zu § 49 ArbGG 1979. || 2 BAG 25.1.1963 – 1 AZR 527/61, AP Nr. 1 zu § 45 ZPO. || 3 BAG 30.5.1972 – 1 AZR 11/72, AP Nr. 2 zu § 42 ZPO. || 4 BAG 1.2.1968 – 5 AR 43/68, AP Nr. 3 zu § 41 ZPO. || 5 BAG 7.2.2012 – 8 AZA 20/11, EzA § 49 ArbGG 1979 Nr. 10. || 6 GMP/*Germelmann*, § 49 Rz. 39.

iVm. § 47 ZPO). Wird ein Richter während der Verhandlung abgelehnt und würde die Entscheidung über die Ablehnung eine Vertagung der Verhandlung erfordern, so kann der Termin unter Mitwirkung des abgelehnten Richters fortgesetzt werden (§ 47 II 1 ZPO). Wird die Ablehnung für begründet erklärt, so ist der nach Anbringung des Ablehnungsgesuchs liegende Teil der Verhandlung zu wiederholen (§ 47 II ZPO).

30 **dd) Rechtsmittel.** Nach Abs. 3 findet gegen den stattgebenden oder auch zurückweisenden Beschluss über ein Ablehnungsgesuch **kein Rechtsmittel** statt. Dies ist verfassungsrechtl. unbedenklich[1]. Auch die Entscheidung des Gerichts zur Sache kann später nicht mit der Begründung angefochten werden, einer der mitwirkenden Richter habe wegen Besorgnis der Befangenheit abgelehnt werden müssen[2]. Der Rechtsmittelausschluss gilt auch für den Fall der unter Mitwirkung des abgelehnten Richters erfolgten Verwerfung des Gesuchs als rechtsmissbräuchlich[3]. Ein außerordentl. Rechtsbehelf soll gegeben sein bei der Entscheidung allein des Vorsitzenden entgegen Abs. 1[4] und bei greifbarer Gesetzwidrigkeit[5]. Die außerordentl. sofortige Beschwerde wegen greifbarer Gesetzwidrigkeit der angefochtenen Entscheidung bleibe aber auf wirkliche Ausnahmefalle krassen Unrechts beschränkt[6]. Dem kann nicht mehr gefolgt werden. Auch unter dem Gesichtspunkt einer „greifbaren Gesetzwidrigkeit" kommt kein außerordentl. Rechtsbehelf mehr in Betracht, allenfalls eine befristete Gegenvorstellung[7]. Es bleibt beim Ausschluss eines Rechtsmittels, wenn der angefochtene Beschluss eine Rechtsmittelbelehrung enthält, nach welcher das Rechtsmittel der sofortigen Beschwerde gegeben ist. Ist eine Entscheidung unanfechtbar und wird in der Belehrung fälschlicherweise ein Rechtsmittel für statthaft erklärt, begründet dies nicht die Anfechtbarkeit der Entscheidung[8].

50 Zustellung

(1) Die Urteile werden von Amts wegen binnen drei Wochen seit Übermittlung an die Geschäftsstelle zugestellt. § 317 Abs. 1 Satz 3 der Zivilprozessordnung ist nicht anzuwenden.

(2) Die §§ 174, 178 Abs. 1 Nr. 2 der Zivilprozessordnung sind auf die nach § 11 zur Prozessvertretung zugelassenen Personen entsprechend anzuwenden.

1 **I. Inhalt und Zweck.** Im arbeitsgerichtl. Verfahren gelten nach § 46 II die Zustellungsvorschriften der ZPO. Diese werden im Hinblick auf die Frist für die Urteilszustellung, die Möglichkeit zur Vereinbarung des Hinausschiebens der Urteilszustellung und die Verbandsvertreter nach § 11 modifiziert. Nach § 64 VII sind diese Modifikationen im Berufungsverfahren und nach § 72 VI auch im Revisionsverfahren entsprechend anwendbar.

2 **II. Zustellung arbeitsgerichtlicher Entscheidungen. 1. Zustellungsart. a) Urteile und Beschlüsse.** Im arbeitsgerichtl. Verfahren sind nach Abs. 1 S. 1 ausnahmslos alle Urteile von Amts wegen zuzustellen. Die Zustellung erfolgt regelmäßig an alle Parteien, mit Ausnahme der Versäumnisurteile, die nur der unterlegenen Partei zuzustellen sind (§ 311 I 1 ZPO). Dabei verbleibt das Original des Urteils in der Gerichtsakte, während eine Ausfertigung an die Parteien zugestellt wird. Die Amtszustellung ist Voraussetzung für die Zwangsvollstreckung. Abs. 1 geht insoweit der Bestimmung in § 750 I 2 ZPO vor[9]. Entsprechendes gilt für einen Vollstreckungsbescheid; hier geht Abs. 1 dem § 699 IV 2 ZPO vor. Nach § 80 II gilt für die Zustellung von Beschlüssen im Beschlussverfahren ebenfalls, dass diese nach Abs. 1 von Amts wegen zu erfolgen hat.

3 Ein Beschluss im Verfahren um Arrest oder einstw. Verfügung ist nach §§ 62 II, 46 II ArbGG iVm. §§ 922 II, 936 ZPO und unter Berücksichtigung des nur Urteile nennenden § 50 im Parteibetrieb zuzustellen.

4 **b) Zustellung sonstiger Entscheidungen.** Für die Zustellung gerichtlicher Verfügungen und sonstiger Beschlüsse gilt § 329 ZPO. Danach sind nicht verkündete Beschlüsse und Verfügungen des Gerichts bzw. des Vorsitzenden oder eines beauftragten oder ersuchten Richters den Parteien/Beteiligten formlos mitzuteilen (§ 329 II 1 ZPO). Hierzu genügt die Übersendung durch die Post, der Einwurf in den Wohnungsbriefkasten oder das gerichtliche Abholfach; selbst die fernmündliche Mitteilung kann ausreichen[10], sogar ohne einen entsprechenden Aktenvermerk. Enthält die Entscheidung jedoch eine Terminsbestimmung oder setzt sie eine Frist in Lauf, so ist sie von Amts wegen zuzustellen (§ 329 II 2 ZPO). Eine Ausnahme bildet § 497 I 1 ZPO (iVm. § 46 II), wonach die Ladung des Klägers zu dem auf die Klage bestimmten Termin, sofern nicht das Gericht die Zustellung anordnet, ohne besondere Form

---

1 BAG 14.2.2002 – 9 AZB 2/02, EzA § 49 ArbGG 1979 Nr. 8; 27.7.1998 – 9 AZB 5/98, AP Nr. 6 zu § 49 ArbGG 1979. ||2 BAG 18.3.1964 – 4 AZR 63/63, AP Nr. 112 zu § 3 TOA. ||3 LAG Rh.-Pf. 10.3.1982 – 1 Ta 18/82, LAGE § 49 ArbGG 1979 Nr. 2; GK-ArbGG/*Schütz*, § 49 Rz. 52. ||4 LAG Düss. 19.12.2001 – 7 Ta 426/01, LAGE § 49 ArbGG 1979 Nr. 9; LAG Köln 18.8.1992 – 2 Ta 177/92, LAGE § 49 ArbGG 1979 Nr. 6. ||5 LAG Düss. 17.4.1998 – 15 Ta 101/98; LAG Berlin 13.10.1997 – 9 Ta 10/97, LAGE § 49 ArbGG 1979 Nr. 8. ||6 BAG 14.2.2002 – 9 AZB 2/02, EzA § 49 ArbGG 1979 Nr. 8; 27.7.1998 – 9 AZB 5/98, AP Nr. 6 zu § 49 ArbGG 1979. ||7 BGH 20.10.2004 – XII ZB 35/04, MDR 2005, 339; BVerwG 5.10.2004 – B 90/04, NJW 2005, 771; BFH 29.9.2005 – I B 70/05, nv.; aA BFH 8.9.2005 – IV B 42/05, NJW 2005, 3374. ||8 LAG Rh.-Pf. 10.6.2011 – 9 Ta 122/11. ||9 LAG Hess. 29.8.1985 – 3 Ta 188/85. ||10 BAG 20.3.1974 – 5 AZB 3/74, AP Nr. 28 zu § 519 ZPO.

mitzuteilen ist. Bei der Fristverlängerung bedarf es für die Aufhebung des ursprünglichen Fristendes keiner Zustellung, wohl aber für die Festsetzung eines neuen Endtermins.

c) **Zustellung sonstiger Schriftstücke.** Ladungen (Aufforderungen, zum Termin zu erscheinen) werden von Amts wegen veranlasst (§ 214 ZPO) und durch Zustellung (§ 329 II 2 ZPO) bekannt gemacht. Die Klageschrift (§ 271 I ZPO) und Schriftsätze, die Sachanträge oder eine Zurücknahme der Klage enthalten, sind ebenfalls von Amts wegen zuzustellen (§ 270 I und II 1 ZPO), während die übrigen Schriftsätze und sonstigen Erklärungen der Parteien, sofern nicht das Gericht die Zustellung anordnet, ohne besondere Form mitzuteilen sind (§ 270 S. 1 ZPO). Sachanträge sind solche, die sich auf den Inhalt der gewünschten Entscheidung beziehen; sonstige nur den Verfahrensablauf betreffende Prozessanträge sowie die bloßen Verteidigungsanträge des Beklagten bedürfen keiner förmlichen Zustellung. 5

Prozessvergleiche unterfallen nicht Abs. 1. Sie stellen nach § 794 I Nr. 1 ZPO einen Vollstreckungstitel dar und sind nach § 795 ZPO iVm. § 750 I ZPO im Wege des Parteibetriebs zuzustellen. 6

2. Zustellungsfrist für Urteile. Urteile sind binnen **drei Wochen** seit Übermittlung an die Geschäftsstelle zuzustellen (Abs. 1 S. 1). Nach Abs. 1 S. 2 findet im arbeitsgerichtl. Verfahren § 317 I 3 ZPO keine Anwendung, wonach der Vorsitzende auf übereinstimmenden Antrag der Parteien die Zustellung verkündeter Urteile bis zum Ablauf von fünf Monaten nach der Verkündung hinausschieben kann. 7

Die Verletzung von Abs. 1 S. 1 hat keine prozessualen Folgen. Insb. beginnt nicht nach Ablauf der Zustellungsfrist die Rechtsmittelfrist. 8

III. Sonderregelung für die Verbandsvertreter. Durch Abs. 2 wurden die nach § 11 I 2 u. 3 und II 2 aF zur Prozessvertretung zugelassenen Verbandsvertreter im Hinblick auf von Amts wegen vorzunehmende Zustellungen den Rechtsanwälten gleichgestellt. Die nach § 11 I 4 aF den Verbandsvertretern iSv. § 11 I 2 aF gleichgestellten Bevollmächtigten (insb. Rechtssekretäre der DGB-Rechtsschutz GmbH) waren zu den in Abs. 2 angesprochenen zur Prozessvertretung zugelassenen Vertretern zu zählen. Ungeklärt ist, ob ab der Geltung von § 11 II nF (1.7.2008) die Sonderregelung für alle Bevollmächtigten nach § 11 gilt. 9

Damit können Zustellungen an Verbandsvertreter nach § 174 ZPO gegen Empfangsbekenntnis erfolgen. Die Schriftstücke können auch durch Telekopie zugestellt werden. Auch die Übermittlung elektronischer Dokumente ist möglich. Die Ersatzzustellung kann nach Abs. 2 iVm. § 178 I Nr. 2 ZPO in Geschäftsräumen einer dort beschäftigten Person zugestellt werden. Die Sonderregelung gilt nach § 80 II auch im Beschlussverfahren. 10

Die Regelung in § 195 ZPO über die Zustellung von Anwalt zu Anwalt findet aber auf die Verbandsvertreter keine entsprechende Anwendung. 11

51 Persönliches Erscheinen der Parteien

(1) Der Vorsitzende kann das persönliche Erscheinen der Parteien in jeder Lage des Rechtsstreits anordnen. Im Übrigen finden die Vorschriften des § 141 Abs. 2 und 3 der Zivilprozessordnung entsprechende Anwendung.

(2) Der Vorsitzende kann die Zulassung eines Prozessbevollmächtigten ablehnen, wenn die Partei trotz Anordnung ihres persönlichen Erscheinens unbegründet ausgeblieben ist und hierdurch der Zweck der Anordnung vereitelt wird. § 141 Abs. 3 Satz 2 und 3 der Zivilprozessordnung findet entsprechende Anwendung.

I. Allgemeines. Die Möglichkeit zur Anordnung des persönlichen Erscheinens ist Ausprägung des Unmittelbarkeitsgrundsatzes im arbeitsgerichtl. Verfahren, demzufolge mündliche Verhandlung und Beweisaufnahme unmittelbar vor dem erkennenden Gericht stattfinden müssen. Sie dient zugleich dem Beschleunigungsgrundsatz, indem in geeigneten Fällen verbesserte Bedingungen für eine Sachverhaltsaufklärung und vergleichsweise Beilegung des Rechtsstreits geschaffen werden können. 1

Die Vorschrift modifiziert die Regelungen in § 141 ZPO und geht daher §§ 141 I 1 und 279 II ZPO vor. Eine weitere Möglichkeit zur Anordnung des persönlichen Erscheinens findet sich in § 56 I Nr. 3, wo es um die Vorbereitung der streitigen Verhandlung geht. IÜ finden §§ 141 II u. III, 380, 381 ZPO Anwendung. 2

Nach § 64 VII gilt nur Abs. 1 in der Berufungsinstanz. Ausgeschlossen ist für die zweite Instanz die Ablehnung der Zulassung eines Prozessbevollmächtigten nach Abs. 2, da dies dem Vertretungszwang nach § 11 II aF bzw. IV nF widersprechen würde. In der Revisionsinstanz ist § 51 nicht anwendbar, denn dort handelt es sich nicht um eine Tatsacheninstanz. § 51 ist schließlich entsprechend anwendbar im Beschlussverfahren (§ 80 II). 3

II. Anordnung des persönlichen Erscheinens. 1. Anordnungsgrund. Im Unterschied zu § 141 I 1 ZPO ist die Anordnung des persönlichen Erscheinens an keine gesetzl. geregelten Voraussetzungen gebunden. Die Anordnung steht allein im pflichtgemäßen Ermessen des Vorsitzenden. Hierbei hat der Vorsitzende die Interessen der Parteien und diejenigen des Gerichts abzuwägen. Für die Anordnung muss im- 4

ArbGG § 51 Rz. 5   Persönliches Erscheinen der Parteien

mer ein im Verfahren liegender sachlicher Grund vorhanden sein. Eine Anordnung ist regelmäßig gerechtfertigt, wenn sie zur Aufklärung des Sachverhalts (so bereits § 141 I 1 ZPO) geboten erscheint. Die Anhörung der Parteien ist dann keine Beweisaufnahme iS einer Parteivernehmung (§ 448 ZPO); sie dient der Feststellung und Aufklärung des Sach- und Streitstandes im Rahmen des § 54 I 2 (im Gütetermin) bzw. im Rahmen des § 139 I, II ZPO (im Kammertermin). Die Anordnung ist grds. auch gerechtfertigt, wenn sie zur gütlichen Beilegung des Rechtsstreits geboten erscheint. Hat jedoch eine Partei oder deren Prozessbevollmächtigter nach Kenntnisnahme aller erörterungsfähigen Gesichtspunkte eine vergleichsweise Beilegung abgelehnt, so kommt eine Anordnung zum Zwecke der gütlichen Beilegung des Rechtsstreits regelmäßig nicht in Betracht. Auch dann, wenn eine Partei eindeutig zu erkennen gibt, dass sie jede Einlassung verweigern wolle, hat die Anordnung zu unterbleiben, weil keine Partei gezwungen werden darf, prozessuale Erklärungen abzugeben.

5   Nach § 141 I 2 ZPO sieht das Gericht von einer Anordnung ab, wenn der Partei wegen großer Entfernung oder aus sonstigen wichtigen Gründen die persönliche Wahrnehmung nicht zuzumuten ist. Diese gesetzl. Wertung wird der Vorsitzende bei Ausübung seines pflichtgemäßen Ermessens zu beachten haben. Bei ArbGeb mit Sitz weit entfernt vom Bezirk des erkennenden Gerichts ist zu berücksichtigen, dass diesen häufig die Entsendung eines sachkundigen Vertreters vom Ort eines näheren Betriebs möglich und zumutbar ist. Ist eine Partei an der weiteren Aufklärung des Sachverhalts gehindert, weil sie selbst nicht informiert ist, steht dies der Anordnung nicht entgegen, weil die Partei einen informierten Vertreter nach § 141 III 2 ZPO zur Verhandlung entsenden kann.

6   Die Anordnung kann in jeder Lage des Verfahrens, damit also für den Gütetermin, den Kammertermin und ggf. für einen Termin vor dem ersuchten Richter, erfolgen.

7   Der Vorsitzende kann nach pflichtgemäßem Ermessen sowohl das persönliche Erscheinen einer bestimmten als auch aller Parteien anordnen. Die Anordnung richtet sich an eine Partei iSv. § 50 ZPO iVm. § 10. Zu den Parteien zählen auch der Insolvenzverwalter, der streitgenössische Streithelfer (§ 69 ZPO), nicht jedoch der Nebenintervenient (§ 66 ZPO). Bei einer juristischen Person und einer Handelsgesellschaft soll ein gesetzl. Vertreter zu laden sein[1], der (im Falle mehrerer Vertreter) namentlich in der gerichtl. Anordnung zu bestimmen sein soll[2]. Es könne nicht der die Ladung ausführenden Gerichtsangestellten überlassen bleiben, welchen der gesetzl. Vertreter sie zum Termin lade[3]. Dies überzeugt nicht. Sicherlich ist die Ladung der Partei über den gesetzl. Vertreter zuzustellen (§ 170 I 1 ZPO), wobei bei mehreren Vertretern die Zustellung an einen von ihnen genügt (§ 170 III ZPO). Die Anordnung des persönlichen Erscheinens richtet sich jedoch allein an die Partei iSv. § 50 ZPO iVm. § 11 ArbGG, die der Verpflichtung durch Erscheinen eines ihrer Organe (nach ihrer Wahl) oder eines von dem Organ nach § 141 III 2 ZPO Bevollmächtigten nachkommt. Konsequenterweise kann das Ordnungsgeld im Falle des Nichterscheinens nach Abs. 1 S. 2 iVm. §§ 143 III, 380 ZPO nur gegen die Partei, nicht jedoch gegen deren gesetzl. Vertreter festgesetzt werden. In der Praxis empfiehlt sich bei der Anordnung des persönlichen Erscheinens eines größeren Unternehmens darauf hinzuweisen, dass das Erscheinen eines informierten Entscheidungsträgers (Personalleiter, Betriebsleiter) und weniger eines Organs erwünscht ist.

8   **2. Anordnungsentscheidung.** Die Anordnung erfolgt durch Verfügung des Vorsitzenden. Die nicht verkündete Anordnungsverfügung bedarf der Unterschrift des Vorsitzenden. Eine Paraphe genügt nicht[4]. Gegen die Entscheidung ist kein Rechtsmittel gegeben (§ 567 I Nr. 1 ZPO). Strittig ist, ob im Zusammenhang mit der Vertagung eines Termins die Anordnungsentscheidung durch die Kammer erfolgen muss oder zumindest kann.

9   Zum Erfordernis der **Begründung** einer Anordnungsentscheidung wird vertreten, diese sei zweckmäßig, wobei spätestens bei Verhängung des Ordnungsgeldes der Grund der Anordnung angegeben und die darauf bezogene Ausübung des pflichtgemäßen Ermessens begründet werden müssten. Das Gesetz sieht aber keine Begründungs-, sondern lediglich eine Belehrungspflicht (Abs. 2 S. 2 iVm. § 141 III 3 ZPO) vor. Eine Kurzbegründung (zB „zur Aufklärung des Sachverhalts"; „zu Vergleichszwecken") wird der Partei hinreichend die Entscheidung ermöglichen, ob ein Entsenden eines Vertreters oder ein persönliches Erscheinen geboten ist.

10   Nach Abs. 1 S. 2 iVm. § 141 II ZPO ist die Partei (bzw. deren gesetzl. Vertretung), deren Erscheinen angeordnet worden ist, von Amts wegen zu laden. Die Ladung ist der Partei selbst mitzuteilen, auch wenn sie einen Prozessbevollmächtigten bestellt hat. Die Prozessbevollmächtigten sind über die Anordnung zu unterrichten. Der Zustellung bedarf die Ladung nicht, die Mitteilung der Ladung kann also formlos erfolgen. Der Vorsitzende kann aber die förmliche Zustellung anordnen, was sich auch zum Nachweis des Zugangs empfiehlt. Die Partei (bzw. ihre gesetzl. Vertretung) ist auf die Folgen ihres Ausbleibens in der Ladung hinzuweisen (Abs. 2 S. 2 iVm. § 141 III 3 ZPO). Der Hinweis muss die Möglichkeit sowohl der Verhängung eines Ordnungsgeldes nach Abs. 2 S. 2 iVm. § 141 III 1 ZPO als auch der Ablehnung des

---

1 LAG Köln 15.3.1996 – 11 (13) Sa 1221/95, ArbuR 1996, 459; LAG Rh.-Pf. 22.11.1984 – 1 Ta 243/84; *Tschöpe/Fleddermann*, NZA 2000, 1270. ||2 LAG Hess. 4.7.1985 – 3 Ta 109/85, nv. ||3 LAG Düss. 6.1.1995 – 7 Ta 212/94, MDR 1996, 98. ||4 LAG Hamm 11.3.1982 – 8 Sa 32/82, MDR 1982, 612; LAG Rh.-Pf. 19.11.1993 – 6 Ta 242/93.

Prozessbevollmächtigten nach Abs. 2 S. 1 erwähnen. Fehlt der Hinweis, können Ordnungsmittel nicht ergriffen werden.

Die **Ladungsfrist** nach § 217 ZPO oder eine sonstige Ladungsfrist sollen nicht gelten. Allerdings soll bei der Entscheidung über die Ordnungsmittel geprüft werden, ob der Partei unter Abwägung der Umstände des Einzelfalles die Wahrnehmung des Termins möglich war. 11

Die Anordnungsentscheidung ist nicht anfechtbar (§ 567 I Nr. 1 ZPO). 12

III. Wirkung der Parteierklärungen. Kommt die Partei der Anordnung nach und wird sie vom Vorsitzenden befragt, liegt darin keine Parteivernehmung iSv. § 448 ZPO. Den tatsächlichen Erklärungen ihres Prozessbevollmächtigten kann sie widersprechen. Dann gilt nur die Parteierklärung. Widerspricht die Partei in zweiter Instanz den tatsächlichen Erklärungen ihres Prozessbevollmächtigten, muss das Gericht nach § 286 ZPO abwägen. Beweiswirkung hat die Erklärung der Partei insoweit, als sie Inhalt der Verhandlung iSv. § 286 ZPO ist; auch die Nichtabgabe einer Erklärung kann hier frei gewürdigt werden. 13

IV. Folgen des Ausbleibens der Partei. 1. Entschuldigtes Ausbleiben. Die Partei, deren persönliches Erscheinen angeordnet und die ordnungsgemäß geladen wurde, ist zum Erscheinen in der mündlichen Verhandlung verpflichtet. Keineswegs ist sie jedoch verpflichtet, sich zur Sache einzulassen, wenngleich ihre Weigerung uU nach § 286 ZPO gewürdigt werden kann. 14

Die Partei braucht der Anordnung persönlichen Erscheinens nicht nachzukommen, wenn ein hinreichender Grund für das Nichterscheinen vorliegt, sie sich vor dem Termin entschuldigt hat und darauf die Anordnung aufgehoben wurde. Insoweit ist von einer entsprechenden Anwendung von § 381 ZPO auszugehen. Die Entscheidung nach Abs. 2 S. 1 über eine Ablehnung der Zulassung des Prozessbevollmächtigten kann nicht nachträglich aufgehoben werden. Ist es infolge des Ausschlusses des Prozessbevollmächtigten zu einem (ersten) Versäumnisurteil gekommen, bleibt nur der Rechtsbehelf des Einspruchs. 15

Entschuldigungsgründe können sein: eine an der Terminwahrnehmung hindernde Krankheit (hier genügt nicht ohne weiteres eine Arbeitsunfähigkeit)[1], schwere Erkrankung oder Tod eines nächsten Angehörigen, ein unaufschiebbares und persönlich wahrzunehmendes Geschäft oder auch ein anderweitiger Gerichtstermin, urlaubsbedingte Abwesenheit, unzumutbare wirtschaftl. Belastung durch Anreise zum Gerichtsort. Ob sich die Partei auf eine Auskunft ihres Prozessbevollmächtigten verlassen darf und sie deshalb als genügend entschuldigt gelten kann, hängt ab von den Fähigkeiten der Partei zu erkennen, dass nur das Gericht über die Erscheinungspflicht und eine Befreiung von dieser befinden und verbindlich Auskunft geben kann[2]. Die bloße Mitteilung des Prozessbevollmächtigten an seine Partei, sie brauche den Termin nicht wahrzunehmen, entschuldigt das Fernbleiben regelmäßig ebenso wenig[3] wie eine entsprechende Auskunft einer Kanzleiangestellten[4]. Das Berufen auf ein Vergessen des Termins genügt ebenfalls nicht[5]. Nicht genügend entschuldigt ist die ausgebliebene Partei dann, wenn das Gericht über das bevorstehende Ausbleiben ohne ersichtlichen Grund derart knapp vor dem Termin informiert wird, dass das Gericht den Termin nicht mehr absetzen und die Beteiligten nicht rechtzeitig abladen kann[6]. Die Entschuldigung muss hinreichend substanziiert sein. Pauschales Vorbringen reicht nicht. 16

Die Entscheidung, ob ein ausreichender Entschuldigungsgrund vorliegt und ggf. ob dieser glaubhaft gemacht worden ist, trifft der Vorsitzende. Erst durch eine Aufhebung der Anordnung des persönlichen Erscheinens entfällt die Verpflichtung zum Erscheinen. 17

2. Entsendung eines Vertreters. Die Partei kann nach Abs. 1 S. 2 iVm. § 141 III 2 ZPO zur mündlichen Verhandlung einen Vertreter entsenden, sofern dieser zur Aufklärung des Tatbestands in der Lage und zur Abgabe der gebotenen Erklärungen, insb. zu einem Vergleichsabschluss, ermächtigt ist. Die Sachkunde des Vertreters muss nicht notwendig auf eigenen unmittelbaren Wahrnehmungen beruhen; die gründliche Information durch die Partei kann genügen. Daher kann die Vertretung auch durch einen Prozessbevollmächtigten erfolgen, wenn er für den Prozess umfassende Informationen erhalten hat[7], wobei jedoch die bloße Kenntnis der Schriftsätze nicht ausreicht. Er muss in gleicher Weise Auskunft erteilen und Entscheidungen treffen können wie die Partei selbst[8]. Der Vertreter muss ferner zur Abgabe prozessual gebotener Erklärungen (zB Anerkenntnis, Erledigungserklärung) und zum Vergleichsabschluss bevollmächtigt sein, wobei die Vollmacht nur zu einem Widerrufsvergleich nicht ausreicht. Gleichwohl kann die eigenständige Entscheidung des Vertreters, nur einen Widerrufsvergleich abschließen zu wollen, sachgerecht sein, zB wenn sozialrechtl. Konsequenzen zu bedenken und abzuklä- 18

---

1 LAG Köln 15.3.1996 – 11 (13) Sa 1221/95, ArbuR 1996, 459. ||2 LAG Hess. 30.11.1995 – 4 Ta 292/95, LAGE § 141 ZPO Nr. 7. ||3 LAG Schl.-Holst. 2.2.2007 – 1 Ta 202/06; LAG Köln 14.11.1994 – 5 (4) Ta 159/94, NZA 1995, 864; LAG Rh.-Pf. 22.11.1984 – 1 Ta 243/84. ||4 LAG Hess. 17.7.1986 – 3 Ta 152/86, ArbuR 1987, 245. ||5 LAG Düss. 1.3.1993 – 7 Ta 142/92, LAGE § 51 ArbGG 1979 Nr. 4. ||6 LAG Köln 15.3.1996 – 11 (13) Sa 1221/95, ArbuR 1996, 459. ||7 LAG Hess. 23.11.1964 – 1 Ta 69/64, NJW 1965, 1042; LAG Rh.-Pf. 2.8.1985 – 1 Ta 170/85; *Tschöpe/ Fleddermann*, NZA 2000, 1273. ||8 LAG Rh.-Pf. 19.4.1985 – 1 Ta 70/85, LAGE § 51 ArbGG 1979 Nr. 2; GMP/ *Germelmann*, § 51 Rz. 20.

ren sind[1]; sie spricht nicht für eine eingeschränkte Bevollmächtigung nur zum Abschluss eines Widerrufvergleichs. Dem Auftreten als Vertreter iSv. § 141 III ZPO steht nicht entgegen, dass jemand zugleich als Zeuge bestimmt ist. § 394 I ZPO schließt die Anwesenheit eines Zeugen, der noch nicht gehört wurde, nur während der Vernehmung anderer Zeugen aus.

19 Kann die als Vertreter entsandte Person keine genügende Aufklärung geben oder hat ihr die Partei nicht eine ausreichende Vollmacht erteilt, so gilt die Partei als nicht erschienen. Eine besondere Zurückweisung des Vertreters ist nicht erforderlich. Vom Gegner kann beim Vorliegen der sonstigen Voraussetzungen ein Versäumnisurteil beantragt werden. Das Gericht kann Zwangsmaßnahmen nach § 141 III 1 ZPO bzw. § 51 II 1 ergreifen.

20 **3. Ordnungsgeld.** Bleibt die Partei im Termin aus, so kann gegen sie nach Abs. 1 S. 2 iVm. §§ 141 III 1, 380 I 2 ZPO ein Ordnungsgeld wie gegen einen im Vernehmungstermin nicht erschienenen Zeugen festgesetzt werden. Die Pflicht zur Zahlung des Ordnungsgeldes trifft auch dann die Partei, wenn auf Grund der Anordnung ihre gesetzl. Vertretung zu erscheinen hatte[2]. Die Verhängung des Ordnungsgeldes steht im Ermessen des Gerichts. Die Rechtfertigung für ein Verhängen des Ordnungsgeldes liegt nicht in der Tatsache einer Missachtung des Gerichts, sondern nach Abs. 2 in der Vereitelung des Zwecks der Anordnung des persönlichen Erscheinens[3]. Kommt es trotz Nichterscheinens der Partei zur sachgerechten Aufklärung des Sachverhalts bzw. zur gütlichen Beilegung des Rechtsstreits, so kann ein Ordnungsgeld nicht verhängt werden[4]. Das Ordnungsgeld kann allein oder kumulativ neben der Ablehnung des Bevollmächtigten verhängt werden.

21 Das Mindestmaß für das Ordnungsgeld beträgt 5 Euro und das Höchstmaß 1000 Euro (Art. 6 I 1 EGStGB). Weitere in § 380 ZPO angesprochene Ordnungsmittel bzw. Sanktionen (Auferlegung der durch Ausbleiben verursachten Kosten; Ordnungshaft) können nicht verhängt werden[5], ggf. aber eine Verzögerungsgebühr nach § 38 GKG.

22 Die Entscheidung über die Verhängung des Ordnungsgeldes ergeht nach §§ 51 I 2, 53 I 1 ArbGG iVm. § 141 III ZPO in der mündlichen Verhandlung durch die Kammer und außerhalb der mündlichen Verhandlung durch den Vorsitzenden[6]. Der Beschluss ist zu begründen und als Vollstreckungstitel förmlich zuzustellen (§ 329 III ZPO). Er unterliegt der sofortigen Beschwerde nach Abs. 1 S. 2 iVm. §§ 141 III 1, 380 III ZPO. Nach Abs. 2 iVm. §§ 141 III 1, 381 I ZPO unterbleibt die Festsetzung des Ordnungsgeldes, wenn die nicht erschienene Partei glaubhaft macht, dass ihr die Ladung nicht rechtzeitig zugegangen ist, oder wenn sie ihr Ausbleiben genügend entschuldigt. Erfolgt die Glaubhaftmachung oder die genügende Entschuldigung nachträglich, so wird die Ordnungsgeldanordnung wieder aufgehoben. Die nicht erschienene Partei muss vortragen und ggf. glaubhaft machen, dass sie ohne ihr Verschulden an der Terminwahrnehmung gehindert war und dass es ihr nicht möglich war, den Hinderungsgrund bereits vor dem Termin dem Gericht mitzuteilen. Insoweit ist ihr das Verschulden des Prozessbevollmächtigten nicht nach § 85 II ZPO zuzurechnen[7]. Vielmehr ist darauf abzustellen, inwieweit die Partei auf Angaben des Prozessbevollmächtigten vertrauen durfte.

23 **4. Ausschließung des Prozessbevollmächtigten.** Neben der Verhängung eines Ordnungsgeldes kann der Vorsitzende den Prozessbevollmächtigten der nicht erschienenen Partei von der weiteren Verhandlung in dem konkreten Termin ausschließen, wenn die Partei trotz Anordnung des persönlichen Erscheinens unbegründet ausgeblieben ist und hierdurch der Zweck der Anordnung vereitelt wird (Abs. 2 S. 1). Diese Möglichkeit besteht aber nur in erster Instanz. Die Gesetzesformulierung „die Zulassung eines Prozessbevollmächtigten ablehnen" geht zurück auf die Fassung des § 11 I 3 ArbGG 1953, wonach der Vorsitzende über die Zulassung eines Rechtsanwalts im erstinstanzlichen Urteilsverfahren zu entscheiden hatte. Für die Ausschließungsentscheidung müssen folgende **Voraussetzungen** kumulativ vorliegen[8]:

– Das persönliche Erscheinen der Parteien muss zum konkreten Termin ordnungsgemäß durch den Vorsitzenden angeordnet sein,

– die Partei muss ordnungsgemäß mit Belehrung über die Folgen des Ausbleibens geladen sein,

– die persönlich geladene Partei darf sich nicht entschuldigt oder nur unzureichend entschuldigt haben,

---

1 *Tschöpe/Fleddermann*, NZA 2000, 1270. || 2 LAG Rh.-Pf. 16.3.2012 – 6 Ta 43/12; 27.4.2007 – 9 Ta 87/07, DB 2007, 2724; LAG Düss. 28.12.2006 – 6 Ta 622/06; LAG Hamm 25.1.1999 – 1 Ta 727/98, LAGE § 51 ArbGG 1979 Nr. 6. || 3 LAG Nds. 7.8.2002 – 10 Ta 306/02, MDR 2002, 1333; LAG Düss. 1.8.1985 – 7 Ta 264/85, LAGE § 51 ArbGG 1979 Nr. 3; LAG Rh.-Pf. 5.8.1987 – 4 Ta 147/87, ARST 1988, 79. || 4 LAG Nds. 7.8.2002 – 10 Ta 306/02, MDR 2002, 1333; LAG Schl.-Holst. 16.1.2003 – 5 Ta 218/02, NZA-RR 2003, 215; LAG Sa.-Anh. 24.2.1995 – 3 Ta 22/95, ArbuR 1995, 332; LAG Düss. 21.2.1994 – 7 Ta 5/94; LAG BW 3.8.1987 – 13 Ta 6/87, NZA 1987, 827; LAG Düss. 1.8.1985 – 7 Ta 264/85, LAGE § 51 ArbGG 1979 Nr. 3. || 5 LAG Berlin 17.11.1988 – 9 Ta 7/77, AP Nr. 2 zu § 141 ZPO. || 6 LAG Schl.-Holst. 16.1.2003 – 5 Ta 218/02, NZA-RR 2003, 215; LAG Bremen 4.8.1993 – 1 Ta 34/93, MDR 1993, 1007. || 7 LAG Köln 27.7.1987 – 3 Ta 162/87, LAGE § 141 ZPO Nr. 5; 14.11.1994 – 5 (4) Ta 159/94, NZA 1995, 864; aA LAG Rh.-Pf. 22.11.1984 – 1 Ta 243/84; 19.4.1985 – 1 Ta 70/85, LAGE § 51 ArbGG 1979 Nr. 2. || 8 LAG Bremen 24.1.2002 – 3 Sa 16/02, LAGE § 51 ArbGG 1979 Nr. 8; LAG Bbg. 23.5.2000 – 3 Sa 83/00, LAGE § 51 ArbGG 1979 Nr. 7.

- durch das Ausbleiben der Partei muss der vorher mitgeteilte Zweck der Anordnung vereitelt worden sein,
- es darf kein Vertreter entsandt sein, der zur Aufklärung des Sachverhalts und zur Abgabe der gebotenen Erklärungen in der Lage sowie zum Abschluss eines Vergleichs ermächtigt ist.

Der Ausschluss ist grds. in jeder Lage des Verfahrens möglich, auch in der Güteverhandlung[1]. Die Vorschrift des Abs. 2 S. 1 enthält keine Einschränkung auf Kammertermine. Diese folgt auch nicht aus teleologischen Erwägungen. Im Gütetermin ist sowohl eine Aufklärung des Sachverhalts als auch eine gütliche Beilegung des Rechtsstreits anzustreben (§ 54 I 2, 3), wenngleich eine streitige Entscheidung regelmäßig nicht ergehen kann. 24

Die Zurückweisung des Prozessbevollmächtigten erfolgt nach dem klaren Wortlaut des Abs. 2 S. 1 – auch im Kammertermin – durch Beschluss des Vorsitzenden[2], der zu begründen ist[3]. Ausgeschlossen werden kann jeder Prozessbevollmächtigte der nicht erschienenen Partei, also ein Rechtsanwalt, ein Verbandsvertreter oder auch ein sonstiger Prozessbevollmächtigter nach § 11. Wurde der Prozessbevollmächtigte ausgeschlossen, kann vom Gegner bei Vorliegen der sonstigen Voraussetzungen (erstes oder zweites) Versäumnisurteil beantragt werden. Hiergegen kann die nicht erschienene Partei Einspruch bzw. Berufung einlegen, wobei die Berufung nur darauf gestützt werden kann, dass ein Fall der schuldhaften Versäumung nicht vorgelegen habe, weil der Ausschluss zu Unrecht erfolgt sei (§ 64 II Buchst. d). 25

Allein gegen den Zurückweisungsbeschluss ist keine sofortige Beschwerde gegeben. Die Voraussetzungen des § 567 I Nr. 1 ZPO liegen nicht vor. In Abs. 2 S. 2 ist ein Verweis auf § 380 III ZPO gerade ausgenommen, weshalb nicht von einer Lücke im Gesetz ausgegangen werden kann[4]. 26

§ 52 Öffentlichkeit

Die Verhandlungen vor dem erkennenden Gericht einschließlich der Beweisaufnahme und der Verkündung der Entscheidung ist öffentlich. Das Arbeitsgericht kann die Öffentlichkeit für die Verhandlung oder für einen Teil der Verhandlung ausschließen, wenn durch die Öffentlichkeit eine Gefährdung der öffentlichen Ordnung, insbesondere der Staatssicherheit, oder eine Gefährdung der Sittlichkeit zu besorgen ist oder wenn eine Partei den Ausschluss der Öffentlichkeit beantragt, weil Betriebs-, Geschäfts- oder Erfindungsgeheimnisse zum Gegenstand der Verhandlung oder der Beweisaufnahme gemacht werden; außerdem ist § 171b des Gerichtsverfassungsgesetzes entsprechend anzuwenden. Im Güteverfahren kann es die Öffentlichkeit auch aus Zweckmäßigkeitsgründen ausschließen. § 169 Satz 2 sowie die §§ 173 bis 175 des Gerichtsverfassungsgesetzes sind entsprechend anzuwenden.

I. Inhalt und Zweck. Der Grundsatz der Öffentlichkeit gehört zu den Prinzipien einer demokratischen Rechtspflege. Er ist zwar kein Verfassungsgrundsatz, aber ein auch in Art. 6 I 1 EMRK verankerter Leitgedanke der Prozessgesetze. Durch die Öffentlichkeit des Verfahrens soll das Vertrauen in die Rechtspflege gestärkt und eine öffentl. Kontrolle der rechtsprechenden Gewalt ermöglicht werden. Durch § 52 wird für das arbeitsgerichtl. Verfahren der in §§ 169–175 GVG normierte Grundsatz der Öffentlichkeit modifiziert. Da die Güterichterverhandlung nicht vor dem erkennenden Gericht stattfindet, gilt der Öffentlichkeitsgrundsatz nicht. Sofern die Parteien allerdings die Herstellung einer beschränkten oder auch vollständigen Öffentlichkeit wünschen, können sie nach dem im Mediationsverfahren geltenden Grundsatz der Parteiautonomie das Ausmaß der Vertraulichkeit selbst bestimmen[5]. 1

II. Öffentlichkeit der Verhandlung. 1. Jedermann-Zugänglichkeit. Nach S. 1 sind die Verhandlungen vor dem erkennenden Gericht einschl. der Beweisaufnahme und der Verkündung der Entscheidung öffentlich. Dem wird genügt, wenn die Verhandlungstermine bekannt gemacht und die Verhandlungen für jedermann zugänglich sind. Zur Bekanntmachung der Termine genügt ein im Gericht frei einsehbarer Terminsaushang, auf dem für einen bestimmten Terminstag für jeden stattfindenden Rechtsstreit die Parteien in Kurzbezeichnung, die Terminsstunde und der Sitzungsraum verzeichnet sind. Kurzfristige räumliche oder zeitliche Veränderungen sind in gleicher Weise bekannt zu machen. Zudem muss zum Gerichtsgebäude und zum Sitzungsraum freier Zugang gewährleistet sein. Die Öffentlichkeit der Verhandlung ist jedoch auch dann gewahrt, wenn zwar die Eingangstür zum Gerichtsgebäude geschlossen ist, Zuhörer sich aber mithilfe einer Klingel Einlass verschaffen können[6]. Nicht erforderlich ist, dass sämtliche Zuhörer an der Verhandlung teilnehmen können. Allerdings darf der Raum nicht so eingeschränkt werden, dass praktisch die Teilnahme beliebiger Personen an der Verhandlung nicht mehr möglich ist. Bei großem Andrang ist die Vergabe von Platzkarten nach einer allg. Regel (zB Rei- 2

---

1 *Vonderau*, NZA 1991, 336 (340); aA LAG Hamm 22.12.1994 – 4 Sa 1125/94, LAGE § 51 ArbGG 1979 Nr. 5. ||2 LAG Bbg. 23.5.2000 – 3 Sa 83/00, LAGReport 2002, 357. ||3 LAG Bbg. 23.5.2000 – 3 Sa 83/00, LAGReport 2002, 357. ||4 LAG Hamm 20.4.1972 – 8 Ta 35/72, MDR 1972, 900; LAG Rh.-Pf. 24.9.1981 – 1 Ta 132/81; LAG München 20.10.1981 – 6 Ta 89/81; LAG Rh.-Pf. 11.11.1981 – 1 Ta 158/81, EzA § 61 ArbGG Nr. 1; LAG Düss. 4.10.1984 – 7 Ta 227/84, MDR 1985, 435; LAG Schl.-Holst. 15.10.1987 – 6 Ta 181/87. ||5 BT-Drs. 17/5335, 13 re. Sp. (noch für die gerichtsinterne Mediation). ||6 BAG 19.2.2008 – 9 AZN 777/07, AP Nr. 59 zu § 72a ArbGG 1979.

henfolge des Erscheinens, Pressekontingent) zulässig. Der Zugang darf aber nicht selektiv auf bestimmte Personen oder Gruppen beschränkt werden.

3 Der Zutritt zu öffentl. Verhandlungen kann unerwachsenen und solchen Personen versagt werden, die in einer der Würde des Gerichts nicht entsprechenden Weise erscheinen (S. 4 iVm. § 175 I GVG). In einer offenen Gesellschaft mit unterschiedlichen Kulturen muss hier ein großzügiger Maßstab gelten, soweit es um Äußerlichkeiten wie Kleidung, Schmuck und Frisur geht. Der Würde des Gerichts widerspricht aber zB die Anwesenheit Betrunkener, regelmäßig jedoch nicht eines ArbN oder ArbGeb in Arbeitskleidung.

4 **2. Öffentliche Verhandlung.** Der Grundsatz der Öffentlichkeit gilt für jede Verhandlung, also für Gütetermin und Kammertermin einschl. der von dem erkennenden Gericht in oder außerhalb des Gerichtsgebäudes durchgeführten Beweisaufnahme. Auch die dem Vorsitzenden nach § 58 I 2 übertragene Beweisaufnahme ist öffentl. durchzuführen. Dagegen gilt nicht als Verhandlung iSv. S. 1 die im Wege der Rechtshilfe (§ 13) erfolgende Beweisaufnahme, weshalb diese vom ersuchten Richter nicht öffentl., jedoch parteiöffentl. (§ 357 ZPO) durchzuführen ist. Die Beweisführung mit einer notariellen Erklärung (zB über die Anzahl der im Betrieb beschäftigten Gewerkschaftsmitglieder) verletzt nicht die Grundsätze der Unmittelbarkeit, der Öffentlichkeit und der Parteiöffentlichkeit der Beweisaufnahme[1].

5 Auch die Verkündung von Entscheidungen hat öffentl. zu erfolgen, unabhängig davon, ob sie in dem Termin, auf Grund dessen sie erlassen wird, oder in einem besonderen Termin geschieht.

6 **3. Verbot von Ton- und Filmaufnahmen.** Ton- und Fernseh-Rundfunkaufnahmen sowie Ton- und Filmaufnahmen zum Zwecke der öffentl. Vorführung oder Veröffentlichung ihres Inhalts sind unzulässig (S. 4 iVm. § 169 S. 2 GVG). Damit wird die mittelbare Öffentlichkeit (Möglichkeit, die Allgemeinheit über die Vorgänge in der gerichtl. Verhandlung zu unterrichten) eingeschränkt. Die Berichterstattung in Wort und Schrift über die Verhandlungen ist aber, vom Ausnahmefall des § 174 II GVG (Ausschluss der Berichterstattung wegen Gefährdung der Staatssicherheit) abgesehen, frei.

7 Unzulässig sind sowohl Direktübertragungen als auch Aufzeichnungen der Verhandlungen, wenn die Aufnahme nachträglich öffentl. vorgeführt oder ihr Inhalt sonst der Öffentlichkeit bekannt gemacht werden soll. Vom Vorsitzenden als Inhaber der sitzungspolizeilichen Gewalt (§ 176 GVG) bzw. von der Justizverwaltung als Inhaberin des Hausrechts können solche Aufnahmen nur für Zeiten vor Beginn, in den Sitzungspausen und nach Ende der Verhandlung zugelassen werden. Nicht unter die Vorschrift fallen Ton- und Filmaufnahmen für Zwecke des Gerichts, für die aber grds. eine Einwilligung der Beteiligten erforderlich ist. Ebenfalls von der Vorschrift nicht erfasst werden einfache Bildaufnahmen. Vom Vorsitzenden wird deshalb bestimmt, ob während der Verhandlung fotografiert werden darf.

8 **III. Ausschließung der Öffentlichkeit. 1. Ausschließungsgründe.** Das ArbG kann nach S. 2 die Öffentlichkeit für die Verhandlung oder für einen Teil der Verhandlung ausschließen,

– wenn durch die Öffentlichkeit eine Gefährdung der öffentl. Ordnung, insb. der Staatssicherheit, zu besorgen ist, oder

– wenn eine Gefährdung der Sittlichkeit zu besorgen ist, oder

– wenn eine Partei den Ausschluss der Öffentlichkeit beantragt, weil Betriebs-, Geschäfts- oder Erfindungsgeheimnisse zum Gegenstand der Verhandlung oder der Beweisaufnahme gemacht werden,

– oder soweit Umstände aus dem persönlichen Lebensbereich eines Prozessbeteiligten, Zeugen oder durch eine rechtswidrige Tat (§ 11 I Nr. 5 StGB) Verletzten zur Sprache kommen, deren öffentl. Erörterung schutzwürdige Interessen verletzen würde, soweit nicht das Interesse an der öffentl. Erörterung dieser Umstände überwiegt (S. 2 iVm. § 171b I GVG).

9 **2. Ausschließung von Amts wegen.** Die Ausschließungsgründe der Gefährdung der öffentl. Ordnung/Staatssicherheit und der Gefährdung der Sittlichkeit entsprechen denen in § 172 Nr. 1 GVG. Für die Ausschließung bedarf es keines Antrags. Das Gericht entscheidet von Amts wegen. Trotz der Formulierung der Vorschrift als Kann-Bestimmung ist der Ausschluss beim Vorliegen eines der Ausschließungsgründe vorzunehmen.

10 **a) Gefährdung der öffentlichen Ordnung/Staatssicherheit.** Es genügt eine nach objektiven Maßstäben begründete Befürchtung, dass eine Gefährdung eintreten würde. Dem Gericht steht bei der Wertung ein Beurteilungsspielraum zu[2].

11 Eine Gefährdung der öffentl. Ordnung ist zu besorgen, wenn aus der Zuhörerschaft eine fortgesetzte Störung der Verhandlungen durch Kundgebungen zu befürchten ist, sofern wegen der unbestimmten Vielzahl von Störern Maßnahmen nach §§ 176, 177 GVG nicht ausreichen. Um eine Gefährdung der Staatssicherheit geht es bei Bestrebungen nach § 92 III Nr. 2 StGB, also bei Bestrebungen, deren Träger darauf hinarbeiten, die äußere oder innere Sicherheit der Bundesrepublik Deutschland zu beein-

---

[1] BAG 25.3.1992 – 7 ABR 65/90, AP Nr. 4 zu § 2 BetrVG 1972; aA *Prütting/Weth*, DB 1989, 2273. ||[2] BGH 19.3.1992 – 4 StR 73/92, MDR 1992, 702.

trächtigen. Es muss die konkrete Gefahr bestehen, dass durch den Inhalt der Verhandlung die Allgemeinheit Kenntnis von Informationen erhält, deren Bekanntwerden die innere oder äußere Sicherheit der Bundesrepublik Deutschland gefährden würde. Dabei muss es sich nicht notwendig um Amtsgeheimnisse handeln. Nach Art. 38 ZA-NTS gilt dies auch, wenn Amtsgeheimnisse des Entsende- oder Aufnahmestaates oder für deren Sicherheit wichtige Informationen zur Sprache kommen.

b) Gefährdung der Sittlichkeit. Der Ausschließungsgrund der Gefährdung der Sittlichkeit liegt vor, wenn in der Verhandlung sexuelle Vorgänge erörtert werden müssen, die geeignet sind, das Scham- und Sittlichkeitsgefühl Unbeteiligter erheblich zu verletzen. Dabei ist auf das sittliche Empfinden eines aufgeschlossenen Durchschnittsbürgers abzustellen. Gesichtspunkten des Jugendschutzes kann regelmäßig durch Ausschließung unerwachsener Personen nach S. 4 iVm. § 175 I GVG Rechnung getragen werden.

c) Zweckmäßigkeitsgründe. Im Gütetermin kann das Gericht die Öffentlichkeit bereits aus Zweckmäßigkeitsgründen ausschließen (S. 2), insb. um Vergleichsgespräche zu erleichtern. Schließt sich die weitere Verhandlung unmittelbar an (§ 54 IV), so ist die Öffentlichkeit wieder herzustellen. Sodann kann beim Vorliegen der Voraussetzungen nach S. 2 vorgegangen werden.

3. Ausschließung auf Antrag. Der Schutz überwiegender Individualinteressen durch Ausschluss der Öffentlichkeit erfolgt grds. (Ausnahme: Schutz der Privatsphäre) nur auf Antrag. Die Ausschließung, weil Betriebs-, Geschäfts- oder Erfindungsgeheimnisse zum Gegenstand der Verhandlung oder der Beweisaufnahme gemacht werden, findet eine Entsprechung in § 172 Nr. 2 GVG, der jedoch auf wichtige Geheimnisse abhebt, durch deren öffentl. Erörterung überwiegende schutzwerte Interessen verletzt würden. Für den Ausschluss der Öffentlichkeit zum Schutze der Privatsphäre verweist S. 2 Hs. 2 auf § 171b GVG.

a) Geschäfts- und Betriebsgeheimnis. Betriebs- oder Geschäftsgeheimnisse sind Tatsachen, die im Zusammenhang mit einem Geschäftsbetrieb stehen, nur einem eng begrenzten Personenkreis bekannt sind und nach dem bekundeten Willen des Betriebsinhabers geheim zu halten sind[1]. Betriebsgeheimnisse beziehen sich auf den technischen Betriebsablauf, insb. Herstellung und Herstellungsverfahren; Geschäftsgeheimnisse betreffen den allg. Geschäftsverkehr des Unternehmens. Zu den Betriebsgeheimnissen können zB Kalkulationen, Marktstrategien und Kundenlisten zählen. Auch nicht patentfähiges technisches Know-how, Warenbezugsquellen, Kunden- und Preislisten, Inventuren, betriebswirtschaftl. Kennziffern zur Kreditwürdigkeit, im Rahmen des ArbVerh gemachte Erfindungen eines ArbN und Wettbewerbsverstöße des ArbGeb werden als schutzwürdig angesehen. Bilanzen werden ebenfalls als schutzwürdig angesehen. Dem kann nicht gefolgt werden, soweit die Unternehmen ua. nach § 325 HGB weitgehend zur Offenlegung der Bilanzen verpflichtet sind. Maßgeblich ist für den Ausschlussgrund der Geschäfts- und Betriebsgeheimnisse allein, dass ein berechtigtes Interesse an der Geheimhaltung besteht. Ein Ausschluss der Öffentlichkeit ist nicht nur in besonderen Ausnahmefällen zulässig, sondern bereits dann, wenn durch die öffentl. Erörterung überwiegende schutzwürdige Interessen eines Beteiligten verletzt würden[2]. Können Parteien, die es als unzumutbar bezeichnet haben, in einer öffentl. Verhandlung Angaben über die Finanzlage ihres Unternehmens zu machen, ihrer Darlegungslast nur genügen, indem sie Betriebs- oder Geschäftsgeheimnisse offenbaren, muss das Gericht sie mit den Mitteln des Prozessrechts schützen[3]. Ist der Vortrag von Tatsachen unumgänglich, die als Verschlusssachen der Verschwiegenheitspflicht unterliegen, so ist die darlegungspflichtige Partei auf Antrag ihrem Prozessbevollmächtigten und dem Gericht ggü. insoweit von der Verschwiegenheitspflicht zu entbinden[4]. In Betracht kommen in beiden Fällen der zeitweise Ausschluss der Öffentlichkeit und strafbewehrte Schweigegebote. Im Bereich der Verbände können Arbeitskampfstrategien schutzwürdig sein, jedoch kaum Strategien der Mitgliedergewinnung und -betreuung.

b) Erfindungsgeheimnis. Zum Schutzbereich der Erfindungsgeheimnisse werden die eine (auch nicht geschützte) Erfindung betreffenden Umstände gerechnet, an deren Geheimhaltung ein berechtigtes Interesse besteht. Dadurch wird nicht nur die Erfindung geschützt, sondern jede Aktivität, die auf eine Erfindung abzielt und das vorbereiten soll, wenn an der Geheimhaltung ein berechtigtes Interesse besteht.

c) Steuergeheimnis. Dem Amtsermittlungsgrundsatz (§ 88 AO) und den weit gehenden Mitwirkungspflichten des Steuerpflichtigen im Besteuerungsverfahren entspricht die Verpflichtung des FA, die ihm bekannt gewordenen Besteuerungsgrundlagen (das sind die tatsächlichen und rechtl. Verhältnisse, die für die Steuerpflicht und die Bemessung der Steuer maßgebend sind) ggü. der Kenntnisnahme Dritter zu schützen. Die dem FA und den Steuerprüfern im Rahmen ihrer Tätigkeit bekannt gewordenen Daten und Verhältnisse der ArbN und der ArbGeb sind durch das strafbewehrte Steuergeheimnis geschützt (§ 30 AO, § 355 StGB). Im arbeitsgerichtl. Verfahren ist das Steuergeheimnis mittelbar betrof-

---

1 BAG 15.12.1987 – 3 AZR 474/86, AP Nr. 5 zu § 611 BGB Betriebsgeheimnis. ||2 BAG 23.4.1985 – 3 AZR 548/82, AP Nr. 16 zu § 16 BetrAVG. ||3 BAG 21.11.1991 – 6 AZR 544/89; 23.4.1985 – 3 AZR 548/82, AP Nr. 16 zu § 16 BetrAVG. ||4 BAG 25.8.1966 – 5 AZR 525/65, AP Nr. 1 zu § 611 BGB Schweigepflicht; LAG Nürnberg 30.9. 1986 – 2 Sa 125/84, ZTR 1987, 246.

fen, wenn Steuerunterlagen in das Verfahren eingeführt, Auskünfte vom FA eingeholt oder die Steuerpflicht der Arbeitsvertragsparteien betreffende Umstände erörtert werden, weil der ArbN mit Steuerangelegenheiten des ArbGeb oder der ArbGeb als Einziehungsstelle mit denen des ArbN befasst war. Die Wahrung des Steuergeheimnisses kann damit im schutzwerten Interesse beider Arbeitsvertragsparteien stehen. In Abweichung von § 172 Nr. 2 GVG wird das Steuergeheimnis in § 52 zwar nicht besonders erwähnt. Insoweit erscheint ein Rückgriff auf § 172 Nr. 2 GVG aber geboten[1].

18   **d) Schutz der Privatsphäre.** Die Öffentlichkeit kann nach S. 2 iVm. § 171b I 1 GVG auch ausgeschlossen werden, soweit Umstände aus dem persönlichen Lebensbereich eines Prozessbeteiligten, Zeugen oder durch eine rechtswidrige Tat (§ 11 I Nr. 5 StGB) Verletzten zur Sprache kommen, deren öffentl. Erörterung schutzwürdige Interessen verletzen würde, soweit nicht das Interesse an der öffentl. Erörterung diese Umstände überwiegt. Diese Regelung räumt dem Schutz des Intimbereichs des Einzelnen grds. den Vorrang vor dem Öffentlichkeitsgrundsatz ein. Sie gibt dem Betroffenen unmittelbare Einflussmöglichkeiten darauf, ob seine Privatsphäre betreffende Umstände in öffentl. Verhandlung erörtert werden oder nicht. Umstände aus dem persönlichen Lebensbereich sind vor allem solche gesundheitlicher, familiärer oder sexueller Art, soweit sie auf Grund ihres Bezugs zur Privatsphäre unbeteiligten Dritten nicht ohne weiteres zugänglich sind und nach ihrem Inhalt in allg. Anschauung Schutz vor Einblick Außenstehender verdienen. Im arbeitsgerichtl. Verfahren kann der Schutz der Privatsphäre zB betroffen sein bei der Erörterung medizinischer Diagnosen des ArbN oder sexueller Belästigungen am Arbeitsplatz.

19   Der Schutz der Privatsphäre durch Ausschluss der Öffentlichkeit kann von Amts wegen nach pflichtgemäßer Abwägung der Interessen angeordnet werden. Dies gilt nicht, soweit die Personen, deren Lebensbereiche betroffen sind, in der mündlichen Verhandlung dem Ausschluss der Öffentlichkeit widersprechen. Die Öffentlichkeit ist aber auszuschließen, wenn das Interesse eines Prozessbeteiligten hieran überwiegt und der Ausschluss von der Person, deren Lebensbereich betroffen ist, beantragt wird (S. 2 iVm. § 171b II GVG).

20   **e) Ausschlussverfahren.** Der Ausschluss der Öffentlichkeit zum Schutze überwiegender Individualinteressen erfolgt iÜ nur auf Antrag (S. 2; § 171b II GVG). Auf die Möglichkeit des Antrags hat das Gericht ggf. nach § 139 ZPO hinzuweisen. Antragsbefugt ist allein die Partei, deren schutzwürdige Verhältnisse betroffen sind. Insoweit enthalten die Regelungen in § 171b I 2, II GVG einen allg. Rechtsgedanken. Der Antrag kann jederzeit zurückgenommen werden. In dem Fall ist die Öffentlichkeit sofort wieder herzustellen, ohne dass aber die unter Ausschluss der Öffentlichkeit vorgenommenen Prozesshandlungen zu wiederholen sind.

21   Das Verfahren zur Entscheidung über den Ausschluss der Öffentlichkeit richtet sich nach S. 2 iVm. §§ 173 und 174 GVG. Der Antrag auf Ausschluss der Öffentlichkeit wird in öffentl. Verhandlung gestellt. Über die Ausschließung ist sodann nur dann nach § 174 I 1 GVG in nicht öffentl. Sitzung zu verhandeln, wenn ein Beteiligter es beantragt oder das Gericht es für angemessen erachtet.

22   Der Beschluss, der die Öffentlichkeit ausschließt, muss öffentl. verkündet werden; er kann in nicht öffentl. Sitzung verkündet werden, wenn zu befürchten ist, dass seine öffentl. Verkündung eine erhebliche Störung der Ordnung in der Sitzung zur Folge haben würde (§ 174 I 2 GVG). Bei der Verkündung ist anzugeben, aus welchem Grund die Öffentlichkeit ausgeschlossen worden ist (§ 174 I 3 GVG).

23   Die Verkündung des Urteils erfolgt in jedem Fall öffentl. (§ 173 I GVG). Durch einen besonderen Beschluss kann, wenn der Schutz der Individualinteressen dies erfordert, auch für die Verkündung der Urteilsgründe oder eines Teiles davon die Öffentlichkeit ausgeschlossen werden (§ 173 II GVG).

24   **f) Inhalt der Entscheidung.** Der Ausschluss der Öffentlichkeit muss nicht die gesamte mündliche Verhandlung erfassen. Der Ausschluss erfolgt nur in dem durch den Ausschlussgrund gebotenen Umfang (S. 2). Hierüber entscheidet das Gericht nach pflichtgemäßem Ermessen.

25   Sofern der Schutz der Individualinteressen dies erfordert, kann das Gericht neben dem Ausschluss der Öffentlichkeit ggü. den anwesenden Personen die Geheimhaltung von Tatsachen, die durch die Verhandlung oder durch ein die Sache betreffendes amtl. Schriftstück zu ihrer Kenntnis gelangen, zur Pflicht machen (§ 174 III 1 GVG). Dieser Beschluss ist anfechtbar, wobei der Beschwerde keine aufschiebende Wirkung zukommt (§ 174 III 3 und 4 GVG). Die Verhängung eines Schweigegebots ist auch ggü. Verbandsvertretern möglich[2].

26   **g) Rechtsmittel.** Die Entscheidung über den Ausschluss der Öffentlichkeit ist unanfechtbar. Ausdrücklich geregelt ist dies nur im Hinblick auf den Ausschluss zum Schutz der Privatsphäre (§ 171b III GVG).

27   **IV. Rechtsfolgen bei Verletzung des Öffentlichkeitsgebots.** Wurde vom ArbG die Öffentlichkeit ausgeschlossen, ohne dass hierfür ein hinreichender Ausschlussgrund vorlag, so liegt ein schwerer Verfah-

---

1 Im Erg. wohl BAG 23.4.1985 – 3 AZR 548/82, AP Nr. 16 zu § 16 BetrAVG. || 2 BAG 23.4.1985 – 3 AZR 548/82, AP Nr. 16 zu § 16 BetrAVG.

rensverstoß vor, der aber wegen § 68 keine Zurückverweisung durch das LAG rechtfertigt. Bei einem entsprechenden Verfahrensverstoß durch das LAG liegt ein absoluter Revisionsgrund nach § 547 Nr. 5 ZPO vor. Die Vorschriften über die Öffentlichkeit der Verhandlung sind aber nur verletzt, wenn die Ausschließung oder Beschränkung der Öffentlichkeit entweder auf einer Anordnung des Gerichts beruht oder wenn eine tatsächlich eingetretene Beschränkung des Zugangs zum Sitzungssaal vom Gericht nicht sofort beseitigt wird, obwohl es die Beschränkung bemerkt hat oder bei Anwendung der gebotenen Aufmerksamkeit jedenfalls hätte bemerken müssen[1].

53 Befugnisse des Vorsitzenden und der ehrenamtlichen Richter

(1) Die nicht auf Grund einer mündlichen Verhandlung ergehenden Beschlüsse und Verfügungen erlässt, soweit nichts anderes bestimmt ist, der Vorsitzende allein. Entsprechendes gilt für Amtshandlungen auf Grund eines Rechtshilfeersuchens.

(2) Im Übrigen gelten für die Befugnisse des Vorsitzenden und der ehrenamtlichen Richter die Vorschriften der Zivilprozessordnung über das landgerichtliche Verfahren entsprechend.

I. Inhalt und Zweck. Bei den Gerichten für Arbeitssachen handelt es sich in allen Instanzen um Kollegialgerichte (§§ 16 II, 35 II, 41 II). Da die ehrenamtlichen Richter nicht ständige Mitglieder der Spruchkörper sind, sondern zu den jeweiligen Sitzungen herangezogen werden (§§ 31, 39, 43), besteht ein praktisches Bedürfnis, den berufsrichterlichen Vorsitzenden mit prozessvorbereitenden und prozessleitenden Befugnissen auszustatten. Vom Grundsatz werden dem Vorsitzenden in verschiedenen Vorschriften Kompetenzen für die Prozessvorbereitung und Prozessleitung und der Kammer Kompetenzen für die eine Erledigung der Hauptsache betreffenden Entscheidungen zugewiesen. Kompetenzregelungen für den Vorsitzenden finden sich in § 9 II ArbGG iVm. §§ 176 bis 179, 180 GVG (sitzungspolizeiliche Befugnisse), § 9 II ArbGG iVm. § 194 I GVG (Leitung der Beratung und Abstimmung), § 56 (Vorbereitung der streitigen Verhandlung) und § 55 (Alleinentscheidung außerhalb streitiger Verhandlung). Diese Vorschriften modifizieren/ergänzen die allg. Kompetenzregelung in § 53. Die Kompetenzvorschriften sind nicht parteidispositiv (Ausnahme auf Grund „Öffnungsklausel" in § 55 III). 1

Im Berufungsverfahren gilt die Vorschrift des § 53 entsprechend (§ 64 VII). Auch im Revisionsverfahren ist § 53 entsprechend anzuwenden (§ 72 VI), wobei jedoch anstelle des Senatsvorsitzenden der gesamte Senat ohne Hinzuziehung der ehrenamtlichen Richter (sog. Kleiner Senat) entscheidet. § 53 ist des Weiteren entsprechend in den drei Instanzen des Beschlussverfahrens anzuwenden (§§ 80 II, 87 II 1, 92 II 1). 2

II. Befugnisse des Vorsitzenden. 1. Befugnis zur Alleinentscheidung außerhalb der mündlichen Verhandlung. Soweit das Gesetz nichts anderes bestimmt, erlässt der Vorsitzende die nicht auf Grund einer mündlichen Verhandlung ergehenden Beschlüsse und Verfügungen allein. Beschlüsse sind gerichtl. Entscheidungen, die weder über den Klageanspruch noch über einzelne dafür erhebliche Streitpunkte entscheiden, also den Prozessstoff weder ganz noch teilweise in der Hauptsache erledigen. Verfügungen sind dagegen Anordnungen, die der Prozessleitung dienen. Entscheidungen des Gerichts, die nicht Urteile sind, können nach § 128 IV ZPO ohne mündliche Verhandlung ergehen, soweit nichts anderes bestimmt ist. 3

Das Alleinentscheidungsrecht scheidet zunächst aus bei Beschlüssen, die zwar ohne mündliche Verhandlung ergehen, für die aber die **Entscheidung durch die Kammer** vorgeschrieben ist. Dies ist zB der Fall bei: 4

– Beschlüssen nach § 48 I Nr. 2 über die Rechtswegzuständigkeit,
– Beschlüssen über die Ablehnung von Gerichtspersonen nach § 49 I,
– Verwerfung der Berufung nach § 66 II 2,
– Verwerfung der Revision – durch den sog. Kleinen Senat – nach § 74 II 3,
– Verwerfung der Beschwerde und Rechtsbeschwerde im Beschlussverfahren nach §§ 87 II 1, 92 II 1.

Ferner scheidet das Alleinentscheidungsrecht aus für Beschlüsse, die nur auf Grund mündlicher Verhandlung ergehen dürfen, wie zB nach § 320 III ZPO für die Entscheidung über den Antrag auf Tatbestandsberichtigung, wenn eine Partei dies beantragt. 5

Schließlich entfällt das Alleinentscheidungsrecht des Vorsitzenden in Fällen, in denen eine mündliche Verhandlung nicht vorgeschrieben ist, jedoch auf Grund Entscheidung des Vorsitzenden durchgeführt wurde. 6

Der **Vorsitzende** entscheidet – ohne (ggf. mögliche) mündl. Verhandlung – in folgenden Fällen allein: 7
– Festsetzung Gerichtsgebührenstreitwert nach § 63 II 1 GKG (auch bei Entscheidung im Gütetermin),

---
1 BAG 12.4.1973 – 2 AZR 291/72, AP Nr. 24 zu § 611 BGB Direktionsrecht.

- Festsetzung Rechtsanwaltsgebührenstreitwert nach § 33 RVG,
- Bestimmung des zuständigen Gerichts nach § 37 I ZPO,
- Kostenentscheidung nach § 91a I ZPO,
- Entscheidung über PKH (§ 127 I ZPO) und Beiordnung nach § 11a ArbGG,
- Entscheidung im Zusammenhang mit der Bewilligung der öffentl. Zustellung (§§ 186–188 ZPO),
- Friständerungen nach § 225 I ZPO,
- Abkürzung von Zwischenfristen nach § 226 III ZPO,
- Aufhebung oder Verlegung eines Termins nach § 227 IV ZPO,
- Entscheidung wegen Klagerücknahme nach § 269 IV ZPO,
- Berichtigung des Urteils nach § 319 II ZPO[1], nicht jedoch bei Ergänzung des Urteils nach § 64 IIIa[2],
- Bemessung der Einspruchsfrist gegen ein Versäumnisurteil bei Zustellung im Ausland nach § 339 II ZPO,
- Bestimmung einer Beibringungsfrist nach § 356 ZPO,
- Änderung eines Beweisbeschlusses nach § 360 S. 2 ZPO,
- Ersuchen um Beweisaufnahme im Ausland nach § 363 I ZPO,
- Ablehnung eines Sachverst. nach § 406 IV ZPO,
- Bestimmung der Vorlegungsfrist bei Vorlegung durch Dritte nach § 431 I ZPO,
- Entscheidung über Beweissicherungsverfahren nach § 490 I ZPO,
- Beschluss über Folgen der Zurücknahme der Berufung nach § 516 III 2 ZPO,
- Abhilfe und Vorlageentscheidungen im Zusammenhang mit sofortiger Beschwerde (§ 572 ZPO),
- einstw. Einstellung der Zwangsvollstreckung bei Wiedereinsetzungs- und Wiederaufnahmeantrag nach § 707 II 1 ZPO,
- einstw. Einstellung der Zwangsvollstreckung bei Rechtsmittel oder Einspruch nach § 719 III ZPO,
- Entscheidung über die Erinnerung gegen die Erteilung der Vollstreckungsklausel nach § 732 I 2 ZPO,
- einstw. Anordnungen bei Vollstreckungsabwehrklage (§ 767 ZPO), Klage gegen Vollstreckungsklausel (§ 768 ZPO) und Drittwiderspruchsklage (§ 771 ZPO) nach §§ 769 III, 771 III ZPO,
- Anordnungen im Zusammenhang mit der Zwangsvollstreckung von vertretbaren Handlungen (§ 887 ZPO), unvertretbaren Handlungen (§ 888 ZPO) und zur Erzwingung von Unterlassungen und Duldungen (§ 890 ZPO) nach § 891 S. 1 ZPO,
- Entscheidungen über Gesuche auf einstw. Rechtsschutz im Urteilsverfahren können in dringenden Fällen ohne mündliche Verhandlung ergehen, wobei § 53 die Vorschrift des § 944 ZPO verdrängt[3], dabei kann es sich auch um eine abweisende Entscheidung handeln (§ 62 II 2) und
- Erklärung der Vollstreckbarkeit eines Schiedsspruchs nach § 109 II (auch bei Anhörung in der mündlichen Verhandlung).

8 Nicht zu beteiligen sind die ehrenamtlichen Richter im Rahmen der Erledigung von Rechtshilfeersuchen nach § 13 (Abs. 1 S. 2).

9 Kein Alleinentscheidungsrecht besteht regelmäßig bei Entscheidungen über die **Wiedereröffnung der Verhandlung** nach § 156 ZPO. Folgende Fälle sind zu unterscheiden:
- Ist über das Urteil zu dem Zeitpunkt, in dem sich das Gericht mit dem Vorbringen aus dem nachgereichten Schriftsatz befasst oder bei ordnungsgemäßem Verfahrensgang zu befassen hätte, noch nicht abschließend beraten und abgestimmt, das Urteil also noch nicht iSd. § 309 ZPO gefällt, ergibt sich unmittelbar aus der genannten Vorschrift, dass auch an der Entscheidung über die Frage einer Wiedereröffnung nur die Richter mitwirken dürfen, die an der vorangegangen letzten mündlichen Verhandlung beteiligt waren[4].
- Im Erg. gilt das Gleiche, wenn der nachgereichte Schriftsatz nicht mehr bei der Entscheidung über das Urteil Beachtung finden kann, sondern dem zuständigen Spruchkörper erst dann vorliegt, wenn das Urteil nach Beratung und Abstimmung bereits beschlossen, aber noch nicht verkündet ist. Da das Gericht in diesem Verfahrensstadium noch nicht an das Urteil gebunden ist, obliegt es ihm weiterhin, eingehende Schriftsätze zur Kenntnis zu nehmen und eine Wiedereröffnung der mündlichen

---

1 LAG Köln 16.3.2012 – 9 Ta 80/12. ||2 BAG 23.8.2011 – 3 AZR 650/09, EzA § 1 BetrAVG Betriebliche Übung Nr. 11. ||3 *Walker*, Der einstweilige Rechtsschutz, Rz. 736; GK-ArbGG/*Schütz*, § 53 Rz. 12; GMP/*Germelmann*, § 53 Rz. 11; aA LAG Nürnberg 10.4.1999 – 6 Ta 6/99, AP Nr. 6 zu § 85 ArbGG 1979. ||4 BGH 1.2.2002 – V ZR 357/00, MDR 2002, 658.

Verhandlung zu prüfen (vgl. § 296a S. 2 ZPO). Nur die an der Verhandlung und der nachfolgenden Beratung beteiligten Richter wissen in dieser Situation, was von den Parteien vorgetragen und vom Gericht erörtert wurde. Nur ihnen ist ferner bekannt, welches tatsächliche Vorbringen und welche rechtl. Gesichtspunkte im konkreten Fall Entscheidungserheblichkeit erlangen sollen. Sie allein können mithin einschätzen, ob das rechtl. Gehör verletzt, Hinweispflichten missachtet, Verfahrensfehler unterlaufen oder neues erhebliches Vorbringen erfolgt ist. Dies sind aber die Umstände, die für eine fehlerfreie und sachgerechte Ermessensausübung – auch im Hinblick auf eine zwingende Wiedereröffnung wegen eines Verfahrensfehlers (§ 156 II Nr. 1 ZPO) – maßgeblich sind. Nach alledem hat das Gericht über die Frage der Wiedereröffnung der mündlichen Verhandlung in der für den letzten Termin zur mündlichen Verhandlung maßgeblichen Besetzung zu entscheiden[1]. Ist zwischenzeitlich ein Richter ausgeschieden, treffen die verbleibenden Richter die Entscheidung über die Wiedereröffnung oder Nichtwiedereröffnung der Verhandlung[2].

– Lehnt das Gericht in der Besetzung der letzten mündlichen Verhandlung die Wiedereröffnung der Verhandlung ab, kann das ursprünglich gefällte Urteil verkündet werden. Die Verkündung muss nicht von denselben Richtern vorgenommen werden, die an der ihm zu Grunde liegenden mündlichen Verhandlung mitgewirkt und es beschlossen haben[3].

– Beschließt jedoch das Gericht in der Besetzung der letzten mündlichen Verhandlung die Wiedereröffnung der Verhandlung, so hat der Vorsitzende einen neuen Termin zur mündlichen Verhandlung zu bestimmen. Zu der Verhandlung sind die für diesen Termin geschäftsplanmäßig zuständigen Richter zu laden[4]. Die Wiedereröffnung der mündlichen Verhandlung auf Grund neuen, nicht nachgelassenen Vorbringens ist dabei, von dem Sonderfall eines Wiederaufnahmegrundes abgesehen, nur dann geboten, wenn dieses Vorbringen ergibt, dass es auf Grund eines nicht prozessordnungsmäßigen Verhaltens des Gerichts, insb. einer Verletzung der richterlichen Aufklärungspflicht (§ 139 ZPO) oder des Anspruchs auf rechtl. Gehör, nicht rechtzeitig in den Rechtsstreit eingeführt worden ist[5]. IÜ steht der Wiedereintritt in die mündliche Verhandlung im freien Ermessen des Gerichts[6].

2. Sonstige Befugnisse. IÜ gelten für die Befugnisse des Vorsitzenden und der ehrenamtlichen Richter die Vorschriften der ZPO über das landgerichtl. Verfahren entsprechend (§ 53 II). Zu den wesentlichen Befugnissen des Vorsitzenden zählen insoweit:

– Terminsbestimmung nach § 216 II ZPO,

– Eröffnung und Leitung der mündl. Verhandlung nach § 136 I ZPO einschl. Erteilung bzw. Entzug des Wortes (§ 136 II ZPO), Hinwirken auf eine erschöpfende Erörterung der Sache (§ 136 III ZPO), Wahrnehmung der sitzungspolizeilichen Befugnisse (§ 9 II ArbGG iVm. §§ 176 bis 179, 180 GVG), Schließung der mündl. Verhandlung (nach entsprechender Entscheidung der Kammer) nach § 136 IV ZPO, Leitung der Beratung und Abstimmung (§ 9 II ArbGG iVm. § 194 I GVG),

– Wahrnehmung der Aufklärungspflicht nach § 139 ZPO,

– Entscheidung über die Hinzuziehung eines Urkundsbeamten der Geschäftsstelle (§ 159 I 2 ZPO) und

– Unterzeichnung und Berichtigung des Protokolls nach §§ 163 f. ZPO.

III. Befugnisse der ehrenamtlichen Richter. Für die ehrenamtlichen Richter besteht – außerhalb der Beratungs- und Entscheidungskompetenzen und unter Respektierung der Verhandlungsleitung durch den Vorsitzenden – ein jederzeitiges Fragerecht während der mündlichen Verhandlung. Nach § 136 II 2 ZPO ist ihnen auf Verlangen vom Vorsitzenden das Stellen von Fragen zu gestatten. Der Vorsitzende hat grds. kein Recht, eine Frage des Beisitzers als ungehörig oder als zur Unzeit gestellt zurückzuweisen, er kann die Frage aber ggf. bei Störung seiner Verhandlungsleitung für eine angemessene Zeit zurückstellen.

Im landgerichtl. Verfahren ist anerkannt, dass der Vorsitzende einzelne Aufgaben der sachlichen Prozessleitung (zB Vernehmung eines Zeugen) unter Beibehaltung seines Vorsitzes einem Beisitzer übertragen kann. Für das arbeitsgerichtl. Verfahren wird dies abgelehnt, weil anders als beim LG (dort gibt es aber ehrenamtliche Beisitzer in der Kammer für Handelssachen) keine berufsrichterlichen Beisitzer vorhanden seien. Dies überzeugt nicht. Es sind durchaus Situationen denkbar, wo die Übertragung einer einzelnen Aufgabe (zB Vernehmung eines sachverst. Zeugen, für dessen Befragung sich der von Berufs wegen gleich oder ähnlich kompetente Beisitzer anbietet) gerade wegen der besonderen Kenntnisse der aus diesem Grund zur Mitentscheidung berufenen ehrenamtlichen Richter sachgerecht ist, zumal der Vorsitzende ja die formelle Prozessleitung behält und die sachliche Prozessleitung jederzeit an sich ziehen kann. Eine Anwendung von § 21f II GVG bei Verhinderung des Vorsitzenden oder gar eine Übertragung des Rechtsstreits auf den ehrenamtlichen Richter zur Entscheidung nach §§ 348 ff. ZPO kommt nicht in Betracht.

---

1 GMP/*Germelmann*, § 53 Rz. 24; GK-ArbGG/*Schütz*, § 53 Rz. 9 f. || 2 BGH 1.2.2002 – V ZR 357/00, MDR 2002, 658. || 3 BGH 8.11.1973 – VII ZR 86/73, MDR 1974, 219. || 4 BAG 16.5.2002 – 8 AZR 412/01, MDR 2003, 47. || 5 BGH 28.10.1999 – IX ZR 341/98, MDR 2000, 103. || 6 BGH 21.2.1986 – V ZR 246/84, MDR 1986, 663.

54 *Güteverfahren*

(1) Die mündliche Verhandlung beginnt mit einer Verhandlung vor dem Vorsitzenden zum Zwecke der gütlichen Einigung der Parteien (Güteverhandlung). Der Vorsitzende hat zu diesem Zwecke das gesamte Streitverhältnis mit den Parteien unter freier Würdigung aller Umstände zu erörtern. Zur Aufklärung des Sachverhalts kann er alle Handlungen vornehmen, die sofort erfolgen können. Eidliche Vernehmungen sind jedoch ausgeschlossen. Der Vorsitzende kann die Güteverhandlung mit Zustimmung der Parteien in einem weiteren Termin, der alsbald stattzufinden hat, fortsetzen.

(2) Die Klage kann bis zum Stellen der Anträge ohne Einwilligung des Beklagten zurückgenommen werden. In der Güteverhandlung erklärte gerichtliche Geständnisse nach § 288 der Zivilprozessordnung haben nur dann bindende Wirkung, wenn sie zu Protokoll erklärt worden sind. § 39 Satz 1 und § 282 Abs. 3 Satz 1 der Zivilprozessordnung sind nicht anzuwenden.

(3) Das Ergebnis der Güteverhandlung, insbesondere der Abschluss eines Vergleichs, ist in die Niederschrift aufzunehmen.

(4) Erscheint eine Partei in der Güteverhandlung nicht oder ist die Güteverhandlung erfolglos, schließt sich die weitere Verhandlung unmittelbar an oder es ist, falls der weiteren Verhandlung Hinderungsgründe entgegenstehen, Termin zur streitigen Verhandlung zu bestimmen; diese hat alsbald stattzufinden.

(5) Erscheinen oder verhandeln beide Parteien in der Güteverhandlung nicht, ist das Ruhen des Verfahrens anzuordnen. Auf Antrag einer Partei ist Termin zur streitigen Verhandlung zu bestimmen. Dieser Antrag kann nur innerhalb von sechs Monaten nach der Güteverhandlung gestellt werden. Nach Ablauf der Frist ist § 269 Abs. 3 bis 5 der Zivilprozessordnung entsprechend anzuwenden.

(6) Der Vorsitzende kann die Parteien für die Güteverhandlung sowie deren Fortsetzung vor einen hierfür bestimmten und nicht entscheidungsbefugten Richter (Güterichter) verweisen. Der Güterichter kann alle Methoden der Konfliktbeilegung einschließlich der Mediation einsetzen.

1 **I. Inhalt und Zweck.** Die Güteverhandlung ist ein besonderer Verfahrensabschnitt, kein besonderes Verfahren, im arbeitsgerichtl. Urteilsverfahren erster Instanz. Sie ist Teil der mündlichen Verhandlung[1]. Sie dient zwei Zwecken: Zum einen soll sie eine gütliche Erledigung des Rechtsstreits fördern (Abs. 1 S. 1). Insoweit verstärkt sie den Grundsatz aus § 57 II. Mit Unterstützung des Vorsitzenden sollen die Parteien das Streitverhältnis unbefangen und ohne Präjudiz für den eventuellen streitigen Prozess erörtern, ihre Meinungsverschiedenheiten offen und ohne Rücksicht auf prozessuale Vorschriften darlegen und in jeder Hinsicht „frei reden können"[2]. Zum anderen zielt die Güteverhandlung für den Fall der Nichterledigung des Rechtsstreits im Gütetermin auf eine Vorbereitung der streitigen Verhandlung.

2 Die Vorschrift des § 54 verdrängt zusammen mit §§ 51 I, 57 II als Sonderregelungen die §§ 278, 279 ZPO. Die Güteverhandlung findet nur im erstinstanzlichen Urteilsverfahren und im erstinstanzlichen Beschlussverfahren (§ 80 II 2) statt.

3 Durch die Einfügung des Abs. 6 wird nach der Beschlussempfehlung und dem Bericht des Rechtsausschusses[3] auch im ArbGG die Möglichkeit gesetzlich verankert, die Parteien „mit ihrem Einverständnis" für die Güteverhandlung sowie deren Fortsetzung vor einen Güterichter als ersuchten Richter zu verweisen. Die bestehenden Güterichtermodelle seien sowohl gerichtsintern als auch gerichtsübergreifend organisiert. Der ersuchte Richter, der zur Durchführung der Güteverhandlung bereit sei, könne deshalb einem anderen Spruchkörper desselben Gerichts oder einem anderen Gericht angehören.

4 **II. Verfahrensgrundsätze der Güteverhandlung. 1. Mündliche Verhandlung.** Nach Abs. 1 S. 1 der Vorschrift beginnt die mündliche Verhandlung mit der Güteverhandlung. Die Güteverhandlung stellt sich damit als ein besonderer Verfahrensabschnitt in der einheitlichen Verhandlung vor dem ArbG dar. Während dieses Verfahrensabschnitts gilt das Gebot der Öffentlichkeit nach § 52 S. 1, jedoch mit der nach § 52 S. 3 erleichterten Möglichkeit eines Ausschlusses der Öffentlichkeit.

5 **2. Verhandlung vor dem Vorsitzenden.** Die Güteverhandlung findet vor dem Vorsitzenden statt (Abs. 1 S. 1). Eine Heranziehung der ehrenamtlichen Richter ist für diesen Verfahrensabschnitt nicht zulässig. Auch die passive Teilnahme der ehrenamtlichen Richter an der Güteverhandlung ist unzulässig, rechtfertigt jedoch keine Zurückverweisung nach § 68. Das Recht des Vorsitzenden, ihm zur Ausbildung zugewiesene Referendare an der Güteverhandlung teilnehmen und ggf. die Güteverhandlung (unter Aufsicht des Vorsitzenden) leiten zu lassen, folgt aus § 9 II ArbGG iVm. § 10 S. 1 GVG.

6 **3. Obligatorisches Verfahren.** Die Durchführung der Güteverhandlung ist obligatorisch, sofern die Parteien nicht nach Abs. 6 durch den Vorsitzenden vor einen Güterichter als ersuchten Richter verwiesen wurden. Weder können die Parteien auf die Güteverhandlung bzw. auf die Güterichterverhandlung verzichten, noch kann der Vorsitzende von ihrer Durchführung wegen offenkundiger Aussichtslosigkeit absehen. Die Parteien können allerdings die Durchführung einer Güteverhandlung vermeiden, wenn sie zum anberaumten Gütetermin nicht erscheinen oder verhandeln, um sodann nach Abs. 5 S. 2 Termin

---

[1] GMP/*Germelmann*, § 54 Rz. 11; GK-ArbGG/*Schütz*, § 54 Rz. 3 u. 5. || [2] LAG München 24.1.1989 – 2 Sa 1042/88, NJW 1989, 1502. || [3] BT-Drs. 17/8058, 22 re. Sp.

zur streitigen Verhandlung zu beantragen. Die Güteverhandlung ist keine Voraussetzung für eine den Rechtsstreit beendende Entscheidung des Gerichts.

Auch im Falle des **Widerspruchs gegen einen Mahnbescheid** ist – nach Eingang einer Anspruchsbegründung oder auf Antrag des Beklagten (§ 46a IV 2 und 3) – zunächst Termin zur Güteverhandlung zu bestimmen bzw. an den Güterichter zu verweisen. Nach Einspruch gegen einen Vollstreckungsbescheid ist jedoch nach § 46a VI ArbGG iVm. § 341a ZPO Termin zur Verhandlung über den Einspruch und die Hauptsache anzuberaumen. 7

Wird der Rechtsstreit von einem anderen ArbG wegen örtlicher **Unzuständigkeit verwiesen**, so ist eine Güteverhandlung beim Adressatengericht bzw. eine Güterichterverhandlung nur dann durchzuführen, wenn das abgebende Gericht noch keine Güteverhandlung durchgeführt hat bzw. wenn noch keine Güterichterverhandlung durchgeführt worden ist. Bei Verweisung des Rechtsstreits aus einer anderen Gerichtsbarkeit an ein ArbG wegen unzulässigen Rechtswegs ist die Durchführung der Güteverhandlung bzw. der Güterichterverhandlung obligatorisch, sofern in der anderen Gerichtsbarkeit keine entsprechenden Verhandlungen durchgeführt wurden. Entsprechendes gilt bei Verweisungen eines Beschluss- in ein Urteilsverfahren, sofern bislang kein Gütetermin nach § 80 II 2 durchgeführt wurde. 8

Kommt es nach erfolgloser Durchführung der Güteverhandlung zu **Veränderungen der Streitgegenstände** zwischen denselben Parteien (Klageerweiterung, Widerklage), so ist kein weiterer Gütetermin anzuberaumen. Wird jedoch durch das Gericht angeordnet, dass nach der Güteverhandlung erhobene Ansprüche in getrennten Prozessen verhandelt werden (Prozesstrennung nach § 145 ZPO), so ist wegen der später erhobenen und getrennt zu verhandelnden Ansprüche (ggf. jeweils) eine Güteverhandlung bzw. Güterichterverhandlung durchzuführen. Entsprechend ist bei einer nach der Güteverhandlung eingetretenen subjektiven Klagehäufung zu verfahren. Die Zwecke der Güteverhandlung erfordern regelmäßig für die später begründeten Prozessrechtsverhältnisse eine – für diese Parteien erstmalige – Durchführung einer Güteverhandlung bzw. Güterichterverhandlung. 9

Bei **gewillkürtem Parteiwechsel** nach der Güteverhandlung soll, weil dieser entsprechend einer Klageänderung zu behandeln sei, keine erneute Güteverhandlung erforderlich sein. Dem kann nur gefolgt werden, wenn der neue Beklagte in die Übernahme des bisherigen Prozessergebnisses einwilligt. Ist dies nicht der Fall, ist für das neu begründete Prozessverhältnis die Durchführung der Güteverhandlung bzw. Güterichterverhandlung obligatorisch. Insoweit greift nicht die Regelung für den weiteren Gütetermin nach Abs. 1 S. 5, weil in dem Prozessverhältnis nach dem gewillkürten Parteiwechsel noch keine Güteverhandlung stattfand. 10

Kommt es wegen Streits über die Nichtigkeit oder Beseitigung eines Prozessvergleichs zur Fortsetzung des für beendet gehaltenen Rechtsstreits[1], so ist keine weitere Güteverhandlung durchzuführen. 11

Ferner ist eine Güteverhandlung bzw. Güterichterverhandlung in folgenden Fällen **obligatorisch**: Vollstreckungsabwehrklage nach § 767 ZPO, Klage auf Zulässigkeit der Vollstreckungsklausel nach § 768 ZPO, Klauselerteilungsklage nach § 731 ZPO, rechtskraftdurchbrechende Klage nach § 826 BGB, Wiederaufnahmeverfahren nach § 79 ArbGG iVm. §§ 578ff. ZPO, nicht jedoch bei Klage auf Feststellung der Unwirksamkeit eines gerichtl. Vergleichs, da dieses Verfahren durch Fortsetzung des Ursprungsverfahrens durchzuführen ist. 12

Eine Güteverhandlung bzw. Güterichterverhandlung ist auch durchzuführen, wenn das Schlichtungsverfahren nach § 111 II zur Beilegung von Streitigkeiten zwischen Auszubildenden und Ausbildenden aus einem bestehenden Berufsausbildungsverhältnis scheiterte. 13

Eine Ausnahme gilt für den einstw. Rechtsschutz im Urteilsverfahren. Eine obligatorische Güteverhandlung bzw. Güterichterverhandlung im Verfahren des einstw. Rechtsschutzes bewirkte eine Verzögerung. Diese ist mit dem Beschleunigungszweck des Eilverfahrens nicht vereinbar. Die mündliche Verhandlung im arbeitsgerichtl. Eilverfahren beginnt deshalb sogleich mit der Verhandlung vor der Kammer[2]. 14

Einstweilen frei. 15

4. Weitere Güteverhandlung. Nach Abs. 1 S. 5 ist mit Zustimmung der Parteien eine **Vertagung** der Güteverhandlung iSv. § 227 I ZPO zulässig, wobei der Vorsitzende bei der Entscheidung über die Vertagung nicht an die Gründe des § 227 I ZPO gebunden ist, sondern hierüber nach pflichtgemäßem Ermessen zu entscheiden hat. 16

Für die Vertagung muss wegen des Beschleunigungsgrundsatzes nach § 9 I und wegen Abs. 4 ein in dem Verfahren liegender dringender sachlicher Grund vorhanden sein. 17

Die Vertagung ist nur zulässig, wenn der weitere Termin zur Güteverhandlung alsbald stattfindet. Der Wortlaut von Abs. 1 S. 4 („in einem weiteren Termin") lässt zudem nur die einmalige Vertagung der Güteverhandlung zu. 18

---

1 BAG 5.8.1982 – 2 AZR 199/80, AP Nr. 31 zu § 794 ZPO. || 2 *Walker*, Der einstweilige Rechtsschutz, Rz. 739.

19 Die Vertagung darf nur mit **Zustimmung aller Parteien** erfolgen. Die Zustimmungserklärungen müssen ausdrücklich und eindeutig in der Güteverhandlung abgegeben werden. Sind Streitgenossen an dem Rechtsstreit beteiligt, ist auch deren Zustimmung erforderlich, nicht jedoch die von Nebenintervenienten.

20 **5. Vorbereitung der Güteverhandlung.** Die Vorschrift des § 56 scheidet als Grundlage für die Anordnung vorbereitender Maßnahmen durch den Vorsitzenden aus, weil sie nach Überschrift, Wortlaut und systematischer Stellung lediglich Vorbereitungsmaßnahmen für die streitige Verhandlung deckt. Vorbereitende Maßnahmen sollen auch nicht auf § 46 II 1 ArbGG iVm. § 273 ZPO gestützt werden können

21 Einstweilen frei.

22 **III. Ablauf der Güteverhandlung. 1. Erörterung.** Die Güteverhandlung wird vom Vorsitzenden eröffnet (§ 53 II ArbGG, § 136 I ZPO) und beginnt mit dem Aufruf der Sache (§ 220 I ZPO). Liegt noch keine schriftsätzliche Stellungnahme des Beklagten vor, kann der Vorsitzende das Klagevorbringen kurz wiedergeben und sodann den Beklagten zur Klageerwiderung auffordern.

23 Sodann hat der Vorsitzende mit den Parteien das gesamte Streitverhältnis unter freier Würdigung aller Umstände zu erörtern (Abs. 1 S. 2). Das Streitverhältnis wird nach überwiegendem Verständnis bestimmt durch den Streitgegenstand der Klage, ergänzt durch die kontradiktorische Position des Beklagten, wobei bereits eingebrachte oder beabsichtigte Angriffs- und Verteidigungsmittel (zB Aufrechnung, Widerklage) einzubeziehen sind[1].

24 Oft empfiehlt es sich, dass der Vorsitzende seine Rechtsansicht offen legt und die Erfolgschancen der Rechtsverfolgung und -verteidigung im Instanzenzug vorläufig bewertet. Die Erörterung erfolgt primär zum Zwecke der gütlichen Einigung (vgl. Abs. 1 S. 1), ohne dass jedoch Druck auf die Parteien ausgeübt und die Sach- und Rechtslage mit Manipulationsabsicht verkürzt, einseitig oder verzeichnet dargestellt wird.

25 **2. Aufklärung des Sachverhalts.** Soweit der Sachverhalt aufklärungsbedürftig ist, kann der Vorsitzende alle Handlungen vornehmen, die sofort erfolgen können (Abs. 1 S. 3). Eidliche Vernehmungen sind jedoch ausgeschlossen (Abs. 1 S. 4). Es können nur solche Handlungen vom Vorsitzenden vorgenommen werden, die die Dispositionsbefugnisse der Parteien im weiteren Verfahren nicht beschränken. In Betracht kommen insoweit zB die Einsichtnahme in Urkunden, die Inaugenscheinnahme von Gegenständen und die informatorische Befragung von Parteien und präsenten Zeugen oder Sachverst. Im Einvernehmen mit den Parteien ist auch die informatorische (ausforschende) Befragung von Dritten (zB nicht als Zeuge benannter Sachbearbeiter, Steuerberater des ArbGeb oder eines Sachverst.) zulässig, die auch mit Zustimmung der Parteien telefonisch durchgeführt werden kann, denn in Abs. 1 S. 3 ist nur von „Handlungen" die Rede, also nicht allein von den prozessrechtl. zugelassenen Beweismitteln nach §§ 371 ff., 373 ff., 402 ff., 415 ff. und 445 ff. ZPO. Den Ergebnissen solcher Befragungen kommt aber im streitigen Verfahren kein Beweiswert zu, weil die Feststellungen entgegen § 58 I 1 unter Ausschluss der ehrenamtlichen Richter getroffen wurden.

26 **3. Antragstellung.** Da die Güteverhandlung ein besonderer Verfahrensabschnitt im arbeitsgerichtl. Urteilsverfahren erster Instanz und keine in § 137 I ZPO vorausgesetzte streitige Verhandlung ist, wie ua. Abs. 5 S. 2 deutlich macht, sind in der Güteverhandlung **keine Anträge** zu stellen[2].

27 **4. Vorbringen von Angriffs- und Verteidigungsmitteln.** Angriffs- und Verteidigungsmittel und insb. prozesshindernde Einreden müssen nicht bereits im Gütetermin vorgebracht werden. § 282 ZPO findet keine Anwendung. Diese Vorschrift wird der Güteverhandlung als besonderem Verfahrensabschnitt der mündlichen Verhandlung nicht gerecht, weshalb auch ihre entsprechende Anwendung abzulehnen ist (vgl. auch Abs. 2 S. 3).

28 **IV. Dispositionsmöglichkeiten der Parteien.** Der Ausgang der Güteverhandlung wird von den Parteien bestimmt. Neben der Einigung kommen verschiedene prozessuale Möglichkeiten der Erledigung des Rechtsstreits ohne Urteil in Betracht.

29 **1. Prozessvergleich.** Eine Vielzahl arbeitsgerichtl. Rechtsstreite wird durch Prozessvergleich iSv. § 794 I Nr. 1 ZPO beendet. Der Prozessvergleich muss zur Beilegung des Rechtsstreits geschlossen werden; er kann sich auf einen quantitativ abgrenzbaren, einem Teilurteil (§ 301 ZPO) zugänglichen Teil des Streitgegenstands beschränken. Zum Wesensmerkmal des Vergleichs gehört, dass ein gegenseitiges Nachgeben der Parteien vorliegt. Das Nachgeben braucht sich nicht auf die Hauptsache zu beziehen; es genügt, dass eine Partei einen Teil der Gerichtskosten übernimmt oder dass keine Regelung in dem Vergleich über die Tragung der Gerichtskosten getroffen wird, so dass sich die Kostentragung nach § 98 ZPO richtet[3].

---

[1] *van Venrooy*, ZfA 1984, 337 (357 ff.); *Gift/Baur*, Urteilsverfahren, E Rz. 605. || [2] LAG Bln.-Bbg. 4.7.2013 – 13 Ta 1100/13; LAG München 24.1.1989 – 2 Sa 1042/88, NZA 1989, 863. || [3] BAG 19.9.1958 – 2 AZR 487/55, AP Nr. 1 zu § 611 BGB Deputat.

Verbreitet ist der Abschluss eines **Widerrufsvergleichs**. Dieser wird erst nach Ablauf der ungenutzten Widerrufsfrist bzw. nach Verzicht auf das Widerrufsrecht wirksam. Der Widerruf muss wirksam erklärt werden. Ist im Vergleich festgelegt, dass der Widerruf durch schriftl. Anzeige an das Gericht zu erfolgen hat, kann der Vergleichswiderruf im Zweifel nicht wirksam ggü. dem Prozessgegner ausgeübt werden[1]. Da es sich bei dem Vergleichswiderruf um einen bestimmenden Schriftsatz iSv. § 129 ZPO handelt, ist die eigenhändige Unterschrift erforderlich. Eine Paraphe genügt nicht[2]. Dem Frist- und Formrisiko kann dadurch begegnet werden, dass statt des Widerrufs die Vergleichsbestätigung gewählt oder die Anwendung der Wiedereinsetzungsvorschriften (§§ 233 ff. ZPO) vereinbart wird. Insbesondere die Vereinbarung der aufschiebenden Bedingung, dass der Vergleich nur wirksam ist, wenn er innerhalb einer bestimmten Frist von einer oder beiden Parteien schriftl. bestätigt wird, vermeidet das Fristenrisiko eines üblichen Widerrufsvergleichs.

Ein gerichtl. Vergleich kann auch dadurch geschlossen werden, dass die Parteien dem Gericht einen schriftl. Vergleichsvorschlag unterbreiten oder einen schriftl. Vergleichsvorschlag des Gerichts durch Schriftsatz ggü. dem Gericht annehmen. Das Gericht stellt dann das Zustandekommen und den Inhalt des Vergleichs durch Beschluss fest (§ 278 VI ZPO).

Der Prozessvergleich bedarf der Protokollierung (vgl. § 54 II ArbGG, § 160 III Nr. 1 ZPO) und der Verlesung/des Abspielens der Aufzeichnung und Genehmigung (§ 162 I ZPO).

2. Klagerücknahme. Der Rechtsstreit kann in der Güteverhandlung auch durch Klagerücknahme mit der Kostenfolge des § 269 III 2 u. 3 ZPO beendet werden. Während nach § 269 I ZPO die Klage ohne Einwilligung des Beklagten nur bis zum Beginn der mündlichen Verhandlung des Beklagten zur Hauptsache zurückgenommen werden kann, ordnet Abs. 2 S. 1 an, dass die Klage bis zum Stellen der Anträge ohne Einwilligung des Beklagten zurückgenommen werden kann. Da in der Güteverhandlung keine Anträge gestellt werden, kann die Klage bis zur Antragstellung in der streitigen Verhandlung zurückgenommen werden, ohne dass es der gegnerischen Zustimmung bedarf. Die Erklärung der Klagerücknahme ist nach § 160 III Nr. 8 ZPO zu protokollieren und nach § 162 I ZPO zu genehmigen.

Die Klagerücknahme hat den Widerruf des Gesuchs auf Rechtsschutz zum Inhalt. Den mit der Klage geltend gemachten materiell-rechtl. Anspruch lässt sie unberührt. Die Rücknahme kann den ganzen prozessualen Anspruch oder einen selbständigen Teil davon betreffen. Als Prozesshandlung muss die Rücknahmeerklärung nicht ausdrücklich, aber eindeutig und unzweifelhaft sein und ggü. dem Prozessgericht erfolgen. Sämtliche prozessualen Wirkungen der Rechtshängigkeit (§§ 261–266 ZPO) entfallen rückwirkend.

3. Verzicht und Anerkenntnis. Der Kläger kann des Weiteren eine **prozessuale Verzichtserklärung** abgeben. Verzicht ist die Erklärung des Klägers an das Gericht, dass der geltend gemachte prozessuale Anspruch nicht besteht. Er enthält die endgültige Zurücknahme der aufgestellten Rechtsbehauptung, führt deshalb zur sachlichen Klageabweisung. Ein Teilverzicht ist möglich, wenn es sich um einen abtrennbaren Teil eines mehrgliedrigen Streitgegenstands handelt. Liegt eine prozessuale Verzichtserklärung vor, so ist der Kläger auf Grund des Verzichts mit dem (prozessualen) Anspruch abzuweisen (§ 306 ZPO), wenn der Beklagte die Abweisung beantragt. Die materielle Rechtskraft des Urteils steht der Neuerhebung des gleichen Anspruchs – anders als bei der bloßen Klagerücknahme – entgegen.

Das prozessuale Gegenstück zum Verzicht des Klägers ist das **Anerkenntnis des Beklagten**. Das Anerkenntnis ist die Erklärung des Beklagten an das Gericht, dass der vom Kläger geltend gemachte prozessuale Anspruch besteht, die aufgestellte Rechtsbehauptung richtig ist. Der Unterschied zum Geständnis besteht darin, dass dieses dem Gericht die Prüfung der Wahrheit einer Behauptung abnimmt, während sich das Anerkenntnis auf den prozessualen Anspruch bezieht und dem Gericht die rechtl. Prüfung abnimmt. Gegenstand des Anerkenntnisses ist damit der prozessuale Anspruch selbst, mag er auf Leistung, Feststellung oder richterliche Gestaltung gerichtet sein. Auch ein Teilanerkenntnis ist im Hinblick auf einen abtrennbaren Teil eines Streitgegenstands möglich. Liegt ein Anerkenntnis vor, so ist die anerkennende Partei dem Anerkenntnis gemäß zu verurteilen (§ 307 I ZPO).

Ein Verzichts- bzw. ein Anerkenntnisurteil kann nicht im Gütetermin, sondern erst in der sich unmittelbar an den Gütetermin anschließenden weiteren Verhandlung getroffen werden. Das Anerkenntnisbzw. das Verzichtsurteil kann ohne mündliche Verhandlung ergehen (§ 55 I Nr. 2 u. 3, § 55 II).

4. Übereinstimmende Erledigungserklärungen. Der Rechtsstreit kann von den Parteien des Weiteren dadurch beendet werden, dass sie ihn in der mündlichen Verhandlung oder durch Einreichung eines Schriftsatzes oder zu Protokoll der Geschäftsstelle übereinstimmend in der Hauptsache für erledigt erklären (§ 91a I ZPO). Für abtrennbare Teile des Streitgegenstands kann eine Teilerledigung erklärt werden. Durch die übereinstimmenden Erledigungserklärungen wird der Prozess in der Hauptsache beendet und bleibt nur noch hinsichtlich der Kosten rechtshängig. Über die Kosten entscheidet das Gericht von Amts wegen (§ 308 II ZPO) nach § 91a I ZPO. Das Gericht muss nicht über die Kosten entscheiden,

---

[1] BAG 21.2.1991 – 2 AZR 458/90, AP Nr. 41 zu § 794 ZPO. || [2] BAG 31.5.1989 – 2 AZR 548/88, AP Nr. 39 zu § 794 ZPO.

wenn die Parteien sich darüber vergleichen oder auf eine Kostenentscheidung verzichten. Die Kostenentscheidung kann ohne mündliche Verhandlung durch den Vorsitzenden (§ 55 I Nr. 9) oder in der sich unmittelbar an die Güteverhandlung anschließenden weiteren Verhandlung ebenfalls durch den Vorsitzenden ergehen, Letzteres aber nur, wenn die Parteien übereinstimmend eine Entscheidung durch den Vorsitzenden beantragen (§ 55 III).

39 **V. Ergebnis der Güteverhandlung.** Haben die Parteien von ihren Dispositionsmöglichkeiten Gebrauch gemacht, ist der Rechtsstreit (ggf. zT) beendet. Ist die Güteverhandlung erfolglos, schließt sich nach dem Wortlaut des Abs. 4 die weitere Verhandlung unmittelbar an. Hieran müssten aber die ehrenamtlichen Richter teilnehmen, die aber regelmäßig nicht für den Fall erfolgloser Güteverhandlungen geladen werden. Da der unmittelbaren Durchführung der weiteren Verhandlung wegen der Abwesenheit der ehrenamtlichen Richter Hinderungsgründe entgegenstehen, hat der Vorsitzende Termin zur streitigen Verhandlung zu bestimmen, die alsbald stattfinden soll (vgl. Abs. 4). Mit Zustimmung der Parteien kann der Vorsitzende zudem die Güteverhandlung vertagen.

40 **VI. Säumnis. 1. Säumnis einer Partei.** Erscheint eine Partei in der Güteverhandlung nicht, obwohl die Ladungs- und die Einlassungsfrist gewahrt wurden, so schließt sich die weitere Verhandlung unmittelbar an (Abs. 4). In dieser kann die erschienene Partei den Erlass eines Versäumnisurteils beantragen. Für die Entscheidung steht dem Vorsitzenden nach § 55 I Nr. 4 ein Alleinentscheidungsrecht zu. Wurde die Ladungs- oder die Einlassungsfrist nicht gewahrt, ist erneut Termin zur Güteverhandlung anzuberaumen.

41 Einstweilen frei.

42 **2. Säumnis beider Parteien.** Erscheinen oder verhandeln beide Parteien in der Güteverhandlung nicht, so ist nach Abs. 5 S. 1 das **Ruhen des Verfahrens** anzuordnen. Die Parteien verhandeln, wenn sie auf eine gütliche Streitbeilegung bezogene Erklärungen abgeben[1]. Diese Regelung geht § 251a I ZPO vor, wonach in einem solchen Fall eine Entscheidung nach Lage der Akten ergehen kann. Auf Antrag einer Partei, der nur innerhalb von sechs Monaten nach der Güteverhandlung gestellt werden kann (Abs. 5 S. 3), ist Termin zur streitigen Verhandlung zu bestimmen (Abs. 5 S. 2). Kein Fall des Abs. 5 S. 4 liegt vor, wenn die Parteien übereinstimmend das Ruhen des Verfahrens wegen laufender Vergleichsverhandlungen beantragen[2]. Wenn das Gericht deshalb danach das Ruhen des Verfahrens angeordnet hat, rechtfertige sich dies nicht aus Abs. 5 S. 1, sondern aus § 251 ZPO[3]. Die Fiktion der Klagerücknahme wird auch nicht dadurch ausgelöst, dass zunächst die Entwicklung eines bestimmten Lebenssachverhalts, etwa der Verlauf eines neuen ArbVerh abgewartet werden soll[4].

43 Nach Ablauf der Frist von **sechs Monaten** gilt die Klage als zurückgenommen. Der Rechtsstreit ist dann als nicht anhängig geworden anzusehen. Die klagende Partei ist verpflichtet, die Kosten des Rechtsstreits zu tragen. Auf Antrag der beklagten Partei ist dies durch den Vorsitzenden (§ 55 I Nr. 1) nach Gewährung des rechtl. Gehörs durch Beschluss auszusprechen. Der Beschluss bedarf keiner mündlichen Verhandlung. Er unterliegt der sofortigen Beschwerde (Abs. 5 S. 4 iVm. § 269 V ZPO). Die Klage kann aber erneut erhoben werden. In dem nach Ablauf von sechs Monaten gestellten Antrag auf Bestimmung eines neuen Termins kann keine neue Klage gesehen werden[5].

44 Ist das Verfahren aber über die Güteverhandlung hinaus gediehen und kommt es erst dann zur Ruhensanordnung, so kann nach Ablauf von sechs Monaten keine das Verfahren abschließende Kostenentscheidung zu Lasten des Klägers getroffen werden. Die Sondervorschrift des Abs. 5 S. 4 kommt nur zum Zuge, wenn die Ruhensanordnung im Anschluss an den Gütetermin getroffen worden ist[6].

45 **VII. Verfahren nach ergebnisloser Güteverhandlung.** Ist die Güteverhandlung erfolglos, schließt sich nach Abs. 4 ebenfalls die weitere Verhandlung unmittelbar an. Falls der weiteren Verhandlung Hinderungsgründe entgegenstehen, ist vom Vorsitzenden Termin zur streitigen Verhandlung zu bestimmen, wobei diese alsbald stattzufinden hat.

46 Die streitige Verhandlung kann sich regelmäßig nur dann unmittelbar an die Güteverhandlung anschließen, wenn eine das Verfahren beendende Entscheidung ergehen kann und die Parteien übereinstimmend eine Entscheidung durch den Vorsitzenden beantragen (§ 55 III).

47 IÜ ist vom Vorsitzenden Termin zur streitigen Verhandlung zu bestimmen. Die ehrenamtlichen Richter, die an der Güteverhandlung nicht teilnehmen dürfen, sind regelmäßig für die anschließende Verhandlung zu laden, weil sie sich üblicherweise nicht vorsorglich für den Fall ergebnisloser Güteverhandlungen im ArbG aufhalten. Die Unmöglichkeit, die ehrenamtlichen Richter sofort heranziehen zu können, ist ein ausreichender Hinderungsgrund iSv. Abs. 4.

48 Der Termin zur streitigen Verhandlung ist sofort anzusetzen und zu verkünden. Eine Ladung der Parteien ist bei verkündetem Termin nicht erforderlich (§ 218 ZPO). Auch eine unverzügliche Terminsan-

---

1 BAG 22.4.2009 – 3 AZB 97/08, NZA 2009, 804. || 2 BAG 25.11.2010 – 2 AZR 323/09, NJW 2011, 1833. || 3 BAG 22.4.2009 – 3 AZB 97/08, NZA 2009, 804. || 4 BAG 25.11.2010 – 2 AZR 323/09, NJW 2011, 1833. || 5 LAG Hess. 22.8.1991 – 7 Sa 1427/90, nv. || 6 LAG Hamm 21.7.1983 – 8 Ta 135/83, EzA § 54 ArbGG 1979 Nr. 2.

beraumung nach der Güteverhandlung, regelmäßig verbunden mit einem sorgfältig abzusetzenden Auflagenbeschluss (§ 56 I; § 61a III u. IV), wird dem Beschleunigungsgrundsatz noch gerecht.

VIII. Protokollierung. Nach § 46 II 1 iVm. § 159 ZPO ist über die Güteverhandlung ein Protokoll aufzunehmen. Was in das Protokoll aufzunehmen ist, folgt aus §§ 159, 160 und 162 ZPO. Ergänzend bestimmt § 54 III, dass das Ergebnis der Güteverhandlung, insb. der Abschluss eines Vergleichs, in die Niederschrift aufzunehmen ist. Für die Güterichterverhandlung bestimmt dagegen § 46 II, § 159 II ZPO, dass ein Protokoll über eine Güteverhandlung oder weitere Gütversuche vor einem ersuchten Richter nur auf übereinstimmenden Antrag der Parteien aufgenommen wird. Grund für letztgenannte Regelung ist, dass die Parteien eher zu einer umfassenden Beratung über die Lösung eines Konflikts bereit sind, wenn ihnen ihre Erklärungen und ihr Verhalten im Rahmen der Güteverhandlung in dem nachfolgenden gerichtl. Verfahren nicht entgegengehalten werden können. Hierdurch soll der Schutz der Vertraulichkeit einer Güterichterverhandlung erhöht werden[1].

IX. Güterichterverhandlung. Nach Abs. 6 kann der Vorsitzende die Parteien für die Güteverhandlung sowie deren Fortsetzung vor einen hierfür bestimmten und nicht entscheidungsbefugten Richter (**Güterichter**) verweisen. Dagegen kann nach dem Wortlaut von Abs. 6 S. 1 die Kammer im Kammertermin keine Verweisung an den Güterichter vornehmen. Der ersuchte Richter kann nach den Gesetzesmaterialien an demselben Gericht, aber auch an einem anderen Gericht tätig sein. Es soll möglich sein, die Sache für die Güteverhandlung sowie für weitere Gütversuche an ein anderes Gericht derselben oder einer anderen Gerichtsbarkeit zu verweisen. Entscheidend sei allein die Eigenschaft als Güterichter. Die Wahrnehmung der Aufgaben als Güterichter gehöre zu den Geschäften iSd. § 21e I 1 GVG. Sie sei deshalb im Geschäftsverteilungsplan zu regeln. Der Grundsatz des gesetzl. Richters gelte nicht. Vielmehr stehe den Parteien ein Wahlrecht zu, ohne dass damit ein Anspruch auf einen bestimmten Güterichter verbunden sei. Stehe die ausgewählte Person nicht zur Verfügung, seien die Parteien nicht verpflichtet, eine alternativ vorgeschlagene Person zu akzeptieren[2]. Sieht der Geschäftsverteilungsplan keinen Güterichter vor, kann an das betreffende Gericht keine Güterichterverweisung erfolgen.

Der Güterichter kann **alle Methoden der Konfliktbeilegung einschl. der Mediation** einsetzen. Im Unterschied zu dem gerichtsinternen Mediator kann der Güterichter auch ohne Zustimmung der Parteien in Gerichtsakten Einsicht nehmen und auf Wunsch der Parteien einen Vergleich protokollieren. Ein Güterichter ist zwar kein Mediator, er kann nach der Gesetzeskonzeption in einer Güteverhandlung jedoch zahlreiche Methoden und Techniken einsetzen, mit denen insb. der Sinn der Parteien für ihre Verantwortlichkeit und ihre Autonomie sowie die Bereitschaft, sich aufeinander einzulassen, gefördert werden sollten[3]. Zu derartigen Methoden gehören etwa das sog. aktive Zuhören, die Widerspiegelung von Erklärungen und Botschaften der Parteien in deeskalierender Weise, die Umwandlung von Beschwerden in verhandelbare Themen, die Technik des offenen Fragens, die Erarbeitung von Fairnesskriterien zur Lösung des Konflikts sowie die Entwicklung von realisierbaren Probe- und Teillösungen[4]. Im Einvernehmen mit den Parteien kann der Güterichter auch Einzelgespräche mit den Parteien führen[5].

Nach Verweisung an den Güterichter wird das Verfahren von diesem betrieben. Er hat von Amts wegen einen Termin anzuberaumen. Da die Güterichterverhandlung nicht vor dem erkennenden Gericht stattfindet, gilt der Öffentlichkeitsgrundsatz aus § 52 S. 1 nicht. Sofern die Parteien allerdings die Herstellung einer beschränkten oder auch vollständigen Öffentlichkeit wünschen, können sie nach dem im Mediationsverfahren geltenden Grundsatz der Parteiautonomie das Ausmaß der Vertraulichkeit selbst bestimmen[6]. Ein Protokoll über Gütversuche vor einem Güterichter wird nach § 159 II 2 ZPO nur auf übereinstimmenden Antrag der Parteien aufgenommen. Der Verlauf der Verhandlung vor dem Güterichter ist gesetzlich nicht geregelt. Von den Parteien können Prozessbevollmächtigte hinzugezogen werden. Versäumnisentscheidungen nach §§ 330 ff. ZPO sind nicht zulässig[7].

Von den Parteien kann in einem Prozessvertrag die Vertraulichkeit des Güterichterverfahrens vereinbart werden. Inhalt einer solchen Vereinbarung kann die Regelung eines Verbots jeglichen Vortrags zu Parteierklärungen während der Güterichterverhandlung sein. Im Verfahrensrecht ist anerkannt, dass die Parteien eines Prozesses sich vertraglich zu jedem Verhalten verpflichten können, das möglich ist und weder gegen ein gesetzl. Verbot noch gegen die guten Sitten verstößt. Wirksam sind deshalb zB Abreden dahin, eine Klage oder ein Rechtsmittel zurückzunehmen, kein Rechtsmittel einzulegen, gewisse Beweismittel nicht zu verwenden oder von einer bestimmten Prozessart abzusehen[8]. Nach dieser Maßgabe kann Prozessvortrag, der gegen eine Vertraulichkeitsabrede verstößt, unberücksichtigt bleiben.

Wird das Güterichterverfahren durch einen Vergleich abgeschlossen, kann dieser vor dem Güterichter zu richterlichem Protokoll genommen werden (Vollstreckungstitel nach § 794 I Nr. 1 ZPO). Scheitert eine Einigung der Parteien oder widerruft eine Partei ihre Zustimmung zum Güterichterverfahren, ist der Rechtsstreit vor der zur Entscheidung berufenen Kammer fortzuführen.

---

1 BT-Drs. 17/8058, 21 li. Sp. ||2 BT-Drs. 17/5335, 21 li. Sp. (noch für die gerichtsinterne Mediation). ||3 BT-Drs. 17/8058, 18 li. Sp. ||4 BT-Drs. 17/8058, 17 re. Sp. ||5 *Francken*, NZA 2012, 836 (839). ||6 BT-Drs. 17/5335, 13 re. Sp.; BT-Drs. 17/8058, 21 li. Sp. ||7 *Ahrens*, NJW 2012, 2465 (2469). ||8 BGH 10.10.1989 – VI ZR 78/89, MDR 1990, 232.

54a Mediation, außergerichtliche Konfliktbeilegung

(1) Das Gericht kann den Parteien eine Mediation oder ein anderes Verfahren der außergerichtlichen Konfliktbeilegung vorschlagen.

(2) Entscheiden sich die Parteien zur Durchführung einer Mediation oder eines anderen Verfahrens der außergerichtlichen Konfliktbeilegung, ordnet das Gericht das Ruhen des Verfahrens an. Auf Antrag einer Partei ist Termin zur mündlichen Verhandlung zu bestimmen. Im Übrigen nimmt das Gericht das Verfahren nach drei Monaten wieder auf, es sei denn, die Parteien legen übereinstimmend dar, dass eine Mediation oder eine außergerichtliche Konfliktbeilegung noch betrieben wird.

1 Abs. 1 eröffnet dem Gericht die Möglichkeit, den Parteien eine **außergerichtliche Konfliktbeilegung** vorzuschlagen. Die Norm dient dem Ziel, die außergerichtliche Konfliktbeilegung auch bei bereits rechtshängigen Streitigkeiten zu ermöglichen[1]. Daneben besteht die Möglichkeit, die Parteien nach § 54 VI für die Güteverhandlung sowie deren Fortsetzung vor einen Güterichter als ersuchten Richter zu verweisen.

2 Entscheiden sich die Parteien zur Durchführung der selbst gewählten oder vom Gericht vorgeschlagenen außergerichtlichen Konfliktbeilegung, hat das Gericht nach Abs. 2 S. 1 das **Ruhen des Verfahrens** anzuordnen. Mit Abs. 2. S. 2 wird klargestellt, dass während des Ruhens des Verfahrens auf Antrag auch nur einer Partei Termin zur mündlichen Verhandlung zu bestimmen ist. Dies gilt selbst dann, wenn das Verfahren der außergerichtlichen Konfliktbeilegung noch läuft.

3 Abs. 2 S. 3 dient der Wahrung des **Beschleunigungsgrundsatzes**. Er stellt sicher, dass Verfahren, die wegen einer (vom Gericht vorgeschlagenen) außergerichtlichen Konfliktbeilegung oder eines Güterichterverfahrens ruhen, in der Hauptsache zeitnah weiter betrieben werden. Daher hat das Gericht das Verfahren nach drei Monaten wieder aufzunehmen, es sei denn, die Parteien legen übereinstimmend dar, dass eine außergerichtliche Konfliktbeilegung noch betrieben wird.

4 Mangels abweichender Regelungen sind **fristgebundene Klagen** (zB § 4 KSchG, § 17 TzBfG, § 21 TzBfG, tarifl. Klagefrist in zweistufiger Ausschlussfrist) trotz laufender außergerichtlicher Verfahren der Konfliktbeilegung in der Klagefrist zu erheben. Diese ist wegen der außergerichtlichen Verfahren nicht gehemmt. Abweichendes gilt für die Verjährung. Diese ist nach § 203 S. 1 BGB gehemmt. Gespräche über die Einleitung einer außergerichtlichen Konfliktbeilegung und die Durchführung der außergerichtlichen Konfliktbeilegung sind Verhandlungen iSv. § 203 S. 1 BGB[2].

55 Alleinentscheidung durch den Vorsitzenden

(1) Der Vorsitzende entscheidet außerhalb der streitigen Verhandlung allein

1. bei Zurücknahme der Klage;
2. bei Verzicht auf den geltend gemachten Anspruch;
3. bei Anerkenntnis des geltend gemachten Anspruchs;
4. bei Säumnis einer Partei;
4a. über die Verwerfung des Einspruchs gegen ein Versäumnisurteil oder einen Vollstreckungsbescheid als unzulässig;
5. bei Säumnis beider Parteien;
6. über die einstweilige Einstellung der Zwangsvollstreckung;
7. über die örtliche Zuständigkeit;
8. über die Aussetzung und Anordnung des Ruhens des Verfahrens;
9. wenn nur noch über die Kosten zu entscheiden ist;
10. bei Entscheidungen über eine Berichtigung des Tatbestandes, soweit nicht eine Partei eine mündliche Verhandlung hierüber beantragt;
11. im Fall des § 11 Abs. 3 über die Zurückweisung des Bevollmächtigten oder die Untersagung der weiteren Vertretung.

(2) Der Vorsitzende kann in den Fällen des Absatzes 1 Nr. 1, 3 und 4a bis 10 eine Entscheidung ohne mündliche Verhandlung treffen. Dies gilt mit Zustimmung der Parteien auch in dem Fall des Absatzes 1 Nr. 2.

(3) Der Vorsitzende entscheidet ferner allein, wenn in der Verhandlung, die sich unmittelbar an die Güteverhandlung anschließt, eine das Verfahren beendende Entscheidung ergehen kann und die Parteien übereinstimmend eine Entscheidung durch den Vorsitzenden beantragen; der Antrag ist in die Niederschrift aufzunehmen.

(4) Der Vorsitzende kann vor der streitigen Verhandlung einen Beweisbeschluss erlassen, soweit er anordnet

---

[1] BT-Drs. 17/5335, 20 re. Sp. ||[2] BT-Drs. 17/5335, 11 re. Sp.

1. eine Beweisaufnahme durch den ersuchten Richter;
2. eine schriftliche Beantwortung der Beweisfrage nach § 377 Abs. 3 der Zivilprozessordnung;
3. die Einholung amtlicher Auskünfte;
4. eine Parteivernehmung;
5. die Einholung eines schriftlichen Sachverständigengutachtens.

Anordnungen nach den Nummern 1 bis 3 und 5 können vor der streitigen Verhandlung ausgeführt werden.

I. Inhalt und Zweck. Die Befugnisse des Vorsitzenden werden insb. in den §§ 53, 55 und 56 geregelt. Während § 53 allein die Befugnisse des Vorsitzenden außerhalb der mündlichen Verhandlung bzw. im Rahmen der Rechtshilfe regelt, wird in § 55 das Alleinentscheidungsrecht des Vorsitzenden auch für Fälle festgelegt, in denen eine mündliche, jedoch nicht streitige Verhandlung (Gütetermin nach § 54) stattfinden muss. Ergeht der Beschluss außerhalb der mündlichen Verhandlung, folgt das Alleinentscheidungsrecht des Vorsitzenden aus § 53 I. Ergeht die Entscheidung in Anwesenheit der ehrenamtlichen Richter innerhalb der streitigen Verhandlung, sind diese auch in den in Abs. 1 Nr. 1–11 genannten Fällen zu beteiligen. In § 56 wiederum sind die Befugnisse des Vorsitzenden zur Vorbereitung der streitigen Verhandlung geregelt. Nach § 64 VII finden Abs. 1, 2 u. 4 auch im Berufungsverfahren Anwendung. § 55 findet aber mangels Inbezugnahme weder im Revisionsverfahren (§ 72 VI) noch im Beschlussverfahren (§ 80 II) Anwendung. Die abschließenden Regelungen des § 55 schließen eine Anwendung des § 349 II ZPO (Befugnisse des Vorsitzenden einer Kammer für Handelssachen), des § 358a ZPO (Beweisbeschluss vor mündlicher Verhandlung im amts- und landgerichtlichen Verfahren) und der §§ 526 f. ZPO (Befugnisse des Einzelrichters im Berufungsverfahren bei den ordentl. Gerichten) aus. In den nicht in § 55 erwähnten Fällen müssen regelmäßig die ehrenamtlichen Richter beteiligt werden. Soweit eine Befugnis des Vorsitzenden zur Alleinentscheidung besteht, ist die Beteiligung der ehrenamtlichen Richter an der Entscheidung unzulässig. Durch § 55 wird der gesetzl. Richter für besondere Fälle bestimmt[1].

II. Alleinentscheidung auf Grund gesetzlicher Ermächtigung (Abs. 1). 1. Klagerücknahme (Nr. 1). Die Klagerücknahme ist der Widerruf des Gesuchs um Rechtsschutz in diesem Prozess. Den materiellrechtl. Anspruch lässt sie unberührt. Die Klagerücknahme kann den ganzen prozessualen Anspruch oder einen selbständigen Teil davon betreffen. Zeitlich ist sie möglich ab Rechtshängigkeit (§ 261 ZPO) ohne Rücksicht auf die Zulässigkeit der Klage. Als Prozesshandlung muss sie nicht ausdrücklich, aber eindeutig und unzweifelhaft sein[2]. Die Rücknahmeerklärung ist in dem zu beendenden Rechtsstreit an das Prozessgericht entweder in der mündlichen Verhandlung oder durch Einreichen eines bestimmenden Schriftsatzes zu richten (§ 269 II 2 ZPO). Die Klagerücknahme ist bindend. Sie kann nicht widerrufen und nicht angefochten, jedoch mit Einverstandnis der beklagten Partei rückgängig gemacht werden. Die Einwilligung des Beklagten zur Klagerücknahme ist nötig, sobald die Anträge gestellt wurden (§ 54 II 1). Die Einwilligung als Prozesshandlung unterliegt den gleichen Anforderungen wie die Klagerücknahme. Wird die Klagerücknahme durch Schriftsatz erklärt, ist dieser dem Gegner zuzustellen, wenn seine Einwilligung zur Wirksamkeit der Zurücknahme der Klage erforderlich ist. Widerspricht die beklagte Partei in diesem Fall der Zurücknahme der Klage nicht innerhalb einer Notfrist von zwei Wochen seit der Zustellung des Schriftsatzes, so gilt die Einwilligung als erteilt, wenn die beklagte Partei zuvor auf diese Folge hingewiesen worden ist (§ 269 II 3 u. 4 ZPO). Auf Grund wirksamer Klagerücknahme entfallen rückwirkend sämtliche prozessualen Wirkungen der Rechtshängigkeit (§§ 261–266 ZPO) und materiell-rechtl. Wirkungen (§ 262 ZPO) nach sachlichem Recht, nicht aber die im Prozess abgegebenen privatrechtl. Erklärungen, wie zB eine Aufrechnung. Verlangt die Ausschlussfrist gerichtl. Geltendmachung des Anspruchs, so entfällt die fristwahrende Wirkung der Klageerhebung, wenn die Klage zurückgenommen wird. Wird bei einer zweistufigen tarifl. Verfallfrist die Verfallfrist wahrende Klage zurückgenommen, so führt eine erneute Klage nach Ablauf der Verfallfrist nicht dazu, dass die Verfallfrist als durch die erste Klage eingehalten gilt[3]. Noch nicht rechtskräftig gewordene Entscheidungen werden ohne Aufhebung wirkungslos (vgl. § 269 III 1 Hs. 2 ZPO). Die klagende Partei hat die ganzen Kosten des Rechtsstreits – auch den durch Säumnis der beklagten Partei entstandenen Teil – zu tragen (vgl. § 269 III 2 ZPO), soweit nicht bereits rechtskräftig über sie erkannt oder sie dem Beklagten aus einem anderen Grund aufzuerlegen sind. Ist der Anlass zur Einreichung der Klage vor Rechtshängigkeit weggefallen und wird die Klage daraufhin unverzüglich zurückgenommen, so bestimmt sich die Kostentragungspflicht unter Berücksichtigung des bisherigen Sach- und Streitstandes nach billigem Ermessen (§ 269 III 2 u. 3 ZPO). Wegen des Ausschlusses der Kostenerstattung im erstinstanzlichen Verfahren (§ 12a I 1) betrifft die Kostentragungspflicht allein die bei Gericht entstandenen Kosten.

Auf Antrag der beklagten Partei sind die Wirkungslosigkeit eines bereits ergangenen Urteils und die Kostentragungspflicht durch Beschluss auszusprechen (§ 269 IV ZPO). Der Beschluss bedarf keiner mündlichen Verhandlung (Abs. 2 S. 1); er unterliegt der sofortigen Beschwerde, wenn der Streitwert

---

1 LAG Berlin 14.7.1997 – 9 Sa 52/97, LAGE § 626 BGB Nr. 108; aA ArbG Bamberg 29.10.1997 – 1 Ca 675/97, NZA 1998, 904. ||2 BGH 22.5.1989 – VII ZR 129/88, MDR 1989, 536. ||3 BAG 19.2.2003 – 4 AZR 168/02.

der Hauptsache 600 Euro übersteigt (§ 269 V ZPO). Ergeht der Beschluss außerhalb der mündlichen Verhandlung, folgt das Alleinentscheidungsrecht des Vorsitzenden aus § 53 I; wird der Beschluss innerhalb der streitigen Verhandlung erlassen, besteht kein Alleinentscheidungsrecht.

4 Wird zwischen den Parteien über die Wirksamkeit einer Klagerücknahme gestritten, besteht kein Alleinentscheidungsrecht des Vorsitzenden. Darüber ist vielmehr von der Kammer unter Beteiligung der ehrenamtlichen Richter unter Fortsetzung des bisherigen Verfahrens zu entscheiden. Bei Annahme einer wirksamen Klagerücknahme ist dies durch Endurteil festzustellen und sodann durch Beschluss über die Kosten nach § 269 III 2 ZPO zu entscheiden. Wird eine wirksame Klagerücknahme verneint, so ist dies entweder im Zusammenhang mit dem Urteil in der Hauptsache oder durch Zwischenurteil nach § 303 ZPO zu entscheiden[1].

5 Das Alleinentscheidungsrecht nach Abs. 1 Nr. 1 besteht nicht für den Fall beiderseitiger Erklärung des Rechtsstreits in der Hauptsache für erledigt. Durch diese Prozesserklärungen wird der Rechtsstreit in der Hauptsache beendet, während er hinsichtlich der Kostentragungspflicht rechtshängig bleibt. Wegen des Ausschlusses der Kostenerstattung im erstinstanzlichen Verfahren (§ 12a I 1) betrifft die Kostentragungspflicht – wie bei der Klagerücknahme – allein die bei Gericht entstandenen Kosten. Die Kostenentscheidung kann ohne mündliche Verhandlung und in dem Fall nach § 53 I durch den Vorsitzenden ergehen. Im Falle der streitigen Verhandlung entscheidet die Kammer über die Kosten, ansonsten der Vorsitzende nach Abs. 1 Nr. 9.

6 **2. Verzicht (Nr. 2).** Verzicht (§ 306 ZPO) ist die Erklärung der klagenden Partei an das Gericht, dass der geltend gemachte prozessuale Anspruch nicht besteht. Er enthält die endgültige Zurücknahme der aufgestellten Rechtsbehauptung und führt deshalb auf Antrag zur sachlichen Klageabweisung. Die Verzichtserklärung muss nicht ausdrücklich, aber als Prozesshandlung eindeutig und bedingungslos sein. Aus Abs. 2 S. 2 folgt mittelbar, dass in Abweichung von § 306 ZPO der Verzicht auch außerhalb der mündlichen Verhandlung erklärt werden kann. Der Verzicht muss nicht den gesamten Klageanspruch erfassen; es genügt, wenn auf einen abtrennbaren Teil eines Anspruchs verzichtet wird[2]. Bei Teilverzicht muss wegen der dem § 301 II ZPO vorgehenden Regelung in § 306 ZPO ein Verzichts-Teilurteil ergehen.

7 Allein die Verzichtserklärung beseitigt nicht die Rechtshängigkeit des prozessualen Anspruchs, sie berechtigt die beklagte Partei jedoch zum Antrag auf Erlass eines Verzichtsurteils. Nach Abs. 1 Nr. 2 kann dieses außerhalb der streitigen Verhandlung durch den Vorsitzenden erlassen werden. Hierfür bedarf es grds. einer mündlichen Verhandlung. Mit Zustimmung der Parteien kann nach Abs. 2 S. 2 ohne mündliche Verhandlung entschieden werden.

8 **3. Anerkenntnis (Nr. 3).** Anerkenntnis nach § 307 ZPO ist die Erklärung der beklagten Partei an das Gericht, dass der von der klagenden Partei geltend gemachte prozessuale Anspruch besteht. Gegenstand des Anerkenntnisses ist der prozessuale Anspruch selbst, mag er auf Leistung, Feststellung oder Gestaltung gerichtet sein. Die Erklärung muss als Prozesshandlung nicht ausdrücklich, aber eindeutig und bedingungslos sein. Das Anerkenntnis kann auch außerhalb der mündlichen Verhandlung erklärt werden (§ 307 S. 2 ZPO). Verwahrung gegen die Kosten schadet nicht. Teilanerkenntnis ist wie Teilverzicht möglich.

9 Auf die Anerkenntniserklärung hin ist dem Anerkenntnis gemäß zu verurteilen, ohne dass es eines Antrags auf Erlass eines Anerkenntnisurteils bedarf. Dieses kann nach Abs. 1 Nr. 3 außerhalb der streitigen Verhandlung der Vorsitzende erlassen, wozu es nach Abs. 2 S. 1 keiner mündlichen Verhandlung bedarf.

10 **4. Säumnis einer Partei und unzulässiger Einspruch (Nr. 4 u. 4a).** Säumnis einer Partei liegt vor, wenn sie nach Aufruf der Sache nicht erscheint (§ 330 ZPO) oder nicht verhandelt (§ 333 ZPO). Sie muss jedoch ordnungsgemäß, insb. rechtzeitig geladen sein (§ 335 I Nr. 2 ZPO). Ihr muss tatsächliches mündliches Vorbringen oder ein Antrag rechtzeitig mittels Schriftsatzes mitgeteilt worden sein (§ 335 I Nr. 3 ZPO) und das Gericht darf nicht dafür halten, dass die Partei ohne ihr Verschulden am Erscheinen verhindert ist (Vertagung von Amts wegen nach § 337 ZPO).

11 Im Fall der Säumnis einer Partei folgt für den Vorsitzenden aus Abs. 1 Nr. 4 ein Alleinentscheidungsrecht für alle Entscheidungen außerhalb der streitigen Verhandlung, die auf die Säumnis zurückzuführen sind. Der Vorsitzende ist berechtigt zum Erlass eines echten Versäumnisurteils (§ 330 ZPO), eines sog. unechten Versäumnisurteils (§ 331 II ZPO), zur Entscheidung nach Lage der Akten (§ 331a ZPO)[3], zur Entscheidung über die Zurückweisung des Antrags auf Erlass des Versäumnisurteils nach § 335 ZPO oder zur Vertagung nach § 337 ZPO sowie zum Erlass des zweiten Versäumnisurteils nach § 345 ZPO. Alle diese Entscheidungen bedürfen der mündlichen Verhandlung (vgl. Abs. 2 S. 1). Durch Nr. 4a

---

1 LAG Hess. 14.8.2006 – 9 Ta 25/06. ||2 BAG 26.10.1979 – 7 AZR 752/77, AP Nr. 5 zu § 9 KSchG 1969. ||3 Vgl. zum Streit über die Zulässigkeit der Aktenlageentscheidung bereits nach vorausgegangener Güteverhandlung ArbG Köln 8.3.2013 – 2 Ca 4314/12; 2.9.2011 – 2 Ca 2969/11, LAGE § 251a ZPO 2002 Nr. 2; LAG Hamm 4.3.2011 – 18 Sa 907/10; *Gravenhorst*, jurisPR-ArbR 31/2011 Anm. 6.

wird die Alleinentscheidungsbefugnis des Vorsitzenden auf die Verwerfung unzulässiger Einsprüche gegen ein Versäumnisurteil oder einen Vollstreckungsbescheid erweitert. Eine Beteiligung der ehrenamtlichen Richterinnen und Richter ist nicht erforderlich, zumal der Vorsitzende befugt ist, das mit dem Einspruch angegriffene Versäumnisurteil allein zu erlassen (§ 55 I Nr. 4 u. 5).

5. Säumnis beider Parteien (Nr. 5). Bei Säumnis beider Parteien außerhalb der streitigen Verhandlung steht dem Vorsitzenden nach Abs. 1 Nr. 5 ein Alleinentscheidungsrecht zu. Dies umfasst die Kompetenz zur Entscheidung nach Lage der Akten (§ 251a I ZPO; str., ob im ersten Kammertermin nach dem Gütetermin[1]), Vertagung nach § 251a III ZPO iVm. § 227 ZPO oder Anordnung des Ruhens des Verfahrens nach § 251a III ZPO. 12

Die Entscheidungen können vom Vorsitzenden auch ohne mündliche Verhandlung getroffen werden (vgl. Abs. 2 S. 1). Für die Güteverhandlung gilt für den Fall der Säumnis beider Parteien § 54 V. 13

6. Einstweilige Einstellung der Zwangsvollstreckung (Nr. 6). Wird ohne mündliche Verhandlung über den Antrag auf einstw. Einstellung der Zwangsvollstreckung (§ 62 I 2 ArbGG, §§ 707 I, 719, 769 ZPO) entschieden (vgl. Abs. 2 S. 1), folgt die Befugnis des Vorsitzenden zur Alleinentscheidung aus § 53 I. In Fällen der Entscheidung auf Grund mündlicher Verhandlung ergibt sich das Alleinentscheidungsrecht aus Abs. 1 Nr. 6, sofern keine streitige Verhandlung erfolgt. 14

7. Örtliche Zuständigkeit (Nr. 7). Das Alleinentscheidungsrecht des Vorsitzenden über die örtliche Zuständigkeit nach § 48 I ArbGG iVm. §§ 17–17b GVG folgt aus Nr. 7. 15

8. Aussetzung oder Anordnung des Ruhens des Verfahrens (Nr. 8). a) Allgemeines. Das Alleinentscheidungsrecht des Vorsitzenden über die Aussetzung und Anordnung des Ruhens des Verfahrens beruht auf Nr. 8. Der Vorsitzende kann die Aussetzung des Verfahrens anordnen, wenn die Entscheidung des Rechtsstreits ganz oder zT von dem Bestehen oder Nichtbestehen eines Rechtsverhältnisses abhängt, das den Gegenstand eines anderen anhängigen Rechtsstreits bildet oder von einer Verwaltungsbehörde festzustellen ist (§ 148 ZPO) oder sich im Laufe eines Rechtsstreits der Verdacht einer Straftat ergibt, deren Ermittlung auf die Entscheidung von Einfluss ist (§ 149 ZPO). Auch eine Teilaussetzung kommt in Betracht[2]. Für eine Aussetzung allein wegen Zustimmung der Parteien fehlt die Rechtsgrundlage; in der Sache geht es um die Anordnung des Ruhens des Verfahrens nach § 251 ZPO. 16

Das Verfahren muss vom Vorsitzenden ausgesetzt werden, wenn in Fällen des Todes, des Verlustes der Prozessfähigkeit, des Wegfalls des gesetzl. Vertreters, der Anordnung einer Nachlassverwaltung oder der Eintritts der Nacherbfolge eine Vertretung durch einen Prozessbevollmächtigten stattfand (auf Antrag; § 246 ZPO). Nach § 54a II 1 hat der Vorsitzende das Ruhen des Verfahrens anzuordnen, wenn sich die Parteien zur Durchführung einer Mediation oder eines anderen Verfahrens der außergerichtlichen Konfliktbeilegung entschieden haben. 17

b) Aussetzung bei Vorabentscheidungsverfahren. Keine reine prozessleitende Maßnahme liegt vor, wenn die Verfassungswidrigkeit von Gesetzen (Art. 100 I GG) oder europarechtl. Fragen (Vorabentscheidungsverfahren nach Art. 267 AEUV) vorab zu klären ist. Insoweit ist von der Zuständigkeit der Kammer für die Vorlageentscheidung auszugehen. Die infolge Einleitung des Vorabentscheidungsverfahrens gebotene Aussetzungsentscheidung hat dann der Vorsitzende zu erlassen. 18

c) Aussetzung bei Vorgreiflichkeit. Die Aussetzung des Verfahrens nach §§ 148f. ZPO ist eine prozessleitende Maßnahme, die – bei Vorliegen der Voraussetzungen für die Aussetzung – im pflichtgemäßen Ermessen des Gerichts steht und nicht der Prozessverschleppung Vorschub leisten darf. Grds. ist dem Beschleunigungsgrundsatz (§ 9 I 1, 61a ArbGG) ggü. der Aussetzungsmöglichkeit nach § 148 ZPO der Vorrang einzuräumen, wenn nicht gewichtige Gründe die Aussetzung gebieten[3]. Sie muss erkennen lassen, dass das ArbG die Vor- und Nachteile gegeneinander abgewogen hat[4]. Kann das ArbG, das mit verschiedenen Prozessen derselben Partei befasst ist, der Gefahr divergierender Entscheidungen in den Instanzen durch eine Verfahrensverbindung begegnen, so muss der Verfahrensverbindung regelmäßig ggü. der Aussetzung der Vorzug gegeben werden[5]. Dies gilt auch, wenn mehrere Rechtsstreite um verschiedene Kündigungen rechtshängig sind[6]. Es ist nicht zulässig, von mehreren Parallelprozessen nur einen durchzuführen und die anderen auszusetzen. Treffen die Parteien eine Musterprozessvereinbarung, kommt die Anordnung des Ruhens des Verfahrens nach § 251 ZPO in Betracht. 19

---

1 Vgl. LAG Hess. 31.10.2000 – 9 Sa 2072/99, MDR 2001, 517; GMP/*Germelmann*, § 55 Rz. 18; aA GK-ArbGG/*Schütz*, § 55 Rz. 33. ||2 LAG Hess. 17.1.2000 – 9 Ta 32/00. ||3 BAG 26.9.1991 – 2 AZR 132/91, AP Nr. 28 zu § 1 KSchG 1969 Krankheit; LAG Schl.-Holst. 25.9.1998 – 6 Ta 137/98, AP Nr. 5 zu § 148 ZPO; LAG München 22.2.1989 – 7 Ta 25/89, LAGE § 148 ZPO Nr. 20. ||4 LAG Düss. 16.2.1989 – 7 Ta 56/89, LAGE § 148 ZPO Nr. 21. ||5 LAG Hamm 20.10.1983 – 8 Ta 291/83, LAGE § 148 ZPO Nr. 13; LAG Schl.-Holst. 25.9.1998 – 6 Ta 137/98, AP Nr. 5 zu § 148 ZPO; LAG Hess. 20.10.1995 – 16 Ta 414/95; LAG Sa.-Anh. 22.9.1995 – 2 Ta 140/95, LAGE § 148 ZPO Nr. 29. ||6 LAG Schl.-Holst. 25.9.1998 – 6 Ta 137/98, AP Nr. 5 zu § 148 ZPO; LAG Hess. 13.8.1999 – 5 Ta 512/99, LAGE § 148 ZPO Nr. 36; 11.8.1999 – 5 Ta 513/99, LAGE § 148 ZPO Nr. 35; aA LAG Hess. 17.1.2000 – 9 Ta 32/00 (das von dem Grundsatz der Aussetzung der Verhandlung über zeitlich später wirkende Kündigungen ausgeht).

20 In der arbeitsgerichtl. Praxis ist die Aussetzung nach § 148 ZPO wegen einer anderen Entscheidung von besonderer Bedeutung. Die Entscheidung in dem anderen Rechtsstreit oder Verwaltungsverfahren muss vorgreiflich sein für die Entscheidung, die in dem auszusetzenden Verfahren ergehen soll. Dies ist nur der Fall, wenn im anderen Verfahren über ein Rechtsverhältnis entschieden wird, dessen Bestehen für den vorliegenden Rechtsstreit präjudizielle Bedeutung hat. Das Rechtsverhältnis muss den Gegenstand des anderen Verfahrens bilden, darf dort nicht nur Vorfrage sein. Eine Aussetzung wegen Vorgreiflichkeit darf erst dann erfolgen, wenn feststeht, dass der anstehende Rechtsstreit nicht aus anderen Gründen zu einer Entscheidung gebracht werden kann; es reicht nicht aus, wenn der anstehende Rechtsstreit möglicherweise von dem Ausgang des anderen Rechtsstreits abhängt[1].

21 Wird ein Entgeltprozess über kündigungsabhängige Entgeltansprüche gesondert geführt, so braucht das ArbG im Allg. weder die Rechtskraft des zu Gunsten des ArbN ergangenen Bestandsschutzurteils noch das Ergebnis des Berufungsverfahrens abzuwarten. Für eine Aussetzung des Rechtsstreits über die kündigungsabhängigen Entgeltansprüche ist regelmäßig kein Raum[2]. Eine Aussetzung des Verfahrens über einen Beschäftigungsanspruch bis zum rechtskräftigen Abschluss eines anhängigen Rechtsstreits über die Wirksamkeit der Kündigung ist nicht zwingend[3], sondern kommt nur in engen Grenzen in Betracht[4]. Ist ein Sozialplan wegen Wegfalls der Geschäftsgrundlage durch die Betriebsparteien anzupassen, ist ein Rechtsstreit über die Sozialplanabfindung in entsprechender Anwendung von § 148 ZPO auszusetzen[5]. Wird jedoch in einem Beschlussverfahren nach § 76 V 4 BetrVG die Unwirksamkeit eines Sozialplans geltend gemacht, so führt das nicht zu einer Regelaussetzung[6].

22 Solange die „Zweigleisigkeit" des Rechtsweges bei der Kündigung von schwerbehinderten oder diesen gleichgestellten behinderten Menschen besteht, muss immer mit divergierenden Entscheidungen der ArbG und der VerwG gerechnet werden. Das bedingt nach Auffassung des Sechsten Senats des BAG die Notwendigkeit der Aussetzung eines Kündigungsschutzprozesses, wenn die erteilte Zustimmung des Integrationsamtes angefochten wird[7], während es nach dem Zweiten Senat im Ermessen des Gerichts steht, ob es den von einem schwerbehinderten oder diesem gleichgestellten behinderten Menschen anhängig gemachten Kündigungsschutzprozess nach § 148 ZPO aussetzt, solange die Anfechtung der Zustimmung des Integrationsamtes zu der Kündigung noch nicht rechtskräftig entschieden ist, wenn es die Kündigung für sozial gerechtfertigt hält[8]. Hat der ArbN im Kündigungsschutzprozess geltend gemacht, ein von ihm anhängig gemachtes Verfahren zur Feststellung der Schwerbehinderteneigenschaft sei noch nicht abgeschlossen, so kann eine Aussetzung erst in Betracht kommen, wenn zu überblicken ist, dass es entscheidend auf den Schwerbehindertenschutz ankommt[9].

23 § 148 ZPO ist über seinen Wortlaut hinaus auf vergleichbare Fallgestaltungen entsprechend anwendbar, zB bei demnächst zu erwartender Klärung von Rechtsfragen durch das BAG, die für andere bei unteren Instanzgerichten anhängige Verfahren allein streitentscheidend sind[10].

24 **d) Aussetzung bei Verdacht einer Straftat.** Eine Aussetzung nach § 149 ZPO kommt nur in Betracht, wenn das aussetzende Gericht selbst davon überzeugt ist, dass sich ein Prozessbeteiligter dem Verdacht einer strafbaren Handlung ausgesetzt hat[11]. Liegt dem Strafverfahren und dem Verfahren vor dem ArbG nahezu derselbe Sachverhalt zugrunde, findet eine Aussetzung nicht statt[12]. Beschränkt sich der ArbGeb allerdings im Rechtsstreit über eine außerordentl. Verdachtskündigung ggü. einem Angestellten darauf, den Inhalt des Haftbefehls als Tatsachengrundlage des kündigungsbegründenden Verdachts vorzutragen und dies ergänzend in das „Zeugnis" des ermittlungsführenden Staatsanwalts zu stellen, so ist eine Aussetzung des arbeitsgerichtl. Verfahrens nicht ermessensfehlerhaft, sondern sogar angezeigt[13].

25 Aus Gründen der Prozessökonomie kann es ausnahmsweise zulässig sein, wenn es bei der Entscheidung auf die Gültigkeit eines Gesetzes ankommt, gegen das verfassungsrechtl. Bedenken bestehen, nicht nach Art. 100 GG zu verfahren, sondern den Rechtsstreit in entsprechender Anwendung des § 148

---

1 LAG Düss. 11.3.1992 – 7 Ta 58/92, LAGE § 148 ZPO Nr. 25.   ‖**2** LAG Hess. 3.7.2002 – 12 Ta 213/02, BB 2002, 2075; LAG Thür. 27.6.2001 – 6/9 Ta 160/00; LAG Hamm 18.4.1985 – 8 Ta 96/85, LAGE § 148 ZPO Nr. 4; LAG Köln 21.11.1985 – 5 Ta 208/85, NZA 1986, 140; 17.12.1985 – 9 Ta 230/85, NZA 1986, 404; LAG Nürnberg 9.7.1986 – 3 Ta 8/86, NZA 1987, 211; LAG Düss. 23.12.1982 – 7 Ta 299/82, EzA § 148 ZPO Nr. 13; LAG Köln 14.12.1992 – 11 Ta 234/92, LAGE § 148 ZPO Nr. 26; 24.11.1997 – 4 Ta 343/97, LAGE § 148 ZPO Nr. 32; aA LAG Berlin 2.12.1993 – 9 Ta 24/93, LAGE § 148 ZPO Nr. 28.   ‖**3** BAG 27.2.1985 – GS 1/84, AP Nr. 14 zu § 611 BGB Beschäftigungspflicht.   ‖**4** LAG Köln 17.5.1991 – 5 Ta 107/91, LAGE § 148 ZPO Nr. 23.   ‖**5** BAG 28.8.1996 – 10 AZR 886/95, AP Nr. 104 zu § 112 BetrVG 1972.   ‖**6** LAG Berlin 22.11.1983 – 3 Ta 11/83.   ‖**7** BAG 25.11.1980 – 6 AZR 210/80, AP Nr. 7 zu § 12 SchwbG.   ‖**8** BAG 26.9.1991 – 2 AZR 132/91, AP Nr. 28 zu § 1 KSchG 1969 Krankheit; LAG Köln 3.2.1997 – 5 Ta 30/97, LAGE § 148 ZPO Nr. 31; LAG Berlin 25.7.1996 – 10 Sa 46/96; LAG Hess. 11.2.1994 – 3 Ta 465/93; 12.11.1993 – 15 Ta 346/93, BB 1994, 944; LAG Köln 17.3.1992 – 10 Ta 4/92, LAGE § 148 ZPO Nr. 24; LAG Hess. 15.3.1990 – 2 Ta 41/90, LAGE § 15 SchwbG 1986 Nr. 2.   ‖**9** LAG Hamm 10.2.1983 – 8 Ta 363/82, ArbuR 1983, 187; LAG Berlin 24.6.1991 – 9 Sa 20/91, LAGE § 1 KSchG Personenbedingte Kündigung Nr. 8; LAG Köln 21.6.1996 – 11 Sa 260/96 (betr. Gleichstellungsantrag); 19.12.1995 – 13 Sa 928/95, LAGE § 1 KSchG Krankheit Nr. 22 (betr. Gleichstellungsantrag).   ‖**10** BAG 12.3.1996 – 3 AZR 993/94, AP Nr. 1 zu § 24 TV Arb Bundespost; LAG Sa.-Anh. 11.12.1997 – 4 (8) Ta 288/97.   ‖**11** LAG Hess. 8.3.1988 – 13 Ta 66/88.   ‖**12** LAG Berlin 12.10.1981 – 9 Ta 3/81, AP Nr. 1 zu § 149 ZPO 1977.   ‖**13** LAG Hess. 26.2.1991 – 12 Ta 154/91, DB 1992, 48.

ZPO bis zur Entscheidung des BVerfG in einem bereits anhängigen Verfahren des BVerfG nach Art. 100 GG über die Gültigkeit der anzuwendenden Vorschrift auszusetzen[1].

e) **Verfahren.** Vor der Aussetzung des Verfahrens ist den Parteien Gelegenheit zur Stellungnahme zu geben, wozu die Gelegenheit zur schriftsätzlichen Stellungnahme ausreicht. Die Aussetzungsentscheidung erfolgt durch Beschluss, der zu begründen ist (§ 329 ZPO). Gegen den Aussetzungsbeschluss oder die Zurückweisung des Aussetzungsantrags des ArbG ist die sofortige Beschwerde (§ 252 ZPO iVm. § 78) gegeben. Entscheidet das LAG, ist gegen den Beschluss des LAG nur dann die Rechtsbeschwerde gegeben, wenn sie von dem LAG nach § 78 S. 2 zugelassen wurde.

9. **Kosten (Nr. 9).** Durch Nr. 9 wird die Kostenentscheidung vereinheitlicht, vereinfacht und beschleunigt. Die Alleinentscheidungsbefugnis des Vorsitzenden besteht auch dann, wenn ein Teilurteil vorausgegangen ist und deshalb die nachfolgende Kostenentscheidung eines Urteils bedarf (§ 46 II ArbGG iVm. § 308 II ZPO). Die Regelung sorgt für eine einheitliche Handhabung der Kostenentscheidung. Bei Klagerücknahme oder beidseitiger Erledigungserklärung entscheidet der Vorsitzende allein, wenn er über die Kosten durch Beschluss ohne mündliche Verhandlung entscheidet (§ 53 I 1).

10. **Tatbestandsberichtigung (Nr. 10).** Nr. 10 vereinfacht und beschleunigt die Berichtigung des Tatbestands außerhalb der mündlichen Verhandlung. Eine Berichtigung kommt in Betracht, wenn der Tatbestand Auslassungen, Dunkelheiten oder Widersprüche enthält (§ 320 I ZPO). Der Vorsitzende entscheidet allein, wenn keine der Parteien von ihrem Recht Gebrauch macht, eine mündliche Verhandlung zu beantragen (§ 46 II ArbGG iVm. § 320 III ZPO), der Fehler im Tatbestand und seine Berichtigung demnach zwischen den Parteien unstreitig ist.

11. **Zurückweisung des Bevollmächtigten (Nr. 11).** Schließlich besteht ein Alleinentscheidungsrecht des Vorsitzenden im Fall des § 11 III bei der Entscheidung über die Zurückweisung des Bevollmächtigten oder die Untersagung der weiteren Vertretung.

III. Alleinentscheidung auf Antrag beider Parteien (Abs. 3). Die Parteien können nach Abs. 3 durch übereinstimmenden Antrag eine Entscheidung des Vorsitzenden allein herbeiführen, wenn in der Verhandlung, die sich unmittelbar an die Güteverhandlung anschließt, eine das Verfahren beendende Entscheidung ergehen kann.

In der Verhandlung muss eine das Verfahren beendende Entscheidung ergehen können. Ist eine Beweisaufnahme erforderlich, kommt eine Alleinentscheidung in Betracht, wenn jene auf Grund präsenter Beweismittel sofort durchgeführt werden kann. Dies wird der Sitzungsplan häufig aus Zeitgründen nicht zulassen. Bei Vertagung fehlt bzw. entfällt eine Voraussetzung für die Alleinentscheidungsbefugnis. Eine durchgeführte Beweisaufnahme ist in diesem Fall – entsprechend der Situation bei einer Vertagung der Verhandlung vor der Kammer – nicht zu wiederholen[2]. Des Weiteren wirken sämtliche Prozesshandlungen der Parteien, die in der streitigen Verhandlung vorgenommen wurden (zB Geständnisse, Klageänderungen, Antragstellungen) im weiteren Verfahren fort.

Die Befugnis des Vorsitzenden zur Alleinentscheidung besteht nur, wenn sämtliche am Rechtsstreit beteiligten Parteien bzw. Streitgenossen übereinstimmend eine Entscheidung durch den Vorsitzenden beantragen. Der Antrag ist in das Protokoll aufzunehmen. Die Antragstellung erfolgt durch unwiderrufliche Prozesshandlung und kann auf abtrennbare, teilurteilsfähige Teile des prozessualen Anspruchs beschränkt werden. Der Antrag ist für den Vorsitzenden bindend. Er allein ist gesetzl. Richter.

Als **verfahrensbeendende Entscheidungen** kommen in Betracht: (Teil-)Urteil, Entscheidung nach § 5 KSchG über den Antrag auf nachträgliche Zulassung einer Kündigungsschutzklage, Entscheidung nach § 17 S. 2 TzBfG (iVm. § 5 KSchG) über den Antrag auf nachträgliche Zulassung einer Befristungs- oder Bedingungskontrollklage oder ein Verweisungsbeschluss.

IV. Folgen unzulässiger Alleinentscheidung. Entscheidet der Vorsitzende des ArbG trotz fehlender Befugnis zur Alleinentscheidung, liegt die Entscheidung eines nicht ordnungsgemäß besetzten Gerichts vor. Ist die Berufung statthaft, rechtfertigt der Fehler des Vorsitzenden nicht die Zurückverweisung (§ 68). Ist gegen die Entscheidung kein Rechtsmittel gegeben, besteht die Möglichkeit der Nichtigkeitsklage nach § 579 I Nr. 1 ZPO. Entsprechendes gilt für die Entscheidung des Vorsitzenden des LAG. Bei statthafter, weil zugelassener Revision, liegt der absolute Revisionsgrund des § 547 Nr. 1 ZPO vor. Ansonsten bleibt der Weg über die Nichtigkeitsklage.

V. Beweisbeschluss vor streitiger Verhandlung (Abs. 4). Unter Verdrängung von § 358a ZPO regelt Abs. 4 S. 1 für das arbeitsgerichtl. Verfahren abschließend die Möglichkeit des Erlasses eines Beweisbeschlusses vor der streitigen Verhandlung durch den Vorsitzenden[3].

---

1 BAG 28.1.1988 – 2 AZR 296/87, AP Nr. 24 zu § 622 BGB; LAG Düss. 21.4.1994 – 7 Ta 71/94. || 2 GMP/*Germelmann*, § 55 Rz. 42; GK-ArbGG/*Schütz*, § 55 Rz. 64. || 3 GK-ArbGG/*Schütz*, § 55 Rz. 33; aA GMP/*Germelmann*, § 55 Rz. 48.

34 Der Vorsitzende kann nach Nr. 1 eine Beweisaufnahme durch den ersuchten Richter (§ 362 ZPO) anordnen. Die Beweisaufnahme erfolgt dann durch ein anderes Gericht im Wege der Rechtshilfe (§ 13). Insoweit kommen in Betracht die Anordnungen

- der Aufnahme des **Zeugenbeweises** nach § 375 I ZPO, wenn von vornherein anzunehmen ist, dass das Prozessgericht das Beweisergebnis auch ohne unmittelbaren Eindruck von dem Verlauf der Beweisaufnahme sachgemäß zu würdigen vermag, und (1.) wenn zur Ermittlung der Wahrheit die Vernehmung des Zeugen an Ort und Stelle dienlich erscheint oder nach gesetzl. Vorschrift der Zeuge nicht an der Gerichtsstelle, sondern an einem anderen Ort zu vernehmen ist; (2.) wenn der Zeuge verhindert ist, vor dem Prozessgericht zu erscheinen; (3.) wenn dem Zeugen das Erscheinen vor dem Prozessgericht wegen großer Entfernung unter Berücksichtigung der Bedeutung seiner Aussage nicht zugemutet werden kann;
- der **Urkundsvorlegung** nach § 434 ZPO, wenn eine Urkunde bei der mündlichen Verhandlung wegen erheblicher Hindernisse nicht vorgelegt werden kann oder wenn es bedenklich erscheint, sie wegen ihrer Wichtigkeit und der Besorgnis ihres Verlustes oder ihrer Beschädigung vorzulegen;
- der Ausführung der **Parteivernehmung** nach § 451 ZPO iVm. § 375 ZPO.

35 Nach Nr. 2 kann der Vorsitzende eine **schriftl. Beantwortung der Beweisfrage** nach § 377 III ZPO anordnen, wenn er dies im Hinblick auf den Inhalt der Beweisfrage und die Person des Zeugen für ausreichend erachtet. Der Zeuge ist darauf hinzuweisen, dass er zur Vernehmung geladen werden kann, wobei der Vorsitzende oder auf Grund mündlicher Verhandlung die Kammer die Ladung des Zeugen anordnet, wenn dies zur weiteren Klärung der Beweisfrage für notwendig erachtet wird (§ 377 III 3 ZPO). Der Zeuge ist schriftl. zur Wahrheit zu ermahnen (§ 395 I ZPO) und über das Recht zur Zeugnisverweigerung aus persönlichen Gründen zu belehren (§ 383 II ZPO). Eine eidesstattliche Versicherung ist nicht vorgesehen.

36 Des Weiteren kann der Vorsitzende nach Nr. 3 die **Einholung amtlicher Auskünfte** anordnen. Die Anordnung darf nur Beweiszwecken, nicht der Sachverhaltsermittlung dienen.

37 Ferner kann der Vorsitzende nach Nr. 4 die **Parteivernehmung** anordnen, sofern die Voraussetzungen der §§ 445 ff. ZPO vorliegen. Einem Antrag auf Vernehmung des Beweisgegners kann der Vorsitzende nach § 445 I ZPO nachkommen, wenn eine Partei den ihr obliegenden Beweis mit anderen Beweismitteln nicht vollständig geführt oder andere Beweismittel nicht vorgebracht hat. Der Antrag ist nicht zu berücksichtigen, wenn er Tatsachen betrifft, deren Gegenteil das Gericht für erwiesen erachtet (§ 445 II ZPO). Der Vorsitzende kann auch die Vernehmung der beweispflichtigen Partei anordnen, wenn eine Partei es beantragt und die andere damit einverstanden ist. Ohne Antrag einer Partei und ohne Rücksicht auf die Beweislast kann das Gericht die Vernehmung einer Partei oder beider Parteien anordnen, wenn das Ergebnis der bisherigen Verhandlungen und einer etwaigen Beweisaufnahme nicht ausreicht, um seine Überzeugung von der Wahrheit oder Unwahrheit einer zu erweisenden Tatsache zu begründen. Dies kommt nur zur Vorbereitung eines ggf. erforderlichen weiteren Kammertermins in Betracht.

38 Schließlich kann der Vorsitzende nach Nr. 5 die **Einholung eines schriftl. Sachverst.-Gutachtens** anordnen, um die Erledigung des Rechtsstreits in möglichst einem Kammertermin zu ermöglichen.

39 Der **Inhalt des Beweisbeschlusses** richtet sich nach § 359 ZPO. Der Beweisbeschluss enthält die Bezeichnung der streitigen Tatsachen, über die der Beweis zu erheben ist (Nr. 1), die Bezeichnung der Beweismittel unter Benennung der zu vernehmenden Zeugen und/oder der zu vernehmenden Partei oder des Sachverst. (Nr. 2) und die Bezeichnung der Partei, die sich auf das Beweismittel berufen hat (Nr. 3).

40 Bis auf die Parteivernehmung (Nr. 4) können die Beweisbeschlüsse vor der streitigen Verhandlung auch ausgeführt werden (Abs. 4 S. 2).

56 *Vorbereitung der streitigen Verhandlung*

(1) Der Vorsitzende hat die streitige Verhandlung so vorzubereiten, dass sie möglichst in einem Termin zu Ende geführt werden kann. Zu diesem Zweck soll er, soweit es sachdienlich erscheint, insbesondere

1. den Parteien die Ergänzung oder Erläuterung ihrer vorbereitenden Schriftsätze sowie die Vorlegung von Urkunden und von anderen zur Niederlegung bei Gericht geeigneten Gegenständen aufgeben, insbesondere eine Frist zur Erklärung über bestimmte klärungsbedürftige Punkte setzen;
2. Behörden oder Träger eines öffentlichen Amtes um Mitteilung von Urkunden oder um Erteilung amtlicher Auskünfte ersuchen;
3. das persönliche Erscheinen der Parteien anordnen;
4. Zeugen, auf die sich eine Partei bezogen hat, und Sachverständige zur mündlichen Verhandlung laden sowie eine Anordnung nach § 378 der Zivilprozessordnung treffen.

Von diesen Maßnahmen sind die Parteien zu benachrichtigen.

(2) Angriffs- und Verteidigungsmittel, die erst nach Ablauf einer nach Absatz 1 Satz 2 Nr. 1 gesetzten Frist vorgebracht werden, sind nur zuzulassen, wenn nach der freien Überzeugung des Gerichts ihre Zulassung die Erledigung des Rechtsstreits nicht verzögern würde oder wenn die Partei die Verspätung genügend entschuldigt. Die Parteien sind über die Folgen der Versäumung der nach Absatz 1 Satz 2 Nr. 1 gesetzten Frist zu belehren.

I. Inhalt und Zweck 1	1. Allgemeines 38
II. Vorbereitung der streitigen Verhandlung (Abs. 1) 2	2. Zurückweisung nach Abs. 2 40
1. Pflicht zur Vorbereitung 3	3. Zurückweisung nach § 296 I ZPO 75
2. Vorbereitungsmaßnahmen 9	4. Zurückweisung nach §§ 296 II, 282 I ZPO . . 76
III. Zurückverweisung verspäteten Vorbringens 38	5. Zurückweisung nach §§ 296 II, 282 II ZPO . . 80
	6. Verhinderung der Zurückweisung 84

I. Inhalt und Zweck. § 56 bringt den Beschleunigungs- und Konzentrationsgrundsatz zur Geltung, wie er auch in §§ 9 I 1, 57 I 1 und 61a I zum Ausdruck kommt. Entsprechend ist § 56 im Berufungsverfahren (§ 64 VII 1), mangels Inbezugnahme aber nicht im Revisionsverfahren anwendbar. Im Beschlussverfahren gilt § 83 Ia. **1**

II. Vorbereitung der streitigen Verhandlung (Abs. 1). Abs. 1 betrifft, wie der Wortlaut eindeutig ausweist, nur die Vorbereitung der streitigen Verhandlung, nicht die des Gütetermins. Auf Grund einer Auflage nach Abs. 1 Nr. 1, die vor der Güteverhandlung erteilt worden ist, darf daher der Parteienvortrag, der „erst" in der Güteverhandlung erfolgt, nicht ausgeschlossen werden, weil damit die durch § 54 I 2 zwingend vorgeschriebene Verpflichtung, das „gesamte Streitverhältnis" mit den Parteien zu erörtern, unterlaufen würde[1]. **2**

1. Pflicht zur Vorbereitung. In Abs. 1 S. 1 wird dem Vorsitzenden die Pflicht auferlegt, die streitige Verhandlung so vorzubereiten, dass sie möglichst in einem Termin zu Ende geführt werden kann. Dadurch wird die **Konzentrations- und Beschleunigungspflicht** des Zivilgerichts nach § 273 I ZPO konkretisiert. Dem Vorsitzenden steht kein Ermessensspielraum zu, ob er sachlich gebotene Maßnahmen nach Abs. 1 anordnet. Er hat vielmehr alle Handlungen vorzunehmen, die im Interesse der Erledigung des Rechtsstreits im ersten streitigen Termin erforderlich sind. Ein Beurteilungsspielraum wird dem Vorsitzenden insoweit zugesprochen, als er prüfen muss, ob und welche Maßnahmen notwendig sind, um das Ziel der möglichst frühzeitigen Beendigung des Rechtsstreits zu erreichen. **3**

Eilanordnungen werden jedoch vom Vorsitzenden nicht erwartet. Dem Gericht werden nur solche Vorbereitungsmaßnahmen zugemutet, die im normalen Geschäftsgang noch ausführbar sind[2]. **4**

Der Vorsitzende ist auch nicht gehalten, jede denkbare Maßnahme vorsorglich anzuordnen. Er ist nicht verpflichtet, jeden schriftl. angebotenen Beweis vor der streitigen Verhandlung vorzubereiten oder gar nach § 55 IV zu erheben. **5**

Die **Vorbereitung einer Beweiserhebung** kommt idR nur dann in Betracht, wenn durch einzelne Beweismittel bestimmte Streitpunkte in der Verhandlung geklärt werden können; ihr Zweck ist nicht, eine umfangreiche, nicht überschaubare Beweisaufnahme in der ersten Verhandlung zu ermöglichen. Daher wird eine Pflicht zur Vorbereitung der Beweiserhebung abgelehnt bei beiderseits umfangreichen Beweisantritten, bei Zweifeln über Fragen der Beweislast, bei erst kurz vor dem – zeitlich ausgebuchten – Termin angebotenen Beweisen sowie bei erkennbarer Unmöglichkeit, alle notwendigen Beweise bereits im ersten Termin zu erheben. Von der vorsorglichen Ladung von Zeugen und Sachverst. kann Abstand genommen werden, wenn noch nicht absehbar ist, welche Tatsachen streitig bleiben. Entsprechendes gilt, wenn erst ein komplizierter Streitstoff in der mündlichen Verhandlung geklärt werden soll bzw. wenn möglicherweise eine solche Beweisaufnahme überflüssig werden könnte[3]. **6**

Generell wird die Sachdienlichkeit von kostenverursachenden Maßnahmen, wozu insb. die Zeugenladung gehört, zu verneinen sein, sofern es nicht unwahrscheinlich ist, dass sich die Maßnahmen als überflüssig erweisen[4]. Die Praxis in den Tatsacheninstanzen zeigt, dass nur in einem Bruchteil aller Rechtsstreite eine Beweisaufnahme stattzufinden braucht. Häufig ist der Rechtsstreit aus rechtl. Gründen ohne Beweisaufnahme entscheidbar oder er wird auf Grund gütlicher Einigung (§ 57 II) erledigt. Zeugenladungen auf Vorrat verzögern wegen der damit verbundenen Notwendigkeit, jeweils ausreichend Verhandlungszeit zu reservieren und entsprechend weniger Rechtsstreite am Terminstag anzusetzen, die Beschleunigung aller rechtshängigen Rechtsstreite. **7**

In Abs. 1 S. 2 ist die richterliche Pflicht zur Setzung von Fristen normiert, nicht jedoch eine solche zur Erinnerung der mit ordnungsgemäßer Belehrung über die Folgen der Fristversäumung ermahnten Parteien an die abgelaufene Frist. Die Verletzung der gerichtl. Konzentrations- und Beschleunigungspflicht ist prozessrechtlich sanktionslos. **8**

---

[1] LAG Nds. 12.12.1989 – 6 Sa 357/89, LAGE § 56 ArbGG 1979 Nr. 2. || [2] BGH 30.5.1984 – VIII ZR 20/83, MDR 1984, 837. || [3] BGH 27.2.1980 – VIII ZR 54/79, MDR 1980, 574; 13.2.1980 – VIII ZR 61/79, MDR 1980, 487. || [4] *Gift/Baur*, Urteilsverfahren, E Rz. 715.

9 **2. Vorbereitungsmaßnahmen.** Welche Maßnahmen der Vorsitzende anordnet, ist von der jeweiligen Prozesslage, insb. von dem bereits erfolgten schriftl. Vorbringen der Parteien und dem Ergebnis der Erörterung des gesamten Streitverhältnisses mit den Parteien im Gütetermin abhängig. Die Aufzählung möglicher Maßnahmen in Abs. 1 S. 2 ist dabei nicht abschließend.

10 a) **Hinweis auf Darlegungslücken und Aufklärungsdefizite (Nr. 1 Alt. 1).** Das Gericht hat nach § 139 ZPO das Sach- und Streitverhältnis, soweit erforderlich, mit den Parteien nach der tatsächlichen und rechtl. Seite zu erörtern und Fragen zu stellen. Es hat dahin zu wirken, dass die Parteien sich rechtzeitig und vollständig über alle erheblichen Tatsachen erklären, insb. ungenügende Angaben zu den geltend gemachten Tatsachen ergänzen, die Beweismittel bezeichnen und die sachdienlichen Anträge stellen. Auf einen Gesichtspunkt, den eine Partei erkennbar übersehen oder für unerheblich gehalten hat, darf das Gericht, soweit nicht nur eine Nebenforderung betroffen ist, seine Entscheidung nur stützen, wenn es darauf hingewiesen und Gelegenheit zur Äußerung dazu gegeben hat. Dasselbe gilt für einen Gesichtspunkt, den das Gericht anders beurteilt als die Parteien. Das Gericht hat auf die Bedenken aufmerksam zu machen, die hinsichtlich der von Amts wegen zu berücksichtigenden Punkte bestehen. Hinweise sind so früh wie möglich zu erteilen und aktenkundig zu machen. Ihre Erteilung kann nur durch den Inhalt der Akten bewiesen werden.

11 Das Gericht muss daher auf die Beseitigung von Sachverhaltslücken sowie auf Substanziierung ungenügender Angaben dringen und seine Schlüssigkeits- und Erheblichkeitsbedenken umfassend offenbaren. Aufklärungsdefiziten muss das Gericht entgegenwirken, indem es die Parteien bereits bei der Terminvorbereitung zu einer Benennung der Beweismittel und Präzisierung der Beweisthemen anhält. Sobald die Darlegungs- und Aufklärungsdefizite dem Gericht bekannt werden, begründen sie im Zeitraum zwischen dem Gütetermin und den streitigen Verhandlungen die Pflicht des Vorsitzenden zu entsprechenden Hinweisen und Belehrungen, ohne dass jedoch eine Amtsermittlung betrieben oder parteilich vorgegangen werden darf. Die gerichtl. Hinweispflicht erfährt keine Einschränkung bei Vertretung der Parteien durch Rechtsanwälte oder Verbandsvertreter[1]. § 139 ZPO und Abs. 1 Nr. 1 differenzieren nicht hinsichtlich der Prozessförderung zwischen persönlicher Parteibeteiligung und anwaltlicher bzw. verbandlicher Prozessvertretung.

12 Das Gericht darf sich nicht auf den rechtl. Hinweis beschränken, sondern es muss der betroffenen Partei hinreichend Gelegenheit geben, die ggf. erforderlichen Tatsachen vorzutragen oder Beweise anzubieten[2].

13 Die lapidare Aufforderung, zum Vortrag des Gegners Stellung zu nehmen, ist keine Maßnahme nach Abs. 1 Nr. 1. Im Gegensatz zu Abs. 1 Nr. 1 wird damit nicht die Ergänzung oder Erläuterung von vorbereitenden Schriftsätzen oder die Erklärung über bestimmte klärungsbedürftige Punkte angeordnet, sondern nur die Pflicht der Parteien zur schriftsätzlichen Vorbereitung des streitigen Termins begründet (§§ 129 II, 282 II ZPO). Für eine Auflage nach Abs. 1 Nr. 1 ist unverzichtbar, dass die klärungsbedürftigen Punkte genau bezeichnet werden[3]. Eine allg. gehaltene Auflage mit Fristsetzung und Belehrung nach Abs. 2 S. 2 genügt jedoch, wenn die einzelnen klärungsbedürftigen Punkte vorher im Rahmen der Erörterung der Sach- und Rechtslage genau bezeichnet und in der Niederschrift festgehalten worden sind[4].

14 Die vom Vorsitzenden zu erteilenden Hinweise sind aktenkundig zu machen (§ 139 IV ZPO). Ist einer Partei eine sofortige Erklärung zu einem gerichtl. Hinweis nicht möglich, so soll auf Antrag das Gericht eine Frist bestimmen, in der sie ihre Erklärung in einem Schriftsatz nachbringen kann (§ 139 V ZPO).

15 b) **Anforderung von Urkunden und sonstigen Gegenständen (Nr. 1 Alt. 2).** Der Vorsitzende kann den Parteien oder auch Dritten die Vorlegung von in ihren Händen befindlichen Urkunden und sonstigen Unterlagen aufgeben. Nach § 142 I ZPO setzt eine solche Anordnung voraus, dass eine Partei sich auf diese Urkunden oder Unterlagen bezogen hat. Das Gericht kann hierfür eine Frist setzen sowie anordnen, dass die vorgelegten Unterlagen während einer von ihm zu bestimmenden Zeit auf der Geschäftsstelle verbleiben. Dritte sind zur Vorlegung nicht verpflichtet, soweit ihnen diese nicht zumutbar ist oder sie zur Zeugnisverweigerung nach §§ 383–385 ZPO berechtigt sind (§ 142 II ZPO).

16 Das Gericht kann zudem nach § 142 III ZPO anordnen, dass von in fremder Sprache abgefassten Urkunden eine Übersetzung beigebracht werde, die ein nach den Richtlinien der Landesjustizverwaltung hierzu ermächtigter Übersetzer angefertigt hat. Diese Anordnung kann aber nicht ggü. Dritten ergehen (§ 142 II ZPO). Eine solche Anordnung ist regelmäßig nicht sachgerecht, wenn dadurch erhebliche Kosten entstehen und die Notwendigkeit der Übersetzung noch nicht feststeht. Vorgeschlagen wird insoweit, bei hinreichender Wahrscheinlichkeit der Entscheidungserheblichkeit zunächst die Vorlage einer privatschriftl. Übersetzung aufzugeben, damit der Vorsitzende – eigene Fremdsprachenkenntnisse vorausgesetzt – beurteilen kann, ob weitere Anordnungen überhaupt erforderlich sind. UU erüb-

---

[1] BGH 25.5.1977 – IV ZR 15/76, MDR 1977, 919. ||[2] BGH 18.2.1992 – XI ZR 134/91, MDR 1992, 470. ||[3] BAG 19.6.1980 – 3 AZR 1177/79, AP Nr. 1 zu § 56 ArbGG 1979. ||[4] LAG Nürnberg 18.12.1989 – 7 Sa 411/89, LAGE § 56 ArbGG 1979 Nr. 1.

rigt sich die Anfertigung durch einen amtlichen Übersetzer auch deshalb, weil die Parteien nach Vorlage der privatschriftl. Übersetzung den Inhalt der fremdsprachlichen Urkunde unstreitig stellen.

Des Weiteren kann das Gericht nach § 144 I ZPO zum Zweck der Augenscheinseinnahme oder Sachverst.-Begutachtung einer Partei oder auch einem Dritten die Vorlegung eines in ihrem oder seinem Besitz befindlichen Gegenstands aufgeben und hierfür eine Frist setzen. Es kann auch die Duldung einer Augenscheinseinnahme aufgeben, sofern nicht eine Wohnung betroffen ist (§ 144 I ZPO). Dritte sind zur Vorlegung oder Duldung nicht verpflichtet, soweit ihnen diese nicht zumutbar ist oder sie zur Zeugnisverweigerung nach §§ 383–385 ZPO berechtigt sind (§ 142 II ZPO).

§ 142 ZPO ist trotz der unterlassenen redaktionellen Anpassung (vgl. § 273 I ZPO) von Abs. 1 auch im arbeitsgerichtl. Verfahren anwendbar, wie bereits die Formulierung „insbesondere" zeigt. Wegen der Gefahr der Ausforschung des Gegners und des Eingriffs in Rechte Dritter ist jedoch sorgsam zu prüfen, ob eine gerichtl. Anordnung nach Abs. 1 iVm. §§ 142, 144 ZPO erfolgen soll. Es besteht nämlich die Gefahr, dass nach Abs. 1 Nr. 1 beigezogene Geschäftsunterlagen seitens der beweispflichtigen Partei zum Zwecke eines unzulässigen Ausforschungsbeweises verwendet werden, was dann der Fall ist, wenn unsubstanziiert die Vorlage von Geschäftsunterlagen verlangt wird mit dem Ziel, erst aus den Unterlagen Stoff für weiteres substanziiertes Vorbringen oder Beweismittel zu erhalten[1].

Als Voraussetzungen für eine Vorlagepflicht von Urkunden durch Dritte werden genannt[2]:

– Berufung einer Partei auf die Urkunde,
– schlüssiger Vortrag dieser Partei,
– genaue Bezeichnung der Urkunde,
– Angabe, was sich aus der Urkunde ergeben soll,
– Vorlage dient der Klärung einer streitigen Tatsache,
– kein Zeugnisverweigerungsrecht des Dritten,
– keine Unzumutbarkeit der Vorlage durch den Dritten (Kriterien: Erbringbarkeit des Beweises auf andere Weise, Umfang des Aufwandes des Dritten im Verhältnis zum Klagebegehren, berechtigtes Vertraulichkeitsinteresse des Dritten unterhalb der Schwelle des Betriebs- und Geschäftsgeheimnisses).

Die Anordnung kann sich auch auf die Vorlage von Urkundensammlungen wie Personalakten, Kundenakten, Projektakten ua. beziehen. Hier besteht besonders die Gefahr der **unzulässigen Ausforschung**. Zudem ersetzt die Vorlage von Urkundensammlungen keinen substantiierten Vortrag. Die globale Bezugnahme auf solche Sammlungen kann gegen den Beibringungsgrundsatz verstoßen. Die Parteien haben die Tatsachen vorzutragen, die das Gericht seiner Beurteilung zugrunde legen soll; nicht das Gericht hat sie aus irgendwelchen ihm vorgelegten Schriftstücken zu ermitteln. Die Parteien erfüllen diese Aufgabe nicht, wenn sie dem Gericht Urkunden, Blattsammlungen, Akten oder Druckschriften vorlegen, aus denen das Gericht nach eigenem Ermessen die erheblichen Tatsachen auswählen soll. Unzulässig ist, wenn die darlegungspflichtige Partei nur Buchhaltungsunterlagen, Korrespondenzen oder andere Blattsammlungen vorlegt, aus denen das Gericht die Angaben heraussuchen müsste, die die Klage im Einzelnen begründen sollen; ebenso, wenn auf Akten anderer Verfahren – nicht nur auf einzelne Schriftsätze dort – zur Begründung Bezug genommen wird[3]. Die gebotene Individualisierung der Klagegründe nach § 253 II Nr. 2 ZPO kann allerdings grds. auch durch eine konkrete Bezugnahme auf andere Schriftstücke erfolgen[4].

Die **Beiziehung von Personalakten** steht im pflichtgemäßen Ermessen des Gerichts. Die Erwägung, dass es in Eingruppierungsprozessen des öffentl. Dienstes im Allg. zweckmäßig ist, die Personalakten des jeweiligen Bediensteten beizuziehen, rechtfertigt für sich allein keine andere rechtl. Beurteilung[5]. Die Verwertung des Inhalts der Personalakte darf nicht gegen den Willen der Parteien erfolgen[6].

Es steht auch im pflichtgemäßen Ermessen der Tatsachengerichte, ob sie zur Sachaufklärung bzw. zur Unterstützung des Prozessgerichts vorbereitende Maßnahmen wie die Beiziehung anderer Verfahrensakten von Amts wegen einleiten. Sind jedoch Art und Ausgang eines anderweitigen Verfahrens für die den Gerichten obliegende eigene rechtl. Beurteilung von möglicher rechtl. Bedeutung und ist zudem das diesbezügliche Parteivorbringen ungenau, widersprüchlich und möglicherweise sogar entstellend, kann das Tatsachengericht sogar ermessensfehlerhaft und damit pflichtwidrig handeln, wenn es die Beiziehung der Akten zur Sachaufklärung unterlässt[7].

Nach § 143 ZPO kann das Gericht anordnen, dass die Parteien die in ihrem Besitz befindlichen Akten vorlegen, soweit diese aus Schriftstücken bestehen, welche die Verhandlung und Entscheidung der Sache betreffen. Akten iS dieser Vorschrift sind aber nur Schriftstücke, welche selbst Gegenstand der

---

1 BAG 10.9.1975 – 4 AZR 456/74, AP Nr. 24 zu § 1 TVG Tarifverträge: Bau. || 2 *Schmidt/Schwab/Wildschütz*, NZA 2001, 1163. || 3 *Lange*, NJW 1989, 438 (442f.). || 4 BGH 11.2.2004 – VIII ZR 127/03, MDR 2004, 824f. || 5 BAG 13.2.1974 – 4 AZR 192/73, AP Nr. 4 zu § 70 BAT. || 6 BAG 20.1.1975 – 2 AZR 534/73. || 7 BAG 10.3.1977 – 4 AZR 675/75, AP Nr. 9 zu § 313 ZPO.

„Verhandlung und Entscheidung der Sache" wurden oder werden sollten, also Urkunden, welche Inhalt der Gerichtsakten sein sollten, jedoch dort (evtl. durch Verlust) fehlten.

24 Das Gericht kann anordnen, dass die vorgelegten Schriftstücke während einer von ihm zu bestimmenden Zeit auf der Geschäftsstelle verbleiben (§ 142 II ZPO).

25 Daneben kann der Vorsitzende zur Erläuterung und Veranschaulichung des Vortrags auch die Vorlegung von anderen Unterlagen wie zB Stammbäumen, Plänen, Rissen und sonstigen Zeichnungen verlangen. Diese Unterlagen und wohl auch Fotos sind, soweit noch nicht vorhanden, anzufertigen.

26 Üblich ist es, dass nicht die Vorlage von Urkunden und sonstigen Unterlagen, sondern vorbereitend nur die Fertigung und Vorlage von **Kopien dieser Unterlagen** angeordnet wird. Regelmäßig wird deren Übereinstimmung mit den Originalen unstreitig sein. Dann ist ebenfalls unstreitig, dass die aus der Kopie (oder auch einer nicht unterzeichneten Durchschrift) ersichtliche oder als solche benannte Partei die in der Kopie enthaltene Erklärung abgegeben hat. Ein Beweis ist insoweit nicht mehr erforderlich. Die Kopie hat nur noch den Zweck, das Gericht mit dem eindeutigen Wortlaut der Erklärung bekannt zu machen. Rechtlich zu würdigen ist nur noch deren Erklärungsinhalt.

27 Schließlich kann das Gericht den Parteien die **Vorlage von anderen zur Niederlegung bei Gericht geeigneten Gegenständen** aufgeben. Von einem Beweisantritt oder einer Inbezugnahme durch eine Partei ist die Anordnung ebenfalls nicht abhängig. Hierbei handelt es sich regelmäßig um Augenscheinsobjekte, wie zB fehlerhafte Werkstücke oder beschädigte Kleidungsstücke. Dazu gehören auch Ton- oder Bildaufnahmen und andere technische Aufzeichnungen oder Aufzeichnungsträger (Tonband, Festplatte, sonstige elektronische Speichermedien) ohne schriftl. Verkörperung.

28 **c) Anforderung amtlicher Auskünfte und Urkunden (Nr. 2).** Nach Nr. 2 (wortgleich mit § 273 II Nr. 2 ZPO) kann der Vorsitzende Behörden oder Träger eines öffentl. Amtes um Mitteilung von Urkunden oder um Erteilung amtlicher Auskünfte ersuchen. „Behörde" ist ein in den allg. Organismus der Anstalten und Körperschaften des öffentl. Rechts eingefügtes Organ der Staatsgewalt, das dazu berufen ist, unter öffentl. Autorität für die Erreichung der Zwecke des Staates unmittelbar oder mittelbar tätig zu sein. Reine Fiskalunternehmen sind, ebenso wie vom staatl. Behördenaufbau losgelöste Anstalten, keine Behörden. Als Behörden gelten Gerichte, Bundes-, Landes- und Gemeindebehörden, amtliche Berufsvertretungen, öffentl.-rechtl. Versicherungsanstalten, kirchl. Behörden, Universitäten, öffentl. Sparkassen, die Girozentralen, Industrie- und Handelskammern, Handwerkskammern und auch ausländische Behörden. Dagegen sind keine Behörden juristische Personen des Privatrechts, selbst wenn ihnen öffentl. Aufgaben übertragen sind (zB TÜV, Rotes Kreuz).

29 In Nr. 2 findet sich keine Ermächtigung zur Amtsermittlung, sondern nur eine Berechtigung zu einer das Parteivorbringen ergänzenden Stoffsammlung. Als Urkunden kommen zB Gerichtsakten und Verwaltungsakten in Betracht. Die in Nr. 2 angesprochene, aber weder im ArbGG noch in der ZPO geregelte amtliche Auskunft ist ein selbständiges Beweismittel, also nicht nur eine Urkunde. Sie ersetzt bei einer Behörde die Zeugen- oder Sachverst.-Vernehmung. Im arbeitsgerichtl. Verfahren kann es zB um die Einholung von Auskünften der AOK oder einer anderen öffentl.-rechtl. verfassten Krankenkasse, der BA, der Industrie- und Handelskammer, der Handwerkskammer, nicht aber der privatrechtl. verfassten Handwerksinnungen oder der Kreishandwerkerschaft gehen.

30 **d) Anordnung des persönlichen Erscheinens (Nr. 3).** In Nr. 3 ist die Anordnung des persönl. Erscheinens der Parteien aufgeführt, die jedoch bereits in § 51 eine umfassende Regelung erfahren hat. Durch Nr. 3 wird insoweit nur verdeutlicht, dass die Anordnung des persönl. Erscheinens der Parteien eine regelmäßig zu erwägende Vorbereitungsmaßnahme für eine streitige Verhandlung ist.

31 **e) Ladung von Zeugen und Sachverständigen (Nr. 4).** Durch Nr. 4 wird der Vorsitzende ermächtigt, Zeugen und Sachverst. zur streitigen Verhandlung zu laden. Daneben kann der Vorsitzende nach § 378 I 1 ZPO dem Zeugen das Einsehen und Mitbringen bestimmter Unterlagen aufgeben.

32 Die **vorsorgliche Zeugenladung** ist nur zulässig, wenn eine Partei sich bereits auf Zeugen bezogen hat. Sie ist nur sachdienlich, wenn die Ladung der Aufklärung eines streitigen, entscheidungserheblichen Sachverhalts dient. Nr. 4 ermächtigt aber nur zu vorbereitenden Maßnahmen, nicht zur Durchführung der Beweisaufnahme. Die schriftl. Beantwortung der Beweisfrage nach § 377 III ZPO kann der Vorsitzende aber nach § 55 IV Nr. 2 anordnen.

33 Nach Nr. 4 iVm. § 378 I 1, II ZPO kann der Vorsitzende dem Zeugen aufgeben, Aufzeichnungen und andere Unterlagen einzusehen und zu dem Termin mitzubringen, soweit dies ihm die Aussage über seine Wahrnehmungen erleichtert. Der Zeuge muss diese Unterlagen nicht selbst in Besitz haben. Befinden sie sich nicht in seinen Händen, so besteht die Pflicht nur, wenn ihm Einsichtnahme und Mitbringen gestattet ist. Grenze dieser Pflicht ist die Zumutbarkeit. Der Zeuge ist nicht verpflichtet, derartige Unterlagen dem Gericht oder den Parteien vorzulegen oder auszuhändigen. Er ist kein Urkundenlieferant und kann daher frei entscheiden, ob er einem entsprechenden Ersuchen des Gerichts oder der Parteien auf Vorlage oder Aushändigung von Unterlagen oder Kopien davon entspricht. Zur Vorlage ist er nur nach Maßgabe von §§ 429, 142 I ZPO verpflichtet (§ 378 I 2 ZPO). Zwangsmaßnahmen gegen den die An-

ordnung missachtenden Zeugen nach §§ 378 II, 390 ZPO sind nur zulässig, wenn dem Zeugen die Einsichtnahme und das Mitbringen unter konkreter Bezeichnung der Unterlagen aufgegeben und er über die Folgen eines Verstoßes belehrt wurde.

Des Weiteren kann der Vorsitzende nach Nr. 4 die **Ladung eines Sachverst.** zur streitigen Verhandlung anordnen. Dies kommt nur in Betracht, wenn eine Partei sich auf ein Sachverst.-Gutachten bezogen hat oder wenn das Gericht sich eines Sachverst. von Amts wegen nach § 144 ZPO bedienen will.

f) Sonstige Maßnahmen. Die Aufzählung der Vorbereitungsmaßnahmen in Nr. 1–4 ist nicht abschließend, wie bereits die Formulierung „insbesondere" ausweist. Der Vorsitzende kann den Parteien zB den Nachweis von fremdem Recht und von Statuten aufgeben.

Im arbeitsgerichtl. Verfahren von besonderer Bedeutung ist die **Ermittlung des Tarifrechts.** Auf tarifl. Normen sind die Grundsätze des § 293 ZPO anzuwenden. Ergibt sich aus dem Vortrag der Parteien, dass tarifl. Normen bestehen können, die für die Entscheidung des Rechtsstreits erheblich sind, so muss das Gericht diesem Vortrag nach Maßgabe des § 293 ZPO nachgehen. Es muss diese Normen ermitteln und daraufhin prüfen, ob sie auch das der Entscheidung unterliegende ArbVerh betreffen. Dazu gehört auch die Klärung, ab wann ein TV wirksam geworden ist und ab wann er somit auf das Rechtsverhältnis der Parteien einwirken konnte[1]. Dabei kann das Gericht auf Tatsachen zurückgreifen, die ihm auf Grund amtlicher Tätigkeit in einem früheren Rechtsstreit zur Kenntnis gelangt und die damit bei dem Gericht „offenkundig" iSv. § 291 ZPO sind[2]. Sofern keine Offenkundigkeit vorliegt, kann der Vorsitzende den Parteien die Vorlage eines Exemplars des einschlägigen TV aufgeben oder bei den Verbänden eine „amtliche Auskunft" einholen. Dabei sollen Gewerkschaften und ArbGebVerbände wie Behörden „amtliche Auskünfte" erteilen können, zumal sie sowohl im Rechtsleben als auch in der „staatlichen Gesellschaft" Behörden vergleichbare Funktionen wahrnehmen. Darüber hinaus sei es unbedenklich rechtl. möglich, derartige Auskünfte der TV-Parteien dafür zu verwenden, um nach § 293 ZPO Mittel der Rechtsanwendung und die dazu erforderlichen Erkenntnisquellen zu gewinnen. Demgemäß können Auskünfte der TV-Parteien darüber eingeholt werden, ob für bestimmte Berufszweige TV bestehen, wann sie in Kraft getreten oder gekündigt worden sind, ob es zu TV Protokollnotizen oder vergleichbare Unterlagen gibt oder ob sich eine bestimmte tarifl. Übung mit Billigung der TV-Parteien herausgebildet hat[3].

g) Benachrichtigung der Parteien. Von den terminsvorbereitenden Maßnahmen sind alle Parteien, nicht nur die von der Anordnung betroffene Partei, zu informieren (Abs. 1 S. 3). So können die Parteien sich auf die streitige Verhandlung einstellen. Die Benachrichtigung entspricht zudem dem Gebot rechtl. Gehörs.

III. Zurückverweisung verspäteten Vorbringens. 1. Allgemeines. Die Zurückweisungsmöglichkeit nach Abs. 2 S. 1 dient der beschleunigten und sachgerechten Abwicklung des Rechtsstreits. Der verfassungsrechtl. Grundsatz des rechtl. Gehörs nach Art. 103 I GG wird durch eine Zurückweisung verspäteten Vorbringens nicht verletzt. Nach der Rspr. des BVerfG bedeutet der Anspruch auf rechtl. Gehör, dass das entscheidende Gericht durch die mit dem Verfahren befassten Richter die Ausführungen der Prozessbeteiligten zur Kenntnis nehmen und in Erwägung ziehen muss[4]. Art. 103 GG gewährt aber keinen Schutz gegen Entscheidungen, die den – zur Kenntnis genommenen – Sachvortrag einer Partei aus Gründen des formellen oder materiellen Rechts teilweise oder ganz unberücksichtigt lassen[5]. Der Anspruch auf wirksamen Rechtsschutz, abgeleitet aus dem Rechtsstaatsprinzip (Art. 20 III GG), bedeutet auch Rechtsschutz innerhalb angemessener Zeit[6]. Dieses soll durch Anwendung der Beschleunigungsvorschriften erreicht werden.

Präklusionsvorschriften finden sich für das erstinstanzliche arbeitsgerichtl. Verfahren in Abs. 2 S. 1 und § 61a V 1. Soweit diese Vorschriften nicht eingreifen, kommt die Anwendung der §§ 282 und 296 ZPO in Betracht.

2. Zurückweisung nach Abs. 2. Nach Abs. 2 S. 2 sind Angriffs- und Verteidigungsmittel, die erst nach Ablauf einer nach Abs. 1 S. 2 Nr. 1 gesetzten Frist vorgebracht werden, nur zuzulassen, wenn nach der freien Überzeugung des Gerichts ihre Zulassung die Erledigung des Rechtsstreits nicht verzögern würde oder wenn die Partei die Verspätung genügend entschuldigt. Die Zurückweisungsmöglichkeit besteht somit nur in Fällen einer Auflage an die Parteien mit Hinweis auf Darlegungslücken und Aufklärungsdefizite nach Abs. 1 S. 2 Nr. 1. Der wortgleiche § 296 I ZPO tritt insoweit hinter der spezielleren Norm des Abs. 2 S. 1 zurück.

Eine Zurückweisung verspäteten Vorbringens ist nur zulässig, wenn die folgenden **Voraussetzungen** sämtlich vorliegen:

– konkrete Aufklärungsauflage des Gerichts,

---

[1] BAG 9.8.1995 – 6 AZR 1047/94, AP Nr. 8 zu § 293 ZPO. || [2] BAG 9.8.1995 – 6 AZR 1047/94, AP Nr. 8 zu § 293 ZPO. || [3] BAG 16.10.1985 – 4 AZR 149/84, AP Nr. 108 zu §§ 22, 23 BAT 1975. || [4] BVerfG 23.11.1977 – 1 BvR 481/77, AP Nr. 30 zu Art. 104 GG. || [5] BVerfG 2.7.1979 – 1 BvR 1292/78, AP Nr. 31 zu Art. 103 GG. || [6] BVerfG 3.8.1989 – 1 BvR 1178/88, AP Nr. 40 zu Art. 103 GG.

- ausreichende Frist für den schriftsätzlichen Vortrag,
- Unterzeichnung der Auflagen- und Fristsetzungsverfügung durch den Vorsitzenden,
- ordnungsgemäße Belehrung über Folgen der Versäumung der Frist,
- förmliche Zustellung der Aufklärungsauflage,
- Vortrag von – entscheidungserheblichen – Angriffs- oder Verteidigungsmitteln nach Fristablauf,
- kein Unterlassen zumutbarer Vorbereitungshandlungen durch das Gericht,
- Verzögerung des Verfahrens,
- Anhörung der betroffenen Partei zur Zurückweisungsabsicht des Gerichts,
- keine genügende Entschuldigung der Partei, ggf. keine ausreichende Glaubhaftmachung des Entschuldigungsgrundes durch die Partei.

42 **a) Konkrete gerichtliche Aufklärungsauflage.** Eine Zurückweisung kommt nur in Betracht, wenn der Vorsitzende die klärungsbedürftigen Punkte genau bezeichnet[1]. Eine allg. gehaltene Auflage mit Fristsetzung und Belehrung nach Abs. 2 S. 2 genügt dann, wenn die einzelnen klärungsbedürftigen Punkte vorher im Rahmen der Erörterung der Sach- und Rechtslage genau bezeichnet und in der Niederschrift festgehalten worden sind[2]. Die allg. gerichtl. Aufforderung an eine Partei, zum Vortrag des Gegners Stellung zu nehmen, ist keine Maßnahme nach Abs. 1 S. 2 Nr. 1. Im Gegensatz zu Nr. 1 wird damit nicht die Ergänzung oder Erläuterung von vorbereitenden Schriftsätzen oder die Erklärung über bestimmte klärungsbedürftige Punkte angeordnet, sondern nur die Pflicht der Parteien zur schriftsätzl. Vorbereitung des streitigen Termins begründet (§§ 129 II u. 282 II ZPO).

43 **b) Angemessene Frist zum Vortrag der Angriffs- oder Verteidigungsmittel.** Der darlegungspflichtigen Partei muss eine ausreichende Frist[3] zur Beseitigung der Darlegungslücken und Aufklärungsdefizite eingeräumt werden. Die Länge der Frist ist abhängig vom Umfang der von der Partei zu erwartenden Darlegungen und der für sie notwendigen Nachforschungen, Rücksprachen und Berechnungen und auch davon, ob die Partei selbst oder ein beruflich belasteter Prozessbevollmächtigter den Schriftsatz zu fertigen hat. Die richterliche Frist kann nach § 224 II ZPO auf Antrag beim Vorliegen erheblicher Gründe, die glaubhaft zu machen sind, verlängert werden. Der Antrag muss vor Fristablauf bei Gericht eingehen, während die Entscheidung nach Fristablauf möglich ist.

44 Hat der Vorsitzende die Frist zu kurz bemessen, so dass sie dem Anspruch auf rechtl. Gehör nicht genügt, ist die Frist durch Zulassung verspäteten Vorbringens zu korrigieren. Ob die Frist „angemessen" war, ist aus der Sicht im Zeitpunkt der Entscheidung über die Zulassung oder Zurückweisung des Vorbringens zu beurteilen[4].

45 **c) Form und Zustellung der Auflagen- und Fristsetzungsverfügung.** Die Auflagen- und Fristsetzungsverfügung bedarf nach § 329 I 2 ZPO iVm. § 317 II 1 ZPO der vollständigen Unterschrift durch den Vorsitzenden. Eine Paraphierung genügt nicht[5]. Die Unterschrift muss von dem nach dem Geschäftsverteilungsplan zuständigen Richter stammen.

46 Die Auflagen- und Fristsetzungsverfügung muss verkündet oder der betroffenen Partei bzw. deren Prozessbevollmächtigten (§ 172 ZPO) förmlich zugestellt werden (§ 329 II 2 ZPO). Eine formlose Mitteilung an die betroffene Partei berechtigt im Falle verspäteten Vorbringens nicht zur Zurückweisung des Vorbringens nach Abs. 2 S. 1. Dem Gegner kann die Verfügung formlos übermittelt werden.

47 **d) Belehrung über Folgen bei Fristversäumung.** Nach Abs. 2 S. 2 ist die betroffene Partei über die Folgen der Versäumung der nach Abs. 1 S. 2 Nr. 1 gesetzten Frist zu belehren. Dies gilt unabhängig davon, ob die Partei durch Rechtsanwalt oder Verbandsvertreter vertreten wird oder nicht[6].

48 Durch die Belehrung muss der betroffenen Partei vor Augen geführt werden, dass sie grds. nur innerhalb der gesetzten Frist vortragen und dass sie bei Versäumung der Frist allein deshalb im Rechtsstreit vollständig unterliegen kann. Die bloße Wiederholung des Gesetzeswortlauts genügt wegen der einschneidenden Folgen einer Fristversäumung im Allg. nicht[7].

49 Etwas anderes gilt, wenn die Partei selbst **Rechtsanwalt** ist. Denn dann kann vorausgesetzt werden, dass die in der Belehrung mitgeteilten Verfahrensvorschriften ohne die sonst notwendige Erläuterung verstanden werden[8].

50 Mindere Anforderungen an den Umfang der Belehrung sind auch dann zu stellen, wenn die belehrte darlegungs- und beweisbelastete Partei **anwaltlich vertreten** ist. Der Prozessbevollmächtigte vertritt

---

1 BAG 19.6.1980 – 3 AZR 1177/79, AP Nr. 1 zu § 56 ArbGG 1979; GMP/*Germelmann*, § 56 Rz. 21. ||2 LAG Nürnberg 18.12.1989 – 7 Sa 411/89, LAGE § 56 ArbGG 1979 Nr. 1. ||3 Vgl. BGH 11.11.1993 – VII ZR 54/93, MDR 1994, 508 (zur Klageerwiderungsfrist). ||4 OLG Hamm 22.1.1982 – 6 U 61/82, MDR 1983, 63. ||5 BGH 5.3.1990 – II ZR 109/89, MDR 1990, 1095. ||6 LAG Schl.-Holst. 12.1.1989 – 6 Sa 544/88, NJW-RR 1989, 441; für § 277 II ZPO ebenso BGH 14.7.1983 – VII ZR 328/82, MDR 1983, 1017. ||7 BGH 23.10.1990 – XI ZR 20/90, NJW 1991, 493. ||8 BGH 23.10.1990 – XI ZR 20/90, NJW 1991, 493.

die Partei; sein Verschulden wird ihr zugerechnet (§ 85 ZPO). Entsprechend dem Rechtsgedanken in § 166 I BGB sind deshalb Kenntnis oder Kennenmüssen des Prozessbevollmächtigten der Folgen einer Fristsetzung der Partei zuzurechnen, wenn die Belehrung wörtlich oder sinngemäß den Gesetzeswortlaut wiedergibt[1].

e) Verspäteter Vortrag von Angriffs- oder Verteidigungsmitteln. Sind die genannten formellen Voraussetzungen für eine Präklusion von Parteienvortrag erfüllt, dann sind Angriffs- und Verteidigungsmittel, die nicht fristgerecht vorgebracht werden, nicht zuzulassen, wenn dadurch die Erledigung des Rechtsstreits verzögert würde oder wenn die Partei die Verspätung nicht genügend entschuldigt. Insoweit besteht eine Zurückweisungspflicht, die nicht zur Disposition der Parteien steht. Die Frist ist versäumt, wenn die vom Gericht geforderte Erklärung nicht innerhalb der Frist bei Gericht eingeht. Die Partei darf allerdings die gesetzte Frist bis zuletzt ausschöpfen[2]. 51

Den Parteien können die schwerwiegenden Folgen der Versäumung richterlicher Erklärungsfristen nur dann zugemutet werden, wenn die förmlichen Voraussetzungen für eine Nichtzulassung von Angriffs- und Verteidigungsmitteln genau eingehalten werden. Deshalb ist von dem Gericht zu verlangen, dass es sich selbst bei Erlass der Verfügung an die gesetzl. Förmlichkeiten und Zuständigkeitsregeln hält. Fehlt es an einer der genannten förmlichen Voraussetzungen, darf verspätetes Vorbringen nicht zurückgewiesen werden. Eine Heilung nach § 295 ZPO findet nicht statt[3]. 52

Zurückgewiesen werden können nur Angriffs- und Verteidigungsmittel. Dazu zählt jedes sachliche und prozessuale Vorbringen, das der Durchsetzung bzw. Abwehr des geltend gemachten prozessualen Anspruchs dient, zB Behauptungen, Bestreiten, Einwendungen, auch Aufrechnungen, Einreden einschl. der Tatsachenbehauptungen und Beweismittel zu ihrer Rechtfertigung, Beweisanträge und Beweiseinreden. Keine Angriffs- und Verteidigungsmittel sind Rechtsausführungen und verfahrensbestimmende Anträge wie Klage, Klageänderung, Klageerweiterung, Parteiänderung, Widerklage und Widerklageänderung oder -erweiterung und das Vorbringen zu ihrer Begründung. 53

f) Verzögerung des Rechtsstreits. aa) Verzögerungsrelevanter Vortrag. Solange nicht feststeht, dass die Gegenpartei verspätetes Vorbringen bestreitet, liegen die Voraussetzungen für ein Zurückweisen nach Abs. 2 nicht vor[4]. Vor einer Zurückweisung hat das Gericht verspätetes Vorbringen auf seine Erheblichkeit zu prüfen und, wenn es diese bejaht, den Gegner zur Stellungnahme zu veranlassen[5]. Kann sich der Prozessgegner auf ein verspätet vorgebrachtes Angriffs- oder Verteidigungsmittel im Verhandlungstermin nicht erklären, darf das Gericht dieses Vorbringen nur dann als verspätet zurückweisen, wenn der Gegner in einem nach § 283 ZPO nachgelassenen Schriftsatz den Vortrag bestreitet[6]. 54

Vor der Zurückweisung verspäteten Vertrags ist daher dem Gegner nach § 283 ZPO Gelegenheit zur Stellungnahme durch nachgereichten Schriftsatz zu geben. Erst danach ist über die Zurückweisung des bestrittenen und damit beweisbedürftig gebliebenen verspäteten Vorbringens zu entscheiden[7]. 55

bb) Kausalität. Zwischen der Verspätung des Vorbringens und der Verzögerung des Rechtsstreits muss ein alleinursächlicher Zusammenhang bestehen. Dieser besteht nicht, wenn es zur Verzögerung aus Gründen kommt, die dem Prozess allgemein und unabhängig davon innewohnen, ob die Partei rechtzeitig oder verspätet vorgetragen hat[8]. 56

Daher darf das **Nichterscheinen eines ordnungsgemäß geladenen Zeugen** nicht zur Benachteiligung der beweisführenden Partei verwertet werden[9]. Die durch das Ausbleiben eines Zeugen oder einer zu vernehmenden Partei eintretenden Verzögerungen müssen von der Rechtsordnung beim verspäteten Vorbringen ebenso wie beim rechtzeitigen Vorbringen notwendigerweise hingenommen werden[10]. Geht wegen verspäteten Beweisantritts die Ladung dem Zeugen nicht zu und erscheint er auch nicht freiwillig im Termin, steht der Annahme der Verzögerung des Rechtsstreits durch das Ausbleiben des Zeugen nicht entgegen, dass er sich der Partei ggü. zum Erscheinen bereit erklärt hatte und möglicherweise auch bei rechtzeitiger Ladung ausgeblieben wäre[11]. Es fehlt an einer Verzögerung der Erledigung des Rechtsstreits, wenn auch bei fristgerechtem Eingang des Schriftsatzes mit dem verspäteten Vorbringen ein Beweisbeschluss hätte ergehen müssen und der Rechtsstreit folglich nicht erledigt worden wäre[12]. Verspätetes Vorbringen darf in einem Termin auch dann nicht zurückgewiesen werden, wenn nach der Sach- und Rechtslage des Streitfalles eine Streiterledigung in diesem Termin von vornherein ausscheidet[13], insb. weil keine ausreichenden Vorbereitungsmaßnahmen durch das Gericht ergriffen wurden[14], keine genü- 57

---

1 BAG 19.5.1998 – 9 AZR 362/97, EzA § 56 ArbGG 1979 Nr. 2. ||2 BVerfG 25.2.1993 – 2 BvR 1066/91, AP Nr. 20 zu § 233 ZPO 1977; BAG 4.2.1994 – 8 AZB 16/93 (zur Berufungsbegründungsfrist). ||3 BGH 21.6.1991 – IX ZR 222/90, NJW 1991, 2774 zu § 296 I ZPO. ||4 OLG Naumburg 7.1.1994 – 3 U 69/93, NJW-RR 1994, 704 zu § 296 ZPO. ||5 OLG Frankfurt 8.10.1991 – 14 U 247/90, NJW-RR 1992, 1405. ||6 LG Berlin v. 4.2.1992 – 64 S 319/91, NJW-RR 1992, 958; KG 25.10.1982 – 24 U 2582/82, MDR 1983, 235. ||7 OLG Frankfurt 24.9.1986 – 17 U 20/85, MDR 1987, 330. ||8 BGH 5.5.1982 – VIII ZR 152/81, MDR 1982, 1012; 21.4.1986 – VIII ZR 125/85, MDR 1986, 1017. ||9 BGH 23.4.1986 – VIII ZR 128/85, MDR 1986, 1018. ||10 BGH 1.10.1986 – I ZR 125/84, NJW 1987, 502. ||11 BGH 19.10.1988 – VIII ZR 298/87, MDR 1989, 249. ||12 OLG Hamm 4.2.1994 – 9 U 192/93, NJW-RR 1995, 126. ||13 BGH 21.10.1986 – VI ZR 107/86, MDR 1987, 225. ||14 OLG Hamm 20.1.1989 – 20 U 78/88, NJW-RR 1989, 895.

gende Zeit für die Vernehmung von Zeugen vorgesehen wurde[1] oder die richterliche Verfahrensleitung und Terminsvorbereitung erkennbar unzulänglich sind[2].

58 cc) **Verzögerungsbegriff.** Eine Verzögerung liegt vor, wenn die Zulassung des verspäteten Sachvortrags zu einer nicht ganz unerheblichen zeitlichen Verschiebung zwingt[3].

59–63 Einstweilen frei.

64 dd) **Keine Mitursächlichkeit des Gerichts für Verzögerung.** Beruht die Verspätung eines Vorbringens oder das Unterlassen der Entschuldigung auch auf einer Verletzung der richterlichen Fürsorgepflicht, schließt die rechtsstaatlich gebotene faire Verfahrensführung eine Präklusion nach Abs. 2 aus[4]. Ist eine Verfahrensverzögerung durch zumutbare und damit prozessrechtl. gebotene Maßnahme vermeidbar, dient die Zurückweisung verspäteten Vorbringens nicht mehr der Verhinderung von Folgen säumigen Parteiverhaltens. Sie wirkt vielmehr einer Verzögerung entgegen, die erst infolge unzureichender richterlicher Verfahrensleitung droht[5].

65 Von der Möglichkeit des Ausschlusses von Parteivorbringen oder Beweismitteln wegen Verspätung kann kein Gebrauch gemacht werden, wenn ein Schriftsatz so rechtzeitig eingeht, dass die Ladung eines darin benannten Zeugen zu einem bereits anberaumten Termin möglich ist oder der betreffende Zeuge in dem Termin gestellt wird[6]. Mit Zeugenbeweis dem Gericht eingereichter Tatsachenvortrag kann nicht als verspätetes Vorbringen zurückgewiesen werden, wenn die Beweiserhebung dem Gericht zu dem bereits anberaumten Termin der mündlichen Verhandlung möglich wäre oder bei gehöriger Terminsvorbereitung möglich gewesen wäre[7]. Die Zurückweisung des Vorbringens als verspätet verletzt daher den Grundsatz des rechtl. Gehörs, wenn das Gericht entgegen seiner Prozessförderungspflicht einen Zeugen trotz ausreichender Zeit nicht lädt und dadurch die Verzögerung der Erledigung des Rechtsstreits mitverursacht[8]. Die Pflicht zur Wahrung rechtl. Gehörs erfordert aber nicht, schon vor Eingang der Klageerwiderung auf Grund des in der Klageschrift geschilderten vorprozessualen Streitstandes die hierzu benannten Zeugen für den Kammertermin zu laden[9]. Die Nichtzulassung verspäteten Zeugenbeweises ist ermessensfehlerhaft, wenn die Verzögerung des Verfahrensabschlusses damit begründet wird, der Verhandlungstermin sei bereits durch eine Parteivernehmung zum selben Beweisthema ausgelastet[10]. Die Vernehmung eines zunächst ohne ladungsfähige Anschrift, iÜ aber konkret und rechtzeitig benannten Zeugen darf nur unter den Voraussetzungen des § 356 ZPO abgelehnt werden. Die Ablehnung kann nicht stattdessen – wegen verspäteten Nachreichens der ladungsfähigen Anschrift – auf Abs. 2 gestützt werden[11]. Die Erledigung des Rechtsstreits wird aber verzögert, wenn der vom Beklagten verspätet erst in der mündlichen Verhandlung benannte Zeuge zwar präsent ist und deshalb vernommen werden könnte, seine Vernehmung aber bei einer dem Kläger günstigen Aussage die Vernehmung nicht präsenter Gegenzeugen erforderlich machen würde[12].

66 g) **Rechtliches Gehör wegen Vorwurfs der Verspätung.** Der betroffenen Partei ist vom Vorsitzenden rechtl. Gehör zum Vorwurf der Verspätung des Vorbringens zu gewähren. Sie ist ausdrücklich nach möglichen Entschuldigungsgründen für die Verspätung zu befragen und ggf. zur Glaubhaftmachung der Entschuldigungsgründe aufzufordern.

67 h) **Unzureichende Entschuldigung oder Glaubhaftmachung.** Das Verschulden der Partei, ggf. ihres gesetzl. Vertreters (§ 51 II ZPO) oder Prozessbevollmächtigten (§ 85 II ZPO) an der Fristversäumung wird vermutet. Die Partei muss sich entlasten, und zwar sofort, spätestens im folgenden Termin.

68 An die Sorgfaltspflichten des Anwalts oder des Verbandsvertreters werden dabei strengere Anforderungen gestellt als an die Partei selbst[13]. Soweit es um ein Verschulden der Partei geht, wird danach gefragt, ob die Partei nach ihren persönlichen Kenntnissen und Fähigkeiten die Verspätung hätte vermeiden können und müssen[14].

69 Das Gericht darf ein verspätetes Vorbringen nicht wegen Unglaubwürdigkeit des vorgetragenen Entschuldigungsgrundes zurückweisen, ohne dass es die Partei zur Glaubhaftmachung aufgefordert und ihr dazu in angemessener Weise – regelmäßig unter Einräumung einer kurzen Frist – Gelegenheit gegeben hat[15].

70 i) **Zurückweisungsentscheidung.** Liegen sämtliche Voraussetzungen für ein Zurückweisen verspäteten Vorbringens vor, so entscheidet die Kammer über die Zurückweisung des Vorbringens inzidenter in dem Urteil zur Hauptsache.

---

1 BVerfG 13.8.1991 – 1 BvR 72/91, NJW 1992, 299. ||2 BVerfG 22.8.1991 – 1 BvR 365/91, NJW 1992, 680; 20.10.1994 – 2 BvR 1506/94, NJW-RR 1995, 377. ||3 BAG 19.5.1998 – 9 AZR 362/97, EzA § 56 ArbGG 1979 Nr. 2. ||4 BVerfG 14.4.1987 – 1 BvR 162/84, MDR 1987, 814 (zu § 296 I ZPO). ||5 BVerfG 20.10.1994 – 2 BvR 1506/94, NJW-RR 1995, 377. ||6 BAG 23.11.1988 – 4 AZR 393/88, MDR 1989, 484. ||7 BVerfG 10.2.1993 – 2 BvR 2218/92. ||8 BVerfG 16.6.1995 – 2 BvR 2623/93, NJW-RR 1995, 1469. ||9 BGH 30.9.1986 – X ZR 2/86, MDR 1987, 230. ||10 BGH 9.11.1990 – V ZR 194/89, MDR 1991, 518. ||11 BGH 31.3.1993 – VIII ZR 91/92, MDR 1994, 512 (zu § 296 II ZPO). ||12 BGH 26.3.1982 – V ZR 149/81, MDR 1982, 658. ||13 *Gift/Baur*, Urteilsverfahren, E Rz. 784. ||14 OLG Hamm 15.2.1991 – 12 U 143/90, NJW-RR 1992, 122. ||15 BGH 10.3.1986 – II ZR 107/85, MDR 1986, 1002.

Vorbereitung der streitigen Verhandlung   Rz. 82 § 56 ArbGG

j) Folgen der Präklusion verspäteten Vorbringens. Die Zurückweisung verspäteten Vorbringens hat 71
die Wirkung, dass die Sachprüfung so vorzunehmen ist, als hätte die Partei das verspätete Vorbringen
nicht vorgetragen[1].

Angriffs- oder Verteidigungsmittel dürfen nicht durch Teilurteil als verspätet zurückgewiesen wer- 72
den[2].

Vorbringen, welches im Verfahren über einen im Wege der Stufenklage geltend gemachten Auskunfts- 73
anspruch ausgeschlossen worden ist, kann im Betragsverfahren erneut vorgetragen werden und kann
dann auch nicht deshalb als verspätet zurückgewiesen werden, weil es nicht schon im Verfahren der ersten Stufe rechtzeitig und substanziiert vorgebracht worden ist[3].

k) Sonderfall: Eilverfahren. Im Arrestverfahren und im einstw. Verfügungsverfahren ist es den Par- 74
teien erlaubt, im Verhandlungstermin neue Tatsachen vorzutragen. Eine Zurückweisung als verspätet
kommt regelmäßig nicht in Betracht, weil grds. kein Anspruch auf Vertagung besteht und daher keine
Verzögerung eintritt[4].

3. Zurückweisung nach § 296 I ZPO. Ein Zurückweisen von Angriffs- u. Verteidigungsmitteln nach 75
§ 296 I ZPO findet im arbeitsgerichtl. Verfahren nicht statt. Die nahezu wortgleiche Vorschrift des Abs. 2
S. 1 geht dem § 296 I ZPO vor. Die in § 296 I ZPO angesprochenen Fristen nach §§ 275 I 1, III, IV, 276 I 2,
III und 277 ZPO können zudem wegen § 46 II 2 im arbeitsgerichtl. Verfahren nicht gesetzt werden. Dies
gilt auch für die in § 296 I ZPO genannte Frist nach § 273 II Nr. 1 ZPO, weil insoweit Abs. 1 S. 2 Nr. 1 als
speziellere Regelung vorgeht.

4. Zurückweisung nach §§ 296 II, 282 I ZPO. Nach § 46 II ArbGG iVm. § 296 II ZPO können aber An- 76
griffs- und Verteidigungsmittel, die entgegen § 282 I ZPO nicht rechtzeitig vorgebracht werden, zurückgewiesen werden, wenn ihre Zulassung nach der freien Überzeugung des Gerichts die Erledigung des
Rechtsstreits verzögern würde und die Verspätung auf grober Nachlässigkeit beruht[5].

a) Prozessförderungspflicht in mündlicher Verhandlung. Nach § 282 I ZPO hat jede Partei in der 77
mündlichen Verhandlung ihre Angriffs- und Verteidigungsmittel, insb. Behauptungen, Bestreiten, Einwendungen, Einreden, Beweismittel und Beweiseinreden, so zeitig vorzubringen, wie es nach der Prozesslage einer sorgfältigen und auf Förderung des Verfahrens bedachten Prozessführung entspricht.
Die Zurückweisungsmöglichkeit nach §§ 296 II, 282 I ZPO gründet damit nicht auf der Versäumung
einer vom Gericht gesetzten Frist, sondern auf der Verletzung der allg. Prozessförderungspflicht der
Parteien.

In der mündlichen Verhandlung haben die Parteien ihre Angriffs- und Verteidigungsmittel so frühzei- 78
tig wie möglich und vernünftig, also konzentriert und nicht tröpfchenweise, vorzubringen. Besondere
Bedeutung erlangt diese Zurückweisungsmöglichkeit bei einem erstmaligen und schriftsätzlich nicht
angekündigten Vortrag erst in einem späteren Termin, auf den die Verhandlung vertagt wurde.

b) Voraussetzungen für Präklusion. Die zu Abs. 2 aufgeführten Voraussetzungen zur Verzögerung 79
des Rechtsstreits müssen auch hier vorliegen, also ein verzögerungsrelevanter Vortrag, die Kausalität,
keine Mitursächlichkeit eines die Parteien nicht zum Vortrag auffordernden Gerichts und das rechtl.
Gehör wegen des Vorwurfs der Verletzung der Prozessförderungspflicht. Als Verschuldensgrad nennt
das Gesetz die **grobe Nachlässigkeit.** Diese liegt vor, wenn die Partei oder ihr Prozessbevollmächtigter
die prozessuale Sorgfalt in ungewöhnlich großem Maße verletzt und dasjenige unbeachtet gelassen hat,
was jedem, der einen Prozess führt, hätte einleuchten müssen[6].

5. Zurückweisung nach §§ 296 II, 282 II ZPO. Schließlich können Angriffs- und Verteidigungsmittel 80
nach § 46 II ArbGG iVm. §§ 296 II, 282 II ZPO zurückgewiesen werden, die entgegen § 282 II ZPO nicht
rechtzeitig mitgeteilt werden, wenn ihre Zulassung nach der freien Überzeugung des Gerichts die Erledigung des Rechtsstreits verzögern würde und die Verspätung auf grober Nachlässigkeit beruht.

a) Anordnung vorbereitender Schriftsätze. Nach § 282 II ZPO sind Anträge sowie Angriffs- und Ver- 81
teidigungsmittel, auf die der Gegner voraussichtlich ohne vorhergehende Erkundigung keine Erklärung
abgeben kann, vor der mündlichen Verhandlung durch vorbereitenden Schriftsatz so zeitig mitzuteilen,
dass der Gegner die erforderliche Erkundigung noch einzuziehen vermag. Diese Pflicht trifft die Parteien im arbeitsgerichtl. Verfahren nur, wenn ihnen nach § 129 II ZPO durch richterliche Anordnung
aufgegeben worden ist, die mündliche Verhandlung durch Schriftsätze oder durch zu Protokoll der Geschäftsstelle abzugebende Erklärungen vorzubereiten.

b) Verspätete Mitteilung von Angriffs- und Verteidigungsmitteln. Voraussetzung der Zurückweisung 82
ist eine Verletzung des § 282 II ZPO; die bloße Nichteinhaltung der Schriftsatzfrist, also ein Verstoß gegen § 132 ZPO, genügt nach dem klaren Wortlaut des Gesetzes nicht. § 282 II ZPO verlangt, dass An-

---

1 BGH 17.4.1996 – VII ZB 60/95, NJW-RR 1996, 961. || 2 BGH 4.2.1993 – VII ZR 39/92, MDR 1993, 1058.
|| 3 OLG Karlsruhe 10.10.1984 – 6 U 81/83, MDR 1985, 239. || 4 OLG Hamburg 29.5.1986 – 3 U 17/86, NJW-RR
1987, 36; OLG Koblenz 5.2.1987 – 6 U 1319/86, NJW-RR 1987, 509. || 5 LAG Köln 1.6.2011 – 3 Sa 1577/10.
|| 6 BGH 24.9.1986 – VIII ZR 255/85, MDR 1987, 229.

griffs- und Verteidigungsmittel, auf die der Gegner voraussichtlich ohne vorhergehende Erkundigung keine Erklärung abgeben kann, vor der mündlichen Verhandlung durch vorbereitenden Schriftsatz so zeitig mitzuteilen sind, dass der Gegner die erforderliche Erkundigung noch einzuziehen vermag. Diese Vorschrift hat vor allem Bedeutung für neue Tatsachenbehauptungen. Auf diese hat sich der Gegner gem. § 138 ZPO substanziiert und der Wahrheit gemäß zu erklären. Hierzu wird vielfach nicht nur eine Rückfrage des Anwalts beim Mandanten, sondern auch eine Erkundigung bei Dritten erforderlich sein. Anders ist es dagegen, wenn für eine bereits früher aufgestellte und streitig gewordene Behauptung neue Beweise angeboten werden. Diese sind, soweit sie eine materiell-rechtl. erhebliche Behauptung betreffen und keine prozessualen Hindernisse entgegenstehen, auch dann zu erheben, wenn der Gegner sein Bestreiten nicht wiederholt. Ausnahmen von dieser Regel sind denkbar[1]. Dass neues Vorbringen so rechtzeitig schriftsätzlich anzukündigen sei, dass das Gericht noch vorbereitende Maßnahmen nach § 273 ZPO treffen könne, verlangt § 282 II ZPO nicht. Nach der jetzigen Fassung dient die Vorschrift nicht dem Zweck, dem Richter die rechtzeitige Terminsvorbereitung zu ermöglichen. Wenn das Gericht sicherstellen will, dass die Schriftsätze der Parteien bereits in einem Zeitpunkt bei Gericht eingehen, in dem noch die Ladung von Zeugen und andere vorbereitende Maßnahmen angeordnet werden können, bleibt ihm daher nur die Möglichkeit, nach Abs. 2, § 61a III, IV Fristen zu setzen[2].

83   c) **Voraussetzungen für die Präklusion.** Die zu §§ 296 II, 282 II ZPO aufgeführten weiteren Voraussetzungen zur Zurückweisung des Parteivorbringens müssen auch hier vorliegen.

84   **6. Verhinderung der Zurückweisung. a) Flucht in die Säumnis.** Der Zurückweisung verspäteten Vorbringens kann die betreffende Partei durch Nichtverhandeln im Termin zur mündlichen Verhandlung zu entgehen suchen. Gegen das auf Antrag des Gegners ergangene Versäumnisurteil kann Einspruch eingelegt werden. Zusammen mit dem Einspruch kann die Partei die Angriffs- oder Verteidigungsmittel bei Gericht anbringen.

85   Das Säumnisverfahren (§§ 330 ff. ZPO) hebt jedoch eine vorangegangene Versäumnis von Erklärungsfristen nicht auf. Die säumige Partei ist aber mit dem in der Einspruchsbegründung nachgeholten Vorbringen zur Hauptsache nicht schlechthin ausgeschlossen. Durch den zulässigen Einspruch wird der Prozess in die Lage zurückversetzt, in der er sich vor Eintritt der Versäumnis der mündlichen Verhandlung befand (§ 342 ZPO). Damit werden alle früheren Prozesshandlungen oder Unterlassungen wieder erheblich. Das Gesetz nimmt zwar die dem Säumnisverfahren eigene Verzögerung des Rechtsstreits in Kauf, jedoch werden andere Versäumnisse durch den Einspruch nicht ausgeräumt. So sind die Rechtsfolgen einer Fristversäumung nach Abs. 2 auch allein aus der Sicht der auf den Einspruch folgenden Verhandlung zu beurteilen. Soweit eine Verzögerung in der Erledigung des Rechtsstreits durch zumutbare vorbereitende Maßnahmen für diese Verhandlung vermieden werden kann, darf das Gericht das Vorbringen auch dann nicht zurückweisen, wenn die gem. Abs. 2 gesetzte Frist versäumt worden ist[3].

86   Nach Eingang eines zulässigen Einspruchs hat der Vorsitzende des Prozessgerichts unverzüglich Termin zur Verhandlung zu bestimmen (§§ 216 II, 341a ZPO). Die Verhandlung soll so früh wie möglich stattfinden (§ 272 III ZPO bzw. § 57 I 2). Damit wäre es nicht vereinbar, wenn der Vorsitzende die auf den Einspruch anzuberaumende Verhandlung so weit hinausschieben müsste, dass in diesem Termin alle nach dem verspäteten Vorbringen in Betracht kommenden Beweise erhoben werden könnten. Zwar ist bei der Terminsbestimmung nach Möglichkeit eine Zeitspanne zur Beweisaufnahme einzuplanen, welche nach dem neuen Sachstand und Streitstand geboten und durchführbar erscheint. Dies bedeutet jedoch nicht, dass der Vorsitzende bei der Terminsbestimmung einen freien, den Umständen nach in Betracht kommenden Termin auslassen müsste, um alle nachteiligen Folgen der Verspätung des Parteivorbringens auszuräumen. Andernfalls würde die Regelung des § 296 ZPO durch ein Säumnisverfahren unterlaufen. Eine Zurückweisung verspäteten Vorbringens käme in all jenen Fällen nicht mehr in Betracht, in denen der Verhandlungstermin erst nach Eingang des verspäteten Schriftsatzes bestimmt wird. Der Beschleunigungszweck der gesetzl. Regelung wäre verfehlt, eine „Flucht in die Terminsversäumnis" würde sich in allzu vielen Fällen doch lohnen[4].

87   Beruht die Verzögerung der Erledigung des Rechtsstreits allein auf der Verspätung des Sachvorbringens in der Einspruchsbegründung, so kommt eine Zurückweisung nach §§ 340 III 3, 296 I ZPO in Betracht. Insoweit ist die Anwendbarkeit im arbeitsgerichtl. Verfahren nicht ausgeschlossen.

88   **b) Flucht in die Berufungsinstanz.** Nach Ablauf der Ausschlussfrist für schriftsätzlichen Vortrag kann die betroffene Partei den Tatsachenvortrag in erster Instanz unterlassen und in der Berufungsbegründung nachholen. IdR wird ein solcherweise verspäteter Vortrag keine Verzögerung bewirken, weshalb eine Zulassung nach § 67 II, der § 531 II ZPO als Spezialregelung vorgeht[5], erfolgen kann. Es bliebe nur die Kostensanktion des § 97 II ZPO.

89   **c) Flucht in die Klageänderung, Klageerweiterung oder Widerklage.** Zurückgewiesen werden können nur Angriffs- und Verteidigungsmittel. Dazu gehören weder die Klageänderung, Klageerweiterung, Wi-

---

1 BGH 28.9.1988 – IVa ZR 88/87, MDR 1989, 49. ||2 BGH 28.9.1988 – IVa ZR 88/87, MDR 1989, 49. ||3 BGH 23.10.1980 – VII ZR 307/79, MDR 1981, 309 (zu § 275 ZPO). ||4 BGH 23.10.1980 – VII ZR 307/79, MDR 1981, 309 (zu § 275 ZPO). ||5 BAG 25.1.2005 – 9 AZR 620/03, EzA § 1 AEntG Nr. 7.

derklage, Widerklageerweiterung oder Widerklageänderung, die den Angriff selbst darstellen. Für eine Präklusion verspäteten Vortrags von Angriffs- oder Verteidigungsmitteln zur Begründung neuer oder geänderter Angriffe wird angeführt, es sei kein sachlicher Grund dafür ersichtlich, denjenigen zu bevorzugen, der – auf der Grundlage desselben Streitstoffs – seinen verspätet ergänzten Vortrag mit einer Antragserweiterung begleite. Diese Gesichtspunkte rechtfertigen es indessen nicht, den Anwendungsbereich des Novenrechts im Weg der Rechtsfortbildung auszudehnen. Es spielt keine Rolle, dass die Vorschriften über die Zurückweisung verspäteten Vorbringens anwendbar gewesen wären, wenn eine Partei es bei dem bisherigen Angriff oder bei der bisherigen Verteidigung belassen hätte. Ausgangspunkt muss sein, dass der Angriff und die Verteidigung als solche nicht zurückgewiesen werden können; eine verschärfende analoge Anwendung des Novenrechts scheidet aus[1]. In Bezug auf den neuen Angriff kann der diesen tragende Tatsachenvortrag schon begrifflich nicht verspätet sein. Ist der neue Vortrag zur Entscheidung über den neuen Angriff zu berücksichtigen, so ist auch für die Zurückweisung in Bezug auf den ursprünglichen Angriff kein Raum. Es könnte nicht durch Teilurteil nur über den ursprünglichen Angriff eine Entscheidung unter Einbeziehung des neuen Vorbringens ergehen. Eine andere Beurteilung käme möglicherweise in Betracht, wenn die Erweiterung des Angriffs rechtsmissbräuchlich wäre, insb. nur den Sinn haben könnte, den Verspätungsfolgen zu entgehen[2].

57 Verhandlung vor der Kammer

(1) Die Verhandlung ist möglichst in einem Termin zu Ende zu führen. Ist das nicht durchführbar, insbesondere weil eine Beweisaufnahme nicht sofort stattfinden kann, so ist der Termin zur weiteren Verhandlung, die sich alsbald anschließen soll, sofort zu verkünden.

(2) Die gütliche Erledigung des Rechtsstreits soll während des ganzen Verfahrens angestrebt werden.

I. **Inhalt und Zweck.** § 57 bringt den Beschleunigungs- und Konzentrationsgrundsatz zur Geltung, wie er auch in §§ 9 I 1, 56 I 1 und 61a I zum Ausdruck kommt. Die Regelung ist entsprechend im Berufungsverfahren (§ 64 VII 1), Revisionsverfahren (§ 72 VI unter Inbezugnahme auf § 57 II) und in den drei Rechtszügen des Beschlussverfahrens (§§ 80 II, 87 II 1, 92 II 1) anwendbar. Außerdem betont die Vorschrift neben § 54 den Vorrang der gütlichen Erledigung eines Verfahrens. Über den Ablauf der streitigen mündlichen Verhandlung – nach einem gescheiterten Gütetermin – enthält das ArbGG keine Regelungen, weshalb nach § 46 II 1 die Vorschriften für das amtsgerichtl. (§§ 495 ff. ZPO) und das Verfahren vor den LG Anwendung finden. 1

II. **Gang der mündlichen Verhandlung. 1. Eröffnung der mündlichen Verhandlung.** Die Parteien verhandeln über den Rechtsstreit vor dem erkennenden Gericht mündlich (§ 128 I ZPO). Der Termin beginnt mit dem Aufruf der Sache (§ 220 ZPO) und der Eröffnung der mündlichen Verhandlung durch den Vorsitzenden (vgl. § 136 I ZPO). Sodann erfolgt die Protokollierung der für die Kennzeichnung der Sache und der Beteiligten erforderlichen Angaben (vgl. § 160 I ZPO), insb. die Feststellung der Namen der erschienenen Parteien, Vertreter, Bevollmächtigten, Zeugen und Sachverst. (§ 160 I Nr. 4 ZPO). In bestimmten Fällen ist vorab das Vorliegen bestimmter Formalien festzustellen (zB Vollmacht des nichtanwaltlichen Vertreters, § 88 II ZPO). Werden Schriftsätze oder Telefaxschreiben unter Verstoß gegen § 132 ZPO, §§ 56, 61a erst im Termin überreicht, so muss auf jeden Fall durch Befragen, evtl. mündlichen Vortrag der überreichenden Partei oder kurzes Überfliegen durch das Gericht, geklärt werden, ob sie neues tatsächliches Vorbringen enthalten. Bejahendenfalls ist zu prüfen, ob der Gegner sich hierauf einlässt, dh. eine Erklärung hierzu abgeben kann (Bestreiten, Zugestehen der neuen Tatsachen). Wird diese Einlassung verweigert, hat das Gericht folgende Möglichkeiten: Weiterverhandeln bei unschlüssigem/unerheblichem neuem Vortrag, Schriftsatzvorbehalt (§ 283 ZPO) oder Vertagung (§ 227 I Nr. 2 ZPO). 2

2. **Antragstellung.** Die mündliche Verhandlung wird dadurch eingeleitet, dass die Parteien ihre Anträge stellen (§ 137 I ZPO). Der Vorsitzende hat dahin zu wirken, dass die Parteien sachdienliche Prozess- und Sachanträge stellen (vgl. § 139 I 2 ZPO); er hat die Verbesserung unzweckmäßiger Anträge und die bestimmte Formulierung unklarer Anträge anzuregen. Bei mehreren Anträgen ist zu klären, in welchem Verhältnis diese zueinander stehen sollen. Hat sich die Prozesslage geändert (zB Erledigung der Hauptsache, Anspruchsübergang), hat der Vorsitzende auf eine Anpassung des Antrags an die veränderte Situation hinzuwirken. Nicht durch § 139 I ZPO gedeckt sind Anregungen des Gerichts, die auf neue, im Vortrag der Parteien nicht andeutungsweise enthaltene Klagegründe (Klageerweiterung) zielen. Soweit wegen der Antragstellung erforderlich, hat der Vorsitzende bereits jetzt das Sach- und Streitverhältnis mit den Parteien nach der tatsächlichen und der rechtl. Seite zu erörtern (§ 139 I 1 ZPO) und zunächst in den Sach- und Streitstand einzuführen, insb. auch mit dem Ziel der gütlichen Einigung (Abs. 2). Nach § 297 ZPO erfolgt die Antragstellung entweder durch Verlesen aus den Schriftsätzen, durch Bezugnahme auf die Schriftsätze oder durch Aufnahme in das Protokoll. Die Aufnahme in das Protokoll bedarf der im pflichtgemäßen Ermessen des Vorsitzenden stehenden Gestattung (§ 297 I 3 ZPO), die bei umfangreichen und schwierigen Formulierungen nicht erwartet werden kann[3]. Aus dem 3

---

1 BGH 23.4.1986 – VIII ZR 93/85, MDR 1986, 843 f.; 12.2.1981 – VII ZR 112/80, LM ZPO § 528 Nr. 19. ||2 BGH 23.4.1986 – VIII ZR 93/85, MDR 1986, 843 f. ||3 BLAH/*Hartmann*, § 297 ZPO Rz. 13 f.

Grundsatz der Unteilbarkeit der mündlichen Verhandlung folgt, dass die einmal gestellten Anträge der Parteien in weiteren Terminen nicht wiederholt werden müssen. Etwas anderes wird für den Fall angenommen, dass ein Wechsel in der Besetzung des Gerichts (wie dies bei Vertagungen wegen der Heranziehung der Beisitzer nach § 31 I regelmäßig der Fall ist) eintritt. In diesem Fall soll eine Wiederholung der Anträge notwendig sein[1].

4   3. **Einführung in den Sach- und Streitstand.** Der Vorsitzende hat die Parteien nach der Antragstellung in den Sach- und Streitstand einzuführen, soweit dies nicht bereits vor Antragstellung geschehen ist. Den Umfang der Ausführungen bestimmt der Vorsitzende nach pflichtgemäßem Ermessen.

5   4. **Anhörung der Parteien.** Die nun folgende Anhörung der Parteien dient der Gewährung des rechtl. Gehörs. Die Parteien haben den Prozessstoff in freier Rede vorzutragen, wobei der Vortrag das Streitverhältnis in tatsächlicher und rechtl. Beziehung zu umfassen hat (§ 137 II ZPO). Eine Bezugnahme auf Schriftsätze ist zulässig, soweit keine der Parteien widerspricht und das Gericht sie für angemessen hält (§ 137 III 1 ZPO). Sie ist in der Praxis üblich. Ein mündlicher Vortrag wird oft von dem Gericht verlangt, wenn ein Schriftsatz verspätet vorgelegt wird, den das Gericht oder die Gegenpartei noch nicht kennt. Die Vorlesung von Schriftstücken findet nur insoweit statt, als es auf ihren wörtlichen Inhalt ankommt (§ 137 III 2 ZPO). Die Parteien haben ihre Erklärungen über tatsächliche Umstände nach Maßgabe von § 138 ZPO vorzunehmen.

6   5. **Richterliche Aufklärungs- und Hinweispflichten.** Der Vorsitzende hat dahin zu wirken, dass die Parteien über alle erheblichen Tatsachen sich vollständig erklären, insb. auch ungenügende Angaben der geltend gemachten Tatsachen ergänzen und die Beweismittel bezeichnen. Auch insoweit hat der Vorsitzende, soweit erforderlich, das Sach- und Streitverhältnis mit den Parteien nach der tatsächlichen und rechtl. Seite zu erörtern und Fragen zu stellen (§ 139 I ZPO). Er hat auf Bedenken aufmerksam zu machen, soweit die Prüfung von Amts wegen stattfindet (§ 139 III ZPO). Hierher gehören insb. die Tatsachen, von denen die Zulässigkeit der Klage oder des Rechtsmittels abhängt. Auch Bedenken ggü. der Schlüssigkeit bzw. Erheblichkeit des Parteienvortrags sind zu äußern. Auf einen rechtl. Gesichtspunkt, den eine Partei erkennbar übersehen oder für unerheblich gehalten hat, darf das Gericht, soweit nicht nur eine Nebenforderung betroffen ist, seine Entscheidung nur stützen, wenn es darauf hingewiesen und Gelegenheit zur Äußerung dazu gegeben hat. Dasselbe gilt für einen Gesichtspunkt, den das Gericht anders beurteilt als beide Parteien (§ 139 II ZPO).

7   Der Vorsitzende hat die Parteien zu einer vollständigen Erklärung über alle nach seiner Beurteilung entscheidungserheblichen materiellen und prozessualen Tatsachen zu veranlassen. Wegen mangelnder Substanziierung darf eine Klage nicht abgewiesen werden, bevor nicht auf Ergänzung des Sachvortrags hingewirkt worden ist[2]. Dasselbe gilt für fehlende Schlüssigkeit[3]. Eine Differenzierung bei der Hinweispflicht nach anwaltlich vertretenen und nicht vertretenen Parteien sieht § 139 ZPO nicht vor. Soweit die Bezeichnung der Beweismittel in § 139 I 2 ZPO angesprochen wird, geht es ua. um den Hinweis auf offenkundig versehentlich unterlassene Beweisantritte, um die Aufforderung zur Klarstellung unbestimmter Beweisthemen und um die Klärung der Zuordnung von Beweisantritten.

8   Das Gericht darf sich nicht auf den rechtl. Hinweis beschränken, sondern es muss der betroffenen Partei hinreichend Gelegenheit geben, die ggf. erforderlichen Tatsachen vorzutragen oder Beweise anzubieten[4].

9   Soweit der Vorsitzende den Aufklärungs- und Hinweispflichten nachkommt, hat er den Geboten der Neutralität und Gleichbehandlung der Parteien gerecht zu werden[5].

10   **III. Erledigung im ersten Termin.** Nach Abs. 1 S. 1 ist die Verhandlung möglichst in einem Termin zu Ende zu führen. Durch die Beschränkung auf einen Termin kommt der Konzentrationsgrundsatz zum Ausdruck. Zugleich wird durch die Aufforderung, das Verfahren in dem Termin zu Ende zu bringen, der Beschleunigungsgrundsatz zur Geltung gebracht.

11   1. **Vorbereitung der mündlichen Verhandlung.** Die Erledigung des Rechtsstreits in einem Termin ist nur zu erreichen, wenn die Parteien und auch das Gericht den Termin sorgfältig vorbereiten. Der Vorsitzende ist nach § 56 I 1 verpflichtet, die streitige Verhandlung so vorzubereiten, dass sie möglichst in einem Termin zu Ende geführt werden kann. Als Gegenstück zur Konzentrations- und Beschleunigungspflicht des Gerichts trifft die Parteien eine **Prozessförderungspflicht**.

12   Regelmäßig wird der Vorsitzende nach § 129 II ZPO (ggf. iVm. § 56 I 1 bzw. § 61a IV) den Parteien durch richterliche Anordnung aufgeben, die mündliche Verhandlung durch Schriftsätze oder zu Protokoll der Geschäftsstelle abzugebende Erklärungen vorzubereiten. Insoweit bedarf es keiner Fristsetzung durch das Gericht. Vorbereitende Schriftsätze dienen der Ankündigung des Vortrags in der Verhandlung. Prozessual wirksam wird das Vorbringen im Bereich des Mündlichkeitsgrundsatzes erst durch Vortrag in der mündlichen Verhandlung[6].

---

1 BAG 16.12.1970 – 4 AZR 98/70, AP Nr. 1 zu § 308 ZPO; aA mit überzeugender Begr. GMP/*Germelmann*, § 57 Rz. 6. || 2 BGH 22.1.1987 – VII ZR 376/85, NJW-RR 1987, 797. || 3 BGH 11.7.1990 – VIII ZR 165/89, NJW-RR 1991, 256. || 4 BGH 18.2.1992 – XI ZR 134/91, NJW 1992, 1620. || 5 *Gift/Baur*, Urteilsverfahren, E Rz. 883. || 6 BAG 15.12.1987 – 3 AZR 606/87, AP Nr. 6 zu § 130 ZPO.

Die Parteien sind bei der Vorbereitung der mündlichen Verhandlung zur Prozessförderung verpflichtet. Nach § 282 II ZPO, der jedoch nur bei Anordnung der schriftsätzlichen Vorbereitung der mündlichen Verhandlung Anwendung findet, sind Anträge sowie Angriffs- und Verteidigungsmittel, auf die der Gegner voraussichtlich ohne vorhergehende Erkundigungen keine Erklärung abgeben kann, vor der mündlichen Verhandlung durch vorbereitenden Schriftsatz so zeitig mitzuteilen, dass der Gegner die erforderliche Erkundigung noch einzuziehen vermag. Das neue Vorbringen hat sich auf das zu erstrecken, was nach Sach- und Rechtslage notwendig ist, und ist so rechtzeitig schriftsätzlich anzukündigen, dass der Gegner im Termin darauf erwidern kann. Das ist im Fall der Klagebegründung entsprechend § 47 I eine Woche. Die schriftl. Ankündigung des Vorbringens ist überflüssig, wenn der Gegner sich vor der Verhandlung zum einschlägigen Tatsachenstoff schon geäußert hat[1]. Die Prozessförderungspflicht erfasst nicht den Vortrag von Rechtsansichten.

Verstoßen die Parteien gegen die Prozessförderungspflicht durch verspätetes Einreichen von vorbereitenden Schriftsätzen, kommt eine Zurückweisung der Angriffs- oder Verteidigungsmittel nach § 292 II ZPO in Betracht. Wird das Vorbringen zugelassen, so hat eine unterlassene Gegenerklärung nicht die Folgen des § 138 III ZPO. Die verspätet vorgetragenen Tatsachen gelten nicht als zugestanden. In dieser Situation kann das Gericht zum einen auf Antrag des Gegners für diesen eine Frist bestimmen, in der dieser die Erklärung in einem Schriftsatz nachbringen kann; gleichzeitig ist ein Termin zur Verkündung einer Entscheidung anzuberaumen (§ 283 S. 1 ZPO). Eine fristgerecht eingereichte Erklärung muss, eine verspätet eingereichte Erklärung kann das Gericht bei der Entscheidung berücksichtigen (§ 283 S. 2 ZPO). Diese Verfahrensweise ist im arbeitsgerichtl. Verfahren aufwändig, weil allein wegen der notwendigen Erörterung der Kammer über die zu verkündende Entscheidung nach Eingang des nachgelassenen Schriftsatzes eine erneute Heranziehung der ehrenamtlichen Richter erforderlich ist. Zum anderen kann das Gericht die Verhandlung vertagen (§ 227 I ZPO). Die Verletzung der Prozessförderungspflicht kann zudem eine Verzögerungsgebühr nach § 38 GKG und eine nachteilige Kostenentscheidung nach § 95 ZPO nach sich ziehen. Regelmäßig wird der Vorsitzende zudem zur Vorbereitung der streitigen Verhandlung von den ihm nach §§ 55 IV, 56 und 61a eingeräumten Möglichkeiten Gebrauch machen.

2. Prozessförderungspflicht in der mündlichen Verhandlung. In der mündlichen Verhandlung haben die Parteien ihre Angriffs- und Verteidigungsmittel, insb. Behauptungen, Bestreiten, Einwendungen, Einreden, Beweismittel und Beweiseinreden, so zeitig vorzubringen, wie es nach der Prozesslage einer sorgfältigen und auf Förderung des Verfahrens bedachten Prozessführung entspricht (§ 282 I ZPO).

Da der erste Termin der streitigen Verhandlung (nicht der Gütetermin) der frühestmögliche Zeitpunkt für das Parteivorbringen ist, kann das Vorbringen in ihm nicht verspätet sein[2]. Die Bedeutung von § 282 I ZPO liegt bei Folgeterminen.

Rechtzeitig sind Angriffs- und Verteidigungsmittel vorgebracht, wenn nach Maßgabe eines objektiven (= Prozesslage) und subjektiven (= sorgfältige und förderungsbedachte Prozessführung) Tatbestands ein früheres Vorbringen nicht zuzumuten war[3].

IV. Vertagung. 1. Vertagungsgründe. Kann die Verhandlung nicht in einem Termin zu Ende geführt werden, so ist der Termin nach Abs. 1 S. 2 zu vertagen. Als Vertagungsgrund wird im Gesetz der Fall der nicht sofort möglichen Beweisaufnahme angeführt. Hierbei handelt es sich aber um keine abschließende Regelung. Nach § 227 I 1 ZPO kann eine Verhandlung aus **„erheblichen Gründen"** vertagt werden. Die erheblichen Gründe sind auf Verlangen des Gerichts glaubhaft zu machen (§ 227 III ZPO).

Als **„erhebliche Gründe"** für eine Vertagung kommen zB in Betracht: Verhinderung der Partei, deren persönliches Erscheinen angeordnet und unverzichtbar erscheint, oder die ihren Prozess selbst führt; Erfolg versprechende außergerichtl. Vergleichsverhandlungen; Verhinderung von Zeugen oder Sachverst.; Verhinderung des Prozessbevollmächtigten auf Grund unverschuldeter Anreiseschwierigkeit und ggf. bei zu berücksichtigender Terminkollision; wenn neues Tatsachenvorbringen oder neue Beweismittel erforderlich werden, weil im Termin neue tatsächliche und rechtl. Erkenntnisse gewonnen wurden.

„Erhebliche Gründe" für eine Vertagung sind aber nach § 227 I Nr. 1–3 ZPO insb. **nicht:**

– das Ausbleiben einer Partei oder die Ankündigung, nicht zu erscheinen, wenn nicht das Gericht dafür hält, dass die Partei ohne ihr Verschulden am Erscheinen verhindert ist (Nr. 1);

– die mangelnde Vorbereitung einer Partei, wenn nicht die Partei dies genügend entschuldigt (Nr. 2);

– das Einvernehmen der Parteien allein (Nr. 3).

2. Vertagungsentscheidung. Über die Vertagung einer Verhandlung entscheidet die Kammer (vgl. § 227 IV 1 Hs. 2 ZPO). Die Entscheidung ist sofort, also am Schluss des mündlichen Verhandlungsteils dieses Sitzungstages (Grundsatz der Einheit der mündlichen Verhandlung) zu verkünden (Abs. 1 S. 2).

---

[1] BGH 29.5.1984 – IX ZR 57/83, WM 1984, 924. || [2] BGH 1.4.1992 – VIII ZR 86/91, MDR 1992, 608. || [3] Zöller/Greger, § 282 ZPO Rz. 3.

22 Die Vertagungsentscheidung ist kurz zu begründen (§ 227 IV 2 ZPO). Sie ist grds. unanfechtbar (§ 227 IV 3 ZPO).

23 Um keine Vertagung handelt es sich, wenn die Kammer einen Verkündungstermin anberaumt. Die Zulässigkeit dieser Verfahrensweise ist in § 60 I und II geregelt.

24 **V. Gütliche Erledigung.** Nach Abs. 2 soll die gütliche Erledigung des Rechtsstreits während des ganzen Verfahrens angestrebt werden.

58 *Beweisaufnahme*

(1) Soweit die Beweisaufnahme an der Gerichtsstelle möglich ist, erfolgt sie vor der Kammer. In den übrigen Fällen kann die Beweisaufnahme, unbeschadet des § 13, dem Vorsitzenden übertragen werden.

(2) Zeugen und Sachverständige werden nur beeidigt, wenn die Kammer dies im Hinblick auf die Bedeutung des Zeugnisses für die Entscheidung des Rechtsstreits für notwendig erachtet. Im Falle des § 377 Abs. 3 der Zivilprozessordnung ist die eidesstattliche Versicherung nur erforderlich, wenn die Kammer sie aus dem gleichen Grunde für notwendig hält.

1 **I. Inhalt und Zweck.** Das ArbGG enthält zum Beweisrecht nur wenige Regelungen. IÜ gilt auf Grund der Verweisung in § 46 II das Beweisrecht der ZPO. § 58 findet im erstinstanzlichen Verfahren und nach § 64 VII auch im zweitinstanzlichen Verfahren Anwendung. Da im Revisionsverfahren keine Tatsachenfeststellung erfolgt, sind die das Beweisverfahren betreffenden Vorschriften für dieses Verfahren ohne Bedeutung. Für das Beschlussverfahren des ersten Rechtszugs gelten nach § 80 II die für das Urteilsverfahren des ersten Rechtszugs maßgebenden Vorschriften über die Beweisaufnahme entsprechend, wobei das Gericht aber nach § 83 I 1 den Sachverhalt im Rahmen der gestellten Anträge von Amts wegen erforscht und die Beteiligten nach § 83 I 2 an der Aufklärung des Sachverhalts mitzuwirken haben.

2 **II. Grundlagen des Beweisverfahrens. 1. Zweck des Beweisverfahrens.** Nach § 286 I 1 ZPO hat das Gericht unter Berücksichtigung des gesamten Inhalts der Verhandlungen und des Ergebnisses einer etwaigen Beweisaufnahme nach freier Überzeugung zu entscheiden, ob eine tatsächliche Behauptung für wahr oder für nicht wahr zu erachten ist. Der Herbeiführung einer solchen Überzeugung dient – neben den Verhandlungen – der Beweis. Zur Gewinnung des Beweises sieht die ZPO ein bestimmtes Verfahren, die Beweisaufnahme, mit speziellen Beweismitteln vor. Es müssen aber bestimmte Voraussetzungen erfüllt sein, bis es zu einem Beweisverfahren kommen kann. Ist die Beweisaufnahme abgeschlossen, so stellt sich die Aufgabe der Beweiswürdigung. Gelangt das Gericht dabei nicht zu einer sicheren Überzeugung über die tatsächlichen Grundlagen, so muss es trotz dieser Beweislosigkeit über die Klage entscheiden, und zwar nach den Regeln der Beweislast.

3 **2. Gesetzliche Grundlagen. a) Normen des Arbeitsgerichtsverfahrens.** Zum Beweisverfahren finden sich im ArbGG die folgenden Einzelregelungen:

– § 9 IV, wonach Zeugen und Sachverst. Entschädigung nach dem JVEG erhalten;

– § 54 I 3, wonach der Vorsitzende zur Aufklärung des Sachverhalts in der Güteverhandlung alle Handlungen vornehmen kann, die sofort erfolgen können;

– § 54 I 4, der eine eidliche Vernehmung für die Güteverhandlung ausschließt;

– § 54 II 2, der in der Güteverhandlung erklärten gerichtl. Geständnissen nach § 288 ZPO nur dann eine bindende Wirkung zuspricht, wenn sie zu Protokoll erklärt worden sind;

– § 55 IV, wonach der Vorsitzende vor der streitigen Verhandlung einen Beweisbeschluss erlassen kann, soweit er eine Beweisaufnahme durch den ersuchten Richter, eine schriftl. Beantwortung der Beweisfrage nach § 377 III ZPO, die Einholung amtlicher Auskünfte, die Einholung eines schriftl. Sachverst.-Gutachtens oder eine Parteivernehmung anordnet, wobei die Anordnungen (mit Ausnahme der Parteivernehmung) vor der streitigen Verhandlung ausgeführt werden können;

– § 58, der die Durchführung der Beweisaufnahme vor der Kammer, die Voraussetzungen für die Beeidigung von Zeugen und Sachverst. bzw. die Abgabe der eidesstattlichen Versicherung regelt;

– § 83 I 1, wonach das Gericht im Beschlussverfahren den Sachverhalt im Rahmen der gestellten Anträge von Amts wegen erforscht;

– § 83 I 2, der die Mitwirkung der am Beschlussverfahren Beteiligten bei der Aufklärung des Sachverhalts anordnet;

– § 83 II, nach dem im Beschlussverfahren zur Aufklärung des Sachverhalts Urkunden eingesehen, Auskünfte eingeholt, Zeugen, Sachverst. und Beteiligte vernommen und der Augenschein eingenommen werden kann.

4 **b) Zivilprozessuale Regelungen.** Soweit das ArbGG keine Regelungen zum Beweisrecht enthält, richtet sich das Beweisverfahren nach den zivilprozessualen Regelungen (§ 46 II 1).

c) **Verfassungs- und europarechtliche Regelungen.** Das „Recht auf Beweis" der Verfahrensbeteiligten ist verfassungsrechtl. gewährleistet. Es wird zum einen aus dem Justizgewährungsanspruch und damit letztlich aus dem Rechtsstaatsprinzip (Art. 20 GG), zum anderen aus Art. 6 I EMRK hergeleitet. Inhalt ist die Garantie, zur Beweisführung zugelassen zu werden, am Beweisverfahren teilzunehmen, zum Beweisergebnis Stellung zu nehmen sowie das Recht auf Unmittelbarkeit der Beweisaufnahme.

Der Grundsatz der Waffengleichheit gebietet es, dass jeder Partei eine vernünftige Möglichkeit eingeräumt werden muss, ihren Fall – einschl. ihrer „Zeugenaussage" – vor Gericht unter Bedingungen zu präsentieren, die für die Partei keinen substanziellen Nachteil im Verhältnis zu ihrem Prozessgegner bedeuten[1]. Eine Verletzung dieses Gebots des fairen Verfahrens wird zB angenommen, wenn es einer juristischen Person verwehrt ist, ihr Organ als Zeugen für den Verlauf eines Gesprächs zu benennen, an dem nur der Alleingesellschafter und ein Vertreter der beklagten Partei teilgenommen haben, sofern andererseits der Gesprächsteilnehmer der beklagten Partei vom Tatgericht gehört wird[2]. Daher haben die Gerichte grds. zur Wahrung der Waffengleichheit im Zivilprozess und zur Gewährung eines Mindestmaßes an rechtl. Gehör in Situationen, in denen nach Gesprächen unter vier Augen nur der einen Partei ein Zeuge zur Verfügung steht, der Beweisnot der anderen Seite dadurch Rechnung zu tragen, dass sie die prozessual benachteiligte Partei nach § 448 ZPO vernehmen oder gem. § 141 ZPO anhören[3]. Eine Partei ist aber nicht in ihrem Recht auf ein faires Verfahren oder in ihrem Grundrecht auf Gewährung rechtl. Gehörs verletzt, wenn eine Parteivernehmung der Partei oder ihre Anhörung nach § 141 ZPO zur Wahrung ihrer Rechte und der Waffengleichheit nicht erforderlich ist, weil ein Zeuge vorhanden ist, der nicht ausschließlich im Lager des Gegners steht, und die Partei selbst genügend Gelegenheit hat, ihre Darstellung des Sachverhalts in den Rechtsstreit einzubringen[4].

III. Beweisverfahren. Die zivilprozessuale Beweisaufnahme erfolgt grds. im Rahmen eines förmlichen Verfahrens nach den §§ 355 ff. ZPO, im arbeitsgerichtl. Verfahren unter Berücksichtigung von §§ 54 I und II, 55 IV, 58 und 83 und unter Beschränkung auf die dort zugelassenen fünf Beweismittel (Zeugen, Parteivernehmung, Sachverst., Urkunden und Augenschein). Andere Beweismittel sind ausgeschlossen; es gilt der sog. **Strengbeweis**.

Der sog. **Freibeweis** ist demggü. weder an die genannten Beweismittel noch an ein förmliches Verfahren gebunden; zudem kann er – wie allerdings auch die Strengbeweismittel mit Ausnahme des Zeugenbeweises – von Amts wegen erhoben werden. Der Freibeweis ist zulässig bei der Ermittlung fremden Rechts iSv. § 293 ZPO und bei den Umständen, die der Amtsprüfung unterliegen (zB Prozess- und Rechtsmittelvoraussetzungen). Dabei gilt der sog. Freibeweis lediglich für die Beweiserhebung; dieser senkt nicht die Anforderungen an die richterliche Überzeugung, sondern stellt das Gericht – im Rahmen pflichtgemäßen Ermessens – nur freier bei der Gewinnung der Beweismittel und im Beweisverfahren[5]. Darüber hinaus ist der Freibeweis mit Einverständnis der Parteien zulässig (§ 284 S. 2 ZPO)[6].

IV. Durchführung der Beweisaufnahme. In Abs. 1 S. 1 kommt der Grundsatz der Unmittelbarkeit der Beweisaufnahme zum Ausdruck. Danach erfolgt die Beweisaufnahme vor der Kammer, soweit sie an Gerichtsstelle möglich ist. Ist dies nicht möglich, kann die Beweisaufnahme dem Vorsitzenden übertragen werden (Abs. 1 S. 2) oder im Wege der Rechtshilfe (§ 13) erfolgen. Den Parteien ist gestattet, der Beweisaufnahme beizuwohnen (§ 357 ZPO). Dieser Grundsatz wird nicht verletzt durch Vorlage einer beim Notar abgegebenen und urkundlich verwerteten Aussage als Nachweis über das Vertretensein einer Gewerkschaft im Betrieb[7].

V. Selbständiges Beweisverfahren. Während oder außerhalb eines Streitverfahrens kann auf Antrag einer Partei die Einnahme des Augenscheins, die Vernehmung von Zeugen oder die Begutachtung durch einen Sachverst. angeordnet werden, wenn der Gegner zustimmt oder zu besorgen ist, dass das Beweismittel verloren geht oder seine Benutzung erschwert erscheint. Das selbständige Beweisverfahren ist in §§ 485–494a ZPO geregelt.

§ 59 Versäumnisverfahren

Gegen ein Versäumnisurteil kann eine Partei, gegen die das Urteil ergangen ist, binnen einer Notfrist von einer Woche nach seiner Zustellung Einspruch einlegen. Der Einspruch wird beim Arbeitsgericht schriftlich oder durch Abgabe einer Erklärung zur Niederschrift der Geschäftsstelle eingelegt. Hierauf ist die Partei zugleich mit der Zustellung des Urteils schriftlich hinzuweisen. § 345 der Zivilprozessordnung bleibt unberührt.

I. Inhalt und Zweck. Das Versäumnisverfahren richtet sich grds. nach § 46 II 1 ArbGG iVm. §§ 330–347 ZPO. In § 59 finden sich nur Regelungen zur Form und Frist des Einspruchs und zum Inhalt der Rechtsbehelfsbelehrung. Weil im arbeitsgerichtl. Verfahren die Vorschriften über das schriftl. Vorverfahren keine

---

1 EGMR 27.10.1993 – 37/1992/382/460, NJW 1995, 209. || 2 *Schloßer*, NJW 1995, 1404; *Zwanziger*, DB 1997, 776. ||3 BAG 22.5.2007 – 3 AZN 1155/06, MDR 2007, 1214 f. ||4 BGH 30.9.2004 – III ZR 369/03. ||5 BGH 4.6.1992 – IX ZB 10/92, AP Nr. 16 zu § 286 ZPO. ||6 Zöller/*Greger*, § 284 ZPO Rz. 2f. ||7 BAG 25.3.1992 – 7 ABR 65/90, AP Nr. 4 zu § 2 BetrVG 1972; bestätigt durch BVerfG 21.3.1994 – 1 BvR 1485/93, AP Nr. 4a zu § 2 BetrVG 1972.

Anwendung finden (vgl. § 46 II 2), scheidet eine Anwendbarkeit der §§ 331 III, 335 I Nr. 4 ZPO aus. § 59 findet im Berufungsverfahren (§ 64 VII), mangels Inbezugnahme in § 72 VI ZPO jedoch nicht im Revisionsverfahren Anwendung. In der Revisionsinstanz richtet sich das Versäumnisverfahren nach §§ 330 ff. ZPO.

2   Sofern das Versäumnisurteil ohne die Rechtsbehelfsbelehrung (oder mit unvollständiger Rechtsbehelfsbelehrung) zugestellt wird, läuft die Einspruchsfrist nicht an. Vielmehr ist eine erneute Zustellung des Urteils mit Rechtsbehelfsbelehrung erforderlich.

3   **II. Einspruch. 1. Rechtsbehelf.** Der Partei, gegen die ein Versäumnisurteil erlassen ist, steht gegen das Urteil der Einspruch zu (§ 338 ZPO). Der Einspruch ist kein Rechtsmittel, sondern ein Rechtsbehelf, weil er die Sache nicht in die höhere Instanz bringt (Devolutiveffekt) und nicht zur Nachprüfung des Versäumnisurteils, sondern zur Nachholung der versäumten Verhandlung führt. Der Einspruch ist nur gegen ein echtes Versäumnisurteil (auch Versäumnis-Teilurteil) statthaft. Gegen ein unechtes Versäumnisurteil und eine Entscheidung nach Lage der Akten verbleibt es bei den normalen Rechtsmitteln. Die Einschränkung des Einspruchs auf einen Teil des Streitgegenstands, der einer Entscheidung durch Teilurteil zugänglich wäre, ist zulässig.

4   **2. Einspruchsfrist.** Der Einspruch kann nur binnen einer Notfrist von einer Woche nach Zustellung des Versäumnisurteils eingelegt werden (S. 1 als Sonderregelung ggü. § 339 I 1 ZPO). Die Einlegung des Einspruchs nach Verkündung, jedoch vor Zustellung der Versäumnisentscheidung ist zulässig.

5   Muss die Zustellung des Versäumnisurteils im Ausland oder durch öffentl. Zustellung erfolgen, so hat der Vorsitzende die Einspruchsfrist im Versäumnisurteil oder nachträglich durch besonderen Beschluss, der ohne mündliche Verhandlung und damit vom Vorsitzenden erlassen werden kann, zu bestimmen (§ 339 II ZPO). Die Auslandszustellung kommt nur in Betracht, wenn entgegen § 184 ZPO kein Zustellungsbevollmächtigter ernannt ist.

6   **3. Form.** Der Einspruch wird beim ArbG schriftl. oder durch Abgabe einer Erklärung zur Niederschrift der Geschäftsstelle eingelegt (S. 2). Die Einspruchsschrift muss die Bezeichnung des Urteils, gegen das der Einspruch eingelegt wird, und die Erklärung enthalten, dass gegen dieses Urteil Einspruch eingelegt werde (§ 340 II 1 ZPO).

7   Soll das Urteil nur zT angefochten werden, so ist der Umfang der Anfechtung zu bezeichnen (§ 340 II 2 ZPO).

60 Verkündung des Urteils

(1) Zur Verkündung des Urteils kann ein besonderer Termin nur bestimmt werden, wenn die sofortige Verkündung in dem Termin, auf Grund dessen es erlassen wird, aus besonderen Gründen nicht möglich ist, insbesondere weil die Beratung nicht mehr am Tag der Verhandlung stattfinden kann. Der Verkündungstermin wird nur dann über drei Wochen hinaus angesetzt, wenn wichtige Gründe, insbesondere der Umfang oder die Schwierigkeit der Sache, dies erfordern. Dies gilt auch dann, wenn ein Urteil nach Lage der Akten erlassen wird.

(2) Bei Verkündung des Urteils ist der wesentliche Inhalt der Entscheidungsgründe mitzuteilen. Dies gilt nicht, wenn beide Parteien abwesend sind; in diesem Fall genügt die Bezugnahme auf die unterschriebene Urteilsformel.

(3) Die Wirksamkeit der Verkündung ist von der Anwesenheit der ehrenamtlichen Richter nicht abhängig. Wird ein von der Kammer gefälltes Urteil ohne Zuziehung der ehrenamtlichen Richter verkündet, so ist die Urteilsformel vorher von dem Vorsitzenden und den ehrenamtlichen Richtern zu unterschreiben.

(4) Das Urteil nebst Tatbestand und Entscheidungsgründen ist vom Vorsitzenden zu unterschreiben. Wird das Urteil nicht in dem Termin verkündet, in dem die mündliche Verhandlung geschlossen wird, so muss es bei der Verkündung in vollständiger Form abgefasst sein. Ein Urteil, das in dem Termin, in dem die mündliche Verhandlung geschlossen wird, verkündet wird, ist vor Ablauf von drei Wochen, vom Tag der Verkündung an gerechnet, vollständig abgefasst der Geschäftsstelle zu übermitteln; kann dies ausnahmsweise nicht geschehen, so ist innerhalb dieser Frist das von dem Vorsitzenden unterschriebene Urteil ohne Tatbestand und Entscheidungsgründe der Geschäftsstelle zu übermitteln. In diesem Fall sind Tatbestand und Entscheidungsgründe alsbald nachträglich anzufertigen, von dem Vorsitzenden besonders zu unterschreiben und der Geschäftsstelle zu übermitteln.

1   **I. Inhalt und Zweck.** § 60 enthält im Hinblick auf Besonderheiten des arbeitsgerichtl. Verfahrens (Heranziehung der ehrenamtlichen Richter nach § 31 II) Sonderregelungen, die in ihrem Anwendungsbereich die §§ 310 und 311 ZPO verdrängen. Zugleich konkretisiert § 60 den Beschleunigungsgrundsatz für den Fall der Entscheidungsverkündung. Sein Anwendungsbereich ist beschränkt auf die zu verkündenden Entscheidungen.

2   Nach § 69 I 2 findet § 60 auch im Berufungsverfahren entsprechende Anwendung, jedoch mit der Modifikation, dass die Frist für das Absetzen des Urteils auf vier Wochen verlängert wird und Tatbestand

und Entscheidungsgründe von sämtlichen Mitgliedern der Kammer zu unterschreiben sind. Für eine entsprechende Anwendung in der Revisionsinstanz fehlt es in § 72 VI an einer Verweisung.

Im erstinstanzl. Beschlussverfahren ist die Vorschrift entsprechend anwendbar (§ 84 S. 3). Die Anwendbarkeit im Beschwerdeverfahren ist entsprechend der im Urteilsverfahren geregelt (§§ 91 II 2, 69 I 2). Ebenso fehlt es für die Rechtsbeschwerdeinstanz an einer entsprechenden Verweisung in § 96.

Mit Ausnahme des Beschlussverfahrens nach §§ 80 ff. gilt die Vorschrift nicht für Beschlüsse. Für diese findet § 329 ZPO Anwendung.

II. Verkündung von Urteilen und Beschlüssen. 1. Schließung der mündlichen Verhandlung. Urteile sind, wie sich aus Abs. 1 ergibt, regelmäßig im letzten Termin zur mündlichen Verhandlung zu verkünden. Der Vorsitzende schließt die Verhandlung ausdrücklich oder konkludent, wenn nach Ansicht des Gerichts – nicht des Vorsitzenden – die Sache vollständig erörtert ist (§ 136 IV ZPO). Dies bedingt eine Abstimmung des Vorsitzenden mit den ehrenamtlichen Richtern, die ohne förmliche Beratung im Sitzungssaal durch Zuflüstern oÄ herbeigeführt werden kann. Konkludente Schließung der mündlichen Verhandlung liegt in der Bestimmung eines Verkündungstermins oder im Aufruf einer anderen Sache. Eine Protokollierung der Schließung als wesentlicher Vorgang ist angezeigt (vgl. § 160 II ZPO).

2. Wiedereröffnung und nachgelassener Schriftsatz. Nach Schluss der mündlichen Verhandlung können Angriffs- und Verteidigungsmittel nicht mehr vorgebracht und Sachanträge nicht mehr gestellt werden, es sei denn, das Gericht ordnet die Wiedereröffnung der Verhandlung (§ 156 ZPO) oder die Zulassung eines nachgereichten Schriftsatzes nebst Verkündungstermin an (§ 283 ZPO). Das Gericht hat nach § 156 II ZPO ua. die Wiedereröffnung anzuordnen, wenn es einen entscheidungserheblichen und rügbaren Verfahrensfehler (§ 295 ZPO), insb. eine Verletzung der Hinweis- und Aufklärungspflicht (§ 139 ZPO) oder eine Verletzung des Anspruchs auf rechtl. Gehör, feststellt. Die Frage der Wiedereröffnung stellt sich auch, wenn das Gericht einen Verkündungstermin anberaumt und zwischen dem letzten Termin zur mündlichen Verhandlung und dem Verkündungstermin ein – ggf. nachgelassener – Schriftsatz mit neuem und erheblichem Tatsachenvortrag eingeht. Bei nicht nachgelassenem neuen Vorbringen ist das Gericht nicht zur Wiedereröffnung der mündlichen Verhandlung verpflichtet[1]. Die Entscheidungen über die Wiedereröffnung trifft die Kammer (vgl. § 53 Rz. 9).

3. Beratung der Kammer. Unmittelbar nach Schließung der mündlichen Verhandlung oder im weiteren Verlauf des Sitzungstages findet die Kammerberatung statt. Für Beratung und Abstimmung gelten nach § 9 II die §§ 192 ff. GVG. Als Ergebnis der Beratung wird regelmäßig die Urteilsformel schriftl. niedergelegt, denn nach § 311 II 1 ZPO wird das Urteil durch Vorlesung der Urteilsformel verkündet. Die Vorlesung der Urteilsformel kann durch die Bezugnahme auf die Urteilsformel ersetzt werden, wenn bei der Verkündung von den Parteien niemand erschienen ist (§ 311 II 2 ZPO). Versäumnisurteile, Anerkenntnis- und Verzichturteile und Urteile infolge einer Klagerücknahme können verkündet werden, auch wenn die Urteilsformel noch nicht schriftl. abgefasst ist (§ 311 II 3 ZPO). Falls ein von der Kammer gefälltes Urteil ohne Zuziehung der ehrenamtlichen Richter verkündet wird, ist die Urteilsformel vorher von dem Vorsitzenden und den ehrenamtlichen Richtern zu unterzeichnen (Abs. 3 S. 2).

4. Zeitpunkt der Verkündung. a) Sofortige Verkündung. Abs. 1 S. 1 geht von dem Grundsatz aus, dass die Entscheidung am Schluss der Sitzung zu verkünden ist (sog. **Stuhlurteil**). Dem Erfordernis der sofortigen Verkündung wird auch eine Entscheidungsverkündung im Verlaufe oder am Ende des Sitzungstages, an dem mehrere Sachen verhandelt werden, gerecht.

b) Besonderer Verkündungstermin. Nur ausnahmsweise kann ein besonderer Termin zur Verkündung des Urteils bestimmt werden, nämlich wenn aus besonderen Gründen eine sofortige Verkündung nicht möglich ist (Abs. 1 S. 1). Welche Gründe die Anberaumung eines Verkündungstermins rechtfertigen, regelt das Gesetz nicht abschließend. In Abs. 1 S. 1 findet sich der Beispielsfall, dass die Beratung nicht mehr am Tage der Verhandlung stattfinden kann. Weitere Gründe können sein: eine besonders schwierige Sache mit weiter gehendem Prüfungs-, Überlegungs- und Beratungsbedarf; die Verhinderung eines ehrenamtlichen Richters an der abschließenden Beratung; die Prüfungs- und Beratungsbedürftigkeit neuen Sachvortrags; die Erschöpfung eines Kammermitglieds nach einem umfangreichen Sitzungstag; zwischen den Parteien andauernde Vergleichsgespräche; der Lauf einer Widerrufsfrist für einen Prozessvergleich.

Die Anberaumung des Verkündungstermins erfolgt unmittelbar in dem Termin, in dem die Verhandlung geschlossen wird. Bei Festlegung des Termins wirken die ehrenamtlichen Richter mit; die Bestimmung des Termins kann dem Vorsitzenden überlassen werden (Verkündungstermin wird von Amts wegen anberaumt), der dann hierüber und ggf. über eine Verlegung wegen Nichtvorliegens eines noch nicht abgesetzten Urteils (Abs. 4 S. 2) nach § 53 I allein entscheidet[2].

Grds. darf die Verkündung nicht über **drei Wochen** nach Schließung der mündlichen Verhandlung hinausgeschoben werden (vgl. Abs. 1 S. 2). Der Verkündungstermin wird nur dann über drei Wochen hi-

---

1 BGH 1.10.1992 – VIII ZR 199/91, MDR 1993, 173. || 2 GMP/*Germelmann*, § 60 Rz. 11; aA *Gift/Baur*, Urteilsverfahren, E Rz. 1607.

naus angesetzt, wenn wichtige Gründe, insb. der Umfang oder die Schwierigkeit der Sache, dies erfordern (Abs. 1 S. 2). Dies gilt auch dann, wenn ein Urteil nach Lage der Akten erlassen wird (Abs. 1 S. 3). Als **wichtige Gründe** für die Anberaumung eines Verkündungstermins nach drei Wochen kommen neben dem gesetzl. Beispielsfall in Betracht: länger andauernde außergerichtl. Vergleichsverhandlungen; Widerrufsvergleich mit längerer Widerrufsfrist; Hinderung des Vorsitzenden am rechtzeitigen Absetzen der zu verkündenden Entscheidung durch Krankheit oder Überlastung.

12   Ein Verstoß gegen Abs. 1 S. 2 kann die Anfechtbarkeit des Urteils nicht begründen[1].

13   **5. Form der Verkündung.** Das Urteil ergeht im Namen des Volkes (§ 311 I ZPO). Es wird durch Verlesung der Urteilsformel verkündet (§ 311 II 1 ZPO). Die Verlesung der Urteilsformel kann durch die Bezugnahme auf die Urteilsformel ersetzt werden, wenn bei der Verkündung von den Parteien niemand erschienen ist (§ 311 II 2 ZPO). Versäumnisurteile, Anerkenntnis- und Verzichturteile und Urteile infolge einer Klagerücknahme können verkündet werden, auch wenn die Urteilsformel noch nicht schriftl. abgefasst ist (§ 311 II 3 ZPO). Die Wirksamkeit der Verkündung eines Urteils ist von der Anwesenheit der Parteien nicht abhängig. Die Verkündung gilt auch derjenigen Partei ggü. als bewirkt, die den Termin versäumt hat (§ 312 I ZPO). Von der Anwesenheit der ehrenamtlichen Richter ist die Wirksamkeit der Verkündung ebenfalls nicht abhängig (Abs. 3 S. 1). Die Verkündung kann auch in Anwesenheit anderer ehrenamtlicher Richter erfolgen als derjenigen, die bei der Urteilsfällung mitgewirkt haben[2].

14   Bei Verkündung des Urteils ist der **wesentliche Inhalt der Entscheidungsgründe** mitzuteilen, sofern wenigstens eine Partei anwesend ist. Dem Vorsitzenden steht ein Beurteilungsspielraum dahin zu, was als wesentlicher Inhalt der Entscheidungsgründe anzusehen ist. Die anwesenden Parteien können (nur gemeinsam) auf die Mitteilung verzichten. Die Anwesenheit von Zuhörern löst die Mitteilungspflicht nicht aus. Lediglich bei Abwesenheit „beider" (vgl. Abs. 2 S. 2 Hs. 1) – gemeint sind alle am Rechtsstreit beteiligten – Parteien genügt die Bezugnahme auf die – in diesem Fall nur vom Vorsitzenden unterzeichnete – Urteilsformel (Abs. 2 S. 2 Hs. 2).

15   Tatsache und Form der Verkündung sowie die anwesenden Richter und Parteien sind im **Protokoll** festzustellen (vgl. § 160 III Nr. 7 ZPO). Die fehlende Protokollierung ist rückwirkend nachholbar (§ 164 I ZPO). Der Urkundsbeamte der Geschäftsstelle hat auf der Urschrift des Urteils den Tag der Verkündung zu vermerken und diesen Vermerk zu unterschreiben (§ 315 III ZPO). An die Unterschrift des Urkundsbeamten sind dieselben Anforderungen zu stellen wie an die Unterschrift des Richters, Rechtsanwalts oder Verbandsvertreters[3]. Der Vermerk bezeugt die Übereinstimmung mit der verkündeten Formel, ersetzt jedoch nicht die Feststellung der Verkündung im Sitzungsprotokoll[4]. Ein Verstoß gegen § 315 III ZPO führt nicht zur Fehlerhaftigkeit des Urteils[5].

16   **III. Abfassung des Urteils. 1. Abfassung und Unterzeichnung des Urteils.** Das vollständige Urteil ist in erster Instanz (Abs. 4 S. 1) vom Vorsitzenden allein, in zweiter (§ 69 I 1) und dritter (§ 75 II) Instanz von sämtlichen an der Entscheidung beteiligten Richtern zu unterschreiben. Eine Paraphe genügt nicht; es muss sich um eine Unterzeichnung zumindest mit vollem Familiennamen handeln, wobei der Schriftzug individualisierbar sein muss. Eine fehlende Unterschrift kann nachgeholt werden, ggf. auch noch nach Einlegung eines Rechtsmittels. Die fehlende oder unzureichende Unterschrift hat zur Folge, dass eine wirksame Urteilszustellung nicht erfolgte und somit auch eine Rechtsmittelfrist nicht in Lauf gesetzt werden konnte[6]. Ist der Vorsitzende einer Kammer des ArbG verhindert, seine Unterschrift beizufügen, so scheidet eine Ersetzung seiner Unterschrift nach § 315 I 2 ZPO aus, denn Abs. 4 S. 1 ist lex specialis ggü. § 315 I ZPO. Ist dagegen der Vorsitzende einer Kammer des LAG verhindert, die Begründung eines bereits verkündeten Urteils abzusetzen, so können die beisitzenden Landesarbeitsrichter die schriftl. Begründung des Urteils fertigen oder sich einen Entwurf des Vorsitzenden zu Eigen machen[7]. Die Ersetzung der Unterschrift des Vorsitzenden erfolgt dann nach § 315 I 2 ZPO.

17   **2. Fristen für Urteilsabfassung.** Ein Urteil, das in dem Termin, in dem die mündliche Verhandlung geschlossen wird, verkündet wird, ist vor Ablauf von **drei Wochen**, vom Tage der Verkündung an gerechnet, vollständig abgefasst der Geschäftsstelle zu übermitteln (Abs. 4 S. 3 Hs. 1). Vollständig abgefasst ist das Urteil, wenn es in der endgültigen Fassung mit Unterschrift des Vorsitzenden, nicht jedoch nur als Diktat (stenografiert oder auf Band) bei der Geschäftsstelle vorliegt. Kann das Urteil ausnahmsw. nicht rechtzeitig der Geschäftsstelle übermittelt werden, so ist innerhalb der Drei-Wochen-Frist das von dem Vorsitzenden unterschriebene Urteil ohne Tatbestand und Entscheidungsgründe der Geschäftsstelle zu übermitteln (Abs. 4 S. 3 Hs. 2). In diesem Fall sind Tatbestand und Entscheidungsgründe alsbald nachträglich anzufertigen, von dem Vorsitzenden besonders zu unterschreiben und der Geschäftsstelle zu übermitteln (Abs. 4 S. 4). Ausnahmsweise kann die Drei-Wochen-Frist überschritten werden in Fällen wie komplexer und umfangreicher Sachverhalt mit schwierigen Rechtsfragen, Erkran-

---

1 BAG 21.8.1967 – 3 AZR 383/66, AP Nr. 122 zu § 242 BGB Ruhegehalt. ||2 BAG 21.1.1983 – 2 AZR 188/81, AP Nr. 12 zu § 38 ZPO Internationale Zuständigkeit. ||3 BGH 27.10.1987 – VI ZR 268/86, MDR 1988, 218. ||4 BGH 7.2.1990 – XII ZB 6/90, MDR 1990, 919. ||5 BGH 11.12.1986 – VIII ZB 47/86, AP Nr. 3 zu § 516 ZPO. ||6 LAG Köln 23.2.1988 – 6 Ta 28/88, BB 1988, 768. ||7 BAG 21.8.1967 – 3 AZR 383/66, AP Nr. 122 zu § 242 BGB Ruhegehalt; 30.4.1971 – 3 AZR 198/70, AP Nr. 15 zu § 9 ArbGG 1953.

kung des Vorsitzenden, Kapazitätsengpässen im gerichtl. Schreibdienst. Das Urteil sollte jedoch den Parteien vor Ablauf der Frist von **drei Monaten** seit Verkündung zugestellt sein, weil sie sonst der Möglichkeit eines Tatbestandsberichtigungsantrags verlustig gehen (vgl. § 320 II 3 ZPO). Sind die Nichteinhaltung der Urteilsabsetzungsfrist und sogar der Frist für den Tatbestandsberichtigungsantrag absehbar, so ist die Anberaumung eines Verkündungstermins dem Stuhlurteil vorzuziehen. Wird das Urteil nicht in dem Termin verkündet, in dem die mündliche Verhandlung geschlossen wird, so muss es bei der Verkündung in vollständiger Form abgefasst sein (Abs. 4 S. 2), ansonsten ist der Verkündungstermin zu verlegen.

IV. Folgen gerichtlicher Fristversäumnisse. Die Drei-Wochen-Frist zur Urteilsabsetzung wird als Ordnungsvorschrift verstanden[1]. Die Verletzung dieser Frist durch das ArbG stellt einen **Verfahrensmangel** dar. Zu den Verfahrensmängeln, die eine Zurückverweisung nach § 68 nicht zulassen, zählt jedoch auch der Fall der verspäteten Urteilsabsetzung[2]. Der hiermit verbundene Verlust einer Instanz ist angesichts des für das arbeitsgerichtl. Verfahren besonders bedeutsamen Gebots der Beschleunigung hinzunehmen. Dies gilt selbst dann, wenn die Entscheidung wegen weit verspäteter oder unterlassener Urteilsabsetzung als nicht mit Gründen (§ 547 Nr. 6 ZPO) versehen zu werten ist[3]. 18

Ein Urteil ist auch dann unterschrieben, wenn die Unterschrift eines an der Entscheidung beteiligten Richters durch einen **Verhinderungsvermerk** nach § 315 I 2 ZPO wirksam ersetzt worden ist. Ein Verhinderungsvermerk, in dem unter Angabe des Verhinderungsgrundes niedergelegt ist, dass der betreffende Richter verhindert ist, ersetzt dessen Unterschrift, wenn er bei Unterschriftsreife der Entscheidung längere Zeit tatsächlich oder rechtl. gehindert war, seine Unterschrift zu leisten. Hierfür reicht es jedenfalls nicht aus, wenn er an einem Tag nicht erreichbar war[4]. 19

61 Inhalt des Urteils

(1) Den Wert des Streitgegenstandes setzt das Arbeitsgericht im Urteil fest.

(2) Spricht das Urteil die Verpflichtung zur Vornahme einer Handlung aus, so ist der Beklagte auf Antrag des Klägers zugleich für den Fall, dass die Handlung nicht binnen einer bestimmten Frist vorgenommen ist, zur Zahlung einer vom Arbeitsgericht nach freiem Ermessen festzusetzenden Entschädigung zu verurteilen. Die Zwangsvollstreckung nach §§ 887 und 888 der Zivilprozessordnung ist in diesem Fall ausgeschlossen.

(3) Ein über den Grund des Anspruchs vorab entscheidendes Zwischenurteil ist wegen der Rechtsmittel nicht als Endurteil anzusehen.

I. Inhalt und Zweck. Die Vorschrift enthält in Abs. 1 einzelne Regelungen zum Inhalt, in Abs. 2 zu Vollstreckungsmodalitäten und in Abs. 3 zur Rechtsmittelfähigkeit arbeitsgerichtl. Urteile. Daneben gelten die §§ 313, 313a und 313b ZPO (betr. Form und Inhalt des Urteils), § 9 V 1 (betr. Rechtsmittelbelehrung), § 64 IIIa (betreffend Zulassung der Berufung) bzw. § 72 II (betr. Zulassung der Revision) entsprechend. 1

In zweiter Instanz gelten lediglich Abs. 2 und 3 (§ 64 VII), in dritter Instanz gilt allein Abs. 2 (§ 72 VI). Im Beschlussverfahren kommt § 61 nicht zur Anwendung; dort gilt § 84. 2

II. Inhalt des Urteils. Aufgabe des Urteils ist es, über die in der Urteilsformel enthaltene Entscheidung hinaus die Parteien von der Richtigkeit zu überzeugen und dem Rechtsmittelgericht die Nachprüfung in materieller und formeller Hinsicht zu ermöglichen. 3

Die **Urteilsformel** (§ 313 I Nr. 4 ZPO) hat in möglichst knapper und genauer Form die Entscheidung des Gerichts zu enthalten. Schon im Hinblick auf die Erteilung der abgekürzten Ausfertigung (§ 60 IV 3 Hs. 2) muss die Formel ohne Tatbestand und Entscheidungsgründe aus sich heraus verständlich sein und die Zwangsvollstreckung ermöglichen[5]. 4

Der **Tatbestand** (§ 313 I Nr. 5 ZPO) beurkundet das schriftl. und mündliche Vorbringen der Parteien. Er ist berichtigungsfähig (§ 319 ZPO) und beweiskräftig (§ 314 ZPO). Im Tatbestand sollen die erhobenen Ansprüche und die dazu vorgetragenen Angriffs- und Verteidigungsmittel unter Hervorhebung der gestellten Anträge nur ihrem wesentlichen Inhalt nach knapp dargestellt werden. Wegen der Einzelheiten des Sach- und Streitstandes soll auf Schriftsätze, Protokolle und andere Unterlagen verwiesen werden (§ 313 II ZPO), wobei die summarische Bezugnahme genügt[6]. Fehlende Angaben im Tatbestand können in den Entscheidungsgründen nachgeholt werden[7]. 5

Die **Entscheidungsgründe** (§ 313 I Nr. 6 ZPO) enthalten nach § 313 III ZPO eine kurze Zusammenfassung der Erwägungen, auf denen die Entscheidung in tatsächlicher und rechtl. Hinsicht beruht. Nicht 6

---

1 BAG 7.12.1983 – 4 AZR 394/81, AP Nr. 82 zu §§ 22, 23 BAT 1975. ‖ 2 BAG 24.4.1996 – 5 AZN 970/95, AP Nr. 2 zu § 68 ArbGG 1979; 24.2.1982 – 4 AZR 313/80, AP Nr. 1 zu § 68 ArbGG 1979. ‖ 3 BAG 24.4.1996 – 5 AZN 970/95, AP Nr. 2 zu § 68 ArbGG 1979. ‖ 4 BAG 17.8.1999 – 3 AZR 526/97, AP Nr. 51 zu § 551 ZPO. ‖ 5 Zöller/*Vollkommer*, § 313 ZPO Rz. 8. ‖ 6 BGH 16.6.1992 – XI ZR 166/91, MDR 1992, 960. ‖ 7 BGH 17.1.1985 – VII ZR 257/83, MDR 1985, 570; 25.4.1991 – I ZR 232/89, MDR 1992, 188.

nötig ist, dass jede Einzelheit des Parteivorbringens erörtert wird[1], jedoch müssen die Gründe nachvollziehbar sein und eine Überprüfung der Entscheidungsgründe durch die höhere Instanz ermöglichen. Klageansprüche dürfen nicht übergangen, wesentlicher Sachvortrag muss zur Kenntnis genommen und erwogen werden[2] und Abweichungen von der herrschenden Rspr. müssen begründet werden[3]. Die Bezugnahme auf ein anderes Urteil ist zulässig, wenn den Parteien dessen Gründe bekannt sind und das andere Urteil genau bezeichnet wird[4].

7 **III. Weglassen von Tatbestand und Entscheidungsgründen.** Des Tatbestandes bedarf es nicht, wenn ein Rechtsmittel gegen das Urteil unzweifelhaft nicht eingelegt werden kann (§ 313a I 1 ZPO). In diesem Fall bedarf es auch keiner Entscheidungsgründe, wenn die Parteien auf sie verzichten oder wenn ihr wesentlicher Inhalt in das Protokoll aufgenommen worden ist (§ 313a I 2). Wird das Urteil in dem Termin, in dem die mündliche Verhandlung geschlossen worden ist, verkündet, so bedarf es des Tatbestands und der Entscheidungsgründe nicht, wenn beide Parteien auf Rechtsmittel gegen das Urteil verzichten. Ist das Urteil nur für eine Partei anfechtbar, so genügt es, wenn diese verzichtet (§ 313a II ZPO). Der Verzicht auf das Rechtsmittel und die Entscheidungsgründe kann schon vor der Verkündung des Urteils, spätestens jedoch eine Woche nach dem Schluss der mündlichen Verhandlung ggü. dem Gericht erfolgen (§ 313a III ZPO). Diese Regelungen zum Weglassen von Tatbestand und Entscheidungsgründen gelten nicht im Fall der Verurteilung zu künftig fällig werdenden wiederkehrenden Leistungen (§ 313a IV Nr. 4 ZPO). Soll ein ohne Tatbestand und Entscheidungsgründe hergestelltes Urteil im Ausland geltend gemacht werden, so gelten die Vorschriften über die Vervollständigung von Versäumnis- und Anerkenntnisurteilen entsprechend (§ 313a V ZPO). Auch bei Versäumnisurteilen, Anerkenntnisurteilen und Verzichtsurteilen bedarf es nicht des Tatbestandes und der Entscheidungsgründe (§ 313b I ZPO), sofern nicht die Geltendmachung im Ausland zu erwarten ist (§ 313b III ZPO). Damit bedürfen Urteile erster Instanz regelmäßig keines Tatbestandes und keiner Entscheidungsgründe, in denen der Beschwerdewert des § 64 II Buchst. b von mehr als 600 Euro nicht erreicht und in denen die Berufung nicht zugelassen wird. Ansonsten ist ein Rechtsmittelverzicht erforderlich.

8 Die Möglichkeit der Nichtzulassungsbeschwerde bei Berufungsurteilen lässt grds. die Feststellung, dass ein Rechtsmittel unzweifelhaft nicht eingelegt werden kann, nicht zu. § 313a ZPO kann hier nur angewandt werden, wenn die durch das Berufungsurteil beschwerte Partei auf die Einlegung eines Rechtsmittels verzichtet. Wegen der weiteren Fragen des Inhalts und der Abkürzung des Berufungsurteils wird auf die Komm. zu § 69 verwiesen.

9 In der Revisionsinstanz kann § 313a ZPO entsprechend angewendet werden, denn gegen die Urteile des BAG findet kein Rechtsmittel statt. Bei der Verfassungsbeschwerde handelt es sich um kein Rechtsmittel iSv. § 313a ZPO.

10 **IV. Streitwertfestsetzung (Abs. 1). 1. Bedeutung.** Nach Abs. 1 hat das ArbG den Wert des Streitgegenstands im Urteil festzusetzen. Die Streitwertfestsetzung hat eine gewisse Bedeutung für die Zulässigkeit der Berufung. Das Berufungsgericht ist im Rahmen des § 64 II an den vom ArbG festgesetzten Streitwert (Obergrenze) gebunden und hat aus diesem die Höhe der Beschwer zu ermitteln. Daraus ergibt sich, dass der Beschwerdewert in der Regelfall nicht höher sein kann als der festgelegte Streitwert[5]. Dies gilt ausnahmsw. nicht, wenn die Festsetzung offensichtlich unrichtig ist, wenn sie nämlich in jeder Beziehung unverständlich und unter keinem vernünftigen Gesichtspunkt zu rechtfertigen ist sowie außerdem der zutreffende Streitwert auf den ersten Blick die für den Beschwerdewert maßgebende Grenze übersteigt oder unterschreitet[6]. Eine Bindung besteht auch nicht, wenn der Beschwerdewert des § 64 II nach anderen Kriterien als der festgesetzte Streitwert zu ermitteln ist. Das ist zB der Fall, wenn die Streitwertfestsetzung im erstinstanzlichen Urteil sich allein am klägerischen Interesse orientieren muss und das wirtschaftl. Interesse der unterlegenen Partei nach anderen Grundsätzen zu ermitteln ist. So ist die Sachlage bei der Stufenklage[7]. In den Fällen der Verurteilung zur Erteilung einer Auskunft ist für das Rechtsmittelinteresse des Verurteilten in erster Linie auf den Aufwand an Zeit und Kosten abzustellen, den die Auskunftserteilung voraussichtlich erfordern wird. Entsprechendes gilt bei der Abgabe einer eidesstattlichen Versicherung[8]. Ist die Auskunft mit keinem besonderen Aufwand verbunden, wird die Mindestbeschwer regelmäßig nicht erreicht[9]:

11 Der Urteilsstreitwert hat keine Bedeutung für den Gerichtsgebührenstreitwert nach § 63 II GKG bzw. den Rechtsanwaltsgebührenstreitwert nach §§ 32, 33 RVG. Vielmehr hat das ArbG nach § 63 II GKG den **Gerichtsgebührenstreitwert** durch Beschluss festzusetzen, sobald eine Entscheidung über den gesamten Streitgegenstand ergeht oder sich das Verfahren anderweitig erledigt. Nach § 32 I RVG ist der Gerichtsgebührenstreitwert grds. auch für die **Berechnung der Rechtsanwaltsgebühren** verbindlich.

---

1 BVerfG 3.4.1979 – 1 BvR 733/78, NJW 1980, 278. ‖2 BVerfG 30.1.1985 – 1 BvR 99/84, MDR 1985, 551. ‖3 BVerfG 1.4.1992 – 1 BvR 1097/91, NJW 1992, 2556. ‖4 BGH 8.11.1990 – I ZR 49/89, MDR 1991, 506. ‖5 BAG 2.3.1983 – 5 AZR 594/82, AP Nr. 6 zu § 64 ArbGG 1979; 30.11.1984 – 2 AZN 572/82 (B), AP Nr. 9 zu § 12 ArbGG 1979; 27.5.1994 – 5 AZB 3/94, AP Nr. 17 zu § 64 ArbGG 1979. ‖6 BAG 16.5.2007 – 2 AZB 53/06, AP Nr. 15 zu § 61 ArbGG 1979; 22.5.1984 – 2 AZB 25/82, AP Nr. 7 zu § 12 ArbGG 1979. ‖7 BAG 27.5.1994 – 5 AZB 3/94, AP Nr. 17 zu § 64 ArbGG 1979. ‖8 BGH 1.4.1992 – VIII ZB 2/92, MDR 1992, 1007. ‖9 BAG 27.5.1994 – 5 AZB 3/94, AP Nr. 17 zu § 64 ArbGG 1979.

Dies gilt nur, wenn sich die anwaltliche Tätigkeit mit dem für die gerichtl. Festsetzung maßgebenden Gegenstand deckt. Stimmen die gebührenauslösenden Tatbestände nicht überein, so ist der Rechtsanwalt befugt, den Wert des Gegenstandes seiner Tätigkeit durch gesonderten Beschluss des ArbG nach § 33 I RVG festsetzen zu lassen.

Die Streitwertfestsetzung im Urteil nach Abs. 1 ist unanfechtbar[1]. 12

2. Streitwertberechnung. Da die Streitwertfestsetzung für die Rechtsmittelfähigkeit der Entscheidung Bedeutung hat (Rz. 10), bemisst sich der Streitwert nach den letzten gestellten Anträgen. Maßgeblicher Zeitpunkt ist mithin die letzte mündliche Verhandlung; wenn ausnahmsw. zwischen letzter mündlicher Verhandlung und einem anberaumten Verkündungstermin eine Klageteilrücknahme folgt, der schriftsätzlich vom Beklagten zugestimmt wird, sind die reduzierten Anträge maßgeblich. Daraus folgt, dass zB eine Klageforderung, die im Laufe des Verfahrens ermäßigt worden ist oder ein durch Teilvergleich ausgeschiedener Streitgegenstand beim Urteilsstreitwert nicht zu berücksichtigen sind. Maßgeblich für die Streitwertfestsetzung sind die §§ 3 ff. ZPO, nicht zB § 42 GKG[2]. 13

3. Form der Streitwertfestsetzung. Die Streitwertfestsetzung hat grds. in jedem Urteil zu erfolgen, also auch in Teilurteilen nach § 301 ZPO, Vorbehaltsurteilen nach § 302 ZPO und Urteilen über die Zulässigkeit der Klage nach § 280 I ZPO. Ausnahmsweise soll keine Festsetzung erforderlich sein in Urteilen, gegen die unzweifelhaft ein beschwerabhängiges Rechtsmittel nicht statthaft ist (zB bei Zwischenurteilen nach § 61 III ArbGG, §§ 387, 135 und 71 ZPO). 14

Die Streitwertfestsetzung soll im Urteilstenor erfolgen. Nach dem Wortlaut von Abs. 1 ist der Wert des Streitgegenstands jedoch „im Urteil", und damit nicht zwingend im Urteilstenor festzusetzen, während die Entscheidung über die Zulassung oder Nichtzulassung der Berufung nach § 64 IIIa in den Urteilstenor aufzunehmen ist. 15

4. Folgen unterbliebener Streitwertfestsetzung. Fehlt eine Streitwertfestsetzung im Tenor des Urteils und wurde sie auch nicht in das vollständig abgesetzte Urteil aufgenommen, kommt nur eine **Urteilsergänzung** entsprechend § 321 ZPO in Betracht. 16

V. Berufungszulassung. Nach § 64 II Buchst. a kann die Berufung eingelegt werden, wenn sie im Urteil des ArbG zugelassen worden ist, sofern sie nicht bereits nach § 64 II Buchst. b oder c statthaft ist. Die Entscheidung des ArbG, ob die Berufung zugelassen oder nicht zugelassen wird, ist in den Urteilstenor aufzunehmen. Ist dies unterblieben, kann binnen zwei Wochen ab Verkündung des Urteils eine entsprechende Ergänzung beantragt werden (§ 64 IIIa). 17

VI. Verurteilung zur Vornahme einer Handlung (Abs. 2). Durch Abs. 2 werden die Regelungen in §§ 510b und 888a ZPO modifiziert und der Anwendungsbereich des § 259 ZPO dahin erweitert, dass die Verurteilung zu einer erst in Zukunft fällig werdenden Entschädigung ermöglicht wird, ohne dass die Voraussetzungen des § 259 ZPO vorliegen müssen. 18

1. Anwendungsbereich. Abs. 2 gilt nur für Verurteilungen zur Vornahme von Handlungen, die nach §§ 887 oder 888 ZPO zu vollstrecken sind, wobei unbeachtlich ist, ob im Einzelfall eine Vollstreckung überhaupt zulässig wäre. Damit kommt eine Entscheidung nach Abs. 2 auch bei der Verurteilung zur Leistung von Diensten iSv. § 888 II ZPO zur Anwendung, obwohl die Zwangsvollstreckung unzulässig wäre[3]. Die Nichtvornahme der Handlung wird lediglich Entschädigungsansprüche auslösen. Dies findet seine Berechtigung darin, dass Abs. 2 keine besondere Form der Zwangsvollstreckung regelt, sondern die Möglichkeit für eine beschleunigte Titulierung eines Schadensersatzanspruchs schafft. Die Verurteilung muss aber auf Leistung, nämlich auf Vornahme einer vertretbaren oder unvertretbaren Handlung, und darf nicht nur auf die Feststellung der Leistungsverpflichtung gerichtet sein. 19

Eine Anwendung von Abs. 2 kommt grds. auch im **einstw. Verfügungsverfahren** in Betracht. Die Vorschrift knüpft nur an den Inhalt der Verurteilung, nicht an die Verfahrensart an. Voraussetzung für eine ersatzweise Verurteilung zur Entschädigung ist dann aber, dass auch für den Entschädigungsanspruch ein Verfügungsgrund besteht, was regelmäßig nicht der Fall ist. 20

Somit ist Abs. 2 **anwendbar** bei Verurteilungen auf: 21

– Vornahme der Arbeitsleistung, unabhängig davon, ob es bei der geschuldeten Arbeitsleistung um eine vertretbare oder unvertretbare Handlung geht und ob die Zwangsvollstreckung nach § 888 II ZPO unzulässig wäre;

– Ausfüllen von Arbeitspapieren (zB der Arbeitsbescheinigung nach § 312 SGB III; Lohnnachweiskarte für Urlaub, Lohnausgleich und Zusatzversorgung im Baugewerbe) bzw. das Erteilen/Berichtigen von Arbeitspapieren (Urlaubsbescheinigung nach § 6 II BUrlG; Zeugnis), nicht jedoch die Verurteilung auf Herausgabe von Arbeitspapieren;

– Auskunft/Abrechnung betreffend Arbeitsvergütung, Provisionen; unzulässig ist jedoch Verbindung von Auskunftsklage, Antrag nach Abs. 2 und vom Ergebnis der Auskunft abhängiger Zahlungsklage[4];

---

1 LAG Köln 9.12.2008 – 9 Ta 440/08. || 2 BAG 4.6.2008 – 3 AZB 37/08, NJW 2009, 171. || 3 GMP/*Germelmann*, § 61 Rz. 26. || 4 LAG Hess. 16.11.1998 – 16 Sa 29/98.

ArbGG § 61 Rz. 22

– Beschäftigung/Weiterbeschäftigung, weil diese Ansprüche (gerichtet auf Zuweisung von Arbeit an einem bestimmten Arbeitsplatz) nach § 888 ZPO vollstreckt werden.

22 **Keine Anwendung** findet dagegen Abs. 2 bei Verurteilungen auf:

– Herausgabe einer Sache (Arbeitspapiere, Geschäftsunterlagen, Firmenfahrzeug), weil deren Vollstreckung sich nicht nach §§ 887 und 888 ZPO, sondern nach § 883 ZPO richtet[1];

– Abgabe einer Willenserklärung, denn hier richtet sich die Vollstreckung nach § 894 ZPO;

– Unterlassung einer Handlung oder zur Duldung der Vornahme einer Handlung, da sich insoweit die Vollstreckung nach § 890 ZPO richtet.

23 **2. Entschädigungsfestsetzung. a) Antrag des Klägers.** Die Verurteilung zu einer Entschädigung nach Abs. 2 S. 1 setzt einen Antrag voraus, der zu einer objektiven Klagehäufung nach § 260 ZPO führt, wobei der Entschädigungsantrag regelmäßig als **unechter Hilfsantrag** nur für den Fall gestellt wird, dass dem Hauptantrag stattgegeben wird.

24 Der Kläger muss in dem Antrag entweder selbst eine **Frist** benennen oder er muss die Festsetzung der Frist in das Ermessen des Gerichts stellen.

25 Ferner muss der Antrag beziffert werden, sofern nicht die allg. Voraussetzungen für die Zulässigkeit eines unbezifferten Antrags vorliegen. Es geht um einen normalen Schadensersatzanspruch, der grds. zu beziffern ist. Etwas anderes gilt, wenn der Kläger die Höhe des Schadensersatzes in das Ermessen des Gerichts stellt (§ 287 ZPO), weil ihm die Bezifferung nicht möglich bzw. aus besonderen Gründen nicht zumutbar ist. In diesem Fall müssen sich allerdings aus der Begründung des Antrags zur Höhe genügend Anhaltspunkte ergeben, die dem Gericht die Bewertung des Schadens ermöglichen.

26 Schließlich muss der Antrag insoweit **begründet** werden, als der Kläger darlegen muss, dass ihm durch die Nichtvornahme der Handlung tatsächlich ein Schaden entsteht und wie hoch dieser zu veranschlagen ist[2].

27 Der Entschädigungsantrag kann von vornherein mit dem Leistungsantrag der Klage verbunden sein, aber auch im Laufe des Verfahrens rechtshängig gemacht werden; jedoch nicht mehr nach rechtskräftiger Entscheidung über den Leistungsantrag[3]. Wird der noch nicht rechtskräftig titulierte Auskunftsanspruch in der zweiten Instanz zurückgenommen, ist die weiterverfolgte Entschädigungsklage abzuweisen, weil es jetzt an der Voraussetzung der Verurteilung zur Vornahme einer Handlung fehlt[4]. Der Entschädigungsantrag soll auch noch während des Berufungsverfahrens gestellt werden können. Dies erscheint bei Beachtung von § 533 Nr. 2 ZPO zweifelhaft, weil die Klageänderung auf Tatsachen (den künftig eintretenden Schaden) gestützt wird, die das Berufungsgericht seiner Verhandlung und Entscheidung über die Berufung nicht nach § 529 ZPO zugrunde zu legen hat. § 264 Nr. 3 ZPO hilft nicht, weil die Entschädigung nicht statt des ursprünglich geforderten Gegenstands gefordert wird und weil es nicht um eine Änderung des Anspruchsziels wegen später eingetretener Veränderung geht.

28 **b) Festsetzung der Erfüllungsfrist.** Die Bemessung der dem Schuldner für die Vornahme der Handlung einzuräumenden Frist steht im Ermessen des Gerichts. Hierbei sind nach der Rspr. im Wesentlichen zu berücksichtigen, wie lange die beklagte Partei für die Vornahme der Handlung benötigen wird und die gesetzl. eingeräumte Rechtsmittelfrist von einem Monat. Unzulässig ist die Festsetzung einer diese Zeiträume verkürzenden Frist[5].

29 **c) Festsetzung der Entschädigung.** Bei der Entscheidung über den Entschädigungsantrag muss das Gericht für den Fall der nicht rechtzeitigen Vornahme der Handlung die Höhe der zu zahlenden Entschädigung beziffern. Maßgebend ist der Schaden, der durch die Nichtvornahme der Handlung entsteht. Bei der Verurteilung zu einer Auskunft darf der Entschädigungsbetrag nicht dem Betrag entsprechen, der mit dem Auskunftsantrag ermittelt wird; als Regelwert wird vielmehr der um 20 % gekürzte Betrag des zu erwartenden Zahlungsanspruchs angesehen[6]. Ist die klagende Partei bei Verurteilung zur Auskunftsteilung auch ohne Auskunft zur Bezifferung der offenen Forderungen in der Lage, soll die Entschädigung 20 % der Forderungen betragen[7]. Mit der festgesetzten Entschädigung sind idR sämtliche Schadensersatzansprüche abgegolten[8].

30 **d) Unzulässigkeit eines Teilurteils.** Über den Antrag auf Vornahme der Handlung kann nicht vorab durch Teilurteil nach § 301 ZPO entschieden werden. Dies gilt erst recht für den unechten Hilfsantrag auf Entschädigung nach Abs. 2 S. 1. Bereits der Wortlaut der Vorschrift lässt erkennen, dass nur „zu-

---

1 BAG 23.1.1958 – 2 AZR 62/56, AP Nr. 22 zu § 61 ArbGG. || 2 LAG Hess. 7.8.2001 – 2 Sa 106/01, LAGReport 2002, 52; GK-ArbGG/Schütz, § 61 Rz. 39; GMP/*Germelmann*, § 61 Rz. 30. || 3 LAG Berlin 12.3.1999 – 2 Sa 3/98, LAGE § 61 ArbGG 1979 Nr. 13. || 4 BAG 4.10.1989 – 4 AZR 396/89, AP Nr. 9 zu § 61 ArbGG 1979. || 5 BAG 5.6.1985 – 4 AZR 533/83, AP Nr. 67 zu § 1 TVG Tarifverträge: Bau. || 6 BAG 5.6.1985 – 4 AZR 533/83, AP Nr. 67 zu § 1 TVG Tarifverträge: Bau; 27.8.1986 – 4 AZR 280/85, AP Nr. 70 zu § 1 TVG Tarifverträge: Bau; 6.5.1987 – 4 AZR 641/86, AP Nr. 7 zu § 61 ArbGG 1979. || 7 LAG Hess. 12.2.2001 – 16 Sa 585/00, EzAÜG § 1 AEntG Nr. 1. || 8 BAG 20.2.1997 – 8 AZR 121/95, AP Nr. 4 zu § 611 BGB Haftung des Arbeitgebers.

gleich" entschieden werden kann. Bei einer Vorabentscheidung durch Teilurteil bliebe zudem unklar, ob aus dem Teilurteil später noch vollstreckt werden kann.

e) Zwangsvollstreckung. Wird der Antrag auf Verurteilung zur Vornahme einer Handlung abgewiesen, so bedarf der unechte Hilfsantrag auf Verurteilung zur Entschädigung keiner Entscheidung. Er wäre zudem unbegründet, weil die Leistungsverurteilung Voraussetzung für die Entschädigungsverurteilung nach Abs. 2 ist.

Kommt es zur Verurteilung der beklagten Partei zur Vornahme einer Handlung bei Abweisung des Entschädigungsantrags, kann der zusprechende Teil des Urteils nach §§ 887 u. 888 ZPO vollstreckt werden.

Gibt das Gericht sowohl dem Leistungs- als auch dem Entschädigungsantrag statt, ist nach Abs. 2 S. 2 die Zwangsvollstreckung des auf Vornahme einer Handlung gerichteten Titels ausgeschlossen. Es fehlt an der Vollstreckbarkeit des fortbestehenden Vornahmeanspruchs. Aus dem Ausschluss der Vollstreckbarkeit des Vornahmeanspruchs folgt nicht, dass damit der Vornahmeanspruch untergeht oder in einen Zahlungsanspruch umgewandelt wird. Der Ausschluss der Zwangsvollstreckung hat nur vollstreckungsrechtl. Bedeutung, lässt aber den Vornahmeanspruch unberührt. Daher kann der Vornahmeanspruch auch nach Fristablauf erfüllt werden[1]. Die Vollstreckung des Entschädigungstitels richtet sich nach den Vorschriften über die Zwangsvollstreckung wegen Geldforderungen (§§ 803–882h ZPO). Voraussetzung ist, dass die Frist zur Vornahme der Handlung, die in dem Urteil festgesetzt worden ist, abgelaufen ist (§ 751 I ZPO). Erfüllt der Schuldner den Anspruch auf Vornahme der Handlung aber noch während der gerichtlich gesetzten Frist, entfällt der Entschädigungsanspruch. Die Frist läuft mit Zustellung des den Rechtsstreit beendenden Urteils (ggf. erst das Revisionsurteil) an[2]. Betreibt der Gläubiger gleichwohl die Zwangsvollstreckung, kann der Schuldner Vollstreckungsabwehrklage nach § 767 ZPO erheben. Wird die Leistung aber nach Fristablauf erbracht, kann eine Vollstreckungsabwehrklage bzgl. der Entschädigungsverurteilung nur Erfolg haben, wenn der Gläubiger mit der verspäteten Leistung einverstanden war[3]. Die entsprechenden Instanzurteile, gerichtet auf Vornahme und ersatzweise Entschädigung, sind jedoch vorläufig vollstreckbar (vgl. § 62 I 1). Nach Ablauf der Frist (gerechnet ab Zustellung des erst vorläufig vollstreckbaren Urteils) zur Vornahme der geschuldeten Handlung kann der Gläubiger bereits wegen der festgesetzten Entschädigung die Zwangsvollstreckung einleiten. Ob diese vorläufige Vollstreckung endgültigen Bestand hat, hängt aber vom rechtskräftigen Abschluss des Rechtsstreits ab. Wurde die Entschädigung bereits im Wege der Zwangsvollstreckung beigetrieben, wird aber der Entschädigungstitel später aufgehoben, so erfolgt die Rückabwicklung der Vollstreckung nach § 717 II ZPO[4].

Nimmt der Gläubiger nach Ablauf der vom Gericht bestimmten Frist dennoch die ursprünglich zu bewirkende Leistung (Vornahme der Handlung), die endgültig und nicht nur zur Abwendung der Zwangsvollstreckung erbracht wird, mit dem Willen an, sie als geschuldete Leistung gelten zu lassen, dann begibt er sich des Anspruchs auf die zugesprochene Entschädigung[5]. Wird dennoch vom Gläubiger die Zwangsvollstreckung aus dem die Entschädigung betreffenden Titel betrieben, kann der Schuldner sich hiergegen mit der Vollstreckungsgegenklage nach § 767 ZPO zur Wehr setzen. Nimmt der Gläubiger die Leistung nicht an Erfüllungs statt an, kann er weiterhin die Vollstreckung des Entschädigungstitels betreiben[6].

VII. Zwischenurteil über den Anspruchsgrund (Abs. 3). Nach § 304 I ZPO kann das Gericht über den Grund eines Anspruchs vorab entscheiden, wenn ein Anspruch nach Grund und Höhe streitig ist. Während das Urteil im Verfahren vor den ordentl. Gerichten nach § 304 II ZPO als Endurteil gilt und selbständig anfechtbar ist, ordnet Abs. 3 an, dass ein über den Grund des Anspruchs vorab entscheidendes Zwischenurteil wegen der Rechtsmittel nicht als Endurteil anzusehen ist. Damit ist im arbeitsgerichtl. Verfahren zwar ein Grundurteil zulässig, jedoch ist dieses **nicht getrennt anfechtbar**, sondern kann nur zusammen mit dem Schlussurteil rechtskräftig oder (ggf.) angefochten werden[7]. Es entfaltet aber für das erkennende Gericht nach § 318 ZPO Bindungswirkung. Die Anfechtbarkeit wird auch nicht durch eine falsche Rechtsmittelbelehrung, durch die Bezeichnung des Zwischenurteils als Teilurteil[8] oder durch Zulassungsentscheidung des ArbG bewirkt.

VIII. Inhalt von Beschlüssen. Für die unmittelbare Anwendung von § 61 ArbGG und §§ 313, 313a ZPO auf Beschlüsse im Urteilsverfahren fehlt eine Verweisungsnorm. Der über § 46 II anwendbare § 329 ZPO verweist nicht auf diese für Urteile geltenden Vorschriften. Die §§ 313, 313a ZPO werden jedoch in der Praxis sinngemäß auf Beschlüsse angewendet[9]. Nicht vorgeschrieben sind zwar volles Rubrum, Tatbestand und Entscheidungsgründe; doch müssen Beschlüsse, die einem auch nur uU statthaften Rechtsmittel unterliegen, begründet werden[10]. In der Begründung müssen die wesentlichen der

---

1 BAG 4.10.1989 – 4 AZR 396/89, AP Nr. 9 zu § 61 ArbGG 1979. ‖ 2 BAG 4.10.1989 – 4 AZR 396/89, AP Nr. 9 zu § 61 ArbGG 1979. ‖ 3 LAG Hess. 30.4.1996 – 15 Sa 1521/95. ‖ 4 BAG 4.10.1989 – 4 AZR 396/89, AP Nr. 9 zu § 61 ArbGG 1979. ‖ 5 BAG 11.7.1975 – 5 AZR 273/74, AP Nr. 3 zu § 61 ArbGG 1953 Zwangsvollstreckung. ‖ 6 BAG 11.7.1975 – 5 AZR 273/74, AP Nr. 3 zu § 61 ArbGG 1953 Zwangsvollstreckung. ‖ 7 BAG 1.12.1975 – 5 AZR 466/75, AP Nr. 2 zu § 61 ArbGG 1953 Grundurteil. ‖ 8 BAG 25.2.1999 – 3 AZR 232/97 (A). ‖ 9 BGH 13.10.1982 – IVb ZB 154/82, MDR 1983, 214. ‖ 10 BGH 23.3.1988 – IVb ARZ 8/88, FamRZ 1988, 943.

Rechtsverfolgung und Rechtsverteidigung dienenden Tatsachenbehauptungen verarbeitet werden (arg. Art. 103 I GG). Bloße Floskeln genügen nicht; eine Ermessensausübung muss nachprüfbar sein. Die gebotene Begründung ist spätestens im Rahmen der Abhilfeentscheidung nach § 572 I ZPO nachzuholen. Eine Ausnahme vom Begründungszwang besteht, wenn die Begründung unmittelbar aus dem Gesetz folgt, auf einer gefestigten Rspr. beruht oder sich ohne weiteres aus dem Streitstoff ergibt.

61a *Besondere Prozessförderung in Kündigungsverfahren*

(1) Verfahren in Rechtsstreitigkeiten über das Bestehen, das Nichtbestehen oder die Kündigung eines Arbeitsverhältnisses sind nach Maßgabe der folgenden Vorschriften vorrangig zu erledigen.

(2) Die Güteverhandlung soll innerhalb von zwei Wochen nach Klageerhebung stattfinden.

(3) Ist die Güteverhandlung erfolglos oder wird das Verfahren nicht in einer sich unmittelbar anschließenden weiteren Verhandlung abgeschlossen, fordert der Vorsitzende den Beklagten auf, binnen einer angemessenen Frist, die mindestens zwei Wochen betragen muss, im Einzelnen unter Beweisantritt schriftlich die Klage zu erwidern, wenn der Beklagte noch nicht oder nicht ausreichend auf die Klage erwidert hat.

(4) Der Vorsitzende kann dem Kläger eine angemessene Frist, die mindestens zwei Wochen betragen muss, zur schriftlichen Stellungnahme auf die Klageerwiderung setzen.

(5) Angriffs- und Verteidigungsmittel, die erst nach Ablauf der nach Absatz 3 oder 4 gesetzten Fristen vorgebracht werden, sind nur zuzulassen, wenn nach der freien Überzeugung des Gerichts ihre Zulassung die Erledigung des Rechtsstreits nicht verzögert oder wenn die Partei die Verspätung genügend entschuldigt.

(6) Die Parteien sind über die Folgen der Versäumung der nach Absatz 3 oder 4 gesetzten Fristen zu belehren.

1   **I. Inhalt und Zweck.** § 61a zielt auf die beschleunigte und vorrangige Erledigung von Bestandsschutzstreitigkeiten. Er regelt und verschärft die Beschleunigungspflicht nach § 9 I und geht als speziellere Regelung den allg. Präklusionsvorschriften der § 56 II ArbGG bzw. § 296 I ZPO vor[1].

2   **II. Besondere Beschleunigungspflicht bei Bestandsschutzverfahren. 1. Allgemeines.** In Abs. 1 wird angeordnet, dass die Bestandsschutzstreitigkeiten ggü. anderen Streitigkeiten vorrangig zu erledigen sind. Soweit der besondere Beschleunigungsgrundsatz nicht in den Abs. 2–6 konkretisiert wurde, ist es Sache des Gerichts, wie es dem gesetzgeberischen Auftrag nachkommt. In Betracht kommen die Einrichtung besonderer Kündigungsschutzkammern, spezielle Bestandsschutztermine, das Freihalten oder das Verlegen von Terminen wegen anhängiger Bestandsschutzverfahren. Dabei würde Abs. 2 einen „erheblichen Grund" iSv. § 227 ZPO für die Verlegungsentscheidung darstellen. Die besondere Beschleunigungspflicht des Abs. 1 ist zudem bei der Ausübung pflichtgemäßen Ermessens bei Aussetzungsentscheidungen nach § 148 ZPO zu beachten.

3   **2. Anwendungsbereich.** Die besondere Beschleunigungspflicht besteht für Verfahren in Rechtsstreitigkeiten über das Bestehen, das Nichtbestehen oder die Kündigung eines ArbVerh, also für Verfahren iSv. §§ 2 I Nr. 3b, 12 VII 1. Hierzu zählen Verfahren über

- die Sozialwidrigkeit und/oder Rechtsunwirksamkeit einer Eigen- oder Fremdkündigung,
- die Rechtsunwirksamkeit einer Anfechtungserklärung,
- die Rechtsunwirksamkeit von Befristungs- und Bedingungsabreden,
- die Rechtsunwirksamkeit eines (ggf. angefochtenen) Aufhebungsvertrages,
- das Bestehen oder die Auflösung eines AnschlussArbVerh nach § 78a BetrVG,
- das Bestehen oder Fortbestehen eines ArbVerh.

4   In allen diesen Fällen geht es um die **Klärung des (Fort-)Bestands eines ArbVerh**. Geht der Streit um den Inhalt des ArbVerh, wie bei der Änderungsschutzklage nach §§ 2, 4 S. 2 KSchG und der Statusklage, oder streben beide Parteien die Auflösung des ArbVerh durch beiderseitigen Auflösungsantrag nach §§ 9, 10 KSchG an, besteht kein Anlass zur Annahme einer besonderen Beschleunigungspflicht. Entsprechendes gilt, wenn nur über den Bestand des ArbVerh in der Vergangenheit gestritten wird. Nach Sinn und Zweck der Vorschrift unterliegt auch die Klage auf Einstellung, Fortsetzung oder Wiedereinstellung der besonderen Beschleunigungspflicht. Bestandsschutzstreitigkeiten bei freien Mitarbeiterverhältnissen, Rechtsverhältnissen der arbeitnehmerähnlichen Personen ua. unterfallen nicht § 61a.

5   Im Fall der **Klagehäufung** begründet die Bestandsschutzstreitigkeit die besondere Beschleunigungspflicht auch für die übrigen prozessualen Ansprüche, sofern diese nicht abgetrennt werden oder die Bestandsschutzstreitigkeit nicht durch Teilurteil vorab beschieden wird.

---

1 BAG 25.3.2004 – 2 AZR 380/03, AP Nr. 40 zu § 611 BGB Kirchendienst.

3. Alsbaldiger Gütetermin (Abs. 2). In den ein ArbVerh betreffenden Bestandsschutzstreitigkeiten soll nach Abs. 2 die **Güteverhandlung innerhalb von zwei Wochen** nach Klageerhebung stattfinden. Die Frist beginnt mit der Zustellung der Klageschrift (vgl. § 253 I ZPO). Zugleich ist aber die Einlassungsfrist von einer Woche nach § 47 I zu wahren. Entgegen der wohl verbreiteten gerichtspraktischen Handhabung wird allg. eine Pflicht des Vorsitzenden angenommen, bei der Terminplanung eine Einhaltung dieser Vorschrift zu gewährleisten. Nur beim Vorliegen unabänderlicher Gründe (Notwendigkeit öffentl. Zustellung der Klageschrift, Terminstau nur mit Bestandsschutzverfahren, Krankheit oder Urlaub des Vorsitzenden) wird eine spätere Durchführung der Güteverhandlung für zulässig erachtet.

4. Alsbaldiger Kammertermin. Ist die Güteverhandlung erfolglos oder wird das Verfahren nicht in einer sich unmittelbar anschließenden Verhandlung abgeschlossen, richtet sich das weitere Verfahren grds. nach § 54 IV und V bzw. § 55 III. Auch dabei ist die besondere Beschleunigungspflicht durch Einräumung eines Vorrangs der Bestandsschutzverfahren bei der Terminierung zu beachten.

5. Aufforderung zur Stellungnahme an die beklagte Partei (Abs. 3). a) Voraussetzung für die Aufforderung. Wenn die beklagte Partei noch nicht oder nicht ausreichend auf die Klage erwidert hat, fordert der Vorsitzende diese nach Abs. 3 auf, binnen einer angemessenen Frist, die mindestens zwei Wochen betragen muss, im Einzelnen unter Beweisantritt schriftl. die Klage zu erwidern.

Einstweilen frei.

Voraussetzung ist eine zulässige und schlüssig begründete Klage. Andernfalls führte die Aufforderung zur Stellungnahme an die beklagte Partei nur zu einer überflüssigen Verzögerung der Verfahrenserledigung.

b) Inhalt der Aufforderung. Inhalt der gerichtl. Auflage an die beklagte Partei ist zum einen eine angemessene Frist von mindestens zwei Wochen und zum anderen die Aufforderung, im Einzelnen unter Beweisantritt schriftl. die Klage zu erwidern. Der Wortlaut von Abs. 3 weicht insoweit von § 56 I 2 Nr. 1 ab. Gleichwohl verlangt das BAG eine konkrete Auflage wie nach § 56 II[1].

c) Form der Aufforderung. Die Aufforderung zur Stellungnahme bedarf wie der Auflagenbeschluss nach § 56 der vollständigen Unterschrift durch den Vorsitzenden. Eine Paraphierung genügt nicht. Die Aufforderungsverfügung muss verkündet oder der betroffenen Partei bzw. deren Prozessbevollmächtigten (§ 172 ZPO) förmlich zugestellt werden. Eine formlose Mitteilung an die betroffene Partei berechtigt im Falle verspäteten Vorbringens nicht zur Zurückweisung des Vorbringens nach Abs. 5. Dem Gegner kann die Verfügung formlos übermittelt werden.

d) Belehrung über Folgen bei Fristversäumung. Die beklagte Partei ist über die Folgen der Fristversäumung zu belehren (vgl. Abs. 6). Dies gilt unabhängig davon, ob die Partei durch einen Rechtsanwalt oder Verbandsvertreter vertreten wird oder nicht. Insoweit gilt das zu § 56 II 2 Ausgeführte (s. § 56 Rz. 47).

6. Aufforderung an die klagende Partei (Abs. 4). Nach Abs. 4 kann der Vorsitzende auch der klagenden Partei eine angemessene Frist, die mindestens zwei Wochen betragen kann, zur schriftl. Stellungnahme auf die Klageerwiderung setzen. Fristbeginn ist der Zeitpunkt des Zugangs der Klageerwiderung. Die Aufforderung an die klagende Partei kann zusammen mit der an die beklagte Partei gerichteten Aufforderung nach Abs. 3, aber auch nach Eingang der Klageerwiderung erfolgen. Ob die klagende Partei zur Stellungnahme aufgefordert wird, liegt im Ermessen des Vorsitzenden, ist aber in Bestandsschutzstreitigkeiten regelmäßig zwingend erforderlich, weil der Streitstoff erst durch die Stellungnahme der beklagten Partei erkennbar wird.

Zum Inhalt der Aufforderung gilt das bei der Aufforderung an die beklagte Partei Ausgeführte entsprechend. Hat die beklagte Partei in der Güteverhandlung nicht oder nur pauschal zur Klage Stellung genommen und ist in der Klageschrift noch kein konkreter Vortrag zu finden, kann sich der Vorsitzende auch ggü. der klagenden Partei mit der nicht weiter konkretisierten Aufforderung zur Stellungnahme auf die zu erwartende Klageerwiderung binnen der gesetzten Frist begnügen. Ist die dann bei Gericht eingehende Stellungnahme der klagenden Partei ergänzungs- oder erläuterungsbedürftig und erfordert überhaupt der Vortrag der beklagten Partei – weil erheblich – eine Erwiderung und ist schließlich eine weitere schriftsätzl. Vorbereitung des Kammertermins zeitlich möglich, greift ebenfalls die Pflicht des Vorsitzenden zur Formulierung eines konkreten Auflagenbeschlusses nach § 56 I 2 Nr. 1. Hat die klagende Partei jedoch vor der in der Güteverhandlung ergänzungs- oder erläuterungsbedürftig vorgetragen, muss bereits die Aufforderung der klagenden Partei zur Stellungnahme verbunden werden mit einer konkreten Auflage wie nach § 56 I 2 Nr. 1.

Zur Form der Aufforderung und der notwendigen Fristbelehrung nach Abs. 6 kann auf die obigen Ausführungen zur Aufforderung an die beklagte Partei verwiesen werden (s. Rz. 11f.).

III. Zurückweisung verspäteten Vorbringens (Abs. 5). Die Möglichkeit zur Zurückweisung verspäteten Vorbringens in Abs. 5 entspricht in Voraussetzungen und Folgen der Vorschrift des § 56 II (s. § 56 Rz. 38 ff.).

---

1 BAG 25.3.2004 – 2 AZR 380/03, AP Nr. 40 zu § 611 BGB Kirchendienst.

61b Klage wegen Benachteiligung

(1) Eine Klage auf Entschädigung nach § 15 des Allgemeinen Gleichbehandlungsgesetzes muss innerhalb von drei Monaten, nachdem der Anspruch schriftlich geltend gemacht worden ist, erhoben werden.

(2) Machen mehrere Bewerber wegen Benachteiligung bei der Begründung eines Arbeitsverhältnisses oder beim beruflichen Aufstieg eine Entschädigung nach § 15 des Allgemeinen Gleichbehandlungsgesetzes gerichtlich geltend, so wird auf Antrag des Arbeitgebers das Arbeitsgericht, bei dem die erste Klage erhoben ist, auch für die übrigen Klagen ausschließlich zuständig. Die Rechtsstreitigkeiten sind von Amts wegen an dieses Arbeitsgericht zu verweisen; die Prozesse sind zur gleichzeitigen Verhandlung und Entscheidung zu verbinden.

(3) Auf Antrag des Arbeitgebers findet die mündliche Verhandlung nicht vor Ablauf von sechs Monaten seit Erhebung der ersten Klage statt.

1 **I. Inhalt und Zweck.** Die Vorschrift regelt die arbeitsgerichtl. Durchsetzung des **Anspruchs auf Entschädigung** nach § 15 II AGG, nicht die des Ausgleichs eines materiellen Schadens nach § 15 I AGG. Die Geltendmachung von Rechten nach § 17 II AGG durch den BR oder die Gewerkschaft unterfallen nicht der Vorschrift, zumal mit dem Antrag nach § 17 II 1 AGG nicht die Ansprüche der Benachteiligten geltend gemacht werden dürfen (§ 17 II 2 AGG).

2 Der Anwendungsbereich der Vorschrift erfasst alle Fälle der Benachteiligung aus Gründen der Rasse oder wegen der ethnischen Herkunft, des Geschlechts, der Religion oder Weltanschauung, einer Behinderung, des Alters oder der sexuellen Identität.

3 In Abs. 2 findet sich eine Regelung zur örtlichen Zuständigkeit bei Klagen mehrerer Bewerber wegen einer Diskriminierung bei der Einstellung oder beim beruflichen Aufstieg, während Abs. 3 die Möglichkeit des Hinausschiebens der mündlichen Verhandlung behandelt.

4 **II. Klagefrist.** Innerhalb von **drei Monaten**, nachdem der Anspruch – rechtzeitig und ordnungsgemäß – nach § 15 IV 1 AGG geltend gemacht worden ist, muss nach Abs. 1 Klage erhoben werden. Der Beschäftigte ist aber nicht gehindert, ohne vorherige Geltendmachung nach § 15 IV 1 AGG sofort die Entschädigungsklage zu erheben. In diesem Fall muss jedoch die Klage innerhalb der Frist nach § 15 IV 1 AGG von zwei Monaten dem ArbGeb zugestellt werden, weil die Zustellung der Klage zugleich der schriftl. Geltendmachung dient[1].

5 Die Fristen in § 15 IV 1 AGG iVm. Abs. 1 werden als **zweistufige materiell-rechtl. Ausschlussfristen** verstanden. Die Einhaltung der Ausschlussfristen ist Anspruchsvoraussetzung für den Entschädigungsanspruch und daher bei der Schlüssigkeitsprüfung des Klagevortrags zu beachten. Von der klagenden Partei ist vorzutragen, wann der Entschädigungsanspruch schriftlich geltend gemacht worden ist, dh. wann das Geltendmachungsschreiben dem ArbGeb zuging, und dass die Klage innerhalb von drei Monaten nach der schriftl. Geltendmachung erhoben worden ist (Eingang der Klage und Zustellung demnächst – § 167 ZPO). Bei Nichteinhaltung der Geltendmachungs- oder der Klagefrist ist die Klage unbegründet. Eine Wiedereinsetzung in den vorigen Stand findet nicht statt. Die Ausschlussfristen werden nicht dadurch hinausgeschoben, dass zunächst ein Anspruch auf Abschluss des Arbeitsvertrags oder ein Auskunftsanspruch hinsichtlich der Vergütungshöhe geltend gemacht wird. Gegen die Versäumung der Geltendmachungs- und der Klagefrist kann regelmäßig nicht die Einrede der Arglist erhoben werden, es sei denn, der ArbGeb hat den Bewerber entgegen § 242 BGB von der rechtzeitigen Geltendmachung oder Klageerhebung abgehalten.

6 Die **Berechnung der Klagefrist** richtet sich nach § 222 ZPO iVm. §§ 187, 188 BGB. Fristbeginn iSv. § 187 I BGB ist der Zeitpunkt der schriftl. Geltendmachung. Maßgeblich ist der Zeitpunkt, in dem das Geltendmachungsschreiben dem ArbGeb zugeht. Für die Tatsache des rechtzeitigen Zugangs trägt der ArbN die Darlegungs- und Beweislast.

7 Die Klagefrist endet nach § 188 II BGB mit Ablauf desjenigen Tages des letzten der drei Monate, welcher durch seine Zahl dem Tage entspricht, in den der Zugang des Geltendmachungsschreibens fällt. Fällt das Ende der Klagefrist auf einen Sonntag, einen allg. Feiertag oder einen Sonnabend, so endet die Frist mit Ablauf des nächsten Werktages (§ 222 II ZPO).

8 Gewahrt wird die Klagefrist bei Eingang der – regelmäßig erforderlichen – Leistungsklage beim ArbG innerhalb von drei Monaten, nachdem der Anspruch geltend gemacht wurde. Wegen der Anwendbarkeit des § 287 ZPO kann die Höhe der Entschädigung in das Ermessen des Gerichts gestellt werden. Auch eine Feststellungsklage kann die Klagefrist wahren; sie wird jedoch regelmäßig wegen des Vorrangs der Leistungs- vor der Feststellungsklage unzulässig sein[2]. Zur Fristwahrung genügt, dass die Klage innerhalb der Frist vor einem örtlich unzuständigen Gericht erhoben wird, sofern der Rechtsstreit an das zuständige Gericht verwiesen wird. Bei Klagerücknahme entfällt die fristwahrende Wirkung der Klageerhebung[3].

---

1 GK-ArbGG/*Schütz*, § 61b Rz. 22. ||2 Für Fristwahrung nur durch Leistungsklage LAG Köln 13.2.2012 – 2 Sa 768/11. ||3 BAG 11.7.1990 – 5 AZR 609/89, AP Nr. 141 zu § 4 TVG Ausschlussfristen.

III. Örtliche Zuständigkeit. Mit Abs. 2 S. 1 wird ein ausschließlicher Gerichtsstand für den Fall der Häufung von Entschädigungsklagen wegen Benachteiligung im Zusammenhang mit der Begründung von ArbVerh oder beim beruflichen Aufstieg begründet. Danach ist, sofern der ArbGeb einen entsprechenden Antrag stellt, ausschließlich das Gericht örtlich zuständig, bei dem die erste Entschädigungsklage erhoben wurde. Insoweit wird § 261 III Nr. 2 ZPO eingeschränkt, wonach die Rechtshängigkeit bewirkt, dass die Zuständigkeit des Prozessgerichts durch eine Veränderung der sie begründenden Umstände nicht berührt wird. Der Antrag lässt auch die Bindungswirkung eines vorherigen Verweisungsbeschlusses nach § 48 I ArbGG iVm. § 17a II 3 GVG entfallen. Der Antrag kann nur während des erstinstanzlichen Verfahrens gestellt werden, und zwar nur bis zum Ende der mündlichen Verhandlung der zuerst anhängig gemachten Klage. Der ArbGeb muss jedoch keinen Antrag stellen und kann es bei der Zuständigkeit verschiedener Gerichte belassen. Dabei geht er jedoch das Risiko ein, dass die Gerichte bei den verschiedenen Bewerbern die Höchstbegrenzung des Entschädigungsanspruchs unzutreffend beurteilen. Der Antrag kann frühestens ab dem Zeitpunkt der Anhängigkeit der zweiten Entschädigungsklage gestellt werden. Ein vorsorglicher Antrag ist unzulässig. Der Antrag muss nur in einem, nicht in jedem Rechtsstreit gestellt werden. Er kann schriftsätzlich, zu Protokoll der Geschäftsstelle oder in der mündlichen Verhandlung gestellt werden. Zur Begründung des Antrags muss der ArbGeb vortragen, dass mehrere Klagen bei bestimmten Gerichten anhängig sind und bei welchem Gericht die erste Klage erhoben wurde. 9

Die übrigen Rechtsstreite sind nach Abs. 2 S. 2 von Amts wegen an das ArbG zu verweisen, bei dem die erste Entschädigungsklage erhoben ist, bei dem also zuerst die Klage zugestellt wurde. Es bedarf keines Verweisungsantrags der Parteien. Die Verweisungsbeschlüsse sind nach § 48 I Nr. 1 unanfechtbar. 10

Nach Verweisung sind alle Rechtsstreite von der zuständigen Kammer des nunmehr insg. zuständigen ArbG von Amts wegen zur gleichzeitigen Verhandlung und Entscheidung zu **verbinden** (Abs. 2 S. 2 Hs. 2). Insoweit steht dem ArbG kein Ermessen wie bei § 147 ZPO zu. Die Entscheidung zur Verbindung erfolgt durch Beschluss. Als prozessleitende Maßnahme bedarf der Beschluss keiner mündlichen Verhandlung. Nach § 53 I 1 entscheidet der Vorsitzende. Entsprechendes gilt, wenn mehrere Klagen nach Abs. 2 in verschiedenen Kammern desselben ArbG anhängig sind. 11

IV. Zeitpunkt der mündlichen Verhandlung. In den Verfahren wegen Benachteiligung findet nach Abs. 3 auf Antrag des ArbGeb die mündliche Verhandlung nicht vor Ablauf von sechs Monaten seit Erhebung der ersten Klage statt. Da die mündliche Verhandlung nach § 54 I mit dem Güteverfahren beginnt, darf auch dieses erst nach Ablauf von sechs Monaten stattfinden. 12

Voraussetzung für die Durchbrechung des Beschleunigungsgrundsatzes (§ 9 I 1) ist ein auf Hinausschieben der mündlichen Verhandlung gerichteter **Antrag** des ArbGeb. Voraussetzung für den Antrag ist, dass zumindest ein weiteres einschlägiges Verfahren anhängig ist. 13

62 Zwangsvollstreckung

(1) Urteile der Arbeitsgerichte, gegen die Einspruch oder Berufung zulässig ist, sind vorläufig vollstreckbar. Macht der Beklagte glaubhaft, dass die Vollstreckung ihm einen nicht zu ersetzenden Nachteil bringen würde, so hat das Arbeitsgericht auf seinen Antrag die vorläufige Vollstreckbarkeit im Urteil auszuschließen. In den Fällen des § 707 Abs. 1 und des § 719 Abs. 1 der Zivilprozessordnung kann die Zwangsvollstreckung nur unter derselben Voraussetzung eingestellt werden. Die Einstellung der Zwangsvollstreckung nach Satz 3 erfolgt ohne Sicherheitsleistung. Die Entscheidung ergeht durch unanfechtbaren Beschluss.

(2) Im Übrigen finden auf die Zwangsvollstreckung einschließlich des Arrests und der einstweiligen Verfügung die Vorschriften des Achten Buchs der Zivilprozessordnung Anwendung. Die Entscheidung über den Antrag auf Erlass einer einstweiligen Verfügung kann in dringenden Fällen, auch dann, wenn der Antrag zurückzuweisen ist, ohne mündliche Verhandlung ergehen.

I. Inhalt und Zweck 1	3. Entscheidung 25
II. Vorläufige Vollstreckbarkeit 2	4. Rechtsbehelf 28
III. Ausschließung der vorläufigen Vollstreckbarkeit 6	V. Einstellung der Zwangsvollstreckung nach anderen Vorschriften 30
1. Antrag 7	VI. Vollstreckung arbeitsrechtlicher Titel 32
2. Nicht zu ersetzender Nachteil 8	1. Grundsatz 32
3. Glaubhaftmachung 17	2. Einzelfälle (alphabetisch) 33
4. Entscheidung 18	VII. Arrest und einstweilige Verfügung 46
IV. Einstellung der Zwangsvollstreckung nach §§ 707 I und 719 I ZPO 21	1. Grundsätze 46
1. Grundsätze 21	2. Arrest 47
2. Verfahren 24	3. Einstweilige Verfügung 64

ArbGG § 62 Rz. 1   Zwangsvollstreckung

1   **I. Inhalt und Zweck.** Im ArbGG befasst sich allein § 62 mit der Zwangsvollstreckung arbeitsgerichtl. Entscheidungen. Soweit die Vorschrift keine Sonderregelung enthält, werden die Vorschriften des 8. Buchs der ZPO für anwendbar erklärt. Die Vorschrift gilt unmittelbar im erstinstanzlichen Urteilsverfahren. Für die Zwangsvollstreckung während des Berufungsverfahrens verweist § 64 VII auf § 62. Dagegen nimmt § 72 VI für die Revisionsinstanz nicht Bezug auf § 62. Dies ist insoweit konsequent, als Revisionsurteile mit ihrer Verkündung rechtskräftig werden, so dass es keiner Regelung zu einer vorläufigen Vollstreckbarkeit bedarf. Die fehlende Bezugnahme auf Abs. 2 beruht dagegen auf einem Versehen; auch die Vollstreckung von Revisionsurteilen richtet sich nach dem 8. Buch der ZPO. Für das Beschlussverfahren erster Instanz gilt für die Zwangsvollstreckung die Sonderregelung des § 85, der wiederum nach § 87 II 1 im zweiten und nach § 92 II 1 im dritten Rechtszug des Beschlussverfahrens entsprechend gilt.

2   **II. Vorläufige Vollstreckbarkeit.** Die vorläufige Vollstreckbarkeit ist in Abs. 1 für die Arbeitsgerichtsbarkeit wesentlich anders als für die ordentl. Gerichtsbarkeit geregelt.

3   Urteile des ArbG, gegen die der Einspruch oder die Berufung zulässig ist, sind kraft Gesetzes vorläufig vollstreckbar (Abs. 1 S. 1). Das gilt nach § 64 VII auch für Urteile des LAG, die dem Einspruch oder der Revision unterliegen. Dagegen müssen Versäumnisurteile des BAG nach den allg. ZPO-Vorschriften für vollstreckbar erklärt werden, weil § 62 mangels Verweises darauf in § 72 VI für sie nicht gilt[1]. Durch Abs. 1 S. 1 wird der klagenden Partei (idR ein ArbN) eine sofortige Durchsetzung des titulierten Anspruchs ermöglicht. Dies findet seinen Grund darin, dass ArbN häufig zur Bestreitung ihres Lebensunterhalts auf eine zeitnahe Durchsetzung von Vergütungsansprüchen angewiesen sind. Vorläufig vollstreckbar gem. Abs. 1 S. 1 sind übrigens auch Urteile im Kündigungsschutzprozess auf Zahlung einer Abfindung nach §§ 9, 10 KSchG hinsichtlich der zuerkannten Abfindungssumme[2].

4   Wird das Urteil des ArbG oder des LAG später aufgehoben oder abgeändert, tritt insoweit mit der Verkündung der Entscheidung die vorläufige Vollstreckbarkeit außer Kraft (§ 717 I ZPO).

5   Nicht von Abs. 1 erfasst werden Arrestbefehle und einstw. Verfügungen, die jedoch nach §§ 929 I, 936 ZPO iVm. Abs. 2 S. 1 ohne weiteres vollstreckbar sind.

6   **III. Ausschließung der vorläufigen Vollstreckbarkeit.** Das ArbG/LAG hat auf Antrag des Vollstreckungsschuldners im Urteil die vorläufige Vollstreckbarkeit auszuschließen, wenn dieser glaubhaft macht, dass die Vollstreckung ihm einen nicht zu ersetzenden Nachteil bringen würde (Abs. 1 S. 2 bzw. § 64 VII). Voraussetzungen hierfür sind ein Antrag und ein nicht zu ersetzender Nachteil.

7   **1. Antrag.** Der Antrag kann entsprechend § 714 I ZPO bis zum Schluss der mündlichen Verhandlung, auf die das Urteil ergeht, gestellt werden. Dies gilt für die erste und auch für die zweite Instanz. Antragsberechtigt ist der Vollstreckungsschuldner. Dies kann – entgegen dem missglückten Wortlaut der Vorschrift – sowohl die klagende als auch die beklagte Partei sein.

8   **2. Nicht zu ersetzender Nachteil. a) Grundsätze.** Ein nicht zu ersetzender Nachteil setzt voraus, dass der Vollstreckungsschuldner ihn nicht durch sein Verhalten abwenden kann und dass der Vollstreckungsgläubiger nicht in der Lage ist, den Schaden mit Geld oder in anderer Weise bei späterem Wegfall des Vollstreckungstitels auszugleichen.

9   Ein solcher Nachteil liegt grds. vor, wenn die Wirkungen der Vollstreckung nicht mehr rückgängig gemacht werden können[3]. Es ist eine am Einzelfall orientierte Abwägung der beiderseitigen Interessen vorzunehmen, insb. des Sicherungsbedürfnisses des Vollstreckungsgläubigers und der Belange des Vollstreckungsschuldners[4]. Bei der **Interessenabwägung** darf aber nicht die gesetzgeberische Wertung unterlaufen werden, wonach arbeitsrechtl. Titel schnell und unkompliziert durchsetzbar sein sollen. Nach dieser Wertung genießt das Vollstreckungsinteresse des Gläubigers Vorrang vor dem Vollstreckungsabwehrinteresse des Schuldners, auch wenn dieses mit unersetzbaren Nachteilen begründet wird. Wenn der Ausschluss der Vollstreckung für den Gläubiger vergleichbare Nachteile mit sich bringt wie die Durchführung der Vollstreckung für den Schuldner, dann muss der Gläubiger Vorrang genießen, weil er immerhin schon einen (wenn auch nur vorläufigen) Titel erstritten hat. Bei der notwendigen Interessenabwägung sind zumindest in rechtl. eindeutigen Fällen auch die Erfolgsaussichten des Schuldners im Rechtsmittelverfahren zu berücksichtigen[5]. Der Ausschluss der vorläufigen Vollstreckbarkeit soll den Schuldner nur vor solchen nicht zu ersetzenden Nachteilen schützen, die ungerechtfertigt sind. Je eindeutiger die Rechtslage zu Gunsten des Gläubigers spricht, umso eher scheidet ein Vollstreckungsausschluss aus. Erhebt der Schuldner gegen den im Urteil festgestellten Anspruch nachträgliche Einwendungen, die nicht gem. § 767 II ZPO präkludiert sind und daher grds. im Wege der Vollstre-

---

1 BAG 28.10.1981 – 4 AZR 251/79, AP Nr. 6 zu § 522a ZPO. ||2 BAG 9.12.1987 – 4 AZR 561/87, AP Nr. 4 zu § 62 ArbGG 1979. ||3 LAG Düss. 4.10.1979 – 14 (5) Sa 976/79, EzA § 62 ArbGG 1979 Nr. 1; 7.3.1980 – 8 Sa 59/80, EzA § 62 ArbGG Nr. 2; 20.3.1980 – 19 Sa 142/80, EzA § 62 ArbGG Nr. 3. ||4 LAG Düss. 20.3.1980 – 19 Sa 142/80, EzA § 62 ArbGG Nr. 3; LAG Bremen 25.10.1982 – 4 Sa 265/82, AP Nr. 2 zu § 62 ArbGG 1979. ||5 LAG Düss. 4.10.1979 – 14 (5) Sa 976/79, EzA § 62 ArbGG 1979 Nr. 1; 7.3.1980 – 8 Sa 59/80, EzA § 62 ArbGG Nr. 2; 20.3.1980 – 19 Sa 142/80, EzA § 62 ArbGG Nr. 3; *Dütz*, DB 1980, 1069; Schwab/Weth/*Walker*, § 62 Rz. 15; krit. GMP/*Germelmann*, § 62 Rz. 20.

ckungsabwehrklage gem. § 767 I ZPO geltend gemacht werden könnten, sollen für die einstw. Einstellung der Zwangsvollstreckung die Voraussetzungen für die entsprechende einstw. Anordnung gem. § 769 ZPO genügen[1].

Ein nicht zu ersetzender Nachteil kann auch gegeben sein, wenn dieser nicht bei einer Vollstreckung schlechthin, sondern nur bei einer bestimmten Vollstreckungsmaßnahme oder ab einem bestimmten Vollstreckungsumfang zu erwarten ist. In solchen Fällen ist die Vollstreckung nicht insg., sondern nur hinsichtlich der konkret nachteiligen Vollstreckungsmaßnahmen auszuschließen. 10

b) Beispiele nicht zu ersetzenden Nachteils. aa) Vornahme, Duldung oder Unterlassung einer Handlung. Wird ein Anspruch auf Vornahme, Duldung oder Unterlassung einer Handlung vollstreckt, wird die Wirkung der Vollstreckung idR nicht mehr wieder rückgängig gemacht werden können. Dies verdeutlicht das Interesse des Vollstreckungsschuldners an der Ausschließung der Vollstreckung[2]. Die Voraussetzungen für einen Ausschluss der vorläufigen Vollstreckbarkeit liegen aber trotzdem nicht vor, wenn die Nichtdurchsetzung des Titels für den Vollstreckungsgläubiger zu einem nicht zu ersetzenden Nachteil führen würde[3]. 11

bb) Beschäftigung oder Weiterbeschäftigung. Es ist keineswegs so, dass die Vollstreckung eines auf Beschäftigung bzw. Weiterbeschäftigung des ArbN lautenden Urteils dem ArbGeb grds. einen nicht zu ersetzenden Nachteil bringt, wenn später ein derartiger Anspruch mangels eines bestehenden bzw. weiterbestehenden ArbVerh verneint wird, weil die darin liegende Willensbeeinträchtigung des ArbGeb nicht rückgängig gemacht werden kann. Für die mit der Beschäftigung verbundene Entgeltzahlung erhält der ArbGeb mit der Arbeitsleistung einen Gegenwert. Ein unersetzlicher Nachteil kann vielmehr nur ein solcher sein, der über den allein darin bestehenden Nachteil, nicht nach seinem Belieben handeln zu dürfen, hinausgeht[4]. 12

Die Beschäftigung/Weiterbeschäftigung muss also **sonstige Schäden** (Nachteile wirtschaftl. oder immaterieller Art) befürchten lassen, für die aller Wahrscheinlichkeit nach vom ArbN kein Ersatz zu erlangen sein wird; die bloße Nichtrückabwicklungsmöglichkeit reicht nicht aus[5]. 13

Ein derartiger Nachteil kann etwa darin liegen, dass die (Weiter-)Beschäftigung zu einer nicht absetzbaren Überproduktion führt, die Kosten verursachen und Verluste zur Folge haben würde, die im Falle des Obsiegens des ArbGeb nicht von dem gekündigten ArbN und nicht auf andere Weise zu ersetzen sind; hierbei spielt die Dauer des Rechtsstreits eine nicht unerhebliche Rolle[6]. Der ArbGeb kann jedoch auf die Möglichkeit von Kurzarbeit verwiesen werden[7]. Macht der ArbGeb geltend, dass der erstinstanzlich ausgeurteilte Weiterbeschäftigungsanspruch durch eine nach Schluss der mündlichen Verhandlung erster Instanz ausgesprochene Folgekündigung entfallen ist, so kann dies im Verfahren auf Einstellung der Zwangsvollstreckung in entsprechender Anwendung des § 769 ZPO vom Berufungsgericht berücksichtigt werden. Der Erhebung einer Vollstreckungsabwehrklage hinsichtlich des Weiterbeschäftigungstitels, verbunden mit einem Antrag nach § 769 ZPO, bedarf es nicht[8]. 14

cc) Zahlungsansprüche. Bei Geldansprüchen ist ein nicht zu ersetzender Nachteil noch nicht gegeben, wenn die Rückforderung mit Schwierigkeiten verbunden ist, sondern erst dann, wenn die Wiedererlangung des beigetriebenen Betrages wegen der Vermögenslage des Klägers von vornherein als aussichtslos erscheint. Bei nur teilweiser Möglichkeit der Wiedererlangung kommt eine teilweise Ausschließung der vorläufigen Vollstreckbarkeit in Betracht[9]. Ein nicht zu ersetzender Nachteil kann aber auch bestehen, wenn die Pfändung eines wesentlichen Betriebsmittels zu außerordentl. Betriebsstörungen führt. Allein die Tatsache der Bewilligung von PKH ohne Ratenzahlung begründet nicht die Vermutung späterer Zahlungsunfähigkeit. 15

Bei einem ausländischen ArbN genügt nicht schon der Hinweis, dieser sei arbeitslos und/oder könne sich einer etwaigen Rückforderung durch Rückkehr in seine Heimat entziehen[10]. Dies gilt unabhängig davon, ob es sich um einen EU-Ausländer handelt oder nicht. 16

3. Glaubhaftmachung. Sind die den nicht zu ersetzenden Nachteil begründenden Tatsachen streitig, so muss der Vollstreckungsschuldner das Vorliegen dieser Tatsachen glaubhaft machen (§ 294 ZPO). 17

4. Entscheidung. Wenn das ArbG oder LAG dem Antrag des Vollstreckungsschuldners stattgeben will, muss es die vorläufige Vollstreckbarkeit ganz oder teilweise ausschließen. Dies soll im Tenor des Urteils erfolgen müssen. Diese strenge Auffassung findet im Wortlaut der Vorschrift keine Grundlage, 18

---

1 LAG Rh.-Pf. 11.12.2012 – 10 Sa 422/12. ‖ 2 LAG Düss. 4.10.1979 – 14 (5) Sa 976/79, EzA § 62 ArbGG 1979 Nr. 1; 7.3.1980 – 8 Sa 59/80, EzA § 62 ArbGG Nr. 2. ‖ 3 BAG 22.6.1972 – 3 AZR 263/72, AP Nr. 4 zu § 719 ZPO; BGH 6.7.1979 – I ZR 55/79, AP Nr. 5 zu § 719 ZPO. ‖ 4 BAG (GS) 27.2.1985 – GS 1/84, AP Nr. 14 zu § 611 BGB Beschäftigungspflicht; LAG Berlin 26.9.1980 – 12 Sa 63/80, DB 1980, 2448; LAG Hess. 28.7.1983 – 3 Ta 173/83, DB 1983, 2640; LAG Hamm 25.1.1982 – 2 (11) Sa 1531/81, DB 1982, 653; LAG Rh.-Pf. 15.1.1981 – 3 Sa 688/80, EzA § 62 ArbGG 1979 Nr. 5. ‖ 5 BAG (GS) 27.2.1985 – GS 1/84, AP Nr. 14 zu § 611 BGB Beschäftigungspflicht; LAG Hess. 28.7.1983 – 3 Ta 173/83, DB 1983, 2640. ‖ 6 BAG 22.2.1983 – 1 AZR 466/82, nv. ‖ 7 LAG Nürnberg 5.11.2012 – 7 Sa 385/12. ‖ 8 LAG BW 30.6.2010 – 19 Sa 22/10, LAGE § 62 ArbGG 1979 Nr 34. ‖ 9 BAG 24.9.1958 – 2 AZR 395/58, AP Nr. 2 zu § 719 ZPO; LAG Düss. 20.12.1985 – 15 Sa 1125/85, LAGE § 62 ArbGG 1979 Nr. 13. ‖ 10 LAG Bremen 25.10.1982 – 4 Sa 265/82, AP Nr. 2 zu § 62 ArbGG 1979; LAG Hess. 15.10.1979 – 8 Ta 111/79, ARST 1980, 112.

denn danach genügt die Ausschließung der vorläufigen Vollstreckbarkeit „im Urteil". Im ArbGG wird jedoch nicht immer streng zwischen dem Urteil iSv. § 313 ZPO und der Urteilsformel iSv. § 313 I Nr. 4 ZPO unterschieden[1]. Die Ausschließung der vorläufigen Vollstreckbarkeit ist zu begründen[2]. Sie erfolgt immer ohne Anordnung einer Sicherheitsleistung.

19 Will das ArbG oder LAG dem Antrag nicht stattgeben, so ist strittig, ob dies in die Urteilsformel aufzunehmen ist[3].

20 Hat das Gericht den Antrag übersehen, kommt eine Urteilsergänzung nach § 321 ZPO in Betracht.

21 **IV. Einstellung der Zwangsvollstreckung nach §§ 707 I und 719 I ZPO. 1. Grundsätze.** Nach Abs. 1 S. 3 kann in Fällen des § 707 I ZPO (Antrag auf Wiedereinsetzung oder Wiederaufnahme) und des § 719 I ZPO (Einlegung von Einspruch oder Berufung) die Zwangsvollstreckung nur unter denselben Voraussetzungen wie bei der Ausschließung der vorläufigen Vollstreckbarkeit eingestellt werden. Die Einstellung der Zwangsvollstreckung erfolgt ohne Sicherheitsleistung, Abs. 1 S. 4. Die einstw. Einstellung der Zwangsvollstreckung soll regelmäßig nicht in Betracht kommen, wenn der Schuldner es versäumt hat, im erstinstanzlichen Verfahren einen Schutzantrag nach Abs. 1 S. 2 zu stellen, es sei denn, die Gründe, auf die der Einstellungsantrag gestützt wird, lagen im Zeitpunkt der letzten mündlichen Verhandlung vor dem ArbG noch nicht vor oder konnten aus anderen Gründen nicht vorgetragen und glaubhaft gemacht werden[4]. Eine Einstellung der Zwangsvollstreckung aus einem eine Leistungsverfügung erlassenen Urteil durch das Berufungsgericht soll ebenfalls nicht in Betracht kommen, weil es – lägen die Voraussetzungen für eine solche Einstellung vor – dann grds. an einem Arrestgrund bzw. einem Verfügungsgrund fehlte[5].

22 Nach Erlass des stattgebenden Urteils kann der Schuldner, der in die Berufung geht, wählen, ob er im Berufungsverfahren einen Antrag nach §§ 64 VII, 62 I 2 stellt oder die Einstellung der Zwangsvollstreckung beantragt[6].

23 **Voraussetzungen** für die Einstellung der Zwangsvollstreckung sind
 – ein Antrag
 – Antrag auf Wiedereinsetzung (§ 233 ZPO) oder Wiederaufnahme eines durch rechtskräftiges Urteil abgeschlossenen Rechtsstreits oder Fortsetzung des Rechtsstreits nach der Verkündung eines Vorbehaltsurteils im Nachverfahren (§§ 302, 599 ZPO) oder
 – Einspruch (§ 338 ZPO) gegen ein vorläufig vollstreckbares Versäumnisurteil (§§ 330 f., 708 Nr. 2 ZPO) oder
 – Berufung (§ 64) oder
 – nicht zu ersetzender Nachteil.

24 **2. Verfahren.** Für die Entscheidung über den Antrag auf Einstellung der Zwangsvollstreckung ist zuständig dasjenige Gericht, welches über das Wiedereinstellungsgesuch, den Wiederaufnahmeantrag, im Nachverfahren, den Einspruch oder die Berufung zu entscheiden hat. Die Entscheidung wird beim ArbG und in der Berufungsinstanz (§ 64 VII) außerhalb der streitigen Verhandlung nicht von der Kammer, sondern vom Vorsitzenden allein getroffen (§§ 55 I Nr. 6 und 53 I 1). Eine mündliche Verhandlung kann angeordnet werden (§§ 707 II 1, 128 IV ZPO). Vor dem Erlass der Entscheidung ist dem Vollstreckungsschuldner zumindest rechtl. Gehör zu gewähren[7]. Falls das wegen der Dringlichkeit der Einstellung nicht möglich ist, muss die Anhörung jedenfalls nachgeholt und die Einstellung ggf. wieder aufgehoben werden. Insoweit empfiehlt sich, die Einstellung der Zwangsvollstreckung zunächst nur für einen Zeitraum vorzunehmen, in dem das rechtl. Gehör gewährt werden kann.

25 **3. Entscheidung.** Die Entscheidung über den Antrag auf Einstellung der Zwangsvollstreckung erfolgt durch **Beschluss** (Abs. 1 S. 5). Dieser ist zu begründen. Die Entscheidung über den Einstellungsantrag steht dabei im pflichtgemäßen Ermessen des Gerichts[8]. Es hat die Interessen des Gläubigers, aus dem erstrittenen (möglicherweise sogar schon rechtskräftigen) Titel zu vollstrecken, gegen das Abwendungsinteresse des Schuldners abzuwägen. In diese Interessenabwägung fließen auch die Erfolgsaussichten des Wiedereinsetzungsgesuchs, der Wiederaufnahmeklage, des Antrags im Nachverfahren (§ 707 ZPO) oder des Einspruchs oder der Berufung (§ 719 ZPO) ein[9]. Insoweit wird eine kursorische Prüfung der Rechtslage für ausreichend gehalten[10].

---

1 Vgl. §§ 61 I, II 1, 64 IIIa. || 2 Schwab/Weth/*Walker*, § 62 Rz. 23. || 3 GK-ArbGG/*Vossen*, § 62 Rz. 26; GMP/ *Germelmann*, § 62 Rz. 235; aA Schwab/Weth/*Walker*, § 62 Rz. 24. || 4 LAG Bln.-Bbg. 23.8.2007 – 15 Sa 1630/07 in Anlehnung an BGH 31.10.2000 – XII ZR 3/00, NJW 2001, 375 u. v. 3.7.1991 – XII ZR 262/90, NJW-RR 1991, 1216; LAG Düss. 1.12.2008 – 11 Sa 1490/08; ablehnend LAG Bln.-Bbg. 6.1.2009 – 15 Sa 2311/08; LAG BW 26.8.2008 – 5 Sa 52/08. || 5 LAG Sachs. 19.9.2006 – 7 Sa 617/06. || 6 LAG Rh.-Pf. 11.12.2012 – 10 Sa 422/12. || 7 LAG Hamm 18.7.1971 – 8 Ta 53/71, MDR 1972, 362; Schwab/Weth/*Walker*, § 62 Rz. 35. || 8 LAG Hess. 8.1.1992 – 10 Sa 1901/91, NZA 1992, 427; *Dütz*, DB 1980, 1069. || 9 BAG 6.1.1971 – 3 AZR 384/70, AP Nr. 3 zu § 719 ZPO; 22.6.1972 – 3 AZR 263/72, AP Nr. 4 zu § 719 ZPO; LAG Düss. 4.10.1979 – 14 (5) Sa 976/79, EzA § 62 ArbGG 1979 Nr. 1; 7.3.1980 – 8 Sa 59/80, EzA § 62 ArbGG Nr. 2; 20.3.1980 – 19 Sa 142/80, EzA § 62 ArbGG Nr. 3; 20.12.1985 – 15 Sa 1125/85, LAGE Nr. 13 zu § 62 ArbGG 1979; LAG Berlin 4.7.1993 – 8 Sa 79/93, LAGE Nr. 20 zu § 62 ArbGG 1979; LAG Hess. 8.1.1992 – 10 Sa 1901/91, NZA 1992, 427. || 10 BAG 6.1.1971 – 3 AZR 384/70, AP Nr. 3 zu § 719 ZPO; 22.6.1972 – 3 AZR 263/72, AP Nr. 4 zu § 719 ZPO.

Die Einstellung ist idR zu versagen, wenn der Beklagte nur Gründe vorbringt, die das ArbG bereits bei der Prüfung der Ausschließung der vorläufigen Vollstreckbarkeit im Urteil als nicht ausreichend erachtet hat, wenn gerade die die Verurteilung tragenden Gründe auch den nicht zu ersetzenden Nachteil begründen sollen oder wenn die Berufung im Zeitpunkt der Entscheidung über den Einstellungsantrag nicht mindestens überwiegende Aussicht auf Erfolg hat[1]. 26

Die Einstellung der Zwangsvollstreckung kann nur **ohne Sicherheitsleistung** angeordnet werden (Abs. 1 S. 4). Auch die Aufhebung von Vollstreckungsmaßnahmen nach § 707 I 1 ZPO kann nicht gegen Sicherheitsleistung erfolgen. 27

4. Rechtsbehelf. Gegen einstellende oder ablehnende Beschlüsse findet **keine Anfechtung** statt (Abs. 1 S. 5). Bei greifbarer Gesetzeswidrigkeit wurde eine Ausnahme von der Unanfechtbarkeit gemacht. Hieran wird nicht mehr festgehalten werden können. Auch unter dem Gesichtspunkt einer „greifbaren Gesetzwidrigkeit" kommt kein außerordentl. Rechtsbehelf mehr in Betracht, allenfalls eine befristete Gegenvorstellung[2]. 28

Ein zurückgewiesener Einstellungsantrag erwächst nicht in Rechtskraft; er kann wiederholt, aber nur auf erst nach dem Tag der ablehnenden Entscheidung entstandene Tatsachen gestützt werden[3]. 29

V. Einstellung der Zwangsvollstreckung nach anderen Vorschriften. Nach der ZPO kommt die Einstellung der Zwangsvollstreckung in weiteren Fällen in Betracht, nämlich zB bei der Erinnerung gegen Erteilung der Vollstreckungsklausel (§ 732 II ZPO), der Erinnerung gegen Art und Weise der Zwangsvollstreckung (§§ 766 I 2, 732 II ZPO), der Vollstreckungsabwehrklage (§ 769 I 1 ZPO) und dem Widerspruch gegen Arrest (§ 924 III 2 ZPO). 30

Für diese Fälle ist streitig, ob entsprechend Abs. 1 nur eine Einstellung ohne Sicherheitsleistung in Betracht kommt und dafür ein drohender unersetzbarer Nachteil vorausgesetzt wird. Eine entsprechende Anwendung des Abs. 1 S. 3 wird mit der Begründung bejaht, mit dem System der Zwangsvollstreckung im arbeitsgerichtl. Verfahren sei eine Einstellung gegen Sicherheitsleistung nicht vereinbar[4]. Nach aA[5] soll jedenfalls eine Einstellung nach den §§ 769, 732 II und 766 I 2 ZPO auch gegen Sicherheitsleistung möglich sein. 31

VI. Vollstreckung arbeitsrechtlicher Titel. 1. Grundsatz. Nach Abs. 2 finden iÜ auf die Zwangsvollstreckung die Vorschriften des 8. Buches der ZPO Anwendung. Entsprechendes gilt – leicht modifiziert nach § 85 I 3 – im Beschlussverfahren. 32

2. Einzelfälle (alphabetisch).

Abfindung 33	Beschäftigungsanspruch/Weiterbeschäftigungsanspruch 39
Abmahnung 34	Einstellung/Wiedereinstellung 41
Abrechnung von Arbeitsvergütung 35	Freistellungsanspruch 42
Arbeitsleistung 36	Urlaub 43
Arbeitspapiere 37	Wettbewerbsverbot 44
Arbeitsvergütung 38	Zeugnis 45

– **Abfindung.** Der Titel auf Zahlung einer Abfindung nach §§ 9, 10 KSchG ist vorläufig vollstreckbar[6]. Dagegen kann nicht eingewendet werden, der Anspruch auf die Abfindung entstehe erst mit Rechtskraft des Urteils des ArbG über die Auflösung des ArbVerh[7]. Der Anspruch auf den Abfindungsbetrag entsteht vielmehr durch die richterliche Festsetzung im Urteil und wird damit, frühestens jedoch zum Zeitpunkt des festgesetzten Endes des ArbVerh, fällig[8]. Zudem liegt die Situation, wonach die Verurteilung auflösend bedingt ist durch die Abänderung oder Aufhebung des Urteils, der vorläufigen Vollstreckbarkeit typischerweise zugrunde. 33

– **Abmahnung.** Der Anspruch auf Entfernung der Abmahnung aus der Personalakte ist auf eine unvertretbare Handlung gerichtet, weil die Verfügung über die Personalakte durch einen Dritten nicht zulässig ist[9]. Die Vollstreckung richtet sich nach § 888 ZPO. 34

---

1 LAG Hess. 8.1.1992 – 10 Sa 1901/91, NZA 1992, 427. || 2 BGH 20.10.2004 – XII ZB 35/04, MDR 2005, 339; BVerwG 5.10.2004 – 2 B 90/04, NJW 2005, 771; BFH 29.9.2005 – I B 70/05, nv.; aA BFH 8.9.2005 – IV B 42/05, NJW 2005, 3374. || 3 LAG Bremen 12.8.1982 – 4 Sa 170/82, EzA § 62 ArbGG 1979 Nr. 7. || 4 LAG Berlin 28.4.1986 – 9 Ta 5/86, LAGE § 62 ArbGG 1979 Nr. 16; LAG Bremen 24.6.1996 – 2 Ta 28/96, LAGE § 62 ArbGG 1979 Nr. 22; LAG Hamm 9.8.1984 – 8 Ta 144/84, AP Nr. 3 zu § 62 ArbGG 1979; für die Anwendbarkeit von § 62 I 3 auf gerichtl. Vergleiche: LAG Hamburg 14.7.1981 – 1 Ta 8/81, ARST 1983, 16; LAG Köln 16.6.1983 – 3 Ta 86/83, DB 1983, 1827; LAG Berlin 28.4.1986 – 9 Ta 5/86, LAGE § 62 ArbGG 1979 Nr. 16. || 5 LAG Köln 16.6.1983 – 3 Ta 86/83, DB 1983, 1827; LAG Nürnberg 7.5.1999 – 7 Ta 89/99, BB 1999, 1387. || 6 LAG BW 9.7.1986 – 7 Ta 5/86, DB 1986, 2192; LAG Hess. 14.8.1986 – 3 Ta 178/86, DB 1987, 552; LAG Bremen 31.8.1983 – 2 Ta 72/82, DB 1983, 2315; LAG Hamm 17.7.1975 – 3 Sa 251/75, BB 1975, 1068. || 7 So aber: LAG Berlin 17.2.1986 – 9 Sa 110/85, LAGE § 9 KSchG Nr. 1; LAG Hamburg 28.12.1982 – 1 Sa 6/82, DB 1983, 724. || 8 BAG 9.12.1987 – 4 AZR 561/87, AP Nr. 4 zu § 62 ArbGG 1979. || 9 LAG Hess. 9.6.1993 – 12 Ta 82/93, NZA 1994, 288; GMP/*Germelmann*, § 62 Rz. 62; GK-ArbGG/*Vossen*, § 62 Rz. 45; Schwab/Weth/*Walker*, § 62 Rz. 85.

35 – **Abrechnung von Arbeitsvergütung.** Abrechnungen können regelmäßig durch einen Buchsachverst. vorgenommen werden, ohne dass der Abrechnungsverpflichtete mitwirken muss. Es geht dann bei der Erteilung der Abrechnung um eine vertretbare Handlung, die nach § 887 ZPO durch Ersatzvornahme vollstreckt werden kann. Sind die Unterlagen aber unvollständig oder bedarf es zu ihrer Auswertung besonderer Kenntnisse, die nur der Schuldner hat, handelt es sich um eine unvertretbare Handlung, die nach § 888 ZPO durch Verhängung eines Zwangsmittels vollstreckt wird.

36 – **Arbeitsleistung.** Für den Titel auf Arbeitsleistung ist umstritten, ob die Vollstreckung sich nach § 888 ZPO (unvertretbare Handlung) richtet, so dass eine Vollstreckung stets nach § 888 III ZPO ausscheidet[1], oder ob es auch um eine vertretbare Handlung gehen kann, so dass eine Vollstreckung nach § 887 ZPO in Betracht kommt[2]. Geht es um einfache Arbeitsleistungen, bei denen es dem ArbGeb egal ist, welche Person diese Arbeitsleistung erbringt, kann von einer vertretbaren Handlung ausgegangen werden, die durch Ersatzvornahme vollstreckt werden kann, ohne dass der Ausschluss der Vollstreckung nach § 888 III ZPO eingreift[3]. Dagegen richtet sich die Vollstreckung bei einem Titel auf Leistung höherwertiger Arbeiten, bei denen es nicht gleichgültig ist, welcher ArbN sie erbringt, nach § 888 ZPO, weshalb eine Vollstreckung nach § 888 III ZPO ausgeschlossen ist[4].

37 – **Arbeitspapiere.** Der Anspruch auf Herausgabe der Arbeitspapiere wird nach § 883 ZPO und der Anspruch auf Ausfüllung der Arbeitspapiere nach § 888 ZPO vollstreckt. Der Ausfüllungsanspruch zielt auf eine unvertretbare Handlung. Ist der ArbGeb zur Herausgabe der Arbeitspapiere verurteilt worden und gibt er diese an den ArbN unausgefüllt oder nicht ordnungsgemäß ausgefüllt heraus, kann er mangels eines zur Vollstreckung geeigneten Titels nicht § 888 I 1 ZPO durch Zwangsgeld oder Zwangshaft zur Vornahme der Eintragungen angehalten werden[5].

38 – **Arbeitsvergütung.** Der Anspruch auf Zahlung der Arbeitsvergütung und die Durchsetzung sonstiger Vergütungsansprüche erfolgt nach §§ 803 ff. ZPO. Bei der Zwangsvollstreckung aus einem auf einen **Bruttobetrag** gerichteten Urteil ist der gesamte Betrag einschl. der einkommensteuerrechtl. und sozialversicherungsrechtl. Vergütungsbestandteile beizutreiben. Wird die LSt vom ArbGeb nicht abgeführt, etwa auf Grund falscher Berechnung der Steuer, darf der ArbGeb diesen Betrag nicht etwa einbehalten, sondern hat ihn an den ArbN auszuzahlen[6]. Wie sich aus § 244 BGB ergibt, kann eine im Inland zahlbare Geldschuld auch in ausländischer Währung ausgedrückt sein. Das deutsche Zivilrecht und Zivilprozessrecht lassen Klagen und Urteile, die auf Zahlung in fremder Währung lauten, zu[7].

39 – **Beschäftigungsanspruch/Weiterbeschäftigungsanspruch.** Der (Weiter-)Beschäftigungsanspruch zielt auf eine unvertretbare Handlung (§ 888 ZPO), nämlich auf die Zurverfügungstellung des vertragsgemäßen Arbeitsplatzes und die Zuteilung der Arbeit. Eine für jeden Tag der Nichterfüllung des (Weiter-)Beschäftigungsanspruchs bestimmte Zwangsgeldfestsetzung widerspricht nicht nur Eigenart und Zielrichtung von § 888 ZPO, sondern auch dem Gebot der Eindeutigkeit und Bestimmtheit vollstreckbarer gerichtl. Entscheidungen. Daher ist das Zwangsgeld einheitlich festzusetzen.

40 Voraussetzung für die Vollstreckung ist, dass der (Weiter-)Beschäftigungsanspruch **hinreichend bestimmt** tenoriert wurde. Im Anschluss an die Formulierung des Gesetzgebers in § 102 V BetrVG wird in der Praxis häufig die Beschäftigung zu „unveränderten Arbeitsbedingungen" oder auch „zu den bisherigen Arbeitsbedingungen" beantragt[8]. Dies ist im Hinblick auf das Bestimmtheitsgebot problematisch. Art, Zeit und Ort der Leistungsverpflichtung müssen sich aus dem Antrag entnehmen lassen. Die Übernahme der genannten Formulierung in den Tenor wird teilweise als nicht vollstreckbar angesehen. Im Vollstreckungsverfahren ist der Titel aber auszulegen; dazu können auch Tatbestand und Entscheidungsgründe herangezogen werden. Insoweit genügt es, wenn sich die „unveränderten Arbeitsbedingungen" aus dem Tatbestand und/oder den Entscheidungsgründen ergeben[9]. Der auf Beschäftigung zu „unveränderten Arbeitsbedingungen" gerichtete Antrag wird zudem als zulässig angesehen, solange zwischen den Parteien kein Streit über den Inhalt der Beschäftigungspflicht besteht[10]. Nach dem BAG ist es erforderlich, aber auch ausreichend, wenn die Art der ausgeurteilten Beschäftigung des ArbN aus dem Titel ersichtlich ist. Einzelheiten hinsichtlich der Art der Beschäftigung oder sonstigen Arbeitsbedingungen muss der Titel demggü. nicht enthalten. Dafür reicht es aus, wenn das Berufsbild, mit dem der ArbN beschäftigt werden soll, sich aus dem Titel ergibt oder sich in vergleichbarer Weise ergibt, worin die Tätigkeit bestehen soll[11].

41 – **Einstellung/Wiedereinstellung.** Der Anspruch auf Einstellung/Wiedereinstellung ist auf die Abgabe des Angebots auf Abschluss eines Arbeitsvertrags oder auf die Annahme eines solchen Angebots ge-

---

1 LAG Düss. 17.9.1957 – 3 Sa 253/57, BB 1958, 82. ||2 GMP/*Germelmann*, § 62 Rz. 62 „Arbeitsleistung"; Schwab/Weth/*Walker*, § 62 Rz. 77. ||3 Schwab/Weth/*Walker*, § 62 Rz. 77. ||4 GMP/*Germelmann*, § 62 Rz. 62 „Arbeitsleistung"; Schwab/Weth/*Walker*, § 62 Rz. 77. ||5 GK-ArbGG/*Vossen*, § 62 Rz. 46. ||6 BAG 11.2.1998 – 5 AZR 159/97, AP Nr. 19 zu § 611 BGB Lohnanspruch. ||7 BAG 26.7.1995 – 5 AZR 216/94, AP Nr. 7 zu § 157 BGB. ||8 So zB der Antrag in BAG 13.6.1985 – 2 AZR 410/84, AP Nr. 19 zu § 611 BGB Beschäftigungspflicht. ||9 LAG Hess. 27.11.1992 – 9 Ta 376/92, LAGE § 888 ZPO Nr. 30; LAG Rh.-Pf. 7.1.1986 – 1 Ta 302/85, LAGE § 888 ZPO Nr. 6; sehr eng aber LAG Schl.-Holst. 6.1.1987 – 6 Ta 157/86, LAGE § 888 ZPO Nr. 10. ||10 LAG Schl.-Holst. 6.1.1987 – 6 Ta 157/86, LAGE § 888 ZPO Nr. 10; LAG Köln 7.7.1987 – 9 Ta 128/87, LAGE § 888 ZPO Nr. 15; weiter gehend LAG Rh.-Pf. 7.1.1986 – 1 Ta 302/85, LAGE § 888 ZPO Nr. 6. ||11 BAG 15.4.2009 – 3 AZB 93/08, NZA 2009, 917.

richtet, weshalb die Vollstreckung sich nach § 894 ZPO richtet. Geht es aber im Zusammenhang mit einer Konkurrentenklage um die Neuvornahme der Auswahlentscheidung, erfolgt die Zwangsvollstreckung nach § 888 ZPO.

- **Freistellungsanspruch.** Beim Freistellungsanspruch handelt es sich nicht um eine Geldforderung, die nach §§ 803 ff. ZPO zu vollstrecken wäre, sondern um eine vertretbare Handlung. Die Vollstreckung des Anspruchs auf Freistellung von einer Verbindlichkeit richtet sich daher nach § 887 ZPO. Die Vollstreckung kann durch Ersatzvornahme erfolgen. 42

- **Urlaub.** Die Vollstreckung des Anspruchs auf Erteilung von Urlaub richtet sich nach § 894 ZPO, denn die Urlaubserteilung erfolgt durch eine den Urlaubsanspruch konkretisierende Willenserklärung. 43

- **Wettbewerbsverbot.** Die Durchsetzung eines Wettbewerbsverbots erfolgt nach § 890 ZPO. Es geht um die Erzwingung des Unterlassens von Wettbewerbshandlungen. 44

- **Zeugnis.** Der Anspruch auf Erteilung eines Zeugnisses ist auf eine unvertretbare Handlung gerichtet und wird nach § 888 ZPO vollstreckt[1]. Dies gilt sowohl für die Fertigung des qualifizierten Zeugnisses[2] als auch für die Erteilung des einfachen Zeugnisses. 45

VII. Arrest und einstweilige Verfügung. 1. Grundsätze. Für Streitigkeiten, die im Urteilsverfahren abgewickelt werden, verweist Abs. 2 hinsichtlich Arrest und einstw. Verfügung auf die Vorschriften des 8. Buches der ZPO (§§ 916 ff. ZPO). In Abs. 2 S. 2 mit der Möglichkeit, ohne mündliche Verhandlung zu entscheiden, findet sich eine Sonderregelung. 46

2. Arrest. a) Grundsätze. Nach § 916 I ZPO findet der Arrest zur Sicherung der Zwangsvollstreckung in das bewegliche oder unbewegliche Vermögen wegen einer Geldforderung oder wegen eines Anspruchs statt, der in eine Geldforderung übergehen kann. Der Arrest zielt nur auf die Sicherung der Zwangsvollstreckung wegen einer Geldforderung, nicht auf die wenigstens vorläufige Befriedigung des Gläubigers. 47

Der Antrag ist nur zulässig, wenn die allg. Prozessvoraussetzungen vorliegen. Das gilt auch für die (Rechtsweg-)Zuständigkeit der ArbG. Ist diese nicht gegeben, ist auch im Arrest-/Verfügungsverfahren eine Rechtswegverweisung zulässig. Ebenso ist eine Verweisung an das örtlich zuständige Gericht möglich[3]. 48

Ferner muss ein Arrestanspruch gegeben sein. Arrestanspruch kann nur eine Geldforderung sein oder ein Individualanspruch, der in eine solche übergehen kann. Ein Übergang ist möglich bei Nichterfüllung. Es ist also nicht notwendig, dass der Anspruch bereits fällig ist. 49

Es muss außerdem ein Arrestgrund behauptet werden. Das Vorliegen eines Arrestgrundes wird als Zulässigkeitsvoraussetzung angesehen, so dass ein deshalb abgewiesener Antrag uU wiederholt werden kann. 50

Der Arrest ist begründet, wenn Arrestanspruch und Arrestgrund glaubhaft gemacht sind. 51

b) Arrestverfahren. Nach § 919 ZPO ist für die Anordnung des Arrestes sowohl das Gericht der Hauptsache als auch das Gericht zuständig, in dessen Bezirk sich der mit Arrest zu belegende Gegenstand oder die in ihrer persönlichen Freiheit zu beschränkende Person befindet. Die Zuständigkeit ist ausschließlich (§ 802 ZPO). 52

Gericht der Hauptsache ist in Arbeitssachen das örtlich für den Hauptprozess zuständige ArbG, solange der Hauptprozess dort noch anhängig ist (bis zum Eingang der Berufungsschrift beim LAG). Ist das Urteil des ArbG in der Hauptsache bereits mit der Berufung angefochten, ist Gericht der Hauptsache das LAG. 53

Die Anordnung eines Arrestes setzt einen **Antrag** voraus. Das Gesuch soll die Bezeichnung des Anspruchs unter Angabe des Geldbetrags oder des Geldwerts sowie die Bezeichnung des Arrestgrundes enthalten, wobei der Arrestanspruch und der Arrestgrund glaubhaft zu machen sind (§ 920 I u. II ZPO). Das Gesuch ist schriftl. anzubringen. Es kann auch vor der Geschäftsstelle zu Protokoll erklärt werden. 54

Der Beschluss, durch den der Arrest angeordnet wird, ist dem Antragsteller von Amts wegen zuzustellen (§ 329 III ZPO). Dieser hat ihn dem Antragsgegner zustellen zu lassen. Es gilt insoweit nicht der Amtsbetrieb (§ 922 II ZPO). § 50 I ist nach seinem Wortlaut weder unmittelbar noch entsprechend anzuwenden. Abs. 2 verweist allein auf die ZPO-Vorschriften. 55

Gegen den Beschluss, der den Arrest anordnet, gibt es ein eigenes Verfahren. Nach § 924 I ZPO findet gegen ihn der **Widerspruch** statt. Der Widerspruch ist der Rechtsbehelf des Schuldners oder seines Rechtsnachfolgers gegen den Beschluss, und zwar gleichgültig, welche Instanz den Arrest angeordnet hat. 56

---

1 LAG Düss. 8.1.1958 – 6 Ta 64/57, BB 1959, 117; LAG Hess. 16.6.1989 – 9 Ta 74/89, LAGE § 630 BGB Nr. 7; LAG Hamburg 5.3.1969 – 2 Ta 3/69, BB 1969, 538. ||2 LAG Nürnberg 14.1.1993 – 6 Ta 169/92, BB 1993, 365. ||3 BGH 8.2.1989 – IVb ARZ 47/88, FamRZ 1989, 847.

57 Die widersprechende Partei hat in dem Widerspruch die Gründe anzugeben, die sie für die Aufhebung des Arrestes geltend machen will. Der Widerspruch hat schriftl. zu erfolgen, beim ArbG auch zu Protokoll der Geschäftsstelle unter Angabe der Gründe. Das Gericht hat dann von Amts wegen Termin zur mündlichen Verhandlung zu bestimmen. Die mündliche Verhandlung ist hier zwingend.

58 Durch die Erhebung des Widerspruchs wird die Vollziehung des Arrestes nicht gehemmt. Das Gericht kann einstw. Anordnungen nach § 707 ZPO (einstw. Einstellung der Zwangsvollstreckung) treffen, wobei § 707 I 2 ZPO (Einstellung ohne Sicherheitsleistung) nicht anzuwenden ist (§ 924 III ZPO).

59 Wird Widerspruch erhoben, ist über die Rechtmäßigkeit des Arrestes durch Endurteil zu entscheiden (§ 925 I ZPO). Das Verfahren über die Rechtmäßigkeit des Arrestes entspricht dem normalen Urteilsverfahren. Das Urteil entscheidet über den Arrest, nicht über die Rechtmäßigkeit des Widerspruchs. Nach § 925 II ZPO kann das Gericht den Arrest ganz oder teilweise beseitigen, abändern oder aufheben. Die Beseitigung, Abänderung oder Aufhebung kann von einer Sicherheitsleistung abhängig gemacht werden. Die Kostenentscheidung ergeht nach §§ 91 ff. ZPO. § 12a findet auch im Arrestverfahren Anwendung. Gegen das Urteil gibt es die üblichen Rechtsmittel.

60 c) **Anordnung der Klageerhebung.** Der vom Arrest Betroffene kann nach § 926 I ZPO außerdem beantragen, dass die Partei, die den Arrestbefehl erwirkt hat, binnen einer zu bestimmenden Frist Klage zu erheben hat, wenn die Hauptsache nicht anhängig ist. Ordnet das Gericht die Klageerhebung an und wird ihr nicht Folge geleistet, ist auf Antrag die Aufhebung des Arrestes durch Endurteil auszusprechen (§ 926 II ZPO).

61 d) **Aufhebung wegen veränderter Umstände.** Nach § 927 ZPO kann ein Arrest wegen veränderter Umstände aufgehoben werden. Aufhebungsgrund ist die Erledigung des Arrestgrundes oder das Erbieten zur Sicherheitsleistung. Veränderte Umstände können den Arrestanspruch, zB Erlöschen der Forderung, oder den Arrestgrund, zB obsiegendes Urteil in der Hauptsache, betreffen. Gegenstand des Aufhebungsverfahrens ist allein die Rechtmäßigkeit der Fortdauer des Verfahrens. Zuständig ist das Gericht der Hauptsache (§ 943 ZPO), falls diese anhängig ist. Ist die Hauptsache nicht anhängig, ist das Gericht zuständig, das den Arrest erlassen hat.

62 Der Antrag ist begründet, wenn der Schuldner glaubhaft macht, dass sich die Umstände zu seinen Gunsten verändert haben. Das Urteil kann auf Aufhebung, auf Abänderung des Arrestes oder auf Zurückweisung des Antrags lauten.

63 e) **Vollziehung des Arrestes.** Nach § 928 ZPO sind auf die Vollziehung des Arrestes die Vorschriften über die Zwangsvollstreckung entsprechend anzuwenden, wobei folgende **Besonderheiten** gelten:

– Nach § 929 I ZPO bedürfen Arrestbefehle der Vollstreckungsklausel nur, wenn die Vollstreckung für einen anderen als den im Befehl bezeichneten Gläubiger oder gegen einen anderen als den im Befehl genannten Schuldner erfolgen soll.

– Die Vollstreckung ist unstatthaft, wenn seit dem Tag, an dem der Befehl verkündet oder der Partei, auf dessen Gesuch er erging, zugestellt ist, ein Monat verstrichen ist (§ 929 III ZPO).

– Die Vollziehung ist bereits vor der Zustellung des Arrestbefehls an den Schuldner zulässig. Sie ist jedoch ohne Wirkung, wenn die Zustellung nicht innerhalb einer Woche nach der Vollziehung und vor Ablauf der für diese in § 929 II ZPO bestimmten Frist erfolgt.

64 3. **Einstweilige Verfügung. a) Sicherungsverfügung.** Nach § 935 ZPO sind einstw. Verfügungen in Bezug auf den Streitgegenstand zulässig, wenn zu besorgen ist, dass durch eine Veränderung des bestehenden Umstandes die Verwirklichung des Rechts einer Partei vereitelt oder wesentlich erschwert werden könnte, sog. Sicherungsverfügung. Die Sicherungsverfügung bezweckt die Sicherung von solchen Forderungen, die nicht auf Geld gerichtet sind und daher auch nicht durch Arrest gesichert werden können.

65 Voraussetzung für eine Sicherungsverfügung ist zunächst, dass die allg. Prozessvoraussetzungen vorliegen. Außerdem muss ein sicherbarer, konkreter Anspruch bestehen. Der zu sichernde Anspruch, der als Verfügungsanspruch bezeichnet wird, ist jeder bürgerlich-rechtl. oder arbeitsrechtl. Individualanspruch, nicht jedoch eine Geldforderung oder ein Anspruch, der in eine Geldforderung übergehen kann, weil insoweit der Arrest stattfindet.

66 Der Zweck der einstw. Verfügung besteht darin, die Verwirklichung des Anspruchs dadurch zu sichern, dass der bestehende Zustand in Bezug auf einen bestimmten Streitgegenstand erhalten bleibt. Dieser Grund für die Sicherung, der Verfügungsgrund, muss zur Abwendung einer Gefährdung des Gläubigerinteresses im Eilverfahren objektiv notwendig sein. Es müssen Umstände bestehen, die nach dem Urteil eines vernünftigen Menschen befürchten lassen, die Verwirklichung des Anspruchs sei durch eine bevorstehende Veränderung des bestehenden Zustandes gefährdet, zB es droht ein wesentlicher Substanzverlust durch die unerlaubte Weiterbenutzung eines Gerätes oder weil der Schuldner dabei ist, seinen Wohnsitz ins Ausland zu verlegen.

67 b) **Regelungsverfügung.** Eine andere Art der einstw. Verfügung ist die zur Sicherung des Rechtsfriedens, die sog. Regelungsverfügung. Nach § 940 ZPO sind einstw. Verfügungen auch zum Zweck der Re-

gelung eines einstw. Zustandes in Bezug auf ein streitiges Rechtsverhältnis zulässig, sofern diese Regelung, insb. bei dauernden Rechtsverhältnissen zur Abwendung wesentlicher Nachteile oder zur Verhinderung drohender Gewalt oder aus anderen Gründen nötig erscheint.

Den Verfügungsgrund bildet hier das streitige Rechtsverhältnis. Dieses muss auf einen Zustand insb. von längerer Dauer gerichtet sein. Streitig ist das Rechtsverhältnis, wenn sein Bestand bestritten wird oder wenn ein unstreitig bestehendes verletzt wird.

Der Verfügungsanspruch und der Verfügungsgrund sind glaubhaft zu machen, wobei strenge Anforderungen zu stellen sind. Ein Verfügungsgrund liegt vor, wenn die Regelung notwendig ist. Dabei ist vom Interesse des Gläubigers auszugehen, wie es sich auf Grund der tatsächlichen Lage objektiv darstellt. Eine Dringlichkeit ist nicht gegeben, wenn der Gläubiger den beanstandeten Grund über längere Zeit untätig hingenommen hat (sog. Selbstverwirkung).

In Ausnahmefällen ist im Rahmen von § 940 ZPO eine sog. **Leistungsverfügung** (Befriedigungsverfügung) zulässig. Die Leistungsverfügung gewährt dem Gläubiger nicht nur eine Sicherung, sondern Erfüllung.

Nach neuerer Ansicht ist nur zwischen Sicherungs- und Befriedigungsverfügung zu unterscheiden. Jede Verfügungsart setze nämlich einen materiellen Verfügungsanspruch voraus, der entweder nur gesichert oder aber erfüllt werden könne. Für eine zwischen Sicherung und Befriedigung liegende Regelung sei kein Raum[1].

Als **unzulässig** werden **feststellende Verfügungen** angesehen, weil sie weder der Sicherung der Zwangsvollstreckung noch zur vorläufigen Durchsetzung eines Anspruchs noch zur verbindlichen Klärung der Rechtslage geeignet sind[2].

c) Verfahren. Die §§ 919 ff. ZPO gelten nach Abs. 2 iVm. § 936 ZPO grds. für das Verfahren der einstw. Verfügung in der Arbeitsgerichtsbarkeit. Dabei sind folgende **Besonderheiten** zu beachten:

– Die Zuständigkeit des Gerichts ergibt sich aus § 937 ZPO. Es ist das Gericht der Hauptsache zuständig. Das ist bei arbeitsgerichtl. Streitigkeiten das ArbG. Auch in dringenden Fällen besteht keine rechtswegübergreifende Zuständigkeit des AG der belegenen Sache (§ 942 ZPO).

– Die Entscheidung kann in dringenden Fällen, auch dann, wenn der Antrag auf Erlass der einstw. Verfügung zurückzuweisen ist, ohne mündliche Verhandlung ergehen (Abs. 2 S. 2). Ein solcher Fall liegt nur vor, wenn im Interesse eines effektiven Rechtsschutzes die Warnung des Gegners oder die Zeitdauer, die mit einer mündlichen Verhandlung verbunden ist, vermieden werden muss, und wenn die zeitliche Dringlichkeit nicht auf ein zögerliches Verhalten des Antragstellers zurückzuführen ist.

– Im Verfahren des einstw. Rechtsschutzes beginnt die mündliche Verhandlung nicht mit der Güteverhandlung[3].

– Im arbeitsgerichtl. Verfahren wird § 944 ZPO zur Eilkompetenz des Vorsitzenden durch § 53 verdrängt.

d) Einzelfälle[4].

Arbeitskampf	74	Konkurrentenklage	87
Arbeitsleistung	75	Teilzeitarbeitsanspruch	88
Arbeitspapiere	76	Urlaub	89
Arbeitsvergütung	78	Wettbewerbsverbot	91
Beschäftigungsanspruch/Weiterbeschäftigungsanspruch	83		

– **Arbeitskampf.** Einstw. Verfügungen können auch im Arbeitskampf ergehen. Dem stehen keine durchgreifenden verfassungsrechtl. Gründe entgegen[5]. Arbeitskampfmaßnahmen, die unter Verstoß gegen die tarifl. Friedenspflicht durchgeführt werden, können durch einstw. Verfügung untersagt werden[6]. Im Rahmen der Interessenabwägung ist maßgeblich auf die Eindeutigkeit der Sach- und Rechtslage abzustellen.

– **Arbeitsleistung.** Zielt der Anspruch auf Arbeitsleistung auf eine unvertretbare Handlung, steht § 888 III ZPO einer Befriedigungsverfügung entgegen[7]. Geht es hingegen bei der Arbeitsleistung um eine vertretbare Handlung, liegt ein Verfügungsanspruch vor. Regelmäßig wird aber ein Verfügungsgrund

---

1 Vgl. zum Theorienstreit ausf. Schwab/Weth/*Walker*, § 62 Rz. 107; *Walker*, Der einstweilige Rechtsschutz, Rz. 100–119. ||2 Schwab/Weth/*Walker*, § 62 Rz. 107. ||3 LAG Hess. 16.2.1962 – 5 Sa 8/62, DB 1962, 1052. ||4 Vgl. *Walker*, ZfA 2005, 45; *Kliemt/Reinhard*, NZA 2005, 545; *Dütz*, ArbuR 2003, 161. ||5 BAG 21.3.1978 – 1 AZR 11/76, DB 1978, 1647; LAG Hamm 8.8.1985 – 8 Sa 1498/85, NZA 1985, 743; LAG München 19.12.1979 – 9 Sa 1015/79, NJW 1980, 957; LAG Schl.-Holst. 10.12.1996 – 6 Sa 581/96, NZA-RR 1997, 401; 25.11.1999 – 4 Sa 584/99, NZA-RR 2000, 143. ||6 LAG Nürnberg 30.9.2010 – 5 Ta 135/10, LAGE Art. 9 GG Arbeitskampf Nr. 86. ||7 Schwab/Weth/*Walker*, § 62 Rz. 133.

fehlen, denn die Einstellung eines ErsatzArbN als Ersatzvornahme wird dem ArbGeb häufig möglich sein[1].

76 – **Arbeitspapiere.** Der Anspruch auf Herausgabe der – ordnungsgemäß ausgefüllten – Arbeitspapiere kann im Wege der einstw. Verfügung (Befriedigungsverfügung) durchgesetzt werden. Der ArbN hat für den Verfügungsanspruch vorzutragen, dass er sich bei Beendigung des ArbVerh vergeblich bemüht hat, von seinem ArbGeb die zur Herausgabe fälligen Arbeitspapiere ausgehändigt zu erhalten und dass der neue ArbGeb die Einstellung von der Vorlage der Arbeitspapiere abhängig macht (Verfügungsgrund) oder dass die Arbeitspapiere aus sonstigen Gründen benötigt werden.

77 Der ArbN benötigt idR beim neuen ArbGeb die Arbeitserlaubnis, das Gesundheitszeugnis, ggf. die Urlaubsbescheinigung nach § 6 II BUrlG und ggf. die Lohnnachweiskarte für Urlaub, Lohnausgleich und Zusatzversorgung nach § 2 I BRTV Bau. Die Interessenabwägung wird selten zu Gunsten des ArbGeb ausgehen, weil dieser regelmäßig kein berechtigtes Interesse an der Zurückhaltung der Arbeitspapiere hat[2].

78 – **Arbeitsvergütung.** Eine einstw. Verfügung auf Zahlung von Arbeitsvergütung führt zu einer vorläufigen Befriedigung des Gläubigers. Für eine Leistungsverfügung hat der ArbN darzulegen und ggf. glaubhaft zu machen, dass er sich ohne die Entgeltzahlung in einer **Notlage** befindet[3].

79 Der ArbN kann nicht auf die Inanspruchnahme von **Sozialleistungen** verwiesen werden; diese sind subsidiär ggü. den Entgeltansprüchen aus dem ArbVerh. Es fehlt aber dann an dem für den Erlass einer Leistungsverfügung erforderlichen Verfügungsgrund, wenn der ArbN bereits den Notbedarf deckende Sozialleistungen bezieht, weil dann eine Notsituation nicht vorliegt.

80 Auf die Inanspruchnahme von **Bankkredit** kann der ArbN nicht verwiesen werden. Hat der ArbN aber bereits zur Sicherung seines Lebensunterhalts einen Bankkredit aufgenommen, liegt ein Verfügungsgrund nicht mehr vor. Würde das Gericht in diesem Fall dem Verfügungsantrag stattgeben, dann würde die Entscheidung dem ArbN lediglich die Rückführung des Kredits ermöglichen.

81 Für die Interessenabwägung, die bei der Prüfung des Verfügungsgrundes im Rahmen von Befriedigungsverfügungen immer erforderlich ist, kommt es in erster Linie auf den voraussichtlichen Ausgang des Hauptsacheverfahrens an.

82 Die einstw. Verfügung kann regelmäßig nicht in Höhe der Gesamtforderung erlassen werden, sondern nur in Höhe des für den Lebensunterhalt Notwendigen.

83 – **Beschäftigungsanspruch/Weiterbeschäftigungsanspruch.** Der Anspruch des ArbN gegen den ArbGeb auf tatsächliche Beschäftigung/Weiterbeschäftigung im unstreitig bestehenden/streitigen ArbVerh kann wegen seiner Zeitgebundenheit nicht anders als durch eine Befriedigungsverfügung gesichert werden. Beschäftigungsverfügungen sind allg. anerkannt[4].

84 Ein Verfügungsanspruch soll aus dem Gesichtspunkt der Selbstwiderlegung nicht vorliegen, wenn der ArbN den (Weiter-)Beschäftigungsanspruch nicht gerichtlich geltend macht[5].

85 Der Verfügungsgrund soll regelmäßig gegeben sein, weil bei Nichtbeschäftigung wegen Zeitablaufs ein endgültiger Rechtsverlust drohe[6]. Die im Rahmen des Verfügungsgrundes bei einer Befriedigungsverfügung im Allg. zusätzlich erforderliche Interessenabwägung spiele beim allg. Beschäftigungsanspruch praktisch keine Rolle, weil eine solche schon der Prüfung des Verfügungsanspruchs zugrunde liegt[7].

86 Der betriebsverfassungsrechtl. Weiterbeschäftigungsanspruch nach § 102 V 1 BetrVG kann ebenfalls im Wege der einstw. Befriedigungsverfügung durchgesetzt werden[8]. Darüber ist im Urteilsverfahren zu entscheiden[9]. Es geht um einen Anspruch aus dem ArbVerh, der lediglich durch die Vorschriften des BetrVG näher ausgestaltet ist[10]. Der Verfügungsgrund soll auch beim betriebsverfassungsrechtl. Weiterbeschäftigungsanspruch regelmäßig gegeben sein, weil bei Nichtbeschäftigung wegen Zeit-

---

1 Schwab/Weth/*Walker*, § 62 Rz. 133. ||2 Schwab/Weth/*Walker*, § 62 Rz. 165. ||3 LAG Sa.-Anh. 12.4.2010 – 6 SaGA 7/09; LAG Hamm 29.10.2009 – 11 SaGa 28/09; LAG Bremen 5.12.1997 – 4 Sa 258/97, ArbuR 1998, 206; LAG Hess. 9.7.1995 – 13 Ta 242/95, DB 1996, 48. ||4 LAG Hamm 27.9.2000 – 2 Sa 1178/00, NZA-RR 2001, 654; 18.2. 1998 – 3 Sa 297/98, NZA-RR 1998, 422; LAG Chemnitz v. 8.3.1996 – 3 Sa 77/96, NZA-RR 1997, 4; LAG Hamm 9.3. 1995 – 12 Sa 2036/94, NZA-RR 1996, 145; LAG München 10.2.1994 – 5 Sa 969/93, NZA 1994, 997; LAG BW 30.8.1993 – 15 Sa 35/93, NZA 1995, 683. ||5 Schwab/Weth/*Walker*, § 62 Rz. 147 (Selbstwiderlegung lässt ausnahmsweise Verfügungsanspruch und nicht Verfügungsgrund entfallen, weil Interessenabwägung beim Beschäftigungsanspruch zum materiellen Anspruch zählt); für Wegfall des Verfügungsgrundes LAG Rh.-Pf. 25.5.2007 – 6 TaBVGa 6/07; LAG Düss. 6.2.1987 – 2 (4) Sa 1848/86, NZA 1987, 536; LAG Hamm 18.2.1986 – 11 Sa 1656/85, NZA 1986, 399. ||6 LAG München 19.8.1992 – 5 Ta 185/92, NZA 1993, 1130; aA LAG Hamm 18.2.1998 – 3 Sa 297/98, NZA-RR 1998, 422. ||7 LAG Chemnitz v. 8.3.1996 – 3 Sa 77/96, NZA-RR 1997, 4; LAG Hamm 9.3.1995 – 1 Sa 975/85, NZA 1986, 136; LAG Hamm 9.3.1995 – 12 Sa 2036/94, NZA-RR 1996, 145; *Walker*, Der einstweilige Rechtsschutz, Rz. 686; Schwab/Weth/*Walker*, § 62 Rz. 149; aA LAG Hamm 18.2.1998 – 3 Sa 297/98, NZA-RR 1998, 422. ||8 LAG Berlin 15.9.1980 – 12 Sa 42/80, DB 1980, 2449; LAG Köln 18.1.1984 – 7 Sa 1156/83, NZA 1984, 57; LAG München 10.2.1994 – 5 Sa 969/93, NZA 1994, 997; Schwab/Weth/*Walker*, § 62 Rz. 150; *Dütz*, NZA 1986, 209; GK-ArbGG/*Vossen*, § 62 Rz. 72; *Wenzel*, MDR 1978, 369. ||9 LAG Düss. 29.5.1974 – 6 Ta BV 39/74, DB 1974, 1342; Schwab/Weth/*Walker*, § 62 Rz. 150. ||10 GMP/*Matthes*, § 2a Rz. 12.

ablaufs ein endgültiger Rechtsverlust drohe¹. Eine Interessenabwägung sei ebenfalls nicht erforderlich, weil diese zur Prüfung des Verfügungsanspruchs gehöre. Daher liege in aller Regel ein Verfügungsgrund vor².

- **Konkurrentenklage.** Im Zusammenhang mit Konkurrentenklagen kann ein Bewerber durch einstw. Verfügung untersagen lassen, die Stelle bis zum Abschluss des Hauptsacheverfahrens mit einem anderen Bewerber zu besetzen³. Dabei handelt es sich um eine **Sicherungsverfügung**. Der Verfügungsgrund soll in aller Regel zu bejahen sein⁴. Für den Verfügungskläger bestehe nämlich die Gefahr, dass die Durchsetzung seines Anspruchs auf Neuvornahme der Auswahlentscheidung vereitelt oder erschwert werde, da mit der anderweitigen Besetzung der Stelle sein Anspruch untergehe⁵. 87

- **Teilzeitarbeitsanspruch.** Der Anspruch auf Verringerung der Arbeitszeit ist auf Abgabe einer Willenserklärung gerichtet. Obwohl eine Willenserklärung nach § 894 ZPO erst mit Rechtskraft des Urteils als abgegeben gilt, soll ausnahmsw. und in engen Grenzen die Befriedigungsverfügung möglich sein, weil sie für ihre Geltungsdauer endgültige Verhältnisse schaffe⁶. 88

- **Urlaub.** Häufig wird versucht, durch einstw. Verfügung die Festlegung von Urlaub durchzusetzen. Dies ist grds. möglich⁷. Voraussetzung hierfür ist, dass dem ArbN keine andere Möglichkeit offen steht, die Festlegung des Urlaubszeitraums zu erlangen. Der ArbN darf nicht durch eigenes Verhalten die Ursache für die Eilbedürftigkeit gesetzt haben. 89

In der Lit. wird vorgeschlagen, das Begehren nicht auf Gewährung von Urlaub, sondern auf gerichtl. Gestattung des Fernbleibens von der Arbeit zu richten. Damit würde einerseits eine Erfüllung des Urlaubsanspruchs vermieden, andererseits aber erreicht, dass der ArbN seine an sich fortbestehende Arbeitspflicht nicht verletzt. Irgendwelcher Vollstreckungsakte bedürfe es im Falle einer gerichtl. Gestattung nicht, weil es sich um eine rechtsgestaltende Verfügung handle. Das Schicksal des arbeitsvertragl. Vergütungsanspruchs beurteilte sich nach dem Leistungsstörungsrecht. Habe der ArbN Anspruch auf Urlaubsgewährung gehabt, so habe es der ArbGeb zu vertreten, dass die Arbeitsleistung infolge der erlaubten Nichterbringung zur vorgesehenen Zeit unmöglich geworden sei, weshalb der ArbN seinen Vergütungsanspruch behielte. Stelle sich dagegen heraus, dass der ArbGeb nach § 7 I 1 BUrlG berechtigt gewesen sei, den Urlaub zu versagen, so verlöre der ArbN seinen Vergütungsanspruch. Zudem machte sich der ArbN nach § 945 ZPO schadenersatzpflichtig, weil dafür kein Verschulden erforderlich sei⁸. Dieser Vorschlag löst das Problem der an sich unzulässigen einstw. Verfügung auf Abgabe einer Willenserklärung. 90

- **Wettbewerbsverbot.** Die Einhaltung eines Wettbewerbsverbots kann durch eine Unterlassungsverfügung durchgesetzt werden⁹. Für den Verfügungsgrund soll es genügen, wenn eine Wiederholungs- oder Erstbegehungsgefahr als Voraussetzung bereits des Verfügungsanspruchs vorliegt, weil eine Zuwiderhandlung nicht rückgängig gemacht werden könne, weshalb ein endgültiger Rechtsverlust drohe. Bei der Interessenabwägung sei im Wesentlichen der voraussichtliche Ausgang des Hauptsacheverfahrens zu berücksichtigen. 91

63 Übermittlung von Urteilen in Tarifvertragssachen

Rechtskräftige Urteile, die in bürgerlichen Rechtsstreitigkeiten zwischen Tarifvertragsparteien aus dem Tarifvertrag oder über das Bestehen oder Nichtbestehen des Tarifvertrags ergangen sind, sind alsbald der zuständigen obersten Landesbehörde und dem Bundesministerium für Arbeit und Soziales in vollständiger Form abschriftlich zu übersenden oder elektronisch zu übermitteln. Ist die zuständige oberste Landesbehörde die Landesjustizverwaltung, so sind die Urteilsabschriften oder das Urteil in elektronischer Form auch der obersten Arbeitsbehörde des Landes zu übermitteln.

I. Inhalt und Zweck. Mit der Vorschrift wird § 9 TVG prozessual ergänzt. Nach § 9 TVG sind rechtskräftige Entscheidungen der Gerichte für Arbeitssachen, die in Rechtsstreitigkeiten zwischen TV-Parteien aus dem TV oder über das Bestehen oder Nichtbestehen des TV ergangen sind, in Rechtsstreitigkeiten zwischen tarifgebundenen Parteien sowie zwischen diesen und Dritten für die Gerichte und Schiedsgerichte bindend. Hierdurch wird die Rechtskraft arbeitsgerichtl. Entscheidungen über § 325 ZPO hinaus erweitert. Damit wird dem normativen Charakter tarifvertragl. Bestimmungen Rechnung getragen. Zudem dient dies der Rechtssicherheit und Rechtsklarheit¹⁰. Durch die Begründung der 1

---

1 LAG Berlin 15.9.1980 – 12 Sa 42/80, DB 1980, 2449; LAG Nürnberg 27.10.1992 – 6 Sa 496/92, LAGE § 102 BetrVG 1972 Beschäftigungspflicht Nr. 11; Schwab/Weth/*Walker*, § 62 Rz. 152.   ‖2 LAG Berlin 15.9.1980 – 12 Sa 42/80, DB 1980, 2449; LAG Hamburg 14.9.1992 – 2 Sa 50/92, NZA 1993, 140; LAG Köln 2.8.1984 – 5 Ta 133/84, NZA 1984, 300; Schwab/Weth/*Walker*, § 62 Rz. 152; aA LAG BW 30.8.1993 – 15 Sa 35/93, NZA 1995, 683.   ‖3 LAG Thür. 13.1.1997 – 8 Sa 232/96, NZA-RR 1997, 234.   ‖4 Schwab/Weth/*Walker*, § 62 Rz. 128.   ‖5 LAG Thür. 13.1.1997 – 8 Sa 232/96, NZA-RR 1997, 234.   ‖6 LAG Köln 5.3.2002 – 10 Ta 50/02, LAGReport 2002, 336; Schwab/Weth/*Walker*, § 62 Rz. 157; aA *Rolfs*, RdA 2001, 129.   ‖7 LAG BW 29.10.1968 – 4 Ta 14/68, BB 1968, 1330; LAG Hamm 19.6.1970 – 8 Ta 35/70, DB 1970, 1396; LAG Köln 9.2.1991 – 8 Sa 94/91, NZA 1991, 396.   ‖8 Vgl. im Einzelnen *Corts*, NZA 1998, 357.   ‖9 LAG Nürnberg 31.7.2001 – 6 Sa 408/01, NZA-RR 2002, 272.   ‖10 BAG 28.9.1977 – 4 AZR 446/76, AP Nr. 1 zu § 9 TVG 1969.

ArbGG § 63 Rz. 2   Übermittlung von Urteilen in Tarifvertragssachen

Übersendungspflicht wird dabei sichergestellt, dass die einschlägigen Entscheidungen zugänglich sind. Aufgabe der obersten Landesbehörde bzw. des BMAS ist es, für eine geeignete Veröffentlichung Sorge zu tragen.

2   **II. Übermittlungspflicht.** Diese betrifft ausschließlich Urteile, die zwischen TV-Parteien, nicht zwischen diesen und Dritten, ergangen sind. Der Anwendungsbereich des § 63 ist nicht deckungsgleich mit der Regelung zur Rechtswegzuständigkeit in § 2 I Nr. 1. Es muss ferner in den Rechtsstreiten um Fragen aus dem TV oder über das Bestehen oder Nichtbestehen des TV – oder um einzelne tarifvertragl. Regelungen – gehen, wobei die Klageart keine Rolle spielt. Hiervon werden insb. Rechtsstreitigkeiten über die Auslegung von TV erfasst. Zu übermitteln sind nur rechtskräftige Urteile beliebiger Instanz (vgl. §§ 64 VII u. 72 VI), von denen die Bindungswirkung nach § 9 TVG ausgehen kann, also nur Urteile, die Entscheidungen zu Sachfragen enthalten. Wird ein Rechtsmittel als unzulässig verworfen, ist die dadurch rechtskräftig gewordene Sachentscheidung der Vorinstanz zu übermitteln. § 63 gilt entsprechend für die rechtskräftigen Beschlüsse von Gerichten für Arbeitssachen im Verfahren nach § 2a I Nr. 4, damit in Verfahren über die Tariffähigkeit und die Tarifzuständigkeit einer Vereinigung.

3   Die Urteile sind in vollständiger Form[1] zu übermitteln. Kürzungen sind unzulässig, auch wenn nur ein Teil der Entscheidung die Übermittlungspflicht auslöst; eine Anonymisierung soll geboten sein[2]. Die Pflicht zur Veranlassung der Übermittlung trifft den Vorsitzenden des Spruchkörpers, der die Entscheidung getroffen hat. Die Verletzung der Übersendungspflicht hat keine prozessuale Folgen, stellt aber eine Dienstpflichtverletzung dar[3]. Adressat der zu übersendenden Entscheidung ist zum einen das BMAS. Weiterer Adressat ist die zuständige oberste Landesbehörde (vgl. § 15 I 1) des Bundeslandes, in dem das entscheidende Gericht seinen Sitz hat. Handelt es sich bei der obersten Landesbehörde um die Landesjustizverwaltung, so muss eine weitere Urteilsabschrift der obersten Arbeitsbehörde des Landes übersandt werden.

Zweiter Unterabschnitt. Berufungsverfahren

64 *Grundsatz*

(1) Gegen die Urteile der Arbeitsgerichte findet, soweit nicht nach § 78 das Rechtsmittel der sofortigen Beschwerde gegeben ist, die Berufung an die Landesarbeitsgerichte statt.

(2) Die Berufung kann nur eingelegt werden,

a) wenn sie in dem Urteil des Arbeitsgerichts zugelassen worden ist,

b) wenn der Wert des Beschwerdegegenstandes 600 Euro übersteigt,

c) in Rechtsstreitigkeiten über das Bestehen, das Nichtbestehen oder die Kündigung eines Arbeitsverhältnisses oder

d) wenn es sich um ein Versäumnisurteil handelt, gegen das der Einspruch an sich nicht statthaft ist, wenn die Berufung oder Anschlussberufung darauf gestützt wird, dass der Fall der schuldhaften Versäumung nicht vorgelegen habe.

(3) Das Arbeitsgericht hat die Berufung zuzulassen, wenn

1. die Rechtssache grundsätzliche Bedeutung hat,

2. die Rechtssache Rechtsstreitigkeiten betrifft

     a) zwischen Tarifvertragsparteien aus Tarifverträgen oder über das Bestehen oder Nichtbestehen von Tarifverträgen,

     b) über die Auslegung eines Tarifvertrags, dessen Geltungsbereich sich über den Bezirk eines Arbeitsgerichts hinaus erstreckt, oder

     c) zwischen tariffähigen Parteien oder zwischen diesen und Dritten aus unerlaubten Handlungen, soweit es sich um Maßnahmen zum Zwecke des Arbeitskampfes oder um Fragen der Vereinigungsfreiheit einschließlich des hiermit im Zusammenhang stehenden Betätigungsrechts der Vereinigungen handelt, oder

3. das Arbeitsgericht in der Auslegung einer Rechtsvorschrift von einem ihm im Verfahren vorgelegten Urteil, das für oder gegen eine Partei des Rechtsstreits ergangen ist, oder von einem Urteil des im Rechtszug übergeordneten Landesarbeitsgerichts abweicht und die Entscheidung auf dieser Abweichung beruht.

(3a) Die Entscheidung des Arbeitsgerichts, ob die Berufung zugelassen oder nicht zugelassen wird, ist in den Urteilstenor aufzunehmen. Ist dies unterblieben, kann binnen zwei Wochen ab Verkündung des Urteils eine entsprechende Ergänzung beantragt werden. Über den Antrag kann die Kammer ohne mündliche Verhandlung entscheiden.

---

1 IdR Ablichtung, denn Fotokopie genügt als Abschrift, Zöller/*Stöber*, § 169 ZPO Rz. 8. ||2 GMP/*Germelmann*, § 63 Rz. 7. ||3 GK-ArbGG/*Vossen*, § 63 Rz. 11.

(4) Das Landesarbeitsgericht ist an die Zulassung gebunden.

(5) Ist die Berufung nicht zugelassen worden, hat der Berufungskläger den Wert des Beschwerdegegenstandes glaubhaft zu machen; zur Versicherung an Eides Statt darf er nicht zugelassen werden.

(6) Für das Verfahren vor den Landesarbeitsgerichten gelten, soweit dieses Gesetz nichts anderes bestimmt, die Vorschriften der Zivilprozessordnung über die Berufung entsprechend. Die Vorschriften über das Verfahren vor dem Einzelrichter finden keine Anwendung.

(7) Die Vorschriften des § 49 Abs. 1 und 3, des § 50, des § 51 Abs. 1, der §§ 52, 53, 55 Abs. 1 Nr. 1 bis 9, Abs. 2 und 4, des § 54 Absatz 6, des § 54a, der §§ 56 bis 59, 61 Abs. 2 und 3 und der §§ 62 und 63 über Ablehnung von Gerichtspersonen, Zustellungen, persönliches Erscheinen der Parteien, Öffentlichkeit, Befugnisse des Vorsitzenden und der ehrenamtlichen Richter, Güterichter, Mediation und außergerichtliche Konfliktbeilegung, Vorbereitung der streitigen Verhandlung, Verhandlung vor der Kammer, Beweisaufnahme, Versäumnisverfahren, Inhalt des Urteils, Zwangsvollstreckung und Übersendung von Urteilen in Tarifvertragssachen gelten entsprechend.

(8) Berufungen in Rechtsstreitigkeiten über das Bestehen, das Nichtbestehen oder die Kündigung eines Arbeitsverhältnisses sind vorrangig zu erledigen.

I. Statthaftigkeit der Berufung (Abs. 1) 1	III. Entsprechende Geltung der ZPO-Vorschriften über die Berufung (Abs. 6) 25
II. Spezielle Voraussetzungen (Abs. 2) 5	1. Einlegung der Berufung 26
1. Beschwerdewertberufung (Abs. 2 Buchst. b) 7	2. Begründung der Berufung 32
2. Berufung in Bestandsschutzstreitigkeiten (Abs. 2 Buchst. c) 13	3. Anschlussberufung 38
3. Berufung gegen ein Versäumnisurteil (Abs. 2 Buchst. d) 15	4. Zurücknahme, Verzicht und Erledigung ... 44
4. Zulassung der Berufung (Abs. 2 Buchst. a) . 20	5. Prüfungsumfang des LAG 50
	IV. Entsprechende Geltung von Vorschriften des erstinstanzlichen Verfahrens (Abs. 7) . 51
	V. Besonderheiten des Berufungsverfahrens . 55

I. Statthaftigkeit der Berufung (Abs. 1). Das Rechtsmittel der Berufung findet nach Abs. 1 **gegen** **1** **Endurteile der ArbG** statt. Dazu gehören auch **Teilurteile** nach § 301 ZPO, **Vorbehaltsurteile** nach § 302 ZPO, **Ergänzungsurteile** nach § 321 ZPO und **zweite Versäumnisurteile**. Die angegriffene Entscheidung wird im Rahmen der Berufung in tatsächlicher und rechtl. Hinsicht durch das im Instanzenzug übergeordnete LAG überprüft.

Nicht berufungsfähig sind **Zwischenurteile iSd. §§ 303, 304 ZPO**. § 61 III bestimmt ausdrücklich, dass **2** ein Zwischenurteil über den Grund des Anspruchs wegen der Rechtsmittel nicht als Endurteil anzusehen ist. Etwas anderes gilt für das Zwischenurteil über die Zulässigkeit der Klage (§ 280 II ZPO) und über die nachträgliche Zulassung der Kündigungsschutzklage, das nach § 5 IV 3 KSchG wie ein Endurteil angefochten werden kann. Berufungsfähig ist auch ein Zwischenurteil über die Ablehnung der Wiedereinsetzung in den vorigen Stand[1]. In der Berufungsinstanz wird dann auch nur der Zwischenstreit anhängig. Bei erfolgreichem Rechtsmittel bleibt die Kostenentscheidung dem arbeitsgerichtl. Endurteil vorbehalten[2].

Unstatthaft ist die Berufung in den seltenen Fällen, in denen gegen arbeitsgerichtl. Urteile nach § 78 **3** das Rechtsmittel der sofortigen Beschwerde gegeben ist: Das gilt etwa für eine isolierte Anfechtung der Kostenentscheidung bei einem Anerkenntnisurteil nach § 99 II ZPO, für das Zwischenurteil über Zulassung oder Zurückweisung des Streithelfers nach § 71 II ZPO oder für die Entscheidung über das Aussageverweigerungsrecht eines Zeugen nach § 387 III ZPO.

Trifft das ArbG eine **formfehlerhafte Entscheidung**, also etwa einen Beschluss statt eines Urteils oder **4** umgekehrt, so kann die beschwerte Partei nach dem **Grundsatz der Meistbegünstigung** sowohl das richtige als auch das der Entscheidungsform entsprechende Rechtsmittel einlegen[3]. Voraussetzung ist allerdings stets, dass das Rechtsmittel an sich statthaft ist. Denn durch die formfehlerhafte Entscheidung soll die Partei keinen über die wahre Rechtslage hinausgehenden Vorteil erlangen[4]. Wird gegen ein Endurteil, das die Klage wegen der Unzulässigkeit des beschrittenen Rechtswegs abweist, Berufung eingelegt, hat das Berufungsgericht das Ersturteil durch Beschluss aufzuheben und die vom ArbG unterlassene Verweisungsentscheidung im Rahmen der §§ 48 I, 17a II 1 GVG nachzuholen[5].

II. Spezielle Voraussetzungen (Abs. 2). Zulässigkeitsvoraussetzung einer jeden Berufung ist zu- **5** nächst, dass der Berufungskläger beschwert ist. Beim **Kläger** wird regelmäßig eine **formelle Beschwer** vorausgesetzt, die gegeben ist, wenn der Klage nicht in vollem Umfang stattgegeben worden ist. Hat der Kläger beantragt, das ArbVerh gem. § 9 KSchG gegen Zahlung einer angemessenen Abfindung auf-

---

1 Vgl. BGH 15.10.1981 – III ZR 74/80, NJW 1982, 184. ||2 Vgl. Zöller/*Greger*, § 280 ZPO Rz. 8. ||3 Vgl. BAG 26.3.1992 – 2 AZR 443/91, EzA § 48 ArbGG 1979 Nr. 5; LAG Hamm 28.2.2002 – 17 Sa 187/02, LAGReport 2002, 259. ||4 BGH 20.4.1993 – BLw 25/92, MDR 1994, 307; LAG Rh.-Pf. 27.12.2010 – 9 Sa 307/10. ||5 Vgl. LAG Nürnberg 28.4.2010 – 4 Sa 566/09.

zulösen, so ist der ArbN nicht formell beschwert, wenn das ArbG auf Zahlung einer Abfindung erkennt, für die ein Mindestbetrag nicht konkret verlangt wurde. Der ArbN kann in einem derartigen Fall nicht allein mit dem Ziel Berufung einlegen, seinen erstinstanzlich gestellten Auflösungsantrag zurückzunehmen und eine Fortsetzung des ArbVerh zu erreichen[1].

6 Für den **Beklagten** reicht dagegen eine sog. **materielle Beschwer**, die danach zu beurteilen ist, ob er ganz oder zum Teil verurteilt wurde. Da der Beklagte jedenfalls auch gegen ein Anerkenntnisurteil Berufung einlegen kann, kommt es nicht darauf an, ob er der Verurteilung widersprochen hat oder nicht[2]. Materiell beschwert ist der Beklagte auch dann, wenn die Klage als unzulässig und nicht als unbegründet abgewiesen wurde[3]. Es genügt aber nicht, dass die Urteilsbegründung einem **Streithelfer** oder einem **Streitgenossen** nachteilig ist[4].

7 **1. Beschwerdewertberufung (Abs. 2 Buchst. b).** Nach Abs. 2 Buchst. b ist die Berufung ohne weiteres statthaft, wenn der Wert des Beschwerdegegenstands **600 Euro** übersteigt. Die frühere Unterscheidung zwischen vermögensrechtl. und nichtvermögensrechtl. Streitigkeiten ist weggefallen. Die erforderliche Beschwer von mehr als 600 Euro entspricht der Wertgrenze in § 511 II Nr. 1 ZPO für die Zivilgerichtsbarkeit.

8 Der Wert des Beschwerdegegenstands richtet sich nach dem **Berufungsantrag**, wobei für die Berechnung auf den Zeitpunkt der **Einlegung der Berufung** abzustellen ist. Legt die in erster Instanz voll unterlegene Partei uneingeschränkt Berufung ein, entspricht die Beschwer regelmäßig dem im Urteil des ArbG festgesetzten Streitwert, den auch das LAG zugrunde zu legen hat. Diese Bindung besteht ausnahmsweise nicht, wenn die Streitwertfestsetzung offensichtlich unrichtig ist[5]. Maßgeblich ist die Beurteilung durch das Berufungsgericht, die auch erst in den Gründen der Endentscheidung vorgenommen werden kann[6]. Bei einer Erledigung der Hauptsache vor der Berufungseinlegung kommt es darauf an, ob der Beschwerdewert auf Grund der erstinstanzlichen Kosten oder durch die fortbestehenden materiellen Rechtskraftwirkungen des angefochtenen Urteils erreicht wird[7].

9 Die **Berechnung der Beschwer** erfolgt nach den §§ 3–9 ZPO, so dass die Werte mehrerer Streitgegenstände zusammengerechnet werden (§ 5 ZPO) und Nebenforderungen wie Zinsen und Kosten unberücksichtigt bleiben (§ 4 I ZPO). Entgegen § 5 ZPO berechnet sich die Beschwer des hinsichtlich Klage und Widerklage unterlegenen Beklagten nach addierten Streitwerten[8]. Der Wert der Beschwer kann weder durch eine mit der Berufung verbundene **Klageerweiterung** noch durch eine **Widerklage** erhöht werden. Denn die Beschwer kann sich nur in Bezug auf den Streitgegenstand der ersten Instanz ergeben. Grds. sind nur Wertveränderungen bis zum Zeitpunkt der Einlegung des Rechtsmittels zu berücksichtigen[9]. Eine Berufung ist daher unzulässig, wenn sie den im ersten Rechtszug erhobenen Anspruch nicht wenigstens teilweise in dem erforderlichen Umfang weiter verfolgt, sondern lediglich im Wege der **Klageänderung** einen neuen, bisher nicht geltend gemachten Anspruch zur Entscheidung stellt[10]. Das gilt auch für eine Antragsänderung im einstw. Verfügungsverfahren[11]. Bei **wiederkehrenden Leistungen** (zB Betriebsrentenzahlungen) ist nach § 9 ZPO der 3 ½-fache Wert des einjährigen Bezugs maßgebend, wobei die bis zur Klageerhebung fällig gewordenen Beträge hinzu zu rechnen sind[12]. Im Fall der Berufung gegen eine Verurteilung zur **Auskunft im Stufenverfahren** richtet sich die Beschwer nach dem Interesse des Verurteilten, die Auskunft nicht zu erteilen[13].

10 Eine **nachträgliche Minderung** des Beschwerdewerts ist für die Zulässigkeit des eingelegten Rechtsmittels unschädlich, wenn der Berufungskläger nicht durch willkürliche Reduzierung seiner Anträge oder teilweise Klaglosstellung des Gegners bewirkt, dass die Rechtsmittelsumme nicht mehr erreicht ist[14]. Unschädlich ist insb. die Anpassung der Anträge an die vom Gegner – etwa durch zwischenzeitliche Zahlung – geschaffene prozessuale Lage, um eine Abweisung als unbegründet zu vermeiden[15]. Schränkt dagegen der Rechtsmittelkläger in der mündlichen Verhandlung vor dem Berufungsgericht seinen Antrag freiwillig ein, ohne durch solche äußere Umstände dazu genötigt zu sein, und sinkt dadurch der Wert des Beschwerdegegenstandes unter den in Abs. 2 Buchst. b vorausgesetzten Wert, so kann er keine günstigere Behandlung beanspruchen, als wenn er das Rechtsmittel von vornherein in unzulässigem Umfang eingelegt hätte[16].

---

1 BAG 23.6.1993 – 2 AZR 56/93, EzA § 64 ArbGG 1979 Nr. 30. || 2 Vgl. LAG Hamm 16.11.2004 – 12 Sa 1045/04; Zöller/*Heßler*, vor § 511 ZPO Rz. 19a. || 3 BAG 19.11.1985 – 1 ABR 37/83, NJW 1987, 514. || 4 Vgl. Zöller/*Heßler*, vor § 511 ZPO Rz. 10 mwN. || 5 Vgl. BAG 19.1.2011 – 3 AZR 111/09 mwN; LAG Rh.-Pf. 30.9.2008 – 13 Sa 221/08; zur Beschwer bei einem unbezifferten Leistungsantrag auf Nachteilsausgleich LAG Berlin 25.7.2006 – 7 Sa 2371/05, AuR 2007, 61; bei einer Klage auf Feststellung einer Forderung zur Insolvenztabelle LAG Hess. 25.2.2008 – 7 Sa 677/07. || 6 Vgl. LAG Hess. 16.10.2006 – 19 Sa 701/06; Zöller/*Heßler*, § 511 ZPO Rz. 20a. || 7 Vgl. LAG Köln 17.9.2009 – 4 SaGa 10/09; 27.11.2011 – 6 SaGa 11/10. || 8 Zöller/*Heßler*, vor § 511 ZPO Rz. 26b mwN. || 9 Vgl. GMP/*Germelmann*, § 64 Rz. 20. || 10 BAG 10.2.2005 – 6 AZR 183/04, NZA 2005, 597 mwN. || 11 LAG Sa.-Anh. 9.6.2010 – 5 SaGa 10/09. || 12 BAG 4.6.2008 – 3 AZB 37/08, ArbuR 2008, 402. || 13 Vgl. LAG Köln 16.12.2011 – 4 Sa 350/11. || 14 Vgl. BAG 27.1.2004 – 1 AZR 105/03, BAGReport 2004, 279; 9.7.2003 – 10 AZR 615/02, AP Nr. 33 zu § 64 ArbGG 1979; Zöller/*Heßler*, § 511 ZPO Rz. 14 mwN. || 15 Vgl. BGH 29.4.1992 – XII ZR 221/90, NJW-RR 1992, 1032. || 16 BAG 23.3.2004 – 3 AZR 35/03, EzA § 64 ArbGG 1979 Nr. 38; 19.1.2006 – 6 AZR 259/05, NZA 2007, 56; LAG Köln 21.3.2005 – 2(10) Sa 1632/04.

Andererseits kann der Kläger nicht durch einen teilweisen Klageverzicht die bisher zulässige Berufung des Beklagten unzulässig machen. Die Berufung des Beklagten wird allerdings unzulässig, wenn er seine mit der Berufung bekämpfte Leistungspflicht während des Berufungsverfahrens **freiwillig erfüllt**, so dass die Urteilsbeschwer wegfällt[1]. Der Beklagte nimmt sich die Beschwer auch dann, wenn er bereits vor Einlegung der Berufung die im arbeitsgerichtl. Urteil festgelegte Verpflichtung nicht nur zur Abwendung der Zwangsvollstreckung, sondern endgültig erfüllt[2]. Im Zweifel ist davon auszugehen, dass mit der Leistung nur die Vollstreckung vermieden werden soll.

Stellt der Berufungskläger nach uneingeschränkt eingelegter Berufung zunächst einen zu niedrigen Antrag, so wird die Berufungssumme doch erreicht, wenn er den Antrag noch innerhalb der Begründungsfrist entsprechend erweitert, sofern nicht ein teilweiser Berufungsverzicht vorliegt[3].

2. Berufung in Bestandsschutzstreitigkeiten (Abs. 2 Buchst. c). Durch das Arbeitsgerichtsbeschleunigungsgesetz[4] ist mWv. 1.5.2000 geregelt worden, dass die Berufung in Rechtsstreitigkeiten über das Bestehen, das Nichtbestehen oder die Kündigung eines ArbVerh wegen der großen sozialen Bedeutung für den ArbN in jedem Fall zulässig ist. Ein besonderer Beschwerdewert ist ebenso wenig erforderlich wie die Zulassung durch das ArbG.

Unmittelbar kraft Gesetzes ist die Berufung daher immer statthaft in **Kündigungsschutzsachen** und in sämtlichen Verfahren, die den **Bestand oder das Zustandekommen** eines rechtswirksamen ArbVerh betreffen. Zur „Kündigung" gehören auch die Änderungs- und Teilkündigung. Auch bei dem Streit über die Wirksamkeit einer sog. Nichtverlängerungsmitteilung nach dem Bühnentarifrecht oder einer Befristung handelt es sich um eine Bestandsschutzstreitigkeit iSd. Vorschrift.

3. Berufung gegen ein Versäumnisurteil (Abs. 2 Buchst. d). Diese Regelung beruht auf dem ZPO-ReformG und beseitigt die alte Streitfrage, ob eine hinreichende Beschwer nach Abs. 2 Buchst. b auch erforderlich ist, wenn sich die Berufung gegen ein zweites Versäumnisurteil richtet[5]. Ebenso wie in § 514 II ZPO wird auch für das arbeitsgerichtl. Verfahren klargestellt, dass im Fall einer Säumnis beim ArbG die Berufung ohne weiteres statthaft ist, wenn der Rechtsmittelführer schlüssig geltend macht, dass er **unverschuldet säumig** war[6].

Die Berufungsmöglichkeit setzt voraus, dass der Einspruch gegen das Versäumnisurteil an sich nicht statthaft ist. Das ist vor allem dann der Fall, wenn die säumige Partei im Einspruchstermin wieder nicht erschienen ist und der Einspruch durch **zweites Versäumnisurteil** nach § 345 ZPO verworfen wurde. Nicht statthaft ist der Einspruch gem. § 238 II ZPO auch in dem eher seltenen Fall, dass ein Antrag auf Wiedereinsetzung in den vorigen Stand durch neues Versäumnisurteil zurückgewiesen wird.

Die Berufung kann **nur darauf gestützt** werden, dass ein Fall der Säumnis nicht gegeben oder diese unverschuldet war. Die fehlende Säumnis – bei Erlass des zweiten Versäumnisurteils – kommt in Betracht bei Ladungsmängeln oder fehlerhaftem Aufruf der Sache[7]. Auf die fehlenden Voraussetzungen für das erste Versäumnisurteil wegen Unzulässigkeit oder Unschlüssigkeit der Klage kann die Berufung demggü. nicht gestützt werden[8]. Entscheidend ist vielmehr, dass das zweite Versäumnisurteil nicht hätte ergehen dürfen.

Die Beurteilung des Verschuldens richtet sich nach den gleichen Maßstäben wie bei der Wiedereinsetzung in den vorigen Stand[9]. Eine **unverschuldete Verhinderung** liegt etwa vor bei plötzlicher Erkrankung, Autopanne oder Verkehrsbehinderung[10]. Grds. reicht das objektive Vorliegen eines solchen Vertagungsgrundes iSd. § 337 ZPO aus. Ist der Hinderungsgrund der Partei vor dem Termin bekannt, muss sie ihn aber dem Gericht rechtzeitig mitteilen, um eine Vertagung zumindest zu ermöglichen, soweit diese Mitteilung nicht unmöglich oder unzumutbar ist[11].

Die **Darlegungs- und Beweislast** für die fehlende oder unverschuldete Säumnis hat die Partei, die sich darauf beruft[12]. Werden die Voraussetzungen nicht innerhalb der Berufungsbegründungsfrist schlüssig vorgetragen, so ist die Berufung als unzulässig zu verwerfen[13]. Gelingt dem Berufungskläger dagegen der Nachweis, so kann das Berufungsgericht entweder nach § 538 I ZPO selbst abschließend entscheiden oder nach § 538 II Nr. 6 ZPO auf Antrag einer Partei den Rechtsstreit unter Aufhebung des Versäumnisurteils an das ArbG zurückverweisen. § 68 steht der Zurückverweisung nicht entgegen, weil eine Sachentscheidung beim ArbG nicht stattgefunden hat[14].

---

1 Vgl. BGH 16.1.1951 – I ZR 1/50, NJW 1951, 274. ||2 Vgl. LAG Hess. 11.11.1985 – 11 Sa 460/85, LAGE § 64 ArbGG 1979 Nr. 11. ||3 Vgl. Zöller/Heßler, § 511 ZPO Rz. 18. ||4 BGBl. I S. 333. ||5 Vgl. einerseits BAG 4.4.1989 – 5 AZB 9/88, EzA § 64 ArbGG 1979 Nr. 27; andererseits LAG Hamm 10.9.1980 – 12 Sa 646/80, EzA § 345 ZPO Nr. 2. ||6 Vgl. Holthaus/Koch, RdA 2002, 140 (149). ||7 Vgl. Zöller/Heßler, § 514 ZPO Rz. 7 mwN. ||8 BGH 6.5.1999 – V ZB 1/99, MDR 1999, 1017; aA BAG 2.2.1994 – 10 AZR 113/93, JZ 1995, 523; zum Meinungsstreit ferner Zöller/Heßler, § 514 ZPO Rz. 8b mwN. ||9 BGH 22.4.1999 – IX ZR 364/98, NJW 1999, 2120; LAG Schl.-Holst. 4.10.2012 – 5 Sa 75/12. ||10 Vgl. BGH 19.11.1998 – IX ZR 152/98, MDR 1999, 178; LAG Köln 29.10.1993 – 4 Sa 707/93, MDR 1994, 1046. ||11 LAG Köln 29.10.1993 – 4 Sa 707/93, MDR 1994, 1046; 2.6.2006 – 4 (2) Sa 309/06. ||12 BAG 8.4.1974 – 2 AZR 542/73, AP Nr. 5 zu § 513 ZPO. ||13 LAG Köln 29.10.1993 – 4 Sa 707/93, MDR 1994, 1046. ||14 Vgl. GK-ArbGG/Vossen, § 68 Rz. 27.

ArbGG § 64 Rz. 20 Berufungsverfahren – Grundsatz

20 **4. Zulassung der Berufung (Abs. 2 Buchst. a).** Soweit die Berufung nicht nach den vorstehenden Alternativen unmittelbar kraft Gesetzes statthaft ist, bedarf sie einer besonderen Zulassung durch das ArbG nach Maßgabe des Abs. 3. Die Entscheidung ist **von Amts wegen** zu treffen, so dass ein Antrag der Parteien nicht erforderlich ist. Raum für die Zulassung bleibt nur in den Fällen, in denen der Wert des Berufungsgegenstandes 600 Euro nicht übersteigt.

21 Durch das Arbeitsgerichtsbeschleunigungsgesetz[1] ist aus Gründen der Rechtssicherheit und Rechtsklarheit in Abs. 3a normiert worden, dass die Entscheidung des ArbG, ob die Berufung zugelassen wird oder nicht, **in den Urteilstenor aufzunehmen** ist. Da auch die negative Entscheidung im Tenor festzuhalten ist, muss sich das ArbG in den nicht ohne weiteres berufungsfähigen Sachen stets mit der Zulassungsfrage befassen. Soll die Zulassung nur für einen Streitgegenstand oder sonst abtrennbaren Teil des Urteils gelten, muss dies ebenfalls eindeutig im Tenor formuliert werden[2]. Eine falsche Rechtsmittelbelehrung reicht nicht aus[3].

22 Ist die Zulassungsentscheidung nicht im Tenor enthalten oder sogar gänzlich unterblieben, so kann nach Abs. 3a S. 2 **binnen zwei Wochen** ab Verkündung des Urteils eine entsprechende **Ergänzung** beantragt werden. Darüber kann die Kammer, die das Urteil gefällt hat, ohne weitere mündliche Verhandlung durch Beschluss entscheiden. Eine Wiedereinsetzung in den vorigen Stand kommt nicht in Betracht, weil es sich bei der Zwei-Wochen-Frist nicht um eine Notfrist handelt. Nach Ablauf der Frist bleibt letztlich nur die Möglichkeit einer **Korrektur von Amts wegen**, soweit eine **offensichtliche Unrichtigkeit** des Urteils in Bezug auf die nicht tenorierte Zulassung vorliegt[4]. Enthält das arbeitsgerichtl. Urteil keinen Ausspruch über die Zulassung der Berufung, ist die Berufung nicht statthaft[5].

23 Gegen die **Nichtzulassung** der Berufung findet **kein Rechtsmittel** statt. Eine Nichtzulassungsbeschwerde ist anders als bei der Revisionszulassung in § 72a nicht vorgesehen. Hat das ArbG die Berufung gesetzwidrig nicht zugelassen, bleibt in krassen Fällen nur die Möglichkeit der Urteilsverfassungsbeschwerde. An die **Zulassung** ist das LAG nach ausdrücklicher Bestimmung des Abs. 4 **gebunden**.

24 Die **Zulassungsgründe** sind in Abs. 3 Nr. 1–3 abschließend aufgeführt. Das ArbG muss die Berufung zulassen, wenn einer dieser Zulassungsgründe vorliegt. Ein Ermessensspielraum besteht nicht. Allerdings hat das ArbG einen gewissen Beurteilungsspielraum bei der Frage, ob die Rechtssache grundsätzliche Bedeutung iSd. Nr. 1 besitzt. Da eine Begründung der Zulassungsentscheidung nicht erforderlich ist, wirken sich etwaige Begründungsfehler nicht aus. Entscheidend ist allein die tatsächliche Zulassung, die das LAG selbst dann bindet, wenn ein Zulassungsgrund nach Maßgabe des Abs. 3 nicht vorliegt.

25 **III. Entsprechende Geltung der ZPO-Vorschriften über die Berufung (Abs. 6).** Für das Verfahren vor den LAG gelten die Vorschriften der **§§ 511 ff.** ZPO über die Berufung entsprechend, soweit das ArbGG nichts anderes bestimmt. So finden insb. die Vorschriften über das Verfahren vor dem Einzelrichter nach den §§ 526, 527 ZPO keine Anwendung. Bestimmte Alleinentscheidungsbefugnisse des Vorsitzenden ergeben sich jedoch aus der Verweisung des Abs. 7 auf die erstinstanzlichen Bestimmungen der §§ 53 und 55.

26 **1. Einlegung der Berufung.** Die Berufung wird entsprechend § 519 I ZPO durch Einreichung der **Berufungsschrift** innerhalb der einmonatigen Frist des § 66 I beim LAG eingelegt. Der Schriftsatz muss den in § 519 II ZPO bestimmten Inhalt haben und von einem nach § 11 IV postulationsfähigen Prozessvertreter **handschriftl. und eigenhändig unterzeichnet** sein. Die Unterzeichnung mit einer Paraphe oder durch ein Faksimile reicht nicht aus[6]. Eine fehlende Unterschrift kann nachgeholt werden, soweit die Berufungsfrist noch läuft. Das Berufungsgericht ist allerdings auch bei drohendem Fristablauf nicht verpflichtet, auf den Mangel durch vorgezogene Mitteilung hinzuweisen. Die Verantwortung für die Unterschrift liegt vielmehr bei dem handelnden Prozessbevollmächtigten der Partei. Eine Wiedereinsetzung in den vorigen Stand scheidet regelmäßig aus.

27 Die Berufung kann auch mittels moderner Kommunikationstechnik eingelegt werden. Was früher bereits für **Telegramm** und **Fernschreiber** anerkannt war[7], gilt heute auch für **Telefax**[8] und **Computerfax**[9]. Dabei muss im Hinblick auf die Unterschrift der technische Standard, den die jeweilige Technik erlaubt, eingehalten werden. Entspricht ein bestimmter Schriftsatz inhaltlich den prozessualen Anforderungen, so ist bei dem sog. Computerfax die Person des Erklärenden idR dadurch eindeutig bestimmt, dass seine Unterschrift eingescannt oder der Hinweis angebracht ist, der benannte Urheber könne wegen der gewählten Übertragungsform nicht unterzeichnen. Der beim LAG hergestellte Telefaxausdruck braucht in einem solchen Fall keine eigenhändige Unterschrift wiederzugeben[10]. Geht der unterschriebene Originalschriftsatz später bei Gericht ein, handelt es sich in aller Regel um dieselbe

---

1 BGBl. I S. 333. || 2 Vgl. GMP/*Germelmann*, § 64 Rz. 34c. || 3 Vgl. LAG Bln.-Bbg. 19.8.2010 – 25 Sa 506/10, LAGE § 64 ArbGG 1979 Nr. 39. || 4 Vgl. *Appel/Kaiser*, AuR 2000, 281 (282). || 5 Vgl. LAG Köln 18.10.2005 – 9 Sa 215/05; LAG Hess. 16.10.2006 – 19 Sa 701/06. || 6 BAG 27.3.1996 – 5 AZR 576/94, EzA § 72 ArbGG 1979 Nr. 21; LAG München 12.8.2008 – 8 Sa 151/08. || 7 Grundl. RGZ 151, 82; ferner BGH 3.6.1987 – IVa ZR 292/85, MDR 1987, 917. || 8 BAG 14.1.1986 – 1 ABR 86/83, MDR 1986, 524. || 9 GmSOGB v. 5.4.2000 – 1/98, NZA 2000, 959; LAG Köln 10.4.2001 – 6 Ta 58/01, MDR 2001, 1316 mwN. || 10 Vgl. LAG MV 21.8.1997 – 1 Ta 18/97, MDR 1998, 367.

– einzige – Rechtsmittelerklärung. Die Bedeutung des Fax beschränkt sich daher im Erg. auf die Wahrung der Frist, wenn der Originalschriftsatz nicht rechtzeitig eingeht[1].

Von der weiter gehenden Möglichkeit des § 130a ZPO, elektronische Dokumente auch im Verkehr mit den Gerichten zuzulassen, ist bislang im Bereich der Arbeitsgerichtsbarkeit nur beim BAG und im Land Bremen unter speziellen Voraussetzungen Gebrauch gemacht worden. Eine Berufungseinlegung durch **E-Mail** ist daher bis auf weiteres **unzulässig**. 28

Nach § 519 II ZPO muss die Berufungsschrift die **Bezeichnung des Urteils**, gegen das die Berufung gerichtet wird, und die Erklärung, dass gegen dieses Urteil Berufung eingelegt werde, enthalten. Die notwendigen Einzelangaben dienen dem Zweck, **Klarheit über den Gegenstand und die Beteiligten** des Berufungsverfahrens herzustellen. Daher muss angegeben werden, für wen und gegen wen Berufung eingelegt wird. Etwaige Mängel sind unschädlich, wenn sich aus sonstigen Angaben in der Berufungsschrift oder aus der beigefügten Abschrift des angefochtenen Urteils die benötigten Daten entnehmen lassen[2]. Fehlende Angaben können iÜ – auch auf richterlichen Hinweis – bis zum Ablauf der Rechtsmittelfrist ergänzt werden. Eine formfehlerhafte Berufung darf daher nicht sogleich nach ihrem Eingang als unzulässig verworfen werden. 29

Der Berufungsbeklagte muss mindestens **bestimmbar bezeichnet** sein oder innerhalb der Berufungsfrist erkennbar werden[3]. Das Fehlen einer ladungsfähigen Anschrift des Rechtsmittelbeklagten oder seines Prozessbevollmächtigten ist demggü. unschädlich[4]. Diese Angaben können auch außerhalb der Berufungsfrist nachgeholt werden. 30

Die Berufung ist **bedingungsfeindlich** und kann insb. nicht daran geknüpft werden, dass die gleichzeitig beantragte **PKH** bewilligt wird[5]. Bei einer Bewilligung der PKH nach Ablauf der Berufungsfrist – unter besonderen Umständen auch bei einer Versagung – kann Wiedereinsetzung in den vorigen Stand nach Maßgabe der §§ 233 ff. ZPO gewährt werden[6]. 31

2. Begründung der Berufung. Für die Berufungsbegründung gilt **§ 520 ZPO entsprechend**, soweit das ArbGG nichts anderes bestimmt. Das bedeutet zunächst, dass die Berufungsbegründung in einem Schriftsatz bei dem LAG einzureichen ist, sofern sie nicht bereits in der Berufungsschrift enthalten ist. Ein ohne die Unterschrift des Prozessbevollmächtigten eingereichter Entwurf reicht nicht aus[7]. Die Anforderungen an den Inhalt richten sich im Wesentlichen nach § 520 III ZPO: 32

Nach § 520 III **Nr. 1** ZPO bedarf es konkreter **Berufungsanträge**, die deutlich machen, inwieweit das Urteil angefochten wird und welche Abänderungen begehrt werden. Fehlt es an einem besonders formulierten Berufungsantrag, so macht das die Berufung nicht ohne weiteres unzulässig. Vielmehr kann sich aus dem Begründungszusammenhang ergeben, in welchem Umfang das arbeitsgerichtl. Urteil angegriffen wird. Bleibt dies unklar, ist die Berufung unzulässig[8]. Die Anträge können bis zum Schluss der mündlichen Verhandlung in entsprechender Anwendung der §§ 263, 264, 533 ZPO eingeschränkt oder erweitert werden[9]. Eine **Klageänderung in der Berufung** ist nur zulässig, wenn der Gegner einwilligt oder das Gericht dies für sachdienlich hält und diese auf bereits von der Vorinstanz festgestellte oder nach § 67 zu berücksichtigende neue Tatsachen gestützt werden kann[10]. Auch eine subjektive Klageänderung (Parteibeitritt und Parteiwechsel) kann zulässig sein, wenn der neue Beklagte zustimmt oder die Verweigerung der Zustimmung rechtsmissbräuchlich ist[11]. 33

Die Berufungsbegründung muss nach näherer Maßgabe des § 520 III **Nr. 2 und 4** ZPO iVm. § 67 als Spezialvorschrift für das arbeitsgerichtl. Berufungsverfahren erkennen lassen, in welchen Punkten tatsächlicher oder rechtl. Art der Berufungskläger das angefochtene Urteil für unrichtig hält. Die Aufgliederung in die Nrn. 2–4 entspricht der Systematik des Berufungsverfahrens, die für die Zivilgerichtsbarkeit in § 513 ZPO festgelegt ist. Da das LAG nach wie vor auch zweite Tatsacheninstanz ist, wie sich aus § 67 ergibt, kann die besondere Maßgabe des § 520 III Nr. 3 ZPO, mit der eine neue Tatsachenfeststellung erreicht werden soll, nicht zur Anwendung kommen. Die Berufungsbegründung muss **auf den Streitfall zugeschnitten** sein und darf sich nicht in formelhaften Wendungen erschöpfen[12]. Unzureichend ist etwa eine pauschale Urteilskritik, die das erstinstanzliche Urteil als „irrig" oder „unhaltbar" bezeichnet. Ungenügend ist auch der pauschale Hinweis auf die Entscheidung eines anderen Gerichts, selbst wenn es zu dem mit der Berufung angestrebten Ergebnis gekommen ist[13]. Ausreichend, aber auch unerlässlich, ist eine kurze, auf die wesentlichen Gesichtspunkte beschränkte Darlegung[14]. Das Berufungsgericht nimmt dann im Rahmen der gestellten Anträge nach den §§ 528, 529 II 2 ZPO eine **umfassende materiell-rechtl. Überprüfung** vor. 34

---

1 BAG 19.5.1999 – 8 AZB 8/99, EzA § 518 ZPO Nr. 40; zum Ganzen ferner Zöller/*Heßler*, § 519 ZPO Rz. 18c. ||2 Vgl. BAG 27.8.1996 – 8 AZB 14/96, NZA 1997, 456. ||3 Vgl. LAG Nds. 21.7.2009 – 9 Sa 378/08. ||4 BAG 16.9.1986 – GS 4/85, MDR 1987, 347. ||5 Vgl. LAG Köln 3.1.2012 – 4 Sa 299/11; Zöller/*Heßler*, § 519 ZPO Rz. 1 mwN. ||6 Vgl. BVerfG 11.3.2010 – 1 BvR 290/10, NZA 2010, 965; BGH 24.6.1999 – IX ZB 30/99, MDR 1999, 1159. ||7 Vgl. LAG Rh.-Pf. 5.3.2009 – 11 Sa 706/08. ||8 Vgl. LAG Köln 13.6.2006 – 9 Sa 1508/05, AuR 2006, 411. ||9 Vgl. GMP/*Germelmann*, § 64 Rz. 91. ||10 Vgl. LAG Köln 12.8.2010 – 6 Sa 789/10; LAG Schl.-Holst. 19.11.2008 – 6 Sa 221/08. ||11 Vgl. LAG BW 6.6.2008 – 7 Sa 18/08. ||12 Vgl. BAG 16.5.2012 – 4 AZR 245/10. ||13 Vgl. BAG 19.2.2013 – 9 AZR 543/11. ||14 Vgl. BAG 25.4.2007 – 6 AZR 436/05, NZA 2007, 1387; LAG Bln.-Bbg. 4.11.2010 – 26 Sa 1438/10, NZA-RR 2011, 153; Zöller/*Heßler*, § 520 ZPO Rz. 34.

35 Vom Berufungskläger wird verlangt, dass er eine der **Eigenart des Falles** angepasste Begründung vorlegt, in der **im Einzelnen** ausgeführt wird, was er an Verfahrensweise, Beweiswürdigung oder Rechtsanwendung des Erstgerichts bemängelt und/oder welche neuen Tatsachen und/oder Beweismittel er zur Rechtfertigung seiner Änderungsanträge geltend macht[1]. Eine solche Begründung kann auch schon vor der Zustellung des in vollständiger Form abgesetzten Urteils erster Instanz vorgenommen werden[2]. Die schlichte Verweisung auf erstinstanzliches Vorbringen reicht ebenso wenig aus wie die pauschale Bezugnahme auf Ausführungen Dritter (zB Stellungnahme der Partei, Sachverständigengutachten)[3]. Werden allerdings von **Streitgenossen** (zB bei einer Klage gegen den bisherigen ArbGeb und einen angeblichen Betriebserwerber) dieselben fachlichen und verfahrensrechtl. Angriffe erhoben, kann der Berufungsanwalt auf einen den gesetzl. Anforderungen genügenden Schriftsatz eines Streitgenossen verweisen, soweit er nach pflichtgemäßer Prüfung sich dessen Inhalt zu eigen macht und Weiteres nicht vorzubringen hat[4]. Zulässig sind auch im Rahmen einer ansonsten hinreichenden Berufungsbegründung **konkrete Bezugnahmen** auf einzelne Schriftsätze der ersten Instanz, um unnötige Wiederholungen zu vermeiden. Werden nur die Rechtsausführungen des ArbG angegriffen, dann muss die abweichende eigene Rechtsansicht dargestellt werden. Eine Auseinandersetzung mit den Gründen des erstinstanzlichen Urteils ist entbehrlich, wenn die Berufung ausschließlich auf **neue Tatsachen und Beweise** gestützt wird[5].

36 Bei einer **Mehrheit von Ansprüchen**, die mit der Berufung verfolgt oder bekämpft werden, ist eine Begründung für jeden Einzelnen nötig. Eine Ausnahme gilt für den Fall, dass ein Rechtsgrund hinsichtlich aller Ansprüche durchgreifen soll (zB eine tarifl. Verfallklausel). Dann reicht der Angriff auf diesen Rechtsgrund, um die Prüfung auf alle Ansprüche zu erstrecken[6]. Hat das ArbG die Abweisung eines Klageanspruchs auf mehrere voneinander unabhängige, selbständig tragende rechtl. Erwägungen gestützt, dann liegt eine hinreichende Berufungsbegründung nur vor, wenn sie sich auch mit jedem dieser Aspekte auseinander setzt[7]. Unkenntnis oder Missachtung dieser formalen Anforderungen kann nicht durch die Bitte um einen gerichtl. Hinweis ersetzt werden[8].

37 Entspricht die Berufungsbegründung nicht den gesetzl. Anforderungen, so ist die Berufung nach § 66 II iVm. § 522 I ZPO als unzulässig zu verwerfen. Die Prozessfortführungsvoraussetzung einer ordnungsgemäßen Berufungsbegründung ist – auch in einem späteren Revisionsverfahren vor dem BAG – von Amts wegen zu prüfen[9]. Eine **unzulängliche oder lückenhafte Begründung** kann nach Fristablauf nicht über eine Wiedereinsetzung in den vorigen Stand ergänzt werden[10]. Allerdings kommt bei einer Unzulässigkeit der Berufung, worauf das Gericht nach § 139 III ZPO zur Vermeidung einer Überraschungsentscheidung hinzuweisen hat, die Umdeutung in eine zulässige Anschlussberufung in Betracht[11].

38 **3. Anschlussberufung.** Die nach Maßgabe des **§ 524 ZPO** auch im arbeitsgerichtl. Verfahren zulässige Anschlussberufung gibt dem Berufungsbeklagten die Möglichkeit, den Umfang der Überprüfung des angefochtenen Urteils mitzubestimmen und damit das Verschlechterungsverbot zu Lasten des Berufungsklägers auszuschalten. Die Vorschrift bezweckt vor allem den Schutz derjenigen Partei, die in Unkenntnis des Rechtsmittels der Gegenpartei trotz eigener Beschwer die Berufungsfrist im Vertrauen auf den Bestand des Urteils verstreichen lässt[12]. Wird der Berufungsbeklagte in dieser Hoffnung enttäuscht, so soll ihm ungeachtet eines bereits erklärten Rechtsmittelverzichts oder der inzwischen abgelaufenen Berufungsfrist die eigene Überprüfungsmöglichkeit durch die – **unselbständige** – Anschlussberufung erhalten bleiben. Konsequent sieht die Regelung vor, dass die mittels Anschließungserklärung eingelegte Berufung **stets in Abhängigkeit vom Hauptrechtsmittel** steht, mithin nach § 524 IV ZPO ihre Wirkung verliert, wenn die Berufung verworfen, durch Beschluss zurückgewiesen oder zurückgenommen wird.

39 Abweichend vom früheren Recht (§ 522 II ZPO aF) ist die Möglichkeit der selbständigen Anschlussberufung entfallen, weil dafür kein Bedürfnis besteht: Will die Partei unabhängig vom Hauptrechtsmittel Berufung einlegen, so kann sie dies unter den gleichen Voraussetzungen wie auch der Berufungskläger[13]. Es handelt sich dann um eine eigenständige Berufung, die im Unterschied zur Anschlussberufung eine hinreichende Beschwer voraussetzt sowie fristgerecht eingelegt und begründet werden muss[14]. Hat der Berufungsbeklagte sein Rechtsmittel ausdrücklich als Anschlussberufung bezeichnet, so ist sie als solche zu behandeln, selbst wenn sie noch in der Berufungsfrist eingelegt worden ist[15].

---

1 Vgl. BAG 14.10.2004 – 6 AZR 535/03, ZTR 2005, 144; 14.12.2004 – 1 AZR 504/03. ||2 BAG 6.3.2003 – 2 AZR 596/02, AP Nr. 32 zu § 64 ArbGG 1979. ||3 BAG 10.2.2005 – 6 AZR 183/04, NZA 2005, 597; BGH 24.2.1994 – VII ZR 127/93, MDR 1994, 506; 9.3.1995 – IX ZR 142/94, MDR 1995, 1063; 9.3.1995 – IX ZR 143/94, MDR 1995, 738; 18.6.1998 – IX ZR 389/97, MDR 1998, 1114; LAG Rh.-Pf. 12.3.2009 – 10 Sa 568/08. ||4 Vgl. BAG 24.4.2008 – 8 AZR 268/07, NZA 2008, 1314. ||5 BGH 4.10.1999 – II ZR 361/98, NJW 1999, 3784. ||6 BGH 27.9.2000 – XII ZR 281/98, NJW-RR 2001, 789. ||7 BAG 10.2.2005 – 6 AZR 183/04, NZA 2005, 597; 11.3.1999 – 2 AZR 497/97, NZA 1998, 959; LAG Düss. 25.7.2003 – 14 Sa 522/03, MDR 2004, 160; LAG Rh.-Pf. 16.10.2008 – 10 Sa 347/08. ||8 BAG 19.10.2010 – 6 AZR 118/10, NZA 2011, 62. ||9 Vgl. BAG 16.5.2012 – 4 AZR 245/10; 8.10.2008 – 5 AZR 526/07. ||10 BGH 13.2.1997 – III ZR 285/95, NJW 1997, 1309; Zöller/*Heßler*, § 520 ZPO Rz. 42a mwN. ||11 Vgl. BAG 31.7.2007 – 3 AZN 326/07. ||12 Vgl. Zöller/*Heßler*, § 524 ZPO Rz. 1. ||13 Vgl. BT-Drs. 14/3750, 69f. ||14 Vgl. BAG 8.9.1998 – 3 AZR 368/98, EzA § 522 ZPO Nr. 2. ||15 Zutr. Zöller/*Heßler*, § 524 ZPO Rz. 6.

Die Anschließung erfolgt gem. § 524 I 2 ZPO durch **Einreichung der Berufungsanschlussschrift** bei dem LAG. Sie ist nach § 524 II 2 ZPO zulässig **bis zum Ablauf** der dem Berufungsbeklagten gesetzten Frist zur Berufungserwiderung. Da § 66 I 3 eine besondere gesetzl. Beantwortungsfrist **von einem Monat nach Zustellung der Berufungsbegründung** vorsieht, muss davon nach Maßgabe des § 64 VI 1 als Regelfrist ausgegangen werden, soweit der Hinweis nach § 66 I 4 erfolgt ist[1]. Fehlt es daran, wird weder die Frist zur Berufungsbeantwortung noch die zur Einlegung der Anschlussberufung in Lauf gesetzt[2]. Wird die Frist zur Berufungsbeantwortung nach § 66 I 5 vom Vorsitzenden auf Antrag verlängert, so verlängert sich automatisch auch die Einlegungsfrist[3]. Die Anschlussschrift muss nach § 524 III ZPO auch eine **Begründung** enthalten. Insoweit kann auf das oben zur Begründung der Berufung Gesagte verwiesen werden. Werden die Form- und Fristvorschriften nicht beachtet, so ist die Anschlussberufung als unzulässig zu verwerfen, soweit sie nicht ohnehin nach § 524 IV ZPO ihre Wirkung verloren hat.

Eine spätere Begründung innerhalb der noch laufenden Frist kann als erneute, nunmehr zulässige Anschlussberufung angesehen werden[4]. Wird die Anschlussberufung bereits **vor Ablauf der Begründungsfrist für die Hauptberufung** und vor deren Begründung eingelegt, so verbleibt es bei der Frist zur Begründung der Anschließung von einem Monat nach Zustellung der Berufungsbegründung. Eine Verlängerung der Berufungsbegründungsfrist wirkt sich damit automatisch auch zu Gunsten des Anschließenden aus.

Wegen der **Entbehrlichkeit einer Beschwer** kann sich der erstinstanzlich voll obsiegende Kläger der Berufung des Beklagten zur **Klageerweiterung** anschließen[5]. Die Anschlussberufung kann auch bedingt erhoben werden, insb. für den Fall, dass dem Hauptantrag auf Zurückweisung der Berufung nicht entsprochen wird, sog. **Hilfsanschlussberufung**. Der Grundsatz der Bedingungsfeindlichkeit von Rechtsmitteln gilt nicht, weil die unselbständige Anschlussberufung kein Rechtsmittel ieS, sondern ein Antrag innerhalb des vom Prozessgegner betriebenen Rechtsmittelverfahrens ist[6]. Daher kann die Einlegung auch von der PKH-Bewilligung abhängig gemacht werden[7].

Hinsichtlich der **Kostenlast der Anschlussberufung** ist zu unterscheiden: Wird die **Hauptberufung zurückgenommen**, so treffen den Berufungskläger stets auch die Kosten der damit wirkungslos gewordenen Anschlussberufung. Denn nach dem Wegfall des Zustimmungserfordernisses in die Berufungsrücknahme nach Beginn der mündlichen Verhandlung (§ 516 ZPO) entscheidet jetzt immer der Berufungskläger allein über das Schicksal der Anschlussberufung[8]. Wird dagegen die **Hauptberufung als unzulässig verworfen**, so hat der Anschlussberufungskläger die Kosten seiner Anschlussberufung zu tragen, weil er sich einer von vornherein unzulässigen Hauptberufung angeschlossen hatte[9]. Die Kosten sind dann nach § 92 I ZPO verhältnismäßig zu quoteln. Gleiches gilt für eine wegen eigener Mängel unzulässige oder sachlich unbegründete oder zurückgenommene Anschlussberufung.

4. Zurücknahme, Verzicht und Erledigung. Nach dem entsprechend anwendbaren § 516 I ZPO ist eine **Rücknahme** der Berufung **bis zur Verkündung des Berufungsurteils** möglich. Auch nach Beginn der mündlichen Verhandlung ist dazu eine **Einwilligung** des Gegners im Gegensatz zum alten Recht **nicht mehr erforderlich**. Die Rücknahme muss **vor Beginn** der Urteilsverkündung erklärt sein. Hat das Gericht mit der Verkündung begonnen, ist eine Rücknahme ausgeschlossen.

Die von der Berufungsrücknahme zu unterscheidende **Klagerücknahme** bleibt nach § 269 ZPO bis zur Rechtskraft des Berufungsurteil **mit Einwilligung** des Gegners zulässig. Gleiches gilt für eine Erledigung der Hauptsache nach § 91a ZPO. Die Parteien können den Rechtsstreit auch vor Eintritt der Rechtskraft der Entscheidung durch einen Vergleich erledigen.

Die Berufungsrücknahme ist ebenso wie die Klagerücknahme im anhängigen Berufungsverfahren ggü. dem LAG zu erklären, und zwar in der mündlichen Verhandlung oder durch Einreichung eines Schriftsatzes. Für die Erklärung besteht Vertretungszwang nach § 11 IV (s. aber § 11 Rz. 12). Sie ist als Prozesshandlung **bedingungsfeindlich, unwiderruflich und unanfechtbar**. In Ausnahmefällen können die Rechtsfolgen der Rücknahme mit Treu und Glauben unvereinbar sein, wenn ein Irrtum für Gericht und Gegner offenkundig war oder der Irrtum durch den Gegner verursacht wurde[10].

Die Zurücknahme hat nach § 516 III ZPO den **Verlust des eingelegten Rechtsmittels** und die **Pflicht zur Kostentragung** zur Folge. Diese Wirkungen sind von Amts wegen durch Beschluss des LAG auszusprechen. Bei einer Rücknahme auf Grund eines außergerichtl. Vergleichs kann je nach Lage des Falles die besondere Kostenregelung des § 98 ZPO eingreifen[11].

Der **Verzicht auf die Berufung** kann nach der Neuregelung des § 515 ZPO bereits vor dem erstinstanzlichen Urteil, nach Urteilserlass und in der Berufungsinstanz erklärt werden, ohne dass es der Zustim-

---

1 Vgl. BAG 30.5.2006 – 1 AZR 111/05, NZA 2006, 1170; LAG Bln.-Bbg. 19.2.2009 – 26 Sa 1991/08. ‖ 2 Vgl. BAG 24.5.2012 – 2 AZR 124/11. ‖ 3 Vgl. BAG 24.5.2012 – 2 AZR 124/11; Zöller/*Heßler*, § 524 ZPO Rz. 10; GK-ArbGG/ *Vossen*, § 64 Rz. 105. ‖ 4 Vgl. BAG 31.7.2007 – 3 AZN 326/07. ‖ 5 BAG 29.9.1993 – 4 AZR 693/92, EzA § 521 ZPO Nr. 1; LAG Bln.-Bbg. 19.2.2009 – 26 Sa 1991/08. ‖ 6 BAG 29.9.1993 – 4 AZR 693/92, EzA § 521 ZPO Nr. 1 mwN. ‖ 7 OLG Frankfurt 5.3.1999 – 1 UF 176/98, FamRZ 2000, 240. ‖ 8 Zutr. Zöller/*Heßler*, § 524 ZPO Rz. 43. ‖ 9 Vgl. LAG Hamm 7.10.1991 – 19 Sa 942/91, LAGE § 97 ZPO Nr. 1 mwN. ‖ 10 Vgl. LAG Köln 30.6. 2000 – 6 Sa 750/99, AnwBl 2001, 71 mwN. ‖ 11 Vgl. BGH 25.5.1988 – VIII ZR 148/87, MDR 1988, 1053; Zöller/*Herget*, § 98 ZPO Rz. 6 mwN.

mung des Gegners bedarf. Eine Verzichtserklärung durch schlüssiges Verhalten setzt voraus, dass der Verzichtswille bei objektiver Betrachtung unzweideutig feststellbar ist. Die Erklärung „Kläger legt keine Berufung ein" reicht aus[1]. Der **ggü. dem Gericht** erklärte Rechtsmittelverzicht ist als Prozesshandlung unanfechtbar und grds. unwiderruflich[2]. Der **ggü. dem Gegner** erklärte Berufungsverzicht gibt diesem die Einrede des Rechtsmittelverzichts[3].

49 Die übereinstimmende **Erledigungserklärung** nach § 91a ZPO ist auch in der Berufungsinstanz zulässig. Die Erledigung kann **das Rechtsmittel selbst oder die Hauptsache** betreffen. Voraussetzung ist stets, dass das Rechtsmittel statthaft und zulässig war[4]. Die unzulässige Berufung ist trotz beiderseitiger Erledigungserklärung zu verwerfen. Die Rechtsmittelerledigung lässt die angefochtene Entscheidung als solche unberührt; das Berufungsgericht hat nur noch über die Kosten der Berufung entsprechend § 91a ZPO zu entscheiden. Bei Erledigung der Hauptsache – etwa durch Erfüllung – geht es um die Kosten des Rechtsstreits insg. Gleiches gilt für eine **Erledigung zwischen den Instanzen**, die eine Rechtsmitteleinlegung entbehrlich machen kann[5].

50 **5. Prüfungsumfang des LAG.** Eine revisionsähnliche Einschränkung des Prüfungsumfangs, wie sie neuerdings aus § 513 I Alt. 1 ZPO iVm. § 546 ZPO abgeleitet wird[6], ist schon für die ordentl. Gerichtsbarkeit abzulehnen, weil die aus § 545 I ZPO im Revisionsrecht folgende Beschränkung auf revisibles Recht in der Berufungsinstanz nicht gilt[7]. Sie scheidet erst recht im arbeitsgerichtl. Berufungsverfahren aus, weil die entsprechende Anwendung der ZPO-Vorschriften nach § 64 VI 1 an den Vorbehalt geknüpft ist, dass das ArbGG nichts anderes bestimmt. Wie insb. § 67 IV deutlich macht, ist das LAG weiterhin eine volle zweite Tatsacheninstanz. Eine Einschränkung des Prüfungsmaßstabs nach revisionsrechtl. Grundsätzen ist damit nicht vereinbar. Auch in der Auslegung von Individualerklärungen nach Maßgabe der §§ 133, 157, 242 BGB oder etwa in der Beurteilung der Angemessenheit einer Abfindung nach den §§ 9, 10 KSchG ist das LAG daher nicht beschränkt. Dabei handelt es sich letztlich um Tatfragen, die **in vollem Umfang** der Überprüfung durch das Berufungsgericht unterliegen. Gleiches gilt für die fallbezogene Anwendung unbestimmter Rechtsbegriffe wie Sozialwidrigkeit, gute Sitten oder wichtiger Grund. Hier wirkt sich aus, dass es in der Berufung als zweiter Tatsacheninstanz vor allem um eine gerechte Einzelfallentscheidung geht, während in der Revision die Entscheidung von Rechtsfragen mit grundsätzlicher Bedeutung im Vordergrund steht. Anders als im Verhältnis von Revisions- und Berufungsgericht[8] verbleibt dem ArbG kein Beurteilungsspielraum, der der landesarbeitsgerichtl. Nachprüfung nicht zugänglich ist[9].

51 **IV. Entsprechende Geltung von Vorschriften des erstinstanzlichen Verfahrens (Abs. 7).** Abs. 7 zählt abschließend die Vorschriften des erstinstanzlichen Verfahrens auf, die für das Berufungsverfahren entsprechend gelten. Wegen der Einzelheiten wird auf die jeweiligen Erl. verwiesen. Insb. findet § 53 in vollem Umfang Anwendung, der die **Befugnisse des Vorsitzenden und der ehrenamtlichen Richter** regelt. Nach § 53 I 1 erlässt der Vorsitzende die nicht auf Grund einer mündlichen Verhandlung ergehenden Beschlüsse und Verfügungen allein, soweit nichts anderes bestimmt ist.

52 Ein **Alleinentscheidungsrecht des Vorsitzenden** besteht ferner in den Fällen des § 55 I Nr. 1–11, II und IV, soweit außerhalb der streitigen Verhandlung entschieden wird. Die alleinige Entscheidungskompetenz besteht etwa bei Rücknahme der Berufung, Verzicht, Anerkenntnis und Säumnis einer Partei oder beider Parteien. In den Säumnisfällen findet gerade keine streitige Verhandlung statt[10]. Auch die Entscheidung über die einstw. Einstellung der Zwangsvollstreckung[11] und die Aussetzung des Verfahrens obliegt dem Vorsitzenden. Soweit der Vorsitzende hiernach allein zur Entscheidung berufen ist, trifft ihn eine **Pflicht zur Alleinentscheidung**[12]. Eine Entscheidung durch die Kammer würde gegen den Grundsatz des gesetzl. Richters verstoßen.

53 Hervorzuheben ist, dass auch die Vorschrift des § 59 über das **Versäumnisverfahren** in der zweiten Instanz entsprechende Anwendung findet[13]. Die **Einspruchsfrist** gegen ein Versäumnisurteil des LAG beträgt daher ebenfalls **nur eine Woche**. Der Einspruch kann auch von der Partei selbst durch Erklärung zur Niederschrift der Geschäftsstelle eingelegt werden[14].

54 Für die **Richterablehnung** gelten § 49 I u. III entsprechend. Danach entscheidet die Kammer des LAG durch Beschluss, gegen den kein Rechtsmittel stattfindet. Dieser Rechtsmittelausschluss ist verfassungsgemäß[15]. Gleiches gilt für das Verfahren über die Ablehnung eines **Sachverständigen**[16].

---

1 BGH 19.3.1991 – XI ZR 138/90, NJW-RR 1991, 1213; weitere Bsp. bei Zöller/*Heßler*, § 515 ZPO Rz. 5. ||2 BGH 6.3.1985 – VIII ZR 123/84, MDR 1986, 139. ||3 BGH 14.5.1997 – XII ZR 184/96, NJW-RR 1997, 1288. ||4 BGH 27.5.1968 – AnwZ (B) 9/67, BGHZ 50, 197 (198). ||5 Vgl. Zöller/*Vollkommer*, § 91a ZPO Rz. 21 mwN. ||6 Vgl. *Holthaus*/*Koch*, RdA 2002, 140 (154); ErfK/*Koch*, § 66 ArbGG Rz. 28. ||7 Vgl. ausf. BGH 14.7.2004 – VIII ZR 164/03, MDR 2004, 1434 mwN; 28.3.2006 – VI ZR 46/05; Zöller/*Heßler*, § 513 ZPO Rz. 2. ||8 Vgl. hierzu Zöller/*Heßler*, § 546 ZPO Rz. 12 mwN; ferner LAG Rh.-Pf. 5.12.2008 – 9 Sa 454/08. ||9 Vgl. jetzt auch BAG 12.9.2013 – 6 AZR 121/12. ||10 Zutr. Schwab/Weth/*Korinth*, § 55 Rz. 7. ||11 Dazu näher LAG Bln.-Bbg. 23.8.2007 – 15 Sa 1630/07. ||12 Vgl. LAG Köln 14.12.2000 – 6 Sa 1183/00; LAG BW 24.2.2006 – 9 Ta 13/05. ||13 Vgl. zur Pflicht, bei Säumigkeit einer Partei auch durch Versäumnisurteil zu entscheiden, BAG 4.12.2002 – 5 AZR 556/01, MDR 2003, 520. ||14 BAG 10.7.1957 – GS 1/57, AP Nr. 5 zu § 64 ArbGG 1953. ||15 BAG 14.2.2002 – 9 AZB 2/02, EzA § 49 ArbGG 1979 Nr. 8. ||16 BAG 22.7.2008 – 3 AZB 26/08.

Nach der Neufassung der Vorschrift durch das Mediationsgesetz vom 21.7.2012 besteht auch in der Berufungsinstanz – anders als in der ordentlichen Gerichtsbarkeit – die Möglichkeit, in entsprechender Anwendung der §§ 54 VI, 54a einen sog. **Güterichter** einzuschalten sowie eine **Mediation** oder ein anderes Verfahren der außergerichtl. Konfliktbeilegung vorzuschlagen. Die Durchführung eines solchen Verfahrens hängt in jedem Fall von der Zustimmung der Parteien ab. Als Güterichter kann jeder für das anhängige Berufungsverfahren nicht zuständige Richter desselben LAG tätig werden, der im Geschäftsverteilungsplan als Güterichter vorgesehen und mit der Mediation vertraut ist[1]. Entscheidungsbefugnisse stehen ihm nicht zu. Er kann allerdings bei einer Einigung der Parteien einen Prozessvergleich protokollieren oder nach § 278 VI ZPO feststellen[2]. 54a

V. Besonderheiten des Berufungsverfahrens. Da Abs. 7 keine Verweisung auf § 46 enthält, kann im Gegensatz zum Verfahren vor dem ArbG § 128 II ZPO entsprechend angewendet werden, so dass das LAG mit Zustimmung der Parteien **im schriftl. Verfahren** entscheiden kann[3]. Die Abgabe der Zustimmungserklärungen unterliegt dem Vertretungszwang des § 11 IV. Das LAG entscheidet durch die vollbesetzte Kammer, anders als bei der **Entscheidung nach Lage der Akten** gem. § 251a ZPO bei Säumnis beider Parteien, die der Vorsitzende allein zu treffen hat. 55

Für Berufungen in **Bestandsschutzverfahren** gilt nach Abs. 8 eine **besondere Beschleunigungspflicht**. Im Unterschied zu § 61a, der nicht entsprechend anwendbar ist, fehlt es jedoch an einer näheren prozessualen Ausgestaltung, so dass die gebotenen Maßnahmen im Ermessen des Gerichts liegen. Das LAG wird vor allem auf eine möglichst kurzfristige Terminierung achten, ohne dass deswegen andere Termine aufgehoben werden müssten[4]. Auch wenn die Frist zur Berufungserwiderung nach § 66 I 3 einen Monat beträgt und nicht abgekürzt werden kann, so bestehen doch etwa im Hinblick auf eine Fortsetzung der mündlichen Verhandlung und/oder die vorsorgliche Ladung von Zeugen und Sachverst. einige Möglichkeiten zur vorrangigen Erledigung solcher Verfahren. 56

65 Beschränkung der Berufung

Das Berufungsgericht prüft nicht, ob der beschrittene Rechtsweg und die Verfahrensart zulässig sind und ob bei der Berufung der ehrenamtlichen Richter Verfahrensmängel unterlaufen sind oder Umstände vorgelegen haben, die die Berufung eines ehrenamtlichen Richters zu seinem Amte ausschließen.

I. Regelungsumfang und -zweck. Die seit dem 1.1.2002 geltende Fassung der Vorschrift beruht auf Art. 30 Nr. 7 ZPO-ReformG[5]. Im Hinblick auf den novellierten § 513 II 1 ZPO, der nach § 64 VI 1 für das arbeitsgerichtl. Verfahren entsprechend gilt, konnte der Hinweis darauf entfallen, dass das Berufungsgericht – auch – nicht prüft, ob das Gericht des ersten Rechtszuges seine Zuständigkeit zu Unrecht angenommen hat. Am Regelungsinhalt hat sich dadurch nichts geändert: Der falsche Rechtsweg und die unzutreffende Verfahrensart (Urteils- oder Beschlussverfahren) können nur nach Maßgabe des § 48 ArbGG iVm. den §§ 17–17b GVG erstinstanzlich geltend gemacht werden. In diesen prozessualen Vorfragen soll möglichst schnell eine **bindende Vorabentscheidung** ergehen. Ist das Vorabentscheidungsverfahren rechtskräftig abgeschlossen, so sind LAG und ggf. BAG daran nach den §§ 65 ArbGG, 17a V GVG gebunden[6]. Für die örtliche Zuständigkeit folgt die Bindung schon aus § 48 I Nr. 1[7]. 1

II. Die Prüfungssperren im Einzelnen. 1. Rechtsweg. Nach § 65 ArbGG, § 17a V GVG prüft das Berufungsgericht nicht, ob der beschrittene Rechtsweg zulässig ist. Mit der Einführung des Vorabentscheidungsverfahrens sollte der **Gleichwertigkeit aller Rechtswege** und praktischen Bedürfnissen Rechnung getragen werden. Die Frage der Rechtswegzuständigkeit soll zu einem möglichst frühen Zeitpunkt des Verfahrens abschließend geklärt werden, damit das weitere Verfahren nicht mehr mit dem Risiko eines später erkannten Mangels des gewählten Rechtswegs belastet wird[8]. Dementsprechend hat das Gericht, das über ein Rechtsmittel gegen eine Entscheidung in der Hauptsache entscheidet, nicht mehr zu prüfen, ob der beschrittene Rechtsweg zulässig ist. Das LAG hat dann über die Berufung unter allen in Betracht kommenden Gesichtspunkten zu entscheiden. Seine Prüfungskompetenz und -pflicht erstreckt sich in derartigen Fällen auch auf Schadensersatzansprüche wegen Amtspflichtverletzung[9]. 2

Die Zulässigkeit des Rechtsweges hat zunächst das ArbG **von Amts wegen** zu prüfen. Ist der beschrittene Rechtsweg zu den Gerichten für Arbeitssachen nicht gegeben, so verweist das ArbG den Rechtsstreit gem. § 48 I ArbGG iVm. § 17a II GVG nach Anhörung der Parteien an das zuständige Gericht des zulässigen Rechtsweges. Ein klageabweisendes Prozessurteil darf daher nicht ergehen[10]. Auch wenn das Gericht den Rechtsweg für zulässig hält, **kann** dies nach § 17a III 1 GVG vorab durch Beschluss ausgesprochen werden. Das ArbG **muss** vorab entscheiden, wenn eine Partei die Zulässigkeit des Rechts- 3

---

1 Vgl. GMP/*Germelmann*, § 64 Rz. 131b. ||2 Vgl. Düwell/Lipke/*Tautphäus*, § 54 Rz. 87. ||3 BAG 28.5.2009 – 2 AZR 732/08, NZA 2009, 660. ||4 Vgl. GK-ArbGG/*Vossen*, § 64 Rz. 133. ||5 BGBl. I S. 1887. ||6 Vgl. BAG 31.8.2010 – 3 ABR 139/09, NJW 2011, 473. ||7 BAG 5.9.1995 – 9 AZR 533/94, EzA § 65 ArbGG 1979 Nr. 2. ||8 BT-Drs. 11/7030, 36f. ||9 BAG 14.12.1998 – 5 AS 8/98, EzA § 65 ArbGG 1979 Nr. 4; LAG Düss. 12.2.2003 – 12 Sa 1345/02. ||10 Vgl. LAG Nürnberg 28.4.2010 – 4 Sa 566/09.

weges rügt. Diese Beschlüsse sind nach § 17a IV 3 GVG **beschwerdefähig** und unterliegen nur insoweit der Überprüfung durch das LAG.

4 Die Prüfungssperre im Hauptsacheverfahren gilt im Grundsatz auch dann, wenn das ArbG den zu ihm beschrittenen Rechtsweg ohne weiteres **stillschweigend durch Urteil** bejaht hat[1]. Eine Ausnahme besteht nur für den Fall, dass wegen der Rüge einer Partei eine Vorabentscheidung des ArbG geboten war[2]. Entscheidet das ArbG entgegen § 48 I ArbGG, § 17a III 2 GVG **trotz Rüge einer Partei** über die Zulässigkeit des Rechtsweges nicht vorab durch Beschluss, sondern in den Gründen des der Klage stattgebenden Urteils, so kann die beklagte Partei hiergegen nach dem Grundsatz der Meistbegünstigung **wahlweise sofortige Beschwerde oder Berufung** einlegen[3]. Wird Berufung eingelegt, so darf das LAG den Rechtsstreit nicht an das ArbG zurückverweisen. Es hat vielmehr zwei Möglichkeiten:

5 Bejaht das LAG die Zulässigkeit des Rechtsweges, so hat es dies **vorab durch Beschluss** auszusprechen. Lässt es hiergegen gem. § 17a IV 4 und 5 GVG die weitere Beschwerde zu, so hat es das Verfahren bis zur Entscheidung hierüber auszusetzen. Anderenfalls hat es in der Hauptsache durch Urteil zu entscheiden.

6 Hält das LAG die Zulässigkeit des Rechtsweges nicht für gegeben, so hat es dies ebenfalls durch Beschluss auszusprechen und unter **Abänderung des arbeitsgerichtl. Urteils** den Rechtsstreit an das zuständige Gericht des zulässigen Rechtsweges **zu verweisen**. Lässt es hiergegen keine Rechtsbeschwerde zu, ist der Beschluss rechtskräftig und bindet das Gericht, an das verwiesen wurde, hinsichtlich des Rechtsweges[4].

7 **Keine Prüfungssperre** besteht schließlich auch dann, wenn das ArbG noch keine Prüfung vornehmen konnte, weil die Klage erst in der Berufungsinstanz geändert oder eine Aufrechnung erklärt oder eine Widerklage erhoben wurde. In diesen Fällen entscheidet das **LAG erstmals** über die Zulässigkeit des Rechtsweges unter Beachtung des § 17a GVG.

8 **2. Zuständigkeit.** Wegen der entsprechenden Geltung des § 513 II ZPO ist die **sachliche, örtliche und funktionelle Zuständigkeit** der Prüfung durch das Berufungsgericht entzogen. Die Frage der sachlichen Zuständigkeit tritt im ArbGV ohnehin hinter der Bestimmung des zutreffenden Rechtsweges zurück, während in der ordentl. Gerichtsbarkeit die Zuweisung der Sachen an das AG oder LG als Eingangsgericht betroffen ist[5].

9 IÜ finden nach § 48 I die §§ 17–17a GVG entsprechende Anwendung mit der Maßgabe, dass Beschlüsse des ArbG über die **örtliche Unzuständigkeit unanfechtbar** sind. Dabei verbleibt es auch, wenn das ArbG trotz Rüge die gebotene Vorabentscheidung unterlassen hat. Denn anders als bei der Rechtswegfrage hätte die beschwerte Partei auch bei einem ordnungsgemäßen Beschluss keine weitere Überprüfungsmöglichkeit gehabt[6].

10 **3. Verfahrensart.** Für die Überprüfung der richtigen Verfahrensart gelten die gleichen Grundsätze wie für die Zulässigkeit des Rechtsweges. Ob ein Rechtsstreit im Urteils- oder Beschlussverfahren auszutragen ist, kann nur und muss bei Rüge vom ArbG **vorab** entschieden werden. Über die dagegen nach § 48 I iVm. § 17a IV 2 GVG zulässige **sofortige Beschwerde** befindet das LAG. Ansonsten gilt die Prüfungssperre, es sei denn, das ArbG hat sich über die Rüge hinweggesetzt und sogleich in der Sache entschieden[7].

11 **4. Berufung der ehrenamtlichen Richter.** Das Berufungsgericht prüft auch nicht, ob bei der Berufung der ehrenamtlichen Richter nach § 20 Verfahrensmängel unterlaufen sind oder Umstände vorgelegen haben, die nach den §§ 21–23 die Berufung eines ehrenamtlichen Richters zu seinem Amt ausschließen. Die Prüfungssperre erfasst damit nur das Verfahren **bis zur Berufung** des ehrenamtlichen Richters, das mit dem Zugang des Ernennungsschreibens der zuständigen obersten Landesbehörde bzw. der von der Landesregierung beauftragten Stelle abgeschlossen ist. Etwaige Verfahrensmängel sind ebenso wie etwaige Ausschlussgründe, die zu einer Amtsentbindung nach § 21 V führen können, einer Kontrolle in der Berufungsinstanz entzogen.

12 Die Prüfungssperre besteht **nicht für sonstige Verfahrensmängel** bei dem Einsatz des ehrenamtlichen Richters. Die Berufung kann etwa darauf gestützt werden, dass ein ehrenamtlicher Richter nach § 41 ZPO kraft Gesetzes von der Ausübung des Richteramts ausgeschlossen oder mit Erfolg abgelehnt worden oder seine Amtsperiode abgelaufen war[8]. War das ArbG mit Rücksicht darauf nicht ordnungsgemäß besetzt, scheidet allerdings eine Zurückverweisung nach § 68 aus, so dass das LAG abschließend in der Sache entscheiden muss.

---

1 Vgl. BAG 21.8.1996 – 5 AZR 1011/94, EzA § 73 ArbGG 1979 Nr. 2; 8.6.1999 – 3 AZR 136/98, EzA § 1 BetrAVG Lebensversicherung Nr. 8; LAG Hamm 16.11.2004 – 12 Sa 1045/04. ||2 BAG 9.7.1996 – 5 AZB 6/96, EzA § 65 ArbGG 1979 Nr. 3; 21.8.1996 – 5 AZR 1011/94, EzA § 73 ArbGG 1979 Nr. 2. ||3 BAG 26.3.1992 – 2 AZR 443/91, EzA § 48 ArbGG 1979 Nr. 5; LAG Köln 3.4.1992 – 13/6 Ta 79/92, LAGE § 48 ArbGG 1979 Nr. 7. ||4 Vgl. BAG 26.3.1992 – 2 AZR 443/91, EzA § 48 ArbGG 1979 Nr. 5; 28.2.1995 – 5 AZB 24/92, EzA § 4 KSchG nF Nr. 51; *Boin*, NJW 1998, 3747ff. ||5 Vgl. Zöller/*Heßler*, § 513 ZPO Rz. 7. ||6 Vgl. BAG 5.9.1995 – 9 AZR 533/94, EzA § 65 ArbGG 1979 Nr. 2. ||7 Vgl. BVerwG 30.1.2013 – 6 P 5/12; BAG 22.5.2012 – 1 ABR 11/11; 20.4.1999 – 1 ABR 72/98, EzA Art. 9 GG Nr. 65; 19.3.2003 – 4 AZR 271/02, NZA 2003, 1221. ||8 Vgl. GK-ArbGG/*Vossen*, § 65 Rz. 18.

66 Einlegung der Berufung, Terminbestimmung

(1) Die Frist für die Einlegung der Berufung beträgt einen Monat, die Frist für die Begründung der Berufung zwei Monate. Beide Fristen beginnen mit der Zustellung des in vollständiger Form abgefassten Urteils, spätestens aber mit Ablauf von fünf Monaten nach der Verkündung. Die Berufung muss innerhalb einer Frist von einem Monat nach Zustellung der Berufungsbegründung beantwortet werden. Mit der Zustellung der Berufungsbegründung ist die Berufungsbeklagte auf die Frist für die Berufungsbeantwortung hinzuweisen. Die Fristen zur Begründung der Berufung und zur Berufungsbeantwortung können vom Vorsitzenden einmal auf Antrag verlängert werden, wenn nach seiner freien Überzeugung der Rechtsstreit durch die Verlängerung nicht verzögert wird oder wenn die Partei erhebliche Gründe darlegt.

(2) Die Bestimmung des Termins zur mündlichen Verhandlung muss unverzüglich erfolgen. § 522 Abs. 1 der Zivilprozessordnung bleibt unberührt; die Verwerfung der Berufung ohne mündliche Verhandlung ergeht durch Beschluss des Vorsitzenden. § 522 Abs. 2 und 3 der Zivilprozessordnung findet keine Anwendung.

I. Inhalt und Zweck. Die Vorschrift regelt teilweise abweichend von den zivilprozessualen Bestimmungen Einzelheiten zur Einlegung und Begründung der Berufung, Berufungsbeantwortung, Fristverlängerung, Terminbestimmung und Verwerfung einer unzulässigen Berufung. Sie gilt in der aktuellen Fassung auf Grund Art. 30 Nr. 8 ZPO-ReformG **seit dem 1.1.2002**, hinsichtlich der Alleinentscheidungsbefugnis des Vorsitzenden in Abs. 2 S. 2 auf Grund Art. 2 Nr. 9 SGBArbGGÄndG **seit dem 1.4.2008**. 1

Mit der Neufassung des Abs. 1 S. 1 wird der Änderung in § 520 II ZPO Rechnung getragen, wonach die Frist für die Begründung der Berufung nicht mehr mit der Einlegung der Berufung, sondern mit der Zustellung des in vollständiger Form abgefassten Urteils beginnt und deshalb nunmehr zwei Monate beträgt. S. 2 stellt klar, dass die **Fristen** für die Einlegung und die Begründung der Berufung einheitlich **mit der Zustellung** des anzufechtenden Urteils beginnen, **spätestens** aber mit Ablauf von fünf Monaten nach der Verkündung. Daraus folgt auch, dass die Berufung auch **schon vor Zustellung** des vollständigen arbeitsgerichtl. Urteils eingelegt werden kann. 2

Abweichend von §§ 520 II, 521 II ZPO ist in Abs. 1 S. 5 die **Verlängerungsmöglichkeit** der Fristen zur Begründung und Beantwortung der Berufung geregelt worden: Beide Fristen können – unabhängig von der Einwilligung des Gegners – auf Antrag vom Vorsitzenden **nur einmal** verlängert werden. 3

II. Berufungsfrist. Die Frist für die Einlegung der Berufung beträgt **einen Monat**. Es handelt sich wie bei § 517 ZPO um eine **Notfrist** iSd. § 224 ZPO, die **nicht verlängert oder abgekürzt** werden kann[1]. Gegen ihre Versäumung ist allein die Wiedereinsetzung in den vorigen Stand nach Maßgabe der §§ 233 ff. ZPO möglich. 4

Die Fristberechnung richtet sich nach den §§ 222 ZPO, 187, 188 BGB. Fällt das Fristende auf einen Sonntag, einen allg. Feiertag oder einen Sonnabend, so endet die Frist nach § 222 II ZPO mit Ablauf des nächsten Werktages. Entscheidend ist, ob der Tag an dem Ort des LAG, bei dem das Rechtsmittel einzulegen ist, ein gesetzl. Feiertag ist[2]. Da die Frist mit Ablauf des letzten Tages, also um **24.00 Uhr**, endet, muss die Berufungsschrift bis dahin beim LAG eingegangen sein, etwa durch Einwurf in den **Nachtbriefkasten** oder durch **Telefax**. Das Berufungsgericht hat die Eingangsmöglichkeit bis zur letzten Minute durch geeignete Vorkehrungen sicherzustellen[3]. Die Beweislast für die Einhaltung der Frist trägt der Berufungskläger. 5

Die Berufungsfrist beginnt nach Abs. 1 S. 2 mit der **Zustellung** des **in vollständiger Form** abgesetzten arbeitsgerichtl. Urteils, wozu nach § 9 V auch die vom Richter unterschriebene **Rechtsmittelbelehrung** gehört. Nur die wirksame Zustellung von Amts wegen kann die Frist in Gang setzen. Unwirksam ist etwa die Zustellung eines noch nicht verkündeten Urteils, eines nicht unterschriebenen Urteils oder einer unbeglaubigten Abschrift[4]. Keine Unwirksamkeit liegt dagegen vor, wenn der Richter nach Anbringung eines Ablehnungsgesuchs die bereits vorher verkündete Entscheidung schriftl. vollständig abfasst und deren Zustellung veranlasst[5]. Die Zustellung eines **Scheinurteils** setzt die Frist an sich nicht in Gang[6]. Wird aber zulässigerweise Berufung eingelegt, um den Rechtsschein eines wirksamen Urteils zu beseitigen, so kann der Rechtsstreit unter besonderen Umständen entgegen § 68 an das ArbG zurückverwiesen werden[7]. 6

Auf die Wirksamkeit der Zustellung und den Lauf der Berufungsfrist hat idR **die Berichtigung eines Urteils** gem. § 319 ZPO wegen offenbarer Unrichtigkeit keinen Einfluss. Gleiches gilt für die **Berichtigung des Tatbestands nach § 320 ZPO**. Ausnahmen müssen dann gemacht werden, wenn die Beschwer erst aus der Berichtigung folgt oder erheblich vergrößert wird[8]. Einen Sonderfall regelt der entspre- 7

---

1 Vgl. GMP/*Germelmann*, § 66 Rz. 5. ||2 BAG 16.1.1989 – 5 AZR 579/88, EzA § 222 ZPO Nr. 1. ||3 Vgl. BVerfG 1.8.1996 – 1 BV 121/95, NJW 1996, 2857; BGH 14.3.2001 – XII ZR 51/99, NJW 2001,1581; LAG Hess. 4.12.2006 – 16 Sa 273/06, NZA-RR 2007, 320. ||4 Vgl. BAG 23.7.1971 – 2 AZR 244/70, AP Nr. 3 zu § 242 BGB Prozessverwirkung. ||5 BAG 28.12.1999 – 9 AZN 739/99, EzA § 233 ZPO Nr. 43. ||6 BGH 16.10.1984 – VI ZB 25/83, VersR 1984, 1192. ||7 Vgl. LAG Hess. 6.5.1994 – 9 Sa 1370/93, LAGE § 64 ArbGG 1979 Nr. 30; zum Ganzen ferner GK-ArbGG/*Vossen*, § 66 Rz. 7 ff. ||8 Vgl. BGH 21.5.1985 – VI ZB 4/85, MDR 1985, 838.

chend anwendbare § 518 ZPO: Wird ein Urteil innerhalb der Berufungsfrist durch eine nachträgliche Entscheidung **ergänzt (§ 321 ZPO)**, so beginnt mit der Zustellung dieser Entscheidung auch der Lauf der Berufungsfrist gegen das zuerst erlassene Urteil von neuem. Das gilt nicht, wenn die Berufungsfrist für das ergänzte Urteil bereits abgelaufen ist. Dann kann nur noch das Ergänzungsurteil mit der Berufung angegriffen werden, sofern die Voraussetzungen hierfür vorliegen.

8 **Berufungseinlegung und -begründung nach Verkündung, aber vor Zustellung** des Urteils sind grds. zulässig. Voraussetzung ist nur, dass die Entscheidung bei Rechtsmitteleingang ergangen ist und eine Auseinandersetzung mit den Entscheidungsgründen bis zum Ablauf der Begründungsfrist erfolgt[1]. Diese beginnt nach Abs. 1 S. 2 unabhängig von der Einlegung erst mit der Zustellung des in vollständiger Form abgefassten Urteils, spätestens fünf Monate nach der Verkündung. Wird also zulässigerweise sogleich nach Verkündung Berufung eingelegt, so läuft die zweimonatige Begründungsfrist erst ab Zustellung des schriftl. begründeten Urteils, ohne dass es einer Fristverlängerung bedarf[2]. Der Berufungskläger muss die einmal eingelegte Berufung jedoch bei ausbleibender Zustellung **spätestens bis zum Ablauf von sieben Monaten** begründen. Geschieht das nicht, so ist das Rechtsmittel nach § 522 I ZPO als unzulässig zu verwerfen.

9 Wird ein erstinstanzliches Urteil verspätet, sogar erst nach Ablauf der Fünf-Monats-Frist des Abs. 1 S. 2 abgesetzt, so ist es ausreichend, wenn sich die vor Urteilszustellung abgefasste Berufungsbegründung mit den möglichen und hypothetischen Entscheidungsgründen auseinander setzt[3] oder auch nur rügt, es liege ein Verstoß gegen die Fünf-Monats-Frist vor[4]. Diese Erleichterung ist wegen der Garantie eines wirksamen Rechtsschutzes und der durch die Fünf-Monats-Frist angestrebten Verfahrensbeschleunigung **in Fällen verspätet abgesetzter Urteile** geboten. Damit wird der beschwerten Partei die Möglichkeit eröffnet, jedenfalls nach Ablauf von fünf Monaten seit der Verkündung, also zum Zeitpunkt des spätesten Fristbeginns, die Rechtssache mit einer zulässigen Berufung vor das LAG zu bringen und dort für einen Fortgang des Prozesses zu sorgen.

10 Die **Frist beginnt** nach Abs. 1 S. 2 **spätestens fünf Monate nach der Verkündung** des arbeitsgerichtl. Urteils. Dies soll auch und gerade dann gelten, wenn das vollständig abgefasste Urteil noch gar **nicht zugestellt** worden ist. In diesem Fall enden die Berufungsfrist **regelmäßig**[5]**sechs Monate** und die Berufungsbegründungsfrist **sieben Monate** nach Verkündung. Das BAG vertritt nämlich seit der Grundsatzentscheidung v. 28.10.2004[6] die Auffassung, Abs. 1 S. 2 stelle eine Spezialvorschrift zu § 9 V dar, so dass dessen Jahresfrist bei nicht erfolgter Zustellung des arbeitsgerichtl. Urteils „im Rahmen der Berufungsfrist" nicht mehr anwendbar sei. Bei der gegebenen Normenkollision zwischen einem älteren und einem jüngeren Gesetz müsse ein objektivierter Wille des Gesetzgebers zugrunde gelegt und angenommen werden, dass das später erlassene Gesetz (dh. Abs. 1) dem älteren vorgehe. Würde man gegen eine nicht fristgerecht abgesetzte arbeitsgerichtl. Entscheidung noch bis zu einer Grenze von 17 Monaten Berufung einlegen können, was bislang allg. anerkannt war[7], so würde nach Ansicht des BAG der mit dem Beschleunigungsgrundsatz verfolgte Zweck in sein Gegenteil verkehrt werden. Die Praxis hat sich auf diese neue, inzwischen mehrfach bestätigte Rspr.[8] eingestellt. Bei einer Fristversäumnis bleibt nur die Wiedereinsetzung in den vorigen Stand nach § 233 ZPO, deren Anforderungen nicht überspannt werden dürfen und die ggf. auch von Amts wegen gewährt werden kann[9].

11 Auch wenn man die strikte Anwendung der Fünf-Monats-Frist für „rechtspolitisch uneingeschränkt wünschenswert" hält[10], vermag die geänderte Rspr. nicht zu überzeugen. Es verbleibt bei dem offenen Wertungswiderspruch, dass bei nicht zugestellten Urteilen nunmehr die Berufungsfrist erheblich kürzer ist als bei zugestellten Urteilen mit fehlender oder fehlerhafter Rechtsmittelbelehrung, für die unzweifelhaft die Jahresfrist des § 9 V gilt[11]. Weder aus dem Wortlaut noch aus der Systematik noch aus der Geschichte des Gesetzes ergeben sich Anhaltspunkte dafür, dass § 9 V bei Berufungen und Revisionen nicht gelten soll. Auch der gleichzeitige Beginn der Berufungsbegründungsfrist ändert daran nichts. Das BAG hat selbst den Vorrang des § 9 V mit Hinweis darauf anerkannt, dass der Lauf der

---

1 Vgl. BAG 29.10.2007 – 3 AZB 25/07; LAG Bln-Bbg. v. 23.4.2008 – 23 Sa 418/08. ||2 Vgl. *Schmidt/Schwab/Wildschütz*, NZA 2001, 1217 (1218); aA *Holthaus/Koch*, RdA 2002, 140 (151). ||3 Vgl. BAG 6.3.2003 – 2 AZR 596/02, AP Nr. 32 zu § 64 ArbGG 1979; 5.3.1997 – 4 AZR 532/95, EzA § 77 BetrVG 1972 Nr. 58; 13.9.1995 – 2 AZR 855/94, EzA § 66 ArbGG 1979 Nr. 22. ||4 Vgl. BAG 16.6.2004 – 5 AZR 529/03, BAGReport 2004, 383; LAG Köln 5.11.2004 – 4 Sa 724/04. ||5 Vgl. zu Sonderfällen LAG Köln 1.9.2006 – 4 Sa 365/06, BB 2007, 612. ||6 BAG 28.10.2004 – 8 AZR 492/03, NZA 2005, 125. ||7 BAG 6.8.1997 – 2 AZB 17/97, EzA § 9 ArbGG 1979 Nr. 12; 8.6.2000 – 2 AZR 584/99, EzA § 9 ArbGG 1979 Nr. 15; LAG Nürnberg 5.9.1994 – 7 Sa 43/94, LAGE § 66 ArbGG 1979 Nr. 15; GMP/*Prütting*, § 9 Rz. 58 mwN. ||8 Vgl. BAG 3.11.2004 – 4 AZR 531/03; 16.12.2004 – 2 AZR 611/03, NZA 2005, 1133; 23.6.2005 – 2 AZR 423/04, NZA 2005, 1135; 6.7.2005 – 4 AZR 35/04; im Erg. ebenso LAG Nürnberg 28.10.2002 – 2 SHa 5/02, LAGR 2003, 86; LAG Köln 24.9.2003 – 3 Sa 232/03, LAGReport 2004, 125; LAG München 18.5.2004 – 6 Sa 498/03; *Schmidt/Schwab/Wildschütz*, NZA 2001, 1217 (1218); *Schwab*, FA 2003, 258; Schwab/Weth/*Schwab*, § 66 Rz. 6; GMP/*Germelmann*, § 66 Rz. 15a; *Ostrowicz/Künzl/Schäfer*, Rz. 486. ||9 Vgl. BAG 16.12.2004 – 2 AZR 611/03, NZA 2005, 1133; 2.6.2005 – 2 AZR 177/04, FA 2005, 274; strenger dagegen BAG 23.6.2005 – 2 AZR 423/04, NZA 2005, 1135; 6.7.2005 – 4 AZR 35/04; 24.10.2006 – 9 AZR 709/05, NZA 2007, 228. ||10 So BAG 28.10.2004 – 8 AZR 492/03 unter Hinweis auf *Holthaus/Koch*, RdA 2002, 140 (150). ||11 Vgl. *Holthaus/Koch*, RdA 2002, 140 (151); Schwab/Weth/*Weth*, § 9 Rz. 33.

Rechtsmittelbegründungsfrist nicht beginnt bzw. gehemmt ist, solange wegen § 9 V 3 und 4 keine Rechtsmittelfrist läuft[1]. Hätte der Gesetzgeber den bekannten Regelungskonflikt iSd. Auslegung durch das BAG auflösen wollen, so hätte er nicht einfach geschwiegen. Die besseren Gründe sprechen daher nach wie vor für eine Kumulierung der Fristen nach bisherigem Verständnis, also für eine Rechtsmittelfrist von 17 Monaten seit Verkündung[2], oder zumindest für einen Vorrang der Jahresfrist des § 9 V 4[3]. Denn die (Natural-)Parteien sind gerade dann besonders schutzwürdig, wenn das Urteil nicht zugestellt wird.

III. Berufungsbegründungsfrist. Die Frist zur Berufungsbegründung beträgt nach Abs. 1 S. 1 unabhängig vom Zeitpunkt der Einlegung **zwei Monate**. Für Beginn und Berechnung gelten die gleichen Grundsätze wie bei der Berufungsfrist. Sie läuft grds. **ab Zustellung des in vollständiger Form abgefassten Urteils**. Da sie spätestens mit Ablauf von fünf Monaten nach der Verkündung beginnt, kann sich die verfügbare Frist nach vorsorglicher Einlegung der Berufung bei einer Zustellung erst im sechsten oder siebten Monat verkürzen. In diesen Fällen hilft ein Antrag auf Fristverlängerung. Unterbleibt die Zustellung ganz und wird auch keine Berufung eingelegt, dann kann nach hier vertretener Ansicht (**aA BAG**, s. Rz. 10) wegen der Rechtsfolge des § 9 V 4 auch die Begründungsfrist nicht ablaufen. Vielmehr kann die Berufung unter Hinzurechnung der Jahresfrist bis zum Ablauf von 17 Monaten seit der Verkündung eingelegt und begründet werden, wobei allerdings bei einer Zustellung mit ordnungsgemäßer Rechtsmittelbelehrung innerhalb von 16 Monaten wiederum die Grundfristen des Abs. 1 zu beachten sind[4]. 12

Die Berufungsbegründungsfrist kann nach Abs. 1 S. 5 vom Vorsitzenden **auf Antrag einmal verlängert** werden, wenn nach seiner freien Überzeugung der Rechtsstreit dadurch nicht verzögert wird oder wenn die Partei erhebliche Gründe darlegt. Eine **weitere Verlängerung** ist daher im Unterschied zu § 520 II 2 ZPO gesetzl. **ausgeschlossen**. Sie kommt selbst dann nicht in Betracht, wenn das Urteil noch nicht zugestellt ist oder erst durch die zweite Verlängerung eine insg. einmonatige Verlängerung erreicht würde[5]. Darauf sollte bei noch ausstehender Zustellung vorsorglich hingewiesen werden, weil eine Berufungsbegründung auch ohne Kenntnis der Entscheidungsgründe des ArbG möglich ist[6]. 13

Die Fristverlängerung kann auch noch nach Ablauf der Begründungsfrist bewilligt werden, sofern der Antrag **rechtzeitig vor Fristablauf** beim LAG eingeht[7]. Dagegen scheidet die Verlängerung einer bereits abgelaufenen Frist schon begrifflich aus[8]. Der Antragsteller genießt insoweit keinen Vertrauensschutz, vielmehr ist eine irrtümlich beschlossene Verlängerung schlicht unwirksam. 14

Da die Entscheidung über die Fristverlängerung **im richterlichen Ermessen** liegt und nach § 225 III ZPO unanfechtbar ist, sollte sich der Antragsteller vor Fristablauf bei Gericht erkundigen, ob der Antrag eingegangen ist und wie er beschieden worden ist. Wird die Verlängerung nämlich abgelehnt und die Berufung nicht mehr fristgerecht begründet, so ist sie als unzulässig zu verwerfen. Bei der Ausübung des Ermessens hat der Vorsitzende jedoch **Aspekte des Vertrauensschutzes** zu beachten. Kann der Antragsteller mit großer Wahrscheinlichkeit nach Maßgabe der höchstrichterlichen Rspr. mit einer Fristverlängerung rechnen, so ist ihm im Falle der überraschenden Ablehnung Wiedereinsetzung in den vorigen Stand zu gewähren[9]. Die Versagung der Wiedereinsetzung verletzt unter diesen Umständen das Gebot der rechtsstaatlichen Verfahrensgestaltung[10]. Zweifelhaft ist insb., ob ein **pauschal mit Arbeitsüberlastung** begründeter Antrag auf Fristverlängerung ohne weiteres abgelehnt werden kann und mit einem Erfolg auch nicht gerechnet werden konnte[11]. Die Verfahrensfairness gebietet es in solchen Fällen, dem Antragsteller rechtl. Gehör zu gewähren und ihm Gelegenheit zur Substanziierung zu geben. Reicht die Zeit hierfür nicht mehr aus, bleibt die Möglichkeit einer kurzfristigen Verlängerung, damit die Berufungsbegründung doch noch fristgerecht vorgenommen werden kann[12]. 15

Auch die **Dauer der einmaligen Fristverlängerung** liegt mangels gesetzl. Vorgabe im Ermessen des Vorsitzenden. Dabei ist einerseits der arbeitsgerichtl. Beschleunigungsgrundsatz des § 9 I zu berücksichtigen, andererseits aber auch der Tatsache Rechnung zu tragen, dass je nach Belastung des Berufungsgerichts ein kurzfristiger Termin ohnehin nicht möglich ist. Es wäre widersinnig, eine Fristverlängerung nicht oder nur eingeschränkt zu gewähren, den Verhandlungstermin dann aber erst relativ spät anberaumen zu können. Angesichts der gesetzl. normierten Dauer von Berufungs- und Berufungsbeantwortungsfrist wird eine Fristverlängerung von **einem Monat** regelmäßig unbedenklich sein, ohne 16

---

1 Vgl. BAG 13.4.2005 – 5 AZB 76/04, FA 2005, 256. ||2 Vgl. LAG Köln 20.2.2003 – 10 Sa 801/02, NZA-RR 2003; 13.11.2003 – 5 Sa 759/03, LAGReport 2004, 153; *Holthaus/Koch*, RdA 2002, 140 (151); Schwab/Weth/*Weth*, § 9 Rz. 33. ||3 So wohl GMP/*Prütting*, § 9 Rz. 58. ||4 Vgl. insoweit BAG 8.6.2000 – 2 AZR 584/99, EzA § 9 ArbGG 1979 Nr. 15; zum Sonderfall der Zustellung im sechsten Monat LAG Hamm 11.5.2004 – 19 Sa 1789/03. ||5 BAG 13.9.1995 – 2 AZR 855/94, EzA § 66 ArbGG 1979 Nr. 22 mwN. ||6 BAG 6.3.2003 – 2 AZR 596/02, AP Nr. 32 zu § 64 ArbGG 1979. ||7 BAG 24.8.1979 – GS 1/78, EzA § 66 ArbGG 1979 Nr. 1. ||8 Vgl. BGH 17.12.1991 – VI ZB 26/91, EzA § 66 ArbGG 1979 Nr. 16. ||9 BAG 4.2.1994 – 8 AZB 16/93, EzA § 66 ArbGG 1979 Nr. 17; 27.9.1994 – 2 AZB 18/94, EzA § 66 ArbGG 1979 Nr. 18. ||10 BVerfG 10.8.1998 – 1 BvR 10/98, NJW 1998, 3703; ferner BVerfG 12.1.2000 – 1 BvR 1621/99, NZA 2000, 556. ||11 Vgl. einerseits LAG Köln 9.9.1993 – 5 Sa 603/93, LAGE § 233 ZPO Nr. 15; andererseits BAG 4.2.1994 – 8 AZB 16/93, EzA § 66 ArbGG 1979 Nr. 17; ferner GK-ArbGG/*Vossen*, § 66 Rz. 116b mwN. ||12 Vgl. BAG 20.10.2004 – 5 AZB 37/04, MDR 2005, 288.

dass es sich dabei um eine Höchstfrist handelt[1]. Entscheidend sind vielmehr die Umstände des Einzelfalls, die etwa in Bestandschutzstreitigkeiten gem. § 64 VIII für eine restriktive, gelegentlich aber auch für eine großzügige Bemessung sprechen können. Der Prozessvertreter kann sich auf die ihm bekannt gegebene Fristverlängerung verlassen, auch wenn sie von der in der Verfahrensakte enthaltenen Verfügung abweicht[2].

17 IV. Berufungsbeantwortungsfrist. Im Unterschied zu § 521 II ZPO statuiert Abs. 1 S. 3, dass die Berufung **innerhalb eines Monats** nach Zustellung der Berufungsbegründung beantwortet werden muss. Dadurch soll eine Konzentration und Beschleunigung des Berufungsverfahrens erreicht werden. Es handelt sich um eine besonders gestaltete Einlassungsfrist, mit der die allg. Regelung des § 274 III ZPO modifiziert wird. Das Berufungsgericht hat die Frist bei der Terminbestimmung zu beachten. Wird bereits vor Ablauf der Beantwortungsfrist terminiert, so kann der Berufungsbeklagte Terminsverlegung beantragen, um die Frist ausschöpfen zu können. Erscheint er mit Rücksicht darauf in dem zunächst anberaumten Termin nicht, so darf kein Versäumnisurteil gegen ihn ergehen[3]. Allerdings kann im Einverständnis mit dem Berufungsbeklagten auch vor Ablauf der Frist verhandelt und entschieden werden. Dies entspricht § 295 ZPO.

18 Der Berufungsbeklagte ist mit der Zustellung der Berufungsbegründung **ausdrücklich** auf die Frist für die Berufungsbeantwortung **hinzuweisen**. Unterbleibt der Hinweis, so kann verspäteter Vortrag nicht nach § 67 IV zurückgewiesen werden. In der Zurückweisung verspäteten Vorbringens liegt iÜ die einzige **Sanktion für die nicht oder nicht rechtzeitig erfolgte Berufungsbeantwortung**. Zu Einzelheiten s. die Erl. zu § 67.

19 Auch die Berufungsbeantwortungsfrist kann **auf Antrag einmal verlängert** werden, und zwar nach gleicher Maßgabe wie die Berufungsbegründungsfrist, so dass auf die dazu gegebenen Hinweise Bezug genommen werden kann (Rz. 13). Die Fristverlängerung wird **regelmäßig nicht mehr als einen Monat** betragen dürfen. Bei seiner Ermessensentscheidung sollte der Vorsitzende des Berufungsgerichts auch den Aspekt der prozessualen Gleichbehandlung der Parteien iS eines fairen Verfahrens berücksichtigen. Eine Verlängerung gilt nach § 524 II 2 ZPO gleichzeitig auch für die Frist zur **Anschlussberufung**[4].

20 Dieser Aspekt ist auch bei einer **Abkürzung der Frist im einstw. Verfügungsverfahren** zu beachten, die grds. zulässig ist, weil eine strikte Einhaltung der Beantwortungsfrist von einem Monat mit dem Zweck der Gewährleistung schnellen und effektiven Rechtsschutzes nicht zu vereinbaren wäre[5]. Wenn allerdings der Berufungskläger die Begründungsfrist voll ausschöpft, besteht in aller Regel keine Veranlassung, die Beantwortungsfrist abzukürzen. Über eine etwaige Abkürzung der **Einlassungs- und Ladungsfrist** hat der Vorsitzende im Einzelfall nach § 226 ZPO bei der Terminsbestimmung zu befinden, worüber die Parteien mit der Ladung zu unterrichten sind.

21 V. Verwerfung der Berufung. Wird die **Berufungsfrist oder** die – verlängerte – **Berufungsbegründungsfrist versäumt**, so ist die Berufung nach § 522 I ZPO als unzulässig zu verwerfen. Dies geschieht entweder durch **Prozessurteil** der Kammer oder durch **Beschluss** des Vorsitzenden ohne mündliche Verhandlung[6]. Gleiches gilt, wenn die Berufung nicht statthaft oder nicht in der gesetzl. Form eingelegt worden ist. Demggü. findet § 522 II und III ZPO keine Anwendung, so dass die Zurückweisung einer offensichtlich unbegründeten Berufung durch Beschluss im arbeitsgerichtl. Verfahren ausgeschlossen ist.

22 Falls die Partei an der Versäumung der Fristen kein Verschulden trifft – Anwaltsverschulden wird ihr nach § 85 II ZPO zugerechnet[7] –, kann ihr auf Antrag nach § 233 ZPO **Wiedereinsetzung in den vorigen Stand** gewährt werden. Mit Rücksicht darauf ist dem Berufungskläger vor einer beabsichtigten Verwerfung der Berufung als unzulässig **rechtl. Gehör** zu gewähren[8]. Begehrt er die Wiedereinsetzung, so muss er die versäumte Prozesshandlung, nämlich die Berufungseinlegung bzw. -begründung, gem. §§ 234 I, 236 II ZPO innerhalb der Antragsfrist von zwei Wochen bzw. einem Monat (§ 234 I 2 ZPO) nachholen. Die mWv. 1.9.2004 auf einen Monat verlängerte Wiedereinsetzungsfrist zur Begründung der Berufung gilt allgemein und ist nicht auf die Fälle nachträglicher Bewilligung von PKH beschränkt[9]. Über den Antrag auf Wiedereinsetzung entscheidet das LAG in aller Regel zusammen mit der Hauptsache, also entweder in einem **Verwerfungsbeschluss durch den Vorsitzenden allein**[10] oder durch Urteil nach mündlicher Verhandlung. Zu den Wiedereinsetzungsgründen ist eine umfangreiche Kasuistik entwickelt, die vor allem in den Kommentierungen zur ZPO dokumentiert ist[11]. Übersieht das LAG die Fristversäumnis und entscheidet zur Sache, so kann die Berufung auch in der Revision noch als unzulässig verworfen werden[12].

---

1 Vgl. GK-ArbGG/*Vossen*, § 66 Rz. 116a. ‖ 2 Vgl. LAG Bln.-Bbg. 30.6.2009 – 11 Sa 408/08. ‖ 3 Vgl. GMP/*Germelmann*, § 66 Rz. 19. ‖ 4 Vgl. BAG 24.5.2012 – 2 AZR 124/11. ‖ 5 Vgl. LAG Berlin 20.5.1985 – 9 Sa 38/85, LAGE § 7 BUrlG Nr. 9. ‖ 6 Zur Bindungswirkung von Verwerfungsbeschlüssen BAG 21.8.2003 – 8 AZR 444/02, AP Nr. 9 zu § 318 ZPO. ‖ 7 Vgl. BAG 10.1.2003 – 1 AZR 70/02, NZA 2003, 397; LAG Nürnberg 14.4.2010 – 4 Sa 536/09, AuR 2011, 80; LAG Hamm 28.1.2009 – 2 Sa 1465/08; LAG Köln 28.7.2008 – 2 Sa 545/08; zum Sonderfall widersprechender Verfahrenserklärungen LAG Hess. 30.9.2008 – 12 Sa 292/08. ‖ 8 BAG 15.8.1989 – 8 AZR 557/88, EzA § 233 ZPO Nr. 11. ‖ 9 Vgl. BAG 24.8.2005 – 2 AZB 20/05, NZA 2005, 1262. ‖ 10 BAG 5.10.2010 – 5 AZB 10/10, MDR 2011, 431. ‖ 11 Vgl. etwa Zöller/*Greger*, § 233 ZPO Rz. 23; ferner BAG 7.11.2012 – 7 AZR 314/12; LAG MV 20.11.2012 – 5 Sa 61/12. ‖ 12 BAG 27.6.2002 – 2 AZR 427/01, NZA 2003, 573.

Nur in Ausnahmefällen ist das Revisionsgericht ermächtigt, selbst eine Prüfung der möglichen Wiedereinsetzung im anhängigen Revisionsverfahren durchzuführen[1].

67 Zulassung neuer Angriffs- und Verteidigungsmittel

(1) Angriffs- und Verteidigungsmittel, die im ersten Rechtszug zu Recht zurückgewiesen worden sind, bleiben ausgeschlossen.

(2) Neue Angriffs- und Verteidigungsmittel, die im ersten Rechtszug entgegen einer hierfür nach § 56 Abs. 1 Satz 2 Nr. 1 oder § 61a Abs. 3 oder 4 gesetzten Frist nicht vorgebracht worden sind, sind nur zuzulassen, wenn nach der freien Überzeugung des Landesarbeitsgerichts ihre Zulassung die Erledigung des Rechtsstreits nicht verzögern würde oder wenn die Partei die Verspätung genügend entschuldigt. Der Entschuldigungsgrund ist auf Verlangen des Landesarbeitsgerichts glaubhaft zu machen.

(3) Neue Angriffs- und Verteidigungsmittel, die im ersten Rechtszug entgegen § 282 Abs. 1 der Zivilprozessordnung nicht rechtzeitig vorgebracht oder entgegen § 282 Abs. 2 der Zivilprozessordnung nicht rechtzeitig mitgeteilt worden sind, sind nur zuzulassen, wenn ihre Zulassung nach der freien Überzeugung des Landesarbeitsgerichts die Erledigung des Rechtsstreits nicht verzögern würde oder wenn die Partei das Vorbringen im ersten Rechtszug nicht aus grober Nachlässigkeit unterlassen hatte.

(4) Soweit das Vorbringen neuer Angriffs- und Verteidigungsmittel nach den Absätzen 2 und 3 zulässig ist, sind diese vom Berufungskläger in der Berufungsbegründung, vom Berufungsbeklagten in der Berufungsbeantwortung vorzubringen. Werden sie später vorgebracht, sind sie nur zuzulassen, wenn sie nach der Berufungsbegründung oder der Berufungsbeantwortung entstanden sind oder das verspätete Vorbringen nach der freien Überzeugung des Landesarbeitsgerichts die Erledigung des Rechtsstreits nicht verzögern würde oder nicht auf Verschulden der Partei beruht.

I. Inhalt und Zweck. Die aktuelle Fassung der Vorschrift beruht auf Art. 30 Nr. 9 ZPO-ReformG und behält für das arbeitsgerichtl. Berufungsverfahren inhaltlich die frühere Regelung über die Zulassung neuer Angriffs- und Verteidigungsmittel bei. Damit wird dem Umstand Rechnung getragen, dass die Berufung im arbeitsgerichtl. Verfahren nach wie vor eine **volle Tatsacheninstanz** eröffnet und neuer Sachvortrag grds. bis zum Schluss der mündlichen Berufungsverhandlung zulässig ist. Daraus folgt auch die volle tatrichterliche Überprüfungskompetenz des LAG, die nicht etwa revisionsähnlich beschränkt ist (vgl. § 64 Rz. 50). Soweit nach näherer Maßgabe des § 67 die Möglichkeit der **Zurückweisung verspäteten Vorbringens** besteht, handelt es sich um eine zulässige Einschränkung des Anspruchs auf rechtl. Gehör[2]. Die fehlerhafte Anwendung der Vorschriften kann allerdings einen Grundrechtsverstoß darstellen, der mit der Verfassungsbeschwerde bzw. mit der sog. Gehörsrüge nach § 78a geltend gemacht werden kann[3]. Da die Präklusionsvorschriften der Beschleunigung, nicht der Sanktion dienen, ist umgekehrt die Zulassung verspäteten Vorbringens durch das Berufungsgericht idR nicht angreifbar[4]. 1

II. Präklusion nach Abs. 1. Streitiger Sachvortrag, der im ersten Rechtszug zu Recht zurückgewiesen worden ist, bleibt auch in der zweiten Instanz ausgeschlossen. **Der Ausschluss ist endgültig**, ohne dass es auf eine Verzögerung der Erledigung des Rechtsstreits vor dem LAG ankommt. Hat das ArbG den verspäteten Vortrag aber entgegen § 56 II oder § 61a V zugelassen, so ist auch das Berufungsgericht daran gebunden[5]. 2

Die Anwendung der Vorschrift setzt voraus, dass **bereits das ArbG** Angriffs- und Verteidigungsmittel nach §§ 56 II, 61a V ArbGG, § 296 II ZPO iVm. § 282 ZPO oder § 340 III 3 ZPO **zurückgewiesen hat**. Bleibt Vorbringen aus anderen Gründen unberücksichtigt, etwa weil es nach Auffassung des ArbG unschlüssig ist, so kann der Sachvortrag nach § 67 IV auch in der zweiten Instanz berücksichtigt werden[6]. Für eine rechtzeitig aufgestellte Behauptung können mit der Berufungsbegründung auch ohne weiteres neue Zeugen benannt werden, wenn das ArbG einen verspäteten Beweisantrag zurückgewiesen hat[7]. 3

Eine Präklusion scheidet aus, wenn das erstinstanzliche Vorbringen unstreitig war oder in zweiter Instanz unstreitig geworden ist[8]. **Unstreitiger Sachverhalt ist stets zu berücksichtigen**, weil das Gericht nicht gezwungen sein kann, bewusst eine unzutreffende Entscheidung zu fällen. Das muss auch für offenkundige Tatsachen nach § 291 ZPO gelten. 4

Das LAG hat in vollem Umfang zu überprüfen, ob die Zurückweisung des Vorbringens durch das ArbG **zu Recht** erfolgt ist. Es ist festzustellen, dass alle gesetzl. Voraussetzungen für eine Zurückweisung vorlagen, also bei Berücksichtigung des Vorbringens eine Verzögerung des Rechtsstreits eingetreten wäre, die Verzögerung nicht durch prozessleitende Maßnahmen des Gerichts hätte verhindert werden können und die Partei die Verspätung ihres Vortrags nicht genügend entschuldigt hat. Die Entschuldigung kann ausnahmsweise im Berufungsverfahren nachgeholt werden, wenn das ArbG der 5

---

[1] Vgl. BAG 13.12.2012 – 6 AZR 303/12. ||[2] Vgl. dazu näher GK-ArbGG/*Vossen*, § 67 Rz. 14ff. mwN.
||[3] BVerfG 14.4.1987 – 1 BvR 162/84, NJW 1987, 2003; 26.1.1995 – 1 BvR 1068/93, EzA § 67 ArbGG 1979 Nr. 6.
||[4] Vgl. BAG 25.10.2012 – 2 AZR 845/11; 19.2.2008 – 9 AZN 1085/07. ||[5] BVerfG 26.1.1995 – 1 BvR 1068/93, EzA § 67 ArbGG 1979 Nr. 6. ||[6] Vgl. GMP/*Germelmann*, § 67 Rz. 18 mwN. ||[7] Vgl. GK-ArbGG/*Vossen*, § 67 Rz. 23. ||[8] BVerfG 7.10.1980 – 1 BvL 50/79, BVerfGE 55, 72 (84ff.).

ArbGG § 67 Rz. 6   Zulassung neuer Angriffs- und Verteidigungsmittel

Partei keine Gelegenheit zur Stellungnahme gegeben hat[1]. Hat ein Prozessbevollmächtigter eine richterliche Frist zur schriftsätzlichen Vorbereitung der mündlichen Verhandlung nach § 129 II ZPO nicht eingehalten, so kann verspätetes Vorbringen wegen **Verletzung der allgemeinen Prozessförderungspflicht** nach den §§ 282, 296 II ZPO zurückgewiesen werden mit der Folge, dass die Partei damit auch in der zweiten Instanz ausgeschlossen bleibt[2]. Voraussetzung ist ua., dass die Verspätung auf grober Nachlässigkeit beruht. Liegen hierfür äußere Umstände vor, dann ist es Sache der Partei, die entkräftenden Tatsachen zu behaupten und zu beweisen[3]. Das LAG hat in den Fällen der **Zurückweisung nach Fristsetzung** auf Grund der §§ 56 II und 61a V zu prüfen, ob überhaupt eine wirksame Fristsetzung vorgenommen wurde. Das setzt vor allem eine genaue Bezeichnung der klärungsbedürftigen Punkte voraus[4].

6   **III. Zurückweisung wegen Verletzung der konkreten Prozessförderungspflicht (Abs. 2).** Die Zurückweisungsmöglichkeit betrifft Angriffs- und Verteidigungsmittel, die entgegen einer vom ArbG nach § 56 I 2 Nr. 1 oder § 61a III oder IV gesetzten Frist nicht vorgebracht worden sind und daher **erstmals im Berufungsverfahren** geltend gemacht werden. Es geht mit anderen Worten um eine Sanktion für erstinstanzliche Fristversäumnis. Voraussetzung ist zunächst wiederum die Wirksamkeit der Fristsetzung, die nicht nur eine genaue Bezeichnung der klärungsbedürftigen Punkte, sondern auch eine Belehrung über die Folgen der Fristversäumnis erfordert[5].

7   Erfasst werden **neue Angriffs- und Verteidigungsmittel**, nicht unstreitiger Sachvortrag oder Rechtsausführungen. Es handelt sich nach § 282 I ZPO insb. um Behauptungen, Bestreiten, Einwendungen, Einreden, Beweismittel und Beweiseinreden. Davon zu unterscheiden ist der **Angriff selbst**, wie Klage und Widerklage, Klageerweiterung und Klageänderung[6]. Letztere ist wie **Aufrechnungserklärung und Widerklage** nach § 533 ZPO im Berufungsverfahren nur zulässig, wenn der Gegner einwilligt oder das Gericht dies für sachdienlich hält und sie auf Tatsachen gestützt werden kann, die das Berufungsgericht der Verhandlung und Entscheidung über die Berufung ohnehin zugrunde zu legen hat. Die Verwertbarkeit neuen Tatsachenvorbringens in der Berufungsinstanz richtet sich nach § 67, der § 531 II ZPO als Spezialregelung vorgeht[7]. Soweit neues Vorbringen unstreitig ist, kann es den Rechtsstreit nicht verzögern und muss stets berücksichtigt werden[8].

8   Eine Zurückweisung nach Abs. 2 setzt weiter voraus, dass die **Erledigung** des Rechtsstreits durch eine Zulassung der neuen Angriffs- und Verteidigungsmittel **verzögert** würde **und die Partei die Verspätung nicht genügend entschuldigt**. Wird dies vom LAG festgestellt, so ist das neue Vorbringen von Amts wegen zurückzuweisen. Ein Ermessen steht dem Gericht insoweit nicht zu. Der Partei, deren Vorbringen zurückgewiesen werden soll, muss schon wegen der Entschuldigungsmöglichkeit zuvor Gelegenheit zur Stellungnahme gegeben werden[9].

9   Eine **Verzögerung des Rechtsstreits** liegt nach der herrschenden absoluten Theorie vor, wenn der Rechtsstreit bei der Zulassung des verspäteten Vorbringens länger dauern würde als bei seiner Zurückweisung, also insb. bei einer notwendig werdenden **Vertagung**[10]. Diese Situation kann auch dann eintreten, wenn die verspätet vortragende Partei zum Termin präsente Zeugen stellt und die überraschte Gegenpartei Vertagung zur Einräumung des rechtl. Gehörs beantragt, um etwa Rücksprache halten oder Gegenzeugen anbieten zu können[11]. Stets erforderlich ist allerdings, dass die Verzögerung **allein von der Partei** zu vertreten ist. Sobald eine **Mitverursachung durch das Gericht oder das Verhalten Dritter**, welches der Partei nicht zugerechnet werden kann, hinzukommt, scheidet eine Zurückweisung des verspäteten Vorbringens aus[12]. Daraus folgt für das Gericht die Obliegenheit, vorausschauend zu terminieren, damit notwendige Beweisaufnahmen bereits im ersten Termin durchgeführt werden können[13]. Hält sich der Aufklärungsbedarf in Grenzen, können und müssen Zeugen prozessleitend geladen werden, um eine Verzögerung zu vermeiden. Andererseits braucht das Gericht nicht eine umfangreiche Beweisaufnahme einzuplanen, die den normalen Sitzungsablauf sprengen würde[14].

10   Auch wenn eine Verzögerung des Rechtsstreits stattfindet, ist das neue Vorbringen zuzulassen, wenn die Partei die Verspätung **genügend entschuldigt**. Der Entschuldigungsgrund ist nach Abs. 2 S. 2 auf Verlangen des LAG glaubhaft zu machen. Erst die **kumulative Feststellung** der Verzögerung der Rechtsstreits und des Verschuldens der Partei bzw. ihres Vertreters erlaubt die Zurückweisung des verspäteten Vorbringens.

---

1 BVerfG 14.4.1987 – 1 BvR 162/84, NJW 1987, 2003. ‖ 2 LAG Köln 10.7.1984 – 1 Sa 415/84, EzA § 528 ZPO Nr. 2. ‖ 3 Vgl. LAG Köln 13.12.2012 – 6 Sa 640/12. ‖ 4 Vgl. LAG Nürnberg 18.12.1989 – 7 Sa 411/89, LAGE § 56 ArbGG 1979 Nr. 1; LAG Hamm 22.7.1982 – 8 Sa 734/82, EzA § 340 ZPO Nr. 2. ‖ 5 BAG 19.6.1980 – 3 AZR 1177/79, EzA § 56 ArbGG 1979 Nr. 1; BGH 11.7.1985 – I ZR 145/83, NJW 1986, 133. ‖ 6 Vgl. BAG 11.4.2006 – 9 AZN 892/05, NZA 2006, 750. ‖ 7 Vgl. BAG 25.1.2005 – 9 AZR 44/04, EzA § 1 AEntG Nr. 8; LAG Bln.-Bbg. 19.2.2009 – 26 Sa 1991/08; zur Prozessaufrechnung in der Berufungsinstanz LAG Berlin 11.4.2003 – 6 Sa 2262/02. ‖ 8 Vgl. BAG 25.1.2005 – 9 AZR 44/04, EzA § 1 AEntG Nr. 8; LAG Hamburg 15.11.2004 – 3 Sa 18/03; LAG Düss. 10.10.2008 – 9 Sa 572/08. ‖ 9 Vgl. BGH 10.5.1984 – III ZR 29/83, NJW 1984, 2039. ‖ 10 Vgl. nur BGH 19.10.1988 – VIII ZR 298/87, NJW 1989, 719; LAG Sachs. 26.3.2003 – 2 Sa 466/02; GK-ArbGG/*Vossen*, § 67 Rz. 40 mwN. ‖ 11 Vgl. LAG Köln 2.6.1995 – 13 Sa 127/95, LAGE § 67 ArbGG 1979 Nr. 4. ‖ 12 Vgl. LAG Köln 4.2.1988 – 8 Sa 173/87, LAGE § 528 ZPO Nr. 3; LAG Hamm 2.2.1995 – 4 Sa 1850/94, LAGE § 67 ArbGG 1979 Nr. 3. ‖ 13 Vgl. BVerfG 26.8.1988 – 2 BvR 1437/87, NJW 1989, 706. ‖ 14 Vgl. BGH 18.5.1999 – X ZR 105/96, NJW 1999, 3272.

IV. Zurückweisung bei Verstößen gegen die allgemeine Prozessförderungspflicht (Abs. 3). Eine Verletzung der allg. Prozessförderungspflicht kommt insb. dann in Betracht, wenn richterliche Fristen missachtet worden sind, die nicht von Abs. 2 S. 1 erfasst werden, oder die dort genannten Fristsetzungen unwirksam sind. Nach § 282 I ZPO hat jede Partei in der mündlichen Verhandlung ihre Angriffs- und Verteidigungsmittel so zeitig vorzubringen, wie es nach der Prozesslage einer sorgfältigen und auf Förderung des Verfahrens bedachten Prozessführung entspricht. Nach § 282 II ZPO sind Anträge sowie Angriffs- und Verteidigungsmittel, auf die der Gegner voraussichtlich ohne vorherige Erkundigung keine Erklärung abgeben kann, vor der mündlichen Verhandlung durch vorbereitenden Schriftsatz so zeitig mitzuteilen, dass der Gegner die erforderliche Erkundigung noch einzuziehen vermag. Zwar gilt dieses Gebot der Rechtzeitigkeit vorbereitender Schriftsätze grds. nur im Anwaltsprozess. Jedoch kann auch das ArbG im Parteiprozess den Parteien aufgeben, die mündliche Verhandlung vor der Kammer durch Schriftsätze vorzubereiten (§ 129 II ZPO iVm. § 46 II 1). Macht das ArbG davon Gebrauch, zumeist nach erfolglosem Güteversuch, so **kann** es verspätetes Vorbringen nach Maßgabe des § 296 II ZPO zurückweisen[1]. 11

Ist die Partei ihrer allg. Prozessförderungspflicht im erstinstanzlichen Verfahren nicht nachgekommen, sondern trägt sie ihre neuen Angriffs- und Verteidigungsmittel im Berufungsverfahren **erstmals** vor, so sind diese **nur zuzulassen**, wenn ihre Zulassung nach der freien Überzeugung des LAG die Erledigung des Rechtsstreits **nicht verzögern** würde **oder** wenn die Partei das Vorbringen im ersten Rechtszug **nicht aus grober Nachlässigkeit** unterlassen hat. Die Verzögerung bezieht sich allein auf das Berufungsverfahren[2]. Die Beurteilungskriterien sind dieselben wie bei Abs. 2 S. 1, so dass auf die dortigen Ausführungen verwiesen werden kann (s. Rz. 9). 12

Ein grob nachlässiger Verstoß gegen die allg. Prozessförderungspflicht, der eine Zulassung des verspäteten Vortrags ausschließt, liegt vor, wenn die Partei oder ihr Vertreter die prozessuale Sorgfalt **in ungewöhnlich großem Maße** verletzt und dasjenige unbeachtet gelassen hat, was jedem, der einen Prozess führt, hätte einleuchten müssen[3]. Das ist zB bejaht worden in einem Fall, in dem die Partei entgegen einer Auflage im Gütetermin, bis zwei Monate vor dem Kammertermin die Kündigungsgründe näher darzulegen, erst drei Arbeitstage vor dem Termin einen umfangreichen Schriftsatz ohne eine nachvollziehbare Entschuldigung eingereicht hat[4]. Eine grobe Nachlässigkeit scheidet regelmäßig aus, wenn die Verspätung durch Fehler des Gerichts mit verursacht wurde, etwa durch unterbliebene Hinweise nach § 139 ZPO oder unrichtige Rechtsausführungen[5]. 13

Kann eine grobe Nachlässigkeit nicht festgestellt werden, so ist der neue Sachvortrag selbst dann zuzulassen, wenn hierdurch der Berufungsrechtsstreit verzögert wird. Die Entscheidung über die Zulassung oder Zurückweisung des Vorbringens ist in dem abschließenden Urteil zu treffen und zu begründen. Obsiegt die Partei auf Grund des neuen Vorbringens, können ihr nach **§ 97 II ZPO** die Kosten des Rechtsmittelverfahrens ganz oder teilweise auferlegt werden. Die Zulassung des verspäteten Vortrags kann vom Revisionsgericht nicht nachträglich beseitigt werden[6]. 14

V. Prozessförderungspflicht in der Berufungsinstanz (Abs. 4). Soweit das Vorbringen neuer Angriffs- und Verteidigungsmittel nach den Abs. 2 und 3 zulässig ist, sind diese vom Berufungskläger **in der Berufungsbegründung** und vom Berufungsbeklagten **in der Berufungsbeantwortung** vorzubringen. Einer besonderen Fristsetzung durch das LAG bedarf es nicht, weil sich die einzuhaltenden Fristen – abgesehen von einer möglichen Verlängerung – nach § 66 I unmittelbar aus dem Gesetz ergeben. Die Regelung bezweckt eine **Konzentration des Berufungsverfahrens**, so dass die Parteien mit verspätetem Vortrag außerhalb der vorbereitenden Schriftsätze grds. ausgeschlossen sind. 15

Von diesem Grundsatz lässt Abs. 4 S. 2 bei an sich zulässiger Berufung[7] nur drei **Ausnahmen** zu: 16

– Neue Angriffs- und Verteidigungsmittel sind **erst nach** der Berufungsbegründung oder der Berufungsbeantwortung **entstanden**.

– Die Berücksichtigung des verspäteten Vorbringens bewirkt **keine Verzögerung** des Verfahrens.

– An der Verspätung des Vorbringens trifft die Partei **kein Verschulden**.

Für die Frage, ob neue Angriffs- und Verteidigungsmittel nach Berufungsbegründung oder -beantwortung entstanden sind, ist auf den **Zeitpunkt des Eingangs der Schriftsätze** beim LAG abzustellen. Danach entstanden sind auch Tatsachen, die auf der **Ausübung eines Gestaltungsrechts** der Partei beruhen, zB die Erklärung der Anfechtung oder Kündigung. Das entsprechende Vorbringen ist auch dann zuzulassen, wenn es zu einer Verzögerung der Erledigung des Rechtsstreits führt. Gleiches gilt kraft ausdrücklicher gesetzl. Anordnung für den **Auflösungsantrag nach § 9 I KSchG**, der von jeder Partei bis zum Schluss der letzten mündlichen Verhandlung in der Berufungsinstanz gestellt werden kann, ohne dass die Form der Berufung bzw. Anschlussberufung gewahrt werden muss. Die Antragstellung ist 17

---

1 Vgl. LAG Köln 10.7.1984 – 1 Sa 415/84, EzA § 528 ZPO Nr. 2. ||2 Vgl. LAG Düss. 26.7.2012 – 15 Sa 788/12.
||3 BGH 24.9.1986 – VIII ZR 255/85, NJW 1987, 501. ||4 LAG Köln 10.7.1984 – 1 Sa 415/84, EzA § 528 ZPO Nr. 2.
||5 Vgl. GK-ArbGG/*Vossen*, § 67 Rz. 65. ||6 Vgl. BAG 19.2.2008 – 9 AZN 1085/07. ||7 Vgl. BAG 25.4.2007 – 6 AZR 436/05, FA 2007, 276; LAG Bln.-Bbg. 4.11.2010 – 26 Sa 1438/10, NZA-RR 2011, 153.

selbst dann zulässig, wenn die Verhandlung daraufhin wegen einer notwendigen Beweisaufnahme zur Klärung der Begründetheit vertagt werden muss. Wird die Berufung gegen ein der Kündigungsschutzklage stattgebendes Urteil allerdings zurückgenommen, so entfällt damit ohne weiteres auch der im Wege der Anschlussberufung verfolgte Auflösungsantrag[1].

18 Bereits früher entstandene Angriffs- und Verteidigungsmittel sind trotz Verspätung dann zu berücksichtigen, wenn dadurch die Erledigung des Rechtsstreits vor dem Berufungsgericht **nicht verzögert** wird. Es gelten an sich dieselben Grundsätze wie bei Abs. 2 S. 1. Zu beachten ist allerdings, dass das LAG in aller Regel den **Verhandlungstermin bereits anberaumt** haben wird und dann ergänzend prüfen muss, ob der verspätete Vortrag noch durch zumutbare prozessleitende Maßnahmen des Vorsitzenden einbezogen werden kann, indem etwa noch Zeugen zum Termin geladen werden. Solche ergänzenden Maßnahmen werden umso eher zumutbar sein, je mehr Zeit bis zum Verhandlungstermin verbleibt. Zu unangemessenen Eil-anordnungen und unvorhersehbar umfangreichen Beweisaufnahmen ist das Gericht aber nicht verpflichtet[2]. Nach der Terminierung kann es mit Rücksicht auf die Terminslage im Einzelfall ausgeschlossen sein, vorbereitend noch Beweisanordnungen zur Abwendung von Verfahrensverzögerungen zu treffen[3]. Das LAG entscheidet über die Zulassung des verspäteten Vorbringens im Hinblick auf den Nichteintritt einer Verzögerung nach seiner freien Überzeugung.

19 Nach der Berufungsbegründung und -beantwortung erstmals vorgebrachte Angriffs- und Verteidigungsmittel sind schließlich auch dann zuzulassen, wenn das verspätete Vorbringen nach der freien Überzeugung des LAG nicht auf einem Verschulden der Partei beruht. Schädlich ist im Unterschied zu Abs. 3 bereits **leichte Fahrlässigkeit**[4]. Dabei muss sich die Partei auch das Verschulden ihres Prozessvertreters gem. § 85 II ZPO zurechnen lassen. Das BAG ist an die Zulassungsentscheidung des LAG gebunden, denn die einmal eingetretene, aber vom LAG akzeptierte Verzögerung kann nicht mehr rückgängig gemacht werden[5].

68 Zurückverweisung
Wegen eines Mangels im Verfahren des Arbeitsgerichts ist die Zurückverweisung unzulässig.

1 **I. Verbot der Zurückweisung wegen eines Verfahrensmangels.** Im Unterschied zu § 538 II 1 Nr. 1 ZPO untersagt § 68 für das arbeitsgerichtl. Berufungsverfahren eine Zurückverweisung wegen eines Verfahrensmangels erster Instanz. Damit wird dem Grundsatz der **Verfahrensbeschleunigung**, wie er in § 9 I 1 verankert ist, in besonderer Weise Rechnung getragen. Das LAG hat als **zweite Tatsacheninstanz** die notwendigen Beweise zu erheben und in der Sache selbst zu entscheiden. Die Vorschrift findet auf das Beschwerdeverfahren nach § 78 keine Anwendung[6].

2 Eine Zurückverweisung ist **auch bei schwersten Verfahrensfehlern** unzulässig. Das Verbot gilt selbst bei Verstößen gegen verfassungsrechtl. Grundsätze wie den des gesetzl. Richters nach Art. 101 I 1 GG oder den des rechtl. Gehörs nach Art. 103 I GG. So rechtfertigt weder die falsche Besetzung der Richterbank noch eine Überraschungsentscheidung oder ein unzulässiges Urteil nach Lage der Akten die Zurückverweisung des Rechtsstreits an das ArbG[7]. Auch eine Tenorierung, die über den gestellten Antrag hinausgeht, oder eine fehlende Urteilsunterzeichnung[8] bzw. die durch einen dazu nicht mehr befugten Richter[9], ein herabwürdigendes Urteil in Reimform[10] oder das Fehlen von Tatbestand und/oder Entscheidungsgründen[11] sind schwerste Fehler, die eine Zurückverweisung gleichwohl ausschließen. Um ein Urteil ohne Entscheidungsgründe handelt es sich auch, wenn das – arbeitsgerichtl. – Urteil nicht innerhalb von fünf Monaten nach seiner Verkündung vollständig abgefasst und von den beteiligten Richtern unterschrieben wurde[12]. Da eine Zurückverweisung ausscheidet, hat das LAG selbst die notwendige Sachaufklärung zu betreiben und in der Sache abschließend zu entscheiden[13].

3 **II. Ausnahmen bei nicht korrigierbaren Verfahrensmängeln.** Das Verbot der Zurückverweisung greift ausnahmsw. dann nicht ein, wenn der Verfahrensverstoß im Berufungsverfahren **nicht mehr korrigiert** werden kann. Das ist zB dann der Fall, wenn das arbeitsgerichtl. Urteil trotz einer **Verfahrensunterbrechung** wegen Insolvenz (§ 240 ZPO) ergangen ist[14]. Gleiches muss gelten, wenn das ArbG unter Verstoß gegen § 308 ZPO allein über einen nicht zur Entscheidung gestellten Streitgegenstand entschieden hat[15].

---

1 AA LAG Bremen 29.6.2006 – 3 Sa 222/05, LAGE § 9 KSchG Nr. 38, n. rkr. ||2 Vgl. LAG Köln 17.5.2006 – 6 Sa 1632/05. ||3 Vgl. BVerfG 26.8.1988 – 2 BvR 1437/87, NJW 1989, 706; LAG Hamm 28.1.2004 – 18 Sa 1334/03; GK-ArbGG/Vossen, § 67 Rz. 73. ||4 Vgl. BAG 23.6.2005 – 2 AZR 193/04, NZA 2005, 1233; LAG Nds. 10.9.2008 – 19 Sa 231/08. ||5 Vgl. BAG 25.10.2012 – 2 AZR 845/11. ||6 Vgl. LAG Schl.-Holst. 26.5.2011 – 1 Ta 76c/11; LAG Bremen 5.1.2006 – 3 Ta 69/05, LAGE § 68 ArbGG 1979 Nr. 9. ||7 Vgl. BAG 13.9.1995 – 2 AZR 855/94, EzA § 66 ArbGG 1979 Nr. 22; LAG Hamm 22.7.1987 – 12 TaBV 30/87, LAGE § 80 BetrVG 1972 Nr. 6; LAG Köln 21.2.2003 – 4 Sa 1054/02; LAG Hamm 16.11.2004 – 12 Sa 1045/04; LAG Hess. 5.11.2010 – 3 Sa 602/10; aA wohl LAG Hamm 1.6.2012 – 18 Sa 683/11. ||8 Vgl. BAG 13.3.2013 – 7 AZR 334/11. ||9 LAG Sachs. 10.11.1999 – 2 Sa 265/99, NZA-RR 2000, 609 (610); LAG Düss. 21.1.2004 – 12 Sa 1583/03. ||10 Vgl. LAG Hamm 21.2.2008 – 8 Sa 1736/07. ||11 Vgl. BAG 19.1.2011 – 3 AZR 111/09. ||12 Vgl. BAG 13.9.1995 – 2 AZR 855/94, EzA § 66 ArbGG 1979 Nr. 22. ||13 BAG 24.4.1996 – 5 AZN 970/95, LAGE § 68 ArbGG 1979 Nr. 2; 8.6.2000 – 2 AZR 584/99, EzA § 9 ArbGG 1979 Nr. 15; LAG Düss. 21.1.2004 – 12 Sa 1583/03. ||14 Vgl. BAG 26.6.2008 – 6 AZR 478/07; LAG München 15.3.2007 – 4 Sa 54/07. ||15 Vgl. LAG Düss. 16.8.2012 – 13 Sa 1408/11, n. rkr.; aber auch BAG 7.8.2012 – 9 AZR 189/11.

Eine Zurückverweisung scheidet im Gegensatz zu der bis zum 31.3.2008 geltenden Rechtslage aus, wenn das ArbG gleichzeitig über den **Antrag auf nachträgliche Zulassung der Kündigungsschutzklage** und den Kündigungsschutzantrag durch Urteil entschieden hat. Da die Neuregelung des § 5 IV KSchG aus Beschleunigungsgründen ein Vorverfahren nicht mehr zwingend vorsieht, muss das LAG über den Antrag sogleich selbst entscheiden. Das gilt auch, wenn das LAG entgegen der Auffassung des ArbG eine Fristversäumung iSd. § 5 I KSchG bejaht oder der Hilfsantrag erst in der Berufungsinstanz gestellt wird[1]. Entsprechend ist nach § 17 TzBfG bei sog. Entfristungsklagen zu verfahren[2].

Ein nicht korrigierbarer Verfahrensmangel, der eine Zurückverweisung ausnahmsw. zulässt, wurde früher auch angenommen, wenn das ArbG den ArbN entgegen **§ 6 S. 2 KSchG** nicht darauf hingewiesen hatte, dass er bei an sich rechtzeitig erhobener Klage noch den Kündigungsschutz nach § 1 II, III KSchG bzw. weitere Unwirksamkeitsgründe geltend machen konnte[3]. Nach aA sollte sich der ArbN auch noch in der Berufungsinstanz auf die Sozialwidrigkeit der Kündigung berufen können[4]. Dieser Auffassung hat sich jetzt auch das BAG unter Hinweis auf den für Bestandsstreitigkeiten im besonderen Maß geltenden arbeitsgerichtl. Beschleunigungsgrundsatz angeschlossen[5]. Eine Zurückverweisung kommt daher nicht mehr in Betracht. Vielmehr muss das LAG den Mangel kraft eigener Sachentscheidungsbefugnis in der zweiten Tatsacheninstanz beheben[6].

III. Zurückverweisung wegen nicht vollständiger Entscheidung des Arbeitsgerichts. Hat das ArbG nicht oder nicht umfassend sachlich entschieden, darf eine weitere Verhandlung in der ersten Instanz stattfinden, wenn eine Partei dies beantragt. Dies folgt aus der entsprechenden Anwendung des **§ 538 II 1 Nr. 2–7 ZPO** nach § 64 VI 1, die durch § 68 nicht ausgeschlossen wird[7]. Da es im ArbGV keinen Urkunden- und Wechselprozess gibt und Grundurteile keiner selbständigen Anfechtung unterliegen, scheidet die Anwendung des § 538 II 1 Nr. 4 und 5 ZPO allerdings grds. aus. Im Sonderfall der **Stufenklage** wird gleichwohl analog § 538 II 1 Nr. 4 ZPO eine Zurückverweisung für zulässig gehalten, wenn nach Abweisung der Klage durch das ArbG zweitinstanzlich auf der ersten Stufe eine Verurteilung zur Auskunft erfolgt ist[8].

Ob das Berufungsgericht statt eigener Sachentscheidung die Zurückverweisung wählt, steht bei Vorliegen der sonstigen Voraussetzungen – Eingreifen einer Fallgruppe, Antrag einer Partei – in seinem Ermessen. Allerdings ist zu beachten, dass die **eigene Sachentscheidung die Regel** ist[9]. Ermessensfehlerhaft wäre eine Zurückverweisung wegen des Beschleunigungsgebots dann, wenn die Sache spruchreif ist[10]. Im Einzelnen handelt es sich um folgende Zurückverweisungstatbestände:

1. Verwerfung eines Einspruchs als unzulässig (§ 538 II 1 Nr. 2 ZPO). Erachtet das LAG den Einspruch für zulässig, dann darf **auf Antrag** zurückverwiesen werden, damit in erster Instanz zur Sache verhandelt werden kann[11]. Andernfalls ist die Berufung zurückzuweisen.

2. Entscheidung nur über die Zulässigkeit der Klage (§ 538 II 1 Nr. 3 ZPO). Eine Zurückverweisung ist ferner möglich, wenn das ArbG nur über die Zulässigkeit der Klage entschieden hat, also die Klage als unzulässig abgewiesen wurde. Dies muss der tragende Entscheidungsgrund gewesen sein. Eine materiell-rechtl. Hilfsbegründung steht der Zurückverweisung folglich nicht entgegen[12]. Die entsprechende Anwendung dieser Vorschrift ist mangels Sachentscheidung des ArbG auch geboten, wenn dieses den Fortgang des Verfahrens mit Hinweis auf die Wirksamkeit eines Prozessvergleichs, etwa wegen verspäteten Widerrufs, abgelehnt hat[13] oder zu Unrecht von einer wirksamen Klagerücknahme ausgegangen ist und deshalb die Klage abgewiesen hat[14].

3. Zweites Versäumnisurteil nach § 345 ZPO (§ 538 II 1 Nr. 6 ZPO). Diese Zurückverweisungsmöglichkeit bezieht sich nur auf wirkliche Versäumnisurteile iSv. § 514 II ZPO, erfasst also nicht das unechte Versäumnisurteil des § 331 II ZPO. Erachtet das LAG einen Fall der **Versäumung nicht für gegeben**, so darf es den Rechtsstreit auf Antrag einer Partei an das ArbG zurückverweisen, weil auch in diesem Fall eine Sachentscheidung nicht stattgefunden hat. Gleiches gilt unabhängig von einer Säumnis bei einem unzulässigerweise ergangenen zweiten Versäumnisurteil, das in Wahrheit erstes Versäumnisurteil ist und nach dem sog. Meistbegünstigungsgrundsatz mit dem Einspruch und/oder der Berufung angegriffen werden kann[15]. Auch beim **Anerkenntnisurteil trotz fehlenden Anerkenntnisses** kann entsprechend verfahren werden[16].

---

1 Vgl. BAG 28.5.2009 – 2 AZR 732/08; GMP/*Germelmann*, § 68 Rz. 5; *Stahlhacke/Preis/Vossen*, Rz. 2005. ǀǀ 2 Vgl. BAG 6.10.2010 – 7 AZR 569/09, MDR 2011, 624. ǀǀ 3 Vgl. BAG 30.11.1961 – 2 AZR 295/61; LAG Rh.-Pf. 10.2.2011 – 2 Sa 557/10; LAG Bln.-Bbg. 26.3.2009 – 25 Sa 148/09; GK-ArbGG/*Vossen*, § 68 Rz. 16a. ǀǀ 4 *Bader*, NZA 2004, 65 (69); noch offen lassend BAG 16.4.2003 – 7 AZR 119/02, NZA 2004, 386; 8.11.2007 – 2 AZR 314/06. ǀǀ 5 Vgl. BAG 25.10.2012 – 2 AZR 845/11; für die Befristungskontrollklage BAG 4.5.2011 – 7 AZR 252/10. ǀǀ 6 Vgl. auch zur analogen Anwendung des § 6 KSchG GK-ArbGG/*Vossen*, § 68 Rz. 16b. ǀǀ 7 Vgl. nur GMP/*Germelmann*, § 68 Rz. 8 mwN. ǀǀ 8 BAG 21.11.2000 – 9 AZR 665/99, EzA § 242 BGB Auskunftspflicht Nr. 6; LAG Köln 11.8.1992 – 4 Sa 470/91, NZA 1993, 864; dazu ferner Zöller/*Heßler*, § 538 ZPO Rz. 48 mwN. ǀǀ 9 Vgl. Zöller/*Heßler*, § 538 ZPO Rz. 2. ǀǀ 10 Vgl. LAG Hamm 1.6.2012 – 18 Sa 683/11. ǀǀ 11 Vgl. LAG Hamm 14.3.2007 – 2 Sa 1284/06. ǀǀ 12 Vgl. Zöller/*Heßler*, § 538 ZPO Rz. 37. ǀǀ 13 Vgl. BAG 18.7.1969 – 2 AZR 498/68, AP Nr. 17 zu § 794 ZPO. ǀǀ 14 LAG Köln 24.10.2002 – 5 Sa 668/02; vgl. auch LAG Sachs. 16.8.2006 – 2 Sa 434/06. ǀǀ 15 LAG Sachs. 24.11.2004 – 2 Sa 263/04, LAGE § 68 ArbGG 1979 Nr. 8; LAG Hamm 5.10.2010 – 19 Sa 803/10. ǀǀ 16 OLG München 23.10.1990 – 5 U 3462/90, MDR 1991, 795; Zöller/*Heßler*, § 538 ZPO Rz. 54 mwN.

11 **4. Unzulässiges Teilurteil (§ 538 II 1 Nr. 7 ZPO).** Eine Zurückverweisung kommt schließlich beim unzulässigen **Teilurteil** in Betracht. Nach § 301 ZPO dürfen Teilurteile nur ergehen, wenn das Streitverhältnis teilbar ist. Das ist bei einer **Kündigungsschutzklage nebst Auflösungsantrag** nicht der Fall, so dass nicht etwa getrennt durch Teilurteil über die Rechtsunwirksamkeit der Kündigung und durch Schlussurteil über die Auflösung befunden werden kann[1]. Entscheidet das ArbG nicht gleichzeitig über beide Anträge, muss in aller Regel zurückverwiesen werden. Gleiches gilt bei einer objektiven Klagehäufung, wenn die geltend gemachten Ansprüche von derselben Vorfrage abhängig sind[2], oder bei dem Erlass eines Teilurteils über eine zeitlich nachrangige Kündigung[3].

12 Die Zurückverweisungsmöglichkeit soll der Gefahr vorbeugen, dass im Instanzenzug sachlich widersprechende Entscheidungen ergehen. Im Unterschied zu den anderen Fallgruppen ist daher **ein Antrag der Partei nicht erforderlich.** Ausnahmsw. kann das Berufungsgericht zur Vermeidung divergierender Entscheidungen den beim ArbG anhängig gebliebenen Teil des Rechtsstreits an sich ziehen und dann gem. § 538 I ZPO einheitlich entscheiden[4].

69 Urteil

(1) Das Urteil nebst Tatbestand und Entscheidungsgründen ist von sämtlichen Mitgliedern der Kammer zu unterschreiben. § 60 Abs. 1 bis 3 und Abs. 4 Satz 2 bis 4 ist entsprechend mit der Maßgabe anzuwenden, dass die Frist nach Absatz 4 Satz 3 vier Wochen beträgt und im Falle des Absatzes 4 Satz 4 Tatbestand und Entscheidungsgründe von sämtlichen Mitgliedern der Kammer zu unterschreiben sind.

(2) Im Urteil kann von der Darstellung des Tatbestandes und, soweit das Berufungsgericht den Gründen der angefochtenen Entscheidung folgt und dies in seinem Urteil feststellt, auch von der Darstellung der Entscheidungsgründe abgesehen werden.

(3) Ist gegen das Urteil die Revision statthaft, so soll der Tatbestand eine gedrängte Darstellung des Sach- und Streitstandes auf der Grundlage der mündlichen Vorträge der Parteien enthalten. Eine Bezugnahme auf das angefochtene Urteil sowie auf Schriftsätze, Protokolle und andere Unterlagen ist zulässig, soweit hierdurch die Beurteilung des Parteivorbringens durch das Revisionsgericht nicht wesentlich erschwert wird.

(4) § 540 Abs. 1 der Zivilprozessordnung findet keine Anwendung. § 313a Abs. 1 Satz 2 der Zivilprozessordnung findet mit der Maßgabe entsprechende Anwendung, dass es keiner Entscheidungsgründe bedarf, wenn die Parteien auf sie verzichtet haben; im Übrigen sind die §§ 313a und 313b der Zivilprozessordnung entsprechend anwendbar.

1 **I. Inhalt.** Die Regelung enthält Vorgaben für die äußere Form, die Frist zur schriftlichen Begründung und den Inhalt des Berufungsurteils. Durch Art. 30 Nr. 9a ZPO-ReformG sind der Vorschrift mWv. 1.1. 2002 die Abs. 2–4 hinzugefügt worden. Anlass hierfür war die völlige Neugestaltung des § 540 ZPO, dessen Übernahme in das arbeitsgerichtl. Verfahren wegen der Besonderheiten vor allem im Hinblick auf die Beteiligung der ehrenamtlichen Richter nicht möglich war[5]. Gleichwohl kann auch das LAG sein Urteil nach näherer Maßgabe der Abs. 2–4 knapp fassen.

2 **II. Unterschriften der Richter und Verkündung (Abs. 1).** Im Unterschied zum Urteil des ArbG ist das vollständige Berufungsurteil von allen Mitgliedern der Kammer des LAG zu unterschreiben. Damit wird der besonderen Bedeutung der in aller Regel abschließenden Entscheidung des arbeitsgerichtl. Streitverfahrens in zweiter Instanz Rechnung getragen. Die mitwirkenden Richter, also **auch die ehrenamtlichen Richter**, haben die Unterschrift mit vollem Familiennamen zu leisten. Bei Meinungsverschiedenheiten über die Begründung ist nach näherer Maßgabe der entsprechend anwendbaren §§ 192–197 GVG zu verfahren und im Einzelnen abzustimmen. Auch der etwa **überstimmte Richter** ist zur Unterschrift verpflichtet, weil durch sie nur bestätigt wird, dass die Urteilsgründe mit dem Ergebnis der Beratung übereinstimmen[6].

3 Eine fehlende Unterschrift kann jederzeit **nachgeholt** werden. Das Urteil muss dann allerdings erneut zugestellt werden[7].

4 Bei **Verhinderung eines Richters an der Unterschriftsleistung** ist dies nach § 64 VI 1 ArbGG iVm. §§ 315 I 2, 525 S. 1 ZPO unter Angabe des Verhinderungsgrundes von dem Vorsitzenden und bei dessen Verhinderung von dem ältesten beisitzenden Richter unter dem Urteil zu vermerken. Nur **triftige Gründe** wie bspw. das Ausscheiden eines Richters[8], längere Erkrankung oder berufliche Ortsabwesen-

---

1 Vgl. BAG 4.4.1957 – 2 AZR 456/54, AP Nr. 1 zu § 301 ZPO; LAG Rh.-Pf. 10.7.1997 – 11 Sa 1144/96, LAGE § 68 ArbGG 1979 Nr. 4; LAG Köln 25.4.1997 – 11 Sa 1395/96, MDR 1997, 1132. ‖ 2 Vgl. BAG 23.3.2005 – 4 AZR 243/04, NZA 2006, 1062; LAG Köln 9.9.2005 – 4 Sa 325/05. ‖ 3 Vgl. LAG Nürnberg 17.12.2010 – 4 Sa 333/10, DB 2011, 248. ‖ 4 Vgl. LAG Rh.-Pf. 8.2.2013 – 9 Sa 340/12; LAG Hamm 3.1.2006 – 6 Sa 814/05; Zöller/Heßler, § 538 ZPO Rz. 55. ‖ 5 Vgl. BT-Drs. 14/6036, 126. ‖ 6 Vgl. Zöller/Heßler, § 195 GVG Rz. 1. ‖ 7 LAG Köln 23.2.1988 – 6 Ta 28/88, BB 1988, 768. ‖ 8 Vgl. LAG München 2.2.2011 – 11 Sa 343/08.

heit kommen in Betracht. Kurzfristige Verhinderungen reichen dagegen nicht aus[1]. Weigert sich ein ehrenamtlicher Richter pflichtwidrig, eine getroffene Entscheidung zu unterschreiben, so liegt auch darin ein zureichender Ersetzungsgrund[2], der vom Vorsitzenden zu vermerken ist. Zu beachten ist, dass jeweils nur eine Unterschrift nach § 315 I 2 ZPO ersetzt werden kann. Ein Verhinderungsvermerk ist formell ordnungsgemäß, wenn er die Tatsache der Verhinderung und deren Grund angibt, ohne dass detaillierte Angaben erforderlich sind[3].

Auch wenn das Unterschriftenerfordernis nur für das vollständig abgesetzte Urteil gilt, so hat sich doch die **Praxis** herausgebildet, bereits den zu verkündenden **Tenor der Entscheidung** durch die mitwirkenden Richter unterschreiben zu lassen. Darin kommt zum Ausdruck, dass ein bestimmtes Urteil beraten und in aller Regel auch verkündet worden ist. Diese Praxis erleichtert zudem die **Herstellung einer vollstreckbaren Kurzausfertigung des Urteils**, die nach § 317 II ZPO die Unterschrift der Richter voraussetzt. 5

Für die **Verkündung des Berufungsurteils** gilt § 60 I–III entsprechend. Insb. ist die Anwesenheit der ehrenamtlichen Richter nicht erforderlich, wenn die Urteilsformel vorher von ihnen mit unterschrieben worden ist. Auch unter diesem Aspekt hat sich die Praxis der Unterzeichnung bereits des Urteilstenors nach Abschluss der Beratung bewährt. Die Nichteinhaltung der Verkündungsfrist nach § 60 I und der Umstand, dass das Urteil bei der Verkündung entgegen § 60 IV 2 nicht in vollständiger Form abgefasst ist, führen nicht zur Unwirksamkeit der Verkündung, weil lediglich Ordnungsvorschriften betroffen sind[4]. 6

Die Frist zur vollständigen **Abfassung** des verkündeten Urteils beträgt abweichend von § 60 IV 3 **vier Wochen**. Es handelt sich um eine Ordnungsvorschrift, deren Verletzung auf die Wirksamkeit der verkündeten Entscheidung keinen Einfluss hat. Kann sie im Einzelfall nicht eingehalten werden, muss nach § 60 IV 3 sichergestellt werden, dass das unterschriebene Urteil ohne Tatbestand und Entscheidungsgründen innerhalb der Frist der Geschäftsstelle übergeben wird. Diesem Erfordernis wird bereits mit dem regelmäßig vorliegenden, von allen Richtern unterschriebenen Urteilstenor Rechnung getragen. Zu beachten ist aber, dass auch ein Berufungsurteil, das nicht innerhalb von **fünf Monaten** nach der Verkündung in vollständiger Form unterschrieben der Geschäftsstelle übergeben wird, als nicht mit Gründen versehen gilt. Da mit Überschreiten dieser Frist endgültig feststeht, dass eine rechtsstaatlich unbedenkliche Begründung durch das LAG nicht mehr erfolgen kann und damit auch eine Nichtzulassungsbeschwerde nach § 72a verhindert wird, kann und muss nunmehr anstelle der früher allein möglichen Verfassungsbeschwerde[5] nach § 72b **sofortige Beschwerde beim BAG wegen verspäteter Absetzung** des Berufungsurteils erhoben werden[6]. Inhaltliche Defizite eines formal vollständig abgefassten Urteils, etwa das Übergehen einer Hilfsaufrechnung, reichen hierfür nicht aus[7]. 7

III. Entbehrlichkeit bzw. Kurzfassung von Tatbestand und Entscheidungsgründen (Abs. 2–4). Nach Abs. 2 kann von der Darstellung des Tatbestandes und, soweit das Berufungsgericht der angefochtenen Entscheidung folgt und dies ausdrücklich feststellt, auch von der Darstellung der Entscheidungsgründe abgesehen werden. Von dieser **Möglichkeit der erleichterten Urteilsabfassung** wird das LAG idR nur dann Gebrauch machen, wenn in zweiter Instanz nichts wesentlich Neues vorgetragen wurde und daher ohne weiteres der Tatbestand des arbeitsgerichtl. Urteils zugrunde gelegt werden kann. 8

Ist allerdings gegen das Urteil – auf Grund entsprechender Zulassung durch das LAG – die **Revision statthaft**, so soll nach Abs. 3 S. 1 der Tatbestand eine **gedrängte Darstellung des Sach- und Streitstandes** auf der Grundlage der mündlichen Vorträge der Parteien enthalten. Eine Bezugnahme auf das angefochtene Urteil sowie auf bestimmte Akteninhalte ist nach Abs. 3 S. 2 zulässig, soweit hierdurch die Beurteilung des Parteivorbringens durch das Revisionsgericht nicht wesentlich erschwert wird. Die **Bezugnahme** auf den Tatbestand des arbeitsgerichtl. Urteils ist danach erlaubt, wenn der Sachverhalt unstreitig ist, in zweiter Instanz keine neuen Tatsachen vorgetragen worden sind und lediglich um Rechtsfragen gestritten wird[8]. 9

Eine Unsicherheit hinsichtlich der zulässigen Verfahrensweise besteht wegen der Möglichkeit der **Nichtzulassungsbeschwerde**. Die Revision findet nämlich auch dann iSd. Abs. 3 S. 1 statt, wenn sie erst vom BAG durch Beschluss nach § 72a V zugelassen worden ist. In einem solchen Fall ist das Berufungsurteil **ohne Tatbestand** von Amts wegen **aufzuheben** und der Rechtsstreit an das LAG **zurückzuverweisen**[9]. Das Urteil muss also bei statthafter Revision zumindest einen durch Bezugnahme auf das arbeitsgerichtl. Urteil feststellbaren Tatbestand enthalten. Eine schlichte Bezugnahme wird in aller Regel nicht ausreichen, weil sie die Fortentwicklung des Sach- und Streitstandes in der Berufungsinstanz un- 10

---

1 BAG 17.8.1999 – 3 AZR 526/97, EzA § 69 ArbGG 1979 Nr. 2. ||2 Vgl. GMP/*Germelmann*, § 69 Rz. 8. ||3 Vgl. BAG 22.8.2007 – 4 AZN 1225/06; 19.12.2007 – 7 AZB 49/07. ||4 Vgl. BAG 16.5.2002 – 8 AZR 412/01, MDR 2003, 47. ||5 BVerfG 26.3.2001 – 1 BvR 383/00, NZA 2001, 348; BAG 1.10.2003 – 1 ABN 62/01, NZA 2003, 1356. ||6 Vgl. BAG 2.11.2006 – 4 AZN 716/06, NZA 2007, 111. ||7 Vgl. BAG 20.12.2006 – 5 AZB 35/06, MDR 2007, 840. ||8 BAG 22.11.1984 – 6 AZR 103/82, EzA § 543 ZPO Nr. 5. ||9 BAG 21.4.1993 – 5 AZR 413/92, EzA § 543 ZPO Nr. 8; 15.8.2002 – 2 AZR 386/01, EzA § 543 ZPO Nr. 12; 18.5.2006 – 6 AZR 627/05, NZA 2006, 1037; zur Ausnahme: BAG 28.9.2005 – 10 AZR 593/04, FA 2006, 157.

berücksichtigt lässt[1]. Daher ist weitergehend eine verkürzte Darstellung des zweitinstanzlichen Vorbringens erforderlich[2]. Enthält das Berufungsurteil nur wörtliche Zitate aus den Gründen des arbeitsgerichtl. Urteils in einem Parallelfall und die Wertung, diese seien auf den Streitfall übertragbar, so ist das Urteil iSd. § 547 Nr. 6 ZPO nicht mit Gründen versehen[3]. Das LAG kann aber nach Abs. 2 von der Darstellung der Entscheidungsgründe auch bei revisiblen Urteilen absehen, wenn es den Gründen der angefochtenen Entscheidung folgt und dies ausdrücklich feststellt[4].

11 Ein völliges **Absehen von Tatbestand und Entscheidungsgründen** ist nach § 313a I ZPO nur zulässig, wenn ein Rechtsmittel gegen das Berufungsurteil unzweifelhaft nicht eingelegt werden kann und die Parteien auf die Begründung spätestens binnen einer Woche nach dem Schluss der mündlichen Verhandlung verzichten. Das kommt wegen der Möglichkeit der Nichtzulassungsbeschwerde wohl nur in Betracht, wenn die beschwerte Partei auf das Rechtsmittel der Revision eindeutig verzichtet hat[5]. In dem bloßen Begründungsverzicht kann idR kein Rechtsmittelverzicht gesehen werden[6].

12 Des Tatbestandes und der Entscheidungsgründe bedarf es ferner nach **§ 313a II ZPO** nicht, wenn beide Parteien auf Rechtsmittel gegen das in dem Termin, in dem die mündliche Verhandlung geschlossen worden ist, verkündete Urteil verzichten. Ist das Urteil nur für eine Partei anfechtbar, genügt deren Verzicht. Der **Rechtsmittelverzicht** kann ebenso wie der Begründungsverzicht nach § 313a I ZPO bereits vor der Verkündung des Urteils erfolgen; er muss gem. § 313a III ZPO spätestens binnen einer Woche nach dem Schluss der mündlichen Verhandlung ggü. dem Gericht erklärt sein.

13 Schließlich sind Tatbestand und Entscheidungsgründe nach Abs. 4 iVm. **§ 313b I 1 ZPO** entbehrlich bei **Versäumnisurteil, Anerkenntnisurteil oder Verzichtsurteil**, die als solche zu bezeichnen sind. Diese Erleichterung scheidet nach § 313b III ZPO aus, wenn zu erwarten ist, dass das Versäumnisurteil oder das Anerkenntnisurteil im Ausland geltend gemacht werden soll.

14 **IV. Unanwendbarkeit des § 540 ZPO.** Die Anwendbarkeit des § 540 I ZPO wird durch Abs. 4 S. 1 mit Rücksicht auf die Besonderheiten des arbeitsgerichtl. Berufungsverfahrens ausgeschlossen. Daher ist insb. das sog. **Protokollurteil** nach § 540 I 2 ZPO **unzulässig**. Auch für die Heranziehung des § 540 II ZPO verbleibt kein Raum, weil insoweit die speziellere Regelung des Abs. 4 S. 2 zur Anwendbarkeit der §§ 313a und 313b ZPO vorgeht.

70, 71 *(weggefallen)*

Dritter Unterabschnitt: Revisionsverfahren

72 *Grundsatz*
(1) Gegen das Endurteil eines Landesarbeitsgerichts findet die Revision an das Bundesarbeitsgericht statt, wenn sie in dem Urteil des Landesarbeitsgerichts oder in dem Beschluss des Bundesarbeitsgerichts nach § 72a Abs. 5 Satz 2 zugelassen worden ist. § 64 Abs. 3a ist entsprechend anzuwenden.

(2) Die Revision ist zuzulassen, wenn

1. eine entscheidungserhebliche Rechtsfrage grundsätzliche Bedeutung hat,
2. das Urteil von einer Entscheidung des Bundesverfassungsgerichts, von einer Entscheidung des Gemeinsamen Senats der obersten Gerichtshöfe des Bundes, von einer Entscheidung des Bundesarbeitsgerichts oder, solange eine Entscheidung des Bundesarbeitsgerichts in der Rechtsfrage nicht ergangen ist, von einer Entscheidung einer anderen Kammer desselben Landesarbeitsgerichts oder eines anderen Landesarbeitsgerichts abweicht und die Entscheidung auf dieser Abweichung beruht oder
3. ein absoluter Revisionsgrund gemäß § 547 Nr. 1 bis 5 der Zivilprozessordnung oder eine entscheidungserhebliche Verletzung des Anspruchs auf rechtliches Gehör geltend gemacht wird und vorliegt.

(3) Das Bundesarbeitsgericht ist an die Zulassung der Revision durch das Landesarbeitsgericht gebunden.

(4) Gegen Urteile, durch die über die Anordnung, Abänderung oder Aufhebung eines Arrestes oder einer einstweiligen Verfügung entschieden wird, ist die Revision nicht zulässig.

(5) Für das Verfahren vor dem Bundesarbeitsgericht gelten, soweit dieses Gesetz nichts anderes bestimmt, die Vorschriften der Zivilprozessordnung über die Revision mit Ausnahme des § 566 entsprechend.

---

1 BAG 28.5.1997 – 5 AZR 632/96, EzA § 543 ZPO Nr. 9. || 2 BAG 24.3.2011 – 2 AZR 170/10. || 3 BAG 16.6.1998 – 5 AZR 255/98, EzA § 543 ZPO Nr. 10. || 4 Vgl. GK-ArbGG/*Vossen*, § 69 Rz. 14. || 5 Vgl. GK-ArbGG/*Vossen*, § 69 Rz. 8. || 6 Vgl. BAG 15.3.2006 – 9 AZN 885/05, NZA 2006, 876.

(6) Die Vorschriften des § 49 Abs. 1, der §§ 50, 52 und 53, des § 57 Abs. 2, des § 61 Abs. 2 und des § 63 über Ablehnung von Gerichtspersonen, Zustellung, Öffentlichkeit, Befugnisse des Vorsitzenden und der ehrenamtlichen Richter, gütliche Erledigung des Rechtsstreits sowie Inhalt des Urteils und Übersendung von Urteilen in Tarifvertragssachen gelten entsprechend.

I. Überblick....................	1	3. Zulassungsentscheidung des LAG	28
II. Revisible und nicht revisible Entscheidungen	4	4. Wirkung der Zulassung...............	33
III. Zulassung der Revision durch das LAG	7	IV. Anwendbare Vorschriften	35
1. Entscheidung von Amts wegen..........	7	1. Vorschriften der ZPO (Abs. 5)	35
2. Zulassungsgründe..................	9	2. Bestimmungen des ArbGG (Abs. 6)	37

I. Überblick. Auch in der Arbeitsgerichtsbarkeit können gerichtl. Entscheidungen in einer **Revisionsinstanz** auf der Grundlage der festgestellten Tatsachen auf **Rechtsfehler** hin überprüfen werden. Mit der statthaften Revision wird der Eintritt der Rechtskraft verhindert. Das BAG kann die angefochtenen Urteile aufheben und an die Vorinstanz zurückverweisen oder **an Stelle der Vorinstanz** entscheiden (Abs. 5 iVm. § 563 III ZPO). 1

Das arbeitsgerichtl. Verfahren kennt **nur die Zulassungsrevision**: Die Revision ist statthaft, wenn das anzufechtende Urteil **an sich revisibel** ist **und** das LAG die Revision in seinem Urteil oder das BAG sie nachträglich auf Beschwerde (§ 72a) durch Beschluss **zugelassen** hat. Auch ein absoluter Revisionsgrund iSv. § 547 ZPO kann nur im Rahmen einer zugelassenen Revision rechtlich bedeutsam sein (Abs. 2 Nr. 3)[1]. 2

Das Zulassungserfordernis gilt auch für zweite Versäumnisurteile des LAG. Entweder das LAG lässt die Revision auch gegen dieses Urteil zu, oder die beschwerte Partei muss über §§ 72a I, 72 II Nr. 3 mit der Nichtzulassungsbeschwerde geltend machen, sie sei nicht säumig gewesen, weshalb ihr Anspruch auf rechtl. Gehör verletzt worden sei[2]. 3

II. Revisible und nicht revisible Entscheidungen. Für eine Zulassung der Revision kommen von vornherein nur **Endurteile** der LAG in Betracht, also Sach- oder Prozessurteile, durch die über einen Streitgegenstand oder einen Teil von ihm abschließend entschieden worden ist. Hierzu zählen Teilurteile, Ergänzungsurteile nach § 321 ZPO, Anerkenntnisurteile, Verzichtsurteile sowie unechte und zweite Versäumnisurteile. **Zwischenurteile** sind dann revisibel, wenn sie auf Grund gesetzl. Anordnung wegen des Rechtsmittels als Endurteile anzusehen sind (§§ 280 II, 302 III ZPO). Ein Zwischenurteil über den Grund des Anspruchs ist nach § 61 III, anders als nach § 304 ZPO, ebenso wenig revisibel wie ein Zwischenurteil, in dem nicht über einen Teil des Streitgegenstandes, sondern über einen innerhalb des Prozesses entstandenen, das Verfahren betreffenden Streit entschieden wird (zB § 303 iVm. § 238 II ZPO)[3]. Diese Entscheidungen binden nur das erkennende ArbG oder LAG und können in der Revisionsinstanz inzidenter überprüfbar sein. 4

Entscheidet das LAG in **unrichtiger Form**, bspw. durch Zwischenurteil anstelle des gebotenen (Teil-)Endurteils[4], durch Beschluss statt durch Urteil oder umgekehrt, kommt es für die Revisibilität der Entscheidung darauf an, ob sie in richtiger Form ergangen revisibel wäre. Ist dies der Fall und hat das LAG ein Rechtsmittel gegen seine Entscheidung zugelassen, ist die Revision, ansonsten eine Nichtzulassungsbeschwerde, statthaft (**Grundsatz der Meistbegünstigung**). Auch eine Entscheidung über die **nachträgliche Zulassung einer Kündigungsschutzklage** ist im Erg. revisibel. Nach § 5 IV KSchG ist über einen dahin gehenden Antrag grds. als Vorfrage mit dem Endurteil zu entscheiden, das auch insoweit unter den **allgemeinen Voraussetzungen durch Rechtsmittel angreifbar** ist. Selbst wenn über den Antrag durch **Zwischenurteil** entschieden worden ist, ist auch dieses Urteil auf Grund gesetzl. Anordnung wie ein Endurteil, also nach Revisionszulassung, **anfechtbar** (§ 5 IV 3 KSchG)[5]. 5

Nicht revisibel sind nach Abs. 4 die Urteile in **Arrest-** und **einstweiligen Verfügungsverfahren**. Sie dienen nur der Regelung eines vorläufigen Rechtszustandes und gefährden deshalb die Einheit der Rechtsordnung nicht[6]. Eine gleichwohl erfolgte Zulassung ist wirkungslos[7], eine Nichtzulassungsbeschwerde auch nach **anders lautendem Rechtsbehelfshinweis** ausgeschlossen[8]. 6

III. Zulassung der Revision durch das LAG. 1. Entscheidung von Amts wegen. Das LAG hat bei jedem revisiblen Urteil von Amts wegen zu entscheiden, ob es die Revision zulässt oder nicht. Es hat seine Entscheidung – **negativ wie positiv** – in den **Urteilstenor** aufzunehmen und muss sie nicht begründen[9] (Abs. 1 S. 2, § 64 IIIa). Lehnt es eine Zulassung ab, ist gegen diese Entscheidung die **Beschwerde nach § 72a statthaft**. 7

Das LAG hat **keinen eigenen Beurteilungsspielraum**. Es ist an die **drei möglichen Gründe** des Abs. 2 gebunden. Sie sind aus der Funktion des BAG als Revisionsgericht, was Rechtseinheit und Rechtsfort- 8

---

1 BAG 8.10.2002 – 8 AZR 259/02, NZA 2003, 287. ||2 BAG 5.6.2007 – 5 AZR 276/07, NZA 2007, 944. ||3 GK-ArbGG/*Mikosch*, § 72 Rz. 6. ||4 BAG 9.12.1955 – 2 AZR 439/54, NJW 1956, 240. ||5 Vgl. KR/*Friedrich*, § 5 KSchG Rz. 192; BAG 11.12.2008 – 2 AZR 472/08, NZA 2009, 692. ||6 GK-ArbGG/*Mikosch*, § 72 Rz. 12. ||7 BAG 22.1.2003 – 9 AZB 7/03, NZA 2003, 399; GMP/*Müller-Glöge*, § 72 Rz. 9. ||8 BAG 16.12.2004 – 9 AZN 969/04, NZA 2005, 1016. ||9 BAG 11.10.2010 – 9 AZN 418/10, NZA 2011, 117.

bildung angeht, und – hinsichtlich Abs. 2 Nr. 3 – im Hinblick auf den vom BVerfG aufgestellten Grundsatz der nur subsidiären Zuständigkeit der Verfassungsgerichtsbarkeit für Verfassungsverstöße in der Fachgerichtsbarkeit[1] entwickelt worden. Der Zulassungsgrund des Abs. 2 Nr. 3 kommt an sich nur für eine nachträgliche Zulassung der Revision in Betracht. § 72 fasst indes die Voraussetzungen für eine anfängliche wie für eine nachträgliche Zulassung der Revision zusammen[2].

9 **2. Zulassungsgründe. a) Entscheidungserhebliche Rechtsfrage von grundsätzlicher Bedeutung.** Dieser Zulassungsgrund ist zum 1.1.2005[3] **umformuliert** worden. Es geht bei ihm aber auch weiterhin nicht um eine Gewährleistung von Einzelfallgerechtigkeit, sondern um die Wahrung der Rechtseinheit und die Fortbildung des Rechts[4].

10 Eine Rechtsfrage ist **entscheidungserheblich**, wenn sich das LAG in der anzufechtenden Entscheidung mit ihr befasst und sie beantwortet hat und bei einer anderen Beantwortung möglicherweise eine für die beschwerte Partei günstige Entscheidung getroffen worden wäre[5]. Sie hat grundsätzliche Bedeutung, wenn sie in der Revisionsinstanz **klärungsfähig** und **klärungsbedürftig ist und** ihre Klärung entweder von **allgemeiner Bedeutung** für die **Rechtsordnung** ist oder wegen ihrer tatsächlichen Auswirkungen die **Interessen der Allgemeinheit** oder eines **größeren Teils** von ihr eng berührt[6]. Es muss also für das LAG[7] um eine **abstrakte Frage** gehen, die den Inhalt, den Regelungsbereich oder die Wirksamkeit einer geschriebenen oder ungeschriebenen Rechtsnorm – innerhalb und außerhalb des Arbeitsrechts – zum Gegenstand hat und die vom Revisionsgericht mit einem abstrakten, fallübergreifenden Rechtssatz beantwortet werden kann. Die Frage, ob eine Rechtsnorm auf einen individuellen Lebenssachverhalt richtig angewendet worden ist, ist eine Frage der **Rechtsanwendung** und keine Rechtsfrage iSv. Abs. 2 Nr. 1, um derentwillen die Revision zuzulassen ist.

11 Eine Rechtsfrage ist **klärungsfähig**, wenn das Revisionsgericht sie nach dem ihm vorgegebenen Prüfungsmaßstab[8] beantworten kann – was etwa bei der Frage, ob ein Vorbringen in der Berufungsinstanz zu Recht zugelassen worden ist, nicht der Fall ist –, und ihre Beantwortung im Lösungsweg des LAG ein wesentliches Element ist[9]. Bleibt das Ergebnis des Rechtsstreits aus der Sicht des LAG auf Grund einer selbständig tragenden – nur einzelfallbezogenen – **Hilfs- oder Alternativbegründung** gleich, wenn die betreffende Rechtsfrage von grundsätzlicher Bedeutung nicht oder anders als vom LAG beantwortet wird, muss sich auch das Revisionsgericht nicht mit ihr befassen. Die Zulassung der Revision wegen grundsätzlicher Bedeutung ist dann nicht geboten[10].

12 Einer Rechtsfrage **fehlt das Klärungsbedürfnis**, wenn sie bereits iSd. LAG höchstrichterlich entschieden ist und gegen die Richtigkeit keine neuen Gesichtspunkte von einigem Gewicht vorgebracht worden sind[11]. Dasselbe gilt, wenn die richtige Antwort auf die anstehende Frage eindeutig und für jeden Kundigen ohne Zweifel erkennbar ist[12]. Geht es um eine nachträgl. Zulassung der Revision auf Beschwerde nach § 72a, kann das Klärungsbedürfnis allerdings nicht mit der Offensichtlichkeit der richtigen Antwort verneint werden, wenn das LAG eine **entgegengesetzte Antwort** auf die anstehende Rechtsfrage gegeben und so das Klärungsbedürfnis (wieder-)hergestellt hat.

13 Damit eine Zulassung der Revision wegen grundsätzlicher Bedeutung geboten ist, muss die Beantwortung der klärungsfähigen und klärungsbedürftigen Rechtsfrage **über den Einzelfall hinaus bedeutsam** sein. Sie dient der Rechtseinheit und Rechtsfortbildung idR nur dann, wenn die Frage für eine **unbestimmte Vielzahl** von ArbVerh Bedeutung erlangen kann und deshalb das abstrakte Interesse der Allgemeinheit an der einheitlichen Entwicklung und Handhabung des Rechts berührt[13]. Allgemeine Bedeutung fehlt einer Rechtsfrage dann, wenn sie sich auf Grund zwischenzeitlich **geänderter Normlage** in Zukunft so nicht mehr stellen wird[14]. Die **wirtschaftl. Tragweite** einer Entscheidung kann nur dann für eine grundsätzliche Bedeutung der Rechtsfrage sprechen, wenn sie sich bei der Allgemeinheit oder einem größeren Teil von ihr einstellt; auf die wirtschaftl. Bedeutung der Angelegenheit für die Parteien kommt es nicht an[15]. In einem solchen Fall besteht keine Gefahr für die Einheit der Rechtsordnung. Es ist ohne Bedeutung, ob das Regelwerk, das die Rechtsfrage aufwirft, **über den Bezirk eines LAG hinaus** gilt; auch wo diese Bedingung nicht erfüllt ist, kann eine grundsätzliche Bedeutung bestehen[16]. So hat auch eine Verbandsklage über die Auslegung eines TV unabhängig von dessen Geltungsbereich schon im Hinblick darauf grundsätzliche, allgemeine Bedeutung, dass diese Entscheidung für alle Tarifunter-

---

1 BVerfG 30.4.2003 – 1 PBvU 1/02, BVerfGE 107, 395. ‖ 2 GK-ArbGG/*Mikosch*, § 72 Rz. 37; GMP/*Müller-Glöge*, § 72 Rz. 11. ‖ 3 Gesetz über die Rechtsbehelfe bei Verletzung des Anspruchs auf rechtliches Gehör v. 9.12.2004, BGBl. I S. 3220. ‖ 4 BT-Drs. 15/3706, 20; BAG 15.2.2005 – 9 AZN 982/04, NZA 2005, 542. ‖ 5 BAG 15.10.2012 – 5 AZN 1958/12, NZA 2012, 1388. ‖ 6 BAG 22.3.2005 – 1 ABN 1/05, NZA 2005, 602. ‖ 7 BAG 13.6.2006 – 9 AZN 226/06, NZA 2006, 1004. ‖ 8 BAG 15.9.2009 – 3 AZN 404/09, NZA 2009, 1372; 22.12.2009 – 3 AZN 753/09, NZA 2010, 243. ‖ 9 BAG 18.3.1989 – 6 AZN 303/89, BAGE 63, 58 (63); aA Grunsky/*Benecke*, § 72 Rz. 19. ‖ 10 BAG 18.3.2010 – 2 AZN 889/09, NZA 2010, 594; GK-ArbGG/*Mikosch*, § 72 Rz. 23. ‖ 11 BAG 8.9.1998 – 9 AZN 541/98, NZA 1999, 223. ‖ 12 Ähnlich BAG 25.10.1989 – 2 AZN 401/89, NZA 1990, 536. ‖ 13 BAG 5.10.2010 – 5 AZN 666/10, NZA 2010, 1372; 28.6.2011 – 3 AZR 146/11, NZA 2011, 939 (940) mwN; GK-ArbGG/*Mikosch*, § 72 Rz. 21; ErfK/*Koch*, § 72 ArbGG Rz. 6; GMP/*Müller-Glöge*, § 72 Rz. 17. ‖ 14 BAG 21.10.1998 – 10 AZN 588/98, NZA 1999, 224. ‖ 15 ErfK/*Koch*, § 72 ArbGG Rz. 6. ‖ 16 BAG 26.9.2007 – 10 AZN 768/07, NZA 2007, 1316; GMP/*Müller-Glöge*, § 72 Rz. 17.

worfenen in Rechtskraft erwächst (§ 9 TVG)¹. Die **Auslegung** eines (Haus-)**TV** oder einer **BV** kann nur dann von grundsätzlicher Bedeutung sein, wenn die streitige Rechtsfrage über den Einzelfall hinaus umstritten und für eine Vielzahl anhängiger oder zu erwartender Rechtsstreitigkeiten maßgeblich ist².

b) **Divergenz.** Das LAG hat die Revision auch zuzulassen, wenn es von einer Entscheidung eines der in Abs. 2 Nr. 2 abschließend aufgezählten Spruchkörper und Gerichte abweichen will und die **Abweichung entscheidungserheblich** ist. 14

Eine **Abweichung „von einer Entscheidung"** liegt nur dann vor, wenn das LAG einen abstrakten, fallübergreifenden, zur Subsumtion geeigneten Rechtssatz³ oder allg. Erfahrungssatz⁴ aufstellt, der im Widerspruch zu einem ebensolchen **Rechtssatz** aus einer divergenzfähigen Entscheidung steht, mit der **dieselbe Rechtsfrage** beantwortet wird. Eine Abweichung im Rechtssatz liegt nicht vor, wenn nur ähnliche Lebenssachverhalte von verschiedenen Gerichten unterschiedlich bewertet werden. Das LAG stellt auch zur Divergenz geeignete Rechtssätze auf, wenn es sich **Rechtsausführungen erster Instanz** nach § 69 II **zu eigen** macht⁵ oder Rechtserkenntnisse aus anderen Urteilen oder wissenschaftl. Veröffentlichungen zustimmend wiedergibt⁶. Hatte sich das LAG durch Teil- oder Zwischenurteile für sein abschließendes Urteil selbst gebunden, sind die dort aufgestellten Rechtssätze Teil der abschließenden Entscheidung. 15

Abs. 2 Nr. 2 zählt die **Gerichte und Spruchkörper abschließend** auf, auf deren Rechtssätze es bei der Zulassung der Revision ankommen kann. **Nicht divergenzfähig** sind Entscheidungen der anderen obersten Gerichtshöfe des Bundes, wie des BGH⁷, oder der OLG. Auch Entscheidungen des EuGH sind nicht divergenzfähig. Eine Abweichung von dessen Vorgaben ist aber **grds. bedeutsam** und erfordert bei Entscheidungserheblichkeit die Revisionszulassung; Entsprechendes gilt regelmäßig auch im Verhältnis zu BGH-Entscheidungen⁸. Entscheidungen des **LAG** sind nur divergenzfähig, wenn es noch keine Entscheidung des BAG zu der betreffenden Rechtsfrage gibt. Sie verlieren ihre Divergenzfähigkeit dann, wenn sie vom BAG aufgehoben wurden⁹. Entscheidungen **desselben LAG** sind nur divergenzfähig, wenn sie von einer Kammer mit anderer Ordnungszahl stammen. Entscheidungen derselben Kammer mit anderer Besetzung sind nicht divergenzfähig¹⁰. 16

Das LAG weicht in einem Rechtssatz von einem Rechtssatz eines der im Gesetz genannten Gerichte und Spruchkörper nur ab und muss die Revision deshalb zulassen, wenn die einander gegenüberstehenden Rechtssätze jeweils **Teil einer abschließenden gerichtl. Stellungnahme** sind. Divergenzfähig sind deshalb Kammer-, Senats- und Plenarentscheidungen des BVerfG, Urteile und Beschlüsse im Beschlussverfahren des BAG, ggf. auch der LAG sowie Beschlüsse des Großen Senats des BAG. Die Äußerung vorläufiger Rechtsmeinungen durch eines der genannten Gerichte ist demggü. **nicht divergenzfähig**, so Ausführungen in **Vorlagebeschlüssen** an den Großen Senat des BAG¹¹ oder an das BVerfG, sowie in **Vorabentscheidungsersuchen** an den EuGH, soweit es jeweils um die Rechtsfrage geht, um derentwillen die Sache vorgelegt wird. In Beschlüssen in **PKH-Sachen** werden bei der Prüfung der Erfolgsaussichten regelmäßig nur vorläufige Rechtsauffassungen geäußert; sie binden bei einer abschließenden materiell-rechtl. Entscheidung nicht und sind deshalb nicht divergenzfähig¹². Auch amtliche **Leitsätze** oder nicht amtliche, von den Richterinnen und Richtern des BAG verantwortete **Orientierungssätze**, die nicht Bestandteile der Entscheidungen selbst sind, enthalten grds. keine divergierenden gerichtl. Rechtssätze. Sie deuten nur auf divergenzfähige Rechtssätze in der Entscheidung selbst hin¹³. 17

Eine Entscheidung des BAG verliert ihre Divergenzfähigkeit für eine Rechtsfrage, wenn das BAG später die Frage bewusst anders beantwortet hat. Entsprechendes gilt auch für die anderen divergenzfähigen Entscheidungen. Das LAG muss die **aktuelle Entscheidungslage** bei den genannten Gerichten und Spruchkörpern berücksichtigen bei seiner Entscheidung, ob es die Revision zulässt¹⁴. Sollte die **jüngste Entscheidung** des BAG, der sich das LAG anschließen will, **frühere** abweichende BAG-Entscheidungen **nicht zitiert** haben, also von ihnen **nicht bewusst abgewichen** sein, sollte stets eine Zulassung wegen einer Rechtsfrage von **grundsätzlicher Bedeutung** erwogen werden; hier besteht erkennbar Klärungsbedarf. 18

Eine Abweichung im Rechtssatz liegt nur dann vor, wenn das LAG mit seinem Rechtssatz eine **Rechtsfrage zu derselben** geschriebenen oder ungeschriebenen **Rechtsnorm** beantwortet wie das Gericht, das den anderen Rechtssatz aufgestellt hat. Ist die betreffende Entscheidung zu einer anderen Norm ergangen, ist die Revision wegen Divergenz **nur** dann zuzulassen, wenn die betroffenen Normen im ganz Wesentlichen wortgleich sind und sich auch aus dem Normzusammenhang keine Gesichtspunkte erkennen lassen, dass die Normgeber **unterschiedliche Regelungsabsichten** hatten¹⁵. 19

---

1 BAG 17.6.1997 – 9 AZN 251/97, NZA 1998, 500.   ‖2 BAG 5.10.2010 – 5 AZN 666/10, NZA 2010, 1372; 25.9.2012 – 1 AZN 1622/12.   ‖3 St. Rspr., zB BAG 23.7.1996 – 1 ABN 18/96, NZA 1997, 281.   ‖4 BAG 12.12.1968 – 1 AZR 238/68, NJW 1969, 951.   ‖5 BAG 3.2.1981 – 5 AZN 503/80, DB 1981, 1340.   ‖6 GK-ArbGG/*Mikosch*, § 72a Rz. 54.   ‖7 BAG 21.1.1986 – 1 ABN 33/85, nv.   ‖8 GMP/*Müller-Glöge*, § 72 Rz. 23.   ‖9 BAG 5.12.1995 – 9 AZN 678/95, BAGE 81, 355.   ‖10 BAG 21.2.2002 – 2 AZN 909/01, NZA 2002, 758.   ‖11 BAG 20.8.1986 – 8 AZN 244/86, BAGE 52, 394.   ‖12 BAG 18.6.1997 – 2 AZN 333/97, FA 1998, 52.   ‖13 BAG 26.3.1997 – 4 AZN 1073/96, nv.   ‖14 BAG 15.7.1986 – 1 ABN 13/86, NZA 1986, 843.   ‖15 BAG 20.8.2002 – 9 AZN 130/02, AP Nr. 45 zu § 72a ArbGG 1979 Divergenz; GMP/*Müller-Glöge*, § 72 Rz. 20; Hauck/Helml/Biebl/*Hauck*, § 72a Rz. 4; aA GK-ArbGG/*Mikosch*, § 72 Rz. 28 (nie Divergenz bei Aussagen zu unterschiedlichen Rechtsnormen).

20 Die Revision ist schließlich nur dann wegen Divergenz zuzulassen, wenn die **Entscheidung anders ausgefallen** wäre, wäre der abweichende Rechtssatz angewendet worden. Nur dann ist die Divergenz **entscheidungserheblich.** Enthält das Urteil des LAG – und sei es auch nur hilfsweise – eine weitere allein tragfähige Begründung, fehlt es an der Entscheidungserheblichkeit der Divergenz[1]; eine Zulassung der Revision scheidet aus, es sei denn, auch für die andere Begründung gibt es einen Zulassungsgrund iSv. § 72.

21 Während der vom LAG aufgestellte Rechtssatz entscheidungserheblich sein muss, kann sich der Rechtssatz der **divergierenden Entscheidung** auch nur in einer Hilfsbegründung oder in einem obiter dictum finden. Aus dem Gesamtzusammenhang muss sich nur entnehmen lassen, dass in der divergenzfähigen Entscheidung ein abstrakter Rechtssatz aufgestellt werden sollte[2], mit dem das erkennende Gericht auf die Rechtsordnung einwirken wollte.

22 c) **Verfahrensverstöße.** Seit dem 1.1.2005 können auch bestimmte Verfahrensverstöße eine Zulassung der Revision gebieten. Sie kommt nur nachträglich auf Beschwerde hin in Betracht, weil das LAG erkannte Verfahrensverstöße nicht begehen wird, um daraufhin die Revision zuzulassen.

23 Das Gesetz hat **zwei Arten** von die Revisionszulassung gebietenden Verfahrensverstößen abschließend aufgeführt: Die **absoluten Revisionsgründe** des § 547 ZPO mit **Ausnahme der Nr. 6** (Entscheidung ohne Gründe) sowie **entscheidungserhebliche Verletzungen des Anspruchs auf rechtl. Gehör** (Art. 103 GG). Die **Herausnahme des § 547 Nr. 6 ZPO** beruht wohl auf der Einschätzung, dass es hier stets um Fälle **verspäteter Entscheidungsabsetzung** gehen werde, die **allein mithilfe der besonderen sofortigen Beschwerde des § 72b** zu bereinigen sind[3] (vgl. Erl. zu § 72b); weder eine Nichtzulassungsbeschwerde noch eine Revision können auf diese Verletzung rechtsstaatlicher Prinzipien gestützt werden. Soweit indes Entscheidungen nur hinsichtlich einzelner Streitgegenstände keine Begründung enthalten oder die vom LAG vorgenommene Rechtsanwendung bei verständiger Würdigung auf der Grundlage der allg. Denkgesetze nicht mehr verständlich ist, also schlechthin unhaltbar und deshalb objektiv willkürlich ist, liegt zwar auch – zumindest teilweise – eine Entscheidung ohne Gründe iSv. § 547 Nr. 6 ZPO vor[4]; der Weg über § 72b ist aber verschlossen (§ 72b Rz. 5). In einem solchen Fall wird vielfach eine **Revisionszulassung** wegen **Verletzung des rechtl. Gehörs** in Betracht kommen[5].

24 Die Revision muss, **ohne** dass es auf eine **Entscheidungserheblichkeit** dieser Verfahrensverstöße ankäme, zugelassen werden, wenn das erkennende LAG **nicht vorschriftsmäßig besetzt** war (§ 547 Nr. 1 ZPO)[6], ein Richter bei der Entscheidung mitgewirkt hat, der kraft Gesetzes von der Ausübung des Richteramtes ausgeschlossen war, sofern dieser Einwand nicht bereits erfolglos durch Ablehnungsgesuch geltend gemacht worden war (Nr. 2), ein Richter trotz begründeten Ablehnungsgesuchs mitgewirkt hat (Nr. 3)[7], die **beschwerdeführende Partei** im Rechtsstreit **nicht ordnungsgemäß vertreten** war und die Vertretung auch nicht ausdrücklich oder stillschweigend genehmigt worden ist (Nr. 4)[8] oder wenn eine Entscheidung zwar auf Grund mündlicher Verhandlung ergangen ist, dabei aber die **Vorschriften über die Öffentlichkeit** des Verfahrens (§§ 169 ff. GVG) **verletzt** wurden (Nr. 5)[9].

25 Praktisch bedeutsamer ist die auf die Plenarentscheidung des BVerfG v. 30.4.2003[10] zurückgehende Notwendigkeit, die Revision bei einer entscheidungserheblichen Verletzung des Anspruchs auf **rechtl. Gehör**[11] zuzulassen.

„Rechtliches Gehör ist nicht nur ein prozessuales ‚Urrecht' des Menschen, sondern auch ein objektivrechtliches Verfahrensprinzip, das für ein rechtsstaatliches Verfahren iSd. Grundgesetzes schlechthin konstitutiv ist. Seine rechtsstaatliche Bedeutung ist auch im Anspruch auf ein faires Verfahren ... anerkannt. Der Einzelne soll nicht nur Objekt der richterlichen Entscheidung sein, sondern vor einer Entscheidung, die seine Rechte betrifft, zu Wort kommen, um als Subjekt Einfluss auf das Verfahren nehmen zu können. Rechtl. Gehör sichert den Parteien ein Recht auf Information, Äußerung und Berücksichtigung mit der Folge, dass sie ihr Verhalten im Prozess eigenbestimmt und situationsspezifisch gestalten können. Insbesondere sichert es, dass sie mit Ausführungen und Anträgen gehört werden."[12]

---

1 BAG 9.12.1980 – 7 AZN 374/80, BB 1981, 616; *Grunsky*, FS Hilger/Stumpf, 1983, S. 261. ||2 BAG 17.2.1981 – 1 ABN 25/80, BB 1981, 853; GMP/*Müller-Glöge*, § 72 Rz. 22. ||3 BAG 2.11.2006 – 4 AZN 716/06, NZA 2007, 111. ||4 ZB BAG 20.12.2006 – 5 AZB 35/06, NZA 2007, 226. ||5 *Zuck*, NJW 2005, 3753 (3754) mwN. ||6 BAG 16.10.2008 – 7 AZN 427/08, NZA 2009, 510; 17.3.2010 – 5 AZN 1042/09, NZA 2010, 594; 14.12.2010 – 6 AZN 986/10, NZA 2011, 229; 9.6.2011 – 2 ABR 35/10, NJW 2011, 3053; 18.1.2012 – 7 ABR 72/10, NZA-RR 2013, 133; 25.1.2012 – 4 AZR 185/10, NZA-RR 2013, 41. ||7 Die Zurückweisung eines Ablehnungsgesuchs als unbegründet kann nicht mit Hilfe einer Nichtzulassungsbeschwerde in der Hauptsache überprüft werden: BAG 23.9.2008 – 6 AZN 84/08, NZA 2009, 396. ||8 BAG 9.9.2010 – 4 AZN 354/10, NZA 2010, 1390; 14.12.2010 – 6 AZN 986/10, NZA 2011, 229. ||9 BAG 13.11.2007 – 3 AZN 414/07, NZA 2008, 248; Zugang zum Sitzungssaal muss möglich sein: BAG 19.2.2008 – 9 AZN 777/07, AP Nr. 59 zu § 72a ArbGG 1979. ||10 BVerfG 30.4.2003 – 1 PBvU 1/02, BVerfGE 107, 395. ||11 Grundl. hierzu Dreier/*Schulze-Fielitz*, Art. 103 GG Rz. 1 ff. ||12 BVerfG 30.4.2003 – 1 PBvU 1/02, BVerfGE 107, 395 (408 f.).

Als Verletzungen dieses Verfahrensgrundrechts kommen etwa in Betracht[1]: 26
- Zurückweisung von **Vorbringen** als **verspätet**, obwohl die gesetzl. Voraussetzungen hierfür nicht vorliegen oder das Vorbringen auf einen gerichtlichen Hinweis hin erfolgte[2],
- Nichteinräumung einer **Äußerungsfrist** nach erstmaligem Hinweis auf fehlende Schlüssigkeit[3],
- Entscheidung vor Ablauf einer für eine Stellungnahme gesetzten Frist,
- Entscheidung ohne Einhaltung der gesetzl. gebotenen Ladungsfrist[4],
- Entscheidung, die mündliche Verhandlung nicht wieder zu eröffnen, ohne dass sich auch die ehrenamtlichen Richter mit einem Vorbringen im nachgelassenen Schriftsatz befasst haben[5],
- Nichteinhaltung einer für die Einleitung einer **Anhörung** vorgeschriebenen **Form**,
- Säumnisentscheidung ohne **Säumnis** der Partei,
- **Übergehen** des **Bestreitens** einer Partei oder eines von einer bestreitenden Partei **angebotenen Beweises**, einschl. der **eigenen Vernehmung als Partei** für den Inhalt eines Gesprächs, für das die beweisbelastete Partei nur auf diese Weise Beweis führen kann[6],
- Entscheidung ohne **Berücksichtigung** von tatsächlichem oder rechtl. **Vorbringen** einer Partei, das nach den Feststellungen und rechtlichen Ausführungen des LAG entscheidungserheblich sein kann[7],
- Entscheidung auf der Grundlage einer rechtl. oder tatsächl. Beurteilung, die nicht oder nicht ausreichend zum Gegenstand der mündlichen Verhandlung gemacht worden war; dies allerdings nur dann, wenn auch ein gewissenhafter und rechtskundiger Prozessbevollmächtigter mit einer solchen rechtl. Beurteilung nicht zu rechnen brauchte[8].

Keine Verletzung rechtl. Gehörs, die ohne Weiteres eine Revisionszulassung gebötet, liegt in einer überlangen Verfahrensdauer (Art. 6 I EMRK[9]). Sie kann Schadensersatzansprüche sowie Entschädigungsansprüche nach § 9 II 2 iVm. § 198 GVG auslösen, gibt aber keine taugliche Begründung dafür, das Verfahren durch – nachträgliche – Zulassung der Revision zu Lasten der anderen Partei weiter zu verlängern[10], es sei denn, durch die verzögerliche Bearbeitung ist es im Einzelfall zu einem entscheidungserheblichen Verstoß gegen den Anspruch auf rechtl. Gehör gekommen.

Eine Zulassung der Revision ist nur dann geboten, wenn die Verletzung rechtl. Gehörs **entscheidungserheblich** ist. Dies ist der Fall, wenn das **Ergebnis des LAG** insg. oder zu einem Streitgegenstand mit einem Begründungselement oder dessen Fehlen möglicherweise anders gewesen wäre, das unter Verletzung dieses Verfassungsgebots gewonnen worden ist, oder das bei dessen Beachtung hätte berücksichtigt werden müssen. Nach einer Auffassung hat das **BAG** über die Prüfung der Entscheidungserheblichkeit des Verfahrensfehlers im Entscheidungsduktus des LAG hinaus eine **Schlüssigkeits-** oder **Erheblichkeitsprüfung** auf der Grundlage **seiner** rechtl. Bewertung vorzunehmen[11]. Dem ist in dieser Allgemeinheit **nicht zu folgen**. Eine solche, dem Revisionsverfahren vorbehaltene Prüfung kann nicht in ein Verfahren vorverlegt werden, in dem es nur um die Richtigkeit der Entscheidung geht, die Revision nicht zuzulassen[12]. Nichts grundlegend anderes gilt auch dann, wenn es darauf ankommt, ob das neue, nur mithilfe eines Verstoßes gegen Art. 103 GG verhinderte Vorbringen an der Entscheidung des LAG etwas geändert hätte. Hier muss das BAG zwar selbst rechtlich bewerten; dies muss aber aus der Sicht des LAG und seiner Entscheidungsgründe iÜ geschehen. 27

3. Zulassungsentscheidung des LAG. a) Form der Entscheidung. Das LAG muss nach § 72 I 2, § 64 IIIa[13] **im Tenor verkünden**, ob es die Revision gegen sein Urteil zulässt oder nicht. Auch die Entscheidung, die Revision nicht zuzulassen, muss als Teil des Tenors verkündet werden. Fehlt es an einer solchen Entscheidung, kann kein Rechtsmittel eingelegt werden. Eine **Zulassung in den Gründen** der Entscheidung oder eine Rechtsmittelbelehrung, wonach die Revision für eine der Parteien statthaft sei, **reicht nicht** aus. Hat das LAG in den Urteilstenor **keine Entscheidung** über die Zulassung der Revision aufgenommen, muss die durch das Urteil beschwerte Partei innerhalb einer – leider nicht: Not- – **Frist von zwei Wochen** ab Verkündung die **Ergänzung** um einen Ausspruch zur Revisionszulassung **beantragen**. Sie muss sich deshalb unverzüglich darum kümmern, welche Entscheidung das LAG verkündet hat. Über den Ergänzungsantrag hat die Kammer des LAG in der Besetzung zu entscheiden, in der sie das zu ergänzende Urteil gefällt hat[14]. Dies kann auch ohne mündliche Verhandlung durch Beschluss geschehen. 28

---

1 Weitere Einzelfälle BAG 12.12.2006 – 3 AZN 625/06, NZA 2007, 581; 13.11.2007 – 3 AZN 449/07, NZA 2008, 246. || 2 *Zuck*, NJW 2005, 3753 (3756) mwN. || 3 BAG 11.4.2006 – 9 AZN 892/05, NZA 2006, 750. || 4 BSG 28.4.2004 – B 11 AL 250/03 B, nv. || 5 BAG 18.12.2008 – 6 AZN 646/08, NZA 2009, 334. || 6 BAG 22.5.2007 – 3 AZN 1155/06, NZA 2007, 885. || 7 BAG 20.5.2008 – 9 AZN 1258/07, NZA 2008, 839; 5.11.2008 – 5 AZN 842/08, NZA 2009, 55; zur Behandlung nachgereichter Schriftsätze BAG 18.12.2008 – 6 AZN 646/08, NZA 2009, 334; 14.12.2010 – 6 AZN 986/10, NZA 2011, 229. || 8 BVerfG 14.7.1998 – 1 BvR 1640/97, BVerfGE 98, 218 (263); BAG 31.7.2007 – 3 AZN 326/07, NZA 2008, 432. || 9 Vgl. zB EGMR 17.10.2002 – Nr. 38365/97, Rz. 41 ff. || 10 AA BSG 13.12.2005 – B 4 RA 220/04 B, SGb 2006, 553. || 11 BAG 31.8.2005 – 5 AZN 580/05, NZA 2005, 1204. || 12 Vgl. näher Düwell/Lipke/*Düwell*, § 72 Rz. 28h. || 13 Zur Gesetzesgeschichte: *Bepler*, AuR 1997, 421. || 14 GMP/*Germelmann*, § 64 Rz. 33.

29 Hat das LAG die förmliche Entscheidung über die Revisionszulassung übergangen, kann das Urteil **nicht von Amts wegen** ergänzt werden[1]. Dies gilt auch dann, wenn die beschwerte Partei die Frist für den Ergänzungsantrag nach Abs. 2 S. 2, § 64 IIIa schuldhaft **versäumt** hat. In einem solchen Fall ist weder Revision noch Nichtzulassungsbeschwerde statthaft. Es gilt der Vorrang des Ergänzungsverfahrens nach Abs. 1 S. 2. Diese Rechtsfolge kann dann nicht greifen, wenn die Frist für den Ergänzungsantrag nach § 64 IIIa 2, § 72 I 2 schuldlos versäumt wurde. Wohl auf Grund eines Versehens ist diese Frist **nicht als Notfrist** ausgestaltet worden, so dass eine Wiedereinsetzung in den vorigen Stand nicht in Betracht kommt. Dies ist verfassungsrechtl. nicht haltbar. Dem sollte man angesichts des eindeutig geregelten Ergänzungsverfahrens nicht über eine Ergänzung des Urteils von Amts wegen nach Ablauf der Frist begegnen. Vielmehr ist für einen solchen Fall der Vorrang des Ergänzungsverfahrens einzuschränken; es besteht die Möglichkeit der **Nichtzulassungsbeschwerde**[2]. Eine Urteilsberichtigung nach § 319 ZPO scheidet in aller Regel aus; es ist zwar offenbar, dass eine an sich gesetzl. gebotene Entscheidung fehlt. Es ist jedoch nur **selten offenbar, welche Entscheidung** – Zulassung oder Nichtzulassung – fehlt, und ob es überhaupt eine Willensbildung der Kammer hierzu gegeben hat[3].

30 **b) Beschränkte und unbeschränkte Zulassung.** Lässt das LAG die Revision gegen sein Urteil zu, ohne diese Entscheidung einzuschränken, kann jede durch das Urteil **beschwerte Partei** Revision einlegen. Eine **Einschränkung** der Zulassung nur in den Entscheidungsgründen oder der Rechtsmittelbelehrung ist wirkungslos[4]. Sie kommt – formgerecht im Tenor – in Betracht, wenn nur bei einem von mehreren Streitgegenständen oder für einen **teilurteilsfähigen Teil** eines Streitgegenstandes die Voraussetzungen für eine Zulassung der Revision gegeben sind[5]. Sind durch ein Urteil **beide Parteien beschwert**, kann die Revisionszulassung auf eine Partei beschränkt werden, wenn nur hinsichtlich ihrer Beschwer die Rechtssache grundsätzliche Bedeutung hat oder nur insoweit eine Divergenz vorliegt. Ist auf diese Weise wirksam die Revisionszulassung eingeschränkt worden, was vom Revisionsgericht **von Amts wegen zu überprüfen** ist[6], ist eine selbständige Revision für die Gegenpartei ausgeschlossen; auf Grund von § 554 II ZPO bleibt für sie aber eine **Anschlussrevision** selbst dann **möglich**, wenn ihre Nichtzulassungsbeschwerde erfolglos blieb[7].

31 Eine Beschränkung der Revisionszulassung auf einzelne Rechtsfragen oder Anspruchsgrundlagen ist unzulässig[8]. Es wird aber als möglich angesehen, die Revisionszulassung auf einen von mehreren freiwilligen **Streitgenossen** zu beschränken[9], auf Klage oder Widerklage, auf die zur Aufrechnung gestellte Forderung oder die Forderung, gegen die aufgerechnet worden ist[10]. Nach überwiegender Auffassung kann die Zulassung der Revision auch auf diejenigen Teile des Rechtsstreits beschränkt werden, über die ein **selbständig anfechtbares Zwischenurteil** (vgl. Rz. 4) hätte ergehen können, wobei hier sogar die Einschränkung des § 61 III, § 64 VII unerheblich sein soll, so dass auch eine Beschränkung der Zulassung auf den Grund des Anspruchs statthaft sein soll[11]. Dem ist nicht zu folgen. Von einem selbständig anfechtbaren Teil des Streitgegenstandes kann nur ausgegangen werden, wenn das Gericht zuvor nach § 280 ZPO verfahren ist, also gesondert verhandelt und entschieden hat. Bei einheitlicher Verhandlung fällt die Privilegierung des § 280 ZPO weg[12].

32 Hat das LAG in seine verkündete Zulassungsentscheidung eine Einschränkung nicht aufgenommen, **oder** hat es die Zulassung in einer Weise beschränkt, die **nicht eindeutig** oder **nicht statthaft** ist, ist die **Revision uneingeschränkt** für jede beschwerte Partei statthaft. Bei einer unzulässigen Beschränkung auf einzelne Rechtsfragen oder Anspruchsgrundlagen kann die Auslegung der Entscheidung aber ergeben, dass sich die Zulassung nur auf den Streitgegenstand beziehen soll, in dem diese Rechtsfrage oder Anspruchsgrundlage eine Rolle spielt[13].

33 **4. Wirkung der Zulassung.** Mit der wirksamen Zulassung der **Revision** durch das LAG ist die Revision im Umfang der Zulassung für jede beschwerte Partei **eröffnet**, es sei denn, sie wäre nur für eine Partei zugelassen. Das BAG ist an die Zulassung der Revision durch das LAG nach Abs. 3 **gebunden**, auch wenn das LAG die Revision ohne rechtl. Veranlassung und deshalb rechtsfehlerhaft zugelassen hat[14].

34 Eine **Bindung** tritt nur dann **nicht** ein, wenn das LAG die Revision gegen ein Urteil zugelassen hat, das als solches nicht revisibel ist (vgl. Rz. 6). Wird nach einer solchen Revisionszulassung und einer entspre-

---

1 GK-ArbGG/*Vossen*, § 64 Rz. 62; GMP/*Müller-Glöge*, § 72 Rz. 36; aA *Appel/Kaiser*, AuR 2000, 281 (282); *Lakies*, BB 2000, 667 (669). ||2 Im Erg. ebenso GMP/*Müller-Glöge*, § 72 Rz. 36; *Germelmann*, NZA 2000, 1017 (1023), die diesen Weg aber möglicherweise auch bei schuldhafter Versäumung der Antragsfrist einräumen wollen. ||3 Zu einer ausnahmsweise statthaften Berichtigung: BAG 10.5.2005 – 9 AZR 251/04, NZA 2006, 439. ||4 BAG 5.11.2003 – 4 AZR 643/02, NZA 2004, 447. ||5 BAG 19.3.2003 – 5 AZN 751/02, BB 2003, 1183; GMP/*Müller-Glöge*, § 72 Rz. 38 ff. ||6 BAG 18.12.1984 – 3 AZR 389/83, NZA 1985, 811; GK-ArbGG/*Mikosch*, § 72 Rz. 62; Hauck/Helml/Biebl/*Hauck*, § 72 Rz. 15. ||7 GMP/*Müller-Glöge*, § 74 Rz. 74 mwN. ||8 BAG 9.3.1995 – 2 AZR 497/94, NZA 1995, 777; ErfK/*Koch*, § 72 ArbGG Rz. 18; GMP/*Müller-Glöge*, § 72 Rz. 42. ||9 GMP/*Müller-Glöge*, § 72 Rz. 39. ||10 GK-ArbGG/*Mikosch*, § 72 Rz. 45. ||11 GMP/*Müller-Glöge*, § 72 Rz. 41; Hauck/Helml/Biebl/*Hauck*, § 72 Rz. 15; Grunsky/*Benecke*, § 72 Rz. 49. ||12 AA GMP/*Müller-Glöge*, § 72 Rz. 41. ||13 GK-ArbGG/*Mikosch*, § 72 Rz. 43. ||14 BAG 16.4.1997 – 4 AZR 653/95, NZA 1998, 45; GMP/*Müller-Glöge*, § 72 Rz. 47; GK-ArbGG/*Mikosch*, § 72 Rz. 59.

chenden Rechtsmittelbelehrung – eine unzulässige – Revision eingelegt und nach Hinweis zurückgenommen, sind keine Gerichtskosten zu erheben (§ 8 GKG)[1].

IV. Anwendbare Vorschriften. 1. Vorschriften der ZPO (Abs. 5). Neben dem ausdrücklich genannten 35
§ 566 ZPO über die Sprungrevision, der durch § 76 verdrängt wird, werden weitere Bestimmungen der ZPO durch Regelungen des ArbGG **ersetzt:**

- §§ 542–544 ZPO über die Zulassung der Revision durch § 72, § 72a;
- § 545, § 546, § 563 IV ZPO zu den möglichen Revisionsgründen durch § 73;
- § 548 und § 553 ZPO zu Revisionsfrist und Terminsbestimmung durch § 74.

Die **übrigen Bestimmungen** der ZPO über das Revisionsverfahren **gelten entsprechend**, so insb. die 36
Bestimmungen über die absoluten Revisionsgründe (§ 547 ZPO), über die – nach der ZPO-Reform nur noch unselbständig mögliche[2] – Anschlussrevision (§ 554 ZPO) (vgl. § 74 Rz. 38 ff.), über den Verlust des Rügerechts (§ 556 ZPO), über die tatsächlichen Grundlagen der revisionsgerichtl. Überprüfung (§ 559 ZPO), über zurückverweisende und ersetzende Revisionsentscheidungen (§ 563 I–III ZPO), über die Begründung bei Verfahrensrügen (§ 564 ZPO) und über die Möglichkeit, eine Revision durch einstimmigen Beschluss zurückzuweisen (§ 552a ZPO).

2. Bestimmungen des ArbGG (Abs. 6). Die in Abs. 6 angeordnete entsprechende Anwendung der Bestimmungen über das erstinstanzliche Verfahren vor den ArbG bedeutet: 37

- Über die **Ablehnung eines** (Berufs- oder ehrenamtlichen) **Richters** des BAG hat der Senat einschl. der ehrenamtlichen Richter mit Ausnahme des abgelehnten Richters auch dann zu entscheiden, wenn das Ablehnungsgesuch in einem Verfahren angebracht wird, das durch eine Entscheidung nur der Berufsrichter beendet wird (zB PKH)[3].
- Nach § 50 muss auch die **Zustellung der Revisionsurteile** binnen drei Wochen seit Übergabe des von sämtlichen Mitgliedern des erkennenden Senats unterschriebenen Urteils nebst Tatbestand und Entscheidungsgründen erfolgen.
- Die Verhandlungen vor dem Senat und die Verkündung seiner Entscheidungen sind entsprechend § 52 **öffentlich**. Soweit ausnahmsweise, etwa wegen der Feststellung prozessualer Zulässigkeitsvoraussetzungen, in der Revisionsinstanz eine Beweisaufnahme durchzuführen ist, gilt auch für sie das Öffentlichkeitsgebot. § 52 entscheidet auch darüber, ob der Senat die Öffentlichkeit ausschließen kann. Nach § 52 IV ArbGG, § 169 S. 2 GVG sind jedenfalls derzeit Ton- und Fernseh-, Rundfunkaufnahmen sowie Ton- und Filmaufnahmen unzulässig, sobald die mündliche Verhandlung begonnen hat.
- Die entsprechende Anwendung des § 53 bedeutet, dass dort, wo diese Vorschrift die Befugnisse der oder des Vorsitzenden klärt, ohne dass ehrenamtlichen Richter tätig zu werden, in der Revisionsinstanz an die Stelle der oder des Vorsitzenden der Kammer die **berufsrichterlichen Mitglieder des Senats** treten[4].
- Die Befugnisse der oder des **Senatsvorsitzenden** im Verhältnis zu den übrigen berufsrichterlichen Mitgliedern des Senats bestimmen sich nach den Vorschriften der ZPO (§ 53 II). Die oder der Vorsitzende ist deshalb allein zuständig für die Terminierung (§ 216 II ZPO[5]) und für die Führung der mündlichen Verhandlung (§ 136, auch § 140 ZPO).
- Auch in der Revisionsinstanz ist die **gütliche Erledigung** des Rechtsstreits anzustreben (§ 57 II), die sinnvoller Weise durch gerichtl. Hinweisschreiben vorbereitet wird.
- Was den Inhalt des Revisionsurteils angeht, so ist § 61 I, der die Festsetzung des **Gegenstandswertes** im Urteil betrifft, ausdrücklich **nicht** in Bezug genommen; es gilt nur § 61 II, wonach auf Antrag zur Zahlung einer vom Gericht festzusetzenden **Entschädigung** zu verurteilen ist, wenn eine Handlung, zu deren Vornahme verurteilt wurde, nicht innerhalb einer bestimmten Frist vorgenommen wurde.
- Rechtskräftige Urteile in **TV-Sachen** sind durch das BAG nach § 63 alsbald der obersten Arbeitsbehörde des Landes oder dem BMAS in vollständiger Form schriftl. zu übersenden.

72a *Nichtzulassungsbeschwerde*
(1) **Die Nichtzulassung der Revision durch das Landesarbeitsgericht kann selbständig durch Beschwerde angefochten werden.**

(2) **Die Beschwerde ist bei dem Bundesarbeitsgericht innerhalb einer Notfrist von einem Monat nach Zustellung des in vollständiger Form abgefassten Urteils schriftlich einzulegen.** Der Beschwerde-

---

[1] Ähnlich BAG 15.12.1986 – 2 AZR 289/86, AP Nr. 1 zu § 8 GKG 1975. ||[2] Für sie bedarf es einer Beschwer der sich anschließenden Partei: Zöller/*Heßler*, § 554 ZPO Rz. 3. ||[3] BAG 29.10.1992 – 5 AZR 367/92, BAGE 71, 293; 10.1.2007 – 5 AZA 15/06 (A); GMP/*Müller-Glöge*, § 72 Rz. 57. ||[4] BAG 10.12.1992 – 8 AZB 6/92, BAGE 72, 84.
||[5] BAG 4.2.1993 – 4 AZR 541/92, BAGE 72, 184.

schrift soll eine Ausfertigung oder beglaubigte Abschrift des Urteils beigefügt werden, gegen das die Revision eingelegt werden soll.

(3) Die Beschwerde ist innerhalb einer Notfrist von zwei Monaten nach Zustellung des in vollständiger Form abgefassten Urteils zu begründen. Die Begründung muss enthalten:
1. die Darlegung der grundsätzlichen Bedeutung einer Rechtsfrage und deren Entscheidungserheblichkeit,
2. die Bezeichnung der Entscheidung, von der das Urteil des Landesarbeitsgerichts abweicht, oder
3. die Darlegung eines absoluten Revisionsgrundes nach § 547 Nr. 1 bis 5 der Zivilprozessordnung oder der Verletzung des Anspruchs auf rechtliches Gehör und der Entscheidungserheblichkeit der Verletzung.

(4) Die Einlegung der Beschwerde hat aufschiebende Wirkung. Die Vorschriften des § 719 Abs. 2 und 3 der Zivilprozessordnung sind entsprechend anzuwenden.

(5) Das Landesarbeitsgericht ist zu einer Änderung seiner Entscheidung nicht befugt. Das Bundesarbeitsgericht entscheidet unter Hinzuziehung der ehrenamtlichen Richter durch Beschluss, der ohne mündliche Verhandlung ergehen kann. Die ehrenamtlichen Richter wirken nicht mit, wenn die Nichtzulassungsbeschwerde als unzulässig verworfen wird, weil sie nicht statthaft oder nicht in der gesetzlichen Form und Frist eingelegt und begründet ist. Dem Beschluss soll eine kurze Begründung beigefügt werden. Von einer Begründung kann abgesehen werden, wenn sie nicht geeignet wäre, zur Klärung der Voraussetzungen beizutragen, unter denen eine Revision zuzulassen ist, oder wenn der Beschwerde stattgegeben wird. Mit der Ablehnung der Beschwerde durch das Bundesarbeitsgericht wird das Urteil rechtskräftig.

(6) Wird der Beschwerde stattgegeben, so wird das Beschwerdeverfahren als Revisionsverfahren fortgesetzt. In diesem Fall gilt die form- und fristgerechte Einlegung der Nichtzulassungsbeschwerde als Einlegung der Revision. Mit der Zustellung der Entscheidung beginnt die Revisionsbegründungsfrist.

(7) Hat das Landesarbeitsgericht den Anspruch des Beschwerdeführers auf rechtliches Gehör in entscheidungserheblicher Weise verletzt, so kann das Bundesarbeitsgericht abweichend von Absatz 6 in dem der Beschwerde stattgebenden Beschluss das angefochtene Urteil aufheben und den Rechtsstreit zur neuen Verhandlung und Entscheidung an das Landesarbeitsgericht zurückverweisen.

I. Allgemeines 1	4. Verfahrensbeschwerde 24
1. Überblick 1	5. Beschwerdebegründung bei Mehrfachbegründung des LAG 25a
2. Abschließende Regelung 4	IV. Entscheidung des BAG 26
3. Erschöpfung des Rechtsweges 5	1. Verfahren 26
II. Einlegung der Nichtzulassungsbeschwerde . 6	2. Richterbank 27
1. Form und Frist 6	3. Form 28
2. Mögliche Anträge 10	4. Beurteilungszeitpunkt bei Grundsatz- und Divergenzbeschwerde 30
3. Wirkung 12	5. Wirkung der Entscheidung 31
III. Begründung der Nichtzulassungsbeschwerde 14	V. PKH und Wiedereinsetzung 33
1. Form und Frist 14	VI. Kosten 34
2. Divergenzbeschwerde 16	
3. Grundsatzbeschwerde 22	

1 **I. Allgemeines. 1. Überblick.** Gegen die Entscheidung des LAG, die Revision gegen sein Urteil nicht zuzulassen, kann Beschwerde beim BAG eingelegt werden. Mit diesem Rechtsbehelf (nicht: Rechtsmittel; Rz. 9), der nicht die Sachentscheidung, sondern nur die **Verfahrensentscheidung** zur Überprüfung durch das BAG stellt, und dem das LAG nicht abhelfen kann (Abs. 5 S. 1), wird die letzte Möglichkeit für die beschwerte Partei eröffnet, die Revisionsinstanz zu erreichen. Sie besteht weder ggü. dem Beschluss des ArbG im Beschlussverfahren nach § 122 III InsO[1] noch dann, wenn das LAG die Rechtsbeschwerde nach § 77 oder 78 nicht zugelassen hat[2]. In beiden Bestimmungen ist § 72a nicht in Bezug genommen. Die dritte Instanz kann hier nur durch Zulassung in der anzufechtenden Entscheidung eröffnet werden.

2 Die mit der Einführung der Zulassungsrevision angestrebte **Entlastung** der **Revisionsinstanz** wurde in Teilen erreicht, wie die – unterschiedlich – zurückhaltende Zulassungspraxis der LAG belegt[3]. Die ungewöhnlich hohe Zahl von Nichtzulassungsbeschwerden[4] spricht aber dafür, dass diese Gesetzeslage nicht wesentlich zur **Rechtsbefriedung** beigetragen hat. Die Nichtzulassungsbeschwerden hatten bis

---

1 BAG 14.8.2001 – 2 ABN 20/01, BB 2001, 2535. || 2 BAG 19.12.2002 – 5 AZB 54/02, NZA 2003, 287; 31.7.2007 – 3 AZN 326/07, NZA 2008, 432. || 3 Vgl. *Schliemann*, FS 50 Jahre Arbeitsgerichtsbarkeit Rheinland-Pfalz, 1999, S. 655 (660). || 4 Häufig werden mehr als doppelt so viele Nichtzulassungsbeschwerden wie Revisionen und Rechtsbeschwerden eingelegt.

zum Jahre 2004 nur in einem sehr geringen, dazu noch rückläufigen Umfang Erfolg[1], weil die **Prüfungskompetenz** des BAG sehr stark **eingeschränkt war**.

Diese Rechtslage ist durch das **Anhörungsrügengesetz** wesentlich und mit einigem Erfolg[2] **geändert** worden[3]. Der Gesetzgeber stellte einen Gleichlauf der Gründe für eine Zulassung durch das LAG und die nachträgliche Zulassung durch das BAG her, indem er die **Beschränkung der Zulassungsmöglichkeiten** wegen grundsätzlicher Bedeutung auf bestimmte Streitgegenstände **ersatzlos strich** und nur im Beschwerdeverfahren wirkende **verfahrensrechtl. Zulassungsgründe** einführte.

2. Abschließende Regelung. Die Gründe für eine Zulassung der Revision durch das BAG aus § 72 II sind **abschließend**. Verfahrensverstöße, die nicht unter die Tatbestände einer entscheidungserheblichen Verletzung rechtl. Gehörs oder eines der dort genannten absoluten Revisionsgründe subsumiert werden können, und Entscheidungen, die keine entscheidungserhebliche Rechtsfrage von grundsätzlicher Bedeutung betreffen oder in einem entscheidungserheblichen Widerspruch zu einer divergenzfähigen Entscheidung stehen, können eine Zulassung der Revision nicht rechtfertigen. Der Verfahrensverstoß einer **Entscheidung ohne – rechtzeitig abgesetzte – Gründe** (§ 547 Nr. 6) kann nur über die sofortige Beschwerde nach § 72b verfolgt werden. Eine nachträgliche Zulassung der Revision auf Beschwerde nach § 72a kann er **nie** begründen, § 72b I 2 (näher § 72b Rz. 3)[4].

3. Erschöpfung des Rechtsweges. Liegt in einem eine nachträgliche Zulassung der Revision nicht rechtfertigenden Verfahrensfehler zugleich ein Verfassungsverstoß, kommt eine Verfassungsbeschwerde in Betracht. Bevor gegen ein Urteil des LAG, in dem die Revision nicht zugelassen worden ist, **Verfassungsbeschwerde** eingelegt werden kann, muss aber der Rechtsweg erschöpft sein (§ 90 II BVerfGG) und deshalb auch das Nichtzulassungsbeschwerde-Verfahren durchgeführt werden. Dies soll nach der Rspr. des BVerfG dann nicht gelten, wenn die beschwerte Partei bei Einlegung der Nichtzulassungsbeschwerde nach der Rechtslage nicht habe im Ungewissen sein können, dass diese Beschwerde unstatthaft oder unzulässig sei. Durch die Einlegung eines solchen Rechtsbehelfs werde die Monatsfrist zur Einlegung der Verfassungsbeschwerde nicht unterbrochen und mit der Entscheidung über die Nichtzulassungsbeschwerde neu in Gang gesetzt[5]. Bei verfassungsrechtl. Bedenken gegen das Urteil eines LAG, in dem die Revisionszulassung abgelehnt wurde, sollten **in jedem Falle** Verfassungsbeschwerde und Nichtzulassungsbeschwerde **gleichzeitig** eingelegt und rechtzeitig begründet werden, auch wenn man die Nichtzulassungsbeschwerde für aussichtslos hält. Legt man nur Verfassungsbeschwerde ein, riskiert man deren Zurückweisung wegen Nichterschöpfung des Rechtsweges, legt man nur Nichtzulassungsbeschwerde ein, droht die Verwerfung einer danach erhobenen Verfassungsbeschwerde wegen Verfristung.

II. Einlegung der Nichtzulassungsbeschwerde. 1. Form und Frist. Die Nichtzulassungsbeschwerde muss durch einen **Rechtsanwalt** oder einen **Verbandsvertreter** mit **Befähigung zum Richteramt** (§ 11 IV) schriftsätzlich und ordnungsgemäß unterzeichnet, nicht lediglich paraphiert[6], beim BAG eingereicht werden. Dies kann auch durch Fax oder Telebrief geschehen (im Einzelnen § 74 Rz. 6)[7]. Die Beschwerdeschrift muss die **Entscheidung des LAG**, die angefochten werden soll, nach Gericht, Datum und Aktenzeichen **eindeutig benennen**[8], es sei denn, diese notwendigen Angaben lassen sich aus sonstigen Umständen, wie insb. einer **der Beschwerdeschrift beigefügten Ausfertigung oder Kopie des anzufechtenden Urteils** entnehmen. Aus der Beschwerdeschrift muss sich weiter ergeben, für **welche Partei** Beschwerde eingelegt wird, und dass es dieser Partei darum geht, eine **nachträgliche Zulassung** der Revision zu erreichen.

Die Beschwerde kann nicht unter der **Bedingung** eingelegt werden, dass für ihre Durchführung **PKH** (Rz. 33) bewilligt wird[9]. Die beschwerte Partei ist nicht gehindert, neben dem Antrag auf Bewilligung von PKH vorsorglich – und mit vollem Kostenrisiko – Nichtzulassungsbeschwerde einzulegen. Anders ist es aus Gründen der Prozessökonomie, wenn die Wirksamkeit der Revisionszulassung problematisch ist. Hier ist es neben der Einlegung der Revision statthaft, unter der innerprozessualen Bedingung, dass sich die Revisionszulassung als unwirksam herausstellen sollte, Nichtzulassungsbeschwerde zu erheben[10].

Die Nichtzulassungsbeschwerde ist innerhalb einer **Notfrist von einem Monat** nach Zustellung des in vollständiger Form abgefassten Urteils beim BAG einzulegen (Abs. 2 S. 1), wobei eine **Einlegung vor Zustellung des LAG-Urteils unzulässig** und damit **nicht fristwahrend** nehmen sein soll[11]. Eine Einreichung beim LAG genügt nicht, wenn die Beschwerdeschrift nicht innerhalb der Monatsfrist beim BAG eingeht[12].

---

1 *Schliemann*, FS 50 Jahre Arbeitsgerichtsbarkeit Rheinland-Pfalz, 1999, S. 655 (663); *Leschnig/Gross*, JbArbR 39 (2002), S. 37. ‖2 *Bepler*, JbArbR 43 (2006), 45; die dort angesprochene Tendenz hat sich in der Folgezeit bestätigt. ‖3 Überblick *Bepler*, RdA 2005, 65 (69ff.). ‖4 BAG 2.11.2006 – 4 AZN 716/06, NZA 2007, 111. ‖5 BVerfG 6.6.1978 – 1 BvR 98/76, BVerfGE 48, 341 (344); zuletzt bestätigt durch Beschl. v. 6.12.2001 – 1 BvR 1976/01. ‖6 BAG 27.3.1996 – 5 AZR 576/94, NZA 1996, 1115. ‖7 *Düwell*, NZA 1999, 291 (292). ‖8 Vgl. BAG 27.7.2011 – 10 AZR 454/10, NZA 2011, 998. ‖9 St. Rspr.; vgl. auch BAG 13.8.1985 – 4 AZN 212/85, BAGE 49, 244. ‖10 Überzeugend GMP/*Müller-Glöge*, § 72a Rz. 29. ‖11 So tendenziell BAG 8.6.2010 – 6 AZN 163/10, NZA 2010, 909. ‖12 BAG 4.11.1980 – 4 AZN 370/80, BB 1981, 853.

9   Für den Beginn des Fristablaufs kommt es **nicht** darauf an, dass das LAG seinem Urteil eine **Belehrung** über die Möglichkeit der Nichtzulassungsbeschwerde beigefügt hat. § 9 V 4 ist unanwendbar. Die Nichtzulassungsbeschwerde ist **kein Rechtsmittel**. Sie stellt nur die Richtigkeit der Verfahrensentscheidung, die Revision nicht zuzulassen, nicht die Entscheidung in der Hauptsache, zur Überprüfung durch das BAG[1]. Durch die Einführung der sog. Verfahrensbeschwerde und die Möglichkeit der Entscheidung nach Abs. 7 ist diese Aussage zwar nicht mehr unbezweifelbar, bleibt aber im Ganzen richtig[2]. Es ist üblich, dem Urteil, in dem die Revision nicht zugelassen wird, einen formlosen Hinweis auf die Möglichkeit der Nichtzulassungsbeschwerde beizufügen. Fehlt er, ergeben sich daraus aber keine Rechtsfolgen[3].

10 **2. Mögliche Anträge.** Mit der Beschwerdeschrift, aber auch im Rahmen der Beschwerdebegründung kann der Beschwerdeführer die folgenden Anträge stellen: Hat das LAG die Revision gegen sein Urteil **insgesamt nicht zugelassen** oder hat es die Entscheidung über die Zulassung übergangen und die beschwerte Partei die Frist für den Ergänzungsantrag nach § 64a III 2 schuldlos versäumt (vgl. § 72 Rz. 29), kann diese beantragen,

- **Formulierungsvorschlag:**
  die Revision gegen das Urteil des LAG ... vom ... – Az.: ... zuzulassen.

Sind mehrere Parteien beschwert, von denen jede Nichtzulassungsbeschwerde einlegen kann, empfiehlt sich für den einzelnen Antrag der Zusatz „für den Kläger" oder „für die Beklagte".

11 Hat das LAG die Revision nur **für einen Teil** des Streitstoffes **zugelassen** (vgl. § 72 Rz. 30f.), kann wegen der teilweisen Nichtzulassung beantragt werden,

- **Formulierungsvorschlag:**
  die Revision gegen ... auch zuzulassen, soweit es über den Anspruch auf ... entschieden hat.

Die beschwerte Partei kann schließlich auch, wenn die Revision insg. nicht zugelassen wurde, nur wegen eines Teils des Streitstoffes die Zulassung der Revision beantragen, also etwa

- **Formulierungsvorschlag:**
  die Revision gegen ... zuzulassen, soweit es über den Anspruch auf ... entschieden hat.

12 **3. Wirkung.** Durch die Einlegung der Nichtzulassungsbeschwerde wird der Eintritt der **Rechtskraft** des anzufechtenden Urteils **gehemmt**. Dies gilt auch, soweit der Beschwerdegegner durch dieses Urteil beschwert ist und insoweit weder die Revision zugelassen wurde, noch der Beschwerdegegner seinerseits Nichtzulassungsbeschwerde eingelegt hat. Denn der Beschwerdegegner ist stets in der Lage, nach Zulassung der Revision für den Gegner durch Einlegung einer **Anschlussrevision** den gesamten Streitstoff zur Entscheidung durch das BAG zu stellen[4]. Ohne Nichtzulassungsbeschwerde tritt **mit Ablauf der Frist** für deren Einlegung **insgesamt formelle Rechtskraft** der LAG-Entscheidung ein[5].

13 Wegen der **aufschiebenden Wirkung** der Nichtzulassungsbeschwerde wird dann, wenn die materielle Rechtslage von der Rechtskraft einer bestimmten Entscheidung abhängt, wie bspw. bei einer Verurteilung auf Abgabe einer Willenserklärung, diese Rechtslage erst mit der Zurückweisung der Nichtzulassungsbeschwerde geändert. Dies gilt unabhängig davon, wie aussichtsreich die Nichtzulassungsbeschwerde ist[6]. Das Urteil des LAG ist bis zur Entscheidung über die Nichtzulassungsbeschwerde auch nur **vorläufig vollstreckbar**, weshalb der Beschwerdeführer zusammen mit der Nichtzulassungsbeschwerde nach Abs. 4 S. 2 iVm. § 719 II und III ZPO die **einstw. Einstellung der Zwangsvollstreckung** aus dem anzufechtenden Urteil beantragen kann. Hierüber hat das BAG ohne mündliche Verhandlung zu entscheiden. Eine **Einstellung** der Zwangsvollstreckung kommt hier aber **nur** in Betracht, wenn **sowohl die Nichtzulassungsbeschwerde als auch** eine etwaige **Revision Aussicht auf Erfolg** haben. Ist dies nicht der Fall, oder würde einer zeitlich begrenzten Entscheidung der Vorinstanz durch eine einstw. Einstellung jede Wirkung genommen, ist der Einstellungsantrag zurückzuweisen[7].

14 **III. Begründung der Nichtzulassungsbeschwerde. 1. Form und Frist.** Nach Abs. 3 S. 1 ist die Beschwerde innerhalb einer **Notfrist** von zwei Monaten nach Zustellung des in vollständiger Form abgefassten Urteils nach Maßgabe des Abs. 3 S. 2 Nr. 1-3 zu begründen. Diese Frist läuft auch ab, wenn die Beschwerdefrist versäumt wurde und bislang über einen **Wiedereinsetzungsantrag** wegen des Ablaufs der Beschwerdefrist noch nicht entschieden wurde[8]. Die **Begründungsfrist** kann **nicht verlängert** werden[9].

15 Bei den **Fristen** für die Einlegung und Begründung der Nichtzulassungsbeschwerde handelt es sich seit der Vereinheitlichung der Rechtsmittelfristen in ZPO (§ 517, § 520 II; § 548, § 551 II 3 ZPO) und

---

1 BAG 1.4.1980 – 4 AZN 77/80, DB 1980, 1804; 28.2.2008 – 3 AZB 56/07, NZA 2008, 660. ||2 GMP/*Müller-Glöge*, § 72a Rz. 7. ||3 BAG 9.7.2003 – 5 AZN 316/03, NZA 2004, 456. ||4 GK-ArbGG/*Mikosch*, § 72a Rz. 40; GMP/*Müller-Glöge*, § 72a Rz. 41. ||5 Auch im Falle eines vorzeitigen Rechtsbehelfsverzichts: BAG 28.2.2008 – 3 AZB 56/07, NZA 2008, 660. ||6 BAG 9.7.1998 – 2 AZR 142/98, BAGE 89, 220. ||7 BAG 27.6.2000 – 9 AZN 525/00, NZA 2000, 1072; GMP/*Müller-Glöge*, § 72a Rz. 43. ||8 BAG 7.7.2011 – 2 AZN 294/11, FA 2011, 306. ||9 ErfK/*Koch*, § 72a ArbGG Rz. 6; Hauck/Helml/Biebl/*Hauck*, § 72a Rz. 10; GMP/*Müller-Glöge*, § 72a Rz. 30; Grunsky/*Benecke*, § 72a Rz. 35.

ArbGG (§ 66 I; § 74 I) nur noch um **Routinefristen**. Ihre Berechnung kann ein Rechtsanwalt regelmäßig seinem geschulten Büropersonal überlassen. Dort vorkommende Fehler schließen eine Wiedereinsetzung in den vorigen Stand nach § 233 ZPO nicht aus[1].

Auch für die schriftliche Begründung der Nichtzulassungsbeschwerde besteht Vertretungszwang (§ 11 IV). Dies bedeutet auch, dass der Prozessbevollmächtigte nicht zu erkennen geben darf, dass er trotz seiner Unterschrift die Verantwortung für den Inhalt seines Begründungsschriftsatzes nicht übernehmen will[2]. 15a

2. Divergenzbeschwerde. Eine Nichtzulassungsbeschwerde wegen Divergenz ist begründet, wenn das anzufechtende Urteil einen abstrakten, zur Subsumtion geeigneten **Rechtssatz** aufgestellt hat, der von einem abstrakten Rechtssatz in einer Entscheidung eines der in § 72 II Nr. 2 genannten Gerichte und Spruchkörper **abweicht**, und das anzufechtende Urteil auf dieser Abweichung **beruht**[3]. Diese Voraussetzungen hat der Beschwerdeführer im Einzelnen **darzulegen** (§ 72a III Nr. 2). Ist die Darlegung lückenhaft, ist seine Beschwerde unzulässig. Sie ist unbegründet, wenn seiner ausreichenden Darlegung, es liege eine entscheidungserhebliche Divergenz vor, im rechtl. Ergebnis nicht zu folgen ist. 16

a) **Divergenzfähige Entscheidung.** Der Beschwerdeführer hat die divergenzfähige Entscheidung (vgl. § 72 Rz. 15 ff.), von der das LAG abgewichen ist, nach Gericht, Datum und Aktenzeichen eindeutig zu **bezeichnen**. Dabei kann eine angezogene, an sich divergenzfähige Entscheidung nur dann eine Divergenzbeschwerde begründen, wenn sie **vor** Verkündung des **anzufechtenden Urteils** ergangen ist[4]; ein späteres Urteil reicht nur aus, wenn dort lediglich wiederholend auf einen bereits zuvor aufgestellten Rechtssatz verwiesen wird[5]. 17

b) **Abweichung im Rechtssatz.** Es ist weiter im Einzelnen darzulegen, welche sich widersprechenden fallübergreifenden Rechtssätze zu einer bestimmten Rechtsfrage das anzufechtende Urteil und die angezogene divergenzfähige Entscheidung aufgestellt haben[6]. 18

Rechtsanwendungsfehler können eine nachträgliche Zulassung der Revision nicht rechtfertigen. Ausnahmsw. kann aber eine Divergenz in Betracht kommen, wenn das anzufechtende Urteil zwar nur **einzelfallbezogene Ausführungen** enthält, diesen Ausführungen aber **zwingend** entnommen werden muss, dass ihnen ein bestimmter abstrakter Rechtssatz zugrunde liegt, der im Widerspruch zu einer divergenzfähigen Entscheidung steht[7]. Den stillschweigend zu Grunde gelegten Rechtssatz muss die Beschwerde ausformulieren und aus den Entscheidungsgründen des LAG im Einzelnen herleiten, warum er zu Grunde liegen muss. Der Beschwerdeführer muss die Gesichtspunkte und Schlussregeln, die Deduktion, für die Ableitung des behaupteten Rechtssatzes aus den fallbezogenen Ausführungen des LAG vortragen[8]. Er muss so ausschließen, dass lediglich ein nur im Rahmen einer statthaften Revision überprüfbarer Rechtsanwendungsfehler vorliegt oder ein an sich rechtserheblicher Gesichtspunkt unberücksichtigt geblieben ist[9]. 19

Außerdem müssen die einander widersprechenden Rechtssätze grds. auch **dieselbe** geschriebene oder ungeschriebene **Rechtsnorm** betreffen (zu mögl. Ausnahmen vgl. § 72 Rz. 19). 20

c) **Entscheidungserheblichkeit.** Der Beschwerdeführer muss schließlich konkret und fallbezogen[10] darlegen, dass die festgestellte Divergenz für die Entscheidung insg. erheblich ist, dass die Entscheidung also anders und für den Beschwerdeführer günstiger ausgefallen wäre, wenn das LAG statt vom eigenen vom divergierenden Rechtssatz ausgegangen wäre (vgl. § 72 Rz. 20 f.)[11]. 21

3. Grundsatzbeschwerde. Eine Nichtzulassungsbeschwerde kann auch auf das Vorliegen einer entscheidungserheblichen Rechtsfrage von grundsätzlicher Bedeutung gestützt werden[12]. Dabei sind grds. nur die **Rechtsfragen** zu **würdigen, die das LAG** behandelt hat[13] und zu denen es auf die Einheit der Rechtsordnung und die Rechtsfortbildung einwirkende **Antworten** gegeben oder verweigert hat. Ob es auf einem anderen Lösungsweg auf entscheidungserhebliche Rechtsfragen von grundsätzlicher Bedeutung angekommen wäre, ist ohne Bedeutung[14]. In diesem Zusammenhang kann sich aber die Frage einer **Gehörsverletzung** stellen, wenn der Beschwerdeführer die Rechtsfrage in den Vorinstanzen angesprochen hat. 22

Der Beschwerdeführer einer **Grundsatzbeschwerde** muss für eine nachträgliche Zulassung der Revision durch das BAG auf den Einzelfall bezogen **darlegen**, welche konkret zu bezeichnende **Rechtsfrage** die anzufechtende Entscheidung aufwirft und inwiefern sie **klärungsfähig** und **klärungsbedürftig** ist, sowie dass und inwiefern deren Beantwortung **allgemeine Bedeutung** für die Rechtsordnung oder Auswir- 23

---

1 AA zur alten Gesetzeslage BAG 27.9.1995 – 4 AZN 473/95, NZA 1996, 555; dem weiterhin folgend GMP/*Müller-Glöge*, § 72a Rz. 30; Hauck/Helml/Biebl/*Hauck*, § 72a Rz. 10; GK-ArbGG/*Mikosch*, § 72a Rz. 86. ||2 BAG 20.9.2011 – 9 AZN 582/11, NZA 2012, 175. ||3 St. Rspr., zB BAG 15.2.2005 – 9 AZN 892/04, NZA 2005, 484; 6.12.2006 – 4 AZN 529/06, NZA 2007, 349. ||4 BAG 17.1.2012 – 5 AZN 1358/11, NZA 2012, 411. ||5 BAG 15.11.1994 – 5 AZN 617/94, NZA 1995, 286. ||6 BAG 20.8.2002 – 9 AZN 130/02, BAGE 102, 205. ||7 BAG 16.12.1982 – 2 AZN 337/82, DB 1983, 1052; 6.12.2006 – 4 AZN 529/06, NZA 2007, 349. ||8 BAG 6.12.2006 – 4 AZN 529/06, NZA 2007, 49. ||9 BAG 18.5.2004 – 9 AZN 653/03, MDR 2004, 1199. ||10 BAG 15.9.2004 – 4 AZN 281/04, NZA 2004, 1292. ||11 Vgl. BAG 18.10.2012 – 5 AZN 1958/12, NZA 2012, 1388. ||12 Entsprechend in §§ 544, 543 ZPO: BGH 1.10.2002 – XI ZR 71/02, NJW 2003, 65. ||13 BAG 15.10.2012 – 5 AZN 1958/12, NZA 2012, 1358; Hauck/Helml/Biebl/*Hauck*, § 72a Rz. 2. ||14 BAG 13.6.2006 – 9 AZN 226/06, NZA 2006, 1004; 25.7.2006 – 3 AZN 108/06, NZA 2007, 407.

kungen auf die Allgemeinheit oder einen größeren Teil von ihr hat. Schließlich ist im Einzelnen darzulegen, dass das LAG diese **Rechtsfrage falsch beantwortet** hat und dass es auf die Beantwortung der Rechtsfrage **für das Ergebnis** des Rechtsstreits im Begründungsgang des LAG **ankommt**, der Rechtsstreit also anders und für den Beschwerdeführer günstig entschieden worden wäre, wenn das LAG sie richtig beantwortet hätte[1] (zu den Anforderungen im Einzelnen § 72 Rz. 10 ff.).

24 **4. Verfahrensbeschwerde.** Die verfahrensrechtl. Gründe für eine Zulassung der Revision (vgl. § 72 Rz. 22 ff.) stellen an den Beschwerdeführer einige Anforderungen. Dies gilt insb., wenn die Beschwerde auf eine entscheidungserhebliche Verletzung rechtl. Gehörs gestützt werden soll. Es genügt nicht, einen der oben § 72 Rz. 26 beispielhaft aufgelisteten **Verstöße** gegen den Anspruch auf rechtl. Gehör **konkret und präzise** darzulegen, wozu auch gehört vorzutragen, woraus sich die als verletzt angesehene gerichtl. Pflicht ergeben hat. Es muss auch im Einzelnen vorgetragen werden, **was** auf Grund welcher Umstände oder welchen Vorbringens zur Entscheidung des Gerichts gestanden hätte, **wenn** dem Beschwerdeführer **rechtl. Gehör gewährt** worden wäre, was also bspw. bei einem Hinweis, den das LAG zu Unrecht unterlassen hatte, vorgetragen worden wäre, was sich bei Erhebung eines übergangenen Beweisangebots ergeben hätte, was dargelegt worden wäre, wenn das LAG nach seinem – tatsächlich unterlassenen – rechtl. Hinweis vertagt hätte usw. Weiter muss vorgetragen werden, **inwiefern und warum** das LAG in seiner Entscheidungsfindung, also auf der Grundlage seiner sonstigen Ausführungen im Urteil, bei einem derart ergänzten oder veränderten Prozessstoff **zu einem anderen**, den Beschwerdeführer **nicht oder geringer belastenden Urteil** gekommen wäre[2].

25 Ein Beschwerdeführer, der geltend machen will, das LAG habe eine bestimmte in seinem Urteil wesentliche **Rechtsfrage** in der mündlichen Verhandlung **nicht angesprochen**, muss den Inhalt des gesamten Rechtsgesprächs darlegen[3]. Beruft er sich darauf, das Gericht habe seine Ausführungen nicht berücksichtigt, muss er konkret und im Einzelnen schlüssig dieses Vorbringen benennen. Die wörtliche Widergabe umfangreichen schriftsätzlichen Vorbringens reicht nicht aus[4]. Der Umstand, dass sich die **Gründe** des anzufechtenden Urteils mit einem bestimmten **vorgetragenen Gesichtspunkt nicht** ausdrücklich **auseinander setzen**, rechtfertigt nur bei Vorliegen besonderer, vom Beschwerdeführer im Einzelnen darzulegender Anhaltspunkte die Annahme, das Gericht habe dieses Vorbringen gar nicht und nicht etwa nur stillschweigend berücksichtigt und dadurch den Anspruch auf rechtl. Gehör verletzt[5]. Andererseits stellt es eine Gehörsverletzung dar, wenn ein LAG **zentralen Parteivortrag** nur mit der **formelhaften Wendung** behandelt, es seien keine hinreichenden Anhaltspunkte für die geltend gemachte Rechtsfolge ersichtlich[6], oder wenn es von der **fehlenden Prozessfähigkeit** einer Partei ausgeht, aber nicht das Erforderliche unternimmt, damit diese vor Gericht ordnungsgemäß nach §§ 1896 ff. BGB vertreten ist[7]. Wird die **Unterlassung eines Hinweises** entgegen § 139 II ZPO gerügt, muss vorgetragen werden, welchen Hinweis das LAG aus welchem Grund hätte geben müssen, was der Beschwerdeführer dann vorgebracht hätte, und dass das LAG bei diesem Vortrag im Zweifel anders und ganz oder teilweise zu seinen Gunsten entschieden hätte[8]. Dabei liegt eine Gehörsverletzung nicht schon darin, dass das LAG **nicht** auf sämtliche für seine Entscheidung wesentlichen **rechtl. Gesichtspunkte** ausdrücklich **hingewiesen** hat. Selbst wenn die Rechtslage umstritten und problematisch ist, muss ein Verfahrensbevollmächtigter grds. alle vertretbaren rechtl. Gesichtspunkte von sich aus in Betracht ziehen und bei seinem Vortrag berücksichtigen[9].

25a **5. Beschwerdebegründung bei Mehrfachbegründung des LAG.** Hat das LAG seine Entscheidung auf mehrere Begründungen gestützt, sei es im Haupt- und Hilfsverhältnis, sei es auch nebeneinander, kann die Revision gegen dieses Urteil nur dann nachträglich auf Beschwerde hin zugelassen werden, wenn **hinsichtlich jeder Begründung ein Zulassungsgrund vorgetragen** wird und vorliegt. Nur dann besteht hinsichtlich der jeweils geltend gemachten Zulassungsgründe Entscheidungserheblichkeit[10].

26 **IV. Entscheidung des BAG. 1. Verfahren.** Das Verfahren bis zur Entscheidung richtet sich nach den allg. Regeln. Die Beschwerde kann mit den Folgen des **§ 516 III**, § 565 ZPO iVm. § 72 V, **zurückgenommen** oder – etwa nach außergerichtl. Vergleich – entsprechend § 91a übereinstimmend für **erledigt** erklärt werden[11]. Auch im Nichtzulassungsbeschwerdeverfahren kann nach § 278 VI ZPO verfahren werden. **Fällt im Laufe des Nichtzulassungsbeschwerdeverfahrens die Beschwer** des Beschwerdeführers **weg**, wird seine Beschwerde **unzulässig**[12].

27 **2. Richterbank.** Nach Abs. 5 S. 2 wirken die ehrenamtlichen Richter bei der Entscheidung grds. mit. Etwas anderes gilt, wenn die Nichtzulassungsbeschwerde als unzulässig verworfen werden soll (Abs. 5 S. 3). Entscheidet der Senat in fehlerhafter Besetzung, liegt hierin ein Verstoß gegen den gesetzl. Richter[13].

---

1 BAG 14.4.2005 – 1 ABN 840/04, NZA 2005, 708; 15.3.2011 – 9 AZN 1232/10, NZA 2011, 997. || 2 Zur Geltendmachung eines absoluten Revisionsgrundes BAG 5.12.2011 – 5 AZN 1036/11, NZA 2012, 351. || 3 BAG 1.3.2005 – 9 AZN 29/05, NZA 2005, 654. || 4 BAG 1.9.2010 – 5 AZN 599/10, NZA 2010, 1196. || 5 BAG 22.3.2005 – 1 ABN 1/05, NZA 2005, 652; 19.2.2008 – 9 AZN 1085/07, NJW 2008, 2362; 18.11.2008 – 9 AZN 836/08, NZA 2009, 223. || 6 BAG 5.11.2008 – 5 AZN 842/08, NZA 2009, 55. || 7 BAG 28.5.2009 – 6 AZN 17/09, NZA 2009, 1109. || 8 BAG 14.3.2005 – 1 ABN 1002/04, NZA 2005, 596. || 9 BAG 31.8.2005 – 5 AZN 187/05, NZA 2005, 1204. || 10 GMP/*Müller-Glöge*, § 72a Rz. 14 mwN. || 11 BAG 24.6.2003 – 9 AZN 319/03, ArbuR 2003, 358. || 12 BAG 15.2.2012 – 7 ABN 59/11, NZA-RR 2012, 602. || 13 Hauck/Helml/Biebl/*Hauck*, § 41 Rz. 9.

3. Form. Über eine Nichtzulassungsbeschwerde ist durch **Beschluss** zu entscheiden, der ohne mündliche Verhandlung ergehen kann, idR auch so ergeht. Ein Sachbericht muss nicht vorangestellt werden. Der Beschluss ist kurz zu **begründen**, es sei denn, eine Begründung ist nicht geeignet, zur abstrakten Klärung der Voraussetzungen für eine Revisionszulassung beizutragen, was zwischenzeitlich der Regelfall ist, oder die Revision wird zugelassen (Abs. 5 S. 5). 28

Eine **unzulässige Beschwerde** ist zu verwerfen. Ist sie **unbegründet**, wird sie zurückgewiesen. Liegen die Voraussetzungen für eine nachträgliche Zulassung der Revision hinsichtlich aller oder eines Teils der Streitgegenstände des Urteils zweiter Instanz vor, ist die Revision ganz oder unter Zurückweisung oder Verwerfung iÜ teilweise[1] zuzulassen. Auf die Erfolgsaussichten der Revision kommt es nicht an. 29

4. Beurteilungszeitpunkt bei Grundsatz- und Divergenzbeschwerde. Maßgebend für die Beurteilung der grundsätzlichen Bedeutung und das Vorliegen einer Divergenz ist der **Zeitpunkt der Entscheidung** über die Beschwerde. Das BAG hat nur die vom Beschwerdeführer konkret geltend gemachten Zulassungsgründe zu überprüfen[2]. Es ist dabei allerdings nicht an deren Qualifikation durch den Beschwerdeführer („Divergenzbeschwerde", „Grundsatzbeschwerde"), sondern daran gebunden, welche Zulassungsgründe tatsächlich dargelegt werden[3]. Maßstab für die Zulassung ist, ob durch sie Rechtseinheit oder Rechtsfortbildung gefördert werden können. Dies ist dann nicht der Fall, wenn zum Zeitpunkt der Entscheidung des BAG eine zuvor bestehende Divergenz durch eine neue höchstrichterliche Entscheidung übereinstimmend mit dem anzufechtenden Urteil weggefallen ist[4], oder die grundsätzliche Bedeutung einer bestimmten Rechtsfrage **nicht mehr** besteht, weil das BAG sie zwischenzeitlich beantwortet hat, sie also nicht mehr klärungsbedürftig ist[5]. Dies gilt aber nur dann, wenn die Antwort des BAG mit der im anzufechtenden Urteil übereinstimmt. Bei abweichender Beantwortung besteht weiterhin Klärungsbedarf; es würde andernfalls ein LAG-Urteil zu einem Zeitpunkt rechtskräftig, zu dem das BAG sich bereits in anderer Weise geäußert hat, was nach dem Willen des Gesetzgebers an sich mit einer für den konkreten Beschwerdeführer aus tatsächlichen Gründen nicht mehr möglichen Divergenzbeschwerde soll gerügt werden können[6]. 30

5. Wirkung der Entscheidung. Ggü. der Entscheidung über die Nichtzulassungsbeschwerde besteht nur die Möglichkeit der Anhörungsrüge nach § 78a, die keine den Eintritt der Rechtskraft aufschiebende Wirkung hat[7]. Mit **Verwerfung** oder **Zurückweisung** der Beschwerde wird das Urteil des LAG rechtskräftig (Abs. 5 S. 6). Die Rechtslage nach Zulassung der Revision (Abs. 6, 7) entspricht derjenigen der ZPO: Mit der Zulassung der Revision wird das Verfahren „umgewidmet" und als **Revisionsverfahren** fortgesetzt. Die nach § 72a form- und fristgerechte Einlegung der Nichtzulassungsbeschwerde gilt im Umfang der Zulassung als ordnungsgemäße Revisionseinlegung. Mit der **Zustellung der Zulassungsentscheidung** beginnt die zweimonatige Revisionsbegründungsfrist zu laufen. Die Zulassungsentscheidung bedarf **keiner Rechtsmittelbelehrung** nach § 9 V[8]; sie ist für die Rechtsmittelbegründung nicht vorgesehen. Wird die Begründungsfrist verpasst, wird die zugelassene Revision ohne Weiteres unzulässig. Im Rahmen seiner – in jedem Falle **erforderlichen!** – **Revisionsbegründung** kann und sollte der nunmehrige Revisionsführer nach § 72 V ArbGG, § 551 III 2 ZPO auf seine Ausführungen in der Beschwerdebegründung Bezug nehmen[9]. 31

Ist die Nichtzulassungsbeschwerde wegen eines Verstoßes gegen den Anspruch auf **rechtl. Gehör** begründet, kann das BAG ohne weitere Verhandlung über die zugelassene Revision den Rechtsstreit **sofort** an das LAG **zurückverweisen** (Abs. 7), wobei für dessen weiteres Verfahren die allg. Regeln gelten. Diese Möglichkeit ist stets zu wählen, wenn bei einer Fortsetzung als Revisionsverfahren die Folgen der gerügten Rechtsverletzung nicht beseitigt werden könnten[10]. Auch im Falle einer erfolgreichen Nichtzulassungsbeschwerde wegen eines **absoluten Revisionsgrundes** iSv. § 547 Nr. 1 bis 5 ZPO besteht die Möglichkeit der – im Hinblick auf den Beschleunigungsgrundsatz in aller Regel gebotenen – **sofortigen Zurückverweisung**. Die Nichterwähnung in Abs. 7 geht auf ein Redaktionsversehen zurück[11]. 32

V. PKH und Wiedereinsetzung. Einer durch ein Urteil des LAG beschwerten Partei ist auf Antrag nach den allg. Regeln PKH zu bewilligen, wenn sie die Kosten des Verfahrens nicht aufbringen kann. Diese Unfähigkeit ist auch ein **Hinderungsgrund** für die Einhaltung der Beschwerde- und Beschwerdebegründungsfrist[12]. Ist eine dieser Fristen oder sind beide bis zur Bewilligung der PKH abgelaufen, kann innerhalb von zwei Wochen nach Zustellung der PKH-Bewilligung Antrag auf **Wiedereinsetzung** in den vorigen Stand wegen der Versäumung der Beschwerdefrist nach § 233, § 234 I ZPO gestellt werden; gleichzeitig ist die Nichtzulassungsbeschwerde formgerecht einzulegen (§ 236 II 2 ZPO). Ist 33

---

[1] BAG 6.12.1994 – 9 AZN 337/94, BAGE 78, 373. ||[2] GMP/*Müller-Glöge*, § 72a Rz. 31; Hauck/Helml/Biebl/*Hauck*, § 72a Rz. 15; zu § 544 ZPO: BGH 23.7.2002 – VI ZR 91/02, NJW 2002, 3334; aA *Seiler*, MDR 2003, 785. ||[3] BAG 15.2.2005 – 9 AZN 892/04, NZA 2005, 484. ||[4] BAG 5.12.1995 – 9 AZN 678/95, BAGE 81, 355. ||[5] BAG 16.9.1997 – 9 AZN 133/97, DB 1997, 2388. ||[6] Im Erg. ebenso BAG 27.3.2012 – 3 AZN 1389/11, NZA 2012, 756. ||[7] BAG 10.10.2012 – 5 AZN 991/12 (A), NZA 2013, 167. ||[8] GMP/*Müller-Glöge*, § 72a Rz. 61. ||[9] BAG 13.10.2009 – 9 AZR 875/08, NZA 2010, 245; GMP/*Müller-Glöge*, § 72a Rz. 61 sowie § 92a Rz. 6. ||[10] BAG 10.5.2005 – 9 AZN 195/05, NZA 2005, 1205. ||[11] ErfK/*Koch*, § 72a ArbGG Rz. 10; *Bepler*, RdA 2005, 65 (76); Schwab/Weth/*Ulrich*, § 72a Rz. 87a; aA GK-ArbGG/*Mikosch*, § 72a Rz. 84; GMP/*Müller-Glöge*, § 72a Rz. 62. ||[12] BAG 26.1.2006 – 9 AZA 11/05, NZA 2006, 1180.

der PKH-Antrag erst **nach Ablauf der Beschwerdebegründungsfrist** beschieden worden, hat der Beschwerdeführer ab Zustellung des Beschlusses, mit dem die Wiedereinsetzung wegen der Versäumung der Beschwerdefrist bewilligt worden ist, einen Monat Zeit, die Nichtzulassungsbeschwerde zu begründen[1]. Diese Sonderregeln gelten nicht, wenn der Beschwerdeführer vorsorglich – also unbedingt – Beschwerde eingelegt und gleichzeitig PKH beantragt hat[2]. Für den Beschwerdegegner kommt eine Bewilligung von PKH erst in Betracht, wenn das Rechtsmittel begründet worden ist und die Voraussetzungen für eine Verwerfung der Beschwerde nicht vorliegen[3]. Die Beiordnung eines **Notanwalts** für die Einlegung und Begründung einer Nichtzulassungsbeschwerde setzt den Nachweis der Partei voraus, dass sie **keinen** zur Vertretung bereiten **Rechtsanwalt gefunden** hat; außerdem muss ein **Zulassungsgrund** iSv. § 72 II **in Betracht** kommen[4]. Wird die beantragte PKH nach Ablauf der Rechtsbehelfsfrist verweigert, hat die Partei nur bis zu vier Tage Zeit zu entscheiden, ob sie gleichwohl Beschwerde einlegen will; dies gilt auch dann, wenn PKH wegen fehlender Erfolgsaussichten abgelehnt wurde[5].

34 **VI. Kosten.** Die Nichtzulassungsentscheidung hat eine Kostenentscheidung zu enthalten, wenn sie zurückgewiesen wird. Hat sie ganz oder teilweise Erfolg, ist über die Kosten des Beschwerdeverfahrens im abschließenden Sachurteil mitzuentscheiden[6]. Für die Durchführung der Nichtzulassungsbeschwerde wird eine 16/10-Gebühr (Nr. 8611 des Kostenverzeichnisses) erhoben, wenn die Beschwerde verworfen oder zurückgewiesen wird. Wird sie zurückgenommen oder anderweit erledigt, halbiert sich die Gebühr (Nr. 8612). Wird die Revision zugelassen, entstehen keine Gerichtskosten (Nr. 8612). Der **Rechtsanwalt** erhält im Verfahren über die Nichtzulassungsbeschwerde eine Verfahrensgebühr von 16/10 nach Nr. 3506 des Vergütungsverzeichnisses zu § 2 II RVG. Der Streitwert des Nichtzulassungsbeschwerdeverfahrens entspricht der Beschwer des Beschwerdeführers.

72b *Sofortige Beschwerde wegen verspäteter Absetzung des Berufungsurteils*
(1) Das Endurteil eines Landesarbeitsgerichts kann durch sofortige Beschwerde angefochten werden, wenn es nicht binnen fünf Monaten nach der Verkündung vollständig abgefasst und mit den Unterschriften sämtlicher Mitglieder der Kammer versehen der Geschäftsstelle übergeben worden ist. § 72a findet keine Anwendung.

(2) Die sofortige Beschwerde ist innerhalb einer Notfrist von einem Monat beim Bundesarbeitsgericht einzulegen und zu begründen. Die Frist beginnt mit dem Ablauf von fünf Monaten nach der Verkündung des Urteils des Landesarbeitsgerichts. § 9 Abs. 5 findet keine Anwendung.

(3) Die sofortige Beschwerde wird durch Einreichung einer Beschwerdeschrift eingelegt. Die Beschwerdeschrift muss die Bezeichnung der angefochtenen Entscheidung sowie die Erklärung enthalten, dass Beschwerde gegen diese Entscheidung eingelegt werde. Die Beschwerde kann nur damit begründet werden, dass das Urteil des Landesarbeitsgerichts mit Ablauf von fünf Monaten nach der Verkündung noch nicht vollständig abgefasst und mit den Unterschriften sämtlicher Mitglieder der Kammer versehen der Geschäftsstelle übergeben worden ist.

(4) Über die sofortige Beschwerde entscheidet das Bundesarbeitsgericht ohne Hinzuziehung der ehrenamtlichen Richter durch Beschluss, der ohne mündliche Verhandlung ergehen kann. Dem Beschluss soll eine kurze Begründung beigefügt werden.

(5) Ist die sofortige Beschwerde zulässig und begründet, ist das Urteil des Landesarbeitsgerichts aufzuheben und die Sache zur neuen Verhandlung und Entscheidung an das Landesarbeitsgericht zurückzuverweisen. Die Zurückverweisung kann an eine andere Kammer des Landesarbeitsgerichts erfolgen.

1 **I. Allgemeines.** Der besondere **Rechtsbehelf** der **Kassations- oder Untätigkeitsbeschwerde** soll eine sachgerechte Behandlung verspätet abgesetzter Berufungsurteile ermöglichen. Ausgangspunkt der Regelung[7] war der Beschluss des Gemeinsamen Senats der Obersten Gerichtshöfe des Bundes v. 27.4.1993[8]. Seither steht fest, dass eine Endentscheidung als nicht mit Gründen versehene Entscheidung iSv. § 547 Nr. 6 ZPO gilt, wenn die Entscheidungsgründe nicht innerhalb von fünf Monaten nach der Verkündung der Entscheidung schriftl. niedergelegt und von **allen** Richtern unterschrieben **zur Geschäftsstelle** des erkennenden Spruchkörpers **gelangt** sind. Auf den Zeitpunkt der **Urteilszustellung** kommt es **nicht** an.

2 Nach Auffassung des **Gemeinsamen Senats** handelte es sich bei der verspäteten Urteilsabsetzung um einen **rügebedürftigen Verfahrensmangel.** Ergänzend hatte das BVerfG durch Beschluss v. 26.3.

---

1 BAG 19.9.1983 – 5 AZN 446/83, BAGE 43, 297; zweifelnd BGH 11.6.2008 – XII ZB 184/05, NJW-RR 2008, 1313; wohl auch BAG 7.7.2011 – 2 AZN 294/11, NZA 2012, 55: vier Wochen ab Zustellung des PKH-Beschlusses?; zur allg. Rechtslage insoweit oben Rz. 14. || 2 BAG 12.2.1997 – 5 AZN 1106/96, NZA 1997, 791. || 3 BAG 15.2.2005 – 5 AZN 781/04 (A), NZA 2005, 431. || 4 BAG 28.12.2007 – 9 AS 5/07, ArbuR 2008, 122. || 5 BAG 3.7.2013 – 2 AZN 250/13, NZA-RR 2013, 660. || 6 AA für den Fall teilweisen Obsiegens, wo es zu einer Kostenteilentscheidung bezogen auf den erfolglosen Teil der Beschwerde kommen soll: BAG 23.3.2010 – 9 AZN 979/09, NZA 2010, 725. || 7 BGBl. I S. 3220, 3222. || 8 GmSOGB v. 27.4.1993 – GmS-OGB 1/92, BVerwGE 92, 367.

2001[1] erkannt, die Entscheidung eines LAG, die mit Gründen erst nach Ablauf der Fünf-Monats-Frist abgesetzt worden sei, verstoße gegen das **Rechtsstaatsprinzip**. Verspätet abgesetzte Gründe könnten auch nicht mehr Grundlage für ein Revisionsgericht sein, das Vorliegen von Revisionszulassungsgründen in rechtsstaatlicher Weise zu überprüfen. Deshalb war ein **Nichtzulassungsbeschwerde** gegen ein **verspätet abgesetztes** Berufungsurteil stets **unzulässig**; gegen ein solches Urteil, in dem die Revision nicht zugelassen war, war nur die Verfassungsbeschwerde eröffnet[2].

§ 72b beseitigt den **Widerspruch** zum **Plenarbeschluss** des BVerfG vom 30.4.2003[3], wonach richterliche 3
Verstöße gegen verfassungsrechtl. abgesicherte Verfahrensrechte in erster Linie durch die Fachgerichte selbst korrigiert werden sollen[4]. Er sieht als – einzigen – Weg für die Rüge, es liege eine zweitinstanzliche Entscheidung ohne Gründe vor, weil diese verspätet abgesetzt worden seien, eine **besondere sofortige Beschwerde** vor. Die so begründete **Rüge** des § 547 Nr. 6 ZPO kann **weder im Revisionsverfahren** (vgl. § 73 I 2) **noch** im Verfahren der **Nichtzulassungsbeschwerde** (Abs. 1 S. 2; Umkehrschluss aus § 72 III Nr. 3) mit Erfolg erhoben werden. Da eine Nichtzulassungsbeschwerde gegen ein verspätet abgesetztes LAG-Urteil, in dem die Revision nicht zugelassen wurde, nicht ordnungsgemäß begründet und damit im Erg. auch nicht eingelegt werden kann[5], bleibt nur der Weg des § 72b. Eine durch ein Urteil ohne Revisionszulassung beschwerte Partei, die innerhalb der Rechtsbehelfsfristen **nicht sicher** feststellen kann, **ob** tatsächlich eine **Verspätung** iSv. § 72b I vorliegt, muss gegen ein solches Urteil vorsorglich nach § 72b vorgehen und gleichzeitig **hilfsweise** das Verfahren nach § 72a für den Fall einleiten, dass das Urteil doch rechtzeitig zur Geschäftsstelle gelangt ist[6].

II. Nichturteil wegen verspäteter Absetzung. Ob ein Urteil verspätet abgesetzt wurde, hängt vom 4
zeitlichen Abstand zwischen **Verkündung und Übergabe** des vollständig schriftl. niedergelegten und unterzeichneten Urteils an die Geschäftsstelle (§ 75) ab, auch wenn für das LAG-Urteil ein **gesonderter Verkündungstermin** anberaumt worden ist. Auf den zeitlichen Abstand des Verkündungstermins zur letzten mündlichen Verhandlung kommt es an sich nicht an[7]. Die Grundsätze der verfassungsrechtl. Rspr. sprechen aber dafür, ein **rechtsstaatlichen Grundsätzen nicht** mehr entsprechendes Urteil auch dann anzunehmen, wenn **zwischen der letzten mündlichen Verhandlung und** dem Termin einer **Nachberatung oder** zwischen der **letzten Beratung** mit den ehrenamtlichen Richtern **und dem Termin, zu dem das Urteil zur Geschäftsstelle gelangt ist** – unabhängig davon, wann es verkündet wurde –, ein Zeitraum von mehr als fünf Monaten liegt.

Ein Urteil ist auch dann nicht innerhalb der Fünf-Monats-Frist mit Unterschriften zur Geschäftsstelle 4a
gelangt, wenn die Unterschrift eines der an der Entscheidung beteiligten Richters zwar durch einen formell ordnungsgemäßen[8] **Verhinderungsvermerk** nach § 315 I 2 ZPO ersetzt wurde, tatsächlich aber **kein Verhinderungsfall** vorlag. Er liegt **unabhängig** vom Ablauf der **Fünf-Monats-Frist** nur vor, wenn er sich über einen Zeitraum von jedenfalls mehr als einer Woche erstreckt[9]. Es kommt auf den subjektiven Kenntnisstand des LAG-Vorsitzenden an, den sich dieser auf zumutbare Weise beschafft haben muss[10]. Vom Revisionsgericht ist ggf. eine Beweisaufnahme durchzuführen, wenn die rügende Partei im Einzelnen nachvollziehbar darlegt, dass der Vermerk auf willkürlichen oder sachfremden Erwägungen beruht oder darauf, dass der Rechtsbegriff der Verhinderung verkannt wurde[11]. Die Fünf-Monats-Frist ist auch dann verletzt, wenn sich unter dem Urteil die Unterschriften anderer als der an der Entscheidung beteiligten Richter finden und dieser Fehler nicht bis zum Fristablauf behoben wurde[12].

Die sofortige Beschwerde des § 72b deckt **nicht** den gesamten Anwendungsbereich des § 547 Nr. 6 ZPO 4b
ab. Ein Urteil ist nur dann nicht vollständig abgesetzt iSd. Vorschrift, wenn es den formalen Anforderungen der §§ 313 bis 313b ZPO, § 69 ArbGG nicht entspricht[13]. Wesentliche Lücken in der Sachbehandlung oder sonstige **eklatante inhaltliche Mängel** eines LAG-Urteils, die es zu einem Urteil ohne Gründe iSd. § 547 Nr. 6 ZPO (vgl. § 72 Rz. 23) machen, können nicht mit der sofortigen Beschwerde gerügt werden[14]. Je nachdem, ob Revision zugelassen worden ist oder nicht, muss in solchen Fällen **Revision** mit der Rüge des § 547 Nr. 6 **oder Nichtzulassungsbeschwerde** wegen Verletzung rechtl. Gehörs eingelegt werden.

III. Einlegung des Rechtsmittels. Die sofortige Beschwerde nach § 72b steht nur einer durch den Ent- 5
scheidungsausspruch im verspätet abgesetzten Urteil **beschwerten Partei** zu. Sie ist statthaft gegen alle **revisiblen Endurteile**[15] des LAG[16], die nicht innerhalb von (§§ 187 ff. BGB, **nicht** § 222 II ZPO[17]) fünf

---

1 BVerfG 26.3.2001 – 1 BvR 383/00, NZA 2001, 982. ||2 BAG 1.10.2003 – 1 ABN 62/01, NZA 2003, 1356. ||3 BVerfG 30.4.2003 – 1 PBvU 1/02, BVerfGE 107, 395. ||4 Krit. *Gehb*, DÖV 2005, 683. ||5 BAG 1.10.2003 – 1 ABN 62/01, NZA 2003, 1356 (str.). ||6 BAG 2.11.2006 – 4 AZN 716/06, NZA 2007, 111. ||7 BAG 20.11.1997 – 6 AZR 215/96, NZA 1998, 1021. ||8 GMP/*Müller-Glöge*, § 72b Rz. 24. ||9 BAG 22.8.2007 – 4 AZN 1225/06, NZA-RR 2007, 672; 24.6.2009 – 7 ABN 12/09, NZA-RR 2009, 553; BVerwG 9.7.2008 – 6 PB 17/08, NJW 2008, 3450. ||10 BAG 3.3.2010 – 4 AZB 23/09, NZA 2010, 137. ||11 BAG 17.8.1999 – 3 AZR 526/97, NZA 2000, 54; 2.11.2006 – 4 AZN 716/06, NZA 2007, 111. ||12 BAG 19.12.2012 – 2 AZB 45/12, NZA 2013, 1375. ||13 Düwell/Lipke/*Düwell*, § 72b Rz 4a. ||14 BAG 20.12.2006 – 5 AZB 35/06, NZA 2007, 226; GMP/*Müller-Glöge*, § 72b Rz. 23; Düwell/Lipke/*Düwell*, § 72b Rz 4a; aA GK-ArbGG/*Mikosch*, § 72b Rz. 11. ||15 GMP/*Müller-Glöge*, § 72b Rz. 6. ||16 Nur gegen die Urteile als ganze, nicht wegen einzelner nicht innerhalb der Frist behandelter Streitgegenstände, BAG 20.12.2006 – 5 AZB 35/06, BAGE 120, 358; aA GK-ArbGG/*Mikosch*, § 72b Rz. 16. ||17 Die materiell-rechtl. Fünf-Monats-Frist läuft auch am Sonntag ab: BAG 17.2.2000 – 2 AZR 350/99, BAGE 93, 360; GK-ArbGG/*Mikosch*, § 72b Rz. 12; aA GMP/*Müller-Glöge*, § 72b Rz. 25.

Monaten nach – stets notwendiger[1] – Verkündung vollständig abgefasst und mit den Unterschriften aller erkennenden Richter versehen zur Geschäftsstelle gelangt sind. Darauf, ob in diesen Urteilen die **Revision zugelassen** worden ist oder nicht, **kommt** es **nicht an**.

6 Die Beschwerde ist innerhalb einer nach den allg. Regeln zu berechnenden **Notfrist** von einem **Monat beim BAG einzulegen**. Die Frist beginnt unabhängig davon zu laufen, dass über den Rechtsbehelf des § 72b nicht schriftl. belehrt worden ist (Abs. 2 S. 3). Die **Notfrist des Abs. 2 S. 1** beginnt mit dem fruchtlosen Ablauf von fünf Monaten seit Verkündung des Berufungsurteils. Diese Frist muss vom Prozessvertreter nach Urteilsverkündung im **Fristenkalender** vermerkt werden. Nach Fristablauf ist eine unverzügliche Klärung durch Akteneinsicht oder Einholung einer Auskunft[2] geboten. **Im Zweifel muss** innerhalb von sechs Monaten seit Verkündung sofortige Beschwerde **eingelegt werden** (s.o. Rz. 3)[3].

7 Die Beschwerde ist von einem **Rechtsanwalt** oder einem Verbandsvertreter, der die Befähigung zum Richteramt hat (§ 11 IV), einzulegen und zu unterzeichnen (§ 74 Rz. 6f.). Die Beschwerdeschrift muss die angefochtene Entscheidung nach Datum und Aktenzeichen bezeichnen und die Erklärung enthalten, dass gegen dieses Urteil Beschwerde eingelegt wird.

- **Formulierungsvorschlag für einen Antrag:**
    das Urteil des Landesarbeitsgerichts … vom …, Aktenzeichen …, aufzuheben und die Sache zur neuen Verhandlung und Entscheidung an das Landesarbeitsgericht … zurückzuverweisen,

Die Beschwerde muss nicht mit ihrer Einlegung, aber innerhalb der schon für die Einlegung laufenden Monatsfrist begründet werden. Die **Begründung** für den **möglichen Antrag**, der im Einzelfall auch **zur Erschöpfung des Rechtsweges** iSd. § 90 II BVerfGG erforderlich sein kann, könnte lauten:

- **Formulierungsvorschlag:**
    Das angefochtene Urteil ist am … verkündet worden. Nach Auskunft der Geschäftsstelle des Landesarbeitsgerichts vom … ist das Urteil bis zum … einschließlich, also innerhalb von fünf Monaten seit seiner Verkündung, nicht mit schriftlichen Urteilsgründen und den Unterschriften der erkennenden Richter versehen zur Geschäftsstelle gelangt.
    Beweis: Amtliche Auskunft der/des Präsidentin/en des Landesarbeitsgerichts.

7a Hat der Beschwerdeführer den materiellen Einwand des § 72b im Rahmen einer an sich unstatthaften (Rz. 3) Nichtzulassungsbeschwerde erhoben, kann deren **Umdeutung** in eine sofortige Beschwerde nach § 72b in Betracht kommen. Sie setzt voraus, dass die formellen Voraussetzungen dieses Rechtsbehelfs erfüllt wurden[4].

8 **IV. Entscheidung.** Das BAG hat **zunächst** zu prüfen, ob die sofortige Beschwerde **rechtzeitig** und **formell ordnungsgemäß** eingelegt und begründet worden ist, **danach**, ob das Urteil tatsächlich erst **außerhalb der Höchstfrist** von fünf Monaten schriftl. vollständig abgesetzt mit allen Unterschriften versehen bei der Geschäftsstelle eingegangen ist. Eine mündliche Verhandlung ist nicht erforderlich. Der maßgebliche Zeitpunkt des Eingangs der unterzeichneten Entscheidungsgründe muss sich aus der Prozessakte ergeben, kann aber auch, wenn ein entsprechender Vermerk fehlt oder sich die Übersendung der Akte verzögert, im Wege der Beweisaufnahme durch **amtliche Auskunft der Geschäftsstelle** ermittelt werden. Vor einer – **nicht rechtsmittelfähigen** – Entscheidung **durch die berufsrichterlichen Mitglieder** des Senats, die kurz zu begründen ist, ist dem **Prozessgegner rechtl. Gehör** zu geben.

9 Ist die **Beschwerde begründet**, muss die mit der Verkündung existierende Entscheidung des LAG durch **Beschluss aufgehoben** und die Sache ohne Weiteres zur neuen Verhandlung und Entscheidung an das LAG **zurückverwiesen** werden. Eine eigene Sachentscheidung durch das BAG ist im Rahmen des § 72b ausgeschlossen. **Vielfach** wird man von der im Gesetz eröffneten Möglichkeit der Zurückverweisung an eine **andere Kammer** des LAG Gebrauch zu machen haben.

10 **V. Revision gegen verspätet abgesetzte Urteile?** Hat das LAG die Revision gegen sein Urteil zugelassen, es aber nicht innerhalb der Fünf-Monats-Frist abgesetzt, stellt sich die Frage, ob gegen ein solches Urteil – ohne die Rügemöglichkeiten nach § 547 Nr. 6 (§ 73 I 2) – **auch** (Wahlrecht!) mit Aussicht auf Erfolg Revision eingelegt und begründet werden kann. Bedenken ergeben sich daraus, dass eine materiellrechtl. Auseinandersetzung mit nicht auf rechtsstaatl. Weg zustande gekommenen Entscheidungsgründen an sich ausscheidet[5]. Gegen eine solch rigorose Sicht spricht aber schon die nicht aufgegebene These des Gemeinsamen Senats der Obersten Gerichtshöfe von der **Rügebedürftigkeit** des Einwandes aus § 547 Nr. 6 ZPO. Außerdem spricht die Erwähnung des § 72b in **§ 73 I 2** dafür, dass an sich auch gegen verspätet abgesetzte Urteile die **Revision statthaft** sein muss. **Andererseits:** Die Frist für die Einlegung und Begründung der Revision nach § 74 I 2 läuft unabhängig von § 9 V spätestens mit Ablauf von fünf Monaten seit Verkündung des Berufungsurteils[6]. Eine zulässige, weil rechtzeitig eingelegte und auch ausreichend begründete Revision kommt danach nur ganz ausnahmsw. in Betracht: Haben

---

[1] GK-ArbGG/*Mikosch*, § 72b Rz. 12. ||[2] *Fölsch*, SchlHA 2005, 68 (71). ||[3] *Treber*, NJW 2005, 97 (101).
||[4] BAG 2.11.2006 – 4 AZN 716/06, NZA 2007, 111. ||[5] Vgl. BAG 1.10.2003 – 1 ABN 62/01, NZA 2003, 1356.
||[6] BAG 28.10.2004 – 8 AZR 492/03, NZA 2005, 125.

die erkennenden LAG-Richter in der mündlichen Verhandlung hinreichend deutlich gemacht, auf welche tatsächlichen und rechtl. Gesichtspunkte sie ihre Entscheidung stützen, kann die beschwerte Partei auch ohne Vorliegen von Entscheidungsgründen Revision einlegen und diese auf das Ergebnis der mündlichen Verhandlung gestützt begründen[1]. Eine Revision ist auch möglich, wenn das Urteil zwar verspätet abgesetzt, aber noch innerhalb von sieben Monaten zugestellt worden ist, weil zumindest theoretisch innerhalb der laufenden Fristen Revision eingelegt und begründet werden kann[2].

VI. Kosten. Bleibt die sofortige Beschwerde erfolglos, bedarf es einer Kostenentscheidung. Es fällt 11 eine **gerichtl. Festgebühr** von 40 Euro an (Nr. 8613 Kostenverzeichnis Anlage 1 zu § 3 II KostRMoG). Hat die Beschwerde Erfolg, entstehen keine Kosten. Eine Kostenentscheidung unterbleibt. Über die Kosten des Rechtsstreits ist nach Zurückverweisung zu entscheiden. Der **anwaltlich Bevollmächtigte** hat Anspruch auf eine $^{5}/_{10}$-**Gebühr** nach § 13 RVG (Nr. 3500 Vergütungsverzeichnis in der Anlage 1 zu § 2 II RVG). Der Gegenstandswert der Beschwerde entspricht der Beschwer des Beschwerdeführers in der Hauptsache.

73 *Revisionsgründe*
(1) **Die Revision kann nur darauf gestützt werden, dass das Urteil des Landesarbeitsgerichts auf der Verletzung einer Rechtsnorm beruht. Sie kann nicht auf die Gründe des § 72b gestützt werden.**
(2) **§ 65 findet entsprechende Anwendung.**

I. Allgemeines. Nach § 73 kann eine statthafte Revision auf die Verletzung von Rechtsnormen ge- 1 stützt werden. Es kommt nicht darauf an, ob sich deren **Geltungsbereich** über den Bezirk eines LAG hinaus erstreckt[3]. Entscheidend ist, dass es um die Erfüllung der besonderen Aufgabe des BAG geht, zur Rechtsfortbildung beizutragen. Im arbeitsgerichtl. Verfahren ist auf Grund der umfassenden Formulierung in Abs. 1 auch **ausländisches Recht** revisibel[4].

Die Revision kann nur auf **Rechtsverletzungen** gestützt werden, also darauf, eine Rechtsnorm sei 2 nicht oder nicht richtig angewendet worden (§ 546 ZPO, § 72 V). Das BAG ist an den im Berufungsurteil festgestellten, ggf. auf Antrag nach § 320 ZPO berichtigten Tatbestand gebunden, sofern nicht bei dessen Feststellung Rechtsvorschriften verletzt worden sind und dies ordnungsgemäß gerügt worden ist (vgl. § 74 Rz. 25 ff.). Neues Vorbringen kann in der Revisionsinstanz nur in eng begrenzten Ausnahmefällen berücksichtigt werden (vgl. § 75 Rz. 10).

Die Revision kann auf die Verletzung aller Rechtsnormen gestützt werden, die zum **Zeitpunkt der** 3 **Entscheidung** des **BAG** auf den zu entscheidenden Sachverhalt anwendbar sind. Dies kann zwischenzeitlich außer Kraft getretenes Recht[5] ebenso sein wie neues Recht, das wirksam rückwirkend in Kraft gesetzt worden ist[6]. Es ist für die Zulässigkeit einer Revision ohne Bedeutung, ob die vom Revisionsführer als verletzt angesehene Rechtsnorm zur Anwendung gelangt. Es reicht aus, dass die Revisionsbegründung die Verletzung einer Rechtsnorm **darlegt**[7].

II. Verletzung einer Rechtsnorm. 1. Materielles Recht. a) Gesetzes- und Satzungsrecht. Zu den 4 Rechtsnormen, auf deren Verletzung eine Revision gestützt werden kann, gehört das gesamte staatliche Gesetzes- und Verordnungsrecht des Bundes und der Länder sowie das Recht der Europäischen Union[8]. Außerdem zählt hierzu das kommunale Satzungsrecht und das Satzungsrecht der sonstigen juristischen Personen des öffentl. Rechts und des Privatrechts[9]. Revisibel sind auch Dienstordnungen von SozV-Trägern[10] sowie **kirchliches Recht**[11], soweit es für die staatliche Rspr. entscheidungserheblich werden kann[11]. Zum revisiblen Recht gehören das **ausländische materielle Recht**[12], sowie die Regeln des Gewohnheitsrechts, also des Rechts, das durch stetige, von Rechtsüberzeugung getragene Übung innerhalb der Rechtsgemeinschaft entstanden ist[13]. Auch **Denkgesetze** und allg. Erfahrungssätze sind Rechtsnormen iSv. § 73[14].

Das Revisionsgericht hat das auf den Sachverhalt anwendbare Bundes- und Landesrecht zu kennen. 5 Geht es um Rechtsnormen iSv. § 293 ZPO, also ausländisches Recht, Gewohnheitsrecht und Satzungsrecht, kann das Revisionsgericht über deren Inhalt **Beweis** erheben und verlangen, dass die **Prozessparteien** bei der Beibringung dieses Rechts in zumutbarem Umfang **mitwirken**[15]. Das Revisionsgericht kann auch andere als die von den Parteien beigebrachten Erkenntnisquellen nutzen, insb. Auskünfte

---

[1] BAG 16.4.2003 – 4 AZR 367/02, NZA 2004, 114. || [2] Ähnlich ErfK/*Koch*, § 72b ArbGG Rz. 4; GMP/*Müller-Glöge*, § 72b Rz. 9; sowie eingehend Düwell/Lipke/*Düwell*, § 72b Rz. 11 ff. || [3] BAG 7.10.1981 – 4 AZR 173/81, NJW 1983, 839. || [4] GK-ArbGG/*Mikosch*, § 73 Rz. 16. || [5] BAG 5.6.2007 – 9 AZR 82/07, NZA 2007, 1352. || [6] BAG 14.11.1979 – 4 AZR 3/78, BAGE 32, 187; vgl. auch BAG 21.3.2013 – 6 AZR 401/11. || [7] BAG 20.7.2003 – 1 AZR 496/02, NZA 2004, 568. || [8] Dabei ist der Auslegungsvorrang des EuGH aus Art. 267 AEUV zu beachten. || [9] GK-ArbGG/*Mikosch*, § 73 Rz. 20; GMP/*Müller-Glöge*, § 73 Rz. 16 mwN. || [10] BAG 26.9.1984 – 4 AZR 608/83, BAGE 47, 1. || [11] BAG 11.11.2008 – 1 AZR 646/07, ZMV 2008, 168; GK-ArbGG/*Mikosch*, § 73 Rz. 21. || [12] BAG 10.4.1975 – 2 AZR 128/74, BAGE 27, 99. || [13] Hauck/Helml/Biebl/*Hauck*, § 73 Rz. 4; GK-ArbGG/*Mikosch*, § 73 Rz. 15. || [14] BAG 9.3.1972 – 1 AZR 261/71, AP Nr. 2 zu § 561 ZPO. || [15] BLAH/*Hartmann*, § 293 ZPO Rz. 5.

oder Sachverständigengutachten einholen, oder den Rechtsstreit zur Ermittlung des betreffenden Rechts an das LAG zurückverweisen.

6 **b) Kollektives Recht.** Eine Revision kann auch darauf gestützt werden, Bestimmungen des normativen Teils eines **TV**[1] – aus welchem Grund auch immer er im Rechtsstreit anwendbar ist – oder einer **BV**[2] seien nicht oder falsch angewendet worden. Entsprechendes gilt für die **bindenden Festsetzungen des Heimarbeitsausschusses** nach § 19 I HAG[3].

7 Das BAG muss nicht von Amts wegen prüfen, ob ein **TV** im Rechtsstreit auf ein ArbVerh Anwendung finden[4]. Besteht aber nach dem Parteivortrag Anlass zu einer solchen Annahme, muss es sich **Kenntnis** vom Inhalt der TV verschaffen, wobei die Parteien eine Mitwirkungspflicht trifft. Bei entsprechender Veranlassung muss auch noch in der Revisionsinstanz ermittelt werden, ob ein TV **wirksam** zustande gekommen und wirksam geblieben ist[5].

8 **c) Kontrollmaßstab.** Das Revisionsgericht überprüft die vollständige und richtige Anwendung der Rechtsnormen an sich uneingeschränkt. Anders verhält es sich nach überkommener Auffassung aber, wenn es um die Anwendung **unbestimmter Rechtsbegriffe** geht. Solche Begriffe, die einer rechtl. und tatsächlichen Ausfüllung durch die Gerichte bedürfen, wie etwa „Verschulden"[6], „Mitverschulden"[7], „wichtiger Grund"[8], „Treu und Glauben"[9], „Sozialwidrigkeit"[10] und „Verwirkung"[11] oder die Tarifbegriffe der „Bedeutung"[12], der „selbständigen Leistung"[13] oder der „selbständigen Tätigkeit"[14] in Eingruppierungsbestimmungen sind in der Normensprache unumgänglich, um vielgestaltige, nicht im Einzelnen normierbare und ständigen Veränderungen unterworfene Lebenssachverhalte zu regeln[15]. Ihre Verwendung durch das LAG soll vom Revisionsgericht nur **daraufhin** überprüft werden können, ob das Berufungsgericht den **Rechtsbegriff** selbst **verkannt** hat, ob es ihn bei der Unterordnung des Sachverhalts **beibehalten** hat, ob ihm bei der Anwendung **Verstöße gegen Denkgesetze** oder **allgemeine Erfahrungssätze** unterlaufen sind, ob es **alle entscheidungserheblichen Umstände** des individuellen Sachverhalts berücksichtigt hat und ob das Urteil insoweit in sich **widerspruchsfrei** ist[16]. Das Revisionsgericht sorgt so in dem gebotenen und möglichen Umfang für Rechtseinheit. Wenn von den LAG im Einzelfall ähnliche Sachverhalte unterschiedlich beurteilt werden, ist dies hinzunehmen. Unbestimmte Rechtsbegriffe sollen gerade die Berücksichtigung aller Umstände des Einzelfalles ermöglichen und eine schematische Beurteilung vermeiden[17]. Diese revisionsgerichtl. Zurückhaltung, die die Subsumtion unter richtig verstandene unbestimmte Rechtsbegriffe den Tatsacheninstanzen überlässt und ihnen dabei einen Beurteilungsspielraum einräumt, ist allerdings auch in der Rspr. nicht mehr unumstritten[18].

9 Unbestritten eingeschränkt ist die revisionsgerichtl. Überprüfung, wenn Rechtsnormen den Gerichten ein **Ermessen** bei der Entscheidung einräumen, etwa bei der Beurteilung von Direktionsmaßnahmen[19], bei der Bemessung des Schmerzensgeldes nach § 847 BGB[20] oder einer Abfindung nach §§ 9, 10 KSchG[21]. In solchen Fällen ist die Ermessensentscheidung des LAG nur daraufhin zu überprüfen, ob es überhaupt seinen Ermessensspielraum erkannt und von seinem Ermessen einen fehlerfreien Gebrauch gemacht hat, indem es alle relevanten Umstände gewürdigt und sich nicht von sachfremden Erwägungen hat leiten lassen[22]. Derselbe Maßstab gilt für die Überprüfung von **Ermessensentscheidungen im Verfahrensrecht**[23].

10 **2. Vertragskontrolle. a) Grundsatz.** Verträge und einseitige Willenserklärungen sind keine Rechtsnormen. Ihren Inhalt festzustellen, ist **Tatsachenermittlung**. Die Auslegung von Verträgen und Willenserklärungen ist deshalb grds. Sache der Tatsachengerichte und nur daraufhin zu kontrollieren, ob bei der Auslegung die hierfür geltenden Rechtsnormen (§§ 133, 157 BGB) richtig zugrunde gelegt worden sind, ob der Tatsachenstoff vollständig verwertet und bei der Auslegung Denkgesetze und Erfahrungssätze berücksichtigt wurden. Die Auslegung selbst ist nicht revisibel. Sie ist vom Revisionsgericht hinzunehmen, wenn sie in Anwendung der Auslegungsregeln möglich ist[24]. Der revisionsgerichtl. Kontrolle unterliegt demggü. die Beurteilung des LAG, die Voraussetzungen für eine ergänzende Vertragsauslegung lägen vor; hier geht es um die fallübergreifende Anwendung von Rechtsregeln[25].

---

1 BAG 7.6.2006 – 4 AZR 316/05, NZA 2007, 343. ||2 BAG 28.9.1965 – 1 AZR 73/65, BAGE 17, 305. ||3 BAG 5.5.1992 – 9 AZR 447/90, NZA 1993, 315. ||4 BAG 9.8.1995 – 6 AZR 1047/94, BAGE 80, 316. ||5 ZB BAG 13.7.1994 – 4 AZR 699/93, BAGE 77, 201; 15.4.2008 – 9 AZR 159/07, NZA-RR 2008, 586. ||6 BAG 19.2.1998 – 8 AZR 645/96, NZA 1998, 1051. ||7 BAG 18.1.2007 – 8 AZR 250/06, NZA 2007, 1230. ||8 BAG 26.7.2001 – 8 AZR 739/00, NZA 2002, 325. ||9 BAG 4.5.1999 – 10 AZR 417/98, NZA 1999, 1053. ||10 BAG 11.3.1999 – 2 AZR 507/98, NZA 1999, 587. ||11 BAG 12.12.2006 – 9 AZR 747/06, NZA 2007, 396. ||12 BAG 14.4.1999 – 4 AZR 334/98, ZTR 1999, 416. ||13 BAG 18.2.1998 – 4 AZR 581/96, NZA 1998, 950. ||14 BAG 8.11.2006 – 4 AZR 620/05, ZTR 2007, 381; vgl. auch BAG 17.4.2013 – 4 AZR 915/11, ArbR Aktuell 2013, 578. ||15 BAG 28.2.1979 – 4 AZR 461/77, AP Nr. 9 zu § 1 TVG Tarifverträge: Rundfunk. ||16 BAG 12.5.2004 – 4 AZR 371/03, ZTR 2005, 89; 8.11.2006 – 4 AZR 620/05, ZTR 2007, 381; GMP/*Müller-Glöge*, § 73 Rz. 9; ErfK/*Koch*, § 73 ArbGG Rz. 5. ||17 GMP/*Müller-Glöge*, § 73 Rz. 9. ||18 Ein Gegenbsp. in BAG 10.6.2010 – 2 AZR 541/09, NZA 2010, 1227; krit. auch GK-ArbGG/*Mikosch*, § 73 Rz. 24 ff. ||19 BAG 21.4.1999 – 5 AZR 174/98, NZA 1999, 1044. ||20 BAG 26.1.1971 – 1 AZR 304/70, BB 1971, 654. ||21 BAG 29.3.1960 – 3 AZR 568/58, BAGE 9, 131. ||22 GMP/*Müller-Glöge*, § 73 Rz. 11 mwN. ||23 GMP/*Müller-Glöge*, § 73 Rz. 11; GK-ArbGG/*Mikosch*, § 73 Rz. 34. ||24 BAG 20.2.2001 – 9 AZR 46/00, NZA 2002, 567. ||25 BAG 8.11.1972 – 4 AZR 15/72, SAE 1974, 216.

b) Uneingeschränkte Revisibilität. Die Vertragsauslegung wird einer uneingeschränkten revisionsgerichtl. Überprüfung unterzogen, soweit es sich um **typische Verträge** handelt, die in einer Vielzahl von Fällen angewendet werden und bei denen ein besonderes Interesse an **einheitlichem Vertragsverständnis** besteht. Hierzu zählen **Formulararbeitsverträge**[1], **Allgemeine Geschäftsbedingungen**[2], **Gesamtzusagen**[3] sowie Lehrer-Richtlinien oder kirchl. Arbeitsvertragsrichtlinien, die nur auf Grund arbeitsvertraglicher Bezugnahme wirksam werden.

Die uneingeschränkte Revisibilität gilt für typische Verträge auch dann, wenn sie nur von **einem ArbGeb**, aber in einer größeren Zahl von Fällen verwendet werden[4]. Der Gesichtspunkt, dass hier regelmäßig keine Gefahren für die Rechtseinheit drohen, wird demggü. allgemein nicht als durchschlagend angesehen.

Die Feststellung des Inhalts von auf Grund einer betriebl. Übung typisiert gestalteten Arbeitsbedingungen durch das LAG wird in vollem Umfang und nicht lediglich eingeschränkt wie ein Individualvertrag in der Revision überprüft[5]. Dass die von der Rspr. entwickelten Voraussetzungen für eine betriebl. Übung vorliegen, ist allerdings nur eingeschränkt überprüfbare Tatsachenfeststellung[6].

Bei individuell ausgehandelten Verträgen stehen dort enthaltene **typische Klauseln** in vollem Umfang zur Überprüfung durch das Revisionsgericht, es sei denn, es sind einzelfallbezogen Anhaltspunkte dafür ersichtlich, dass die betreffenden Klauseln von den Vertragsparteien in einem vom allg. Üblichen abweichenden Sinn verstanden wurden[7].

c) Auslegung von Prozesshandlungen und gerichtlichen Vergleichen. Die Inhaltsermittlung von Prozesshandlungen unterliegt der uneingeschränkten Kontrolle durch das Revisionsgericht[8]. Dies bedeutet aber nicht, dass auch die Auslegung gerichtl. Vergleiche uneingeschränkt revisibel wäre[9]. Die Auslegung des Prozessvergleichs betrifft nur am Rande die darin liegende Prozesshandlung, die übereinstimmende Beendigung des Rechtsstreits, sondern in erster Linie die dem zugrunde liegende privatrechtl. Vereinbarung. Sie unterscheidet sich nicht von einer sonstigen Individualvereinbarung[10]. Nur gerichtl. Vergleiche, die nicht von den Parteien ausgehandelt wurden, sondern auf der Annahme eines gerichtl. Vorschlags beruhen, sind wie typische Verträge zu behandeln[11], soweit sie in der Gerichtssprache allg. übliche Klauseln enthalten.

3. Verfahrensrecht. a) Arten von Verfahrensmängeln. Die Revision kann auch darauf gestützt werden, das LAG habe Rechtsnormen des Verfahrensrechts verletzt. Dabei sind die Verfahrensmängel zu unterscheiden, die vom Revisionsgericht **von Amts wegen** zu überprüfen sind (§ 75 Rz. 5), und diejenigen, denen – wie meist – nur **auf Rüge** nachzugehen ist (§ 75 Rz. 6; zu den Anforderungen an eine Verfahrensrüge § 74 Rz. 25 ff.). Eine Verfahrensrüge ist vom Revisionsführer bis zum Ablauf der Revisionsbegründungsfrist anzubringen (§ 551 III ZPO, § 72 V)[12]. Der Revisionsbeklagte hat für die sog. Gegenrüge bis zum Schluss der mündlichen Verhandlung in der Revisionsinstanz Zeit[13]. Als Verfahrensverstöße kommen etwa Fehler bei der **Beweiswürdigung** in Betracht (§ 286 ZPO): eine Parteiaussage wird in zweiter Instanz anders als vom ArbG gewürdigt, ohne dass die Partei erneut vernommen wurde[14]; auf der Grundlage eines Gutachtens wird etwas als bewiesen angesehen, nach dem der Sachverst. nicht gefragt worden ist[15]. Zu den typischen Verfahrensfehlern nach **§ 139 ZPO** gehört es, wenn nicht auf eine zulässige **Antragstellung** hingewirkt wird, die dem erkennbaren Rechtsschutzziel der klagenden Partei entspricht[16].

b) Absolute Revisionsgründe. Die Revision kann auf die in § 72 V ArbGG iVm. § 547 Nr. 1–6 ZPO aufgelisteten absoluten Revisionsgründe gestützt werden:

Der Revisionsführer kann rügen, das erkennende Gericht sei bei Schluss der mündlichen Verhandlung nicht vorschriftsmäßig **besetzt** gewesen (§ 547 Nr. 1 ZPO). Zu dieser einfachgesetzl. Ausprägung des Art. 101 GG steht es im Widerspruch, wenn die für die anstehende Entscheidung zuständigen Richter nicht normativ-abstrakt im Geschäftsverteilungsplan vorherbestimmt sind, sondern nach freiem Ermessen festgelegt werden[17] oder wenn ein Spruchkörper objektiv willkürlich[18] seine Zuständigkeit in

---

1 BAG 29.1.1992 – 5 AZR 266/90, ZTR 1992, 387; 25.9.2002 – 4 AZR 294/01, NZA 2003, 807. || 2 BAG 31.8.2005 – 5 AZR 545/04, BAGE 115, 372 (380). || 3 BAG 11.12.2000 – 3 AZR 674/00, NZA 2002, 1348. || 4 BAG 20.5.2008 – 9 AZR 271/07, AP BGB § 305 Nr. 13; GMP/*Müller-Glöge*, § 73 Rz. 20; GK-ArbGG/*Mikosch*, § 73 Rz. 41 ff. || 5 BAG 28.6.2006 – 10 AZR 385/05, BAGE 118, 360; 12.12.2006 – 3 AZR 57/06, DB 2007, 2435; GK-ArbGG/*Mikosch*, § 73 Rz. 42; GMP/*Müller-Glöge*, § 73 Rz. 21; Schwab/Weth/*Ulrich*, § 73 Rz. 27b; *G. Reinecke*, BB 2004, 1625 (1631). || 6 Insg. noch stärker einschränkend BAG 16.9.1998 – 5 AZR 598/97, NZA 1999, 203; Hauck/Helml/Biebl/*Hauck*, § 73 Rz. 4. || 7 GK-ArbGG/*Mikosch*, § 73 Rz. 39; GMP/*Müller-Glöge*, § 73 Rz. 18. || 8 BAG 22.5.1985 – 4 AZR 427/83, NZA 1986, 166; GMP/*Müller-Glöge*, § 73 Rz. 28; Hauck/Helml/Biebl/*Hauck*, § 73 Rz. 10. || 9 So aber BAG 19.5.2004 – 5 AZR 434/03, DB 2004, 2107; GMP/*Müller-Glöge*, § 73 Rz. 22 mzwN; ErfK/*Koch*, § 73 ArbGG Rz. 8. || 10 BAG 15.9.2004 – 4 AZR 9/04, NZA 2005, 691; 13.12.2006 – 10 AZR 787/05, DB 2007, 809; GK-ArbGG/*Mikosch*, § 73 Rz. 43. || 11 Angedeutet in BAG 16.1.2003 – 2 AZR 316/01, nv. || 12 Hauck/Helml/Biebl/*Hauck*, § 74 Rz. 19. || 13 BAG 11.9.1997 – 8 AZR 4/96, NZA 1998, 477; GK-ArbGG/*Mikosch*, § 73 Rz. 77. || 14 BAG 6.12.2001 – 2 AZR 396/00, BAGE 100, 52. || 15 BAG 7.11.2002 – 2 AZR 599/01, DB 2003, 724. || 16 BAG 18.2.2003 – 9 AZR 356/02, NZA 2003, 911. || 17 BAG 26.9.1996 – 8 AZR 126/95, BAGE 84, 189. || 18 BAG 9.6.2011 – 2 ABR 35/10, NZA 2011, 1446.

Kenntnis einer anderen durch Geschäftsverteilungsplan begründeten Zuständigkeit annimmt[1]. Dasselbe gilt, wenn die beteiligten ehrenamtl. Richter bewusst und ohne generell-abstrakte Grundlage im Geschäftsverteilungsplan abweichend von der Reihenfolge der **Liste (§ 39)** herangezogen worden sind. Fehler, die dadurch entstehen, dass der Geschäftsstelle bei der Anwendung des § 39 ein Irrtum unterlaufen ist, reichen für eine erfolgreiche Rüge nach § 547 Nr. 1 ZPO allerdings ebenso wenig aus wie davon ausgelöste Fehler bei der Heranziehung der ehrenamtl. Richter in den Folgeterminen[2]. Ein Verstoß gegen § 547 Nr. 1 ZPO liegt auch vor, wenn der beteiligte Berufsrichter nicht nach § 8 DRiG berufen worden ist, oder durch **Geschäftsverteilungsplan** eine **Ermessensentscheidung** eröffnet und genutzt wurde, über die Zuständigkeit für einen Rechtsstreit in dem einen oder anderen Sinne zu entscheiden[3]. Auf Fehler bei der Berufung der ehrenamtl. Richter kann dagegen eine Revision nicht gestützt werden (Abs. 2, § 65).

19 Hat ein Richter mitgewirkt, der kraft Gesetzes (§ 41) von der Mitwirkung ausgeschlossen war, liegt der absolute Revisionsgrund des § 547 Nr. 2 ZPO vor, es sei denn, das Nichtvorliegen des **Ausschlussgrundes** ist im Rahmen einer – auch nicht inzident anfechtbaren (§ 49 III)[4] – Entscheidung über ein Ablehnungsgesuch, das diesen Grund geltend gemacht hatte, festgestellt worden.

20 § 547 Nr. 3 ZPO (Mitwirkung eines erfolgreich abgelehnten Richters), Nr. 4 (nicht gesetzmäßige Prozessvertretung einer Partei) und Nr. 5 ZPO (Verletzung der Vorschriften über die Öffentlichkeit des Verfahrens, §§ 173–175 GVG; § 52) spielen in der gerichtl. Praxis eine untergeordnete Rolle. Sie sind ebenso nur auf Rüge hin zu berücksichtigen wie der absolute Revisionsgrund der Nr. 6, die **Entscheidung ohne Gründe**. Sie liegt vor, wenn § 69 verletzt ist, das Berufungsurteil also eine gedrängte Darstellung des Sach- und Streitstandes nicht enthält. Lässt das Berufungsgericht die Revision nicht zu, kann es zwar bei der Abfassung des Urteils nach § 69 II verfahren und von der Darstellung des Tatbestandes und der Entscheidungsgründe absehen, soweit es den Gründen der angefochtenen Entscheidung folgt[5]. Da eine nachträgliche Zulassung der Revision nach § 72a aber nicht ausgeschlossen ist, muss das Berufungsurteil zumindest die **Fortentwicklung des Sach- und Streitstandes** in der Berufungsinstanz wiedergeben[6]. Ist dies nicht geschehen, ist der absolute Revisionsgrund des § 547 Nr. 6 ZPO auf entsprechende Rüge hin zu berücksichtigen. Da in einem solchen Fall zugleich auch die **tatsächlichen Grundlagen für eine rechtl. Beurteilung** durch das Revisionsgericht fehlen, muss das BAG auf die zugelassene Revision den Rechtsstreit von Amts wegen an das LAG zurückverweisen[7], es sei denn der Sach- und Streitstand ergibt sich mit der erforderlichen Bestimmtheit aus den Entscheidungsgründen des LAG-Urteils oder im Zusammenhang mit einer Inbezugnahme des Urteils erster Instanz[8]. Ein Urteil ohne Gründe liegt darüber hinaus auch dann vor, wenn die Entscheidungsgründe des Berufungsgerichts in sich absolut unverständlich oder nichtssagend sind, zu wesentlichen Punkten nicht Stellung nehmen, zum Tenor im Widerspruch stehen oder nur die Gründe des erstinstanzlichen Urteils wiederholen, ohne auf neues Vorbringen des Berufungsklägers einzugehen[9].

21 Eine auf die vorgenannten Umstände gestützte Rüge aus § 547 Nr. 6 ZPO ist im Rahmen einer statthaften Revision möglich[10]. Demggü. ist eine Revisionsrüge, es liege eine Entscheidung ohne Gründe vor, weil das vollständig abgesetzte Urteil **nicht innerhalb von fünf Monaten** seit seiner Verkündung von allen Richtern unterschrieben zur Geschäftsstelle des LAG gelangt sei, nach Abs. 1 S. 2 ausgeschlossen. Auch hierin liegt zwar ein absoluter Revisionsgrund iSd. § 547 Nr. 6 ZPO[11]. Er kann indes **ausschließlich** mit der besonderen **sofortigen Beschwerde nach § 72b** geltend gemacht werden[12].

22 c) **Irrevisibles Verfahrensrecht.** Nach Abs. 2 iVm. § 65 kann die Revision nicht darauf gestützt werden, das Berufungsgericht habe über den **Rechtsweg**, die **örtliche Zuständigkeit** oder die **richtige Verfahrensart** fehlerhaft entschieden. Fragen in diesem Zusammenhang sind nach § 17a GVG in den Tatsacheninstanzen abschließend zu klären. Eine Besonderheit gilt, wenn die Vorinstanzen hierüber trotz der Rüge fehlerhaft nicht vorab durch Beschluss nach § 17a GVG, sondern erst in den Gründen des Endurteils entschieden haben. Wird dies mit einer vom **LAG zugelassenen Revision gerügt**, gilt der Grundsatz der **Meistbegünstigung**: Das BAG hat anstelle der Vorinstanzen ohne mündliche Verhandlung und ohne Hinzuziehung der ehrenamtl. Richter durch Beschluss über **Rechtsweg** oder **Verfahrensart** zu entscheiden. Es kann den Rechtsstreit ggf. in die andere Gerichtsbarkeit oder die andere Verfahrensart verweisen. Dies gilt **nicht**, wenn das Fehlen einer Vorabentscheidung über die **örtliche Zuständigkeit** gerügt wird, weil auch eine entsprechende Vorabentscheidung nicht anfechtbar gewesen wäre (§ 48 I Nr. 1), und dann, wenn die Revision auf **Nichtzulassungsbeschwerde** hin eröffnet worden

---

1 BAG 20.6.2007 – 10 AZR 375/06, NZA 2007, 1315; 9.6.2011 – 2 ABR 35/10, NJW 2011, 3053. ||2 BAG 7.5.1998 – 2 AZR 344/97, NZA 1998, 1301. ||3 BAG 22.3.2001 – 8 AZR 565/00, NZA 2002, 1349. ||4 Vgl. auch BAG 20.1.2009 – 1 ABR 78/07, NZA 2009, 640. ||5 Schmidt/Schwab/Wildschütz, NZA 2001, 1217 (1219). ||6 GMP/Müller-Glöge, § 73 Rz. 54. ||7 Vgl. BAG 24.3.2011 – 2 AZR 170/10, NZA 2011, 992. ||8 BAG 19.8.2003 – 9 AZR 611/02, AP Nr. 20 zu § 1 TVG Tarifverträge: Luftfahrt; 28.9.2005 – 10 AZR 593/04, AP Nr. 279 zu § 1 TVG Tarifverträge: Bau. ||9 BAG 16.6.1998 – 5 AZR 255/98, NZA 1998, 1079. ||10 Ebenso Grunsky/Benecke, § 73 Rz. 36 ff.; aA GK-ArbGG/Mikosch, § 73 Rz. 62 ff., der auch insoweit § 72b für vorrangig hält. ||11 GmSOGB v. 27.4.1993 – GmS-OGB 1/92, AP Nr. 21 zu § 551 ZPO; BAG 4.8.1993 – 4 AZR 501/92, BAGE 74, 44. ||12 BAG 2.11.2006 – 4 AZN 716/06, NZA 2007, 111.

ist; das Gesetz kennt zwar eine nachträgliche Zulassung der Revision, nicht aber eine nachträgliche Zulassung der weiteren sofortigen Beschwerde[1].

§§ 73 II, 65 schließen auch die Rügen aus, bei der **Berufung** der ehrenamtl. Richter nach §§ 20–23 seien Verfahrensfehler unterlaufen, eine Klageänderung sei zu Unrecht als sachdienlich zugelassen worden (§ 268 ZPO)[2] oder das Berufungsgericht habe verspätetes Vorbringen nicht zulassen dürfen[3]. 23

III. Ursächlichkeit des Rechtsfehlers. Die Revision ist nur begründet, wenn die Entscheidung des LAG auf einem revisiblen Rechtsfehler beruht. Die Revision ist deshalb unbegründet, wenn sich das Urteil aus anderen Gründen als richtig erweist (§ 561 ZPO). Wenn allerdings einer der in § 547 Nr. 1–6[4] ZPO genannten absoluten Revisionsgründe vorliegt und ordnungsgemäß gerügt worden ist, gilt die unwiderlegliche gesetzl. Vermutung, dass der betreffende Rechtsfehler für die angefochtene Entscheidung ursächlich war. Der Rechtsstreit ist dann zur Beseitigung des Rechtsfehlers an das LAG zurückzuverweisen. 24

74 Einlegung der Revision, Terminbestimmung

(1) Die Frist für die Einlegung der Revision beträgt einen Monat, die Frist für die Begründung der Revision zwei Monate. Beide Fristen beginnen mit der Zustellung des in vollständiger Form abgefassten Urteils, spätestens aber mit Ablauf von fünf Monaten nach der Verkündung. Die Revisionsbegründungsfrist kann einmal bis zu einem weiteren Monat verlängert werden.

(2) Die Bestimmung des Termins zur mündlichen Verhandlung muss unverzüglich erfolgen. § 552 Abs. 1 der Zivilprozessordnung bleibt unberührt. Die Verwerfung der Revision ohne mündliche Verhandlung ergeht durch Beschluss des Senats und ohne Zuziehung der ehrenamtlichen Richter.

I. Allgemeines 1	III. Revisionsbegründung 14
1. Revisionsbefugnis 2	1. Form und Frist 14
2. Revision im unterbrochenen Verfahren 4	2. Inhalt 18
3. Wiederholte Revision 5	IV. Entscheidungen vor der Terminierung ... 31
II. Einlegung der Revision 6	1. Verwerfung als unzulässig 31
1. Form und Inhalt 6	2. Einstellung der Zwangsvollstreckung 33
2. Frist 10	V. Rücknahme der Revision und Verzicht ... 34
	VI. Anschlussrevision 38

I. Allgemeines. Einlegung und Begründung der Revision sind in § 74 nur lückenhaft geregelt. Ergänzend gelten §§ 549–553 ZPO (§ 72 V). 1

1. Revisionsbefugnis. Zulässigkeitsvoraussetzung jeder zugelassenen Revision, durch deren rechtzeitige Einlegung der Eintritt der Rechtskraft des Berufungsurteils gehindert wird (§ 705 ZPO), ist eine **Beschwer** des Revisionsführers, also eine nachteilige Abweichung des Entscheidungsausspruchs des LAG von dessen letztem Antrag, die bis zum Zeitpunkt der Entscheidung des BAG fortbestehen muss[5]. Diese Voraussetzung ist für den Beklagten auch dann erfüllt, wenn der gegen ihn gerichtete Antrag nicht als unbegründet, sondern als unzulässig abgewiesen wurde[6], oder wenn eine Zahlungsklage nicht wegen Nichtbestehens einer Forderung, sondern im Hinblick auf eine vorsorglich zur Aufrechnung gestellte Gegenforderung abgewiesen wurde[7]. 2

Auch **Streithelfer** sind revisionsbefugt. Bei einer einfachen Streitgenossenschaft (§ 67 ZPO) bilden die Revisionen des Streithelfers und der unterstützten Partei ein einheitliches Rechtsmittel, dessen Form- und Fristanforderungen nur einmal erfüllt sein müssen[8]. Will nur der Streithelfer Revision einlegen, was der streitgenössische Nebenintervenient (§ 69 ZPO) auch gegen den Willen der von ihm unterstützten Hauptpartei tun kann[9], muss er innerhalb der für die unterstützte Partei laufenden Frist, die auch für ihn durch die Zustellung **an diese** in Gang gesetzt wird[10], Revision einlegen. 3

2. Revision im unterbrochenen Verfahren. Ist ein Verfahren **nach Verkündung** des Berufungsurteils unterbrochen worden (§§ 239 ff. ZPO), läuft keine Rechtsmittelfrist (§ 249 I ZPO). Eine gleichwohl formgerecht eingelegte Revision ist jedoch dem Revisionsgericht ggü. wirksam; sie muss nach dem Ende der Unterbrechung **nicht wiederholt** werden[11]. Hat das LAG trotz Unterbrechung oder Aussetzung des Ver- 4

---

1 BAG 26.3.1992 – 2 AZR 443/91, NZA 1992, 954; Hauck/Helml/Biebl/*Hauck*, § 73 Rz. 20; GMP/*Müller-Glöge*, § 73 Rz. 31 f.; aA für die Rüge der fehlerhaft gewählten Verfahrensart BAG 28.4.1992 – 1 ABR 68/91, NZA 1993, 31, wo von einem endgültigen Verlust einer solchen Rügemöglichkeit in der Revisionsinstanz ausgegangen wird. ‖2 BAG 21.4.2009 – 3 AZR 285/07, DB 2009, 2490. ‖3 BAG 31.10.1984 – 4 AZR 604/82, AP Nr. 3 zu § 42 TVAL II. ‖4 Nr. 6 nur insoweit, wie nicht durch § 72b präkludiert. ‖5 BAG 21.3.2012 – 5 AZR 320/11, NZA-RR 2012, 601. ‖6 BAG 19.11.1985 – 1 ABR 37/83, BAGE 50, 179; anders im umgekehrten Fall: BAG 15.4.1986 – 1 ABR 55/84, BAGE 51, 345. ‖7 BAG 24.1.1974 – 5 AZR 17/73, BB 1974, 651. ‖8 BAG 16.9.1999 – 2 AZR 712/98, NZA 2000, 208. ‖9 BAG 15.1.1985 – 3 AZR 39/84, DB 1985, 1537. ‖10 BAG 17.8.1984 – 3 AZR 597/83, AP Nr. 2 zu § 67 ZPO. ‖11 BGH 30.9.1968 – VII ZR 93/67, BGHZ 50, 397.

fahrens über die Sache entschieden, kann hiergegen auch schon vor dem Ende der Unterbrechung Revision eingelegt werden, um diesen Mangel geltend zu machen[1] und im Zusammenhang damit insb. eine vorläufige Einstellung der Zwangsvollstreckung zu erreichen.

5   **3. Wiederholte Revision.** Innerhalb der laufenden Fristen kann von derselben Partei auch mehrfach Revision eingelegt werden, etwa um **Formmängel** einer vorangegangenen Revision zu **beseitigen**. Ist mehrfach Revision eingelegt worden und zumindest eine Revisionseinlegung form- und fristgerecht, müssen die Übrigen nicht mehr förmlich beschieden werden; es ist **nur ein Rechtsmittel** anhängig[2].

6   **II. Einlegung der Revision. 1. Form und Inhalt.** Die Revisionsschrift ist ein bestimmender Schriftsatz, für den ein **Rechtsanwalt** oder ein **Verbandsvertreter mit Befähigung zum Richteramt** (§ 11 IV) durch Unterschrift, nicht lediglich durch **Paraphe**, die Verantwortung übernehmen muss (§ 549 II iVm. § 130 Nr. 6 ZPO)[3]. Es muss sich um einen individuellen Schriftzug handeln, der sich – ohne lesbar sein zu müssen – als Wiedergabe eines Namens darstellt und die Absicht einer vollen Unterschriftleistung erkennen lässt[4]. Selbst diese Handhabung des § 130 Nr. 6 ZPO steht in einem Wertungswiderspruch zu dem höchstrichterlichen Bestreben, den Prozessbeteiligten im gerichtl. Verfahren möglichst weitgehend die Nutzung der **modernen Kommunikationsmittel** zu ermöglichen. So reicht es nach allg. Auffassung für eine formgerechte Rechtsmitteleinlegung auch aus, wenn die Rechtsmittelschrift per **Telegramm, Fernschreiben** oder **Telefax** beim Rechtsmittelgericht eingeht. Dabei hat die Rspr. zwar bisher angenommen, ein bei einem Empfangsgerät des Gerichts eingehendes, vom Originalschriftsatz gezogenes Fax[5] müsse die Originalunterschrift des Prozessbevollmächtigten wiedergeben[6]. Bei Schriftsätzen per Telegramm oder Telex reicht aber die maschinenschriftl. Wiedergabe der vom Absender geleisteten Unterschrift oder die aus dem Text des Telegramms oder aus der sog. **Kennung** des Fernschreibens zweifelsfrei ersichtliche Angabe der Person, welche die Nachricht als von ihr stammend abgesandt hat[7]. Nach Auffassung des Gemeinsamen Senats der Obersten Gerichtshöfe des Bundes[8] können bestimmende Schriftsätze formwirksam sogar durch elektronische Übertragung einer **Textdatei** mit **eingescannter** Unterschrift auf ein Faxgerät des Gerichts übermittelt werden[9]. Seit dem 1.4.2006 können beim BAG auch **elektronische Dokumente** in den dort eingerichteten **elektronischen Gerichtsbriefkasten** übermittelt werden[10].

7   Die etwa für Kostenfestsetzungen bedeutsame **Frage, ob** eine Partei **durch** einen **Rechtsanwalt** oder einen hierzu befugten **Verband** (§ 11 IV) vertreten wurde, ist bei einem Schriftsatz unter dem **Briefkopf** des **Verbandes** stets im letztgenannten Sinne zu beantworten. Wird zur Unterschrift der Zusatz „Rechtsanwalt" gesetzt, belegt das nur die Befähigung des Unterzeichners zum Richteramt, aber nicht, dass hier ein Rechtsanwalt in dieser Eigenschaft die Verantwortung für die Prozesshandlung übernimmt.

8   Die Revision muss **unbedingt** eingelegt werden. Eine Einlegung für den Fall, dass **PKH** bewilligt wird, reicht nicht aus (wegen der Möglichkeiten einer Wiedereinsetzung in den vorigen Stand, wenn eine Partei nicht in der Lage ist, die Kosten der Rechtsmitteldurchführung aufzubringen: § 72a Rz. 33). Hinsichtlich des notwendigen Inhalts einer Revisionsschrift gilt § 549 I 2 ZPO: Es müssen die beteiligten Parteien und – wenn möglich – ihre gesetzl. Vertreter sowie das angefochtene **Urteil** nach Gericht, Verkündungsdatum und Aktenzeichen **bezeichnet** werden[11], so dass das Revisionsgericht die Identität des angefochtenen Urteils innerhalb der Revisionsfrist erkennen kann. Es muss weiter eindeutig erklärt werden, dass und **für wen** gegen dieses Urteil das die Sachprüfung eröffnende **Rechtsmittel eingelegt** werden soll; auf die Bezeichnung als Revision kommt es nicht an[12]. Sind die **Angaben** in der Revisionsschrift unvollständig oder ungenau, ist dies unschädlich, wenn sich die präzisen Angaben **aus** bis zum Ablauf der Revisionsfrist eingereichten **Unterlagen** ergeben, wie der der Revisionsschrift beigefügten **Ausfertigung** oder beglaubigten Abschrift **des angefochtenen Urteils** (§ 550 I ZPO)[13]. Die ladungsfähige Anschrift des Revisionsbeklagten oder seines Prozessbevollmächtigten muss die Revisionsschrift nicht enthalten[14].

9   Die Geschäftsstelle des BAG hat die Revisionsschrift, die mit der hierfür erforderlichen Zahl von beglaubigten Abschriften eingereicht werden soll, der gegnerischen Partei mit der Angabe zuzustellen, wann die Revision eingegangen ist (§ 550 II ZPO).

10 **2. Frist.** Nach Abs. 1 S. 1 beläuft sich die **Notfrist** für die Einlegung der Revision auf einen Monat. Sie beginnt mit der Zustellung des in vollständiger Form abgefassten Urteils. Ist ein Urteil an mehrere Prozessbevollmächtigte zuzustellen, beginnt die Frist **mit der ersten Zustellung** zu laufen[15]. Wird die Revision nach § 72 I 2, § 64 IIIa 2 auf Antrag einer Partei durch Beschluss des LAG **nachträglich** durch Er-

---

1 GMP/*Müller-Glöge*, § 74 Rz. 6. ||2 BAG 16.8.1991 – 2 AZR 241/90, NZA 1992, 23. ||3 BAG 27.3.1996 – 5 AZR 576/94, NZA 1996, 1115; zur Verantwortungsübernahme BAG 20.9.2011 – 9 AZN 582/11. ||4 BAG 30.8.2000 – 5 AZB 17/00, NZA 2000, 1248. ||5 Also kein Fax, das an einen privaten Anschlussinhaber übermittelt und von diesem eingereicht worden ist: BAG 5.7.1990 – 8 AZB 16/89, BAGE 65, 255. ||6 BAG 24.9.1986 – 7 AZR 669/84, BAGE 53, 105. ||7 BGH 25.3.1986 – IX ZB 15/86, BGHZ 97, 238; 9.3.1982 – 1 StR 817/81, BGHSt 31, 7. ||8 GmSOGB v. 5.4.2000 – GmS-OGB 1/98, NZA 2000, 959. ||9 Vgl. hierzu insg. *Düwell*, NZA 1999, 291 ff.; *Zöller/Greger*, § 130 ZPO Rz. 5 ff. ||10 Einzelheiten bei GMP/*Müller-Glöge*, § 74 Rz. 13. ||11 BAG 24.6.2004 – 8 AZR 292/03, DB 2004, 2537. ||12 BAG 3.12.1985 – 4 ABR 7/85, DB 1986, 1980. ||13 BAG 23.8.2001 – 7 ABR 15/01, NZA 2001, 1214. ||14 BAG 16.9.1986 – GS 4/85, BAGE 53, 30. ||15 BAG 23.1.1986 – 6 ABR 47/82, BAGE 51, 29.

gänzung des Urteilstenors zugelassen, beginnt die Revisionsfrist mit der Zustellung dieses Beschlusses, falls die Zustellung des Urteils bereits zuvor erfolgt ist[1]. Wird die Revision nachträglich auf **Nichtzulassungsbeschwerde** vom BAG zugelassen, wird das Verfahren als Revision fortgesetzt; einer fristgebundenen **Revisionseinlegung** bedarf es **nicht mehr** (72a VI).

Die Revisionsfrist beginnt auch dann mit Zustellung des Berufungsurteils, wenn dieses danach gem. § 319 ZPO **berichtigt** wird; es läuft keine neue Rechtsmittelfrist[2]. Anders verhält es sich, wenn das anzufechtende Urteil durch Urteil nach § 321 ZPO **ergänzt** worden ist. Hier beginnt mit der Zustellung des Ergänzungsurteils der Lauf der Revisionsfrist auch gegen das ergänzte Urteil, in dem die Revision zugelassen ist, von neuem (§ 518 ZPO)[3], wenn die Rechtsmittelfrist nicht bereits vor Zustellung des Ergänzungsurteils abgelaufen war; ansonsten verbleibt es dabei[4]. Hinsichtlich der Revision ist auch das **Ergänzungsurteil** als selbständiges Urteil anzusehen, es sei denn, es wurde lediglich die Kostenentscheidung ergänzt. Das ergänzende Urteil über einen zunächst übergangenen Anspruch ist deshalb nur revisibel, wenn auch im Ergänzungsurteil die Revision zugelassen worden ist[5]. 11

Unabhängig von der den Ablauf der Monatsfrist auslösenden Zustellung eines vollständigen, mit einer zutreffenden Rechtsmittelbelehrung versehenen Urteils beginnt die einmonatige Revisionsfrist jedenfalls fünf Monate nach Verkündung des anzufechtenden Urteils (Abs. 1 S. 2). Auch gegen verkündete und abgesetzte, aber nicht zugestellte oder fehlerhaft zugestellte[6] Urteile muss deshalb unabhängig von der durch Abs. 1 Satz 2 verdrängten Jahresfrist des § 9 V **spätestens** bis zum **Ablauf des sechsten Monats** nach ihrer Verkündung Revision eingelegt werden[7]. 12

Die Revisionsschrift muss zur Fristwahrung bis zum Ablauf der nach § 222 ZPO, §§ 187, 188 BGB[8] zu berechnenden Revisionsfrist **beim BAG** eingegangen sein. Der Zugang bei einem anderen Gericht wahrt die Frist nicht. Ein Eingang beim BAG liegt vor, wenn die Revisionsschrift aus der Verfügungsmacht des Rechtsmittelführers in die des Revisionsgerichts gelangt ist. Bei **elektronischer Übermittlung** kommt es auf die vollständige **Aufzeichnung** der Daten durch das **Empfangsgerät** des BAG an. Eingangsvermerke der Geschäftsstelle sind demggü. unbeachtlich[9]. Eine mangelhafte Wiedergabe des Gesendeten auf Grund eines Defektes im Empfangsgerät ändert an dem rechtzeitigen Zugang der Revisionsschrift bei einem rechtzeitigen Eingang der elektronischen Daten nichts[10]. Gehen die Daten demggü. auf Grund von Störungen der Leitung oder des Absendegerätes nicht rechtzeitig bei Gericht ein, ist die Revisionsfrist versäumt. Es ist **Wiedereinsetzung** in den vorigen Stand zu gewähren, wenn so rechtzeitig mit der Sendung des Fax begonnen wurde, dass ohne die Störungen vor Fristablauf um 24.00 Uhr mit dem Empfang beim Rechtsmittelgericht zu rechnen war[11]. 13

III. Revisionsbegründung. 1. Form und Frist. Die Revisionsbegründung erfolgt durch einen bestimmenden Schriftsatz, der von einem nach § 11 IV hierzu Berechtigten zu unterzeichnen ist. Eine **Bezugnahme** auf die Schriftsätze der Vorinstanz reicht nicht aus. Nach § 72 V ArbGG, § 551 III 2 ZPO kann in der auch hier **unabdingbar notwendigen** fristgerechten **Revisionsbegründung** auf die **Begründung** der **Nichtzulassungsbeschwerde Bezug** genommen werden, auf die hin die Revision zugelassen worden ist[12]. Auch die Bezugnahme auf Schriftsätze im PKH-Bewilligungsverfahren kann den Anforderungen an eine Revisionsbegründung genügen[13]. 14

Die **Revisionsbegründungsfrist** beginnt mit Zustellung des vollständig begründeten Urteils mit ordnungsgemäßer Rechtsmittelbelehrung oder dem diesem Termin gleichstehenden Zeitpunkten (vgl. Rz. 10 ff.) und beträgt zwei Monate. Bei Versäumung der Revisionsbegründungsfrist ist eine Wiedereinsetzung in den vorigen Stand möglich (§ 233 ZPO)[14]. Die Revisionsbegründungsfrist kann **nur einmal** bis zu einem weiteren Monat **verlängert** werden (Abs. 1 S. 2)[15], wenn der Antrag auf Verlängerung vor Ablauf der Begründungsfrist beim Revisionsgericht eingeht; die Verlängerung kann auch noch nach Fristablauf erfolgen[16]. Ist der **Verlängerungsantrag verspätet eingegangen**, muss **mit dem Gesuch** um Wiedereinsetzung nicht der Verlängerungsantrag, sondern die **Revisionsbegründung nachgeholt** werden, deren Frist versäumt wurde (§ 236 II ZPO)[17]. 15

Wiedereinsetzung kann nicht gewährt werden, **um** dem Revisionskläger das **Nachschieben** eines weiteren **Revisionsgrundes** zu ermöglichen, der ohne sein Verschulden nicht rechtzeitig geltend gemacht 16

---

1 GMP/*Müller-Glöge*, § 74 Rz. 8; Schwab/Weth/*Ulrich*, § 74 Rz. 24. ‖ 2 BGH 9.11.1994 – XII ZR 184/93, NJW 1995, 1033. ‖ 3 GMP/*Müller-Glöge*, § 74 Rz. 8. ‖ 4 Zöller/*Heßler*, § 518 ZPO Rz 2. ‖ 5 Vgl. BGH 20.6.2000 – VI ZR 2/00, NJW 2000, 3008. ‖ 6 GMP/*Müller-Glöge*, § 74 Rz. 7; teilweise aA (Einjahresfrist) *Künzl*, ZZP 2005, 59 (77). ‖ 7 BAG 1.10.2003 – 1 ABN 62/01, NZA 2003, 1356; GMP/*Müller-Glöge*, § 74 Rz. 7; ErfK/*Koch*, § 74 ArbGG Rz. 5; GK-ArbGG/*Mikosch*, § 74 Rz. 26. ‖ 8 Zu § 193 BGB: Maßgeblich sind die gesetzl. Feiertage in Erfurt: Feiertagsgesetz des Freistaates Thüringen v. 21.12.1994 (GVBl. 1221), neben den neun üblichen zusätzlich der 31. Oktober; nicht: Fronleichnam: BAG 24.8.2011 – 8 AZN 608/11, NZA 2012, 111. ‖ 9 BAG 19.1.1999 – 9 AZR 679/97, BAGE 90, 329. ‖ 10 Düwell/Lipke/*Düwell*, § 74 Rz. 7. ‖ 11 BVerfG 1.8.1996 – 1 BvR 121/95, NZA 1996, 1173. ‖ 12 BAG 13.10.2009 – 9 AZR 875/08 sowie § 92a Rz. 6. ‖ 13 BAG 2.2.1968 – 1 AZR 248/67, BAGE 20, 275. ‖ 14 Zur notwendigen Kontrolle bei Übermittlung durch Fax: BAG 19.7.2007 – 6 AZR 432/06, NZA 2007, 1126; zur erforderlichen Kanzleiorganisation: BAG 7.7.2011 – 2 AZR 38/10, NZA 2012, 637. ‖ 15 BAG 20.1.2004 – 9 AZR 291/04, NZA 2004, 1058. ‖ 16 BAG 24.8.1979 – GS 1/78, BAGE 32, 71. ‖ 17 BAG 16.1.1989 – 5 AZR 579/88, DB 1989, 1528.

werden konnte[1]. Dadurch wird allerdings nur das Nachschieben von Verfahrensrügen durch den Revisionskläger verhindert. Materiell-rechtl. Rügen können auch nach Ablauf der Revisionsbegründungsfrist vorgebracht werden, wenn die Revision als solche ordnungsgemäß und fristgerecht begründet worden ist.

17 Eine Verlängerung der Revisionsbegründungsfrist, die durch den Vorsitzenden erfolgt (§ 551 II 5 ZPO), ist auch dann nur einmal möglich, wenn die Frist von einem **Monat** bei dieser Verlängerung **nicht ausgeschöpft** worden ist[2]. Ist die Revisionsbegründungsfrist um einen bestimmten Zeitraum verlängert worden, endet sie mit dem im Beschluss angegebenen Tag, auch wenn dadurch die Fristverlängerung im Widerspruch zur Höchstgrenze des § 74 steht[3].

18 2. Inhalt. a) **Antrag und Antragsänderung.** Die Revisionsbegründung[4] muss nach § 551 III Nr. 1 ZPO eine Erklärung darüber enthalten, in welchem Umfang das Berufungsurteil angefochten wird. Ein Revisionsantrag muss nicht ausdrücklich formuliert werden; Gericht und Gegner müssen dem Revisionsvorbringen aber das Revisionsziel mit der gebotenen Deutlichkeit entnehmen können[5]. Zur präzisen Bestimmung des Umfangs der Revisionseinlegung sollte aber an den **Beginn der Revisionsbegründung** ein förmlicher **Antrag** gestellt werden. Er sollte so gefasst werden, dass dann, wenn der Revisionsführer mit ihm Erfolg hat, die Sachentscheidung verbleibt, die er anstrebt. **Beispiele:** Der Revisionsführer ist in beiden Vorinstanzen mit seiner Klage abgewiesen worden (bzw. antragsgemäß verurteilt worden):

● **Formulierungsvorschlag:**
..., das Urteil des LAG (Ort, Datum, Aktenzeichen) aufzuheben, und auf die Berufung des Klägers (bzw. des Beklagten) das Urteil des ArbG (Ort, Datum, Aktenzeichen) abzuändern und den Beklagten zu verurteilen, an den Kläger ... (bzw. ... und die Klage abzuweisen).

Der Revisionsführer hat in erster Instanz obsiegt und ist in zweiter Instanz unterlegen:

● **Formulierungsvorschlag:**
..., das Urteil des LAG ... aufzuheben und die Berufung des Beklagten (bzw. des Klägers) gegen das Urteil des ArbG ... zurückzuweisen.

Entsprechend sind die Anträge zu fassen, wenn der Revisionsführer in der Berufungsinstanz nur teilweise unterlegen ist und nur insoweit die Aufhebung des Urteils des LAG und die ein vollständiges Unterliegen bzw. Obsiegen herbeiführende Neuentscheidung anstelle des LAG erreichen will. Will der Revisionsführer schließlich nur einen Teils des Antrags, mit dem er in der Berufungsinstanz unterlegen ist, zur Überprüfung durch das BAG stellen, muss er auch dies durch eine entsprechende Antragstellung deutlich machen, die etwa die Aufhebung des Berufungsurteils nur geltend macht, soweit es in einer bestimmten Höhe oder wegen eines bestimmten Gegenstandes der Klageforderung entsprochen bzw. die Klageforderung zurückgewiesen hat. Ein Antrag auf Zurückverweisung der Sache an das Berufungsgericht nach § 563 I ZPO ist überflüssig. Hierüber ist nach dem Stand der Tatsachenaufklärung von Amts wegen zu entscheiden. Wendet sich der Revisionskläger mit seinem Antrag gegen die Entscheidung über den Hauptantrag, fällt ohne Weiteres auch ein bisher verfolgter Hilfsantrag zur Entscheidung an[6]; dies zumindest dann, wenn – wie regelmäßig – zwischen Haupt- und Hilfsantrag ein enger sachlicher und rechtlicher Zusammenhang besteht.

19 Eine **Änderung der Klage**, die in einer **Antragsänderung**, aber auch in einer **Änderung des** den unveränderten Sachantrag stützenden **Lebenssachverhalts** liegen kann[7], ist in der Revisionsinstanz grds. **ausgeschlossen**, weil der Beurteilung des Revisionsgerichts nur dasjenige Parteivorbringen unterliegt, das aus dem Tatbestand des Berufungsurteils oder dem Sitzungsprotokoll ersichtlich ist[8]. Daraus ergibt sich zugleich die Ausnahme von der Regel: Eine Änderung des Klageantrags iSv. **§ 264 Nr. 2 oder Nr. 3 ZPO** ist auch in der Revisionsinstanz statthaft, wenn der geänderte Antrag auf den vom LAG festgestellten Sachverhalt und/oder auf unstreitiges tatsächliches Vorbringen gestützt wird[9]. Eine Rolle kann spielen, dass der Prozessgegner der Änderung zustimmt und dass die Änderung auch darauf beruht, dass die Vorinstanz einen gebotenen Hinweis nach § 139 I ZPO unterlassen hat[10]. Statthaft ist auch, wenn der Kläger in der Revisionsinstanz bei gleichbleibendem Sachverhalt vom **Leistungs- zum Feststellungsantrag** übergeht[11]. Gleiches gilt im **umgekehrten** Fall nur dann, wenn erst in der Revisionsinstanz die Voraussetzungen zur Geltendmachung der Leistung vorliegen und die notwendigen tatsächlichen Feststellungen für die Begründetheit des Leistungsantrags getroffen sind[12].

---

1 GMP/*Müller-Glöge*, § 74 Rz. 38; Düwell/Lipke/*Düwell*, § 74 Rz. 32. ||2 BAG 6.12.1994 – 1 ABR 34/94, BAGE 79, 1. ||3 GMP/*Müller-Glöge*, § 74 Rz. 36 gegen BAG 20.1.2004 – 1 AZR 291/04, NZA 2004, 1058. ||4 Zusammenfassend zu den Anforderungen BAG 6.1.2004 – 9 AZR 680/02, NZA 2004, 449. ||5 Zuletzt BAG 16.8.2005 – 9 AZR 378/04, DB 2006, 677; Düwell/Lipke/*Düwell*, § 74 Rz. 38. ||6 Statt aller GMP/*Müller-Glöge*, § 74 Rz. 43. ||7 BAG 11.4.2006 – 9 AZN 892/05, NZA 2006, 750; 2.10.2007 – 1 ABR 79/06, NZA 2008, 429. ||8 BAG 15.7.2008 – 3 AZR 172/07, NZA-RR 2009, 506; 26.6.2013 – 5 AZR 428/12, NZA 2013, 1262; GMP/*Müller-Glöge*, § 74 Rz. 44. ||9 BAG 10.2.2004 – 9 AZR 89/03, NZA 2004, 872; 9.11.2005 – 5 AZR 105/05, DB 2006, 902. ||10 BAG 29.9.2004 – 1 ABR 29/03, NZA 2005, 313. ||11 BAG 1.2.2006 – 5 AZR 187/05, BAGE 117, 44; 14.12.2010 – 9 AZR 642/09, NZA 2011, 509. ||12 BAG 5.6.2003 – 6 AZR 277/02, AP Nr. 81 zu § 256 ZPO 1977; 28.1.2004 – 5 AZR 58/03, AP Nr. 21 zu § 3 EntgeltFG; GMP/*Müller-Glöge*, § 74 Rz. 44.

Zweifelhaft ist, ob ein in den Vorinstanzen als **Hilfsantrag** verfolgtes Rechtsschutzziel in der Revisionsinstanz zum **Hauptantrag** erhoben werden kann[1]. Das BAG hat dies bisher nur in einem Fall angenommen, in dem der bisherige Hilfsantrag, ein Feststellungsantrag, ohnehin Teil des zunächst als Hauptantrag verfolgten Leistungsantrags war[2], also bei einer Änderung, die auch ohne den bisherigen Hilfsantrag statthaft gewesen wäre. Die **Einführung** eines **zusätzlichen Hilfsantrags** in der Revisionsinstanz ist jedenfalls nur statthaft, wenn die Entscheidung hierüber keine neuen Feststellungen erfordert[3]. 20

b) Auseinandersetzung mit dem Berufungsurteil. Nach § 554 III Nr. 2 ZPO, § 72 V sind in der Revisionsbegründung die **Revisionsgründe anzugeben**, die sich in aller Regel auf verletzte Rechtsnormen beziehen werden. Es ist die bestimmte Bezeichnung der Umstände erforderlich, aus denen sich die Rechtsverletzung ergibt. Soweit Verfahrensmängel geltend gemacht werden, müssen die Tatsachen bezeichnet werden, die den Verfahrensmangel ergeben (§ 551 III Nr. 2a und b ZPO). 21

Es genügt für eine Revisionsbegründung **nicht**, wenn der Revisionsführer **allgemeine Ausführungen** dazu macht, das angefochtene Urteil sei unrichtig, es verletze das materielle Recht oder es „berücksichtige nicht die allgemeinen Regelungen des Europäischen Arbeitsrechts"[4]. Auch die bloße Darstellung anderer Rechtsansichten, ohne sich dabei mit dem angefochtenen Urteil und dessen Rechtsauffassungen auseinanderzusetzen, reicht nicht aus[5]. Eine ordnungsgemäße Revisionsbegründung muss eine sorgfältige Auseinandersetzung mit den Erwägungen des angefochtenen Urteils enthalten und die Darlegung, warum diese Erwägungen unrichtig sind. Die Revisionsbegründung muss sich mit **allen tragenden Gründen** des angefochtenen Urteils **auseinander setzen**. **Rechtsfehler** sind so aufzuzeigen, dass **Gegenstand und Richtung des Revisionsangriffs** erkennbar sind[6]. Gericht und Gegner müssen erkennen können, wie der Rechtsmittelführer den Streitfall in der Revisionsinstanz beurteilt wissen will, damit sie sich hierauf umfassend vorbereiten können[7]. Eine bloße Wiederholung der in der Vorinstanz vertretenen eigenen Rechtsauffassung, die das LAG als nicht entscheidungserheblich angesehen hat, reicht in keinem Falle[8]. Eine Revisionsbegründung ist allerdings auch nicht schon deshalb unzureichend, weil sie vor Zustellung des Berufungsurteils erstellt worden ist; sie muss nur eine hinreichende Auseinandersetzung mit dem Berufungsurteil enthalten, für dessen Inhalt sich auch schon aus dem Prozessverlauf, besonders aus der mündlichen Verhandlung hinreichend verlässliche Anhaltspunkte ergeben können[9]. **Unbedingt erforderlich** ist in jedem Fall eine **Auseinandersetzung mit jeder selbständig tragenden Erwägung** des LAG; sonst ist die gesamte Revision unzulässig[10]. 22

Die uneingeschränkt eingelegte Revision ist auch nur dann und insoweit ordnungsgemäß begründet, wie sie sich in der beschriebenen Weise mit **jedem selbständigen Streitgegenstand** – nicht notwendig: Mit jeder vom LAG behandelten Anspruchsgrundlage[11] – befasst, über den das LAG mit eigenständiger Begründung entschieden hat. Fehlt die darauf bezogene Revision **unzulässig**[12], es sei denn, von dem Angriff gegen den einen Streitgegenstand – zB Feststellung der Unwirksamkeit einer Kündigung – ist zugleich auch die Grundlage des anderen Streitgegenstandes betroffen – zB Zahlung von Annahmeverzugslohn[13]. 23

Für die Zulässigkeit der Revision ist es ohne Bedeutung, ob die vom Revisionsführer geltend gemachten Rechtsfehler tatsächlich vorliegen oder auch nur plausibel sind. Der Revisionskläger ist auch frei, nach Ablauf der Revisionsbegründungsfrist aus seiner Sicht auf **weitere materielle Rechtsfehler** hinzuweisen, wenn er nur innerhalb der Frist eine den dargelegten Anforderungen entsprechende Revisionsbegründung vorgelegt hat[14]. 24

c) Insbesondere: Verfahrensrügen. Die Anforderungen an eine ordnungsgemäße Verfahrensrüge nach § 551 III Nr. 2b ZPO, die der **Revisionskläger** bis zum Ablauf der **Revisionsbegründungsfrist** erhoben haben muss, während der **Revisionsbeklagte** für die **nicht selten erforderliche Gegenrüge**[15] bis zum **Ende** der **mündlichen Verhandlung** vor dem Revisionsgericht Zeit hat[16], werden in der gerichtl. Praxis häufig nicht erfüllt (zu Verfahrensrügen und Arten von Verfahrensmängeln vgl. § 72 Rz. 26, § 73 Rz. 16 ff., § 75 Rz. 4 ff.). 25

Es ist hier nicht nur erforderlich, dass die rügende Partei die **Tatsachen** anführt, aus denen sich nach ihrer Auffassung eine **Verletzung des Verfahrensrechts** ergibt. Sie muss auch dartun, wenn sich nicht 26

---

1 Dagegen GK-ArbGG/*Mikosch*, § 73 Rz. 95. ||2 BAG 23.4.1985 – 1 ABR 39/81, NZA 1985, 669; allg. für eine Möglichkeit, Haupt- und Hilfsantrag noch umzustellen: BAG 19.9.2006 – 1 ABR 58/05, NZA 2007, 1127. ||3 BAG 12.7.2006 – 5 AZR 646/05, NZA 2006, 1294. ||4 BAG 7.7.1999 – 10 AZR 575/98, NZA 2000, 112; GMP/*Müller-Glöge*, § 74 Rz. 52: keine „rein formelhafte Begründung". ||5 BAG 18.5.2011 – 10 AZR 346/10, NZA 2011, 878. ||6 BAG 16.10.2007 – 9 AZR 144/07, NZA-RR 2008, 214; 28.1.2009 – 4 AZR 912/07, NZA 2009, 1111. ||7 BAG 14.7.2005 – 8 AZR 300/04, NZA 2005, 1298; 10.10.2006 – 1 ABR 59/05, NZA 2007, 523. ||8 BAG 12.11.2002 – 1 ABR 60/01, NZA 2004, 1289. ||9 BAG 16.4.2003 – 4 AZR 367/02, NZA 2004, 114. ||10 BAG 16.5.2007 – 7 ABR 45/06, NZA 2007, 1117; 19.3.2008 – 5 AZR 442/07, NZA 2008, 1031. ||11 BAG 21.10.2003 – 1 ABR 39/02, NZA 2004, 936. ||12 BAG 24.2.2010 – 4 AZR 657/08, ZTR 2010, 304; 24.3.2011 – 6 AZR 691/09, DB 2011, 1644; ErfK/*Koch*, § 74 ArbGG Rz. 9. ||13 BAG 24.3.2011 – 6 AZR 691/09, NZA 2011, 1116; GK-ArbGG/*Mikosch*, § 74 Rz. 59. ||14 Statt aller: Hauck/Helml/*Biebl/Hauck*, § 74 Rz. 18. ||15 Vgl. zB BAG 28.9.2005 – 10 AZR 587/04, DB 2006, 736. ||16 BAG 14.7.1965 – 1 AZR 343/64, BAGE 17, 236.

aus der Art des Verfahrensmangels etwas anderes ergibt, dass das Urteil auf dem gerügten Verfahrensmangel **beruht**, dass das Berufungsgericht also bei richtiger Verfahrensweise auf seinem Begründungsweg anders entschieden hätte.

27 Wird also bspw. gerügt, das LAG habe eigenen **Prozessvortrag übergangen**, muss genau angegeben werden, auf Grund welchen Vortrags in welchem Schriftsatz oder zu Protokoll welcher mündlichen Verhandlung das LAG zu welcher Tatsachenfeststellung hätte gelangen müssen, und dass und warum sich dies auf das Ergebnis des Rechtsstreits ausgewirkt hätte[1]. Bei einer Verletzung der gerichtl. **Hinweispflicht** (§ 139 ZPO) muss im Einzelnen vorgetragen werden, auf Grund welcher Umstände die geltend gemachte Hinweispflicht bestand und dass der Revisionskläger auf eine entsprechende Frage oder einen Hinweis des Gerichts einen bestimmten Sachverhalt vorgetragen oder einen bestimmten Antrag gestellt[2] hätte; dieser Vortrag muss im Zusammenhang mit der Rüge **vollständig nachgeholt werden**[3]. Danach ist darzulegen, warum der ergänzte Tatsachenstoff im Begründungsweg des LAG zu einem anderen Ergebnis geführt hätte. Geht es um das Übergehen eines **Beweisantritts**, ist diese Rüge nur erfolgreich, wenn die rügende Partei das hinreichend bestimmt und deshalb **zulässig benannte Beweisthema** wiedergibt, die zur Nachprüfung geeigneten Stellen im Parteivortrag oder bei Protokollerklärungen genau benennt, an denen der Beweis in der Berufungsinstanz angetreten worden ist, darlegt, welches Ergebnis die Beweisaufnahme voraussichtlich gehabt hätte, und dass und wie sich dies auf das angefochtene Urteil ausgewirkt hätte[4]. Auf Grund einer solchen Rüge hat das Revisionsgericht dann auch zu überprüfen, ob der in der Tatsacheninstanz angetretene Beweisantritt zulässig war, oder ob es sich um einen unzulässigen Ausforschungsbeweis gehandelt hätte[5]. Auch die Rüge, ein Urteil sei **zu spät** zugestellt worden, um einen **Tatbestandsberichtigungsantrag** stellen zu können, ist nur dann ordnungsgemäß erfolgt, wenn angegeben wird, welche Berichtigung beantragt worden wäre und inwiefern es auf sie für den Rechtsstreit ankommt. Wird eine nachteilige Beweiswürdigung als fehlerhaft gerügt, muss deutlich gemacht werden, dass und warum die Beweiswürdigung mangelhaft sein soll[6]. Regelmäßig kommt hier nur die Rüge in Betracht, das LAG habe gegen Erfahrungs- oder Denkgesetze verstoßen oder sei in sich widersprüchlich[7].

28 Wird zu den genannten Punkten durch die rügende Partei vorgetragen, ist die **Rüge zulässig**. Begründet ist sie dann, wenn der Verfahrensmangel tatsächlich vorliegt und es bei richtiger Verfahrensweise und dem sich dann ergebenden Sachverhalt zu einer anderen Entscheidung des Berufungsgerichts gekommen wäre.

29 Zur **Ursächlichkeit** des Verfahrensmangels für die Entscheidung des Berufungsgerichts muss **nicht** vorgetragen werden, wenn ein Verfahrensmangel nach § 547 ZPO – wie grds. erforderlich – gerügt, also ein **absoluter Verfahrensmangel** geltend gemacht wird. Hier wird die Ursächlichkeit des Verfahrensfehlers für die Entscheidung **unwiderleglich vermutet**.

30 Verfahrensmängel, die **von Amts wegen** zu berücksichtigen sind, müssen weder gerügt werden, noch muss der Revisionskläger auf sie innerhalb der Revisionsbegründungsfrist hinweisen. Soweit sich solche Fehler nicht bereits nach Aktenlage ergeben, können beide Parteien zu ihnen in jedem Stadium des Revisionsverfahrens vortragen. Sind die vorgebrachten Tatsachen schlüssig, muss das Revisionsgericht ihnen nachgehen.

31 **IV. Entscheidungen vor der Terminierung. 1. Verwerfung als unzulässig.** Bevor das Gericht nach Eingang der Revisionsbegründung, auf die der Revisionsbeklagte nicht **erwidern** muss, aber frühzeitig vor dem Termin erwidern sollte, nach Abs. 2 Termin zur mündlichen Verhandlung bestimmt, ist die **Zulässigkeit** der Revision zu **überprüfen** (Abs. 2 S. 2 iVm. § 552 I ZPO). Sie fehlt auch dann, wenn die **von Amts wegen** festzustellende **Prozessfortsetzungsvoraussetzung** nicht vorliegt, was insb. bei verfristeter oder sonst unzulässiger Berufung der Fall ist[8]. Ist die Revision aus diesem Grund erfolglos, ist die Revision allerdings mit der Maßgabe zurückzuweisen, dass die Berufung verworfen wird[9]; ungeklärt ist, ob auch mit dieser Begründung eine Vorabverwerfung der Revision in Betracht kommt. Jedenfalls dann, wenn die Revision unzulässig ist, weil sie nicht zugelassen wurde, weil sie nicht frist- und formgerecht eingelegt und/oder begründet wurde, oder weil der Revisionskläger durch die angefochtene Entscheidung nicht beschwert ist, ist sie nach § 552 ZPO – ggf. auch teilweise – als unzulässig zu verwerfen, wobei diese nicht anfechtbare Entscheidung ohne mündliche Verhandlung durch Beschluss der **berufsrichterlichen Mitglieder** des Senats ergehen kann (Abs. 2 S. 3). Eine erneute Einlegung der Revision ist möglich, was insb. in Betracht kommt, wenn eine Wiedereinsetzung in den vorigen Stand wegen Versäumung der Revisionsfrist gewährt werden kann. Ansonsten wird das Urteil des LAG mit der Verwerfung der Revision rechtskräftig.

---

1 BAG 29.1.1992 – 7 ABR 27/91, NZA 1992, 894. ||2 BAG 10.5.2005 – 9 AZR 230/04, NZA 2006, 155; 24.4.2008 – 8 AZR 347/07, BB 2008, 1617. ||3 BAG 12.4.2000 – 5 AZR 704/98, DB 2001, 155 mwN. ||4 BAG 9.2.1968 – 3 AZR 419/66, AP Nr. 13 zu § 554 ZPO; 12.7.2007 – 2 AZR 723/05, FA 2008, 95. ||5 BAG 28.5.1998 – 6 AZR 618/96, NZA 1999, 66; 15.12.1999 – 5 AZR 566/98, NZA 2000, 447. ||6 BGH 13.9.2012 – III ZB 24/12, NJW 2012, 3581. ||7 ErfK/*Koch*, § 74 Rz. 13 mwN. ||8 BAG 23.3.2004 – 3 AZR 35/03, NZA 2004, 808; 27.7.2011 – 10 AZR 454/10, NZA 2011, 998. ||9 BAG 15.3.2011 – 9 AZR 813/09, NZA 2011, 767.

Hat das Revisionsgericht die Revision **nicht** vorab durch **Beschluss** verworfen, sondern Termin zur mündlichen Verhandlung bestimmt, hindert dies nicht, die Revision **nach** Durchführung der **mündlichen Verhandlung durch Urteil** als unzulässig zu verwerfen. Durch die Terminierung tritt **keine Selbstbindung** des Gerichts ein. 32

2. Einstellung der Zwangsvollstreckung. Auf Antrag hat das Revisionsgericht unter den Voraussetzungen des § 719 II ZPO die Zwangsvollstreckung aus dem vorläufig vollstreckbaren Urteil des LAG einzustellen. Eine Einstellung **scheidet aus**, wenn die Revision offensichtlich keine Aussicht auf Erfolg hat oder dem Urteil des LAG auf Grund einer zeitlich beschränkten Verurteilung durch eine Einstellung der Zwangsvollstreckung jede Wirkung genommen würde[1]. Über den Einstellungsantrag haben die berufsrichterlichen Mitglieder des Senats ebenso ohne die ehrenamtlichen Richter zu entscheiden wie über einen Antrag nach § 558 ZPO, mit dem das Ziel verfolgt wird, ein Berufungsurteil, dessen vorläufige Vollstreckbarkeit nach §§ 64 VII, 62 ausgeschlossen worden ist, nach Ablauf der Revisionsbegründungsfrist für vollstreckbar zu erklären, soweit es nicht mit der Revision angegriffen worden ist. 33

V. Rücknahme der Revision und Verzicht. Nach § 565 iVm. § 516 ZPO kann die Revision ohne Einwilligung des Revisionsbeklagten bis zum **Beginn der Verkündung** (unten Rz. 41) des Revisionsurteils[2] durch einen **Rechtsanwalt** oder **Verbandsvertreter** mit Befähigung zum Richteramt (§ 11 IV) zurückgenommen werden. Dies kann schriftsätzlich oder zu Protokoll der mündlichen Verhandlung geschehen. Der Revisionskläger geht in diesem Fall der eingelegten Revision verlustig und hat deren Kosten zu tragen. Beides ist **von Amts wegen** durch **Beschluss** auszusprechen (§ 516 III 2 ZPO)[3]. 34

Anders als die Revisionsrücknahme, die zur Rechtskraft der den Revisionskläger beschwerenden LAG-Entscheidung führt, bedarf die **Klagerücknahme** in der Revisionsinstanz nach § 269 ZPO der **Einwilligung** des Beklagten. Sie gilt nach § 269 II, IV ZPO als erteilt, wenn der Beklagte der Klagerücknahme innerhalb einer Notfrist von zwei Wochen seit Zustellung einer schriftsätzlichen Klagerücknahme und **Belehrung** über diese Wirkung nicht widersprochen hat. 35

Nach § 565 iVm. § 515 ZPO kann jede Partei ggü. dem Gericht oder dem Prozessgegner ohne dessen Zustimmung den **Verzicht** auf die Einlegung der Revision erklären. Eine Erklärung ggü. dem Gericht ist von Amts wegen, eine Erklärung ggü. dem Prozessgegner auf dessen Einrede hin zu berücksichtigen. 36

Ein einseitiger Verzicht auf die Einlegung der Revision ist nur nach Erlass des Berufungsurteils möglich. Vor dessen Erlass kann auf die Revision nur durch einen gesetzl. nicht geregelten Vertrag verzichtet werden[4]. Er begründet wie der Revisionsverzicht ggü. einer dann doch eingelegten Revision ein **Rügerecht** des Revisionsbeklagten. Wird eine solche Rüge erhoben, muss das Revisionsgericht überprüfen, ob ein Revisionsverzicht erklärt oder ein Verzichtsvertrag abgeschlossen worden ist. Wird dies festgestellt, ist der Verzicht unanfechtbar, es sei denn, es liegt ein **Anfechtungsgrund** vor, der auch als **Restitutionsgrund** geeignet wäre[5]. Eine trotz Verzichts oder Verzichtsvertrags eingelegte Revision ist als unzulässig zu verwerfen. 37

VI. Anschlussrevision. Das Gesetz kennt nach § 554 ZPO, § 72 V **nur** noch die **unselbständige Anschlussrevision**, in der sich derjenige, der das Rechtsmittel einlegt, nur dem Rechtsmittel der Gegenpartei anschließen will. Hiervon ist der Fall zu unterscheiden, dass beide Parteien unabhängig voneinander gegen ein Berufungsurteil Revision einlegen. Was gewollt ist, ist durch Auslegung von Prozesserklärungen und Bewertung der Begleitumstände festzustellen, die auch die schützenswerten Interessen des Prozessgegners berücksichtigen müssen; Wortwahl, die Zulassung der Revision auch für diesen Revisionsführer und eine auch für ihn noch laufende Revisionsfrist können Auslegungshilfen sein. Fehlt es an einer Verknüpfung der beiden Revisionen, ist von **zwei selbständigen Revisionen** auszugehen. Nur durch eine Vorgehensweise, die eine solche Auslegung ermöglicht und die auch den Begriff der Anschlussrevision vermeidet, entgeht die Partei, die später Revision eingelegt hat, dem Verlust des eigenen Rechtsbehelfs, wenn der Prozessgegner seine Revision zurücknimmt oder sie als unzulässig verworfen wird (§ 554 IV ZPO). Im Falle einer eigenständigen zweiten Revision müssen alle Zulässigkeitsvoraussetzungen einer Revision erfüllt werden. 38

Anders verhält es sich bei der Anschlussrevision nach § 554 ZPO. Diese ist auch dann statthaft, wenn der Revisionsbeklagte auf eine selbständige Revision verzichtet hat, seine Revisionsfrist verstrichen oder die Revision für ihn nicht zugelassen worden ist[6]; er muss für die Anschließungsfrist von einem Monat nach Zustellung der Revisionsbegründung (§ 554 II 2 ZPO) einhalten, die keine Notfrist ist, weshalb eine **Wiedereinsetzung** nach Fristversäumnis ausscheidet. Die **Anschließungsschrift** muss den Anforderungen des § 549 ZPO entsprechen. **Mit ihr** muss die **Anschlussrevision** wie eine selbständige Revision **begründet** werden. 39

---

1 BGH 5.5.1965 – VIII ZR 95/65, JZ 1965, 540; BAG 6.1.1971 – 3 AZR 384/70, NJW 1971, 910; 22.6.1972 – 3 AZR 263/72, BAGE 24, 331. ||2 GMP/*Müller-Glöge*, § 74 Rz. 21. ||3 GMP/*Müller-Glöge*, § 74 Rz. 23; Hauck/Helml/Biebl/*Hauck*, § 74 Rz. 27. ||4 GK-ArbGG/*Mikosch*, § 74 Rz. 89. ||5 GMP/*Müller-Glöge*, § 74 Rz. 26. ||6 BAG 3.12.2003 – 10 AZR 124/03, ZTR 2004, 370.

40 Durch eine ohne Revisionszulassung statthafte Anschlussrevision können auch Teile und Streitgegenstände des Rechtsstreits wieder in das Revisionsverfahren eingeführt werden, für die die Revision nicht zugelassen worden ist[1]. Es wird allerdings auch vertreten, eine **streitgegenständliche Beschränkung** der Revisionszulassung **für Revisionskläger und Anschlussrevisionskläger in gleicher Weise** wirken zu lassen[2] oder einen rechtl. und wirtschaftl. Zusammenhang zwischen den Gegenständen von Revision und Anschlussrevision zu verlangen[3]. Für letzteres spricht jedenfalls, dass neue prozessuale Ansprüche nicht mehr zur gerichtl. Entscheidung gestellt werden können[4].

41 Die Anschließung verliert nach § 554 IV ZPO ihre Wirkung, wenn die Revision zurückgenommen wird, was nicht der Zustimmung des Anschlussrevisionsklägers bedarf, oder wenn sie als unzulässig verworfen wird. Die Rücknahme der Revision ist allerdings nur bis zum Beginn der Verkündung des Revisionsurteils möglich; sobald das Gericht mit der Verkündung **begonnen** hat, kann der Revisionskläger und Anschlussrevisionsbeklagte dem Anschlussrechtsmittel nicht mehr seine Wirkung nehmen[5]. Auch bei Rücknahme der Klage, einem Verzicht auf die Revision oder einem Vergleich über den Gegenstand der Hauptrevision wirkt das Anschlussrechtsmittel nicht mehr. Im Falle der Erklärung einer **Klagerücknahme** kann der Beklagte den Verlust der Anschließungswirkung **verhindern**, indem er hierin nicht einwilligt. Kommt es in der Hauptrevision zu einer Sachentscheidung oder tritt insoweit eine Erledigung der Hauptsache ein, bleibt die Anschlussrevision erhalten; das Revisionsgericht muss über sie entscheiden. Verfolgt der Revisionsbeklagte seine Anschlussrevision weiter, obwohl sie ihre Wirkung verloren hat, ist sie als unzulässig zu verwerfen. Hat der Revisionskläger nach Rücknahme seiner Hauptrevision nach § 97 ZPO deren Kosten zu tragen, fallen ihm auch die Kosten der Anschlussrevision zur Last[6].

75 *Urteil*

(1) Die Wirksamkeit der Verkündung des Urteils ist von der Anwesenheit der ehrenamtlichen Richter nicht abhängig. Wird ein Urteil in Abwesenheit der ehrenamtlichen Richter verkündet, so ist die Urteilsformel vorher von sämtlichen Mitgliedern des erkennenden Senats zu unterschreiben.

(2) Das Urteil nebst Tatbestand und Entscheidungsgründen ist von sämtlichen Mitgliedern des erkennenden Senats zu unterschreiben.

1 **I. Überblick.** Die Bestimmung regelt einige **Formalien** zu Verkündung und Unterzeichnung eines Revisionsurteils. **Ergänzend** gelten über § 72 V und § 555 I ZPO die §§ 310–313b und § 315 ZPO sowie hinsichtlich des Gegenstandes des Revisionsurteils §§ 555–559 und 562–565 ZPO.

2 **II. Gegenstand der Revisionsentscheidung. 1. Bedeutung von Sachantrag und Revisionsgründen.** Wenn das Revisionsgericht eine Revision nicht vorab durch Beschluss nach § 74 II 2 verwirft, überprüft es das Berufungsurteil im Rahmen der in der Revisionsinstanz zulässigerweise **angefallenen Sachanträge** auf seine materielle Richtigkeit. Auch ohne Anschlussrevision angefallen ist ein **Hilfsantrag**, über den das Berufungsgericht nicht entschieden hat, weil es nach dem Hauptantrag erkannt hat; dies gilt zumindest dann, wenn zwischen Haupt- und Hilfsantrag ein enger sachlicher und rechtl. Zusammenhang besteht[7]. Hat der Kläger in der Vorinstanz einen Hilfsantrag geändert, das LAG zu dieser Klageänderung aber nicht Stellung genommen, weil es den Hauptantrag zuerkannt hat, hat das Revisionsgericht über die Sachdienlichkeit der vorinstanzlichen Klageänderung zu entscheiden, wenn der Hilfsantrag bei ihm zu bescheiden ist[8]. Eine Abänderung der angefochtenen Entscheidung zum Nachteil des Revisionsklägers ist ausgeschlossen. Sie liegt allerdings nicht schon darin, dass eine in der Vorinstanz als unzulässig abgewiesene Klage nun als unbegründet abgewiesen wird[9].

3 Das Revisionsgericht überprüft das Urteil der Vorinstanz auf **alle** infrage kommenden **materiellen Rechtsfehler** hin. Es ist nicht an die geltend gemachten Revisionsgründe gebunden; ihrer bedarf es nur für die Zulässigkeit der Revision (§ 557 III ZPO). Eine Urteilsaufhebung kann auch auf Verletzungen materiellen Rechts oder von Amts wegen zu berücksichtigende Verfahrensmängel gestützt werden, wenn solches bisher nicht gesehen worden ist[10]. Die Gründe, die zur – ggf. nachträglichen (§ 72a) – Zulassung der Revision geführt haben, begrenzen den Prüfauftrag nicht. Der Revisionskläger kann die Rechtskontrolle durch das Revisionsgericht auch nicht auf einzelne Rechtsfragen beschränken; er muss von der Geltendmachung von Revisionsgründen abgesehen nicht einmal eine rechtl. Würdigungen des angefochtenen Urteils vornehmen[11].

4 **2. Verfahrensmängel.** Die verfahrensrechtl. Überprüfung durch das Revisionsgericht ist **beschränkt** (§ 557 III 2 ZPO). Das angefochtene Urteil darf nur auf Verfahrensmängel überprüft werden, die **von**

---

1 So im Erg. BAG 16.6.2005 – 6 AZR 411/04, NZA 2006, 680; ErfK/*Koch*, § 74 ArbGG Rz. 16; GMP/*Müller-Glöge*, § 74 Rz. 74; Schwab/Weth/*Ulrich*, § 74 Rz. 93; GK-ArbGG/*Mikosch*, § 74 Rz. 94 jeweils mwN. ||2 BAG 19.10.1982 – 4 AZR 303/82, BAGE 40, 250. ||3 Thomas/Putzo/*Reichold*, § 544 ZPO Rz. 2. ||4 BAG 17.1.2012 – 3 AZR 10/10, NZA-RR 2013, 86. ||5 BGH 30.6.2011 – III ZB 24/11, BGHZ 190, 197. ||6 BAG 30.4.1958 – 2 AZR 506/57, RdA 1958, 478. ||7 BAG 10.10.2002 – 2 AZR 598/01, DB 2003, 506. ||8 BAG 15.3.2011 – 1 ABR 112/09, DB 2011, 1588. ||9 BAG 31.1.1979 – 5 AZR 34/78, AP Nr. 1 zu § 611 BGB Rundfunk; GK-ArbGG/*Mikosch*, § 73 Rz. 11. ||10 BAG 15.4.2008 – 9 AZR 159/07, EzA TVG § 4 Tarifkonkurrenz Nr. 21. ||11 BAG 13.2.1975 – 3 AZR 211/74, DB 1975, 1226 mwN; vgl. auch BAG 22.7.2003 – 1 AZR 496/02, BAGReport 2003, 334.

Amts wegen zu berücksichtigen, und solche, die in der Revisionsbegründung in zulässiger Weise **gerügt** worden sind (vgl. § 74 Rz. 25 ff.). Nichts anderes gilt für die **absoluten Revisionsgründe** des § 547 ZPO, bei deren Vorliegen die Ursächlichkeit der Rechtsverletzung unwiderleglich vermutet wird, so dass die angefochtene Entscheidung in jedem Falle aufzuheben ist. Auch sie sind vom Revisionsgericht nur nach einer Rüge zu beachten[1].

Ohne Rüge, allein anhand des Prozessstoffes muss das BAG das angefochtene Urteil auf die folgenden 5 möglichen Mängel hin überprüfen, die Parteien vor einer hierauf gestützten Entscheidung auf Bedenken hinweisen und sie auffordern, etwa erforderliche Nachweise zur Beseitigung der Mängel zu beschaffen:

– Fehlen der **allgemeinen Prozessvoraussetzungen**[2] (Parteifähigkeit, Prozessfähigkeit der Partei und des Prozessbevollmächtigten[3], Prozessführungsbefugnis sowie **Rechtsschutzinteresse**);

– Nichtbestehen der **Prozessfortsetzungsbefugnis**; sie fehlt, wenn der Rechtsstreit bereits durch eine vorinstanzliche, nicht ordnungsgemäß und/oder rechtzeitig angegriffene Entscheidung beendet worden ist[4]; dieser Mangel ist in der Gerichtspraxis relativ **häufig**, weil sich Berufungsführer immer wieder nicht hinreichend mit den erstinstanzlichen Urteilen auseinandersetzen; er führt normalerweise zu einem Prozessurteil (zB: „Die Revision des Klägers gegen das Urteil des LAG ... wird mit der Maßgabe zurückgewiesen, dass seine Berufung gegen das Urteil des ArbG ... als unzulässig verworfen wird."); es ist aus Gründen der Prozessökonomie aber auch möglich, die Prozessfortsetzungsvoraussetzung in einem solchen Fall als gegeben zu unterstellen, wenn die Revision auch materiell-rechtl. keine Aussicht auf Erfolg hat, und diese in der Sache zurückzuweisen. Beide Entscheidungen führen für die durch sie beschwerte Partei zur Aufrechterhaltung des erstinstanzlichen Urteils[5];

– keine internationalen Zuständigkeit[6] und keine Zuständigkeit der deutschen Gerichtsbarkeit[7];

– **Fehlen** eines für eine Revisionsentscheidung verwertbaren, §§ 313 II, 540 I Nr. 1 ZPO genügenden und widerspruchsfreien **Tatbestandes**, wenn dieser auch nicht auf der Grundlage einer Verweisung auf das erstinstanzl. Urteil oder Angaben in den Entscheidungsgründen zu ermitteln ist[8];

– keine hinreichende **Bestimmtheit** des Klageantrages, sowie des Umfangs und des Inhalts der angefochtenen gerichtl. Entscheidung[9].

Die **übrigen Verfahrensfehler** sind nur auf eine in zulässiger Form erhobene **Rüge** hin zu überprüfen. 6 Hierzu gehören die Verletzung der gerichtl. Hinweispflicht (§ 139 ZPO), eine zu Unrecht unterlassene Beweiserhebung oder die ungerechtfertigte Zurückweisung von Vorbringen (vgl. auch § 74 Rz. 25 ff.). Auch die absoluten Revisionsgründe sind auf Rüge hin zu überprüfen, wie etwa die nicht ordnungsgemäße Besetzung des Gerichts (§ 547 Nr. 1 ZPO)[10]. Während das Revisionsgericht Verfahrensrügen des Revisionsklägers nur nachgehen muss, wenn sie innerhalb der Revisionsbegründungsfrist erhoben wurden, hat der **Revisionsbeklagte** noch bis zum Schluss der mündl. Verhandlung vor dem Revisionsgericht die Möglichkeit, Verfahrens(gegen-)rügen zu erheben[11]; hierauf sollte er sich vorbereiten.

Eine verfahrensrechtl. Überprüfung durch das Revisionsgericht findet **nicht** statt, soweit es um den 7 eingeschlagenen **Rechtsweg**, die richtige **Verfahrensart** und die **örtliche Zuständigkeit** geht[12]. Die Rüge, das LAG habe eine Klageänderung zu Unrecht als sachdienlich zugelassen, ist nach § 268 ZPO ausgeschlossen. Entsprechendes gilt für die Beanstandung, das Berufungsgericht hätte **verspätetes Vorbringen** nicht zulassen dürfen[13].

3. Tatsachenmaterial. Nach § 559 ZPO hat das Revisionsgericht nur das **bisherige Parteivorbringen** 8 zu berücksichtigen, soweit es aus dem Tatbestand oder Feststellungen im Rahmen der Entscheidungsgründe[14], den im Urteil in Bezug genommenen Schriftsätzen und Anlagen sowie den Sitzungsprotokollen ersichtlich ist[15]. Ein unrichtiger Tatbestand kann grds. nur – und muss auch, um die Entscheidungsgrundlage zu verändern, – über einen Antrag nach **§ 320 ZPO** berichtigt werden. Dasselbe gilt für eine Feststellung im Urteil, eine tatsächliche Behauptung sei nicht bestritten worden.

Hat das LAG festgestellt, eine Tatsachenbehauptung sei wahr oder nicht wahr, ist diese Feststellung 9 nach § 559 II ZPO bindend. Die **Bindungswirkung** entfällt nur dann, wenn wegen des Verfahrens, das zu

---

1 GMP/*Müller-Glöge*, § 73 Rz. 40; GK-ArbGG/*Mikosch*, § 73 Rz. 50 ff., der allerdings dem Verfahrensmangel aus § 547 Nr. 4 ZPO von Amts wegen nachgehen will; aA insoweit BAG 14.12.2010 – 9 AZN 986/10, NZA 2011, 229. ‖2 Vgl. hierzu *Zöller/Greger*, vor § 253 ZPO Rz. 9 f. ‖3 BAG 18.8.1965 – 1 AZR 77/65, NJW 1966, 74. ‖4 BAG 27.7.2010 – 1 AZR 186/09, NZA 2010, 1446; 15.3.2011 – 9 AZR 813/09, NZA 2011, 767; im Einzelnen GMP/*Müller-Glöge*, § 74 Rz. 95 f. ‖5 BAG 13.2.2013 – 7 AZR 284/11, NZA 2013, 1271. ‖6 BAG 5.9.1972 – 3 AZR 212/69, BAGE 24, 411. ‖7 BGH 7.6.1955 – I ZR 64/53, BGHZ 18, 1. ‖8 BAG 28.9.2005 – 10 AZR 593/04, NZA-RR 2006, 504; 13.4.2010 – 9 AZR 113/09, DB 2010, 1943; 8.3.2011 – 3 AZR 666/09, BB 2011, 2036; 24.3.2011 – 2 AZR 170/10, DB 2011, 1343. ‖9 Zu Letzterem gehört auch die Prüfung, ob ein unzulässiges Teilurteil erlassen wurde; BAG 12.8.1993 – 6 AZR 553/92, BAGE 74, 85. ‖10 BAG 7.5.1998 – 2 AZR 344/97, BAGE 88, 344; die Rüge eines verspätet abgesetzten Urteils (§ 547 Nr. 6 ZPO) gehört nicht mehr zum Prüfprogramm des Revisionsgerichts; sie ist nur noch Gegenstand des besonderen Rechtsmittels des § 72 b (§ 73 I 2). ‖11 BAG 11.9.1997 – 8 AZR 4/96, BAGE 86, 278 (287). ‖12 § 545 II ZPO, §§ 48 I, 65, 73 II. ‖13 BAG 31.10.1984 – 4 AZR 604/82, BB 1985, 799. ‖14 BAG 23.8.2006 – 4 AZR 410/05, ZTR 2007, 37. ‖15 BAG 14.6.1967 – 4 AZR 282/66, BAGE 19, 342; 28.10.1999 – 6 AZR 243/98, insoweit nv.; BGH 17.1.1985 – VII ZR 257/85, LM ZPO § 543 Nr. 7.

ArbGG § 75 Rz. 10 — Urteil

dieser Feststellung geführt hat, eine zulässige und begründete **Verfahrensrüge** erhoben worden ist. Sie entfällt ausnahmsweise auch ohne Rüge, soweit die tatsächlichen Feststellungen der Berufungsentscheidung Unklarheiten enthalten, Lücken aufweisen oder widersprüchlich sind[1]. Solche Widersprüche sind von Amts wegen zu berücksichtigen[2]. Beruht die Tatsachenfeststellung auf einer Beweiswürdigung, so ist auch diese nicht nur auf Rüge, sondern ohne Weiteres daraufhin zu überprüfen, ob sie § 286 ZPO entspricht, insb. ob der gesamte Inhalt der Verhandlung berücksichtigt wurde, alle erhobenen Beweise gewürdigt worden sind und die Beweiswürdigung in sich widerspruchsfrei und frei von Verstößen gegen Denkgesetze und allg. Erfahrungssätze ist[3].

10 Vorbringen, das sich nicht aus dem Tatbestand des Berufungsurteils, den dort in Bezug genommenen Schriftsätzen und Anlagen oder den Sitzungsprotokollen ergibt, ist in der Revisionsinstanz als **neues Vorbringen** grds. ausgeschlossen. Etwas anderes gilt ausnahmsw. aus Gründen der Prozessökonomie. Neues tatsächliches Vorbringen ist **zuzulassen**:

– wenn es **unstreitig** oder seine Richtigkeit offenkundig ist[4];

– wenn das neue Vorbringen auch geeignet wäre, eine **Restitutionsklage** nach § 580 ZPO hinsichtlich des laufenden Verfahrens zu begründen[5];

– bei einer **Änderung** des Rechts oder der Rspr. nach Erlass des Berufungsurteils, wonach weitere tatsächliche Feststellungen für eine Entscheidung des Rechtsstreits erforderlich sind;

– soweit es von Amts wegen zu berücksichtigende **Prozessvoraussetzungen**[6], Prozessfortsetzungsbedingungen[7], das Fortbestehen des Rechtsschutzinteresses oder die nachträgliche Erledigung der Hauptsache betrifft;

– sowie dann, wenn die Parteien nach der ihnen dargelegten Rechtsauffassung der Vorinstanz **keinen Anlass** hatten, bestimmte Tatsachen **vorzutragen**, auf die es nach Auffassung des Revisionsgerichts ankommt[8]; soweit die Parteienvertreter hierzu in der mündlichen Verhandlung vor dem Senat nicht in der Lage sind, ist ihnen durch **Zurückverweisung** des Rechtsstreits Gelegenheit zu ergänzendem Vortrag zu geben.

11 4. **Entscheidungsalternativen.** Ergibt die rechtl. Überprüfung des angefochtenen Urteils, dass **keine Rechtsnorm verletzt** wurde, ist die Revision unbegründet und **zurückzuweisen**. Dasselbe gilt, wenn das Berufungsgericht zwar eine Rechtsnorm verletzt hat, sich seine Entscheidung aber **aus anderen Gründen** im Erg. als **richtig** erweist. Das Revisionsgericht kann bei dieser Gelegenheit, solange der Rechtsstreit noch schwebt, auch offensichtliche **Unrichtigkeiten** im Tenor des Berufungsurteils nach § 319 I ZPO **berichtigen** (Zurückweisung der Revision „mit der Maßgabe ...")[9].

12 Beruht das Urteil demggü. auf einem materiellen Rechtsfehler oder einem zur Überprüfung des Revisionsgerichts stehenden Verfahrensfehler, ist es **aufzuheben** (§ 562 I ZPO). Dies gilt auch dann, wenn das LAG eine Klage zu Unrecht **als unzulässig abgewiesen** hat, diese sich aber als **unbegründet** herausgestellt hat. Auch in diesem Falle ist das angefochtene Urteil unrichtig. Allenfalls kann die Revision mit der Maßgabe zurückgewiesen werden, dass die Klage nicht als unzulässig, sondern als unbegründet abgewiesen wird. Bei durchgreifenden Verfahrensmängeln ist zugleich auch das **Verfahren aufzuheben**, soweit es durch den Mangel betroffen wird (§ 562 II ZPO).

13 Im Falle der (teilweisen) Aufhebung des Urteils ist die Sache im Umfang der Aufhebung zur **neuen Verhandlung und Entscheidung** an das Berufungsgericht zurückzuverweisen. Die Zurückverweisung kann auch an einen anderen Spruchkörper des Berufungsgerichts erfolgen. Dieser ist aber nicht vom Revisionsgericht zu bestimmen, sondern muss sich aus einem generell-abstrakt festgelegten **Geschäftsverteilungsplan** des Berufungsgerichts ergeben (Art. 101 GG)[10].

14 Das **BAG** darf den Rechtsstreit nicht zurückverweisen, sondern **muss** ganz oder teilweise **selbst entscheiden**, wenn sich die Klage als unzulässig erweist **oder** wenn die Sache bei richtiger Rechtsanwendung **entscheidungsreif** ist, weil auf der Grundlage seiner anderen Rechtsauffassung weitere tatsächliche Feststellungen nicht, auch nicht im Hinblick auf eine zulässige und begründete Verfahrensrüge (oder **Gegenrüge**!), erforderlich sind[11]. Deshalb führt auch ein Verstoß gegen § 308 I ZPO nicht zu einer Zurückverweisung, wenn das Revisionsgericht auf der Grundlage der festgestellten Tatsachen über das tatsächliche Begehren entscheiden kann[12].

15 Ist die Sache an das LAG zurückverwiesen worden, hat es seiner Entscheidung die entscheidungserheblichen **rechtl. Beurteilungen** des BAG **zugrunde zu legen**. Festgestellte Verfahrensverstöße sind

---

1 BAG 23.8.2006 – 4 AZR 410/05, ZTR 2007, 37; 13.4.2010 – 9 AZR 113/09, DB 2010, 1943. ||2 BAG 18.9.2003 – 2 AZR 498/02, NZA 2004, 253. ||3 BAG 13.2.2002 – 5 AZR 588/00, NZA 2002, 738. ||4 GMP/*Müller-Glöge*, § 74 Rz. 116; Schwab/Weth/*Ulrich*, § 73 ArbGG Rz. 58. ||5 BAG 15.5.1997 – 2 AZR 43/96, BAGE 86, 7; GMP/*Müller-Glöge*, § 74 Rz. 117. ||6 Zum Feststellungsinteresse: BAG 6.6.2007 – 4 AZR 411/06, NZA 2008, 1086. ||7 BAG 3.5.2006 – 4 AZR 795/05, BAGE 18, 159 (163). ||8 BAG 27.4.2000 – 6 AZR 861/98, NZA 2001, 274; hier wird es allerdings stets der Prüfung bedürfen, ob nicht Anlass bestand, auch insoweit vorsorglich vorzutragen. ||9 BAG 10.12.2002 – 1 ABR 7/02, NZA 2004, 223. ||10 Hauck/Helml/Biebl/*Hauck*, § 75 Rz. 4. ||11 BAG 25.10.2001 – 6 AZR 718/00, BAGE 99, 250. ||12 BAG 25.4.2013 – 6 AZR 800/11, ZTR 2013, 437.

vom LAG zu beheben. Die **Bindungswirkung** bleibt solange bestehen[1], wie sich die tatsächlichen Feststellungen, die der Revisionsentscheidung zugrunde lagen, nicht ändern. Die Parteien können in der erneut eröffneten Tatsacheninstanz neue Tatsachen vorbringen und neue Angriffs- und Verteidigungsmittel geltend machen oder auch **andere Anträge** stellen; das LAG muss dem in den Grenzen der allg. Regeln nachgehen[2]. Die Bindungswirkung der zurückverweisenden Entscheidung entfällt außerdem, wenn sich die einschlägige Gesetzeslage oder die Rechtsauffassung des BAG nach der aufhebenden Entscheidung geändert haben[3].

Kommt der Rechtsstreit nach Aufhebung und erneuter Entscheidung des LAG wieder in die Revisionsinstanz, ist auch das **Revisionsgericht** in entsprechendem Umfang **an seine** im vorangegangenen Urteil geäußerte entscheidungserhebliche **Rechtsauffassung gebunden**, selbst wenn nun ein anderer Senat für die Sache zuständig ist[4]. Dies gilt nur dann nicht, wenn das BAG in der Zwischenzeit seine frühere Rechtsauffassung aufgegeben hat; eine Änderung seiner Rechtsansicht erst anlässlich der erneuten Befassung mit derselben Sache ist ausgeschlossen[5]. 16

III. **Form und Inhalt des Revisionsurteils.** Revisionsurteile müssen stets, auch bei einer Entscheidung im schriftl. Verfahren, **verkündet werden**. Dies hat in dem Termin, in dem die mündliche Verhandlung geschlossen wird, oder in einem sofort anzuberaumenden Termin zu geschehen, der nur bei wichtigen Gründen über **drei Wochen** hinaus angesetzt werden kann (§ 72 V ArbGG iVm. §§ 557, 310 I ZPO). Wird das Urteil in einem **gesonderten Verkündungstermin** verkündet, muss es in vollständiger Form vorliegen. Ein Verstoß gegen diese Ordnungsvorschrift führt allerdings nicht zur Unwirksamkeit der Verkündung. 17

Das Urteil wird durch die **Verlesung der Urteilsformel** verkündet (§ 311 II 1 ZPO). Sie hat eine Kostenentscheidung zu enthalten, wenn das Revisionsgericht selbst abschließend entscheidet. Hält es das Gericht für angemessen, kann es bei der Verkündung zugleich auch den **wesentlichen Inhalt der Entscheidungsgründe** mit verkünden (§ 311 II ZPO). Eine Pflicht hierzu besteht nicht; § 66 II 1 gilt nicht im Revisionsverfahren[6]. 18

Das **Revisionsurteil** besteht notwendigerweise (§ 313 ZPO) aus dem Rubrum, der Bezeichnung des Gerichts, den Namen der Richter, dem Tag, an dem die mündliche Verhandlung geschlossen worden ist, der Urteilsformel und den Entscheidungsgründen. **Entscheidungsgründe** sind nicht erforderlich bei Versäumnis-, Anerkenntnis- oder Verzichtsurteilen sowie dann, wenn die Parteien nach § 313a I ZPO auf die Gründe einer den Rechtsstreit abschließenden Entscheidung verzichten[7]. Die nicht rechtsmittelfähigen Urteile des BAG bedürfen keines förmlichen Tatbestandes (§ 313a I ZPO); er ist aber üblich. Vom Tatbestand kann auch in Revisionsurteilen nicht abgesehen werden bei einer Verurteilung zu künftig fällig werdenden wiederkehrenden Leistungen oder dann, wenn zu erwarten ist, dass das Urteil im Ausland geltend gemacht werden wird (§ 313a IV Nr. 4 und 5 ZPO). 19

Die Entscheidungsgründe sind **von sämtlichen** – berufsrichterlichen und ehrenamtlichen – **Mitgliedern** des erkennenden Senats zu **unterschreiben**. Im Falle der Verhinderung ist nach § 315 I 2 ZPO zu verfahren: Der Verhinderungsgrund ist anzugeben und von dem Vorsitzenden oder – bei dessen Verhinderung – von dem dienstältesten beisitzenden Richter unter dem Urteil zu vermerken[8]. 20

Kann – wie regelmäßig – das Urteil **nicht** innerhalb von **drei Wochen** (§ 315 II 1 ZPO) in vollständiger Form der Geschäftsstelle übergeben werden, ist innerhalb der Frist das Urteil ohne Tatbestand und Entscheidungsgründe von sämtlichen Richtern zu unterschreiben und der Geschäftsstelle zuzuleiten (§ 315 II 2 ZPO). 21

Das Revisionsurteil wird den Parteien von Amts wegen **zugestellt** (§ 72 VI, § 50). Da das BAG keine eigenen tatsächlichen Feststellungen trifft, kommt eine Tatbestandsberichtigung von Revisionsurteilen nicht in Betracht[9]. Offenbare Unrichtigkeiten können nach § 319 ZPO berichtigt werden. 22

IV. **Säumnisverfahren.** Vor dem BAG findet das Säumnisverfahren nach den §§ 333 ff. und § 539 ZPO statt, obwohl die letztgenannte Vorschrift nicht ausdrücklich in Bezug genommen ist[10]. Bei **Säumnis** oder dem gleich stehendem Nichtverhandeln **des Revisionsklägers** wird die Revision auf Antrag des Gegners durch Versäumnisurteil zurückgewiesen oder – bei Unzulässigkeit der Revision – verworfen. Bei **Säumnis** des **Revisionsbeklagten** wird über die Revision durch Versäumnisurteil sachlich entschieden, weil die Fiktion des § 331 I 1 ZPO keine Rolle spielt. Das Revisionsgericht ist verpflichtet, auf der 23

---

1 Zur fortdauernden Bindung an die zurückverweisende Revisionsentscheidung BAG 20.3.2003 – 8 AZR 77/02, NZA 2004, 344. ‖ 2 GMP/*Müller-Glöge*, § 74 Rz. 124. ‖ 3 GmSOGB v. 6.2.1973 – GmS-OGB 1/72, BGHZ 60, 392. ‖ 4 BAG 13.12.2007 – 6 AZR 200/07, ZTR 2008, 248. ‖ 5 GmSOGB v. 6.2.1973 – GmS-OGB 1/72, BGHZ 60, 392; BAG 20.3.2003 – 8 AZR 77/02, NZA 2004, 344. ‖ 6 GK-ArbGG/*Mikosch*, § 75 Rz. 9. ‖ 7 Ohne Auswirkungen auf die Kosten; die Privilegierung nach Nr. 9134 des Kostenverzeichnisses ist – leider – entfallen. ‖ 8 Zum Verhinderungsgrund und -vermerk: BAG 22.8.2007 – 4 AZN 1225/06, NZA-RR 2007, 672; 24.6.2009 – 7 ABN 12/09, NZA-RR 2009, 553; 3.3.2010 – 4 AZB 23/09, NZA 2010, 910. ‖ 9 BAG 13.8.1985 – 4 AZR 304/83, AP Nr. 5 zu § 320 ZPO; ErfK/*Koch*, § 75 ArbGG Rz. 8. ‖ 10 GMP/*Müller-Glöge*, § 74 Rz. 145.

Grundlage des schon vom LAG festgestellten Sachverhalts zu entscheiden. Ein Versäumnisurteil ist nach § 708 Nr. 2 ZPO für **vorläufig vollstreckbar** zu erklären; § 62 gilt im Revisionsverfahren nicht[1].

24 Im Revisionsverfahren ist auch § 59 **nicht** anwendbar. Deshalb beträgt die **Einspruchsfrist** gegen ein Versäumnisurteil des BAG **zwei Wochen** (§ 565, § 525, § 339 ZPO). Der Einspruch, der dem **Vertretungszwang** (§ 11 IV) unterliegt, ist stets durch Urteil zu bescheiden. Auch eine Verwerfung des Einspruchs als unzulässig kann nach § 341 II nur durch Urteil erfolgen, das auch ohne mündliche Verhandlung ergehen kann. Die ehrenamtlichen Richter haben stets an der Entscheidung über den Einspruch mitzuwirken[2].

25 **V. Vergleich und Erledigung in der Hauptsache.** Nach § 72 VI, § 57 II hat auch das Revisionsgericht die gütliche Erledigung des Rechtsstreits anzustreben. Auch deshalb können die Parteien in der Revisionsinstanz den Rechtsstreit **jederzeit durch Vergleich** erledigen.

26 § 91a ZPO ist in der Revisionsinstanz anwendbar. Die Parteien können gemeinsam über den Streitgegenstand disponieren und den Rechtsstreit – nicht das Rechtsmittel – **übereinstimmend für erledigt erklären**, wobei für solche Erklärungen außerhalb der mündlichen Verhandlung kein Vertretungszwang besteht[3], und wechselseitige Kostenanträge stellen, wenn die Revision zulässig ist[4]. War die Revision unzulässig, ist die Erledigungserklärung wirkungslos und die Revision als unzulässig zu verwerfen[5].

27 Auch eine **einseitige Erledigungserklärung** ist möglich[6]. Der Sachantrag ist danach auf die Feststellung der Erledigung der Hauptsache gerichtet. Er hat Erfolg, wenn die ursprüngliche Klage zulässig und begründet war und nachträglich ein Ereignis eingetreten ist, das den Kläger hindert, seine Klage weiterhin mit Erfolg zu betreiben. Eine prozessual erhebliche **Erledigung** in der Revisionsinstanz kommt allerdings von vornherein nur dann in Betracht, wenn sich das – möglicherweise – erledigende **Ereignis nach der letzten Sachantragstellung** ereignet hat oder dem Revisionsführer zumindest erst nach diesem Zeitpunkt bekannt geworden ist[7]. Eine auf Feststellung der Erledigung gerichtete Klageänderung ist in der Revisionsinstanz auch nur statthaft, wenn das **erledigende Ereignis** selbst **außer Streit** steht; eine Beweisaufnahme vor dem Revisionsgericht hierüber ist ausgeschlossen[8]. Bei Unzulässigkeit der Änderung auf den Erledigungs-Feststellungsantrag bleibt der ursprüngliche Antrag zu bescheiden.

76 *Sprungrevision*

(1) Gegen das Urteil eines Arbeitsgerichts kann unter Übergehung der Berufungsinstanz unmittelbar die Revision eingelegt werden (Sprungrevision), wenn der Gegner schriftlich zustimmt und wenn sie vom Arbeitsgericht auf Antrag im Urteil oder nachträglich durch Beschluss zugelassen wird. Der Antrag ist innerhalb einer Notfrist von einem Monat nach Zustellung des in vollständiger Form abgefassten Urteils schriftlich zu stellen. Die Zustimmung des Gegners ist, wenn die Revision im Urteil zugelassen ist, der Revisionsschrift, andernfalls dem Antrag beizufügen.

(2) Die Sprungrevision ist nur zuzulassen, wenn die Rechtssache grundsätzliche Bedeutung hat und Rechtsstreitigkeiten betrifft

1. zwischen Tarifvertragsparteien aus Tarifverträgen oder über das Bestehen oder Nichtbestehen von Tarifverträgen,
2. über die Auslegung eines Tarifvertrags, dessen Geltungsbereich sich über den Bezirk des Landesarbeitsgerichts hinaus erstreckt, oder
3. zwischen tariffähigen Parteien oder zwischen diesen und Dritten aus unerlaubten Handlungen, soweit es sich um Maßnahmen zum Zwecke des Arbeitskampfes oder um Fragen der Vereinigungsfreiheit einschließlich des hiermit im Zusammenhang stehenden Betätigungsrechts der Vereinigungen handelt.

Das Bundesarbeitsgericht ist an die Zulassung gebunden. Die Ablehnung der Zulassung ist unanfechtbar.

(3) Lehnt das Arbeitsgericht den Antrag auf Zulassung der Revision durch Beschluss ab, so beginnt mit der Zustellung dieser Entscheidung der Lauf der Berufungsfrist von neuem, sofern der Antrag in der gesetzlichen Form und Frist gestellt und die Zustimmungserklärung beigefügt war. Lässt das Arbeitsgericht die Revision durch Beschluss zu, so beginnt mit der Zustellung dieser Entscheidung der Lauf der Revisionsfrist.

---

1 BAG 28.10.1981 – 4 AZR 251/79, BAGE 36, 303. ‖2 GMP/*Müller-Glöge*, § 74 Rz. 148; GK-ArbGG/*Mikosch*, § 73 Rz. 134; § 53 I gilt nicht für Urteile. ‖3 BAG 22.1.2004 – 1 AZR 495/01, ZTR 2004, 268. ‖4 BAG 7.3.2002 – 2 AZR 147/01, NZA 2002, 1111. ‖5 GK-ArbGG/*Mikosch*, § 73 Rz. 138. ‖6 BAG 25.7.2002 – 6 AZR 31/00, ZTR 2003, 196; zur Erledigungserklärung hinsichtlich der Revision in einer besonderen Konstellation BAG 20.12.2007 – 9 AZR 1040/06, NZA 2008, 902. ‖7 BAG 6.6.2007 – 4 AZR 411/06, NZA 2007, 1127. ‖8 BAG 5.9.1995 – 9 AZR 718/93, BAGE 80, 380 (382); Düwell/Lipke/*Düwell*, § 75 Rz. 34; GK-ArbGG/*Mikosch*, § 73 Rz. 143; aA BGH 7.11.1968 – VII ZR 72/66, WM 1969, 48; GMP/*Müller-Glöge*, § 74 Rz. 120.

(4) Die Revision kann nicht auf Mängel des Verfahrens gestützt werden.

(5) Die Einlegung der Revision und die Zustimmung gelten als Verzicht auf die Berufung, wenn das Arbeitsgericht die Revision zugelassen hat.

(6) Verweist das Bundesarbeitsgericht die Sache zur anderweitigen Verhandlung und Entscheidung zurück, so kann die Zurückverweisung nach seinem Ermessen auch an dasjenige Landesarbeitsgericht erfolgen, das für die Berufung zuständig gewesen wäre. In diesem Falle gelten für das Verfahren vor dem Landesarbeitsgericht die gleichen Grundsätze, wie wenn der Rechtsstreit auf eine ordnungsmäßig eingelegte Berufung beim Landesarbeitsgericht anhängig geworden wäre. Das Arbeitsgericht und das Landesarbeitsgericht haben die rechtliche Beurteilung, die der Aufhebung zugrunde gelegt ist, auch ihrer Entscheidung zugrunde zu legen. Von der Einlegung der Revision nach Absatz 1 hat die Geschäftsstelle des Bundesarbeitsgerichts der Geschäftsstelle des Arbeitsgerichts unverzüglich Nachricht zu geben.

I. Sprungrevision als Sonderrechtsbehelf. Die Sprungrevision ist wegen des relativ komplizierten, **immer wieder** zur **Unzulässigkeit** führenden Verfahrens ein Sonderrechtsbehelf geblieben, von dem nur ausnahmsw. Gebrauch gemacht werden sollte. Seine praktische Bedeutung soll nach der gesetzgeberischen Konzeption geringer sein als die der Sprungrechtsbeschwerde[1], weshalb für eine Zulassung der Sprungrevision zusätzliche Zulassungsvoraussetzungen erfüllt sein müssen. 1

Anders als § 566 ZPO[2] weist § 76 die **Entscheidung über die Zulassung** der Sprungrevision nur dem **Gericht erster Instanz** zu. Für das Verfahren vor dem Revisionsgericht ist mit Abs. 6 eine eigenständige Regelung an die Stelle der Verweisung auf die ZPO getreten. 2

II. Zulassungsverfahren. 1. Überblick. Sprungrevision kann nur eingelegt werden, wenn sie vom ArbG zugelassen worden ist. Hierfür sieht § 76 **zwei Wege** vor, die beide den Antrag einer oder beider Parteien voraussetzen: Die Zulassung kann im Urteil erster Instanz erfolgen oder durch einen nachträglichen Zulassungsbeschluss des ArbG. Der letztgenannte Weg verlangt, dass die **Zustimmung zur Einlegung** der Sprungrevision von den übrigen Prozessparteien **erteilt** und dem ArbG vorgelegt worden ist. Darüber hinaus setzt die Zulassung der Sprungrevision durch das ArbG eine grundsätzliche Bedeutung der Rechtssache sowie bestimmte im Gesetz genannte privilegierte Streitgegenstände voraus. Ansonsten ist die Möglichkeit der Zulassung der Sprungrevision nicht eröffnet. Sie besteht auch nicht ggü. solchen Entscheidungen, die nach ihrem Gegenstand nicht mit der Revision angegriffen werden können (§ 72 IV). 3

2. Antrag auf Zulassung. Während des laufenden Rechtsstreits erster Instanz kann von jeder Partei – auch beiden – bis zum Schluss der mündlichen Verhandlung formfrei[3] der Antrag auf Zulassung der Sprungrevision gestellt werden. Eine **Zulassung von Amts wegen** ist **ausgeschlossen**. Ein Zulassungsantrag ist unabhängig davon statthaft und zu bescheiden, ob die Partei, die den Antrag gestellt hat, dann durch das Urteil beschwert ist und ob der Prozessgegner des Antragstellers der Einlegung der Sprungrevision zugestimmt hat. 4

Die **Zustimmungserklärung des Prozessgegners** ist dem Antrag beizufügen, wenn die Zulassung der Sprungrevision nicht bis zum Schluss der mündlichen Verhandlung beantragt war. Hier kann jede vom Urteil erster Instanz **beschwerte** Partei beim ArbG innerhalb einer Notfrist (§ 233 ZPO!) von einem Monat ab Zustellung des vollständigen Urteils die **nachträgliche Zulassung** der Sprungrevision schriftl. **beantragen**. Für diesen Antrag besteht **kein Vertretungszwang**. 5

3. Zustimmungserklärung. Die Zustimmungserklärung des Prozessgegners[4] ist dem Antrag der beschwerten Partei auf nachträgliche Zulassung der Sprungrevision oder – bei Zulassung bereits im Urteil – der (Sprung-)Revisionsschrift **beizufügen**. Sie muss zweifelsfrei zum Ausdruck bringen[5], dass **der Einlegung** der Sprungrevision **zugestimmt** wird („In pp. wird der Einlegung der Sprungrevision gegen das Urteil des ArbG ... vom ... Az. ... zugestimmt."); eine Zustimmung zur Zulassung der Sprungrevision ist überflüssig und rechtl. ebenso unerheblich[6] wie der Umstand, dass sich auch der Prozessgegner dem Antrag auf Zulassung der Sprungrevision angeschlossen hatte[7]. 6

Die Zustimmungserklärung, für die **kein Vertretungszwang** besteht[8], muss grds. schriftl. und **eigenhändig unterzeichnet** abgegeben werden. Es reicht aber auch aus, wenn eine eigenhändig unterzeichnete Zustimmungserklärung **per Fax** dem **Antragsteller**/Revisionsführer zugeleitet wird. Die Zustimmung zur Einlegung der Sprungrevision kann auch zur Niederschrift des Urkundsbeamten der Geschäftsstelle oder zu Protokoll der mündlichen Verhandlung erklärt werden[9]. Die Zustimmungserklärung ist dem Zulassungsantrag oder der Sprung-Revisionsschrift in der Form beizufügen, die bei der Einlegung eines Rechtsbehelfs zu beachten ist. Sie ist Teil des Antrags auf nachträgliche Zulassung 7

---

1 *Wlotzke*, FS Gerhard Müller, 1981, S. 647 (660 f.). ||2 Zu diesem Verfahren und dem Gebührenanspruch des Anwalts: *N. Schneider*, MDR 2003, 250. ||3 BAG 10.11.1993 – 4 AZR 316/93, NZA 1994, 622. ||4 Hierzu *Bepler*, NJW 1989, 686. ||5 BAG 16.6.1998 – 5 AZR 67/97, BAGE 89, 95 (98). ||6 BAG 16.4.2003 – 7 ABR 27/02, NZA 2003, 1105. ||7 BAG 16.6.1998 – 5 AZR 67/97, BAGE 89, 95 (98). ||8 BAG 30.7.1992 – 6 AZR 11/92, BAGE 71, 68. ||9 GMP/*Müller-Glöge*, § 76 Rz. 17.

oder der Einlegung der Sprungrevision. Deshalb ist regelmäßig die **original unterzeichnete** Erklärung vorzulegen. Bei einer Erklärung zur Niederschrift oder zu Protokoll genügt die Vorlage einer entsprechenden Fotokopie oder Abschrift in beglaubigter Form[1]. Ist die Zustimmung durch Telefax erfolgt, reicht es aus, wenn Antragsteller oder Revisionsführer das **Original-Fax** beifügen[2] oder es zusammen mit Antrags- oder Rechtsmittelschrift per Fax weiterleiten[3]. Die Vorlage einer vom Antragsteller **beglaubigten Kopie** der Zustimmungserklärung **reicht nicht**[4].

8   Es genügt für eine **Beifügung** der Zustimmungserklärung iSv. Abs. 1 S. 3, wenn diese zumindest bis zum Ablauf von Antrags- bzw. Revisionsfrist nachgereicht wird[5]. Lag dem Antragsteller/Revisionsführer die Zustimmungserklärung des Gegners rechtzeitig vor, wurde sie aber auf Grund eines von ihm nicht zu vertretenden Fehlers **nicht** innerhalb der Antrags- oder Revisionsfrist bei Gericht vorgelegt, kommt wegen der Versäumung der Fristen aus Abs. 1 S. 2 oder § 74 I eine **Wiedereinsetzung** in den vorigen Stand (§ 233 ZPO) in Betracht[6].

9   **4. Zulassungsgründe.** Das ArbG muss die Sprungrevision zulassen, wenn eine antragsbefugte Person (Rz. 4) den Antrag auf Zulassung gestellt hat, wenn – soweit erforderlich (Rz. 6) – die Zustimmungserklärung des Prozessgegners beigefügt worden ist, und wenn die in Abs. 2 abschließend aufgezählten materiellen Zulassungsvoraussetzungen vorliegen, also die Rechtssache grundsätzliche Bedeutung hat[7]. Wegen des Begriffs der grundsätzlichen Bedeutung kann auf § 72 Rz. 9 ff. verwiesen werden. Eine Zulassung der Sprungrevision ist darüber hinaus auch nur dann statthaft, wenn es um Streitigkeiten der TV-Parteien aus von ihnen geschlossenen TV im Rechtssinne und unabhängig von ihrem Geltungsbereich[8] oder um deren Bestand geht (Abs. 2 Nr. 1), wenn die Auslegung von TV[9] Gegenstand des Rechtsstreits ist, die über den Bezirk des erkennenden LAG hinaus Geltung beanspruchen (Abs. 2 Nr. 2), oder wenn die in Abs. 2 Nr. 3 angesprochenen Streitgegenstände aus den Bereichen des Arbeitskampfrechts und der Vereinigungsfreiheit betroffen sind.

10 **5. Zulassungsentscheidung. a) Form der Zulassung und Rechtsmittelbelehrung.** Soll die Sprungrevision für die beschwerte Partei bereits im Urteil des ArbG zugelassen werden, muss dies im **Urteilsausspruch** geschehen; eine Zulassung allein in den Gründen reicht nicht aus. Auch die den Antrag auf Zulassung **zurückweisende** Entscheidung des ArbG ist in den **Urteilstenor** aufzunehmen[10]. Hat das ArbG den bis zum Schluss der mündlichen Verhandlung ordnungsgemäß gestellten Antrag einer Partei auf Zulassung der Sprungrevision in seinem Urteil übergangen, ist entsprechend § 64 IIIa 2 oder § 321 ZPO ein **Ergänzungsbeschluss** herbeizuführen; für ihn ist – anders als für einen Antrag auf nachträgliche Zulassung der Sprungrevision nach Abs. 1 S. 2[11], – die Zustimmung des Prozessgegners zur Einlegung der Sprungrevision nicht erforderlich. Andererseits hat die an der Einlegung der Sprungrevision interessierte Partei auch nicht die nach Abs. 1 S. 2 zur Verfügung stehende Zeit, den Antrag auf Zulassung der Sprungrevision zu stellen.

11 Wird der Zulassungsantrag im **Urteil** beschieden, entscheidet die **Kammer**, unter den Voraussetzungen des § 55 III auch der Vorsitzende allein. Über den nachträglichen Zulassungsantrag nach Abs. 1 S. 2 hat durch Beschluss die Kammer zu entscheiden, die für die Hauptsache zuständig war; dabei müssen **nicht dieselben Richter** wie bei der Hauptsacheentscheidung mitwirken[12]. Der Beschluss kann aber auch ohne mündliche Verhandlung ergehen und dann nach § 53 I durch den Vorsitzenden allein[13].

12 Ein Urteil, in dem die Sprungrevision zugelassen wird, muss eine **Rechtsmittelbelehrung** für **Berufung und Sprungrevision** enthalten. Fehlt eine von ihnen, kann die beschwerte Partei das Rechtsmittel, über das sie nicht belehrt worden ist, an sich innerhalb der sich aus § 9 V 4 ergebenden Frist einlegen; es spricht jedoch mehr dafür, dass auch insoweit § 9 V 4 durch die **Fristbestimmungen** in § 74 II 2, § 66 I 2 verdrängt wird (vgl. § 74 Rz. 12). Die Belehrung über die Sprungrevision muss darauf hinweisen, dass der Revisionsschrift die Zustimmung des Gegners zur Einlegung der Sprungrevision beigefügt werden muss. Fehlt dieser Hinweis, gilt nach überkommenem Rechtsverständnis § 9 V 4, richtigerweise aber wohl die **Höchstfrist aus § 74 I 2**: Die Sprungrevision kann deshalb nur innerhalb von fünf und einem Monat seit Zustellung der erstinstanzlichen Entscheidung unter Beifügung der Zustimmungserklärung des Gegners eingelegt werden[14]. Wird die Sprungrevision auf Antrag nachträglich durch Beschluss zugelassen, muss dieser Beschluss eine die Rechtsmittelbelehrung des Urteils ergänzende Belehrung über die Einlegung der Sprungrevision enthalten.

13 **b) Beschränkte Zulassung.** Nach dem Gesetzeswortlaut kann die Sprungrevision auch nur für einzelne Streitgegenstände zugelassen werden. Eine solche Beschränkung ist wirksam, wenn sie in den

---

1 GK-ArbGG/*Mikosch*, § 76 Rz. 4. ||2 BAG 30.5.2001 – 4 AZR 269/00, BAGE 98, 35. ||3 BAG 27.5.2005 – 6 AZR 6/03, BAGE 111, 30 (32). ||4 BAG 24.3.2001 – 4 AZR 367/00, AR-Blattei ES 160.10.3 Nr. 68. ||5 BAG 16.4.2003 – 7 ABR 27/02, NZA 2003, 1105; Hauck/Helml/Biebl/*Hauck*, § 76 Rz. 9. ||6 GK-ArbGG/*Mikosch*, § 76 Rz. 21. ||7 BAG 21.10.1998 – 10 AZN 588/98, NZA 1999, 224. ||8 BAG 17.6.1997 – 9 AZN 251/97, NZA 1998, 500. ||9 Hierzu BAG 26.3.1981 – 2 AZN 410/80, BB 1981, 1221. ||10 GMP/*Müller-Glöge*, § 76 Rz. 7; aA GK-ArbGG/*Mikosch*, § 76 Rz. 9 (Ablehnung der Zulassung in den Gründen reicht aus). ||11 Ihn und nicht den Ergänzungsantrag halten GMP/*Müller-Glöge*, § 76 Rz. 7; Hauck/Helml/Biebl/*Hauck*, § 76 Rz. 4; GK-ArbGG/*Mikosch*, § 76 Rz. 9 für allein statthaft. ||12 GK-ArbGG/*Mikosch*, § 76 Rz. 10. ||13 BAG 9.6.1982 – 4 AZR 247/80, BAGE 39, 124. ||14 BAG 16.6.1998 – 5 AZR 67/97, BAGE 89, 95 (98).

Entscheidungsausspruch mit aufgenommen worden ist[1]. Sie sollte aber aus Gründen der Prozessökonomie und zur Vermeidung unnötiger Kosten unterbleiben, damit nicht ein Teil des Rechtsstreits in der Berufungs- und ein anderer Teil in der Revisionsinstanz fortgesetzt werden muss[2].

III. Wirkung der Zulassung. 1. Abschließende und verbindliche Entscheidung. Die Entscheidung des ArbG, die Sprungrevision **nicht zuzulassen**, ist **unanfechtbar** (Abs. 2 S. 3); der beschwerten Partei bleibt nur die Berufung. Eine nachträgliche Zulassung der Sprungrevision durch Beschluss (Abs. 1 S. 2) ist ausgeschlossen, wenn ein Antrag auf Zulassung der Sprungrevision zuvor im Urteil zurückgewiesen worden ist[3]. Auch die Entscheidung, die Sprungrevision zuzulassen, ist grds. unanfechtbar. Nur dann, wenn das ArbG die Sprungrevision nachträglich durch Beschluss zugelassen hat, ohne dass ihm eine Zustimmung des Prozessgegners zur Einlegung der Sprungrevision vorlag, ist eine Beschwerde nach § 78 eröffnet[4]. 14

Auch das BAG ist an die Zulassung der Sprungrevision **gebunden** (Abs. 2 S. 2). Dies soll allerdings nicht gelten, wenn das ArbG die Sprungrevision zugelassen hat, ohne dass ein privilegierter Streitgegenstand iSv. Abs. 2 S. 1 Nr. 1–3 betroffen war[5]. Diese Auffassung ist unrichtig. Die Entscheidung des ArbG, die Sprungrevision zuzulassen, bindet das BAG, soweit es um die Erfüllung der Voraussetzungen von Abs. 2 S. 1 geht, insg., wie die gesetzl. Systematik zeigt (Abs. 2 S. 2 unmittelbar im Anschluss an die in S. 1 aufgelisteten Zulassungsvoraussetzungen, die das ArbG zu prüfen hat)[6]. 15

Fehlte für eine Zulassungsentscheidung ein **Antrag** oder – soweit erforderlich – die Zustimmungserklärung des Prozessgegners, tritt eine Bindung des BAG nur ein, wenn das ArbG in seiner Entscheidung festgestellt hat, diese Voraussetzungen seien erfüllt[7]. Eine Bindung des Revisionsgerichts findet in keinem Fall statt, wenn die Sprungrevision in einer nicht revisiblen Sache zugelassen worden ist (§ 72 IV). 16

2. Möglichkeiten der beschwerten Partei. Hat das ArbG den Antrag auf Zulassung der Sprungrevision im Urteil zurückgewiesen, ist die Sprungrevision endgültig ausgeschlossen. Die Frist für die Einlegung der der beschwerten Partei verbleibenden Berufung beginnt mit Zustellung des anzufechtenden Urteils. Ist der nachträglich gestellte Antrag auf Zulassung der Sprungrevision durch Beschluss zurückgewiesen worden, beginnen **Berufungsfrist** und Berufungsbegründungsfrist mit Zustellung dieses Beschlusses neu zu laufen, wenn der Antrag auf Zulassung der Sprungrevision form- und fristgerecht gestellt worden ist und ihm eine ordnungsgemäße Zustimmungserklärung des Prozessgegners beigefügt war. Wurde der Antrag zurückgewiesen, weil er **formell mangelhaft** war, **scheidet** regelmäßig auch eine **Berufung aus**, weil die Berufungsfrist abgelaufen ist und eine Wiedereinsetzung in den vorigen Stand ausscheidet. 17

Hat das ArbG die Sprungrevision **zugelassen**, kann die beschwerte Partei **wählen**, ob sie Sprungrevision oder Berufung einlegen will. Dabei liegt in der Zulassung der Sprungrevision zugleich auch die Zulassung der Berufung, soweit es einer solchen Zulassung bedarf. Mit der **Einlegung** der zugelassenen Sprungrevision **endet das Wahlrecht** der betreffenden Partei (Abs. 5). Eine zwischenzeitlich eingelegte Berufung wird unzulässig. Sie ist nach § 516 ZPO zurückzunehmen[8]. Die **gegnerische Partei**, die mit ihrer Zustimmungserklärung die Möglichkeit zur Einlegung der Sprungrevision eröffnet hat, verliert – erst! – mit deren Einlegung die Möglichkeit, falls auch sie beschwert ist, Berufung einzulegen oder sie weiter zu verfolgen[9]. Ihr bleibt die **Anschlussrevision**. 18

3. Fristen. Die Fristen für die Einlegung und die Begründung der Sprungrevision (§ 74 I) beginnen mit der **Zustellung** der Zulassungsentscheidung zu laufen, wenn in dieser Entscheidung ordnungsgemäß über die Einlegung der Sprungrevision belehrt wurde (Rz. 12). 19

IV. Verfahren vor dem BAG. 1. Grundsatz. Mit der Sprungrevision entfällt eine Tatsacheninstanz, das Revisionsgericht wird unmittelbar erreicht. Die allg. **Regeln über das Revisionsverfahren** bestimmen nach wirksamer Einlegung der zugelassenen Sprungrevision den weiteren Gang des Verfahrens. Der Revisionsgegner kann Anschlussrevision einlegen, ohne dass der Revisionsführer dem zustimmen muss[10]. 20

2. Verfahrensrügen. Nach einer Sprungrevision ist der Revisionsführer mit Verfahrensrügen **ausgeschlossen**. Er kann sein Rechtsmittel nur auf Verfahrensmängel stützen, die **von Amts wegen** zu berücksichtigen sind, wie dies beim Fehlen der staatlichen Rechtsprechungsgewalt oder der allg. Prozessvoraussetzungen, wie etwa der Partei- oder Prozessfähigkeit, sowie der Nichtbeachtung der Rechtskraft einer Vorentscheidung der Fall ist. Damit ist der Revisionsführer insb. mit Aufklärungs- 21

---

1 BAG 19.3.2003 – 5 AZN 751/02, NZA 2003, 575, gilt entsprechend. ||2 Ähnlich GMP/*Müller-Glöge*, § 76 Rz. 4. ||3 GMP/*Müller-Glöge*, § 76 Rz. 11. ||4 Hauck/Helml/Biebl/*Hauck*, § 76 Rz. 6; aA GMP/*Müller-Glöge*, § 76 Rz. 18. ||5 BAG 16.11.1982 – 3 AZR 177/82, BAGE 40, 355; 15.10.1992 – 6 AZR 349/91, NZA 1993, 1088; GMP/*Müller-Glöge*, § 76 Rz. 20; GK-ArbGG/*Mikosch*, § 76 Rz. 15; Hauck/Helml/Biebl/*Hauck*, § 76 Rz. 7. ||6 BAG 25.4.1996 – 3 AZR 316/95 (A), NZA 1997, 231; Düwell/Lipke/*Düwell*, § 76 Rz. 21; Schwab/Weth/*Ulrich*, § 76 Rz. 39; *Wieser*, Arbeitsgerichtsverfahren, 1994, Rz. 344. ||7 Ebenso GK-ArbGG/*Mikosch*, § 76 Rz. 15; weitergehend GMP/*Müller-Glöge*, § 76 Rz. 22; Düwell/Lipke/*Düwell*, § 76 Rz. 22. ||8 Näher Düwell/Lipke/*Düwell*, § 76 Rz. 27 mwN. ||9 GMP/*Müller-Glöge*, § 76 Rz. 25; GK-ArbGG/*Mikosch*, § 76 Rz. 17. ||10 BAG 12.6.1996 – 4 ABR 1/95, NZA 1997, 565.

rügen ausgeschlossen. Will er nach Kenntnis des Urteils erster Instanz geltend machen, das ArbG habe Parteivortrag übergangen, muss er anstelle der Sprungrevision Berufung einlegen[1].

22 **3. Zurückverweisung.** Das BAG, dessen **Geschäftsstelle** die Geschäftsstelle des ArbG innerhalb von 24 Stunden über die Einlegung der Sprungrevision **unterrichten** muss (Abs. 6 S. 4), hat nach pflichtgemäßem Ermessen darüber zu entscheiden, ob es dann, wenn der Rechtsstreit zur weiteren Sachaufklärung zurückverwiesen werden muss, die Sache an das ArbG oder an das für Berufungen gegen dessen Urteil zuständige LAG zurückverweist (Abs. 6 S. 1, 2). Das Gericht, an das zurückverwiesen worden ist, hat bei seiner Entscheidung die entscheidungserheblichen rechtl. Beurteilungen des BAG in der Aufhebungsentscheidung zugrunde zu legen (näher § 75 Rz. 15ff.).

77 Revisionsbeschwerde

Gegen den Beschluss des Landesarbeitsgerichts, der die Berufung als unzulässig verwirft, findet die Rechtsbeschwerde nur statt, wenn das Landesarbeitsgericht sie in dem Beschluss zugelassen hat. Für die Zulassung der Rechtsbeschwerde gilt § 72 Abs. 2 entsprechend. Über die Rechtsbeschwerde entscheidet das Bundesarbeitsgericht ohne Zuziehung der ehrenamtlichen Richter. Die Vorschriften der Zivilprozessordnung über die Rechtsbeschwerde gelten entsprechend.

1 Die Regelungen über die Revisionsbeschwerde unterscheiden sich von der einschlägigen Regelung der ZPO (§ 522 I): Rechtsbeschwerde gegen einen die Berufung als unzulässig verwerfenden Beschluss des LAG (§ 522 I 2 ZPO, § 66 II 1) findet nicht stets (so § 522 I 4 ZPO), sondern nur statt, wenn das LAG sie im Verwerfungsbeschluss **zugelassen** hat.

2 Die Revisionsbeschwerde ist nur gegen die Berufung verwerfende LAG-**Beschlüsse**, nicht gegen verwerfende Urteile statthaft. Ist die Berufung durch Urteil verworfen worden, ist nur die – von Anfang an oder nachträglich auf Beschwerde hin (§ 72a) – zulassungsbedürftige Revision statthaft[2].

3 Der Weg des § 77 gegen einen Verwerfungsbeschluss ist von vornherein nicht eröffnet, wenn gegen ein verwerfendes Urteil eine Revision nicht statthaft wäre (zB im **Arrest-** und **einstw. Verfügungsverfahren**). Das vereinfachte Verfahren nach § 522 I 2 ZPO, § 66 II führt nicht zu einem weiter gehenden Instanzenzug als das normale Verfahren[3].

4 Die Revisionsbeschwerde ist zwar nur zulässig, wenn sie im ohne mündliche Verhandlung ergehenden Verwerfungsbeschluss **ausdrücklich** zugelassen worden ist. Es genügt aber eine Zulassung in den Gründen[4]. § 72 I 2, § 64 IIIa 2 können nicht angewendet werden: § 77 bestimmt nicht, dass die – positive wie negative – Entscheidung in den Beschluss aufzunehmen ist. Eine Zulassung kommt auch noch in einem nach dem Verwerfungsbeschluss ergehenden Beschluss in Betracht, in dem die Wiedereinsetzung wegen der Versäumung von Berufungs- oder Berufungsbegründungsfrist verweigert wurde[5]. Eine nachträgliche **Ergänzung** des Verwerfungsbeschlusses ist aber **ausgeschlossen**.

5 Das Berufungsgericht hat seine nicht überprüfbare Entscheidung, ob es die Revisionsbeschwerde zulässt, an § 72 II auszurichten. Wird die Revisionsbeschwerde **zugelassen**, ist der Verwerfungsbeschluss mit einer **Rechtsmittelbelehrung** zu versehen. Gegen die **Nichtzulassung** der Revisionsbeschwerde ist die Nichtzulassungsbeschwerde nicht eröffnet[6]. Die danach unterschiedliche Rechtslage für Verwerfungsbeschlüsse und Verwerfungsurteile (oben Rz. 2) ist **verfassungsrechtl. unbedenklich**[7]. Es kommt allenfalls eine **nachträgliche Zulassung** der Revisionsbeschwerde **durch das LAG** auf Gegenvorstellung hin in entsprechender Anwendung von § 78a in Betracht, wenn einer Partei der gesetzl. Richter entzogen wurde, weil die Nichtzulassung der Revisionsbeschwerde unter keinem denkbaren Aspekt rechtlich vertretbar ist[8].

6 Revisionsbeschwerde ist binnen einer **Notfrist von einem Monat** nach Zustellung des Verwerfungsbeschlusses durch eine von einem Rechtsanwalt oder einem Verbandsvertreter mit Befähigung zum Richteramt (§ 11 IV) unterzeichnete Beschwerdeschrift beim BAG einzulegen (§ 77 S. 4 ArbGG, §§ 574ff. ZPO) und **innerhalb dieser Frist** auch zu **begründen**. Die Begründungsfrist kann mit Zustimmung des Beschwerdegegners, ansonsten um bis zu zwei Monate **verlängert** werden, wenn der Rechtsstreit hierdurch nicht verzögert wird oder der Beschwerdeführer erhebliche Gründe für die Verlängerung vorträgt (§ 575 II 3, § 551 II 5 und 6 ZPO).

7 Die Entscheidung über die Revisionsbeschwerde erfolgt **ohne ehrenamtliche Richter**. Ist sie zulässig und begründet, ist der Verwerfungsbeschluss aufzuheben; die Zulässigkeit der Berufung steht fest (§ 563 II ZPO, § 77 S. 4). Das zweitinstanzliche Verfahren ist fortzusetzen. Es kann aber auch auf **Aufhebung** und **Zurückverweisung** zur erneuten Verhandlung und Entscheidung über die Zulässigkeit der

---

1 BAG 28.5.1998 – 6 AZR 349/96, NZA 1998, 1015. ||2 Zur Überprüfbarkeit einer einem Verwerfungsurteil vorausgehenden Entscheidung nach § 238 ZPO: BAG 5.9.2007 – 3 AZB 41/06, NZA 2008, 1207. ||3 GMP/*Müller-Glöge*, § 77 Rz. 4 mwN. ||4 Vgl. BAG 17.1.2007 – 5 AZB 43/06, NZA 2007, 644. ||5 GMP/*Müller-Glöge*, § 77 Rz. 6. ||6 BAG 31.7.2007 – 3 AZN 326/07, NZA 2008, 432. ||7 Bei etwas anderer Gesetzeslage: BVerfG 10.8.1978 – 2 BvR 415/78, AP Nr. 19 zu § 77 ArbGG 1953. ||8 Vgl. BAG 3.8.2011 – 3 AZB 8/11, NZA 2011, 1243.

Berufung erkannt werden, wenn das LAG verfahrensfehlerhaft entschieden hat, eine abschließende Entscheidung über die Zulässigkeit der Berufung auf Grund fehlender Tatsachenfeststellungen aber noch nicht möglich ist. Wird die Revisionsbeschwerde als unzulässig verworfen oder als unbegründet zurückgewiesen, wird eine 8/10-**Gerichtsgebühr** nach der Anlage 1 zum ArbGG (Nr. 9304) erhoben.

Vierter Unterabschnitt. Beschwerdeverfahren, Abhilfe bei Verletzung des Anspruchs auf rechtliches Gehör

78 Beschwerdeverfahren

Hinsichtlich der Beschwerde gegen Entscheidungen der Arbeitsgerichte oder ihrer Vorsitzenden gelten die für die Beschwerde gegen Entscheidungen der Amtsgerichte maßgebenden Vorschriften der Zivilprozessordnung entsprechend. Für die Zulassung der Rechtsbeschwerde gilt § 72 Abs. 2 entsprechend. Über die sofortige Beschwerde entscheidet das Landesarbeitsgericht ohne Hinzuziehung der ehrenamtlichen Richter, über die Rechtsbeschwerde das Bundesarbeitsgericht.

I. Inhalt und Zweck. Die aktuelle Fassung der Vorschrift beruht auf Art. 30 des ZPO-ReformG v. 27.7. 2001[1] und passt das arbeitsgerichtl. Beschwerdeverfahren der Neuordnung des Beschwerderechts in der ZPO an. Danach tritt gem. S. 1 auch im arbeitsgerichtl. Verfahren an die Stelle der früheren einfachen – unbefristeten – Beschwerde die **sofortige Beschwerde** gegen Entscheidungen der ArbG oder ihrer Vorsitzenden. An die Stelle des in § 78 II aF zuvor ausgeschlossenen Zugangs zum BAG tritt die **Rechtsbeschwerde**, wenn das LAG sie in seiner Entscheidung über die sofortige Beschwerde oder gegen eigene Beschlüsse oder Verfügungen entsprechend § 574 I 1 Nr. 2, II, III ZPO zulässt. 1

S. 1 normiert die **entsprechende Geltung** der für das amtsgerichtl. Beschwerdeverfahren maßgebenden Vorschriften **der §§ 567ff. ZPO**, und zwar anders als § 46 II hinsichtlich des erstinstanzlichen Urteilsverfahrens ohne jede Einschränkung. Daraus kann nur geschlossen werden, dass die Beschwerdevorschriften insg. einschl. des Titels 2 über die Rechtsbeschwerde Anwendung finden, auch wenn eine besondere Verweisung hierauf fehlt. Wäre dies anders, so ergäbe S. 2 keinen Sinn, der für die Zulassung der Rechtsbeschwerde auf die Kriterien des § 72 II verweist. Bestätigt wird dies auch durch die Ergänzung in S. 3, dass für die Entscheidung über die Rechtsbeschwerde das BAG zuständig ist. 2

Eine Sonderform der Rechtsbeschwerde stellt die nach wie vor in § 77 geregelte **Revisionsbeschwerde** dar, die gegen einen die Berufung verwerfenden Beschluss nach § 522 I ZPO stattfindet, wenn das LAG sie in dem Beschluss zugelassen hat. Die Vorschriften der ZPO über die Rechtsbeschwerde gelten insoweit kraft ausdrücklicher Anordnung des Gesetzes entsprechend. 3

Im Unterschied zu der Beschwerde im Urteilsverfahren nach § 78 handelt es sich bei der Beschwerde im arbeitsgerichtl. **Beschlussverfahren** nach § 87 um eine Beschwerde ganz anderer Art: Sie richtet sich gegen den das Hauptverfahren beendenden Beschluss des ArbG und entspricht der Berufung des Urteilsverfahrens. Ähnliches gilt für die Rechtsbeschwerde nach § 92, die an die Stelle der Revision des Urteilsverfahrens tritt. Soweit allerdings **Verfahrensbeschwerden oder Beschwerden in Nebenverfahren** betroffen sind (zB Ordnungsgeld-, Vollstreckungs- und Streitwertbeschwerden), findet gem. § 83 V auch im Beschlussverfahren die Regelung des § 78 Anwendung[2]. 4

Von der Beschwerde iSd. § 78 zu unterscheiden ist schließlich die befristete **Erinnerung**, die nach § 573 I ZPO gegen Entscheidungen des beauftragten oder ersuchten Richters oder des Urkundsbeamten der Geschäftsstelle zur Herbeiführung der Entscheidung des Gerichts eingelegt werden kann. Erst gegen dessen Beschluss findet gem. § 573 II ZPO die sofortige Beschwerde statt. Die praxisrelevanten Entscheidungen des Rechtspflegers im Kostenfestsetzungsverfahren nach den §§ 103ff. ZPO, 11 RVG sind seit der Abschaffung der vorgeschalteten Durchgriffserinnerung[3] auf Grund der Neufassung des § 11 I RPflG unmittelbar mit der sofortigen Beschwerde angreifbar. Für die befristete Erinnerung verbleiben nach § 11 II RPflG die Fälle, in denen nach den allg. verfahrensrechtl. Vorschriften ein Rechtsmittel nicht gegeben ist, also vor allem dann, wenn der zum. § 567 II ZPO notwendige Beschwerdewert fehlt. Auch an der Abhilfebefugnis des Rechtspflegers kann wegen § 572 I ZPO kein Zweifel mehr bestehen[4]. 5

II. Sofortige Beschwerde gegen arbeitsgerichtl. Entscheidungen. 1. Voraussetzungen. Mit der sofortigen Beschwerde können entsprechend § 567 I ZPO die im ersten Rechtszug ergangenen Entscheidungen der ArbG angegriffen werden, wenn dies **im Gesetz ausdrücklich bestimmt** ist oder es sich um Entscheidungen handelt, durch die ein das **Verfahren betreffendes Gesuch zurückgewiesen** worden ist, ohne dass eine mündliche Verhandlung erforderlich war. Als besondere Zulassungsnormen kommen **auch Vorschriften außerhalb der ZPO oder des ArbGG** in Betracht, wie etwa § 33 III RVG bei der Wertfestsetzung für die Anwaltsgebühren. Eine von Amts wegen getroffene Verfahrens- oder Nebenentschei- 6

---

1 BGBl. I S. 1887. ||2 Vgl. BAG 28.2.2003 – 1 AZB 53/02, MDR 2003, 770; 25.8.2004 – 1 AZB 41/03, BAGReport 2004, 413; 2.6.2008 – 3 AZB 24/08. ||3 BGBl. 1998 I S. 2030. ||4 Vgl. früher bereits LAG Köln 24.9.1999 – 10 Ta 142/99, LAGE § 104 ZPO Nr. 2; aA LAG Schl.-Holst. 28.10.1999 – 1 Ta 135/99, LAGE § 104 ZPO Nr. 3.

dung des ArbG ist nur in den gesetzl. bestimmten Fällen anfechtbar, auch wenn dem Beschluss ein „Gesuch" einer Partei vorangegangen ist[1]. Daher ist eine sog. Terminierungsbeschwerde wegen der Bestimmung des Verhandlungstermins durch das ArbG grds. ausgeschlossen[2]. Unzulässig ist auch eine Beschwerde gegen eine Rubrumsberichtigung im laufenden Verfahren[3], einen Hinweis- und Ladungsbeschluss[4], einen Verbindungsbeschluss nach § 147 ZPO[5], die Nichtberücksichtigung von Beweismitteln[6] oder die Verweisung wegen fehlender örtlicher Zuständigkeit gem. § 48 I Nr. 1[7]. Bei der Zurückweisung eines Antrags auf Akteneinsicht durch den Direktor des ArbG in seiner Eigenschaft als Gerichtsvorstand handelt es sich um einen sog. **Justizverwaltungsakt**, der nur durch eine Klage vor dem Verwaltungsgericht angegriffen werden kann[8].

7   Auf Grund ausdrückl. **gesetzlicher Zulassung** ist die sofortige Beschwerde statthaft in folgenden Fällen:

- § 17a IV GVG (Rechtswegentscheidung)
- § 91a II ZPO (Kostenentscheidung nach Erledigung der Hauptsache)
- § 99 II ZPO (Kostenentscheidung im Anerkenntnisurteil)
- §§ 104 III, 107 ZPO (Kostenfestsetzungsverfahren)
- § 127 II, III ZPO (Entscheidungen im PKH-Bewilligungsverfahren)
- §§ 141 III, 380 III ZPO (Ordnungsgeld gegen eine Partei)
- § 252 ZPO (Aussetzung des Verfahrens)
- § 269 V ZPO (Kostenentscheidung bei Klagerücknahme)
- § 319 III ZPO (Urteilsberichtigung, analog auch Beschlussberichtigung[9])
- § 336 I 1 ZPO (Ablehnung eines Versäumnisurteils)
- §§ 380 III, 390 III, 409 II ZPO (Maßnahmen gegen Zeugen und Sachverst.)
- § 793 ZPO (Beschlüsse im Rahmen der Zwangsvollstreckung)
- §§ 934 IV, 936 ZPO (Aufhebung eines Arrestes oder einer einstw. Verfügung)[10]

8   Ein das **Verfahren betreffendes Gesuch** kann ohne mündliche Verhandlung zurückgewiesen werden zB in folgenden Fällen:

- § 62 II ArbGG iVm. §§ 922, 936 ZPO (Ablehnung eines Arrestes oder einer einstw. Verfügung)
- § 186 I ZPO (Ablehnung der öffentl. Zustellung)
- § 225 ZPO (Ablehnung der Verkürzung einer Frist)
- § 299 I ZPO (Ablehnung der Akteneinsicht durch die Parteien).

9   Die sofortige Beschwerde setzt ferner stets voraus, dass eine hinreichende **Beschwer** gegeben ist. Ist der Beschwerdeführer durch die angefochtene Entscheidung nicht beschwert, so ist die Beschwerde nach § 572 II ZPO als unzulässig zu verwerfen. Daher ist die auf Veranlassung der **Rechtsschutzversicherung** eingelegte Streitwertbeschwerde regelmäßig mangels Beschwer der Partei unzulässig[11]. Eine andere Beurteilung kommt allenfalls dann in Betracht, wenn der Beschwerdeführer konkrete Nachteile bei Nichtbefolgung der Weisung des Versicherers darlegen kann. Die nicht beschwerte Partei kann auch keine Streitwerterhöhungsbeschwerde zu Gunsten ihres Anwalts oder zu Lasten des erstattungspflichtigen Gegners einlegen[12]. Das Beschwerderecht steht nach § 33 II und III RVG dem jeweils beschwerten Beteiligten zu.

10   Für Kosten- und Streitwertbeschwerden ist im Regelfall eine betragsmäßige **Mindestbeschwer erforderlich**. Sie beträgt bei Entscheidungen über Kosten (Oberbegriff für Gebühren und Auslagen einschl. der Vergütung für anwaltl. Tätigkeiten) nach § 567 II ZPO einheitlich mehr als **200 Euro**. Bei Beschwerden nach den §§ 91a II, 99 II und 269 V ZPO ist zusätzliche Voraussetzung, dass der Streitwert der Hauptsache die Berufungssumme von **600 Euro** übersteigt. Für die Streitwertbeschwerden nach den §§ 33 III RVG, 66 II GKG wird ebenfalls eine Mindestbeschwer von mehr als **200 Euro** vorausgesetzt, es sei denn, das Gericht hat die Beschwerde wegen der grundsätzlichen Bedeutung der Rechtsfrage besonders zugelassen.

---

1 Vgl. GMP/*Müller-Glöge*, § 78 Rz. 18.   ‖2 Vgl. LAG Köln 12.9.1995 – 6 Ta 160/95, LAGE § 57 ArbGG 1979 Nr. 1; zum Sonderfall einer Beschwerde gegen die Bestimmung des Terminsorts LAG Thür. 30.3.2005 – 4 Ta 41/05.   ‖3 Vgl. LAG BW 17.6.2008 – 18 Ta 6/08.   ‖4 LAG Rh.-Pf. 6.12.2010 – 7 Ta 257/10.   ‖5 LAG Köln 14.6.2010 – 4 Ta 211/10.   ‖6 Vgl. LAG Köln 28.6.2006 – 14 Ta 246/06.   ‖7 Vgl. LAG Rh.-Pf. 25.7.2006 – 2 Ta 111/06.   ‖8 Vgl. LAG Hamm 19.7.2010 – 1 Ta 174/10.   ‖9 Vgl. LAG Rh.-Pf. 8.1.2010 – 10 Ta 291/09.   ‖10 Aber keine Beschwerde, nur Widerspruch gegen sog. Zwischenverfügungen im Eilverfahren: LAG Saarl. 11.5.2006 – 1 Ta 19/06, ZTR 2006, 377.   ‖11 Vgl. LAG Bremen 20.7.1988 – 4 Ta 35/88, LAGE § 10 BRAGO Nr. 3.   ‖12 Vgl. GK-ArbGG/*Dörner*, § 78 Rz. 49.

Besonderes gilt auch für die sofortige Beschwerde gegen die Zurückweisung des Antrags auf Bewilligung von **PKH** mangels Erfolgsaussicht. Sie ist nach § 127 II 2 ZPO nicht statthaft, wenn der Streitwert der Hauptsache die nach den §§ 511 ZPO, 64 IIb ArbGG maßgebende Berufungssumme von 600 Euro nicht übersteigt. Über die Beschwerde soll keine Instanz eröffnet werden, die für die Hauptsache nicht zur Verfügung steht. Im Einklang damit bestimmt § 46 II 3, dass im ArbGV die sofortige Beschwerde nach § 127 II ZPO bei Bestandsschutzstreitigkeiten unabhängig von dem Streitwert zulässig ist.

2. Einlegung der sofortigen Beschwerde. Nach § 569 I ZPO ist die sofortige Beschwerde, soweit keine andere Frist bestimmt ist, binnen einer **Notfrist von zwei Wochen** bei dem Gericht, dessen Entscheidung angefochten wird, oder bei dem Beschwerdegericht einzulegen, und zwar nach § 569 II ZPO durch **Einreichung einer Beschwerdeschrift**[1] **oder** nach Maßgabe des § 569 III ZPO **zu Protokoll der Geschäftsstelle**. Erst recht ist auch die Einlegung des Rechtsmittels zu richterlichem **Sitzungsprotokoll** zulässig[2]. Die Beschwerde kann auch telegrafisch, durch Telefax oder Computerfax erhoben werden[3].

Die Beschwerdefrist wird nach den §§ 329 III, 569 I 2 ZPO erst durch die **Zustellung** der Entscheidung an den Prozessbevollmächtigten oder, falls ein solcher nicht oder durch Entpflichtung nicht mehr bevollmächtigt ist, an die Partei in Gang gesetzt[4]. Ist die Zustellung unterblieben, so beginnt die Notfrist spätestens mit dem Ablauf von fünf Monaten nach der Verkündung des Beschlusses. Bei **fehlender oder fehlerhafter Rechtsmittelbelehrung** schließt sich daran nicht die zweiwöchige Beschwerdefrist an, sondern die Jahresfrist des § 9 V 4[5].

Bei schuldloser Versäumung der Beschwerdefrist kann nach §§ 233 ff. ZPO **Wiedereinsetzung** in den vorigen Stand beantragt werden. Liegen die Voraussetzungen der Nichtigkeits- oder Restitutionsklage vor, so kann die Beschwerde gem. § 569 I 3 ZPO auch noch nach Ablauf der Beschwerdefrist innerhalb der für diese Klagen geltenden Notfristen erhoben werden.

Da vor dem ArbG kein Vertretungs- und insb. kein Anwaltszwang besteht, können die Beteiligten – auch Zeugen, Sachverst. oder ehrenamtliche Richter – die Beschwerde ohne weiteres selbst einlegen. **Kein Vertretungszwang** besteht auch für das weitere Beschwerdeverfahren, wenn das LAG wie üblich im schriftl. Verfahren entscheidet. Ordnet das Beschwerdegericht **ausnahmsw. mündliche Verhandlung** an, so greift § 11 IV ein: Die Beteiligten müssen sich durch Rechtsanwälte oder durch Vertreter von Verbänden vertreten lassen.

Nach § 571 I ZPO „soll" die Beschwerde begründet werden. Es besteht also **keine Begründungspflicht**, sondern lediglich eine Obliegenheit, deren Nichtbeachtung auf die Zulässigkeit des Rechtsmittels keinen Einfluss hat, wohl aber Auswirkung auf die Begründetheit haben kann. Der Beschwerdeführer kann die Beschwerde auf **neue Angriffs- und Verteidigungsmittel** stützen, wie § 571 II 1 ZPO ausdrücklich hervorhebt. Er kann aber nicht geltend machen, dass das ArbG seine Zuständigkeit zu Unrecht angenommen hat. Dies ist nur in dem besonderen Rechtswegbestimmungsverfahren nach § 17a GVG möglich.

Der Beschwerdegegner kann nach § 567 III ZPO **Anschlussbeschwerde** einlegen, selbst wenn er auf die Beschwerde verzichtet oder die Beschwerdefrist verstrichen ist. Einer eigenen Beschwer bedarf es in diesem Fall nicht[6]. Die Anschließung verliert ihre Wirkung, wenn die Beschwerde zurückgenommen oder als unzulässig verworfen wird. Da die Beschwerde bis zur Beendigung des Verfahrens ohne Einwilligung des Gegners zurückgenommen werden kann, hat der Beschwerdeführer jederzeit die Möglichkeit, der Anschlussbeschwerde die Grundlage zu entziehen.

3. Abhilfe durch das Arbeitsgericht. Eine wesentliche Neuerung des Beschwerderechts enthält § 572 I ZPO mit der **generellen Abhilfebefugnis** des erstinstanzlichen Gerichts: Erachtet das ArbG oder der Vorsitzende, dessen Entscheidung angefochten wird, die Beschwerde für begründet, so haben sie ihr abzuhelfen; andernfalls ist die Beschwerde unverzüglich dem Beschwerdegericht vorzulegen. **Auch der Rechtspfleger** kann der Beschwerde gem. § 11 I RPflG immer abhelfen. Durch die mögliche Eigenkorrektur einer nachträglich als unrichtig erkannten Festsetzungsentscheidung wird der Anfall einer gerichtl. Beschwerdegebühr vermieden und verhindert, dass das Beschwerdegericht mit der Vornahme von Bagatellkorrekturen befasst wird[7].

Falls die Beschwerde unmittelbar beim LAG eingelegt worden ist, sollte sie zunächst dem ArbG zur **Abhilfeprüfung** vorgelegt werden. Je nach Lage des Falles kann das Beschwerdegericht nach § 570 III ZPO eine **einstw. Anordnung** erlassen. Das erstinstanzliche Gericht kann die Vollziehung der angefochtenen Entscheidung aussetzen (§ 570 II). Bei besonderer Eilbedürftigkeit kann das LAG auch ohne vorherige Abhilfeprüfung über die Beschwerde entscheiden[8].

---

1 Vgl. zum Unterschriftserfordernis LAG Rh.-Pf. 22.1.2009 – 11 Ta 228/08. ||2 Vgl. GK-ArbGG/*Dörner*, § 78 Rz. 37. ||3 Vgl. LAG Köln 10.4.2001 – 6 Ta 56/01, MDR 2001, 1316 mwN. ||4 Vgl. LAG Rh.-Pf. 15.2.2011 – 1 Ta 10/11. ||5 Vgl. BAG 8.6.2000 – 2 AZR 584/99, EzA § 9 ArbGG 1979 Nr. 15. ||6 Vgl. GK-ArbGG/*Dörner*, § 78 Rz. 52. ||7 Vgl. Begr. RegE ZPO-ReformG, S. 292f. mwN. ||8 Vgl. LAG Bln.-Bbg. 16.4.2007 – 19 Ta 199/07; weitergehend LAG Hamm 3.3.2010 – 10 Ta 537/09.

20 Der Beschluss, mit dem das ArbG der Beschwerde ganz oder zum Teil abhilft, ist regelmäßig **zu begründen**. Mit einer umfassenden Abhilfeentscheidung endet das Beschwerdeverfahren, so dass auch über etwaige Kosten des Verfahrens zu entscheiden ist. Eine abändernde Entscheidung muss nach Maßgabe des § 329 II 2 oder III ZPO zugestellt werden, weil sie nunmehr für den Gegner anfechtbar sein kann.

21 Andernfalls hat das ArbG die Sache mit einem ebenfalls zu begründenden **Nichtabhilfebeschluss oder Nichtabhilfevermerk** dem LAG zur Entscheidung vorzulegen. Die Nichtabhilfeentscheidung ist den Verfahrensbeteiligten in Abschrift zur Kenntnis zu geben, damit sie hierzu ergänzend Stellung nehmen können. Ist dies im Einzelfall unterblieben, so kann und muss das Beschwerdegericht den Mangel im Rahmen der Gewährung rechtl. Gehörs vor seiner abschließenden Entscheidung beheben. Eine **Zurückverweisung** wegen eines schweren Verfahrensmangels wird nur bei **Fehlen jedweder Begründung** für die arbeitsgerichtl. Entscheidung in Betracht kommen[1].

22 **4. Entscheidung durch das LAG.** Das LAG entscheidet über die Beschwerde nach § 572 IV ZPO in aller Regel **durch Beschluss**, und zwar nach § 78 S. 3 **ohne Hinzuziehung der ehrenamtlichen Richter** unabhängig davon, ob eine mündliche Verhandlung stattgefunden hat. Wegen der Besonderheiten des einstw. Verfügungsverfahrens ist eine Entscheidung durch die vollbesetzte Kammer ausnahmsweise dann geboten, wenn das LAG auf die sofortige Beschwerde des Antragstellers gegen den zurückweisenden Beschluss des ArbG eine mündliche Verhandlung anberaumt und durch Urteil entscheidet[2].

23 Das Beschwerdegericht hat zunächst gem. § 572 II ZPO von Amts wegen zu prüfen, ob die Beschwerde an sich statthaft und ob sie in der gesetzl. Form und Frist eingelegt ist. Fehlt eine dieser Voraussetzungen, so ist die Beschwerde **als unzulässig zu verwerfen**.

24 Erweist sich das Rechtsmittel als zulässig, aber **unbegründet**, hat das LAG die Beschwerde durch Beschluss **zurückzuweisen**. Der Grund für den Misserfolg der Beschwerde kann nunmehr insb. auch in der **Zurückweisung verspäteten Vorbringens** liegen. Während das alte Beschwerderecht keine Präklusionsnormen enthielt und eine analoge Anwendung der §§ 296, 528 ZPO aF an verfassungsrechtl. Bedenken scheiterte[3], räumt § 571 III 1 ZPO dem Vorsitzenden des ArbG nunmehr im Hinblick auf die Abhilfebefugnis oder dem Beschwerdegericht die Möglichkeit ein, den Beteiligten für das Vorbringen von Angriffs- und Verteidigungsmitteln Äußerungsfristen zu setzen, und schafft damit die Voraussetzungen für die Zurückweisung verspäteten Vorbringens nach S. 2, der die Regelung des § 296 I ZPO auf das Beschwerdeverfahren überträgt. Verspäteter Vortrag darf nur zugelassen werden, wenn die Erledigung des Verfahrens nicht verzögert würde oder wenn die Partei die Verspätung genügend entschuldigt. Insoweit kommen die zum **Verzögerungs- und Verschuldensbegriff des § 296 ZPO** entwickelten Grundsätze zur Anwendung[4].

25 Bei der **erfolgreichen Beschwerde** richtet sich der Tenor nach dem jeweiligen Beschwerdegegenstand: In Betracht kommt sowohl eine schlichte **Aufhebung** der angegriffenen Entscheidung, etwa der Verfahrensaussetzung, oder eine **ersetzende Sachentscheidung**. Das Beschwerdegericht kann aber auch eine **Zurückverweisung nach § 572 III ZPO** vornehmen und dem ArbG die erforderliche Sachentscheidung übertragen[5]. Mit der Zurückverweisung können konkrete Weisungen verknüpft werden, an die das ArbG nach näherer Maßgabe der Beschwerdeentscheidung gebunden ist[6]. Dieses Verfahren kann etwa bei einer umfangreichen Kostenfestsetzung geboten sein.

26 Darüber hinaus ist eine **Zurückverweisung wegen eines wesentlichen Verfahrensmangels** analog § 538 II Nr. 1 ZPO zulässig, wenn auf Grund dieses Mangels eine umfangreiche oder aufwändige Beweisaufnahme notwendig ist und eine Partei die Zurückverweisung beantragt. Das Zurückverweisungsverbot des § 68 steht dem nicht entgegen, weil es nur für das Berufungsverfahren gilt[7]. Eine Zurückverweisung sollte jedoch wegen des Beschleunigungsgebots nur im Ausnahmefall vorgenommen werden. Auch bei Mängeln im Abhilfeverfahren kann davon abgesehen werden[8]. Im vorgeschalteten Rechtswegbestimmungsverfahren nach § 17a GVG ist eine Zurückverweisung stets unzulässig[9]. Entscheidet das LAG abschließend in der Sache, hat es regelmäßig auch eine Kostenentscheidung gem. §§ 91 ff. ZPO zu treffen.

27 **III. Rechtsbeschwerde gegen Entscheidungen des LAG.** Gegen einen Beschluss des LAG ist nach § 78 S. 1 und 2 ArbGG iVm. § 574 I Nr. 2, II, III ZPO die Rechtsbeschwerde zum BAG statthaft, wenn das LAG sie in seiner Entscheidung nach Maßgabe des § 72 II zugelassen hat. Das Rechtsbeschwerdegericht ist nach § 574 III 2 grds. an die Zulassung gebunden. Allerdings kann ein gesetzlich nicht vorgesehenes Rechtsmittel nicht allein dadurch zulässig werden, dass die Vorinstanz das Rechtsmittel zulässt[10]. Eine Nichtzulassungsbeschwerde sieht das Gesetz nicht vor und ist deshalb unzulässig[11]. Die

---

1 Vgl. LAG Rh.-Pf. 18.10.2006 – 8 Ta 202/06; GMP/*Müller-Glöge*, § 78 Rz. 34; GK-ArbGG/*Dörner*, § 78 Rz. 56. ||2 Vgl. LAG BW 9.8.2012 – 18 SaGa 2/12; LAG Köln 26.11.2001 – 6 Ta 260/01. ||3 Vgl. BVerfG 9.2.1982 – 1 BvR 799/78, NJW 1982, 1635. ||4 Vgl. Begr. RegE ZPO-ReformG, S. 290. ||5 Vgl. LAG Köln 30.8.2012 – 12 Ta 197/12. ||6 Vgl. Zöller/*Heßler*, § 572 ZPO Rz. 30. ||7 Vgl. GMP/*Müller-Glöge*, § 78 Rz. 35. ||8 Vgl. LAG Hess. 15.2.2008 – 8 Ta 259/07; 15.5.2008 – 20 Ta 80/08. ||9 BAG 17.2.2003 – 5 AZB 37/02, NZA 2003, 517. ||10 Vgl. BAG 15.9.2005 – 3 AZB 48/05; zu einem Sonderfall BAG 25.11.2008 – 3 AZB 64/08. ||11 BAG 19.12. 2002 – 5 AZB 54/02, NZA 2003, 287; 27.8.2003 – 5 AZB 45/03; 21.6.2006 – 3 AZB 65/05, NZA 2006, 1006; 11.6.2009 – 9 AZA 8/09.

Zulassung der Rechtsbeschwerde sollte entsprechend §§ 64 IIIa, 72 **in den Tenor des Beschlusses** aufgenommen werden, kann aber bei nicht verkündeten Beschlüssen auch in den Gründen erfolgen[1]. Sofortige Beschwerden gegen Beschlüsse des LAG sind generell unzulässig und können allenfalls als Gegenvorstellungen behandelt werden[2].

Die vom Gesetzgeber nach der Entwurfsbegr. zugrunde gelegte entsprechende Anwendung der Vorschriften über die Rechtsbeschwerde nach den §§ 574 ff. ZPO ist in der Gesetz gewordenen Regelung nur unvollkommen zum Ausdruck gekommen. Erst aus der Gesamtregelung der Norm erschließt sich, dass die **entsprechende Anwendung der §§ 574 ff. ZPO** vorausgesetzt wird[3]. Ansonsten wäre insb. § 78 S. 2 sinnlos. Aus der dort vorausgesetzten „Zulassung der Rechtsbeschwerde" folgt iVm. der ersatzlosen Aufhebung des § 70 aF letztlich auch die Statthaftigkeit bei **Erstentscheidungen** des LAG im Berufungsverfahren und auf Grund der Verweisung in § 83 V auch im Beschlussverfahren[4]. 28

Wird die Rechtsbeschwerde vom LAG zugelassen, so muss der Beschluss gem. § 9 V auch eine entsprechende Rechtsmittelbelehrung enthalten. Bei fehlender oder fehlerhafter Rechtsmittelbelehrung gilt für die Einlegung der Rechtsbeschwerde die Jahresfrist seit Zustellung der Entscheidung nach § 9 V 4, bei unterbliebener Zustellung im Hinblick auf die §§ 517, 548 ZPO sogar eine 17-Monats-Frist[5]. 29

Für die Zulassung bedarf es nach § 574 I 1 Nr. 2, II Nr. 1 ZPO neben der vorausgesetzten grundsätzlichen Bedeutung keiner weiteren besonderen Ermächtigung. Sie ist nur ausgeschlossen, wenn **Spezialregelungen** den Zugang zum Rechtsbeschwerdegericht ausdrücklich versperren[6]. So bestimmen insb. die §§ 33 IV 3 RVG, 66 III 3 GKG für den Bereich der Wertfestsetzung, dass eine Beschwerde an einen obersten Gerichtshof des Bundes nicht stattfindet. Bei den **Streitwertbeschwerden** nach den §§ 33 RVG, 63 II GKG endet das Verfahren also nach wie vor beim LAG[7]. Die Zulassung einer Rechtsbeschwerde scheidet auch bei Streitwertbeschlüssen des Berufungsgerichts aus. Ebenso ist in **Verfahren des einstw. Rechtsschutzes** eine Rechtsbeschwerde auch dann nicht zulässig, wenn das LAG durch Beschluss entschieden und darin die Rechtsbeschwerde zugelassen hat[8]. Statthaft ist die Rechtsbeschwerde demggü. im **Kostenfestsetzungsverfahren** nach § 104 ZPO[9]. 30

Wenn das LAG die Rechtsbeschwerde zugelassen hat, ist sie gem. § 575 I und II ZPO binnen einer Notfrist von einem Monat nach Zustellung des Beschlusses beim BAG einzulegen und zu begründen. Dies gilt auch für die weitere sofortige Beschwerde im Rechtswegbestimmungsverfahren nach § 17a IV 4 GVG, bei der es sich um eine Rechtsbeschwerde iSd. §§ 574 ff. ZPO handelt[10]. 31

IV. Außerordentliche Beschwerde bei greifbarer Gesetzwidrigkeit. Eine an sich unanfechtbare Entscheidung der Instanzgerichte kann nach richterrechtl. entwickelten Grundsätzen ausnahmsw. angreifbar sein, wenn sie jeder gesetzl. Grundlage entbehrt und dem Gesetz inhaltlich fremd ist[11]. Eine solche außerordentl. Beschwerde wegen greifbarer Gesetzwidrigkeit muss allerdings auf wirkliche **Ausnahmefälle krassen Unrechts** beschränkt bleiben[12]. Diese Voraussetzung ist dann gegeben, wenn die angegriffene Entscheidung mit der geltenden Rechtsordnung schlechthin unvereinbar ist. Die Nichtbeachtung wesentlicher Verfahrensvorschriften allein reicht nicht aus. Verfassungsverstöße, zB die Verletzung des Anspruchs auf rechtl. Gehör nach Art. 103 I GG[13], sind bei Erschöpfung des fachgerichtl. Rechtswegs, der seit dem 1.1.2005 auch die besondere Anhörungsrüge (§ 78a) beinhaltet, mit der Verfassungsbeschwerde geltend zu machen[14]. Bislang gesetzlich nicht geregelt ist die ausnahmsweise statthafte **Untätigkeitsbeschwerde**[15]. Bei einer schlichten Terminsverlegung kommt sie regelmäßig nicht in Betracht[16]. 32

Um einen außerordentl. Rechtsbehelf handelt es sich auch dann, wenn das Gesetz die Möglichkeit der weiteren sofortigen Beschwerde oder der Rechtsbeschwerde zwar vorsieht, sie aber von der – nicht erfolgten – Zulassung durch das erste Beschwerdegericht abhängig macht. In solchen Fällen besteht für die obergerichtliche Zulassung wegen greifbarer Gesetzeswidrigkeit so lange kein Bedürfnis, wie eine Korrektur der angegriffenen Entscheidung auf einem Weg möglich ist, der weniger stark in das gesetzl. Rechtsmittelsystem eingreift[17]. In Betracht kommt vor allem die **Möglichkeit einer Selbstkorrektur** 33

---

1 Vgl. BAG 17.1.2007 – 5 AZB 43/06, FA 2007, 143. ||2 Vgl. BAG 21.6.2006 – 3 AZB 65/05, NZA 2006, 1006; LAG Hess. 19.7.2006 – 8 Sa 104/05. ||3 Im Erg. ebenso *Bader*, NZA 2002, 121 (122); *Schmidt/Schwab/Wildschütz*, NZA 2001, 1217 (1226). ||4 Vgl. BAG 28.2.2003 – 1 AZB 53/02, MDR 2003, 770; 25.8.2004 – 1 AZB 41/03, BAGReport 2004, 413. ||5 Vgl. GMP/*Müller-Glöge*, § 78 Rz. 51. ||6 Vgl. Zöller/*Heßler*, § 574 ZPO Rz. 9. ||7 Vgl. BAG 4.8.2004 – 3 AZB 15/04, BAGReport 2004, 384; 17.3.2003 – 2 AZB 21/02, NZA 2003, 682; *Bader*, NZA 2002, 121 (122 f.). ||8 BAG 22.1.2003 – 9 AZB 7/03, MDR 2003, 650; LAG Nürnberg 30.9.2010 – 5 Ta 135/10, ZTR 2010, 576. ||9 Vgl. dazu näher *Schütt*, MDR 2001, 1278 (1280); BAG 4.2.2003 – 2 AZB 18/02, NZA-RR 2003, 320. ||10 BAG 26.9.2002 – 5 AZB 15/02, NZA 2002, 1302; BGH 16.10.2002 – VIII ZB 27/02, MDR 2003, 285. ||11 BGH 1.12.1985 – VI ZB 13/85, EzA § 127 ZPO Nr. 9; 4.3.1993 – V ZB 5/93, NJW 1993, 1865; dagegen nunmehr BGH 7.3.2002 – IX ZB 11/02, NJW 2002, 1577; zust. *Lipp*, NJW 2002, 1700 ff. ||12 BGH 19.3.2009 – IX ZB 57/08; BAG 14.2.2002 – 9 AZB 2/02, EzA § 49 ArbGG 1979 Nr. 8; LAG Rh.-Pf. 28.2.2008 – 9 Ta 20/08. ||13 Zum Fall einer Überraschungsentscheidung BVerfG 2.1.1995 – 1 BvR 320/94, EzA Art. 103 GG Nr. 3. ||14 BAG 21.4.1998 – 2 AZB 4/98, EzA § 49 ArbGG 1979 Nr. 6 mwN; 27.7.1998 – 9 AZB 5/98, EzA § 49 ArbGG 1979 Nr. 7. ||15 Vgl. LAG Sachs. 14.3.2008 – 4 Ta 347/07; LAG Köln 19.8.2011 – 4 Ta 233/11; LAG Hamm 13.1.2011 – 1 Ta 581/10. ||16 Vgl. LAG Sachs. 4.7.2012 – 4 Ta 155/12 (2). ||17 BAG 22.10.1999 – 5 AZB 21/99, EzA § 78 ArbGG 1979 Nr. 4.

durch das Beschwerdegericht, weil eine Bindungswirkung verfassungswidrig ergangener Beschlüsse zu verneinen ist. Dies entspricht der Aufforderung des BVerfG an die Fachgerichte, durch eine grundrechtl. orientierte Handhabung der Prozessvorschriften dafür zu sorgen, dass in ihrem Verfahren eingetretene Grundrechtsverstöße ohne den Umweg über eine Verfassungsbeschwerde ausgeräumt werden[1]. Der Gesetzgeber hat dieser Problematik mit Einführung der **Anhörungsrüge nach § 78a** wegen Verletzung des Anspruchs auf rechtl. Gehör Rechnung getragen. Für eine außerordentl. Rechtsbeschwerde ist daneben kein Raum mehr[2]. Beschlüsse, die nicht in Rechtskraft erwachsen, kann das Beschwerdegericht auch im Rahmen einer form- und fristfreien Gegenvorstellung korrigieren[3].

34 **V. Beschlüsse und Verfügungen des BAG.** Gegen Entscheidungen des BAG als letztinstanzlichem Fachgericht ist kein Rechtsmittel gegeben. Wird gleichwohl gegen einen Beschluss oder eine Verfügung sofortige Beschwerde eingelegt, kann diese als **Gegenvorstellung** betrachtet werden, die zu einer Abänderung der Entscheidung führen kann, soweit keine Bindungswirkung eingetreten ist[4]. Selbst gebunden ist das BAG an alle über ein Rechtsmittel, eine Nichtzulassungsbeschwerde oder einen Wiedereinsetzungsantrag getroffenen Entscheidungen[5]. Eine Ausnahme besteht bei Verstößen gegen das Verfahrensgrundrecht auf rechtl. Gehör aus Art. 103 GG, die mit der Anhörungsrüge nach § 78a geltend gemacht werden können.

78a *Abhilfe bei Verletzung des Anspruchs auf rechtliches Gehör*
(1) Auf die Rüge der durch die Entscheidung beschwerten Partei ist das Verfahren fortzuführen, wenn

1. ein Rechtsmittel oder ein anderer Rechtsbehelf gegen die Entscheidung nicht gegeben ist und
2. das Gericht den Anspruch dieser Partei auf rechtliches Gehör in entscheidungserheblicher Weise verletzt hat.

Gegen eine der Endentscheidung vorausgehende Entscheidung findet die Rüge nicht statt.

(2) Die Rüge ist innerhalb einer Notfrist von zwei Wochen nach Kenntnis von der Verletzung des rechtlichen Gehörs zu erheben; der Zeitpunkt der Kenntniserlangung ist glaubhaft zu machen. Nach Ablauf eines Jahres seit Bekanntgabe der angegriffenen Entscheidung kann die Rüge nicht mehr erhoben werden. Formlos mitgeteilte Entscheidungen gelten mit dem dritten Tage nach Aufgabe zur Post als bekannt gegeben. Die Rüge ist schriftlich bei dem Gericht zu erheben, dessen Entscheidung angegriffen wird. Die Rüge muss die angegriffene Entscheidung bezeichnen und das Vorliegen der in Absatz 1 Satz 1 Nr. 2 genannten Voraussetzungen darlegen.

(3) Dem Gegner ist, soweit erforderlich, Gelegenheit zur Stellungnahme zu geben.

(4) Das Gericht hat von Amts wegen zu prüfen, ob die Rüge an sich statthaft und ob sie in der gesetzlichen Form und Frist erhoben ist. Mangelt es an einem dieser Erfordernisse, so ist die Rüge als unzulässig zu verwerfen. Ist die Rüge unbegründet, weist das Gericht sie zurück. Die Entscheidung ergeht durch unanfechtbaren Beschluss. Der Beschluss soll kurz begründet werden.

(5) Ist die Rüge begründet, so hilft ihr das Gericht ab, indem es das Verfahren fortführt, soweit dies auf Grund der Rüge geboten ist. Das Verfahren wird in die Lage zurückversetzt, in der es sich vor dem Schluss der mündlichen Verhandlung befand. § 343 der Zivilprozessordnung gilt entsprechend. In schriftlichen Verfahren tritt an die Stelle des Schlusses der mündlichen Verhandlung der Zeitpunkt, bis zu dem Schriftsätze eingereicht werden können.

(6) Die Entscheidungen nach den Absätzen 4 und 5 erfolgen unter Hinzuziehung der ehrenamtlichen Richter. Die ehrenamtlichen Richter wirken nicht mit, wenn die Rüge als unzulässig verworfen wird oder sich gegen eine Entscheidung richtet, die ohne Hinzuziehung der ehrenamtlichen Richter erlassen wurde.

(7) § 707 der Zivilprozessordnung ist unter der Voraussetzung entsprechend anzuwenden, dass der Beklagte glaubhaft macht, dass die Vollstreckung ihm einen nicht zu ersetzenden Nachteil bringen würde.

(8) Auf das Beschlussverfahren finden die Absätze 1 bis 7 entsprechende Anwendung.

1 **I. Vorbemerkung.** Die Vorschrift ist mit dem sog. Anhörungsrügengesetz v. 9.12.2004[6] mWv. 1.1.2005 in das Gesetz eingefügt worden, das auf den Plenarbeschluss des BVerfG 30.4.2003[7] zurückgeht[8]. Als Spezialvorschrift verdrängt § 78a die teilweise wortgleiche Bestimmung des § 321a ZPO. Da es sich bei der Anhörungsrüge wie bei der Nichtzulassungsbeschwerde um einen **Rechtsbehelf** und nicht um ein

---

1 BVerfG 9.12.1996 – 2 BvR 2316/96, NJW 1997, 1301. || 2 Vgl. BAG 3.2.2009 – 3 AZB 101/08, NZA 2009, 396; 8.8. 2005 – 5 AZB 31/05, MDR 2006, 225; LAG Düss. 23.2.2006 – 16 Ta 82/06, JurBüro 2006, 359; LAG Hess. 26.8.2008 – 4 Ta 308/08. || 3 Vgl. LAG Rh.-Pf. 22.12.2010 – 1 Ta 213/10. || 4 Vgl. GMP/*Müller-Glöge*, § 78 Rz. 59; zur Fristgebundenheit einer Gegenvorstellung (zwei Wochen ab Kenntnis) OLG Dresden 17.10.2005 – 21 UF 527/04, NJW 2006, 851. || 5 BAG 21.7.1993 – 7 ABR 25/92, AP Nr. 4 zu § 579 ZPO. || 6 BGBl. I S. 3220. || 7 BVerfG 30.4.2003 – 1 PbvU 1/02, BVerfGE 107, 395. || 8 Vgl. *Bepler*, RdA 2005, 65 (66); zum AnhörungsrügenG insg. *Rensen*, MDR 2005, 181 ff.

Rechtsmittel handelt, besteht keine Belehrungspflicht nach § 9 V[1]. Der Rechtsbehelf ist auf die Frage beschränkt, ob der verfassungsrechtl. garantierte Anspruch auf rechtl. Gehör aus Art. 103 I GG verletzt ist. Er ermöglicht keine weitergehende Kontrolle der angefochtenen Entscheidung auf Rechtsanwendungsfehler[2].

II. Voraussetzungen einer erfolgreichen Anhörungsrüge (Abs. 1 und 2). Die Anhörungsrüge ist bei dem Gericht, genauer bei dem Spruchkörper des Gerichts anzubringen, dem die Gehörsverletzung unterlaufen sein soll[3]. Für die Erhebung der Rüge besteht in demselben Umfang wie für die angefochtene Entscheidung **Vertretungszwang**[4]. Ein Rügerecht steht naturgemäß nur der „durch die Entscheidung beschwerten Partei" zu. Auf die Rüge ist das an sich formell rechtskräftig abgeschlossene Verfahren fortzuführen, wenn ein Rechtsmittel oder ein anderer Rechtsbehelf gegen die Entscheidung nicht gegeben ist und das Gericht den Anspruch dieser Partei auf rechtl. Gehör in entscheidungserheblicher Weise verletzt hat. Daraus folgt auch, dass nicht jede unanfechtbare Zwischenentscheidung, die im weiteren Verfahren zumindest noch im Rahmen einer Inzidentprüfung korrigiert werden kann, auf eine Anhörungsrüge zu überprüfen ist, sondern nur diejenige Entscheidung, die ein Ersuchen um gerichtl. Entscheidung rechtskräftig beschieden hat[5]. Nach dieser Maßgabe handelt es sich bei dem **Richterablehnungsverfahren** um ein selbständiges Zwischenverfahren, so dass die nach § 49 III unanfechtbare Entscheidung über das Ablehnungsgesuch nicht von der Ausnahmevorschrift des § 78a I 2 erfasst und die Anhörungsrüge statthaft ist[6]. Unstatthaft ist sie dagegen bei einem Rechtswegbeschluss des LAG nach § 17a GVG[7].

1. Sonstige Unanfechtbarkeit der angegriffenen Entscheidung. Die Anhörungsrüge setzt als „ultima ratio" voraus, dass ein Rechtsmittel oder ein anderer Rechtsbehelf, mit dem auch der Verstoß gegen den Grundsatz des rechtl. Gehörs geltend gemacht werden kann, nicht zur Verfügung steht. Daher ist sie insb. **nicht statthaft**, soweit gegen die Entscheidung des LAG die erweiterte **Nichtzulassungsbeschwerde** nach § 72a III Nr. 3 eröffnet ist[8]. Zu den nicht rechtsmittelfähigen und auch nicht mehr rechtsbehelfsfähigen Endentscheidungen gehören vor allem die Urteile der ArbG in vermögensrechtl. Angelegenheiten unterhalb der Berufungsgrenze von 600 Euro, soweit die Berufung nicht zugelassen wurde, ferner Urteile des LAG im Bereich des einstw. Rechtsschutzes (§ 72 IV), Beschlüsse des LAG als Beschwerdegericht, in denen die Rechtsbeschwerde nicht zugelassen worden ist oder nicht zugelassen werden kann, sowie schließlich alle Urteile und Beschlüsse des BAG. Dazu gehören auch die unanfechtbaren Beschlüsse des BAG in Prozesskostenhilfesachen[9].

2. Entscheidungserheblicher Verstoß gegen den Anspruch auf rechtl. Gehör. Begründet ist die Rüge, wenn das Gericht den Anspruch der beschwerten Partei auf rechtl. Gehör in entscheidungserheblicher Weise verletzt hat. Das ist nur dann der Fall, wenn und soweit die Entscheidung mit einem Begründungselement oder dessen Fehlen „steht und fällt", das gehörswidrig gewonnen wurde oder bei hinreichender Gewährung rechtl. Gehörs mit zu berücksichtigen gewesen wäre[10]. Gibt es für die Entscheidung eine selbständig tragende Zweitbegründung, auf die sich die behauptete Gehörsverletzung nicht auswirkt, so ist der angebliche Verstoß insg. nicht entscheidungserheblich. Ist nur einer von mehreren Streitgegenständen oder nur ein Teil des Streitgegenstandes betroffen, so kann die Rüge auch nur insoweit begründet sein. Für den Erfolg kommt es gezielt auf die **Erheblichkeit der Rechtsverletzung** in dem konkreten Begründungszusammenhang an. Eine hypothetisch gegebene alternative Begründungsmöglichkeit für die angegriffene Entscheidung, bei der die Gehörsverletzung keine Rolle spielen würde, vermag diese Erheblichkeit nicht zu beseitigen. Denn der beschwerten Partei soll letztlich keine Entscheidung zugemutet werden, die so, wie sie ergangen ist, nicht angemessen auf ihre Teilnahme am Rechtsstreit Rücksicht genommen hat. In Betracht kommen zB folgende Verstöße gegen das **Verfahrensgrundrecht auf rechtl. Gehör:**

- Zurückweisung verspäteten Vorbringens trotz Nichtvorliegens der gesetzl. Voraussetzungen
- Entscheidung vor Ablauf einer gesetzten Stellungnahmefrist oder ohne Einhaltung der gesetzl. Ladungsfrist
- Säumnisentscheidung bei objektiv fehlender Säumnis der Partei
- Übergehen eines ordnungsgemäßen Beweisantrags
- Überraschungsentscheidung insb. unter Verstoß gegen § 139 ZPO[11]
- Entscheidung durch einen abgelehnten oder sonst unzuständigen Richter.

Wegen der Begründungserfordernisse im Einzelnen kann auf die Rspr. des BAG zu den Anforderungen an eine Nichtzulassungsbeschwerde nach Maßgabe des ebenfalls neu geschaffenen § 72 II Nr. 3 ver-

---

1 Vgl. BAG 22.7.2008 – 3 AZN 584/08 (F). ‖2 Vgl. LAG Sachs. 17.2.2012 – 4 Ta 310/11. ‖3 Krit. hierzu *Gravenhorst*, NZA 2005, 24 (25). ‖4 Vgl. LAG Rh.-Pf. 2.2.2005 – 2 Sa 1212/03, LAGReport 2005, 157. ‖5 Vgl. BAG 14.2.2007 – 5 AZA 15/06 (B), NZA 2007, 528; dazu aber BVerfG 23.10.2007 – 1 BvR 782/07. ‖6 Vgl. BVerfG 23.10.2007 – 1 BvR 782/07; 31.7.2008 – 1 BvR 416/08; BAG 23.9.2008 – 6 AZN 84/08. ‖7 Vgl. LAG Hess. 5.6.2008 – 10 Ta 153/07. ‖8 Vgl. LAG München 21.4.2005 – 3 Sa 257/04; LAG Bremen 11.6.2008 – 3 Sa 110/07; *Schrader*, NZA-RR 2006, 57 (62). ‖9 Vgl. BAG 7.2.2012 – 8 AZA 53/11 (F). ‖10 Vgl. *Bepler*, RdA 2005, 65 (68). ‖11 Vgl. BAG 12.12.2012 – 5 AZR 858/12 (F); LAG Köln 24.6.2006 – 8 Ta 307/05.

wiesen werden¹. Wird etwa gerügt, das Gericht habe das rechtl. Gehör verletzt, weil es keine rechtl. Hinweise gem. § 139 ZPO erteilt habe, so muss zum einen dargelegt werden, dass es sich um eine Überraschungsentscheidung gehandelt hat, und darüber hinaus, welcher Vortrag erfolgt wäre, wenn der gebotene Hinweis erteilt worden wäre. Denn anders kann nicht festgestellt werden, ob die Entscheidung auf dem unterlassenen Hinweis beruht. Dabei genügt die nachvollziehbare Darlegung, dass das Gericht bei Beachtung seiner Hinweispflicht möglicherweise anders entschieden hätte². Wird in einer Anhörungsrüge gegen ein Urteil des BAG die Verletzung des rechtl. Gehörs in Bezug auf Tatsachenvortrag geltend gemacht, so muss der Rügende darlegen, dass die nach seiner Auffassung übergangenen Tatsachen nach § 559 ZPO berücksichtigungsfähig waren. Gelingt dies nicht, so ist die Rüge bereits als unzulässig zu verwerfen (Abs. 2 S. 5 iVm. Abs. 4 S. 1 und 2)³.

6 **3. Frist und Form.** Die Rüge muss innerhalb einer **Notfrist von zwei Wochen** nach Kenntnis von der Gehörsverletzung **schriftl.** bei dem Gericht, dessen Entscheidung angegriffen wird, erhoben werden. Der Zeitpunkt der Kenntniserlangung ist glaubhaft zu machen. Ein Kennenmüssen der Rechtsverletzung reicht für den Fristbeginn nicht aus⁴. Bis zum Ablauf der endgültigen Jahresfrist nach Abs. 2 S. 2 bleibt eine Wiedereinsetzung in den vorigen Stand nach Maßgabe der §§ 233 ff. ZPO möglich. Formlos mitgeteilte Entscheidungen (zB Streitwertfestsetzungen des LAG und BAG) gelten mit dem dritten Tag nach Aufgabe zur Post als bekannt gegeben. Die Zulässigkeit der Rüge setzt ferner voraus, dass sie die **angegriffene Entscheidung bezeichnet** und innerhalb der Rügefrist näher darlegt, dass und wodurch das Gericht mit dieser Entscheidung den Anspruch der beschwerten Partei auf rechtl. Gehör **in entscheidungserheblicher Weise** verletzt hat⁵. Diese nicht geringen Anforderungen gelten grds. auch für die Darlegung einer Gehörsverletzung im erstinstanzlichen Verfahren, obwohl dort kein Anwaltszwang besteht. Umso mehr wird es darum gehen, zwischen querulatorischen und sachlich fundierten Rügen zu unterscheiden, um das neue Instrument der Selbstkorrektur verantwortungsvoll zu nutzen.

7 **III. Gerichtliches Verfahren (Abs. 3–6). 1. Anhörung des Gegners.** Soweit erforderlich, also regelmäßig bei formal zulässiger Rüge, ist zunächst dem Prozessgegner Gelegenheit zur Stellungnahme zu geben. Denn das weitere Verfahren kann sich auf die Rechtsstellung der anderen Partei auswirken.

8 **2. Entscheidungsmöglichkeiten des Gerichts.** Nach Abs. 4 ist die Rüge durch Beschluss kostenpflichtig (§ 97 I ZPO) als **unzulässig** zu verwerfen, wenn sie nicht statthaft ist – sich also gegen eine anderweitig angreifbare Endentscheidung oder eine dieser vorausgehende Entscheidung richtet – und/oder nicht in der gesetzl. Frist und Form begründet worden ist, wozu auch die nachvollziehbare Darlegung der Gehörsverletzung und deren Entscheidungserheblichkeit gehört. Der Rügende muss zB darlegen, welchen Vortrag er gehalten hätte, wenn er den von ihm gerügten fehlenden gerichtl. Hinweis auf die Unbestimmtheit eines Klageantrags erhalten hätte⁶. Einer mündlichen Verhandlung bedarf es nicht. Ist die Rüge zulässig erhoben, aber nach Auffassung des Gerichts **unbegründet**, so ist sie durch Beschluss kostenpflichtig (§ 97 I ZPO) zurückzuweisen. Die jeweilige Entscheidung, die kurz begründet werden soll, ist unanfechtbar und beendet den fachgerichtl. Rechtsweg. Sodann beginnt die Monatsfrist des § 93 BVerfGG für die Einlegung der allenfalls noch denkbaren **Verfassungsbeschwerde**. Mit Rücksicht darauf empfiehlt sich die Zustellung dieser Beschlüsse⁷. Nach Nr. 8500 KV beträgt die Gerichtsgebühr 50,00 Euro, wenn die Rüge in vollem Umfang verworfen oder zurückgewiesen wird. Dem Rechtsanwalt steht kein gesonderter Gebührenanspruch zu, weil das Rügeverfahren gem. § 19 I 2 Nr. 5 RVG zu dem Rechtszug gehört und mit den bereits entstandenen Gebühren abgegolten ist⁸.

9 **3. Mitwirkung der ehrenamtlichen Richter.** Nach Abs. 6 haben die ehrenamtlichen Richter grds. an den Entscheidungen über die Gehörsrüge mitzuwirken. **Das gilt nicht**, wenn die Rüge als unzulässig verworfen wird oder sich gegen eine Entscheidung richtet, die ohne Hinzuziehung der ehrenamtlichen Richter erlassen wurde (zB Streitwertbeschluss). Mangels abweichender Regeln im Geschäftsverteilungsplan des Gerichts gelten dessen allg. Regeln für die Heranziehung der ehrenamtlichen Richter des betroffenen Spruchkörpers⁹. In aller Regel sind daher wie bei einem Fortsetzungstermin in der Hauptsache die nächsten in der jeweiligen Liste bezeichneten ehrenamtlichen Richter zu beteiligen¹⁰. Wegen der naheliegenden Parallelen zu den §§ 156, 320 ZPO (Wiedereröffnung der mündlichen Verhandlung, Tatbestandsberichtigung) und der mit dem Anhörungsrügeverfahren bezweckten Möglichkeit einer „richterlichen Selbstkorrektur" kann der Geschäftsverteilungsplan auch eine Regelung treffen, dass dieselben ehrenamtlichen Richter heranzuziehen sind, die an der angegriffenen Entscheidung mitgewirkt haben¹¹.

---

1 Vgl. BAG 1.3.2005 – 9 AZN 29/05, BAGReport 2005, 249; 22.3.2005 – 1 ABN 1/05, FA 2005, 256; 10.5.2005 – 9 AZN 195/05, NZA 2005, 1205; 25.5.2005 – 8 AZN 346/05.   ‖2 Vgl. BAG 14.3.2005 – 1 AZN 1002/04, DB 2005, 956; 25.5. 2005 – 8 AZN 346/05.   ‖3 Vgl. BAG 30.11.2005 – 2 AZR 622/05 (F), NZA 2006, 452; 31.5.2006 – 5 AZR 342/06 (F), MDR 2007, 47.   ‖4 Vgl. BVerfG 4.4.2007 – 1 BvR 66/07; BAG 31.5.2006 – 5 AZR 342/06 (F), MDR 2007, 47; aA noch 2. Aufl. u. *Bepler*, RdA 2005, 65 (67); *Treber*, NJW 2005, 97 (99).   ‖5 Vgl. BAG 27.4.2010 – 5 AZN 336/10 (F), NZA 2010, 1032.   ‖6 Vgl. BAG 5.2.2013 – 7 AZR 947/12 (F).   ‖7 Vgl. Zöller/*Vollkommer*, § 329 ZPO Rz. 16.   ‖8 Vgl. LAG München 13.11.2008 – 10 Ta 460/08.   ‖9 Vgl. BAG 22.7.2008 – 3 AZN 584/08 (F); BGH 28.7.2005 – III ZR 443/04; GK-ArbGG/*Dörner*, § 78a Rz. 39; *Natter*, JbArbR, Bd. 42, S. 95 (103).   ‖10 Vgl. BAG 26.9.1996 – 8 AZR 126/95; GK-ArbGG/*Dörner*, § 78a Rz. 39.   ‖11 Vgl. *Bepler*, RdA 2005, 65 (68); *Düwell*, FA 2005, 75, (76); zur grds. Regelungsmöglichkeit auch BGH 28.7.2005 – III ZR 443/04.

4. Fortsetzung des Verfahrens bei begründeter Rüge. Im Umfang der Begründetheit der Rüge hat das 10
Gericht gem. Abs. 5 das Ausgangsverfahren fortzuführen und erneut einen Termin zur mündlichen Verhandlung anzuberaumen, wenn die angefochtene Entscheidung auf Grund mündlicher Verhandlung ergangen war. Durch den **Verweis auf § 343 ZPO** ist das weitere Verfahren dem Säumnisverfahren mit seinen Entscheidungsmöglichkeiten nachgebildet: Bleibt es nach der Gewährung rechtl. Gehörs im Erg. bei der angefochtenen Entscheidung, so ist diese aufrechtzuerhalten. Dabei kann das Gericht auch einen von der Gehörsverletzung unabhängigen neuen Begründungsweg beschreiten, der uU eine weitere Beweiserhebung entbehrlich macht. IÜ ist die angegriffene Entscheidung aufzuheben und eine neue Sachentscheidung zu treffen, wobei die – ggf. teilweise – Wiederaufnahme des Rechtsstreits in der abschließenden Entscheidung angemessen begründet werden muss[1].

IV. Einstweilige Einstellung der Zwangsvollstreckung (Abs. 7). Die Erhebung der Anhörungsrüge er- 11
öffnet der beschwerten Partei auch die Möglichkeit, eine einstw. Einstellung der Zwangsvollstreckung zu beantragen. § 707 ZPO, der dies für die Rüge nach § 321a ZPO unmittelbar vorsieht, ist entsprechend anwendbar, allerdings mit der aus § 62 I 3 übernommenen Besonderheit, dass der „Beklagte" – gemeint ist wohl die beschwerte Partei – glaubhaft macht, dass die Vollstreckung ihm **einen nicht zu ersetzenden Nachteil** bringen würde (vgl. § 62 Rz. 7 ff.).

Voraussetzung ist weitergehend stets, dass die Anhörungsrüge als Hauptantrag eine sachliche **Er-** 12
folgsaussicht hat[2]. Hierzu kann ergänzend auf die einschlägige Rspr. des BAG zur Einstellung der Zwangsvollstreckung nach Einlegung einer Nichtzulassungsbeschwerde verwiesen werden (vgl. § 72a Rz. 15 mwN).

Anders als bei der Einstellung der Zwangsvollstreckung nach § 62 I kommt wegen der besonderen Si- 13
tuation bei der Anhörungsrüge, die an der formellen Rechtskraft der angegriffenen Entscheidung zunächst nichts ändert, auch eine einstw. Einstellung der Zwangsvollstreckung gegen **Sicherheitsleistung** in Betracht. Die entsprechende Anwendung des § 707 ZPO ist insoweit nicht eingeschränkt.

V. Entsprechende Anwendung auf das Beschlussverfahren (Abs. 8). Die dargestellte Regelung der 14
Gehörsrüge findet auf das Beschlussverfahren in den Fällen des § 2a entsprechende Anwendung. Der mögliche Anwendungsbereich ist aber schon deswegen geringer, weil sämtliche verfahrensbeendenden Beschlüsse des ArbG nach § 87 ohne Mindestbeschwer mit der Beschwerde beim LAG angegriffen werden können. Auch die Beschlüsse des LAG sind nicht unangreifbar, sondern unterliegen – soweit die Rechtsbeschwerde nicht zugelassen wurde – der Nichtzulassungsbeschwerde nach § 92a, so dass die Gehörsrüge gem. Abs. 1 Nr. 1 ausgeschlossen ist. Für die Anhörungsrüge verbleiben daher nur die **Beschlüsse des BAG und die Beschlüsse des LAG im Bereich des einstw. Rechtsschutzes,** weil dort die Rechtsbeschwerde nach § 92 I 3 nicht stattfindet.

Fünfter Unterabschnitt. Wiederaufnahme des Verfahrens

79 *Wiederaufnahme des Verfahrens*
Die Vorschriften der Zivilprozessordnung über die Wiederaufnahme des Verfahrens gelten für Rechtsstreitigkeiten nach § 2 Abs. 1 bis 4 entsprechend. Die Nichtigkeitsklage kann jedoch nicht auf Mängel des Verfahrens bei der Berufung der ehrenamtlichen Richter oder auf Umstände, die die Berufung eines ehrenamtlichen Richters zu seinem Amt ausschließen, gestützt werden.

I. Grundsätzliche Verweisung auf die Vorschriften der ZPO. Nach S. 1 finden die Vorschriften über 1
die Wiederaufnahme des Verfahrens nach den §§ 578 ff. ZPO für die Rechtsstreitigkeiten, über die im **Urteilsverfahren** nach § 2 zu entscheiden ist, entsprechende Anwendung. Gleiches gilt auf Grund der Verweisung in § 80 II auch für das arbeitsgerichtl. **Beschlussverfahren.**

Die Wiederaufnahme eines durch rechtskräftiges Urteil – oder Beschluss im Beschlussverfahren – ge- 2
schlossenen Verfahrens kann nach § 578 I ZPO durch **Nichtigkeitsklage** und durch **Restitutionsklage** erfolgen. Beide Klagen sind trotz ihres rechtsmittelähnlichen Charakters keine echten Rechtsmittel, sondern zielen auf die Beseitigung bereits eingetretener Rechtskraft durch neue Verhandlung und Entscheidung vor demselben Gericht, nicht höherer Instanz[3].

Zu den anfechtbaren Entscheidungen gehören nicht nur die nach § 705 ZPO rechtskräftigen Endurtei- 3
le, sondern auch **urteilsvertretende Beschlüsse**, mit denen das Verfahren formell rechtskräftig abgeschlossen wird, zB nach § 91a ZPO bei Erledigung der Hauptsache oder nach §§ 66 II 2, 522 I ZPO bei Verwerfung einer unzulässigen Berufung[4]. Angreifbar ist auch ein Beschluss des BAG nach § 72a V, durch den eine Nichtzulassungsbeschwerde verworfen oder zurückgewiesen wird[5]. Allerdings muss der

---

1 Vgl. *Bepler*, RdA 2005, 65 (68). ||2 Vgl. Zöller/*Herget*, § 707 ZPO Rz. 9; *Bepler*, RdA 2005, 65 (67). ||3 Vgl. näher Zöller/*Greger*, Vor § 578 ZPO Rz. 1. ||4 Vgl. GMP/*Müller-Glöge*, § 79 Rz. 1 mwN. ||5 BAG 18.10.1990 – 8 AS 1/90, SAE 1991, 112.

Antragsteller darlegen, dass gerade dieser Beschluss auf einem Nichtigkeits- oder Restitutionsgrund beruht; ansonsten ist der Restitutionsantrag unzulässig[1].

4 Die Parteien des Wiederaufnahmeverfahrens sind grds. dieselben wie in dem vorangegangenen Verfahren. Der Ablauf gliedert sich drei Abschnitte: Die **Prüfung der Zulässigkeit** (§ 589 ZPO), das **aufhebende Verfahren** mit der Prüfung, ob Wiederaufnahmegründe vorliegen, und schließlich das **ersetzende Verfahren** mit einer neuen Verhandlung der Hauptsache (§ 590 ZPO). Nach Ablauf von fünf Jahren seit Eintritt der Rechtskraft der anzugreifenden Entscheidung ist jede Wiederaufnahmeklage unstatthaft (§ 586 II 2 ZPO).

5 **II. Sonderregelung des S. 2.** Nach § 579 I Nr. 1 ZPO findet die Nichtigkeitsklage ua. statt, wenn das erkennende Gericht nicht vorschriftsmäßig besetzt war[2]. Diese Klage kann jedoch nach ausdrücklicher Einschränkung des § 79 S. 2 nicht auf Mängel des Verfahrens **bei der Berufung der ehrenamtlichen Richter** oder auf Umstände, die die Berufung eines ehrenamtlichen Richters zu seinem Amt ausschließen, gestützt werden. Unschädlich sind damit Fehler im Berufungsverfahren nach den §§ 20 ff. durch die oberste Landesbehörde oder die beauftragte Stelle, insb. Ausschließungsgründe nach § 21. Möglich bleibt demggü. eine Nichtigkeitsklage wegen falscher Besetzung des Gerichts infolge fehlerhafter Heranziehung der ehrenamtlichen Richter zu den einzelnen Sitzungen nach den §§ 31, 39, 43[3]. Allerdings liegt eine nach Art. 101 I 2 GG verfassungswidrige Entziehung des gesetzl. Richters nicht bei jeder irrtümlichen Verkennung der Besetzungsregeln vor. Erforderlich ist vielmehr Willkür, die dann anzunehmen ist, wenn sich die Maßnahme so weit vom Grundsatz des gesetzl. Richters entfernt, dass sie nicht mehr verständlich erscheint und unhaltbar ist[4].

6 Soweit die Sonderregelung nicht eingreift, können die Nichtigkeits- und Wiederaufnahmegründe nach näherer Maßgabe der §§ 579, 580 ZPO geltend gemacht werden. Insb. kann die Nichtigkeitsklage nach § 579 I Nr. 2 ZPO auch darauf gestützt werden, dass der ehrenamtliche Richter im Streitfall von der Ausübung des Richteramts kraft Gesetzes nach § 41 ZPO ausgeschlossen war. Eine Restitutionsklage ist allerdings unzulässig, wenn dem Ziel der Neuverhandlung der Hauptsache eine anderweitige, rechtskräftige und abschließende Entscheidung entgegensteht[5]. Der Restitutionsgrund des § 580 **Nr. 8 ZPO** (Urteil beruht auf einer vom EGMR festgestellten Verletzung der EMRK) wurde durch Art. 10 Nr. 6 des Zweiten Gesetzes zur Modernisierung der Justiz mWv. 31.12.2006 geschaffen. Gem. § 35 EGZPO ist die Vorschrift „[auf Verfahren], die vor dem 31. Dezember 2006 rechtskräftig abgeschlossen worden sind, [...] nicht anzuwenden". Die Überleitungsvorschrift knüpft an die formelle Rechtskraft des (Ausgangs-)Verfahrens und nicht an den Zeitpunkt an, in dem ein endgültiges, eine Konventionsverletzung feststellendes Urteil des **Europäischen Gerichtshofs für Menschenrechte** vorliegt[6].

7 Wegen der Zweispurigkeit des Schwerbehindertenschutzes haben folgende Wiederaufnahmetatbestände im arbeitsgerichtl. Verfahren besondere Bedeutung: Der Restitutionsgrund des § 580 Nr. 6 ZPO ist gegeben, wenn der Zustimmungsbescheid des Integrationsamts zur Kündigung eines Schwerbehinderten im verwaltungsgerichtl. Verfahren rechtskräftig aufgehoben wird, zuvor aber das ArbG wegen der Zustimmung die Wirksamkeit der Kündigung festgestellt hat[7]. Auch der nach Rechtskraft eines klageabweisenden Kündigungsschutzurteils erlassene Feststellungsbescheid des Versorgungsamtes, in dem eine zum Zeitpunkt der Kündigung bereits bestandene Schwerbehinderteneigenschaft festgestellt wird, stellt einen Restitutionsgrund analog § 580 Nr. 7b ZPO dar[8]. In diesen Fällen ist der Kündigungsschutzprozess neu zu verhandeln. Das kann auf später ergehende Strafurteile, an deren Feststellungen Zivilgerichte nicht gebunden sind, nicht übertragen werden[9].

Zweiter Abschnitt. Beschlussverfahren

Erster Unterabschnitt. Erster Rechtszug

80 *Grundsatz*
(1) Das Beschlussverfahren findet in den in § 2a bezeichneten Fällen Anwendung.

(2) Für das Beschlussverfahren des ersten Rechtszugs gelten die für das Urteilsverfahren des ersten Rechtszugs maßgebenden Vorschriften über Prozessfähigkeit, Prozessvertretung, Ladungen, Termine und Fristen, Ablehnung und Ausschließung von Gerichtspersonen, Zustellungen, persönliches Erscheinen der Parteien, Öffentlichkeit, Befugnisse des Vorsitzenden und der ehrenamtlichen Richter, Mediation und außergerichtliche Konfliktbeilegung, Vorbereitung der streitigen Verhandlung, Ver-

---

1 Vgl. BAG 12.9.2012 – 5 AZN 1743/12 (F). || 2 Vgl. zur Subsidiarität der Verfassungsbeschwerde BVerfG 31.7.2001 – 1 BvR 304/01, NZA 2002, 284. || 3 Vgl. BAG 21.6.2001 – 2 AZR 359/00, EzA § 21e GVG Nr. 2. || 4 BAG 21.6.2001 – 2 AZR 359/00, EzA § 21e GVG Nr. 2 mwN. || 5 Vgl. LAG Schl.-Holst. 16.12.2004 – 4 Sa 303/04. || 6 Vgl. BAG 22.11.2012 – 2 AZR 570/11. || 7 BAG 25.11.1980 – 6 AZR 210/80, EzA § 580 ZPO Nr. 1; 23.5.2013 – 2 AZR 991/11. || 8 BAG 15.8.1984 – 7 AZR 558/82, EzA § 580 ZPO Nr. 2. || 9 Vgl. BAG 25.4.2007 – 6 AZR 436/05, FA 2007, 276; 29.9.2011 – 2 AZR 674/10.

handlung vor der Kammer, Beweisaufnahme, gütliche Erledigung des Verfahrens, Wiedereinsetzung in den vorigen Stand und Wiederaufnahme des Verfahrens entsprechend, soweit sich aus den §§ 81 bis 84 nichts anderes ergibt. Der Vorsitzende kann ein Güteverfahren ansetzen; die für das Urteilsverfahren des ersten Rechtszugs maßgebenden Vorschriften über das Güteverfahren gelten entsprechend.

(3) § 48 Abs. 1 findet entsprechende Anwendung.

Das Beschlussverfahren nach §§ 80 ff. findet außer in den in § 2a aufgeführten Streitigkeiten auch in den Angelegenheiten nach §§ 122, 126 InsO statt. Die richtige **Verfahrensart** ist vom angerufenen ArbG **von Amts wegen** zu prüfen (§§ 48 I, 80 III, vgl. § 2a Rz. 25 ff.). Die Verfahrensarten schließen einander aus. Gegenstände, die verschiedenen Verfahrensarten zugewiesen sind, können nicht in einem Verfahren verbunden werden[1]. **Entsprechende Anwendung** finden §§ 80 ff. nach § 83 II BPersVG für das verwaltungsgerichtl. Verfahren in bundespersonalvertretungsrechtl. Angelegenheiten sowie über § 106 BPersVG auch im LandespersonalvertretungsR, wenn dort eine entsprechende Verfahrensregel geschaffen worden ist[2] (zB § 88 II MBG Schl.-Holst.; § 86 LPVG BW).

Im arbeitsgerichtl. Beschlussverfahren werden **Rechtsstreitigkeiten** entschieden. Die **Regelung** kollektiver Angelegenheiten ist in dem vom BetrVG festgelegten Umfang dem betriebsnahen Einigungsstellenverfahren vorbehalten. Das **Beschlussverfahren** ist im Vergleich zum Urteilsverfahren durch terminologisch-formale, aber auch inhaltliche **Besonderheiten** gekennzeichnet; in der Gesetzesentwicklung ist allerdings eine Annäherung an die dort geltenden Verfahrensregeln festzustellen: Das Beschlussverfahren wird nicht durch Klage, sondern durch einen Antrag eingeleitet. Das ArbG hat die an dem durch den Antragsteller bestimmten Verfahrensgegenstand materiell **Beteiligten von Amts wegen** festzustellen und sie auch formell am Verfahren zu beteiligen (§ 83). Einen Antragsgegner kennt das Beschlussverfahren nicht. Die tatsächlichen Entscheidungsgrundlagen sind nicht beizubringen, sondern nach dem **Untersuchungsgrundsatz** von Amts wegen zu ermitteln, wobei die Beteiligten allerdings **wesentliche Mitwirkungspflichten** haben. Die instanzbeendende Entscheidung ergeht nicht durch Urteil, sondern durch Beschluss. Die Rechtsmittel im Beschlussverfahren sind Beschwerde (§§ 87 ff.) und Rechtsbeschwerde (§§ 92 ff.).

Soweit die §§ 81–84 nicht etwas anderes bestimmen, gelten im Beschlussverfahren die Vorschriften für das Urteilsverfahren erster Instanz, die in Abs. 2 in Bezug genommen sind. So richtet sich die Prozessfähigkeit über § 46 II ArbGG nach § 51 ZPO. Für die **Parteifähigkeit**, der im Beschlussverfahren die Beteiligtenfähigkeit entspricht, gibt es mit **§ 10** eine spezielle Regelung, die den besonderen Akteuren der kollektivrechtl. Streitigkeiten nach § 2a die Beteiligtenfähigkeit zuerkennt.

Für die **Verfahrensvertretung** gilt § 11. Nach dieser Bestimmung dürfen Verbandsvertreter aber nur Mitglieder vertreten. Ist im betriebsverfassungsrechtl. Organ Antragsteller oder Beteiligter, genügt es, wenn wenigstens ein Mitglied dieses Organs dem betreffenden Verband angehört und das Organ eine Vertretung durch diesen beschlossen hat[3]. Ein solcher **Beschluss** ist iÜ **immer** erforderlich. Nach dem **Alleingang** eines BR-Mitglieds kann aber dessen Beauftragung eines Prozessbevollmächtigten bis zum Ende des Verfahrens **durch BR-Beschluss genehmigt** werden[4]; eine einmal ordnungsgemäß erteilte oder genehmigte Verfahrensbevollmächtigung ermächtigt ohne Weiteres auch zur **Einlegung von Rechtsmitteln**[5]. § 11a über die Beiordnung eines Rechtsanwalts und über die Bewilligung von PKH findet Anwendung, wenn und soweit der Beteiligte eine natürliche Person ist. IÜ folgt die **Kostentragungspflicht** im Beschlussverfahren dem materiellen Recht, insb. dem kollektiven Arbeitsrecht[6], etwa § 40 BetrVG[7] und § 44 BPersVG. Für Ladungen, Termine und Fristen gelten § 46 II 1 ArbGG, §§ 241 ff. ZPO, für die Ablehnung und Ausschließung von Gerichtspersonen § 49, sowie § 46 II ArbGG, §§ 41 ff. ZPO, wobei an die Stelle der dort genannten Parteien die Beteiligten treten.

Die Regelungen über die **Zustellung** finden sich in § 50 sowie in § 46 II ArbGG, §§ 166 ff. ZPO. Zustellungen an BR, PersR oder andere Organe der Betriebsverfassung müssen entsprechend § 170 II ZPO an deren Vorsitzenden erfolgen. Eine Ersatzzustellung (§ 178 I ZPO) ist möglich, wenn BR oder PersR ein eigenes Büro mit Bürokraft unterhalten. Betrieb oder Dienststelle sind nicht Geschäftsraum der ArbN-Vertretung[8]. Anders ist es, wenn die ArbN-Vertretung die Postannahmestelle des ArbGeb durchgängig damit betraut hat, für sie bestimmte Post entgegen zu nehmen und weiterzuleiten[9]. § 185 ZPO ist unter dieser Bedingung unanwendbar.

Auch im Beschlussverfahren kann das persönliche Erscheinen der Beteiligten nach § 51 ArbGG, § 141 ZPO angeordnet und durchgesetzt werden. Wegen des das arbeitsgerichtl. Beschlussverfahren – eingeschränkt – beherrschenden Untersuchungsgrundsatzes ist **§ 51 II** allerdings **unanwendbar**; ein Verfahrensbevollmächtigter kann nicht mit der Begründung zurückgewiesen werden, der Beteiligte, dessen persönliches Erscheinen angeordnet worden war, sei unbegründet ausgeblieben. Für die Öffentlichkeit

---

1 Hauck/Helml/Biebl/*Hauck*, § 80 Rz. 3. ||2 BVerwG 16.12.1977 – VII P 27.77, Buchholz 238.3A § 106 BPersVG.
||3 BAG 29.1.1992 – 7 ABR 29/91, NZA 1993, 379; GK-ArbGG/*Dörner*, § 80 Rz. 33 f.; Grunsky/*Greiner*, § 80 Rz. 13.
||4 BAG 10.10.2007 – 7 ABR 51/06, NZA 2008, 369. ||5 BAG 26.5.2009 – 1 ABR 12/08, NZA-RR 2009, 588.
||6 BAG 2.10.2007 – 1 ABR 79/06, NZA 2008, 429. ||7 BAG 19.3.2003 – 7 ABR 15/02, BAGE 105, 311. ||8 GMP/*Matthes*/*Spinner*, § 80 Rz. 51. ||9 BAG 20.1.1976 – 1 ABR 48/75, DB 1976, 828.

der Verhandlung und den Ausschluss der Öffentlichkeit (§ 52 ArbGG, §§ 169, 173 ff. GVG) gelten keine Besonderheiten.

7 Wegen der **Befugnisse** des **Vorsitzenden** und der ehrenamtlichen Richter (§§ 53, 55) gilt, dass ein instanzabschließender Beschluss zwar ohne mündliche Verhandlung ergehen (§ 83 IV 3), grds. aber nicht vom Vorsitzenden allein erlassen werden kann. Das Verfahren nach Antragsrücknahme ist speziell in § 81 II geregelt. Ein **Säumnisverfahren** gibt es im arbeitsgerichtl. Beschlussverfahren **nicht**; § 55 I Nr. 3 und Nr. 4 sind unanwendbar. Nach Abs. 2 S. 2 hat der **Vorsitzende** die in seinem pflichtgemäßen Ermessen stehende Möglichkeit, im Beschlussverfahren einen **Gütetermin** (§ 54) vorzuschalten[1], und kann bei dessen **Scheitern ausnahmsweise allein** nach § 55 III im Einvernehmen mit **allen** Beteiligten eine **abschließende Entscheidung** treffen[2]. Eine Säumnis im Gütetermin bleibt wegen der fehlenden Möglichkeit einer Säumnisentscheidung folgenlos; auch das Ruhen des Verfahrens kann nicht nach § 54 V angeordnet werden[3]. Bei Säumnis ist Termin zur **Anhörung vor der Kammer** anzuberaumen, falls nicht bereits mit der Ladung zum Gütetermin auch zu einem etwa anschließenden Kammertermin geladen worden ist. In diesem Fall kann durch die Kammer im unmittelbaren Anschluss entschieden werden, weil der Anhörungspflicht genügt ist[4].

8 Trotz der umfassenden Verweisung in Abs. 2 findet das **Güteverfahren** allerdings **weder** im Verfahren nach § 98 noch bei der **einstw. Verfügung im Beschlussverfahren** statt[5]. Durch Bezugnahme auf die Bestimmungen des Güteverfahrens ist im Beschlussverfahren auch § 54 VI anwendbar, der durch das Gesetz zur Förderung der Mediation und anderer Verfahren der außergerichtl. Konfliktbeilegung eingefügt worden ist[6]. Er ermöglicht es dem zuständigen Richter, die Beteiligten für die Güteverhandlung oder deren Fortsetzung an einen **Güterichter** als nicht zur Entscheidung befugten ersuchten Richter zu verweisen. Diese zwar nicht nach dem Gesetzeswortlaut aber nach den Gesetzesmotiven **von der Zustimmung aller** materiell **Beteiligten abhängige**[7] Möglichkeit überrascht im Beschlussverfahren ebenso wie die in Abs. 2 eingefügte Verweisung auf die Bestimmungen über die ebenfalls nur einvernehmlich mögliche **Meditation und außergerichtl. Konfliktbeilegung** (§ 54a). Zumindest für die hier ganz im Vordergrund stehenden betriebsverfassungsrechtl. Streitigkeiten stellt der Gesetzgeber seit 1972 mit dem umfassend einsetzbaren freiwilligen Einigungsstellenverfahren, das ebenfalls nicht in eine streitige Entscheidung münden kann und auch nicht unter dem Vorsitz eines Juristen stehen muss, ein in der Sache sehr ähnliches und erfolgreich eingeführtes außergerichtl. Konfliktbeilegungsinstrument zur Verfügung.

9 Für die Anhörung der Beteiligten vor der Kammer gilt § 57, für die Beweisaufnahme § 58, wobei die Beweisaufnahme durch Kammerbeschluss dem Vorsitzenden übertragen oder im Wege der Rechtshilfe durchgeführt werden kann. Auch im Beschlussverfahren ist eine gütliche Beilegung des Verfahrens nach § 57 II anzustreben. Ein **Vergleich** ist aber nur möglich, soweit die Beteiligten über den Verfahrensgegenstand verfügen können; § 278 VI ZPO ist wohl unanwendbar (vgl. § 83a Rz. 2 ff.). Schließlich gelten auch die Vorschriften über die **Wiedereinsetzung in den vorigen Stand** (§§ 233 ff. ZPO) und die Wiederaufnahme des Verfahrens (Abs. 2, § 79 ArbGG, §§ 578 ff. ZPO).

10 Obwohl Abs. 2 keine allg. Verweisung auf die **ZPO** enthält, sind deren Vorschriften **subsidiär** anwendbar, soweit nach §§ 80 ff. und den dort in Bezug genommenen Bestimmungen Fragen ungeregelt bleiben, es sei denn, der besondere Charakter des arbeitsgerichtl. Beschlussverfahrens steht dem entgegen[8]. Deshalb werden bspw. die Bestimmungen zur Aussetzung des Verfahrens (§ 148 ZPO), zur Rechtshängigkeit (§ 261 ZPO) sowie zur Bestimmtheit des Antrags und zum Feststellungsinteresse des Antragenden angewendet, **nicht** aber die Bestimmungen über **Nebenintervention** und **Streitverkündung**. Sie sind durch die Regelungen zur Beteiligung verdrängt[9].

81 Antrag

(1) **Das Verfahren wird nur auf Antrag eingeleitet; der Antrag ist bei dem Arbeitsgericht schriftlich einzureichen oder bei seiner Geschäftsstelle mündlich zur Niederschrift anzubringen.**

(2) **Der Antrag kann jederzeit in derselben Form zurückgenommen werden. In diesem Fall ist das Verfahren vom Vorsitzenden des Arbeitsgerichts einzustellen. Von der Einstellung ist den Beteiligten Kenntnis zu geben, soweit ihnen der Antrag vom Arbeitsgericht mitgeteilt worden ist.**

(3) **Eine Änderung des Antrags ist zulässig, wenn die übrigen Beteiligten zustimmen oder das Gericht die Änderung für sachdienlich hält. Die Zustimmung der Beteiligten zu der Änderung des Antrags gilt als erteilt, wenn die Beteiligten sich, ohne zu widersprechen, in einem Schriftsatz oder in der mündli-**

---

1 Krit. *Germelmann*, NZA 2000, 1017 (1024). ‖ 2 GK-ArbGG/*Dörner*, § 80 Rz. 55; Düwell/Lipke/*Reinfelder*, § 80 Rz. 27; Grunsky/*Greiner*, § 80 Rz. 23; aA ErfK/*Koch*, § 80 ArbGG Rz. 4. ‖ 3 Hauck/Helml/Biebl/*Hauck*, § 80 Rz. 7a. ‖ 4 GK-ArbGG/*Dörner*, § 80 Rz. 53. ‖ 5 GK-ArbGG/*Dörner*, § 80 Rz. 56; ErfK/*Koch*, § 80 ArbGG Rz. 4. ‖ 6 BT-Drs. 17/8058. ‖ 7 BT-Drs. 17/8058, 21; Düwell/Lipke/*Tautphäus*, § 54 Rz. 58; GK-ArbGG/ *Schütz*, § 54 Rz. 80; aA Voraufl.: *Henssler/Deckenbrock*, DB 2012, 159 (162). ‖ 8 BAG 16.7.1996 – 3 ABR 13/95, NZA 1997, 337. ‖ 9 BAG 5.12.2007 – 7 ABR 72/06, NZA 2008, 653.

chen Verhandlung auf den geänderten Antrag eingelassen haben. Die Entscheidung, dass eine Änderung des Antrags nicht vorliegt oder zugelassen wird, ist unanfechtbar.

I. Verfahrenseinleitung. 1. Antragsschrift. Das Beschlussverfahren wird durch einen der Klage entsprechenden **Antrag eingeleitet**. Für ihn besteht **kein Vertretungszwang**, Vertretung ist aber nach den allg. Regeln (§ 11) möglich. Es ist auch eine Antragstellung zu Protokoll der Geschäftsstelle statthaft. Wird eine **Antragsschrift** beim ArbG eingereicht, muss sie vom Antragsteller oder seinem Verfahrensvertreter **unterzeichnet** sein. Es reicht aus, wenn eine entsprechende **schriftl. Vorlage** per Telegramm, Fernschreiben oder als Telefax, nach Auffassung des Gemeinsamen Senats der Obersten Gerichtshöfe des Bundes sogar als Textdatei mit **eingescannter Unterschrift** unmittelbar beim ArbG eingeht (einzelne Nachw. bei § 74 Rz. 6).

Die Antragsschrift muss den **Antragsteller** zweifelsfrei **erkennen** lassen. Einen **Antragsgegner** gibt es im Beschlussverfahren **nicht**. Das Gesetz kennt nur Antragsteller(in) und – übrige – Beteiligte. Eine Person oder Stelle, der ggü. im Beschlussverfahren Rechte in Anspruch genommen werden, kann zwar in einem materiellen Sinne Verfahrensgegner sein. Formell handelt es sich aber auch insoweit nur um einen von möglicherweise mehreren materiell **Beteiligten** (dazu § 83 Rz. 19 f.) mit grds. gleichen Verfahrensrechten[1]. Sie müssen in der Antragsschrift nicht im Einzelnen aufgeführt werden. Sie sind nach den Vorgaben des § 83 III **von Amts wegen** zu beteiligen[2].

Die Antragsschrift muss einen Sachantrag enthalten und den **Sachverhalt darstellen**, aus dem sich das dem Gericht zur Entscheidung vorgelegte Rechtsschutzziel ergibt (§ 253 II Nr. 2 ZPO), damit der Antrag zulässig erhoben ist und eine etwa gebotene Frist eingehalten wird[3].

2. Funktionen des Antrags. Mit dem Antrag wird der **Streitgegenstand** und der Rahmen für eine gerichtl. Entscheidung (§ 308 ZPO) **festgelegt**; anderes oder mehr als beantragt darf nicht zuerkannt werden[4]. Deshalb muss der Sachantrag **bestimmt** sein. Es muss erkennbar sein, über welche konkrete Streitfrage das Gericht mit Wirkung für die Beteiligten entscheiden soll. Eine antragsgemäße, auf eine Verpflichtung gerichtete Entscheidung muss einen **vollstreckungsfähigen Inhalt** haben; ein Vollstreckungsschuldner muss wissen, welche Pflichten er erfüllen soll, was er zu unterlassen hat[5]; die Konkretisierung der Verhaltenspflichten darf nicht in das Vollstreckungsverfahren verlagert werden[6]. Der Antrag muss die Maßnahme, den betriebl. Vorgang oder auch die angestrebte Detailregelung genau bezeichnen, für die ein MitbestR oder die Zuständigkeit eines Organs der Betriebsverfassung in Anspruch genommen oder geleugnet wird; eine bloße Gesetzeswiederholung reicht nie aus[7].

Das ArbG kann bei der gebotenen Festlegung des Streitgegenstandes durch **Auslegung des Sachantrages** helfen. Dabei ist aber nur ein Auslegungsergebnis möglich, das bei loyalem Verständnis des Vorbringens des Antragstellers als dessen **Antragsziel** erkennbar ist.

Mit dem Antrag muss nicht – und kann auch **nicht** verbindlich – die **Verfahrensart** gewählt werden. Sie ergibt sich aus dem mit dem Antrag bestimmten Streitgegenstand und der gerichtl. Anwendung von § 2 und § 2a. Ein Antrag, für den die unrichtige Verfahrensart „gewählt" wurde, ist deshalb nicht unzulässig, sondern nach § 48 von Amts wegen in der richtigen Verfahrensart zu behandeln. Nur dann, wenn der Antragsteller auf der „gewählten" Verfahrensart beharrt, ist hierüber nach § 48 ArbGG iVm. §§ 17 ff. GVG **vorab** zu **entscheiden**[8].

Mit der **förmlichen Zustellung** der ordnungsgemäßen Antragsschrift an alle übrigen materiell am Verfahren Beteiligten, die nach §§ 80 II, 47 **von Amts wegen** zu erfolgen hat, obwohl Abs. 2 S. 2 nur von der Mitteilung des Antrags spricht[9], wird der Streitgegenstand **rechtshängig**. Eine etwa einzuhaltende **Frist**[10] wird aber in aller Regel im Hinblick auf § 270 ZPO bereits durch den **rechtzeitigen Eingang der Antragsschrift bei Gericht** gewahrt.

Unter denselben Voraussetzungen wie im Urteilsverfahren sind **Antragshäufungen, Hilfsanträge** und **Wideranträge** statthaft. Gelegentlich, wenn es um die Durchführung vorläufiger personeller Maßnahmen geht, werden sie sogar vom Gesetz angeordnet (§ 100 II und III BetrVG)[11]. **Für jeden** Antrag müssen die **Zulässigkeitsvoraussetzungen** erfüllt sein, wozu bspw. auch deren Bedingungsfeindlichkeit gehört[12]. **Wideranträge** sind wegen anderweitiger Rechtshängigkeit unzulässig, wenn sie lediglich das **genaue Gegenteil** dessen beinhalten, was mit dem Antrag angestrebt wird. Etwas anderes gilt, wenn es sich bei den beiden einander gegenüberstehenden Anträgen um Globalanträge handelt (Rz. 19 ff.) oder wenn mit dem Widerantrag zumindest teilweise ein anderer Streitgegenstand zur Entscheidung gestellt wird[13].

---

1 BAG 16.12.1986 – 1 ABR 35/85, BAGE 54, 36 (41). ||2 GK-ArbGG/*Dörner*, § 81 Rz. 27, 53. ||3 ErfK/*Koch*, § 81 ArbGG Rz. 1. ||4 BAG 27.10.1992 – 1 ABR 17/92, NZA 1993, 561. ||5 BAG 14.11.2006 – 1 ABR 5/06, NZA 2007, 458; 27.7.2010 – 1 ABR 74/09, AP Nr. 51 zu § 253 ZPO; 14.9.2010 – 1 ABR 32/09, NZA 2011, 364. ||6 BAG 3.6.2003 – 1 ABR 19/02, DB 2003, 2496. ||7 BAG 1.7.2003 – 1 ABR 20/02, NZA 2004, 620. ||8 GK-ArbGG/*Dörner*, § 81 Rz. 7. ||9 GMP/*Matthes/Spinner*, § 81 Rz. 71. ||10 ZB nach §§ 19 II 2, 76 V 4, 78a IV, 100 II 3 BetrVG. ||11 BAG 15.9.1987 – 1 ABR 44/86, BAGE 56, 108. ||12 BAG 7.5.1986 – 2 ABR 27/85, BAGE 52, 50. ||13 BAG 3.6.2003 – 1 ABR 19/02, BAGE 106, 188.

9 **II. Antragsteller und Antragsbefugnis.** Jede **beteiligtenfähige** Person oder Stelle kann im Beschlussverfahren einen Antrag stellen, also jeder Parteifähige iSv. § 50 ZPO unter Einschluss einer GbR als ArbGeb[1], sowie die Organe der Betriebsverfassung. Deren Anträge sind aber nur dann zulässig, wenn eine Beschlussfassung über Gegenstand und Ziel des Verfahrens erfolgt[2] oder die Verfahrenseinleitung zumindest nachträglich durch Beschluss genehmigt worden ist[3]. Ein von einem Beteiligtenfähigen verfolgter Antrag ist unzulässig, wenn dem Antragsteller die von der Beteiligtenfähigkeit zu trennende **Antragsbefugnis** fehlt[4]. Sie dient entsprechend der Prozessführungsbefugnis im Urteilsverfahren dazu, **Popularklagen** auszuschließen und ist in jedem Stadium des Verfahrens von Amts wegen und für jeden Antrag gesondert zu prüfen. Sie besteht, wenn der Antragsteller vorträgt, Träger des streitbefangenen Rechts, durch die begehrte Entscheidung in seiner betriebsverfassungsrechtl. Rechtsposition betroffen zu sein. Dies ist in aller Regel nur dann der Fall, wenn der Antragsteller **eigene Rechte geltend macht**[5] oder vom Gesetz ausdrücklich als antragsbefugt gekennzeichnet wird (zB § 19 II oder § 76 V 4 BetrVG), wobei in letzterem Falle grds. keine anderen Personen oder Stellen als die im Gesetz benannten antragsbefugt sind[6].

10 Im Beschlussverfahren sind ebenso wie im Urteilsverfahren Leistungs-, Feststellungs- und Gestaltungsanträge statthaft[7]. Für **Leistungsanträge** besteht die Antragsbefugnis, weil ein Antragsteller, der eine Leistung an sich verlangt, damit zugleich auch geltend macht, ihm stehe ein entsprechendes Recht zu. Geht es um die **Feststellung** eines Rechtsverhältnisses, liegt Antragsbefugnis vor, wenn der Antragsteller die Feststellung eines **Rechtsverhältnisses** begehrt, an dem er **selbst beteiligt ist**[8]. Die Feststellung eines Rechtsverhältnisses zwischen Dritten kann im Beschlussverfahren dann verfolgt werden, wenn der Antragsteller im Zusammenhang damit eigene betriebsverfassungsrechtl. Rechte verfolgt und die materielle Rechtsordnung dem Antragsteller eine **eigene Rechtsposition** zuordnet, die es ihm erlaubt, sich vor entsprechenden Rechtsbeeinträchtigungen zu schützen[9]. Hier wie auch bei **Gestaltungsanträgen** ist bereits bei der Antragsbefugnis die materielle Rechtseinräumung entscheidend.

11 Auch im Beschlussverfahren kann sich die Antragsbefugnis aus einer gesetzl. (zB § 23 III BetrVG) oder **gewillkürten Prozessstandschaft** ergeben, also einem privatautonom übertragenen Recht, eine fremde Rechtsposition in eigenem Namen gerichtl. zu verfolgen. So kann etwa der BR den GBR, der GBR den KBR **beauftragen**, eine bestimmte Angelegenheit zu behandeln und notfalls gerichtl. klären zu lassen[10]. In einem solchen Fall ist nur der GBR/KBR, nicht der BR/GBR beteiligungs- und antragsbefugt. Mit diesen gesetzl. eingeräumten Möglichkeiten sind aber soweit ersichtlich die einzigen Fälle angesprochen, in denen eine andere Stelle als der BR/GBR deren Rechte im Wege der Prozessstandschaft verfolgen kann. Voraussetzung hierfür ist nämlich, dass der Rechtsinhaber nach **materiellem Recht** befugt ist, seine Rechtsposition auf einen anderen, den Prozessstandschafter, zu **übertragen**. Dies ist den Trägern der betriebl. Mitbest., was ihre betriebsverfassungsrechtl. Rechte angeht, sieht man von §§ 50 II und 58 II BetrVG ab, grds. versagt[11]. IÜ gilt für die Zulässigkeit der Prozessstandschaft der allg. Grundsatz, dass hierfür neben der Ermächtigung durch den Rechtsinhaber ein eigenes rechtl. Interesse an der Durchsetzung der Rechtsposition erforderlich ist, damit **nicht die Beteiligtenstellung willkürlich verschoben** werden kann[12].

12 Ein BR kann auch unter dem Gesichtspunkt einer zulässigen Prozessstandschaft **nicht Rechte für betroffene Mitarbeiter** geltend machen, etwa mit dem Antrag festzustellen, den Mitarbeitern stünden aus einer BV noch bestimmte Rechte zu[13]. Er kann auch kein Rechtsverhältnis festgestellt verlangen, aus dem sich **Folgen nur für einzelne ArbN** und nicht auch für ihn selbst ergeben[14]. Hier gilt Entsprechendes wie im Verhältnis zwischen einer Gewerkschaft und den ArbN, die von einem von dieser Gewerkschaft abgeschlossenen TV begünstigt werden[15]. Der BR kann aber die selbst mitgeschaffene Ordnung gegen Eingriffe verteidigen und etwa die Unwirksamkeit der Kündigung einer BV über betrAV geltend machen, wobei eine solche Entscheidung sogar für einzelne ArbN und Betriebsrentner **präjudiziell wirken** kann (vgl. § 84 Rz. 11 ff.)[16]. Ebenso kann er im Rahmen seines Durchführungsanspruchs auch **Wirksamkeit** und **Inhalt** des von ihm – nicht vom GBR oder KBR im Rahmen von deren Kompetenz[17] – Vereinbarten gerichtl. **klären** lassen[18].

---

1 BAG 1.12.2003 – 5 AZR 597/03, NZA 2005, 318. ||2 BAG 29.4.2004 – 1 ABR 30/02, NZA 2004, 670; vgl. auch BAG 10.10.2007 – 7 ABR 51/06, NZA 2008, 369. ||3 BAG 16.11.2005 – 7 ABR 12/05, NZA 2006, 553. ||4 BAG 23.2.1988 – 1 ABR 75/86, NZA 1989, 229; GK-ArbGG/*Dörner*, § 81 Rz. 64. ||5 BAG 18.2.2003 – 1 ABR 17/02, NZA 2004, 336 mwN; zur Abgrenzung: BAG 18.1.2005 – 3 ABR 21/04, NZA 2006, 167. ||6 GK-ArbGG/*Dörner*, § 81 Rz. 68. ||7 Im Einzelnen GMP/*Matthes/Spinner*, § 81 Rz. 14 ff.; GK-ArbGG/*Dörner*, § 81 Rz. 9 ff. ||8 BAG 15.8.2001 – 7 ABR 2/99, NZA 2002, 569, zum Antrag eines einzelnen BR-Mitglieds, die Unwirksamkeit einer Wahl im BR festzustellen. ||9 BAG 23.2.1988 – 1 ABR 75/86, NZA 1989, 229; *Weth*, Beschlussverfahren, S. 195; vgl. auch BAG 5.3.2013 – 1 ABR 75/11, DB 2013, 1423, zur Antragsbefugnis des BR, was die Feststellung der Unwirksamkeit einer GesamtBV angeht. ||10 BAG 6.4.1976 – 1 ABR 27/74, DB 1976, 1290. ||11 BAG 29.8.1985 – 6 ABR 63/82, BAGE 49, 267. ||12 *Laux*, Die Antrags- und Beteiligungsbefugnis im arbeitsgerichtlichen Beschlussverfahren, 1995, S. 54 ff.; BLAH/*Hartmann*, Grdz § 50 ZPO Rz. 29 f. ||13 BAG 18.1.2005 – 3 ABR 21/04, NZA 2006, 167. ||14 BAG 22.6.2005 – 10 ABR 34/04, ZTR 2006, 195. ||15 BAG 20.4.1999 – 1 ABR 72/98, BAGE 91, 210 (229); zur fehlenden Befugnis des BR zB BAG 21.1.2003 – 1 ABR 5/02, NZA 2003, 810. ||16 BAG 17.8.1999 – 3 ABR 55/98, BAGE 92, 203. ||17 BAG 5.3.2013 – 1 ABR 75/11, DB 2013, 1423. ||18 BAG 18.1.2005 – 3 ABR 21/04, NZA 2006, 167; vgl. auch BAG 22.1.2013 – 1 ABR 92/11, DB 2013, 1184.

Es können – gelegentlich: müssen (zB §§ 19, 23 I BetrVG) – auch **mehrere Beteiligte Sachanträge** stellen. Durch Auslegung des Antrags und des Verfahrensverhaltens der Beteiligten ist zu klären, ob es sich jeweils um **eigenständige Antragstellungen** handelt, die in der abschließenden Entscheidung des ArbG auch gesondert beschieden werden müssen, **oder** ob lediglich **ein Sachantrag** vorliegt, der **durch mehrere** Beteiligte gestellt wird oder von einem Beteiligten gestellt und von anderen Beteiligten **nur unterstützt** werden soll. Für das letztgenannte Verfahrensverhalten, das nicht beschieden werden muss, ist anders als bei selbständiger Antragstellung eine Antragsbefugnis nicht erforderlich[1]. 13

III. Einzelfragen zum Sachantrag. 1. Antragsauslegung. Bei der Feststellung des genauen Inhaltes eines den Verfahrensgegenstand begrenzenden (§ 308 ZPO[2]) Sachantrages ist wie stets nicht an dessen Wortlaut zu haften. Bei der **Ermittlung des Verfahrenszieles** des Antragstellers sind auch dessen tatsächliches Vorbringen, der von Amts wegen ermittelte Sachverhalt und der Anlass, der zu dem Verfahren geführt hat, mit zu berücksichtigen. Dabei kann es sein, dass in einem bestimmten Antrag ein **anderer Antrag** mit entsprechendem Verfahrensziel **enthalten** ist, der ggf. ohne Weiteres mit zu bescheiden ist. So ist im Antrag auf **Ersetzung der Zustimmung** des BR nach § 99 IV BetrVG[3] grds. der Antrag auf Feststellung enthalten, die Zustimmung gelte – wegen nicht ordnungsgemäßer Zustimmungsverweigerung – nach § 99 III 2 BetrVG als erteilt[4], oder im **Wahlanfechtungsantrag** der Antrag, die Nichtigkeit der BR-Wahl festzustellen[5]. 14

2. Rechtsschutzinteresse. Ein – den Bestimmtheitsanforderungen genügender[6] – Antrag bleibt zulässig, **so lange** ein rechtl. geschütztes Interesse an seiner gerichtl. Bescheidung besteht. Es liegt bei Leistungsanträgen regelmäßig vor und entfällt auch nicht durch während des Verfahrens eintretende Erfüllung; durch sie wird der Antrag allerdings unbegründet[7]. 15

Bei **Gestaltungsanträgen** kann das Rechtsschutzinteresse entfallen, wenn das Rechtsverhältnis, dessen gerichtl. Gestaltung angestrebt wird, nicht mehr besteht. Bei Anträgen nach § 23 I BetrVG oder einer Wahlanfechtung[8] entfällt ein rechtl. geschütztes Interesse an gerichtl. Entscheidung deshalb mit dem **Ende der Amtszeit** des betreffenden BR-Mitgliedes oder des BR. Allein der Rücktritt aller BR-Mitglieder beseitigt demggü. das Rechtsschutzinteresse für eine Wahlanfechtung nicht, wie ein Vergleich von § 13 II Nr. 3 mit Nr. 4 BetrVG vor dem Hintergrund des § 22 BetrVG zeigt[9]; erst mit der Bekanntgabe des **Wahlergebnisses** des **neu gewählten BR** entfällt hier das Rechtsschutzinteresse für die Wahlanfechtung[10]. Das Rechtsschutzbedürfnis entfällt für einen Antrag auf Ersetzung der Zustimmung zu einer **personellen Einzelmaßnahme**, wenn die personelle Einzelmaßnahme oder das von dieser Maßnahme betroffene ArbVerh **beendet** ist[11], oder wenn der ArbGeb die Einzelmaßnahme **nicht mehr beabsichtigt**[12]. Hier kann sich die Frage nach einer Antragsänderung stellen. Dabei kommen ein Antrag auf Unterlassung bestimmter konkret zu bezeichnender personeller Einzelmaßnahmen ohne Zustimmung des BR oder ein entsprechender Feststellungsantrag in Betracht. 16

Ein Antrag auf **künftige Leistungen** ist auch im Beschlussverfahren nach § 259 ZPO zulässig, wenn den Umständen nach die Besorgnis gerechtfertigt ist, der Schuldner werde sich der rechtzeitigen Leistung entziehen, was insb. bei in die Zukunft gerichteten **Unterrichtungsansprüchen** in Betracht kommen wird[13]. Voraussetzung ist allerdings, dass der geltend gemachte **Anspruch bereits entstanden** ist[14]. Für **Feststellungsanträge** gilt § 256 ZPO entsprechend. Mit einem Feststellungsantrag kann das Bestehen oder Nichtbestehen eines Rechtsverhältnisses, nicht etwa das Vorliegen einer bestimmten gesetzl. Voraussetzung für das Eingreifen von Beteiligungsrechten oder die (Un-)Zuständigkeit der Einigungsstelle, geltend gemacht werden; solche an sich unstatthaften Anträge können aber regelmäßig dahin ausgelegt werden, dass das Bestehen oder Nichtbestehen eines MitbestR bei bestimmten Maßnahmen oder Vorgängen festgestellt werden soll[15]; dafür besteht auch dann ein **Feststellungsinteresse**, wenn auch die Möglichkeit bestünde, die Errichtung einer **Einigungsstelle zu betreiben**[16]. Das Feststellungsinteresse fehlt regelmäßig, wenn nur Elemente oder Vorfragen eines Rechtsverhältnisses, wie etwa die Tendenzeigenschaft eines Unternehmens[17], festgestellt werden sollen[18]. Weiter verlangt § 256 I ZPO auch im Beschlussverfahren ein rechtl. Interesse an der alsbaldigen gerichtl. Feststellung des umstrittenen Rechtsverhältnisses. Der prozesswirtschaftl. Grundsatz vom **Vorrang des Leistungsantrags**[19] steht der Zulässigkeit eines Feststellungsantrages nicht entgegen, wenn durch diesen Antrag der Streit der Beteiligten umfassend bereinigt werden kann, oder wenn und soweit Leistungsanträge mit entspre- 17

---

1 ErfK/*Koch*, § 81 ArbGG Rz. 9. ‖ 2 Auch Entscheidungen, die gegen § 308 ZPO verstoßen, können in Rechtskraft erwachsen: BAG 6.5.2003 – 1 ABR 13/02, BAGE 106, 111. ‖ 3 Zur – ausschließlichen – Gegenwarts- und Zukunftsbezogenheit von Anträgen nach § 99 IV BetrVG: BAG 16.1.2007 – 1 ABR 16/06, DB 2007, 1820. ‖ 4 BAG 18.10.1988 – 1 ABR 33/87, BAGE 60, 57. ‖ 5 BAG 13.11.1991 – 7 ABR 18/91, BAGE 69, 49 (53) mwN. ‖ 6 Vgl. zB BAG 3.5.2006 – 1 ABR 63/04, NZA 2007, 285; 19.1.2010 – 1 ABR 55/08, NZA 2010, 659. ‖ 7 GMP/*Matthes/Spinner*, § 81 Rz. 29; ErfK/*Koch*, § 81 ArbGG Rz. 8. ‖ 8 BAG 13.5.1998 – 7 ABR 5/97, BAGE 89, 15. ‖ 9 BAG 29.5.1991 – 7 ABR 54/90, BAGE 68, 67. ‖ 10 BAG 15.2.2012 – 7 ABN 59/11, NZA-RR 2012, 602. ‖ 11 BAG 27.6.2002 – 2 ABR 22/01, NZA 2003, 229; 16.11.2004 – 1 ABR 48/03, NZA 2005, 775. ‖ 12 BAG 8.12.2010 – 7 ABR 99/09, NZA-RR 2011, 315. ‖ 13 BAG 6.11.1990 – 1 ABR 60/89, BAGE 66, 186 (190 f.). ‖ 14 BAG 27.10.2010 – 7 ABR 86/09, NZA 2011, 418. ‖ 15 BAG 8.6.2004 – 1 ABR 13/03, NZA 2004, 1175. ‖ 16 BAG 27.6.2006 – 1 ABR 18/05, NZA 2007, 106. ‖ 17 BAG 14.12.2010 – 1 ABR 93/09, NZA 2011, 466 = SAE 2011, 201 m. Anm. *Dahm*. ‖ 18 BAG 3.5.2006 – 1 ABR 63/04, NZA 2007, 285. ‖ 19 BAG 18.9.2002 – 1 ABR 54/01, NZA 2003, 670.

chendem Rechtsschutzziel nur sehr schwer in der gebotenen Bestimmtheit (§ 253 II Nr. 2 ZPO) zu fassen sind[1].

18 Das besondere **Feststellungsinteresse** fehlt etwa, wenn die Feststellung nur für einen bestimmten abgeschlossenen Vorgang angestrebt wird, zB die Unwirksamkeit einer BV, die zwischenzeitlich gekündigt wurde und nicht mehr nachwirkt, so dass sie zum Zeitpunkt der gerichtl. Entscheidung im Betrieb nicht mehr gilt[2]. Für einen durch einen **abgeschlossenen Vorgang in der Vergangenheit** ausgelösten Feststellungsantrag besteht aber dann das erforderliche Feststellungsinteresse, wenn mit ihm Mitwirkungsrechte für Vorgänge geltend gemacht werden, die sich so jederzeit wiederholen können[3], und dies auch geltend gemacht wird. Der BR hat an der **Feststellung**, dass der **ArbGeb an** einen bestimmten **Tarifvertrag gebunden** ist, kein schützenswertes Interesse, es sei denn von einer solchen Bindung ist eine aktuelle betriebsverfassungsrechtl. Rechtsposition des BR unmittelbar betroffen[4]. Dasselbe gilt für die beantragte Feststellung des Bestehens eines MitbestR, wenn das MitbestR vom ArbGeb nicht in Frage gestellt wird[5], oder er zwar mit dem ArbGeb über den Bestand dieses MitbestR streitet, die Betriebsparteien sich aber unter Aufrechterhaltung ihrer Rechtsstandpunkte auf eine Regelung der betreffenden Angelegenheit verständigt haben[6]. Regelmäßig entfällt sogar bereits die **Rechtshängigkeit** nach § 100 II 3 BetrVG, wenn rechtskräftig über die (Nicht-)Berechtigung zur endgültigen Durchführung der Maßnahme entschieden worden ist[7]. Das Feststellungsinteresse ist **im Beschlussverfahren eher** als im Urteilsverfahren zu bejahen, weil beim Streit um kollektivrechtl. Fragen ein besonderes Interesse besteht, Störungen der betriebl. Zusammenarbeit schnell und nachhaltig zu beseitigen[8].

19 3. „**Globalanträge**". Auch deshalb, weil viele betriebl. Einzelvorgänge durch Zeitablauf erledigt sind, bevor gerichtl. geklärt werden kann, ob insoweit ein Mitwirkungsrecht oder ein sonstiges betriebsverfassungsrechtl. Recht bestanden hat, sind in Beschlussverfahren sog. Globalanträge häufig. Mit ihnen wird mit Unterlassungs- oder Feststellungsanträgen für **abstrakt beschriebene Vorgänge** oder Ereignisse, die eine **Vielzahl unterschiedlicher Fallgestaltungen** umfassen, das Bestehen eines betriebsverfassungsrechtl. Rechts verfolgt. Hierzu gehören etwa Anträge, durch die dem ArbGeb untersagt werden soll, Mitarbeiterversammlungen durchzuführen, in denen Themen zur Sprache kommen, die zum Aufgabenbereich des BR gehören[9], ohne Zustimmung des BR Überstunden anzuordnen[10] oder BR-Mitglieder abzumahnen[11].

20 Solche umfassenden Anträge sind wie alle Sachanträge im Beschlussverfahren auf ihre hinreichende **Bestimmtheit**[12] und das Vorliegen des erforderlichen **Rechtsschutzinteresses** hin zu überprüfen. Ihre **Besonderheit** liegt darin, dass sie bereits **dann unbegründet** sind, wenn nur hinsichtlich **einer der denkbaren Fallgestaltungen** das umstrittene **Recht nicht besteht** oder – bei umfassendem negativen Feststellungsantrag – doch besteht[13]. In einem solchen Fall kann dem Antrag grds. auch **nicht teilweise entsprochen** werden. Dies wäre kein Weniger, sondern etwas anderes, als beantragt wurde. Deshalb ist auch die erstmalige Einschränkung eines Globalantrages auf bestimmte Fallgestaltungen in der Rechtsbeschwerdeinstanz als Antragsänderung nicht mehr statthaft[14]. Kann man allerdings einem umfassend formulierten Antrag und seiner Begründung auch in ihm enthaltene **Teilziele** mit hinreichender Bestimmtheit entnehmen, so dass ein Globalantrag im Wortsinne eigentlich nicht vorliegt, können diese Teilziele gesondert beschieden werden[15].

21 Eine Besonderheit des Globalantrages zeigt sich, wenn einem solchen Antrag mit einem ansonsten **wortgleichen negativen Widerantrag** begegnet wird. Für den umfassend gestellten Widerantrag besteht dann ein eigenständiges Rechtsschutzinteresse, wenn der Globalantrag des Antragstellers – nur – mit der Begründung abgewiesen wird, es gebe jedenfalls eine Fallgestaltung, in der er sich als unbegründet erweist. Regelmäßig wird ein leugnender Widerantrag auch nur für diesen Fall gestellt sein[16].

22 4. **Einigungsstelle und Beschlussverfahren.** Die betriebl. Einigungsstelle nach § 76 BetrVG ist nicht nur in dem besonders beschleunigten Verfahren zu ihrer Einrichtung (§ 98) Gegenstand von arbeitsgerichtl. Beschlussverfahren. Entsteht auf Grund des Regelungsvorschlages eines Betriebspartners **Streit** darüber, **ob** hierfür ein erzwingbares MitbestR besteht und deshalb die **Einigungsstelle angerufen** werden kann, ist nach überwiegender Auffassung ein **Vorabentscheidungsverfahren** zur Feststellung des Bestehens oder auch des Nichtbestehens eines MitbestR – nicht: der (Un-)Zuständigkeit der

---

1 BAG 21.1.2003 – 1 ABR 5/02, NZA 2003, 810. ||2 BAG 18.2.2003 – 1 ABR 17/02, NZA 2004, 336. ||3 BAG 28.5.2002 – 1 ABR 35/01, BAGE 101, 232 (236). ||4 BAG 1.7.2009 – 4 ABR 8/08, DB 2010, 64. ||5 BAG 15.4.2008 – 1 ABR 44/07, NZA 2008, 1020. ||6 BAG 11.6.2002 – 1 ABR 44/01, DB 2002, 2727; 27.1.2004 – 1 ABR 5/03, NZA 2004, 941. ||7 BAG 14.12.2004 – 1 ABR 55/03, NZA 2005, 827; 25.1.2005 – 1 ABR 61/03, NZA 2005, 1199. ||8 Vgl. auch BAG 27.6.2001 – 7 ABR 50/99, BAGE 98, 151 (153); 22.3.2000 – 7 ABR 34/98, BAGE 94, 144 (148); jeweils zu Anträgen, mit denen die Wahlberechtigung von bestimmt gekennzeichneten ArbN-Gruppen festgestellt werden sollte. ||9 BAG 27.6.1989 – 1 ABR 28/88, BAGE 62, 192. ||10 BAG 10.3.1992 – 1 ABR 31/91, NZA 1992, 952. ||11 BAG 3.6.2003 – 1 ABR 19/02, BAGE 106, 188. ||12 Zum Bestimmtheitserfordernis vgl. auch BAG 18.8.2009 – 1 ABR 43/08, NZA 2009, 1434. ||13 BAG 3.6.2003 – 1 ABR 19/02, DB 2003, 2496; 22.6.2005 – 10 ABR 34/04, NZA-RR 2006, 23. ||14 BAG 28.5.2002 – 1 ABR 40/01, NZA 2003, 1352; 23.6.2003 – 1 ABR 19/02, DB 2003, 2496 mwN. ||15 BAG 6.12.1994 – 1 ABR 30/94, BAGE 78, 379; *Fitting*, Nach § 1 BetrVG Rz. 25. ||16 BAG 3.6.2003 – 1 ABR 19/02, DB 2003, 2496.

Einigungsstelle[1] – statthaft. Ein solches Verfahren, in dem **nicht** die Mitbestimmungspflichtigkeit eines bestimmten **Regelungsentwurfs**, der ja jederzeit modifiziert werden könnte, **sondern** diejenige bestimmter, im Einzelnen zu beschreibender **Regelungsgegenstände in den Antrag** aufzunehmen ist[2], kann sowohl vom ArbGeb als auch vom BR eingeleitet werden. Es muss nicht die Errichtung einer Einigungsstelle betrieben und deren Entscheidung abgewartet werden[3]. Zwar hat die **Einigungsstelle** selbst über ihre Zuständigkeit zu befinden. Die Entscheidung der Einigungsstelle bindet die ArbG aber nicht. **Einigungsstellenverfahren** und **Vorabentscheidungsverfahren** über das Bestehen oder Nichtbestehen eines MitbestR können **parallel** betrieben werden[4]. Erst wenn im Beschlussverfahren nach §§ 80 ff. das Fehlen eines MitbestR rechtskräftig festgestellt ist, fehlt die Grundlage für das Tätigwerden der Einigungsstelle. Bis dahin muss die nur im Falle offensichtlicher Unzuständigkeit nicht zu errichtende Einigungsstelle, wenn sie sich für zuständig hält, eine Regelung versuchen. Daraus folgt auch, dass das **Einigungsstellenverfahren grds. nicht** im Hinblick auf ein schwebendes Vorabentscheidungsverfahren **ausgesetzt** werden sollte[5]. Geschieht dies im Hinblick auf eine gerichtl. Klärung der mitbestimmungsrechtl. Lage doch, ergibt sich bereits daraus das Feststellungsinteresse für die Durchführung eines Vorabentscheidungsverfahrens[6].

Hat die **Einigungsstelle** ihre Tätigkeit **durch einen Spruch beendet**[7], kann – nur – jeder der am Einigungsstellenverfahren beteiligten Betriebspartner beantragen, die **Unwirksamkeit** dieses Spruchs **festzustellen**. Ein fehlerhafter Antrag, den Spruch aufzuheben, ist in diesem Sinne auszulegen[8]; denn der Spruch der Einigungsstelle steht nicht einer gerichtl. Entscheidung, sondern einer Einigung zwischen ArbGeb und BR gleich. Der Feststellungsantrag ist an die **Zwei-Wochen-Frist** des § 76 V 4 BetrVG gebunden, wenn mit ihm die Überschreitung der Grenzen des der Einigungsstelle eingeräumten Ermessens geltend gemacht wird[9]. Wird ein **Gesetzesverstoß** der Einigungsstelle, zB deren Unzuständigkeit, gerügt, kann dies auch außerhalb der Zwei-Wochen-Frist als **Vorfrage** im Streit um ein Recht aus dem Spruch der Einigungsstelle zu behandeln sein. 23

IV. Antragsänderung und Antragsrücknahme. 1. Änderung des Antrags. Der Begriff der Antragsänderung in Abs. 3 entspricht dem der Klageänderung (§ 263 ZPO). Eine Klarstellung des Antrags entsprechend dem durch Auslegung ermittelbaren Rechtsschutzziel ist keine Antragsänderung. Für die Annahme einer Antragsänderung reicht es aber aus, wenn ein unveränderter Antrag auf einen neuen Lebenssachverhalt gestützt wird[10]. **§ 264 ZPO** ist entsprechend anzuwenden: Bei gleichem Antragsgrund bewirkt die Geltendmachung eines anderen Gegenstandes wegen einer zwischenzeitlich eingetretenen Veränderung keine Antragsänderung iSv. Abs. 2 (§ 264 Nr. 3 ZPO). Demgü. liegt eine Antragsänderung und nicht ein Fall des § 264 Nr. 2 ZPO vor, wenn anstelle eines **Globalantrages** ein auf bestimmte, konkret beschriebene Vorgänge bezogener Unterlassungsantrag gestellt wird (vgl. Rz. 20)[11]. 24

Der **BR** kann als Antragsteller in einem bereits laufenden Beschlussverfahren den Streitgegenstand durch **Änderung** des Sachantrags nur ändern, wenn er hierüber einen – zumindest genehmigenden – **Beschluss** gefasst hat. Die allg. Prozessvollmacht für den Verfahrensbevollmächtigten reicht nicht aus, den Antrag für den BR zu ändern. 25

Ein **Wechsel** des **Antragstellers** oder der Beitritt eines weiteren Beteiligten mit eigenem Antrag ist nach den Regeln der Antragsänderung zu behandeln[12]. Dasselbe gilt, wenn ein am Verfahren bereits Beteiligter im Laufe des Verfahrens **erstmals** einen eigenen **Sachantrag** stellt, durch den der Streitgegenstand des bislang anhängigen Verfahrens erweitert wird[13]. 26

Bei einer Antragsänderung iSv. Abs. 3 setzt die inhaltliche Befassung mit dem Antrag voraus, dass die übrigen Beteiligten der Antragsänderung **zugestimmt** haben oder die Änderung sachdienlich ist. Es müssen **alle** am Beschlussverfahren **Beteiligten** die Zustimmung erklärt[14] oder sich in einem Schriftsatz oder im Anhörungstermin ohne Widerspruch gegen die Änderung auf den geänderten Antrag eingelassen haben. Eine so zustande gekommene Zustimmung ist **unwiderruflich**. Fehlt sie auch nur bei einem der Beteiligten[15], ist die Antragsänderung nur zulässig, wenn das ArbG sie für **sachdienlich** hält. Sie ist sachdienlich, wenn mit einer Entscheidung über den geänderten Antrag der Streit der Beteiligten besser beigelegt werden kann, ein weiteres Verfahren vermieden wird und wenn der bisherige Streitstoff und das bisherige Ergebnis des Verfahrens auch für die Entscheidung über den geänderten Antrag 27

---

1 BAG 8.6.2004 – 1 ABR 13/03, NZA 2004, 1175; 31.5.2005 – 1 ABR 22/04, BAGE 115, 49. || 2 BAG 6.12.1983 – 1 ABR 43/81, BAGE 44, 285 (290). || 3 BAG 28.10.1992 – 10 ABR 75/91, NZA 1993, 420; GK-ArbGG/*Dörner*, § 81 Rz. 136; *Fitting*, Nach § 1 BetrVG Rz. 12; *I. Schmidt*, Einigungsstellen vor Gericht, JbArbR, Bd. 40, S. 121 (123); aA G. *Rossmanith*, AuR 1982, 339. || 4 BAG 1.7.2003 – 1 ABR 20/02, NZA 2004, 620. || 5 BAG 10.12.1996 – 1 ABR 32/96, BAGE 85, 1. || 6 BAG 1.7.2003 – 1 ABR 20/02, NZA 2004, 620. || 7 Zwischensprüche über die eigene Zuständigkeit sind als solche unanfechtbar: BAG 31.5.2005 – 1 ABR 22/04, BAGE 115, 49; WPK/*Preis*, § 76 BetrVG Rz. 33. || 8 BAG 23.10.2002 – 7 ABR 55/01, DB 2003, 1852 mwN. || 9 BAG 6.5.2003 – 1 ABR 11/02, BAGE 106, 95. || 10 BAG 2.10.2007 – 1 ABR 79/06, NZA 2008, 429; GMP/*Matthes/Spinner*, § 81 Rz. 84. || 11 BAG 11.12.2001 – 1 ABR 3/01, DB 2002, 2002. || 12 BAG 16.12.1986 – 1 ABR 35/85, BAGE 54, 36 (42); GK-ArbGG/*Dörner*, § 81 Rz. 163. || 13 BAG 31.1.1989 – 1 ABR 60/87, NZA 1989, 607. || 14 ErfK/*Koch*, § 81 ArbGG Rz. 7; GMP/*Matthes/Spinner*, § 81 Rz. 87. || 15 Auch bei Schweigen des Beteiligten fehlt dessen Zustimmung: BCF/*Friedrich*, § 81 Rz. 10; GMP/*Matthes/Spinner*, § 81 Rz. 89.

nutzbar gemacht werden können[1]. Sachdienlichkeit ist weder dadurch ausgeschlossen, dass auch der geänderte Antrag keine Erfolgsaussichten hat, noch dadurch, dass es für die Erledigung des Verfahrens nach der Antragsänderung weiterer tatsächlicher Feststellungen bedarf, sich das Verfahren also verzögert[2].

28 Bei einer zulässigen Antragsänderung ist nur noch über den geänderten Antrag zu entscheiden. Die **Zulässigkeit der Antragsänderung** kann **in den Gründen** festgestellt werden. Diese Feststellung ist ebenso wenig anfechtbar wie die Entscheidung, dass eine Antragsänderung iSd. Abs. 3 nicht vorliegt. Die Bewertung der Vorinstanz, eine Antragsänderung sei sachdienlich, **bindet** das (Rechts-)Beschwerdegericht[3]. Hält das ArbG die **Antragsänderung** für **unstatthaft**, hat es den geänderten Antrag als unzulässig zurückzuweisen. Über den ursprünglichen Antrag kann nur entschieden werden, wenn der Antragsteller ihn zumindest hilfsweise weiterverfolgt. Der Beschluss, durch den der neue Antrag als unzulässig zurückgewiesen wird, ist durch Beschwerde nach § 87 anfechtbar. Dann hat das LAG auch zu **überprüfen**, ob die Antragsänderung entgegen der Auffassung des ArbG **sachdienlich** war.

29 2. **Antragsrücknahme.** Nach Abs. 2 S. 1 kann der Antrag schriftl., zur Niederschrift der Geschäftsstelle oder im Anhörungstermin zu Protokoll unabhängig davon zurückgenommen werden, in welcher **Form** er eingereicht worden ist[4]. Bis zur Entscheidung erster Instanz bedarf die Antragsrücknahme anders als die Klagerücknahme nach § 269 ZPO **nicht** der **Zustimmung** der übrigen Beteiligten. **Nach Verkündung der Entscheidung** erster Instanz gilt § 87 II 3 entsprechend; eine Antragsrücknahme ist **nur mit Zustimmung** aller übrigen Beteiligten möglich[5]. Hat der Antragsteller einen von mehreren Anträgen in erster Instanz zurückgenommen, ist er entsprechend § 269 IV ZPO nicht gehindert, diesen Antrag in zweiter Instanz erneut zu stellen[6].

30 Von mehreren Antragstellern kann jeder seinen Antrag zurücknehmen, ohne dass sich dadurch etwas an der Anhängigkeit der übrigen Anträge ändert. Wird nach einer Antragsrücknahme die Zahl der erforderlichen Antragsteller, zB nach § 19 II oder § 23 I BetrVG, unterschritten, wird der Antrag der übrigen unzulässig[7].

31 Wird der Antrag zurückgenommen, hat der Vorsitzende das Verfahren – ggf. teilweise – durch **Einstellungsbeschluss** von Amts wegen einzustellen. Nach ganz überwiegender Auffassung ist den Beteiligten zwar von der Einstellung Kenntnis zu geben, einer **förmlichen Zustellung** des Einstellungsbeschlusses bedarf es hiernach aber nicht[8]. Da der Beschluss nach Abs. 2 aber eine die Instanz beendende Entscheidung ist, gegen die das Rechtsmittel der Beschwerde nach § 87 gegeben ist[9], spricht mehr dafür, dass auch der Einstellungsbeschluss nach Abs. 2 – oder nach § 83a II – förmlich zugestellt werden muss.

§ 82 Örtliche Zuständigkeit

(1) Zuständig ist das Arbeitsgericht, in dessen Bezirk der Betrieb liegt. In Angelegenheiten des Gesamtbetriebsrats, des Konzernbetriebsrats, der Gesamtjugendvertretung oder der Gesamt-Jugend- und Auszubildendenvertretung, des Wirtschaftsausschusses und der Vertretung der Arbeitnehmer im Aufsichtsrat ist das Arbeitsgericht zuständig, in dessen Bezirk das Unternehmen seinen Sitz hat. Satz 2 gilt entsprechend in Angelegenheiten des Gesamtsprecherausschusses, des Unternehmenssprecherausschusses und des Konzernsprecherausschusses.

(2) In Angelegenheiten eines Europäischen Betriebsrats, im Rahmen eines Verfahrens zur Unterrichtung und Anhörung oder des besonderen Verhandlungsgremiums ist das Arbeitsgericht zuständig, in dessen Bezirk das Unternehmen oder das herrschende Unternehmen nach § 2 des Gesetzes über Europäische Betriebsräte seinen Sitz hat. Bei einer Vereinbarung nach § 41 Absatz 1 bis 7 des Gesetzes über Europäische Betriebsräte ist der Sitz des vertragschließenden Unternehmens maßgebend.

(3) In Angelegenheiten aus dem SE-Beteiligungsgesetz ist das Arbeitsgericht zuständig, in dessen Bezirk die Europäische Gesellschaft ihren Sitz hat; vor ihrer Eintragung ist das Arbeitsgericht zuständig, in dessen Bezirk die Europäische Gesellschaft ihren Sitz haben soll.

(4) In Angelegenheiten nach dem SCE-Beteiligungsgesetz ist das Arbeitsgericht zuständig, in dessen Bezirk die Europäische Genossenschaft ihren Sitz hat; vor ihrer Eintragung ist das Arbeitsgericht zuständig, in dessen Bezirk die Europäische Genossenschaft ihren Sitz haben soll.

(5) In Angelegenheiten nach dem Gesetz über die Mitbestimmung der Arbeitnehmer bei einer grenzüberschreitenden Verschmelzung ist das Arbeitsgericht zuständig, in dessen Bezirk die aus der grenzüberschreitenden Verschmelzung hervorgegangene Gesellschaft ihren Sitz hat; vor ihrer Eintragung ist das Arbeitsgericht zuständig, in dessen Bezirk die aus der grenzüberschreitenden Verschmelzung hervorgehende Gesellschaft ihren Sitz haben soll.

---

1 GK-ArbGG/*Dörner*, § 81 Rz. 171. || 2 BAG 5.5.1992 – 1 ABR 78/91, NZA 1992, 1044. || 3 BAG 12.11.2002 – 1 ABR 60/01, NZA 2004, 2189 mwN. || 4 GK-ArbGG/*Dörner*, § 81 Rz. 153. || 5 GMP/*Matthes*/*Spinner*, § 81 Rz. 74; Hauck/Helml/Biebl/*Hauck*, § 81 Rz. 10; aA *Weth*, Beschlussverfahren, S. 323. || 6 BAG 12.11.2002 – 1 ABR 60/01, NZA 2004, 2189. || 7 BAG 10.6.1983 – 6 ABR 50/82, BAGE 44, 57. || 8 GMP/*Matthes*/*Spinner*, § 81 Rz. 79; GK-ArbGG/*Dörner*, § 81 Rz. 159. || 9 ErfK/*Koch*, § 81 ArbGG Rz. 6; GK-ArbGG/*Dörner*, § 81 Rz. 160 mwN auch zur Gegenauffassung.

§ 82 regelt abschließend und **zwingend** die örtliche Zuständigkeit im Beschlussverfahren[1]. Die Bestimmung knüpft nicht an die Beteiligten an, sondern an den **Ort des Konfliktes**[2]. Das ArbG hat seine örtliche Zuständigkeit von Amts wegen zu überprüfen. Es muss ggf. nach § **17a GVG**, § 48 I verfahren, wobei ein die örtliche Zuständigkeit feststellender Beschluss ebenso wenig wie ein Verweisungsbeschluss anfechtbar ist (§ 48 I Nr. 1).

§ 82, der entsprechend auch für Angelegenheiten der Schwerbehindertenvertretung und des Werkstattrates gilt (§ 2a I Nr. 3a), legt in S. 1 die örtliche Zuständigkeit für alle im Beschlussverfahren auszutragenden Angelegenheiten fest, die den **Betrieb** und die betriebsverfassungsrechtl. Rechte und Pflichten dort betreffen. Zuständig ist das ArbG, in dessen Bezirk sich der Betrieb, bei mehreren über eine größere Fläche verteilten unselbständigen **Außenstellen:** die **Betriebsleitung**[3], befindet. Diese Zuständigkeit besteht auch für solche Angelegenheiten, die den einzelnen Betrieb betreffen, und nur **kraft Auftrages** (§ 50 II BetrVG) vom **GBR** behandelt werden[4]. Der Gerichtsstand des Betriebes gilt auch für alle Konflikte nach § 18a BetrVG (Zuordnung der leitenden Angestellten bei Wahlen). Andererseits ergibt sich die örtliche Zuständigkeit nicht aus S. 1, sondern aus S. 2, wenn es um das Recht des BR geht, Vertreter in den GBR oder KBR zu entsenden[5]. Bei Angelegenheiten nach § 51 BBiG, § 2a I Nr. 3c, die in § 82 nicht ausdrücklich genannt sind, führt dessen entsprechende Anwendung zur Zuständigkeit des ArbG, in dessen Bezirk sich die Leitung der „sonstigen Berufsbildungseinrichtung" befindet, regelmäßig der Sitz dieser Einrichtung.

Ist umstritten, ob aus mehreren in verschiedenen Gerichtsbezirken angesiedelten Teileinheiten ein **Gemeinschaftsbetrieb** gebildet ist, ist der Ort maßgeblich, von dem geltend gemacht wird, dass sich dort die Leitung des gemeinsamen Betriebs befindet. Ein Wahlrecht des Antragstellers besteht hier ebenso wenig wie in dem Fall, dass darüber gestritten wird, ob eine kleine Einheit nach § 4 **BetrVG** als selbständiger Betrieb gilt. Hier richtet sich die Zuständigkeit danach, was der jeweilige Antragsteller geltend macht: Macht er geltend, die kleine Einheit sei unselbständiger Teil des zentralen Betriebes oder seien als ein solcher zu behandeln (§ 4 II), ist der Ort von dessen Betriebsleitung maßgeblich; wird die Feststellung angestrebt, es liege ein Fall des § 4 I BetrVG vor, entscheidet die Lage des Betriebsteils[6].

Für die Angelegenheiten der in S. 2 aufgezählten überbetriebl. Mitbestimmungsorgane ist der durch seine Satzung, ansonsten durch den Ort der Führung der Verwaltung (§ 17 ZPO) bestimmte **Sitz des Unternehmens** (bei Konzernangelegenheiten: des herrschenden Unternehmens) entscheidend. Bei **ausländischen** Unternehmen ist für die unter den Geltungsbereich des BetrVG fallenden inländischen Teile der inländische Ort maßgeblich, von dem aus der deutsche Unternehmensteil **geleitet** wird[7]. S. 2 gilt allerdings nur für originäre Angelegenheiten dieser Mitbestimmungsorgane. Wird das betreffende Gremium kraft Auftrags tätig, und sei es auch kraft **Auftrags aller** hierfür in Betracht kommenden **Mitbestimmungsorgane**, bleibt es bei der originären Zuständigkeit[8]: Ist der GBR nach § 50 II BetrVG beauftragt, entscheidet der Sitz der beauftragten Betriebe; handelt der KBR auf Grund des § 58 II BetrVG, ist nicht der Sitz des herrschenden, sondern der beauftragenden Unternehmen maßgeblich. Der Sitz des Unternehmens ist auch maßgeblich, wenn es um die Vertretung der ArbN im Aufsichtsrat geht. Für alle Auseinandersetzungen über die Wahl ist stets das ArbG zuständig, in dessen Bezirk das mitbestimmte Unternehmen seinen Sitz hat[9].

Nicht geregelt ist die örtliche Zuständigkeit für Angelegenheiten einer nach § 3 **BetrVG** vom gesetzl. Typus abweichend geregelten ArbN-Vertretung. Hier spricht alles dafür, dass der Ort maßgeblich ist, an dem die nach § 3 BetrVG zusammengefasste **organisatorische Einheit** ihre **Leitung** hat; dies wird regelmäßig das Unternehmen, kann aber auch das herrschende Unternehmen oder im Falle des § 3 I Nr. 5 BetrVG der Betrieb sein[10].

Nach Abs. 2 ist für Angelegenheiten des **EBR** das ArbG zuständig, in dessen Bezirk das inländische Unternehmen liegt, das die Anwendbarkeit des Gesetzes über EBR nach § 2 EBRG begründet; gilt nach § 41 EBRG eine Vereinbarung über grenzübergreifende Unterrichtung und Anhörung anstelle des EBRG, ist der Sitz des Unternehmens maßgebend, das diese Vereinbarung geschlossen hat. Streitet man um die Rechtmäßigkeit der **Bestellung** der **inländischen Arbeitnehmervertreter im EBR** einer gemeinschaftsweit tätigen Unternehmensgruppe mit Sitz des herrschenden Unternehmens im Ausland, ist das ArbG örtlich und international zuständig, in dessen Bezirk das nach der Zahl der wahlberechtigten ArbN **größte Unternehmen, bei dem ein GBR** gebildet ist, seinen Sitz hat[11].

In Abs. 3-5 ist die örtliche Zuständigkeit für die Streitigkeiten im Zusammenhang mit den **neuen Europäischen Gesellschaften** und **grenzüberschreitenden gesellschaftsrechtl. Vorgängen** geregelt, für die

---

1 GMP/*Matthes/Spinner*, § 82 Rz. 2. ||2 BAG 19.6.1986 – 6 ABR 66/84, DB 1987, 339. ||3 ErfK/*Koch*, § 82 ArbGG Rz. 2; GMP/*Matthes/Spinner*, § 82 Rz. 8. ||4 *Fitting*, § 50 BetrVG Rz. 79; GK-ArbGG/*Dörner*, § 82 Rz. 12. ||5 GMP/*Matthes*, § 82 Rz. 7. ||6 GK-ArbGG/*Dörner*, § 82 Rz. 5b ff.; aA GMP/*Matthes/Spinner*, § 82 Rz. 8 (Wahlrecht des Antragstellers). ||7 BAG 31.10.1975 – 1 ABR 4/74, DB 1976, 295. ||8 GK-ArbGG/*Dörner*, § 82 Rz. 12; GMP/*Matthes/Spinner*, § 82 Rz. 12. ||9 GMP/*Matthes/Spinner*, § 82 Rz. 14. ||10 GK-ArbGG/*Dörner*, § 82 Rz. 13aff. ||11 BAG 18.4.2007 – 7 ABR 30/06, NZA 2007, 1375.

nach § 2a I Nr. 3e–g die ArbG im Beschlussverfahren zuständig sind (vgl. auch § 2a Rz. 21a, 21b). Für Angelegenheiten nach dem SEBG sieht Abs. 3 die örtliche Zuständigkeit am deutschen Sitz der Europäischen Gesellschaft vor. Der weite Begriff der Angelegenheiten umfasst auch Streitigkeiten im Zusammenhang mit dem Wahlgremium bei der Bildung des besonderen Verhandlungsgremiums oder des SE-BR[1].

7   Nicht geregelt ist die örtliche Zuständigkeit für die Beschlussverfahren, die keinem bestimmten Betrieb oder Unternehmen zuzuordnen sind, wie etwa die Streitigkeiten um die **Tariffähigkeit** oder die **Tarifzuständigkeit** einer Vereinigung oder die Streitigkeiten über die **Anerkennung** einer **Schulungsveranstaltung** als geeignet nach § 37 VII BetrVG. Im ersten Fall entscheidet nach ganz überwiegender Meinung der Sitz der Vereinigung, deren Tariffähigkeit oder Tarifzuständigkeit umstritten ist, unabhängig von ihrer Rolle im Verfahren[2], im letzteren der Sitz der obersten Arbeitsbehörde des Landes, in dem der Träger der Schulungsveranstaltung ansässig ist[3].

83 Verfahren

(1) Das Gericht erforscht den Sachverhalt im Rahmen der gestellten Anträge von Amts wegen. Die am Verfahren Beteiligten haben an der Aufklärung des Sachverhalts mitzuwirken.

(1a) Der Vorsitzende kann den Beteiligten eine Frist für ihr Vorbringen setzen. Nach Ablauf einer nach Satz 1 gesetzten Frist kann das Vorbringen zurückgewiesen werden, wenn nach der freien Überzeugung des Gerichts seine Zulassung die Erledigung des Beschlussverfahrens verzögern würde und der Beteiligte die Verspätung nicht genügend entschuldigt. Die Beteiligten sind über die Folgen der Versäumung einer nach Satz 1 gesetzten Frist zu belehren.

(2) Zur Aufklärung des Sachverhalts können Urkunden eingesehen, Auskünfte eingeholt, Zeugen, Sachverständige und Beteiligte vernommen und der Augenschein eingenommen werden.

(3) In dem Verfahren sind der Arbeitgeber, die Arbeitnehmer und die Stellen zu hören, die nach dem Betriebsverfassungsgesetz, dem Sprecherausschussgesetz, dem Mitbestimmungsgesetz, dem Mitbestimmungsergänzungsgesetz, dem Drittelbeteiligungsgesetz, den §§ 94, 95, 139 des Neunten Buches Sozialgesetzbuch, dem § 18a des Berufsbildungsgesetzes und in den diesen Gesetzen ergangenen Rechtsverordnungen sowie nach dem Gesetz über Europäische Betriebsräte, dem SE-Beteiligungsgesetz, dem SCE-Beteiligungsgesetz und dem Gesetz über die Mitbestimmung der Arbeitnehmer bei einer grenzüberschreitenden Verschmelzung im einzelnen Fall beteiligt sind.

(4) Die Beteiligten können sich schriftlich äußern. Bleibt ein Beteiligter auf Ladung unentschuldigt aus, so ist der Pflicht zur Anhörung genügt; hierauf ist in der Ladung hinzuweisen. Mit Einverständnis der Beteiligten kann das Gericht ohne mündliche Verhandlung entscheiden.

(5) Gegen Beschlüsse und Verfügungen des Arbeitsgerichts oder seines Vorsitzenden findet die Beschwerde nach Maßgabe des § 78 statt.

1   **I. Überblick.** § 83 behandelt die zentralen **Besonderheiten des Beschlussverfahrens**, den Amtsermittlungs- oder **Untersuchungsgrundsatz** und die am Beschlussverfahren **Beteiligten**.

2   **II. Untersuchungsgrundsatz. 1. Begriffe.** Im arbeitsgerichtl. Beschlussverfahren gilt ebenso wie im Urteilsverfahren die sog. **Dispositionsmaxime**[4]: Über die **Verfahrenseinleitung** und den **Gegenstand** des Verfahrens entscheidet der **Antragsteller** (§ 81), nicht, wie nach der Offizialmaxime, das Gericht. Auch über die **Beendigung** des Beschlussverfahrens disponiert der Antragsteller, ggf. zusammen mit den übrigen Beteiligten; das Gericht hat hier nur in den gesetzl. vorgesehenen Fällen die Aufgabe, die von den Beteiligten getroffene Entscheidung durch förmlichen gerichtl. Beschluss umzusetzen (§§ 81 II, 83a).

3   Abs. 1 legt nur fest, dass im arbeitsgerichtl. Beschlussverfahren im Grundsatz das **Gericht** die **Verantwortung** dafür trägt, dass die entscheidungserheblichen **Tatsachen** in das Verfahren eingeführt und aufgeklärt werden. Es gilt der **Untersuchungs-, nicht** der **Beibringungsgrundsatz**. Das Ergebnis eines Beschlussverfahrens wirkt in aller Regel nicht nur zwischen den unmittelbar am Verfahren Beteiligten, sondern in seinem Ergebnis auch für Dritte, den Betrieb und die in ihm beschäftigten ArbN. Es darf deshalb nicht allein den Verfahrensbeteiligten überlassen bleiben, welchen Lebenssachverhalt sie zur Entscheidung des Gerichts stellen[5].

4   Der **Untersuchungsgrundsatz** wird im arbeitsgerichtl. Beschlussverfahren dadurch **abgeschwächt**, dass den Beteiligten die Mitwirkung an der Aufklärung des Sachverhaltes aufgegeben wird (Abs. 1 S. 2); nach Abs. 1a kann sogar **entscheidungserheblicher Tatsachenvortrag zurückgewiesen** werden, wenn er verspätet erfolgt. Unter diesen besonderen Umständen kann es zur Maßgeblichkeit der eigentlich nur mit dem Beibringungsgrundsatz korrespondierenden „formellen Wahrheit" und nicht der dem Unter-

---

1 BT-Drs. 438/04, 148. ||2 GK-ArbGG/*Dörner*, § 82 Rz. 18; Hauck/Helml/Biebl/*Hauck*, § 82 Rz. 6; GMP/*Matthes/Spinner*, § 82 Rz. 20; Düwell/Lipke/*Reinfelder*, § 82 Rz. 5; aA Schwab/Weth/*Weth*, § 82 Rz. 21 (Zuständigkeit nach ZPO). ||3 ErfK/*Koch*, § 82 ArbGG Rz. 3. ||4 *Fenn*, FS 25 Jahre BAG, 1979, S. 91; *Weth*, Beschlussverfahren, S. 272 ff., jew. mwN. ||5 GK-ArbGG/*Dörner*, § 83 Rz. 121.

suchungsgrundsatz entsprechenden „materiellen Wahrheit" kommen. Es gilt deshalb eigentlich eine Mischform von Beibringungs- und Untersuchungsgrundsatz[1].

2. Die Verantwortung für den Tatsachenstoff. a) Grundsätzliche Verantwortlichkeit des Gerichts. Das ArbG hat den entscheidungserheblichen Sachverhalt grds. **von Amts wegen im Rahmen** des vom Antragsteller und seinem Antrag **vorgegebenen Streitgegenstandes** (§ 81 Rz. 4, 15) zu ermitteln. Es ist nicht auf den von den Beteiligten vorgetragenen Prozessstoff beschränkt oder von deren Rechtsauffassungen abhängig. Entscheidungserhebliche Tatsachen, die von keinem Beteiligten in das Verfahren eingeführt wurden, sind vom Gericht zu ermitteln. Es kann von sich aus Beweis erheben[2], muss andererseits aber auch **Beweis- und Gegenbeweisangeboten** zu entscheidungserheblichen Tatsachen, wenn und solange es nicht von deren Vorliegen oder Nichtvorliegen überzeugt ist, **unabhängig** davon nachgehen, **von wem** sie stammen[3]. Es ist weder an **Geständnisse** nach § 288 ZPO, § 46, noch an ein **Nichtbestreiten** gebunden[4], wobei aber beides für die gerichtl. Würdigung, ob eine Tatsache als wahr oder noch nicht feststehend anzusehen ist, eine Rolle spielen kann (§ 286 ZPO). Die **Ermittlungspflicht endet** erst, wenn die entscheidungserheblichen Tatsachen **vorgetragen** und **nicht wirksam bestritten** worden sind **und** sich **keine Zweifel** an deren Richtigkeit aufdrängen[5]. Aus dem Untersuchungsgrundsatz ergibt sich schließlich auch, dass es keinen Versäumnisbeschluss entsprechend §§ 330 ff. ZPO geben kann[6]. Die Folgen einer unentschuldigten Säumnis ergeben sich allein aus Abs. 4 S. 2 (Rz. 38).

b) Die Mitwirkungspflicht der Beteiligten. Aus dem Nebeneinander von Dispositionsmaxime (Rz. 2) und Untersuchungsgrundsatz ergibt sich ein problematisches **Spannungsverhältnis** zwischen den Anforderungen an die **Mitwirkung** der Beteiligten, insb. des Antragstellers, und der **Pflicht des Gerichts**, den entscheidungserheblichen Sachverhalt von Amts wegen aufzuklären: Einerseits muss der Antragsteller nicht nur durch seinen **Antrag**, sondern auch durch den hierfür erforderlichen **Sachvortrag** deutlich machen, welchen Gegenstand er zur Entscheidung des Gerichts stellt, und so die **äußeren Grenzen** der gerichtl. **Aufklärungspflicht** definieren. Andererseits kann ein dem Untersuchungsgrundsatz unterworfenes Gericht **nicht** den Vortrag eines Beteiligten **ohne Weiteres** als **nicht ausreichend substanziiert** bezeichnen[7]. Nach richtiger Auffassung ergibt sich aus Abs. 1 S. 2 und der gleichwohl geltenden Dispositionsmaxime eine **abgestufte Pflichtverteilung** zwischen Antragsteller und Beteiligten auf der einen und dem Gericht auf der anderen Seite: Zunächst hat der **Antragsteller** die aus seiner Sicht erforderlichen antragsbegründenden **Tatsachen darzulegen**. Hält das **Gericht** dieses Vorbringen oder das dem entgegen gesetzte Vorbringen eines weiteren Beteiligten für **unzureichend**, hat es hierauf konkret **hinzuweisen** und Gelegenheit zu ergänzendem Vorbringen zu geben, wobei allen Beteiligten hierfür nach Abs. 1a **Fristen** gesetzt werden können[8].

Es kommt also für das Gericht darauf an, ob sich aus dem Vorbringen aller **Beteiligten**, die auch **alle zur Mitwirkung** bei der Sachaufklärung **verpflichtet** sind, zu dem durch den Antrag und seine Begründung gebildeten Streitgegenstand Anhaltspunkte dafür ergeben, dass der entscheidungserhebliche Sachverhalt noch weiterer Aufklärung bedarf[9]. Hieraus ergibt sich etwa die Pflicht des ArbG, innerhalb einer die Anfechtung eines Einigungsstellen-Spruchs (§ 76 V 4 BetrVG) betreffenden gerichtl. Auseinandersetzung auch Anfechtungsgründen nachzugehen, die erst im Laufe des Verfahrens sichtbar geworden sind[10]. Entsprechendes dürfte für nachträglich bekannt werdende Anfechtungs- oder Nichtigkeitsgründe im Rahmen einer Wahlanfechtung gelten. Andererseits reicht es **als Anlass** für eine **Amtsermittlung nicht** aus, dass ein Antrag gestellt und dieser völlig unzureichend mit Tatsachen untermauert wird, oder gar nur Rechtstatsachen behauptet werden. Zunächst muss der Antragsteller die Tatsachen vortragen, aus denen sich greifbare Anhaltspunkte für die Begründetheit seines Antrages ergeben, und den weiteren Beteiligten ermöglichen, hierauf konkret zu erwidern[11].

c) Beweislast? Aus dem Untersuchungsgrundsatz und der umfassenden Mitwirkungspflicht aller Beteiligten an der Aufklärung des entscheidungserheblichen Sachverhaltes ergibt sich, dass es im Beschlussverfahren eine schlüssigkeitsbegründende **Darlegungslast** und eine **Beweisführungslast** im zivilprozessualen Sinne **nicht gibt**. Es kommt aber auch bei amtswegigen Ermittlungen immer wieder dazu, dass sich entscheidungserhebliche Tatsachen nicht mit der gebotenen Gewissheit ermitteln lassen. Dann kommt es auf die aus dem materiellen Recht abzuleitenden **Grundsätze der objektiven Beweislast** an: Bleiben erhebliche Zweifel am Vorliegen bestimmter rechtsbegründender oder rechtsvernichtender Tatsachen, trifft den Nachteil hieraus in aller Regel denjenigen, der von ihrem Vorliegen begünstigt würde[12].

d) Verspätete Mitwirkung. Das Gericht kann die Beteiligten zu einer **Mitwirkung** bei der Sachverhaltsaufklärung **nicht zwingen**. Erfolgt keine oder keine ausreichende Mitwirkung, was das Gericht

---

1 *Fitting*, Nach § 1 BetrVG Rz. 45. ||2 BAG 13.3.1973 – 1 ABR 15/72, DB 1973, 1257. ||3 BAG 25.3.1992 – 7 ABR 65/90, NZA 1993, 134. ||4 BAG 10.12.1992 – 2 ABR 32/92, NZA 1993, 501. ||5 BAG 16.5.2007 – 7 ABR 63/06, BB 2007, 2210. ||6 *Fitting*, Nach § 1 BetrVG Rz. 48. ||7 BAG 11.3.1998 – 7 ABR 59/96, NZA 1998, 953, unter B I 4c; 11.11.1998 – 7 ABR 57/97, NZA 1999, 945. ||8 BAG 12.5.1999 – 7 ABR 36/97, NZA 1999, 1290. ||9 BAG 10.12.1992 – 2 ABR 32/92, NZA 1993, 501. ||10 BAG 26.5.1988 – 1 ABR 11/87, NZA 1989, 26. ||11 BAG 26.7.1989 – 7 ABR 64/88, NZA 1990, 621. ||12 ErfK/*Koch*, § 83 ArbGG Rz. 5; GK-ArbGG/*Dörner*, § 83 Rz. 153; Hauck/Helml/Biebl/*Hauck*, § 83 Rz. 6.

nach § 286 I ZPO zu würdigen hat[1], und besteht keine erkennbare Möglichkeit zu weiterer Sachaufklärung, hat das Gericht auf der Grundlage des Sachverhalts, soweit er aufgeklärt ist, und iÜ nach den Regeln der objektiven Beweislast zu entscheiden.

10 Wird der **Mitwirkungspflicht** zwar genügt, geschieht dies aber **so spät**, dass die Entscheidung des Verfahrens **verzögert** würde, ginge das Gericht dem neuen Vortrag nach, kann das Gericht im besonderen Beschlussverfahren nach §§ 122, 126 InsO auf die Präklusionsvorschrift des § 61a V zurückgreifen (§ 122 II 3 InsO).

11 Im allg. Beschlussverfahren gilt die **Präklusionsregelung** des Abs. 1a[2]. Die Vorschrift ist im Beschlussverfahren ein **nicht unbedenklicher Fremdkörper**[3]. Trotz der **Wirkung** vieler Entscheidungen auf nicht am Verfahren beteiligte **Dritte** (Rz. 3) kann danach eine **entscheidungserhebliche Tatsache** bei verspätetem Vortrag möglicherweise **unberücksichtigt** bleiben und so eine – objektiv – unrichtige Entscheidung ergeben. Andererseits muss **Missbräuchen** begegnet werden; ein daran interessierter Beteiligter kann durch Vortrag in letzter Minute weiteren Aufklärungsbedarf und damit eine Verzögerung der Entscheidung herbeiführen. Voraussetzung für eine Präklusion nach Abs. 1a ist zunächst, dass das ArbG **für ein Vorbringen zu** einem bestimmten, von ihm **konkret zu bezeichnenden Punkt** eine **angemessene**, angesichts des zu erwartenden Ermittlungsaufwandes ausreichende **Frist** gesetzt hat. Mit dieser Auflage verbunden sein muss der **Hinweis** auf die mögliche **Folge einer Verspätung**, wobei nicht der Hinweis auf das Gesetz, wohl aber die **wörtliche Aufnahme** des Textes **von Abs. 1a S. 2** in den **Auflagenbeschluss** ausreicht. Wird die Auflage im Anhörungstermin erteilt, ist sie einschl. der Belehrung über die möglichen Rechtsfolgen wörtlich zu **protokollieren**[4].

12 Sind diese Voraussetzungen erfüllt, und geht der **Vortrag nach** Ablauf der gesetzten **Frist** bei Gericht ein, **kann** das Gericht entscheidungserheblichen Vortrag **unberücksichtigt lassen**, wenn zwei Voraussetzungen nebeneinander erfüllt sind: (1) Bei Berücksichtigung des Vorbringens **verzögerte** sich nach der freien Überzeugung des Gerichts die Erledigung des Verfahrens und (2) der Beteiligte hat die Verspätung **nicht genügend entschuldigt**.

13 Anders als im Urteilsverfahren (§ 56 II) muss das ArbG im Beschlussverfahren Vorbringen nicht als verspätet zurückweisen, wenn die Voraussetzungen hierfür vorliegen, sondern es hat seine **Entscheidung** hierüber **nach pflichtgemäßem Ermessen** zu treffen. Dabei muss es abwägen, ob es der Beschleunigung statt weiterer Sachaufklärung den Vorzug gibt und dabei Gefahr läuft, nicht alle für seine Entscheidung maßgebenden Tatsachen aufgeklärt zu haben[5]. Soweit sich das ArbG für eine **Zurückweisung** entscheidet, steht diese Entscheidung zur Überprüfung durch das **Beschwerdegericht**. Eine Zulassung von Vorbringen ist nicht korrigierbar.

14 Angesichts der **besonderen Aufgaben des arbeitsgerichtl. Beschlussverfahrens** und der vielfachen Drittbetroffenheiten sollte, wenn die Entscheidung nicht außerordentl. dringlich ist, verspätetes entscheidungserhebliches Vorbringen nur dann zurückgewiesen werden, wenn von einem missbräuchlichen Verfahrensverhalten des vortragenden Beteiligten auszugehen ist und wesentliche Nachteile für am Verfahren nicht unmittelbar Beteiligte aus einer materiell unrichtigen Entscheidung nicht zu besorgen sind.

15 **3. Mittel der Sachaufklärung (Abs. 2).** Das Gericht hat, wenn die Wahrheit einer entscheidungserheblichen Tatsache nicht feststeht, hierüber **Beweis zu erheben**. Es ist dabei nicht an Beweisanträge der Beteiligten gebunden. Es hat ihnen aber nachzugehen, wenn sie dem Nachweis oder der Widerlegung eines entscheidungserheblichen Tatsachenvortrages dienen[6]. Das ArbG hat die in Abs. 2 aufgezählten Mittel zur Sachaufklärung zur Verfügung, zu denen auch die formlose Einholung **informeller Auskünfte** und ihre Einführung in das Verfahren zählen. Durch sie kann zwar eine Beweisaufnahme nicht ersetzt werden, es können aber Anhaltspunkte für weiteren Aufklärungsbedarf und mögliche Aufklärungsmittel gewonnen werden[7].

16 Für die **Durchführung der Beweisaufnahme** gelten die Regeln der **ZPO** über den Zeugenbeweis (§§ 373 ff. ZPO), die Einvernahme von Sachverst. (§§ 402 ff. ZPO), die Augenscheinseinnahme (§§ 337 ff. ZPO) sowie über den Urkundenbeweis (§§ 415 ff. ZPO)[8].

17 Nach §§ 80, 56 I Nr. 3 kann auch das **persönliche Erscheinen der Beteiligten**, bei beteiligten Stellen von dessen Vorstand oder Vorsitzendem, angeordnet werden. Abs. 2 sieht die Möglichkeit vor, **Beteiligte zu vernehmen**. Für diese Vernehmung gelten die Regeln über die Parteivernehmung nach §§ 450–455 ZPO, wobei bei der Beteiligung des BR nur dessen Vorsitzender als Beteiligter zu vernehmen ist, während die übrigen BR-Mitglieder Zeugen sind. Im Hinblick auf den Untersuchungsgrundsatz finden aber §§ 445–447 ZPO keine Anwendung[9]. Eine Einvernahme von Beteiligten kann von Amts wegen erfolgen, wenn das erkennende Gericht dies im Interesse einer Sachaufklärung für geboten hält.

---

1 GK-ArbGG/*Dörner*, § 83 Rz. 126. || 2 Im Einzelnen *Holthaus/Koch*, RdA 2002, 140 (159 f.); *Schmidt/Schwab/Wildschütz*, NZA 2001, 1217 (1223). || 3 *Trittin/Backmeister*, DB 2000, 618 (620); *Fitting*, Nach § 1 BetrVG Rz. 49. || 4 GK-ArbGG/*Dörner*, § 83 Rz. 136. || 5 GK-ArbGG/*Dörner*, § 83 Rz. 157. || 6 BAG 25.3.1992 – 7 ABR 65/90, NZA 1993, 134. || 7 GK-ArbGG/*Dörner*, § 83 Rz. 138. || 8 Hauck/Helml/Biebl*Hauck*, § 83 Rz. 7. || 9 ErfK/*Koch*, § 83 ArbGG Rz. 5.

Verfahren　　　　　　　　　　　　　　　　　　　　　　　　　　　　　Rz. 23 **§ 83 ArbGG**

III. Die Beteiligten. 1. Grundsätze und Begriffe. Das Gericht hat **zu Beginn des Verfahrens** und bis in 18
die Rechtsbeschwerdeinstanz hinein[1] **von Amts wegen** die am Verfahren **Beteiligten festzustellen** und
nach Abs. 3 und 4 vor einer Entscheidung zu hören. Wird eine Person oder Stelle, die von Rechts wegen
hätte beteiligt werden müssen, zunächst **zu Unrecht nicht beteiligt**, kann deren Beteiligung und Anhörung nachgeholt werden. Ist eine gebotene Anhörung bis zur Entscheidung erster Instanz unterblieben,
ist ein von dieser Entscheidung materiell **Betroffener auch ohne** formelle **Beteiligung** am Verfahren
nach den allg. Regeln **rechtsmittelbefugt**. Für ihn beginnt die Rechtsmittelfrist erst mit der – nachträglichen – Zustellung der erstinstanzlichen Entscheidung zu laufen. IÜ handelt es sich bei einer zu Unrecht unterbliebenen Beteiligung um einen Verfahrensfehler, der auch in der Rechtsbeschwerdeinstanz
gerügt werden und – nicht zwingend – zur Aufhebung des angefochtenen Beschlusses führen kann[2]. Erfolgt eine **Beteiligung zu Unrecht**, so ist dieser Fehler dadurch zu beseitigen, dass der so formell Beteiligte nicht mehr am weiteren Verfahren beteiligt wird. Für einen etwaigen Konflikt über seine Beteiligung bleibt er am Verfahren beteiligt. Ansonsten führt die nur formelle Beteiligung nicht dazu, dass
sich daraus Beteiligtenrechte iSd. §§ 80 ff. ergeben[3].

Terminologisch gehört zu den Beteiligten der **Antragsteller** als **formell Beteiligter**; er setzt das Verfah- 19
ren in Gang und bestimmt den Streitgegenstand. Auf seine materiell-rechtl. Betroffenheit kommt es
nicht an (zur Antragsbefugnis § 81 Rz. 9–13)[4]. Die nach der Aufzählung in Abs. 3 als solche in Betracht
kommenden Beteiligten sind vom Gericht formell **zu beteiligen**, wenn eine **gesetzl. Regelung** dies ausdrücklich vorsieht (zB § 78a IV, § 103 II BetrVG) **oder** wenn sie am Streitgegenstand materiell beteiligt
sind, wenn die betreffende **Person oder Stelle** also durch die angestrebte Entscheidung **in ihrer betriebsverfassungsrechtl. oder mitbestimmungsrechtl. Stellung unmittelbar materiell betroffen** wird[5],
als Inhaber des streitigen Anspruchs oder Rechts materiell-rechtl. ernsthaft in Betracht kommt[6]. Damit sind die Verfahrensbeteiligten am Beschlussverfahren abschließend festgelegt. Die Vorschriften der
ZPO über die **Streitverkündung** und die **Nebenintervention** finden **keine Anwendung** (§ 80 II 1)[7].

Die **Beteiligtenstellung** ergibt sich aus dem **materiellen Recht**. Sie kann **nicht durch Vereinbarung** be- 20
gründet werden[8]. **Ändert sich** während des Beschlussverfahrens die materielle Befugnis zur Geltendmachung eines betriebsverfassungsrechtl. Rechtes, aus der sich die **materielle Betroffenheit** ergibt,
dann **tritt** ohne Weiteres der nunmehr materiell Beteiligte **an die Stelle** des bisherigen Beteiligten, zB
ein neugebildeter GBR an die Stelle eines BR oder der BR eines aufnehmenden Betriebes an die Stelle
des BR eines übernommenen und eingegliederten Betriebes[9].

2. Einzelfälle materieller Betroffenheit. a) Arbeitgeber. Im Beschlussverfahren mit **betriebsverfas-** 21
sungsrechtl. Streitgegenstand ist der ArbGeb immer zu beteiligen. Er ist Beteiligter des **betriebsverfassungsrechtl. Grundverhältnisses** und von Streitigkeiten über die betriebsverfassungsrechtl. Ordnung
stets betroffen[10], auch bei betriebsratsinternen Streitigkeiten oder im Wahlanfechtungsverfahren; er
muss die sich hieraus ergebenden Rechte aber nicht wahrnehmen[11]. **Wechselt** der **ArbGeb** während des
laufenden Beschlussverfahrens infolge eines Überganges des Betriebes oder des vom Streit betroffenen Betriebsteils, tritt der Erwerber ohne Weiteres in die verfahrensmäßige Rechtsstellung des bisherigen ArbGeb ein[12].

Geht es um eine betriebsverfassungsrechtl. Streitigkeit in einem **Gemeinschaftsbetrieb**, sind regel- 22
mäßig **alle** an diesem Gemeinschaftsbetrieb beteiligten Unternehmen/ArbGeb **zu beteiligen**[13], es sei
denn, es geht materiell nur um ein bestimmtes ArbVerh und dessen Gestaltung nicht durch die Führung des Gemeinschaftsbetriebes, sondern den entsendenden Vertrags-ArbGeb, wie dies bei einem
Verfahren um die Zustimmung zur Eingruppierung eines in den Gemeinschaftsbetrieb entsandten
ArbN der Fall ist[14].

b) Betriebrat. Auch die **Beteiligtenstellung des BR**[15] hängt von seiner materiellen betriebsverfas- 23
sungsrechtl. Betroffenheit ab; sie bleibt deshalb auch bestehen, wenn und solange er noch ein **Übergangs- oder Restmandat** hat, soweit sich dieses Mandat auf die betreffende materielle Angelegenheit erstreckt[16]. In betriebsverfassungsrechtl. Angelegenheiten ist der BR **regelmäßig Beteiligter**. Dies gilt
auch für Grenzbereiche. So ist der BR zu beteiligen, wenn ein **BR-Mitglied** die **Kostenerstattung** wegen

---

1 BAG 25.9.1996 – 1 ABR 25/96, NZA 1997, 668.　‖2 BAG 19.6.2012 – 1 ABR 19/11, NZA 2012, 1237.　‖3 GK-ArbGG/*Dörner*, § 83 Rz. 59 mwN.　‖4 Hauck/Helml/Biebl/*Hauck*, § 83 Rz. 8.　‖5 St. Rspr., etwa BAG 31.5.2005 – 1 ABR 22/04, BAGE 115, 49; ErfK/*Koch*, § 83 ArbGG Rz. 6; GK-ArbGG/*Dörner*, § 83 Rz. 42.　‖6 BAG 28.3.2006 – 1 ABR 59/04, BAGE 117, 337.　‖7 BAG 5.12.2007 – 7 ABR 72/06, NZA 2008, 653; GK-ArbGG/*Dörner*, § 83 Rz. 52 ff.　‖8 GK-ArbGG/*Dörner*, § 83 Rz. 50.　‖9 BAG 21.1.2003 – 1 ABR 9/02, NZA 2003, 1097; Hauck/Helml/Biebl/*Hauck*, § 83 Rz. 10.　‖10 BAG 16.3.2005 – 7 ABR 43/04, NZA 2005, 1072; GK-ArbGG/*Dörner*, § 83 Rz. 71; Hauck/Helml/Biebl/*Hauck*, § 83 Rz. 12; ErfK/*Koch*, § 83 ArbGG Rz. 7; aA *Laux*, Die Antrags- und Beteiligungsbefugnis im arbeitsgerichtlichen Beschlussverfahren, 1995, S. 82 ff.; GMP/*Matthes/Spinner*, § 83 Rz. 38, der zwischen Beteiligung und Anhörung unterscheiden will.　‖11 BAG 29.8.1985 – 6 ABR 63/82, NZA 1986, 400; im Erg. ebenso BAG 15.8.2001 – 7 ABR 2/99, NZA 2002, 569.　‖12 BAG 23.6.2010 – 7 ABR 3/09, NZA 2011, 166.　‖13 BAG 29.9.2004 – 1 ABR 39/03, NZA 2005, 420; 15.5.2007 – 1 ABR 32/06, BAGE 122, 280.　‖14 BAG 12.12.2006 – 1 ABR 38/05, DB 2007, 1361.　‖15 Zur Beteiligtenfähigkeit der für den Flugbetrieb errichteten Personalvertretung (§ 117 II 1 BetrVG) BAG 22.11.2005 – 1 ABR 49/04, NZA 2006, 389.　‖16 BAG 21.7.2009 – 1 ABR 12/08, DB 2009, 2331.

ArbGG § 83 Rz. 24   Verfahren

der Teilnahme an Schulungsveranstaltungen vom ArbGeb verlangt; **anders** verhält es sich nach Abtretung des Kostenerstattungsanspruchs an die Gewerkschaft als Träger der Schulungsveranstaltung, wenn sich der Streit über die Höhe der Kostenerstattung auf die Frage beschränkt, ob die Kostenrechnung der Gewerkschaft aus koalitionsrechtl. Gründen zu beanstanden ist; hier ist weder der betreffende Schulungsteilnehmer noch der BR zu beteiligen[1]. Der BR ist zu beteiligen bei Verfahren, die sich mit der **Wahl einer JAV** befassen[2] oder dann, wenn es um den **Ausschluss eines BR-Mitglieds**[3] oder um die **Befugnisse des BR-Vorsitzenden** als Leiter einer **Betriebsversammlung** geht[4]. Materiell betroffen ist der einzelne BR auch, wenn es um die Wirksamkeit der Errichtung eines GBR oder darum geht, inwieweit eine **GesamtBV wirksam ist**[5].

24   Geht es um Befugnisse des **GBR** im Verhältnis zur **Unternehmensleitung**, ist der **BR neben dem GBR** zu beteiligen, wenn sich aus der Entscheidung über die Befugnisse auch unmittelbare Wirkungen für die einzelnen Betriebe und BR ergeben, wie dies etwa bei einem Streit um die Errichtung eines GBR oder dessen Zuständigkeit für den Abschluss von BV der Fall ist. BR und GBR sind auch dann nebeneinander zu beteiligen, wenn es um den Inhalt einer GesamtBV, um die richtige Zusammensetzung des GBR[6] oder um dessen Zuständigkeit geht[7]. Entsprechendes gilt für Zuständigkeitskonflikte im Zusammenhang mit dem KBR[8]. Geht während des Beschlussverfahrens im Zuge eines **Betriebs(teil)überganges** die Zuständigkeit für die Rechtswahrnehmung auf ein anderes betriebsverfassungsrechtl. Organ über, tritt dieses als Funktionsnachfolger und Beteiligter ohne Weiteres in das Verfahren ein[9].

25   c) **Einzelne BR-Mitglieder.** Mitglieder eines betriebsverfassungsrechtl. Organs sind nach §§ 103 II, 78a IV BetrVG **kraft Gesetzes** in den ihre ArbVerh betreffenden Angelegenheiten zu beteiligen[10]. IÜ sind sie immer dann beteiligt, wenn über ihre betriebsverfassungsrechtl. Rechte gestritten wird, etwa um die **Übernahme von Schulungskosten** oder darum, ob eine **betriebsratsinterne Wahl** wirksam war[11].

26   d) **Einzelne ArbN.** ArbN sind nur zu beteiligen, wenn es um ihre **individuellen betriebsverfassungsrechtl.** oder **mitbestimmungsrechtl. Rechte** geht, etwa wenn ihr persönliches aktives oder passives **Wahlrecht** im Streit steht[12].

27   **Nicht zu beteiligen** sind einzelne ArbN, wenn es nur um das **Wahlrecht der nach abstrakten Merkmalen beschriebenen Gruppe** geht, der sie angehören[13]. Keine individuelle, sondern nur eine unzureichende **kollektive Betroffenheit** besteht auch dann, wenn um die **Auflösung des BR** oder um die **Wirksamkeit einer BR-Wahl** gestritten wird. Einzelne ArbN sind auch **nicht** an betriebsverfassungsrechtl. Streitigkeiten nach § 99 IV BetrVG zu beteiligen. In diesen Verfahren geht es nicht um Rechtspositionen der von einer personellen Einzelmaßnahme betroffenen ArbN, sondern um die betriebsverfassungsrechtl. Auseinandersetzung zwischen ArbGeb und BR um Kompetenzen und rechtl. und tatsächliche Bewertungen. Aus diesem Streit ergeben sich nur Reflexe für den einzelnen ArbN und seine arbeitsvertragl. Position[14]. Sie reichen für eine Beteiligtenstellung nicht aus.

28   e) **Gewerkschaften und ArbGebVerbände. Gewerkschaften** sind **in aller Regel nur als Antragsteller** Beteiligte. Weitere Beteiligte sind sie weder bei der Anfechtung einer Wahl zum BR noch bei der Anfechtung einer Aufsichtsratswahl[15]. Nur soweit eine Gewerkschaft selbst die Wahlanfechtung betreibt, ist sie in das Beschlussverfahren einbezogen.

29   Eine im Betrieb vertretene Gewerkschaft ist **nicht zu beteiligen**, wenn es um die Wirksamkeit der **Wahl des BR-Vorsitzenden**, um die **Freistellung von BR-Mitgliedern**, die Errichtung eines **GBR**, die Zuordnung von **Nebenbetrieben** oder das aktive oder passive **Wahlrecht von ArbN** geht[16]. Streiten ArbGeb und BR darum, ob eine **BV wegen Verstoßes gegen einen TV** unwirksam ist, ist die Gewerkschaft zwar als Koalition und TV-Partei, nicht aber unmittelbar in einer betriebsverfassungsrechtl. Position betroffen. Deshalb soll auch in einem solchen Fall die Gewerkschaft nicht zu beteiligen sein[17], eine nach der Rspr. zum im Beschlussverfahren durchzusetzenden Unterlassungsanspruch der Gewerkschaften ggü. tarifwidrigen Bündnissen für Arbeit[18] zweifelhaft gewordene Rechtsauffassung.

30   Eine im Betrieb vertretene Gewerkschaft **ist zu beteiligen**, wenn um das Recht auf **Entsendung eines Gewerkschaftsvertreters** zur Betriebsversammlung oder darum gestritten wird, ob ein solcher Beauftragter an Sitzungen des **Wirtschaftsausschusses** teilnehmen kann[19].

---

1 BAG 15.1.1992 – 7 ABR 23/90, NZA 1993, 189. ||2 BAG 13.3.1991 – 7 ABR 89/89, NZA 1992, 223. ||3 BAG 1.8.1958 – 1 ABR 6/58, SAE 1959, 18. ||4 BAG 19.5.1978 – 6 ABR 41/75, DB 1978, 2032. ||5 BAG 30.10.1986 – 6 ABR 52/83, NZA 1988, 27; 31.1.1989 – 1 ABR 67/87, NZA 1989, 604. ||6 Vgl. BAG 9.8.2000 – 7 ABR 56/98, NZA 2001, 116; 15.1.2002 – 1 ABR 10/01, NZA 2002, 988. ||7 BAG 17.4.2012 – 1 ABR 84/10, NZA 2013, 230. ||8 BAG 25.9.2012 – 1 ABR 45/11, NZA 2013, 275. ||9 BAG 23.6.2010 – 7 ABR 3/09, NZA 2011, 166. ||10 Wegen deren Anspruch auf Erstattung ihrer außergerichtl. Kosten zweiter und dritter Instanz nach § 78 II vgl. unten § 40 BetrVG Rz. 16, sowie BVerwG 12.11.2012 – 6 P 1/12, NZA-RR 2013, 277. ||11 Vgl. BAG 14.11.2001 – 7 ABR 31/00, NZA 2002, 755; 15.8.2001 – 7 ABR 2/99, NZA 2002, 569. ||12 Vgl. etwa BAG 23.1.1986 – 6 ABR 47/82, NZA 1986, 404. ||13 BAG 10.2.1981 – 6 ABR 86/78, NJW 1982, 350. ||14 GK-ArbGG/*Dörner*, § 83 Rz. 81 mwN; ErfK/*Koch*, § 83 ArbGG Rz. 7; teilweise aA Schwab/Weth/*Weth*, § 83 Rz. 66. ||15 BAG 4.12.1986 – 6 ABR 48/85, NZA 1987, 120; 27.1.1993 – 7 ABR 37/92, NZA 1993, 949. ||16 GK-ArbGG/*Dörner*, § 83 Rz. 109f. mwN. ||17 BAG 9.2.1984 – 6 ABR 10/81, NZA 1984, 96. ||18 BAG 20.4.1999 – 1 ABR 72/98, BAGE 91, 210. ||19 BAG 18.3.1964 – 1 ABR 12/63, DB 1964, 446; 18.11.1980 – 1 ABR 31/78, DB 1981, 1240.

Den **ArbGebVerbänden** ist durch das Betriebsverfassungsrecht keine eigene betriebsverfassungs- 31
rechtl. Rechtsposition eingeräumt worden. Der zuständige ArbGebVerband ist deshalb **nicht** am arbeitsgerichtl. Beschlussverfahren **zu beteiligen.**

In den Verfahren um die **Anerkennung einer Schulungsveranstaltung** nach § 37 VII BetrVG ist die 32
Spitzenorganisation der ArbGebVerbände zu beteiligen, nicht der einzelne ArbGebVerband, sowie die
Spitzenorganisation auf ArbN-Seite. Geht es um die Anerkennung einer Schulungsveranstaltung, deren Träger eine bestimmte Gewerkschaft ist, ist auch Letztere zu beteiligen[1].

f) **Weitere mögliche Beteiligte.** Die **JAV** ist **nur Beteiligte,** wo ihr eine **betriebsverfassungsrechtl.** 33
Rechtsstellung eingeräumt ist (§§ 60 ff. BetrVG), also in einem Verfahren über ihre Rechtsstellung und
ihre Befugnisse sowie in Verfahren, in denen es um die Erforderlichkeit der Teilnahme eines ihrer Mitglieder an einer Schulungsveranstaltung geht[2]. Entsprechendes gilt für besondere Interessenvertretungen außerbetrieblich Auszubildender nach § 51 I BBiG, der 2005 an die Stelle des § 18a BBiG aF getreten ist[3]. Kraft gesetzl. Anordnung ist die JAV im Verfahren nach § 78a IV BetrVG Beteiligte.

Auch der **Wirtschaftsausschuss,** der lediglich eine Hilfsfunktion für den BR wahrnimmt, ist **regel-** 34
mäßig nicht an Beschlussverfahren zu beteiligen. Er ist nur dann Beteiligter, wenn Rechte ihm ggü. geltend gemacht werden oder wenn es um seine Geschäftsführung und seine Aufgaben geht[4].

Der **Wahlvorstand** ist an allen Verfahren zu beteiligen, die **im Laufe des Wahlverfahrens** in Bezug auf 35
die Durchführung der Wahl anhängig werden. Er bleibt bis zum Ende des Verfahrens Beteiligter, auch
wenn die Wahl zwischenzeitlich abgeschlossen ist[5]. Demggü. ist der Wahlvorstand **nicht** an einem **Wahlanfechtungsverfahren** zu beteiligen unabhängig davon, worauf die Wahlanfechtung gestützt wird[6]. Hier
ist das Organ Beteiligter, um dessen Wahl es geht.

Schwerbehindertenvertretungen, Vertrauensleute der Zivildienstleistenden und **Werkstatträte** sind 36
zu beteiligen, wenn es um ihre betriebsverfassungsrechtl. Rechte geht[7]. Mangels eigener betriebsverfassungsrechtl. Rechtspositionen, in denen sie betroffen sein könnten, sind **grds. nicht** zu beteiligen: Vom
BR hinzugezogene **Sachverst.** oder **Verfahrensbevollmächtigte,** wenn es um deren Kosten geht, die **Einigungsstelle** oder ihr Vorsitzender auch dann, wenn die Wirksamkeit eines Einigungsstellenspruchs in
Rede steht, oder ein **Datenschutzbeauftragter,** dessen Rechte und Pflichten im Betrieb sich nicht aus
dem BetrVG, sondern aus dem Datenschutzrecht ergeben[8]. Wer in den Verfahren nach § 2a I Nr. 3e–g zu
beteiligen ist, ergibt sich aus den Kompetenzzuordnungen, die in den in Abs. 3 aufgezählten Gesetzen
vorgenommen werden.

IV. **Anhörung der Beteiligten.** Die Beteiligten sind nach Abs. 3 und 4 **grds. mündlich** und **von der** 37
Kammer des ArbG anzuhören, auch wenn sie zuvor Gelegenheit hatten, sich an einer Güteverhandlung
zu beteiligen. Für die **Anhörung** vor der Kammer gelten §§ 55 ff., weshalb auch ein **vorbereitender Beweisbeschluss** durch den Kammervorsitzenden (§ 55 IV) ergehen kann. Alle Beteiligten können sich
zwar schriftl. äußern. Dies ändert aber nichts am **Gebot der mündlichen Anhörung.**

Der **Pflicht** zur Anhörung nach Abs. 4 S. 2 ist bereits dann **genügt,** wenn ein Beteiligter zum Anhö- 38
rungstermin **geladen** und mit der Ladung darauf **hingewiesen** worden ist, dass auch dann der Pflicht zu
seiner Anhörung genügt ist, wenn er dem Anhörungstermin unentschuldigt fern bleibt. **Bleibt ein Beteiligter entschuldigt fern,** muss der Anhörungstermin **vertagt** werden. Zu diesem neuen Termin sind erneut **alle Beteiligten** zu laden, da ihre Anhörung in einem gemeinsamen Termin zu erfolgen hat[9].

Nur dann, wenn **alle** am Verfahren Beteiligten sich hiermit **ausdrücklich einverstanden** erklärt haben, 39
kann das Gericht nach Abs. 4 S. 3 **ohne mündliche Anhörung** entscheiden; § 83a III 2 findet keine Anwendung. Selbst wenn ein solches Einverständnis aller Beteiligten vorliegt, steht es **im Ermessen des
Gerichts,** ob eine mündliche Anhörung stattfindet[10]. Entschließt sich das Gericht für das schriftl. Verfahren, weil der entscheidungserhebliche Sachverhalt vollständig aufgeklärt ist und es nur noch um
Rechtsfragen geht, ist nach § 60 I ein **Termin zur Verkündung** eines **vollständig** schriftl. abgefassten
und von den ehrenamtlichen Richtern hinsichtlich der Beschlussformel mit unterschriebenen Beschlusses (§ 84 S. 3, § 60 III 2, IV 2) anzuberaumen.

V. **Verfahrensbeschwerde.** Nach Abs. 5 findet gegen **Beschlüsse und Verfügungen** des ArbG oder sei- 40
nes Vorsitzenden die im Laufe des Verfahrens ergehen, also **verfahrensleitende Anordnungen,** die **nicht
instanzbeendend** sind, die **sofortige Beschwerde** nach Maßgabe von § 78, §§ 567 ff. ZPO statt. Im Falle
einer **Vorabentscheidung** über die zutreffende Verfahrensart ist § 17a IV 3 GVG nach §§ 80 III, 48 I als
Spezialvorschrift anwendbar. Auch gegen einen solchen Beschluss ist die sofortige Beschwerde nach
§ 567 ZPO eröffnet.

---

1 BAG 6.4.1976 – 1 ABR 96/74, DB 1976, 1384; 11.8.1993 – 7 ABR 52/92, NZA 1994, 517. || 2 BAG 10.5.1974 – 1 ABR 47/73, DB 1974, 2162. || 3 BAG 24.8.2004 – 1 ABR 28/03, NZA 2005, 371; der Gesetzgeber hat § 83 noch nicht an die neue Gesetzeslage angepasst. || 4 BAG 5.11.1985 – 1 ABR 56/83, ArbuR 1986, 157. || 5 BAG 25.8.1981 – 1 ABR 61/79, DB 1982, 546. || 6 BAG 24.5.2006 – 7 ABR 40/05, PersV 2007, 75. || 7 GK-ArbGG/*Dörner*, § 83 Rz. 100. || 8 BAG 11.11.1997 – 1 ABR 21/97, NZA 1998, 385. || 9 GK-ArbGG/*Dörner*, § 83 Rz. 168. || 10 ErfK/*Koch*, § 83 ArbGG Rz. 10 mwN.

§ 83a Vergleich, Erledigung des Verfahrens

(1) Die Beteiligten können, um das Verfahren ganz oder zum Teil zu erledigen, zur Niederschrift des Gerichts oder des Vorsitzenden oder des Güterichters einen Vergleich schließen, soweit sie über den Gegenstand des Vergleichs verfügen können, oder das Verfahren für erledigt erklären.

(2) Haben die Beteiligten das Verfahren für erledigt erklärt, so ist es vom Vorsitzenden des Arbeitsgerichts einzustellen. § 81 Abs. 2 Satz 3 ist entsprechend anzuwenden.

(3) Hat der Antragsteller das Verfahren für erledigt erklärt, so sind die übrigen Beteiligten binnen einer von dem Vorsitzenden zu bestimmenden Frist von mindestens zwei Wochen aufzufordern, mitzuteilen, ob sie der Erledigung zustimmen. Die Zustimmung gilt als erteilt, wenn sich der Beteiligte innerhalb der vom Vorsitzenden bestimmten Frist nicht äußert.

1 Die auch im Instanzenzug über §§ 90 II und 95 S. 4 anwendbare Bestimmung hat für das arbeitsgerichtl. Beschlussverfahren die Tendenzen deutlich verstärkt, den Beteiligten **mehr Dispositionsbefugnisse** über das Verfahren und dessen Beendigung einzuräumen[1].

2 Die Möglichkeit eines – jederzeit anzustrebenden (§§ 80 II, 57 II) – **gerichtl. Vergleichs**, der ohne Einstellungsbeschluss verfahrensbeendende Wirkung hat, ist dadurch **gegenständlich** beschränkt, dass nur solche Vergleiche wirksam werden können[2], über deren Gegenstand alle am Verfahren materiell Beteiligte verfügen können[3]. Wirksamkeitsvoraussetzung ist auch, dass ihm **alle** materiell **Beteiligten ausdrücklich** und schriftl. oder zu Protokoll, ggf. auf Aufforderung des Vorsitzenden oder des nach § 54a eingeschalteten Güterichters nachträglich, **zugestimmt haben**. Eine **Zustimmungsfiktion** nach Abs. 3 S. 2 kommt für den Vollstreckungstitel eines verfahrensbeendenden gerichtl. Vergleichs **nicht** in Betracht[4].

3 § 83a sieht die Möglichkeit eines Vergleichsschlusses zu Protokoll vor. Aufgrund der Verweisung in §§ 80 II, 46 II **finden** indes auch **§ 278 VI ZPO** und die Möglichkeit eines Vergleichsschlusses im schriftlichen Verfahren **Anwendung**[5], was angesichts der beschränkten Vergleichsbefugnisse der an Beschlussverfahren Beteiligten nicht unbedenklich ist. **Außergerichtl. Vereinbarungen** können darüber hinaus über eine übereinstimmende Erledigungserklärung zur Beendigung des Verfahrens führen.

4 Ob ein **Gegenstand** der **Verfügungsmacht** der Beteiligten unterliegt, richtet sich nach dem jeweiligen materiellen Recht. Regelmäßig ist dies bei vermögensrechtl. Streitigkeiten (zB nach § 37 oder § 40 BetrVG) der Fall. Vergleichsweise Vereinbarungen über die Errichtung, Zusammensetzung und Organisation des BR, über aktives und passives Wahlrecht sowie über die Durchführung der Wahl oder die Ausfüllung des Betriebsbegriffs sind nicht eröffnet. Auch **Mitwirkungs- und MitbestR** stehen grds. nicht zur Disposition von Beteiligten[6]. Die Beteiligten sind demggü. **befugt**, den der Mitbest. unterliegenden Gegenstand, etwa **Arbeitszeitfragen** oder ein bestimmtes Ordnungsverhalten im Betrieb, auch **vor Gericht zu regeln** und so zugleich den Streit um das Bestehen oder den Umfang des betreffenden MitbestR zu erledigen. Dies bedarf allerdings auf BR-Seite grds. eines Beschlusses des BR-Gremiums. Die Abgrenzung zwischen einem unzulässigen Verzicht auf MitbestR und einer **zulässigen** längerfristigen **Bindung** des BR in einer solchen vergleichsweisen **Rahmenregelung** kann im Einzelfall Schwierigkeiten aufwerfen[7].

5 Fehlt den Beteiligten die **Verfügungsbefugnis** über den Vergleichsgegenstand, muss das Gericht die Beteiligten vor einer Protokollierung hierauf hinweisen. Ein gleichwohl protokollierter Vergleich hat weder verfahrensbeendende Wirkung, noch kann aus ihm vollstreckt werden. Wird einem Beteiligten die mögliche Unwirksamkeit des Vergleichs bewusst, kann er die **Fortsetzung des Verfahrens** beantragen. Dann ist zunächst zu klären, ob der Vergleich das Verfahren tatsächlich beendet hat oder nicht. Will der Antragsteller diesen Weg gehen, hat er seinen bisherigen Sachantrag zu stellen, ein sonstiger Beteiligter beantragt die Feststellung der Unwirksamkeit des Vergleichs[8].

6 Wird ein nach seinem Gegenstand an sich möglicher **Vergleich** im Anhörungstermin geschlossen, dem aber ein bei Vergleichsschluss **nicht anwesender Beteiligter** auch auf Nachfrage des Gerichts **nicht** ausdrücklich **zustimmt**, liegt ebenfalls kein vollstreckungsfähiger und verfahrensbeendender Vergleich vor. Die am Vergleichsschluss Beteiligten können im Hinblick auf die zwischen ihnen wirksam bleibende Vereinbarung aber das Verfahren für erledigt erklären. Dann kann das Verfahren nach **Abs. 3 S. 2** erledigt werden. Einfacher ist eine Antragsrücknahme im Hinblick auf die getroffene Vereinbarung (§ 81 II).

7 Wird das Beschlussverfahren mit Zustimmung aller Beteiligten **für erledigt erklärt**, hat das ArbG nicht zu prüfen, ob der Antrag ursprünglich zulässig und begründet war oder ein erledigendes Ereignis eingetreten ist[9]. Der Vorsitzende hat auf Grund der **Erledigungserklärung** und der ggf. über Abs. 3 S. 2

---

1 *Fenn*, FS 25 Jahre BAG, 1979, S. 91, 100ff. || 2 GK-ArbGG/*Dörner*, § 83a Rz. 7, 10. || 3 ErfK/*Koch*, § 83a ArbGG Rz. 1; GMP/*Matthes*/*Spinner*, § 83a Rz. 6; GK-ArbGG/*Dörner*, § 83a Rz. 10; *Dütz*, RdA 1980, 96 (99). || 4 ErfK/*Koch*, § 83a ArbGG Rz. 1. || 5 GK-ArbGG/*Dörner*, § 83a Rz. 16a; ErfK/*Koch*, § 83a ArbGG Rz. 1; Natter/Gross/*Roos*, § 83a Rz. 10; Düwell/Lipke/*Reinfelder*, § 83a Rz. 2; aA Vorauf. || 6 BAG 23.6.1992 – 1 ABR 53/91, NZA 1992, 1098. || 7 BAG 3.6.2003 – 1 AZR 349/02, NZA 2003, 1155. || 8 GK-ArbGG/*Dörner*, § 83a Rz. 17aff. || 9 BAG 28.2.2006 – 1 ABR 1/05, NZA 2006, 1178; *Fenn*, FS 25 Jahre BAG, 1979, S. 91, 101f.

Beschluss

fingierten **Zustimmung** aller übrigen Beteiligten das Verfahren durch verfahrensbeendenden Beschluss einzustellen, der den Beteiligten zur Kenntnis zu bringen ist. Gegen den Einstellungsbeschluss ist die Beschwerde nach § 87 eröffnet[1]. Der Beschluss hat allerdings keine materiellen Auswirkungen. Er steht insb. einem neuen Verfahren über denselben Streitgegenstand nicht entgegen[2].

Eine allseitige Zustimmung zur Erledigung des Verfahrens wird vielfach nur nach **Abs. 3 S. 2** zustande kommen. **Voraussetzung** dafür ist, (1) dass den Beteiligten vom Gericht eine Frist gesetzt worden ist, die mindestens zwei Wochen betragen muss, (2) sie vom Vorsitzenden aufgefordert worden sind, innerhalb dieser Frist mitzuteilen, ob sie der Erledigung zustimmen, (3) sie dabei darüber belehrt wurden, dass ihrem Schweigen der entsprechende Erklärungswert zukommt[3], und (4) sie sich bis zum Ablauf der Frist nicht bei Gericht eingehend geäußert haben. Dabei ist wegen der Versäumnis der Frist, die weder ein Notfrist, noch eine sonstige in § 233 ZPO genannte Frist ist, eine **Wiedereinsetzung** in den vorigen Stand **nicht möglich**[4]. Eine nachträgliche Zustimmungserklärung ist ausnahmsw. entbehrlich, wenn ein Beteiligter bereits vorab erklärt hatte, er stimme einer etwaigen Erledigungserklärung zu[5].

Hat der Antragsteller das Beschlussverfahren für erledigt erklärt, aber zumindest einer der übrigen Beteiligten seine **Zustimmung** hierzu **verweigert**, muss das ArbG darüber **entscheiden**, ob tatsächlich ein **erledigendes Ereignis** eingetreten ist, ob also der Antrag jedenfalls bei Erledigungserklärung unzulässig oder unbegründet ist. Darauf, ob der Antrag vor Eintritt des erledigenden Ereignisses zulässig und begründet war, kommt es anders als im Urteilsverfahren nicht an[6]. Liegt ein erledigendes Ereignis vor, ist das Verfahren durch Beschluss nach Abs. 2, der den Beteiligten **förmlich zuzustellen** ist, mit der Beschwerdemöglichkeit nach § 87 einzustellen. Fehlt es am erledigenden Ereignis, ist über den Sachantrag zu entscheiden. Erledigende Ereignisse sind bspw. im Verfahren nach § 103 II BetrVG die nachträgliche Zustimmung des BR zur beabsichtigten Kündigung[7], im Verfahren nach § 99 IV das Ausscheiden eines gegen den Willen des BR eingestellten, umgruppierten oder versetzten ArbN[8], die Rücknahme des Zustimmungsersuchens des ArbGeb oder dessen Erklärung, er verfolge die betreffende personelle Maßnahme nicht mehr weiter[9]. Darüber hinaus werden sich Streitigkeiten über den Umfang eines MitbestR regelmäßig dann erledigen, wenn der betroffene Betrieb stillgelegt worden ist und kein Anlass mehr für eine geforderte Regelung oder die Anwendung einer in ihrer Wirksamkeit umstrittenen BV besteht[10], oder wenn das letzte BR-Mitglied aus dem Betrieb ausgeschieden ist und jedes **betriebsverfassungsrechtl. Rechtsverhältnis erloschen** ist[11].

Ein Beschlussverfahren kann **in keinem Falle von Amts wegen**, ohne entsprechende Erklärung des Antragstellers, im Hinblick auf ein erledigendes Ereignis **eingestellt** werden[12]. Dies gilt auch für Feststellungsanträge nach § 100 II 3 BetrVG; auch insoweit tritt keine automatische Beendigung des Verfahrens ein[13]; auch ein solches Beschlussverfahren kann nicht von Amts wegen analog Abs. 2 eingestellt werden. Das **BAG** nimmt allerdings in einem solchen Fall ein **Ende der Rechtshängigkeit** an[14].

84 Beschluss
Das Gericht entscheidet nach seiner freien, aus dem Gesamtergebnis des Verfahrens gewonnenen Überzeugung. Der Beschluss ist schriftlich abzufassen. § 60 ist entsprechend anzuwenden.

Das ArbG entscheidet die anstehenden Rechtsfragen auf der Grundlage des unter Mitwirkung der Beteiligten von Amts wegen festgestellten Sachverhaltes. Die Entscheidungsmöglichkeiten des Gerichts werden durch das Rechtsschutzziel des Antragstellers begrenzt, wie es in seinem Vorbringen zum Ausdruck kommt und – ggf. mit Hilfe des Gerichts – in eine entsprechende **Antragstellung** umgesetzt worden ist (§ 308 ZPO).

Das Verfahren wird nicht durch Urteil, sondern einen von verfahrensleitenden Beschlüssen nach §§ 53, 83 V zu unterscheidenden Beschluss beendet. Auf ihn sind §§ 300 ff. ZPO entsprechend anzuwenden. Bei Entscheidungsreife iSv. § 300 ZPO entscheidet die **Kammer unter Mitwirkung der ehrenamtlichen Richter**, auch wenn nach § 83 IV 3 eine mündliche Verhandlung nicht stattgefunden hat. Eine Entscheidung durch den **Vorsitzenden allein** kommt **nur** ausnahmsw. nach §§ 80 II, 55 III im unmittelbaren Anschluss an eine erfolglose Güteverhandlung in Betracht, wenn einer solchen Entscheidung alle Beteiligten unabhängig von ihrer Anwesenheit im Anhörungstermin zugestimmt haben[15]. Ein Beschluss, der zu Unrecht ohne die ehrenamtlichen Richter ergangen ist, ist anfechtbar, ggf. auch nach §§ 80 II, 79 ArbGG iVm. § 579 I Nr. 1 ZPO durch Nichtigkeitsklage angreifbar.

---

1 GMP/*Matthes*/*Spinner*, § 83a Rz. 14; GK-ArbGG/*Dörner*, § 83a Rz. 24. ||2 GMP/*Matthes*/*Spinner*, § 83a Rz. 15. ||3 GMP/*Matthes*/*Spinner*, § 83a Rz. 17; GK-ArbGG/*Dörner*, § 83a Rz. 26. ||4 Statt aller ErfK/*Koch*, § 83a ArbGG Rz. 2. ||5 BAG 26.4.1990 – 1 ABR 79/89, BAGE 65, 105 (108). ||6 BAG 19.2.2008 – 1 ABR 65/05, NZA-RR 2008, 490; 8.12.2010 – 7 ABR 69/09, NZA 2011, 362. ||7 BAG 23.6.1993 – 2 ABR 58/92, NZA 1993, 1052. ||8 BAG 15.9.1987 – 1 ABR 44/86, BAGE 56, 108; 10.2.1999 – 10 ABR 42/98, NZA 1999, 1225. ||9 BAG 28.2.2006 – 1 ABR 1/05, NZA 2006, 1178. ||10 ZB BAG 19.6.2001 – 1 ABR 48/00, NZA 2002, 756. ||11 BAG 14.8.2001 – 1 ABR 52/00, NZA 2002, 109. ||12 BAG 23.6.1993 – 2 ABR 58/92, NZA 1993, 1052; ErfK/*Koch*, § 83a ArbGG Rz. 2. ||13 GK-ArbGG/*Dörner*, § 83a Rz. 34, 35 gegen BAG 18.10.1988 – 1 ABR 36/87, NZA 1989, 396; Hauck/Helml/Biebl/*Hauck*, § 83a Rz. 9. ||14 BAG 14.12.2004 – 1 ABR 55/03, NZA 2005, 827; 25.1.2005 – 1 ABR 61/03, NZA 2005, 1199. ||15 GK-ArbGG/*Dörner*, § 80 Rz. 55.

3 Der Beschluss kann auch bei nur teilweiser Entscheidungsreife als Teilbeschluss (§ 301 ZPO[1]) oder als Zwischenfeststellungsbeschluss[2] sowie als Zwischenbeschluss über die Zulässigkeit des Antrags oder als Vorbehaltsbeschluss ergehen. Auch Verzichts- oder Anerkenntnisentscheidungen nach §§ 306, 307 ZPO sind möglich. Eine **Säumnisentscheidung** ist im Beschlussverfahren **ausgeschlossen** (§ 83 IV 2)[3].

4 Der Beschluss hat im Rubrum neben dem Antragsteller alle materiell Beteiligten aufzuführen, nicht nur die, die sich am Verfahren tatsächlich beteiligt haben. Nach dem Entscheidungsausspruch, der notwendig ist und aus sich heraus, ohne Rückgriff auf beigefügte Anlagen, verständlich und bestimmt sein muss[4], folgen in der Sache Tatbestand und Entscheidungsgründe, die im Beschlussverfahren überkommen werden in in zwei Punkte untergliederte „**Gründe**" aufgenommen werden. Die Entscheidungsformel enthält **keine Kostenentscheidung**. Die Entscheidung im Beschlussverfahren ergeht gerichtskostenfrei (§ 2 II GKG). Die Erstattung sonstiger Verfahrenskosten richtet sich nach materiellem kollektivem Arbeitsrecht[5], etwa §§ 20 III[6], 40 I BetrVG[7] oder § 20 III 1 MitBestG[8]. Auch eine **Streitwertfestsetzung unterbleibt**. Sie ist gesondert auf Antrag nach § 32 II RVG möglich[9].

5 Da eine Entscheidung im Beschlussverfahren nur bei vermögensrechtl. Streitigkeiten **vorläufig vollstreckbar** ist, sollte bei solchen Streitgegenständen (§ 85 Rz. 2) zur Klarstellung eine Vollstreckbarkeitserklärung im Beschluss selbst erfolgen[10]. Der Antragsteller sollte einen **entsprechenden Entscheidungsausspruch beantragen**. Da gegen einen Beschluss nach § 84 stets die Beschwerde nach § 87 eröffnet ist, kann **nicht** nach § 313a I ZPO auf die vom Vorsitzenden schriftl. abzufassenden und zu unterzeichnenden Gründe, die den zu Grunde liegenden Sachverhalt und die Entscheidungsgründe umfassen müssen, verzichtet werden. Allerdings finden § 313a II und III entsprechende Anwendung: Wird der Beschluss im Anschluss an einen mündlichen Anhörungstermin verkündet, und haben alle am Verfahren Beteiligten, die durch den Beschluss beschwert sind, innerhalb einer Woche nach Schluss der **mündlichen Verhandlung** ggü. dem Gericht auf die Einlegung von Rechtsmitteln gegen den Beschluss verzichtet, kann von der schriftl. Niederlegung der Entscheidungsgründe abgesehen werden. Nach dem Gesetzeswortlaut ist diese Möglichkeit aber weder bei einer Entscheidung im schriftl. Verfahren noch bei einer Verkündung des Beschlusses in einem besonderen Verkündungstermin eröffnet[11].

6 Als Teil des Beschlusses ist über die möglichen **Rechtsmittel zu belehren**. Lässt das ArbG nach § 96a die **Sprungrechtsbeschwerde** zu, muss es über Beschwerde nach § 87 **und** Sprungrechtsbeschwerde belehren. Entscheidet das ArbG im Beschlussverfahren nach § 122 II oder § 126 II InsO, hat es nach § 122 III auch darüber zu **entscheiden**, **ob** es die **Rechtsbeschwerde zulassen** will, wobei es diese Entscheidung trotz fehlender Inbezugnahme des § 72 I 3 entsprechend § 64 IIIa in den **Beschlusstenor** aufzunehmen hat[12].

7 Der Beschluss ist nach S. 3, § 60 IV zu verkünden; hiernach richten sich auch die Fristen für die Festlegung eines Verkündungstermins und die Absetzung der Entscheidung (vgl. die Komm. zu § 60). Der Beschluss ist nach § 80 II iVm. § 50 I allen am Verfahren formell Beteiligten **zuzustellen**, unabhängig davon, ob sie sich tatsächlich beteiligt haben. Ein **Abhilfeverfahren** nach § 78a wegen Verletzung des Anspruchs auf rechtl. Gehör kommt im Beschlussverfahren erster Instanz **nicht** in Betracht, weil gegen alle Beschlüsse das Rechtsmittel der Beschwerde gegeben ist.

8 Ein Beschluss nach § 84 beendet die Instanz in dem beschiedenen Umfang (Rz. 3). Wird gegen den Beschluss nicht innerhalb eines Monats ab Zustellung Beschwerde eingelegt (§§ 87 II, 66), oder bleiben Rechtsmittel erfolglos, ist er **formell rechtskräftig**. Er erwächst auch in **materielle Rechtskraft**, so dass dieselbe Streitfrage, derselbe aus Antrag und tragendem Lebenssachverhalt gebildete Streitgegenstand, nicht erneut zwischen denselben Beteiligten zur gerichtl. Entscheidung gestellt werden kann. Geschieht dies doch, ist der Antrag als unzulässig zu verwerfen[13].

9 Die **Wirkung** der materiellen Rechtskraft erstreckt sich auf **alle** durch das Gericht am Verfahren formell **Beteiligten**, auch wenn sie sich tatsächlich nicht beteiligt haben[14]. Eine materielle Betroffenheit reicht **nicht** aus, wenn das Gericht den Betreffenden zu Unrecht nicht auch formell **beteiligt** hat und er deshalb bei der Beibringung der Entscheidungsgrundlagen nicht mitwirken konnte[15]. Die Rechtskraft von Entscheidungen in betriebsverfassungsrechtl. Angelegenheiten erstreckt sich auf die **Beteiligten in**

---

1 BAG 31.1.1995 – 1 ABR 35/94, NZA 1995, 1059. ‖ 2 BAG 1.2.1989 – 4 ABR 86/88, BAGE 61, 66. ‖ 3 Hauck/Helml/Biebl/*Hauck*, § 84 Rz. 2; GMP/*Matthes*/*Spinner*, § 84 Rz. 7. ‖ 4 BAG 12.1.2011 – 7 ABR 25/09, EzA § 99 BetrVG 2001 Nr. 21. ‖ 5 Nicht: nach allg. Bürgerlichen Recht, zB § 280 I BGB: BAG 2.10.2007 – 1 ABR 59/06, NZA 2008, 372. ‖ 6 BAG 8.4.1992 – 7 ABR 56/91, BAGE 70, 126; LAG Düss. 25.10.1994 – 6 TaBV 78/94, LAGE § 20 BetrVG 1972 Nr. 10. ‖ 7 BAG 19.3.2003 – 7 ABR 15/02, NZA 2003, 870 mwN. ‖ 8 BAG 25.5.2005 – 7 ABR 42/04, NZA 2005, 1251. ‖ 9 Zum Streitwert im arbeitsgerichtl. Beschlussverfahren: GK-ArbGG/*Schleusener*, § 12 Rz. 427ff. ‖ 10 ErfK/*Koch*, § 84 ArbGG Rz. 1; weitergehend GMP/*Matthes*/*Spinner*, § 84 Rz. 12, der von einer Tenorierungspflicht ausgeht. ‖ 11 GMP/*Matthes*, § 84 Rz. 11; Hauck/Helml/Biebl/*Hauck*, § 84 Rz. 5. ‖ 12 § 72 I 3 wurde nach Inkrafttreten der InsO neu geschaffen. ‖ 13 BAG 20.3.1996 – 7 ABR 41/95, BAGE 82, 291. ‖ 14 BAG 27.8.1968 – 1 ABR 6/68, BAGE 21, 139; 1.2.1983 – 1 ABR 33/78, BAGE 41, 316. ‖ 15 GK-ArbGG/*Dörner*, § 84 Rz. 26; Schwab/Weth/*Weth*, § 84 Rz. 31; ErfK/*Koch*, § 84 ArbGG Rz. 3; GMP/*Matthes*/*Spinner*, § 84 Rz. 27.

ihrer jeweiligen **Rolle**; Wechsel in den Personen sind unerheblich. Deshalb wirkt ein Beschluss auch für einen neu gewählten BR[1] oder einen neuen Betriebsinhaber/ArbGeb nach § 613a BGB[2].

Die materielle Rechtskraft hindert ein neues Verfahren nicht, wenn sich der dem Antrag zugrunde gelegte **Lebenssachverhalt wesentlich geändert** hat, so dass ein neuer Streitgegenstand zur Entscheidung steht. Gesetzesänderungen oder Änderungen von gesetzesvertretendem Richterrecht hindern die Rechtskraftwirkung grds. nicht[3], es sei denn, die rechtl. Verhältnisse ändern sich grundlegend und diese Änderungen treffen auf eine **Entscheidung mit Dauerwirkung**, wie etwa eine gerichtl. Feststellung der Gewerkschaftseigenschaft einer Organisation[4].

Entscheidungen im Beschlussverfahren können **über** die **Verfahrensbeteiligten hinaus präjudiziell wirken**[5]. Eine solche Rechtskrafterstreckung weicht zwar von der Grundkonzeption des § 325 ZPO ab. Sie ist aber insb. dann geboten, wenn und soweit **individualrechtl. Rechtspositionen** von Verhältnissen der **Betriebsparteien abhängig** sind, oder – wie im Falle des § 113 BetrVG und im Zusammenhang mit der Theorie der Wirksamkeitsbedingung[6], sowie wohl auch beim Kündigungsschutz des BR-Mitglieds über § 103 I BetrVG[7] – vorrangig oder zumindest auch der Effektuierung betriebsverfassungsrechtl. Rechte dienen.

So schließt die rechtskräftige Feststellung in einem Beschlussverfahren, eine mitbestimmungspflichtige **Betriebsänderung** habe **nicht** vorgelegen, die individualrechtl. Durchsetzung eines Anspruchs auf **Nachteilsausgleich** aus[8]. Ein Anspruch auf Nachteilsausgleich kann auch nicht darauf gestützt werden, in einem gemeinsamen Betrieb sei § 111 BetrVG nicht beachtet worden, wenn zuvor in einem Beschlussverfahren nach **§ 18 II BetrVG** rechtskräftig festgestellt worden ist, ein gemeinsamer Betrieb mehrerer Unternehmen sei nicht gebildet worden[9]. Ist festgestellt worden, dass dem BR bei einer bestimmten ArbGebWeisung **kein MitbestR** nach § 87 BetrVG zustand, kann ein ArbN im Folgeprozess **nicht** geltend machen, die betreffende **Weisung** sei ihm ggü. wegen Verletzung eines MitbestR **unverbindlich**[10]; Entsprechendes dürfte für eine Entscheidung nach § 99 iVm. § 95 III BetrVG gelten[11]. In solchen Fällen bleibt dem klagenden ArbN nur, vertragl. Einwände ggü. den erteilten Weisungen geltend zu machen.

Eine präjudizielle Wirkung tritt auch ein, wenn zwischen ArbGeb und BR der **Inhalt einer BV** in einem bestimmten Sinne **festgestellt** worden ist; ArbN oder ArbGeb können sich im Individualprozess nicht zur Stützung ihrer Rechtsposition auf einen anderen Regelungsinhalt berufen[12]. Der Rechtsgedanke des § 9 TVG trägt auch hier. Eine entsprechende Bindung ergibt sich auch aus der gerichtl. Entscheidung im Beschlussverfahren über die – eingeschränkte – **Wirkung der Kündigung einer BV** für Ansprüche aus dieser BV, soweit nicht individuelle Gesichtspunkte eine Rolle spielen, die im Beschlussverfahren nicht zu berücksichtigen waren[13]. Eine präjudizielle Wirkung für ein erneutes Beschlussverfahren besteht über den Kreis der ursprünglich Beteiligten hinaus, wenn zunächst festgestellt wurde, bei einer bestimmten ArbN-Gruppe handele es sich um **ArbN** iSv. § 5 BetrVG, und dann in einem Folgeverfahren eine Wahlanfechtung nach § 19 BetrVG darauf gestützt werden soll, die betreffenden ArbN hätten **zu Unrecht mitgewählt**[14].

85 *Zwangsvollstreckung*

(1) Soweit sich aus Absatz 2 nichts anderes ergibt, findet aus rechtskräftigen Beschlüssen der Arbeitsgerichte oder gerichtlichen Vergleichen, durch die einem Beteiligten eine Verpflichtung auferlegt wird, die Zwangsvollstreckung statt. Beschlüsse der Arbeitsgerichte in vermögensrechtlichen Streitigkeiten sind vorläufig vollstreckbar; § 62 Abs. 1 Satz 2 bis 5 ist entsprechend anzuwenden. Für die Zwangsvollstreckung gelten die Vorschriften des Achten Buches der Zivilprozessordnung entsprechend mit der Maßgabe, dass der nach dem Beschluss Verpflichtete als Schuldner, derjenige, der die Erfüllung der Verpflichtung auf Grund des Beschlusses verlangen kann, als Gläubiger gilt und in den Fällen des § 23 Abs. 3, des § 98 Abs. 5 sowie der §§ 101 und 104 des Betriebsverfassungsgesetzes eine Festsetzung von Ordnungs- oder Zwangshaft nicht erfolgt.

(2) Der Erlass einer einstweiligen Verfügung ist zulässig. Für das Verfahren gelten die Vorschriften des Achten Buches der Zivilprozessordnung über die einstweilige Verfügung entsprechend mit der Maßgabe, dass die Entscheidungen durch Beschluss der Kammer ergehen, erforderliche Zustellungen von Amts wegen erfolgen und ein Anspruch auf Schadensersatz nach § 945 der Zivilprozessordnung in Angelegenheiten des Betriebsverfassungsgesetzes nicht besteht.

---

1 BAG 27.1.1981 – 6 ABR 68/79, BAGE 35, 1. || 2 BAG 5.2.1991 – 1 ABR 32/90, BAGE 67, 168. || 3 BAG 20.3.1996 – 7 ABR 41/95, BAGE 82, 291 (298f.). || 4 BAG 6.6.2000 – 1 ABR 21/99, BAGE 95, 47 (55ff.). || 5 Hierzu insb. *Krause*, Rechtskrafterstreckung im kollektiven Arbeitsrecht, 1996; *Dütz*, FS Gnade, 1992, S. 487; *Konzen*, FS Zeuner, 1994, S. 401; *Nottebohm*, RdA 2002, 292. || 6 Etwa BAG 13.7.1977 – 1 ABR 336/75, DB 1977, 2235. || 7 BAG 15.8.2002 – 2 AZR 214/02, NZA 2003, 430. || 8 BAG 10.11.1987 – 1 AZR 360/86, BAGE 56, 304. || 9 BAG 9.4.1991 – 1 AZR 488/90, BAGE 68, 1. || 10 BAG 10.3.1998 – 1 AZR 658/97, NZA 1998, 1242 gegen BAG 15.1.1987 – 6 AZR 589/84, NZA 1987, 788. || 11 Vgl. BAG 3.5.1994 – 1 ABR 58/93, BAGE 77, 1; GMP/*Matthes/Spinner*, § 84 Rz. 29. || 12 BAG 17.2.1992 – 10 AZR 448/91, BAGE 69, 367. || 13 So tendenziell BAG 17.8.1999 – 3 ABR 55/98, NZA 2000, 498. || 14 BAG 20.3.1996 – 7 ABR 41/95, BAGE 82, 291.

1 Beschlüsse im Beschlussverfahren, gegen die ein Rechtsmittel nicht mehr gegeben ist, und gerichtl. Vergleiche nach § 83a sind **vollstreckungsfähig**, wenn sie in einer für die Zwangsvollstreckung ausreichenden **Bestimmtheit** die **Verpflichtung** eines Beteiligten aus materiellem Recht festlegen, eine Handlung vorzunehmen, sie zu unterlassen oder zu dulden, Sachen herauszugeben oder Geld zu zahlen[1]. Beschlüsse, die nur die Rechtslage feststellen oder sie gestalten sollen[2], sind nicht vollstreckbar; dasselbe gilt – mangels Bestimmtheit – für Unterlassungsverpflichtungen in gerichtl. Vergleichen, wenn von ihnen im Vergleichstext nicht näher beschriebene Fallgestaltungen ausgenommen worden sind[3]. Die Wirkung gestaltender Entscheidungen tritt ohne Weiteres mit Rechtskraft ein.

2 Nicht rechtskräftige Beschlüsse sind nicht ohne Weiteres **vorläufig vollstreckbar**. Anders als im Urteilsverfahren (§ 62 I) setzt die vorläufige Vollstreckbarkeit voraus, dass der Beschluss in einer – **unmittelbar – vermögensrechtl.** Streitigkeit ergangen ist, wenn der Antragsteller also in erheblichem Umfang wirtschaftl. Zwecke verfolgt[4]. Es muss letztlich um Geld oder geldwerte Leistungen gestritten werden[5]; dass die Erfüllung einer gerichtl. auferlegten Pflicht Kosten verursacht, reicht nicht aus. Vorläufig vollstreckbar sind deshalb Beschlüsse, die nach § 20 III 1 oder § 40 I zur **Kostenerstattung** oder dazu verpflichten, Sachmittel zur Verfügung zu stellen (§ 40 II). **Nicht vorläufig vollstreckbar** sind auch dann, wenn sie einen erheblichen wirtschaftl. Hintergrund haben, Beschlüsse, in denen der Bestand, die Wirkung oder die **Durchführung** von **MitbestR**, BV oder Einigungsstellensprüchen Streitgegenstand ist[6]. Wegen der hier bestehenden Unklarheiten sollte die vorläufige Vollstreckbarkeit stets in den **Beschlusstenor** aufgenommen werden. Ihr Ausschluss, der förmlich beantragt werden muss und nach Maßgabe des § 62 I 2 möglich ist, ist stets in den Entscheidungsausspruch aufzunehmen[7]. Bei einem nachträglichen Antrag im Rahmen einer Beschwerde nach § 87 ist hierüber gem. § 718 ZPO nach Anhörung der Beteiligten durch Teilbeschluss in zweiter Instanz vorab zu entscheiden[8]. Auch für die **Einstellung der Zwangsvollstreckung** gilt § 62 I, die Zwangsvollstreckung ist also, wenn die gesetzl. Voraussetzungen hierfür vorliegen, durch **unanfechtbaren** Beschluss und **ohne Sicherheitsleistung** einzustellen (S. 3–5 iVm. §§ 707 I, 719 I ZPO)[9].

3 Ist ein vorläufig vollstreckbarer Beschluss, aus dem die Zwangsvollstreckung betrieben worden ist, auf Rechtsmittel aufgehoben worden, findet **§ 717 II 1 ZPO keine** entsprechende Anwendung. Dem Vollstreckungsschuldner bleibt der Bereicherungsanspruch. Die Zuerkennung eines verschuldensunabhängigen Schadensersatzanspruches aus § 717 II 1 ZPO stünde im Widerspruch zu § 85 II, der bei vollzogener und später aufgehobener einstw. Verfügung den entsprechenden Anspruch aus § 945 ZPO ausdrücklich ausschließt[10].

4 Für die Durchführung der Zwangsvollstreckung gilt das Achte Buch der ZPO mit einigen Besonderheiten: Wer Gläubiger und Schuldner ist, ergibt sich aus den Festlegungen der Pflichtenlage im Beschlusstenor (Abs. 1 S. 3); außerdem ist in den im Gesetz genannten Fällen der §§ 23 III, 98 V, 101 und 104 BetrVG die Verhängung von **Ordnungs- oder Zwangshaft** ausgeschlossen[11]. In den genannten Bestimmungen finden sich zugleich § 890 I ZPO **verdrängende Absenkungen** des höchstmöglichen **Ordnungs- oder Zwangsgeldes**[12]. Für Beschlüsse außerhalb der genannten Bestimmungen gelten die allg. Regeln unter Einschluss des Rechts, die Festsetzung von Ordnungs- oder Zwangshaft zu beantragen[13]. Über die Verhängung von Ordnungsgeld oder die Festlegung von Zwangsgeld oder Zwangshaft, die auch schon in dem das Erkenntnisverfahren abschließenden Beschluss angedroht werden können[14], ist nach Maßgabe des Achten Buches der ZPO zu entscheiden. §§ 80 ff. gelten hier nicht. Demgemäß hat der **Vorsitzende allein** im schriftl. Verfahren **nach vorheriger Anhörung** des Schuldners zu entscheiden (§ 891 ZPO)[15]. Seine Beschlüsse nehmen am Kostenprivileg des § 2 II GKG teil und ergehen kostenfrei[16]. Soweit im Zwangsvollstreckungsverfahren zur Rechtswahrnehmung Klagen erforderlich sind, also zB nach §§ 731, 767[17] oder 771 ZPO, ist vorliegend ein Beschlussverfahren durchzuführen[18].

5 In der Zwangsvollstreckung nach § 85 können alle materiell Beteiligten unabhängig von ihrer Rechtsfähigkeit, ggf. also nach Maßgabe des **§ 10, Gläubiger** und antragsbefugt sein[19]. Soweit ihnen im Beschlusstitel ein Anspruch zuerkannt worden ist, können sie im Wege der Zwangsvollstreckung auch **Rechte erwerben**, etwa Besitz an Sachen, die ihnen nach § 40 II BetrVG zugestanden wurden.

---

1 GMP/*Matthes*/*Spinner*, § 85 Rz. 2; Düwell/Lipke/*Krönig*, § 85 Rz. 3. ||2 ZB nach §§ 16 II, 23 II, 99 IV oder 24 Nr. 6 BetrVG; hierzu BAG 29.9.1983 – 2 AZR 212/82, DB 1984, 302. ||3 BAG 28.2.2003 – 1 AZB 53/02, NZA 2003, 516. ||4 BAG 28.9.1989 – 5 AZB 8/89, NZA 1990, 202. ||5 HAS/*Laux*, § 25 A X Rz. 102; Düwell/Lipke/*Krönig*, § 85 Rz. 4. ||6 BAG 22.1.2013 – 1 ABR 92/11, DB 2013, 1184; GK-ArbGG/*Vossen*, § 85 Rz. 11; Düwell/Lipke/*Reinfelder*, § 85 Rz. 5; Schwab/Weth/*Walker*, § 85 Rz. 8; aA *Weth*, Beschlussverfahren, S. 347 f.; *Herbst*/*Bertelsmann*/*Reiter*, Rz. 175. ||7 Hauck/Helml/Biebl/*Hauck*, § 85 Rz. 4; GK-ArbGG/*Vossen*, § 85 Rz. 14. ||8 GMP/*Matthes*/*Spinner*, § 85 Rz. 7. ||9 Keine Rechtsbeschwerde gegen eine Einstellungsentscheidung des LAG: BAG 5.11.2003 – 10 AZB 59/03, NZA 2003, 1421. ||10 Ebenso GMP/*Matthes*/*Spinner*, § 85 Rz. 26; GK-ArbGG/*Vossen*, § 85 Rz. 32; aA HAS/*Laux*, § 25 A X Rz. 102. ||11 Hierzu auch BAG 5.10.2010 – 1 ABR 71/09, NZA 2011, 174. ||12 BAG 22.2.1983 – 1 ABR 27/81, BAGE 42, 11. ||13 LAG Düss. 7.3.1991 – 7 TaBV 55/91, LAGE § 890 ZPO Nr. 2. ||14 LAG Hess. 3.6.1988 – 12 TaBV 154/87, DB 1989, 536. ||15 LAG Schl.-Holst. 27.12.2001 – 1 TaBV 15c/01, LAGE § 888 ZPO Nr. 48; ErfK/*Koch*, § 85 ArbGG Rz. 3. ||16 GMP/*Matthes*/*Spinner*, § 85 Rz. 25; GK-ArbGG/*Vossen*, § 85 Rz. 30. ||17 BAG 19.6.2012 – 1 ABR 35/11, NZA 2012, 1179. ||18 Düwell/Lipke/*Reinfelder*, § 85 Rz. 16. ||19 Düwell/Lipke/*Reinfelder*, § 85 Rz. 11.

Schwieriger ist die Rechtslage beim **Vollstreckungsschuldner**. Zwar kann ggü. dem ArbGeb als 6
Schuldner nach den allg. Regeln und deren Modifikation durch Abs. 1 die Zwangsvollstreckung betrieben werden. Die Möglichkeiten ggü. den **betriebsverfassungsrechtl. Organen** sind aber eingeschränkt, weil sie nicht vermögensfähig sind. Alle Vollstreckungsmaßnahmen, die ein Vermögen des Schuldners voraussetzen, scheiden aus[1]. Zwar kann ggü. dem BR nach § 883 ZPO die Herausgabe von Sachen, die sich in seinem Besitz befinden, oder von bestimmtem Geld, das er als Vorschuss erhalten hat, erzwungen werden[2]. Eine Zwangsvollstreckung mithilfe von Zwangs- oder Ordnungsgeld oder eine Ersatzvornahme kommen ggü. dem BR aber in keinem Fall in Betracht. Auf dem BR treuhänderisch zur Geschäftsführung überlassene Geldmittel kann zu diesem Zweck nicht zurückgegriffen werden[3]. Zwangsmaßnahmen nach §§ 887, 888 und 890 ZPO ggü. dem betriebsverfassungsrechtl. Organ selbst kommen ebenfalls nicht in Betracht. Ein gegen eine solche Stelle gerichteter Titel kann weder unmittelbar gegen die Mitglieder der Stelle vollstreckt werden, noch kann er auf die Mitglieder umgeschrieben werden[4]. **Einzelne BR-Mitglieder** können nur in Anspruch genommen werden, wenn sich der **Titel auch gegen sie** richtet, was bereits bei der Antragstellung zu berücksichtigen ist. In diesem Fall gilt das allg. Vollstreckungsrecht nach Maßgabe des Abs. 1 ohne weitere Besonderheiten[5].

Auch im Beschlussverfahren gibt es **einstw. Rechtsschutz** in der Form der einstw. Verfügung[6] und des 7
praktisch wenig bedeutsamen Arrestes zur Sicherung von Geldforderungen[7]. Über den Antrag auf Erlass einer einstw. Verfügung entscheidet stets das Gericht der Hauptsache[8] in **voller Besetzung**, auch wenn es ausnahmsw. nach § 937 II ZPO wegen der Dringlichkeit ohne Anhörung der Beteiligten entscheidet[9]. Es ist umstritten, ob ganz ausnahmsw. auch eine Entscheidung des **Vorsitzenden allein** statthaft ist[10]. Die hinter der Besetzungsregel des Abs. 2 S. 2 stehende Wertung, dass in jedem Fall praktischer Sachverstand aus den Betrieben in die gerichtl. Entscheidungen im Eilverfahren, die in erheblichem Umfang in die betriebl. Wirklichkeit einwirken können, einfließen soll, spricht gegen eine solche Möglichkeit. Sie wird jedenfalls nur nach Ausschöpfung aller denkbaren Versuche, ehrenamtliche Richter rechtzeitig zu beteiligen, eröffnet sein.

Für das **Verfügungsverfahren** gelten die allg. Regeln des Beschlussverfahrens, aus denen sich auch die 8
Antragsbefugnis und der Kreis der von Amts wegen zu Beteiligenden ergibt. Auch hier gilt der **Amtsermittlungsgrundsatz**; das angerufene Gericht hat auf der Grundlage der vom Antragsteller nach Abs. 2 S. 2 iVm. § 920 II ZPO geforderten **Glaubhaftmachung** von **Verfügungsanspruch** und **Verfügungsgrund** diejenigen Ermittlungen anzustellen, die unter Berücksichtigung der Dringlichkeit der angestrebten Entscheidung in angemessener Zeit möglich und zumutbar sind. Es muss auch eine bei Gericht als **Verteidigungsmittel** gegen einen erwarteten Antrag auf Erlass einer einstweiligen Verfügung eingereichte **Schutzschrift** berücksichtigen. **Mit Wirkung ab dem 1.1.2016** bedarf es einer Einreichung der Schutzschrift bei dem zuständigen Gericht nicht mehr. Es ist von diesem Zeitpunkt an ein länderübergreifendes Register für Schutzschriften eingerichtet. Ist die Schutzschrift dort eingestellt, **gilt** sie **als** bei allen ArbG der Länder **eingereicht**[11]. Auch im Beschlussverfahren kommen Sicherungsverfügung (§ 935 ZPO), Regelungsverfügung (§ 940 ZPO) und – unter den hierfür entwickelten besonderen Voraussetzungen – auch eine Leistungs- oder Befriedigungsverfügung in Betracht.

Der durch eine solche Verfügung zu sichernde Verfügungsanspruch richtet sich nach dem materiellen 9
Betriebsverfassungsrecht, zu dem auch einschlägige Regelungen in TV und BV gehören. Als **Verfügungsansprüche ggü. dem ArbGeb** kommen zB in Betracht: Zugangsrechte von Gewerkschaftsbeauftragten nach § 2 II BetrVG[12] oder von BR-Mitgliedern, denen ein Hausverbot erteilt worden war, jedenfalls zur Durchführung von BR-Aufgaben, das Recht auf ungestörte BR- oder Wahlvorstandstätigkeit oder Freistellungsansprüche für BR-Mitglieder wegen des Besuches von Schulungsveranstaltungen[13].

Im Einzelnen ist vielfach problematisch, inwieweit **MitbestR** des BR im einstw. Verfügungsverfahren 10
vorläufig gesichert werden können, wobei zusätzliche Fragen im Zusammenhang mit den Anforderungen an den Verfügungsgrund (hierzu Rz. 13) bestehen. Für die MitbestR nach § 87 BetrVG gilt, dass der dort jedenfalls unter der Voraussetzung des Bestehens einer Wiederholungsgefahr anerkannte vorbeugende Anspruch gegen den ArbGeb, eine mitbestimmungspflichtige Maßnahme bis zur ordnungsgemäßen Beteiligung des BR zu **unterlassen**[14], unter der Voraussetzung eines Verfügungsgrundes auch durch

---

1 GK-ArbGG/*Vossen*, § 85 Rz. 21. ∥ 2 Düwell/Lipke/*Reinfelder*, § 85 Rz. 12. ∥ 3 ErfK/*Koch*, § 85 ArbGG Rz. 2. ∥ 4 Hauck/Helml/Biebl/*Hauck*, § 85 Rz. 5; GK-ArbGG/*Vossen*, § 85 Rz. 25; Herbst/Bertelsmann/Reiter, Rz. 590. ∥ 5 Düwell/Lipke/*Reinfelder*, § 85 Rz. 15; Herbst/Bertelsmann/Reiter, Rz. 591. ∥ 6 Umfassend aus BR-Sicht: Herbst/Bertelsmann/*Reiter*, Rz. 249 bis 573. ∥ 7 *Grunsky*, § 85 Rz. 24. ∥ 8 Keine Ersatzzuständigkeit der Amtsgerichte: GMP/*Matthes*/*Spinner*, § 85 Rz. 42; GK-ArbGG/*Vossen*, § 85 Rz. 69; ist die Hauptsache bereits beim LAG anhängig, ist dieses auch das Verfügungsgericht. ∥ 9 BAG 28.8.1991 – 7 ABR 72/90, BAGE 68, 232. ∥ 10 Dafür *Grunsky*/*Greiner*, § 85 Rz. 26; Herbst/Bertelsmann/Reiter, Rz. 531; aA wohl GMP/*Matthes*/*Spinner*, § 85 Rz. 45; wie hier GK-ArbGG/*Vossen*, § 85 Rz. 80; ErfK/*Koch*, § 85 ArbGG Rz. 6; Düwell/Lipke/*Reinfelder*, § 85 Rz. 33; Hauck/Helml/Biebl/*Hauck*, § 85 Rz. 14. ∥ 11 § 85 II 3 ArbGG iVm. § 945a ZPO, geschaffen mWz. 1.1.2016 durch das Gesetz zur Förderung des elektronischen Rechtsverkehrs mit den Gerichten v. 10.10. 2013, BGBl. 2013 I S. 3786. ∥ 12 LAG Düss. 5.12.1988 – 4 TaBV 140/88, LAGE § 2 BetrVG 1972 Nr. 6; Hauck/Helml/Biebl/*Hauck*, § 85 Rz. 10. ∥ 13 LAG Hamm 23.11.1972 – 8 TaBV 37/72, LAGE § 37 BetrVG 1972 Nr. 2. ∥ 14 *Fitting*, § 87 BetrVG Rz. 610.

ArbGG § 85 Rz. 11 Zwangsvollstreckung

einstw. Verfügung gesichert werden kann[1]. Auch ein im Eilverfahren durchsetzbarer Anspruch auf Unterlassung von betriebsbedingten Kündigungen auf der Grundlage einer mitbestimmungspflichtigen, aber nicht mitbestimmten Auswahlrichtlinie (§ 1 III KSchG, § 95 BetrVG) kommt in Betracht[2].

11 Umstritten ist, inwieweit das Unterrichtungs- und **Beratungsrecht** des BR **vor Betriebsänderungen** (§ 111 BetrVG) **gesichert** werden kann, indem dem ArbGeb im Eilverfahren die **Durchführung** einer **geplanten Betriebsänderung**, insb. der Ausspruch von Kündigungen, **untersagt** wird, **bis** ein **Interessenausgleich** versucht worden ist. Das BAG[3] und ihm folgend die LAG Düsseldorf, Baden-Württemberg und Schleswig-Holstein halten eine solche Möglichkeit mit der zweifelhaften Begründung für nicht eröffnet, der BR habe kein eigenes zu sicherndes Recht auf Einhaltung des Interessenausgleichs. Die LAG Hessen, Berlin, Hamburg und Thüringen[4] haben demggü. ebenso wie ein Teil des Schrifttums[5] die vorläufige **Sicherung** des **Beratungsanspruchs** des BR aus § 111 BetrVG durch Aufschieben der geplanten Betriebsänderung im Wege der einstw. Verfügung grds. für rechtl. möglich gehalten. Dem ist zu folgen. Der Hinweis, § 113 BetrVG enthalte mit dem Nachteilsausgleich eine abschließende individualrechtl. Sanktion für die Verletzung des Beratungsrechtes[6], überzeugt nicht. Hierin liegt regelmäßig keine hinreichende Sicherung der dem BR vom Gesetzgeber wenn auch eingeschränkt zugewiesenen Mitgestaltungsaufgabe bei langfristig und kollektiv wirkenden Betriebsänderungen. Es geht nicht darum, dass der BR einen materiellen Anspruch auf Unterlassung von Betriebsänderungen hat, denen er nicht zugestimmt hat. Er kann aber mit gerichtl. Hilfe nach § 938 II ZPO sicherstellen, dass sein Beratungsrecht nicht dadurch gegenstandslos wird, dass ohne vorherige Beratung vollendete Tatsachen geschaffen werden und die Betriebsänderung durchgeführt wird[7]. Darüber hinaus kann eine Sicherungsverfügung mit dem Gebot des effet utile aus Art. 10 iVm. Art. 4 II Buchst. c, IV Buchst. e der Unterrichtungs- und Anhörungsrichtlinie 2002/14/EG ergänzend gerechtfertigt werden[8].

12 Auch dem ArbGeb kann ggü. **dem BR** ein **Verfügungsanspruch** zur Seite stehen. Hier wird es insb. um die Sicherung der Pflichten des BR gehen, auf den **Betriebsablauf Rücksicht** zu nehmen. Einstw. Verfügungen kommen deshalb zB in Betracht, um eine Betriebsversammlungen verschieben zu lassen[9], oder mit dem Antrag, einem BR-Mitglied die Teilnahme an einer bestimmten Schulungsveranstaltung zu untersagen, während deren sein Anwesenheit im Betrieb dringend erforderlich ist. Der ArbGeb kann auch im Wege der einstw. Verfügung die **betriebsverfassungsrechtl. Friedenspflicht** sichern[10]. Problematisch ist, inwieweit ein ArbGeb **gegen** eine bereits angesetzte **BR-Wahl** vorgehen kann[11]. Ein Antrag auf vorläufige Aussetzung der BR-Wahl oder Abbruch der Wahl wegen eines Wahlfehlers scheidet regelmäßig aus, weil damit eine längere betriebsratslose Zeit verbunden wäre. Etwas anderes gilt nur dann, wenn die erkennbaren Mängel der bevorstehenden BR-Wahl schwerwiegend und offenkundig sind, sowie in der verbleibenden Zeit nicht mehr beseitigt werden können, so dass die bevorstehende Wahl ohnehin **nichtig** wäre[12]. Ein nur berichtigender Eingriff im Wege der einstw. Verfügung, etwa bei offenkundiger Verkennung des Betriebsbegriffs und Fehlerhaftigkeit der Wählerliste wird demggü. in Betracht kommen, wenn eine Entscheidung so frühzeitig möglich ist, dass nach Berichtigung die bereits angesetzte Wahl noch ordnungsgemäß durchgeführt werden kann[13].

13 Eine vorläufige Sicherung von Verfügungsansprüchen setzt voraus, dass dem Antragsteller ein **Verfügungsgrund** zur Seite steht. Es muss die berechtigte Besorgnis bestehen, dass die Verwirklichung eines Rechtes ohne die baldige gerichtl. Sicherung durch einstw. Verfügung vereitelt oder wesentlich erschwert würde[14]. Bei der gebotenen umfassenden Interessenabwägung[15] ist mit zu würdigen, wenn die Vollstreckung im Hauptsacheverfahren erst **nach** Eintritt der **Rechtskraft** möglich ist (Abs. 1). Auf der anderen Seite: etwa eintretende Schäden auf Grund der Vollziehung einer im Erg. ungerechtfertigten einstw. Verfügung sind **nicht** nach § 945 ZPO auszugleichen (Abs. 2). Weiter kann zu berücksichtigen sein, inwieweit anderweitiger Schutz der betroffenen ArbN vor den Wirkungen einer Verletzung von MitbestR gewährleistet ist, etwa über das Prinzip, dass die Einhaltung der MitbestR Wirksamkeitsbedingung der betreffenden Maßnahme ist[16].

14 Eine einstw. Verfügung ist **ausgeschlossen**, wo das **Gesetz** dies ausdrücklich **anordnet**, so in §§ 97 II und 98 I 3, oder durch abschließende Regelung einer anderweitigen Rechtsfolge verhindert. Im BetrVG finden sich **verdrängende Sonderregelungen** in §§ 98 V 3, 100, 101 sowie 104 S. 2 zur Sicherung der dort

---

1 LAG Hamburg 5.5.2000 – 3 TaBV 6/00, AuR 2000, 356. ‖ 2 BAG 26.7.2005 – 1 ABR 29/04, NZA 2005, 1372. ‖ 3 BAG 28.8.1991 – 7 ABR 72/90, BAGE 68, 232 (241f.). ‖ 4 Nachw. der LAG-Rspr. bei GK-ArbGG/*Vossen*, § 85 Rz. 47. ‖ 5 ErfK/*Koch*, § 85 ArbGG Rz. 4; Düwell/Lipke/*Reinfelder*, § 85 Rz. 30; HAS/Laux, § 25 A X Rz. 114; Natter/Gross/*Roos*, § 85 Rz. 48; *Fitting*, § 111 BetrVG Rz. 138; *Eisemann*, FS Bepler, 2012, S. 131 mwN; aA *Hohenstatt*/*Willemsen*, § 112 BetrVG Rz. 80; Jaeger/Röder/Heckelmann/*Röder*/*Baeck*, Kap. 28 Rz. 165 mwN. ‖ 6 So etwa GMP/*Matthes*/*Spinner*, § 85 Rz. 34, 37. ‖ 7 *Fitting*, § 111 BetrVG Rz. 138 ff. ‖ 8 Ebenso LAG München 22.12.2008 – 6 TaBVGa 6/08, ArbuR 2009, 142; dagegen *Bauer*/*Krieger*, BB 2010, 53. ‖ 9 LAG Düss. 24.10.1972 – 11 (6) TaBV 43/72, DB 1972, 2212. ‖ 10 GMP/*Matthes*/*Spinner*, § 85 Rz. 31 mwN. ‖ 11 Hierzu ErfK/*Koch*, § 85 ArbGG Rz. 5; GK-ArbGG/*Vossen*, § 85 Rz. 51 ff.; HAS/*Laux*, § 25 A X Rz. 115; *Rieble*/*Triskatis*, NZA 2006, 223. ‖ 12 IdS ist auch das Recht, den Abbruch einer BR-Wahl verlangen zu können, begrenzt, BAG 27.7.2011 – 7 ABR 61/10, NZA 2012, 345. ‖ 13 LAG BW 16.9.1996 – 15 TaBV 10/96, LAGE § 19 BetrVG 1972 Nr. 15. ‖ 14 Hauck/Helml/Biebl/*Hauck*, § 85 Rz. 11. ‖ 15 GK-ArbGG/*Vossen*, § 85 Rz. 80. ‖ 16 Hauck/Helml/Biebl/*Hauck*, § 85 Rz. 11; vgl. auch *Fitting*, § 87 BetrVG Rz. 599 ff.

behandelten betriebsverfassungsrechtl. Rechte. § 101 BetrVG schließt einen – ggf. im Eilverfahren durchsetzbaren – Unterlassungsanspruch nach § 23 III BetrVG grds. aus[1]. Etwas **anderes** gilt nur dann, wenn der ArbGeb, etwa bei der Einstellung kurz befristeter **Aushilfskräfte**, das MitbestR des BR nach § 99 BetrVG ständig und **bewusst unterläuft**, ohne dass hiergegen wegen der immer wieder zuvor eintretenden Erledigung auf dem spezialgesetzl. vorgezeichneten Weg eine gerichtl. Entscheidung herbeigeführt werden kann[2].

Erlässt das ArbG die beantragte einstw. Verfügung, so hat es auf Antrag nach § 926 ZPO dem Antragsteller aufzugeben, innerhalb einer von ihm zu bestimmenden Frist ein bisher noch nicht anhängiges **Hauptsacheverfahren** einzuleiten. Ist der Beschluss auf Grund einer **mündlichen Anhörung** ergangen, ist gegen ihn die Beschwerde nach § 87 statthaft. Über sie ist im Beschluss zu belehren. Hat das Verfügungsgericht **ohne Anhörung** entschieden und den Antrag auf Erlass einer einstw. Verfügung **zurückgewiesen**, ist sofortige Beschwerde nach § 567 ZPO möglich. Die Beschwerde ist beim Verfügungsgericht einzulegen, das nach § 572 ZPO der Beschwerde abhelfen kann. Geschieht dies nicht und weist das Beschwerdegericht die vom ArbG vorgelegte Beschwerde zurück, so ist kein weiteres Rechtsmittel gegeben, selbst wenn das Beschwerdegericht die Rechtsbeschwerde zugelassen hat (§ 92 I 3)[3]. Hat das Verfügungsgericht die einstw. Verfügung **ohne Anhörung erlassen**, kann der beschwerte Beteiligte hiergegen Widerspruch nach § 924 ZPO einlegen, über den das Verfügungsgericht nach mündlicher Anhörung entscheidet. Gegen den daraufhin ergehenden Beschluss erster Instanz besteht die Beschwerdemöglichkeit nach § 87.

15

Hat das ArbG eine einstw. Verfügung erlassen, ist diese zwar nach Abs. 2 S. 2 von Amts wegen zuzustellen. Muss sie aber **vollzogen** werden, bedarf es **zusätzlich** noch deren **Zustellung im Parteibetrieb**, zB der Übergabe einer Beschlussausfertigung im Parteibetrieb an den Schuldner, um die Vollziehungsfrist des § 929 II iVm. § 936 ZPO zu wahren[4].

16

86 *(weggefallen)*

Zweiter Unterabschnitt. Zweiter Rechtszug

87 *Grundsatz*

(1) Gegen die das Verfahren beendenden Beschlüsse der Arbeitsgerichte findet die Beschwerde an das Landesarbeitsgericht statt.

(2) Für das Beschwerdeverfahren gelten die für das Berufungsverfahren maßgebenden Vorschriften über die Einlegung der Berufung und ihre Begründung, über Prozessfähigkeit, Ladungen, Termine und Fristen, Ablehnung und Ausschließung von Gerichtspersonen, Zustellungen, persönliches Erscheinen der Parteien, Öffentlichkeit, Befugnisse des Vorsitzenden und der ehrenamtlichen Richter, Güterichter, Mediation und außergerichtliche Konfliktbeilegung, Vorbereitung der streitigen Verhandlung, Verhandlung vor der Kammer, Beweisaufnahme, gütliche Erledigung des Rechtsstreits, Wiedereinsetzung in den vorigen Stand und Wiederaufnahme des Verfahrens sowie die Vorschriften des § 85 über die Zwangsvollstreckung entsprechend. Für die Vertretung der Beteiligten gilt § 11 Abs. 1 bis 3 und 5 entsprechend. Der Antrag kann jederzeit mit Zustimmung der anderen Beteiligten zurückgenommen werden; § 81 Abs. 2 Satz 2 und 3 und Absatz 3 ist entsprechend anzuwenden.

(3) In erster Instanz zu Recht zurückgewiesenes Vorbringen bleibt ausgeschlossen. Neues Vorbringen, das im ersten Rechtszug entgegen einer hierfür nach § 83 Abs. 1a gesetzten Frist nicht vorgebracht wurde, kann zurückgewiesen werden, wenn seine Zulassung nach der freien Überzeugung des Landesarbeitsgerichts die Erledigung des Beschlussverfahrens verzögern würde und der Beteiligte die Verzögerung nicht genügend entschuldigt. Soweit neues Vorbringen nach Satz 2 zulässig ist, muss es der Beschwerdeführer in der Beschwerdebegründung, der Beschwerdegegner in der Beschwerdebeantwortung vortragen. Wird es später vorgebracht, kann es zurückgewiesen werden, wenn die Möglichkeit es vorzutragen vor der Beschwerdebegründung oder der Beschwerdebeantwortung entstanden ist und das verspätete Vorbringen nach der freien Überzeugung des Landesarbeitsgerichts die Erledigung des Rechtsstreits verzögern würde und auf dem Verschulden des Beteiligten beruht.

(4) Die Einlegung der Beschwerde hat aufschiebende Wirkung; § 85 Abs. 1 Satz 2 bleibt unberührt.

I. Überblick. Auch das Beschlussverfahren kennt grds. eine **zweite Tatsacheninstanz**, die durch das an die Stelle der Berufung tretende Rechtsmittel der Beschwerde eröffnet wird. §§ 87–91 treffen hierfür nur einige wenige vorrangige **Sonderbestimmungen**. IÜ finden nach Abs. 2 das **Berufungsrecht** des ar-

1

---

1 BAG 23.6.2009 – 1 ABR 23/08, NZA 2009, 1430. ||2 ErfK/*Kania*, § 101 BetrVG Rz. 9; Düwell/Lipke/*Reinfelder*, § 85 Rz. 22. ||3 BAG 22.1.2003 – 9 AZB 7/03, NZA 2003, 399. ||4 BAG 28.8.1991 – 7 ABR 72/90, BAGE 68, 232 (240); GMP/*Matthes*/*Spinner*, § 85 Rz. 46; aA LAG Hamm 7.8.1987 – 8 Sa 1369/86, NZA 1987, 825.

ArbGG § 87 Rz. 2   Beschwerdeverfahren – Grundsatz

beitsgerichtl. **Urteilsverfahrens** sowie über die Verweisungen dort die **ZPO** Anwendung, soweit dem nicht Besonderheiten des arbeitsgerichtl. Beschlussverfahrens entgegen stehen[1].

2   **II. Beschwerdefähige Entscheidungen.** Die **beim LAG einzulegende** Beschwerde ist ohne Zulassung statthaft gegen alle **Entscheidungen** im arbeitsgerichtl. Beschlussverfahren, die das **Verfahren** erster Instanz ganz oder – bei Teil- oder Zwischenbeschlüssen – hinsichtlich einzelner Streitpunkte **beenden**[2]. Hierzu gehören auch Einstellungsbeschlüsse nach §§ 81 II 2, 83a II[3]. Es kommt weder auf eine Mindestbeschwer noch darauf an, welcher Streitgegenstand beschieden worden ist.

3   Besonderheiten gelten für das arbeitsgerichtl. Beschlussverfahren nach §§ **122 und 126 InsO**. In diesem **beschleunigten Verfahren** ist gegen erstinstanzliche Beschlüsse nur die Rechtsbeschwerde nach § 92 eröffnet, wenn das ArbG sie in seinem Beschluss zugelassen hat. Eine Beschwerde gegen die Nichtzulassung der Rechtsbeschwerde ist hier nicht eröffnet (§ 92a Rz. 1).

4   **Verfahrensbegleitende Beschlüsse** und Verfügungen des ArbG nach § 83 V können nicht mit der Beschwerde nach § 87 vor das zweitinstanzliche Gericht gebracht werden. Hier sind nur Beschwerde und im Falle der – nicht erzwingbaren[4] – Zulassung durch das LAG Rechtsbeschwerde nach § **78 ArbGG, §§ 567ff. ZPO** statthaft.

5   **III. Beschwerdebefugnis und Beschwer.** Eine statthafte Beschwerde ist zulässig, wenn der Beschwerdeführer beschwerdebefugt und beschwert ist. **Beschwerdebefugt** sind der Antragsteller und alle durch das Verfahren in ihren betriebsverfassungsrechtl. oder mitbestimmungsrechtl. Positionen **unmittelbar Betroffenen**[5], auch wenn sie vom ArbG fälschlich nicht beteiligt wurden[6]. Hierzu zählt im Verfahren nach § 103 BetrVG auch das nach Abs. 2 S. 2 dieser Bestimmung zu beteiligende **BR-Mitglied**, selbst wenn der beteiligte BR die erstinstanzliche Entscheidung hinnimmt[7]. Eine zu Unrecht beteiligte Person oder Stelle ist auch dann nicht beschwerdebefugt, wenn das ArbG von einem von ihr gestellten oder unterstützten Antrag abgewichen ist[8] oder ihr in der Rechtsmittelbelehrung irrig die Möglichkeit der Beschwerde eingeräumt hat.

6   Eine zulässige Beschwerde durch eine beschwerdebefugte Person oder Stelle setzt weiter voraus, dass diese **durch** die angefochtene **Entscheidung beschwert** ist und mit ihrer Beschwerde die Beseitigung dieser Beschwer verfolgt[9], dass sie also ein **Rechtsschutzbedürfnis** für ihre Beschwerde hat. Die aus Tenor und Gründen des erstinstanzlichen Beschlusses zu ermittelnde Beschwer ergibt sich für den Antragsteller, wenn die Entscheidung **hinter** dem zuletzt gestellten **Sachantrag zurückbleibt**. Die **übrigen Beteiligten**, die im Verfahren erster Instanz keinen Antrag stellen müssen, sind beschwert, wenn und soweit sie durch den angefochtenen Beschluss in ihrer materiellen Rechtsstellung **objektiv nachteilig betroffen** sind[10]. Darauf, ob die sonstigen Beteiligten einen – für das Verfahren unerheblichen – Abweisungsantrag gestellt haben, kommt es nicht an; es entscheidet allein die materielle Beschwer. Die Anforderung der – objektiv – nachhaltigen Betroffenheit muss **auch** ein am Verfahren erster Instanz **zu Unrecht nicht Beteiligter** erfüllen, es sei denn, seine Beteiligtenbefugnis ist gerade Gegenstand des Verfahrens[11].

7   Wird ein Antrag erstinstanzlich als unzulässig zurückgewiesen, sind neben dem Antragsteller auch die übrigen Beteiligten beschwert. Sie können wegen des **Fehlens** einer **abweisenden Sachentscheidung** einem erneuten Verfahren mit demselben Streitgegenstand ausgesetzt sein[12]. Entsprechendes gilt für die Beschwer des BR, wenn das ArbG einen Zustimmungsersetzungsantrag des ArbGeb nach § 99 IV BetrVG – fehlerhaft[13] – als unzulässig zurückgewiesen hat, weil die Zustimmung als erteilt gelte, statt dies – den BR zweifelsfrei beschwerend – als Minus durch entsprechende Entscheidung festzustellen.

8   **IV. Beschwerdeverfahren. 1. In Bezug genommene Regelungen (Abs. 2 S. 1).** Abs. 2 S. 1 verweist für das Beschwerdeverfahren umfangreich auf die Regelungen über die Berufung im arbeitsgerichtl. Urteilsverfahren, die ihrerseits vielfach die Bestimmungen des arbeitsgerichtl. Verfahrens erster Instanz und der ZPO in Bezug nehmen. Dass diese Bestimmungen nur entsprechend gelten sollen, unterstreicht die Pflicht der Rechtsanwender, die in Bezug genommenen Regeln ggf. im Hinblick auf die **Besonderheiten des arbeitsgerichtl. Beschlussverfahrens** zu modifizieren.

9   In diesem Zusammenhang ist darauf hinzuweisen:

– Die im ArbGG nicht geregelte **Prozessfähigkeit** richtet sich nach §§ 51ff. ZPO; für die hier vorausgesetzte Parteifähigkeit – im Beschlussverfahren: **Beteiligtenfähigkeit**[14] – gilt neben § 50 ZPO für die Träger betriebsverfassungsrechtl. und mitbestimmungsrechtl. Befugnisse **§ 10 S. 1 Hs. 2**.

---

1 GK-ArbGG/*Dörner*, § 87 Rz. 5, 6. ‖ 2 GMP/*Matthes/Schlewing*, § 87 Rz. 3. ‖ 3 LAG Rh.-Pf. 25.6.1982 – 5 TaBV 10/82, LAGE § 92 ArbGG 1979 Nr. 1; GMP/*Matthes/Schlewing*, § 87 Rz. 5; GK-ArbGG/*Dörner*, § 87 Rz. 3 mwN auch zur Gegenauffassung. ‖ 4 BAG 19.12.2002 – 5 AZB 54/02, BAGE 104, 239. ‖ 5 BAG 24.3.1996 – 7 ABR 34/95, NZA 1997, 107; GK-ArbGG/*Dörner*, § 89 Rz. 6 mwN. ‖ 6 BAG 20.2.1986 – 6 ABR 5/85, NJW 1986, 2906. ‖ 7 BAG 10.12.1992 – 2 ABR 32/92, NZA 1993, 591. ‖ 8 BAG 25.8.1981 – 1 ABR 61/79, BAGE 37, 31 (43). ‖ 9 BAG 29.1.1992 – 7 ABR 29/91, NZA 1993, 379. ‖ 10 BAG 29.1.1992 – 7 ABR 29/91, NZA 1993, 379. ‖ 11 BAG 29.1.1992 – 7 ABR 29/91, NZA 1993, 379. ‖ 12 BAG 22.10.1985 – 1 ABR 81/83, DB 1986, 646. ‖ 13 BAG 18.10.1988 – 1 ABR 33/87, BAGE 60, 57. ‖ 14 BAG 25.8.1981 – 1 ABR 61/79, BAGE 37, 31 (36).

- Für **Ladungen, Termine** und **Fristen** kommt es über § 64 VI ArbGG auf §§ 525, 214 ff. und 523 ZPO an; zwischen der Ladung der Beteiligten und dem Termin zur mündlichen Anhörung müssen deshalb mindestens drei Tage liegen (§ 217 ZPO), weil das Beschwerdeverfahren **kein „Anwaltsprozess"** ist (Rz. 10), zwischen der Zustellung der Beschwerdeschrift und dem Anhörungstermin mindestens zwei Wochen (§ 523 II iVm. § 274 III 1 ZPO)[1].

- Für die Beschwerdeinstanz im arbeitsgerichtl. Beschlussverfahren hat der Gesetzgeber ebenso wie für das Berufungsverfahren (§ 64 VII) die Möglichkeit eröffnet, auch in diesem Verfahrensstadium einen Güterichter als nicht entscheidungsbefugten ersuchten Richter oder – **im Einvernehmen mit allen Beteiligten**, das **nicht durch bloßes Schweigen** auf gerichtl. Vorschlag hin erreicht werden kann – eine Mediation oder ein anderes Verfahren der außergerichtl. Streitbeilegung zu versuchen (vgl. hierzu § 54 und § 54a sowie § 80 Rz. 8).

- Für **Zustellungen** gelten über §§ 64 VII, 50 ArbGG §§ 166 ff. ZPO; die Anordnung des **persönlichen Erscheinens** der Beteiligten richtet sich nach § 51, wobei dessen Abs. 2 S. 1 im Beschlussverfahren unter der Geltung des Untersuchungsgrundsatzes keine Anwendung finden kann[2]; § 52 regelt die **Öffentlichkeit** des Beschlussverfahrens zweiter Instanz, § 53, inwieweit der **Vorsitzende** allein oder nur die Kammer unter Einschluss der **ehrenamtlichen Richter** tätig werden können.

- Auch in der Beschwerdeinstanz hat der Vorsitzende durch vorbereitende Maßnahmen dafür zu sorgen, dass das Verfahren grds. in einem Termin beendet werden kann (§§ 56 I, 57 I), in dem wie stets eine gütliche Einigung zwischen den Beteiligten anzustreben ist (§ 67 VII iVm. § 57 II). Für die Durchführung der Beweisaufnahme, bei der die Besonderheiten des Untersuchungsgrundsatzes, wie etwa die **geringeren Anforderungen an einen Beweisantritt** zu berücksichtigen sind, sind neben § 58 ArbGG die §§ 284 bis 294 ZPO maßgeblich. Die **Wiedereinsetzung** in den vorigen Stand nach Versäumung von Notfristen oder ihnen gleichgestellten Fristen, wie der Beschwerdebegründungsfrist[3], richtet sich nach §§ 233 ff. ZPO.

- Die **Zwangsvollstreckung** aus zweitinstanzlichen Beschlüssen des LAG folgt § 85 I. Durch die uneingeschränkte Verweisung auf § 85 hat das LAG in dem Fall, dass das Beschlussverfahren in der Hauptsache bereits in der zweiten Instanz anhängig ist, nach § 85 II ArbGG, §§ 937 I, 943 I ZPO eine erstinstanzliche Zuständigkeit für den Erlass einer einstw. Verfügung[4]. Soweit es – im Hinblick auf den regelmäßig problematischen Verfügungsgrund: ausnahmsw. – zum Erlass einer einstw. Verfügung durch das LAG kommt, ist hiergegen lediglich der Widerspruch möglich (Abs. 2 S. 1, § 85 II ArbGG, §§ 936, 924 ZPO). Ein Rechtsmittel zum BAG gibt es nicht (§ 92 I 3).

2. Vertretung im Verfahren. Das Beschwerdeverfahren ist kein Verfahren mit umfassendem Vertretungszwang: Nach Abs. 2 S. 2 iVm. § 11 I–III, V können Antragsteller und Beteiligte das **Verfahren selbst führen**, oder sich dabei nach Maßgabe der Sonderregeln des § 11 II Nr. 1–3 oder durch einen Verband (§ 11 II Nr. 4 u. 5) vertreten lassen. Einen **Vertretungszwang** enthält § 11 I nur für die **schriftl. Einreichung der Beschwerde, ihre Begründung** sowie **ihre Rücknahme**; diese bestimmenden Schriftsätze müssen jeweils von einem **Rechtsanwalt** oder dem **Vertreter** eines **Verbandes** oder einer **verbandsabhängigen Vertretungsorganisation** (§ 11 IV iVm. II 2 Nr. 4 u. 5) unterschrieben sein (§ 89 Rz. 2, 4). 10

3. Antragsrücknahme und -änderung (Abs. 2 S. 3). Auch in der Beschwerdeinstanz ist eine Antragsrücknahme möglich. Sie bedarf aber – bereits ab Beendigung des erstinstanzlichen Verfahrens, also auch schon vor Beschwerdeeinlegung[5] – der **Zustimmung aller materiell Beteiligten**, nicht nur des „Antragsgegners"[6]. Da Abs. 2 S. 2 den § 83a III nicht in Bezug nimmt, scheidet eine **Zustimmung durch Schweigen** aus[7]; § 269 II ZPO findet **keine** entsprechende Anwendung. 11

Liegen alle Zustimmungen zur Antragsrücknahme vor, muss der Vorsitzende das Verfahren entsprechend § 81 II 2 **durch Beschluss einstellen**, der denen ggü. bekannt zu geben ist, denen auch der Antrag mitgeteilt worden war. Mit dem Einstellungsbeschluss **entfällt die Rechtshängigkeit** des Antrags und die Wirkung des erstinstanzlichen Beschlusses (§ 269 III 1 ZPO). Diese Folgen sind vom Vorsitzenden im Einstellungsbeschluss auszusprechen, wenn ein Beteiligter dies beantragt. Gegen den Einstellungsbeschluss ist unter der Voraussetzung ihrer Zulassung die Rechtsbeschwerde nach § 92 gegeben[8]. Die Antragsrücknahme steht einer **erneuten Antragstellung** im Beschlussverfahren nicht entgegen (§ 269 VI ZPO)[9]. 12

Eine Änderung oder Erweiterung des Streitgegenstandes durch **Antragsänderung** ist in der Beschwerdeinstanz zulässig, wenn alle übrigen Beteiligten **zustimmen** oder das LAG die Änderung für **sachdienlich** hält. Die Zustimmung kann auch in der Einlassung auf den geänderten Antrag liegen (§ 81 III 2). Lässt das LAG die Änderung nicht zu, besteht hiergegen nach § 81 III 3 kein Rechtsmittel. Ein entsprechender (Zwischen-)Beschluss ist unanfechtbar[10]. 13

---

1 GMP/*Matthes*, § 87 Rz. 13. || 2 GK-ArbGG/*Dörner*, § 87 Rz. 12. || 3 GK-ArbGG/*Dörner*, § 87 Rz. 16. || 4 GK-ArbGG/*Dörner*, § 87 Rz. 19; GMP/*Matthes/Schlewing*, § 87 Rz. 21. || 5 Schwab/Weth/*Busemann*, § 87 Rz. 43. || 6 GMP/*Matthes/Schlewing*, § 87 Rz. 25. || 7 GK-ArbGG/*Dörner*, § 87 Rz. 24; GMP/*Matthes/Schlewing*, § 87 Rz. 26; ErfK/*Koch*, § 87 ArbGG Rz. 3. || 8 GMP/*Matthes/Spinner*, § 81 Rz. 80. || 9 BAG 12.11.2002 – 1 ABR 60/01, NZA 2004, 1289. || 10 ErfK/*Koch*, § 87 ArbGG Rz. 3.

14 **4. Verspätetes Vorbringen (Abs. 3).** Abs. 3 enthält eine **Sonderregelung** zur Behandlung **verspäteten Vorbringens** im Beschlussverfahren zweiter Instanz. Die strengeren Präklusionsbestimmungen der §§ 530, 531 ZPO sind ebenso wenig anwendbar wie § 67, der allerdings in seinen Abs. 1, 2 und 4 überwiegend den Bestimmungen in Abs. 3 entspricht; es kann deshalb ergänzend auf die Komm. des § 67 verwiesen werden. Die Abweichungen des Abs. 3 ggü. § 67 sind den **Besonderheiten** des **Beschlussverfahrens** geschuldet: Statt um neue Angriffs- und Verteidigungsmittel geht es um **neues Vorbringen**, also jeglichen streitigen Tatsachenvortrag, auf den es ankommen kann und dem deshalb im Rahmen des Untersuchungsgrundsatzes nachzugehen wäre. Darüber hinaus wird dem **Beschwerdegericht** in den Fällen des Abs. 3 S. 2 eine **abwägende Entscheidung** aufgegeben („kann"), ob es neues Vorbringen tatsächlich zurückweist, wenn die Voraussetzungen hierfür vorliegen, oder hiervon absieht. Dies sollte Anlass dafür sein, von der im Beschlussverfahren, das vielfach Drittinteressen berührt, an sich systemfremden Möglichkeit der **Zurückweisung** verspäteten Vorbringens nur **sehr sparsam Gebrauch** zu machen[1]. Eine Zurückweisung scheidet auch dann aus, wenn alle Beteiligten die **Berücksichtigung** neuen Vorbringens **übereinstimmend anregen**. Präklusionsvorschriften dienen vorrangig den Interessen der Beteiligten an einer zügigen Erledigung des Verfahrens[2].

15 Im Einzelnen gilt:
– Unabhängig davon, ob seine Berücksichtigung die Erledigung des Verfahrens verzögern würde, ist **streitiges Vorbringen** in der Beschwerdeinstanz **zwingend ausgeschlossen**, wenn es bereits in erster Instanz erfolgt war, **vom ArbG** aber im Rahmen des § 83 Ia 2 und deshalb **zu Recht zurückgewiesen** worden war (vgl. § 83 Rz. 9 ff.).
– Vorbringen, das **erstmals in der Beschwerdeinstanz** erfolgt, für das aber in erster Instanz eine Frist nach § 83 Ia 1, 3 gesetzt worden war, **kann** zurückgewiesen werden, wenn seine Zulassung die Erledigung des Verfahrens verzögern würde; eine mögliche Verzögerung ist hinzunehmen, wenn der Beteiligte die Nichteinhaltung der in erster Instanz gesetzten Frist **genügend entschuldigt**.

16 Ist ein in erster Instanz entgegen einer Fristsetzung unterlassenes Vorbringen in der Beschwerdeinstanz nach Abs. 3 S. 2 zulässig, muss es vom Beschwerdeführer in der **Beschwerdebegründung**, von den weiteren Beteiligten in der Beschwerdebeantwortung vorgetragen werden. Alle weiteren Beteiligten außer dem Beschwerdeführer können allerdings – anders als nach § 66 I 3 – auf die Beschwerdebegründung bis unmittelbar vor dem Anhörungstermin antworten[3].

17 Neues tatsächliches Vorbringen nach S. 2 und 3 **außerhalb von Beschwerdebegründung** und Beschwerdebeantwortung **kann** nach S. 4 **zurückgewiesen** werden, wenn
– es mit Beschwerdebegründung oder Beschwerdebeantwortung hätte vorgetragen werden können,
– die Zulassung des Vorbringens nach der freien Überzeugung des LAG die Erledigung des Verfahrens verzögern würde **und**
– die Verspätung auf Vorsatz oder Fahrlässigkeit des Beteiligten beruht.

18 Hat das Beschwerdegericht **Vorbringen zugelassen**, kann dies mit der Rechtsbeschwerde **nicht gerügt** werden, es sei denn, es hätte nach Abs. 3 S. 2 unberücksichtigt bleiben müssen, weil es in erster Instanz zu Recht zurückgewiesen worden war. Ansonsten gilt schon auf Grund des von Abs. 3 S. 2 ausdrücklich eingeräumten Entscheidungsspielraums[4] des LAG („kann"), dass zugelassenes Vorbringen in der Rechtsbeschwerdeinstanz uneingeschränkt zu berücksichtigen ist. Die **Zurückweisung verspäteten Vorbringens** ist demggü. **auf Rüge** in der Rechtsbeschwerdeinstanz **zu überprüfen**. Die Kann-Bestimmung des Abs. 2 S. 2 und 4 ändert hieran nichts. Sie erweitert nur die Möglichkeiten der Zulassung, nicht die der Zurückweisung.

19 **V. Wirkung der Beschwerdeeinlegung (Abs. 4).** Die Beschwerde bringt als Rechtsmittel das Verfahren insg. in die nächste Instanz (**Devolutiveffekt**). Darüber hinaus schiebt sie den Eintritt der Rechtskraft des Beschlusses erster Instanz hinaus (**Suspensiveffekt**). Der Beschluss bleibt, soweit es um eine vermögensrechtl. Streitigkeit geht, **vorläufig vollstreckbar** (Abs. 4 Hs. 2, § 85 I). Die aufschiebende Wirkung der Beschwerde hängt nicht von deren Zulässigkeit ab; erst mit Verwerfung einer unzulässigen Beschwerde nach § 89 III wird der angefochtene Beschluss rechtskräftig.

88 Beschränkung der Beschwerde
§ 65 findet entsprechende Anwendung.

1 Auf Grund der Verweisung auf § 65 ist es dem Beschwerdegericht, das an sich den Beschluss erster Instanz in tatsächlicher und rechtl. Hinsicht in vollem Umfang zu überprüfen hat, **verwehrt**, den angefochtenen Beschluss auf **bestimmte** mögliche **Verfahrensfehler** hin zu **überprüfen**.

---

1 Zum Ausnahmecharakter von Präklusionsbestimmungen BVerfG 26.1.1995 – 1 BvR 1068/93, NZA 1995, 752. || 2 ErfK/*Koch*, § 87 ArbGG Rz. 4. || 3 GK-ArbGG/*Dörner*, § 87 Rz. 31. || 4 Ebenso *Schmidt/Schwab/Wildschütz*, NZA 2001, 1224.

Das Beschwerdegericht prüft grds. nicht mehr den beschrittenen **Rechtsweg** zu den Gerichten für Arbeitssachen **und** die vom Antragsteller gewählte und vom ArbG für richtig gehaltene **Verfahrensart**. Soweit in erster Instanz insoweit Zweifel bestanden oder ein Beteiligter den beschrittenen Rechtsweg oder die gewählte Verfahrensart rügte, hatte das ArbG hierüber unter Aussetzung des Hauptsacheverfahrens vorab durch Beschluss nach **§ 17a III 2 GVG, § 48** zu entscheiden[1]. Wurde eine Rüge nicht erhoben und hat das ArbG Rechtsweg und Verfahrensart – konkludent – für gegeben erachtet, oder ist nach § 17a III GVG hierüber rechtskräftig entschieden, kann der Beschluss des ArbG insoweit **nicht mehr überprüft** werden (§ 17a V GVG). Eine an sich in eine andere Gerichtsbarkeit oder ins Urteilsverfahren gehörende Sache ist weiter im Beschlussverfahren durchzuführen.

Hat das ArbG seine **örtliche Zuständigkeit** innerhalb des Beschlusses nach § 84 bejaht oder ist dies im Rahmen eines Vorabbeschlusses nach § 17a III GVG, § 48 I 1 Nr. 1 geschehen, kann dies das Beschwerdegericht ebenfalls nicht mehr überprüfen (§ 64 VI 1 ArbGG iVm. § 513 II ZPO)[2].

Das Beschwerdegericht prüft nach §§ 88, 65 nicht mehr, ob **bei der Berufung der** am angefochtenen Beschluss beteiligten **ehrenamtlichen Richter** (§ 20) **Verfahrensmängel** vorgekommen sind oder ob die Berufung in ihr Amt nach §§ 21 bis 23 ausgeschlossen war. Denkbare **gerichtsinterne Mängel** im Zusammenhang mit der Teilnahme des ehrenamtlichen Richters an der Entscheidungsfindung hat das Beschwerdegericht demggü. zu prüfen, wenn hierfür Anlass besteht, also zB die fehlende Beeidigung eines ehrenamtlichen Richters[3]; seine Heranziehung abweichend von der nach der Liste (§ 31) gebotenen Reihenfolge oder nach Ablauf seiner Amtszeit (wegen der rechtl. Konsequenzen solcher Verstöße vgl. § 91 Rz. 3)[4].

Die **Einschränkung** der Prüfungskompetenz des Beschwerdegerichts aus § 88 gilt unter besonderen Umständen in einem **Teil** des Regelungsbereichs des § 65 **nicht**: Hat das ArbG **trotz Rüge** eines Beteiligten, was den eingeschlagenen Rechtsweg oder die gewählte Verfahrensart angeht, entgegen § 17a III 2 GVG hierüber **nicht vorab**, sondern im Rahmen des Beschlusses in der Hauptsache entschieden, gilt zu Gunsten der beschwerten Beteiligten der Grundsatz der **Meistbegünstigung**. Wird gegen diesen Beschluss Beschwerde nach § 87 eingelegt, kann der Beschwerdeführer auch rügen, es sei zu Unrecht durch ein ArbG oder fehlerhaft im Beschlussverfahren entschieden worden. Seine Beschwerde ist dann – auch – als sofortige Beschwerde iSv. § 17a IV 3 GVG zu behandeln. Das Beschwerdegericht kann so das Verfahren in die richtigen Bahnen lenken[5]: Hält das Beschwerdegericht den Rechtsweg zu den ArbG nicht für gegeben, hebt es die Sachentscheidung des ArbG auf und verweist das Verfahren durch Beschluss **an das zuständige Gericht erster Instanz**. Kommt es zu dem Ergebnis, die Sache sei nicht im Beschlussverfahren, sondern im Urteilsverfahren zu entscheiden, kann es hierüber vorab durch Beschluss entscheiden und dabei auch darüber befinden, ob es die **weitere Beschwerde** gegen diese Entscheidung **zulässt** oder nicht (§ 17a IV 4 GVG). Erst wenn dieser Beschluss rechtskräftig geworden ist, kann das Beschwerdegericht durch die dann nach dem Geschäftsverteilungsplan zuständige Kammer über die eingelegte Beschwerde als Berufung, also **im Urteilsverfahren**, entscheiden[6]. Einer **Vorabentscheidung** über den Rechtsweg und die Verfahrensart bedarf es **nicht**, wenn das Beschwerdegericht sich insoweit dem ArbG anschließt und die weitere Beschwerde gegen seine Entscheidung nicht zulassen will. Sie ist nur erforderlich, wenn das LAG eine Überprüfung durch das Rechtsbeschwerdegericht eröffnen will. Ansonsten kann unmittelbar nach § 91 über die Hauptsache entschieden werden.

Der Grundsatz der Meistbegünstigung erweitert die Prüfungsaufgabe für das Beschwerdegericht nicht, wenn das ArbG die eigene **örtliche Zuständigkeit** trotz Rüge zu Unrecht **nur in der Hauptsacheentscheidung** und nicht vorab durch Beschluss festgestellt hat. Da eine entsprechende Vorabentscheidung nach § 48 I Nr. 1 **unanfechtbar** gewesen wäre, ist **auch** die Feststellung der eigenen örtlichen Zuständigkeit durch das ArbG nur in der Hauptsacheentscheidung **nicht überprüfbar**. Das Meistbegünstigungsprinzip eröffnet keine rechtl. Möglichkeiten, die auch bei einer richtigen Verfahrensweise nicht bestanden hätten[7].

89 Einlegung

(1) Für die Einlegung und Begründung der Beschwerde gilt § 11 Abs. 4 und 5 entsprechend.

(2) Die Beschwerdeschrift muss den Beschluss bezeichnen, gegen den die Beschwerde gerichtet ist, und die Erklärung enthalten, dass gegen diesen Beschluss die Beschwerde eingelegt wird. Die Beschwerdebegründung muss angeben, auf welche im Einzelnen anzuführenden Beschwerdegründe sowie auf welche neuen Tatsachen die Beschwerde gestützt wird.

(3) Ist die Beschwerde nicht in der gesetzlichen Form oder Frist eingelegt oder begründet, so ist sie als unzulässig zu verwerfen. Der Beschluss kann ohne vorherige mündliche Verhandlung durch den

---

[1] BAG 26.3.1992 – 2 AZR 443/91, NZA 1992, 954. ǁ [2] GK-ArbGG/*Vossen*, § 65 Rz. 12. ǁ [3] Zum notwendigen Zeitpunkt für die Beeidigung BAG 17.3.2010 – 5 AZN 1042/09, NZA 2010, 594. ǁ [4] GK-ArbGG/*Vossen*, § 65 Rz. 17f. ǁ [5] BAG 26.3.1992 – 2 AZR 443/91, NZA 1992, 954. ǁ [6] GMP/*Matthes/Schlewing*, § 88 Rz. 7; Hauck/Helml/Biebl/*Hauck*, § 88 Rz. 3; Düwell/Lipke/*Oesterle*, § 88 Rz. 4. ǁ [7] GK-ArbGG/*Dörner*, § 88 Rz. 9.

ArbGG § 89 Rz. 1   Einlegung

Vorsitzenden ergehen; er ist unanfechtbar. Er ist dem Beschwerdeführer zuzustellen. § 522 Abs. 2 und 3 der Zivilprozessordnung ist nicht anwendbar.

(4) Die Beschwerde kann jederzeit in der für ihre Einlegung vorgeschriebenen Form zurückgenommen werden. Im Falle der Zurücknahme stellt der Vorsitzende das Verfahren ein. Er gibt hiervon den Beteiligten Kenntnis, soweit ihnen die Beschwerde zugestellt worden ist.

1   Ein durch den Beschluss des ArbG beschwerdebefugter (§ 87 Rz. 5) und beschwerter (§ 87 Rz. 6, 7) Beteiligter muss bei der Einlegung und Begründung der Beschwerde **neben Abs. 1 und 2** auch die entsprechend heranzuziehenden Bestimmungen für das arbeitsgerichtl. Urteilsverfahren und der ZPO über die Einlegung und Begründung der Berufung beachten[1]. Abs. 3 regelt die gerichtl. Behandlung einer unzulässigen Beschwerde und die – ggü. der ZPO eingeschränkte (S. 4) Möglichkeit einer Vorabverwerfung. Das Verfahren bei Rücknahme der Beschwerde richtet sich nach Abs. 4.

2   Die Beschwerde ist beim **LAG** einzulegen[2]. Nur mit dem Eingang dort werden Fristen gewahrt. Die Beschwerdeschrift muss von einem **Rechtsanwalt** oder dem Vertreter eines **Verbandes** nach § 11 II 2 Nr. 4 u. 5 unterzeichnet sein. Sie muss den angefochtenen **Beschluss** genau – regelmäßig durch Angabe des Herkunftsgerichts, des Aktenzeichens und des Verkündungsdatums – **kennzeichnen**. Hier auftretende Fehler bleiben folgenlos, wenn der Beschwerdeführer entsprechend der Soll-Vorschrift des § 519 III ZPO eine **Abschrift** des angefochtenen **Beschlusses beigefügt hat**. Weiter muss derjenige, der die Beschwerde führt, eindeutig erkennbar sein[3]; die übrigen Beteiligten müssen nicht notwendig aufgeführt werden. Der Beschwerdeschrift sollte aber eine der Zahl der Beteiligten erster Instanz entsprechende Zahl von Abschriften beigefügt werden (§§ 519 IV, 133 I 1 ZPO). Weiter muss die Beschwerdeschrift deutlich machen, dass ein erstinstanzlicher Beschluss im Beschlussverfahren mit dem hierfür **statthaften Rechtsmittel** beim nächsthöheren Gericht angefochten werden soll. Auf die richtige Bezeichnung des Rechtsmittels kommt es nicht an[4].

3   Die Beschwerde ist nach §§ 66 I 1, 87 II innerhalb einer Frist von **einem Monat einzulegen**, die mit Zustellung des vollständigen erstinstanzlichen Beschlusses zu laufen **beginnt**, spätestens aber **mit Ablauf von fünf Monaten** seit dessen Verkündung. Die Jahresfrist des § 9 V 4 spielt seit der Änderung des Rechtsmittelrechts durch die ZPO-Reform auch bei der Beschwerdeeinlegung **keine Rolle** mehr[5]. Bei der Beschwerdefrist handelt es sich um eine **Notfrist** iSd. §§ 233 ff. ZPO. Sie kann nicht gerichtl. verlängert werden[6].

4   Die **Beschwerde** muss schriftsätzlich **begründet** werden. Die Begründungsschrift ist von einem Rechtsanwalt oder einem Repräsentanten eines nach § 11 II Nr. 4 u. 5 zur Vertretung befugten Verbandes oder einer verbandsabhängigen Vertretungsorganisation zu unterzeichnen[7], wobei diese Repräsentanten im Beschlussverfahren zweiter Instanz **nicht** die **Befähigung zum Richteramt** haben müssen[8]. Die Beschwerdebegründung, für die neben Abs. 2 über §§ 87 II, 64 VI ArbGG auch § 520 ZPO gilt, muss binnen einer Frist von **zwei Monaten** seit Zustellung des vollständigen Beschlusses erster Instanz beim LAG eingegangen sein. Die Begründungsfrist **beginnt** aber ebenso wie die Einlegungsfrist **spätestens fünf Monate seit der Verkündung** des angefochtenen Beschlusses zu laufen (Rz. 3; vgl. auch § 91 Rz. 3). Diese einer Notfrist gleichstehende Frist (§§ 87 II, 64 VI ArbGG iVm. § 233 ZPO) kann durch den Vorsitzenden der Kammer **nur einmal** auf Antrag **verlängert** werden. Ein zeitliches Höchstmaß besteht hierfür nicht, jedoch wird regelmäßig im Hinblick auf den Beschleunigungsgrundsatz eine Verlängerung um mehr als einen Monat ausscheiden[9]. Der Verlängerungsantrag muss innerhalb der zweimonatigen Begründungsfrist beim LAG eingehen. Die Entscheidung hierüber steht im durch das Gebot des **fairen Verfahrens** begrenzten Ermessen des Vorsitzenden[10] und hat unverzüglich zu erfolgen.

5   In der Beschwerdebegründung sollte durch einen **eindeutigen Antrag** deutlich gemacht werden, **inwieweit** der Beschluss erster Instanz **angefochten** wird; eine Beschränkung auf einzelne vom ArbG beschiedene Streitgegenstände ist möglich. Das Fehlen eines Beschwerdeantrages ist unschädlich, wenn eindeutig feststellbar ist, ob nach dem Begehren des Beschwerdeführers der gesamte vorinstanzliche Beschluss oder nur ein Teil davon abgeändert werden soll[11]. Die Beschwerdebegründung muss die Umstände bezeichnen, aus denen sich die Rechtsverletzung durch das erstinstanzliche Gericht und deren Erheblichkeit für die angefochtene Entscheidung ergeben. Sie hat sich mit den rechtl. und tatsächlichen Argumenten des angefochtenen Beschlusses zu befassen, wobei allg. Wendungen nicht ausreichen. Es reicht auch nicht aus, nur die Rechtsausführungen in der Vorinstanz zu wiederholen[12]. Die Beschwerdebegründung muss sich dabei im Umfang der Anfechtung **mit** allen selbständig **tragenden**

---

1 ErfK/*Koch*, § 89 ArbGG Rz. 1. ||2 Zu Adressierungsfehlern und ihrer rechtl. Behandlung BAG 29.8.2001 – 4 AZR 388/00, NZA 2002, 347. ||3 BAG 23.8.2001 – 7 ABR 15/01, NZA 2001, 1214. ||4 BAG 3.12.1985 – 4 ABR 7/85, BAGE 50, 277 (281). ||5 Dies gilt für alle Rechtsmittelfristen: BAG 1.10.2003 – 1 ABN 62/01, NZA 2003, 1356; 28.10.2004 – 8 AZR 492/03, NZA 2005, 125; GMP/*Germelmann*, § 66 Rz. 16; GK-ArbGG/*Dörner*, § 89 Rz. 25; ErfK/*Koch*, § 89 ArbGG Rz. 4. ||6 GK-ArbGG/*Dörner*, § 89 Rz. 21; GMP/*Matthes/Schlewing*, § 89 Rz. 12. ||7 GMP/*Matthes/Schlewing*, § 89 Rz. 24; ErfK/*Koch*, § 89 ArbGG Rz. 4. ||8 § 11 IV 3; GMP/*Germelmann*, § 11 Rz. 121; aA GMP/*Matthes/Schlewing*, § 89 Rz. 24. ||9 GK-ArbGG/*Dörner*, § 89 Rz. 28 mwN. ||10 BAG 4.2.1994 – 8 AZB 16/93, BAGE 75, 350 (353); 20.10.2004 – 5 AZB 37/04, NZA 2004, 1350. ||11 BAG 3.12.1985 – 4 ABR 60/85, BAGE 50, 258 (262f.). ||12 BAG 30.10.2012 – 1 ABR 64/11, NZA 2013, 287.

Gründen der angefochtenen Entscheidung zu allen beschiedenen Streitgegenständen **auseinander setzen**, deren Rechtsfehlerhaftigkeit aufzeigen und evtl. **neue Tatsachen**, die die Beschwerde stützen, benennen. Behandelt die Beschwerde nicht sämtliche selbständig tragenden Gründe, ist sie ebenso unzulässig wie soweit sie innerhalb der Beschwerdebegründungsfrist einzelne Streitgegenstände des angefochtenen Beschlusses nicht behandelt hat[1].

Der Beschwerdeführer muss bei der Bezeichnung der von ihm gerügten Rechtsfehler **nicht die Rechtsnormen** benennen, deren Verletzung er geltend machen will. Die Überprüfungskompetenz des Beschwerdegerichts ist nicht beschränkt. Durch die Beschwerde wird eine **volle zweite Tatsacheninstanz** eröffnet. Die Restriktionen für das Berufungsverfahren durch § 513 I ZPO gelten im arbeitsgerichtl. Beschlussverfahren **nicht**[2]. Auch in der Beschwerdeinstanz ist weiterhin der Untersuchungsgrundsatz maßgeblich.

Da § 87 II 1 nur die Bestimmungen über die Einlegung und Begründung der Berufung, nicht auch der **Berufungsbeantwortung** in Bezug nimmt, unterliegt die Beschwerdebeantwortung keinen besonderen Regeln. **Alle** neben dem Beschwerdeführer am Verfahren **Beteiligten** können zur Beschwerdebegründung bis zum Anhörungstermin Stellung nehmen.

Auch wenn auf § 524 ZPO im Beschwerdeverfahren nicht ausdrücklich verwiesen wird, hält man die **Anschlussbeschwerde** im Beschlussverfahren allg. für zulässig[3]. Voraussetzung hierfür ist die Beschwerdebefugnis, also die materielle **Beteiligtenfähigkeit** (§ 87 Rz. 5). Einer **Beschwer** bedarf es **anders als bei** einer neben einer ersten Beschwerde durch einen weiteren Beteiligten innerhalb der Beschwerdefrist eingelegten **selbständigen zweiten Beschwerde nicht**. Die Anschlussbeschwerde ist beim LAG einzulegen, wobei sich Inhalt und Form nach § 524 III ZPO iVm. §§ 519 II, IV, 520 III, 521 ZPO sowie § 89 I bestimmen. Die **Einlegung** einer Anschlussbeschwerde unterliegt **keiner Frist**. § 524 II ZPO knüpft für die dortige Frist an die dem Berufungsbeklagten gesetzte Beantwortungsfrist an, die es für die übrigen Beteiligten in der Beschwerdeinstanz des Beschlussverfahrens nicht gibt[4], es sei denn, das Beschwerdegericht hat den übrigen Beteiligten eine Frist zur Beschwerdeerwiderung gesetzt; diese gilt dann auch für die Möglichkeit, Anschlussbeschwerde einzulegen[5]. Die Anschlussbeschwerde muss mit der Anschließung begründet werden. Sie **verliert** nach § 524 IV ZPO ihre **Wirkung**, wenn das Hauptrechtsmittel als unzulässig verworfen oder zurückgenommen wird. Im letztgenannten Fall ist diese Wirkung in den **Einstellungsbeschluss** nach Abs. 4 S. 2 aufzunehmen. Dieselbe Folge tritt ein, wenn das Beschlussverfahren hinsichtlich der Beschwerde durch alle Beteiligten für erledigt erklärt, der Sachantrag zurückgenommen oder wegen des Gegenstandes der Beschwerde ein Vergleich geschlossen wird[6].

Ausnahmsweise **ohne mündliche Anhörung** kann eine Beschwerde nach Abs. 3 vom **Vorsitzenden allein** durch Beschluss **verworfen** werden, wenn die Beschwerde an einem formellen Mangel leidet. Dieser Beschluss ist anders als der Beschluss nach § 91 I 1 stets **unanfechtbar** (Abs. 3 S. 2). Dies gilt auch dann, wenn die auf **formelle Mängel** gestützte Verwerfungsentscheidung nach mündlicher Anhörung, dann aber durch die **Kammer**, erfolgt ist[7].

Ein **Verwerfungsbeschluss**, der dem Beschwerdeführer **förmlich zuzustellen** ist, setzt voraus, dass die Beschwerde nicht in der gesetzl. Form oder Frist eingelegt oder begründet worden ist. Solchen bloßen Form- und Fristmängeln stehen **sonstige Unzulässigkeitsgründe** gleich, wenn es zu deren Bewertung keiner Beurteilung der materiellen, insb. betriebsverfassungsrechtl., Rechtslage bedarf; auch hier erfolgt die Verwerfung nach Abs. 3. IÜ ist über die Zulässigkeit der Beschwerde stets auf Grund **Anhörungstermins** zu entscheiden. Eine Verwerfung kommt über den Wortlaut des Abs. 3 S. 1 hinaus in Betracht, wenn die Beschwerde, etwa mangels Beschwer, von vornherein unstatthaft ist; sie scheidet aus, wenn es um die Berechtigung des Beschwerdeführers geht, Beschwerde einzulegen[8].

Die **Restriktionen** des Berufungsrechts nach § 522 II ZPO finden nach Abs. 3 S. 4 im Beschwerdeverfahren **keine Anwendung**. Auch eine aussichtslose Beschwerde kann erst nach Anhörung der Beteiligten durch die Kammer nach § 91 als unbegründet zurückgewiesen werden.

Anders als der Sachantrag kann die **Beschwerde ohne Zustimmung** der übrigen Beteiligten jederzeit, also bis zum Eintritt der Rechtskraft der Beschwerdeentscheidung oder der Einlegung der Rechtsbeschwerde, **zurückgenommen** werden[9]. Die Einlegung einer Nichtzulassungsbeschwerde (§ 92a) nimmt diese Möglichkeit nicht. Die Rücknahme muss in der Form des Abs. 1 erfolgen, wobei durch die dort angesprochenen Personen auch eine Rücknahme zu Protokoll des Gerichts erklärt werden kann (§ 516 II ZPO). Nach Rücknahme der Beschwerde ist das Verfahren vom Kammervorsitzenden durch Beschluss einzustellen. Der Beschluss ist den Beteiligten nach Abs. 4 S. 3 bekannt zu geben. Er muss darüber hinaus förmlich zugestellt werden, weil es sich um einen verfahrensbeendenden, nach § 92 ggf. anfechtbaren Beschluss handelt[10]. Mit der Rücknahme der Beschwerde wird eine bereits ergangene, aber noch nicht

---

1 BAG 28.5.2009 – 2 AZR 233/08, AP Nr. 2 zu § 520 ZPO; ErfK/*Koch*, § 89 ArbGG Rz. 4.   ‖2 GK-ArbGG/*Dörner*, § 89 Rz. 36.   ‖3 BAG 2.4.1987 – 6 ABR 29/85, BAGE 55, 202; GK-ArbGG/*Dörner*, § 89 Rz. 39 mwN.   ‖4 GK-ArbGG/*Dörner*, § 89 Rz. 41.   ‖5 BAG 10.3.2009 – 1 ABR 93/07, NZA 2009, 622.   ‖6 GK-ArbGG/*Dörner*, § 89 Rz. 47; ErfK/*Koch*, § 89 ArbGG Rz. 5.   ‖7 BAG 25.7.1989 – 1 ABR 48/88, NZA 1990, 73.   ‖8 GMP/*Matthes/Schlewing*, § 89 Rz. 48.   ‖9 GK-ArbGG/*Dörner*, § 89 Rz. 58.   ‖10 GMP/*Matthes/Schlewing*, § 89 Rz. 59.

ArbGG § 89 Rz. 13 Einlegung

rechtskräftige Entscheidung des Beschwerdegerichts gegenstandslos und die arbeitsgerichtl. Entscheidung rechtskräftig, es sei denn, es sind noch Beschwerden anderer Beteiligter anhängig.

13 Es ist auch ein **Verzicht** auf die Beschwerde **möglich**, der zum endgültigen Verlust des Rechtsmittels führt und eine gleichwohl eingelegte Beschwerde unzulässig macht. Der Verzicht ist grds. nach Verkündung des arbeitsgerichtl. Beschlusses möglich. Ein Verzicht kann aber auch schon **vor der Entscheidung des ArbG** erfolgen, wenn sich **alle Beteiligten** hierauf geeinigt haben[1].

90 Verfahren

(1) Die Beschwerdeschrift und die Beschwerdebegründung werden den Beteiligten zur Äußerung zugestellt. Die Äußerung erfolgt durch Einreichung eines Schriftsatzes beim Beschwerdegericht oder durch Erklärung zur Niederschrift der Geschäftsstelle des Arbeitsgerichts, das den angefochtenen Beschluss erlassen hat.

(2) Für das Verfahren sind die §§ 83 und 83a entsprechend anzuwenden.

(3) Gegen Beschlüsse und Verfügungen des Landesarbeitsgerichts oder seines Vorsitzenden findet kein Rechtsmittel statt.

1 Am Beginn der Behandlung der Beschwerde steht die **Überprüfung**, ob das ArbG **alle** vom Streitgegenstand des Beschlussverfahrens Betroffenen, also die **materiell Beteiligten** iSv. § 83 III, tatsächlich beteiligt hat. An sie und nicht nur die vom ArbG formell Beteiligten oder diejenigen, die sich am Verfahren erster Instanz auch tatsächlich beteiligt haben, sind Beschwerde- und Beschwerdebegründungsschrift mit der **Aufforderung zur Äußerung** förmlich zuzustellen, es sei denn, die Beschwerde wäre offensichtlich unzulässig[2]. Dies ist dann nicht der Fall, wenn wegen der Versäumung der Beschwerde- oder der Beschwerdebegründungsfrist eine beantragte **Wiedereinsetzung** in den vorigen Stand in Betracht kommt. In diesem Falle ist den übrigen Beteiligten im Hinblick auf den Wiedereinsetzungsantrag **rechtl. Gehör** zu gewähren. War ein Beteiligter in erster Instanz durch einen Verfahrensbevollmächtigten (§ 11) vertreten, sind Beschwerdeschrift und Beschwerdebegründung an diesen von Amts wegen zuzustellen[3].

2 Für ihre Äußerung kann den übrigen Beteiligten eine angemessene **Frist** gesetzt werden, damit der **Anhörungstermin** ordnungsgemäß vorbereitet werden kann. Nach **fruchtlosem Fristablauf** kann **Vorbringen** bei Erfüllung der Voraussetzungen des **§ 83 Ia iVm. § 90 II zurückgewiesen** werden. Wenn mit der Zustellung Termin zur Anhörung bestimmt wird, muss die **Einlassungsfrist** mindestens **zwei Wochen** betragen. **Für die Äußerungen der Beteiligten** im Verfahren gelten §§ 87 II 2, 11 I: Es besteht insoweit auch in der Beschwerdeinstanz **kein Vertretungszwang**; er gilt nur für die Einlegung und Begründung der Beschwerde (§ 89 I). Die Äußerung kann schriftsätzlich an das Beschwerdegericht gerichtet, aber auch zu Protokoll der Geschäftsstelle des ArbG erklärt werden, das den angefochtenen Beschluss erlassen hat. Die **Beteiligten haben** zwar nach Abs. 2, § 83 I 2 durch ihre Äußerungen an der Aufklärung des Sachverhalts **mitzuwirken**. **Unterbleibt** eine Äußerung, ergeben sich daraus aber **keine Rechtsfolgen**. Der Betreffende bleibt **Beteiligter** des Beschlussverfahrens. Er kann sich auch **erstmals im Anhörungstermin** melden und äußern, es sei denn, die Beschwerdeinstanz hatte ihm für seine Äußerungen eine Frist nach Abs. 2, § 83 Ia gesetzt und die Voraussetzungen für eine Zurückweisung des Vorbringens sind erfüllt[4]. Für die Beschwerdebegründung wie für die Äußerungen der übrigen Beteiligten gilt, dass **neues Vorbringen** nach Maßgabe von § 87 III 1 **ausgeschlossen** ist oder nach § 87 III 2 **zurückgewiesen** werden **kann**.

3 Für das Verfahren vor dem Beschwerdegericht gelten iÜ §§ 83 und 83a entsprechend. Nach **Eingang** der Beschwerdebegründung ist alsbald **Termin zur Anhörung aller** materiell **Beteiligten** zu bestimmen, die förmlich unter Einhaltung einer Frist von **zwei Wochen** zu laden sind. Die Anhörung erfolgt vor der **Kammer** (§ 83 IV 1), auch wenn sich die Beteiligten schriftl. geäußert haben. Dem Gebot **rechtl. Gehörs** ist genügt, wenn **jeder Beteiligte** die **Möglichkeit** hatte, am Anhörungstermin **teilzunehmen**, worauf in der Ladung hinzuweisen ist (§ 83 IV 2). Das LAG kann über die Beschwerde auch **ohne mündliche Verhandlung** entscheiden, **wenn alle** materiell Beteiligten[5] ihr **Einverständnis** erklärt haben. Für die Form des erforderlichen Einverständnisses gilt **Abs. 1 S. 2**. Auch das Beschwerdegericht hat auf eine gütliche Einigung der Beteiligten hinzuwirken, die, um das Verfahren ganz oder zT zu erledigen, soweit rechtl. möglich (§ 83a Rz. 4f.) einen **Vergleich** schließen oder das Verfahren für **erledigt erklären** können.

4 Nach Abs. 3 sind Beschlüsse und Verfügungen der Kammer des LAG oder des Vorsitzenden, die das eigene Verfahren, nicht eine verfahrensbegleitende Entscheidung erster Instanz (§ 83 V) betreffen[6], unanfechtbar, **soweit sie die Instanz nicht beenden**; § 83 V gilt insoweit in der Beschwerdeinstanz nicht entsprechend[7].

---

1 BAG 8.9.2010 – 7 ABR 73/09, NZA 2011, 934; ErfK/*Koch*, § 89 ArbGG Rz. 7; aA GMP/*Matthes/Schlewing*, § 89 Rz. 64. ‖2 GMP/*Matthes/Schlewing*, § 90 Rz. 2, 3. ‖3 §§ 87 II 1, 64 VII, 50 II ArbGG; §§ 176, 210a I ZPO. ‖4 GMP/*Matthes/Schlewing*, § 90 Rz. 5. ‖5 Hauck/Helml/Biebl/*Hauck*, § 83 Rz. 24. ‖6 AA Schwab/Weth/*Busemann*, § 90 Rz. 28a. ‖7 ErfK/*Koch*, § 90 ArbGG Rz. 1; GK-ArbGG/*Dörner*, § 90 Rz. 17.

Entscheidung   Rz. 6 § 91 ArbGG

91 *Entscheidung*
(1) Über die Beschwerde entscheidet das Landesarbeitsgericht durch Beschluss. Eine Zurückverweisung ist nicht zulässig. § 84 Satz 2 gilt entsprechend.
(2) Der Beschluss nebst Gründen ist von den Mitgliedern der Kammer zu unterschreiben und den Beteiligten zuzustellen. § 69 Abs. 1 Satz 2 gilt entsprechend.

Die zweite Instanz wird durch einen Beschluss des Beschwerdegerichts ganz oder – bei Teilbeschlüssen – teilweise beendet. Es entscheidet – vom Fall des § 89 III 2 abgesehen – die **Kammer** des LAG unter Beteiligung der ehrenamtlichen Richter, auch wenn keine mündliche Anhörung stattgefunden hat. Nur über die **Einstellung** des Verfahrens nach Rücknahme des Antrages oder der Beschwerde, nach Vergleich oder Erledigterklärung entscheidet der **Vorsitzende allein**[1]. 1

Die Beschwerdeentscheidung kann nur im Rahmen der gestellten Anträge ergehen. Eine **Zurückverweisung** an das ArbG ist **ausgeschlossen** (Abs. 1 S. 2). Dies gilt anders als im Urteilsverfahren (§ 68) uneingeschränkt. Auch in den Fällen des § 538 II Nr. 2 bis 7, soweit sie im Beschlussverfahren in Betracht kommen, scheidet eine Zurückverweisung aus[2]. Hat das Beschwerdegericht **gleichwohl** das Beschlussverfahren an das ArbG **zurückverwiesen**, kommt gegen diese Entscheidung nur unter den dort geltenden besonderen Bedingungen eine **Rechtsbeschwerde** in Betracht, die, wenn sie zulässig ist, zur Aufhebung der Beschwerdeentscheidung und zur Zurückverweisung an das LAG führen muss. Wird die Beschwerdeentscheidung nicht auf diese Weise aufgehoben, muss das ArbG auf Grund der Zurückverweisung über den Antrag neu entscheiden[3]. 2

Verfahrensmängel der Entscheidung erster Instanz müssen durch das Beschwerdegericht bei seiner Entscheidungsfindung **behoben** werden; Vorbringen, das das ArbG zu Unrecht als verspätet zurückgewiesen hat, ist zu berücksichtigen, offensichtliche Unrichtigkeiten im angefochtenen Beschluss sind zu berichtigen[4]. Ist der Beschluss erster Instanz **insgesamt** nach Maßgabe von §§ 88, 65 **verfahrensfehlerhaft** ergangen – etwa, weil auf Grund gerichtsinterner Fehler nicht durch die gesetzl. Richter verhandelt und entschieden wurde (§ 88 Rz. 4) oder die Entscheidung als Entscheidung ohne Gründe anzusehen ist[5] –, muss das Beschwerdegericht das Verfahren wie ein erstinstanzliches Gericht durchführen. Bezieht sich der Verfahrensfehler nur auf einzelne Verfahrenshandlungen erster Instanz, besteht diese Pflicht hierauf bezogen. Die sonst eröffneten erleichterten Verfahrensmöglichkeiten eines zweitinstanzlichen Gerichts, etwa durch Inbezugnahmen nach § 69 und die grds. gebotene Verwertung der erstinstanzlichen Beweisaufnahme oder die Einschränkungen des Prüfungsumfangs nach § 529 I ZPO, § 64 VI[6] bestehen hier grds. nicht. 3

Der Beschluss in der Beschwerdeinstanz ist **schriftl.** abzufassen. Er ist auch dann zu **verkünden**, wenn er im schriftl. Verfahren ergangen ist. Die Mitteilung des der Entscheidung zugrunde liegenden Sachverhaltes und die eigentlichen materiellen Entscheidungsgründe werden üblicherweise unter der Überschrift „Gründe" zusammengefasst. Der vollständige Beschluss ist vom Vorsitzenden und den ehrenamtlichen Richtern zu unterschreiben; er ist vollständig schriftl. niedergelegt und unterschrieben vor Ablauf von **vier Wochen**, vom Tage der Verkündung an gerechnet, der **Geschäftsstelle** zu übergeben (Abs. 2 S. 2, §§ 69 I 2, 60 IV 3). Eine **Überschreitung** dieser Frist bleibt allerdings – solange die Fünf-Monats-Frist der §§ 72b, 92b nicht verletzt wird – ohne Rechtsfolge. Ein **Verzicht auf** die aus Tatbestand und Entscheidungsgründen bestehenden „Gründe" entsprechend § 313a I ZPO scheidet nach allg. Meinung[7] aus. 4

Das Beschwerdegericht muss über die **Zulassung** oder Nichtzulassung der **Rechtsbeschwerde** entscheiden und seine **Entscheidung** in den Beschlusstenor aufnehmen[8]. Wird diese Entscheidung **übergangen**, kann binnen einer Frist von **zwei Wochen** ab Verkündung des Beschlusses dessen **Ergänzung** beantragt werden. Über diesen Ergänzungsantrag entscheidet die Kammer in der Besetzung des Beschlusses in der Hauptsache[9]. Darüber hinaus sollte eine Entscheidung über die **vorläufige Vollstreckbarkeit** in den Beschlusstenor aufgenommen werden. Beschlüsse im Beschwerdeverfahren werden nicht mit Verkündung rechtskräftig. Eine vorläufige Vollstreckbarkeit von Beschlüssen nach §§ 80 ff. ist nur bei vermögensrechtl. Streitigkeiten (§ 85 Rz. 2) möglich (§ 85 I). Zur **Klarstellung** und Abgrenzung ist dies bereits im Beschlusstenor mitzuteilen[10]. 5

Lässt das Beschwerdegericht die Rechtsbeschwerde gegen seine Entscheidung zu, muss der Beschluss eine **Rechtsmittelbelehrung** (§ 9 V) enthalten. Anderenfalls bedarf es nur eines **Hinweises** auf die Möglichkeit der **Nichtzulassungsbeschwerde** nach § 92a, weil es sich hier nicht um ein Rechtsmittel handelt (vgl. auch § 72a Rz. 9)[11]. Der Streitwert des Beschlussverfahrens ist im Beschluss ebenso wenig festzusetzen, wie es einer Kostenentscheidung bedarf. Nach Beendigung der Instanz ist der Streitwert 6

---

1 § 87 II 3 iVm. § 81 II 2; § 89 IV 2; § 90 II iVm. § 83a II. ‖ 2 GMP/*Matthes/Schlewing*, § 91 Rz. 3. ‖ 3 GK-ArbGG/*Dörner*, § 91 Rz. 5; ErfK/*Koch*, § 91 ArbGG Rz. 1. ‖ 4 BAG 10.12.2002 – 1 ABR 7/02, NZA 2004, 223. ‖ 5 Vgl. GmSOGB v. 27.4.1993 – GmS-OGB 1/92, NJW 1993, 2603; BVerfG 26.3.2001 – 1 BvR 383/00, NZA 2001, 982. ‖ 6 *Koch/Holthaus*, RdA 2002, 140 (154). ‖ 7 GK-ArbGG/*Dörner*, § 91 Rz. 3; im Erg. auch Hauck/Helml/Biebl/*Hauck*, § 91 Rz. 4; GMP/*Matthes/Schlewing*, § 91 Rz. 5. ‖ 8 §§ 92 I 2, 72 I 2, 64 IIIa. ‖ 9 GMP/*Matthes/Schlewing*, § 91 Rz. 10. ‖ 10 GMP/*Matthes/Schlewing*, § 91 Rz. 7. ‖ 11 GK-ArbGG/*Dörner*, § 91 Rz. 10.

durch gesonderten Beschluss nach § 32 II RVG auf Antrag festzusetzen. Die Festsetzung ist mit der Beschwerde nach § 33 III RVG anfechtbar.

7 Die **formelle Rechtskraft** des Beschlusses des LAG im Beschwerdeverfahren tritt erst mit Ablauf der **Frist** für die Einlegung der **Nichtzulassungsbeschwerde** ein; diese hat nach §§ 72a IV 1, 92a S. 3 aufschiebende Wirkung bis zu ihrer Erledigung[1]. Nur wenn hiernach formelle Rechtskraft eingetreten ist, treten auch materiell-rechtl. Wirkungen ein, die von der Rechtskraft der Entscheidung des LAG abhängen, wie etwa die **Ersetzung der Zustimmung** des BR zu einer personellen Einzelmaßnahme. Eine Wirkung bereits mit Verkündung der Beschwerdeentscheidung scheidet auch dann aus, wenn eine Nichtzulassungsbeschwerde offensichtlich nicht in Betracht kommt[2]. Deshalb ist eine Kündigung, die vor formeller Rechtskraft eines Beschlusses nach § 103 II BetrVG über die Ersetzung der BR-Zustimmung zum Ausspruch einer außerordentl. Kündigung ausgesprochen wurde, unheilbar nichtig[3].

Dritter Unterabschnitt. Dritter Rechtszug

92 *Rechtsbeschwerdeverfahren, Grundsatz*

(1) Gegen den das Verfahren beendenden Beschluss eines Landesarbeitsgerichts findet die Rechtsbeschwerde an das Bundesarbeitsgericht statt, wenn sie in dem Beschluss des Landesarbeitsgerichts oder in dem Beschluss des Bundesarbeitsgerichts nach § 92a Satz 2 zugelassen wird. § 72 Abs. 1 Satz 2, Abs. 2 und 3 ist entsprechend anzuwenden. In den Fällen des § 85 Abs. 2 findet die Rechtsbeschwerde nicht statt.

(2) Für das Rechtsbeschwerdeverfahren gelten die für das Revisionsverfahren maßgebenden Vorschriften über Einlegung der Revision und ihre Begründung, Prozessfähigkeit, Ladung, Termine und Fristen, Ablehnung und Ausschließung von Gerichtspersonen, Zustellungen, persönliches Erscheinen der Parteien, Öffentlichkeit, Befugnisse des Vorsitzenden und die Beisitzer, gütliche Erledigung des Rechtsstreits, Wiedereinsetzung in den vorigen Stand und Wiederaufnahme des Verfahrens sowie die Vorschriften des § 85 über die Zwangsvollstreckung entsprechend, soweit sich aus den §§ 93 bis 96 nichts anderes ergibt. Für die Vertretung der Beteiligten gilt § 11 Abs. 1 bis 3 und 5 entsprechend. Der Antrag kann jederzeit mit Zustimmung der anderen Beteiligten zurückgenommen werden; § 81 Abs. 2 Satz 2 und 3 ist entsprechend anzuwenden.

(3) Die Einlegung der Rechtsbeschwerde hat aufschiebende Wirkung. § 85 Abs. 1 Satz 2 bleibt unberührt.

1 **I. Überblick.** §§ 92–96a regeln nur **lückenhaft** den dritten – bei §§ 122, 126 InsO, § 96a: zweiten – Rechtszug im Beschlussverfahren. Wesentliche Regelungsaufgaben werden durch Verweis insb. auf das Revisionsverfahren erfüllt. Auch im Rechtsbeschwerdeverfahren geht es nur um eine Überprüfung der angefochtenen Entscheidung auf **Rechtsfehler**; die tatsächlichen Feststellungen der Vorinstanz sind zugrunde zu legen. Abs. 1 bestimmt, wann die Rechtsbeschwerde statthaft ist. Abs. 2 verweist weitreichend auf die Bestimmungen über das Revisionsverfahren, enthält aber, was die **Verfahrensvertretung** angeht, eine Besonderheit und regelt außerdem die **Antrags-**(nicht: Rechtsbeschwerde-)**Rücknahme** in der Rechtsbeschwerdeinstanz. Abs. 3 beschreibt die Wirkung der Einlegung der Rechtsbeschwerde.

2 **II. Statthaftigkeit (Abs. 1). 1. Verfahrensbeendender Beschluss.** Die Rechtsbeschwerde findet gegen Beschlüsse des LAG nach § 91 statt, durch die das zweitinstanzliche Beschlussverfahren beendet wird, sowie gegen Beschlüsse des ArbG nach §§ 122 und 126 InsO. An sich sind auch Einstellungsbeschlüsse nach Antrags- oder Beschwerderücknahme, nach Vergleichsschluss oder Verfahrenserledigung[4] als verfahrensbeendende Beschlüsse rechtsbeschwerdefähig[5]; eine Rechtsbeschwerde scheitert hier aber regelmäßig an der fehlenden Zulassung (Rz. 6).

3 Verfahrensbeendende Beschlüsse der LAG sind ausnahmsweise **nicht rechtsbeschwerdefähig**, wenn das Gesetz dies bestimmt, also nach §§ 89 III 2, 92 I 3, 85 II, 98 II 4.

4 Demggü. sind **Teilbeschlüsse** (§ 301 ZPO) oder selbständig anfechtbare Zwischenbeschlüsse grds. auch rechtsbeschwerdefähig, weil sie für den behandelten Teilbereich instanzbeendend sind[6].

5 **2. Nicht verfahrensbeendende Beschlüsse.** Gegen **verfahrensbegleitende** Beschlüsse und Verfügungen **des LAG** oder seines Vorsitzenden findet kein Rechtsmittel statt (§ 90 III). Entscheidungen des LAG über nicht verfahrensbeendende, **prozessleitende** Beschlüsse und Verfügungen **erster Instanz** können mit einer **von § 92 zu unterscheidenden** Rechtsbeschwerde nach §§ 83 V, 78, 72 II ArbGG iVm. § 574 I Nr. 2 ZPO anfechtbar sein; das LAG kann auch im Beschlussverfahren die Rechtsbeschwerde ge-

---

1 BAG 25.1.1979 – 2 AZR 983/77, BAGE 31, 253. ‖ 2 BAG 9.6.1998 – 2 AZR 142/98, BAGE 89, 220. ‖ 3 BAG 9.7.1998 – 2 AZR 142/98, BAGE 89, 220. ‖ 4 §§ 87 II 3, 81 II 2; § 89 IV 2; §§ 90 II, 83a II 1. ‖ 5 GK-ArbGG/*Dörner*, § 92 Rz. 5 mwN. ‖ 6 GMP/*Matthes/Schlewing*, § 92 Rz. 4.

gen verfahrensbegleitende Beschlüsse **zulassen**, wenn es als Rechtsmittelgericht über eine sofortige Beschwerde nach § 78 iVm. § 83 V entscheidet[1].

3. Zulassung der Rechtbeschwerde. Gegen eine rechtsbeschwerdefähige Entscheidung ist die Rechtsbeschwerde nur statthaft, wenn sie zugelassen ist. Hierüber muss das LAG – in den Fällen der §§ 122, 126 InsO: das ArbG – von Amts wegen entscheiden und seine **bei Zulassung** für das Rechtsbeschwerdegericht stets **verbindliche** (Abs. 1 S. 2, § 72 III) **Entscheidung in jedem Falle** in den zu verkündenden **Entscheidungsausspruch** aufnehmen. Bei teilbaren Verfahrensgegenständen kann die Zulassung auch auf einen von mehreren Gegenständen beschränkt werden. Sind mehrere Beteiligte beschwert, kann die Rechtsbeschwerdezulassung nur dann auf einen Beteiligten beschränkt werden, wenn nur hinsichtlich dessen Beschwer die Voraussetzungen für eine Zulassung gegeben sind (vgl. § 72 Rz. 30 ff.). Eine unklare Zulassungsbeschränkung oder eine **Beschränkung** der Rechtsbeschwerdezulassung nur in den Gründen, nicht **im Entscheidungsausspruch**, ist wirkungslos, die Rechtsbeschwerde ist dann uneingeschränkt statthaft[2]. Hat die Vorinstanz die Rechtsbeschwerde gegen eine rechtsbeschwerdefähige Entscheidung **nicht zugelassen**, ist diese nur statthaft, wenn sie vom BAG auf **Nichtzulassungsbeschwerde** (§ 92a) zugelassen worden ist. Die Zulassung der Rechtsbeschwerde gegen eine von vornherein **nicht rechtsbeschwerdefähige** Entscheidung (Rz. 3) ist demggü. unwirksam und bindet das BAG nicht[3]. 6

Nach Abs. 1 S. 2, § 72 II ist die Rechtsbeschwerde – ohne Beurteilungsspielraum – zuzulassen, wenn eine entscheidungserhebliche Rechtsfrage **grundsätzliche Bedeutung** hat, die Entscheidung von einer nach § 72 II Nr. 2 divergenzfähigen Entscheidung, die nicht im Beschlussverfahren ergangen sein muss[4], **abweicht** und auf dieser Abweichung beruht oder wenn ein absoluter Revisionsgrund gem. § 547 Nr. 1–5 ZPO oder eine entscheidungserhebliche Verletzung des Anspruchs auf rechtl. Gehör geltend gemacht wird und vorliegt (§ 72 II Nr. 3). 7

Wegen der **Zulassungsgründe** wird auf die Komm. zu § 72 verwiesen. Besonderheiten können sich nur ergeben, was den Zulassungsgrund der Gehörsverletzung angeht. Hier ist, wenn es um eine Verletzung der gerichtl. Hinweis- und Aufklärungspflichten geht, die Herrschaft des Untersuchungsgrundsatzes im Beschlussverfahren zu beachten, der weiter gehende gerichtl. Pflichten als im Urteilsverfahren begründet (s. § 92a Rz. 5). 8

Mit der **Zulassungsentscheidung** wird die Rechtsbeschwerde **statthaft**. Gegen die Zulassung ist ein Rechtsmittel nicht gegeben. Die Nichtzulassung kann durch eine Nichtzulassungsbeschwerde nach § 92a angefochten werden, über die das BAG abschließend zu befinden hat. 9

III. Rechtsbeschwerdeverfahren (Abs. 2). Das Rechtsbeschwerdeverfahren ist in §§ 92 ff. nur in **wenigen Punkten** speziell **geregelt**: § 93 legt fest, dass auch das Rechtsbeschwerdeverfahren der Rechtskontrolle dient. § 94 bestimmt Form, Verfahren und notwendigen Inhalt von Rechtsbeschwerde und Rechtsbeschwerdebegründung. Wie die Anhörung der Beteiligten durchzuführen ist, bestimmt § 95, die Form der Entscheidung über die Rechtsbeschwerde § 96. 10

IÜ finden über die Verweisung in Abs. 2 die Regelungen des arbeitsgerichtl. Revisionsverfahren Anwendung, für das über § 72 V und VI auch das Revisionsrecht der ZPO maßgeblich ist. Es sind nur wenige **Besonderheiten** zu beachten: 11

– Für die **Befugnisse** des **Vorsitzenden** und der **ehrenamtlichen Richter** gilt § 53; anstelle des Vorsitzenden entscheiden in den Fällen dieser Vorschrift die Berufsrichter des Senats; die Bestimmung dient nur der Abgrenzung der Befugnisse von Berufsrichtern auf der einen und ehrenamtlichen Richtern auf der anderen Seite[5]. Dabei bedeutet die Möglichkeit, im Rechtsbeschwerdeverfahren alle Entscheidungen nach § 95 ohne mündliche Verhandlung zu treffen, nicht, dass deshalb die ehrenamtlichen Richter grds. aus dem Rechtsbeschwerdeverfahren ausgeschlossen wären. Richtigerweise ist § 53 über § 72 VI im Rechtsbeschwerdeverfahren so anzuwenden, dass nicht die berufsrichterlichen Mitglieder des Senats allein, sondern auch die ehrenamtlichen Richter mitzuwirken haben, wenn die Entscheidung, wäre sie nach mündlicher Verhandlung ergangen, nur unter ihrer Mitwirkung statthaft gewesen wäre[6]. Entscheidungen über die Rechtsbeschwerde sind damit vom **Senat in voller Besetzung** zu treffen. Nur wenn die Rechtsbeschwerde nach §§ 94 II 3, 74 II ohne mündliche Verhandlung vorab als **unzulässig verworfen** wird, ist der Senat **ohne die ehrenamtlichen Richter** zuständig (§ 94 Rz. 13).

– Hinsichtlich der **Vertretung der Beteiligten** verweist Abs. 2 auf § 94 II I–III, V, so dass zwar auf Grund von § 94 die Einlegung und Begründung der Rechtsbeschwerde sowie deren Rücknahme **durch** einen **Rechtsanwalt**[7] oder **Verbandsvertreter** mit Befähigung zum Richteramt **unterzeichnet** sein müssen (§ 94 I iVm. § 11 IV u. V). Im Verfahren iÜ müssen sich die Beteiligten aber **nicht** vertreten lassen

---

[1] BAG 28.2.2003 – 1 AZB 53/02, NZA 2003, 516. ||[2] BAG 19.3.2003 – 5 AZN 751/02, NZA 2003, 575. ||[3] BAG 25.7.1989 – 1 ABR 48/88, AP Nr. 6 zu § 92 ArbGG 1979. ||[4] ErfK/*Koch*, § 92 ArbGG Rz. 1; GMP/*Matthes*/*Schlewing*, § 92 Rz. 12. ||[5] BAG 10.12.1992 – 8 AZB 6/92, BAGE 72, 84. ||[6] GK-ArbGG/*Dörner*, § 92 Rz. 20; ErfK/*Koch*, § 92 ArbGG Rz. 3. ||[7] Dessen ordnungsgemäß durch BR-Beschluss erteilte Verfahrensvollmacht auch für die Rechtsmitteleinlegung gilt: BAG 26.5.2009 – 1 ABR 12/08, NZA-RR 2009, 588.

oder können die Vertretung durch eine der in § 11 II Nr. 1–3 genannten Personen oder Organisationen wählen[1].

12   **IV. Antragsrücknahme (Abs. 2 S. 3).** Auch im Rechtsbeschwerdeverfahren ist die **Rücknahme des Sachantrages** möglich; sie bedarf aber der **Zustimmung aller** am Verfahren materiell Beteiligter[2]. Nach wirksamer Antragsrücknahme ist ebenso wie nach einer Rechtsmittelrücknahme die **Einstellung** des Verfahrens **durch den Vorsitzenden** erforderlich (Abs. 2 S. 3 Hs. 2, § 81 II 2 und 3). Da Abs. 2 S. 3 nicht auf § 81 III verweist, ist eine **Antragsänderung**, die auch in der Heranziehung eines **neuen Lebenssachverhaltes** für den nach seinem Wortlaut unverändertem Sachantrag liegen kann[3], in der **Rechtsbeschwerdeinstanz** grds. **nicht mehr möglich** (zu Besonderheiten § 94 Rz. 8 mwN)[4].

13   **V. Wirkung der Rechtsbeschwerde (Abs. 3).** Mit Einlegung der Rechtsbeschwerde wird der Eintritt der **Rechtskraft** des zweitinstanzlichen Beschlusses **gehindert**. Durch sie wird der Verfahrensgegenstand in die nächsthöhere Instanz gebracht. Die Einlegung der Rechtsbeschwerde ändert nichts daran, dass die Beschlüsse des LAG zu **vermögensrechtl. Streitigkeiten** nach § 85 I 2 **vorläufig vollstreckbar** bleiben.

92a *Nichtzulassungsbeschwerde*

Die Nichtzulassung der Rechtsbeschwerde durch das Landesarbeitsgericht kann selbständig durch Beschwerde angefochten werden. § 72a Abs. 2 bis 7 ist entsprechend anzuwenden.

1   Die **Möglichkeit, nachträglich auf Beschwerde hin eine Zulassung der Rechtsbeschwerde zu erreichen**, besteht grds. **für alle Beschlussverfahren, nicht indes** in den besonders beschleunigten Verfahren nach §§ 122 III und 126 II InsO; diese Bestimmungen verweisen nur auf § 72, nicht auch auf §§ 72a oder 92a; deshalb ist dort die Rechtsbeschwerde nur eröffnet, wenn sie vom ArbG zugelassen worden ist[5].

2   Für das Beschlussverfahren gelten, was die **Einlegung und** die **Begründung** der Nichtzulassungsbeschwerde, deren **Wirkungen** sowie das bei der Behandlung und Entscheidung der Beschwerde einzuhaltende **Verfahren** angeht[6], die Regeln über die nachträgliche Zulassung der Revision (§§ 72, 72a) **entsprechend**; s. die Komm. dort. Da die Nichtzulassungsbeschwerde den Eintritt der **formellen Rechtskraft** im Beschlussverfahren aufschiebt (§§ 72a IV 1, 92a II), kann zB das ArbVerh eines BR-Mitgliedes erst dann außerordentl. gekündigt werden, wenn ein LAG die Zustimmung des BR hierzu nach § 103 II BetrVG ersetzt hat, ohne die Rechtsbeschwerde gegen seinen Beschluss zuzulassen, und die hiergegen gerichtete Nichtzulassungsbeschwerde zurückgewiesen oder verworfen worden ist[7].

3   Es gibt auch im Beschlussverfahren drei Möglichkeiten, die Beschwerde gegen die Nichtzulassung der Rechtsbeschwerde zu begründen:

– die **Grundsatzbeschwerde** – eine entscheidungserhebliche Rechtsfrage habe grundsätzliche Bedeutung –,

– die **Divergenzbeschwerde** – die anzufechtende Entscheidung weiche in einem tragenden Rechtssatz von einem Rechtssatz eines der in § 72 II Nr. 2 abschließend aufgezählten Spruchkörper ab –, wobei es nicht darauf ankommt, in welcher Verfahrensart deren Entscheidungen getroffen worden sind[8] –, und

– die **Verfahrensbeschwerde** wegen eines Verstoßes gegen das Gebot rechtl. Gehörs oder wegen Vorliegens eines der in § 72 II 3 aufgeführten absoluten Revisionsgründe.

4   Die Anforderungen an diese möglichen Begründungen für eine nachträgliche Zulassung der Rechtsbeschwerde entsprechen denen einer Nichtzulassungsbeschwerde nach § 72a iVm. § 72. Hinsichtlich der seit dem 1.1.2005[9] erweitert geregelten Grundsatzbeschwerde kommt es nunmehr ebenso wie im Urteilsverfahren nur noch darauf an, ob die Entscheidung im Beschlussverfahren von (irgend-)einer Rechtsfrage abhängt, die klärungsfähig und klärungsbedürftig ist, und deren Klärung von grundlegender Bedeutung für die Rechtsordnung ist oder wegen ihrer tatsächlichen Auswirkungen die Interessen der Allgemeinheit oder eines größeren Teils von ihr berührt (näher bei § 72 Rz. 9ff.)[10].

5   Soll die Nichtzulassungsbeschwerde auf eine entscheidungserhebliche Verletzung des Anspruchs auf rechtl. Gehör gestützt werden, reicht es auch im Beschlussverfahren nicht aus, sich auf einen Verstoß des Gerichts gegen den einfachgesetzl. Untersuchungsgrundsatz zu berufen (hierzu § 94 Rz. 11). Es muss zugleich in entscheidungserheblicher Weise gegen das verfassungsrechtl. Gebot rechtl. Gehörs verstoßen worden sein. Dies ist etwa der Fall, wenn die prozessrechtl. Möglichkeit gerichtl. Sachver-

---

1 BAG 20.3.1990 – 1 ABR 20/89, BAGE 64, 254. ||2 GMP/*Matthes/Schlewing*, § 92 Rz. 23; GK-ArbGG/*Dörner*, § 92 Rz. 24. ||3 BAG 2.10.2007 – 1 ABR 79/06, NZA 2008, 429. ||4 GK-ArbGG/*Dörner*, § 92 Rz. 25; BCF/*Friedrich*, § 92 Rz. 4b. ||5 BAG 14.8.2001 – 2 ABN 20/01, BB 2001, 2535. ||6 Wegen des gerade im Beschlussverfahren möglichen Wegfalls des Rechtsschutzinteresses nach Einlegung der Nichtzulassungsbeschwerde BAG 15.2.2012 – 7 ABN 59/11, NZA-RR 2012, 602. ||7 BAG 9.7.1998 – 2 AZR 142/98, BAGE 89, 220. ||8 ErfK/*Koch*, § 92 ArbGG Rz. 1; GMP/*Matthes/Schlewing*, § 92 Rz. 12. ||9 AnhörungsrügenG v. 9.12.2004 (BGBl. I, S. 3220); hierzu *Bepler*, RdA 2005, 65. ||10 BAG 28.6.2011 – 3 AZN 146/11, NZA 2011, 939 mwN.

haltsermittlung so eng ausgelegt worden und entsprechend verfahren worden ist, dass eine sachliche Prüfung der Fragen, die dem Gericht vorgelegt wurden, nicht möglich war[1].

Die Nichtzulassungsbeschwerde kann **von jedem Beteiligten eingelegt** werden, der im Falle der Zulassung der **Rechtsbeschwerde** zu deren Einlegung **befugt** ist (s.a. § 94 Rz. 1)[2]. Für die **Einlegung und Begründung** der Nichtzulassungsbeschwerde besteht entsprechend § 94 I **Vertretungszwang** (§ 94 Rz. 3); Stellungnahmen zur Nichtzulassungsbeschwerde durch die übrigen Beteiligten sind auch ohne Einschaltung eines Verfahrensbevollmächtigten möglich[3]. Hat das BAG die Rechtsbeschwerde nachträglich zugelassen, wird das Nichtzulassungsbeschwerdeverfahren ohne Weiteres als Rechtsbeschwerdeverfahren fortgesetzt (§ 72a VI). Das BAG kann bei einem Gehörsverstoß aber auch den Beschluss zweiter Instanz ohne Weiteres aufheben das Verfahren zur neuen Verhandlung und Entscheidung an das LAG zurückverweisen (§ 72a VII). Bei **Fortsetzung des Verfahrens** als Rechtsbeschwerde bedarf es in jedem Falle einer rechtzeitigen **Rechtsbeschwerdebegründung** (§ 94 II), auch wenn diese sich in einer **ausdrücklichen** Inbezugnahme der Begründung der Nichtzulassungsbeschwerde erschöpfen kann (§ 551 III 2 ZPO)[4]. Andererseits **bedarf** es auch einer **Inbezugnahme** der Begründung der Nichtzulassungsbeschwerde in der Begründung der Rechtsbeschwerde, damit überhaupt in der Rechtsbeschwerde auf die dortigen Ausführungen, zB hinsichtlich einer dort näher dargelegten Verfahrensrüge, **zurückgegriffen** werden kann[5]. 6

92b *Sofortige Beschwerde wegen verspäteter Absetzung der Beschwerdeentscheidung*

Der Beschluss eines Landesarbeitsgerichts nach § 91 kann durch sofortige Beschwerde angefochten werden, wenn er nicht binnen fünf Monaten nach der Verkündung vollständig abgefasst und mit den Unterschriften sämtlicher Mitglieder der Kammer versehen der Geschäftsstelle übergeben worden ist. § 72b Abs. 2 bis 5 gilt entsprechend. § 92a findet keine Anwendung.

Mit § 92b steht ebenso wie im Urteilsverfahren (§ 72b) auch für das Beschlussverfahren ein besonderer Rechtsbehelf zur Verfügung, mit dem eine verspätete, rechtsstaatlichen Anforderungen nicht mehr genügende Entscheidung zweiter Instanz ohne Weiteres kassiert und an die Vorinstanz zurückverwiesen werden kann. Ist in einer **verspäteten** Beschwerdeentscheidung die **Rechtsbeschwerde nicht zugelassen** worden, ist hiergegen **keine Nichtzulassungsbeschwerde** (§ 92a), sondern immer **nur die sofortige Beschwerde** nach § 92b statthaft, die sich gegen den Beschluss selbst richtet. Aber auch dann, wenn die Rechtsbeschwerde im verkündeten, aber nicht rechtzeitig abgesetzten Beschluss zugelassen worden ist, sollte nicht der Versuch einer neuen Rechtsbeschwerde unternommen werden, in der man sich mit mündlich mitgeteilten oder vermutlichen Entscheidungsgründen auseinander setzt und die Verspätungsrüge verliert (§ 93 I 2). Auch hier ist regelmäßig der Weg über § 92b vorzugswürdig. Wegen der Einzelheiten des Rechtsbehelfs wird auf die Komm. zu § 72b verwiesen. Eine Besonderheit gilt nur für die **Berechtigung**, das Rechtsmittel des § 92b einzulegen: Hier ist jeder **materiell Beteiligte** einlegungsbefugt, dessen Rechtsposition durch den Tenor des anzufechtenden Beschlusses **nachteilig betroffen** sein kann[6]. 1

93 *Rechtsbeschwerdegründe*

(1) Die Rechtsbeschwerde kann nur darauf gestützt werden, dass der Beschluss des Landesarbeitsgerichts auf der Nichtanwendung oder der unrichtigen Anwendung einer Rechtsnorm beruht. Sie kann nicht auf die Gründe des § 92b gestützt werden.

(2) § 65 findet entsprechende Anwendung.

Die Bestimmung, die inhaltlich mit **§ 73** übereinstimmt, schränkt die Rügemöglichkeiten des Rechtsbeschwerdeführers und die Prüfungskompetenz des BAG ein. Abs. 1 legt fest, dass nur eine **Rechtskontrolle** stattfindet. Abs. 2 iVm. § 65 **schließt** es **aus**, sich in der Rechtsbeschwerdeinstanz auf bestimmte **Verfahrensmängel** zu berufen (vgl. hierzu die Komm. zu § 88). 1

Die Beschränkung des Prüfungsmaßstabs auf **Rechtsfehler**, die darin liegen können, dass eine Rechtsnorm (zum Begriff der Rechtsnorm iSd. §§ 73, 93: § 73 Rz. 4ff.) nicht oder fehlerhaft angewendet worden ist, ist auch unter der Geltung des Untersuchungsgrundsatzes verbindlich. Auch in der Rechtsbeschwerde kann die Anwendung eines **unbestimmten Rechtsbegriffs** durch das LAG nur eingeschränkt überprüft werden (zum Prüfungsmaßstab § 73 Rz. 8)[7]. Der **Untersuchungsgrundsatz** steht der Beschränkung auf eine Rechtskontrolle in der Rechtsbeschwerdeinstanz und deren Bindung an die tatsächlichen Feststellungen des Beschwerdegerichts nicht entgegen[8]. Wie im Revisionsverfahren entfällt die **Bindung an Tatsachenfeststellungen** der Vorinstanz nur dann, wenn hierbei **Fehler in der Anwen-** 2

---

1 Vgl. BVerfG 19.10.2004 – 1 BvR 779/04, EuGRZ 2004, 656; BAG 18.1.2006 – 7 ABN 30/05, nv. ‖2 GMP/*Matthes*/*Schlewing*, § 92a Rz. 9. ‖3 GMP/*Matthes*/*Schlewing*, § 92a Rz. 10; GK-ArbGG/*Mikosch*, § 92a Rz. 13. ‖4 BAG 8.5.2008 – 1 ABR 56/06, NZA 2008, 726. ‖5 BAG 13.10.2009 – 9 AZR 875/08, NZA 2010, 245. ‖6 GK-ArbGG/*Mikosch*, § 92b Rz. 6. ‖7 BAG 11.11.1998 – 7 ABR 57/97, NZA 1999, 954; 12.5.1999 – 7 ABR 36/97, NZA 1999, 1290. ‖8 BAG 27.1.1977 – 2 ABR 77/76, DB 1977, 869; ErfK/*Koch*, § 93 ArbGG Rz. 1.

dung des Verfahrensrechts unterlaufen sind und dies ordnungsgemäß gerügt wird[1]. Hier können sich dann aber Besonderheiten aus dem Untersuchungsgrundsatz ergeben, insb. dadurch, dass zusätzlich ein Verstoß gegen das **Amtsermittlungsgebot** des § 83 I in Betracht kommt[2]. Zu den vom Rechtsbeschwerdegericht – je nach Rechtsfehler von Amts wegen oder auf Rüge (§ 94 Rz. 10 f.) – zu überprüfenden Verfahrensbestimmungen gehört im Beschlussverfahren auch die Frage, ob ein materiell zu Beteiligender vom Beschwerdegericht zu Unrecht nicht beteiligt worden ist oder eine Beteiligung ohne materiell-rechtl. Grund erfolgt ist (wegen der – begrenzten – Entscheidungserheblichkeit eines solchen Rechtsmangels § 96 Rz. 5). Soll die Rechtsbeschwerde hierauf gestützt werden, muss dies gerügt werden. Davon unabhängig besteht die Pflicht des Rechtsbeschwerdegerichts, von Amts wegen durch tatsächliche Beteiligung aller materiell am Streitgegenstand Beteiligten für deren rechtl. Gehör zu sorgen[3]. Die Rüge, die angefochtene Beschwerdeentscheidung sei verspätet iSd. § 92b abgesetzt worden, ist im Rahmen der Rechtsbeschwerde ausgeschlossen. Dem kann nur mit dem besonderen Rechtsbehelf des § 92b nachgegangen werden.

3 Die **Verletzung** einer Rechtsnorm ist für die Entscheidung in dritter Instanz **nur** dann **beachtlich**, wenn die angefochtene Entscheidung auf dieser Rechtsverletzung **beruht**, es sei denn, es liegt ein auch im Beschlussverfahren in Betracht kommender absoluter (Revisions- =) Rechtsbeschwerdegrund – § 547 ZPO gilt auch im Beschlussverfahren[4] – vor, bei dem die Ursächlichkeit des Rechtsverstoßes für die angefochtene Entscheidung unwiderleglich vermutet wird.

94 *Einlegung*

(1) Für die Einlegung und Begründung der Rechtsbeschwerde gilt § 11 Abs. 4 und 5 entsprechend.

(2) Die Rechtsbeschwerdeschrift muss den Beschluss bezeichnen, gegen den die Rechtsbeschwerde gerichtet ist, und die Erklärung enthalten, dass gegen diesen Beschluss die Rechtsbeschwerde eingelegt werde. Die Rechtsbeschwerdebegründung muss angeben, inwieweit die Abänderung des angefochtenen Beschlusses beantragt wird, welche Bestimmungen verletzt sein sollen und worin die Verletzung bestehen soll. § 74 Abs. 2 ist entsprechend anzuwenden.

(3) Die Rechtsbeschwerde kann jederzeit in der für ihre Einlegung vorgeschriebenen Form zurückgenommen werden. Im Falle der Zurücknahme stellt der Vorsitzende das Verfahren ein. Er gibt hiervon den Beteiligten Kenntnis, soweit ihnen die Rechtsbeschwerde zugestellt worden ist.

1 Die Befugnis, Rechtsbeschwerde einzulegen, folgt der Beteiligtenbefugnis unabhängig davon, ob der Beteiligte in der Vorinstanz einen Antrag gestellt hat oder nicht[5]. **Rechtsbeschwerdebefugt** ist deshalb jeder zu Recht Beteiligte und ein etwa zu Unrecht nicht Beteiligter (vgl. § 87 Rz. 5). Eine fehlerhafte Beteiligung begründet ebenso wenig eine Rechtsbeschwerdebefugnis wie eine fehlerhafte Rechtsmittelbelehrung[6]. Darüber hinaus muss der Rechtsbeschwerdeführer durch die angefochtene Entscheidung **beschwert**, also in einer materiellen Rechtsstellung nachteilig betroffen sein, und sich gegen diese Beschwer wenden (zur Beschwer sonstiger Beteiligter, die keinen Antrag gestellt haben müssen, vgl. § 87 Rz. 6)[7].

2 § 94 legt in Abs. 1 und Abs. 2 Form und Inhalt von Rechtsbeschwerde und Rechtsbeschwerdebegründung fest. Ergänzend gelten über § 92 II die § 74 I und §§ 549–553 ZPO. In Abs. 2 S. 3 wird dieselbe **Vorabverwerfungsmöglichkeit** durch die berufsrichterlichen Mitglieder des Senats eröffnet, wie sie auch im sonstigen Rechtsmittelrecht besteht. Abs. 3 regelt die Rücknahme einer Rechtsbeschwerde und deren Behandlung durch das Rechtsbeschwerdegericht.

3 Für die schriftl. **Einlegung, Begründung** und **Rücknahme** der beim BAG einzulegenden Rechtsbeschwerde gilt einheitlich **Vertretungszwang** (Abs. 1). Es genügt auch eine **Vertretung durch Verbandsvertreter** oder Vertreter verbandsabhängiger Vertretungsorganisationen (§ 11 IV iVm. II Nrn. 4 und 5), welche die **Befähigung zum Richteramt** haben. Bestimmende Schriftsätze müssen von einer der eben genannten Personen unterzeichnet sein. Der Rechtsbeschwerdeführer muss nicht im gesamten Rechtsbeschwerdeverfahren nach Maßgabe des § 11 IV vertreten sein. § 92 II 2 verweist auf § 11 I–III, V, so dass sich der Rechtsbeschwerdeführer iÜ grds. **selbst vertreten** oder durch einen der besonderen Vertreter nach § 11 II Nr. 1–3 vertreten lassen kann[8]. **Dasselbe gilt hinsichtlich jeder Prozesshandlung** für die **übrigen** am Rechtsbeschwerdeverfahren **Beteiligten.**

4 Die **Rechtsbeschwerdeschrift** muss entsprechend §§ 89 II 1 und 72 V ArbGG, 553 I ZPO den angefochtenen **Beschluss** eindeutig **bezeichnen** und die **unbedingte**[9] **Erklärung** enthalten, dass gegen diesen Beschluss **Rechtsbeschwerde** eingelegt wird. Eines förmlichen Antrags bedarf es nicht; es genügt, wenn

---

1 BAG 28.10.1986 – 1 ABR 16/85, BAGE 53, 237. ||2 GMP/*Matthes/Schlewing*, § 93 Rz. 5. ||3 GK-ArbGG/*Dörner*, § 93 Rz. 5 mwN. ||4 BAG 25.8.1983 – 6 ABR 31/82, BAGE 43, 258; ErfK/*Koch*, § 93 ArbGG Rz. 1. ||5 BAG 4.12.1986 – 6 ABR 48/85, BAGE 53, 385. ||6 BAG 13.3.1984 – 1 ABR 49/82, NZA 1984, 172. ||7 BAG 29.1.1992 – 7 ABR 29/91, NZA 1993, 379. ||8 BAG 20.3.1990 – 1 ABR 20/89, BAGE 64, 254 (256). ||9 BAG 8.12.1970 – 1 ABR 23/70, BAGE 23, 130.

aus der Rechtsbeschwerdebegründung das Rechtsmittelziel mit der gebotenen Deutlichkeit hervorgeht[1]. Die Rechtsbeschwerdeschrift muss weiter den oder die **Beschwerdeführer** eindeutig **benennen**. Die erforderlichen Angaben müssen sich zumindest aus innerhalb der Rechtsbeschwerdefrist vorliegenden Unterlagen zweifelsfrei entnehmen lassen[2].

Die (Not-)**Frist für die Einlegung** der Rechtsbeschwerde beim **BAG** beträgt nach §§ 92 II 1, 74 I 1 **einen Monat**. Sie beginnt mit der **Zustellung** des in **vollständiger** Form abgefassten anzufechtenden Beschlusses zu laufen. Eine Zustellung ist noch nicht erfolgt, wenn einzelne Seiten in der zugestellten Beschlussausfertigung fehlen **und deshalb** der Umfang der Beschwer nicht erkennbar wird[3]. Auch wenn eine vollständige Beschwerdeentscheidung noch nicht zugestellt worden ist, beginnt die Rechtsbeschwerdefrist in jedem Falle **fünf Monate nach Verkündung** des anzufechtenden Beschlusses (§§ 92 II 1, 74 I 2)[4]. Die aus § 9 V hergeleitete **Jahresfrist** ist nach der Änderung des Rechtsmittelrechts durch die ZPO-Reform **nicht mehr einschlägig**. Es ist an sich möglich, auch gegen verkündete, aber noch nicht abgesetzte Beschlüsse bis zum Ablauf des sechsten Monats nach ihrer Verkündung Rechtsbeschwerde einzulegen[5]. Davon ist indes abzuraten. Der Rechtsbehelf des § 92b ist vorzugswürdig, es sei denn, der Rechtsbeschwerdeführer ist **nicht sicher**, dass die **Fünf-Monats-Frist**, die vom Eingang des Beschlusses bei der Geschäftsstelle des LAG abhängig ist, tatsächlich **überschritten** wurde. In diesem Fall muss er nebeneinander nach §§ 92b und 94 bzw. 92a vorgehen[6].

Die **Rechtsbeschwerde** kann andererseits auch schon **vor Zustellung** eines verkündeten Beschlusses wirksam eingelegt werden[7]. Die vorzeitige Einlegung bleibt unabhängig davon wirksam, wann die Rechtsbeschwerdebegründung beim BAG eingeht, wenn dies nur rechtzeitig geschieht. Die **Frist für** die **Begründung** der Rechtsbeschwerde beginnt mit der Rechtsbeschwerdefrist zu laufen (Rz. 5). Sie beträgt zwei Monate (§§ 92 II 1, 74 I 1). Sie kann vom Vorsitzenden auf Antrag einmal um bis zu einem Monat verlängert werden (§§ 92 II, 74 I 2)[8]. Wegen der Versäumung der Frist für die Begründung der Rechtsbeschwerde ist die **Wiedereinsetzung** in den vorigen Stand **möglich** (§ 233 ZPO)[9].

Die inhaltlichen Anforderungen an die Rechtsbeschwerdebegründung ergeben sich aus Abs. 2 S. 2 und §§ 92 II 1, 74 I sowie §§ 72 V ArbGG, 551 ZPO. Die Beschwerdebegründung muss deutlich machen, **inwieweit** eine **Abänderung** des angefochtenen Beschlusses angestrebt wird. Der **Antrag** sollte in der Rechtsbeschwerdebegründung aufgenommen werden. Sein Fehlen ist unschädlich, wenn mit der gebotenen Deutlichkeit ersichtlich wird, welches Ziel mit der Rechtsbeschwerde verfolgt wird[10]. **Verfahrensanträge** haben zu lauten auf (1) – gänzliche oder teilweise – Aufhebung der im Einzelnen bezeichneten Beschwerdeentscheidung und – deren Ersetzung durch – (2a) Zurückweisung der Beschwerde gegen den genau gekennzeichneten Beschluss erster Instanz oder (2b) Abänderung dieses Beschlusses auf Beschwerde hin entsprechend dem dann folgenden Sachantrag.

Eine den Streitgegenstand **erweiternde** oder **verändernde Antragsänderung** über die Grenzen des § 264 ZPO hinaus, die auch in einer **Änderung des Lebenssachverhaltes** liegen kann, auf den der unveränderte Antrag gestützt wird[11], ist in der Rechtsbeschwerdeinstanz grds. **unzulässig**[12]. Unbedenklich ist es, auf der Grundlage des festgestellten Sachverhalts vom Leistungsantrag auf einen auf denselben Gegenstand bezogenen Feststellungsantrag überzugehen[13] oder in der Rechtsbeschwerdeinstanz den bisherigen **Hilfsantrag** als **Hauptantrag** weiterzuverfolgen[14]. Eine Antragsänderung oder -erweiterung ist in der Rechtsbeschwerde auch dann zulässig, wenn sich der geänderte Sachantrag auf einen in der Beschwerdeinstanz festgestellten Sachverhalt stützen kann, die anderen Verfahrensbeteiligten zustimmen, ihre Verfahrensrechte nicht verkürzt werden und die Antragsänderung oder -erweiterung darauf beruht, dass in den Vorinstanzen ein nach § 139 ZPO gebotener Hinweis unterblieben ist[15].

Über § 551 III ZPO hinausgehend ist es im Beschlussverfahren erforderlich, dass die Beschwerdebegründung angibt, welche – geschriebenen oder ungeschriebenen – **Rechtsnormen** verletzt sind und **worin** die **Verletzung** liegt. Weiter ist stets eine **Auseinandersetzung** mit allen tragenden Gründen der angefochtenen Entscheidung notwendig, damit Gegenstand und Richtung der Rechtsbeschwerde erkennbar werden[16]. Richtet sich die Rechtsbeschwerde gegen eine Entscheidung, die zu **mehreren Streitgegenständen** ergangen ist, und/oder die **auf mehrere selbständig tragende Erwägungen gestützt** ist, muss ihre Begründung sich auf jeden Streitgegenstand und/oder jede tragende Erwägung beziehen[17]. So-

---

1 BAG 16.8.2005 – 9 AZR 378/04, NZA-RR 2006, 253. ||2 BAG 23.8.2001 – 7 ABR 15/01, NZA 2001, 1214. ||3 BAG 22.4.1997 – 1 ABR 74/96, NZA 1997, 1297. ||4 Hauck/Helml/Biebl/*Hauck*, § 94 Rz. 6; ErfK/*Koch*, § 94 ArbGG Rz. 1. ||5 BAG 1.10.2003 – 1 ABN 62/01, NZA 2003, 1356; ebenso GMP/*Müller-Glöge*, § 74 Rz. 7, 9; Hauck/Helml/Biebl/*Hauck*, § 74 Rz. 6. ||6 Vgl. BAG 22.8.2007 – 4 AZN 1225/06, AP Nr. 2 zu § 315 ZPO. ||7 BAG 28.2.2008 – 3 AZB 56/07, NZA 2008, 660. ||8 Richtig GK-ArbGG/*Dörner*, § 94 Rz. 13; ErfK/*Koch*, § 94 ArbGG Rz. 2; aA Hauck/Helml/Biebl/*Hauck*, § 94 Rz. 4 (keine Verlängerungsmöglichkeit). ||9 ErfK/*Koch*, § 94 ArbGG Rz. 2. ||10 BAG 16.8.2005 – 9 AZR 378/04, DB 2006, 790. ||11 BAG 2.10.2007 – 1 ABR 79/06, NZA 2008, 429. ||12 BAG 25.8.1981 – 1 ABR 61/79, BAGE 37, 31; Hauck/Helml/Biebl/*Hauck*, § 94 Rz. 5. ||13 BAG 28.6.2005 – 1 ABR 25/04, NZA 2006, 48. ||14 BAG 19.9.2006 – 1 ABR 58/05, RdA 2007, 117 (*Richardi*). ||15 BAG 29.9.2004 – 1 ABR 29/03, NZA 2005, 313. ||16 BAG 14.11.2006 – 1 ABR 4/06, NZA 2007, 399; 18.5.2011 – 10 AZR 346/10, NZA 2011, 878. ||17 BAG 19.3.2008 – 5 AZR 442/07, NZA 2008, 1031; 24.2.2011 – 4 AZR 657/09, ZTR 2010, 304; 24.3.2011 – 6 AZR 691/09, DB 2011, 1644.

weit dies nicht geschieht oder nur formelhaft eine Rechtsnorm bezeichnet und ausgeführt wird, das Beschwerdegericht habe den darin enthaltenen Rechtsbegriff verkannt, muss die Rechtsbeschwerde (teilweise, wenn nur einer von mehreren Streitgegenständen betroffen ist) als unzulässig verworfen werden[1]. Die Rechtsbeschwerde muss sich allerdings nicht mit jeder vom LAG behandelten **Anspruchsgrundlage für** den durch den Antrag bestimmten **Streitgegenstand** befassen[2].

10 **Verstöße** gegen **Verfahrensregeln** müssen ebenso wie im Urteilsverfahren[3] entsprechend § 551 III Nr. 2b ZPO vom Beschwerdeführer innerhalb der Beschwerdebegründungsfrist, iÜ innerhalb der Äußerungsfristen, spätestens bis zum Ende eines etwaigen Anhörungstermins **gerügt** werden, damit sich das Rechtsbeschwerdegericht mit ihnen auseinander setzen kann. Nur **ausnahmsw.** sind Verfahrensfehler **von Amts wegen** zu berücksichtigen (vgl. hierzu die Aufstellung in § 75 Rz. 4 bis 6 sowie § 73 Rz. 16 bis 23). Eine **Verfahrensrüge** hat nur dann Erfolg, wenn dargelegt wird, (1) welche Tatsachen die Verletzung (2) welcher Verfahrensvorschrift begründen und (3) inwiefern sich dies auf die Entscheidung ausgewirkt hat, warum es also (3a) bei fehlerfreiem Verhalten (3b) auf der Grundlage der Entscheidungsgründe des Landesarbeitsgerichts zu (3c) einer anderen Entscheidung gekommen wäre. Etwas anderes gilt nur, wenn ein **absoluter Rechtsbeschwerdegrund** (§ 547 ZPO) gerügt wird, bei dem diese Ursächlichkeit unwiderleglich vermutet wird.

11 Wird eine Verletzung der **Amtsermittlungspflicht gerügt**, muss jedenfalls dargelegt werden[4], (1) in welcher Richtung die Vorinstanz hätte weiter ermitteln müssen, (2) welche Beweismittel hierzu hätten herangezogen werden können, und (3) warum sich eine solche weitere Sachaufklärung hätte aufdrängen müssen. Problematisch, aber wohl zu bejahen, ist die Frage, ob im Beschlussverfahren für eine erfolgreiche Rüge (4) dargelegt werden muss, wie sich mögliche Ergebnisse auf die angefochtene Entscheidung ausgewirkt hätten. Angesichts des im Beschlussverfahren geltenden Amtsermittlungsgrundsatzes bedarf es allerdings wohl nicht der Darlegung, welches konkrete Ergebnis die weiteren Ermittlungen gehabt hätten (zur Behandlung von Fehlern bei der Bestimmung der zu Beteiligenden § 96 Rz. 4)[5]. Zur **Verwertung** der **Begründung** einer erfolgreichen **Nichtzulassungsbeschwerde** im Rahmen der Rechtsbeschwerde vgl. § 92a Rz. 6.

12 Im Beschlussverfahren ist auch die **Anschlussrechtsbeschwerde** zulässig[6]. Sie muss nach §§ 92 II, 72 V ArbGG iVm. § 554 II 2 ZPO **innerhalb eines Monats** nach Zustellung der Rechtsbeschwerdebegründung beim BAG eingelegt und innerhalb dieser Frist **auch begründet** werden[7]. Eine Fristverlängerung ist ausgeschlossen[8]. Die Anschlussrechtsbeschwerde ist auch statthaft, wenn sie nicht zugelassen worden ist (§ 554 II 1 ZPO)[9].

13 Ist die **Rechtsbeschwerde** von Amts wegen als nicht statthaft oder nicht form- und fristgerecht eingelegt und begründet festzustellen, kann sie ohne mündliche Anhörung und ohne Mitwirkung der ehrenamtlichen Richter von Amts wegen durch Beschluss **verworfen** werden (Abs. 2 S. 3 iVm. § 74 II 2 ArbGG und § 552 I ZPO)[10]. Eine schriftl. Anhörung der übrigen Beteiligten hat zu erfolgen, wenn eine Frist versäumt wurde und vom Rechtsbeschwerdeführer formell ordnungsgemäß Wiedereinsetzung in den vorigen Stand beantragt worden ist. Werden die betreffenden Mängel erst auf der Grundlage eines mündlichen Anhörungstermins festgestellt oder ist die Sache nach § 95 mit den **ehrenamtlichen Richtern** beraten worden, sind die ehrenamtlichen Richter auch an der Verwerfungsentscheidung zu beteiligen.

14 Die Rechtsbeschwerde kann wie die Beschwerde (§ 89 IV) jederzeit ohne Zustimmung der übrigen Beteiligten durch einen von einem Rechtsanwalt oder einer sonstigen vertretungsbefugten Person unterzeichneten Schriftsatz (Abs. 1) **zurückgenommen** werden. In diesem Falle wird das Verfahren durch den **Vorsitzenden** allein[11] durch **Beschluss eingestellt**. Der Beschluss ist den Beteiligten formlos mitzuteilen.

95 *Verfahren*

Die Rechtsbeschwerdeschrift und die Rechtsbeschwerdebegründung werden den **Beteiligten zur Äußerung zugestellt. Die Äußerung erfolgt durch Einreichung eines Schriftsatzes beim Bundesarbeitsgericht oder durch Erklärung zur Niederschrift der Geschäftsstelle des Landesarbeitsgerichts, das den angefochtenen Beschluss erlassen hat. Geht von einem Beteiligten die Äußerung nicht rechtzeitig ein, so steht dies dem Fortgang des Verfahrens nicht entgegen. § 83a ist entsprechend anzuwenden.**

1 § 95, der weitgehend § 90 I für die Behandlung der Beschwerde **entspricht**, legt Regeln fest, die durch mehrere in § 92 II in Bezug genommene Bestimmungen über das Revisionsverfahren **ergänzt** werden:

---

1 BAG 10.4.1984 – 1 ABR 62/82, NZA 1984, 268. ||2 BAG 21.10.2003 – 1 ABR 39/02, NZA 2004, 936. ||3 GMP/*Matthes*/Matthes, § 94 Rz. 21. ||4 Krit. zu diesen Anforderungen GMP/*Matthes*/Schlewing, § 94 Rz. 21. ||5 BAG 22.10.2003 – 7 ABR 18/03, AP Nr. 21 zu § 1 BetrVG 1972 Gemeinsamer Betrieb. ||6 BAG 11.7.1990 – 7 ABR 23/89, BAGE 65, 270. ||7 GMP/*Matthes*/Schlewing, § 94 Rz. 25. ||8 ErfK/*Koch*, § 94 ArbGG Rz. 4; GK-ArbGG/*Dörner*, § 94 Rz. 24. ||9 BAG 3.12.2003 – 10 AZR 124/03, ZTR 2004, 370. ||10 GK-ArbGG/*Dörner*, § 94 Rz. 25 ff. ||11 ErfK/*Koch*, § 94 ArbGG Rz. 3.

Rechtsbeschwerde und Rechtsbeschwerdebegründung sind **allen übrigen Beteiligten** (vgl. § 90 Rz. 1) **zuzustellen**. Von einer Zustellung kann abgesehen werden, wenn die Rechtsbeschwerde ohne Weiteres als unzulässig zu verwerfen ist. Dies ist dann nicht der Fall, wenn wegen der Versäumung der Rechtsbeschwerde- oder der Begründungsfrist eine **Wiedereinsetzung** in den vorigen Stand vom Rechtsbeschwerdeführer beantragt ist. In diesem Falle ist den übrigen Beteiligten im Hinblick auf den Wiedereinsetzungsantrag **rechtl. Gehör** zu gewähren. Da nur eine „rechtzeitige" Stellungnahme der Beteiligten berücksichtigt werden muss, ist den Beteiligten eine **Frist** zur Äußerung zu setzen, damit die **nicht rechtzeitige Äußerung** eines Beteiligten **festgestellt** und das Rechtsbeschwerdeverfahren fortgesetzt und **entschieden** werden kann¹. Auf diese Konsequenz muss, obwohl § 83 Ia von § 95 nicht in Bezug genommen ist, im Hinblick auf Art. 103 I GG mit der Aufforderung zur Äußerung unter Fristsetzung **hingewiesen** werden.

Die **Beteiligten** können zur Rechtsbeschwerde auch **ohne anwaltliche oder verbandliche Vertretung** 2
Stellung nehmen (§§ 92 II 2, 11 I–III, V); dies muss aber innerhalb einer vom BAG gesetzten Frist (S. 3) **schriftsätzlich oder zu Protokoll** der Geschäftsstelle des LAG, das den angefochtenen Beschluss erlassen hat, geschehen. Nach Fristablauf besteht keine Sicherheit, den eigenen Rechtsstandpunkt einbringen zu können. S. 4 verweist **nicht** auf § 83. Das **Rechtsbeschwerdeverfahren** ist deshalb grds. als **schriftl. Verfahren** angelegt². Dies **schließt** eine **mündliche Anhörung** vor dem BAG aber **nicht aus**; § 92 II 1 verweist auch auf die Regeln über das persönliche Erscheinen der Parteien und über die Öffentlichkeit der Verhandlung³.

Nach S. 4 ist § 83a entsprechend anzuwenden. Die Beteiligten können deshalb auch in der Rechts- 3
beschwerde das Verfahren durch einen **Vergleich über ihrer Disposition unterliegende Streitgegenstände** erledigen oder das Verfahren übereinstimmend für **erledigt** erklären. In diesem Fall ist das Verfahren durch Beschluss der berufsrichterlichen Mitglieder des Senates, die an die Stelle des in § 83a II 1 genannten Vorsitzenden treten, einzustellen.

96 Entscheidung
(1) Über die Rechtsbeschwerde entscheidet das Bundesarbeitsgericht durch Beschluss. Die §§ 562, 563 der Zivilprozessordnung gelten entsprechend.

(2) Der Beschluss nebst Gründen ist von sämtlichen Mitgliedern des Senats zu unterschreiben und den Beteiligten zuzustellen.

In der Rechtsbeschwerdeinstanz ist stets **durch Beschluss** zu entscheiden. Dabei betrifft § 96 nur die 1
Entscheidung über eine zulässige Rechtsbeschwerde. Ist sie **unzulässig**, muss sie durch Beschluss nach § 552 ZPO, §§ 74 II 3, 94 II 3 als unzulässig **verworfen** werden (vgl. § 94 Rz. 13). Neben den in Abs. 1 S. 2 ausdrücklich genannten §§ 562 und 563 sind im Rechtsbeschwerdeverfahren auch §§ 559, 561 und 564 ZPO sowie die allg. Bestimmungen der ZPO über Form und Inhalt gerichtl. Entscheidungen entsprechend anwendbar⁴.

Das BAG entscheidet über die zulässige Rechtsbeschwerde im Rahmen der gestellten **Anträge** auf 2
der Grundlage der **tatsächlichen Feststellungen** durch das Beschwerdegericht (§ 559 II ZPO) unter allen rechtl. Gesichtspunkten. An die vom Rechtsbeschwerdeführer geltend gemachten Beschwerdegründe ist es nicht gebunden⁵. **Neues** tatsächliches **Vorbringen** in der Rechtsbeschwerdeinstanz ist ausgeschlossen, es sei denn, es betrifft von Amts wegen zu berücksichtigende Sachentscheidungsvoraussetzungen wie etwa das Rechtsschutzinteresse, das für eine Wahlanfechtung entfallen kann, wenn während des Verfahrens dritter Instanz die Amtszeit des gewählten Gremiums endet⁶.

Auf **Verfahrensmängel** hin ist der angefochtene Beschluss nach ordnungsgemäßer **Rüge** zu über- 3
prüfen (§ 74 Rz. 25–30; zu denkbaren Verfahrensmängeln: § 75 Rz. 4ff.). Es gibt aber auch Verfahrensmängel, die **von Amts wegen** berücksichtigt werden müssen. Hierzu gehört etwa das **Fehlen** des Feststellungsinteresses nach § 256 ZPO⁷ oder der **Verfahrensfortsetzungsvoraussetzung** für die Rechtsbeschwerde, weil bereits die Beschwerde unzulässig war⁸.

Auf Rechtsbeschwerde hin ist die angefochtene Entscheidung ohne Weiteres aufzuheben, wenn 4
sie **keinerlei Sachverhaltsfeststellungen** getroffen hat und der Sach- und Streitstand sich auch aus den Gründen des angefochtenen Beschlusses nicht in ausreichendem Umfang ergibt⁹. Dies gilt auch dann, wenn die Rechtsbeschwerde erst auf Grund einer Nichtzulassungsbeschwerde zugelassen worden ist¹⁰.

---

1 ErfK/*Koch*, § 95 ArbGG Rz. 1; GMP/*Matthes/Schlewing*, § 95 Rz. 4. || 2 BAG 22.10.1985 – 1 ABR 42/84, BAGE 50, 55; GK-ArbGG/*Dörner*, § 95 Rz. 6. || 3 GMP/*Matthes/Schlewing*, § 95 Rz. 8. || 4 GMP/*Matthes/Schlewing*, § 96 Rz. 1. || 5 BAG 15.4.2008 – 9 AZR 159/07, DB 2009, 800; GK-ArbGG/*Dörner*, § 96 Rz. 4. || 6 BAG 13.3.1991 – 7 ABR 5/90, BAGE 67, 316; vgl. auch BAG 15.2.2012 – 7 ABN 59/11, NZA-RR 2012, 602. || 7 BAG 15.4.2008 – 1 ABR 44/07, BAGE 126, 1020; 1.7.2009 – 4 ABR 8/08, AP Nr. 99 zu § 256 ZPO 1977. || 8 Vgl. BAG 27.7.2010 – 1 AZR 186/09, NZA 2010, 1446; 15.3.2011 – 9 AZR 813/09, NZA 2011, 767. || 9 Vgl. BAG 24.3.2011 – 2 AZR 170/10, NZA 2011, 993. || 10 Zu Grundsatz und Ausnahme BAG 26.4.2005 – 1 ABR 1/04, NZA 2005, 884.

5 Was die zu Beteiligenden angeht, ist zu unterscheiden: Das Rechtsbeschwerdegericht hat von Amts wegen festzustellen, ob alle materiell **Beteiligten** von der Vorinstanz auch formell beteiligt worden sind; soweit dies nicht geschehen ist, ist es in der Rechtsbeschwerdeinstanz **nachzuholen**. Eine Auswirkung auf die Entscheidung nach § 96 ergibt sich nur, wenn der zu Unrecht nicht Beteiligte diesen Verfahrensmangel **rügt**[1] **und darlegt**, dass er bei seiner Anhörung in der Tatsacheninstanz zusätzliche, für die Entscheidung des LAG möglicherweise entscheidungserhebliche Tatsachen dargelegt hätte[2]. Es ist **sehr zweifelhaft**, ob es genügt, wenn nur die **abstrakte Möglichkeit** besteht, dass die Beteiligung zu einem anderen Sachverhalt und damit zu einer anderen Entscheidung geführt hätte[3]. Nach richtiger Auffassung muss sich die Möglichkeit einer anderen Entscheidung aus dem Vorbringen des neu Beteiligten, dessen Anhörung ja nachgeholt wurde, ergeben. Ist dies der Fall, muss das Verfahren zur weiteren Tatsachenermittlung an die Beschwerdeinstanz **zurückverwiesen** werden. Hält das Rechtsbeschwerdegericht eine **Verfahrensrüge** für **unbegründet**, muss es seine Entscheidung nur **begründen**, wenn die Rüge einen absoluten Rechtsbeschwerdegrund betrifft (§ 564 ZPO).

6 Das BAG hat die **Rechtsbeschwerde zurückzuweisen**, wenn sie **unbegründet** ist, weil die angefochtene Entscheidung rechtl. richtig oder zwar rechtsfehlerhaft, aber aus anderen Gründen im Erg. richtig ist (§ 561 ZPO). Es kann bei dieser Gelegenheit auch offensichtliche **Unrichtigkeiten** im Tenor der Beschwerdeentscheidung nach § 319 I ZPO **berichtigen** („mit der Maßgabe ...")[4]. Ist die Rechtsbeschwerde **begründet**, weil die Entscheidung des Beschwerdegerichts auf einer Verletzung des materiellen Rechts oder des Verfahrensrechts beruht, ist der angefochtene Beschluss **aufzuheben** (§ 562 I ZPO); beruht der Beschluss auf einem Verfahrensmangel, ist auch das dadurch betroffene Verfahren aufzuheben (§ 562 II ZPO). Ist das Verfahren nach dem festgestellten und nicht gerügten Sachverhalt für eine abweichende Endentscheidung reif, hat das Rechtsbeschwerdegericht anstelle des Beschwerdegerichts in der Sache **selbst zu entscheiden** (§ 563 III ZPO). Die Sache ist nur dann – ggf. an eine andere Kammer (§ 563 I 1 ZPO) – **zurückzuverweisen**, wenn aus verfahrensrechtl. oder materiell-rechtl. Gründen weitere Sachaufklärung erforderlich ist (§ 563 I 1) oder ein absoluter Rechtsbeschwerdegrund vorliegt.

7 Im Beschlussverfahren nach **§§ 122 und 126 InsO**, in dem es keine Beschwerdeinstanz gibt und die Entscheidung des ArbG nur auf Grund vom ArbG zugelassener[5] Rechtsbeschwerde überprüfbar ist, erfolgt eine **Zurückverweisung** an das **ArbG**, ggf. entsprechend § 563 I 2 ZPO, Abs. 1 S. 2 an eine **andere Kammer**. Anders als allg. im Beschlussverfahren und grds. auch im Rechtsbeschwerdeverfahren bedarf es bei einer Entscheidung des Rechtsbeschwerdegerichts nach **§ 126 InsO**, bei dem einzelne für eine Kündigung vorgesehene ArbN Beteiligte sind, einer **Kostenentscheidung**; im Verhältnis zwischen **Insolvenzverwalter** und beteiligten **ArbN** muss die Erstattung der außergerichtl. Kosten des Rechtsbeschwerdeverfahrens nach den Bestimmungen der ZPO geregelt werden (§ 126 III 2 InsO)[6]. Der BR, der nicht iSd. ZPO prozessfähig ist, ist hieran nicht beteiligt; seine Kosten sind im Zweifel unabhängig vom Ausgang des Verfahrens nach § 40 I BetrVG vom Insolvenzverwalter anstelle des ArbGeb zu tragen.

8 Der **Beschluss** des Rechtsbeschwerdegerichts ist mit Gründen **schriftl.** abzufassen und von seinen an der Beschlussfassung beteiligten Mitgliedern unter Einschluss der **ehrenamtlichen Richter** zu unterschreiben. Hat vor der Beschlussfassung eine Anhörung stattgefunden, ist der Beschluss zu **verkünden**; ohne eine vorherige Anhörung genügt die Zustellung des Beschlusses an alle Beteiligte (§ 329 I ZPO)[7].

96a *Sprungrechtsbeschwerde*

(1) Gegen den das Verfahren beendenden Beschluss eines Arbeitsgerichts kann unter Übergehung der Beschwerdeinstanz unmittelbar Rechtsbeschwerde eingelegt werden (Sprungrechtsbeschwerde), wenn die übrigen Beteiligten schriftlich zustimmen und wenn sie vom Arbeitsgericht wegen grundsätzlicher Bedeutung der Rechtssache auf Antrag in dem verfahrensbeendenden Beschluss oder nachträglich durch gesonderten Beschluss zugelassen wird. Der Antrag ist innerhalb einer Notfrist von einem Monat nach Zustellung des in vollständiger Form abgefassten Beschlusses schriftlich zu stellen. Die Zustimmung der übrigen Beteiligten ist, wenn die Sprungrechtsbeschwerde in dem verfahrensbeendenden Beschluss zugelassen ist, der Rechtsbeschwerdeschrift, andernfalls dem Antrag beizufügen.

(2) § 76 Abs. 2 Satz 2, 3, Abs. 3 bis 6 ist entsprechend anzuwenden.

1 **I. Systematik.** Die Sprungrechtsbeschwerde, mit der eine Rechtsbeschwerdeentscheidung unter **Übergehung der Beschwerdeinstanz herbeigeführt werden kann**, entspricht in ihren Voraussetzungen und Wirkungen im Wesentlichen der Sprungrevision (§ 76; vgl. deshalb die Komm. zu § 76).

---

1 BAG 15.1.2002 – 1 ABR 10/01, BAGE 100, 157 (159); 29.9.2004 – 1 ABR 39/03, NZA 2005, 420. || 2 Tendenziell BAG 17.4.2012 – 1 ABR 84/10, NZA 2013, 230; GMP/*Matthes/Schlewing*, § 96 Rz. 15. || 3 So wohl GK-ArbGG/*Dörner*, § 96 Rz. 12; BAG 11.11.1998 – 4 ABR 40/97, BAGE 90, 135 (143). || 4 BAG 10.12.2002 – 1 ABR 7/02, NZA 2004, 223. || 5 BAG 14.8.2001 – 2 ABN 20/01, BB 2001, 2535. || 6 BAG 20.1.2000 – 2 ABR 30/99, BAGE 93, 267; *Fitting*, § 112a BetrVG Rz. 93. || 7 GMP/*Matthes/Schlewing*, § 96 Rz. 22; GK-ArbGG/*Dörner*, § 96 Rz. 10.

Der Rechtsbehelf des § 122 III InsO, durch den ebenfalls die Beschwerdeinstanz übergangen wird, ist **2** kein Fall der Sprungrechtsbeschwerde, sondern ein **Sonderfall der Rechtsbeschwerde**. Gegen den Beschluss erster Instanz findet hier kraft gesetzl. Anordnung ausschließlich die Rechtsbeschwerde statt und auch dies nur, wenn das ArbG sie zugelassen hat, also unter Ausschluss der Möglichkeit des § 92a (§ 122 III 1 InsO; vgl. § 92a Rz. 1).

Die Sprungrechtsbeschwerde **unterscheidet sich von der Sprungrevision** in zwei Punkten: Bei den **3** Gründen für die Zulassung des Sprungrechtsmittels und hinsichtlich derer, die antragsbefugt sind und deren Zustimmung zur Einlegung des Sprungrechtsmittels erforderlich ist.

II. Zulassungsverfahren. 1. Überblick. Für die Zulassung der Sprungrechtsbeschwerde, die nur **4** durch das Gericht erster Instanz erfolgen kann, gibt es **zwei Verfahrenswege**, die beide vom Antrag eines Beteiligten abhängig sind: Die Zulassung durch das ArbG kann **in der verfahrensbeendenden Sachentscheidung** auch ohne Zustimmung der übrigen Beteiligten erfolgen **oder** durch einen **nachträglichen** Zulassungsbeschluss, dessen Erlass aber deren **Zustimmung zur Einlegung** der Sprungrechtsbeschwerde voraussetzt. Eine **Zustimmung zur Zulassung** der Sprungrechtsbeschwerde durch die weiteren Beteiligten ist **ohne rechtl. Bedeutung**[1].

2. Antrag auf Zulassung der Sprungrechtsbeschwerde. Den Antrag auf Zulassung der Sprungrechts- **5** beschwerde kann während des erstinstanzlichen Verfahrens **jeder materiell Beteiligte** iSd. § 83 III stellen, also jeder, der vom Verfahrensgegenstand materiell-rechtl. betroffen ist, auch wenn er nicht formell beteiligt worden ist[2]. **Fehlt** einem formell Beteiligten die **materielle Betroffenheit**, kann er **keinen Zulassungsantrag** stellen[3]. Der Antrag kann schriftl., zur Niederschrift bei der Geschäftsstelle oder zu Protokoll des Gerichts gestellt werden. **Vertretungszwang** besteht **nicht**.

Diese Grundsätze gelten auch für den innerhalb einer **einmonatigen Notfrist** (§ 233 ZPO) seit Zustel- **6** lung der Sachentscheidung zu stellenden **Antrag auf nachträgliche Zulassung** der Sprungrechtsbeschwerde an das ArbG. Diesem Antrag, für den **nur ein beschwerter Beteiligter** befugt ist, sind zusätzlich die **Erklärung aller übrigen zu Recht Beteiligten** beizufügen, sie stimmten der Einlegung der Sprungrechtsbeschwerde zu. Ist dieses Rechtsmittel **bereits** mit der Sachentscheidung erster Instanz **zugelassen** worden, sind die entsprechenden **Erklärungen der Sprungsrechtsbeschwerdeschrift beizufügen**.

3. Zustimmungserklärung. Die Zustimmungserklärung aller übrigen Beteiligten muss die **Einlegung**, **7** nicht die **Zulassung** der Sprungrechtsbeschwerde betreffen; nur mit der Einlegung ändern sich die verfahrensrechtl. Möglichkeiten der übrigen Beteiligten[4]. Die Zustimmungserklärung, für die **kein Vertretungszwang** besteht, ist regelmäßig im **Original** vorzulegen. Die **vom Beschwerdeführer beglaubigte Kopie** der Zustimmungserklärung **reicht nicht** aus[5]. Bei einer Erklärung zur **Niederschrift** der Geschäftsstelle oder zu **Protokoll** des Anhörungstermins vor dem ArbG genügt die Vorlage einer **Kopie** oder Abschrift hiervon in **beglaubigter** Form. Wird die Zustimmung per **Telefax** erteilt, genügt die Vorlage des **Originalfaxausdrucks**[6]; die Zustimmungserteilung kann aber auch wie die Rechtsbeschwerdebegründung unmittelbar per Telefax an das BAG übermittelt werden[7].

Zwar ist grds. die **Zustimmung aller übrigen** am Beschlussverfahren **materiell Beteiligten** erforderlich. **8** Ist ein materiell Beteiligter **tatsächlich nicht beteiligt** worden, **hängt** die **Zulässigkeit** der Sprungrevision aber **nicht** von der Zustimmungserklärung dieses Beteiligten **ab**[8].

Im Gesetz ist zwar von einer Beifügung der **Zustimmungserklärung** die Rede. Es genügt aber, wenn **9** eine Zustimmungserklärung **bis zum Ablauf der Antragsfrist oder der Rechtsbeschwerdefrist** nachgereicht wird[9].

4. Zulassungsgründe. Das ArbG hat die Sprungrechtsbeschwerde zuzulassen, wenn die Rechtssache **10** **grundsätzliche Bedeutung** hat. Anders als in § 76 hängt die Zulassung der Sprungrechtsbeschwerde **nicht** davon ab, dass **bestimmte Streitgegenstände** betroffen sind. Es kommen alle in § 2a bezeichneten Angelegenheiten in Betracht. Der Begriff der grundsätzlichen Bedeutung entspricht dem der §§ 72, 76 und 92 (im Einzelnen § 72 Rz. 9 ff.)[10]. Sieht das ArbG die von ihm entschiedene Rechtssache als grds. bedeutsam an, **muss** es die Sprungrechtsbeschwerde auf einen ordnungsgemäßen Antrag hin zulassen.

5. Zulassungsentscheidung. Der Zulassungsantrag ist durch das ArbG stets **förmlich** im Entschei- **11** dungsausspruch zu **bescheiden**; eine **Zulassung** in den **Entscheidungsgründen** des Beschlusses nach § 84 reicht **nicht** aus (§ 64 IIIa analog)[11]. Entgegen einer anders lautenden Auffassung[12] ist im Falle einer **Übergehung** des vorab gestellten Zulassungsantrags im Beschluss nach § 84 nicht ein Antrag auf nach-

---

1 BAG 16.4.2003 – 7 ABR 27/02, NZA 2003, 1105. ||2 GMP/*Matthes/Schlewing*, § 96a Rz. 4 mwN. ||3 GK-ArbGG/*Mikosch*, § 96a Rz. 5. ||4 BAG 16.4.2003 – 7 ABR 27/02, NZA 2003, 1105. ||5 BAG 24.3.2001 – 4 AZR 367/00, AR-Blattei ES 160.10.3 Nr. 68. ||6 BAG 30.5.2001 – 4 AZR 269/00, BAGE 98, 35. ||7 BAG 27.5.2005 – 6 AZR 6/03, ZTR 2005, 156. ||8 BAG 16.5.2007 – 7 ABR 63/06, BB 2007, 2710 (*Ulrich*); ErfK/*Koch*, § 96a ArbGG Rz. 1. ||9 BAG 25.4.1977 – 4 AZR 986/77, BAGE 31, 397; 4.12.2002 – 10 AZR 83/02, DB 2003, 564. ||10 BAG 24.3.1993 – 4 AZN 5/93, BAGE 73, 4. ||11 GMP/*Müller-Glöge*, § 76 Rz. 7; GMP/*Matthes/Schlewing*, § 96a Rz. 10; aA GK-ArbGG/*Mikosch*, § 96a Rz. 22. ||12 Hauck/Helml/Biebl/*Hauck*, § 96a Rz. 4, § 76 Rz. 4.

trägliche Zulassung nach Abs. 1 S. 1 geboten. Es ist vielmehr durch einen Antrag entsprechend § 64 IIIa 2 oder über § 321 ZPO, § 80 II ein **Ergänzungsbeschluss** herbeizuführen, für den – anders als für eine nachträgliche Zulassung der Sprungrechtsbeschwerde und entsprechend dem gestellten, aber übergangenen Antrag – die Beifügung der Zustimmung der übrigen Beteiligten zur Einlegung der Sprungrechtsbeschwerde nicht erforderlich ist.

12 Die **Entscheidung** über die Zulassung der Sprungrevision hat die **Kammer** des ArbG zu treffen, wenn sie bereits im Hauptsachebeschluss erfolgt. Den Antrag auf nachträgliche Zulassung kann der **Vorsitzende** im schriftl. Verfahren bescheiden.

13 Die **Zulassung** kann auf einen von mehreren Streitgegenständen **beschränkt** werden, nicht allerdings auf einen von mehreren Beteiligten[1]. Eine Beschränkung auf einzelne Streitgegenstände sollte wegen der möglicherweise in derselben Sache parallel durchzuführenden unterschiedlichen Rechtsmittel aber vermieden werden.

14 Wird die Sprungrechtsbeschwerde zugelassen, muss eine **zweifache Rechtsmittelbelehrung** erfolgen; der beschwerte Beteiligte hat die Wahl, ob er Beschwerde oder Rechtsbeschwerde einlegen will. Wird die Sprungrechtsbeschwerde erst auf nachträglichen Beschluss zugelassen, genügt dort die Belehrung über dieses Rechtsmittel. Dabei ist die Rechtsmittelbelehrung stets nur dann ordnungsgemäß, wenn die postalische Anschrift des Rechtsmittelgerichts mit Sitz und Straße angegeben ist; die Angabe der Postfachadresse reicht nicht aus[2].

15 Wird der Antrag auf Zulassung der Sprungrechtsbeschwerde bereits im Beschluss nach § 84 **zurückgewiesen**, ist auch dies in den **Entscheidungsausspruch** aufzunehmen. Die **Ablehnung** der Zulassung der Sprungrechtsbeschwerde durch das ArbG ist **unanfechtbar** (Abs. 2, § 76 II 3). Der Antrag auf Zulassung der Sprungrechtsbeschwerde, der bereits während des laufenden Verfahrens erster Instanz gestellt und in dem Beschluss nach § 84 zurückgewiesen worden war, kann deshalb **auch nicht erneut** mit dem Ziel einer nachträglichen Zulassung **gestellt** werden.

16 **III. Verfahren nach der Entscheidung über den Zulassungsantrag.** Das weitere Verfahren nach der Entscheidung des ArbG über den Zulassungsantrag richtet sich nach **§ 76 II 2 und 3** sowie **Abs. 3 bis 6** (Abs. 2). Hat das ArbG die Zulassung der Sprungrechtsbeschwerde bereits in seinem Beschluss nach § 84 zurückgewiesen, beginnt mit der Zustellung dieses Beschlusses die Beschwerdefrist des § 87 II iVm. § 66 I zu laufen. Hat das ArbG den nachträglich gestellten Zulassungsantrag durch gesonderten Beschluss zurückgewiesen, beginnt mit der Zustellung des ablehnenden Beschlusses der **Lauf der Beschwerdefrist von neuem**, **sofern** der **Antrag** auf Zulassung der Sprungrechtsbeschwerde **form- und fristgerecht** unter Vorlage der erforderlichen Zustimmungserklärungen gestellt worden war. **Andernfalls** scheidet nicht nur die Sprungrechtsbeschwerde, sondern wegen Fristablaufs regelmäßig auch die Beschwerde zum LAG nach § 87 aus.

17 Hat das ArbG die Sprungrechtsbeschwerde zugelassen, ist das **BAG** an diese Entscheidung **gebunden**, auch wenn das ArbG den Begriff der grundsätzlichen Bedeutung der Rechtssache verkannt hat (§§ 76 II 2, 96a II)[3]. Der beschwerte Beteiligte hat die **Wahl**, innerhalb der laufenden Frist für das jeweilige Rechtsmittel Beschwerde nach § 87 oder Sprungrechtsbeschwerde einzulegen. Mit der Einlegung der Sprungrechtsbeschwerde, für die die Rechtsbeschwerdefrist der §§ 92 II, 74 gilt, endet das Wahlrecht. Eine vorsorglich eingelegte Beschwerde wird unzulässig (§ 76 V).

18 Bei der Sprungrechtsbeschwerde ist der Beschwerdeführer **mit Verfahrensrügen ausgeschlossen** (§ 76 IV, Abs. 2). Das BAG kann die angefochtene Entscheidung nur auf Verfahrensmängel hin überprüfen, die **von Amts wegen** berücksichtigt werden müssen. Außerdem kann ein materiell Beteiligter, den das ArbG nicht beteiligt hat und der erstmals in der Rechtsbeschwerdeinstanz hinzugezogen worden ist, seine **mangelnde Beteiligung** in erster Instanz **rügen**; beruht die angefochtene Entscheidung auf diesem Verfahrensfehler, ist sie aufzuheben und die Sache zurückzuverweisen[4]. **Anschlussrechtsbeschwerden** sind im Sprungrechtsbeschwerdeverfahren nach den allg. Regeln – ohne Zustimmung der anderen Beteiligten – statthaft[5].

19 Nach §§ 96 II, 76 VI hat das **BAG** die ermessensfehlerfrei auszuübende **Wahl, ob** es die Sache an das **ArbG oder** an das **LAG** zurückverweist. Je nachdem, in welche Instanz das Verfahren zurückverwiesen wird, gelten für das weitere Verfahren die dort maßgeblichen Verfahrensregeln. Das Gericht, an das zurückverwiesen worden ist, hat seiner Entscheidung die entscheidungserheblichen rechtl. Beurteilungen der zurückverweisenden Entscheidung zugrunde zu legen.

---

1 GMP/*Matthes/Schlewing*, § 96a Rz. 12; GK-ArbGG/*Mikosch*, § 96a Rz. 23. ||2 BAG 16.4.2003 – 7 ABR 27/02, DB 2003, 2234. ||3 GMP/*Müller-Glöge*, § 76 Rz. 29. ||4 GK-ArbGG/*Mikosch*, § 96a Rz. 30. ||5 BAG 12.6.1996 – 4 ABR 1/95, NZA 1997, 565.

Vierter Unterabschnitt. Beschlussverfahren in besonderen Fällen

97 Entscheidung über die Tariffähigkeit und Tarifzuständigkeit einer Vereinigung

(1) In den Fällen des § 2a Abs. 1 Nr. 4 wird das Verfahren auf Antrag einer räumlich und sachlich zuständigen Vereinigung von Arbeitnehmern oder von Arbeitgebern oder der obersten Arbeitsbehörde des Bundes oder der obersten Arbeitsbehörde eines Landes, auf dessen Gebiet sich die Tätigkeit der Vereinigung erstreckt, eingeleitet.

(2) Für das Verfahren sind die §§ 80 bis 84, 87 bis 96a entsprechend anzuwenden.

(3) Die Vorschrift des § 63 über die Übersendung von Urteilen gilt entsprechend für die rechtskräftigen Beschlüsse von Gerichten für Arbeitssachen im Verfahren nach § 2a Abs. 1 Nr. 4.

(4) In den Fällen des § 2a Abs. 1 Nr. 4 findet eine Wiederaufnahme des Verfahrens auch dann statt, wenn die Entscheidung über die Tariffähigkeit und Tarifzuständigkeit darauf beruht, dass ein Beteiligter absichtlich unrichtige Angaben oder Aussagen gemacht hat. § 581 der Zivilprozessordnung findet keine Anwendung.

(5) Hängt die Entscheidung eines Rechtsstreits davon ab, ob eine Vereinigung tariffähig oder ob die Tarifzuständigkeit der Vereinigung gegeben ist, so hat das Gericht das Verfahren bis zur Erledigung des Beschlussverfahrens nach § 2a Abs. 1 Nr. 4 auszusetzen. Im Falle des Satzes 1 sind die Parteien des Rechtsstreits auch im Beschlussverfahren nach § 2a Abs. 1 Nr. 4 antragsberechtigt.

I. Überblick. § 2a I Nr. 4 weist mit der Tariffähigkeit und der Tarifzuständigkeit zwei für die Tarifautonomie zentrale Streitgegenstände wegen des hier herrschenden Untersuchungsgrundsatzes und der Möglichkeit, materiell Beteiligte von Amts wegen hinzuzuziehen, dem Beschlussverfahren zu. § 97 enthält einige wenige Sonderregelungen: Der Kreis der möglichen **Antragsteller** wird **erweitert** (Abs. 1). Abs. 2 ordnet die Geltung der Regeln des Beschlussverfahrens mit Ausnahme des § 85 an, der für die hier anstehenden feststellenden Entscheidungen ohnehin keine praktische Bedeutung hätte[1]. Die **Wiederaufnahme** des Verfahrens wird in Abs. 4 **erleichtert**. Schließlich wird festgelegt, dass für die Streitgegenstände des § 2a I Nr. 4 **keine Vorfragenkompetenz** besteht. Wo es auf Tariffähigkeit oder Tarifzuständigkeit ankommt, sind Verfahren oder Rechtsstreit auszusetzen, bis in einem Beschlussverfahren nach § 97 hierüber entschieden ist (Abs. 5). 1

II. Entscheidung über Tariffähigkeit und Tarifzuständigkeit. 1. Tariffähigkeit. Die Entscheidung über die Tariffähigkeit[2], also das rechtl. Können, normativ wirkende TV mit dem sozialen Gegenspieler abzuschließen[3], ist nur dann im besonderen Beschlussverfahren zu klären, wenn es um die Tariffähigkeit **von Vereinigungen** geht. Die Frage nach der – verbleibenden – Tariffähigkeit **einzelner ArbGeb** nach deren Beitritt zu einem tariffähigen Verband hat der Gesetzgeber zu Recht nicht als Problem gesehen; zur Klärung dieser Frage ist das – ggf. vorrangige – Beschlussverfahren nach § 97 nicht eröffnet[4]. Im Rahmen des § 97 war bislang im Wesentlichen die Frage zu klären, ob, bestimmten, als solche nach Art. 9 III GG ja durchaus geschützte[5] ArbN-Koalitionen auch tariffähige Gewerkschaften iSv. § 2 I TVG oder Spitzenverbände iSv. § 2 II–IV TVG sind[6]. Eine Festlegung der Begriffsmerkmale der Tariffähigkeit findet sich unter A III 2 des Gemeinsamen Protokolls über Leitsätze zum „**Ersten Staatsvertrag**" v. 18.5.1990[7]: 2

„Tariffähige Gewerkschaften und Arbeitgeberverbände müssen frei gebildet, gegnerfrei, auf überbetrieblicher Grundlage organisiert und unabhängig sein sowie das geltende Tarifrecht als für sich verbindlich anerkennen; ferner müssen sie in der Lage sein, durch Ausüben von Druck auf den Tarifpartner zu einem Tarifabschluss zu kommen."

Diese zumindest als wesentliche **Auslegungshilfe**[8] zu wertende Festlegung des Gesetzgebers geht wegen der auch für einen tariffähigen ArbGebVerband geforderten Fähigkeit, Druck ausüben zu können („**Mächtigkeit**")[9], über die ansonsten nur bestätigte st. Rspr. des BAG[10] hinaus. 3

2. Tarifzuständigkeit. Tarifzuständigkeit ist die Fähigkeit eines an sich tariffähigen Verbandes, TV mit einem bestimmten fachlichen, betrieblichen, personellen oder räumlichen **Geltungsbereich** abzuschließen. Sie richtet sich nach dem anhand der **Verbandssatzung** zuverlässig ermittelbaren festgelegten Organisationsbereich, dessen Ausgestaltung und Änderung dem Verband freisteht (Art. 9 III GG). **Nur innerhalb** des verbandsautonom festgelegten Zuständigkeitsbereichs und für diesen oder einen Ausschnitt davon können tariffähige Verbände **wirksam TV** abschließen[11]. 4

---

1 GK-ArbGG/*Dörner*, § 97 Rz. 6. ||2 Zu diesem Verfahren *Ulrich Koch*, FS Düwell, 2011, S. 271 ff. im Anschluss an BAG 14.12.2010 – 1 ABR 19/10, NZA 2011, 827 – CGZP. ||3 BVerfG 19.10.1966 – 1 BvL 24/65, DB 1966, 1762. ||4 BAG 10.12.2002 – 1 AZR 96/02, NZA 2003, 734; s.a. oben § 2a Rz. 43 mwN auch zur Gegenauffassung. ||5 ZB BAG 22.5.2012 – 1 ABR 11/11, NZA 2012, 1176. ||6 ZB BAG 28.3.2006 – 1 ABR 58/04, BAGE 117, 308 – CGM; 5.10.2010 – 1 ABR 88/09, NZA 2011, 300 – GKH; 14.12.2010 – 1 ABR 19/10, NZA 2011, 289 – CGZP; 11.6.2013 – 1 ABR 33/12, NZA-RR 2013, 641 – medsonet. ||7 BGBl. II S. 537. ||8 Hierzu BAG 6.6.2000 – 1 ABR 21/99, BAGE 95, 47 mwN. ||9 AA BAG 20.11.1990 – 1 ABR 62/89, BAGE 66, 258. ||10 ZB BAG 5.10.2010 – 1 ABR 88/09, NZA 2011, 300. ||11 BAG 27.9.2005 – 1 ABR 11/04, BAGE 116, 45; 10.2.2009 – 1 ABR 36/08, NZA 2009, 908; 17.4.2012 – 1 ABR 5/11, NZA 2012, 1104.

5 Zu Streitigkeiten über die Tarifzuständigkeit kann es insb. dadurch kommen, dass ein ArbGeb von einer Gewerkschaft unter Androhung von Arbeitskampfmaßnahmen aufgefordert wird, einen TV abzuschließen, und er der Auffassung ist, ein solcher TV könne mangels Tarifzuständigkeit nicht wirksam werden – und er könne deshalb von der betreffenden Gewerkschaft auch nicht rechtmäßig erstreikt werden[1]. Nicht selten kommt es aber auch zu Auseinandersetzungen zwischen einzelnen Gewerkschaften um die Tarifzuständigkeit für bestimmte Betriebe oder Unternehmen[2]. Keine Frage der Tarifzuständigkeit, sondern eine der **Tarifgebundenheit** ist es, ob ArbGebVerbände einen Teil ihrer Mitglieder, sog. **OT-Mitglieder**, von der Wirkung der von ihnen abgeschlossenen TV durch Satzung vorab ausnehmen können. Sie kann regelmäßig nicht mit Hilfe eines selbständigen Feststellungsantrags im Beschlussverfahren gerichtl. geklärt werden[3]. Wirkungen und Grenzen von OT-Mitgliedschaften spielen in aller Regel nur als Vorfragen in Verfahren um tarifvertragl. Rechte eine Rolle. Aus der Möglichkeit, im Beschlussverfahren nach § 97 einen Streit über den Umfang der Tarifzuständigkeit oder auch das Bestehen der Tariffähigkeit zu führen, folgt **nicht**, dass eine antragstellende Gewerkschaft hier auch verlangen könnte, dass die **Unwirksamkeit eines** von einer – möglicherweise – tarifunfähigen ArbN-Organisation oder einer nach ihrer Auffassung insoweit tarifunzuständigen Gewerkschaft mit abgeschlossenen **TV festgestellt** wird. Ein derartiges Rechtsschutzziel ist nach dem geschriebenen Recht, wenn überhaupt, im Urteilsverfahren zu verfolgen (§ 2 I Nr. 1)[4].

6 **3. Mögliche Antragsteller.** Abs. 1 zählt für Verfahren nach § 2a I Nr. 4 mögliche Antragsberechtigte auf. Zu ihnen kommen, wenn das Verfahren durch einen anderweitigen Rechtsstreit veranlasst worden ist, die Parteien des Ausgangsrechtsstreits (Abs. 5). Deren Antragsbefugnis beschränkt sich allerdings auf die Klärung der Vorfrage, wegen der das Ausgangsverfahren ausgesetzt worden ist[5]. Die gesetzl. Aufzählung ist **abschließend**[6]. Abs. 1 spricht nur den räumlich und sachlich zuständigen ArbN- und ArbGebVereinigungen an, also Vereinigungen, die durch die Organisation, deren Tariffähigkeit oder Tarifzuständigkeit umstritten ist, im räumlichen oder sachlichen Bereich, in dem sie TV abschließen, in ihrer eigenen koalitionsgemäßen Betätigung betroffen sind. Es muss sich deshalb bei diesen Antragstellern um **tariffähige Vereinigungen** handeln, also Gewerkschaften und ArbGebVerbände einschl. ihrer tariffähigen Spitzenorganisationen, sowie Innungen und Innungsverbände. Das das Rechtsschutzinteresse der Antragsteller konkretisierende[7] Erfordernis der räumlichen und sachlichen Zuständigkeit der möglichen Antragsteller zeigt, dass in § 97 I die **Verbände, um deren Tariffähigkeit** oder Tarifzuständigkeit gestritten wird, **nicht angesprochen** sind. Sie wären, verstünde man Abs. 1 abschließend, nicht antragsberechtigt. Dies macht keinen Sinn. Für diese Vereinigungen besteht über § 2a I Nr. 4 nach den **allgemeinen Regeln**, insb. des § 81, die Möglichkeit, im Beschlussverfahren eine etwa bestrittene Tariffähigkeit oder die Reichweite ihrer Tarifzuständigkeit klären zu lassen[8]. Entsprechend ist auch ein einzelner ArbGeb in einem Verfahren nach § 97 I antragsbefugt, in dem es um die (Un-)Fähigkeit oder (Un-)Zuständigkeit einer Gewerkschaft geht, mit ihm TV abzuschließen[9]. Das rechtl. Interesse für einen solchen Antrag fehlt allerdings, wenn die betreffende Gewerkschaft ggü. dem antragstellenden ArbGeb keine Befugnisse wahrnimmt oder dies versucht, für die es ihrer Tarifzuständigkeit bedarf[10].

7 Die **oberste Arbeitsbehörde** des Bundes, also das BMAS, ist nach Abs. 1 antragsbefugt, wenn die Tätigkeit des umstrittenen Verbandes sich über das Gebiet eines Bundeslandes hinaus erstreckt oder eine dieses Gebiet übergreifende **Tarifzuständigkeit** im Streit steht. Ansonsten besteht die Antragsbefugnis für die Arbeits- und/oder Sozialminister der betroffenen Bundesländer.

8 **4. Weitere Beteiligte.** Im Verfahren um die Tariffähigkeit oder Tarifzuständigkeit einer Vereinigung sind neben dem Antragsteller von Amts wegen alle diejenigen zu beteiligen, deren materielle **Rechtsstellung** durch die bevorstehende Entscheidung **unmittelbar betroffen** sein kann[11]. Dies sind zunächst die Vereinigungen selbst, um deren Tariffähigkeit oder Tarifzuständigkeit es geht. Konkurrierende Organisationen, die für denselben Bereich TVe abschließen (wollen und können), sind nur als Antragsteller beteiligt; wenn sie ihre Betroffenheit durch eine entsprechende Antragstellung nicht zum Ausdruck bringen, sind sie auch nicht zu beteiligen. Ebenso wenig sind bei einem Antrag, der nur gegenwartsbezogen Bestehen und Umfang der betreffenden Eigenschaften feststellen lassen will, alle ArbGeb und ArbGebVerbände zu beteiligen, die möglicherweise TV abschließen könnten, die in ihrer Wirksamkeit **von** der bevorstehenden **Entscheidung berührt** wären. Bei anderer Auffassung wäre angesichts der Vielzahl von TV, die auch kleine ArbN-Organisationen abschließen können, deren Tariffähigkeit oder -zu-

---

1 ZB BAG 22.11.1988 – 1 ABR 6/87, NZA 1989, 561; 14.12.1999 – 1 ABR 74/98, BAGE 93, 83. ||2 ZB BAG 12.11.1996 – 1 ABR 33/96, BAGE 84, 314; 27.9.2005 – 1 ABR 41/04, BAGE 116, 45; zur Zuständigkeit für einen TV nach § 3 BetrVG: BAG 29.7.2009 – 7 ABR 27/08, ArbuR 2009, 310; zu einem Zuständigkeitskonflikt zwischen ver.di und DHV BAG 11.6.2013 – 1 ABR 32/12, NZA 2013, 1363. ||3 BAG 18.7.2006 – 1 ABR 36/05, NZA 2006, 1225; 24.4.2007 – 1 ABR 27/06, NZA 2007, 1011; gegen BAG 23.10.1996 – 4 AZR 409/95 (A), BAGE 84, 238. ||4 BAG 17.4.2012 – 1 ABR 5/11, NZA 2012, 1104 (1107). ||5 BAG 29.6.2004 – 1 ABR 14/03, NZA 2004, 1236; 17.4.2012 – 1 ABR 5/11, NZA 2012, 1104 (1106). ||6 GMP/*Schlewing*, § 97 Rz. 18ff.; GK-ArbGG/*Dörner*, § 97 Rz. 25ff. ||7 Düwell/Lipke/*Lipke*, § 98 Rz. 5. ||8 GMP/*Schlewing*, § 97 Rz. 18; auch BAG 25.11.1986 – 1 ABR 22/85, BAGE 53, 347 (351); 10.5.1989 – 4 AZR 80/89, BAGE 62, 44. ||9 BAG 27.9.2005 – 1 ABR 41/05, BAGE 116, 45; Grunsky/*Greiner*, § 97 Rz. 10. ||10 BAG 13.3.2007 – 1 ABR 24/06, NZA 2007, 1069. ||11 BAG 25.9.1996 – 1 ABR 4/96, BAGE 84, 166 (176); 14.12.1999 – 1 ABR 44/98, BAGE 93, 83 (89).

ständigkeit umstritten ist, ein ordnungsgemäßes Verfahren nicht zu gewährleisten. Es bedarf einer derartigen Beteiligung bei solchen Streitigkeiten auch von Rechts wegen nicht. Das Bestehen oder Nichtbestehen der Tariffähigkeit **gegenwartsbezogen** festzustellen, ist eine ordnungspolitisch determinierte Entscheidung, die von Feststellungen und Bewertungen abhängt, zu denen potentielle „Tarif"-Partner nichts beitragen können. Die Entscheidung betrifft eine hoheitlicher Rechtsetzungsmacht vergleichbare Normsetzungsbefugnis, deren Zu- oder Aberkennung allenfalls reflexhaft, aber nicht iS einer Rechtseinräumung oder -beeinträchtigung potentielle Vertragspartner betrifft[1]. Regelmäßig reicht die Beteiligung der jeweiligen Spitzenverbände aus. Ohne eine unmittelbare, durch Tarifabschluss oder – kampfbegleitete – Tarifverhandlungen dokumentierte Beziehung zu der umstrittenen Vereinigung fehlt in jedem Falle deren Beteiligtenfähigkeit[2]. Anders ist es, wenn auf einen oder mehrere bestimmte Tarifabschlüsse in der **Vergangenheit bezogen** die Tarifunfähigkeit oder Tarifunzuständigkeit der am Tarifabschluss beteiligten ArbN-Organisation **geltend gemacht** wird. Hier sind die am Tarifabschluss auf ArbGeb-Seite Beteiligten anzuhören[3].

Nach der – **zweifelhaften** – Auffassung des BAG sind die **obersten Arbeitsbehörden** des Bundes oder eines Bundeslandes in dem jeweiligen durch Abs. 1 bestimmten Zuständigkeitsbereich zwar in jeder Fallkonstellation mögliche Antragsteller. Wenn sie keinen Antrag gestellt haben, sollen sie aber **nur** dann zu beteiligen sein, wenn es darum geht, mit Wirksamkeit ggü. jedermann (Rz. 15) die **Tariffähigkeit** einer Vereinigung festzustellen oder zu verneinen[4]. Wird um die Tarifzuständigkeit einer Vereinigung für bestimmte Betriebe und Unternehmen gestritten, sollen weder die obersten Arbeitsbehörden noch die Spitzenorganisationen auf ArbGeb- oder ArbN-Seite materiell beteiligt sein[5]. Immerhin hat der Gesetzgeber aber den obersten Arbeitsbehörden durch die Zuweisung der Antragsbefugnis eine **Wächterstellung** für zentrale Fragen der Tarifautonomie zugewiesen. Dem sollte man auch bei anderweitiger Verfahrenseinleitung durch Beteiligung als eine Art **Vertreter des öffentlichen Interesses** im Verfahren nach § 97 Rechnung tragen. Andernfalls kommt man nur ausnahmsw. zu einer Beteiligung der obersten Arbeitsbehörden des Bundes oder des zuständigen Landes[6].

5. Zulässigkeit des Antrags. Für die Antragstellung **örtlich zuständig** ist das ArbG, in dessen Bezirk die umstrittene Vereinigung ihren **Sitz** hat. Der **Antrag**, der im Allgemeinen auf die Feststellung der fehlenden Tariffähigkeit oder das Fehlen der Tarifzuständigkeit einer Vereinigung für einen bestimmten Betrieb, ein Unternehmen oder eine Branche gerichtet sein wird, ist nur dann zulässig, wenn für ihn ein § 256 ZPO genügendes **Feststellungsinteresse** besteht. Die Tariffähigkeit oder Tarifzuständigkeit muss allg. oder im Einzelfall umstritten und aus sonstigen tatsächlichen Gründen – insb. aus der Sicht einer obersten Arbeitsbehörde – klärungsbedürftig sein. Allerdings trifft ein ohne weitere Konkretisierung gestellter Antrag nur für den Zeitpunkt der **Rechtshängigkeit** eine feststellende **Aussage**. Da diese in aller Regel auch von der Satzungslage der betreffenden Organisation abhängig ist[7], **erstreckt** sie sich auch nur **auf** die **Rechtslage seit** Zustandekommen der **aktuell** gültigen **Satzung**. Um auch für davor liegende Zeiträume eine Klärung zu erreichen, bedarf es einer **Antragstellung**, die diese entsprechenden **Zeiträume** oder **Satzungslagen** der Vergangenheit in den Antrag aufnimmt[8].

6. Bedeutung des DGB-Schiedsverfahrens. Für die Feststellung der Tarifzuständigkeit im Konflikt **zwischen Einzelgewerkschaften** des Deutschen Gewerkschaftsbundes sieht § 16 der DGB-Satzung ein Vermittlungs- und Schiedsverfahren vor, das unter den beteiligten Einzelgewerkschaften die **Wirkungen** eines rechtskräftigen **Urteils** haben soll: Es ist im Erg. auch für einen ArbGeb oder ArbGebVerband verbindlich, was die für ihn zuständige DGB-Gewerkschaft angeht[9]. Auch die Gerichte haben die auf der Grundlage der **Koalitionsfreiheit** durch die DGB-Schiedsstelle in **authentischer Interpretation** und ggf. Ergänzung der Einzelsatzungen festgestellte Zuständigkeit als verbindlich hinzunehmen, es sei denn, die Schiedsstelle hätte selbst unter Berücksichtigung des ihr zustehenden **Beurteilungsspielraums** eine Satzung iS einer Zuständigkeitserweiterung **ergänzt**[10].

Schon im Hinblick hierauf **schließt** die Existenz des **Schiedsgerichts** nach § 16 der DGB-Satzung oder dessen Spruch die **Zulässigkeit** des Antrages einer DGB-Gewerkschaft **nicht** aus, die eigene Tarifzuständigkeit im Verhältnis zu einer anderen DGB-Gewerkschaft gerichtl. festzustellen, zumal solche Konflikte im Allgemeinen unter Beteiligung einzelner ArbGeb oder ArbGebVerbände stattfinden[11].

Eine für die ArbGebSeite im Erg. verbindliche Festlegung der Tarifzuständigkeit kann sich auch aus einer **im Schiedsstellenverfahren** getroffenen und deshalb verbindlichen[12] **Übereinkunft** der beteiligten

---

1 Im Erg. ebenso BAG 11.6.2013 – 1 ABR 33/12, NZA-RR 2013, 641. || 2 BAG 14.12.1999 – 1 ABR 74/98, BAGE 93, 83 (89). || 3 BAG 17.4.2012 – 1 ABR 5/11, NZA 2012, 1104. || 4 So BAG 25.11.1986 – 1 ABR 22/85, BAGE 53, 347. || 5 BAG 25.9.1996 – 1 ABR 4/96, BAGE 84, 166 (175); 14.12.1999 – 1 ABR 74/98, BAGE 93, 83 (89); 11.6.2013 – 1 ABR 32/12, NZA 2013, 1363. || 6 GK-ArbGG/*Dörner*, § 97 Rz. 24; GMP/*Schlewing*, § 97 Rz. 27. || 7 BAG 11.6.2013 – 1 ABR 33/12. || 8 BAG 17.4.2012 – 1 ABR 5/11, NZA 2012, 1104; ErfK/Koch, § 97 ArbGG Rz. 3. || 9 BAG 14.12.1999 – 1 ABR 74/98, BAGE 93, 83. || 10 BAG 25.9.1996 – 1 ABR 4/96, BAGE 84, 166; Entsprechendes soll für einen Vergleichsschluss vor dem DGB-Schiedsgericht gelten: BAG 27.9.2005 – 1 ABR 41/04, NZA 2006, 273. || 11 ZB BAG 25.9.1996 – 1 ABR 4/96, BAGE 83, 166; 12.11.1996 – 1 ABR 33/96, BAGE 84, 314. || 12 Verbindlich in dem Sinne, dass ein ArbGeb oder ein ArbGebVerband sich nicht exklusiv und das TV- und Arbeitskampfrecht gestaltend die genehmste Gewerkschaft aussuchen kann.

Gewerkschaften ergeben[1], nicht jedoch aus einer – unverbindlichen – Unzuständigkeitserklärung einer DGB-Gewerkschaft außerhalb eines Schiedsverfahrens[2].

14 Wenn sich die in den Satzungen festgelegten **Organisationsbereiche** einzelner DGB-Gewerkschaften **überschneiden** und eine – nicht erzwingbare – Klärung durch die DGB-Schiedsstelle nicht erfolgt ist, bleibt es bei der Zuständigkeit der **Gewerkschaft**, die **vor** Entstehen der **Konkurrenzsituation** als zuständig angesehen worden war[3].

15 **7. Rechtskraft und Entscheidungsübersendung.** Entscheidungen nach § 97, die stets durch die **Kammer** in voller Besetzung zu treffen sind, erwachsen wie jeder Beschluss im Beschlussverfahren in materielle Rechtskraft. Die **rechtskräftige Feststellung** der **Tariffähigkeit** oder ihres Fehlens wirkt im Umfang der Feststellung (Rz. 10) nach dem in § 97 V zum Ausdruck kommenden Willen des Gesetzgebers **ggü. jedermann**[4]. Wird in einem späteren Verfahren die rechtskräftig festgestellte Tarifunfähigkeit einer Organisation in Frage gestellt, ist das Gericht an die vorangegangene Entscheidung gebunden. Hält es dargelegte spätere Veränderungen bei der betreffenden Organisation für so gewichtig, dass eine andere Entscheidung in Betracht kommt, muss es erneut den Weg des § 97 V gehen. Entscheidungen über die **Tarifzuständigkeit** wirken zunächst zwischen den am Verfahren materiell Beteiligten. Sie wirken darüber hinaus **präjudiziell** in den im Hinblick auf das Beschlussverfahren ausgesetzten **Hauptsacheverfahren** und deren Parteien oder Beteiligte sowie in allen Verfahren, in denen es um TV geht, deren Wirksamkeit von der beurteilten Tarifzuständigkeit abhängen.

16 Nach Eintritt der Rechtskraft des Beschlusses über die Tariffähigkeit oder Tarifzuständigkeit einer Vereinigung ist diese Entscheidung entsprechend § 63 der zuständigen obersten Landesbehörde **und dem Bundesministerium für Arbeit und Soziales** in vollständiger Form schriftl. zu übersenden (Abs. 3).

17 Abs. 4 **erleichtert** die **Durchbrechung der Rechtskraft** von Beschlüssen über die Tariffähigkeit und Tarifzuständigkeit einer Vereinigung: Für eine Wiederaufnahme nach §§ 579, 580 ZPO reicht es aus, dass ein Beteiligter absichtlich unrichtige Angaben oder Aussagen gemacht hat. Eine Falschaussage unter Eid ist nicht erforderlich. Soweit die Wiederaufnahme mit einer Straftat begründet werden soll, bedarf es keiner rechtskräftigen Verurteilung; die Einleitung oder Durchführung des Strafverfahrens darf auch aus anderen Gründen als wegen des Mangels an Beweisen ausgeschlossen sein; § 581 ZPO ist unanwendbar.

18 **III. Tariffähigkeit und Tarifzuständigkeit als vorgreifliche Rechtsfragen (Abs. 5). Alle Rechtsstreitigkeiten** sind zur Durchführung eines Verfahrens nach § 97 von Amts wegen **auszusetzen**, für deren Entscheidung es darauf ankommt[5], ob eine ArbGeb- oder ArbN-Vereinigung tariffähig oder in einem bestimmten Bereich tarifzuständig ist oder ihre Tarifzuständigkeit wirksam beschränkt hat. Dies gilt **auch für Rechtsstreitigkeiten außerhalb der Arbeitsgerichtsbarkeit**, insb., aber nicht nur, für personalvertretungsrechtl. Streitigkeiten vor den VerwG[6] oder auch für Verfahren, in denen eine in ihrer Tariffähigkeit umstrittene Organisation dort geltend macht, durch eine Verordnung nach dem AEntG, wonach ein TV allg. anwendbar ist, in ihrer Betätigungsfreiheit als Gewerkschaft (Art. 9 III GG) beeinträchtigt zu sein. Die unabdingbare Aussetzungspflicht gilt nur **nicht** in Eilverfahren (**einstw. Verfügung**), denkbar insb. im Rahmen von Arbeitskämpfen. Hier muss das angerufene Gericht – vorläufig – selbst über Tariffähigkeit oder Tarifzuständigkeit mit erkennen, falls es hierauf für die Bescheidung des gestellten Eilantrages ankommt.

18a Vor der Aussetzung hat das Gericht umfassend zu prüfen, ob über den erhobenen Anspruch **auch ohne Klärung** der in § 2a I Nr. 4 genannten Eigenschaften abschließend entschieden werden kann. Es müssen **Schlüssigkeit** und Erheblichkeit des Parteivorbringens iÜ geprüft und eine danach erforderliche **Beweisaufnahme** durchgeführt werden. Fehlt es hieran und steht deshalb die Entscheidungserheblichkeit des Bestehens oder Nichtbestehens von Tariffähigkeit oder Tarifzuständigkeit nicht fest, muss der **Aussetzungsbeschluss aufgehoben** werden[7].

19 Es bedarf keiner Aussetzung des Verfahrens, wenn über Tariffähigkeit oder Tarifzuständigkeit einer Vereinigung **bereits rechtskräftig entschieden** ist, oder dann, wenn die **Frage** der Tariffähigkeit oder Tarifzuständigkeit **nicht (mehr) vorgreiflich** ist, etwa deshalb, weil der gestellte Sachantrag, für den es hierauf angekommen wäre, unzulässig (geworden) ist[8]. Die in jedem Stadium des Verfahrens gebotene[9] – eine **effektive Rechtsdurchsetzung** aber stets **verzögernde** und damit den **Justizgewährungsanspruch beeinträchtigende** – Aussetzung zur Durchführung eines Verfahrens nach § 97 hat auch dann zu unterbleiben, wenn **Tarifzuständigkeit oder Tariffähigkeit nicht nachvollziehbar in Frage gestellt** werden und beim erkennenden Gericht insoweit auch keine ernsthaften Bedenken bestehen, wobei sich das

---

1 BAG 14.12.1999 – 1 ABR 74/98, BAGE 93, 83. ||2 BAG 22.11.1988 – 1 ABR 6/87, NZA 1989, 561. ||3 BAG 12.11.1996 – 1 ABR 33/96, BAGE 84, 314. ||4 BAG 25.11.1986 – 1 ABR 22/85, BAGE 53, 347; 23.5.2012 – 1 AZB 58/11, NZA 2012, 623; ebenso GMP/*Schlewing*, § 97 Rz. 32 mwN; ErfK/*Koch*, § 97 ArbGG Rz. 5; Düwell/Lipke/*Lipke*, § 97 Rz. 8; aA GK-ArbGG/*Dörner*, § 97 Rz. 56. ||5 BAG 28.1.2008 – 3 AZB 30/07, NZA 2008, 489. ||6 Hauck/Helml/Biebl/*Hauck*, § 97 Rz. 8; GK-ArbGG/*Dörner*, § 97 Rz. 50; GMP/*Schlewing*, § 97 Rz. 11. ||7 BAG 24.7.2012 – 1 AZB 47/11, NZA 2012, 1061; ErfK/*Koch*, § 97 ArbGG Rz. 6. ||8 BAG 25.9.1996 – 1 ABR 25/96, NZA 1997, 668. ||9 BAG 23.10.1996 – 4 AZR 409/95 (A), NZA 1997, 383.

Prozessgericht auch ergänzend aus allgemein zugänglichen Quellen unterrichten und im Arbeitsleben geäußerte Vorbehalte berücksichtigen muss[1]. Das Gericht, bei dem die Tariffähigkeit einer Organisation ernstlich umstritten ist, ohne dass hierüber schon rechtskräftig entschieden wäre, kann nicht **ohne vorherige Aussetzung vom Fehlen der Tariffähigkeit** ausgehen, auch wenn es hieran keine ernstlichen Zweifel hat. Es ist ausgeschlossen, die Früchte koalitionsgemäßer Betätigung ohne Einhaltung des in § 97 V vorgeschriebenen Verfahrens vorzuenthalten. Anders kann es sich möglicherweise verhalten, wenn die Entscheidung über die Tarifunfähigkeit für bestimmte Zeiträume – wie im Falle der umstrittenen Tariffähigkeit der CGZP als Spitzenverband[2] – im ganz Wesentlichen nicht von tatsächlichen Voraussetzungen wie etwa einer hinreichenden Mächtigkeit abhängt, sondern davon, ob eine bestimmte Satzung den hier zu stellenden rechtl. Anforderungen entspricht und die rechtl. Bewertung des Satzungstextes anhand einer insoweit wortgleichen Satzung bereits höchstrichterlich mit entsprechendem Ergebnis erfolgt ist[3].

Hat das Hauptsachegericht zu Unrecht nicht nach Abs. 5 ausgesetzt, kann dies als **Verfahrensmangel** 20 geltend gemacht werden. Ein Aussetzungsbeschluss des ArbG ist nach § 78 ArbGG iVm. §§ 567 ff. ZPO **anfechtbar**.

98 Entscheidung über die Besetzung der Einigungsstelle

(1) In den Fällen des § 76 Abs. 2 Satz 2 und 3 des Betriebsverfassungsgesetzes entscheidet der Vorsitzende allein. Wegen fehlender Zuständigkeit der Einigungsstelle können die Anträge nur zurückgewiesen werden, wenn die Einigungsstelle offensichtlich unzuständig ist. Für das Verfahren gelten die §§ 80 bis 84 entsprechend. Die Einlassungs- und Ladungsfristen betragen 48 Stunden. Ein Richter darf nur dann zum Vorsitzenden der Einigungsstelle bestellt werden, wenn auf Grund der Geschäftsverteilung ausgeschlossen ist, dass er mit der Überprüfung, der Auslegung oder der Anwendung des Spruchs der Einigungsstelle befasst wird. Der Beschluss des Vorsitzenden soll den Beteiligten innerhalb von zwei Wochen nach Eingang des Antrags zugestellt werden; er ist den Beteiligten spätestens innerhalb von vier Wochen nach diesem Zeitpunkt zuzustellen.

(2) Gegen die Entscheidungen des Vorsitzenden findet die Beschwerde an das Landesarbeitsgericht statt. Die Beschwerde ist innerhalb einer Frist von zwei Wochen einzulegen und zu begründen. Für das Verfahren gelten § 87 Abs. 2 und 3 und die §§ 88 bis 90 Abs. 1 und 2 sowie § 91 Abs. 1 und 2 entsprechend mit der Maßgabe, dass an die Stelle der Kammer des Landesarbeitsgerichts der Vorsitzende tritt. Gegen dessen Entscheidungen findet kein Rechtsmittel statt.

Betriebl. Regelungen mitbestimmungspflichtiger Angelegenheiten müssen übereinstimmend zustande kommen. Zur im betriebl. Interesse liegenden zügigen Auflösung eines Dissenses sieht § 76 BetrVG das Verfahren vor der **Einigungsstelle** vor. Die Einigungsstelle ist mit einem unparteiischen Vorsitzenden und einer gleichen Anzahl von Beisitzern besetzt, die vom ArbGeb und vom BR weitgehend frei zu benennen sind[4]. § 98 stellt ein besonderes **beschleunigtes Beschlussverfahren** für den Fall zur Verfügung, dass sich die Betriebsparteien über die Person des Vorsitzenden und die Zahl der von jeder Seite zu benennenden Beisitzer nicht einigen. Es geht hier weder um die materielle Regelungsfrage noch um das Verfahren vor der Einigungsstelle[5], noch um die inhaltliche Kontrolle des Spruchs der Einigungsstelle[6]. Hierüber ist im allg. Beschlussverfahren nach § 80 bis § 96a zu entscheiden.

Das Verfahren nach § 98 soll ein **unverzügliches Tätigwerden** der Einigungsstelle (§ 76 III 1 BetrVG) ermöglichen. An ihm sind regelmäßig nur der ArbGeb und der BR zu **beteiligen**. Es wird durch einen **nicht fristgebundenen** Antrag eingeleitet. **Antragsbefugt** ist, wer die Einigungsstelle anrufen kann, also regelmäßig **jede** der beiden **Betriebsparteien**[7]. Auf Seiten des BR kann je nach Zuständigkeit für das zu Regelnde auch der GBR oder der KBR antragsbefugt sein. Eine besondere Antragsbefugnis anstelle des BR ergibt sich für den GBR aus § 47 VI BetrVG und für dem KBR aus § 55 IV BetrVG, wo es jeweils um eine Regelung der Verkleinerung der Gremien geht. Das Gesetz kennt aber auch eine Antragsbefugnis **nur** des ArbGeb[8] oder **nur des BR**[9]. Der **Antrag** soll die **Person** des vom Antragsteller gewünschten Einigungsstellenvorsitzenden namentlich bezeichnen und die angestrebte **Zahl** der Beisitzer benennen, muss dies aber nicht[10]. Notwendig ist die Benennung des **Regelungsbereichs**, in dem die Einigungsstelle tätig werden soll, also zB die Festlegung eines Schichtplanes für eine bestimmte Abteilung und Zeit. Der im Antrag beschriebene Gegenstand kann nicht durch **Widerantrag** verändert oder erweitert werden[11].

---

1 BAG 28.1.2008 – 3 AZB 30/07, NZA 2008, 489; 19.12.2012 – 1 AZB 72/12. ||2 BAG 14.12.2010 – 1 ABR 19/10, NZA 2011, 289. ||3 So u.a. LAG Hamm 30.6.2011 – 6 Sa 387/11; LAG Sa.-Anh. 2.11.2011 – 4 Ta 130/11; aA LAG Nürnberg 19.9.2011 – 2 Ta 128/11; LAG MV 9.9.2011 – 2 Ta 45/11; LAG Sachs. 8.9.2011 – 4 Ta 149/11; LAG Rh.-Pf. 17.8.2011 – 11 Ta 160/11; LAG BW 21.6.2011 – 11 Ta 10/11, BB 2011, 2557. ||4 *Fitting*, § 76 BetrVG Rz. 10; Jaeger/Röder/Heckelmann/*Trappehl/Wolff*, Kap. 8 Rz. 22, jew. mwN. ||5 Hierzu BAG 17.11.2010 – 7 ABR 100/09, NZA 2011, 221; *I. Schmidt*, JbArbR, Bd. 40 (2003), S. 121 ff.; *Eisemann*, FS 25 Jahre Arbeitsgemeinschaft Arbeitsrecht, 2006, S. 837 ff. mwN; *Deeg*, RdA 2011, 221. ||6 BAG 6.5.2003 – 1 ABR 11/02, BAGE 106, 95; *Richardi*, § 76 BetrVG Rz. 114 ff. mwN. ||7 §§ 39 I, 87 II, 91, 94 I, 95 II, 97 II, 98 IV, 109, 112 II, 116 III Nr. 2, 4 und 8 BetrVG sowie im freiwilligen Einigungsstellenverfahren nach § 76 VI BetrVG. ||8 §§ 37 VI 5, 38 II 4, 95 I 2 BetrVG. ||9 § 85 II BetrVG. ||10 ErfK/*Koch*, § 98 ArbGG Rz. 2. ||11 LAG Sachs. 12.10.2001 – 3 TaBV 22/01, LAGE § 98 ArbGG 1979 Nr. 37a.

3 Der Antrag muss auch **begründet** werden (§ 253 II Nr. 2 ZPO). Es ist darzulegen, um die Regelung welcher konkreten **Angelegenheit** der notwendigen Mitbest. es geht (§ 76 V BetrVG), oder in welcher bestimmten Angelegenheit sich die Betriebspartner **geeinigt** haben, eine **freiwillige Einigungsstelle** nach § 76 VI BetrVG zu errichten. Das darzulegende Rechtsschutzinteresse für den Antrag besteht, wenn der betriebl. Gegenspieler Verhandlungen zum Regelungsgegenstand von vornherein verweigert hat oder ernsthafte **Verhandlungen** in der Sache und über die Besetzung der Einigungsstelle **gescheitert** sind[1]. Die Gegenauffassung, die es der einzelnen Betriebspartei überlässt, autonom zu entscheiden, ob sie Verhandlungen mit der Gegenseite aufnimmt oder weiterführt, oder ob sie sie auf die Einigungsstelle delegiert[2], übersieht die Nachrangigkeit des unter Beteiligung von Dritten durchzuführenden Einigungsstellenverfahrens ggü. der betriebsautonomen Konfliktlösung[3]. Das Rechtsschutzinteresse kann auch dann fehlen, wenn die – etwa durch einen Interessenausgleich – zu regelnden Verhältnisse keiner Regelung mehr zugänglich sind – etwa weil die Betriebsänderung irreparabel durchgeführt ist[4].

4 Das **gerichtl. Verfahren** zur Entscheidung über den Antrag richtet sich zunächst nach §§ 80–84; ein **einstw. Verfügungsverfahren** nach § 85 II ist **ausgeschlossen**[5]. Über die Besetzung der Einigungsstelle ist nach § 83 I grds. **mündlich** allein vor dem Vorsitzenden zu **verhandeln**. Die Beteiligten sind anzuhören. Eine Entscheidung ohne mündliche Verhandlung kann nur bei Einverständnis aller Beteiligten erfolgen (§ 83 IV 2). Zur besonderen Beschleunigung des Verfahrens nach § 98, für das wie allg. der **Untersuchungsgrundsatz** gilt[6], sind die Ladungs- und Einlassungsfristen auf 48 Stunden verkürzt. Damit wird das – kaum erreichbare – Ziel verfolgt, die Entscheidung über die Besetzung der Einigungsstelle, die **der Vorsitzende stets allein** zu treffen hat, innerhalb von zwei Wochen seit Antragseingang zustellen zu können. Das besondere Eilverfahren des § 98 **schließt** trotz der umfassenden Verweisung in Abs. 1 S. 3 die Durchführung eines **Gütetermins** nach § 80 II 3 **aus** (§ 80 Rz. 8 mwN). Aus demselben Grund ist auch die **Aussetzung des Bestellungsverfahrens** mit der Begründung **ausgeschlossen**, es sei ein Beschlussverfahren anhängig, ob in der Angelegenheit, in der die Einigungsstelle tätig werden solle, überhaupt ein MitbestR besteht[7]. Der Vorsitzende hat anhand des Prüfungsmaßstabes der **nicht offensichtlichen Unzuständigkeit durchzuentscheiden**.

5 **Gegenstand der Entscheidung** ist allein die Bestimmung des unparteiischen Vorsitzenden der Einigungsstelle und/oder – nach dem Verhandlungsstand der Betriebspartner im Vorfeld und dem gestellten Antrag – der Zahl der Beisitzer von jeder Seite. Er hat **weder positiv noch negativ** über die **Zuständigkeit** der Einigungsstelle für den angesprochenen Regelungsgegenstand zu befinden. Er kann einen zulässigen Besetzungsantrag nur – ohne Rechtskraftwirkung insoweit – **zurückweisen**, wenn die Einigungsstelle **offensichtlich unzuständig** ist (S. 2), wenn also nach seiner fachkundigen Beurteilung sofort erkennbar ist, dass ein MitbestR unter keinem denkbaren rechtl. Gesichtspunkt infrage kommt[8], es offensichtlich ist, dass das erforderliche Einvernehmen der Betriebsparteien in ein freiwilliges Einigungsstellenverfahren fehlt, oder für den von den Betriebsparteien übereinstimmend angestrebten Regelungsgegenstand offensichtlich (zB wegen § 77 III BetrVG) keine betriebsverfassungsrechtl. Regelungsbefugnis besteht. Bei bloßem **rechtl. Zweifel** ist die Einigungsstelle **einzurichten** und zu besetzen; **tatsächliche Zweifelsfragen** sind **aufzuklären**[9]. Im Eilverfahren des § 98 gilt **der Maßstab der Offensichtlichkeit** nicht nur für den Einwand der Unzuständigkeit, sondern auch für die übrigen in diesem Verfahren zu entscheidenden Fragen[10].

6 Der Einwand, es fehle an einer mitbestimmungspflichtigen Angelegenheit, kann nur ausnahmsw. Erfolg haben, etwa wenn nach ständiger, nicht ernsthaft angefochtener **höchstrichterlicher Rspr.** für den angestrebten Regelungsgegenstand **kein MitbestR** infrage kommt. Gibt es keine höchstrichterliche Rspr. und erscheint die Annahme eines MitbestR zumindest vertretbar, ist die Einigungsstelle nicht offensichtlich unzuständig[11]. Dasselbe ist anzunehmen, wenn es eine nachvollziehbare gerichtl. Entscheidung gibt, die in einer vergleichbaren Fallkonstellation ein MitbestR bejaht hat[12]. Die gerichtl. Einrichtung einer Einigungsstelle scheidet auch dann aus, wenn zu dem angestrebten Regelungsgegenstand **bereits** eine voll wirksame und **ungekündigte BV** besteht[13]. Dadurch ist zwar nicht das betreffende MitbestR erloschen, „verbraucht". Solange es aber eine ungekündigte Regelung gibt, ist ein Bedarf für eine

---

1 LAG BW 16.10.1991 – 12 TaBV 10/91, LAGE § 98 ArbGG 1990 Nr. 21; GK-ArbGG/*Schleusener*, § 98 Rz. 8; ErfK/*Koch*, § 98 ArbGG Rz. 2. ||2 LAG Nds. 25.10.2005 – 1 TaBV 48/05, LAGE § 98 ArbGG Nr. 45; LAG Rh.-Pf. 2.11.2012 – 9 TaBV 34/12, mwN. ||3 Tendenziell LAG München 4.4.2007 – 8 TaBV 13/07, LAGE § 98 ArbGG 1979 Nr. 48b. ||4 LAG Nds. 14.2.2006 – 1 TaBV 105/05, LAGE § 98 ArbGG Nr. 46. ||5 Ebenso ErfK/*Koch*, § 98 ArbGG Rz. 4; GK-ArbGG/*Schleusener*, § 98 Rz. 13 mwN; aA *Bauer*, NZA 1992, 433 (436); *Bertelsmann*, AR-Blattei, Arbeitsgerichtsbarkeit XII A 3. d. ||6 § 83 I 1; LAG Düss. 10.12.1997 – 12 TaBV 61/97, LAGE § 98 ArbGG 1979 Nr. 31. ||7 BAG 24.11.1981 – 1 ABR 42/79, DB 1982, 1413; GK-ArbGG/*Schleusener*, § 98 Rz. 54 mwN. ||8 Zuletzt LAG Nds. 30.4.2013 – 1 TaBV 142/12. ||9 ZB LAG Düss. 10.12.1997 – 12 TaBV 61/97, LAGE § 98 ArbGG 1979 Nr. 31; zum in Nuancen umstrittenen Prüfungsmaßstab im Bestellungsverfahren: GK-ArbGG/*Schleusener*, § 98 Rz. 24; ErfK/*Koch*, § 98 ArbGG Rz. 3; GMP/*Schlewing*, § 98 Rz. 8, jew. mwN. ||10 LAG Hamburg 2.11.1988 – 4 TaBV 6/88, LAGE § 98 ArbGG 1979 Nr. 16; Jaeger/Röder/Heckelmann/*Trappehl*/*Wolff*, Kap. 8, Rz. 21 mwN auch zur Gegenauffassung. ||11 LAG Nürnberg 21.9.1992 – 7 TaBV 29/92 u. LAG Köln 5.12.2001 – 7 TaBV 71/01, LAGE § 98 ArbGG 1979 Nr. 23 u. 38. ||12 LAG Nds. 30.4.2013 – 1 TaBV 142/12. ||13 LAG Nds. 29.7.2008 – 1 TaBV 47/08, LAGE § 98 ArbGG 1979 Nr. 51 mwN; GMP/*Schlewing*, § 98 Rz. 9; aA LAG Köln 6.9.2005 – 4 TaBV 41/05, LAGE § 98 ArbGG Nr. 44a.

Neuregelung nicht erkennbar; allein die rechtl. Möglichkeit einer ablösenden Neuregelung reicht hierfür nicht aus. Der Errichtungsantrag ist in einem solchen Fall unzulässig. Der Antrag ist demggü. unbegründet, wenn es für den Regelungsgegenstand zweifelsfrei eine einschlägige und **umfassende tarifl. Regelung** gibt oder der antragstellende **BR** offensichtlich nicht oder **nicht** mehr **im Amt** ist, weil seine Wahl nichtig oder wirksam angefochten worden ist[1]. Demggü. ist es Sache der vom ArbG zu bestellenden Einigungsstelle, sich über die eigene Zuständigkeit Klarheit zu verschaffen[2] oder auch festzustellen, ob sich aus einer Betriebsänderung ausgleichsbedürftige Nachteile ergeben[3].

Hat der Vorsitzende der Kammer geklärt, dass der Errichtung der Einigungsstelle weder deren offensichtliche Unzuständigkeit noch sonstige offenkundige Mängel entgegenstehen, hat er über die **Besetzungsanträge** zu entscheiden. Hat der Antragsteller eine bestimmte **Person** als unparteiischen Vorsitzenden **benannt**, ist das ArbG zwar nicht in dem Sinne an diese Benennung gebunden, dass es dem Antrag nur entsprechen oder ihn zurückweisen kann. Bevor es jedoch eine andere Person zur(m) unparteiischen Vorsitzenden bestellt, muss es – schon um einen bösen Anschein zu vermeiden[4] – prüfen, ob und wenn ja welche Einwände gegen den Vorgeschlagenen erhoben werden, und inwiefern sie ein erfolgreiches Tätigwerden der Einigungsstelle von vornherein in Frage stellen. Nur nach Feststellung solcher zumindest nachvollziehbarer **Sachgründe** kann vom Besetzungsvorschlag des Antragstellers **abgewichen** werden[5]. Das Gericht kann danach dann von dem Vorschlag abweichen, wenn ihm die Einwände ernsthaft und nicht nur vorgeschoben erscheinen, weil bei einer streitigen Bestellung des Vorgeschlagenen der **Erfolg** der Einigungsstelle von vornherein **fraglich** ist[6]. In jedem Fall müssen alle Beteiligten vom Gericht angehört werden, will es einen anderen als den Vorgeschlagenen zum Vorsitzenden bestellen.

Soll ein **Richter der Arbeitsgerichtsbarkeit** zum Vorsitzenden der Einigungsstelle bestellt werden, bedarf dieser einer **Nebentätigkeitsgenehmigung**. Dabei, wie auch bei der Bestellung selbst, ist darauf zu achten, dass auf Grund der Geschäftsverteilung des Gerichtes ausgeschlossen ist, dass der Richter mit der Überprüfung, der Auslegung oder der Anwendung eines Spruchs der Einigungsstelle befasst wird (Abs. 1 S. 5). Eine Tätigkeit als Einigungsstellenvorsitzender ist also auch in einem im **eigenen Gerichtsbezirk** gelegenen Betrieb an sich möglich. Die vom Gesetz geforderte Verhinderung einer Nachbefassung durch die **Geschäftsverteilung** – und nicht erst durch Selbstablehnung – ist aber in aller Regel nur dann sichergestellt, wenn sich die Kammerzuständigkeit des betreffenden Gerichts nach dem Alphabet und dem Namen der am Verfahren beteiligten ArbGeb richtet, und das Einigungsstellenverfahren bei einem ArbGeb durchgeführt werden soll, für den der zu bestellende Vorsitzende hiernach nicht zuständig ist.

Die Beteiligten können wegen der Person des unparteiischen Vorsitzenden und wegen der Zahl der von jeder Seite zu benennenden Beisitzer einen **gerichtlichen Vergleich** nach § 83a schließen; auf einen nach Abs. 1 S. 5 ausgeschlossenen Vorsitzenden können sie sich aber nicht einigen[7]. Was die **Zahl der Beisitzer** angeht, hat sich in der Praxis als Ausgangspunkt eine Besetzung mit jeweils **zwei Beisitzern** bewährt, von der im Besetzungsverfahren nur abgewichen werden sollte, wenn besondere Umstände hierfür sprechen[8], wie etwa die Schwierigkeit des Regelungsgegenstandes, die Größe und die Art der vom Regelungsgegenstand betroffenen ArbN-Gruppen, die Kosten des Einigungsstellenverfahrens und die Leistungsfähigkeit des ArbGeb. Das ArbG ist auch hinsichtlich der **Zahl** der Beisitzer **nicht** an die Antragstellung **gebunden**, eine Abweichung vom Antrag – auch nach oben – bedarf aber auch hier wohl der Gegenvorstellung eines der Beteiligten und einer sachlichen Begründung (oben Rz. 7).

Weder der vom Gericht eingesetzte Vorsitzende noch die von den Betriebsparteien frei – auch was die nicht nach § 98 zu entscheidende Frage angeht, ob insoweit externe oder interne Beisitzer herangezogen werden[9] – auszuwählenden Beisitzer, wobei auf BR-Seite ein förmlicher Beschluss erforderlich ist[10], müssen das **Amt** in der Einigungsstelle **übernehmen**. Lehnt der zum Vorsitzenden Bestellte ab, muss ein neues Verfahren nach § 98 durchgeführt werden[11]. Eine gerichtl. **Abberufung** des bestellten Vorsitzenden ist nicht möglich. Die Betriebspartner können aber das bisherige Einigungsstellenverfahren, dessen **Gegenstandswert** sich regelmäßig auf 4 000 Euro beläuft[12], übereinstimmend erledigen und sich auf einen neuen Vorsitzenden für ein neues Verfahren einigen.

---

1 LAG Hamburg 2.11.1988 – 4 TaBV 6/88, LAGE § 98 ArbGG 1979 Nr. 16. ||2 Ein (Zwischen-)Spruch des Einigungsstelle zu ihrer Zuständigkeit ist nicht mit einem auf die Feststellung seiner Unwirksamkeit gerichteten Feststellungsklage anfechtbar: BAG 31.5.2005 – 1 ABR 22/04, BAGE 115, 49. ||3 LAG Hamburg 4.7.1991 – 1 TaBV 2/91, LAGE § 98 ArbGG 1979 Nr. 22. ||4 Vgl. *Bauer*, NZA 1992, 433; ErfK/*Koch*, § 98 ArbGG Rz. 2. ||5 ErfK/*Koch*, § 98 ArbGG Rz. 2; aA iS einer weitgehenden Wahlfreiheit des ArbG: GK-ArbGG/*Schleusener*, § 98 Rz. 32; GMP/*Schlewing*, § 98 Rz. 23. ||6 LAG Hess. 23.6.1988 – 12 TaBV 66/88, LAGE § 98 ArbGG 1979 Nr. 12; weiter LAG Bln.-Bbg. 8.4.2010 – 6 TaBV 4780/10, LAGE § 98 ArbGG 1979 Nr. 59, das auch bei nicht plausiblen Einwänden eines Dritten abstellt will; enger LAG Schl.-Holst. 23.6.1989 – 6 TaBV 23/89, LAGE § 98 ArbGG 1979 Nr. 17; LAG Hamburg 8.5.1995 – 7 TaBV 2/95, LAGE § 98 ArbGG 1979 Nr. 29; LAG Bln.-Bbg. 3.6. 2010 – 10 TaBV 1058/10, LAGE § 98 ArbGG 1979 Nr. 60 mwN. ||7 GK-ArbGG/*Schleusener*, § 98 Rz. 39; GMP/ *Schlewing*, § 98 Rz. 25. ||8 LAG Nds. 2.8.2007 – 1 TaBV 2/07, LAGE § 98 ArbGG Nr. 49a; LAG Hamm 18.3.2013 – 13 TaBV 34/13. ||9 ErfK/*Koch*, § 98 ArbGG Rz. 6. ||10 BAG 14.2.1996 – 7 ABR 24/95, NZA 1996, 1225. ||11 ErfK/*Koch*, § 98 ArbGG Rz. 5. ||12 LAG Köln 10.12.2012 – 10 Ta 298/12; ErfK/*Koch*, § 98 ArbGG Rz. 7.

11 Ist die Einigungsstelle durch Beschluss bestellt, kann sie über den **Regelungsstreit** entscheiden, für den sie **bestellt** worden ist. Darüber hinaus gehende Regelungen durch die Einigungsstelle sind nur dann möglich, wenn die Betriebsparteien die Einigungsstelle hierzu im laufenden Verfahren ermächtigen. Bestehen trotz der Bestellung der Einigungsstelle bei einer der Betriebsparteien weiterhin **Zweifel an der Zuständigkeit** der Einigungsstelle, kann dies nicht nur **vor** die **Einigungsstelle** gebracht, sondern auch in einem **gesonderten Beschlussverfahren** nach §§ 80–96a durch einen negativen Feststellungsantrag geklärt werden. Dieser Antrag kann **parallel** zum Einigungsstellenverfahren verfolgt werden, die Entscheidung hierüber ist für das Einigungsstellenverfahren aber **nicht vorgreiflich**. Darüber hinaus kann die Zuständigkeitsfrage bei der Anfechtung des Einigungsstellenspruchs nach § 76 V BetrVG mit aufgeworfen werden.

12 Die Entscheidung des ArbG nach § 98 kann durch eine Beschwerde beim **LAG** angefochten werden, die innerhalb einer **Notfrist**[1] von **zwei Wochen** ab Zustellung des Beschlusses eingelegt und begründet werden muss, wobei für die Beschwerdeschrift nach Abs. 2 S. 3 die **Formerfordernisse** des § 89 I gelten. In der **Beschwerdebegründung** muss eindeutig klargestellt werden, ob der Beschluss wegen der Entscheidung über die Bestellung als solche, also wegen offensichtlicher Unzuständigkeit, über die Person des Vorsitzenden und/oder über die Anzahl der Beisitzer angefochten wird. Eine **Verlängerung** der „Beschwerdebegründungsfrist" ist angesichts des besonders beschleunigten Verfahrens des § 98 **ausgeschlossen**; § 98 II 2, der um der Beschleunigung willen Beschwerde- und Beschwerdebegründungsfrist in einer gemeinsamen Frist festlegt, ist als abschließende Spezialregelung ggü. §§ 98 II 3, 87 II, 66 I 5 anzusehen[2]. Im **Umfang der Anfechtung** ist die Fehlerhaftigkeit der angefochtenen Entscheidung zu begründen. Der Vorsitzende der Kammer des LAG – **allein** – ist im Umfang der Anfechtung zur uneingeschränkten Überprüfung des Beschlusses erster Instanz befugt. Gegen seine Entscheidung gibt es **kein Rechtsmittel**.

99, 100 *(weggefallen)*

Vierter Teil. Schiedsvertrag in Arbeitsstreitigkeiten

101 *Grundsatz*

(1) Für bürgerliche Rechtsstreitigkeiten zwischen Tarifvertragsparteien aus Tarifverträgen oder über das Bestehen oder Nichtbestehen von Tarifverträgen können die Parteien des Tarifvertrags die Arbeitsgerichtsbarkeit allgemein oder für den Einzelfall durch die ausdrückliche Vereinbarung ausschließen, dass die Entscheidung durch ein Schiedsgericht erfolgen soll.

(2) Für bürgerliche Rechtsstreitigkeiten aus einem Arbeitsverhältnis, das sich nach einem Tarifvertrag bestimmt, können die Parteien des Tarifvertrags die Arbeitsgerichtsbarkeit im Tarifvertrag durch die ausdrückliche Vereinbarung ausschließen, dass die Entscheidung durch ein Schiedsgericht erfolgen soll, wenn der persönliche Geltungsbereich des Tarifvertrags überwiegend Bühnenkünstler, Filmschaffende oder Artisten umfasst. Die Vereinbarung gilt nur für tarifgebundene Personen. Sie erstreckt sich auf Parteien, deren Verhältnisse sich aus anderen Gründen nach dem Tarifvertrag regeln, wenn die Parteien dies ausdrücklich und schriftlich vereinbart haben; der Mangel der Form wird durch Einlassung auf die schiedsgerichtliche Verhandlung zur Hauptsache geheilt.

(3) Die Vorschriften der Zivilprozessordnung über das schiedsrichterliche Verfahren finden in Arbeitssachen keine Anwendung.

1 I. Vorbemerkung. Durch das schiedsgerichtl. Verfahren wird die staatl. Gerichtsbarkeit nach Maßgabe der §§ 101 ff. ersetzt. Als Sondervorschriften des Arbeitsrechts verdrängen sie insoweit die Bestimmungen der ZPO über das schiedsrichterliche Verfahren (§§ 1025 ff. ZPO), deren Anwendung nach Abs. 3 ausdrücklich ausgeschlossen ist.

2 Zwar ist das schiedsgerichtl. Verfahren kein Teil des staatl. ArbGV, was insb. daran deutlich wird, dass ein Schiedsspruch nicht ohne weiteres vollstreckbar ist, sondern erst vom zuständigen ArbG für vollstreckbar erklärt werden muss (§ 109 I). Funktionell betreiben aber auch die Schiedsgerichte Rspr.: Ein rechtskräftiger Schiedsspruch hat dieselben Wirkungen wie ein rechtskräftiges Urteil des ArbG (§ 108 IV).

3 Es besteht ein unmittelbarer Regelungszusammenhang mit § 4, wonach „nur" in den Fällen des § 2 I und II die Arbeitsgerichtsbarkeit nach Maßgabe der §§ 101 ff. ausgeschlossen werden kann. Daraus folgt, dass eine Schiedsvereinbarung nur im Urteilsverfahren und nicht im Beschlussverfahren zulässig ist.

---

[1] GMP/*Schlewing*, § 98 Rz. 38; ErfK/*Koch*, § 98 ArbGG Rz. 7. || [2] ErfK/*Koch*, § 98 ArbGG Rz. 7; aA LAG BW 20.12.2012 – 1 TaBV 1/12, ZTR 2013, 151; GK-ArbGG/*Schleusener*, § 98 Rz. 49 („moderate" Verlängerung statthaft).

Durch Schiedsvertrag kann die Arbeitsgerichtsbarkeit auch nur in den „Arbeitssachen" ausgeschlossen werden, die in den Abs. 1 und 2 beschrieben sind. Für die übrigen Arbeitsrechtsstreitigkeiten kann eine Schiedsvereinbarung weder nach dem ArbGG noch nach der ZPO getroffen werden[1]. 4

II. Parteien des Schiedsvertrages. Beide Arten des Schiedsvertrages, die in Abs. 1 geregelte sog. **Gesamtschiedsvereinbarung** und die in Abs. 2 behandelte sog. **Einzelschiedsvereinbarung**, sind den **TV-Parteien** vorbehalten, also den Gewerkschaften einerseits und dem ArbGeb sowie ArbGebVerbänden andererseits (§ 2 I TVG). Daraus folgt, dass weder die Arbeitsvertragsparteien durch Arbeitsvertrag noch die Betriebsparteien durch BV wirksam ein Schiedsgericht installieren können. Unwirksam ist etwa die Regelung in einem Sozialplan, dass hieraus entstehende Streitigkeiten zwischen ArbGeb und ArbN durch eine Einigungsstelle verbindlich entschieden werden sollen[2]. Zulässig ist es demggü., vorab die Einigungsstelle über die Rechtsfrage entscheiden zu lassen, welchen Inhalt eine abgeschlossene BV hat[3]. 5

Den Arbeitsvertrags- und Betriebsparteien verbleibt allerdings die Möglichkeit, sich zur Leistungsbestimmung auf ein Schiedsgutachten nach Maßgabe der §§ 317, 319 BGB zu verständigen. So dürfen die Betriebsparteien etwa **paritätische Kommissionen** zur verbindlichen Beurteilung eingereichter Verbesserungsvorschläge einrichten[4]. Das Schiedsgutachten unterliegt jedoch, anders als der Schiedsspruch, einer inhaltlichen Kontrolle durch das staatl. Gericht[5]. 6

III. Das tarifbezogene Schiedsgericht (sog. Gesamtschiedsvereinbarung). Für die in Abs. 1 genannten Rechtsstreitigkeiten aus TV oder über das Bestehen oder Nichtbestehen von TV können die Tarifparteien die Arbeitsgerichtsbarkeit allg. oder für den Einzelfall durch die ausdrückliche Vereinbarung eines Schiedsgerichts ausschließen. Auch wenn eine besondere Form der Vereinbarung nicht vorgesehen ist, sollte schon aus Nachweisgründen wie bei dem TV selbst (§ 1 II TVG) die Schriftform gewählt werden. Letztlich genügt die ausdrückliche Erklärung vor dem Schiedsgericht, das Gericht solle den Rechtsstreit entscheiden. 7

Die Streitigkeiten können sowohl aus dem obligatorischen als auch aus dem normativen Teil des TV resultieren. In Betracht kommen die schuldrechtl. Pflichten zur Durchführung des TV und/oder entsprechende Einwirkung auf die Verbandsmitglieder, zur Unterlassung von Arbeitskampfmaßnahmen, die gegen die tarifl. Friedenspflicht verstoßen, ferner der Streit um die Auslegung eines TV[6]. Stets muss es sich um **Rechtsstreitigkeiten** handeln, für die ohne ein Schiedsvertrag das staatl. ArbG zuständig wäre. Für **Regelungsstreitigkeiten**, etwa im Zusammenhang mit laufenden TV-Verhandlungen, kann nur das sog. **Schlichtungsverfahren** vereinbart werden. 8

Keine schiedsgerichtl. Zuständigkeit besteht auch für die zur Zwangsvollstreckung der ZPO gehörenden **Eilverfahren (Arrest und einstw. Verfügung)**. Die ohne weiteres vollstreckbaren Entscheidungen können nur von den staatl. Gerichten für Arbeitssachen getroffen werden[7]. Gleiches gilt für die **Vollstreckungsabwehrklage** (§ 767 ZPO) und die **Drittwiderspruchsklage** (§ 771 ZPO). 9

IV. Das arbeitsvertragsbezogene Schiedsgericht (sog. Einzelschiedsvereinbarung). Für **bestimmte Berufsgruppen**, nämlich für Bühnenkünstler, Filmschaffende oder Artisten kann die Arbeitsgerichtsbarkeit durch eine Schiedsvereinbarung für bürgerl. Rechtsstreitigkeiten aus einem ArbVerh ausgeschlossen werden. Als Bühnenkünstler erfasst werden **Schauspieler, Opernsänger, Chorsänger, Tänzer, Regisseure** und technisches Personal der Bühnen, soweit es **künstlerische Aufgaben** mit einer gewissen Gestaltungsfreiheit wahrnimmt. § 53 Normalvertrag Bühne enthält für diesen Personenkreis eine Schiedsvereinbarung, die die Arbeitsgerichtsbarkeit ausschließt[8]. Für andere als die im Gesetz genannten Berufsgruppen steht die Schiedsgerichtsbarkeit nicht zur Verfügung. 10

Sachlich erfasst werden **bürgerl. Rechtsstreitigkeiten aus einem ArbVerh**. Aus dieser knappen Formulierung lässt sich nicht ableiten, dass etwa Klagen auf Schadensersatz wegen Verschuldens bei Vertragsschluss oder Klagen mit dem Ziel, das Zustandekommen eines Arbeitsvertrages feststellen zu lassen, nicht vor die Schiedsgerichte gebracht werden könnten[9]. Vielmehr erstreckt sich die schiedsgerichtl. Zuständigkeit je nach konkreter tarifl. Regelung der Schiedsgerichtsbarkeit auf den **Gesamtkatalog der Streitigkeiten des § 2 I Nr. 3**. So ist zB in § 1 I TV über die Bühnenschiedsgerichtsbarkeit für Opernchöre (BSchGO-C) zulässigerweise bestimmt, dass über bürgerl. Rechtsstreitigkeiten iSd. § 2 ArbGG zwischen Theaterveranstaltern und Opernchorsängern sowie Tanzgruppenmitgliedern ständige Schiedsgerichte unter Ausschluss der Arbeitsgerichtsbarkeit entscheiden[10]. Erfasst werden daher insb. **auch alle Bestandsschutzklagen (Kündigungsschutzklagen, Entfristungs- und Verlängerungsklagen)**. Gleiches gilt für Streitigkeiten aus **Nachwirkungen** eines ArbVerh und aus **unerlaubten Handlungen** im Zusammenhang mit einem ArbVerh. 11

---

1 Vgl. Düwell/Lipke/*Voßkühler*, § 101 Rz. 8. || 2 BAG 27.10.1987 – 1 AZR 80/86, AP Nr. 22 zu § 76 BetrVG 1972. ||3 BAG 20.11.1990 – 1 ABR 45/89, AP Nr. 43 zu § 76 BetrVG 1972. || 4 Vgl. BAG 20.1.2004 – 9 AZR 393/03, NZA 2004, 994. || 5 Vgl. BAG 18.12.1980 – 2 AZR 934/78, NJW 1982, 713. || 6 Vgl. zB § 15 BMTV Güterverkehrsgewerbe NRW; § 25 MTV Einzelhandel NRW. || 7 Vgl. LAG Köln 7.9.1982 – 1 Sa 608/82; LAG Sachs. 2.9.1998 – 2 Sa 906/98, MDR 1999, 812. ||8 Vgl. BAG 25.2.2009 – 7 AZR 942/07; 28.1.2009 – 4 AZR 987/07; LAG Sachs. 30.1. 2009 – 2 Sa 225/08. ||9 Vgl. nunmehr auch Düwell/Lipke/*Voßkühler*, § 101 Rz. 27, 28. || 10 Vgl. auch die Generalklausel in § 53 Normalvertrag Bühne v. 15.10.2002.

12 **1. Unmittelbare Tarifgeltung (Abs. 2 S. 2).** Die beiderseitige Tarifgebundenheit nach § 3 I TVG bewirkt gem. § 4 I TVG eine unmittelbare und zwingende Geltung der Schiedsvereinbarung. Das wird durch Abs. 2 S. 2 lediglich klargestellt. Auch wenn die Tarifbindung ausnahmsweise auf Grund einer **Allgemeinverbindlichkeit** nach § 5 TVG eintritt, besteht eine unmittelbare Bindung an die Schiedsvereinbarung als Teil der anzuwendenden Tarifnormen[1].

13 Die Schiedsklausel mit der vorrangigen Zuständigkeit des Schiedsgerichts ist für die tarifgebundenen Arbeitsvertragsparteien **unabdingbar**. Bei den einschlägigen Regelungen handelt es sich um Inhaltsnormen iSd. § 4 I TVG, von denen nach § 4 III und IV TVG nicht abgewichen werden darf, weil eine Abweichung zu Gunsten der ArbN regelmäßig nicht in Betracht kommt[2].

14 **2. Einzelvertragliche Übernahmevereinbarung (Abs. 2 S. 3).** Die allein zulässige tarifl. Schiedsklausel kann auch durch einzelvertragl. Vereinbarung auf nicht tarifgebundene ArbVerh erstreckt werden. Voraussetzung ist allerdings, dass sich das ArbVerh **aus anderen Gründen nach dem TV regeln muss**. Insoweit reicht jede – auch formlos mögliche – Inbezugnahme auf den TV oder eine sog. Gleichstellungsabrede mit dem tarifgebundenen ArbGeb aus[3]. Die lediglich herausgreifende Bezugnahme auf einzelne Bestimmungen eines TV erfüllt diese Voraussetzung nicht[4].

15 Die Erstreckung durch einzelvertragl. Vereinbarung ist auch auf Mitglieder anderer Gewerkschaften zulässig, wenn diese einer Schiedsgerichtsordnung kraft Tarifgebundenheit nicht – mehr – unterliegen und eine solche Schiedsklausel tarifl. nicht gerade ausgeschlossen ist. Ist etwa die Schiedsgerichtsordnung von einer Gewerkschaft unter Ausschluss der Nachwirkung gekündigt worden, so kann für die Mitglieder dieser Gewerkschaft durchaus die Anwendung der Schiedsvereinbarung mit einer anderen Gewerkschaft verabredet werden[5].

16 Die von der einzelvertragl. Inbezugnahme eines TV zu unterscheidende **besondere Übernahmevereinbarung** hinsichtlich der Schiedsklausel muss **ausdrückl. und schriftl.** erfolgen. Es genügt die Abrede, dass für Streitigkeiten aus dem Dienstverhältnis (eines Chordirektors) die Bühnenschiedsgerichte zuständig sind[6]. Eine gleichwohl beim ArbG erhobene Klage ist dann auf die Einrede des Schiedsvertrags nach § 102 I als unzulässig abzuweisen. Wird die Schriftform nach Maßgabe des § 126 BGB nicht eingehalten, so kann sich jeder Vertragspartner auf den Mangel der Form berufen.

17 Der Formmangel, aber nur dieser und nicht das Fehlen der übrigen Voraussetzungen, wird nach Abs. 2 S. 3 Hs. 2 **durch Einlassung** auf die schiedsgerichtl. Verhandlung **zur Hauptsache geheilt**. Die rügelose schriftl. Stellungnahme vor Beginn der mündl. Verhandlung, die nach § 105 II vorgeschrieben ist, genügt nicht. Erforderlich ist vielmehr das rügelose Verhandeln zu den Sachanträgen bei der Anhörung vor dem Schiedsgericht. Eine Heilung tritt daher nicht ein, wenn eine Partei dem Verhandlungstermin unentschuldigt fernbleibt. In diesem Fall ist zwar nach § 105 III der Pflicht zur Anhörung genügt, aber keine Einlassung zur Hauptsache gegeben[7]. Die Klage muss wegen der Unzuständigkeit des Schiedsgerichts als unzulässig abgewiesen werden.

102–109 *(nicht kommentiert)*[8]

110 *Aufhebungsklage*
(1) Auf Aufhebung des Schiedsspruchs kann geklagt werden,
1. wenn das schiedsgerichtliche Verfahren unzulässig war;
2. wenn der Schiedsspruch auf der Verletzung einer Rechtsnorm beruht;
3. wenn die Voraussetzungen vorliegen, unter denen gegen ein gerichtliches Urteil nach § 580 Nr. 1 bis 6 der Zivilprozessordnung die Restitutionsklage zulässig wäre.

(2) Für die Klage ist das Arbeitsgericht zuständig, das für die Geltendmachung des Anspruchs zuständig wäre.

(3) Die Klage ist binnen einer Notfrist von zwei Wochen zu erheben. Die Frist beginnt in den Fällen des Absatzes 1 Nr. 1 und 2 mit der Zustellung des Schiedsspruchs. Im Falle des Absatzes 1 Nr. 3 beginnt sie mit der Rechtskraft des Urteils, das die Verurteilung wegen der Straftat ausspricht, oder mit dem Tag, an dem der Partei bekannt geworden ist, dass die Einleitung oder die Durchführung des Verfahrens nicht erfolgen kann; nach Ablauf von zehn Jahren, von der Zustellung des Schiedsspruchs an gerechnet, ist die Klage unstatthaft.

---

1 Vgl. GMP/*Germelmann*, § 101 Rz. 24; Düwell/Lipke/*Voßkühler*, § 101 Rz. 45. ‖2 Vgl. Düwell/Lipke/*Voßkühler*, § 101 Rz. 46; GMP/*Germelmann*, § 101 Rz. 25 mwN. ‖3 Vgl. LAG Köln 24.5.2007 u. v. 29.5.2008 – 10 Sa 593/06. ‖4 Zutr. GMP/*Germelmann*, § 101 Rz. 27. ‖5 Vgl. BAG 10.4.1996 – 10 AZR 722/95, AP Nr. 4 zu § 101 ArbGG 1979. ‖6 Vgl. LAG Nürnberg 24.10.2012 – 2 Sa 131/12. ‖7 Zutr. Düwell/Lipke/*Voßkühler*, § 101 Rz. 53; aA GMP/*Germelmann*, § 101 Rz. 31. ‖8 Wegen der Erläuterungen zu den §§ 102–109 wird auf die 1. Aufl. verwiesen.

(4) Ist der Schiedsspruch für vollstreckbar erklärt, so ist in dem der Klage stattgebenden Urteil auch die **Aufhebung der Vollstreckbarkeitserklärung** auszusprechen.

I. Grundsätze des Aufhebungsverfahrens. Das Aufhebungsverfahren führt zu einer rechtl. Überprüfung des Schiedsspruchs nach näherer Maßgabe des § 110. Es hat **revisionsähnlichen Charakter**[1]. Daraus folgt, dass neue Tatsachen und Beweismittel grds. nicht mehr vorgebracht werden können. Die Beweiswürdigung des Schiedsgerichts kann nur mit einer Verfahrensrüge als fehlerhaft angegriffen werden. 1

Das **Revisionsrecht** der ZPO ist **entsprechend anzuwenden**, soweit dies mit der selbständigen Ausgestaltung des Schiedsgerichtsverfahrens einerseits und des arbeitsgerichtl. Aufhebungsverfahrens andererseits vereinbar ist[2]. Das Aufhebungsgericht ist daher gem. **§ 557 II ZPO** nicht an die geltend gemachten Aufhebungsgründe gebunden. Allerdings dürfen Verfahrensmängel, die nicht von Amts wegen zu berücksichtigen sind, nur geprüft werden, wenn sie nach den §§ 551, 554 III ZPO rechtzeitig gerügt worden sind, dh. unverzüglich nach Erhebung der Aufhebungsklage, mindestens aber innerhalb der einmonatigen Revisionsfrist[3]. Anwendbar ist ferner **§ 559 II ZPO**, wonach das Aufhebungsgericht die vom Schiedsgericht festgestellten Tatsachen zugrunde zu legen hat. 2

Demggü. scheidet eine analoge Anwendung des § 563 ZPO im Verhältnis zwischen Schiedsgerichtsbarkeit und Arbeitsgerichtsbarkeit aus[4]: Eine **Zurückverweisung** des Rechtsstreits **an die (Bühnen-)Schiedsgerichtsbarkeit** ist **ausgeschlossen**, weil das Schiedsgerichtsverfahren mit dem Erlass des Schiedsspruchs verbraucht ist und die Kompetenz zur Sachentscheidung nach Aufhebung des Schiedsspruchs allein den Gerichten für Arbeitssachen zusteht. Eine andere Handhabung wäre auch mit dem Gebot einer effektiven Rechtsschutzgewährung kaum vereinbar. 3

Wenn das ArbG bzw. LAG weitere tatsächliche Feststellungen für erforderlich hält, hat es diese selbst zu treffen und den Rechtsstreit in der Sache abschließend zu entscheiden[5]. Voraussetzung dafür ist aber, dass neben dem **Aufhebungsverfahren** zugleich das **Sachverfahren** bei den Gerichten für Arbeitssachen anhängig ist. Der Schiedskläger kann das je nach Ausgangslage durch verschiedene Prozessmittel erreichen: Hat er vor dem Schiedsgericht obsiegt, so kann er als Beklagter der Aufhebungsklage seinen Sachantrag mit der **(Hilfs-)Widerklage** weiterverfolgen. War die Schiedsklage erfolglos, so kann er als Aufhebungskläger sein materielles Klageziel im Wege der objektiven **Klagehäufung** geltend machen. Wegen der Identität der Streitgegenstände steht dem „gleichartigen Antrag" zwar an sich der Einwand der Rechtshängigkeit entgegen. Das BAG hält es aber aus Gründen der **Prozesswirtschaftlichkeit** für zulässig, dass zugleich vorsorglich über den erneuerten Sachantrag verhandelt und – unter dem Vorbehalt einer rechtskräftigen Aufhebung des Schiedsspruchs – auch entschieden werden kann[6]. 4

Eine besondere Situation tritt im **Bühnenbereich** wegen des zweistufigen Schiedsgerichtsverfahrens dann ein, wenn der Kläger zwar in der ersten Instanz obsiegt, das Berufungsgericht aber den Schiedsspruch ändert und seine Klage abweist. In diesem Fall genügt die schlichte Aufhebungsantrag zur Durchsetzung des Sachbegehrens, weil durch die Aufhebung des Berufungsschiedsspruchs die für ihn günstige Sachentscheidung des Bühnenschiedsgerichts wiederhergestellt wird[7]. 5

II. Aufhebungsgründe. 1. Unzulässigkeit des schiedsgerichtlichen Verfahrens. Der Aufhebungsgrund des **Abs. 1 Nr. 1** erfasst Mängel, die das gesamte Verfahren betreffen, also insb. seiner Einl. oder Fortsetzung entgegenstehen. Das schiedsgerichtliche Verfahren ist immer dann unzulässig, wenn die Voraussetzungen des § 101 nicht gegeben sind. 6

Erhebliche Verfahrensmängel können nur Verstöße gegen die im ArbGG geregelten Verfahrensvorschriften sein, zB eine Verletzung des Grundsatzes der vorherigen Anhörung der Parteien nach § 105 I. Demggü. können Verstöße des Schiedsgerichts gegen tarifl. Vorschriften über das schiedsgerichtl. Verfahren weder nach Nr. 1 noch nach Nr. 2 mit einer Aufhebungsklage erfolgreich gerügt werden[8]. Selbst wenn das Bühnenoberschiedsgericht die tarifvertragl. Verfahrensordnung falsch anwendet, darf im Rahmen der Aufhebungsklage nicht etwa die Berufung der Beklagten als unzulässig verworfen werden. Vielmehr müssen die Gerichte für Arbeitssachen das vor dem Schiedsgericht verhandelte Sachbegehren bescheiden. 7

2. Verletzung einer Rechtsnorm. Der Aufhebungsgrund des **Abs. 1 Nr. 2** erfasst wie § 73 I Verstöße gegen **materielle und formelle Rechtsnormen**. Materielle Rechtsfehler sind wie im Revisionsverfahren von Amts wegen zu berücksichtigen[9]. Das folgt aus entsprechender Anwendung des § 557 III 1 ZPO. 8

---

1 BAG 2.7.2003 – 7 AZR 613/02, NZA 2004, 1119; 18.4.1986 – 7 AZR 114/85, AP Nr. 27 zu § 611 BGB Bühnenengagementsvertrag; 7.11.1995 – 3 AZR 955/94, AP Nr. 48 zu § 611 BGB Bühnenengagementsvertrag. ||2 BAG 27.1.1993 – 7 AZR 124/92, EzA § 110 ArbGG 1979 Nr. 1. ||3 BAG 26.4.1990 – 6 AZR 462/88, AP Nr. 42 zu § 611 BGB Bühnenengagementsvertrag; enger dagegen BAG 18.4.1986 – 7 AZR 114/85, AP Nr. 27 zu § 611 BGB Bühnenengagementsvertrag. ||4 BAG 27.1.1993 – 7 AZR 124/92, AP Nr. 3 zu § 110 ArbGG 1979. ||5 LAG Köln 12.11.1998 – 6 Sa 1225/97. ||6 BAG 27.1.1993 – 7 AZR 124/92, AP Nr. 3 zu § 110 ArbGG 1979. ||7 Ebenso Düwell/Lipke/Voßkühler, § 110 Rz. 2. ||8 Vgl. BAG 15.2.2012 – 7 AZR 626/10 mwN. ||9 BAG 18.4.1986 – 7 AZR 114/85, AP Nr. 27 zu § 611 BGB Bühnenengagementsvertrag.

9   Dagegen darf der Schiedsspruch auf **Verfahrensmängel**, die nicht von Amts wegen zu berücksichtigen sind, nur geprüft werden, wenn die Mängel nach den §§ 551, 554 ZPO gerügt worden sind. So muss etwa in der Aufhebungsklageschrift oder spätestens in der Berufungsbegründung ggü. dem LAG ausdrücklich beanstandet und näher dargelegt werden, dass das Schiedsgericht gegen den Grundsatz der Gewährung rechtl. Gehörs verstoßen habe oder fehlerhaft besetzt gewesen sei[1].

10 **Materielle Rechtsfehler** können in der falschen Auslegung von Willenserklärungen oder Verträgen nach den §§ 133, 157 BGB oder auch von Tarifrecht liegen[2]. Bei der Auslegung unbestimmter tariflicher Rechtsbegriffe haben die Bühnenschiedsgerichte allerdings wegen des Bezugs zur Kunstfreiheit des Art. 5 III GG einen weiten Beurteilungsspielraum[3]. In Betracht kommen ferner Verstöße gegen die Grundsätze der Darlegungs- und Beweislast sowie eine fehlerhafte Beweiswürdigung.

11 Die Rechtsprüfung durch das Aufhebungsgericht bezieht sich auf die Rechtslage, die zum Zeitpunkt des Schiedsspruchs bestanden hat. Spätere Änderungen von Gesetzen oder Tarifnormen können mangels Rückwirkung grds. ebenso wenig berücksichtigt werden wie neue Tatsachen. Erst wenn die Tatsachenfeststellung durch das Schiedsgericht infolge der Aufhebung des Schiedsspruchs keinen Bestand mehr hat, können **im Rahmen des weiteren Sachverfahrens** auch **neue Tatsachen** vorgebracht werden.

12 **3. Restitutionsklagegründe.** Der Aufhebungsgrund des **Abs. 1 Nr. 3** ist an die Voraussetzungen geknüpft, unter denen gegen ein gerichtl. Urteil nach § 580 Nr. 1–6 ZPO die Restitutionsklage zulässig wäre. Wegen der **Hilfsnatur der Restitutionsklage** muss entsprechend § 582 ZPO stets geprüft werden, ob der Wiederaufnahmegrund nicht schon in dem früheren Verfahren einschl. der normalen Aufhebungsklage binnen der zweiwöchigen Klagefrist geltend gemacht werden konnte.

13 Eine **Nichtigkeitsklage** nach Maßgabe des § 579 ZPO ist demggü. **ausgeschlossen**. Soweit Nichtigkeitsgründe vorliegen, müssen sie mit der normalen Aufhebungsklage als Rechtsverletzung nach Nr. 2 verfolgt werden.

14 **III. Aufhebungsklage.** Für die Klage ist nach Abs. 2 das ArbG **örtlich zuständig**, das für die Geltendmachung des Anspruchs zuständig wäre. Nach § 48 II können die Tarifparteien allerdings die Zuständigkeit eines an sich unzuständigen ArbG mit Wirkung für die Arbeitsvertragsparteien vereinbaren. Für den **Bühnenbereich** ist eine solche **Prorogation** in den §§ 38 BSchGO, 37 BSchGO-C vorgenommen worden: Danach ist die Aufhebungsklage gegen einen Schiedsspruch des Bühnenschiedsgerichts, gegen den eine Berufung nicht zulässig ist, sowie gegen einen Schiedsspruch des Bühnenoberschiedsgerichts binnen einer Notfrist von zwei Wochen ausschließlich beim **ArbG Köln** zu erheben.

15 Da es sich bei der **Klagefrist von zwei Wochen** nach Abs. 3 S. 1 um eine **Notfrist** handelt, kann bei einer schuldlosen Versäumung Wiedereinsetzung in den vorigen Stand nach Maßgabe der §§ 233 ff. ZPO beantragt werden.

16 Die Klagefrist beginnt – abgesehen von der Sonderregelung für die Restitutionsfälle – mit der Zustellung des Schiedsspruchs gem. den Anforderungen des § 108 II 2 und 3. Der Fristbeginn richtet sich nach dem Zustellungszeitpunkt an die jeweils betroffene Partei. Insoweit kann nichts anderes gelten als bei den Rechtsmittelfristen der §§ 66, 74. Die Ansicht, es sei einheitlich auf die Zustellung an die letzte Partei abzustellen[4], vermag nicht zu überzeugen[5].

17 Der **Inhalt der Aufhebungsklageschrift** muss den Anforderungen des § 253 ZPO genügen, also insb. die „bestimmte Angabe des Gegenstandes und des Grundes des erhobenen Anspruchs" beinhalten. Dies bedeutet, dass der Aufhebungskläger bereits innerhalb der Klagefrist und zweckmäßig sogleich in der Klageschrift die Aufhebungsgründe konkretisieren muss[6]. Die bloße Bezugnahme auf früheren Vortrag im Schiedsverfahren reicht nicht aus. Zulässig ist aber, eine zunächst zur Fristwahrung eingereichte kurze Kennzeichnung der Aufhebungsgründe später zu vertiefen.

18 **IV. Urteil des Arbeitsgerichts.** Das ArbG hat im Aufhebungsverfahren nur **zwei Entscheidungsmöglichkeiten**: Entweder weist es die Klage ab mit der Folge, dass der Schiedsspruch bestandskräftig wird, oder es hebt den Schiedsspruch ganz oder zum Teil auf mit der Folge, dass er insoweit jede Rechtswirkung einbüßt. Eine Zurückverweisung des Rechtsstreits an das Schiedsgericht in entsprechender Anwendung des § 563 I ZPO kommt nicht in Betracht[7].

19 Wird der Aufhebungsklage stattgegeben, so ist nach **Abs. 4** zugleich von Amts wegen eine zuvor erfolgte **Vollstreckbarkeitserklärung aufzuheben**. Schon vor Rechtskraft des Aufhebungsurteils kann die Einstellung der Zwangsvollstreckung gem. den §§ 775, 776 ZPO erreicht werden[8].

20 Durch die Aufhebung des Schiedsspruchs kann die Rechtslage eintreten, dass über den Streitgegenstand **in der Sache keine abschließende Entscheidung** ergangen ist, und zwar unabhängig davon, ob

---

1 Vgl. noch enger BAG 12.1.2000 – 7 AZR 925/98, NZA 2000, 1345. || 2 BAG 11.5.1983 – 4 AZR 545/80, AP Nr. 21 zu § 611 BGB Bühnenengagementsvertrag. || 3 Vgl. BAG 16.12.2010 – 6 AZR 487/09. || 4 GK-ArbGG/*Mikosch*, § 110 Rz. 21. || 5 Vgl. Düwell/Lipke/*Voßkühler*, § 110 Rz. 18; GMP/*Germelmann*, § 110 Rz. 18. || 6 BAG 26.2.1980 – 6 AZR 970/77, AP Nr. 3 zu § 110 ArbGG 1979. || 7 BAG 27.1.1993 – 7 AZR 124/92, NZA 1993, 1102; aA LAG Köln 24.2.1992 – 4 (7) Sa 254/91, LAGE § 101 ArbGG 1979 Nr. 1. || 8 GK-ArbGG/*Mikosch*, § 110 Rz. 32.

die Klage vom Schiedsgericht abgewiesen oder zugesprochen wurde. Eine Ausnahme gilt für den **Sonderfall des zweistufigen Schiedsverfahrens** dann, wenn das Oberschiedsgericht die Entscheidung des Schiedsgerichts abgeändert hat. Die Aufhebung des zweitinstanzlichen Schiedsspruchs führt nach der Rspr. des BAG[1] zur Wiederherstellung der erstinstanzlichen Entscheidung und damit letztendlich **doch** zu einer schiedsgerichtl. **Sachentscheidung**, die wegen der rechtskraftähnlichen Wirkung des § 108 IV einem weiteren Verfahren entgegensteht.

In den übrigen Fällen kann und sollte wegen der nun bestehenden **Sachentscheidungskompetenz der Gerichte für Arbeitssachen** der Sachantrag vorsorglich in das Aufhebungsverfahren mit einbezogen werden, sei es als Klagehäufung des erfolglosen Schiedsklägers oder als (Hilfs-)Widerklage des Aufhebungsbeklagten, der vor den Schiedsgerichten obsiegt hatte (vgl. Rz. 4). Mit der Aufhebung des Schiedsspruchs ist nämlich das Schiedsgerichtsverfahren verbraucht. Eine erneute Zuständigkeit des Schiedsgerichts für den Streitgegenstand kann nicht begründet werden, zumal eine Zurückverweisung der Sache ausscheidet[2]. Wenn demggü. teilweise die Ansicht vertreten wird, das Verfahren werde nach Aufhebung auch ohne Zurückverweisung wieder bei dem Schiedsgericht (Oberschiedsgericht) anhängig[3], so ist dies auch mit dem Beschleunigungsgrundsatz des § 9 kaum vereinbar.

De lege ferenda sollte mit Rücksicht auf den Beschleunigungsgrundsatz erwogen werden, das Aufhebungsverfahren bei dem LAG beginnen zu lassen. Für einen fünfzügigen Instanzenzug, wie er im Bühnenbereich bei einer zweizügigen Schiedsgerichtsbarkeit derzeit oftmals Praxis ist, besteht kein Bedürfnis. Die schutzwürdigen Interessen der Parteien würden durch den Wegfall einer Aufhebungs- und Tatsacheninstanz nicht beeinträchtigt. Im Gegenteil würden sie schneller zu einer abschließenden Entscheidung kommen, selbst wenn das LAG die Revision zum BAG zulässt.

Fünfter Teil. Übergangs- und Schlussvorschriften

111 *Änderung von Vorschriften*

(1) Soweit nach anderen Rechtsvorschriften andere Gerichte, Behörden oder Stellen zur Entscheidung oder Beilegung von Arbeitssachen zuständig sind, treten an ihre Stelle die Arbeitsgerichte. Dies gilt nicht für Seemannsämter, soweit sie zur vorläufigen Entscheidung von Arbeitssachen zuständig sind.

(2) Zur Beilegung von Streitigkeiten zwischen Ausbildenden und Auszubildenden aus einem bestehenden Berufsausbildungsverhältnis können im Bereich des Handwerks die Handwerksinnungen, im Übrigen die zuständigen Stellen im Sinne des Berufsbildungsgesetzes Ausschüsse bilden, denen Arbeitgeber und Arbeitnehmer in gleicher Zahl angehören müssen. Der Ausschuss hat die Parteien mündlich zu hören. Wird der von ihm gefällte Spruch nicht innerhalb einer Woche von beiden Parteien anerkannt, so kann binnen zwei Wochen nach ergangenem Spruch Klage beim zuständigen Arbeitsgericht erhoben werden. § 9 Abs. 5 gilt entsprechend. Der Klage muss in allen Fällen die Verhandlung vor dem Ausschuss vorangegangen sein. Aus Vergleichen, die vor dem Ausschuss geschlossen sind, und aus Sprüchen des Ausschusses, die von beiden Seiten anerkannt sind, findet die Zwangsvollstreckung statt. Die §§ 107 und 109 gelten entsprechend.

I. **Zuständigkeit der Seemannsämter (Abs. 1 S. 2).** Die Vorschrift enthält eine – seit Inkrafttreten des SeeArbG am 1.8.2013 überholte – Ausnahme von der ausschließlichen Zuständigkeit der Gerichte für Arbeitssachen nach den §§ 2 und 2a hinsichtlich **der vorläufigen Entscheidung** von arbeitsrechtl. Streitigkeiten in der **Seeschifffahrt** nach den §§ 9, 69 SeemG aF. Wie bisher schon für Streitigkeiten in der **Binnenschifffahrt** besteht eine alleinige Zuständigkeit der ArbG.

Die Seemannsämter hatten die Funktion von Sonderaufsichtsbehörden für die Seeschifffahrt. Außerhalb des Geltungsbereichs des GG waren dies die vom Auswärtigen Amt bestimmten diplomatischen und konsularischen Vertretungen der Bundesrepublik Deutschland (§ 9 SeemG aF). Die zentrale Zuständigkeit für die Überprüfung der Einhaltung der Arbeits- und Lebensbedingungen an Bord von Schiffen und zur Behandlung von Beschwerden liegt nun bei der **Berufsgenossenschaft Transport und Verkehrswirtschaft** (§§ 129, 138, 142 SeeArbG).

Mit der Aufhebung des SeemG und dem Inkrafttreten des SeeArbG[4] am 1.8.2013 sind sämtliche Aufgaben der bisher bestehenden Seemannsämter entfallen.

II. **Ausbildungsstreitigkeiten (Abs. 2).** Die Regelung über ein vorgeschaltetes Schlichtungsverfahren bei Ausbildungsstreitigkeiten ist umständlich, kompliziert und in allen wesentlichen Punkten umstritten. Zwar hat das BAG im Jahre 1961 entschieden, dass damit nicht gegen das Prinzip des gesetzl. Rich-

---

1 BAG 24.9.1986 – 7 AZR 663/84, AP Nr. 28 zu § 611 BGB Bühnenengagementsvertrag. || 2 BAG 27.1.1993 – 7 AZR 124/92, NZA 1993, 1102; 7.11.1995 – 3 AZR 955/94, NZA 1996, 487. || 3 GMP/*Germelmann*, § 110 Rz. 26 ff. mwN. || 4 BGBl. 2013 I S. 868.

ters iSd. Art. 101 I GG verstoßen wird[1]. Es bestehen jedoch erhebliche Bedenken, ob die Norm mit dem rechtsstaatlichen Grundsatz des gleichmäßigen Zugangs zu Gericht vereinbar ist[2].

5   1. **Bildung, Besetzung und Zuständigkeit der Schlichtungsausschüsse.** Die Errichtung der Ausschüsse steht nach Abs. 2 S. 1 im **Ermessen** der **Handwerksinnungen**, iÜ der zuständigen Stellen iSd. BBiG. Das sind nach den §§ 71 ff. BBiG vor allem die **Berufskammern**, ua. die Industrie- und Handelskammern, die Rechtsanwalts- und Notarkammern sowie die Ärzte-, Zahnärzte- und Apothekerkammern. Von dem Ermessen wird unterschiedlich Gebrauch gemacht. Daher ist im Einzelfall zu prüfen, ob ein Schlichtungsausschuss für den jeweiligen Wirtschafts- oder Berufszweig gebildet worden ist.

6   Im Hinblick auf die **Besetzung der Ausschüsse** bestimmt das Gesetz lediglich, dass ihnen ArbGeb und ArbN in gleicher Zahl angehören müssen. Auch wenn die Heranziehung Unparteiischer nicht besonders erwähnt wird, muss sie wie nach § 103 I 1 als zulässig und zweckmäßig erachtet werden, um Pattsituationen zu vermeiden. Bewährt hat sich eine Besetzung mit einem unparteiischen Vorsitzenden und je einem ArbGeb- und ArbN-Beisitzer. Wer dies sein kann, beantwortet sich in entsprechender Anwendung der §§ 21–23. Die näheren Einzelheiten der Berufung können die zuständigen Stellen unter Beachtung rechtsstaatlicher Grundsätze selbst festlegen. Sie sollten auch eine Verfahrensordnung für den Ausschuss schaffen.

7   Welcher Ausschuss für die Beilegung der Streitigkeit **zuständig** ist, richtet sich nach der für den Ausbildungsberuf zuständigen Stelle. Das ist regelmäßig die Stelle, in deren Verzeichnis der Berufsausbildungsvertrag nach Maßgabe der §§ 34 ff. BBiG eingetragen ist oder sein müsste. Der bei ihr gebildete Schlichtungsausschuss muss angerufen werden.

8   2. **Streitgegenstände der Schlichtung.** Materiell zuständig ist der Schlichtungsausschuss zur Beilegung von **Streitigkeiten** zwischen Ausbildenden und Auszubildenden **aus einem bestehenden Berufsausbildungsverhältnis**, zB über die Höhe der Ausbildungsvergütung[3]. Wenn das Ausbildungsverhältnis unzweifelhaft beendet ist, etwa Schadensersatz wegen vorzeitiger Auflösung verlangt oder nur über den Zeitpunkt der Beendigung gestritten wird, kann sogleich vor dem ArbG geklagt werden[4]. Zu den Streitigkeiten „aus einem Berufsausbildungsverhältnis" gehören auch die **Bestandsschutzstreitigkeiten**, die in dem vorher begründeten Vertragsverhältnis ihren Ursprung haben[5].

9   Der Schlichtungsausschuss ist daher insb. zuständig für den Streit über die Wirksamkeit einer **Kündigung des Ausbildungsverhältnisses** nach § 22 BBiG[6] und über die **befristete Fortsetzung** bei Nichtbestehen der Abschlussprüfung nach § 21 III BBiG[7]. Diese Streitigkeiten stehen in der Praxis auch deswegen im Vordergrund, weil über eine schnelle und kompetente Schlichtung am ehesten eine gedeihliche Fortsetzung des Ausbildungsverhältnisses zu erreichen ist.

10 Keine Zuständigkeit des Schlichtungsausschusses besteht demggü. beim Streit darüber, ob überhaupt ein Berufsausbildungsverhältnis wirksam zustande gekommen ist oder ob Schadensersatz aus dem Gesichtspunkt des Verschuldens bei Vertragsschluss zu zahlen ist, wenn der Abschluss eines Berufsausbildungsvertrages gescheitert ist[8].

11 Das Schlichtungsverfahren ist subjektiv auf die **Parteien des Berufsausbildungsverhältnisses** beschränkt. Es gilt weder für Streitigkeiten von Auszubildenden untereinander, noch für Praktikanten, Volontäre und sonstige Personen iSd. § 26 BBiG, noch bei überwiegend schulisch ausgestalteter Ausbildung[9].

12 3. **Anrufungszwang (S. 5) und Anrufungsfrist.** Nach Abs. 2 S. 5 ist die vorangehende Verhandlung vor dem Ausschuss **Prozessvoraussetzung der Klage vor dem ArbG**[10]. Auf diese grds. von Amts wegen zu prüfende Zulässigkeitsvoraussetzung kann allerdings durch rügelose Verhandlung zur Hauptsache entsprechend § 295 ZPO verzichtet werden[11].

13 Die zunächst unzulässige Klage vor dem ArbG wird **nachträglich zulässig**, wenn das später – etwa nach Hinweis im arbeitsgerichtl. Gütetermin – eingeleitete Schlichtungsverfahren beendet und ein ergangener Spruch nicht anerkannt wurde[12]. Zulässig ist die Klage auch, wenn nicht geklärt ist, ob überhaupt ein Schlichtungsausschuss besteht, aber das Ausbildungsverhältnis während des Rechtsstreits unstreitig beendet worden ist. Für das Schlichtungsverfahren gibt es nach dem Ende des Ausbildungs-

---

1 BAG 18.10.1961 – 1 AZR 437/60, AP Nr. 1 zu § 111 ArbGG 1953.   ‖ 2 Vgl. dazu näher GMP/*Prütting*, § 111 Rz. 71; demggü. BAG 26.1.1999 – 2 AZR 134/98, EzA § 4 KSchG nF Nr. 58.   ‖ 3 BAG 30.9.1998 – 5 AZR 690/97, EzA § 10 BBiG Nr. 4.   ‖ 4 Vgl. BAG 18.10.1961 – 1 AZR 437/60, AP Nr. 1 zu § 111 ArbGG 1953; 13.3.2007 – 9 AZR 494/06, FA 2007, 149.   ‖ 5 HM; vgl. GK-ArbGG/*Mikosch*, § 111 Rz. 8; GMP/*Prütting*, § 111 Rz. 17 mwN zum Streitstand.   ‖ 6 BAG 18.9.1975 – 2 AZR 602/74, AP Nr. 2 zu § 111 ArbGG 1953; 9.10.1979 – 6 AZR 776/77, AP Nr. 3 zu § 111 ArbGG 1953; 26.1.1999 – 2 AZR 134/98, EzA § 4 KSchG nF Nr. 58 mwN.   ‖ 7 BAG 15.3.2000 – 5 AZR 622/98, EzA § 14 BBiG Nr. 10.   ‖ 8 Vgl. Düwell/Lipke/*Voßkühler*, § 111 Rz. 11.   ‖ 9 BAG 18.6.1980 – 4 AZR 545/78, AP Nr. 4 zu § 611 BGB Ausbildungsverhältnis mwN.   ‖ 10 BAG 13.3.2007 – 9 AZR 494/06; 25.11.1976 – 2 AZR 751/75, AP Nr. 4 zu § 15 BBiG; LAG Nürnberg 2.9.2009 – 4 Ta 85/09; LAG Rh.-Pf. 4.8.2011 – 8 Ta 137/11.   ‖ 11 Str., wie hier BAG 17.9.1987 – 2 AZR 654/86, EzA § 15 BBiG Nr. 6; GK-ArbGG/*Mikosch*, § 111 Rz. 12, 24; Schwab/Weth/*Zimmerling*, § 111 Rz. 5; aA BAG 13.4.1989 – 2 AZR 441/88, EzA § 13 KSchG nF Nr. 4; GMP/*Prütting*, § 111 Rz. 20.   ‖ 12 BAG 25.11.1976 – 2 AZR 751/75, AP Nr. 4 zu § 15 BBiG.

verhältnisses nicht länger einen Grund, weil es danach nicht mehr mit einem Rechtsstreit belastet werden kann[1].

Ein **erneutes Schlichtungsverfahren** vor dem Ausschuss ist trotz anderen Streitgegenstands **entbehrlich**, wenn wegen einer wesentlichen Vorfrage bereits ein solches Vorverfahren erfolglos durchgeführt wurde[2]. Die entgegengesetzte formale Betrachtungsweise widerspricht nach Auffassung des BAG dem Zweck des Schlichtungsverfahrens, eine gerichtl. Auseinandersetzung zwischen den Parteien eines Ausbildungsverhältnisses nach Möglichkeit zu verhindern. War eine wesentliche Vorfrage für einen Anspruch bereits Gegenstand eines Schlichtungsverfahrens, blieb dieses erfolglos und muss dieselbe Frage nochmals gerichtl. nachgeprüft werden, so wäre es **unnütze Förmelei**, gleichwohl nochmals die Durchführung eines Schlichtungsverfahrens zu verlangen[3]. 14

Sehr umstritten ist, ob der Auszubildende den Schlichtungsausschuss in Fällen des Kündigungsschutzes nach den §§ 22 BBiG, 13 I 2 KSchG bei einer außerordentl. Kündigung innerhalb der **Drei-Wochen-Frist des § 4 KSchG** anrufen muss[4]. Nach der Rspr. des BAG ist wie folgt zu differenzieren: 15

Die Vorschriften des KSchG über die fristgebundene Klageerhebung innerhalb von drei Wochen sind auf außerordentl. Kündigungen von Berufsausbildungsverhältnissen **dann nicht anzuwenden**, wenn eine Verhandlung vor einem nach Abs. 2 **gebildeten** Ausschuss stattfinden muss. Die Anrufung des Ausschusses und des ArbG ist daher **unbefristet zulässig**. Bei einer Versäumung der Klagefrist des § 4 S. 1 KSchG greift die Wirksamkeitsfiktion des § 7 KSchG nicht ein. Der späteren Klageerhebung kann nur der Einwand der Prozessverwirkung entgegen gehalten werden[5]. 16

Ist dagegen ein **Schlichtungsausschuss** von der zuständigen Stelle **gar nicht gebildet** worden, so muss auch der Auszubildende die außerordentl. Kündigung des Ausbildenden unter den Voraussetzungen des § 13 I 2 KSchG gem. § 4 KSchG durch **fristgebundene Klage beim ArbG** innerhalb von drei Wochen angreifen[6]. Eine nachträgliche Zulassung der Kündigungsschutzklage nach § 5 I KSchG scheidet aus, wenn der Prozessbevollmächtigte des Auszubildenden die Klagefrist ohne Reaktion der angeschriebenen Innung verstreichen lässt[7]. 17

Die Frage der Fristgebundenheit hängt daher entscheidend davon ab, ob für den betroffenen Berufsausbildungsvertrag ein Schlichtungsausschuss errichtet worden ist. In Zweifelsfällen kann nur empfohlen werden, vorsorglich fristwahrend vor dem ArbG zu klagen. Ein etwa bestehender Ausschuss kann auch noch nach der Frist des § 4 KSchG angerufen werden[8]. Die unterschiedliche Behandlung ist unbefriedigend und sachlich nicht zu begründen. Im Hinblick auf die Vereinheitlichung der Klagefrist durch die mWv. 1.1.2004 neugefassten §§ 4, 6, 7, 13 KSchG sollte generell die Drei-Wochen-Frist Anwendung finden[9]. 18

4. Durchführung und Abschluss des Schlichtungsverfahrens. In Abs. 2 S. 2 ist zum Verfahren lediglich vorgeschrieben, dass der Ausschuss die Parteien **mündlich zu hören** hat. Insoweit kann auf die Erl. zu der gleich lautenden Regelung des § 105 verwiesen werden. Ausreichend ist die Möglichkeit der Stellungnahme in einer mündlichen Verhandlung. Wird diese Möglichkeit von einer Partei oder beiden Parteien nicht genutzt, so kann gleichwohl ein abschließender Schlichtungsspruch gefällt werden. Das folgt aus der entsprechenden Anwendung des § 105 III[10]. Ein Versäumnisverfahren iSd. §§ 330 ff. ZPO scheidet aus. 19

Das Verfahren richtet sich iÜ nach einer etwa vorhandenen Verfahrensordnung und dem Ermessen des Schlichtungsausschusses. Jedenfalls müssen elementare **rechtsstaatl. Grundsätze** eingehalten werden[11]. Dazu gehören die Gewährung rechtl. Gehörs ebenso wie die Erhebung angebotener Beweise. Da der Ausschuss nicht über Zwangsmittel verfügt, kann er den Parteien nur aufgeben, benannte Zeugen und Sachverst. zu stellen. Folgen sie dem nicht, geht dies zu ihren Lasten. 20

Regelmäßig wird das Schlichtungsverfahren durch einen **Vergleich** oder einen **Schlichtungsspruch** abgeschlossen. Beide sind schon im Hinblick auf eine etwaige Zwangsvollstreckung schriftl. abzufassen. Aus rechtsstaatlichen Erwägungen muss entsprechend § 108 II auch angenommen werden, dass der **Spruch schriftl. zu begründen**, von den Mitgliedern des Ausschusses **zu unterschreiben** und den Streitparteien **zuzustellen** ist[12]. Einer Verkündung bedarf es zu seiner Wirksamkeit ebenso wenig wie bei einem Schiedsspruch. Allerdings muss der zugestellte Schlichtungsspruch eine unterschriebene **Rechtsmittelbelehrung** enthalten, weil ansonsten die zweiwöchige Klagefrist nach Abs. 2 S. 4 iVm. § 9 V nicht zu laufen beginnt[13]. 21

---

1 BAG 22.1.2008 – 9 AZR 999/06; 19.2.2008 – 9 AZR 1091/06. ||2 BAG 13.4.1989 – 2 AZR 441/88, EzA § 13 KSchG nF Nr. 4; 15.3.2000 – 5 AZR 622/98, EzA § 14 BBiG Nr. 10. ||3 BAG 13.4.1989 – 2 AZR 441/88, EzA § 13 KSchG nF Nr. 4. ||4 Vgl. GMP/*Prütting*, § 111 Rz. 22 mwN zum Streitstand. ||5 BAG 13.4.1989 – 2 AZR 441/88, EzA § 13 KSchG nF Nr. 4; 26.1.1999 – 2 AZR 134/98, EzA § 4 KSchG nF Nr. 58; LAG MV 30.8.2011 – 5 Sa 3/11. ||6 BAG 5.7.1990 – 2 AZR 53/90, EzA § 4 KSchG nF Nr. 39; 26.1.1999 – 2 AZR 134/98, EzA § 4 KSchG nF Nr. 58. ||7 Vgl. LAG Berlin 30.6.2003 – 6 Ta 1276/03, MDR 2004, 160. ||8 Vgl. GMP/*Prütting*, § 111 Rz. 25; Düwell/Lipke/*Voßkühler*, § 111 Rz. 15. ||9 Ebenso KR/*Weigand*, §§ 21–23 BBiG, Rz. 116 ff. mwN. ||10 Vgl. Düwell/Lipke/*Voßkühler*, § 111 Rz. 23; ähnlich GMP/*Prütting*, § 111 Rz. 31, 32. ||11 BAG 18.10.1961 – 1 AZR 437/60, AP Nr. 1 zu § 111 ArbGG 1953. ||12 Vgl. GK-ArbGG/*Mikosch*, § 111 Rz. 23. ||13 BAG 30.9.1998 – 5 AZR 690/97, EzA § 10 BBiG Nr. 4.

22 Das Schlichtungsverfahren kann analog § 102 II Nr. 4 auch durch die Anzeige des Ausschusses enden, dass die Fällung eines Spruchs unmöglich ist. Wenn die Durchführung eines Verfahrens abgelehnt wird, kann wie beim Fehlen eines Ausschusses sogleich Klage beim ArbG erhoben werden[1]. Gleiches muss bei Untätigkeit oder unzumutbarer Verzögerung des Verfahrens gelten[2].

23 **5. Wirkungen des Schlichtungsspruchs.** Materielle Rechtskraft erlangt der Schlichtungsspruch nur, wenn er einen anerkennbaren Inhalt hat und wenn beide Parteien ihn anerkennen[3]. Für eine Klage vor dem ArbG besteht dann kein Rechtsschutzinteresse mehr. Nur bei rechtzeitiger **beiderseitiger Anerkennung** kann aus dem für vollstreckbar erklärten Spruch auch die Zwangsvollstreckung betrieben werden.

24 Die Anerkennung muss nach Abs. 2 S. 3 **innerhalb einer Woche** durch ausdrückliche Erklärung entweder ggü. dem Ausschuss oder ggü. der anderen Partei erfolgen. Die Erklärung ist als Prozesshandlung bedingungsfeindlich und nicht widerruflich[4]. Sie kann daher auch nicht gem. §§ 119, 123 BGB angefochten werden[5]. Vielmehr kommen nur die Lösungsmöglichkeiten des Verfahrensrechts in Betracht[6].

25 Die Wochenfrist beginnt mit der Zustellung des Schlichtungsspruchs zu laufen. Eine Anerkennung ist freilich auch schon vorher nach einer Verkündung möglich. Nach Ablauf der Wochenfrist kann eine Anerkennung die dargestellten Rechtswirkungen dagegen nicht mehr erzeugen. Auch eine Wiedereinsetzung in den vorigen Stand scheidet aus, weil die Anerkennungsfrist keine Notfrist darstellt[7]. Eine **verspätete Anerkennung** kann allenfalls als Angebot zum Abschluss eines außergerichtl. Vergleichs gewertet werden.

26 **6. Zwangsvollstreckung (S. 6 u. 7).** Geeignete Vollstreckungstitel sind sowohl **Vergleiche**, die vor dem Ausschuss geschlossen worden sind, als auch **Sprüche**, die von beiden Seiten anerkannt worden sind.

27 Durch die Verweisung auf § 107 wird klargestellt, dass ein Vergleich die dort normierten **formellen Voraussetzungen** erfüllen muss, insb. von den Streitparteien und den Mitgliedern des Ausschusses zu unterschreiben ist. Die Anforderungen an den Spruch entsprechen weitgehend denen des § 108 II, s.o. Rz. 21.

28 Das Vollstreckbarkeitsverfahren durch das zuständige ArbG richtet sich nach § 109. Die zusätzlich notwendige Anerkennung des Spruchs durch beide Parteien wird regelmäßig durch Urkunden zu belegen sein, notfalls sind die angebotenen Beweise zu erheben.

29 Lehnt das ArbG die Vollstreckbarkeitserklärung des Vergleichs oder des Spruchs wegen nicht behebbarer Mängel ab, so bleibt letztlich nur der Ausweg einer Klage vor dem ArbG mit dem Ziel, einen entsprechenden Vollstreckungstitel zu erlangen. Die Zwei-Wochen-Frist des S. 3 hindert daran nicht, weil sie nur eingreift, wenn der Spruch nicht von beiden Seiten anerkannt worden ist.

30 **7. Anschließende Klage beim zuständigen ArbG (S. 3).** Wird der Schlichtungsspruch von einer oder von beiden Parteien nicht oder nicht rechtzeitig anerkannt, so hängt die **Art der zu erhebenden Klage** vom Ausgang des Schlichtungsverfahrens ab:

31 Der **unterlegene Antragsteller** muss sein Klagebegehren vor dem ArbG wiederholen, weil der nicht anerkannte Spruch keinerlei Rechtswirkung entfaltet. Für eine Aufhebung oder Abänderung des Spruchs bleibt kein Raum.

32 Gleiches gilt regelmäßig auch für den **siegreichen Antragsteller**, der etwa einen vollstreckbaren Zahlungstitel erstrebt, den er infolge der unterbliebenen Anerkennung bisher nicht erlangt hat. Der unterlegene Antragsgegner wird in diesen Fällen im Allg. kein Rechtsschutzinteresse für eine „Anfechtungsklage" iS negativer Feststellung haben, weil er durch den ihm nachteiligen, aber folgenlosen Spruch nicht beschwert ist[8].

33 Anders ist die Rechtslage in **Bestandsschutzstreitigkeiten** zu beurteilen, in denen der ausbildende ArbGeb unterlegen ist. Wegen des zu Gunsten des Antragstellers erzeugten Rechtsscheins und im Hinblick auf akzessorische Ansprüche insb. aus dem Aspekt des Annahmeverzugs wird man ein schutzwürdiges Interesse an der Beseitigung des Schlichtungsspruchs anerkennen müssen. In diesen Fällen dürfte regelmäßig eine Klage auf Feststellung, dass das Ausbildungsverhältnis zu einem bestimmten Zeitpunkt beendet worden ist, zulässig sein.

34 Die **Klagefrist** beträgt nach S. 3 **zwei Wochen** und beginnt mit der **Zustellung** des mit einer ordnungsgemäßen Rechtsmittelbelehrung versehenen Schlichtungsspruchs. Denn § 9 V findet entsprechende Anwendung. Die Zwei-Wochen-Frist ist auch bei einer Kündigungsschutzklage einzuhalten, weil § 4 KSchG im Anwendungsbereich des Schlichtungsverfahrens nicht eingreift.

---

1 BAG 17.9.1987 – 2 AZR 654/86, EzA § 15 BBiG Nr. 6. || 2 Vgl. Düwell/Lipke/*Voßkühler*, § 111 Rz. 37. || 3 BAG 9.10.1979 – 6 AZR 776/77, AP Nr. 3 zu § 111 ArbGG 1953. || 4 GK-ArbGG/*Mikosch*, § 111 ArbGG Rz. 25. || 5 Str., ebenso GMP/*Prütting*, § 111 Rz. 47; aA GK-ArbGG/*Mikosch*, § 111 Rz. 25. || 6 Vgl. Zöller/*Greger*, Vor § 128 ZPO Rz. 21 ff. || 7 Zutr. GMP/*Prütting*, § 111 Rz. 46. || 8 Vgl. zur möglichen Ausnahme GK-ArbGG/*Mikosch*, § 111 Rz. 32.

Die **Versäumung der Klagefrist** bewirkt lediglich prozessual, dass der Streitgegenstand des Schlichtungsverfahrens nicht mehr vor dem ArbG verhandelt werden kann. Eine entsprechende Klage ist unzulässig, wenn die hier mögliche Wiedereinsetzung in den vorigen Stand nach Maßgabe der §§ 233 ff. ZPO versagt wird[1]. Da der Spruch iÜ keine materielle Rechtskraft erlangt, kann das ArbG die von dem Ausschuss behandelte Frage in einem Folgeprozess als Vorfrage erneut prüfen und abweichend beurteilen[2]. 35

8. Kosten. Der Rechtsanwalt erhält für die Vertretung vor dem Ausschuss nach § 17 Nr. 7b RVG eine volle Gebühr, die auf die im arbeitsgerichtl. Anschlussverfahren entstehenden Gebühren nicht angerechnet wird. Ein prozessualer Kostenerstattungsanspruch gegen die unterlegene Partei besteht nicht. Allerdings sind materielle Erstattungsansprüche im Rahmen geschuldeten Schadensersatzes durch § 12a nicht ausgeschlossen. 36

Die Beiordnung eines Rechtsanwalts nach § 11a ist im Schlichtungsverfahren ebenso wenig möglich wie die Bewilligung von PKH nach den §§ 114 ff. ZPO, weil diese Rechtsvorschriften nur im gerichtl. Verfahren anwendbar sind[3]. 37

112–122 *(weggefallen bzw. nicht kommentiert)*

---

1 Vgl. GMP/*Prütting*, § 111 Rz. 53 mwN. ||2 BAG 9.10.1979 – 6 AZR 776/77, AP Nr. 3 zu § 111 ArbGG 1953; 13.4.1989 – 2 AZR 441/88, EzA § 13 KSchG nF Nr. 4; 26.1.1999 – 2 AZR 134/98, EzA § 4 KSchG nF Nr. 58. ||3 Vgl. LAG Schl.-Holst. 20.1.2009 – 1 Ta 206/08; GK-ArbGG/*Mikosch*, § 111 Rz. 38; GMP/*Prütting*, § 111 Rz. 69.

Arbeitsplatzschutzgesetz (ArbPlSchG)
Gesetz über den Schutz des Arbeitsplatzes bei Einberufung zum Wehrdienst

in der Fassung der Bekanntmachung vom 16.7.2009 (BGBl. I S. 2055),
geändert durch Gesetz vom 8.4.2013 (BGBl. I S. 730)

Erster Abschnitt. Grundwehrdienst und Wehrübungen

1 *Ruhen des Arbeitsverhältnisses*
(1) Wird ein Arbeitnehmer zum Grundwehrdienst oder zu einer Wehrübung einberufen, so ruht das Arbeitsverhältnis während des Wehrdienstes.

(2) Einem Arbeitnehmer im öffentlichen Dienst hat der Arbeitgeber während einer Wehrübung Arbeitsentgelt wie bei einem Erholungsurlaub zu zahlen. Zum Arbeitsentgelt gehören nicht besondere Zuwendungen, die mit Rücksicht auf den Erholungsurlaub gewährt werden.

(3) Der Arbeitnehmer hat den Einberufungsbescheid unverzüglich seinem Arbeitgeber vorzulegen.

(4) Ein befristetes Arbeitsverhältnis wird durch Einberufung zum Grundwehrdienst oder zu einer Wehrübung nicht verlängert; das Gleiche gilt, wenn ein Arbeitsverhältnis aus anderen Gründen während des Wehrdienstes geendet hätte.

(5) Wird der Einberufungsbescheid zum Grundwehrdienst oder zu einer Wehrübung vor Diensteintritt aufgehoben oder wird der Grundwehrdienst oder die Wehrübung vorzeitig beendet und muss der Arbeitgeber vorübergehend für zwei Personen am gleichen Arbeitsplatz Lohn oder Gehalt zahlen, so werden ihm die hierdurch ohne sein Verschulden entstandenen Mehraufwendungen vom Bund auf Antrag erstattet. Der Antrag ist innerhalb von sechs Monaten, nachdem die Mehraufwendungen entstanden sind, bei der vom Bundesministerium der Verteidigung bestimmten Stelle zu stellen.

1 **I. Inhalt und Zweck.** Ein wehrpflichtiger ArbN steht, wenn er im Spannungs- oder Verteidigungsfall zum Wehrdienst einberufen wird, seinem ArbGeb in dieser Zeit nicht zur Verfügung. Gleiches gilt für Frauen und Männer, welche sich nach § 58b SoldG verpflichten, freiwilligen Wehrdienst zu leisten, sowie weitere vergleichbare Personengruppen. Infolgedessen ist nicht ausgeschlossen, dass Beschäftigte auf Grund des Wehrdienstes Nachteile im Hinblick auf die Fortsetzung oder die weitere Ausgestaltung des ArbVerh sowie den hierdurch erlittenen Zeitverlust für die berufl. Laufbahn erfahren. Dieser Gefahr will das ArbPlSchG durch die ökonomische und soziale Sicherung der betreffenden Personen Rechnung tragen[1], s.a. § 31 I 2 SoldG. Das ArbPlSchG ist als Nebengesetz zum WPflG in seinem Schutz zwingend und steht nicht zur Disposition der Vertragsparteien.

2 **II. Personeller Anwendungsbereich.** Das ArbPlSchG findet nur im **Geltungsbereich des GG** Anwendung. Damit werden deutsche ArbN, insb. Grenzgänger, die im Ausland bei einem dort ansässigen ArbGeb beschäftigt sind, nicht durch das Gesetz geschützt. Im Einzelfall können damit verbundene Nachteile eines betroffenen ArbN im Rahmen der Zurückstellung vom Wehrdienst wegen besonderer Härte (§ 12 IV WPflG) berücksichtigt werden, wenn sie auf diese Weise abgewendet werden können[2].

3 **1. Arbeitnehmer.** Von dem Schutz des Gesetzes werden zunächst alle Wehrdienst leistenden ArbN der **Privatwirtschaft** iSd. § 15 I erfasst. Hierzu zählen Arbeiter, Angestellte sowie die zur Berufsausbildung Beschäftigten. Weiterhin werden die in Heimarbeit Beschäftigten (§ 7) sowie Richter und Beamte (§ 9) geschützt. Den auf Grund ihrer fehlenden ArbN-Eigenschaft bestehenden Besonderheiten für Handelsvertreter trägt § 8 Rechnung. ArbN des **öffentl. Dienstes** fallen mit einigen Besonderheiten ebenfalls unter das ArbPlSchG. Zu ihnen rechnen alle Beschäftigen bei einer der in § 15 II Hs. 1 bezeichneten öffentl.-rechtl. Einrichtungen, wobei gem. § 15 II Hs. 2 ArbN öffentl.-rechtl. Religionsgemeinschaften sowie deren Verbände nicht erfasst werden.

4 **Wehrpflichtig** sind alle Männer ab dem vollendeten 18. LJ. Sie müssen Deutsche iSd. Art. 116 GG sein und entweder ihren ständigen Aufenthalt in der Bundesrepublik Deutschland haben bzw., sofern sie sich nicht ständig in der Bundesrepublik aufhalten, ihren früheren ständigen Aufenthalt in der Bundesrepublik Deutschland gehabt haben oder einen Pass oder eine Staatsangehörigkeitsurkunde der Bundesrepublik Deutschland besitzen oder sich auf andere Weise ihrem Schutz unterstellt haben, § 1 I WPflG. Seit dem 1.7.2011 ist die Pflicht zur Leistung des Wehrdienstes außerhalb des Spannungs- und Verteidigungsfalles ausgesetzt und durch die Einführung des **freiwilligen Wehrdienstes** ersetzt worden[3].

---

1 Begr. 3. ÄndG des ArbPlSchG, BT-Drs. VIII/885, 6. ||2 BVerwG 16.7.1970 – VIII C 208/67, NJW 1971, 479.
||3 Gesetz zur Änderung wehrrechtlicher Vorschriften v. 28.4.2011 (BGBl. I S. 678).

2. Ausländische Wehrpflichtige. Das ArbPlSchG gilt grds. nur zu Gunsten solcher ArbN, die auf Grund deutscher Wehrgesetzgebung zum Wehrdienst bei der Bundeswehr einberufen werden[1]. Grds. genießen ausländische ArbN, welche in ihrer Heimat Wehrdienst zu leisten haben, **keinen Schutz** durch die Normen des ArbPlSchG[2].

a) **Für Ausländer,** auf welche § 16 VI keine Anwendung findet, ist das hM[3]. Diesen kann allenfalls für eine relativ kurzzeitige Wehrdienstverpflichtung von bis zu zwei Monaten in analoger Anwendung von §§ 616, 228, 904 BGB sowie § 72 HGB idF v. 18.4.1950 ein **Leistungsverweigerungsrecht** unter Wegfall des Vergütungsanspruchs zustehen[4]. Grundlage dafür ist eine Interessenabwägung zwischen der Erfüllung der arbeitsvertragl. Leistungspflicht und der zwingenden Wehrpflicht. Danach darf die Arbeitsleistung des Wehrpflichtigen für einen geordneten Betriebslauf nicht von erheblicher Bedeutung sein und der ArbGeb durch die Gewährung der Leistungsverweigerung nicht in eine Zwangslage geraten[5]. Ein Leistungsverweigerungsrecht für eine zwölf Monate dauernde Wehrpflicht in einem nicht von § 16 VI erfassten Staat besteht jedenfalls auf Grund des auf die Staatsangehörigkeit bezogenen Anwendungsbereichs des ArbPlSchG nicht[6]. Teilweise wird den ausländischen ArbN ein Anspruch auf Sonderurlaub[7] bzw. auch Erholungsurlaub[8] zugestanden. IÜ steht es den Vertragsparteien offen, einen Aufhebungsvertrag mit einem vertragl. Wiedereinstellungsanspruch für die Zeit nach dem Wehrdienst zu vereinbaren[9]. Sofern ein Ausländer von seiner Leistungspflicht einvernehmlich ohne Vergütung freigestellt worden ist, darf eine anteilige Verkürzung des Urlaubsanspruchs nicht erfolgen[10]. Auch ein ausländischer ArbN ist auf Grund vertragl. Nebenpflichten verpflichtet, den ArbGeb unverzüglich über den Zeitpunkt der Einberufung zu unterrichten, und hat auf Verlangen eine amtl. Bescheinigung vorzulegen. Ein Verstoß hiergegen kann nach entsprechender Interessenabwägung eine ordentl. bzw. außerordentl. Kündigung rechtfertigen[11].

Soweit ausländischen ArbN kein Leistungsverweigerungsrecht zusteht und der Arbeitsausfall zu einer erheblichen Beeinträchtigung betriebl. Interessen führt, ist im Einzelfall nach einer entsprechenden Interessenabwägung, insb. vor dem Hintergrund, dass der ArbN keine Alternative zu dem Antritt des Wehrdienstes und damit zu dem Fernbleiben von der Arbeit hat, eine **personenbedingte Kündigung** möglich, soweit Überbrückungsmaßnahmen dem ArbGeb nicht zumutbar sind. Zu Letzteren kann auch eine Stellenausschreibung für eine Aushilfskraft über den Bereich des Beschäftigungsbetriebs hinaus gehören, auch wenn im Unternehmensbereich ein Personalabbau betrieben wird oder geplant ist[12].

b) Auf Angehörige derjenigen **Staaten,** welche die **Europäische Sozialcharta** v. 18.10.1961 unterschrieben haben, finden gem. § 16 VI die Vorschriften der § 1 I, III und IV sowie §§ 2–8 Anwendung, soweit sie sich rechtmäßig in Deutschland aufhalten und von ihrem Heimatland zum Wehrdienst auf Grund einer dort bestehenden Wehrpflicht eingezogen werden.

3. Freiwilliger Wehrdienst/Zivildienst/Bundesfreiwilligendienst. Hinsichtlich des neuen **freiwilligen Wehrdienstes** (Rz. 4) ist das ArbPlSchG nach § 16 VII mit der Maßgabe anwendbar, dass die Vorschriften über den Grundwehrdienst anzuwenden sind. Hierin liegt die **künftige Bedeutung des Gesetzes**. Gem. § 78 I Nr. 1 ZDG gilt das ArbPlSchG auch für anerkannte Kriegsdienstverweigerer. Seit dem 1.7. 2011 ist der Zivildienst ausgesetzt (§§ 1a, 23 ZDG). Er wurde abgelöst durch den neuen **Bundesfreiwilligendienst**[13]. Im Bundesfreiwilligendienstgesetz findet sich keine Vorschrift, welche das ArbPlSchG für anwendbar erklärt, so dass Freiwilligendienst leistende ArbN keinen entsprechenden Schutz genießen. Dies galt bislang schon für diejenigen, welche aus Gewissensgründen sowohl den Dienst an der Waffe als auch den Ersatzdienst verweigerten und dafür eine Tätigkeit im Kranken-, Heil- oder Pflegebereich auszuüben bereit waren (§ 14 ZDG)[14]. In der Konsequenz müssen die Bundesfreiwilligendienst leistenden ArbN mit dem ArbGeb eine dem ArbPlSchG vergleichbare Einigung erzielen oder das ArbVerh kündigen[15]. Rechtspolitisch ist diese legislative Entscheidung verfehlt, da die betreffenden Personen maßgeblich zur Leistungsfähigkeit von Krankenhäusern sowie insb. von Pflege- und Betreuungseinrichtungen beitragen.

4. Sonstige schutzbedürftige Arbeitnehmer. Von § 1 IV und V, §§ 2, 3, 4 I 1, II–IV sowie §§ 6, 12 I, 13, 14a III, VI und § 14b I und V werden ebenfalls ArbN erfasst, die zum Zwecke der Verteidigung einschl. des

---

1 BAG 5.12.1969 – 5 AZR 215/68, AP Nr. 3 zu Art. 177 EWG-Vertrag. ‖ 2 BAG 5.12.1969 – 5 AZR 215/68, AP Nr. 3 zu Art. 177 EWG-Vertrag; KR/*Weigand*, § 2 ArbPlSchG Rz. 3. ‖ 3 Vgl. zur fehlenden Einbeziehung von Nicht-EU-Ausländern EuGH 15.10.1969 – 15/69, AP Nr. 2 zu Art. 177 EWG-Vertrag; BAG 30.7.1986 – 8 AZR 475/84, AP Nr. 22 zu § 13 BUrlG; aA *Däubler*, NZA 1992, 577. ‖ 4 BAG 20.5.1988 – 2 AZR 682/87, AP Nr. 9 zu § 1 KSchG 1969 Personenbedingte Kündigung; 22.12.1982 – 2 AZR 282/82, AP Nr. 23 zu § 123 BGB. ‖ 5 BAG 22.12.1982 – 2 AZR 282/82, AP Nr. 23 zu § 123 BGB. ‖ 6 KR/*Weigand*, § 2 ArbPlSchG Rz. 5a. ‖ 7 ArbG Bochum 13.5.1981 – 3 Ga 1/81, BB 1981, 1951. ‖ 8 KR/*Weigand*, § 2 ArbPlSchG Rz. 5; aA LAG Hamm 14.4.1982 – 2 Sa 1604/81, DB 1982, 1328. ‖ 9 BAG 22.12.1982 – 2 AZR 282/82, AP Nr. 23 zu § 123 BGB. ‖ 10 BAG 30.7.1986 – 8 AZR 475/84, AP Nr. 22 zu § 13 BUrlG. ‖ 11 BAG 7.9.1983 – 7 AZR 433/82, AP Nr. 7 zu § 1 KSchG 1969 Verhaltensbedingte Kündigung. ‖ 12 BAG 20.5.1988 – 2 AZR 682/87, AP Nr. 9 zu § 1 KSchG 1969 Personenbedingte Kündigung. ‖ 13 Bundesfreiwilligendienstgesetz (BFDG) v. 28.4.2011, BGBl. I S. 687. ‖ 14 Vgl. zur Begründung BT-Drs. V/3795 v. 30.1.1969, Nr. 1. ‖ 15 Ebenso APS/*Dörner*, § 2 ArbPlSchG Rz. 5.

Schutzes der Zivilbevölkerung gem. § 2 ASG[1] in ein ArbVerh verpflichtet werden, § 15 I ASG. Auch **Zivilangestellte bei einer ausländischen Stationierungsstreitkraft** (Art. 56 Ia ZA NTS[2]) genießen den Schutz des ArbPlSchG. Gleiches gilt gem. § 16 V für Wehrpflichtige, die gem. § 6c I WPflG zu **Hilfeleistungen im Innern bzw. im Ausland** (§ 6d WPflG) herangezogen werden.

11 III. **Zeitlicher Anwendungsbereich.** Das ArbPlSchG findet auf alle im **WPflG vorgesehenen Arten des Wehrdienstes** Anwendung, also Grundwehrdienst (§ 5 WPflG), Pflichtwehrübung (§ 6 WPflG) sowie freiwillige Verpflichtungen zum Wehrdienst (§ 4 III WPflG). Nach § 16 VII gelten die Vorschriften über den Grundwehrdienst nunmehr für den neuen freiwilligen Wehrdienst nach §§ 58b ff. SoldG. **Soldaten und Soldatinnen auf Zeit** genießen den Schutz des Gesetzes für die zunächst auf sechs Monate festgesetzte Dienstzeit sowie für eine endgültig auf maximal zwei Jahre festgesetzte Dienstverpflichtung (vgl. § 16a). Im Falle des unbefristeten Wehrdienstes im Verteidigungsfall (§ 16) findet das ArbPlSchG ebenfalls Anwendung.

12 **Nicht** in den Regelungsbereich des ArbPlSchG fällt die Zeit für Übungen zur Auswahl freiwilliger Soldaten. Diesbzgl. ist im Gesetz über den Einfluss von Eignungsübungen der Streitkräfte auf Vertragsverhältnisse der ArbN und Handelsvertreter sowie auf Beamtenverhältnisse (EÜG[3]) eine dem ArbPlSchG vergleichbare Regelung getroffen worden, die dem Schutzbedürfnis der genannten Personen selbständig Rechnung trägt.

13 IV. **Ruhen des Arbeitsverhältnisses. 1. Beginn des Ruhens.** Soweit ein befristetes, unbefristetes oder auch nur fehlerhaftes[4] ArbVerh besteht, tritt das Ruhen mit **Beginn des Wehrdienstes** ein. Das Wehrdienstverhältnis beginnt bei einem Soldaten, der nach §§ 59 ff. SoldG zu Dienstleistungen herangezogen wird, gem. § 2 I Nr. 1 SoldG zu dem Zeitpunkt, der im Heranziehungsbescheid für den Diensteintritt festgesetzt wird; darunter fallen etwa Wehrübende (§ 60 Nr. 1 SoldG). Bei einem Soldaten auf Zeit ist der Zeitpunkt der Ernennung maßgeblich (§ 2 I Nr. 2 SoldG), in allen übrigen Fällen, also insb. beim freiwillig Wehrdienst Leistenden nach § 58b SoldG, kommt es auf den tatsächlichen Dienstantritt an (§ 2 I Nr. 3 SoldG).

14 2. **Arbeitsvertragliche Pflichten.** Das Ruhen des ArbVerh führt zur **Suspendierung der Hauptleistungspflichten**. Der ArbN wird damit von der Erbringung seiner Arbeitsleistung, der ArbGeb – sofern nichts anderes vereinbart worden ist – von der Zahlungspflicht in Bezug auf den Arbeitslohn befreit[5]. Aus diesem Grunde kann der ArbN im Falle der krankheitsbedingten Arbeitsunfähigkeit keine Entgeltfortzahlung nach dem EFZG verlangen[6]. Das Arbeitsentgelt umfasst hierbei alle geldwerten Leistungen, die der ArbGeb im Zusammenhang mit dem ArbVerh erbringt[7]. Gratifikationen[8] sowie Ergebnis- und Gewinnbeteiligungen[9] sind nur dann zu zahlen, wenn eine entsprechende Rechtsgrundlage besteht. Ergibt die Vertragsauslegung, dass eine Prämie unabhängig von dem Erbringen der Arbeitsleistung gezahlt wird, sie mithin keinen Gegenleistungscharakter aufweist, führt das Ableisten des Wehrdienstes nicht zum Wegfall des Anspruchs[10]. Echte Gratifikationen wie Weihnachtsgeld oder Urlaubsgeld sind im Falle der Teilnahme eines Arbeitnehmers an Wehrübungen, die jeweils die Dauer eines Monats überschreiten, nicht wegen Ruhens des ArbVerh gem. § 1 Abs. 1 ArbPlSchG anteilig zu kürzen, auch wenn sie nicht ausschließlich zum Zwecke des Anreizes für künftige Betriebstreue dienen, sondern auch vergangene Arbeitsleistung belohnen sollen, also Mischcharakter haben[11]. Der ArbN erhält während des Wehrdienstes **auf eigenen Antrag** Leistungen aus dem Unterhaltssicherungsgesetz und dem Wehrsoldgesetz. **Nicht suspendiert** werden **arbeitsvertragl. Nebenpflichten**, wie bspw. die Verschwiegenheitspflicht über Betriebsinterna sowie andere Treue- und Fürsorgepflichten[12].

15 3. **Betriebszugehörigkeit.** Das Ruhen führt nicht zu einer Beendigung der Betriebszugehörigkeit des ArbN. Dieser behält damit bspw. das Recht, sich als Kandidat zur BR-Wahl aufstellen zu lassen bzw. sein Wahlrecht auszuüben[13]. Etwas anderes gilt für ArbN, die gem. § 13 I 2 BPersVG oder nach landesrechtl. Vorschriften am Tag der Wahl seit länger als sechs Monaten unter Wegfall der Bezüge beurlaubt und damit nicht wahlberechtigt sind, weil sie Wehrdienst leisten[14]. Das **BR-** bzw. **Personalratsamt** sowie das Amt des SprAuMitglieds bleiben als solche von der Leistung des Wehrdienstes unberührt. Jedoch gelten unabhängig davon die entsprechenden Regelungen über die Verhinderung des Amtsinhabers, weshalb in diesen Fällen ein Ersatzmitglied in das jeweilige Amt eintritt, vgl. § 25 BetrVG, § 10 SprAuG und § 31 BPersVG. Die Fortdauer der Betriebszugehörigkeit führt dazu, dass der ArbN auch während des Verlaufs des Wehrdienstes die Wartezeit iSd. § 1 I KSchG erfüllt[15].

---

1 IdF v. 9.7.1968, BGBl. I S. 787, zuletzt geändert durch Art. 5 G v. 29.7.2009, BGBl. I S. 2424. ||2 BGBl. 1961 II S. 1218, 1994 II S. 2598. ||3 V. 20.1.1956, BGBl. I S. 13, zuletzt geändert durch Art. 15 G v. 5.2.2009, BGBl. I S. 160. ||4 ErfK/*Gallner*, § 1 ArbPlSchG Rz. 5. ||5 BAG 15.12.2009 – 9 AZR 795/08, NJOZ 2010, 1528 (1530). ||6 ArbG Aachen 27.3.1974 – 2 Ca 453/74, ARST 1975, 12. ||7 *Sahmer/Busemann*, E § 1 ArbPlSchG Nr. 8. ||8 ArbG Hamm 14.8.1956 – 1 Ca 941/55, BB 1956, 785. ||9 BAG 8.11.1962 – 5 AZR 112/62, AP Nr. 1 zu § 6 ArbPlSchG. ||10 LAG Düss. 23.11.2007 – 9 Sa 1339/07, LAGE § 1 ArbPlSchG Nr. 1. ||11 LAG München 20.5. 2009 – 3 Sa 1089/08, AuA 2009, 545. ||12 LAG Düss. 23.11.2007 – 9 Sa 1339/07, LAGE § 1 ArbPlSchG Nr. 1. ||13 BAG 29.3.1974 – 1 ABR 27/73, AP Nr. 2 zu § 19 BetrVG 1972; LAG Düss. 23.11.2007 – 9 Sa 1339/07, LAGE § 1 ArbPlSchG Nr. 1. ||14 So zum Grundwehrdienst BVerwG 20.11.1979 – 6 P 12/79, ZBR 1980, 322; aA *Sahmer/Busemann*, E § 1 ArbPlSchG Nr. 22. ||15 KR/*Weigand*, § 2 ArbPlSchG Rz. 18; *Sahmer/Busemann*, E § 2 ArbPlSchG Nr. 2.

4. Ende des Ruhens. Mit dem Tage des **Ausscheidens** des ArbN **aus der Bundeswehr** bzw. mit der Beendigung der Wehrübung endet das Ruhen des ArbVerh. Gleiches geschieht, wenn der ArbN während des Wehrdienstes gem. §§ 39, 41 SoldG Berufssoldat wird[1]. In der Folge leben die suspendierten Pflichten aus dem ArbVerh wieder auf[2]. 16

Der ArbN hat dementsprechend nach Beendigung des Wehrdienstes seine Arbeitsleistung, der ArbGeb die ursprüngliche Beschäftigung wieder anzubieten. Etwaige Pflichtverstöße können zu den allg. arbeitsrechtl. Konsequenzen führen. Wenn der ArbN während des Wehrdienstes erkrankt und die Krankheit über dessen Ende hinaus fortdauert, richtet sich die Entgeltfortzahlung nach dem EFZG, wobei der Sechs-Wochen-Zeitraum gem. § 3 I 1 EFZG erst mit Ende des Ruhens zu laufen beginnt[3]. 17

V. Öffentlicher Dienst. Wird ein ArbN des öffentl. Dienstes zu einer Wehrübung einberufen, hat der ArbGeb diesem – wie bei einem Erholungsurlaub – Arbeitsentgelt zu zahlen, Abs. 2 S. 1. Dabei handelt es sich um eine besondere Form des Unterhalts, die Abs. 1 unberührt lässt. Etwaige Sonderzuwendungen hinsichtlich des Urlaubs wie etwa Urlaubsgeld kann der ArbN nicht beanspruchen[4]. 18

VI. Befristete Arbeitsverhältnisse werden durch die Ableistung des Wehrdienstes, sofern nichts Abweichendes vereinbart worden ist, nicht verlängert, Abs. 4 Hs. 1. Für Probe- bzw. Ausbildungsverhältnisse ist § 6 III zu beachten (vgl. § 6 Rz. 6). Abs. 4 Hs. 2 betrifft ArbVerh, die auf Grund einer Beendigungsvereinbarung oder einer wirksamen Kündigung auslaufen. Sie enden, obschon der ArbN noch Wehrdienst leistet. 19

VII. Ersatzansprüche des Arbeitgebers. Häufig wird der ArbGeb für den abwesenden ArbN befristet eine Ersatzkraft einstellen (§ 14 I Nr. 3 TzBfG) und sich insoweit nach dem planmäßigen Ende des Wehrdienstes richten. Sofern der Wehrdienst ausnahmsweise verfrüht endet oder der Einberufungsbescheid oder die Aufforderung zum Dienstantritt vor seinem Beginn aufgehoben wird, muss der ArbGeb ggf. diese Ersatzkraft weiterhin neben dem zurückkehrenden ArbN beschäftigen. Abs. 5 gewährt in diesem Fall dem ArbGeb gegen den Bund einen öffentl.-rechtl. Anspruch auf Erstattung der Mehraufwendungen[5] bis zum regulären Ende des Wehrdienstes, sofern die Ersatzkraft nicht sofort aus dem ArbVerh entlassen werden kann und den ArbGeb kein Verschulden an den entstehenden Mehraufwendungen trifft. Zu Letzteren rechnen die gesamten Entgeltkosten, mithin das Bruttoentgelt sowie die aufzuwendenden Nebenkosten. Der Anspruch entsteht mit dem Zeitpunkt, zu welchem der ArbGeb dem zurückkehrenden ArbN wieder das Arbeitsentgelt zu zahlen hat. Er ist innerhalb von **sechs Monaten**, nachdem die Mehraufwendungen entstanden sind, bei der vom Bundesministerium für Verteidigung bestimmten Stelle geltend zu machen, Abs. 5 S. 2. Zuständige Stelle ist insoweit die jeweilige Wehrbereichsverwaltung, in deren Bereich der ArbGeb seinen Firmensitz hat. 20

Von einem **Verschulden** ist auszugehen, wenn der Unternehmer bei der Einstellung der Ersatzkraft nicht die unter Berücksichtigung aller Umstände zu erwartende Sorgfalt beachtet hat[6]. Besteht eine andere Einsatzmöglichkeit für die Ersatzkraft im Betrieb, ist der Anspruch ausgeschlossen[7]. 21

VIII. Vorlagepflicht des Arbeitnehmers. Damit der ArbGeb sich auf die Abwesenheit einstellen und entsprechende Entscheidungen treffen kann, hat der ArbN diesem gem. Abs. 3 den Einberufungsbescheid bzw. die Aufforderung zum Dienstantritt unverzüglich (§ 121 I BGB) vorzulegen. Eine Verletzung dieser Pflicht kann einen Schadensersatzanspruch begründen, wirkt sich auf das Ruhen des ArbVerh gleichwohl nicht aus. 22

2 *Kündigungsschutz für Arbeitnehmer, Weiterbeschäftigung nach der Berufsausbildung*
(1) Von der Zustellung des Einberufungsbescheides bis zur Beendigung des Grundwehrdienstes sowie während einer Wehrübung darf der Arbeitgeber das Arbeitsverhältnis nicht kündigen.

(2) Im Übrigen darf der Arbeitgeber das Arbeitsverhältnis nicht aus Anlass des Wehrdienstes kündigen. Muss er aus dringenden betrieblichen Erfordernissen (§ 1 Abs. 2 des Kündigungsschutzgesetzes) Arbeitnehmer entlassen, so darf er bei der Auswahl der zu entlassenden den Wehrdienst eines Arbeitnehmers nicht zu dessen Ungunsten berücksichtigen. Ist streitig, ob der Arbeitgeber aus Anlass des Wehrdienstes gekündigt oder bei der Auswahl der zu Entlassenden den Wehrdienst zu Ungunsten des Arbeitnehmers berücksichtigt hat, so trifft die Beweislast den Arbeitgeber.

(3) Das Recht zur Kündigung aus wichtigem Grund bleibt unberührt. Die Einberufung des Arbeitnehmers zum Wehrdienst ist kein wichtiger Grund zur Kündigung; dies gilt im Falle des Grundwehrdienstes von mehr als sechs Monaten nicht für unverheiratete Arbeitnehmer in Betrieben mit in der Regel fünf oder weniger Arbeitnehmern ausschließlich der zu ihrer Berufsbildung Beschäftigten, wenn dem Arbeitgeber infolge Einstellung einer Ersatzkraft die Weiterbeschäftigung des Arbeitnehmers nach Entlassung aus dem Wehrdienst nicht zugemutet werden kann. Bei der Feststellung der Zahl der be-

---

1 *Sahmer/Busemann*, E § 1 ArbPlSchG Nr. 31a. ||2 LAG BW 29.10.1958 – IV Sa 78/58, BB 1959, 739.
||3 BAG 2.3.1971 – 1 AZR 284/70, AP Nr. 1 zu § 1 ArbPlSchG. ||4 *Sahmer/Busemann*, E § 1 ArbPlSchG Nr. 17.
||5 BVerwG 29.9.1982 – 8 C 74/81, MDR 1983, 696. ||6 BVerwG 2.7.1982 – 8 C 60/80, MDR 1983, 163. ||7 *Sahmer/Busemann*, E § 1 ArbPlSchG Nr. 43.

schäftigten Arbeitnehmer nach Satz 2 sind teilzeitbeschäftigte Arbeitnehmer mit einer regelmäßigen wöchentlichen Arbeitszeit von nicht mehr als 20 Stunden mit 0,5 und nicht mehr als 30 Stunden mit 0,75 zu berücksichtigen. Eine nach Satz 2 zweiter Halbsatz zulässige Kündigung darf jedoch nur unter Einhaltung einer Frist von zwei Monaten für den Zeitpunkt der Entlassung aus dem Wehrdienst ausgesprochen werden.

(4) Geht dem Arbeitnehmer nach der Zustellung des Einberufungsbescheides oder während des Wehrdienstes eine Kündigung zu, so beginnt die Frist des § 4 Satz 1 des Kündigungsschutzgesetzes erst zwei Wochen nach Ende des Wehrdienstes.

(5) Der Ausbildende darf die Übernahme eines Auszubildenden in ein Arbeitsverhältnis auf unbestimmte Zeit nach Beendigung des Berufsausbildungsverhältnisses nicht aus Anlass des Wehrdienstes ablehnen. Absatz 2 Satz 3 gilt entsprechend. Der Arbeitgeber darf die Verlängerung eines befristeten Arbeitsverhältnisses oder die Übernahme des Arbeitnehmers in ein unbefristetes Arbeitsverhältnis nicht aus Anlass des Wehrdienstes ablehnen.

1 **I. Kündigungsschutz.** Der allg. Kündigungsschutz, insb. der des KSchG, wird durch die Norm nicht verdrängt, sondern besteht neben ihr[1]. Dies bestätigt **Abs. 2 S. 2**, wonach der ArbGeb bei einer Kündigungsmaßnahme aus betriebl. Gründen gem. § 1 II KSchG den Wehrdienst eines ArbN nicht zu dessen Ungunsten berücksichtigen darf. Das Kündigungsrecht des Wehrdienstleistenden wird durch § 2 nicht berührt. Auch ist es, abgesehen von Abs. 2 S. 2, nicht erforderlich, dass der sachliche und persönliche Anwendungsbereich des KSchG eröffnet ist, damit der Schutz der Norm eingreift. Abgesehen von der gesetzl. Regelung kann ein Kündigungsschutz für Wehrdienstleistende zumindest in Gestalt eines Benachteiligungsverbotes im Hinblick auf verfassungsrechtl. Aspekte geboten sein[2].

2 **1. Ordentliche Kündigung. a) Während des Wehrdienstes.** Das Kündigungsverbot des **Abs. 1** ist ein umfassendes, wobei jedweder Kündigungsgrund, auch der einer betriebsbedingten Kündigung, erfasst wird. Legt der ArbGeb seinen Betrieb still, berechtigt ihn dies auf Grund des Kündigungsverbotes nicht zu einer betriebsbedingten Kündigung. Er kann dem Wehrdienstleistenden erst nach Ablauf des Ruhens des ArbVerh ordentl. kündigen[3]. Von der Zustellung des Einberufungsbescheides bzw. der Aufforderung zum Dienstantritt bis zur Beendigung des Wehrdienstes ist eine gleichwohl ausgesprochene Kündigung wegen Verstoßes gegen ein gesetzl. Verbot **gem. § 134 BGB nichtig**[4]. Die genannten Grundsätze gelten auch für Kündigungen während der Probezeit[5]. In Kleinbetrieben iSd. Abs. 3 S. 2 ist Abs. 1 ebenfalls anwendbar.

3 **b) Vor oder nach dem Wehrdienst.** Auch hier wirkt der Schutz des ArbPlSchG neben einem etwaig bestehenden allg. Kündigungsschutz nach dem KSchG. Dies gilt insofern, als der ArbGeb gem. **Abs. 2 S. 1** nicht **aus Anlass des Wehrdienstes** kündigen darf. Als anlässlich des Wehrdienstes ist eine Kündigung bereits dann anzusehen, wenn dieser zumindest mitbestimmendes Motiv gewesen ist[6]. Sie ist dann gem. § 134 BGB nichtig.

4 Darüber hinaus ist es dem ArbGeb gem. **Abs. 2 S. 2** im Rahmen einer betriebsbedingten Kündigung verwehrt, den Wehrdienst zu Ungunsten des Wehrdienstleistenden zu berücksichtigen. Da es sich bei Abs. 2 S. 2 um eine Sonderregelung zu § 1 KSchG handelt, muss das KSchG insoweit auf das jeweilige ArbVerh anwendbar sein. Soweit der Wortlaut auf die Entlassung abstellt, ist die Kündigung als solche gemeint[7]. Möchte der ArbGeb dem Wehrdienstleistenden aus dringenden betriebl. Gründen iSd. § 1 II 1 KSchG kündigen, kann er diesen, auch wenn im Zeitpunkt der Kündigungserklärung der Schutz des **Abs. 1** eingreift, in die nach § 1 III KSchG erforderliche Sozialauswahl einbeziehen, sofern Abs. 1 vor Ablauf der Kündigungsfrist nicht mehr anwendbar ist[8].

5 Der Kündigungsschutz des Abs. 2 S. 2 muss entsprechend dem Schutzzweck des ArbPlSchG auch dann eingreifen, wenn dem ArbN kein Einberufungsbescheid oder eine Aufforderung zum Dienstantritt, sondern ein **Bereitstellungsbescheid** zugestellt wird, welchen der ArbN dem ArbGeb vorzulegen hat. Nur so kann einer Umgehung vorgebeugt werden, da in diesem Fall zeitnah mit einer Einberufung des ArbN zu rechnen ist[9].

6 **c) Beweislastumkehr.** Dem ArbN wird regelmäßig der Beweis nicht möglich sein, dass der ArbGeb entgegen den genannten Einschränkungen gekündigt hat, da es sich hierbei um innere Tatsachen handelt. Dem trägt **Abs. 2 S. 3** Rechnung, wonach den ArbGeb die Beweislast dafür trifft, dass er sich im Rahmen der Kündigung an die Vorgaben des Abs. 2 S. 1 und 2 gehalten hat, sofern der ArbN im Prozess zunächst Gegenteiliges behauptet hat. Es ist dann ausreichend, wenn er Gründe für die Kündigung nennt, welche einem verständig denkenden ArbGeb unter Außerachtlassung des Wehrdienstes ein Mo-

---

1 KR/*Weigand*, § 2 ArbPlSchG Rz. 41. ||2 *v. Wickede*, Sonderkündigungsschutz im Arbeitsverhältnis, 2009, S. 303 f., 437 f. ||3 KR/*Weigand*, § 2 ArbPlSchG Rz. 19; *Sahmer/Busemann*, E § 2 ArbPlSchG Nr. 11. ||4 LAG Bremen 1.7.1964 – 1 Sa 121/63, NJW 1964, 127. ||5 KR/*Weigand*, § 2 ArbPlSchG Rz. 19. ||6 IdS BAG 5.2.1998 – 2 AZR 270/97, AP Nr. 3 zu § 1 TVG Tarifverträge: Apotheken; ErfK/*Gallner*, § 2 ArbPlSchG Rz. 3. ||7 ErfK/*Gallner*, § 2 ArbPlSchG Rz. 4. ||8 ArbG Hamburg 23.4.1998 – 8 Ca 551/97, AiB 1999, 50; KR/*Weigand*, § 2 ArbPlSchG Rz. 33. ||9 ArbG Aalen 8.3.1965 – Ca 599/64, BB 1965, 791; KR/*Weigand*, § 2 ArbPlSchG Rz. 34.

tiv für die Auflösung des ArbVerh geben können[1]. Soweit im Anschluss daran weiterhin Zweifel in Bezug auf den Kündigungsgrund bestehen, ist von der Richtigkeit des Vortrags des ArbN auszugehen[2]. Insoweit besteht eine Vermutung dahin gehend, dass der ArbGeb entgegen Abs. 2 S. 1 die Kündigung ausgesprochen hat, wenn er sie in Kenntnis des Wehrdienstes erklärt[3]. Die Beweislastregelung des Abs. 2 S. 3 greift auch dann ein, wenn ein Einberufungsbescheid bzw. eine Aufforderung zum Dienstantritt – etwa wegen Nichtbestehens einer Abschlussprüfung – zunächst zurückgenommen wird, der ArbGeb gleichwohl noch vor Erlass des zu erwartenden folgenden Einberufungs- bzw. Dienstantrittsbescheides kündigt[4].

2. Außerordentliche Kündigung. a) Bestehen des Kündigungsrechts. Grds. ist gem. **Abs. 3 S. 1** das Recht des ArbGeb, das ArbVerh auch während des Wehrdienstes außerordentl. aus wichtigem Grund iSd. § 626 BGB zu kündigen, **nicht ausgeschlossen**. Zu denken ist hierbei vor allem an die Verletzung nicht suspendierter Nebenpflichten wie etwa den Verrat von Betriebsgeheimnissen (vgl. § 1 Rz. 14). 7

Die Ableistung des Wehrdienstes kann eine außerordentl. Kündigung grds. nicht rechtfertigen, **Abs. 3 S. 2 Hs. 1**. Wird sie dennoch zum Anlass genommen, ist die Kündigung gem. § 134 BGB nichtig. Unter den Voraussetzungen des Abs. 3 S. 2 Hs. 2 kann die Einberufung jedoch einen wichtigen Grund darstellen, wenn der ArbGeb in seinem Betrieb (vgl. § 23 KSchG Rz. 3) **fünf oder weniger ArbN** ausschließlich der Auszubildenden beschäftigt, der zu kündigende ArbN unverheiratet ist, er einen Wehrdienst von mehr als sechs Monaten ableisten soll und es dem ArbGeb infolge der Einstellung einer Ersatzkraft nicht zumutbar ist, den ArbN nach Entlassung aus dem Wehrdienst weiterzubeschäftigen. Zu den Ersatzkräften idS rechnen nur diejenigen, welche für die Neubesetzung des betroffenen Arbeitsplatzes eingestellt werden. Eine innerbetriebliche Umsetzung ist insoweit nicht ausreichend[5]. Bei der Bestimmung der **Arbeitnehmerzahl** werden Teilzeitbeschäftigte mit einer regelmäßigen Arbeitszeit von weniger als 30 Stunden nur anteilig einbezogen. Beträgt die regelmäßige Arbeitszeit nicht mehr als 20 Stunden, werden sie mit 0,5 bzw. bei nicht mehr als 30 Stunden mit 0,75 berücksichtigt. In Bezug auf die Regelmäßigkeit ist auf die für § 23 KSchG entwickelten Grundsätze zurückzugreifen (vgl. § 23 KSchG Rz. 16). 8

Voraussetzung für das Vorliegen einer **Unzumutbarkeit** iSd. **Abs. 3 S. 2 Hs. 2** ist grds., dass nach Rückkehr des Wehrdienstleistenden die Auftragslage des ArbGeb den Personalbestand nicht rechtfertigt. Diesbzgl. trifft den ArbGeb die Darlegungs- und Beweislast, insb. muss sie noch im Zeitpunkt der letzten mündlichen Verhandlung vorliegen[6]. Der ArbGeb muss unter Vorlage konkreter Zahlen aus dem Vorjahr und dem Kündigungszeitpunkt das gegenwärtige und zu erwartende Arbeitsvolumen darlegen und Ausführungen dazu vornehmen, dass mit Rückkehr des Wehrdienstleistenden eine Überkapazität an Personal gegeben ist[7]. An der Unzumutbarkeit fehlt es, wenn der ArbGeb eine Ersatzkraft eingestellt hat und sich von dieser nicht lösen kann, da es in solchen Fällen dem ArbGeb auf Grund der Kenntnis des zeitl. Umfangs des Wehrdienstes möglich war, einen befristeten Arbeitsvertrag (§ 14 I Nr. 3 TzBfG) abzuschließen[8]. 9

Eine **Betriebsstilllegung** kann keinen wichtigen Grund iSd. § 626 BGB darstellen[9]. Dies würde der ratio des ArbPlSchG zuwiderlaufen. Dieser kann nur dann ausreichend Rechnung getragen werden, wenn man das Kündigungsverbot dahin gehend versteht, dass der Wehrdienstleistende vor jeder Benachteiligung auf Grund des Dienstantritts geschützt wird. Die Betriebsstilllegung berechtigt grds. allein zu einer ordentl. Kündigung. Im Verlauf der Kündigungsfrist kann sich der ArbN mit Hilfe des Freistellungsanspruchs aus § 629 BGB um eine neue Arbeitsstelle kümmern. Durch eine außerordentl. fristlose Kündigung würde ihm diese Möglichkeit genommen und damit eine Benachteiligung auf Grund des Wehrdienstes vorliegen[10]. Abs. 3 S. 2 Hs. 2, welcher dem ArbGeb die Möglichkeit einer fristlosen Kündigung eröffnet, kann keine gegenteilige Wertung entnommen werden, da er sich nur auf eine eng begrenzte ArbN-Gruppe bezieht. Daher kann der ArbGeb erst nach Ende des Wehrdienstes ordentl. kündigen. 10

Soweit die genannten Voraussetzungen vorliegen, kann gem. **Abs. 3 S. 4** eine außerordentl. Kündigung aus wichtigem Grund mit einer **Frist** von zwei Monaten für den Zeitpunkt der Entlassung aus dem Wehrdienst ausgesprochen werden. Damit kann der ArbGeb die Kündigung frühestens mit Einstellung der Ersatzkraft und spätestens zwei Monate vor der Entlassung aus dem Grundwehrdienst erklären[11]. 11

b) Einschränkung des Kündigungsrechts. Eine nach Abs. 3 an sich zulässige außerordentl. Kündigung ist gleichwohl gem. **Abs. 2 S. 1** unzulässig, wenn sie aus Anlass des Wehrdienstes erfolgt (vgl. Rz. 3), selbst wenn der ArbGeb dabei eine soziale Auslauffrist eingeräumt hat. Auch eine außerordentl. Kündigung, die unmittelbar nach Beendigung des Wehrdienstes ausgesprochen wird, ist unwirksam, 12

---

1 LAG Hess. 7.3.1969 – 3 Sa 443/68, AP Nr. 1 zu § 2 ArbPlSchG. ‖ 2 ErfK/*Gallner*, § 2 ArbPlSchG Rz. 5. ‖ 3 LAG Bremen 1.7.1964 – 1 Sa 532/82, NJW 1965, 12. ‖ 4 LAG Köln 6.10.1982 – 5 Sa 532/82, EzBR Nr. 1 zu § 2 ArbPlSchG; KR/*Weigand*, § 2 ArbPlSchG Rz. 36. ‖ 5 KR/*Weigand*, § 2 ArbPlSchG Rz. 27. ‖ 6 *Sahmer/Busemann*, E § 2 ArbPlSchG Nr. 14e. ‖ 7 LAG Kiel 31.10.1985 – 5 Sa 69/85, RzK IV 2 Nr. 1; KR/*Weigand*, § 2 ArbPlSchG Rz. 28. ‖ 8 KR/*Weigand*, § 2 ArbPlSchG Rz. 28. ‖ 9 ErfK/*Gallner*, § 2 ArbPlSchG Rz. 6; KR/*Weigand*, § 2 ArbPlSchG Rz. 22; aA ArbG Bochum 17.12.1971 – 1 Ca 1531/71, DB 1972, 441. ‖ 10 APS/*Dörner*, § 2 ArbPlSchG Rz. 16. ‖ 11 KR/*Weigand*, § 2 ArbPlSchG Rz. 30.

ArbPlSchG § 2 Rz. 13   Kündigungsschutz, Weiterbeschäftigung nach der Berufsausbildung

wenn sie gerade wegen des Wehrdienstes erklärt worden ist[1]. IÜ ist auch **vor oder nach dem Wehrdienst** eine außerordentl. Kündigung aus Anlass des Wehrdienstes ausgeschlossen.

13 **II. Besonderheiten betreffs Auszubildender.** Gem. **Abs. 5** darf die **Übernahme** eines Auszubildenden iSd. § 10 BBiG in ein ArbVerh nicht aus Anlass des Wehrdienstes durch den Ausbilder abgelehnt werden. Nicht zu den Auszubildenden idS zählen die in § 26 BBiG genannten Personen, die eingestellt werden, um berufl. Kenntnisse, Fertigkeiten oder Erfahrungen zu erwerben, ohne dass es sich um eine Berufsausbildung iSd. BBiG handelt. Abs. 5 findet darüber hinaus nur auf bestehende Ausbildungsverhältnisse Anwendung und bezieht sich allein auf den bisherigen Ausbildungsbetrieb[2]. Gem. Abs. 5 S. 2 gilt die Beweislastumkehr (vgl. Rz. 6) nach Abs. 2 S. 3 auch hinsichtlich der Übernahmebenachteiligung. Der Gesetzgeber hat den Schutz vor Benachteiligungen auf Grund des Wehrdienstes in Abs. 5 S. 3 weiter festgeschrieben, wonach die Verlängerung eines befristeten ArbVerh oder die Übernahme in ein unbefristetes ArbVerh nicht aus Anlass des Wehrdienstes versagt werden darf. Die Beweiserleichterung des Abs. 2 S. 3 findet insoweit keine Anwendung[3].

14 Einen ausdrücklich formulierten **Anspruch auf Abschluss eines Arbeitsverhältnisses** gewährt Abs. 5 nicht[4]. Dennoch handelt es sich bei der Regelung nicht um einen bloßen Programmsatz, sondern vielmehr um eine zwingende Verbotsnorm, welche der Durchsetzung der Wehrgerechtigkeit zu dienen bestimmt ist. Aus diesem Grunde ist dem benachteiligten Auszubildenden, sofern die Voraussetzungen im Einzelnen gegeben sind, richtigerweise ein Schadensersatzanspruch auf Begründung eines ArbVerh zuzubilligen[5]. Dies kann etwa der Fall sein, wenn die Übernahme ohne Vorliegen von personen-, verhaltens- oder betriebsbedingten Gründen abgelehnt wird. Das BAG hat in Bezug auf die insoweit vergleichbare Norm des § 78 S. 2 BetrVG den Schutzgesetzcharakter iSd. § 823 II BGB anerkannt. Schadensersatz sei insoweit zu leisten, als derjenige Zustand herzustellen sei, der bestünde, wenn der ArbGeb die schädigende Handlung unterlassen hätte (§ 249 BGB). Dann aber wäre es zu einem ArbVerh gekommen[6]. Der solchermaßen anzuerkennende Einstellungsanspruch des Auszubildenden ist allerdings dahin gehend einzuschränken, dass eine derartige Pflicht des Ausbilders nicht besteht, wenn der Betrieb durch den Abschlusszwang wirtschaftl. gefährdet wird[7].

15 **III. Prozessuale Geltendmachung.** Die Unwirksamkeit einer Kündigung nach dieser Norm muss binnen der dreiwöchigen Ausschlussfrist des § 4 S. 1 KSchG geltend gemacht werden. Gem. **Abs. 4** beginnt diese Frist, sofern die Kündigung dem ArbN nach Zustellung des Einberufungsbescheides bzw. der Aufforderung zum Dienstantritt oder während des Wehrdienstes zugeht, erst zwei Wochen nach Ende des Wehrdienstes zu laufen. Im Falle der Fristversäumung ist § 5 KSchG zu beachten.

3 *Wohnraum und Sachbezüge*

(1) Das Ruhen des Arbeitsverhältnisses (§ 1 Abs. 1) lässt eine Verpflichtung zum Überlassen von Wohnraum unberührt.

(2) Für die Auflösung eines Mietverhältnisses über Wohnraum, der mit Rücksicht auf das Arbeitsverhältnis zur Unterbringung des Arbeitnehmers und seiner Familie überlassen ist, darf die durch den Grundwehrdienst oder eine Wehrübung veranlasste Abwesenheit des Arbeitnehmers nicht zu seinem Nachteil berücksichtigt werden. Dies gilt entsprechend für alleinstehende Arbeitnehmer, die den Wohnraum während ihrer Abwesenheit aus besonderen Gründen benötigen.

(3) Bildet die Überlassung des Wohnraumes einen Teil des Arbeitsentgelts, so hat der Arbeitnehmer für die Weitergewährung an den Arbeitgeber eine Entschädigung zu zahlen, die diesem Teil des Arbeitsentgelts entspricht. Ist kein bestimmter Betrag vereinbart, so hat der Arbeitnehmer eine angemessene Entschädigung zu zahlen.

(4) Sachbezüge sind während des Grundwehrdienstes oder während einer Wehrübung auf Verlangen weiterzugewähren. Absatz 3 gilt sinngemäß.

(5) Die Absätze 3 und 4 finden keine Anwendung, wenn der Arbeitgeber nach diesem Gesetz das Arbeitsentgelt während des Wehrdienstes weiterzuzahlen hat.

1 **I. Inhalt und Zweck.** Wird der Wohnraum nicht als Arbeitsentgelt gewährt, bleibt die Verpflichtung zu dessen Überlassung von der Ableistung des Wehrdienstes unberührt. Insoweit ist auch § 1 I nicht einschlägig, der nur das Ruhen der Hauptleistungspflichten aus dem ArbVerh betrifft. Wird der Wohnraum als Teil des Arbeitsentgelts gewährt, ist er dem ArbN auch während des Wehrdienstes zu gewähren, **Abs. 1.** Insoweit handelt es sich um eine Ausnahme zu dem in § 1 I niedergelegten Grundsatz.

2 **II. Wohnraum.** Hierzu zählen Werkmiet- (§ 576 BGB) und Werkdienstwohnungen (§ 576b BGB). Für den Zeitraum des Wehrdienstes bleibt die Pflicht zur Mietzinszahlung unabhängig von den Regelungen

---

1 LAG Hamm 26.5.1967 – 5 Sa 247/67, DB 1967, 1272; KR/*Weigand*, § 2 ArbPlSchG Rz. 32. ||2 KR/*Weigand*, § 2 ArbPlSchG Rz. 38. ||3 Vgl. BT-Drs. 16/10995, 16. ||4 BT-Drs. 8/855, 6. ||5 KR/*Weigand*, § 2 ArbPlSchG Rz. 38; *Sahmer/Busemann*, E § 2 ArbPlSchG Nr. 26; aA KDZ/*Zwanziger/Brecht-Heitzmann*, § 2 ArbPlSchG Rz. 20. ||6 BAG 12.2.1975 – 5 AZR 79/74, AP Nr. 1 zu § 78 BetrVG 1972. ||7 KR/*Weigand*, § 2 ArbPlSchG Rz. 38.

des ArbPlSchG bestehen. Sofern der Wohnraum einen Teil des Arbeitsentgelts darstellt, ist für die Zeit des Wehrdienstes gem. **Abs. 3 S. 1 eine Entschädigung** vom ArbN zu zahlen, weil er eine entsprechende Arbeitsleistung nicht erbringt. In ihrer Höhe richtet sich diese Entschädigung nach dem Anteil des Wohnraumes am Arbeitsentgelt, sofern dieser fest vereinbart ist. IÜ hat der ArbN eine angemessene Entschädigung zu zahlen, Abs. 3 S. 2. Dabei ist zu berücksichtigen, dass der ArbGeb den Wohnraum meist deutlich unterhalb der marktüblichen Preise überlassen wird, weshalb diese insoweit nicht maßgeblich sein können[1]. Die **Entschädigungspflicht entfällt**, wenn der ArbGeb, etwa gem. §§ 1 Abs. 2, 10, 14 und 16, das Arbeitsentgelt weiter zu zahlen hat, **Abs. 5**.

III. **Kündigungsschutz.** Der Vermieter darf das Mietverhältnis nicht aus Anlass des Wehrdienstes 3 (vgl. § 2 Rz. 3) kündigen, sofern die Wohnung auch Familienmitgliedern des Wehrpflichtigen überlassen worden ist, **Abs. 2 S. 1**. Eine gleichwohl ausgesprochene Kündigung ist unwirksam[2]. Zu den Familienmitgliedern rechnen alle iSd. § 3 USG[3]. Bewohnt der ArbN die Wohnung nicht mit Angehörigen idS, liegen aber besondere Gründe auf Seiten des ArbN vor, greift das Kündigungsverbot gem. **Abs. 2 S. 2** ein. Solche Gründe sind gegeben, wenn es unter Würdigung der Gesamtumstände sachgerecht erscheint, dem ArbN das Wohnrecht zu erhalten, wobei insoweit keine übertrieben hohen Anforderungen zu stellen sind. Es ist ausreichend, wenn eigene Möbel nur mit gesteigertem Aufwand aufbewahrt werden können[4].

IV. **Weitergewährung von Sachbezügen.** Vom ArbGeb gewährte Sachbezüge sind auf Verlangen 4 des ArbN für die Zukunft weiter zu gewähren, **Abs. 4 S. 1**. Für die Vergangenheit kann der ArbN die Sachbezüge nicht weiter verlangen, wenn in dem bisherigen Nichtverlangen ein konkludenter Verzicht zu sehen ist oder die zu beziehende Sache wegen ihrer Beschaffenheit oder ihres Zwecks nicht mehr verwendet werden kann[5]. Sofern die Sachbezüge einen Bestandteil des Arbeitsentgelts darstellen, hat der ArbN gem. Abs. 4 S. 2 iVm. Abs. 3 im Falle der Weitergewährung eine Entschädigung zu zahlen.

4 *Erholungsurlaub*

(1) Der Arbeitgeber kann den Erholungsurlaub, der dem Arbeitnehmer für ein Urlaubsjahr aus dem Arbeitsverhältnis zusteht, für jeden vollen Kalendermonat, den der Arbeitnehmer Wehrdienst leistet, um ein Zwölftel kürzen. Dem Arbeitnehmer ist der ihm zustehende Erholungsurlaub auf Verlangen vor Beginn des Wehrdienstes zu gewähren.

(2) Hat der Arbeitnehmer den ihm zustehenden Urlaub vor seiner Einberufung nicht oder nicht vollständig erhalten, so hat der Arbeitgeber den Resturlaub nach dem Wehrdienst im laufenden oder im nächsten Urlaubsjahr zu gewähren.

(3) Endet das Arbeitsverhältnis während des Wehrdienstes oder setzt der Arbeitnehmer im Anschluss an den Wehrdienst das Arbeitsverhältnis nicht fort, so hat der Arbeitgeber den noch nicht gewährten Urlaub abzugelten.

(4) Hat der Arbeitnehmer vor seiner Einberufung mehr Urlaub erhalten, als ihm nach Absatz 1 zustand, so kann der Arbeitgeber den Urlaub, der dem Arbeitnehmer nach seiner Entlassung aus dem Wehrdienst zusteht, um die zu viel gewährten Urlaubstage kürzen.

(5) Für die Zeit des Wehrdienstes richtet sich der Urlaub nach den Urlaubsvorschriften für Soldaten.

I. **Zweck und Anwendungsbereich.** Durch die Ableistung des Wehrdienstes und das damit verbun- 1 dene Ruhen des ArbVerh ergeben sich Besonderheiten bzgl. des Urlaubsanspruchs, insb. dessen Sicherung, nach dem BUrlG. Die Norm findet auch für Eignungsübungen nach der EignungsübungsVO Anwendung, obschon weder das EignungsübungsG[6] noch seine DurchführungsVO[7] in § 15 I BUrlG genannt sind, da diese Bestimmungen unbefristet fortbestehen[8]. Für Heimarbeiter findet die Norm gem. § 7 I ebenfalls Anwendung, so dass die Bestimmungen des § 12 BUrlG im Hinblick auf die Kürzung, Erteilung, Übertragung und Befristung nicht einschlägig sind. Der Urlaubsanspruch von Soldaten gem. § 28 SoldG iVm. der VO über den Urlaub der Soldaten[9] besteht gem. Abs. 5 neben dem Urlaubsanspruch aus dem ArbVerh.

II. **Verkürzung des Urlaubsanspruchs.** Der Umfang des Urlaubsanspruchs ist gem. **Abs. 1 S. 1** für je- 2 den vollen Kalendermonat, den der ArbN Wehrdienst leistet, **um ein Zwölftel** zu kürzen und entspricht im Wesentlichen der Kürzung gem. § 17 I BEEG. Die Kürzung erfolgt nicht kraft Gesetzes, sondern durch empfangsbedürftige Willenserklärung und tritt im Zeitpunkt des Zugangs der Gestaltungserklärung des ArbGeb ein (vgl. § 17 BEEG Rz. 5). Hat der ArbGeb bereits **mehr Urlaub** gewährt, als dem ArbN nach der Kürzung zusteht, findet gem. Abs. 4 eine Anrechnung auf den Urlaubsanspruch des Fol-

---

[1] *Sahmer/Busemann*, E § 3 ArbPlSchG Nr. 7. ||[2] LAG Hess. 21.7.1966 – 3 Sa 215/66, AP Nr. 2 zu § 565b BGB; *Sahmer/Busemann*, E § 3 ArbPlSchG Nr. 8. ||[3] *Sahmer/Busemann*, E § 3 ArbPlSchG Nr. 9. ||[4] *Sahmer/Busemann*, E § 3 ArbPlSchG Nr. 10. ||[5] *Sahmer/Busemann*, E § 3 ArbPlSchG Nr. 11. ||[6] V. 20.1.1956, BGBl. I S. 13. ||[7] V. 15.2.1956, BGBl. I S. 71. ||[8] Vgl. G v. 17.12.1970, BGBl. I S. 1741. *Neumann/Fenski*, § 15 BUrlG Rz. 5; aA *Leinemann/Linck*, § 15 BUrlG Rz. 22 ff. ||[9] IdF v. 14.5.1997, BGBl. I S. 1134.

gejahres statt (vgl. § 17 BEEG Rz. 11). Eine anteilige Kürzung kommt aufgrund des Wortlauts nicht in Betracht, sofern die Zeit des Wehrdienstes unter einem vollen Kalendermonat liegt[1].

3   III. **Pflicht zur Gewährung vor dem Wehrdienst.** Der ArbGeb hat den gekürzten Urlaub auf Verlangen des ArbN zwingend in dem Zeitraum zwischen Vorlage des Einberufungs- bzw. Dienstantrittsbescheids und dem Antritt des Wehrdienstes zu gewähren, **Abs. 1 S. 2**. Damit verliert der ArbGeb ein ihm gem. § 7 BUrlG zustehendes Verweigerungsrecht. Er kann die Urlaubsgewährung grds. nicht unter Hinweis auf zwingende Gründe oder eine besondere Ausnahmesituation verwehren[2]. Andererseits steht dem ArbN wie auch sonst kein Selbstbeurlaubungsrecht zu. Ggf. muss er seinen Anspruch durch einstw. Rechtsschutz sichern[3]. Das **Urlaubsentgelt** wird dem ArbN entsprechend § 11 BUrlG, ein **Urlaubsgeld** nach Maßgabe der entsprechenden tarifvertragl. oder vertragl. Regelung gezahlt, soweit diese keinen Ausschluss vorsieht[4].

4   IV. **Übertragung des Urlaubs.** Sofern der ArbN den Urlaub vor Beginn des Wehrdienstes wegen Zeitablaufs nicht nehmen kann, würde dieser gem. § 7 III BUrlG verfallen. Daher findet gem. **Abs. 2** eine Übertragung auf das Folgejahr statt, ohne dass es einer Handlung der Vertragsparteien bedarf (vgl. § 17 BEEG Rz. 6). Ein Verfall des Urlaubs nach Ablauf des Jahres wird auf Grund unionsrechtlicher Vorgaben (Art. 7 RL 2003/88/EG) dann nicht in Betracht kommen, sofern der ArbN etwa auf Grund von Krankheit gehindert war, diesen in Anspruch zu nehmen (vgl. § 7 BUrlG Rz. 74a).

5   V. **Abgeltung des Urlaubsanspruchs.** Endet das ArbVerh, bevor der Urlaub gewährt werden kann, erlangt der ArbN als Surrogat gem. **Abs. 3** mit der Beendigung einen Abgeltungsanspruch (vgl. § 17 BEEG Rz. 9).

5 *(weggefallen)*

6 *Fortsetzung des Arbeitsverhältnisses*
(1) Nimmt der Arbeitnehmer im Anschluss an den Grundwehrdienst oder im Anschluss an eine Wehrübung in seinem bisherigen Betrieb die Arbeit wieder auf, so darf ihm aus der Abwesenheit, die durch den Wehrdienst veranlasst war, in beruflicher und betrieblicher Hinsicht kein Nachteil entstehen.

(2) Die Zeit des Grundwehrdienstes oder einer Wehrübung wird auf die Berufs- und Betriebszugehörigkeit angerechnet; bei Auszubildenden und sonstigen in Berufsausbildung Beschäftigten wird die Wehrdienstzeit auf die Berufszugehörigkeit jedoch erst nach Abschluss der Ausbildung angerechnet. Die Zeit des Grundwehrdienstes oder einer Wehrübung gilt als Dienst- und Beschäftigungszeit im Sinne der Tarifordnungen und Tarifverträge des öffentlichen Dienstes.

(3) Auf Probe- und Ausbildungszeiten wird die Zeit des Grundwehrdienstes oder einer Wehrübung nicht angerechnet.

(4) Auf Bewährungszeiten, die für die Einstufung in eine höhere Lohn- oder Vergütungsgruppe vereinbart sind, wird die Zeit des Grundwehrdienstes nicht angerechnet. Während der Zeit, um die sich die Einstufung in eine höhere Lohn- oder Vergütungsgruppe hierdurch verzögert, erhält der Arbeitnehmer von seinem Arbeitgeber zum Arbeitsentgelt eine Zulage in Höhe des Unterschiedsbetrages zwischen seinem Arbeitsentgelt und dem Arbeitsentgelt, das ihm bei der Einstufung in die höhere Lohn- oder Vergütungsgruppe zustehen würde.

1   I. **Benachteiligungsverbot.** Nimmt der ArbN nach Beendigung des Wehrdienstes die Arbeit in seinem bisherigen Betrieb wieder auf, so darf ihm aus der wehrdienstbedingten Abwesenheit kein Nachteil entstehen, **Abs. 1**. Dieses Benachteiligungsverbot wird durch Abs. 2–4 konkretisiert. Es bezieht sich allein auf **betriebl. und berufl.** Aspekte für die Zeit nach Ableistung des Wehrdienstes. Dagegen braucht der ArbN im Rahmen seiner Vergütung nicht so gestellt zu werden, als ob er während des Wehrdienstes seine Arbeitsleistung erbracht hätte, da die Pflichten aus dem ArbVerh gem. § 1 I geruht haben. Aus diesem Grunde können ihm bspw. Zuschläge verwehrt werden, die ihre Grundlage in der Ausübung des Berufs haben[5]. Abs. 1 findet während des Ruhens des ArbVerh gem. § 1 I keine Anwendung.

2   Sofern **tarifl. Sonderzuwendungen** auf Grund einer tarifl. Regelung für die Dauer des Grundwehrdienstes nicht gekürzt werden, gebieten weder § 6 noch der arbeitsrechtl. Gleichbehandlungsgrundsatz, dies auf ArbN auszudehnen, welche als Soldaten auf Zeit dienen[6].

---

1 BAG 15.12.2009 – 9 AZR 795/08, NJOZ 2010, 1528 (1530). ||2 Bzgl. § 242 BGB näher *Sahmer/Busemann*, E § 4 ArbPlSchG Nr. 14. ||3 KassHdb/*Hauck*, 2.4 Rz. 758. ||4 Für Elternzeit/damals: Erziehungsurlaub: BAG 24.10.1989 – 8 AZR 253/88, AP Nr. 52 zu § 7 BUrlG Abgeltung; 28.7.1992 – 9 AZR 340/91, AP Nr. 3 zu § 17 BErzGG.
||5 BAG 27.1.1994 – 6 AZR 446/93, AP Nr. 5 zu § 6 ArbPlSchG; 7.4.1987 – 8 AZR 19/85, AP Nr. 7 zu § 47 BAT.
||6 BAG 24.1.1996 – 10 AZR 175/95, AP Nr. 7 zu § 6 ArbPlSchG.

Das Benachteiligungsverbot gem. Abs. 1 wirkt nur zwischen dem **ArbN und seinem alten ArbGeb**, sofern der ArbN mit diesem nicht – wegen Beendigung des alten ArbVerh während des Wehrdienstes – einen neuen Arbeitsvertrag geschlossen hat[1]. Sucht der Wehrdienstleistende sich einen neuen ArbGeb, findet Abs. 1 keine Anwendung. Im Falle eines Betriebsübergangs gem. § 613a BGB gilt das Benachteiligungsverbot auch ggü. dem neuen ArbGeb. Voraussetzung ist weiterhin, dass der Wehrpflichtige in den bisherigen Betrieb, nicht in einen davon verschiedenen, zurückkehrt. Die Arbeitsaufnahme muss nicht unmittelbar nach dem Wehrdienst erfolgen. Es ist unschädlich, wenn der ArbN zunächst einen Erholungsurlaub verbringt[2]. Für ArbN, welche an einer Eignungsübung teilnehmen, greift der Schutz von § 6 I EÜG ein, der auch dann Anwendung findet, wenn der ArbN in einen anderen Betrieb zurückkehrt[3].

II. Inhalt des Benachteiligungsverbotes. Ein Nachteil iSd. Abs. 1 besteht in jeder **diskriminierenden Behandlung** des ArbN in betriebl. oder berufl. Hinsicht[4] und kann sowohl durch ein Tun als auch durch ein Unterlassen des ArbGeb herbeigeführt werden. Beispiele sind die Zuordnung eines allg. nicht beliebten Arbeitsplatzes oder Vorgesetzten sowie die Nichtvornahme einer begründeten Eingruppierung in eine höhere Lohngruppe[5]. Zur Beurteilung kommt es allein auf objektive Maßstäbe und nicht auf die subjektive Sicht des ArbGeb an[6]. Die Benachteiligung muss in Beziehung zur Abwesenheit während des Wehrdienstes stehen. An einem solchen Bezug fehlt es bspw., wenn wegen Auftragsmangels unabhängig vom Wehrdienst erforderliche Verschlechterungen der Arbeitsbedingungen wie Kurzarbeit oder eine Versetzung des ArbN in Rede stehen. Der Verstoß gegen Abs. 1 begründet einen Unterlassungsanspruch.

III. Anrechnung der Zeit des Wehrdienstes. Gem. **Abs. 2** wird die Wehrdienstzeit auf die Zeit der Betriebs- und Berufszugehörigkeit kraft Gesetzes angerechnet[7]. Die Anrechnung erfolgt ausschließlich in dem Betrieb, dem der ArbN vor dem Wehrdienst angehört hat. Eine Anrechnung der Berufszugehörigkeit erfolgt allein bzgl. der zuvor ausgeübten Tätigkeit, wobei insoweit die tatsächliche Art der Beschäftigung, etwa Mechaniker oder Maurer, ausschlaggebend ist. Entscheidend ist die Betriebszugehörigkeit bspw. für die Wahlberechtigung zum BR (§ 7 BetrVG) sowie die Wartezeit gem. § 1 I KSchG.

Die Wehrdienstzeit wird **Auszubildenden** und sich sonst in einer **Berufsausbildung** befindlichen Beschäftigten auf die Berufszugehörigkeit angerechnet, wenn der Beruf unmittelbar im Anschluss an die Ausbildung ausgeübt wird, **Abs. 2 S. 1**. Die Anrechnung erfolgt erst nach der erfolgreichen Ausbildung, nicht jedoch auf diese selbst, **Abs. 3**. Gleiches gilt für Probezeiten. Der Grund für diese Regelung liegt darin, dass ein Zeitraum zur Prüfung der Geeignetheit eines ArbN oder ein Ausbildungsabschnitt nicht durch einen Zeitraum ersetzt werden kann, in welchem keine Arbeitsleistung erbracht worden ist bzw. keine Ausbildung stattgefunden hat. Eine Ausbildung idS ist jede planmäßige, praktische und schulische Vermittlung von Kenntnissen, Fertigkeiten oder Erfahrungen[8], bspw. das Berufsausbildungsverhältnis gem. §§ 10 ff. BBiG sowie das Volontär- bzw. Praktikantenverhältnis und ähnliche andere Ausbildungsverhältnisse iSd. § 26 BBiG. Zu den Probezeiten zählen neben der vertragl. vereinbarten auch diejenigen nach § 20 BBiG[9].

Abs. 3 ist **lex specialis** zu § 1 IV, weshalb Ausbildungsverhältnisse und ArbVerh auf Probe, deren Ende in den Zeitraum des Wehrdienstes fallen, nicht zu dem vorher bestimmten Zeitpunkt enden[10].

Sofern der ArbN nach seinem Wehrdienst **erstmalig ein Arbeitsverhältnis** begründet, findet § 12 Anwendung. Bzgl. der Anrechnung der Wehrdienstzeit auf Wartefristen im **zukünftigen Berufsleben** ist § 13 zu berücksichtigen. Orientiert sich eine tarifvertragl. Regelung bzgl. einer Lohnerhöhung an vorgegebenen **Steigerungsstufen**, die sich nach der Anzahl der Beschäftigungsjahre in der jeweiligen Gehaltsstufe richten, findet eine Anrechnung der Wehrdienstzeit nicht statt; anderes soll gelten, wenn die Anzahl der Dienstjahre maßgeblich ist[11].

IV. Zulageverpflichtung. Gem. **Abs. 4** wird die Grundwehrdienstzeit ebenfalls nicht auf **Bewährungszeiten** angerechnet. Sofern sich wegen der fehlenden Anrechnung eine Höherstufung verzögert, erhält der ArbN gem. Abs. 4 S. 2 vom ArbGeb eine Zulage, deren Höhe sich nach dem Unterschiedsbetrag zwischen dem gegenwärtigen und dem Arbeitsentgelt im Falle einer Höhergruppierung richtet. Angesichts einer insoweit bestehenden Regelungslücke ist Abs. 4 S. 2 auf tarifl. Entgeltzahlungen mit **Zeitaufstieg** entsprechend anwendbar[12]. Die Zulage wird mit dem Zeitpunkt **fällig**, in dem die Voraussetzungen für eine Höhergruppierung ohne Ableistung des Wehrdienstes erreicht worden wären.

V. Unionsrechtliche Besonderheiten. Auf der Grundlage von Art. 9 I EWG-VO 38/64 und Art. 7 EWG-VO 1612/68 hat der EuGH entschieden, dass Staatsangehörigen eines Mitgliedstaates, welche als WanderArbN ihre Tätigkeit in einem anderen Mitgliedstaat wegen der Wehrpflicht in ihrem Heimat-

---

1 ErfK/*Gallner*, § 6 ArbPlSchG Rz. 2. || 2 ErfK/*Gallner*, § 6 ArbPlSchG Rz. 2. || 3 *Sahmer/Busemann*, E § 6 ArbPlSchG Nr. 1. || 4 ErfK/*Gallner*, § 6 ArbPlSchG Rz. 3. || 5 *Sahmer/Busemann*, E § 6 ArbPlSchG Nr. 4. || 6 BAG 4.11.1970 – 4 AZR 121/70, AP Nr. 119 zu § 1 TVG Auslegung. || 7 BAG 25.7.2006 – 3 AZR 307/05, AP Nr. 8 zu § 6 ArbPlSchG. || 8 ErfK/*Gallner*, § 6 ArbPlSchG Rz. 6. || 9 *Sahmer/Busemann*, E § 6 ArbPlSchG Nr. 24. || 10 BAG 25.7.2006 – 3 AZR 307/05, AP Nr. 8 zu § 6 ArbPlSchG. || 11 BAG 10.9.1980 – 4 AZR 719/78, AP Nr. 125 zu § 1 TVG Auslegung. || 12 BAG 28.6.1994 – 3 AZR 988/93, AP Nr. 6 zu § 6 ArbPlSchG.

land unterbrechen müssen, die Wehrdienstzeit auf die Betriebszugehörigkeit anzurechnen ist, soweit dies zu Gunsten einheimischer ArbN in dem Beschäftigungsland erfolgt[1]. Nunmehr erstreckt § 16 VI die Anwendbarkeit des § 6 ausdrücklich auf Angehörige derjenigen **Staaten**, welche die **Europäische Sozialcharta** unterschrieben haben und auf Grund einer in ihrem Heimatland bestehenden Wehrpflicht zum Wehrdienst eingezogen werden. (s. a. § 1 Rz. 5 ff.).

7 *Vorschriften für in Heimarbeit Beschäftigte*
(1) Für in Heimarbeit Beschäftigte, die ihren Lebensunterhalt überwiegend aus der Heimarbeit beziehen, gelten die §§ 1 bis 4 sowie § 6 Abs. 2 sinngemäß.

(2) Vor und nach dem Wehrdienst dürfen in Heimarbeit Beschäftigte aus Anlass des Wehrdienstes bei der Ausgabe von Heimarbeit im Vergleich zu den anderen in Heimarbeit Beschäftigten des gleichen Auftraggebers oder Zwischenmeisters nicht benachteiligt werden; andernfalls haben sie Anspruch auf das dadurch entgangene Entgelt. Der Berechnung des entgangenen Entgelts ist das Entgelt zu Grunde zu legen, das der in Heimarbeit Beschäftigte im Durchschnitt der letzten 52 Wochen vor der Vorlage des Einberufungsbescheides beim Auftraggeber oder Zwischenmeister erzielt hat.

1 **I. Vorbemerkung.** Die Begrifflichkeit des in Heimarbeit Beschäftigten deckt sich mit derjenigen in § 1 I Buchst. a und b HAG iVm. § 2 I und II HAG. Für diesen Personenkreis gilt § 6 I nicht. In **Abs. 2** ist insoweit eine besondere Regelung getroffen worden. Personen, die den Heimarbeitern und Hausgewerbetreibenden gleichgestellt sind (§ 1 II HAG), sowie fremde Hilfskräfte (§ 2 VI HAG) werden von § 7 nicht erfasst. Bei Letzteren handelt es sich um ArbN, auf welche §§ 1ff. Anwendung finden. Der Heimarbeiter muss seine Existenzgrundlage in der Heimarbeit haben, mithin seinen Lebensunterhalt vornehmlich aus ihr beziehen, wobei es unschädlich ist, wenn mehrere HeimArbVerh gegeben sind[2].

2 **II. Regelungsinhalt.** Es gelten die Regelungen des § 1 bzgl. des Ruhens (vgl. § 1 Rz. 13 ff.), der Vorlagepflicht, der Nichtverlängerung von befristeten und anderweitig endenden Vertragsverhältnissen (vgl. § 1 Rz. 19) entsprechend. Beginnend mit der Zustellung des Einberufungs- bzw. Dienstantrittsbescheides bis zum Ende des Wehrdienstes darf das Beschäftigungsverhältnis nicht nach § 29 HAG gekündigt werden, **Abs. 1** iVm. § 2 I. Auch gelten § 2 II und III entsprechend (vgl. § 2 Rz. 3 ff.), wobei § 2 II 2 nicht zur Anwendung kommt, da Heimarbeiter nicht vom Schutzbereich des KSchG erfasst werden[3].

3 Gem. **Abs. 2 S. 1** dürfen in Heimarbeit Beschäftigte weder vor noch nach dem Wehrdienst durch den gleichen Auftraggeber oder Zwischenmeister im Verhältnis zu anderen Heimarbeitern wegen des Wehrdienstes benachteiligt werden. Im Falle einer Missachtung hat der Betroffene gem. Abs. 2 S. 1 Hs. 2 einen Anspruch auf das dadurch entgangene Entgelt, dessen Höhe sich nach Abs. 2 S. 2 bestimmt.

8–9 *(nicht kommentiert)*

10 *Freiwillige Wehrübungen*
Wird der Wehrpflichtige zu einer Wehrübung auf Grund freiwilliger Verpflichtung (§ 4 Abs. 3 Satz 1 und 2 des Wehrpflichtgesetzes) einberufen, so gelten die §§ 1 bis 4 und 6 bis 9 nur, soweit diese Wehrübung allein oder zusammen mit anderen freiwilligen Wehrübungen im Kalenderjahr nicht länger als sechs Wochen dauert.

11 *(weggefallen)*

11a *Bevorzugte Einstellung in den öffentlichen Dienst*
(1) Bewirbt sich ein Soldat oder entlassener Soldat bis zum Ablauf von sechs Monaten nach Beendigung des Grundwehrdienstes um Einstellung in den öffentlichen Dienst, so hat er Vorrang vor gesetzlich nicht bevorrechtigten Bewerbern gleicher Eignung. Das Gleiche gilt für Wehrpflichtige, die im Anschluss an den Grundwehrdienst eine für den künftigen Beruf im öffentlichen Dienst vorgeschriebene, über die allgemeinbildende Schulbildung hinausgehende Ausbildung ohne unzulässige Überschreitung der Regelzeit durchlaufen, wenn sie sich innerhalb von sechs Monaten nach Abschluss dieser Ausbildung um Einstellung bewerben.

---

1 EuGH 15.10.1969 – Rs. 15/69, AP Nr. 2 zu Art. 177 EWG-Vertrag; BAG 5.12.1969 – 5 AZR 215/68, AP Nr. 3 zu Art. 177 EWG-Vertrag. ||2 *Sahmer/Busemann*, E § 7 ArbPlSchG Nr. 4a. ||3 KR/*Weigand*, § 2 ArbPlSchG Rz. 11; aA *Schmidt/Koberski/Tiemann/Wascher*, § 29 HAG Rz. 129.

(2) Haben sich die Anforderungen an die fachliche Eignung für die Einstellung in den öffentlichen Dienst für Wehrpflichtige im Sinne des Absatzes 1 Satz 2 während der wehrdienstbedingten Verzögerung ihrer Bewerbung um Einstellung erhöht, so ist der Grad ihrer fachlichen Eignung nach den Anforderungen zu prüfen, die zu einem Zeitpunkt bestanden haben, zu dem sie sich ohne den Grundwehrdienst hätten bewerben können. Führt die Prüfung zu dem Ergebnis, dass ein Wehrpflichtiger ohne diese Verzögerung eingestellt worden wäre, kann er vor Bewerbern ohne Grundwehrdienst eingestellt werden. Die Zahl der Stellen, die Wehrpflichtigen in einem Einstellungstermin vorbehalten werden kann, bestimmt sich nach dem zahlenmäßigen Verhältnis der Bewerber mit wehrdienstbedingter Verzögerung zu denjenigen, bei denen eine solche nicht vorliegt; Bruchteile von Stellen sind zu Gunsten der Wehrpflichtigen aufzurunden.

Die Norm gewährt Wehrpflichtigen und freiwilligen Wehrdienst Leistenden ggü. anderen nicht einstellungsbevorrechtigten Bewerbern nach Ableistung des Grundwehrdienstes einen **Anspruch auf vorrangige Einstellung** in den öffentl. Dienst (§ 15 II). Die Teilnahme an einer Wehrübung ist dafür nicht ausreichend. Die Bewerbung kann frühestens unmittelbar nach Beginn und muss bis spätestens sechs Monate nach Ableistung des Wehrdienstes eingereicht werden[1]. Gem. Abs. 1 S. 2 besteht ein gleicher Anspruch, wenn im Anschluss an den Wehrdienst ohne unzulässige Überschreitung der Regelzeit eine Ausbildung, die Voraussetzung für den Beruf im öffentl. Dienst ist und über die allgemeine Schulbildung hinausgeht, durchlaufen wird und der Wehrdienstleistende sich innerhalb von sechs Monaten nach deren Beendigung um eine Einstellung bewirbt. Dabei ist es ohne Belang, wenn zwischen Wehrdienst und Ausbildungsbeginn etwa ein Urlaub verbracht wird. Auch wenn die Regelausbildungszeit vor dem Wehrdienst zwar überschritten worden ist, die Ausbildung anschließend jedoch fortgesetzt wird, ist dies unschädlich[2]. Bei den in Abs. 1 S. 1 und 2 genannten Fristen handelt es sich um **Ausschlussfristen**, deren Nichteinhaltung zum Erlöschen des Anspruchs führt. 1

Gem. **Abs. 2** findet im **Bewerbungsverfahren** iSd. Abs. 1 S. 2 die Ableistung des Wehrdienstes insofern Berücksichtigung, als ungediente Bewerber, welche nach den aktuellen Anforderungen für die Stelle besser geeignet sind, ggü. dem Wehrdienstleistenden nachrangig berücksichtigt werden. **Voraussetzung** ist, dass sich die Anforderungen an die zu besetzende Stelle nachträglich erhöht haben und der Wehrdienstleistende zu den ursprünglichen Anforderungen eingestellt worden wäre. Sofern sich mehrere Bevorrechtigte für eine Stelle bewerben, sind wiederum die aktuellen Anforderungen für die Stelle maßgeblich[3] und der Qualifizierteste ist einzustellen. 2

12 Anrechnung der Wehrdienstzeit und der Zeit einer Berufsförderung bei Einstellung entlassener Soldaten

(1) Wird ein entlassener Soldat im Anschluss an den Grundwehrdienst oder an eine Wehrübung als Arbeitnehmer eingestellt, gilt § 6 Abs. 2 bis 4, nachdem er sechs Monate lang dem Betrieb oder der Verwaltung angehört. Das Gleiche gilt für Wehrpflichtige, die im Anschluss an den Grundwehrdienst oder eine Wehrübung eine für den künftigen Beruf als Arbeitnehmer förderliche, über die allgemein bildende Schulbildung hinausgehende Ausbildung ohne unzulässige Überschreitung der Regelzeit durchlaufen und im Anschluss daran als Arbeitnehmer eingestellt werden. In einer betrieblichen oder überbetrieblichen Altersversorgung beschränkt sich eine Anrechnung nach Satz 1 auf die Berücksichtigung bei den Unverfallbarkeitsfristen nach dem Betriebsrentengesetz. Ist dem Soldaten infolge einer Wehrdienstbeschädigung nach Entlassung aus der Bundeswehr auf Grund des Soldatenversorgungsgesetzes Berufsumschulung oder Berufsfortbildung gewährt worden, so wird auch die hierfür erforderliche Zeit auf die Berufs- und Betriebszugehörigkeit oder als Dienst- und Beschäftigungszeit angerechnet.

(2) Die Besoldungsgesetze regeln unter Berücksichtigung des § 9 Abs. 7 und 11 die Anrechnung der Wehrdienstzeit auf das Besoldungsdienstalter für entlassene Soldaten, die nach dem Grundwehrdienst oder nach einer Wehrübung als Beamter oder Richter eingestellt werden. Bei Einstellung als Beamter oder Richter des Bundes gilt Satz 1 mit der Maßgabe, dass an die Stelle des Besoldungsdienstalters die Erfahrungszeit tritt.

(3) Bewirbt sich ein Soldat oder entlassener Soldat bis zum Ablauf von sechs Monaten nach Beendigung des Grundwehrdienstes oder einer Wehrübung um Einstellung als Beamter und wird er in den Vorbereitungsdienst eingestellt, so gelten Absatz 2 und § 9 Abs. 8 Satz 4 entsprechend.

(4) Absatz 3 gilt entsprechend für einen Arbeitnehmer, dessen Ausbildung für ein späteres Beamtenverhältnis durch eine festgesetzte mehrjährige Tätigkeit im Arbeitsverhältnis an Stelle des sonst vorgeschriebenen Vorbereitungsdienstes durchgeführt wird.

Die Norm richtet sich an entlassene Soldaten, welche nach ihrem Wehrdienst erstmals überhaupt oder ein **neues Arbeitsverhältnis** begründen. In diesen Fällen erfolgt eine Anrechnung des Wehrdienstes gem. § 6 II und IV, sofern der Wehrpflichtige dem Betrieb oder der Verwaltung sechs Monate ohne 1

---

[1] *Sahmer/Busemann*, E § 11a ArbPlSchG Nr. 5. ||[2] *Sahmer/Busemann*, E § 11a ArbPlSchG Nr. 6bf.
||[3] VGH Kassel 18.2.1985 – 1 TG 252/83, NJW 1985, 1103.

ArbPlSchG § 12 Rz. 2   Anrechnung der Wehrdienstzeit

Unterbrechung angehört hat[1]. Eine tatsächliche Unterbrechung ist anders als eine rechtl. (vgl. § 1 KSchG Rz. 14) unschädlich[2]. Als entlassener Soldat gilt derjenige, dessen Wehrdienst gem. § 29 bzw. nach § 58h SoldG endet. **Ein Anschluss** an den Wehrdienst iSd. **Abs. 1** ist auch dann gegeben, wenn bis zum Beginn des ArbVerh ein Erholungsurlaub verbracht wird bzw. eine kurzfristige Krankheit oder Arbeitslosigkeit besteht. Das gilt auch dann, wenn zwischen der Entlassung und der Aufnahme einer Berufsausbildung ein Zeitraum von einem Monat liegt[3]. Die Anrechnung erfolgt auf das erste auf Dauer angelegte ArbVerh nach dem Wehrdienst[4]. Dies gilt gem. Abs. 1 S. 2 auch für die in § 11a I 2 genannten Personen (s.a. § 6 Rz. 5 ff.). Unter „Regelzeit" ist in Bezug auf ein Hochschulstudium die Regelstudienzeit zu verstehen, deren Überschreitung nur dann unschädlich ist, wenn der Grund hierfür in der Gestaltung und Organisation des Prüfungsverfahrens liegt oder aus einem anderen besonderen Grund zulässig ist[5].

2   Von **Abs. 1 S. 4** werden sämtliche im Einzelfall erforderlichen Bemühungen der Berufsumschulung und Fortbildung erfasst, die zur Wiedererlangung einer berufl. Eignung eines Wehrpflichtigen, der eine Wehrdienstbeschädigung iSd. § 81 SVG erlitten hat, notwendig sind. Die Anrechnung erfolgt kraft Gesetzes im Anschluss an die Fortbildung bzw. Umschulung.

13 *(nicht kommentiert)*

Zweiter Abschnitt. Meldung bei den Erfassungsbehörden und Wehrersatzbehörden

14 *Weiterzahlung des Arbeitsentgelts*
(1) Wird ein Arbeitnehmer nach Maßgabe des Wehrpflichtgesetzes von der Erfassungsbehörde oder einer Wehrersatzbehörde aufgefordert, sich persönlich zu melden oder vorzustellen, so hat der Arbeitgeber für die ausfallende Arbeitszeit das Arbeitsentgelt weiterzuzahlen.

(2) Der Arbeitnehmer hat die Ladung unverzüglich seinem Arbeitgeber vorzulegen.

(3) Die Absätze 1 und 2 gelten entsprechend für den Arbeitnehmer, der zu Dienstleistungen nach dem Vierten Abschnitt des Soldatengesetzes herangezogen werden soll.

1   Die Norm erfasst nur ArbN iSd. § 15 I, welche bspw. in den Fällen der §§ 15 I 3, 17 III 2 u. VIII 3, 20a II, 23 S. 3 sowie 24 VI S. 1 Nr. 3 u. 4 WPflG persönlich bei der Erfassungs- oder Wehrersatzbehörde erscheinen müssen. Für freiwillig Wehrdienstleistende gilt § 58d SoldG. **Nicht erfasst** werden Handelsvertreter und in Heimarbeit Beschäftigte. Die zwingende Norm betrifft nur den Anspruch auf **Fortzahlung des Arbeitsentgelts**, welcher davon abhängig ist, dass der ArbN zur Vorstellung bei der jeweiligen Behörde amtlich aufgefordert worden ist. Fortzuzahlen ist das Entgelt auch für Zeiten der An- und Abreise zu den Vorstellungsterminen. Führt die Wahrnehmung einer der genannten Verpflichtungen dazu, dass bspw. die gesamte Schicht eines Taxifahrers praktisch undurchführbar ist, ist das Arbeitsentgelt für die ganze Schicht zu zahlen[6]. Die Höhe des zu zahlenden Arbeitsentgelts richtet sich nach den Umständen des Einzelfalls, wobei es etwa bei Akkordlöhnen maßgeblich darauf ankommt, was der Betroffene bei Erbringen seiner Arbeitsleistung hätte verdienen können[7]. Der Anspruch entsteht nur, wenn der ArbN während der Arbeitszeit vorstellig werden muss. Soweit er etwa in seinem Erholungsurlaub von der Erbringung der Arbeitsleistung befreit ist, besteht der Anspruch nicht[8]. Der ArbN muss durch Vorlage der entsprechenden Aufforderung die Abwesenheit und damit die zu vergütende Zeit nachweisen. Soweit dem ArbN Aufwendungen im Zusammenhang mit der Vorstellung bei der Erfassungs- oder Wehrersatzbehörde entstehen, haftet hierfür der Staat, vgl. §§ 15 V, 19 V WPflG, 58d SoldG.

14a–15 *(nicht kommentiert)*

16 *Sonstige Geltung des Gesetzes*
(1)–(2) (…)
(3) Dieses Gesetz gilt auch im Falle des freiwilligen Wehrdienstes in besonderer Auslandsverwendung (§ 6a des Wehrpflichtgesetzes) mit der Maßgabe, dass die Vorschriften über Wehrübungen entsprechend anzuwenden sind. § 10 findet keine Anwendung.

---

1 *Sahmer/Busemann*, E § 12 ArbPlSchG Nr. 4.   ‖2 ErfK/*Gallner*, § 12 ArbPlSchG Rz. 2.   ‖3 BAG 25.7.2006 – 3 AZR 307/05, AP Nr. 8 zu § 6 ArbPlSchG.   ‖4 BAG 22.5.1974 – 5 AZR 427/73, AP SoldVersG § 8 Nr. 1.   ‖5 BAG 19.8.2008 – 3 AZR 1063/06, DB 2009, 240.   ‖6 LAG Nds. 16.9.1968 – 6 Sa 414/68, BB 1969, 1226.   ‖7 *Sahmer/Busemann*, E § 14 ArbPlSchG Nr. 4.   ‖8 Weiterführend *Sahmer/Busemann*, E § 14 ArbPlSchG Nr. 6.

(4) Dieses Gesetz ist ferner anzuwenden auf Arbeits- und Dienstverhältnisse von Personen, die zu Dienstleistungen nach dem Vierten Abschnitt des Soldatengesetzes herangezogen werden, mit der Maßgabe, dass die Vorschriften über Wehrübungen entsprechend anzuwenden sind. Absatz 3 Satz 2 gilt mit Ausnahme von Übungen (§ 61 des Soldatengesetzes) entsprechend.

(5) (...)

(6) § 1 Abs. 1, 3 und 4 und die §§ 2 bis 8 dieses Gesetzes gelten auch für in Deutschland beschäftigte Ausländer, wenn diese in ihrem Heimatstaat zur Erfüllung ihrer dort bestehenden Wehrpflicht zum Wehrdienst herangezogen werden. Dies gilt nur für Ausländer, die Staatsangehörige der Vertragsparteien der Europäischen Sozialcharta vom 18. Oktober 1961 (BGBl. 1964 II S. 1262) sind und die ihren rechtmäßigen Aufenthalt in Deutschland haben.

(7) Dieses Gesetz gilt auch im Falle des freiwilligen Wehrdienstes nach § 58b des Soldatengesetzes mit der Maßgabe, dass die Vorschriften über den Grundwehrdienst anzuwenden sind.

Abs. 7 wurde eingefügt durch Art. 6 des Gesetzes v. 28.4.2011[1]. Nachdem das ArbPlSchG schon bislang gem. Abs. 2 für den sich an den Grundwehrdienst anschließenden zusätzlichen freiwilligen Wehrdienst und nach § 16a I für den Wehrdienst als Soldat auf Zeit für die endgültig auf nicht mehr als zwei Jahre festgesetzte Dienstzeit mit der Maßgabe galt, dass die für den Grundwehrdienst geltenden Vorschriften anzuwenden sind, liegt darin keine inhaltliche Änderung der Rechtslage[2]. 1

16a *Wehrdienst als Soldat auf Zeit*

(1) Dieses Gesetz gilt auch im Falle des Wehrdienstes als Soldat auf Zeit
1. für die zunächst auf sechs Monate festgesetzte Dienstzeit,
2. für die endgültig auf insgesamt nicht mehr als zwei Jahre festgesetzte Dienstzeit

mit der Maßgabe, dass die für den Grundwehrdienst der Wehrpflichtigen geltenden Vorschriften anzuwenden sind, ausgenommen § 9 Abs. 8 Satz 3, §§ 14a und § 14b.

(2)–(5) (...)

17 *(nicht kommentiert)*

---

1 BGBl. I S. 678; zuletzt geändert am 8.4.2013, BGBl. I S. 730. || 2 Vgl. BT-Drs. 859/10, 22 (zu Art. 6).

Arbeitszeitgesetz (ArbZG)

vom 6.6.1994 (BGBl. I S. 1170),
zuletzt geändert durch Gesetz vom 20.4.2013 (BGBl. I S. 868)

Erster Abschnitt. Allgemeine Vorschriften

1 *Zweck des Gesetzes*
Zweck des Gesetzes ist es,

1. die Sicherheit und den Gesundheitsschutz der Arbeitnehmer in der Bundesrepublik Deutschland und in der ausschließlichen Wirtschaftszone bei der Arbeitszeitgestaltung zu gewährleisten und die Rahmenbedingungen für flexible Arbeitszeiten zu verbessern sowie
2. den Sonntag und die staatlich anerkannten Feiertage als Tage der Arbeitsruhe und der seelischen Erhebung der Arbeitnehmer zu schützen.

1 **I. Entstehungsgeschichte.** Mit dem ArbZG[1] hat der Gesetzgeber die Arbeitszeitordnung (AZO) aus dem Jahre 1938, die Vorschriften der Gewerbeordnung über die Sonn- und Feiertagsarbeit (§§ 105b–105j GewO) sowie weitere 26 Gesetze und RechtsVOen abgelöst und damit die Forderung aus Art. 30 Abs. 1 Nr. 1 EVertr erfüllt, wonach der gesamtdeutsche Gesetzgeber das öffentl.-rechtl. Arbeitszeitrecht einschl. der Zulässigkeit von Sonn- und Feiertagsarbeit und den besonderen Frauenarbeitsschutz möglichst bald einheitlich neu zu kodifizieren hatte. Bereits zuvor hatte das BVerfG den Gesetzgeber aufgefordert, spezielle Teilbereiche des Arbeitszeitrechts neu zu regeln[2]. Das ArbZG setzt zugleich die RL 2003/88/EG des Europäischen Parlaments und des Rates über bestimmte Aspekte der Arbeitszeitgestaltung v. 4.11.2003 – **ArbeitszeitRL**[3] – um.

2 **II. Inhalt und Zweck. 1. Öffentlich-rechtliches Arbeitszeitrecht.** Das ArbZG regelt das **öffentl.-rechtl. Arbeitszeitrecht**, indem es festlegt, wie lange und zu welchen Zeiten der ArbGeb ArbN beschäftigen darf. Es steckt damit den zulässigen zeitlichen Rahmen ab, innerhalb dessen die privatrechtl. vereinbarte Arbeitsleistung zu erbringen ist. Hingegen wird keine Verpflichtung der ArbN begründet, während der höchstzulässigen Arbeitszeiten durchgehend zu arbeiten. Umgekehrt sieht das öffentl.-rechtl. Arbeitszeitrecht keine finanziellen (Primär-)Ansprüche bei Verstößen gegen seine Regelungen vor[4]. Demgemäß enthält das ArbZG – abgesehen von den in § 6 V geregelten Nachtarbeitszuschlägen – keine Aussagen über die Vergütung der Arbeitszeit. Das öffentl.-rechtl. Arbeitszeitrecht ist gleichwohl zivilrechtl. verpflichtend. Der ArbN hat einen vertragl. Anspruch auf Einhaltung des ArbZG, den er ggf. im Wege einer Unterlassungsklage oder mit einem Feststellungsantrag durchsetzen kann[5].

3 **2. Gesundheitsschutz der Arbeitnehmer.** Aufgabe des ArbZG ist es, den ArbN vor Gefahren zu schützen, die durch das Überschreiten der zeitlichen Leistungsgrenzen für die Gesundheit drohen. Zugleich soll dem ArbN im Interesse seiner Menschenwürde und der Erhaltung seiner Persönlichkeit ausreichend Freizeit erhalten bleiben[6].

4 **3. Flexibilisierung.** Hinzugekommen ist als Zweck des Gesetzes die Verbesserung der Rahmenbedingungen für flexible Arbeitszeiten[7]. So sollen zum einen die Betriebslaufzeiten ohne Rücksicht auf die individuellen Arbeitszeiten des ArbN erhöht werden können, zum anderen soll dem ArbN mehr Freiheit in der individuellen Gestaltung seiner Arbeitszeit gegeben werden[8]. Der Gesetzgeber hat dies als einen wichtigen Schritt zur Sicherung des Investitionsstandortes Deutschland angesehen[9].

5 **4. Sonn- und Feiertagsarbeit.** Schließlich führt das Gesetz als weiteren Zweck des neuen Arbeitszeitrechts die Regelung der Sonn- und Feiertagsarbeit an. Durch die gesetzl. Regelung der Sonn- und Feiertagsarbeit kommt der Gesetzgeber seinem verfassungsrechtl. Auftrag nach, Art. 139 WRV[10], Art. 140 GG inhaltlich näher auszugestalten[11].

6 **III. Geltungsbereich. 1. Räumlich.** Das Gesetz gilt grds.[12] und unabhängig von der Staatsbürgerschaft für alle ArbN innerhalb der Bundesrepublik Deutschland, wobei Anknüpfungspunkt derjenige

---

1 Art. 1 des Gesetzes zur Vereinheitlichung und Flexibilisierung des Arbeitszeitrechts (Arbeitszeitrechtsgesetz – ArbZRG) v. 6.6.1994, BGBl. I S. 1170. ‖2 BVerfG 13.11.1979 – 1 BvR 631/78, BVerfGE 52, 369 (zu § 1 des Gesetzes des Landes NRW über Freizeitgewährung für Frauen mit eigenem Hausstand v. 27.7.1948); 28.1.1992 – 1 BvR 1025/82, BVerfGE 85, 191 (zu § 19 AZO Nachtarbeitsverbot für Arbeiterinnen). ‖3 Früher RL 93/104/EG v. 23.11.1993. ‖4 BAG 16.5.2013 – 6 AZR 619/11; 12.3.2008 – 4 AZR 616/06, AP Nr. 18 zu § 1 TVG Tarifverträge: Chemie. ‖5 Dieser Anspruch lässt sich entweder aus § 241 II oder aus § 618 BGB ableiten. Für letzteres *Zwanziger*, DB 2007, 1356 (1358). ‖6 BVerwG 19.9.2000 – 1 C 17/99, NZA 2000, 1232. ‖7 Zum Gesetzeszweck s. BT-Drs. 12/5888, 23; nach *Anzinger/Koberski*, § 1 ArbZG Rz. 9, ist die Flexibilität ggü. dem Gesundheitsschutz der ArbN stets nachrangig. ‖8 *Neumann/Biebl*, § 1 ArbZG Rz. 4. ‖9 *Anzinger*, BB 1994, 1492. ‖10 Art. 139 WRV: „Der Sonntag und die staatlich anerkannten Feiertage bleiben als Tage der Arbeitsruhe und der seelischen Erhebung gesetzlich geschützt." ‖11 *Anzinger/Koberski*, § 1 ArbZG Rz. 11. ‖12 Ausnahmen vom persönl. Geltungsbereich enthält § 18 ArbZG.

Ort ist, an dem der ArbN seine Arbeitsleistung erbringt[1]. Es gilt zudem grds. auch in der ausschließlichen Wirtschaftszone. Dies ist nach den Art. 55 bis 57 des Seerechtsübereinkommens der Vereinten Nationen[2] ein jenseits des Küstenmeers gelegenes und an dieses angrenzendes Gebiet, das sich nicht weiter als 200 Seemeilen von der Küstenlinie erstrecken darf und in dem der Küstenstaat in bestimmtem Umfang souveräne Rechte und Hoheitsbefugnisse hat. Für das Gebiet der ausschließlichen Wirtschaftszone hat die Bundesregierung von ihrer VO-Ermächtigung nach § 15 IIa Gebrauch gemacht und mit der Offshore-Arbeitszeitverordnung[3] Sonderregelungen erlassen. Hingegen gilt das Gesetz nicht für deutsche ArbN, die ihre Arbeitsleistung im Ausland erbringen[4].

2. Spezialregelungen. Es existieren arbeitszeitrechtl. Spezialvorschriften für   7

– **Jugendliche:** §§ 4, 8 ff. JArbSchG;
– **Besatzungsmitglieder** auf **Kauffahrteischiffen:** §§ 42–55 SeeArbG[5];
– ArbN als **Besatzungsmitglieder** in der **Luftfahrt:** 2. DVO zur Betriebsordnung für Luftfahrtgerät[6];
– **Beamte:** ArbeitszeitVO des Bundes und der Länder;
– ArbN in **Verkaufsstellen:** § 17 LSchlG.

2 *Begriffsbestimmungen*

(1) Arbeitszeit im Sinne dieses Gesetzes ist die Zeit vom Beginn bis zum Ende der Arbeit ohne die Ruhepausen; Arbeitszeiten bei mehreren Arbeitgebern sind zusammenzurechnen. Im Bergbau unter Tage zählen die Ruhepausen zur Arbeitszeit.

(2) Arbeitnehmer im Sinne dieses Gesetzes sind Arbeiter und Angestellte sowie die zu ihrer Berufsbildung Beschäftigten.

(3) Nachtzeit im Sinne dieses Gesetzes ist die Zeit von 23 bis 6 Uhr, in Bäckereien und Konditoreien die Zeit von 22 bis 5 Uhr.

(4) Nachtarbeit im Sinne dieses Gesetzes ist jede Arbeit, die mehr als zwei Stunden der Nachtzeit umfasst.

(5) Nachtarbeitnehmer im Sinne dieses Gesetzes sind Arbeitnehmer, die

1. auf Grund ihrer Arbeitszeitgestaltung normalerweise Nachtarbeit in Wechselschicht zu leisten haben oder
2. Nachtarbeit an mindestens 48 Tagen im Kalenderjahr leisten.

I. Inhalt und Zweck	1	3. Nachtzeit (Abs. 3)	11
II. Definitionen	2	4. Nachtarbeit (Abs. 4)	12
1. Arbeitszeit (Abs. 1)	2	5. Nachtarbeitnehmer (Abs. 5)	13
2. Arbeitnehmer (Abs. 2)	10	III. Stichwort-ABC	14

I. Inhalt und Zweck. § 2 regelt nur die wichtigsten arbeitszeitrechtl. Begriffe. Eigene und weitere Definitionen enthält Art. 2 ArbeitszeitRL 2003/88/EG.   1

II. Definitionen. 1. Arbeitszeit (Abs. 1). Indem das Gesetz die Arbeitszeit formal als „die Zeit vom Beginn bis zum Ende der Arbeit ohne die Ruhepausen" definiert, lässt es die inhaltl. Tragweite des Begriffs unklar.   2

a) Arbeitsschutzrechtlicher, arbeitsvertraglicher und betriebsverfassungsrechtlicher Arbeitszeitbegriff. Der arbeitsschutzrechtl. Begriff der Arbeitszeit im ArbZG ist nicht vollständig kongruent mit dem arbeitsvertragl. Arbeitszeitbegriff[7]. So können bestimmte Zeiten auf Grund vertragl. oder tarifl. Regelung vergütungsrechtl. als Arbeitszeit gewertet werden, während sie arbeitsschutzrechtl. außer Betracht bleiben[8]. Zwar sind in aller Regel solche Zeiten, die iSd. ArbZG als Arbeitszeit gelten, auch individual-rechtl. vergütungspflichtig. Umgekehrt kann aber nicht ausgeschlossen werden, dass eine vergütungspflichtige Arbeitsleistung vorliegt, die keine Arbeitszeit iSd. öffentl.-rechtl. Schutzvorschrif-   3

---

1 *Baeck/Deutsch*, § 18 ArbZG Rz. 13. ||2 BGBl. 1994 II S. 1799. ||3 Verordnung über die Arbeitszeit bei Offshore-Tätigkeiten v. 5.7.2013 (BGBl. I S. 2228). ||4 BAG 12.12.1990 – 4 AZR 238/90, NZA 1991, 386, wonach die Festsetzung einer regelmäßigen wöchentl. Arbeitszeit von 54 Stunden in Saudi-Arabien wirksam sein kann. ||5 Art. 1 des Gesetzes zur Umsetzung des Seearbeitsübereinkommens 2006 der Internationalen Arbeitsorganisation v. 20.4.2013 (BGBl. I S. 868) regelt die Verlängerungen der Arbeitszeit auf besonderen Schiffen (zB Schleppern) oder in besonderen Fällen (zB bei Gefahr für Leib und Leben) und die tarifl. Abweichungsmöglichkeiten (§ 49) sowie die Arbeitszeitregelungen für jugendliche Besatzungsmitglieder (§§ 53, 54) gesondert. Der Kapitän wird abweichend vom früheren SeemG in das Arbeits- und Ruhezeitregime einbezogen (§ 42 Abs. 4). Neu eingeführt wurde ferner eine Pausenregelung (§ 45). ||6 Zweite Durchführungsverordnung zur Betriebsordnung für Luftfahrtgerät (Dienst-, Flugdienst-, Block- und Ruhezeiten von Besatzungsmitgliedern in Luftfahrtunternehmen und außerhalb von Luftfahrtunternehmen bei berufsmäßiger Betätigung) v. 6.4.2009 (BAnz. 2009 Nr. 56 S. 1327). ||7 BAG 11.7.2007 – 9 AZR 519/05, NZA 2007, 155. ||8 BAG 11.10.2000 – 5 AZR 122/99, NZA 2001, 458; BayObLG 23.3.1992 – 3 ObOWi 18/92, NZA 1992, 811.

ten des ArbZG darstellt[1]. So kann die vom ArbGeb veranlasste Untätigkeit eines Beifahrers als Arbeitszeit im vertragl. Sinne vergütungspflichtig sein[2]. Maßgeblich für die Auslegung des Begriffs „Arbeitszeit" iSd. § 2 sind allein **Sinn und Zweck des Arbeitsschutzes**[3]. Er besteht maßgeblich darin, den ArbN vor einer Beeinträchtigung seiner Leistungsfähigkeit und Gesundheit zu schützen, ihm Gelegenheit zur Erholung und Entfaltung seiner Persönlichkeit zu geben und ihm die Möglichkeit zur Teilnahme am Familienleben sowie am kulturellen und politischen Geschehen zu sichern[4]. Einen wiederum anderen Arbeitszeitbegriff kennt das BetrVG in § 87 I Nr. 2 und Nr. 3 BetrVG. Der dort verwendete Begriff der Arbeitszeit ist nicht deckungsgleich mit dem Begriff der vergütungspflichtigen Arbeitszeit und der Arbeitszeit iSd. Arbeitsschutzes. Er bestimmt sich vielmehr nach dem Zweck des MitbestR. Die Beteiligung des BR soll die Interessen der ArbN an einer sinnvollen Arbeitszeit- und Freizeiteinteilung und -gestaltung schützen[5].

4 **b) Konzeption des ArbZG.** Das deutsche Arbeitszeitrecht versteht im Einklang mit dem europäischen Arbeitszeitbegriff unter „Arbeitszeit" die Zeit, in welcher der ArbN auf Weisung des ArbGeb zur Arbeitsleistung im Betrieb, dh. der Arbeitsstelle, an welcher er Arbeiten zu verrichten hat, zur Verfügung steht oder aber außerhalb des Betriebes tatsächlich arbeitet[6]. Charakteristisches Merkmal der Arbeitszeit ist, dass **der ArbN verpflichtet ist, sich an einem vom ArbGeb bestimmten Ort aufzuhalten und sich zu dessen Verfügung zu halten, um ggf. sofort seine Leistungen erbringen zu können**[7]. Unerheblich für die Frage der Arbeitszeit ist, ob der ArbN wirtschaftl. produktiv ist[8]. Arbeit ist vielmehr jede Tätigkeit, die als solche der Befriedigung eines fremden Bedürfnisses dient. Auch auf die Intensität der geleisteten Arbeit kommt es nicht an[9]. Maßgeblich sind für „Beginn und Ende der Arbeit" iSd. Abs. 1 die Zeitpunkte der Arbeitsaufnahme sowie deren Beendigung am Arbeitsplatz, der nicht mit der Arbeitsstätte oder der Werkstätte identisch sein muss (zB Baustelle)[10]. Regelmäßig enthalten auch TV Bestimmungen, wonach die Arbeitszeit an der Arbeitsstelle bzw. bei wechselnden Einsätzen oder größeren Baustellen an der sog. Sammelstelle beginnt und endet[11]. Es geht also um die Zeit, die vom ArbN in betriebsbezogener organisatorischer Einbindung im Interesse des ArbGeb verbracht wird[12]. Der arbeitszeitrechtl. **Gegenbegriff zur Arbeitszeit** ist die **Ruhezeit**, die ebenso wie die Arbeitszeit unterschiedl. Gestaltungen ermöglicht.

5

Arbeitszeit	Vollarbeit
	Arbeitsbereitschaft: Sie ist ein Fall der Vollarbeit, wenn von dem ArbN eine „wache Achtsamkeit im Zustand der Entspannung" verlangt wird[13]. **Beispiel:** Ein Kellner wartet auf Gäste. Arbeitsbereitschaft ist grds., falls keine Abschläge oder Pauschalabgeltungen vereinbart sind, wie Vollarbeit zu vergüten[14].
	Bereitschaftsdienst: Das sind die Zeiten, in denen sich der ArbN außerhalb der regelmäßigen Arbeitszeit an einer vom ArbGeb festgelegten Stelle innerhalb oder außerhalb des Betriebs aufzuhalten hat, um bei Bedarf seine volle Arbeitstätigkeit unverzüglich aufzunehmen[15]. **Beispiel:** Ärzte oder Rettungssanitäter, die sich im Krankenhaus aufhalten und bei Notwendigkeit eingesetzt werden können. Muss der ArbN ständig innerhalb von 15 Minuten zum Dienst erreichbar sein, stellt dies eine derart enge zeitliche und räumliche Bindung des ArbN dar, dass keine Rufbereitschaft mehr, sondern Bereitschaftsdienst vorliegt[16] Nach der ursprünglichen Konzeption des ArbZG waren Zeiten des Bereitschaftsdienstes keine Arbeitszeit, sondern Ruhezeit. Diese Konzeption war durch das sog. SIMAP-Urteil des EuGH v. 3.10.2000[17] fraglich geworden und seit dem sog. Jaeger-Urteil des EuGH v. 9.9.2003[18] nicht mehr haltbar. Mit dem Gesetz zu Reformen am Arbeitsmarkt v. 24.12.2003[19] hat der Gesetzgeber dies anerkannt. Bereitschaftsdienst zählt zur Arbeitszeit und ist vergütungspflichtig. Die Vergütung darf aufgrund tarif- oder arbeitsvertragl. Vereinbarung wegen der insg. geringen Inanspruchnahme des ArbN niedriger sein als bei Vollarbeit[20], wobei der gesamte Bereitschaftsdienst und nicht etwa nur die darin enthaltene Vollarbeit vergütet werden muss. Unter dieser Voraussetzung darf die Vergütung des Bereitschaftsdienstes nach dem voraussichtlichen Umfang der Heranziehung zur Vollarbeit pauschaliert werden[21]. TV sehen zuweilen eine Anrechnung der Bereitschaftsdienstzeiten auf die Regelarbeitszeit vor (Freizeitausgleich)[22]. Zu den Besonderheiten im Fahrpersonalrecht s. § 21a.

---

1 BAG 11.10.2000 – 5 AZR 122/99, NZA 2001, 458; 13.10.2009 – 9 AZR 139/08. ||2 BAG 20.4.2011 – 5 AZR 200/10, NZA 2011, 917. ||3 BAG 11.7.2007 – 9 AZR 519/05, NZA 2007, 155; 11.10.2000 – 5 AZR 122/99, NZA 2001, 458. ||4 BayObLG 23.3.1992 – 3 ObOWi 18/92, NZA 1992, 811. ||5 BAG 14.11.2006 – 1 ABR 5/06, NZA 2007, 458; 23.7.1996 – 1 ABR 17/96, NZA 1997, 216; *Richardi*, § 87 BetrVG Rz. 256. ||6 BayObLG 23.3.1992 – 3 ObOWi 18/92, NZA 1992, 811. ||7 EuGH 3.10.2000 – Rs. C-303/98, NZA 2000, 1227 – SIMAP; 1.12.2005 – Rs. C-14/04, NZA 2006, 89 – Dellas. ||8 KassHdb/*Schliemann*, 2.5 Rz. 45. ||9 EuGH 1.12.2005 – Rs. C-14/04, NZA 2006, 89 – Dellas. ||10 *Linnenkohl/Rauschenberg*, § 2 ArbZG Rz. 4. ||11 Etwa § 3 Nr. 4 BRTV für das Baugewerbe v. 4.7.2002 idF v. 14.12.2004. ||12 BayObLG 23.3.1992 – 3 ObOWi 18/92, NZA 1992, 811. ||13 BAG 10.1.1991 – 6 AR 352/89, NZA 1991, 516; 9.3.2005 – 5 AZR 385/02, NZA 2005, 1016. ||14 *Baeck/Deutsch*, § 2 Rz. 40. ||15 BAG 24.10.2000 – 9 AZR 634/99, NZA 2001, 449; s.a. § 9 TvöD. ||16 LAG Köln 13.08.2008 – 3 Sa 1453/07, ZTR 2009, 76. ||17 EuGH 3.10.2000 – Rs. C-303/98, NZA 2000, 1227 – SIMAP. ||18 EuGH 9.9.2003 – Rs. C-151/02, NZA 2003, 1019. ||19 BGBl. I S. 3002. ||20 BAG 12.12.2012 – 5 AZR 918/11. ||21 BAG 28.1.2004 – 5 AZR 530/02, NZA 2004, 656 (68 % der regulären Vergütung). ||22 Hierzu *Schlottfeldt/Kutscher*, Freizeitausgleich für Bereitschaftsdienst, NZA 2009, 697.

Ruhezeit	**Rufbereitschaft**[1] (Hintergrunddienst): Hier ist der ArbN nur verpflichtet, auf Abruf die Arbeit aufzunehmen. Er darf sich an einem Ort seiner Wahl aufhalten, der dem ArbGeb anzuzeigen ist oder von dem aus er jederzeit erreichbar ist (über „Piepser" oder „Handy")[2]. Der ArbGeb kann nicht die Zeit zwischen dem Abruf und der Arbeitsaufnahme im Voraus und für alle Fälle auf eine bestimmte Höchstdauer beschränken. Eine solche zeitliche Beschränkung liefe dem Wesen der Rufbereitschaft zuwider[3], da es an der Freiheit der Ortswahl fehlt[4]. Ein Angestellter des öffentl. Dienstes, der auf Anordnung seines ArbGeb außerhalb der regelmäßigen Arbeitszeit ein auf Empfang geschaltetes Funktelefon mitführt, um von seinem Standort aus das Notwendige fernmündlich zu veranlassen (etwa Erteilung von Anordnungen oder Einsatzaufträgen), leistet während der Dauer dieser Verpflichtung Rufbereitschaft (s. § 7 IV TVöD). Eine Ortsveränderung des ArbN ist nicht notwendig[5]. Rufbereitschaft ist keine Arbeitszeit, muss aber vergütet werden[6]. **Freizeit**

Durch Arbeitsvertrag oder TV kann eine gesonderte Vergütungsregelung für Vollarbeit, Bereitschaftsdienst oder Rufbereitschaft getroffen werden[7].

c) **Arbeitszeit (Beispiele).** Zur Arbeitszeit zählen: 6

- Arbeitsbereitschaft,
- betriebsbedingte Wartezeiten[8],
- Umkleidezeiten[9],
- Vor- und Abschlussarbeiten (Aufräumen des Arbeitsplatzes, Material- und Werkzeugausgabe usw.)[10],
- Zuendebedienen der Kundschaft[11],
- Arbeiten, die der ArbN mit nach Hause nimmt und dort erledigt,
- Reisezeit von Außendienstmitarbeitern[12], Handlungsreisenden und Berufskraftfahrern[13],
- Fahrtzeiten bei Dienstreisen, wenn der ArbN auf Veranlassung des ArbGeb einen Pkw führt[14],
- Wartezeit des Omnibusfahrers einer Gesellschaftsreise am Fahrtziel[15], wenn er über die Gestaltung dieser Zeit frei verfügen kann (s. § 21a Rz. 5),
- Zeiten einer behördlich angeordneten ärztl. Untersuchung[16] der Belegschaft sowie
- Wegezeiten zwischen dem Betrieb und äußeren Arbeitsstellen[17].

d) **Keine Arbeitszeit (Beispiele).** Nicht zur Arbeitszeit gehören: 7

- Wasch- und Umkleidezeiten[18], wenn die Dienstkleidung auch zu Hause angelegt und, ohne besonders auffällig zu sein, auch auf dem Weg zur Arbeitsstätte getragen werden kann[19],
- Wegezeit zwischen Wohnung und Arbeitsstätte[20],
- Wegezeiten bei Dienstreisen, wenn während der Reisezeit keine Arbeit im eigentlichen Sinne (Konferenz, Aktenbearbeitung usw.) geleistet[21] und dem ArbN durch die Beschränkung auf ein öffentl. Verkehrsmittel lediglich ein Freizeitopfer abverlangt wird[22],

---

1 Nach BAG 23.7.1996 – 1 ABR 17/96, NZA 1997, 216 kann Rufbereitschaft aber Arbeitszeit iSd. § 87 I Nr. 1 u. 2 BetrVG sein. ||2 BAG 24.10.2000 – 9 AZR 634/99, NZA 2001, 449. ||3 BAG 31.1.2002 – 6 AZR 214/00, AuR 2002, 113. ||4 So schon BAG 19.12.1991 – 6 AZR 592/89, NZA 1992, 560. ||5 BAG 29.6.2000 – 6 AZR 900/98, NZA 2001, 165. ||6 *Baeck/Deutsch*, § 2 Rz. 52. ||7 BAG 12.12.2012 – 5 AZR 918/11. ||8 *Baeck/Deutsch*, § 2 ArbZG Rz. 4. ||9 BAG 19.9.2012 – 5 AZR 678/11, NZA-RR 2013, 63. ||10 KassHdb/*Schliemann*, 2.5 Rz. 48; *Buschmann/Ulber*, § 2 ArbZG Rz. 5. ||11 *Buschmann/Ulber*, § 2 Rz. 5. ||12 BAG 14.11.2006 – 1 ABR 5/06, NZA 2007, 458; 28.3.1963 – 5 AZR 209/62, AP Nr. 3 zu § 611 BGB Wegezeit. ||13 KassHdb/*Schliemann*, 2.5 Rz. 76, 77. ||14 *Baeck/Lösler*, NZA 2005, 247 (249); s.a. BAG 14.11.2006 – 1 ABR 5/06, NZA 2007, 458. ||15 LAG BW 28.3.1960 – IV Sa 113/59, BB 1960, 627. ||16 BAG 10.5.1957 – 2 AZR 56/55, AP Nr. 5 zu § 611 BGB Lohnanspruch; *Neumann/Biebl*, § 2 Rz. 13. ||17 BAG 23.7.1996 – 1 ABR 17/96, NZA 1997, 216; *Neumann/Biebl*, § 2 Rz. 14; *Buschmann/Ulber*, § 2 Rz. 8. ||18 BAG 25.4.1962 – 1 AZR 250/61, BB 1962, 715; 11.10.2000 – 5 AZR 122/99, NZA 2001, 458: Es drohen bei den entsprechenden Verrichtungen auch nach Ausschöpfung der entsprechenden Verrichtungen keine Gefahren, denen durch Einbezug in die gesetzl. Arbeitszeit vorzubeugen wäre; *Anzinger/Koberski*, § 2 Rz. 27; Ausnahmen von diesem Grundsatz kommen in Betracht, wenn es um das An- und Auszieben spezieller Sicherheitskleidung geht (LAG BW 12.2.1987 – 13 (7) Sa 92/86, AiB 1987, 246; *Neumann/Biebl*, § 2 Rz. 13; *Anzinger/Koberski*, § 2 Rz. 28) oder Umkleiden zur geschuldeten Arbeitsleistung gehört, wie etwa bei einem Model (KassHdb/*Schliemann*, 2.5 Rz. 66); zur Mitbestimmung des BR bei der Festlegung von An- und Umkleidezeiten *Thannheiser*, Umkleidezeiten, AiB 2011, 7–11. ||19 BAG 10.11.2009 – 1 ABR 54/08, NZA-RR 2010, 301. ||20 BAG 26.8.1960 – 1 AZR 421/58, AP Nr. 2 zu § 611 BGB Wegezeit. ||21 *Neumann/Biebl*, § 2 Rz. 15; aA *Buschmann/Ulber*, § 2 Rz. 9, da Dienstreisen soziale Belastungen mit sich bringen; *Adam*, AuR 2001, 481; *Buschmann*, FS Hanau, 1999, S. 197 (208f.); häufig finden sich tarifl. Regelungen der Dienstreisezeit, wonach notwendige Reisezeit zu einem gewissen Anteil als vergütungspflichtige Arbeitszeit behandelt wird, etwa in § 5 Nr. II des Manteltarifvertrages für die Arbeiter, Angestellten und Auszubildenden in der Metall- und Elektroindustrie NRW v. 24.8./11.9.2001. ||22 BAG 11.7.2006 – 9 AZR 519/05, NZA 2007, 155.

- innerbetriebliche Wegezeiten, etwa zwischen Eingang und Umkleidestelle, sofern ein Umkleiden im Betrieb erfolgen muss[1],
- Rufbereitschaft[2] sowie
- Ruhepausen (mit Ausnahme der Ruhepausen im Bergbau, Abs. 1 S. 2)[3],
- Lenkzeitunterbrechungen von acht Minuten, die im Voraus feststehen, bei denen keine Arbeitsleistung zu erbringen ist und bei denen auch keine Arbeitsbereitschaft verlangt wird[4].

8 e) **Arbeitszeiten bei mehreren Arbeitgebern** sind gem. Abs. 1 S. 1 Hs. 2 bei der Ermittlung der Arbeitszeit zusammenzurechnen. Außer Betracht bleiben diejenigen Zeiten, in denen nicht auf Grund eines ArbVerh gearbeitet wird[5], wie etwa bei selbständigen oder ehrenamtl. Tätigkeiten. Schließt der ArbN mehrere Arbeitsverträge ab und überschreitet die festgelegte (Gesamt-)Arbeitszeit die gesetzl. Höchstgrenze, so ist der zeitlich spätere Arbeitsvertrag gem. § 134 BGB nichtig (Prioritätsprinzip)[6]. Im Einzelfall ist dabei nach allg. Grundsätzen zu prüfen, ob eine geltungserhaltende Reduktion des Vertrages möglich ist. Dies soll davon abhängen, ob die zulässige Arbeitszeit erheblich überschritten wird (dann Gesamtnichtigkeit des späteren Arbeitsvertrages) oder nicht (dann geltungserhaltende Reduktion auf die zulässige Arbeitszeit, wenn das ArbVerh auch mit verkürzter Arbeitszeit sinnvoll durchgeführt werden kann)[7].

9 f) **Aufklärungspflichten bei mehreren Arbeitsverhältnissen.** Da Verstöße gegen arbeitszeitrechtl. Vorschriften für den ArbGeb nach §§ 22, 23 straf- und bußgeldbewehrt sind, hat der ArbN den ArbGeb von sich aus über weitere ArbVerh aufzuklären[8]. Bestehen Anhaltspunkte für eine (verschwiegene) weitere Arbeitstätigkeit, ist der ArbGeb allerdings gehalten, sich bei dem ArbN hiernach zu erkundigen, will er sich nicht selbst dem Vorwurf der Fahrlässigkeit aussetzen. Solche Anhaltspunkte bestehen etwa, wenn der ArbN keine LStKarte vorlegt[9].

10 **2. Arbeitnehmer (Abs. 2).** ArbN iSd. ArbZG sind nach Abs. 2 Arbeiter und Angestellte sowie die zu ihrer Berufsbildung Beschäftigten. Die Begriffsbestimmung lehnt sich an § 5 I 1 BetrVG an, ersetzt jedoch den dort verwendeten Begriff der „Berufsausbildung" durch „Berufsbildung", um die Berufsbildungsverhältnisse zu erfassen, die weder Ausbildungsverhältnisse noch ArbVerh sind[10]. Die gesetzl. Definition hilft in der Praxis bei Zweifelsfällen nicht weiter, da auch die Begriffe des Arbeiters und des Angestellten die allg. Merkmale des ArbN-Begriffs voraussetzen. **ArbN** ist nach der Rspr. des BAG[11], wer auf Grund eines privatrechtl. Vertrages zur Arbeit im Dienste eines anderen verpflichtet ist. ArbVerh unterscheiden sich somit von anderen Rechtsverhältnissen durch den Grad der **persönlichen Abhängigkeit**, in der sich der zur Dienstleistung Verpflichtete befindet. ArbN ist derjenige, der seine vertragl. geschuldete Leistung im Rahmen einer von Dritten bestimmten Arbeitsorganisation erbringt. **Keine** ArbN iSd. Arbeitszeitrechts sind **Organmitglieder** juristischer Personen (Geschäftsführer, Vorstand), **Beamte** (wohl aber Dienstordnungsangestellte von Trägern der gesetzl. SozV[12]), **Freiberufler, Ordensangehörige** und **Heimarbeiter**[13]. Hingegen fallen **selbständige Kraftfahrer** seit dem 23.3.2009 unter den Geltungsbereich der RL 2002/15/EG - **FahrpersonalRL**.

11 **3. Nachtzeit (Abs. 3).** Als Nachtzeit legt der Gesetzgeber in Abs. 3 die **Zeit von 23 bis 6 Uhr** und für Bäckereien und Konditoreien die Zeit von 22 Uhr bis 5 Uhr fest. Dies steht im Einklang mit Art. 2 Nr. 3 ArbeitszeitRL, wonach Nachtzeit jede in den einzelstaatlichen Rechtsvorschriften festgelegte Zeitspanne von mindestens sieben Stunden darstellt, sofern sie die Zeitspanne zwischen 24 und 5 Uhr umfasst. Gem. § 7 I Nr. 5 kann in einem TV oder auf Grund eines TV in einer BV der Beginn des siebenstündigen Nachtzeitraums auf die Zeit zwischen 22 und 24 Uhr festgelegt werden.

12 **4. Nachtarbeit (Abs. 4).** Nachtarbeit liegt gem. Abs. 4 vor, wenn die Arbeit **mehr als zwei Stunden** der Nachtzeit umfasst. Maßgeblich ist die für den Betrieb gültige Definition der Nachtzeit, die gem. § 7 I Nr. 5 auch in einem TV oder in einer BV festgelegt sein kann. Nachtarbeit umfasst nicht nur den Zeitraum innerhalb der festgelegten Nachtzeit, sondern die Zeit von Anfang bis Ende der Arbeit, auch wenn diese teilweise nicht in die Nachtzeit fällt[14].

13 **5. Nachtarbeitnehmer (Abs. 5).** NachtArbN ist gem. Abs. 5, wer auf Grund seiner Arbeitszeitgestaltung **normalerweise Wechselschicht** zu leisten hat, oder wer **Nachtarbeit an mindestens 48 Tagen im Kalenderjahr** leistet. Während es bei der 1. Alt. darauf ankommt, ob die Arbeitszeitgestaltung eine Nachtarbeit in Wechselschicht vorsieht („zu leisten haben"), stellt die 2. Alt. ihrem Wortlaut nach darauf ab, ob der ArbN tatsächlich an 48 Tagen im Kalenderjahr gearbeitet hat („leistet"). Ansprüche aus § 6, wie etwa der Anspruch auf Umsetzung auf einen Tagesarbeitsplatz, könnten daher frühestens nach

---

1 BAG 19.9.2012 – 5 AZR 678/11, NZA-RR 2013, 63. ||2 BT-Drs. 12/5888, 27; best. durch EuGH 3.10.2000 – Rs. C-303/98, NZA 2000, 1227. ||3 *Neumann/Biebl*, § 2 Rz. 17. ||4 BAG 13.10.2009 – 9 AZR 139/08, NZA-RR 2010, 623. ||5 *Baeck/Deutsch*, § 2 Rz. 16. ||6 *Baeck/Deutsch*, § 2 Rz. 20. ||7 *Baeck/Deutsch*, § 2 Rz. 22. ||8 ErfK/*Wank*, § 2 ArbZG Rz. 30. ||9 *Neumann/Biebl*, § 2 Rz. 19. ||10 BT-Drs. 12/5888, 23. ||11 BAG 19.11.1997 – 5 AZR 653/96, NZA 1998, 364; 3.6.1998 – 5 AZR 656/97, NZA 1998, 1165; 30.9.1998 – 5 AZR 563/97, NZA 1999, 374. ||12 EuGH 7.4.2011 – Rs. C-519/09. ||13 *Linnenkohl/Rauschenberg*, § 2 Rz. 28 ff. ||14 *Neumann/Biebl*, § 2 Rz. 25.

Ablauf von 48 Arbeitstagen und regelmäßig nicht vor März eines Jahres entstehen, auch wenn der ArbN im vorausgegangenen Jahr bereits an 48 oder mehr Arbeitstagen Nachtarbeit geleistet hat[1]. Die besseren Argumente sprechen allerdings dafür, die NachtArbN-Eigenschaft auch schon dann anzuerkennen, wenn mit Sicherheit davon auszugehen ist, der ArbN werde in dem Kalenderjahr Nachtarbeit in dem erforderl. Umfang leisten[2]. Nicht unter den Begriff „Nachtarbeitnehmer" fällt hingegen derjenige, der nur als Ersatzmann im Schichtdienst einspringt oder in gewissen Zeitabschnitten in geringfügigem Maße in den Schichtplan aufgenommen wird[3].

III. Stichwort-ABC.

14

Begriff	Fundstelle im Gesetz	Definition
Amorphe (gestaltlose) Arbeitszeit	kein Begriff des ArbZG	Das Volumen der in einem bestimmten Zeitraum geschuldeten Arbeitszeit ist festgelegt, offen bleibt die konkrete Verteilung der Arbeitszeit[4].
Arbeit auf Abruf	§ 12 TzBfG	Anderer Begriff: Kapazitätsorientierte variable Arbeitszeitgestaltung (Kapovaz). Der ArbN hat seine Arbeitsleistung entsprechend dem Arbeitsanfall zu erbringen.
Arbeitsbereitschaft	§ 7 I Buchst. a	Vollarbeit, wenn von dem ArbN eine „wache Achtsamkeit im Zustand der Entspannung" verlangt wird[5]. Ist grds., falls keine Abschläge oder Pauschalabgeltungen vereinbart sind, wie Vollarbeit zu vergüten[6].
Arbeitszeit	§ 2 I	Zeit vom Beginn bis zum Ende der Arbeit ohne Ruhepausen. Ausnahme im Bergbau: Ruhepausen zählen zur Arbeitszeit.
Arbeitszeitkonto	kein Begriff des ArbZG	Gegenüberstellung der Soll-Arbeitszeit und der Ist-Arbeitszeit. Der ArbN kann seine Arbeitszeit individuell innerhalb eines bestimmten Rahmens variieren und längerfristig über den festgelegten Ausgleichszeitraum (Monat, Jahr, Leben) mittels Zeitguthaben und Zeitschulden ausgleichen.
Arbeitszeitkorridor	kein Begriff des ArbZG	Differenz zwischen der erlaubten Anzahl von Plus- oder Minusstunden eines Arbeitszeitkontos.
Arbeitszeitmodell	kein Begriff des ArbZG	s. Amorphe Arbeitszeit, Arbeit auf Abruf, Arbeitszeitkonto, Gleitzeit, Job-Sharing, Sabbatical, Santa-Clara-Modell, Tandem-Arbeitszeit, Vertrauensarbeitszeit, Zeitautonome Arbeitsgruppe
Arbeitszeitrichtlinie	kein Begriff des ArbZG	RL 2003/88/EG des Europäischen Parlaments und des Rates v. 4.11.2003 (früher RL 93/104/EG v. 23.11.1993)
Ausgleichszeitraum	§ 3 S. 2, § 7 I	Zeitraum, in dem höhere werktägliche Arbeitszeiten ausgeglichen werden können.
Bedovaz	kein Begriff des ArbZG	Bedarfsorientierte variable Arbeitszeitgestaltung
Bedürfnisgewerbe	§ 13 I Nr. 2	Gewerbe, das der Befriedigung täglicher Bedürfnisse dient (Blumengeschäfte, Parkhäuser usw.).
Bereitschaftsdienst	§ 5 III, § 7 II Nr. 1	Der ArbN hält sich an einer vom ArbGeb festgelegten Stelle innerhalb oder außerhalb des Betriebs auf, um bei Bedarf seine Arbeitstätigkeit unverzüglich aufzunehmen[7]. Zählt zur Arbeitszeit und ist – wenn auch nicht wie Vollarbeit – vergütungspflichtig[8].

---

1 So *Baeck/Deutsch*, § 2 Rz. 113. ||2 *Neumann/Biebl*, § 2 Rz. 30. ||3 *Erasmy*, NZA 1994, 1105 (1106). ||4 *Kilz/Reh*, Innovative Arbeitszeitsysteme, 1996, S. 45. ||5 BAG 10.1.1991 – 6 AR 352/89, NZA 1991, 516. ||6 Vgl. *Baeck/Deutsch*, § 2 Rz. 40. ||7 BAG 24.10.2000 – 9 AZR 634/99, NZA 2001, 449. ||8 BAG 28.1.2004 – 5 AZR 530/02, NZA 2004, 656; *Baeck/Deutsch*, § 2 Rz. 46.

ArbZG § 2 Rz. 14

Begriff	Fundstelle im Gesetz	Definition
Chargenbetrieb	wichtig bei § 10 I Nr. 15	Die Werkstoffe werden bedingt durch das Fassungsvermögen der Produktionseinrichtung mit zeitl. Unterbrechung in das Arbeitssystem eingegeben und partieweise be- und verarbeitet (Brennöfen, Betonmischer, Färbebäder usw.). Gegensatz: Konti-Betrieb (s. dort)
Dienstreise	kein Begriff des ArbZG	Arbeitszeit dann, wenn auf der Reise Arbeit im eigentlichen Sinn geleistet wird (Konferenz, Aktenbearbeitung)[1].
Diskontinuierliche Sonn- und Feiertagsarbeit		s. Chargenbetrieb
Ersatzruhetag	§ 11 II	Dient dem Ausgleich von Sonn- und Feiertagsarbeit
Freizeit	kein Begriff des ArbZG	Teil der Ruhezeit ohne Verpflichtung, sich dem ArbGeb zur Verfügung zu halten
Gleitzeit	kein Begriff des ArbZG	Arbeitsbeginn und Arbeitsende werden von den ArbN selbst bestimmt, wobei häufig eine Kernzeit einzuhalten ist.
Hintergrunddienst		s. Rufbereitschaft
Jaeger-Urteil		Urt. des EuGH 9.9.2003[2] zum Bereitschaftsdienst als Arbeitszeit.
Job-Sharing	§ 13 TzBfG	Zwei ArbN teilen sich einen Vollzeitarbeitsplatz und sprechen die Arbeitszeiten untereinander ab.
Kampagnebetrieb	§ 15 I Nr. 2	Betrieb mit einer von der Erntezeit abhängigen Produktionsweise[3] (Zuckerfabrik, Fischräucherei)
Kapovaz		s. Arbeit auf Abruf
Kernzeit	kein Begriff des ArbZG	Zeitraum innerhalb eines Gleitzeitmodells, in dem der ArbN am Arbeitsplatz sein muss.
Konti-Betrieb	wichtig bei § 10 I Nr. 15, § 12 S. 1 Nr. 4, § 15 I Nr. 1 Buchst. a	Transport- und Produktionstätigkeiten erfolgen simultan und ohne zeitliche Unterbrechung, weil die zu verarbeitenden Stoffe stetig durch einen Apparat laufen. Gegensatz: *Chargenbetrieb* (s. dort)
Kontinuierliche Sonn- und Feiertagsarbeit		s. Konti-Betrieb
Kurzpause	§ 7 I Nr. 2	Kürzere Pause als die reguläre Ruhepause des § 4
LASI	kein Begriff des ArbZG	Länderausschuss für Arbeitsschutz und Sicherheitstechnik
Mehrarbeit	kein Begriff des ArbZG	Arbeit, die über die normale gesetzl. Arbeitszeit hinausgeht[4]. Mittlerweile wird der Begriff Mehrarbeit auch für Überarbeit verwendet[5].
Nachtarbeit	§ 2 IV	Arbeit, die mehr als zwei Stunden der Nachtzeit umfasst
NachtArbN	§ 2 V	ArbN, die normalerweise Nachtarbeit in Wechselschicht zu leisten haben oder an mindestens 48 Tagen im Kalenderjahr Nachtarbeit leisten

---

1 BAG 11.7.2006 – 9 AZR 519/05, NZA 2007, 155. ||2 EuGH 9.9.2003 – Rs. C-151/02, NZA 2003, 1019. ||3 Gabler Wirtschaftslexikon, Stichwort „Kampagnebetrieb". ||4 BAG 8.11.1989 – 5 AZR 642/88, NZA 1990, 309. ||5 Zur Terminologie Küttner/*Reinecke*, Überstunden Rz. 2.

Begriff	Fundstelle im Gesetz	Definition
Nachtzeit	§ 2 III	Zeit von 23 bis 6 Uhr, in Bäckereien und Konditoreien von 22 bis 5 Uhr
Opt-out	Art. 18 ArbeitszeitRL, § 7 IIa	Möglichkeit, von der in Art. 18 ArbeitszeitRL enthaltenen Arbeitszeitbegrenzung abzuweichen
Pfeiffer-Urteil		Entscheidung des EuGH, wonach ein nationales Gericht das nationale Recht so weit wie möglich anhand des Wortlauts und des Zweckes der ArbeitszeitRL auszulegen hat.
Rufbereitschaft	§ 5 III, § 7 II Nr. 1	Rufbereitschaft (Hintergrunddienst) verpflichtet den ArbN, auf Abruf die Arbeit aufzunehmen. Er kann sich hierfür an einem Ort seiner Wahl aufhalten, der dem ArbGeb anzuzeigen ist oder von dem aus er jederzeit erreichbar ist (über „Piepser" oder „Handy")[1]. Rufbereitschaft ist keine Arbeitszeit, ist aber ähnlich wie Bereitschaftsdienst zu vergüten[2].
Ruhepause	§ 4	Muss im Voraus feststehen. Dauer bei Arbeitszeit von mehr als 6 bis zu 9 Stunden: 30 Minuten; Dauer bei Arbeitszeit von mehr als 9 Stunden: 45 Minuten.
Ruhezeit	§ 5	Zeit zwischen dem Ende der tägl. Arbeit und Beginn der nächsten tägl. Arbeitszeit. Muss grds. mindestens 11 Stunden betragen.
Sabbatical	kein Begriff des ArbZG	Aufgespartes Arbeitszeitguthaben, das für eine lange Freizeit verwendet wird.
Saisonbetrieb	§ 15 I Nr. 2	Betrieb, dessen Produktions- oder Absatzprogramm abhängig von der Jahreszeit oder von Verbrauchsgewohnheiten größeren, regelmäßig wiederkehrenden Schwankungen unterliegt[3] (Feriengastronomiebetriebe, Hersteller bestimmter Süßwaren usw.).
Santa-Clara-Modell	kein Begriff des ArbZG	Arbeitszeitmodell, bei dem der Arbeitsvertrag aus der Bandbreite des Arbeitsvolumens und der Arbeitszeit nach den Wünschen des ArbN ausgestaltet wird[4].
Schichtarbeit	§ 6, § 7 I Nr. 2	Eine bestimmte Arbeitsaufgabe wird über einen erheblich längeren Zeitraum als die wirkliche Arbeitszeit eines ArbN hinaus erfüllt und daher von mehreren ArbN oder ArbN-Gruppen in einer geregelten zeitl. Reihenfolge, teilweise auch außerhalb der allg. üblichen Arbeitszeit, erbracht[5].
SchichtArbN	§ 6 I	ArbN, der Schichtarbeit leistet.
Schichtzeit	§§ 4 II, 12 JArbSchG	Tägl. Arbeitszeit unter Hinzurechnung der Ruhepausen.
SIMAP-Urteil		Grundlegendes Urteil des EuGH[6] zum Bereitschaftsdienst als Arbeitszeit.
Tandem-Arbeitszeit	§ 13 TzBfG	Unterfall des Job-Sharing, wobei die ArbN zu bestimmten Zeiten anwesend sein müssen.
Telearbeit	kein Begriff des ArbZG	Telearbeit ermöglicht eine weit gehende Flexibilisierung von Arbeitszeit und Arbeitsort, wobei die Erreichbarkeit der ArbN zu bestimmten Zeiten regelmäßig im Arbeitsvertrag festgelegt wird.

---

[1] BAG 24.10.2000 – 9 AZR 634/99, NZA 2001, 449. ||[2] *Baeck/Deutsch*, § 2 Rz. 53. ||[3] Gabler Wirtschaftslexikon, Stichwort „Saisonbetrieb". ||[4] Gabler Wirtschaftslexikon, Stichwort „Santa-Clara-Modell". ||[5] BAG 20.6.1990 – 4 AZR 5/90, NZA 1990, 861. ||[6] EuGH 3.10.2000 – Rs. C-303/98, NZA 2000, 1227.

Begriff	Fundstelle im Gesetz	Definition
Überarbeit (Überstunden, Überschichten)	kein Begriff des ArbZG	Arbeit, die über die in TV, BV oder Einzelvertrag festgelegte Arbeitszeit hinausgeht[1]. Mittlerweile wird hierfür auch der Begriff „Mehrarbeit" verwendet[2]. Tarifl. nicht zulässige Überarbeit ist nach den Grundsätzen gesetzl. unzulässiger Mehrarbeit zu vergüten[3].
Umsetzungsanspruch	§ 6 IV	Anspruch des NachtArbN auf Umsetzung auf einen geeigneten Tagesarbeitsplatz
Vertrauensarbeitszeit	kein Begriff des ArbZG	Der ArbN erfüllt das vertragl. verabredete Arbeitszeitkontingent selbständig und eigenverantwortlich, wobei der ArbGeb auf eine Kontrolle der Zeiterfassung verzichtet (s. § 7 Rz. 29).
Wechselschicht	§ 2 V Nr. 1	Wechselnde Schichtenfolge (etwa eine Woche Früh-, dann eine Woche Spät-, schließlich eine Woche Nachtschicht)[4].
Wegezeit	kein Begriff des ArbZG	Arbeitszeit: Wegezeit zwischen Betrieb und äußerer Arbeitsstelle Keine Arbeitszeit: Wegezeit zwischen Wohnung und Arbeitsstelle[5].
Wochenarbeitszeit	§§ 12, 15 JArbSchG	Fünf-Tage-Woche für Jugendliche, keine ausdrückliche gesetzl. Regelung im ArbZG.
Zeitautonome Arbeitsgruppe	kein Begriff des ArbZG	Die ArbN einer Organisationseinheit stimmen ihre persönl. Arbeitszeit untereinander nach den betriebl. Bedürfnissen ab.

Zweiter Abschnitt. Werktägliche Arbeitszeit und arbeitsfreie Zeiten

§ 3 *Arbeitszeit der Arbeitnehmer*
Die werktägliche Arbeitszeit der Arbeitnehmer darf acht Stunden nicht überschreiten. Sie kann auf bis zu zehn Stunden nur verlängert werden, wenn innerhalb von sechs Kalendermonaten oder innerhalb von 24 Wochen im Durchschnitt acht Stunden werktäglich nicht überschritten werden.

1 **I. Inhalt und Zweck.** Die Vorschrift trägt den arbeitswissenschaftl. und arbeitsmedizinischen Erkenntnissen Rechnung, wonach eine gesetzl. Regelung der tägl. Höchstarbeitszeit zum Schutz der Gesundheit der ArbN erforderlich ist[6]. § 3 unterscheidet sich vom Wortlaut her von Art. 6 Buchst. b ArbeitszeitRL 2003/88/EG, der lediglich eine durchschnittl. Höchstarbeitszeit von 48 Stunden pro Sieben-Tages-Zeitraum vorsieht und in Art. 16 Buchst. b ArbeitszeitRL 2003/88/EG einen Bezugszeitraum von maximal vier Monaten vorgibt.

2 **II. Werktägliche Höchstarbeitszeit (S. 1).** Die gesetzl. zulässige werktägl. Arbeitszeit beträgt höchstens acht Stunden. **Werktag** ist nicht der Kalendertag; er beginnt vielmehr mit dem Arbeitsbeginn und endet 24 Stunden später. Er ist somit für jeden ArbN **individuell zu bestimmen**[7]. Maßgeblich ist die tatsächl. geleistete Arbeit, nicht die für den Tag vorgesehene Arbeitszeit, die tatsächl. nicht gearbeitet wird[8]. Werktägl. Arbeit ist die Arbeit, die an Tagen geleistet wird, die nicht Sonn- oder Feiertag sind, also auch an **Samstagen**.

3 **III. Verlängerung der werktäglichen Höchstarbeitszeit und Ausgleich (S. 2). 1. Gesetzliche Möglichkeiten.** Eine Verlängerung der tägl. Arbeitszeit auf höchstens zehn Stunden ist nach S. 2 möglich, wenn innerhalb von sechs Kalendermonaten bzw. innerhalb von 24 Wochen ein Ausgleich auf die Durchschnittsgrenze von acht Stunden werktägl. erfolgt. Durch dieses Kernstück der Arbeitszeitflexibilisierung[9] soll den Betrieben ausreichend Spielraum für flexible Arbeitszeiten eingeräumt werden[10]. Der Ausgleichszeitraum ist arbeitnehmerbezogen, nicht betriebsbezogen[11]. Lage und Dauer des Ausgleichs-

---

1 BAG 8.11.1989 – 5 AZR 642/88, NZA 1990, 309. ‖ 2 Zur Terminologie Küttner/*Reinecke*, Überstunden Rz. 2. ‖ 3 BAG 27.5.1993 – 6 AZR 359/92, NZA 1994, 708. ‖ 4 *Baeck/Deutsch*, § 2 Rz. 65. ‖ 5 *Neumann/Biebl*, § 2 Rz. 14. ‖ 6 BT-Drs. 12/5888, 24. ‖ 7 *Baeck/Deutsch*, § 3 Rz. 16; *Buschmann/Ulber*, § 3 Rz. 4; *Linnenkohl/Rauschenberg*, § 3 Rz. 6; *Anzinger/Koberski*, § 3 Rz. 10 stellen auf den Beginn der üblichen Arbeitszeit des ArbN ab. ‖ 8 KassHdb/*Schliemann*, 2.5 Rz. 200. ‖ 9 *Neumann/Biebl*, § 3 Rz. 6. ‖ 10 BT-Drs. 12/5888, 24. ‖ 11 *Dobberahn*, Rz. 30.

räume können bei den ArbN eines Betriebs daher verschieden sein. Jede über acht Stunden hinausgehende werktägl. Arbeitszeit eines **schwerbehinderten Menschen** ist Mehrarbeit iSd. § 124 SGB IX. Er ist mit der Geltendmachung seines Anspruchs auf Freistellung von Mehrarbeit nicht mehr zur Leistung von Mehrarbeit verpflichtet, auch wenn innerhalb des vorgesehenen Ausgleichszeitraums eine durchschnittl. werktägl. Arbeitszeit von acht Stunden nicht überschritten wird[1].

a) **Dauer des Ausgleichszeitraums.** Das Gesetz ermöglicht Ausgleichszeiträume von **sechs Kalendermonaten oder 24 Wochen**[2].   4

b) **Lage und Wechsel des Ausgleichszeitraums.** Wahl und Bestimmung eines Ausgleichszeitraums 5 durch den ArbGeb sind keine Voraussetzung für eine Arbeitszeitverlängerung nach S. 2[3]. Die Ausgleichszeiträume des S. 2 beschreiben eine **öffentl.-rechtl. Obergrenze**, innerhalb derer ein tatsächlicher Ausgleich der Arbeitszeitüberschreitung zu erfolgen hat[4]. Die Arbeitszeit der nächsten sechs Monate muss im Zeitpunkt der ersten Verlängerung nach S. 2 weder im Voraus feststehen[5] noch muss der Ausgleich im Nachhinein erfolgen. Die Begründung des RegE schien zwar für Letzteres zu sprechen, da dort, anders als im Gesetzeswortlaut des RegE, von den „folgenden sechs Kalendermonaten bzw. 24 Wochen" die Rede ist[6]. Im Hinblick auf das gesetzgeberische Ziel, Rahmenbedingungen für flexible Arbeitszeiten zu schaffen, kann es aber keine Rolle spielen, ob die Arbeitstage mit längerer oder kürzerer Arbeitszeit am Anfang, Ende oder in der Mitte des Ausgleichszeitraums liegen[7]. Auch Sicherheit und Gesundheitsschutz der ArbN gebieten keinen nachfolgenden Ausgleichszeitraum[8]. Bei einer Überschreitung der zulässigen werktäglichen Arbeitszeit von acht Stunden ist daher zu prüfen, ob in der zurückliegenden oder (!) der folgenden Zeit der Durchschnitt von acht Stunden erhalten geblieben ist[9].

● **Beispiel:** Hat der ArbN etwa am 20.9.2013 zehn Stunden gearbeitet, ist zu ermitteln, ob diese Überschreitung der Höchstarbeitszeitgrenze durch geringere Arbeitszeiten im Zeitraum von sechs Kalendermonaten oder 24 Wochen vor oder nach dem 20.9.2013 ausgeglichen wird.

Der ArbGeb ist jedoch berechtigt, Ausgleichszeiträume von vornherein festzulegen[10]. Dies bedeutet 6 jedoch nicht, dass jede während des Ausgleichszeitraums über acht Stunden täglich geleistete Arbeit nach S. 2 innerhalb dieses Zeitraums auszugleichen ist[11]. Eine solche betriebl. Festlegung des Ausgleichszeitraums, selbst wenn sie in Form einer BV erfolgt, hat **keine arbeitsschutzrechtl. Bedeutung**[12]. Sie hat lediglich unternehmens- bzw. betriebsinterne Auswirkungen[13], indem sie die Leistungspflicht des ArbN im Rahmen des arbeitgeberseitigen Weisungsrechts konkretisiert[14]. Der ArbN muss nur dann mehr als acht Stunden arbeiten, wenn ein Ausgleich innerhalb des festgesetzten Ausgleichszeitraums erfolgt. Der öffentl.-rechtl. Arbeitszeitschutz ist von einer betriebl. Festlegung des Ausgleichszeitraums unabhängig. Wird eine Überschreitung der werktägl. Höchstarbeitszeitgrenze nicht in dem vom ArbGeb festgelegten Zeitraum ausgeglichen, muss die Aufsichtsbehörde alle möglichen gesetzl. Ausgleichszeiträume prüfen[15].

Der Wechsel von einem Ausgleichszeitraum zum anderen ist jederzeit möglich[16].   7

cc) **Informationen und Aufzeichnungen.** Eine Pflicht, den ArbN über die Festlegung des Ausgleichszeitraums zu unterrichten, besteht nicht, sofern die Festlegung nicht in einer BV erfolgt[17]. Da der ArbGeb nach § 16 II verpflichtet ist, werktägl. Arbeitszeiten von mehr als acht Stunden aufzuzeichnen und mindestens zwei Jahre aufzubewahren, empfiehlt es sich, auch die Ausgleichszeiträume fest zu halten[18].   8

c) **Lange Arbeitszeitzyklen.** S. 2 ermöglicht sehr lange Arbeitszeitzyklen, bei denen auch Ausgleichszeiträume mit reziproker Arbeitszeitverteilung aneinander gekoppelt werden können[19]. Zulässig ist danach selbst folgende Verteilung der Arbeitszeit[20]:   9

---

1 BAG 21.11.2006 – 9 AZR 176/06, NZA 2004, 446. ‖ 2 Da Art. 16 Buchst. b ArbeitszeitRL 2003/88/EG nur einen Bezugszeitraum von vier Monaten vorsieht, wird § 3 S. 2 von Teilen der Lit. als europarechtswidrig angesehen, etwa *Buschmann/Ulber*, § 3 Rz. 12; dagegen *Baeck/Deutsch*, § 3 Rz. 8; *Zwanziger*, DB 2007, 1356 (1357). ‖ 3 So aber *Zmarzlik*, AR-Blattei SD, 240, Rz. 104. ‖ 4 *Tietje*, Grundfragen des Arbeitszeitrechts, 2001, S. 138; *Neumann/Biebl*, § 3 Rz. 9. ‖ 5 *Erasmy*, NZA 1994, 1105 (1106). ‖ 6 BT-Drs. 12/5888, 24; der Begriff „folgende" Kalendermonate bzw. Wochen ist, obwohl von Gewerkschaftsseite vehement gefordert, nicht ins Gesetz aufgenommen worden, vgl. *Erasmy*, NZA 1994, 1106 (1106). ‖ 7 *Dobberahn*, Rz. 32; *Neumann/Biebl*, § 3 Rz. 9; *Baeck/Deutsch*, § 3 Rz. 34; *Linnenkohl/Rauschenberg*, § 3 Rz. 23; *Erasmy*, NZA 1994, 1105 (1106); aA *Buschmann/Ulber*, § 3 Rz. 13, wonach der Sechs-Monats-Durchschnitt zu keinem Zeitpunkt, weder zurück noch voraus, überschritten werden darf. ‖ 8 *Baeck/Deutsch*, § 3 Rz. 34; aA *Buschmann/Ulber*, § 3 Rz. 13; zumindest missverständlich KassHdb/*Schliemann*, 2.5 Rz. 175, wonach mit jeder tatsächl. werktägl. Arbeitsleistung von mehr als acht Stunden gem. § 187 I BGB mit dem jeweils darauf folgenden Tag ein neuer Ausgleichszeitraum beginnen soll. ‖ 9 *Neumann/Biebl*, § 3 Rz. 9; *Baeck/Deutsch*, § 3 Rz. 35; *Junker*, ZfA 1998, 105 (114); *Tietje*, Grundfragen des Arbeitszeitrechts, 2001, S. 141. ‖ 10 *Zmarzlik*, AR-Blattei SD, 240, Rz. 104; *Baeck/Deutsch*, § 3 Rz. 27; *Schliemann*, § 3 Rz. 39, 46 ff. ‖ 11 So aber KassHdb/*Schliemann*, 2.5 Rz. 173. ‖ 12 *Tietje*, Grundfragen des Arbeitszeitrechts, 2001, S. 139. ‖ 13 *Baeck/Deutsch*, § 3 Rz. 39; *Erasmy*, NZA 1994, 1105 (1106). ‖ 14 *Tietje*, Grundfragen des Arbeitszeitrechts, 2001, S. 138. ‖ 15 *Baeck/Deutsch*, § 3 Rz. 39. ‖ 16 *Baeck/Deutsch*, § 3 Rz. 32. ‖ 17 *Schliemann*, § 3 Rz. 77. ‖ 18 Vgl. KassHdb/*Schliemann*, 2.5 Rz. 197. ‖ 19 *Schliemann*, § 3 Rz. 60. ‖ 20 *Erasmy*, NZA 1994, 1105 (1106); aA *Buschmann/Ulber*, § 3 Rz. 8.

Januar bis Juni: 6 Wochen keine Arbeit
20 Wochen 60-Stunden-Woche
Juli bis Dezember: 20 Wochen 60-Stunden-Woche
6 Wochen keine Arbeit.

10 **d) Mögliche Ausgleichszeiten.** Nicht jeder Werktag, an dem der ArbN nicht beschäftigt wird, trägt zum Ausgleich der verlängerten Arbeitszeiten bei. Zeiten, in denen der ArbN auf Grund besonderer Tatbestände von der Verpflichtung zur Arbeitsleistung freigestellt ist, können nicht nochmals als Arbeitszeitausgleich berücksichtigt werden[1]. Im Einzelnen gilt Folgendes:

- **arbeitsfreier Samstag:** Beim Samstag handelt es sich um einen normalen Werktag, der zum Ausgleich beiträgt[2].
- **Arbeitsunfähigkeit:** Zeiten der Arbeitsunfähigkeit sind mit der üblichen Arbeitszeit an den betreffenden Tagen anzusetzen und kommen für einen Ausgleich nicht in Betracht[3].
- **Brauchtumstage**, die keine Feiertage sind, lassen einen Ausgleich zu[4].
- **Feiertag:** Er ist mit der üblichen Arbeitszeit an den betreffenden Tagen anzusetzen und kommt für einen Ausgleich nicht in Betracht[5].
- **Freistellung:** Zeiten der Freistellung tragen zum Ausgleich verlängerter Arbeitszeiten bei.
- **Rosenmontag:** S. Brauchtumstage.
- **Sonderurlaub mit Vergütungsfortzahlung** (für Hochzeit, Todesfall usw.): Er ist mit der üblichen Arbeitszeit an den betreffenden Tagen anzusetzen und kommt für einen Ausgleich nicht in Betracht[6].
- **Sonderurlaub ohne Vergütungszahlung:** Er gleicht verlängerte Arbeitszeiten aus, da er nur dazu dient, den ArbN von der Verpflichtung zur Arbeitsleistung zu befreien[7].
- **Sonntag:** Er kommt für einen Ausgleich nicht in Betracht[8].
- **Urlaub:** Er ist mit der üblichen Arbeitszeit an den betreffenden Tagen anzusetzen und kommt für einen Ausgleich nicht in Betracht (str.)[9].
- **Zusatzurlaub für schwerbehinderte Menschen:** Er kann für den Ausgleich verlängerter Arbeitszeiten nicht herangezogen werden[10].

11 **2. Tarifvertragliche Möglichkeiten.** Eine Ausdehnung der werktägl. Arbeitszeit auf über zehn Stunden ist durch TV oder durch eine BV auf Grund eines TV auch ohne Ausgleich nach § 7 I Nr. 1a möglich, wenn in die Arbeitszeit regelmäßig und in erheblichem Umfang Arbeitsbereitschaft oder Bereitschaftsdienst fällt. Eine Verlängerung des Ausgleichszeitraums ist nach § 7 I Nr. 1b durch TV oder durch eine BV auf Grund eines TV möglich. Tariflich mögliche Erweiterungen der gesetzl. werktägl. Höchstarbeitszeit müssen aber gem. § 7 VIII einschl. der Zeiten von Arbeitsbereitschaft und Bereitschaftsdienst spätestens innerhalb eines Jahres auf einen Durchschnittswert von acht Stunden pro Werktag oder 48 Stunden pro Woche zurückgeführt werden[11].

12 **3. Mitbestimmung.** Nach § 87 I Nr. 2 BetrVG hat der BR ua. über Beginn und Ende der täglichen Arbeitszeit sowie über die Verteilung der Arbeitszeit auf die einzelnen Wochentage mitzubestimmen. Das MitbestR umfasst auch die Wahl oder die Änderung des Ausgleichszeitraums[12].

4 Ruhepausen

Die Arbeit ist durch im Voraus feststehende Ruhepausen von mindestens 30 Minuten bei einer Arbeitszeit von mehr als sechs bis zu neun Stunden und 45 Minuten bei einer Arbeitszeit von mehr als neun Stunden insgesamt zu unterbrechen. Die Ruhepausen nach Satz 1 können in Zeitabschnitte von jeweils mindestens 15 Minuten aufgeteilt werden. Länger als sechs Stunden hintereinander dürfen Arbeitnehmer nicht ohne Ruhepause beschäftigt werden.

1 **I. Inhalt und Zweck.** Ruhepausen sollen den ArbN vor den Gesundheits- und Unfallgefahren infolge von Übermüdung schützen. Während §§ 12, 18 AZO noch unterschiedliche Pausenvorschriften für Männer und Frauen vorsahen, enthält § 4 aus Gründen der Gleichbehandlung und zur Vermeidung von betriebl. Schwierigkeiten[13] eine einheitliche Pausenregelung. Für **Jugendliche** besteht eine **Sonderregelung** in § 11 JArbSchG, s. die Erl. dort. Die in § 4 geregelten Pausen stellen lediglich das **Mindestmaß**

---

1 KassHdb/*Schliemann*, 2.5 Rz. 205. ||2 *Neumann/Biebl*, § 3 Rz. 10. ||3 KassHdb/*Schliemann*, 2.5 Rz. 206; *Neumann/Biebl*, § 3 Rz. 10; aA Dobberahn, Rz. 31. ||4 *Dobberahn*, Rz. 31. ||5 *Dobberahn*, Rz. 31; KassHdb/*Schliemann*, 2.5 Rz. 206; *Neumann/Biebl*, § 3 Rz. 10. ||6 KassHdb/*Schliemann*, 2.5 Rz. 206; *Neumann/Biebl*, § 3 Rz. 10. ||7 KassHdb/*Schliemann*, 2.5 Rz. 206. ||8 *Dobberahn*, Rz. 31. ||9 Wie hier: KassHdb/*Schliemann*, 2.5 Rz. 206; *Neumann/Biebl*, § 3 Rz. 10; *Dobberahn*, Rz. 31 lässt Urlaubstage generell für den Ausgleich zu. ||10 KassHdb/*Schliemann*, 2.5 Rz. 207. ||11 BAG 24.1.2006 – 1 ABR 6/05, NZA 2006, 862. ||12 *Junker*, ZfA 1998, 105 (113); *Baeck/Deutsch*, § 3 Rz. 55. ||13 BT-Drs. 12/5888, 24.

dar. § 4 verwehrt es dem ArbGeb nicht, kraft seines Weisungsrechts im Rahmen der Billigkeit längere Pausen vorzusehen[1].

II. Begriff der Ruhepause. 1. Allgemeine Begriffsbestimmung. Unter Ruhepausen sind Unterbrechungen der Arbeitszeit anzusehen, in denen der ArbN keine Arbeit leisten muss. Entscheidendes Merkmal der Ruhepause ist, dass der ArbN von jeder Arbeitsverpflichtung und von jeder Verpflichtung, sich bereit zu halten, freigestellt ist[2]. Hieran fehlt es, wenn der ArbN verpflichtet ist, die sog. Pausen mit Gästen oder Kunden zu verbringen[3].

Eine über § 4 hinausgehende Pflicht des ArbGeb, (muslimischen) ArbN **Gebetspausen** während der Arbeitszeit einzuräumen, besteht jedenfalls dann nicht, wenn hierdurch betriebl. Störungen verursacht würden[4].

2. Bereitschaftsdienst und Rufbereitschaft während der Ruhepause. Für die Zeit der Ruhepause darf kein Bereitschaftsdienst[5], wohl aber Rufbereitschaft angeordnet werden[6]. Letzteres ist allerdings zweifelhaft, wenn man mit dem BAG das entscheidende Kriterium für eine Ruhepause in der Freistellung von jeder Dienstverpflichtung und von jeder Verpflichtung, sich zum Dienst bereitzuhalten[7], sieht. Umgekehrt ist der ArbGeb jedoch berechtigt, Pausen in Zeiten des Bereitschaftsdienstes zu legen, wenn sichergestellt ist, dass der ArbN während dieser Pause nicht in Anspruch genommen wird und sich nicht bereitzuhalten hat. Solche Ruhepausen sind keine Arbeitszeit und mangels gegenteiliger Regelung nicht zu vergüten[8].

III. Festlegung der Ruhepausen und Mitbestimmung. Die Ruhepausen müssen **im Voraus** feststehen[9]. Der Beginn der Pause muss vor Arbeitsbeginn[10], ihre Dauer spätestens zu Beginn der Arbeitszeitunterbrechung[11] festgelegt sein. Dabei ist zu beachten, dass der ArbN nicht länger als sechs Stunden ohne Unterbrechung beschäftigt werden darf (S. 3). Durch Letzteres ist etwa ausgeschlossen, dass bei einer Arbeitszeit von neun Stunden entgegen ergonomischen Erkenntnissen und dem Zweck der Ruhepause erst nach sieben Stunden eine 45-minütige Unterbrechung gewährt wird[12]. Es ist Pflicht des ArbGeb, eine verbindl. Pausenregelung zu treffen[13]. Zu Beginn der tatsächlichen Arbeitszeit muss wenigstens ein zeitlicher Rahmen[14] feststehen, innerhalb dessen der ArbN seine Ruhepause ggf. in Absprache mit anderen ArbN in Anspruch nehmen kann[15]. Der ArbN muss sich auf die Pause einrichten können[16]. Eine Arbeitsunterbrechung, bei deren Beginn der ArbN nicht weiß, wie lange sie dauern wird, ist keine Pause, da der ArbN sich durchgehend zur Arbeit bereithalten muss[17]. Ebenso ist eine allein an dem schwankenden Arbeitsbedarf des ArbGeb orientierte spontane Aufteilung der Arbeits- und Pausenzeiten unzulässig, da sie den Zweck der gesetzl. vorgesehenen Ruhepause, das Erholungsbedürfnis des ArbN missachtet[18]. Der ArbGeb kann es auch nicht dem ArbN überlassen, die Pausenlage eigenverantwortlich zu gestalten[19]. Nichtig ist somit eine BV, die einen pauschalen Pausenabzug von der vereinbarten Vergütung wegen möglicher Kurzpausen vorsieht, jedoch Zeitdauer und Lage der möglichen Kurzpausen offen lässt[20]. Freilich hat der ArbGeb bei der Festlegung der Pausen neben dem MitbestR des BR nach § 87 I Nr. 2 BetrVG auch die Grundsätze billigen Ermessens (§ 315 BGB[21]) zu beachten. Versucht der ArbGeb, seine Interessen einseitig durchzusetzen, ohne ausreichend auf das Interesse der ArbN Rücksicht zu nehmen, widerspricht die Pausenregelung dem Grundsatz der Billigkeit[22]. Das wäre etwa dann der Fall, wenn der ArbGeb durch eine Ausdehnung der Pausen geteilte Schichten einführen würde. Nicht ordnungsgemäß festgelegte Pausen sind als Arbeitszeit vergütungspflichtig[23]. Eine nachträgliche „Umwidmung" unvorhergesehener Betriebsunterbrechungen in eine Ruhepause ist ausgeschlossen[24].

Ein Verstoß gegen das MitbestR nach § 87 I Nr. 2 BetrVG führt nicht dazu, dass der ArbGeb die Pause nach § 615 BGB durchbezahlen muss, wenn die Anordnung ansonsten den gesetzl. und tarifl. Vorgaben entspricht (str.[25]). Auch bei Nichtbeachtung der Mitbest. durch den ArbGeb soll der ArbN keinen Erfüllungsanspruch auf Leistungen erhalten, die die bestehende Vertragsgrundlage übersteigen (BAG v. 2.3. 2004 – 1 AZR 271/03). Würde aber eine Verletzung eines MitbestR bei der Pausenanordnung dazu führen, dass der ArbGeb für diesen Zeitraum vergütungspflichtig ist, erhielte der betroffene ArbN eine hö-

---

1 BAG 16.12.2009 – 5 AZR 157/09, NZA 2010, 505. ||2 BAG 9.3.2005 – 5 AZR 385/02, NZA 2005, 1016. ||3 MAGS NRW, § 4 Nr. 2. ||4 LAG Hamm 18.1.2002 – 5 Sa 1782/01, NZA 2002, 675. ||5 BAG 16.12.2009 – 5 AZR 157/09, NZA 2010, 505. ||6 *Baeck/Deutsch*, § 4 Rz. 10; *Neumann/Biebl*, § 4 Rz. 2; *Anzinger/Koberski*, § 4 Rz. 3. ||7 BAG 27.2.1992 – 6 AZR 478/90, AP Nr. 5 zu § 3 AZO; 9.3.2005 – 5 AZR 385/02, NZA 2005, 1016. ||8 BAG 16.12.2009 – 5 AZR 157/09, NZA 2010, 505. ||9 BT-Drs. 12/5888, 24; BAG 27.2.1992 – 6 AZR 478/90, AP Nr. 5 zu § 3 AZO. ||10 BAG 9.3.2005 – 5 AZR 385/02, NZA 2005, 1016. ||11 BAG 29.10.2002 – 1 AZR 603/01, NZA 2003, 1212. ||12 BT-Drs. 12/6990, 43. ||13 BAG 27.2.1992 – 6 AZR 478/90, AP Nr. 5 zu § 3 AZO; *Baeck/Deutsch*, § 4 Rz. 30. ||14 BAG 28.9.1972 – 5 AZR 198/72, DB 1972, 2404 hält einen zeitlichen Rahmen von zwei Stunden für zulässig. ||15 BT-Drs. 12/5888, 24 unter Berufung auf BAG 27.2.1992 – 6 AZR 478/90, AP Nr. 5 zu § 3 AZO; *Baeck/Deutsch*, § 4 Rz. 24; *Neumann/Biebl*, § 4 Rz. 3. ||16 *Neumann/Biebl*, § 4 Rz. 3 mwN; aA nur KassHdb/*Schliemann*, 2.5 Rz. 250. ||17 BAG 9.3.2005 – 5 AZR 385/02, NZA 2005, 1016. ||18 LAG Köln 2.11. 2010 – 5 Sa 1275/10. ||19 BAG 27.2.1992 – 6 AZR 478/90, AP Nr. 5 zu § 3 AZO. ||20 LAG Köln 23.8.2001 – 6 Sa 567/01, nv. ||21 *Baeck/Deutsch*, § 4 Rz. 36. ||22 BAG 19.5.1992 – 1 AZR 418/91, NZA 1992, 978. ||23 BAG 23.9.1992 – 4 AZR 562/91, AP Nr. 6 zu § 3 AZO. ||24 BAG 13.10.2009 – 9 AZR 139/08, NZA-RR 2010, 623. ||25 LAG Köln 28.6.2013 – 9 Sa 107/13; aA LAG Köln 26.4.2013 – 4 Sa 1120/12.

here Vergütung, als er sie erhielte, wenn der BR genau dieser Pause zuvor zugestimmt hätte. Ändert ein ArbGeb wiederholt die mit dem BR vereinbarten Dienstpläne dergestalt ab, dass er Mitarbeiter anweist, in Pausenzeiten zu arbeiten, kann der BR dem ArbGeb gem. § 23 III BetrVG durch das ArbG aufgeben lassen, dies zu unterlassen[1].

5 **1. Arbeitszeit bis zu sechs Stunden.** Bis zu einer Arbeitszeit von sechs Stunden muss der ArbGeb keine Ruhepause gewähren. Hierdurch wird den Wünschen der TeilzeitArbN, ihre Anwesenheit im Betrieb nicht über Gebühr zu verlängern, gesetzgeberisch Rechnung getragen[2].

6 **2. Arbeitszeit zwischen sechs und nicht mehr als neun Stunden.** Beträgt die Arbeitszeit mehr als sechs Stunden und überschreitet sie nicht neun Stunden, muss eine Ruhepause von mindestens 30 Minuten gewährt werden. Dauert die Arbeitszeit mehr als neun Stunden, muss die Gesamtdauer der Ruhepausen 45 Minuten betragen. Der ArbGeb darf die Pausen nicht an den Beginn und das Ende der Arbeitszeit legen[3]. Allerdings ist nicht gefordert, dass zwischen Pause und Arbeitsbeginn bzw. Arbeitsende eine bestimmte Mindestzeit liegt[4].

7 **3. Kurzfristige Überschreitung der Neun-Stunden-Grenze.** Wird kurz vor Ablauf von neun Stunden erkennbar, dass diese zeitl. Grenze geringfügig um einige Minuten überschritten wird, ist die Einlegung einer weiteren Pause nicht erforderlich, weil so dem Gesundheitsschutz nicht wirkungsvoll Rechnung getragen und der ArbN unnötig lang an den Betrieb gebunden wäre[5]. Eine andere Betrachtungsweise wäre eine sinnlose, dem Gesundheitsschutz nicht mehr dienende Förmelei[6].

8 **4. Mindestdauer der Ruhepausen.** Der ArbGeb kann die Ruhepausen in Zeitabschnitte von jeweils 15 Minuten aufteilen (S. 2).

9 **5. Sanktionen.** Gewährt der ArbGeb schuldhaft keine Ruhepausen mit der gesetzl. vorgeschriebenen Mindestdauer, treffen ihn die Sanktionen der §§ 22 I Nr. 2, 23 I. Hingegen hat der ArbN weder einen Abgeltungs- noch einen Schadensersatzanspruch, da die Ruhepause nicht vergütungspflichtig ist und ihre Vorenthaltung nicht zu einem ersatzfähigen Schaden führt[7].

10 **IV. Gestaltung und Ort der Ruhepause.** Wo der ArbN die Pause verbringt, bleibt. ihm überlassen[8]. Er ist daher berechtigt, das Betriebsgelände zu verlassen, sofern ihm dies nicht einzelvertragl. oder durch eine BV untersagt ist[9]. Nach § 6 III ArbStättV muss der ArbGeb den ArbN einen **Pausenraum** oder einen entsprechenden **Pausenbereich** zur Verfügung zu stellen, wenn mehr als zehn ArbN beschäftigt sind oder gesundheitliche Gründe oder die Art der ausgeübten Tätigkeit es erfordern. Dies gilt jedoch nicht, wenn die ArbN in Büroräumen oder vergleichbaren Arbeitsräumen beschäftigt sind und dort die Voraussetzungen für eine gleichwertige Erholung während der Pausen gegeben sind.

§ 5 Ruhezeit

(1) Die Arbeitnehmer müssen nach Beendigung der täglichen Arbeitszeit eine ununterbrochene Ruhezeit von mindestens elf Stunden haben.

(2) Die Dauer der Ruhezeit des Absatzes 1 kann in Krankenhäusern und anderen Einrichtungen zur Behandlung, Pflege und Betreuung von Personen, in Gaststätten und anderen Einrichtungen zur Bewirtung und Beherbergung, in Verkehrsbetrieben, beim Rundfunk sowie in der Landwirtschaft und in der Tierhaltung um bis zu eine Stunde verkürzt werden, wenn jede Verkürzung der Ruhezeit innerhalb eines Kalendermonats oder innerhalb von vier Wochen durch Verlängerung einer anderen Ruhezeit auf mindestens zwölf Stunden ausgeglichen wird.

(3) Abweichend von Absatz 1 können in Krankenhäusern und anderen Einrichtungen zur Behandlung, Pflege und Betreuung von Personen Kürzungen der Ruhezeit durch Inanspruchnahmen während der Rufbereitschaft, die nicht mehr als die Hälfte der Ruhezeit betragen, zu anderen Zeiten ausgeglichen werden.

1 **I. Inhalt und Zweck.** § 5 enthält im Interesse des Gesundheitsschutzes der ArbN[10] Vorschriften über die Mindestruhezeit nach Beendigung der tägl. Arbeitszeit. Unter Ruhezeit ist dabei die Zeit zwischen zwei Arbeitsschichten zu verstehen. Mit der Ruhezeit soll dem ArbN Zeit zum Ausruhen und zur Erholung von der Arbeit verschafft werden. Er darf in dieser Zeit nicht in einem Umfang beansprucht werden, der eine Einstufung als Arbeitszeit erfordert. Der ArbGeb ist verpflichtet, die Arbeitszeit so regeln, dass die im Interesse der Gesundheit des ArbN erforderliche Ruhezeit gesichert ist und der ArbN nach der Beendigung der täglichen Arbeitszeit mindestens während der folgenden Ruhezeit nicht zur Arbeitsleistung herangezogen wird. Das hindert den ArbGeb jedoch nicht, einen tarifl. vorgesehenen Freizeitausgleich in die gesetzl. Ruhezeit zu legen[11]. Gleiches gilt für Erholungsurlaub[12]. Eine **Sonderregelung** für **Jugendliche** findet sich in § 13 JArbSchG (Ruhezeit mind. zwölf Stunden).

---

1 BAG 7.2.2012 – 1 ABR 77/10, NZA-RR 2012, 359. ||2 BT-Drs. 12/5888, 24. ||3 *Baeck/Deutsch*, § 4 Rz. 23; *Neumann/Biebl*, § 4 Rz. 6. ||4 *Neumann/Biebl*, § 4 Rz. 6. ||5 *Erasmy*, NZA 1994, 1105 (1107); *Baeck/Deutsch*, § 4 Rz. 17. ||6 *Erasmy*, NZA 1994, 1105 (1107). ||7 *Baeck/Deutsch*, § 4 Rz. 27. ||8 *Neumann/Biebl*, § 4 Rz. 8; *Baeck/Deutsch*, § 4 Rz. 12. ||9 *Neumann/Biebl*, § 4 Rz. 9; *Baeck/Deutsch*, § 4 Rz. 12, 13. ||10 BT-Drs. 12/5888, 24. ||11 BAG 22.7.2010 – 6 AZR 78/09, NZA 2010, 1194. ||12 LAG Hess. 1.11.2010 – 17 Sa 968/10.

II. Mindestruhezeit (Abs. 1). Die ununterbrochene tägl. Ruhezeit muss mindestens **elf Stunden** betragen. Während dieser Zeit darf der ArbN nicht zu Arbeiten herangezogen werden. Ihm steht insoweit, falls keine Notfallarbeiten iSd. § 14 zu erledigen sind, ein **Leistungsverweigerungsrecht** zu[1]. Grds. führen Unterbrechungen der Ruhezeit durch Arbeitszeit dazu, dass dem ArbN eine neue ununterbrochene Ruhezeit von elf Stunden zu gewähren ist[2], auch wenn er zu Notfallarbeiten iSd. § 14 herangezogen war[3]. Eine Ausnahme wird man jedoch für **geringfügige Unterbrechungen der Ruhezeit** machen müssen, bei denen gesundheitl. Schäden des ArbN durch Überanstrengung ausgeschlossen sind und die Erholung des ArbN gewährleistet ist, etwa bei einer kurzen telefonischen Auskunft des ArbN[4], bei Versenden einer kurzen E-Mail[5], beim Abschließen von Türen oder Ein-/Ausschalten von Beleuchtung[6]. Die gegenteilige Ansicht[7], wonach selbst ganz kurze Zeit dauernde, leichte Tätigkeiten verboten sind, überzeugt nicht und würde zu unpraktischen Ergebnissen führen. Richtigerweise können daher bei unbedeutenden Unterbrechungen die Ruhezeiten vor und nach der Unterbrechung zusammengezogen werden[8]. Allerdings sind die Grenzen zwischen unbedeutenden Unterbrechungen der Ruhezeit und arbeitszeitrechtl. erheblichen Arbeiten insb. beim Einsatz neuer Technologien fließend, zumal auch ein kurzes Telefonat oder eine knappe E-Mail oftmals zumindest gedankliche Vorarbeiten erfordern. Zur Frage der Anrechnung von Transferzeiten auf Ruhezeiten in der Luftfahrt s. BAG 21.1.2003 – 9 AZR 600/01[9]. Wird ein zur Rufbereitschaft eingeteilter ArbN zu Arbeiten herangezogen und muss wegen der vorgeschriebenen Ruhezeit deshalb für ihn am folgenden Tag die regelmäßige Tagesschicht ausfallen, kann er für die ausgefallenen Stunden der Tagesschicht nach Auffassung des BAG keine Bezahlung verlangen, wenn nicht kollektiv- oder einzelvertragl. etwas anderes vereinbart ist[10].

III. Ausnahmen. 1. Ausnahmen für Krankenhäuser, andere Einrichtungen zur Behandlung, Pflege und Betreuung von Personen, Gaststätten, andere Einrichtungen zur Bewirtung und Beherbergung, Verkehrsbetriebe, für die Rundfunk sowie die Landwirtschaft und die Tierhaltung (Abs. 2). Die Vorschrift lässt für die genannten Betriebe eine Verkürzung der Ruhezeit auf zehn Stunden zu, wenn für jede Verkürzung innerhalb eines Kalendermonats oder innerhalb von vier Wochen ein Ausgleich durch Verlängerung einer anderen Ruhezeit auf mindestens zwölf Stunden erfolgt. Dies bedeutet nach richtiger Auffassung, dass auch eine Verkürzung der Ruhezeit von wenigen Minuten die Verlängerung einer anderen Ruhezeit um mindestens eine Stunde erfordert[11]. Demggü. wird auch die Auffassung vertreten, dass es zur Vermeidung einer Überkompensation ausreicht, wenn die Summe der Ruhezeiten im Durchschnitt des Ausgleichszeitraumes elf Stunden nicht unterschreitet[12]. Als Ausgleichszeiträume stellt das Gesetz alternativ einen Kalendermonat oder vier Wochen zur Verfügung, wobei es keine Rolle spielt, ob die Verlängerung der Ruhezeit der Verkürzung folgt oder ihr vorangeht[13].

2. Weitere Ausnahmen für Krankenhäuser und andere Einrichtungen zur Behandlung, Pflege und Betreuung von Personen (Abs. 3). ArbN in Krankenhäusern und den angeführten Einrichtungen, und zwar sowohl Ärzte und Pflegepersonal als auch sonstige Bedienstete, dürfen trotz Arbeitsleistung während der Rufbereitschaft ihre Tätigkeit aufnehmen, ohne dass eine erneute Ruhezeit erforderlich wird, sofern ein Ausgleich erfolgt. Dabei darf die Kürzung der Ruhezeit nicht mehr als die Hälfte betragen. Den ArbN muss also eine ununterbrochene Ruhezeit von 5 ½ Stunden verbleiben. Der Ausgleichszeitraum ist gesetzlich nicht näher bestimmt. Entsprechend dem Zweck der Ruhezeit, Gesundheitsbeschädigungen des ArbN zu verhindern, wird der Ausgleich jedoch in angemessener Zeit zu erfolgen haben[14].

6 Nacht- und Schichtarbeit

(1) Die Arbeitszeit der Nacht- und Schichtarbeitnehmer ist nach den gesicherten arbeitswissenschaftlichen Erkenntnissen über die menschengerechte Gestaltung der Arbeit festzulegen.

(2) Die werktägliche Arbeitszeit der Nachtarbeitnehmer darf acht Stunden nicht überschreiten. Sie kann auf bis zu zehn Stunden nur verlängert werden, wenn abweichend von § 3 innerhalb von einem Kalendermonat oder innerhalb von vier Wochen im Durchschnitt acht Stunden werktäglich nicht überschritten werden. Für Zeiträume, in denen Nachtarbeitnehmer im Sinne des § 2 Abs. 5 Nr. 2 nicht zur Nachtarbeit herangezogen werden, findet § 3 Satz 2 Anwendung.

(3) Nachtarbeitnehmer sind berechtigt, sich vor Beginn der Beschäftigung und danach in regelmäßigen Zeitabständen von nicht weniger als drei Jahren arbeitsmedizinisch untersuchen zu lassen. Nach Vollendung des 50. Lebensjahres steht Nachtarbeitnehmern dieses Recht in Zeitabständen von einem

---

1 *Baeck/Deutsch*, § 5 Rz. 17. || 2 *Baeck/Deutsch*, § 5 Rz. 13; *Neumann/Biebl*, § 5 Rz. 4. || 3 *Anzinger/Koberski*, § 5 Rz. 12; *Baeck/Deutsch*, § 5 Rz. 17. || 4 *Baeck/Deutsch*, § 5 Rz. 14. || 5 *Bissels/Domke/Wisskirchen, BlackBerry & Co.: Was ist heute Arbeitszeit?*, DB 2010, 2052 (2054). || 6 *Anzinger/Koberski*, § 5 Rz. 13 f. || 7 *Anzinger/Koberski*, § 5 Rz. 14; *Anzinger*, BB 1994, 1492 (1494): „Die Ruhezeit ist nur dann ununterbrochen, wenn der Arbeitnehmer zu keiner wie auch immer gearteten Arbeitsleistung herangezogen wird." || 8 *Baeck/Deutsch*, § 5 Rz. 14. || 9 BAG 21.1.2003 – 9 AZR 600/01, NZA 2003, 930. || 10 BAG 5.7.1976 – 5 AZR 264/75, AP Nr. 10 zu § 12 AZO. || 11 *Baeck/Deutsch*, § 5 Rz. 21; *Anzinger/Koberski*, § 5 Rz. 31, jew. mwN. || 12 *Neumann/Biebl*, § 5 Rz. 5. || 13 *Baeck/Deutsch*, § 5 Rz. 23; *Anzinger/Koberski*, § 5 Rz. 32; *Neumann/Biebl*, § 5 Rz. 6. || 14 *Baeck/Deutsch*, § 5 Rz. 46.

Jahr zu. Die Kosten der Untersuchungen hat der Arbeitgeber zu tragen, sofern er die Untersuchungen den Nachtarbeitnehmern nicht kostenlos durch einen Betriebsarzt oder einen überbetrieblichen Dienst von Betriebsärzten anbietet.

(4) Der Arbeitgeber hat den Nachtarbeitnehmer auf dessen Verlangen auf einen für ihn geeigneten Tagesarbeitsplatz umzusetzen, wenn

a) nach arbeitsmedizinischer Feststellung die weitere Verrichtung von Nachtarbeit den Arbeitnehmer in seiner Gesundheit gefährdet oder

b) im Haushalt des Arbeitnehmers ein Kind unter zwölf Jahren lebt, das nicht von einer anderen im Haushalt lebenden Person betreut werden kann, oder

c) der Arbeitnehmer einen schwerpflegebedürftigen Angehörigen zu versorgen hat, der nicht von einem anderen im Haushalt lebenden Angehörigen versorgt werden kann,

sofern dem nicht dringende betriebliche Erfordernisse entgegenstehen. Stehen der Umsetzung des Nachtarbeitnehmers auf einen für ihn geeigneten Tagesarbeitsplatz nach Auffassung des Arbeitgebers dringende betriebliche Erfordernisse entgegen, so ist der Betriebs- oder Personalrat zu hören. Der Betriebs- oder Personalrat kann dem Arbeitgeber Vorschläge für eine Umsetzung unterbreiten.

(5) Soweit keine tarifvertraglichen Ausgleichsregelungen bestehen, hat der Arbeitgeber dem Nachtarbeitnehmer für die während der Nachtzeit geleisteten Arbeitsstunden eine angemessene Zahl bezahlter freier Tage oder einen angemessenen Zuschlag auf das ihm hierfür zustehende Bruttoarbeitsentgelt zu gewähren.

(6) Es ist sicherzustellen, dass Nachtarbeitnehmer den gleichen Zugang zur betrieblichen Weiterbildung und zu aufstiegsfördernden Maßnahmen haben wie die übrigen Arbeitnehmer.

1   I. Inhalt und Zweck. § 6 enthält entsprechend dem Auftrag des BVerfG aus dem Urteil v. 28.1.1992[1] geschlechtsneutrale Schutzvorschriften für alle NachtArbN[2]. Denn Nachtarbeit ist grds. für jeden Menschen schädlich. Sie führt zu Schlaflosigkeit, Appetitstörungen, Störungen des Magen-Darm-Traktes, erhöhter Nervosität und Reizbarkeit sowie zu einer Herabsetzung der Leistungsfähigkeit[3]. Andererseits kann in einer modernen Industriegesellschaft nicht generell auf Nachtarbeit verzichtet werden.

2   II. Die einzelnen Bestimmungen. 1. Gestaltung der Nacht- und Schichtarbeitszeit durch den Arbeitgeber (Abs. 1). Die Vorschrift verpflichtet den ArbGeb im Hinblick auf die drohenden Gesundheitsgefahren, die Arbeitszeit der Nacht- und SchichtArbN nach den gesicherten arbeitswissenschaftlichen Erkenntnissen über die menschengerechte Gestaltung der Arbeit festzulegen.

3   a) Gesicherte arbeitswissenschaftliche Erkenntnisse über die menschengerechte Gestaltung der Arbeitszeit. Der Begriff findet sich auch in § 90 II 2 BetrVG, wonach ArbGeb und BR diese Erkenntnisse bei der technischen und organisatorischen Gestaltung der Arbeitsplätze, des Arbeitsablaufs und der Arbeitsumgebung[4] zu berücksichtigen haben. Ob es in Bezug auf die Nacht- und Schichtarbeit solche Erkenntnisse gibt, ist umstritten[5]. Nach Auffassung des BAG existieren nicht einmal gesicherte arbeitsmedizinischen Erkenntnisse darüber, ob eine kurze oder längere Schichtfolge die Gesundheit der ArbN stärker beeinträchtigt[6].

4   b) Gestaltungsempfehlungen. Gleichwohl haben Wissenschaft und Praxis Gestaltungsempfehlungen entwickelt, die etwa das nordrhein-westfälische Arbeitsministerium den ArbGeb im Wege der Information und Beratung entsprechend § 21 ArbSchG nahe bringt. Hierzu gehören[7]:

- **dauerhafte Nachtschicht** nur in besonderen Ausnahmefällen;
- in der Regel nicht mehr als zwei bis vier Nachtschichten in Folge;
- ausreichende **Ruhezeiten** zwischen zwei Schichten, keinesfalls kürzer als 24 Stunden;
- regelmäßig **freie Wochenenden** in kontinuierlichen Schichtsystemen;
- Wochenendfreizeiten von mindestens zwei Tagen, darunter einen Samstag oder Sonntag;
- Ausgleich der Mehrbelastung für Schichtarbeiter durch **zusätzliche Freizeit**;
- keine Arbeitsperioden von acht oder mehr Arbeitstagen in Folge;
- möglichst keine langen Schichten;
- **Anpassung der Schichtlänge** an den Grad der körperlichen und geistigen Beanspruchung durch die Arbeit;

---

1 BVerfG 28.1.1992 – 1 BvR 1025/82, BVerfGE 85, 191 (zu § 19 AZO: Nachtarbeitsverbot für Arbeiterinnen). || 2 BT-Drs. 12/5888, 25. || 3 BVerfG 28.1.1992 – 1 BvR 1025/82, 1 BvL 16/83 u. 1 BvL 10/91, NJW 1992, 964. || 4 *Fitting*, § 90 BetrVG Rz. 1. || 5 Verneinend etwa *Neumann/Biebl*, § 6 Rz. 8; teilweise wird auf die Untersuchungsergebnisse der Europäischen Stiftung zur Verbesserung der Lebens- und Arbeitsbedingungen verwiesen, vgl. *Anzinger*, BB 1994, 1492 (1495) u. *Baeck/Deutsch*, § 6 Rz. 23; weitere Forschungseinrichtungen mit Anschriften bei KassHdb/*Schliemann*, 2.5 Rz. 341. || 6 BAG 11.2.1998 – 5 AZR 472/97, NZA 1998, 647. || 7 MAGS NRW § 6 Nr. 3.

- Nachtschichten grundsätzlich kürzer als Früh- und Spätschichten;
- **vorwärts rotierende Schichtfolgen** bei kontinuierlichen Schichtsystemen (erst Früh-, dann Spät-, dann Nachtschicht);
- möglichst später Beginn der Frühschichten, möglichst frühes Ende der Nachtschicht;
- Flexibilität bei den **Übergabezeiten**, etwa durch den Einsatz von Springern;
- möglichst Verzicht auf starre Anfangszeiten;
- Regelmäßigkeit in der Schichtenfolge;
- **rechtzeitige Information** der ArbN über den Schichtplan;
- Vermeidung geteilter Schichten.

c) Zivilrechtliche Sanktionen. Umstritten ist, ob ein Verstoß des ArbGeb gegen Abs. 1 dem ArbN angesichts der inhaltlichen Unschärfe des Begriffs der „gesicherten arbeitswissenschaftlichen Erkenntnissen über die menschengerechte Gestaltung der Arbeit" ein **Zurückbehaltungsrecht** an seiner Arbeitsleistung gibt[1] und ob sich der ArbGeb **schadensersatzpflichtig** machen kann[2]. Die wohl hM[3] verneint dies, ohne allerdings neben den auftretenden praktischen Schwierigkeiten rechtl. überzeugende Gründe für ihre Ansicht anführen zu können[4]. *Erasmy*[5] bezeichnet Abs. 1 wegen seines unscharfen, offenen Tatbestandes als „lex imperfecta"[6], die der Gesetzgeber aus gutem Grund nicht bußgeld- bzw. strafbewehrt ausgestaltet hat.

2. Werktägliche Arbeitszeit der Nachtarbeitnehmer (Abs. 2). Die werktägliche Arbeitszeit darf grds. **acht Stunden** nicht überschreiten und darf nur dann auf zehn Stunden verlängert werden, wenn innerhalb eines ggü. § 3 S. 2 aus Gründen des Gesundheitsschutzes[7]**stark verkürzten Ausgleichszeitraums** von einem Kalendermonat oder innerhalb von vier Wochen im Durchschnitt acht Stunden werktäglich nicht überschritten werden. Abs. 2 S. 3 lässt hiervon wiederum eine Ausnahme für diejenigen ArbN zu, die für längere Zeit nicht zur Nachtarbeit herangezogen werden[8]. Betroffen von dieser Ausnahmeregelung sind ArbN, die zwar nicht normalerweise Nachtarbeit in Wechselschicht, aber an mindestens 48 Tagen im Kalenderjahr Nachtarbeit leisten. Wann ein längerer Zeitraum vorliegt, ist gesetzl. nicht geregelt. Rspr. und Lit., die diesen Zeitraum exakt eingrenzt, existiert nicht. Ein längerer Zeitraum ohne Nachtarbeit lässt sich nur im Vergleich zu den Zeiträumen mit Nachtarbeit ermitteln und muss deutlich länger sein[9]. Nach § 7 I Nr. 4 kann die Arbeitszeit durch TV oder auf Grund eines TV in einer BV oder DV über zehn Stunden werktäglich verlängert werden, wenn in die Arbeitszeit regelmäßig oder in erheblichem Umfang Arbeitsbereitschaft oder Bereitschaftsdienst fällt. Ebenso kann ein anderer Ausgleichzeitraum festgelegt werden. Die Erweiterungen der gesetzl. werktägl. Höchstarbeitszeit müssen aber gem. § 7 VIII einschl. der Zeiten von Arbeitsbereitschaft und Bereitschaftsdienst spätestens innerhalb eines Jahres auf einen Durchschnittswert von acht Stunden pro Werktag oder 48 Stunden pro Woche zurückgeführt werden[10].

3. Arbeitsmedizinische Untersuchung (Abs. 3). Nach Abs. 3 S. 1 ist jeder NachtArbN berechtigt, sich vor der Aufnahme von einer mit Nachtarbeit verbundenen Tätigkeit und danach in regelmäßigen Zeitabschnitten von mindestens drei Jahren arbeitsmedizinisch untersuchen zu lassen.

a) Arbeitsverweigerungsrecht und Beschäftigungshindernis. Solange ein NachtArbN vor Beginn der Beschäftigung entgegen seinem Verlangen nicht arbeitsmedizinisch iSd. Abs. 3 untersucht worden und das Untersuchungsergebnis bekannt gegeben ist, darf er die Arbeit verweigern[11]. Der ArbN ist nicht verpflichtet, sich einer vom ArbGeb angeordneten arbeitsmedizinischen Untersuchung zu unterziehen[12]. Andererseits ist der ArbGeb nicht verpflichtet, einen ArbN, der sich einer solchen Untersuchung trotz Aufforderung nicht unterzieht, in Nachtarbeit zu beschäftigen. Er muss nicht abwarten, bis der ArbN seine Gesundheit gefährdet. Insoweit besteht bis zur Untersuchung ein Beschäftigungshindernis[13]. Ggf. kann der ArbGeb sogar kündigen, wenn der ArbN nur in Nachtarbeit beschäftigt werden kann und sich trotz wiederholter Mahnung einer arbeitsmedizinischen Untersuchung nicht unterzieht[14].

b) Untersuchender Arzt. Die Untersuchungen sind durch **Arbeitsmediziner** oder Ärzte mit arbeitsmedizinischer Fachkunde durchzuführen. Die Ärzte bestimmen auf Grund ihrer Fachkunde Form und Inhalt der Untersuchung[15].

---

1 Bejahend *Schliemann*, § 6 Rz. 20; *Buschmann/Ulber*, § 6 Rz. 8 geht ebenfalls von einer unmittelbaren Verpflichtung des ArbGeb (und des BR) aus, Nacht- und Schichtarbeit entsprechend den gesicherten arbeitswissenschaftl. Erkenntnissen zu gestalten; aA *Baeck/Deutsch*, § 6 Rz. 28; *Neumann/Biebl*, § 6 Rz. 8. ‖2 Bejahend *Schliemann*, § 6 Rz. 22. ‖3 Nachw. bei *Baeck/Deutsch*, § 6 Rz. 28. ‖4 Nach *Diller*, NJW 1994, 2726 (2727) macht § 6 I nur als Sollvorschrift Sinn. Denn es könne nicht Wille des Gesetzgebers gewesen sein, aufwendige Arbeitsgerichtsverfahren über die Berechtigung der Einteilung eines ArbN zur Nachtarbeit zu führen. ‖5 *Erasmy*, NZA 1994, 1105 (1108). ‖6 Hiergegen *Buschmann/Ulber*, § 6 Rz. 8. ‖7 *Baeck/Deutsch*, § 6 Rz. 31. ‖8 BT-Drs. 12/6990, 43. ‖9 *Anzinger/Koberski*, § 6 Rz. 36. ‖10 BAG 24.1.2006 – 1 ABR 6/05, NZA 2006, 862. ‖11 ErfK/*Wank*, § 6 ArbZG Rz. 12. ‖12 *Zmarzlik*, AR-Blattei SD, 240, Rz. 184. ‖13 *Zmarzlik*, AR-Blattei SD, 240, Rz. 184. ‖14 *Zmarzlik*, AR-Blattei SD, 240, Rz. 184. ‖15 *Anzinger*, BB 1994, 1492 (1495).

10 **c) Kosten der Untersuchung.** Die Kosten der Untersuchung muss grds. der **ArbGeb** tragen. Eine Kostentragungspflicht besteht nicht, wenn der ArbGeb die kostenlose Untersuchung durch einen Betriebsarzt oder einen überbetrieblichen Dienst von Betriebsärzten anbietet und der ArbN die Untersuchung durch einen Arzt seiner Wahl durchführen lässt[1].

11 **d) Freistellung und Entgeltfortzahlung.** Für die Dauer einer arbeitsmedizinischen Untersuchung während der Arbeitszeit hat der ArbGeb den ArbN für die Untersuchung freizustellen[2] und das Entgelt entsprechend allg. Grundsätzen fortzuzahlen, wenn eine Untersuchung außerhalb der Arbeitszeit nicht möglich ist[3]. Der ArbN hat bei der Vereinbarung des Untersuchungstermins auf die betriebl. Belange Rücksicht zu nehmen[4]. Bei **gleitender Arbeitszeit** hat der ArbN keinen Anspruch auf Arbeitsbefreiung für die Untersuchung, wenn sie in die Gleitzeit fällt[5]. Bei Untersuchungen **außerhalb der Arbeitszeit** besteht **keine Vergütungspflicht**[6].

12 **e) Untersuchungsergebnis.** Hinsichtlich des Untersuchungsergebnisses unterliegt der Arzt der **Schweigepflicht** (§ 203 I Nr. 1 StGB). Der ArbN entscheidet allein, ob und in welchem Umfang er dem ArbGeb den Befund mitteilt[7]. Mitteilen sollte er freilich, ob er für die Nachtarbeit gesundheitl. geeignet ist, da sich der ArbGeb anderenfalls auf ein Beschäftigungshindernis berufen könnte.

13 **4. Umsetzungsanspruch (Abs. 4).** Nach Abs. 4 muss der ArbGeb den NachtArbN auf dessen Verlangen auf einen für ihn geeigneten Tagesarbeitsplatz umsetzen, wenn

– die **Gesundheit** der ArbN nach arbeitsmedizinischer Feststellung bei weiterer Verrichtung von Nachtarbeit **konkret**[8] **gefährdet** ist; die fachärztl. Prognose muss deutlich ergeben, dass der ArbN bei weiterer Verrichtung der Nachtarbeit gesundheitl. beeinträchtigt ist[9]; bei deutlichen Zweifeln an der Richtigkeit des ärztl. Gutachtens kann der ArbGeb eine Nachuntersuchung, ggf. durch einen anderen Arbeitsmediziner verlangen[10]; oder

– ein **Kind unter zwölf Jahren** im Haushalt des ArbN lebt, das nicht von einer im Haushalt lebenden Person betreut werden kann; oder

– der ArbN einen **schwerpflegebedürftigen** (vgl. § 15 SGB XI: mindestens Pflegestufe II [str.[11]]) **Angehörigen** zu versorgen hat, der nicht von einem anderen im Haushalt lebenden Angehörigen versorgt werden kann.

14 **a) Weiterbeschäftigungsmöglichkeit auf einem Tagesarbeitsplatz.** Der Umsetzungsanspruch des NachtArbN besteht nur im Rahmen der objektiven Weiterbeschäftigungsmöglichkeiten und setzt voraus, dass ein geeigneter Tagesarbeitsplatz frei ist[12]. Ein Umsetzungsanspruch des ArbN besteht nicht bei **entgegenstehenden dringenden betriebl. Erfordernissen.** Als betriebl. Erfordernisse kommen insb. in Betracht, dass die Tagesarbeitsplätze für den ArbN nicht geeignet sind, dass für einen qualifizierten NachtArbN kein geeigneter Ersatz gefunden werden kann oder dass ein geeigneter Tagesarbeitsplatz für den ArbN wegen Auftragsmangels oder Produktionsrückgangs weggefallen ist[13].

15 **b) Anhörung des Betriebsrats.** Stehen der Umsetzung nach Auffassung des ArbGeb dringende betriebl. Erfordernisse entgegen, so muss er nach Abs. 4 S. 2 den BR oder PersR hören. Diese können ihm nach Abs. 4 S. 3 Vorschläge für eine Umsetzung unterbreiten. Die Anhörung des BR stellt **keine Wirksamkeitsvoraussetzung** für die Ablehnung des Versetzungsverlangens dar, da das Gesetz anders als etwa § 102 I 3 BetrVG keine Nichtigkeitsfolge vorschreibt (str.)[14]. Da eine Entscheidung der Rechtsfrage durch die Rspr. noch aussteht, sollte auf die ordnungsgemäße Anhörung des BR vorsichtshalber besonders geachtet werden.

16 **c) Kündigungsrechtliche Folgen.** Krankheitsbedingte Leistungseinschränkungen eines NachtArbN können als eine kündigungsrechtl. relevante Beeinträchtigung der betriebl. Interessen nur dann angesehen werden, wenn der ArbGeb den ArbN nicht zumutbar seinem eingeschränkten Leistungsvermögen entsprechend einsetzen kann. Eine Kündigung ist sozialwidrig, wenn im Kündigungszeitpunkt die Prüfung entgegenstehender betriebl. Belange gem. § 6 IV 2 und das in diesem Zusammenhang eingeleitete Einigungsstellenverfahren nach § 87 BetrVG wegen Änderung des Dienstplans noch nicht abgeschlossen sind[15].

17 **d) Beweislast.** Die Beweislast für das Vorliegen eines Umsetzungsanspruches, also für den freien Arbeitsplatz und den Umsetzungsgrund, trägt der **ArbN**. Die Beweislast für entgegenstehende dringende betriebl. Erfordernisse liegt beim **ArbGeb**[16]. Dabei kommen sowohl dem ArbGeb als auch dem ArbN die

---

1 *Zmarzlik*, AR-Blattei SD, 240, Rz. 185. ||2 *Zmarzlik*, AR-Blattei SD, 240, Rz. 186. ||3 *Baeck/Deutsch*, § 6 Rz. 49. ||4 *Zmarzlik*, AR-Blattei SD, 240, Rz. 186. ||5 *Zmarzlik*, AR-Blattei SD, 240, Rz. 186. ||6 *Baeck/Deutsch*, § 6 Rz. 49. ||7 *Zmarzlik*, AR-Blattei SD, 240, Rz. 183. ||8 *Baeck/Deutsch*, § 6 Rz. 64; KassHdb/*Schliemann*, 2.5 Rz. 384. ||9 *Zmarzlik*, AR-Blattei SD, 240, Rz. 203. ||10 *Zmarzlik*, AR-Blattei SD, 240, Rz. 204. ||11 *Neumann/Biebl*, § 6 Rz. 21; *Anzinger/Koberski*, § 6 Rz. 74 lassen die Pflegestufe I ausreichen; wie hier: *Baeck/Deutsch*, § 6 Rz. 71 und KassHdb/*Schliemann*, 2.5 Rz. 390; *Zmarzlik*, AR-Blattei SD, 240, Rz. 208. ||12 BT-Drs. 12/5888, 26. ||13 *Zmarzlik*, AR-Blattei SD, 240, Rz. 212. ||14 *Baeck/Deutsch*, § 6 Rz. 62; wohl auch KassHdb/*Schliemann*, 2.5 Rz. 400 (keine ausdrückl. Rechtsfolge); aA ErfK/*Wank*, § 6 ArbZG Rz. 23; *Neumann/Biebl*, § 6 Rz. 23. ||15 LAG Hamm 14.9.2000 – 8 Sa 307/00, nv. ||16 KassHdb/*Schliemann*, 2.5 Rz. 395 f.

Grundsätze der abgestuften Beweislast entgegen[1]. Zeigt der gekündigte leistungsgeminderte ArbN auf, wie er sich eine leidensgerechte Beschäftigung vorstellt, so hat der ArbGeb im Rahmen der ihn gem. § 1 II 4 KSchG treffenden Darlegungs- und Beweislast das Fehlen einer derartigen Möglichkeit der leidensgerechten Beschäftigung darzulegen bzw. nachzuweisen[2].

5. Ausgleich für Nachtarbeit (Abs. 5). Abs. 5 überlässt die Ausgestaltung des Ausgleichs für Nachtarbeit, zu der auch nächtlicher Bereitschaftsdienst zählt[3], im Hinblick auf deren größere Sachnähe zunächst den TV-Parteien. Sie sind frei darin, wie sie den Ausgleich regeln[4]. Der gesetzl. Anspruch ist demggü subsidiär. Ein tarifl. Ausgleich für Nachtarbeit kann uU schon bei der Grundentgeltfindung stillschweigend berücksichtigt sein. Hierfür müssen besondere Anhaltspunkte im TV bestehen oder sich aus der Tarifgeschichte bzw. aus den Besonderheiten des tarifl. Geltungsbereichs ergeben[5]. Nicht ausreichend ist die Branchenüblichkeit von Nachtarbeit[6]. Erschöpft sich eine tarifl. Regelung darin, dass Nachtarbeit als zuschlagsfreie Arbeitszeit gilt, stellt dies keine Ausgleichsregelung dar. Allerdings reduziert sich dadurch die gesetzl. eröffnete Wahlmöglichkeit auf die Gewährung von Freizeitausgleich[7]. **18**

Dass Pausen während der Nachtarbeitsstunden nicht in vollem Umfang von der vergüteten Arbeitszeit abgezogen werden, lässt ebenso wenig auf eine Ausgleichsregelung für die Belastungen der Nachtarbeit schließen[8] wie eine tarifvertragl. vorgesehene Beteiligung der ArbN im Nachtreiseverkehr am Bruttoumsatz aus dem Verkauf von Speisen und Getränken[9]. Zahlt der ArbGeb Pausen innerhalb der Nachtzeit durch, sind diese Pausenzeiten aber nicht zusätzlich auszugleichen, da sie keine Nachtarbeit darstellen[10].

Der Ausgleichsanspruch kann durch eine einzelvertragliche Regelung der Arbeitsvertragsparteien näher ausgestaltet werden, etwa in AGB[11]. **18a**

Soweit keine tarifvertragl. oder arbeitsvertragl. Ausgleichsregelungen bestehen, kann der ArbGeb für die Nachtarbeitsstunden nach seinem Ermessen[12] eine angemessene Anzahl freier Tage oder einen angemessenen Zuschlag auf das Bruttoentgelt gewähren. Ihm steht hier ein **Wahlrecht** iSd. § 263 BGB zu[13]. Aus dem Gesetz ergibt sich keine rechtl. Verpflichtung des ArbGeb, den Ausgleich in erster Linie in Form von Freizeit zu gewähren[14]. Abs. 5 stellt die Möglichkeit der Zahlung und der Freizeitgewährung gleichwertig nebeneinander. Die Angemessenheit ist dabei nach einem einheitl. Maßstab zu beurteilen. Freizeitausgleich und Entgeltzuschlag müssen sich nach ihrem Wert grds. entsprechen[15]. **18b**

Bei der Entscheidung des ArbGeb darüber, ob ein Ausgleich für Nachtarbeit nach Abs. 5 durch bezahlte freie Tage oder durch Entgeltzuschlag zu gewähren ist, hat der BR nach § 87 I Nr. 7 und Nr. 10 BetrVG **mitzubestimmen**[16]. Das MitbestR nach § 87 I Nr. 7 BetrVG entfällt jedoch, wenn eine tarifl. Ausgleichsregelung eine Wahlmöglichkeit des ArbGeb ausschließt[17]. Die Entscheidung darüber, wie viele bezahlte freie Tage oder in welcher Höhe Entgeltzuschläge nach Abs. 5 zu beanspruchen sein sollen, ist nach § 87 I EingangsHs. BetrVG hingegen mitbestimmungsfrei. Denn die Ermittlung des angemessenen Umfangs der Kompensation ist nicht der betriebl. Regelung überlassen, sondern eine Rechtsfrage der Billigkeit[18]. Hingegen hat der BR mitzubestimmen, bis wann ein Freizeitausgleich erfolgen muss[19]. **18c**

a) Freizeit. Der Bundesrat hatte in seiner Stellungnahme zum RegE vorgeschlagen, nach jeweils 20 Tagen Nachtarbeitszeit mit täglich mehr als drei Stunden einen zusätzlichen freien Arbeitstag zu gewähren[20]. Dieser Vorschlag ist nicht Gesetz geworden. In Rspr. und Lit. wird es als angemessen angesehen, **für 90 Nachtarbeitsstunden einen freien Tag** zu gewähren[21]. Die Freizeitgewährung muss einem etwa festgelegten Vergütungsaufschlag entsprechen[22]. **19**

b) Entgeltzuschlag. Art und Höhe der Ausgleichsleistung wegen Nachtarbeit werden, sofern keine tarifl. Regelung besteht, regelmäßig im Arbeitsvertrag vereinbart. Auch hier besteht die Möglichkeit, auf eine gesonderte Zuschlagsregelung in Form eines Prozentsatzes des Stundenlohnes zu verzichten und stattdessen einen erhöhten Grundlohn zu vereinbaren. Von einer pauschalen Abgeltung des Nachtarbeitszuschlags ist allerdings nur dann auszugehen, wenn der Arbeitsvertrag einen Bezug zwischen der zu leistenden Nachtarbeit und der Lohnhöhe herstellt[23]. Haben die Arbeitsvertragsparteien keine **20**

---

1 KassHdb/*Schliemann*, 2.5 Rz. 395. ||2 LAG Hamm 14.9.2000 – 8 Sa 307/00, nv. ||3 BAG 12.12.2012 – 10 AZR 192/11, ZTR 2013, 318. ||4 BAG 17.1.2012 – 1 ABR 62/10, NZA 2012, 513. ||5 BAG 18.5.2011 – 10 AZR 369/10. ||6 BAG 26.8.1997 – 1 ABR 16/97, NZA 1998, 441. ||7 BAG 26.4.2005 – 1 ABR 1/04, NZA 2005, 884. ||8 LAG Bln.-Bbg. 21.2.2013 – Sa 1784/12; LAG Hamburg 20.11.2012 – 1 Sa 33/12 (n. rkr.). ||9 LAG Hamburg 20.11.2012 – 1 Sa 33/12, n. rkr. ||10 BAG 18.11.2009 – 5 AZR 774/08, AP Nr. 2 zu § 4 ArbZG. ||11 BAG 15.7.2009 – 5 AZR 867/08. ||12 KassHdb/*Schliemann*, 2.5 Rz. 405; *Anzinger/Koberski*, § 6 Rz. 83. ||13 BAG 1.2.2006 – 5 AZR 422/04, NZA 2006, 494; 5.9.2002 – 9 AZR 202/01, NZA 2003, 563; 27.5.2003 – 9 AZR 180/02, AP Nr. 5 zu § 6 ArbZG; LAG Schl.-Holst. 21.1.1997 – 1 Sa 467/96, NZA-RR 1998, 200; LAG Hamm 29.1.2001 – 19 Sa 257/00, nv. ||14 BAG 26.8.1997 – 1 ABR 16/97, NZA 1998, 441. ||15 BAG 1.2.2006 – 5 AZR 422/04, NZA 2006, 494. ||16 BAG 26.8.1997 – 1 ABR 16/97, NZA 1998, 441. ||17 BAG 26.4.2005 – 1 ABR 1/04, NZA 2005, 884. ||18 BAG 26.8.1997 – 1 ABR 16/97, NZA 1998, 441; 26.4.2005 – 1 ABR 1/04, NZA 2005, 884; LAG Hess. 6.7.2000 – 5 TaBV 7/00, nv. ||19 BAG 26.4.2005 – 1 ABR 1/04, NZA 2005, 884. ||20 BT-Drs. 12/5888, 41. ||21 BAG 5.9.2002 – 9 AZR 202/01, NZA 2003, 563; LAG Hamm 29.1.2001 – 19 Sa 257/00, nv.; *Anzinger/Koberski*, § 6 Rz. 81; KassHdb/*Schliemann*, 2.5 Rz. 405. ||22 BAG 1.2.2006 – 5 AZR 422/04, NZA 2006, 494. ||23 BAG 27.5.2003 – 9 AZR 180/02, AP Nr. 5 zu § 6 ArbZG.

angemessene Vereinbarung über die Höhe des Nachtzuschlags getroffen, obliegt dem ArbGeb die Bestimmung des für die Nachtarbeit zu zahlenden Zuschlags. Einen Anhaltspunkt bei der Bemessung des entgeltlichen Nachtarbeitszuschlags bieten die Tarifsätze des jeweiligen BranchenTV[1]. Der Zuschlag muss aber nicht zwingend das **Tarifniveau** erreichen. Denn andernfalls würde der ArbGeb im Erg. an einen TV gebunden, an dessen Zustandekommen und Geltung er weder durch eine Mitgliedschaft in der tarifvertragsschließenden Partei noch durch einzelvertragl. Bezugnahme beteiligt ist[2]. Die Angemessenheit des Zuschlags richtet sich vielmehr nach den Umständen des Einzelfalles. Insoweit muss der ArbGeb die Grundsätze billigen Ermessens wahren[3]. Für Angehörige eines Rettungsdienstes ist dabei regelmäßig ein Zuschlag iHv. 10 % des Arbeitsverdienstes angemessen. Denn durch den Zuschlag soll für diesen Personenkreis nur die mit der Nachtarbeit verbundene Erschwernis abgegolten werden, während der ansonsten mit dem Zuschlag verbundene Zweck, Nachtarbeit einzuschränken, nicht zum Tragen kommt[4]. Als unterste Grenze eines angemessenen Nachtzuschlags werden ansonsten 15 % angesehen[5]. Im Mittel betragen die tarifl. Nachtarbeitszuschläge 25 %. Dieser Satz ist idR angemessen, um die mit Nachtarbeit verbundenen Erschwernisse bei nicht dauerhafter Nachtarbeit (Wechselschicht) auszugleichen[6]. Bei dem belastenderen Dauereinsatz in der Nachtschicht ist hingegen ein Zuschlag von 30 % als angemessen iSd. Abs. 5 anzusehen[7].

21 **6. Gleichbehandlung bei weiterbildenden und aufstiegsfördernden Maßnahmen (Abs. 6).** Der ArbGeb hat ggf. durch Organisationsmaßnahmen sicherzustellen, dass NachtArbN denselben Zugang zu betriebl. Fördermaßnamen haben wie andere ArbN[8]. Bei der Vorschrift handelt es sich um eine Konkretisierung des allg. arbeitsrechtl. Gleichbehandlungsgrundsatzes[9].

22 **III. Überwachung durch die Aufsichtsbehörde.** Die Überwachungspflicht der Aufsichtsbehörde nach § 17 I erstreckt sich auch auf die Durchführung der arbeitsmedizinischen Untersuchungen, wohingegen die in § 6 III–VI enthaltenen Rechte der NachtArbN nicht durch Anordnungen der Aufsichtsbehörde nach § 17 II, sondern durch die ArbN selbst vor den ArbG durchzusetzen sind.

7 Abweichende Regelungen

(1) In einem Tarifvertrag oder auf Grund eines Tarifvertrags in einer Betriebs- oder Dienstvereinbarung kann zugelassen werden,

1. abweichend von § 3
   a) die Arbeitszeit über zehn Stunden werktäglich zu verlängern, wenn in die Arbeitszeit regelmäßig und in erheblichem Umfang Arbeitsbereitschaft oder Bereitschaftsdienst fällt,
   b) einen anderen Ausgleichszeitraum festzulegen,
2. abweichend von § 4 Satz 2 die Gesamtdauer der Ruhepausen in Schichtbetrieben und Verkehrsbetrieben auf Kurzpausen von angemessener Dauer aufzuteilen,
3. abweichend von § 5 Abs. 1 die Ruhezeit um bis zu zwei Stunden zu kürzen, wenn die Art der Arbeit dies erfordert und die Kürzung der Ruhezeit innerhalb eines festzulegenden Ausgleichszeitraums ausgeglichen wird,
4. abweichend von § 6 Abs. 2
   a) die Arbeitszeit über zehn Stunden werktäglich hinaus zu verlängern, wenn in die Arbeitszeit regelmäßig und in erheblichem Umfang Arbeitsbereitschaft oder Bereitschaftsdienst fällt,
   b) einen anderen Ausgleichszeitraum festzulegen,
5. den Beginn des siebenstündigen Nachtzeitraums des § 2 Abs. 3 auf die Zeit zwischen 22 und 24 Uhr festzulegen.

(2) Sofern der Gesundheitsschutz der Arbeitnehmer durch einen entsprechenden Zeitausgleich gewährleistet wird, kann in einem Tarifvertrag oder auf Grund eines Tarifvertrags in einer Betriebs- oder Dienstvereinbarung ferner zugelassen werden,

1. abweichend von § 5 Abs. 1 die Ruhezeiten bei Rufbereitschaft den Besonderheiten dieses Dienstes anzupassen, insbesondere Kürzungen der Ruhezeit infolge von Inanspruchnahmen während dieses Dienstes zu anderen Zeiten auszugleichen,
2. die Regelungen der §§ 3, 5 Abs. 1 und § 6 Abs. 2 in der Landwirtschaft der Bestellungs- und Erntezeit sowie den Witterungseinflüssen anzupassen,

---

1 Vgl. LAG Hamm 29.1.2001 – 19 Sa 257/00, nv., wonach bei der Bemessung des entgeltlichen Nachtarbeitszuschlags die Tarifsätze des jeweiligen BranchenTV zugrunde zu legen sind, sofern sich im Einzelfall nichts anderes ergibt. ||2 BAG 5.9.2002 – 9 AZR 202/01, NZA 2003, 563. ||3 BAG 24.2.1999 – 4 AZR 62/98, AP Nr. 17 zu § 3 TVG. ||4 BAG 31.8.2005 – 5 AZR 545/04, NZA 2006, 324. ||5 *Zwanziger*, DB 2007, 1356 (1358). ||6 BAG 27.5.2003 – 9 AZR 180/02, AP Nr. 5 zu § 6 ArbZG. ||7 BAG 5.9.2002 – 9 AZR 202/01, NZA 2003, 563; 27.5.2003 – 9 AZR 180/02, AP Nr. 5 zu § 6 ArbZG; abw. LAG Köln 16.1.2004 – 12 Sa 1055/03, das bei Dauernachtarbeit (Zeitungszusteller) eine um 12,4 % erhöhte Vergütung für angemessen erachtet. ||8 ErfK/*Wank*, § 6 ArbZG Rz. 26. ||9 *Anzinger*, BB 1994, 1492 (1495).

3. die Regelungen der §§ 3, 4, 5 Abs. 1 und § 6 Abs. 2 bei der Behandlung, Pflege und Betreuung von Personen der Eigenart dieser Tätigkeit und dem Wohl dieser Personen entsprechend anzupassen,

4. die Regelungen der §§ 3, 4, 5 Abs. 1 und § 6 Abs. 2 bei Verwaltungen und Betrieben des Bundes, der Länder, der Gemeinden und sonstigen Körperschaften, Anstalten und Stiftungen des öffentlichen Rechts sowie bei anderen Arbeitgebern, die der Tarifbindung eines für den öffentlichen Dienst geltenden oder eines im Wesentlichen inhaltsgleichen Tarifvertrags unterliegen, der Eigenart der Tätigkeit bei diesen Stellen anzupassen.

(2a) In einem Tarifvertrag oder auf Grund eines Tarifvertrags in einer Betriebs- oder Dienstvereinbarung kann abweichend von den §§ 3, 5 Abs. 1 und 6 Abs. 2 zugelassen werden, die werktägliche Arbeitszeit auch ohne Ausgleich über acht Stunden zu verlängern, wenn in die Arbeitszeit regelmäßig und in erheblichem Umfang Arbeitsbereitschaft oder Bereitschaftsdienst fällt und durch besondere Regelungen sichergestellt wird, dass die Gesundheit der Arbeitnehmer nicht gefährdet wird.

(3) Im Geltungsbereich eines Tarifvertrags nach Absatz 1, 2 oder 2a können abweichende tarifvertragliche Regelungen im Betrieb eines nicht tarifgebundenen Arbeitgebers durch Betriebs- oder Dienstvereinbarung oder, wenn ein Betriebs- oder Personalrat nicht besteht, durch schriftliche Vereinbarung zwischen dem Arbeitgeber und dem Arbeitnehmer übernommen werden. Können auf Grund eines solchen Tarifvertrags abweichende Regelungen in einer Betriebs- oder Dienstvereinbarung getroffen werden, kann auch in Betrieben eines nicht tarifgebundenen Arbeitgebers davon Gebrauch gemacht werden. Eine nach Absatz 2 Nr. 4 getroffene abweichende tarifvertragliche Regelung hat zwischen nicht tarifgebundenen Arbeitgebern und Arbeitnehmern Geltung, wenn zwischen ihnen die Anwendung der für den öffentlichen Dienst geltenden tarifvertraglichen Bestimmungen vereinbart ist und die Arbeitgeber die Kosten des Betriebs überwiegend mit Zuwendungen im Sinne des Haushaltsrechts decken.

(4) Die Kirchen und die öffentlich-rechtlichen Religionsgesellschaften können die in Absatz 1, 2 oder 2a genannten Abweichungen in ihren Regelungen vorsehen.

(5) In einem Bereich, in dem Regelungen durch Tarifvertrag üblicherweise nicht getroffen werden, können Ausnahmen im Rahmen des Absatzes 1, 2 oder 2a durch die Aufsichtsbehörde bewilligt werden, wenn dies aus betrieblichen Gründen erforderlich ist und die Gesundheit der Arbeitnehmer nicht gefährdet wird.

(6) Die Bundesregierung kann durch Rechtsverordnung mit Zustimmung des Bundesrates Ausnahmen im Rahmen des Absatzes 1 oder 2 zulassen, sofern dies aus betrieblichen Gründen erforderlich ist und die Gesundheit der Arbeitnehmer nicht gefährdet wird.

(7) Aufgrund einer Regelung nach Absatz 2a oder den Absätzen 3 bis 5 jeweils in Verbindung mit Absatz 2a darf die Arbeitszeit nur verlängert werden, wenn der Arbeitnehmer schriftlich eingewilligt hat. Der Arbeitnehmer kann die Einwilligung mit einer Frist von sechs Monaten schriftlich widerrufen. Der Arbeitgeber darf einen Arbeitnehmer nicht benachteiligen, weil dieser die Einwilligung zur Verlängerung der Arbeitszeit nicht erklärt oder die Einwilligung widerrufen hat.

(8) Werden Regelungen nach Absatz 1 Nr. 1 und 4, Absatz 2 Nr. 2 bis 4 oder solche Regelungen auf Grund der Absätze 3 und 4 zugelassen, darf die Arbeitszeit 48 Stunden wöchentlich im Durchschnitt von zwölf Kalendermonaten nicht überschreiten. Erfolgt die Zulassung auf Grund des Absatzes 5, darf die Arbeitszeit 48 Stunden wöchentlich im Durchschnitt von sechs Kalendermonaten oder 24 Wochen nicht überschreiten.

(9) Wird die werktägliche Arbeitszeit über zwölf Stunden hinaus verlängert, muss im unmittelbaren Anschluss an die Beendigung der Arbeitszeit eine Ruhezeit von mindestens elf Stunden gewährt werden.

I. Inhalt und Zweck 1	4. Tarifungebundene Arbeitgeber (Abs. 3) ... 12
II. Übersicht 2	5. Kirchen und Religionsgesellschaften (Abs. 4) 16
III. Die einzelnen Bestimmungen 3	6. Bestimmte Branchen (Abs. 5) 17
1. Abweichungen durch oder auf Grund eines Tarifvertrags (Abs. 1) 3	7. Ermächtigungsgrundlage (Abs. 6) 18
2. Weitere Abweichungen durch oder auf Grund eines Tarifvertrags bei gewährleistetem Gesundheitsschutz der Arbeitnehmer (Abs. 2) 10	8. Freiwilligkeitsprinzip und Benachteiligungsverbot (Abs. 7) 19
	9. Ausgleichszeiträume (Abs. 8) 20
	10. Mindestruhezeit (Abs. 9) 21
3. Verlängerung der werktäglichen Arbeitszeit auch ohne Ausgleich (Abs. 2a) 11	IV. Vorlagepflicht des Arbeitgebers 22

I. Inhalt und Zweck. § 7 schafft die Möglichkeit, die Grundnormen der §§ 3 bis 6 an die konkreten **betrieblichen Erfordernisse** anzupassen, indem die TV-Parteien abweichende Regelungen treffen oder Abweichungen in BV nach § 77 BetrVG oder in DV nach den jeweiligen Personalvertretungsgesetzen zu- **1**

lassen[1]. Eine formlose Regelungsabrede[2] zwischen BR und ArbGeb reicht aber ebenso wenig aus wie eine Einigung zwischen ArbN und ArbGeb[3].

II. Übersicht. Die Vorschrift ist recht unübersichtlich geraten. Die umfangreichen **Abweichungsmöglichkeiten** des Abs. 1 u. 2 zeigt folgende Übersicht:

Vorschrift	Inhalt	Flexibilisierungs-grundlage	Flexibilisierungsmöglichkeit
§ 2 III	Nachtzeit von 23 bis 6 Uhr (in Bäckereien von 22 bis 5 Uhr)	§ 7 I Nr. 5	Beginn des siebenstündigen Nachtzeitraums zwischen 22 und 24 Uhr
§ 3	werktägl. Arbeitszeit maximal acht Stunden verlängerbar auf zehn Stunden, wenn Ausgleich innerhalb von sechs Kalendermonaten/24 Wochen	§ 7 I Nr. 1 Buchst. a	Über zehn Stunden ohne Ausgleich, wenn regelmäßig und in erheblichem Umfang Arbeitsbereitschaft oder Bereitschaftsdienst anfällt und spätestens innerhalb eines Jahres ein Durchschnittswert von acht Stunden pro Werktag oder 48 Stunden pro Woche erreicht wird.
		§ 7 I Nr. 1 Buchst. b	anderer Ausgleichszeitraum
		§ 7 II Nr. 2 § 7 II Nr. 3 § 7 II Nr. 4	Anpassung der werktäglichen Arbeitszeit – in der Landwirtschaft an die Bestellungs- und Erntezeit sowie an die Witterungseinflüsse, – bei der Behandlung und Pflege von Personen an die Eigenart der Tätigkeit und das Wohl der Personen, – im öffentl. Dienst an die Eigenart der Tätigkeit, sofern Gesundheitsschutz der ArbN durch einen entsprechenden Ausgleich gesichert ist.
		§ 7 IIa	verlängerbar auf über acht Stunden ohne Ausgleich, wenn regelmäßig Arbeitsbereitschaft oder Bereitschaftsdienst anfällt und durch besondere Regelungen sichergestellt wird, dass die Gesundheit der ArbN nicht gefährdet wird
§ 4	bei Arbeitszeit von sechs bis neun Stunden Ruhepause von mindestens 30 Minuten bei Arbeitszeit von mehr als neun Stunden Ruhepause von mindestens 45 Minuten	§ 7 I Nr. 2	Verteilung der Gesamtdauer der Ruhepausen in Schichtbetrieben und Verkehrsbetrieben auf Kurzpausen von angemessener Dauer

---

[1] BT-Drs. 12/5888, 26; zur Frage der Verfassungsmäßigkeit der Bestimmung ErfK/*Wank*, § 7 ArbZG Rz. 3 (verneinend) u. BAG 18.8.1987 – 1 ABR 30/86, NZA 1987, 779 (bejahend). ||[2] *Neumann/Biebl*, § 7 Rz. 6; *Baeck/Deutsch*, § 7 Rz. 38. ||[3] *Baeck/Deutsch*, § 7 Rz. 44.

Vorschrift	Inhalt	Flexibilisierungs-grundlage	Flexibilisierungsmöglichkeit
		§ 7 II Nr. 3 § 7 II Nr. 4	Anpassung der Ruhepausen – bei der Behandlung und Pflege von Personen an die Eigenart der Tätigkeit und das Wohl der Personen, – im öffentl. Dienst an die Eigenart der Tätigkeit, sofern Gesundheitsschutz der ArbN durch einen entsprechenden Ausgleich gesichert.
§ 5 I	ununterbrochene Ruhezeit von mindestens elf Stunden	§ 7 I Nr. 3	Kürzung der Ruhezeit um zwei Stunden, wenn Art der Arbeit dies erfordert und Ausgleich innerhalb eines festzulegenden Ausgleichzeitraums erfolgt.
		§ 7 II Nr. 1 § 7 II Nr. 2 § 7 II Nr. 3 § 7 II Nr. 4	Anpassung der Ruhezeit – bei Rufbereitschaft an die Besonderheiten dieses Dienstes, – in der Landwirtschaft Anpassung der Ruhezeit an die Bestellungs- und Erntezeit sowie an die Witterungseinflüsse, – bei der Behandlung und Pflege von Personen an die Eigenart der Tätigkeit und das Wohl der Personen, – im öffentl. Dienst an die Eigenart der Tätigkeit, sofern Gesundheitsschutz der ArbN durch einen entsprechenden Ausgleich gesichert.

III. Die einzelnen Bestimmungen. 1. Abweichungen durch oder auf Grund eines Tarifvertrags (Abs. 1). Die Vorschrift erlaubt Abweichungen von den Bestimmungen des § 3 über die werktägliche Arbeitszeit der ArbN.

a) **Abs. 1 Nr. 1 Buchst. a.** Regelmäßig fällt Arbeitsbereitschaft oder Bereitschaftsdienst an, wenn die Arbeitsbereitschaft oder der Bereitschaftsdienst vorhersehbar, etwa erfahrungsgemäß nur an bestimmten Tagen, auftritt[1]. Die Arbeitsschutzbehörden bejahen Arbeitsbereitschaft in erheblichem Umfang, wenn sie **mindestens 30 % der Arbeitszeit** beträgt[2]. Gleiches hat für den Bereitschaftsdienst zu gelten. Zulässig ist eine Ausdehnung der werktägl. Arbeitszeit bis zur Höchstgrenze von 24 Stunden[3]. Für die Arbeitszeitverlängerung muss ein Zeitausgleich erfolgen, wobei der Ausgleichszeitraum nach Abs. 8 zwölf Kalendermonate betragen darf[4].

b) **Abs. 1 Nr. 1 Buchst. b.** Der **Ausgleichszeitraum** darf **12 Kalendermonate** nicht übersteigen (Abs. 8).

c) **Abs. 1 Nr. 2.** Die Vorschrift eröffnet Schicht- und Verkehrsbetrieben Flexibilisierungsmöglichkeiten durch eine Aufteilung der Ruhepausen in Kurzpausen. Die Kurzpausen müssen im Voraus feststehen. Abs. 1 Nr. 2 verlangt zudem eine am Erholungszweck der Ruhepausen orientierte Dauer der Kurzpausen, wobei den TV-Parteien hinsichtlich der Angemessenheit der Dauer eine Einschätzungsprärogative zusteht. Es darf sich nicht lediglich um eine „Verschnaufpause" handeln. Kurzpausen von mindestens acht Minuten sind regelmäßig als angemessen anzusehen[5].

---

1 *Neumann/Biebl*, § 7 Rz. 18. ||2 MAGS NRW, § 7 Nr. 2; *Anzinger/Koberski*, § 7 Rz. 23; in der Lit. schwanken die Auffassungen zwischen ¼ und ⅓ der werktägl. Arbeitszeit, Nachw. bei *Neumann/Biebl*, § 7 Rz. 18. ||3 KassHdb/*Schliemann*, 2.5, Rz. 456; *Anzinger/Koberski*, § 7 Rz. 25; zur Vereinbarkeit mit Art. 2 Nr. 1 der ArbeitszeitRL 93/104/EG (jetzt: 2003/88/EG) s. Linnenkohl, Das „SIMAP"-Urteil des EuGH, AuR 2002, 211 (213). ||4 BT-Drs. 15/1587, 35. ||5 BAG 13.10.2009 – 9 AZR 139/08.

7 d) **Abs. 1 Nr. 3.** Hiernach sind Verkürzungen der Ruhezeit zulässig. Eine Verkürzung der Ruhezeit auf bis zu neun Stunden ist möglich, wenn organisatorische oder branchenspezifische Gründe dies erfordern[1]. Den TV-Parteien und den Betriebspartnern ist bei der Beurteilung der Erforderlichkeit ein weiter Ermessensspielraum eingeräumt[2].

8 e) **Abs. 1 Nr. 4.** Die Vorschrift überträgt die Regelung des Abs. 1 Nr. 1a und b auf NachtArbN.

9 f) **Abs. 1 Nr. 5.** Die Bestimmung ermächtigt TV-Parteien und Betriebspartner, den Beginn des siebenstündigen Nachtzeitraums entsprechend den Branchenbedürfnissen jeweils um bis zu eine Stunde nach vorne oder nach hinten zu verschieben[3].

10 **2. Weitere Abweichungen durch oder auf Grund eines Tarifvertrags bei gewährleistetem Gesundheitsschutz der Arbeitnehmer (Abs. 2).** Die Vorschrift eröffnet weitere Abweichungsmöglichkeiten für die TV-Parteien und Betriebspartner bei Rufbereitschaft, ferner für die Landwirtschaft[4], Krankenhäuser, Pflege- und Betreuungseinrichtungen sowie für den öffentl. Dienst. Zwingende Voraussetzung ist jeweils, dass der Gesundheitsschutz der ArbN durch einen entsprechenden Zeitausgleich gewährleistet ist. Der Zeitausgleich kann insb. nicht durch finanzielle Anreize ersetzt werden[5] und muss in den Fällen des Abs. 2 Nr. 2–4 innerhalb von zwölf Kalendermonaten erfolgen (Abs. 8).

11 **3. Verlängerung der werktäglichen Arbeitszeit auch ohne Ausgleich (Abs. 2a).** Die Regelung soll den TV-Parteien die Möglichkeit eröffnen, Arbeitszeiten zuzulassen, die über den Rahmen der §§ 3 und 7 I hinausgehen („**opt-out**", s. Stichwort-ABC, § 2 Rz. 14). Sie findet ihre Grundlage in Art. 22 der ArbeitszeitRL 2003/88/EG, wonach es einem Mitgliedstaat freigestellt ist, Art. 6 der ArbeitszeitRL 2003/88/EG nicht anzuwenden, wenn er die allg. Grundsätze der Sicherheit und des Gesundheitsschutzes der ArbN einhält und ua. dafür sorgt, dass kein ArbGeb von einem ArbN verlangt, im Durchschnitt von vier Monaten mehr als 48 Stunden innerhalb eines Sieben-Tage-Zeitraums zu arbeiten, es sei denn der ArbN hat sich hierzu bereit erklärt.

Deutschland hat mit 15 weiteren Mitgliedstaaten[6] von der Opt-out-Klausel der ArbeitszeitRL 2003/88/EG Gebrauch gemacht. Voraussetzung für eine Verlängerung der werktäglichen Arbeitszeit ohne Ausgleich ist nach § 7 IIa, dass in die Arbeitszeit regelmäßig und in erheblichem Umfang Arbeitsbereitschaft oder Bereitschaftsdienst fällt und durch besondere Regelungen sichergestellt wird, dass die Gesundheit der ArbN nicht gefährdet wird. Abs. 2a enthält bewusst keine Vorgaben dazu, auf welche Art und Weise eine Gefährdung der Gesundheit der ArbN ausgeschlossen werden soll. Art. 22 der ArbeitszeitRL 2003/88/EG lässt ein Abweichen von der Höchstarbeitszeit des Art. 6 ohne Ausgleichszeitraum jedoch nur dann zu, wenn die „allgemeinen Grundsätze der Sicherheit und des Gesundheitsschutzes der Arbeitnehmer" eingehalten werden. Dies betrifft unmittelbar oder mittelbar sämtliche körperlichen und sonstigen Faktoren der ArbN in ihrem Arbeitsumfeld. Hierzu zählen angemessene Ruhezeiten, die dem ArbN einerseits erlauben, sich von der durch die Arbeit hervorgerufenen Ermüdung zu erholen, und andererseits vorbeugenden Charakter haben, indem sie die Gefahr, die in der Kumulierung von Arbeitsphasen liegt, soweit wie möglich verringern[7].

11a Das Gesetz sieht eine Begrenzung der Höchstarbeitszeit nicht vor. Sofern zu einem erheblichen Teil, also zu mindestens 30 %, **Arbeitsbereitschaft oder Bereitschaftsdienst** anfällt, dürfen die TV-Parteien zulassen, dass die Arbeitszeit auch ohne Ausgleich über acht Stunden täglich verlängert wird[8]. Die TV-Parteien können zudem entsprechende Öffnungsklauseln für BV und DV vereinbaren. Voraussetzung ist, dass der ArbN mit einer Verlängerung seiner Arbeitszeit ausdrückl. einverstanden ist und eine entsprechende schriftl. Erklärung abgegeben hat (Abs. 7). Der TV selbst muss diese Freiwilligkeitsregelung nicht enthalten, da weder Abs. 2a noch Abs. 7 eine entsprechende Vorgabe machen. Auch die systematische Trennung der einzelnen Absätze zeigt, dass die Zustimmungserklärung nicht tarifl. geregelt sein muss. Der einzelne ArbN ist durch den höherrangigen Abs. 7 hinreichend geschützt. Der ArbGeb darf also bei Vorliegen der sonstigen Voraussetzungen des Abs. 2a die Verlängerung der Arbeitszeit anordnen, wenn die schriftl. Zustimmung des ArbN in die Verlängerung der Arbeitszeit erteilt ist, auch wenn der TV selbst den Freiwilligkeitsvorbehalt nicht enthält. Im Hinblick auf die mit überlangen Arbeitszeiten verbundenen Gesundheitsrisiken verpflichtet das Gesetz die TV-Parteien, durch geeignete Maßnahmen den Gesundheitsschutz der ArbN zu gewährleisten. Dabei hat der Gesetzgeber bewusst darauf verzichtet, einzelne Gestaltungsmöglichkeiten vorzugeben. Vielmehr hat er sich auf den Standpunkt zurückgezogen, dass die TV-Parteien von der ihnen eingeräumten Möglichkeit in verantwortungsvoller Weise Gebrauch machen und die angemessenen Schutzmaßnahmen vereinbaren[9]. **Beispiele:**

– Begrenzung der Arbeitszeitverlängerung auf einen bestimmten Personenkreis,

– Vereinbarung verlängerter Ruhezeiten,

---

1 *Neumann/Biebl*, § 7 Rz. 27. ||2 Vgl. *Neumann/Biebl*, § 7 Rz. 27. ||3 BT-Drs. 12/5888, 27. ||4 Umfasst sind alle Unternehmen, die der landwirtschaftl. Unfallversicherung unterliegen, BT-Drs. 12/5888, 27; *Kraegeloh*, ArbZG, 1995, § 7 ArbZG Rz. 4. ||5 *Neumann/Biebl*, § 7 Rz. 32. ||6 Bericht der Kommission an das Europäische Parlament, den Rat, den europäischen Wirtschafts- und Sozialausschuss und den Ausschuss der Regionen, KOM(2010) 802, S. 8. ||7 BAG 23.6.2010 – 10 AZR 543/09, NZA 2010, 1081. ||8 BT-Drs. 15/1587, 35. ||9 BT-Drs. 15/1587, 35.

- besondere arbeitsmedizinische Betreuung der Betroffenen,
- Höchstgrenzen für Arbeitszeiten,
- bestimmte Zeiträume, für die sich die ArbN zu einer längeren Arbeitszeit bereit erklären.

Abs. 2a verstößt nach Auffassung des BAG nicht gegen Art. 6b der ArbeitszeitRL 2003/88/EG, wonach die durchschnittliche Arbeitszeit pro Sieben-Tages-Zeitraum 48 Stunden einschl. der Überstunden nicht überschreiten darf. Denn gem. Art. 22 der ArbeitszeitRL 2003/88/EG sei es einem Mitgliedstaat freigestellt, Art. 6 nicht anzuwenden, wenn er die allg. Grundsätze der Sicherheit und des Gesundheitsschutzes der ArbN einhält und wenn er mit den erforderlichen Maßnahmen für die Einhaltung der weiteren dort gemachten Vorgaben sorgt. Der Gesetzgeber habe hiervon durch die Einfügung von Abs. 2a Gebrauch gemacht[1].

4. Tarifungebundene Arbeitgeber (Abs. 3). Nicht tarifgebundenen ArbGeb werden im Geltungsbereich eines TV Möglichkeiten eingeräumt, eine oder mehrere abweichende tarifvertragl. Regelungen durch eine BV bzw. DV oder unter bestimmten Voraussetzungen durch eine schriftl. Vereinbarung mit dem einzelnen ArbN zu übernehmen[2]. Die Vorschrift ist **rechtspolitisch verfehlt**, da ein tarifungebundener ArbGeb abweichende tarifvertragl. Regelungen übernehmen kann, ohne an die Anwendung aller Vorschriften des TV gebunden zu sein. Diese Möglichkeit, sich allein die vorteilhaften Tarifbestimmungen auszusuchen, führt zu einer nicht gerechtfertigten Privilegierung tarifungebundener ArbGeb[3]. Zu prüfen wird sein, ob solche schriftl. Vereinbarungen zwischen ArbGeb und ArbN über die Übernahme tarifvertragl. Regelungen als AGB einer **Inhaltskontrolle** nach § 307 BGB standhalten.

a) **Abs. 3 S. 1.** Durch Abs. 3 S. 1 wird dem nicht tarifgebundenen ArbGeb im Geltungsbereich eines TV ermöglicht, eine oder mehrere abweichende Regelungen nach Abs. 1, 2 und 2a zu übernehmen, und zwar

- in Betrieben mit BR oder PersR nur durch eine BV oder DV[4] und
- in Betrieben ohne BR oder PersR durch eine schriftl. Vereinbarung mit dem einzelnen ArbN.

b) **Abs. 3 S. 2.** Die Vorschrift stellt klar, dass auch tarifungebundene ArbGeb auf Grund einer tarifvertragl. Öffnungsklausel durch eine BV oder DV abweichende Regelungen von den §§ 3–6 treffen können[5]. Solche abweichenden BV können nach hM aber nicht über die Einigungsstelle erzwungen werden[6].

c) **Abs. 3 S. 3.** Die Vorschrift soll gewährleisten, dass der Verwaltungsaufwand der aus Bundesmitteln geförderten Einrichtungen in den für den Bund maßgeblichen Grenzen gehalten wird[7]. Die ArbN der Zuwendungsempfänger sollen auch in arbeitszeitrechtl. Hinsicht nicht besser gestellt werden als die Beschäftigten der Bewilligungsbehörden[8]. Aus diesem Grund sieht die Regelung eine Ausnahme vom Grundsatz der Geltung abweichender tarifvertragl. Regelungen auf Grund schriftl. Übernahme durch BV oder Arbeitsvertrag vor, wenn

- zwischen den nicht tarifgebundenen Arbeitsvertragsparteien die Anwendung der für den öffentl. Dienst geltenden tarifl. Bestimmungen (insb. TVöD/TV-L) vereinbart ist (hierzu bedarf es nicht der Schriftform. Regelmäßig wird die tatsächliche Anwendung der für den öffentl. Dienst geltenden tarifl. Bestimmungen auf eine entsprechende konkludente Vereinbarung schließen lassen[9]).

und

- der tarifungebundene ArbGeb die Kosten seines Betriebes überwiegend mit Zuwendungen iSd. Haushaltsrechts[10] deckt[11].

5. Kirchen und Religionsgesellschaften (Abs. 4). Nach Abs. 4 können die Kirchen und Religionsgesellschaften die in Abs. 1, 2 und 2a genannten Abweichungen in ihren Regelungen vorsehen. Dieses Recht steht nicht nur der verfassten Kirche, sondern allen der Kirche zugeordneten karitativen und erzieherischen Einrichtungen ohne Rücksicht auf ihre Rechtsform zu, wenn sie dazu berufen sind, einen Teil des kirchl. Auftrags zu erfüllen[12]. Damit wird dem Recht der Religionsgesellschaften, ihre Angelegenheiten selbständig innerhalb der Schranken des für alle geltenden Gesetzes zu verwalten (Art. 140 GG iVm. Art. 137 III WRV), Rechnung getragen. Voraussetzung für das Vorliegen einer kirchl. Regelung ist ein kirchenrechtl. legitimiertes Arbeitsrechtsregelungsverfahren. Abs. 4 kommt nicht schon dann zur Anwendung, wenn irgendeine Regelung im kirchl. Bereich getroffen wurde[13]. Arbeitszeitregelungen mit der Mitarbeitervertretung müssen daher mit dem kirchl. Mitarbeitervertretungsrecht in Einklang stehen[14]. Eine Regelung, dass **Bereitschaftsdienst** nicht der Arbeitszeit zugerechnet wird, fällt unter Abs. 4 und wird von der Übergangsvorschrift des § 25 nicht erfasst[15].

---

1 BAG 23.6.2010 – 10 AZR 543/09, NZA 2010, 1081. ||2 BT-Drs. 12/5888, 27. ||3 *Erasmy*, NZA 1994, 1105 (1111). ||4 So soll sichergestellt werden, dass ein BR nicht übergangen wird, vgl. BT-Drs. 12/5888, 27. ||5 BT-Drs. 12/5888, 27. ||6 LAG Hamburg 17.12.2008 – 5 TaBV 8/08. ||7 BT-Drs. 12/5888, 27. ||8 *Reim*, DB 2004, 186 (188f.); *Anzinger/Koberski*, § 7 Rz. 89. ||9 *Anzinger/Koberski*, § 7 Rz. 91. ||10 Vgl. § 44 BHO. ||11 *Anzinger/Koberski*, § 7 Rz. 92. ||12 BVerfG 11.10.1977 – 2 BvR 209/76, BVerfGE 46, 73; BAG 16.3.2004 – 9 AZR 93/03, NZA 2004, 927; BT-Drs. 12/5888, 28. ||13 BAG 16.3.2004 – 9 AZR 93/03, NZA 2004, 927. ||14 BAG 16.3.2004 – 9 AZR 93/03, NZA 2004, 927. ||15 BAG 21.11.2006 – 9 AZR 176/06, NZA 2007, 446.

16a Den Religionsgesellschaften sind gem. Art. 140 GG iVm. Art. 137 VII WRV die **Vereinigungen** gleichgestellt, die sich die gemeinschaftl. Pflege einer Weltanschauung zur Aufgabe machen. Sie sind dementsprechend auch arbeitszeitrechtl. den Kirchen und Religionsgesellschaften gleichgestellt[1]. Dienen die religiösen oder weltanschaulichen Lehren nur als Vorwand für die Verfolgung wirtschaftl. Ziele, kann von einer Religions- oder Weltanschauungsgemeinschaft iSd. der Art. 4, 140 GG, 137 WRV nicht mehr gesprochen werden[2]. Demgemäß handelt es sich bei den **Scientology-Gemeinschaften** nicht um Religions- oder Weltanschauungsgemeinschaften[3].

17 **6. Bestimmte Branchen (Abs. 5).** Die Vorschrift ermöglicht abweichende Regelungen von den §§ 3–6 auch für solche Branchen, in denen üblicherweise keine TV existieren, sofern dies aus betriebl. Gründen erforderlich ist und die Gesundheit der ArbN nicht gefährdet wird. Der Gesetzgeber selbst hatte insb. an

- Rechtsanwälte und Notare,
- Wirtschaftsprüfer, Unternehmens- und Steuerberater,
- ArbGeb- und Unternehmerverbände,
- Gewerkschaften sowie
- Industrie- und Handelskammern

gedacht[4]. Entsprechende ArbGeb können bei der zuständigen Aufsichtsbehörde eine Ausnahmebewilligung beantragen.

18 **7. Ermächtigungsgrundlage (Abs. 6).** Die Bestimmung enthält die Ermächtigung für den Erlass einer RechtsVO für den Fall, dass die Regelungen in Abs. 1, 2, 3 u. 5 nicht ausreichen, die Ausnahmen aus betriebl. Gründen erforderlich sind und die Gesundheit der ArbN nicht gefährdet wird[5]. Dass eine solche VO jemals erlassen wird, ist sehr zweifelhaft[6].

19 **8. Freiwilligkeitsprinzip und Benachteiligungsverbot (Abs. 7).** Verlängerungen der Arbeitszeit nach Abs. 2a, 3, 4 u. 5 dürfen nur nach **vorheriger**[7], **ausdrücklicher, freier**[8] und **schriftl. Einwilligung** des ArbN in eine Verlängerung seiner werktägl. Arbeitszeit von über durchschnittlich acht Stunden erfolgen. Nicht ausreichend ist, dass der Arbeitsvertrag auf einen TV verweist, der solche Überschreitungen erlaubt[9]. Ohne Einwilligung ist der ArbN nicht zur Einhaltung verlängerter Arbeitszeiten verpflichtet[10]. Die Einwilligung kann unter Einhaltung einer Sechs-Monats-Frist schriftl. widerrufen werden. Diese Frist ist erforderlich, damit der ArbGeb etwa notwendige organisatorische Änderungen treffen kann[11]. ArbN, die keine Einwilligung erklärt haben oder die ihre Einwilligung widerrufen haben, dürfen deswegen **nicht benachteiligt** werden, etwa bei einem berufl. Aufstieg[12]. UU kommt sogar ein Einstellungsanspruch in Betracht, wenn der Abschluss eines Arbeitsvertrages wegen der Verweigerung des schriftl. Einverständnisses nicht zustande kommt[13]. Ihnen steht ein **Leistungsverweigerungsrecht** bei Arbeitszeitverlängerungen nach Abs. 2a, 3, 4 u. 5 zu.

20 **9. Ausgleichszeiträume (Abs. 8).** Die TV-Parteien können Ausgleichszeiträume für Arbeitszeitverlängerungen von bis zu zwölf Monaten vereinbaren. Innerhalb dieses Zeitraums darf die Arbeitszeit nicht höher sein als durchschnittlich 48 Stunden/Woche. Dasselbe gilt für die Fälle des Abs. 3 u. 4, bei denen die tarifl. Möglichkeiten gem. Abs. 3 entsprechend genutzt werden dürfen, sowie für die Regelungen der Kirchen und Religionsgemeinschaften (Abs. 4)[14]. Nur in den Fällen des Abs. 5, in denen die Aufsichtsbehörde die Arbeitszeitverlängerung zulässt, beträgt der Ausgleichzeitraum sechs Kalendermonate oder 24 Wochen. Die Grenze von durchschnittl. 48 Stunden/Woche innerhalb von zwölf Monaten gilt auch für Alt-TV, die insoweit von der Übergangsregelung des § 25 nicht erfasst werden[15].

21 **10. Mindestruhezeit (Abs. 9).** Einer Verlängerung der werktägl. Arbeitszeit über zwölf Stunden muss eine Mindestruhezeit von elf Stunden folgen.

22 **IV. Vorlagepflicht des Arbeitgebers.** Der ArbGeb hat der Aufsichtsbehörde nach § 17 IV 2 auf Verlangen die TV oder BV bzw. DV vorzulegen, aus denen sich die Abweichungen vom staatl. Arbeitszeitrecht ergeben. Zudem ist entsprechend Art. 22 Abs. 1c ArbeitszeitRL ein Verzeichnis der ArbN zu führen, die in eine Verlängerung ihrer Arbeitszeit gem. Abs. 7 eingewilligt haben.

8 *Gefährliche Arbeiten*

Die Bundesregierung kann durch Rechtsverordnung mit Zustimmung des Bundesrates für einzelne Beschäftigungsbereiche, für bestimmte Arbeiten oder für bestimmte Arbeitnehmergruppen, bei denen besondere Gefahren für die Gesundheit der Arbeitnehmer zu erwarten sind, die Arbeitszeit

---

1 BT-Drs. 12/5888, 28. || 2 BAG 22.3.1995 – 5 AZB 21/94, NZA 1995, 823 mwN. || 3 BAG 22.3.1995 – 5 AZB 21/94, NZA 1995, 823 mwN. || 4 BT-Drs. 12/5888, 28. || 5 BT-Drs. 12/5888, 28. || 6 *Baeck/Deutsch*, § 7 Rz. 140. || 7 *Anzinger/Koberski*, § 7 Rz. 109. || 8 EuGH 5.10.2004 – Rs. C-397/01 bis C-403/01, NZA 2004, 1145 – Pfeiffer. || 9 EuGH 5.10.2004 – Rs. C-397/01 bis C-403/01, NZA 2004, 1145 – Pfeiffer. || 10 *Reim*, DB 2004, 186 (189); *Anzinger/Koberski*, § 7 Rz. 109. || 11 BT-Drs. 15/1587, 36. || 12 BT-Drs. 15/1587, 36. || 13 *Neumann/Biebl*, § 7 Rz. 57. || 14 BT-Drs. 15/1587, 36. || 15 BAG 24.1.2006 – 1 ABR 6/05, NZA 2006, 1685.

über § 3 hinaus beschränken, die Ruhepausen und Ruhezeiten über die §§ 4 und 5 hinaus ausdehnen, die Regelungen zum Schutz der Nacht- und Schichtarbeitnehmer in § 6 erweitern und die Abweichungsmöglichkeiten nach § 7 beschränken, soweit dies zum Schutz der Gesundheit der Arbeitnehmer erforderlich ist. Satz 1 gilt nicht für Beschäftigungsbereiche und Arbeiten in Betrieben, die der Bergaufsicht unterliegen.

I. Inhalt und Zweck. Die in § 8 enthaltene Ermächtigung zum Erlass von RechtsVO erfasst neben Arbeitszeitbeschränkungen die Ausdehnung der Ruhepausen und Ruhezeiten nach Dauer und Lage[1]. Adressat der Ermächtigung ist die Bundesregierung, die wegen Art. 80 II GG nur mit Zustimmung des Bundesrates[2] entsprechende Regelungen treffen kann. 1

II. Einzelne Verordnungen. 1. Druckluftverordnung. Bei Arbeiten unter einem mehr als 0,1 bar höheren als dem atmosphärischen Luftdruck (etwa Vortrieb von Tunneln, Untertunnelung von Flüssen, Taucherarbeiten) sind die ArbN erhöhten Gefahren für ihre Gesundheit ausgesetzt. Nach § 21 III DruckluftVO muss bei Arbeiten in Druckluft, die von einem ArbGeb gewerbsmäßig ausgeführt werden, zwischen zwei Arbeitsschichten eine arbeitsfreie Zeit von mindestens zwölf Stunden liegen. Nach § 21 IV DruckluftVO dürfen ArbN täglich höchstens acht und wöchentlich höchstens 40 Stunden einschl. Ein- und Ausschleusungszeiten in Druckluft beschäftigt werden. Wenn die Zeit des Aufenthalts in der Arbeitskammer vier Stunden überschreitet, sind den Beschäftigten Pausen in der Gesamtdauer von mindestens einer halben Stunde zu gewähren (§ 21 V DruckluftVO). 2

2. Klima-Bergverordnung. Im Bergbau gelten die §§ 66–68 BBergG, wonach durch RechtsVO (BergVO) bestimmt werden kann, dass die Beschäftigung bestimmter Personengruppen mit bestimmten Arbeiten nicht oder nur unter Einschränkungen zulässig ist und dass die Beschäftigung an bestimmten Betriebspunkten unter Tage eine bestimmte Höchstdauer nicht überschreiten darf. Von dieser Ermächtigung hat der Bundesminister für Wirtschaft im Einvernehmen mit dem Bundesminister für Arbeit und Sozialordnung mit Zustimmung des Bundesrates Gebrauch gemacht und die BergVO zum Schutz der Gesundheit gegen Klimaeinwirkungen – KlimaBergVO – am 9.6.1983 erlassen[3]. Nach § 7 KlimaBergVO sind neben den gesetzl. Pausen zusätzliche Pausen zu gewähren und auf die Beschäftigungszeiten anzurechnen. 3

Dritter Abschnitt. Sonn- und Feiertagsruhe

9 *Sonn- und Feiertagsruhe*
(1) Arbeitnehmer dürfen an Sonn- und gesetzlichen Feiertagen von 0 bis 24 Uhr nicht beschäftigt werden.

(2) In mehrschichtigen Betrieben mit regelmäßiger Tag- und Nachtschicht kann Beginn oder Ende der Sonn- und Feiertagsruhe um bis zu sechs Stunden vor- oder zurückverlegt werden, wenn für die auf den Beginn der Ruhezeit folgenden 24 Stunden der Betrieb ruht.

(3) Für Kraftfahrer und Beifahrer kann der Beginn der 24-stündigen Sonn- und Feiertagsruhe um bis zu zwei Stunden vorverlegt werden.

I. Inhalt und Zweck. § 9 dient der Umsetzung des verfassungsrechtl. Gebots zum Schutz des Sonntags und der anerkannten Feiertage als Tage der Arbeitsruhe und der seelischen Erhebung (Art. 140 GG iVm. Art. 139 WRV). Die Sonn- und Feiertagsgarantie zieht dem ökonomischen Nutzendenken eine Grenze und schützt mit der durch den Wochenrhythmus bedingten synchronen Taktung des sozialen Lebens und einer für alle Bereiche regelmäßigen Arbeitsruhe zugleich Ehe und Familie. Daneben ist die Arbeitsruhe an Sonn- und Feiertagen für die Gestaltung der Teilhabe im Alltag einer gelebten Demokratie bedeutsam, insb. für das Wirken der politischen Parteien, der Gewerkschaften und sonstiger Vereinigungen[4]. Mittelbar dient die Vorschrift auch dem Schutz der ArbN vor zu langer Arbeitszeit und den damit verbundenen Gefahren für Sicherheit und Gesundheit[5]. Die zahlreichen Ausnahmetatbestände der §§ 10–13 sind daher vor dem Hintergrund der institutionellen Garantie der Sonn- und Feiertagsruhe grds. **restriktiv** auszulegen[6]. Sonderregelungen finden sich für werdende und stillende Mütter in § 8 I MuSchG, für Jugendliche in §§ 17, 18 JArbSchG, für ArbN in einem Heuerverhältnis in §§ 42 ff. SeeArbG (s. Erl. zu § 18 Rz. 8) und für ArbN in Verkaufsstellen in § 17 LSchlG (s. Rz. 6 ff.). 1

II. Beschäftigungsverbot (Abs. 1). Abs. 1 verbietet die Beschäftigung von ArbN an Sonn- und Feiertagen von 0 bis 24 Uhr. „Beschäftigung" ist jede zum Betrieb gehörende Tätigkeit, auch die Heranziehung zu Bereitschaftsdienst oder Rufbereitschaft. Der Begriff der „Beschäftigung" ist weiter als der der Arbeit, der die Leistung von Rufbereitschaft nicht umfasst[7]. Die Vorschrift enthält ein objektives Ver- 2

---
1 BT-Drs. 12/5888, 28. || 2 *Baeck/Deutsch*, § 8 Rz. 7. || 3 BGBl. I S. 685. || 4 BVerfG 1.12.2009 – 1 BvR 2857/07, 1 BvR 2858/07, NVwZ 2010, 570. || 5 BVerwG 19.9.2000 – 1 C 17/99, NZA 2000, 1232. || 6 *Richardi/Annuß*, Sonn- und Feiertagsarbeit, 1999, S. 43; auf gleicher Linie *Preis/Ulber*, Direktionsrecht und Sonntagsarbeit, NZA 2010, 729 (730f.). || 7 BAG 22.9.2005 – 6 AZR 579/04, NZA 2006, 329.

bot. Der ArbGeb darf die Beschäftigung weder dulden, noch kann der ArbN auf die Arbeitsruhe verzichten[1]. Maßgeblich ist der Kalendertag[2]. Bei Feiertagen kommt es im Hinblick auf die unterschiedlichen gesetzl. Feiertage in den einzelnen Bundesländern auf den Ort der Beschäftigung an. Folgt auf den Sonntag ein Feiertag, beträgt die Dauer des Beschäftigungsverbotes insg. 48 Stunden[3].

3   **III. Ausnahmen. 1. Mehrschichtige Betriebe (Abs. 2).** In mehrschichtigen Betrieben ist es nach Abs. 2 zulässig, den Beginn oder das Ende der Feiertagsruhe um bis zu sechs Stunden vor- oder zurückzuverlegen, wenn für die auf den Beginn der Ruhezeit folgenden 24 Stunden der Betrieb ruht. So kann etwa der Beginn der Ruhezeit auf Samstag, 18 Uhr vorverlegt werden, wenn die Ruhezeit bis Sonntag, 18 Uhr andauert. Auf diese Weise wird die Beibehaltung der **üblichen Schichtwechselzeiten** ermöglicht[4]. Eine Verlegung der Sonn- und Feiertagsruhe ist jedoch nur möglich, wenn für die auf den Beginn der Ruhezeit folgenden 24 Stunden der Betrieb ruht. Nach hM muss der gesamte Betrieb ruhen[5]. Die bloße Gewährung einer Ruhezeit von 24 Stunden an die ArbN ohne objektive Betriebsruhe soll nicht ausreichen[6]. Denn dies fordere der klare Schutzzweck des § 1 Nr. 2, der auch eine kollektive Komponente enthalte[7]. Verboten wären danach auch die selbständige Eigentätigkeit des ArbGeb und das automatische Weiterlaufenlassen einer am Werktag in Gang gesetzten Maschine ohne einen Menschen in einer sog. „**Geisterschicht**"[8].

4   **2. Kraftfahrer und Beifahrer (Abs. 3).** Für Kraftfahrer und Beifahrer kann der Beginn der 24-stündigen Ruhezeit um bis zu zwei Stunden vorverlegt werden. Eine Zurückverlegung kommt nicht in Betracht. Mit der Sonderregelung wird § 30 III StVO[9] Rechnung getragen, wonach an Sonn- und Feiertagen von 0 bis 22 Uhr ein grundsätzliches Fahrverbot für Lastkraftwagen mit einem zulässigen Gesamtgewicht von über 7,5 t sowie für Anhänger hinter Lastkraftwagen besteht[10]. Abs. 3 gilt jedoch für alle Kraftfahrer und Beifahrer unabhängig von dem Gesamtgewicht der benutzten Fahrzeuge[11]. Zu den Sonderregelungen für Kraftfahrer s. § 21a.

5   **3. Arbeitnehmer in Verkaufsstellen.** Für ArbN in Verkaufsstellen gelten die speziellen Regelungen in den Ladenöffnungsgesetzen der Länder.

6   **4. Mitbestimmung.** Eine Verschiebung der Sonn- und Feiertagsruhe ist gem. § 87 I Nr. 2 BetrVG mitbestimmungspflichtig.

10 Sonn- und Feiertagsbeschäftigung

(1) Sofern die Arbeiten nicht an Werktagen vorgenommen werden können, dürfen Arbeitnehmer an Sonn- und Feiertagen abweichend von § 9 beschäftigt werden

1. in Not- und Rettungsdiensten sowie bei der Feuerwehr,
2. zur Aufrechterhaltung der öffentlichen Sicherheit und Ordnung sowie der Funktionsfähigkeit von Gerichten und Behörden und für Zwecke der Verteidigung,
3. in Krankenhäusern und anderen Einrichtungen zur Behandlung, Pflege und Betreuung von Personen,
4. in Gaststätten und anderen Einrichtungen zur Bewirtung und Beherbergung sowie im Haushalt,
5. bei Musikaufführungen, Theatervorstellungen, Filmvorführungen, Schaustellungen, Darbietungen und anderen ähnlichen Veranstaltungen,
6. bei nichtgewerblichen Aktionen und Veranstaltungen der Kirchen, Religionsgesellschaften, Verbände, Vereine, Parteien und anderer ähnlicher Vereinigungen,
7. beim Sport und in Freizeit-, Erholungs- und Vergnügungseinrichtungen, beim Fremdenverkehr sowie in Museen und wissenschaftlichen Präsenzbibliotheken,
8. beim Rundfunk, bei der Tages- und Sportpresse, bei Nachrichtenagenturen sowie bei den der Tagesaktualität dienenden Tätigkeiten für andere Presseerzeugnisse einschließlich des Austragens, bei der Herstellung von Satz, Filmen und Druckformen für tagesaktuelle Nachrichten und Bilder, bei tagesaktuellen Aufnahmen auf Ton- und Bildträger sowie beim Transport und Kommissionieren von Presseerzeugnissen, deren Ersterscheinungstag am Montag oder am Tag nach einem Feiertag liegt,

---

1 BAG 24.2.2005 – 2 AZR 211/04, NZA 2005, 759. ||2 *Baeck/Deutsch*, § 9 Rz. 6. ||3 ErfK/*Wank*, § 9 ArbZG Rz. 3. ||4 *Baeck/Deutsch*, § 9 Rz. 22. ||5 *Neumann/Biebl*, § 9 Rz. 6; *Anzinger/Koberski*, § 9 Rz. 46; *Junker*, ZfA 1998, 105 (125). ||6 *Neumann/Biebl*, § 9 Rz. 6; *Anzinger/Koberski*, § 9 Rz. 46. ||7 KassHdb/*Schliemann*, 2.5 Rz. 514; *Junker*, ZfA 1998, 105 (125). ||8 So *Anzinger/Koberski*, § 9 Rz. 46; vgl. auch *Junker*, ZfA 1998, 105 (125 Fn. 24), der die Frage, ob „Geisterschichten" eine Betriebsruhe ausschließen – zu Unrecht – für rein theoretischer Natur hält. ||9 Feiertage iSd. § 30 III StVO sind Neujahr, Karfreitag, Ostermontag, Tag der Arbeit (1. Mai), Christi Himmelfahrt, Pfingstmontag, Fronleichnam (in BW, Bayern, Hess., NRW, Rh.-Pf. und im Saarl.), Tag der deutschen Einheit (3. Oktober), Reformationstag (31. Oktober, in Bbg., MV, Sachs., Sa.-Anh. und Thür.), Allerheiligen (1. November, in BW, Bayern, NRW, Rh.-Pf. und im Saarl.), 1. und 2. Weihnachtstag. ||10 *Baeck/Deutsch*, § 9 Rz. 27. ||11 *Baeck/Deutsch*, § 9 Rz. 29.

9. bei Messen, Ausstellungen und Märkten im Sinne des Titels IV der Gewerbeordnung sowie bei Volksfesten,

10. in Verkehrsbetrieben sowie beim Transport und Kommissionieren von leicht verderblichen Waren im Sinne des § 30 Abs. 3 Nr. 2 der Straßenverkehrsordnung,

11. in den Energie- und Wasserversorgungsbetrieben sowie in Abfall- und Abwasserentsorgungsbetrieben,

12. in der Landwirtschaft und in der Tierhaltung sowie in Einrichtungen zur Behandlung und Pflege von Tieren,

13. im Bewachungsgewerbe und bei der Bewachung von Betriebsanlagen,

14. bei der Reinigung und Instandhaltung von Betriebseinrichtungen, soweit hierdurch der regelmäßige Fortgang des eigenen oder eines fremden Betriebs bedingt ist, bei der Vorbereitung der Wiederaufnahme des vollen werktägigen Betriebs sowie bei der Aufrechterhaltung der Funktionsfähigkeit von Datennetzen und Rechnersystemen,

15. zur Verhütung des Verderbens von Naturerzeugnissen oder Rohstoffen oder des Misslingens von Arbeitsergebnissen sowie bei kontinuierlich durchzuführenden Forschungsarbeiten,

16. zur Vermeidung einer Zerstörung oder erheblichen Beschädigung der Produktionseinrichtungen.

(2) Abweichend von § 9 dürfen Arbeitnehmer an Sonn- und Feiertagen mit den Produktionsarbeiten beschäftigt werden, wenn die infolge der Unterbrechung der Produktion nach Absatz 1 Nr. 14 zulässigen Arbeiten den Einsatz von mehr Arbeitnehmern als bei durchgehender Produktion erfordern.

(3) Abweichend von § 9 dürfen Arbeitnehmer an Sonn- und Feiertagen in Bäckereien und Konditoreien für bis zu drei Stunden mit der Herstellung und dem Austragen oder Ausfahren von Konditorwaren und an diesem Tag zum Verkauf kommenden Bäckerwaren beschäftigt werden.

(4) Sofern die Arbeiten nicht an Werktagen vorgenommen werden können, dürfen Arbeitnehmer zur Durchführung des Eil- und Großbetragszahlungsverkehrs und des Geld-, Devisen-, Wertpapier- und Derivatehandels abweichend von § 9 Abs. 1 an den auf einen Werktag fallenden Feiertagen beschäftigt werden, die nicht in allen Mitgliedstaaten der Europäischen Union Feiertage sind.

I. **Inhalt und Zweck.** § 10 fasst die **Ausnahmen vom Beschäftigungsverbot an Sonn- und Feiertagen** in einem Katalog zusammen[1]. § 10 erfasst vornehmlich ArbN im Dienstleistungsbereich[2]. Die Beschäftigung an Sonn- und Feiertagen ist nur zulässig, sofern die Arbeiten nicht an Werktagen vorgenommen werden können, weil dies technisch unmöglich oder weil die Verlagerung der Arbeiten auf Werktage wegen unverhältnismäßiger Nachteile wirtschaftl. oder sozialer Natur unzumutbar wäre. Hierfür sind die jeweiligen betriebl. Verhältnisse maßgeblich[3].

II. **Die einzelnen Ausnahmebestimmungen. 1. Not- und Rettungsdienste (Abs. 1 Nr. 1).** Notdienste sind Einrichtungen zur Versorgung, Betreuung und Beratung von Personen in einer Notsituation, deren Weiterbestehen mit gesundheitl. Beeinträchtigungen, wirtschaftl. Schäden oder sonstigen erheblichen Nachteilen verbunden wäre[4]. Erfasst sind neben den privaten, gemeinnützigen und öffentl. Hilfsdiensten (ärztliche und zahnärztl. Notdienste, Flugwacht, Straßenwacht und Bergwacht) auch die handwerkl. Notdienste (etwa zur Widerherstellung der Betriebssicherheit von Fahrzeugen, zur Beseitigung von Störungen an Versorgungsinstallationen, Aufzugsnotdiensten[5]) sowie die Notrufzentralen, etwa von Automobilclubs[6]. Ferner fallen die Sperrannahmedienste der Banken und Kreditkartenorganisationen unter diese Vorschrift[7].

2. Öffentliche Zwecke (Abs. 1 Nr. 2). Die Bestimmung enthält einen von der früher geltenden GewO nicht geregelten Tatbestand und soll die Aufrechterhaltung der öffentl. Sicherheit und Ordnung, die Funktionsfähigkeit von Gerichten und Behörden und die Verteidigungsbereitschaft sichern[8]. Hierunter fallen auch **unaufschiebbar notwendige Straßen- und Gleisbauarbeiten**[9].

3. Pflege (Abs. 1 Nr. 3). Die Vorschrift erfasst neben dem Bereich der Krankenpflege auch den Bereich der rein pflegerischen Versorgung, wie etwa die ambulanten Pflegedienste[10] und ununterbrochen betriebene Pflege- oder Erziehungsheime[11].

4. Gastronomie und Haushalt (Abs. 1 Nr. 4). Die Ausnahmeregelung umfasst neben den ArbN in der Gastronomie und Party-Service-Betrieben[12] auch die im **Haushalt** beschäftigten ArbN, denen nach dem Willen des Gesetzgebers mit Ausnahmen bei dem Verbot der Beschäftigung an Sonn- und Feiertagen der gleiche Schutz wie den übrigen ArbN zuteil werden soll[13].

5. Kulturelle Veranstaltungen (Abs. 1 Nr. 5). Die Vorschrift erlaubt die Beschäftigung bei Musik- und Theateraufführungen sowie bei ähnlichen Schaustellungen, da solche Veranstaltungen vermehrt an

---

1 BT-Drs. 12/5888, 29. ||2 BT-Drs. 12/5888, 29. ||3 BVerwG 19.9.2000 – 1 C 17/99, NZA 2000, 1232. ||4 MAGS NRW, § 10 Nr. 3. ||5 MAGS NRW, § 10 Nr. 3. ||6 BT-Drs. 12/5888, 29. ||7 BT-Drs. 12/5888, 29; *Anzinger*, BB 1994, 1492 (1496). ||8 *Anzinger*, BB 1994, 1492 (1496). ||9 MAGS NRW, § 10 Nr. 3. ||10 BT-Drs. 12/5888, 29. ||11 MAGS NRW, § 10 Nr. 3. ||12 BT-Drs. 12/6990, 40; *Anzinger*, BB 1994, 1492 (1496). ||13 BT-Drs. 12/6990, 40.

Sonn- und Feiertagen in Anspruch genommen werden[1]. Proben für solche Veranstaltungen müssen hingegen idR an Werktagen stattfinden.

6. Wohltätige Veranstaltungen (Abs. 1 Nr. 6). Erfasst sind die nichtgewerbl. Aktionen und Veranstaltungen der Kirchen, Religionsgesellschaften, Verbände, Vereine, Parteien und anderer ähnlicher Vereinigungen[2]. **Nichtgewerblich** ist eine Veranstaltung auch dann, wenn sie einen finanziellen Ertrag erzielen soll, aber nicht auf Dauer angelegt ist (zB Wohltätigkeitsbasar)[3]. Wichtig ist, dass ein gemeinnütziger Zweck im Vordergrund steht[4].

7. Sport, Freizeit, Erholung, Vergnügen (Abs. 1 Nr. 7). Die Ausnahmebestimmung trägt dem Gedanken der Daseinsvorsorge Rechnung, der sich wiederum aus dem Sozialstaatsprinzip des Art. 20 I GG ableitet. Dabei hat der Gesetzgeber berücksichtigt, dass die Mehrzahl der Bevölkerung die entsprechenden Veranstaltungen und Einrichtungen nur am Wochenende besuchen bzw. nutzen kann[5].

8. Presse und Rundfunk (Abs. 1 Nr. 8). Die Regelung erfasst nicht nur **journalistische Tätigkeiten**[6], sondern auch das **Austragen** der Zeitungen (nicht hingegen die Verteilung reiner Werbematerials), die **Herstellung** von Satz, Filmen und Druckformen für tagesaktuelle Nachrichten und Bilder sowie die **tagesaktuelle Aufnahme** auf Bild- und Tonträger[7]. Zu der in Abs. 1 Nr. 8 aufgeführten Tagespresse gehören auch **Sonntagszeitungen**, und zwar unabhängig davon, ob sie als reine Sonntagszeitungen nur am Sonntag oder als siebte Ausgabe einer Tageszeitung am Sonntag erscheinen[8]. Dasselbe gilt für sog. **Anzeigenblätter**, nicht hingegen für reine Werbeveröffentlichungen. Die Bedeutung des Begriffs „**Rundfunk**" richtet sich nach den rundfunkrechtl. Vorschriften. Daher sind der öffentl.-rechtl. Rundfunk sowie die Rundfunksender, denen eine Übertragungskapazität durch die Rundfunkanstalten der Länder zugebilligt worden ist, berechtigt, ArbN auch an Sonn- und Feiertagen zu beschäftigen.

9. Messen und Ausstellungen (Abs. 1 Nr. 9). Die Vorschrift trägt der Tatsache Rechnung, dass zu den sog. Marktprivilegien der nach § 69 GewO festgesetzten **Messen, Ausstellungen, Märkte und Volksfeste** seit jeher die Befreiung vom Verbot der Beschäftigung von ArbN an Sonn- und Feiertagen zählt[9]. Diese Vorschrift gilt allerdings nicht für **ArbN in Verkaufsstellen**, die in die Veranstaltung einbezogen werden[10]. Hier gehen die Spezialregelungen im LSchlG vor. Nicht vom Beschäftigungsverbot befreit sind ebenfalls die für gewerbliche Wiederverkäufer veranstalteten **Haus- und Ordermessen**.

10. Verkehrs- und Transportsysteme (Abs. 1 Nr. 10). Zu den „Verkehrsbetrieben" nach Nr. 10 zählen alle gewerblichen und nicht gewerblichen Betriebe des **Güternah**- und **Güterfernverkehrs**, des **Personennah**- und **Personenfernverkehrs** sowie alle öffentl. und privaten Betriebe, deren Betriebszweck darin besteht, Güter, Personen oder Nachrichten zu befördern. Zulässig ist auch die Beschäftigung von ArbN an Sonn- und Feiertagen bei dem Transport und der **Kommissionierung** (Aufbereiten, Verpacken, versandfertiges Zusammenstellen, Sortieren, Abfüllen, Umwickeln, Etikettieren[11]) von leicht verderblichen Waren iSd. § 30 III Nr. 2 StVO (frische Milch, frische Milcherzeugnisse, frisches Fleisch, frische Fleischerzeugnisse, frische Fische, lebende Fische, frische Fischerzeugnisse, leicht verderbliches Obst und Gemüse).

11. Versorgungs- und Entsorgungsbetriebe (Abs. 1 Nr. 11). Energieversorgungsbetriebe iSd. Abs. 1 Nr. 11 sind alle öffentl. und privaten Betriebe, die mit Strom, Gas und Wärme versorgen. **Wasserversorgungsbetriebe** sind alle Betriebe zur Deckung des Wasserbedarfs mit Trink- und Brauchwasser. **Abfallentsorgungsbetriebe** befassen sich mit dem Sammeln, der Abnahme und der Beseitigung von Abfallstoffen, Abfällen und Abgängen der Haushalte, der Industrie, des Handwerks, des Dienstleistungsgewerbes und der Krankenhäuser. **Wasserentsorgungsbetriebe** sind alle Betriebe zur Sammlung und Klärung von Abwässern. Erfasst sind auch die Erhaltung der Versorgungsnetze sowie die Fremdfirmen, die für die Versorgungsbetriebe tätig werden[12].

12. Landwirtschaft (Abs. 1 Nr. 12). Die Ausnahmebestimmung trägt dem Umstand Rechnung, dass die Produktion in der Landwirtschaft zu einem Teil von nicht beeinflussbaren Faktoren abhängt, und Sonn- und Feiertagsarbeit zwingend notwendig machen kann[13]. Ferner sind Tätigkeiten in Einrichtungen zur Behandlung und Pflege von Tieren an Sonn- und Feiertagen zulässig. Voraussetzung ist jedoch, dass es sich um dringende Tätigkeiten handelt und nicht um normale ärztl. Untersuchungen, die auch noch an einem Werktag ausgeführt werden können[14].

13. Bewachungsgewerbe (Abs. 1 Nr. 13). Die Vorschrift enthält eine Ausnahme für das Bewachungsgewerbe, also für die Beschäftigten in Unternehmen, die gewerbsmäßig Leben oder Eigentum fremder Personen bewachen (vgl. § 34a I GewO). Die Vorschrift erstreckt sich hingegen nicht auf solche ArbN, die mit der Überwachung anderer Personen beschäftigt sind (**Detektive**), oder auf **Auskunfteien**[15]. Zulässig ist ferner die Beschäftigung von ArbN zur Bewachung von Betriebsanlagen. Damit sind nur sol-

---

[1] Baeck/Deutsch, § 10 Rz. 37. ||[2] Anzinger, BB 1994, 1492 (1496). ||[3] KassHdb/Schliemann, 2.5 Rz. 538.
||[4] MAGS NRW, § 10 Nr. 3. ||[5] Baeck/Deutsch, § 10 Rz. 51. ||[6] So aber noch der RegE, BT-Drs. 12/5888, 8.
||[7] Baeck/Deutsch, § 10 Rz. 67. ||[8] BT-Drs. 12/5888, 29. ||[9] BT-Drs. 12/5888, 29. ||[10] MAGS NRW, § 10 Nr. 3. ||[11] Baeck/Deutsch, § 10 Rz. 78. ||[12] MAGS NRW, § 10 Nr. 3. ||[13] Baeck/Deutsch, § 10 Rz. 87.
||[14] Baeck/Deutsch, § 10 Rz. 90. ||[15] Neumann/Biebl, § 10 Rz. 36; Baeck/Deutsch, § 10 Rz. 94.

che ArbN gemeint, die den unmittelbaren Wächterdienst über die Anlagen ausführen, wie **Pförtner**, **Nachtwächter**, **Werksfeuerwehrleute**. Nicht erfasst sind ArbN, die darüber hinaus gehende Kontrollen bei vollautomatischen Produktionsanlagen wahrnehmen[1], da es sich hierbei um eine der Produktion dienende Tätigkeit handelt.

14. Reinigungs-, Wartungs- und Vorbereitungsarbeiten sowie Datennetze und Rechnersysteme (Abs. 1 Nr. 14). Die Bestimmung enthält drei Tatbestandsalternativen: 15

a) **Reinigungs- und Instandhaltungsarbeiten (Abs. 1 Nr. 14 Alt. 1).** Erlaubt sind danach die Reinigung 16 und Instandhaltung von Betriebseinrichtungen an Sonn- und Feiertagen, soweit hierdurch der regelmäßige Fortgang des eigenen oder eines fremden Betriebes bedingt ist. Ohne die Arbeiten zur Reinigung und Instandhaltung von Betriebsstätten, Maschinen, Apparaten und sonstigen Betriebseinrichtungen muss der eigene oder fremde Betrieb am nächsten Tag nicht in der regelmäßigen Art oder nicht im regelmäßigen Umfang fortgeführt werden können. Zu den Instandhaltungsarbeiten zählen alle Maßnahmen, die von der DIN 31051 beschrieben werden, also sowohl die Inspektion als auch die Wartung und die Instandsetzung einschl. gebotener Verbesserungsmaßnahmen. Hingegen zählen das Aufstellen neuer Maschinen und das Auswechseln ganzer Betriebseinrichtungen nicht zu den Instandhaltungsarbeiten iSd. Abs. 1 Nr. 14[2].

b) **Vorbereitungsarbeiten (Abs. 1 Nr. 14 Alt. 2).** Erfasst sind nach diesem Ausnahmetatbestand die 17 Vorbereitung der vollen Aufnahme des vollen werktätigen Betriebs (zB das Anfeuern von Öfen, die Inbetriebnahme von Förder- und Aufzugsanlagen oder der Betrieb von EDV-gestützten Verbundsystemen). Entscheidendes Kriterium für den zulässigen Umfang der Vorbereitungsarbeiten ist der Begriff des „vollen werktätigen Betriebs". Ein „voller werktätiger Betrieb" setzt die Funktionsfähigkeit aller regelmäßig betriebenen Maschinen in einem Umfang voraus, dass eine ausreichende Beschäftigungsmöglichkeit für die volle Zahl der ArbN ermöglicht wird. Für Jahresinstandsetzungsarbeiten größer und kapitalintensiver Aggregate können auch mehrere Sonn- und Feiertage in Anspruch genommen werden[3].

c) **Datennetze und Rechnersysteme (Abs. 1 Nr. 14 Alt. 3).** Hier wird klargestellt, dass an Sonn- und 18 Feiertagen auch die „Kontrolle der Funktionsfähigkeit von Datennetzen" zulässig ist. Der bargeldlose Zahlungsverkehr erfordert den ununterbrochenen Betrieb von Großrechnern. Durch die Klarstellung soll die Funktionsfähigkeit der Rechner an allen Tagen des Jahres kontrolliert werden können[4].

15. Arbeiten zur Verhütung des Verderbens von Naturerzeugnissen oder Rohstoffen oder des Misslingens von Arbeitsergebnissen sowie kontinuierlich durchzuführende Forschungsarbeiten (Abs. 1 Nr. 15). Die Vorschrift enthält drei Alternativtatbestände und erlaubt eine Beschäftigung an Sonn- und Feiertagen für solche Arbeiten, die bereits an dem vorangegangenen Werktag begonnen worden sind und noch an dem jeweiligen Sonn- oder Feiertag fertig gestellt werden sollen[5]. Bei dieser sog. **diskontinuierlichen Sonn- und Feiertagsarbeit**, die auch **Chargenproduktion** genannt wird, werden die Werkstoffe bedingt durch das Fassungsvermögen der Produktionseinrichtung mit zeitl. Unterbrechung in das Arbeitssystem eingegeben und partieweise be- und verarbeitet (Brennöfen, Betonmischer, Färbebäder usw.)[6]. Darüber hinaus kann die Vorschrift eine **kontinuierliche Sonn- und Feiertagsbeschäftigung rechtfertigen**[7]. Bei der kontinuierlichen Produktion erfolgen Transporttätigkeiten und Produktionstätigkeiten simultan und ohne zeitl. Unterbrechung, weil die zu verarbeitenden Stoffe stetig durch einen Apparat laufen (Reaktionsapparat, Kolonne, Trockner usw.)[8]. 19

a) **Verderben von Rohstoffen und Naturerzeugnissen (Abs. 1 Nr. 15 Alt. 1).** Die Vorschrift soll das Ver- 20 derben von Rohstoffen und Naturerzeugnissen, insb. von tierischen und pflanzlichen Erzeugnissen in naturbelassenem Zustand[9], verhindern. Da eine Differenzierung zwischen schon und noch nicht verdorbenen Rohstoffen wegen des natürlichen, schnell fortschreitenden Zersetzungsprozesses idR nicht möglich ist, kommt es auf eine bestimmte Quote nicht an[10]. Rohstoffe sind nicht nur die eigentlichen Rohprodukte, sondern auch die im Produktionsprozess anfallenden Zwischenprodukte (Halbfabrikate). Die **Grenze**, ab der ein Verderben vorliegt, kann nicht immer präzise festgelegt werden[11] und wird nicht allein durch toxikologische oder chemische Maßstäbe bestimmt. Entscheidend sind vielmehr Zweckbestimmung, Verwendungsmöglichkeit, Konsumverhalten und Marktanforderungen[12]. So liegt ein „Verderben" bei Frischobst schon bei einer Qualitätsminderung vor. Sonn- und Feiertagsarbeit sind gleichwohl nur zulässig, wenn die allg. gebräuchlichen und zumutbaren betriebstechnischen und orga-

---

1 KassHdb/*Schliemann*, 2.5 Rz. 561; *Neumann/Biebl*, § 10 Rz. 36; *Baeck/Deutsch*, § 10 Rz. 94. ||2 MAGS NRW, § 10 Nr. 3. ||3 MAGS NRW, § 10 Nr. 3. ||4 BT-Drs. 12/5888, 29. ||5 BVerwG 19.9.2000 – 1 C 17/99, NZA 2000, 1232. ||6 Vgl. auch Gabler Wirtschaftslexikon, Stichwort „diskontinuierliche Produktion"; Bsp. aus *Brockhaus*, Die Enzyklopädie, 2001, Stichwort „Charge". ||7 BT-Drs. 12/5888, 29; *Zmarzlik*, DB 1994, 1082 (1085); durch die Verwendung des Wortes „kontinuierlich" in der 3. Alt. der Vorschrift soll nicht zum Ausdruck kommen, dass bei den ersten beiden Alternativen nur diskontinuierliche Sonn- und Feiertagsarbeit gemeint ist. Dies ergibt sich auch aus dem in § 1 Nr. 1 zum Ausdruck kommenden Flexibilisierungsgedanken, BVerwG 19.9.2000 – 1 C 17/99, NZA 2000, 1232. ||8 Vgl. auch Gabler Wirtschaftslexikon, Stichwort „kontinuierliche Produktion"; Bsp. aus *Brockhaus*, Die Enzyklopädie, 2001, Stichwort „kontinuierlicher Betrieb". ||9 *Zmarzlik*, DB 1994, 1082 (1085). ||10 MAGS NRW, § 10 Nr. 3. ||11 *Zmarzlik*, AR-Blattei SD, 240, Rz. 418. ||12 *Zmarzlik*, AR-Blattei SD, 240, Rz. 418.

ArbZG § 10 Rz. 21   Sonn- und Feiertagsbeschäftigung

nisatorischen Möglichkeiten ausgeschöpft sind, um das Verderben der Naturerzeugnisse und Rohstoffe zu verhindern wie etwa Kühlung, Einfrieren, Trocknen, Begasen, Einsalzen, schneller Transport zum Verbraucher oder besondere Verpackungen[1]. Das Verderben darf keinesfalls vom ArbGeb schuldhaft verursacht worden sein[2].

21   **b) Misslingen von Arbeitsergebnissen (Abs. 1 Nr. 15 Alt. 2).** Diese Ausnahmeregelung hat den Begriff des „Misslingens von Arbeitsergebnissen" in das Arbeitszeitrecht eingeführt. Anders als die Vorgängervorschrift des § 105c I Nr. 4 Alt. 2 GewO aF, bei der von „Arbeitserzeugnissen" die Rede war, werden daher jetzt nicht nur die End- und Zwischenprodukte von Herstellungsprozessen, sondern die **Ergebnisse jeder Arbeit**, auch außerhalb von Herstellungsprozessen, erfasst[3].

22   **aa) Zweck und Erforderlichkeit der Arbeiten.** Die Beschäftigung an Sonn- und Feiertagen zur Verhütung des Misslingens von Arbeitsergebnissen schließt Arbeiten, die in Wirklichkeit anderen Zwecken wie der Produktionssteigerung, der besseren wirtschaftl. Auslastung der Maschinen oder der Verringerung der Produktionskosten dient, aus[4]. Erforderlich ist, dass es durch die Nichtarbeit an Sonn- und Feiertagen zu einer **Ausschussproduktion** kommen würde[5]. Die Sonn- und Feiertagsarbeit muss zur Erreichung dieses Zwecks nicht nur nützlich, sondern **erforderlich** sein. Der vom Gesetz bezweckte Schutz der ArbN erfordert die Beschränkung zulässiger Sonn- und Feiertagsbeschäftigung auf das Notwendige. Notwendig ist die Beschäftigung an Sonn- und Feiertagen dann nicht, wenn das Misslingen von Arbeitsergebnissen auf andere, zumutbare Weise verhütet werden kann[6]. Der ArbGeb muss die **allgemein gebräuchlichen und zumutbaren betriebstechnischen und organisatorischen Möglichkeiten ausschöpfen**, um ein Misslingen von Arbeitsergebnissen so gering wie möglich zu halten. Ggf. ist er gehalten, zumutbare Maßnahmen zur Modernisierung der Betriebsabläufe zu treffen, bevor er die Beschäftigung an Sonn- und Feiertagen anordnet[7]. Eine drohende Ausschuss-/Ausfallquote ist dann nicht zu berücksichtigen, wenn der Arbeitsprozess aus anderen Gründen einmal oder mehrmals pro Woche unterbrochen werden muss, sofern die Unterbrechung auf einen Sonn- oder Feiertag gelegt werden kann[8].

23   **bb) Misslungene Arbeitsergebnisse.** Bei einem Produktionsbetrieb sind Arbeitsergebnisse misslungen, wenn sie zu dem vorgesehenen Zweck nicht brauchbar sind, dh., wenn ihre bestimmungsgemäße Verwendung ausgeschlossen oder wesentlich beeinträchtigt ist[9]. Das **Nichtgelingen** ist die gravierendste Form des Misslingens. Auch Ergebnisse, die nicht vollständig missraten und noch absetzbar, aber von **minderer Qualität** sind, können misslungen sein[10]. Für die Beurteilung ist auf die **Vorgaben des Unternehmens** abzustellen, da es im Interesse des Absatzes die Qualitätsanforderungen festlegt[11]. Werden von dem Unternehmen typischerweise, etwa wegen bestimmter Unterschiede in der Zusammensetzung der Rohmaterialien, Produkte von unterschiedlicher Qualität hergestellt (1. und 2. Wahl), liegt ein Misslingen der Arbeitsergebnisse nur dann vor, wenn sie nach der Produktpalette überhaupt nicht verkäuflich sind oder die vorgegebene Quote für Produkte der jeweiligen Qualitätsstufe deutlich verfehlt wird[12]. Ungeeignete Ausgangsstoffe oder ein fehlerhafter Herstellungsprozess rechtfertigen keine Sonn- und Feiertagsarbeit.

24   **cc) Misslingensquote.** Nicht erforderlich ist, dass alle Arbeitsergebnisse ohne Sonn- und Feiertagsarbeit misslingen würden. Hier reicht eine relevante Misslingensquote, die allerdings nicht ohne Rücksicht auf das jeweilige Produkt festgelegt werden kann, aus. Die Begründung zum RegE[13] führt einen Anteil von **5 % der Wochenproduktion** an und bietet damit einen Anhalt[14]. 5 % der werktäglichen Wochenproduktion entsprechen 7,2 Arbeitsstunden und damit etwa einer Schicht[15]. Dabei ist als Bezugsgröße die fehlerfreie Wochenproduktion von Montag 0 Uhr bis Samstag 24 Uhr (144 Stunden) zugrunde zu legen[16]. Im Einzelfall kann auch eine Unterschreitung der 5 %-Grenze ein „Misslingen von Arbeitsergebnissen" darstellen[17]. Eine starre 5 %-Grenze als Voraussetzung für die Zulässigkeit der Sonntagsarbeit würde den unterschiedlichen Industriezweigen und den unterschiedlichen tatsächlichen Gegebenheiten nicht gerecht[18]. Eine Ausschussquote ist hingegen nicht zu berücksichtigen, wenn der Arbeitsprozess aus anderen Gründen einmal oder mehrmals pro Woche unterbrochen werden muss, etwa wegen notwendiger Reinigungs- oder Instandsetzungsarbeiten. Können diese Arbeiten, auf einen Sonn- oder Feiertag gelegt werden, kann für sie ggf. die Ausnahmeregelung des Abs. 1 Nr. 14 in Anspruch genommen werden[19].

25   **dd) Beispiele.** Folgende kontinuierlichen Herstellungsprozesse verlangen regelmäßig Sonn- und Feiertagsarbeit[20]:

---

1 *Zmarzlik*, AR-Blattei SD, 240, Rz. 421. ‖2 *Zmarzlik*, AR-Blattei SD, 240, Rz. 420. ‖3 *Zmarzlik*, DB 1994, 1082 (1085). ‖4 BVerwG 19.9.2000 – 1 C 17/99, NZA 2000, 1232. ‖5 BVerwG 19.9.2000 – 1 C 17/99, NZA 2000, 1232. ‖6 BVerwG 19.9.2000 – 1 C 17/99, NZA 2000, 1232. ‖7 BVerwG 19.9.2000 – 1 C 17/99, NZA 2000, 1232. ‖8 BT-Drs. 12/5888, 29. ‖9 BVerwG 19.9.2000 – 1 C 17/99, NZA 2000, 1232. ‖10 *Zmarzlik*, AR-Blattei SD, 240, Rz. 425. ‖11 BVerwG 19.9.2000 – 1 C 17/99, NZA 2000, 1232. ‖12 BVerwG 19.9.2000 – 1 C 17/99, NZA 2000, 1232. ‖13 BT-Drs. 12/5888, 29. ‖14 BVerwG 19.9.2000 – 1 C 17/99, NZA 2000, 1232. ‖15 *Zmarzlik*, AR-Blattei SD, 240, Rz. 439; dieser Maßstab findet sich vergleichbar in § 9 II, womit der Verlust an Produktionszeit bei einem Schichtwechsel um 22 Uhr zwischen 22 und 6 Uhr (acht Stunden) vermieden werden kann. ‖16 MAGS NRW, § 10 Nr. 3. ‖17 BT-Drs. 12/5888, 29. ‖18 *Zmarzlik*, AR-Blattei SD, 240, Rz. 436. ‖19 MAGS NRW, § 10 Nr. 3. ‖20 Bsp. nach *Zmarzlik*, AR-Blattei SD, 240, Rz. 442, 444.

- Produktion in der **chemischen Industrie**, bei der die geforderte Qualität nur bei genauer Einhaltung der Parameter Produktreinheit, Mischungsverhältnis, physikalische und sicherheitstechnische Daten gewährleistet ist;
- Herstellung von Kunststofffasern, Zement, keramischen Erzeugnissen, Glas, Koks, Zellstoff, Gleitschalungen, Obst- und Gemüsekonserven, Schokolade-, Karamell- und Keksriegeln, Bier, entkoffeiniertem Kaffee und Tiernahrung.

ee) **Produktionsausfall.** Vergleichbar mit den Fällen des „Misslingens von Arbeitsergebnissen" sind die Fallgestaltungen, in denen das Beschäftigungsverbot an Sonn- und Feiertagen zu einem werktägl. Produktionsausfall von mindestens acht Stunden führen würde. Insb. bei länger dauernden Arbeitsprozessen ist eine gleichmäßige Aufteilung auf die werktägl. wöchentl. Arbeitszeit nicht immer möglich. So können etwa beim **versetzten Chargenbetrieb** durch das Beschäftigungsverbot Produktionsausfälle von mehr als acht Stunden auftreten, was einem Produktionsverlust von mehr als 5 % entsprechen würde. Kann ein derartiger Produktionsausfall dadurch vermieden werden, dass das Verfahren am Sonn- und Feiertag zu Ende geführt wird, so sind die entsprechenden Arbeiten zulässig, und zwar unabhängig davon, ob vorhersehbar war, dass die Arbeit oder das Herstellungsverfahren nicht ohne Sonn- und Feiertagsarbeit zu Ende geführt werden kann[1]. Nicht zulässig ist jedoch ein Ansetzen neuer Chargen[2]. 26

ff) In **Einzelfällen** kann Sonn- und Feiertagsarbeit auch dann zulässig sein, wenn die Voraussetzungen der ersten beiden Tatbestandsalternativen (Verderben von Naturerzeugnissen oder Rohstoffen und Misslingen von Arbeitsergebnissen) zwar nicht für sich allein gegeben sind, aber zusammengenommen die Zumutbarkeitsgrenze überschreiten[3]. 26a

c) **Forschungsarbeiten (Abs. 1 Nr. 15 Alt. 3).** Die 3. Alt. des Abs. 1 Nr. 15 lässt die Beschäftigung von ArbN an Sonn- und Feiertagen bei kontinuierlich durchzuführenden Forschungsarbeiten zu. 27

16. **Arbeiten zur Vermeidung von Schäden an Produktionseinrichtungen (Abs. 1 Nr. 16).** Die Vorschrift lässt kontinuierliche Sonn- und Feiertagsarbeit dann zu, wenn die Produktionsunterbrechung zu einer Zerstörung oder erheblichen Beschädigung von Produktionseinrichtungen (Öfen, Maschinen, Werkzeuge, Produktionsanlagen, Fertigungsstraßen usw.) führen würde[4]. Dies wäre dann der Fall, wenn sie wegen der Arbeitsunterbrechung an Sonn- und Feiertagen sofort oder im Laufe der Zeit unbrauchbar oder in ihrer Haltbarkeit erheblich beschädigt oder beeinträchtigt würden. Kann die Beschädigung durch eine vorübergehende Absenkung der Betriebstemperatur vermieden werden, liegen die Voraussetzungen des Abs. 1 Nr. 16 nicht vor[5]. 28

17. **Produktionsarbeiten (Abs. 2).** Nach Abs. 2 sind Produktionsarbeiten an Sonn- und Feiertagen dann erlaubt, wenn Unterbrechungen wegen zulässiger Reinigungs- und Instandhaltungsarbeiten iSd. Abs. 1 Nr. 14 den Einsatz von mehr ArbN erfordern würden als bei durchgehender Produktion. Mit dieser Regelung soll eine Verringerung der von Sonntagsarbeit betroffenen ArbN erreicht werden[6]. Denn es dient nicht dem Sonn- und Feiertagsschutz, wenn infolge der Unterbrechung mehr ArbN beschäftigt werden müssten als bei fortlaufender Produktion. Maßgeblich ist nicht die Kopfzahl der ArbN, sondern die in dem jeweiligen Fall zu leistende Arbeitszeit[7]. 29

18. **Bäckereien und Konditoreien (Abs. 3).** Die Ausnahme des Abs. 3, wonach ArbN in Bäckereien und Konditoreien an Sonn- und Feiertagen bis zu drei Stunden mit der **Herstellung** und dem **Austragen** oder Ausfahren von Konditorwaren und an diesem Tag zum Verkauf kommenden Bäckerwaren beschäftigt werden, soll die durchgehende Versorgung der Bevölkerung mit frischen Back- und Konditorwaren sicherstellen[8]. Entgegen dem Wortlaut der Vorschrift müssen auch Konditorwaren noch am selben Tag zum Verkauf kommen. Es handelt sich um ein offensichtliches Redaktionsversehen des Gesetzgebers, der keine Privilegierung der Konditoreien beabsichtigt hatte[9]. 30

19. **Finanzgeschäfte (Abs. 4).** Diese Ausnahmebestimmung wurde durch die Einführung des Eil- und Großbetragszahlungssystems TARGET, das eine schnelle Abwicklung des bargeldlosen Zahlungsverkehrs in den Mitgliedstaaten der EU gewährleisten soll, erforderlich. Erfasst werden alle nicht an einem Werktag vornehmbaren Arbeiten, die zur Durchführung des Eil- und Großbezahlungsverkehrs sowie des Geld-, Devisen-, Wertpapier- und Derivatenhandels erforderlich sind, einschl. der Hilfs- und Nebentätigkeiten, **nicht** hingegen der normale **Massenzahlungsverkehr**[10]. Abs. 4 erlaubt keine Arbeit an Feiertagen, die auf einen Werktag fallen, wenn sie in allen Staaten der EU Feiertage sind. Dies sind der 25. Dezember und der 1. Januar[11]. 31

---

1 *Zmarzlik*, AR-Blattei SD, 240, Rz. 433. ||2 MAGS NRW, § 10 Nr. 3. ||3 MAGS NRW, § 10 Nr. 3. ||4 BT-Drs. 12/5888, 29. ||5 MAGS NRW, § 10 Nr. 3. ||6 MAGS NRW, § 10 Nr. 3. ||7 ErfK/*Wank*, § 10 ArbZG Rz. 28. ||8 *Neumann/Biebl*, § 10 Rz. 56. ||9 KassHdb/*Schliemann*, 2.5 Rz. 594; *Baeck/Deutsch*, § 10 Rz. 153; *Neumann/Biebl*, § 10 Rz. 58. ||10 *Neumann/Biebl*, § 10 Rz. 60. ||11 KassHdb/*Schliemann*, 2.5 Rz. 595.

11 *Ausgleich für Sonn- und Feiertagsbeschäftigung*
(1) Mindestens 15 Sonntage im Jahr müssen beschäftigungsfrei bleiben.

(2) Für die Beschäftigung an Sonn- und Feiertagen gelten die §§ 3 bis 8 entsprechend, jedoch dürfen durch die Arbeitszeit an Sonn- und Feiertagen die in den §§ 3, 6 Abs. 2, §§ 7 und 21a Abs. 4 bestimmten Höchstarbeitszeiten und Ausgleichszeiträume nicht überschritten werden.

(3) Werden Arbeitnehmer an einem Sonntag beschäftigt, müssen sie einen Ersatzruhetag haben, der innerhalb eines den Beschäftigungstag einschließenden Zeitraums von zwei Wochen zu gewähren ist. Werden Arbeitnehmer an einem auf einen Werktag fallenden Feiertag beschäftigt, müssen sie einen Ersatzruhetag haben, der innerhalb eines den Beschäftigungstag einschließenden Zeitraums von acht Wochen zu gewähren ist.

(4) Die Sonn- oder Feiertagsruhe des § 9 oder der Ersatzruhetag des Absatzes 3 ist den Arbeitnehmern unmittelbar in Verbindung mit einer Ruhezeit nach § 5 zu gewähren, soweit dem technische oder arbeitsorganisatorische Gründe nicht entgegenstehen.

1 **I. Inhalt und Zweck.** § 11 enthält Ausgleichsverpflichtungen für Sonn- und Feiertagsbeschäftigung. Während der RegE noch vorsah, dass mindestens ein Sonntag im Monat beschäftigungsfrei bleiben sollte[1], wurde Abs. 1 im Hinblick auf die Beschlüsse des Ausschusses für Arbeits- und Sozialordnung dahin gehend flexibler gestaltet, dass 15 Tage im Jahr beschäftigungsfrei bleiben müssen. Damit wurde dem Umstand Rechnung getragen, dass die Gewährung eines arbeitsfreien Sonntags in Saisonbetrieben sowie in den Bereichen, in denen typischerweise sonntags gearbeitet wird, nicht immer ohne weiteres möglich ist[2].

2 **II. Die einzelnen Ausgleichsverpflichtungen. 1. Mindestzahl beschäftigungsfreier Sonntage (Abs. 1).** Nach Abs. 1 müssen mindestens **15 Sonntage** im Jahr beschäftigungsfrei bleiben. Maßgeblich ist die Zahl der tatsächlich beschäftigungsfreien Sonntage[3]. Auch Urlaubs- und Krankheitstage sind insoweit anrechenbar[4]. Bezugszeitraum ist nicht das Kalenderjahr und auch nicht das Beschäftigungsjahr, das auf die erstmalige Sonntagsarbeit folgt[5]. Vielmehr kann der ArbGeb im Interesse der mit dem ArbZG gewollten Flexibilisierung den Bezugszeitraum von zwölf aufeinander folgenden Monaten individuell festlegen[6]. Auf **Feiertage** findet Abs. 1 **keine (analoge) Anwendung**. Der ArbGeb muss ArbN nicht von Feiertagsarbeit freistellen[7].

3 **2. Arbeitszeitgrenzen (Abs. 2).** Gemäß Abs. 2 sind aus Gründen des Gesundheitsschutzes der ArbN[8] auch bei der Sonn- und Feiertagsarbeit die Arbeitszeitgrenzen der §§ 3–8 maßgeblich. Insb. sind Ruhepausen und Ruhezeiten wie an Werktagen zu gewähren[9], ebenso Zuschläge nach § 6 V (für Nachtarbeit s. Rz. 9)[10]. Da im ArbZG keine höchst zulässige Wochenarbeitszeit festgelegt ist, kommt somit sogar eine Beschäftigung von ArbN bis zu 70 Stunden/Woche in Betracht[11]. Sichergestellt sein muss indes, dass innerhalb des maßgeblichen Zeitraums ein Ausgleich erfolgt.

4 **3. Ersatzruhetage (Abs. 3).** Abs. 3 regelt den erforderlichen Ausgleich von Sonn- und Feiertagsarbeit durch Ersatzruhetage. Der Ersatzruhetag für Sonntagsarbeit muss innerhalb eines den Beschäftigungstag einschließenden Ausgleichszeitraums von **zwei Wochen**, der Ersatzruhetag für Feiertagsarbeit, die auf einen Werktag fällt, muss innerhalb eines den Beschäftigungstag einschließenden Zeitraums von **acht Wochen** gewährt werden.

5 **a) Geeignete Ersatzruhetage.** Der Ersatzruhetag des Abs. 3 S. 1 muss nach Konzeption und Zweck des ArbZG, das von der Sechs-Tage-Woche ausgeht, kein Tag sein, der ansonsten ein **Arbeitstag** wäre[12]; er muss aber auf einem **Werktag** liegen[13]. Ein Ersatzruhetag kann somit an einem ohnehin arbeitsfreien Samstag oder an einem schichtplanmäßig arbeitsfreien sonstigen Werktag gewährt werden, **ohne vergütungspflichtig** zu sein[14]. Er kann auch vor dem Beschäftigungstag liegen[15] oder durch den Schichtplan „gewährt" werden, ohne dass er ausdrücklich als Ersatzruhetag bezeichnet sein müsste[16]. Sonn-, Feier- und Urlaubstage können aber nicht angerechnet werden. Ein vorher festgelegter Ersatzruhetag entfällt nicht deswegen, weil der ArbN an diesem Tag unerwartet erkrankt. Fällt ein Feiertag auf einen Sonntag, ist nur ein Ersatzruhetag zu gewähren[17].

6 **b) Mitbestimmung.** Gem. § 87 I Nr. 2 BetrVG hat der BR bei der Festlegung der zeitl. Lage des Ersatzruhetages mitzubestimmen. Dem MitbestR steht § 12 S. 1 Nr. 2 nicht entgegen, wonach durch TV oder

---

1 BT-Drs. 12/5888, 8 u. 29. ||2 BT-Drs. 12/6990, 43. ||3 *Baeck/Deutsch*, § 11 Rz. 7. ||4 MAGS NRW, § 10 Nr. 3. ||5 So aber *Neumann/Biebl*, § 11 Rz. 3; *Baeck/Deutsch*, § 11 Rz. 9. ||6 *Anzinger/Koberski*, § 11 Rz. 15; *Junker*, ZfA 1998, 105 (127). ||7 *Baeck/Deutsch*, § 11 Rz. 7. ||8 BT-Drs. 12/5888, 29. ||9 *Neumann/Biebl*, § 10 Rz. 5; *Baeck/Deutsch*, § 11 Rz. 13. ||10 BAG 27.1.2000 – 6 AZR 471/98, NZA 2001, 41; *Neumann/Biebl*, § 10 Rz. 5. ||11 *Dobberahn*, Rz. 29; *Baeck/Deutsch*, § 11 Rz. 14. ||12 BAG 13.7.2006 – 6 AZR 55/06, NZA 2007, 273; 23.3.2006 – 6 AZR 497/05, AP Nr. 3 zu § 11 ArbZG; 12.12.2001 – 5 AZR 294/00, DB 2002, 1111; LAG Sachs. 21.4.1999 – 2 Sa 1077/98, ZTR 1999, 477; *Dobberahn*, Rz. 122; *Neumann/Biebl*, § 11 Rz. 8; *Baeck/Deutsch*, § 11 Rz. 18; *Anzinger/Koberski*, § 11 Rz. 31; aA *Buschmann/Ulber*, § 11 Rz. 6a. ||13 *Neumann/Biebl*, § 11 Rz. 8. ||14 BAG 13.7.2006 – 6 AZR 55/06, NZA 2007, 273; 23.3.2006 – 6 AZR 497/05, AP Nr. 3 zu § 11 ArbZG; 12.12.2001 – 5 AZR 294/00, DB 2002, 1111; LAG Schl.-Holst. 8.5.2013 – 3 Sa 201/12. ||15 *Neumann/Biebl*, § 11 Rz. 10. ||16 BAG 12.12.2001 – 5 AZR 294/00, DB 2002, 1111. ||17 *Baeck/Deutsch*, § 11 Rz. 16.

auf Grund eines TV durch BV zB der Wegfall von Ersatzruhetagen vereinbart werden. Denn es geht bei der Festlegung der Ersatzruhetage nicht um abweichende Regelungen, sondern um die zeitl. Lage der Tage. Hier lässt der Gesetzgeber in Abs. 3 einen Regelungsspielraum, in dessen Rahmen das MitbestR besteht[1].

4. Ersatzruhetag und Ruhezeit (Abs. 4). Die Bestimmung gewährleistet, dass die Sonn- und Feiertagsruhe oder der Ersatzruhetag in Verbindung mit einer elfstündigen Ruhezeit des § 5 liegt. Es soll damit eine wöchentl. Mindestruhezeit von 35 Stunden sichergestellt werden[2]. Die elfstündige Ruhezeit kann vor oder nach dem Sonn-, Feier- oder Ersatzruhetag liegen[3]. Abweichungen von der unmittelbaren Verbindung von Ruhetag und Ruhezeit sind bei technischen oder arbeitsorganisatorischen Gründen möglich. Eine Unterschreitung der 24-stündigen Ruhezeit an Sonn- und Feiertagen bzw. am Ersatzruhetag kommt jedoch nach Abs. 4 nicht in Betracht. Insoweit sind nur die Ausnahmetatbestände der §§ 10, 13, 14, 15 einschlägig[4]. Die Gründe nach Abs. 4 müssen so bedeutsam sein, dass dem ArbGeb die Einhaltung des Grundsatzes der unmittelbaren Verbindung nicht zugemutet werden kann[5]. Hierzu zählen: 7

– ein üblicher **Schichtwechsel**[6] von der Spätschicht am Samstag (Ende 22 Uhr) auf die Frühschicht am Montag (Beginn 6 Uhr)[7];

– das Ende der **Verkaufszeit** im Einzelhandel an Samstagen nach 13 Uhr und früher Beginn der Arbeit am Montag[8];

– **Abschlussarbeiten** am Samstag nach 22 Uhr oder **Vorbereitungsarbeiten** am Montag vor 6 Uhr.

5. Unmöglichkeit der Gewährung eines Ersatzruhetags und Kündigung. Kann einem ArbN, der ausschließlich an Sonntagen eingesetzt wird (etwa als Zusteller einer Sonntagszeitung), ein Ersatzruhetag deshalb nicht gewährt werden, weil er auch an allen anderen Tagen der Woche in einem (anderen) ArbVerh tätig wird, ist regelmäßig eine personenbedingte ordentl. Kündigung sozial gerechtfertigt[9]. 8

6. Zuschläge. Sonn- und Feiertagsarbeit ist **von Gesetzes wegen nicht zuschlagpflichtig**. Soweit Abs. 2 auf § 6 V verweist, handelt es sich um eine Rechtsgrundverweisung, die keinen Anspruch auf einen Zuschlag zur Arbeitsvergütung begründet, solange nicht an Sonn- und Feiertagen Nachtarbeit geleistet wird[10]. Regelmäßig sehen aber **TV Zuschläge** für Sonn- und Feiertagsarbeit vor. 9

12 *Abweichende Regelungen*

In einem Tarifvertrag oder auf Grund eines Tarifvertrags in einer Betriebs- oder Dienstvereinbarung kann zugelassen werden,

1. abweichend von § 11 Abs. 1 die Anzahl der beschäftigungsfreien Sonntage in den Einrichtungen des § 10 Abs. 1 Nr. 2, 3, 4 und 10 auf mindestens zehn Sonntage, im Rundfunk, in Theaterbetrieben, Orchestern sowie bei Schaustellungen auf mindestens acht Sonntage, in Filmtheatern und in der Tierhaltung auf mindestens sechs Sonntage im Jahr zu verringern,

2. abweichend von § 11 Abs. 3 den Wegfall von Ersatzruhetagen für auf Werktage fallende Feiertage zu vereinbaren oder Arbeitnehmer innerhalb eines festzulegenden Ausgleichszeitraums beschäftigungsfrei zu stellen,

3. abweichend von § 11 Abs. 1 bis 3 in der Seeschifffahrt die den Arbeitnehmern nach diesen Vorschriften zustehenden freien Tage zusammenhängend zu geben,

4. abweichend von § 11 Abs. 2 die Arbeitszeit in vollkontinuierlichen Schichtbetrieben an Sonn- und Feiertagen auf bis zu zwölf Stunden zu verlängern, wenn dadurch zusätzliche freie Schichten an Sonn- und Feiertagen erreicht werden.

§ 7 Abs. 3 bis 6 findet Anwendung.

I. Inhalt und Zweck. Mit § 12 wird den TV-Parteien und den Betriebspartnern die Befugnis übertragen, die Dauer der Arbeitszeit bei gesetzl. zulässiger Sonn- und Feiertagsarbeit festzulegen sowie die Zahl der arbeitsfreien Sonntage und die Ersatzruhetage zu variieren[11]. 1

II. Die einzelnen Bestimmungen. 1. Zahl der beschäftigungsfreien Sonntage (S. 1 Nr. 1). Die Bestimmung ermöglicht, die Zahl der nach § 11 I grds. 15 freien Sonntage in den näher bezeichneten Beschäftigungsbereichen zu verringern. 2

a) **Reduzierung auf zehn Sonntage.** Eine Reduzierung der beschäftigungsfreien Sonntage auf mindestens zehn im Jahr ist möglich bei Arbeiten: 3

---

1 LAG Köln 24.9.1998 – 10 TaBV 57/97, NZA-RR 1999, 194; *Neumann/Biebl*, § 11 Rz. 11. ||2 BT-Drs. 12/5888, 30. ||3 *Baeck/Deutsch*, § 11 Rz. 26. ||4 *Baeck/Deutsch*, § 11 Rz. 27. ||5 *Baeck/Deutsch*, § 11 Rz. 31. ||6 BT-Drs. 12/5888, 30. ||7 *Baeck/Deutsch*, § 11 Rz. 31; *Neumann/Biebl*, § 11 Rz. 15. ||8 *Baeck/Deutsch*, § 11 Rz. 29. ||9 BAG 24.2.2005 – 2 AZR 211/04, NZA 2005, 759. ||10 BAG 11.1.2006 – 5 AZR 97/05, NZA 2006, 372. ||11 BT-Drs. 12/5888, 30.

- zur Aufrechterhaltung der öffentl. Sicherheit und Ordnung,
- zur Aufrechterhaltung der Funktionsfähigkeit von Gerichten und Behörden,
- für Zwecke der Verteidigung,
- in Krankenhäusern und anderen Einrichtungen zur Behandlung, Pflege und Betreuung von Personen,
- in Gaststätten und anderen Einrichtungen zur Bewirtung und Beherbergung,
- im Haushalt,
- in Verkehrsbetrieben sowie
- beim Transport und Kommissionieren von leicht verderblichen Waren iSd. § 30 III Nr. 2 StVO.

4 **b) Reduzierung auf acht Sonntage.** Eine Reduzierung der beschäftigungsfreien Sonntage auf mindestens acht im Jahr ist möglich bei Beschäftigung

- im Rundfunk,
- in Theaterbetrieben,
- in Orchestern und bei
- Schaustellungen.

5 **c) Reduzierung auf sechs Sonntage.** Eine Reduzierung der beschäftigungsfreien Sonntage auf mindestens sechs im Jahr ist möglich bei Arbeiten

- in Filmtheatern und
- in der Tierhaltung.

6 **2. Ersatzruhetage für Feiertage (S. 1 Nr. 2).** Die TV-Parteien bzw. die Betriebspartner können nach dieser Vorschrift Ersatzruhetage für Feiertage wegfallen lassen und abweichende Ausgleichszeiträume für die Gewährung von Ersatzruhetagen vereinbaren[1]. Eine zeitl. Grenze für den Ausgleichszeitraum besteht nicht[2]. Der Grund für die abweichende Regelungsmöglichkeit liegt darin, dass die Gewährung von Ersatzruhetagen und die in § 11 III bestimmten Ausgleichszeiträume in einigen Bereichen nicht für alle ArbN eingehalten werden können[3]. Nr. 2 gilt zwar für alle Arten von Betrieben, betrifft vor allem aber **Saisonbetriebe**, deren Produktions- und Absatzprogramm abhängig von der Jahreszeit oder Verbrauchsgewohnheiten größeren, regelmäßig wiederkehrenden Schwankungen unterliegt[4] (Feriengastronomiebetriebe, Hersteller bestimmter Süßwaren usw.), sowie **Kampagnebetriebe** mit einer von der Erntezeit abhängigen Produktionsweise[5] (Zuckerfabriken, Fischräuchereien)[6].

7 **3. Besonderheiten für die Seeschifffahrt (S. 1 Nr. 3).** Die Regelung trägt den Besonderheiten bei der Beschäftigung auf Seeschiffen Rechnung, die nicht in den Anwendungsbereich des SeeArbG (früher SeemG) fallen[7]. Den TV-Parteien bzw. den Betriebspartnern ist es gestattet, Ersatzruhetage zusammenhängend zu gewähren, nicht jedoch die Zahl der Ersatzruhetage zu verringern oder die Höchstarbeitszeiten zu verlängern[8]. Die zusammenhängende Gewährung von Ersatzruhetagen setzt voraus, dass auch der Ausgleichszeitraum verlängert wird[9]. Betroffen sind Beschäftigte[10]

- in der Seefischerei,
- bei der Küstenwache,
- in der Seenotrettung,
- auf Fischereischutzbooten[11],
- auf Forschungsschiffen des Bundes[12],
- die nicht in einem Heuerverhältnis (§ 28 SeeArbG) stehen und auf einem nicht unter § 1 SeeArbG fallenden Schiff, etwa einem Fischereischutzboot oder auf einem Forschungsschiff[13], tätig sind,
- Angestellte eines Geschäfts an Bord sowie
- Hilfskräfte in einem Restaurantbetrieb.

8 **4. Besonderheiten bei Konti-Betrieben (S. 1 Nr. 4).** Die Ausnahmevorschrift hat den Zweck, den ArbN in vollkontinuierlichen Schichtbetrieben, also in Betrieben mit einer wöchentl. Betriebszeit von 168 Stunden[14], **mehr beschäftigungsfreie Sonntage** zu ermöglichen[15]. Im Gegenzug kann die Sonn- und Feiertagsarbeit auf bis zu zwölf Stunden verlängert werden. Die Vorschrift lässt im Gegensatz zu den

---

[1] *Baeck/Deutsch*, § 12 Rz. 12. ||[2] *Baeck/Deutsch*, § 12 Rz. 14. ||[3] BT-Drs. 12/5888, 30. ||[4] Gabler Wirtschaftslexikon, Stichwort „Saisonbetrieb". ||[5] Gabler Wirtschaftslexikon, Stichwort „Kampagnebetrieb". ||[6] *Baeck/Deutsch*, § 12 Rz. 12. ||[7] BT-Drs. 12/5888, 30. ||[8] *Neumann/Biebl*, § 12 Rz. 7. ||[9] *Baeck/Deutsch*, § 12 Rz. 15. ||[10] Vgl. *Baeck/Deutsch*, § 12 Rz. 15. ||[11] BT-Drs. 12/5888, 30. ||[12] BT-Drs. 12/5888, 30. ||[13] ErK/*Wank*, § 12 ArbZG Rz. 4. ||[14] *Baeck/Deutsch*, § 12 Rz. 17. ||[15] BT-Drs. 12/5888, 30.

abweichenden Regelungen nach § 7 keine Arbeitszeitverlängerung insg. zu. Sie ermöglicht lediglich eine andere Verteilung der Arbeitszeit[1].

5. Nicht tarifgebundene Betriebe und Kirchen (S. 2). Nach S. 2 findet § 7 III–VI Anwendung, um in nicht tarifgebundenen Betrieben sowie bei den Kirchen und öffentl.-rechtl. Religionsgemeinschaften ebenfalls die Abweichungsmöglichkeiten des S. 1 Nr. 1–4 zu eröffnen[2].

13 Ermächtigung, Anordnung, Bewilligung

(1) Die Bundesregierung kann durch Rechtsverordnung mit Zustimmung des Bundesrates zur Vermeidung erheblicher Schäden unter Berücksichtigung des Schutzes der Arbeitnehmer und der Sonn- und Feiertagsruhe

1. die Bereiche mit Sonn- und Feiertagsbeschäftigung nach § 10 sowie die dort zugelassenen Arbeiten näher bestimmen,
2. über die Ausnahmen nach § 10 hinaus weitere Ausnahmen abweichend von § 9
   a) für Betriebe, in denen die Beschäftigung von Arbeitnehmern an Sonn- oder Feiertagen zur Befriedigung täglicher oder an diesen Tagen besonders hervortretender Bedürfnisse der Bevölkerung erforderlich ist,
   b) für Betriebe, in denen Arbeiten vorkommen, deren Unterbrechung oder Aufschub
      aa) nach dem Stand der Technik ihrer Art nach nicht oder nur mit erheblichen Schwierigkeiten möglich ist,
      bb) besondere Gefahren für Leben oder Gesundheit der Arbeitnehmer zur Folge hätte,
      cc) zu erheblichen Belastungen der Umwelt oder der Energie- oder Wasserversorgung führen würde,
   c) aus Gründen des Gemeinwohls, insbesondere auch zur Sicherung der Beschäftigung,

zulassen und die zum Schutz der Arbeitnehmer und der Sonn- und Feiertagsruhe notwendigen Bedingungen bestimmen.

(2) Soweit die Bundesregierung von der Ermächtigung des Absatzes 1 Nr. 2 Buchstabe a keinen Gebrauch gemacht hat, können die Landesregierungen durch Rechtsverordnung entsprechende Bestimmungen erlassen. Die Landesregierungen können diese Ermächtigung durch Rechtsverordnung auf oberste Landesbehörden übertragen.

(3) Die Aufsichtsbehörde kann
1. feststellen, ob eine Beschäftigung nach § 10 zulässig ist,
2. abweichend von § 9 bewilligen, Arbeitnehmer zu beschäftigen
   a) im Handelsgewerbe an bis zu zehn Sonn- und Feiertagen im Jahr, an denen besondere Verhältnisse einen erweiterten Geschäftsverkehr erforderlich machen,
   b) an bis zu fünf Sonn- und Feiertagen im Jahr, wenn besondere Verhältnisse zur Verhütung eines unverhältnismäßigen Schadens dies erfordern,
   c) an einem Sonntag im Jahr zur Durchführung einer gesetzlich vorgeschriebenen Inventur,

und Anordnungen über die Beschäftigungszeit unter Berücksichtigung der für den öffentlichen Gottesdienst bestimmten Zeit treffen.

(4) Die Aufsichtsbehörde soll abweichend von § 9 bewilligen, dass Arbeitnehmer an Sonn- und Feiertagen mit Arbeiten beschäftigt werden, die aus chemischen, biologischen, technischen oder physikalischen Gründen einen ununterbrochenen Fortgang auch an Sonn- und Feiertagen erfordern.

(5) Die Aufsichtsbehörde hat abweichend von § 9 die Beschäftigung von Arbeitnehmern an Sonn- und Feiertagen zu bewilligen, wenn bei einer weit gehenden Ausnutzung der gesetzlich zulässigen wöchentlichen Betriebszeiten und bei längeren Betriebszeiten im Ausland die Konkurrenzfähigkeit unzumutbar beeinträchtigt ist und durch die Genehmigung von Sonn- und Feiertagsarbeit die Beschäftigung gesichert werden kann.

I. Inhalt und Zweck. § 13 ermöglicht weitere Ausnahmen vom Beschäftigungsverbot an Sonn- und Feiertagen.

II. Die einzelnen Bestimmungen. 1. Verordnungsermächtigung der Bundesregierung (Abs. 1).
a) Verordnungsermächtigung zur Begegnung von Missbräuchen. Abs. 1 Nr. 1 soll die Bundesregierung in die Lage versetzen, durch RechtsVO mit Zustimmung des Bundesrates Missbräuchen bei der Anwendung des § 10 I u. II zu begegnen und Grundlagen für eine einheitliche und vorhersehbare Verwaltungspraxis zu schaffen[3]. Bislang hat sie davon **keinen Gebrauch** gemacht. Die VO über Ausnah-

---

1 MAGS NRW, § 10 Nr. 3. ||2 Baeck/Deutsch, § 12 Rz. 19. ||3 BT-Drs. 12/5888, 30.

men vom Verbot der Beschäftigung von ArbN an Sonn- und Feiertagen in der Eisen- und Stahlindustrie[1] und in der Papierindustrie[2] sind noch auf der Grundlage des § 105d GewO erlassen worden.

3 **b) Verordnungsermächtigung hinsichtlich bestimmter Betriebe.** Abs. 1 Nr. 2 ermöglicht weitere Ausnahmen vom Beschäftigungsverbot an Sonn- und Feiertagen durch RechtsVO, nämlich

- für das sog. **Bedürfnisgewerbe** (Abs. 1 Nr. 2a), das Waren oder Dienstleistungen zum Gegenstand hat, die von einem wesentlichen Teil der Bevölkerung als täglich wichtig in Anspruch genommen werden[3],
- ferner für Betriebe, bei denen die Unterbrechung oder der Aufschub der Arbeiten nach dem Stand der Technik ihrer Art nach nicht oder nur mit erheblichen Schwierigkeiten möglich ist (Abs. 1 Nr. 2b aa),
- für Betriebe, bei denen die Unterbrechung oder der Aufschub der Arbeiten besondere Gefahren für Leben und Gesundheit der ArbN zur Folge hätte (Abs. 1 Nr. 2b bb),
- für Betriebe, bei denen die Unterbrechung oder der Aufschub der Arbeiten zu erheblichen Belastungen der Umwelt oder der Energie- oder Wasserversorgung führen würde (Abs. 1 Nr. 2b cc),
- aus Gründen des Gemeinwohls, insb. zur Sicherung der Beschäftigung (Abs. 1 Nr. 2c). Gründe des Gemeinwohls umfassen auch gesamtwirtschaftl. Gründe wie die Existenzgefährdung von Betrieben und den damit verbundenen drohenden Verlust von Arbeitsplätzen sowie die angespannte internationale Wettbewerbssituation in einer Branche[4].

4 **2. Verordnungsermächtigung der Landesregierungen (Abs. 2).** Nach Abs. 2 haben die Landesregierungen die Möglichkeit, insb. bei regionalen Regelungsbedürfnissen in den Fällen des Abs. 1 Nr. 2a RechtsVO zu erlassen, soweit die Bundesregierung von ihrer Ermächtigung keinen Gebrauch gemacht hat[5]. Von dieser Ermächtigung haben zahlreiche Landesregierungen Gebrauch gemacht[6] und entsprechend einem **Musterentwurf des Länderausschusses für Arbeitsschutz und Sicherheitstechnik (LASI)** entsprechende VO erlassen. So sieht etwa die nordrhein-westfälische BedarfsgewerbeVO[7] vor, dass ArbN abweichend von § 9 an Sonn- und Feiertagen in den folgenden Bereichen beschäftigt werden dürfen, soweit die Arbeiten für den Betrieb unerlässlich sind und nicht an Werktagen durchgeführt werden können:

- in Blumengeschäften, Kranzbindereien und Gärtnereien mit dem Zusammenstellen und Binden von Blumen und Pflanzen bis zu zwei Stunden außerhalb der zulässigen Ladenöffnungszeiten,
- Arbeiten zur Ausschmückung für Fest- und Feierlichkeiten, die an Sonn- und Feiertagen stattfinden,
- im Bestattungsgewerbe,
- in Garagen und Parkhäusern,
- in Brauereien, Betrieben zur Herstellung alkoholfreier Erfrischungsgetränke sowie Betrieben des Großhandels, die deren Erzeugnisse vertreiben, zur Belieferung der Kundschaft vom 1. April bis 31. Oktober,
- in Roh- und Speiseeisfabriken und Betrieben des Großhandels, die deren Erzeugnisse vertreiben, mit der Herstellung und zur Belieferung der Kundschaft vom 1. April bis 31. Oktober,
- im Immobiliengewerbe mit der Begleitung und Beratung von Kunden bei der Besichtigung von Häusern und Wohnungen bis zu vier Stunden,
- in Musterhaus-Ausstellungen mit gewerblichem Charakter bis zu sechs Stunden,
- im Buchmachergewerbe bis zu sechs Stunden außer an stillen Feiertagen nach Maßgabe des Feiertagsgesetzes NRW v. 23.4.1989[8],
- mit der telefonischen und elektronischen Entgegennahme von Aufträgen, der Auskunftserteilung und Beratung per Telefon und mittels elektronischer Medien sowie
- im telefonischen Lotsendienst.

5 **3. Feststellungen der Aufsichtsbehörde (Abs. 3 Nr. 1).** Bei Zweifeln, ob eine Beschäftigung an Sonn- und Feiertagen nach § 10 I und II zulässig ist, soll die Aufsichtsbehörde nach Abs. 3 eine schnelle Klärung herbeiführen[9].

---

1 VO über Ausnahmen vom Verbot der Beschäftigung von ArbN an Sonn- und Feiertagen in der Eisen- und Stahlindustrie v. 31.7.1968, BGBl. I S. 885. ||2 VO über Ausnahmen vom Verbot der Beschäftigung von ArbN an Sonn- und Feiertagen in der Papierindustrie v. 20.7.1963, BGBl. I S. 491. ||3 BVerwG 14.11.1989 – 1 C 14/88, NJW 1990, 1061. ||4 BT-Drs. 12/5888, 30. ||5 BT-Drs. 12/5888, 30. ||6 Etwa Bayerische BedürfnisgewerbeVO v. 29.7.1997, GVBl. S. 295; der wesentliche Inhalt ist abgedr. bei *Neumann/Biebl*, § 13 Rz. 11; baden-württembergische BedarfsgewerbeVO v. 16.11.1998, GBl. S. 616. ||7 VO über die Zulassung der Beschäftigung von ArbN an Sonn- und Feiertagen zur Befriedigung täglicher an diesen Tagen besonders hervortretender Bedürfnisse der Bevölkerung (BedarfsgewerbeVO) v. 5.5.1998 – SGV. NRW 805. ||8 GV NW S. 222. ||9 BT-Drs. 12/5888, 30.

a) Sinn und Zweck der Feststellungen. Zwar darf der ArbGeb in den Fällen des § 10 ohne behördl. Gestattung ArbN beschäftigen. Dabei trägt er allerdings das Risiko, dass die gesetzl. Voraussetzungen entgegen seiner Einschätzung nicht vorliegen und er deshalb mit der Beschäftigung ordnungswidrig handelt oder sich sogar strafbar macht. Um dieses Risiko zu verhindern, kann er die behördliche Feststellung nach Abs. 3 Nr. 1 beantragen. Auf diese Weise wird zugleich der Aufsichtsbehörde ermöglicht, anstelle einer Untersagungsverfügung ggü. dem ArbGeb die weniger einschneidende Feststellung zu treffen[1]. Der Feststellungsbescheid ist nach den Verwaltungsgebührenordnungen der Länder gebührenpflichtig[2]. Er kann nach den allg. verwaltungsprozessrechtl. Grundsätzen angefochten bzw. mit der Verpflichtungsklage durchgesetzt werden.

b) Klagebefugnis der Arbeitnehmer. Der Bescheid stellt zwar an sich nur im Verhältnis zwischen ArbGeb und Aufsichtsbehörde fest, ob die Voraussetzungen des § 10 vorliegen. Er greift aber auch in mögliche Rechte der ArbN ein, weil er zugleich verhindert, dass die Aufsichtsbehörde auf Antrag oder Anregung der ArbN gegen den ArbGeb wegen nicht erlaubter Beschäftigung an Sonn- und Feiertagen gem. § 17 II vorgeht[3]. ArbN, die arbeitsvertragsrechtl. an Sonn- und Feiertagen beschäftigt werden dürfen, sind daher befugt, gegen eine behördl. Feststellung zu klagen, wonach ihre Beschäftigung an Sonn- und Feiertagen zulässig ist[4]. Hingegen soll den **Gewerkschaften** eine entsprechende Klagebefugnis fehlen[5].

c) Verfahren. Vor Erlass des Feststellungsbescheides kann der BR gehört werden, soweit dies zur Sachverhaltsaufklärung erforderlich ist. Der Feststellungsbescheid ist gebührenpflichtig[6].

4. Bewilligung von Sonn- und Feiertagsarbeit durch die Aufsichtsbehörde (Abs. 3 Nr. 2). Nach Abs. 3 Nr. 2 kann die Aufsichtsbehörde ferner abweichend von § 9 die Sonn- und Feiertagsarbeit je nach Voraussetzungen an bis zu zehn Sonn- und Feiertagen im Jahr bewilligen. Sind die zugelassenen Arbeiten öffentl. bemerkbar, wird die jeweils zuständige Ordnungsbehörde hierüber unterrichtet oder die Bewilligung mit einer Nebenbestimmung versehen, wonach das für den Ort der Beschäftigung zuständige Ordnungsamt rechtzeitig vor Beginn der Beschäftigung entsprechend benachrichtigt wird. Genehmigungen nach Abs. 3 Nr. 2a erteilen die Aufsichtsbehörden der Bundesländer einheitlich nur für Betriebe, in denen die ArbN auf Dauer, mindestens sechs Monate, beschäftigt sind[7].

a) Ausnahmebewilligung für das Handelsgewerbe. Ausnahmen vom Beschäftigungsverbot können für das Handelsgewerbe an bis zu zehn Sonn- und Feiertagen im Jahr, an denen besondere Verhältnisse einen erweiterten Geschäftsverkehr erforderlich machen, bewilligt werden.

aa) Handelsbegriff. Unter den arbeitszeitrechtl. Handelsbegriff fällt der **Umsatz von Waren aller Art und Geld**[8]. Hierzu zählen insb.

- der Groß- und Einzelhandel,
- der Geld- und Kredithandel,
- Buch-, Presse- und Zeitungsverlage, sowie
- Hilfsgewerbe des Handels (Spedition, Kommission und Lagerung, aber auch der Änderungsdienst im Bekleidungshandel[9]).

bb) Besondere Verhältnisse. „Besondere Verhältnisse", die einen erweiterten Geschäftsverkehr erforderlich machen, liegen nur bei **außerbetrieblichen Besonderheiten** an bestimmten Sonn- und Feiertagen vor[10]. Die Sonn- und Feiertagsbeschäftigung wird nicht zu einem beliebigen, vom Antragsteller ausgewählten Zweck zugelassen, sondern nur für diejenigen Sonn- und Feiertage, an denen sich das Beschäftigungsverbot wegen der besonderen Verhältnisse und ohne das Zutun des Gewerbetreibenden als unbillig auswirken würde[11]. Besondere Situationen einzelner Betriebe wie Umsatzrückgänge oder Absatzschwierigkeiten kommen hier keinesfalls in Betracht[12]. Unerheblich ist auch, ob der Betrieb Wettbewerbsnachteile erleidet, wenn er einen Geschäftsverkehr gar nicht oder nur ohne Beschäftigung von ArbN durchführen kann[13]. Dasselbe gilt für Umstände, die der Antragsteller selbst geschaffen hat, um bestimmte Tätigkeiten, die üblicherweise an einem Werktag verrichtet werden, an einem Sonn- und Feiertag zu verrichten[14].

cc) Beispiele. Besondere Verhältnisse liegen hingegen vor bei

- Veranstaltungen für gewerbliche Wiederverkäufer (Haus- und Ordermessen, Musterungen, Nachmesseveranstaltungen), die von einem oder mehreren Unternehmen aus Anlass von festgesetzten (§ 69 GewO) Messen, Märkten oder Ausstellungen durchgeführt werden und in einem zeitlichen und sachlichen Zusammenhang hierzu stehen[15], sowie bei

---

1 BVerwG 19.9.2000 – 1 C 17/99, NZA 2000, 1232. || 2 Etwa Tarifstelle 1.1.5 im Allgemeinen Gebührentarif der AVwGebO NRW v. 5.8.1980 – SGV. NW 2011. || 3 BVerwG 19.9.2000 – 1 C 17/99, NZA 2000, 1232. || 4 BVerwG 19.9.2000 – 1 C 17/99, NZA 2000, 1232. || 5 VGH Bayern 13.2.2008 –22 ZB 06.1921, BayVBl. 2008, 413. || 6 MAGS NRW, § 13 Abs. 3 Nr. 1. || 7 MAGS NRW § 13 Nr. 3 || 8 BVerwG 14.11.1989 – 1 C 29/88, NJW 1990, 1059; KassHdb/*Schliemann*, 2.5 Rz. 670. || 9 KassHdb/*Schliemann*, 2.5 Rz. 670. || 10 *Dobberahn*, Rz. 129. || 11 MAGS NRW, § 13 Abs. 3 Nr. 3.4. || 12 *Dobberahn*, Rz. 129. || 13 MAGS NRW, § 13 Abs. 3 Nr. 3.4. || 14 *Dobberahn*, Rz. 129. || 15 *Anzinger/Koberski*, § 13 Rz. 58.

– Darbietungen eines repräsentativen Angebotes bei branchenüblichen Orderterminen des Großhandels[1].

14 dd) **Verfahren.** Der ArbGeb, der eine Ausnahmebewilligung beantragt, muss im Interesse der Verfahrensbeschleunigung des Verfahrens darlegen, worin die „besonderen Verhältnisse" begründet sind.

15 b) **Ausnahmebewilligung zur Schadensverhütung.** Für bis zu fünf Sonn- und Feiertage im Jahr kann die Beschäftigung von ArbN bewilligt werden, wenn besondere Verhältnisse zur Verhütung eines unverhältnismäßigen Schadens dies erfordern. Unter Schaden in Abs. 3 Nr. 2b ist jeder Nachteil zu verstehen, den der ArbGeb erleidet, auch drohende Vertragsstrafen oder der Verlust eines guten Kunden[2]. Dies gilt selbst dann, wenn der ArbGeb selbst dazu beigetragen hat, dass besondere Verhältnisse eingetreten sind. Zu diesen besonderen Verhältnissen zählen neben den Notsituationen bei Bränden, Überschwemmungen und Explosionen[3] auch die plötzliche Erkrankung eines Teils der Belegschaft, saisonaler Spitzenbedarf, die Erledigung eiliger Aufträge, Organisations- und Dispositionsmängel mit erheblichen Folgen[4] sowie Unterbrechungen des Fabrikationsbetriebes wegen verspäteter Lieferung von Rohmaterialien[5], nicht hingegen ein Streik[6].

16 c) **Ausnahmebewilligung für die Inventur.** Schließlich kann die Aufsichtsbehörde an einem Sonntag im Jahr Arbeiten zur Durchführung einer gesetzl. vorgeschriebenen Inventur, etwa nach § 240 HGB oder nach § 153 I 1 InsO[7], bewilligen.

17 d) **Anordnungen über die Beschäftigungszeit.** Die Aufsichtsbehörde kann ferner Anordnungen über die Beschäftigungszeit unter Berücksichtigung der für den öffentl. Gottesdienst bestimmten Zeit treffen. Die entsprechende Schlusspassage des Abs. 3 gilt nur für die Ausnahmebewilligung des Abs. 3 Nr. 2, nicht für die Feststellung nach Abs. 3 Nr. 1[8].

18 5. **Ausnahmebewilligungen aus naturwissenschaftlich-technischen Gründen oder aus Gründen der Arbeitsplatzsicherung.** Abs. 4 u. 5 sehen Ausnahmebewilligungen für Arbeiten vor, die aus naturwissenschaftlich-technischen Gründen oder aus Gründen der Arbeitsplatzsicherung an Sonn- und Feiertagen verrichtet werden müssen. Auf diese Weise privilegiert ist häufig nur ein Teil der betriebl. Gesamttätigkeit. Die Bewilligung wird daher regelmäßig auf die privilegierte Tätigkeit beschränkt. Zur Sachaufklärung werden von den Aufsichtsbehörden teilweise Stellungnahmen des BR und der zuständigen Gewerkschaft gefordert. Bei der Bewilligung einer Ausnahme vom Verbot der Sonn- und Feiertagsarbeit unterscheiden Abs. 4 u. 5 – anders als die VO über Ausnahmen vom Verbot der Beschäftigung von ArbN an Sonn- und Feiertagen in der Eisen- und Stahlindustrie[9] und in der Papierindustrie[10] – nicht zwischen „hohen" Feiertagen (Weihnachts-, Oster- und Pfingstfeiertage, 1. Januar und 1. Mai) und „normalen" Sonn- und Feiertagen[11]. Gleichwohl werden die hohen Feiertage teilweise durch die Aufsichtsbehörden von der Bewilligung ausgenommen[12]. Hat die Aufsichtsbehörde eine Ausnahmebewilligung erteilt, ist der ArbGeb grds. kraft seines Direktionsrechts befugt, den ArbN Sonn- und Feiertagsarbeit zuzuweisen[13].

19 a) **Abs. 4.** Nach Abs. 4 soll die Aufsichtsbehörde abweichend von § 9 die Beschäftigung von ArbN an Sonn- und Feiertagen bei Arbeitsverfahren bewilligen, die aus Gründen, die im Arbeitsverfahren selbst liegen, einen ununterbrochenen Fortgang des Verfahrens erfordern[14]. „Erforderlich" iSd. Abs. 4 ist die Sonn- und Feiertagsbeschäftigung nicht, wenn ohne den ununterbrochenen Fortgang eine Durchführung der Arbeiten überhaupt nicht möglich ist. Eine Ausnahme soll vielmehr auch dann bewilligt werden, wenn eine Unterbrechung nicht zumutbar ist, wobei die Länder hier teilweise strenge Maßstäbe anlegen[15]. Hingegen bedarf es keiner intensiven Prüfung, auf welchen der in Abs. 4 genannten Gründe die Bewilligung gestützt wird, da mit den Begriffen „chemischen, biologischen, technischen oder physikalischen Gründe" nahezu alle betriebsbedingten Ursachen abgedeckt sind. Auch Minder- und Ausschussproduktionen von weniger als 5 % sind mit zu berücksichtigen.

20 b) **Abs. 5.** Diese Bestimmung verpflichtet die Aufsichtsbehörde, bei Vorliegen der gesetzl. Voraussetzungen die Beschäftigung an Sonn- und Feiertagen zu bewilligen. Ihr steht insoweit **kein Ermessen** zu[16]. Die Vorschrift war im Gesetzgebungsverfahren des Verfahrens sehr umstritten. Während der RegE erforderte, dass nachweisbar die Konkurrenzfähigkeit ggü. dem Ausland wegen längerer Betriebszeiten oder anderer Arbeitsbedingungen im Ausland unzumutbar beeinträchtigt ist und durch die Genehmigung von Sonn- und Feiertagsarbeit die Beschäftigung gesichert werden kann[17], setzte der Ausschuss für Arbeit und Sozialordnung im Interesse einer einheitlichen Verwaltungspraxis[18] eine Präzisierung der Voraus-

---

1 *Anzinger/Koberski*, § 13 Rz. 58. ||2 *Dobberahn*, Rz. 130. ||3 *Anzinger/Koberski*, § 13 Rz. 70. ||4 *Anzinger/Koberski*, § 13 Rz. 71. ||5 *Dobberahn*, Rz. 130; *Anzinger/Koberski*, § 13 Rz. 70. ||6 *Anzinger/Koberski*, § 13 Rz. 72; *Baeck/Deutsch*, § 13 Rz. 45. ||7 *Baeck/Deutsch*, § 13 Rz. 47. ||8 BVerwG 19.9.2000 – 1 C 17/99, NZA 2000, 1232. ||9 VO über Ausnahmen vom Verbot der Beschäftigung von ArbN an Sonn- und Feiertagen in der Eisen- und Stahlindustrie v. 31.7.1968, BGBl. I S. 885. ||10 VO über Ausnahmen vom Verbot der Beschäftigung von ArbN an Sonn- und Feiertagen in der Papierindustrie v. 20.7.1963, BGBl. I S. 491. ||11 OVG Münster 10.4.2000 – 4 A 756/97, NZA-RR 2000, 491. ||12 MAGS NRW, § 13 Nr. 5. ||13 BAG 15.9.2009 – 9 AZR 757/08, NJW 2010, 394. ||14 BT-Drs. 12/5888, 30. ||15 MAGS NRW, § 13 Nr.6. ||16 BT-Drs. 12/5888, 31. ||17 BT-Drs. 12/5888, 9, 31. ||18 BT-Drs. 12/6990, 44.

setzungen durch. Nunmehr ist erforderlich, dass die Konkurrenzfähigkeit bei einer weit gehenden Ausnutzung der gesetzl. zulässigen wöchentl. Betriebszeiten und bei längeren Betriebszeiten im Ausland unzumutbar beeinträchtigt ist.

aa) Weitgehende Ausnutzung der zulässigen wöchentlichen Betriebszeit. Eine weit gehende Ausnutzung der zulässigen wöchentl. Betriebszeit von **144 Stunden** ist dann gegeben, wenn die tatsächliche Betriebszeit nur **geringfügig niedriger** liegt und eine vollständige Ausnutzung der zulässigen Betriebszeit aus betriebstechnischen Gründen (zB Umrüstzeiten), aus hygienischen Gründen (zB regelmäßige Reinigung der Anlagen) oder aus organisatorischen Gründen (zB Betriebsurlaub) nicht möglich ist. In der Lit. wird bei der Frage nach der weit gehenden Ausnutzung der zulässigen wöchentl. Betriebszeit auf Zeitspannen zwischen Montag 6 Uhr und Samstag 14 Uhr[1] bzw. 22 Uhr[2] abgestellt, um genügend Zeit für die Erledigung von Wiederaufnahme und Abschlussarbeiten zu lassen. Kürzere Betriebszeiten als 144 Stunden müssen gleichwohl regelmäßig vom Antragsteller begründet werden. 21

bb) Betriebszeiten im Ausland. Die zugelassenen Betriebszeiten im Ausland müssen mehr als 144 Stunden pro Woche betragen und für den Antragszeitraum anfallen[3]. Dies hat die Aufsichtsbehörde grds. von sich aus zu ermitteln[4]. Hierbei ist sie jedoch idR auf die Auskünfte des Antragstellers angewiesen. Dass seine ausländischen Konkurrenten tatsächliche Betriebszeiten von mehr als 144 Stunden nutzen können, muss der Antragsteller der Aufsichtsbehörde daher überzeugend darlegen[5]. Dies empfiehlt sich zudem wegen der damit verbundenen Verfahrensbeschleunigung[6]. 22

cc) Konkurrenzsituation. Eine Konkurrenzsituation mit einem ausländischen Betrieb, der auch zu einem konzernrechtl. verbundenen Unternehmen gehören kann, ist gegeben, wenn es sich um gleiche oder gleichartige Produkte handelt, die von der Konkurrenz auf **demselben Markt** abgesetzt werden oder werden sollen. Der Wettbewerbsvorteil der ausländischen Konkurrenz muss so groß sein, dass es auf längere Sicht zu einem Verlust von Marktanteilen und damit zu einer Gefährdung des Betriebs kommt[7]. Dabei dürfen an die **Unzumutbarkeit** im Hinblick auf das verfassungsrechtl. Gebot der Sonn- und Feiertagsruhe **keine geringen Anforderungen** gestellt werden[8]. Um von einer unzumutbaren Beeinträchtigung der Konkurrenzfähigkeit ausgehen zu können, reichen wirtschaftl. Einbußen allein nicht aus. Auf lange Sicht muss ein Verlust von Marktanteilen und letztlich eine Gefährdung des Betriebes zu gewärtigen sein. Anhaltspunkte für die Beurteilung kann die Situation nationaler Wettbewerber geben. Wenn nationale Wettbewerber keine Sonn- und Feiertagsarbeit benötigen oder nicht einmal die zulässigen wöchentlichen Betriebszeiten ausschöpfen, spricht dies dafür, dass das Verbot der Sonn- und Feiertagsarbeit nicht der entscheidende Wettbewerbsnachteil ist. Der ArbGeb ist zu deren Benennung jedoch nicht verpflichtet[9]. Die Bewältigung von Einzelaufträgen und das Auffangen von saisonalen Spitzen stellt idR keine unzumutbare Beeinträchtigung der Konkurrenzfähigkeit dar, kann aber eine Ausnahmebewilligung nach Abs. 3 Nr. 2b rechtfertigen. 23

dd) Kausalität. Ferner muss die Beeinträchtigung der Konkurrenzfähigkeit nach der Verwaltungspraxis[10] entgegen der wohl hM im Schrifttum[11] in erheblichem Maße durch die längeren wöchentlichen Betriebszeiten im Ausland verursacht sein[12]. Es reicht nicht aus, wenn die Beeinträchtigung der Konkurrenzfähigkeit mit den längeren Betriebszeiten im Ausland nichts zu tun hat, sondern etwa auf anderen ausländischen Arbeitsbedingungen wie zB niedrigeren Lohn- und Lohnnebenkosten usw. oder Mängeln beim Betrieb des Antragstellers beruht[13]. 24

ee) Sicherung oder Schaffung von Arbeitsplätzen. Die Erteilung der Ausnahmebewilligung muss Arbeitsplätze im Betrieb des Antragstellers sichern oder schaffen. Dies muss durch die **betriebswirtschaftl. relevanten Daten** der Vergangenheit und Prognosen für die Zukunft belegt sein. 25

ff) Kriterien. Die Prüfung der Voraussetzungen des Abs. 5 stellt die Aufsichtsbehörden oftmals vor erhebliche Schwierigkeiten. Von besonderer Bedeutung sind regelmäßig die Stellungnahmen von Betriebsrat und Gewerkschaft[14]. Ggf. fordert die Aufsichtsbehörde auch ein betriebswirtschaftl. Gutachten an[15]. Die Aufsichtsbehörden machen dabei die Ausnahmebewilligung von folgenden Kriterien abhängig[16]: 26

– **Konkurrenzsituation** mit vollkontinuierlich arbeitenden Betrieben im Ausland; sie ist regelmäßig ausgeschlossen bei hohen Transportkosten für Produkte mit geringer Wertschöpfung;

---

1 *Dobberahn*, Rz. 136. ||2 *Neumann/Biebl*, § 13 Rz. 23. ||3 *Erasmy*, NZA 1995, 97 (101); *Baeck/Deutsch*, § 13 Rz. 76. ||4 *Dobberahn*, Rz. 137; *Baeck/Deutsch*, § 13 Rz. 78. ||5 MAGS NRW, § 13 Abs. 5 Nr. 7.2. ||6 *Dobberahn*, Rz. 137. ||7 MAGS NRW, § 13 Abs. 5 Nr. 7.4. ||8 *Neumann/Biebl*, § 13 Rz. 26; *Buschmann/Ulber*, § 13 Rz. 30. ||9 *Erasmy*, NZA 1995, 97 (101); *Dobberahn*, Rz. 137. ||10 Die Bundesländer haben am 6.10.1994 einen Kriterienkatalog für Entscheidungen nach § 13 V aufgestellt, abgedr. bei *Schliemann/Förster/Meyer*, Rz. 788, dort 1.3.1; zust. *Buschmann/Ulber*, § 13 Rz. 27. ||11 Vgl. *Anzinger/Koberski*, § 13 Rz. 122; *Schnieders*, Sonntagsarbeit, 1996, S. 82; *Dobberahn*, Rz. 18 u. *Baeck/Deutsch*, § 13 Rz. 82 mwN, die auf den Gesetzeswortlaut („bei längeren Betriebszeiten im Ausland") sowie darauf abstellen, dass im Gesetzgebungsverfahren das Wort „nachweisbar" im Gesetzentwurf der BReg. gestrichen worden ist (BT-Drs. 12/6990, 17, 41). ||12 Vgl. auch *Buschmann/Ulber*, § 13 Rz. 27. ||13 *Neumann/Biebl*, § 13 Rz. 26. ||14 MAGS NRW, § 13 Abs. 5 Nr. 7.6. ||15 MAGS NRW, § 13 Abs. 5 Nr. 7.6.5. ||16 MAGS NRW, § 13 Abs. 5 Nr. 7.6.1–7.6.4.

- **Kapitalintensität der Produktion**; betragen die Kosten des Arbeitsplatzes ein Mehrfaches der Lohnkosten, kann von einer hohen Kapitalintensität und einer erheblichen Beeinträchtigung der Konkurrenzfähigkeit ausgegangen werden;
- **Zeitdauer der Maschinennutzung**; bei schnellem technischen Wandel ist die vollkontinuierliche Nutzung der Maschinen oder die kurzfristige Herstellung hoher Stückzahlen von besonderer Bedeutung für die Konkurrenzfähigkeit;
- **Standortgebundenheit bei Dienstleistungen**; bei Dienstleistungen ergibt sich eine internationale Konkurrenzsituation nur in Ausnahmefällen, wenn etwa die Sprachbarriere oder die telefonische Übermittlung keine wesentlichen Schwierigkeiten bereitet.

27 gg) **Vorgehen der Aufsichtsbehörden.** Die Aufsichtsbehörde prüft die vorgelegten Antragsunterlagen auf Vollständigkeit und Schlüssigkeit. Fehlende Unterlagen werden angefordert. Zudem holt die Aufsichtsbehörde im Rahmen ihrer Aufklärungspflicht nötigenfalls **Auskünfte bei Industrie- und Handelskammern, ArbGebVerbänden, Gewerkschaften und beim BR** ein[1], auch wenn dies im ArbZG nicht ausdrücklich vorgesehen ist[2]. Ggf. wird ein wirtschaftswissenschaftl. Gutachten über die Situation der Branche eingeholt. Die Verhältnisse bei nationalen Konkurrenzbetrieben werden erforderlichenfalls bei den örtlich zuständigen Behörden erfragt[3].

28 6. **Genehmigungen nach dem BImSchG.** Genehmigungen nach dem BImSchG sind anlagenbezogene behördliche Entscheidungen, die keine Ausnahmen von den personenbezogenen Arbeitszeitbestimmungen der Abs. 4 u. 5 enthalten.

29 III. **Mitbestimmung.** Die Zulassung von Sonn- und Feiertagsarbeit lässt die MitbestR des BR aus § 87 I Nr. 2 u. 3 BetrVG unberührt[4].

30 IV. **Rechtsschutz von Arbeitnehmern und Konkurrenten.** Der von bewilligter Sonntagsarbeit betroffene **ArbN** kann die Entscheidung der Aufsichtsbehörde über die Bewilligung von Sonn- oder Feiertagsarbeit durch Widerspruch und Anfechtungsklage anfechten und ggf. vorläufigen Rechtsschutz über § 80 V VwGO erhalten. Gleiches soll auch für den BR gelten[5] (zweifelhaft). Ein **Konkurrent**, dessen Wettbewerbssituation durch die erteilte Ausnahmebewilligung beeinträchtigt wird, hat hingegen keine verwaltungsprozessualen Möglichkeiten, die Entscheidung der Aufsichtsbehörde anzufechten[6]. § 13 hat insoweit keinen drittschützenden Charakter.

Vierter Abschnitt. Ausnahmen in besonderen Fällen

14 *Außergewöhnliche Fälle*

(1) Von den §§ 3 bis 5, 6 Abs. 2, §§ 7, 9 bis 11 darf abgewichen werden bei vorübergehenden Arbeiten in Notfällen und in außergewöhnlichen Fällen, die unabhängig vom Willen der Betroffenen eintreten und deren Folgen nicht auf andere Weise zu beseitigen sind, besonders wenn Rohstoffe oder Lebensmittel zu verderben oder Arbeitsergebnisse zu misslingen drohen.

(2) Von den §§ 3 bis 5, 6 Abs. 2, §§ 7, 11 Abs. 1 bis 3 und § 12 darf ferner abgewichen werden,

1. wenn eine verhältnismäßig geringe Zahl von Arbeitnehmern vorübergehend mit Arbeiten beschäftigt wird, deren Nichterledigung das Ergebnis der Arbeiten gefährden oder einen unverhältnismäßigen Schaden zur Folge haben würden,
2. bei Forschung und Lehre, bei unaufschiebbaren Vor- und Abschlussarbeiten sowie bei unaufschiebbaren Arbeiten zur Behandlung, Pflege und Betreuung von Personen oder zur Behandlung und Pflege von Tieren an einzelnen Tagen,

wenn dem Arbeitgeber andere Vorkehrungen nicht zugemutet werden können.

(3) Wird von den Befugnissen nach Absatz 1 oder 2 Gebrauch gemacht, darf die Arbeitszeit 48 Stunden wöchentlich im Durchschnitt von sechs Kalendermonaten oder 24 Wochen nicht überschreiten.

1 I. **Inhalt und Zweck.** § 14 sieht **Ausnahmeregelungen für Notfälle und andere außergewöhnliche Fälle** sowie für in Abs. 2 näher bestimmte Fallgestaltungen vor[7], um solche in jedem Betrieb auftretenden unvorhersehbaren Umstände bewältigen zu können, die Mehrarbeit unter Abweichung von den arbeitszeitrechtl. Vorgaben erfordern[8].

2 II. **Die einzelnen Ausnahmetatbestände. 1.** Abs. 1 ist aus § 14 AZO übernommen worden, weil sich die Regelung in der Praxis bewährt hat[9]. Gestattet sind danach Abweichungen von den Bestimmungen über

---

1 So der von den Bundesländern am 6.10.1994 beschlossene Kriterienkatalog, abgedr. bei *Schliemann/Förster/Meyer*, Rz. 788, dort 2. ‖ 2 Krit. *Erasmy*, NZA 1995, 97 (102); *Dobberahn*, Rz. 140, 141. ‖ 3 So der von den Bundesländern am 6.10.1994 beschlossene Kriterienkatalog, abgedr. bei *Schliemann/Förster/Meyer*, Rz. 788, dort 2. ‖ 4 *Neumann/Biebl*, § 13 Rz. 30; *Baeck/Deutsch*, § 13 Rz. 98. ‖ 5 *Buschmann/Ulber*, § 13 Rz. 34. ‖ 6 *Baeck/Deutsch*, § 13 Rz. 97; *Buschmann/Ulber*, § 13 Rz. 34. ‖ 7 BT-Drs. 12/5888, 31. ‖ 8 *Baeck/Deutsch*, § 14 Rz. 4. ‖ 9 BT-Drs. 12/5888, 31.

- die höchstzulässige tägliche Arbeitszeit,
- die Mindestruhepausen,
- die Mindestruhezeiten sowie
- die Beschäftigung an Sonn- und Feiertagen.

a) **Notfall.** Ein Notfall ist gegeben, wenn die Arbeiten zur Beseitigung eines **Notstandes** oder zur Abwendung einer **dringenden Gefahr** erforderlich sind[1]. Bei Arbeiten „in Notfällen" muss es sich um vorübergehende Arbeiten und um Fälle handeln, in denen nur durch Mehrarbeit oder durch Arbeit außerhalb der normalen Arbeitszeit geholfen werden kann. Diese Arbeiten müssen durch ein unvorhergesehenes Ereignis veranlasst sein, das unverzügliches Einschreiten erfordert und das ein Verschieben der dadurch gebotenen Arbeiten auf spätere Zeit nicht zulässt[2]. Dabei braucht es sich nicht um einen öffentl. Notstand oder ein öffentl. Interesse an der Durchführung der Arbeiten zu handeln[3]. In jedem Fall muss der Eintritt des Bedürfnisses außerhalb des Bereichs unternehmerischer Vorhersehbarkeit liegen[4]. Der vom Notfall Betroffene muss nicht der ArbGeb selbst, sondern kann auch ein Dritter sein, zB ein Kunde des ArbGeb[5].

aa) **Beispiele für Notfälle:** Brände[6]; Einsturz von Gebäuden[7]; Erdbeben[8]; Explosionen[9]; Frost[10]; Totalausfall von Maschinen[11]; Unwetter[12]; ungewöhnliche Todesfälle, Erkrankungen oder Unfälle[13]; Wassereinbrüche[14]; Überschwemmungen[15].

bb) **Keine Notfälle.** Als Notfälle sind hingegen nicht solche Ereignisse anerkannt, die als Folge von fehlerhaften Entscheidungen des ArbGeb und von Organisationsmängeln aus dessen Verantwortungsbereich auftreten[16], wie zB:

- Überstunden in einem Betrieb der Damenkonfektion wegen vermehrten Arbeitsanfalls vor Pfingsten an 17 Tagen[17];
- dringliche Arbeiten, die infolge verspäteten Eintreffens von Transportmitteln anfallen[18], sofern sie nicht auf Verkehrsstörungen beruhen[19];
- durch mangelnde Kapazität des Betriebes bei Auftragsballung verursachte Schwierigkeit, alle eingegangenen Aufträge fristgerecht zu erledigen (Unternehmerrisiko)[20];
- Streik und Aussperrung; bei hierdurch verursachten Produktionseinbußen, die keine deutlich darüber hinausgehenden nachteiligen Folgen für den Betrieb nach sich ziehen, handelt es sich um typische Beeinträchtigungen durch Arbeitskampfmaßnahmen. Ihre Anerkennung als Ausnahmefall würde zur weit gehenden Unanwendbarkeit der Arbeitszeitvorschriften in Fällen des Streiks eines Teiles der Belegschaft führen und würde dem Streik trotz seiner Anerkennung als legitimem Mittel zur Interessendurchsetzung wesentliche Teile seiner Effektivität nehmen[21];
- Wunsch der Belegschaft nach Mehrarbeit.

b) **Außergewöhnliche Fälle** iSd. § 14 brauchen keine Notfälle zu sein, sie müssen jedoch den **Rahmen des Üblichen und Normalen überschreiten, unabhängig vom Willen des Betroffenen** eintreten, und ihre **Folgen** müssen **auf andere Weise nicht zu beseitigen** sein. Außergewöhnlich ist ein Fall aber nur dann, wenn die Umstände, welche die Mehrarbeit bedingen, weder regelmäßig noch voraussehbar sind. Vor allem dürfen die Arbeiten zur Beseitigung des außergewöhnlichen Falles oder zur Abwendung der durch seinen Eintritt bedingten Gefahren nur vorübergehender Art sein. Dabei hat der ArbGeb idR eine Güterabwägung vorzunehmen. Er muss prüfen, ob sich die Verkürzung der Arbeitsruhe ggü. den durch das schädigende Ereignis bedrohten Rechtsgütern oder rechtl. geschützten Interessen als das geringere Übel darstellt[22].

aa) **Beispiele für außergewöhnliche Fälle:**

- **Beispiele:**
  - Ein Schulhausmeister in Berlin ist verpflichtet, außerhalb seiner regelmäßigen Arbeitszeit Schnee und Eis vor 7 Uhr oder nach 20 Uhr zu beseitigen. Schneefall und Eisglätte sind in den Wintermonaten in Berlin nicht genau voraussehbar[23];

---

1 OLG Bremen 16.2.1955 – Ss 137/54, BB 1955, 225. ||2 OLG Köln 9.2.1954 – Ss 362/53, BB 1954, 410. ||3 OLG Bremen 16.2.1955 – Ss 137/54, BB 1955, 225. ||4 OLG Bremen 16.2.1955 – Ss 137/54, BB 1955, 225. ||5 BVerwG 23.6.1992 – 1 C 29/90, NVwZ 1993, 185. ||6 OLG Bremen 16.2.1955 – Ss 137/54, BB 1955, 225. ||7 *Baeck/Deutsch*, § 14 Rz. 7. ||8 *Baeck/Deutsch*, § 14 Rz. 7. ||9 OLG Bremen 16.2.1955 – Ss 137/54, BB 1955, 225. ||10 *Baeck/Deutsch*, § 14 Rz. 7. ||11 *Baeck/Deutsch*, § 14 Rz. 7. ||12 *Baeck/Deutsch*, § 14 Rz. 7. ||13 *Baeck/Deutsch*, § 14 Rz. 7. ||14 OLG Bremen 16.2.1955 – Ss 137/54, BB 1955, 225. ||15 LAG Hamm 17.2.1956 – 4 Sa 654/55, DB 1956, 428. ||16 *Anzinger/Koberski*, § 14 Rz. 5. ||17 OLG Bremen 16.2.1955 – Ss 137/54, BB 1955, 225. ||18 LAG Hamm 17.2.1956 – 4 Sa 654/55, DB 1956, 428. ||19 *Anzinger/Koberski*, § 14 Rz. 5. ||20 OLG Düss. 30.7.1959 – (1) Ss 494/59, BB 1959, 994. ||21 OLG Celle 8.10.1986 – 2 Ss (Owi) 53/86, NZA 1987, 283. ||22 BAG 17.9.1986 – 5 AZR 369/85, nv. ||23 BAG 17.9.1986 – 5 AZR 369/85, nv.

- in größeren Mengen unerwartet eingetroffene Lebensmittel müssen noch am selben Tag ausgeladen, gelagert oder verarbeitet werden[1];
- infolge einer Betriebsstörung muss ein unterbrochener Arbeitsprozess zu Ende geführt werden[2];
- dringende Arbeiten auf Grund von plötzlichen Todesfällen oder unvorhergesehenen Erkrankungen[3].

8   bb) **Keine außergewöhnlichen Fälle.** Zu den außergewöhnlichen Fällen zählen hingegen solche Vorfälle nicht, die als Folge von fehlerhaften Entscheidungen des ArbGeb und von Organisationsmängeln aus dessen Verantwortungsbereich auftreten sowie Ereignisse, die zur Eigenart des Betriebs gehören[4].

● Beispiele:
- Der ArbGeb nimmt Aufträge an, die er mit den vorhandenen Arbeitskräften nicht erledigen kann[5];
- Erkrankungen von Patienten in Krankenhäusern[6];
- Gästeandrang in Ausflugslokalen[7];
- Messen und Saisonverkäufe[8];
- Streik und Aussperrung; hier können jedoch Notstands- und Erhaltungsarbeiten zulässig sein[9].

9   c) **Zulässige Arbeiten.** Zulässig sind solche Arbeiten, die nur **vorübergehend** sind. Die zeitliche Grenze richtet sich hier nach dem Einzelfall, so dass Zeiträume von wenigen Stunden bis zu mehreren Tagen in Betracht kommen. Die besondere Ausnahmesituation ist dann beendet, wenn ihr mit anderen Maßnahmen (Neueinstellung von Arbeitskräften, Umorganisation des Betriebes usw.) begegnet werden kann[10]. Je länger in einem Betrieb oder Betriebsteil unter Berufung auf Abs. 1 gearbeitet wird, umso höher sind die Anforderungen an den Nachweis zu stellen, dass die Folgen nicht auf andere betriebsorganisatorische planbare Weise zu beseitigen sind.

10   d) **Jugendliche.** Nach der Spezialvorschrift des § 21 JArbSchG dürfen Jugendliche in Notfällen mit vorübergehenden und unaufschiebbaren Arbeiten nur betraut werden, soweit erwachsene Beschäftigte nicht zur Verfügung stehen. Die dabei anfallende Mehrarbeit ist durch eine entsprechende Arbeitszeitverkürzung innerhalb der folgenden drei Wochen auszugleichen.

11   e) **Keine andere Abhilfemöglichkeit.** Ferner dürfen die Folgen der Notfälle oder außergewöhnlichen Fälle nicht auf andere Weise beseitigt werden können. Sind Bereitschaftsdienste und Rufbereitschaften eingerichtet, um vorhersehbaren Betriebsstörungen zu begegnen, kann kein Notfall oder außergewöhnlicher Fall angenommen werden.

12   **2.** Abs. 2 lässt weitere Ausnahmen von den arbeitszeitrechtl. Bestimmungen zu, wenn nur eine verhältnismäßig geringe Zahl von ArbN vorübergehend mit Arbeiten beschäftigt wird, deren Nichterledigung das Ergebnis der Arbeiten gefährden oder einen unverhältnismäßigen Schaden zur Folge haben würde, sowie bei Forschung und Lehre, bei unaufschiebbaren Vor- und Abschlussarbeiten sowie bei unaufschiebbaren Arbeiten zur Behandlung, Pflege und Betreuung von Personen oder zur Behandlung und Pflege von Tieren an einzelnen Tagen. Abs. 2 lässt im Gegensatz zu Abs. 1 Nr. 1 **keine Abweichung vom Verbot der Sonn- und Feiertagsbeschäftigung** zu. Die Arbeiten sind werktags abzuschließen. Ausnahmen kommen nur in Betracht, wenn der ArbGeb über eine Genehmigung nach § 13 III Nr. 2b (an bis zu fünf Sonn- und Feiertagen im Jahr, wenn besondere Verhältnisse zur Verhütung eines unverhältnismäßigen Schadens dies erfordern[11]) oder nach § 15 II (dringendes öffentl. Interesse[12]) verfügt.

13   a) **Andere Vorkehrungen.** Können dem ArbGeb andere Vorkehrungen technischer oder organisatorisch-personeller Art zugemutet werden, kommt eine Ausnahme nach Abs. 2 nicht in Betracht. Zumutbar sind andere Vorkehrungen dieser Art, wenn der Aufwand für den ArbGeb bei wirtschaftl. Betrachtungsweise nicht außer Verhältnis zu der Belastung der ArbN steht[13]. Das ist etwa der Fall, wenn der ArbGeb **leistungsfähigere Maschinen** oder **Aushilfskräfte** einsetzen könnte[14]. Unzumutbar wäre es hingegen etwa, mehr Monteure auf eine Montagestelle zu schicken, als dort üblicherweise gebraucht werden[15].

14   b) **Vorübergehende Beschäftigung zur Schadensverhütung.** Dem ArbGeb wird durch Abs. 2 Nr. 1 ermöglicht, eine während der normalen Arbeitszeit begonnene Arbeit ohne Unterbrechung zu beenden[16], selbst und insoweit abweichend von Abs. 1, wenn bei Beginn der Arbeit voraussehbar war, dass sie nicht ohne Abweichung beendet werden kann[17]. Voraussetzung ist, dass nur eine verhältnismäßig ge-

---

[1] *Neumann/Biebl*, § 14 Rz. 5. ||[2] *Neumann/Biebl*, § 14 Rz. 5. ||[3] *Neumann/Biebl*, § 14 Rz. 5. ||[4] *Anzinger/Koberski*, § 14 Rz. 7. ||[5] *Anzinger/Koberski*, § 14 Rz. 7. ||[6] *Anzinger/Koberski*, § 14 Rz. 7. ||[7] *Anzinger/Koberski*, § 14 Rz. 7. ||[8] *Neumann/Biebl*, § 14 Rz. 5. ||[9] *Anzinger/Koberski*, § 14 Rz. 7. ||[10] *Baeck/Deutsch*, § 14 Rz. 16. ||[11] *Anzinger/Koberski*, § 14 Rz. 11. ||[12] *Baeck/Deutsch*, § 14 Rz. 19. ||[13] *Baeck/Deutsch*, § 14 Rz. 23 mwN. ||[14] *Anzinger/Koberski*, § 14 Rz. 22; *Baeck/Deutsch*, § 14 Rz. 23 mwN. ||[15] *Anzinger/Koberski*, § 14 Rz. 23. ||[16] *Baeck/Deutsch*, § 14 Rz. 24; *Anzinger/Koberski*, § 14 Rz. 12 drücken sich missverständlich aus, wenn sie verlangen, dass die Arbeit „am selben Tag" beendet werden muss. ||[17] *Anzinger/Koberski*, § 14 Rz. 12.

Bewilligung, Ermächtigung   § 15 ArbZG

ringe Anzahl von regelmäßig nicht mehr als fünf[1] ArbN benötigt wird. Ferner darf die Beschäftigung wie bei Abs. 1 nur vorübergehend sein. Schließlich muss ohne die Erledigung der begonnenen Arbeit deren Ergebnis gefährdet sein oder ein unverhältnismäßiger Schaden eintreten. Eine Gefährdung des Ergebnisses liegt vor, wenn der mit ihr verfolgte Zweck bei Abbruch nicht erreicht werden könnte[2]. Unverhältnismäßig wäre ein Schaden, wenn es bei wirtschaftl. Betrachtungsweise[3] der Billigkeit entspricht, den Arbeitszeitschutz seinetwegen zurücktreten zu lassen, etwa weil vorbereitetes Material am nächsten Tag nicht mehr verwendungsfähig wäre[4], oder wenn ein ArbN nur noch eine kurze Arbeitszeit bis zur Erledigung der Aufgabe benötigt, am nächsten Tag aber hohe Anfahrtskosten entstehen würden[5].

c) **Forschung und Lehre.** Abs. 2 Nr. 2 gestattet die genannten Abweichungen im Bereich der Forschung und Lehre. Während der RegE noch eine Ausnahme bei Forschungsarbeiten vorsah[6], wurde im weiteren Gesetzgebungsverfahren der Vorschlag des Ausschusses für Arbeit und Sozialordnung[7] übernommen, die Ausnahme auf Forschung und Lehre zu erstrecken. Eine pauschale Freistellung der Forschung und Lehre von den Anforderungen des Arbeitszeitschutzes soll damit gleichwohl nicht erfolgt sein. Vielmehr soll erforderlich sein, dass die Belange von Forschung und Lehre die Belange des Arbeitszeitschutzes überwiegen[8]. Der Ausnahmetatbestand erstreckt sich nicht nur auf die sog. „Denker, Experimentierer und Rechnenden", die kreativ tätig sind[9], sondern auch auf die nichtwissenschaftl. Mitarbeiter[10] und die technischen Hilfskräfte[11]. 15

d) **Vor- und Abschlussarbeiten** iSd. Abs. 2 Nr. 2 sind: 16
– Arbeiten zur Reinigung und Instandhaltung, soweit sich diese Arbeiten während des regelmäßigen Betriebs nicht ohne Unterbrechung oder erhebliche Störung ausführen lassen[12];
– Arbeiten, von denen die Wiederaufnahme oder Aufrechterhaltung des vollen Betriebs arbeitstechnisch abhängt[13] wie etwa das Anheizen von Öl, das Ingangsetzen von Maschinen, das Anfahren von Kesseln usw.[14];
– Aufräumarbeiten[15];
– das Zuendebedienen der Kundschaft bis zu einer halben Stunde je Tag[16].

Die Arbeiten müssen unaufschiebbar sein und Nachteile verhindern, die schwerer wiegen würden als die Überschreitung der arbeitszeitrechtl. Beschränkungen, wie etwa ein Produktionsausfall oder eine Störung des Publikumsverkehrs[17].

e) **Behandlung, Pflege und Betreuung.** Wegen der Geltung des Gesetzes für Krankenhäuser[18] darf ferner bei unaufschiebbaren Arbeiten zur Behandlung, Pflege und Betreuung von Personen von den in Abs. 2 genannten Vorschriften abgewichen werden. Dasselbe gilt für die Behandlung und Pflege von Tieren. Voraussetzung ist jeweils, dass die notwendigen Arbeiten unaufschiebbar sind. 17

3. **Abs. 3.** Arbeiten in Notfällen und außergewöhnl. Fällen unterliegen der **Ausgleichspflicht** des § 3. Durch Abs. 3 wird klargestellt, dass der Durchschnitt von 48 Stunden/Woche nicht überschritten werden darf[19]. 18

4. **Mitbestimmung.** Ggf. ist ein MitbestR des BR aus § 87 I Nr. 2 oder Nr. 3 BetrVG zu beachten, nämlich wenn nicht nur einzelne spezielle ArbN von den Arbeiten betroffen sind[20]. 19

15 *Bewilligung, Ermächtigung*
(1) Die Aufsichtsbehörde kann
1. eine von den §§ 3, 6 Abs. 2 und § 11 Abs. 2 abweichende längere tägliche Arbeitszeit bewilligen
    a) für kontinuierliche Schichtbetriebe zur Erreichung zusätzlicher Freischichten,
    b) für Bau- und Montagestellen,
2. eine von den §§ 3, 6 Abs. 2 und § 11 Abs. 2 abweichende längere tägliche Arbeitszeit für Saison- und Kampagnebetriebe für die Zeit der Saison oder Kampagne bewilligen, wenn die Verlängerung der Arbeitszeit über acht Stunden werktäglich durch eine entsprechende Verkürzung der Arbeitszeit zu anderen Zeiten ausgeglichen wird,
3. eine von den §§ 5 und 11 Abs. 2 abweichende Dauer und Lage der Ruhezeit bei Arbeitsbereitschaft, Bereitschaftsdienst und Rufbereitschaft den Besonderheiten dieser Inanspruchnahmen im öffentlichen Dienst entsprechend bewilligen,

---

1 *Anzinger/Koberski*, § 14 Rz. 13; zweifelnd KassHdb/*Schliemann*, 2.5 Rz. 738, der darauf verweist, dass das Gesetz keine derartige Zahlengrenze enthalte. ‖2 *Baeck/Deutsch*, § 14 Rz. 28; vgl. *Anzinger/Koberski*, § 14 Rz. 15. ‖3 *Baeck/Deutsch*, § 14 Rz. 28. ‖4 *Anzinger/Koberski*, § 14 Rz. 15. ‖5 *Neumann/Biebl*, § 14 Rz. 8. ‖6 BT-Drs. 12/5888, 9, 31. ‖7 BT-Drs. 12/6990, 44. ‖8 *Baeck/Deutsch*, § 14 Rz. 31. ‖9 So aber *Anzinger/Koberski*, § 14 Rz. 17. ‖10 KassHdb/*Schliemann*, 2.5 Rz. 742. ‖11 *Baeck/Deutsch*, § 14 Rz. 33. ‖12 BT-Drs. 12/5888, 31. ‖13 BT-Drs. 12/5888, 31. ‖14 *Baeck/Deutsch*, § 14 Rz. 35. ‖15 *Baeck/Deutsch*, § 14 Rz. 35. ‖16 BT-Drs. 12/5888, 31. ‖17 *Baeck/Deutsch*, § 14 Rz. 38. ‖18 BT-Drs. 12/5888, 31. ‖19 BT-Drs. 15/1587, 36. ‖20 *Baeck/Deutsch*, § 14 Rz. 46.

4. eine von den §§ 5 und 11 Abs. 2 abweichende Ruhezeit zur Herbeiführung eines regelmäßigen wöchentlichen Schichtwechsels zweimal innerhalb eines Zeitraums von drei Wochen bewilligen.

(2) Die Aufsichtsbehörde kann über die in diesem Gesetz vorgesehenen Ausnahmen hinaus weiter gehende Ausnahmen zulassen, soweit sie im öffentlichen Interesse dringend nötig werden.

(2a) Die Bundesregierung kann durch Rechtsverordnung mit Zustimmung des Bundesrates

1. Ausnahmen von den §§ 3, 4, 5 und 6 Absatz 2 sowie von den §§ 9 und 11 für Arbeitnehmer, die besondere Tätigkeiten zur Errichtung, zur Änderung oder zum Betrieb von Bauwerken, künstlichen Inseln oder sonstigen Anlagen auf See (Offshore-Tätigkeiten) durchführen, zulassen und

2. die zum Schutz der in Nummer 1 genannten Arbeitnehmer sowie der Sonn- und Feiertagsruhe notwendigen Bedingungen bestimmen.

(3) Das Bundesministerium der Verteidigung kann in seinem Geschäftsbereich durch Rechtsverordnung mit Zustimmung des Bundesministeriums für Arbeit und Soziales aus zwingenden Gründen der Verteidigung Arbeitnehmer verpflichten, über die in diesem Gesetz und in den auf Grund dieses Gesetzes erlassenen Rechtsverordnungen und Tarifverträgen festgelegten Arbeitszeitgrenzen und -beschränkungen hinaus Arbeit zu leisten.

(3a) Das Bundesministerium der Verteidigung kann in seinem Geschäftsbereich durch Rechtsverordnung im Einvernehmen mit dem Bundesministerium für Arbeit und Soziales für besondere Tätigkeiten der Arbeitnehmer bei den Streitkräften Abweichungen von in diesem Gesetz sowie von in den auf Grund dieses Gesetzes erlassenen Rechtsverordnungen bestimmten Arbeitszeitgrenzen und -beschränkungen zulassen, soweit die Abweichungen aus zwingenden Gründen erforderlich sind und die größtmögliche Sicherheit und der bestmögliche Gesundheitsschutz der Arbeitnehmer gewährleistet werden.

(4) Werden Ausnahmen nach Absatz 1 oder 2 zugelassen, darf die Arbeitszeit 48 Stunden wöchentlich im Durchschnitt von sechs Kalendermonaten oder 24 Wochen nicht überschreiten.

1   **I. Inhalt und Zweck.** § 15 enthält die Befugnis der Aufsichtsbehörde, Ausnahmen von gesetzl. Arbeitszeitregelungen für besondere Fallgestaltungen zuzulassen (Abs. 1), die Ermächtigung der Aufsichtsbehörde, im öffentl. Interesse Ausnahmeregelungen zu erlassen (Abs. 2), die Ermächtigung der BReg., in einer VO Ausnahmebestimmungen für Offshore-Tätigkeiten zuzulassen (Abs. 2a), und schließlich VO-Ermächtigungen für das Bundesministerium der Verteidigung aus zwingenden Gründen der Verteidigung (Abs. 3 und 3a).

2   **II. Die einzelnen Bestimmungen. 1. Ausnahmebefugnisse der Aufsichtsbehörden (Abs. 1).** Die Vorschrift sieht nur Ausnahmen von den gesetzl. Arbeitszeitbestimmungen vor. Nicht erlaubt sind Ausnahmebewilligungen von tarifl. Regelungen[1]. Existieren keine einschlägigen TV, kann die Aufsichtsbehörde ihre Bewilligung nicht mit der Begründung ablehnen, es stehe noch nicht fest, ob die TV-Parteien keine abweichenden Regelungen treffen[2]. Etwas anderes gilt nur in einer aktuellen Tarifauseinandersetzung, da ansonsten die Verhandlungen unterlaufen würden[3].

3   **a) Abs. 1 Nr. 1.** Hiernach ist die Aufsichtsbehörde – bei Anlegung eines besonders strengen Maßstabes[4] – befugt, die tägliche Höchstarbeitszeit für **kontinuierliche Schichtbetriebe** zur Erreichung **zusätzlicher Freischichten** sowie ohne besondere Voraussetzung für **Bau- und Montagestellen** auf über zehn Stunden zu verlängern. Eine Höchstgrenze für die Verlängerung der täglichen Arbeitszeit ist im Gesetz nicht festgelegt, jedoch wird eine Arbeitszeit von mehr als zwölf Stunden aus Gründen des Gesundheitsschutzes[5] sowie aus arbeitsorganisatorischen Gründen[6] nicht in Betracht kommen. Für die nach Abs. 1 Nr. 1 bewilligten längeren tägl. Arbeitszeiten muss die Aufsichtsbehörde keine Ausgleichsverpflichtung in dem Bewilligungsbescheid festlegen[7]. Regelmäßig wird sie dies jedoch mit guten Gründen tun[8].

4   **aa) Konti-Betriebe.** Abs. 1 Nr. 1a erfasst sowohl vollkontinuierliche Schichtbetriebe, die von montags 0 Uhr bis sonntags 24 Uhr arbeiten, als auch teilkontinuierliche Schichtbetriebe mit einer Arbeitszeit von regelmäßig Montag 6 Uhr bis Samstag 22 Uhr[9]. Erforderlich ist, dass zusätzl. Freischichten erreicht werden, so dass dem ArbN mehr freie Tage zur Verfügung stehen als ohne die Verlängerung der tägl. Arbeitszeit[10]. Dies wird der ArbGeb bei Antragstellung nachweisen müssen. Indes ist nicht erforderlich, dass die zusätzl. Freischichten der einzige Zweck der Arbeitszeitverlängerung ist. Der ArbGeb kann auch andere Ziele wie Produktionserweiterung, Beschäftigungssicherung oder Schaffung neuer Arbeitsplätze verfolgen[11].

5   **bb) Bau- und Montagestellen.** Abs. 1 Nr. 1b sieht eine Ausnahmebewilligung für Bau- und Montagestellen vor. Baustellen sind zeitlich begrenzte oder ortsveränderliche Arbeitsstellen, an denen Hoch-

---

1 KassHdb/*Schliemann*, 2.5 Rz. 763. ||2 KassHdb/*Schliemann*, 2.5 Rz. 763; aA *Anzinger/Koberski*, § 15 Rz. 7. ||3 Vgl. *Anzinger/Koberski*, § 15 Rz. 7. ||4 MAGS NRW, § 15 Nr. 1.1. ||5 *Neumann/Biebl*, § 15 Rz. 4. ||6 *Baeck/Deutsch*, § 15 Rz. 11 halten in Ausnahmefällen 16 Stunden für zulässig. ||7 *Neumann/Biebl*, § 15 Rz. 3; *Baeck/Deutsch*, § 15 Rz. 10. ||8 MAGS NRW, § 15 Nr. 1. ||9 *Baeck/Deutsch*, § 15 Rz. 10. ||10 *Baeck/Deutsch*, § 15 Rz. 12. ||11 *Baeck/Deutsch*, § 15 Rz. 12.

oder Tiefbauarbeiten ausgeführt werden[1]. Montagestellen sind Arbeitsstellen, auf denen vorgefertigte Teile oder Baugruppen zu einem fertigen Endergebnis montiert bzw. zusammengesetzt werden[2]. Die Aufsichtsbehörden knüpfen die Ausnahmebewilligung dabei an folgende **Rahmenbedingungen**[3]:

- Die Ruhezeit am Wochenende muss verlängert werden bzw. es müssen längere Freizeitblöcke erreicht werden. Die Wochenarbeitszeit sollte 48 Stunden nicht übersteigen. Die zulässige Höchstarbeitszeit von 60 Stunden in der Woche sollte – zumindest bei längerer Dauer der Genehmigung – nicht voll ausgeschöpft werden.
- Die Arbeitszeit darf 48 Stunden wöchentlich im Durchschnitt von sechs Kalendermonaten oder 24 Wochen nicht überschreiten.
- Tagesarbeitszeit von nicht mehr als zwölf Stunden. Enge Begrenzung der über zehn Stunden hinausgehenden Zeit unter Berücksichtigung der Dauer der Genehmigung.
- Ausreichende Pausen.
- Vorlage einer Gefährdungsbeurteilung, die insb. auch Auswirkungen verlängerter Arbeitszeiten berücksichtigt.
- Einbeziehung der Arbeitszeiten der vorausgehenden Monate bei längerer Dauer.
- Stellungnahme des BR.

b) Abs. 1 Nr. 2. Die Bestimmung räumt der Aufsichtsbehörde die Befugnis ein, für Saison- und Kampagnebetriebe für die Zeit der **Saison** bzw. **Kampagne** längere tägl. Arbeitszeiten zu bewilligen. Tägliche Arbeitszeiten von mehr als zwölf Stunden werden aus Gründen des Gesundheitsschutzes nicht bewilligt[4]. Voraussetzung ist, dass ein Ausgleich durch eine entsprechende Verkürzung der Arbeitszeit zu anderen Zeiten erfolgt. Hier muss die Behörde im Rahmen des Abs. 4 eine entsprechende Festlegung treffen. Der Antragsteller sollte hier einen Ausgleichszeitraum vorschlagen, an dem sich die Behörde orientieren kann[5]. Sofern TV für Saison- und Kampagnebetriebe einschlägige Arbeitszeitregelungen enthalten, kommt eine Ausnahmebewilligung nach Abs. 1 Nr. 2 nicht in Betracht[6].

c) Abs. 1 Nr. 3. Die Vorschrift eröffnet für den Bereich des **öffentl. Dienstes** die Möglichkeit zu flexiblen Regelungen von Lage und Dauer der Ruhezeit bei Arbeitsbereitschaft, Bereitschaftsdienst und Rufbereitschaft, was etwa bei Winterdiensten erforderlich werden kann[7]. Im äußersten Fall kann eine Ruhezeit vollständig gestrichen werden[8].

d) Abs. 1 Nr. 4. Der Ausnahmetatbestand ermöglicht es, zur **Herbeiführung eines regelmäßigen wöchentl. Schichtwechsels** zweimal innerhalb eines Zeitraums von drei Wochen eine von den §§ 5 und 11 II abweichende Ruhezeit zu bewilligen. Grund für diese Regelung ist der Umstand, dass die Belegschaft in verschiedenen Schichten regelmäßig an einem bestimmten Tag in der Woche ausgewechselt wird. Häufig geschieht dies am Wochenende[9]. In Konti-Betrieben kann ein solcher wöchentl. Wechsel dadurch verwirklicht werden, dass für jeden SchichtArbN nach Abs. 1 Nr. 1a **für zwei Wochenenden eine Schicht von zwölf Stunden** zugelassen wird[10]. Eine andere Möglichkeit besteht darin, jeden Schichtarbeiter **jeden dritten Sonntag** ebenfalls gem. einer Ausnahmebewilligung nach Abs. 1 Nr. 1a **eine Doppelschicht von 16 Stunden** arbeiten zu lassen[11]. Abs. 1 Nr. 4 eröffnet schließlich die Möglichkeit, den regelmäßigen wöchentl. Schichtwechsel durch eine **Verkürzung der Ruhezeit** herbeizuführen. Die Aufsichtsbehörde kann zulassen, dass der SchichtArbN innerhalb von drei Wochen zweimal seine neue Schicht nicht, wie sonst üblich, nach 16 Stunden Ruhezeit, sondern schon nach acht Stunden beginnt[12].

2. Ausnahmen im dringenden öffentlichen Interesse (Abs. 2). Das Tatbestandsmerkmal „dringendes öffentliches Interesse" bedarf besonders sorgfältiger Prüfung, da die gesetzl. und durch die Aufsichtsbehörde bewilligten erteilten Ausnahmen nahezu alle Sachverhalte abdecken, in denen eine Beschäftigung von ArbN erforderlich ist. Maßgeblich sind die **Belange der Allgemeinheit**[13]. Hingegen haben bloße geschäftl. Interessen des ArbGeb[14] und wirtschaftl. Erwägungen, wie die Folgen der Nichteinhaltung getroffener Vereinbarungen sowie Gründe der Kosten- und Preisgestaltung, hinter dem Zweck der jeweiligen Arbeitszeitvorschrift zurückzutreten[15]. Ebenso wenig reichen bloße Konsumerwartungen der

---

1 *Anzinger/Koberski*, § 15 Rz. 8 unter Hinweis auf Art. 2a der RL 92/57/EWG des Rates v. 24.6.1992 über die auf zeitlich begrenzte oder ortsveränderliche Baustellen anzuwendenden Mindestvorschriften für die Sicherheit und den Gesundheitsschutz der ArbN; *Neumann/Biebl*, § 15 Rz. 4; KassHdb/*Schliemann*, 2.5 Rz. 756 stellt auf den bauordnungsrechtl. Begriff der „Baustelle" ab; hiergegen *Baeck/Deutsch*, § 15 Rz. 14. ‖ 2 *Anzinger/Koberski*, § 15 Rz. 8; *Neumann/Biebl*, § 15 Rz. 4. ‖ 3 MAGS NRW, § 15 Nr. 1.2. ‖ 4 MAGS NRW, § 15 Nr. 1.3. ‖ 5 Vgl. *Baeck/Deutsch*, § 15 Rz. 22, wonach die Behörde auf Grund des Verhältnismäßigkeitsgrundsatzes an den Vorschlag gebunden ist, wenn der Vorschlag geeignet ist, dem Gesundheitsschutz der ArbN entsprechend Rechnung zu tragen. ‖ 6 KassHdb/*Schliemann*, 2.5 Rz. 759. ‖ 7 BT-Drs. 12/5888, 31. ‖ 8 *Anzinger/Koberski*, § 15 Rz. 16; *Neumann/Biebl*, § 15 Rz. 6; *Baeck/Deutsch*, § 15 Rz. 26. ‖ 9 *Anzinger/Koberski*, § 15 Rz. 19. ‖ 10 *Anzinger/Koberski*, § 15 Rz. 19; KassHdb/*Schliemann*, 2.5 Rz. 762. ‖ 11 *Anzinger/Koberski*, § 15 Rz. 19; KassHdb/*Schliemann*, 2.5 Rz. 762. ‖ 12 *Anzinger/Koberski*, § 15 Rz. 20. ‖ 13 OVG Hamburg 17.8.1982 – Bf VI 5/82, BB 1983, 771 zum Nachtbackverbot. ‖ 14 *Neumann/Biebl*, § 15 Rz. 9; *Baeck/Deutsch*, § 15 Rz. 32. ‖ 15 OVG Hamburg 17.8.1982 – Bf VI 5/82, BB 1983, 771 zum Nachtbackverbot.

Bevölkerung aus, um ein dringendes öffentl. Interesse zu begründen[1]. Das Vorliegen eines **dringenden öffentl. Interesses** wird nach der Verwaltungspraxis[2] angenommen bei

- der Schaffung einer nennenswerten Zahl von zusätzlichen oder Erhalt von bestehenden Arbeitsplätzen;
- bei dringendem Bedarf für die Herstellung des Produkts oder das Angebot der Dienstleistung;
- bei herausragender strukturpolitische Bedeutung und besonderer arbeitsmarktpolitische Problemlage.

10 a) **Beispiele.** Ein dringendes öffentl. Interesse kann etwa angenommen werden bei

- Arbeiten zur Sicherung der **Ernährung** der Bevölkerung[3],
- Arbeiten zur Sicherung der **Versorgung** mit Elektrizität, Gas und Wasser[4],
- **Notfällen** und **Katastrophen im Ausland**, die sofortige Hilfe erfordern[5],
- Belangen der Landesverteidigung[6],
- Maßnahmen zur Aufrechterhaltung des **Verkehrs**[7],
- Maßnahmen zum Schutz größerer Mengen von **Lebensmitteln** vor dem Verderben[8], wenn §§ 10 I, 14 I nicht ausreicht, aber ein überragendes öffentl. Interesse vorliegt[9],
- **Existenzgefährdung eines Betriebs**[10], jedoch nicht, wenn und soweit der existenzgefährdete Betrieb in seinem gegenwärtigen Umfang auf der Übertretung arbeitszeitrechtl. Vorschriften aufgebaut ist und die Existenzgefährdung allein daraus resultiert, dass die Aufsichtsbehörde auf die Einhaltung der geltenden arbeitszeitrechtl. Vorschriften dringt[11],
- Arbeiten aus Anlass von Dienst-, Werk- und Sachleistungen im Rahmen **notstandsrechtl. Regelungen**[12].

11 b) **Verfahren und Rechtsschutz.** Ausnahmen nach Abs. 2 setzen einen Antrag des ArbGeb voraus, der nach den ZuständigkeitsVO der Länder regelmäßig nicht bei den Gewerbe- bzw. Arbeitsschutzämtern, sondern bei den obersten Arbeitsschutzbehörden[13] bzw. bei der Bezirksregierung[14] zu stellen ist. Der ArbGeb hat keinen Anspruch auf Erteilung der Ausnahmebewilligung[15]. Er hat jedoch einen Anspruch auf ermessensfehlerfreie Entscheidung[16] und kann ggf. eine Untätigkeitsklage erheben. Regelmäßig wird die Ausnahmebewilligung mit **Nebenbestimmungen** versehen[17]. So kann die Ausnahmebewilligung befristet und/oder mit einem Widerrufsvorbehalt versehen werden. Möglich sind auch **Auflagen** zur Vermeidung von Gesundheitsgefahren für die ArbN[18]. Ein **Dritter** kann nicht geltend machen, durch die einem Mitbewerber erteilte Ausnahmebewilligung in eigenen Rechten verletzt zu sein. Abs. 2 dient nicht dem Schutz des Konkurrenten[19]. Es besteht auch kein im Verwaltungsrechtsweg durchsetzbarer Anspruch eines Unternehmens darauf, dass die zuständige Arbeitsschutzbehörde gegen ein anderes Unternehmen zur Unterbindung von nicht genehmigter Sonntagsarbeit **ordnungsbehördl.** oder **strafrechtl. Maßnahmen** einleitet[20].

11a 3. **Offshore-Arbeiten (Abs. 2a).** Für ArbN, die Offshore-Tätigkeiten iSd. Abs. 2a durchführen, sowie für Besatzungsmitglieder gelten im Küstenmeer, in der ausschließlichen Wirtschaftszone sowie auf Schiffen, von denen aus Offshore-Tätigkeiten durchgeführt werden, Sonderregelungen, die in der Offshore-Arbeitszeitverordnung[21] aufgeführt sind. Sie ermöglichen es, die Arbeitseinsätze auch arbeitsrechtlich flexibel zu gestalten[22]. So darf die tägliche Arbeitszeit bspw. abweichend von den §§ 3, 6 II und 11 II auf bis zu zwölf Stunden verlängert werden (§ 3 Offshore-AZVO). Der ArbGeb hat allerdings nach § 6 Offshore-AZVO dafür zu sorgen, dass seine ArbN nicht mehr als 21 unmittelbar aufeinander folgende Tage auf See verbringen und nicht an mehr als an sieben Tagen, davon jeweils höchstens zwei unmittelbar aufeinander folgende Tage, mit einer verlängerten täglichen Arbeitszeit nach § 3 I über zehn Stunden hinaus mit Offshore-Tätigkeiten beschäftigt werden.

12 4. **Bundeswehr (Abs. 3, 3a).** Abs. 3 erlaubt, aus zwingenden Gründen der Verteidigung von den geltenden arbeitszeitrechtl. Bestimmungen abweichende Arbeitszeiten festzulegen und die ArbN zur Leis-

---

1 BayVGH v. 18.8.1980 – 190 XXII 77, GewArch 1981, 22; *Anzinger/Koberski*, § 15 Rz. 29. || 2 MAGS NRW, § 15 Nr. 2.1. || 3 *Baeck/Deutsch*, § 15 Rz. 33. || 4 *Neumann/Biebl*, § 15 Rz. 9; *Baeck/Deutsch*, § 15 Rz. 33. || 5 *Baeck/Deutsch*, § 15 Rz. 33. || 6 *Neumann/Biebl*, § 15 Rz. 9. || 7 *Baeck/Deutsch*, § 15 Rz. 33. || 8 *Neumann/Biebl*, § 15 Rz. 9; *Baeck/Deutsch*, § 15 Rz. 33. || 9 *Anzinger/Koberski*, § 15 Rz. 29. || 10 *Baeck/Deutsch*, § 15 Rz. 33. || 11 BayVGH v. 18.8.1980 – 190 XXII 77, GewArch 1981, 22. || 12 BT-Drs. 12/588, 31. || 13 *Anzinger/Koberski*, § 15 Rz. 36. || 14 So etwa in NRW gem. Anlage III, Nr. 4.1 der VO zur Regelung von Zuständigkeiten auf dem Gebiet des Arbeits- und technischen Gefahrenschutze v. 25.1.2000, GV NRW 2000, S. 54. || 15 *Anzinger/Koberski*, § 15 Rz. 35; *Baeck/Deutsch*, § 15 Rz. 38. || 16 *Neumann/Biebl*, § 15 Rz. 10; *Baeck/Deutsch*, § 15 Rz. 38. || 17 *Neumann/Biebl*, § 15 Rz. 10. || 18 *Neumann/Biebl*, § 15 Rz. 10. || 19 OVG Rh.-Pf. 8.2.1993 – 11 B 12228/92, NVwZ 1993, 699 zu § 28 AZO; *Baeck/Deutsch*, § 15 Rz. 40; s.a. BVerwG 23.3.1982 – 1 C 157/79, NJW 1982, 2513 zu § 23 I LSchlG. || 20 VG Düss. 30.6.1959 – 7 K 3731/58, WA 1959, 190 zu § 28 AZO. || 21 Verordnung über die Arbeitszeit bei Offshore-Tätigkeiten v. 5.7.2013 (BGBl. I S. 2228); dazu *Eckstein*, NZA 2013, 1060 f. || 22 *Eckstein*, NZA 2013, 1060.

tung der abweichenden Arbeitszeiten tatsächlich zu verpflichten[1]. Die Rechtsnormen einer solchen VO gelten gem. § 56 Ia ZA NTS auch für die ArbVerh der **zivilen Beschäftigten bei den Stationierungsstreitkräften** in Deutschland[2].

Um die Teilnahme von zivilen Beschäftigten der Marine an Mandatseinsätzen oder diesen vergleichbaren Einsätzen im Ausland oder auf See erfüllen zu können, darf das Bundesministerium für Verteidigung mit Zustimmung des BMAS durch eine RechtsVO regeln, bei welchen Tätigkeiten und in welchem Umfang Abweichungen von den Bestimmungen des ArbZG zwingend erforderlich sind. Im Gegensatz zu Abs. 3 enthält die Vorschrift keine Ermächtigung, die ArbN tatsächlich zur Arbeitsleistung zu verpflichten. Die VO kann lediglich den erweiterten rechtl. Rahmen vorgeben, innerhalb dessen die TV-Parteien, die Betriebspartner oder die Arbeitsvertragsparteien die konkreten Arbeitszeiten festlegen[3]. Der Gesetzgeber hat hier von einer Ausnahmebestimmung der RL 89/391/EWG des Rates v. 12.6.1989 über die Durchführung von Maßnahmen zur Verbesserung der Sicherheit und des Gesundheitsschutzes der Arbeitnehmer bei der Arbeit Gebrauch gemacht. Anders als Abs. 3 erlaubt Abs. 3a, von den geltenden arbeitszeitrechtl. Bestimmungen abweichende Arbeitszeiten auch ohne zwingende Gründe der Verteidigung festzulegen[4].

12a

5. Ausgleichspflicht (Abs. 4). Durch Abs. 4 wird klargestellt, dass bei den nach Abs. 1 und 2 zugelassenen Ausnahmen der Durchschnitt von 48 Stunden je Woche im Ausgleichszeitraum von sechs Kalendermonaten oder 24 Wochen nicht überschritten werden darf.

13

Fünfter Abschnitt. Durchführung des Gesetzes

16 *Aushang und Arbeitszeitnachweise*
(1) Der Arbeitgeber ist verpflichtet, einen Abdruck dieses Gesetzes, der auf Grund dieses Gesetzes erlassenen, für den Betrieb geltenden Rechtsverordnungen und der für den Betrieb geltenden Tarifverträge und Betriebs- oder Dienstvereinbarungen im Sinne des § 7 Abs. 1 bis 3, §§ 12 und 21a Abs. 6 an geeigneter Stelle im Betrieb zur Einsichtnahme auszulegen oder auszuhängen.

(2) Der Arbeitgeber ist verpflichtet, die über die werktägliche Arbeitszeit des § 3 Satz 1 hinausgehende Arbeitszeit der Arbeitnehmer aufzuzeichnen und ein Verzeichnis der Arbeitnehmer zu führen, die in eine Verlängerung der Arbeitszeit gemäß § 7 Abs. 7 eingewilligt haben. Die Nachweise sind mindestens zwei Jahre aufzubewahren.

I. Inhalt und Zweck. § 16 enthält einmal die Pflicht des ArbGeb, einen Abdruck der maßgeblichen arbeitszeitrechtl. Bestimmungen im Betrieb zur Einsichtnahme auszulegen oder auszuhängen. Dies soll den ArbN ermöglichen, die für sie geltenden Schutzbestimmungen an geeigneter Stelle im Betrieb kennen zu lernen[5]. Ferner wird der ArbGeb verpflichtet, die über die werktägl. Arbeitszeit des § 3 S. 1 hinausgehende Arbeitszeit der ArbN aufzuzeichnen und die Aufzeichnungen mindestens zwei Jahre aufzubewahren. Schließlich muss er ein Verzeichnis der ArbN führen, die einer Verlängerung ihrer Arbeitszeit zugestimmt haben, und dieses Verzeichnis mindestens zwei Jahre aufbewahren.

1

II. Die einzelnen Pflichten. 1. Aushangpflicht (Abs. 1). a) Umfang. Die Aushangpflicht umfasst das ArbZG, die auf Grund dieses Gesetzes erlassenen, für den Betrieb geltenden **RechtsVOen** und die für den Betrieb geltenden **TV**, **BV** und **DV** iSd. § 7 I–III und des § 12. ArbGeb, die regelmäßig mindestens drei **Jugendliche** beschäftigen, haben darüber hinaus gem. § 48 JArbSchG einen Aushang über Beginn und Ende der regelmäßigen tägl. Arbeitszeit und der Pausen der Jugendlichen an geeigneter Stelle im Betrieb anzubringen.

2

b) Ort des Aushangs. Geeignet sind solche Stellen im **Betrieb**, an denen der ArbN sich in Ruhe mit den Vorschriften vertraut machen kann, ohne dass er sich von dem ArbGeb beaufsichtigt fühlt[6]. **Beispiele: Schwarze Bretter, Aufenthalts- und Pausenräume**[7]. Ungeeignet wäre die Auslegung der Vorschriften im Büro des Vorgesetzten, im Personalbüro oder beim ArbGeb selbst[8]. Führt der ArbGeb keinen Betrieb, sondern lediglich einen **Privathaushalt**, in dem er ArbN beschäftigt, entfällt eine Auslege- und Aushangpflicht[9].

3

c) Sanktionen. Kommt der ArbGeb seiner Verpflichtung aus Abs. 1 nicht nach, handelt er ordnungswidrig (§ 22 I Nr. 8). Ein Schadensersatzanspruch des ArbN wegen einer Verletzung dieser Pflicht kommt jedoch nicht in Betracht, da § 16 I kein Schutzgesetz iSd. § 823 II BGB ist[10].

4

2. Aufzeichnungs- und Nachweispflicht (Abs. 2). Die Vorschrift verpflichtet den ArbGeb, die über die werktägl. Arbeitszeit des § 3 S. 1 hinausgehende Arbeitszeit der ArbN aufzuzeichnen und die Aufzeichnungen mindestens zwei Jahre aufzubewahren. Die Nachweispflicht des ArbGeb ist notwendig, um die

5

---

1 BT-Drs. 17/9340, 53. ||2 BT-Drs. 12/5888, 31. ||3 BT-Drs. 17/9340, 53. ||4 BT-Drs. 17/9340, 53. ||5 BT-Drs. 12/5888, 31. ||6 *Neumann/Biebl*, § 16 Rz. 1. ||7 *Neumann/Biebl*, § 16 Rz. 1. ||8 *Neumann/Biebl*, § 16 Rz. 1. ||9 *Baeck/Deutsch*, § 16 Rz. 16; aA *Anzinger/Koberski*, § 16 Rz. 4. ||10 *Neumann/Biebl*, § 16 Rz. 4.

Überwachung des Gesetzes durch die Aufsichtsbehörden sicherzustellen[1]. Im Hinblick auf die Erweiterung des Ausgleichszeitraums zur Erreichung der durchschnittl. tägl. Arbeitszeit sowie der umfangreichen Möglichkeiten, durch TV und BV abweichende Regelungen festzulegen, wäre anderenfalls eine Überwachung durch die Aufsichtsbehörden nicht gewährleistet[2]. Durch die Beschränkung der Nachweispflicht auf die über die werktägl. Arbeitszeit des § 3 S. 1 hinausgehenden Arbeitszeiten soll unnötiger Aufwand vermieden werden[3]. Während der RegE zunächst eine Aufbewahrungspflicht von mindestens einem Jahr vorgesehen hatte[4], ist die Aufbewahrungsfrist gem. den Vorschlägen des Bundesrates[5] und des Ausschusses für Arbeit und Sozialpolitik[6] im Hinblick auf die Verjährungsfrist von zwei Jahren für Ordnungswidrigkeiten (§ 31 II Nr. 2 OWiG) auf mindestens zwei Jahre verlängert worden. Seit 2004 ist der ArbGeb zudem verpflichtet, ein Verzeichnis der ArbN zu führen, die in eine Verlängerung ihrer Arbeitszeit nach § 7 VII eingewilligt haben. Das Verzeichnis kann in schriftl. Form oder als Datei geführt werden. Die Einwilligungen selbst müssen jedoch schriftl. vorliegen. Das Verzeichnis und die Einwilligungserklärungen sind mindestens zwei Jahre nach der letzten Verlängerung der Arbeitszeit eines der betroffenen ArbN aufzubewahren.

6 **a) Umfang der Aufzeichnungspflicht.** Aufzeichnungspflichtig sind nach Sinn und Zweck der Vorschrift nicht nur die werktägl. Arbeitszeiten, die über acht Stunden hinausgehen, sondern auch der erforderliche Ausgleich der Mehrarbeit durch Arbeitszeitverkürzung an anderen Tagen innerhalb des Ausgleichszeitraums[7].

7 **b) Form.** Für die Arbeitszeitnachweise ist **keine bestimmte Form** vorgeschrieben. Es reicht aus, wenn sich aus ihnen die Überschreitung der Achtstundengrenze und der entsprechende Ausgleich ergeben. Der Nachweis kann daher durch **Stundenzettel**, **Stempeluhrkarten**, **Lohnlisten** und andere **Arbeitszeitkarten** geführt werden, wenn sich aus ihnen die von den ArbN geleistete tägl. Arbeitszeit ergibt[8]. Zulässig sind auch Eigenaufschreibungen der ArbN sowie der Nachweis durch Datenverarbeitungsanlagen und Zeiterfassungssysteme, wenn die gespeicherten Daten für die Aufsichtsbehörde jederzeit abrufbar sind[9].

8 **c) Mehrere Arbeitsverhältnisse.** Bei ArbN mit mehreren ArbVerh muss derjenige ArbGeb die Zeitnachweise führen, bei dem die Acht-Stunden-Grenze überschritten wird[10].

9 **d) Aufbewahrungsfrist.** Die Aufbewahrungsfrist richtet sich nach §§ 187 I, 188 II BGB[11]. Sie beginnt mit dem Tag, der auf den letzten Tag der Eintragung folgt, und endet mit Ablauf des entsprechenden Monatstages, an dem die Aufzeichnung erfolgte.

- **Beispiel:** Der ArbN arbeitet am 3.5.2011 mehr als acht Stunden. In diesem Falle beginnt die Aufbewahrungsfrist mit dem 4.5.2011 und endet am 3.5.2013.

Liegt der Ausgleichszeitraum vor der geleisteten Mehrarbeit, sind die entsprechenden Unterlagen mit der Aufzeichnung der Mehrarbeit aufzubewahren.

10 **e) Bußgeldrechtliche Sanktionen.** Der schuldhafte Verstoß gegen die Aufzeichnungs- und Aufbewahrungspflicht stellt eine Ordnungswidrigkeit dar (§ 22 I Nr. 9). Dies ist hinsichtlich der Arbeitszeitnachweise eindeutig. Hingegen dürften Verstöße gegen die Verpflichtung, ein Verzeichnis der ArbN zu führen, die einer Verlängerung ihrer Arbeitszeit zugestimmt haben, nicht vom Wortlaut des § 22 I Nr. 9 erfasst sein, da der Gesetzgeber insoweit eine Folgeänderung unterlassen hat.

17 Aufsichtsbehörde

(1) Die Einhaltung dieses Gesetzes und der auf Grund dieses Gesetzes erlassenen Rechtsverordnungen wird von den nach Landesrecht zuständigen Behörden (Aufsichtsbehörden) überwacht.

(2) Die Aufsichtsbehörde kann die erforderlichen Maßnahmen anordnen, die der Arbeitgeber zur Erfüllung der sich aus diesem Gesetz und den auf Grund dieses Gesetzes erlassenen Rechtsverordnungen ergebenden Pflichten zu treffen hat.

(3) Für den öffentlichen Dienst des Bundes sowie für die bundesunmittelbaren Körperschaften, Anstalten und Stiftungen des öffentlichen Rechts werden die Aufgaben und Befugnisse der Aufsichtsbehörde vom zuständigen Bundesministerium oder den von ihm bestimmten Stellen wahrgenommen; das Gleiche gilt für die Befugnisse nach § 15 Abs. 1 und 2.

(4) Die Aufsichtsbehörde kann vom Arbeitgeber die für die Durchführung dieses Gesetzes und der auf Grund dieses Gesetzes erlassenen Rechtsverordnungen erforderlichen Auskünfte verlangen. Sie kann ferner vom Arbeitgeber verlangen, die Arbeitszeitnachweise und Tarifverträge oder Betriebs- und Dienstvereinbarungen im Sinne des § 7 Abs. 1 bis 3, §§ 12 und 21a Abs. 6 vorzulegen oder zur Einsicht einzusenden.

---

1 BT-Drs. 12/5888, 31. ||2 BT-Drs. 12/5888, 31. ||3 BT-Drs. 12/5888, 31. ||4 BT-Drs. 12/5888, 10. ||5 BT-Drs. 12/5888, 45. ||6 BT-Drs. 12/6990, 44. ||7 *Neumann/Biebl*, § 16 Rz. 6; KassHdb/*Schliemann*, 2.5 Rz. 776; aA *Baeck/Deutsch*, § 16 Rz. 24. ||8 *Anzinger/Koberski*, § 16 Rz. 12. ||9 *Anzinger/Koberski*, § 16 Rz. 12. ||10 *Anzinger/Koberski*, § 16 Rz. 14. ||11 *Anzinger/Koberski*, § 16 Rz. 17; *Baeck/Deutsch*, § 16 Rz. 34.

(5) Die Beauftragten der Aufsichtsbehörde sind berechtigt, die Arbeitsstätten während der Betriebs- und Arbeitszeit zu betreten und zu besichtigen; außerhalb dieser Zeit oder wenn sich die Arbeitsstätten in einer Wohnung befinden, dürfen sie ohne Einverständnis des Inhabers nur zur Verhütung von dringenden Gefahren für die öffentliche Sicherheit und Ordnung betreten und besichtigt werden. Der Arbeitgeber hat das Betreten und Besichtigen der Arbeitsstätten zu gestatten. Das Grundrecht der Unverletzlichkeit der Wohnung (Artikel 13 des Grundgesetzes) wird insoweit eingeschränkt.

(6) Der zur Auskunft Verpflichtete kann die Auskunft auf solche Fragen verweigern, deren Beantwortung ihn selbst oder einen der in § 383 Abs. 1 Nr. 1 bis 3 der Zivilprozessordnung bezeichneten Angehörigen der Gefahr strafgerichtlicher Verfolgung oder eines Verfahrens nach dem Gesetz über Ordnungswidrigkeiten aussetzen würde.

I. Inhalt und Zweck. § 17 regelt die Überwachungsaufgaben der Aufsichtsbehörden und die hierzu notwendigen Befugnisse[1].

II. Die einzelnen Bestimmungen. 1. Bestimmung der Aufsichtsbehörden. Nach Abs. 1 werden die zuständigen Aufsichtsbehörden nach Landesrecht bestimmt. Zuständige Behörden sind nach den ZuständigkeitsVOen der Länder idR die **staatlichen Ämter für Arbeitsschutz** bzw. die **Gewerbeaufsichtsämter**. Teilweise sind bestimmte Befugnisse übergeordneten Behörden vorbehalten.

2. Ermächtigung. In Abs. 2 werden die Aufsichtsbehörden zur Anordnung solcher Maßnahmen ermächtigt, die der ArbGeb zur Erfüllung der sich aus dem ArbZG und der hierauf gestützten RechtsVO treffen muss. Hierdurch wird es den Aufsichtsbehörden ermöglicht, die Einhaltung der von ihr zu überwachenden Vorschriften durchzusetzen[2]. Den Aufsichtsbehörden stehen dabei die **Befugnisse der Ortspolizeibehörde** zu[3]. Stellt die Aufsichtsbehörde Verstöße fest, wird sie den ArbGeb regelmäßig zunächst auf die Zuwiderhandlungen hinweisen und zu gesetzmäßigem Handeln auffordern[4]. Besteht eine Wiederholungsgefahr, kann die Behörde durch Verwaltungsakt die notwendigen Anordnungen treffen[5], wobei sie ein ihr eingeräumtes Ermessen pflichtgemäß auszuüben und die Grundsätze der Gleichbehandlung und Verhältnismäßigkeit zu beachten hat[6]. Diese Maßnahmen unterliegen der vollen verwaltungsgerichtl. Kontrolle[7].

3. Öffentlicher Dienst. Abs. 3 regelt die Überwachungszuständigkeit für den öffentl. Dienst des Bundes sowie für die unmittelbaren Körperschaften, Anstalten und Stiftungen des öffentl. Rechts[8].

4. Auskunftspflicht. Nach Abs. 4 S. 1 ist der ArbGeb verpflichtet, den Aufsichtsbehörden alle Auskünfte zu erteilen, die zur Erfüllung ihrer Aufgaben notwendig sind[9]. Das Auskunftsverlangen kann auch **mündlich** oder **telefonisch** ergehen[10]. Auf Verlangen muss der ArbGeb gem. § 14 IV 2 auch die vorhandenen Unterlagen über die Arbeitszeit sowie die TV oder BV iSd. § 7 I–III und des § 12 vorlegen. Ggf. kann der ArbGeb verpflichtet werden, die täglichen Arbeitszeiten und Ruhepausenzeiten insg. aufzuzeichnen und aufzubewahren. Diese Verpflichtungen gehen zwar über § 16 II hinaus, wonach der ArbGeb nur die über die werktägliche Arbeitszeit der ArbN hinausgehende Arbeitszeit festhalten und die Nachweise mindestens zwei Jahre aufbewahren muss. Sie können aber erforderlich sein, um der Aufsichtsbehörde die Nachprüfung zu ermöglichen, ob Überschreitungen der werktäglichen Arbeitszeit bzw. Verkürzungen der Mindestruhezeiten vorgekommen sind und ob die gesetzl. Voraussetzungen hierfür vorlagen[11]. Die Auskünfte und Unterlagen können **unabhängig von Besichtigungen** verlangt werden[12]. Benötigt der ArbGeb die Originalunterlagen für seine tägliche Arbeit, kann die Behörde nur in besonderen Fällen eine **Übersendung** verlangen[13]. Die **Kosten** der Übersendung trägt der ArbGeb[14]. Ob der **BR** nach § 89 I 2 BetrVG berechtigt ist, der Aufsichtsbehörde auf einzelne ArbN bezogene Arbeitszeiten mitzuteilen, hängt davon ab, ob die Datenübermittlung im Einzelfall zur Wahrung der berechtigten Interessen des BR oder der Aufsichtsbehörde erforderlich ist und schutzwürdige Interessen der betroffenen ArbN nicht entgegenstehen[15].

5. Befugnisse der Aufsichtsbehörde. Nach Abs. 5 ist es den Beauftragten der Aufsichtsbehörde gestattet, die Arbeitsstätte ohne entsprechende Anordnung zu **betreten** und zu **besichtigen**[16]. Der ArbGeb ist insoweit zur Duldung verpflichtet[17]. Dieses Betretungsrecht steht den Beauftragten der Aufsichtsbehörde nicht nur zu den üblichen Betriebs- und Arbeitszeiten zu[18], sondern auch dann, wenn der Betrieb etwa ausnahmsweise an **Sonn- und Feiertagen** arbeitet[19]. Denn gerade in solchen Fällen setzt eine wirksame Kontrolle die Besichtigung der Arbeitsstätte voraus[20]. Insoweit wird das Grundrecht des ArbGeb aus Art. 13 GG eingeschränkt. **Außerhalb der Betriebs- und Arbeitszeit** bedarf das Betreten und die Besichtigung der Arbeitsstätten der **Einwilligung des ArbGeb**, wenn nicht dringende

---

1 BT-Drs. 12/5888, 32. ||2 BT-Drs. 12/5888, 32. ||3 BVerwG 4.7.1989 – 1 C 3/87, NJW 1990, 529; *Neumann/Biebl*, § 17 Rz. 2. ||4 *Anzinger/Koberski*, § 17 Rz. 10. ||5 *Anzinger/Koberski*, § 17 Rz. 10. ||6 *Anzinger/Koberski*, § 17 Rz. 9; *Baeck/Deutsch*, § 17 Rz. 22. ||7 *Neumann/Biebl*, § 17 Rz. 2; *Anzinger/Koberski*, § 17 Rz. 10. ||8 BT-Drs. 12/5888, 32. ||9 BT-Drs. 12/5888, 32. ||10 *ErfK/Wank*, § 17 ArbZG Rz. 5. ||11 VGH Bayern 26.10.2011 – 22 CS 11.1989. ||12 BT-Drs. 12/5888, 32. ||13 *Anzinger/Koberski*, § 17 Rz. 20. ||14 *Anzinger/Koberski*, § 17 Rz. 20. ||15 BAG 3.6.2003 – 1 ABR 19/02, AP Nr. 1 zu § 89 BetrVG. ||16 BT-Drs. 12/5888, 32. ||17 BT-Drs. 12/5888, 32. ||18 So noch der RegE, BT-Drs. 12/5888, 10. ||19 BT-Drs. 12/6990, 44. ||20 BT-Drs. 12/6990, 44.

Gefahren für die öffentl. Sicherheit und Ordnung drohen. Dieselbe Voraussetzung gilt, wenn sich die Arbeitsstätte in einer Wohnung befindet. Der ArbGeb, der die Maßnahmen der Aufsichtsbehörde nicht duldet, handelt ordnungswidrig (§ 22 I Nr. 9).

7 **6. Auskunftsverweigerungsrecht. Abs. 6** enthält eine übliche Regelung über das Auskunftsverweigerungsrecht[1] und erstreckt sich nur auf **einzelne Fragen**[2]. Nach dem ausdrückl. Gesetzeswortlaut bezieht sich das Auskunftsverweigerungsrecht lediglich auf die Auskünfte nach Abs. 4 S. 1. Dies entspricht auch Sinn und Zweck der Vorschrift. Anderenfalls wäre die in § 16 II vorgeschriebene Aufzeichnungspflicht sinnlos, deren Zweck es gerade ist, die Überwachung der Einhaltung des ArbZG durch die Aufsichtsbehörden sicherzustellen[3]. Der ArbGeb kann daher nicht die Herausgabe von Unterlagen nach Abs. 4 S. 2 mit dem Hinweis verweigern, dass er sich oder einen nahen Angehörigen der Gefahr einer strafrechtl. Verfolgung oder eines Verfahrens nach dem OWiG aussetzen würde[4]. Dem Verbot der Selbstbelastung ist bereits durch das Auskunftsverweigerungsrecht hinreichend Rechnung getragen[5].

8 **III. Bußgeldrechtliche Sanktionen.** Wer vorsätzlich oder fahrlässig entgegen Abs. 4 eine Auskunft nicht, nicht richtig oder nicht vollständig erteilt, Unterlagen nicht oder nicht vollständig vorlegt oder nicht einsendet oder entgegen Abs. 5 S. 2 eine Maßnahme nicht gestattet, handelt ordnungswidrig (§ 22 I Nr. 10).

Sechster Abschnitt. Sonderregelungen

18 *Nichtanwendung des Gesetzes*
(1) Dieses Gesetz ist nicht anzuwenden auf
1. leitende Angestellte im Sinne des § 5 Abs. 3 des Betriebsverfassungsgesetzes sowie Chefärzte,
2. Leiter von öffentlichen Dienststellen und deren Vertreter sowie Arbeitnehmer im öffentlichen Dienst, die zu selbständigen Entscheidungen in Personalangelegenheiten befugt sind,
3. Arbeitnehmer, die in häuslicher Gemeinschaft mit den ihnen anvertrauten Personen zusammenleben und sie eigenverantwortlich erziehen, pflegen oder betreuen,
4. den liturgischen Bereich der Kirchen und der Religionsgemeinschaften.

(2) Für die Beschäftigung von Personen unter 18 Jahren gilt an Stelle dieses Gesetzes das Jugendarbeitsschutzgesetz.

(3) Für die Beschäftigung von Arbeitnehmern als Besatzungsmitglieder auf Kauffahrteischiffen im Sinne des § 3 des Seearbeitsgesetzes gilt anstelle dieses Gesetzes das Seearbeitsgesetz.

1 **I. Inhalt und Zweck.** § 18 soll den Besonderheiten bei der Arbeitszeit bestimmter Personengruppen Rechnung tragen[6].

2 **II. Die einzelnen Ausnahmen. 1. Leitende Angestellte (Abs. 1 Nr. 1).** Die Vorschrift nimmt die leitenden Angestellten von dem Geltungsbereich des Gesetzes aus. Dabei verweist das Gesetz aus Gründen der Rechtssicherheit und Rechtsklarheit auf die Definition des leitenden Angestellten in § 5 III BetrVG[7].

3 **2. Chefärzte (Abs. 1 Nr. 1).** Ferner sind die Chefärzte, nicht hingegen die übrigen Ärzte, in Anlehnung an § 1 IIa TVöD/TV-L von dem Geltungsbereich des Gesetzes ausgenommen[8]. Unter einem „Chefarzt" versteht man in den üblichen Sprachgebrauch den ärztl. Leiter einer Krankenhausabteilung, der innerhalb seiner Zuständigkeit die ärztl. Gesamtverantwortung für die Patientenversorgung trägt und zugleich Vorgesetzter des ärztl. und nichtärztl. Dienstes seiner Abteilung ist[9].

4 **3. Dienststellenleiter und öffentlich Bedienstete mit Personalverantwortung (Abs. 1 Nr. 2).** In Abs. 1 Nr. 2 werden die Leiter von öffentl. Dienststellen, deren Vertreter sowie ArbN im öffentl. Dienst, die zu selbständigen Entscheidungen in Personalangelegenheiten befugt sind, vom Anwendungsbereich des Gesetzes ausgenommen[10]. Es handelt sich dabei um den Personenkreis, der nach Bundespersonalvertretungsrecht nicht zu den Personalvertretungen wählbar ist[11].

5 **4. Arbeitnehmer in häuslicher Gemeinschaft (Abs. 1 Nr. 3).** Der RegE sah vor, dass die Beschäftigung von ArbN im Haushalt generell nicht dem Geltungsbereich des Gesetzes unterliegen sollte[12]. Entsprechend einem Vorschlag des Bundesrates[13] und der Beschlussempfehlung des Ausschusses für Arbeit

---

1 BT-Drs. 12/5888, 32. ||2 *Baeck/Deutsch*, § 17 Rz. 38; *Anzinger/Koberski*, § 17 Rz. 31. ||3 VGH BW 13.6.2006 – 6 S 517/06. ||4 VGH BW 13.6.2006 – 6 S 517/06; *Neumann/Biebl*, § 17 Rz. 6; *Baeck/Deutsch*, § 17 Rz. 37; *Anzinger/Koberski*, § 17 Rz. 33; aA *Dobberahn*, Rz. 168. ||5 VGH BW 13.6.2006 – 6 S 517/06. ||6 BT-Drs. 12/5888, 32. ||7 BT-Drs. 12/5888, 32. ||8 BT-Drs. 12/5888, 32. ||9 KassHdb/*Schliemann*, 2.5 Rz. 812. ||10 BT-Drs. 12/5888, 32. ||11 BT-Drs. 12/5888, 32; *Neumann/Biebl*, § 18 Rz. 6. ||12 BT-Drs. 12/5888, 11, 32. ||13 BT-Drs. 12/5888, 46.

und Sozialordnung wurde die vorgesehene Ausnahmeregelung nicht Gesetzesinhalt, da das Gesetz so flexibel konzipiert sei, dass es auch den besonderen Verhältnissen im Haushalt ausreichend Rechnung trage[1]. Das Gesetz gilt daher auch für im Haushalt beschäftige Personen. Ausgenommen sind hingegen ArbN, die in häuslicher Gemeinschaft mit den ihnen anvertrauten Personen (Kinder, Jugendliche, Senioren, Behinderte, Drogenabhängige[2]) zusammenleben und sie eigenverantwortlich erziehen, pflegen und betreuen. Ein gemeinsames Wirtschaften ist insoweit nicht erforderlich[3]. Die besonderen Lebens- und Arbeitsbedingungen dieser ArbN lassen eine Unterscheidung zwischen Arbeitszeit und Freizeit nicht zu[4]. Mit dieser Ausnahmeregelung ist zugleich einer Petition der SOS-Kinderdörfer Rechnung getragen worden[5]. Hingegen bedurfte es keiner Ausnahme für mithelfende Familienangehörige, da sie die Arbeit allein auf Grund einer familienrechtl. Beziehung und nicht auf Grund einer arbeitsvertragl. Vereinbarung leisten[6]. Soweit sie jedoch auf Grundlage eines Arbeitsvertrages tätig sind, fallen sie auch unter den Geltungsbereich des ArbZG[7].

5. Liturgischer Bereich der Kirchen (Abs. 1 Nr. 4). Die Vorschrift stellt klar, dass das Gesetz im Hinblick auf Art. 4 II GG auf den liturgischen Bereich der Kirche und Religionsgemeinschaften keine Anwendung findet[8]. — 6

6. Jugendliche (Abs. 2). Die Regelung verweist für die Beschäftigung von Jugendlichen auf die Bestimmungen des JArbSchG. — 7

7. Arbeitnehmer auf Kauffahrteischiffen (Abs. 3). Für ArbN auf Kauffahrteischiffen gelten die Bestimmungen des SeeArbG, das in den §§ 42–55 Arbeitszeitvorschriften enthält. — 8

19 Beschäftigung im öffentlichen Dienst

Bei der Wahrnehmung hoheitlicher Aufgaben im öffentlichen Dienst können, soweit keine tarifvertragliche Regelung besteht, durch die zuständige Dienstbehörde die für Beamte geltenden Bestimmungen über die Arbeitszeit auf die Arbeitnehmer übertragen werden; insoweit finden die §§ 3 bis 13 keine Anwendung.

I. Inhalt und Zweck. § 19 räumt im **öffentl. Dienst** den Dienstbehörden die Befugnis ein, die für Beamte geltenden Bestimmungen über die Arbeitszeit insg. auf die ArbN zu übertragen, sofern keine tarifl. Regelung besteht. Auf diese Weise wird dem Interesse an einer **einheitlichen Arbeitszeit** von zusammenarbeitenden **ArbN und Beamten** Rechnung getragen[9]. Dies hat zur Folge, dass die §§ 3–13 keine Anwendung finden[10]. Während der RegE noch entsprechend § 13 AZO keine Einschränkung bzgl. der Art der Arbeiten vorsah[11], beschränkt das Gesetz den Geltungsbereich der Vorschrift entsprechend der Empfehlung des Ausschusses für Arbeit und Sozialpolitik[12] auf die Wahrnehmung hoheitlicher Aufgaben. Dadurch wird es ausgeschlossen, die für Beamte geltenden Arbeitszeitbestimmungen auf ArbN für solche Fälle auszuschließen, in denen privatwirtschaftl. Aufgaben durch den öffentl. Dienst wahrgenommen werden[13]. Dies dient der Vermeidung von Wettbewerbsverzerrungen[14]. — 1

II. Übertragung. Die Übertragung ist ein gestaltender Akt besonderer Art, der durch eine Verwaltungsanordnung, einen Erlass oder durch eine ähnliche Maßnahme erfolgen kann[15]. Möglich sind auch eine DV[16] und ein TV[17]. Ausgeschlossen ist hingegen ein entsprechender Verwaltungsakt, da die Behörde insoweit nicht hoheitlich handelt[18]. Mangels einer geeigneten Ermächtigungsgrundlage kommt auch keine RechtsVO in Betracht[19]. — 2

III. Kein entgegenstehender Tarifvertrag. Eine Übertragung kommt jedoch nur in Betracht, soweit kein TV besteht. Die Nachwirkung von TV ist einem bestehenden TV im Rahmen des § 19 anders als bei § 25 nicht gleichgestellt. Die praktische Bedeutung der Vorschrift war bislang gering, da die Arbeitszeit für die Angestellten und Arbeiter des öffentl. Dienstes im BAT bzw. den entsprechenden TV für Arbeiter geregelt war[20] und nunmehr in §§ 6–11 TVöD/TV-L geregelt ist. — 3

20 Beschäftigung in der Luftfahrt

Für die Beschäftigung von Arbeitnehmern als Besatzungsmitglieder von Luftfahrzeugen gelten an Stelle der Vorschriften dieses Gesetzes über Arbeits- und Ruhezeiten die Vorschriften über Flug-, Flugdienst- und Ruhezeiten der Zweiten Durchführungsverordnung zur Betriebsordnung für Luftfahrtgerät in der jeweils geltenden Fassung.

---

1 BT-Drs. 12/5888, 46; BT-Drs. 12/6990, 44. ||2 *Neumann/Biebl*, § 18 Rz. 7. ||3 *Baeck/Deutsch*, § 18 Rz. 22; aA Kass Hdb/*Schliemann*, 2.5 Rz. 816. ||4 BT-Drs. 12/6990, 44. ||5 BT-Drs. 12/6990, 44. ||6 BT-Drs. 12/5888, 32. ||7 BT-Drs. 12/5888, 33. ||8 BT-Drs. 12/5888, 33. ||9 BT-Drs. 12/5888, 33. ||10 BT-Drs. 12/5888, 33. ||11 BT-Drs. 12/5888, 11, 33. ||12 BT-Drs. 12/6990, 20. ||13 BT-Drs. 12/6990, 44. ||14 BT-Drs. 12/6990, 44. ||15 *Anzinger/Koberski*, § 19 Rz. 25, 28. ||16 *Anzinger/Koberski*, § 19 Rz. 27. ||17 *Baeck/Deutsch*, § 19 Rz. 23; *Neumann/Biebl*, § 19 Rz. 2; aA *Anzinger/Koberski*, § 19 Rz. 26. ||18 *Anzinger/Koberski*, § 19 Rz. 24; *Baeck/Deutsch*, § 19 Rz. 23. ||19 So zutr. *Anzinger/Koberski*, § 19 Rz. 24; *Baeck/Deutsch*, § 19 Rz. 23; aA *Neumann/Biebl*, § 19 Rz. 2. ||20 *Neumann/Biebl*, § 19 Rz. 5.

ArbZG § 20 Rz. 1 Beschäftigung in der Luftfahrt

1 § 20 trägt den Besonderheiten in der Luftfahrt Rechnung und lässt die aus Gründen der Verkehrssicherheit erlassenen Vorschriften den arbeitsschutzrechtl. Bestimmungen vorgehen[1]. Für Besatzungsmitglieder von Luftfahrzeugen gelten daher die Bestimmungen der Zweiten DurchführungsVO zur Betriebsordnung für Luftfahrtgerät. Nach wohl hM verdrängen die Spezialregelungen der VO nicht nur die § 3 und § 5, sondern die §§ 5–13 insgesamt[2]. Zur Frage der Anrechnung von Transferzeiten auf Ruhezeiten s. BAG 21.1.2003 – 9 AZR 600/01[3].

2 Die europaweit unterschiedlich geregelten Arbeitszeiten der Piloten und Flugbegleiter befinden sich in der politischen Diskussion. Die Kommission hat einen VO-Entwurf[4] vorgelegt, der neue Regeln zur einheitlichen Beschränkung von Flug- und Bereitschaftszeiten enthält, günstigere nationale Bestimmungen aber zulässt. Das Europäische Parlament hat sich in einer Abstimmung am 9.10.2013 dem Vorschlag nicht widersetzt.

21 Beschäftigung in der Binnenschifffahrt

Die Vorschriften dieses Gesetzes gelten für die Beschäftigung von Fahrpersonal in der Binnenschifffahrt, soweit die Vorschriften über Ruhezeiten der Binnenschiffsuntersuchungsordnung in der jeweils geltenden Fassung dem nicht entgegenstehen. Sie können durch Tarifvertrag der Eigenart der Binnenschifffahrt angepasst werden.

1 Grds. gelten die Bestimmungen des ArbZG in der Binnenschifffahrt. Nur die Vorschriften über Ruhezeiten in der Binnenschiffsuntersuchungsordnung[5] in der jeweils geltenden Fassung gehen diesen Regelungen vor[6].

21a Beschäftigung im Straßentransport

(1) Für die Beschäftigung von Arbeitnehmern als Fahrer oder Beifahrer bei Straßenverkehrstätigkeiten im Sinne der Verordnung (EG) Nr. 561/2006 des Europäischen Parlaments und des Rates vom 15. März 2006 zur Harmonisierung bestimmter Sozialvorschriften im Straßenverkehr und zur Änderung der Verordnungen (EWG) Nr. 3821/85 und (EG) Nr. 2135/98 des Rates sowie zur Aufhebung der Verordnung (EWG) Nr. 3820/85 des Rates (ABl. EG Nr. L 102 S. 1) oder des Europäischen Übereinkommens über die Arbeit des im internationalen Straßenverkehr beschäftigten Fahrpersonals (AETR) vom 1. Juli 1970 (BGBl. II 1974 S. 1473) in ihren jeweiligen Fassungen gelten die Vorschriften dieses Gesetzes, soweit nicht die folgenden Absätze abweichende Regelungen enthalten. Die Vorschriften der Verordnung (EG) Nr. 561/2006 und des AETR bleiben unberührt.

(2) Eine Woche im Sinne dieser Vorschriften ist der Zeitraum von Montag 0 Uhr bis Sonntag 24 Uhr.

(3) Abweichend von § 2 Abs. 1 ist keine Arbeitszeit:

1. die Zeit, während derer sich ein Arbeitnehmer am Arbeitsplatz bereithalten muss, um seine Tätigkeit aufzunehmen,
2. die Zeit, während derer sich ein Arbeitnehmer bereithalten muss, um seine Tätigkeit auf Anweisung aufnehmen zu können, ohne sich an seinem Arbeitsplatz aufhalten zu müssen;
3. für Arbeitnehmer, die sich beim Fahren abwechseln, die während der Fahrt neben dem Fahrer oder in einer Schlafkabine verbrachte Zeit.

Für die Zeiten nach Satz 1 Nr. 1 und 2 gilt dies nur, wenn der Zeitraum und dessen voraussichtliche Dauer im Voraus, spätestens unmittelbar vor Beginn des betreffenden Zeitraums bekannt ist. Die in Satz 1 genannten Zeiten sind keine Ruhezeiten. Die in Satz 1 Nr. 1 und 2 genannten Zeiten sind keine Ruhepausen.

(4) Die Arbeitszeit darf 48 Stunden wöchentlich nicht überschreiten. Sie kann auf bis zu 60 Stunden verlängert werden, wenn innerhalb von vier Kalendermonaten oder 16 Wochen im Durchschnitt 48 Stunden wöchentlich nicht überschritten werden.

(5) Die Ruhezeiten bestimmen sich nach den Vorschriften der Europäischen Gemeinschaften für Kraftfahrer und Beifahrer sowie nach dem AETR. Dies gilt auch für Auszubildende und Praktikanten.

(6) In einem Tarifvertrag oder auf Grund eines Tarifvertrags in einer Betriebs- oder Dienstvereinbarung kann zugelassen werden,

1. nähere Einzelheiten zu den in Absatz 3 Satz 1 Nr. 1, 2 und Satz 2 genannten Voraussetzungen zu regeln,

---

1 BT-Drs. 12/5888, 33. || 2 *Anzinger/Koberski*, § 20 Rz. 3, 20; *Neumann/Biebl*, § 20; s.a. LAG Hess. 21.12.2006 – 5 TaBV 103/06, n. rkr. – zu den Ruhepausen nach § 4. || 3 BAG 21.1.2003 – 9 AZR 600/01, NZA 2003, 930; LAG Hess. 1.11.2010 – 17 Sa 968/10. || 4 Entwurf zur Änderung der Verordnung (EU) Nr. 965/2012 zur Festlegung technischer Vorschriften und von Verwaltungsverfahren in Bezug auf den Flugbetrieb gemäß der Verordnung (EG) Nr. 216/2008 des Europäischen Parlaments und des Rates, D028112/02. || 5 V. 6.12.2008, BGBl. I S. 2450. || 6 BT-Drs. 12/5888, 33.

2. abweichend von Absatz 4 sowie den §§ 3 und 6 Abs. 2 die Arbeitszeit festzulegen, wenn objektive, technische oder arbeitszeitorganisatorische Gründe vorliegen. Dabei darf die Arbeitszeit 48 Stunden wöchentlich im Durchschnitt von sechs Kalendermonaten nicht überschreiten.

§ 7 Abs. 1 Nr. 2 und Abs. 2a gilt nicht. § 7 Abs. 3 gilt entsprechend.

(7) Der Arbeitgeber ist verpflichtet, die Arbeitszeit der Arbeitnehmer aufzuzeichnen. Die Aufzeichnungen sind mindestens zwei Jahre aufzubewahren. Der Arbeitgeber hat dem Arbeitnehmer auf Verlangen eine Kopie der Aufzeichnungen seiner Arbeitszeit auszuhändigen.

(8) Zur Berechnung der Arbeitszeit fordert der Arbeitgeber den Arbeitnehmer schriftlich auf, ihm eine Aufstellung der bei einem anderen Arbeitgeber geleisteten Arbeitszeit vorzulegen. Der Arbeitnehmer legt diese Angaben schriftlich vor.

I. Entstehungsgeschichte. Mit § 21a hat der Gesetzgeber die RL 2002/15/EG v. 11.3.2002 – **FahrpersonalRL** – umgesetzt. Diese RL enthält besondere Arbeitszeitbestimmungen, die von der ArbeitszeitRL abweichen.

II. Die einzelnen Bestimmungen. 1. Persönlicher Anwendungsbereich (Abs. 1). Erfasst sind ArbN

– im **Gütertransport** auf Fahrzeugen mit einem Gesamtgewicht von über 3,5 Tonnen und
– bei der **Personenbeförderung** auf Fahrzeugen mit mehr als acht Fahrgastplätzen (**Ausnahme:** Linienverkehr mit einer Linienstrecke von bis zu 50 km und Feuerwehr-, Rettungs- und Streitkräftefahrzeuge[1]).

Für Berufsfahrer auf **anderen Fahrzeugen** gelten die Bestimmungen über Lenkzeiten, Fahrtunterbrechungen und Ruhezeiten der Verordnung (EG) Nr. 561/2006 (§ 1 FPersV). Hierzu zählen jedoch nicht Fahrer von **Straßenbahnen** im Linienverkehr mit einer Linienstrecke bis zu 50 km. Sie sind keine Fahrer iSd. § 1 I Nr. 2 FPersV und haben nicht die in Art. 6 und 7 VO Nr. 561/2006/EG vorgeschriebenen Lenkzeiten und Fahrtunterbrechungen einzuhalten[2].

2. Woche (Abs. 2). Während unter „Woche" im ArbZG ein beliebiger Zeitraum von sieben aufeinander folgenden Tagen angesehen wird, versteht das Fahrpersonalrecht darunter die **Kalenderwoche** von Montag bis Sonntag.

3. Definition der Arbeitszeit (Abs. 3). Die Arbeitszeit des Fahrpersonals umfasst die

– **Lenkzeiten.** Nach Art. 4 VO (EG) Nr. 561/2006 ist damit die Dauer der aufzuzeichnenden Lenktätigkeit gemeint. Das sind alle Zeiten, die mit der Fahrtätigkeit in Zusammenhang stehen. **Faustformel:** Solange der Motor läuft, handelt es sich um Lenkzeit (also auch vor Ampeln, Bahnübergängen oder bei Staus)[3]. Die tägl. Lenkzeit darf nach Art. 6 VO (EG) Nr. 561/2006 grds. neun Stunden nicht überschreiten und nur zweimal in der Woche auf höchstens zehn Stunden verlängert werden. Die summierte Gesamtlenkzeit während zweier aufeinander folgender Wochen darf 90 Stunden nicht überschreiten.

– **Zeiten, in denen es sich um das Fahrzeug und seine Fahrgäste kümmern muss** (Wartungsarbeiten, selbst durchgeführtes Be- oder Entladen, Reinigungsarbeiten, Arbeiten zur Ladungssicherung, Erledigung beförderungsspezifischer behördlicher Formalitäten[4] sowie von ArGeb angeordnete Anfahrten zur Übernahme eines Fahrzeugs an einem anderen Ort als der Betriebsstätte)[5].

– **Zeiten der Arbeitsbereitschaft,** deren voraussichtliche Dauer nicht im Voraus bekannt ist.

Für das Fahrpersonal sind bestimmte Zeiten, während derer es sich am Arbeitsplatz aufhalten muss, um seine Tätigkeit aufzunehmen, nicht als Arbeitszeit anzusehen. Voraussetzung ist stets, dass ihre voraussichtliche Dauer im Voraus, spätestens unmittelbar vor Beginn des betreffenden Zeitraums bekannt ist (S. 2). Hierzu zählen etwa Wartezeiten beim Be- und Entladen[6], Zeiten der Beförderung auf einer Fähre oder mit einem Zug sowie Wartezeiten an den Grenzen und infolge von Fahrverboten. Diese Zeiten müssen zwar bei der Ermittlung der Höchstarbeitszeiten nicht mitgerechnet werden. Sie sind jedoch weder Ruhezeiten noch Ruhepausen. In diese Zeiten kann eine Ruhezeit oder Ruhepause nur genommen werden, wenn sich das Fahrpersonal nicht zur Arbeitsaufnahme bereithalten muss, sondern frei über seine Zeit verfügen kann[7].

Bei ArbN, die sich beim Fahren abwechseln, ist die während der Fahrt neben dem Fahrer oder in einer Schlafkabine verbrachte Zeit nicht als Arbeitszeit anzusehen. Dies kann im Interesse der Verkehrssicherheit Anreize zur Besetzung der Fahrzeuge mit einem weiteren Fahrer bieten[8]. Allerdings schließt die Bestimmung eine Vergütung der in Abs. 3 genannten Zeiten nicht aus. Reisezeiten als Beifahrer

---

[1] BT-Drs. 16/1685, 12. ||[2] BAG 18.11.2008 – 9 AZR 737/07, NZA-RR 2009, 354. ||[3] *Heimlich*, AuR 2003, 285.
||[4] *Didier*, NZA 2007, 120 (121). ||[5] Vgl. EuGH 18.1.2001 – Rs. C-297/99; *Didier*, NZA 2007, 120 (121).
||[6] Das ist problematisch, wenn das Fahrzeug nicht in einer Wartezone abgestellt ist, sondern der Fahrer in einer Schlange steht und nach Abfertigung der vor ihm stehenden Fahrzeuge jeweils nachrücken muss, hierzu *Didier*, NZA 2007, 120 (122). ||[7] BT-Drs. 16/1685, 12. ||[8] BR-Drs. 78/05, 7.

können daher vergütungspflichtig sein, obwohl es sich hierbei nicht um Arbeitszeit im arbeitsschutzrechtlichen Sinn handelt[1].

7 **4. Höchstdauer der Arbeitszeit (Abs. 4).** Die wöchentliche Höchstarbeitszeit beträgt 48 Stunden und kann auf bis zu 60 Stunden verlängert werden, wenn der Wochendurchschnitt in vier Kalendermonaten oder 16 Kalenderwochen 48 Stunden nicht übersteigt (Art. 4a VO [EG] Nr. 561/2006). Gem. Art. 8 II VO (EG) Nr. 561/2006 kann der Bezugszeitraum durch TV auf bis zu sechs Monate verlängert werden.

8 **5. Ruhezeiten (Abs. 5).** Die Vorschrift verweist wegen der auch von Auszubildenden und Praktikanten einzuhaltenden Ruhezeiten auf europarechtl. Bestimmungen. Nach Art. 8 VO (EG) Nr. 561/2006 muss der Fahrer innerhalb von 24 Stunden nach dem Ende der vorangegangenen tägl. oder wöchentl. Ruhezeit eine neue tägl. Ruhezeit genommen haben. Beträgt der Teil der tägl. Ruhezeit, die in den 24-Stunden-Zeitraum fällt, mindestens neun Stunden, jedoch weniger als elf Stunden, so ist die fragliche tägl. Ruhezeit als reduzierte tägl. Ruhezeit anzusehen. Ein im Mehrfahrerbetrieb eingesetzter Fahrer muss innerhalb von 30 Stunden nach dem Ende einer tägl. oder wöchentl. Ruhezeit eine neue tägl. Ruhezeit von mindestens neun Stunden genommen haben. Eine tägl. Ruhezeit kann verlängert werden, so dass sich eine regelmäßige wöchentl. Ruhezeit oder eine reduzierte wöchentl. Ruhezeit ergibt. Der Fahrer darf zwischen zwei wöchentl. Ruhezeiten höchstens drei reduzierte tägl. Ruhezeiten einlegen. In zwei jeweils aufeinander folgenden Wochen hat der Fahrer mindestens zwei regelmäßige wöchentl. Ruhezeiten oder eine regelmäßige wöchentl. Ruhezeit und eine reduzierte wöchentl. Ruhezeit von mindestens 24 Stunden einzuhalten. Im letzteren Fall wird die Reduzierung durch eine gleichwertige Ruhepause ausgeglichen, die ohne Unterbrechung vor dem Ende der dritten Woche nach der betreffenden Woche genommen werden muss. Eine wöchentl. Ruhezeit beginnt spätestens am Ende von sechs 24-Stunden-Zeiträumen nach dem Ende der vorangegangenen wöchentl. Ruhezeit. Jede Ruhepause, die als Ausgleich für eine reduzierte wöchentl. Ruhezeit eingelegt wird, ist an eine andere Ruhezeit von mindestens neun Stunden anzuhängen. Sofern sich ein Fahrer hierfür entscheidet, können nicht am Standort eingelegte tägl. Ruhezeiten und reduzierte wöchentl. Ruhezeiten im Fahrzeug verbracht werden, sofern das Fahrzeug über geeignete Schlafmöglichkeiten für jeden Fahrer verfügt und nicht fährt. Eine wöchentl. Ruhezeit, die in zwei Wochen fällt, kann für eine der beiden Wochen gezählt werden, nicht aber für beide.

9 **6. Abweichungsmöglichkeiten (Abs. 6).** In TV sowie in auf Grund von TV zulässigen BV oder DV können Regelungen vereinbart werden, mit denen die Einzelheiten zu Abs. 3 näher bestimmt werden. Zudem kann die Arbeitszeit abweichend geregelt werden, sofern objektive, technische oder arbeitszeitorganisatorische Gründe vorliegen, wenn die wöchentl. Arbeitszeit 48 Stunden im Durchschnitt von sechs Kalendermonaten nicht überschreitet. Zudem stehen die Abweichungsmöglichkeiten nach § 7 zur Verfügung. Unzulässig sind jedoch die Aufteilung der Ruhepausen in Kurzpausen und die Zulassung von Arbeitszeitverlängerungen ohne Ausgleich mit Zustimmung des ArbN (S. 2)[2].

10 **7. Aufzeichnungspflicht (Abs. 7).** Über § 16 II hinaus ist der ArbGeb erpflichtet, die **gesamte Arbeitszeit** der ArbN, also nicht nur die Lenkzeiten, aufzuzeichnen. Eine besondere Form ist dafür nicht vorgeschrieben. Der ArbGeb muss dies auch nicht persönlich tun. Ausreichend sind sowohl eine Selbstaufschreibung durch den ArbN als auch das Bereithalten von entsprechenden Unterlagen wie Schaublättern, Tachoscheiben[3] oder Speicherdaten der digitalen Kontrollgeräte, sofern sich die Arbeitszeiten vollständig entnehmen lassen[4]. Auf Verlangen ist dem ArbN eine Kopie auszuhändigen. Nach Abs. 7 S. 2 muss der ArbGeb seine Aufzeichnungen über die Arbeitszeit mindestens zwei Jahre aufbewahren und gem. Abs. 7 S. 3 dem ArbN auf Verlangen **herausgeben**, und zwar unabhängig davon, ob der Fahrer mit den Daten seine Vergütungs- und Spesenabrechnungen überprüfen will oder damit einen anderen Zweck verfolgt[5].

11 **8. Zusammenrechnen von Arbeitszeiten (Abs. 8).** Die Vorschrift ergänzt § 2 II 1, wonach Arbeitszeiten bei verschiedenen ArbGeb zusammen zu rechnen sind. Nach Abs. 8 muss der ArbGeb den ArbN schriftlich auffordern, ihm eine Aufstellung der bei einem anderen ArbGeb geleisteten Arbeitszeit vorzulegen. Die durch den ArbN vorzulegende Aufstellung muss ebenfalls schriftlich erfolgen.

Siebter Abschnitt. Straf- und Bußgeldvorschriften

22 *Bußgeldvorschriften*
(1) Ordnungswidrig handelt, wer als Arbeitgeber vorsätzlich oder fahrlässig

1. entgegen §§ 3, 6 Abs. 2 oder § 21a Abs. 4, jeweils auch in Verbindung mit § 11 Abs. 2, einen Arbeitnehmer über die Grenzen der Arbeitszeit hinaus beschäftigt,
2. entgegen § 4 Ruhepausen nicht, nicht mit der vorgeschriebenen Mindestdauer oder nicht rechtzeitig gewährt,

---

1 BAG 20.4.2011 – 5 AZR 200/10, NZA 2011, 917. || 2 BT-Drs. 16/1685, 13. || 3 LAG Köln 10.11.2010 – 3 Sa 770/10. || 4 BT-Drs. 16/1685, 13. || 5 LAG Köln 19.6.2012 – 11 Sa 148/12.

Übergangsregelung für Tarifverträge   Rz. 1 § 25 ArbZG

3. entgegen § 5 Abs. 1 die Mindestruhezeit nicht gewährt oder entgegen § 5 Abs. 2 die Verkürzung der Ruhezeit durch Verlängerung einer anderen Ruhezeit nicht oder nicht rechtzeitig ausgleicht,
4. einer Rechtsverordnung nach § 8 Satz 1, § 13 Abs. 1 oder 2, § 15 Absatz 2a Nummer 2 oder § 24 zuwiderhandelt, soweit sie für einen bestimmten Tatbestand auf diese Bußgeldvorschrift verweist,
5. entgegen § 9 Abs. 1 einen Arbeitnehmer an Sonn- oder Feiertagen beschäftigt,
6. entgegen § 11 Abs. 1 einen Arbeitnehmer an allen Sonntagen beschäftigt oder entgegen § 11 Abs. 3 einen Ersatzruhetag nicht oder nicht rechtzeitig gewährt,
7. einer vollziehbaren Anordnung nach § 13 Abs. 3 Nr. 2 zuwiderhandelt,
8. entgegen § 16 Abs. 1 die dort bezeichnete Auslage oder den dort bezeichneten Aushang nicht vornimmt,
9. entgegen § 16 Abs. 2 oder § 21a Abs. 7 Aufzeichnungen nicht oder nicht richtig erstellt oder nicht für die vorgeschriebene Dauer aufbewahrt oder
10. entgegen § 17 Abs. 4 eine Auskunft nicht, nicht richtig oder nicht vollständig erteilt, Unterlagen nicht oder nicht vollständig vorlegt oder nicht einsendet oder entgegen § 17 Abs. 5 Satz 2 eine Maßnahme nicht gestattet.

(2) Die Ordnungswidrigkeit kann in den Fällen des Absatzes 1 Nr. 1 bis 7, 9 und 10 mit einer Geldbuße bis zu fünfzehntausend Euro, in den Fällen des Absatzes 1 Nr. 8 mit einer Geldbuße bis zu zweitausendfünfhundert Euro geahndet werden.

23 Strafvorschriften

(1) Wer eine der in § 22 Abs. 1 Nr. 1 bis 3, 5 bis 7 bezeichneten Handlungen
1. vorsätzlich begeht und dadurch Gesundheit oder Arbeitskraft eines Arbeitnehmers gefährdet oder
2. beharrlich wiederholt,

wird mit Freiheitsstrafe bis zu einem Jahr oder mit Geldstrafe bestraft.

(2) Wer in den Fällen des Absatzes 1 Nr. 1 die Gefahr fahrlässig verursacht, wird mit Freiheitsstrafe bis zu sechs Monaten oder mit Geldstrafe bis zu 180 Tagessätzen bestraft.

Achter Abschnitt. Schlussvorschriften

24 Umsetzung von zwischenstaatlichen Vereinbarungen und Rechtsakten der EG

Die Bundesregierung kann mit Zustimmung des Bundesrates zur Erfüllung von Verpflichtungen aus zwischenstaatlichen Vereinbarungen oder zur Umsetzung von Rechtsakten des Rates oder der Kommission der Europäischen Gemeinschaften, die Sachbereiche dieses Gesetzes betreffen, Rechtsverordnungen nach diesem Gesetz erlassen.

§ 24 soll eine etwa erforderlich werdende Erfüllung von Verpflichtungen aus zwischenstaatl. Vereinbarungen oder die Umsetzung von Rechtsakten der Kommission oder des Rates der EU durch RechtsVO ermöglichen[1]. Die **praktische Bedeutung** der Vorschrift ist, soweit es um zwischenstaatl. Vereinbarungen geht, **gering**, da Verträge, welche die politischen Beziehungen des Bundes regeln oder sich auf Gegenstände der Bundesgesetzgebung beziehen, nach Art. 59 II GG der Zustimmung oder der Mitwirkung der jeweils für die Bundesgesetzgebung zuständigen Körperschaften in der Form eines Bundesgesetzes bedürfen[2]. Da Rechtsakte der EU in Form von VO unmittelbar in jedem Mitgliedstaat gelten und daher keiner Umsetzung bedürfen, kommen lediglich **RL** oder **verbindliche Entscheidungen** zur Umsetzung in Betracht[3].   1

25 Übergangsregelung für Tarifverträge

Enthält ein am 1. Januar 2004 bestehender oder nachwirkender Tarifvertrag abweichende Regelungen nach § 7 Abs. 1 oder 2 oder § 12 Satz 1, die den in diesen Vorschriften festgelegten Höchstrahmen überschreiten, bleiben diese tarifvertraglichen Bestimmungen bis zum 31. Dezember 2006 unberührt. Tarifverträgen nach Satz 1 stehen durch Tarifvertrag zugelassene Betriebsvereinbarungen sowie Regelungen nach § 7 Abs. 4 gleich.

I. **Inhalt und Zweck.** Bestehende oder nachwirkende TV, die abweichende Regelungen iSd. §§ 7 I u. II, 12 S. 1 treffen und den gesetzl. festgelegten Rahmen überschreiten, sowie entsprechende BV, die auf einem TV beruhen, hätten mit Inkrafttreten des Gesetzes im Jahr 1994 als höherrangigem Recht ihre Wirkung verloren. Sie sollten nach dem Willen des Gesetzgebers jedoch zunächst zeitlich unbegrenzt   1

---

[1] BT-Drs. 12/5888, 33. ||[2] *Anzinger/Koberski*, § 24 Rz. 6; *Baeck/Deutsch*, § 24 Rz. 6. ||[3] *Anzinger/Koberski*, § 24 Rz. 8 ff.; *Baeck/Deutsch*, § 24 Rz. 8 ff.

fortbestehen. Der Übergangszeitraum sollte erst mit einer Ablösung der Tarifregelung enden[1]. Durch das Gesetz zu Reformen am Arbeitsmarkt v. 24.12.2003[2] wurde die Weitergeltung der TV, die Abweichungen von § 7 I, II oder § 12 S. 1 enthalten, schließlich zeitlich beschränkt. Mit Ablauf des 31.12.2006 sind tarifl. Regelungen und BV, die den in § 7 I, II oder § 12 S. 1 festgelegten Höchstrahmen überschreiten, nichtig. Die dadurch entstehenden Regelungslücken sind – soweit möglich – im Wege der ergänzenden Vertragsauslegung zu füllen.

26 *(weggefallen)*

---

1 BAG 12.12.2001 – 5 AZR 294/00, DB 2002, 1111 (insoweit nicht abgedr.). || 2 BGBl. I S. 3002.

Altersteilzeitgesetz (ATZG)

vom 23.7.1996 (BGBl. I S. 1078)
zuletzt geändert durch Gesetz vom 12.4.2012 (BGBl. I S. 579)

Vorbemerkungen

I. Einführung. Der Gesetzgeber hat Mitte 1996 aus der Not heraus, als der sog. Frühruhestand ab 55 Jahren, der Weg über die Altersarbeitslosigkeit in die gesetzl. Rente, auf einem neuen Höhepunkt war, mit der Altersteilzeit (ATZ) eine Personalanpassungsmöglichkeit geschaffen, die inzwischen nicht nur in der Praxis akzeptiert ist, sondern langfristig, auch nach Auslaufen der Förderung, vor dem Hintergrund der Anhebung des Renteneintrittsalters das Potential hat, zu einem der innovativsten Personalanpassungsinstrumente überhaupt zu werden. Soweit die positive Sicht. Leider hat der Gesetzgeber sich mit dem „Gesetz zur Förderung eines gleitenden Übergangs in den Ruhestand" mit dem ATZ-Gesetz in Art. 1[1] (im Folgenden: ATZG) sehr viel auf einmal vorgenommen. Kennzeichnend sind vor allem eine komplizierte Mischung aus Arbeits- und Sozialrecht sowie eine enge Zusammenarbeit zwischen ArbGeb und AA, die das Tagesgeschäft der Personalpraktikers schnell verlässt. Die Regelungen des ATZG, vor allem die Regelungen zur Berechnung der Aufstockungsleistungen, wurden in der betriebl. Praxis als zu kompliziert und wenig praktikabel wahrgenommen[2]. Dies vor allem, weil im Zusammenspiel von gesetzl. Mindestsicherungen und tarifrechtl. Vorschriften die Berechnung der Aufstockungsleistungen nur noch von wenigen Fachleuten durchschaut wird. Durch Art. 95 des **Dritten Gesetzes für moderne Dienstleistungen am Arbeitsmarkt** v. 23.12.2003[3] und Art. 42 des **Vierten Gesetzes für moderne Dienstleistungen am Arbeitsmarkt** v. 24.12.2003[4] wurde das ATZG für ATZ-Arbeitsverhältnisse, die nach dem 30.6.2004 begannen (§ 15g), erheblich vereinfacht. Nach den Vorstellungen des Gesetzgebers sollen die Vereinfachungen das Instrument ATZ auch bei kleineren Unternehmen attraktiver und handhabbarer machen[5]. Dass es bisher relativ wenig Rechtsstreite gibt, ist der ausführlichen Kommentierung der BA in ihren Durchführungsanweisungen[6] (DA) und einer zunehmend pragmatischen Anwendung der Behörde zu verdanken. Die folgende Kommentierung setzt sich deshalb aus der Sicht der Praxis bei wichtigen Weichenstellungen mit dieser dokumentierten Auslegung der BA auseinander. 1

1. Drei Schritte zur Entstehung. 2
- **Die Frühruhestandsproblematik 1994:** Personalanpassung über Altersarbeitslosigkeit und Frührente.
- **Das BKU-Modell 1995:** gemeinsame Lösungsalternative von BDA und DGB zur Vermeidung der Altersarbeitslosigkeit.
- **Das ATZ-Gesetz 1996:** Förderung eines gleitenden Übergangs in den Ruhestand (und von Neueinstellungen).

Im Einzelnen s. dazu 4. Aufl.
Einstweilen frei. 3–8

2. Die Chancen für eine betriebl. Akzeptanz hängen entscheidend davon ab, wie die Anreize des Gesetzes im „Marketingkonzept" der BA, in den Durchführungsanweisungen (kurz: DA) greifen. Ergänzend zu den DA geben die „Hinweise der BA für ArbGeb und ArbN zum ATZ-Gesetz"[7] eine Schnellübersicht. 9

Angeboten wird dort auch eine elektronisch gestützte Berechnung der finanziellen Auswirkungen für ArbN, die das BMAS zur Verfügung stellt. Kostenprogramme für ArbGeb stellen zT ArbGebVerbände (zB AGV Metall) zur Verfügung. 10

3. Zukunftweisendes Potential auch nach Auslaufen der Förderung durch die BA[8]. ATZ hat sicher Bedeutung gehabt für die Anpassung der Personalkapazitäten bei geburtenstarken Jahrgängen, die seit 1996 55 Jahre alt wurden. Die betriebl. Praxis hat das Instrument bisher hauptsächlich als Frühruhestandsersatz genutzt. Dieser extreme Bedarf wird auslaufen. 11

---

1 V. 23.7.1996, BGBl. I S. 1078 ff. || 2 BT-Drs. 15/1515, 75. || 3 BGBl. I S. 2848 (2910). || 4 BGBl. I S. 2954 (2993). || 5 BT-Drs. 15/1515, 75. || 6 Durchführungsanweisungen Altersteilzeit, Hrsg.: Bundesagentur für Arbeit Team OS 12, Stand Mai 2013. || 7 Im Internet verfügbar unter www.arbeitsagentur.de, Suchmaschine „Altersteilzeit" und „Finanzielle Hilfen für Arbeitgeber, Beschäftigung Älterer". || 8 Hiermit befasst sich insbesondere *Hanau*, NZA 2009, S. 225 ff. unter dem Titel „Neue Altersteilzeit". *Hanau* untersucht ua. die Verbindung mit Langzeitkonten und sieht es als denkbar an, dass das Wertguthaben in eine (steuer- und sozialversicherungsfreie) Aufstockungsleistung des ArbGeb umgewandelt werden kann (aaO S. 227). Er bewertet das (neue) durch die BA ungeförderte Modell der Altersteilzeit ab 1.1.2010 als gesetzl. Rehabilitation des Vorruhestandes, nachdem der Gesetzgeber mit dem seit 1.1.2009 geltenden Gesetz zur Verbesserung der Rahmenbedingungen für die Absicherung flexibler Arbeitszeitregelungen v. 21.12.2008 (BGBl. I S. 2940) die Altersteilzeit einbezogen habe, Umkehrschluss aus der ausdrücklichen Nichtgeltung des § 7e SGB IV nF gem. § 8a I 1 letzter Hs. ATZG. Allg. zur Verbesserung der Beschäftigungschancen älterer Arbeitnehmer und zur einschlägigen Diskussion auf dem 67. Deutschen Juristentag 2008 u.a. mit den Gutachtern und Referenten *Preis* und *Bepler*, *Kohte*, AnwBl. 2008, 575 ff. mwN.

12 Das in die Zukunft weisende Potential steckt zunächst in der Möglichkeit, die Jahrgangszugangsschwelle (55 Jahre) ohne konstruktive Veränderung an die demografische Entwicklung anzupassen und schrittweise zu erhöhen, ähnlich wie die Rentenzugangsschwelle gesetzl. in Stufen erhöht wird.

13 Die künftige Bedeutung liegt jedoch vor allem in der **besseren Nutzung des Flexibilitätspotenzials**, das zwar viel gefordert wird, aber wenig praktiziert wurde. Der Gesetzgeber hat die Vertragsparteien bei der Arbeitszeitfeinverteilung nicht eingeschränkt. Spätestens bei einsetzender Arbeitskräfteknappheit und dem betriebl. Interesse nach einer Verlängerung der Lebensarbeitszeit erfahrener ArbN wird die ATZ die Interessenausgleichs-plattform für die unterschiedlichen Bedürfnisse sein. Es dürfte zu einer Entblockung und flexiblen Verteilung der Arbeitskapazität über die gesamten Verteilzeiträume kommen (s. a. Vertragsmuster mit Anlage zur flexiblen Arbeitszeitverteilung, Rz. 17). Die Weitergabe des Erfahrungswissens an Jüngere oder die Wertsteigerung beim älteren ArbN selbst durch Nutzung seiner arbeitsfreien Zeiten für die berufliche Weiterbildung, intern oder extern, können als wertschöpfend erkannt werden und die moderne Rechtfertigung für eine überproportionale Vergütung und die weiter geltende Steuerfreiheit der vom ArbGeb gezahlten Aufstockungsbeträge sein. Die Gegenleistung für eine die hälftige Arbeitsleistung überschreitende steuerfreie Vergütung könnte aber auch die Anerkennung/Förderung außerbetriebl. ehrenamtlicher Aufgaben sein.

14 Das Management der Wiederbesetzung – jetzt auf freiwilliger, gesetzlich nicht mehr reglementierter Grundlage – und insb. die Kombination der Ressourcen von ATZ-ArbN mit Erfahrungswissen und neu eingestellten Ausgebildeten mit Ausbildungswissen oder Arbl. mit externer Erfahrung und BA-geförderten Weiterbildungswissen und/oder Eingliederungszuschüssen, kann betriebswirtschaftl. verblüffen. Es führt statistisch zu einer Kopfzahlerhöhung, aber gleichzeitig zu einer signifikanten Personalkostenreduzierung bei Qualitätssteigerung der Arbeit. Das ATZ-Instrument hat das Potential, den Nachweis zu erbringen, dass sich personalpolitisch soziales Verhalten betriebswirtschaftl. rechnet.

15 Hinweise und Bsp. mit Einsparpotential von 10–30 % finden sich bei *Stindt*, Altersteilzeit: Chancen und Probleme der Kostensenkung und Qualitätserhöhung ohne Arbeitslosigkeit, in: Hanau/Schaub (Hrsg.), Arbeitsrecht 1997, Sammelband RWS-Forum 11, S. 271–290; *Stindt*, Altersteilzeit und deren Implementierungschancen für Klein- und Mittelstands-Unternehmen (KMU) – dargestellt am einem Fallbeispiel, in: Clermont/Schmeisser (Hrsg.), Betriebliche Personal- und Sozialpolitik, 1998, S. 589 ff.; *Vogel*, Rente mit 60 – Was kostet ein „freigemachter" Arbeitsplatz?, ASP 2000, 46 ff.; krit. zur bisherigen Praxis *Menges*, Altersteilzeit – Problematisch ist weniger das Gesetz, sondern die Art und Weise, wie Unternehmen es nutzen, in: Personal 2001, S. 558 ff.; die Kombination der ATZ mit dem von der Volkswagen AG entwickelten Zeit-Wertpapier erläutern *Grawert/Knoll*, Flexibles Ende der Lebensarbeitszeit und Altersteilzeit, Das Beispiel des VW Zeit-Wertpapiers, Personal 2000, S. 114 ff.; zu Teilzeitformen *Andresen/Neise*, Rz. 520 ff. Der betriebswirtschaftl. Anreiz bleibt trotz des Auslaufens der Förderung bestehen (vgl. § 1 Rz. 2, § 3 Rz. 7). Das Einsparpotenzial muss freilich aufgrund des gesetzl. generellen Wegfalls der BA-Förderung durch Rückerstattung eines Teils der Aufstockung, die ab dem 1.1.2010 entfällt, anders berechnet werden (die Förderung für Fälle von ATZ, die bis zum 31.12.1999 begonnen haben, wird hier als „Altfälle" bezeichnet.) Der Anreiz der ATZ für Fälle ab dem 1.1.2010 (Neufälle) wird durch die Vorteile der Kombination von Wissen und Erfahrung personalpolitisch anders akzentuiert.

16 Der ATZ wird zT entgegengehalten, sie passe nicht bei der Notwendigkeit eines schnellen Personalabbaus. Die Antwort richtet sich nach Art und Höhe des Abbaubedarfs. Die sofortige Reduzierung überzähliger Arbeitszeit wird zu 50 % durch tatsächliche Halbierung der Arbeitszeit ohne Wiederbesetzung erreicht. Selbst bei Arbeitszeit-Blockbildung kann mit der Nutzung von Transfer-Kug ein sofortiger Kapazitätsabbau erreicht werden, wenn die übrigen Voraussetzungen für Transfer-Kug (§ 111 SGB III) vorliegen. Mitarbeiter in ATZ werden im gegebenen Fall wie alle anderen Mitarbeiter in einer relevanten Abteilung Transfer-Kug (sog. betriebsorganisatorische eigenständige Einheit – beE) erfasst (§ 111 III 1 Nr. 2 SGB III). Anerkannt wird allerdings nicht, wenn betriebsorganisatorisch eigenständige Einheiten nur für ältere Jahrgänge gebildet werden. Im Einzelfall dürfte die Nutzung der ATZ von der Kostenbelastung abhängen. Weil die Kombination beider gesetzl. Instrumente eine Altersarbeitslosigkeit in besonderen Drucksituationen von Personalüberkapazitäten verhindern helfen kann, sollten die Vorschriften nicht nur von der BA flexibel angewandt werden, sondern der Gesetzgeber sollte auf eine weitere Vereinfachung der Anwendung durch die betriebl. Praxis de lege ferenda hinwirken. Es muss vermieden werden, dass die ArbGebBelastung bei Alg attraktiver als bei Transfer-Kug ist.

17 **II. Mustervertrag ATZ**[1]

(Kurzfassung auf der Grundlage eines Altersteilzeit-TV, ggf. mit ergänzender BV)

Zwischen _____ (im Folgenden: ArbGeb)
und
Frau/Herrn _____ (im Folgenden: ArbN)
geboren am _____

---

[1] Weitere Muster finden sich bei *Allary/Olschewski/Waldhorst*, S. 252 ff., 290 ff.; *Andresen*, S. 251 ff.; *Gussone/Voelzke*, S. 189 ff.; *Langenbrinck/Litzka*, Altersteilzeit im öffentlichen Dienst für Tarifbeschäftigte, 5. Aufl. 2008, S. 302 ff.; *Rittweger/Petri/Schweikert*, S. 170 ff.

Vorbemerkungen   Rz. 17 **Vorb. ATZG**

wird in Abänderung des Arbeitsvertrages vom _____
auf der Grundlage
a) des ATZG und
b) des TV zur Regelung der ATZ _____ (Branche/Geltungsbereich)
   in der Fassung vom _____ (kurz ATZ-TV)
c) der BV vom _____ über ATZ[1] Folgendes vereinbart:

§ 1 ATZ-Verhältnis

Das Arbeitsverhältnis wird nach Maßgabe der folgenden Regelungen ab _____
als ATZ-Arbeitsverhältnis fortgesetzt.

§ 2 Arbeitszeit und Aufgabenübertragung

Die Arbeitszeit wird auf die Hälfte der bisherigen wöchentlichen Arbeitszeit verringert, das sind im Durchschnitt des Gesamtverteilzeitraums ... Stunden wöchentlich (Altersteilzeit).
Die ATZ-Arbeit wird geleistet,
– im Blockmodell[2]:
  Arbeitsphase vom _____ bis _____
  Freistellungsphase vom _____ bis _____;
– im flexiblen Teilzeitmodell;
– ohne feste Blöcke wie in der Anlage geregelt.

§ 3 Arbeitsentgelt, Aufstockungsleistungen

(1) Der ArbN erhält für die Dauer des ATZ-Arbeitsverhältnisses Vergütung nach Maßgabe der gem. § 2 reduzierten Arbeitszeit. Das Arbeitsentgelt ist unabhängig von der Verteilung der Arbeitszeit fortlaufend zu zahlen.
(2) Außerdem erhält der ArbN Aufstockungsleistungen nach Maßgabe des § ... ATZ-TV.

§ 4 Steuer- und sozialversicherungsrechtliche Behandlung der Aufstockungsleistungen

(1) Die vom ArbGeb erbrachten Aufstockungsleistungen (Aufstockung zum Entgelt und Zuschuss zur Rentenversicherung) sind nach den derzeitigen gesetzlichen Bestimmungen steuerfrei (§ 3 Nr. 28 EStG). Die Steuerfreiheit gilt auch für Beträge, die über die gesetzl. vorgesehenen Aufstockungsleistungen hinausgehen und vom ArbGeb freiwillig gezahlt werden. Nach § 32b Abs. 1 Satz 1 Nr. 1 Buchst. g EStG unterliegt die Aufstockung auf das Entgelt allerdings dem Progressionsvorbehalt, dh. sie ist bei der Bestimmung des anzuwendenden Steuersatzes im Rahmen der JahresESt-Veranlagung zum Einkommen hinzuzurechnen. Der so ermittelte höhere Steuersatz wird beim steuerpflichtigen Einkommen angesetzt. Deshalb werden die ATZ-Leistungen gesondert auf der Lohnsteuerbescheinigung ausgewiesen. Etwaige Nachforderungen auf Grund des Progressionsvorbehalts gehen zu Lasten des ArbN.
(2) Der Aufstockungsbetrag und der Zuschuss zur RV sind nach geltendem Recht sozialversicherungsfrei.

§ 5 Arbeitsunfähigkeit

(1) Im Fall krankheitsbedingter Arbeitsunfähigkeit leistet der ArbGeb Lohnfortzahlung nach den für das Arbeitsverhältnis jeweils geltenden Bestimmungen. Das gilt nicht, wenn der ArbN bei Blockzeit in der Phase der Freistellung arbeitsunfähig erkrankt.
(2) Im Falle des Bezugs von Krankengeld, Versorgungskrankengeld, Verletztengeld oder Übergangsgeld nach Ablauf der Entgeltfortzahlung erbringt der ArbGeb die ATZ-Leistungen (Aufstockung zum Entgelt und zusätzliche RV-Beiträge) weiter[3].

§ 6 Urlaub

Der ArbN erhält Urlaub nach den bisherigen Vereinbarungen entsprechend dem zeitlichen Umfang seiner Arbeitsleistung; bei Blockzeit entsteht während der Phase der Freistellung kein Urlaubsanspruch.

§ 7 Mitwirkungs- und Erstattungspflichten

(1) Die Aufnahme einer weiteren Tätigkeit gegen Entgelt darf nur mit schriftlicher Zustimmung des ArbGeb erfolgen. Die Zustimmung wird erteilt, wenn dadurch die Anerkennung als ATZ nicht beeinträchtigt ist und iÜ berechtigte Interessen des ArbGeb nicht entgegenstehen.
(2) Der ArbGeb hat ein Zurückbehaltungsrecht, solange der ArbN diesen Mitwirkungspflichten nicht nachkommt. Zu Unrecht empfangene Leistungen hat der ArbN zu erstatten, wenn er die unrechtmäßige Zahlung dadurch bewirkt hat, dass er den Mitwirkungspflichten nach Abs. 1 nicht nachgekommen ist.

---

1 Falls zum ATZ-TV eine ergänzende BV abgeschlossen ist.   ‖ **2** Die maximale Dauer (Arbeitsphase + Freistellungsphase) richtet sich nach dem anzuwendenden ATZ-TV.   ‖ **3** Nur unter dieser Voraussetzung handelt es sich um Altersteilzeitarbeit iSd. ATZG (vgl. auch § 10 Rz. 6 und *Nimscholz/Oppermann/Ostrowicz*, Kap. V).

(3) Der ArbN verpflichtet sich, dem ArbGeb jeden Schaden aus einer Zuwiderhandlung gegen diese Regelung zu ersetzen.

§ 8 Geltung des TV

Für das ATZ-Arbeitsverhältnis sind die Regelungen des ATZ-TV in ihrer jeweils geltenden Fassung anzuwenden.

§ 9 Rückabwicklungsregelungen für Störfälle mit vorzeitiger Vertragsbeendigung

Für den Fall einer Störung des Altersteilzeitarbeitsverhältnisses während der Arbeitsphase, die zu einer vorzeitigen Beendigung des Alterteilzeitarbeitsvertrags führt, gilt (ergänzend zu den einschlägigen Regelungen des ATZ-TV) Folgendes:
Grds. soll der ArbN so gestellt werden, dass er ein volles Entgelt für die tatsächlich geleistete Arbeit erhält. Mit Bezug auf Vorleistungen des ArbN heißt das: (Hinweis: die ergänzenden Details hängen von den Regelungen des jeweiligen TV ab.)

§ 10 Vertragsänderungen

Mündliche Nebenanreden bestehen nicht. Änderungen und Ergänzungen dieses Vertrages bedürfen der Schriftform. Dies gilt auch für eine Vereinbarung zur Aufhebung des Schriftformerfordernisses.

§ 11 Ende des Altersteilzeitverhältnisses

(1) Das Arbeitsverhältnis endet ohne Kündigung zum Ende des Altersteilzeitverhältnisses.
(2) Das Recht zur Kündigung nach den gesetzlichen, tarifvertraglichen und einzelvertraglichen Bestimmungen bleibt unberührt.

Ort _____ Datum _____

Unterschriften: _____   _____
                   ArbGeb   ArbN

Anlage: Vereinbarung zur flexiblen Verteilung der Arbeitszeit und Aufgabenerledigung zwischen Herrn/Frau (ArbN) und Firma (ArbGeb). Textvorschlag:
„Die Arbeitszeit kann nach näherer Vereinbarung mit Ihnen flexibel verteilt werden. Dabei können sich regelmäßig oder unregelmäßig der Abstand und die Dauer der Arbeitsphasen und Freizeitphasen verändern. Die Gesamtzahl der Arbeitsstunden wird zu Beginn der ATZ in einem Mehr-Jahres-Arbeitszeitkonto als Forderung zu unseren Gunsten erfasst. Sie führen das Konto (Vertrauenskonto) und tragen die von Ihnen zur Aufgabenerledigung aufgewandte Arbeitszeit als Tages-, Wochen- oder Monatsleistung ein. Monatlich erfolgt eine Abstimmung der Wertguthabenführung in den Lohnunterlagen iSd. § 8 Abs. 1 Nr. 7 Beitragsverfahrensverordnung. Wir werden uns gemeinsam bemühen, die Planbarkeit Ihrer Einsätze dadurch zu erhöhen, dass wir den voraussichtlichen aufgabenbezogenen Arbeitszeitbedarf für einen Zeitraum von wenigstens drei Monaten vorausschätzen. Dabei werden wir Ihre persönlichen Interessen angemessen berücksichtigen.
Wir können Ihnen neben oder anstelle Ihrer bisherigen Aufgaben gleichwertige andere Aufgaben zur eigenständigen Erledigung oder zur gemeinsamen Bearbeitung in einem Team übertragen, zB im Rahmen eines Projektes oder einer Recherche. Durch einen etwaigen Positionswechsel ändert sich weder Ihre bisherige Einstufung noch die vertraglich vereinbarte Vergütung."

18 ### III. Zehn häufig gestellte Fragen.

1. Was sind die Voraussetzungen der ATZ?

Es müssen im Wesentlichen acht Voraussetzungen beachtet werden:

(1) Der Vertragspartner des ArbGeb muss sozialversicherungspflichtig beschäftigter ArbN iSd. allg. Arbeitsrechts und SozV-Rechts sein; (2) der ArbN muss bei Beginn der ATZ das 55. LJ vollendet haben; (3) ArbGeb und ArbN müssen einen schriftl. individualrechtl. Beschäftigungsvertrag vor Beginn der ATZ-Phase geschlossen haben; (4) der Arbeitsvertrag muss zeitlich bis zur Rentenbezugsmöglichkeit wegen Alters reichen; (5) die bisherige durchschnittliche wöchentliche Arbeitszeit muss, bezogen auf die Gesamtlaufzeit der ATZ, auf die Hälfte verringert werden; (6) der ArbN muss weiter sozialversicherungspflichtig beschäftigt sein; (7) der ArbGeb muss mindestens im gesetzl. zwingenden Umfang das Teilzeitentgelt erhöhen (Aufstockung des Regelarbeitsentgeltes um 20 % und Entrichtung zusätzlicher RV-Beiträge aus 80 % des Regelarbeitsentgeltes – maximal bis zur monatlichen BBG); (8) der ArbN muss innerhalb eines Fünf-Jahres-Referenzzeitraums vor Beginn der ATZ drei Jahre (1080 Tage) nach SGB III oder nach den Vorschriften eines EU-Mitgliedstaates, eines EWR-Vertragsstaates oder der Schweiz sozialversicherungspflichtig beschäftigt gewesen sein.

2. Was sind die Vorteile für ArbN?

Vorzeitiges Ausscheiden aus dem Arbeitsleben ohne Arbeitslosigkeit, Chance eines gleitenden Übergangs, finanzielle Absicherung über das Teilzeitentgelt hinaus, klarer und vom Gesetz bevorzugter Weg in die Rente, Beitrag zum „Generationenvertrag".

3. Was sind die Vorteile für ArbGeb?

Vermeiden von Entlassungen und Altersarbeitslosigkeit, Wählen des vom Gesetz privilegierten sozialverträglichen Wegs der Personalanpassung, Verbesserung der Altersstruktur, Sicherungsmöglichkeit des Know-how-Transfers, Erleichterung einer mittelfristigen Personalplanung. Je nach Modell sofortige Anpassung/Reduzierung der Arbeitszeit ohne Änderungskündigung (und Chance, beim ArbN Steuerpflicht einer sonst evtl. zu zahlenden Abfindung zu vermeiden, Aufstockung ist steuerfrei), Reduzierung der Personalkosten, Vermeiden von Arbeitslosigkeit an der zweiten Berufsschwelle, dh. für Ausgebildete, Hochschulabsolventen, Förderung der Übernahme von im eigenen Betrieb Ausgebildeten, personalpolitische Kombination von Erfahrungswissen und Ausbildungswissen bei Wiederbesetzung.

4. Gibt es einen Anspruch auf ATZ?

Das Gesetz gibt keinen Anspruch, ATZ beruht vielmehr auf beiderseitiger Freiwilligkeit. Viele TV oder BV geben hingeben einen Anspruch, zT unter Bedingungen.

5. Kann ATZ gekündigt werden?

Es gelten die allg. Kündigungsbedingungen, Ausnahme: idR keine Kündigung in der Freizeitphase bei Blockbildung und wenn die Kündigungsfrist in die Freizeitphase hineinreicht.

6. Was passiert bei vorzeitiger Beendigung der ATZ?

Sog. „Störfälle" sind nur im Blockmodell problematisch. Es gilt der Grundsatz, dass keine Rückabwicklung im sozialversicherungsrechtl. und steuerrechtl. Sinne erfolgen kann. Die Arbeitszeit-Wertguthaben werden arbeitsrechtl. unterschiedlich je nach TV behandelt. Das arbeitsrechtl. Wertguthaben ist grds. vererblich.

7. Was sind die Auswirkungen auf die spätere Rente?

Bei Rentenbezug vor dem Erreichen des Alters für die Regelaltersrente (§ 35 SGB VI) hat der ArbN Rentenabschläge in Kauf zu nehmen, Ausnahme: schwerbehinderte ArbN, wenn sie einen vorzeitigen Anspruch auf abschlagsfreie Rente haben. Das Gesetz verlangt vom ArbGeb keinen Ausgleich. TV sehen unterschiedliche Lösungen mit einem teilweisen Ausgleich vor. Die Rentenabschläge gelten lebenslang.

8. Können Betriebsräte/Aufsichtsräte in ATZ gehen?

Alle ArbN ab 55 können, grds. unabhängig von einem Amt als BR oder Aufsichtsrat, in ATZ gehen. Besonderheiten gibt es nach der BAG-Rspr. für die Freizeitphase. Mangels betriebl. Eingliederung entfällt die Wahlberechtigung und Wählbarkeit für Ämter, so dass es zu arbeitsrechtl. Problemen, nicht zum Problem des ATZ-Vertrags als solchem, kommt. Soll ein Amt fortgesetzt werden, empfiehlt sich die Vermeidung eines Blockmodells, vielmehr die passgenaue Verteilung der Arbeitszeit über den Gesamtzeitraum des ATZ-Vertrags (s. a. die Anlage mit flexibler Arbeitszeit).

9. Wie flexibel ist ATZ?

Das Gesetz macht bzgl. der Feinverteilung der ATZ und bei der Wiederbesetzung/Wiedervergabe der frei gewordenen Arbeitszeit keinerlei Einschränkungen.

10. Wie lange gibt es noch ATZ?

ATZ ist auch nach Auslauf der Förderung möglich. Nach derzeitiger Regelung werden noch die ATZ-Fälle gefördert, die vor dem 1.1.2010 begonnen haben. Die Steuer- (und Sozialversicherungs-)freiheit bleibt auch bei ungeförderter ATZ bestehen, wenn die übrigen Voraussetzungen der Altersteilzeit vorliegen.

1 Grundsatz

(1) Durch Altersteilzeitarbeit soll älteren Arbeitnehmern ein gleitender Übergang vom Erwerbsleben in die Altersrente ermöglicht werden.

(2) Die Bundesagentur für Arbeit (Bundesagentur) fördert durch Leistungen nach diesem Gesetz die Teilzeitarbeit älterer Arbeitnehmer, die ihre Arbeitszeit ab Vollendung des 55. Lebensjahres spätestens ab 31. Dezember 2009 vermindern und damit die Einstellung eines sonst arbeitslosen Arbeitnehmers ermöglichen.

(3) Altersteilzeit im Sinne dieses Gesetzes liegt unabhängig von einer Förderung durch die Bundesagentur auch vor bei einer Teilzeitarbeit älterer Arbeitnehmer, die ihre Arbeitszeit ab Vollendung des 55. Lebensjahres nach dem 31. Dezember 2009 vermindern. Für die Anwendung des § 3 Nr. 28 des Einkommensteuergesetzes kommt es nicht darauf an, dass die Altersteilzeit vor dem 1. Januar 2010 begonnen wurde und durch die Bundesagentur nach § 4 gefördert wird.

1 ATZ ist grds. nur möglich für ArbN, die einen Anspruch auf Rente wegen Alters (§§ 35 ff. SGB VI) oder aus einer berufsständischen Versorgung haben (§ 6 I 1 Nr. 1 SGB VI) oder die im Zusammenhang mit der Erhöhung der Jahresarbeitsverdienstgrenze von der Versicherungspflicht in der RV befreit sind (§ 231 I u. II SGB VI). Keinen Anspruch haben ArbN, die als Versorgungsbezieher nach § 5 IV Nr. 2 SGB VI von der gesetzl. RV befreit sind[1].

2 Eine Förderung der ATZ durch die BA ist nur dann möglich, wenn die ATZ vor dem 1.1.2010 begonnen hat. Das gilt auch dann, wenn die die Förderung auslösende Wiederbesetzung nach diesem Zeitpunkt erfolgt. ATZ ist aber nach der Neufassung des Abs. 3[2] von der BA ungefördert auch nach dem 31.12.2009 möglich, da die Steuerfreiheit des Entgeltaufstockungsbetrages nicht an eine Förderung durch die BA anknüpft. Diese Klarstellung bedeutet aber nicht, dass wegen des Begriffs „Teilzeit älterer Arbeitnehmer" jedwede Verringerung der Arbeitszeit unter den Begriff der ATZ fällt. Alle übrigen Voraussetzungen des Gesetzes müssen vorliegen, wie etwa Vorversicherungszeiten und insb. die Halbierung der bisherigen Arbeitszeit und die Zahlung der Aufstockungsleistungen (vgl. Komm. zu § 2 und § 3). Seit 2010 besteht die Förderung des Gesetzgebers in der Steuerfreiheit der vom ArbGeb gezahlten Aufstockungsleistung sowie in der SV-Freiheit der Aufstockungsleistungen. Hinzu kommen die personalpolitischen Vorteile (s. dazu die Einleitung Rz. 11 ff. und zum Vertragsmuster, Rz. 17, 18).

3 Zur beitragsrechtl. Behandlung für die Zeit ab 2010 s. Rundschreiben der Spitzenverbände v. 2.11.2010.

2 *Begünstigter Personenkreis*
(1) Leistungen werden für Arbeitnehmer gewährt, die

1. das 55. Lebensjahr vollendet haben,
2. nach dem 14. Februar 1996 auf Grund einer Vereinbarung mit ihrem Arbeitgeber, die sich zumindest auf die Zeit erstrecken muss, bis eine Rente wegen Alters beansprucht werden kann, ihre Arbeitszeit auf die Hälfte der bisherigen wöchentlichen Arbeitszeit vermindert haben, und versicherungspflichtig beschäftigt im Sinne des Dritten Buches Sozialgesetzbuch sind (Altersteilzeitarbeit) und
3. innerhalb der letzten fünf Jahre vor Beginn der Altersteilzeitarbeit mindestens 1080 Kalendertage in einer versicherungspflichtigen Beschäftigung nach dem Dritten Buch Sozialgesetzbuch oder nach den Vorschriften eines Mitgliedstaates der Europäischen Union, eines Vertragsstaates des Abkommens über den Europäischen Wirtschaftsraum oder der Schweiz gestanden haben. Zeiten mit Anspruch auf Arbeitslosengeld oder Arbeitslosenhilfe, Zeiten des Bezuges von Arbeitslosengeld II sowie Zeiten, in denen Versicherungspflicht nach § 26 Abs. 2 des Dritten Buches Sozialgesetzbuch bestand, stehen der versicherungspflichtigen Beschäftigung gleich.

(2) Sieht die Vereinbarung über die Altersteilzeitarbeit unterschiedliche wöchentliche Arbeitszeiten oder eine unterschiedliche Verteilung der wöchentlichen Arbeitszeit vor, ist die Voraussetzung nach Absatz 1 Nr. 2 auch erfüllt, wenn

1. die wöchentliche Arbeitszeit im Durchschnitt eines Zeitraums von bis zu drei Jahren oder bei Regelung in einem Tarifvertrag, auf Grund eines Tarifvertrages in einer Betriebsvereinbarung oder in einer Regelung der Kirchen und der öffentlich-rechtlichen Religionsgesellschaften im Durchschnitt eines Zeitraums von bis zu sechs Jahren die Hälfte der bisherigen wöchentlichen Arbeitszeit nicht überschreitet und der Arbeitnehmer versicherungspflichtig beschäftigt im Sinne des Dritten Buches Sozialgesetzbuch ist und
2. das Arbeitsentgelt für die Altersteilzeitarbeit sowie der Aufstockungsbetrag nach § 3 Abs. 1 Nr. 1 Buchstabe a fortlaufend gezahlt werden.

Im Geltungsbereich eines Tarifvertrages nach Satz 1 Nr. 1 kann die tarifvertragliche Regelung im Betrieb eines nicht tarifgebundenen Arbeitgebers durch Betriebsvereinbarung oder, wenn ein Betriebsrat nicht besteht, durch schriftliche Vereinbarung zwischen dem Arbeitgeber und dem Arbeitnehmer übernommen werden. Können auf Grund eines solchen Tarifvertrages abweichende Regelungen in einer Betriebsvereinbarung getroffen werden, kann auch in Betrieben eines nicht tarifgebundenen Arbeitgebers davon Gebrauch gemacht werden. Satz 1 Nr. 1, 2. Alternative gilt entsprechend. In einem Bereich, in dem tarifvertragliche Regelungen zur Verteilung der Arbeitszeit nicht getroffen sind oder üblicherweise nicht getroffen werden, kann eine Regelung im Sinne des Satzes 1 Nr. 1, 2. Alternative auch durch Betriebsvereinbarung oder, wenn ein Betriebsrat nicht besteht, durch schriftliche Vereinbarung zwischen Arbeitgeber und Arbeitnehmer getroffen werden.

---

1 BSG 21.3.2007 – B 11a AL 9/06 R. || 2 JahressteuerG 2008 (BGBl. I S. 3187).

(3) Sieht die Vereinbarung über die Altersteilzeitarbeit unterschiedliche wöchentliche Arbeitszeiten oder eine unterschiedliche Verteilung der wöchentlichen Arbeitszeit über einen Zeitraum von mehr als sechs Jahren vor, ist die Voraussetzung nach Absatz 1 Nr. 2 auch erfüllt, wenn die wöchentliche Arbeitszeit im Durchschnitt eines Zeitraums von sechs Jahren, der innerhalb des Gesamtzeitraums der vereinbarten Altersteilzeitarbeit liegt, die Hälfte der bisherigen wöchentlichen Arbeitszeit nicht überschreitet, der Arbeitnehmer versicherungspflichtig beschäftigt im Sinne des Dritten Buches Sozialgesetzbuch ist und die weiteren Voraussetzungen des Absatzes 2 vorliegen. Die Leistungen nach § 3 Abs. 1 Nr. 1 sind nur in dem in Satz 1 genannten Zeitraum von sechs Jahren zu erbringen.

Die Vorschrift regelt die allg. **arbeitnehmerbezogenen Voraussetzungen** für ATZ-Arbeit. ATZ iSd. ATZG können nur abhängig Beschäftigte in Anspruch nehmen, die der Versicherungspflicht zur ArblV unterliegen (dazu können grds. auch Geschäftsführer gehören), oder die eine versicherungspflichtige Beschäftigung nach den Vorschriften **eines EU-Mitgliedstaates, EWR-Vertragsstaates oder der Schweiz** ausgeübt haben. Beamte und selbständig Tätige gehören damit nicht zum begünstigten Personenkreis nach dem ATZG. Für Beamte kommt allerdings ATZ nach beamtenrechtl. Vorschriften in Betracht (zB § 93 BBG).

ATZ-Arbeit wird durch einen zwischen ArbGeb und ArbN abgeschlossenen **schriftl. ATZ-Vertrag** vor Beginn der ATZ vereinbart[1]. Eine rückwirkende Vereinbarung von ATZ ist grds. nicht zulässig[2]. Eine Ausnahme ergibt sich, wenn die „rückwirkende Begründung das Ergebnis einer (gerichtlichen) Auseinandersetzung ist"[3]. Ob eine außergerichtl. Geltendmachung ausreicht, wird vom BAG als möglich angedeutet, dürfte aber im begründeten Einzelfall nach dem Prinzip von Regel und Ausnahme nur zulässig und zu empfehlen sein, wenn ein Missbrauch nachweislich ausgeschlossen werden kann. Außerdem ist zu empfehlen, dass (soweit eine Förderung bei anzunehmender Wiederbesetzung in Betracht kommt) gem. § 12 I 3 eine Auskunftsentscheidung der AA eingeholt wird. Dies bietet sich deshalb an, weil die DA (zu § 2 Abs. 12) eine Ausnahme von der vorangehenden Vereinbarung nicht erwähnt. Eine weitere Einschränkung der rückwirkenden Begründung dürfte sich dann ergeben, wenn die Durchführung der ATZ durch Zeitablauf nicht mehr möglich ist, dann kommt nur noch ein Schadensersatzanspruch in Frage. Das Schriftformerfordernis ergibt sich wegen der vielen Nachweispflichten ggü. der AA nicht nur aus Zweckmäßigkeitsgesichtspunkten, es ist zwingend nach § 14 IV TzBfG und § 623 BGB.

Durch den Vertrag wird das bisherige (idR) unbefristete ArbVerh in ein **befristetes TeilzeitArbVerh**[4] geändert, oder es wird bei einem neuen ArbGeb von vornherein ein befristetes ArbVerh begründet (Zweckbefristung iSd. §§ 21, 15 II TzBfG)[5]. Sofern/weil das Enddatum und damit die Beendigung des Arbeitsvertrags sowie idR sonstige mit dem Vertragsende verbundenen Punkte vereinbart werden, handelt es sich im Fall der Änderung des bisher unbefristeten Arbeitsvertrags zugleich um einen Aufhebungsvertrag.

Der Abschluss eines ATZ-Vertrages beruht auf **Freiwilligkeit**[6]. Dabei und bei der materiellen Ausstattung ist auf die arbeitsrechtl. Gleichbehandlung zu achten, wie das BAG im Zusammenhang mit dem Jahrgang/Lebensalter als Stichtag und erheblich unterschiedlichen Abfindungsbeträgen in Orientierung an unterschiedlichen Belastungen durch Aufstockungsbeträge bestätigt hat[7]. Rechtfertigungsgründe für eine Gruppendifferenzierung setzen voraus, dass ein legitimes Ziel vorliegt und die gewählten Mittel zur Zielerreichung angemessen und erforderlich sind. Bei einer Stichtagsregelung muss die Wahl des Zeitpunkts am zu regelnden Sachverhalt orientiert und die Interessenlage der Betroffenen angemessen erfasst sein[8]. Es bedarf der Offenlegung der sachlichen Gründe, die sich hinter einer Stichtagsregelung verbergen[9]. Eine Anknüpfung an die Dauer eines ATZ-Vertrages scheint auf weniger Bedenken zu stoßen.

Durch TV[10] oder eine BV[11] kann dem ArbN ein **Anspruch** auf Abschluss eines ATZ-Vertrages zugestanden werden (s. aber auch § 3 I Nr. 3, § 3 Rz. 29). Die Gerichte haben sich mehrfach mit der Auslegung in verschiedenen Branchen befasst[12]. Zur Anspruchsbegründung nach TV für den Öffentl. Dienst vgl. BAG

---

1 Individuelle günstigere Vereinbarungen zur Berechnungsgrundlage für die Aufstockung gehen der pauschalen Verweisung auf einen TV vor, so LAG MV 14.12.2011 – 3 Sa 26/11; die Freiwilligkeit kann genutzt werden, um Unausgewogenheiten zB durch Stichtags-Tarifregelungen bei Sonderzahlungen angemessen zu regeln, etwa um die Kürzung von Sonderzahlungen gem. BAG 14.11.2012 – 10 AZR 903/11 zu vermeiden, ‖2 Rundschreiben der Spitzenverbände v. 2.11.2010, S. 19; DA § 2 XII. ‖3 BAG 23.1.2007 – 9 AZR 393/06, Rz. 39 ff. mHa. *Nimscholz/Oppermann/Ostrowicz*, S. 35; BAG 23.1.2007 – 9 AZR 624/06. ‖4 Wenn die Initiative vom ArbN ausgeht, muss das Änderungsangebot alle wesentlichen Details iSd. § 145 BGB enthalten und so konkret sein, dass der ArbGeb damit idR mit „ja" antworten kann: BAG 14.5.2013 – 9 AZR 664/11; 17.4.2012 – 9 AZR 280/10: Der durch das Arbeitsentgelt geprägte Lebensstandard von ATZ-Beschäftigten ist ein anderer als der von „normalen" Teilzeitbeschäftigten, was zB wie im entschiedenen Fall bei der Auslegung einer Versorgungsordnung bzgl. der Ermittlung des rentenfähigen Arbeitsverdienstes eine Rolle spielen kann. ‖5 BAG 27.4.2004 – 9 AZR 18/03, AP Nr. 1 zu § 8 ATG; zur Beendigung als auflösende Bedingung v. 8.8.2007 – 7 AZR 605/06; vgl. auch *Birk*, NZA 2007, 244 ff. ‖6 BAG 12.12.2000 – 9 AZR 706/99, NZA 2001, 1209 ff.; 26.6.2001 – 9 AZR 244/00, NZA 2002, 44 ff. ‖7 BAG 18.9.2007 – 9 AZR 788/06. ‖8 BAG 18.9.2007 – 9 AZR 788/06, Rz. 18. ‖9 BAG 18.9.2007 – 9 AZR 788/06, Rz. 24. ‖10 ZB für die Chemische Industrie LAG Düss. 10.7.2012 – 8 Sa 499/12, insb. zum Anspruch auf billiges Ermessen; für die Wasser- und Schifffahrtverwaltung des Bundes BAG 21.2.2012 – 9 AZR 479/10. ‖11 ZB LAG Rh.-Pf. 1.10.2012 – 5 Sa 158/12 und 25.6.2012 – 5 Sa 109/12 sowie 11.6.2012 – 5 Sa 120/12. ‖12 So für die Chemische Industrie zB LAG Düss. 10.7.2012 – 8 Sa 499/12.

26.6.2001[1], 12.12.2000[2] und 21.2.2012[3], für den Bereich der Caritas (DCVArbVtrRL) BAG 24.1.2012[4]. Die Gleichbehandlung[5] kann für die Anspruchsbegründung von Bedeutung sein, ebenso spielt die Diskriminierung[6] Schwerbehinderter eine Rolle für die Ausgestaltung[7]. Die mit der ATZ verbundene spezifische finanzielle Mehrbelastung kann idR nicht als unzumutbare Belastung des ArbGeb den Anspruch verhindern[8]. Auch wenn sich weder aus TV, BV oder dem Individualrecht ein Anspruch auf ATZ-Arbeit ergibt, kann der ArbGeb nicht nach freiem Belieben über einen Antrag entscheiden, vielmehr muss er über den Antrag sachlich entscheiden[9]. Ausreichend ist die Begründung des ArbGeb, er beabsichtige nicht, ATZ-Arbeit einzuführen[10]. Es bleibt dem ArbN immer die Durchsetzung eines (normalen) Teilzeitanspruchs nach dem TzBfG (ohne Aufstockungsleistungen).

6   ATZ kann frühestens nach Vollendung des **55. Lebensjahres** des ArbN beginnen (Abs. 1 Nr. 1).

7   Vor Beginn der ATZ muss der ArbN innerhalb der letzten fünf Jahre mindestens 1080 Kalendertage (drei Jahre) in einer **versicherungspflichtigen Beschäftigung** nach dem SGB III, die nicht beim selben ArbGeb zurückgelegt sein muss, gestanden haben (Abs. 1 Nr. 3). Bei ATZ, die nach dem 30.6.2004 begonnen hat, werden auch nach den Vorschriften eines EU-Mitgliedstaates, eines EWR-Vertragsstaates oder der Schweiz zurückgelegte versicherungspflichtige Beschäftigungszeiten berücksichtigt. Der Beginn eines ATZ-Verhältnisses aus Arbeitslosigkeit gleichzeitig mit Beginn eines Beschäftigungsverhältnisses ist jedenfalls nach der bisherigen Rspr. des BSG nicht zulässig[11]; es ist aber fraglich, ob diese restriktive Haltung angesichts der Chancen, die sich generell für ältere Arbl. durch den Einstieg in eine neue Beschäftigung über einen ATZ-Vertrag ergeben, aufrechtzuerhalten ist.

8   Hat der ArbN innerhalb der Fünf-Jahres-Frist **Arbeitslosengeld oder Alg II** oder eine andere Entgeltersatzleistung iSd. § 26 II SGB III (zB Krankengeld, Versorgungskrankengeld) bezogen, werden auch die Zeiten des Leistungsbezugs als versicherungspflichtige Beschäftigungszeiten berücksichtigt.

9   Ein Nahtloswechsel des 55-jährigen und der Start in ATZ bei einem anderen ArbGeb ist möglich. Zuvor Arbl. müssen zunächst in Vollzeit (die Dauer ist nicht vorgeschrieben) arbeiten (ggf. mit Eingliederungszuschuss), um dann in ATZ zu wechseln, wenn die übrigen Voraussetzungen des Abs. 1 Nr. 3 vorliegen.

10 Die ATZ **muss** zumindest bis zum frühestmöglichen Zeitpunkt reichen, zu dem der ArbN eine **Altersrente** (ggf. auch eine geminderte) beanspruchen kann[12]. Dies muss nicht ein Rentenzugang nach 24-monatiger ATZ gem. § 237 SGB VI sein. Der vorzeitige Rentenzugang für die Altersrente nach 24-monatiger Altersteilzeit mit Abschlägen für nach dem 31.12.1945 geborene ArbN wurde in Monatsschritten auf das 63. LJ angehoben[13]. Dieser Rentenzugang entfällt für ArbN, die nach dem 31.12.1951 geboren sind (§ 237 I Nr. 3b SGB VI). Liegt das vereinbarte Ende der ATZ dagegen vor dem Erreichen einer Rentenzugangsmöglichkeit, sind die Voraussetzungen des ATZG **nicht** erfüllt. Der Zeitpunkt eines frühestmöglichen Rentenbeginns sollte durch eine entsprechende Auskunft des zuständigen RV-Trägers nachgewiesen werden.

11 Abs. 1 Nr. 2 setzt des Weiteren voraus, dass ArbN „ihre Arbeitszeit" **auf die Hälfte** der bisherigen wöchentlichen Arbeitszeit **vermindert** haben. Es kommt auf die individuelle Arbeitszeit an, die sehr sorgfältig zu ermitteln ist[14]. Dabei sind die Berechnungsvorschriften des § 6 II zu beachten. Das ATZG verlangt seit dem 1.1.2000 nicht mehr, dass der ArbN zuvor in Vollzeit beschäftigt war. Ist die vereinbarte Arbeitszeit unmittelbar vor Beginn der ATZ-Arbeit niedriger als der errechnete Durchschnittswert der letzten 24 Monate, ist nur die zuletzt vereinbarte Arbeitszeit Basis für die Halbierung. § 6 II 2 regelt nur

---

1 BAG 26.6.2001 – 9 AZR 244/00, NZA 2002, 44ff. ‖ 2 BAG 12.12.2000 – 9 AZR 706/99, DB 2001, 1995ff.; s.a. BAG 23.1.2007 – 9 AZR 393/06. ‖ 3 BAG 21.2.2012 – 9 AZR 479/10; s. zum TV bei der BfA/DRV Bund LAG Bln.-Bbg. 13.3.2012 – 16 SA 1760/11, hier ging es um eine mögliche Diskriminierung wegen der Verkürzung der Vertragslaufzeit wegen früheren Erreichens der Voraussetzungen einer ungekürzten Altersrente, OVG NRW 29.10.2012 – 6 B 1112/12. ‖ 4 BAG 24.1.2012 – 9 AZR 131/11 und BAG 24.1.2012 - AZR 730/10. ‖ 5 LAG Rh.-Pf. 11.6.2012 – 5 Sa 120/12. ‖ 6 LAG Bln.-Bbg. 13.3.2012 – 16 Sa 1760/11, Stichwort verdeckte Ungleichbehandlung. ‖ 7 Für Grenzgänger (hier mit französischer Staatsangehörigkeit und Wohnsitz in Frankreich sowie Arbeit in Deutschland) kann der Bezug auf die Mindestnettoentgeltverordnung bei der Berechnung der Aufstockungsleistung diskriminierend sein: EUGH 28.6.2012 – Rs. C-172/11 – Erny. ‖ 8 BAG 21.2.2012 – 9 AZR 479/10: typischerweise auftretende Aufwendungen wie Aufstockungsleistungen führen idR nicht zu dringenden dienstlichen oder betriebl. Gründen, die einen Anspruchserfüllung entgegenstehen. ‖ 9 Vgl. BAG 29.11.1995 – 5 AZR 753/94, BAGE 81, 323ff.; zur BV: BAG 5.6.2007 – 9 AZR 498/06. ‖ 10 *Ostrowicz* in Nimscholz/Oppermann/Ostrowicz, S. 89. ‖ 11 BSG 23.7.1992 – 7 RAr 74/91, NZA 1993, 287; vgl. idS differenzierter auch *Grimmke/Podewin/Thau*, § 2 Rz. 46, 47. ‖ 12 Zum Transparenzgebot bei überraschenden Beendigungsklauseln BAG 8.8.2007 – 9 AZR 605/06. ‖ 13 BGBl. I S. 1791ff.; Übersicht bei *Birk*, NZA 2007, 244ff. ‖ 14 Zur präzisen Stundenzahl bei Lehrern zB BAG 14.8.2007 – 9 AZR 18/07, 9 AZR 58/07, 9 AZR 59/07 und BAG 16.4.2913 – 9 AZR 554/11; dass dies insb. bei ständiger Mehrarbeit präziser Bewertung bedarf, hat das LSG Sachs. mit Urt. v. 15.12.2011 (L 3 AL 149/09) deutlich gemacht, die pauschale Zahlung der Überstunden als Erhöhung der Aufstockungen ließ den Anspruch entfallen, bei anderer Bewertung wären die Voraussetzung für die zwingende Halbierung der Arbeitszeit nicht mehr gegeben gewesen; tariflich vorgesehene Reduzierung der Arbeitszeit für alle wirkt auch während der ATZ für den ATZ-ArbN, LAG Rh.-Pf. 25.7.2012 – 8 Sa 748/11.

die Höchstgrenze. Eine Auf- oder Abrundung um die nächste volle Stunde ist zulässig[1]. Die Konsequenzen aus der ungenauen Beachtung (der Erstfassung) des Gesetzes behandelt BSG 29.1.2001[2].

"**Vermindern**" der Arbeitszeit erlaubt nicht das endgültige tatsächliche Beenden ohne Widerruf. Eine ATZ-Vereinbarung, die für den ArbN während der ATZ ein "Sabbatical" vorsieht und ihn von der Arbeitsleistung völlig freistellt, erfüllt die Voraussetzungen des § 2 I Nr. 2 ATZG bzw. des § 237 SGB VI nicht[3]. Dass der ArbGeb bei einem ATZ-Vertrag für die Einhaltung der gesetzl. Arbeitszeitvorgaben einzustehen hat und bei fehlenden Voraussetzungen für den Bezug von Altersrente schadenersatzpflichtig sein kann, wenn er den ATZ-Vertrag anregt, zeigt das BAG im Urt. v. 10.2.2004[4] für den Fall, dass der ArbGeb den ArbN mit Beginn der ATZ endgültig von der Arbeit freistellt und damit die vorgezogene Altersrente verhindert. 11a

Die verminderte Arbeitszeit muss der **Versicherungspflicht** iSd. SGB III unterliegen, zu beachten sind §§ 24–28 SGB III. Der ArbN muss mehr als eine geringfügige Beschäftigung iSd. § 8 SGB IV ausüben. 12

Bei **Arbeitszeitflexibilisierungsvereinbarungen** ist die Halbierung auch anzuerkennen, wenn bei unterschiedlichen wöchentlichen Arbeitszeiten während des Kalenderjahres die wöchentliche durchschnittliche Arbeitszeit im maßgebenden Verteilzeitraum die Hälfte der bisherigen wöchentlichen Arbeitszeit geringfügig über- oder unterschreitet. 13

Wertguthaben iSd. § 7 Ia SGB IV, die zB auf Grund einer tarifl. zulässigen Regelung über flexible Zeiten vor Beginn der ATZ angesammelt wurden, können grds. mit ATZ kombiniert werden und so die Arbeitsphase verkürzen[5]. Es ist auch möglich, dass der ArbGeb den ArbN auch schon in der Arbeitsphase von der Arbeit freistellt[6]. Nach Auffassung der Spitzenverbände liegt in diesem Fall jedoch keine ATZ-Beschäftigung iSd. ATZG vor, obwohl das Beschäftigungsverhältnis fortbesteht[7]. Vgl. zu Blockmodell und Entgeltersatzleistung iÜ § 10. Zur Berücksichtigung der Mehrarbeit vgl. § 5 Rz. 5 ff. 14

ATZ-ArbN, die im Unternehmen oder Betrieb **Organmitglieder** sind, zB ArbN-Vertreter im Aufsichtsrat oder BR-Mitglieder, verlieren ihre Wählbarkeit mit Eintritt in die endgültige Freistellungsphase; das BAG[8] begründet dies mit der fehlenden betriebl. Einordnung. Soll der Status erhalten bleiben, sollte die Arbeitszeit vorsorglich vertragl. flexibel über die Gesamtlaufzeit verteilt werden, so dass nicht von einem endgültigen Ausscheiden aus der betriebl. Organisation ausgegangen werden kann. 15

Das ATZG will die Vielfalt der Arbeitszeitmodelle nicht einschränken, vielmehr fördern. Dazu enthalten die Abs. 2 und 3 Regelungen, die allerdings der genauesten Beachtung bedürfen, um die rechtl. Voraussetzungen der Förderung zu erfüllen. Die DA[9] nennt zB Modelle der degressiven ATZ, dh. ein stufenweises Reduzieren der Arbeitszeit. Der **höchstzulässige Verteilzeitraum** für ATZ-Vereinbarungen im Blockmodell ohne tarifvertragl. Grundlage oder Regelung der Kirchen beträgt seit dem 1.1.1998 grds. drei Jahre. Innerhalb dieses Zeitraums kann die Arbeitszeit unterschiedlich auf Wochen oder unterschiedlich innerhalb einer Woche verteilt werden, solange die Gesamtarbeitszeit des Drei-Jahres-Zeitraums im Durchschnitt die Hälfte der bisherigen wöchentlichen Arbeitszeit nicht überschreitet und die Grenzen des § 8 SGB IV nicht unterschritten werden. 16

Durch eine tarifvertragl. oder eine entsprechende kirchenrechtl. Regelung kann der Verteilzeitraum auf bis zu sechs Jahre ausgedehnt werden (Abs. 2 Nr. 1 Alt. 2). Das gleiche Ergebnis kann auf Grund einer BV erreicht werden, wenn ein entsprechender TV eine dahin gehende Öffnungsklausel enthält. 17

ATZ-Vereinbarungen können auf der Grundlage eines TV oder einer Kirchenregelung auch einen Gesamtzeitraum von mehr als sechs Jahren (bis zu zehn Jahren) umfassen, Abs. 3. Die Förderung durch die BA (für Altfälle) erstreckt sich allerdings maximal auf einen Sechs-Jahres-Zeitraum innerhalb des Gesamtzeitraums von bis zu zehn Jahren. 18

Die Voraussetzung des Abs. 1 Nr. 2 ist erfüllt, wenn die Arbeitszeit im Durchschnitt des Förderzeitraums die Hälfte der bisherigen wöchentlichen Arbeitszeit nicht überschreitet und die Beschäftigung sozialversicherungspflichtig iSd. SGB III ist. 19

Den **nicht tarifgebundenen ArbGeb** wird die Möglichkeit eingeräumt, die Regelung zur ATZ eines fachlich passenden TV durch BV bzw. in Betrieben ohne BR einzelvertragl. zu übernehmen. Es müssen in diesem Fall aber alle Regelungen des TV ATZ übernommen werden. Für Bereiche, in denen TV zur Verteilung der Arbeitszeit nicht getroffen oder üblich sind, können ATZ-Regelungen mit bis zu zehnjähriger Verteilzeit durch BV oder mangels BR einzelvertragl. vereinbart werden, zB für außertarifl. Angestellte und Freiberufler. 20

---

1 Bsp. vgl. DA zu § 2, 2.2. ||2 BSG 29.1.2001 – B 7 AL 98/99 R, NZA-RR 2001, 596 ff. ||3 BAG 22.5.2012 – 9 AZR 453/10, Rz. 17; auch schon BAG 10.2.2004 – 9 AZR 401/02 ||4 BAG 10.2.2004 – 9 AZR 401/02. ||5 Zu Lebensarbeitszeitkonten und ATZ *Klemm*, NZA 2006, 946 ff.; zur Bilanzierung *Wellisch/Quast*, BB 2006, 763 ff.; zur grds. Übertragbarkeit von Wertguthaben *Engesser/Clauss*, NZA 2006, 293 ff. ||6 BSG 24.9.2008 – B 12 KR 27/07 R. ||7 Rundschreiben der Spitzenverbände v. 2.11.2010, S. 28 f. ||8 BAG 25.10.2000 – 7 ABR 18/00, NZA 2001, 461 f.; krit. dazu: *Haag/Gräter/Dangelmaier*, DB 2001, 702 ff.; *Kaus*, AiB 2001, 359 f.; *Weiß*, AiB 2000, 351 f.; auch LAG Nürnberg 16.2.2006 – 2 TaBV 9/06, NZA-RR 2006, 358. ||9 DA zu § 2, 2.2.

21 Eine Sonderregelung gibt es in der **chemischen Industrie**, die in langer Tradition für Akademiker TV abschließt und eine spezielle ATZ-Regelung vereinbart hat.

22 In der **Praxis** werden die über drei Jahre hinaus reichenden tarifl. Verteilzeiträume vielfach genutzt, man kann seit 1996 von insg. deutlich über 500 000 ATZ-Vereinbarungen ausgehen. ATZ-Verträge von über sechs und bis zehn Jahren in nennenswertem Umfang sind allerdings nicht bekannt geworden.

23 Abs. 2 Nr. 2 verlangt, dass das Arbeitsentgelt[1] für die ATZ-Arbeit sowie der Aufstockungsbetrag nach § 3 I Nr. 1 Buchst. a fortlaufend gezahlt werden. Die **kontinuierliche Zahlung** hat Bedeutung für diskontinuierliche Arbeitsleistungen. Die Regelmäßigkeit bezieht sich auf das echte Arbeitsentgelt und die Aufstockungsbeträge, nicht auf die Aufstockungsbeiträge zur gesetzl. RV.

24 Die Notwendigkeit der **Rückstellungsbildung** hängt von der Wahl des ATZ-Modells ab. Zur Ermittlung, Bewertung und Bilanzierung der Rückstellungen für ATZ vgl. BMF-Schreiben v. 11.11.1999[2]. Der BFH hat mit Urt. v. 30.11.2005[3] die steuerliche Rückstellung beim Blockmodell klargestellt. Danach umfasst der in der Beschäftigungsphase kontinuierlich zurückzustellende Erfüllungsbetrag die gesamte in der Freistellungsphase zu gewährende Vergütung einschl. der zu erbringenden Aufstockungsbeträge und der Nebenleistungen.

3 *Anspruchsvoraussetzungen*

(1) Der Anspruch auf die Leistungen nach § 4 setzt voraus, dass
1. der Arbeitgeber auf Grund eines Tarifvertrages, einer Regelung der Kirchen und der öffentlich-rechtlichen Religionsgesellschaften, einer Betriebsvereinbarung oder einer Vereinbarung mit dem Arbeitnehmer
    a) das Regelarbeitsentgelt für die Altersteilzeitarbeit um mindestens 20 vom Hundert aufgestockt hat, wobei die Aufstockung auch weitere Entgeltbestandteile umfassen kann, und
    b) für den Arbeitnehmer zusätzlich Beiträge zur gesetzlichen Rentenversicherung mindestens in Höhe des Beitrags entrichtet hat, der auf 80 vom Hundert des Regelarbeitsentgelts für die Altersteilzeitarbeit, begrenzt auf den Unterschiedsbetrag zwischen 90 vom Hundert der monatlichen Beitragsbemessungsgrenze und dem Regelarbeitsentgelt, entfällt, höchstens bis zur Beitragsbemessungsgrenze, sowie
2. der Arbeitgeber aus Anlass des Übergangs des Arbeitnehmers in die Altersteilzeitarbeit
    a) einen bei einer Agentur für Arbeit arbeitslos gemeldeten Arbeitnehmer, einen Bezieher von Arbeitslosengeld II oder einen Arbeitnehmer nach Abschluss der Ausbildung auf dem freigemachten oder auf einem in diesem Zusammenhang durch Umsetzung frei gewordenen Arbeitsplatz versicherungspflichtig im Sinne des Dritten Buches Sozialgesetzbuch beschäftigt; bei Arbeitgebern, die in der Regel nicht mehr als 50 Arbeitnehmer beschäftigen, wird unwiderleglich vermutet, dass der Arbeitnehmer auf dem freigemachten oder auf einem in diesem Zusammenhang durch Umsetzung frei gewordenen Arbeitsplatz beschäftigt wird,
    oder
    b) einen Auszubildenden versicherungspflichtig im Sinne des Dritten Buches Sozialgesetzbuch beschäftigt, wenn der Arbeitgeber in der Regel nicht mehr als 50 Arbeitnehmer beschäftigt
    und
3. die freie Entscheidung des Arbeitgebers bei einer über fünf vom Hundert der Arbeitnehmer des Betriebes hinausgehenden Inanspruchnahme sichergestellt ist oder eine Ausgleichskasse der Arbeitgeber oder eine gemeinsame Einrichtung der Tarifvertragsparteien besteht, wobei beide Voraussetzungen in Tarifverträgen verbunden werden können.

(1a) Die Voraussetzungen des Absatzes 1 Nr. 1 Buchstabe a sind auch erfüllt, wenn Bestandteile des Arbeitsentgelts, die für den Zeitraum der vereinbarten Altersteilzeitarbeit nicht vermindert worden sind, bei der Aufstockung außer Betracht bleiben.

---

1 Für die fortlaufende Zahlung bei Blockbildung während der Arbeitszeit und Freistellungszeit hat die Rspr. die sog „Spiegelbildtheorie" entwickelt. Diese geht davon aus, dass das während der Arbeitsphase erarbeitete Guthaben ein Zeitguthaben und kein Geldguthaben ist und hat zur Konsequenz, dass der ArbN während der Freistellungsphase so zu stellen ist, wie er bei Weiterarbeit während der Freistellungsphase stehen würde, zB sind tarifl. geltende Lohnerhöhungen und Einmalzahlungen auch während der Freistellungsphase zu gewähren; grundlegend BAG 24.6.2003 – 9 AZR 353/02 und zuletzt im vorgenannten Sinne differenzierend LAG Bln.-Bbg. 12.9.2012 – 4 Sa 1380/12; dazu passt allerdings nicht BAG 20.3.2012 – 9 AZR 489/10, wenn der Ortszuschlag 3 nach BAT-O als fester Bezügebestandteil auch in der Freistellungsphase zu zahlen ist, selbst wenn sich die Familienverhältnisse ändern, die ansonsten zur Anpassung führen würden. ||2 BStBl. I S. 959 ff. ||3 BFH 30.11.2005 – I R 110/04; dazu *Euler/Benger*, StR 2007, 177 ff.; weitere Erläuterungen enthält das darauf Bezug nehmende BMF-Schreiben v. 28.3.2007 (IV B 2 – S 2175/07/0002); vgl. dazu auch *Heger*, BB 2007, 1043 ff.

(2) Für die Zahlung der Beiträge nach Absatz 1 Nr. 1 Buchstabe b gelten die Bestimmungen des Sechsten Buches Sozialgesetzbuch über die Beitragszahlung aus dem Arbeitsentgelt.

(3) Hat der in Altersteilzeitarbeit beschäftigte Arbeitnehmer die Arbeitsleistung oder Teile der Arbeitsleistung im Voraus erbracht, so ist die Voraussetzung nach Absatz 1 Nr. 2 bei Arbeitszeiten nach § 2 Abs. 2 und 3 erfüllt, wenn die Beschäftigung eines bei einer Agentur für Arbeit arbeitslos gemeldeten Arbeitnehmers oder eines Arbeitnehmers nach Abschluss der Ausbildung auf dem freigemachten oder durch Umsetzung frei gewordenen Arbeitsplatz erst nach Erbringung der Arbeitsleistung erfolgt.

I. Inhalt und Zweck. Die Vorschrift regelt die allg. **arbeitgeberbezogenen Voraussetzungen** für ATZ-Arbeit. Bei ATZ ist neben der Halbierung der Arbeitszeit Voraussetzung, dass der ArbGeb zum einen das während der ATZ erarbeitete Teilzeitarbeitsentgelt aufstockt und zum anderen zusätzlich RV-Beiträge entrichtet. 1

Die **Berechnung** der gesetzl. erforderlichen Mindestaufstockungsbeträge und der zusätzlichen RV-Beiträge richtet sich danach, ob die ATZ nach der bis zum 30.6.2004 geltenden Rechtslage (Altfall) oder nach der seit dem 1.7.2004 geltenden Rechtslage (Neufall) abzuwickeln ist. Ob es sich um einen Altfall oder einen Neufall handelt, richtet sich nach dem Beginn der ATZ und nicht nach dem Datum des Abschlusses des ATZ-Vertrages. 2

Einzelheiten zur Berechnung der Aufstockungsleistungen in **Altfällen** s. 2. Aufl. 3

Bei dem Aufstockungsbetrag zum Entgelt ebenso wie bei den zusätzlichen RV-Beiträgen handelt es sich um gesetzl. vorgeschriebene **Mindestbeträge**. Diese müssen zumindest in der gesetzl. Höhe gezahlt werden, damit es sich um ATZ iSd. Sozialversicherungs- und Steuerrechts handelt. Der ArbGeb kann darüber hinaus Zahlungen entweder auf Grund eines TV, einer BV oder einer Individualvereinbarung erbringen. Die **Grenze** für einen über den gesetzl. erforderlichen Aufstockungsbetrag zum Entgelt hinausgehenden Betrag ergibt sich aus den steuerrechtl. Vorschriften, wonach der Nettoauszahlungsbetrag während der ATZ nicht höher sein darf als vor der ATZ (R 3.28 Abs. 3 LStR). 4

Die über den gesetzl. erforderlichen Aufstockungsbetrag **hinausgehenden Beträge**, die der ArbGeb zusätzlich aufstockt, werden im Förderfall nicht erstattet (§ 4 I Nr. 1). 5

Fällt das sozialversicherungspflichtige Entgelt für die Teilzeitarbeit unter die mit dem Gesetz zu Änderungen im Bereich der geringfügigen Beschäftigung[1] neugefasste Gleitzonenregelung (450,01 Euro bis 850 Euro), errechnet sich der **ArbN-Anteil an den SozV-Beiträgen** nicht nach den besonderen Regelungen zur Gleitzone, sondern nach den allg. Regelungen[2]. 6

Der **Aufstockungsbetrag** zum Teilzeitentgelt ist für die gesamte Vertragsdauer (uU also auch über zehn Jahre hinaus) **steuerfrei** und somit auch sozialabgabenfrei. Er unterliegt aber dem Progressionsvorbehalt (§ 3 Nr. 28 EStG iVm. § 32b I 1 Nr. 1g EStG). Zur Beitragsfreiheit: § 1 I Nr. 1 SvEV. Auf die Auswirkungen des Progressionsvorbehaltes sollte der ArbN vor Abschluss des ATZ-Vertrages hingewiesen werden. Die durch den Progressionsvorbehalt entstehende steuerl. Mehrbelastung muss der ArbGeb selbst dann nicht ausgleichen, wenn er den ArbN nicht auf die Auswirkungen des Progressionsvorbehaltes hingewiesen hat[3]. Die Aufstockungsbeträge sind auch dann steuerfrei, wenn sie über den gesetzl. erforderlichen Mindestbetrag hinausgehen. Allerdings sind höhere Aufstockungszahlungen zum Entgelt nur bis zu 100 % des bisherigen Nettoentgeltes (R 3.28 Abs. 3 LStR) steuerfrei. Der Aufstockungsbetrag zum Teilzeitentgelt ist auch dann steuerfrei, wenn der ArbGeb keinen Anspruch auf Erstattungsleistungen ggü. der BA hat. Steuerfreiheit kommt nur in Betracht, wenn die Voraussetzungen des § 2 erfüllt sind. 7

Der ArbGeb hat die Aufstockungsbeträge zum Entgelt zu **bescheinigen** (vgl. § 41 I u. § 41b I 2 Nr. 5 EStG). 8

II. Grundlage für die Berechnung. Grundlage für die Berechnung des gesetzl. Aufstockungsbetrages zum Entgelt und des zusätzlichen RV-Beitrages ist allein das Regelarbeitsentgelt (§ 6 I). Das Regelarbeitsentgelt ist das durch die monatl. BBG der ArbIV begrenzte sozialversicherungspflichtige Teilzeitentgelt, soweit die Entgeltbestandteile regelmäßig (in jedem Abrechnungszeitraum) anfallen. Entgeltbestandteile, die nicht regelmäßig anfallen (zB Einmalzahlungen, unregelmäßige Zulagen) und Entgeltbestandteile, die nicht für die vereinbarte Arbeitszeit (zB Mehrarbeitsvergütung) gezahlt werden, sind nicht Teil des Regelarbeitsentgeltes. Einmalzahlungen, die ungeachtet der arbeitsrechtl. Zulässigkeit gezwölftelt werden, sind Teil des Regelarbeitsentgeltes[4]. Unregelmäßig anfallende Zulagen werden dann Teil des Regelarbeitsentgeltes, wenn sie im Abrechnungsmonat selbst und in den davor liegenden drei Abrechnungszeiträumen angefallen sind[5]. Das Regelarbeitsentgelt kann daher vom Teilzeitentgelt abweichen. Enthält das Regelarbeitsentgelt zB variable Entgeltbestandteile, ist es in jedem Abrechnungsmonat neu festzusetzen. 9

---

1 BGBl. 2012 I S. 2474. ||2 Rundschreiben der Spitzenverbände zu den Beschäftigungsverhältnissen in der Gleitzone v. 19.12.2012, S. 29. Rundschreiben der Spitzenverbände v. 2.11.2010, S. 41. ||3 BAG 25.6.2002 – 9 AZR 155/01, DB 2002, 2491 ff.; 1.10.2002 – 9 AZR 298/01, nv. Zur steuerlichen Behandlung seit 2002 nimmt *Macher*, NZA 2002, 142 ff. Stellung. ||4 Rundschreiben der Spitzenverbände v. 2.11.2010, S. 18. ||5 Rundschreiben der Spitzenverbände v. 2.11.2010, S. 36.

10 **Entgeltbestandteile**, die für die Gesamtlaufzeit der ATZ (zB vermögenswirksame Leistung, die nicht entsprechend der Kürzung der Arbeitszeit gekürzt wird) ungekürzt gezahlt werden, müssen bei der Berechnung des Aufstockungsbetrages zum Teilzeitentgelt nicht mit berücksichtigt werden, Abs. 1a.

11 Der Aufstockungsbetrag zum Teilzeitentgelt beträgt 20 % des Regelarbeitsentgeltes. Der ArbGeb kann aber auch Entgeltbestandteile, die nicht Teil des Regelarbeitsentgeltes sind, mit aufstocken, Abs. 1 Nr. 1a.

12 Der darüber hinaus vom ArbGeb allein zu tragende zusätzliche RV-Beitrag aus 80 % des Regelarbeitsentgelts ist gem. Abs. 1 Nr. 1 Buchst. b gedeckelt auf den Unterschiedsbetrag zwischen 90 % der BBG und dem Regelarbeitsentgelt.

- **Beispiel** (Stand 2014):

Regelarbeitsentgelt:	3 000 Euro
90 % der BBG (West)	5 355 Euro
Differenz zum Regelarbeitsentgelt	2 355 Euro
80 % vom Regelarbeitsentgelt	2 400 Euro

    Zusätzliche RV-Beiträge sind daher aus 2 355 Euro zu entrichten.

13 Für die Berechnung der zusätzlichen RV-Beiträge können nur Entgeltbestandteile herangezogen werden, die Teil des Regelarbeitsentgeltes sind.

14 Das Nähere zur Ermittlung der zusätzlichen RV-Beiträge ist im Rundschreiben der Spitzenverbände zur ATZ v. 2.11.2010 geregelt.

15 **III. Wiederbesetzung.** Die praxisgerechte Lösung der Wiederbesetzungsproblematik war bis zum Wegfall der Erstattung der gesetzl. Wiederbesetzung durch die AA ab 1.1.2010 der eigentliche Schlüssel für die Akzeptanz des ATZG[1]. Das Schlüsselproblem enthielt Abs. 1 Nr. 2. Es ging um die Frage, was der ArbGeb nachzuweisen hat, wenn es aus Anlass des Übergangs in die ATZ-Arbeit zu einer (neuen) Beschäftigung „auf dem freigemachten oder auf einem in diesem Zusammenhang durch Umsetzung frei gewordenen Arbeitsplatz" kommt. Die Fragen der Wiederbesetzung iS einer Arbeitsplatzidentität oder auch einer Arbeitsidentität warfen eine Vielzahl von rechtlich kompliziert zu lösenden Fragen auf (zu den Einzelheiten s. die 5. Aufl.). Der Nachweis der gesetzl. Voraussetzungen der Wiederbesetzung ist mit dem Wegfall der Förderung durch die AA bis auf Altfälle obsolet. Die Wiederbesetzung wird in Zukunft allein personalpolitisch gesteuert. Für die Anwendung der Wiederbesetzung kann die frühere Komm. (s. die 5. Aufl., § 3 Rz. 15 ff.) Anregungen geben. Der Gesetzgeber will mit der Förderung der Flexibilisierung der Arbeitsbedingungen zur Beschäftigungssicherung und Beschäftigungsförderung beitragen. Deshalb will der Gesetzgeber zur Wiederbesetzung anregen, ohne sie zur Bedingung für die steuerliche Begünstigung zu machen. Bei der Wiederbesetzung werden für den Anwendungsbereich der veränderten gesetzl. Regelung ab 1.1.2010 weder eine Arbeitsplatz- noch Aufgabenidentität verlangt.

16–25 Einstweilen frei.

26 **Wiederbesetzung** des Arbeitsplatzes bedeutete nach der Weisungslage der BA[2], dass der konkrete, durch den ATZ-ArbN freigemachte Arbeitsplatz tatsächlich wiederbesetzt wird. Der Arbeitsplatz des ATZ-Mitarbeiters musste erhalten bleiben. Das alles ist nicht mehr zwingend vorgeschrieben. Die betriebliche Praxis kann allein nach personalpolitischen Gesichtspunkten entscheiden. Der Wiederbesetzer muss nicht in ein unbefristetes Beschäftigungsverhältnis übernommen werden.

27 Auch hinsichtlich der Wiederbesetzung mit zuvor Arbl. gibt es keinerlei Einschränkungen mehr. Es gelten freilich für andere Förderungsmöglichkeiten, zB zu Zuschüssen nach § 88 SGB III, die speziellen gesetzl. Voraussetzungen.

28 Als Wiederbesetzer iSd. Abs. 1 Nr. 2a kann grds. auch ein in einem EU-Staat arbeitslos gemeldeter Arbeitsuchender/ArbN anerkannt werden; das neue ArbVerh muss aber der Versicherungspflicht der BA unterliegen.

29 Abs. 1 Nr. 3 zählt zu den Anspruchsvoraussetzungen der Leistungen nach § 4, nicht der ATZ, die Vermeidung einer arbeitgeberseitigen Überforderung durch übermäßige vom Betrieb nicht zu verkraftende Inanspruchnahme von ATZ. Der ArbGeb soll bei tarifvertragl. eingeräumtem Anspruch frei entscheiden können, ob er einem ATZ-Vertrag noch zustimmt, wenn damit die 5 %-Grenze der Betriebsbelegschaft überschritten würde (**Überforderungsklausel**). Der ArbGeb soll vor finanzieller Überforderung geschützt werden[3].

---

1 Ausf. dazu *Stindt*, DB 1996, 2281 ff.; vgl. auch *Andresen/Neise*, Rz. 534–542. ||2 DA zu § 3.1.7 ff. Dies gilt auch bei einer Ausgliederung von Betriebsteilen, vgl. DA zu § 3.1.7 Abs. 6 u. DA zu § 5.1 Abs. 3. ||3 BAG 18.9.2001 – 9 AZR 397/00, NZA 2002, 1161 ff.; zum Anspruch auf Altersteilzeitarbeit vgl. auch *Thüsing*, EWiR 2001, 935 f.; BAG 23.1.2007 – 9 AZR 393/06, stellt klar, dass die Vorschrift nicht greift, wenn die 5 %-Grenze bereits freiwillig überschritten wurde; zum speziellen Fall im kirchl. Bereich mit entsprechenden Richtlinien BAG 23.1.2007 – 9 AZR 624/06.

Als **Berechnungsgrundlage** dient die Beschäftigtenzahl des Betriebs (nicht Unternehmens) im Durchschnitt der letzten zwölf Monate. Wenn kollektivrechtl. nicht anders geregelt, sind die Anspruchsteller in der zeitlichen Reihenfolge der Antragseingänge zu bedienen. 30

Ohne Anspruch hat der ArbGeb die Anträge nach **billigem Ermessen** zu behandeln. Die gesetzl. garantierte freie Entscheidungsmöglichkeit des ArbGeb geht als „gesetzl. Regelung" iSd. § 87 I Eingangssatz BetrVG dem MitbestR des BR bei der Arbeitszeit nach § 87 I BetrVG vor, ganz abgesehen davon, dass es sich um individuelle, nicht kollektive Regelungen handelt. Auch bei tarifl. Ansprüchen lösen freiwillige Vereinbarungen jenseits der 5 %-Grenze kein MitbestR des BR aus; das zum gesetzl. Vorrang nach § 87 I Eingangssatz BetrVG Gesagte gilt entsprechend[1]. Die Umwandlung eines bisherigen Vollzeitvertrags in einen ATZ-Vertrag löst auch kein MitbestR des Personalrats nach § 75 I Nr. 1 BPersVG aus, mitbestimmungspflichtig ist erst die Wiederbesetzung, zB mit einem bisher Arbl.[2]. 31

In der Praxis hat die Überforderungsklausel zumindest in Großbetrieben die Erfüllung von ATZ-Anträgen nicht gebremst. Das Potenzial ist entweder nicht ausgeschöpft oder die Grenze wird willentlich überschritten. Angesichts der inzwischen ausformulierten Tarifregelungen und der aufgezeigten Vorteile auch für ArbGeb ist das nicht verwunderlich. Der gesetzl. Überforderungsschutz differenziert nicht nach Tarifgebundenheit der ArbN. Entscheidend ist die Zugehörigkeit zur Belegschaft[3]. 32

4 Leistungen
(1) Die Bundesagentur erstattet dem Arbeitgeber für längstens sechs Jahre
1. den Aufstockungsbetrag nach § 3 Abs. 1 Nr. 1 Buchstabe a in Höhe von 20 vom Hundert des für die Altersteilzeitarbeit gezahlten Regelarbeitsentgelts und
2. den Betrag, der nach § 3 Abs. 1 Nr. 1 Buchstabe b in Höhe des Beitrags geleistet worden ist, der auf den Betrag entfällt, der sich aus 80 vom Hundert des Regelarbeitsentgelts für die Altersteilzeitarbeit ergibt, jedoch höchstens des auf den Unterschiedsbetrag zwischen 90 vom Hundert der monatlichen Beitragsbemessungsgrenze und dem Regelarbeitsentgelt entfallenden Beitrags.

(2) Bei Arbeitnehmern, die nach § 6 Abs. 1 Satz 1 Nr. 1 oder § 231 Abs. 1 und 2 des Sechsten Buches Sozialgesetzbuch von der Versicherungspflicht befreit sind, werden Leistungen nach Absatz 1 auch erbracht, wenn die Voraussetzung des § 3 Abs. 1 Buchstabe b nicht erfüllt ist. Dem Betrag nach Absatz 1 Nr. 2 stehen in diesem Fall vergleichbare Aufwendungen des Arbeitgebers bis zur Höhe des Beitrags gleich, den die Bundesagentur nach Absatz 1 Nr. 2 zu tragen hätte, wenn der Arbeitnehmer nicht von der Versicherungspflicht befreit wäre.

In Altfällen (Beginn der Altersteilzeit vor dem 1.7.2004) entsprachen die gesetzl. erforderlichen Mindestleistungen den Erstattungsbeträgen im Förderfall. 1

Bei **Neufällen**, die nach dem 30.6.2004 begannen, werden die Aufstockungsleistungen auf Basis des Regelarbeitsentgelts im ersten vollen Abrechnungsmonat nach dem Vorliegen der Fördervoraussetzungen (Wiederbesetzung des Arbeitsplatzes) für die gesamte Förderdauer ermittelt und als Förderfestbetrag festgelegt (§ 12 II 1). Es entfällt daher im Förderfall die bei Altfällen notwendige monatliche Neuberechnung der Erstattungsbeträge[4]. 2

Der Förderfestbetrag wird nur dann angepasst, wenn sich das für die Berechnung der gesetzl. erforderlichen Aufstockungsbeträge zu berücksichtigende Regelarbeitsentgelt, das unabhängig von der Höhe des einmal ermittelten Förderfestbetrages in jedem Abrechnungsmonat zu ermitteln ist, **vertraglich** um mindestens 10 Euro verringert (§ 12 II 2). Die gesetzl. erforderlichen Aufstockungsbeträge können daher von den Förderfestbeträgen abweichen. Zur Berechnung der Förderfestbeträge s. unter www.arbeitsagentur.de Unternehmen, Finanzielle Hilfen, Beschäftigung Älterer, Altersteilzeitgesetz, Vordrucke und Merkblätter, Vordruck ATG 310. 3

Der **Anspruch** auf Förderung entsteht frühestens dann, wenn der Arbeitsplatz rechtswirksam wiederbesetzt iSd. § 3 I Nr. 2 ist. Bei einem kontinuierlichen Arbeitszeitmodell entsteht der Anspruch demnach sofort nach erfolgter Wiederbesetzung. In einem Blockmodell kann die die Förderung auslösende Wiederbesetzung frühestens mit Beginn der Freizeitphase erfolgen, da erst im Zeitpunkt der Wiederbesetzung die Voraussetzungen für eine Förderung der ATZ vorliegen (§ 3 III). 4

Im Falle der Beschäftigung eines Auszubildenden (§ 3 I Nr. 2b) werden Förderleistungen nur für Zeiten der tatsächlichen Beschäftigung erbracht. 5

Zahlt der ArbGeb auf Grund tarifvertragl. Regelungen, einer BV oder auf Grund einer einzelvertragl. Verpflichtung höhere Aufstockungsleistungen, so werden die den gesetzl. erforderlichen Aufstockungsbetrag übersteigenden Leistungen nicht erstattet. 6

Die **Höchstförderdauer** beträgt auch bei längerer ATZ maximal **sechs Jahre** (s. a. Komm. zu § 5). 7

---
1 So auch *Rittweger/Petri/Schweikert*, Rz. 71. || 2 BVerwG 12.6.2001 – 6 P 11/00, NZA 2001, 1091f. || 3 BAG 18.9.2001 – 9 AZR 397/00, NZA 2002, 1161ff. || 4 BT-Drs. 15/1515, 75.

8 Bei von der gesetzl. RV befreiten ArbN werden im Förderfall Beitragszuschüsse des ArbGeb zu Gunsten des ArbN etwa an berufsständische Versorgungseinrichtungen maximal in der Höhe übernommen, in der zusätzliche Beiträge zur gesetzl. RV bei entsprechender Versicherungspflicht vom ArbGeb zu entrichten wären (Abs. 2).

● **Beispiel** (Stand 2014):

Bisheriges Entgelt:	6 000,00 Euro
Teilzeitentgelt/Regelarbeitsentgelt:	3 000,00 Euro
Zusätzliche Beiträge des ArbGeb an eine Versorgungseinrichtung:	500,00 Euro
Erstattung durch die BA als Förderfestbetrag:	453,60 Euro

Im Falle der Versicherungspflicht zur gesetzl. RV hätte der ArbGeb zusätzliche RV-Beiträge aus 80 % des Regelarbeitsentgeltes zu entrichten (2 400 Euro × 18,9 %).

5 *Erlöschen und Ruhen des Anspruchs*

(1) Der Anspruch auf die Leistungen nach § 4 erlischt

1. mit Ablauf des Kalendermonats, in dem der Arbeitnehmer die Altersteilzeitarbeit beendet hat,
2. mit Ablauf des Kalendermonats vor dem Kalendermonat, für den der Arbeitnehmer eine Rente wegen Alters oder, wenn er von der Versicherungspflicht in der gesetzlichen Rentenversicherung befreit ist, das 65. Lebensjahr vollendet hat oder eine der Rente vergleichbare Leistung einer Versicherungs- oder Versorgungseinrichtung oder eines Versicherungsunternehmens beanspruchen kann; dies gilt nicht für Renten, die vor dem für den Versicherten maßgebenden Rentenalter in Anspruch genommen werden können oder
3. mit Beginn des Kalendermonats, für den der Arbeitnehmer eine Rente wegen Alters, eine Knappschaftsausgleichsleistung, eine ähnliche Leistung öffentlich-rechtlicher Art oder, wenn er von der Versicherungspflicht in der gesetzlichen Rentenversicherung befreit ist, eine vergleichbare Leistung einer Versicherungs- oder Versorgungseinrichtung oder eines Versicherungsunternehmens bezieht.

(2) Der Anspruch auf die Leistungen besteht nicht, solange der Arbeitgeber auf dem freigemachten oder durch Umsetzung frei gewordenen Arbeitsplatz keinen Arbeitnehmer mehr beschäftigt, der bei Beginn der Beschäftigung die Voraussetzungen des § 3 Abs. 1 Nr. 2 erfüllt hat. Dies gilt nicht, wenn der Arbeitsplatz mit einem Arbeitnehmer, der diese Voraussetzungen erfüllt, innerhalb von drei Monaten erneut wiederbesetzt wird oder der Arbeitgeber insgesamt für vier Jahre die Leistungen erhalten hat.

(3) Der Anspruch auf die Leistungen ruht während der Zeit, in der der Arbeitnehmer neben seiner Altersteilzeitarbeit Beschäftigungen oder selbständige Tätigkeiten ausübt, die die Geringfügigkeitsgrenze des § 8 des Vierten Buches Sozialgesetzbuch überschreiten oder auf Grund solcher Beschäftigungen eine Entgeltersatzleistung erhält. Der Anspruch auf die Leistungen erlischt, wenn er mindestens 150 Kalendertage geruht hat. Mehrere Ruhenszeiträume sind zusammenzurechnen. Beschäftigungen oder selbständige Tätigkeiten bleiben unberücksichtigt, soweit der altersteilzeitarbeitende Arbeitnehmer sie bereits innerhalb der letzten fünf Jahre vor Beginn der Altersteilzeitarbeit ständig ausgeübt hat.

(4) Der Anspruch auf die Leistungen ruht während der Zeit, in der der Arbeitnehmer über die Altersteilzeitarbeit hinaus Mehrarbeit leistet, die den Umfang der Geringfügigkeitsgrenze des § 8 des Vierten Buches Sozialgesetzbuch überschreitet. Absatz 3 Satz 2 und 3 gilt entsprechend.

(5) § 48 Abs. 1 Nr. 3 des Zehnten Buches Sozialgesetzbuch findet keine Anwendung.

1 Der Anspruch auf Förderung **erlischt** immer dann, wenn das ATZ-Beschäftigungsverhältnis, sei es durch Fristablauf oder vorzeitig, beendet wird (Abs. 1 Nr. 1). Auf den Grund für die Beendigung des ATZ-ArbVerh kommt es dabei nicht an.

2 Auch dann, wenn der ATZ-ArbN einen **Anspruch auf eine ungeminderte Altersrente** hat, erlischt der Anspruch auf Förderung selbst dann, wenn das ATZ-ArbVerh weiter besteht, und die Höchstförderdauer noch nicht ausgeschöpft ist (Abs. 1 Nr. 2). Der Anspruch auf Förderung erlischt auch dann, wenn der ATZ-ArbN eine Rente oder eine Knappschaftsausgleichsleistung **tatsächlich bezieht** (Abs. 1 Nr. 3). Darüber hinaus erlischt der Anspruch auf Förderung bei Zuerkennung einer Rente wegen voller Erwerbsminderung (§ 43 SGB VI).

3 Wenn der ATZ-Mitarbeiter von der Versicherungspflicht zur gesetzl. RV befreit ist, erlischt der Anspruch auf Förderung mit Ablauf des Kalendermonats vor dem Kalendermonat, in dem der in ATZ beschäftigte Mitarbeiter das 65. LJ vollendet oder einen Anspruch auf eine vergleichbare Leistungen einer Versicherungs-/Versorgungseinrichtung oder eines Versicherungsunternehmens hat (Abs. 1 Nr. 2 u. Nr. 3).

4 Ein Anspruch auf Förderleistungen besteht auch dann nicht, wenn der **Wiederbesetzer**, der die Förderung auslöst, nicht mehr beschäftigt wird (Abs. 2). Wird der frei gewordene Arbeitsplatz innerhalb des Zeitraumes von drei Monaten erneut besetzt, erfolgt die Förderung durchgehend auch für die Zeit, in der der Arbeitsplatz nicht entsprechend wiederbesetzt war. Bei der Darstellung der Wiederbesetzung in einem Funktionsbereich muss sowohl der Arbeitsplatz des Nachrückers als auch der des Wiederbesetzers erhalten bleiben[1]. Für die Höchstförderdauer von sechs Jahren (§ 4 I) ist es jedoch nicht erforderlich, dass der als Wiederbesetzer beschäftigte Mitarbeiter über die Gesamtförderdauer beschäftigt wird. Es reicht aus, dass der Wiederbesetzer für insg. vier Jahre beschäftigt wird (Abs. 2 S. 2). Die Beschäftigungsdauer des Wiederbesetzers von vier Jahren wird im Blockmodell schon nach zwei Jahren erfüllt. Dies gilt allerdings nicht, wenn ein Auszubildender eingestellt wird, weil hier die monatliche Förderung in einfacher Höhe mit der Einstellung des Auszubildenden beginnt. Dauert die vereinbarte ATZ weniger als vier Jahre, ist für das Auslösen der Förderung eine der ATZ-Vereinbarung entsprechende Wiederbesetzungsdauer erforderlich.

Zeiten, in denen der Altersteilzeiter oder der Wiederbesetzer auf Grund von Beschäftigungsverboten (zB MuSchG), Ableistung von Wehr- oder Zivildienst oder Elternzeit unter Aufrechterhaltung des ArbVerh nicht beschäftigt wird, sind keine Unterbrechungstatbestände.

Der Anspruch auf Förderung **ruht**, wenn der ATZ-Mitarbeiter entweder eine mehr als geringfügige Tätigkeit bei einem anderen ArbGeb oder in mehr als geringfügigen Umfang Mehrarbeit iSd. § 8 SGB IV leistet. Das Gleiche gilt für die Ausübung einer (nicht bereits zuvor ausgeübten) selbständigen Tätigkeit, sobald diese die Geringfügigkeitsgrenze überschreitet (Abs. 3 S. 1). Beitragsfreie Entgeltbestandteile zählen nicht zum berücksichtigungsfähigen Einkommen. Wird sowohl eine Nebentätigkeit ausgeübt als auch Mehrarbeit geleistet, werden die Erlöse aus diesen Tätigkeiten bei der Beurteilung der Frage, ob die Geringfügigkeitsgrenze überschritten ist, nicht zusammengerechnet[2]. Arbeitseinkommen ist der nach den allg. Gewinnermittlungsvorschriften des Einkommensteuerrechts ermittelte Gewinn (§ 15 SGB IV). Öffentl. Ehrenämter (Übertragung durch Wahl oder Delegation) und unentgeltlich dem Gemeinwohl dienende Tätigkeiten und Tätigkeiten bei Organisationen, die Aufgaben im öffentl. Interesse, gemeinnützige, mildtätige oder kirchliche Zwecke fördern, fallen nicht unter Abs. 3. Der Ersatz der tatsächlichen Auslagen und Aufwandsentschädigungen in Anlehnung an § 3 Nr. 26 EStG, wenn sie den Höchstsatz nicht übersteigen, sind zulässig. Auch Auslandstätigkeit wird grds. nicht erfasst.

Der Anspruch auf Förderung erlischt, wenn auf Grund mehr als geringfügiger **Mehrarbeit/Nebentätigkeit** der Anspruch auf Förderung mindestens 150 Kalendertage, die nicht zusammenhängen müssen, geruht hat (Abs. 3 S. 2). Unter Mehrarbeit versteht man nur die Zeiten, die nach den einschlägigen tarifrechtl. Bestimmungen als Mehrarbeit definiert sind. Bereitschaftsdienst- und Rufbereitschaftsentgelte, etwa im öffentl. Dienst, sind keine Mehrarbeit. Nur die im Rahmen der Bereitschaftsdienste tatsächlich geleisteten Arbeitsstunden stellen Mehrarbeit dar. Der Anspruch auf Förderung ruht bei der Überschreitung der Geringfügigkeitsgrenze an den Tagen, an denen die Mehrarbeit bzw. Nebentätigkeit zur Überschreitung der Geringfügigkeitsgrenze (Entgelt mehr als 450 Euro monatlich) führt.

Mehr als geringfügige Mehrarbeit führt dann nicht zum Ruhen des Anspruches auf Förderung, wenn sie nicht ausgezahlt und **in Freizeit ausgeglichen** wird.

Wichtig für die Rechtslage nach dem Wegfall der gesetzl. Förderung durch die BA: Die mehr als geringfügige Nebentätigkeit oder Mehrarbeit bringt nur den Anspruch auf Förderung zum Ruhen. Sie ändert an der sozialrechtl. und steuerrechtl. Bewertung des ATZ-Beschäftigungsverhältnisses nichts. Trotz der mehr als geringfügigen Nebentätigkeit oder Mehrarbeit liegt weiterhin ATZ im sozialversicherungsrechtl. und steuerrechtl. Sinne vor, es sei denn, die ständige Mehrarbeit oberhalb der Geringfügigkeitsgrenze führt zu einer Erhöhung der arbeitsvertraglich vereinbarten Arbeitszeit[3].

Eine unselbständige oder selbständige Nebentätigkeit **oberhalb der Geringfügigkeitsgrenze** ist nur dann unschädlich, wenn der ATZ-Mitarbeiter diese innerhalb der letzten fünf Jahre vor Beginn der ATZ nicht nur gelegentlich, sondern ständig[4] ausgeübt hat (Abs. 3 S. 4). Es ist aber förderungsrechtl. nicht zulässig, die Nebentätigkeit während der ATZ auszudehnen. Mehrarbeit – auch ständige Mehrarbeit – **unterhalb der Geringfügigkeitsgrenze** ist nach den Weisungen der BA förderungsrechtl. unschädlich. Dies gilt in einem Blockmodell allerdings nur für die Dauer der Arbeitsphase[5].

Wurden für den Zeitraum des Ruhens oder Erlöschens des Förderanspruches, weil zB der ATZ-ArbN einer nicht umgehend angezeigten Nebenbeschäftigung nachgegangen ist, Förderleistungen erbracht, werden die an den ArbGeb schon gezahlten Förderleistungen von der BA nicht zurückgefordert (Abs. 5). Kommt es zu einem Ruhen oder Erlöschen des Föderanspruches, wird die Förderleistung mit **Wirkung für die Zukunft** und nicht vom Zeitpunkt der Änderung an aufgehoben (Abs. 5).

6 *Begriffsbestimmungen*

(1) Das Regelarbeitsentgelt für die Altersteilzeitarbeit im Sinne dieses Gesetzes ist das auf einen Monat entfallende vom Arbeitgeber regelmäßig zu zahlende sozialversicherungspflichtige Arbeitsentgelt, soweit es die Beitragsbemessungsgrenze des Dritten Buches Sozialgesetzbuch nicht überschreitet. Entgeltbestandteile, die nicht laufend gezahlt werden, sind nicht berücksichtigungsfähig.

---

1 Näher zu Veränderung oder Wegfall des Arbeitsplatzes DA zu § 5, 5.1. || 2 DA zu § 5, 5.2 Abs. 8. || 3 Rundschreiben der Spitzenverbände v. 2.11.2010, S. 19, 22, 24. || 4 LAG Hess. 16.12.2011 – 3 Sa 464/11: „Ständig" bedeutet regelmäßig wiederkehrend, nicht ununterbrochen. || 5 DA zu § 2, 2.2 Abs. 16.

(2) Als bisherige wöchentliche Arbeitszeit ist die wöchentliche Arbeitszeit zugrunde zu legen, die mit dem Arbeitnehmer vor dem Übergang in die Altersteilzeitarbeit vereinbart war. Zugrunde zu legen ist höchstens die Arbeitszeit, die im Durchschnitt der letzten 24 Monate vor dem Übergang in die Altersteilzeitarbeit vereinbart war. Die ermittelte durchschnittliche Arbeitszeit kann auf die nächste volle Stunde gerundet werden.

1 § 6 definiert den Begriff des Regelarbeitsentgeltes als Berechnungsgrundlage für die Ermittlung des Mindestaufstockungsbetrages zum Teilzeitentgelt und der zusätzlichen RV-Beiträge und der bisherigen Arbeitszeit (zum Regelarbeitsentgelt s. § 3 Rz. 9 ff.).

2 **Bisherige Arbeitszeit**, die im Rahmen der ATZ halbiert wird, ist zunächst die zuletzt vertragl. vereinbarte Arbeitszeit unmittelbar vor Übergang in die ATZ[1]. Diese darf aber nicht höher sein als die im Durchschnitt der letzten 24 Monate vor Übergang in die ATZ vereinbarte Arbeitszeit. Zeiten der Nichtbeschäftigung (zB Freistellung von der Arbeit ohne Bezüge) verlängern den 24-Monats-Zeitraum nicht, sondern werden bei der Durchschnittsberechnung berücksichtigt. Zu den Schwierigkeiten der Ermittlung der bisherigen Arbeitszeit bei Lehrkräften gibt es eine umfangreiche Rspr., die sich zB mit einer Pflichtstundenerhöhung während der Altersteilzeit[2] oder der Präsenzpflicht angestellter Lehrkräfte während der Schulferien[3] befasst. Das BAG hat mehrfach entschieden, dass die Vereinbarung einer variablen, vom jeweiligen Verhältnis eines Vollbeschäftigten abhängigen Arbeitszeit ausgeschlossen ist[4].

3 Der ermittelte Durchschnittswert kann auf die nächste volle Stunde gerundet werden. Um zu erreichen, dass von einer betriebl. umsetzbaren Arbeitszeit ausgegangen werden kann[5], ist eine Rundung sowohl nach unten als auch nach oben zulässig, s. § 2 Rz. 11 ff.

7 *Berechnungsvorschriften*
(1) Ein Arbeitgeber beschäftigt in der Regel nicht mehr als 50 Arbeitnehmer, wenn er in dem Kalenderjahr, das demjenigen, für das die Feststellung zu treffen ist, vorausgegangen ist, für einen Zeitraum von mindestens acht Kalendermonaten nicht mehr als 50 Arbeitnehmer beschäftigt hat. Hat das Unternehmen nicht während des ganzen nach Satz 1 maßgebenden Kalenderjahrs bestanden, so beschäftigt der Arbeitgeber in der Regel nicht mehr als 50 Arbeitnehmer, wenn er während des Zeitraums des Bestehens des Unternehmens in der überwiegenden Zahl der Kalendermonate nicht mehr als 50 Arbeitnehmer beschäftigt hat. Ist das Unternehmen im Laufe des Kalenderjahrs errichtet worden, in dem die Feststellung nach Satz 1 zu treffen ist, so beschäftigt der Arbeitgeber in der Regel nicht mehr als 50 Arbeitnehmer, wenn nach der Art des Unternehmens anzunehmen ist, dass die Zahl der beschäftigten Arbeitnehmer während der überwiegenden Kalendermonate dieses Kalenderjahrs 50 nicht überschreiten wird.

(2) Für die Berechnung der Zahl der Arbeitnehmer nach § 3 Abs. 1 Nr. 3 ist der Durchschnitt der letzten zwölf Kalendermonate vor dem Beginn der Altersteilzeitarbeit des Arbeitnehmers maßgebend. Hat ein Betrieb noch nicht zwölf Monate bestanden, ist der Durchschnitt der Kalendermonate während des Zeitraums des Bestehens des Betriebes maßgebend.

(3) Bei der Feststellung der Zahl der beschäftigten Arbeitnehmer nach Absatz 1 und 2 bleiben schwerbehinderte Menschen und Gleichgestellte im Sinne des Neunten Buches Sozialgesetzbuch sowie Auszubildende außer Ansatz. Teilzeitbeschäftigte Arbeitnehmer mit einer regelmäßigen wöchentlichen Arbeitszeit von nicht mehr als 20 Stunden sind mit 0,5 und mit einer regelmäßigen wöchentlichen Arbeitszeit von nicht mehr als 30 Stunden mit 0,75 zu berücksichtigen.

(4) Bei der Ermittlung der Zahl der in Altersteilzeitarbeit beschäftigten Arbeitnehmer nach § 3 Abs. 1 Nr. 3 sind schwerbehinderte Menschen und Gleichgestellte im Sinne des Neunten Buches Sozialgesetzbuch zu berücksichtigen.

1 § 7 regelt die **Ermittlung der Beschäftigtenzahl** bei Wiederbesetzung des Arbeitsplatzes bei einem ArbGeb mit nicht mehr als 50 Beschäftigten oder in einer eigenständigen, abgrenzbaren Organisationseinheit mit nicht mehr als 50 ArbN (§ 3 I Nr. 2 Buchst. a und b). Beurteilungszeitraum ist das Kalenderjahr, das vor dem Jahr der Wiederbesetzung liegt (Abs. 1 S. 1).

2 Bei einem kontinuierlichen Arbeitszeitmodell ist dies das Jahr vor Übergang des Mitarbeiters in die ATZ. In einem Blockmodell ist dies das Jahr vor Beginn der Freistellungsphase und nicht schon das Jahr vor Übergang in die ATZ.

---

1 BAG 11.6.2013 – 9 AZR 758/11: die „bisherige Arbeitszeit" ist in zwei Prüfungsschritten festzustellen, 1. Arbeitszeit vor Beginn der ATZ, 2. Vergleich mit dem Durchschnittswert der letzten 24 Monate; LSG Sachs. 24.5.2012 – L 3 AL 125/10 mit der Feststellung, dass eine tarifl. Regelung der Erhöhung der Arbeitszeit ab Beginn der ATZ nicht herangezogen werden kann, wenn für die Zeit davor eine geringere Arbeitszeit vereinbart war. || 2 BAG 14.8.2007 – 9 AZR 18/07 sowie 9 AZR 58/07 und 9 AZR 59/07; 17.7.2007 – 9 AZR 1113/06 sowie fünf Entscheidungen des BAG 3.4.2007, zB BAG 3.4.2007 – 9 AZR 281/06; 23.1.2007 – 9 AZR 664/05. || 3 BAG 16.10.2007 – 9 AZR 144/07. || 4 BAG 11.4.2006 – 9 AZR 369/05. || 5 BT-Drs. 495/99.

Bei der Ermittlung der Beschäftigtenzahl sind alle Beschäftigten zu berücksichtigen, unabhängig davon, ob sie sozialversicherungspflichtig sind. Nur schwerbehinderte Menschen und Gleichgestellte iSd. SGB IX sowie Auszubildende bleiben außer Betracht. Teilzeitbeschäftigte werden anteilig berücksichtigt. 3

Stichtag für die Feststellung der Beschäftigtenzahl im Kalendermonat ist der 1. des Monats, wenn an diesem Tag idR die höchste Beschäftigtenzahl des Kalendermonats erreicht wird[1]. 4

8 Arbeitsrechtliche Regelungen

(1) Die Möglichkeit eines Arbeitnehmers zur Inanspruchnahme von Altersteilzeitarbeit gilt nicht als eine die Kündigung des Arbeitsverhältnisses durch den Arbeitgeber begründende Tatsache im Sinne des § 1 Abs. 2 Satz 1 des Kündigungsschutzgesetzes; sie kann auch nicht bei der sozialen Auswahl nach § 1 Abs. 3 Satz 1 des Kündigungsschutzgesetzes zum Nachteil des Arbeitnehmers berücksichtigt werden.

(2) Die Verpflichtung des Arbeitgebers zur Zahlung von Leistungen nach § 3 Abs. 1 Nr. 1 kann nicht für den Fall ausgeschlossen werden, dass der Anspruch des Arbeitgebers auf die Leistungen nach § 4 nicht besteht, weil die Voraussetzung des § 3 Abs. 1 Nr. 2 nicht vorliegt. Das Gleiche gilt für den Fall, dass der Arbeitgeber die Leistungen nur deshalb nicht erhält, weil er den Antrag nach § 12 nicht, nicht richtig, nicht vollständig oder nicht rechtzeitig gestellt hat oder seinen Mitwirkungspflichten nicht nachgekommen ist, ohne dass dafür eine Verletzung der Mitwirkungspflichten des Arbeitnehmers ursächlich war.

(3) Eine Vereinbarung zwischen Arbeitnehmer und Arbeitgeber über die Altersteilzeitarbeit, die die Beendigung des Arbeitsverhältnisses ohne Kündigung zu einem Zeitpunkt vorsieht, in dem der Arbeitnehmer Anspruch auf eine Rente wegen Alters hat, ist zulässig.

Der Kern der arbeitsrechtl. Regelungen ist in § 2 I Nr. 2 (Legaldefinition ATZ-Arbeit) enthalten, § 8 enthält ergänzende arbeitsrechtl. Klarstellungen und Regelungen. Die geförderte ATZ, mithin die sozialrechtl. ATZ-Definition, ergibt sich erst aus der Gesamtschau der §§ 2–5. Dieser Aspekt hat mit dem Wegfall der gesetzl. Förderung durch die BA an Wirkung verloren. 1

Abs. 1 stellt klar, dass die Möglichkeit zu einer Inanspruchnahme von ATZ **keinen Grund für eine** personenbedingte, verhaltensbedingte oder betriebsbedingte **Kündigung** gibt (§ 1 II 1 KSchG)[2]. 2

Die Möglichkeit, in ATZ zu gehen, kann auch nicht durch **Änderungskündigung** erzwungen werden[3]. Der Gesetzgeber unterstreicht an dieser Stelle nochmals die Freiwilligkeit der ATZ-Vereinbarung. 3

Unbenommen bleibt dem ArbGeb, während der gesamten Dauer der kontinuierlichen ATZ-Arbeit oder bei Arbeitszeitblockung in der Arbeitsphase bei Vorliegen der kündigungsrechtl. Voraussetzungen wie ohne ATZ-Vertrag ordentl. zu kündigen. So kann nach der Rspr. des BAG[4] die Stilllegung eines Betriebes ein dringendes betriebl. Erfordernis iSv. § 1 II KSchG darstellen, das die Kündigung eines dort beschäftigten ArbN auch dann bedingt, wenn er sich in der Arbeitsphase der ATZ nach dem Blockmodell befindet. Wegen des Befristungscharakters ist aber zu beachten, dass die grundsätzliche Möglichkeit einer ordentl. Kündigung eines ATZ-Vertrags mit Bezug auf § 15 III TzBfG ausdrücklich vereinbart werden muss[5]. Die Kündigung aus wichtigem Grund nach allg. Regeln ist durchgehend, also auch während der Freistellungsphase, möglich. 4

Wie im Rahmen einer **sozialen Auswahl** bei betriebsbedingten Kündigungen zu entscheiden ist, insb. die Frage, ob teilzeitbeschäftigte ArbN vollzeitbeschäftigten ArbN vergleichbar sind, ist unter Berücksichtigung der Organisationsentscheidung des ArbGeb nach den gefestigten Grundsätzen zu § 1 III KSchG zu entscheiden. Es dürfte hier allerdings im Rahmen der Interessenabwägung von Gewicht sein, dass ein ATZ-ArbN mit dem freiwilligen Arbeitszeitverzicht bereits einen Beitrag zur Beschäftigungssicherung geleistet hat. Offen ist, ob die bisherige hM zum Vorrang der Organisationsentscheidung des ArbGeb weiter ohne Einschränkung gelten kann, nachdem das TzBfG den ArbN unter den dort genannten Voraussetzungen Ansprüche auf Durchsetzung der Verringerung der Arbeitszeit gewährt. 5

Noch weitergehend kann der ArbN nach § 8 TzBfG sogar die **Feinverteilung seiner Arbeitszeit** vorbestimmen bzw. mitbestimmen. § 9 TzBfG gewährt schließlich einen Anspruch auf Verlängerung der Arbeitszeit, dies allerdings unter den in der Vorschrift genannten einschränkenden Bedingungen. 6

---

1 Näher dazu DA zu § 7 sowie zur Feststellung der Beschäftigtenzahl der Vordruck AtG 200. A || 2 Vgl. BAG 2.4.1987 – 2 AZR 227/86, AP Nr. 1 zu § 612a BGB. In einer neueren Entscheidung zum Anspruch auf ATZ stellt das BAG (23.1.2007 – 9 AZR 393/06, Rz. 26f. sowie 9 AZR 624/06, Rz. 19ff.) fest, dass typische ATZ-Aufwendungen für sich regelmäßig noch keine dringenden betriebl./dienstl. Gründe (iSd. einschlägigen TV bzw. von Richtlinien, die erkennbar den Wortlaut des KSchG übernommen hatten) darstellen. || 3 *Stindt*, DB 1996, 2281. || 4 BAG 16.6.2005 – 6 AZR 476/04, BB 2005, 2357 (zugleich zu insolvenzrechtl. Besonderheiten). || 5 *Grimmke/Podewin/Thau*, § 8 Rz. 12.

7 Seit BAG 5.12.2002[1] ist im Blockmodell eine **Kündigung aus dringenden betrieblichen Erfordernissen** während der Freizeitphase und dann, wenn die Kündigungsfrist in die Freistellungsphase reicht, nicht mehr möglich, wenn der ArbN bereits in der Arbeitsphase vorgeleistet hat. Zu Recht argumentiert *Rolfs*[2], dass es der Konstruktion eines Kündigungsverbotes aus § 242 BGB nicht bedarf, iÜ eine verhaltensbedingte Kündigung weiterhin möglich bleibt.

8 Für die Sicherung der Entgeltansprüche (Wertguthaben) im Blockmodell hatte der Gesetzgeber über die Regelung des § 7d SGB IV hinaus keine Regelungen getroffen. Mit der Neuregelung des ATZG durch das Dritte Gesetz für moderne Dienstleistungen am Arbeitsmarkt v. 23.12.2003[3] wurde mit § 8a eine verbindliche **Insolvenzsicherung von Wertguthaben** bei ATZ im Blockmodell vorgeschrieben[4] (s. im Einzelnen die Komm. zu § 8a).

8a Bei der ATZ im Blockmodell bewirkt der Übergang von der Arbeits- in die Freistellungsphase keine Beendigung des ArbVerh iSd. § 7 IV BUrlG. Zu diesem Zeitpunkt offene **Urlaubsansprüche** sind daher nur dann abzugelten, wenn sie zum Zeitpunkt der Beendigung des ArbVerh noch nicht verfallen sind und die in der Person des ArbN liegenden Voraussetzungen für die Urlaubsgewährung erfüllt sind[5].

8b Mit der Vereinbarung einer unwiderruflichen Freistellung von der Arbeit unter Fortzahlung der Vergütung wird regelmäßig kein Rechtsgrund für eine **Entgeltzahlungspflicht** des ArbGeb geschaffen, die über die gesetzl. geregelten Fälle der Entgeltfortzahlung bei krankheitsbedingter Arbeitsunfähigkeit hinausgeht[6].

9 Abs. 2 verbietet **vertragl. Vereinbarungen**, in denen **Aufstockungszahlungen** davon abhängig gemacht werden, dass es zu einer Wiederbesetzung mit Erstattung der Aufstockungsbeträge in gesetzl. Umfang kommt. Der Gesetzgeber will, dass das Risiko der Wiederbesetzung einschl. der Dauer beim ArbGeb liegt. Nur dieser hat das Recht und die Verantwortung hinsichtlich des übernommenen ArbN. Die Problematik hat sich mit dem Wegfall der gesetzl. Förderung ab dem 1.1.2010 erledigt (vgl. § 1 Rz. 2 und § 16).

10 Nicht versperrt ist der Weg zu Regelungen für den Fall, dass bei bereits gezahlten Aufstockungsbeträgen der ArbN, zB durch Eigenkündigung oder begründete ArbGebKündigung, die Ursache setzt, dass die ATZ nicht mehr als förderungsfähig anerkannt wird[7]. Ob bzw. in welchem Umfang die Koppelung der Aufstockungsleistungen an Bedingungen zulässig ist, kann nur unter Heranziehung der einschlägigen tarifl. Regelungen entschieden werden, die wegen der unmittelbaren und zwingenden Wirkung des TV nach § 4 I TVG bzw. entsprechender BV nach § 77 BetrVG vorgehen.

11 Zulässig dürfte es sein, wegen der zwingenden gesetzl. Regelung, die Grenzen der Nebentätigkeit einzuhalten (nach dem Wegfall der gesetzl. Förderung durch die BA jedenfalls was die Auswirkungen auf die Arbeitszeit im ATZ-Vertrag anbelangt), mit dem ArbN eine Erstattung des Schadens zu vereinbaren, der aus der Verletzung der ATZ-Voraussetzungen resultiert. Die Erstattung der Aufstockungsbeträge, die über den gesetzl. Umfang hinausgehen[8], kann nach dem Wegfall der gesetzl. Förderung nicht mehr Schadensgrund sein.

12 Das Gesetz will den gleitenden Übergang vom Erwerbsleben in die Altersrente auch über den 31.12.2009 hinaus. Deshalb stellt Abs. 3 ausdrücklich klar, dass Vereinbarungen auf den Tag befristet werden können, an dem der ArbN die erstmaligen Voraussetzungen für den Bezug einer **Rente wegen Alters** nach Maßgabe der §§ 35ff. SGB VI (und auslaufend nach ATZ gem. § 237 SGB VI) erfüllt, wobei die Voraussetzungen auch vorliegen, wenn der ArbN Abschläge von der gesetzl. Rente wegen vorzeitiger Inanspruchnahme zu gewärtigen hat[9]. Damit ist kraft gesetzl. Spezialregelung[10] zulässig, das rentenbezogene Ende des ArbVerh je nach auf den individuellen Fall abgestellter Vereinbarung mehr als 2, 3, 6 oder 10 Jahre oder ggf. noch darüber hinaus im Voraus festzulegen. Abs. 3 ist die Spezialregelung zu § 41 SGB VI, die die Gültigkeit einer Befristungsregelung mit Bezug auf die Rentenbezugsmöglichkeit davon abhängig macht, dass diese innerhalb der drei Jahre vor dem Rentenbeginn schriftl. vereinbart bzw. bestätigt wird.

13 Zulässig ist des Weiteren eine Vereinbarung, wonach das ATZ-ArbVerh auf jeden Fall mit Erreichen eines Anspruchs auf Regelaltersrente endet.

---

1 BAG 5.12.2002 – 2 AZR 571/01, AP Nr. 125 zu § 1 KSchG Betriebsbedingte Kündigung. ‖ 2 ErfK/*Rolfs*, § 8 ATZG Rz. 2; so auch *Nimscholz*, ZIP 2002, 1936 (1938). ‖ 3 BGBl. I S. 2910. ‖ 4 Ausführl. zur Insolvenzsicherung *Hanau*, ZIP 2002, 2028ff. ‖ 5 BAG 15.3.2005 – 9 AZR 143/04, DB 2005, 1858ff. ‖ 6 BAG 29.9.2005 – 5 AZR 99/04, AP Nr. 23 zu § 3 EntgeltFG. ‖ 7 Bsp. bei *Diller*, NZA 1996, 847 (851) und *Bauer*, NZA 1997, 401 (405). ‖ 8 Zur früheren Rechtslage *Reichling/Wolf*, NZA 1997, 422 (426); ErfK/*Rolfs*, § 8 ATZG Rz. 6. ‖ 9 Zu den einzelnen Rentenarten und deren Ausnahmen DA zu § 2, 2.1 Abs. 13ff. und *Birk*, NZA 2007, 244ff. ‖ 10 BAG 27.4.2004 – 9 AZR 18/03, AP Nr. 1 zu § 8 ATG; dass die Voraussetzungen vertragl. sehr sorgfältig formuliert werden sollten, ergibt sich ua. aus BAG 8.8.2007 – 7 AZR 605/06; dort war eine vertragl. Vereinbarung der zeitlichen Befristung in mehreren Varianten (nach BAG als auflösende Bedingung gewertet) als Überraschungsklausel nach § 305c I BGB angesehen worden, sie genügte außerdem nicht dem Transparenzgebot nach § 307 I 2 BGB; Sorgfalt empfiehlt sich auch bei den Formulierungen zur Arbeitszeit, wie das Urt. des BAG 18.8.2009 – 9 AZR 482/08, zeigt; dort war die Ursprungswochenarbeitszeit vor einer Tarifänderung unklar geblieben, die für die Arbeitsphase maßgeblich war.

Abs. 3 geht als Spezialregelung auch § 14 TzBfG vor. **14**

Zum Zusammenhang der ATZ-ArbN-Eigenschaft und der **Wahlberechtigung und Wählbarkeit zum** **15**
BR bzw. Aufsichtsrat vgl. Komm. zu § 2. Hingewiesen wurde dort insb. auf die praxisgerechte Regelung, wenn ein Interesse an der weiteren Zugehörigkeit zu Organen besteht. Unabhängig von der wohl zu rigiden Haltung des BAG[1] bietet das geltende Recht genügend Anpassungsmöglichkeiten, um den verschiedenen Situationen gerecht zu werden.

8a Insolvenzsicherung

(1) Führt eine Vereinbarung über die Altersteilzeitarbeit im Sinne von § 2 Abs. 2 zum Aufbau eines Wertguthabens, das den Betrag des Dreifachen des Regelarbeitsentgelts nach § 6 Abs. 1 einschließlich des darauf entfallenden Arbeitgeberanteils am Gesamtsozialversicherungsbeitrag übersteigt, ist der Arbeitgeber verpflichtet, das Wertguthaben einschließlich des darauf entfallenden Arbeitgeberanteils am Gesamtsozialversicherungsbeitrag mit der ersten Gutschrift in geeigneter Weise gegen das Risiko seiner Zahlungsunfähigkeit abzusichern; § 7e des Vierten Buches Sozialgesetzbuch findet keine Anwendung. Bilanzielle Rückstellungen sowie zwischen Konzernunternehmen (§ 18 des Aktiengesetzes) begründete Einstandspflichten, insbesondere Bürgschaften, Patronatserklärungen oder Schuldbeitritte, gelten nicht als geeignete Sicherungsmittel im Sinne des Satzes 1.

(2) Bei der Ermittlung der Höhe des zu sichernden Wertguthabens ist eine Anrechnung der Leistungen nach § 3 Abs. 1 Nr. 1 Buchstabe a und b und § 4 Abs. 2 sowie der Zahlungen des Arbeitgebers zur Übernahme der Beiträge im Sinne des § 187a des Sechsten Buches Sozialgesetzbuch unzulässig.

(3) Der Arbeitgeber hat dem Arbeitnehmer die zur Sicherung des Wertguthabens ergriffenen Maßnahmen mit der ersten Gutschrift und danach alle sechs Monate in Textform nachzuweisen. Die Betriebsparteien können eine andere gleichwertige Art und Form des Nachweises vereinbaren; Absatz 4 bleibt hiervon unberührt.

(4) Kommt der Arbeitgeber seiner Verpflichtung nach Absatz 3 nicht nach oder sind die nachgewiesenen Maßnahmen nicht geeignet und weist er auf schriftliche Aufforderung des Arbeitnehmers nicht innerhalb eines Monats eine geeignete Insolvenzsicherung des bestehenden Wertguthabens in Textform nach, kann der Arbeitnehmer verlangen, dass Sicherheit in Höhe des bestehenden Wertguthabens geleistet wird. Die Sicherheitsleistung kann nur erfolgen durch Stellung eines tauglichen Bürgen oder Hinterlegung von Geld oder solchen Wertpapieren, die nach § 234 Abs. 1 und 3 des Bürgerlichen Gesetzbuchs zur Sicherheitsleistung geeignet sind. Die Vorschriften der §§ 233, 234 Abs. 2, §§ 235 und 239 des Bürgerlichen Gesetzbuchs sind entsprechend anzuwenden.

(5) Vereinbarungen über den Insolvenzschutz, die zum Nachteil des in Altersteilzeitarbeit beschäftigten Arbeitnehmers von den Bestimmungen dieser Vorschrift abweichen, sind unwirksam.

(6) Die Absätze 1 bis 5 finden keine Anwendung gegenüber dem Bund, den Ländern, den Gemeinden, Körperschaften, Stiftungen und Anstalten des öffentlichen Rechts, über deren Vermögen die Eröffnung eines Insolvenzverfahrens nicht zulässig ist, sowie solchen juristischen Personen des öffentlichen Rechts, bei denen der Bund, ein Land oder eine Gemeinde kraft Gesetzes die Zahlungsfähigkeit sichert.

Verpflichtender Insolvenzschutz von Wertguthaben beim Blockmodell. Für den Bereich der ATZ **1**
wurde durch das Dritte Gesetz für moderne Dienstleistungen am Arbeitsmarkt v. 23.12.2003 für ATZ-Beschäftigungsverhältnisse, die nach dem 30.6.2004 beginnen, eine spezielle Regelung zur Insolvenzsicherung für Wertguthaben im Blockmodell gesetzl. vorgeschrieben, die auch nach der Neufassung des § 7b SGB IV durch das „Flexi-II-Gesetz"[2] weiter Bestand hat.

Obwohl die Kündigung des ATZ-ArbVerh im Blockmodell auch im Insolvenzfall in der Freistellungs- **2**
phase oder dann, wenn die Kündigungsfrist in die Freistellungsphase hinein reicht, nicht zulässig ist[3], ist der von der Insolvenz betroffene ArbN für vor dem Insolvenzereignis erarbeitetes Wertguthaben nur Insolvenzgläubiger iSd. § 108 III InsO[4]. Das Wertguthaben ist damit ohne Insolvenzsicherung praktisch wertlos[5]. Mit der Einfügung des § 8a sollte sich die Akzeptanz der ATZ, insb. bei den ArbN, die bei nicht tarifgebundenen ArbGeb beschäftigt sind und daher nicht von tarifl. Insolvenzsicherungsregeln profitieren, erhöhen[6].

Abzusichern hat der ArbGeb das während der Arbeitsphase des Blockmodells erarbeitete, aber nicht **3**
ausgezahlte hälftige Arbeitsentgelt und die darauf entfallenden ArbGebAnteile zur SozV, wenn abzusehen ist, dass das abzusichernde Wertguthaben den Betrag des dreifachen Regelarbeitsentgeltes und den darauf entfallenden ArbGebAnteil an den SozV-Beiträgen übersteigt. Nicht abgesichert werden

---

1 Vgl. dazu auch *Natzel*, NZA 1998, 1262 (1265). ||2 BGBl. 2008 I S. 2940. ||3 BAG 5.12.2002 – 2 AZR 571/01; näher *Nimscholz/Oppermann/Ostrowicz*, S. 131 ff. mwN. ||4 BAG 19.12.2006 – 9 AZR 230/06. ||5 Anders ist die Situation bei echter Teilzeitarbeit in ATZ-ArbVerh, soweit nach der Insolvenz geleistet wird und dies der Masse zugute kommt, hier ist von einer Masseverbindlichkeit auszugehen, die Forderung des ArbN ist bevorzugt aus der Masse zu befriedigen, BAG 21.2.2013 – 6 AZR 406/11 (Rz. 44). ||6 BT-Drs. 15/1515, 134.

müssen die während der Freistellungsphase in jedem Monat entstehenden und fällig werdenden Aufstockungsbeträge zum Entgelt und die vom ArbGeb allein zu tragenden zusätzlichen RV-Beiträge. Auch der Teil des Entgelts, der wegen der Überschreitung der BBG der ArblV beitragsfrei ist, bleibt unberücksichtigt. Das Ausmaß der Absicherung ist damit gesetzl. verbindlich vorgegeben[1]. Die in vielen TV für den Störfall vorgesehene **Verrechnung** von steuer- und beitragsfreien Aufstockungsleistungen mit den beitragspflichtigen Entgelten im Wertguthaben ist bei der Insolvenzsicherung des Wertguthabens nicht zulässig (Abs. 2). Es reicht daher sozialversicherungsrechtl. nicht aus, nur den arbeitsvertragl. oder tarifl. Anspruch im Störfall abzusichern. Ob die Verrechnung der arbeitgeberseitigen Aufstockungsleistungen zum Entgelt arbeitsrechtl. zulässig ist, ist umstritten. Diese tarifvertragl. Praxis hat das BAG für rechtens erklärt[2]. Diese Entscheidung erging aber zu einem Fall, in dem die ATZ vor dem 1.7.2004 begonnen hatte. Ob diese Entscheidung auch auf ATZ, die nach dem 30.6.2004 begonnen hat, übertragen werden kann, ist in der Lit. umstritten[3]. Zuzustimmen dürfte der Auffassung *Rolfs* sein, dass für nach dem 30.6.2004 begonnene ATZ-Beschäftigungsverhältnisse die tarifl. vorgesehene Anrechnung unzulässig ist[4].

4   Das Gesetz macht keine Vorgaben, was unter einer **geeigneten Insolvenzabsicherung** zu verstehen ist. Im Gesetz werden lediglich beispielhaft bestimmte Gestaltungsmodelle ausgeschlossen (Abs. 1 S. 2), die sich in der Vergangenheit als nicht insolvenzfest erwiesen haben, wie zB eine Insolvenzsicherung durch eine Konzernbürgschaft oder finanzielle Rückstellungen[5]. In Betracht kommen als Insolvenzsicherung zB Bankbürgschaften, Absicherungen im Wege dinglicher Sicherheiten (zB Verpfändung von Wertpapieren, insb. Fonds) zu Gunsten der ArbN, bestimmte Versicherungsmodelle der Versicherungswirtschaft oder das Modell der doppelseitigen Treuhand[6].

5   Der ArbGeb hat ggü. dem ArbN erstmals mit der ersten Gutschrift und anschließend alle sechs Monate die zur Sicherung des Wertguthabens ergriffenen Maßnahmen **nachzuweisen** und entsprechende Unterlagen zur Verfügung zu stellen (Abs. 3). Der Nachweis kann entweder schriftl. ggü. jedem ArbN erbracht werden oder in anderer Form, wenn die Betriebsparteien eine gleichwertige Regelung zum Nachweis der Insolvenzsicherung treffen, die es den ArbN in ATZ weiterhin ermöglicht, eventuelle Ansprüche auf Insolvenzsicherung ggü. dem ArbGeb geltend zu machen, die nicht so aufwendig ist wie der Einzelnachweis[7].

6   Daneben besteht weiter die Verpflichtung, den **BR** nach § 80 II BetrVG **zu unterrichten**.

7   Die Nichtdurchführung der Insolvenzsicherung des Wertguthabens durch einen GmbH-Geschäftsführer führt nur dann zu einer **Schadensersatzpflicht des Geschäftsführers** einer GmbH-ArbGebin, wenn er dem ArbN oder dem BR vorspiegelt, das Wertguthaben gegen Insolvenz gesichert zu haben[8].

8   Die Durchführung eines Insolvenzschutzes ist aber, anders als bei sonstigen Wertguthaben außerhalb der ATZ[9], **nicht Voraussetzung für die Wirksamkeit** des ATZ-ArbVerh. Sie geben dem in ATZ befindlichen ArbN einen **arbeitsrechtl. Anspruch**, den Insolvenzschutz seines Wertguthabens in einem vorgegebenen Verfahren durchsetzen, wenn die Voraussetzungen einer nach den gesetzl. Vorgaben hinreichenden Insolvenzsicherung im Einzelfall nicht vorliegen. Kommt der ArbGeb seiner gesetzl. Sicherungsverpflichtung nicht nach, oder sind die nachgewiesenen Maßnahmen unzureichend, kann der ArbN ihn schriftl. zum Nachweis bzw. zur Vornahme der entsprechenden Sicherungsmaßnahmen auffordern. Kommt der ArbGeb innerhalb eines Monats seiner Verpflichtung nicht nach, wird dem ArbN ein **gesetzl. Anspruch** auf Sicherheitsleistung in Höhe des bestehenden Wertguthabens gegen seinen ArbGeb, entweder durch Stellung eines tauglichen Bürgen oder durch Hinterlegung von Geld oder Wertpapieren, die gem. § 234 I u. III BGB zur Sicherheitsleistung geeignet sind, eingeräumt. Dabei hat der ArbN das Wahlrecht hinsichtlich der Sicherheitsleistungen (Abs. 4).

9   Der Insolvenzschutz sichert nicht die ordnungsgemäße Fortführung des ATZ-Verhältnisses und damit den Rentenzugang nach Beendigung[10].

10 Ein Insolvenzschutz ist bei **öffentl. ArbGeb**, über deren Vermögen die Eröffnung eines Insolvenzverfahrens nicht zulässig ist, nicht erforderlich (Abs. 6).

---

1 BT-Drs. 15/1515, 134. ||2 BAG 14.10.2003 – 9 AZR 146/03, AP Nr. 9 zu § 3 ATG. ||3 Zur Gesamtproblematik s. *Rolfs*, RdA 2004, 370 ff. und NZS 2004, 561–568 sowie *Nimscholz/Oppermann/Ostrowicz*, S. 104 ff. und 452 ff. ||4 *Rolfs*, RdA 2004, 373 f. ||5 BT-Drs. 15/1515, 134. ||6 Worauf bei der Sicherung der Wertguthaben zu achten ist, kann LAG Bln.-Bbg. 19.6.2012 – 16 Sa 2205/11 (Rz. 72, 78 f.) mit der Unterscheidung zwischen Verwaltungstreuhand und Sicherungstreuhand entnommen werden; letztere sichert „bei ausreichend klarer Trennung" im Insolvenzfall ein Aussonderungsrecht, weil die Ansprüche nicht zur Insolvenzmasse gehören; zur doppelseitigen Treuhand und zur Unterscheidung zwischen Aussonderungsrecht und Absonderungsrecht im ATZ-Verhältnis zuletzt ausführlich BAG 18.7.2013 – 6 AZR 47/12. ||7 BT-Drs. 15/1728, 4. ||8 BAG 13.2.2007 – 9 AZR 207/06, NZA 2007, 878 ff.; ein Anspruch auf Sicherung gegen Insolvenz kann nicht mehr gegen den Insolvenzverwalter geltend gemacht werden, wenn der ArbN die rechtzeitige Geltendmachung ggü. seinem ArbGeb versäumt hat, die Insolvenz stellt eine Zäsur für den Sicherungsanspruch dar, BAG 15.1.2013 – 9 AZR 448/11. ||9 Vgl. § 7e SGB IV. ||10 Zu den arbeits- und sozialversicherungsrechtl. Auswirkungen einer Insolvenz auf ATZ-Beschäftigungsverhältnisse s. *Nimscholz*, ZInsO 2005, 522 ff.; vgl. auch *Grimmke/Podewin/Thau*, § 8a.

9 *Ausgleichskassen, gemeinsame Einrichtungen*
(1) Werden die Leistungen nach § 3 Abs. 1 Nr. 1 auf Grund eines Tarifvertrages von einer Ausgleichskasse der Arbeitgeber erbracht oder dem Arbeitgeber erstattet, gewährt die Bundesagentur auf Antrag der Tarifvertragsparteien die Leistungen nach § 4 der Ausgleichskasse.

(2) Für gemeinsame Einrichtungen der Tarifvertragsparteien gilt Absatz 1 entsprechend.

10 *Soziale Sicherung des Arbeitnehmers*
(1) Beansprucht ein Arbeitnehmer, der Altersteilzeitarbeit (§ 2) geleistet hat und für den der Arbeitgeber Leistungen nach § 3 Abs. 1 Nr. 1 erbracht hat, Arbeitslosengeld oder Arbeitslosenhilfe, erhöht sich das Bemessungsentgelt, das sich nach den Vorschriften des Dritten Buches Sozialgesetzbuch ergibt, bis zu dem Betrag, der als Bemessungsentgelt zugrunde zu legen wäre, wenn der Arbeitnehmer seine Arbeitszeit nicht im Rahmen der Altersteilzeit vermindert hätte. Kann der Arbeitnehmer eine Rente wegen Alters in Anspruch nehmen, ist von dem Tage an, an dem die Rente erstmals beansprucht werden kann, das Bemessungsentgelt maßgebend, das ohne die Erhöhung nach Satz 1 zugrunde zu legen gewesen wäre. Änderungsbescheide werden mit dem Tag wirksam, an dem die Altersrente erstmals beansprucht werden konnte.

(2) Bezieht ein Arbeitnehmer, für den die Bundesagentur Leistungen nach § 4 erbracht hat, Krankengeld, Versorgungskrankengeld, Verletztengeld oder Übergangsgeld und liegt der Bemessung dieser Leistungen ausschließlich die Altersteilzeit zugrunde oder bezieht der Arbeitnehmer Krankentagegeld von einem privaten Krankenversicherungsunternehmen, erbringt die Bundesagentur anstelle des Arbeitgebers die Leistungen nach § 3 Abs. 1 Nr. 1 in Höhe der Erstattungsleistungen nach § 4. Satz 1 gilt soweit und solange nicht, als Leistungen von § 3 Abs. 1 Nr. 1 vom Arbeitgeber erbracht werden. Durch die Leistungen darf der Höchstförderungszeitraum nach § 4 Abs. 1 nicht überschritten werden. § 5 Abs. 1 gilt entsprechend.

(3) Absatz 2 gilt entsprechend für Arbeitnehmer, die nur wegen Inanspruchnahme der Altersteilzeit nach § 2 Abs. 1 Nr. 1 und Nr. 2 des Zweiten Gesetzes über die Krankenversicherung der Landwirte versicherungspflichtig in der Krankenversicherung der Landwirte sind, soweit und solange ihnen Krankengeld gezahlt worden wäre, falls sie nicht Mitglied der landwirtschaftlichen Krankenkasse geworden wären.

(4) Bezieht der Arbeitnehmer Kurzarbeitergeld, gilt für die Berechnung der Leistungen des § 3 Abs. 1 Nr. 1 und des § 4 das Entgelt für die vereinbarte Arbeitszeit als Arbeitsentgelt für die Altersteilzeitarbeit.

(5) Sind für den Arbeitnehmer Aufstockungsleistungen nach § 3 Abs. 1 Nr. 1 Buchstabe a und b gezahlt worden, gilt in den Fällen nicht zweckentsprechenden Verwendung von Wertguthaben für die Berechnung der Beiträge zur gesetzlichen Rentenversicherung der Unterschiedsbetrag zwischen dem Betrag, den der Arbeitgeber der Berechnung der Beiträge nach § 3 Abs. 1 Nr. 1 Buchstabe b zugrunde gelegt hat, und dem Doppelten des Regelarbeitsentgelts bis zum Zeitpunkt der nicht zweckentsprechenden Verwendung, höchstens bis zur Beitragsbemessungsgrenze, als beitragspflichtige Einnahme aus dem Wertguthaben; für die Beiträge zur Krankenversicherung, Pflegeversicherung oder nach dem Recht der Arbeitsförderung gilt § 23b Abs. 2 bis 3 des Vierten Buches Sozialgesetzbuch. Im Falle der Zahlungsunfähigkeit des Arbeitgebers gilt Satz 1 entsprechend, soweit Beiträge gezahlt werden.

Zur sozialen Sicherung des ATZ-ArbN, dessen ATZ-Beschäftigungsverhältnis vorzeitig vor Erreichen eines Anspruches auf eine gekürzte Altersrente endet, hat der Gesetzgeber eine **Sonderregelung für die Bemessung des Alg** eingeführt. Danach richtet sich die Höhe des Alg, solange der ATZ-ArbN noch keinen Anspruch auf eine Altersrente hat, nicht nach dem Entgelt für die ATZ-Arbeit, sondern nach dem Entgelt, das der ATZ-ArbN ohne Verminderung – also dem bisherigen Arbeitsentgelt – erzielt hätte (Abs. 1 S. 1). Sobald der ArbN während des Bezuges von Alg einen Anspruch auf eine auch gekürzte Altersrente erreicht hat, richtet sich die Höhe des Alg nur nach dem für die ATZ-Arbeit erzielten Teilzeitentgelt (Abs. 1 S. 2) ohne Berücksichtigung des Aufstockungsbetrages.

Im Falle einer insolvenzbedingten vorzeitigen Beendigung des ATZ-Beschäftigungsverhältnisses bemisst sich das Alg idR nicht nur bis zum frühestmöglichen Rentenzugang nach dem bisherigen Entgelt, sondern für die Gesamtdauer des Alg-Anspruches, wenn die ATZ nicht länger als zwei Jahre vor dem Tag der Arbeitslosigkeit begonnen hat (§ 150 II 1 Nr. 5 iVm. II S. 2 SGB III)[1].

Anspruch auf Alg hat ein ATZ-ArbN, wenn alle Voraussetzungen für den Bezug von Alg (Arbeitslosigkeit, Arbeitslosmeldung und Erfüllung der Anwartschaftszeit) erfüllt sind, entsprechend der individuellen Bezugsdauer (§ 147 SGB III) maximal bis wenn er das für die Regelaltersgrenze gem. § 35 SGB VI

---

1 Näheres zu den Auswirkungen einer Insolvenz auf die ATZ BAG 5.12.2002 – 2 AZR 571/01; 19.10.2004 – 9 AZR 654/03 und 9 AZR 647/03; *Nimscholz*, ZInsO 2005, 522; *Fischer*, DB-Beil. 5/2001, 21 ff.; *Hessling*, FS Förster, 2001, S. 405 ff.; *Nimscholz/Oppermann/Ostrowicz*, S. 450 ff.

maßgebliche Lebensalter vollendet hat (§ 136 II SGB III). Ein Anspruch auf Alg besteht nicht nur für den Fall der vorzeitigen Beendigung des ATZ-ArbVerh, sondern auch für den Fall des vertragl. Ablaufes der ATZ, soweit der ATZ-ArbN noch keinen Anspruch auf die Regelaltersrente gem. § 35 SGB VI erlangt hat. In den Fällen, in denen nach planmäßiger Beendigung der ATZ Alg beantragt wird, tritt eine Sperrzeit gem. § 159 I 1 Nr. 1 SGB III ein, wenn der ArbN keinen wichtigen Grund für den Abschluss des ATZ-Vertrages hatte. Ein wichtiger Grund liegt dann vor, wenn der ArbN bei Abschluss des ATZ-Vertrages beabsichtigte, aus dem Arbeitsleben auszuscheiden und seine Annahme prognostisch gerechtfertigt ist[1].

4   Bei **Bezug von Entgeltersatzleistungen** (Krankengeld, Versorgungskrankengeld, Verletztengeld oder Übergangsgeld) tritt die BA im Förderfall (im Blockmodell nach erfolgter Wiederbesetzung in der Freistellungsphase) nach Ablauf des Entgeltfortzahlungszeitraumes mit Beginn des Anspruches auf die Entgeltersatzleistung gem. Abs. 2 an die Stelle des ArbGeb und übernimmt die Aufstockungsleistungen zum Gehalt und die zusätzlichen RV-Beiträge in der gesetzl. Höhe. Der ArbGeb kann in ATZ-Fällen, die vor dem 1.7.2004 begonnen haben, während der Zeit des Bezuges der Entgeltersatzleistung die Aufstockungsleistungen zum Entgelt, nicht hingegen die zusätzlichen RV-Beiträge, weiterzahlen und sich vom ArbN seinen Anspruch auf Erstattung abtreten lassen. Bei ATZ-Verhältnissen, die nach dem 30.6.2004 begonnen haben, kann der ArbGeb bei Krankheit des ArbN in ATZ außerhalb des Entgeltfortzahlungszeitraumes auch die zusätzlichen RV-Beiträge zahlen und im Förderfall sich von der AA erstatten lassen. Hierbei handelt es sich um einen eigenen Anspruch des ArbGeb allerdings nur in Höhe der gesetzl. erforderlichen Beträge.

5   Handelt es sich bei dem ArbN um einen privat Krankenversicherten mit einem Krankentagegeldanspruch in vergleichbarer Höhe zum Krankengeld, erfolgt eine Förderung in gleicher Weise, wenn der ArbN für die Zeit des Krankentagegeldbezuges eine Antragspflichtversicherung gem. § 4 III 1 Nr. 2 SGB VI abgeschlossen hat. Der Abschluss einer Antragspflichtversicherung, deren Beiträge der ATZ-ArbN in voller Höhe selbst übernehmen muss, ist erforderlich, da im Gegensatz zum Krankengeldbezug eine RV-Pflicht bei privat krankenversicherten ArbN nach Ablauf des Entgeltfortzahlungszeitraumes nicht besteht[2].

6   Im Nichtförderfall ist die Zeit einer Entgeltersatzleistung nur dann ATZ im rentenrechtl. Sinne, wenn der Aufstockungsbetrag zum Entgelt *und* der zusätzliche RV-Beitrag vom ArbGeb weiter gezahlt werden[3]. Zahlt der ArbGeb im Nichtförderfall für die Zeit nach Auslauf der Entgeltfortzahlung nur die Aufstockungsbeträge zum Entgelt weiter, sind die gezahlten Aufstockungsbeiträge beitrags- und steuerfrei[4].

7   Während des Bezuges von Entgeltersatzleistungen in einem Blockmodell in der Arbeitsphase, in der die Aufstockungsbeträge und zusätzlichen RV-Beiträge gezahlt werden, wird kein Wertguthaben erarbeitet, so dass das außerhalb der Fehlzeiten erarbeitete Wertguthaben nicht ausreicht, die gesamte Freistellungsphase mit Arbeitsentgelt aus der Vorarbeit zu belegen. Von daher ist es erforderlich, im Vorfeld der ATZ zu klären, welche Auswirkungen die Fehlzeiten auf die ATZ haben. Fehlzeiten ohne Anspruch auf Entgeltzahlung haben nur während der Arbeitsphase Auswirkungen auf die ATZ. Fehlzeiten während einer Freistellungsphase in einem Blockmodell haben keine sozialrechtl. Auswirkungen auf die ATZ, weil in diesen Fällen auf Grund der Vorarbeit in der Arbeitsphase ein Anspruch sowohl auf das Entgelt als auch auf den Aufstockungsbetrag zum Gehalt und die zusätzlichen RV-Beiträge aus dem Unterschiedsbetrag besteht. Der Anspruch auf Krankengeld ruht in der Freistellungsphase gem. § 49 I Nr. 6 SGB V. Daher sind in der Freistellungsphase Beiträge zur KV nur nach dem verminderten Beitragssatz zu entrichten[5].

8   Bei einem Bezug von **Kug** oder **Saison-Kug** wird die Höhe des vom ArbGeb allein zu zahlenden Aufstockungsbetrages und der zusätzlichen RV-Beiträge nicht aus dem Kurzlohn, sondern aus dem ungekürzten Teilzeitentgelt ermittelt (Abs. 4)[6].

9   Für den **Störfall** (vorzeitige Beendigung des ATZ-ArbVerh) in einem Blockmodell enthält Abs. 5 für die Berechnung der Beiträge zur RV aus dem Wertguthaben eine Sonderregelung ggü. dem sonstigen in § 23b II und III SGB IV geregelten Beitragsverfahren[7]. Im Störfall ist beitragspflichtig das Wertguthaben, höchstens die festgestellte SV-"Luft". In der Kranken-, Pflege- und Arbl.-Versicherung ergibt sich die bei der Bildung des Wertguthabens festzustellende „Beitragsluft" aus der Gesamtdifferenz des beitragspflichtigen Entgelts (Teilzeitentgelt plus zusätzlicher RV-Beitrag) und der BBG des jeweiligen Versicherungszweiges. In der RV ist „Beitragsluft" der Unterschiedsbetrag zwischen dem doppelten Regelarbeitsentgelt und dem Betrag, den der ArbGeb der Beitragsberechnung zugrunde gelegt hat[8].

---

1 BSG 21.7.2009 – B 7 AL 6/08 R. ||2 Rundschreiben der Spitzenverbände v. 2.11.2010, S. 44. ||3 Rundschreiben der Spitzenverbände v. 2.11.2010, S. 44. ||4 Rundschreiben der Spitzenverbände v. 2.11.2010, S. 44. ||5 BSG 25.8.2004 – B 12 KR 22/02 R. ||6 Bsp. hierzu s. Rundschreiben der Spitzenverbände v. 2.11.2010, S. 45. Näheres zur Kurzarbeit bei ATZ in Düsseldorfer Schriftenreihe „Kurzarbeit und Beschäftigungstransfer", 2009, S. 71 ff. ||7 Näheres zur Verbeitragung im Störfall s. Rundschreiben der Spitzenverbände v. 2.11.2010, S. 46 ff.; *Nimscholz/Oppermann/Ostrowicz*, Kap. VI; *Debler*, NZA 2001, 1285 ff.; *Gussone/Voelzke*, S. 161 ff.; *Allary/Olschewski/Waldhorst*, S. 71 ff. ||8 Näher hierzu Rundschreiben der Spitzenverbände v. 2.11.2010, S. 46 ff.

Das ATZG hat (von Ausnahmen abgesehen, s. vorstehend) die Fragen nicht geregelt, die dann auftre- 10
ten, wenn bei einem ATZ-ArbVerh eine Störung mit der Konsequenz einer vorzeitigen Vertragsbeendigung – insb. durch Tod – eintritt. Auch TV sehen solche Regelungen nur teilweise oder unvollständig vor. Zur Klarstellung und Streitvermeidung empfehlen sich daher (ergänzende) vertragl. „Rückabwicklungsregelungen". Hierauf weist ausdrücklich auch das LAG Niedersachsen mit fallbezogenen Anregungen zur Behandlung des Aufstockungsbetrages hin[1]. Bei der Ausformulierung durch ArbGeb ist mit Bezug auf die jüngere Entwicklung zur AGB-Kontrolle von Arbeitsverträgen darauf zu achten, dass die gesetzl. Grundwertung des ATZG (zB die bewusste Unterscheidung zwischen Teilzeitentgelt und Aufstockungsbetrag mit unterschiedlicher steuerlicher Behandlung) beibehalten wird.

Erfolgt bei einer vorzeitigen Beendigung eines ATZ-ArbVerh im Blockmodell eine Ausgleichszahlung 11
aus dem nicht verbrauchten Wertguthaben, handelt es sich um einen sonstigen Bezug iSd. § 38a I 3 EStG, der im Jahr des Zuflusses zu versteuern ist (§ 11 I 1 EStG)[2].

11 Mitwirkungspflichten des Arbeitnehmers

(1) Der Arbeitnehmer hat Änderungen der ihn betreffenden Verhältnisse, die für die Leistungen nach § 4 erheblich sind, dem Arbeitgeber unverzüglich mitzuteilen. Werden im Fall des § 9 die Leistungen von der Ausgleichskasse der Arbeitgeber oder der gemeinsamen Einrichtung der Tarifvertragsparteien erbracht, hat der Arbeitnehmer Änderungen nach Satz 1 diesen gegenüber unverzüglich mitzuteilen.

(2) Der Arbeitnehmer hat der Bundesagentur die dem Arbeitgeber zu Unrecht gezahlten Leistungen zu erstatten, wenn der Arbeitnehmer die unrechtmäßige Zahlung dadurch bewirkt hat, dass er vorsätzlich oder grob fahrlässig
1. Angaben gemacht hat, die unrichtig oder unvollständig sind, oder
2. der Mitteilungspflicht nach Absatz 1 nicht nachgekommen ist.

Die zu erstattende Leistung ist durch schriftlichen Verwaltungsakt festzusetzen. Eine Erstattung durch den Arbeitgeber kommt insoweit nicht in Betracht.

Die Vorschrift hat mit dem Wegfall der gesetzl. Förderung durch die BA an Bedeutung verloren. Für 1
die frühere Rechtslage gilt: Der ArbN hat alle Änderungen, die die Höhe der Leistung und deren Dauer beeinflussen können, dem ArbGeb bzw. der Ausgleichskasse/gemeinsamen Einrichtung der TV-Parteien unverzüglich anzuzeigen (Abs. 1). Dies bezieht sich zB auf geänderte steuerrechtl. relevante Daten, aber auch auf Hinzuverdienste, die altersteilzeitschädlich sind. Der ArbGeb bestätigt mit dem Antrag auf Anerkennung der Voraussetzungen bzw. auf Vorabentscheidung, den in ATZ beschäftigten ArbN auf die Mitwirkungspflichten hingewiesen zu haben. Am besten wird eine entsprechende Klausel in den ATZ-Vertrag aufgenommen. Die Mitwirkungspflichten des ArbGeb als Empfänger der Leistungen nach dem ATZG ergeben sich aus §§ 60 ff. SGB I. Gleiches gilt, wenn der ArbN Leistungen nach § 10 II unmittelbar von der BA erhält.

Abgesehen davon darf der ArbN sich auch nicht rechtsmissbräuchlich iSd. § 242 BGB verhalten. Da- 1a
von geht das BAG zB aus, wenn ein ArbN seine LStKlasse nur ändert, um die Aufstockungsleistungen des ArbGeb zu erhöhen[3].

Abs. 2 S. 1 bestimmt die **Voraussetzungen für eine Erstattungspflicht des ArbN**. Zwischen dem 2
pflichtwidrigen Verhalten des ArbN und der unrechtmäßigen Leistungsgewährung an den ArbGeb muss ein adäquater Kausalzusammenhang bestehen. Leichte Fahrlässigkeit verpflichtet den ArbN nicht zur Erstattung der Leistung. Es gilt die Erfahrung: Je besser der Hinweis auf die Pflichten, desto größer die Chance der Regelbefolgung.

Wurden Leistungen nach § 10 II durch die BA unmittelbar an den ArbN zu Unrecht erbracht, finden 3
die §§ 45, 48, 50 SGB X (und nicht § 11 II) Anwendung.

Ist der ArbN seiner Anzeigepflicht nach Abs. 1 nachgekommen und hat der ArbGeb/die Ausgleichs- 4
kasse versäumt, die sich hieraus ergebenden Verpflichtungen ggü. der BA zu erfüllen, finden in Bezug auf den ArbGeb die §§ 45, 48, 50 SGB X Anwendung. Gleiches gilt, wenn der ArbGeb den ihm nach § 60 SGB I obliegenden Mitwirkungspflichten nicht nachkommt und deshalb Leistungen nach § 4 zu Unrecht gewährt werden.

12 Verfahren

(1) Die Agentur für Arbeit entscheidet auf schriftlichen Antrag des Arbeitgebers, ob die Voraussetzungen für die Erbringung von Leistungen nach § 4 vorliegen. Der Antrag wirkt vom Zeitpunkt des Vorliegens der Anspruchsvoraussetzungen, wenn er innerhalb von drei Monaten nach deren Vorliegen

---

1 LAG Nds. 25.6.2003 – 2 Sa 1556/02, NZA-RR 2004, 254f. mit weiterführenden Hinweisen auf die Lit.; zur Lohnsteuerpflicht von Ausgleichszahlungen und zur Geltung des Zuflussprinzips nach vorzeitiger Beendigung der ATZ im Blockmodell BFH 15.12.2011 – VI R 26/11. ||2 BFH 15.12.2011 – VI R 26/11. ||3 BAG 9.9.2003 – 9 AZR 554/02, AP Nr. 2 zu § 4 ATG; 10.2.2004 – 9 AZR 183/03; 18.8.2004 – 5 AZR 423/04; 13.6.2006 – 9 AZR 423/05.

gestellt wird, andernfalls wirkt er vom Beginn des Monats der Antragstellung. In den Fällen des § 3 Abs. 3 kann die Agentur für Arbeit auch vorab entscheiden, ob die Voraussetzungen des § 2 vorliegen. Mit dem Antrag sind die Namen, Anschriften und Versicherungsnummern der Arbeitnehmer mitzuteilen, für die Leistungen beantragt werden. Zuständig ist die Agentur für Arbeit, in deren Bezirk der Betrieb liegt, in dem der Arbeitnehmer beschäftigt ist. Die Bundesagentur erklärt eine andere Agentur für Arbeit für zuständig, wenn der Arbeitgeber dafür ein berechtigtes Interesse glaubhaft macht.

(2) Die Höhe der Leistungen nach § 4 wird zu Beginn des Erstattungsverfahrens in monatlichen Festbeträgen für die gesamte Förderdauer festgelegt. Die monatlichen Festbeträge werden nur angepasst, wenn sich das berücksichtigungsfähige Regelarbeitsentgelt um mindestens 10 Euro verringert. Leistungen nach § 4 werden auf Antrag erbracht und nachträglich jeweils für den Kalendermonat ausgezahlt, in dem die Anspruchsvoraussetzungen vorgelegen haben. Leistungen nach § 10 Abs. 2 werden auf Antrag des Arbeitnehmers oder, im Falle einer Leistungserbringung des Arbeitgebers an den Arbeitnehmer gemäß § 10 Abs. 2 Satz 2, auf Antrag des Arbeitgebers monatlich nachträglich ausgezahlt.

(3) In den Fällen des § 3 Abs. 3 werden dem Arbeitgeber die Leistungen nach Absatz 1 erst von dem Zeitpunkt an ausgezahlt, in dem der Arbeitgeber auf dem freigemachten oder durch Umsetzung frei gewordenen Arbeitsplatz einen Arbeitnehmer beschäftigt, der bei Beginn der Beschäftigung die Voraussetzungen des § 3 Abs. 1 Nr. 2 erfüllt hat. Endet die Altersteilzeitarbeit in den Fällen des § 3 Abs. 3 vorzeitig, erbringt die Agentur für Arbeit dem Arbeitgeber die Leistungen für zurückliegende Zeiträume nach Satz 3, solange die Voraussetzungen des § 3 Abs. 1 Nr. 2 erfüllt sind und soweit dem Arbeitgeber entsprechende Aufwendungen für Aufstockungsleistungen nach § 3 Abs. 1 Nr. 1 und § 4 Abs. 2 verblieben sind. Die Leistungen für zurückliegende Zeiten werden zusammen mit den laufenden Leistungen jeweils in monatlichen Teilbeträgen ausgezahlt. Die Höhe der Leistungen für zurückliegende Zeiten bestimmt sich nach der Höhe der laufenden Leistungen.

(4) Über die Erbringung von Leistungen kann die Agentur für Arbeit vorläufig entscheiden, wenn die Voraussetzungen für den Anspruch mit hinreichender Wahrscheinlichkeit vorliegen und zu ihrer Feststellung voraussichtlich längere Zeit erforderlich ist. Auf Grund der vorläufigen Entscheidung erbrachte Leistungen sind auf die zustehende Leistung anzurechnen. Sie sind zu erstatten, soweit mit der abschließenden Entscheidung ein Anspruch nicht oder nur in geringerer Höhe zuerkannt wird.

1 Das Antragsverfahren ist ein **zweistufiges Verfahren**. Die zuständige AA entscheidet zunächst über das Vorliegen der Fördervoraussetzungen auf Grund eines Anerkennungsantrages (Abs. 1 S. 1). Für das Erstattungsverfahren ist ein gesonderter Antrag erforderlich.

2 Der **Antrag auf Anerkennung** ist innerhalb von drei Monaten nach Vorliegen der Fördervoraussetzungen – erfolgter Wiederbesetzung – bei der zuständigen AA zu stellen, damit die Förderung vom Beginn der Wiederbesetzung nach Freimachung des Arbeitsplatzes erfolgen kann (Abs. 1 S. 2). Bei späterer Antragstellung beginnt die Förderung der ATZ erst vom Beginn des Monats der Antragstellung an (Abs. 1 S. 2).

3 Wird ATZ in einem Blockmodell durchgeführt, besteht die Möglichkeit, schon vor der Wiederbesetzung des Arbeitsplatzes des ATZ-Mitarbeiters einen Antrag auf Vorabentscheidung zu stellen, ob die Voraussetzungen für eine Förderung im Falle der Wiederbesetzung des Arbeitsplatzes vorliegen (Abs. 1 S. 3).

4 Wird der Arbeitsplatz mit Beginn der Freistellungsphase wiederbesetzt, ist neben dem Antrag auf Anerkennung der Fördervoraussetzungen auch und ein Erstattungsantrag zu stellen. Die **Anträge** sind im Internet zu finden unter: http://www.arbeitsagentur.de Unternehmen, Finanzielle Hilfen, Beschäftigung Älterer, Altersteilzeitgesetz, Vordrucke und Merkblätter.

5 **Zuständig** für die Frage, ob eine Förderung in Betracht kommt, ist zunächst die AA, in deren Bezirk der Betrieb liegt, in dem der ATZ-ArbN beschäftigt ist. Hat ein ArbGeb mehrere Betriebsstätten, für die jeweils andere AA zuständig wären, kann eine AA sich auf seinen Wunsch hin für alle Grundentscheidungen für zuständig erklären, so dass die Beantragung der Förderfähigkeit auf eine AA konzentriert wird. Der ArbGeb muss allerdings ein berechtigtes Interesse an der Wahl einer bestimmten AA haben (Abs. 1 S. 6).

Die Leistungen werden nachträglich jeweils für den Kalendermonat ausgezahlt, in dem die Anspruchsvoraussetzungen vorgelegen haben (Abs. 2 S. 1).

6 Im **Blockmodell** werden die Förderleistungen erst nach erfolgter Wiederbesetzung des freigemachten oder frei gewordenen Arbeitsplatzes ab Beginn der Freistellungsphase erbracht, da erst im Zeitpunkt der Wiederbesetzung die Voraussetzungen für eine Förderung der ATZ vorliegen (Abs. 2 S. 1). Der sich aus dem laufenden Abrechnungsmonat ergebende Erstattungsbetrag wird nach den Vorgaben des ATZG (Abs. 3 S. 4) verdoppelt, soweit dem ArbGeb Aufwendungen für die Arbeitsphase entstanden sind.

7 Die Erstattungsbeträge werden auf Basis des Regelarbeitsentgelts im ersten Abrechnungsmonat (Basismonat) nach dem Vorliegen der Fördervoraussetzungen (Wiederbesetzung des Arbeitsplatzes) für die gesamte Förderdauer ermittelt und festgelegt (Förderfestbetrag gem. Abs. 2 S. 1). Wenn keine

tarif- oder einzelvertragl. Regelungen bestehen, wird die Höhe der Förderfestbeträge durch die AA nach dem Durchschnittswert eines Referenzzeitraumes von zwölf Monaten, unter Einschluss des Basismonates ermittelt, wenn das Regelarbeitsentgelt im Basismonat aus einer variablen Grundvergütung besteht (zB Leistungslöhner), oder wenn es variable Entgeltbestandteile enthält. Der Förderfestbetrag wird dann nach unten angepasst, wenn sich das zu berücksichtigende Regelarbeitsentgelt vertragl. um mindestens 10 Euro verringert (Abs. 2 S. 2). Es entfällt daher für die Ermittlung der Förderbeträge die in Altfällen auch weiterhin notwendige Neuberechnung der gesetzl. Aufstockungsbeträge[1]. Der ArbGeb muss daher nur noch nach Vorliegen der Fördervoraussetzungen *einen* Leistungsantrag bei der AA stellen (Vordruck AtG 300). Er erhält dann die Erstattungsleistungen – solange dafür die Voraussetzungen vorliegen – nachträglich monatlich für die Gesamtförderzeit. Der Erstattungsanspruch unterliegt der vierjährigen Verjährungsfrist des § 45 SGB I.

Im Blockmodell (Abs. 3 S. 4) wird der zu Beginn der Wiederbesetzung ermittelte Förderfestbetrag verdoppelt. 8

Endet die ATZ vorzeitig, und hat der ArbGeb den Arbeitsplatz schon rechtswirksam wiederbesetzt, oder besetzt er ihn nach der vorzeitigen Beendigung der ATZ in der Arbeitsphase, werden die ihm entstandenen Aufwendungen für zurückliegende Zeiträume, soweit sie ihm verblieben sind, erstattet (Abs. 3 S. 2). Die Dauer der Wiederbesetzung des Arbeitsplatzes muss dabei zeitlich zumindest dem Zeitraum entsprechen, für den der Aufwendungsersatz beansprucht wird. Sieht die tarifvertragl. oder einzelvertragl. Vereinbarung der ATZ für den Fall der vorzeitigen Beendigung der ATZ etwa eine nachträgliche fiktive Umwandlung in ein Vollzeitbeschäftigungsverhältnis vor, und verbleiben dem ArbGeb keine Aufwendungen für Aufstockungsbeträge zum Entgelt und zusätzliche RV-Beiträge, kommt ein Aufwendungsersatz nicht in Betracht. 9

Hat die BA im Förderfall nach Ablauf des **Entgeltfortzahlungszeitraumes** mit Beginn des Anspruches auf Krankengeld die Aufstockungsleistungen (Aufstockung zum Regelarbeitsentgelt und zusätzliche RV-Beiträge aus dem Regelarbeitsentgelt) übernommen (§ 10 II), werden die Aufstockungsleistungen zum Entgelt auf Antrag des ArbN hin monatlich nachträglich ausgezahlt (Abs. 2 S. 2). In den Fällen, in denen der ArbGeb die Aufstockungsleistungen zum Regelarbeitsentgelt und die zusätzlichen RV-Beiträge aus dem Regelarbeitsentgelt während des Krankengeldbezuges erbracht hat, steht der Erstattungsanspruch dem ArbGeb als eigener Anspruch zu. 10

Im Nichtförderfall wird die Zeit des Krankengeldbezuges nur dann als ATZ im sozialversicherungsrechtl. Sinne gewertet, wenn der ArbGeb für diesen Zeitraum sowohl die Aufstockungsleistungen zum Entgelt als auch die zusätzlichen RV-Beiträge übernimmt[2]. 11

Wenn die Voraussetzungen für eine Förderung dem Grunde nach vorliegen (ATZ-ArbVerh und Wiederbesetzung des Arbeitsplatzes) und eine unverzügliche Prüfung der vom ArbGeb eingereichten Abrechnungsliste nicht möglich ist, kann die AA auf Antrag des ArbGeb im Wege der **vorläufigen Entscheidung** die Förderleistungen auszahlen. Soweit Leistungen, die mit einer vorläufigen Entscheidung bewilligt wurden, zu Unrecht gewährt worden sind, sind die Leistungen vom ArbGeb zu erstatten (Abs. 4). 12

13 *Auskünfte und Prüfung*
Die §§ 315 und 319 des Dritten Buches und das Zweite Kapitel des Zehnten Buches Sozialgesetzbuch gelten entsprechend. § 2 Abs. 1 Nr. 3 des Schwarzarbeitsbekämpfungsgesetzes bleibt unberührt.

Die Vorschrift regelt die **Prüfzuständigkeit** und die **Prüfrechte** der BA und die Auskunfts- und Mitwirkungspflichten der ArbGeb, der ATZ-ArbN und Dritter im Zusammenhang mit geförderter ATZ. 1

Danach haben die Mitarbeiter der AA das Recht, die Grundstücke und Geschäftsräume des ArbGeb während der Geschäftszeiten zu betreten und Einsicht in alle Unterlagen zu nehmen, aus denen sich Umfang, Art und Dauer des ATZ-ArbVerh ergeben (§ 319 SGB III). ArbGeb und Dritte haben die Verpflichtung, an der Prüfung insb. durch Auskunftserteilung mitzuwirken (§ 315 SGB III). 2

14 *Bußgeldvorschriften*
(1) Ordnungswidrig handelt, wer vorsätzlich oder fahrlässig
1. entgegen § 11 Abs. 1 oder als Arbeitgeber entgegen § 60 Abs. 1 Nr. 2 des Ersten Buches Sozialgesetzbuch eine Mitteilung nicht, nicht richtig, nicht vollständig oder nicht rechtzeitig macht,
2. entgegen § 13 Satz 1 in Verbindung mit § 315 Abs. 1, 2 Satz 1, Abs. 3 oder 5 Satz 1 und 2 des Dritten Buches Sozialgesetzbuch eine Auskunft nicht, nicht richtig, nicht vollständig oder nicht rechtzeitig erteilt,

---
1 BT-Drs. 15/1515, 75. ||2 Näher dazu Rundschreiben der Spitzenverbände v. 2.11.2011 S. 43 ff.; *Nimscholz/Oppermann/Ostrowicz,* Kap. V.

3. entgegen § 13 Satz 1 in Verbindung mit § 319 Abs. 1 Satz 1 des Dritten Buches Sozialgesetzbuch Einsicht oder Zutritt nicht gewährt oder
4. entgegen § 13 Satz 1 in Verbindung mit § 319 Abs. 2 Satz 1 des Dritten Buches Sozialgesetzbuch Daten nicht, nicht richtig, nicht vollständig, nicht in der vorgeschriebenen Weise oder nicht rechtzeitig zur Verfügung stellt.

(2) Die Ordnungswidrigkeit kann in den Fällen des Absatzes 1 Nr. 4 mit einer Geldbuße bis zu dreißigtausend Euro, in den übrigen Fällen mit einer Geldbuße bis zu tausend Euro geahndet werden.

(3) Verwaltungsbehörden im Sinne des § 36 Abs. 1 Nr. 1 des Gesetzes über Ordnungswidrigkeiten sind die Agenturen für Arbeit.

(4) Die Geldbußen fließen in die Kasse der Bundesagentur. § 66 des Zehnten Buches Sozialgesetzbuch gilt entsprechend.

(5) Die notwendigen Auslagen trägt abweichend von § 105 Abs. 2 des Gesetzes über Ordnungswidrigkeiten die Bundesagentur; diese ist auch ersatzpflichtig im Sinne des § 110 Abs. 4 des Gesetzes über Ordnungswidrigkeiten.

1   Die Verletzung der Auskunfts- und Mitwirkungspflichten stellt eine Ordnungswidrigkeit dar und ist mit Bußgeld bewehrt. Die Vorschrift bestimmt die einzelnen Bußgeldtatbestände (Abs. 1), die Höhe des Bußgeldes (Abs. 2) und die zuständige AA als Verwaltungsbehörde für die Durchführung des Ordnungswidrigkeitenverfahrens (Abs. 3).

15 Verordnungsermächtigung
Das Bundesministerium für Arbeit und Soziales kann durch Rechtsverordnung die Mindestnettobeträge nach § 3 Abs. 1 Nr. 1 Buchstabe a in der bis zum 30. Juni 2004 gültigen Fassung bestimmen. Die Vorschriften zum Leistungsentgelt des Dritten Buches Sozialgesetzbuch gelten entsprechend. Das bisherige Arbeitsentgelt im Sinne des § 6 Abs. 1 in der bis zum 30. Juni 2004 gültigen Fassung ist auf den nächsten durch fünf teilbaren Euro-Betrag zu runden. Der Kalendermonat ist mit 30 Tagen anzusetzen.

1   Zur Erleichterung der Errechnung des gesetzl. Aufstockungsbetrages zum Entgelt in ATZ-Fällen, die vor dem 1.7.2004 begonnen haben, hat der Gesetzgeber dem BMAS eingeräumt, in einer pauschalierten Tabelle die **Mindestnettobeträge** nach § 3 I Nr. 1a idF bis zum 30.6.2004 pauschal durch RechtsVO festzulegen.

2   Eine Verpflichtung zur jährlichen Erstellung einer Mindestnettobetrags-VO besteht nicht[1]. Letztmalig wurde diese Mindestnettotabelle für 2008 erstellt[2].

15a–15g (nicht kommentiert)

1   Die Übergangsregelungen der §§ 15a-15g haben sich durch Zeitablauf erledigt.

16 Befristung der Förderungsfähigkeit
Für die Zeit ab dem 1. Januar 2010 sind Leistungen nach § 4 nur noch zu erbringen, wenn die Voraussetzungen des § 2 erstmals vor diesem Zeitpunkt vorgelegen haben.

1   Gefördert wird ATZ durch die BA, wenn das ATZ-Beschäftigungsverhältnis vor dem 1.1.2010 begonnen hat. Es können daher auch vor dem Stichtag begonnene ATZ-Beschäftigungsverhältnisse mit einer Laufzeit von mehr als sechs Jahren für maximal sechs Jahre gefördert werden.

2   Die die Förderung auslösende Wiederbesetzung des Arbeitsplatzes des Altersteilzeiters muss daher nicht vor dem Stichtag erfolgt sein.

3   Ein Rentenzugang nach ATZ-Arbeit gem. § 237 SGB VI ist nur bis zum Jahrgang 1951 möglich (§ 237 I Nr. 1 SGB VI).

4   Ungeförderte Altersteilzeit kann auch noch nach dem Stichtag begonnen werden (§ 1 III).

---

1 BT-Drs. 15/1515, 136. ||2 MindestnettobetragsVO v. 19.12.2007 (BGBl. I S. 3040 ff.); soweit TVe aus Vereinfachungsgründen darauf Bezug nehmen, kann es bei einzelnen ArbN zu „Randunschärfen" kommen, die hinzunehmen sind, BAG 19.2.2013 – 9 AZR 452/11 und 19.2.2013 – 9 AZR 431/11; bei Grenzgängern (hier französischen Staatsbürgern) kann die Bemessung der Aufstockung diskriminierend sein, EUGH 28.6.2012 – Rsw. C-172/11 – Erny.

Arbeitnehmerüberlassungsgesetz (AÜG)
Gesetz zur Regelung der Arbeitnehmerüberlassung

in der Fassung der Bekanntmachung vom 3.2.1995 (BGBl. I S. 158),
zuletzt geändert durch Gesetz vom 7.8.2013 (BGBl. I S. 3154)

1 *Erlaubnispflicht*
(1) Arbeitgeber, die als Verleiher Dritten (Entleihern) Arbeitnehmer (Leiharbeitnehmer) im Rahmen ihrer wirtschaftlichen Tätigkeit zur Arbeitsleistung überlassen wollen, bedürfen der Erlaubnis. Die Überlassung von Arbeitnehmern an Entleiher erfolgt vorübergehend. Die Abordnung von Arbeitnehmern zu einer zur Herstellung eines Werkes gebildeten Arbeitsgemeinschaft ist keine Arbeitnehmerüberlassung, wenn der Arbeitgeber Mitglied der Arbeitsgemeinschaft ist, für alle Mitglieder der Arbeitsgemeinschaft Tarifverträge desselben Wirtschaftszweiges gelten und alle Mitglieder auf Grund des Arbeitsgemeinschaftsvertrages zur selbständigen Erbringung von Vertragsleistungen verpflichtet sind. Für einen Arbeitgeber mit Geschäftssitz in einem anderen Mitgliedstaat des Europäischen Wirtschaftsraumes ist die Abordnung von Arbeitnehmern zu einer zur Herstellung eines Werkes gebildeten Arbeitsgemeinschaft auch dann keine Arbeitnehmerüberlassung, wenn für ihn deutsche Tarifverträge desselben Wirtschaftszweiges wie für die anderen Mitglieder der Arbeitsgemeinschaft nicht gelten, er aber die übrigen Voraussetzungen des Satzes 2 erfüllt.

(2) Werden Arbeitnehmer Dritten zur Arbeitsleistung überlassen und übernimmt der Überlassende nicht die üblichen Arbeitgeberpflichten oder das Arbeitgeberrisiko (§ 3 Abs. 1 Nr. 1 bis 3), so wird vermutet, dass der Überlassende Arbeitsvermittlung betreibt.

(3) Dieses Gesetz ist mit Ausnahme des § 1b Satz 1, des § 16 Abs. 1 Nr. 1b und Abs. 2 bis 5 sowie der §§ 17 und 18 nicht anzuwenden auf die Arbeitnehmerüberlassung

1. zwischen Arbeitgebern desselben Wirtschaftszweiges zur Vermeidung von Kurzarbeit oder Entlassungen, wenn ein für den Entleiher und Verleiher geltender Tarifvertrag dies vorsieht,
2. zwischen Konzernunternehmen im Sinne des § 18 des Aktiengesetzes, wenn der Arbeitnehmer nicht zum Zweck der Überlassung eingestellt und beschäftigt wird,
2a. zwischen Arbeitgebern, wenn die Überlassung nur gelegentlich erfolgt und der Arbeitnehmer nicht zum Zweck der Überlassung eingestellt und beschäftigt wird, oder
3. in das Ausland, wenn der Leiharbeitnehmer in ein auf der Grundlage zwischenstaatlicher Vereinbarungen begründetes deutsch-ausländisches Gemeinschaftsunternehmen verliehen wird, an dem der Verleiher beteiligt ist.

I. Regelungszweck und Regelungsmittel des Gesetzes 1	V. Gesetzliche Vermutung der Arbeitsvermittlung (Abs. 2) 45
II. Geltungsbereich des Gesetzes 3	VI. Ausnahmen vom Anwendungsbereich (Abs. 3) 49
III. Arbeitnehmerüberlassung im Rahmen wirtschaftlicher Tätigkeit (Abs. 1 S. 1) 5	1. Arbeitnehmerüberlassung zur Vermeidung von Kurzarbeit und Entlassungen (Abs. 3 Nr. 1) 50
1. Leiharbeitsvertrag 7	
2. Arbeitnehmerüberlassungsvertrag 12	2. Arbeitnehmerüberlassung im Konzern (Abs. 3 Nr. 2) 53
3. Arbeitsleistung beim Dritten 21	3. Kollegenhilfe (Abs. 3 Nr. 2a) 54a
4. Wirtschaftliche Betätigung 32	4. Arbeitnehmerüberlassung ins Ausland (Abs. 3 Nr. 3) 55
5. Vorübergehende Überlassung (Abs. 1 S. 2) . 35	
6. Keine Arbeitsvermittlung 36	
IV. Abordnung zu einer Arbeitsgemeinschaft (Abs. 1 S. 3 u. 4) 37	

I. Regelungszweck und Regelungsmittel des Gesetzes. Das AÜG bildet den rechtl. Rahmen für die „wirtschaftliche", früher „gewerbsmäßige" AÜ. Es regelt deren zulässige Formen und bekämpft die illegalen Fälle der Überlassung von ArbN. Seine Bestimmungen sollen den arbeits- und sozialversicherungsrechtl. Schutz der überlassenen ArbN sicherstellen. Bereits nach der Begründung des Regierungsentwurfes v. 15.6.1971 diente es dazu, bei der AÜ Verhältnisse herzustellen, die den Anforderungen des sozialen Rechtsstaats entsprechen und eine Ausbeutung der betroffenen ArbN ausschließen[1]. Als Instrument des flexiblen Personaleinsatzes hat die Leih- oder Zeitarbeit seit der Einführung des AÜG im Jahre 1972 immer mehr an Bedeutung gewonnen, was durch die gestiegene Zahl der LeihArbN eindrucksvoll belegt wird[2]. Neuen Handlungsbedarf gab es durch die EU-LeiharbeitsRL 2008/104/EG, die

---

[1] BT-Drs. VI/2303, 9; zur Entstehungsgeschichte näher Thüsing/*Waas*, § 1 Rz. 9 ff. ||[2] Vgl. BA, Statistik, Arbeitsmarkt in Zahlen, AÜ, LeihArbN und Verleihbetriebe, 2012, abrufbar unter www.arbeitsagentur.de.

bis zum 5.12.2011 in nationales Recht umzusetzen war. Dies geschah durch das Gesetz zur Änderung des AÜG und zur Verhinderung von Missbrauch der AÜ[1], dessen Regelungen am 30.4.2011 bzw. 1.12.2011 in Kraft getreten sind. Dem Schutzbedürfnis der LeihArbN trägt das Gesetz vor allem durch die **Erlaubnispflicht** für den Verleiher und die gesetzl. Fiktion eines ArbVerh zum Entleiher bei illegaler AÜ Rechnung. Der Erlaubnisvorbehalt ist demggü. kein Schutzgesetz zu Gunsten des Entleihers[2]. Fehlt die notwendige Erlaubnis, so begründet dies für den Entleiher ein Verbot der tatsächlichen Beschäftigung des LeihArbN und für den BR ein Zustimmungsverweigerungsrecht nach § 99 II Nr. 1 BetrVG hinsichtlich der Einstellung[3].

2 Allerdings trifft das Gesetz keine umfassende und abschließende Regelung der Rechtsbeziehungen im Rahmen der AÜ. Neben ausführlichen gewerberechtl. Vorschriften enthält das Gesetz straf- und ordnungswidrigkeitenrechtl. Bestimmungen. Dagegen sind das Schuldrecht und das Arbeitsrecht nach wie vor nur auszugsweise und unsystematisch mit geregelt. Aus den Änderungen im Zusammenhang mit der Umsetzung der RL 2008/104/EG des Europäischen Parlaments und des Rates über Leiharbeit ergeben sich zudem neue Zweifelsfragen, die einer Klärung durch die Rspr. bedürfen[4]. Eine Verwirkung von Klagerechten und Ansprüchen aus dem AÜG kommt aus rechtsstaatlichen Gründen nur in besonderen Ausnahmefällen in Betracht[5].

3 **II. Geltungsbereich des Gesetzes.** Der räumliche Geltungsbereich des Gesetzes ist nach dem Territorialprinzip auf das Gebiet der Bundesrepublik Deutschland beschränkt. Dazu gehören auch die unter der Deutschen Bundesflagge fahrenden Seeschiffe[6]. Ebenso gilt das Gesetz an Bord deutscher Luftfahrzeuge, die in die Luftfahrzeugrolle eingetragen sind. Auch ein Verleiher mit Geschäftssitz im Ausland benötigt eine Erlaubnis nach dem AÜG, wenn er in Deutschland, nach Deutschland hinein oder aus Deutschland heraus ArbN überlassen will. Diese Erlaubnispflicht steht nicht im Widerspruch zur gemeinschaftsrechtl. Garantie des freien Dienstleistungsverkehrs gem. Art. 56, 57 AEUV[7].

4 Der persönliche Geltungsbereich des Gesetzes beschränkt sich auf eine Rechtsbeziehung, an der ein ArbGeb als Verleiher, ein ArbN dieses Verleihers und ein Entleiher beteiligt sind. Nach seinem sachlichen Geltungsbereich betrifft das Gesetz nur die AÜ und nicht sonstige Formen eines drittbezogenen Personaleinsatzes. Es gilt an sich auch für ArbN im kirchlichen Dienst. Die auf Dauer angelegte Beschäftigung von LeihArbN ist aber mit dem Kirchenarbeitsrecht nicht vereinbar, weil sie dem Leitbild von der Dienstgemeinschaft widerspricht[8].

5 **III. Arbeitnehmerüberlassung im Rahmen wirtschaftlicher Tätigkeit (Abs. 1 S. 1).** Nach der Legaldefinition in Abs. 1 liegt eine AÜ vor, wenn ein ArbGeb als Verleiher Dritten ArbN im Rahmen seiner wirtschaftlichen Tätigkeit zur Arbeitsleistung überlässt. Daher setzt die AÜ immer die Beteiligung von drei Rechtssubjekten voraus. Dabei handelt es sich neben dem Verleiher als ArbGeb um den LeihArbN und den Entleiher als Dritten. Ferner bedarf es einer Vereinbarung zwischen dem Verleiher und dem Entleiher, wonach der LeihArbN auf Grund der damit eingegangenen Verpflichtung seines ArbGeb bei dem Dritten zur Förderung von dessen Betriebszwecken tätig wird[9]. Allerdings ist der Einsatz eines ArbN der Muttergesellschaft bei einer Tochtergesellschaft keine AÜ iS dieses Gesetzes, wenn die Tochtergesellschaft nicht über eine eigene Betriebsorganisation verfügt oder mit der Muttergesellschaft einen Gemeinschaftsbetrieb führt[10]. Der Einsatz eines ArbN in einer anderen Betriebsstätte des ArbGeb stellt bereits begrifflich keine AÜ dar, auch wenn diese Betriebsstätte an einem räumlich weit entfernten Ort oder im Ausland liegt[11]. Dagegen fällt die Überlassung von ArbN zwischen rechtl. selbständigen Unternehmen eines Konzerns unter das AÜG. Für die Anwendung des AÜG ist es unbeachtlich, ob zwischen Entleiher und Verleiher familienrechtl. Beziehungen bestehen[12].

6 Die AÜ ist nur ein **Unterfall des drittbezogenen Personaleinsatzes**. Nach welchen Grundsätzen die AÜ von den übrigen Formen des drittbezogenen Personaleinsatzes abzugrenzen ist, regelt das AÜG nicht. Die Arbeit im Rahmen eines drittbezogenen Personaleinsatzes kann auch beruhen auf einem Werkvertrag, einem Dienstvertrag, einem Geschäftsbesorgungsvertrag, einem Dienstverschaffungsvertrag, einer Arbeitsvermittlung oder Mischformen dieser Vertragstypen. Kennzeichnend für alle Erscheinungsformen des drittbezogenen Personaleinsatzes ist ein **Dreiecksverhältnis** zwischen dem ArbN, seinem (Vertrags-)ArbGeb und einem Dritten, bei dem der ArbN beschäftigt wird. Bei dem „doppelten ArbVerh" des LeihArbN[13] handelt es sich richtigerweise um das arbeitsvertraglich begründete ArbVerh mit dem Verleiher (**Grundverhältnis**) und einem an die Arbeitsleistung und die Eingliederung bei dem Entleiher anknüpfenden **Erfüllungsverhältnis**[14]. Die Notwendigkeit einer Abgrenzung ergibt sich vor al-

---

1 BGBl. 2011 I S. 642. ‖ 2 Vgl. OLG Karlsruhe 23.9.2005 – 15 U 16/04, EzAÜG § 9 AÜG Nr. 19. ‖ 3 Vgl. LAG Schl.-Holst. 2.7.2008 – 6 TaBV 11/08; 3.7.2008 – 4 TaBV 13/08. ‖ 4 Vgl. dazu näher *Düwell/Dahl*, DB 2010, 1759; *Düwell*, DB 2011, 1520 (1522); *Hamann*, NZA 2011, 70; *Lembke*, DB 2011, 414; *Schüren/Wank*, RdA 2011, 1; *Ulber*, AuR 2011, 231. ‖ 5 Vgl. BAG 10.10.2007 – 7 AZR 487/06; 25.9.2013 – 5 AZR 936/12. ‖ 6 BSG 29.6.1984 – 12 RK 38/82, EzAÜG § 10 AÜG Fiktion Nr. 31. ‖ 7 EuGH 17.12.1981 – Rs. 279/80, NJW 1982, 1203; krit. *Kienle/Koch*, DB 2001, 922. ‖ 8 Vgl. Gerichtshof der ev. Kirche in Deutschland 9.10.2006 – II-0124/M35–06, NZA 2007, 761. ‖ 9 BAG 26.4.1995 – 7 AZR 850/94, DB 1995, 2427. ‖ 10 BAG 3.12.1997 – 7 AZR 764/96, DB 1998, 1520. ‖ 11 *Boewer*, DB 1982, 2033. ‖ 12 BGH 10.7.1973 – VI ZR 66/72, NJW 1973, 2020. ‖ 13 Vgl. EuGH 11.4.2013 – Rs. C-290/12 – Della Rocca. ‖ 14 Vgl. *Lembke*, NZA 2013, 815 (821).

lem mit Blick auf die illegale AÜ[1]. Da die legale AÜ zum Schutz des ArbN reglementiert ist, besteht eine **Umgehungsgefahr durch die Wahl anderer Vertragsformen**. Liegt trotz anderer Bezeichnung in Wahrheit eine – illegale – AÜ vor, so wird nach § 10 ein ArbVerh zum Entleiher fingiert[2]. Für eine gesetzmäßige AÜ iSd. Abs. 1 S. 1 müssen folgende **Voraussetzungen** erfüllt sein:

- ArbVerh zwischen einem ArbGeb und einem ArbN (Leiharbeitsvertrag),
- vertragl. Beziehungen zwischen dem ArbGeb und einem Dritten, auf deren Grundlage der LeihArbN dem Dritten zur Arbeitsleistung überlassen wird (AÜ-Vertrag),
- tatsächliche Erbringung der Arbeitsleistung durch den ArbN bei dem Dritten,
- Überlassung im Rahmen wirtschaftlicher Tätigkeit,
- vorübergehende Überlassung,
- keine Arbeitsvermittlung.

1. Leiharbeitsvertrag. Der Leiharbeitsvertrag regelt die Bedingungen, unter denen der ArbN abweichend von § 613 S. 2 BGB seine Arbeitsleistung bei einem Dritten zu erbringen hat. Die Begriffe des ArbN als LeihArbN und des ArbGeb als Verleiher nach dem AÜG entsprechen denen des Arbeitsrechts. Das Vorliegen eines **ArbVerh** ist auch für den Bereich der AÜ nach den allg. Grundsätzen des Arbeitsrechts zu beurteilen. Danach ist ArbN, wer auf Grund eines privatrechtl. Vertrags einem anderen ggü. verpflichtet ist, eine fremdbestimmte, abhängige und weisungsgebundene Tätigkeit auszuüben[3]. Für den Leiharbeitsvertrag gilt **das allg. Befristungsrecht**[4]. So kann er etwa auch nach § 14 II TzBfG für die Dauer von zwei Jahren sachgrundlos befristet werden, selbst wenn die Beschäftigung des ArbN bei seinem vormaligen VertragsArbGeb erfolgen soll[5]. Im Einzelfall kann jedoch eine rechtsmissbräuchliche Gestaltung vorliegen, die zur Folge hat, dass mit dem Vertrags-ArbGeb ein unbefristetes ArbVerh zustande gekommen ist[6]. 7

Beamte, Soldaten oder Richter, die in einem öffentl.-rechtl. Dienst- oder Treueverhältnis stehen, kommen für eine AÜ von vornherein nicht in Betracht[7]. 8

Auszubildenden dürfen nach den Vorschriften des BBiG nur Verrichtungen übertragen werden, die dem Ausbildungszweck dienen. Das Wesen der AÜ besteht aber gerade in der Überlassung von Personen zum Zweck der Arbeitsleistung nach Weisung des Entleihers und damit gerade nicht zu Ausbildungszwecken. Auch die Durchführung der einem öffentl. Träger obliegenden **Jugendhilfemaßnahmen** durch einen bei einem freien Träger angestellten ArbN ist jedenfalls dann nicht an den Vorschriften des AÜG zu messen, wenn sich das Zusammenwirken beider Träger auf der Grundlage der Spezialregelungen des SGB VII vollzieht[8]. Ob überlassene Personen als ArbN zu qualifizieren sind, richtet sich nicht nach der Auffassung oder der Bezeichnung der Vertragsparteien, sondern anhand objektiver Kriterien nach den tatsächlichen Verhältnissen[9]. 9

Freie Mitarbeiter sind mangels persönlicher Abhängigkeit und Weisungsgebundenheit ggü. ihrem Auftraggeber keine ArbN. Als Selbständige können sie nicht einem anderen zur Arbeitsleistung überlassen werden. Auch **Heimarbeiter** und **Hausgewerbetreibende** können nicht einem Entleiher zur weisungsabhängigen Arbeitsleistung überlassen werden. Ebenso wenig ist ArbN, wer auf Grund einer **mitgliedschaftlichen Verpflichtung** seine Arbeitsleistung zu erbringen hat. Das gilt für Mitglieder einer Produktionsgenossenschaft im Rahmen ihrer genossenschaftlichen Verpflichtung, für Vereinsmitglieder auf Grund ihrer Vereinszugehörigkeit, für die Mitarbeit eines Gesellschafters auf Grund des Gesellschaftsvertrags sowie für Mitglieder von **Orden und Schwesternschaften**, die ausschließlich auf Grund ihrer persönlichen Zugehörigkeit zum Orden oder zur Schwesternschaft tätig werden. Soweit diese auf Grund eines Gestellungsvertrags in Krankenhäusern oder anderen Einrichtungen Pflegeleistungen erbringen, handelt es sich nicht um AÜ iS dieses Gesetzes[10]. 10

Allerdings kann die Anwendung des AÜG nicht dadurch umgangen werden, dass eine Beschäftigungsgesellschaft in Form eines eingetragenen Vereins oder mithilfe von Gesellschaftern gegründet wird, deren einzige Einlage ihre Arbeitskraft ist. In diesen Fällen sind die Vereinsmitglieder und Gesellschafter als ArbN iSd. AÜG anzusehen[11]. In dem Leiharbeitsvertrag zwischen dem ArbN und dem ArbGeb werden die Voraussetzungen und Bedingungen vereinbart, unter denen der ArbN abweichend von § 613 S. 2 BGB seine Arbeitsleistung nicht beim ArbGeb als seinem Vertragspartner, sondern bei einem Dritten zu erbringen hat. 11

---

1 Vgl. ErfK/*Wank*, § 1 AÜG Rz. 10; Schüren/*Hamann*, § 1 Rz. 111 ff. || 2 Vgl. BAG 18.7.2012 – 7 AZR 451/11; LAG Hamm 24.7.2013 – 3 Sa 1749/12; LAG BW 1.8.2013 – 2 Sa 6/13. || 3 St. Rspr., BAG 10.4.1991 – 4 AZR 467/90, AP Nr. 54 zu § 611 BGB Abhängigkeit. || 4 Vgl. ErfK/*Wank*, Einl. AÜG Rz. 6; *Lembke*, NZA 2013, 815. || 5 Vgl. BAG 18.10.2006 – 7 AZR 145/06, NZA 2007, 443; LAG Schl.-Holst. 20.1.2009 – 5 TaBV 33/08. || 6 Vgl. BAG 15.5.2013 – 7 AZR 525/11; abw. für ein ArbVerh mit dem Beschäftigungs-ArbGeb LAG Köln 25.3.2011 – 4 Sa 1399/10. || 7 Vgl. nur BAG 28.3.2001 – 7 ABR 21/00, MDR 2001, 1121. || 8 BAG 11.6.1997 – 7 AZR 487/96, AP Nr. 1 zu § 2 SGB VII. || 9 BAG 22.6.1994 – 7 AZR 506/93, EzAÜG § 13 AÜG Nr. 4; 10.10.2007 – 7 AZR 487/06. || 10 BAG 6.7.1995 – 5 AZB 9/93, NZA 1996, 33; 4.7.1979 – 5 AZR 8/78, BAGE 32, 47; LAG Düss. 6.7.2012 – 6 TaBV 30/12. || 11 LAG Hess. 13.7.1998 – 10 Sa 1791/97, nv.

12 **2. Arbeitnehmerüberlassungsvertrag.** Als weitere Voraussetzung muss eine **vertragl. Beziehung zwischen dem ArbGeb und einem Dritten** bestehen, auf deren Grundlage der LeihArbN dem Dritten zur Arbeitsleistung überlassen wird. Nach dem Wortlaut des Gesetzes reicht dafür allein das Tätigwerden des ArbN in einem fremden Betrieb nicht aus. Insb. liegt ein Überlassen des ArbN nach der Gesetzesbegr. nicht vor, wenn der ArbN auf Grund eines Werkvertrags seines ArbGeb als dessen Erfüllungsgehilfe in einem Drittunternehmen tätig wird[1].

13 Andere erlaubnisfreie Formen des drittbezogenen Personaleinsatzes können beruhen auf Dienstverträgen, Dienstverschaffungsverträgen oder Geschäftsbesorgungsverträgen. Für deren Abgrenzung von einer erlaubnispflichtigen AÜ kommt es entscheidend darauf an, ob der ArbN **in den Betrieb des Dritten eingegliedert** ist und den Weisungen des Dritten unterliegt[2].

14 Maßgeblich ist der objektive Geschäftsinhalt der zwischen den Beteiligten vereinbarten Verträge. Er lässt sich sowohl anhand der schriftl. Vereinbarungen der Vertragspartner als auch anhand der praktischen Durchführung der Verträge ermitteln[3]. Widersprechen sich Vereinbarung und Durchführung, ist **die tatsächliche Vertragsdurchführung** für die Feststellung des Geschäftsinhalts maßgebend[4]. Eine ggü. dem Inhalt des schriftlichen Vertrages abweichende praktische Durchführung ist allerdings nur maßgebend, sofern die auf beiden Seiten zum Vertragsschluss Berechtigten sie kennen und zumindest billigen[5].

15 Dabei bedarf es einer umfassenden Würdigung sämtlicher Umstände des Einzelfalls. So kann es darauf ankommen, wem die Aufsicht über die ArbN obliegt, ob das Werkzeug und Material durch den Entleiher gestellt wird und ob der Verleiher nach seiner materiellen Ausstattung in der Lage ist, andere Geschäftszwecke als die AÜ zu verfolgen[6]. Für die Zurechenbarkeit einer vom Vertragsinhalt abweichenden Vertragspraxis in Gestalt einer AÜ ist darüber hinaus erforderlich, dass auch die Personalverantwortlichen davon Kenntnis hatten. IÜ kann ein jeweils nur für wenige Stunden an bestimmten Tagen stattfindender Einsatz ausreichen, weil eine ständige bzw. über einen längeren Zeitraum dauernde Eingliederung zur Annahme einer AÜ nicht erforderlich ist[7].

16 In der Theorie lassen sich **Werkvertrag** und AÜ-Vertrag leicht voneinander abgrenzen. Bei der AÜ werden ArbN einem Dritten zur Arbeitsleistung zur Verfügung gestellt. Bei einem Werkvertrag verpflichtet sich der Unternehmer ggü. dem Besteller zur Herstellung eines individuellen Werkes. Schwierig wird die Abgrenzung dadurch, dass auch ein durch Arbeits- oder Dienstleistung herbeigeführter Erfolg gem. § 631 II BGB Gegenstand eines Werkvertrags sein kann.

17 Wichtiges Merkmal der AÜ ist die **arbeitsbezogene Weisungsbefugnis des Entleihers** ggü. den ihm zum Arbeitseinsatz überlassenen ArbN. Denn der Entleiher als Empfänger der Arbeitsleistung hat einen unmittelbar gegen den ArbN des Verleihers gerichteten Anspruch auf Erbringung der Arbeitsleistung. Damit ist seine Befugnis verknüpft, im Wege des Direktionsrechts die vom ArbN geschuldete Leistung gem. § 106 GewO zu konkretisieren. Demggü. beschränkt sich die Pflicht des Verleihers darauf, arbeitsbereite und arbeitsfähige ArbN zur Verfügung zu stellen. Er haftet nur für ein Verschulden bei der Auswahl der verliehenen ArbN. Um den Arbeitseinsatz der ihm überlassenen LeihArbN selbständig organisieren und diese gewinnbringend im eigenen Betrieb einsetzen zu können, steht dem Entleiher ein arbeitsbezogenes Weisungsrecht zu[8].

18 Dagegen organisiert ein Werkunternehmer den Arbeitseinsatz seiner ArbN in eigener Verantwortung. Die zur Ausführung des Werkvertrags eingesetzten ArbN unterliegen der **arbeitsrechtl. Weisung des Werkunternehmers** und sind dessen Erfüllungsgehilfen gem. § 278 BGB[9]. Allerdings ist der Besteller im Rahmen eines Werkvertrags gem. § 645 I 1 Alt. 2 BGB berechtigt, Anweisungen hinsichtlich der Modalitäten bei der Ausführung des von ihm in Auftrag gegebenen Werks zu erteilen. Dieses Recht besteht an sich nur ggü. dem Werkunternehmer als Vertragspartner, kann beim Einsatz von Erfüllungsgehilfen im Betrieb des Bestellers aber auch diesen ggü. ausgeübt werden. Es beschränkt sich allerdings auf die Herstellung des geschuldeten Werks. Es richtet sich auf das Arbeitsergebnis als Ganzes, nicht aber auf einzelne Arbeitsverrichtungen.

19 Im Unterschied dazu erstreckt sich das arbeitsbezogene Weisungsrecht des Entleihers im Fall der AÜ auf den konkreten Arbeitseinsatz des LeihArbN und damit auf die nähere Bestimmung der individuellen Arbeitspflicht nach Art, Ort und Zeit der Arbeitsleistung. Dazu zählen die Zuweisung einzelner Aufgaben an einem bestimmten Arbeitsplatz, die Überwachung der Qualität einzelner Arbeitsschritte, die

---

1 BT-Drs. VI/2303, 10. ||2 BAG 25.10.2000 – 7 AZR 487/99, EzA § 10 AÜG Nr. 10 m. Anm. *Hamann* = RdA 2002, 107 m. Anm. *Schüren/Behrend*. ||3 Vgl. BGH 2.2.2007 – III ZR 61/05, FA 2006, 117; BAG 22.6.1994 – 7 AZR 506/93, EzAÜG § 13 AÜG Nr. 4. ||4 Vgl. BAG 24.5.2006 – 7 AZR 365/05; 6.8.2003 – 7 AZR 180/03, AP Nr. 6 zu § 9 AÜG; OLG Frankfurt 14.3.2013 – 26 U 43/12; LAG München 7.12.2004 – 6 Sa 1235/03, m. krit. Anm. *Hamann*, jurisPR-ArbR 32/2005. ||5 Vgl. BAG 27.1.1993 – 7 AZR 476/92, EzAÜG § 10 AÜG Fiktion Nr. 75; 6.8.2003 – 7 AZR 180/03, NZA 2004, 1182; LAG Köln 22.11.2007 – 6 Sa 616/07; LAG Hess. 9.4.2013 – 8 Sa 1270/12. ||6 BAG 15.6.1983 – 5 AZR 111/81, DB 1983, 2420; *Grimm/Linden*, ArbRB 2013, 341 (343). ||7 OLG Frankfurt 14.3.2013 – 26 U 43/12. ||8 BAG 6.8.1997 – 7 AZR 663/96, EzAÜG § 631 BGB Werkvertrag Nr. 39. ||9 BAG 25.10.2000 – 7 AZR 487/99, AP Nr. 15 zu § 10 AÜG.

Bestimmung der täglichen Arbeitszeiten einschl. der Pausen, die Festlegung des Arbeitstempos, die Anordnung von Überstunden oder die Durchführung von Arbeitszeitkontrollen. Der ArbN muss dem Entleiher also vollständig zur Verfügung stehen und während seines Arbeitseinsatzes weitgehend dessen Weisungen unterliegen. Können diese Voraussetzungen abweichend vom zugrunde liegenden Vertrag auf Grund einer durchgehend geübten Vertragspraxis festgestellt werden, so handelt es sich um einen sog. **Scheinwerkvertrag**[1].

Erfüllt der ArbN dagegen ausschließlich Pflichten, die seinem ArbGeb ggü. dem Auftraggeber obliegen, liegt eine AÜ an einen Dritten selbst dann nicht vor, wenn dieser Dritte die Tätigkeit des ArbN durch Weisungen steuert[2]. Verfügt der Werkunternehmer gar nicht über die betrieblichen oder personellen Voraussetzungen, die Tätigkeit der von ihm zur Erfüllung vertragl. Pflichten im Betrieb eines Dritten eingesetzten ArbN vor Ort zu organisieren und ihnen Weisungen zu erteilen, ist hingegen von einer AÜ auszugehen[3]. In Zweifelsfällen muss entscheidend auf den **Umgehungsgedanken** abgestellt und gefragt werden, ob die Gefahren bestehen, vor denen das AÜG schützen will[4]. Hilfreich für die Abgrenzung zwischen AÜ und anderen Formen drittbezogenen Personaleinsatzes sind auch die Hinweise in der Geschäftsanweisung (GA) der nach § 17 zuständigen BA[5]. Abschließend bedarf es stets einer wertenden Gesamtbetrachtung mit der Prüfung, ob im Hinblick auf die Schutzzwecke des AÜG – Zuverlässigkeit des ArbGeb, Verhinderung eines Ersatzes von DauerArbVerh, Entgeltgerechtigkeit und Angemessenheit der Arbeitsbedingungen – eine verdeckte AÜ insb. in Gestalt eines Scheinwerkvertrags anzunehmen ist[6]. 20

Die **Darlegungs- und Beweislast** dafür, dass es sich bei dem drittbezogenen Personaleinsatz um eine verdeckte AÜ handelt, trägt grds. der ArbN, der das Bestehen eines ArbVerh zum Entleiher nach den §§ 9, 10 geltend macht. Hat er die seiner Wahrnehmung zugänglichen Umstände, die auf eine AÜ hindeuten, schlüssig vorgetragen, greifen zu seinen Gunsten die Regeln der sekundären Darlegungs- und Beweislast ein[7]. Es ist dann Sache des Gegners, den Vortrag des ArbN substantiiert zu bestreiten und die für das Gegenteil sprechenden Tatsachen letztlich auch zu beweisen[8]. 20a

3. Arbeitsleistung beim Dritten. Im Rahmen einer AÜ nach Abs. 1 S. 1 muss der LeihArbN seine Arbeitsleistung tatsächlich bei einem Dritten erbringen. Als Kriterium zur Abgrenzung der AÜ dient dabei die tatsächliche **Eingliederung des ArbN in die Betriebsorganisation des Entleihers**. Während bei einem Werkvertrag der Unternehmer für die Herstellung des geschuldeten Werkes verantwortlich bleibt, endet beim AÜ-Vertrag die Pflicht des Verleihers dann, wenn er den ArbN ausgewählt und dem Entleiher zur Arbeitsleistung zur Verfügung gestellt hat[9]. 21

Für eine Eingliederung in den Betrieb des Entleihers können die Zusammenarbeit der überlassenen ArbN mit denjenigen des Entleihers, die Übernahme von Tätigkeiten, die früher durch eigene ArbN des Entleihers ausgeführt wurden sowie die Gestellung von Werkzeug und Material durch den Entleiher sprechen[10]. Bereits die Ausstattung des ArbN mit einem Rufgerät, durch das er jederzeit vom Auftraggeber oder dessen ArbN dirigiert werden kann, stellt ein Anzeichen für eine AÜ dar[11]. Eine AÜ liegt gleichfalls vor, wenn im Rahmen eines sog. Regalfüllvertrags ArbN des Auffüllunternehmens ihre Arbeit erst erbringen können, wenn die einzusortierende Ware von dem Kaufhaus bereitgestellt worden ist und damit die Auffüllarbeiten nur durch eine unmittelbare Zusammenarbeit mit dem Personal des Kaufhauses geleistet werden können[12]. 22

Eine Abgrenzung zwischen AÜ und Werkvertrag kann auch anhand der **Bestimmung des Leistungsgegenstands** in dem zugrunde liegenden Vertrag vorgenommen werden. So setzt ein Werkvertrag eine von vornherein ausreichend präzise Beschreibung des zu erstellenden Werkes voraus, um dem Unternehmer einen abgrenzbaren Erfolg als eigene Leistung zurechnen zu können. Ganz allg. gehaltene Vereinbarungen wie etwa das Mauern von Innenwänden oder die Bedienung eines Krans sprechen nicht für die Vereinbarung eines Werkvertrags, sondern für AÜ[13]. 23

Von dem AÜ-Vertrag unterscheidet den Werkvertrag ferner die gesetzl. **Risikoverteilung**. Der Werkunternehmer trägt bis zu Abnahme des Werkes die Vergütungsgefahr bei zufälligem Untergang. Dagegen hat der Verleiher bei der AÜ auch dann Anspruch auf die vereinbarte Vergütung, wenn das Werk vor der Fertigstellung zufällig untergeht. So ist die Übernahme der Gewährleistung ein Anzeichen für das Vorliegen eines Werkvertrags[14]. Umgekehrt deutet die Beschränkung oder gar der Ausschluss von Gewährleistungsansprüchen auf einen AÜ-Vertrag hin. 24

---

1 Vgl. BAG 25.9.2013 – 10 AZR 282/12; LAG BW 1.8.2013 – 2 Sa 6/13. || 2 BAG 22.6.1994 – 7 AZR 506/93, EzAÜG § 13 AÜG Nr. 4. || 3 BAG 9.11.1994 – 7 AZR 217/94, DB 1995, 1566. || 4 Vgl. ErfK/*Wank*, § 1 AÜG Rz. 21; zu Fallgruppen verdeckter AÜ Schüren/*Hamann*, § 1 Rz. 217ff. || 5 Zugriff über www.arbeitsagentur.de unter „Veröffentlichungen – Weisungen – Arbeitgeber". || 6 Vgl. *Greiner*, NZA 2013, 697ff. || 7 Vgl. *Francken*, NZA 2013, 985ff. || 8 Vgl. *Grimm/Linden*, ArbRB 2013, 341 (344). || 9 BAG 6.8.1997 – 7 AZR 663/96, EzAÜG § 631 BGB Werkvertrag Nr. 39; OLG Frankfurt 14.3.2013 – 26 U 43/12. || 10 BAG 15.6.1983 – 5 AZR 111/81, DB 1983, 2420. || 11 LAG Berlin 25.7.1988 – 12 Sa 9/88, EzAÜG § 10 AÜG Fiktion Nr. 63. || 12 LAG Hess. 11.7.1989 – 4 TaBV 211/88, EzAÜG BetrVG Nr. 56. || 13 OLG Düss. 16.11.1995 – 5 Ss (Owi) 387/95, BB 1996, 80. || 14 BSG 11.2.1988 – 7 RAr 5/86, DB 1989, 930.

25 Die Art der Vergütungsregelung ist für die Abgrenzung der AÜ hingegen nicht aussagekräftig. So kann bei einem Einsatz von ArbN auf werkvertragl. Basis ihre Bezahlung auf Stundenbasis erfolgen, während die Abrechnung nach Kubikmeter, Kilogramm oder Tonne auch im Rahmen der AÜ vertragl. vereinbart werden kann.

26 Bei einem **Dienstvertrag** treten nur dann Abgrenzungsschwierigkeiten zur AÜ auf, wenn sich der Dienstverpflichtete durch Erfüllungsgehilfen unterstützen lässt. Von einem Dienstvertrag kann nur dann die Rede sein, wenn die Erfüllungsgehilfen in dem Betrieb des Dienstberechtigten selbständige Dienstleistungen erbringen und der Dienstverpflichtete in eigener Verantwortung und nach eigenem Plan handeln muss[1]. Erhält der Dienstberechtigte ggü. dem Erfüllungsgehilfen des Dienstverpflichteten auch nur teilweise ein eigenes Weisungsrecht, handelt es sich um AÜ. Danach werden Bewachungsaufgaben in einem Drittunternehmen regelmäßig nicht im Wege der AÜ, sondern auf Grund eines Dienstvertrags erbracht[2].

27 Leichter ist die Abgrenzung des AÜ-Vertrags von einem **Geschäftsbesorgungsvertrag** gem. § 675 BGB, der die selbständige Besorgung eines Geschäfts für einen anderen zum Gegenstand hat und bei dem auch Erfüllungsgehilfen zum Einsatz gelangen können. Denn bei einer Geschäftsbesorgung nimmt ein Geschäftsführer in völliger wirtschaftl. Selbständigkeit fremde Vermögensinteressen wahr. Das gilt etwa für den Vertrag zwischen einem Rechtsanwalt und seinem Mandanten über die Führung eines Prozesses, für den Auftrag an eine Bank zur Vermittlung eines Kredits, für den Speditionsvertrag, für den Auftrag an einen Architekten zur Baubetreuung oder für die Durchführung von Werbemaßnahmen durch eine Agentur. Geschäfte dieser Art erfordern typischerweise nicht die Eingliederung von Hilfspersonen in die Betriebsorganisation des Geschäftsherrn.

28 Von der AÜ unterscheidet sich der **Dienstverschaffungsvertrag** dadurch, dass nicht ein ArbN zum Zweck der unselbständigen Arbeitsleistung überlassen wird, sondern die Verschaffung der selbständigen Dienstleistung eines Dritten geschuldet wird. Das gilt etwa für die Dienste eines Wirtschaftsprüfers, Unternehmensberaters oder Ingenieurs, der als freier Mitarbeiter in wirtschaftl. und sozialer Unabhängigkeit und Selbständigkeit für den Auftraggeber tätig wird[3].

29 Verpflichtet sich dagegen der Auftragnehmer zur **Verschaffung von unselbständigen Diensten**, kann es sich um AÜ handeln[4]. So kann neben einem Kaufvertrag oder einem Mietvertrag über Maschinen, Fahrzeuge oder EDV-Anlagen zusätzlich das zeitweilige Überlassen von Bedienungs- oder Montagepersonal vereinbart werden. Liegt darin nur eine bloße Nebenleistung, handelt es sich bereits nach der Gesetzesbegr. nicht um AÜ[5]. So stellt die **Gebrauchsüberlassung** von Flugzeugen einschl. des fliegenden Personals keine gewerbsmäßige AÜ dar[6]. Für die Anwendbarkeit des AÜG ist maßgeblich, ob die Gebrauchsüberlassung der Maschine oder die Gestellung des Personals den Inhalt des Vertrags prägt. Es kommt darauf an, ob der Vertrag auch auf eine AÜ ausgerichtet ist. Daran fehlt es etwa, wenn das Personal nur in der Anfangsphase der Maschinennutzung oder nur zur Einweisung in die Maschinentechnik zur Verfügung gestellt wird. Dagegen kommt es auf das wirtschaftl. Wert der Überlassung von ArbN im Verhältnis zu dem Wert der Maschine nicht an[7].

30 Im Unterschied zur gewerbsmäßigen AÜ, bei der der Verleiher selbständiger Unternehmer ist, handelt es sich bei dem **Zwischenmeister** im Rahmen eines sog. mittelbaren ArbVerh seinerseits um den ArbN eines Dritten[8].

31 Im Gegensatz zur AÜ schließt eine **Personalführungsgesellschaft**, die von mehreren miteinander verbundenen Unternehmen zum Zweck gemeinsamer Personalverschaffung und Personalzuweisung begründet worden ist, Arbeitsverträge nicht im eigenen Namen ab, sondern in Vertretung der angeschlossenen Einzelunternehmen. Je nach Unternehmensgegenstand und Vertragsgestaltung kann aber eine AÜ vorliegen[9].

31a Seit der Entscheidung des EuGH[10] in der Sache „**Albron Catering**" stellt sich auch im deutschen Recht die Frage, ob die „Arbeitsverhältnisse" von LeihArbN, die zum Zeitpunkt eines Betriebs- oder Betriebsteilübergangs im übertragenen Betrieb oder Betriebsteil des Veräußerers tätig sind, gem. § 613a BGB auf den Erwerber übergehen können[11]. In dem entschiedenen Sonderfall einer konzerninternen AÜ hat der EuGH angenommen, dass auch ein „nichtvertraglicher ArbGeb" Veräußerer iSd. BetriebsübergangsRL 2001/23 sein könne. Für eine Übertragung dieser Rspr. auf den Bereich der klassischen Leiharbeit besteht kein Bedürfnis. Da vertragl. ArbGeb allein der Verleiher ist, werden die ArbVerh von LeihArbN im Regelfall von einem **Betriebsübergang im Entleiherbetrieb** nicht erfasst[12].

---

1 BayObLG 20.2.1979 – 3 ObOWi 242/78, AP Nr. 3 zu § 1 AÜG. ||2 BAG 31.3.1993 – 7 AZR 338/92, DB 1993, 2337; 28.11.1989 – 1 ABR 90/88, DB 1990, 1139. ||3 LAG BW 28.6.1984 – 7 Sa 129/83, EzAÜG § 10 AÜG Fiktion Nr. 30. ||4 Vgl. OLG Frankfurt 14.3.2013 – 26 U 43/12. ||5 BT-Drs. VI/3505, 2. ||6 BAG 17.2.1993 – 7 AZR 167/92, DB 1993, 2287. ||7 So zutr. ErfK/*Wank*, § 1 AÜG Rz. 28. ||8 BAG 22.7.1982 – 2 AZR 57/81, EzAÜG § 611 BGB Leiharbeitsverhältnis Nr. 5. ||9 Vgl. *Schüren/Hamann*, § 1 Rz. 513ff. ||10 EuGH 21.10.2010 – Rs. C-242/09. ||11 Vgl. *Bauer/v. Medem*, NZA 2011, 20; *Willemsen*, NJW 2011, 1546; *Heuchemer/Schielke*, BB 2011, 758; *Forst*, EWiR 2010, 737. ||12 Vgl. ErfK/*Wank*, Einl. AÜG Rz. 33a; *Powietzka/Christ*, ZESAR 2013, 313 (318).

4. Wirtschaftliche Betätigung. Die Erlaubnispflicht nach Abs. 1 setzt voraus, dass der Verleiher die LeihArbN im Rahmen seiner wirtschaftl. Tätigkeit überlässt. Das ist jedes Handeln, mit dem Güter oder Dienstleistungen auf einem bestimmten Markt angeboten werden, soweit dies nicht in Ausübung hoheitlicher Befugnisse geschieht[1]. Eine gewerbsmäßige Tätigkeit mit Gewinnerzielungsabsicht, die in der Vergangenheit für Abgrenzungsprobleme sorgte, ist nicht mehr erforderlich. In der Konsequenz fallen nunmehr auch gemeinnützige Einrichtungen, etwa karitative Genossenschaften oder Schwesternorganisationen, die Pflegepersonal stellen, und konzerninterne Verleihunternehmen, die ArbN lediglich gegen Erstattung der Personalkosten überlassen, unter das AÜG[2]. 32

Der verleihende ArbGeb muss allerdings über eine **Selbständigkeit** verfügen, die dadurch gekennzeichnet wird, dass er im eigenen Namen und für eigene Rechnung tätig wird und das Unternehmerrisiko trägt[3]. Werden die AÜ-Verträge mit den Entleihern durch Handelsvertreter oder Franchisenehmer abgeschlossen, sind diese trotz ihrer selbständigen Tätigkeit keine Verleiher iSd. AÜG. Vielmehr ist als Verleiher das Unternehmen anzusehen, in dessen Namen die Handelsvertreter oder Franchisenehmer die AÜ-Verträge abschließen[4]. 33

Eine erlaubnispflichtige AÜ setzt ferner voraus, dass sie nicht nur gelegentlich geschieht, sondern auf eine **gewisse Dauer** angelegt ist. Das ergibt sich nun nicht mehr aus dem Merkmal der Gewerbsmäßigkeit, sondern als Umkehrschluss aus Abs. 3 Nr. 2a, wonach eine gelegentliche Überlassung zulässig ist, wenn der ArbN nicht zum Zweck der AÜ eingestellt und beschäftigt wird. Von gewisser Dauer und nicht mehr nur gelegentlich ist die AÜ jedenfalls dann, wenn der ArbN wiederholt für eine Zeit von insg. mehr als zwölf Monaten überlassen wird (arg. § 1a I). Erlaubnisfrei bleibt die einmalige kurzfristige Überlassung von ArbN, die nicht zu Verleihzwecken eingestellt sind. 34

5. Vorübergehende Überlassung (Abs. 1 S. 2). Durch die Neuregelung wird in Übereinstimmung mit Art. 3 RL 2008/104/EG klargestellt, dass Leiharbeit begriffsnotwendig von der fehlenden Dauerhaftigkeit des Arbeitseinsatzes ausgeht, ohne dass eine zeitliche Höchstgrenze definiert wird. Die gesetzl. Bestimmung stellt nicht bloß einen unverbindlichen Programmsatz dar, sondern untersagt die nicht nur vorübergehende AÜ[5]. Damit sollen die LeihArbN geschützt und eine dauerhafte Aufspaltung der Belegschaft des Entleiherbetriebs in eine Stammbelegschaft und eine entliehene Belegschaft verhindert werden. Nicht mehr vorübergehend ist die AÜ, wenn dadurch ein Dauerbeschäftigungsbedarf abgedeckt wird. Das ist **arbeitsplatz- und nicht personenbezogen** zu beurteilen. Eine dauerhafte AÜ ist illegal und nicht von der Verleihererlaubnis erfasst[6]. 35

Das Merkmal „vorübergehend" ist nach der Gesetzesbegr. schon dann erfüllt, wenn der Leiharbeitsvertrag für längere Zeit abgeschlossen ist, als die konkrete AÜ dauern soll (sog. **Synchronisationsverbot**)[7]. In jedem Fall muss eine Rückkehr zum LeihArbGeb vorgesehen sein[8]. Ob damit ein iSd. Art. 5 V RL missbräuchlicher Dauerverleih wirksam verhindert werden kann, erscheint fraglich. Sachgerecht erscheint ein Rückgriff auf die zeitlich befristeten Einsatzmöglichkeiten des TzBfG[9]: Mit dem Entleiher muss wegen des prognostizierten vorübergehenden Bedarfs eine Zeitbefristung, eine Zweckbefristung oder eine auflösende Bedingung vereinbart werden, wobei eine starre zeitliche Höchstgrenze im Hinblick auf mögliche Sachgründe abzulehnen ist[10]. Auch für die Prognose des künftig wegfallenden Beschäftigungsbedarfs beim Entleiher reicht ein ggü. der unmittelbaren Anwendung des TzBfG („hinreichende Sicherheit"[11]) geringerer Wahrscheinlichkeitsgrad iS einer objektiv nachvollziehbaren Annahme aus. Allerdings dürfte die Kettenbefristung von Einsätzen desselben ArbN, die einer Dauerbeschäftigung gleich kommt, eine unzulässige Umgehung sein. Entgegen Art. 10 RL fehlen konkrete Sanktionen bei nicht mehr nur vorübergehender AÜ. In Betracht kommt die analoge Anwendung der §§ 9 Nr. 1, 10 im Rahmen einer richtlinienkonformen Rechtsfortbildung mit dem Argument, dass dieser Fall der rechtswidrigen Überlassung in der Bewertung dem fehlenden Erlaubnis entspreche[12]. Nach Ansicht des BAG fehlt es aber an einer planwidrigen Regelungslücke, so dass die Auswahl der gebotenen Sanktion dem Gesetzgeber vorbehalten bleiben muss[13]. 35a

6. Keine Arbeitsvermittlung. Keine Anwendung findet das AÜG auf die Tätigkeit eines Verleihers, die ausschließlich auf eine Arbeitsvermittlung iSd. § 35 I 2 SGB III gerichtet ist. Danach umfasst die Ver- 36

---

1 Vgl. EuGH 10.1.2006 – Rs. C-222/04, Slg. 2006, I-289; 26.3.2009 – Rs. C-113/07; LAG Düss. 26.7.2012 – 15 Sa 1452/11. ||2 Vgl. LAG Düss. 26.7.2012 – 15 Sa 1452/11; *Thüsing/Thieken*, DB 2012, 347 (350); *Schewiola*, ArbRB 2013, 182. ||3 *Sandmann/Marschall*, § 1 Anm. 36; *Schüren/Hamann*, § 1 Rz. 294; LSG Celle 30.8.1977 – L 3 U 94/75, EzAÜG Sozialversicherungsrecht Nr. 5. ||4 BAG 24.4.1980 – 3 AZR 911/77, EzAÜG § 1 AÜG Gewerbsmäßige Arbeitnehmerüberlassung Nr. 5. ||5 BAG 10.7.2013 – 7 ABR 91/11; ausf. *Sansone*, S. 458ff.; aA *Lembke*, DB 2011, 411 (415); krit. auch *Thüsing*, NZA 2013, 1248. ||6 Vgl. LAG BW 22.11.2012 – 11 Sa 84/12; LAG Bln.-Bbg. 19.12.2012 – 4 TaBV 1163/12; aA *Steinmeyer*, DB 2013, 2740 (2743). ||7 BT-Drs. 17/4804, 9. ||8 Vgl. *Thüsing/Stiebert*, DB 2012, 632 (635); *Boemke/Lembke*, § 1 Rz. 107. ||9 Vgl. *Hamann*, NZA 2011, 70 (72); *Wank*, JArbR 49 (2012), S. 23 (27f.); *Düwell*, HzA, Gruppe 16 Rz. 35. ||10 Nach dem Koalitionsvertrag v. 27.11.2013 ist allerdings de lege ferenda eine Überlassungshöchstdauer von 18 Monaten mit Tariföffnungsklausel vorgesehen. ||11 Vgl. nur BAG 13.2.2013 – 7 AZR 284/11 mwN. ||12 Vgl. LAG BW 22.11.2012 – 11 Sa 84/12; *Düwell*, ZESAR 2011, 449; *Düwell*, HzA, Gruppe 16 Rz. 39; ErfK/*Wank*, § 1 AÜG Rz. 37d; im Erg. ebenso (direkte Anw. der §§ 9, 10) LAG Bln.-Bbg. 9.1.2013 – 15 Sa 1635/12; ArbG Cottbus 24.4.2013 – 2 Ca 1364/12; aA LAG Bln.-Bbg. 16.10.2012 – 7 Sa 1182/12; LAG Düss. 21.6.2013 – 10 Sa 1747/12. ||13 Vgl. BAG 10.12.2013 – 9 AZR 51/13, PM Nr. 73/13.

mittlung alle Tätigkeiten, die darauf gerichtet sind, Ausbildungsuchende mit ArbGeb zur Begründung eines Ausbildungsverhältnisses und Arbeitsuchende mit ArbGeb zur Begründung eines Beschäftigungsverhältnisses zusammenzuführen.

37 **IV. Abordnung zu einer Arbeitsgemeinschaft (Abs. 1 S. 3 u. 4).** Unter bestimmten Voraussetzungen stellt die Abordnung eines ArbN zu einer Arbeitsgemeinschaft keine AÜ iSd. Gesetzes dar. Im Gegensatz zu der Freistellung eines ArbN, bei der sein ursprüngliches ArbVerh ruht und ein neues mit einem anderen ArbGeb abgeschlossen wird, bleibt bei einer Abordnung sein ArbVerh bestehen. Danach handelt es sich tatsächlich um eine AÜ, die aber auf Grund der gesetzl. nicht eingeschränkten und unwiderleglichen Fiktion des Abs. 1 S. 3 nicht als solche betrachtet wird und damit nicht unter den Geltungsbereich des AÜG fällt. Durch diese Regelung soll eine wirtschaftl. sinnvolle Form der Zusammenarbeit verschiedener ArbGeb erleichtert werden[1].

38 Diese gesetzl. Fiktion setzt zunächst voraus, dass ein ArbN zu einer Arbeitsgemeinschaft abgeordnet wird, die zur Herstellung eines konkreten Werks gebildet worden ist. Unter einer **Arbeitsgemeinschaft** ist der Zusammenschluss mehrerer Betriebe auf Grund eines entsprechenden Vertrags zu verstehen. Die Rechtsform dieses Vertrags ist ohne Bedeutung. Regelmäßig handelt es sich jedoch um eine GbR. Der gemeinsame Zweck der Arbeitsgemeinschaft muss in der Herstellung eines konkreten Werks bestehen. Die Herstellung einer unbestimmten Zahl von Werken genügt ebenso wenig wie die Erfüllung einer Dienstleistung oder der bloße Austausch von Arbeitskräften.

39 Der ArbGeb, der seinen ArbN zu einer Arbeitsgemeinschaft abordnet, muss selbst Mitglied dieser Arbeitsgemeinschaft und ebenso wie alle übrigen Mitglieder dieser Arbeitsgemeinschaft zur selbständigen Erbringung von Vertragsleistungen verpflichtet sein. Seine Verpflichtung darf sich nicht darin erschöpfen, der Arbeitsgemeinschaft einen oder mehrere ArbN zu überlassen. Es genügt auch nicht, wenn der ArbGeb lediglich auf Grund eines Werkvertrags oder eines Dienstvertrags für die Arbeitsgemeinschaft tätig wird. Vielmehr muss er als Mitglied dieser Arbeitsgemeinschaft verpflichtet sein, selbständig in sich abgrenzbare Vertragsleistungen zu erbringen und dabei in eigener Verantwortung zu handeln[2].

40 Schließlich setzt die gesetzl. Fiktion voraus, dass für alle Mitglieder der Arbeitsgemeinschaft die **TV desselben Wirtschaftszweiges** gelten. Auf diese Weise soll verhindert werden, dass im Wege der Abordnung von ArbN TV umgangen werden. Ob derselbe Wirtschaftszweig betroffen ist, beurteilt sich nach dem allg. Sprachgebrauch. So stellen das Baugewerbe, die chemische Industrie oder der Bergbau Wirtschaftszweige iSd. Abs. 1 S. 3 dar. Es müssen nicht für alle Mitglieder der Arbeitsgemeinschaft inhaltlich gleiche TV gelten. Diese können vielmehr durchaus unterschiedlich sein, etwa wenn einige Mitglieder der Arbeitsgemeinschaft zum Bauhauptgewerbe gehören, andere dagegen zum Baunebengewerbe. Die Anwendbarkeit der TV kann darauf beruhen, dass die Mitglieder der Arbeitsgemeinschaft tarifgebunden sind oder dass die TV für allgemeinverbindlich erklärt wurden. Nach dem Wortlaut des Gesetzes dürfte es auch genügen, dass ein nicht tarifgebundener ArbGeb die Geltung eines TV für das ArbVerh mit einem ArbN vereinbart, den er zu einer Arbeitsgemeinschaft abordnet[3].

41 Ein **ausländisches Unternehmen** kann sich nur dann an einer Arbeitsgemeinschaft beteiligen, wenn es eine Niederlassung in Deutschland gründet. Denn erst dann wird es von den Regelungen eines deutschen TV erfasst. Dieses Erfordernis einer festen Niederlassung, das sich indirekt aus Abs. 1 S. 3 ergibt, verstößt gegen die in Art. 49, 56 AEUV garantierte Dienstleistungs- und Niederlassungsfreiheit[4]. Durch Abs. 1 S. 4 wird die Regelung an das EU-Recht angepasst[5].

42 Für ArbGeb mit Geschäftssitz in einem anderen Mitgliedstaat des EWR, die sich an einer inländischen Arbeitsgemeinschaft beteiligen wollen, wird im Vergleich zu Abs. 1 S. 4 auf die Tarifbindung verzichtet. Dagegen müssen die übrigen Voraussetzungen dieser Bestimmung erfüllt sein[6]. Der ausländische ArbGeb muss daher demselben Wirtschaftszweig angehören wie die übrigen Mitglieder der Arbeitsgemeinschaft und zur selbständigen Erbringung einer Vertragsleistung verpflichtet sein. Welchem Wirtschaftszweig der ausländische ArbGeb angehört, beurteilt sich nach der Gesamttätigkeit aller seiner ArbN im EWR[7].

43 Die Privilegierung nach Abs. 1 S. 4 erfasst nur ArbGeb mit einem Geschäftssitz in Mitgliedstaaten der EU oder einem Vertragsstaat des EWR-Abkommens wie Norwegen, Island und Liechtenstein. Dabei ist unter dem Geschäftssitz nicht unbedingt der formelle satzungsmäßige Sitz des Unternehmens zu verstehen, sondern der Ort, von dem aus die Geschäfte tatsächlich ausgeübt werden[8].

44 Wenn die Voraussetzungen des Abs. 1 S. 4 vorliegen, wird unwiderleglich vermutet, dass der ausländische ArbGeb keine AÜ betreibt. Er benötigt für die Abordnung von ArbN zu einer Arbeitsgemeinschaft keine Erlaubnis.

45 **V. Gesetzliche Vermutung der Arbeitsvermittlung (Abs. 2).** Mit der Regelung in Abs. 2 stellt das Gesetz unter bestimmten Voraussetzungen die Vermutung auf, es handele sich bei der Überlassung von

---

1 BT-Drs. X/4211, 32. ||2 BAG 1.6.1994 – 7 AZR 7/93, DB 1994, 2549. ||3 ErfK/*Wank*, § 1 AÜG Rz. 41.
||4 EuGH 25.10.2001 – Rs. C-493/99, NZA 2001, 1299. ||5 BT-Drs. XV/25, 38. ||6 *Ulber*, AuR 2003, 7.
||7 BT-Drs. XV/25, 38. ||8 *Boemke/Lembke*, § 1 Rz. 149.

ArbN tatsächlich um Arbeitsvermittlung. Von dieser Regelung wird sowohl die erlaubnispflichtige als auch die erlaubnisfreie – außerhalb der wirtschaftl. Tätigkeit des Handelnden erfolgende – Überlassung von ArbN erfasst[1].

Im Gegensatz zu Abs. 1, der bereits bei der Absicht einer AÜ eingreift, setzt die Vermutung in Abs. 2 den tatsächlichen Vollzug der Überlassung eines ArbN voraus. Ferner muss einer der drei im Gesetz abschließend aufgezählten Vermutungstatbestände erfüllt sein. So gilt als Arbeitsvermittler, wer als Verleiher nicht die üblichen ArbGebPflichten oder nicht das ArbGebRisiko übernimmt oder gegen das Gleichstellungsgebot verstößt. Die gesetzl. Vermutung ist allerdings **widerlegbar**, so dass je nach den Umständen des Einzelfalls durchaus eine erlaubnispflichtige AÜ vorliegen kann[2]. 46

Wegen der **üblichen ArbGebPflichten** verweist das Gesetz auf § 3 I Nr. 1 bis 3. Dazu gehören neben der Lohnzahlungspflicht, der Pflicht zur Gewährung von Urlaub und der Fürsorgepflicht auch die Verpflichtung des ArbGeb zur Abführung von SozV-Beiträgen und Steuern. Maßgeblich ist, ob der ArbGeb seinen Pflichten tatsächlich nicht nachkommt, mögen diese vertragl. auch ausdrücklich abbedungen worden sein. Das **ArbGebRisiko** ist durch den Hinweis auf die Regelung in § 3 I Nr. 3 abschließend definiert. Dieser Vermutungstatbestand erfasst Verleiher, die gegen das Gleichstellungsgebot verstoßen. 47

Kann die Vermutung nicht widerlegt werden, so ist hinsichtlich der Rechtsfolgen zu unterscheiden: Hatte der ArbGeb eine Erlaubnis zur AÜ, so liegt ein Widerrufsgrund nach § 5 I Nr. 3 vor. Hatte er dagegen keine Erlaubnis zur AÜ, so kann nichts anderes gelten als bei der illegalen AÜ mit der Maßgabe, dass analog §§ 9 Nr. 1, 10 kraft Gesetzes – jedenfalls auch – ein ArbVerh zum Entleiher zustande kommt[3]. 48

VI. Ausnahmen vom Anwendungsbereich (Abs. 3). Von dem Anwendungsbereich des AÜG sind vier besondere Fallgestaltungen der AÜ ausgenommen. Dabei handelt es sich um bestimmte Formen des Personalaustausches, bei denen weder der soziale Schutz der LeihArbN noch die Ordnung des Arbeitsmarktes die Anwendung der strengen Form- und Kontrollvorschriften des Gesetzes fordern[4]. Als Rückausnahme sind einzelne ausdrücklich aufgeführte Vorschriften des AÜG wiederum von der Nichtanwendung ausgeschlossen. Es handelt sich um Bestimmungen, durch die im Baubereich die AÜ eingeschränkt wird (§ 1b S. 1), durch die Verstöße gegen die Einschränkung des Verleihs in das Baugewerbe mit Bußgeld bedroht werden (§ 16 I Nr. 1b u. II) sowie um Vorschriften, mit denen der Verbleib der Geldbußen (§ 16 V), die Zusammenarbeit bei der Verfolgung und Ahndung der Ordnungswidrigkeiten nach § 16 mit anderen Behörden (§ 18) sowie das Recht des zuständigen Bundesministeriums zur Erteilung von fachlichen Weisungen an die BA (§ 17) geregelt wird. 49

1. Arbeitnehmerüberlassung zur Vermeidung von Kurzarbeit und Entlassungen (Abs. 3 Nr. 1). Diese Norm diente ursprünglich dazu, die Praxis des Personalaustausches in der Norddeutschen Werftindustrie zu legalisieren. Einzelne Werften tauschten im Wege der sog. Nachbarschaftshilfe je nach Auftragsbestand ArbN untereinander aus, um in ihrem Unternehmen Kurzarbeit und Entlassungen zu vermeiden[5]. Im Gesetz wurde der Ausnahmetatbestand so allgemein formuliert, dass er für alle Wirtschaftszweige gilt. Allerdings wird nur der **Personalaustausch zwischen ArbGeb desselben Wirtschaftszweiges** begünstigt. Beide ArbGeb müssen daher demselben betriebl.-fachl. Bereich eines TV unterfallen. Bei gemischten Unternehmen entscheidet der überwiegende Unternehmenszweck, wobei maßgeblich auf die überwiegend in diesem Unternehmen zu leistende Arbeit abzustellen ist[6]. 50

Die Überlassung der ArbN muss dazu dienen, Entlassungen im arbeitsrechtl. Sinn oder Kurzarbeit iSd. §§ 95ff. SGB III zu vermeiden. Die Beweislast dafür trägt das Unternehmen, das sich auf die Ausnahmevorschriften beruft. Die AÜ muss objektiv geeignet sein, Kurzarbeit oder Entlassungen zu verhindern. Soweit es die Kurzarbeit angeht, muss es sich um eine lediglich vorübergehende, nicht branchentypische Form des Arbeitsausfalls handeln (§ 96 SGB III). Im Hinblick auf Entlassungen darf es sich gleichfalls nur um einen vorübergehenden Arbeitsausfall handeln, bei dem durch die AÜ Arbeitsplätze gerettet werden können. Sollen die Arbeitsplätze dagegen voraussichtlich ohnehin dauerhaft entfallen, sollen vorhandene Arbeitskräfte lediglich besser ausgenutzt werden oder sollen ausschließlich Saisonspitzen durch die überlassenen Arbeitskräfte abgedeckt werden, greift die Ausnahmebestimmung nicht ein. 51

Unter den genannten Voraussetzungen greift die Ausnahmebestimmung nur ein, wenn das ein **TV** vorsieht, der sowohl für den Entleiher als auch für den Verleiher gilt. Dabei muss es sich nach zutreffender Ansicht nicht um denselben TV handeln[7]. Bereits nach dem Wortlaut der Ausnahmebestimmung ergäbe deren Beschränkung auf ArbGeb desselben Wirtschaftszweiges wenig Sinn, wenn ohnehin ein und derselbe TV für das überlassende und das die ArbN aufnehmende Unternehmen gelten müsste. 52

---

1 Vgl. ErfK/*Wank*, § 1 AÜG Rz. 48; *Boemke/Lemke*, § 1 Rz. 165.. ‖2 Vgl. SG Hamburg 23.11.2004 – S 13 AL 5/99, EzAÜG § 1 AÜG Gewerbsmäßige Arbeitnehmerüberlassung Nr. 39. ‖3 Vgl. früher auch BAG 15.4.1999 – 7 AZR 437/97; anders BAG 28.6.2000 – 7 AZR 100/99; für eine richtlinienkonforme Rückkehr zur früheren Rspr. *Hamann*, NZA 2011, 70 (74); ErfK/*Wank*, § 1 AÜG Rz. 49. ‖4 *Sandmann/Marschall*, § 1 Anm. 68. ‖5 Protokoll Nr. 45 des 11. BT-Ausschusses v. 16./17.1.1985, S. 307. ‖6 BAG 17.2.1971 – 3 AZR 62/70, BB 1971, 653. ‖7 *Sandmann/Marschall*, § 1 Anm. 78; Schüren/*Hamann*, § 1 Rz. 465; aA *Ulber*, § 234; *Becker/Wulfgramm*, § 1 Rz. 111; ErfK/*Wank*, § 1 AÜG Rz. 53.

Nach der Entstehungsgeschichte der Norm sollte die Praxis des Personalaustausches unter den norddeutschen Werften legalisiert werden, für die auf Grund ihrer Lage in unterschiedlichen Tarifbezirken verschiedene TV galten. Die Geltung des TV kann auf der Tarifbindung des Entleihers und des Verleihers beruhen oder auf der Allgemeinverbindlichkeit des TV. Richtigerweise kann die Geltung des maßgeblichen TV durch einen nichttarifgebundenen ArbGeb auch individualrechtl. vereinbart werden[1].

53 **2. Arbeitnehmerüberlassung im Konzern (Abs. 3 Nr. 2).** Das Gesetz ist nicht anwendbar auf eine AÜ zwischen Konzernunternehmen, wenn der ArbN seine Arbeit nur vorübergehend nicht bei seinem ArbGeb leistet und auch nicht zum Zweck der Überlassung eingestellt und beschäftigt wird. Auch bei dieser Fallgestaltung werden weder der Sozialschutz der ArbN noch Belange des Arbeitsmarktes gefährdet. Durch die Verweisung auf § 18 AktG ist der Begriff des Konzernunternehmens präzise bestimmt. Dazu zählt sowohl der Unterordnungskonzern, bei dem ein herrschendes Unternehmen und ein oder mehrere abhängige Unternehmen unter einer einheitlichen Leitung zusammengefasst sind. Ferner zählt dazu der Gleichordnungskonzern, bei dem keine Abhängigkeit der Unternehmen vorliegt. Aus dem Sinn und Zweck der Vorschrift, den Personalaustausch innerhalb eines Konzerns in gewissem Umfang zu erleichtern, um Belastungsspitzen abzudecken, folgt deren Anwendbarkeit auf Konzernunternehmen ohne Beschränkung auf die Rechtsform der AG oder KGaA[2]. Dieses sog. **Konzernprivileg** gilt nicht für Personalführungsgesellschaften, deren einziger Zweck die Einstellung und Beschäftigung von ArbN ist, um sie dauerhaft zu anderen Konzernunternehmen zu entsenden[3]. Auch auf Mischbetriebe, die nicht nur, aber eben auch AÜ betreiben, ist das Konzernprivileg nicht mehr anwendbar[4]. Diese können aber mit der erforderlichen Erlaubnis nach Abs. 1 durchaus legale AÜ betreiben[5].

54 Die Ausnahmebestimmung ist zudem auf eine vorübergehende Arbeitsleistung in dem anderen konzernangehörigen Unternehmen beschränkt. Durch dieses – jetzt generell aus § 1 I 2 folgende[6] – Merkmal wird verhindert, dass über eine konzerninterne AÜ ein reines Verleihunternehmen innerhalb des Konzerns auf Dauer ArbN an andere Konzernunternehmen zur Arbeitsleistung überlässt. Ob ein Einsatz vorübergehend ist, beurteilt sich nach den oben (Rz. 35, 35a) dargestellten Kriterien. Da eine Höchstdauer im Gesetz nach wie vor nicht festgelegt ist, kann selbst eine mehrjährige Abordnung zu einem anderen Konzernunternehmen noch unter das Konzernprivileg fallen[7]. Bei einem Missbrauch dieser Gestaltungsmöglichkeit muss sich der ArbN an den Entleiher halten, in dessen Betrieb sich der Dauerarbeitsplatz befindet[8]. Allein durch die Personalgestellung im Rahmen konzerninterner AÜ entsteht kein gemeinsamer Betrieb von Entleiher und Verleihunternehmen[9]. Die Anwendung des Konzernprivilegs ist in der Praxis mit großen Risiken behaftet, zumal die Regelung für europarechtswidrig gehalten wird, weil die LeiharbeitsRL keinen Ausnahmetatbestand für konzerninterne AÜ enthält[10].

54a **3. Kollegenhilfe (Abs. 3 Nr. 2a).** Mit dieser über die bisherige Option des Abs. 3 Nr. 1 hinausgehenden Ausnahmevorschrift sollen gelegentlich auftretende Überlassungsfälle, etwa zur Abdeckung eines kurzfristigen Spitzenbedarfs in einem anderen Unternehmen, ausgeklammert werden. Der Gesetzgeber hielt dies vor dem Hintergrund der Ausweitung des Anwendungsbereichs des AÜG für geboten, um die gelegentliche Überlassung durch Handwerksbetriebe oder gemeinnützige Organisationen nicht unnötig zu erschweren. Es ist zweifelhaft, ob die Neuregelung europarechtskonform ist[11].

55 **4. Arbeitnehmerüberlassung ins Ausland (Abs. 3 Nr. 3).** Auf die Überlassung von ArbN an ein ausländisches Gemeinschaftsunternehmen, an dem der Verleiher selbst beteiligt ist, findet das AÜG keine Anwendung, wenn dieses Unternehmen auf der Grundlage einer zwischenstaatlichen Vereinbarung gegründet wurde. Mit dieser Regelung sollte die Durchführung von sog. Joint-Ventures erleichtert und die Möglichkeit eröffnet werden, ArbN unabhängig von der Höchstüberlassungsdauer des § 3 I Nr. 6 aF dem Auslandsunternehmen zu überlassen[12]. Die Ausnahmebestimmung gilt nicht für den Verleih von ArbN vom Ausland nach Deutschland. Bei dem Entleiher muss es sich um ein Unternehmen handeln, an dem sowohl ein deutsches als auch ein ausländisches Unternehmen beteiligt sind. Ferner muss es auf der Grundlage einer zwischenstaatlichen Vereinbarung gegründet worden sein, etwa der Anwerbestoppausnahmeverordnung (ASAV) oder des deutsch-chinesischen Investitionsförderungs- und Schutzvertrages. Schließlich muss der Verleiher an dem deutsch-ausländischen Gemeinschaftsunternehmen beteiligt sein, wobei der Umfang seiner Beteiligung keine Rolle spielt. Auf die Staatsangehörigkeit des überlassenen ArbN kommt es ebenso wenig an wie auf die Dauer seiner Überlassung.

---

1 ErfK/*Wank*, § 1 AÜG Rz. 53; Schüren/*Hamann*, § 1 Rz. 472; aA *Ulber*, § 1 Rz. 235; *Becker/Wulfgramm*, § 1 Rz. 111; KassHdb/*Düwell*, 4.5 Rz. 194. ||2 BAG 5.5.1988 – 2 AZR 795/87, DB 1989, 1139. ||3 Vgl. BAG 20.5. 2005 – 7 ABR 20/04, BAGReport 2005, 315. ||4 Vgl. *Oberthür*, ArbRB 2011, 146 (147); aA *Lembke*, DB 2011, 414 (416). ||5 Vgl. LAG Nds. 28.2.2006 – 13 TaBV 56/05; 26.11.2007 – 6 TaBV 34/07; ferner BAG 21.5.2008 – 8 AZR 481/07. ||6 Vgl. *Düwell*, DB 2011, 1520. ||7 Für eine weite Auslegung auch LAG München 26.10.2006 – 4 Sa 1324/05; *B. Gaul*, BB 1996, 1224; vgl. aber ArbG Düss. 11.8.2004 – 4 BV 90/04, AiB 2004, 766; LAG Schl.-Holst. 2.7. 2008 – 6 Ta BV 11/08; dazu krit. *Schüren*, AuR 2008, 293 (294). ||8 Vgl. LAG Berlin 7.1.2005 – 6 Sa 2008/04, LAGReport 2005, 137. ||9 Vgl. LAG Düss. 15.1.2009 – 15 TaBV 379/08. ||10 Vgl. *Lembke*, BB 2012, 2497 (2499). ||11 Vgl. *Lembke*, DB 2011, 414 (416); *Oberthür*, ArbRB 2011, 146 (147). ||12 BT-Drs. XIII/4941, 248.

1a Anzeige der Überlassung

(1) Keiner Erlaubnis bedarf ein Arbeitgeber mit weniger als 50 Beschäftigten, der zur Vermeidung von Kurzarbeit oder Entlassungen an einen Arbeitgeber einen Arbeitnehmer, der nicht zum Zweck der Überlassung eingestellt und beschäftigt wird, bis zur Dauer von zwölf Monaten überlässt, wenn er die Überlassung vorher schriftlich der Bundesagentur für Arbeit angezeigt hat.

(2) In der Anzeige sind anzugeben

1. Vor- und Familiennamen, Wohnort und Wohnung, Tag und Ort der Geburt des Leiharbeitnehmers,
2. Art der vom Leiharbeitnehmer zu leistenden Tätigkeit und etwaige Pflicht zur auswärtigen Leistung,
3. Beginn und Dauer der Überlassung,
4. Firma und Anschrift des Entleihers.

Unter bestimmten Voraussetzungen bedarf ein ArbGeb keiner Erlaubnis iSd. § 1 I 1, wenn er die Überlassung von ArbN, die an sich nicht zum Zweck der Überlassung eingestellt und beschäftigt werden, vorher schriftl. der BA angezeigt hat. 1

Dadurch sollen **Kleinbetriebe** in die Lage versetzt werden, Schwankungen des Arbeitsvolumens dadurch auszugleichen, dass sie ArbN an Dritte verleihen[1]. Das Gesetz umreißt in § 1a lediglich eine Ausnahme von der Erlaubnispflicht wirtschaftlich betriebener AÜ. Alle übrigen Bestimmungen des AÜG finden auch auf diese Form der AÜ Anwendung. Zulässig ist die erlaubnisfreie Überlassung von ArbN nur, wenn die materiellen Voraussetzungen des Gesetzes vorliegen und die formale Anzeige ordnungsgemäß erfolgt ist. 2

Der **persönliche Geltungsbereich** der Vorschrift beschränkt sich auf ArbGeb mit weniger als 50 Beschäftigten. Allerdings werden nicht diejenigen ArbGeb erfasst, die als Verleiher bereits eine Erlaubnis nach § 1 I 1 besitzen[2]. Zu den Beschäftigten iSd. Gesetzes gehören neben den Arbeitern und Angestellten auch die Auszubildenden und Heimarbeiter. Da es auf die Arbeitszeit der Beschäftigten nicht ankommt, gehören dazu auch Teilzeitkräfte und geringfügig beschäftigte ArbN. Bei der Zahl der Beschäftigten ist auf den ArbGeb und nicht auf den Betrieb abzustellen, so dass bei ArbGeb, die mehrere Betriebe haben, die Beschäftigten aller Betriebe zusammengezählt werden. Dabei kommt es auf die Zahl der Beschäftigten im Zeitpunkt der Überlassung an. 3

Ebenso wie in § 1 III Nr. 1 muss die AÜ dazu dienen, Kurzarbeit oder Entlassungen zu vermeiden. Der Unterschied beider Regelungen besteht allerdings darin, dass es an einer tarifvertragl. Grundlage fehlt und die AÜ iSv. § 1a zeitlich begrenzt ist. In beiden Fällen aber muss die AÜ auf einem Arbeitsmangel beruhen, der die Einführung von Kurzarbeit iSv. § 96 SGB III oder die Entlassung einer Mehrzahl von ArbN rechtfertigen würde. Dieser Arbeitsmangel darf allerdings voraussichtlich nur für einen Zeitraum von max. zwölf Monaten bestehen, denn nur in diesem Zeitraum ist eine AÜ in Form dieser sog. **Kollegenhilfe** erlaubt. 4

Die Anzeige an die BA muss schriftl. erfolgen und inhaltlich den in Abs. 2 abschließend aufgeführten Anforderungen entsprechen. Unterbleibt die Anzeige, handelt es sich um illegale AÜ, bei der ein ArbVerh zwischen dem ArbN und dem Entleiher gem. § 10 I 1 fingiert wird[3]. Liegen die Voraussetzungen für eine erlaubnisfreie AÜ vor, erfolgt die Anzeige aber inhaltlich unrichtig, unvollständig oder nicht rechtzeitig, begeht der Verleiher eine Ordnungswidrigkeit iSd. § 16 I Nr. 2a. 5

1b Einschränkungen im Baugewerbe

Arbeitnehmerüberlassung nach § 1 in Betriebe des Baugewerbes für Arbeiten, die üblicherweise von Arbeitern verrichtet werden, ist unzulässig. Sie ist gestattet

a) zwischen Betrieben des Baugewerbes und anderen Betrieben, wenn diese Betriebe erfassende, für allgemeinverbindlich erklärte Tarifverträge dies bestimmen,

b) zwischen Betrieben des Baugewerbes, wenn der verleihende Betrieb nachweislich seit mindestens drei Jahren von denselben Rahmen- und Sozialkassentarifverträgen oder von deren Allgemeinverbindlichkeit erfasst wird.

Abweichend von Satz 2 ist für Betriebe des Baugewerbes mit Geschäftssitz in einem anderen Mitgliedstaat des Europäischen Wirtschaftsraumes Arbeitnehmerüberlassung auch gestattet, wenn die ausländischen Betriebe nicht von deutschen Rahmen- und Sozialkassentarifverträgen oder für allgemeinverbindlich erklärten Tarifverträgen erfasst werden, sie aber nachweislich seit mindestens drei Jahren überwiegend Tätigkeiten ausüben, die unter den Geltungsbereich derselben Rahmen- und Sozialkassentarifverträge fallen, von denen der Betrieb des Entleihers erfasst wird.

Das Gesetz untersagt die AÜ für einen bestimmten Bereich des Arbeitsmarktes. Das Verbot des S. 1 greift ein, wenn es sich beim Entleiherbetrieb um einen **Betrieb des Baugewerbes** handelt. Der Begriff 1

---

[1] BT-Drs. XI/4952, 9. [2] BT-Drs. XI/4952, 12. [3] BT-Drs. XI/4952, 9.

des Baubetriebs wird in § 101 II 1 SGB III definiert. Danach handelt es sich um einen Betrieb, der gewerblich überwiegend Bauleistungen auf dem Baumarkt erbringt. Bauleistungen sind alle Leistungen, die der Herstellung, Instandsetzung, Instandhaltung, Änderung oder Beseitigung von Bauwerken dienen. Konkret und abschließend aufgeführt sind diese Bauleistungen in der BaubetriebeVO v. 28.10. 1980[1].

2   Verfolgt der Entleiherbetrieb **verschiedene Zwecke**, wird er von dem gesetzl. Verbot erfasst, wenn mehr als 50 % der betriebl. Gesamtarbeitszeit auf baugewerbl. Tätigkeiten entfallen[2]. Das Überlassen von Baumaschinen mit Bedienungspersonal (§ 1 II Nr. 38 BaubetriebeVO) wird von dem Verbot der AÜ nicht erfasst, soweit dem Entleiherbetrieb ggü. den entliehenen ArbN kein arbeitsbezogenes Weisungsrecht zusteht[3].

3   Ferner beschränkt sich das Verbot auf den Verleih für Arbeiten in Betrieben des Baugewerbes, die sonst **üblicherweise von Arbeitern** des Entleihbetriebs verrichtet würden. Danach ist die AÜ nicht verboten, wenn es um Arbeiten geht, die üblicherweise von Angestellten verrichtet werden.

4   Maßgeblich sind die **Verhältnisse im Entleiherbetrieb**. Dabei kann zur Abgrenzung der Tätigkeiten von Arbeitern und Angestellten auf die Zuordnung nach dem BundesrahmenTV-Bau für gewerbliche ArbN (Arbeiter) bzw. auf den RTV für Angestellte und Poliere zurückgegriffen werden.

5   Das Verbot der AÜ im Bereich des Baugewerbes verletzt weder das Grundrecht der **Freiheit der Berufswahl** noch das Grundrecht der **Freiheit der Berufsausübung** und ist daher mit dem GG vereinbar[4]. Die verbotswidrige AÜ führt nicht etwa analog §§ 9, 10 zu einem ArbVerh zwischen Entleiher und LeihArbN, sondern wird gem. § 16 nur als Ordnungswidrigkeit geahndet und bei der Beurteilung der für die Ausübung der wirtschaftlichen AÜ erforderlichen Zuverlässigkeit des Verleihers berücksichtigt[5]. Soweit der Verleiher aber etwa bei sog. **Scheinwerkverträgen** keine Erlaubnis besitzt, greift § 10 unmittelbar ein mit der Rechtsfolge, dass der Entleiher ArbGeb der LeihArbN wird[6].

6   Eine Ausnahme von dem Verbot sieht S. 2 Buchst. a für die AÜ zwischen Betrieben des Baugewerbes und anderen Betrieben vor, wenn diese Betriebe von für **allgemeinverbindlich erklärten TV** erfasst werden, die eine AÜ in das Baugewerbe gestatten. Da das Verbot nach S. 1 nur eine AÜ in das Baugewerbe erfasst, kommt auch der Ausnahme nur Bedeutung zu, wenn der Entleiher dem Baugewerbe angehört. Die Betriebe des Verleihers und des Entleihers müssen nicht demselben Tarifbereich unterfallen. Traditionell gliedert sich das Baugewerbe in vier Tarifbereiche. Dabei handelt es sich um den Garten- und Landschaftsbau, den Gerüstbau, das Dachdeckerhandwerk und das Bauhauptgewerbe. Nach S. 2 Buchst. a müssen die Betriebe des Verleihers und des Entleihers lediglich von dem räumlichen, betrieblichen und fachlichen Geltungsbereich eines für allgemeinverbindlich erklärten branchenübergreifenden TV erfasst werden, der die AÜ zulässt.

7   Eine weitere Ausnahme von dem Verbot in S. 1 sieht S. 2 Buchst. b für Betriebe des Baugewerbes vor, wenn der verleihende Betrieb seit mindestens drei Jahren von denselben **Rahmen- und SozialkassenTV** oder deren Allgemeinverbindlichkeit erfasst wird wie der entleihende Betrieb. Dessen Tarifunterworfenheit wird nicht vorausgesetzt[7]. Um zu verhindern, dass Baubetriebe allein zu dem Zweck der AÜ in diesem Bereich gegründet werden, muss der verleihende Betrieb im Zeitpunkt der Überlassung bereits mindestens drei Jahre tarifgebunden sein.

8   Von dem Verbot in S. 1 sind schließlich Baubetriebe mit **Geschäftssitz in einem anderen Mitgliedstaat** des EWR gem. S. 3 ausgenommen, wenn sie nicht von deutschen Rahmen- und SozialkassenTV oder für allgemeinverbindlich erklärten TV erfasst werden, aber seit mindestens drei Jahren überwiegend Tätigkeiten ausüben, die unter den Geltungsbereich derselben Rahmen- und SozialkassenTV fallen, von denen der Betrieb des Entleihers erfasst wird. Der Betrieb des ausländischen Verleihers ist dem Baugewerbe zuzuordnen, wenn mehr als die Hälfte der betriebl. Gesamtarbeitszeit auf bauliche Leistungen entfallen. Dabei kommt es nicht darauf an, ob diese Leistungen in Deutschland, im EWR oder außerhalb erbracht werden[8]. Mit dieser Regelung wird das Verbot im Gegensatz zu S. 2 aF, der die Niederlassungs- und Dienstleistungsfreiheit beeinträchtigte, an das EG-Recht angepasst[9].

2 Erteilung und Erlöschen der Erlaubnis
(1) Die Erlaubnis wird auf schriftlichen Antrag erteilt.

(2) Die Erlaubnis kann unter Bedingungen erteilt und mit Auflagen verbunden werden, um sicherzustellen, dass keine Tatsachen eintreten, die nach § 3 die Versagung der Erlaubnis rechtfertigen. Die Aufnahme, Änderung oder Ergänzung von Auflagen sind auch nach Erteilung der Erlaubnis zulässig.

---

1 Vgl. BGH 17.2.2000 – III ZR 78/99, NJW 2000, 1557. ||2 BAG 18.5.1994 – 10 AZR 646/93, AP Nr. 180 zu § 1 TVG Tarifverträge: Bau. ||3 BAG 16.6.1982 – 4 AZR 862/79, BB 1983, 1343. ||4 BVerfG 6.10.1987 – 1 BvR 1068, 1468, 1623/82, BVerfGE 77, 84. ||5 Vgl. BAG 13.12.2006 – 10 AZR 674/05, MDR 2007, 593. ||6 Vgl. BayLSG 7.8.2008 – L 9 AL 63/03. ||7 *Boemke/Lembke*, § 1b Rz. 38; *Ulber*, AuR 2003, 7. ||8 *Boemke/Lembke*, § 1b Rz. 48; aA *Sandmann/Marschall*, § 1b Rz. 18a. ||9 Vgl. EuGH 25.10.2001 – Rs. C-493/99, NZA 2001, 1299.

Erteilung und Erlöschen der Erlaubnis   Rz. 9 § 2 AÜG

(3) Die Erlaubnis kann unter dem Vorbehalt des Widerrufs erteilt werden, wenn eine abschließende Beurteilung des Antrags noch nicht möglich ist.

(4) Die Erlaubnis ist auf ein Jahr zu befristen. Der Antrag auf Verlängerung der Erlaubnis ist spätestens drei Monate vor Ablauf des Jahres zu stellen. Die Erlaubnis verlängert sich um ein weiteres Jahr, wenn die Erlaubnisbehörde die Verlängerung nicht vor Ablauf des Jahres ablehnt. Im Falle der Ablehnung gilt die Erlaubnis für die Abwicklung der nach § 1 erlaubt abgeschlossenen Verträge als fortbestehend, jedoch nicht länger als zwölf Monate.

(5) Die Erlaubnis kann unbefristet erteilt werden, wenn der Verleiher drei aufeinander folgende Jahre lang nach § 1 erlaubt tätig war. Sie erlischt, wenn der Verleiher von der Erlaubnis drei Jahre lang keinen Gebrauch gemacht hat.

I. Verfahren der Erlaubniserteilung (Abs. 1). Die Erlaubnis zur AÜ wird auf **schriftl. Antrag** erteilt. Antragsteller kann jeder sein, der auch Inhaber einer Erlaubnis nach § 1 I sein kann. 1

Neben natürlichen Personen können das auch Personengesamtheiten (Vereine), Personengesellschaften (OHG und KG) sowie juristische Personen des Privatrechts (AG und GmbH) oder juristische Personen des öffentl. Rechts (Kirchen u. Kommunen) sein. Der Antrag kann bei jeder Dienststelle der BA als Erlaubnisbehörde gem. § 17 gestellt werden. Die Durchführung des Erlaubnisverfahrens und die Erteilung der Erlaubnisse nach dem AÜG ist verwaltungsintern den Agenturen für Arbeit Düsseldorf, Kiel und Nürnberg übertragen[1]. 2

Auf das **Verwaltungsverfahren nach dem AÜG** finden die Verwaltungsverfahrensvorschriften des SGB im SGB IV oder im SGB X keine Anwendung. Denn das AÜG ist in der ausdrücklichen Aufzählung aller Gesetze, die als besondere Teile des SGB gelten, in dem Katalog des § 68 SGB I nicht aufgeführt. 3

Das beruht nicht auf einem Versehen des Gesetzgebers, sondern darauf, dass das Recht der AÜ zum Grenzgebiet zwischen Verwaltungs-, Sozial- und Arbeitsrecht gehört. Für das Verwaltungsverfahren nach dem AÜG gelten neben den im Gesetz selbst enthaltenen Verfahrensvorschriften die allg. Grundsätze des Verwaltungsverfahrensrechts in der kodifizierten Fassung des **VwVfG**[2]. 4

Der Antrag auf eine Verleiherlaubnis muss schriftl. gestellt werden. Für die Antragsbearbeitung sind die Agenturen für Arbeit Düsseldorf, Kiel und Nürnberg zuständig (Ziff. 2.1.1 GA). Die Erteilung der Erlaubnis ist ein **mitwirkungsbedürftiger, begünstigender Verwaltungsakt**. Zusätzlich zu dem förmlichen Antrag trifft den Antragsteller die Obliegenheit, der zuständigen Stelle die erforderlichen Auskünfte zu erteilen. Für die Erlaubnis selbst sieht das Gesetz keine besondere Form vor. Lediglich in einer Geschäftsanweisung der BA ist die Schriftform vorgesehen. Wirksam wird die Erlaubnis mit ihrem Zugang. Der Bescheid wird regelmäßig durch Postzustellungsurkunde zugestellt (Ziff. 2.1.6 GA). 5

II. Nebenbestimmungen zur Erlaubnis (Abs. 2 u. 3). Die Erlaubnis zur AÜ kann entweder gem. § 2 erteilt oder gem. § 3 abgelehnt werden. Ferner kann die Erlaubnis mit Nebenbestimmungen versehen werden. In Betracht kommen insoweit die Bedingung, die Auflage, der Widerrufsvorbehalt und die Befristung. 6

Unter dem Begriff der **Bedingung** ist die Abhängigkeit der Erlaubnis von einem künftigen ungewissen Ereignis zu verstehen. Bei einer aufschiebenden Bedingung bleibt bis zum Eintritt des zukünftigen und ungewissen Ereignisses in der Schwebe, ob der Antragsteller die Erlaubnis zur AÜ erhält. Bei einer auflösenden Bedingung fällt die zunächst erteilte und wirksame Erlaubnis zur AÜ bei Eintritt des künftigen ungewissen Ereignisses fort. Während des Schwebezustandes ist ungewiss, ob die mit der Erlaubnis beabsichtigte Rechtsfolge eintritt oder bestehen bleibt. Da die Bedingung unselbständiger Teil der Erlaubnis ist, kann der Antragsteller nur die Erlaubnis einschl. der Bedingung angreifen, nicht aber allein die Bedingung selbst. 7

Bei der Erlaubnis zur AÜ kommt eine aufschiebende Bedingung bereits nach dem Wortlaut von Abs. 2 S. 1 nicht in Betracht. Denn die Bedingung darf sich nur auf Tatsachen beziehen, die nach der Erteilung der Erlaubnis eintreten. Auch eine Erlaubnis unter einer auflösenden Bedingung wird in der Praxis nur ausnahmsweise erteilt werden. Ob diese Bedingung eingetreten ist oder der Verleiher sie eingehalten hat, wird praktisch oft unmöglich oder nur schwer feststellbar sein. Das aber führt zu Zweifeln darüber, ob die in ihrem Bestand von dieser Bedingung abhängige Erlaubnis zur AÜ überhaupt wirksam ist oder nicht. 8

Durch eine **Auflage** wird der Antragsteller zu einem bestimmten Tun, Dulden oder Unterlassen verpflichtet. Diese Nebenbestimmung ist ein selbständiger Teil der Erlaubnis, so dass sie allein angegriffen werden kann[3]. Hält der Verleiher eine erteilte Auflage nicht ein, bleibt seine Erlaubnis zur AÜ gleichwohl wirksam. Allerdings begeht er eine Ordnungswidrigkeit gem. § 16 und riskiert den Widerruf seiner Erlaubnis nach § 5 I Nr. 2. Die Auflage muss eine besondere Verpflichtung des Antragstellers betreffen, die sich nicht bereits zweifelsfrei aus dem Gesetz ergibt[4]. So kann sich die Auflage beziehen auf die Einrich- 9

---

1 Vgl. Information zur AÜ der BA 09/2013.. ||2 Vgl. Thüsing/*Kämmerer*, § 2 Rz. 2; *Boemke/Lembke*, § 2 Rz. 5.
||3 Vgl. Thüsing/*Kämmerer*, § 2 Rz. 11 mwN. ||4 BSG 14.6.1983 – 7 RAr 114/81, EzAÜG § 2 AÜG Erlaubnisarten Nr. 3.

tung des Geschäftsbetriebs, die betriebliche Organisation, die Einhaltung konkreter Bestimmungen des Arbeitsschutzes und die Ausgestaltung der Vertragsmuster. Die Erlaubnis zur AÜ kann gem. Abs. 2 S. 2 auch nachträglich mit einer Auflage verbunden werden. Eine ursprünglich erteilte Auflage kann nachträglich geändert, ergänzt oder erlassen werden[1].

10 Schließlich kann die Erlaubnis zur AÜ unter den **Vorbehalt des Widerrufs** gestellt werden gem. Abs. 3. Diese Nebenbestimmung dient dem Interesse des Antragstellers an einer Verfahrensbeschleunigung. Sie ist allerdings nicht in das freie Ermessen der Regionaldirektion gestellt. Vielmehr kommt sie in Betracht, wenn eine abschließende Beurteilung des Antrags aus Gründen, die nicht in der Person des Antragstellers liegen, noch nicht möglich und ein Abwarten mit der Entscheidung dem Antragsteller nicht zuzumuten ist. Allerdings darf der Vorbehalt des Widerrufs nicht dazu genutzt werden, eine Erlaubnis zur AÜ auf Probe oder zur Bewährung zu erteilen.

11 Die Erlaubnis zur AÜ ist grds. mit einer **Befristung** auf ein Jahr zu versehen gem. Abs. 4 S. 1. Das gilt bei erstmaliger Erteilung der Erlaubnis ebenso wie in den beiden darauf folgenden Jahren. Erst nach Ablauf von drei aufeinander folgenden Jahren kann eine unbefristete Erlaubnis erteilt werden gem. Abs. 5 S. 1.

12 **III. Verlängerung der Erlaubnis (Abs. 4).** Der Inhaber einer Erlaubnis zur AÜ kann zur Vermeidung von Rechtsnachteilen deren Verlängerung spätestens drei Monate vor Ablauf der Jahresfrist stellen. Lehnt die Regionaldirektion die Verlängerung nicht bis zum Ablauf dieses Jahres ab, verlängert sich die Erlaubnis automatisch um ein weiteres Jahr. Allerdings kann die Erlaubnis mit den bisherigen oder auch mit neuen Nebenstimmungen versehen werden. Lediglich ein erneuter Widerrufsvorbehalt ist bei der Verlängerung der Erlaubnis ausgeschlossen, soweit er nicht auf neue Tatsachen gestützt wird. Wird der Antrag auf Verlängerung der Erlaubnis zur AÜ abgelehnt, fingiert Abs. 4 S. 4 den Fortbestand der Erlaubnis für einen Zeitraum von maximal zwölf Monaten. Allerdings darf dieser Zeitraum nur für die **Abwicklung** der zulässigerweise abgeschlossenen Verträge mit den Entleihern und den LeihArbN genutzt werden. Der Abschluss neuer Verträge ist unzulässig. IÜ steht dem Verleiher ein Recht zur ordentl. Kündigung der AÜ-Verträge und der Leiharbeitsverträge zu[2].

13 **IV. Erlöschen der Erlaubnis (Abs. 5).** Ist ein Verleiher über einen Zeitraum von drei aufeinander folgenden Jahren mit der Überlassung von ArbN befasst, kann ihm die Regionaldirektion die Erlaubnis unbefristet erteilen. Ob sie davon Gebrauch macht, steht in seinem Ermessen. Im Rahmen dieser Ermessensentscheidung ist zu berücksichtigen, dass kleinere Einzelverstöße gegen die Bestimmungen des AÜG es nicht rechtfertigen, die Erteilung einer unbefristeten Erlaubnis zu versagen[3]. Die Alternative besteht darin, die Verlängerung ganz abzulehnen oder wiederum nur eine befristete Erlaubnis zur AÜ zu erteilen.

14 Macht ein Verleiher von der unbefristeten Erlaubnis über einen Zeitraum von drei Jahren hinweg keinen Gebrauch, so erlischt seine Erlaubnis zur AÜ kraft Gesetzes gem. Abs. 5 S. 2. Dabei ist rechtl. unbeachtlich, aus welchen Gründen der Verleiher von der Erlaubnis keinen Gebrauch macht. Da sich die Erlaubnis auf die Person des Verleihers und nicht auf seinen Betrieb bezieht, erlischt sie auch bei dem **Tod des Verleihers** oder bei der **Auflösung des Rechtsträgers**[4]. Im Interesse des sozialen Schutzes der LeihArbN ist in entsprechender Anwendung des § 46 GewO iVm. § 2 IV 4 von einem Übergang der Erlaubnis zur AÜ auf die Erben auszugehen, die sich allerdings auf die Abwicklung der laufenden Geschäfte beschränkt[5]. Wird der Erlaubnisträger mit einem anderen Unternehmen verschmolzen, kommt bei rechtzeitigem Antrag auch eine Rückwirkung der neu erteilten Erlaubnis auf den Zeitpunkt der Verschmelzung in Betracht[6].

2a *Gebühren und Auslagen*

(1) Für die Bearbeitung von Anträgen auf Erteilung und Verlängerung der Erlaubnis werden vom Antragsteller Gebühren und Auslagen erhoben.

(2) Die Bundesregierung wird ermächtigt, durch Rechtsverordnung die gebührenpflichtigen Tatbestände näher zu bestimmen und dabei feste Sätze und Rahmensätze vorzusehen. Die Gebühr darf im Einzelfall 2 500 Euro nicht überschreiten.

[Fassung ab 14.8.2018: aufgehoben]

1 Die für die Bearbeitung von Anträgen auf Erteilung und auf Verlängerung der Erlaubnis zur AÜ anfallenden Kosten in Form von Gebühren und Auslagen hat der Antragsteller zu tragen. Auf Grund der Ermächtigung in Abs. 2 S. 1 hat die BReg. die **VO über die Kosten der Erlaubnis zur gewerbsmäßigen AÜ** v. 18.6.1982[7] erlassen (AÜKostV), zuletzt geändert durch Art. 2 Abs. 127 des Gesetzes v. 7.8.2013[8]. Da-

---

1 SG Hamburg 8.10.1986 – 13 Ar 89/86, EzAÜG § 2 AÜG Erlaubnisarten Nr. 4. ||2 ErfK/*Wank*, § 2 AÜG Rz. 9; *Ulber*, § 2 Rz. 47, 48. ||3 SG Hamburg 14.3.1978 – 2 Ar 1067/76, nv. ||4 BSG 12.12.1991 – 7 RAr 56/90, NZA 1992, 1006. ||5 Schüren/*Schüren*, § 2 Rz. 100; *Boemke/Lembke*, § 2 Rz. 45; ErfK/*Wank*, § 2 AÜG Rz. 10; *Ulber*, § 2 AÜG Rz. 53; *Becker/Wulfgramm*, § 2 Rz. 40; aA *Sandmann/Marschall*, § 2 Anm. 23, 34. ||6 Vgl. LAG Düss. 25.8.2008 – 17 Sa 153/08. ||7 BGBl. I S. 692. ||8 BGBl. I S. 3154.

nach beträgt die Gebühr für die Erteilung oder Verlängerung einer befristeten Erlaubnis 750 Euro und für die Erteilung einer unbefristeten Erlaubnis 2000 Euro.

Als **Auslagen** werden gem. § 3 AÜKostV die in § 10 I Nr. 2 bis 4 VwKostG in der bis zum 14.8.2013 geltenden Fassung bezeichneten Aufwendungen erhoben, etwa für notwendige Übersetzungen. Die Kostenpflicht entsteht bereits mit der Antragstellung und gilt für alle Antragsteller, auch wenn sie ihren Geschäftssitz in einem anderen Staat der EU haben. Fällig werden die Kosten mit der Bekanntgabe der Kostenentscheidung an den Antragsteller. Ergänzend kann auf die Geschäftsanweisung der BA zum AÜG[1] verwiesen werden.

3 Versagung

(1) Die Erlaubnis oder ihre Verlängerung ist zu versagen, wenn Tatsachen die Annahme rechtfertigen, dass der Antragsteller

1. die für die Ausübung der Tätigkeit nach § 1 erforderliche Zuverlässigkeit nicht besitzt, insbesondere weil er die Vorschriften des Sozialversicherungsrechts, über die Einbehaltung und Abführung der Lohnsteuer, über die Arbeitsvermittlung, über die Anwerbung im Ausland oder über die Ausländerbeschäftigung, die Vorschriften des Arbeitsschutzrechts oder die arbeitsrechtlichen Pflichten nicht einhält;
2. nach der Gestaltung seiner Betriebsorganisation nicht in der Lage ist, die üblichen Arbeitgeberpflichten ordnungsgemäß zu erfüllen;
3. dem Leiharbeitnehmer für die Zeit der Überlassung an einen Entleiher die im Betrieb dieses Entleihers für einen vergleichbaren Arbeitnehmer des Entleihers geltenden wesentlichen Arbeitsbedingungen einschließlich des Arbeitsentgelts nicht gewährt. Ein Tarifvertrag kann abweichende Regelungen zulassen, soweit er nicht die in einer Rechtsverordnung nach § 3a Absatz 2 festgesetzten Mindeststundenentgelte unterschreitet. Im Geltungsbereich eines solchen Tarifvertrages können nicht tarifgebundene Arbeitgeber und Arbeitnehmer die Anwendung der tariflichen Regelungen vereinbaren. Eine abweichende tarifliche Regelung gilt nicht für Leiharbeitnehmer, die in den letzten sechs Monaten vor der Überlassung an den Entleiher aus einem Arbeitsverhältnis bei diesem oder einem Arbeitgeber, der mit dem Entleiher einen Konzern im Sinne des § 18 des Aktiengesetzes bildet, ausgeschieden sind.

(2) Die Erlaubnis oder ihre Verlängerung ist ferner zu versagen, wenn für die Ausübung der Tätigkeit nach § 1 Betriebe, Betriebsteile oder Nebenbetriebe vorgesehen sind, die nicht in einem Mitgliedstaat der Europäischen Wirtschaftsgemeinschaft oder einem anderen Vertragsstaat des Abkommens über den Europäischen Wirtschaftsraum liegen.

(3) Die Erlaubnis kann versagt werden, wenn der Antragsteller nicht Deutscher im Sinne des Artikels 116 des Grundgesetzes ist oder wenn eine Gesellschaft oder juristische Person den Antrag stellt, die entweder nicht nach deutschem Recht gegründet ist oder die weder ihren satzungsmäßigen Sitz noch ihre Hauptverwaltung noch ihre Hauptniederlassung im Geltungsbereich dieses Gesetzes hat.

(4) Staatsangehörige der Mitgliedstaaten der Europäischen Wirtschaftsgemeinschaft oder eines anderen Vertragsstaates des Abkommens über den Europäischen Wirtschaftsraum erhalten die Erlaubnis unter den gleichen Voraussetzungen wie deutsche Staatsangehörige. Den Staatsangehörigen dieser Staaten stehen gleich Gesellschaften und juristische Personen, die nach den Rechtsvorschriften dieser Staaten gegründet sind und ihren satzungsmäßigen Sitz, ihre Hauptverwaltung oder ihre Hauptniederlassung innerhalb dieser Staaten haben. Soweit diese Gesellschaften oder juristische Personen zwar ihren satzungsmäßigen Sitz, jedoch weder ihre Hauptverwaltung noch ihre Hauptniederlassung innerhalb dieser Staaten haben, gilt Satz 2 nur, wenn ihre Tätigkeit in tatsächlicher und dauerhafter Verbindung mit der Wirtschaft eines Mitgliedstaates oder eines Vertragsstaates des Abkommens über den Europäischen Wirtschaftsraum steht.

(5) Staatsangehörige anderer als der in Absatz 4 genannten Staaten, die sich auf Grund eines internationalen Abkommens im Geltungsbereich dieses Gesetzes niederlassen und hierbei sowie bei ihrer Geschäftstätigkeit nicht weniger günstig behandelt werden dürfen als deutsche Staatsangehörige, erhalten die Erlaubnis unter den gleichen Voraussetzungen wie deutsche Staatsangehörige. Den Staatsangehörigen nach Satz 1 stehen gleich Gesellschaften, die nach den Rechtsvorschriften des anderen Staates gegründet sind.

I. Inhalt und Zweck 1	2. Mangelhafte Betriebsorganisation (Abs. 1 Nr. 2) 23
II. Allgemeine Versagungsgründe (Abs. 1) 5	3. Verstoß gegen das Gleichstellungsgebot (Abs. 1 Nr. 3) 28
1. Unzuverlässigkeit des Antragstellers (Abs. 1 Nr. 1) 8	

---

1 Abrufbar über www.arbeitsagentur.de unter „Veröffentlichungen – Weisungen – Arbeitgeber".

III. Versagungsgrund der fehlenden Betriebsstätte im EU-Raum oder EWR (Abs. 2) 40
IV. Versagungsgrund für natürliche und juristische Personen außerhalb des EWR (Abs. 3) . 47
V. Gleichstellung von natürlichen und juristischen Personen aus dem EWR (Abs. 4) ... 53
VI. Gleichbehandlung auf Grund internationaler Abkommen (Abs. 5) 55

1 **I. Inhalt und Zweck.** Das Gesetz zählt die Gründe für die Versagung oder Nichtverlängerung einer Verleiherlaubnis abschließend auf. Es handelt sich um eine der GewO vorgehende Spezialvorschrift für die Fälle fehlender Zuverlässigkeit[1]. Aus anderen als den in § 3 genannten Gründen darf die Erlaubnis nicht versagt werden. Die zuständige Behörde hat insoweit kein Ermessen[2].

2 Der Antragsteller hat einen Rechtsanspruch auf Erteilung oder Verlängerung der Erlaubnis, wenn kein Versagungsgrund vorliegt. Dieser Anspruch leitet sich aus dem Grundrecht der Berufsfreiheit nach Art. 12 I GG und dem Grundsatz der Gewerbefreiheit nach § 1 I GewO ab. Das Grundrecht der Berufsfreiheit gilt nach Art. 19 III GG auch für inländische juristische Personen. Danach handelt es sich bei der Erlaubnispflicht gem. § 1 rechtstechnisch um ein **präventives Verbot mit Erlaubnisvorbehalt**. Die zuständige Behörde hat lediglich zu prüfen, ob ein konkretes Verhalten die gesetzl. Voraussetzungen erfüllt. Liegen die positiven Voraussetzungen vor, muss die Behörde die Erlaubnis erteilen. Liegen die negativen Voraussetzungen vor, muss sie die Erlaubnis versagen. Insoweit hat die Behörde kein Ermessen.

3 Durch die Verbindung des präventiven Verbots mit der gebundenen Erlaubnis wird der Konflikt zwischen der Berufsfreiheit des Verleihers gem. Art. 12 GG und der aus dem Sozialstaatsprinzip des Art. 20 I GG folgenden Verpflichtung des Staates zum sozialen Schutz abhängig Beschäftigter gelöst. Es handelt sich um eine Berufsausübungsregelung iSv. Art. 12 I 2 GG, die die ordnungsgemäße Ausübung der Verleihtätigkeit im Interesse der LeihArbN bezweckt und deshalb nach der vom BVerfG entwickelten Stufentheorie verhältnismäßig ist[3].

4 Bei der Prüfung der Gründe für eine Versagung der Erlaubnis ist der Grundsatz der Verhältnismäßigkeit zu beachten und zu prüfen, ob die ordnungsgemäße Ausübung der AÜ auch durch weniger einschneidende Mittel wie etwa die Verhängung von Auflagen erreicht werden kann[4].

5 **II. Allgemeine Versagungsgründe (Abs. 1).** Das Gesetz enthält zunächst allgemeine materielle Versagungsgründe, die alle Verleiher betreffen. Dadurch sollen unzuverlässige Verleiher ausgeschlossen werden und gleichzeitig die zulässige AÜ von der Arbeitsvermittlung abgegrenzt werden.

6 Die Erlaubnisbehörde ist nicht verpflichtet, vor einer Ablehnung den Sachverhalt vollständig aufzuklären oder das Vorliegen eines Versagungsgrundes zu beweisen. Es genügt vielmehr der Nachweis von Tatsachen, aus denen mit hinreichender Sicherheit auf das Vorliegen von Versagungsgründen geschlossen werden kann. Maßgeblich ist dabei der Zeitpunkt, in dem eine Entscheidung der Erlaubnisbehörde ergeht. In diesem Zeitpunkt ist eine Prognose darüber anzustellen, ob der Antragsteller unter Berücksichtigung seines bisherigen Verhaltens auch in Zukunft die Pflichten des Abs. 1 beachten wird.

7 Nach dem Wortlaut des Gesetzes ist die Erlaubnis bereits dann zu versagen, wenn nur einer der Tatbestände des Abs. 1 vorliegt. Der Grundsatz der Verhältnismäßigkeit gebietet jedoch, nicht bereits bei einem geringfügigen Verstoß gegen die Verleiherpflichten mit einer Versagung der Erlaubnis zu reagieren. Vielmehr setzt eine Versagung voraus, dass ein schwerwiegender Verstoß oder mehrere geringfügige Verstöße gegen die Pflichten aus Abs. 1 Nr. 1–3 vorliegen[5].

8 **1. Unzuverlässigkeit des Antragstellers (Abs. 1 Nr. 1).** Die Erteilung oder die Verlängerung der Verleiherlaubnis ist zu versagen, wenn Tatsachen die Annahme rechtfertigen, dass der Antragsteller die für die AÜ erforderliche Zuverlässigkeit nicht besitzt. Zur Konkretisierung zählt das Gesetz einige Tatbestände als Regelbeispiele auf, die eine Unzuverlässigkeit indizieren. Der Begriff der erforderlichen Zuverlässigkeit ist im Gesetz nicht definiert. Bei dieser gewerberechtl. Erlaubnisvoraussetzung handelt es sich um einen **unbestimmten Rechtsbegriff**, der gerichtlich in vollem Umfang nachprüfbar ist[6].

9 Die gewerberechtl. Zuverlässigkeit ist nicht allg., sondern im Hinblick auf das **konkrete** Gewerbe zu bestimmen[7]. Danach fehlt die erforderliche Zuverlässigkeit, wenn auf Grund bestimmter Tatsachen in der Person des Antragstellers zu besorgen ist, dass er das gewerbsmäßige Überlassen von ArbN nicht im Einklang mit den bestehenden rechtl. Vorschriften ausüben wird[8]. Dem Schutzzweck des Gesetzes entsprechend kommt es darauf an, ob der soziale Schutz der LeihArbN durch das Verhalten des Verlei-

---

[1] Vgl. OVG Hamburg 5.4.2005 – 1 Bs 64/05, GewArch 2005, 257. ||[2] *Sandmann/Marschall*, § 3 Anm. 1; Schüren/*Schüren*, § 3 Rz. 34; *Boemke/Lembke*, § 3 Rz. 10; aA LSG Bremen 17.12.1975 – L 5 Ar 11/75, EzAÜG § 3 AÜG Versagungsgründe Nr. 11. ||[3] BSG 6.2.1992 – 7 RAr 140/90, NZA 1992, 1006. ||[4] BSG 22.3.1979 – 7 RAr 47/78, EzAÜG § 2 AÜG Erlaubnisverfahren Nr. 2. ||[5] BayLSG 29.7.1986 – L 08/AI0040/83, EzAÜG § 3 AÜG Versagungsgründe Nr. 9; Schüren/*Schüren*, § 3 Rz. 43; *Boemke/Lembke*, § 3 Rz. 20; aA *Sandmann/Marschall*, § 3 Anm. 1; *Ulber*, § 3 Rz. 16. ||[6] BayLSG 14.3.1985 – L 9/AI 146/83, NZA 1986, 109. ||[7] BVerwG 27.6.1961 – I C 34/60, GewArch 1961, 166; LSG Rh.-Pf. 16.1.1981 – L 6 Ar 65/80, EzAÜG § 3 AÜG Versagungsgründe Nr. 5. ||[8] BSG 6.2.1992 – 7 RAr 140/90, NZA 1992, 1006.

hers gefährdet sein könnte. Das ist insb. der Fall, wenn der Verleiher die ihm als ArbGeb ggü. seinen LeihArbN obliegenden Kernpflichten verletzt[1].

Im Rahmen der Prüfung kommt es wegen des **höchstpersönlichen Charakters** der Verleiherlaubnis bei natürlichen Personen auf deren Zuverlässigkeit an, bei Personengesellschaften auf die Zuverlässigkeit aller Gesellschafter und bei juristischen Personen auf die Zuverlässigkeit der vertretungsberechtigten Organe[2]. 10

Die Unzuverlässigkeit einer natürlichen Person kann sich auch daraus ergeben, dass sie einem **unzuverlässigen Dritten**, etwa ihrem Ehepartner oder einem Hintermann im Rahmen eines sog. „Strohmanngeschäfts", maßgeblichen Einfluss auf die Ausübung und Führung des Verleihunternehmens einräumt[3]. Der Antragsteller ist auch unzuverlässig, wenn er unzuverlässiges Stammpersonal mit Führungsaufgaben betraut[4]. 11

Da bei **Personengesellschaften** sämtliche Gesellschafter eine Verleiherlaubnis benötigen, kommt es darauf an, dass keiner dieser Gesellschafter unzuverlässig ist. Liegt die Zuverlässigkeit eines Gesellschafters nicht vor, ist die Erlaubnis insg. zu versagen[5]. Theoretisch bestünde in diesem Fall zwar die Möglichkeit, nur den zuverlässigen Gesellschaftern die Erlaubnis zur AÜ unter der Voraussetzung zu erteilen, dass die Unzuverlässigkeit des einen Gesellschafters sich nicht auf die anderen auswirkt[6]. Dem dürfte aber bereits entgegenstehen, dass die Erlaubnisbehörde die Vertretungsmacht eines wenn auch unzuverlässigen Gesellschafters einer Personengesellschaft nicht beschränken kann. 12

Liegt eines der im Gesetz aufgeführten **Regelbeispiele** vor, führt das nicht automatisch zur Versagung der Verleiherlaubnis oder ihrer Verlängerung. Maßgeblich ist vielmehr, ob im Einzelfall auf Grund der Schwere des jeweiligen Verstoßes eine Unzuverlässigkeit des Antragstellers angenommen werden kann[7]. 13

Darüber hinaus ist die Aufzählung der Regelbeispiele **nicht abschließend**. Vielmehr kann sich die Unzuverlässigkeit des Antragstellers auch aus weiteren Umständen ergeben. So sprechen ungeordnete Vermögensverhältnisse gegen eine Zuverlässigkeit, wenn die Gefahr besteht, dass der Antragsteller nicht in der Lage ist, den Leiharbeitern ihren Lohn zu zahlen. Er muss für Zeiten, in denen er die Leiharbeiter nicht einsetzen kann, eine Finanzreserve vorhalten. Auch die Abgabe einer eidesstattlichen Versicherung nach § 807 ZPO oder die Eröffnung des Insolvenzverfahrens über sein Vermögen sprechen gegen die Zuverlässigkeit des Antragstellers. Das gilt auch für Straf- oder Ordnungswidrigkeitenverfahren, wenn diese im Zusammenhang mit einer Tätigkeit des Antragstellers als Verleiher standen. Liegt der Verstoß des Antragstellers bereits längere Zeit zurück, sinkt dessen Bedeutung für die Prognose der Zuverlässigkeit mit dem größer werdenden zeitlichen Abstand[8]. 14

Ein Antragsteller muss nicht über eine einschlägige Fachkunde oder Berufserfahrung verfügen, wohl aber über elementare **Grundkenntnisse auf dem Gebiet des Arbeits- und Sozialrechts**, da sonst nicht erwartet werden kann, dass er seine ArbGebPflichten erfüllt[9]. 15

Die wichtigsten einschlägigen Gesetzesbestimmungen, bei deren Verletzung eine Unzuverlässigkeit des Antragstellers anzunehmen ist, führt das Gesetz ausdrücklich auf. Dabei umfassen die **Vorschriften des SozV-Rechts** alle Bestimmungen über die ArbGebPflichten im Bereich der Kranken-, Unfall-, Renten- und ArblV. Nach diesen in den verschiedenen Büchern des SGB und in den entsprechenden Nebengesetzen und VO enthaltenen Regelungen ist der ArbGeb verpflichtet, SozV-Beiträge abzuführen, Versicherungsleistungen zu erstatten, Entgeltbescheinigungen auszustellen sowie seinen Melde-, Anzeige- und Auskunftspflichten nachzukommen. Meldet ein Verleiher LeihArbN nicht zur SozV an oder führt er SozV-Beiträge für diese nicht ab, liegen Tatsachen vor, die die Annahme seiner Unzuverlässigkeit gem. Abs. 1 Nr. 1 rechtfertigen[10]. 16

Die **Vorschriften über die Einbehaltung und Abführung der LSt** sind §§ 38, 41a EStG sowie § 7 LStDV. Auch die Verletzung sonstiger steuerrechtl. Verpflichtungen wie etwa die Hinterziehung von Körperschaft-, Einkommen- oder Mehrwertsteuer kann zur Versagung der Erlaubnis führen, wenn aus der Art der Pflichtverletzung auf eine Unzuverlässigkeit des Antragstellers geschlossen werden kann[11]. 17

Die **Vorschriften über die Arbeitsvermittlung** sind die §§ 292, 296–297 SGB III. Danach ist die Arbeitsvermittlung, die keiner Erlaubnis bedarf, nur unter bestimmten Voraussetzungen zulässig. Ein Verstoß gegen diese Bestimmungen kann die Annahme einer Unzuverlässigkeit des Antragstellers iSv. Abs. 1 Nr. 1 rechtfertigen. 18

Zu den **Vorschriften über die Anwerbung im Ausland und über die Ausländerbeschäftigung** gehören die §§ 292, 284 SGB III iVm. den einschlägigen Vorschriften des AufenthG. Für die Anwerbung von 19

---

1 BayLSG 14.3.1985 – L 9/AI 146/83, EzAÜG § 3 AÜG Versagungsgründe Nr. 8. ||2 ErfK/*Wank*, § 3 AÜG Rz. 4. ||3 BVerwG 2.2.1982 – 1 C 3.81, MDR 1982, 1046. ||4 Schüren/*Schüren*, § 3 Rz. 59; *Sandmann/Marschall*, § 3 Anm. 7; *Ulber*, § 3 Rz. 23. ||5 *Ulber*, § 3 Rz. 25. ||6 *Sandmann/Marschall*, § 3 Anm. 8; *Becker/Wulfgramm*, § 3 Rz. 17. ||7 BSG 6.2.1992 – 7 RAr 140/90, NZA 1992, 1006. ||8 LSG BW 15.3.1988 – L 5 Ar 2015/87, nv. ||9 BSG 6.2.1992 – 7 RAr 140/90, NZA 1992, 1006. ||10 Vgl. *Boemke/Lembke*, § 3 Rz. 26 ff. ||11 *Boemke/Lembke*, § 3 Rz. 30.

ArbN für eine Beschäftigung im Ausland außerhalb des EWR und für die Anwerbung von ausländischen ArbN, die nicht Staatsangehörige eines Mitgliedstaats des EWR sind, für eine Beschäftigung im Inland war früher die vorherige Zustimmung der BA erforderlich. Diese Restriktion ist mWv. 23.2.2002[1] entfallen. Allerdings verbleibt es bei der gewerberechtl. Anzeigepflicht nach § 14 I GewO[2].

20 Ausländische ArbN dürfen grds. nur beschäftigt werden, wenn sie zuvor von der BA gem. § 284 I SGB III eine **Arbeitserlaubnis** erhalten haben. Von dieser Erlaubnispflicht ausgenommen sind ArbN aus Mitgliedstaaten der EU und des EWR sowie heimatlose Ausländer. Das gilt auch für bestimmte ArbN-Gruppen nach § 9 Arbeitsgenehmigungsverordnung (ArGV). Nach § 6 I ArGV erhalten ausländische ArbN, die erlaubnispflichtig sind und eine Tätigkeit als LeihArbN aufnehmen wollen, grds. keine erstmalige Arbeitserlaubnis. Auch Bürger der MOE-Beitrittsländer können während einer Übergangszeit wie Drittstaatsangehörige grds. nicht als LeihArbN in Deutschland tätig werden (Einzelheiten § 15 Rz. 7). Beruht ein Verstoß des Antragstellers gegen die Bestimmungen über die Arbeitsvermittlung oder gegen die Vorschriften über die Beschäftigung ausländischer ArbN nicht auf seiner Tätigkeit als Verleiher, rechtfertigen diese Tatsachen gleichwohl die Annahme seiner Unzuverlässigkeit iSv. Abs. 1 Nr. 1[3].

21 Zu den **Vorschriften des Arbeitsschutzrechts** gehören neben dem ArbSchG und dem ASiG die Bestimmungen der ArbStättV, die Unfallverhütungsvorschriften der Berufsgenossenschaften, das ArbZG, das LSchlG und die speziellen Regelungen zum Schutz bestimmter ArbN-Gruppen im MuSchG, im JArbSchG und im SGB IX.

22 Die Verleiherlaubnis oder ihre Verlängerung ist auch dann zu versagen, wenn Tatsachen die Annahme rechtfertigen, dass der Antragsteller seine arbeitsrechtl. Pflichten nicht einhält. Darunter fallen alle ArbGebPflichten, die nicht bereits in den übrigen Regelbeispielen des Abs. 1 Nr. 1 ausdrücklich erwähnt worden sind. Diese **ArbGebPflichten** können sich aus dem Arbeitsvertrag, aus BV, aus TV oder aus dem Gesetz ergeben. Auch die besonderen Verleiherpflichten nach den §§ 9–11 zählen dazu. Praktisch bedeutsam sind die ArbGebPflichten aus dem BetrVG und den Mitbestimmungsgesetzen, die Pflicht zur Beschäftigung von schwerbehinderten Menschen nach § 71 SGB IX, die Pflicht zur Gewährung von Erholungsurlaub und die Pflicht zur Entgeltfortzahlung im Krankheitsfall[4].

23 **2. Mangelhafte Betriebsorganisation (Abs. 1 Nr. 2).** Die Verleiherlaubnis oder ihre Verlängerung ist zu versagen, wenn der Antragsteller nach der Gestaltung seiner Betriebsorganisation nicht in der Lage ist, die üblichen ArbGebPflichten ordnungsgemäß zu erfüllen.

24 Neben den Anforderungen an die persönliche Zuverlässigkeit des Verleihers gem. Abs. 1 Nr. 1 muss auch der Betrieb des Antragstellers bestimmten organisatorischen Anforderungen entsprechen. Damit will das Gesetz Verleiher ausschließen, die lediglich formell „vom Sofa aus" als ArbGeb auftreten, ihre ArbGebFunktion jedoch auf Grund der tatsächlichen Beziehungen zwischen den Beteiligten nicht ausüben können[5].

25 Der Antragsteller muss bestimmte organisatorische Vorkehrungen zur Erfüllung seiner ArbGebPflichten als Verleiher treffen. Danach setzt eine ordnungsgemäße Betriebsorganisation eine Betriebsstätte oder Geschäftsräume des Verleihers von gewisser Dauer voraus. Es muss auch der Zugang der üblichen Post sichergestellt sein. Dafür genügt ein Campingwagen, ein Hotelzimmer oder eine Baubude regelmäßig nicht. Denn bei derartigen sog. Rucksackfirmen ist es weder den Behörden noch den SozV-Trägern oder Gerichten möglich, den Verleiher zur Einhaltung seiner gesetzl. Pflichten zu veranlassen[6].

26 Der Umfang der Betriebsorganisation hängt von der Größe des Verleihunternehmens ab. Maßgebend ist das Ziel, die ArbGebPflichten des Verleihers ordnungsgemäß und sachgerecht erfüllen zu können. Dabei sind die üblichen ArbGebPflichten genauso zu definieren wie in § 1 II. Neben den Pflichten aus dem Arbeitsvertrag zählen dazu die Abführung von SozV-Beiträgen und LSt, die Einhaltung der entsprechenden Melde-, Anzeige- und Auskunftspflichten, die Überwachung des Arbeitsschutzes in den Entleihbetrieben und die statistischen Meldungen nach § 8. Je nach der Größe des Unternehmens und der Zahl der LeihArbN kann es notwendig sein, eine Buchhaltung und eine Personalabteilung einzurichten und diese mit Mitarbeitern zu besetzen, die über eine entsprechende fachliche Ausbildung verfügen. Bei der Einrichtung von Zweigniederlassungen kann es geboten sein, zuverlässigen Mitarbeitern Überwachungs- und Leitungsaufgaben zu übertragen[7].

27 Erfordert das Unternehmen des Verleihers einen in kaufmännischer Weise eingerichteten Geschäftsbetrieb, ist die wirtschaftl. AÜ Gegenstand eines Handelsgewerbes nach § 1 II HGB. Das gilt auch, wenn die Firma des Verleihunternehmens nach § 2 HGB in das Handelsregister eingetragen ist.

28 **3. Verstoß gegen das Gleichstellungsgebot (Abs. 1 Nr. 3).** Die Verleiherlaubnis oder ihre Verlängerung ist zu versagen, wenn Tatsachen die Annahme rechtfertigen, dass der Antragsteller dem LeihArbN nicht die für einen vergleichbaren ArbN des Entleihers geltenden wesentlichen Arbeitsbedingungen ge-

---

1 BGBl. I S. 1130. ||2 *Sandmann/Marschall*, § 3 Anm. 15. ||3 *Sandmann/Marschall*, § 3 Anm. 15a.
||4 BayLSG 14.3.1985 – L 9/AI 146/83, EzAÜG § 3 AÜG Versagungsgründe Nr. 8. ||5 BT-Drs. VI/2303, 11.
||6 *Sandmann/Marschall*, § 3 Anm. 19. ||7 *Sandmann/Marschall*, § 3 Anm. 20.

währt und kein Ausnahmefall vorliegt. Mit dieser Regelung, die verfassungsgemäß ist[1], wird das arbeitsrechtl. Gleichstellungsgebot in den §§ 9 Nr. 2 und 10 IV in gewerberechtl. Hinsicht ergänzt. Die bei einem Verstoß gegen das Equal-Pay-Gebot mögliche Versagung der Verlängerung der Erlaubnis begründet kein Zustimmungsverweigerungsrecht für den BR des Entleiherunternehmens bei der Einstellung von LeihArbN[2].

Das Gleichstellungsgebot bezieht sich auf die dem LeihArbN zu gewährenden **wesentlichen Arbeitsbedingungen einschließlich des Arbeitsentgelts**. Zu den Arbeitsbedingungen gehören nach der Gesetzesbegr. alle nach dem allg. Arbeitsrecht vereinbarten Bedingungen, wie die Dauer der Arbeitszeit und des Urlaubs sowie die Nutzung sozialer Einrichtungen[3]. Um zu bestimmen, welche Arbeitsbedingungen wesentlich sind, kann auf die Definition in Art. 3 I f i ii LeiharbeitsRL zurückgegriffen werden[4]. Danach sind Arbeitsbedingungen wesentlich, die durch Gesetz, VO, Verwaltungsvorschrift, TV und/oder sonstige verbindliche Bestimmungen allg. Art, die im entleihenden Unternehmen gelten, festgelegt sind und sich auf die Dauer der Arbeitszeit, Überstunden, Pausen, Ruhezeiten, Nachtarbeit, Urlaub, arbeitsfreie Tage und Arbeitsentgelt beziehen. Da das AÜG ausdrücklich zwischen den „Arbeitsbedingungen" beim Entleiher und den „Vertragsbedingungen" beim Verleiher unterscheidet, kann entgegen früher vertretener Auffassung nicht ergänzend der Katalog des § 2 I NachwG als Orientierungshilfe herangezogen werden[5]. 29

Soweit sich das Gleichstellungsgebot auf das **Arbeitsentgelt** erstreckt, sind darunter nicht nur das laufende Entgelt, sondern auch Zuschläge und andere Lohnbestandteile zu verstehen[6]. Dabei kann es sich auch um Sozialleistungen in Form von Geld- und Sachzuwendungen handeln, die nicht der unmittelbaren Abgeltung der erbrachten Arbeitsleistung dienen, sondern mit Rücksicht auf den Bestand des ArbVerh gewährt werden[7]. Wenn sich diese Lohnbestandteile am Betriebsergebnis orientieren und erst nach Ablauf eines bestimmten Zeitraums, etwa dem Geschäftsjahr, ermittelt werden können oder wenn es sich um Leistungen wie Firmenwagen, Personalkauf oder Aktienoptionen handelt, die nicht nach Zeitabschnitten einer AÜ aufgeteilt werden können, kommt die Umrechnung in einen Geldwert in Betracht, der an den LeihArbN auszuzahlen ist[8]. Dabei ist allerdings zu beachten, dass besondere Leistungsvoraussetzungen, zB eine bestimmte Beschäftigungsdauer, auch in der Person des LeihArbN erfüllt sein müssen[9]. 30

Als Maßstab für einen Verstoß gegen das Gleichstellungsgebot gem. Abs. 1 Nr. 3 dienen die kraft einzelvertragl. Regelung oder kraft BV für einen **vergleichbaren ArbN des Entleihers** geltenden Arbeitsbedingungen. Bei diesem Vergleich kommt es allein auf den Zeitraum an, für den der LeihArbN dem Entleiher überlassen worden ist. 31

Mit dem LeihArbN sind nur die ArbN des Entleihers vergleichbar, die dieselbe oder zumindest ähnliche Tätigkeiten auszuführen haben[10]. Hinreichende Rückschlüsse können sich aus einer Auskunft des Entleihers nach § 13 ergeben[11]. Maßgeblich ist allein die Art der Tätigkeit, die entweder identische Arbeitsvorgänge aufweist oder nach dem Anforderungsprofil und der mit ihr verbundenen Belastung einen jederzeitigen Austausch der ArbN zulässt[12]. Dagegen kommt es für die Vergleichbarkeit grds. nicht auf Qualifikation, Beschäftigungsdauer, Berufserfahrung oder Lebensalter an. Lediglich bei einer betriebl. Vergütungsordnung, die als konstitutives Merkmal der Eingruppierung auf bestimmte subjektive Merkmale abstellt, führt eine daraus resultierende unterschiedliche Vergütung des LeihArbN nicht zu einem Verstoß gegen das Gleichstellungsgebot[13]. Der Vergleichbarkeit steht eine unterschiedliche Arbeitszeit nicht entgegen. Allerdings kann ein teilzeitbeschäftigter LeihArbN nur die Arbeitsbedingungen und das Arbeitsentgelt beanspruchen, das ihm als Teilzeitbeschäftigter des Entleihers zustehen würde[14]. 32

Wird im Betrieb des Entleihers **kein vergleichbarer ArbN** beschäftigt, läuft das Gleichstellungsgebot zwar seinem Wortlaut nach leer[15]. Das AÜG enthält auch keine dem § 2 I 4 TzBfG entsprechende Regelung, nach der die Vergleichbarkeit in diesem Fall auf Grund des im Betrieb des Entleihers anwendbaren TV zu bestimmen wäre[16]. Aus dem Rechtsgedanken dieser Vorschrift und des § 612 II BGB lässt sich jedoch entnehmen, dass auf die üblichen Arbeitsbedingungen abzustellen ist, die sich nach dem für den Betrieb des Entleihers geltenden TV richten[17]. Dieser Anknüpfungspunkt ist auch in Art. 5 I der LeiharbeitsRL enthalten[18]. 33

Werden im Betrieb des Entleihers mehrere mit dem LeihArbN vergleichbare ArbN beschäftigt, deren Arbeitsbedingungen oder Arbeitsentgelt auf Grund individueller Vereinbarungen oder wegen ihrer un- 34

---

1 Vgl. BVerfG 29.12.2004 – 1 BVR 2283/03, DB 2005, 110. ||2 Vgl. BAG 21.7.2009 – 1 ABR 35/08; LAG Nds. 18.2.2008 – 12 TaBV 142/07; ferner LAG Nds. 19.11.2008 – 15 TaBV 159/07. ||3 BT-Drs. 15/25, 38. ||4 ABl. L 327/9 (11). ||5 Vgl. BAG 23.3.2011 – 5 AZR 7/10. ||6 BT-Drs. 15/25, 38; *Sansone*, S. 175 f. ||7 *Rieble/Klebeck*, NZA 2003, 23; *Ulber*, ZTR 2003, 7; *Sansone*, S. 192 ff. ||8 *Boemke/Lembke*, § 9 Rz. 127; *Bauer/Krets*, NJW 2003, 537. ||9 Vgl. LAG Schl.-Holst. 21.5.2013 – 2 Sa 398/12; *Thüsing/Pelzner*, § 3 Rz. 71 mwN; *Sansone*, S. 190 ff. ||10 BT-Drs. 15/25, 38. ||11 Vgl. BAG 19.9.2007 – 4 AZR 656/06. ||12 *Annuß/Thüsing*, § 3 TzBfG Rz. 13 und § 4 TzBfG Rz. 25. ||13 *Ulber*, ZTR 2003, 7; *Boemke/Lembke*, § 9 Rz. 106; aA *Bertram*, ZESAR 2003, 205 unter Hinweis auf Art. 5 I des geänderten RL-Entwurfs. ||14 *Boemke/Lembke*, § 9 Rz. 107; *Bertram*, ZESAR 2003, 205. ||15 *Thüsing*, DB 2003, 446. ||16 *Hanau*, ZIP 2003, 1573. ||17 *Boemke/Lembke*, § 9 Rz. 109; aA *Rieble/Klebeck*, NZA 2003, 23; *Sansone*, S. 272. ||18 ABl. 2008 L 327/9 (12); vgl. auch BAG 13.3.2013 – 5 AZR 294/12.

terschiedlichen Beschäftigungszeit verschieden sind, bezieht sich das Gleichstellungsgebot auf die jeweils ungünstigsten bzw. die Arbeitsbedingungen, die für neu eingestellte ArbN des Entleihers gelten[1].

35 Das Gleichstellungsgebot erlaubt dem LeihArbN nicht, sich die jeweils günstigsten Arbeitsbedingungen auszusuchen, etwa den längeren Urlaub beim Verleiher und das höhere Urlaubsgeld beim Entleiher. Vielmehr ist wie bei dem Günstigkeitsvergleich gem. § 4 III TVG ein **Sachgruppenvergleich** vorzunehmen, der die Arbeitsbedingungen zusammenzieht, die in einem sachlichen inneren Zusammenhang stehen[2].

36 Nach Abs. 1 Nr. 3 S. 2 kann ein **TV** abweichende Regelungen zulassen, soweit die durch Rechtsverordnung nach § 3a II festgesetzte Lohnuntergrenze nicht unterschritten wird. Durch diese Ausnahme vom Gleichstellungsgebot sollen die TV-Parteien Gelegenheit erhalten, die **Zeitarbeit flexibel zu gestalten**, Pauschalierungen beim Arbeitsentgelt zuzulassen und die Leistungen für die Zeiten des Verleihs und Nichtverleihs in einem Gesamtkonzept zu regeln[3]. Es muss sich um einen TV handeln, der die wesentlichen Arbeitsbedingungen und das Arbeitsentgelt während eines Einsatzes bei dem Entleiher iSd. Abs. 1 Nr. 3 ausdrücklich zum Gegenstand einer eigenständigen Regelung macht[4]. Dieser TV ist auch nicht darauf beschränkt, das gesetzl. Gleichstellungsgebot lediglich auszugestalten, so dass der Tariflohn des LeihArbN einschl. aller Nebenleistungen mindestens das Niveau eines neu eingestellten ArbN im Entleiherbetrieb erreicht[5]. Allerdings sind die TV-Parteien an den Gleichheitssatz des Art. 3 GG gebunden[6]. Diese Bindung verbietet eine willkürliche Schlechterstellung von LeihArbN durch tarifl. Regelungen und erlaubt eine Ungleichbehandlung ggü. den vergleichbaren ArbN des Entleihers nur bei entsprechender sachlicher Rechtfertigung[7]. Die Möglichkeit, durch TV vom Gebot des „Equal Pay" und „Equal Treatment" nach unten abzuweichen, hat seit 2003 zu einer speziellen Tariflandschaft in der Zeitarbeitsbranche geführt[8]. Europarechtskonform wird man schließlich auch ausländische TVe anerkennen müssen, soweit das LeihArbVerh während der AÜ in Deutschland weiterhin dem Heimatrecht der Vertragsparteien unterliegt[9].

37 Die Ausnahme vom Gleichstellungsgebot nach Abs. 1 Nr. 3 S. 2 bezieht sich auf einen wirksamen TV, der kraft **Tarifbindung** gilt. Dazu müssen sowohl der Verleiher als auch der LeihArbN kraft Mitgliedschaft im tarifschließenden **tariffähigen Verband** oder der Verleiher als TV-Partei eines FirmenTV tarifgebunden sein. Da die „Tarifgemeinschaft Christliche Gewerkschaften Zeitarbeit und PSA" (**CGZP**) seit ihrer Gründung nicht tariffähig war, konnten die von ihr abgeschlossenen „Tarifverträge" eine vom Gesetz abweichende Wirkung nicht erzeugen[10]. Für den Ausnahmetatbestand genügt es, wenn der TV zwar ausgelaufen oder gekündigt ist, aber gem. § 4 V TVG noch nachwirkt[11]. Bei Einstellungen im Nachwirkungszeitraum kann durch eine dynamische Verweisung im Arbeitsvertrag auf den einschlägigen nachwirkenden LeiharbeitsTV sichergestellt werden, dass der Gleichstellungsgrundsatz nicht gilt[12]. Beabsichtigt der ArbGeb, nachdem er einem ArbGebVerband beigetreten ist, den TV auf das bestehende ArbV des LeihArbN anzuwenden, so kann er das – gegen den Willen des ArbN – nur durch eine Änderungskündigung erreichen[13].

38 Nach Abs. 1 Nr. 3 S. 3 gilt eine weitere Ausnahme von dem Gleichstellungsgebot, wenn nicht tarifgebundene ArbGeb und ArbN die **Anwendung tarifl. Regelungen vereinbaren**. Unabdingbare Voraussetzung ist ein zum Zeitpunkt der Vereinbarung und während der Dauer des ArbVerh wirksamer TV[14]. Die Vereinbarung kann in einer ausdrücklichen einzelvertragl. Bezugnahme erfolgen oder konkludent kraft betriebl. Übung geschehen[15]. Ist die **Bezugnahmeklausel** in einem vorformulierten Arbeitsvertrag enthalten, unterliegt sie als AGB der gerichtl. Klauselkontrolle nach den §§ 305 ff. BGB. Verweist sie auf einen **mehrgliedrigen TV**, ohne zu bestimmen, welches der mehreren in Bezug genommenen tarifl. Regelwerke bei sich widersprechenden Regelungen den Vorrang haben soll, so ist sie intransparent und nach § 307 I 2 BGB unwirksam[16]. Ungenügend ist auch die Verweisung auf einzelne tarifl. Bestimmungen. Andererseits bedarf es nicht der Bezugnahme auf das gesamte Tarifwerk. Ausreichend ist vielmehr die Verweisung auf sachlich und inhaltlich zusammenhängende tarifl. Regelungskomplexe[17]. Ferner müssen die Parteien des Leiharbeitsvertrags von dem räumlichen, fachlichen, persönlichen und zeitlichen Geltungsbereich des einschlägigen TV erfasst werden. Dabei kommt es bei sog. Mischbetrieben

---

1 *Bauer/Krets*, NJW 2003, 537; *Thüsing*, DB 2002, 2218. || 2 *Boemke/Lembke*, § 9 Rz. 148 ff. mit Bsp.; *Thüsing*, DB 2003, 446. || 3 BT-Drs. 15/25, 38. || 4 *Ulber*, ZTR 2003, 7; aA *Boemke/Lembke*, § 9 Rz. 237. || 5 *Hanau*, ZIP 2003, 1537; aA *Schüren/Behrend*, NZA 2003, 521; *Reim*, ZTR 2003, 106. || 6 ErfK/*Dieterich*, Art. 9 GG Rz. 79. || 7 *Ulber*, ZTR 2003, 7; *Reim*, ZTR 2003, 106; vgl. zur Bindung an „elementare Gerechtigkeitsanforderungen" BAG 24.3.2004 – 5 AZR 303/03, MDR 2004, 1303. || 8 Vgl. *Lembke*, FS Leinemann, 2006, S. 427 ff.; krit. *Schüren/Schüren*, § 9 Rz. 107 ff.; *Däubler*, DB 2008, 1914 ff. || 9 Vgl. *Bayreuther*, DB 2011, 706 (709) mwN. || 10 BAG 14.12.2010 – 1 ABR 19/10, NZA 2011, 289; 22.5.2012 – 1 ABN 27/12; 23.5.2012 – 1 AZR 67/11; 23.5.2012 – 1 AZB 58/11; zu den arbeitsrechtl. Folgen *Brors*, AuR 2011, 138; *Gaul/Koehler*, ArbRB 2011, 112; *Löwisch*, SAE 2011, 61; *Schlegel*, NZA 2011, 380; *Schüren*, AuR 2011, 142; *Bayreuther*, DB 2011, 2267; *Lembke*, NZA Beilage 2/2012, 66; zu den sozialrechtl. Folgen *Plagemann/Brand*, NJW 2011, 1488; *Lambrich/Grünberg*, DB 2012, 2868; *Faust/Rehner*, DB 2013, 874. || 11 *Thüsing*, DB 2003, 446. || 12 Vgl. *Hamann*, BB 2005, 2185 (2189); einschr. *Bayreuther*, BB 2010, 309. || 13 Vgl. BAG 15.1.2009 – 2 AZR 641/07; LAG Düss. 22.2.2005 – 8 Sa 1756/04, LAGReport 2005, 186. || 14 Vgl. BAG 13.3.2013 – 5 AZR 954/11. || 15 *Boemke/Lembke*, § 9 Rz. 407. || 16 Vgl. BAG 13.3.2013 – 5 AZR 954/11; *Bissels*, BB 2013, 1664; *Herrmann/Molle*, BB 2013, 1781. || 17 *Thüsing*, DB 2003, 446; *Hamann*, BB 2005, 2185.

nicht darauf an, ob sie überwiegend LeihArbN beschäftigen oder nicht. Der Zweck der gesetzl. Tariföffnungsklausel, die Arbeitsbedingungen für LeihArbN abweichend vom Schlechterstellungsverbot flexibel zu gestalten, geht dem – ohnehin überholten – Grundsatz der Tarifeinheit vor[1].

Mit der neuen „**Drehtürklausel**" in Abs. 1 Nr. 3 S. 4 und § 9 Nr. 2 soll verhindert werden, dass AÜ zur Verschlechterung der Arbeitsbedingungen missbraucht wird[2]. Der Missbrauch besteht in der Ausgliederung von Arbeitsplätzen auf ein Verleihunternehmen zum Zweck der Lohnkostensenkung mit anschließendem Rückverleih der ArbN auf die alten Arbeitsplätze („sale and lease back – Drehtüreffekt"). Zum Schutz der Leih-ArbN soll in diesen Fällen als Rückausnahme zur Tariföffnungsklausel der Grundsatz von Equal Pay/Treatment gelten. Voraussetzung ist, dass der Leih-ArbN in den letzten sechs Monaten vor der AÜ aus einem ArbVerh mit dem Entleiher oder einem Unternehmen, das demselben Konzern wie der Entleiher angehört, ausgeschieden ist. Ein früheres Ausbildungsverhältnis reicht nicht aus. Die Anwendung der Drehtürklausel hat zur Folge, dass abweichende tarifl. Regelungen für den betroffenen LeihArbN unwirksam sind und er nach § 10 IV vom Verleiher die Gewährung der im Entleiherbetrieb für vergleichbare ArbN geltenden wesentlichen Arbeitsbedingungen einschl. des Arbeitsentgelts verlangen kann. Der Gleichstellungsgrundsatz gilt dann für die gesamte Dauer dieser AÜ, nicht aber für neue Verträge mit diesem oder anderen Entleihern nach Ablauf von sechs Monaten. Auch mit Rücksicht darauf erscheint die Effizienz der neuen Regelung fraglich[3]. Bei einem Verstoß des Verleihers gegen die dargestellten Grundsätze kann die Erlaubnis oder ihre Verlängerung nach Abs. 1 Nr. 3 versagt und eine bereits erteilte nach den §§ 4, 5 zurückgenommen oder widerrufen werden. Ferner liegt eine Ordnungswidrigkeit nach § 16 I Nr. 7a vor.

III. Versagungsgrund der fehlenden Betriebsstätte im EU-Raum oder EWR (Abs. 2). Die Verleiherlaubnis oder ihre Verlängerung ist zu versagen, wenn sich die Betriebsstätte des Verleihers, von der aus er AÜ betreiben will, weder im Inland noch in einem Mitgliedstaat der EU oder in einem anderen Vertragsstaat des Abkommens über den EWR befindet. Durch diese zwingende Regelung wird eine AÜ vom Ausland außerhalb des EWR zum Schutz der LeihArbN ausnahmslos untersagt. Damit soll eine wirksame Kontrolle der Verleiher möglichst durch deutsche Behörden, mindestens aber durch Behörden eines Mitgliedstaates des EWR gesichert werden[4].

Den Anknüpfungspunkt für diesen Versagungsgrund bildet allein der Ort, an dem die Verleihtätigkeit ausgeübt wird. Soweit es die Mitgliedstaaten der EU angeht, bestimmt sich der räumliche Geltungsbereich der Vorschrift nach Art. 355 AEUV. Danach findet dieser Vertrag bspw. keine Anwendung auf die britischen Hoheitszonen auf Zypern, auf den Kanalinseln und auf der Insel Man. Soweit es die Vertragsstaaten des Abkommens über den EWR angeht, bestimmt sich der Geltungsbereich der Vorschrift nach dem Vertrag von Porto v. 2.5.1992. Danach gehören bspw. Island, Norwegen und Liechtenstein zu den Vertragsstaaten[5].

Da es für diesen Versagungsgrund allein auf den Ort ankommt, von dem aus die AÜ betrieben wird, muss der Verleiher am Einsatzort des LeihArbN keine Betriebsstätte haben. Das entspricht den europarechtl. Vorgaben der Niederlassungs- und Dienstleistungsfreiheit nach der RL 67/43/EWG v. 12.1.1967[6].

Als **Betriebsstätte des Verleihers** kommen neben seinem Betrieb auch Betriebsteile oder Nebenbetriebe in Betracht. Diese Begriffe sind im Gesetz nicht definiert. Daher ist auf die Begriffsbestimmungen zurückzugreifen, die dem allg. Sprachgebrauch entsprechen und die in den §§ 1 und 4 BetrVG ihren Niederschlag gefunden haben[7]. Nach der von Rspr. und Lehre entwickelten Definition ist ein **Betrieb** die organisatorische Einheit, innerhalb derer ein ArbGeb mit Hilfe von technischen und immateriellen Mitteln bestimmte arbeitstechnische Zwecke fortgesetzt verfolgt, die sich nicht in der Befriedigung von Eigenbedarf erschöpfen[8].

Bei einem **Betriebsteil** handelt es sich um eine räumlich und organisatorisch unterscheidbare Abteilung eines Betriebs, die ihrem Wesen nach als sich organisatorisch unselbständig ist und wegen ihrer Eingliederung in den Hauptbetrieb nicht allein bestehen könnte. Sie erfüllt lediglich eine bestimmte Aufgabe, die sich von anderen erkennbar unterscheiden lässt, in ihrer Zielrichtung jedoch dem arbeitstechnischen Zweck des Gesamtbetriebs dient.

Demggü. ist ein **Nebenbetrieb** ein organisatorisch selbständiger Betrieb, der unter einer eigenen Leitung einen eigenen Betriebszweck verfolgt, jedoch in seiner Aufgabenstellung auf Hilfeleistungen für einen Hauptbetrieb ausgerichtet ist[9].

Der Versagungsgrund setzt voraus, dass gerade der Betrieb, Betriebsteil oder Nebenbetrieb des Verleihers außerhalb des EWR für die Verleihtätigkeit vorgesehen oder an ihr beteiligt ist. Als Anhaltspunkt dafür dienen bspw. die Arbeitsverträge der LeihArbN oder die Geschäftsunterlagen im Zusam-

---

1 Vgl. Lembke/Distler, NZA 2006, 952 (959). ||2 Anstoß war der breit diskutierte „Fall Schlecker", vgl. Lembke, DB 2011, 414 (418) mwN. ||3 Vgl. Lembke, DB 2011, 414 (419). ||4 BT-Drs. VI/2303, 12. ||5 Sandmann/Marschall, § 3 Anm. 40a; Schüren/Schüren, § 3 Rz. 177. ||6 Schüren/Schüren, § 3 Rz. 178. ||7 Franßen/Haesen, § 3 Rz. 57. ||8 BAG 14.9.1988 – 7 ABR 10/87, DB 1989, 127. ||9 BAG 24.2.1976 – 1 ABR 62/75, DB 1976, 1579; 29.1.1992 – 7 ABR 27/91, AP Nr. 1 zu § 7 BetrVG 1972 m. Anm. Kohte.

menhang mit der AÜ, wenn diese in einem Betriebsteil außerhalb des EWR verwaltet werden. Steht der Betriebsteil oder der Nebenbetrieb des Verleihers außerhalb des EWR mit der AÜ in keinem Zusammenhang, greift der Versagungsgrund dagegen nicht ein[1].

47 **IV. Versagungsgrund für natürliche und juristische Personen außerhalb des EWR (Abs. 3).** Die Verleiherlaubnis kann versagt werden, wenn der Antragsteller nicht Deutscher ist oder wenn eine Gesellschaft oder juristische Person den Antrag stellt, die entweder nicht nach deutschem Recht gegründet ist oder die weder ihren satzungsmäßigen Sitz noch ihre Hauptverwaltung noch ihre Hauptniederlassung im Geltungsbereich des AÜG hat. Danach haben die genannten natürlichen und juristischen Personen keinen Anspruch auf eine Verleiherlaubnis. Vielmehr steht die Erteilung dieser Erlaubnis im Ermessen der Erlaubnisbehörde. Dieses Ermessen kann die Erlaubnisbehörde nur innerhalb der allg. und besonderen verfassungs- und verwaltungsrechtl. Ermessensschranken ausüben.

48 Mögliche **Ermessensfehler** der Behörde können in einer Ermessensunterschreitung und einem Ermessensfehlgebrauch liegen. Um eine Ermessensunterschreitung handelt es sich, wenn die Behörde ihr Ermessen gar nicht ausübt, etwa in der Annahme, einem Antragsteller außerhalb des EWR generell die Verleiherlaubnis versagen zu können[2]. Um einen Ermessensfehlgebrauch handelt es sich, wenn die Erlaubnisbehörde von dem ihr eingeräumten Ermessen nicht dem Gesetzeszweck entsprechend Gebrauch macht, etwa indem sie entscheidungsrelevante Tatsachen außer Acht lässt oder falsche oder in Wahrheit nicht bestehende Tatsachen berücksichtigt[3].

49 Zwar hat der Antragsteller grds. nur einen Anspruch auf eine ermessensfehlerfreie Entscheidung der Erlaubnisbehörde. Im Zusammenhang mit anderen Rechtsvorschriften oder auf Grund der besonderen Umstände des Einzelfalls kann sich das Ermessen der Erlaubnisbehörde aber bereits aus rechtl. Gründen auf null reduzieren, so dass ausschließlich die Erteilung der Verleiherlaubnis in Betracht kommt[4].

50 Da in Abs. 3 nur die Versagung der Verleiherlaubnis geregelt ist, kann die Verlängerung einer bereits erteilten Erlaubnis nicht nach dieser Vorschrift, sondern allenfalls auf der Grundlage des Abs. 1 und 2 versagt werden.

51 Wer **Deutscher** ist, bestimmt sich nach Art. 116 GG[5].

52 Im Gegensatz zu natürlichen Personen kommt es bei **Gesellschaften** und **juristischen Personen** nicht auf die Staatsangehörigkeit der Gesellschafter oder der Organe an. Bei ihnen kommt es vielmehr darauf an, ob sie nach deutschem Recht gegründet sind oder ihren satzungsmäßigen Sitz, ihre Hauptverwaltung oder ihre Hauptniederlassung im Geltungsbereich des Gesetzes haben. Der Begriff der Gesellschaft erfasst die Personengesellschaften ohne eigene Rechtspersönlichkeit. Zu den juristischen Personen gehören dagegen die mit eigener Rechtspersönlichkeit ausgestatteten Kapitalgesellschaften oder Genossenschaften. Der satzungsmäßige Sitz lässt sich der Gesellschaftssatzung oder dem Gesellschaftsvertrag entnehmen. Die Hauptverwaltung einer juristischen Person befindet sich an dem Ort, an dem ihre Organe die Leitung der Gesellschaft tatsächlich ausüben. Dagegen bildet die Hauptniederlassung den Schwerpunkt der gewerbl. Tätigkeit der Gesellschaft oder der juristischen Person[6].

53 **V. Gleichstellung von natürlichen und juristischen Personen aus dem EWR (Abs. 4).** Handelt es sich bei dem Antragsteller um eine natürliche Person, wird durch Abs. 4 S. 1 klargestellt, dass Staatsangehörige eines Mitgliedstaates des EWR mit deutschen Staatsangehörigen gleichbehandelt werden müssen. Auf diese Weise wird den europäischen Grundsätzen der Niederlassungsfreiheit und des freien Dienstleistungsverkehrs Rechnung getragen. Durch Abs. 4 S. 2 werden diesen natürlichen Personen Gesellschaften und juristischen Personen gleichgestellt, die nach den Rechtsvorschriften eines Mitgliedstaates des EWR gegründet sind und ihren satzungsgemäßen Sitz, ihre Hauptverwaltung oder ihre Hauptniederlassung innerhalb der Staaten des EWR haben.

54 Allerdings gilt diese Gleichstellung nur, wenn die Tätigkeit der Gesellschaften und juristischen Personen in tatsächlicher und dauerhafter Verbindung mit der Wirtschaft eines Mitgliedstaates oder eines Vertragsstaates des Abkommens über den EWR steht. Durch diese Einschränkung soll die Gründung sog. **Briefkastenfirmen** im EWR durch Unternehmen außerhalb dieses Raumes verhindert werden. Neben dem satzungsmäßigen Sitz der Gesellschaft oder der juristischen Person muss auch eine Zweigniederlassung oder eine Betriebsstätte in einem Mitgliedstaat der EU oder einem Vertragsstaat des EWR liegen, um eine tatsächliche und dauerhafte Verbindung der Tätigkeit des Verleihers mit der Wirtschaft dieses Staates anzunehmen. Um die Neugründung von Unternehmen nicht von vornherein auszuschließen, ist dabei der Begriff „dauerhaft" lediglich als Gegensatz zu einer rein gelegentlichen Verbindung der Verleihtätigkeit anzusehen[7].

55 **VI. Gleichbehandlung auf Grund internationaler Abkommen (Abs. 5).** Personen und Gesellschaften aus Drittstaaten, die sich auf Grund internationaler Abkommen im Geltungsbereich des AÜG nieder-

---

1 *Sandmann/Marschall*, § 3 Anm. 44. ||2 BSG 12.12.1990 – 11 RAr 49/90, EzAÜG § 3 AÜG Versagungsgründe Nr. 16. ||3 Kopp, § 40 VwVfG Rz. 27, 31. ||4 Schüren/*Schüren*, § 3 Rz. 204. ||5 *Renner*, ZAR 1999, 154; *Huber/Butzke*, NJW 1999, 2769. ||6 Schüren/*Schüren*, § 3 Rz. 218. ||7 *Sandmann/Marschall*, § 3 Anm. 55; Schüren/*Schüren*, § 3 Rz. 221.

3a Lohnuntergrenze

(1) Gewerkschaften und Vereinigungen von Arbeitgebern, die zumindest auch für ihre jeweiligen in der Arbeitnehmerüberlassung tätigen Mitglieder zuständig sind (vorschlagsberechtigte Tarifvertragsparteien) und bundesweit tarifliche Mindeststundenentgelte im Bereich der Arbeitnehmerüberlassung miteinander vereinbart haben, können dem Bundesministerium für Arbeit und Soziales gemeinsam vorschlagen, diese als Lohnuntergrenze in einer Rechtsverordnung verbindlich festzusetzen; die Mindeststundenentgelte können nach dem jeweiligen Beschäftigungsort differenzieren. Der Vorschlag muss für Verleihzeiten und verleihfreie Zeiten einheitliche Mindeststundenentgelte sowie eine Laufzeit enthalten. Der Vorschlag ist schriftlich zu begründen.

(2) Das Bundesministerium für Arbeit und Soziales kann in einer Rechtsverordnung ohne Zustimmung des Bundesrates bestimmen, dass die vorgeschlagenen tariflichen Mindeststundenentgelte nach Absatz 1 als verbindliche Lohnuntergrenze auf alle in den Geltungsbereich der Verordnung fallenden Arbeitgeber sowie Leiharbeitnehmer Anwendung findet. Der Verordnungsgeber kann den Vorschlag nur inhaltlich unverändert in die Rechtsverordnung übernehmen.

(3) Bei der Entscheidung nach Absatz 2 findet § 5 Absatz 1 Satz 1 Nummer 2 des Tarifvertragsgesetzes entsprechend Anwendung. Der Verordnungsgeber hat bei seiner Entscheidung nach Absatz 2 im Rahmen einer Gesamtabwägung neben den Zielen dieses Gesetzes zu prüfen, ob eine Rechtsverordnung nach Absatz 2 insbesondere geeignet ist, die finanzielle Stabilität der sozialen Sicherungssysteme zu gewährleisten. Der Verordnungsgeber hat zu berücksichtigen

1. die bestehenden bundesweiten Tarifverträge in der Arbeitnehmerüberlassung und
2. die Repräsentativität der vorschlagenden Tarifvertragsparteien.

(4) Liegen mehrere Vorschläge nach Absatz 1 vor, hat der Verordnungsgeber bei seiner Entscheidung nach Absatz 2 im Rahmen der nach Absatz 3 erforderlichen Gesamtabwägung die Repräsentativität der vorschlagenden Tarifvertragsparteien besonders zu berücksichtigen. Bei der Feststellung der Repräsentativität ist vorrangig abzustellen auf

1. die Zahl der jeweils in den Geltungsbereich einer Rechtsverordnung nach Absatz 2 fallenden Arbeitnehmer, die bei Mitgliedern der vorschlagenden Arbeitgebervereinigung beschäftigt sind;
2. die Zahl der jeweils in den Geltungsbereich einer Rechtsverordnung nach Absatz 2 fallenden Mitglieder der vorschlagenden Gewerkschaften.

(5) Vor Erlass ist ein Entwurf der Rechtsverordnung im Bundesanzeiger bekannt zu machen. Das Bundesministerium für Arbeit und Soziales gibt Verleihern und Leiharbeitnehmern sowie den Gewerkschaften und Vereinigungen von Arbeitgebern, die im Geltungsbereich der Rechtsverordnung zumindest teilweise tarifzuständig sind, Gelegenheit zur schriftlichen Stellungnahme innerhalb von drei Wochen ab dem Tag der Bekanntmachung des Entwurfs der Rechtsverordnung im Bundesanzeiger. Nach Ablauf der Stellungnahmefrist wird der in § 5 Absatz 1 Satz 1 des Tarifvertragsgesetzes genannte Ausschuss mit dem Vorschlag befasst.

(6) Nach Absatz 1 vorschlagsberechtigte Tarifvertragsparteien können gemeinsam die Änderung einer nach Absatz 2 erlassenen Rechtsverordnung vorschlagen. Die Absätze 1 bis 5 finden entsprechend Anwendung.

I. Inhalt und Zweck. Mit der Neuregelung, die seit dem 30.4..2011 gilt, wird das im AEntG geregelte Verfahren zur Erstreckung branchenspezifischer Mindestlöhne unter Berücksichtigung der Besonderheiten der AÜ weitgehend übernommen. Die allg. Lohnuntergrenze für LeihArbN soll nach der Gesetzesbegr. dazu beitragen, dass sich die Akzeptanz und die Qualität der AÜ verbessern, ohne dass die Erschließung neuer Beschäftigungsmöglichkeiten eingeschränkt wird[2]. Die von den Tarifparteien vorgeschlagenen und durch Rechtsverordnung festgelegten Mindeststundenentgelte haben **Bindungswirkung für alle im In- und Ausland ansässigen Verleiher**, die LeihArbN innerhalb Deutschlands beschäftigen. Für im Ausland ansässige Verleiher folgt dies aus § 2 Nr. 4 AEntG[3]. Durch die korrespondierende Regelung in § 3 I Nr. 3 wird zugleich sichergestellt, dass eine Unterschreitung der festgelegten Mindeststundenentgelte auch nicht durch abweichende TV möglich ist. Soweit ein TV Löhne unterhalb der Lohnuntergrenze vorsieht, gelten die Rechtsfolgen des neuen § 10 IV, V. Eine Abweichung vom Gleichstellungsgrundsatz ist nur bis zur Höhe des in der Lohnuntergrenze festgelegten Entgelts zulässig. Verstößt der Verleiher hiergegen, so stellt dies einen Verstoß gegen seine arbeitsrechtl. Pflichten nach § 3 I

---

1 *Sandmann/Marschall*, § 3 Anm. 56. || 2 Ausschuss-Drs. 17(11)446, 4. || 3 Vgl. *Bayreuther*, DB 2011, 706 (710).

Nr. 1 dar. Der Verleiher ist daneben nach Maßgabe von § 8 III AEntG an **weitere Branchenmindestlöhne nach dem AEntG** gebunden[1].

II. Verfahren. Ausgangspunkt ist nach Abs. 1 ein **gemeinsamer Vorschlag** von Gewerkschaft und ArbGebVerband, eine von ihnen vereinbarte tarifl. Mindestlohnregelung im Bereich der AÜ in einer Rechtsverordnung als Lohnuntergrenze festzulegen. Der Vorschlag muss das gesamte Bundesgebiet abdecken, wobei regionale Differenzierungen gem. dem zugrunde liegenden TV zulässig sind. Mit der Festsetzung der Lohnuntergrenze bestimmt der Verordnungsgeber, dass für die angegebene Laufzeit für alle im Geltungsbereich des AÜG tätigen ArbGeb und deren LeihArbN die im Vorschlag genannten Mindestlöhne in Verleihzeiten wie in verleihfreien Zeiten nicht unterschritten werden dürfen. Abs. 3 enthält in Anlehnung an die Rspr. des BVerfG[2] zwingende Vorgaben für die **Prüfung des öffentlichen Interesses** am Erlass einer Rechtsverordnung, nämlich die Erhaltung der finanziellen Stabilität des Systems der sozialen Sicherung sowie als Ziele des AÜG die Verbesserung der Stellung der LeihArbN und die Bekämpfung der Arbeitslosigkeit. Diese Vorgaben sind nach Einschätzung des Gesetzgebers geeignet, die Festsetzung der Lohnuntergrenze „und einen damit möglichen Eingriff in die Tarifautonomie" zu rechtfertigen[3]. Wenn der Verordnungsgeber eine **Auswahl unter mehreren Vorschlägen** treffen muss, hat er nach Maßgabe von Abs. 4 die Repräsentativität der vorschlagenden Verbände zu berücksichtigen, um einen angemessenen Ausgleich widerstreitender grundrechtl. geschützter Positionen herbeizuführen. Diesem Zweck dient auch das **Recht zur Abgabe schriftlicher Stellungnahmen** für die von einer Rechtsverordnung Betroffenen (Abs. 5 S. 2). Auf deren Grundlage erhält schließlich der sog. Tarifausschuss Gelegenheit, branchenübergreifend gesamtwirtschaftliche Erwägungen in den Entscheidungsprozess einzubringen (Abs. 5 S. 3).

Seit dem Frühjahr 2010 gibt es einen „**Tarifvertrag zur Regelung von Mindestarbeitsbedingungen in der Zeitarbeit**", den die DGB-Tarifgemeinschaft mit den ArbGebVerbänden BZA und IGZ abgeschlossen hat und der regional/zeitlich bis 2013 gestaffelte Mindestentgelte iSv. absoluten Lohnuntergrenzen festlegt. Darauf basiert die Erste Verordnung über eine Lohnuntergrenze in der AÜ v. 21.12.2011, mit der Mindeststundenentgelte ab dem 1.1.2012 von 7,01 Euro im Osten und 7,89 Euro im Westen eingeführt wurden; vom 1.11.2012 bis zum 31.10.2013 erhöhen sich die Beträge auf 7,50 Euro im Osten und 8,19 Euro im Westen. Nach einer weiteren Tarifeinigung zwischen VGZ und DGB ist der Mindestlohn in den westlichen Bundesländern ab dem 1.1.2014 auf 8,50 Euro und auf 7,86 Euro im Osten gestiegen. Ab dem 1.4.2015 ist eine Erhöhung auf 8,80 Euro im Westen und 8,20 Euro im Osten verabredet[4]. Fraglich ist, ob die Festlegung eines einzigen Mindestlohns für die unterste Lohngruppe ausreicht, um sog. Lohndumping ausländischer Verleiher zu verhindern, zumal seit dem 1.5.2011 die volle Freizügigkeit auch für osteuropäische ArbN besteht. Dem könnte mit einem tätigkeitsbezogenen **Lohngitter** begegnet werden, das wohl auch in einer Mindestlohnregelung zulässig ist[5].

III. Überwachung und Sanktionen. Für die Prüfung der Arbeitsbedingungen nach § 10 V und damit für die Einhaltung der Lohnuntergrenze zuständig sind die **Behörden der Zollverwaltung** nach Maßgabe der §§ 17a bis 18a. Sie können dazu auf Befugnisse entsprechend dem SchwarzArbG zurückgreifen, insb. etwa Geschäftsräume und Grundstücke betreten und Einsicht in einschlägige Geschäftsunterlagen nehmen. Daneben werden umfangreiche Melde-, Dokumentations- und Aufbewahrungspflichten für Entleiher und Verleiher statuiert. Die Nichteinhaltung einer verordneten Lohnuntergrenze kann als Ordnungswidrigkeit mit einer **Geldbuße** bis zu 500 000 Euro geahndet werden (§ 16 I Nr. 7b, II). Darin soll nicht nur eine iSd. EU-Richtlinie wirksame Sanktion, sondern auch eine Alternative zu der bislang allein möglichen Entziehung der Erlaubnis zur AÜ liegen[6].

§ 4 Rücknahme

(1) Eine rechtswidrige Erlaubnis kann mit Wirkung für die Zukunft zurückgenommen werden. § 2 Abs. 4 Satz 4 gilt entsprechend.

(2) Die Erlaubnisbehörde hat dem Verleiher auf Antrag den Vermögensnachteil auszugleichen, den dieser dadurch erleidet, dass er auf den Bestand der Erlaubnis vertraut hat, soweit sein Vertrauen unter Abwägung mit dem öffentlichen Interesse schutzwürdig ist. Auf Vertrauen kann sich der Verleiher nicht berufen, wenn er

1. die Erlaubnis durch arglistige Täuschung, Drohung oder eine strafbare Handlung erwirkt hat;
2. die Erlaubnis durch Angaben erwirkt hat, die in wesentlicher Beziehung unrichtig oder unvollständig waren, oder
3. die Rechtswidrigkeit der Erlaubnis kannte oder infolge grober Fahrlässigkeit nicht kannte.

Der Vermögensnachteil ist jedoch nicht über den Betrag des Interesses hinaus zu ersetzen, das der Verleiher an dem Bestand der Erlaubnis hat. Der auszugleichende Vermögensnachteil wird durch die

---

1 Vgl. *Düwell*, DB 2013, 756 (757); Boemke/Lembke/*Marseaut*, § 3a Rz. 91. || 2 BVerfG 3.4.2001 – 1 BvL 32/97; 29.12.2004 – 1 BvR 2283/03, 1 BvR 2504/03, 1 BvR 2582/03. || 3 Ausschuss-Drs. 17(11)446, 3. || 4 Information BMAS v. 17.9.2013, www.bmas.de „Arbeitsrecht-Aktuelles". || 5 Vgl. *Mayer*, AuR 2011, 4 mwN. || 6 Begr. BT-Drs. 847/10, 10.

Erlaubnisbehörde festgesetzt. **Der Anspruch kann nur innerhalb eines Jahres geltend gemacht werden; die Frist beginnt, sobald die Erlaubnisbehörde den Verleiher auf sie hingewiesen hat.**

(3) Die Rücknahme ist nur innerhalb eines Jahres seit dem Zeitpunkt zulässig, in dem die Erlaubnisbehörde von den Tatsachen Kenntnis erhalten hat, die die Rücknahme der Erlaubnis rechtfertigen.

Unter bestimmten Voraussetzungen kann eine **rechtswidrige Verleiherlaubnis** mit Wirkung für die Zukunft zurückgenommen werden. Demggü. kann eine ursprünglich rechtmäßige Verleiherlaubnis nur unter den Voraussetzungen des § 5 widerrufen werden. Die Begriffe der Rücknahme und des Widerrufs, die auf eine Aufhebung der Verleiherlaubnis als Verwaltungsakt abzielen, entsprechen der Terminologie des SGB X und des VwVfG[1]. 　1

Von der rechtswidrigen ist die **nichtige Verleiherlaubnis** zu unterscheiden. Sie entfaltet keine Rechtswirkungen, ist von Anfang an unwirksam und für alle Beteiligten unbeachtlich. Auch wenn sie keiner Rücknahme bedarf, ist diese gleichwohl zulässig. Diese Rücknahme hat nur deklaratorischen Charakter und löst keinen Ausgleichsanspruch nach Abs. 2 aus[2]. Allerdings ist eine Verleiherlaubnis nur dann nichtig, wenn der Fehler bei ihrer Erteilung besonders schwer und offenkundig ist, etwa wenn eine völlig unzuständige Behörde gehandelt hat, wenn eine Auflage tatsächlich oder rechtl. unausführbar ist oder wenn durch die Erlaubnis gegen Strafgesetze oder die guten Sitten verstoßen wird. 　2

Nach Abs. 1 kann eine rechtswidrig erteilte Erlaubnis ohne weiteres zurückgenommen werden. Der Erlaubnisinhaber kann sich weder auf einen Bestandsschutz noch darauf berufen, er habe auf die Aufrechterhaltung der Erlaubnis vertraut. Die ihm aus der Rücknahme erwachsenden Nachteile sind ausschließlich durch eine Entschädigung nach Abs. 2 auszugleichen. 　3

Rechtswidrig ist eine Verleiherlaubnis, die nicht hätte erteilt werden dürfen, weil im Zeitpunkt der Erlaubniserteilung die entsprechenden gesetzl. Voraussetzungen nicht vorlagen oder Gründe für eine Versagung nach § 3 bestanden. Unerheblich ist, ob der Erlaubnisbehörde die Versagungsgründe schon bei der Erlaubniserteilung bekannt waren oder auf Grund welcher Umstände sie ihr verborgen geblieben sind. Maßgeblich ist allein die objektiv bestehende Rechtswidrigkeit der Verleiherlaubnis im Zeitpunkt ihrer Erteilung. Tritt ein Versagungsgrund erst nach der Erteilung der Verleiherlaubnis ein, kann sie nicht mehr zurückgenommen, sondern nur widerrufen werden. 　4

Bei einer **Straftat** des Verleihers, die zu seiner Verurteilung führt, ist für die Bewertung seiner Zuverlässigkeit iSv. § 3 nicht das Urteil, sondern die zugrunde liegende Straftat maßgeblich. Lag diese vor der Erteilung der Verleiherlaubnis, während das Strafurteil erst danach ergangen ist, ist die Erlaubnis zurückzunehmen und nicht zu widerrufen[3]. 　5

Unrichtige Angaben des Antragstellers führen nicht zur Rechtswidrigkeit der Verleiherlaubnis, wenn ihm trotz seiner unrichtigen Angaben ein Anspruch auf diese Erlaubnis zustand. Verfahrens- oder Formfehler bei der Erlaubniserteilung führen nicht zu deren Rechtswidrigkeit, wenn sie zwischenzeitlich geheilt worden sind. 　6

Ohne jeden Einfluss auf die Rechtmäßigkeit der Verleiherlaubnis sind bloße **Bagatellfehler**, wie etwa offenbare Schreib- oder Rechenfehler, die Verwendung eines rechtl. unzutreffenden Ausdrucks oder falsche Personen- oder Unternehmensbezeichnungen[4]. 　7

Im Zeitpunkt der Rücknahme muss die Verleiherlaubnis noch gegen geltendes Recht verstoßen. Das folgt aus dem Rechtsgedanken des § 5 III, wonach ein Widerruf unzulässig ist, wenn eine Erlaubnis gleichen Inhalts erneut erteilt werden müsste[5]. 　8

Grds. liegt die Rücknahme der rechtswidrigen Verleiherlaubnis im **Ermessen der Erlaubnisbehörde**. Sie muss bei ihrer Entscheidung dem Grundsatz der Verhältnismäßigkeit Rechnung tragen. Danach kommt eine Rücknahme erst in Betracht, wenn weniger belastende Entscheidungen, bspw. eine nachträgliche Auflage, nicht zu einer gesetzmäßigen Tätigkeit des Erlaubnisinhabers führen[6]. Im Gegensatz zu § 48 VwVfG kann die Verleiherlaubnis nur mit Wirkung für die Zukunft zurückgenommen werden. Für die Abwicklung laufender Verträge nach der Rücknahme steht dem Verleiher nach Abs. 1 S. 2 iVm. § 2 IV 4 ein Zeitraum von sechs Monaten zur Verfügung. 　9

Die **Beweislast** für die Rechtswidrigkeit der Verleiherlaubnis trägt die Erlaubnisbehörde. Sie muss im Streitfall bspw. die Tatsachen beweisen, die die Annahme der Unzuverlässigkeit des Verleihers rechtfertigen[7]. 　10

Im Fall der Rücknahme hat der Verleiher nach Abs. 2 Anspruch auf den **Ausgleich eines Vermögensnachteils**, wenn sein Vertrauen auf den Bestand der Verleiherlaubnis schutzwürdig ist. Dieser Ausgleichsanspruch stellt das notwendige Korrektiv für die uneingeschränkte Möglichkeit der Rücknahme rechtswidriger Verleiherlaubnisse ohne Rücksicht auf die Interessen des Verleihers dar[8]. Der Aus-　11

---

1 Vgl. §§ 45, 46 SGB X und §§ 48, 49 VwVfG. ‖ 2 *Becker/Wulfgramm*, § 4 Rz. 16. ‖ 3 LSG Nds. 22.7.1977 – L 7 S(Ar) 31/77, EzAÜG § 4 AÜG Rücknahme Nr. 1. ‖ 4 *Boemke/Lembke*, § 4 Rz. 4. ‖ 5 *Franßen/Haesen*, § 4 Rz. 4. ‖ 6 LSG Bremen 17.8.1992 – L 2 Ar 68/90, DBlR Nr. 2070 zu § 5 AÜG. ‖ 7 *Franßen/Haesen*, § 4 Rz. 7; *Boemke/Lembke*, § 4 Rz. 8. ‖ 8 BT-Drs. VI/2303, 24.

gleichsanspruch setzt voraus, dass der Verleiher auf Grund des Verhaltens der Erlaubnisbehörde auf den Bestand der Verleiherlaubnis vertraut hat. Auf dieses Vertrauen kann sich der Verleiher regelmäßig nicht berufen, wenn einer der im Gesetz ausdrücklich aufgeführten Ausschlusstatbestände vorliegt:

- Erwirken der rechtswidrigen Erlaubnis durch eine arglistige Täuschung, Drohung oder strafbare Handlung des Verleihers;
- Erwirken der rechtswidrigen Erlaubnis durch Angaben, die in wesentlicher Beziehung unrichtig oder unvollständig waren;
- Kenntnis oder grob fahrlässige Unkenntnis des Verleihers von der Rechtswidrigkeit der Erlaubnis.

12 Da diese Aufzählung nicht abschließend ist, kann ein Vertrauen des Verleihers aus ähnlichen Gründen in seiner Person oder in der Person eines Vertreters entsprechend § 166 BGB ausgeschlossen sein[1]. Der Ausgleichsanspruch ist auf das **negative Interesse** des Verleihers beschränkt. Dabei handelt es sich um den Vermögensnachteil, den er dadurch erleidet, dass er auf den Bestand der Erlaubnis vertraut hat. Danach kann der Vermögensnachteil die tatsächlichen Aufwendungen zur Errichtung, Unterhaltung oder Erweiterung des Verleihbetriebs umfassen, nicht hingegen den entgangenen Gewinn aus seiner zukünftigen Verleihtätigkeit[2].

13 Die Rücknahme der Verleiherlaubnis ist nach Abs. 3 nur **innerhalb eines Jahres** seit dem Zeitpunkt zulässig, in dem die Erlaubnisbehörde von den Tatsachen Kenntnis erhalten hat, die die Rücknahme rechtfertigen. Maßgeblich ist die amtliche positive Kenntnis dieser Tatsachen, während ein Kennenmüssen nicht ausreicht. Allerdings hat sich die Erlaubnisbehörde die Kenntnis ihres gesamten Personals zuzurechnen zu lassen[3].

5 Widerruf

(1) Die Erlaubnis kann mit Wirkung für die Zukunft widerrufen werden, wenn
1. der Widerruf bei ihrer Erteilung nach § 2 Abs. 3 vorbehalten worden ist;
2. der Verleiher eine Auflage nach § 2 nicht innerhalb einer ihm gesetzten Frist erfüllt hat;
3. die Erlaubnisbehörde auf Grund nachträglich eingetretener Tatsachen berechtigt wäre, die Erlaubnis zu versagen, oder
4. die Erlaubnisbehörde auf Grund einer geänderten Rechtslage berechtigt wäre, die Erlaubnis zu versagen; § 4 Abs. 2 gilt entsprechend.

(2) Die Erlaubnis wird mit dem Wirksamwerden des Widerrufs unwirksam. § 2 Abs. 4 Satz 4 gilt entsprechend.

(3) Der Widerruf ist unzulässig, wenn eine Erlaubnis gleichen Inhalts erneut erteilt werden müsste.

(4) Der Widerruf ist nur innerhalb eines Jahres seit dem Zeitpunkt zulässig, in dem die Erlaubnisbehörde von den Tatsachen Kenntnis erhalten hat, die den Widerruf der Erlaubnis rechtfertigen.

1 Bei dem Widerruf handelt es sich um die Aufhebung einer ursprünglich rechtmäßig erteilten Verleiherlaubnis. Da es sich bei der Verleiherlaubnis um einen begünstigenden Verwaltungsakt handelt, kann sie nur aus besonderen Gründen widerrufen werden.

2 Diese Gründe müssen einerseits dem Bestands- und Vertrauensschutzinteresse des Verleihers entsprechen und andererseits dem öffentl. Interesse an der Aufhebung des Verwaltungsaktes Rechnung tragen. Bei der Abwägung dieser Interessen hat die Erlaubnisbehörde ihr Ermessen nach denselben Grundsätzen wie bei der Rücknahme gem. § 4 auszuüben. Der Widerruf selbst wirkt erst für die Zukunft, und zwar ab dem Zeitpunkt seiner Bekanntgabe[4].

3 Die **Gründe für einen Widerruf** sind in Abs. 1 abschließend aufgezählt. Nach Abs. 1 Nr. 1 kann die Verleiherlaubnis widerrufen werden, wenn sich die Erlaubnisbehörde diesen **Widerruf** nach § 2 III ausdrücklich **vorbehalten** hat. Neben diesem Widerrufsvorbehalt muss eine abschließende Prüfung des Antrags auf Erteilung einer Verleiherlaubnis ergeben, dass ein Versagungsgrund nach § 3 vorliegt. Allerdings genügt es, wenn sich im Rahmen einer vorläufig erteilten Erlaubnis herausstellt, dass die damit verbunden Risiken nicht länger tragbar sind[5]. In diesem Fall verschiebt sich die Beweislast zum Nachteil des Verleihers[6]. Von der Möglichkeit eines Widerrufs nach Abs. 1 Nr. 1 werden allerdings nicht die Fälle erfasst, in denen die Erlaubnisbehörde im Rahmen des § 3 III eine Verleiherlaubnis mit einem Widerrufsvorbehalt verbindet[7]. Dagegen spricht bereits der eindeutige Wortlaut des Abs. 1 Nr. 1. Nach dieser Spezialvorschrift, die der allg. Bestimmung in § 3 III vorgeht, ist ein Widerruf in diesen Fällen nicht möglich.

---

1 *Sandmann/Marschall*, § 4 Anm. 11; *Thüsing/Kämmerer*, § 4 Rz. 8. ||2 *Sandmann/Marschall*, § 4 Anm. 10; *Boemke/Lembke*, § 4 Rz. 10. ||3 LSG Nds. 25.11.1993 – L 10 Ar 219/92, EzAÜG § 5 AÜG Nr. 1; aA LG Hannover 29.2.1996 – 19 O 145/95, nv. ||4 *Boemke/Lembke*, § 5 Rz. 23. ||5 Schüren/*Schüren*, § 5 Rz. 16. ||6 *Franßen/Haesen*, § 5 Rz. 4. ||7 *Sandmann/Marschall*, § 5 Anm. 3; Schüren/*Stracke*, § 5 Rz. 13; *Franßen/Haesen*, § 5 Rz. 8; aA *Ulber*, § 5 Rz. 6.

Nach Abs. 1 Nr. 2 kann die Verleiherlaubnis widerrufen werden, wenn der Verleiher eine **Auflage** nach § 2 **nicht innerhalb einer ihm gesetzten Frist** erfüllt. Die Erlaubnisbehörde kann dem Verleiher eine Frist nur dann setzen, wenn sie ihm ein positives Tun auferlegt hat. Dagegen besteht kein Raum für eine Fristsetzung, wenn es sich bei der Auflage um ein Verbot handelt. Es kommt nicht darauf an, ob der Verleiher gegen eine Auflage Widerspruch eingelegt oder Klage erhoben hat. Diese Rechtsbehelfe haben keine aufschiebende Wirkung und der Vollzug von Auflagen kann auch nicht ausgesetzt werden[1]. Allerdings entfällt der Grund für den Widerruf, wenn sich eine Auflage im Verlauf des Widerspruchsverfahrens als rechtswidrig erweist[2]. Für den Widerruf kommt es nicht auf ein Verschulden des Verleihers an. Sein fehlendes Verschulden kann aber im Rahmen der Ermessensentscheidung berücksichtigt werden. Denn bei der Ausübung des Widerrufs muss die Erlaubnisbehörde den Verhältnismäßigkeitsgrundsatz beachten. Allein die Nichteinhaltung geringfügiger Auflagen rechtfertigt nicht bereits den Widerruf der Verleiherlaubnis. Vielmehr muss die Erlaubnisbehörde zunächst versuchen, die Auflage im Wege der Verwaltungsvollstreckung durchzusetzen. Darüber hinaus kommt in Betracht, ein Bußgeld nach § 16 I Nr. 3 gegen den Verleiher zu verhängen[3].

Die Verleiherlaubnis kann nach Abs. 1 Nr. 3 widerrufen werden, wenn die Erlaubnisbehörde auf Grund nachträglich eingetretener Tatsachen berechtigt wäre, diese Erlaubnis zu versagen. Diese Widerrufsmöglichkeit bezieht sich auf sämtliche **Gründe für eine Versagung nach § 3**, also die Unzuverlässigkeit des Verleihers, dessen mangelnde Betriebsorganisation, Umgehungen des ArbGebRisikos durch den Verleiher oder die Verlegung seines Geschäftssitzes außerhalb des EWR. Allerdings müssen für den Widerruf die Tatsachen, die eine Versagung der Verleiherlaubnis rechtfertigen, erst nachträglich eingetreten sein. Lagen diese Tatsachen bereits bei der Erteilung der Verleiherlaubnis vor und werden sie erst nachträglich bekannt, liegt ein Grund für die Rücknahme der Verleiherlaubnis nach § 4 vor[4].

Schließlich kann die Verleiherlaubnis nach Abs. 1 Nr. 4 widerrufen werden, wenn die Erlaubnisbehörde auf Grund einer **geänderten Rechtslage** berechtigt wäre, die Erlaubnis zu versagen. Allerdings führt ein Widerruf nach dieser Bestimmung zu einem Ausgleichsanspruch des Verleihers in entsprechender Anwendung von § 4 II. Die Änderung der Rechtslage kann sowohl durch eine Änderung der Gesetzgebung als auch durch eine Änderung der höchstrichterlichen Rspr. erfolgen[5]. Es muss sich um einen neuen Versagungsgrund handeln, also etwa um eine neue persönliche Zulassungsvoraussetzung. Sonstige materielle Gesetzesänderungen, wie etwa die Beschränkung auf die „vorübergehende" AÜ ab dem 1.12.2011, wirken sich unmittelbar auf die bereits erteilte Erlaubnis aus und begrenzen sie inhaltlich, ohne dass eine widerrufende Anpassung erforderlich ist[6].

Nach Abs. 2 erlischt die Verleiherlaubnis mit dem Wirksamwerden des Widerrufs. Allerdings wird dem Verleiher eine Frist von zwölf Monaten zur Abwicklung der laufenden Verträge entsprechend § 2 IV 4 eingeräumt.

Nach Abs. 3 ist ein Widerruf unzulässig, wenn eine Verleiherlaubnis gleichen Inhalts neu erteilt werden müsste. Durch diese Bestimmung soll ein widersprüchliches Verhalten der Erlaubnisbehörde ausgeschlossen werden.

Nach Abs. 4 ist ein Widerruf nur **innerhalb eines Jahres nach Kenntnis** der Tatsachen zulässig, die einen Widerruf der Verleiherlaubnis rechtfertigen. Diese Bestimmung entspricht § 4 III.

6 Verwaltungszwang

Werden Leiharbeitnehmer von einem Verleiher ohne die erforderliche Erlaubnis überlassen, so hat die Erlaubnisbehörde dem Verleiher dies zu untersagen und das weitere Überlassen nach den Vorschriften des Verwaltungsvollstreckungsgesetzes zu verhindern.

Die Erlaubnisbehörde ist kraft Gesetzes ermächtigt und verpflichtet, einem Verleiher, der die erforderliche Erlaubnis nicht besitzt, die Überlassung von ArbN zu untersagen. Dieser Teil der Regelung in § 6 ergänzt die Bestimmungen über die Aufhebung der Verleiherlaubnis im Wege der Rücknahme nach § 4 und im Wege des Widerrufs nach § 5.

Ferner ermächtigt § 6 die Erlaubnisbehörde ausdrücklich, gegen die illegale Überlassung von ArbN nach den Vorschriften des VwVG einzuschreiten. Dabei handelt es sich um das VwVG des Bundes, da die BA nach § 17 mit der Durchführung des AÜG betraut ist.

Die **Untersagungsverfügung** nach § 6, die einen Verwaltungsakt iSd. § 35 VwVfG darstellt, bildet den Vollstreckungstitel für weitere Maßnahmen nach dem VwVG[7]. Die Untersagungsverfügung konkreti-

---

1 *Sandmann/Marschall*, § 5 Anm. 4. || 2 *Franßen/Haesen*, § 5 Rz. 6. || 3 *Becker/Wulfgramm*, § 5 Rz. 11; *Schüren/Schüren*, § 5 Rz. 20; *Franßen/Haesen*, § 5 Rz. 8; aA *Ulber*, § 5 Rz. 6. || 4 LSG Nds. 22.7.1977 – L 7 S(Ar) 31/77, EzAÜG § 4 AÜG Rücknahme Nr. 1. || 5 BT-Drs. VI/3505, 3; aA *Franßen/Haesen*, § 5 Rz. 11. || 6 Vgl. *Boemke/Lembke*, § 5 Rz 15; aA ArbG Frankfurt (Oder) 17.4.2013 – 6 Ca 1754/12. || 7 Vgl. SG Hamburg 23.11.2004 – S 13 AL 5/99, EzAÜG § 1 AÜG Gewerbsmäßige Arbeitnehmerüberlassung Nr. 39; *Schüren/Schüren*, § 6 Rz. 4.

siert das in § 1 I geregelte Verbot der AÜ mit Erlaubnisvorbehalt[1]. Denn dem Verleiher wird untersagt, die Überlassung von ArbN ohne gültige Verleiherlaubnis fortzusetzen.

4   Der **Erlass** einer Untersagungsverfügung kommt nicht erst dann in Betracht, wenn ein Verstoß gegen das Verbot nach § 1 I bereits vollzogen ist. Sie ist bereits möglich, wenn dieser Verstoß unmittelbar bevorsteht oder künftig zu erwarten ist. So genügt für ein Einschreiten der Erlaubnisbehörde nach § 6 bereits der Abschluss eines AÜ-Vertrags, ohne dass der LeihArbN seine Arbeit beim Entleiher bereits aufgenommen hat. Darüber hinaus genügt es, wenn ein Verleiher ohne Erlaubnis am Markt werbend auftritt und potenziellen Entleihern seine Leistungen anbietet oder LeihArbN anwirbt. Denn bereits auf Grund dieser Werbung kann es unmittelbar zum Abschluss von AÜ-Verträgen kommen[2].

5   Der Erlass einer Untersagungsverfügung steht nicht im Ermessen der Erlaubnisbehörde. Bereits nach dem Wortlaut von § 6 ist sie zu einem Einschreiten verpflichtet. Darüber hinaus lassen sich nur durch diese Untersagungsverfügung weitere Ordnungswidrigkeiten nach § 16 I Nr. 1 verhindern[3].

6   Der **Adressat** der Untersagungsverfügung ist der illegale Verleiher. Handelt es sich bei ihm um eine juristische Person, ist die Untersagungsverfügung gegen diese, vertreten durch ihre Organe, und nicht etwa persönlich gegen die Organe zu richten[4]. Bei einem sog. Strohmannverhältnis richtet sich die Untersagungsverfügung sowohl gegen den Strohmann als auch gegen den Hintermann[5].

7   Da es sich bei der Untersagungsverfügung um einen Verwaltungsakt handelt, muss ihre **Form** den allg. Bestimmungen genügen. Sie muss schriftl. erfolgen, inhaltlich hinreichend bestimmt sein, eine Begründung enthalten und mit einer Rechtsbehelfsbelehrung versehen sein. Regelmäßig wird sie dem Adressaten mit einer Postzustellungsurkunde zugestellt. Als Vollstreckungstitel muss sie einen vollstreckungsfähigen Inhalt haben, also das ausdrückliche Verbot, die erlaubnispflichtige Tätigkeit fortzusetzen.

8   Zweckmäßigerweise sollte in der Untersagungsverfügung bereits ein bestimmtes **Zwangsmittel** gem. § 13 III VwVG angedroht werden. Diese Androhung ist zwar für die Wirksamkeit des Verwaltungsakts nicht notwendig, aber Voraussetzung für die Anwendung der weiteren Zwangsmittel. In Betracht kommen dabei die Ersatzvornahme, das Zwangsgeld und unmittelbarer Zwang nach § 9 I VwVG. Allerdings setzt die Anwendung von Zwangsmitteln voraus, dass die Untersagungsverfügung als Vollstreckungstitel unanfechtbar oder sofort vollziehbar ist.

9   Nach § 6 II VwVG ist die Anwendung von **Verwaltungszwang** ausnahmsweise auch ohne eine Untersagungsverfügung zulässig, wenn der sofortige Vollzug zur Verhinderung einer rechtswidrigen Tat, die einen Straf- oder Bußgeldtatbestand verwirklicht, oder zur Abwendung einer drohenden Gefahr notwendig ist. Dieser Fall mag vor allem dann vorliegen, wenn ein Verleiher ohne ausreichende Betriebsorganisation und ohne festen Geschäftssitz illegale AÜ betreibt und sich daher Zwangsmaßnahmen der Erlaubnisbehörde leicht entziehen kann[6].

10 Gegen die Untersagungsverfügung kann sich ein Verleiher mit dem **Widerspruch** und mit der **Anfechtungsklage** zur Wehr setzen. Beide haben indessen keine aufschiebende Wirkung[7].

7 Anzeigen und Auskünfte

(1) Der Verleiher hat der Erlaubnisbehörde nach Erteilung der Erlaubnis unaufgefordert die Verlegung, Schließung und Errichtung von Betrieben, Betriebsteilen oder Nebenbetrieben vorher anzuzeigen, soweit diese die Ausübung der Arbeitnehmerüberlassung zum Gegenstand haben. Wenn die Erlaubnis Personengesamtheiten, Personengesellschaften oder juristischen Personen erteilt ist und nach ihrer Erteilung eine andere Person zur Geschäftsführung oder Vertretung nach Gesetz, Satzung oder Gesellschaftsvertrag berufen wird, ist auch dies unaufgefordert anzuzeigen.

(2) Der Verleiher hat der Erlaubnisbehörde auf Verlangen die Auskünfte zu erteilen, die zur Durchführung des Gesetzes erforderlich sind. Die Auskünfte sind wahrheitsgemäß, vollständig, fristgemäß und unentgeltlich zu erteilen. Auf Verlangen der Erlaubnisbehörde hat der Verleiher die geschäftlichen Unterlagen vorzulegen, aus denen sich die Richtigkeit seiner Angaben ergibt, oder seine Angaben auf sonstige Weise glaubhaft zu machen. Der Verleiher hat seine Geschäftsunterlagen drei Jahre lang aufzubewahren.

(3) In begründeten Einzelfällen sind die von der Erlaubnisbehörde beauftragten Personen befugt, Grundstücke und Geschäftsräume des Verleihers zu betreten und dort Prüfungen vorzunehmen. Der Verleiher hat die Maßnahmen nach Satz 1 zu dulden. Das Grundrecht der Unverletzlichkeit der Wohnung (Artikel 13 des Grundgesetzes) wird insoweit eingeschränkt.

---

1 *Becker/Wulfgramm*, § 6 Rz. 5. ||2 BayObLG 22.12.1970 – 8 Ws(B) 19/70, BB 1971, 174; *Sandmann/Marschall*, § 6 Anm. 2; *Schüren/Schüren*, § 6 Rz. 7; *Schubel/Engelbrecht*, § 6 Rz. 4; aA *Becker/Wulfgramm*, § 6 Rz. 8. ||3 *Noack*, BB 1973, 1313; aA *Sandmann/Marschall*, § 6 Anm. 3. ||4 LSG Nds. 24.2.1981 – L 7 Ar 78/79, EzAÜG § 1 AÜG Erlaubnispflicht Nr. 7; SG Frankfurt/M 22.8.1986 – S 14 Ar 373/79, EzAÜG § 1 AÜG Erlaubnispflicht Nr. 16. ||5 BVerwG 2.2.1982 – 1 C 3.81, MDR 1982, 1046. ||6 *Sandmann/Marschall*, § 6 Anm. 9. ||7 *Schüren/Schüren*, § 6 Rz. 40; *Becker/Wulfgramm*, § 6 Rz. 15; *Franßen/Haesen*, § 6 Rz. 7.

(4) Durchsuchungen können nur auf Anordnung des Richters bei dem Amtsgericht, in dessen Bezirk die Durchsuchung erfolgen soll, vorgenommen werden. Auf die Anfechtung dieser Anordnung finden die §§ 304 bis 310 der Strafprozessordnung entsprechende Anwendung. Bei Gefahr im Verzuge können die von der Erlaubnisbehörde beauftragten Personen während der Geschäftszeit die erforderlichen Durchsuchungen ohne richterliche Anordnung vornehmen. An Ort und Stelle ist eine Niederschrift über die Durchsuchung und ihr wesentliches Ergebnis aufzunehmen, aus der sich, falls keine richterliche Anordnung ergangen ist, auch die Tatsachen ergeben, die zur Annahme einer Gefahr im Verzuge geführt haben.

(5) Der Verleiher kann die Auskunft auf solche Fragen verweigern, deren Beantwortung ihn selbst oder einen der in § 383 Abs. 1 Nr. 1 bis 3 der Zivilprozessordnung bezeichneten Angehörigen der Gefahr strafgerichtlicher Verfolgung oder eines Verfahrens nach dem Gesetz über Ordnungswidrigkeiten aussetzen würde.

I. **Inhalt und Zweck.** Das Gesetz erlegt dem Verleiher bestimmte Anzeige- und Auskunftspflichten auf und gewährt der Erlaubnisbehörde Prüfungs- und Eingriffsrechte bis hin zu Durchsuchungen. Dadurch soll eine ordnungsgemäße Durchführung der AÜ durch legale Verleiher sichergestellt werden. Demggü. sind die Regelungen des § 7 nicht auf die illegale Überlassung von LeihArbN zugeschnitten. Für die Verpflichtung nach Abs. 1 ergibt sich das bereits aus dem eindeutigen Wortlaut, der auf die Zeit nach der Erteilung der Erlaubnis abstellt[1].

Zwar ist diese Einschränkung in den Abs. 2–4 des § 7 nicht enthalten. Daraus kann indessen nicht der Schluss gezogen werden, dass diese Regelungen auch den illegalen Verleiher betreffen. Dieser wäre sonst von Pflichten freigestellt, die seine gesetzmäßig handelnden Konkurrenten treffen[2]. Vielmehr ist die Erlaubnisbehörde ggü. illegalen Verleihern nicht auf die Aufsichts- und Überprüfungsrechte nach § 7 beschränkt. Sie kann gegen diese zunächst nach § 6 vorgehen. Ferner stehen ihr alle nach dem OWiG zulässigen Ermittlungshandlungen zu Gebote. Darüber hinaus sind die Vorschriften des § 7 nicht auf den illegalen Verleih zugeschnitten. Eine Anwendung von Abs. 2 würde dazu führen, dass der illegale Verleiher zu einer unserem Rechtssystem fremden Selbstanzeige oder Selbstbeschuldigung gezwungen wäre. Auch die Regelung über das Auskunftsverweigerungsrecht nach Abs. 5 bliebe unverständlich. Denn ein illegaler Verleiher wäre bei jeder Auskunft über die von ihm durchgeführte AÜ der Gefahr eines Ordnungswidrigkeitenverfahrens ausgesetzt. Indessen ist es gerade nicht die Aufgabe der Erlaubnisbehörde, den illegalen Verleih von ArbN zu verwalten, sondern diesen zu unterbinden[3].

II. **Anzeigepflichten (Abs. 1).** Nach Abs. 1 S. 1 ist der Verleiher verpflichtet, der Erlaubnisbehörde nach Erteilung der Erlaubnis unaufgefordert die **Verlegung, Schließung und Errichtung von Betrieben, Betriebsteilen oder Nebenbetrieben** im Voraus anzuzeigen, soweit diese die Ausübung der AÜ zum Gegenstand haben. Dabei muss die Anzeige so rechtzeitig vor dem Eintritt der Veränderung erfolgen, dass die Erlaubnisbehörde die Auswirkungen der beabsichtigten Veränderung auf die Verleiherlaubnis prüfen kann.

Durch diese Anzeigepflicht soll gewährleistet werden, dass der Verleiherlaubnis trotz der Veränderungen keine Hinderungsgründe gem. § 3 I Nr. 2 entgegenstehen. Gleichzeitig dient die Anzeige auch dem Interesse des Verleihers. Denn die BA hat ihre Dienststellen angewiesen, dem Verleiher Mitteilung zu machen, wenn sich die angezeigte Veränderung auf die bestehende Verleiherlaubnis auswirken sollte[4].

Die **Begriffe des Betriebs**, des Betriebsteils und des Nebenbetriebs lassen sich anhand der entsprechenden Bestimmungen des BetrVG beurteilen. Um eine Verlegung handelt es sich bei jeder örtlichen Veränderung der Betriebsstätte unter Beibehaltung ihrer Identität. Zu der Schließung eines Betriebs gehört neben der endgültigen Einstellung auch dessen Veräußerung oder Verpachtung. Unter der Errichtung eines Betriebs versteht man dessen Eröffnung[5].

Allein die Anzeige nach Abs. 1 setzt noch nicht die **Jahresfrist** nach § 5 IV für den Widerruf der Verleiherlaubnis in Gang. Vielmehr beginnt diese Frist erst, wenn die angezeigte Veränderung tatsächlich eingetreten ist[6].

Nach Abs. 1 S. 2 ist der Verleiher außerdem verpflichtet, bestimmte **persönliche Veränderungen** bei einer Personengesamtheit, einer Personengesellschaft oder bei einer juristischen Person anzuzeigen. Die Anzeigepflicht erstreckt sich auf Veränderungen in der Geschäftsführung oder der Vertretung kraft Gesetzes, Satzung oder Gesellschaftsvertrags. Die auf einem Rechtsgeschäft beruhende Veränderung der Vollmacht in Form der Prokura oder Handlungsvollmacht fällt nicht unter die Anzeigepflicht[7]. Denn diese Anzeigepflicht dient dazu, die Zuverlässigkeit eines Verleihers nach der Erteilung der Verleiherlaubnis zu überwachen. Die Zuverlässigkeit einer Gesellschaft richtet sich indessen nicht nach der Zuverlässigkeit ihrer rechtsgeschäftlichen Vertreter.

---

1 Schüren/*Schüren*, § 7 Rz. 6. ||2 *Franßen/Haesen*, § 7 Rz. 27; *Ulber*, § 7 Rz. 2. ||3 *Sandmann/Marschall*, § 7 Anm. 3. ||4 *Sandmann/Marschall*, § 7 Anm. 9. ||5 *Becker/Wulfgramm*, § 7 Rz. 4; Schüren/*Schüren*, § 7 Rz. 14. ||6 *Franßen/Haesen*, § 7 Rz. 5. ||7 *Sandmann/Marschall*, § 7 Anm. 10.

8   Die Anzeigepflicht kann notfalls im Wege des **Verwaltungszwangs** nach § 6 durchgesetzt werden[1]. IÜ stellt die Verletzung der Auskunftspflicht eine Ordnungswidrigkeit gem. § 16 I Nr. 4–6 dar. Ein wiederholter Verstoß gegen Anzeigepflichten kann darüber hinaus die Annahme der Unzuverlässigkeit iSd. § 3 I Nr. 1 begründen und zum Widerruf der Erlaubnis nach § 5 I Nr. 3 führen.

9   **III. Auskunftspflichten (Abs. 2).** Nach Abs. 2 ist der Verleiher verpflichtet, der Erlaubnisbehörde auf Verlangen die Auskünfte zu erteilen, die zur Durchführung des Gesetzes erforderlich sind. Dabei hat er die **Auskünfte wahrheitsgemäß, vollständig, fristgemäß und unentgeltlich** zu erteilen. Diese Auskunftspflicht ermöglicht der Erlaubnisbehörde die Überprüfung der materiellen Voraussetzungen für die Verleiherlaubnis. Gleichzeitig dient sie ggf. der Vorbereitung einer Entscheidung über die Erteilung von Auflagen, über die Rücknahme oder den Widerruf der Verleiherlaubnis oder über die Einleitung von Ordnungswidrigkeitenverfahren. Allerdings darf die Erlaubnisbehörde nur solche Auskünfte verlangen, die sich auf die Erfüllung der Vorschriften des AÜG beziehen. Danach wäre ein Auskunftsverlangen über geschäftliche Beziehungen zu Drittunternehmen und deren betriebl. Verhältnisse unzulässig[2].

10 Ggf. hat der Verleiher seine Auskünfte durch eine **Vorlage der Geschäftsunterlagen** zu beweisen oder glaubhaft zu machen. Dazu gehören alle schriftl. Unterlagen, die mit der AÜ in irgendeiner Form zusammenhängen können. Es sind dies neben den Arbeitsverträgen mit den LeihArbN und den Verleihverträgen mit den Entleihern auch die Unterlagen der Buchhaltung über die Abführung von SozV-Beiträgen und LSt sowie der Schriftwechsel mit anderen Behörden und Verleihern[3].

11 Bei **gemischten Unternehmen** kann die Erlaubnisbehörde die namentliche Bezeichnung aller Beschäftigten, getrennt nach LeihArbN und anderen ArbN, sowie Angaben zu ihrer Beschäftigungsdauer verlangen. Denn nur so kann sie bestimmte ArbN eindeutig dem Schutzbereich des AÜG zuordnen und unzulässige Vermischungen von Arbeitsbereichen verhindern[4].

12 Auf welche Weise und in welchem Umfang die Erlaubnisbehörde von ihrer Möglichkeit zur Einholung von Auskünften Gebrauch macht, steht in ihrem Ermessen. Allerdings ist sie sowohl an den **Gleichheitsgrundsatz** als auch an den Grundsatz der **Verhältnismäßigkeit** gebunden. Eine Begründung für das Auskunftsverlangen ist nicht erforderlich. Denn im Interesse eines sozial- und arbeitsrechtl. Mindestschutzes der LeihArbN sollen gesetzeswidrige Praktiken gar nicht erst entstehen[5].

13 Um eine wirksame Überprüfung durch die Erlaubnisbehörde zu ermöglichen, muss der Verleiher seine Geschäftsunterlagen nach Abs. 2 S. 4 drei Jahre lang **aufbewahren**. Auch das Auskunftsverlangen und die Aufforderung zur Vorlage der Geschäftsunterlagen können im Wege des Verwaltungszwangs nach § 6 durchgesetzt werden. Verstößt der Verleiher gegen diese Pflichten, begeht er eine Ordnungswidrigkeit gem. § 16 I Nr. 5 und Nr. 6. Hartnäckige und schwerwiegende Verstöße gegen die Pflichten aus Abs. 1 können den Widerruf der Verleiherlaubnis nach § 5 I Nr. 3 rechtfertigen.

14 **IV. Behördliche Nachschau (Abs. 3).** Nach Abs. 3 sind von der Erlaubnisbehörde beauftragte Personen befugt, in begründeten Einzelfällen Grundstücke und Geschäftsräume des Verleihers zur Vornahme von Prüfungen zu betreten. Allerdings ist diese behördliche Nachschau nur zulässig, um die Einhaltung der Vorschriften des AÜG zu überprüfen. Von einem begründeten Einzelfall kann dabei nur ausgegangen werden, wenn Tatsachen vorliegen, die den konkreten Verdacht begründen, dass eine Prüfung gesetzwidrige Zustände ergeben würde und hierzu ein Betreten der Geschäftsräume erforderlich ist[6]. Demggü. wären Stichprobenkontrollen ohne besonderen Anlass nicht gerechtfertigt.

15 Die Erlaubnisbehörde hat den **Grundsatz der Verhältnismäßigkeit** zu beachten. Dieser gebietet es regelmäßig, zunächst weniger einschneidende Maßnahmen zu ergreifen. Gleichwohl muss die Erlaubnisbehörde nicht etwa zunächst versuchen, Auskünfte bei dem Verleiher einzuholen, die von diesem nicht, nicht glaubhaft oder unvollständig beantwortet werden, bevor sie eine Nachschau nach Abs. 2 anordnet[7]. Vielmehr ist bei begründetem Verdacht auf Verstöße, die zum Widerruf der Erlaubnis berechtigen würden, eine Durchsuchung bereits dann zulässig, wenn die Erlaubnisbehörde von ihren Rechten aus Abs. 2 u. 3 zuvor keinen Gebrauch gemacht hat[8].

16 Da auch **Geschäftsräume** von dem **Schutzbereich des Art. 13 I GG** erfasst werden, ist deren Betreten und die Durchführung der Prüfung nur zu den Zeiten gestattet, in denen die Räumlichkeiten üblicherweise zur geschäftlichen oder betriebl. Nutzung dienen[9]. Die Durchsuchung von Geschäftsräumen außerhalb der normalen Öffnungs- und Betriebszeiten ist ebenso wie die Durchsuchung von Wohnräumen nach Abs. 4 sowie im Rahmen eines Ordnungswidrigkeitenverfahrens möglich[10].

---

1 BSG 12.7.1989 – 7 RAr 46/88, EzAÜG § 7 AÜG Auskunftspflicht Nr. 2; 29.7.1992 – 11 RAr 51/91, NZA 1993, 527. ||2 *Sandmann/Marschall*, § 7 Anm. 12; aA *Franßen/Haesen*, § 7 Rz. 11. ||3 *Sandmann/Marschall*, § 7 Anm. 15; *Franßen/Haesen*, § 7 Rz. 11. ||4 LSG Berlin 26.1.1988 – L 14 Ar 7/86, EzAÜG § 7 AÜG Auskunftspflichten Nr. 1; LSG Rh.-Pf. 10.6.1988 – L 6 Ar 117/87, nv. ||5 BSG 12.7.1989 – 11 RAr 46/88, NZA 1990, 157. ||6 BSG 29.7.1992 – 11 RAr 57/91, NZA 1993, 524. ||7 *Schüren/Schüren*, § 7 Rz. 42; aA SG Duisburg 12.10.1988 – 16 Ar 135/86, EzAÜG § 7 AÜG Prüfrecht Nr. 2. ||8 BSG 29.7.1992 – 11 RAr 57/91, NZA 1993, 524. ||9 BVerfG 13.10.1971 – 1 BvR 280/66, NJW 1971, 2299; *Becker/Wulfgramm*, § 7 Rz. 13; aA *Franßen/Haesen*, § 7 Rz. 31; *Schubel/Engelbrecht*, § 7 Rz. 15. ||10 Schüren/*Schüren*, § 7 Rz. 48.

Das Betreten von Grundstücken und Geschäftsräumen des Verleihers ist nur Personen gestattet, die dazu von der Erlaubnisbehörde beauftragt sind. Neben den eigenen Bediensteten der Erlaubnisbehörde kann es sich dabei um Angehörige anderer Behörden oder um private Sachverst. handeln[1]. 17

Der Verleiher hat die Maßnahmen im Rahmen der Behördennachschau zu **dulden**. Er muss dem Beauftragten der Erlaubnisbehörde den Zutritt zu seinen Grundstücken und Geschäftsräumen gestatten und seine geschäftl. Unterlagen offen legen. Grds. beschränken sich seine Pflichten auf ein passives Gewährenlassen. Ein Mindestmaß an Tätigwerden wird dem Verleiher jedoch abverlangt, wenn es um die Öffnung verschlossener Räume und die Auskunft über den Aufbewahrungsort von Unterlagen geht[2]. Auch die behördl. Nachschau kann im Wege des Verwaltungszwangs nach § 6 durchgesetzt werden, wobei allein die Festsetzung eines Zwangsgelds in Betracht kommt. Duldet der Verleiher die Maßnahmen nicht, begeht er zudem eine Ordnungswidrigkeit nach § 16 I Nr. 6a. 18

V. Durchsuchungsrecht (Abs. 4). Nach Abs. 4 steht der Erlaubnisbehörde sogar ein Durchsuchungsrecht zu. Dabei ist unter Durchsuchung die zwangsweise Suche gegen den Willen des Verleihers oder ohne seine Zustimmung auf Grundstücken und in Räumen zur Sicherstellung von Unterlagen zu verstehen. Vorgefundene geschäftliche Unterlagen, die sich auf AÜ durch den Verleiher beziehen, dürfen sichergestellt werden. Allerdings setzt die Durchsuchung voraus, dass andere Überwachungsmaßnahmen nach Abs. 2 und 3 keinen Erfolg versprechen. Darüber hinaus bedarf die Durchsuchung der richterlichen Anordnung. Für deren Erlass ist der Richter des AG zuständig, in dessen Bezirk die Durchsuchung vorgenommen werden soll. Sie kann im Gegensatz zur behördlichen Nachschau auch zur Nachtzeit erfolgen. Allerdings sind hier besonders hohe Anforderungen an die Wahrung des Verhältnismäßigkeitsgrundsatzes zu stellen. 19

In Betracht kommt etwa der begründete Verdacht des Zusammenwirkens des Verleihers mit bandenmäßig organisierten illegalen Unternehmen[3]. Der Verleiher kann die Durchsuchungsanordnung mit der Beschwerde nach § 304 StPO anfechten. 20

Bei **Gefahr im Verzuge** sind Durchsuchungen auch ohne richterliche Anordnung während der Geschäftszeit möglich nach Abs. 4 S. 3. Liegen konkrete Anhaltspunkte dafür vor, dass der Verleiher bis zur Anordnung der Durchsuchung Unterlagen beseitigt, verfälscht oder wegschafft, würde die vorherige Einholung der richterlichen Anordnung den Durchsuchungszweck gefährden[4]. Diese Gefahr besteht auch, wenn Verleiher nach dem Verlust ihrer Betriebsräume oder ihrer Organisation ihre Tätigkeit nunmehr ohne festen Geschäftssitz fortführen[5]. 21

Eine **Anfechtung der Durchsuchungsmaßnahme** bei Gefahr im Verzug ist der Sache nach ausgeschlossen. Bei Vorliegen eines berechtigten Interesses kann der betroffene Verleiher jedoch eine sozialgerichtl. Nachprüfung über die nachträgliche Feststellungsklage erreichen[6]. 22

Nach Abs. 4 S. 4 ist sowohl bei der Durchsuchung auf richterliche Anordnung als auch bei der Durchsuchung auf Anordnung der Erlaubnisbehörde zwingend ein **Protokoll** aufzunehmen. Eine nachträgliche Anfertigung genügt nicht. In der Niederschrift müssen der Ort und die Zeit der Durchsuchung, sämtliche Anwesenden, der Gegenstand und der Grund der Durchsuchung sowie deren wesentliche Ergebnisse festgehalten werden. Das Protokoll muss auch die Tatsachen enthalten, die zur Annahme einer Gefahr im Verzug geführt haben. Wird gegen diese Formvorschrift verstoßen, ist die Durchsuchung nach Art. 13 II GG rechtswidrig. Dem Verleiher ist auf Wunsch eine Abschrift auszuhändigen[7]. 23

VI. Auskunftsverweigerungsrecht (Abs. 5). Nach Abs. 5 kann der Verleiher die Auskunft auf solche Fragen verweigern, deren Beantwortung ihn selbst oder einen Angehörigen der Gefahr eines Straf- oder Ordnungswidrigkeitenverfahrens aussetzen würde. Bei Personengesamtheiten, Personengesellschaften und juristischen Personen steht dieses Recht dem Geschäftsführer oder den gesetzl. Vertretern zu. 24

Der Verleiher muss sich auf sein Auskunftsverweigerungsrecht ausdrücklich berufen, da ihm sonst ein Verfahren nach § 16 I Nr. 5 droht. Einer Begründung seiner Auskunftsverweigerung bedarf es nicht, es sei denn, eine Straftat oder eine Ordnungswidrigkeit wäre nicht einmal entfernt ersichtlich[8]. Allerdings kann die Berufung auf das Auskunftsverweigerungsrecht die Erlaubnisbehörde dazu veranlassen, sich die zur Überprüfung notwendigen Informationen auf andere Weise zu verschaffen. 25

8 Statistische Meldungen

(1) Der Verleiher hat der Erlaubnisbehörde halbjährlich statistische Meldungen über

1. **die Zahl der überlassenen Leiharbeitnehmer getrennt nach Geschlecht, nach der Staatsangehörigkeit, nach Berufsgruppen und nach der Art der vor der Begründung des Vertragsverhältnisses zum Verleiher ausgeübten Beschäftigung,**

---

1 *Sandmann/Marschall*, § 7 Anm. 21. || 2 *Sandmann/Marschall*, § 7 Anm. 25; Schüren/*Schüren*, § 7 Rz. 50. || 3 *Sandmann/Marschall*, § 7 Anm. 28. || 4 BVerwG 12.12.1967 – I C 112.64, DVBl 1968, 752. || 5 *Sandmann/Marschall*, § 7 Anm. 31; *Becker/Wulfgramm*, § 7 Rz. 17. || 6 LSG NW 11.4.1979 – L 12 Ar 236/77, EzAÜG § 7 AÜG Prüfrecht Nr. 1. || 7 *Sandmann/Marschall*, § 7 Anm. 34. || 8 *Sandmann/Marschall*, § 7 Anm. 36.

2. die Zahl der Überlassungsfälle, gegliedert nach Wirtschaftsgruppen,
3. die Zahl der Entleiher, denen er Leiharbeitnehmer überlassen hat, gegliedert nach Wirtschaftsgruppen,
4. die Zahl und die Dauer der Arbeitsverhältnisse, die er mit jedem überlassenen Leiharbeitnehmer eingegangen ist,
5. die Zahl der Beschäftigungstage jedes überlassenen Leiharbeitnehmers, gegliedert nach Überlassungsfällen,

zu erstatten. Die Erlaubnisbehörde kann die Meldepflicht nach Satz 1 einschränken.

(2) Die Meldungen sind für das erste Kalenderhalbjahr bis zum 1. September des laufenden Jahres, für das zweite Kalenderhalbjahr bis zum 1. März des folgenden Jahres zu erstatten.

(3) Die Erlaubnisbehörde gibt zur Durchführung des Absatzes 1 Erhebungsvordrucke aus. Die Meldungen sind auf diesen Vordrucken zu erstatten. Die Richtigkeit der Angaben ist durch Unterschrift zu bestätigen.

(4) Einzelangaben nach Absatz 1 sind von der Erlaubnisbehörde geheim zu halten. Die §§ 93, 97, 105 Abs. 1, § 111 Abs. 5 in Verbindung mit § 105 Abs. 1 sowie § 116 Abs. 1 der Abgabenordnung gelten nicht. Dies gilt nicht, soweit die Finanzbehörden die Kenntnisse für die Durchführung eines Verfahrens wegen einer Steuerstraftat sowie eines damit zusammenhängenden Besteuerungsverfahrens benötigen, an deren Verfolgung ein zwingendes öffentliches Interesse besteht, oder soweit es sich um vorsätzlich falsche Angaben des Auskunftspflichtigen oder der für ihn tätigen Personen handelt. Veröffentlichungen von Ergebnissen auf Grund von Meldungen nach Absatz 1 dürfen keine Einzelangaben enthalten. Eine Zusammenfassung von Angaben mehrerer Auskunftspflichtiger ist keine Einzelangabe im Sinne dieses Absatzes.

1 Die Verpflichtung des Verleihers, detaillierte statische Meldungen über seine Verleihtätigkeit zu erstatten, dient dazu, der BA einen **Überblick über die Entwicklungen** auf dem Teilarbeitsmarkt der AÜ zu ermöglichen. Die Meldungen der Verleiher bilden darüber hinaus die Grundlage für die Erfahrungsberichte der Bundesregierung, die sie dem Bundestag turnusgemäß erstattet. Gleichzeitig verschaffen die statistischen Meldungen der Erlaubnisbehörde zumindest einen groben Überblick darüber, ob Verleiher die Bestimmungen des AÜG einhalten.

2 Die **statistischen Meldungen** der Verleiher sind der Erlaubnisbehörde halbjährlich unaufgefordert und unentgeltlich zu erstatten. Diese Meldungen werden entweder für einen bestimmten Stichtag, zu jedem Monatsende, zum Ende des Kalenderjahres oder aber als Gesamtzahl der innerhalb eines Kalenderhalbjahres eingetretenen statistischen Vorfälle erhoben[1]. Der Inhalt der statistischen Meldung ist in Abs. 1 S. 1 Nr. 1–5 im Einzelnen geregelt[2]. Der Umfang der Meldepflicht kann nach Abs. 1 S. 2 durch die Erlaubnisbehörde eingeschränkt werden. Von dieser Möglichkeit hat die BA Gebrauch gemacht, indem sie für einen Teil der Daten nur eine Stichtagserhebung durchführt und auf eine Untergliederung dieser Daten nach Berufsgruppen und Wirtschaftsgruppen verzichtet. Darüber hinaus verlangt sie für Fälle der grenzüberschreitenden AÜ ins Ausland lediglich formlose Meldungen[3].

3 Nach Abs. 2 sind die statistischen Meldungen für das erste Kalenderhalbjahr bis zum 1. September des laufenden Jahres und für das zweite Kalenderhalbjahr bis zum 1. März des folgenden Jahres zu erstatten. Wenn die Verleiherlaubnis im Verlauf eines Kalenderhalbjahres erteilt wird oder erlischt, hat der Verleiher für den jeweiligen Rest des Kalenderhalbjahres die statistischen Meldungen abzugeben. Um die Aktualität der Arbeitsmarktbeobachtung nicht zu gefährden, dürfen die Meldetermine nicht überschritten werden. Nicht rechtzeitige statistische Meldungen stellen eine Ordnungswidrigkeit nach § 16 I Nr. 7 dar.

4 Die BA hat nach Abs. 3 für die statistischen Meldungen **Erhebungsvordrucke** herausgegeben. Der Verleiher ist verpflichtet, seine Meldungen auf diesen Vordrucken wahrheitsgemäß und vollständig zu erstatten und die Richtigkeit seiner Angaben durch Unterschrift zu bestätigen. Auch falsche oder unvollständige Angaben stellen eine Ordnungswidrigkeit nach § 16 I Nr. 7 dar.

5 Für die Durchführung der Statistik ist seit dem 1.7.2007 der Zentrale Statistische Meldedienst (ZMD) zuständig (Ziff. 8 GA). Die vorgesehenen Meldungen sind unter Verwendung der Statistikvordrucke an den ZMD in Berlin zu senden.

6 Nach Abs. 4 S. 1 ist die Erlaubnisbehörde verpflichtet, die Einzelangaben der Verleiher nach Abs. 1 **geheim zu halten**. Diese Bestimmung zum Schutz des sog. Statistikgeheimnisses betrifft allerdings nur Einzelangaben über die persönlichen oder sachlichen Verhältnisse des Verleihers, wie die Art und den Umfang seines Betriebs, seinen Umsatz oder seine Gewinnspanne[4]. Sobald die Angaben in den statistischen Meldungen mehrerer Verleiher zusammengefasst werden, handelt es sich nicht mehr um geheimhaltungsbedürftige Einzelangaben[5]. Die Geheimhaltungspflicht der Erlaubnisbehörde erstreckt sich

---

[1] Sandmann/Marschall, § 8 Anm. 2. ||[2] Vgl. Sandmann/Marschall, § 8 Anm. 3–11. ||[3] Boemke/Lembke, § 8 Rz. 4. ||[4] Becker/Wulfgramm, § 8 Rz. 9. ||[5] Franßen/Haesen, § 8 Rz. 12; Schubel/Engelbrecht, § 8 Rz. 5.

nach Abs. 4 S. 2 abweichend von den allg. Regeln der Abgabenordnung auch auf Auskünfte ggü. Finanzbehörden.

Diese Geheimhaltungspflicht findet nach Abs. 4 S. 3 ihre Grenze erst dort, wo die Finanzbehörden die Kenntnisse für die Durchführung eines Verfahrens wegen einer Steuerstraftat sowie eines damit zusammenhängenden Besteuerungsverfahrens benötigen, an deren Verfolgung ein zwingendes öffentl. Interesse besteht, oder soweit es sich um vorsätzlich falsche Angaben des Auskunftspflichtigen oder der für ihn tätigen Personen handelt. Nur bei Steuerstraftaten von erheblichem Umfang oder erheblichem Gewicht dürfte ein zwingendes öffentl. Interesse an der Verfolgung anzunehmen sein[1]. 7

Neben dieser speziellen Regelung zum Schutz des Statistikgeheimnisses sind weitere **datenschutzrechtl. Pflichten** der Erlaubnisbehörde zum Schutz des Sozialgeheimnisses in § 35 SGB I und in den §§ 67–77 SGB X sowie zum Schutz bei der Übermittlung personenbezogener Daten in den §§ 15, 16 BDSG vorgesehen. Allerdings erstreckt sich die Geheimhaltungspflicht nicht auf das Verhältnis der Erlaubnisbehörde zu anderen Dienststellen der BA, da die Geheimhaltungspflicht grds. nur ggü. Dritten besteht, die nicht mit der Durchführung des AÜG befasst sind[2]. 8

9 Unwirksamkeit
Unwirksam sind:
1. Verträge zwischen Verleihern und Entleihern sowie zwischen Verleihern und Leiharbeitnehmern, wenn der Verleiher nicht die nach § 1 erforderliche Erlaubnis hat,
2. Vereinbarungen, die für den Leiharbeitnehmer für die Zeit der Überlassung an einen Entleiher schlechtere als die im Betrieb des Entleihers für einen vergleichbaren Arbeitnehmer des Entleihers geltenden wesentlichen Arbeitsbedingungen einschließlich des Arbeitsentgelts vorsehen; ein Tarifvertrag kann abweichende Regelungen zulassen, soweit er nicht die in einer Rechtsverordnung nach § 3a Absatz 2 festgesetzten Mindeststundenentgelte unterschreitet; im Geltungsbereich eines solchen Tarifvertrages können nicht tarifgebundene Arbeitgeber und Arbeitnehmer die Anwendung der tariflichen Regelungen vereinbaren; eine abweichende tarifliche Regelung gilt nicht für Leiharbeitnehmer, die in den letzten sechs Monaten vor der Überlassung an den Entleiher aus einem Arbeitsverhältnis bei diesem oder einem Arbeitgeber, der mit dem Entleiher einen Konzern im Sinne des § 18 des Aktiengesetzes bildet, ausgeschieden sind,
2a. Vereinbarungen, die den Zugang des Leiharbeitnehmers zu den Gemeinschaftseinrichtungen oder -diensten im Unternehmen des Entleihers entgegen § 13b beschränken,
3. Vereinbarungen, die dem Entleiher untersagen, den Leiharbeitnehmer zu einem Zeitpunkt einzustellen, in dem dessen Arbeitsverhältnis zum Verleiher nicht mehr besteht; dies schließt die Vereinbarung einer angemessenen Vergütung zwischen Verleiher und Entleiher für die nach vorangegangenem Verleih oder mittels vorangegangenem Verleih erfolgte Vermittlung nicht aus,
4. Vereinbarungen, die dem Leiharbeitnehmer untersagen, mit dem Entleiher zu einem Zeitpunkt, in dem das Arbeitsverhältnis zwischen Verleiher und Leiharbeitnehmer nicht mehr besteht, ein Arbeitsverhältnis einzugehen,
5. Vereinbarungen, nach denen der Leiharbeitnehmer eine Vermittlungsvergütung an den Verleiher zu zahlen hat.

I. Gegenstand und Zweck der Regelung. Neben den gewerberechtl. Regelungen enthält das AÜG in den §§ 9–14 zivil- und arbeitsrechtl. Bestimmungen für die AÜ im Rahmen wirtschaftlicher Tätigkeit. Allerdings handelt es sich nicht um eine umfassende Regelung der zivil- und arbeitsrechtl. Aspekte der AÜ. Diese als rudimentäre arbeitsrechtl. Reglementierung des LeihArbVerh beklagte Beschränkung des Gesetzes konzentriert sich auf die Vorschriften, die der besonderen Lage und der besonderen Gestaltung der Rechtsbeziehungen zwischen den Beteiligten der AÜ Rechnung tragen[3]. An dieser Konzeption der §§ 9–14 hat sich nach der Umsetzung der EU-LeiharbeitsRL (1 Rz. 2) und Einfügung der §§ 13a und 13b nichts geändert. 1

Durch § 9 werden die gewerberechtl. Vorschriften über die Erlaubnispflicht nach § 1 und der Versagungsgrund nach § 3 I Nr. 3 durch **zivilrechtl. Sanktionen** ergänzt. Gleichzeitig wird die in § 10 I geregelte Fiktion eines ArbVerh zwischen dem Entleiher und dem von einem illegal tätigen Verleiher überlassenen LeihArbN vorbereitet. Insoweit zielt das Gesetz darauf ab, Verleiher und Entleiher zu einem gesetzmäßigen Verhalten zu bewegen. Darüber hinaus erklärt das Gesetz Wettbewerbsabreden zum Nachteil des LeihArbN für unwirksam, soweit sie darauf gerichtet sind, den Abschluss von Arbeitsverträgen mit anderen potenziell vorhandenen ArbGeb zu verhindern oder einzuschränken. Damit räumt das Gesetz dem Erwerb einer dauerhaften Beschäftigung eindeutig Vorrang ein vor ungesicherten Beschäftigungsverhältnissen im Rahmen der AÜ. 2

---

1 *Sandmann/Marschall*, § 8 Anm. 20. ||2 *Sandmann/Marschall*, § 8 Anm. 22. ||3 *Becker*, BlStSozArbR 1976, 225; *Trieschmann*, BArbBl. 1972, 668.

3 Die in § 9 im Einzelnen aufgeführten Rechtsgeschäfte erklärt das Gesetz für unwirksam. Grds. gelten für unwirksame Rechtsgeschäfte die Bestimmungen des BGB über nichtige Rechtsgeschäfte. Während ein nichtiges Rechtsgeschäft jedoch von Anfang an ungültig ist und damit die rechtl. Bindungen rückwirkend beseitigt werden, erfasst die Unwirksamkeit nach § 9 auch die Fälle, in denen das Rechtsgeschäft später ungültig wird und damit die rechtl. Bindungen erst für die Zukunft beseitigt werden[1].

4 **II. Fehlende Verleiherlaubnis (Nr. 1).** Nach Nr. 1 ist sowohl der **AÜ-Vertrag** zwischen dem Verleiher und dem Entleiher als auch der **Leiharbeitsvertrag** zwischen dem Verleiher und dem LeihArbN **unwirksam**, wenn der Verleiher nicht die nach § 1 erforderliche Erlaubnis hat. Dabei kommt es nicht darauf an, ob der Verleiher von Anfang an keine Verleiherlaubnis besaß oder ob diese erst später durch eine Rücknahme, einen Widerruf, den Eintritt einer auflösenden Bedingung oder die Ablehnung ihrer Verlängerung entfallen ist[2]. Jedoch erstreckt sich die Unwirksamkeit im Fall einer Rücknahme, eines Widerrufs oder einer Nichtverlängerung der Verleiherlaubnis nicht auf den Zeitraum der Abwicklungsfrist des § 2 IV 4. Auf die Kenntnis des Entleihers und des LeihArbN vom Fehlen oder Wegfall der Verleiherlaubnis kommt es nicht an. Allerdings ist der Verleiher gem. §§ 11, 12 dazu verpflichtet, sowohl den LeihArbN als auch den Entleiher darüber zu unterrichten.

5 Zwar erklärt das Gesetz sowohl den AÜ-Vertrag als auch den Leiharbeitsvertrag für unwirksam. Dieses Unwerturteil über die illegale AÜ richtet sich jedoch nur gegen den Verleiher und den Entleiher, während der Schutz des LeihArbN nicht gemindert werden soll. Demnach hat die Unwirksamkeit der einzelnen Rechtsgeschäfte zwischen den an der AÜ Beteiligten unterschiedliche Folgen.

6 Fehlte dem Verleiher bereits beim Abschluss des AÜ-Vertrags die Verleiherlaubnis, konnte er zwischen den Vertragsparteien keine Leistungspflichten begründen. Wurden gleichwohl Leistungen in Erfüllung des unwirksamen AÜ-Vertrags erbracht, sind sie nach den Grundsätzen des Bereicherungsrechts zurückzugewähren. Der Bereicherungsanspruch des Verleihers ist nur in dem Umfang anzuerkennen, in dem er dem LeihArbN den nach § 10 I vom Entleiher geschuldeten Lohn und sonstige gesetzl. Abgaben zahlt, nicht aber in Höhe seines Gewinns[3]. Da weder der Verleiher noch der Entleiher einem ArbN entsprechend schutzbedürftig sind, scheidet die Annahme eines fehlerhaften oder faktischen AÜ-Vertrags aus[4]. Daneben kommt eine faktische Rückabwicklung erbrachter Leistungen über den Gesamtschuldnerausgleich zwischen dem Verleiher und dem Entleiher in Betracht, soweit es die Arbeitsvergütung und die abgeführten SozV-Beiträge angeht[5].

7 Fällt die Erlaubnis des Verleihers zur AÜ erst in einem Zeitpunkt weg, in dem der AÜ-Vertrag mit dem Entleiher bereits vollzogen worden ist, entfaltet die Unwirksamkeit nach Nr. 1 keine Rückwirkung. Vielmehr endet der AÜ-Vertrag mit dem Wegfall der Verleiherlaubnis[6].

8 Wird die Verleiherlaubnis erst erteilt, nachdem der Verleiher den AÜ-Vertrag mit dem Entleiher abgeschlossen und bereits in Vollzug gesetzt hat, wird dieser Vertrag weder rückwirkend noch in entsprechender Anwendung des § 139 BGB für die Zukunft geheilt[7]. Vielmehr muss ein neuer AÜ-Vertrag abgeschlossen werden. Wegen des Erfordernisses der Schriftform in § 12 I 1 kann in der Fortführung des AÜ-Vertrags durch den Verleiher und den Entleiher kein wirksamer konkludenter Abschluss eines neuen Vertrags liegen[8].

9 War der Leiharbeitsvertrag zwischen dem Verleiher und dem LeihArbN auf Grund der fehlenden Verleiherlaubnis von Anfang an unwirksam gem. Nr. 1, konnte auch dieser Vertrag grds. keine Leistungspflicht zwischen den Vertragsparteien begründen. Haben die Parteien jedoch ihre vermeintlichen Leistungspflichten erfüllt, fehlte dafür der Rechtsgrund, so dass die Rückabwicklung eigentlich nach den allg. zivilrechtl. Grundsätzen des Bereicherungsrechts vorgenommen werden müsste. Da die Bestimmungen des Bereicherungsrechts dem Schutz des LeihArbN nicht hinreichend gerecht werden, sind auf den unwirksamen Leiharbeitsvertrag die arbeitsrechtl. Grundsätze über das fehlerhafte bzw. **faktische Arbeitsverhältnis** anzuwenden[9].

10 Das gilt entsprechend, wenn die Verleiherlaubnis in einem Zeitpunkt wegfällt, in dem der Leiharbeitsvertrag zwischen dem Verleiher und dem LeihArbN bereits in Vollzug gesetzt worden ist. In diesem Zeitpunkt wird der Leiharbeitsvertrag unwirksam und das LeihArbVerh wandelt sich in ein fehlerhaftes ArbVerh um[10].

11 Erhält der Verleiher die Erlaubnis zur AÜ erst in einem Zeitpunkt, in dem ein Leiharbeitsvertrag mit einem LeihArbN bereits in Vollzug gesetzt wurde, wird dieser Vertrag nicht rückwirkend geheilt[11]. Auch in diesem Fall bedarf es für die weitere Durchführung des LeihArbVerh des Abschlusses eines neuen

---

1 *Sandmann/Marschall/Schneider*, § 9 Anm. 18. ||2 *Thüsing/Mengel*, § 9 Rz. 10. ||3 BGH 8.11.1979 – VII ZR 337/78, NJW 1980, 452; 17.1.1984 – VI ZR 187/82, MDR 1984, 657; OLG Celle 27.8.2003 – 7 U 52/03, EzAÜG § 1b AEntG Nr. 2. ||4 *Becker/Wulfgramm*, § 9 Rz. 18; *Immenga*, BB 1972, 807. ||5 BGH 17.2.2000 – III ZR 78/99, NJW 2000, 1557; im Einzelnen *Schüren*, § 9 Rz. 45 ff. ||6 *Becker/Wulfgramm*, § 9 Rz. 11. ||7 *Thüsing/Mengel*, § 9 Rz. 13. ||8 *Boemke/Lembke*, § 9 Rz. 48; *Schüren*, § 9 Rz. 44; *Ulber*, § 9 Rz. 13; aA *Becker/Wulfgramm*, § 9 Rz. 11. ||9 BAG 26.6.1984 – 2 AZR 471/83, EzAÜG § 1 AÜG Gewerbsmäßige Arbeitnehmerüberlassung Nr. 18; BGH 31.3.1982 – 2 StR 744/81, MDR 1982, 686; LSG München 7.8.2008 – L 9 AL 63/03, EzAÜG § 10 AÜG Fiktion Nr. 122. ||10 *Schüren*, § 9 Rz. 22. ||11 LAG Köln 20.8.1985 – 1 Sa 416/85, EzAÜG § 10 AÜG Fiktion Nr. 43.

Leiharbeitsvertrags. Regelmäßig ist in der Fortführung des bisherigen LeihArbVerh ein konkludenter Neuabschluss zu sehen.

III. Verstoß gegen das Gleichstellungsgebot (Nr. 2). Nach der verfassungsgemäßen[1] und in Art. 5 der EU-LeiharbeitsRL europarechtlich verankerten Vorschrift des § 9 Nr. 2 sind Vereinbarungen, die für den LeihArbN für die Zeit der Überlassung an einen Entleiher schlechtere als die im Betrieb des Entleihers für einen vergleichbaren ArbN des Entleihers geltenden wesentlichen Arbeitsbedingungen einschl. des Arbeitsentgelts vorsehen, grds. unwirksam. Durch diese arbeitsrechtl. Sanktion wird die gewerberechtl. Bestimmung in § 3 I Nr. 3 ergänzt. Von der Unwirksamkeit werden neben individualvertragl. Abreden auch BV im Betrieb des Verleihers erfasst, die den LeihArbN für die Zeit der Überlassung schlechter stellen als einen vergleichbaren ArbN im Entleiherbetrieb[2]. An die Stelle dieser unwirksamen Vereinbarungen tritt gem. § 10 IV 4 der Anspruch des LeihArbN auf Gleichstellung. Wegen der einzelnen Voraussetzungen des Gleichstellungsgebotes und der gesetzl. Ausnahmeregelungen einschl. der Drehtürklausel vgl. § 3 Rz. 28 ff. Hingewiesen sei aber darauf, dass eine Änderungskündigung zur Entgeltsenkung nicht allein deshalb sozial gerechtfertigt ist, weil die gesetzl. Regelung die Möglichkeit vorsieht, durch Parteivereinbarung einen geringeren (tarifl.) Lohn festzulegen, als er dem ArbN bisher gesetzlich oder vertraglich zustand[3]. Ob dem LeihAN, der arbeitsvertraglich verpflichtet ist, seine Arbeitsleistung an wechselnden Einsatzorten zu erbringen, neben seinem tarifl. Mindestentgelt bei fehlender tarifl. Regelung ein Anspruch auf Aufwendungsersatz (§ 670 BGB) für seine Kosten zur Fahrt zu den Einsatzorten zusteht, ist umstritten[4]. Bejaht man den Anspruch, so kann er nicht durch allg. Arbeitsvertragsbedingungen ausgeschlossen werden[5]. Zulässig ist eine Pauschalierung.

IV. Beschränkung des Zugangs zu Gemeinschaftseinrichtungen und -diensten (Nr. 2a). In § 13b ist in Umsetzung von Art. 6 IV EU-LeiharbeitsRL der Zugang des LeihArbN zu Gemeinschaftseinrichtungen und -diensten geregelt. Nr. 2a sichert diese Vorschrift mit einer zweifachen Zwecksetzung ab. Zum einen wird verhindert, dass die LeihArbN bei Abschluss des Arbeitsvertrags mit dem Verleiher wirksam auf ihr Zugangsrecht verzichten können. Zum anderen soll verhindert werden, dass einzelne Verleiher sich Wettbewerbsvorteile dadurch verschaffen, dass ihre LeihArbN von vornherein auf die Rechte aus § 13b verzichten[6]. Rechtlich unwirksam sind individual- und kollektivrechtl.[7] Vereinbarungen, die den Zugang beschränken. Dies ist umfassend zu verstehen. Die Zugangsbeschränkung kann zunächst in einem vollständigen, aber auch teilweisen rechtl. Verzicht auf die Rechte aus § 13b bestehen. Erfasst sind aufgrund des Wortlauts aber auch Vereinbarungen, die den Zugang zu Gemeinschaftseinrichtungen oder -diensten objektiv ganz oder teilweise tatsächlich erschweren, weil auch darin eine Beschränkung des Zugangs liegen kann. Dies ist zB der Fall, wenn für die Inanspruchnahme von Beförderungsmitteln des ArbGeb vom LeihArbN ein höherer Preis verlangt wird als von der Stammbelegschaft.

V. Einstellungsverbot im Überlassungsvertrag (Nr. 3). Nach Nr. 3 sind Vereinbarungen unwirksam, die dem Entleiher untersagen, den LeihArbN zu einem Zeitpunkt einzustellen, in dem dessen ArbVerh zum Verleiher nicht mehr besteht. Dies entspricht Art. 6 II 1 LeiharbeitsRL. Durch diese Regelung räumt das Gesetz dem Recht des LeihArbN, seinen Arbeitsplatz frei zu wählen und nach Beendigung des LeihArbVerh ein normales ArbVerh einzugehen, Vorrang ein ggü. den wirtschaftl. Interessen des Verleihers[8]. Nach diesem Gesetzeszweck sind auch Vereinbarungen unwirksam, die es dem Entleiher verbieten, dem LeihArbN eine Tätigkeit in seinem Betrieb anzubieten[9].

Davon abzugrenzen sind unlautere Methoden der ArbN-Abwerbung. Dazu zählt etwa die Aufforderung, den Arbeitsplatz ohne Einhaltung der Kündigungsfrist ggü. dem Verleiher zu wechseln. Diese Anstiftung zum Vertragsbruch stellt zum einen eine Verletzung von Nebenpflichten des Entleihers aus dem AÜ-Vertrag dar. Zum anderen verstößt der Entleiher gegen §§ 3, 8 I UWG[10]. **Unwirksam** ist nach Nr. 3 ausschließlich die Vereinbarung eines **Einstellungs- oder Abwerbungsverbots**, nicht jedoch der gesamte AÜ-Vertrag[11]. Wie sich aus Nr. 3 Hs. 2 ergibt, kann der Verleiher mit dem Entleiher – auch formularmäßig – die Zahlung einer Vergütung oder Vermittlungsprovision für den Fall der Übernahme des LeihArbN vereinbaren. Denn in aller Regel besteht der Sinn dieser Provision darin, die dem Verleiher entstehenden Rekrutierungskosten auf den Entleiher umzulegen. Solange sich diese Vermittlungsgebühr im üblichen Rahmen hält und sich bei fortschreitender Überlassungsdauer bis zum völligen Wegfall reduziert, dient sie nicht als Druckmittel, um eine Übernahme des LeihArbN zu verhindern. Einer derartigen Vereinbarung steht der Schutz der freien Arbeitsplatzwahl des LeihArbN nicht entgegen[12]. Sie wird von Art. 6 II 2 LeiharbeitsRL zugelassen. Eine Vermittlungsgebühr, die 15 % des Jahresbruttoeinkommens zzgl. USt beträgt, hält der BGH für angemessen, auch wenn sie undifferenziert

---

1 BVerfG 29.12.2004 – 1 BvR 2283/03, NZA 2005, 153. || 2 *Boemke/Lembke*, § 9 Rz. 93. || 3 BAG 15.1.2009 – 2 AZR 641/07, NZA 2009, 957. || 4 Bejahend LAG Düss. 30.7.2009 – 15 Sa 268/09, LAGE § 9 AÜG Nr. 7; verneinend LAG Hamm 16.7.2008 – 2 Sa 1797/07, EzAÜG § 670 BGB Aufwendungsersatz Nr. 2. || 5 LAG Düss. 30.7.2009 – 15 Sa 268/09, LAGE § 9 AÜG Nr. 7; zur Gestaltung in TV *Ulber*, NZA 2009, 232 (234 f.). || 6 BT-Drs. 17/4804, 9 f. || 7 *Boemke/Lembke*, § 9 Rz. 491; *Ulber*, § 9 Rz. 373. || 8 BT-Drs. VI/2303, S. 13. || 9 *Sandmann/Marschall/Schneider*, § 9 Anm. 29; *Schüren*, § 9 Rz. 74, 76. || 10 *Schüren*, § 9 Rz. 75. || 11 *Thüsing/Mengel*, § 9 Rz. 61. || 12 BGH 7.12.2006 – III ZR 82/06, DB 2007, 526; zum Ganzen *Lembke/Fesenmeyer*, DB 2007, 801; *Boemke/Lembke*, § 9 Rz. 507 ff.

und ohne Beschränkung auf bestimmte Tätigkeitsbereiche des Arbeitsmarkts vereinbart wird[1]. Die nicht nach der Dauer der Überlassungsdauer gestaffelte Provision ist hingegen unwirksam[2].

16 **VI. Einstellungsverbot im Leiharbeitsvertrag (Nr. 4).** Nach Nr. 4 sind Vereinbarungen unwirksam, die dem LeihArbN untersagen, mit dem Entleiher zu einem Zeitpunkt, in dem das ArbVerh zwischen Verleiher und LeihArbN nicht mehr besteht, ein ArbVerh einzugehen. Diese Bestimmung dient wie Nr. 3 dem Ziel, das Recht des LeihArbN auf freie Wahl des Arbeitsplatzes zu sichern und seine Chancen auf ein gesichertes NormalArbVerh im Anschluss an sein LeihArbVerh zu verbessern. Der Regelung in Nr. 4 gebührt der Vorrang vor den Bestimmungen über die Vereinbarung von Wettbewerbsverboten nach den §§ 74 ff. HGB iVm. §§ 6 II, 110 GewO[3].

17 Nr. 4 erfasst auch Nebenabreden, die in einem inneren sachlichen Zusammenhang mit einem unwirksamen Abschlussverbot stehen. Das gilt einmal für **Vertragsstrafenversprechen**, die den LeihArbN von der Begründung eines ArbVerh mit dem Entleiher abhalten sollen[4]. Das gilt aber auch für die Vereinbarung, nach der dem LeihArbN eine Abfindung gezahlt wird, falls er bei einem bestimmten Entleiher kein ArbVerh begründet[5]. Wird diese **Abfindung** als eine Art Karenzentschädigung tatsächlich gezahlt, kann der Verleiher sie nach § 817 BGB selbst dann nicht zurückfordern, wenn der LeihArbN sich an die so abgesicherte Verpflichtung nicht hält.

18 Allerdings kann einem LeihArbN während der Dauer des LeihArbVerh selbstverständlich nach den allg. Regeln eine **Nebentätigkeit** untersagt werden. Das setzt voraus, dass diese Nebentätigkeit die Erfüllung seiner Arbeitspflicht im Rahmen des LeihArbVerh erheblich beeinträchtigen würde[6]. In entsprechender Anwendung von § 60 HGB ist einem LeihArbN während der Dauer seines LeihArbVerh jede Form von **Konkurrenztätigkeit** zum Verleiher verboten[7]. Danach darf er nicht als selbständiger Verleiher tätig werden und etwa ehemaligen Entleihern andere LeihArbN überlassen oder mit ehemaligen Entleihern gemeinsam AÜ betreiben. Von diesem allg. **Wettbewerbsverbot** wird die Vorbereitung des LeihArbN für die Zeit nach seinem Ausscheiden aus dem LeihArbVerh nicht erfasst[8].

19 Die Unwirksamkeit nach Nr. 4 führt zur Nichtigkeit entsprechender Vereinbarungen zwischen Verleiher und LeihArbN einschl. damit zusammenhängender Nebenabreden. Die Wirksamkeit des LeihArbVerh iÜ wird davon nicht berührt[9].

20 **VII. Verbot der Vermittlungsvergütung (Nr. 5).** Bereits bislang wurde Nr. 4 dahingehend ausgelegt, dass Vereinbarungen zwischen Verleihern und LeihArbN, die für die etwaige Aufnahme einer Tätigkeit bei dem Entleiher die Zahlung einer Vermittlungsgebühr vorsehen, unwirksam sind. Ein entsprechendes Verbot fordert Art. 6 III LeiharbeitsRL. Die bisherige Auslegung des AÜG wird durch die 2011 eingefügte Nr. 5 gesetzl. klargestellt[10]. Vermittlungsvergütung ist jede Form von Entgelt (so der Begriff in Art. 6 III LeiharbeitsRL), die der LeihArbN dem Verleiher dafür zahlen soll, dass er mit dem Entleiher ein ArbVerh eingeht. Entgelt ist jede Gegenleistung, die der LeihArbN für diesen Zweck verspricht. Dies kann eine Geldleistung, eine Sachleistung, aber auch die Erbringung von Diensten sein. Nicht erforderlich ist, dass die Vermittlungsgebühr ausdrücklich vereinbart wird. Auch Abreden, die dazu führen, dass Ansprüche des LeihArbN gegen den Entleiher entfallen oder verkürzt werden, sind erfasst[11]. Das Unwirksamkeitsverdikt gilt zeitlich umfassend, dh. sowohl im Gegenzug zur Überlassung, aber auch nach beendeter Überlassung[12] und erfasst individualrechtl. Vereinbarungen ebenso wie kollektivrechtliche[13].

10 *Rechtsfolgen bei Unwirksamkeit, Pflichten des Arbeitgebers zur Gewährung von Arbeitsbedingungen*

(1) Ist der Vertrag zwischen einem Verleiher und einem Leiharbeitnehmer nach § 9 Nr. 1 unwirksam, so gilt ein Arbeitsverhältnis zwischen Entleiher und Leiharbeitnehmer zu dem zwischen dem Entleiher und dem Verleiher für den Beginn der Tätigkeit vorgesehenen Zeitpunkt als zustande gekommen; tritt die Unwirksamkeit erst nach Aufnahme der Tätigkeit beim Entleiher ein, so gilt das Arbeitsverhältnis zwischen Entleiher und Leiharbeitnehmer mit dem Eintritt der Unwirksamkeit als zustande gekommen. Das Arbeitsverhältnis nach Satz 1 gilt als befristet, wenn die Tätigkeit des Leiharbeitnehmers bei dem Entleiher nur befristet vorgesehen war und ein die Befristung des Arbeitsverhältnisses sachlich rechtfertigender Grund vorliegt. Für das Arbeitsverhältnis nach Satz 1 gilt die zwischen dem Verleiher und dem Entleiher vorgesehene Arbeitszeit als vereinbart. Im Übrigen bestimmen sich Inhalt und Dauer dieses Arbeitsverhältnisses nach den für den Betrieb des Entleihers geltenden Vorschriften und sonstigen Regelungen; sind solche nicht vorhanden, gelten diejenigen vergleichbarer Betriebe. Der Leiharbeitnehmer hat gegen den Entleiher mindestens Anspruch auf das mit dem Verleiher vereinbarte Arbeitsentgelt.

---

1 BGH 10.11.2011 – III ZR 77/11, MDR 2012, 36. || 2 BGH 11.3.2010 – III ZR 240/09, NZA 2010, 511. || 3 LAG Köln 17.5.1984 – 8 Sa 48/84, EzAÜG KSchG Nr. 3; Thüsing/*Mengel*, § 9 Rz. 65. || 4 *Schüren*, § 9 Rz. 94, 95. || 5 LAG Köln 22.8.1984 – 5 Sa 1306/83, DB 1985, 445. || 6 BAG 26.8.1976 – 2 AZR 377/75, DB 1977, 544. || 7 LAG Berlin 9.2.1981 – 9 Sa 83/80, DB 1981, 1095. || 8 BAG 16.1.1975 – 3 AZR 72/74, DB 1975, 1705. || 9 *Sandmann/Marschall/Schneider*, § 9 Anm. 32; *Schüren*, § 9 Rz. 95. || 10 BT-Drs. 17/4804, 10. || 11 *Ulber*, § 9 Rz. 402. || 12 BT-Drs. 17/4804, 10. || 13 *Lembke*, DB 2011, 414 (417).

(2) Der Leiharbeitnehmer kann im Falle der Unwirksamkeit seines Vertrages mit dem Verleiher nach § 9 Nr. 1 von diesem Ersatz des Schadens verlangen, den er dadurch erleidet, dass er auf die Gültigkeit des Vertrages vertraut. Die Ersatzpflicht tritt nicht ein, wenn der Leiharbeitnehmer den Grund der Unwirksamkeit kannte.

(3) Zahlt der Verleiher das vereinbarte Arbeitsentgelt oder Teile des Arbeitsentgelts an den Leiharbeitnehmer, obwohl der Vertrag nach § 9 Nr. 1 unwirksam ist, so hat er auch sonstige Teile des Arbeitsentgelts, die bei einem wirksamen Arbeitsvertrag für den Leiharbeitnehmer an einen anderen zu zahlen wären, an den anderen zu zahlen. Hinsichtlich dieser Zahlungspflicht gilt der Verleiher neben dem Entleiher als Arbeitgeber; beide haften insoweit als Gesamtschuldner.

(4) Der Verleiher ist verpflichtet, dem Leiharbeitnehmer für die Zeit der Überlassung an den Entleiher die im Betrieb des Entleihers für einen vergleichbaren Arbeitnehmer des Entleihers geltenden wesentlichen Arbeitsbedingungen einschließlich des Arbeitsentgelts zu gewähren. Soweit ein auf das Arbeitsverhältnis anzuwendender Tarifvertrag abweichende Regelungen trifft (§ 3 Absatz 1 Nummer 3, § 9 Nummer 2), hat der Verleiher dem Leiharbeitnehmer die nach diesem Tarifvertrag geschuldeten Arbeitsbedingungen zu gewähren. Soweit ein solcher Tarifvertrag die in einer Rechtsverordnung nach § 3a Absatz 2 festgesetzten Mindeststundenentgelte unterschreitet, hat der Verleiher dem Leiharbeitnehmer für jede Arbeitsstunde das im Betrieb des Entleihers für einen vergleichbaren Arbeitnehmer des Entleihers für eine Arbeitsstunde zu zahlende Arbeitsentgelt zu gewähren. Im Falle der Unwirksamkeit der Vereinbarung zwischen Verleiher und Leiharbeitnehmer nach § 9 Nummer 2 hat der Verleiher dem Leiharbeitnehmer die im Betrieb des Entleihers für einen vergleichbaren Arbeitnehmer des Entleihers geltenden wesentlichen Arbeitsbedingungen einschließlich des Arbeitsentgelts zu gewähren.

(5) Der Verleiher ist verpflichtet, dem Leiharbeitnehmer mindestens das in einer Rechtsverordnung nach § 3a Absatz 2 für die Zeit der Überlassung und für Zeiten ohne Überlassung festgesetzte Mindeststundenentgelt zu zahlen.

I. Inhalt und Zweck der Norm 1	III. Pflicht des Verleihers zum Schadensersatz (Abs. 2) 18
II. Fiktion eines Arbeitsverhältnisses (Abs. 1) . 3	IV. Gesamtschuldnerische Haftung von Verleiher und Entleiher (Abs. 3) 24
1. Beginn des Arbeitsverhältnisses (Abs. 1 S. 1) 4	V. Anspruch des LeihArbN auf Gleichstellung; ArbGeb-Pflichten des Entleihers (Abs. 4) 28
2. Dauer des Arbeitsverhältnisses (Abs. 1 S. 2) 8	
3. Arbeitszeit (Abs. 1 S. 3) 11	
4. Übriger Inhalt des Arbeitsverhältnisses (Abs. 1 S. 4) 13	VI. Anspruch des LeihArbN auf das Mindeststundenentgelt (Abs. 5) 32
5. Mindestarbeitsentgelt (Abs. 1 S. 5) 17	

I. Inhalt und Zweck der Norm. Durch § 10 werden die Folgen eines unwirksamen Leiharbeitsvertrags, einer unwirksamen Kündigung und einer unwirksamen Befristung des Leiharbeitsvertrags geregelt. Dazu gehört die **Fiktion eines ArbVerh zum Entleiher**, die Begründung eines **Schadensersatzanspruchs des LeihArbN** gegen den Verleiher und dessen **gesamtschuldnerische Haftung** für Lohnnebenleistungen und Teile des Entgelts. Schließlich wird der Verleiher verpflichtet, die Arbeitsbedingungen des LeihArbN an diejenigen im Betrieb des Entleihers anzupassen.

Bei § 10 handelt es sich um einen Eckpfeiler der gesetzl. Konstruktion der AÜ[1]. Er regelt allg. die Abwicklung illegaler Leiharbeit, auch in der Form von Scheinwerk- und Scheindienstverträgen, bei denen es sich nach dem objektiven Geschäftsinhalt um AÜ handelt (zur Abgrenzung § 1 Rz. 12 ff.). Dabei dient die Regelung in erster Linie der sozialen Absicherung der LeihArbN. Zugleich hat sie eine abschreckende Funktion, wie sie auch von Art. 10 II LeiharbeitsRL gefordert wird[2], indem sie einen Entleiher, der von einem illegal tätigen Verleiher einen ArbN ausleiht, durch die Fiktion eines ArbVerh weit reichend in die Pflicht nimmt. Schließlich sichert sie die Überwachungs- und Kontrollmöglichkeiten der Erlaubnisbehörde[3]. Die Abs. 4 und 5 regeln die Pflichten des ArbGeb zur Gewährung von Arbeitsbedingungen. Die ausdrückliche Regelung erfolgte, um **Anknüpfungspunkte für die entsprechenden Ordnungswidrigkeitentatbestände** in § 16 I Nr. 7a, b zu haben[4].

II. Fiktion eines Arbeitsverhältnisses (Abs. 1). Ist der Leiharbeitsvertrag deswegen unwirksam, weil der Verleiher nicht die zur AÜ erforderliche Erlaubnis besitzt, wird zum Schutz des LeihArbN ein ArbVerh zum Entleiher kraft gesetzl. Fiktion begründet. Der Eintritt dieser gesetzl. Fiktion setzt voraus, dass nach dem Inhalt der vertragl. Vereinbarungen, die die beteiligten Vertragspartner getroffen haben, der Tatbestand der erlaubnispflichtigen AÜ vorliegt, dass es sich also bei dem Vertrag zwischen dem ArbGeb und dem Dritten, in dessen Betrieb der ArbN eingesetzt werden soll, seiner rechtl. Qualifikation nach um einen AÜ-Vertrag und nicht etwa um einen Werk- oder Dienstvertrag (vgl. § 1 Rz. 12 ff.) handelt, weil im letzteren Fall Vorschriften des AÜ nicht zur Anwendung kommen[5]. Da Arbeitsgelegen-

---

1 *Schüren*, § 10 Rz. 6. ||2 Vgl. insoweit auch *Klumpp*, GPR 2009, 89 (92). ||3 OLG Hamm 14.11.1980 – 5 SsOwi 1967/80, BB 1981, 122. ||4 BT-Drs. 14/4804, 10. ||5 BAG 15.3.2006 – 7 ABR 39/05, EzAÜG BetrVG Nr. 93; 18.1.2012 – 7 AZR 723/10, ZTR 2012, 404.

heiten mit Mehraufwandsentschädigung nach § 16d SGB II (sog. Ein-Euro-Jobs) kein ArbVerh, sondern ein öffentl.-rechtl. Vertragsverhältnis begründen, kommt Abs. 1 in diesen Fällen nicht zur Anwendung[1]. § 5 V LuftSiG hingegen steht der Anwendung von § 10 I 1 nicht entgegen[2].

Die in Abs. 1 angeordnete Rechtsfolge kann von den Beteiligten weder abbedungen noch durch einen Widerspruch des LeihArbN verhindert werden[3]. Das Recht eines nicht mehr im Betrieb des Entleihers eingesetzten LeihArbN, den Bestand des gesetzl. fingierten ArbVerh klageweise geltend zu machen, unterliegt der Verwirkung (sog. **Prozessverwirkung**)[4]. Die Berufung auf dieses Rechtsverhältnis kann auch auf Grund widersprüchlichen Verhaltens rechtsmissbräuchlich sein[5]. Ob hingegen das Recht, sich auf den Bestand eines ArbVerh zu berufen, verwirken kann, ist zweifelhaft[6]. Unter den Voraussetzungen des Abs. 1 kommt ohne eine vertragl. Einigung zwischen dem LeihArbN und dem Entleiher ein ArbVerh zustande. Allerdings muss das LeihArbVerh zum Verleiher gerade deshalb unwirksam sein, weil ihm die Verleiherlaubnis von vornherein fehlt oder weil diese nachträglich weggefallen ist[7]. Beruht die ursprüngliche oder nachträglich eintretende Unwirksamkeit des Leiharbeitsvertrags dagegen auf anderen Gründen, greift die gesetzl. Fiktion des § 10 nicht ein. Das gilt etwa für Willensmängel, mangelnde Geschäftsfähigkeit oder fehlende Vertretungsbefugnis einer der Leiharbeitsvertragsparteien[8]. Eine bestimmte zeitliche Grenze, nach der die gesetzl. Fiktion eintreten kann, sieht das Gesetz nicht vor. Die Beschäftigung als LeihArbN auch für die Dauer von nur einem Monat reicht aus[9]. Durch das Verbot einer AÜ in Betriebe des Baugewerbes nach § 1b wird die Rechtsfolge von Abs. 1 nicht ausgeschlossen, dh. die gesetzl. Fiktion greift auch in diesen Fällen ein, wenn es an der erforderlichen Erlaubnis fehlt[10]. Ist der Verleiher hingegen im Besitz einer Erlaubnis zur AÜ, führt eine – allein – nach § 1b S. 1 unzulässige AÜ in Betrieben des Baugewerbes nicht zu einem ArbVerh zwischen Entleiher und LeihArbN. Einer analogen Anwendung von Abs. 1 S. 1 steht entgegen, dass keine unbewusste, planwidrige Regelungslücke vorliegt[11]. Gleiches gilt nach zutreffender Rspr. des BAG bei einer nicht nur vorübergehenden Überlassung bei Vorliegen der AÜ-Erlaubnis[12]. Fehlt es an einer – ausdrücklichen oder stillschweigenden – Vereinbarung gem. § 613 S. 2 BGB zur Überlassung an einen Dritten, findet die Fiktion des Abs. 1 ebenfalls keine entsprechende Anwendung[13].

4   1. Beginn des Arbeitsverhältnisses (Abs. 1 S. 1). Das fingierte ArbVerh kommt in dem Zeitpunkt zustande, der zwischen dem Entleiher und dem Verleiher für den Beginn der Tätigkeit des LeihArbN vorgesehen war. Danach greift die Fiktion des § 10 grds. immer gleichzeitig mit der Unwirksamkeit nach § 9 Nr. 1 ein. Wenn die Verleiherlaubnis bereits bei Abschluss des Leiharbeitsvertrags fehlt, kommt es auf den Zeitpunkt an, der für den Beginn der Tätigkeit des LeihArbN vorgesehen war. Bei einem späteren Wegfall der Erlaubnis tritt die Unwirksamkeit des Leiharbeitsvertrags und die Fiktion des ArbVerh zwischen Entleiher und LeihArbN erst mit dem Wegfall der Verleiherlaubnis ein. Fehlt in dem AÜ-Vertrag eine Vereinbarung über den Zeitpunkt des Einsatzes des LeihArbN, ist der Zeitpunkt seiner tatsächlichen Arbeitsaufnahme maßgeblich[14].

5   Allerdings kommt das kraft gesetzl. Fiktion begründete ArbVerh zwischen dem Entleiher und dem LeihArbN nicht zustande, wenn die Beteiligten die AÜ in dem maßgeblichen Zeitpunkt auch noch tatsächlich durchführen wollen. Denn eine Bindung der Beteiligten für die Zukunft kann auf Grund der unwirksamen Vertragsbeziehungen zwischen den Beteiligten nicht eintreten. Nimmt der LeihArbN seine Arbeit beim Entleiher gar nicht erst auf, kommt ein fingiertes ArbVerh nicht zustande. Überlässt der Verleiher dem Entleiher einen anderen als den vorgesehenen LeihArbN, tritt die gesetzl. Fiktion nur in der Person des tatsächlich entsandten ArbN ein[15].

6   Für den **Eintritt der Fiktion** ist es ohne Bedeutung, ob die Beteiligten das Fehlen der Verleiherlaubnis kannten oder kennen mussten[16]. Das ArbVerh zwischen Entleiher und LeihArbN wird auch dann fingiert, wenn der Verleiher bei Abschluss der Verträge den Besitz einer Verleiherlaubnis vorspiegelt, deren späteren Wegfall nicht anzeigt oder wenn die Beteiligten der Überzeugung waren, es handele sich um einen Werk- oder Dienstvertrag[17]. Der Eintritt der Fiktion wird nicht dadurch gehindert, dass der Entleiher seinen Pflichten vollumfänglich nachgekommen ist[18].

---

1 LAG Köln 27.4.2007 – 4 Sa 1406/06. ||2 BAG 18.1.2012 – 7 AZR 723/10, ZTR 2012, 404. ||3 *Becker/Wulfgramm*, § 10 Rz. 10; *Schüren*, § 10 Rz. 41f.; *Thüsing/Mengel*, § 10 Rz. 6; aA LAG Hess. 6.3.2001 – 2/9 Sa 1246/00, NZA-RR 2002, 73. ||4 BAG 24.5.2006 – 7 AZR 365/05, EzAÜG § 10 AÜG Fiktion Nr. 114. ||5 BAG 24.5.2006 – 7 AZR 365/05, EzAÜG § 10 AÜG Fiktion Nr. 114. ||6 Offen lassend BAG 18.2.2003 – 3 AZR 160/02, DB 2003, 2181; 10.10.2007 – 7 AZR 448/06 – EzAÜG § 10 AÜG Verwirkung Nr. 4 mwN; bejahend noch BAG 30.1.1991 – 7 AZR 497/89, BAGE 67, 124; 19.3.2003 – 7 AZR 267/02, DB 2003, 2793. ||7 BAG 27.7.1983 – 5 AZR 194/81, NJW 1984, 997. ||8 *Schüren*, § 10 Rz. 34; *Thüsing/Mengel*, § 10 Rz. 5. ||9 LAG Düss. 25.8.2008 – 17 Sa 153/08, EzAÜG § 2 AÜG Erlöschensgründe Nr. 3. ||10 BAG 8.7.1998 – 10 AZR 274/97, NZA 1999, 493; LAG Hess. 20.1.2010 – 18 Sa 1339/09. ||11 BAG 13.12.2006 – 10 AZR 674/05, MDR 2007, 593. ||12 BAG 10.12.2013 – 9 AZR 51/13; *Steinmeyer*, DB 2013, 2740 (2744); aA zB LAG Rh.-Pf. 1.8.2013 – 11 Sa 112/13; im Einzelnen *Brors*, ArbuR 2013, 108 (113). ||13 LAG Düss. 27.8.2007 – 17 Sa 864/07. ||14 BAG 10.2.1977 – 2 ABR 80/76, NJW 1977, 1413. ||15 *Schüren*, § 10 Rz. 36. ||16 BGH 8.11.1979 – VII ZR 337/78, BGHZ 75, 299; LSG München 7.8.2008 – L 9 AL 63/03, EzAÜG § 10 AÜG Fiktion Nr. 122. ||17 *Sandmann/Marschall/Schneider*, § 10 Anm. 5. ||18 LAG Düss. 25.8.2008 – 17 Sa 153/08, EzAÜG § 2 AÜG Erlöschensgründe Nr. 3.

Der wegen fehlender Verleiherlaubnis unwirksame Leiharbeitsvertrag begründet zwischen dem Verleiher und dem LeihArbN bis zu dem Zeitpunkt der vorgesehenen Aufnahme der Tätigkeit beim Entleiher lediglich ein fehlerhaftes ArbVerh. Fällt die Verleiherlaubnis erst nach dem Abschluss des Arbeitsvertrags weg, besteht bis zu diesem Zeitpunkt ein wirksames und erst danach ein fehlerhaftes LeihArbVerh[1]. Fällt die Verleiherlaubnis dagegen erst nach Beginn der Arbeitsaufnahme beim Entleiher weg, entsteht das fingierte ArbVerh zwischen LeihArbN und Entleiher erst in diesem Zeitpunkt. In den Fällen des Widerrufs, der Rücknahme oder der Nichtverlängerung der Verleiherlaubnis gilt dies jedoch erst nach Ablauf der gesetzl. vorgesehenen Abwicklungsfrist in § 2 IV 4. Erhält der Verleiher die Erlaubnis erst nach dem Eintritt der gesetzl. Fiktion, werden deren Rechtsfolgen dadurch nicht wieder beseitigt[2]. 7

2. Dauer des Arbeitsverhältnisses (Abs. 1 S. 2). Wenn die Tätigkeit des LeihArbN bei dem Entleiher nur befristet vorgesehen war und ein die Befristung des ArbVerh sachlich rechtfertigender Grund vorlag, gilt auch das fingierte ArbVerh zwischen dem Entleiher und dem LeihArbN als befristet. Damit fingiert das Gesetz eine Ausnahme zu dem Grundsatz in Abs. 1 S. 4, nach dem nicht nur für den Inhalt, sondern auch für die Dauer des fingierten ArbVerh die für den Betrieb des Entleihers geltenden Vorschriften und sonstigen Regelungen maßgeblich sind. 8

Die **Fiktion der Befristung** des ArbVerh zwischen dem Entleiher und dem LeihArbN setzt kumulativ eine Befristungsabrede zwischen Entleiher und Verleiher sowie einen sachlich rechtfertigenden Grund für diese Befristungsabrede voraus. Ursprünglich knüpfte das Gesetz dabei an die Rspr. des BAG zur Wirksamkeit von Befristungen an[3]. Die Prüfung des sachlichen Grundes richtet sich nach § 14 I TzBfG[4]. Eine Rechtfertigung der Befristung des fingierten ArbVerh gem. § 14 II–III TzBfG, dh. ohne Sachgrund, kommt wegen der klaren Regelung des Abs. 1 S. 2 nicht in Betracht[5]. Zur Wirksamkeit der Befristung bedarf es nicht der Schriftform des § 14 IV TzBfG[6]. 9

Liegt ein **sachlicher Grund** für die Befristung des AÜ-Vertrags vor, endet nach Abs. 1 S. 2 auch das fingierte ArbVerh zwischen dem Entleiher und dem LeihArbN zu dem vereinbarten Zeitpunkt. Fehlt es an einer wirksamen Befristungsabrede, kommt ein unbefristetes ArbVerh zwischen Entleiher und LeihArbN zustande. Zeitbefristungen im AÜ-Vertrag gleichgestellt sind Zweckbefristungen[7]. Wird der Einsatz des LeihArbN über den im AÜ-Vertrag vereinbarten Zeitraum hinaus fortgesetzt, gilt das fingierte ArbVerh zwischen dem Entleiher und LeihArbN gem. § 15 V TzBfG als auf unbestimmte Zeit abgeschlossen[8]. IÜ kann das fingierte ArbVerh zwischen dem Entleiher und dem LeihArbN nach den allg. Grundsätzen durch den Abschluss eines Aufhebungsvertrags oder die Erklärung einer Kündigung beendet werden[9]. Zu beachten ist, dass bei einem befristeten ArbVerh die ordentl. Kündigung mangels anderer Abrede ausgeschlossen ist (§ 15 III TzBfG)[10]. 10

3. Arbeitszeit (Abs. 1 S. 3). Für das fingierte ArbVerh zwischen Entleiher und LeihArbN gilt die Arbeitszeit als vereinbart, die zwischen dem Verleiher und dem Entleiher im AÜ-Vertrag vorgesehen war. Wiederum handelt es sich um eine Ausnahme von dem Grundsatz in Abs. 1 S. 4, nach dem sich der Inhalt des fingierten ArbVerh nach den im Betrieb des Entleihers geltenden Vorschriften und sonstigen Regelungen richtet. Die **Fiktion der vereinbarten Arbeitszeit** erstreckt sich auf die zwischen Entleiher und Verleiher vereinbarte Tageszeit, während der der LeihArbN zum Einsatz kommen sollte. Nur so kann der LeihArbN dem Gesetzeszweck entsprechend vor unvorhersehbaren Änderungen seiner vertragl. Pflichten geschützt werden[11]. Allerdings kann die Bindung des Entleihers an die Arbeitszeitregelungen in dem AÜ-Vertrag nicht weiter reichen als die des Verleihers im Rahmen des LeihArbVerh. 11

Grds. kann der Verleiher die Lage der Arbeitszeit gem. § 106 S. 1 GewO innerhalb der durch TV oder BV gezogenen Grenzen einseitig bestimmen. Durch die Fiktion des ArbVerh zwischen dem Entleiher und dem LeihArbN steht dieses Recht dem Entleiher zu[12]. Eine Beschränkung dieses Rechts muss ausdrücklich im Leiharbeitsvertrag vereinbart werden und entsteht nicht bereits dadurch, dass der Verleiher seine betriebsübliche Arbeitszeit zum Gegenstand des Leiharbeitsvertrags macht[13]. 12

4. Übriger Inhalt des Arbeitsverhältnisses (Abs. 1 S. 4). Grds. gelten für den Inhalt des fingierten ArbVerh zwischen dem LeihArbN und dem Entleiher die für dessen Betrieb geltenden Vorschriften und sonstigen Regelungen. Fehlt es daran, gelten die Vorschriften und Regelungen für vergleichbare Betriebe. Zu den Vorschriften und sonstigen Regelungen gehören alle einschlägigen arbeitsrechtl. Gesetze und VO, TV, BV und die betriebl. Übung im Entleiherbetrieb. Insoweit schreibt das Gesetz die Gleichbehandlung des LeihArbN mit den übrigen ArbN des Entleihers fest. 13

---

1 *Becker/Wulfgramm*, § 10 Rz. 14, 15. ||2 LAG Schl.-Holst. 6.4.1984 – 3 (4) Sa 597/82, EzAÜG § 10 AÜG Fiktion Nr. 35. ||3 BT-Drs. VI/2303, 14. ||4 LAG Bremen 11.6.2008 – 2 Sa 111/07, EzAÜG § 10 AÜG Fiktion Nr. 123; *Boemke/Lembke*, § 10 Rz. 52; s.a. *Böhm*, RdA 2005, 360 ff. ||5 *Thüsing/Mengel*, § 10 Rz. 43. ||6 *Ulber*, § 10 Rz. 26. ||7 ArbG Oberhausen 9.4.1985 – 2 Ca 83/85, EzAÜG § 10 AÜG Fiktion Nr. 38. ||8 LAG BW 19.10.1984 – 7 Sa 28/84, EzAÜG § 10 AÜG Fiktion Nr. 33. ||9 LAG Düss. 25.8.2008 – 17 Sa 153/08, EzAÜG § 2 AÜG Erlöschensgründe Nr. 3. ||10 *Boemke/Lembke*, § 10 Rz. 57; *Thüsing/Mengel*, § 10 Rz. 44. ||11 *Becker/Wulfgramm*, § 10 Rz. 19. ||12 *Schüren*, § 10 Rz. 89. ||13 BAG 23.6.1992 – 1 AZR 57/92, NZA 1993, 89.

14 Das betrifft seine **Vergütung** ebenso wie alle übrigen Arbeitsbedingungen. Auch fortlaufende Sozialleistungen kann der LeihArbN unter dem Gesichtspunkt der Gleichbehandlung verlangen. Ist nur der Entleiher tarifgebunden, gelten gem. § 3 II TVG für den LeihArbN nur die tarifl. Normen über betriebliche und betriebsverfassungsrechtl. Fragen. Die übrigen Bestimmungen der einschlägigen TV gelten nach § 3 I TVG nur, wenn sowohl der Entleiher als auch der LeihArbN tarifgebunden sind[1]. Sieht eine für den Entleiherbetrieb verbindliche Kollektivregelung Ausschlussfristen für Ansprüche auf Arbeitsentgelt vor, beginnen diese Fristen für den LeihArbN erst in dem Zeitpunkt, in dem der Entleiher seine ArbGebStellung eingeräumt hat[2].

15 Das kraft gesetzl. Fiktion begründete ArbVerh steht einem durch einen normalen Arbeitsvertrag begründeten ArbVerh in jeder Hinsicht gleich. Der Entleiher hat, weil er kraft gesetzl. Anordnung ArbGeb ist, den GesamtSozV-Beitrag des LeihArbN zu entrichten[3]. Die Beendigung erfolgt nach den allg. arbeitsrechtl. Beendigungstatbeständen, wie zB durch Kündigung. Die nachträgliche AÜ-Genehmigung hat keinen Einfluss auf den Bestand des ArbVerh[4]. Vereinbaren Entleiher und LeihArbN allerdings einen neuen Arbeitsvertrag, wandelt sich das fingierte ArbVerh in ein normales ArbVerh um[5]. Hierbei ist § 623 BGB zu beachten[6].

16 Nach Ablauf der Wartezeit erwirbt der LeihArbN auch den Anspruch auf **Kündigungsschutz** nach § 1 KSchG. Für die Erfüllung dieser Wartezeit sind indessen nur die Zeiten des fingierten ArbVerh anzurechnen, nicht jedoch die Zeiten, in denen der LeihArbN vor Eintritt der Fiktion des ArbVerh beim Entleiher beschäftigt war[7].

17 5. **Mindestarbeitsentgelt (Abs. 1 S. 5).** Im Rahmen des fingierten ArbVerh kann der LeihArbN von dem Entleiher mindestens das Arbeitsentgelt verlangen, das er im Rahmen des Leiharbeitsvertrags mit dem Verleiher vereinbart hatte. Dieser Mindestvergütungsanspruch des LeihArbN steht ihm für die Zeit zu, in der die übliche Vergütung im Betrieb des Entleihers niedriger liegt[8]. Unter den Begriff des Arbeitsentgelts fallen **alle Vergütungsbestandteile**, die als Gegenleistung für die Arbeit des LeihArbN angesehen werden können[9]. Sind der Entleiher und der LeihArbN tarifgebunden, kann der LeihArbN das tarifl. vorgesehene Entgelt beanspruchen. Zahlt der Entleiher an seine StammArbN übertarifl. Löhne, kann der LeihArbN den gleichen Lohn im Wege der Gleichbehandlung beanspruchen. Liegt das mit dem Verleiher vereinbarte Arbeitsentgelt des LeihArbN höher, richten sich danach auch die Beiträge, die der Entleiher an gemeinsame Einrichtungen der TV-Parteien abzuführen hat[10]. Als vertragl. mit dem Verleiher vereinbartes Arbeitsentgelt gilt bei Tarifbindung von Verleiher und LeihArbN der für das LeihArbVerh vorgeschriebene Tariflohn[11].

18 **III. Pflicht des Verleihers zum Schadensersatz (Abs. 2).** Ist der Leiharbeitsvertrag nach § 9 Nr. 1 unwirksam, kann der LeihArbN von dem Verleiher Ersatz des Schadens verlangen, den er dadurch erleidet, dass er auf die Gültigkeit des Vertrags vertraut, es sei denn, er kannte den Grund für dessen Unwirksamkeit. Mit dieser Regelung wollte der Gesetzgeber dem Umstand Rechnung tragen, dass anstelle des in Aussicht genommenen Leiharbeitsvertrags ein völlig neues ArbVerh mit dem Entleiher zu möglicherweise stark abweichenden Bedingungen entsteht. Denn das fingierte ArbVerh stellt keineswegs in allen Fällen ein angemessenes Äquivalent für die gesetzl. angeordnete Unwirksamkeit des Leiharbeitsvertrags dar[12]. Allerdings kommt es in der Praxis selten zu Vermögenseinbußen auf Seiten des LeihArbN, die nicht bereits durch seinen Vergütungsanspruch aus dem fehlerhaften LeihArbVerh abgedeckt werden[13].

19 Der Schadensersatzanspruch setzt voraus, dass die Unwirksamkeit des Leiharbeitsvertrags gerade auf § 9 Nr. 1 beruht. Daher führt nicht jeder Grund für eine Unwirksamkeit des Leiharbeitsvertrags zur Schadensersatzpflicht des Verleihers nach Abs. 2. Auch nach dem Gesetzeszweck ist es nicht geboten, den Verleiher für jede Fehlerhaftigkeit des Leiharbeitsvertrags einstehen zu lassen[14]. Allerdings kann die Unwirksamkeit des Leiharbeitsvertrags sowohl darauf beruhen, dass der Verleiher bereits bei Vertragsabschluss über keine Verleiherlaubnis verfügte, als auch darauf, dass die ursprünglich vorhandene Erlaubnis im Verlauf des LeihArbVerh wegfällt. In letzterem Fall greift die Schadensersatzpflicht erst ein, wenn die Rechtswirkungen der Verleiherlaubnis enden, im Fall ihrer Rücknahme, ihres Widerrufs oder ihrer Nichtverlängerung erst nach Ablauf der gesetzl. vorgesehenen Abwicklungsfristen.

20 Die Schadensersatzpflicht des Verleihers ist gem. Abs. 2 S. 2 nur dann ausgeschlossen, wenn der LeihArbN **positive Kenntnis** von dem Grund für die Unwirksamkeit des Leiharbeitsvertrags hatte. Allgemeine Vermutungen, Zweifel an der Legalität und selbst grob fahrlässige Unkenntnis des LeihArbN vom Fehlen der Verleiherlaubnis lassen die Schadensersatzpflicht nicht entfallen[15]. Danach musste der

---

1 ErfK/*Wank*, § 10 AÜG Rz. 15. ||2 BAG 27.7.1983 – 5 AZR 194/81, DB 1984, 54; LAG Rh.-Pf. 19.10.1999 – 10 Ta 175/99, NZA-RR 2000, 523. ||3 BGH 2.12.2004 – IX ZR 200/03, NJW 2005, 884; LSG NRW 27.7.2009 – L 8 B 5/09 R ER. ||4 LAG Schl.-Holst. 19.7.2012 – 5 Sa 474/11. ||5 BAG 19.12.1979 – 4 AZR 901/77, BB 1980, 1377. ||6 Thüsing/*Mengel*, § 10 Rz. 17. ||7 BAG 10.5.1989 – 7 AZR 450/88, DB 1990, 280; Thüsing/*Mengel*, § 10 Rz. 25, 46. ||8 BAG 21.7.1993 – 5 AZR 554/92, NZA 1994, 217. ||9 *Schüren*, § 10 Rz. 96. ||10 LAG Hess. 7.6.1993 – 16 Sa 137/93, EzAÜG § 10 AÜG Fiktion Nr. 92. ||11 ErfK/*Wank*, § 10 AÜG Rz. 14. ||12 BT-Drs. VI/2303, 14. ||13 *Schüren*, § 10 Rz. 145; vgl. aber BAG 28.8.2013 – 10 AZR 185/12 (A). ||14 BT-Drs. VI/2303, 19; *Sandmann/Marschall/Schneider*, § 10 Anm. 24. ||15 *Schüren*, § 10 Rz. 196.

LeihArbN wissen, dass er im Rahmen einer AÜ eingesetzt wurde, für die der Verleiher einer Erlaubnis bedurfte, und dass diese Erlaubnis dem Verleiher bereits bei Vertragsabschluss fehlte oder im Verlauf des Leiharbeitsvertrags weggefallen war.

Der LeihArbN kann vom Verleiher als Schadensersatz die Herstellung der Vermögenslage verlangen, die bestehen würde, wenn er den unwirksamen Leiharbeitsvertrag nicht eingegangen wäre und seine Arbeitskraft anderweitig eingesetzt hätte. Damit umfasst der Schadensersatzanspruch gem. Abs. 2 den **Vertrauensschaden ohne Begrenzung auf das Erfüllungsinteresse** wie etwa in §§ 122 I, 179 II BGB. 21

Dementsprechend hätte der Verleiher auch die Vermögenseinbußen des LeihArbN zu ersetzen, die diesem entstehen, wenn er anstatt des LeihArbVerh eine höher dotierte Stelle angetreten hätte[1]. Der Anspruch des LeihArbN umfasst auch die Schäden, die er erleidet, weil der Entleiher seinen Verpflichtungen nach Abs. 1 nicht nachkommt[2]. Ferner sind die Schäden zu ersetzen, die dem LeihArbN dadurch entstehen, dass sein LeihArbVerh kraft Gesetzes endet. Der LeihArbN hat gegen den Verleiher auch einen Anspruch auf Auskunft über die Tatsachen, die er zur Durchsetzung etwaiger Ansprüche benötigt. Dazu genügt bereits der Verdacht auf eine unerlaubte AÜ[3]. 22

Ersatzfähige Schäden können dem LeihArbN auch dadurch entstehen, dass er es im Vertrauen auf die Wirksamkeit des Leiharbeitsvertrags unterlassen hat, seine Ansprüche ggü. dem Entleiher rechtzeitig, ggf. unter Beachtung tarifvertragl. Ausschlussfristen, schriftl. oder gerichtl. geltend zu machen[4]. Dabei ist allerdings zu berücksichtigen, dass die Verfallfristen für den Entgeltanspruch des LeihArbN nach Abs. 1 erst zu laufen beginnen, wenn der Entleiher seine Schuldnerstellung eingeräumt hat[5]. Da der Schadensersatzanspruch gegen den Verleiher auch den Lohnanspruch des LeihArbN umfasst und damit an dessen Stelle tritt, erwirbt der LeihArbN im Fall der Insolvenz des Verleihers einen Anspruch auf Insolvenzgeld nach § 165 SGB III[6]. Wird der Entleiher insolvent, haftet der Verleiher nach Abs. 2, wenn der LeihArbN es in Unkenntnis des fingierten ArbVerh unterlässt, seinen Anspruch auf Insolvenzgeld innerhalb der gesetzl. Ausschlussfrist geltend zu machen[7]. 23

IV. Gesamtschuldnerische Haftung von Verleiher und Entleiher (Abs. 3). Ist ein Leiharbeitsvertrag nach § 9 Nr. 1 unwirksam, zahlt der Verleiher aber gleichwohl das vereinbarte Arbeitsentgelt ganz oder teilweise an den LeihArbN, haftet er neben dem Entleiher als **Gesamtschuldner auch für sonstige Teile des Arbeitsentgelts**, die bei einem wirksamen Leiharbeitsvertrag an einen anderen zu zahlen wären. Diese sonstigen Teile des Arbeitsentgelts umfassen die Beiträge zur gesetzl. KV, RV und ArblV, die Beiträge zur gesetzl. UnfallV, die LSt und ESt, die Beiträge zu einer freiwilligen höheren RV oder KV des LeihArbN, Beiträge zu seiner betrAV oder vermögenswirksame Leistungen sowie gepfändete oder abgetretene Teile seines Arbeitslohns. Dabei gelten für die Abführung des GesamtSozV-Beitrags die Sondervorschrift des § 28e II SGB IV[8] und für die LSt die Sondervorschrift des § 42d VI EStG neben Abs. 3. 24

Nach seinem Wortlaut setzt die Haftung des Verleihers voraus, dass er trotz der Unwirksamkeit des Leiharbeitsvertrags das Arbeitsentgelt an den LeihArbN ganz oder teilweise ausgezahlt hat. Dabei ging der Gesetzgeber wegen der Unwirksamkeit des Leiharbeitsvertrags davon aus, dass der illegale Verleiher zur Zahlung einer Vergütung an sich nicht verpflichtet war[9]. 25

Tatsächlich erwachsen jedoch aus einem unwirksamen, aber gleichwohl vollzogenen LeihArbVerh jedenfalls für die Zeit dieses Vollzugs wechselseitige Ansprüche wie in einem wirksamen ArbVerh. Daher muss sich die Haftung des Verleihers iSd. Abs. 3 auch auf den Zeitraum erstrecken, in dem das unwirksame LeihArbVerh tatsächlich vollzogen wurde, ohne dass es darauf ankommt, ob er an den LeihArbN bisher tatsächlich ein Arbeitsentgelt gezahlt hat[10]. 26

Bei illegaler AÜ ist die Durchsetzung der Haftung des Entleihers für die SozV-Beiträge dann schwierig, wenn die Namen der LeihArbN nicht feststehen. Nach § 28f II SGB IV kann die Einzugsstelle den GesamtSozV-Beitrag deswegen nach der Summe der insg. gezahlten Arbeitsentgelte berechnen. Auf Grund der gesamtschuldnerischen Haftung von Entleiher und Verleiher hat die Einzugsstelle darüber hinaus die Wahl, an welchen der beiden Beteiligten sie sich wenden will[11]. 27

V. Anspruch des LeihArbN auf Gleichstellung; ArbGeb-Pflichten des Entleihers (Abs. 4). In Anknüpfung an § 3 I Nr. 3, § 3a und § 9 Nr. 2 schreibt Abs. 4 zunächst gestaffelt die ArbGeb-Pflichten des Entleihers fest. Abs. 4 S. 1 schreibt den verfassungsgemäßen[12] und europarechtskonformen[13] **Grundsatz** fest. Der Verleiher ist verpflichtet, dem LeihArbN die im Betrieb des Entleihers für einen vergleichbaren ArbN des Entleihers geltenden wesentlichen Arbeitsbedingungen einschl. des Arbeitsentgelts zu gewähren. Während § 3 I Nr. 3 einen gewerberechtl. Untersagungstatbestand regelt und § 9 Nr. 2 einen Un- 28

---

1 *Schüren*, § 10 Rz. 200. ||2 *Becker/Wulfgramm*, § 10 Rz. 45. ||3 BAG 11.4.1984 – 5 AZR 316/82, NZA 1984, 161. ||4 *Sandmann/Marschall/Schneider*, § 10 Anm. 26. ||5 BAG 27.7.1983 – 5 AZR 194/81, DB 1984, 54. ||6 BSG 20.3.1984 – 10 RAr 11/83, BSGE 56, 211. ||7 *Becker/Wulfgramm*, § 10 Rz. 45a. ||8 Hierzu zB LSG BW 16.10.2012 – L 11 KR 19/11; LSG NRW 19.12.2012 – L8 R 289/12 B ER. ||9 BT-Drs. X/318, 53. ||10 *Schüren*, § 10 Rz. 222. ||11 *Sandmann/Marschall/Schneider*, § 10 Anm. 26b. ||12 BVerfG 29.12.2004 – 1 BvR 2283/03, NZA 2005, 153. ||13 BAG 13.3.2013 – 5 AZR 954/11, NZA 2013, 680.

wirksamkeitsgrund, handelt es sich bei Abs. 4 S. 1 um die gesetzl. Anordnung einer rechtl. Verpflichtung des Entleihers iS einer Anspruchsgrundlage, dh. einen die vertragl. Vergütungsabrede korrigierenden gesetzl. Entgeltanspruch[1]. Greift kein Ausnahmetatbestand ein, kann der LeihArbN unmittelbar aus Abs. 4 S. 1 vom Verleiher die wesentlichen gleichen Arbeitsbedingungen verlangen. Es handelt sich dabei um einen Mindestschutz. Dieser gesetzl. Anspruch ist subsidiär ggü. günstigeren tarifl. Ansprüchen, die ein tarifgebundener Verleiher nicht erfüllt[2]. Wegen der einzelnen Voraussetzungen des Gleichstellungsanspruchs, insb. der Begriffe der wesentlichen Arbeitsbedingungen und des Arbeitsentgelts, sowie wegen des Vergleichsmaßstabes vgl. § 3 Rz. 28 ff. Zur Ermittlung der Höhe des Anspruchs auf gleiches Arbeitsentgelt nach Abs. 4 S. 1 ist ein **Gesamtvergleich** der Entgelte im Überlassungszeitraum anzustellen[3]. Echter – auch pauschalierter – Aufwendungsersatz ist dabei nicht zu berücksichtigen[4]. Der Anspruch des LeihArbN auf gleiches Arbeitsentgelt nach Abs. 4 entsteht mit der Überlassung und wird zu dem im Arbeitsvertrag für die Vergütung bestimmten Zeitpunkt **fällig**[5]. Der Grundsatz des Abs. 4 S. 1 gilt auch dann, wenn eine Vereinbarung zwischen LeihArbN und Verleiher gem. § 9 Nr. 2 unwirksam ist (Abs. 4 S. 4), was auch dann der Fall ist, wenn ein Verstoß gegen die Drehtürklausel vorliegt. Es handelt sich bei Abs. 4 nicht um ein Schutzgesetz iSv. § 823 II BGB[6].

29 Von dem Grundsatz der rechtl. Verpflichtung zur Gleichbehandlung ist eine **Ausnahme** für den Fall vorgesehen, dass ein – wirksamer – **TV gem. § 3 I Nr. 3, 9 Nr. 2** eine abweichende Regelung trifft (Abs. 4 S. 2). Zu den Voraussetzungen der Abweichungen durch TV s. § 3 Rz. 36 ff. Ist der abweichende TV aufgrund **mangelnder Tariffähigkeit einer TV-Partei** unwirksam, ist der TV von Anfang an unwirksam und deshalb von Anfang an nicht geeignet, den Ausnahmetatbestand des Abs. 4 S. 2 iVm. § 9 Nr. 2 zu erfüllen. Der ArbN behält den Anspruch auf gleiche Arbeitsbedingungen, insb. gleiches Arbeitsentgelt gem. Abs. 4 S. 1[7]. Vertrauensschutz der Verleiher in die Tariffähigkeit der CGZP hat das BAG dabei verneint[8]. Voraussetzung für die Anwendung des Ausnahmetatbestandes ist iÜ, dass der TV nach den allg. Grundsätzen – sei es durch Tarifbindung, einzelvertragl. Bezugnahme, betriebl. Übung, etc. – auf das ArbVerh Anwendung findet. Ist dies der Fall, wird dieser Anspruch durch Abs. 4 S. 2 zusätzlich als gesetzl. Anspruch ausgestaltet. **Unterschreitet der TV die Mindeststundenentgelte gem. § 3a II** (vgl. dazu die Komm. zu § 3a), ist der Verleiher kraft Gesetzes verpflichtet, dem LeihArbN für jede Arbeitsstunde das im Betrieb des Entleihers für einen vergleichbaren ArbN des Entleihers für eine Arbeitsstunde zu zahlende Arbeitsentgelt zu gewähren (Abs. 4 S. 3). Die Wirksamkeit des TV iÜ bleibt unberührt[9].

30 Macht ein **LeihArbN** ggü. seinem ArbGeb die vergleichbare Vergütung gem. Abs. 4 S. 1, 4 klageweise geltend, ist er nach allg. Grundsätzen **darlegungs- und beweispflichtig für die Höhe des Anspruchs**[10]. Er genügt seiner Darlegungslast zunächst, wenn er eine **Auskunft** des entleihenden Unternehmens über den dort gezahlten Vergleichslohn **gem. § 13** vorlegt. Es ist dann Sache des LeihArbGeb, die Richtigkeit dieser Auskunft, insb. die Vergleichbarkeit der Tätigkeit oder die Höhe der dort bescheinigten Vergütung substantiiert zu bestreiten[11]. Trägt er nichts vor oder lässt er sich nicht substantiiert ein, gilt der Inhalt der vom LeihArbN vorgetragenen Auskunft als zugestanden[12]. Ein Bestreiten des Entleihers mit Nichtwissen kommt im Hinblick auf seine Informationspflicht aus § 12 I 3 nicht in Betracht[13]. Gelingt es dem Verleiher, die Auskunft des Entleihers zu erschüttern, bleibt es bei dem Grundsatz, dass der Anspruchsteller die anspruchsbegründenden Tatsachen darlegen und beweisen muss[14]. In diesem Fall oder, wenn der LeihArbN von vornherein keine Auskunft gem. § 13 vorlegt, muss er zur Darlegung des Anspruchs auf gleiches Arbeitsentgelt alle für dessen Berechnung erforderlichen Tatsachen vortragen. Dazu gehören vorrangig die Benennung eines vergleichbaren StammArbN und das diesem vom Entleiher gewährte Arbeitsentgelt. Beruft sich der LeihArbN – alternativ – auf ein allg. Entgeltschema, hat er nicht nur dessen Inhalt, sondern auch darzulegen, dass ein solches im Betrieb des Entleihers im Überlassungszeitraum tatsächlich Anwendung fand und wie er danach fiktiv einzugruppieren gewesen wäre[15].

31 Für diesen Anspruch gelten die mit dem Verleiher – wirksam – vereinbarten oder kraft Tarifbindung bei diesem geltenden Ausschlussfristen[16]. Die Anwendung von **Ausschlussfristen** und der Verjährungseinrede auf den Anspruch aus Abs. 4 ist in den Einzelheiten äußerst umstritten[17]. Das **BAG** geht hierbei von folgenden Grundsätzen aus: (1) Eigenständige und wirksame Ausschlussfristen (zur AGB-Kontrolle allg. Anh. §§ 305–310 BGB Rz. 7 ff.) können den Anspruch aus Abs. 4 S. 1 erfassen[18]. (2) Da eine Ausschlussfrist dem Gläubiger aber eine faire Chance lassen muss, seine Ansprüche durchzusetzen,

---

1 BAG 13.3.2013 – 5 AZR 146/12, NZA 2013, 1498. || 2 *Schüren*, § 10 Rz. 232; s.a. BAG 19.9.2007 – 4 AZR 656/06, NZA-RR 2008, 231. || 3 BAG 23.3.2011 – 5 AZR 7/10, DB 2011, 1526; 13.3.2013 – 5 AZR 294/12, NZA 2013, 1226. || 4 BAG 13.3.2013 – 5 AZR 294/12, NZA 2013, 1226. || 5 BAG 13.3.2013 – 5 AZR 954/11, NZA 2013, 680; 13.3.2013 – 5 AZR 424/12, NZA 2013, 785. || 6 BAG 13.3.2013 – 5 AZR 954/11, NZA 2013, 680. || 7 BAG 13.3.2013 – 5 AZR 146/12, NZA 2013, 1498; 13.3.2013 – 5 AZR 294/12, NZA 2013, 1226. || 8 BAG 13.3.2013 – 5 AZR 146/12, NZA 2013, 1498; 13.3.2013 – 5 AZR 294/12, NZA 2013, 1226. || 9 BT-Drs. 17/5238, 16. || 10 BAG 13.3.2013 – 5 AZR 146/12, NZA 2013, 1498. || 11 BAG 19.9.2007 – 4 AZR 656/06, NZA-RR 2008, 231; 23.3.2011 – 5 AZR 7/10, DB 2011, 1526. || 12 BAG 13.3.2013 – 5 AZR 146/12, NZA 2013, 1498; 13.3.2013 – 5 AZR 294/12, NZA 2013, 1226. || 13 LAG Düss. 21.6.2012 – 13 Sa 319/12, LAGE § 9 AÜG Nr. 9; LAG Köln 16.1.2013 – 3 Sa 744/12; anders wohl LAG Schl.-Holst 14.5.2013 – 1 Sa 392/13. || 14 BAG 13.3.2013 – 5 AZR 146/12, NZA 2013, 1498. || 15 BAG 13.3.2013 – 5 AZR 146/12, NZA 2013, 1498. || 16 BAG 23.3.2011 – 5 AZR 7/10, DB 2011, 1526; aA *Ulber*, § 10 Rz. 143. || 17 Ausf. *Betz*, NZA 2013, 350; *Boemke/Lembke*, § 9 Rz. 316 ff.; *Brors*, NZA 2010, 1385; *Stoffels*, NZA 2011, 1057. || 18 BAG 13.3.2013 – 5 AZR 954/11, NZA 2013, 680.

muss die erste Stufe einer arbeitsvertragl. Ausschlussfristenregelung im LeihArbVerh es zulassen, dass eine schriftl. Geltendmachung des Anspruchs aus Abs. 4 „dem Grunde nach" ausreicht[1]. Nur unter dieser Voraussetzung kann eine Ausschlussfrist dem aus dem Unionsrecht abgeleiteten Grundsatz der Effektivität des Rechtsschutzes genügen[2]. (3) Eine Ausschlussfristenregelung in einem unwirksamen CGZP-TV wird nicht kraft Bezugnahme als AGB Bestandteil des Arbeitsvertrags[3]. (4) Die Bezugnahme auf einen mehrgliedrigen TV der Leiharbeitsbranche ist intransparent. Eine Bezugnahmeklausel, mit der mehrere eigenständige tarifl. Regelwerke gleichzeitig auf das ArbVerh zur Anwendung gebracht werden sollen, bedarf zur Gewährleistung ihrer hinreichenden Bestimmtheit einer Kollisionsregel, der sich entnehmen lässt, welches der mehreren in Bezug genommenen tarifl. Regelwerke bei sich widersprechenden Regelungen den Vorrang haben soll. Ist dies nicht der Fall, wird eine Ausschlussfrist in den einbezogenen TV aufgrund Intransparenz der Bezugnahme (§ 307 I 2 BGB) kein Vertragsbestandteil[4]. Über die vom BAG bereits anerkannten Grundsätze gilt weiter, dass Regelungen zu Ausschlussfristen in TV der AÜ-Branche regelmäßig den Anspruch auf gleiches Entgelt nicht erfassen[5]. Ob eine nachträglich vereinbarte Ausschlussfrist auch Ansprüche auf die gleiche Vergütung aus der Vergangenheit erfasst, ist eine Frage der Auslegung der vertragl. Abrede bzw. des TV[6]. Die im Entleiherbetrieb geltenden Ausschlussfristen muss der LeihArbN nicht einhalten[7]. Hinsichtlich der **Verjährung** geht das BAG davon aus, dass der LeihArbN die nach Abs. 4 ausreichende Kenntnis iSv. § 199 I 1 Nr. 2 BGB von einem Anspruch auf gleiches Entgelt besitzt, wenn er Kenntnis von der Tatsache hat, dass vergleichbare StammArbN des Entleihers mehr verdienen als er[8].

VI. Anspruch des LeihArbN auf das Mindeststundenentgelt (Abs. 5). Ist in einer Rechtsverordnung gem. § 3a II (vgl. dazu § 3a Rz. 3) das Mindeststundenentgelt festgesetzt, schreibt Abs. 5 die rechtl. Verpflichtung des Entleihers fest, dem LeihArbN dieses Entgelt für die Zeit der Überlassung aber auch für die überlassungsfreien Zeiten zu zahlen. Es handelt sich um eine Mindestsicherung, die subsidiär ggü. günstigeren tarifl. Ansprüchen. Ansprüchen, die ein tarifgebundener Verleiher nicht erfüllt, ist. Insoweit ist Abs. 5 aber unmittelbare Anspruchsgrundlage[9]. Die daraus folgende Vergütung ist auch zu zahlen, wenn das Mindeststundenentgelt höher ist als das Entgelt eines vergleichbaren StammArbN im Betrieb des Entleihers[10].

32

11 *Sonstige Vorschriften über das Leiharbeitsverhältnis*
(1) Der Nachweis der wesentlichen Vertragsbedingungen des Leiharbeitsverhältnisses richtet sich nach den Bestimmungen des Nachweisgesetzes. Zusätzlich zu den in § 2 Abs. 1 des Nachweisgesetzes genannten Angaben sind in die Niederschrift aufzunehmen:

1. Firma und Anschrift des Verleihers, die Erlaubnisbehörde sowie Ort und Datum der Erteilung der Erlaubnis nach § 1,
2. Art und Höhe der Leistungen für Zeiten, in denen der Leiharbeitnehmer nicht verliehen ist.

(2) Der Verleiher ist ferner verpflichtet, dem Leiharbeitnehmer bei Vertragsschluss ein Merkblatt der Erlaubnisbehörde über den wesentlichen Inhalt dieses Gesetzes auszuhändigen. Nichtdeutsche Leiharbeitnehmer erhalten das Merkblatt und den Nachweis nach Absatz 1 auf Verlangen in ihrer Muttersprache. Die Kosten des Merkblatts trägt der Verleiher.

(3) Der Verleiher hat den Leiharbeitnehmer unverzüglich über den Zeitpunkt des Wegfalls der Erlaubnis zu unterrichten. In den Fällen der Nichtverlängerung (§ 2 Abs. 4 Satz 3), der Rücknahme (§ 4) oder des Widerrufs (§ 5) hat er ihn ferner auf das voraussichtliche Ende der Abwicklung (§ 2 Abs. 4 Satz 4) und die gesetzliche Abwicklungsfrist (§ 2 Abs. 4 Satz 4 letzter Halbsatz) hinzuweisen.

(4) § 622 Abs. 5 Nr. 1 des Bürgerlichen Gesetzbuchs ist nicht auf Arbeitsverhältnisse zwischen Verleihern und Leiharbeitnehmern anzuwenden. Das Recht des Leiharbeitnehmers auf Vergütung bei Annahmeverzug des Verleihers (§ 615 Satz 1 des Bürgerlichen Gesetzbuchs) kann nicht durch Vertrag aufgehoben oder beschränkt werden; § 615 Satz 2 des Bürgerlichen Gesetzbuchs bleibt unberührt. Das Recht des Leiharbeitnehmers auf Vergütung kann durch Vereinbarung von Kurzarbeit für die Zeit aufgehoben werden, für die dem Leiharbeitnehmer Kurzarbeitergeld nach dem Dritten Buch Sozialgesetzbuch gezahlt wird; eine solche Vereinbarung kann das Recht des Leiharbeitnehmers auf Vergütung bis längstens zum 31. Dezember 2011 ausschließen.

(5) Der Leiharbeitnehmer ist nicht verpflichtet, bei einem Entleiher tätig zu sein, soweit dieser durch einen Arbeitskampf unmittelbar betroffen ist. In den Fällen eines Arbeitskampfes nach Satz 1 hat der Verleiher den Leiharbeitnehmer auf das Recht, die Arbeitsleistung zu verweigern, hinzuweisen.

---

1 BAG 13.3.2013 – 5 AZR 954/11, NZA 2013, 680. ‖2 Vgl. dazu LAG Düss. 29.8.2012 – 12 Sa 576/12; umfassend *Stoffels/Bieder*, RdA 2012, 27. ‖3 BAG 13.3.2013 – 5 AZR 294/12, NZA 2013, 1226; 25.9.2013 – 5 AZR 815/12; aA *Löwisch*, SAE 2013, 11. ‖4 BAG 13.3.2013 – 5 AZR 954/11, NZA 2013, 680. ‖5 Vgl. dazu LAG Düss. 29.8.2012 – 12 Sa 576/12. ‖6 Vgl. dazu zB LAG Rh-Pf. 29.11.2012 – 2 Sa 168/12; LAG München 13.3.2013 – 10 Sa 960/12; LAG Nürnberg 8.5.2013 – 4 Sa 565/12. ‖7 BAG 23.3.2011 – 5 AZR 7/10, DB 2011, 1526. ‖8 BAG 13.3.2013 – 5 AZR 424/12, NZA 2013, 785; 20.11.2013 – 5 AZR 776/12. ‖9 *Boemke/Lembke*, § 10 Rz. 137. ‖10 BT-Drs. 17/5238, 16.

(6) Die Tätigkeit des Leiharbeitnehmers bei dem Entleiher unterliegt den für den Betrieb des Entleihers geltenden öffentlich-rechtlichen Vorschriften des Arbeitsschutzrechts; die hieraus sich ergebenden Pflichten für den Arbeitgeber obliegen dem Entleiher unbeschadet der Pflichten des Verleihers. Insbesondere hat der Entleiher den Leiharbeitnehmer vor Beginn der Beschäftigung und bei Veränderungen in seinem Arbeitsbereich über Gefahren für Sicherheit und Gesundheit, denen er bei der Arbeit ausgesetzt sein kann, sowie über die Maßnahmen und Einrichtungen zur Abwendung dieser Gefahren zu unterrichten. Der Entleiher hat den Leiharbeitnehmer zusätzlich über die Notwendigkeit besonderer Qualifikationen oder beruflicher Fähigkeiten oder einer besonderen ärztlichen Überwachung sowie über erhöhte besondere Gefahren des Arbeitsplatzes zu unterrichten.

(7) Hat der Leiharbeitnehmer während der Dauer der Tätigkeit bei dem Entleiher eine Erfindung oder einen technischen Verbesserungsvorschlag gemacht, so gilt der Entleiher als Arbeitgeber im Sinne des Gesetzes über Arbeitnehmererfindungen.

1 **I. Normzweck.** Zum Schutz des LeihArbN enthält das Gesetz besondere Bestimmungen über den Inhalt und die Form des LeihArbVerh als Ergänzung zu den §§ 9, 10. Durch eine Reihe von Informations- und Hinweispflichten des Verleihers wird die Stellung des LeihArbN verbessert. Dazu wird dem Verleiher der Rückgriff auf einige arbeitsvertragl. Gestaltungsmöglichkeiten durch die Verkürzung von Kündigungsfristen oder die Abwälzung des Betriebsrisikos verwehrt. Im Fall von Arbeitskämpfen steht dem ArbN ein Leistungsverweigerungsrecht zu. Schließlich ist der Entleiher dem LeihArbN ggü. für die Einhaltung der öffentl.-rechtl. Arbeitsschutzvorschriften in seinem Betrieb und für Vergütungsansprüche verantwortlich, die dem LeihArbN auf Grund von Erfindungen oder technischen Verbesserungsvorschlägen im Entleiherbetrieb zustehen. Die Bestimmungen in § 11 gehen den Regelungen des NachwG vor[1].

2 Einstweilen frei.

3 **II. Nachweis der wesentlichen Vertragsbedingungen (Abs. 1).** Der Nachweis der wesentlichen Vertragsbedingungen des LeihArbVerh richtet sich gem. Abs. 1 S. 1 nach den Bestimmungen des NachwG. Nach § 2 I 1 NachwG muss der ArbGeb die wesentlichen Vertragsbedingungen schriftl. niederlegen, die Niederschrift unterzeichnen und sie dem ArbN aushändigen. § 11 I bezieht sich dabei auf die Vertragsbedingungen des LeihArbVerh, nicht aber auf die Arbeitsbedingungen beim Entleiher[2].

4 Hat der LeihArbN länger als einen Monat seine Arbeitsleistung außerhalb der Bundesrepublik Deutschland zu erbringen, muss ihm die Niederschrift bereits vor seiner Ausreise ausgehändigt werden. Sie muss gem. § 2 II NachwG zusätzliche Angaben enthalten. Neben der Dauer der im **Ausland** auszuübenden Tätigkeit ist die Währung aufzuführen, in der das Arbeitsentgelt gezahlt wird, sowie ein zusätzliches mit dem Auslandsaufenthalt verbundenes Arbeitsentgelt, etwaige zusätzliche Sachleistungen und die vereinbarten Bedingungen für die Rückkehr des ArbN. Darunter fallen ein vereinbarter Kaufkraftausgleich, eine Umzugskostenzusage sowie ein Anspruch auf Weiterbeschäftigung nach der Beendigung der Auslandstätigkeit[3].

5 Grds. ist für den Abschluss des Leiharbeitsvertrags **keine besondere Form** vorgeschrieben. Das LeihArbVerh kann demnach auch mündlich wirksam begründet werden. Dagegen muss der Nachweis über die wesentlichen Vertragsbedingungen schriftl. abgefasst werden, wobei die elektronische Form gem. § 2 I 3 NachwG ausdrücklich ausgeschlossen ist. Der Nachweis muss jedoch nicht in einer einheitlichen Urkunde erbracht werden, sondern kann durch die Aushändigung mehrerer Dokumente erfolgen. Ein Verstoß gegen die Verpflichtung nach Abs. 1 führt nicht zur Unwirksamkeit des Leiharbeitsvertrags. Es liegt jedoch eine Pflichtverletzung vor, aus der sich der Verleiher dem LeihArbN ggü. schadensersatzpflichtig (§ 280 I BGB; §§ 280 I, II, 286 BGB) machen kann[4]. Es handelt sich zudem um eine Ordnungswidrigkeit des Verleihers iSd. § 16 I Nr. 8[5]. Bereits das Fehlen einer im Gesetz vorgesehenen Angabe in der Urkunde führt zu einer Ordnungswidrigkeit. In schweren Fällen kommen die Nichtverlängerung oder der Widerruf der Erlaubnis in Betracht[6]. Haben die Parteien des Leiharbeitsvertrags weiter gehende Abreden getroffen, die zum Wesen des Vertragsinhalts gehören, sind diese auch in die Urkunde aufzunehmen[7]. Denn der Katalog des § 2 I 2 NachwG enthält nur Mindestangaben und ist keinesfalls abschließend.

6 Nach Abs. 1 S. 2 Nr. 1 sind in die Niederschrift **die Firma, die Anschrift des Verleihers, die Erlaubnisbehörde sowie Ort und Datum der Erteilung der Verleiherlaubnis** anzugeben. Zu dem vollen Firmennamen gehört bei einer GmbH & Co. KG auch der volle Name der Komplementär-GmbH[8]. Dagegen müssen die vertretungsberechtigten Personen nicht benannt werden[9]. Die Angaben über die Erteilung der Verleiherlaubnis sollen den LeihArbN vor den Folgen einer fehlenden Erlaubnis schützen. Dabei ist als Erlaubnisbehörde diejenige anzugeben, welche die Erlaubnis tatsächlich erteilt hat, selbst wenn deren Zuständigkeit streitig ist[10]. Anzugeben ist das Datum der zuletzt erteilten Erlaubnis.

---

1 *Sandmann/Marschall/Schneider*, § 11 Anm. 3; *Schüren*, § 11 Rz. 20; *Grüneberger*, NJW 1995, 2809; *Birk*, NZA 1996, 281; aA *Becker/Wulfgramm*, § 11 Rz. 5. ‖ **2** BAG 23.3.2011 – 5 AZR 7/10, DB 2011, 1526. ‖ **3** BAG 21.11. 1996 – 6 AZR 222/96, ZTR 1997, 465. ‖ **4** *Boemke/Lembke*, § 11 Rz. 96. ‖ **5** ArbG Stuttgart 18.3.1976 – 10 Ca 895/75, nv. ‖ **6** ErfK/*Wank*, § 11 AÜG Rz. 23. ‖ **7** *Schüren*, § 11 Rz. 28. ‖ **8** *Grüneberger*, NJW 1995, 2809. ‖ **9** *Sandmann/Marschall/Schneider*, § 11 Anm. 7. ‖ **10** *Thüsing/Mengel*, § 11 Rz. 28.

Nach Abs. 1 S. 2 Nr. 2 sind in die Niederschrift die **Art und Höhe der Leistungen** für Zeiten aufzunehmen, in denen der LeihArbN nicht verliehen ist. Da der Verleiher als ArbGeb grds. das Beschäftigungsrisiko trägt, muss die Niederschrift Angaben zu der Vergütung des LeihArbN für die Fälle enthalten, in denen er vorübergehend nicht an einen Entleiher überlassen werden kann. Allerdings bedarf es in diesem Zusammenhang keiner Angaben zu den Leistungen bei Krankheit, Urlaub, Feiertagen, Mutterschutz, Elternzeit oder persönlicher Verhinderung iSd. § 616 BGB. Soweit diese gesetzl. geregelten Leistungen im Rahmen des LeihArbVerh aber zulässigerweise eingeschränkt oder erweitert werden sollen, ist eine solche Abrede in die Niederschrift aufzunehmen. 7

Nach Abs. 1 S. 1 und § 2 I 2 Nr. 1 NachwG sind **die persönlichen Daten des LeihArbN** in die Niederschrift aufzunehmen, um dessen Person hinreichend zu individualisieren. Dabei kann es sich wegen der besonderen Pflichten des Verleihers ggü. ausländischen LeihArbN empfehlen, zusätzlich die Staatsangehörigkeit des LeihArbN aufzunehmen[1]. 8

Nach Abs. 1 S. 1 und § 2 I 2 Nr. 2 NachwG ist der **Beginn des LeihArbVerh** in die Niederschrift aufzunehmen. Dabei handelt es sich weder um den Zeitpunkt des Vertragsabschlusses noch um den Anfang der tatsächlichen Arbeitsaufnahme. Maßgeblich ist allein der vereinbarte Beginn der Laufzeit des LeihArbVerh[2]. 9

Nach Abs. 1 S. 1 und § 2 I 2 Nr. 3 NachwG ist bei **befristeten LeihArbVerh** deren vorhersehbare Dauer in die Niederschrift aufzunehmen. Der Angabe des Befristungsgrundes bedarf es dagegen nicht. Bei zweckbefristeten oder auflösend bedingten LeihArbVerh ist statt eines festen Termins der Zweck der Befristung oder die Bedingung im Einzelnen zu bezeichnen[3]. 10

Nach Abs. 1 S. 1 und § 2 I 2 Nr. 4 NachwG ist in die Niederschrift der **Arbeitsort** aufzunehmen oder, falls der LeihArbN nicht nur an einem bestimmten Ort tätig sein soll, ein Hinweis darauf, dass er an verschiedenen Orten beschäftigt werden kann. Diese Angaben sind für LeihArbN von besonderer Bedeutung, da sie in aller Regel nicht nur für den Einsatz bei einem Entleiher eingestellt werden. Neben der Pflicht des LeihArbN zur Erbringung auswärtiger Arbeitsleistungen sind in der Niederschrift neben dem räuml. Einsatzgebiet auch etwaige Sonderleistungen wie Fahrtkosten und Auslösung schriftl. festzuhalten[4]. 11

Nach Abs. 1 S. 1 und § 2 I 2 Nr. 5 NachwG muss die Niederschrift eine **kurze Charakterisierung oder Beschreibung der** von dem LeihArbN zu leistenden **Tätigkeit** enthalten. Die Tätigkeit kann konkret angegeben oder durch ein charakteristisches Berufsbild fachlich umschrieben werden, wie etwa Maurer, Schlosser oder Elektriker einschl. der notwendigen Qualifikation[5]. Auch Nebenarbeiten oder etwaige vorübergehend zu erbringende andere Tätigkeiten sind exakt aufzuführen. Ist die vorübergehende Zuweisung berufsfremder Tätigkeiten vereinbart, kann der Verleiher einen als Angestellten beschäftigten LeihArbN nicht zu gewerblichen Arbeiten verleihen[6]. 12

Nach Abs. 1 S. 1 und § 2 I 2 Nr. 6 NachwG muss die Niederschrift Auskunft geben über die **Zusammensetzung und die Höhe des Arbeitsentgelts** einschl. der Zuschläge, Zulagen, Prämien und Sonderzahlungen sowie anderer Entgeltbestandteile und deren Fälligkeit. Neben der Angabe, ob im Zeit- oder Leistungslohn gearbeitet werden soll, und der Grundvergütung in der Form eines Monatsgehalts oder eines Stundenlohnes sind alle Bemessungsfaktoren aufzuführen, die sich bei der Berechnung von Zuschlägen, Prämien oder Provisionen auf die Höhe des Gesamtentgelts auswirken. Dazu gehören auch Lohnnebenleistungen mit Entgeltcharakter wie das Weihnachtsgeld, eine betrAV oder die maßgeblichen Auslösesätze[7]. Ferner sind die Zahlungsweise, der Zahlungstermin oder ein Anspruch auf Vorschuss in der Urkunde anzugeben[8]. 13

Nach Abs. 1 S. 1 und § 2 I 2 Nr. 7 NachwG muss die Niederschrift Angaben zu der vereinbarten **Arbeitszeit** enthalten. Danach sind die Dauer und die Lage der Arbeitszeit festzulegen. Daneben ist eine Verpflichtung des LeihArbN zur Leistung von Mehrarbeit, Schichtarbeit sowie Nacht- und Wochenendarbeit schriftl. zu fixieren. Auch flexible Formen der Arbeitszeit (vgl. zu Arbeitszeitkonten Rz. 24) sind zu dokumentieren[9]. 14

Nach Abs. 1 S. 1 und § 2 I 2 Nr. 8 NachwG muss die Niederschrift die **Dauer des jährlichen Erholungsurlaubs** enthalten. Damit soll zunächst die Gewährung des gesetzl. Mindesturlaubs sichergestellt werden. Darüber hinaus sind tarifl. oder individuell vereinbarte Regelungen aufzunehmen, die den LeihArbN besser stellen. 15

Nach Abs. 1 S. 1 und § 2 I 2 Nr. 9 NachwG sind in die Niederschrift die **Fristen für die Kündigung** des LeihArbVerh aufzunehmen. Das kann durch eine ausdrückliche Angabe der vereinbarten Fristen geschehen oder gem. § 2 III NachwG durch einen Hinweis auf die entsprechenden gesetzl. oder tarifl. Regelungen. 16

---

1 *Schüren*, § 11 Rz. 31. || 2 *Grüneberger*, NJW 1995, 2809. || 3 *Birk*, NZA 1996, 281. || 4 *Schüren*, § 11 Rz. 37. || 5 *Richter/Mitsch*, AuA 1996, 7. || 6 LAG Berlin 27.7.1982 – 8 Sa 44/82, nv. || 7 LAG Bremen 23.10.1975 – 3 Sa 155/74, EzAÜG § 1 TVG Tarifverträge Nr. 3. || 8 *Becker/Wulfgramm*, § 11 Rz. 13. || 9 *Schüren*, § 11 Rz. 49.

17 Nach Abs. 1 S. 1 und § 2 I 2 Nr. 10 NachwG muss die Niederschrift einen in allg. Form gehaltenen **Hinweis auf die TV und BV** enthalten, die auf das LeihArbVerh anwendbar sind. Einer Auflistung der konkreten kollektivrechtl. Regelungen bedarf es dazu nicht. Grds. müssen nur die TV dokumentiert werden, die auf Grund einer Tarifbindung oder einer individualvertragl. Abrede zwischen den Parteien des Leiharbeitsvertrags gelten. Durch den Hinweis auf die BV soll der LeihArbN einen Überblick über seine Rechte und Pflichten im ArbVerh und im Betrieb erhalten. Da sie ebenso wie TV im Betrieb auszulegen sind, kann sich der LeihArbN über den aktuellen Inhalt der Vereinbarungen ohne weiteres Aufschluss verschaffen.

18 Da es sich bei den Angaben gem. Abs. 1 S. 1 und § 2 I 2 NachwG lediglich um Mindestangaben handelt, können weitere für den Inhalt des LeihArbverh wesentliche Abreden in die Niederschrift aufgenommen werden. Dazu gehört die Vereinbarung einer **Vertragsstrafe** für den Fall, dass der LeihArbN seine Arbeit nicht oder nicht rechtzeitig aufnimmt oder sie grundlos und ohne Einhaltung einer Kündigungsfrist beendet und damit vertragsbrüchig wird (zu den Voraussetzungen von Vertragsstrafen in AGB s. Anh. §§ 305–310 BGB Rz. 50 ff.)[1].

19 Die Niederschrift ist dem LeihArbN nach § 2 I 1 NachwG spätestens einen Monat nach dem vereinbarten Beginn des ArbVerh auszuhändigen, im Falle einer Auslandstätigkeit spätestens vor der Abreise[2]. Einem ausländischen LeihArbN ist die Niederschrift auf Verlangen in seiner Muttersprache auszuhändigen gem. Abs. 2 S. 2. Jede nachträgliche Änderung einer Angabe in der Niederschrift ist nach § 3 NachwG spätestens einen Monat nach der Änderung dem LeihArbN schriftl. mitzuteilen.

20 **III. Merkblatt der Erlaubnisbehörde (Abs. 2).** Bei dem Abschluss des Leiharbeitsvertrags hat der Verleiher dem LeihArbN ein Merkblatt der Erlaubnisbehörde über den wesentlichen Inhalt des AÜG auszuhändigen. Ausländische LeihArbN erhalten das Merkblatt auf Verlangen in ihrer Muttersprache. Dabei kommt es nicht darauf an, ob der ausländische ArbN im Einzelfall über hinreichende deutsche Sprachkenntnisse verfügt[3]. Den Text des Merkblatts legt die BA fest[4]. Sie hat dieses Merkblatt in nahezu allen europäischen Sprachen verfasst. Ist es gleichwohl in der Muttersprache des LeihArbN nicht vorhanden, muss der Verleiher es ihm auf eigene Kosten übersetzen lassen[5].

21 **IV. Hinweis bei Wegfall der Erlaubnis (Abs. 3).** Der Verleiher muss den LeihArbN unverzüglich über den Zeitpunkt des Wegfalls der Verleiherlaubnis unterrichten und ihn auf das voraussichtliche Ende der Abwicklung einschl. der gesetzl. Abwicklungsfrist hinweisen. Letzteres gilt in den Fällen der Nichtverlängerung, der Rücknahme und des Widerrufs der Verleiherlaubnis. Denn der LeihArbN soll sich rechtzeitig auf die Beendigung seines Vertragsverhältnisses einstellen können. Da das Gesetz keine besondere Form vorschreibt, muss die Unterrichtung über den Wegfall der Verleiherlaubnis nicht schriftl. erfolgen[6].

22 **V. Unabdingbarkeit (Abs. 4).** Das Gesetz versagt dem Verleiher einige rechtl. Gestaltungsmöglichkeiten, die nach allg. Arbeitsrecht zulässig wären und durch die das Beschäftigungsrisiko des ArbGeb auf den LeihArbN abgewälzt würde[7]. Insoweit ergänzt Abs. 4 die Bestimmungen in §§ 3, 9 und 10. Zunächst verbietet Abs. 4 S. 1 dem Verleiher, mit dem LeihArbN einzelvertragl. **Kündigungsfristen** zu vereinbaren, die kürzer sind als in § 622 I und II BGB. Dadurch wird dem Verleiher die Möglichkeit genommen, LeihArbN wie Aushilfskräfte zu behandeln. Eine Verkürzung der Kündigungsfristen kann sich danach nur auf Grund tarifvertragl. Regelungen ergeben, soweit das LeihArbVerh unter den Geltungsbereich eines TV fällt. Die einzelvertragl. Bezugnahme auf tarifvertragl. Abkürzungen von Kündigungsfristen ist jedoch ausgeschlossen[8].

23 Nach Abs. 4 S. 2 ist es dem Verleiher untersagt, den Vergütungsanspruch des LeihArbN bei **Annahmeverzug** für beschäftigungslose Zeiten aufzuheben oder zu beschränken. Schutzzweck der Vorschrift ist es, den LeihArbN vor der Verlagerung des ArbGebRisikos in Zeiten einer fehlenden Einsatzmöglichkeit zu schützen[9]. Darunter fällt auch die vertragl. Verpflichtung des LeihArbN, seine Arbeitskraft unabhängig von einer Einsatzmöglichkeit täglich im Betrieb des Verleihers anzubieten[10]. Vielmehr ist es so, dass der ArbGeb den Arbeitseinsatz des ArbN fortlaufend planen muss. Er muss deshalb dem ArbN täglich einen Arbeitseinsatz in einem bestimmten Entleiherbetrieb zuweisen. Tut er dies nicht, gerät er in Annahmeverzug, ohne dass es eines Angebots durch den ArbN bedarf[11]. Allerdings muss sich der LeihArbN wie jeder andere ArbN nach § 615 S. 2 BGB auf seinen Verzugslohnanspruch anrechnen lassen, was er infolge des Unterbleibens seiner Arbeitsleistung erspart oder durch anderweitige Verwendung seiner Arbeitsleistung erwirbt oder zu erwerben böswillig unterlässt. Das wird durch § 615 S. 2 BGB in

---

1 BAG 20.4.1989 – 2 AZR 511/88, EzAÜG § 611 BGB Leiharbeitsverhältnis Nr. 7. ‖ 2 *Becker/Wulfgramm*, § 11 Rz. 13b. ‖ 3 LSG Bremen 15.3.1983 – L 5 BR 11/82, nv.; LSG Rh.-Pf. 10.6.1988 – L 6 Ar 117/87, nv. ‖ 4 *Sandmann/Marschall/Schneider*, Anh. 1. ‖ 5 *Ulber*, § 11 Rz. 87 f.; *Sandmann/Marschall/Schneider*, § 11 Anm. 19; aA ErfK/*Wank*, § 11 AÜG Rz. 14; Thüsing/*Mengel*, § 11 Rz. 35. ‖ 6 *Becker/Wulfgramm*, § 11 Rz. 16; Thüsing/*Mengel*, § 11 Rz. 38; aA *Schüren*, § 11 Rz. 88; *Ulber*, § 11 Rz. 91. ‖ 7 BT-Drs. VI/2303, 14. ‖ 8 *Sandmann/Marschall/Schneider*, § 11 Anm. 24; *Becker/Wulfgramm*, § 11 Rz. 28. ‖ 9 BSG 21.7.2009 – B 7 AL 3/08 R, NZA 2009, 1406. ‖ 10 LAG Hess. 23.1.1987 – 13 Sa 1007/86, DB 1987, 1741. ‖ 11 LAG Rh.-Pf. 24.4.2008 – 10 Sa 19/08, EzAÜG § 11 AÜG Verleiherpflicht Nr. 5.

gleicher Weise klargestellt wie durch Abs. 4 S. 2 Hs. 2. Allerdings kann diese Anrechnungsbestimmung durch die Parteien des Leiharbeitsvertrags abbedungen werden.

Zwar enthält § 615 BGB keine Bestimmung über die Anrechnung öffentl.-rechtl. Leistungen. Erhält 24 ein LeihArbN jedoch Alg I oder II, geht sein Vergütungsanspruch ggü. dem Verleiher gem. § 115 I SGB X kraft Gesetzes auf den Träger der jeweiligen Sozialleistung über. Insoweit verliert der LeihArbN seine Stellung als Gläubiger des Vergütungsanspruchs. In Höhe der erhaltenen Leistungen kann der Verleiher Zahlungen verweigern[1]. Ob die Vorschrift in entsprechender Anwendung die Abbedingung des Betriebsrisikos (§ 615 S. 3 BGB), untersagt, ist umstritten[2]. In Formulararbeitsverträgen stellt die Abweichung von § 615 S. 3 BGB ohne Kompensation jedoch ohnehin eine unangemessene Benachteiligung dar, weil eine Abweichung vom gesetzl. Leitbild vorliegt (§ 307 II Nr. 1 BGB, s. § 307 BGB Rz. 17). Umstritten ist die Behandlung von **Arbeitszeitkonten** im LeihArbVerh. Sie sind nicht per se unzulässig und können auch einsatzfreie Zeiten umfassen[3]. Mit einem Arbeitszeitkonto wird nämlich zunächst nicht der Vergütungsanspruch verkürzt, sondern dauerhaft im Umfang der vertragl. vereinbarten Arbeitszeit gesichert[4]. Sowohl in TV als auch in BV und Arbeitsverträgen ist es jedoch auf Grund der Wertung des Abs. 4 S. 2 unzulässig, das vereinbarte Arbeitszeitdeputat mit entsprechender Entgeltminderung wegen einsatzfreier Zeiten zu kürzen[5]. Anders als allg. (vgl. Anh. §§ 305–310 BGB Rz. 29) ist Arbeit auf Abruf, die eine bestimmte Mindestarbeitszeit vertraglich festlegt und darüber hinaus bis zu 25 % der wöchentlichen Mindestarbeitszeit flexibel ausgestaltet, unzulässig[6]. Diese Vertragsgestaltung verstößt in TV, BV und Arbeitsverträgen gegen die Wertung des Abs. 4 S. 2. Sie birgt typischerweise die Gefahr, dass das Risiko der einsatzfreien Zeiten entgegen der gesetzl. Wertung auf den ArbN verlagert wird und ist damit rechtsunwirksam.

Kurzarbeit nach den §§ 95 ff. SGB III kann für LeihArbN nicht wirksam vereinbart werden[7]. Die Ver- 25 einbarung von Kurzarbeit mit einem LeihArbN verstößt gegen Abs. 4 S. 2. Es macht keinen Unterschied, ob der ArbGeb mit dem ArbN wegen Auftragsmangels die Regelung des § 615 BGB abbedingt oder bei Auftragsmangel zur Vermeidung des Annahmeverzugs Kurzarbeit mit dem betroffenen ArbN vereinbart wird. Die Vereinbarung von Kurzarbeit führte zu einer Verlagerung der generellen gesetzl. Risikoverteilung. Dies ist unzulässig. Die gegebenen Gestaltungsmöglichkeiten sind vielmehr dem Ziel, dem LeihArbN eine verstetigte Vergütung für Zeiten des Nichtverleihs zu garantieren, untergeordnet[8]. Von diesem Grundsatz hatte der Gesetzgeber mit der Einführung von Abs. 4 S. 3 bis zum 31.12.2011 eine **befristete Ausnahme** zugelassen. Danach konnte LeihArbN konjunkturelles Kug nach §§ 95 ff. SGB III und Saison-Kug nach § 101 SGB III unter den Bedingungen gewährt werden, die für alle anderen ArbN gelten. Damit sollte die Möglichkeit geschaffen werden, bei vorübergehenden Auftragseinbrüchen Arbeitsplätze in der Zeitarbeitsbranche zu erhalten[9]. Die Fassung der ausgelaufenen Ausnahme belegt, dass Kurzarbeit in der Leiharbeit seit dem 1.1.2012 wieder unzulässig ist[10].

VI. Leistungsverweigerungsrecht bei Arbeitskämpfen (Abs. 5). Der LeihArbN ist nicht verpflichtet, 26 bei einem Entleiher tätig zu sein, dessen Betrieb unmittelbar durch einen **Arbeitskampf** betroffen ist. Auf dieses Leistungsverweigerungsrecht hat der Verleiher den LeihArbN hinzuweisen. Mit dieser Regelung trägt das Gesetz dem Umstand Rechnung, dass weder der Abschluss von Arbeitsverträgen mit Streikbrechern noch der Abschluss von Verträgen, die auf eine Überlassung von LeihArbN als Streikbrecher abzielen, verboten ist[11]. Die Leistungspflicht entfällt nicht automatisch. Der LeihArbN muss das Leistungsverweigerungsrecht ggü. dem Verleiher als seinem ArbGeb geltend machen[12].

Der Geltungsbereich dieser Bestimmung beschränkt sich auf Arbeitskämpfe im Entleiherbetrieb. Bei 27 Arbeitskämpfen im Betrieb des Verleihers richtet sich das Recht des LeihArbN, die Arbeit zu verweigern, nach den allg. Grundsätzen des Arbeitskampfrechts. Durch das individuelle Leistungsverweigerungsrecht des LeihArbN bei Arbeitskämpfen im Entleiherbetrieb stellt das Gesetz sicher, dass das Kräftegleichgewicht zwischen ArbGeb und Gewerkschaften durch den Einsatz von LeihArbN weder zu Lasten noch zu Gunsten einer der streitenden TV-Parteien verschoben wird[13].

Immer dann, wenn der Betrieb des Entleihers von einem Arbeitskampf betroffen ist, wird die Leis- 28 tungspflicht des LeihArbN ggü. dem Verleiher eingeschränkt. Kann dieser den LeihArbN deswegen nicht einsetzen, bleibt er gleichwohl zur Zahlung der vereinbarten Vergütung verpflichtet. Dieses Lohnrisiko gehört typischerweise zu dem allg. wirtschaftl. Risiko eines Verleihunternehmens[14]. Eine ab-

---

1 Schüren, § 11 Rz. 106 f.; Thüsing/Mengel, § 11 Rz. 46. ||2 Dafür Schüren, § 11 Rz. 108; abl. Thüsing/Mengel, § 11 Rz. 47. ||3 LAG BW 29.4.2009 – 17 Sa 4/09; 6.3.2012 – 22 Sa 58/11; LAG Düss. 16.11.2011 – 7 Sa 567/11; Boemke/Lembke, § 11 Rz. 125; Thüsing/Pötters, BB 2012, 317 (319 ff.); aA LAG Rh.-Pf. 24.4.2008 – 10 Sa 19/08, EzAÜG § 11 AÜG Verleiherpflicht Nr. 5; Ulber NZA 2009, 232 (233 f.); für Zulässigkeit in TV Schüren, § 11 Rz. 109. ||4 Vgl. LAG BW 29.4.2009 – 17 Sa 4/09; vgl. zum Normzweck der Verstetigung der Vergütung auch BSG 21.7. 2009 – B 7 AL 3/08 R, NZA 2009, 1406 sowie BT-Drs. 15/25, 38. ||5 Schüren, § 11 Rz. 109. ||6 Weitergehend zum bisherigen Recht sogar BSG 29.7.1992 – 11 Rar 51/91, NZA 1993, 527. ||7 BSG 21.7.2009 – B 7 AL 3/08 R, NZA 2009, 1406. ||8 BSG 21.7.2009 – B 7 AL 3/08 R, NZA 2009, 1406; vgl. auch BT-Drs. 16/11740, 33. ||9 BT-Drs. 16/11740, 33. ||10 Boemke/Lembke, § 11 Rz. 127. ||11 Sandmann/Marschall/Schneider, § 11 Anm. 28. ||12 Thüsing/Mengel, § 11 Rz. 52; Ulber, § 11 Rz. 137, 140; aA Boemke/Lembke, § 11 Rz. 132. ||13 Ulber, § 11 Rz. 133. ||14 BAG 1.2.1973 – 5 AZR 382/72, MDR 1973, 616; aA Boemke/Lembke, § 11 Rz. 137.

weichende vertragl. Vereinbarung ist wegen Verstoßes gegen Abs. 4 S. 2 iVm. § 615 S. 3, 1 BGB unwirksam[1].

29 Der Entleiher ist nicht nur dann durch einen Arbeitskampf unmittelbar betroffen, wenn sein Betrieb bestreikt wird oder er ArbN aussperrt, sondern immer dann, wenn der Betrieb unter den räumlichen und fachlichen Geltungsbereich eines TV fällt, auf den sich ein Arbeitskampf bezieht[2].

30 Wenn der LeihArbN von seinem Leistungsverweigerungsrecht keinen Gebrauch macht, ist er trotz des Arbeitskampfes zur Arbeitsleistung im Betrieb des Entleihers verpflichtet. Beteiligt er sich dort allerdings an Arbeitskampfmaßnahmen, verletzt er damit seine Leistungspflicht ggü. dem Entleiher und seine Treuepflicht ggü. dem Verleiher[3].

31 Der Verleiher ist verpflichtet, den LeihArbN bei jedem neuen Arbeitseinsatz auf dieses Leistungsverweigerungsrecht hinzuweisen, wenn der Betrieb des Entleihers von einem Arbeitskampf betroffen ist. Dazu reicht ein allg. gehaltener Hinweis bei Abschluss des Leiharbeitsvertrags nicht aus[4]. Beginnt der Arbeitskampf erst, nachdem der LeihArbN seine Arbeit im Betrieb des Entleihers aufgenommen hat, muss der Hinweis des Verleihers unverzüglich erfolgen[5].

32 **VII. Arbeitsschutz und Arbeitnehmererfindungen (Abs. 6 u. 7).** Die im Betrieb des Entleihers geltenden öffentl.-rechtl. Vorschriften des Arbeitsschutzrechts gelten auch für die dort eingesetzten LeihArbN. Zu diesen Arbeitsschutzvorschriften gehören ua. das ArbSchG, das ArbZG, die LadSchlG der Länder, die GewO, das MuSchG, das JArbSchG und das SGB IX. Für die Einhaltung dieser Vorschriften sind Verleiher und Entleiher gemeinsam verantwortlich. Dabei ist der Entleiher verpflichtet, in seinem Betrieb die praktischen Maßnahmen zur Durchführung des Arbeitsschutzes zu ergreifen, während der Verleiher im Wesentlichen auf die Überwachung und die Kontrolle der Einhaltung dieser Bestimmungen beschränkt ist[6].

33 Darüber hinaus ist der Entleiher verpflichtet, den LeihArbN vor Beginn der Beschäftigung und bei jeder Veränderung in seinem Arbeitsbereich über die Gefahren für seine Sicherheit und Gesundheit sowie über Maßnahmen und Einrichtungen zur Abwendung dieser Gefahren zu unterrichten. Diese **Unterrichtungspflicht des Entleihers** erstreckt sich auch auf die Notwendigkeit besonderer Qualifikationen, beruflicher Fähigkeiten, eine besondere ärztliche Überwachung sowie auf eine erhöhte besondere Gefahr des Arbeitsplatzes. Verletzt der Entleiher diese Pflichten, kann dem LeihArbN daraus ein Leistungsverweigerungsrecht erwachsen[7]. Die Pflicht zur Zahlung der Ausgleichsabgabe nach § 77 SGB IX trifft allerdings allein den Verleiher als vertragl. ArbGeb des LeihArbN[8].

34 Nach Abs. 7 gilt der Entleiher als ArbGeb iSd. ArbNErfG, wenn der LeihArbN während der Dauer der Tätigkeit bei ihm eine Erfindung oder einen technischen Verbesserungsvorschlag gemacht hat. Diese Bestimmung dient einer interessengerechten Zuordnung der Verwertungsrechte. Denn diese fallen grds. dem Entleiher zu, während der LeihArbN entsprechende Vergütungsansprüche ihm ggü. erhält. Allerdings muss es sich um Erfindungen und technische Verbesserungsvorschläge handeln, die sich auf den Betrieb des Entleihers beziehen[9]. Die Vergütungsansprüche des LeihArbN können sich auch aus einem TV oder einer BV ergeben[10].

12 Rechtsbeziehungen zwischen Verleiher und Entleiher

(1) Der Vertrag zwischen dem Verleiher und dem Entleiher bedarf der Schriftform. In der Urkunde hat der Verleiher zu erklären, ob er die Erlaubnis nach § 1 besitzt. Der Entleiher hat in der Urkunde anzugeben, welche besonderen Merkmale die für den Leiharbeitnehmer vorgesehene Tätigkeit hat und welche berufliche Qualifikation dafür erforderlich ist sowie welche im Betrieb des Entleihers für einen vergleichbaren Arbeitnehmer des Entleihers wesentlichen Arbeitsbedingungen einschließlich des Arbeitsentgelts gelten. Letzteres gilt nicht, soweit die Voraussetzungen der in § 3 Abs. 1 Nr. 3 und § 9 Nr. 2 genannten Ausnahme vorliegen.

(2) Der Verleiher hat den Entleiher unverzüglich über den Zeitpunkt des Wegfalls der Erlaubnis zu unterrichten. In den Fällen der Nichtverlängerung (§ 2 Abs. 4 Satz 3), der Rücknahme (§ 4) oder des Widerrufs (§ 5) hat er ihn ferner auf das voraussichtliche Ende der Abwicklung (§ 2 Abs. 4 Satz 4) und die gesetzliche Abwicklungsfrist (§ 2 Abs. 4 Satz 4 letzter Halbsatz) hinzuweisen.

1 Das Gesetz regelt die Rechtsbeziehungen zwischen Verleiher und Entleiher nur ansatzweise und schreibt lediglich einzelne Pflichten der Parteien des AÜ-Vertrags und dessen Form vor. Die vorgeschriebene Vertragsform und die Unterrichtungspflichten des Verleihers dienen dem Schutz des Entleihers. Die Angaben des Entleihers ermöglichen dem Verleiher, seiner Gleichstellungspflicht zu genügen. Sie dienen daher mittelbar dem Schutz des LeihArbN, während die Vorschrift insg. die Kontrolle und Überwachung durch die Erlaubnisbehörde erleichtern soll.

---

1 LSG NRW 30.8.2006 – L 12 AL 168/05, EzAÜG § 615 Nr. 3. ||2 *Ulber*, § 11 Rz. 133. ||3 *Schüren*, § 11 Rz. 115. ||4 *Sandmann/Marschall/Schneider*, § 11 Anm. 30. ||5 *Becker/Wulfgramm*, § 11 Rz. 18. ||6 *Becker/Wulfgramm*, § 11 Rz. 60; s.a. LAG Hamm 4.8.2003 – 2 Ta 739/02, EzAÜG § 611 BGB Haftung Nr. 11. ||7 BVerwG 13.12.2001 – 5 C 26/01, NZA 2002, 385. ||8 BAG 8.7.1971 – 5 AZR 29/71, DB 1971, 1822. ||9 *Thüsing/Mengel*, § 11 Rz. 59. ||10 ArbG Frankfurt/M 10.12.1985 – 8 Ca 50/85, EzAÜG § 11 AÜG Inhalt Nr. 1.

Dem **Schriftformerfordernis** nach Abs. 1 S. 1, kann dadurch genügt werden, dass der AÜ-Vertrag von beiden Parteien auf derselben Urkunde unterzeichnet wird. Werden mehrere gleich lautende Urkunden aufgenommen, genügt es nach § 126 II 2 BGB, wenn jede Vertragspartei die für die jeweils andere Partei bestimmte Urkunde unterzeichnet. Das Gesetz schreibt nicht vor, dass der AÜ-Vertrag in deutscher Sprache abgefasst sein muss. Es kann auch eine Kurzschrift oder eine Fremdsprache verwendet werden, die im Wege der Übersetzung allg. ermittelt und verständlich gemacht werden kann[1]. Die Schriftform wird auch durch die elektronische Form (§§ 126 III, 126a BGB), nicht jedoch durch die Textform gewahrt (§ 126b BGB). 2

Die Formvorschrift bezieht sich auf das gesamte Rechtsgeschäft der AÜ einschl. aller Nebenabreden und AGB. Das gilt auch für Vorverträge zwischen Verleiher und Entleiher[2]. Erforderlich ist, dass alle wesentlichen vertragl. Abreden in der Urkunde enthalten sind. Die hierzu vom BGH entwickelten Grundsätze zu § 126 II BGB einschl. der sog. „Auflockerungsrechtsprechung" gelten auch für das AÜG[3]. Ein **Formmangel** führt gem. § 125 BGB regelmäßig zur Nichtigkeit des gesamten AÜ-Vertrags einschl. aller Nebenabreden[4]. Die Rückabwicklung eines formnichtigen AÜ-Vertrags erfolgt nach Bereicherungsrecht. Da weder der Verleiher noch der Entleiher einem ArbN vergleichbar sozial schutzbedürftig sind, können die Grundsätze über das fehlerhafte ArbVerh auf diesen Fall nicht übertragen werden[5]. 3

Ist ein formnichtiger AÜ-Vertrag **bereits vollzogen** worden, müssen die vom LeihArbN erbrachten Arbeitsleistungen und die vom Entleiher gezahlte Vergütung einander ggü. gestellt werden, um den Umfang der Bereicherung zu ermitteln[6]. Der Entleiher ist bei vorliegender Erlaubnis nach § 1 um den Verkehrswert der AÜ einschl. des Gewinns des Verleihers bereichert, weil er eine solche AÜ regelmäßig nur auf der Grundlage eines mit diesem oder einem anderen Verleiher abzuschließenden formwirksamen Vertrag und damit lediglich gegen Zahlung der vollen Vergütung erreichen kann[7]. In der **Insolvenz** kann der Entleiher SozV-Beiträge, die er nach Eröffnung des Insolvenzverfahrens über das Vermögen des Verleihers zum Ausgleich der diesem obliegenden Zahlungspflicht an die Kasse geleistet hat, der vom Insolvenzverwalter geltend gemachten Bereicherungsforderung nicht anspruchsmindernd entgegensetzen[8]. Tritt zu einer Nichtigkeit wegen Verstoßes gegen das Schriftformerfordernis diejenige wegen Fehlens der AÜ-Erlaubnis (§ 9 Nr. 1), gelten für den Bereicherungsausgleich die Grundsätze zu § 9 Rz. 6. 4

Bei einem AÜ-Vertrag besteht die **Hauptleistungspflicht des Verleihers** darin, dem Entleiher in dem vertragl. vorgesehenen Zeitraum und Umfang geeignete Arbeitskräfte zur Arbeitsleistung zur Verfügung zu stellen[9]. Danach schuldet der Verleiher nicht die Überlassung eines bestimmten ArbN, sondern einer für die vorgesehene Arbeitsaufgabe geeigneten Person, für deren Auswahl er dem Entleiher einzustehen hat[10]. Es handelt sich bei der AÜ um eine Gattungsschuld, ohne dass durch die Bereitstellung eines bestimmten LeihArbN eine endgültige Konkretisierung iSd. § 243 II BGB eintreten kann. Denn die Verpflichtung des Verleihers dauert während der gesamten Überlassungszeit an. Es ist keine Hauptpflicht des Verleihers, die vom Entleiher erhaltene Vergütung für die Zahlung der Löhne und Lohnnebenkosten des LeihArbN zu verwenden. Dies ist bloße Nebenpflicht. Wie er diese erfüllt, obliegt grds. der Entscheidung des Verleihers[11]. 5

Dagegen wird bei einer konzerninternen Abordnung von ArbN und bei echter Leiharbeit nur ein ganz bestimmter ArbN zur Arbeitsleistung überlassen. In diesem Fall beschränkt sich die Pflicht des Verleihers darauf, diese Person bereit zu stellen und dafür Sorge zu tragen, dass sie in dem vorgesehenen Zeitraum für den Entleiher arbeitet[12]. 6

Zusätzlich zu der allg. Nebenpflicht des Verleihers, die Vermögensinteressen des Entleihers zu wahren, schreibt das Gesetz in Abs. 2 bestimmte **Unterrichtungspflichten** fest. Diese beziehen sich zunächst auf den Zeitpunkt des Wegfalls der Verleiherlaubnis. In den Fällen der Nichtverlängerung, der Rücknahme oder des Widerrufs der Verleiherlaubnis erstrecken sich diese Unterrichtungspflichten auch auf das voraussichtliche Ende der Abwicklung und die gesetzl. Abwicklungsfrist. Dadurch soll dem Entleiher ermöglicht werden, sich auf das Ende der Überlassungszeit einzustellen[13]. 7

Der AÜ-Vertrag **verpflichtet den Entleiher** in der Hauptsache zur Zahlung der vereinbarten Vergütung[14]. Durch Vereinbarungen über die Zahlungsweise dieser Vergütung kann die grundsätzliche Vorleistungspflicht des Verleihers abbedungen werden[15]. Die Annahme der Arbeitsleistung des LeihArbN gehört nicht zu den Hauptpflichten des Entleihers. Denn er ist auch dann zur Zahlung der Überlassungsvergütung verpflichtet, wenn er die ihm vom Verleiher ordnungsgemäß angebotene Leiharbeitskraft nicht einsetzt. Die Annahme dieser Arbeitskraft stellt eine bloße Obliegenheit des Entleihers dar[16]. 8

---

1 Schüren/Brors, § 12 Rz. 10. ||2 Ulber, § 12 Rz. 5. ||3 BGH 2.12.2004 – IX ZR 200/03, NJW 2005, 884. ||4 BGH 2.2.2006 – III ZR 61/05, VersR 2006, 1497. ||5 BAG 8.11.1978 – 5 AZR 261/77, DB 1979, 851; OLG Naumburg 28.10.2004 – 4 U 138/04, EzAÜG § 812 BGB Nr. 2. ||6 BGH 17.1.1984 – VI ZR 187/82, DB 1984, 1194. ||7 BGH 2.12.2004 – IX ZR 200/03, NJW 2005, 884; OLG Naumburg 28.10.2004 – 4 U 138/04, EzAÜG § 812 BGB Nr. 2. ||8 BGH 2.12.2004 – IX ZR 200/03, NJW 2005, 884. ||9 BGH 2.12.2004 – IX ZR 200/03, NJW 2005, 884. ||10 BGH 13.5.1975 – VI ZR 247/73, MDR 1975, 830. ||11 BGH 2.12.2004 – IX ZR 200/03, NJW 2005, 884. ||12 Thüsing/Thüsing, § 12 Rz. 23. ||13 Becker/Wulfgramm, § 12 Rz. 7. ||14 BGH 2.12.2004 – IX ZR 200/03, NJW 2005, 884. ||15 Schüren, Einl. Rz. 343. ||16 Schüren, Einl. Rz. 348; aA Thüsing/Thüsing, § 12 Rz. 36; Ulber, § 12 Rz. 19.

9 Über die allg. Fürsorgepflicht hinaus, die aus der Entgegennahme der Arbeitsleistung erwächst, gehört es zu den **Nebenpflichten des Entleihers**, für die Sicherheit der Arbeitsplätze zu sorgen, an denen er die LeihArbN beschäftigt, und den Verleiher über Arbeitspflichtverletzungen oder Leistungsmängel des LeihArbN zu unterrichten[1]. Nach Abs. 1 S. 2 hat der Entleiher darüber hinaus in der Urkunde über den AÜ-Vertrag anzugeben, welche besonderen Merkmale die für den LeihArbN vorgesehene Tätigkeit hat und welche berufl. Qualifikationen dafür erforderlich sind. Die Angaben müssen sich ferner auf die wesentlichen Arbeitsbedingungen einschl. des Arbeitsentgelts erstrecken, die in seinem Betrieb für einen mit dem LeihArbN vergleichbaren ArbN gelten. Wegen der Einzelheiten zu den Begriffen der wesentlichen Arbeitsbedingungen und des Arbeitsentgelts s. § 3 Rz. 28 ff. Die Vergleichbarkeit der in seinem Betrieb beschäftigten ArbN kann der Entleiher anhand der im AÜ-Vertrag angegebenen Tätigkeitsmerkmale und der erforderlichen Qualifikation feststellen. Sind in seinem Betrieb keine vergleichbaren ArbN beschäftigt, sind aufgrund unionsrechtskonformer Auslegung die Arbeitsbedingungen im Entleiherbetrieb aufgrund einer hypothetischen Betrachtungsweise zu ermitteln (vgl. § 3 Rz. 33) und mitzuteilen[2]. Richten sich die Arbeitsbedingungen und das Arbeitsentgelt im Betrieb des Entleihers nach TV und BV, genügt er seiner Auskunftspflicht, wenn er auf diese Regelungen verweist und sie dem AÜ-Vertrag beifügt. Auf die Ausnahme gem. Abs. 1 S. 4 darf sich der Verleiher nur berufen, wenn ein wirksamer TV vorliegt[3].

10 Im Fall einer Befristung **endet das AÜ-Verhältnis** mit Zeitablauf, im Fall einer auflösenden Bedingung mit deren Eintritt[4]. Neben dem gesetzl. verankerten Recht zur außerordentl. Kündigung des Vertrags können die Parteien auch das Recht zur ordentl. fristgerechten Kündigung vereinbaren. Schließlich kann der AÜ-Vertrag einvernehmlich aufgehoben werden. Der Vertrag endet nicht durch den Tod des LeihArbN, da sich die Leistungspflicht des Verleihers lediglich auf die Bereitstellung eines geeigneten LeihArbN erstreckt. Stirbt der Verleiher, können dessen Erben die AÜ-Verträge in entsprechender Anwendung von § 2 IV 4 im Rahmen der gesetzl. Abwicklungsfrist zu Ende führen oder das Verleihunternehmen mit einer eigenen Verleiherlaubnis fortsetzen.

11 Für Streitigkeiten aus dem Überlassungsverhältnis ist der **Rechtsweg** zu den ordentl. Gerichten eröffnet, weil zwischen Verleiher und Entleiher kein ArbVerh besteht[5].

13 *Auskunftsanspruch des Leiharbeitnehmers*

Der Leiharbeitnehmer kann im Falle der Überlassung von seinem Entleiher Auskunft über die im Betrieb des Entleihers für einen vergleichbaren Arbeitnehmer des Entleihers geltenden wesentlichen Arbeitsbedingungen einschließlich des Arbeitsentgelts verlangen; dies gilt nicht, soweit die Voraussetzungen der in § 3 Abs. 1 Nr. 3 und § 9 Nr. 2 genannten Ausnahme vorliegen.

1 Der Auskunftsanspruch des LeihArbN ergänzt die gewerberechtl. Regelung in § 3 I Nr. 3 und die arbeitsrechtl. Bestimmungen zum Gleichstellungsgebot in den §§ 9 Nr. 2 und 10 IV. Der Anspruch erlaubt dem LeihArbN einen Vergleich zwischen den Leistungen, die ihm der Verleiher gewährt, und den Leistungen, die ihm nach dem Gleichstellungsgebot zustehen[6].

2 Der Auskunftsanspruch steht dem LeihArbN nur zu, wenn er im Rahmen einer erlaubten AÜ im Betrieb des Entleihers tätig wird[7]. Eine Ausnahme besteht für Vereinbarungen nach § 3 I Nr. 3 und 9 Nr. 2. Dies gilt aber nur dann, wenn die Abweichung durch einen wirksamen TV vereinbart wurde[8]. Aus Gründen des effektiven Rechtsschutzes können bereits objektiv begründete Zweifel an der Wirksamkeit des TV ausreichen, um den Ausnahmetatbestand entfallen zu lassen[9]. Er entsteht mit der Aufnahme der Tätigkeit im Betrieb des Entleihers. Nach dem Zeitraum der Überlassung besteht der Auskunftsanspruch gegen den Entleiher solange fort, wie der LeihArbN seinen Gleichstellungsanspruch gegen den Verleiher mit Rücksicht auf tarifl. Verfallfristen, Verjährung und Verwirkung noch erfolgreich geltend machen kann[10]. Der Hilfsanspruch aus § 13 unterliegt der regelmäßigen Verjährung, wobei für den Verjährungsbeginn die gleichen Grundsätze wie zu dem Hauptanspruch aus § 10 IV gelten (dazu § 10 Rz. 31). Wenn der Entleiher die Auskunft nur unvollständig, fehlerhaft oder gar nicht erteilt, stehen dem LeihArbN Ansprüche auf Schadensersatz aus § 280 I BGB[11] und gem. § 823 II BGB iVm. § 13 als Schutzgesetz zu[12].

3 Der Auskunftsanspruch ist selbständig gerichtlich durchsetzbar[13]. Für die hierauf gerichtete Klage des LeihArbN gegen den Entleiher ist der **Rechtsweg** zu den ArbG eröffnet (§ 2 I Nr. 3a ArbGG)[14].

---

1 *Schüren*, Einl. Rz. 351 ff. ||2 *Boemke/Lembke*, § 12 Rz. 23. ||3 Vgl. LAG Düss. 21.6.2012 – 13 Sa 319/12, LAGE § 9 AÜG Nr. 9; anders wohl LSG BW 19.11.2012 – L 11 R 3954/12 ER-B. ||4 *Becker/Wulfgramm*, § 12 Rz. 54. ||5 *Thüsing/Thüsing*, § 12 Rz. 46. ||6 BAG 19.9.2007 – 4 AZR 656/06, DB 2008, 243. ||7 *Boemke/Lembke*, § 13 Rz. 8. ||8 LAG Bln.-Bbg. 5.6.2012 – 3 Sa 134/12; LAG Nds. 8.10.2012 – 13 Sa 1532/11. ||9 ArbG Stuttgart 23.1.2013 – 11 Ca 654/11; *Thüsing/Pelzner/Koch*, § 13 Rz. 10; ähnlich *Boemke/Lembke*, § 13 Rz. 20 f. ||10 Vgl. LAG Bln.-Bbg. 5.6.2012 – 3 Sa 134/12. ||11 *Thüsing/Pelzner/Kock*, § 13 Rz. 10. ||12 *Boemke/Lembke*, § 13 Rz. 23. ||13 BAG 19.9.2007 – 4 AZR 656/06, DB 2008, 243. ||14 LAG Hamburg 24.10.2007 – 4 Ta 11/07; BAG 15.3.2011 – 10 AZB 49/10, MDR 2011, 921.

13a Informationspflicht des Entleihers über freie Arbeitsplätze

Der Entleiher hat den Leiharbeitnehmer über Arbeitsplätze des Entleihers, die besetzt werden sollen, zu informieren. Die Information kann durch allgemeine Bekanntgabe an geeigneter, dem Leiharbeitnehmer zugänglicher Stelle im Betrieb und Unternehmen des Entleihers erfolgen.

§ 13a setzt Art. 6 I LeiharbeitsRL in deutsches Recht um. Entsprechend dem **Normzweck** der Bestimmung in der RL soll die Vorschrift die Übernahme der LeihArbN in die Stammbelegschaft dadurch unterstützen, dass sie über freie Arbeitsplätze des Entleihers unterrichtet werden[1]. Die nicht dispositive[2] Vorschrift ist an § 18 TzBfG angelehnt. § 13a gibt den LeihArbN mehr Rechte als den StammArbN des Entleihers. Abgesehen von § 18 TzBfG und § 7 II TzBfG, kann lediglich der BR gem. § 93 BetrVG verlangen, dass zu besetzende - auch dauerhaft für die Besetzung mit LeihArbN vorgesehene[3] - Stellen ausgeschrieben werden. Da eine Ausschreibung offener Stellen nur für LeihArbN eher die Ausnahme sein dürfte, werden mittelbar auch die StammArbN begünstigt[4]. 1

Die **Informationspflicht** in S. 1 ist abstrakt ausgestaltet. Sie gilt ggü. jedem LeihArbN des Entleihers. Es ist nicht erforderlich, dass diese dem Entleiher ihr Interesse an einem Arbeitsplatz bei diesem mitgeteilt haben (s.a. § 18 TzBfG Rz. 1). Die Informationspflicht erstreckt sich auf sämtliche Arbeitsplätze im Betrieb und Unternehmen des Entleihers, wie sich auch aus S. 2 ergibt, nicht aber auf solche im Ausland[5]. Erforderlich ist, dass ein Arbeitsplatz besetzt werden soll, dh. die vorgelagerte, freie Entscheidung des ArbGeb, einen Arbeitsplatz mit einem eigenen ArbN zu besetzen. Die Vorschrift verpflichtet den Entleiher nicht, für den LeihArbN einen Arbeitsplatz zu schaffen. Entscheidet dieser sich zur Stellenbesetzung, ist jeder zu besetzende Arbeitsplatz, unabhängig davon, ob er in Vollzeit oder Teilzeit, befristet oder unbefristet besetzt werden soll[6], von der Informationspflicht erfasst. Anders als § 18 S. 1 TzBfG enthält S. 1 keine Beschränkung der Ausschreibung auf „entsprechende" Arbeitsplätze (vgl. § 18 TzBfG Rz. 4). Es handelt sich um eine allg. Informationspflicht, die sich auf sämtliche zu besetzende Arbeitsplätze bezieht, unabhängig davon, ob der LeihArbN hierfür geeignet ist[7]. Dies entspricht Art. 6 I LeiharbeitsRL, der sich uneingeschränkt auf „offene Stellen" bezieht. 2

Der Entleiher kann der Informationspflicht durch individuelle Unterrichtung ggü. dem einzelnen LeihArbN nachkommen. Erforderlich ist dies jedoch weder nach § 13a noch nach Art. 6 I LeiharbeitsRL. S. 2 eröffnet entsprechend der europarechtl. Vorgabe die Möglichkeit einer **allgemeinen Bekanntgabe**. Diese muss an einer dem LeihArbN zugänglichen Stelle erfolgen, dh. es muss ein Medium gewählt werden, auf das der LeihArbN ungehindert Zugriff hat. Die Gesetzesbegr. nennt das „schwarze Brett"[8]. Eine bestimmte Vorgabe für eine Informationstechnik besteht nicht. Es kann die Mitarbeiterzeitung oder das Intranet des Entleihers, wenn der LeihArbN hierauf Zugriff hat, gewählt werden[9]. Die Unterrichtung muss so rechtzeitig erfolgen, dass der LeihArbN sich noch für den zu besetzenden Arbeitsplatz bewerben kann (vgl. § 18 TzBfG Rz. 3). Unterhält der Entleiher mehrere Betriebe, muss die Information in allen Betrieben erfolgen, in denen er LeihArbN beschäftigt. 3

Der Auskunftsanspruch aus S. 1 ist selbständig durchsetzbarer Rechtsanspruch[10]. § 13a begründet eine gesetzl. Pflicht mit Schutzwirkung zu Gunsten des LeihArbN. Es kommt bei **Verletzung der Informationspflicht** deshalb ein Schadensersatzanspruch aus § 280 I BGB in Betracht[11]. § 13a ist zudem ein Schutzgesetz gem. § 823 II BGB[12]. Zuständig sind die ArbG[13]. Bei einem Verstoß kann der BR zudem gem. § 99 II Nr.1, 3 BetrVG seine Zustimmung zur Einstellung verweigern[14]. Der Verstoß gegen die Pflicht aus § 13a ist gem. § 16 I Nr. 9 außerdem eine Ordnungswidrigkeit. 4

13b Zugang des Leiharbeitnehmers zu Gemeinschaftseinrichtungen oder -diensten

Der Entleiher hat dem Leiharbeitnehmer Zugang zu den Gemeinschaftseinrichtungen oder -diensten im Unternehmen unter den gleichen Bedingungen zu gewähren wie vergleichbaren Arbeitnehmern in dem Betrieb, in dem der Leiharbeitnehmer seine Arbeitsleistung erbringt, es sei denn, eine unterschiedliche Behandlung ist aus sachlichen Gründen gerechtfertigt. Gemeinschaftseinrichtungen oder -dienste im Sinne des Satzes 1 sind insbesondere Kinderbetreuungseinrichtungen, Gemeinschaftsverpflegung und Beförderungsmittel.

§ 13b setzt Art. 6 IV LeiharbeitsRL in deutsches Recht um. Die Vorschrift gestaltet den **Gleichbehandlungsanspruch** des LeihArbN betreffend die Gemeinschaftseinrichtungen und –dienste entsprechend der europarechtl. Vorgabe **als unmittelbaren Anspruch gegen den Entleiher** aus[15]. Die Vorschrift ist zwingend und nicht tarifdispositiv[16]. Es handelt sich zudem um eine Mindestsicherung. Weitergehende Ansprüche des LeihArbN zB unmittelbar aus einer BV bleiben unberührt. 1

---

1 BT-Drs. 17/4804, 10. ||2 *Boemke/Lembke*, § 13a Rz. 8. ||3 BAG 1.6.2011 – 7 ABR 18/10, AP Nr. 136 zu § 99 BetrVG 1972. ||4 *Hamann*, NZA 2011, 70 (76f.). ||5 *Boemke/Lembke*, § 13a Rz. 11. ||6 *Lembke*, DB 2011, 414 (418). ||7 *Ulber*, § 13a Rz. 4; aA *Boemke/Lembke*, § 13a Rz. 13. ||8 BT-Drs. 17/4804, 10. ||9 *Ulber*, § 13a Rz. 11. ||10 *Leuchten*, NZA 2011, 608 (611). ||11 *Lembke*, NZA 2011, 319 (321); ErfK/*Wank*, § 13a AÜG Rz. 3. ||12 *Lembke*, NZA 2011, 319 (321), *Ulber*, § 13a Rz. 20. ||13 Vgl. BAG 15.3.2011 – 10 AZB 49/10, NZA 2011, 653. ||14 *Boemke/Lembke*, § 13a Rz. 29ff.; *Ulber*, § 13a Rz. 22. ||15 *Boemke/Lembke*, § 13b Rz. 9; *Ulber*, § 13b Rz. 2. ||16 BT-Drs. 17/4804, 10.

2 Die Vorschrift betrifft den Zugang zu Gemeinschaftseinrichtungen oder Gemeinschaftsdiensten. Als Beispiele nennt S. 2 in Anlehnung an die LeiharbeitsRL[1] Kinderbetreuungseinrichtungen, Gemeinschaftsverpflegung und Beförderungsmittel. Die Aufzählung ist nicht abschließend. Weil die Vorschrift auch nach dem Willen des Gesetzgebers die LeiharbeitsRL umsetzt, ist für die Auslegung nicht auf Begrifflichkeiten des deutschen Rechts abzustellen. Es ist deshalb nicht davon auszugehen, dass zu den **Gemeinschaftseinrichtungen** iSv. § 13b alle sozialen Einrichtungen gem. § 87 I Nr. 8 BetrVG zählen[2]. Erfasst sind vielmehr bewegliche oder unbewegliche Sachen, die der Entleiher einer Gruppe eigener ArbN zur Verfügung stellt[3]. Dies sind zB Sozialräume, Parkplätze, Werkmietwohnungen, Erholungsheime, Personalrabatt, Sportanlagen, Bibliotheken[4] oder eine Betriebskantine[5]. Nicht erfasst werden Geldleistungen an den ArbN, insb. auch nicht die Leistungen der betrAV[6]. Die LeiharbeitsRL unterscheidet zwischen Arbeitsentgelt und Gemeinschaftseinrichtungen (Art. 2 I Buchst. f ii, Art. 5 II und Art. 6 IV). Die nicht erfassten Leistungen sind am Maßstab von §§ 3 I Nr. 3, 9 Nr. 2 zu messen mit der Folge, dass anders als bei § 13b Abweichungen durch TV zulässig sind. **Gemeinschaftsdienste** sind alle Dienst- und Serviceleistungen, die der Entleiher Stammbeschäftigten im Zusammenhang mit dem bestehenden ArbVerh tatsächlich erbringt[7]. Dies sind zB Schuldnerberatung oder Rückentraining[8]. Ob von § 13b in Ansehung von Art. 6 IV LeiharbeitsRL auch die Teilnahme an Qualifizierungsmaßnahmen des Entleihers erfasst wird, ist streitig[9].

3 Inhaltlich ist der Anspruch dahingehend ausgestaltet, dass der Entleiher dem LeihArbN den **Zugang unter gleichen Bedingungen** gewähren muss. Dies bedeutet, dass der Zugang unter den gleichen Voraussetzungen und in der gleichen Weise zu gewähren ist wie vergleichbaren ArbN (dazu § 3 Rz. 31 ff.) im Betrieb des Entleihers. Der Anspruch ist auf die tatsächliche Gewährung des Zugangs gerichtet[10]. So darf zB der Entleiher von LeihArbN keine höheren Kantinenpreise verlangen als von vergleichbaren Stammbeschäftigten[11]. Dies zwingt den Entleiher aber nicht, seinen Zuschuss für die Kantine zu erhöhen. Er kann ggf. die Preise so erhöhen, dass sie für alle gleich, aber für die StammArbN höher als zuvor sind, wobei der Entleiher das MitbestR seines BR aus § 87 I Nr. 8 BetrVG zu beachten hat[12]. Beschränkungen des Zugangs durch Schaffung weiterer Voraussetzungen nur für LeihArbN sind unzulässig.

4 Der Anspruch besteht nur dann nicht, wenn eine **unterschiedliche Behandlung aus sachlichen Gründen** gerechtfertigt ist. Die Begr. nennt als Beispiel, dass der Entleiher gemessen an der individuellen Einsatzzeit einen unverhältnismäßigen Organisations- bzw. Verwaltungsaufwand bei der Gewährung des Zugangs hat. Zugleich ist dann aber zu prüfen, inwieweit die Bedingungen für den Zugang so ausgestaltet werden können, dass den LeihArbN der Zugang ermöglicht wird[13]. Da es sich um ein Diskriminierungsverbot handelt, kann die ebenfalls europarechtl. geprägte Auslegung von § 4 I TzBfG der sachlichen Rechtfertigung herangezogen werden. Erforderlich sind objektive Gründe, die einem billigenswerten Bedürfnis des Unternehmens entsprechen und für die Erreichung dieses Bedürfnisses geeignet und erforderlich sind[14]. Die Ausnahme ist restriktiv auszulegen[15]. Verboten ist auch eine mittelbare Diskriminierung[16].

5 Es handelt sich bei § 13b um einen **selbständig einklagbaren Anspruch** des LeihArbN gegen den Entleiher[17]. Vereinbarungen, die den Zugang des LeihArbN entgegen § 13b beschränken, sind gem. § 9 Nr. 2a unwirksam (dazu § 9 Rz. 13). Verletzt der Entleiher seine Pflichten aus § 13b, kommen zudem **Schadenersatzansprüche** aus § 280 I BGB und § 823 II BGB in Betracht[18]. Die Ansprüche sind vor den ArbG geltend zu machen[19]. Der Verstoß ist eine Ordnungswidrigkeit (§ 16 I Nr. 10).

14 Mitwirkungs- und Mitbestimmungsrechte

(1) Leiharbeitnehmer bleiben auch während der Zeit ihrer Arbeitsleistung bei einem Entleiher Angehörige des entsendenden Betriebs des Verleihers.

(2) Leiharbeitnehmer sind bei der Wahl der Arbeitnehmervertreter in den Aufsichtsrat im Entleiherunternehmen und bei der Wahl der betriebsverfassungsrechtlichen Arbeitnehmervertretungen im Entleiherbetrieb nicht wählbar. Sie sind berechtigt, die Sprechstunden dieser Arbeitnehmervertretungen aufzusuchen und an den Betriebs- und Jugendversammlungen im Entleiherbetrieb teilzunehmen. Die §§ 81, 82 Abs. 1 und die §§ 84 bis 86 des Betriebsverfassungsgesetzes gelten im Entleiherbetrieb auch in Bezug auf die dort tätigen Leiharbeitnehmer.

(3) Vor der Übernahme eines Leiharbeitnehmers zur Arbeitsleistung ist der Betriebsrat des Entleiherbetriebs nach § 99 des Betriebsverfassungsgesetzes zu beteiligen. Dabei hat der Entleiher dem Be-

---

1 BT-Drs. 17/4804, 10. ||2 Boemke/Lembke, § 13b Rz. 20; aA Ulber, § 13b Rz. 5; ErfK/Wank, § 13b AÜG Rz. 1. ||3 Vgl. Lembke, DB 2011, 414 (418). ||4 Hamann, NZA 2011, 70 (77); Ulber, § 13b Rz. 5. ||5 LAG Hamburg 7.6.2012 – 2 TaBV 4/12, AiB 2013, 137. ||6 Boemke/Lembke, § 13b Rz. 26; s.a. Vielmeier, NZA 2012, 536; aA Ulber, § 13b Rz. 5; wohl auch Sansone, S. 213 ff. ||7 Ulber, § 13b Rz. 6. ||8 Ulber, § 13b Rz. 6. ||9 Dazu Ulber, § 13b Rz. 19 ff. ||10 Lembke, NZA 2011, 318 (323). ||11 LAG Hamburg 7.6.2012 – 2 TaBV 4/12, AiB 2013, 137. ||12 LAG Hamburg 7.6.2012 – 2 TaBV 4/12, AiB 2013, 137; vgl. auch Boemke/Lembke, § 13b Rz. 42. ||13 BT-Drs. 17/4804, 10. ||14 Sansone, S. 501. ||15 Lembke, DB 2011, 414 (418). ||16 Hamann, NZA 2011, 70 (77); Ulber, § 13b Rz. 13. ||17 Leuchten, NZA 2011, 608 (611). ||18 Ulber, § 13b Rz. 15. ||19 BAG 15.3.2011 – 10 AZB 49/10, NZA 2011, 653.

triebsrat auch die schriftliche Erklärung des Verleihers nach § 12 Abs. 1 Satz 2 vorzulegen. Er ist ferner verpflichtet, Mitteilungen des Verleihers nach § 12 Abs. 2 unverzüglich dem Betriebsrat bekannt zu geben.

(4) Die Absätze 1 und 2 Sätze 1 und 2 sowie Absatz 3 gelten für die Anwendung des Bundespersonalvertretungsgesetzes sinngemäß.

I. **Betriebsverfassungsrechtliche Zuordnung der Leiharbeitnehmer (Abs. 1).** Auch während der Zeit ihrer Arbeitsleistung bei einem Entleiher bleiben LeihArbN **Angehörige des entsendenden Betriebs** des Verleihers. Diesen Grundsatz bestätigt Art. 7 I LeiharbeitsRL. Abs. 1 gilt auch dann, wenn sie ArbN einer konzernangehörigen Personalführungsgesellschaft sind, deren ausschließliche Aufgabe es ist, ihre ArbN anderen Konzernunternehmen zur Arbeitsleistung zu überlassen[1]. Nach der jetzigen Gesetzeskonzeption, die eine zeitliche Höchstgrenze der AÜ nicht vorsieht, gilt dies trotz § 1 I 2 auch dann, wenn die ArbN dauerhaft an ein Unternehmen überlassen werden[2]. Etwas anderes gilt nicht deshalb, weil ansonsten eine ordnungsgemäße betriebsverfassungsrechtl. Vertretung der überlassenen ArbN nicht gewährleistet wäre[3]. Eine solche korrigierende Wertung obliegt dem Gesetzgeber[4]. Sie ergibt sich nicht aus § 1 I 2. Eine rechtssichere Zuordnung der LeihArbN, die im Rahmen des formellen Betriebsverfassungsrechts erforderlich ist (vgl. §§ 5 I 3, 7 S. 2 BetrVG), wäre im Hinblick auf den unbestimmten Begriff „vorübergehend" nicht möglich. Aus der Zuordnung zum Verleiherbetrieb folgt, dass die LeihArbN dort alle Rechte nach dem BetrVG haben. Auch wenn sie ihre Arbeitsleistung ständig außerhalb des Verleiherbetriebs erbringen, haben sie dort das aktive und passive Wahlrecht nach dem BetrVG[5]. Die Anwendung des Abs. 1 setzt nicht voraus, dass die LeihArbN vor ihrer Überlassung in die Betriebsorganisation des Verleihers eingegliedert gewesen sind[6]. 1

Sie können an den Betriebsversammlungen im Verleiherbetrieb teilnehmen und haben das Recht, die Sprechstunden des BR im Verleiherbetrieb aufzusuchen. Die Vergütung für die dazu erforderliche Zeit hat der Verleiher weiter zu zahlen. Ob er berechtigt ist, dem Entleiher diese Zeiten in Rechnung zu stellen, richtet sich nach dem Inhalt des AÜ-Vertrags[7]. 2

Die in §§ 81, 82 I und 84–86 BetrVG geregelten Rechte und Pflichten gelten auch im Verhältnis zwischen Verleiher und LeihArbN. Danach ist der Verleiher zur Unterrichtung über Unfall- und Gesundheitsgefahren und zur Erörterung von Veränderungen der Arbeitsabläufe und deren Auswirkungen auf den Arbeitsplatz des LeihArbN verpflichtet. Der LeihArbN hat ggü. dem Verleiher das Recht, in betriebl. Angelegenheiten angehört zu werden und die Berechnung und Zusammensetzung seines Arbeitsentgelts sowie die Beurteilung seiner Leistungen und die Möglichkeiten seiner berufl. Entwicklung zu erörtern. 3

Darüber hinaus steht dem LeihArbN das Recht zu, sich bei den zuständigen Stellen des Verleiherbetriebs zu beschweren. Dazu gehört auch der in diesem Betrieb gebildete BR. Diesem stehen sämtliche Rechte nach dem BetrVG auch hinsichtlich der LeihArbN zu. Das betrifft insb. die Einstellung und die Kündigung von LeihArbN im Verleiherbetrieb. Bei der Anordnung oder Duldung von Überstunden im Entleiherbetrieb steht dem BR des Verleiherbetriebs nur dann ein MitbestR nach § 87 I Nr. 3 BetrVG zu, wenn der Verleiher dem Entleiher das Recht zur Anordnung von Überstunden im AÜ-Vertrag übertragen hat[8]. 4

Diese Grundsätze gelten bei legaler AÜ. Sie galten ebenso bei den bislang gesetzl. nicht geregelten Erscheinungsformen der nicht gewerbsmäßigen AÜ, denn ob ein Verleiher gewerbsmäßig oder nicht gewerbsmäßig handelte, war für die betriebsverfassungsrechtl. Stellung des LeihArbN unbeachtlich[9]. Nach der Neuregelung gilt das AÜG gem. § 1 I für AÜ im Rahmen wirtschaftlicher Tätigkeit bei vorübergehender Überlassung. Es bleibt auch insoweit dabei, dass die nicht gesetzl. geregelten Formen der AÜ, jetzt außerhalb wirtschaftlicher Tätigkeit, aber auch die langfristige AÜ von § 14 erfasst werden. Besitzt der Verleiher allerdings nicht die erforderliche Erlaubnis, wird nach §§ 9 Nr. 1, 10 I ein ArbVerh zum Entleiher fingiert. In diesem Fall wird der LeihArbN auch betriebsverfassungsrechtl. dem Betrieb des Entleihers zugerechnet[10]. Da die Überlassung dieses LeihArbN als Einstellung in den Betrieb des Entleihers anzusehen ist, hat dieser den in seinem Betrieb gebildeten BR zu unterrichten und seine Zustimmung einzuholen[11]. 5

Einer Anwendung des Abs. 1 steht nicht entgegen, dass ein inländischer ArbGeb einen Teil seiner ArbN ausländischen Unternehmen zum **Auslandseinsatz** überlässt. Anknüpfungspunkt für die Anwendung des BetrVG ist nach dem Territorialitätsprinzip der im Inland gelegene Betrieb der ArbGeb[12]. 6

II. **Rechte des Leiharbeitnehmers im Entleiherbetrieb (Abs. 2).** LeihArbN sind bei der Wahl der ArbN-Vertreter in den AR im Entleiherunternehmen und bei der Wahl der betriebsverfassungsrechtl. 7

---

1 BAG 20.4.2005 – 7 ABR 20/04, NZA 2005, 1006. || 2 Vgl. LAG Thür. 29.3.2007 – 8 TaBV 12/06, EzAÜG BetrVG Nr. 97. || 3 So aber LAG Schl.-Holst. 24.5.2007 – 1 TaBV 64/06, EzAÜG BetrVG Nr. 98. || 4 Vgl. *Brose*, NZA 2005, 797 (800). || 5 BAG 20.4.2005 – 7 ABR 20/04, NZA 2005, 1006; BT-Drs. IX/847, 8. || 6 BAG 20.4.2005 – 7 ABR 20/04, NZA 2005, 1006. || 7 *Sandmann/Marschall/Schneider*, § 14 Anm. 5. || 8 LAG Köln 21.10.1994 – 13/10 TaBV 45/94, MDR 1995, 393; s.a. LAG Köln 7.6.2011 – 12 TaBV 96/10. || 9 BAG 10.3.2004 – 7 ABR 49/03, DB 2004, 1836; 20.4.2005 – 7 ABR 20/04, NZA 2005, 1006. || 10 BAG 20.4.2005 – 7 ABR 20/04, NZA 2005, 1006. || 11 BAG 31.1.1989 – 1 ABR 72/87, DB 1989, 932. || 12 BAG 20.4.2005 – 7 ABR 20/04, NZA 2005, 1006.

ArbN-Vertretung **im Entleiherbetrieb nicht wählbar**[1]. Danach steht LeihArbN ein passives Wahlrecht im Entleiherbetrieb selbst dann nicht zu, wenn sie für einen Zeitraum von mehr als sechs Monaten überlassen worden sind. Diesen Zeitraum einer Betriebszugehörigkeit setzt bereits § 8 BetrVG für die Wählbarkeit zum BR voraus. Bei unmittelbarer Übernahme des LeihArbN in den Entleiherbetrieb soll seine bisherige Zeit als LeihArbN aber auf die Dauer der Betriebszugehörigkeit gem. § 8 BetrVG angerechnet werden[2]. Aufgrund der Abs. 2 verdrängenden Spezialregelung des § 5 I 3 BetrVG besteht im öffentl. Dienst passives Wahlrecht[3].

8   Werden LeihArbN länger als drei Monate im Betrieb des Entleihers eingesetzt, steht ihnen das **aktive Wahlrecht** nach § 7 S. 2 BetrVG zu. Unter denselben Voraussetzungen können sie gem. § 10 II 2 MitbestG, § 8 II 2 MontanMitbestErgG und § 5 II 2 DrittelbG an der Wahl der ArbN-Vertreter in den AR des Entleiherunternehmens aktiv teilnehmen. Diese Regelungen dienen dazu, einer Erosion der Stammbelegschaft und den damit verbundenen negativen Auswirkungen auf die Betriebsverfassung entgegenzuwirken[4]. Dieses aktive Wahlrecht steht auch denjenigen zu, die im Rahmen einer sog. Konzernleihe in einem anderen Betrieb desselben Konzerns eingesetzt werden[5]. Im öffentl. Dienst gilt wiederum § 5 I 3 BetrVG.

9   Diese Regelung über das aktive Wahlrecht der LeihArbN im Betrieb des Entleihers unterliegt keinen verfassungsrechtl. Bedenken. Denn der Entleiher übt ggü. den LeihArbN kraft seiner Organisationshoheit und Dispositionsbefugnis teilweise ArbGebFunktionen aus. Damit wird auch der BR des Entleiherbetriebs partiell zuständig[6]. Denn die Zuständigkeit des BR für ArbN eines fremden ArbGeb beruht bereits darauf, dass diese in den Betrieb tatsächlich eingegliedert sind[7].

10 Bei der Berechnung betriebsverfassungsrechtl. **Schwellenwerte** sind LeihArbN nicht zu berücksichtigen. Allein ihre Wahlberechtigung nach § 7 S. 2 BetrVG macht sie nicht zu wahlberechtigten ArbN des Betriebs. Dies ergibt sich aus den Ausführungen zu Rz. 1[8]. Diese Grundsätze gelten auch bei einer Überlassung der ArbN im Wege der Konzernleihe[9]. Weil es Aufgabe des Gesetzgebers ist, dies für das formelle, auf klare Abgrenzungen angelegte Betriebsverfassungsrecht zu ändern[10], wird an diesen Grundsätzen für § 9 BetrVG festgehalten, auch wenn das **BAG seine Rspr. geändert** hat und nunmehr regelmäßig beschäftigte LeihArbN im Rahmen von § 9 BetrVG für die BR-Größe im Entleiherbetrieb berücksichtigen will[11]. Der Gesetzgeber beabsichtigt ausweislich des Koalitionsvertrages von CDU/CSU und SPD, grds. vorzusehen, dass LeihArbN bei den Schwellenwerten im Entleiherbetrieb mitzählen, wenn dem der Zweck der Vorschrift nicht entgegensteht. Nach einer entsprechenden Gesetzesänderung mag die Rechtslage anders zu beurteilen sein. Zu § 111 BetrVG hatte das BAG in Abgrenzung zur bisherigen Rspr. zu § 9 BetrVG LeihArbN, die länger als drei Monate im Unternehmen beschäftigt sind, bei der Ermittlung der maßgeblichen Unternehmensgröße berücksichtigt[12]. Im Rahmen von § 23 I 3 KSchG sind nach der Rspr. des BAG im Betrieb beschäftigte LeihArbN zu berücksichtigen, wenn ihr Einsatz auf einem „in der Regel" vorhandenen Personalbedarf beruht[13].

11 Die dargestellten Grundsätze, wonach LeihArbN im Entleiherbetrieb zwar wählen, aber nicht bei der Berechnung der Schwellenwerte zählen, sind mit Art. 7 II LeiharbeitsRL vereinbar[14]. Die RL eröffnet den Mitgliedstaaten lediglich die Möglichkeit, die LeihArbN bei der Berechnung der Schwellenwerte in einem entleihenden Unternehmen zu berücksichtigen, schreibt dies aber nicht vor.

12 LeihArbN sind berechtigt, die Sprechstunden der ArbN-Vertretungen im Verleiherbetrieb aufzusuchen und an den dortigen Betriebs- und Jugendversammlungen teilzunehmen. Im Verhältnis zum Entleiher stehen ihnen auch die Informations-, Anhörungs- und Beschwerderechte nach §§ 81, 82 II und 84 bis 86 BetrVG zu. Danach kann der LeihArbN vom Entleiher auch eine Arbeitsfreistellung für einen Besuch bei dem BR des Verleihers verlangen[15]. War dieser Besuch erforderlich, steht ihm ggü. dem Verleiher die vereinbarte Vergütung zu. Ob der Verleiher diese Kosten dem Entleiher in Rechnung stellen kann, hängt wiederum von den Vereinbarungen im AÜ-Vertrag ab.

13 Die Auskunfts- und Erörterungsrechte nach § 82 II BetrVG sowie das Einsichtsrecht in Personalakten nach § 83 BetrVG stehen dem LeihArbN ausschließlich im Verhältnis zum Verleiher zu. Das Beteiligungsrecht aus 96 BetrVG steht in Bezug auf LeihArbN dem BR im Entleiherbetrieb zu[16]. Die Rechte der LeihArbN im Entleiherbetrieb nach dem BetrVG sind in Abs. 2 nur beispielhaft aufgezählt[17]. Es gelten für sie auch die Grundsätze für die Behandlung der Betriebsangehörigen nach § 75 BetrVG. Der

---

1 BAG 16.4.2003 – 7 ABR 53/02, NZA 2003, 1345; 22.10.2003 – 7 ABR 3/03, DB 2004, 939. ||2 BAG 10.10.2012 – 7 ABR 53/11, AP Nr. 15 zu § 8 BetrVG 1972. ||3 BAG 15.12.2011 – 7 ABR 65/10, NZA 2012, 519; 15.8.2012 – 7 ABR 34/11, NZA 2013, 107; zur Frage der Verfassungsmäßigkeit dieser Differenzierung *Düwell*, ArbuR 2011, 288 (289f.). ||4 ErfK/*Wank*, § 14 AÜG Rz. 6. ||5 BT-Drs. XIV/5741, 36. ||6 *Konzen*, RdA 2001, 76; *Brors*, NZA 2002, 123. ||7 *Fitting*, § 7 BetrVG Rz. 40; aA *Reichold*, NZA 2001, 857. ||8 Bislang BAG 16.4.2003 – 7 ABR 53/02, DB 2003, 2128; 22.10.2003 – 7 ABR 3/03, ZIP 2004, 770. ||9 BAG 10.3.2004 – 7 ABR 49/03, DB 2004, 1836. ||10 Zutr. ErfK/*Wank*, § 14 Rz. 7 mwN. ||11 BAG 13.3.2013 – 7 ABR 69/11, NZA 2013, 789. ||12 BAG 18.10.2011 – 1 AZR 35/10, DB 2012, 408; dazu *Mosig*, NZA 2012, 1411. ||13 BAG 24.1.2013 – 2 AZR 140/12, MDR 2013, 986. ||14 *Klumpp*, GPR 2009, 89 (91); *Schüren/Wank*, RdA 2011, 1 (7). ||15 BAG 28.7.1992 – 1 ABR 22/92, NZA 1993, 272. ||16 LAG Hamburg 31.10.2012 – 5 TaBV 6/12. ||17 *Sandmann/Marschall/Schneider*, § 14 Anm. 15.

Entleiher und der in seinem Betrieb gebildete BR haben auch im Hinblick auf LeihArbN darüber zu wachen, dass jede unterschiedliche Behandlung im Hinblick auf ihre Abstammung, Religion, Nationalität, Herkunft, politische oder gewerkschaftliche Betätigung oder Einstellung oder wegen ihres Geschlechts oder ihrer sexuellen Identität unterbleibt, zumal der Entleiher gem. § 6 II 2 AGG insoweit auch als ArbGeb gilt[1]. Die Feststellung weiterer Beteiligungsrechte des EntleiherBR im Hinblick auf den LeihArbN bleibt der Rspr. vorbehalten[2].

III. Rechte des Entleiherbetriebsrats (Abs. 3). Vor der **Übernahme eines LeihArbN** zur Arbeitsleistung ist der BR des Entleiherbetriebs nach § 99 BetrVG zu beteiligen[3]. Dabei hat der Entleiher dem BR auch die schriftl. Erklärung des Verleihers über die ihm erteilte Verleiherlaubnis vorzulegen. Ohne diese Vorlage setzt der ArbGeb das Zustimmungsverfahren gem. § 99 BetrVG nicht wirksam in Gang[4]. Ferner ist er verpflichtet, Mitteilungen des Verleihers über den Zeitpunkt des Wegfalls der Erlaubnis, über das voraussichtliche Ende der Abwicklung und über die gesetzl. Abwicklungsfrist dem BR unverzüglich bekannt zu geben. 14

Diese Rechte stehen dem BR des Entleiherbetriebs auch bei anderen Formen eines drittbezogenen Personaleinsatzes zu. Das galt bisher für die nicht gewerbsmäßige AÜ[5] und wird jetzt auch für die nichtwirtschaftliche oder längerfristige AÜ gelten. Entsprechende Anwendung findet Abs. 3 auch bei einer Abordnung zu einer Arbeitsgemeinschaft gem. § 1 I 3 und im Fall einer illegalen AÜ[6]. Werden ArbN von Fremdfirmen dagegen auf der Grundlage echter Dienst- oder Werkverträge eingesetzt, ist für die Anwendung des § 99 BetrVG kein Raum, da es an der Personalhoheit des Einsatzbetriebs fehlt[7]. 15

Da es sich bei der Verweisung in Abs. 3 nicht um eine Rechtsgrundverweisung, sondern um eine Verweisung auf die Rechtsfolgen des § 99 BetrVG handelt, ist der BR des Entleiherbetriebs zu beteiligen, wenn dort nur 20 oder weniger wahlberechtigte ArbN beschäftigt sind[8]. Jegliche Übernahme eines LeihArbN löst das MitbestR des EntleiherBR nach Abs. 3 S. 1 aus. Erforderlich ist aber die tatsächliche Eingliederung in den Entleiherbetrieb. Der Abschluss des Überlassungsvertrags löst noch kein MitbestR aus[9]. Auch die bloße Aufnahme in einen Pool von LeihArbN, aus dem der Verleiher auf Anforderung des Entleihers Kräfte für die Einsätze im Entleiherbetrieb auswählt, ist noch keine Übernahme iSv. Abs. 3 S. 1[10]. Auf die Dauer dieser Übernahme und etwaige Auswirkungen auf die Produktion im Entleiherbetrieb kommt es nicht an. Jeder noch so kurze tatsächliche Einsatz ist mitbestimmungspflichtig[11]. Soll der LeihArbN durch eine andere Person ausgetauscht werden oder soll sein Einsatzzeitraum verlängert werden, handelt es sich jeweils um eine erneute Übernahme iSd. Gesetzes[12]. Anders soll es sein, wenn lediglich der Entleiher wechselt, sich an der Eingliederung in den Entleiherbetrieb aber iÜ nichts ändert[13]. Soll dem LeihArbN im Betrieb des Entleihers ein anderer Arbeitsplatz zugewiesen werden, handelt es sich ggf. um eine zustimmungspflichtige Versetzung, nicht aber um eine Übernahme. Das MitbestR des BR im Entleiherbetrieb bei Versetzungen des LeihArbN ist durch Abs. 3 nicht ausgeschlossen[14]. 16

Der BR im Entleiherbetrieb muss alle Informationen erhalten, die für seine Entscheidung nach § 99 II BetrVG von Bedeutung sein können. Er muss sich darüber vergewissern können, ob überhaupt ein Beteiligungsrecht nach § 14 besteht, ob der Verleiher die erforderliche Erlaubnis besitzt oder ob etwa ein unmittelbares ArbVerh zwischen dem LeihArbN und dem Entleiher kraft der Fiktion des § 10 I begründet wird. Bei begründeten Zweifeln kann der BR die Vorlage aller Verträge mit Fremdfirmen über die Beschäftigung von LeihArbN verlangen[15]. Die Personalien des LeihArbN sind mitzuteilen[16], ebenso wie dessen Einsatzbereich und -umfang, der Einstellungstermin und die Einsatzdauer[17]. Der Entleiher schuldet seinem BR hingegen keine Auskunft über die Ausgestaltung des Arbeitsvertrags des LeihArbN[18]. Zur Wahrnehmung seiner Beteiligungsrechte bei der Personalplanung nach § 92 II BetrVG kann der BR darüber hinaus die Einsichtnahme in Listen verlangen, aus denen er die Einsatzzeiten der LeihArbN, deren Qualifikationen und persönliche Daten sowie die vorgesehenen Tätigkeiten im Entleiherbetrieb entnehmen kann[19]. Eine angemessene Information des BR im Entleiherbetrieb schreibt auch Art. 8 LeiharbeitsRL vor. 17

Ein MitbestR im Hinblick auf die **Eingruppierung des LeihArbN** steht dem EntleiherBR nicht zu[20]. Die Höhe der Vergütung ist Bestandteil des Leiharbeitsvertrags, den der Verleiher weder ggü. dem Ver- 18

---

1 Schüren/*Hamann*, § 14 Rz. 213 f. ||2 BT-Drs. IX/847, 13; s.a. *Hamann*, NZA 2003, 526 (530 ff.). ||3 Zusammenfassend *Stück*, MDR 2014, 829. ||4 LAG Hess. 29.1.2013 – 4 TaBV 202/12, NZA-RR 2013, 359; s.a. BAG 10.7.2013 – 7 ABR 91/11, DB 2013, 2629. ||5 BAG 25.1.2005 – 1 ABR 61/03, DB 2005, 1693. ||6 BAG 6.6.1978 – 1 ABR 66/75, DB 1978, 1841; 31.1.1989 – 1 ABR 72/87, NZA 1989, 932. ||7 BAG 5.5.1992 – 1 ABR 78/91, MDR 1992, 974. ||8 *Sandmann/Marschall/Schneider*, § 14 Anm. 16; *Ulber*, § 14 Rz. 186; ErfK/*Wank*, § 14 AÜG Rz. 18; aA LAG Nds. 26.11.2007 – 6 TaBV 33/07. ||9 *Hunold*, NZA-RR 2008, 281 (282). ||10 BAG 23.1.2008 – 1 ABR 74/06, NZA 2008, 603. ||11 BAG 9.3.2011 – 7 ABR 137/09, NZA 2011, 871. ||12 BAG 23.1.2008 – 1 ABR 74/06, NZA 2008, 603; 1.6.2011 – 7 ABR 18/10. ||13 So LAG Düss. 30.10.2008 – 15 TaBV 12/08, EzAÜG BetrVG Nr. 110; *v. Tiling*, BB 2009, 2422 (2423). ||14 Str., vgl. *Hunold*, NZA-RR 2008, 281 (285 f.) mwN. ||15 BAG 31.1.1989 – 1 ABR 72/87, NZA 1989, 932; 9.7.1991 – 1 ABR 45/90, NZA 1992, 275. ||16 BAG 9.3.2011 – 7 ABR 137/09, NZA 2011, 871. ||17 Vgl. BAG 1.6.2011 – 7 ABR 117/09. ||18 BAG 1.6.2011 – 7 ABR 117/09. ||19 BAG 31.1.1989 – 1 ABR 72/87, NZA 1989, 932; LAG Nds. 22.6.1989 – 14 TaBV 20/89, EzAÜG BetrVG Nr. 50, 55. ||20 BAG 17.6.2008 – 1 ABR 39/07, ZTR 2009, 279.

leiher noch ggü. dessen BR offen legen muss[1]. Das gilt auch für Bewerbungsunterlagen des LeihArbN, da dessen Übernahme allein durch die Zuweisung des Verleihers erfolgt[2]. Auch wenn sich die Vergütung des LeihArbN wegen Verstoßes gegen § 3 I Nr. 3, § 9 Nr. 2 gem. § 10 IV nach den wesentlichen Arbeitsbedingungen des Entleihers richtet, bleiben der Verleiher als VertragsArbGeb und dessen BR für die Eingruppierung zuständig[3]. In die Zuständigkeit des Verleihers fällt auch die Festlegung der Örtlichkeit des vergütungspflichtigen Beginns und des Endes der Arbeitszeit[4].

19 Der EntleiherBR kann seine Zustimmung zur Übernahme des LeihArbN aus den in § 99 II Nr. 1 bis 6 BetrVG verweigern. Dabei kann er sich jedoch nicht auf eine Benachteiligung des LeihArbN stützen, die sich im Verhältnis zu den übrigen ArbN aus der gesetzl. Ausgestaltung der AÜ ergibt[5]. Das BAG gesteht dem BR nunmehr auch bei vorliegender AÜ-Erlaubnis ein Zustimmungsverweigerungsrecht zu, wenn die Überlassung entgegen § 1 I 2 nicht nur vorübergehend erfolgt. § 1 I 2 sei ein Verbotsgesetz iSv. § 99 II Nr. 2 BetrVG[6]. Hierauf wird sich die Praxis einzustellen haben. Auch in Konzernsachverhalten, in denen keine nur vorübergehende Überlassung vorliegt (vgl. insoweit § 1 Rz. 53f.), wird das Zustimmungsverweigerungsrecht bestehen. Ob die legale – Vorliegen einer Erlaubnis und Einhaltung des § 9 Nr. 2 in Folge der Zahlung von Tariflohn nach einem ZeitarbeitsTV auf Grund Tarifbindung – AÜ durch eine konzerneigene oder unternehmenszugehörige Personaldienstleistungsgesellschaft daher nach wie vor nicht gegen das AÜG verstößt und der BR in diesen Fällen schon mangels Gesetzesverstoß zu der Besetzung von Dauerarbeitsplätzen mit LeihArbN die Zustimmung nicht gem. § 99 II Nr. 1 BetrVG verweigern darf[7], erscheint zweifelhaft[8]. Dies wird sich auch daran entscheiden, ob das Merkmal vorübergehend personen- oder arbeitsplatzbezogen zu verstehen ist (dazu § 1 Rz. 35). Fehlt dem Verleiher die erforderliche AÜ-Erlaubnis, belegt § 16 I Nr. 1b, dass der EntleiherBR seine Zustimmung gem. § 99 I Nr. 1 BetrVG verweigern darf[9].

20 Ein **Verstoß gegen das Gleichbehandlungsgebot** aus § 3 I Nr. 3, § 9 Nr. 2 alleine stellt keinen Zustimmungsverweigerungsgrund des EntleiherBR zur Übernahme des LeihArbN gem. § 99 II Nr. 1 BetrVG dar[10]. Dies belegt der neu gefasste § 10 IV, der zeigt, dass die Beschäftigung erfolgen und zugleich das Recht auf die gleichwertigen Arbeitsbedingungen bestehen soll. Der EntleiherBR kann seine Zustimmung wegen einer Benachteiligung des LeihArbN dann verweigern, wenn dieser für Arbeiten eingesetzt werden soll, die wegen ihrer Unbequemlichkeit oder Schwere von den StammArbN des Entleiherbetriebs nicht durchgeführt werden[11]. Eine Benachteiligung befristet beschäftigter ArbN im Entleiherbetrieb iSv. § 99 II Nr. 3 Hs. 1 und 2 BetrVG liegt nicht vor, wenn der ArbGeb LeihArbN einstellt, anstatt Dauerarbeitsplätze einzurichten und diese mit den befristet beschäftigten ArbN zu besetzen[12]. Aufstockungswünsche nach § 9 TzBfG führen nicht ohne weiteres zu einem Zustimmungsverweigerungsgrund[13]. Verstößt der Entleiher gegen seine Pflichten aus § 81 I 1, 2 SGB IX, berechtigt dies den EntleiherBR, die Zustimmung zur Einstellung des LeihArbN nach § 99 II Nr. 1 BetrVG zu verweigern[14].

21 Streitigkeiten über das MitbestR des EntleiherBR können im Rahmen eines arbeitsgerichtl. Beschlussverfahrens vor dem ArbG geklärt werden, in dessen Bezirk der Entleiherbetrieb liegt[15]. Allerdings kann der Einsatz von LeihArbN zunächst als vorläufige personelle Maßnahme nach § 100 BetrVG geführt werden. Der EntleiherBR kann dann ggf. die Aufhebung dieser Beschäftigung nach § 101 BetrVG verlangen[16]. Hat der Entleiher ein Verfahren auf Ersetzung der Zustimmung und Feststellung der Dringlichkeit nach § 100 BetrVG bereits eingeleitet, kann der BR in diesem Verfahren seinen Abweisungsantrag mit dem Antrag verbinden, die vorläufige personelle Maßnahme aufzuheben[17].

22 Da ein LeihArbN für die Zeit seiner Überlassung in die Betriebsorganisation des Entleihers eingegliedert wird und unter dessen Direktionsrecht seine Arbeitsleistung erbringt, erstreckt sich auf ihn auch das Beteiligungsrecht des EntleiherBR **in sozialen Angelegenheiten** gem. § 87 BetrVG. Das gilt auch im Hinblick auf den Beginn und das Ende der täglichen Arbeitszeit von LeihArbN im Entleiherbetrieb[18].

23 Da der längerfristige Einsatz von ArbN Einfluss auf die Personalplanung eines Unternehmens hat und die Interessen der Stammbelegschaft des Unternehmens in wesentlichem Maß berührt, muss auch der **Wirtschaftsauschuss** gem. § 106 BetrVG stets über den Einsatz von LeihArbN unterrichtet werden[19].

---

1 BAG 6.6.1978 – 1 ABR 66/75, DB 1978, 1841; LAG Düss. 30.10.2008 – 15 TaBV 114/08, LAGE § 14 AÜG Nr. 4; *Wensing/Freise*, BB 2004, 2238 (2240f.). ‖ 2 BAG 18.12.1990 – 1 ABR 15/90, MDR 1991, 650; LAG Nds. 19.11.2008 – 15 TaBV 159/07. ‖ 3 *Hamann*, NZA 2003, 526 (531); *Ulber*, § 14 Rz. 33ff. ‖ 4 LAG MV 29.2.2008 – 3 TaBV 12/07, EzAÜG § 14 AÜG Betriebsverfassung Nr. 74. ‖ 5 *Sandmann/Marschall/Schneider*, § 14 Anm. 21. ‖ 6 BAG 10.7.2013 – 7 ABR 91/11, DB 2013, 2629; ebenso *Steinmeyer*, DB 2013, 2740 (2744); abl. *Lipinski*, NZA 2013, 1245; krit. aus europäischer Sicht *Thüsing*, NZA 2014, 10 (12). ‖ 7 Bislang LAG Düss. 30.10.2008 – 15 TaBV 114/08, LAGE § 14 AÜG Nr. 4 mwN; aA *Schüren*, § 1 Rz. 431. ‖ 8 Zu derartigen Sachverhalten jetzt zB LAG Bln.-Bbg. 21.3.2013 – 18 TaBV 2150/12 u.a.; LAG München 27.3.2012 – 8 TaBV 110/12; s.a. LAG Düss. 2.10.2012 – 17 TaBV 38/12, LAGE § 1 AÜG Nr. 5; LAG Nds. 19.9.2012 – 17 TaBV 124/11, AiB 2013, 130. ‖ 9 *Düwell/Dahl*, NZA-RR 2011, 1 (5). ‖ 10 *Düwell*, DB 2011, 1520; bisher BAG 21.7.2009 – 1 ABR 35/08, DB 2009, 2157. ‖ 11 *Sandmann/Marschall/Schneider*, § 14 Anm. 22. ‖ 12 BAG 25.1.2005 – 1 ABR 61/03, DB 2005, 1693. ‖ 13 BAG 1.6.2011 – 7 ABR 117/09. ‖ 14 BAG 23.6.2011 – 7 ABR 3/09, DB 2010, 2511. ‖ 15 *Sandmann/Marschall/Schneider*, § 14 Anm. 17. ‖ 16 BAG 1.8.1989 – 1 ABR 54/88, BAGE 62, 271. ‖ 17 ArbG Stuttgart 26.3.1992 – 6 BV 161/91, AuR 1993, 187. ‖ 18 BAG 15.12.1992 – 1 ABR 38/92, MDR 1993, 882; 19.6.2001 – 1 ABR 43/00, SAE 2002, 41; *Schüren/Hamann*, § 14 Rz. 240. ‖ 19 *Sandmann/Marschall/Schneider*, § 14 Anm. 18a; ErfK/*Wank*, § 14 AÜG Rz. 28; aA *Schüren/Hamann*, § 14 Rz. 322.

IV. Rechte der Personalvertretung (Abs. 4). Für den Anwendungsbereich des BPersVG gelten die betriebsverfassungsrechtl. Regelungen des § 14 entsprechend. Für den Bereich des Personalvertretungsrechts der Länder ist es deren Sache, die Frage der Mitbest. und Mitwirkung der Personalvertretungen zu regeln (vgl. zB § 115 LPVG Niedersachsen)[1]. Es bedarf einer entsprechenden Regelung im Landespersonalvertretungsrecht. Sonst kommt zB Abs. 3 nicht zur Anwendung[2]. Übernahme eines LeihArbN ist im Anwendungsbereich des BPersVG die Eingliederung des LeihArbN in die Dienststelle, die durch Arbeitsaufnahme nach Weisung des Dienststellenleiters geschieht, wobei Einsätze von kurzer Dauer nicht ausgenommen sind[3]. Maßgeblich für die entsprechende Anwendung des § 14 ist, dass es sich bei dem Entleiher um einen ArbGeb des öffentl. Dienstes handelt. Der Verleiher kann ein privater ArbGeb sein[4]. Allerdings verbleiben verliehene ArbN des öffentl. Dienstes während der Zeit ihrer Arbeitsleistung bei der entleihenden Dienststelle ArbN der verleihenden Dienststelle. Nur dort steht ihnen im Grundsatz das aktive und passive Wahlrecht für die Personalvertretung zu[5]. Werden sie in die Privatwirtschaft entliehen, gilt § 5 I 3 BetrVG, der eine Abs. 2 verdrängende Spezialvorschrift ist[6].

In der entleihenden Dienststelle können entliehene ArbN die Sprechstunden der Personalvertretung besuchen und an Personalversammlungen teilnehmen. Die Beteiligung bei der Übernahme eines LeihArbN zur Arbeitsleistung in der entleihenden Dienststelle bestimmt sich nach § 75 I BPersVG[7]. Danach steht dem Personalrat der entleihenden Dienststelle ein MitbestR bei Einstellungen, Versetzungen und Umsetzungen zu. Da § 14 auch insoweit keine abschließende Regelung enthält, können sich weitere Befugnisse der Personalvertretung aus der tatsächlichen Eingliederung der entliehenen ArbN und aus ihrem Verhalten in der Dienststelle ergeben[8].

15 Ausländische Leiharbeitnehmer ohne Genehmigung

(1) Wer als Verleiher einen Ausländer, der einen erforderlichen Aufenthaltstitel nach § 4 Abs. 3 des Aufenthaltsgesetzes, eine Aufenthaltsgestattung oder eine Duldung, die zur Ausübung der Beschäftigung berechtigen, oder eine Genehmigung nach § 284 Abs. 1 des Dritten Buches Sozialgesetzbuch nicht besitzt, entgegen § 1 einem Dritten ohne Erlaubnis überlässt, wird mit Freiheitsstrafe bis zu drei Jahren oder mit Geldstrafe bestraft.

(2) In besonders schweren Fällen ist die Strafe Freiheitsstrafe von sechs Monaten bis zu fünf Jahren. Ein besonders schwerer Fall liegt in der Regel vor, wenn der Täter gewerbsmäßig oder aus grobem Eigennutz handelt.

Mit § 15 beginnen die **Straf- und Ordnungswidrigkeitenbestimmungen des AÜG**. Dabei beziehen sich die §§ 15 und 15a auf die Beschäftigung von Ausländern. Diese Vorschriften korrespondieren mit den Bußgeldvorschriften des § 404 SGB III und den Strafvorschriften der §§ 10, 11 SchwarzArbG über die illegale Vermittlung und Beschäftigung von Ausländern ohne Arbeitsgenehmigung nach § 284 I 1 SGB III bzw. Aufenthaltsrecht nach § 4 III AufenthaltsG. Sie sollen der Einhaltung der Bestimmungen des Arbeitsgenehmigungsrechts sichern. Gleichzeitig dienen sie dem Schutz des deutschen Arbeitsmarktes. Darüber hinaus tragen sie dem erhöhten Schutzbedürfnis ausländischer ArbN Rechnung. Denn diese laufen in erhöhtem Maße Gefahr, von Verleihern ausgebeutet zu werden, weil sie sich bei einer Verletzung ihrer Rechte nicht an Behörden und Gerichte wenden können, ohne damit rechnen zu müssen, sich für die fehlende Arbeitserlaubnis verantworten zu müssen[9].

Die besondere **Bedeutung** der Straf- und Bußgeldvorschriften des AÜG kommt dadurch zum Ausdruck, dass sie sowohl in den Richtlinien für das Straf- und Bußgeldverfahren (RiStBV) als auch in der Anordnung über die Mitteilung in Strafsachen (MiStra) ausdrücklich erwähnt werden, um den Strafverfolgungsbehörden die Relevanz dieser zum Nebenstrafrecht zählenden Bestimmungen deutlich zu machen[10].

Grds. gelten für die **Straftaten nach dem AÜG** die Bestimmungen des StGB. Da es sich um Vergehen iSd. § 12 II StGB handelt, ist eine versuchte Straftat mangels entsprechender Regelung nicht unter Strafe gestellt. Dagegen sind die Straftaten gem. den §§ 15, 15a nach den allg. Regeln teilnahmefähig. So können Dolmetscher, die bei einem illegalen Verleih von Ausländern mitwirken, oder die Überbringer von Lohngeldern an LeihArbN als Gehilfen strafbar sein[11].

Dagegen handelt es sich bei dem ausländischen LeihArbN selbst und dem Entleiher um sog. **notwendige Teilnehmer** an der Straftat des illegalen Verleihers. Daher können beide nicht als dessen Gehilfen nach § 27 StGB iVm. § 15 bestraft werden[12]. Ihnen droht allerdings eine Verfolgung nach §§ 15a, 16 I Nr. 2.

---

1 BT-Drs. IX/847, 9. || 2 BVerwG 25.4.2012 – 6 PB 24/11, ZTR 2012, 538. || 3 BVerwG 7.4.2010 – 6 P 6/09, NZA-RR 2010, 389; anders für das PersVG Bln. OVG Bln.-Bbg. 25.8.2011 – OVG 60 PV 3.11. || 4 BeckOK ArbR/*Besgen*, § 14 AÜG Rz. 30. || 5 *Sandmann/Marschall/Schneider*, § 14 Anm. 25. || 6 BAG 15.8.2012 – 7 ABR 34/11, NZA 2013, 107; s.a. BAG 15.12.2011 – 7 ABR 65/10, NZA 2012, 519. || 7 BVerwG 7.4.2010 – 6 P 6/09, NZA-RR 2010, 389. || 8 Schüren/*Hamann*, § 14 Rz. 579a. || 9 BT-Drs. VI/2303, 15. || 10 *Sandmann/Marschall*, § 15 Anm. 1 bis 4. || 11 AG München 30.4.1979 – 71 Ls 336 Js 17558/68, nv.; zweifelnd Thüsing/*Kudlich*, Vorb. §§ 15 ff. Rz. 25. || 12 *Schubel/Engelbrecht*, § 15 Rz. 6; Thüsing/*Kudlich*, Vorb. §§ 15 ff. Rz. 24.

5 Die Gründung oder das Betreiben einer Einzelfirma oder einer Personen- oder Kapitalgesellschaft zum Zweck der illegalen AÜ stellt noch keine Bildung einer **kriminellen Vereinigung** iSd. § 129 StGB dar, auch wenn die Mitglieder dieser Gesellschaft bei dem Betrieb des Unternehmens Straftaten begehen wollen. Dazu müssten die Straftaten aus einer fest organisierten Vereinigung heraus geplant und begangen werden[1].

6 Unter Strafe gestellt ist nach Abs. 1 zunächst die **Überlassung von ausländischen ArbN** ohne die erforderliche Arbeitsgenehmigung durch einen Verleiher, der eine Verleiherlaubnis nach § 1 nicht besitzt. Damit setzt der Tatbestand voraus, dass der Täter weder die erforderliche Erlaubnis zum Verleih von LeihArbN besitzt noch die Fiktion einer Erlaubnis nach § 1 III eingreift. Die Tat kann etwa durch die Überlassung ausländischer ArbN zu werkvertragsfremden Zwecken begangen werden. Der Verleiher, der ArbN außerhalb der genehmigten Werkverträge und außerhalb der erteilten Arbeitserlaubnisse einsetzt, ist als faktischer ArbGeb für die gezahlten Löhne sozialversicherungspflichtig. Führt er die SozV-Beiträge nicht ab, so macht er sich wegen Vorenthaltens von Arbeitsentgelt auch gem. § 266a I StGB strafbar[2]. Handelt es sich bei dem Verleiher um eine Personengesellschaft oder eine juristische Person, richtet sich die Strafbarkeit nach § 14 StGB[3].

7 **Ausländer** ist jeder, der weder die deutsche Staatsangehörigkeit noch die Rechtsstellung eines Deutschen gem. Art. 116 I GG besitzt. Ob er als LeihArbN eine Arbeitsgenehmigung besitzen muss, richtet sich nach den §§ 284, 288, 292 SGB III und der dazu erlassenen Arbeitsgenehmigungsverordnung sowie nach der auf Grund des AufenthG erlassenen BeschäftigungsVO v. 22.11.2004[4]. Nach deren Bestimmungen sind grds. alle ausländischen und im Inland tätigen ArbN genehmigungspflichtig. Ausnahmsweise keiner Arbeitserlaubnis bedürfen die Bürger der **EU-Mitgliedstaaten und der Vertragsstaaten des EWR**, weil auf sie das AufenthG keine Anwendung findet (§ 1 II Nr. 1 AufenthG). Eine Unterausnahme hiervon galt für die in § 284 SGB III und § 39 VI AufenthG genannten Bürger der **neuen MOE-Beitrittsstaaten**, die in der Übergangszeit maximal für sieben Jahre bis 30.4.2011 (EU-8) bzw. 31.12.2013 (EU-2, Bulgarien, Rumänien) nur beschränkt Zugang zum deutschen Arbeitsmarkt hatten und einer besonderen Arbeitsgenehmigung der BA bedurften[5]. Entsprechendes gilt nun nach dem Beitritt Kroatiens zur EU am 1.7.2013: Kroatische Staatsangehörige haben zunächst bis zum 30.6.2015 keine europarechtl. Arbeitnehmerfreizügigkeit und benötigen weiterhin eine Arbeitsgenehmigung für eine Beschäftigung in Deutschland. Diese kann als Arbeitsberechtigung-EU oder als Arbeitserlaubnis-EU erteilt werden[6]. Ausgenommen sind bestimmte Saisonarbeiter, Akademiker und Auszubildende. Nach Wegfall der Freizügigkeitsbeschränkungen kann der Straftatbestand durch diesen Personenkreis nicht mehr verwirklicht werden[7].

8 Für die **Tathandlung** reicht bereits die Überlassung **eines** Ausländers ohne den erforderlichen Aufenthaltstitel nach § 4 III AufenthG bzw. eine erforderliche Genehmigung nach § 284 SGB III aus[8]. Der ArbN muss auch **tatsächlich** an einen in Deutschland ansässigen Entleiher überlassen worden sein, dh. die Leiharbeit muss begonnen haben. Die Prüfung des vollendeten Überlassens ist wegen der fehlenden Strafbarkeit des Versuchs von entscheidender Bedeutung.

9 Eine Strafbarkeit nach § 15 setzt **vorsätzliches Handeln** des illegalen Verleihers voraus, wobei sich der Vorsatz auf alle Tatbestandsmerkmale erstrecken muss. Danach muss der Täter wissen, dass er keine Verleiherlaubnis besitzt und einen ausländischen ArbN ohne Arbeitserlaubnis überlässt. Befindet er sich über eines dieser Tatbestandsmerkmale im Irrtum, handelt er gem. § 16 I StGB nicht vorsätzlich und kann daher nicht bestraft werden.

10 Kennt der Täter zwar alle Tatumstände, nimmt aber irrtümlich an, er benötige für seine Tätigkeit keine Verleiherlaubnis oder der ausländische LeihArbN benötige keine Arbeitserlaubnis, liegt ein **Verbotsirrtum** nach § 17 StGB vor. In diesem Fall handelt der Täter nur dann schuldlos, wenn er diesen Irrtum nicht vermeiden konnte, anderenfalls ist seine Strafe zu mildern. Allerdings ist der Verleiher verpflichtet, sich nach den einschlägigen Rechtsvorschriften für die Überlassung ausländischer ArbN zuverlässig zu erkundigen[9]. Gegen diese Pflichten verstößt er auch dann, wenn er den ausländischen ArbN nicht nach seiner konkreten Staatsangehörigkeit befragt[10].

11 Der illegale Verleiher kann nach Abs. 1 mit einer **Freiheitsstrafe** bis zu drei Jahren oder mit einer **Geldstrafe** bestraft werden. Das Mindestmaß der Freiheitsstrafe beträgt nach § 38 II StGB einen Monat. Die Geldstrafe ist in Tagessätzen zu verhängen und beträgt mindestens fünf und höchstens 360 volle Tagessätze gem. § 40 StGB. Für die Höhe dieser Geldstrafe kommt es nach § 40 II, III StGB auf die persönlichen und wirtschaftl. Verhältnisse des Täters an. Hat sich der illegale Verleiher durch die Tat bereichert

---

1 BGH 13.1.1983 – 4 StR 578/72, NJW 1983, 1334. || 2 LG Oldenburg 8.7.2004 – 2 KLs 65/04, NZA-RR 2005, 354. || 3 *Becker/Wulfgramm*, § 15 Rz. 36. || 4 Vgl. zur Rechtsentwicklung *Niesel/Düe*, § 284 SGB III Rz. 2 ff. || 5 Vgl. *Gagel/Bieback*, Vor § 284 SGB III Rz. 5. || 6 Weitere Einzelheiten im Internet unter www.zav.de/arbeitsmarktzulassung. || 7 Vgl. *Bayreuther*, DB 2011, 706 (708). || 8 *Thüsing/Kudlich*, § 15 Rz. 12 mwN. || 9 OLG Hamm 14.11.1980 – 5 Ss OWi 1967/80, BB 1981, 122. || 10 OLG Düss. 4.9.1979 – 5 Ss OWi 480/79, EzAÜG § 1 AÜG Gewerbsmäßige Arbeitnehmerüberlassung Nr. 10; AG Gießen 13.4.1987 – 54 OWi 15 Js 22376/86, EzAÜG § 1 AÜG Gewerbsmäßige Arbeitnehmerüberlassung Nr. 24.

oder versucht, sich durch diese Tat zu bereichern, kann neben einer Freiheitsstrafe nach § 41 StGB auch eine Geldstrafe verhängt werden.

In **besonders schweren Fällen** ist nach Abs. 2 eine Freiheitsstrafe zwischen sechs Monaten und fünf Jahren zu verhängen. Dabei liegt ein besonders schwerer Fall idR vor, wenn der Täter gewerbsmäßig oder aus grobem Eigennutz handelt. Neben diesen ausdrücklich erwähnten Regelbeispielen liegt ein besonders schwerer Fall immer dann vor, wenn die objektiven und subjektiven Tatumstände die üblicherweise vorkommenden an Strafwürdigkeit so übertreffen, dass der Strafrahmen für die üblicherweise zu ahndenden Fälle nicht ausreicht[1]. Das ist etwa anzunehmen, wenn der illegale Verleiher einen besonders großen Vorteil über einen langen Zeitraum hinaus erstrebt oder die Zwangslage der ausländischen LeihArbN zu besonders gefährlichen Arbeiten ausnutzt[2]. 12

Da bereits der Tatbestand des Abs. 1 nur durch einen marktorientiert handelnden Verleiher verwirklicht werden kann, ist der Begriff der **Gewerbsmäßigkeit** iSd. strafverschärfenden Regelbeispiels nach Abs. 2 S. 2 in einem darüber hinausgehenden strafrechtl. Sinn zu verstehen[3]. Danach muss sich die Gewerbsmäßigkeit gerade auch auf die Überlassung ausländischer ArbN ohne Arbeitserlaubnis beziehen[4]. Der illegale Verleiher muss sich gerade durch die wiederholte Überlassung ausländischer ArbN eine nicht nur vorübergehende Einnahmequelle verschaffen wollen, wobei sich die besondere Strafwürdigkeit gerade daraus ergibt, dass die ausländischen LeihArbN ausgebeutet oder auf andere Weise erheblich benachteiligt werden[5]. 13

Aus **grobem Eigennutz** handelt ein illegaler Verleiher, wenn er in besonders anstößigem Maß nach wirtschaftl. Vorteilen strebt[6]. Dazu genügt allerdings weder ein Streben nach deutlich höheren Gewinnspannen als üblich noch ein auffälliges Missverhältnis der Arbeitsbedingungen ausländischer ArbN zu denjenigen vergleichbarer deutscher ArbN. Vielmehr muss der illegale Verleiher die Notlage der ausländischen ArbN skrupellos ausnutzen. Das ist insb. der Fall, wenn er ihnen unter Hinweis auf die drohende Ausweisung wegen fehlender Arbeitserlaubnis menschenunwürdige Arbeitsbedingungen aufzwingt oder einen Lohn zahlt, der eine Existenzsicherung nicht gewährleistet[7]. 14

15a *Entleih von Ausländern ohne Genehmigung*
(1) Wer als Entleiher einen ihm überlassenen Ausländer, der einen erforderlichen Aufenthaltstitel nach § 4 Abs. 3 des Aufenthaltsgesetzes, eine Aufenthaltsgestattung oder eine Duldung, die zur Ausübung der Beschäftigung berechtigen, oder eine Genehmigung nach § 284 Abs. 1 des Dritten Buches Sozialgesetzbuch nicht besitzt, zu Arbeitsbedingungen des Leiharbeitsverhältnisses tätig werden lässt, die in einem auffälligen Missverhältnis zu den Arbeitsbedingungen deutscher Leiharbeitnehmer stehen, die die gleiche oder eine vergleichbare Tätigkeit ausüben, wird mit Freiheitsstrafe bis zu drei Jahren oder mit Geldstrafe bestraft. In besonders schweren Fällen ist die Strafe Freiheitsstrafe von sechs Monaten bis zu fünf Jahren; ein besonders schwerer Fall liegt in der Regel vor, wenn der Täter gewerbsmäßig oder aus grobem Eigennutz handelt.

(2) Wer als Entleiher
1. gleichzeitig mehr als fünf Ausländer, die einen erforderlichen Aufenthaltstitel nach § 4 Abs. 3 des Aufenthaltsgesetzes, eine Aufenthaltsgestattung oder eine Duldung, die zur Ausübung der Beschäftigung berechtigen, oder eine Genehmigung nach § 284 Abs. 1 des Dritten Buches Sozialgesetzbuch nicht besitzen, tätig werden lässt oder
2. eine in § 16 Abs. 1 Nr. 2 bezeichnete vorsätzliche Zuwiderhandlung beharrlich wiederholt,

wird mit Freiheitsstrafe bis zu einem Jahr oder mit Geldstrafe bestraft. Handelt der Täter aus grobem Eigennutz, ist die Strafe Freiheitsstrafe bis zu drei Jahren oder Geldstrafe.

Die mWv. 1.1.2005 neugefasste Regelung des § 15a[8] dient der **Bekämpfung der illegalen Ausländerbeschäftigung**. Während § 15 die Strafbarkeit von Verleihern betrifft, beschreibt § 15a die Voraussetzungen für eine Strafe des Entleihers, die ggü. der Ordnungswidrigkeit nach § 16 I Nr. 2 in quantitativer Hinsicht qualifiziert ist. Durch diesen **Straftatbestand** sollen diejenigen Entleiher erfasst werden, die es illegalen Verleihern durch ihre kollusive Mitwirkung ermöglichen, SozV-Beiträge vorzuenthalten und Steuern zu hinterziehen[9]. 1

Ggü. dem „einfachen" Tätigwerdenlassen ausländischer LeihArbN ohne Arbeitserlaubnis iSd. § 16 I Nr. 2 enthält § 15a drei verschiedene **Qualifikationen**. Strafbar ist danach das Tätigwerdenlassen unter ausbeuterischen Arbeitsbedingungen (Abs. 1 S. 1), der umfangreiche Entleih (Abs. 2 S. 1 Nr. 1) und der beharrliche Entleih (Abs. 2 S. 1 Nr. 2), wobei in besonders schweren Fällen eine Strafschärfung vorgesehen ist[10]. 2

---

1 BGH 24.6.1987 – 3 StR 200/87, EzAÜG § 15 AÜG Nr. 1. ||2 Schüren/*Stracke*, § 15 Rz. 46. ||3 BayObLG 24.6.1977 – 4 St 93/76, DB 1977, 1561. ||4 BT-Drs. VII/3100, 7. ||5 BGH 14.8.1981 – 1 StR 676/80, DB 1981, 1568. ||6 BT-Drs. VII/3100, 6. ||7 *Boemke/Lembke*, § 15 Rz. 32; *Ulber*, § 15 Rz. 26. ||8 BGBl. I S. 1950. ||9 BT-Drs. X/2102, 32. ||10 Schüren/*Stracke*, § 15a Rz. 18ff.; OLG Hamm 14.11.1980 – 5 Ss OWi 1967/80, BB 1981, 122.

3   Werden die ausländischen LeihArbN dem Entleiher von einem Verleiher überlassen, der nicht über eine Verleiherlaubnis verfügt, fingiert § 10 I ein ArbVerh zwischen Entleiher und LeihArbN, so dass § 15a nicht anwendbar ist. In Betracht kommt dann allerdings eine Strafbarkeit als ArbGeb nach den §§ 10, 11 SchwarzArbG. In Zweifelsfällen ist eine Wahlfeststellung möglich.

4   Gleichzeitig begeht der Entleiher, dessen ArbGebEigenschaft fingiert wird, eine Ordnungswidrigkeit nach § 404 II Nr. 3 SGB III, wenn der ausländische LeihArbN keine Arbeitserlaubnis besitzt[1].

5   Demggü. setzen die Straftatbestände des § 15a voraus, dass dem Entleiher die ausländischen LeihArbN von einem Verleiher überlassen werden, der über eine Verleiherlaubnis verfügt. Für die Strafbarkeit des Entleihers nach dem Grundtatbestand des Abs. 1 S. 1 kommt es darauf an, dass die **Arbeitsbedingungen des ausländischen LeihArbN** in einem **auffälligen Missverhältnis** zu den Arbeitsbedingungen deutscher LeihArbN stehen, die die gleiche oder eine vergleichbare Tätigkeit ausüben. Maßgeblich sind damit die Bedingungen des Leiharbeitsvertrags. Beschäftigt der Verleiher keine vergleichbaren deutschen LeihArbN, ist auf vergleichbare deutsche LeihArbN eines vergleichbaren Verleihers abzustellen[2].

6   **Gleich ist eine Tätigkeit** dann, wenn sie in ihrer wesentlichen Ausgestaltung der Tätigkeit des ausländischen LeihArbN entspricht. **Vergleichbar** ist die Tätigkeit bereits dann, wenn sie zwar in wesentlichen Punkten abweicht, aber noch zum überwiegenden Teil Übereinstimmung mit der Tätigkeit des ausländischen LeihArbN aufweist[3].

7   Unter **Arbeitsbedingungen** ist die tatsächliche Ausgestaltung des ArbVerh nach Lohnhöhe, Urlaubsdauer, Umfang der Nebenleistungen und Kündigungsfristen zu verstehen. Die Abweichung muss eine auffällige zu missbilligende Ungleichheit darstellen. Bei der Höhe des Lohnes wird das erst bei einem Unterschied iHv. 20 % oder mehr anzunehmen sein[4]. Ein auffälliges Missverhältnis kann sich auch aus der Sittenwidrigkeit des Leiharbeitsvertrags zwischen dem ausländischen LeihArbN und dem Verleiher ergeben[5].

8   Nach Abs. 2 S. 1 **Nr. 1** macht sich der Entleiher strafbar, der **gleichzeitig mehr als fünf ausländische LeihArbN** ohne Arbeitserlaubnis beschäftigt. Dabei muss es sich nicht um dieselben LeihArbN handeln. Sie müssen auch nicht von demselben Verleiher überlassen worden sein[6].

9   Nach Abs. 2 S. 1 **Nr. 2** macht sich der Entleiher strafbar, der vorsätzlich ausländische LeihArbN ohne Arbeitserlaubnis einsetzt und diesen **Einsatz beharrlich wiederholt**. Danach muss er sich mindestens zweimal über das Verbot der Beschäftigung illegaler ausländischer LeihArbN hinweggesetzt haben. Beharrlich handelt er dann, wenn er deutlich auf die Ordnungswidrigkeit seines Handelns hingewiesen wurde, etwa durch eine Ahndung, Abmahnung oder Verwarnung der Erlaubnisbehörde. Erst eine trotzdem erfolgende Wiederholung des Verstoßes kann die erforderliche besondere Hartnäckigkeit oder Uneinsichtigkeit des Verleihers belegen[7]. Handelt der Entleiher aus grobem Eigennutz (vgl. § 15 Rz. 14), erhöht sich seine Strafe nach Abs. 2 S. 2.

16 *Ordnungswidrigkeiten*
(1) Ordnungswidrig handelt, wer vorsätzlich oder fahrlässig

1. entgegen § 1 einen Leiharbeitnehmer einem Dritten ohne Erlaubnis überlässt,
1a. einen ihm von einem Verleiher ohne Erlaubnis überlassenen Leiharbeitnehmer tätig werden lässt,
1b. entgegen § 1b Satz 1 Arbeitnehmer überlässt oder tätig werden lässt,
2. einen ihm überlassenen ausländischen Leiharbeitnehmer, der einen erforderlichen Aufenthaltstitel nach § 4 Abs. 3 des Aufenthaltsgesetzes, eine Aufenthaltsgestattung oder eine Duldung, die zur Ausübung der Beschäftigung berechtigen, oder eine Genehmigung nach § 284 Abs. 1 des Dritten Buches Sozialgesetzbuch nicht besitzt, tätig werden lässt,
2a. eine Anzeige nach § 1a nicht richtig, nicht vollständig oder nicht rechtzeitig erstattet,
3. einer Auflage nach § 2 Abs. 2 nicht, nicht vollständig oder nicht rechtzeitig nachkommt,
4. eine Anzeige nach § 7 Abs. 1 nicht, nicht richtig, nicht vollständig oder nicht rechtzeitig erstattet,
5. eine Auskunft nach § 7 Abs. 2 Satz 1 nicht, nicht richtig, nicht vollständig oder nicht rechtzeitig erteilt,
6. seiner Aufbewahrungspflicht nach § 7 Abs. 2 Satz 4 nicht nachkommt,
6a. entgegen § 7 Abs. 3 Satz 2 eine dort genannte Maßnahme nicht duldet,
7. eine statistische Meldung nach § 8 Abs. 1 nicht, nicht richtig, nicht vollständig oder nicht rechtzeitig erteilt,

---

1 *Sandmann/Marschall*, § 15a Anm. 2; *Hamann*, jurisPR-ArbR 5/2010, Anm. 3. ||2 *Ulber*, § 15a Rz. 8. ||3 *Sandmann/Marschall*, § 15a Anm. 3; *Ulber*, § 15a Rz. 8. ||4 *Boemke/Lembke*, § 15a Rz. 10; *Thüsing/Kudlich*, § 15a Rz. 24. ||5 *Ulber*, § 15a Rz. 11. ||6 *Schüren/Stracke*, § 15a Rz. 26; *Thüsing/Kudlich*, § 15a Rz. 26. ||7 BT-Drs. X/2102, 32.

7a. entgegen § 10 Absatz 4 eine Arbeitsbedingung nicht gewährt, 7b.#entgegen § 10 Absatz 5 in Verbindung mit einer Rechtsverordnung nach § 3a Absatz 2 Satz 1 das dort genannte Mindeststundenentgelt nicht zahlt,
8. einer Pflicht nach § 11 Abs. 1 oder Abs. 2 nicht nachkommt,
9. entgegen § 13a Satz 1 den Leiharbeitnehmer nicht, nicht richtig oder nicht vollständig informiert oder
10. entgegen § 13b Satz 1 Zugang nicht gewährt,
11. entgegen § 17a in Verbindung mit § 5 Absatz 1 Satz 1 des Schwarzarbeitsbekämpfungsgesetzes eine Prüfung nicht duldet oder bei dieser Prüfung nicht mitwirkt,
12. entgegen § 17a in Verbindung mit § 5 Absatz 1 Satz 2 des Schwarzarbeitsbekämpfungsgesetzes das Betreten eines Grundstücks oder Geschäftsraums nicht duldet,
13. entgegen § 17a in Verbindung mit § 5 Absatz 3 Satz 1 des Schwarzarbeitsbekämpfungsgesetzes Daten nicht, nicht richtig, nicht vollständig, nicht in der vorgeschriebenen Weise oder nicht rechtzeitig übermittelt,
14. entgegen § 17b Absatz 1 Satz 1 eine Anmeldung nicht, nicht richtig, nicht vollständig, nicht in der vorgeschriebenen Weise oder nicht rechtzeitig zuleitet,
15. entgegen § 17b Absatz 1 Satz 2 eine Änderungsmeldung nicht, nicht richtig, nicht vollständig, nicht in der vorgeschriebenen Weise oder nicht rechtzeitig macht,
16. entgegen § 17b Absatz 2 eine Versicherung nicht beifügt,
17. entgegen § 17c Absatz 1 eine Aufzeichnung nicht, nicht richtig oder nicht vollständig erstellt oder nicht mindestens zwei Jahre aufbewahrt oder
18. entgegen § 17c Absatz 2 eine Unterlage nicht, nicht richtig, nicht vollständig oder nicht in der vorgeschriebenen Weise bereithält.

(2) Die Ordnungswidrigkeit nach Absatz 1 Nummer 1 bis 1b, 6 und 11 bis 18 kann mit einer Geldbuße bis zu dreißigtausend Euro, die Ordnungswidrigkeit nach Absatz 1 Nummer 2, 7a und 7b mit einer Geldbuße bis zu fünfhunderttausend Euro, die Ordnungswidrigkeit nach Absatz 1 Nummer 2a, 3, 9 und 10 mit einer Geldbuße bis zu zweitausendfünfhundert Euro, die Ordnungswidrigkeit nach Absatz 1 Nummer 4, 5, 6a, 7 und 8 mit einer Geldbuße bis zu tausend Euro geahndet werden.

(3) Verwaltungsbehörden im Sinne des § 36 Abs. 1 Nr. 1 des Gesetzes über Ordnungswidrigkeiten sind für die Ordnungswidrigkeiten nach Absatz 1 Nummer 1 bis 2a, 7b sowie 11 bis 18 die Behörden der Zollverwaltung, für die Ordnungswidrigkeiten nach Absatz 1 Nummer 3 bis 7a sowie 8 bis 10 die Bundesagentur für Arbeit.

(4) § 66 des Zehnten Buches Sozialgesetzbuch gilt entsprechend.

(5) Die Geldbußen fließen in die Kasse der zuständigen Verwaltungsbehörde. Sie trägt abweichend von § 105 Abs. 2 des Gesetzes über Ordnungswidrigkeiten die notwendigen Auslagen und ist auch ersatzpflichtig im Sinne des § 110 Abs. 4 des Gesetzes über Ordnungswidrigkeiten.

Im Gegensatz zu den Strafvorschriften der §§ 15, 15a sind die Tatbestände des Verwaltungsunrechts im Rahmen der wirtschaftlich betriebenen AÜ in § 16 als **Ordnungswidrigkeiten** ausgestaltet, für die nicht das Legalitätsprinzip, sondern das Opportunitätsprinzip (§ 47 I OWiG) gilt. Denn sie weisen nicht die besondere Gefährlichkeit auf, die von einer illegalen Ausländerbeschäftigung ausgeht[1]. Mit dieser Vorschrift erhält die zuständige Behörde (unten Rz. 21) eine weitere Möglichkeit, geordnete Verhältnisse im Bereich der AÜ zu gewährleisten und die ordnungsgemäße Ausübung der Verleihtätigkeit zu sichern.

Neben der Anwendung von Verwaltungszwang nach § 6 und dem Widerruf der Verleiherlaubnis nach § 5 kann die Erlaubnisbehörde nach § 16 bei bestimmten Verstößen ein **Bußgeld** verhängen. Sie kann eine dieser Sanktionsmöglichkeiten nach pflichtgemäßem Ermessen auswählen und ggf. mehrere miteinander kombinieren. Bei geringfügigen Verstößen kommt nach dem Grundsatz der Verhältnismäßigkeit zunächst die Verhängung eines Bußgeldes oder die Anwendung von Verwaltungszwang in Betracht, da sie ggü. dem Widerruf der Verleiherlaubnis die milderen Mittel darstellen[2].

Da die Tatbestände des § 16 als Ordnungswidrigkeiten ausgestaltet sind, finden die Bestimmungen des **OWiG** Anwendung. Handelt es sich bei dem Täter der jeweiligen Ordnungswidrigkeit nicht um eine **natürliche Person**, richtet sich das Bußgeldverfahren gem. §§ 9, 29 OWiG gegen die zur Geschäftsführung oder Vertretung berufenen Personen. Gegen **juristische Personen oder Personengesellschaften** kann nach § 30 OWiG als Nebenfolge auch eine Buße festgesetzt werden, wenn die Pflichten des Unternehmens verletzt wurden oder das Unternehmen bereichert wurde oder bereichert werden sollte[3].

Darüber hinaus kann nach § 130 OWiG ein Unternehmer verfolgt werden, der vorsätzlich oder fahrlässig Aufsichtsmaßnahmen unterlässt, die erforderlich sind, um in dem Betrieb oder Unternehmen Zuwi-

---

1 Schüren/*Stracke*, § 16 Rz. 16. ||2 BT-Drs. VI/2303, 15. ||3 OLG Düss. 16.11.1995 – 5 SsOWi 387/95, BB 1996, 79.

derhandlungen gegen straf- und bußgeldbewehrte Pflichten zu verhindern[1]. Beteiligen sich mehrere Personen an einer Ordnungswidrigkeit nach § 16, kommt es nicht darauf an, ob sie als **Mittäter, Anstifter oder Gehilfen** handeln. Nach § 14 S. 1 OWiG handelt jeder von ihnen ordnungswidrig. Das gilt allerdings nicht für die LeihArbN, soweit sie notwendige Teilnehmer einer Ordnungswidrigkeit des Verleihers oder Entleihers sind.

5   Eine Ordnungswidrigkeit nach § 16 kann sowohl **vorsätzlich** als auch **fahrlässig** begangen werden. Nach § 17 II OWiG kann fahrlässiges Handeln nur mit der Hälfte des zulässigen Höchstbetrags der Geldbuße geahndet werden.

6   Wer sich über ein Tatbestandsmerkmal des Abs. 1 im **Irrtum** befindet, begeht zwar keine vorsätzliche Ordnungswidrigkeit. Sein Verhalten kann aber gem. § 11 I 2 OWiG wegen eines fahrlässigen Verstoßes geahndet werden, wenn ihm seine Unkenntnis vorwerfbar ist. Der Versuch einer Ordnungswidrigkeit gem. Abs. 1 kann nicht geahndet werden, da eine entsprechende ausdrückliche Regelung fehlt.

7   Eine Ordnungswidrigkeit gem. Abs. 1 **Nr. 1** begeht der **Verleiher**, der **ohne** die erforderliche **Erlaubnis** nach § 1 I im Rahmen seiner wirtschaftlichen Tätigkeit AÜ betreibt. Dieser Tatbestand setzt lediglich voraus, dass die überlassene Person in einem ArbVerh zum entsendenden ArbGeb steht[2]. Jede einzelne Überlassung stellt eine eigene Ordnungswidrigkeit dar, auch wenn gleichzeitig mehrere LeihArbN überlassen werden. Ob der Verleiher seinen ArbGebPflichten aus dem fehlerhaften LeihArbVerh nachkommt, ist für den Tatbestand der Ordnungswidrigkeit ohne Belang[3].

8   Überlässt der Verleiher dem Entleiher gleichzeitig mehrere LeihArbN, liegt Tateinheit nach § 19 OWiG vor. Überlässt der Verleiher dagegen mehrere LeihArbN an verschiedene Entleiher oder an denselben Entleiher auf Grund mehrerer Vereinbarungen oder Handlungen, liegt Tatmehrheit nach § 20 OWiG vor, so dass jeweils gesondert eine Geldbuße festzusetzen ist.

9   Handelt es sich bei der Ordnungswidrigkeit nach § 16 gleichzeitig um eine Straftat nach § 15, wird das Verhalten des Verleihers nach § 21 OWiG nur dann als Ordnungswidrigkeit geahndet, wenn keine Strafe verhängt worden ist.

10 Nach Abs. 1 **Nr. 1a** handelt ein **Entleiher** ordnungswidrig, wenn er einen LeihArbN tätig werden lässt, der ihm von einem Verleiher ohne Erlaubnis überlassen wurde. Da dieser Bußgeldtatbestand auch fahrlässig verwirklicht werden kann, ist der Entleiher verpflichtet, alle zumutbaren Anstrengungen zu unternehmen, um sich über das Vorliegen einer gültigen Verleiherlaubnis Gewissheit zu verschaffen[4]. Ohne entgegenstehende konkrete Anhaltspunkte darf er allerdings auf die Erklärung nach § 12 I 2 vertrauen, ohne sich die aktuelle Verleiherlaubnis vorlegen lassen zu müssen[5]. Zur Erfüllung der Abgrenzungs- und Informationsfunktion eines Bußgeldbescheids ist es jedenfalls erforderlich, die Einzelakte des Tätigwerdenlassens nach Zeit, Ort, Bauobjekt und der vom Verleiher abgerechneten Vergütung zu konkretisieren[6]. Die Strafgerichte sind an sog. Entsendebescheinigungen, die den ausländischen ArbN vor doppelter Inanspruchnahme durch die jeweiligen staatl. Sozialsysteme schützen sollen, nicht gebunden[7].

11 Nach Abs. 1 **Nr. 1b** handeln **Verleiher und Entleiher** ordnungswidrig, wenn sie sich an einer verbotenen **AÜ in Betrieben des Baugewerbes** beteiligen. Dabei kommt es nicht darauf an, ob der Verleiher im Besitz einer Verleiherlaubnis nach § 1 I ist. Wenn ein Verleiher feststellt, dass der LeihArbN für eine Tätigkeit eingesetzt wird, für die er ihm nicht überlassen wurde, muss er für eine unverzügliche Beendigung des Einsatzes sorgen, um eine Ordnungswidrigkeit zu vermeiden[8].

12 Eine Ordnungswidrigkeit nach Abs. 1 **Nr. 2** begeht der **Entleiher**, der einen **ausländischen** LeihArbN ohne die erforderliche Erlaubnis tätig werden lässt. Diese Bestimmung entspricht § 404 II Nr. 3 SGB III, der einen ArbGeb mit Geldbuße bedroht, wenn er einen Ausländer ohne die erforderliche Arbeitsgenehmigung beschäftigt. Der Tatbestand des Abs. 1 Nr. 2 erfasst nur die legale Überlassung ausländischer LeihArbN. Da auch diese Ordnungswidrigkeit fahrlässig begangen werden kann, muss sich der Entleiher die Arbeitserlaubnis des ausländischen LeihArbN zeigen lassen[9]. Bei illegaler AÜ greift jedenfalls die Sanktion des § 404 SGB III (vgl. § 15a Rz. 4).

13 Nach Abs. 1 **Nr. 2a** handelt ein **Verleiher** ordnungswidrig, der eine **Anzeige** für eine **erlaubnisfreie Überlassung** von LeihArbN nach § 1a nicht richtig, nicht vollständig oder nicht rechtzeitig erstattet. Ordnungswidrig ist danach sowohl die Angabe einer falschen Zahl der bei ihm beschäftigten ArbN als auch die unrichtige Angabe des Namens des LeihArbN. Dagegen kann die unrichtige Beantwortung einer Frage dann nicht als Ordnungswidrigkeit geahndet werden, wenn sie sich nicht auf die in § 1a vorgeschriebenen Angaben bezieht[10].

---

1 *Sandmann/Marschall*, § 16 Anm. 3a. || 2 BayObLG 25.1.1991 – 5 ObWi 149/90, AP Nr. 1 zu § 16 AÜG. || 3 *Boemke/Lembke*, § 16 Rz. 18. || 4 OLG Hamm 14.11.1980 – 5 Ss OWi 1967/80, BB 1981, 122. || 5 Schüren/Stracke, § 16 Rz. 31; KassHdb/*Düwell*, 4.5. Rz. 290. || 6 Vgl. OLG Düss. 7.4.2006 – IV-2 Ss (OWi), NJW 2006, 2647; ferner LSG Bln.-Bbg. 25.5.2011 – L 9 KR 472/07. || 7 Vgl. LG Berlin 16.7.2007 – 526 Qs 93-94/07 mwN. || 8 BayObLG 26.2.1999 – 3 ObOWi 4/99, DB 1999, 1019. || 9 *Ulber*, § 16 Rz. 11. || 10 *Sandmann/Marschall*, § 16 Anm. 29a; Thüsing/*Kudlich*, § 16 Rz. 30.

Nach Abs. 1 **Nr. 3** handelt der **Verleiher** ordnungswidrig, der einer **Auflage** nach § 2 II nicht, nicht vollständig oder nicht rechtzeitig nachkommt. Das Bußgeld kann auch bei der Anfechtung einer Auflage verhängt werden, da sie keine aufschiebende Wirkung hat. Allerdings wird die Erlaubnisbehörde auf Grund des Opportunitätsgrundsatzes das Bußgeldverfahren idR so lange aussetzen, bis über die Auflage rechtskräftig entschieden ist[1].

Nach Abs. 1 **Nr. 4** bzw. **Nr. 5** handelt der **Verleiher** ordnungswidrig, der seiner **Anzeigepflicht** nach § 7 I bzw. seiner **Auskunftspflicht** nach § 7 II 1 nicht, nicht richtig, nicht vollständig oder nicht rechtzeitig nachkommt. Kommt der Verleiher dagegen einer Aufforderung der Erlaubnisbehörde zur Vorlage seiner geschäftlichen Unterlagen oder zur anderweitigen Glaubhaftmachung seiner Angaben gem. § 7 II 3 nicht nach, handelt es sich dabei nicht um eine Ordnungswidrigkeit. Daher kann die Erlaubnisbehörde ihre Aufforderung nur im Wege des Verwaltungszwangs durchsetzen oder bei schwerwiegenden Verstößen die Verleiherlaubnis widerrufen. Ein Verstoß gegen die Anzeige- und Auskunftspflichten kann auch dann nicht als Ordnungswidrigkeit verfolgt werden, wenn dem Verleiher ein Auskunftsverweigerungsrecht nach § 7 V zusteht.

Nach Abs. 1 **Nr. 6** handelt ein **Verleiher** ordnungswidrig, wenn er seinen **Aufbewahrungspflichten** nach den §§ 7 II 4 oder 11 I 5 nicht nachkommt. Denn der Verleiher ist verpflichtet, die Geschäftsunterlagen und die Urkunde über die Vertragsbedingungen mit dem LeihArbN drei Jahre lang aufzubewahren.

Nach Abs. 1 **Nr. 6a** wird die Nichtduldung des Betretens von Grundstücken und Geschäftsräumen des Verleihers unter Bußgelddrohung gestellt. Dadurch sollen die Prüfrechte der BA und der Zollverwaltung verstärkt und effektive Kontrollen ermöglicht werden.

Nach Abs. 1 **Nr. 7** handelt ein **Verleiher** ordnungswidrig, der eine **statistische Meldung** nach § 8 I nicht, nicht richtig, nicht vollständig oder nicht rechtzeitig erteilt hat. Allerdings kann die Erlaubnisbehörde den Umfang der Meldepflichten nach § 8 I 2 einschränken.

Die 2011 neu eingefügten Ordnungswidrigkeitentatbestände **Nr. 7a und b** sanktionieren Verstöße gegen die in § 10 IV geregelte Pflicht zur grundsätzlichen Gewährung von **equal-pay** und die in § 10 V geregelte Pflicht, mindestens den in einer **Lohnuntergrenze** nach § 3a festgelegten Mindestlohn zu zahlen. Auch die Zahlung einer Vergütung wie an vergleichbare StammArbN kann eine Ordnungswidrigkeit darstellen, wenn sie unter der festgesetzten Grenze liegt. Der Bußgeldrahmen für die Fälle der Nichtgewährung korrekter Arbeitsbedingungen für die Zeit der AÜ wurde von bisher 25 000 Euro auf 500 000 Euro zur Verhängung fühlbarer Bußen massiv erhöht.

Nach Abs. 1 **Nr. 8** handelt ein **Verleiher** ordnungswidrig, der einer **Dokumentationspflicht** nach § 11 I oder II nicht nachkommt. Dieser Tatbestand betrifft die Verstöße gegen die Pflicht zur Dokumentation des wesentlichen Inhalts des LeihArbVerh, gegen die Pflicht zur Aushändigung der entsprechenden Niederschrift an den LeihArbN und gegen die Pflicht zur Aushändigung des Merkblatts der Erlaubnisbehörde.

Mit den 2011 durch das Gesetz zur Änderung des Arbeitnehmerüberlassungsgesetzes und des Schwarzarbeitsbekämpfungsgesetzes[2] neu eingefügten Tatbeständen in **Nr. 9 und 10** werden Verstöße gegen die Pflichten aus den neuen Regelungen der §§ 13a und 13b in den Katalog aufgenommen. Die in **Nr. 11 bis 18** geregelten Ordnungswidrigkeiten bauen nach dem Vorbild des § 23 AEntG auf den in den §§ 17a bis 17c neu eingefügten Verleiher- und Entleiherpflichten auf, die den Behörden der Zollverwaltung die effektive Prüfung der Einhaltung der Lohnuntergrenze ermöglichen sollen.

In Abs. 2 sind die **Höchstbeträge der Geldbußen** festgelegt, die für Ordnungswidrigkeiten nach Abs. 1 verhängt werden können. Im Einzelfall bestimmt sich die Höhe der Geldbuße nach dem Unrechtsgehalt der jeweiligen Ordnungswidrigkeit, dem Grad der Gefährdung der geschützten Rechtsgüter, der Häufigkeit der Verstöße und dem erstrebtem Abschreckungsgrad[3]. Nach § 17 III 2 OWiG können auch die wirtschaftl. Verhältnisse des Täters berücksichtigt werden. Darüber hinaus kann der wirtschaftl. Vorteil ins Gewicht fallen, den der Verleiher oder der Entleiher aus der Tat gezogen haben[4]. Das Minimum einer Geldbuße beträgt nach § 17 I OWiG 5 Euro, das Maximum nach § 16 II 500000 Euro. Der höhere Bußgeldrahmen gilt seit dem 30.7.2011 auch für die Nichtgewährung wesentlicher Arbeitsbedingungen und die Unterschreitung der festgesetzten Lohnuntergrenze und bei einer in einem Abweichungs-TV geregelten Vergütung. Bei einer fahrlässigen Ordnungswidrigkeit ist der zulässige Höchstbetrag nach § 17 II OWiG zu halbieren.

Infolge der Übertragung der Zuständigkeit für Außenprüfungen auf dem Gebiet der Bekämpfung illegaler Beschäftigung von der BA auf die **Behörden der Zollverwaltung** sind mit Ausnahme einiger Tatbestände des Leistungsmissbrauchs die Behörden der Zollverwaltung grds. für die Verfolgung aller Formen illegaler Beschäftigung zuständig. Sie sind nach Abs. 3 auch Verwaltungsbehörde iSv. § 36 I Nr. 1

---

1 *Sandmann/Marschall*, § 16 Anm. 30; *Becker/Wulfgramm*, § 16 Rz. 11. ||2 BGBl. 2011 I S. 1506. ||3 *Schüren/Stracke*, § 16 Rz. 58. ||4 BGH 13.1.1983 – 4 StR 578/82, NJW 1983, 1334; BayObLG 8.2.1990 – 3 ObOWi 5/90, EzAÜG § 1 AÜG Erlaubnispflicht Nr. 21.

OWiG. Ihre Zuständigkeit erfasst damit die Fälle der illegalen AÜ, dh. des Verleihs ohne erforderliche Verleiherlaubnis oder ohne wirksame Anzeige sowie des Verleihs/Entleihs nichtdeutscher LeihArbN ohne erforderliche Arbeitsgenehmigung. Alle Ordnungswidrigkeitentatbestände im Zusammenhang mit dem Erlaubnisverfahren und den sonstigen Meldepflichten nach dem AÜG verbleiben hingegen in der **Zuständigkeit der BA**. Im Gegensatz zur Staatsanwaltschaft entscheidet die Erlaubnisbehörde nach pflichtgemäßem Ermessen darüber, ob sie wegen eines Verstoßes gegen das AÜG ein Bußgeldverfahren einleitet.

22 Auf Grund der entsprechenden Anwendung von § 66 SGB X iVm. § 16 IV obliegt die Beitreibung der Geldbußen auf Ersuchen der BA den Hauptzollämtern der Länder[1].

23 Nach Abs. 5 fließen die Geldbußen nach dem AÜG in die Kasse der BA, die auch in Abweichung von den Regelungen des OWiG die notwendigen Auslagen des Verfahrens trägt und Vermögensschäden zu ersetzen hat, die durch eine Verfolgungsmaßnahme im Bußgeldverfahren unrechtmäßigerweise verursacht wurden.

17 Durchführung

(1) Die Bundesagentur für Arbeit führt dieses Gesetz nach fachlichen Weisungen des Bundesministeriums für Arbeit und Soziales durch. Verwaltungskosten werden nicht erstattet.

(2) Die Prüfung der Arbeitsbedingungen nach § 10 Absatz 5 obliegt zudem den Behörden der Zollverwaltung nach Maßgabe der §§ 17a bis 18a.

1 Die durch das Gesetz zur Änderung des Arbeitnehmerüberlassungsgesetzes und des Schwarzarbeitsbekämpfungsgesetzes[2] geänderte Vorschrift regelt die neue Aufgabenverteilung zwischen der BA und den Behörden der Zollverwaltung, die künftig auch für die Überwachung der Lohnuntergrenze nach § 10 V zuständig sind. **Abs. 1** überträgt der BA die Durchführung des AÜG als Auftragsangelegenheit und nicht etwa als Selbstverwaltungsangelegenheit. Dabei steht dem Ministerium ein fachliches Weisungsrecht zu. Wegen des engen Zusammenhangs zwischen Arbeitsvermittlung und AÜ erscheint die Übertragung der Verwaltungsaufgaben nach dem AÜG auf die BA sachgerecht[3]. Aus dieser Aufgabenübertragung folgt die einheitliche Zuständigkeit der Sozialgerichtsbarkeit (§ 51 I Nr. 4 SGG) für Entscheidungen über öffentl.-rechtl. Streitigkeiten aus dem AÜG.

2 Da das AÜG keine eigenen Organisationsvorschriften enthält, bestimmen sich die Verwaltungsaufgaben nach der Satzung der BA. Danach legt deren Verwaltungsrat fest, von welchen Organen oder Dienststellen die Aufgaben nach dem AÜG wahrgenommen werden. Zum 1.7.2012 hat die BA die Durchführung des AÜG neu organisiert. So wurden etwa für die Kontrolle der Erlaubnisinhaber besondere Prüfteams in den Agenturen Düsseldorf, Hannover und Stuttgart gebildet[4].

3 Die BA unterliegt nach § 393 SGB III grds. der Rechtsaufsicht durch das Ministerium. Seine Kompetenzen werden durch die in § 17 geregelte Fachaufsicht erweitert, dass es sowohl allg. fachliche Weisungen als auch Weisungen im Einzelfall erteilen kann[5]. Soweit die Erlaubnisbehörde ihre Entscheidungen nach pflichtgemäßem Ermessen zu treffen hat, kann das Ministerium allerdings nur Richtlinien aufstellen, die Raum für Einzelfallentscheidungen lassen[6]. So wurde ua. auf Weisung des Ministeriums die Durchführungsanweisung der BA zum AÜG erlassen[7].

4 Nach Abs. 1 S. 2 werden der BA die bei der Durchführung des AÜG entstehenden Verwaltungskosten nicht erstattet. Sie werden teilweise durch die Gebühren und Auslagen nach § 2a und durch die Geldbußen gedeckt, die ihr nach § 16 V zufließen.

5 Neben der BA im Rahmen ihrer Gesamtzuständigkeit prüfen die Behörden der Zollverwaltung nach **Abs. 2** ausschließlich die Einhaltung der Mindestarbeitsbedingungen, soweit sie die Vergütung betreffen. Prüfgegenstand ist allein, ob ein Verleihunternehmen in Zeiten der Überlassung sowie in verleihfreien Zeiten zumindest die Lohnuntergrenze einhält. Sie kontrollieren nicht, ob aufgrund der in § 10 IV normierten Pflichten ein Arbeitsentgelt zu zahlen ist, das demjenigen eines vergleichbaren ArbN im Betrieb des Entleihers entspricht. Dies ist und bleibt Aufgabe der BA[8].

17a *Befugnisse der Behörden der Zollverwaltung*

Die §§ 2, 3 bis 6 und 14 bis 20, 22, 23 des Schwarzarbeitsbekämpfungsgesetzes sind entsprechend anzuwenden mit der Maßgabe, dass die dort genannten Behörden auch Einsicht in Arbeitsverträge, Niederschriften nach § 2 des Nachweisgesetzes und andere Geschäftsunterlagen nehmen können, die mittelbar oder unmittelbar Auskunft über die Einhaltung der Arbeitsbedingungen nach § 10 Absatz 5 geben.

---

1 *Sandmann/Marschall*, § 16 Anm. 46. ||2 BGBl. 2011 I S. 1506. ||3 BT-Drs. VI/2303, 16. ||4 Information „Arbeitnehmerüberlassung" unter www.arbeitsagentur.de, Rubrik „Unternehmen – Rechtsgrundlagen". ||5 *Sandmann/Marschall*, § 17 Anm. 1; *Ulber*, § 17 Rz. 3. ||6 BSG 12.12.1990 – 11 RAr 49/90, EzAÜG § 3 AÜG Versagungsgründe Nr. 14. ||7 *Ulber*, Anh. 5. ||8 BT-Drs. 17/5761, 9.

17b *Meldepflicht*

(1) Überlässt ein Verleiher mit Sitz im Ausland einen Leiharbeitnehmer zur Arbeitsleistung einem Entleiher, hat der Entleiher, sofern eine Rechtsverordnung nach § 3a auf das Arbeitsverhältnis Anwendung findet, vor Beginn jeder Überlassung der zuständigen Behörde der Zollverwaltung eine schriftliche Anmeldung in deutscher Sprache mit folgenden Angaben zuzuleiten:

1. Familienname, Vornamen und Geburtsdatum des überlassenen Leiharbeitnehmers,
2. Beginn und Dauer der Überlassung,
3. Ort der Beschäftigung,
4. Ort im Inland, an dem die nach § 17c erforderlichen Unterlagen bereitgehalten werden,
5. Familienname, Vornamen und Anschrift in Deutschland eines oder einer Zustellungsbevollmächtigten des Verleihers,
6. Branche, in die die Leiharbeitnehmer überlassen werden sollen, und
7. Familienname, Vornamen oder Firma sowie Anschrift des Verleihers.

Änderungen bezüglich dieser Angaben hat der Entleiher unverzüglich zu melden.

(2) Der Entleiher hat der Anmeldung eine Versicherung des Verleihers beizufügen, dass dieser seine Verpflichtungen nach § 10 Absatz 5 einhält.

(3) Das Bundesministerium der Finanzen kann durch Rechtsverordnung im Einvernehmen mit dem Bundesministerium für Arbeit und Soziales ohne Zustimmung des Bundesrates bestimmen,

1. dass, auf welche Weise und unter welchen technischen und organisatorischen Voraussetzungen eine Anmeldung, Änderungsmeldung und Versicherung abweichend von den Absätzen 1 und 2 elektronisch übermittelt werden kann,
2. unter welchen Voraussetzungen eine Änderungsmeldung ausnahmsweise entfallen kann und
3. wie das Meldeverfahren vereinfacht oder abgewandelt werden kann.

(4) Das Bundesministerium der Finanzen kann durch Rechtsverordnung ohne Zustimmung des Bundesrates die zuständige Behörde nach Absatz 1 Satz 1 bestimmen.

17c *Erstellen und Bereithalten von Dokumenten*

(1) Sofern eine Rechtsverordnung nach § 3a auf ein Arbeitsverhältnis Anwendung findet, ist der Entleiher verpflichtet, Beginn, Ende und Dauer der täglichen Arbeitszeit des Leiharbeitnehmers aufzuzeichnen und diese Aufzeichnungen mindestens zwei Jahre aufzubewahren.

(2) Jeder Verleiher ist verpflichtet, die für die Kontrolle der Einhaltung einer Rechtsverordnung nach § 3a erforderlichen Unterlagen im Inland für die gesamte Dauer der tatsächlichen Beschäftigung des Leiharbeitnehmers im Geltungsbereich dieses Gesetzes, insgesamt jedoch nicht länger als zwei Jahre in deutscher Sprache bereitzuhalten. Auf Verlangen der Prüfbehörde sind die Unterlagen auch am Ort der Beschäftigung bereitzuhalten.

Die §§ 17a bis 17c sind den §§ 17 bis 19 AEntG nachgebildet und regeln die Befugnisse der Zollbehörden sowie die Pflichten von Verleiher und Entleiher im Bereich der AÜ. Dementsprechend wird in § 17b IV auch das Bundesministerium der Finanzen zum Verordnungsgeber zur Bestimmung der zuständigen Behörde für die nötigen Anmeldungen bestimmt. 1

Die Kontrollrechte der Zollbehörden gehen erheblich weiter als die der Erlaubnisbehörde. Allerdings beziehen sich die Prüfrechte und die damit verbundenen Vorlage-, Melde- und Aufzeichnungspflichten lediglich auf die Angaben, die zur Überprüfung der Einhaltung der Lohnuntergrenze erforderlich sind[1]. 2

18 *Zusammenarbeit mit anderen Behörden*

(1) Zur Verfolgung und Ahndung der Ordnungswidrigkeiten nach § 16 arbeiten die Bundesagentur für Arbeit und die Behörden der Zollverwaltung insbesondere mit folgenden Behörden zusammen:

1. den Trägern der Krankenversicherung als Einzugsstellen für die Sozialversicherungsbeiträge,
2. den in § 71 des Aufenthaltsgesetzes genannten Behörden,
3. den Finanzbehörden,
4. den nach Landesrecht für die Verfolgung und Ahndung von Ordnungswidrigkeiten nach dem Schwarzarbeitsbekämpfungsgesetz zuständigen Behörden,
5. den Trägern der Unfallversicherung,
6. den für den Arbeitsschutz zuständigen Landesbehörden,
7. den Rentenversicherungsträgern,

---

1 Vgl. BT-Drs. 17/5761, 8.

8. den Trägern der Sozialhilfe.

(2) Ergeben sich für die Bundesagentur für Arbeit oder die Behörden der Zollverwaltung bei der Durchführung dieses Gesetzes im Einzelfall konkrete Anhaltspunkte für

1. Verstöße gegen das Schwarzarbeitsbekämpfungsgesetz,
2. eine Beschäftigung oder Tätigkeit von Ausländern ohne erforderlichen Aufenthaltstitel nach § 4 Abs. 3 des Aufenthaltsgesetzes, eine Aufenthaltsgestattung oder eine Duldung, die zur Ausübung der Beschäftigung berechtigen, oder eine Genehmigung nach § 284 Abs. 1 des Dritten Buches Sozialgesetzbuch,
3. Verstöße gegen die Mitwirkungspflicht nach § 60 Abs. 1 Satz 1 Nr. 2 des Ersten Buches Sozialgesetzbuch gegenüber einer Dienststelle der Bundesagentur für Arbeit, einem Träger der gesetzlichen Kranken-, Pflege-, Unfall- oder Rentenversicherung oder einem Träger der Sozialhilfe oder gegen die Meldepflicht nach § 8a des Asylbewerberleistungsgesetzes,
4. Verstöße gegen die Vorschriften des Vierten und Siebten Buches Sozialgesetzbuch über die Verpflichtung zur Zahlung von Sozialversicherungsbeiträgen, soweit sie im Zusammenhang mit den in den Nummern 1 bis 3 genannten Verstößen sowie mit Arbeitnehmerüberlassung entgegen § 1 stehen,
5. Verstöße gegen die Steuergesetze,
6. Verstöße gegen das Aufenthaltsgesetz,

unterrichten sie die für die Verfolgung und Ahndung zuständigen Behörden, die Träger der Sozialhilfe sowie die Behörden nach § 71 des Aufenthaltsgesetzes.

(3) In Strafsachen, die Straftaten nach den §§ 15 und 15a zum Gegenstand haben, sind der Bundesagentur für Arbeit und den Behörden der Zollverwaltung zur Verfolgung von Ordnungswidrigkeiten

1. bei Einleitung des Strafverfahrens die Personendaten des Beschuldigten, der Straftatbestand, die Tatzeit und der Tatort,
2. im Falle der Erhebung der öffentlichen Klage die das Verfahren abschließende Entscheidung mit Begründung

zu übermitteln. Ist mit der in Nummer 2 genannten Entscheidung ein Rechtsmittel verworfen worden oder wird darin auf die angefochtene Entscheidung Bezug genommen, so ist auch die angefochtene Entscheidung zu übermitteln. Die Übermittlung veranlasst die Strafvollstreckungs- oder die Strafverfolgungsbehörde. Eine Verwendung

1. der Daten der Arbeitnehmer für Maßnahmen zu ihren Gunsten,
2. der Daten des Arbeitgebers zur Besetzung seiner offenen Arbeitsplätze, die im Zusammenhang mit dem Strafverfahren bekannt geworden sind,
3. der in den Nummern 1 und 2 genannten Daten für Entscheidungen über die Einstellung oder Rückforderung von Leistungen der Bundesagentur für Arbeit

ist zulässig.

(4) Gerichte, Strafverfolgungs- oder Strafvollstreckungsbehörden sollen den Behörden der Zollverwaltung Erkenntnisse aus sonstigen Verfahren, die aus ihrer Sicht zur Verfolgung von Ordnungswidrigkeiten nach § 16 Abs. 1 Nr. 1 bis 2 erforderlich sind, übermitteln, soweit nicht für die übermittelnde Stelle erkennbar ist, dass schutzwürdige Interessen des Betroffenen oder anderer Verfahrensbeteiligter an dem Ausschluss der Übermittlung überwiegen. Dabei ist zu berücksichtigen, wie gesichert die zu übermittelnden Erkenntnisse sind.

(5) Die Behörden der Zollverwaltung unterrichten die zuständigen Finanzämter über den Inhalt von Meldungen nach § 17b.

(6) Die Behörden der Zollverwaltung und die übrigen in § 2 des Schwarzarbeitsbekämpfungsgesetzes genannten Behörden dürfen nach Maßgabe der jeweils einschlägigen datenschutzrechtlichen Bestimmungen auch mit Behörden anderer Vertragsstaaten des Abkommens über den Europäischen Wirtschaftsraum zusammenarbeiten, die dem § 17 Absatz 2 entsprechende Aufgaben durchführen oder für die Bekämpfung illegaler Beschäftigung zuständig sind oder Auskünfte geben können, ob ein Arbeitgeber seine Verpflichtungen nach § 10 Absatz 5 erfüllt. Die Regelungen über die internationale Rechtshilfe in Strafsachen bleiben hiervon unberührt.

1 **I. Inhalt und Zweck.** Mit § 18 verfolgt der Gesetzgeber das Ziel, eine wirksame Bekämpfung der illegalen Formen der Beschäftigung zu ermöglichen. Denn diese verstoßen in ihren vielfältigen Erscheinungsformen gegen eine Vielzahl von Gesetzen. Entsprechend groß ist die Zahl der zu ihrer Bekämpfung zuständigen Behörden. Eine effektive Verfolgung und Ahndung dieser Gesetzesverstöße lässt sich nur erreichen, wenn die **Zusammenarbeit der zuständigen Behörden** verstärkt und koordiniert wird[1]. Dem

---

[1] BT-Drs. IX/847, 8.

gleichen Zweck dient der gesetzl. vorgeschriebene **Informationsaustausch** aller an der Bekämpfung illegaler Beschäftigung beteiligten Behörden[1].

II. Pflicht zur Zusammenarbeit (Abs. 1). Die Verpflichtung zur Zusammenarbeit nach Abs. 1 beschränkt sich nicht auf die Fälle einer illegalen AÜ ieS, sondern erstreckt sich auf alle Tatbestände, die nach § 16 I eine Ordnungswidrigkeit darstellen. Denn häufig stehen die in § 16 I Nr. 3–9 aufgeführten Tatbestände in einem unmittelbaren Zusammenhang mit der illegalen Überlassung von LeihArbN[2]. Dagegen erfasst Abs. 1 seinem Wortlaut nach nicht die Verfolgung von Straftatbeständen nach den §§ 15, 15a. Deren Verfolgung obliegt in erster Linie den Staatsanwaltschaften und deren Ahndung den Gerichten. Allerdings handelt es sich bei den Straftatbeständen in den §§ 15, 15a lediglich um Qualifikationen der Ordnungswidrigkeitentatbestände des § 16 I Nr. 1 u. 2. Auf Grund dessen erstreckt sich die Verpflichtung zur Zusammenarbeit nach Abs. 1 auch auf die Straftatbestände des Gesetzes[3].

Die Behörden, die nach Abs. 1 zu einer Zusammenarbeit mit der BA und den Behörden der Zollverwaltung verpflichtet sind, werden im Gesetz nicht abschließend aufgezählt. Nach Abs. 1 Nr. 1 gehören dazu in jedem Fall die **Träger der Krankenversicherung** als Einzugsstellen für die GesamtSozV-Beiträge. Diese sind im Einzelnen im 6. Kapitel des SGB V aufgezählt. Es handelt sich um die Ortskrankenkassen (§§ 143f. SGB V), Betriebskrankenkassen (§ 147 SGB V), Innungskrankenkassen (§ 157 SGB V), landwirtschaftl. Krankenkassen (§ 166 SGB V), die Deutsche Rentenversicherung Knappschaft-Bahn-See (§ 167 SGB V) und die Ersatzkassen (§§ 168f. SGB V).

Die Verpflichtung zur Zusammenarbeit ist nach Abs. 1 Nr. 2 insb. auch den nach § 71 I AufenthG zuständigen **Ausländerbehörden** vorgeschrieben.

Zu den **Finanzbehörden** gem. Abs. 1 Nr. 3 gehören neben den eigentlichen steuereinziehenden Behörden wie den Finanzämtern, den Oberfinanzdirektionen und dem Bundesamt für Finanzen auch die Länderministerien für Finanzen und das Bundesfinanzministerium.

Die Pflicht zur Zusammenarbeit obliegt nach Abs. 1 Nr. 4 auch den Behörden, die nach Landesrecht für die Verfolgung und Ahndung von Ordnungswidrigkeiten nach dem Gesetz zur **Bekämpfung der Schwarzarbeit** zuständig sind. Diese Zuständigkeiten sind in den einzelnen Bundesländern unterschiedlich geregelt[4].

Zu den **Trägern der Unfallversicherung** nach Abs. 1 Nr. 5 gehören neben den Berufsgenossenschaften, die im Einzelnen in den Anlagen 1 und 2 zu § 114 SGB VII aufgeführt sind, der Bund, die Länder, die Gemeinden und die Gemeindeunfallversicherungsverbände.

Die Pflicht zur Zusammenarbeit erfasst nach Abs. 1 Nr. 6 auch die für den **Arbeitsschutz** zuständigen Landesbehörden. Dabei handelt es sich regelmäßig um die staatl. Gewerbeaufsichtsämter. Daneben haben die Länder für einzelne Bereiche des Arbeitsschutzes die Zuständigkeit von Sonderbehörden begründet. Das gilt insb. für die Bergämter, die für den Arbeitsschutz im Rahmen der Bergaufsicht zuständig sind.

Das gilt auch für die **Träger der RV**, denen nach Abs. 1 Nr. 8 eine Pflicht zur Zusammenarbeit mit der BA auferlegt wird. Denn sie prüfen die ordnungsgemäße Entrichtung der SozV-Beiträge bei den ArbGeb. Für die sachgerechte Durchführung dieser Prüfung kann es bedeutsam sein, in welchen Fällen von der BA eine AÜ angenommen wird. Andererseits ergeben sich bei den Prüfungen der RV-Träger häufig Anhaltspunkte für illegale AÜ[5].

Schließlich trifft die Pflicht zur Zusammenarbeit nach Abs. 1 Nr. 9 auch die **Träger der Sozialhilfe**. Durch deren Zusammenarbeit mit der BA kann den verschiedenen Formen des Leistungsmissbrauchs besser entgegengewirkt werden[6].

Da das Gesetz keine abschließende Regelung enthält, kommt eine Zusammenarbeit der BA und der Zollbehörden mit weiteren Behörden und Stellen in Betracht, um eine effektive Bekämpfung der illegalen AÜ zu gewährleisten. Dabei kann es sich um die Polizeidienststellen der Länder, das Bundeskriminalamt und den Bundesgrenzschutz, die Bundesbaudirektion, die Industrie- und Handelskammern sowie die Handwerkskammern, die Staatsanwaltschaften sowie die Amts- und ArbG handeln[7].

Das Gesetz schreibt eine **Rechtspflicht zur Zusammenarbeit** vor. Sobald konkrete Anhaltspunkte für eine Ordnungswidrigkeit vorliegen, müssen daher die BA, die Behörden der Zollverwaltung sowie die in Abs. 1 aufgeführten Behörden dieser Pflicht nachkommen. Sie geht damit über die allg. Pflicht zur Amtshilfe nach Art. 35 I GG weit hinaus. Die konkrete Zusammenarbeit kann in Form gemeinsamer Schulungsmaßnahmen, der Einrichtung von Gesprächskreisen und Arbeitsgruppen oder durch gemeinsame Verkehrs- und Grenzkontrollen sowie Durchsuchungen erfolgen[8]. Die Mitarbeiter verschiedener Behörden können ArbN auf Baustellen gemeinsam überprüfen und sich gegenseitig Einrichtungen und Geräte bei der Bekämpfung illegaler AÜ zur Verfügung stellen[9].

---

1 BT-Drs. IX/847, 10. ||2 Schüren/Hamann, § 18 Rz. 16. ||3 Sandmann/Marschall, § 18 Anm. 7. ||4 Im Einzelnen Sandmann/Marschall, § 18 Anm. 15. ||5 Sandmann/Marschall, § 18 Anm. 17a. ||6 BT-Drs. XIII/8994, 2. ||7 Schüren/Hamann, § 18 Rz. 18ff. ||8 Schüren/Hamann, § 18 Rz. 32. ||9 Sandmann/Marschall, § 18 Anm. 25.

13 **III. Unterrichtungspflicht (Abs. 2).** Eine im Gesetz ausdrücklich geregelte Form der Zusammenarbeit stellt die Unterrichtungspflicht nach Abs. 2 dar. Dabei handelt es sich um eine einseitige Rechtspflicht der BA und der Behörden der Zollverwaltung ggü. den im Gesetz abschließend aufgezählten Adressaten. Die Unterrichtungspflicht entsteht, wenn die BA oder die Behörden der Zollverwaltung bei der Durchführung des AÜG Erkenntnisse erlangten, die auf einen Verstoß der in Abs. 2 Nr. 1–6 genannten Art hindeuten. Die Form der Unterrichtung steht im Ermessen der BA bzw. der Zollbehörden. Gewinnen sie ihre Erkenntnisse allerdings nicht im Rahmen der Durchführung des AÜG, sondern etwa im Rahmen der Arbeitsvermittlung, der Berufsberatung oder bei der Bearbeitung von Anträgen auf Alg, begründen diese Erkenntnisse keine Pflicht zur Unterrichtung[1].

14 Die Unterrichtungspflicht nach Abs. 2 findet ihre Grenzen in der Geheimhaltungspflicht nach § 8 IV sowie der Pflicht zur Wahrung des Sozialgeheimnisses nach § 35 SGB I und des Steuergeheimnisses nach § 30 AO.

15 Nach Abs. 2 Nr. 1 entsteht eine Unterrichtungspflicht der BA bzw. der Behörden der Zollverwaltung, wenn sie bei ihrer Tätigkeit konkrete Anhaltspunkte für einen Verstoß gegen das **Schwarzarbeitsbekämpfungsgesetz** erlangen.

16 Das gilt nach Abs. 2 Nr. 2 auch, wenn sie Erkenntnisse über eine Beschäftigung oder Tätigkeit von Ausländern ohne die erforderliche Arbeitserlaubnis gewinnen. Dabei wird von dem Begriff der Beschäftigung sowohl diejenige des LeihArbN durch den Verleiher als ArbGeb als auch diejenige durch den Entleiher erfasst[2].

17 Die Unterrichtungspflicht der BA und der Zollbehörden entsteht nach Abs. 2 Nr. 3 bei Anhaltspunkten für einen **Verstoß gegen die Mitwirkungspflicht nach § 60 I 1 Nr. 2 SGB I** oder für einen **Verstoß gegen die Meldepflicht nach § 8a AsylbewerberleistungsG**. Dagegen erstreckt sich die Unterrichtungspflicht nicht auf Fälle, in denen ein Arbl. von vornherein falsche oder unvollständige Angaben über seine Einkünfte oder sein Vermögen gemacht hat[3].

18 Durch Abs. 2 Nr. 4 wird die Unterrichtungspflicht auch insoweit ausgelöst, als sich bei Verstößen nach Abs. 2 Nr. 1–3 Anhaltspunkte für **Verstöße gegen** die Vorschriften des SGB IV und SGB VII über die **Verpflichtung zur Zahlung von SozV-Beiträgen** ergeben. Dabei geht es in erster Linie um die Abführung der GesamtSozV-Beiträge und die Beiträge zur Unfallversicherung durch den jeweiligen ArbGeb.

19 Anhaltspunkte für einen **Verstoß gegen die Steuergesetze** führen nach Abs. 2 Nr. 5 zu einer Unterrichtungspflicht. Das betrifft alle bundes- und landesrechtl. Regelungen über Steuern und Abgaben.

20 Schließlich erfasst die Unterrichtungspflicht nach Abs. 2 Nr. 6 auch **Verstöße gegen das Aufenthaltsgesetz**. Diese müssen nicht einmal mit illegaler Beschäftigung von LeihArbN zusammenhängen.

21 **IV. Übermittlungspflichten (Abs. 3 u. 4).** Im Zusammenhang mit Straftaten und Ordnungswidrigkeiten nach den §§ 15, 15a und 16 I begründet das Gesetz Übermittlungspflichten von Behörden und Gerichten ggü. der BA und den Behörden der Zollverwaltung. So haben die **Strafvollstreckungs- und Strafverfolgungsbehörden** diesen bei Straftaten nach den §§ 15, 15a gem. Abs. 3 Daten und Unterlagen zu übermitteln. Deren Zweck muss die Unterrichtung zur Verfolgung von Ordnungswidrigkeiten nach dem AÜG sein.

22 Die Übermittlungspflicht erstreckt sich bei der Einleitung eines Strafverfahrens auf die persönlichen Daten des Beschuldigten, den Straftatbestand, die Tatzeit und den Tatort. Bei der Erhebung einer öffentl. Klage erstreckt sich die Übermittlungspflicht zusätzlich auf die verfahrensabschließende Entscheidung und deren Begründung. Bei der Verwerfung eines Rechtsmittels oder im Fall der Bezugnahme auf eine angefochtene Entscheidung ist auch diese zu übermitteln.

23 Durch Abs. 3 S. 4 lässt das Gesetz die Verwendung von Daten auch außerhalb eines Bußgeldverfahrens zu und schränkt auf diese Weise den allg. Datenschutz ein. Das betrifft zum einen die Verwendung übermittelter Daten von ArbN zu ihren Gunsten, die Daten des ArbGeb zur Besetzung seiner offenen Arbeitsplätze und diejenigen Daten, die bei der Einstellung oder Rückforderung von Leistungen der BA verwendet werden.

24 Neben den Strafverfolgungs- und Strafvollstreckungsbehörden werden durch Abs. 4 auch die **Gerichte** ermächtigt, den Behörden der Zollverwaltung Daten zu übermitteln, die für eine Verfolgung von Ordnungswidrigkeiten von Bedeutung sind. Nach dem Verhältnismäßigkeitsgrundsatz hat indessen eine Übermittlung von Erkenntnissen zu unterbleiben, wenn überwiegende schutzwürdige Interessen des Betroffenen oder anderer Verfahrensbeteiligter dem entgegenstehen.

25 **V. Zusammenarbeit der Behörden (Abs. 5 u. 6).** Die Regelungen sollen den aus dem AEntG bewährten und für eine effektive Kontrolle notwendigen Informationsaustausch zwischen den genannten Behörden unter Berücksichtigung datenschutzrechtlicher Vorgaben sicherstellen[4]. Abs. 5 sieht eine Un-

---

1 Schüren/*Hamann*, § 18 Rz. 36. ||2 *Ulber*, § 18 Rz. 28. ||3 Schüren/*Hamann*, § 18 Rz. 57. ||4 BT-Drs. 17/5761, 10.

terrichtung der zuständigen Finanzämter über den Inhalt von Meldungen nach § 17b vor. In Abs. 6 wird die **Möglichkeit der grenzüberschreitenden Kooperation** mit zuständigen Behörden anderer Vertragsstaaten des EWR (neben den EU-Mitgliedstaaten auch Island, Liechtenstein und Norwegen) geschaffen. Die Regelung zur internationalen Zusammenarbeit entsprechend der Vorgabe von Art. 4 Entsende-RL dient einer wirksamen Überwachung insb. auch von ausländischen Verleihern.

18a *Ersatzzustellung an den Verleiher*
Für die Ersatzzustellung an den Verleiher auf Grund von Maßnahmen nach diesem Gesetz gilt der im Inland gelegene Ort der konkreten Beschäftigung des Leiharbeitnehmers sowie das vom Verleiher eingesetzte Fahrzeug als Geschäftsraum im Sinne des § 5 Absatz 2 Satz 2 Nummer 1 des Verwaltungszustellungsgesetzes in Verbindung mit § 178 Absatz 1 Nummer 2 der Zivilprozessordnung.

Die dem § 22 AEntG korrespondierende Vorschrift erleichtert die Zustellung von Schriftstücken insb. an ausländische Verleiher. Bei Fehlen eines inländischen Geschäftsraums kann eine Zustellung auch wirksam **am Ort der konkreten Beschäftigung** des LeihArbN sowie an bzw. in einem vom Verleiher eingesetzten **Fahrzeug** bewirkt werden. Sie gelten als Geschäftsraum iSd. maßgeblichen Zustellungsnormen. 1

19 *Übergangsvorschrift*
§ 3 Absatz 1 Nummer 3 Satz 4 und § 9 Nummer 2 letzter Halbsatz finden keine Anwendung auf Leiharbeitsverhältnisse, die vor dem 15. Dezember 2010 begründet worden sind.

Die 2011 neu gefasste Vorschrift stellt klar, dass ausschließlich die sog. **Drehtürklausel** auf vor dem Stichtag begründete LeihArbVerh aus Gründen des Vertrauensschutzes nicht anzuwenden ist. An diesem Tag wurde der entsprechende Gesetzesentwurf des BMAS von der BReg. beschlossen. Mangels Befristung der Übergangsvorschrift gilt die Ausnahme für vor dem 15.12.2010 abgeschlossene **Altverträge** dauerhaft[1]. Dagegen finden die Neuregelungen zur Festsetzung und Einhaltung der sog. Lohnuntergrenze auf alle betroffenen ArbVerh gleichermaßen seit ihrem Inkrafttreten am 30.4.2011 Anwendung. 1

---

[1] Vgl. Thüsing/*Kudlich*, § 19 Rz. 3.

Berufsbildungsgesetz (BBiG)

vom 23.3.2005 (BGBl. I S. 931),
zuletzt geändert durch Gesetz v. 25.7.2013 (BGBl. I S. 2749)

– Auszug –

Teil 1. Allgemeine Vorschriften

1 *Ziele und Begriffe der Berufsbildung*
(1) Berufsbildung im Sinne dieses Gesetzes sind die Berufsausbildungsvorbereitung, die Berufsausbildung, die berufliche Fortbildung und die berufliche Umschulung.

(2) Die Berufsausbildungsvorbereitung dient dem Ziel, durch die Vermittlung von Grundlagen für den Erwerb beruflicher Handlungsfähigkeit an eine Berufsausbildung in einem anerkannten Ausbildungsberuf heranzuführen.

(3) Die Berufsausbildung hat die für die Ausübung einer qualifizierten beruflichen Tätigkeit in einer sich wandelnden Arbeitswelt notwendigen beruflichen Fertigkeiten, Kenntnisse und Fähigkeiten (berufliche Handlungsfähigkeit) in einem geordneten Ausbildungsgang zu vermitteln. Sie hat ferner den Erwerb der erforderlichen Berufserfahrungen zu ermöglichen.

(4) Die berufliche Fortbildung soll es ermöglichen, die berufliche Handlungsfähigkeit zu erhalten und anzupassen oder zu erweitern und beruflich aufzusteigen.

(5) Die berufliche Umschulung soll zu einer anderen beruflichen Tätigkeit befähigen.

1 I. **Berufsbildung und Berufsausbildung (Abs. 1–3).** § 1 bildet die Grundlage für das Ordnungssystem in der berufl. Bildung. Nach Abs. 1 ist **Berufsbildung** der Oberbegriff für die Berufsausbildungsvorbereitung, die Berufsausbildung, die berufl. Fortbildung und die berufl. Umschulung. Zu den **Maßnahmen der betrieblichen Berufsbildung** gehören insb. solche, die den ArbN die für die Ausfüllung ihres Arbeitsplatzes und ihrer berufl. Tätigkeit notwendigen Kenntnisse und Fähigkeiten verschaffen wollen, zB **Seminare**[1] oder **überbetriebliche Ausbildungsstätten**, welche eine berufspraktische Ausbildung vermitteln sollen[2]. Der in § 98 BetrVG sowie **in § 5 I 1 ArbGG**[3] verwandte Berufsbildungsbegriff ist weiter gefasst als der des Abs. 1[4]. Eine Definition des Berufs enthält das BBiG nicht, es orientiert sich vielmehr an **Art. 12 GG**[5].

2 Abs. 2 erläutert den Begriff und das Ziel der **Berufsausbildungsvorbereitung**. Sie bezweckt die Vermittlung von Grundlagen für den Erwerb berufl. Handlungsfähigkeit und soll damit an eine Berufsausbildung in einem anerkannten Ausbildungsberuf heranführen. Die Berufsausbildungsvorbereitung ist näher in den §§ 68 ff. geregelt. Sie richtet sich an lernbeeinträchtigte oder sozial benachteiligte Personen, deren Entwicklungsstand eine erfolgreiche Ausbildung in einem anerkannten Ausbildungsberuf oder eine gleichwertige Berufsausbildung nicht erwarten lässt (§ 68 I). Die Berufsausbildungsvorbereitung ist nicht selbst Berufsausbildung iSd. Abs. 3. Sie erfolgt auf Grund eines **Qualifizierungsvertrages**[6]. Über die vermittelten Grundlagen für den Erwerb berufl. Handlungsfähigkeit stellt der Anbieter der Berufsausbildungsvorbereitung eine Bescheinigung aus (§ 69 II)[7].

3 Abs. 3 legt Inhalt und Ziele der **Berufsausbildung** fest. Bei der Berufsausbildung handelt es sich grds. um eine **Erstausbildung** nach Beendigung der Vollzeitschulpflicht. Wird im Anschluss an eine erste, abgeschlossene Berufsausbildung eine **Zweitausbildung** begonnen, liegt keine Umschulung, sondern eine erneute Berufsausbildung vor, wenn zwischen den beiden Ausbildungen keine erhebliche berufl. Betätigung in dem zuerst erlernten Beruf aufgenommen wurde[8].

4 Die Berufsausbildung muss in einem **geordneten Ausbildungsgang** (§ 4) erfolgen (Abs. 3 S. 1). Neben dem Erwerb der berufl. Fertigkeiten, Kenntnisse und Fähigkeiten dient die Berufsausbildung auch dem Erwerb der berufl. Handlungsfähigkeit, also dem Erwerb bestimmter sozialer Kompetenzen bzw. Schlüsselqualifikationen, wie zB Team- und Kommunikationsfähigkeit[9]. Der Begriff der „beruflichen Handlungsfähigkeit" wurde neu in das Gesetz aufgenommen. Damit soll eine Angleichung an die im Arbeitsförderungsrecht (vgl. § 180 II SGB III) verwandten Begrifflichkeiten vorgenommen werden[10]. Die erste Phase der Berufsausbildung kann für einzelne Berufsfelder in einem **schulischen Berufsbildungsjahr** abgeleistet werden[11]. Die Berufsausbildung soll klar gegliedert und sachlich und zeitlich in einen konkreten Rahmen gestellt werden, um auf diese Weise ihre Qualität zu steigern[12].

---

1 BAG 23.4.1991 – 1 ABR 49/90, NJW 1991, 817. || 2 BAG 26.1.1994 – 7 ABR 13/92, BB 1994, 1224. || 3 BAG 21.5.1997 – 5 AZB 30/96, NZA 1997, 1013. || 4 *Benecke* in Benecke/Hergenröder, § 1 Rz. 3. || 5 ErfK/*Schlachter*, § 1 BBiG Rz. 1; grundl. zum Begriff des Berufs BVerfG 11.6.1958 – 1 BvR 596/56, NJW 1958, 1035. || 6 *Natzel*, DB 2003, 720. || 7 Vgl. hierzu die Berufsausbildungsvorbereitungs-BescheinigungsVO v. 16.7.2003 (BGBl. S. 1472). || 8 BAG 3.6.1987 – 5 AZR 285/86, NZA 1988, 66. || 9 *Wohlgemuth* in Wohlgemuth, § 1 Rz. 4. || 10 *Natzel*, DB 2005, 610. || 11 ErfK/*Schlachter*, § 1 BBiG Rz. 4. || 12 BT-Drs. V/4260 zu § 1 BBiG.

II. Berufliche Fortbildung und Umschulung (Abs. 4, 5). Das BBiG differenziert zwischen der Anpassungsfortbildung (Abs. 4 Alt. 1) und der Aufstiegsfortbildung (Abs. 4 Alt. 2). **Berufliche Fortbildung** (§§ 53 ff.) setzt begrifflich eine abgeschlossene Berufsausbildung, eine langjährige berufl. Tätigkeit oder beides voraus. Sie soll vorhandene berufl. Kenntnisse und Fertigkeiten erweitern bzw. den neueren Entwicklungen anpassen[1].

Die **berufliche Umschulung** (§§ 58 ff.) soll zu einer anderen berufl. Tätigkeit befähigen[2]. Im Rahmen einer berufl. Neuorientierung wird ein Beruf mit einem anderen Inhalt erlernt[3]. Das setzt voraus, dass der Umschüler zuvor bereits beruflich tätig gewesen sein muss. Eine vorherige Ausbildung ist nicht notwendig, der Umschüler kann vielmehr als Ungelernter tätig gewesen sein[4]. Für die Teilnahme an Umschulungsmaßnahmen bestehen Möglichkeiten der **finanziellen Förderung** (§§ 81 ff. SGB III)[5]. Das Umschulungsverhältnis fällt nicht unter die §§ 4–25, diese sind auch nicht mittelbar (§ 26) anwendbar[6].

2 Lernorte der Berufsbildung

(1) Berufsbildung wird durchgeführt

1. in Betrieben der Wirtschaft, in vergleichbaren Einrichtungen außerhalb der Wirtschaft, insbesondere des öffentlichen Dienstes, der Angehörigen freier Berufe und in Haushalten (**betriebliche Berufsbildung**),
2. in berufsbildenden Schulen (**schulische Berufsbildung**) und
3. in sonstigen Berufsbildungseinrichtungen außerhalb der schulischen und betrieblichen Berufsbildung (**außerbetriebliche Berufsbildung**).

(2) Die Lernorte nach Absatz 1 wirken bei der Durchführung der Berufsbildung zusammen (**Lernortkooperation**).

(3) Teile der Berufsausbildung können im Ausland durchgeführt werden, wenn dies dem Ausbildungsziel dient. Ihre Gesamtdauer soll ein Viertel der in der Ausbildungsordnung festgelegten Ausbildungsdauer nicht überschreiten.

I. Durchführung der Berufsbildung (Abs. 1). Abs. 1 zählt enumerativ die Lernorte der Berufsbildung auf. Sie findet insb. in Betrieben der Wirtschaft statt[7] sowie in vergleichbaren Einrichtungen außerhalb der Wirtschaft, zB in inner- oder überbetrieblichen Stätten zur Vermittlung einer berufspraktischen Ausbildung, etwa in **Lehrwerkstätten oder Ausbildungszentren**[8]. Auch der öffentl. Dienst sowie Angehörige der freien Berufe und Haushalte (betriebl. Ausbildung) führen Berufsausbildung durch. Die Aufzählung ist nicht abschließend. ZT kann das erste Jahr der Ausbildung als **Berufsgrundbildungsjahr** absolviert werden (vgl. § 1 Rz. 4).

Schulische Berufsbildung findet ferner statt in **berufsbildenden Schulen**, wobei der Begriff „schulisch" eine bestimmte Organisationsform der Ausbildungsstätte und nicht eine bestimmte Lehrmethode voraussetzt[9]. Soweit diese den Schulgesetzen der Länder unterstehen, gilt das BBiG nicht (vgl. § 3 Rz. 1). Mit dieser Regelung soll klargestellt werden, dass auf die Berufsbildung in berufl. Schulen aus pädagogischen, fachlichen und volkswirtschaftl. Gründen nicht verzichtet werden kann[10].

Sonstige Berufsbildungseinrichtungen sind zB Berufsbildungseinrichtungen, Berufsförderungswerke, reine Ausbildungsbetriebe, außerbetriebliche Ausbildungsstätten oder Rehabilitationszentren[11]. Sie sind dadurch gekennzeichnet, dass die Ausbildung selbst Betriebszweck ist. Sie ergänzen die betriebl. Berufsausbildung[12].

II. Lernortkooperation (Abs. 2). Nach Abs. 2 wirken die Lernorte – wie auch früher schon in Form der Zusammenarbeit von Betrieben, Berufsschulen etc.[13] – bei der Berufsausbildung zusammen. Auf diese Weise sollen zwischen den einzelnen Lernorten eine engere Abstimmung erreicht[14] und damit neue Berufsbilder mit veränderten Qualifikationsanforderungen gefördert werden. Zudem soll die Tatsache Berücksichtigung finden, dass sich neue Ausbildungsberufe verstärkt am Arbeitsprozess auszurichten haben[15]. *Behmenburg* befürchtet wegen der unterschiedl. Gesetzgebungskompetenzen Probleme bei der Abstimmung von Berufsschule und Betrieb. Auch könnten konkrete Pflichten der Schulen nicht durch das BBiG, sondern nur durch Landesgesetze geregelt werden[16].

---

1 *Gedon/Hurlebaus*, § 1 Rz. 32 ff. mwN. ||2 BT-Drs. V/4620, 4 zu § 1 BBiG; *Benecke* in Benecke/Hergenröder, § 1 Rz. 31. ||3 *Lakies*, AR-Blattei SD 400 Rz. 103. ||4 BAG 15.3.1991 – 2 AZR 516/90, NZA 1992, 342; *Lakies* in Lakies/Malottke, § 1 Rz. 38. ||5 *Gedon/Hurlebaus*, § 1 Rz. 48 mwN. ||6 BGH 19.1.2006 – 6 AZR 638/04, AP Nr. 7 zu § 19 BBiG. ||7 Zum Begriff des Betriebs im Arbeitsrecht vgl. *Gedon/Hurlebaus*, § 2 Rz. 8. ||8 BAG 24.2.1999 – 5 AZR 10/98, NZA 1999, 557 mwN. ||9 BAG 24.2.1999 – 5 AZR 10/98, NZA 1999, 557; *Gedon/Hurlebaus*, § 2 Rz. 16. ||10 BT-Drs. 15/3980, 43 zu § 2. ||11 BAG 15.11.2000 – 5 AZR 296/99, NZA 2001, 1248; 24.2.1999 – 5 AZR 10/98, NZA 1999, 557. ||12 BAG 22.1.2008 – 9 AZR 999/06, NJW 2008, 1833. ||13 *Dorn/Nackmayr*, S. 10. ||14 *Taubert*, NZA 2005, 504. ||15 *Opolony*, BB 2005, 1050. ||16 *Behmenburg*, Kompetenzverteilung bei der Berufsbildung, 2003, S. 82.

5   **III. Berufsausbildung im Ausland (Abs. 3).** Mit Abs. 3 wird die Möglichkeit im Gesetz verankert, zeitlich begrenzte Abschnitte der Berufsausbildung auch im Ausland zu absolvieren. Mit dieser Regelung soll der zunehmenden Internationalisierung auch im Bereich der Berufsausbildung Rechnung getragen werden[1]. Der Auslandsaufenthalt wird rechtl. als Teil der Berufsausbildung behandelt, sofern er dem Ausbildungsziel dient[2]. Rechte und Pflichten der Auszubildenden sowie Ausbildenden bestehen mithin weiter[3]. Der Auslandsaufenthalt unterbricht in diesem Fall das Ausbildungsverhältnis nicht[4], kann allerdings nur in Abstimmung mit dem Ausbildenden erfolgen. Ein Auslandsaufenthalt muss von den Parteien ausdrücklich vereinbart und nach § 11 I 2 Nr. 3 in die Vertragsniederschrift aufgenommen bzw. mit einer geänderten Vertragsniederschrift nach § 11 IV nachträglich vereinbart werden. Es besteht eine Eintragspflicht in das Verzeichnis der Berufsausbildungsverhältnisse (§ 34). Ein **Anspruch** auf die Absolvierung einer Auslandsausbildung **besteht nicht**[5]. Nach S. 2 soll die Auslandsausbildung maximal ein Viertel der in der Ausbildungsordnung (§ 5) festgelegten Ausbildungsdauer (§ 5 I Nr. 2) betragen (s. § 5 Rz. 2). Der Gesetzgeber will mit dieser Regelung dafür sorgen, dass der Schwerpunkt der Ausbildung im Inland liegt[6]. Nach § 76 III überwacht und fördert die zuständige Stelle Auslandsaufenthalte in geeigneter Weise. Zu den Rechten des **Betriebsrats** bei der Auslandsausbildung s. *Sarge*, AiB 2007, 107.

3 Anwendungsbereich

(1) Dieses Gesetz gilt für die Berufsbildung, soweit sie nicht in berufsbildenden Schulen durchgeführt wird, die den Schulgesetzen der Länder unterstehen.

(2) Dieses Gesetz gilt nicht für

1. die Berufsbildung, die in berufsqualifizierenden oder vergleichbaren Studiengängen an Hochschulen auf der Grundlage des Hochschulrahmengesetzes und der Hochschulgesetze der Länder durchgeführt wird,
2. die Berufsbildung in einem öffentlich-rechtlichen Dienstverhältnis,
3. die Berufsbildung auf Kauffahrteischiffen, die nach dem Flaggenrechtsgesetz die Bundesflagge führen, soweit es sich nicht um Schiffe der kleinen Hochseefischerei oder der Küstenfischerei handelt.

(3) Für die Berufsbildung in Berufen der Handwerksordnung gelten die §§ 4 bis 9, 27 bis 49, 53 bis 70, 76 bis 80 sowie 102 nicht; insoweit gilt die Handwerksordnung.

1   **I. Geltungsbereich des BBiG (Abs. 1).** § 3 regelt den Anwendungsbereich des BBiG in sachl. Hinsicht. Hierbei knüpft es an den Begriff der Berufsausbildung im umfassenden Sinne nach § 1 (vgl. § 1 Rz. 1) an. Danach findet das BBiG Anwendung im Bereich der betriebl. und außerschulischen Ausbildung. Die Berufsbildung in **berufsbildenden Schulen** wird vom Geltungsbereich des BBiG nicht erfasst. Sie unterfällt nicht der Gesetzgebungskompetenz des Bundesgesetzgebers, weil die schulische Ausbildung der Kultushoheit der Länder unterliegt. Dies gilt zB für **Berufsschulen** und **Fachschulen**[7]. Gleichwohl kann sich die Abschlussprüfung auf den im Berufsschulunterricht vermittelten Lehrstoff (§ 38 S. 2) beziehen[8].

2   **II. Ausnahmen vom Geltungsbereich (Abs. 2).** Abs. 2 enthält in enumerativer Aufzählung Ausnahmen vom Anwendungsbereich des BBiG für Bereiche, die einer Regelung durch Bundesgesetz grds. zugänglich sind, deren Integration in das Gesetz unter sachlichen Gesichtspunkten jedoch nicht sinnvoll erscheint. **Nr. 1** regelt, dass die Vorschriften des BBiG nicht für die Berufsbildung gelten, die in **berufsqualifizierenden Studiengängen an Hochschulen** auf der Grundlage des HRG und der Hochschulgesetze der Länder durchgeführt wird[9]. Diese Abgrenzung dient der Rechtsklarheit, da von der umfassenden Definition der Berufsbildung in § 1 auch Studiengänge an Hochschulen erfasst werden können. Zudem enthält auch das HRG in § 2 I 2 sowie in § 10 I 1 eine deutliche Ausrichtung der Hochschulbildung hin zum Erwerb beruflicher Handlungsfähigkeit. Nur bei den ausbildungsintegrierten dualen Studiengängen unterfällt das Vertragsverhältnis zwischen Unternehmen und Studierenden bis zum Abschluss der IHK-Prüfung dem BBiG[10].

3   Darüber hinaus gilt das BBiG nach Nr. 2 **nicht** für die Berufsausbildung in einem **öffentl.-rechtl. Dienstverhältnis** (Dienstanfänger in einem öffentl.-rechtl. Ausbildungsverhältnis, Beamte, Richter und Soldaten[11]). Ein solches wird kraft Verwaltungsakt begründet. Privatrechtl. Ausbildungsverhältnisse unterfallen hingegen dem BBiG.

Grund für diese Regelung sind die besonderen Rechtsbeziehungen im öffentl. Dienst, die Ausrichtung auf die Wahrnehmung hoheitl. Aufgaben und die umfassenden Regelungen der Ausbildung und Fortbildung im Dienstrecht der Beamten.

---

1 *Opolony*, BB 2005, 1051. || 2 *Taubert*, NZA 2005, 504. || 3 *Dorn/Nackmayr*, S. 11; *Stück*, NZA 2005, 1393. || 4 *Natzel*, DB 2005, 610. || 5 *Stück*, NZA 2005, 1395. || 6 *Wohlgemuth*, AuR 2005, 241. || 7 *Gedon/Hurlebaus*, § 3 Rz. 7 ff. || 8 BVerwG 28.1.1974 – VII B 14/73, EzB Nr. 1 zu Art. 74 GG. || 9 Hierzu *Taubert*, NZA 2005, 504; zum Begriff der Fachhochschule LAG BW 15.2.2007 – 3 Sa 46/06, AuA 2007, 304. || 10 *Koch-Rust/Rosentreter*, NJW 2009, 3005 ff. || 11 *Leinemann/Taubert*, § 3 Rz. 11 ff.

Das BBiG gilt ferner nicht für die Berufsbildung auf **Kauffahrteischiffen (Nr. 3)**[1], wohl aber auf Schiffen der kleinen Hochsee- oder Küstenfischerei, da die dort anzutreffenden Verhältnisse denen an Land eher vergleichbar sind als denen auf hoher See[2]. Es gilt das Seemannsrecht[3]. 4

III. **Berufe der Handwerksordnung (Abs. 3).** Das BBiG verfolgt das Ziel, im Interesse der Rechtsklarheit und Transparenz Regelungen zur Berufsbildung in Handwerksberufen, die der HwO zugewiesen sind, von den Regelungen zur in anderen Berufsbereichen durchgeführten Berufsbildung klar zu trennen. Aus diesem Grunde stellt Abs. 3 klar, dass die dort genannten Vorschriften des BBiG für die Berufsbildung in Berufen der HwO nicht gelten. Insoweit greifen vielmehr die Regelungen der HwO. 5

Teil 2. Berufsbildung

Kapitel 1. Berufsausbildung

Abschnitt 1. Ordnung der Berufsausbildung; Anerkennung von Ausbildungsberufen

4 *Anerkennung von Ausbildungsberufen*
(1) Als Grundlage für eine geordnete und einheitliche Berufsausbildung kann das Bundesministerium für Wirtschaft und Technologie oder das sonst zuständige Fachministerium im Einvernehmen mit dem Bundesministerium für Bildung und Forschung durch Rechtsverordnung, die nicht der Zustimmung des Bundesrates bedarf, Ausbildungsberufe staatlich anerkennen und hierfür Ausbildungsordnungen nach § 5 erlassen.
(2) Für einen anerkannten Ausbildungsberuf darf nur nach der Ausbildungsordnung ausgebildet werden.
(3) In anderen als anerkannten Ausbildungsberufen dürfen Jugendliche unter 18 Jahren nicht ausgebildet werden, soweit die Berufsausbildung nicht auf den Besuch weiterführender Bildungsgänge vorbereitet.
(4) Wird die Ausbildungsordnung eines Ausbildungsberufes aufgehoben, so gelten für bestehende Berufsausbildungsverhältnisse die bisherigen Vorschriften.
(5) Das zuständige Fachministerium informiert die Länder frühzeitig über Neuordnungskonzepte und bezieht sie in die Abstimmung ein.

I. **Staatliche Anerkennung von Ausbildungsberufen und Erlass von Ausbildungsordnungen (Abs. 1).** 1
Nach Abs. 1 können durch RechtsVO Ausbildungsberufe staatl. anerkannt bzw. aufgehoben sowie Ausbildungsordnungen erlassen werden. Für die staatl. Anerkennung ist eine nähere Ausgestaltung der Bezeichnung, der Ausbildungsdauer, des Ausbildungsberufsbildes und der Prüfungsanforderungen erforderlich. Der in diesem Verständnis vorgegebene Ermächtigungsrahmen wird durch § 5 präzisiert. Die RechtsVO sind zur Ordnung der Berufsausbildung notwendig, da nach Abs. 2 für einen anerkannten Ausbildungsberuf nur nach der Ausbildungsordnung ausgebildet werden darf (vgl. Rz. 3). Die **vor Inkrafttreten des BBiG** anerkannten Ausbildungsberufe gelten als solche iSd. Abs. 1 (§ 104 I)[4].

Die anerkannten Ausbildungsberufe werden vom BIBB in einem Verzeichnis geführt und jährlich veröffentlicht (§ 90 III Nr. 3). 2

II. **Ausbildung nach der Ausbildungsordnung (Abs. 2, 3).** § 4 verfolgt das Ziel, unter bildungs-, wirtschaftspolitischen und sozialen Gesichtspunkten insb. jugendlichen Auszubildenden die Gewähr dafür zu geben, dass die Berufsausbildung den Erfordernissen berufl. Anpassungsfähigkeit und Durchlässigkeit genügt[5]. Die Vorschrift legt fest, dass **für einen anerkannten Ausbildungsberuf nur nach der Ausbildungsordnung** (§ 5) **ausgebildet werden darf** (vgl. das Verzeichnis der anerkannten Ausbildungsberufe oben Rz. 2). Zudem darf die Ausbildung in einem anerkannten Ausbildungsberuf nur in einem Berufsausbildungsverhältnis erfolgen. Der Abschluss eines „Anlernvertrages" ist nach § 4 II BBiG iVm. § 134 BGB nichtig[6]. Diese Regelung gilt sowohl für minderjährige als auch für volljährige Auszubildende[7]. Wird im Anschluss an eine erste eine **zweite Berufsausbildung** absolviert (vgl. § 1 Rz. 3), gilt der Ausschließlichkeitsgrundsatz auch für diese[8]. Die Vorschrift gilt nicht für Umschulungsverhältnisse[9]. 3

Zudem dürfen **Jugendliche** (§ 2 II JArbSchG) grds. nur in anerkannten Ausbildungsberufen (Rz. 1) ausgebildet werden, es sei denn, die Berufsausbildung bereitet nach **Abs. 3** auf den Besuch weiterführender Bildungsgänge vor (Bsp.: Praktika vor dem Besuch einer Fachschule)[10]. Berufsausbildungsverträge, welche dieser Regelung widersprechen, sind nach § 134 BGB **nichtig**[11]. Bei Nichtigkeit entsteht 4

---

1 Zum Begriff *Benecke* in Benecke/Hergenröder, § 3 Rz. 8. || 2 BT-Drs. V/4260, 5 zu § 2 BBiG. || 3 ErfK/*Schlachter*, § 3 BBiG Rz. 2. || 4 *Gedon/Hurlebaus*, § 104 Rz. 2. || 5 BT-Drs. V/4260 zu § 28. || 6 BAG 27.7.2010 – 3 AZR 317/08, BB 2011, 572. || 7 *Benecke* in Benecke/Hergenröder, § 4 Rz. 11. || 8 *Gedon/Hurlebaus*, § 4 Rz. 13. || 9 *Natzel*, Berufsbildungsrecht, S. 352; *Gedon/Hurlebaus*, § 4 Rz. 14. || 10 *Lakies*, AR-Blattei SD 300 Rz. 128. || 11 LAG Schl.-Holst. 26.3.1981 – 3 Sa 33/81, EzB § 28 BBiG Nr. 5.

ein faktisches Arbeits- (nicht Ausbildungs-)verhältnis[1]. **Volljährige Personen** können hingegen in anderen als anerkannten Ausbildungsberufen eine Ausbildung absolvieren[2]. Die **Beschäftigung Jugendlicher** in nicht anerkannten Berufen ist jedoch zulässig[3].

5   III. **Aufhebung der Anerkennung eines Ausbildungsberufes (Abs. 4).** Wird die Anerkennung eines Ausbildungsberufes aufgehoben[4], kann der Auszubildende das Ausbildungsverhältnis kündigen (§ 22 II Nr. 2)[5]. Anstelle einer Kündigung kann er nach Abs. 4 das begonnene Ausbildungsverhältnis nach den bisherigen Vorschriften fortsetzen. Die Vorschrift ist in Zusammenhang mit § 5 II Nr. 3 zu sehen (vgl. § 5 Rz. 9). Entscheidet sich der Auszubildende für eine neue, tätigkeitsverwandte Ausbildung, ist die bereits zurückgelegte Ausbildungszeit zwingend anzurechnen[6].

6   IV. **Information der Länder über Neuordnungskonzepte (Abs. 5).** Nach Abs. 5 informiert das zuständige Fachministerium die Länder frühzeitig über Neuordnungskonzepte und bezieht sie in die Abstimmung ein. Diese Regelung soll es ermöglichen, dass sich die Länder – nach Abschaffung des Länderausschusses beim BIBB[7] – künftig leichter auf gesetzl. Neuregelungen einstellen können[8]. Zudem soll die Vorschrift die Gestaltungsmöglichkeiten der Länder rechtl. sichern[9].

5 Ausbildungsordnung

(1) Die Ausbildungsordnung hat festzulegen
1. die Bezeichnung des Ausbildungsberufes, der anerkannt wird,
2. die Ausbildungsdauer; sie soll nicht mehr als drei und nicht weniger als zwei Jahre betragen,
3. die beruflichen Fertigkeiten, Kenntnisse und Fähigkeiten, die mindestens Gegenstand der Berufsausbildung sind (Ausbildungsberufsbild),
4. eine Anleitung zur sachlichen und zeitlichen Gliederung der Vermittlung der beruflichen Fertigkeiten, Kenntnisse und Fähigkeiten (Ausbildungsrahmenplan),
5. die Prüfungsanforderungen.

(2) Die Ausbildungsordnung kann vorsehen,
1. dass die Berufsausbildung in sachlich und zeitlich besonders gegliederten, aufeinander aufbauenden Stufen erfolgt; nach den einzelnen Stufen soll ein Ausbildungsabschluss vorgesehen werden, der sowohl zu einer qualifizierten beruflichen Tätigkeit im Sinne des § 1 Abs. 3 befähigt als auch die Fortsetzung der Berufsausbildung in weiteren Stufen ermöglicht (Stufenausbildung),
2. dass die Abschlussprüfung in zwei zeitlich auseinander fallenden Teilen durchgeführt wird,
3. dass abweichend von § 4 Abs. 4 die Berufsausbildung in diesem Ausbildungsberuf unter Anrechnung der bereits zurückgelegten Ausbildungszeit fortgesetzt werden kann, wenn die Vertragsparteien dies vereinbaren,
4. dass auf die durch die Ausbildungsordnung geregelte Berufsausbildung eine andere, einschlägige Berufsausbildung unter Berücksichtigung der hierbei erworbenen beruflichen Fertigkeiten, Kenntnisse und Fähigkeiten angerechnet werden kann,
5. dass über das in Absatz 1 Nr. 3 beschriebene Ausbildungsberufsbild hinaus zusätzliche berufliche Fertigkeiten, Kenntnisse und Fähigkeiten vermittelt werden können, die die berufliche Handlungsfähigkeit ergänzen oder erweitern,
6. dass Teile der Berufsausbildung in geeigneten Einrichtungen außerhalb der Ausbildungsstätte durchgeführt werden, wenn und soweit es die Berufsausbildung erfordert (überbetriebliche Berufsausbildung),
7. dass Auszubildende einen schriftlichen Ausbildungsnachweis zu führen haben.

Im Rahmen der Ordnungsverfahren soll stets geprüft werden, ob Regelungen nach Nummer 1, 2 und 4 sinnvoll und möglich sind.

1   I. **Mindestinhalt der Ausbildungsordnung (Abs. 1).** Abs. 1 legt den Mindestinhalt von Ausbildungsordnungen fest, die auf der Grundlage des § 4 zu erlassen sind. Nach **Nr. 1** ist die **Berufsbezeichnung** festzulegen, die den tatsächlichen Berufsinhalt kurz und knapp wiedergeben soll. Eine Änderung ist durch RechtsVO möglich[10]. Im Falle einer **Stufenausbildung** (vgl. unten Rz. 7) sollte jede Stufe unterschiedlich bezeichnet werden. Die jeweilige Berufsbezeichnung soll den Stand des Ausbildungsniveaus erkennen lassen[11]. Aus der staatl. Anerkennung eines Ausbildungsberufs folgt nicht zwangsläufig, dass die entsprechende Berufsbezeichnung schon allein mit Rücksicht darauf geschützt ist[12].

---

1 *Gedon/Hurlebaus*, § 4 Rz. 15a, 23. ||2 *Gedon/Hurlebaus*, § 4 Rz. 18. ||3 ErfK/*Schlachter*, § 4 BBiG Rz. 1 mwN. ||4 Vgl. hierzu die 5. VO über die Aufhebung der Anerkennung von Ausbildungsberufen v. 14.2.2011, BGBl. I S. 264 (Nr. 7). ||5 *Wohlgemuth* in Wohlgemuth, § 4 Rz. 13. ||6 *Gedon/Hurlebaus*, § 4 Rz. 25. ||7 Hierzu *Wohlgemuth*, AuR 2005, 242. ||8 *Taubert*, NZA 2005, 504. ||9 *Dorn/Nackmayr*, S. 15. ||10 *Gedon/Hurlebaus*, § 5 Rz. 6. ||11 *Leinemann/Taubert*, § 5 Rz. 5. ||12 ErfK/*Schlachter*, § 5 BBiG Rz. 1 mwN; VG Freiburg 31.5.1983 – 5 K 140/82, EzB Art. 14 GG Nr. 6.

Nach **Nr. 2** ist die **Ausbildungsdauer** festzulegen. Die Bestimmung ist eine **Sollvorschrift**. Maßgebend für die anzusetzende Dauer ist die Zeit, in welcher ein durchschnittlich begabter Hauptschulabgänger in einem durchschnittlich geeigneten Betrieb das Ausbildungsziel mit entsprechenden Berufserfahrungen bei Vollzeitausbildung erreichen kann[1]. Die Ausbildungsdauer beträgt **überwiegend drei Jahre** und soll eine qualifizierte Berufsausbildung gewährleisten[2]. §§ 7, 8 finden Anwendung.

Das **Ausbildungsberufsbild (Nr. 3)** muss alle Fertigkeiten und Kenntnisse angeben, die Gegenstand der Berufsausbildung sind, und diese konkretisieren, zusammenfassen und allgemein verständlich aufführen[3]. Der Begriff dient der Abgrenzung von Berufsbildern, welche auf die Ausübung einer Erwachsenentätigkeit ausgerichtet sind[4].

Nach **Nr. 4** muss die Ausbildungsordnung eine Anleitung zur sachlichen und zeitlichen Gliederung der Fertigkeiten und Kenntnisse enthalten, den sog. **Ausbildungsrahmenplan**, auf dessen Grundlage die Ausbildungsstätte den betriebl. Ausbildungsplan erstellen kann[5]. Der Ausbildungsrahmenplan hat lediglich Richtliniencharakter ohne öffentl.- oder privatrechtl. Verpflichtung zur Einhaltung durch den Ausbildenden[6].

Nach **Nr. 5** sind die **Prüfungsanforderungen** in die Ausbildungsordnung aufzunehmen, um das Niveau und den Umfang der Zwischen- und Abschlussprüfungen bundeseinheitlich zu gewährleisten[7]. Um der nach § 47 zu erlassenden Prüfungsordnung nicht vorzugreifen, dürfen die nach Nr. 5 festzulegenden Prüfungsanforderungen nur grundsätzlicher Art sein[8]. Der Hauptausschuss des BIBB hat am 13.12. 2006 eine „**Empfehlung für die Vereinheitlichung der Prüfungsanforderungen in Ausbildungsordnungen**" beschlossen[9].

II. Möglicher weiterer Inhalt der Ausbildungsordnung (Abs. 2). Abs. 2 S. 1 zählt mögliche weitere Inhalte der Ausbildungsordnung abschließend auf. Hierbei ist nach S. 2 im Rahmen der Ordnungsverfahren zu prüfen, ob die Regelungen nach Nrn. 1, 2 und 4 sinnvoll und möglich sind.

Nr. 1 stellt klar, dass jede Stufe mit einem Abschluss enden soll, der zu einer qualifizierten berufl. Tätigkeit befähigt[10]. Zugleich wird die **Stufenausbildung** durch ihre Integration in § 5 als Regelfall der geordneten Berufsbildung anerkannt[11]. Sie soll der Forderung nach einer breiten Grundausbildung und der damit zusammenhängenden größeren berufl. Anpassungsfähigkeit und Mobilität, den Begabungen des Auszubildenden sowie dem Bedarf der Wirtschaft an qualifizierten Fachkräften besser gerecht werden[12]. Der Berufsausbildungsvertrag muss sich auf alle Stufen beziehen und nach § 21 I 2 direkt über beide Stufen abgeschlossen werden[13]. Die Vereinbarung einer **Probezeit** ist nur für die erste Stufe zulässig[14]. Wird mit der hM der Berufsausbildungsvertrag über sämtliche Stufen geschlossen, stellt sich dieses Problem nicht. Eine **Mindestanzahl von Stufen** ist gesetzl. nicht vorgeschrieben. Nach Abs. 2 S. 1 Nr. 1 Hs. 2 soll nach den einzelnen Stufen ein Ausbildungsabschluss vorgesehen werden. Ungeklärt ist, in welcher Form dieser zu erfolgen hat[15]. Der VO-Geber hat bis heute keine VO iSv. Nr. 1 erlassen[16].

Nr. 2 eröffnet ausdrücklich die Möglichkeit, die Abschlussprüfung in zwei zeitlich auseinander fallenden Teilen durchzuführen (sog. **gestreckte Abschlussprüfung**). Der erste Teil der Abschlussprüfung ersetzt die frühere Zwischenprüfung. Er ist nicht eigenständig wiederholbar (§ 37 I 3). Sofern dieses Modell genutzt wird, müssen entsprechende Regelungen (zB Zeitpunkt des ersten Teils der Abschlussprüfung, Ausbildungsinhalte zu diesem Zeitpunkt, Gewichtung der Teilprüfungen) in der Ausbildungsordnung erfolgen[17]. Bisher ist eine gestreckte Abschlussprüfung zB für Metall-, elektro- und kraftfahrzeugtechnische Berufe[18] bzw. die Ausbildung zum Mechatroniker vorgesehen[19]. Die Gewichtung der beiden Teile der Abschlussprüfung liegt bei rund 40 % zu 60 % bzw. 35 % zu 65 %.

Nr. 3 enthält eine Ausnahmeregelung zu § 4 IV (vgl. § 4 Rz. 5). Danach kann der VO-Geber festlegen, dass im Falle der Aufhebung der alten Ausbildungsordnung die neue der Berufsausbildung zugrunde gelegt wird. Voraussetzung ist eine entsprechende Vereinbarung der Parteien. Wird eine solche getroffen, ist die auf der Grundlage der bisherigen Ausbildungsordnung absolvierte Ausbildungszeit zwingend anzurechnen[20].

Nach **Nr. 4** kann die Ausbildungsordnung vorsehen, dass eine andere einschlägige Berufsausbildung angerechnet werden kann[21]. Voraussetzung hierfür ist, dass der Auszubildende bereits eine solche erfolgreich durchlaufen und dabei berufl. Fertigkeiten, Kenntnisse und Fähigkeiten erworben hat[22].

---

1 *Gedon/Hurlebaus*, § 5 Rz. 9. ||2 *Malottke* in Lakies/Malottke, § 5 Rz. 7. ||3 *Gedon/Hurlebaus*, § 5 Rz. 10. ||4 Ausschussbericht BT-Drs. V/4260 zu § 25. ||5 Ausschussbericht BT-Drs. V/4260 zu § 25. ||6 *Natzel*, Berufsbildungsrecht, S. 349. ||7 *Gedon/Hurlebaus*, § 5 Rz. 16. ||8 *Leinemann/Taubert*, § 5 Rz. 16. ||9 Abgedr. bei *Leinemann/Taubert* im Anh. Nr. 3 zu § 5. ||10 *Taubert*, NZA 2005, 504. ||11 *Taubert*, NZA 2005, 504. ||12 BT-Drs. V/4260 zu § 26. ||13 *Lakies*, AR-Blattei SD 400 Nr. 138; str., zum Meinungsstand *Leinemann/Taubert*, § 5 Rz. 38 mwN. ||14 BAG 27.11.1991 – 2 AZR 263/91, NZA 1992, 506. ||15 *Malottke* in Lakies/Malottke, § 5 Rz. 19. ||16 *Gedon/Hurlebaus*, § 5 Rz. 26. ||17 *Dorn/Nackmayr*, S. 20. ||18 *Hergenröder* in Benecke/Hergenröder, § 5 Rz. 23 f. ||19 Eine ausführliche Zusammenstellung der erlassenen Verordnungen findet sich bei *Gedon/Hurlebaus*, § 5 Rz. 29a. ||20 BT-Drs. 15/3980, 44. ||21 *Wohlgemuth*, AuR 2005, 242. ||22 So zB *Leinemann/Taubert*, § 5 Rz. 51; aA ErfK/*Schlachter*, § 5 BBiG Rz. 3.

11 In der Ausbildungsordnung kann nach **Nr. 5** festgelegt werden, dass dem Auszubildenden zusätzliche, über das Ausbildungsberufsbild hinausgehende berufl. Kenntnisse und Fertigkeiten vermittelt werden. Gedacht ist zB an zusätzl. Wahlbausteine der Ausbildungsordnung bzw. an Teile anderer Ausbildungsordnungen[1]. Durch diese erweiterte berufl. Handlungsfähigkeit soll eine breitere Verwendung auf dem Arbeitsmarkt erreicht werden. Die **Zusatzqualifikationen** müssen nach § 49 gesondert geprüft und bescheinigt werden. Nach §§ 49 II, 37 IV ist die Prüfung für Auszubildende kostenfrei. Die Gebührenordnung der zuständigen Stelle kann regeln, welche Gebühren von Ausbildenden zu tragen sind[2]. Nach § 49 I 2 bleibt das Ergebnis der Prüfung nach § 37 unberührt. Auszubildende können damit das Ergebnis ihrer Abschlussprüfung durch ein schlechtes Abschneiden bei der Prüfung der Zusatzqualifikationen nicht verschlechtern.

12 **Nr. 6** eröffnet die Möglichkeit der **Berufsausbildung außerhalb der Ausbildungsstätte**. Sieht eine Ausbildungsordnung Ausbildungsmaßnahmen außerhalb der Ausbildungsstätte vor, ist diese Regelung **zwingend**[3], sofern es sich nicht um eine bloße Empfehlung handelt. Die vorgesehene Ausbildung außerhalb der Ausbildungsstätte ist in die Vertragsniederschrift (§ 11 I 2 Nr. 3) aufzunehmen. Sie ist nur **ausbildungsergänzend**. Für die Dauer der externen Ausbildung ist der Auszubildende unter Fortzahlung der Vergütung freizustellen (§§ 15, 19 I Nr. 1).

13 **Erforderlich** ist eine externe Berufsausbildung immer dann, wenn in Ausbildungsbetrieben ein Defizit an Ausbildungsmöglichkeiten gegeben ist[4]. **Überbetriebliche Ausbildungsstätten** können Ausbildungseinrichtungen eines anderen Betriebes, überbetriebliche Einrichtungen mehrerer Betriebe bzw. außerbetriebliche Bildungseinrichtungen von Innungen, Kammern oder auch Wirtschaftsorganisationen (ArbGebVerbände, Gewerkschaften) sein[5]. Die überbetriebliche Ausbildung ist nicht zu verwechseln mit der außerbetrieblichen Ausbildung nach § 2 I Nr. 3, die in sonstigen Berufsbildungseinrichtungen außerhalb der schulischen und betrieblichen Berufsbildung durchgeführt wird. Der Hauptausschuss des BIBB hat am 28.6.2002 eine **Empfehlung für die Gestaltung und Durchführung von Ausbildungsmaßnahmen in überbetrieblichen Berufsbildungsstätten** beschlossen[6]. Die **Kosten außerbetrieblicher Ausbildungsmaßnahmen** sind vom Ausbildenden zu tragen, sofern erst durch diese die volle Erfüllung der Ausbildungspflicht gewährleistet ist[7].

14 **Nr. 7** stellt klar, dass der Auszubildende einen schriftl. Ausbildungsnachweis zu führen hat. Diese Pflicht erfüllt er zB durch das Führen des früher üblichen Berichtsheftes, was aber nicht zwingend ist[8]. Vgl. hierzu im Einzelnen § 14 Rz. 10 f.

6 *Erprobung neuer Ausbildungsberufe, Ausbildungs- und Prüfungsformen*
Zur Entwicklung und Erprobung neuer Ausbildungsberufe sowie Ausbildungs- und Prüfungsformen kann das Bundesministerium für Wirtschaft und Technologie oder das sonst zuständige Fachministerium im Einvernehmen mit dem Bundesministerium für Bildung und Forschung nach Anhörung des Hauptausschusses des Bundesinstituts für Berufsbildung durch Rechtsverordnung, die nicht der Zustimmung des Bundesrates bedarf, Ausnahmen von § 4 Abs. 2 und 3 sowie den §§ 5, 37 und 48 zulassen, die auch auf eine bestimmte Art und Zahl von Ausbildungsstätten beschränkt werden können.

1 § 6 sieht vor, dass zur Entwicklung und Erprobung neuer Ausbildungsformen und -berufe durch RechtsVO Ausnahmen von § 4 II, III sowie den §§ 5, 37, 48 zugelassen werden können[9]. Diese **ErprobungsVO** müssen sich nicht auf Ausnahmen vom Ausschließlichkeitsgrundsatz beschränken[10]. Sie können auch auf neue Prüfungsformen erweitert werden[11]. Dadurch besteht die Möglichkeit, Prüfungen als wesentliches Qualitätsinstrument der Berufsausbildung effizient zu gestalten[12]. Die Ausnahmen sind in einer RechtsVO und nicht per Verwaltungsakt festzulegen, da sie für eine unbestimmte Anzahl von Berufsausbildungsverhältnissen bundeseinheitlich zugelassen werden sollen[13]. Das Verfahren zum Erlass der ErprobungsVO ist in § 6 geregelt. Die VO kann vorsehen, dass die Ausnahmeregelungen auf eine bestimmte Art und Zahl von Ausbildungsstätten beschränkt sind[14]. So wurde auf Grund der VO-Ermächtigung zB die VO über die Entwicklung und Erprobung des Ausbildungsberufes Bestattungskraft v. 3.7.2003[15] erlassen.

7 *Anrechnung beruflicher Vorbildung auf die Ausbildungszeit*
(1) Die Landesregierungen können nach Anhörung des Landesausschusses für Berufsbildung durch Rechtsverordnung bestimmen, dass der Besuch eines Bildungsganges berufsbildender Schulen oder die Berufsausbildung in einer sonstigen Einrichtung ganz oder teilweise auf die Ausbildungszeit

---

1 *Wohlgemuth*, AuR 2005, 242. ||2 *Hergenröder* in Benecke/Hergenröder, § 37 Rz. 23. ||3 *Hergenröder* in Benecke/Hergenröder, § 5 Rz. 35. ||4 *Gedon/Hurlebaus*, § 5 Rz. 39. ||5 *Gedon/Hurlebaus*, § 5 Rz. 45. ||6 BAnz. 137/2002, als Auszug abgedruckt bei *Gedon/Hurlebaus*, § 5 Rz. 61 f. ||7 *Hergenröder* in Benecke/Hergenröder, § 5 Rz. 37; BAG 29.6.1988 – 5 AZR 450/87, EzB § 5 BBiG Nr. 27. ||8 *Taubert*, NZA 2005, 505. ||9 Hierzu im Einzelnen *Gedon/Hurlebaus*, § 6 Rz. 1 ff. ||10 BT-Drs. 15/3980, 45. ||11 BT-Drs. 15/3980, 45. ||12 *Dorn/Nackmayr*, S. 18. ||13 *Gedon/Hurlebaus*, § 6 Rz. 7. ||14 *Gedon/Hurlebaus*, § 6 Rz. 11 f. ||15 BGBl. I S. 1264.

angerechnet wird. Die Ermächtigung kann durch Rechtsverordnung auf oberste Landesbehörden weiter übertragen werden.

(2) Die Anrechnung nach Absatz 1 bedarf des gemeinsamen Antrags der Auszubildenden und Ausbildenden. Der Antrag ist an die zuständige Stelle zu richten. Er kann sich auf Teile des höchstzulässigen Anrechnungszeitraums beschränken.

I. Anrechnung vorberuflicher Vorbildungszeiten durch Rechtsverordnung. Nach Abs. 1 ist die Anrechnung berufl. Vorbildungszeiten Sache der Länder. Diese – bzw. im Fall der möglichen Kompetenzübertragung die jeweilige oberste Landesbehörde (Abs. 1 S. 2) – können nach Anhörung des Landesausschusses für Berufsbildung entscheiden, ob und in welchem zeitlichen Umfang Bildungsabschnitte an berufsbildenden Schulen (idR Berufsfachschulen) oder einer sonstigen Berufsbildungseinrichtung auf eine sich anschließende betriebl. Erstausbildung angerechnet werden[1]. Nach dem Willen des Gesetzgebers soll eine Anrechnungsmöglichkeit idR nur dann in Betracht gezogen werden, wenn die Bildungsangebote nach ihrer inhaltl. und zeitl. Struktur der Ausbildungsordnung eines anerkannten Ausbildungsberufs entsprechen[2]. Die Anrechnung setzt ein bestehendes Berufsausbildungsverhältnis voraus, welches sich um die Zeit der Anrechnung verkürzt. Eine Zusammenstellung der von den Landesregierungen erlassenen AnrechnungsVO findet sich bei *Gedon/Hurlebaus*, § 7 Rz. 11. So sieht bspw. die Berufskolleganrechnungs- und Zulassungsverordnung (BKAZVO) des Landes Nordrhein-Westfalen v. 16.5.2006[3] Anrechnungszeiträume von sechs bis achtzehn Monaten vor[4]. 1

II. Antragstellung. Abs. 2 ist nach Art. 8 Abs. 4 BerufsbildungsreformG am 1.8.2009 in Kraft getreten. Er legt zwingend fest, dass die Anrechnung eines **gemeinsamen Antrages** der Auszubildenden und Ausbildenden bedarf. Dies ist nach der Vorstellung des Gesetzgebers notwendig, da durch die Anrechnung eine Verkürzung der betriebl. Ausbildungszeit erfolgt und damit rechtsgestaltend in die jeweilige Vertragsbeziehungen eingegriffen wird[5]. Der Antrag ist an die zuständige Stelle (§§ 71 ff.) zu richten. Diese hat zu prüfen, ob die Voraussetzungen für eine Anrechnung auf der Grundlage der einschlägigen AnrechnungsVO gegeben sind. Sie ist bei der Eintragung des Ausbildungsverhältnisses in das Verzeichnis der Berufsausbildungsverhältnisse (§ 34) und bei der Prüfungszulassung (§ 43) in ihrem Ermessens- und Beurteilungsspielraum beschränkt, da die Anrechnung unmittelbar durch rechtsgestaltenden Akt der Vertragsparteien herbeigeführt wird[6]. 2

III. Umfang der Anrechnung. Die nach Abs. 1 zu erlassende RechtsVO kann vorsehen, dass eine Anrechnung ganz oder teilweise erfolgt. Abs. 2 S. 3 erlaubt den Vertragsparteien zudem eine flexible Gestaltung des Ausbildungsvertrages, da sie ihren Antrag auf Teile des höchstzulässigen Anrechnungszeitraums beschränken können. Diese Regelung ermöglicht den Vertragsparteien weit gehende Flexibilität bei der Gestaltung ihrer Vertragsverhältnisse. Nach dem Willen des Gesetzgebers soll eine mögliche Anrechnung regelmäßig einen Umfang von bis zu zwei Jahren nicht überschreiten[7]. Die zuständige Stelle hat zu prüfen, ob die Voraussetzungen für eine Anrechnung auf der Grundlage der einschlägigen AnrechnungsVO gegeben sind. Sie ist bei der Eintragung des Ausbildungsverhältnisses in das Verzeichnis der Berufsausbildungsverhältnisse (§ 34) und bei der Prüfungszulassung (§ 43) in ihrem Ermessens- und Beurteilungsspielraum beschränkt, da die Anrechnung unmittelbar durch rechtsgestaltenden Akt der Vertragsparteien herbeigeführt wird[8]. **Vergütungsmäßig** wird die angerechnete Zeit der berufl. Vorbildung als verbrachte Ausbildungszeit gewertet mit der Folge, dass Auszubildende zB bei der Anrechnung von einem Jahr berufl. Vorbildung sogleich die Ausbildungsvergütung für das zweite Ausbildungsjahr erhalten[9]. 3

8 *Abkürzung und Verlängerung der Ausbildungszeit*
(1) Auf gemeinsamen Antrag der Auszubildenden und Ausbildenden hat die zuständige Stelle die Ausbildungszeit zu kürzen, wenn zu erwarten ist, dass das Ausbildungsziel in der gekürzten Zeit erreicht wird. Bei berechtigtem Interesse kann sich der Antrag auch auf die Verkürzung der täglichen oder wöchentlichen Ausbildungszeit richten (Teilzeitberufsausbildung).

(2) In Ausnahmefällen kann die zuständige Stelle auf Antrag Auszubildender die Ausbildungszeit verlängern, wenn die Verlängerung erforderlich ist, um das Ausbildungsziel zu erreichen. Vor der Entscheidung nach Satz 1 sind die Ausbildenden zu hören.

(3) Für die Entscheidung über die Verkürzung oder Verlängerung der Ausbildungszeit kann der Hauptausschuss des Bundesinstituts für Berufsbildung Richtlinien erlassen.

I. Verkürzung der Ausbildungszeit (Abs. 1). Die Verkürzung der Ausbildungszeit kann von beiden Parteien bei der zuständigen Stelle gemeinsam[10] beantragt werden. Der Antrag sollte aus Beweisgründen **schriftlich** gestellt werden. Eine Erklärung des Betriebes sowie der Berufsschule ist beizufügen[11]. 1

---

1 *Taubert*, NZA 2005, 505. ‖ 2 BT-Drs. 15/3980, 45. ‖ 3 GV 2006 S. 217. ‖ 4 Vgl. im Einzelnen *Hergenröder* in Benecke/Hergenröder, § 7 Rz. 10. ‖ 5 BT-Drs. 15/3980, 45. ‖ 6 BT-Drs. 15/3980, 45. ‖ 7 BT-Drs. 15/3980, 45. ‖ 8 BT-Drs. 15/3980, 45. ‖ 9 BAG 22.9.1982 – 4 AZR 719/79, BB 1983, 836. ‖ 10 *Opolony*, BB 2005, 1052. ‖ 11 *Natzel*, Berufsbildungsrecht, S. 162.

BBiG § 8 Rz. 2 Abkürzung und Verlängerung der Ausbildungszeit

Ein **Anspruch** auf eine Verkürzung der Ausbildungszeit ist gegeben, wenn auf Grund persönl. Voraussetzungen oder während der Ausbildung gezeigten individuellen Leistungen zu erwarten ist, dass das Ausbildungsziel in der verkürzten Zeit erreicht wird[1]. Dies wird regelmäßig angenommen, wenn die Ausbildung überdurchschnittlich gut verläuft und die Auszubildenden in der Berufsschule Noten erzielen, die nicht unter 2,5 bzw. 2,2 liegen[2]. Maßgeblich ist eine Prognose der zuständigen Stelle, die ergibt, dass der Auszubildende schon vor Ablauf der regulären Ausbildungszeit die volle berufl. Handlungsfähigkeit erlangt[3]. Bei Vorliegen dieser Voraussetzungen hat der Auszubildende einen **Anspruch auf eine Verkürzung der Ausbildungszeit**[4]. Die Verkürzung führt im Gegensatz zu der Anrechnung nach § 7 (vgl. § 7 Rz. 3) nicht zu einer Vorverlegung des Ausbildungsbeginns und damit zu einem früheren Anspruch auf eine **höhere Vergütung**[5]. Eine Verkürzung kann bei Beginn bzw. im Laufe des Ausbildungsverhältnisses beantragt werden[6]. Neben der Anrechnung von Ausbildungszeiten nach § 7 kann auch ein Antrag auf Verkürzung nach Abs. 1 gestellt werden[7]. Zudem besteht grds. die Möglichkeit, nach § 45 I die vorzeitige Zulassung zur Abschlussprüfung zu beantragen.

2 **II. Teilzeitberufsausbildung (Abs. 1 S. 2).** Nach Abs. 1 S. 2 kann sich der Antrag bei berechtigtem Interesse auch auf die Verkürzung der täglichen oder wöchentlichen Ausbildungszeit richten **(Teilzeitausbildung)**, wobei die reguläre Ausbildungsdauer erhalten bleibt. Damit wird die Teilzeitausbildung gesetzl. verankert[8]. Ein berechtigtes Interesse ist zB gegeben, wenn der Auszubildende ein eigenes Kind oder einen pflegebedürftigen Angehörigen zu betreuen hat bzw. schwerbehindert ist[9]. Dies wird auch dann zu gelten haben, wenn eine Auszubildende schwanger wird und aus gesundheitlichen Gründen nicht die volle Ausbildungszeit absolvieren kann[10]. Voraussetzung ist auch in diesem Fall, dass das Ausbildungsziel innerhalb der verkürzten Ausbildungszeit erreicht werden kann[11]. Mit dieser gesetzl. Regelung wird der Benachteiligung junger Menschen mit Kind bzw. Pflegeaufgaben entgegengewirkt. Zudem wird durch eine bessere Vereinbarkeit von Ausbildung und Familie ermöglicht, dass eine Ausbildung auch mit Familienpflichten erfolgreich durchgeführt werden kann. Nach einer Empfehlung des BIBB v. 27.6.2008 (hierzu sogleich Rz. 5) soll eine wöchentl. Mindestausbildungszeit von 25 Stunden nicht unterschritten werden. **Vergütungsmäßig** wirkt sich die Teilzeitausbildung nicht aus[12].

3 **III. Verlängerung der Ausbildungszeit (Abs. 2).** Eine Verlängerung der Ausbildungszeit kann vom Auszubildenden beantragt werden, wenn er diese Zeit benötigt, um das Ausbildungsziel zu erreichen. Der Grund kann zB eine längere Krankheit sein. Erfasst werden auch außergewöhnliche Fallgestaltungen, die auf diesem Wege einer angemessenen Regelung zugeführt werden sollen[13]. Die Verlängerung darf nicht so lang bemessen sein, dass nahezu die gesamte Ausbildung nachgeholt werden müsste[14]. Liegen **mehrere Verlängerungsgründe** vor, kann jeweils erneut ein entsprechender Antrag gestellt werden. Die Verlängerung steht im **Ermessen** der Behörde (**Kann-Vorschrift**[15]) und soll nur in **Ausnahmefällen** erfolgen. Der Auszubildende ist zuvor zu hören (Abs. 2 S. 2). **Vergütungsmäßig** wirkt sich die Verlängerung nicht aus. Der Auszubildende kann mithin keine weitere Erhöhung der Ausbildungsvergütung nach § 17 I 2 verlangen, sofern nicht Tarifverträge etwas anderes vorsehen[16]. Nach § 21 III kann unter den dort genannten Voraussetzungen eine Verlängerung des Berufsausbildungsverhältnisses verlangt werden (§ 21 Rz. 4).

4 Verletzt der Ausbildende seine Ausbildungspflicht nach § 14 I Nr. 1 (vgl. § 14 Rz. 1 ff.), wodurch eine Verlängerung der Ausbildungszeit nach Abs. 2 erforderlich wird, kann ein **Schadensersatzanspruch des Auszubildenden** bestehen[17]. Ein eventuelles **Mitverschulden** des Auszubildenden ist anzurechnen[18].

5 **IV. Erlass von Richtlinien (Abs. 3).** Der Hauptausschuss des BIBB kann für die Entscheidung über die Verkürzung oder Verlängerung der Ausbildungszeit Richtlinien erlassen, die ggü. der zuständigen Stelle Bindungswirkung entfalten[19]. Auf der Grundlage dieser Ermächtigungsnorm hat der Hauptausschuss des BIBB am 27.6.2008 eine Empfehlung zur Abkürzung bzw. Verlängerung der Ausbildungszeit/zur Teilzeitausbildung erlassen[20].

9 *Regelungsbefugnis*
Soweit Vorschriften nicht bestehen, regelt die zuständige Stelle die Durchführung der Berufsausbildung im Rahmen dieses Gesetzes.

---

1 *Taubert*, NZA 2005, 505. ||2 *Hergenröder* in Benecke/Hergenröder, § 8 Rz. 3. ||3 BT-Drs. 15/3980, 46. ||4 *Gedon/Hurlebaus*, § 8 Rz. 13; *Leinemann/Taubert*, § 29 Rz. 16. ||5 BAG 8.12.1982 – 5 AZR 474/80, NJW 1983, 1629 ff.; LAG Hamburg 23.1.1979 – 4 Sa 97/78, EzB § 29 Abs. 2 BBiG Nr. 7. ||6 *Malottke* in Lakies/Malottke, § 8 Rz. 4; VGH Hessen 18.6.1971 – II TG 50/71, EzB § 29 Abs. 2 BBiG Nr. 3. ||7 *Gedon/Hurlebaus*, § 8 Rz. 18. ||8 *Dorn/Nackmayr*, S. 12. ||9 *Opolony*, BB 2005, 1052. ||10 *Hergenröder* in Benecke/Hergenröder, § 8 Rz. 12. ||11 *Wohlgemuth*, AuR 2005, 242. ||12 Umstr., so wie hier *Hergenröder* in Benecke/Hergenröder, § 8 Rz. 15; *Hergenröder*, BWP 2008, 49 (50); *Malottke* in Lakies/Malottke, § 8 Rz. 6. ||13 BAG 30.9.1998 – 5 AZR 58/98, AP Nr. 9 zu § 14 BBiG. ||14 VG Gießen 27.5.2009 – 8 K 1726/08, EzB Nr. 8 zu § 8 Abs. 2 BBiG. ||15 *Lakies*, AR-Blattei SD 400 Rz. 375. ||16 *Malottke* in Lakies/Malottke, § 8 Rz. 112 mwN. ||17 BAG 10.6.1976 – 3 AZR 412/75, AP Nr. 2 zu § 6 BBiG. ||18 ErfK/*Schlachter*, § 8 BBiG Rz. 2 mwN. ||19 BT-Drs. 15/4752, 35. ||20 BAnz. 129/2008 v. 17.8.2008, hierzu *Hergenröder* in Benecke/Hergenröder, § 8 Rz. 17.

§ 9 trägt dem Umstand Rechnung, dass das BBiG nicht alle Fragen regeln kann, die in der Praxis bei der Durchführung der Berufsausbildung auftreten. Hier kann die nach §§ 71 ff. zuständige Stelle Regelungen treffen, allerdings nur insoweit, als **Regelungslücken im Berufsordnungsrecht** auftreten. **Das Vertragsrecht ist in den §§ 3–25 umfassend geregelt**[1]. Die Regelungsbefugnis ist allerdings auf die Berufsausbildung beschränkt. Sie greift nicht, soweit es um Fortbildungs- bzw. Umschulungsmaßnahmen geht[2]. 1

Die zuständige Stelle kann im Rahmen ihrer Regelungsbefugnis **Verwaltungsvorschriften oder -richtlinien** erlassen, im Einzelfall auch durch **Verwaltungsakt** entscheiden[3]. In diversen Vorschriften finden sich gesetzl. Ermächtigungen zum Erlass von **Rechtsnormen** durch die zuständige Stelle (vgl. zB §§ 47 I 1), zT hat das Gesetz auch eine anderweitige Zuständigkeitszuweisung vorgenommen (§§ 7, 43 II 3, 53 I, 58). Der Berufsbildungsausschuss entscheidet gem. § 79 IV, soweit statuarisches Recht in Betracht kommt[4]. 2

Ihre **Grenze** findet die Regelungsbefugnis der zuständigen Stelle dort, wo Sachverhalte in anderen Vorschriften abschließend geregelt sind. 3

Abschnitt 2. Berufsausbildungsverhältnis

Unterabschnitt 1. Begründung des Ausbildungsverhältnisses

10 *Vertrag*
(1) Wer andere Personen zur Berufsausbildung einstellt (Ausbildende), hat mit den Auszubildenden einen Berufsausbildungsvertrag zu schließen.

(2) Auf den Berufsausbildungsvertrag sind, soweit sich aus seinem Wesen und Zweck und aus diesem Gesetz nichts anderes ergibt, die für den Arbeitsvertrag geltenden Rechtsvorschriften und Rechtsgrundsätze anzuwenden.

(3) Schließen die gesetzlichen Vertreter oder Vertreterinnen mit ihrem Kind einen Berufsausbildungsvertrag, so sind sie von dem Verbot des § 181 des Bürgerlichen Gesetzbuchs befreit.

(4) Ein Mangel in der Berechtigung, Auszubildende einzustellen oder auszubilden, berührt die Wirksamkeit des Berufsausbildungsvertrages nicht.

(5) Zur Erfüllung der vertraglichen Verpflichtungen der Ausbildenden können mehrere natürliche oder juristische Personen in einem Ausbildungsverbund zusammenwirken, soweit die Verantwortlichkeit für die einzelnen Ausbildungsabschnitte sowie für die Ausbildungszeit insgesamt sichergestellt ist (Verbundausbildung).

I. Berufsausbildungsvertrag (Abs. 1). 1. Rechtsnatur des Berufsausbildungsverhältnisses. Nach Abs. 1 wird das Berufsausbildungsverhältnis durch den Abschluss eines **privatrechtl. Ausbildungsvertrages** begründet. Seine Rechtsnatur ist umstritten[5]. Richtiger Ansicht nach ist es ein durch Ausbildungsgesichtspunkte geprägtes Vertragsverhältnis mit Mischcharakter[6], welches nach Abs. 2 den für den Arbeitsvertrag geltenden Rechtsvorschriften und Rechtsgrundsätzen unterfällt. 1

Wird **im Rahmen des Strafvollzugs** zwischen dem Träger der Vollzugsanstalt und einem Strafgefangenen ein Ausbildungsvertrag geschlossen, handelt es sich nicht um ein privatrechtl., sondern um ein öffentl.-rechtl. Rechtsverhältnis[7]. 2

2. Vertragsparteien sind der Auszubildende[8] **auf der einen und der Ausbildende**[9] **auf der anderen Seite.** Das BBiG verlangt für Auszubildende – anders als für Ausbildende (§§ 28, 29) – keine besondere Eignung. Der **minderjährige Auszubildende** (vgl. Rz. 7 f.), der in seiner Geschäftsfähigkeit beschränkt ist (§ 106 BGB), ist selbst Vertragspartner und nicht sein gesetzl. Vertreter. Dieser ist auch befugt, im eigenen Namen Ansprüche des Auszubildenden aus dem Ausbildungsverhältnis gerichtlich geltend zu machen[10]. 3

Ausbildender sind der Betriebsinhaber, die vertretungsberechtigten Gesellschafter von Personengesellschaften bzw. die juristische Person[11], nicht jedoch Prokuristen und Handlungsbevollmächtigte. Der Inhaber des Ausbildungsbetriebes muss den Ausbildungsvertrag nicht selbst abschließen, sondern 4

---

1 *Gedon/Hurlebaus*, § 9 Rz. 4; diff. *Leinemann/Taubert*, § 9 Rz. 8. ‖ 2 S. jedoch §§ 54, 59, hierzu *Gedon/Hurlebaus*, § 9 Rz. 3. ‖ 3 Str., so wie hier ErfK/*Schlachter*, § 9 BBiG Rz. 1 mwN. ‖ 4 *Gedon/Hurlebaus*, § 79 Rz. 70. ‖ 5 Zum Streitstand *Benecke* in Benecke/Hergenröder, § 10 Rz. 2 mwN. ‖ 6 BAG 13.12.1972 – 4 AZR 89/72, RdA 1973, 275; *Benecke* in Benecke/Hergenröder, § 10 Rz. 2 mwN. ‖ 7 BAG 18.11.1986 – 7 AZR 311/85, AP Nr. 5 zu § 2 ArbGG; 3.10.1978 – 6 ABR 46/76, AP Nr. 18 zu § 5 BetrVG 1972; 17.8.2000 – 8 AZR 578/99, AP Nr. 7 zu § 3 BBiG. ‖ 8 Zum Begriff *Lakies*, AR-Blattei SD 400 Rz. 232 ff. ‖ 9 Hierzu *Lakies*, AR-Blattei SD 400 Rz. 228 ff. ‖ 10 LAG BW 9.4.1957 – IV Sa 103/56, AP Nr. 1 zu § 611 BGB Lehrverhältnis. ‖ 11 *Gedon/Hurlebaus*, § 10 Rz. 12.

BBiG § 10 Rz. 5 Vertrag

kann die Ausbildungspflichten ganz oder teilweise auf Dritte übertragen[1]. Dritter kann auch eine überbetriebliche Ausbildungsstätte sein, sofern diese nicht den Schulgesetzen eines Landes unterliegt[2].

5   Ausbilden kann nur, wer **persönlich und fachlich** geeignet ist (§ 28). Will er trotzdem Auszubildende einstellen, muss er einen Ausbilder bestellen (§ 14 I Nr. 2, vgl. § 14 Rz. 5 f.)[3], der dann seinerseits persönlich und fachlich geeignet sein muss[4]. Er ist vom Ausbildenden sorgfältig auszuwählen und dauernd zu beaufsichtigen[5].

6   **3. Abschluss des Ausbildungsvertrages.** Das Berufsausbildungsverhältnis wird nur durch Vertrag begründet, der mündlich, schriftl. oder durch schlüssiges Verhalten abgeschlossen werden kann. Eine **Formvorschrift** besteht nicht[6]. Wird ein Berufsausbildungsvertrag mündlich abgeschlossen, ist er spätestens vor Beginn der betriebl. Berufsausbildung schriftl. niederzulegen (§ 11 I, vgl. § 11 Rz. 1). Die Wirksamkeit ist nicht von der Niederschrift des wesentlichen Inhalts des Vertrages gem. § 11 abhängig[7]. Hieran haben weder die Nachweisrichtlinie – RL 91/533/EWG – noch das NachwG etwas geändert[8]. Der Ausbildungsvertrag verpflichtet den Ausbildenden zur Ausbildung, den Auszubildenden zum Erlernen des Ausbildungsberufes (§§ 14, 13). Für die **Aufhebung des Berufsausbildungsvertrages** gilt § 623 BGB (vgl. Abs. 2 sowie unten Rz. 12).

7   **4. Vertragsschluss mit Minderjährigen.** Wird ein Ausbildungsvertrag mit einem Minderjährigen abgeschlossen, muss der gesetzl. Vertreter in den Vertrag einwilligen (§ 107 BGB) oder diesen nachträglich genehmigen (§ 108 BGB). **§ 113 BGB** findet nach hM keine Anwendung, da bei Berufsausbildungsverhältnissen der Ausbildungszweck überwiegt[9].

8   Können sich die Eltern über die Ausbildung nicht einigen, kann das **Vormundschaftsgericht** angerufen werden[10]. Wurde für den Minderjährigen ein **Vormund** bestellt, bedarf dieser gem. § 1822 Nr. 6 BGB der Genehmigung des Vormundschaftsgerichts, sofern der Ausbildungsvertrag für längere Zeit als ein Jahr abgeschlossen wird – was regelmäßig der Fall sein wird[11]. Jugendliche Auszubildende dürfen die Ausbildung nur aufnehmen, wenn die nach § 32 I JArbSchG vorgeschriebene Erstuntersuchung durchgeführt worden ist. Die ärztliche Bescheinigung ist Eintragungsvoraussetzung (§ 35 I Nr. 3).

9   **5. Vertragsabschluss mit Ausländern.** Ob ein ausländischer Auszubildender für den Abschluss des Ausbildungsvertrages bzw. dessen Kündigung **geschäftsfähig** ist, beurteilt sich nach deutschem Recht und nicht nach den Gesetzen des Staates, dem dieser angehört[12].

10   Ausländer aus den Beitrittsstaaten benötigen eine **Arbeitserlaubnis-EU** nach § 284 SGB III[13]. Für Ausländer aus Ländern, die nicht zur EU gehören, ist nach dem seit dem 1.1.2005 geltenden Zuwanderungsgesetz eine Aufenthaltsgenehmigung erforderlich, welche auch das Recht umfasst, eine Beschäftigung aufzunehmen. Liegen diese Dokumente nicht vor, ist die Beschäftigung verboten, ein Ausbildungsvertrag kann nicht geschlossen werden[14]. Wird er ohne diese Dokumente geschlossen, ist er gleichwohl wirksam, kann jedoch gekündigt werden[15].

11   **6. Vertragsmängel.** Ausbildungsverträge können nach den allg. Bestimmungen des BGB (§§ 116 ff. BGB) **anfechtbar** oder **nichtig** sein[16]. Die Anfechtung durch einen **Minderjährigen** bedarf der Einwilligung bzw. Genehmigung des gesetzl. Vertreters. Einen Sondertatbestand der Nichtigkeit enthält § 12 (vgl. § 12 Rz. 1 ff.).

12   **II. Anwendung arbeitsvertraglicher Regelungen (Abs. 2).** Auf das Berufsausbildungsverhältnis finden die für ArbVerh geltenden Rechtsvorschriften und die von Rspr. und Lehre erarbeiteten Rechtsgrundsätze Anwendung, soweit nicht Wesen und Zweck der Berufsausbildung bzw. das BBiG entgegenstehen[17]. Damit erhält der Auszubildende **arbeitsrechtl. Schutz.** Das Berufsausbildungsverhältnis ist jedoch kein Arbeitsverhältnis iSd. Vorbeschäftigungsverbotes für eine sachgrundlose Befristung in § 14 II 2 TzBfG[18].

13   **III. Ausbildungsvertrag zwischen Eltern und Kindern (Abs. 3).** Eltern können mit ihrem minderjährigen Kind einen Berufsausbildungsvertrag im eigenen Namen als Ausbildende und als gesetzl. Vertre-

---

1 BAG 11.10.1995 – 5 AZR 258/94, AP Nr. 6 zu § 10 BBiG. ||2 ErfK/*Schlachter*, § 10 BBiG Rz. 2 mwN. ||3 Der Begriff des Ausbilders ist im BBiG nicht ausdrücklich definiert. Vgl. hierzu *Eule*, BB 1991, 2366 ff. ||4 *Natzel*, Berufsbildungsrecht, S. 142; *Sahrhage*, BB 1974, 513. ||5 BAG 11.12.1964 – 1 AZR 39/64, AP Nr. 22 zu § 611 BGB Lehrverhältnis. ||6 BAG 21.8.1997 – 5 AZR 713/96, AP Nr. 1 zu § 4 BBiG; 22.2.1972 – 2 AZR 205/71, AP Nr. 1 zu § 15 BBiG; *Lakies*, AR-Blattei SD 400 Rz. 244. ||7 BAG 22.2.1972 – 2 AZR 205/71, AP Nr. 1 zu § 15 BBiG. ||8 BAG 21.8.1997 – 5 AZR 713/96, AP Nr. 1 zu § 4 BBiG. ||9 *Benecke* in Benecke/Hergenröder, § 10 Rz. 14; *Lakies*, AR-Blattei SD 400 Rz. 241 mwN. ||10 *Natzel*, Berufsbildungsrecht, S. 145. ||11 *Lakies*, AR-Blattei SD 400 Rz. 240. ||12 MünchArbR/*Natzel*, 178 Rz. 8; *Natzel*, Berufsbildungsrecht, S. 147; aA *Benecke* in Benecke/Hergenröder, § 10 Rz. 17. ||13 *Lakies*, AR-Blattei SD 400 Rz. 234. ||14 BSG 10.10.1978 – 7/12 RAv 39/77, EzB § 3 Abs. 2 BBiG Nr. 8; BayObLG 29.7.1977 – 3 Ob OWi 123/77, BB 1977, 1402. ||15 BAG 16.12.1976 – 3 AZR 716/75, AP Nr. 4 zu § 19 AFG; *Hergenröder*, AR-Blattei SD 180 „Arbeitspapiere", Rz. 14; *Lakies*, AR-Blattei SD 400 Rz. 235; aA *Benecke* in Benecke/Hergenröder, § 10 Rz. 16, die von der Unwirksamkeit des Vertrages ausgeht. ||16 *Benecke* in Benecke/Hergenröder, § 15 Rz. 18 ff.; *Natzel*, Berufsbildungsrecht, S. 147 ff. ||17 *Taubert*, NZA 2005, 505; *Natzel*, DB 2005, 611. ||18 BAG 21.9.2011 – 7 AZR 375/10, EzB Nr. 21 zu § 10 Abs. 2 BBiG.

ter ihres auszubildenden Kindes abschließen. Sie sind in diesem Falle gem. Abs. 3 von dem Verbot des Selbstkontrahierens (§ 181 BGB) befreit. Dies gilt auch, wenn nur **ein Elternteil** den Vertrag schließt[1].

IV. Fehlende Berechtigung zur Ausbildung (Abs. 4). Nach Abs. 4 ist ein Berufsausbildungsvertrag auch dann wirksam, wenn dem Ausbildenden die Berechtigung zur Ausbildung fehlt. **Fehlt diese bereits bei Vertragsschluss,** kann der Auszubildende den Vertrag fristlos kündigen oder anfechten. Entfällt die Ausbildungsbefugnis **nach Vertragsschluss,** bleibt der Vertrag dennoch wirksam, kann aber gekündigt werden[2]. § 23 findet Anwendung. 14

Nach § 102 I Nr. 5 handelt **ordnungswidrig,** wer Auszubildende einstellt, obwohl die persönliche oder fachliche Eignung (§ 28 I, II) fehlt. 15

V. Verbundausbildung (Abs. 5). Abs. 5 sieht vor, dass im Rahmen der Ausbildung mehrere natürliche und juristische Personen in einem Ausbildungsverbund zur Erfüllung der vertragl. Pflichten des Ausbildenden zusammenwirken können. Insoweit ist eine Koordinierung der Ausbildung auf Seiten des Ausbildenden erforderlich[3]. Voraussetzung ist, dass die Verantwortlichkeit für die einzelnen Ausbildungsabschnitte sowie für die Ausbildungszeit insg. sichergestellt ist. Diese sog. Verbundausbildung ist keine eigene Ausbildungsform. Sie soll vielmehr kleinen und mittelständischen Unternehmen die Durchführung einer Berufsausbildung ermöglichen[4] und damit mehr Betriebe an der Berufsausbildung beteiligen[5]. Umstritten ist die vertragl. Gestaltung der Verbundausbildung. Teilweise wird vertreten, dass mehrere befristete Ausbildungsverträge über den jeweiligen Teilabschnitt der Ausbildung geschlossen werden können[6]. Richtiger Ansicht nach ist ein **einheitlicher Ausbildungsvertrag** abzuschließen, da nur auf diese Weise die Verantwortlichkeit für die Ausbildung im Detail und insg. sichergestellt ist. Der Verbund arbeitet dann bei der Erfüllung dieser Pflichten zusammen[7]. 16

11 Vertragsniederschrift

(1) Ausbildende haben unverzüglich nach Abschluss des Berufsausbildungsvertrages, spätestens vor Beginn der Berufsausbildung, den wesentlichen Inhalt des Vertrages gemäß Satz 2 schriftlich niederzulegen; die elektronische Form ist ausgeschlossen. In die Niederschrift sind mindestens aufzunehmen

1. Art, sachliche und zeitliche Gliederung sowie Ziel der Berufsausbildung, insbesondere die Berufstätigkeit, für die ausgebildet werden soll,
2. Beginn und Dauer der Berufsausbildung,
3. Ausbildungsmaßnahmen außerhalb der Ausbildungsstätte,
4. Dauer der regelmäßigen täglichen Ausbildungszeit,
5. Dauer der Probezeit,
6. Zahlung und Höhe der Vergütung,
7. Dauer des Urlaubs,
8. Voraussetzungen, unter denen der Berufsausbildungsvertrag gekündigt werden kann,
9. ein in allgemeiner Form gehaltener Hinweis auf die Tarifverträge, Betriebs- oder Dienstvereinbarungen, die auf das Berufsausbildungsverhältnis anzuwenden sind.

(2) Die Niederschrift ist von den Ausbildenden, den Auszubildenden und deren gesetzlichen Vertretern und Vertreterinnen zu unterzeichnen.

(3) Ausbildende haben den Auszubildenden und deren gesetzlichen Vertretern und Vertreterinnen eine Ausfertigung der unterzeichneten Niederschrift unverzüglich auszuhändigen.

(4) Bei Änderungen des Berufsausbildungsvertrages gelten die Absätze 1 bis 3 entsprechend.

I. Inhalt der Vertragsniederschrift (Abs. 1). 1. Vertragsniederschrift. Der Inhalt des Berufsausbildungsvertrages ist unverzüglich nach dessen Abschluss vom Ausbildenden auf seine Kosten[8] schriftl. niederzulegen. Die elektronische Form ist – wie im Arbeitsrecht üblich – ausgeschlossen (Abs. 1 S. 1 Hs. 2)[9]. Ein Verstoß gegen diese Vorschrift führt nicht zur **Nichtigkeit** des Vertrages[10], stellt jedoch eine **Ordnungswidrigkeit** dar (§ 102 I Nr. 1). Auch der formlos geschlossene Ausbildungsvertrag ist von Anfang an rechtl. voll wirksam. Entsteht dem Auszubildenden aus dem Fehlen der Niederschrift ein Schaden, kann der Ausbildende haftbar gemacht werden[11]. Die Berufsausbildung darf **nicht vor Fertigung der Niederschrift** begonnen werden[12]. 1

---

1 *Gedon/Hurlebaus,* § 10 Rz. 97. ||2 *Gedon/Hurlebaus,* § 10 Rz. 100. ||3 *Opolony,* BB 2005, 1051. ||4 *Taubert,* NZA 2005, 506. ||5 *Dorn/Nackmayr,* S. 13. ||6 *Hänlein,* NZA 2006, 350f.; *Opolony,* BB 2005, 1050f. ||7 So zB *Benecke* in Benecke/Hergenröder, § 10 Rz. 37 mwN. ||8 *Gedon/Hurlebaus,* § 11 Rz. 6. ||9 *Lakies,* AR-Blattei SD 400 Rz. 258; hierzu krit. *Wohlgemuth,* AuR 2005, 243. ||10 BAG 21.8.1997 – 5 AZR 713/96, AP Nr. 1 zu § 4 BBiG; 22.2.1972 – 2 AZR 205/71, AP Nr. 1 zu § 15 BBiG; MünchArbR/*Natzel,* § 178 Rz. 23. ||11 LAG Berlin 4.1.1966 – 5 Sa 96/65, BB 1966, 538. ||12 *Gedon/Hurlebaus,* § 11 Rz. 9.

2. Wesentlicher Inhalt. Abs. 1 S. 2 legt den Mindestinhalt der Vertragsniederschrift fest. Weitere Vereinbarungen sind zulässig, sofern sie nicht gegen höherrangiges Recht verstoßen[1]. Es empfiehlt sich, für die Fertigung der Niederschrift ein **Berufsausbildungsvertragsmuster** zu verwenden, welches bei der zuständigen Stelle bezogen werden kann[2]. Die Verwendung dieses Musters darf von dieser Stelle nicht als formelle Voraussetzung für die Eintragung in das Verzeichnis der Berufsausbildungsverhältnisse (§ 34) vorgeschrieben werden[3].

Art und Ziel der Berufsausbildung (Nr. 1) ergeben sich aus § 5. Die Berufstätigkeit, für die ausgebildet werden soll, ist anzugeben. Zu vermerken ist, ob es sich um eine Stufenausbildung nach § 5 II Nr. 1 oder um eine betriebl. oder außerbetriebl. Ausbildung handelt[4]. Möglich ist es, nur Teilausbildungen in einem Betrieb vorzunehmen[5]. Die **zeitliche und sachliche Gliederung** ist in einem **betriebl. Ausbildungsplan** fest zu halten, welcher die Grobplanung des Ausbildungsrahmenplans (§ 5 I Nr. 4) den betriebl. Verhältnissen anpasst.

Der **Beginn der Berufsausbildung (Nr. 2)** ist durch Angabe eines bestimmten Kalendertages anzugeben. Die **Dauer** richtet sich nach der jeweiligen Ausbildungsordnung (§ 5 I Nr. 2). Erfolgt die Ausbildung in aufeinander aufbauenden Stufen (sog. Stufenausbildung, vgl. § 5 Rz. 7), sind jeweils Beginn und Dauer der auf die einzelnen Stufen entfallenden Zeiträume anzugeben. Eine Abkürzung oder Verlängerung der Ausbildungszeit ist nur im Rahmen der §§ 7 u. 8 möglich und in die Niederschrift aufzunehmen, sofern ein entsprechender Antrag schon bei Abschluss des Ausbildungsvertrages gestellt wird[6]. Die Dauer der Berufsausbildung kann durch Vereinbarung nicht verlängert werden[7].

Nach **Nr. 3** sind **Ausbildungsmaßnahmen außerhalb der Ausbildungsstätte** (vgl. § 5 II Nr. 6) in die Niederschrift aufzunehmen. Hierunter fällt auch die Ausbildung im Verbund (§ 10 V)[8].

Die **tägliche Ausbildungszeit (Nr. 4)** ergibt sich für jugendliche Auszubildende vorrangig aus § 8 I JArbSchG, für Volljährige aus § 3 ArbZG. Sie beträgt grds. acht Stunden (vgl. aber § 3 S. 2 ArbZG) Daneben können tarifl. Regelungen bestehen. Eine **darüber hinausgehende Beschäftigung** ist besonders zu vergüten oder durch Freizeit auszugleichen (§ 17 III, vgl. § 17 Rz. 10).

Die **Dauer der Probezeit (Nr. 5)** ergibt sich aus § 20 (vgl. § 20 Rz. 3). Beginn und Ende der Probezeit sind datumsmäßig exakt festzulegen[9]. Ein Verzicht auf die Probezeit ist nicht möglich (§ 25).

Die **Höhe der Vergütung (Nr. 6)** richtet sich nach § 17. Daneben sind Angaben zur **Zahlung**, dh. ua. zum Zahlungsort und -termin zu machen (§ 18)[10].

Die **Dauer des Urlaubs (Nr. 7)** ergibt sich für minderjährige Auszubildende aus dem JArbSchG, bei Volljährigkeit greift das BUrlG. Einschlägige TV oder Ausbildungsverträge können günstigere Regelungen enthalten. Sondervorschriften sind im SGB IX, im ArbPlSchG, im ZDG sowie im BEEG enthalten.

Der Urlaub ist für die Gesamtdauer sowie für jedes Jahr der Berufsausbildung gesondert anzugeben. Ein Hinweis auf gesetzl. bzw. tarifl. Regelungen reicht nicht aus. Freistellungsansprüche (§ 15) sowie ein Anspruch auf **Bildungsurlaub** sind nicht in die Niederschrift aufzunehmen[11].

Die Voraussetzungen der **Kündigung des Berufsausbildungsverhältnisses (Nr. 8)** sind trotz umfassender Regelung in § 22 aufzuführen. Ein Hinweis auf das BBiG bzw. auf einen TV genügt nicht[12]. Die Kündigungsgründe des § 22 dürfen weder erweitert noch eingeschränkt werden[13]. Fehlen Angaben zur Kündigungsmöglichkeit, kann die Eintragung des Ausbildungsverhältnisses in das Verzeichnis der Berufsausbildungsverhältnisse abgelehnt werden (§ 35 II 1).

Nach **Nr. 9** ist zu vermerken, inwieweit **TV, BV oder DV** auf das Ausbildungsverhältnis anzuwenden sind, wobei ein in allg. Form gehaltener Hinweis genügt[14]. Verletzt der Ausbildende seine diesbezügliche Pflicht, haftet er dem Auszubildenden auf Schadensersatz[15]. Dies gilt selbst für den Fall, dass der Ausbilder den Hinweis auf einen TV unterlässt, der erst nach Beginn der Berufsausbildung infolge AVE auf das Ausbildungsverhältnis Anwendung findet[16].

II. Unterzeichnung und Aushändigung der Vertragsniederschrift (Abs. 2, 3). Die Niederschrift ist von den Parteien zu unterzeichnen. Der Auszubildende kann die **Unterschrift verweigern**, wenn und solange die Vertragsniederschrift nicht den tatsächlichen Vereinbarungen entspricht[17].

---

1 *Lakies* in Lakies/Malottke, § 11 Rz. 5; Bsp. finden sich etwa bei *Natzel*, Berufsbildungsrecht, S. 170 f. ‖ 2 Das vom Hauptausschuss des BIBB verabschiedete Ausbildungsvertragsmuster ist abgedr. bei *Gedon/Hurlebaus*, § 11 Rz. 79. ‖ 3 OVG Rh.-Pf. 10.4.1974 – 2 A 83/73, BB 1974, 788; VG Hannover 21.6.1974 – VII A 58/74, EzB § 4 BBiG Nr. 4. ‖ 4 *Lakies* in Lakies/Malottke, § 11 Rz. 12. ‖ 5 *Bodewig*, BB 1976, 983. ‖ 6 *Gedon/Hurlebaus*, § 11 Rz. 19. ‖ 7 BVerwG 8.6.1962 – VII C 78.61, AP Nr. 1 zu § 30 HandwO. ‖ 8 *Gedon/Hurlebaus*, § 11 Rz. 25. ‖ 9 *Benecke* in Benecke/Hergenröder, § 11 Rz. 14; *Gedon/Hurlebaus*, § 11 Rz. 39. ‖ 10 ErfK/*Schlachter*, § 11 BBiG Rz. 3. ‖ 11 ErfK/*Schlachter*, § 11 BBiG Rz. 3. ‖ 12 VG Kassel 30.8.1973 – IV E 218/73, EzB § 4 Nr. 2. ‖ 13 *Gedon/Hurlebaus*, § 11 Rz. 59. ‖ 14 *Lakies*, AR-Blattei SD 400 Rz. 278. ‖ 15 *Leinemann/Taubert*, § 11 Rz. 50. ‖ 16 BAG 24.10.2002 – 6 AZR 743/00, AR-Blattei ES 400 Nr. 111. ‖ 17 *Gedon/Hurlebaus*, § 11 Rz. 68; ArbG Siegen 12.10.1979 – 1 Ca 1081/79, EzB § 15 Abs. 2 Nr. 1 BBiG Nr. 45.

Eine Ausfertigung der unterzeichneten **Niederschrift** ist dem Auszubildenden und – sofern dieser 14
noch minderjährig ist – dessen gesetzl. Vertreter **auszuhändigen**. Es genügt die Aushändigung an einen
Elternteil, sofern beide gesetzl. Vertreter sind und nicht getrennt leben. Die Übergabe hat unverzüglich
(§ 121 BGB) zu erfolgen, spätestens vor Beginn der Berufsausbildung[1]. Verstößt der Ausbildende gegen
diese Regelung, handelt er ordnungswidrig (§ 102 I Nr. 1, 2) und kann sich schadensersatzpflichtig machen[2].

III. Änderung des Berufsausbildungsvertrages (Abs. 4). Für nachträgliche Änderungen gelten die 15
Abs. 1–3 entsprechend, allerdings nur für **wesentliche Änderungen** wie zB die Verlängerung oder Verkürzung der Ausbildungszeit nach § 8[3]. Ein Verstoß gegen § 11 kann als Ordnungswidrigkeit geahndet
werden (§ 102 I Nr. 1, 2).

12 Nichtige Vereinbarungen

(1) Eine Vereinbarung, die Auszubildende für die Zeit nach Beendigung des Berufsausbildungsverhältnisses in der Ausübung ihrer beruflichen Tätigkeit beschränkt, ist nichtig. Dies gilt nicht, wenn sich Auszubildende innerhalb der letzten sechs Monate des Berufsausbildungsverhältnisses dazu verpflichten, nach dessen Beendigung mit den Ausbildenden ein Arbeitsverhältnis einzugehen.

(2) Nichtig ist eine Vereinbarung über

1. die Verpflichtung Auszubildender, für die Berufsausbildung eine Entschädigung zu zahlen,
2. Vertragsstrafen,
3. den Ausschluss oder die Beschränkung von Schadensersatzansprüchen,
4. die Festsetzung der Höhe eines Schadensersatzes in Pauschbeträgen.

I. Nichtige Bindungsvereinbarung (Abs. 1). § 12 enthält neben den allg. (vgl. § 10 Rz. 11) weitere, besondere Nichtigkeitsgründe. Die Vorschrift ist Ausdruck des in **Art. 12 Abs. 1 GG** verbürgten Rechts 1
des Einzelnen, Beruf, Arbeitsplatz und Ausbildungsstätte frei zu wählen. Sie möchte den Schutz des
Auszubildenden stärken und ihn in persönlicher und finanzieller Hinsicht vom Ausbildenden unabhängig machen[4]. **§ 139 BGB** greift nicht. Trotz Nichtigkeit einer Vereinbarung nach § 12 bleibt der Berufsausbildungsvertrag iÜ regelmäßig wirksam[5]. § 12 gilt für minderjährige sowie volljährige Auszubildende
gleichermaßen.

1. Berufsbeschränkende Vereinbarung. Abs. 1 S. 1 führt zur Nichtigkeit einer Vereinbarung, durch die 2
der Auszubildende für die Zeit nach Beendigung des Berufsausbildungsverhältnisses in der Ausübung
seiner berufl. Tätigkeit beschränkt wird. Dies gilt auch dann, wenn durch eine **Rückzahlungsvereinbarung** mittelbarer Druck auf den Auszubildenden ausgeübt wird, der dessen Berufsfreiheit unverhältnismäßig einschränkt[6].

Nichtig sind **vertragl. Wettbewerbsabreden**, die es unterbinden, dass der Auszubildende in der Zeit 3
nach der Ausbildung seine erlernten Fähigkeiten und Kenntnisse nach eigenem Ermessen frei verwerten kann[7]. Auch ist es dem ArbGeb nicht gestattet, mit Auszubildenden zu vereinbaren, dass diese
nach Abschluss der Berufsausbildung nur außerhalb des Ortes der Berufsausbildungsstätte oder nicht
bei einem Konkurrenzunternehmen tätig werden[8]. Unwirksam ist des Weiteren eine Vereinbarung, wonach sich an das erste ein **weiteres Ausbildungsverhältnis** anschließt[9].

In einem Berufsausbildungsvertrag kann auch keine **Weiterarbeitsklausel** des Inhalts vereinbart werden, dass der Auszubildende drei Monate vor Beendigung des Ausbildungsverhältnisses dem Ausbil- 4
denden schriftl. anzeigen muss, falls er nach Ende der Ausbildung kein ArbVerh eingehen will[10]. Ebenso
ist eine **Weiterarbeitsklausel** nichtig, nach welcher beide Parteien spätestens drei Monate vor dem voraussichtlichen Ende des Ausbildungsverhältnisses anzeigen müssen, falls sie nicht anschließend ein
ArbVerh mit dem anderen eingehen wollen[11].

2. Ausnahmen. Innerhalb der letzten sechs Monate des Berufsausbildungsverhältnisses kann sich der 5
Auszubildende wirksam verpflichten, nach dessen Beendigung ein befristetes oder unbefristetes **Arbeitsverhältnis mit dem Ausbilder** einzugehen (Abs. 1 S. 2). Maßgebend für die Fristberechnung ist die
vereinbarte Vertragslaufzeit. Bei einer Verkürzung der Ausbildungszeit nach § 8 I ist der voraussichtliche Zeitpunkt des Bestehens der Abschlussprüfung relevant. Eine vor diesem Zeitraum getroffene
Vereinbarung ist nichtig[12]. Eine Vereinbarung nach Abs. 1 S. 2 kann auch mit einem Vertragsstrafeversprechen für den Fall abgesichert werden, dass die Stelle nicht angetreten wird[13].

---

1 *Gedon/Hurlebaus*, § 11 Rz. 70. ||2 BAG 24.10.2002 – 6 AZR 743/00, AP Nr. 2 zu § 4 BBiG. ||3 *Gedon/Hurlebaus*, § 11 Rz. 73, 74. ||4 Vgl. *Lakies*, AR-Blattei SD 400 Rz. 311 ff. ||5 *Leinemann/Taubert*, § 12 Rz. 32. ||6 BAG 25.4.2001 – 5 AZR 509/99, AP Nr. 8 zu § 5 BBiG. ||7 BT-Drs. V/4260, 6 zu § 5 BBiG. ||8 *Gedon/Hurlebaus*, § 12 Rz. 7. ||9 *Lakies* in Lakies/Malottke, § 12 Rz. 10. ||10 BAG 31.1.1974 – 3 AZR 58/73, AP Nr. 1 zu § 5 BBiG. ||11 BAG 13.3.1975 – 5 AZR 199/74, AP Nr. 2 zu § 5 BBiG; ArbG Bad Oldesloe 17.10.1972 – 1 Ca 381/72, EzB § 5 BBiG Nr. 4. ||12 *Benecke* in Benecke/Hergenröder, § 12 Rz. 9. ||13 BAG 23.6.1982 – 5 AZR 168/80, AP Nr. 4 zu § 5 BBiG; *Lakies*, AR-Blattei SD 400 Rz. 331; *Natzel*, DB 2005, 611; zur AGB-Kontrolle von Vertragsstrafeversprechen BAG 14.8.2007 – 8 AZR 973/06, AP Nr. 28 zu § 307 BGB.

6 **II. Nichtige Zahlungsvereinbarungen (Abs. 2). 1. Entschädigung für Berufsausbildung.** Der Ausbildende hat die Kosten der Berufsausbildung zu tragen, wozu bei externer Ausbildung (§ 5 II Nr. 6) auch die Aufwendungen für Verpflegung und Unterkunft des Auszubildenden gehören[1]. Aus diesem Grunde sind nach Abs. 2 Nr. 1 Vereinbarungen über eine Entschädigung des Auszubildenden für die Berufsausbildung nichtig. Hintergrund der Regelung ist die Tatsache, dass die mit einer Ausbildung einhergehenden finanziellen Belastungen möglichst gering gehalten werden sollen[2]. So ist zB eine Vereinbarung nichtig, welche den Auszubildenden im Rahmen der Fachausbildung zum Berufskraftfahrer mit den Kosten des Fahrschulunterrichts belasten soll[3]. Auch die von den **Eltern eines Auszubildenden** übernommene Verpflichtung zur Zahlung einer Entschädigung ist nichtig[4]. Gleiches gilt für die Vereinbarung, wonach der Auszubildende die Kosten für Unterkunft und Verpflegung am auswärtigen Ort zurückzuzahlen hat, sofern es nicht zum Abschluss eines Anstellungsvertrages kommt bzw. dieser vor Ablauf von drei Jahren beendet wird[5]. Nichtig ist des Weiteren die Vereinbarung über eine Entschädigung für Ausbildungsmaßnahmen außerhalb der Ausbildungsstätte[6].

7 **Wirksam** ist hingegen eine Vereinbarung, wonach der Ausbildende die Kosten im Zusammenhang mit dem Besuch der staatl. Berufsschule[7] bzw. die **Fahrt- und Übernachtungskosten bei Lehrabschlussprüfungen** zu tragen hat[8]. Möglich ist auch eine Vereinbarung, wonach der Auszubildende verauslagte Studiengebühren zurückzahlen muss. Eine solche Rückzahlungsverpflichtung, die auch für den Fall getroffen wird, dass der potenzielle ArbGeb dem potenziellen ArbN keinen ausbildungsadäquaten Arbeitsplatz anbieten kann oder will, hält regelmäßig einer Inhaltskontrolle anhand des AGB-Rechts nicht stand[9].

8 **2. Vertragsstrafen. Abs. 2 Nr. 2** enthält ein Verbot für Vertragsstrafen, welche sich auf das Berufsausbildungsverhältnis beziehen. Dies gilt auch für Vertragsstrafen, zu denen **Eltern** verpflichtet werden sollen[10]. Wurde nach Abs. 1 S. 2 wirksam ein Anstellungsvertrag geschlossen, ist die Vereinbarung einer **Vertragsstrafe für den Fall des Nichtantritts der Arbeit** wirksam (vgl. Rz. 5)[11].

9 **3. Schadensersatzansprüche.** Nach **Abs. 2 Nr. 3** dürfen Schadensersatzansprüche weder ausgeschlossen noch beschränkt werden. Damit haftet der Ausbildende dem Auszubildenden in voller Höhe. Nach allgM schließt die Vorschrift hingegen Haftungsbeschränkungen zu Gunsten des Auszubildenden nicht aus[12].

10 Vereinbarungen über die Festsetzung der Höhe eines **Schadensersatzes in Pauschbeträgen** sind nichtig (**Abs. 2 Nr. 4**).

Unterabschnitt 2. Pflichten der Auszubildenden

13 *Verhalten während der Berufsausbildung*
Auszubildende haben sich zu bemühen, die berufliche Handlungsfähigkeit zu erwerben, die zum Erreichen des Ausbildungsziels erforderlich ist. Sie sind insbesondere verpflichtet,

1. die ihnen im Rahmen ihrer Berufsausbildung aufgetragenen Aufgaben sorgfältig auszuführen,
2. an Ausbildungsmaßnahmen teilzunehmen, für die sie nach § 15 freigestellt werden,
3. den Weisungen zu folgen, die ihnen im Rahmen der Berufsausbildung von Ausbildenden, von Ausbildern oder Ausbilderinnen oder von anderen weisungsberechtigten Personen erteilt werden,
4. die für die Ausbildungsstätte geltende Ordnung zu beachten,
5. Werkzeug, Maschinen und sonstige Einrichtungen pfleglich zu behandeln,
6. über Betriebs- und Geschäftsgeheimnisse Stillschweigen zu wahren.

1 **I. Lernpflicht (S. 1).** § 13 regelt die grundlegenden Pflichten Auszubildender während der Berufsausbildung. So beinhaltet S. 1 eine Lernverpflichtung des Auszubildenden, die der Ausbildungspflicht nach § 14 entspricht. Der Umfang dieser Pflicht bestimmt sich nach der Art der Ausbildung, dem zu erlernenden Beruf und nach Können, Fleiß und Fähigkeiten des Einzelnen. Nicht das Bestehen der **Abschlussprüfung**, sondern der Erwerb der berufl. Handlungsfähigkeit ist **Ausbildungsziel**[13]. Ein bestimmtes Maß geistiger Bemühungen (zB das Lesen von Büchern) kann vom Auszubildenden außerhalb der Arbeitszeit verlangt werden[14]. Ein grober Verstoß gegen die Pflichten nach § 13 berechtigt ggf. nach einer erfolgten Abmahnung zur Kündigung gem. § 22 II Nr. 1 (vgl. § 22 Rz. 6).

---

1 BAG 29.6.1988 – 5 AZR 450/87, EzB § 5 BBiG Nr. 27; 21.9.1995 – 5 AZR 994/94, AP Nr. 6 zu § 5 BBiG. ||2 *Natzel*, DB 2005, 611. ||3 BAG 25.4.1984 – 5 AZR 386/83, AP Nr. 5 zu § 5 BBiG. ||4 BAG 28.7.1982 – 5 AZR 46/81, AP Nr. 3 zu § 5 BBiG. ||5 BAG 21.9.1995 – 5 AZR 994/94, AP Nr. 6 zu § 5 BBiG. ||6 BAG 29.6.1988 – 5 AZR 450/87, EzB § 5 BBiG Nr. 27. ||7 BAG 25.7.2002 – 6 AZR 381/00, AP Nr. 9 zu § 5 BBiG. ||8 BAG 14.12.1983 – 5 AZR 333/81, AP Nr. 1 zu § 34 BBiG. ||9 BAG 18.11.2008 – 3 AZR 192/07, NJW 2009, 435; LAG MV 14.12.2011 – 3 Sa 263/11, EzB § 12 BBiG Nr. 37. ||10 *Benecke* in Benecke/Hergenröder, § 12 Rz. 17. ||11 BAG 23.6.1982 – 5 AZR 168/80, AP Nr. 4 zu § 5 BBiG. ||12 *Lakies*, AR-Blattei SD 400 Rz. 351; *Natzel*, Berufsbildungsrecht, S. 150. ||13 *Lakies* in Lakies/Malottke, § 13 BBiG Rz. 3. ||14 BAG 11.1.1973 – 5 AZR 467/72, AP Nr. 1 zu § 6 BBiG.

II. Einzelpflichten (S. 2). 1. Sorgfältige Ausführung aufgetragener Verrichtungen. Nach S. 2 Nr. 1 muss der Auszubildende die ihm im Rahmen der Berufsausbildung übertragenen Verrichtungen sorgfältig ausführen. Diese Vorschrift korrespondiert mit § 14 II, wonach von dem Auszubildenden nur dem Ausbildungszweck dienende Arbeiten verlangt werden dürfen (vgl. § 14 Rz. 14).

Die **Sorgfalt der Ausführung** richtet sich nach der Einsichtsfähigkeit und den Kenntnissen, die von einem durchschnittlich begabten Auszubildenden je nach dem erreichten Ausbildungsstand erwartet werden können[1]. Die Anforderungen an die Gewissenhaftigkeit nehmen mit fortschreitender Ausbildungsdauer zu[2].

2. Teilnahme an Ausbildungsmaßnahmen. S. 2 Nr. 2 verlangt von dem Auszubildenden, an Ausbildungsmaßnahmen teilzunehmen, für die er nach § 15 freigestellt ist. Damit erstreckt sich die Teilnahmepflicht auf den **Berufsschulunterricht**, auf **Prüfungen** sowie auf **Ausbildungsmaßnahmen außerhalb der Ausbildungsstätte** (vgl. § 15 Rz. 1)[3]. ZT wird ein Zwang zur Teilnahme an Prüfungen gänzlich abgelehnt[4]. Haben sich Auszubildende zur Teilnahme an Prüfungen angemeldet und sind sie vom Ausbildungsbetrieb hierfür freigestellt worden, soll eine Teilnahmepflicht bestehen[5]. Diese ist jedoch nicht einklagbar[6].

Teilnahme bedeutet nicht nur die körperliche Anwesenheit in der Schule, sondern auch die geistige Mitarbeit im Unterricht[7]. Verstößt der Auszubildende gegen die Teilnahmepflicht, kann der Ausbildende die **Ausbildungsvergütung für die Zeit unberechtigten Fehlens kürzen**[8] bzw. dem Auszubildenden unter den Voraussetzungen des § 22 II Nr. 1 – regelmäßig nach erfolgloser Abmahnung – **fristlos kündigen**[9].

3. Befolgung von Weisungen. Weisungsbefugt sind nach S. 2 Nr. 3 neben dem Ausbildenden und dem Ausbilder andere weisungsberechtigte Personen wie zB Meister, Poliere, Vorarbeiter, Betriebsingenieure, Sachbearbeiter, Prokuristen, Personal- und Abteilungsleiter sowie der Personalchef oder Geschäftsführer[10]. Diese Personen können dem Auszubildenden Weisungen erteilen, ohne selbst Ausbilder zu sein. Voraussetzung ist, dass dieser bei ihnen entsprechend dem Ausbildungsplan eine gewisse Zeit tätig ist.

Die Weisungen müssen **im Rahmen der Ausbildung** erfolgen, also einen Bezug zum Ausbildungsziel haben. Nach allgM geht die Weisungsgebundenheit des Auszubildenden im Hinblick auf § 14 I Nr. 5 weiter als die des ArbN ggü. dem ArbGeb[11]. Der Auszubildende hat allen Weisungen Folge zu leisten, die im weitesten Sinne zur Erreichung des Ausbildungszieles sowie zu seiner Erziehung notwendig sind. **Seine Grenze** findet das Weisungsrecht in den Vorschriften der Gesetze, der einschlägigen TV sowie des Ausbildungsvertrages; es darf nur nach **billigem Ermessen** ausgeübt werden[12]. Das Tragen einer bestimmten **Kleidung oder Haartracht** kann nur verlangt werden, soweit es der Geschäftsbetrieb[13] oder die Sicherheit des Auszubildenden erfordern. Auch ein **Rauch-** oder **Alkoholverbot** ist zu beachten. Ein Verstoß hiergegen kann im Extremfall nach erfolgter Abmahnung zu einer Kündigung nach § 22 Abs. 2 Nr. 1 führen.

4. Beachtung der Ordnung des Betriebes. Zu den Ausbildungsstätten iSv. **S. 2 Nr. 4** zählen auch die in § 11 I Nr. 3 genannten **externen Ausbildungsstätten**[14] (vgl. § 11 Rz. 5).

Die Ordnung des Betriebes ergibt sich aus öffentl.-rechtl. Schutzvorschriften (JArbSchG, ArbStättV, Unfallverhütungsvorschriften) sowie aus evtl. bestehenden BV oder schriftl. bzw. mündlich festgelegten Betriebsordnungen[15].

5. Pflegliche Behandlung des Betriebsinventars. S. 2 Nr. 5 verlangt von dem Auszubildenden die pflegliche Behandlung von Werkzeug, Maschinen und sonstigen Einrichtungen. Hieraus folgt auch die Pflicht zum **Aufräumen und Sauberhalten des Arbeitsplatzes**[16].

6. Verschwiegenheitspflicht. Die dem Auszubildenden nach **S. 2 Nr. 6** auferlegte Verschwiegenheitspflicht besteht während des Berufsausbildungsverhältnisses bzw. des sich anschließenden ArbVerh sowie für die Zeit nach dessen Beendigung[17]. Sie besteht ggü. jedermann und umfasst sämtliche Umstände, von denen der Auszubildende weiß oder vermutet, dass sie geheimhaltungsbedürftig sind. Ein **Aussageverweigerungsrecht** des Auszubildenden vor Gericht gewährt Nr. 6 nicht[18].

---

1 LAG Düss. 23.2.1973 – 8 Sa 598/72, DB 1973, 974. ||2 *Hergenröder* in Benecke/Hergenröder, § 13 Rz. 15. ||3 *Lakies* in Lakies/Malottke, § 13 Rz. 8. ||4 LAG Bremen 19.4.1960 – 2 Sa 4/60, BB 1960, 1022. ||5 *Gedon/Hurlebaus*, § 13 Rz. 18. ||6 *Hergenröder* in Benecke/Hergenröder, § 13 Rz. 22. ||7 BAG 5.12.1985 – 2 AZR 61/85, NZA 1987, 20. ||8 *Hergenröder* in Benecke/Hergenröder, § 13 Rz. 20. ||9 ErfK/*Schlachter*, § 13 BBiG Rz. 3. ||10 *Lakies*, AR-Blattei SD 400 Rz. 404. ||11 *Gedon/Hurlebaus*, § 13 Rz. 21. ||12 BAG 27.3.1980 – 2 AZR 506/78, AP Nr. 26 zu § 611 BGB Direktionsrecht; 14.12.1961 – 5 AZR 180/61, AP Nr. 17 zu § 611 BGB Direktionsrecht. ||13 *Lakies*, AR-Blattei SD 400 Rz. 406; ArbG Bayreuth 7.12.1971 – 1 Ca 433/71, EzB Nr. 7 zu § 15 II Nr. 1 BBiG. ||14 *Gedon/Hurlebaus*, § 13 Rz. 27; str.; zum Meinungsstand *Leinemann/Taubert*, § 13 Rz. 19 mwN. ||15 *Lakies* in Lakies/Malottke, § 13 Rz. 20. ||16 *Hergenröder* in Benecke/Hergenröder, § 13 Rz. 42. ||17 BAG 15.12.1987 – 3 AZR 474/86, AP Nr. 5 zu § 611 BGB Betriebsgeheimnis; *Gedon/Hurlebaus*, § 13 Rz. 35. ||18 ErfK/*Schlachter*, § 13 BBiG Rz. 5.

12 **III. Rechtsfolgen bei Pflichtverletzung.** Kommt der Auszubildende dauerhaft seinen Pflichten nach § 13 nicht nach, kann ein Grund zur **fristlosen Kündigung** gegeben sein[1] (§ 22 II Nr. 1, vgl. § 22 Rz. 6). Je nach Schwere des Verstoßes ist der Auszubildende vor Ausspruch der Kündigung **abzumahnen**[2].

13 Verursacht der Auszubildende schuldhaft einen Schaden, kommt eine **Haftung nach allgemeinen Grundsätzen**[3] (§ 10 II) in Betracht, wobei die von der Rspr. entwickelten Grundsätze der Haftungsprivilegierung[4] Anwendung finden. Dabei ist zu beachten, dass an die Sorgfaltspflichten eines Auszubildenden geringere Anforderungen gestellt werden können als an die eines ArbN[5]. Zudem trifft den Ausbildenden eine **Verpflichtung zur Einweisung und zur Beaufsichtigung des Auszubildenden**. Kommt er der Verpflichtung nicht nach, findet dieser Umstand bei der Bemessung des Grades des Verschuldens Berücksichtigung[6]. Bei der Verrichtung **ausbildungsfremder Tätigkeiten** soll der Auszubildende bei auftretenden Schäden nur für Vorsatz und grobe Fahrlässigkeit haften[7].

14 Den Ausbildenden kann ein **Mitverschulden** treffen, wenn er seine Aufsichtspflicht verletzt[8] bzw. wenn ihm der unzuverlässige Charakter des Auszubildenden bekannt ist und er gleichwohl keine zusätzl. Schutzmaßnahmen vorsieht[9]. Dies gilt auch im Umgang mit Maschinen und Werkzeugen, wenn der Auszubildende hierin noch ungeübt ist und der Ausbildende ihn nicht ausreichend eingewiesen hat[10].

Unterabschnitt 3. Pflichten der Ausbildenden

14 Berufsausbildung
(1) Ausbildende haben

1. dafür zu sorgen, dass den Auszubildenden die berufliche Handlungsfähigkeit vermittelt wird, die zum Erreichen des Ausbildungsziels erforderlich ist, und die Berufsausbildung in einer durch ihren Zweck gebotenen Form planmäßig, zeitlich und sachlich gegliedert so durchzuführen, dass das Ausbildungsziel in der vorgesehenen Ausbildungszeit erreicht werden kann,
2. selbst auszubilden oder einen Ausbilder oder eine Ausbilderin ausdrücklich damit zu beauftragen,
3. Auszubildenden kostenlos die Ausbildungsmittel, insbesondere Werkzeuge und Werkstoffe zur Verfügung zu stellen, die zur Berufsausbildung und zum Ablegen von Zwischen- und Abschlussprüfungen, auch soweit solche nach Beendigung des Berufsausbildungsverhältnisses stattfinden, erforderlich sind,
4. Auszubildende zum Besuch der Berufsschule sowie zum Führen von schriftlichen Ausbildungsnachweisen anzuhalten, soweit solche im Rahmen der Berufsausbildung verlangt werden, und diese durchzusehen,
5. dafür zu sorgen, dass Auszubildende charakterlich gefördert sowie sittlich und körperlich nicht gefährdet werden.

(2) Auszubildenden dürfen nur Aufgaben übertragen werden, die dem Ausbildungszweck dienen und ihren körperlichen Kräften angemessen sind.

1 **I. Pflichten des Ausbildenden (Abs. 1). 1. Berufsausbildung.** Das Gesetz nennt in **Abs. 1 Nr. 1** die wesentlichen Pflichten des Ausbildenden, die kraft Gesetzes Vertragsinhalt werden. Danach ist dieser verpflichtet, dem Auszubildenden die berufl. Handlungsfähigkeit zu vermitteln[11]. Auf welche Weise dieses Ziel erreicht werden kann, ergibt sich insb. aus der **Ausbildungsordnung** (§ 5) und dem **Ausbildungsberufsbild** (§ 5 I Nr. 3).

2 Der Ausbildende hat dafür einzustehen, dass in seinem Betrieb die zur ordnungsgemäßen Ausbildung erforderlichen persönl. (**Ausbildungskräfte**) und sachl. (**geeignete Aufträge**) Voraussetzungen gegeben sind[12]. Unzulässig ist es, die Ausbildung an dem gerade vorhandenen betriebl. Arbeitsanfall auszurichten. Ggf. sind Ausbildungsmaßnahmen außerhalb der Ausbildungsstätte durchzuführen (§ 5 II Nr. 6)[13]. Im Rahmen der Ausbildung ist der Auszubildende mit den **täglichen Betriebsabläufen** möglichst wirklichkeitsnah vertraut zu machen[14] (vgl. auch § 1 III 2).

---

1 *Gedon/Hurlebaus*, § 13 Rz. 36; LAG München 7.10.1970 – 1 Sa 774/69, EzB § 9 BBiG Nr. 2.   ‖ 2 *Gedon/Hurlebaus*, § 13 Rz. 39.   ‖ 3 BAG 27.9.1994 – GS 1/89 (A), AP Nr. 103 zu § 611 Haftung des Arbeitnehmers; LAG Hamm 16.5.2012 – 3 Sa 1229/11: Haftung bei Entnahme von Geldbeträgen aus der Kasse.   ‖ 4 BAG 18.4.2002 – 8 AZR 348/01, AP Nr. 122 zu § 611 BGB Haftung des Arbeitnehmers.   ‖ 5 ArbG Celle 26.11.1970 – Ca 517/70, EzB § 3 Abs. 2 BBiG Nr. 1.   ‖ 6 BAG 7.7.1970 – 1 AZR 507/69, AP Nr. 59 zu § 611 Haftung des Arbeitnehmers.   ‖ 7 ArbG Kiel 24.4.1963 – 3a Ca 266/63, AP Nr. 21 zu § 611 BGB Lehrverhältnis.   ‖ 8 BAG 7.7.1970 – 1 AZR 507/69, AP Nr. 59 zu § 611 BGB Haftung des Arbeitnehmers; 29.6.1964 – 1 AZR 434/63, AP Nr. 33 zu § 611 BGB Haftung des Arbeitnehmers.   ‖ 9 BAG 7.7.1970 – 1 AZR 507/69, DB 1970, 1886.   ‖ 10 LAG Mainz 10.6.1958 – 1 Sa 61/58, DB 1958, 844; LAG Bremen 8.4.1959 – I Sa 15/59, BB 1959, 850.   ‖ 11 *Taubert*, NZA 2005, 506.   ‖ 12 BAG 11.12.1964 – 1 AZR 39/64, AP Nr. 22 zu § 611 BGB Lehrverhältnis.   ‖ 13 OVG Rh.-Pf. 17.10.1979 – 2 A 2/78, EzB § 113 HandwO Nr. 4.   ‖ 14 BVerwG 25.2.1982 – 5 C 1.81, EzB § 32 BBiG Nr. 21.

Die **sachliche und zeitliche Gliederung** der Ausbildung ergibt sich aus dem **Ausbildungsrahmenplan** 3
(§ 5 I Nr. 4), auf dessen Grundlage der betriebl. Ausbildungsplan zu erstellen ist. Die seit 1974 in den
Ausbildungsordnungen enthaltene **Flexibilitätsklausel** erlaubt Abweichungen, soweit dadurch eine
sinnvoll geordnete und planmäßig durchgeführte Ausbildung nicht gefährdet wird[1]. Allerdings dürfen
nicht ganze Teile der vorgesehenen Ausbildung weggelassen werden.

Verletzt der Ausbildende seine Ausbildungspflicht, hat er dem Auszubildenden den dadurch entste- 4
henden **Schaden zu ersetzen**[2]. Dieser muss sich gem. § 254 BGB **mitwirkendes Verschulden** anrechnen
lassen, wenn er sich nicht bemüht, das Ausbildungsziel zu erreichen (§ 13)[3]. Er kann seinen Anspruch
auf tatsächl. Ausbildung nach **§ 888 I ZPO vollstrecken**[4].

2. Beauftragung eines Ausbilders. Besitzt der Ausbildende die erforderliche persönl. und fachl. Eig- 5
nung zur Ausbildung nach § 28 nicht bzw. kann er die Ausbildung aus zeitl. oder organisatorischen
Gründen nicht selbst durchführen, muss er einen Ausbilder bestellen, der seinerseits die Voraussetzungen des § 28 zu erfüllen hat (**Abs. 1 Nr. 2**). Die Beauftragung muss ausdrücklich, entweder **mündlich**
oder **schriftlich**, erfolgen und ist der **zuständigen Stelle anzuzeigen** (§ 36 II Nr. 2)[5]. Eine stillschweigende Duldung ist nicht möglich.

Dem bestellten Ausbilder sind die Pflichten aus Abs. 1 Nr. 1, 4, 5 und Abs. 2 zu übertragen[6]. Es muss 6
organisatorisch sichergestellt sein, dass dem Ausbilder die **erforderliche Zeit** für die fachgerechte, planmäßige Ausbildung zur Verfügung steht[7]. Bei fehlerhafter Ausbildung haftet der Ausbilder aus dem
Ausbildungsvertrag auf **Schadensersatz**[8].

3. Kostenlose Überlassung von Ausbildungsmitteln. Dem Auszubildenden sind **Ausbildungsmittel** 7
kostenlos – allerdings nur leihweise[9] – vom Ausbildenden zur Verfügung zu stellen (**Abs. 1 Nr. 3**), da er
die Kosten der Ausbildung zu tragen hat[10]. Geschieht dies trotz Aufforderung nicht, kann der Auszubildende die Ausbildungsmittel selbst kaufen und Ersatz der Kosten Zug um Zug gegen Übereignung der
angeschafften Arbeitsmittel verlangen[11]. **Freiwillige Aufwendungen des Auszubildenden** müssen nicht
ersetzt werden. Eine **Kostenbeteiligung** des Auszubildenden bzw. seiner Eltern ist unzulässig[12]. Bücher
und Schulmittel, die für den **Berufsschulunterricht** benötigt werden, muss der Ausbildende nicht finanzieren, es sei denn, diese dienen zugleich der innerbetriebl. Ausbildung[13]. Eine entsprechende Verpflichtung kann sich auch aus Arbeitsvertrag, einer BV bzw. aus Betriebsübung ergeben. Nach Beendigung
der Ausbildung sind die Gegenstände zurückzugeben, sofern der Ausbildende die Prüfung nicht wiederholen muss[14]. Auszubildende haften für die unsachgemäße Behandlung der Ausbildungsmittel[15].

Werkstücke, die der Auszubildende während seiner Ausbildung herstellt, gehen trotz § 950 BGB in 8
das Eigentum des Ausbilders über[16]. Demggü. erwerben Auszubildende an **Prüfungsstücken** regelmäßig Eigentum[17]. Mit der hM[18] ist davon auszugehen, dass dies dann nicht gilt, wenn der Wert des Materials – wie zB bei Pelz-, Edelstein- oder Schmuckarbeiten – den Wert der Bearbeitung übersteigt.
Umstritten ist, ob den Auszubildenden in diesem Fall ein Ausgleichsanspruch gegen den Ausbildenden als
früheren Eigentümer des Materials zusteht. Dies ist abzulehnen, da Abs. 1 Nr. 3 als speziellere Vorschrift vorgeht[19].

4. Berufsschule und Ausbildungsnachweise. Der Lehrstoff des Berufsschulunterrichts gehört nach 9
§ 38 S. 2 zum Prüfungsstoff der Abschlussprüfung. Aus diesem Grunde soll der Ausbildende den Auszubildenden zum Besuch der Berufsschule **anhalten** (**Abs. 1 Nr. 4**), dh. auf ihn kontinuierlich und konkret einwirken, regelmäßig am Unterricht teilzunehmen. Dies kann durch mündl. oder schriftl. **Abmahnung** sowie **Rücksprache mit den Eltern und/oder der Schule** geschehen[20]. Sind Auszubildende
volljährig, scheidet eine Einschaltung der Eltern aus.

Schriftliche Ausbildungsnachweise (**Abs. 1 Nr. 4**) dienen dem Nachweis des zeitl. und sachl. Ablaufs 10
der Berufsausbildung und sind Zulassungsvoraussetzung für die Abschlussprüfung (§ 43 I Nr. 2). Der
Ausbildende hat den Auszubildenden aus diesem Grund dazu **anzuhalten** (zB durch Abmahnungen
oder Rücksprache mit den Eltern bei Minderjährigkeit des Auszubildenden), schriftl. Ausbildungs-

---

1 Str., wie hier *Gedon/Hurlebaus*, § 14 Rz. 9; *Leinemann/Taubert*, § 14 Rz. 11; demggü. vertreten *Bodewig* (BB 1976, 983) und *Natzel* (in MünchArbR, § 178 Rz. 85) die Auffassung, dass eine Abweichung grds. zulässig ist. ||2 *Lakies*, AR-Blattei SD 400 Rz. 416, 620; *Taubert*, NZA 2005, 506. ||3 BAG 10.6.1976 – 3 AZR 412/75, AP Nr. 2 zu § 6 BBiG; 11.12.1964 – 1 AZR 39/64, AP Nr. 22 zu § 611 BGB Lehrverhältnis. ||4 LAG Berlin 19.1.1978 – 9 Ta 1/78, EzB § 888 ZPO Nr. 1; *Gedon/Hurlebaus*, § 14 Rz. 12. ||5 *Hergenröder* in Benecke/Hergenröder, § 14 Rz. 18. ||6 *Gedon/Hurlebaus*, § 14 Rz. 16. ||7 ArbG Duisburg 11.11.1976 – 1 Ca 955/76, EzB § 6 Abs. 1 Nr. 2 BBiG Nr. 2. ||8 Vgl. die Nachw. bei ErfK/*Schlachter*, § 14 BBiG Rz. 4. ||9 *Lakies* in Lakies/Malottke, § 14 Rz. 10. ||10 BAG 21.9.1995 – 5 AZR 994/94, AP Nr. 6 zu § 5 BBiG. ||11 BAG 16.12.1976 – 3 AZR 556/75, AP Nr. 3 zu § 611 BGB Ausbildungsverhältnis. ||12 LAG München 8.8.2002 – 4 Sa 758/01, NZA-RR 2003, 187. ||13 BAG 16.12.1976 – 3 AZR 556/75, AP Nr. 3 zu § 611 BGB Ausbildungsverhältnis; *Lakies*, AR-Blattei SD 400 Rz. 419. ||14 *Hergenröder* in Benecke/Hergenröder, § 14 Rz. 32. ||15 ErfK/*Schlachter*, § 14 BBiG Rz. 4. ||16 BAG 3.3.1960 – 5 AZR 352/58, AP Nr. 2 zu § 23 HwO. ||17 LAG Köln 20.12.2001 – 10 Sa 430/01, EzB § 950 BGB Nr. 1; LAG München 8.8.2002 – 4 Sa 758/01, NZA-RR 2003, 187. ||18 LAG Köln 20.12.2001 – 10 Sa 430/01, EzB § 950 BGB Nr. 1; *Leinemann/Taubert*, § 14 Rz. 30 m. Nachw. zum Streitstand. ||19 Zum Streitstand *Hergenröder* in Benecke/Hergenröder, § 14 Rz. 36 mwN. ||20 Vgl. im Einzelnen *Gedon/Hurlebaus*, § 14 Rz. 34.

nachweise zu führen. Er ist verpflichtet, diese regelmäßig **durchzusehen**, dh. die Eintragungen auf Form, sachliche Richtigkeit und Vollständigkeit zu überprüfen.

11 Das Gesetz enthält keine Regelung dahingehend, ob Auszubildende einen Anspruch darauf haben, die Ausbildungsnachweise **während der Ausbildungszeit zu führen**[1]. Ein entsprechendes Recht kann sich aus der Ausbildungsordnung bzw. aus dem Arbeitsvertrag ergeben[2]. Auch die Empfehlung des Bundesausschusses für Berufsbildung v. 24.8.1971 für das Führen von Berichtsheften in Form von Ausbildungsnachweisen[3] sieht in Nr. 6 vor, dass Auszubildende die Ausbildungsnachweise während der Ausbildungszeit führen. Legt der Auszubildende die schriftl. Ausbildungsnachweise nicht oder verspätet vor, kann eine **außerordentl. Kündigung** – nach erfolgloser Abmahnung – gerechtfertigt sein[4]. Ausbildende sollten die Pflicht zur Überwachung der Ausbildungsnachweise äußerst ernst nehmen, da mit ordnungsgemäß geführten Ausbildungsnachweisen einem eventuellen Schadensersatzanspruch nach § 23 I begegnet werden kann.

12 **5. Charakterliche Förderung und Abwehr von Gefährdungen.** Die Pflicht zur **charakterlichen Förderung (Abs. 1 Nr. 5)** betrifft sowohl minderjährige als auch erwachsene Auszubildende[5]. Sie besteht nur für die Zeit der Tätigkeit in der Ausbildungsstätte und nicht auch im **privaten Bereich**. Die Art der Maßnahmen hängt von der Persönlichkeit des Auszubildenden ab. Der Einsatz **körperlicher Gewalt** ist unzulässig. Dies ergibt sich für minderjährige Auszubildende aus § 31 JArbSchG.

13 Dem Ausbildenden obliegt zudem der **Schutz des Auszubildenden vor sittlicher und körperlicher Gefährdung (Abs. 1 Nr. 5)**. Hierunter fallen auch das Verbot des Abs. 2 (vgl. Rz. 14), die Fürsorgepflichten nach dem JArbSchG sowie die für alle ArbN geltenden **Arbeitsschutzvorschriften**[6]. Eine körperliche Gefährdung kann auch von **Bildschirmarbeitsplätzen** ausgehen[7]. § 5 ArbStättV v. 12.8.2004[8] erlegt dem ArbGeb die Pflicht auf, die erforderlichen Maßnahmen zu treffen, damit die nichtrauchenden Beschäftigten in Arbeitsstätten wirksam vor den Gesundheitsgefahren durch **Tabakrauch** geschützt werden[9]. Soweit erforderlich ist ein allg. oder auf einzelne Bereiche der Arbeitsstätte beschränktes Rauchverbot zu erlassen. Zu beachten ist auch § 32 JArbSchG. Nach dieser Vorschrift darf ein Jugendlicher erst nach Vorlage einer **Bescheinigung über die ärztliche Erstuntersuchung** beschäftigt werden[10].

14 **II. Übertragung von Verrichtungen (Abs. 2).** Nach Abs. 2 dürfen dem Auszubildenden nur Verrichtungen übertragen werden, die entsprechend dem Berufsbild **dem Ausbildungszweck dienen**[11] und seinen körperlichen Kräften angemessen sind. Maßgebend ist die **körperliche Konstitution des Auszubildenden**. Untersagt ist die Übertragung minderwertiger oder **grober Reinigungsarbeiten**, die mit der Ausbildung nicht im Zusammenhang stehen. Hingegen dürfen aus berufspädagogischen Gründen Maßnahmen zur Aufrechterhaltung von Ordnung und Sauberkeit am Arbeitsplatz (**Reinigung von Werkzeug, Arbeitsmaterialien** etc.) übertragen werden[12]. Der Auszubildende im Friseurhandwerk darf auch mit der Reinigung des Fußbodens betraut werden, jedoch nur im angemessenen Verhältnis zu den berufsspezifischen Tätigkeiten[13]. Nicht berechtigte Anweisungen hinsichtlich der **Kleidung** können gegen das Persönlichkeitsrecht der Auszubildenden verstoßen[14]. Im ersten Ausbildungsjahr ist es wegen des Haftungsrisikos unzulässig, dem Auszubildenden aufzutragen, größere Geldbeträge zur Bank zu bringen[15].

15 Werden dem Auszubildenden entgegen Abs. 2 Arbeiten übertragen, muss er diese nicht ausführen, ohne vertragsbrüchig zu werden und den Anspruch auf die Vergütung zu verlieren. Auch besteht nicht das Recht zur fristl. Kündigung des Ausbildungsvertrages[16]. Es liegt jedoch eine Ordnungswidrigkeit vor (§ 102 I Nr. 3).

15 *Freistellung*
Ausbildende haben Auszubildende für die Teilnahme am Berufsschulunterricht und an Prüfungen freizustellen. Das Gleiche gilt, wenn Ausbildungsmaßnahmen außerhalb der Ausbildungsstätte durchzuführen sind.

---

1 BAG 11.1.1973 – 5 AZR 467/72, AP Nr. 1 zu § 6 BBiG.   ‖2 *Lakies*, AR-Blattei SD 400 Rz. 432f.   ‖3 Abgedr. bei *Leinemann/Taubert*, Anhang § 14.   ‖4 LAG Hess. 3.11.1997 – 16 Sa 657/97, EzB § 15 Abs. 2 Nr. 1 BBiG Nr. 82.   ‖5 *Gedon/Hurlebaus*, § 14 Rz. 45.   ‖6 *Gedon/Hurlebaus*, § 14 Rz. 48.   ‖7 BAG 6.12.1983 – 1 ABR 43/81, AP Nr. 7 zu § 87 BetrVG 1972 Überwachung.   ‖8 BGBl. I S. 2179, zuletzt geändert durch VO v. 19.7.2010 (BGBl. I S. 960).   ‖9 Zum Nichtraucherschutz am Arbeitsplatz BAG 19.1.1999 – 1 AZR 499/98, AP Nr. 28 zu § 87 BetrVG 1972 Ordnung des Betriebes; 17.2.1998 – 9 AZR 84/97, AP Nr. 26 zu § 618 BGB; BVerfG 9.2.1998 – 1 BvR 2234/97, NJW 1998, 2961; vgl. hierzu auch das BundesnichtraucherschutzG v. 27.7.2007, BGBl. 2007 I S. 1595.   ‖10 *Hergenröder*, AR-Blattei SD 180 „Arbeitspapiere" Rz. 17.   ‖11 *Gedon/Hurlebaus*, § 14 Rz. 54ff.; OLG Karlsruhe 5.9.1988 – 1 Ss 134/88, EzB § 6 Abs. 2 BBiG Nr. 6.   ‖12 *Hergenröder* in Benecke/Hergenröder, § 14 Rz. 57.   ‖13 OLG Frankfurt 30.3.1981 – 2 Ws (B) 61/81, EzB § 99 BBiG Nr. 1; *Gedon/Hurlebaus*, § 14 Rz. 59.   ‖14 LAG Köln 18.8.2010 – 3 TaBV 15/10, NZA-RR 2011, 85.   ‖15 LAG Düss. 23.2.1973 – 8 Sa 598/72, EzB § 6 Abs. 2 BBiG Nr. 1; *Gedon/Hurlebaus*, § 14 Rz. 58.   ‖16 *Gedon/Hurlebaus*, § 14 Rz. 57; KassHdb/ *Natzel*, 5.1 Rz. 130 mwN.

Eine Pflicht zur Freistellung des Auszubildenden besteht ausschließlich in drei Fällen: für die – auch freiwillige[1] – Teilnahme am Berufsschulunterricht, an Prüfungen sowie an Ausbildungsmaßnahmen außerhalb der Ausbildungsstätte[2]. Unter **Berufsschulunterricht** wird insoweit allg. die „planmäßige und tatsächliche schulische und damit berufsbezogene pädagogische Maßnahme im Rahmen der Berufsausbildung und zur Vorbereitung auf die Abschlussprüfung" verstanden[3]. Die Freistellung für die **Prüfung** gilt für die gesamte Prüfung, dh. für den theoretischen und für den berufspraktischen Teil[4]. Jugendliche Auszubildende haben zudem Anspruch auf Freistellung an dem Arbeitstag, welcher der schriftl. Abschlussprüfung unmittelbar vorausgeht (§ 10 I Nr. 2 JArbSchG). 1

Der **Umfang der Freistellungspflicht** ergibt sich für **jugendliche Auszubildende aus den §§ 9, 10 JArbSchG**. Freizustellen ist für die Schul- und Prüfungszeit einschl. der Pausen, der Wegezeiten zwischen Berufsschule bzw. Prüfungsort und Ausbildungsbetrieb sowie der erforderlichen Zeit zum Waschen und Umkleiden[5]. Die Freistellung umfasst notwendigerweise auch die Zeiträume, in denen der Auszubildende zwar nicht am Berufsschulunterricht teilnehmen muss, aber wegen des Schulbesuchs aus tatsächlichen Gründen gehindert ist, im Ausbildungsbetrieb an der betriebl. Ausbildung teilzunehmen[6]. Der Besuch der Berufsschule geht der betriebl. Ausbildung vor und ersetzt insoweit die Ausbildungspflicht, so dass eine **Nachholung der ausgefallenen betrieblichen Ausbildungszeit** bei jugendlichen ArbN von Gesetzes wegen (§ 9 I JArbSchG) ausgeschlossen ist[7]. Die Zeiten sind vielmehr auf die betriebl. Arbeitszeit anzurechnen[8]. Für erwachsene Auszubildende fehlt eine dem § 9 I JArbSchG entsprechende Anrechnungsvorschrift[9]. Gleichwohl geht die hM im Grundsatz davon aus, dass auch bei volljährigen Auszubildenden Zeiten der Freistellung nach § 15 zur Anrechnung auf die betriebl. Ausbildung führen[10]. **Hausaufgaben** sind in der Freizeit zu erledigen[11]. 2

Für die Zeit der Freistellung hat der Auszubildende nach § 19 I Nr. 1 Anspruch auf Zahlung der ihm zustehenden **Vergütung**. Voraussetzung ist, dass der Auszubildende an den genannten Maßnahmen **tatsächlich teilnimmt**. Fällt Berufsschulunterricht aus oder bleibt der Auszubildende dem Unterricht unentschuldigt fern, besteht keine Fortzahlungspflicht des Ausbildenden. Die Vergütung kann anteilig gekürzt werden (vgl. § 19 Rz. 1). Vor einem um 9 Uhr beginnenden Unterricht dürfen Jugendliche nach § 9 I 2 Nr. 1 JArbSchG nicht im Betrieb beschäftigt werden. Dies gilt auch für volljährige Auszubildende, die noch berufsschulpflichtig sind. Zudem dürfen Jugendliche an einem Berufsschultag mit mehr als fünf Unterrichtsstunden von mindestens je 45 Minuten einmal in der Woche nicht beschäftigt werden (§ 9 I 2 Nr. 2 JArbSchG). Sofern außerbetriebl. Ausbildungsmaßnahmen an einem Samstag stattfinden, besteht Anspruch auf Freistellung an einem anderen berufsschulfreien Tag derselben Woche (§ 16 II Nr. 8, III 1 JArbSchG). 3

Der **Umschüler** ist rechtl. wie ein Auszubildender zu behandeln. Er hat Anspruch auf Vergütung der Berufsschulzeit[12]. 4

Die Verletzung der Freistellungspflicht stellt eine **Ordnungswidrigkeit** dar (§ 102 I Nr. 4). 5

16 Zeugnis

(1) Ausbildende haben den Auszubildenden bei Beendigung des Berufsausbildungsverhältnisses ein schriftliches Zeugnis auszustellen. Die elektronische Form ist ausgeschlossen. Haben Ausbildende die Berufsausbildung nicht selbst durchgeführt, so soll auch der Ausbilder oder die Ausbilderin das Zeugnis unterschreiben.

(2) Das Zeugnis muss Angaben enthalten über Art, Dauer und Ziel der Berufsausbildung sowie über die erworbenen beruflichen Fertigkeiten, Kenntnisse und Fähigkeiten der Auszubildenden. Auf Verlangen Auszubildender sind auch Angaben über Verhalten und Leistung aufzunehmen.

I. Ausstellung des Zeugnisses (Abs. 1). Nach Beendigung der Berufsausbildung – gleich aus welchem Grunde – ist dem Auszubildenden ein Zeugnis selbst dann auszustellen, wenn dieser es nicht ausdrücklich verlangt bzw. darauf verzichtet. Dies gilt auch, wenn der Auszubildende nach der Ausbildungszeit im Betrieb weiterbeschäftigt wird[13] bzw. wenn das Ausbildungsverhältnis – zB durch Kündigung nach § 22 – vorzeitig beendet wird[14]. Der Anspruch hierauf ist **unabdingbar** (§ 25), eine abweichende Vereinbarung ist nichtig[15]. Neben dem Zeugnis nach § 16 erhält der Prüfling nach § 37 II ein Zeugnis über die Abschlussprüfung[16]. 1

---

1 *Lakies*, AR-Blattei SD 400 Rz. 447; ArbG Bielefeld 8.3.1979 – 3 Ca 3076/78, EzB § 4 BBiG Nr. 18. ‖ 2 *Natzel*, DB 2005, 611. ‖ 3 *Gedon/Hurlebaus*, § 15 Rz. 17. ‖ 4 *Gedon/Hurlebaus*, § 15 Rz. 41. ‖ 5 BAG 26.3.2001 – 5 AZR 413/99, AP Nr. 1 zu § 7 BBiG. ‖ 6 BAG 26.3.2001 – 5 AZR 413/99, AP Nr. 1 zu § 7 BBiG. ‖ 7 BAG 26.3. 2001 – 5 AZR 413/99, AP Nr. 1 zu § 7 BBiG. ‖ 8 LAG Hamm 24.2.1999 – 9 Sa 1273/98, EzB § 7 BBiG Nr. 32; aA hinsichtlich der Wegzeiten LAG Köln 18.9.1998 – 12 Sa 549/98, EzB § 7 BBiG Nr. 31. ‖ 9 BAG 26.3.2001 – 5 AZR 413/99, NZA 2001, 892; 13.2.2003 – 6 AZR 537/01, NZA 2003, 984. ‖ 10 Ausführlich zum Streitstand *Hergenröder* in Benecke/Hergenröder, § 15 Rz. 13 mwN. ‖ 11 BAG 11.1.1973 – 5 AZR 467/72, AP Nr. 1 zu § 6 BBiG. ‖ 12 ArbG Celle 28.6.1974 – 2 Ca 385/74, EzB § 12 Abs. 1 S. 1 Nr. 1 BBiG Nr. 2. ‖ 13 *Lakies*, AR-Blattei SD 400 Rz. 539. ‖ 14 *Lakies* in Lakies/Wohlgemuth, § 16 Rz. 7. ‖ 15 BAG 16.9.1974 – 5 AZR 255/74, AP Nr. 9 zu § 630 BGB; *Gedon/Hurlebaus*, § 16 Rz. 21. ‖ 16 *Opolony*, BB 2005, 1053.

BBiG § 16 Rz. 2

2 Das Zeugnis ist vom Ausbildenden auszustellen und unter den Voraussetzungen des **Abs. 1 S. 3** auch vom Ausbilder zu **unterschreiben**. Das Fehlen seiner Unterschrift macht das Zeugnis nicht unwirksam, da S. 3 Sollvorschrift ist[1]. Wird der Ausbildungsbetrieb nach Eröffnung eines Insolvenzverfahrens vom **Insolvenzverwalter** weitergeführt, ist dieser zur Zeugniserteilung auch für die Zeit vor Verfahrenseröffnung verpflichtet[2]. Hat das Ausbildungsverhältnis vorher geendet, ist das Zeugnis vom Ausbildenden und nicht vom Insolvenzverwalter zu erteilen[3].

3 **Ein vorläufiges bzw. ein Zwischenzeugnis** kann zB verlangt werden, wenn der Auszubildende gekündigt hat und sich für eine andere Berufstätigkeit ausbilden lassen will (§ 22 II Nr. 2[4]) bzw. wenn er die Zwischenprüfung abgelegt hat (§ 48). Wurde ein Zwischenzeugnis erteilt, ist der Aussteller regelmäßig an den Inhalt dieses Zeugnisses gebunden[5].

4 Das Zeugnis ist **schriftl. abzufassen**[6] und auf dem für die Geschäftskorrespondenz üblichen Geschäftspapier zu erstellen[7] sowie zu unterzeichnen. Sofern kein Geschäftspapier mehr vorhanden ist, kann auch neutrales Papier verwendet werden[8]. Hat der Ausbildende die Berufsausbildung nicht selbst durchgeführt, ist das Zeugnis auch von den Ausbildern zu unterzeichnen (Abs. 1 S. 3 BBiG). Die elektronische Form ist ausgeschlossen (Abs. 1 S. 2)[9]. Der Anspruch auf Erteilung eines Zeugnisses unterliegt der **Verwirkung**[10]; es gilt die regelmäßige Verjährungsfrist von drei Jahren (§ 195 BGB). Dem Auszubildenden steht ein Schadensersatzanspruch zu, sofern der Ausbildende das Zeugnis gar nicht oder fehlerhaft ausstellt und der Auszubildende dadurch einen Schaden erleidet[11]. Zudem kann ein unrichtiges Zeugnis zur Haftung des Ausbildenden ggü. einem neuen späteren ArbGeb führen, sofern es grob unrichtige Angaben enthält und der neue ArbGeb durch Vertrauen auf die Richtigkeit des Zeugnisses einen Schaden erleidet. Dies ist bspw. der Fall, wenn dem Auszubildenden äußerste Zuverlässigkeit in einer treu erfüllten Vertrauensstellung bescheinigt wird, obwohl er im Betrieb erhebliche Summen Geld unterschlagen hat. Kommt es dann im neuen Betrieb wiederum zu Unterschlagungen, haftet der Aussteller des Zeugnisses ggü. dem neuen ArbGeb auf Schadensersatz[12]. Der Ausbildende ist nicht verpflichtet, das Zeugnis mit Formulierungen abzuschließen, in denen er dem Auszubildenden für die gute Zusammenarbeit dankt und ihm für die Zukunft alles Gute wünscht[13]. Das Zeugnis ist eine Holschuld[14], dh. der Auszubildende ist grundsätzlich verpflichtet, dieses im Betrieb abzuholen. Etwas anderes gilt nur, wenn dieses ihm aufgrund besonderer Umstände ausnahmsweise unzumutbar ist.

5 **II. Inhalt des Zeugnisses (Abs. 2). 1. Einfaches Zeugnis.** Abs. 2 S. 1 legt den Inhalt des einfachen Zeugnisses fest. Bei der **Art der Ausbildung** ist anzugeben, ob diese ausschließlich im Betrieb oder ergänzend außerhalb der Ausbildungsstätte durchgeführt wurde. Das **Ziel der Berufsausbildung** ist mittels der durch die Ausbildungsordnung festgelegten Bezeichnung des Ausbildungsberufes anzugeben. **Die erworbenen Fertigkeiten und Kenntnisse sowie die berufliche Handlungsfähigkeit** werden durch Angabe des erreichten Ausbildungszieles bzw. bei vorzeitiger Beendigung der Ausbildung durch Beschreibung des erreichten Ausbildungsstandes dokumentiert. Der **Beendigungsgrund** darf bei vorzeitiger Auflösung des Berufsausbildungsverhältnisses nur mit Zustimmung des Auszubildenden im Zeugnis aufgeführt werden[15].

6 Das Zeugnis muss **objektiv wahr** sein, wobei der Grundsatz der wohlwollenden Beurteilung aus der Sicht eines verständigen ArbGeb gilt[16], andernfalls der Auszubildende **Berichtigung** verlangen kann[17]. Die **Beweislast für die Unrichtigkeit** obliegt dem Auszubildenden[18].

7 **2. Qualifiziertes Zeugnis.** Auf Verlangen des Auszubildenden ist ein qualifiziertes Zeugnis mit dem sich aus Abs. 2 S. 2 ergebenden zusätzl. Inhalt auszustellen. Das qualifizierte Zeugnis muss alle wesentlichen Tatsachen und Beurteilungen aufführen, die für das Gesamtbild des Auszubildenden von Bedeutung sind. Neben Verhaltensangaben können zB auch herausgehobenes Geschick bei der Arbeit oder den Ausbildungsstandard übertreffendes Fachwissen dokumentiert werden[19]. Der Ausbildende darf nicht von sich aus ein qualifiziertes Zeugnis erstellen, andernfalls der Auszubildende Abänderung, dh. ein einfaches Zeugnis verlangen kann[20].

---

1 ErfK/*Schlachter*, § 16 BBiG Rz. 1; MünchArbR/*Natzel*, § 178 Rz. 325. ||2 BAG 30.1.1991 – 5 AZR 32/90, AP Nr. 18 zu § 630 BGB. ||3 BAG 23.6.2004 – 10 AZR 495/03, NZA 2004, 1392. ||4 *Hergenröder* in Benecke/Hergenröder, § 16 Rz. 14; KassHdb/*Natzel*, 5.1. Rz. 338. ||5 BAG 16.10.2007 – 9 AZR 248/07, AP Nr. 33 zu § 630 BGB m. Anm. *Schulz*. ||6 BAG 21.9.1999 – 9 AZR 893/98, AP Nr. 23 zu § 630 BGB. ||7 BAG 3.3.1993 – 5 AZR 182/92, AP Nr. 20 zu § 630 BGB. ||8 LAG Rh.-Pf. 3.8.2011 – 9 Ta 128/11, DB 2012, 240. ||9 *Opolony*, BB 2005, 1053. ||10 BAG 17.2.1988 – 5 AZR 638/86, AP Nr. 17 zu § 630 BGB; 17.10.1972 – 1 AZR 86/72, AP Nr. 8 zu § 630 BGB. ||11 BAG 24.3.1977 – 3 AZR 232/76, AP Nr. 12 zu § 630 BGB; 25.10.1967 – 3 AZR 456/66, AP Nr. 6 zu § 73 HGB; *Gedon*/*Hurlebaus*, § 16 Rz. 61f. ||12 OLG München 30.3.2000 – 1 U 6245/99, OLGReport 2000, 337. ||13 BAG 11.12.2012 – 9 AZR 227/11, NZA 2013, 324. ||14 LAG Bln.-Bbg. 6.2.2013 – 10 Ta 31/13, openJur 2013, 5390. ||15 *Hergenröder* in Benecke/Hergenröder, § 16 Rz. 17; KassHdb/*Taubert*, 5.1. Rz. 339 mwN. ||16 BAG 29.7.1971 – 2 AZR 250/70, AP Nr. 6 zu § 630 BGB. ||17 LAG Hess. 8.8.2001 – 7 Ca 8000/00, VjA-EzB § 630 BGB Nr. 1; BAG 23.6.1960 – 5 AZR 560/58, AP Nr. 1 zu § 73 HGB. ||18 *Gedon*/*Hurlebaus*, § 16 Rz. 50. ||19 BT-Drs. 15/3980, 46. ||20 *Hergenröder* in Benecke/Hergenröder, § 16 Rz. 27; KassHdb/*Taubert*, 5.1. Rz. 340.

Unterabschnitt 4. Vergütung

17 *Vergütungsanspruch*
(1) Ausbildende haben Auszubildenden eine angemessene Vergütung zu gewähren. Sie ist nach dem Lebensalter der Auszubildenden so zu bemessen, dass sie mit fortschreitender Berufsausbildung, mindestens jährlich, ansteigt.

(2) Sachleistungen können in Höhe der nach § 17 Abs. 1 Satz 1 Nr. 4 des Vierten Buches Sozialgesetzbuch festgesetzten Sachbezugswerte angerechnet werden, jedoch nicht über 75 Prozent der Bruttovergütung hinaus.

(3) Eine über die vereinbarte regelmäßige tägliche Ausbildungszeit hinausgehende Beschäftigung ist besonders zu vergüten oder durch entsprechende Freizeit auszugleichen.

I. Rechtsnatur der Vergütung. Die Vergütung soll eine finanzielle Hilfe zur Durchführung der Ausbildung sein, die Heranbildung eines ausreichenden Nachwuchses an qualifizierten Fachkräften gewährleisten und schließlich eine Entlohnung darstellen[1]. Sie steht in keinem Austauschverhältnis zum Produktionsinteresse des ArbGeb, da ein Ausbildungsvertrag keine leistungsorientierte Gewinnerwirtschaftung vorsieht[2]. **Steuer- und sozialversicherungsrechtl.** wird sie als Entgelt behandelt, dasselbe gilt **betriebsverfassungsrechtl.** (§ 87 I Nr. 4 BetrVG)[3]. Sie zählt zu den Erziehungsgeldern iSd. § 850a Nr. 6 ZPO und ist damit **unpfändbar**[4]. Aus diesem Grunde kann sie weder **abgetreten** (§ 400 BGB) noch **verpfändet** werden (§ 1274 II BGB)[5].   1

Der Anspruch auf die Vergütung beginnt mit dem Berufsausbildungsverhältnis. Der Auszubildende kann auf sie nicht **verzichten**, sie ist nach § 25 **unabdingbar**[6]. Die Vereinbarung, für die Zeit des Berufsschulbesuchs keine Vergütung zu zahlen, ist ebenfalls nichtig[7].   2

Unter § 17 fallen sämtliche Ausbildungsverhältnisse iSd. BBiG, nicht jedoch **öffentl.-rechtl. Berufsausbildungsverhältnisse** (§ 3 II Nr. 2, vgl. § 3 Rz. 3)[8]. Die Ausbildung in **Heil- und Hilfsberufen** wird von § 17 nur ausnahmsweise erfasst, wenn die praktische Ausbildung überwiegt[9]. Bei einem öffentl. finanzierten, dreiseitigen Ausbildungsverhältnis kann die Nichtanwendung von Abs. 1 S. 1 geboten sein[10].   3

II. Höhe der Vergütung (Abs. 1). Die Höhe der Vergütung kann tarif- oder einzelvertragl. vereinbart werden. Sie muss **angemessen** sein (**Abs. 1 S. 1**)[11]. Das ist dann der Fall, wenn sie hilft, die Lebenshaltungskosten zu bestreiten und wenn sie zugleich eine Mindestentlohnung für die Leistungen des Auszubildenden darstellt[12]. **Einschlägige tarifl. Vorschriften** stellen die Mindestentlohnung dar und sind stets angemessen[13]. Fehlt eine tarifvertragl. Regelung, kann zur Ermittlung der angemessenen Vergütung auf Empfehlungen von Kammern und Innungen zurückgegriffen werden[14]. Diese sind nicht berechtigt, Mindestsätze für die Vergütung verbindlich festzusetzen[15]. **Die Vergütung nicht tarifl. gebundener Auszubildender** ist auf jeden Fall angemessen, wenn sie nach einem entsprechenden TV bemessen wird[16]. Unterschreitet die Vergütung den für einen Ausbildungsbetrieb einschlägigen TV um mehr als 20 %, ist sie idR nicht mehr angemessen[17].   4

Wird die Vergütung **zu 100 % von der öffentl. Hand finanziert**, kann diese, auch wenn sie erheblich unter den tarifl. Ausbildungsvergütungen liegt, noch angemessen sein[18]. Bei einem durch Spenden Dritter finanzierten Ausbildungsverhältnis bestimmt sich die Angemessenheit der Ausbildungsvergütung nicht allein nach einschlägigen tarifl. Sätzen, wenn der Auszubildende auf einem zusätzlich geschaffenen Ausbildungsplatz ausgebildet wird und ohne diesen einen qualifizierten Berufsabschluss nicht hätte erreichen können[19]. Hingegen rechtfertigt die Tatsache, dass der Ausbildungsträger nur über beschränkte finanzielle Mittel verfügt, keine Befreiung von der Pflicht, eine angemessene Vergütung zu ge-   5

---

1 Schriftl. Bericht des Ausschusses für Arbeit, BT-Drs. V/4260, 9 zu § 10; BAG 22.1.2008 – 9 AZR 999/06, NJW 2008, 1833; 15.12.2005 – 6 AZR 224/05, AP Nr. 15 zu § 10 BBiG; 8.5.2003 – 6 AZR 191/02, AP Nr. 14 zu § 10 BBiG. ||2 BAG 17.8.2000 – 8 AZR 578/99, AP Nr. 7 zu § 3 BBiG. ||3 *Gedon/Hurlebaus*, § 17 Rz. 20 ff.; KassHdb/*Taubert*, 5.1. Rz. 173; MünchArbR/*Natzel*, § 178 Rz. 194. ||4 Str., so wie hier *Lakies*, AR-Blattei SD 400 Rz. 471; *Lakies* in Lakies/Malottke, § 17 Rz. 5, jew. mwN. ||5 *Lakies*, AR-Blattei SD 300 Rz. 471. ||6 *Gedon/Hurlebaus*, § 25 Rz. 10 mwN; LAG Rh.-Pf. 7.3.1997 – 3 Sa 540/96, EzB § 10 Abs. 1 BBiG Nr. 69. ||7 ArbG Bayreuth 1.6.1978 – 2 Ca 25/78, EzB § 4 BBiG Nr. 15. ||8 *Hergenröder* in Benecke/Hergenröder, § 17 Rz. 3. ||9 BAG 7.3.1990 – 5 AZR 217/89, AP Nr. 28 zu § 611 BGB Ausbildungsverhältnis; 18.6.1980, 4 AZR 545/78, AP Nr. 3 zu § 611 BGB – Ausbildungsverhältnis. ||10 BAG 15.11.2000 – 5 AZR 296/99, AP Nr. 9 zu § 10 BBiG. ||11 Hierzu *Natzel*, DB 1992, 1521 ff. ||12 St. Rspr., BAG 15.11.2000 – 5 AZR 296/99, NZA 2001, 1248; 30.9.1998 – 5 AZR 690/97, NZA 1999, 265; 11.10.1995 – 5 AZR 258/94, NZA 1996, 69; 10.4.1991 – 5 AZR 226/90, NZA 1991, 773. ||13 BAG 15.12.2005 – 6 AZR 224/05, NZA 2007, 1393; 7.3.1990 – 5 AZR 217/89, NZA 1991, 20. ||14 BAG 30.9.1998 – 5 AZR 690/97, AP Nr. 8 zu § 10 BBiG; *Lakies*, AR-Blattei SD 400 Rz. 489. ||15 BVerwG 26.3.1981 – 4 C 50.78, EzB § 4 BBiG Nr. 23. ||16 BAG 22.1.2008 – 9 AZR 999/06, NZA-RR 2008, 565; 18.6.1980 – 4 AZR 545/78, AP Nr. 3 zu § 611 BGB Ausbildungsverhältnis. ||17 BAG 10.4.1991 – 5 AZR 226/90, AP Nr. 3 zu § 10 BBiG; LAG Berlin 21.3.2000 – 5 Sa 81/00; BAG 19.2.2008 – 9 AZR1091/07, AP Nr. 8 zu § 17 BBiG; *Opolony*, BB 2005, 1052. ||18 BAG 22.8.2008 – 9 AZR 999/0, AP Nr. 7 zu § 17 BBiG; 11.10.1995 – 5 AZR 258/94, AP Nr. 6 zu § 10 BBiG. ||19 BAG 8.5.2003 – 6 AZR 191/02, AR-Blattei Es 400 Nr. 114.

währen[1]. Bei der Prüfung der Angemessenheit ist auf den **Zeitpunkt der Fälligkeit** und nicht auf den Zeitpunkt des Vertragsschlusses abzustellen[2].

6 Die Vergütung muss nach **Abs. 1 S. 2** das Lebensalter des Auszubildenden berücksichtigen und mindestens jährlich ansteigen – und zwar nach Ablauf des jeweiligen Berufsausbildungsjahres[3]. Wird eine **Zwischenprüfung** vorfristig erfolgreich abgelegt, besteht ein Anspruch auf die für den folgenden Ausbildungsabschnitt vorgesehene Vergütung. **Verkürzungszeiten nach § 7 I** gelten im Hinblick auf die Vergütung als abgeleistete Zeiten des Ausbildungsverhältnisses[4]. Bei einer **Verkürzung nach § 8 I** besteht kein Anspruch auf eine entsprechend vorgezogene Erhöhung der Ausbildungsvergütung[5]. Eine **Verlängerung der Ausbildungszeit** ebenso wie deren **Verkürzung** infolge vorzeitiger Ablegung der Abschlussprüfung (§ 21 II) haben auf die Höhe der Vergütung keine Auswirkung[6]. Bei **nicht bestandener Abschlussprüfung** kann das Ausbildungsverhältnis nach Maßgabe des § 21 III höchstens um ein Jahr verlängert werden (vgl. § 21 Rz. 4). In diesem Fall besteht Anspruch auf eine Vergütung in der zuletzt gezahlten Höhe und nicht etwa auf die Vergütung für ein tarifl. vorgesehenes **viertes Ausbildungsjahr**, soweit sich aus dem TV nichts anderes ergibt (§ 21 Rz. 4)[7].

7 Ist die vertragl. Vergütung unangemessen, führt dies nicht zur **Nichtigkeit** des gesamten Ausbildungsvertrages (§ 139 BGB). Der Auszubildende kann in diesem Fall vielmehr eine angemessene Vergütung einklagen[8].

8 **III. Anrechnung von Sachleistungen (Abs. 2).** Sofern der Ausbildende Sachleistungen in Form von Wohnung, Heizung, Beleuchtung bzw. Verpflegung gewährt, können diese bis zu 75 % auf den Vergütungsanspruch kraft tarif- bzw. einzelvertragl. Vereinbarung angerechnet werden (§ 17 Abs. 2). 25 % müssen dem Auszubildenden auf jeden Fall ausbezahlt werden[9]. Ein Anspruch auf die volle Vergütung besteht in diesem Fall nicht[10].

9 Die **Höhe der anzurechnenden Sachbezüge** ergibt sich aus der von der Bundesregierung auf der Grundlage des § 17 I 1 Nr. 4 SGB IV erlassenen Sozialversicherungsentgeltverordnung. Diese bestimmt den Wert der Sachbezüge, die ArbN als Arbeitsentgelt erhalten[11].

10 **IV. Besondere Vergütung oder Freizeitausgleich bei Mehrarbeit (Abs. 3). Mehrbeschäftigung** liegt vor, wenn die tarif- oder einzelvertragl. vereinbarte regelmäßige Dauer der Ausbildungszeit überschritten wird[12]. Die besondere Vergütung muss **angemessen sein**[13] und ist zusätzlich zur vereinbarten Bezahlung zu gewähren. Selbst wenn die nach § 8 I JArbSchG bzw. § 3 ArbZG (vgl. § 11 Rz. 6) zulässige tägliche Ausbildungszeit überschritten wird, besteht ein Anspruch auf die besondere Vergütung nach Abs. 3[14]. Der **Freizeitausgleich** tritt alternativ an die Stelle der besonderen Vergütung und ist grds. innerhalb eines Monats nach der Mehrbeschäftigung zu gewähren, um einen gewissen zeitlichen Zusammenhang zu wahren[15]. Der Auszubildende ist darlegungs- und beweispflichtig, sofern er eine Überstundenvergütung geltend machen will[16].

18 Bemessung und Fälligkeit der Vergütung

(1) Die Vergütung bemisst sich nach Monaten. Bei Berechnung der Vergütung für einzelne Tage wird der Monat zu 30 Tagen gerechnet.

(2) Die Vergütung für den laufenden Kalendermonat ist spätestens am letzten Arbeitstag des Monats zu zahlen.

1 **I. Bemessung der Vergütung (Abs. 1).** Nach **Abs. 1 S. 1** bemisst sich die **Vergütung nach Kalendermonaten**. Die Vorschrift ist **unabdingbar** (§ 25). Die Bemessung der Vergütung sowohl nach einem längeren als auch nach einem kürzeren Zeitraum ist unzulässig[17].

2 Bei der Bemessung der **Vergütung für einzelne Tage** wird jeder Monat mit 30 Tagen gerechnet, auch der Februar bzw. Monate mit 31 Tagen[18]. Die Vereinbarung eines kleineren Teilers ist zulässig, die eines größeren Teilers nicht[19]. Stunden- oder Schichtlöhne sowie vom Betriebsergebnis abhängige Vergütun-

---

1 BAG 19.2.2008 – 9 AZR 1091/06, NZA 2008, 828. || 2 BAG 30.9.1998 – 5 AZR 690/97, AP Nr. 8 zu § 10 BBiG. || 3 Ausschussbericht BT-Drs. V/4260 zu § 10; *Gedon/Hurlebaus*, § 17 Rz. 40. || 4 BAG 8.12.1982 – 5 AZR 474/80, AP Nr. 1 zu § 29 BBiG. || 5 BAG 8.12.1982 – 5 AZR 474/80, AP Nr. 1 zu § 29 BBiG. || 6 *Hergenröder* in Benecke/Hergenröder, § 17 Rz. 17. || 7 BAG 8.2.1978 – 4 AZR 552/76, AP Nr. 1 zu § 10 BBiG. || 8 LAG Nürnberg 29.5.1984 – 7 Sa 57/83, EzB Nr. 42 zu § 10 Abs. 1 BBiG. || 9 *Hergenröder* in Benecke/Hergenröder, § 17 BBiG Rz. 27. || 10 LAG Rh.-Pf. 12.4.2007 – 11 Sa 841/06, EzB Nr. 4 zu § 17 Abs. 2 BBiG. || 11 Vgl. hierzu die SvEV v. 21.12.2006 (BGBl. I S. 3385), zuletzt geändert durch VO v. 21.10.2013 (BGBl. I S. 3871). || 12 *Gedon/Hurlebaus*, § 17 Rz. 60. || 13 LAG Sachs. 16.1.2008 – 9 Sa 269/07, EzB Nr. 7 zu § 17 Abs. 3 BBiG. || 14 BAG 3.10.1969 – 3 AZR 400/68, AP Nr. 12 zu § 15 AZO; 4.10.1963 – 1 AZR 461/62, AP Nr. 4 zu § 10 JArbSchG. || 15 *Hergenröder* in Benecke/Hergenröder, § 17 Rz. 34: *Litterscheid*, NZA 2006, 639/640; aA etwa *Leinemann/Taubert*, § 17 Rz. 49, die annehmen, dass der Anspruch lediglich der Verjährung nach § 195 BGB unterliegt. || 16 LAG Rh.-Pf. 12.2.2009 – 10 Sa 45/08, nv. || 17 *Hergenröder* in Benecke/Hergenröder, § 18 Rz. 3; aA *Leinemann/Taubert*, § 18 Rz. 4, die eine Berechnung der Vergütung für längere oder kürzere Zeiträume für zulässig erachten. || 18 *Gedon/Hurlebaus*, § 18 Rz. 7. || 19 Vgl. die Nachw. bei *Hergenröder* in Benecke/Hergenröder, § 18 Rz. 4.

gen sind nicht erlaubt[1]. Bei **unentschuldigtem Fehlen** des Auszubildenden kann die Vergütung für jeden Tag um 1/30 gekürzt werden[2].

II. Fälligkeit der Vergütung (Abs. 2). Die Vergütung für den laufenden Monat ist spätestens am letzten Arbeitstag des Monats fällig, frühere Zahlungen sind ebenso möglich wie **Vorschüsse** oder **Abschlagszahlungen**. Die Zahlung kann bar oder bargeldlos (per Überweisung oder Scheck) erfolgen[3]. Bei Barzahlung ist **Erfüllungsort** der Ort der Ausbildungsstätte[4].

An **minderjährige Auszubildende** kann die Vergütung grds. direkt bezahlt werden, es sei denn, die Erziehungsberechtigten legen etwas anderes fest[5].

Nach § 87 I Nr. 4 BetrVG hat der **BR ein MitbestR** bei Fragen von Zeit, Ort und Art der Auszahlung der Arbeitsentgelte[6].

19 Fortzahlung der Vergütung

(1) Auszubildenden ist die Vergütung auch zu zahlen
1. für die Zeit der Freistellung (§ 15),
2. bis zur Dauer von sechs Wochen, wenn sie
   a) sich für die Berufsausbildung bereithalten, diese aber ausfällt oder
   b) aus einem sonstigen, in ihrer Person liegenden Grund unverschuldet verhindert sind, ihre Pflichten aus dem Berufsausbildungsverhältnis zu erfüllen.

(2) Können Auszubildende während der Zeit, für welche die Vergütung fortzuzahlen ist, aus berechtigtem Grund Sachleistungen nicht abnehmen, so sind diese nach den Sachbezugswerten (§ 17 Abs. 2) abzugelten.

I. Fortzahlung der Vergütung für die Zeit der Freistellung (Abs. 1 Nr. 1). Soweit der Auszubildende nach § 15 (vgl. § 15 Rz. 1 f.) freizustellen ist, besteht ein Fortzahlungsanspruch nach Nr. 1. Voraussetzung ist, dass er an den Ausbildungsmaßnahmen auch **tatsächlich teilnimmt oder entschuldigt fehlt**[7]. Fällt der Berufsschulunterricht aus und bleibt der Auszubildende unentschuldigt der Ausbildungsstätte fern, kann die Vergütung anteilig gekürzt werden[8]. Der Anspruch auf Fortzahlung der Vergütung für die Zeit des Besuchs der Berufsschule ist auch dann gegeben, wenn der Auszubildende **nicht mehr berufsschulpflichtig** ist[9]. Eine Vereinbarung, für die Zeit des Berufsschulunterrichts **keine Vergütung zu zahlen**, ist nichtig[10]. Dies gilt nicht für die Zeit nach Abschluss des Ausbildungsverhältnisses[11]. Es ist nur die Vergütung für die vertragl. vereinbarte tägliche Ausbildungszeit (§ 11 I 2 Nr. 4) zu zahlen, selbst wenn die Maßnahme, für die freizustellen ist, länger dauert[12]. Für eine **rein schulische Ausbildung** ist keine Vergütung zu zahlen[13].

Es gilt das **Lohnausfallprinzip**, dh. der Auszubildende hat für die Dauer der Freistellung Anspruch auf die Vergütung, die ihm bei Anwesenheit in der Ausbildungsstätte gezahlt worden wäre[14]. Eine Verrechnung von unentschuldigten Fehltagen mit Urlaubstagen ist nicht möglich[15]. Der Anspruch nach Nr. 1 endet mit der **Beendigung des Ausbildungsverhältnisses**.

Abs. 1 Nr. 1 regelt nur die Fortzahlung der Vergütung für die Dauer der Freistellung, und begründet keinen Anspruch auf Übernahme der **Fahrtkosten zum Besuch der Berufsschule**. Ein solcher kann sich aber aus Betriebsübung[16] sowie aus tarif- oder einzelvertragl. Vereinbarung ergeben. Bei einer **auswärtigen Lehrabschlussprüfung** besteht ebenfalls kein gesetzl. Anspruch auf Übernahme der Fahrt- und Übernachtungskosten[17]. Dies gilt auch für Fahrtkosten zu einer auswärtigen Berufsschule, welche Auszubildende auf Grund der Zuweisung durch die Schulbehörde besuchen[18].

II. Fortzahlung der Vergütung bei Ausfall der Berufsausbildung (Abs. 1 Nr. 2). 1. Ausfall der Berufsausbildung. Nach Abs. 1 Nr. 2a ist die Vergütung für die Dauer von sechs Wochen fortzuzahlen, wenn **die Berufsausbildung aus vom Ausbildenden zu vertretenden Gründen ausfällt** (zB Auftrags- oder Materialmangel, Stromausfall, Maschinenschaden, Liquiditätsengpässe, Erkrankung des Ausbildenden, Produktionsverbote etc.). Voraussetzung ist, dass der **Auszubildende die Erfüllung seiner Pflichten ordnungsgemäß anbietet**, dh. er muss jederzeit für die Fortführung der Berufsausbildung zur Verfügung stehen[19]. Fällt die Berufsausbildung infolge **Streiks oder Aussperrung** aus, besteht nach allgM ein Ver-

---

1 ErfK/*Schlachter*, § 18 BBiG Rz. 1. ||2 *Leinemann/Taubert*, § 18 Rz. 8. ||3 *Gedon/Hurlebaus*, § 18 Rz. 11. ||4 *Leinemann/Taubert*, § 18 Rz. 14. ||5 *Gedon/Hurlebaus*, § 18 Rz. 13. ||6 *Hergenröder* in Benecke/Hergenröder, § 18 Rz. 11. ||7 *Hergenröder* in Benecke/Hergenröder, § 19 Rz. 1. ||8 *Gedon/Hurlebaus*, § 19 Rz. 13. ||9 ArbG Münster 20.12.1979 – 3 (2) Ca 658/79, EzB § 12 Abs. 1 S. 1 Nr. 1 BBiG Nr. 7. ||10 ArbG Bayreuth 1.6.1978 – 2 Ca 25/78, EzB § 12 Abs. 1 S. 1 Nr. 1 BBiG Nr. 6. ||11 Vgl. die Nachw. bei ErfK/*Schlachter*, § 19 BBiG Rz. 2. ||12 *Leinemann/Taubert*, § 19 Rz. 7. ||13 BAG 16.10.1974 – 5 AZR 575/73, AP Nr. 1 zu § 1 BBiG. ||14 BAG 17.11.1972 – 3 AZR 112/72, AP Nr. 3 zu § 13 JArbSchG; 3.9.1960 – 1 AZR 210/59, AP Nr. 1 zu § 13 JArbSchG. ||15 BAG 5.2.1970 – 5 AZR 470/69, AP Nr. 4 zu § 3 BUrlG. ||16 BAG 11.1.1973 – 5 AZR 467/72, AP Nr. 1 zu § 6 BBiG. ||17 BAG 14.12.1983 – 5 AZR 333/81, AP Nr. 1 zu § 34 BBiG. ||18 LAG Rh.-Pf. 18.9.2008 – 10 Sa 199/08. ||19 *Gedon/Hurlebaus*, § 19 Rz. 22.

gütungsanspruch nach Nr. 2a, sofern sich der Auszubildende an diesen Maßnahmen nicht beteiligt[1]. Der Anspruch auf Fortzahlung der Vergütung ist **unabdingbar** (§ 25).

5 **2. Unverschuldete Verhinderung des Auszubildenden.** Eine Fortzahlungspflicht besteht nach **Abs. 1 Nr. 2b** dann, wenn ein in der Person des Auszubildenden liegender Grund diesen unverschuldet daran hindert, seinen Pflichten aus dem Ausbildungsverhältnis nachzukommen (zB Arztbesuch, Wohnungswechsel, Hochzeit, Kindstaufe, Beerdigung, Teilnahme an einem Gerichtstermin usw.). Die Vorschrift entspricht **§ 616 BGB**, ist aber in Gegensatz zu diesem **unabdingbar** (§ 25).

6 Ist es dem Auszubildenden auf Grund der **Witterungs- bzw. Verkehrsverhältnisse** unmöglich, seine Arbeitsstätte zu erreichen, besteht keine Vergütungspflicht[2].

7 In den Fällen 2a und 2b ist die Vergütung bis **zur Dauer von sechs Wochen** zu bezahlen. Für die Fristberechnung gelten die §§ 187, 188 BGB.

8 **III. Nichtabnahme von Sachleistungen (Abs. 2).** Berechtigte Gründe iSd. Vorschrift sind ua. Urlaub, eine Kur, ein Krankenhausaufenthalt oder die Ausbildung in einer außerbetriebl. Ausbildungsstelle außerhalb des Wohnortes[3]. Kann der Auszubildende aus den genannten Gründen Sachleistungen (zB Unterbringung/Verpflegung) nicht annehmen, sind diese unter Zugrundelegung der SachbezugsVO (vgl. § 17 Rz. 9) abzugelten.

Unterabschnitt 5. Beginn und Beendigung des Ausbildungsverhältnisses

20 *Probezeit*
Das Berufsausbildungsverhältnis beginnt mit der Probezeit. Sie muss mindestens einen Monat und darf höchstens vier Monate betragen.

1 **I. Probezeit als Teil der Gesamtausbildung (S. 1).** Jedes Berufsausbildungsverhältnis beginnt mit einer Probezeit, welche Teil der Gesamtausbildung ist und dieser nicht vorgeschaltet werden darf[4]. Vom Probearbeitsverhältnis ist das sog. Einfühlungsverhältnis zu unterscheiden, welches das Kennenlernen des Arbeitsplatzes bezweckt und keine gegenseitigen Verpflichtungen begründet[5]. Die Beschäftigung als **Praktikant** vor Beginn der Berufsausbildung ist nicht auf die Probezeit anzurechnen[6]. Ab dem Beginn der Probezeit hat der Auszubildende Anspruch auf die **Ausbildungsvergütung**[7].

2 Die Probezeit soll es dem Auszubildenden ermöglichen, seine körperliche und geistige Eignung für den zu erlernenden Beruf festzustellen[8]. Der Ausbildende soll während der Probezeit prüfen können, ob der Auszubildende für den zu erlernenden Beruf geeignet ist und in den Betrieb „passt". Vereinbart der Auszubildende mit dem Ausbildenden ein **neues Ausbildungsverhältnis**, muss dieses wiederum mit einer Probezeit beginnen. Im Rahmen der **Stufenausbildung** (§ 5 II Nr. 1) ist die Vereinbarung einer Probezeit für die Folgestufen unzulässig[9]. Auch im Falle der Übernahme eines Auszubildenden aus einem insolventen Betrieb ist eine Probezeit zu vereinbaren. Wechselt der Auszubildende zu Beginn des 3. Ausbildungsjahres des Ausbilder, darf bei Beibehaltung des Ausbildungsberufes ebenfalls eine Probezeit vereinbart werden[10].

3 **II. Dauer der Probezeit (S. 2).** Die Probezeit darf höchstens vier Monate betragen und einen Monat nicht unterschreiten. Diese Fristen gelten auch, wenn die Probezeit für ein Ausbildungsverhältnis vereinbart wird, welches sich an ein ArbVerh anschließt[11]. Der Grund für die Festlegung der Probezeit auf vier Monate ist der Wunsch des Gesetzgebers, den Arbeitsvertragsparteien ausreichend Zeit einzuräumen, um die für das Ausbildungsverhältnis wesentlichen Umstände prüfen zu können[12]. Zudem ergeben sich gerade zu Beginn der Ausbildung längere Abwesenheiten des Auszubildenden durch Blockunterricht etc., was dem Betrieb die Beurteilung seiner Leistungsfähigkeit erschwert[13]. Wird die Ausbildung während der Probezeit bspw. wegen Krankheit **unterbrochen**, verlängert sich diese nicht automatisch um die Dauer der Unterbrechung. Die Parteien können jedoch vertragl. festlegen, dass sich die Probezeit bei einer Unterbrechung um einen wesentlichen Zeitraum – dh. rund einen Monat – entsprechend verlängert[14]. Eine solche Vereinbarung kann bereits im Berufsausbildungsvertrag bzw. in einer Anlage zu diesem oder bei Bedarf in einer Vertragsergänzung getroffen werden. Geringfügige Unterbrechungen sind unbeachtlich. Die Vereinbarung einer Probezeit von mehr als vier Monaten ist nich-

---

1 *Hergenröder* in Benecke/Hergenröder, § 19 Rz. 17. ||2 BAG 8.12.1982 – 4 AZR 134/80, AP Nr. 58 zu § 616 BGB; 8.9.1982 – 5 AZR 283/80, AP Nr. 59 zu § 616 BGB. ||3 *Hergenröder* in Benecke/Hergenröder, § 19 Rz. 33. ||4 LAG Rh.-Pf. 19.12.1986 – 6 Sa 979/86, EzB § 13 BBiG Nr. 21. ||5 *Löw*, RdA 2007, 124ff.; *Maties*, RdA 2007, 135ff. (141f.). ||6 ArbG Duisburg 19.2.09 – 1 Ca 3082/08, EzB-VjA § 20 Nr. 19; LAG BW 25.8.1976 – 4 Sa 44/76, EzB § 13 BBiG Nr. 7; *Gedon/Hurlebaus*, § 20 Rz. 11; aA ArbG Wetzlar 24.10.1989 – 1 Ca 317/89, EzB § 13 BBiG Nr. 24. ||7 *Lakies* in Lakies/Malottke, § 20 Rz. 2. ||8 BAG 16.12.2004 – 6 AZR 127/04, NZA 2005, 578. ||9 BAG 27.11.1991 – 2 AZR 263/91, AP Nr. 2 zu § 13 BBiG. ||10 LAG Schl.-Holst. 12.8.2010 – 4 Sa 120/10, EzB Nr. 22 zu § 20 BBiG. ||11 BAG 16.12.2004 – 6 AZR 127/04, NJW 2005, 1678. ||12 *Wohlgemuth*, AuR 2005, 243. ||13 *Dorn/Nackmayr*, S. 13. ||14 BAG 15.1.1981 – 2 AZR 943/78, AP Nr. 1 zu § 13 BBiG.

tig (§ 25). In diesem Fall tritt an ihre Stelle automatisch die höchstzulässige Probezeit von vier Monaten[1]. Bei anderen Vertragsverhältnissen (zB bei Praktikanten oder Volontären) kann die Probezeit nach § 26 abgekürzt werden (vgl. § 26 Rz. 7).

Während der Probezeit kann das Ausbildungsverhältnis ohne Einhaltung einer Kündigungsfrist und ohne Angabe von Gründen **gekündigt** werden (§ 22 I, vgl. § 22 Rz. 4). **§ 9 MuSchG**[2] findet Anwendung, §§ 85 SGB IX ff. kommen hingegen im Hinblick auf die sechsmonatige Wartezeit nach § 90 I Nr. 1 SGB IX nicht zum Tragen (§ 22 Rz. 2 mwN). Die Kündigung muss nach § 22 III schriftlich erfolgen (vgl. § 22 Rz. 4). 4

21 Beendigung

(1) Das Berufsausbildungsverhältnis endet mit dem Ablauf der Ausbildungszeit. Im Falle der Stufenausbildung endet es mit Ablauf der letzten Stufe.

(2) Bestehen Auszubildende vor Ablauf der Ausbildungszeit die Abschlussprüfung, so endet das Berufsausbildungsverhältnis mit Bekanntgabe des Ergebnisses durch den Prüfungsausschuss.

(3) Bestehen Auszubildende die Abschlussprüfung nicht, so verlängert sich das Berufsausbildungsverhältnis auf ihr Verlangen bis zur nächstmöglichen Wiederholungsprüfung, höchstens um ein Jahr.

I. Beendigung des Ausbildungsverhältnisses (Abs. 1). Das Ausbildungsverhältnis ist ein befristetes Vertragsverhältnis und endet grds. durch Zeitablauf. Dies gilt selbst dann, wenn der Auszubildende die Abschlussprüfung nicht besteht, sich zu dieser nicht meldet bzw. zu dieser nicht zugelassen wird[3]. Im Falle des Nichtbestehens der Abschlussprüfung gilt aber Abs. 3 (vgl. unten Rz. 4). Findet die Abschlussprüfung erst nach dem vereinbarten Ende der Berufsausbildung statt, endet das Ausbildungsverhältnis gleichwohl durch Zeitablauf[4]. Dies gilt auch dann, wenn zwar die Prüfungsleistung innerhalb des Ausbildungsverhältnisses erbracht, das Ergebnis der Prüfung erst nach dem vereinbarten Ende der Ausbildung mitgeteilt wurde. Unschädlich ist – zumindest unter der Geltung des TVAöD – eine Weiterbeschäftigung des Auszubildenden im Zeitraum bis zur Bekanntgabe des Prüfungsergebnisses, da diese Beschäftigung nicht im Anschluss an das Ausbildungsverhältnis, sondern in dessen Rahmen stattgefunden hat[5]. Im Falle einer Stufenausbildung endet das Berufsausbildungsverhältnis nach Abs. 1 S. 2 mit Ablauf der letzten Stufe[6]. Wird die Ausbildungszeit **abgekürzt** (§§ 7 I, 8 I) oder **verlängert** (§ 8 II), ist der jeweils vereinbarte Zeitpunkt maßgebend. 1

Daneben kommen weitere Beendigungsgründe in Betracht, namentlich die **Kündigung** (§ 22)[7], der Abschluss eines nach § 623 BGB schriftl. **Aufhebungsvertrages** (§ 10 Rz. 6) bzw. die **Anfechtung** des Ausbildungsvertrages (§ 10 Rz. 11)[8]. Im Falle eines Insolvenzverfahrens gilt: Grds. kann ein Ausbildungsverhältnis nach Ablauf der Probezeit nicht ordentlich gekündigt werden (§ 22 II Nr. 1). Besteht jedoch infolge des Insolvenzverfahrens keine Möglichkeit, das Ausbildungsverhältnis fortzusetzen, kann das Ausbildungsverhältnis nach § 113 InsO vom Insolvenzverwalter gekündigt werden[9]. Unzulässig ist eine Vereinbarung, wonach das Ausbildungsverhältnis bei einem **schlechten Zeugnis** ohne Weiteres endet[10]. 2

II. Vorzeitige Abschlussprüfung (Abs. 2). Wird der Auszubildende vor Ablauf der Ausbildungszeit zur Abschlussprüfung zugelassen (§ 45 I) und besteht er diese, endet das Ausbildungsverhältnis in Anknüpfung an die Rspr. des BAG[11] mit Bekanntgabe des Ergebnisses durch den Prüfungsausschuss. Sofern sich in den einschlägigen Prüfungsordnung keine abweichende Regelung findet, reicht die mündliche Mitteilung „bestanden" an den Auszubildenden[12]. Eine „Bekanntgabe" liegt nicht vor, wenn der Prüfling inoffiziell erfahren hat, dass er die Prüfung bestanden hat[13]. 3

III. Wiederholung der Abschlussprüfung (Abs. 3). Bei nicht bestandener Abschlussprüfung verlängert sich das Ausbildungsverhältnis **auf Verlangen** des Auszubildenden um höchstens ein Jahr[14]. Der Anspruch auf Verlängerung entsteht mit Kenntnis des Auszubildenden vom Nichtbestehen der Abschlussprüfung[15]. Das gilt auch, wenn dieser **krankheitsbedingt an der Prüfung nicht teilnehmen kann**[16] bzw. **entschuldigt in dieser fehlt**[17] oder wenn zu erwarten ist, dass die Wiederholungsprüfung nicht be- 4

---

1 *Gedon/Hurlebaus*, § 20 Rz. 13. ||2 LAG Hamm 7.2.1979 – A 14 Sa 1457/78, EzB § 13 BBiG Nr. 14. ||3 *Lakies* in Lakies/Malottke, § 21 Rz. 12 f. ||4 BAG 13.3.2007 – 9 AZR 494/06, EzB Nr. 7 zu § 8 Abs. 2 BBiG; LAG BW 14.12.2005 – 10 Sa 51/05, EzB Nr. 6 zu § 8 Abs. 2 BBiG; *Gedon/Hurlebaus*, § 21 Rz. 11. ||5 BAG 14.1.2009 – 3 AZR 427/07, SAE 2009, 254. ||6 *Wohlgemuth*, AuR 2005, 243. ||7 Umfassend *Kreutzfeldt*, DB 1995, 975 ff. ||8 Hierzu ausführl. *Große*, BB 1993, 2081 ff.; *Opolony*, BB 1999, 1706 ff. ||9 ErfK/*Müller-Glöge*, § 113 InsO Rz. 6; *Hoins*, Die Kündigung von Berufsausbildungsverhältnissen, insbesondere aus betrieblichen Gründen, 2009, S. 313 ff. ||10 BAG 5.12.1985 – 2 AZR 61/85, EzB § 14 Abs. 1 BBiG Nr. 9. ||11 BAG 16.6.2005 – 6 AZR 411/04, AP Nr. 12 zu § 14 BBiG; 16.2.1994 – 5 AZR 303/93, EzB § 14 Abs. 2 BBiG Nr. 31. ||12 *Benecke* in Benecke/Hergenröder, § 21 Rz. 9. ||13 LAG Sachs.-Anh. 28.4.2009 – 9 Sa 425/08, EzB Nr. 19 zu § 21 Abs. 2 BBiG. ||14 Hierzu *Natzel*, SAE 2009, 251 f. ||15 BAG 23.9.2004 – 6 AZR 519/03, AR-Blattei ES 400 Nr. 115. ||16 BAG 30.9.1998 – 5 AZR 58/98, EzB § 14 Abs. 3 BBiG Nr. 19. ||17 LAG Rh.-Pf. 5.3.1985 – 3 Sa 984/84, EzB § 14 Abs. 3 BBiG Nr. 11; aA ArbG Berlin 5.12.1985 – 1 Ca 281/85, EzB § 29 Abs. 3 BBiG Nr. 4. Umfassend *Sarge*, DB 1993, 1034 ff.

standen wird¹. Sind Auszubildende minderjährig, muss deren gesetzl. Vertreter mit dem „Verlangen" einverstanden sein². In diesem Fall richtet sich die **Vergütung** nach dem letzten regulären Ausbildungsjahr. Es besteht kein Anspruch auf die tarifl. Ausbildungsvergütung für ein viertes Ausbildungsjahr, soweit sich aus dem TV nichts anderes ergibt³.

5   Wird die Prüfung bestanden, endet das Ausbildungsverhältnis. Andernfalls verlängert es sich auf Verlangen des Auszubildenden bis zur zweiten Wiederholungsprüfung, wenn diese noch innerhalb der Höchstfrist von einem Jahr abgelegt wird⁴. Das Verlangen bedarf keiner Form⁵ und verlängert das Ausbildungsverhältnis unmittelbar, ohne dass der Ausbildende dies verweigern könnte⁶.

22 Kündigung

(1) Während der Probezeit kann das Berufsausbildungsverhältnis jederzeit ohne Einhalten einer Kündigungsfrist gekündigt werden.

(2) Nach der Probezeit kann das Berufsausbildungsverhältnis nur gekündigt werden

1. aus einem wichtigen Grund ohne Einhalten einer Kündigungsfrist,

2. von Auszubildenden mit einer Kündigungsfrist von vier Wochen, wenn sie die Berufsausbildung aufgeben oder sich für eine andere Berufstätigkeit ausbilden lassen wollen.

(3) Die Kündigung muss schriftlich und in den Fällen des Absatzes 2 unter Angabe der Kündigungsgründe erfolgen.

(4) Eine Kündigung aus einem wichtigen Grund ist unwirksam, wenn die ihr zugrunde liegenden Tatsachen dem zur Kündigung Berechtigten länger als zwei Wochen bekannt sind. Ist ein vorgesehenes Güteverfahren vor einer außergerichtlichen Stelle eingeleitet, so wird bis zu dessen Beendigung der Lauf dieser Frist gehemmt.

1   **I. Allgemeines.** Entgegen § 620 BGB kann das mit befristetem Vertrag abgeschlossene Berufsausbildungsverhältnis nach Maßgabe des § 22 gekündigt werden. Die Kündigung ist eine einseitige, empfangsbedürftige Willenserklärung; sie muss dem Erklärungsempfänger schriftl. zugestellt werden.

2   Vor Ausspruch der Kündigung ist der BR ordnungsgemäß anzuhören (§ 102 I BetrVG). Schwangere Auszubildende genießen Kündigungsschutz nach **§ 9 MuSchG**⁷. Die Vorschrift findet auch während der Probezeit Anwendung⁸. Nach **§ 85 SGB IX** bedarf die Kündigung eines schwerbehinderten Auszubildenden der vorherigen Zustimmung des Integrationsamtes⁹. Im Hinblick auf die sechsmonatige Wartezeit nach § 90 I Nr. 1 SGB IX kann die Vorschrift auf die höchstens vier Monate dauernde Probezeit (§ 20, vgl. § 20 Rz. 3) keine Anwendung finden. Nach Ablauf der Probezeit ist eine außerordentl. Kündigung schwerbehinderter Auszubildender nach Maßgabe des **§ 91 SGB IX** möglich, sofern das Ausbildungsverhältnis bereits sechs Monate besteht. Zuvor greift der Kündigungsschutz für Schwerbehinderte nicht.

3   **II. Kündigung während der Probezeit (Abs. 1).** Bereits **vor Beginn der Berufsausbildung** ist eine ordentl. entfristete Kündigung möglich, sofern keine abweichende Regelung vereinbart wurde¹⁰. Schadensersatzansprüche des Ausbildenden werden hierdurch nicht begründet¹¹.

4   **Während der Probezeit** kann das Berufsausbildungsverhältnis jederzeit ohne Grund fristlos gekündigt werden, sofern kein Verstoß gegen die guten Sitten oder gegen Treu und Glauben vorliegt (§§ 138, 242 BGB)¹². Diese Regelung verstößt nicht gegen den Gleichheitssatz des Art. 3 I GG¹³. Es handelt sich dabei um eine **entfristete ordentl. Kündigung**, die auch unter Zubilligung einer Auslauffrist erfolgen kann, sofern diese nicht zu einer unangemessen langen Fortsetzung des Berufsausbildungsvertrages führt¹⁴. Die Kündigung kann vom Ausbildenden **am letzten Tag der Probezeit** ausgesprochen werden¹⁵. Die **Schriftform** des Abs. 3 ist einzuhalten. Für die Unwirksamkeit einer Kündigung während der Probezeit wegen Verstoßes gegen den Grundsatz von Treu und Glauben ist der Kläger **darlegungs- und beweispflichtig**¹⁶.

5   **III. Kündigung nach der Probezeit (Abs. 2). 1. Kündigung aus wichtigem Grund.** Nach Ablauf der Probezeit ist eine ordentl. Kündigung mit Ausnahme von Abs. 2 Nr. 2 unzulässig. Der Ausschluss kann

---

1 ArbG Emden 19.12.1973 – Ca 530/73, EzB § 14 Abs. 3 BBiG Nr. 2. ||2 *Benecke* in Benecke/Hergenröder, § 21 Rz. 13. ||3 BAG 8.2.1978 – 4 AZR 552/76, EzB § 10 Abs. 1 BBiG Nr. 21. ||4 BAG 15.3.2000 – 5 AZR 622/98, EzB § 14 Abs. 3 BBiG Nr. 22; 26.9.2001 – 5 AZR 630/99, nv.; *Gedon/Hurlebaus*, § 21 Rz. 32. ||5 MünchArbR/*Natzel*, § 178 Rz. 263. ||6 Vgl. die Nachw. bei ErfK/*Schlachter*, § 21 BBiG Rz. 4 mwN. ||7 LAG Berlin 1.7.1985 – 9 Sa 28/85, EzB § 9 MuSchG Nr. 4. ||8 LAG Hamm 7.2.1979 – A 14 Sa 1457/78, EzB § 15 Abs. 1 BBiG Nr. 8. ||9 BAG 10.12.1987 – 2 AZR 385/87, AP Nr. 11 zu § 18 SchwbG. ||10 BAG 17.9.1987 – 2 AZR 654/86, AP Nr. 7 zu § 15 BBiG; LAG Düss. 16.9.2011 – 6 Sa 909/11, EzB Nr. 25 zu § 22 Abs. 1 BBiG. ||11 ArbG Celle 23.2.1982 – 1 Ca 92/82, EzB § 16 BBiG Nr. 8. ||12 LAG Bln.-Bbg. 12.5.2010 – 23 Sa 127/10, EzB § 22 Abs. 1 BBiG Nr. 23; BAG 8.3.1977 – 4 AZR 700/75, EzB § 15 Abs. 1 BBiG Nr. 6; LAG Hamm 22.8.1985 – 9 Sa 830/85, EzB § 15 Abs. 1 BBiG Nr. 16. ||13 BAG 16.12.2004 – 6 AZR 127/04, NJW 2005, 1678. ||14 BAG 10.11.1988 – 2 AZR 26/88, AP Nr. 8 zu § 15 BBiG. ||15 ArbG Verden 9.1.1976 – Ca 404/75, EzB § 15 Abs. 1 BBiG Nr. 2. ||16 ArbG Bielefeld 24.1.1991 – 1 Ca 2081/90, EzB § 15 Abs. 1 BBiG Nr. 22.

nicht abbedungen werden (§ 25)[1]. Aus diesem Grund scheidet der Kündigungsschutz des § 1 KSchG für Auszubildende aus[2]. Anwendbar sollen nach der Rspr. indes §§ 13 I 2, 4 S. 1 KSchG sein[3], nicht jedoch § 13 I 3 KSchG[4].

Nach **Abs. 2 Nr. 1** ist eine **fristlose Kündigung** aus wichtigem Grund zulässig[5]. Ein **wichtiger Grund** ist in Anlehnung an § 626 I BGB zu ermitteln und liegt nur vor, wenn dem Kündigenden unter Berücksichtigung aller Umstände des Einzelfalls und unter Abwägung der Interessen beider Vertragsteile die Fortsetzung des Ausbildungsverhältnisses bis zum Ablauf der Ausbildungszeit nicht zugemutet werden kann[6] (vgl. § 626 BGB Rz. 57 ff.). Die Parteien können im Ausbildungsvertrag wichtige Gründe iSd. Nr. 1 näher konkretisieren, sofern die Eigenart des Ausbildungsverhältnisses hierbei Berücksichtigung findet[7]. Die Kündigung ist nur wirksam, wenn sie unter Angabe des Kündigungsgrundes **schriftlich** erfolgt (Abs. 3)[8]. Für das Erfordernis einer **Abmahnung** gelten die gleichen Grundsätze wie im ArbVerh[9]. Abmahnungsberechtigt sind neben dem Ausbildenden alle im Hinblick auf die Durchführung der Berufsausbildung weisungsberechtigten Mitarbeiter[10]. **Verdachtskündigungen** sind im Berufsausbildungsverhältnis grds. unzulässig. Eine Ausnahme ist möglich, wenn der besondere Charakter des Ausbildungsverhältnisses eine vertiefte Vertrauensbasis zwischen Ausbilder und Auszubildenden erfordert[11]. 6

Kündigt der Ausbildende fristlos, muss der wichtige Grund in einem engen Zusammenhang mit dem Berufsausbildungsverhältnis stehen und das Ausbildungsziel bei objektivierender Vorschau zumindest erheblich gefährden. An den wichtigen Grund sind hohe Anforderungen zu stellen[12]. **Kurz vor dem Prüfungstermin** wird eine fristl. Kündigung des Auszubildenden deshalb kaum noch möglich sein[13]. Als wichtige Gründe kommen in Betracht[14]: **Verstöße gegen Pflichten des Auszubildenden im Betrieb** (Ableistung von Fahrstunden während der Krankschreibung[15], erheblicher Verstoß gegen die Ausbildungspflichten[16]), **gegen Berufsschulpflichten** (Nichtteilnahme am Berufsschulunterricht trotz wiederholter mündl. und schriftl. Abmahnung[17], unentschuldigte Nichtteilnahme am Berufsschulunterricht unter Vorspiegelung des Vorliegens einer Arbeitsunfähigkeitsbescheinigung[18]), Beleidigung des Ausbildenden auf Facebook[19] sowie **sonstige Verstöße gegen öffentl. und privates Recht** (grobe Beleidigung des Ausbildenden durch den Auszubildenden[20], Diebstahl[21], ernst gemeinte Androhung von Gewalt ggü. Vorgesetzten[22], rassistisches Verhalten[23]). 7

Wichtige Gründe für eine Kündigung des Auszubildenden sind zB schwerwiegende Verstöße gegen das JArbSchG, unbegründete Verweigerung der Freistellung nach § 15, schlechte Behandlung durch den Ausbildenden, Nichtgewährung von Urlaub, Fehlen oder Wegfall der Berechtigung zum Ausbilden etc.[24] 8

2. Kündigung des Auszubildenden wegen Aufgabe oder Wechsel der Berufsausbildung. Nach Abs. 2 Nr. 2 kann der Auszubildende mit einer **Kündigungsfrist von vier Wochen** kündigen, wenn er die Berufsausbildung aufgeben oder sich für eine andere Berufstätigkeit ausbilden lassen will[25]. Maßgebend ist der Wille im Zeitpunkt des Ausspruchs der Kündigung, die nicht unwirksam wird, wenn sich der Auszubildende später anders entscheidet[26]. Eine **andere Berufstätigkeit** iSd. Vorschrift ist auch bei einem Wechsel von einem betriebl. Ausbildungsverhältnis zu einer **Fachschule** zu bejahen[27]. Die Kündigung muss **schriftl. unter Angabe der Gründe** des Abs. 2 Nr. 2 erfolgen[28]. Die Fristberechnung erfolgt nach §§ 187 ff. BGB. 9

IV. Formvorschriften (Abs. 3). Die Kündigung muss nach **Abs. 3 schriftlich** erfolgen (vgl. auch § 623 BGB iVm. § 10 II), andernfalls sie **nichtig** ist[29]. Eine Kündigung per **Telefax, Telegramm, E-Mail oder** 10

---

1 AllgM, vgl. nur *Gedon/Hurlebaus*, § 22 Rz. 48. ‖ 2 *Benecke* in Benecke/Hergenröder, § 22 Rz. 4; KassHdb/*Taubert*, 5.1 Rz. 257. ‖ 3 BAG 26.1.1999 – 2 AZR 134/98, AP Nr. 43 zu § 4 KSchG 1969; 5.7.1990 – 2 AZR 53/90, NZA 1991, 671. ‖ 4 BAG 29.11.1984 – 2 AZR 354/83, EzB § 15 Abs. 3 BBiG Nr. 21. ‖ 5 Hierzu *Natzel*, DB 2005, 612. ‖ 6 LAG Köln 26.6.1987 – 10 Sa 223/87, EzB § 15 Abs. 2 Nr. 1 BBiG Nr. 64; ArbG Essen 27.9.2005 – 2 Ca 2427/05, EzB § 22 BBiG 2005 Nr. 1. ‖ 7 BAG 22.11.1973 – 2 AZR 580/72, AP Nr. 67 zu § 626 BGB. ‖ 8 BAG 10.2.1999 – 2 AZR 176/98, AP Nr. 2 zu § 54 BMT-G II. ‖ 9 BAG 1.7.1999 – 2 AZR 676/98, EzB § 15 Abs. 2 Nr. 1 BBiG Nr. 86. ‖ 10 BAG 18.1.1980 – 7 AZR 75/78, AP Nr. 3 zu § 1 KSchG 1969 Verhaltensbedingte Kündigung. ‖ 11 LAG Köln 19.9.2006 – 9 Sa 1555/05, AR-Blattei ES 400 Nr. 121 m. Anm. *Hergenröder*; LAG Rh.-Pf. 31.8.2007 – 9 Sa 40/07; *Benecke* in Benecke/Hergenröder, § 22 Rz. 22. ‖ 12 ArbG Essen 27.9.2005 – 2 Ca 2427/05, NZA-RR 2006, 246. ‖ 13 BAG 10.5.1973 – 2 AZR 328/72, AP Nr. 3 zu § 15 BBiG; LAG Köln 26.6.1987 – 10 Sa 223/87, EzB § 15 Abs. 2 Nr. 1 BBiG Nr. 64. ‖ 14 Ausführlich *Gedon/Hurlebaus*, § 22 Rz. 59 ff. ‖ 15 ArbG Stade 16.10.1970 – Ca 531/70, EzB § 15 Abs. 2 Nr. 1 BBiG Nr. 3. ‖ 16 LAG München 14.8.1978 – 4 Sa 95/78, EzB § 15 Abs. 2 Nr. 1 BBiG Nr. 40. ‖ 17 LAG Düss. 15.4.1993 – 5 Sa 220/93, EzB § 15 Abs. 2 Nr. 1 BBiG Nr. 76; LAG Hamm 7.11.1978 – 6 Sa 1096/78, EzB § 15 Abs. 2 Nr. 1 BBiG Nr. 42; LAG München 7.10.1970 – 1 Sa 774/69, EzB § 15 Abs. 2 Nr. 1 BBiG Nr. 2. ‖ 18 ArbG Düss. 8.12.1984 – 9 Ca 5595/84, EzB § 15 Abs. 2 Nr. 1 BBiG Nr. 57. ‖ 19 LAG Hamm 10.10.2012 – 3 Sa 644/12, openJur 2012, 130526. ‖ 20 ArbG Göttingen 13.4.1976 – 1 Ca 1/76, EzB § 15 Abs. 2 Nr. 1 BBiG Nr. 26. ‖ 21 LAG Düss. 6.11.1973 – 11 Sa 561/73, EzB § 15 Abs. 2 Nr. 1 BBiG Nr. 19. ‖ 22 LAG BW 5.1.1990 – 1 Sa 23/89, EzB § 15 Abs. 2 Nr. 1 BBiG Nr. 72; ArbG Frankfurt 15.2.2006 – 22 Ca 4977/05, EzB § 22 BBiG 2005 Nr. 2. ‖ 23 BAG 1.7.1999 – 2 AZR 676/98, AP Nr. 11 zu § 15 BBiG. ‖ 24 Vgl. im Einzelnen *Gedon/Hurlebaus*, § 22 Rz. 105 ff. mwN. ‖ 25 Hierzu *Taubert*, NZA 2005, 506. ‖ 26 *Benecke* in Benecke/Hergenröder, § 22 Rz. 69. ‖ 27 LAG Düss. 2.2.1972 – 2 Sa 64/71, EzB § 15 Abs. 2 Nr. 2 BBiG Nr. 2. ‖ 28 *Gedon/Hurlebaus*, § 22 Rz. 133. ‖ 29 BAG 25.8.1977 – 3 AZR 705/75, AP Nr. 1 zu § 54 BMTG II; LAG München 11.11.1977 – 6 Sa 632/77, EzB § 15 Abs. 3 BBiG Nr. 15; ArbG Bamberg 10.7.1972 – 1 Ca 333/72, EzB § 15 Abs. 3 BBiG Nr. 3.

SMS wahrt die Schriftform nicht[1]. Sie ist eigenhändig zu unterzeichnen (§ 126 I BGB). Dem Kündigenden obliegt die **Beweislast** für die Einhaltung der vorgeschriebenen Form[2].

11 Kündigt ein **minderjähriger Auszubildender**, muss die Einwilligung des gesetzl. Vertreters vorliegen, ansonsten die Kündigung unwirksam ist (§§ 106, 111 BGB). § 113 BGB findet keine Anwendung[3]. Eine **Kündigung ggü. einem minderjährigen Auszubildenden** kann grds. nur dem gesetzl. Vertreter ggü. wirksam erklärt werden[4]. Sie wird mit Zugang an diesen wirksam[5]. Leben beide Eltern, muss die Kündigung nicht ggü. jedem Elternteil besonders erklärt werden[6]. Zur Entgegennahme der Kündigungserklärung ist jeder Elternteil berechtigt[7].

12 Bei Kündigungen nach **Abs. 2** sind die **Kündigungsgründe** in dem Kündigungsschreiben bzw. in einer beigefügten Anlage anzugeben, andernfalls die Kündigung nichtig ist (§ 22 III iVm. § 125 BGB)[8]. Dies muss konkret nachvollziehbar geschehen[9]. Der Gekündigte muss erkennen können, um welche Vorfälle es sich handelt[10]. Die Nichtigkeit wird nicht dadurch geheilt, dass die **Begründung nachgeschoben** wird[11]. Nicht ausreichend ist, dass die Kündigende im Kündigungsschreiben auf die dem Gekündigten zuvor **mündlich mitgeteilten Gründe** Bezug nimmt[12]. Vielmehr müssen die Kündigungsgründe im Kündigungsschreiben so genau bezeichnet sein, dass im Prozess nicht ernsthaft streitig werden kann, auf welchen Lebenssachverhalt die Kündigung gestützt war[13]. Die Gründe sind im Kündigungsschreiben selbst oder in einer diesem beigefügten Anlage nachvollziehbar darzustellen[14].

13 **V. Unwirksamkeit der Kündigung (Abs. 4).** Die Kündigung aus wichtigem Grund muss **innerhalb von zwei Wochen ab Kenntnis von dem Kündigungsgrund** erklärt und dem Kündigungsempfänger zugegangen sein, andernfalls sie unwirksam ist. Die Vorschrift entspricht § 626 II BGB und kann individual- bzw. kollektivvertragl. nicht geändert werden[15]. Es gelten die Grundsätze der Rspr. zu § 626 II BGB[16]. Die **Beweislast** für die Einhaltung der Frist obliegt dem Kündigenden[17]. Wird ein vorgesehenes Güteverfahren vor einer außergerichtl. Stelle eingeleitet, wird bis zu dessen Beendigung der Lauf der Zwei-Wochen-Frist gehemmt (§ 22 IV 2).

14 Nach § 111 II ArbGG muss vor Erhebung einer Klage zum ArbG ein **Schlichtungsverfahren** durchgeführt werden, sofern ein solcher Ausschuss besteht[18]. Die Anrufung des Schlichtungsausschusses ist in diesem Falle **unverzichtbare Prozessvoraussetzung** für die Klage[19], kann aber uU bis zur streitigen Verhandlung nachgeholt werden[20]. Die **Anrufung des Schlichtungsausschusses ist nicht fristgebunden**[21].

23 Schadensersatz bei vorzeitiger Beendigung

(1) Wird das Berufsausbildungsverhältnis nach der Probezeit vorzeitig gelöst, so können Ausbildende oder Auszubildende Ersatz des Schadens verlangen, wenn die andere Person den Grund für die Auflösung zu vertreten hat. Dies gilt nicht im Falle des § 22 Abs. 2 Nr. 2.

(2) Der Anspruch erlischt, wenn er nicht innerhalb von drei Monaten nach Beendigung des Berufsausbildungsverhältnisses geltend gemacht wird.

1 **I. Vorzeitige Beendigung (Abs. 1 S. 1).** Abs. 1 gewährt einen Schadensersatzanspruch, sofern eine Vertragspartei schuldhaft das Berufsausbildungsverhältnis vorzeitig – dh. vor vollständiger Durchführung der Berufsausbildung[22] – nach Ablauf der Probezeit löst. Vorausgesetzt wird eine **tatsächliche, nicht notwendig rechtl. wirksame Beendigung**, so dass ein Ausscheiden unter Vertragsbruch genügt[23]. § 23 findet auch Anwendung, falls eine Partei nach der Probezeit schuldhaft Anlass zur **Anfechtung des Ausbildungsverhältnisses gem. §§ 119, 123 BGB** gegeben hat[24]. Wird die Ausbildung nicht angetreten oder vor Ablauf der Probezeit beendet, besteht kein Anspruch[25]. § 23 ist **lex specialis zu § 628 II BGB**, lässt aber die Anwendung der Rechtsgrundsätze des allg. Schadensrechts unberührt[26]. § 23 findet grds.

---

1 *Lakies*, AR-Blattei SD 400 Rz. 701. ||2 LAG München 11.11.1977 – 6 Sa 632/77, EzB § 15 Abs. 3 BBiG Nr. 15. ||3 Palandt/*Heinrichs*, § 113 BGB Rz. 2. ||4 BAG 25.11.1976 – 2 AZR 751/75, EzB § 15 Abs. 3 BBiG Nr. 11. ||5 BAG 8.12.2011 – 6 AZR 354/10, NZA 2012, 495. ||6 LAG Düss. 6.11.1973 – 11 Sa 561/73, EzB § 15 Abs. 3 BBiG Nr. 6. ||7 LAG Hess. 15.12.1975 – 10/8 Sa 813/75, EzB § 15 Abs. 3 BBiG Nr. 9. ||8 BAG 17.3.1998 – 2 AZR 741/97, EzB § 15 Abs. 2 Nr. 1 BBiG Nr. 83; 25.11.1976 – 2 AZR 751/75, EzB § 15 Abs. Nr. 1 BBiG Nr. 30; 22.2. 1972 – 2 AZR 205/71, EzB § 15 Abs. 3 BBiG Nr. 2. ||9 LAG Rh.-Pf. 17.1.2008 – 10 Sa 845/06. ||10 LAG Rh.-Pf. 6.3.2007 – 1 Sa 881/06. ||11 BAG 22.2.1972 – 2 AZR 205/71, EzB § 15 Abs. 3 BBiG Nr. 2. ||12 LAG Köln 26.1. 1982 – 1/8 Sa 710/81, EzB § 15 Abs. 3 BBiG Nr. 18. ||13 BAG 10.2.1999 – 2 AZR 176/98, AP Nr. 2 zu § 54 BMT-G II. ||14 LAG Köln 8.1.2003 – 7 Sa 852/02, AR-Blattei ES 400 Nr. 112. ||15 BAG 19.1.1973 – 2 AZR 103/72, AP Nr. 5 zu § 626 BGB Ausschlussfrist. ||16 *Benecke* in Benecke/Hergenröder, § 22 Rz. 85; KassHdb/*Taubert*, 5.1. Rz. 318. ||17 *Gedon/Hurlebaus*, § 22 Rz. 142. ||18 BAG 9.10.1979 – AZR 776/77, EzB § 15 Abs. 3 BBiG Nr. 17; 25.11.1976 – 2 AZR 751/75, AP Nr. 4 zu § 15 BBiG. ||19 BAG 13.4.1989 – 2 AZR 441/88, EzB § 111 ArbGG Nr. 23; 26.1.1999 – 2 AZR 134/98, EzB § 4 KSchG Nr. 18. ||20 BAG 25.11.1976 – 2 AZR 751/75, AP Nr. 4 zu § 15 BBiG. ||21 Str., so wie hier *Gedon/Hurlebaus*, § 22 Rz. 154; zum Meinungsstand GMP/*Prütting*, § 111 ArbGG Rz. 22ff. ||22 BAG 8.5.2007 – 9 AZR 527/06, NJW 2007, 3594; 17.8.2000 – 8 AZR 578/99, NZA 2001, 150. ||23 BAG 17.8. 2000 – 8 AZR 578/99, NZA 2001, 150; 17.7.2007 – 9 AZR 103/07, AP Nr. 14 zu § 14 BBiG; *Gedon/Hurlebaus*, § 23 Rz. 11; zum Arbeitsvertragsbruch allg. Hergenröder, AR-Blattei SD 230 passim. ||24 *Lakies* in Lakies/Malottke, § 23 Rz. 10. ||25 ErfK/*Schlachter*, § 23 BBiG Rz. 1 mwN. ||26 BAG 17.7.1997 – 8 AZR 257/96, AP Nr. 2 zu § 16 BBiG; KassHdb/*Taubert*, 5.1. Rz. 363.

auch bei Beendigung des Ausbildungsverhältnisses durch Abschluss eines **Aufhebungsvertrages** Anwendung[1]. Es ist jedoch umstritten, ob dieser mangels anderweitiger Anhaltspunkte regelmäßig den gegenseitigen Verzicht auf Schadensersatzansprüche umfasst[2]. Der Anspruch ist nach § 25 unabdingbar.

II. Schadensersatz (Abs. 1 S. 1, 2). Ein Schadensersatzanspruch besteht nur, wenn die andere Partei 2
die vorzeitige Auflösung des Ausbildungsverhältnis vorsätzlich oder fahrlässig zu vertreten hat[3], es sei denn, die Gründe für die Auflösung stammen aus der **Betriebssphäre** des Ausbildenden[4]. Zulässig ist es auch, die Feststellung der Pflicht zum Ersatz künftigen Schadens zu beantragen. Im Fall der **Berufsaufgabekündigung nach § 22 II Nr. 2** ist ein Anspruch ausgeschlossen, was auch bei der vorzeitigen Lösung des Vertragsverhältnisses eines Volontärs oder eines Praktikanten nach Ablauf der Probezeit zu gelten hat (§ 26 Rz. 7). Dies ist auch anzunehmen, wenn die Ausbildung vom Auszubildenden nicht angetreten wird[5].

So kommt ein Schadensersatzanspruch in folgenden Fällen in Betracht: bei schuldhaft mangelhafter 3
Ausbildung des Auszubildenden, sofern er aus diesem Grunde **ein Ausbildungsjahr in einem anderen Betrieb wiederholen** muss[6]; bei einer Kündigung durch den Auszubildenden, weil die **Eignungsvoraussetzungen des Ausbilders** nicht vorliegen[7] bzw. weil kein **geeigneter Ausbilder** zur Verfügung steht[8]. Ein **Mitverschulden** des Auszubildenden ist anzurechnen[9].

Der Schadensersatzanspruch kann weder im Ausbildungsvertrag ausgeschlossen (§ 12 II Nr. 3) noch 4
kann ein pauschalierter Schadensersatzanspruch festgelegt werden (§ 12 II Nr. 4).

Zu ersetzen ist der **Erfüllungsschaden**, der sich aus einem Vergleich des nicht ordnungsgemäß erfüll- 5
ten mit einem regulär beendeten Ausbildungsverhältnis ergibt[10]. Im Falle der Kündigung durch den Ausbildenden können Auszubildende den Ausfall der Ausbildungsvergütung bis zum vertragl. vereinbarten Beendigungszeitpunkt verlangen. Ergibt sich durch die vorzeitige Beendigung des Ausbildungsverhältnisses eine Verschiebung des Ausbildungsabschlusses, ist der Verdienstausfallschaden begrenzt auf den Zeitraum, um den sich die Ausbildung konkret verlängert[11]. Hierauf müssen sie sich anderweitigen Verdienst anrechnen lassen[12]. Kündigt der Auszubildende, weil ihm die weitere Ausbildung verweigert wird, kann er Ersatz des **gesamten Schadens verlangen, der ihm durch die vorzeitige Lösung des Ausbildungsverhältnisses** entstanden ist (Aufwendungen für die Begründung eines neuen Berufsausbildungsverhältnisses, erhöhte Aufwendungen durch die Ausbildung an einem anderen Ort, verspäteter Anspruch auf Arbeitslohn anstelle Ausbildungsvergütung)[13]. Bei dem Schadensersatz handelt es sich um einen **Bruttoanspruch**[14]. Ein evtl. Mitverschulden ist zu berücksichtigen.

Der Schadensersatzanspruch nach § 23 kann auch Ausbildenden zustehen, sofern der Auszubildende 6
unter Vertragsbruch aus dem Ausbildungsverhältnis ausscheidet. So kann der Ausbildende zB **Ersatz entstandener Inseratskosten** für die Wiederbesetzung der Stelle verlangen, sofern der Ausbildende zu Unrecht eine außerordentl. Kündigung ausspricht[15]. Dies gilt nicht, wenn ein neuer Auszubildender auch ohne eine Stellenanzeige hätte gefunden werden können bzw. die Kosten auch bei rechtmäßigen Alternativverhalten des Auszubildenden entstanden wären[16]. Die Kosten eines ausgebildeten und damit teureren ArbN, welcher die Arbeit des vertragsbrüchigen ArbN ausführt, können nicht verlangt werden, weil im Ausbildungsverhältnis der Ausbildungsgedanke im Vordergrund steht[17].

III. Erlöschen des Schadensersatzanspruchs (Abs. 2). Nach Abs. 2 ist der Schadensersatzanspruch 7
innerhalb einer **Ausschlussfrist** von drei Monaten geltend zu machen. Die Frist berechnet sich nach §§ 187 I, 188 II BGB[18]. Maßgebend ist das vertragsgemäße rechtl. Ende des Berufsausbildungsverhältnisses (§ 21), nicht die tatsächliche Beendigung[19]. Aus Beweisgründen sollte der Anspruch **schriftlich** geltend gemacht werden, eine Formvorschrift besteht allerdings nicht[20]. Ein etwaiger Schlichtungsausschuss für Berufsausbildungsstreitigkeiten (§ 111 II ArbGG) muss vor einer Klage auf Schadensersatz nach § 23 nicht angerufen werden[21].

---

1 BAG 17.7.2007 – 9 AZR 103/07, AP Nr. 14 zu § 14 BBiG. ||2 So zB ErfK/*Schlachter*, § 23 BBiG Rz. 1; nach aA ist stets eine Einzelfallprüfung der Aufhebungsvereinbarung erforderlich, so zB *Benecke* in Benecke/Hergenröder, § 23 Rz. 7 mwN. ||3 BAG 22.6.1972 – 2 AZR 346/71, AP Nr. 1 zu § 611 BGB Ausbildungsverhältnis; 8.5.2007 – 9 AZR 527/06; LAG Kiel 9.11.1984 – 3 Sa 470/83, EzB § 16 BBiG Nr. 10. ||4 LAG Rh.-Pf. 15.8.1974 – 2 Sa 464/73, EzB § 611 BGB Nr. 4 Haftung des Arbeitgebers; diff. *Lakies* in Lakies/Malottke, § 23 Rz. 14. ||5 ArbG Celle 23.2.1982 – 1 Ca 92/82, EzB § 16 BBiG Nr. 8. ||6 ArbG Duisburg 30.10.1972 – 1 Ca 85/72, EzB § 16 BBiG Nr. 4. ||7 ArbG Detmold 31.7.1979 – 2 Ca 304/79, EzB § 16 BBiG Nr. 6. ||8 LAG Hess. 6.2.1981 – 13/10 Sa 894/80, EzB § 16 BBiG Nr. 7. ||9 *Gedon/Hurlebaus*, § 23 Rz. 30 ff. ||10 BAG 17.7.1997 – 8 AZR 257/96, AP Nr. 2 zu § 16 BBiG; 8.5.2007 – 9 AZR 527/06, NJW 2007, 3594. ||11 LAG Hess. 2.3.2011 – 18 Sa 1203/10, EzB Nr. 17 zu § 23 BBiG. ||12 BAG 8.5.2007 – 9 AZR 527/06, AP Nr. 5 zu § 16 BBiG. ||13 BAG 11.8.1987 – 8 AZR 93/85, EzB § 16 BBiG Nr. 12. ||14 LAG Nürnberg 27.10.1987 – 7 Sa 90/86, EzB § 16 BBiG Nr. 13. ||15 BAG 26.3.1981 – 2 AZN 410/80, AP Nr. 17 zu § 72a ArbGG 1979 Grundsatz; *Lakies* in Lakies/Malottke, § 23 Rz. 33. ||16 BAG 23.3.1984 – 7 AZR 37/81, NZA 1984, 122; *Benecke* in Benecke/Hergenröder, § 23 Rz. 26. ||17 BAG 17.8.2000 – 8 AZR 578/99, NZA 2001, 150; ArbG Hamburg 10.12.2007 – 29 Ca 114/07, ArbuR 2008, 118. ||18 *Benecke* in Benecke/Hergenröder, § 23 Rz. 28. ||19 BAG 17.7.2007 – 9 AZR 103/07, AP Nr. 14 zu § 14 BBiG. ||20 *Gedon/Hurlebaus*, § 23 Rz. 37. ||21 LAG Düss. 26.6.1984 – 8 Sa 617/84, EzB § 16 BBiG Nr. 9.

Unterabschnitt 6. Sonstige Vorschriften

24 Weiterarbeit
Werden Auszubildende im Anschluss an das Berufsausbildungsverhältnis beschäftigt, ohne dass hierüber ausdrücklich etwas vereinbart worden ist, so gilt ein Arbeitsverhältnis auf unbestimmte Zeit als begründet.

1 Im Falle einer kommentarlosen Weiterbeschäftigung des Auszubildenden im Anschluss an das Berufsausbildungsverhältnis tritt die Fiktion des § 24 ein mit der Folge, dass ein **Arbeitsverhältnis auf unbestimmte Zeit** als begründet gilt[1]. Voraussetzung ist, dass der Auszubildende **tatsächlich beschäftigt wird**, und zwar **unmittelbar im Anschluss an das Berufsausbildungsverhältnis**[2]. Schon ein einziger Arbeitstag Unterbrechung verhindert die Fiktion des § 24[3]. Das bloße Anbieten seiner Arbeitskraft genügt nicht[4]. § 24 greift auch, wenn der Auszubildende die Abschlussprüfung vor dem Ende der vereinbarten Vertragszeit besteht und anschließend weiter für den Betrieb arbeitet[5]. Hingegen tritt die Fiktion des § 24 nicht ein, wenn das Berufsausbildungsverhältnis im Anschluss an die vereinbarte Ausbildungszeit verlängert wird; der Auszubildende wird dann gerade nicht „im Anschluss" an das Berufsausbildungsverhältnis beschäftigt[6].

2 Hiervon abweichende Vereinbarungen muss die Partei **beweisen**, die sich darauf beruft[7]. Hat der Ausbildende erklärt, sich nach Bestehen der Abschlussprüfung von dem Auszubildenden trennen zu wollen, greift § 24 nicht[8].

3 Voraussetzung ist, dass der Ausbildende **Kenntnis von der Weiterbeschäftigung und der Beendigung des Ausbildungsverhältnisses** hat bzw. einer nicht gewollten Weiterbeschäftigung nicht unverzüglich widerspricht[9]. Fahrlässige Unkenntnis des Ausbildenden genügt nicht. Erforderlich ist vielmehr positives Wissen[10]. Bietet der Ausbildende den Abschluss eines Arbeitsvertrages nur zu bestimmten Bedingungen an, die der Ausbildende nicht annimmt, tritt die Fiktion des § 24 nicht ein[11].

4 Nach allgM handelt es sich bei der Weiterbeschäftigung des Auszubildenden im Anschluss an das Berufsausbildungsverhältnis um eine **zustimmungspflichtige Einstellung iSv. § 99 I BetrVG**[12] (vgl. auch § 78a BetrVG, § 9 BPersVG).

5 Wird nach § 24 ein ArbVerh auf unbestimmte Zeit begründet, hat der ArbN **Anspruch auf die branchen- bzw. ortsübliche oder die tarifl. Vergütung** (§ 612 BGB)[13]. Sofern im Anschluss an die Ausbildung ein befristetes ArbVerh begründet werden soll[14], ist Schriftform erforderlich (§ 14 Abs. IV TzBfG).

25 Unabdingbarkeit
Eine Vereinbarung, die zuungunsten Auszubildender von den Vorschriften dieses Teils des Gesetzes abweicht, ist nichtig.

1 Die Vorschriften des Zweiten Teils des BBiG (§§ 4–25) sind zum **Schutz des Auszubildenden** zwingend anzuwenden. Sie dürfen weder einzel- noch kollektivvertragl.[15] **zuungunsten des Auszubildenden** abbedungen werden. Nichtig sind auch TV bzw. BV oder DV, sofern sie Regelungen enthalten, welche zuungunsten des Auszubildenden abweichen[16].

2 Ob dies der Fall ist, ist nach objektiven Maßstäben zu beurteilen[17]. **Zugunsten des Auszubildenden** darf von den Vorschriften abgewichen werden, sofern diesbezügliche Vereinbarungen nicht den zwingenden Regelungen des BBiG sowie anderer Rechtsvorschriften widersprechen[18]. Nichtige Vereinbarungen werden durch die gesetzl. Regeln ersetzt[19]. Die Nichtigkeit können alle Personen geltend machen, die daran ein berechtigtes Interesse haben. Dies gilt zB auch für gesetzl. Vertreter minderjähriger Auszubildender[20].

---

1 LAG Düss. 22.10.1985 – 8 Sa 1132/85, EzB § 17 BBiG Nr. 17; hierzu ausführlich *Benecke*, NZA 2008, 820ff. ‖2 LAG Rh.-Pf. 10.5.2007 – 2 Sa 32/07, EzB § 24 BBiG Nr. 28; *Gedon/Hurlebaus*, § 24 Rz. 2. ‖3 *Benecke*, NZA 2009, 820 (821). ‖4 *Benecke* in Benecke/Hergenröder, § 24 Rz. 6. ‖5 ArbG Kiel 7.1.1970 – 19 Ca 679/70, AP Nr. 1 zu § 17 BBiG. ‖6 BAG 14.1.2009 – 3 AZR 427/07, AP Nr. 21 zu § 24 BBiG. ‖7 LAG Hamm 13.8.1980 – 12 Sa 550/80, EzB § 17 BBiG Nr. 7. ‖8 LAG Hess. 14.6.1982 – 11 Sa 141/81, EzB § 17 BBiG Nr. 12; ArbG Emden 10.1.1977 – 1 Ca 864/77, EzB § 17 BBiG Nr. 6. ‖9 LAG Hamburg 12.9.1980 – 3 Sa 110/79, EzB § 17 BBiG Nr. 8. ‖10 *Benecke* NZA 2009, 820 (822). ‖11 BAG 4.11.1981 – 5 AZR 646/79, EzB § 17 BBiG Nr. 11. ‖12 BAG 20.4.1993 – 1 ABR 59/92, AP Nr. 106 zu § 99 BetrVG; aA MünchArbR/*Natzel*, § 178 Rz. 353; zum Meinungsstand *Lakies* in Lakies/Malottke, § 24 Rz. 32. ‖13 BAG 16.6.2005 – 6 AZR 411/04, AP Nr. 12 zu § 14 BBiG; *Lakies* in Lakies/Malottke, § 24 Rz. 27. ‖14 Hierzu *Kliemt*, NZA 2001, 296f. ‖15 LAG Rh.-Pf. 7.3.1997 – 3 Sa 540/96, EzB § 10 Abs. 1 BBiG Nr. 65; *Benecke* in Benecke/Hergenröder, § 25 Rz. 2. ‖16 *Lakies* in Lakies/Malottke, § 25 Rz. 3. ‖17 ErfK/*Schlachter*, § 25 BBiG Rz. 1. ‖18 *Gedon/Hurlebaus*, § 25 Rz. 20. ‖19 BAG 13.3.1975 – 5 AZR 199/74, AP Nr. 2 zu § 5 BBiG. ‖20 *Benecke* in Benecke/Hergenröder, § 25 Rz. 7.

26 Andere Vertragsverhältnisse

Soweit nicht ein Arbeitsverhältnis vereinbart ist, gelten für Personen, die eingestellt werden, um berufliche Fertigkeiten, Kenntnisse, Fähigkeiten oder berufliche Erfahrungen zu erwerben, ohne dass es sich um eine Berufsausbildung im Sinne dieses Gesetzes handelt, die §§ 10 bis 23 und 25 mit der Maßgabe, dass die gesetzliche Probezeit abgekürzt, auf die Vertragsniederschrift verzichtet und bei vorzeitiger Lösung des Vertragsverhältnisses nach Ablauf der Probezeit abweichend von § 23 Abs. 1 Satz 1 Schadensersatz nicht verlangt werden kann.

I. Andere Vertragsverhältnisse. Der zweite Teil des BBiG (§§ 4–25) gilt grds. nur für Personen, die in einem Berufsausbildungsverhältnis nach § 1 III stehen. § 26 dehnt den Anwendungsbereich dieser Vorschriften auf Personen aus, die **in keinem Arbeitsverhältnis** stehen, aber eingestellt sind, **um außerhalb eines Ausbildungsverhältnisses berufliche Kenntnisse, Fertigkeiten oder Erfahrungen** zu erwerben[1]. Ein ArbVerh ist anzunehmen, wenn die Leistung von Arbeit und die Zahlung von Entgelt Schwerpunkt des Beschäftigungsverhältnisses ist[2]. Auf Vertragsverhältnisse **Minderjähriger** findet § 26 keine Anwendung[3].

Ein **Volontär** erstrebt keine vollständig abgeschlossene Ausbildung in einem anerkannten Ausbildungsberuf, sondern erhält systematisch vermittelte Einblicke in berufl. Tätigkeiten und soll sich bestimmte Fertigkeiten und gezielte Kenntnisse aneignen[4]. Auf ihn ist § 26 anwendbar[5]. Volontäre erhalten gem. §§ 26, 17 I eine Vergütung; § 82a HGB ist richtiger Ansicht nach nicht anwendbar[6].

Das **Praktikantenverhältnis** ist nach allgM eine Unterart des Volontärverhältnisses[7]. **Praktikanten** durchlaufen idR einen Teil einer geordneten Gesamtausbildung[8]. Auf sie ist § 26 anwendbar[9]. Das Praktikum dient im Regelfall der Vorbereitung auf einen späteren Hauptberuf[10]. Dies gilt nicht für **Studenten**, die innerhalb eines Studiums und als dessen Bestandteil ein Praktikum absolvieren – sog. Pflichtpraktika[11]. ZB ist das zwölfmonatige praktische Ausbildung von **Medizinstudenten** Teil des Studiums der Medizin und nicht „Praktikum", weshalb ein Anspruch auf eine angemessene Vergütung als Praktikant (§§ 26, 17 I) nicht besteht[12]. **Werkstudenten** werden regelmäßig in einem befristeten ArbVerh beschäftigt. Für sie gilt § 26 nicht[13].

Liegt ein Praktikantenverhältnis iSv. § 26 vor, haben Praktikanten Anspruch auf eine **Vergütung** nach §§ 26, 17 I. Diese muss keine echte Gegenleistung sein. Praktikanten erhalten eher eine Aufwandsentschädigung bzw. Beihilfe zum Lebensunterhalt, die aber angemessen sein muss[14]. Bspw. sehen die Praktikanten-Richtlinien der VKA[15] konkrete Vergütungssätze für Praktikanten vor[16]. Wird der „Praktikant" wie ein ArbN in den Betrieb eingebunden, ohne dass ihm Kenntnisse vermittelt werden, hat er Anspruch auf Lohn wie ein vergleichbarer ArbN. Die vereinbarte Praktikantenvergütung ist in diesem Fall nichtig. An ihre Stelle tritt die nach § 612 II BGB übliche Entlohnung[17]. Wird ein Rettungssanitäter während seines Praktikums zum Rettungsassistenten auf den Einsatzfahrten als Zweitkraft eingesetzt, so steht ihm entsprechend § 612 BGB für diese Zeiten eine entsprechende Vergütung zu. Die vereinbarte Unentgeltlichkeit der Beschäftigung als Praktikant steht dem nicht entgegen[18].

Dem **Anlernling** sollen in kurzer Zeit in einem eng begrenzten Umfang Spezialkenntnisse oder Teilkenntnisse eines Vollberufs vermittelt werden. Er fällt nicht unter § 26, da er auf einem bestimmten Arbeitsplatz eingearbeitet wird und seine Leistungen im Rahmen eines ArbVerh erbringt[19]. Der Abschluss eines „Anlernvertrages" für die Ausbildung in einem anerkannten Ausbildungsberuf (§ 4 II) ist nichtig (§ 134 BGB)[20].

Umschulungs- und Fortbildungsverhältnisse werden vom Regelungsbereich des § 26 nicht erfasst[21]. Gleiches gilt für Personen, die an der **Berufsvorbereitung** teilnehmen[22].

II. Anwendung der §§ 10–23, 25. Soweit der in Rz. 1 ff. genannte Personenkreis unter das Regelungswerk des § 26 fällt, gelten die §§ 10–23, 25 mit folgenden Ausnahmen:

Die **gesetzl. Probezeit** kann abweichend von § 20 abgekürzt, darf jedoch nicht ganz gestrichen werden. Auf die **vorgeschriebene Vertragsniederschrift** (§ 11 I 2, vgl. § 11 Rz. 2 ff.) kann verzichtet werden, gleich-

---

1 BAG 17.7.2007 – 9 AZR 1031/06, AP Nr. 3 zu § 19 BBiG. ‖2 BAG 5.12.2002 – 6 AZR 216/01, AP Nr. 2 zu § 19 BBiG. ‖3 *Benecke* in Benecke/Hergenröder, § 26 Rz. 2. ‖4 *Lakies*, AR-Blattei SD 400 Rz. 122 f. ‖5 *Gedon/Hurlebaus*, § 26 Rz. 117 f.; MünchArbR/*Natzel*, § 178 Rz. 375. ‖6 So wie hier ErfK/*Schlachter*, § 26 BBiG Rz. 2. ‖7 *Knigge*, AR-Blattei SD 1740 „Volontär und Praktikant", Rz. 27; *Natzel*, S. 318 ff. ‖8 *Maties*, RdA 2007, 135 ff. (138). ‖9 *Gedon/Hurlebaus*, § 26 Rz. 11; MünchArbR/*Natzel*, § 178 Rz. 366. ‖10 *Benecke* in Benecke/Hergenröder, § 26 Rz. 11. ‖11 BAG 19.6.1974 – AZR 436/73, EzB § 19 BBiG Nr. 3; LAG Hamburg 5.9.1980 – 3 Sa 37/80, EzB § 19 BBiG Nr. 10; ausführlich *Natzel*, NZA 2008, 567. ‖12 BAG 25.3.1981 – 5 AZR 353/79, AP Nr. 1 zu § 19 BBiG. ‖13 *Knigge*, AR-Blattei SD 1810 „Der Werkstudent", Rz. 16. ‖14 BAG 13.3.2003 – 6 AZR 698/01, EzB § 19 BBiG Nr. 33a; LAG Köln 31.5.2006 – 3 Sa 226/06, NZA-RR 2006, 525. ‖15 Aktuelle Fassung v. 13.11.2009. ‖16 Hierzu ausführl. *Hergenröder* in Benecke/Hergenröder, § 17 Rz. 24. ‖17 LAG BW 8.2.2008 – 5 Sa 45/07, NZA 2008, 768. ‖18 LAG Bln.-Bbg. 24.6.2011 – 444/11, EzB Nr. 72 zu § 17 Abs. 1 BBiG. ‖19 *Gedon/Hurlebaus*, § 26 Rz. 21; aA ErfK/*Schlachter*, § 26 BBiG Rz. 5. ‖20 BAG 27.7.2010 – 3 AZR 317/08, EzB Nr. 34 zu § 26 BBiG. ‖21 BAG 15.3.1991 – 2 AZR 516/90, AP Nr. 2 zu § 47 BBiG; 10.2.1981 – 6 ABR 86/78, EzB § 19 BBiG Nr. 13. ‖22 *Natzel*, DB 2005, 612.

wohl muss der wesentliche Vertragsinhalt wie vorgesehen vereinbart werden. § 23 I 1 findet keine Anwendung[1]. Im Gegensatz zu § 19 aF verweist § 26 nicht auf § 24, da die in dieser Vorschrift vorgesehene Fiktion einer Weiterbeschäftigung im unbefristeten ArbVerh in einem reinen Praktikanten- und Volontärsverhältnis in Abwägung mit den Interessen des Vertragspartners nicht angemessen erscheint[2]. Es mag dahinstehen, ob damit gleichzeitig eine Berufung auf die Bestimmung des § 625 BGB ausgeschlossen ist[3].

Abschnitt 3. Eignung von Ausbildungsstätte und Ausbildungspersonal

27 Eignung der Ausbildungsstätte
(1) Auszubildende dürfen nur eingestellt und ausgebildet werden, wenn
1. die Ausbildungsstätte nach Art und Einrichtung für die Berufsausbildung geeignet ist und
2. die Zahl der Auszubildenden in einem angemessenen Verhältnis zur Zahl der Ausbildungsplätze oder zur Zahl der beschäftigten Fachkräfte steht, es sei denn, dass anderenfalls die Berufsausbildung nicht gefährdet wird.

(2) Eine Ausbildungsstätte, in der die erforderlichen beruflichen Fertigkeiten, Kenntnisse und Fähigkeiten nicht im vollen Umfang vermittelt werden können, gilt als geeignet, wenn diese durch Ausbildungsmaßnahmen außerhalb der Ausbildungsstätte vermittelt werden.

(3) Eine Ausbildungsstätte ist nach Art und Einrichtung für die Berufsausbildung in Berufen der Landwirtschaft, einschließlich der ländlichen Hauswirtschaft, nur geeignet, wenn sie von der nach Landesrecht zuständigen Behörde als Ausbildungsstätte anerkannt ist. Das Bundesministerium für Ernährung, Landwirtschaft und Verbraucherschutz kann im Einvernehmen mit dem Bundesministerium für Bildung und Forschung nach Anhörung des Hauptausschusses des Bundesinstituts für Berufsbildung durch Rechtsverordnung, die nicht der Zustimmung des Bundesrates bedarf, Mindestanforderungen für die Größe, die Einrichtung und den Bewirtschaftungszustand der Ausbildungsstätte festsetzen.

(4) Eine Ausbildungsstätte ist nach Art und Einrichtung für die Berufsausbildung in Berufen der Hauswirtschaft nur geeignet, wenn sie von der nach Landesrecht zuständigen Behörde als Ausbildungsstätte anerkannt ist. Das Bundesministerium für Wirtschaft und Technologie kann im Einvernehmen mit dem Bundesministerium für Bildung und Forschung nach Anhörung des Hauptausschusses des Bundesinstituts für Berufsbildung durch Rechtsverordnung, die nicht der Zustimmung des Bundesrates bedarf, Mindestanforderungen für die Größe, die Einrichtung und den Bewirtschaftungszustand der Ausbildungsstätte festsetzen.1

1 **I. Voraussetzungen für die Einstellung von Auszubildenden (Abs. 1).** Nach Abs. 1 Nr. 1 dürfen Auszubildende nur eingestellt werden, wenn die Ausbildungsstätte nach Art und Einrichtung für die Berufsausbildung geeignet ist. **Ausbildungsstätte** ist die Gesamtheit des Betriebs oder Betriebsteils, in welchem die Ausbildung stattfindet[4]. Der Begriff ist weit auszulegen und umfasst sämtliche Ausbildungseinrichtungen betriebl., über- oder außerbetriebl. Art[5].

2 **Geeignet nach der Art** ist eine Ausbildungsstätte, wenn sie die Gewähr dafür bietet, dass der Auszubildende die im Berufszweig entsprechend dem Ausbildungsplan geforderten Fähigkeiten erwerben kann[6], was sich anhand des Ausbildungsberufsbildes und des Ausbildungsrahmenplans bemessen lässt[7]. **Hinsichtlich der Einrichtung** sind ua. das **JArbSchG**, die **ArbStättV** und die Unfallverhütungsvorschriften der Berufsgenossenschaften zu beachten[8].

3 **Abs. 1 Nr. 2** legt keine Höchstzahl der Auszubildenden fest, sondern stellt auf die konkreten Verhältnisse der einzelnen Ausbildungsstätten ab, solange die Berufsausbildung als solche nicht gefährdet wird. Die Festsetzung einer allg. verbindlichen **Höchstzahl der gleichzeitig Auszubildenden ist unzulässig**[9]. Es ist ausreichend, wenn ein angemessenes Verhältnis zwischen der Zahl der Auszubildenden und einem der genannten Kriterien (Fachkräfte oder Ausbildungsplätze) besteht[10]. Ein **angemessenes Verhältnis** liegt vor, wenn ein bis zwei Fachkräfte auf einen Auszubildenden bzw. drei bis fünf Fachkräfte auf zwei Auszubildende kommen[11]. ZT wird auch gefordert, dass mehr als zwei Fachkräfte auf einen Auszubildenden kommen müssen[12]. Maßgebend ist, dass die Ausbildung durch eine ausreichende Zahl von Ausbildern sichergestellt ist[13].

---

1 Vgl. im Einzelnen *Gedon/Hurlebaus*, § 26 Rz. 33 ff. ||2 *Taubert*, NZA 2005, 507; BT-Drs. 15/3980, 47.
||3 *Wohlgemuth*, AuR 2005, 243. ||4 *Gedon/Hurlebaus*, § 27 Rz. 7; *Natzel*, Berufsbildungsrecht, S. 409.
||5 *Hergenröder* in Benecke/Hergenröder, § 27 Rz. 8. ||6 *Malottke* in Lakies/Malottke, § 27 Rz. 3. ||7 VG Arnsberg 20.5.1976 – 1 K 1704/74, EzB § 22 BBiG Nr. 4. ||8 *Gedon/Hurlebaus*, § 27 Rz. 18. ||9 OVG Rh.-Pf. 17.3.1975 – 2 A 113/74, EzB § 22 BBiG Nr. 3. ||10 VG Kassel 16.2.1984 – IV/2 E 1874/83, EzB § 22 BBiG Nr. 12.
||11 *Natzel*, Berufsbildungsrecht, S. 412 mwN; vgl. im Einzelnen den Rspr.-Überblick bei *Malottke* in Lakies/Malottke, § 27 Rz. 8a. ||12 LAG Berlin 26.10.1978 – 7 Sa 33/78, EzB § 22 BBiG Nr. 6. ||13 VG Kassel 16.2. 1984 – IV/2 E 1874/83, EzB § 22 BBiG Nr. 12; OVG Münster 3.3.1982 – 4 A 2141/80, EzB § 22 BBiG Nr. 9; VG Freiburg 26.8.1976 – VS V 105/74, EzB § 22 BBiG Nr. 5.

Die Anfügung des Wortes „und" nach Abs. 1 Nr. 1 verdeutlicht, dass die Voraussetzungen der Nr. 1 u. 2 **kumulativ** vorliegen müssen[1]. 4

Vgl. auch die **„BIBB-Empfehlung über die Eignung der Ausbildungsstätten"** des Bundesausschusses für Berufsbildung v. 28./29.3.1972[2]. 5

II. Ausbildung außerhalb der Ausbildungsstätte (Abs. 2). Ist die Ausbildungsstätte nicht in vollem Umfang geeignet, können **ergänzende Ausbildungsmaßnahmen** extern vorgenommen werden. Die Ausbildung muss ansonsten überwiegend in der Ausbildungsstätte erfolgen. § 11 I Nr. 3 ist zu beachten[3]. Die außerbetriebl. Ausbildungsstätte muss den Anforderungen der §§ 28–30, 32, 33 entsprechen[4]. 6

Nach § 32 wird die Beachtung dieser Vorschrift von der zuständigen Stelle überwacht. Wenn die Voraussetzungen des § 27 nicht mehr vorliegen, kann für eine bestimmte Ausbildungsstätte das Einstellen und Ausbilden untersagt werden (§ 33, vgl. § 33 Rz. 1). 7

III. Ausbildung in Berufen der Land- und Hauswirtschaft. Abs. 3 und 4 legen fest, dass die Ausbildungsstätten für die Berufsausbildung in Berufen der Land- und Hauswirtschaft nur dann für die Berufsausbildung geeignet sind, wenn sie nach Art und Einrichtung iSv. Abs. 1 Nr. 1 formal durch **Verwaltungsakt**[5] anerkannt werden. Sind sie geeignet, besteht ein Rechtsanspruch auf die Anerkennung[6]. Gegen die ablehnende Entscheidung der Behörde können die üblichen Rechtsmittel eingelegt werden[7]. Hintergrund dieser Regelung ist die Tatsache, dass die Berufsausbildung in diesen Berufen in erheblichem Umfang in kleinen Familienbetrieben mit nur einem Ausbilder und einem Auszubildenden erfolgt. Da diese Ausbildungsbetriebe zudem häufig großräumig verteilt sind, stellt das Erfordernis der Anerkennung der Ausbildungsstätte aus der Sicht der zuständigen Stellen und Behörden wesentliche und bewährte Elemente der Qualitätssicherung in der Berufsausbildung sowie eine Verwaltungsvereinfachung bei der Feststellung der Eignung der Ausbildungsstätte dar[8]. 8

Nach Abs. 3 S. 2 sowie Abs. 4 S. 2 können die Eignungskriterien in dem dort näher beschriebenen Verfahren durch RechtsVO festgelegt werden. Hierbei sind insb. Mindestanforderungen für die Größe, die Einrichtung und den Bewirtschaftungszustand der Ausbildungsstätte festzusetzen[9]. 9

28 Eignung von Ausbildenden und Ausbildern oder Ausbilderinnen

(1) Auszubildende darf nur einstellen, wer persönlich geeignet ist. Auszubildende darf nur ausbilden, wer persönlich und fachlich geeignet ist.

(2) Wer fachlich nicht geeignet ist oder wer nicht selbst ausbildet, darf Auszubildende nur dann einstellen, wenn er persönlich und fachlich geeignete Ausbilder oder Ausbilderinnen bestellt, die die Ausbildungsinhalte in der Ausbildungsstätte unmittelbar, verantwortlich und in wesentlichem Umfang vermitteln.

(3) Unter der Verantwortung des Ausbilders oder der Ausbilderin kann bei der Berufsausbildung mitwirken, wer selbst nicht Ausbilder oder Ausbilderin ist, aber abweichend von den besonderen Voraussetzungen des § 30 die für die Vermittlung von Ausbildungsinhalten erforderlichen beruflichen Fertigkeiten, Kenntnisse und Fähigkeiten besitzt und persönlich geeignet ist.

I. Eignung zum Einstellen und Ausbilden (Abs. 1). Abs. 1 ist eine öffentl.-rechtl. Vorschrift, welche zwischen der **Einstellungs-** und der **Ausbildungsberechtigung** unterscheidet. Während für die Einstellung[10] die persönl. Eignung gegeben sein muss, darf nur ausbilden, wer persönlich und fachlich geeignet ist. Ansonsten ist ein geeigneter Ausbilder zu bestellen (Abs. 2). Handelt es sich bei dem Ausbildungsbetrieb um eine **juristische Person**, müssen die Eignungsmerkmale in der Person des gesetzl. Vertreters gegeben sein[11]. Zum Vorliegen einer **Ordnungswidrigkeit** vgl. § 102 I Nr. 5. 1

II. Bestellung eines Ausbilders (Abs. 2). Bildet der Ausbildende nicht selbst aus oder fehlt ihm die erforderliche fachl. Eignung, muss er einen geeigneten Ausbilder einstellen (s. a. § 14 I Nr. 2, vgl. § 14 Rz. 5 f.) und sich über dessen **Eignung vergewissern**[12]. Die **Bestellung muss vor der Einstellung** des Auszubildenden erfolgen. Zum **MitbestR des BR** bei der Bestellung einer mit der Durchführung der betriebl. Berufsbildung beauftragten Person vgl. § 98 II BetrVG[13]. Ein Verstoß gegen die Vorschriften über die fachl. und persönl. Eignung kann gem. § 102 I Nr. 5 als **Ordnungswidrigkeit** geahndet werden. 2

III. Mitwirken bei der Berufsausbildung (Abs. 3). Abs. 3 regelt die in der Praxis übliche partielle Vermittlung von Ausbildungsinhalten durch Personen, die zwar nicht alle Erfordernisse für die fachliche Eignung der Ausbilder erfüllen, jedoch neben ihrer persönlichen Eignung die berufl. Fertigkeiten, Kenntnisse und Fähigkeiten besitzen, welche für die Vermittlung einzelner Ausbildungsgegenstände 3

---

1 BT-Drs. 15/3980, 47. ||2 BArbBl. 1972, 344, abgedr. bei *Leinemann/Taubert* im Anh. zu § 27. ||3 *Gedon/Hurlebaus*, § 27 Rz. 31. ||4 *Malottke* in Lakies/Malottke, § 27 Rz. 11. ||5 *Gedon/Hurlebaus*, § 27 Rz. 33. ||6 *Hergenröder* in Benecke/Hergenröder, § 27 Rz. 20. ||7 *Gedon/Hurlebaus*, § 27 Rz. 36. ||8 BT-Drs. 15/3980, 48. ||9 Hierzu *Gedon/Hurlebaus*, § 27 Rz. 37 ff., 45. ||10 Zum Begriff des „Einstellens" *Hergenröder* in Benecke/Hergenröder, § 28 Rz. 6 mwN. ||11 VGH BW 22.12.1988 – 9 S 2583/87, EzB §§ 20, 21 BBiG Nr. 36. ||12 *Gedon/Hurlebaus*, § 28 Rz. 10. ||13 *Malottke* in Lakies/Malottke, § 28 Rz. 11.

erforderlich sind[1]. Hierbei wird unter „Mitwirken" jede Beteiligung an der Ausbildung verstanden, welche auf die Vermittlung von Ausbildungsinhalten gerichtet ist[2]. Abs. 3 ist eine Sondervorschrift zu § 30.

29 Persönliche Eignung
Persönlich nicht geeignet ist insbesondere, wer
1. **Kinder und Jugendliche nicht beschäftigen darf oder**
2. **wiederholt oder schwer gegen dieses Gesetz oder die auf Grund dieses Gesetzes erlassenen Vorschriften und Bestimmungen verstoßen hat.**

1   § 29 enthält keine abschließende Aufzählung der Gründe, welche die persönliche Eignung zur Ausbildung ausschließen. So ist nach **Nr. 1** nicht geeignet, wer **Kinder und Jugendliche nicht beschäftigen darf** (§ 25 JArbSchG[3]). Diese Vorschrift sieht für Ausbildende und Ausbilder bei rechtskräftiger Verurteilung wegen bestimmter Straftaten und Ordnungswidrigkeiten ein Beschäftigungsverbot von Jugendlichen vor. Die persönl. Ungeeignetheit nach § 25 JArbSchG gilt für alle Ausbildungsverhältnisse, auch mit erwachsenen Auszubildenden[4]. Wer wegen **sexueller Handlungen** an weiblichen Auszubildenden verurteilt ist, ist auch nicht geeignet, männliche Auszubildende einzustellen und auszubilden[5]. Auch im Falle einer **sexuellen Belästigung** von Auszubildenden liegt eine persönliche Ungeeignetheit vor[6]. Eine **juristische Person** ist nur dann geeignet zum Ausbilden, wenn die persönliche Eignung bei allen vertretungsberechtigten Personen vorliegt[7].

2   Ein **schwerer Verstoß** nach **Nr. 2** ist dann gegeben, wenn dem Auszubildenden ein gravierender Schaden entstanden ist. **Wiederholte Verstöße** liegen vor, wenn der Ausbildende oder Ausbilder mehr als einmal gegen die in Nr. 2 genannten Schutznormen verstoßen hat[8].

3   Neben dem BBiG fallen unter diese Vorschrift auch Normen, welche eine zuständige Stelle auf Grund der Regelungskompetenz des § 9 erlassen hat (vgl. § 9 Rz. 1 f.), ebenso wie zB Ausbildungs- und Prüfungsordnungen[9]. Von der **Rspr. anerkannte Verstöße** sind zB die fast sechsmonatige Dauer eines ausbilderlosen Zustandes[10], ein Verstoß gegen Vorschriften des JArbSchG[11], die weltanschauliche Beeinflussung eines Auszubildenden (Scientology-Organisation[12]) die Vereinbarung einer privaten Ausbildungsunterstützung[13] sowie allg. Unzuverlässigkeit[14], nicht jedoch die Einstellung eines Strafverfahrens nach § 153 StPO[15].

30 Fachliche Eignung
(1) Fachlich geeignet ist, wer die beruflichen sowie die berufs- und arbeitspädagogischen Fertigkeiten, Kenntnisse und Fähigkeiten besitzt, die für die Vermittlung der Ausbildungsinhalte erforderlich sind.

(2) Die erforderlichen beruflichen Fertigkeiten, Kenntnisse und Fähigkeiten besitzt, wer
1. **die Abschlussprüfung in einer dem Ausbildungsberuf entsprechenden Fachrichtung bestanden hat,**
2. **eine anerkannte Prüfung an einer Ausbildungsstätte oder vor einer Prüfungsbehörde oder eine Abschlussprüfung an einer staatlichen oder staatlich anerkannten Schule in einer dem Ausbildungsberuf entsprechenden Fachrichtung bestanden hat oder**
3. **eine Abschlussprüfung an einer deutschen Hochschule in einer dem Ausbildungsberuf entsprechenden Fachrichtung bestanden hat**

und eine angemessene Zeit in seinem Beruf praktisch tätig gewesen ist.

(3) Das Bundesministerium für Wirtschaft und Technologie oder das sonst zuständige Fachministerium kann im Einvernehmen mit dem Bundesministerium für Bildung und Forschung nach Anhörung des Hauptausschusses des Bundesinstituts für Berufsbildung durch Rechtsverordnung, die nicht der Zustimmung des Bundesrates bedarf, in den Fällen des Absatzes 2 Nr. 2 bestimmen, welche Prüfungen für welche Ausbildungsberufe anerkannt werden.

(4) Das Bundesministerium für Wirtschaft und Technologie oder das sonst zuständige Fachministerium kann im Einvernehmen mit dem Bundesministerium für Bildung und Forschung nach Anhörung des Hauptausschusses des Bundesinstituts für Berufsbildung durch Rechtsverordnung, die nicht der Zustimmung des Bundesrates bedarf, für einzelne Ausbildungsberufe bestimmen, dass abweichend

---

1 BT-Drs. 15/3980, 48; *Taubert*, NZA 2005, 508; *Wohlgemuth*, AuR 2005, 244. ||2 *Hergenröder* in Benecke/Hergenröder, § 28 Rz. 11. ||3 *Natzel*, Berufsbildungsrecht, S. 394. ||4 BT-Drs. 15/3980, 48. ||5 OVG Saarl. 10.6.1976 – I R 89/75, EzB § 24 HwO Nr. 5. ||6 VG Gelsenkirchen 1.9.2010 – 7 K 903/09, EzB Nr. 35 zu §§ 27 – 33 BBiG. ||7 VG Ansbach 26.2.2007 – 4 S 06. 0299. 2, EzB Nr. 32 zu §§ 27 – 33 BBiG. ||8 *Malottke* in Lakies/Malottke, § 29 Rz. 3; *Natzel*, Berufsbildungsrecht, S. 395. ||9 *Hergenröder* in Benecke/Hergenröder, § 29 Rz. 3. ||10 BVerwG 20.12.1985 – 1 C 42.84, EzB §§ 23, 24 BBiG Nr. 7. ||11 OVG NRW 3.8.1984 – A 1011/83, EzB §§ 20, 21 BBiG Nr. 30. ||12 OVG NRW 10.10.1994 – 23 B 2878/93, EzB §§ 20, 21 BBiG Nr. 42. ||13 VG Schl.-Holst. 8.11.2007 – 12 A 68/07, EzB Nr. 34 zu §§ 27–33 BBiG. ||14 BVerwG 12.3.1965 – VII C 175.63, AP Nr. 3 zu § 20 HandwO. ||15 VGH BW 9.10.1987 – 14 S 2104/87, EzB §§ 20, 21 BBiG Nr. 32.

von Absatz 2 die für die fachliche Eignung erforderlichen beruflichen Fertigkeiten, Kenntnisse und Fähigkeiten nur besitzt, wer

1. die Voraussetzungen des Absatzes 2 Nr. 2 oder 3 erfüllt und eine angemessene Zeit in seinem Beruf praktisch tätig gewesen ist oder
2. die Voraussetzungen des Absatzes 2 Nr. 3 erfüllt und eine angemessene Zeit in seinem Beruf praktisch tätig gewesen ist oder
3. für die Ausübung eines freien Berufes zugelassen oder in ein öffentliches Amt bestellt ist.

(5) Das Bundesministerium für Bildung und Forschung kann nach Anhörung des Hauptausschusses des Bundesinstituts für Berufsbildung durch Rechtsverordnung, die nicht der Zustimmung des Bundesrates bedarf, bestimmen, dass der Erwerb berufs- und arbeitspädagogischer Fertigkeiten, Kenntnisse und Fähigkeiten gesondert nachzuweisen ist. Dabei können Inhalt, Umfang und Abschluss der Maßnahmen für den Nachweis geregelt werden.

(6) Die nach Landesrecht zuständige Behörde kann Personen, die die Voraussetzungen des Absatzes 2, 4 oder 5 nicht erfüllen, die fachliche Eignung nach Anhörung der zuständigen Stelle widerruflich zuerkennen.

I. Fachliche Eignung (Abs. 1). Nach Abs. 1 ist fachlich geeignet, wer die erforderlichen berufl. Fertigkeiten, Kenntnisse und Fähigkeiten besitzt, um die Ausbildungsinhalte vermitteln zu können. Dies ist zB dann nicht der Fall, wenn der Ausbildende bzw. der Ausbilder nur über **Kenntnisse in Teilgebieten** der in Frage stehenden Berufsausbildung verfügt[1]. 1

Zudem muss der Ausbildende bzw. der Ausbilder auch über die erforderlichen berufs- und arbeitspädagogischen Kenntnisse verfügen[2]. Nach Abs. 5 (vgl. Rz. 8) kann durch RechtsVO bestimmt werden, dass der Erwerb der berufs- und arbeitspädagogischen Fertigkeiten, Kenntnisse und Fähigkeiten gesondert nachzuweisen ist. 2

II. Berufliche Fertigkeiten, Kenntnisse und Fähigkeiten (Abs. 2). Abs. 2 konkretisiert den Begriff der „beruflichen Fertigkeiten, Kenntnisse und Fähigkeiten" und bestimmt in den Nrn. 1–3 alternative Nachweismöglichkeiten[3]. Gemeinsame Anforderung ist, dass der Nachweis in einer dem Ausbildungsberuf entsprechenden Fachrichtung erbracht worden ist und das Ausbildungspersonal eine angemessene Zeit in dem Beruf praktisch tätig gewesen ist[4]. Mit dieser Regelung wird klargestellt, dass fachlich geeignet iSd. Abs. 1 nur ist, wer die in Abs. 2 geregelten Voraussetzungen erfüllt[5]. 3

Nach **Nr. 2** kann der Nachweis durch eine anerkannte Prüfung an einer Ausbildungsstätte oder vor einer Prüfungsbehörde geführt werden. Hierunter sind insb. Fortbildungsabschlüsse nach den §§ 53, 54 sowie Prüfungen zu verstehen, die tatsächl. oder rechtl. im jeweiligen Wirtschafts- oder Berufszweig anerkannt sind. Zudem wird die Möglichkeit geschaffen, den Eignungsnachweis durch eine Abschlussprüfung an einer staatlichen oder staatl. anerkannten Schule zu erbringen. Danach erhalten auch Absolventen vollzeitschulischer Bildungsgänge die Möglichkeit, im dualen Ausbildungssystem als Ausbildende bzw. als Ausbilder tätig zu werden. Das Erfordernis, dass die schulische Abschlussprüfung in einer dem Ausbildungsberuf entsprechenden Fachrichtung abgelegt wurde, stellt dabei sicher, dass der schulische Ausbildungsgang nach Struktur, Inhalt und Qualität einer betriebl. Ausbildung entsprechen muss. 4

Nach **Abs. 3** kann das Bundesministerium für Wirtschaft und Technologie oder das sonst zuständige Fachministerium unter Einhaltung des vorgeschriebenen Verfahrensablaufes in den Fällen der Nr. 2 durch RechtsVO bestimmen, welche Prüfungen für welche Ausbildungsberufe anerkannt werden. Im Gegensatz zu der Vorgängerregelung (§§ 76 II, 80 II aF) kann nunmehr durch RechtsVO für alle Berufsausbildungszweige festgelegt werden, welche Prüfungen anerkannt werden, und nicht nur für sog. IHK-Berufe sowie den Bereich der Landwirtschaft[6]. 5

Nr. 3 sieht vor, dass der Nachweis durch eine Abschlussprüfung an einer deutschen Hochschule erbracht werden kann, sofern sie in einer dem Ausbildungsberuf entsprechenden Fachrichtung bestanden wird. Die Anerkennung kann für alle Berufsbereiche geregelt werden[7]. Auf Grund dieser Verordnungsermächtigung wurde am 1.8.2005 die auf Abs. 4 Nr. 1 gestützte Verordnung über die Anforderung an die fachliche Eignung für die Berufsausbildung in den Berufen der Land- und Hauswirtschaft erlassen[8]. 6

III. Höhere Anforderungen an die Ausbildereignung durch Rechtsverordnung (Abs. 4). Abs. 4 sieht vor, dass das Bundesministerium für Wirtschaft und Technologie oder das sonst zuständige Fachministerium unter Einhaltung des vorgegebenen Verfahrensablaufs durch RechtsVO für einzelne Ausbildungsberufe bestimmen kann, dass in **berufspraktischer Hinsicht** höhere Anforderungen an die Aus- 7

---

1 BVerwG 3.3.1981 – 5 B 35.80, EzB §§ 20, 21 BBiG Nr. 24. || 2 Hierzu BayVGH 18.8.1975 – 100 VI 74, EzB §§ 20, 21 BBiG Nr. 13. || 3 Hierzu *Taubert*, NZA 2005, 508; *Wohlgemuth*, AuR 2005, 244. || 4 BT-Drs. 15/3980, 48. || 5 *Opolony*, BB 2005, 1052. || 6 BT-Drs. 15/3980, 49; *Wohlgemuth*, AuR 2005, 244. || 7 BT-Drs. 15/3980, 49. || 8 BGBl. I S. 2284.

bildereignung gestellt werden können[1]. Die möglichen Abweichungen von Abs. 2 ergeben sich im Einzelnen aus den Nrn. 1–3. Abs. 4 trägt damit dem Bedürfnis Rechnung, dass für die Ausbildung in bestimmten Berufen höhere Mindestanforderungen an die im Rahmen der fachl. Eignung erforderlichen Fertigkeiten, Kenntnisse und Fähigkeiten zu stellen sind[2]. Hierdurch sollen insb. die speziellen Bedürfnisse der Berufsausbildung in der Landwirtschaft, der Hauswirtschaft und bei den Angehörigen der freien Berufe angemessen berücksichtigt werden können[3].

8   **IV. Erlass einer Rechtsverordnung. Abs. 5** öffnet die Möglichkeit, durch RechtsVO zu bestimmen, dass der Erwerb berufs- und arbeitspädagogischer Kenntnisse gesondert nachzuweisen ist, was einer vernünftigen Erwägung des Gemeinwohls entspricht[4]. Am 21.1.2009 wurde die aktuelle Ausbilder-Eignungsverordnung erlassen, die am 1.8.2009 in Kraft getreten ist[5]. Nach der Neuregelung müssen Ausbilder/innen seit August 2009 für die Ausbildung in anerkannten Ausbildungsberufen nach dem BBiG wiederum den Erwerb der berufs- und arbeitspädagogischen Fertigkeiten, Kenntnisse und Fähigkeiten nach der AEVO nachweisen. § 8 AEVO beinhaltet eine Übergangsregelung.

9   **V. Widerrufliche Zuerkennung der fachlichen Eignung (Abs. 6).** Um Härtefälle zu vermeiden, sieht Abs. 6 vor, dass die nach Landesrecht zuständige Behörde Ausbildern, welche die Voraussetzungen des Abs. 2, 4 oder 5 nicht erfüllen, die fachliche Eignung nach Anhörung der zuständigen Stelle widerruflich zuerkennen kann. Die Zuerkennung kann ggf. davon abhängig gemacht werden, dass ein etwa erforderlicher Nachweis innerhalb eines bestimmten Zeitraums zu erbringen ist[6].

31 *Europaklausel*

(1) In den Fällen des § 30 Abs. 2 und 4 besitzt die für die fachliche Eignung erforderlichen beruflichen Fertigkeiten, Kenntnisse und Fähigkeiten auch, wer die Voraussetzungen für die Anerkennung seiner Berufsqualifikation nach der Richtlinie 2005/36/EG des Europäischen Parlaments und des Rates vom 7. September 2005 über die Anerkennung von Berufsqualifikationen (ABl. EU Nr. L 255 S. 22) erfüllt, sofern er eine angemessene Zeit in seinem Beruf praktisch tätig gewesen ist. § 30 Abs. 4 Nr. 3 bleibt unberührt.

(2) Die Anerkennung kann unter den in Artikel 14 der in Absatz 1 genannten Richtlinie aufgeführten Voraussetzungen davon abhängig gemacht werden, dass der Antragsteller oder die Antragstellerin zunächst einen höchstens dreijährigen Anpassungslehrgang ableistet oder eine Eignungsprüfung ablegt.

(3) Die Entscheidung über die Anerkennung trifft die zuständige Stelle. Sie kann die Durchführung von Anpassungslehrgängen und Eignungsprüfungen regeln.

1   Mit der Vorschrift wird die in **Abs. 1** genannte EG-AnerkennungsRL im Hinblick auf die Ausbildungsberechtigung auf Grund fachlicher Eignung umgesetzt[7]. Ausländische Diplome und Bildungsabschlüsse sind danach entsprechend den genannten RL deutschen Abschlüssen bei der Feststellung der fachlichen Eignung gleichzustellen[8]. Damit soll die Freizügigkeit innerhalb der Union gefördert werden.

2   Die Vorschrift ergänzt die Regeln über die fachliche Eignung in § 30 II und IV. Die Anerkennung erfolgt nicht automatisch, sondern nur auf Antrag (**Abs. 2**). Liegen die Voraussetzungen nach Art. 14 RL 2005/36/EG vor, besteht ein **Rechtsanspruch** auf die Anerkennung der fachlichen Eignung[9]. Nach Maßgabe der genannten Vorschrift kann die Anerkennung auch vom Absolvieren einer Abschlussprüfung oder eines Anpassungslehrganges abhängig gemacht werden. Wie zu verfahren ist, entscheidet die zuständige Stelle (§§ 71 ff.) nach **Abs. 3**. Dies geschieht durch **Verwaltungsakt**, der im Verwaltungsrechtsweg überprüft werden kann.

32 *Überwachung der Eignung*

(1) Die zuständige Stelle hat darüber zu wachen, dass die Eignung der Ausbildungsstätte sowie die persönliche und fachliche Eignung vorliegen.

(2) Werden Mängel der Eignung festgestellt, so hat die zuständige Stelle, falls der Mangel zu beheben und eine Gefährdung Auszubildender nicht zu erwarten ist, Ausbildende aufzufordern, innerhalb einer von ihr gesetzten Frist den Mangel zu beseitigen. Ist der Mangel der Eignung nicht zu beheben oder ist eine Gefährdung Auszubildender zu erwarten oder wird der Mangel nicht innerhalb der gesetzten Frist beseitigt, so hat die zuständige Stelle dies der nach Landesrecht zuständigen Behörde mitzuteilen.

1   **I. Überwachungspflicht der zuständigen Stelle (Abs. 1).** Die erforderliche Eignung des Ausbilders und der Ausbildungsstätte ist **vor der Eintragung von Berufsausbildungsverhältnissen** in das Verzeichnis nach §§ 34 ff. zu prüfen[10]. Diese Aufgabe obliegt der zuständigen Stelle (§§ 71 ff.)[11]. Die Überwachung

---

1 Hierzu *Wohlgemuth*, AuR 2005, 244. ||2 BT-Drs. 15/3980, 49. ||3 *Wohlgemuth*, AuR 2005, 244. ||4 BayVGH 18.8.1975 – 100 VI 74, EzB §§ 20, 21 BBiG Nr. 13. ||5 BGBl. I S. 88. ||6 BT-Drs. 15/3980, 49. ||7 ErfK/*Schlachter*, § 31 BBiG Rz. 1. ||8 *Taubert*, NZA 2005, 508. ||9 *Leinemann/Taubert*, § 31 Rz. 4. ||10 Schriftl. Bericht des Ausschusses für Arbeit, BT-Drs. V/4260 zu § 23 BBiG. ||11 *Taubert*, NZA 2005, 508.

kann durch die nach § 76 I 2 zu bestellenden **Berater** erfolgen[1]. Die Überwachungspflicht besteht für die **gesamte Dauer der Ausbildung**[2] und für **jedes einzelne Ausbildungsverhältnis**[3].

Die **fachliche Eignung** des Ausbilders kann durch Ablegung einer Ausbildereignungsprüfung bzw. 2
durch Ablegung der Prüfungen nach § 30 II (vgl. § 30 Rz. 3 ff.) nachgewiesen werden[4]. Die **persönliche Eignung** besitzen solche Ausbildende, welche die Gewähr dafür bieten, dass der Auszubildende charakterlich gefördert sowie sittlich und körperlich nicht gefährdet wird[5].

Zuständig iSv. Abs. 1 sind bei Berufen der HwO die Handwerkskammern (§ 71 I), für den Bereich der 3
nicht handwerklichen Gewerberufe die Industrie- und Handelskammern (§ 71 II), für den Bereich der Landwirtschaft einschl. der ländlichen Hauswirtschaft die Landwirtschaftskammern (§ 71 III). Im öffentl. Dienst, den rechts-, wirtschafts-, steuerberatenden und ärztlichen Berufen sowie im kirchl. Bereich bestehen Sondervorschriften (§ 73, § 71 IV–VI, §§ 74, 75).

II. Folgen bei der Feststellung von Mängeln (Abs. 2). Wird ein Mangel festgestellt, der behebbar ist, 4
und ist eine Gefährdung des Auszubildenden nicht zu erwarten, ist der Ausbildende unter Fristsetzung aufzufordern, den Mangel zu beseitigen **(Abs. 2 S. 1)**. Die Aufforderung zur Mängelbeseitigung ist ein **Verwaltungsakt**[6]. Erfolgt die Mängelbeseitigung nicht fristgemäß, ist die nach Landesrecht zuständige Behörde einzuschalten, welche nach § 33 das weitere Ausbilden untersagen kann. § 35 II ist zu beachten.

Ist ein Mangel nicht behebbar oder eine Gefährdung des Auszubildenden zu erwarten, ist ebenfalls 5
die nach Landesrecht zuständige Behörde zwecks Einleitung eines **Untersagungsverfahrens** nach § 33 einzuschalten **(Abs. 2 S. 2;** vgl. § 33 Rz. 1). Die entsprechende Mitteilung ist kein Verwaltungsakt, aus Gründen der Rechtsklarheit sollte gleichwohl die Schriftform eingehalten werden[7].

33 Untersagung des Einstellens und Ausbildens

(1) Die nach Landesrecht zuständige Behörde kann für eine bestimmte Ausbildungsstätte das Einstellen und Ausbilden untersagen, wenn die Voraussetzungen nach § 27 nicht oder nicht mehr vorliegen.

(2) Die nach Landesrecht zuständige Behörde hat das Einstellen und Ausbilden zu untersagen, wenn die persönliche oder fachliche Eignung nicht oder nicht mehr vorliegt.

(3) Vor der Untersagung sind die Beteiligten und die zuständige Stelle zu hören. Dies gilt nicht im Falle des § 29 Nr. 1.

I. Fehlende Eignung der Ausbildungsstätte (Abs. 1). Liegen bei einer Ausbildungsstätte die Voraus- 1
setzungen des § 27 nicht oder nicht mehr vor, kann die zuständige Stelle das Einstellen und Ausbilden untersagen[8]. Die Behörde hat ein **Ermessen**, ob und wann sie das Einstellen und Ausbilden untersagen will[9]. Die Untersagung kann sich kumulativ oder alternativ auf das Einstellen und Ausbilden beziehen. Die Untersagung kann befristet oder auf unbestimmte Zeit verfügt werden[10].

Anstelle der Untersagung können auch **Auflagen** erteilt werden, sofern dadurch eine geregelte Berufs- 2
ausbildung möglich wird[11]. Denkbar ist auch die Anordnung einer befristeten außerbetriebl. Ausbildungsmaßnahme[12].

Im Falle der gänzlichen Untersagung kann das Berufsausbildungsverhältnis nach § 22 II Nr. 1 **gekün-** 3
digt werden. Ggf. ist **Schadensersatz** nach § 23 I 1 zu leisten[13].

II. Fehlende persönliche und fachliche Eignung (Abs. 2). Die nach Landesrecht zuständige Behörde[14] 4
ist nicht verpflichtet, in allen Ausbildungsstätten nachzuforschen, ob die persönl. und fachl. Eignung vorliegt. Sie soll vielmehr einschreiten, wenn ihr Umstände bekannt werden, welche die persönl. und fachl. Eignung zweifelhaft erscheinen lassen[15]. Erhärten sich diese Zweifel, ist das Einstellen und Ausbilden zwingend zu untersagen, sofern der Mangel nicht § 32 II 1 behoben werden kann (vgl. § 32 Rz. 5). Ein **Ermessensspielraum** besteht insoweit nicht[16]. Die Untersagung kann sich gegen den Ausbildenden bzw. den Ausbilder richten. Die entsprechende Verfügung ist ein **Verwaltungsakt**, der vor den Verwaltungsgerichten angefochten werden kann[17].

Die **nach Landesrecht zuständige Behörde** ist regelmäßig die als Aufsichtsbehörde zuständige höhere 5
Verwaltungsbehörde (zB das Regierungspräsidium oder die Bezirksregierung)[18].

---

1 *Hergenröder* in Benecke/Hergenröder, § 32 Rz. 5. ‖ 2 *Natzel*, Berufsbildungsrecht, S. 413. ‖ 3 *Malottke* in Lakies/Malottke, § 32 Rz. 1. ‖ 4 *Gedon/Hurlebaus*, § 30 Rz. 14ff. ‖ 5 VG Düss. 23.1.1996 – 3 K 12881/94, EzB §§ 23, 24 BBiG Nr. 14. ‖ 6 *Hergenröder* in Benecke/Hergenröder, § 32 Rz. 13. ‖ 7 *Malottke* in Lakies/Malottke, § 32 Rz. 6. ‖ 8 *Taubert*, NZA 2005, 508. ‖ 9 *Gedon/Hurlebaus*, § 33 Rz. 7. ‖ 10 *Natzel*, Berufsbildungsrecht, S. 493 mwN. ‖ 11 *Gedon/Hurlebaus*, § 33 Rz. 9. ‖ 12 VG Braunschweig 21.11.1991 – 1 A 1106/90, EzB §§ 23, 24 BBiG Nr. 10. ‖ 13 *Hergenröder* in Benecke/Hergenröder, § 33 Rz. 8. ‖ 14 Hierzu ErfK/*Schlachter*, § 33 BBiG Rz. 1. ‖ 15 Ausschussbericht, BT-Drs. V/4260. ‖ 16 BayVGH 28.8.1974 – 88 VI 74, EzB § 24 HandwO Nr. 2. ‖ 17 *Gedon/Hurlebaus*, § 33 Rz. 20. ‖ 18 ErfK/*Schlachter*, § 33 BBiG Rz. 1.

6 **III. Anhörung vor Untersagung (Abs. 3).** Die nach **Abs. 3 S. 1** erforderliche Anhörung kann mündlich oder schriftl. erfolgen. Eine **Nichtanhörung** führt zu einem fehlerhaften, nicht jedoch zu einem nichtigen Verwaltungsakt. Dieser ist nach erfolgter Anhörung erneut zu erlassen[1].

7 **Beteiligte** im Anhörungsverfahren sind der Ausbilder bzw. Ausbildende, der Auszubildende und seine Eltern, sofern durch die Untersagung der Ausbildungsplatz wegfällt[2].

8 Eine Anhörung erübrigt sich im Falle des § 29 Nr. 1.

34–105 *(nicht kommentiert)*

---

[1] *Malottke* in Lakies/Malottke, § 33 Rz. 5; *Natzel*, Berufsbildungsrecht, S. 492. ||[2] VGH BW 9.10.1987 – 14 S 2104/87, EzB § 24 HandwO Nr. 8.

Bundesdatenschutzgesetz (BDSG)

vom 20.12.1990 (BGBl. I S. 2954)
in der Fassung der Bekanntmachung vom 14.1.2003 (BGBl. I S. 66),
zuletzt geändert durch Gesetz vom 14.8.2009 (BGBl. I S. 2814)

– Auszug –

Vorbemerkungen

I. Einführung 1	4. Biometrische Systeme 90
1. Zweck des BDSG 2	5. Bring Your Own Device (BYOD) 90a
2. Entstehungsgeschichte 3	6. Cloud Computing 90b
3. Geltungsbereich des BDSG 4	7. Due Diligence 91
II. Systematik und Inhalt des BDSG 9	8. E-Mail, Internet 92
1. Begriffsbestimmungen 10	9. Ethik-, Whistleblowing-Hotline 96
2. Zentralnorm des § 4 I 33	10. Foto des ArbN 96a
3. Pflichten des ArbGeb 69	11. Fragerecht des ArbGeb 97
4. Rechte des ArbN 74	12. Genetische Untersuchungen 97a
5. Datenschutzrechtlich relevante MitbestR des BR 80	13. Mitarbeiterbefragung 98
	14. Ortung des ArbN 99
III. Rechtsfolgen bei Verstößen gegen das BDSG 86	15. Personalakte 100
	16. Personalfragebogen 104
IV. ABC der arbeitsrechtlich relevanten Themengebiete 87	17. Screening (Datenabgleich) 104a
1. Background-Checks 87	18. Soziale Netzwerke 104b
2. Betriebliches Eingliederungsmanagement (BEM) 88	19. Telefonnutzung und -überwachung 105
3. Bewerberdaten 89	20. Videoüberwachung 107

I. Einführung. Das Arbeitsleben ist ohne Computer, Telefone, E-Mail, Internet etc. undenkbar. Die **1**
Nutzung elektronischer Medien und Datenverarbeitung führt dazu, dass eine immense Zahl personenbezogener ArbN-Daten verarbeitet, gespeichert und übermittelt wird. Das BDSG enthält Regelungen, unter welchen Voraussetzungen und in welcher Weise öffentl. Stellen (§ 2 I–III) und nicht-öffentl. Stellen (§ 2 IV) personenbezogene Daten (§ 3 I) von natürlichen Personen erheben (§ 3 III), verarbeiten (§ 3 IV) und/oder nutzen (§ 3 V) dürfen. Zudem regelt es Rechte und Pflichten, die ArbGeb und ArbN zu beachten haben. Die nachfolgende Komm. gibt einen Überblick über die in arbeitsrechtl. Hinsicht relevanten Fragestellungen.

1. Zweck des BDSG. Das BDSG dient dem Schutz personenbezogener Daten vor missbräuchlicher **2**
Verwendung. Zweck des Gesetzes ist es gem. § 1 I, den Einzelnen davor zu **schützen**, dass er durch den Umgang mit seinen personenbezogenen Daten in seinem **Persönlichkeitsrecht** beeinträchtigt wird. Das durch Art. 2 I iVm. Art. 1 I GG gewährleistete Persönlichkeitsrecht umfasst das **Recht auf informationelle Selbstbestimmung**, dh. die Befugnis des Einzelnen, grds. selbst über die Preisgabe und Verwendung seiner persönlichen Daten zu bestimmen[1], sowie das **Grundrecht auf Gewährleistung der Vertraulichkeit und Integrität informationstechnischer Systeme**. Letzteres bewahrt den persönlichen und privaten Lebensbereich der Grundrechtsträger vor staatl. Zugriff im Bereich der Informationstechnik auch insoweit, als auf das informationstechnische System insg. zugegriffen wird und nicht nur auf einzelne Kommunikationsvorgänge oder gespeicherte Daten[2]. Auf der europ. Primärrechtsebene (vgl. Art. 6 I EUV) gewährleistet Art. 8 I GrCh das Recht jeder Person auf Schutz der sie betreffenden personenbezogenen Daten. Vor diesem Hintergrund steht die Erhebung, Verarbeitung und Nutzung personenbezogener Daten unter **Verbot mit Erlaubnisvorbehalt (§ 4 I)** und ist nur zulässig, soweit sie gesetzlich erlaubt oder angeordnet ist oder eine Einwilligung der betroffenen Person (§ 4a) vorliegt[3]. Dies entspricht Art. 8 II 1 GrCh.

2. Entstehungsgeschichte. Das erste BDSG wurde am 1.2.1977 verkündet[4]. Es wurde durch Gesetz **3**
zur Fortentwicklung der Datenverarbeitung und des Datenschutzes v. 20.12.1990[5] novelliert. Auf Grund

---

1 BVerfG 15.12.1983 – 1 BvR 209/83 ua., NJW 1984, 419. ||2 BVerfG 27.2.2008 – 1 BvR 370/07 ua., NJW 2008, 822, Rz. 201 ff.; dazu Gola/Klug, NJW 2008, 2481; Kutscha, NJW 2008, 1042; Rossnagel/Schnabel, NJW 2008, 3534; Wedde, AuR 2009, 373; zum VerfR s.a. Gurlit, NJW 2010, 1035. ||3 Krit. zu diesem Regelungskonzept im ArbN-Datenschutz Preis, NZA 21/2011, Editorial; Schliemann, NZA 21/2011, XII. ||4 BGBl. I S. 201. ||5 BGBl. I S. 2954.

der **Richtlinie 95/46/EG** des Europäischen Parlaments und des Rates v. 24.10.1995 zum Schutz natürlicher Personen bei der Verarbeitung personenbezogener Daten und zum freien Datenverkehr[1] wurde das BDSG mWz. 23.5.2001 novelliert[2]. Der Einfluss des Europarechts ist enorm und sollte stets im Auge behalten werden[3]. So hat die Europ. Kommission im Dezember 2011 einen **Vorschlag für eine Datenschutz-Grundverordnung** (DS-GVO) vorgelegt[4]. Würde dieser Vorschlag umgesetzt, käme es zu einer fast vollständigen Harmonisierung des Datenschutzrechts, da eine VO unmittelbare Wirkung in den Mitgliedstaaten entfaltet. Allerdings enthält der derzeitige Entwurf in Art. 82 DS-GVO eine Öffnungsklausel, welche nationale Regelungen über die Verarbeitung personenbezogener ArbN-Daten im Beschäftigungskontext „in den Grenzen dieser Verordnung" zulässt. Zuletzt wurde das BDSG im Jahr 2009 dreimal geändert[5]. Beim ersten Änderungsgesetz stand das sog. (Kredit-)Scoring im Vordergrund[6]. Ergänzend wurde Art. 9 der VerbraucherkreditRL 2008/47/EG umgesetzt[7]. Vor dem Hintergrund von „Datenschutzskandalen", die v.a. durch illegalen Datenhandel und ausufernde Mitarbeiterkontrolle gekennzeichnet waren, wurde schließlich das **Gesetz zur Änderung datenschutzrechtlicher Vorschriften v. 14.8.2009** erlassen[8]. Es brachte einige **arbeitsrechtl. relevante Änderungen** mit sich, insb. die neue Sonderregelung des § 32 für Beschäftigte iSd. neuen § 3 XI sowie die Normierung des Sonderkündigungsschutzes und des Fort- und Weiterbildungsanspruchs des Datenschutzbeauftragten in § 4f III 5–7. Die jüngste Forderung des Bundesrats nach „eindeutigen gesetzlichen Regelungen zum Arbeitnehmerdatenschutz"[9] ist allerdings immer noch unerfüllt. Der als „kleine Lösung" eingeführte § 32 wirft zahlreiche Fragen auf (vgl. § 32 Rz. 2 ff.). Die „große Lösung" steht noch aus. Das BMAS hatte in der Endphase der früheren großen Koalition noch den Diskussionsentwurf vom August 2009 über ein Beschäftigtendatenschutzgesetz vorgestellt, der in der 17. Legislaturperiode als Gesetzentwurf von der SPD-Fraktion aufgegriffen wurde[10]. Die schwarz-gelbe Regierungskoalition hatte im Koalitionsvertrag v. 26.10.2009 vereinbart, den ArbN-Datenschutz in einem eigenen Kapitel im BDSG auszugestalten. In Umsetzung dieses Plans hatte sie den **Entwurf eines Gesetzes zur Regelung des Beschäftigtendatenschutzes** (im Folgenden: BDSG-E) in das Gesetzgebungsverfahren eingebracht[11], der viel diskutiert[12] und zu Recht kritisiert wurde[13]. Der Entwurf enthält in den vorgesehenen Regelungen der §§ 32 bis 32l ein „Dschungelbuch für Rechtsausleger" mit überbordender Gesetzeskasuistik einerseits und einer Flut von Generalklauseln andererseits[14]. Die Regelungen sind für die Praxis kaum praktikabel. Würden sie umgesetzt, wäre nahezu jede arbeitsrechtl. Frage künftig auch eine datenschutzrechtl. Frage, die jedoch rechtssicher nicht beantwortet werden könnte.

3a § 27 III BDSG-E regelt den **Anwendungsbereich** der Vorschriften über den Beschäftigtendatenschutz ebenso fragwürdig weit wie der jetzige § 32 II (vgl. § 32 Rz. 8). Entsprechend der im bisherigen § 32 I enthaltenen Maxime der **Erforderlichkeit** der Verwendung von ArbN-Daten sollten die neuen Regelungen klarstellen, dass für Zwecke des Beschäftigungsverhältnisses nur solche Daten erhoben, verarbeitet und genutzt werden dürfen, die für das Beschäftigungsverhältnis erforderlich sind[15]. Ferner wird der **Grundsatz der Transparenz** und der **Direkterhebung** (§ 32 VI 1 BDSG-E) betont. Der Umgang mit **Bewerberdaten zur Begründung** eines Beschäftigungsverhältnisses ist Gegenstand von § 32 (der die Erhebung von Bewerberdaten regelt und das Fragerecht des ArbGeb normiert)[16], § 32a (einer Sondernorm hinsichtlich ärztlicher Untersuchungen und Eignungstests)[17] und § 32b BDSG-E (einer Bestimmung über die Verarbeitung und Nutzung von Bewerberdaten). §§ 32c, 32d BDSG-E regeln die Erhebung bzw. die Verarbeitung und Nutzung von Beschäftigtendaten **während des Beschäftigtenverhältnisses**. Weitere Vorschriften haben **besondere Regelungsgegenstände**, zB § 32e BDSG-E die Datenerhebung zur Aufklärung von Straftaten und schwerwiegenden Pflichtverletzungen, § 32f BDSG-E die Videoüberwachung von Betriebsstätten, § 32g BDSG-E den Einsatz von Ortungssystemen, § 32h BDSG-E biometrische Verfahren zu Autorisierungs- und Authentifikationszwecken und § 32i BDSG-E den Einsatz von

---

1 ABl. 1995 L 281/31; dazu *Simitis*, NJW 1997, 281. ‖2 BGBl. I S. 904; dazu *Däubler*, NZA 2001, 874; *Franzen*, DB 2001, 1867; *Tinnefeld*, NJW 2001, 3078. ‖3 Zu Datenschutz in Europa und relevanten Dokumenten ec.europa.eu/justice_home/fsj/privacy/index_de.htm. ‖4 Vorschlag für eine „Verordnung des Europäischen Parlaments und des Rates zum Schutz natürlicher Personen bei der Verarbeitung personenbezogener Daten und zum freien Datenverkehr (Datenschutz-Grundverordnung)" v. 25.1.2012 – KOM(2012) 11 endg.; dazu *Düwell*, jurisPR-ArbR 32/2013, Anm. 1; *Forst*, NZA 2012, 364; *Härting*, BB 2012, 459; *Körner*, ZESAR 2013, 99 und 153; *Kort*, DB 2012, 1020; *Wybitul/Fladung*, BB 2012, 509. ‖5 *Gola/Klug*, NJW 2009, 2577 (2579 ff.). ‖6 BGBl. 2009 I S. 2254. ‖7 BGBl. 2009 I S. 2355. ‖8 BGBl. I S. 2814; zur Entstehungsgeschichte BT-Drs. 16/12011; BT-Drs. 16/13657; zum „Datenskandal" bei der Deutsche Bahn AG BT-Drs. 17/5883. ‖9 Vgl. BT-Drs. 16/12011, 49, 53; zur Historie der Forderung nach einem ArbN-Datenschutzgesetz *Erfurth*, NJOZ 2009, 2914 (2915). ‖10 BT-Drs. 17/69; krit. zum Diskussionsentwurf *Thüsing*, BB 39/2009, M1; s.a. den Gesetzesentwurf von Bündnis 90/Die Grünen BT-Drs. 17/4853. ‖11 BT-Drs. 17/4230. ‖12 S. nur *Beckschulze/Natzel*, BB 2010, 2368; *Forst*, NZA 2010, 1043; *Jacobs*, ZfA 2012, 215; *Josupeit/Mujan*, FA 2011, 69 und AE 2011, 5; *Körner*, AuR 2010, 416; *Thüsing*, RDV 2010, 147; *Viotto*, AuR 2010, 422; Stellungnahme der BRAK, NZA 9/2011, XII; Stellungnahme des DAV, NZA 13/2010, IX; allg. zum ArbN-Datenschutz *Franzen*, RdA 2010, 257. ‖13 *Düwell*, FA 2013, 104 f.; *Lembke*, NZA 10/2011, Editorial; *Lembke*, FA 2011, 65; *Thüsing*, NZA 2011, 16; *Würmeling*, NZA 7/2011, Editorial. ‖14 Treffend *Preis*, NZA 21/2011, Editorial. ‖15 BR-Drs. 535/10, Vorblatt und S. 19; ausf. dazu *Grimm* in Tschöpe, Arbeitsrecht, Teil 6 F Rz. 1 ff., 61 ff.; *Wybitul*, Handbuch Datenschutz im Unternehmen, 2011, S. 411 ff. ‖16 Zu Recherchen in Sozialen Netzwerken nach den gepl. Neuregelungen *Göpfert/Wilke*, NZA 2010, 1329; *Frings/Wahlers*, BB 2011, 3126 f. ‖17 Dazu *Bayreuther*, NZA 2010, 679.

Telekommunikationsdiensten (wie Telefon, Internet, E-Mail)[1]. Besonders kritisch und wohl europarechtswidrig ist es, dass die Einwilligung des Beschäftigten nach § 32l I BDSG-E nur noch als Rechtsgrundlage dienen soll, soweit dies explizit in den §§ 32 ff. vorgesehen ist. Untragbar für die Praxis ist auch § 32l Abs. 5 BDSG-E, wonach durch Betriebsvereinbarung u.a. nicht zu Ungunsten der Beschäftigten von den §§ 32 ff. BDSG-E abgewichen werden darf. Durch diese Regelung würde die BV als Rechtsgrundlage iSd. § 4 I völlig entwertet. Über jeder BV hinge dann künftig das „Damoklesschwert der Unwirksamkeit"[2]. Ungeklärt ist auch noch der praktisch wichtige Fragenkreis der Übermittlung von Beschäftigtendaten im Konzern.

Nachdem die Umsetzung des BDSG-E bereits ad acta gelegt zu sein schien, stand sie im Januar 2013 plötzlich für kurze Zeit wieder im Raum, unterblieb aber letztlich[3]. Insgesamt sieht es danach aus, als sei das Gesetzesvorhaben gescheitert. Dies gilt auch vor dem Hintergrund, dass der **EuGH** erst jüngst betont hat, dass die mit der europ. DatenschutzRL 95/46/EG verfolgte Harmonisierung der nationalen Rechtsvorschriften zum Datenschutz „nicht auf eine Mindestharmonisierung beschränkt ist, sondern zu einer **grundsätzlich umfassenden Harmonisierung** führt"[4]. Dies darf nicht durch strengere nationale Regelungen – wie sie die §§ 32 bis 32l BDSG-E zT enthalten – konterkariert werden[5]. Art. 7 der RL sieht „eine erschöpfende und abschließende Liste" der Fälle vor, in denen eine Verarbeitung personenbezogener Daten als rechtmäßig angesehen werden kann[6]. Abgesehen davon würde sich bei Erlass der geplanten europ. DS-GVO (s.o. Rz. 3) die Frage stellen, inwieweit überhaupt nicht nationale Gesetzesregelungen zum (ArbN-)Datenschutz zulässig sind. Vor diesem Hintergrund wartet die neue große Regierungskoalition der 18. Legislaturperiode erst einmal die Entwicklungen auf der europ. Ebene ab[7].

3b

3. Geltungsbereich des BDSG. Gem. § 1 II Nr. 3 fallen **ArbGeb der Privatwirtschaft** als nicht-öffentl. Stellen (§ 2 IV) in den Anwendungsbereich des Gesetzes, wenn sie personenbezogene Daten automatisiert unter Einsatz von Datenverarbeitungsanlagen (§ 3 II 1) oder in oder aus nicht automatisierten Dateien (§ 3 II 2) verarbeiten, nutzen oder dafür erheben (vgl. auch § 27 I Nr. 1, weitergehend: § 32 II, dazu § 32 Rz. 8).

4

Das BDSG gilt auch für **öffentl. Stellen** (§ 2 I–III) des Bundes (§ 1 II Nr. 1) und nach Maßgabe des § 1 II Nr. 2 auch für öffentl. Stellen der Länder. Für öffentl. Stellen der Länder und Gemeinden sind aber vorwiegend die Datenschutzgesetze der Länder[8] maßgeblich. Hinsichtlich des arbeitsrechtl. relevanten Datenschutzes ist die Unterscheidung zwischen nicht-öffentl. und öffentl. Stellen von geringer Relevanz, da auf Grund der Verweisung in § 12 IV weitgehend die gleichen Vorschriften für Beschäftigte des Bundes und der Privatwirtschaft anwendbar sind.

5

Im **EU-internen grenzüberschreitenden Datenverkehr** gilt grds. nicht das Territorialitätsprinzip, sondern das **Sitzprinzip**. Das anzuwendende nationale Datenschutzrecht richtet sich also nicht nach dem Ort der Erhebung, Verarbeitung oder Nutzung der Daten, sondern nach dem Recht des Ortes, an dem der ArbGeb seinen Sitz hat[9].

6

EU-Ausländer sind jedoch dem deutschen BDSG unterworfen, wenn sie mit Hilfe einer **deutschen Niederlassung** agieren (§ 1 V 1). Von einer Niederlassung ist auszugehen, wenn die Tätigkeit effektiv und tatsächlich von einer „festen Einrichtung" ausgeübt wird. Dies ist in Anlehnung an § 42 II GewO der Fall, wenn der Gewerbetreibende einen zum dauernden Gebrauch eingerichteten, ständig oder in regelmäßiger Wiederkehr von ihm benutzten Raum für den Betrieb seines Gewerbes besitzt[10].

7

ArbGeb, die **aus dem Nicht-EU-Gebiet** personenbezogene **Daten in Deutschland** erheben, verarbeiten oder nutzen, haben hierbei immer das BDSG zu beachten (§ 1 V 2). Sie haben zudem einen **inländischen Vertreter** zu benennen (§ 1 V 3). Abweichend hiervon gilt das Sitzprinzip, wenn gespeicherte Daten nur durch das Inland transportiert werden, dh. ein Datentransfer erfolgt, ohne dass die Daten in Deutschland zur Kenntnis genommen werden (§ 1 V 4)[11].

8

II. Systematik und Inhalt des BDSG. Das Gesetz ist in sechs Abschnitte untergliedert. Für ArbVerh der Privatwirtschaft sind neben den allg. Vorschriften im 1. Abschnitt (§§ 1–11) insb. die Vorschriften aus dem 3. Abschnitt (§§ 27–38a), namentlich die – mWv. 1.9.2009 eingefügte – Sonderregelung des § 32 für Beschäftigte iSd. § 3 XI sowie die Bußgeld- und Strafvorschriften im 5. Abschnitt (§§ 43, 44) von Bedeutung. Der 2. Abschnitt (§§ 12–26) betrifft hingegen öffentl. Stellen (§ 2 I–III) und wird im Folgenden nicht näher erläutert.

9

1. Begriffsbestimmungen. Das BDSG enthält zahlreiche Spezialbegriffe, die in den allg. Vorschriften der §§ 2 und 3 näher definiert werden.

10

---

1 Dazu *Hilbrans*, AuR 2010, 424; zur Mitarbeiterkontrolle nach dem BDSG-E auch *Keilich/Witteler*, AuA 2011, 280. ||2 *Lembke*, FA 2011, 65. ||3 Dazu *Düwell*, FA 2013, 104 (105). ||4 EuGH 24.11.2011 – Rs. C-468, 469/10, NZA 2011, 1409 (1410) – ASNEF u.a., Rz. 29; dazu *Würmeling*, NZA 2012, 368. ||5 Vgl. *Würmeling*, FAZ v. 14.12.2011, S. 21. ||6 EuGH 24.11.2011 – Rs. C-468, 469/10, NZA 2011, 1409 (1410) – ASNEF u.a., Rz. 30. ||7 Vgl. Koalitionsvertrag v. 27.11.2013, S. 70. ||8 Abgedr. bei *Schaffland/Wiltfang*, BDSG, Ziff. 1200 ff. ||9 AnwK-ArbR/*Gola*, § 1 BDSG Rz. 5. ||10 *Gola/Schomerus*, § 1 Rz. 28. ||11 *Gola/Schomerus*, § 1 Rz. 30.

BDSG Vorb. Rz. 11 — Vorbemerkungen

11 **a) Öffentl. und nicht-öffentl. Stellen.** Der Begriff der **nicht-öffentl. Stelle** wird in § 2 IV geregelt und umfasst ArbGeb der Privatwirtschaft. **Öffentl. Stellen** werden durch § 2 I–III näher bestimmt.

12 Für nicht-öffentl. Stellen ist das BDSG anwendbar, wenn sie bei der Erhebung, Verarbeitung oder Nutzung von personenbezogenen Daten Datenverarbeitungsanlagen einsetzen und sie iSd. § 3 II automatisiert verarbeiten (vgl. auch § 27 I Nr. 1, weitergehend § 32 II, dazu § 32 Rz. 8).

13 **b) Personenbezogene Daten.** Nach § 3 I fallen darunter **Einzelangaben** über persönliche oder sachliche Verhältnisse einer bestimmten oder bestimmbaren natürlichen Person (Betroffener). Daten über **persönliche Verhältnisse** dienen der Identifizierung oder Beschreibung der Person, wie zB Name, Alter, Familienstand, Anzahl der Kinder, Berufsausbildung, Staatsangehörigkeit, Konfession, Leistung, Arbeitsverhalten[1]. Einzelangaben über **sachliche Verhältnisse** sind Informationen über einen auf den Betroffenen beziehbaren Sachverhalt. So sind Daten über Telefongespräche personenbezogene Daten des Anrufers und, wenn die Zielnummer erfasst wird, auch des Angerufenen[2]. Angaben über künftige Verhältnisse einer Person (zB im Rahmen von Personalplanungsdaten) sind ebenfalls personenbezogene Daten[3].

14 Das BDSG schützt nur die Daten **lebender natürlicher Personen**, nicht hingegen die Daten von juristischen Personen, Personengesellschaften oder Behörden[4]. Ausreichend ist die **Bestimmbarkeit** der Person nach den Kenntnissen, Mitteln und Möglichkeiten der speichernden Stelle. Sind die Angaben zu den betroffenen Personen hingegen **anonymisiert** (§ 3 VI), sind die Personen also nur noch mit unverhältnismäßigem Aufwand bestimmbar, so liegen keine personenbezogenen Daten vor. Die Frage, ob eine Anonymisierung vorliegt oder nicht, ist relativ. Maßgeblich ist, ob die speichernde Stelle die Möglichkeit hat, einen Personenbezug herzustellen[5]. Fertigt zB ein ArbGeb eine „anonymisierte" Personalliste mit Sozialauswahlkriterien an und behält er einen „Schlüssel" (zB Referenzdatei), mit dem die Liste ohne großen Aufwand entschlüsselt und die betreffenden Personen wieder bestimmbar gemacht werden können, enthält die Liste für den ArbGeb personenbezogene ArbN-Daten; insoweit liegt allenfalls ein Fall der Pseudonymisierung (§ 3 VIa) vor. Übermittelt er die Liste hingegen an Unternehmensberater oder an ein anderes Konzernunternehmen, liegen für diese Empfänger anonymisierte Daten vor, wenn sie keine Entschlüsselungsmöglichkeit haben; das BDSG ist dann für die Übermittlung nicht einschlägig. Nach dem in § 3a – als datenschutzrechtl. Zielvorgabe[6] – normierten Grundsatz der Datenvermeidung und -sparsamkeit sollen so wenig personenbezogene Daten wie möglich erhoben, verarbeitet und genutzt werden; dazu soll von der Möglichkeit der Anonymisierung und Pseudonymisierung Gebrauch gemacht werden. Die Nichteinhaltung von § 3a wird allerdings nicht als Ordnungswidrigkeit sanktioniert.

15 § 3 IX listet regelmäßig besonders sensible Angaben unter dem Begriff „**besondere Arten personenbezogener Daten**" auf. Darunter fallen Angaben über die rassische und ethnische Herkunft, politische Meinungen, religiöse oder philosophische Überzeugungen, Gewerkschaftszugehörigkeit, Gesundheit (zB Schwerbehinderung) oder Sexualleben. Sie beziehen sich auf Merkmale, die zwar nicht ganz deckungsgleich, aber der Sache nach durch § 1 AGG bzw. Art. 9 III GG (Gewerkschaftszugehörigkeit) geschützt sind. Die Erhebung, Verarbeitung und Nutzung dieser Daten unterliegt besonderen Restriktionen (vgl. § 4a III, § 28 VI–IX).

16 **c) Relevante Handlungen.** Der mögliche Umgang mit personenbezogenen Daten umfasst das **Erheben** (§ 3 III), **Verarbeiten** (§ 3 IV) und **Nutzen** (§ 3 V) der Daten. Zum Verarbeiten gehört das Speichern (§ 3 IV Nr. 1), Verändern (Nr. 2), Übermitteln (Nr. 3), Sperren (Nr. 4) und Löschen (Nr. 5). „Nutzen" ist ein Auffangtatbestand.

17 **d) Die Akteure im BDSG. aa) Betroffener** ist die lebende natürliche Person, um deren personenbezogene Daten es geht (§ 3 I). Auf die Staatsangehörigkeit kommt es nicht an[7]. Anlässlich der Einfügung des § 32 (Rz. 3) wurde in § 3 XI der Begriff des „**Beschäftigten**" als potentieller Betroffener bei der Beschaffung und -verwendung von Daten zum Zwecke des Beschäftigungsverhältnis aufgenommen. § 3 XI enthält eine abschließende – von der Begrifflichkeit im Sozialversicherungsrecht zu unterscheidende[8] – Legaldefinition des Kreises der Beschäftigten, für die § 32 gilt. Erfasst werden nicht nur ArbN (Nr. 1), sondern insb. auch die zu ihrer Berufsbildung Beschäftigten (Nr. 2), arbeitnehmerähnliche Personen (Nr. 6), Beamten und Richter des Bundes, Soldaten und Zivildienstleistende (Nr. 8) sowie Bewerber und ehemalige Beschäftigte (Nr. 7). Hinsichtlich Nr. 1 gilt der allg. ArbN-Begriff (vgl. Vor § 611 BGB Rz. 21 ff.). LeihArbN sind ArbN des Verleihers und haben nur mit diesem ein Beschäftigungsverhältnis (vgl. § 32 Rz. 14). Nr. 2 erfasst nicht nur Auszubildende, sondern auch andere zur Berufsbildung Beschäftigte, etwa Praktikanten, Volontäre, Personen in beruflicher Umschulung etc. (vgl. § 26 BBiG). Denn zur Berufsbildung gehört nicht nur die Berufsausbildung, sondern auch die Berufsausbildungsvorbereitung, die berufliche Fortbildung und die berufliche Umschulung (§ 1 I BBiG). Zum Begriff der

---

1 DFL/*Scholz*, § 3 BDSG Rz. 1. ‖ 2 BAG 27.5.1986 – 1 ABR 48/84, NZA 1986, 643 (645). ‖ 3 *Gola*/*Schomerus*, § 3 Rz. 9. ‖ 4 BAG 27.5.1986 – 1 ABR 48/84, NZA 1986, 643 (646); s.a. *Gola*/*Schomerus*, § 3 Rz. 11a, 12. ‖ 5 *Gola*/*Schomerus*, § 3 Rz. 10; s.a. *Geschonneck*/*Meyer*/*Scheben*, BB 2011, 2677. ‖ 6 BT-Drs. 16/13657, 17. ‖ 7 AnwK-ArbR/*Gola*, § 3 BDSG Rz. 4. ‖ 8 BT-Drs. 16/13657, 17.

arbeitnehmerähnlichen Person s. Vor § 611 BGB Rz. 113[1]. Zu den arbeitnehmerähnlichen Personen gehören nach Nr. 6 Hs. 2 auch die in Heimarbeit Beschäftigten (§ 1 I HAG) sowie ihnen gleichgestellte Personen (§ 1 II–VI HAG).

bb) Verantwortliche Stelle. Nach Art. 2b DatenschutzRL ist „für die Verarbeitung Verantwortlicher" die natürliche oder juristische Person, Behörde, Einrichtung oder jede andere Stelle, die allein oder gemeinsam mit anderen über die Zwecke und Mittel der Verarbeitung von personenbezogenen Daten entscheidet. Dies meint § 3 VII, wenn er als „verantwortliche Stelle" jede Person oder Stelle bezeichnet, die personenbezogene Daten für sich selbst erhebt, verarbeitet oder nutzt oder dies durch andere im Auftrag vornehmen lässt. Darunter fällt also insb. der **ArbGeb**, der Daten seiner Mitarbeiter erhebt, verarbeitet oder nutzt.   **18**

cc) Dritter ist hingegen jede Person oder Stelle außerhalb der verantwortlichen Stelle (§ 3 VIII 2). Die Muttergesellschaft oder andere **Unternehmen eines Konzerns** sind Dritte[2]. **BR** oder **GBR** oder sonstige ArbN-Vertretungen innerhalb des Unternehmens (zB Schwerbehindertenvertretung) sind **nicht** „Dritter". Vielmehr sind sie selbst Teil dieser verantwortlichen Stelle und haben eigenverantwortlich für die Einhaltung des Datenschutzes zu sorgen[3]. Dies ergibt sich daraus, dass im nicht-öffentl. Bereich „Stellen" iSd. BDSG nur natürliche und juristische Personen, Gesellschaften und andere Personenvereinigungen des privaten Rechts sind (vgl. § 2 IV 1)[4]. Der Datenfluss innerhalb der verantwortlichen Stelle erfüllt nicht den Tatbestand der Datenübermittlung an einen Dritten (§ 3 IV Nr. 3). Das generelle Verbot mit Erlaubnisvorbehalt des § 4 I greift hier insoweit also nicht[5]. Es liegt aber ein „Nutzen" der Daten (§ 3 V) vor[6].   **19**

dd) Auftragsdatenverarbeitung. Führt ein ArbGeb die Erhebung, Verarbeitung oder Nutzung personenbezogener Daten nicht selbst durch, sondern lässt er dies von einer anderen Stelle (zB einem IT-Dienstleistungsunternehmen) im Rahmen einer Auftragsdatenverarbeitung durchführen, so ist der im Inland, in der EU oder im Gebiet des EWR ansässige **Auftragnehmer nicht Dritter** (§ 3 VIII 3). Der ArbGeb bleibt „Herr der Daten" und damit verantwortliche Stelle (§ 3 VII), welche für die Einhaltung der datenschutzrechtl. Vorschriften verantwortlich ist (§ 11 I 1).   **20**

Die Auftragsdatenverarbeitung ist daher ein Mittel, mit dem der Datentransfer zwischen Unternehmen so gestaltet werden kann, dass **keine** dem Verbot mit Erlaubnisvorbehalt des § 4 I unterliegende **Übermittlung** iSd. § 3 IV Nr. 3 vorliegt[7]. Dies kann auch bei Datenübermittlung im Konzern von Interesse sein, da das BDSG kein Konzernprivileg im Rahmen des § 28 I 1 Nr. 1 kennt[8]. Konzernunternehmen, die an sich Dritte sind (Rz. 19), sind als Auftragnehmer keine Dritte mehr. Zu beachten ist aber, dass Auftragnehmer außerhalb der EU immer Dritte sind (vgl. § 3 VIII 3)[9]. Die Zulässigkeit der Datenübermittlung richtet sich dann nach §§ 4b II–III, 4c (Rz. 48ff.).   **21**

Allerdings sind bei der Auftragsdatenverarbeitung die **Vorschriften des § 11 einzuhalten**. Der „Auftrag" ist regelmäßig ein entgeltlicher Geschäftsbesorgungs-, Dienst- oder Werkvertrag[10]. Er muss **schriftlich** (§ 126 BGB) abgeschlossen werden und die in § 11 II 2 enumerativ aufgelisteten Bedingungen der Auftragsdatenverarbeitung enthalten, sonst ist er nichtig (§ 125 S. 1 BGB). Zu regeln sind u.a. Art, Umfang und Zweck der **Datenerhebung, -verarbeitung oder -nutzung**, die Art der Daten und der Kreis der Betroffenen sowie die **technischen und organisatorischen Maßnahmen** gem. § 9 und dessen Anlage ebenso wie **die Berechtigung zur Erteilung von Unterauftragsverhältnissen** (§ 11 II 2 Nr. 2, 3, 6). Wichtig sind auch Regelungen darüber, dass der Auftragnehmer die **Weisungen** des Auftraggebers zu befolgen hat (vgl. § 11 II 2 Nr. 9, III 1; Nr. 6 der Anlage zu § 9), dass der Auftraggeber sowie die Datenschutzbeauftragte und der BR des Auftraggebers ihre **Kontrollrechte** ggü. dem Auftragnehmer ausüben können (§ 11 II 2 Nr. 7) und dass der Auftragnehmer Anweisungen der Aufsichtsbehörde, die ggü. dem Auftraggeber ergehen, zu befolgen hat. Sofern eine Konzernobergesellschaft Auftragnehmer ist, ist zudem zu vereinbaren, dass das Auftragsverhältnis und die Weisungsrechte des Auftraggebers den gesellschaftsrechtl. Weisungsrechten der Obergesellschaft vorgehen[11]. Ferner bedarf es Vereinbarungen über **Haftungsfragen** sowie darüber, was im Falle der **Beendigung des Auftrags** mit den Daten und Datenträgern geschieht (§ 11 II 2 Nr. 10)[12].   **22**

---

1 Ausf. auch *Hromadka*, NZA 1997, 1249; *v. Hase/Lembke*, BB 1997, 1095f.   ‖2 *Simitis/Dammann*, § 3 Rz. 232; *Vogt*, BB 2014, 245 (246).   ‖3 BAG 18.7.2012 – 7 ABR 23/11, NZA 2013, 49 (52f.), Rz. 29, 31.   ‖4 BAG 12.8.2009 – 7 ABR 15/08, NZA 2009, 1218 (1221); 3.6.2003 – 1 ABR 19/02, AP Nr. 1 zu § 89 BetrVG 1972; 11.11.1997 – 1 ABR 21/97, NZA 1998, 385 (386).   ‖5 Vgl. *Gola/Wronka*, NZA 1991, 790 (791f.).   ‖6 *Gola/Schomerus*, § 3 Rz. 49; DFL/*Scholz*, § 3 BDSG Rz. 10; zur Weitergabe von ArbN-Daten an den BR *Jordan/Bissels/Löw*, BB 2010, 2889; *Kort*, NZA 2010, 1267; *Kort*, NZA 2010, 1038; *Wunder*, NZA 2010, 1109.   ‖7 Näher Arbeitsbericht der ad-hoc-Arbeitsgruppe „Konzerninterner Datentransfer", S. 2ff., www.rp-darmstadt.de (Pfad: Sicherheit & Ordnung/Datenschutz/Auslandstransfer); AnwK-ArbR/*Gola*, § 11 BDSG Rz. 2.   ‖8 *Vogt*, BB 2014, 245 (246).   ‖9 AnwK-ArbR/*Gola*, § 11 BDSG Rz. 8.   ‖10 AnwK-ArbR/*Gola*, § 11 BDSG Rz. 5; Vertragsmuster zB bei *Schaffland/Wiltfang*, § 11 Anh. 1; s.a. den Anforderungen des § 11 entsprechenden EU-Standardvertragsklauseln, Entscheidung der Kommission v. 5.2.2010 über Standardvertragsklauseln für die Übermittlung personenbezogener Daten an Auftragsverarbeiter in Drittländern nach der RL 95/46/EG (2010/87/EU), ABl. 2010 L 39/5.   ‖11 DFL/*Scholz*, § 11 BDSG Rz. 3.   ‖12 Weitere Einzelheiten bei *Gola/Schomerus*, § 11 Rz. 17ff.

23 Der Auftraggeber hat den Auftragnehmer nach seiner Eignung sorgfältig auszuwählen (§ 11 II 1) und muss sich regelmäßig von der Einhaltung der beim Auftragnehmer getroffenen technischen und organisatorischen Maßnahmen überzeugen; das Ergebnis der Überprüfung hat er zu dokumentieren (§ 11 II 4, 5). Verstöße gegen § 11 II 2 und 4 stellen eine **Ordnungswidrigkeit** dar (§ 43 I Nr. 2b).

24 Die Auftragsdatenverarbeitung ist abzugrenzen von der **Funktionsübertragung**[1]. Bei letzterer wird eine „rechtliche Zuständigkeit" für die Aufgabe, deren Erfüllung die Datenverarbeitung oder Nutzung dient, dem externen Dienstleister zugewiesen. Er ist dann nicht mehr weisungsabhängiger Auftragnehmer und „verlängerter Arm" bzw. „ausgelagerte Abteilung" des Auftraggebers, sondern Dritter, so dass bei einem Datentransfer zwischen verantwortlicher Stelle (zB ArbGeb) und Dienstleister eine erlaubnispflichtige (§ 4 I) Datenübermittlung iSd. § 3 IV Nr. 3 vorliegt. Maßgebliches Abgrenzungskriterium ist, ob der Auftraggeber die Entscheidungsbefugnis über die Daten und den Zweck der Datenverwendung sowie seine Weisungsbefugnisse behält (dann Auftragsdatenverarbeitung) oder ob die Entscheidungsbefugnis dem externen Dienstleister übertragen wird (dann Funktionsübertragung)[2]. Eine Funktionsübertragung kann **zB** vorliegen, wenn in einem Konzern die **Konzernmutter** in ihrem Rechenzentrum die **Personaldatenverarbeitung** einheitlich für alle Konzernunternehmen betreibt und **gleichzeitig eigenständige Personalentscheidungsbefugnisse** erhält[3]. Regelmäßig wird in der Praxis allerdings ein Fall der Auftragsdatenverarbeitung vorliegen, weil schon aus rechtl. Gründen (zB wegen der Mitbest. des BR; Unabhängigkeit des Vorstands einer AG) die Entscheidungsbefugnisse trotz der Konzernbindungen letztlich bei der Tochtergesellschaft verbleiben. Außerdem kann man durch Vertragsgestaltung, insb. eindeutige Regelungen zum Weisungsrecht, sowie durch anschließende vereinbarungsgemäße Durchführung des Vertrags sicherstellen, dass von Auftragsdatenverarbeitung auszugehen ist.

25 **Beispiele** für **Auftragsdatenverarbeitung** sind die Auslagerung der **Lohn- und Gehaltsabrechnung**, weil damit keinerlei personalpolitische Entscheidungsbefugnisse verbunden sind, oder die Auslagerung der **Vorbereitung von Personalentscheidungen** auf **Personalberater** (zB zur Durchführung einer Vorauswahl unter Bewerbern), wenn ein differenzierter Entscheidungsbaum vorgegeben wird und die eigentlichen Personalentscheidungen beim ArbGeb verbleiben[4].

26 **ee) Empfänger** ist jede Person oder Stelle, die Daten erhält (§ 3 VIII) und nicht mit dem Betroffenen identisch ist.

27 **ff) Aufsichtsbehörde.** Nach Art. 8 III GrCh muss der Schutz personenbezogener Daten von einer unabhängigen Behörde überwacht werden. Den auch aus Art. 28 I Unterabs. 2 DatenschutzRL folgenden Grundsatz der völligen Unabhängigkeit der Kontrollstellen hat die Bundesrepublik Deutschland bislang nicht ordnungsgemäß umgesetzt[5]. Die Aufsichtsbehörden werden durch die Landesregierungen oder die von ihnen ermächtigten Stellen bestimmt (§ 38 VI). Diese Aufgabe wird in den **Ländern** von den Innenministerien (Baden-Württemberg, Brandenburg, Sachsen-Anhalt, Saarland), Regierungsbezirken bzw. -präsidien (Bayern, Hessen, Sachsen), dem Landesdatenschutzbeauftragten (Berlin, Bremen, Hamburg, Niedersachsen, Nordrhein-Westfalen, Mecklenburg-Vorpommern), dem Unabhängigen Landeszentrum für den Datenschutz (Schleswig-Holstein), dem zentralen Landesverwaltungsamt (Thüringen) oder der Aufsichts- und Dienstleistungsdirektion Trier (Rheinland-Pfalz) wahrgenommen[6]. Falls ArbGeb, zB durch Gestattung der Privatnutzung von E-Mail und Internet, als Telekommunikationsdiensteanbieter anzusehen sind (vgl. Rz. 92), unterliegen sie der Aufsicht des **Bundesbeauftragten für den Datenschutz** (§ 115 IV TKG). Der Bundesbeauftragte ist insb. zuständig für den öffentl. Dienst des Bundes (§§ 24f.) und unterrichtet den Deutschen Bundestag und die Öffentlichkeit über wesentliche Entwicklungen des Datenschutzes (§ 26 I)[7].

28 Die **örtliche Zuständigkeit** der Aufsichtsbehörden richtet sich gem. den LVwVfG danach, in welchem Zuständigkeitsbezirk der Betrieb liegt (vgl. § 3 I Nr. 2 VwVfG).

29 Die Aufsichtsbehörde hat **zwei Funktionen:** Zum einen berät und unterstützt sie die Datenschutzbeauftragten (§ 4f) und die Unternehmen (§ 38 I 2). Zum anderen ist sie „**Datenschutzpolizei**" und **kontrolliert** gem. § 38 I 1 die Einhaltung datenschutzrechtl. Bestimmungen (zB des BDSG, § 83 BetrVG). Die **Beratungsfunktion** steht in der Praxis im Vordergrund[8]. Die Datenschutzbehörden verstehen sich als Berater der Unternehmen und beantworten Anfragen üblicherweise sehr kooperativ und zügig. Auf den Internetseiten der Behörden finden sich zudem hilfreiche Informationsmaterialien. Praxisrelevant sind auch die Entschließungen des sog. „**Düsseldorfer Kreises**". Die obersten Aufsichtsbehörden für den Datenschutz im nicht-öffentl. (privaten) Bereich haben sich nach dem Ort ihres ersten Zusammentreffens im Jahr 1977 als „Düsseldorfer Kreis" benannt und tauschen sich regelmäßig zu aktuellen datenschutzrechtl. Themen aus und stimmen eine einheitliche Linie ab. Die wichtigsten Ergebnisse ihrer Treffen werden in Beschlüssen bekannt gemacht. Ein Verzeichnis mit den Beschlüssen des Düsseldor-

---

1 *Sutschet*, RDV 2004, 97. ||2 Vgl. BAG 25.9.2013 – 10 AZR 270/12, NZA 2014, 41 (43), Rz. 28. ||3 *Gola/Schomerus*, § 11 Rz. 9. ||4 DFL/*Scholz*, § 11 BDSG Rz. 1; unklar *Gola/Wronka*, Rz. 882. ||5 EuGH 9.3.2010 – Rs. C-518/07, AuR 2010, 179. ||6 *Gola/Schomerus*, § 38 Rz. 29. ||7 Vgl. den Tätigkeitsbericht 2011 und 2012, BT-Drs. 17/13000. ||8 So auch AnwK-ArbR/*Gola*, § 38 BDSG Rz. 13.

fer Kreises seit 2006 findet sich im Internet beim Bundesbeauftragten für den Datenschutz und die Informationsfreiheit[1].

Zur Beratungsfunktion der Aufsichtsbehörden gehört auch das in Umsetzung von Art. 27 DatenschutzRL in § 38a eingeführte **Anerkennungsverfahren für Datenschutzkonzepte und Verhaltensrichtlinien** (Codes of Conduct). Berufsverbände und andere Vereinigungen, die bestimmte Gruppen von verantwortlichen Stellen (§ 3 VII) vertreten (zB ArbGeb-Verbände, Gewerkschaften und Konzerne[2]), können einen Antrag auf Überprüfung von Verhaltensregeln durch die Aufsichtsbehörde auf die Vereinbarkeit mit Datenschutzrecht stellen; das Verfahren endet mit einem Verwaltungsakt[3]. 30

Zur Durchsetzung ihrer **Kontrollfunktion** stehen der Aufsichtsbehörde zahlreiche Mittel zur Verfügung. Das Recht zur Einholung von Auskünften (§ 38 III), zum Betreten der Geschäftsräume und zur Vornahme von Prüfungen, Besichtigungen und Einsichtnahme (§ 38 IV) ist von den auskunftspflichtigen verantwortlichen Stellen zu beachten. Die Nichtbeachtung kann als **Ordnungswidrigkeit** sanktioniert werden (§ 43 I Nr. 10). 31

Werden Verstöße bei der Erhebung, Verarbeitung oder Nutzung personenbezogener Daten oder technische oder organisatorische Mängel festgestellt, kann die Aufsichtsbehörde durch **Verwaltungsakt** Maßnahmen zur Beseitigung der Verstöße oder Mängel unter Setzung einer angemessenen Frist anordnen und mittels **Zwangsgeld** durchsetzen. Bei schwerwiegenden Verstößen oder Mängeln kann sie als Ultima ratio die Erhebung, Verarbeitung oder Nutzung der Daten oder den Einsatz einzelner Verfahren **untersagen** (vgl. § 38 V 1 u. 2). Ein sofortiges Verbot der Erhebung, Verarbeitung oder Nutzung personenbezogener Daten oder der Verarbeitungsverfahren ist also selbst bei gravierenden Sicherheitsmängeln nicht zulässig[4]. Abgesehen davon kann die Aufsichtsbehörde die Gewerbeaufsicht oder die Strafverfolgungsbehörden einschalten und den Betroffenen, um dessen personenbezogenen Daten es geht, über Verstöße unterrichten (vgl. § 38 I 6, VII). Sie hat zudem nach § 44 II ein eigenes **Strafantragsrecht**. Ferner kann sie die Abberufung des Datenschutzbeauftragten verlangen, wenn er nicht die erforderliche Fachkunde oder Zuverlässigkeit besitzt (§ 38 V 3 iVm. § 4f III 4 – s. §§ 4f, 4g Rz. 18). Das **Abberufungsverlangen** ist ein Verwaltungsakt mit Drittwirkung, der sowohl von der verantwortlichen Stelle als auch vom Datenschutzbeauftragten angegriffen werden kann[5]. 32

2. Zentralnorm des § 4 I. Ausgangspunkt bei der Prüfung eines datenschutzrechtl. Sachverhalts ist stets das in § 4 I geregelte **Verbot mit Erlaubnisvorbehalt**. Jeder Umgang mit personenbezogenen Daten ist nur zulässig, wenn und soweit das BDSG oder eine andere Rechtsvorschrift es erlaubt oder anordnet oder der Betroffene gem. § 4a eingewilligt hat. Daten, die nicht in rechtl. zulässiger Weise erhoben werden (zB unter Verstoß gegen das BDSG oder das BetrVG), dürfen nicht gespeichert werden[6]. 33

a) **Gesetzliche Erlaubnisnormen.** Auf Grund der Subsidiarität des BDSG (§ 1 III 1) ist zunächst zu prüfen, ob sich aus anderen gesetzl. Vorschriften das **Verbot** (zB Geheimhaltungsvorschriften wie § 79 BetrVG, § 8 I 3 ASiG, § 17 UWG)[7] **oder** die **Erlaubnis** der Erhebung, Verarbeitung oder Nutzung ergibt. 34

aa) **Allgemeines.** Eine Erlaubnisnorm muss den jeweiligen Umgang eindeutig für zulässig erklären oder anordnen, dh. den Normadressaten dazu verpflichten. Dabei müssen die Art der Daten und der Verarbeitungszweck explizit benannt sein oder sich aus dem gesetzl. Kontext ergeben[8]. Dies ist zB bei den Vorschriften der Fall, die den ArbGeb zur Speicherung oder Übermittlung von Personaldaten für staatl. Zwecke verpflichten[9]. Ausländische Regelungen (zB die US-amerikanischen Regelungen zur Pretrial Discovery; Offenbarungspflichten nach dem Sarbanes-Oxley Act, Foreign Corrupt Practices Act[10]) sind keine Erlaubnisnormen iSd. § 4 I. Sie sind aber bei der Interessenabwägung nach § 28 I 1 Nr. 2 zu berücksichtigen[11] (vgl. Rz. 46, 96). 35

bb) **Erlaubnisnormen der §§ 32 und 28.** Die §§ 28 ff. finden im Arbeitsleben Anwendung, wenn der ArbGeb Personaldaten in Datenverarbeitungsanlagen zum Zwecke der Personalverwaltung und Erfüllung seiner Pflichten aus dem ArbVerh erhebt, verarbeitet oder nutzt (§ 27 I). Darüber hinaus gilt § 32 I gem. § 32 II auch dann, wenn Beschäftigtendaten nicht automatisiert oder dateigebunden verarbeitet werden (§ 32 Rz. 8). Der mWv. 1.9.2009 eingeführte § 32 I ist die aus arbeitsrechtl. Sicht relevanteste Erlaubnisnorm des BDSG iSd. § 4 I und regelt, unter welchen Voraussetzungen die Beschaffung und Verwendung von personenbezogenen Daten von Beschäftigten erlaubt ist. Sie ist lex specialis ggü. § 28 I 1 Nr. 1, der zuvor die maßgebliche gesetzl. Erlaubnisnorm des BDSG in Bezug auf die Datenerhebung, -verarbeitung und -nutzung für Zwecke des ArbVerh war. § 32 verdrängt allerdings nicht § 28 I 1 Nr. 2 und (§ 32 Rz. 4). §§ 28, 32 gelten für den Umgang mit Daten „für die **Erfüllung eigener Geschäftszwecke**". Für die Erfüllung eigener Geschäftszwecke werden Daten verwendet, wenn sie Hilfsmittel zur Erfüllung bestimmter geschäftlicher, beruflicher oder gewerblicher Zwecke sind[12]. Diese Zwecke sind bei Gesell- 36

---

1 www.bfdi.bund.de. ‖ 2 Gola/Schomerus, § 38a Rz. 4. ‖ 3 Näher Gola/Schomerus, § 38a Rz. 5 ff. ‖ 4 Vgl. AnwK-ArbR/Gola, § 38 BDSG Rz. 7. ‖ 5 Gola/Schomerus, § 38 Rz. 28. ‖ 6 BAG 22.10.1986 – 5 AZR 660/85, NZA 1987, 415. ‖ 7 ErfK/Franzen, § 4 BDSG Rz. 4. ‖ 8 BAG 3.6.2003 – 1 ABR 19/02, AP Nr. 1 zu § 89 BetrVG 1972; Gola/Schomerus, § 4 Rz. 8; ErfK/Franzen, § 4 BDSG Rz. 3. ‖ 9 Vgl. zB die Speicherungs- und Aufbewahrungsvorschriften in § 257 HGB, § 147 AO. ‖ 10 Vgl. dazu Olber, BB 2010, 844. ‖ 11 Vgl. DFL/Scholz, § 4 BDSG Rz. 2. ‖ 12 Vgl. Gola/Schomerus, § 28 Rz. 4; Simitis, § 28 Rz. 22 ff.

schaften typischerweise im Gesellschaftsvertrag (Satzung) geregelt. Die Speicherung und Verwendung von ArbN-Daten zur Durchführung des ArbVerh erfolgt in Erfüllung eigener Geschäftszwecke. Fremde Zwecke werden hingegen verfolgt, wenn die Personaldaten als Ware verwendet werden und der Umgang mit den Daten zum Selbstzweck wird (zB bei Datenübermittlung an Auskunfteien, zu Werbezwecken, zum Adresshandel, vgl. § 29)[1].

37 Nach § 28 I 2 ist die verantwortliche Stelle verpflichtet, bei der Erhebung der Daten die Zwecke, für die die Daten verarbeitet oder genutzt werden sollen, konkret festzulegen; dies sollte schriftlich dokumentiert werden. Die Vorschrift wird aber durch § 32 I verdrängt, soweit es um die Erhebung von Beschäftigtendaten für Zwecke des Beschäftigungsverhältnisses geht (§ 32 Rz. 4). § 28 II erlaubt die Übermittlung und Nutzung für einen anderen als den ursprünglichen Zweck unter weiteren Voraussetzungen.

38 Werden Daten **an Dritte übermittelt** (vgl. § 3 IV Nr. 3, VIII 2), darf der Dritte die Daten grds. nur für den Zweck verarbeiten oder nutzen, zu dessen Erfüllung sie ihm übermittelt werden (§ 28 V 1). Darauf hat ihn die übermittelnde Stelle hinzuweisen (§ 28 V 3). Eine Übermittlung an Dritte liegt allerdings im Falle der Auftragsdatenverarbeitung innerhalb der EU nicht vor (§ 3 VIII 3; Rz. 20f.).

39 Hinsichtlich der sensiblen **besonderen Arten personenbezogener Daten iSd. § 3 IX** (zB Gesundheit, Gewerkschaftszugehörigkeit, Sexualleben, ethnische Herkunft, religiöse Überzeugung) sieht § 28 VI, IX bzw. VIII Sondervorschriften vor, die den allg. Regelungen der § 28 I und II vorgehen. § 28 IX enthält eine Sonderregelung für die Speicherung personenbezogener Daten durch politisch, philosophisch, religiös oder gewerkschaftlich ausgerichtete Organisationen. Sie ist für die Speicherung von Personaldaten durch **Tendenzunternehmen** (zB Gewerkschaften, kirchliche Einrichtungen, Verlage) von Bedeutung. Danach ist der Umgang mit besonderen Arten personenbezogener Daten zulässig, soweit dies für die Tätigkeit der Organisation erforderlich ist (§ 28 IX 1). Die Speicherung von sensiblen Personaldaten zum Zwecke der Berufung auf Vorschriften, die einen Tendenzschutz vermitteln (zB § 9 AGG, § 118 BetrVG), ist also zulässig.

40 **(1) Umgang mit Daten dient der Zweckbestimmung des Beschäftigungsverhältnisses (§ 32; § 28 I 1 Nr. 1 aF).** § 28 I 1 Nr. 1 aF war bis zur Einführung des § 32 (Rz. 3) die arbeitsrechtl. relevanteste Erlaubnisnorm für den Umgang mit ArbN-Daten. Nach den zu § 28 I 1 Nr. 1 aF entwickelten Grundsätzen ist das Speichern personenbezogener Daten zulässig im Rahmen der Zweckbestimmung eines Vertragsverhältnisses. Die Speicherung geschützter Daten liegt dann im Rahmen der Zweckbestimmung, wenn ein unmittelbarer Zusammenhang zwischen der beabsichtigten Speicherung und dem konkreten Verwendungszweck besteht, die Daten also zur Erfüllung des konkreten Vertragszwecks erforderlich sind. In die Privatsphäre des ArbN darf nicht tiefer eingedrungen werden, als es der Zweck des ArbVerh unbedingt erfordert. Maßgebend für die bei Datenspeicherungen im Rahmen der Zweckbestimmung des ArbVerh vorzunehmende **Interessenabwägung** der berechtigten Interessen des ArbGeb und der schutzwürdigen Belange des ArbN ist der Grundsatz der Verhältnismäßigkeit[2]. Schutzwürdige Belange der ArbN machen eine solche Datenverarbeitung noch nicht per se unzulässig. Die Grenze für die Zulässigkeit einer Datenverarbeitung ergibt sich vielmehr erst aus der Abwägung[3]. § 32, der nunmehr auf die „Erforderlichkeit" der Datenerhebung, -verarbeitung oder -nutzung für Zwecke des Beschäftigungsverhältnisses abstellt, ist mWv. 1.9.2009 an die Stelle des § 28 I 1 Nr. 1 aF getreten. Ausweislich der Gesetzesbegr. war damit keine Änderung der zu § 28 I 1 Nr. 1 aF entwickelten Grundsätze intendiert (vgl. § 32 Rz. 2, 10).

41 Danach ist die Erhebung, Speicherung und Nutzung personenbezogener ArbN-Daten erlaubt, wenn und soweit dies **zur Durchführung des ArbVerh erforderlich** ist, dh. um die Pflichten erfüllen und die Rechte geltend machen zu können, welche in gesetzl. Vorschriften (insb. Arbeitsrecht, Sozialversicherungsrecht, Steuerrecht), Kollektivverträgen (insb. TV, BV) und Individualvereinbarungen mit dem ArbN (insb. Arbeitsvertrag) geregelt sind[4]. Für besondere Arten personenbezogener Daten iSd. § 3 IX ergibt sich dies aus § 28 VI Nr. 3. Danach kann der ArbGeb zB folgende Daten über ArbN bzw. Beschäftigte iSd § 3 XI speichern:

- Stammdaten des Beschäftigten wie Name und Adresse (vgl. § 2 I Nr. 1 NachwG);

- alle Daten, welche Arbeitsbedingungen iSd. § 2 I NachwG betreffen, wie zB Tätigkeit (Position, Titel, Vorgesetzter etc.), Arbeitsort (Abteilung, Betrieb etc.), Arbeitsentgelt (Entgeltgruppe, Vergütungsbestandteile, Zulagen, Zuschläge etc.), Arbeitszeit, Urlaub (Höhe des Urlaubsanspruchs, gewährter Urlaub etc.), Kündigungsfrist, Anwendbarkeit von TV (AT-Angestellter, Tarifmitarbeiter etc.) und BV (leitender Angestellter etc.), Beginn und Dauer des Arbeits- bzw. Beschäftigungsverhältnisses;

- alle Daten, die für die Personalplanung von Bedeutung sind (zB Ausbildung, Studium, Fortbildung, Berufserfahrung, Werdegang, Sprachkenntnisse)[5];

---

1 *Schaffland/Wiltfang*, § 28 Rz. 3 ff.; *Simitis*, § 28 Rz. 22. ||2 BAG 22.10.1986 – 5 AZR 660/85, NZA 1987, 415 (416 f.). ||3 BAG 11.3.1986 – 1 ABR 12/84, NZA 1986, 526 (528). ||4 Vgl. *Schaffland/Wiltfang*, § 28 Rz. 23 ff.; *Simitis*, 6. Aufl. 2006, § 28 Rz. 101 ff. ||5 Vgl. BAG 22.10.1986 – 5 AZR 660/85, NZA 1987, 415.

- alle Daten, die der Erfüllung oder Durchführung arbeitsrechtl. Gesetze dienen (vgl. auch § 28 VI Nr. 3), zB Geschlecht (wegen MuSchG), Behinderung (wegen SGB IX), die Sozialauswahlkriterien nach § 1 III KSchG (Betriebszugehörigkeit, Alter, Unterhaltspflichten, Schwerbehinderung), alle geschützten Merkmale iSd. § 1 AGG (diese Daten darf der ArbGeb jedenfalls nach Einstellung des Mitarbeiters erheben zur Erfüllung der Schutzpflichten nach § 12 AGG; zum Fragerecht des ArbGeb Rz. 97) und Daten über krankheitsbedingte und sonstige Fehlzeiten (zB im Hinblick auf EZFG, § 84 II SGB IX, BEEG, MuSchG)[1]. Insoweit ist allerdings § 87 I Nr. 6 BetrVG zu berücksichtigen[2];
- alle Daten, die zur Erfüllung steuerrechtl. Anzeigepflichten[3] und sozialversicherungsrechtl. Meldepflichten (zB Versicherungsnummer, Name, Geburtsdatum, Staatsangehörigkeit, vgl. § 28a III SGB IV)[4] erforderlich sind;
- alle Daten, die dem ArbGeb eine Beurteilung der Leistung und des Verhaltens des ArbN im ArbVerh ermöglichen (vgl. § 109 I 3 GewO; vgl. auch § 32 Rz. 12). Insoweit ist das MitbestR des BR nach § 87 I Nr. 6 BetrVG zu beachten (Rz. 81);
- Veröffentlichung von ArbN-Daten im Internet, soweit dies zur Erfüllung der Arbeitsaufgabe (zB im Vertrieb, Einkauf) oder gesetzl. Publikationspflichten (zB hinsichtlich des Impressums) erforderlich oder ansonsten üblich ist[5].

Diese Grundsätze werden durch die Rspr. des BAG bestätigt. Danach darf der ArbGeb – zB in einem **Personalfragebogen** – nach folgenden ArbN-Daten fragen und diese anschließend speichern[6]: Geschlecht, Familienstand, Schulausbildung, Berufsausbildung und Sprachkenntnisse. Diese Daten dienen den Zwecken des ArbVerh, da sie für die Personalplanung, Personalauswahl oder Sozialauswahl bei betriebsbedingten Kündigungen erforderlich sind. Da diese Daten nichts über das Verhalten oder die Leistung des ArbN aussagen, bedarf es insoweit nicht der Zustimmung des BR nach § 87 I Nr. 6 BetrVG[7]. Hinsichtlich des Personalfragebogens ist allerdings § 94 BetrVG zu beachten (Rz. 104).

Bewerberdaten dürfen solange gespeichert werden, wie dies erforderlich ist, auch zum Zwecke der Abwehr möglicher Ansprüche abgelehnter Bewerber wegen angeblicher Verstöße gegen das Benachteiligungsverbot gem. § 7 I AGG (vgl. auch Rz. 77, 89; § 32 Rz. 11)[8]. Die Ausschreibung von Stellen (vgl. § 11 AGG) und die Ablehnung von Bewerbern ist nicht zuletzt auf Grund der Beweislastregel des § 22 I AGG zu einer „gefahrgeneigten" und mit Haftungsrisiken verbunden Tätigkeit geworden[9]. Die Ausschlussfrist nach § 15 IV AGG gilt für Entschädigungsansprüche nach § 15 II AGG, für Schadensersatzansprüche iSd. § 15 I AGG (der in seinem Anwendungsbereich lex specialis zu § 280 I BGB iVm. § 7 I, III AGG ist) sowie für Ansprüche aus § 823 II BGB iVm. einem Schutzgesetz, wenn diese mit einem Verstoß gegen das Benachteiligungsverbot begründet werden[10].

Nicht der Zweckbestimmung des ArbVerh dient grds. die **Übermittlung** von ArbN-Daten vom ArbGeb **an andere Konzernunternehmen**. Denn diese Konzernunternehmen sind Dritte, wenn nicht ein Fall der Auftragsdatenverarbeitung innerhalb der EU vorliegt (vgl. § 3 VIII 3, Rz. 20 f.)[11]. Das BDSG kennt **kein „Konzernprivileg"**[12]. Die Datenübertragung an Dritte innerhalb des Konzerns kann nur ausnahmsweise nach § 32 I zulässig sein, wenn es sich um ein ArbVerh mit Konzernbezug handelt (zB auf Grund einer Konzernversetzungsklausel; dazu § 106 GewO Rz. 74) oder wenn Personalentscheidungen im Wege der Funktionsübertragung (Rz. 24) zB von der Konzernmutter getroffen werden[13]. Die Datenübertragung kann aber ggf. gem. § 28 I 1 Nr. 2 gerechtfertigt sein[14] (Rz. 46; § 32 Rz. 10).

(2) Datenverwendung zur Wahrung berechtigter Interessen (§ 28 I 1 Nr. 2). Nach § 28 I 1 Nr. 2, der nicht durch § 32 verdrängt wird (§ 32 Rz. 4), ist der Umgang mit personenbezogenen Daten von ArbN bzw. Beschäftigten zur Erfüllung eigener Geschäftszwecke zulässig, soweit dies zur Wahrung berechtigter Interessen des ArbGeb erforderlich ist und kein Grund zur Annahme besteht, dass das schutzwürdige Interesse des Betroffenen (ArbN bzw. Beschäftigten) an dem Ausschluss der Verarbeitung oder Nutzung überwiegt. Erforderlich ist also eine Interessenabwägung. Allerdings wird § 28 I 1 Nr. 2 **restriktiv ausgelegt** und **nicht als Auffangtatbestand** für Sachverhalte angesehen, die nicht mit Nr. 1 vereinbar sind[15].

Konzerninteressen können dennoch berechtigte Interessen des ArbGeb sein[16]. Die Erstellung eines **konzernweit verfügbaren elektronischen Kommunikationsverzeichnisses** mit Namen der Mitarbeiter, dienstlicher Anschrift, Aufgabengebiet, dienstlicher Telefon- und Faxnummer sowie dienstlicher

---

1 Dazu *Iraschko-Luscher/Kiekenbeck*, NZA 2009, 1239. || 2 BAG 11.3.1986 – 1 ABR 12/84, NZA 1986, 526. || 3 Näher *Küttner/Huber*, Anzeigepflichten ArbGeb Rz. 6 ff. || 4 Näher *Küttner/Schlegel*, Meldepflichten ArbGeb Rz. 3 ff. || 5 *Gola/Schomerus*, § 32 Rz. 22; AnwK-ArbR/*Gola*, § 32 Rz. 10; *Wiese*, NZA 2012, 1 (2). || 6 BAG 22.10.1986 – 5 AZR 660/85, NZA 1987, 415. || 7 BAG 22.10.1986 – 5 AZR 660/85, NZA 1987, 415. || 8 Zum Ganzen *Moos/Bandehzadeh/Bodenstedt*, DB 2007, 1194; *Schriever*, BB 2011, 2680. || 9 Vgl. nur *Diller*, NZA 2007, 1321; *Kania/Merten*, ZIP 2007, 8; *Lembke/Oberwinter*, AuA 2006, 727. || 10 BAG 21.6.2012 – 8 AZR 188/11, NZA 2012, 1211. || 11 *Schaffland/Wiltfang*, § 28 Rz. 49 f. || 12 *Schulz*, BB 2011, 2552; *Simitis*, § 2 Rz. 142 f.; *Trittin/Fischer*, NZA 2009, 343 (344). || 13 *Gola/Schomerus*, § 32 Rz. 10. || 14 Näher Arbeitsbericht der ad-hoc-Arbeitsgruppe „Konzerninterner Datentransfer", www.rp-darmstadt.de (Pfad: Sicherheit & Ordnung/Datenschutz/Auslandstransfer). || 15 *Simitis*, § 28 Rz. 98 f. || 16 *Schaffland/Wiltfang*, § 28 Rz. 85.

E-Mail-Adresse im Interesse einer reibungslosen konzerninternen Kommunikation wird grds. – wohl im Rahmen des § 28 I 1 Nr. 2 – als zulässig angesehen[1]. Dasselbe gilt für konzernweite „Skill-Datenbanken", um Stellen bestmöglich besetzen zu können[2]. Datenerhebungen und -verarbeitungen im Rahmen von konzernweiten Reportingstrukturen (zB Ethik-Hotline, Meldepflicht als „Whistleblower") zur Erfüllung allg. Compliancevorgaben (zB US Sarbanes-Oxley Act, Corporate Governance Codex) können ebenfalls über § 28 I 1 Nr. 2 gerechtfertigt werden[3] (vgl. Rz. 96).

47 Zur Übermittlung von ArbN-Daten im Rahmen einer **Due Diligence** s. Rz. 91.

48 **cc) Datenübermittlung ins Ausland.** Beim Datentransfer ins Ausland trägt die Verantwortung für deren Zulässigkeit die übermittelnde Stelle (§ 4b V). Die Stelle, an die die Daten übermittelt werden, ist auf den Zweck hinzuweisen, zu dessen Erfüllung die Daten übermittelt werden (vgl. §§ 4b VI, 4c I 2).

49 **(1) Innereuropäischer Datentransfer.** Gem. § 4b I Nr. 1 ist der innereuropäische Datentransfer dem inländischen Datentransfer gleichgestellt. Insoweit gilt das Verbot mit Erlaubnisvorbehalt des § 4 I.

50 **(2) Datentransfer in Drittstaaten.** Werden Daten in Drittstaaten **außerhalb der EU** oder dem EWR (Liechtenstein, Norwegen, Island) übermittelt[4], ist auf einer **ersten Stufe** die Zulässigkeit des Datentransfers nach den allg. Vorschriften (insb. § 4 I, §§ 28–30a, 32[5]) ohne Berücksichtigung des Drittstaatenbezugs zu prüfen (§ 4b II 1 iVm. I).

51 Sodann muss auf einer **zweiten Stufe** geprüft werden, ob ein schutzwürdiges Interesse des Betroffenen der Datenübermittlung entgegensteht. Dies ist insb. der Fall, wenn beim Empfänger im Drittstaat ein **angemessenes Datenschutzniveau**, das dem des BDSG in materieller und prozessualer Hinsicht im Wesentlichen gleichwertig ist[6] (vgl. auch § 4b III), nicht gewährleistet ist (§ 4b II 2). Die EU-Kommission hat gem. Art. 25 VI, 31 II DatenschutzRL verbindlich festgestellt, dass in verschiedenen Drittstaaten (Schweiz, Kanada, Argentinien, Guernsey, Isle of Man) ein angemessenes Datenschutzniveau herrscht[7]. Für die **USA** gilt dies, falls sich das Unternehmen, an das die Daten übermittelt werden, den **„Safe Harbor"-Grundsätzen** des US Department of Commerce unterwirft und sich auf die Safe-Harbor-Liste[8] registrieren lässt[9]. Ein angemessenes Datenschutzniveau besteht auch dann, wenn zwischen den verantwortlichen Stellen die von der **EU-Kommission** verabschiedeten **Standardvertragsklauseln** ohne Modifikation (sonst gilt § 4c II)[10] vereinbart werden[11].

52 Ist im Drittstaat ein **angemessenes Schutzniveau nicht** gewährleistet (zB bei Übermittlung an ein Unternehmen in den USA, das sich nicht „Safe Harbor" unterworfen hat), ist ein Datentransfer auf der zweiten Stufe dennoch **unter den Voraussetzungen des § 4c** (vgl. Art. 26 DatenschutzRL) zulässig, also insb. im Falle der **Einwilligung** des Betroffenen (§ 4c I Nr. 1 iVm. § 4a)[12] oder der **Ausnahmegenehmigung** durch die Aufsichtsbehörde (§ 4c II). Letztere setzt ausreichende Garantien hinsichtlich des Schutzes des Persönlichkeitsrechts und der Ausübung der damit verbundenen Rechte (vgl. Rz. 77) voraus. Diese Garantien können sich aus **Vertragsklauseln** (zB den modifizierten Standardvertragsklauseln) oder **verbindlichen Unternehmensregelungen** (zB Code of Conduct, IT Policy) ergeben (§ 4c II 1 Hs. 2)[13].

53 **b) Andere Rechtsvorschriften.** § 4 I schlägt die **Brücke zwischen Datenschutzrecht und Arbeitsrecht**. „Andere Rechtsvorschrift" iSd. § 4 I können auch die Rechtsnormen eines **TV** oder einer **BV** (bzw. DV) sein[14]. Denn sie sind Gesetze im materiellen Sinne (vgl. § 4 I 1 TVG; § 77 IV 1 BetrVG). Dies gilt auch, wenn eine BV auf einem Spruch der Einigungsstelle beruht (§ 77 I 1 BetrVG). Abgesehen davon, dass bei datenschutzrelevanten Sachverhalten idR MitbestR des BR einschlägig sind (s.u. Rz. 80 ff.), stellt eine BV grds. eine geeignete Erlaubnisnorm für die Erhebung, Verarbeitung und Nutzung per-

---

1 Arbeitsbericht der ad-hoc-Arbeitsgruppe „Konzerninterner Datentransfer", S. 11f., www.rp-darmstadt.de (Pfad: Sicherheit & Ordnung/Datenschutz/Auslandstransfer); *Gola/Schomerus*, § 4b Rz. 8. ||2 *Gola/Schomerus*, § 4b Rz. 8. ||3 *Gola/Schomerus*, § 4b Rz. 8. ||4 Nach EuGH 6.3.2003 – Rs. C-101/01, EuZW 2004, 245 liegt keine Übermittlung in ein Drittland vor, wenn personenbezogene Daten bei einem Host-Service-Provider in der EU auf einer überall abrufbaren Internetseite hochgeladen und gespeichert werden. ||5 Die fehlende Nennung des § 32 in § 4b I dürfte ein Redaktionsversehen des Gesetzgebers sein. ||6 Vgl. *Simitis*, § 4b Rz. 52ff. ||7 *Gola/Schomerus*, § 4b Rz. 14; die relevanten Dokumenten finden sich unter http://ec.europa.eu/justice_home/fsj/privacy/thirdcountries/index_de.htm. ||8 Abrufbar unter www.export.gov/safeharbor. ||9 Entscheidung der Kommission v. 26.7.2000, ABl. 2000 L 215/7; Berichtigung in ABl. 2001 L 115/14; dazu *Giesen* in Besgen/Prinz, § 11 Rz. 57ff.; *Klug*, RDV 2000, 212; *Räther/Seitz*, MMR 2002, 425 (427ff.); *Simitis*, § 4b Rz. 70ff. ||10 *Gola/Schomerus*, § 4c Rz. 14. ||11 Entscheidung der Kommission v. 15.6.2001 hinsichtl. Standardvertragsklauseln für die Übermittlung personenbezogener Daten in Drittländern nach der RL 95/46/EG, ABl. 2001 L 181/19; Entscheidung der Kommission v. 27.12.2004 zur Änderung der Entscheidung 2001/497/EG bzgl. der Einführung alternativer Standardvertragsklauseln für die Übermittlung personenbezogener Daten in Drittländer; ABl. 2004 L 385/74; Entscheidung der Kommission v. 5.2.2010 über Standardvertragsklauseln für die Übermittlung personenbezogener Daten an eine Auftragsverarbeiter in Drittländern nach der RL 95/46/EG, 2010 L 39/15; s.a. die Handreichung des Düsseldorfer Kreises zur rechtlichen Bewertung von Fallgruppen zur international Auftragsdatenverarbeitung, http://www.rp-darmstadt.hessen.de (Pfad: Sicherheit & Ordnung/Datenschutz/Auslandsdatentransfer). ||12 Dazu *Räther/Seitz*, MMR 2002, 425 (431ff.). ||13 Näher dazu *Gola/Schomerus*, § 4c Rz. 10ff. ||14 BAG 25.9.2013 – 10 AZR 270/12, NZA 2014, 41 (43), Rz. 32; 9.7.2013 – 1 ABR 2/13 (A), NZA 2013, 1433 (1436), Rz. 31; 27.5.1986 – 1 ABR 48/84, NZA 1986, 643 (646); 20.12.1995 – 7 ABR 8/95, NZA 1996, 945 (947); 25.6.2002 – 9 AZR 405/00, NZA 2003, 275 (279); *Fitting*, § 83 BetrVG Rz. 29f.

sonenbezogener Personaldaten dar. Werden ArbN in einem betriebsratslosen Betrieb nicht durch den KBR oder GBR mitvertreten (vgl. §§ 58 I, 50 I BetrVG), bleibt häufig nur der aufwendige Weg, jeden einzelnen ArbN um seine Einwilligung (§ 4a) zu ersuchen[1].

Nach Auffassung des BAG können TV und BV (bzw. DV) auch zuungunsten der ArbN von den Vorschriften des BDSG abweichen[2]. Sie sind nicht darauf beschränkt, nur unbestimmte Rechtsbegriffe des BDSG unter Berücksichtigung der betriebl. Besonderheiten näher zu konkretisieren oder den Datenschutz der ArbN zu verstärken. Der Datenschutz nach dem BDSG ist ggü. den genannten anderen Rechtsvorschriften nicht unabdingbarer Mindeststandard, der durch TV oder BV nur zu Gunsten der ArbN verbessert werden könnte. Datenschutzrechtl. Regelungen in TV oder BV müssen sich aber im Rahmen der Regelungsautonomie der TV-Parteien bzw. der Betriebspartner halten und die für diese Autonomie geltenden, sich aus grundgesetzl. Wertungen, zwingendem Gesetzesrecht und den allg. Grundsätzen des Arbeitsrechts ergebenden Beschränkungen beachten. Sie müssen insb. den Grundsätzen über den Persönlichkeitsschutz des ArbN im ArbVerh Rechnung tragen (vgl. auch § 75 II BetrVG)[3]. 54

Inhaltlich sollte eine BV, welche die Erhebung, Verarbeitung oder Nutzung personenbezogener Daten erlaubt, insb. die Art der Daten und den Verarbeitungszweck angeben sowie die technischen und organisatorischen Datenschutzmaßnahmen (vgl. § 9 mit Anlage), die Rechte der ArbN (vgl. §§ 33–35) und die Kontrollmöglichkeiten des BR und des betriebl. Datenschutzbeauftragten regeln. 55

Bei der **Übermittlung** personenbezogener Daten **an Dritte** (zB Konzernunternehmen) **in Drittstaaten** ist nach Auffassung der Aufsichtsbehörden das Vorliegen einer BV alleine keine ausreichende Rechtsgrundlage[4]. Die Aufsichtsbehörden verlangen zusätzlich noch das Vorliegen eines **Vertrages** zwischen den Beteiligten (analog § 11), durch den sichergestellt werden soll, dass sich die Dritten an die datenschutzrechtl. Verpflichtungen aus der BV und dem deutschen Datenschutzrecht halten[5]. Abgesehen davon sind die §§ 4b, 4c zu beachten (Rz. 50 ff.). 56

c) **Einwilligung (§ 4a)**. Die Einwilligung, dh. die **vorherige** Zustimmung des Betroffenen (§ 183 BGB), ist eine weitere Erlaubnisgrundlage für die Erhebung, Verarbeitung oder Nutzung der personenbezogenen Daten. Sie ist im arbeitsrechtl. Kontext insb. erforderlich, wenn eine BV als Rechtsgrundlage nicht in Betracht kommt, insb. also bei **leitenden Angestellten** (§ 5 III BetrVG) und bei ArbN in **Betrieben ohne BR**, die nicht vom KBR oder GBR mitrepräsentiert werden (vgl. §§ 58 I, 50 I BetrVG). 57

aa) **Freiwilligkeit.** Mit der Einwilligung übt der Betroffene sein Recht auf informationelle Selbstbestimmung (Rz. 2) aus. Daher ist die Einwilligung nur wirksam, wenn sie **freiwillig** (§ 4a I 1) und auf **hinreichender Informationsgrundlage** (vgl. § 4a I 2, III) gegeben wird. Die Einwilligung ist ein einseitiges empfangsbedürftiges Rechtsgeschäft[6] und setzt daher Geschäftsfähigkeit (§§ 104 ff. BGB) und nicht nur bloße Einwilligungsfähigkeit voraus[7]. Sie kann jederzeit unter Beachtung des Grundsatzes von Treu und Glauben mit Wirkung ex nunc schriftlich **widerrufen** werden[8]. Wird die Einwilligung auf einem vom ArbGeb vorformulierten Formular erteilt, finden die §§ 305 ff. BGB Anwendung[9]. 58

Bei der Auslegung des § 4a ist die europarechtl. Definition in Art. 2h DatenschutzRL zu beachten. Danach ist unter Einwilligung der betroffenen Person „jede Willensbekundung" zu verstehen, „die **ohne Zwang** für den konkreten Fall und in Kenntnis der Sachlage erfolgt und mit der die betroffene Person akzeptiert, dass personenbezogene Daten, die sie betreffen, verarbeitet werden." 59

Die Freiwilligkeit der von einem ArbN ggü. seinem ArbGeb gegebenen Einwilligung wird vielfach auf Grund der „strukturellen Überlegenheit" des ArbGeb in Zweifel gezogen[10]. Das kann allerdings nicht bedeuten, dass im ArbVerh oder in dessen Anbahnung keine wirksame Einwilligung erteilt werden kann[11]. ArbN sind durch das geltende Arbeitsrecht (zB KSchG, §§ 305 ff. BGB) so umfangreich geschützt, dass nicht generell davon ausgegangen werden kann, sie könnten keine Einwilligung geben, die auf ihrer „freien Entscheidung" (vgl. § 4a I 1) beruht. Andernfalls würde man die betroffenen ArbN entmündigen. Allenfalls kann man ein Koppelungsverbot fordern und die Freiwilligkeit bezweifeln, wenn die Einwilligung als Voraussetzung für bestimmte Leistungen vom ArbGeb verlangt wird, ohne dass sie 60

---

1 Vgl. *Lembke*, CoPers 6/2005, 24 (25). ‖ 2 BAG 27.5.1986 – 1 ABR 48/84, NZA 1986, 643 (646); *Erfurth*, DB 2011, 1275; *Thüsing*, ArbN-Datenschutz und Compliance, Rz. 102 ff.; *Schaffland/Wiltfang*, § 4 Rz. 3; aA die Aufsichtsbehörden, so *Gola/Schomerus*, § 4 Rz. 10a. ‖ 3 BAG 27.5.1986 – 1 ABR 48/84, NZA 1986, 643 (646 f.). ‖ 4 Vgl. AnwK-ArbR/*Gola*, § 4c BDSG Rz. 4; aA *Giesen* in Besgen/Prinz, § 11 Rz. 6. ‖ 5 Vgl. abgestimmte Positionen der Aufsichtsbehörden in der AG „Internationaler Datenverkehr" am 12./13. Februar 2007, http://www.rp-darmstadt.hessen.de (Pfad: Sicherheit & Ordnung/Datenschutz/Auslandsdatentransfer); vgl. auch *Gola/Schomerus*, § 4b Rz. 4, § 4c Rz. 10; *Däubler*, RDV 1998, 96 mit Praxisbeispiel. ‖ 6 *Schaffland/Wiltfang*, § 4a Rz. 2; vgl. *Jauernig*, § 182 BGB Rz. 3; aA *Riesenhuber*, RdA 2011, 257 (258). ‖ 7 *Simitis*, § 4a Rz. 20ff.; aA *Schaffland/Wiltfang*, § 4a Rz. 21; ErfK/*Franzen*, § 4a BDSG Rz. 1. ‖ 8 AnwK-ArbR/*Gola*, § 4a BDSG Rz. 9; *Schaffland/Wiltfang*, § 4a Rz. 26ff.; *Simitis*, § 4a Rz. 94ff. ‖ 9 Vgl. BGH 16.7.2008 – VIII ZR 348/06, NJW 2008, 3055, Rz. 18; 11.11.2009 – VIII ZR 12/08, DB 2010, 107 (108), Rz. 15. ‖ 10 Vgl. *Gola/Schomerus*, § 4 Rz. 16; § 4a Rz. 6; DFL/*Scholz*, § 4a BDSG Rz. 3. ‖ 11 Die Möglichkeit einer Einwilligung durch Beschäftigte erkennt auch der Gesetzgeber, vgl. BT-Drs. 16/13657, 20; *Grimm* in Tschöpe, Arbeitsrecht, Teil 6 F Rz. 18; *Kleinebrink*, ArbRB 2012, 61 (62); *Thüsing*, ArbN-Datenschutz und Compliance, Rz. 127; vgl. auch *Riesenhuber*, RdA 2011, 257 (262 ff.).

BDSG Vorb. Rz. 61 — Vorbemerkungen

für die Leistungsgewährung „technisch" notwendig ist[1] (vgl. auch § 28 IIIb BDSG; § 95 V TKG). Daher sollten ArbGeb die Koppelung von Einwilligung und Arbeitsvertragsabschluss oder Zuwendung von Entgeltbestandteilen nicht praktizieren. Hilfreich kann auch der Hinweis auf die jederzeitige Widerrufsmöglichkeit in dem Einwilligungsformular sein.

61 Nach hM kann der ArbGeb durch die Einwilligung des ArbN oder Bewerbers sein Fragerecht nicht erweitern[2]. Richtig an dieser These ist, dass dem ArbN ein Lügerecht zusteht, wenn der ArbGeb sein Fragerecht überschreitet (Rz. 97). Gibt der ArbN oder Bewerber auf Grund einer wirksam erteilten Einwilligung jedoch richtige Antworten, können die damit verbundenen Daten auf Grundlage der Einwilligung – entgegen der hM – auch erhoben, verarbeitet oder genutzt werden.

62 **bb) Hinweispflichten und Inhalt der Einwilligung.** In inhaltlicher Hinsicht muss der Betroffene gem. § 4a I 2 vor Abgabe seiner Einwilligung auf den vorgesehenen Zweck der Erhebung, Verarbeitung und/oder Nutzung hingewiesen werden. Um eine **informierte Entscheidung** des Betroffenen zu ermöglichen, muss das Einwilligungsformular konkrete Angaben zur **Identität der verantwortlichen Stelle**, **Zweckbestimmung** der Erhebung, Verarbeitung oder Nutzung, zu den betreffenden personenbezogenen Daten oder der **Art der Daten** sowie zu den Empfängern oder den **Kategorien von Empfängern** (vgl. auch § 4 III) enthalten[3]. Sofern beim Empfänger kein **adäquates Schutzniveau** gegeben ist (zB in Drittländern wie den USA, vgl. § 4b II, III) oder dies durch eine Vertragslösung hergestellt wird, ist darauf ebenfalls hinzuweisen[4]. Der Betroffene ist zudem auf sein Verlangen oder, soweit es nach den Umständen erforderlich ist, auf die Folgen der Verweigerung der Einwilligung hinzuweisen (§ 4a I 2). Ist die Einwilligung zB Voraussetzung für den Abschluss des Arbeitsvertrags, so ist das deutlich zu machen[5]; allerdings ist in einem solchen Fall die Freiwilligkeit der Einwilligung fraglich (vgl. Rz. 60). Die Hinweispflicht besteht nicht, wenn der Betroffene seine Daten von sich aus zur Verfügung stellt und dabei – zumindest konkludent – seine Einwilligung für bestimmte Zwecke erklärt[6].

63 Soweit **besondere Arten personenbezogener Daten** (§ 3 IX) erhoben, verarbeitet oder genutzt werden, ist dies explizit anzuführen, weil sich die Einwilligung ausdrücklich auf diese Daten beziehen muss (§ 4a III).

64 **cc) Schriftform.** § 4a I 3 regelt ein Schriftformerfordernis, dem Warn-, Informations- und Beweisfunktion zukommt. Die Einwilligung bedarf zu ihrer Wirksamkeit grds. der Schriftform iSd. § 126 BGB, ansonsten ist sie nichtig (§ 125 S. 1 BGB). **Etwas anderes gilt** jedoch, wenn „wegen **besonderer Umstände** eine andere Form angemessen ist". Davon kann zB ausgegangen werden, wenn die Verarbeitung der Daten im Interesse des Betroffenen liegt, wenn Eilbedürftigkeit gegeben ist, wenn schwerwiegende Interessen der verantwortlichen Stelle bei Einhaltung der Formvorschrift unzumutbar beeinträchtigt würden und die Gefahr von Nachteilen für den Betroffenen gering ist, wenn im Rahmen längerer Geschäftsbeziehungen nach Erteilung einer schriftlichen Einwilligung spätere Datenverarbeitungen rügelos hingenommen werden oder bei elektronischer Korrespondenz (zB über Internet, Intranet)[7].

65 Soll die Einwilligung **zusammen mit anderen Erklärungen** schriftlich abgegeben werden, ist sie **besonders hervorzuheben** (§ 4a I 4). Wenn die Einwilligung in vorformulierten Vertragsbedingungen (zB im Rahmen eines standardisierten Arbeitsvertrags) abgegeben werden soll, sind insoweit mindestens dieselben Anforderungen zu stellen wie die des Verbots überraschender Klauseln (§ 305c I BGB) und des Transparenzgebots (§ 307 I 2 BGB)[8]. Wird ein ArbN um seine Einwilligung ersucht, sollte die Einwilligungserklärung daher vorsorglich nicht bloß als eigenständiger Paragraf des Arbeitsvertrags ausgestaltet sein[9], sondern besser als gesonderte Erklärung (zB als Anlage zum Arbeitsvertrag) abgegeben werden[10]. In jedem Fall ist aber eine drucktechnische Absetzung der Einwilligung vom übrigen Text (zB durch Fettdruck, Einrahmung) erforderlich.

66 **dd) Mitbest. des BR.** Benutzt der ArbGeb ein Formular für die Einholung von Einwilligungen bei den ArbN, unterliegt dieses nach hL der Mitbest. nach § 94 I BetrVG hinsichtlich Personalfragebögen[11]. Unter einem Personalfragebogen iSd. § 94 I BetrVG versteht man die formularmäßige Zusammenfassung von Fragen über die persönlichen Verhältnisse, insb. Eignung, Kenntnisse und Fähigkeiten einer Person, unabhängig davon, ob der Befragte den Fragebogen selbst ausfüllt oder der Fragende die Antworten auf die Fragen schriftlich festhält[12]. Unerheblich ist auch, ob der Fragebogen von einer ausländischen Konzernmutter kommt[13]. § 94 I BetrVG bezieht sich aber wohl nicht nur auf die persönlichen Verhältnisse (zum Begriff oben Rz. 13) des ArbN, sondern auf formalisierte Informationserhebungen

---

[1] So *Simitis*, § 4a Rz. 63; vgl. auch *Thüsing*, ArbN-Datenschutz und Compliance, Rz. 129. ‖ [2] AnwK-ArbR/*Gola*, § 4a BDSG Rz. 2; DFL/*Scholz*, § 4a BDSG Rz. 3; ErfK/*Franzen*, § 4a BDSG Rz. 1. ‖ [3] Vgl. *Schaffland/Wiltfang*, § 4a Rz. 11f., 19; *Simitis*, § 4a Rz. 70ff.; Beispiele für Einwilligungserklärungen bei *Thüsing*, ArbN-Datenschutz und Compliance, Rz. 141. ‖ [4] Vgl. DFL/*Scholz*, § 4a BDSG Rz. 2. ‖ [5] AnwK-ArbR/*Gola*, § 4a BDSG Rz. 5. ‖ [6] AnwK-ArbR/*Gola*, § 4a BDSG Rz. 6. ‖ [7] *Schaffland/Wiltfang*, § 4a Rz. 5. ‖ [8] Vgl. dazu BAG 8.8.2007 – 7 AZR 605/06, Rz. 27, 33; s.a. *Simitis*, § 4a Rz. 40. ‖ [9] So aber AnwK-ArbR/*Gola*, § 4a BDSG Rz. 8. ‖ [10] So auch *Simitis*, § 4a Rz. 41; ErfK/*Franzen*, § 4a BDSG Rz. 2. ‖ [11] *Fitting*, § 94 BetrVG Rz. 12, 27; HLS/*Imping*, § 94 BetrVG Rz. 19; DKKW/*Klebe*, § 94 BetrVG Rz. 27; aA *Kleinebrink*, ArbRB 2012, 61 (64); *Lambrich/Cahlik*, RDV 2002, 287. ‖ [12] BAG 21.9.1993 – 1 ABR 28/93, NZA 1994, 375 (376). ‖ [13] LAG Hess. 5.7.2001 – 5 TaBV 153/00, NZA-RR 2002, 200.

über personenbezogene ArbN-Daten aller Art[1]. Im Hinblick auf **Einwilligungsformulare** greift § 94 I BetrVG also ein, soweit aus der Einwilligungserklärung nach § 4a konkrete Fragen zur Erhebung personenbezogener Daten des ArbN oder Bewerbers hergeleitet werden können. Dies wird angesichts der Konkretisierungserfordernisse hinsichtlich der Einwilligung (Rz. 62f.) regelmäßig der Fall sein. Praktisch dürfte die Frage der Mitbestimmungspflicht hinsichtlich Einwilligungsformularen allerdings nicht von großer Bedeutung sein, weil der Umgang mit personenbezogenen Daten regelmäßig ohnehin mitbestimmungspflichtig nach § 87 I Nr. 6 BetrVG ist (Rz. 81).

d) Grundsatz der Direkterhebung (§ 4 II). Sollen personenbezogene Daten über eine Person erhoben werden (zB durch Befragen, Ausfüllen von Fragebögen, Anfordern von Unterlagen, Anhören, Beobachten, vgl. § 3 III), muss neben dem in § 4 I normierten Erfordernis einer Erlaubnisgrundlage für die Datenerhebung (zB § 28 I) der Grundsatz der Direkterhebung (§ 4 II 1) beachtet werden. Die Daten dürfen also nur in den Fällen des § 4 II 2 ohne Mitwirkung des Betroffenen erhoben werden. Dies ist im Arbeitsrecht zB bei Bewerbern zu beachten. Die Einschaltung von Detektiven zur Aufdeckung von Vertragsverletzungen kann allerdings nach § 4 II 2 gerechtfertigt sein[2]. 67

e) Unterrichtungspflicht bei der Datenerhebung beim Betroffenen (§ 4 III). Im Falle der Direkterhebung von Daten beim Betroffenen verlagert § 4 III die Benachrichtigungspflicht des § 33 I nach vorne in die Phase der Erhebung. Er ist über die in § 4 III genannten Punkte zu unterrichten, sofern er nicht bereits auf andere Weise Kenntnis erlangt hat oder die Punkte so offenkundig sind, dass man in praktischer Hinsicht eine Kenntnis unterstellen kann (zB Weitergabe von Personaldaten an den BR)[3]. Die Weitergabe von Daten an Auftragsdatenverarbeiter ist offen zu legen, wie zB im Falle des Outsourcings der Gehaltsabrechnung oder der Personaldatenverarbeitung durch ein Konzernunternehmen[4]. Allerdings hat der Verstoß gegen § 4 III praktisch keine Konsequenzen[5]. 68

3. Pflichten des ArbGeb. Der ArbGeb muss nach dem BDSG einige technische und organisatorische Maßnahmen treffen, um eine unzulässige Datenerhebung, -verarbeitung oder -nutzung zu vermeiden oder zu beseitigen (§ 9 mit Anlage). Insoweit hat er insb. die folgenden Pflichten zu beachten: 69

Nach § 5 S. 2 hat er alle **bei der Datenverarbeitung beschäftigten Personen auf** das **Datengeheimnis** zu **verpflichten**, dh. es ist ihnen zu untersagen, personenbezogene Daten unbefugt zu erheben, zu verarbeiten oder zu nutzen (s. § 5 Rz. 3). 70

§ 4f I bestimmt, dass nicht-öffentl. Stellen (§ 2 IV), dh. ArbGeb der Privatwirtschaft, einen **Beauftragten für den Datenschutz** zu **bestellen** haben, insb. wenn sie mindestens zehn Personen ständig mit der automatisierten Verarbeitung (§ 3 II 1) personenbezogener Daten beschäftigen (vgl. § 4f Rz. 2). Besteht keine Verpflichtung zur Bestellung des Datenschutzbeauftragten, hat der Leiter der nicht-öffentl. Stelle die Einhaltung der Datenschutzbestimmungen zu gewährleisten und zu überwachen (§ 4g IIa). 71

Werden personenbezogene Daten von ArbN im Rahmen einer **Auftragsdatenverarbeitung** durch einen Auftragnehmer erhoben, verarbeitet oder genutzt (§ 11), bleibt der ArbGeb (Auftraggeber) verantwortliche Stelle (§ 3 VII), dh. die Tätigkeit des Auftragnehmers wird ihm datenschutzrechtl. zugerechnet. Der ArbGeb als Auftraggeber ist verpflichtet, den Auftragnehmer **sorgfältig auszuwählen** (§ 11 II 1) und zu **überwachen**, dh. sich von der Einhaltung der vereinbarten technischen und organisatorischen Datenschutzmaßnahmen zu überzeugen (§ 11 II 4). 72

Ferner ist der Unternehmer nach Maßgabe des **§ 4d** verpflichtet, vor Inbetriebnahme von Verfahren automatisierter Verarbeitungen (§ 3 II) der zuständigen Aufsichtsbehörde (§ 38 VI) eine **Meldung nach § 4e** zu machen. Die Pflicht entfällt bei Bestellung eines Datenschutzbeauftragten (§ 4d II) oder wenn die Daten nur zu eigenen Zwecken erhoben, verarbeitet oder genutzt werden, höchstens neun Personen damit beschäftigt sind und die Datenerhebung, -verarbeitung oder -nutzung kraft Einwilligung der Betroffenen (§ 4a) oder nach § 28 I 1 Nr. 1 zulässig ist (§ 4d III). Die Verletzung der Meldepflicht ist bußgeldbewehrt (§ 43 I Nr. 1). 73

MWv. 1.9.2009 wurde in § 42a eine **Informationspflicht** nicht-öffentl. Stellen (§ 2 IV), wie ArbGeb der Privatwirtschaft, **ggü.** der zuständigen **Aufsichtsbehörde und** den **Betroffenen** eingeführt, wenn bei ihr gespeicherte **besonders sensible Daten unrechtmäßig übermittelt** (§ 3 VII Nr. 3) oder auf sonstige Weise Dritten iSd. § 3 VIII 2 unrechtmäßig zur Kenntnis gelangt sind und schwerwiegende Beeinträchtigungen für die Rechte oder schutzwürdigen Interessen der Betroffenen drohen[6] (vgl. auch § 15a TMG). Zu den besonders sensiblen Daten zählen u.a. besondere Arten personenbezogener Daten (§ 3 IX) oder personenbezogene Daten, die sich auf strafbare Handlungen oder Ordnungswidrigkeiten oder einen entsprechenden Verdacht beziehen (§ 42a I Nr. 1, 3). Gelangen also zB beim ArbGeb gespeicherte Gesundheitsdaten von ArbN oder Daten über ArbN, die einer strafbaren Handlung verdächtig sind, Dritten zur Kenntnis, ohne dass hierfür eine Rechtsgrundlage besteht, kommen die Informationspflichten des § 42a in Betracht. Deren Verletzung wird als Ordnungswidrigkeit sanktioniert (§ 43 II Nr. 7). 73a

---

1 ErfK/*Kania*, § 94 BetrVG Rz. 2. ||2 AnwK-ArbR/*Gola*, § 4 BDSG Rz. 9. ||3 AnwK-ArbR/*Gola*, § 4 BDSG Rz. 11. ||4 AnwK-ArbR/*Gola*, § 4 BDSG Rz. 12. ||5 Näher *Gola/Schomerus*, § 4 Rz. 46ff.; *Schaffland/Wiltfang*, § 4 Rz. 17. ||6 BGBl. I S. 2814; näher BT-Drs. 16/12011, 34f.; *Gabel*, BB 2009, 2045.

74 **4. Rechte des ArbN.** Der Betroffene hat verschiedene datenschutzspezifische Rechte nach dem BDSG. Das Recht jeder Person, Auskunft über die sie betreffenden erhobenen Daten zu erhalten und die Berichtigung der Daten zu erwirken, ist durch europ. Primärrecht (Art. 8 II 2 GrCh) als Grundrecht garantiert.

75 **a) Benachrichtigungsanspruch.** Der Informationsanspruch aus § 33 ist kaum praxisrelevant, weil er nicht gilt, wenn die Daten mit Kenntnis des Betroffenen gespeichert werden (vgl. § 33 I 1) oder der Betroffene auf andere Weise Kenntnis von der Speicherung oder Übermittlung hat (§ 33 II Nr. 1).

76 **b) Auskunftsanspruch.** Ein ArbN kann vom ArbGeb nach Maßgabe des § 34 Auskunft über die dort genannten Daten verlangen[1]. Die Auskunft ist grds. schriftlich (§ 34 III) und unentgeltlich (§ 34 V) zu erteilen. Der Auskunftsanspruch kann nicht individual- oder kollektivvertraglich abbedungen oder beschränkt werden (§ 6 I). Ein Verstoß gegen die Auskunftspflicht kann als Ordnungswidrigkeit sanktioniert werden (§ 43 I Nr. 8a[2]). Neben § 34 besteht das Recht des ArbN zur Einsicht in die Personalakte gem. § 83 I 1 BetrVG (vgl. Rz. 103).

77 **c) Berichtigung, Löschung und Sperrung.** Unrichtige Daten sind zu **berichtigen** (§ 35 I). Die **Löschung**, dh. das Unkenntlichmachen von gespeicherten Daten (§ 3 IV Nr. 5), ist unter den Voraussetzungen des § 35 II erforderlich. Dies ist zB gem. § 35 II Nr. 3 bei einer **Abmahnung** der Fall, die sich durch Zeitablauf erledigt hat[3], oder bei **Bewerberdaten**, an denen der ArbGeb kein berechtigtes Aufbewahrungsinteresse mehr hat[4] (vgl. Rz. 43). An die Stelle der Löschung tritt unter den Voraussetzungen des § 35 III, IV die **Sperrung**, dh. das Kennzeichnen gespeicherter personenbezogener Daten, um ihre weitere Verarbeitung oder Nutzung einzuschränken (§ 3 IV Nr. 4, § 35 VIII). Die Rechte auf Berichtigung, Löschung und Sperrung sind unabdingbar (§ 6 I). § 35 V regelt ferner das **Widerspruchsrecht** des Betroffenen in Umsetzung von Art. 14 DatenschutzRL.

78 **d) Strafantragsrecht.** Nach § 44 II hat der Betroffene das Recht, einen Strafantrag bei gegen ihn gerichteten strafbaren Datenschutzverstößen zu stellen.

79 **e) Schadensersatzanspruch.** Nach § 7 hat der ArbN einen Anspruch auf Schadensersatz gegen den ArbGeb, wenn dieser als verantwortliche Stelle dem ArbN durch eine unzulässige oder unrichtige Erhebung, Verarbeitung oder Nutzung seiner personenbezogenen Daten einen Schaden zufügt. Der Schadensersatzanspruch setzt **Verschulden**, dh. zumindest Fahrlässigkeit (§ 276 II BGB), voraus. Aus der Formulierung des § 7 S. 2 ergibt sich, dass die Beweislast für fehlendes Verschulden bei der verantwortlichen Stelle (dh. dem ArbGeb) liegt. IdR fehlt es allerdings bereits an einem nachweisbaren Schaden, so dass der Schadensersatzanspruch bei unzulässiger oder unrichtiger Verwendung personenbezogener Daten in der Praxis keine große Bedeutung hat. Neben § 7 kommen vertragliche oder deliktische (zB §§ 823 I, II, 831 BGB) Anspruchsgrundlagen in Betracht[5]. Ein **Schmerzensgeldanspruch** gem. § 253 II BGB ist allenfalls denkbar, wenn durch unzulässigen Umgang mit Daten ein schwerer rechtswidriger und schuldhafter Eingriff in das Persönlichkeitsrecht stattfindet und die Beeinträchtigung nicht in anderer Weise ausgeglichen werden kann[6].

80 **5. Datenschutzrechtlich relevante MitbestR des BR.** Bei datenschutzrelevanten Sachverhalten kommen zahlreiche MitbestR des BR in Betracht.[7] Deren Beachtung und der Abschluss entsprechender BV ist in praktischer Hinsicht bereits deshalb angezeigt, weil eine BV geeignete Erlaubnisnorm für die Erhebung, Verarbeitung oder Nutzung personenbezogener Daten iSd. § 4 I ist (Rz. 53). Bei Verletzung der MitbestR aus § 87 BetrVG steht dem BR zudem ein Anspruch auf **Unterlassung** der mitbestimmungswidrigen Maßnahmen zu[8]. Datenschutzrechtl. führt die Nichtbeachtung des MitbestR grds. zu einer Unzulässigkeit der Verarbeitung der durch die mitbestimmungswidrige Maßnahme erlangten Daten[9]. Allerdings führt der Verstoß gegen § 87 I BetrVG nicht automatisch zu einem **Beweisverwertungsverbot** (Rz. 110 f.).

81 **a) § 87 I Nr. 6 BetrVG.** Im Vordergrund steht das MitbestR nach § 87 I Nr. 6 BetrVG hinsichtlich der Einführung und Anwendung technischer Einrichtungen, die zur Verhaltens- und Leistungskontrolle der ArbN bestimmt (lies: geeignet; vgl. § 87 BetrVG Rz. 120) sind. Es schützt das allg. Persönlichkeitsrecht der ArbN auf kollektiver Ebene[10]. § 87 I Nr. 6 BetrVG ist bei der automatisierten Verarbeitung personenbezogener Daten regelmäßig einschlägig. Denn praktisch jede im Zusammenhang mit tech-

---

1 Dazu LAG Hess. 29.1.2013 – 13 Sa 263/12. ||2 BGBl. 2009 I S. 2814. ||3 BAG 18.11.1986 – 7 AZR 674/84, NZA 1987, 418. ||4 Vgl. BAG 6.6.1984 – 5 AZR 286/81, NZA 1984, 321. ||5 Zum Ganzen näher *Forst*, AuR 2010, 111. ||6 S. etwa LAG Hess. 25.10.2010 – 7 Sa 1586/09, MMR 2011, 346: 7000 Euro Schmerzensgeld wegen permanenter Videoüberwachung am Arbeitsplatz; vgl. zur Geldentschädigung bei Persönlichkeitsrechtsverletzung BGH 5.10.2004 – VI ZR 255/03, NJW 2005, 215 (216ff.); *Kasper*, NZA-RR 2003, 1 (2ff.); *Oberwetter*, NZA 2009, 1120; ErfK/*Preis*, § 619a BGB Rz. 71. ||7 Zur Beteiligung des BR bei Ermittlungen im Unternehmen *Grimm/Freh*, ArbR 2012, 241; *Neufeld/Kittner*, BB 2013, 821; *Wybitul/Böhm*, RdA 2011, 362; *Zimmer/Heymann*, BB 2010, 1853. ||8 BAG 27.1.2004 – 1 ABR 7/03, NZA 2004, 556 (557). ||9 Vgl. AnwK-ArbR/*Gola*, § 4 BDSG Rz. 13. ||10 Vgl. BAG 27.1.2004 – 1 ABR 7/03, NZA 2004, 556 (558).

nischen Einrichtungen eingesetzte Software führt zur Erhebung von ArbN-Daten (zB Log-in, Log-out), deren Auswertung Rückschlüsse auf das Verhalten oder die Leistung zulässt[1]. Daher ist jeder Einsatz von Software sowie deren Änderung nach § 87 I Nr. 6 BetrVG mitbestimmungspflichtig. Wird das MitbestR nach § 87 I missachtet, steht dem BR ein allg. Unterlassungsanspruch zu (§ 87 BetrVG Rz. 55 ff.). S.a. Rz. 90, 93, 106, 109 ff.

b) **§ 87 I Nr. 1 BetrVG.** Regelungen über die Datenerhebung und -übermittlung können unter das MitbestR des § 87 I Nr. 1 BetrVG fallen, sofern das sog. Ordnungsverhalten betroffen ist. Dies kann zB der Fall sein bei Regelungen über die Pflicht zur Attestvorlage[2], zur Führung formalisierter Krankengespräche zur Aufklärung eines überdurchschnittlichen Krankenstandes[3] oder zur Meldung von Pflichtverletzungen bei einer zuständigen Stelle[4]. S.a. Rz. 90, 93, 96, 106. 82

c) **§ 94 BetrVG.** S. Rz. 66, 97, 98, 104. 83

d) **§ 80 I Nr. 1 BetrVG.** IÜ gehört das BDSG zu den Gesetzen iSd. § 80 I Nr. 1 BetrVG, deren Einhaltung und Durchführung der BR zu überwachen hat[5]. 84

e) **Zuständiger BR.** Welcher BR jeweils für die Regelung des datenschutzrelevanten Sachverhalts zuständig ist, bestimmt sich nach den allg. Regelungen der §§ 50, 58 BetrVG. Lässt sich der Zweck einer Regelung (zB Austausch von Mitarbeiterdaten zwischen Konzernunternehmen; Einführung einer Personalverwaltungssoftware im Konzern) nur durch eine einheitliche Regelung auf Konzernebene erreichen, ist der **KBR** zuständig[6]. Existiert kein KBR, ist bei konzernweiter Umsetzung einer mitbestimmungspflichtigen Maßnahme (zB Einführung einer Ethikrichtlinie) der **GBR** zuständig, wenn eine Regelung durch die örtlichen BR nicht möglich ist[7]. Der GBR ist zuständig, wenn ein unternehmenseinheitliches elektronisches Datenverarbeitungssystem erforderlich ist[8]. Zu beachten ist, dass KBR und GBR im Rahmen ihrer Zuständigkeit auch **Betriebe ohne BR** repräsentieren. Die entsprechenden KBV und GBV dienen dann auch in diesen Betrieben als Erlaubnisnorm iSd. § 4 I (vgl. oben Rz. 53). 85

III. Rechtsfolgen bei Verstößen gegen das BDSG. Datenschutzrechtl. Verstöße können zahlreiche Folgen haben[9]. Zum einen ist die Erhebung, Verarbeitung oder Nutzung der Daten bei Nichteinhaltung der Erlaubnisgrundlagen unzulässig (§ 4 I). Zum anderen sieht das Gesetz hoheitliche Sanktionen als Ordnungswidrigkeiten (§ 43) oder gar Straftaten (§ 44; s.a. §§ 201 ff., 263a, 269, 270, 303a, 303b StGB), § 17 UWG) vor. Zudem können die Datenschutzaufsichtsbehörde (§ 38) und ggf. die Gewerbeaufsicht einschreiten (Rz. 31 f.). Auch der Betroffene hat Individualrechte, die er geltend machen kann (Rz. 74 ff.). Bei Verstößen gegen echte MitbestR des BR, welche dessen Zustimmung erfordern, droht ferner ein Unterlassungsanspruch des BR (Rz. 80 f.). Mit am gefährlichsten dürften aber die mit der nicht ordnungsgemäßen Behandlung von ArbN-Daten verbundenen immateriellen Schäden für das Unternehmen auf Grund der Verschlechterung des Betriebsklimas, Misstrauen in der Belegschaft, Reputationsverlust in der Öffentlichkeit etc. sein. 86

IV. ABC der arbeitsrechtlich relevanten Themengebiete. 1. Background-Checks. Sie dienen der Überprüfung der Bewerber im Sinne einer „Pre-Employment Due Diligence"[10]. Es gelten die Grundsätze zum Fragerecht des ArbGeb (Rz. 97). Danach ist die Anforderung eines **polizeilichen Führungszeugnisses** von einem Bewerber unzulässig, weil sich dieses auch auf Strafen bezieht, die zum angestrebten Anstellungsverhältnis keinen konkreten Bezug aufweisen[11]. Ebenso unzulässig ist die an einen Bewerber gerichtete allg. Frage nach Vorstrafen, Anzeigen oder Ermittlungsverfahren jeder Art ohne eine gegenständliche Beschränkung im Hinblick auf den ins Auge gefassten künftigen Aufgabenbereich[12]. Die Vorlage einer **SCHUFA-Eigenauskunft** kann der ArbGeb zum Zwecke der Information über die wirtschaftlichen und finanziellen Verhältnisse des Bewerbers allenfalls verlangen, wenn es um eine Position geht, die besonderes Vertrauen erfordert, mit Zugriff auf erhebliche Vermögensgegenstände verbunden ist (zB Bankangestellte) oder in der ungeordnete Vermögensverhältnisse des ArbN sonstwie eine abstrakte Gefahr für das Vermögen des ArbGeb darstellen[13]. Fragen nach **Gesundheitszeugnissen** sind nur zulässig, wenn sie sich auf Erkrankungen beziehen, die zu einer dauerhaften Ge- 87

---

1 *Fitting*, § 87 BetrVG Rz. 246; *Hanau/Hoeren*, Private Internetnutzung durch Arbeitnehmer, 2003, S. 79; *Lembke*, CoPers 5/2006, 24; s.a. *Kort*, NZA 2011, 1319; zu einer Muster-BV betr. Internettelefonie *Heine/Pröpper*, BB 2010, 2113.   ‖2 BAG 25.1.2000 – 1 ABR 3/99, NZA 2000, 665.   ‖3 BAG 8.11.1994 – 1 ABR 22/94, NZA 1995, 857.   ‖4 LAG Düss. 14.11.2005 – 10 TaBV 46/05, NZA-RR 2006, 81 (84f.).   ‖5 BAG 20.12.1995 – 7 ABR 8/95, NZA 1996, 945 (946).   ‖6 BAG 25.9.2012 – 1 ABR 45/11, NZA 2013, 275 (277); 20.12.1995 – 7 ABR 8/95, NZA 1996, 945; 22.7.2008 – 1 ABR 40/07, NZA 2008, 1248 (1255); *Kort*, NZA 2011, 1319 (1323f.); diff. *Trittin/Fischer*, NZA 2009, 343 (344f.).   ‖7 LAG Düss. 14.11.2005 – 10 TaBV 46/05, NZA-RR 2006, 81 (83f.).   ‖8 BAG 14.11.2006 – 1 ABR 4/06, NZA 2007, 399 (401f.).   ‖9 Näher dazu *Dzida/Grau*, ZIP 2012, 504.   ‖10 *Hohenstatt/Stamer/Hinrichs*, NZA 2006, 1065; *Kania/Sansone*, NZA 2012, 360; zu Drittauskünften über Beschäftigte *Weichert*, AuR 2010. 100.   ‖11 *Thum/Szczesny*, BB 2007, 2405 (2406); weitergehend *Hohenstatt/Stamer/Hinrichs*, NZA 2006, 1065 (1067); aA *Küttner/Griese*, Datenschutz Rz. 8; zum Ganzen auch *Husemann*, AuR 2012, 471; zum erweiterten Führungszeugnis (§ 30a BZRG) *Joussen*, NZA 2012, 776.   ‖12 BAG 6.9.2012 – 2 AZR 270/11, NZA 2013, 1087 (1089), Rz. 28; 15.11.2012 – 6 AZR 339/11, NZA 2013, 429 (432), Rz. 24.   ‖13 Vgl. BAG 29.8.1980 – 7 AZR 726/77, nv.; *Fitting*, § 94 BetrVG Rz. 32; *Thum/Szczesny*, BB 2007, 2405 (2406f.); weitergehend *Hohenstatt/Stamer/Hinrichs*, NZA 2006, 1065 (1069f.).

fährdung oder Einschränkung der Leistungsfähigkeit des ArbN auf dem in Frage stehenden Arbeitsplatz führen (zB Kraftfahrer, Fluglotse, Pilot)[1]. Die Erhebung von arbeitsplatzbezogenen Daten über einen Bewerber im Internet (etwa über Suchmaschinen oder virtuelle „soziale Netzwerke") kann nach § 28 I 1 Nr. 3 iVm. § 4 II Nr. 1 – und wohl auch nach § 32 I 1 – gerechtfertigt werden (vgl. Rz. 104b; § 32 Rz. 4).

88 **2. Betriebliches Eingliederungsmanagement (BEM).** Sind ArbN innerhalb eines Jahres länger als sechs Wochen arbeitsunfähig, hat der ArbGeb „mit Zustimmung und Beteiligung" des ArbN ein BEM durchzuführen (§ 84 II SGB IX). Der ArbN ist zuvor auf die Ziele des BEM sowie auf Art und Umfang der hierfür erhobenen und verwendeten Daten hinzuweisen (§ 84 II 3 SGB IX). Mit der Zustimmung des ArbN zum BEM sollte gleichzeitig seine Einwilligung (§ 4a I, III) zur Erhebung, Verarbeitung und Nutzung der (sensitiven) Daten zum Zwecke des BEM eingeholt werden. Alternativ kommt eine BV als Erlaubnisnorm für die Datenerhebung etc. in Betracht. Die im Rahmen des BEM gewonnenen sensitiven Daten sind vor unbefugter zufälliger Kenntnisnahme besonders zu schützen (vgl. Rz. 102)[2]. Der ArbGeb darf dem BR nach § 28 VI Nr. 3 BDSG die Namen der ArbN mit Arbeitsunfähigkeitszeiten von mehr als sechs Wochen im Jahreszeitraum auch dann mitteilen, wenn diese der Weitergabe nicht zugestimmt haben[3].

89 **3. Bewerberdaten.** Zur Dauer der Speicherung von Bewerberdaten Rz. 43, 77. Zum Fragerecht des ArbGeb Rz. 87, 97.

90 **4. Biometrische Systeme.** Der BR hat gem. § 87 I Nr. 1 und 6 BetrVG mitzubestimmen, wenn der ArbGeb ArbN anweist, sich in einem Kundenbetrieb der dort eingerichteten biometrischen Zugangskontrolle (Fingerabdruckerfassung) zu unterziehen[4].

90a **5. Bring Your Own Device (BYOD).** Um dem „Lifestyle" der Mitarbeiter entgegenzukommen und Kosteneinsparpotentiale zu nutzen, bieten ArbGeb ihren ArbN unter dem Stichwort „Bring Your Own Device (BYOD)" die Möglichkeit, auf freiwilliger Basis **private** mobile **Kommunikationsmittel** (wie Smartphone, Tablet-Computer etc.) auch **für dienstliche Zwecke einzusetzen**. Dies wirft zahlreiche – noch ungeklärte – arbeits- und datenschutzrechtl. Fragen auf[5], wie etwa

– Fragen der Sicherheit der Daten des ArbGeb oder Dritter (zB Kunden) gegen unberechtigten Zugriff Dritter,

– Schutz der Persönlichkeitsrechte, des Fernmeldegeheimnisses und des Rechts auf informationelle Selbstbestimmung des ArbN,

– Sicherungsmaßnahmen (zB Passwortsicherung, Verbot von Cloud-Computing, Löschung der auf dem privaten Mobilgerät gespeicherten geschäftlichen Daten bei Beendigung des ArbVerh oder bei Verlust des Geräts),

– Vereinbarkeit der Nutzung mit dem jeweiligen Mobilfunkvertrag und Haftung bei Vertragsverstößen oder Lizenzverletzungen,

– Erstattung der dem ArbN bei dienstlicher Nutzung entstehenden Kosten oder Schäden (§ 670 BGB analog),

– Nutzungsregelungen (zB Pflicht des ArbN zur Meldung bei Verlust des Mobilgeräts, Kontrollrechte für Datenschutzbeauftragten, BR, ArbGeb, Aufsichtsbehörde; Vertraulichkeitspflichten des ArbN ggü. Familienangehörigen und Dritten),

– Einsichts- und Kontrollmöglichkeiten des ArbGeb zB in E-Mails (vgl. Rz. 92),

– Frage der Qualifizierung der dienstlichen Nutzung des Mobilgeräts als Arbeitszeit iSd. ArbZG, des § 87 I Nr. 2 und 3 BetrVG und/oder der Vergütungspflicht (§ 612 BGB) und

– etwaige MitbestR des BR nach § 87 I Nr. 1 und 6 BetrVG (vgl. Rz. 93).

90b **6. Cloud Computing** ist die aktuelle Begrifflichkeit für die Auslagerung von IT-Funktionen; es geht also um „IT-Outsourcing der neuesten Generation". Unter Cloud Computing versteht man verschiedene IT-Dienstleistungen, bei denen dem Kunden IT-Ressourcen (Anwendungs- bzw. Systemsoftware und/oder Hardware) dezentral über das Internet (aus der „Cloud"/„Wolke") zur Verfügung gestellt werden[6]. Der Cloud-Anbieter ist Dritter iSd. § 3 VIII, so dass die Übermittlung von Beschäftigtendaten entweder den Voraussetzungen der Auftragsdatenverarbeitung (§ 11) entsprechen muss (vgl. Rz. 20 ff.)

---

1 *Fitting*, § 94 BetrVG Rz. 25; *Hohenstatt/Stamer/Hinrichs*, NZA 2006, 1065 (1069); *Thum/Szczesny*, BB 2007, 2405 (2407); zu psychologischen Eignungstests *Franzen*, NZA 2013, 1. || 2 Vgl. Unabhängiges Landeszentrum für Datenschutz Schleswig-Holstein, Datenschutzfachliche Implikationen des Betrieblichen Eingliederungsmanagements, www.datenschutzzentrum.de/wirtschaft/eingliederungsmanagement.htm. || 3 BAG 7.2.2012 – 1 ABR 46/10, NZA 2012, 744. || 4 BAG 27.1.2004 – 1 ABR 7/03, NZA 2004, 556. || 5 Dazu *Arning/Moos*, DB 2013, 2607; *Göpfert/Wilke*, NZA 2013, 765; *Zöll/Kielkowski*, BB 2012, 2625; s.a. *Kraska/Meuser*, BB 42/2012, VI. || 6 *Gaul/Koehler*, BB 2011, 2229; *Splittgerber/Rockstroh*, BB 2011, 2179.

oder einer anderen Rechtsgrundlage bedarf. Stehen die Server des Cloud-Anbieters nicht in der EU, stellen sich schwierige datenschutzrechtl. Probleme (vgl. Rz. 50 ff.)[1].

7. Due Diligence. Die Zulässigkeit der Übermittlung von ArbN-Daten vom ArbGeb an einen Kaufinteressenten bei der Due Diligence im Rahmen eines Unternehmensverkaufs richtet sich nach § 28 I 1 Nr. 2[2], falls keine anderweitige Rechtsgrundlage, wie etwa eine BV, existiert. Insoweit lassen sich folgende Grundsätze aufstellen: Daten normaler ArbN dürfen an potentielle Erwerber nur in anonymisierter Form übermittelt werden, jedenfalls solange noch keine abschließende Entscheidung über den Unternehmenskauf gefallen ist. Daten bzgl. des Managements (zB AG-Vorstand, GmbH-Geschäftsführer) oder von besonderen Know-how-Trägern, die unmittelbar für die Bewertung der Transaktion von erheblicher Bedeutung sind (zB Vereinbarungen über Vergütungen, Altersversorgung, nachvertragliche Wettbewerbsverbote, Sonderkündigungsrechte und Abfindungen bei „Change of Control"), können schon vorher in nicht anonymisierter Form zur Verfügung gestellt werden[3]. Unabhängig davon empfehlen sich vertragl. Vereinbarungen zwischen den an der Due Diligence Beteiligten über die vertrauliche Behandlung der Daten und die Einhaltung datenschutzrechtl. Vorschriften[4]. Auch eine BV kann die Übermittlung von ArbN-Daten im Rahmen einer Due Diligence rechtfertigen[5]. **91**

8. E-Mail, Internet. Hat der ArbGeb jegliche **Privatnutzung** von E-Mail und Internet durch die ArbN **ausgeschlossen** – was ohne Mitbest. des BR möglich ist[6] – und duldet er sie auch nicht wissentlich, handelt es sich bei den E-Mails um Geschäftspost, die der ArbGeb einsehen kann. Ferner kann er zumindest stichprobenartig kontrollieren, ob der ArbN die Nutzungsregelungen hinsichtlich E-Mail und Internet einhält. Bei **Zulassung oder wissentlicher Duldung der Privatnutzung**[7] ist der ArbGeb nach bislang noch hM[8] als Diensteanbieter iSd. § 3 Nr. 6 u. 24 TKG bzw. § 2 S. 1 Nr. 1 TMG[9] anzusehen (vgl. auch § 11 I Nr. 1 TMG). In diesem Falle hat er das Fernmeldegeheimnis (§ 88 TKG) und die Datenschutzregelungen der §§ 11 ff. TMG strikt zu wahren, sonst drohen strafrechtl. Sanktionen (vgl. § 206 StGB). Die Erfassung und Verwendung von ArbN-Daten, zB im Zusammenhang mit der Kontrolle der Nutzung elektronischer Kommunikationsmittel, ist in diesem Fall eng begrenzt. Eine Einsichtnahme in die Daten, die mit dem Kommunikationsvorgang zusammenhängen, und insb. in gespeicherte E-Mails, ist nach bislang noch hM praktisch kaum möglich[10]. Eine BV ist nach bislang hM keine geeignete Rechtsgrundlage zur Rechtfertigung von Eingriffen in das Fernmeldegeheimnis, wohl aber die Einwilligung des ArbN[11]. Neueste Rspr. erfordert aber eine differenzierte Betrachtung: Nach Auffassung des BVerfG erstreckt sich das **Fernmeldegeheimnis** (Art. 10 I GG, § 88 TKG) nicht auf die außerhalb eines *laufenden* Kommunikationsvorgangs *im Herrschaftsbereich des Kommunikationsteilnehmers* gespeicherten Inhalte und Umstände der Kommunikation. Der Schutz des Fernmeldegeheimnisses **endet** insoweit in dem Moment, in dem die E-Mail beim Empfänger angekommen und der **Übertragungsvorgang beendet** ist. Demgü. ist der zugangsgesicherte Kommunikationsinhalt in dem E-Mail-Postfach eines Providers, auf das der Nutzer nur über eine Internetverbindung zugreifen kann, durch das Fernmeldegeheimnis geschützt[12]. Im Hinblick darauf haben mehrere Gerichte entschieden, dass auch im Falle der Gestattung der Privatnutzung des betriebl. E-Mail-Systems solche E-Mails, die vom Mitarbeiter nicht unmittelbar nach Eingang oder Versendung gelöscht werden, sondern im Posteingang oder -ausgang belassen oder auf dem lokalen Rechner oder andernorts im innerbetrieblichen IT-System abgelegt werden, nicht (mehr) dem Fernmeldegeheimnis unterliegen. Das Fernmeldegeheimnis greife bei zugelassener Privatnutzung nur hinsichtlich der Verarbeitung und Auswertung von Daten während des laufenden Telekommunikations- oder Übertragungsvorganges oder hinsichtlich der nachträglichen **92**

---

[1] Näher *Gaul/Koehler*, BB 2011, 2229 (2230 ff.); *Pötters*, NZA 2013, 1055; *Splittgerber/Rockstroh*, BB 2011, 2179 (2180 ff.); *Wagner/Blaufuß*, BB 2012, 1751. ||[2] *Gola/Schomerus*, § 32 Rz. 33; DFL/*Scholz*, § 3 BDSG Rz. 7, § 28 BDSG Rz. 5; *Göpfert/Meyer*, NZA 2011, 486 (488 ff.); vgl. auch Abschn. A der Hinweise des Innenministeriums Baden-Württemberg zum Datenschutz für die private Wirtschaft Nr. 38, Staatsanzeiger BW v. 18.1.2000, S. 13, abgedr. bei *Schaffland/Wiltfang* unter Ziff. 7010. ||[3] *Braun/Wybitul*, BB 2008, 782 (785); AnwK-ArbR/*Gola*, § 28 BDSG Rz. 6; s.a. *Diller/Deutsch*, K&R 1998, 16 (19 ff.). ||[4] *Diller/Deutsch*, K&R 1998, 16 (20); WHSS/*Seibt/Hohenstatt*, Rz. K 18. ||[5] *Braun/Wybitul*, BB 2008, 782 (784). ||[6] LAG Hamm 7.4.2006 – 10 TaBV 1/06, NZA-RR 2006, 20 (21). ||[7] Zum Fehlen eines Anspruchs auf Internetnutzung auf Grund betriebl. Übung *Beckschulze*, DB 2007, 1526 und DB 2009, 2097; *Bloesinger*, BB 2007, 2177 (2179 ff.); *Waltermann*, NZA 2007, 529; aA *Barton*, NZA 2006, 460; vgl. auch ArbG Berlin 26.1.2006 – 71 Ca 24785/05, BB 2007, 948. ||[8] AA nun LAG Bln.-Bbg. 16.2.2011 – 4 Sa 2132/10, BB 2011, 2298 (2300) m. Anm. *Mückenberger/Müller*; LAG Nds. 31.5.2010 – 12 Sa 875/09, NZA-RR 2010, 406 (408); dezidiert gegen die hM auch *Thüsing*, ArbN-Datenschutz und Compliance, Rz. 220 ff.; *Löwisch*, DB 2009, 2782; *Schimmelpfennig/Wenning*, DB 2006, 2290; *Walther/Zimmer*, BB 2013, 2933. ||[9] Zum TMG *Hoeren*, NJW 2007, 801; *Holzner*, BB 2009, 2148. ||[10] Näher zur hM *Barton*, NZA 2006, 460 (461 ff.); *Busse* in Besgen/Prinz, § 10; *Heins*, FA 2009, 341; *Hilber/Frik*, RdA 2002, 89; *Kömpf/Kunz*, NZA 2007, 1341 (1343 ff.); *Mengel*, BB 2004, 2014; *Mantz/Sassenberg*, BB 2013, 889; *Vogel/Glas*, DB 2009, 1747 (1752 ff.); *Wellhöner/Byers*, DB 2009, 2310; *Wolf/Mulert*, BB 2008, 442; *de Wolf*, NZA 2010, 1206; s.a. Orientierungshilfe zur datenschutzgerechten Nutzung von E-Mail und anderen Internetdiensten am Arbeitsplatz (Stand: Sep. 2007), www.bfdi.bund.de; Hinweise des Innenministeriums BW Nr. 37, Staatsanzeiger BW v. 11.1.1999, S. 13, abgedr. bei *Schaffland/Wiltfang* unter Ziff. 7010; zu Beweisverwertungsverboten *Kratz/Gubbels*, NZA 2009, 652 (655 f.). ||[11] *Haußmann/Krets*, NZA 2005, 259 (263); *Kort*, DB 2011, 2092 f.; *Löwisch*, DB 2009, 2782 (2783); aA *Erfurth*, DB 2011, 1275 (1278); *Thüsing*, ArbN-Datenschutz und Compliance, Rz. 107 ff. ||[12] BVerfG 16.6.2009 – 2 BvR 902/06, NJW 2009, 2431 (2432), Rz. 45 f.; abw. BGH 31.3.2009 – 1 StR 76/09, NJW 2009, 1828.

Auswertung von während des laufenden Kommunikationsvorgangs erfassten Daten[1]. Im Falle der Gestattung der Privatnutzung wird das betriebl. IT-System also dem „Herrschaftsbereich" des ArbN zugerechnet. In Konsequenz dieser Rspr. können E-Mails von ArbN, die der ArbN bereits einsehen konnte und nach Abschluss des Übertragungsvorgangs auf einem Speichermedium des betriebl. IT-Systems liegen, also unter Beachtung datenschutzrechtl. Grundsätze (§ 4 I iVm. einer BV, Einwilligung oder gesetzl. Grundlage wie § 32 I, § 28 I 1 Nr. 2) auch bei erlaubter Privatnutzung eingesehen werden, um zB zu überprüfen, ob Straftaten begangen wurden, um die E-Mails als Beweismittel zu verwenden[2] oder um im Krankheitsfall die vom arbeitsunfähigen Mitarbeiter erhaltenen geschäftlichen E-Mails einzusehen[3].

92a Gem. § 113a TKG ist zur sog. **Vorratsdatenspeicherung** von Verkehrsdaten für sechs Monate verpflichtet, wer „öffentlich zugängliche Telekommunikationsdienste für Endnutzer erbringt". Die Vorschrift gilt **nicht** für ArbGeb, welche die Privatnutzung von E-Mail und Internet durch die ArbN erlauben oder wissentlich dulden, weil sie die Dienste dadurch nicht „öffentlich zugänglich" machen, dh. der Öffentlichkeit zur Verfügung stellen (vgl. § 3 Nr. 17 TKG)[4]. Abgesehen davon ist § 113a TKG vom BVerfG für verfassungswidrig erklärt worden[5].

93 Untersagt der ArbGeb die Privatnutzung von Internet und E-Mail umfassend und vollständig, besteht insoweit kein **MitbestR des BR** nach § 87 I Nr. 1 BetrVG[6]. Ein solches kann sich aber ergeben, wenn es um die Frage geht, in welcher Weise die Gestattung der Privatnutzung von Internet und E-Mail geschehen soll[7]. Regeln über die Überwachung der Nutzung von E-Mail und Internet sind zudem gem. § 87 I Nr. 6 BetrVG mitbestimmungspflichtig (Rz. 81).

94 Die unerlaubte Installation einer Software stellt eine kündigungsrelevante Pflichtverletzung dar[8], ebenso wie die unerlaubte Speicherung unternehmensbezogener Daten auf einer privaten Festplatte ohne Sicherung gegen unbefugten Zugriff Dritter[9]. Die **exzessive Nutzung des Internets** oder des betriebl. E-Mail-Systems während der Arbeitszeit zu privaten Zwecken kann eine schwere Pflichtverletzung des Arbeitsvertrags sein, die den ArbGeb ohne vorangegangene Abmahnung zu einer fristgemäßen **Kündigung** des ArbVerh aus verhaltensbedingten Gründen berechtigen kann[10]. Als kündigungsrelevante Verletzung arbeitsvertragl. Pflichten kommt bei einer privaten Nutzung des Internets ua. in Betracht:

- das Herunterladen einer erheblichen Menge von Daten aus dem Internet auf betriebl. Datensysteme („unbefugter Download"), insb. wenn damit einerseits die Gefahr möglicher Vireninfizierungen oder anderer Störungen des Betriebssystems verbunden sein kann, oder andererseits von solchen Daten, bei deren Rückverfolgung es zu möglichen Rufschädigungen des ArbGeb kommen kann, bspw. weil strafbare oder pornografische Darstellungen heruntergeladen werden;

- die private Nutzung des vom ArbGeb zur Verfügung gestellten Internetanschlusses als solche, weil durch sie dem ArbGeb möglicherweise – zusätzliche – Kosten entstehen können und der ArbN jedenfalls die Betriebsmittel – unberechtigterweise – in Anspruch genommen hat;

- die private Nutzung des vom ArbGeb zur Verfügung gestellten Internets *während* der Arbeitszeit, weil der ArbN während des Surfens im Internet zu privaten Zwecken seine arbeitsvertragl. geschuldete Arbeitsleistung nicht erbringt und dadurch seine Arbeitspflicht verletzt[11].

95 Eine tarifzuständige **Gewerkschaft** ist grds. berechtigt, **E-Mails zu Werbezwecken** an die betriebl. E-Mail-Adressen der Beschäftigten zu senden[12].

96 **9. Ethik-, Whistleblowing-Hotline.** Zahlreiche Regelungen, insb. in den USA (zB Sec. 406 Sarbanes-Oxley Act; Sec. 303A. 10 des New York Stock Exchange Listed Company Manual; US Sentencing Guidelines), verpflichten Unternehmen zur Einführung von Ethik- und Verhaltensrichtlinien (Code of Ethics/Conduct) über das von den Mitarbeitern im Geschäftsverkehr erwartete Verhalten[13]. Diese sehen

---

1 VGH Kassel 19.5.2009 – 6 A 2672/08. Z, NJW 2009, 2470 (2471); ebenso die Vorinstanz VG Frankfurt/M. 6.11.2008 – 1 K 628/08. F; LAG Nds. 31.5.2010 – 12 Sa 875/09, NZA-RR 2010, 406 (408); LAG Bln.-Bbg. 16.2.2011 – 4 Sa 2132/10, BB 2011, 2298 (2300); abl. *Brink*, jurisPR-ArbR 33/2011, Anm. 5. ||2 *Beckschulze*, DB 2009, 2097 (2098); *Heins*, FA 2009, 341 (342f.); *Vogel/Glas*, DB 2009, 1747 (1753); s.a. *Behling*, BB 2010, 892. ||3 LAG Bln.-Bbg. 16.2.2011 – 4 Sa 2132/10, BB 2011, 2298 (2300). ||4 *Beckschulze*, DB 2009, 2097 (2098); *Däubler*, Gläserne Belegschaften, § 6 Rz. 378c; *Grimm/Michaelis*, DB 2009, 174; aA *Koch*, NZA 2008, 911 (914ff.). ||5 BVerfG 2.3.2010 – 1 BvR 256/08, 1 BvR 263/08, 1 BvR 586/08, NJW 2010, 833; zu praktischen Schlussfolgerungen daraus *Wybitul*, BB 2010, 889. ||6 LAG Hamm 7.4.2006 – 10 TaBV 1/06, NZA-RR 2007, 20 (21); *Fitting*, § 87 BetrVG Rz. 73. ||7 *Fitting*, § 87 BetrVG Rz. 71; vgl. LAG Nürnberg 29.1.1987 – 5 TaBV 4/86, NZA 1987, 572; MusterBV zur Nutzung von Internet und E-Mail bei *Hartmann/Pröpper*, BB 2009, 1300; *Pröpper/Römermann*, MMR 2008, 514. ||8 BAG 12.1.2006 – 2 AZR 179/05, NZA 2006, 980 (984). ||9 BAG 24.3.2011 – 2 AZR 282/10, NZA 2011, 1029, OS 5; LAG Hess. 29.8.2011 – 7 Sa 248/11; *Dzida*, ArbRB 2011, 49 (50). ||10 BAG 31.5.2007 – 2 AZR 200/06, NZA 2007, 922; 27.4.2006 – 2 AZR 386/05, NZA 2006, 977; 7.7.2005 – 2 AZR 581/04, NZA 2006, 98; LAG Nds. 31.5.2010 – 12 Sa 875/09, NZA-RR 2010, 406 (407f.); *Kramer*, NZA 2007, 1338; *Lansnicker*, BB 2007, 2184; *Liebscher* in Thüsing/Laux/Lembke, § 1 KSchG Rz. 468; s. aber auch BAG 19.4.2012 – 2 AZR 186/11, NZA 2013, 27; dazu *Kramer*, NZA 2013, 311. ||11 BAG 27.4.2006 – 2 AZR 386/05, NZA 2006, 977 (978, Rz. 22). ||12 BAG 20.1.2009 – 1 AZR 515/08, NZA 2009, 615; zur Nutzung der IT im Belegschaftswahlkampf *Maschmann*, NZA 2008, 613. ||13 *Berndt/Hoppler*, BB 2005, 2623; *Kock*, ZIP 2009, 1406; *Mahnhold*, Compliance und Arbeitsrecht, 2004, S. 29ff. (93ff.); *Mahnhold*, NZA 2008, 737; *Mengel/Hagemeister*, BB 2007, 1386; *Schuster/Darsow*, NZA 2005, 273.

oftmals auch die Pflicht für ArbN vor, das Fehlverhalten von Kollegen und Vorgesetzen zu erfassen und bei einer Ethik- oder Whistleblower-Hotline oder sonstigen Stelle zu melden. Abgesehen davon, dass eine solche Regelung nach § 87 I Nr. 1 BetrVG mitbestimmungspflichtig ist[1], kommt es im Rahmen derartiger Meldesysteme zu einer Erhebung, Verarbeitung und Nutzung personenbezogener ArbN-Daten, die unter das BDSG fallen[2]. S.a. Rz. 35, 46.

10. Foto des ArbN. Der ArbGeb kann das Foto eines ArbN nur dann in einem Katalog oder im Internetauftritt des Unternehmens verwenden, wenn der ArbN ausdrücklich oder konkludent seine Einwilligung hierzu erteilt hat (§ 22 KunstUrhG). Die Einwilligung dazu, dass der ArbGeb auf seiner Homepage ein am Arbeitsplatz aufgenommenes Foto des ArbN veröffentlicht, erlischt nicht ohne Weiteres automatisch im Zeitpunkt der Beendigung des ArbVerh, sofern der ArbN nicht ausdrücklich Gegenteiliges erklärt (hat). Dies gilt jedenfalls dann, wenn das Foto reinen Illustrationszwecken dient und keinen auf die individuelle Person des ArbN Bezug nehmenden Inhalt transportiert[3].

96a

11. Fragerecht des ArbGeb. Der ArbGeb hat ggü. Bewerbern das Recht, arbeitsplatzbezogene Fragen zu stellen, die für die Einstellungsentscheidung von Bedeutung sind (vgl. Rz. 41 f.). Allerdings darf die Frage bzw. deren Beantwortung nicht zu einem unverhältnismäßigen Eingriff in das Persönlichkeitsrecht und die Privatsphäre des ArbN führen, sonst ist sie unzulässig[4] (vgl. zur Frage nach Vorstrafen Rz. 87). Sofern die Antwort auf eine Frage einzig dem Zweck dienen kann, Grundlage einer durch das Gesetz (zB §§ 7 I, 1 AGG) verbotenen ArbGeb-Entscheidung (zB Einstellung) zu sein, ist die Frage ebenfalls unzulässig. Bei Unzulässigkeit der Frage hat der Bewerber ein Lügerecht (näher § 123 BGB Rz. 3 ff.)[5]; eine allein auf die wahrheitswidrige Beantwortung einer unzulässigen Frage gestützte Kündigung ist nach § 138 I BGB unwirksam[6]. Bei Falschbeantwortung einer zulässigen Frage kommt hingegen eine Anfechtung nach § 123 BGB in Betracht[7]. Fragen, die **vor** der Einstellung unzulässig sind, können jedoch **nach** der **Einstellung** zulässig werden (zB Frage nach der Gewerkschaftsmitgliedschaft[8] oder Schwerbehinderung[9]). Verwendet der ArbGeb ggü. Bewerbern einen Personalfragebogen, unterliegt dies der Mitbest. des BR nach § 94 I BetrVG[10].

97

12. Genetische Untersuchungen. Das Gendiagnostikgesetz (GenDG), das im Wesentlichen am 1.2. 2010 in Kraft getreten ist[11], enthält ein grundsätzliches Verbot für den ArbGeb, von Beschäftigten (§ 3 Nr. 12 GenDG, entspricht § 3 XI Nr. 1–7 BDSG) vor oder nach Begründung des Beschäftigungsverhältnisses die Vornahme genetischer Untersuchungen oder Analysen (§ 3 Nr. 1, 2 GenDG) zu verlangen oder die Ergebnisse entgegenzunehmen oder zu verwenden (§ 19 GenDG)[12]. Bestimmte Ausnahmen sind zum Zwecke des Arbeitsschutzes (§ 20 GenDG) und nur mit Einwilligung des Betroffenen möglich (§ 20 IV iVm. § 8 GenDG, zB im Rahmen einer arbeitsmedizinischen Vorsorgeuntersuchung, um in der Chemieindustrie eine genetisch bedingte Überempfindlichkeit gegen bestimmte Stoffe am betreffenden Arbeitsplatz zu prüfen[13]. Standardtests zur Prüfung der körperlichen Eignung, etwa im Farbtafeltest, um bei angehenden Elektrikern oder Berufskraftfahrern die Rot-Grün-Farbblindheit oder eine Farbschwäche auszuschließen, bleiben erlaubt[14]. Dabei handelt es sich um eine – auf optischer Wahrnehmung beruhende und auf die Beurteilung des äußeren Erscheinungsbildes beschränkte – Analyse auf Phänotypebene, die nicht vom Gesetz erfasst ist (vgl. § 3 Nr. 1, 2 GenDG)[15].

97a

13. Mitarbeiterbefragung. Die Durchführung einer Mitarbeiterumfrage zur Ermittlung der Arbeitszufriedenheit, Motivation, Vorgesetztenbeurteilung etc. stellt eine Erhebung personenbezogener Daten

98

---

1 BAG 22.7.2008 – 1 ABR 40/07, NZA 2008, 1248 (1253, 1255), Rz. 47, 68; LAG Düss. 14.11.2005 – 10 TaBV 46/05, NZA-RR 2006, 81 (84 f.); *Junker*, BB 2005, 602 (604); *Mengel/Hagemeister*, BB 2007, 1386 (1392). ||2 Dazu Artikel-29-Datenschutzgruppe WP 117, Stellungnahme 1/2006 zur Anwendung der EU-Datenschutzvorschriften auf interne Verfahren zur Meldung mutmaßlicher Missstände in den Bereichen Rechnungslegung, interne Rechnungslegungskontrollen, Fragen der Wirtschaftsprüfung, Bekämpfung von Korruption, Banken- und Finanzkriminalität, ec.europa.eu/justice/policies/privacy/docs/wpdocs/2006/wp117_de.pdf; Arbeitsbericht der Ad-hoc-Arbeitsgruppe „Beschäftigtenschutz" des Düsseldorfer Kreises „Whistleblowing Hotlines: Firmeninterne Warnsysteme und Beschäftigtendatenschutz (Stand: 4/2007)", www.datenschutz-hamburg.de (Pfad: Datenschutzbeauftragter/Informationsmaterial/Wirtschaft); *Grau*, KSzW 2012, 66 (70 ff.); *Wisskirchen/Körber/Bissels*, DB 2006, 1567 ff.; *Wisskirchen/Jordan/Bissels*, DB 2005, 2190 (2194 f.); zur Kündigung bei externem Whistleblowing BAG 7.12.2006 – 2 AZR 400/05, NZA 2007, 502; EGMR 21.7.2011 – 28274/08, NZA 2011, 1269. ||3 LAG Köln 10.7.2009 – 7 Ta 126/09; LAG Kiel 23.6.2010 – 3 Sa 72/10; LAG Rh.-Pf. 30.11.2012 – 6 Sa 4129/11, BB 2013, 2107; 8.5.2013 – 8 Sa 36/13; vgl. aber auch LAG Hess. 24.1.2012 – 19 SaGa 1480/11 zum Unterlassungsanspruch eines ausgeschiedenen ArbN; *Ehmann*, jurisPR-ArbR 14/2013, Anm. 2. ||4 BAG 15.11.2012 – 6 AZR 339/11, NZA 2013, 429 (432), Rz. 22; zur datenschutzrechtl. Einbettung des „Fragerechts" *Riesenhuber*, NZA 2012, 771. ||5 S.a. *Fitting*, § 83 BetrVG Rz. 16 ff.; *ErfK/Preis*, § 611 BGB Rz. 271 ff.; *Wisskirchen/Bissels*, NZA 2007, 169; *Joussen*, NZA 2007, 174; *Thüsing*, ArbN-Datenschutz und Compliance, Rz. 377 ff. ||6 BAG 15.11. 2012 – 6 AZR 339/11, NZA 2013, 429, LS. ||7 BAG 6.9.2012 – 2 AZR 270/11, NZA 2013, 1087 (1088), Rz. 24. ||8 *Lembke*, Die Arbeitskampfbeteiligung von Außenseitern, 2000, S. 191 f. ||9 BAG 16.2.2012 – 6 AZR 553/10, NZA 2012, 555; dazu *Giesen*, RdA 2013, 47. ||10 *Fitting*, § 94 BetrVG Rz. 6. ||11 G über genetische Untersuchungen bei Menschen v. 31.7.2009, BGBl. I S. 2529; zur Entstehungsgeschichte BT-Drs. 16/10532; BT-Drs. 16/12713. ||12 Näher *Fischinger*, NZA 2010, 65; *Wiese*, BB 2009, 2198; *Wiese*, BB 2011, 313; *Däubler*, Gläserne Belegschaften, § 5 Rz. 232 ff. ||13 BT-Drs. 16/10532, 38; *Gola*, NJW 2009, 2577 (2578). ||14 BT-Drs. 16/10532, 37. ||15 *Wiese*, BB 2009, 2198 (2200).

der ArbN dar, wenn anhand der Antworten ein konkreter ArbN als Urheber der Antworten näher bestimmt oder bestimmbar ist oder sich die Fragen auch auf das Verhalten und die Fähigkeiten von Vorgesetzten beziehen. Der Umgang mit den Daten bedarf einer Erlaubnisgrundlage (§ 4 I). Insoweit kommt eine BV in Betracht, zumal die Befragung ohnehin gem. § 94 I BetrVG mitbestimmungspflichtig ist. Ein MitbestR des BR ggü. dem im Inland ansässigen ArbGeb, dessen ArbN davon betroffen sind, besteht auch bei einer von der im Ausland ansässigen Konzernmutter durchgeführten und gesteuerten Befragungsaktion per E-Mail oder Intranet[1]. Hinsichtlich der Ausgestaltung einer BV wird empfohlen, jede personenbezogene Erhebung bzw. Auswertung zum Zwecke der Herstellung eines Personenbezuges zu untersagen und auch die Nutzung von Drittinformationen für die Auswertung nicht zuzulassen[2].

99 **14. Ortung des ArbN.** Der Einsatz technischer Hilfsmittel – wie RFID- oder GPS-Technik oder Handy-Ortung – zur Bestimmung des Aufenthaltsortes von ArbN oder an sie überlassenen Betriebsmitteln (zB Firmenwagen, Mobiltelefon) unterliegt der Mitbest. des BR nach § 87 I Nr. 6 BetrVG[3]. Die Erhebung, Verarbeitung oder Nutzung der Daten über den Aufenthaltsort bedürfen für ihre Zulässigkeit einer Rechtsgrundlage iSd. § 4 I, insb. also einer Einwilligung des ArbN (§ 4a), einer BV oder einer anderen Erlaubnisnorm wie § 32 I. Bei der Interessenabwägung, die im Rahmen des § 32 I oder bei der Gestaltung einer BV im Rahmen des § 75 BetrVG vorzunehmen ist, sind einerseits das Interesse des ArbGeb an der Kontrolle der Arbeitsleistung sowie am Schutz seines Eigentums an den Betriebsmitteln (Art. 14 GG) zu berücksichtigen und andererseits die Tatsache, dass ein genaues Bewegungsprofil des ArbN erstellt und ein erheblicher Überwachungsdruck auf den ArbN – auch in seiner Freizeit – ausgeübt werden kann[4]. Zwar hat das BVerfG den GPS-Einsatz im Rahmen der Strafverfolgung als weniger schwerwiegend als das Abhören und Aufzeichnen des nicht-öffentl. gesprochenen Wortes angesehen[5], jedoch dürfte der Einsatz technischer Mittel zur Ortung des ArbN – bei fehlender Einwilligung des ArbN – auf Grund der damit verbundenen Dauerüberwachung nur in Ausnahmekonstellationen und bei gewichtigen betriebl. Interessen des ArbGeb zulässig sein, etwa bei Fahrern von Geldtransporten oder bei Sicherheitspersonal, das bestimmte Örtlichkeiten zu sichern hat. Abgesehen davon hat der ArbGeb die Informationspflichten nach § 4 III und § 6c zu beachten. Bei der Handy-Ortung kann der ArbGeb seine Einwilligung zur Erhebung der Standortdaten abgeben, um den Aufenthaltsort des Handys zu erfahren. Er muss aber den ArbN hierüber unterrichten (98 I TKG)[6].

100 **15. Personalakte.** Personalakte ist jede Sammlung von Unterlagen (inklusive Bei-, Neben- und Sonderakten), die sich auf die Person des ArbN beziehen und in einem inneren Zusammenhang zum ArbVerh stehen, unabhängig von deren Form, Material und der Stelle, an der die Sammlung geführt wird[7]. Es gilt der Grundsatz der Vollständigkeit und der wahrheitsgemäßen Dokumentation der Personalakten. Daraus folgt jedoch kein Anspruch des ArbN, dass der ArbGeb die zu den Personalakten genommenen Unterlagen paginiert, dh. fortlaufend durchnummeriert[8].

101 Die Personalakte fällt nicht nur im Falle automatisierter Verarbeitung in Datenverarbeitungsanlagen (§ 3 II 1), sondern auch als „nicht automatisierte Datei" unter das BDSG, wenn sie als Akte oder Aktensammlung gleichartig aufgebaut und nach bestimmten Merkmalen (zB Namen) zugänglich ist und ausgewertet werden kann (vgl. §§ 3 II 2, 27 I BDSG, Art. 2c, 3 I DatenschutzRL)[9].

102 Die Personalakten dürfen **nicht allgemein zugänglich** sein und müssen sorgfältig verwahrt werden (zB in einem abschließbaren Schrank). Zudem muss der ArbGeb die Informationen vertraulich behandeln oder für die vertrauliche Behandlung durch die Sachbearbeiter Sorge tragen und den Kreis der mit Personalakten befassten Beschäftigten möglichst eng halten[10]. **Besonders sensible Daten** über den ArbN, wie etwa Daten über den körperlichen, geistigen, seelischen und gesundheitlichen Zustand (zB Sucht-/Alkoholerkrankung) sowie allg. Aussagen über die Persönlichkeit des ArbN, hat der ArbGeb in besonderer Weise aufzubewahren. Sie **sind vor unbefugter zufälliger Kenntnisnahme zu schützen** durch Einschränkung des Kreises der Informationsberechtigten und sonstige geeignete Maßnahmen, zB Aufbewahrung in einem verschlossenen Umschlag[11]. Bei einem berechtigten Anlass kann jede vom ArbGeb bestimmte Person den Umschlag öffnen, den Anlass vermerken und die Daten einsehen. Hält der ArbGeb diese Grundsätze nicht ein, hat der ArbN Anspruch auf Beseitigung der Beeinträchtigung seines Persönlichkeitsrechts analog §§ 12, 862, 1004 BGB[12].

---

1 LAG Hess. 5.7.2001 – 5 TaBV 153/00, NZA-RR 2002, 200. ‖ 2 Unabhängiges Landeszentrum für Datenschutz Schleswig-Holstein, Datenschutzrechtliche Aspekte bei der Durchführung einer Mitarbeiterbefragung, www.datenschutzzentrum.de/wirtschaft/praxis/20070313.htm. ‖ 3 *Däubler*, Gläserne Belegschaften, Rz. 837. ‖ 4 Näher *Beckschulze*, DB 2009, 2097 (2099); *Däubler*, Gläserne Belegschaften, Rz. 318 ff.; *Gola*, NZA 2007, 1139; *Gola/Wronka*, Rz. 866 ff.; *Oberwetter*, NZA 2008, 609 (611 f.). ‖ 5 BVerfG 12.4.2005 – 2 BvR 581/01, NJW 2005, 1338 (1340). ‖ 6 *Beckschulze*, DB 2009, 2097 (2099); *Däubler*, Gläserne Belegschaften, Rz. 320; *Gola/Wronka*, Rz. 896 ff. ‖ 7 ErfK/*Kania*, § 83 BetrVG Rz. 2; *Stück*, MDR 2008, 430; näher zur Personalakte *Müller*, DB 2011, 2604; *Herfs-Röttgen*, NZA 2013, 478; zur elektronischen Personalakte *Diller/Schuster*, DB 2008, 928; zu Abmahnung und Datenschutz *Kleinebrink*, DB 2012, 1508. ‖ 8 BAG 16.10.2007 – 9 AZR 110/07, NZA 2008, 367. ‖ 9 ErfK/*Kania*, § 83 BetrVG Rz. 8 f.; vgl. auch *Gola/Schomerus*, § 3 Rz. 18 ff.; *Simitis*, § 27 Rz. 27; ErfK/*Franzen*, § 27 BDSG Rz. 1; enger bzgl. des BDSG aF BAG 4.4.1990 – 5 AZR 299/89, NZA 1990, 933; 18.12.1984 – 3 AZR 389/83, NZA 1985, 811. ‖ 10 BAG 12.9.2006 – 9 AZR 271/06, NZA 2007, 269 (272 Rz. 24). ‖ 11 BAG 12.9.2006 – 9 AZR 271/06, NZA 2007, 269 (272 Rz. 25 f.). ‖ 12 BAG 12.9.2006 – 9 AZR 271/06, NZA 2007, 269 (271 f.).

Der ArbN hat nach § 83 I BetrVG das **Recht zur Einsichtnahme** in die über ihn geführte Personalakte. 103 Dies gilt gem. § 241 II BGB iVm. Art. 2 I, 1 I GG auch nach Beendigung des ArbVerh[1]. Er kann hierzu ein Mitglied des BR hinzuziehen (§ 83 I 2 BetrVG). Hingegen hat der BR keinen Anspruch gegen den ArbGeb auf Vorlage der ganzen Personalakte[2].

16. Personalfragebogen. Nach § 94 I BetrVG bedürfen Personalfragebogen der Zustimmung des BR 104 (vgl. Rz. 66). Fehlt die Zustimmung und ist sie auch nicht durch Einigungsstellenspruch ersetzt, so ist die Datenerhebung durch Personalfragebogen unzulässig. Daten, die unter Verstoß gegen diese Vorschrift erhoben worden sind, dürfen nicht gespeichert werden. Sollten sie dennoch gespeichert worden sein, kann der ArbN ihre Löschung verlangen[3].

17. Screening (Datenabgleich). Werden Screening-Maßnahmen (zB Abgleich von Kontodaten, Adres- 104a sen, Namen, Telefonnummern) zum Zwecke der Kontrolle der Einhaltung arbeitsvertragl. Pflichten oder Aufdeckung von Straftaten so ausgestaltet, dass der Abgleich der ArbN-Daten mit dem „Fahndungsbestand" unverzüglich nach der Datenerfassung vorgenommen wird und rechtl. und technisch gesichert ist, dass die Daten im Nicht-Trefferfall anonym bleiben und sofort spurenlos und ohne die Möglichkeit, einen Personenbezug herzustellen, gelöscht werden, liegt kein datenschutzrechtl. relevanter Eingriff in das informationelle Selbstbestimmungsrecht der ArbN vor[4]. Die Behandlung von ArbN-Daten in Trefferfällen bedarf gem. § 4 I einer Rechtsgrundlage, wie zB einer BV, Einwilligung des ArbN, § 32 I oder § 28 I 1 Nr. 2[5]. Zudem ist das MitbestR des BR nach § 87 I Nr. 6 BetrVG zu beachten[6]. Dies gilt auch bei einem Abgleich von ArbN-Daten mit **Terrorlisten**[7].

18. Soziale Netzwerke. Die Erhebung von arbeitsplatzbezogenen **Daten über** einen **Bewerber im In-** 104b **ternet** (etwa über Suchmaschinen oder virtuelle „soziale Netzwerke") kann über § 28 I 1 Nr. 3 gerechtfertigt werden[8] (vgl. Rz. 87; § 32 Rz. 4).

Betreibt der **ArbGeb** eine **Facebook-Seite**, die auf freiwilliger Basis privat genutzt und mit Postings 104c versehen werden kann, und händigt er seinen ArbN einen Leitfaden zum Umgang mit Social Media aus, besteht kein MitbestR des BR nach § 87 Abs.1 Nr. 6 BetrVG, uU aber nach Nr. 1[9], wenn in dem Leitfaden Verhaltenspflichten zum Umgang der Mitarbeiter miteinander geregelt sind[10].

Facebook-Postings durch ArbN können je nach den Umständen eine Kündigung des ArbVerh recht- 104d fertigen[11].

19. Telefonnutzung und -überwachung. Datenschutzrechtl. gelten hinsichtlich der Telefondaten- 105 erfassung, -verarbeitung und -nutzung im Prinzip dieselben Grundsätze wie hinsichtlich E-Mail und Internet (Rz. 92). Maßgeblich ist, ob der ArbGeb die private Telefonnutzung gestattet oder nicht, was er mitbestimmungsfrei entscheiden kann. Darf das Telefon auch **privat genutzt** werden, ist das Fernmeldegeheimnis (§ 88 TKG) zu wahren und der ArbGeb darf die Verbindungsdaten nicht speichern oder kontrollieren. Etwas anderes gilt nur, wenn der ArbN die privaten Telefonkosten selbst tragen muss; dann ist die vorübergehende Datenspeicherung zum Zwecke der Abrechnung möglich. Darf das Telefon hingegen **ausschließlich dienstlich** genutzt werden, kann der ArbGeb die Verbindungsdaten (zB Zielrufnummer, Datum, Uhrzeit und Dauer des Telefonats) und Anzahl der Gebühreneinheiten zum Zwecke der anlassbezogenen oder stichprobenartigen Missbrauchskontrolle sowie des Kostenmanagements speichern und nutzen[12]. Eine Kontrolle des Gesprächsinhalts ist nur zulässig, soweit der ArbGeb berechtigte Interessen verfolgt und dem ArbN die Kontrolloption bewusst ist (zB Aufzeichnung von Telefonaten zum Zwecke der Ausbildung und Leistungskontrolle im Call Center[13]) oder wenn es der Gefahrenabwehr (zB Verrat von Geschäftsgeheimnissen) oder der Aufdeckung von Straftaten bei Vorliegen eines konkreten Verdachts dient[14]. Das heimliche Mithörenlassen von Gesprächen zwischen ArbN und ArbGeb oder Vorgesetzten ist grds. unzulässig. Das heimlich erlangte Wissen darf nur ausnahmsweise im

---

1 BAG 16.11.2010 – 9 AZR 573/09, NZA 2011, 453. ||2 BAG 20.12.1988 – 1 ABR 63/87, NZA 1989, 393 (395); LAG Nds. 22.1.2007 – 11 Sa 614/06, NAZ-RR 2007, 585 (587). ||3 BAG 22.10.1986 – 5 AZR 660/85, NZA 1987, 415 f. ||4 *Löwisch*, DB 2009, 2782 (2784 f.). ||5 Näher *Kock/Francke*, NZA 2009, 646; s.a. *Diller* BB 2009, 438; *Heinson*, BB 2010, 3084; *Salvenmoser/Hauschka*, NJW 2010, 331 (332 f.); *Steinkühler*, BB 2009, 1294; *Thüsing*, ArbN-Datenschutz und Compliance, Rz. 146 ff.; zur Unwirksamkeit der Kündigung eines Compliance-Beauftragten wegen von ihm veranlassten Screening-Maßnahmen ArbG Berlin 18.2.2010 – 38 Ca 12879/09, ZIP 2010, 1191 = BB 2010, 2309 m. Anm. *Zöll*. ||6 *Kock/Francke*, NZA 2009, 646 (649); *Steinkühler*, BB 2009, 1294; aA *Diller*, BB 2009, 438. ||7 Dazu *Gleich*, DB 2013, 1967; *Otto/Lampe*, NZA 2011, 1134; *Roeder/Buhr*, BB 2011, 1333 und BB 2012, 193; zum Screening im Luftfrachttransport *Becker/Barlage-Melber*, BB 2012, 3075. ||8 *Bissels/Lützeler/Wisskirchen*, BB 2010, 2433, (2436 f.); *Forst*, NZA 2010, 427 (429 ff.); *Oberwetter*, BB 2008, 1562 (1564); *Rolf/Rötting*, RDV 2009, 263 (264 ff.); aA *Däubler*, Gläserne Belegschaften, § 5 Rz. 185; diff. *Kania/Sansone*, NZA 2012, 360 (363 f.); zum „Active Sourcing" *Bissels/Ziegelmayer/Kiehn*, BB 2013, 2869; *Frik/Klühe*, DB 2013, 1174. ||9 ArbG Düss. 21.6.2013 – 14 BVGa 16/13, NZA-RR 2013, 470 m. Anm. *Nebeling/Zöll*; diff. *Borsutzky*, NZA 2013, 647 (649 f.). ||10 Vgl. *Leist/Koschker*, BB 2013, 2229 (mit Muster für Social Media Guidelines); allg. zu arbeitsrechtl. Fragestellungen hinsichtlich sozialer Netzwerke *Brierley*, FA 2012, 103; *Determann*, BB 2013, 181; *Kort*, DuD 2012, 722; *Melot de Beauregard/Gleich*, DB 2012, 2044; zur DS-GVO insoweit *Kipker/Voskamp*, DuD 2012, 737. ||11 *Bauer/Günther*, NZA 2013, 67; *Kort*, NZA 2012, 1321; *Kramer/Rasche*, FA 2013, 330. ||12 Näher *Mengel*, BB 2004, 1445; *Schaffland/Wiltfang*, § 28 Rz. 94 ff.; *Wellhöner/Byers*, BB 2009, 2310 (2312 f.); *Zilkens*, DuD 2005, 253. ||13 Dazu näher *Jordan/Bissels/Löw*, BB 2008, 2626. ||14 *Mengel*, BB 2004, 1445 (1449).

BDSG Vorb. Rz. 106   Vorbemerkungen

gerichtl. Verfahren verwertet werden[1] (vgl. Rz. 108, 110 ff.), etwa durch Vernehmung eines Dritten als Zeugen, wenn der Dritte das Telefongespräch zufällig und nicht zielgerichtet heimlich mitgehört hat[2].

106 Der BR hat bei der Einführung und Anwendung eines Telefondatenerfassungssystems ein **MitbestR** nach § 87 I Nr. 6 BetrVG[3]. Eine BV, welche die Erfassung von Telefondaten inkl. der vollständigen Zielrufnummer regelt, ist nicht deswegen unwirksam, weil die Zielrufnummernerfassung ggü. dem Angerufenen (möglicherweise) datenschutzrechtl. unzulässig ist[4]. Es stellt keine unzulässige Behinderung der BR-Tätigkeit dar, wenn bei Ferngesprächen des BR auch Zeitpunkt und Dauer des einzelnen Gesprächs erfasst werden[5]. Sofern der ArbGeb die Privatnutzung der Diensttelefone gestattet, besteht hinsichtlich der Nutzungsregelungen ein MitbestR des BR nach § 87 I Nr. 1 BetrVG[6].

107 **20. Videoüberwachung.** § 6b erlaubt die **offene Videoüberwachung** unter bestimmten Voraussetzungen. Er gilt aber nur für öffentl. zugängliche Räume. **Öffentlich zugänglich** sind nur solche Räume, die ihrem Zweck nach dazu bestimmt sind, von einer unbestimmten Zahl oder nach nur allg. Merkmalen bestimmten Personen betreten und genutzt zu werden (zB Bahnsteige, Ausstellungsräume eines Museums, Verkaufsräume und Schalterhallen)[7]. Nicht öffentl. zugänglich sind demggü. Räume, die nur von einem bestimmten Personenkreis betreten werden dürfen (zB Bearbeitungshalle in einem Briefzentrum). Auf die Videoüberwachung an einem nicht öffentl. zugänglichen Arbeitsplatz ist § 6b nicht anwendbar[8].

108 Die **heimliche** Videoüberwachung eines ArbN durch den ArbGeb stellt einen Eingriff in das durch Art. 2 I GG geschützte allg. Persönlichkeitsrecht des ArbN dar[9]. Jedoch ist die heimliche Videoüberwachung eines ArbN zulässig und führt **nicht** zu einem **Beweisverwertungsverbot, wenn** der konkrete Verdacht einer strafbaren Handlung oder einer anderen schweren Verfehlung zu Lasten des ArbGeb besteht, weniger einschneidende Mittel zur Aufklärung des Verdachts ausgeschöpft sind, die verdeckte Videoüberwachung praktisch das einzig verbleibende Mittel darstellt und insg. nicht unverhältnismäßig ist[10]. Heimlich begangene Taten (zB Diebstahl oder Unterschlagung von Eigentum des ArbGeb am Arbeitsplatz) können ihrer Natur nach nicht durch offen angekündigte Beobachtung oder offene Videoüberwachung entdeckt werden. Ebenso wenig ist eine effektive Überwachung durch Vorgesetzte oder Kollegen denkbar[11]. Personenkontrollen (zB Tor-, Spind-, Taschenkontrollen) sind ebenfalls kein geeignetes Mittel, wenn sie nicht zur Aufdeckung der Taten führen können (zB bei Verzehr von Waren des ArbGeb am Arbeitsplatz; Überweisung von Fremdgeldern auf das eigene Konto des ArbN)[12]. Dass der Verdacht bei Beginn der verdeckten Überwachung nicht allein einen bestimmten ArbN betrifft, macht die Überwachung noch nicht unverhältnismäßig[13].

109 Die verdeckte oder offene Videoüberwachung am Arbeitsplatz unterliegt der **Mitbest. des BR** nach § 87 I Nr. 6 BetrVG[14]; eine Ausnahme gilt jedoch, wenn der ArbGeb (zB eine Spielbank) durch VA verpflichtet wird, eine bestimmte Videoüberwachung durchzuführen[15]. Die Betriebsparteien haben dabei gem. § 75 II 1 BetrVG das allg. Persönlichkeitsrecht der ArbN zu beachten. Der Eingriff in das Persönlichkeitsrecht muss, sofern er nicht durch eine ausdrückliche gesetzl. Regelung gestattet ist, auf Grund schutzwürdiger Belange anderer Grundrechtsträger, insb. des ArbGeb, gerechtfertigt sein und dem Grundsatz der Verhältnismäßigkeit entsprechen[16]. Bei verdachtsunabhängiger dauerhafter offener Videoüberwachung setzt das BAG im Hinblick auf den „ständigen Überwachungsdruck" strenge Maßstäbe an.

110 Wird die **Videoüberwachung ohne Zustimmung des BR** durchgeführt, stellt sich die Frage, ob dies zu einem **Beweisverwertungsverbot** ggü. dem durch die Videoaufnahmen belasteten ArbN führt. Dies wird teilweise unter Berufung auf die Theorie der Wirksamkeitsvoraussetzung bejaht[17], überwiegend je-

---

1 BAG 29.10.1997 – 5 AZR 508/96, NZA 1998, 307 (308). ‖ 2 BAG 23.4.2009 – 6 AZR 189/08, NZA 2009, 974. ‖ 3 BAG 27.5.1986 – 1 ABR 48/84, NZA 1986, 643 (644). ‖ 4 BAG 27.5.1986 – 1 ABR 48/84, NZA 1986, 643. ‖ 5 BAG 27.5.1986 – 1 ABR 48/84, NZA 1986, 643; s.a. BAG 18.1990 – 7 ABR 99/88, NZA 1991, 316. ‖ 6 LAG Nürnberg 29.1.1987 – 5 TaBV 4/86, NZA 1987, 572; *Fitting*, § 87 BetrVG Rz. 71. ‖ 7 BAG 29.6.2004 – 1 ABR 21/03, NZA 2004, 1278 (1282); allg. zur Videoüberwachung am Arbeitsplatz *Byers/Pracka*, BB 2013, 760. ‖ 8 BAG 29.6.2004 – 1 ABR 21/03, NZA 2004, 1278 (1282); vgl. auch LAG Hess. 25.10.2010 – 7 Sa 1586/09, MMR 2011, 346: 7000 Euro Schmerzensgeld wegen permanenter Videoüberwachung am Arbeitsplatz. ‖ 9 BAG 27.3.2003 – 2 AZR 51/02, NZA 2003, 1193 (1194). ‖ 10 BAG 27.3.2003 – 2 AZR 51/02, NZA 2003, 1193 (1194f.); LAG Köln 18.11.2010 – 6 Sa 817/10, NZA-RR 2011, 241 (243); s.a. BAG 20.6.2013 – 2 AZR 546/12, NZA 2014, 143 (145ff.), Rz. 19ff.; 21.6.2012 – 2 AZR 153/11, NZA 2012, 1025 (1028), Rz. 30; 16.12.2010 – 2 AZR 485/08, NZA 2011, 571 (573f.); allg. zu Beweisverwertungsverboten *Bergwitz*, NZA 2012, 353; *Dzida/Grau*, NZA 2010, 1201; *Lunk*, NZA 2009, 457; *Grimm/Schiefer*, RdA 2009, 329 (339ff.); *Grimm* in Tschöpe, Arbeitsrecht, Teil 6 F Rz. 214ff. ‖ 11 BAG 27.3.2003 – 2 AZR 51/02, NZA 2003, 1193 (1195). ‖ 12 ArbG Frankfurt/M. 23.2.2005 – 22 Ca 9404/04; zum Beweisverwertungsverbot bei heimlicher Schrankkontrolle BAG 20.6.2013 – 2 AZR 546/12, NZA 2014, 143 (145ff.), Rz. 19ff. ‖ 13 BAG 27.3.2003 – 2 AZR 51/02, NZA 2003, 1193 (1195). ‖ 14 BAG 29.6.2004 – 1 ABR 21/03, NZA 2004, 1278 (1279); 27.3.2003 – 2 AZR 51/02, NZA 2003, 1193 (1196). ‖ 15 BAG 11.12.2012 – 1 ABR 78/11, NZA 2013, 913. ‖ 16 BAG 26.8.2008 – 1 ABR 16/07, NZA 2008, 1187 (1189f.); 14.12.2004 – 1 ABR 74/03, AP Nr. 42 zu § 87 BetrVG 1972 Überwachung; 29.6.2004 – 1 ABR 21/03, NZA 2004, 1278 (1279ff.); dazu *Bayreuther*, NZA 2005, 1038; *Freckmann/Wahl*, BB 2008, 1904; *Grimm/Schiefer*, RdA 2009, 329. ‖ 17 LAG BW 6.5.1999 – 12 Sa 115/97, BB 1999, 1439; *Fitting*, § 87 BetrVG Rz. 256; *Fischer*, BB 1999, 154.

doch zu Recht **verneint**[1]. Eine entgegen § 87 I Nr. 6 BetrVG unterbliebene Mitbest. gibt der Beweisverwertung durch die staatl. Gerichte keinen eigenen Unrechtsgehalt, soweit es um den Schutz des Persönlichkeitsrechts des ArbN geht[2]. Zu unterscheiden ist zwischen dem Akt der Erlangung des Beweismittels (dh. der Videoaufzeichnung ohne Mitbest. des BR) und dem Akt der Verwertung des Beweismittels im Gerichtsverfahren; beide haben unterschiedliche Akteure (ArbGeb bzw. Gericht). Ein rechtswidriger Erlangungsakt führt nicht zwingend zu einem Beweisverwertungsverbot[3]. Ist die Verwertung nach allg. Grundsätzen zulässig (Rz. 108), kommt es darauf an, ob die Erlangung des Beweismittels mitbestimmungswidrig war.

Das BAG nimmt bei mitbestimmungswidriger Videoüberwachung jedenfalls dann kein eigenständiges Beweisverwertungsverbot an, wenn der **BR** der Verwendung des Beweismittels und der darauf gestützten **Kündigung zustimmt** und die Beweisverwertung nach den allg. Grundsätzen gerechtfertigt ist[4]. Dies gilt auch, wenn statt des BR der **Personalausschuss** auf Grund entsprechender Aufgabenübertragung (§ 28 BetrVG) für die Behandlung von Kündigungen (§ 102 BetrVG) zuständig ist. Der BR gibt durch seine Zustimmung zur Kündigung zu erkennen, dass er im Hinblick auf den konkreten Vorgang keine Rechtsfolgen an die Verletzung des zwischen dem ArbGeb und dem BR bestehenden Betriebsverhältnisses knüpfen will; dann kann der ArbGeb dem ArbN in Anwendung des Rechtsgedankens des § 334 BGB entgegenhalten[5]. 111

Der Schutz des ArbN vor einer rechtswidrigen Videoüberwachung verlangt nicht in jedem Fall, auch solche unstreitigen Tatsachen außer Acht zu lassen, die dem ArbGeb nicht unmittelbar durch die Videoaufzeichnung, sondern durch Auswertung einer ihm unabhängig hiervon zur Verfügung stehenden, ohne Rechtsverstoß gewonnenen Informationsquelle (zB Kassenstreifen, Erklärungen des ArbN im Personalgespräch) zur Verfügung stehen[6]. Werden dem ArbN ohne Zustimmung des BR erstellte Videoaufnahmen im Rahmen einer Anhörung zur Verdachtskündigung teilweise vorgespielt und legt er daraufhin ein **Geständnis** ab, ist das Geständnis im Prozess verwertbar unabhängig davon, ob das Video selbst einem Beweisverwertungsverbot unterliegt oder nicht. Das gilt jedenfalls, wenn das Geständnis über die vorgespielten Sequenzen hinausgeht. Die **Theorie der „Frucht des verbotenen Baumes"**, welche die Verwertung von Beweisen untersagt, die aus nicht verwertbaren Beweisen hervorgehen, ist **weder im Straf- noch im Zivilprozessrecht anwendbar**[7]. Räumt der ArbN im Kündigungsschutzprozess die den dringenden Verdacht begründende Handlung ein oder stellt er sie unstreitig (zB indem er behauptet, die am Arbeitsplatz trotz Verzehrverbots konsumierten Lebensmittel gehörten ihm und nicht dem ArbGeb), ist eine Verdachtskündigung unabhängig von der Verwertbarkeit des Videos und des Geständnisses bereits auf Grund des unstreitigen Sachverhalts wirksam[8]. In der Praxis ist es für den betroffenen ArbN am besten, zu den auf Video festgehaltenen Handlungen überhaupt nichts zu sagen. Dies gilt auch im Prozess; dort kann er sich schlicht auf die Rechtswidrigkeit der zu Grunde liegenden Informationsgewinnung und ein etwaiges daraus folgendes Beweisverwertungsverbot berufen, ohne dass dadurch die Rechtsfolgen des § 138 III ZPO eintreten[9]. 112

3 Weitere Begriffsbestimmungen
(1)–(10) (…)

(11) Beschäftigte sind:
1. Arbeitnehmerinnen und Arbeitnehmer,
2. zu ihrer Berufsbildung Beschäftigte,
3. Teilnehmerinnen und Teilnehmer an Leistungen zur Teilhabe am Arbeitsleben sowie an Abklärungen der beruflichen Eignung oder Arbeitserprobung (Rehabilitandinnen und Rehabilitanden),
4. in anerkannten Werkstätten für behinderte Menschen Beschäftigte,
5. nach dem Jugendfreiwilligendienstegesetz Beschäftigte,
6. Personen, die wegen ihrer wirtschaftlichen Unselbständigkeit als arbeitnehmerähnliche Personen anzusehen sind; zu diesen gehören auch die in Heimarbeit Beschäftigten und die ihnen Gleichgestellten,

---

1 BAG 13.12.2007 – 2 AZR 537/06, NZA 2008, 1008 (1010f.) zur Taschenkontrolle; LAG Hamm 15.7.2011 – 10 Sa 1781/10; LAG Hess. 24.11.2010 – 8 Sa 491/10, NZA-RR 2011, 294; LAG Köln 28.12.2005 – 9 Ta 361/05, NZA-RR 2006, 434 (436); *Altenburg/Leister*, NJW 2006, 469; *Grosjean*, DB 2003, 2650 (2653f.); *Otto*, Anm. BAG, AP Nr. 36 zu § 87 BetrVG 1972 Überwachung; *Rhotert*, BB 1999, 1378f.; *Schlewing*, NZA 2004, 1071 (1072ff.). ‖2 LAG Köln 28.12.2005 – 9 Ta 361/05, NZA-RR 2006, 434 (436). ‖3 Vgl. BVerfG 19.12.1991 – 1 BvR 382/85, NJW 1992, 815f.; 31.7.2001 – 1 BvR 304/01, NZA 2002, 284f.; BAG 13.12.2007 – 2 AZR 537/06, NZA 2008, 1008 (1010f.); 15.8.2002 – 2 AZR 214/01, NZA 2003, 432 (434). ‖4 BAG 27.3.2003 – 2 AZR 51/02, NZA 2003, 1193 (LS 3); *Fitting*, § 87 BetrVG Rz. 256. ‖5 Vgl. *v. Hoyningen-Huene*, FS Wiese, 1998, S. 175 (188). ‖6 BAG 16.12.2010 – 2 AZR 485/08, NZA 2011, 571 (574). ‖7 ArbG Frankfurt/M 24.5.2005 – 12 Ca 9124/04; 21.6.2005 – 12 Ca 9681/04; *Grimm/Schiefer*, RdA 2009, 329 (342); *Kort*, NZA 2012, 1321 (1326); vgl. auch BAG 20.8.1997 – 2 AZR 620/96, AP Nr. 27 zu § 626 BGB Verdacht strafbarer Handlung. ‖8 LAG Hess. 26.5.2006 – 10 Sa 1632/05; 7.7.2006 – 10/7 Sa 1296/05; ausf. zur Verdachtskündigung *Lembke*, RdA 2013, 82. ‖9 Vgl. BAG 16.12.2010 – 2 AZR 485/08, NZA 2011, 571 (574).

7. Bewerberinnen und Bewerber für ein Beschäftigungsverhältnis sowie Personen, deren Beschäftigungsverhältnis beendet ist,
8. Beamtinnen, Beamte, Richterinnen und Richter des Bundes, Soldatinnen und Soldaten sowie Zivildienstleistende.

Dazu Vorb. Rz. 17.

4f Beauftragter für den Datenschutz

(1) Öffentliche und nicht-öffentliche Stellen, die personenbezogene Daten automatisiert verarbeiten, haben einen Beauftragten für den Datenschutz schriftlich zu bestellen. Nicht-öffentliche Stellen sind hierzu spätestens innerhalb eines Monats nach Aufnahme ihrer Tätigkeit verpflichtet. Das Gleiche gilt, wenn personenbezogene Daten auf andere Weise erhoben, verarbeitet oder genutzt werden und damit in der Regel mindestens 20 Personen beschäftigt sind. Die Sätze 1 und 2 gelten nicht für die nicht-öffentlichen Stellen, die in der Regel höchstens neun Personen ständig mit der automatisierten Verarbeitung personenbezogener Daten beschäftigen. Soweit auf Grund der Struktur einer öffentlichen Stelle erforderlich, genügt die Bestellung eines Beauftragten für den Datenschutz für mehrere Bereiche. Soweit nicht-öffentliche Stellen automatisierte Verarbeitungen vornehmen, die einer Vorabkontrolle unterliegen, oder personenbezogene Daten geschäftsmäßig zum Zweck der Übermittlung, der anonymisierten Übermittlung oder für Zwecke der Markt- oder Meinungsforschung automatisiert verarbeiten, haben sie unabhängig von der Anzahl der mit der automatisierten Verarbeitung beschäftigten Personen einen Beauftragten für den Datenschutz zu bestellen.

(2) Zum Beauftragten für den Datenschutz darf nur bestellt werden, wer die zur Erfüllung seiner Aufgaben erforderliche Fachkunde und Zuverlässigkeit besitzt. Das Maß der erforderlichen Fachkunde bestimmt sich insbesondere nach dem Umfang der Datenverarbeitung der verantwortlichen Stelle und dem Schutzbedarf der personenbezogenen Daten, die die verantwortliche Stelle erhebt oder verwendet. Zum Beauftragten für den Datenschutz kann auch eine Person außerhalb der verantwortlichen Stelle bestellt werden; die Kontrolle erstreckt sich auch auf personenbezogene Daten, die einem Berufs- oder besonderen Amtsgeheimnis, insbesondere dem Steuergeheimnis nach § 30 der Abgabenordnung, unterliegen. Öffentliche Stellen können mit Zustimmung ihrer Aufsichtsbehörde einen Bediensteten aus einer anderen öffentlichen Stelle zum Beauftragten für den Datenschutz bestellen.

(3) Der Beauftragte für den Datenschutz ist dem Leiter der öffentlichen oder nicht-öffentlichen Stelle unmittelbar zu unterstellen. Er ist in Ausübung seiner Fachkunde auf dem Gebiet des Datenschutzes weisungsfrei. Er darf wegen der Erfüllung seiner Aufgaben nicht benachteiligt werden. Die Bestellung zum Beauftragten für den Datenschutz kann in entsprechender Anwendung von § 626 des Bürgerlichen Gesetzbuchs, bei nicht-öffentlichen Stellen auch auf Verlangen der Aufsichtsbehörde, widerrufen werden. Ist nach Absatz 1 ein Beauftragter für den Datenschutz zu bestellen, so ist die Kündigung des Arbeitsverhältnisses unzulässig, es sei denn, dass Tatsachen vorliegen, welche die verantwortliche Stelle zur Kündigung aus wichtigem Grund ohne Einhaltung einer Kündigungsfrist berechtigen. Nach der Abberufung als Beauftragter für den Datenschutz ist die Kündigung innerhalb eines Jahres nach der Beendigung der Bestellung unzulässig, es sei denn, dass die verantwortliche Stelle zur Kündigung aus wichtigem Grund ohne Einhaltung einer Kündigungsfrist berechtigt ist. Zur Erhaltung der zur Erfüllung seiner Aufgaben erforderlichen Fachkunde hat die verantwortliche Stelle dem Beauftragten für den Datenschutz die Teilnahme an Fort- und Weiterbildungsveranstaltungen zu ermöglichen und deren Kosten zu übernehmen.

(4) Der Beauftragte für den Datenschutz ist zur Verschwiegenheit über die Identität des Betroffenen sowie über Umstände, die Rückschlüsse auf den Betroffenen zulassen, verpflichtet, soweit er nicht davon durch den Betroffenen befreit wird.

(4a) Soweit der Beauftragte für den Datenschutz bei seiner Tätigkeit Kenntnis von Daten erhält, für die dem Leiter oder einer bei der öffentlichen oder nichtöffentlichen Stelle beschäftigten Person aus beruflichen Gründen ein Zeugnisverweigerungsrecht zusteht, steht dieses Recht auch dem Beauftragten für den Datenschutz und dessen Hilfspersonal zu. Über die Ausübung dieses Rechts entscheidet die Person, der das Zeugnisverweigerungsrecht aus beruflichen Gründen zusteht, es sei denn, dass diese Entscheidung in absehbarer Zeit nicht herbeigeführt werden kann. Soweit das Zeugnisverweigerungsrecht des Beauftragten für den Datenschutz reicht, unterliegen seine Akten und andere Schriftstücke einem Beschlagnahmeverbot.

(5) Die öffentlichen und nicht-öffentlichen Stellen haben den Beauftragten für den Datenschutz bei der Erfüllung seiner Aufgaben zu unterstützen und ihm insbesondere, soweit dies zur Erfüllung seiner Aufgaben erforderlich ist, Hilfspersonal sowie Räume, Einrichtungen, Geräte und Mittel zur Verfügung zu stellen. Betroffene können sich jederzeit an den Beauftragten für den Datenschutz wenden.

§ 4g Aufgaben des Beauftragten für den Datenschutz

(1) Der Beauftragte für den Datenschutz wirkt auf die Einhaltung dieses Gesetzes und anderer Vorschriften über den Datenschutz hin. Zu diesem Zweck kann sich der Beauftragte für den Datenschutz in Zweifelsfällen an die für die Datenschutzkontrolle bei der verantwortlichen Stelle zuständige Behörde wenden. Er kann die Beratung nach § 38 Abs. 1 Satz 2 in Anspruch nehmen. Er hat insbesondere

1. die ordnungsgemäße Anwendung der Datenverarbeitungsprogramme, mit deren Hilfe personenbezogene Daten verarbeitet werden sollen, zu überwachen; zu diesem Zweck ist er über Vorhaben der automatisierten Verarbeitung personenbezogener Daten rechtzeitig zu unterrichten,
2. die bei der Verarbeitung personenbezogener Daten tätigen Personen durch geeignete Maßnahmen mit den Vorschriften dieses Gesetzes sowie anderen Vorschriften über den Datenschutz und mit den jeweiligen besonderen Erfordernissen des Datenschutzes vertraut zu machen.

(2) Dem Beauftragten für den Datenschutz ist von der verantwortlichen Stelle eine Übersicht über die in § 4e Satz 1 genannten Angaben sowie über zugriffsberechtigte Personen zur Verfügung zu stellen. Der Beauftragte für den Datenschutz macht die Angaben nach § 4e Satz 1 Nr. 1 bis 8 auf Antrag jedermann in geeigneter Weise verfügbar.

(2a) Soweit bei einer nicht-öffentlichen Stelle keine Verpflichtung zur Bestellung eines Beauftragten für den Datenschutz besteht, hat der Leiter der nicht-öffentlichen Stelle die Erfüllung der Aufgaben nach den Absätzen 1 und 2 in anderer Weise sicherzustellen.

(3) (...)

I. Bestellung eines Datenschutzbeauftragten . 1
1. Pflicht zur Bestellung 2
2. Person des Datenschutzbeauftragten 4
3. Beginn und Ende der Bestellung des Datenschutzbeauftragten 12
II. Aufgaben des Datenschutzbeauftragten . . 26

I. Bestellung eines Datenschutzbeauftragten. Der Datenschutzbeauftragte ist nach der Konzeption des BDSG ein **Instrument der Selbstkontrolle des Unternehmens**, die neben der Fremdkontrolle durch die Aufsichtsbehörde nach § 38 steht. Der Datenschutzbeauftragte ist der Geschäftsleitung unterstellt (§ 4f III 1) und quasi deren „verlängerter Arm". Er kann nicht etwa aus eigenem Recht dafür sorgen, dass im Unternehmen die Verpflichtungen aus dem BDSG beachtet werden, sondern er kann insoweit nur beratend auf die Geschäftsleitung einwirken. Es ist allein deren Sache, Entscheidungen zur Gewährleistung des Datenschutzes zu treffen und erforderlichenfalls Verstöße abzustellen[1]. Nach der Neuregelung des § 4f mWv. 28.6.2006[2] wurde die Vorschrift zuletzt mWv. 1.9.2009 geändert (vgl. Vorb. Rz. 3) und ein Sonderkündigungsschutz (§ 4f III 5, 6) sowie ein Fort- und Weiterbildungsanspruch des Datenschutzbeauftragten (§ 4f III 7) normiert[3]. Durch diese Änderungen soll die Position des (internen) Datenschutzbeauftragten gestärkt werden[4]. 1

1. Pflicht zur Bestellung. Nach § 4f I haben privatwirtschaftl. Unternehmen einen Datenschutzbeauftragten innerhalb eines Monats nach Aufnahme ihrer Tätigkeit zu bestellen, wenn personenbezogene Daten 2

– automatisiert verarbeitet werden (§ 3 II 1) und „damit" ständig idR mindestens zehn Personen beschäftigt sind (§ 4f I 4),

– auf andere Weise erhoben, verarbeitet oder genutzt werden (vgl. § 3 II 2) und „damit" (einschl. Vor- und Nacharbeiten wie Lochen und Versenden von Ausdrucken)[5] idR mindestens 20 Personen beschäftigt sind (§ 4f I 3),

– so automatisiert verarbeitet werden, dass nach § 4d V, VI eine Vorabkontrolle erforderlich ist (§ 4f I 6 Alt. 1), oder

– geschäftsmäßig zum Zweck der (anonymisierten) Übermittlung verarbeitet werden (zB bei Auskunftei, Adresshandel, Markt- und Meinungsforschungsinstituten; § 4f I 6 Alt. 2).

Die Bestellungspflicht trifft jede Stelle iSd. § 2. Daher muss in einem Konzern jede Gesellschaft einen Datenschutzbeauftragten bestellen; ggf. ist Personalunion möglich[6]. Bestellt der ArbGeb vorsätzlich oder fahrlässig nicht einen geeigneten Datenschutzbeauftragten oder tut er dies nicht rechtzeitig, handelt er **ordnungswidrig** (§ 43 I Nr. 2). Besteht keine Verpflichtung zur Bestellung eines Datenschutzbeauftragten, hat die Geschäftsleitung die Einhaltung der Datenschutzbestimmungen zu gewährleisten und zu überwachen (§ 4g IIa). 3

2. Person des Datenschutzbeauftragten. a) Eignung. Zum Datenschutzbeauftragten darf nur bestellt werden, wer die zur Erfüllung seiner Aufgaben (§ 4g) erforderliche Fachkunde und Zuverlässigkeit besitzt (§ 4f II 1). An **Fachkunde** erforderlich sind in jedem Fall Grundkenntnisse des Datenschutzrechts, 4

---

[1] BAG 11.11.1997 – 1 ABR 21/97, NZA 1998, 385 (387f.). [2] Dazu Gola/Klug, NJW 2007, 118. [3] BGBl. I S. 2814. [4] BT-Drs. 16/12011, 30. [5] Gola/Schomerus, § 4f Rz. 13. [6] Reinhard, NZA 2013, 1049f.

Kenntnisse über Verfahren und Techniken der automatisierten Datenverarbeitung sowie über die betriebl. Gegebenheiten des jeweiligen Unternehmens[1]. Je umfangreicher Daten verarbeitet werden und je sensibler die Daten sind, desto größer muss die – ggf. durch Schulungen oder Zertifikate nachzuweisende – Fachkunde sein (vgl. § 4f II 2). Der – mWv. 1.9.2009 eingefügte – § 4f III 7 sieht vor, dass der ArbGeb dem Datenschutzbeauftragten die Teilnahme an Fort- und Weiterbildungsveranstaltungen ermöglichen und die Kosten dafür übernehmen muss, soweit dies zur Erhaltung der zur Aufgabenerfüllung erforderlichen Fachkunde erforderlich ist. Der **Schulungsanspruch nach § 4f III 7** gilt nur für den **internen Datenschutzbeauftragen**, der ArbN der verantwortlichen Stelle ist (vgl. Rz. 7). Denn für selbständige externe Datenschutzbeauftragte bedarf es weder eines gesetzl. Schulungsanspruchs noch einer derartigen Kostentragungsregelung. Der Anspruch besteht im Rahmen der Erforderlichkeit. Insoweit können die zu § 37 VI BetrVG entwickelten Grundsätze mutatis mutandis herangezogen werden[2]. Die Kostentragungspflicht des ArbGeb umfasst die Pflicht zur Freistellung des internen Datenschutzbeauftragten von seiner beruflichen Tätigkeit ohne Minderung des Arbeitsentgelts, wenn er an einer erforderlichen Fortbildungsveranstaltung teilnehmen möchte (vgl. § 37 II BetrVG). Hinsichtlich der Erforderlichkeit der Schulung ist zu beachten, dass sich nach § 4f II 2 das Maß der erforderlichen Fachkunde insb. nach dem Umfang der Datenverarbeitung und dem Schutzbedarf der personenbezogenen Daten richtet, die die verantwortliche Stelle erhebt oder verwendet. Der Fortbildungsbedarf des Datenschutzbeauftragten variiert daher jenseits eines Grundbedarfs, der auch durch die stetige Fortentwicklung von Recht und Technik hervorgerufen wird[3].

5 Die Feststellung der **Zuverlässigkeit** erfordert eine Prognose, ob die betreffende Person als Datenschutzbeauftragter künftig die gesetzl. Vorschriften beachten wird. Diese Prognose muss auf gegenwärtige oder in der Vergangenheit liegende Tatsachen gestützt werden, wobei länger zurückliegende Tatsachen uU kein erhebliches Gewicht mehr haben. An der Zuverlässigkeit kann es daher fehlen, wenn der Datenschutzbeauftragte bereits schuldhaft in nicht unerheblicher Weise gegen das Datenschutzrecht verstoßen hat. Zur Zuverlässigkeit gehört auch, dass der Datenschutzbeauftragte frei ist von anderen Aufgaben, die mit seiner Kontrollfunktion nicht zu vereinbaren sind und die ihn deshalb in **Interessenkonflikte** bringen könnten[4]. An der Zuverlässigkeit fehlt es daher, wenn er eine Position innehat, in der er sich selbst kontrollieren müsste (zB als EDV-Leiter, Vertriebsleiter, Personalleiter, Geschäftsführer, Vorstand, Leiter der verantwortlichen Stelle)[5]. Das Amt als **BR** ist auf Grund der damit verbundenen Überwachungspflichten (vgl. § 80 I Nr. 1 BetrVG), bei denen nicht zwingend nur datenschutzspezifische, sondern auch andere – zB unternehmerische (vgl. § 2 I BetrVG) – Interessen zu berücksichtigen sind, mit der Stellung des Datenschutzbeauftragten nicht kompatibel[6]. Bedenken gegen die Zuverlässigkeit können sich auch im Falle drohender Interessenskonflikte ergeben, die mit der Kontrollfunktion des Datenschutzbeauftragten unvereinbar sind[7].

6 Fehlt es an der erforderlichen Fachkunde und Zuverlässigkeit, kann der **BR seine Zustimmung zur Einstellung oder Versetzung** eines Mitarbeiters auf den Arbeitsplatz als Datenschutzbeauftragter nach § 99 II Nr. 1 BetrVG **verweigern**[8] (vgl. Rz. 17). Dasselbe gilt, wenn die von einem internen Datenschutzbeauftragten neben der Datenschutzaufgabe wahrgenommene Tätigkeit im Wege der Versetzung so geändert werden soll, dass das Amt des Datenschutzbeauftragten mit der neuen Tätigkeit nicht mehr kompatibel ist[9]. Andernfalls könnte der ArbGeb der Kontrolle des BR ohne Weiteres ausweichen, indem er dem ArbN neben der Funktion des Datenschutzbeauftragten zunächst eine kompatible Teiltätigkeit übertrüge und diese später – nachdem der BR der Einstellung/Versetzung zugestimmt hat – gegen eine nichtkompatible Teiltätigkeit auswechsle. Handelt es sich beim Datenschutzbeauftragten allerdings um einen leitenden Angestellten (§ 5 III BetrVG) oder um einen externen Beauftragten, der nicht in den Betrieb eingegliedert wird, besteht kein Zustimmungsverweigerungsrecht[10].

7 **b) Interner und externer Datenschutzbeauftragter.** Möglich ist die Bestellung eines beim ArbGeb beschäftigten „internen" Datenschutzbeauftragten (zB eines Mitarbeiters der Revisions-, Rechts- oder Organisationsabteilung)[11] oder eines „externen" Datenschutzbeauftragten auf Grundlage eines entsprechenden Dienst- bzw. Geschäftsbesorgungsvertrags (vgl. § 4f II 3). Im Hinblick auf den besonderen Kündigungsschutz des internen Datenschutzbeauftragten (unten Rz. 24) wird die Bestellung eines Externen aus Sicht des ArbGeb häufig vorzugswürdig sein. § 4f II 3 und IVa stellen klar, dass auch einer besonderen Schweigepflicht unterliegende Berufe einen externen Datenschutzbeauftragten bestellen können, für den ebenfalls die Zeugnisverweigerungsrechte und die Strafandrohung (§ 203 IIa StGB) gelten[12].

---

1 AnwK-ArbR/*Gola*, § 4f BDSG Rz. 5; DFL/*Scholz*, § 4f BDSG Rz. 6. ||2 Vgl. BT-Drs. 16/12011, 30; näher *Däubler*, DuD 2010, 20 (22). ||3 BT-Drs. 16/12011, 30. ||4 BAG 23.3.2011 – 10 AZR 562/09, NZA 2011, 1036 (1038), Rz. 24; 22.3.1994 – 1 ABR 51/93, NZA 1994, 1049 (1052). ||5 DFL/*Scholz*, § 4f BDSG Rz. 7; ErfK/*Franzen*, § 4f BDSG Rz. 4; *Wybitul*, BB 2011, 2686. ||6 *Dzida/Kröpelin*, NZA 2011, 1018 (1019); *Franzen*, Anm. zu BAG, AP § 4f BDSG Nr. 3; *Simitis*, § 4f Rz. 108; *Wybitul*, BB 2011, 2686; aA BAG 23.3.2011 – 10 AZR 562/09, NZA 2011, 1036 (1038), Rz. 25; *Däubler*, Gläserne Belegschaften, § 12 Rz. 596; *Gola/Schomerus*, § 4f Rz. 28; Plath/*v.d. Bussche*, § 4f Rz. 34. ||7 BAG 22.3.1994 – 1 ABR 51/93, NZA 1994, 1049. ||8 BAG 22.3.1994 – 1 ABR 51/93, NZA 1994, 1049 (1050f.); *Däubler*, DuD 2010, 20 (21). ||9 BAG 22.3.1994 – 1 ABR 51/93, NZA 1994, 1049 (1051f.). ||10 BAG 11.11.1997 – 1 ABR 21/97, NZA 1998, 385 (387). ||11 So die Empfehlung von AnwK-ArbR/*Gola*, § 4f BDSG Rz. 6. ||12 AnwK-ArbR/*Gola*, § 4f BDSG Rz. 8.

c) **Stellung des Datenschutzbeauftragten.** Nach § 4f III 1 ist der Datenschutzbeauftragte **unmittelbar** **8** **der Geschäftsleitung zu unterstellen.** Praktische Bedeutung hat diese rein funktionsbezogene Unterstellung nur hinsichtlich des **internen** Datenschutzbeauftragten. Er erhält ein direktes Vortragsrecht in datenschutzrechtl. Angelegenheiten und muss den üblichen Dienstweg nicht einhalten.

Der (interne) Datenschutzbeauftragte ist nach § 4f III 2 **in fachlicher Hinsicht weisungsfrei.** Weisungen **9** des ArbGeb bezogen auf die Kontroll- und Beratungstätigkeit des Datenschutzbeauftragten sind daher unwirksam. Allerdings übt der ArbGeb die allg. Dienstaufsicht aus und überwacht die ordnungsgemäße Amtsausübung durch den Datenschutzbeauftragen. Der ArbGeb kann auf Grund seiner Verantwortung für die Durchführung des BDSG dem Datenschutzbeauftragten auch Prüfaufträge erteilen[1].

Nach § 4f III 3 darf der (interne) Datenschutzbeauftragte wegen der Erfüllung seiner Aufgaben **nicht** **10** **benachteiligt** werden. Dies ist eine besondere Ausformung des allg. Maßregelungsverbots (§ 612a BGB). Verstößt der ArbGeb gegen das Benachteiligungsverbot, ist die benachteiligende Maßnahme (zB Abmahnung, Kündigung) unwirksam (§ 134 BGB).

d) **Unterstützung und Ausstattung.** Gem. § 4f V 1 ist der **ArbGeb verpflichtet,** den Datenschutzbeauf- **11** tragten bei der Erfüllung seiner Aufgaben zu unterstützen und ihn insb. mit den erforderlichen personellen, sachlichen und finanziellen Mitteln auszustatten. Ferner muss er ihn rechtzeitig über neue Vorhaben der automatisierten Verarbeitung personenbezogener Daten unterrichten (§ 4g I 4 Nr. 1 Hs. 2) und ihm eine Übersicht über die Verfahren (§ 4e S. 1) und die zugriffsberechtigten Personen zur Verfügung stellen (§ 4g II 1).

3. Beginn und Ende der Bestellung des Datenschutzbeauftragten. a) Bestellung und Grundverhält- **12** **nis.** Die Bestellung zum Datenschutzbeauftragten begründet das Amtsverhältnis und löst die gesetzl. Pflichten und Aufgaben des Datenschutzbeauftragten nach §§ 4f und 4g aus. Davon zu unterscheiden ist – wie bei der Organperson einer Gesellschaft (zB GmbH-Geschäftsführer, AG-Vorstand) – das zugrunde liegende schuldrechtl. Rechtsverhältnis, aus dem die Verpflichtung zum Tätigwerden sowie die Vergütungsansprüche ggü. dem Unternehmer erwachsen (**Trennungstheorie**)[2]. Mängel in der Bestellung wirken sich grds. nicht auf das zugrunde liegende Schuldverhältnis aus. Umgekehrt fällt die Bestellung nicht automatisch weg, wenn die schuldrechtl. Grundlage fehlt oder entfällt. Das BAG folgt im Ansatz ebenfalls der Trennungstheorie, hält sie allerdings – in wenig überzeugender Weise – nicht vollständig durch (vgl. Rz. 21). Die Trennungstheorie wurde durch Einführung des § 4f III 6 vom Gesetzgeber bestätigt.

Obwohl die Bestellung nur aus einem wichtigen Grund analog § 626 BGB widerrufen werden kann **13** (§ 4f III 4), ist eine **Befristung der Bestellung** möglich[3]. Dies folgt schon aus dem Wortlaut des entsprechend anwendbaren § 626 I BGB („wenn ... die Fortsetzung ... bis zu der vereinbarten Beendigung ... nicht zugemutet werden kann").

Bei **externen** Datenschutzbeauftragten liegt der Bestellung meist ein Dienst- oder Geschäftsbesor- **14** gungsvertrag zugrunde und bei **internen** Datenschutzbeauftragten der Arbeitsvertrag[4]. Wird dem ArbN das Amt des (internen) Datenschutzbeauftragten übertragen, ist zu überprüfen, ob der etwa bereits vorhandene Arbeitsvertrag diese Tätigkeit mit abdeckt, so dass die Tätigkeit dem ArbN – ggf. neben anderen Aufgaben – einseitig kraft Direktionsrecht vom ArbGeb zugewiesen werden kann, oder ob eine einvernehmliche Änderung bzw. Ergänzung des Arbeitsvertrags (oder eine Änderungskündigung) erforderlich ist. Wird ein ArbN von seinem ArbGeb mit seiner Zustimmung zum Beauftragten für den Datenschutz bestellt, ändert sich damit regelmäßig der Inhalt des Arbeitsvertrags. Die Aufgabe des Datenschutzbeauftragten wird zur zusätzlichen Arbeitsaufgabe. Die Beauftragung ist ohne eine solche Vertragsänderung regelmäßig nicht vom Direktionsrecht des ArbGeb umfasst[5].

Geht das ArbVerh des internen Datenschutzbeauftragten im Rahmen eines **Betriebs(teil)übergangs** – **15** der auch im Zusammenhang mit einer Verschmelzung oder Spaltung stattfinden kann (§ 324 UmwG) – gem. § 613a I 1 BGB auf einen neuen ArbGeb über, fällt die – vom ArbVerh zu trennende – Stellung als Datenschutzbeauftragter automatisch weg[6]. Auf Grund der arbeitsvertragl. Vereinbarung ist der ArbN

---

1 BAG 13.3.2007 – 9 AZR 612/05, NZA 2007, 563 (564), Rz. 23; 11.11.1997 – 1 ABR 21/97, NZA 1998, 385 (388). ||2 *Gehlhaar*, NZA 2010, 373 (375ff.); *Lembke* in Thüsing/Laux/Lembke, KSchG, § 4f BDSG Rz. 8; im Ansatz ebenso BAG 23.3.2011 – 10 AZR 562/09, NZA 2011, 1036 (1038), Rz. 29; 29.9.2010 – 10 AZR 588/09, NZA 2011, 151, Rz. 11; 13.3.2007 – 9 AZR 612/05, NZA 2007, 563 (OS 1); 22.3.1994 – 1 ABR 51/93, NZA 1994, 1049 (1051); *Liedtke*, NZA 2005, 390 (391); explizit für den Abfallbeauftragten BAG 26.3.2009 – 2 AZR 633/07, NZA 2011, 166 (168), Rz. 20f. ||3 LAG Sachs. 19.6.2009 – 2 Sa 567/08, Rz. 53; *Dzida/Kröpelin*, NZA 2011, 1018 (1021); *Simitis*, § 4f Rz. 61; Taeger/Gabel/*Scheja*, § 4f Rz. 39; Plath/*v.d. Bussche*, § 4f Rz. 19; diff. DFL/*Scholz*, § 4f Rz. 12; *Reinhard*, NZA 2013, 1049 (1054): Mindestbestellungsdauer von zwei Jahren; aA *Gola/Schomerus*, § 4f Rz. 32. ||4 BAG 13.3.2007 – 9 AZR 612/05, NZA 2007, 563 (564 Rz. 23). ||5 BAG 23.3.2011 – 10 AZR 562/09, NZA 2011, 1036 (1038), Rz. 29; 29.9.2010 – 10 AZR 588/09, NZA 2011, 151, Rz. 12; 13.3.2007 – 9 AZR 612/05, NZA 2007, 563 (LS 1). ||6 ArbG Cottbus 14.2.2013 – 3 Ca 1043/12; dazu *Ehmann*, jurisPR-ArbR 17/2013 Anm. 2; ebenso für den Datenschutzbeauftragten des übertragenden Rechtsträgers bei Verschmelzung BAG 29.9.2010 – 10 AZR 588/09, NZA 2011, 151 (152), Rz. 23 und LS 2; *Schaffland/Wiltfang*, § 4f Rz. 65i; *Simitis*, § 4f Rz. 200; Taeger/Gabel/*Scheja*, § 4f Rz. 56.

vom Erwerber aber wieder zum Datenschutzbeauftragten zu bestellen, es sei denn, der Erwerber hat bereits einen Datenschutzbeauftragten bestellt. Dann liegt ein wichtiger Grund für die Nichtbestellung des übergegangenen ArbN vor (§ 4f III 4 analog)[1]. Der Arbeitsvertrag als Grundverhältnis kann durch außerordentl. Änderungskündigung bzw. Teilkündigung dahingehend angepasst werden, dass der ArbN nicht mehr schuldrechtl. verpflichtet ist, die Aufgaben des Datenschutzbeauftragten wahrzunehmen, es sei denn, die arbeitsvertragl. Aufgabenzuweisung ist befristet auf die Dauer der Bestellung zum Datenschutzbeauftragten (näher Rz. 20 f.).

16 **b) Schriftform.** Der Unternehmer hat den internen oder externen Datenschutzbeauftragten schriftlich zu bestellen (§ 4f I 1). Die Schriftform des § 126 BGB ist also einzuhalten, ansonsten ist der Bestellungsakt nichtig (§ 125 S. 1 BGB). Obwohl die Bestellung ein einseitiges Rechtsgeschäft privatrechtlicher Natur ist, bedarf sie der Zustimmung der bestellten Person. Erst mit Annahme der Bestellung wird diese wirksam[2]. Die Bestellung kann auch im schriftlichen Arbeitsvertrag enthalten sein[3].

17 **c) Mitbestimmung des BR.** Der Datenschutzbeauftragte wird vom ArbGeb ausgewählt und bestellt. Der Bestellungsakt als solcher unterliegt – anders als zB bei der Bestellung und Abberufung angestellter Betriebsärzte oder Fachkräfte für Arbeitssicherheit nach § 9 III ASiG – nicht der Mitbest. des BR. Allerdings kann der BR im Hinblick auf die Übertragung der Aufgaben eines internen Datenschutzbeauftragten an einen (nicht leitenden) Mitarbeiter seine Zustimmung zur Einstellung oder Versetzung nach § 99 II Nr. 1 BetrVG verweigern, wenn dem Mitarbeiter die erforderliche Fachkunde oder Zuverlässigkeit fehlen (oben Rz. 6)[4].

18 **d) Widerruf der Bestellung.** Die Bestellung des externen oder internen Datenschutzbeauftragten kann nur widerrufen werden, wenn die **Aufsichtsbehörde** dies **verlangt** (§ 38 V 3) **oder** ein **wichtiger Grund für den Widerruf iSd. § 626 BGB** gegeben ist (§ 4f III 4). Dadurch soll die unabhängige Stellung des Datenschutzbeauftragten, sein Amt weisungsfrei ausüben zu können und wegen der Erfüllung seiner Aufgaben nicht beeinträchtigt zu werden, abgesichert werden[5]. Ein wichtiger Grund liegt vor, wenn es dem ArbGeb unter Berücksichtigung aller Umstände des Einzelfalles und unter Abwägung der Interessen beider Vertragsteile nicht zugemutet werden kann, die als Datenschutzbeauftragter bestellte Person bis zum Ablauf der ordentlichen Kündigungsfrist des Grundverhältnisses oder bis zur vereinbarten Beendigung der Bestellung weiter als Datenschutzbeauftragten zu beschäftigen (vgl. § 626 I BGB)[6]. Als wichtige Gründe kommen insb. solche in Betracht, die mit der Funktion und Tätigkeit des Datenschutzbeauftragten zusammenhängen und eine weitere Ausübung dieser Tätigkeit unmöglich machen oder sie zumindest erheblich gefährden. Ein solcher wichtiger Grund ist zB gegeben, wenn der Datenschutzbeauftragte seine Pflichten und Aufgaben in grober Weise verletzt, so dass eine Fortführung des Amtes durch die betreffende Person für den Unternehmer nicht mehr weiter zumutbar ist (zB Unterlassen jeglicher Kontrollen über längeren Zeitraum, Verstoß gegen Verschwiegenheitspflicht, Geheimnisverrat)[7]. Nach dem BAG kann auch die wirksame Beendigung des zu Grunde liegenden Arb-Verh ein wichtiger Grund für den Widerruf der Bestellung eines internen Beauftragten für den Datenschutz sein[8]. Ein wichtiger Grund ist auch dann anzunehmen, wenn der Datenschutzbeauftragte die gesetzl. Voraussetzungen der Fachkunde oder Zuverlässigkeit nicht (mehr) erfüllt[9] (zB wenn er zum EDV-Leiter ernannt wird; vgl. Rz. 5). Das ergibt sich aus der gesetzl. Wertung der §§ 4f II 1, 38 V 3. Fallen die gesetzl. Voraussetzungen für die Pflicht zur Bestellung eines Datenschutzbeauftragten für das Unternehmen weg (zB wegen Veränderung der ArbN-Zahlen), besteht ebenfalls ein wichtiger Grund für den Widerruf der Bestellung und die außerordentliche (Teil-)Kündigung des Grundverhältnisses[10]. Wirtschaftliche oder betriebsorganisatorische Gründe können nur im Ausnahmefall den Widerruf der Bestellung eines Datenschutzbeauftragten begründen, zB im Falle der Betriebsschließung oder wenn die Kostenersparnis bei Beauftragung einer anderen Person zur Abwendung einer betrieblichen Notsituation dringend erforderlich ist[11]. Die Organisationsentscheidung der nicht-öffentl. Stelle (ArbGeb), den bisherigen intern bestellten Beauftragten für den Datenschutz durch einen externen Datenschutzbeauftragten zu ersetzen, ist hingegen kein wichtiger Grund iSv. § 4f III 4[12].

19 Obwohl das Gesetz keine Form für den Widerruf vorsieht, ist anzunehmen, dass der Widerruf als actus contrarius zur Bestellung ebenfalls der **Schriftform** unterliegt[13]. In formeller Hinsicht ist außerdem die **zweiwöchige Erklärungsfrist** ab Kenntnis der widerrufsberechtigten Person von dem wichtigem Grund (§ 4f III 4 iVm. § 626 II BGB) zu beachten[14]. Die Abberufung, dh. der Widerruf der Bestellung, beendet das Amt, ohne dass es der Zustimmung des Beauftragten bedarf[15].

---

1 So wohl auch Küttner/*Griese*, Betriebsbeauftragte Rz. 26; nur im Erg. ebenso *Liedtke*, NZA 2005, 390 (391). ‖2 Vgl. BAG 26.3.2009 – 2 AZR 633/07, NZA 2011, 166 (168), Rz. 20; unklar *Gola/Schomerus*, § 4f Rz. 30f. ‖3 BAG 26.3.2009 – 2 AZR 633/07, NZA 2011, 166 (168), Rz. 21.   ‖4 BAG 11.11.1997 – 1 ABR 21/97, NZA 1998, 385 (387); 22.3.1994 – 1 ABR 51/93, NZA 1994, 1049.   ‖5 BAG 23.3.2011 – 10 AZR 562/09, NZA 2011, 1036 (1037), Rz. 14.   ‖6 *Simitis*, § 4f Rz. 183.   ‖7 BAG 23.3.2011 – 10 AZR 562/09, NZA 2011, 1036 (1037), Rz. 15. ‖8 BAG 23.3.2011 – 10 AZR 562/09, NZA 2011, 1036 (1037), Rz. 15.   ‖9 BAG 23.3.2011 – 10 AZR 562/09, NZA 2011, 1036 (1038), Rz. 24.   ‖10 ErfK/*Franzen*, § 4f BDSG Rz. 6.   ‖11 BAG 23.3.2011 – 10 AZR 562/09, NZA 2011, 1036 (1037f.), Rz. 21.   ‖12 BAG 23.3.2011 – 10 AZR 562/09, NZA 2011, 1036 (1037), Rz. 18f. und OS 2. ‖13 *Simitis*, § 4f Rz. 199; aA *Gola/Schomerus*, § 4f Rz. 43.   ‖14 *Simitis*, § 4f Rz. 197.   ‖15 Vgl. BAG 22.7.1992 – 2 AZR 85/92, NZA 1993, 557 (558) zum Immissionsschutzbeauftragten.

Wird die Bestellung wirksam widerrufen, ist zugleich die aus dem schuldrechtl. **Grundverhältnis** (vgl. 20
Rz. 14) folgende Verpflichtung, die Aufgaben des Datenschutzbeauftragten wahrzunehmen, zu **beenden** (zB durch außerordentl. Änderungs- oder Beendigungskündigung, Änderungs- oder Aufhebungsvereinbarung; hingegen ist der arbeitsvertragl. Vorbehalt einer Teilkündigung nicht ohne Weiteres möglich[1]). Soll bei einem internen Datenschutzbeauftragten nur die zusätzliche Aufgabe als Datenschutzbeauftragter beendet werden, das ArbVerh hingegen fortbestehen, ist nach Auffassung des BAG eine **außerordentl. Teilkündigung** auszusprechen[2], es sei denn, die zugrunde liegenden Vereinbarungen sind als eine (Teil-)Befristung der Arbeitsvertragsänderung über die zusätzlichen Aufgaben als Datenschutzbeauftragter auszulegen mit der Folge, dass mit dem Wegfall des Amtes auch automatisch die entsprechenden arbeitsvertragl. Rechte und Pflichten enden[3] (Rz. 21).

Die Bestellung kann wirksam widerrufen werden, ohne dass im selben Rechtsakt das Grundverhältnis 21
beendet oder das aus dem Grundverhältnis folgende schuldrechtl. Pflichtenprogramm angepasst wird.
Dies entspricht der im Gesetzeswortlaut angelegten **Trennungstheorie** (vgl. Rz. 12). **Demggü.** vertritt das BAG insoweit eine „Akzessorietät" zwischen Bestellung und Grundverhältnis. Schuldrechtl. Grundverhältnis und Bestellung seien unlösbar miteinander verknüpft. Nach Auffassung des **9. Senats** kann der Widerruf der Bestellung wirksam nur bei gleichzeitiger **Teilkündigung** der arbeitsvertragl. geschuldeten Sonderaufgabe erfolgen, wenn die Tätigkeit des (internen) Datenschutzbeauftragten zum arbeitsvertragl. Pflichtenkreis des ArbN gehört[4]. Demggü. verfolgt der **10. Senat** des BAG das Konzept der **Teilbefristung** von Arbeitsbedingungen bzw. der Zulässigkeit der Koppelung von Bestellung zum Datenschutzbeauftragten und Änderung des Arbeitsvertrags durch eine entsprechende Befristungsabrede in Bezug auf die Änderung des arbeitsvertragl. Pflichten. Werde ein ArbN **im bestehenden Arbeitsverhältnis** zum Datenschutzbeauftragten bestellt, liege darin regelmäßig das Angebot des ArbGeb, den Arbeitsvertrag um die mit dem Amt verbundenen Aufgaben für die Zeitspanne der Übertragung des Amtes nach Maßgabe der gesetzl. Bestimmungen zu erweitern. Nehme der ArbN das Angebot durch sein Einverständnis mit der Bestellung (konkludent) an, komme eine entsprechende befristete Änderungsvereinbarung zustande. Wenn die Bestellung nach § 4f III 4 widerrufen werde oder das Funktionsamt auf andere Weise entfalle, sei die Tätigkeit nicht mehr Bestandteil der vertraglich geschuldeten Leistung. Damit entfalle auch der entsprechende arbeitsvertragl. Beschäftigungsanspruch als Datenschutzbeauftragter[5]. Dem Ansatz des 9. Senats kann nicht gefolgt werden. Das Konzept der Teilkündigung ist im allg. Kündigungsrecht schon seit Langem überholt. Der Ansatz des 10. Senats zur „Teilbefristung" der Änderungsvereinbarung zum Arbeitsvertrag ist dogmatisch überzeugender, wenngleich die Vertragsauslegung in dem der Entscheidung v. 29.9.2010 zugrunde liegenden Fall als weitgehend erscheint. In der Praxis ist den Parteien zu raten, die Teilbefristung explizit und – aus Beweisgründen auch – schriftlich zu vereinbaren. Zu berücksichtigen ist, dass die Teilbefristung von Arbeitsbedingungen der AGB-Kontrolle nach §§ 305 ff. BGB unterliegt[6]. Dies ist insb. zu beachten, wenn nicht nur die Arbeitspflichten des ArbN befristet erweitert werden, sondern auch die Entgeltansprüche des ArbN befristet geändert werden[7]. Allerdings dürfte die Teilbefristung beim Datenschutzbeauftragten idR der Inhaltskontrolle (§ 307 I 1 BGB) standhalten, da sie eine Art „Zweckbefristung" darstellt, die sachlich gerechtfertigt ist. Endet das Amt – was durch das Unternehmen nur unter den besonderen Voraussetzungen des § 4f III 4 (wichtiger Grund oder Abberufungsverlangen der Aufsichtsbehörde) herbeigeführt werden kann –, fällt der Zweck der arbeitsvertragl. Pflichtenerweiterung weg und ist insoweit „erreicht".

Abgesehen vom Widerruf endet die Bestellung auch, wenn der Datenschutzbeauftragte sein **Amt** un- 22
ter Einhaltung der Schriftform **niederlegt**[8].

Hingegen endet die Bestellung zum Datenschutzbeauftragten nicht automatisch, wenn das Grund- 23
verhältnis wirksam beendet wird[9]. Dies folgt aus der Trennungstheorie (Rz. 12).

e) Besonderer Kündigungsschutz für interne Datenschutzbeauftragte. Bislang war hochumstritten, 24
ob das ArbVerh des internen Datenschutzbeauftragten für die Dauer seiner Bestellung (mittelbar) einem besonderen Kündigungsschutz unterliegt[10]. Den Streit, ob eine ordentliche Kündigung des ArbVerh des Datenschutzbeauftragen überhaupt oder zumindest aus nicht amtsbezogenen Gründen[11] möglich ist und inwieweit die Kündigung zur Beendigung des Amtes des Datenschutzbeauftragten führen würde, hat der Gesetzgeber durch die Einführung der S. 5 und 6 in § 4f III – mWv. 1.9.2009 (vgl. Rz. 1) –

---

1 Vgl. BAG 23.3.2011 – 10 AZR 562/09, NZA 2011, 1036 (1038), Rz. 30. ||2 BAG 13.3.2007 – 9 AZR 612/05, NZA 2007, 563, OS 3. ||3 BAG 29.9.2010 – 10 AZR 588/09, NZA 2011, 151 (152), Rz. 14 f. und LS 1. ||4 BAG 13.3. 2007 – 9 AZR 612/05, NZA 2007, 563 (565), Rz. 29, 35; zu Recht aA *Gehlhaar*, NZA 2010, 373 (375 f.). ||5 BAG 29.9.2010 – 10 AZR 588/09, NZA 2011, 151 (152), Rz. 14 f. und LS 1; 23.3.2011 – 10 AZR 562/09, NZA 2011, 1036 (1038), Rz. 29 f. und OS 4. ||6 BAG 27.7.2005 – 7 AZR 486/04, NZA 2006, 40; 8.8.2007 – 7 AZR 855/06, NZA 2008, 229. ||7 Zur Teilbefristung von Entgeltbestandteilen *Lembke*, NJW 2010, 321 (323). ||8 *Simitis*, § 4f Rz. 179 f.; vgl. auch BAG 22.7.1992 – 2 AZR 85/92, NZA 1993, 557, LS 1 zum Immissionsschutzbeauftragten. ||9 *Lembke* in Thüsing/Laux/Lembke, KSchG, § 4f BDSG Rz. 8; aA BT-Drs. 11/4306, 52; LAG Nds. 16.6.2003 – 8 Sa 1968/02, NZA-RR 2004, 354 (355); Taeger/Gabel/*Scheja*, § 4f Rz. 37; offen gelassen von BAG 13.3.2007 – 9 AZR 612/05, NZA 2007, 563 (565), Rz. 35. ||10 S. etwa *Ehrich*, NZA 1993, 248. ||11 So zB LAG Nds. 16.6.2003 – 8 Sa 1968/02, NZA-RR 2004, 354 f.; *Ehrich*, NZA 1993, 248 (252).

geklärt[1]. Das ArbVerh des internen (nicht des externen[2]) Datenschutzbeauftragten kann während des Bestehens der Bestellung sowie ein Jahr nach Abberufung des Datenschutzbeauftragten **nur aus wichtigem Grund** gem. § 626 BGB gekündigt werden (§ 4f III 5, 6)[3]. Der Abberufung ist der Fall der Amtsniederlegung durch den Datenschutzbeauftragten gleichzustellen, sofern sich der Datenschutzbeauftragte bei der Amtsniederlegung in einer Konfliktsituation befunden hat, die der Gesetzgeber zum Anlass der Einführung des nachwirkenden Kündigungsschutzes genommen hat; dies ist zB der Fall, wenn die Amtsniederlegung des Datenschutzbeauftragten durch ein Verhalten des ArbGeb veranlasst worden ist, etwa durch Kritik an seiner Amtsführung oder Behinderung in der Erfüllung seiner Aufgaben. Hingegen löst eine Amtsniederlegung jedenfalls dann nicht den nachwirkenden Kündigungsschutz aus, wenn sie nicht durch ein Verhalten des ArbGeb veranlasst worden, sondern allein von dem ArbN selbst ausgegangen ist[4]. Mit dem Ende der Bestellung endet aber nicht automatisch auch das zugrunde liegende ArbVerh (vgl. Rz. 12, 21); vielmehr hat der interne Datenschutzbeauftragte noch ein Jahr nachwirkenden Kündigungsschutz. Mit diesen Regelungen wollte der Gesetzgeber den Kündigungsschutz der Datenschutzbeauftragten an den Kündigungsschutz vergleichbarer Funktionsträger anpassen (vgl. § 21f II WHG; §§ 58 II, 58d BImSchG; § 60 III KrWG; § 15 I KSchG)[5]. Der besondere Kündigungsschutz des internen Datenschutzbeauftragten besteht allerdings nur, falls die verantwortliche Stelle nach § 4f verpflichtet ist, einen Datenschutzbeauftragten zu bestellen (§ 4f III 5), nicht hingegen, wenn sich der ArbGeb freiwillig dazu entscheidet, einen internen Datenschutzbeauftragten zu bestellen[6]. **Fällt die Pflicht zur Bestellung** des Datenschutzbeauftragten gem. § 4f I **nachträglich** nach dessen Bestellung weg, stellt dies einen wichtigen Grund zum Widerruf der Bestellung des internen Datenschutzbeauftragten (Rz. 18) sowie zur – ggf. erforderlichen – außerordentlichen Teil- bzw. Änderungskündigung des ArbVerh im Hinblick auf die insoweit bestehenden arbeitsrechtl. Rechte und Pflichten dar. Denn der ArbGeb soll nach dem Willen des Gesetzgebers im Fall des Nichtvorliegens der Bestellungsvoraussetzungen des § 4f I in der Entscheidung frei sein, ob er einen internen Datenschutzbeauftragten bestellt oder nicht[7]. IÜ gilt bei nachträglichem Wegfall der Bestellungspflicht und einer daraufhin erfolgten Abberufung des internen Datenschutzbeauftragten von seinem Amt der nachwirkende Kündigungsschutz nach § 4f III 6, dh. die Beendigung des ArbVerh insg. ist innerhalb eines Jahres nach der Beendigung der Bestellung nur aus wichtigem Grund gem. § 626 BGB zulässig und wirksam[8]. Dass der nachwirkende Kündigungsschutz des § 4f III 6 in diesem Fall eingreift, folgt einerseits aus seinem Wortlaut und andererseits aus dem Zweck, das ArbVerh des (obligatorischen) internen Datenschutzbeauftragten nach seiner Abberufung noch ein Jahr unter besonderen Bestandsschutz zu stellen, um arbeitgeberseitige Vergeltungsmaßnahmen möglichst auszuschließen.

25 Das Verbot des Ausspruchs einer ordentlichen Kündigung nach § 4f III 5, 6 gilt sowohl für die Beendigungs- als auch die Änderungskündigung sowie unabhängig vom Kündigungsgrund. Eine verbotswidrig ausgesprochene Kündigung ist nichtig (§ 134 BGB). Unberührt bleibt allerdings die Möglichkeit zum Abschluss eines **Aufhebungsvertrags** mit dem Datenschutzbeauftragten.

26 **II. Aufgaben des Datenschutzbeauftragten.** Nach § 4g I 1 hat der Datenschutzbeauftragte **bei der Geschäftsleitung auf die Einhaltung der datenschutzrechtl. Vorschriften hinzuwirken**. Zu diesem Zweck kann er sich in Zweifelsfällen an die Datenschutzbehörde wenden und sich beraten lassen (§ 4g I 2, 3 iVm. § 38 I 2). Dabei darf er freilich seine aus dem Arbeits- oder Dienstverhältnis folgenden Treuepflichten ggü. dem Unternehmen nicht außer Acht lassen. Nur in schwerwiegenden Ausnahmefällen haben die Treuepflichten zurückzutreten mit der Folge, dass der Datenschutzbeauftragte befugt ist, unternehmensinterne Vorgänge der Aufsichtsbehörde zu offenbaren und diese um Unterstützung zu bitten[9]. Zu seinen Aufgaben gehören insb. auch die **Überwachung der Datenverarbeitungsprogramme** (§ 4g I 4 Nr. 1) und die **Schulung** und Unterrichtung der bei der Verarbeitung personenbezogener Daten tätigen Personen **über Datenschutz** (Nr. 2). Hinsichtlich der Schulungen sind die MitbestR des BR (§§ 96–98 BetrVG) zu beachten. Der Datenschutzbeauftragte übernimmt kraft seiner gesetzl. vorgesehenen Funktion die Sonderverantwortlichkeit für die Integrität des von ihm übernommenen Verantwortungsbereichs und hat eine **Garantenstellung iSd. § 13 StGB** inne[10]. Daher kann er sich bei datenschutzbezogenen Straftaten des von ihm betreuten Unternehmens durch Unterlassen strafbar machen.

27 Das **Kontrollrecht** des Datenschutzbeauftragten **bezieht sich nicht auf die Tätigkeit des BR**. Dies wäre mit der vom BetrVG vorgeschriebenen Unabhängigkeit des BR vom ArbGeb unvereinbar[11].

---

1 BT-Drs. 16/12011, 30; dazu auch *Schwab/Ehrhard*, NZA 2009, 1118. ||2 *Gehlhaar*, NZA 2010, 373; *Lembke* in Thüsing/Laux/Lembke, KSchG, § 4f BDSG Rz. 23. ||3 Näher *Lembke* in Thüsing/Laux/Lembke, KSchG, § 4f BDSG Rz. 32ff. ||4 Vgl. BAG 22.7.1992 – 2 AZR 85/92, NZA 1993, 557 (559f.); 26.3.2009 – 2 AZR 633/07, NZA 2011, 166 (168), Rz. 34; aA *Däubler*, DuD 2010, 20 (23). ||5 BT-Drs. 16/12011, 30. ||6 BT-Drs. 16/12011, 30. ||7 BT-Drs. 16/12011, 30; *Lembke* in Thüsing/Laux/Lembke, KSchG, § 4f BDSG Rz. 27. ||8 *Lembke* in Thüsing/Laux/Lembke, KSchG, § 4f BDSG Rz. 27; aA wohl *Gehlhaar*, NZA 2010, 373 (375). ||9 Vgl. BAG 11.11.1997 – 1 ABR 21/97, NZA 1998, 385 (388). ||10 Vgl. BGH 17.7.2009 – 5 StR 394/08, NJW 2009, 3173 (3174), Rz. 24 m. Anm. *Campos Nave*, BB 2009, 2059; *Wybitul*, BB 2009, 2263 (2264); *Wybitul*, BB 2009, 2590 (2592); s.a. zum Compliance-Beauftragten *Meier*, NZA 2011, 779; *Dann/Mengel*, NJW 2010, 3265; *Zimmermann*, BB 2011, 634. ||11 BAG 11.11.1997 – 1 ABR 21/97, NZA 1998, 385 (387ff.).

Der Datenschutzbeauftragte ist ferner **jederzeitige Anlaufstelle** bzw. „Beschwerdestelle in Datenschutzangelegenheiten" für **Betroffene** iSd. § 3 I (§ 4f V 2). Er unterliegt der **Pflicht zur Verschwiegenheit** über die Identität des Betroffenen sowie über Umstände, die Rückschlüsse auf den Betroffenen zulassen, soweit er nicht vom Betroffenen davon befreit wird (§ 4f IV). 28

5 *Datengeheimnis*
Den bei der Datenverarbeitung beschäftigten Personen ist untersagt, personenbezogene Daten unbefugt zu erheben, zu verarbeiten oder zu nutzen (Datengeheimnis). Diese Personen sind, soweit sie bei nicht-öffentlichen Stellen beschäftigt werden, bei der Aufnahme ihrer Tätigkeit auf das Datengeheimnis zu verpflichten. Das Datengeheimnis besteht auch nach Beendigung ihrer Tätigkeit fort.

I. Bei der Datenverarbeitung beschäftigte Personen. § 5 betrifft nicht nur die Personen, die unmittelbar „mit" der Verarbeitung personenbezogener Daten beschäftigt sind, dh. deren Aufgabe eine der in § 3 IV genannten Tätigkeiten umfasst (zB Mitarbeiter der EDV-Abteilung, im Controlling, in der Buchhaltung etc.). Auf Grund des weiten Schutzzwecks von § 5 werden alle Personen erfasst, die im Rahmen ihrer Tätigkeit mit personenbezogenen Daten dauernd oder regelmäßig in der Weise in Verbindung kommen, dass sie diese zur Kenntnis nehmen, verarbeiten oder in sonstiger Weise verwenden können. Darunter können zB Boten, Schreibkräfte, Reinigungs- und Wartungspersonal fallen. Auch der interne Datenschutzbeauftragte und die BR[1] sind nach hM erfasst[2]. Angesprochen sind ferner Angehörige solcher Abteilungen, die durch fachliche Weisungen auf die Datenverarbeitung Einfluss nehmen[3]. 1

II. Pflicht zur Wahrung des Datengeheimnisses. S. 1 und 3 normieren die gesetzl. Pflicht der bei der Datenverarbeitung beschäftigten Personen, jegliche unbefugte Erhebung, Verarbeitung oder Nutzung personenbezogener Daten während und nach Beendigung ihrer Tätigkeit zu unterlassen. Sie ergänzen die arbeitsvertragl. (vgl. § 611 BGB Rz. 350f.) und in anderen gesetzl. Vorschriften (zB §§ 79, 99 I 3, 102 II 5 BetrVG) enthaltenen Geheimhaltungspflichten. „**Unbefugt**" ist jede Verwendung der Daten, die aus Sicht der verantwortlichen Stelle rechtswidrig ist (zB mangels Erlaubnistatbestands iSd. § 4 I oder wegen Verstoßes gegen § 87 I Nr. 6 BetrVG) oder die gegen interne Regelungen (zB Weisungen, Richtlinien, arbeitsvertragl. Vereinbarungen) verstoßen[4]. Der Verstoß gegen die Pflicht zur Wahrung des Datengeheimnisses kann arbeitsrechtl. Folgen (zB Abmahnung, Kündigung) haben[5] und ggf. sogar als Ordnungswidrigkeit (§ 43 II) oder Straftat (§ 44) sanktioniert werden. 2

III. Verpflichtung auf das Datengeheimnis. Die in S. 2 angeordnete Verpflichtung auf das Datengeheimnis ist **nicht konstitutiv** für die Pflicht zur Wahrung des Datengeheimnisses. Vielmehr dient sie dazu, den bei der Datenverarbeitung beschäftigten Personen im Falle eines Verstoßes die Ausrede mangelnden Verschuldens oder dem Vorliegens eines Verbotsirrtums zu nehmen[6]. ArbGeb der Privatwirtschaft haben daher den angesprochenen Personenkreis (Rz. 1) bei Aufnahme ihrer Tätigkeit, dh. am ersten Arbeitstag, persönlich auf das Datengeheimnis zu verpflichten. Hierzu bietet sich der Einsatz von **Verpflichtungserklärungen** an[7]. Derartige Verpflichtungserklärungen unterliegen nicht der Mitbest. des BR nach § 87 I Nr. 1 BetrVG[8], weil auf Grund von S. 1 der Gesetzesvorrang greift und die Verpflichtungserklärung außerdem das Arbeitsverhalten betrifft[9]. 3

32 *Datenerhebung, -verarbeitung und -nutzung für Zwecke des Beschäftigungsverhältnisses*
(1) Personenbezogene Daten eines Beschäftigten dürfen für Zwecke des Beschäftigungsverhältnisses erhoben, verarbeitet oder genutzt werden, wenn dies für die Entscheidung über die Begründung eines Beschäftigungsverhältnisses oder nach Begründung des Beschäftigungsverhältnisses für dessen Durchführung oder Beendigung erforderlich ist. Zur Aufdeckung von Straftaten dürfen personenbezogene Daten eines Beschäftigten nur dann erhoben, verarbeitet oder genutzt werden, wenn zu dokumentierende tatsächliche Anhaltspunkte den Verdacht begründen, dass der Betroffene im Beschäftigungsverhältnis eine Straftat begangen hat, die Erhebung, Verarbeitung oder Nutzung zur Aufdeckung erforderlich ist und das schutzwürdige Interesse des Beschäftigten an dem Ausschluss der Erhebung, Verarbeitung oder Nutzung nicht überwiegt, insbesondere Art und Ausmaß im Hinblick auf den Anlass nicht unverhältnismäßig sind.

(2) Absatz 1 ist auch anzuwenden, wenn personenbezogene Daten erhoben, verarbeitet oder genutzt werden, ohne dass sie automatisiert verarbeitet oder in oder aus einer nicht automatisierten Datei verarbeitet, genutzt oder für die Verarbeitung oder Nutzung in einer solchen Datei erhoben werden.

(3) Die Beteiligungsrechte der Interessenvertretungen der Beschäftigten bleiben unberührt.

---

1 BAG 3.6.2003 – 1 ABR 19/02, AP Nr. 1 zu § 89 BetrVG 1972. ‖2 Zum Ganzen *Gola/Schomerus*, § 5 Rz. 8 f.; Simitis/*Ehmann*, § 5 Rz. 14 ff. ‖3 AnwK-ArbR/*Gola*, § 5 BDSG Rz. 3. ‖4 LAG Hamm 16.9.2011 – 10 TaBV 17/11; *Gola/Schomerus*, § 5 Rz. 5 f. ‖5 Vgl. BAG 24.3.2011 – 2 AZR 2828/10, NZA 2011, 1029, OS 5; *Dzida*, ArbRB 2011, 49 (50); *Gola/Wronka*, Rz. 1267 ff. ‖6 *Schaffland/Wiltfang*, § 5 Rz. 17. ‖7 Muster finden sich zB bei *Schaffland/Wiltfang*, Ziff. 5001 § 5 Anh. 2; *Thüsing*, ArbN-Datenschutz und Compliance, Rz. 145; *Lembke*, Arbeitsvertrag für Führungskräfte, 5. Aufl. 2012, D VIII sowie unter www.bfdi.bund.de. ‖8 *Gola/Klug*, NJW 2009, 2577 (2582). ‖9 Vgl. BAG 10.3.2009 – 1 ABR 87/07, NZA 2010, 180.

BDSG § 32 Rz. 1   Datenerhebung, -verarbeitung, -nutzung f. Zwecke d. Beschäftigungsverhältnisses

I. Vorbemerkungen	1
1. Regelungszweck	2
2. Systematik	3
II. Geltungsbereich	5
1. Persönlicher Geltungsbereich	6
2. Sachlicher Geltungsbereich (Abs. 2)	8
III. Zulässigkeit der Verwendung von personenbezogenen Beschäftigtendaten (Abs. 1) ...	9

1. Datenerhebung, -verarbeitung oder -nutzung zum Zwecke der Begründung, Durchführung oder Beendigung des Beschäftigungsverhältnisses (S. 1)	10
2. Datenerhebung, -verarbeitung oder -nutzung zum Zwecke der Aufdeckung von Straftaten (S. 2)....................	16
IV. Rechtsfolgen eines Verstoßes gegen § 32 ..	22

1 **I. Vorbemerkungen.** § 32 ist ein Musterbeispiel von symbolischer Gesetzgebung, deren Wert zweifelhaft ist, insb. wenn dadurch zahlreiche neue Fragen aufgeworfen werden[1]. Vor dem Hintergrund von „Datenschutzskandalen" bei einer Reihe von Großunternehmen (zB Deutsche Bahn AG, Lidl), die vor allem durch illegalen Datenhandel und ausufernde Mitarbeiterkontrolle gekennzeichnet waren[2], erkannte die frühere große Koalition – kurz vor den Bundestagswahlen im September 2009 – Handlungsbedarf beim Datenschutz im Arbeitsleben[3]. Sie griff eine Anregung des Bundesrats auf und schlug als „kleine Lösung" eine Grundsatzregelung zum Datenschutz der ArbN im BDSG vor, die allerdings noch keine abschließende Regelung des ArbN-Datenschutzes darstellt; vielmehr wurde das Thema der Kodifizierung des ArbN-Datenschutzes verschoben[4] und harrt noch der Erledigung (vgl. Vorb. Rz. 3–3b). § 32 ist die genannte Grundsatznorm und wurde **mit Wirkung ab dem 1.9.2009 eingeführt**[5]. Gleichzeitig wurde in § 3 XI der Begriff des „Beschäftigten" legaldefiniert (Vorb. Rz. 17).

2 **1. Regelungszweck.** Nach dem ausdrücklichen gesetzgeberischen Willen soll § 32 lediglich den **Status quo normieren**. In der Gesetzesbegr. heißt es wörtlich: „§ 32 enthält eine allgemeine Regelung zum Schutz personenbezogener Daten von Beschäftigten, die die von der Rechtsprechung erarbeiteten Grundsätze des Datenschutzes im Beschäftigungsverhältnis nicht ändern, sondern lediglich zusammenfassen und ein Arbeitnehmerdatenschutzgesetz weder entbehrlich machen noch inhaltlich präjudizieren soll."[6]

3 **2. Systematik.** Bei der Prüfung der Zulässigkeit der in Rede stehenden Verwendung personenbezogener Daten ist Ausgangspunkt stets das in § 4 I enthaltene Verbot mit Erlaubnisvorbehalt (Vorb. Rz. 33 ff.). § 32 enthält eine gesetzl. **Erlaubnisnorm für die Erhebung, Verarbeitung und Nutzung personenbezogener Daten eines Beschäftigten iSd. § 3 XI**. Soweit es um eine Verwendung von ArbN-Daten in einem Betrieb mit BR (bzw. GBR, KBR) geht, wird allerdings oftmals das MitbestR nach § 87 I Nr. 6 BetrVG einschlägig sein und die entsprechende BV (bzw. GBV oder KBV) eine Rechtsgrundlage iSd. § 4 I darstellen (Vorb. Rz. 53 ff.). Dann spielt § 32 praktisch keine Rolle. Insoweit stellt **Abs. 3** klar, dass die Beteiligungsrechte der Interessenvertretungen der Beschäftigten (zB die MitbestR des BR nach § 87 I Nr. 6 BetrVG oder des PersR nach § 75 III Nr. 17 BPersVG) unberührt bleiben. § 32 greift aber insb. ein, wenn es an einer solchen BV fehlt oder wenn es um Betriebe ohne Repräsentation der Belegschaft durch einen BR (bzw. GBR, KBR) geht. Liegen die Voraussetzungen des § 32 I nicht vor, kann die Verwendung der Beschäftigtendaten dennoch auf Grundlage einer anderen Erlaubnisnorm (zB § 28 I 1 Nr. 2, 3, II) oder einer freiwillig erteilten Einwilligung des Beschäftigten (§ 4a; § 22 KunstUrhG) zulässig sein (§ 4 I)[7].

4 § 32 ist **lex specialis zu § 28 I 1 Nr. 1**, nicht hingegen zu § 28 I 1 Nr. 2 und 3 und den übrigen Absätzen von § 28, insb. Abs. 2 und 6 bis 9[8]. Nicht gefolgt werden kann der Auffassung, dass § 28 I 1 Nr. 2 und 3 nur gilt, wenn Zwecke verfolgt werden, die nicht das Beschäftigungsverhältnis betreffen[9]. Denn ansonsten würde § 32 die bisherige, zu § 28 aF geltende Rechtslage grundlegend ändern, was der Gesetzgeber aber explizit nicht wollte (Rz. 2). Daher kann zB die Erhebung von arbeitsplatzbezogenen Daten über einen Bewerber im Internet (etwa über Suchmaschinen oder virtuelle „soziale Netzwerke") nach § 28 I 1 Nr. 3 gerechtfertigt werden[10]. Ebenfalls durch § 32 verdrängt wird § 28 I 2. Da § 32 nur die Verwendung der Beschäftigtendaten zum Zwecke des Beschäftigungsverhältnisses erlaubt, bedarf es einer weiteren konkreten Festlegung der Zwecke durch den ArbGeb nicht mehr. Bei der Erhebung, Verarbeitung und Nutzung besonderer Arten personenbezogener Daten (§ 3 IX) sind – wie bisher auch – § 28 VI–VIII, die einschlägigen bereichsspezifischen Regelungen und die sonstigen Benachteiligungsverbote, insb. § 75 I BetrVG, § 67 I BPersVG sowie §§ 6 ff., zu berücksichtigen[11].

---

1 Krit. auch *Deutsch/Diller*, DB 2009, 1462; *Thüsing*, NZA 2009, 865; *v. Steinau-Steinrück/Mosch*, NJW-Spezial 2009, 450. ||2 Dazu *Däubler*, Gläserne Belegschaften, § 1 Rz. 2 a ff.; *Diller*, BB 2009, 438; *Steinkühler*, BB 2009, 1294. ||3 BT-Drs. 16/13657, 20. ||4 Vgl. BT-Drs. 16/12011, 49, 53; BT-Drs. 16/13657, 20. ||5 BGBl. 2009 I S. 2814. ||6 BT-Drs. 16/13657, 20. ||7 Vgl. BT-Drs. 16/13657, 20. ||8 BT-Drs. 16/13657, 20 f.; vgl. auch *Thüsing*, NZA 2009, 865 (869). ||9 So aber *Däubler*, Gläserne Belegschaften, § 5 Rz. 185; *Erfurth*, NJOZ 2009, 2914 (2922); ErfK/*Franzen*, § 28 BDSG Rz. 2 und § 32 BDSG Rz. 3. ||10 *Bissels/Lützeler/Wisskirchen*, BB 2010, 2433, (2436 f.); *Forst*, NZA 2010, 427 (429 ff.); *Oberwetter*, BB 2008, 1562 (1564); *Rolf/Rötting*, RDV 2009, 263 (264 ff.); aA *Däubler*, Gläserne Belegschaften, § 5 Rz. 185. ||11 BT-Drs. 16/13657, 21; *Forst*, NZA 2010, 427 (429).

II. Geltungsbereich. § 32 regelt, unter welchen Voraussetzungen – im Falle des Nichteingreifens einer anderen Erlaubnisgrundlage – die Erhebung, Verarbeitung und Nutzung personenbezogener Daten eines Beschäftigten zum Zwecke des Beschäftigungsverhältnisses zulässig ist.

1. Persönlicher Geltungsbereich. Die Norm ist einschlägig, soweit es um personenbezogene Daten eines Beschäftigten iSd. § 3 XI geht. Der Begriff des **Beschäftigten** ist weit gefasst und erfasst nicht nur ArbN (Nr. 1), zur Berufsbildung Beschäftige (Nr. 2) und arbeitnehmerähnliche Personen (Nr. 6), sondern insb. **auch Bewerber und Personen, deren Beschäftigungsverhältnis bereits beendet** ist (Nr. 7; Vorb. Rz. 17). Entsprechend weit ist auch der Begriff „Beschäftigungsverhältnis" zu verstehen.

Der Beschäftigtenbegriff umfasst nach § 3 XI Nr. 8 auch Bundesbeamte und Richter des Bundes sowie Soldaten und Zivildienstleistende. § 32 gilt gem. § 12 IV auch für Beschäftigungsverhältnisse durch öffentl. Stellen des Bundes und grds. auch der Länder. Soweit Beamte bei nicht-öffentl. Stellen tätig sind, werden sie wegen des weiten Beschäftigtenbegriffs nach § 3 XI Nr. 8 unmittelbar von § 32 erfasst. § 32 findet keine Anwendung, soweit die Regelungen der §§ 106–115 BBG bzw. § 29 SoldG über Personalakten speziellere Regelungen für den Umgang mit personenbezogenen Daten für Zwecke des Beschäftigungsverhältnisses enthalten. Da diese Vorschriften im Wesentlichen nur personenbezogene Daten betreffen, die mit dem Dienstverhältnis in einem unmittelbaren inneren Zusammenhang stehen (Personalaktendaten, § 106 I 4 BBG), bleibt § 32 anwendbar, soweit es sich um personenbezogene Daten in Sachakten handelt. Keine Anwendung findet § 32 auf Beamte der Länder[1].

2. Sachlicher Geltungsbereich (Abs. 2). Nach § 1 II Nr. 3 gilt das BDSG für nicht-öffentl. Stellen wie ArbGeb der Privatwirtschaft (vgl. § 2 IV) grds. nur, soweit Daten automatisiert verarbeitet werden – dh. unter Einsatz von Datenverarbeitungsanlagen verarbeitet (§ 3 IV), genutzt (§ 3 V) oder dafür erhoben (§ 3 III) werden (§ 3 II 1) – oder soweit die Daten in nicht automatisierten Dateien oder aus nicht automatisierten Dateien (§ 3 II 2) verarbeitet, genutzt oder dafür erhoben werden. § 27 I bestätigt diesen Grundsatz hinsichtlich der Anwendbarkeit der Vorschriften der §§ 28 ff. für die Datenverarbeitung durch nicht-öffentl. Stellen. § 32 II normiert hingegen eine **Ausnahme** von diesem Grundsatz[2]. Nach der Gesetzesbegr. entspricht er den von der Rspr. aufgestellten Grundsätzen des Datenschutzes im Beschäftigungsverhältnis[3] sowie dem § 12 IV Hs. 2 aF[4]. Gem. Abs. 2 soll die Beschäftigtendatenschutzregelung des Abs. 1 auch gelten, wenn die Beschäftigtendaten erhoben, verarbeitet oder genutzt werden, ohne dass sie (i) unter Einsatz von Datenverarbeitungsanlagen automatisiert verarbeitet werden (§ 3 II 1) oder (ii) in einer nicht automatisierten Datei oder aus einer nicht automatisieren Datei iSd. § 3 II 2 verarbeitet, genutzt oder (iii) für die Verarbeitung oder Nutzung in einer nicht automatisierten Datei erhoben werden. Die Regelung legt also fest, dass jegliche Art der Verwendung von Beschäftigtendaten an den Grundsätzen des Abs. 1 zu messen ist, unabhängig davon, ob die Daten automatisiert oder dateigebunden verarbeitet werden. Abs. 1 gilt also insb. für die Verwendung von Daten in oder aus nicht automatisiert geführten Akten sowie für die Erhebung von Daten für ihre anschließende Verwendung in nicht automatisiert geführten Akten[5]. **Erfasst ist also jegliche Handlung, die eine Erhebung, Nutzung oder Verarbeitung von Beschäftigtendaten iSd. § 3 III–V darstellt**, wie zB die Frage eines Vorgesetzten an einen Mitarbeiter, wo sich sein Kollege gerade aufhält, die Schrankkontrolle[6] oder die Torkontrolle von Mitarbeitern, selbst wenn beides nicht zu einer Speicherung in einer Akte, Datei oder Datenverarbeitungsanlage führt. Auch die bloße Beobachtung eines Beschäftigten durch den Vorgesetzten dient der Beschaffung von Daten über den Betroffenen und ist damit eine Datenerhebung (§ 3 III), die von § 32 erfasst wird[7]. Faktisch ist also jede Handlung in Bezug auf einen Beschäftigten, die zu einem Beschaffen von Daten über den Beschäftigten (vgl. § 3 III) führt, am Maßstab des § 32 datenschutzrechtl. zu prüfen. Die **Regelung** des § 32 II ist **zu weitgehend**[8] und **kaum praktikabel**, weil bereits Handlungen des täglichen (Geschäfts-) Lebens, wie etwa jegliche Kommunikation mit oder über Mitarbeiter, datenschutzrechtl. zu überprüfen sind. Wenig stimmig ist auch die **Diskrepanz zwischen Abs. 2 und § 38 I 1**. Nach der Zuständigkeitsnorm des § 38 I 1 kann die Aufsichtsbehörde nur die automatisierte Verarbeitung personenbezogener Daten oder die Verarbeitung personenbezogener Daten in oder aus nicht automatisierten Dateien kontrollieren. Nach dem Gesetz unterliegt also die nicht automatisierte und die nicht dateigebundene Verarbeitung personenbezogener (Beschäftigten-)Daten keiner Kontrolle durch die Aufsichtsbehörde.

III. Zulässigkeit der Verwendung von personenbezogenen Beschäftigtendaten (Abs. 1). Abs. 1 enthält in S. 1 und 2 zwei Bestimmungen mit unterschiedlichem Regelungsgegenstand. Während es in S. 2 ausschließlich um die Beschaffung und Verwendung von Beschäftigtendaten „zur **Aufdeckung von Straftaten**" bei Vorliegen eines konkreten Verdachts geht, enthält S. 1 die **allgemeine Erlaubnisnorm** für die Erhebung, Verarbeitung und Nutzung von Beschäftigtendaten im Hinblick auf die einzelnen Phasen des Beschäftigungsverhältnisses von der Begründung über die Durchführung bis hin zu dessen Beendigung. Nach S. 1 ist auch die Zulässigkeit solcher Maßnahmen zu beurteilen, die zur **Verhin-**

---

1 Zum Ganzen BT-Drs. 16/13657, 18. ||2 Ebenso *Riesenhuber*, NZA 2012, 771 (774). ||3 Vgl. BAG 15.7.1987 – 5 AZR 215/86, NZA 1988, 53; 12.9.2006 – 9 AZR 271/06, NZA 2007, 269. ||4 BT-Drs. 16/13657, 21. ||5 BT-Drs. 16/13657, 21. ||6 BAG 20.6.2013 – 2 AZR 546/12, NZA 2014, 143 (146), Rz. 24. ||7 *Deutsch/Diller*, DB 2009, 1462; ErfK/*Franzen*, § 32 BDSG Rz. 2. ||8 Krit. auch *Franzen*, RdA 2010, 257 (258 f.).

derung von **Straftaten oder sonstigen Rechtsverstößen**, die im Zusammenhang mit dem Beschäftigungsverhältnis stehen, erforderlich sind. S. 1 ist außerdem Prüfungsmaßstab für Maßnahmen, die im Zusammenhang mit der Beendigung des Beschäftigungsverhältnisses (zB Abmahnung, Kündigung) stehen[1]. Letztlich ist die Regelung in S. 2 nur eine Konkretisierung von S. 1; beide Bestimmungen führen grds. zu gleichen Ergebnissen[2]. Der wesentliche Unterschied liegt in der durch S. 2 angeordneten Dokumentationspflicht. In praktischer Hinsicht ist es dem ArbGeb aber auch bei Maßnahmen, die am Maßstab des S. 1 zu prüfen sind, zu empfehlen, die wesentlichen datenschutzrechtl. Erwägungen zu dokumentieren, insb. die Aspekte, die er bei der Interessenabwägung im Rahmen der Angemessenheitsprüfung berücksichtigt hat. Eine solche Dokumentation erleichtert den „Compliance"-Nachweis bei einer etwaigen Überprüfung der jeweiligen datenschutzrelevanten Maßnahme.

10 **1. Datenerhebung, -verarbeitung oder -nutzung zum Zwecke der Begründung, Durchführung oder Beendigung des Beschäftigungsverhältnisses (S. 1).** Nach der Gesetzesbegr.[3] entspricht Abs. 1 S. 1 den bisher von der Rspr. aus dem allg. Persönlichkeitsrecht (Art. 2 I iVm. Art. 1 I GG) abgeleiteten allg. Grundsätzen zum Datenschutz im Beschäftigungsverhältnis[4]. Da Abs. 1 nach dem gesetzgeberischen Willen die bisherigen Grundsätze nicht ändern wollte (Rz. 2), ist unter „**erforderlich**" iSd. Abs. 1 nicht zu verstehen, dass die Datenbeschaffung oder -verwendung für die genannten Zwecke des Beschäftigungsverhältnisses (oder dessen Anbahnung) „zwingend geboten" oder gar „unverzichtbar" ist. Vielmehr ist es – wie bislang (Vorb. Rz. 40) – ausreichend, dass die Beschaffung oder Verwendung der Daten der Zweckbestimmung des Beschäftigungsverhältnisses (oder dessen Anbahnung) dient (vgl. § 28 I 1 Nr. 1 aF) und unter Berücksichtigung der Interessen und des Persönlichkeitsrechts des Beschäftigten verhältnismäßig ist[5]. Als nicht erforderlich ausgeschlossen sind also insb. die Erhebung, Verarbeitung und Nutzung von Daten, die für die Zwecke der Begründung, Durchführung oder Beendigung des Beschäftigungsverhältnisses überflüssig sind[6]. Nicht erforderlich für die Zwecke des Beschäftigungsverhältnisses iSd. Abs. 1 ist grds. auch die **Übermittlung von Beschäftigtendaten an ein anderes Konzernunternehmen**, da das BDSG kein „Konzernprivileg" kennt; die Datenübermittlung kann aber nach § 28 I 1 Nr. 2 gerechtfertigt sein[7] (Vorb. Rz. 44). Zu weiteren Einzelheiten Vorb. Rz. 40 ff.

11 **a) Begründung des Beschäftigungsverhältnisses.** Gem. Abs. 1 S. 1 dürfen personenbezogene Daten des Beschäftigten, insb. des Bewerbers (§ 3 XI Nr. 7), zu Beschäftigungszwecken erhoben, verarbeitet oder genutzt werden, wenn dies für die Entscheidung über die Begründung eines Beschäftigungsverhältnisses erforderlich ist, so zB im Rahmen von Fragen nach fachlichen Fähigkeiten, Kenntnissen und Erfahrungen[8] (vgl. Vorb. Rz. 41 ff.). Die Aufbewahrung und etwaige spätere prozessuale Nutzung von **Daten eines abgelehnten Bewerbers** (dazu Vorb. Rz. 43) ist „erforderlich für die Entscheidung über die Begründung eines Beschäftigungsverhältnisses" iSd. Abs. 1[9]. Nach dem Gesetzeswortlaut ist die Datenerhebung und -verwendung nicht nur im Falle der „positiven" Einstellungsentscheidung zulässig, sondern auch bei einer negativen Entscheidung. Solange die Entscheidung gerichtl. angegriffen werden kann, ist die Speicherung und ggf. Nutzung der Bewerberdaten erforderlich für die Begründung der (negativen) Einstellungsentscheidung. Dies ist im Hinblick auf Abs. 1 ausreichend. Denn die gesetzl. Erlaubnis des Abs. 1 zur Erhebung und Verwendung von Bewerberdaten hat gerade den Zweck, eine positive oder negative Entscheidung über die Einstellung des Bewerbers und eine Begründung der Entscheidung anhand der erhobenen Daten zu ermöglichen. Fraglich ist aber, ob der ArbGeb eine Datei mit Daten von Bewerbern oder potentiellen Kandidaten vorhalten kann, auf die er bei Bedarf zurückgreift. Diese „Vorratsdatenbank" dient nicht unmittelbar der Entscheidung über die Begründung eines Beschäftigungsverhältnisses und ist daher nicht durch Abs. 1 S. 1 gedeckt; sie ist aber nach § 28 I 1 Nr. 2 zulässig.

12 **b) Durchführung des Beschäftigungsverhältnisses.** Ferner regelt Abs. 1 S. 1, dass personenbezogene Daten zu Beschäftigungszwecken erhoben, verarbeitet oder genutzt werden dürfen, wenn dies nach Begründung eines Beschäftigungsverhältnisses für dessen Durchführung oder Beendigung erforderlich ist; die Regelung entspricht auch insoweit den bisher von der Rspr. erarbeiteten allg. Grundsätzen des Datenschutzes im Beschäftigungsverhältnis[10]. Nach der Einstellung darf der ArbGeb sich bei seinen Beschäftigten über Umstände informieren oder Daten verwenden, um seine vertraglichen Pflichten ggü. den Beschäftigten erfüllen zu können, zB Pflichten im Zusammenhang mit der Personalverwaltung, Lohn- und Gehaltsabrechnung (vgl. Vorb. Rz. 41 f.). Das gilt auch, wenn der ArbGeb bei Durchführung des Beschäftigungsverhältnisses seine Rechte wahrnimmt, zB durch Ausübung des Weisungsrechts oder durch **Kontrollen der Leistung oder des Verhaltens des Beschäftigten**[11].

13 Ausweislich der Gesetzesbegr. ist auch die Zulässigkeit solcher **Maßnahmen** nach Abs. 1 S. 1 zu beurteilen, die zur **Verhinderung von Straftaten oder sonstigen Rechtsverstößen oder Pflichtverletzungen**,

---

1 Zum Ganzen BT-Drs. 16/13657, 21. ||2 Ähnlich *Thüsing*, NZA 2009, 865 (868). ||3 BT-Drs. 16/13657, 21. ||4 Vgl. BAG 6.6.1984 – 5 AZR 286/81, NJW 1984, 2910; 7.6.1984 – 2 AZR 270/83, NZA 1985, 57; 7.9.1995 – 8 AZR 828/93, NZA 1996, 637. ||5 *Erfurth*, NJOZ 2009, 2914 (2918 f.); *Kort*, DB 2011, 651 (652); *Schaffland/Wiltfang*, § 32 Rz. 2; Plath/*Stamer/Kuhnke*, § 32 Rz. 16 ff.; *Thüsing*, NZA 2009, 865 (867); ErfK/*Franzen*, § 32 BDSG Rz. 6; Taeger/Gabel/*Zöll*, § 32 Rz. 18; s.a. *Wybitul*, BB 2010, 1085. ||6 *Deutsch/Diller*, DB 2009, 1462 (1463). ||7 AA *Däubler*, Gläserne Belegschaften, § 8 Rz. 451. ||8 BT-Drs. 16/13657, 21. ||9 AA *v. Steinau-Steinrück/Mosch*, NJW-Spezial 2009, 450 (451). ||10 Vgl. BAG 22.10.1986 – 5 AZR 660/85, NZA 1987, 415; 7.9.1995 – 8 AZR 828/93, NZA 1996, 637. ||11 Zum Ganzen BT-Drs. 16/13657, 21; *Thüsing*, ArbN-Datenschutz und Compliance, Rz. 62 f.

die im Zusammenhang mit dem Beschäftigungsverhältnis stehen, erforderlich sind[1]. Möchte der ArbGeb überprüfen, ob seine Beschäftigten ihre vertragl. Verpflichtungen einhalten und insb. keine Korruptions-, Eigentums- oder Vermögensdelikte (zB Bestechlichkeit im geschäftl. Verkehr, Diebstahl, Unterschlagung, Untreue, Betrug) zu Lasten des ArbGeb begehen, ohne dass ein konkreter Verdacht ggü. einem Beschäftigten oder einem abgrenzbaren Kreis bestimmter Beschäftigter vorliegt, sind die Kontrollmaßnahmen also an S. 1 und nicht an S. 2 zu messen[2]. S. 2 gilt nur, wenn es um die Aufdeckung von Straftaten bei Vorliegen eines konkreten Verdachts ggü. einem Beschäftigten oder einem abgrenzbaren Kreis bestimmter Beschäftigter geht (Rz. 9). **Stichprobenartige Kontrollen** der Beschäftigten durch den ArbGeb sind gem. Abs. 1 S. 1 **grundsätzlich zulässig**, sofern sie unter Berücksichtigung aller Umstände des Einzelfalls – insb. Anlass und Grund (zB allg. Deliktsverdacht gegen Beschäftigte auf Grund eines Schadensfalles), Dauer, Zeit, Ort und Umfang der Kontrollen (zB Zahl der betroffenen Beschäftigten), Art der Kontrolle und Intensität der Beeinträchtigung des Persönlichkeitsrechts der Betroffenen (zB Torkontrollen[3], Abtasten des Körpers; Kontrollen der geschäftlichen E-Mails oder der Betreffzeilen; Videoüberwachung; Einsatz von Detektiven; Abgleich von Kontendaten der Beschäftigten mit denen von Kunden) – angemessen sind. **Verdachtsunabhängige (Massen-)Kontrollen** aller oder einer Vielzahl von Beschäftigten oder eine **Dauerüberwachung** von Beschäftigten sind hingegen **regelmäßig unzulässig**, wenn nicht ganz überwiegende Interessen des ArbGeb ausnahmsw. den intensiven Eingriff in das Persönlichkeitsrecht der Beschäftigten rechtfertigen[4] (vgl. Vorb. Rz. 104a, 109). Die Angemessenheitsprüfung bedarf stets einer Wertungsentscheidung[5]. Da ArbGeb insb. bei Fehlen einschlägiger Präzedenzfälle nicht voraussehen können, wie spätere Prüfinstanzen (wie Gerichte oder Datenschutzbehörden) die Wertung vornehmen, sollte dem ArbGeb ein gewisser Beurteilungsspielraum eingeräumt werden[6]. Dies gilt umso mehr, als ArbGeb Kontrollmaßnahmen nicht zum Selbstzweck durchführen, sondern in Erfüllung gesetzl. Verpflichtungen (vgl. § 130 OWiG, § 91 II AktG). Handelt es sich um eine bislang ungeklärte Fallgestaltung und gelangt der ArbGeb bei angemessener Prüfung der Rechtslage – ggf. nach Einholung fachkundigen Rechtsrats – zu einer vertretbaren Auffassung, kann die jeweilige Kontrollmaßnahme nicht datenschutzrechtl. beanstandet werden[7]. **De lege ferenda** ist zu erwägen, für ArbGeb die Möglichkeit einer schnellen, verbindlichen **Voranfrage** bei den Datenschutzbehörden zu schaffen.

Die Übermittlung von personenbezogenen Daten des **LeihArbN** zwischen Verleiher und Entleiher ist zT iSd. § 4 I gesetzlich angeordnet (vgl. § 12 I 3 AÜG) und iÜ auf Grundlage des Abs. 1 S. 1 erlaubt. Sie erfolgt grds. zum Zwecke des zwischen LeihArbN und Verleiher bestehenden Beschäftigungsverhältnisses und ist für dessen Durchführung regelmäßig erforderlich. Zwar ist ein LeihArbN ArbN des Verleihers und hat nur mit diesem ein auf einem Arbeitsvertrag basierendes Arbeits- bzw. Beschäftigungsverhältnis (vgl. § 3 XI Nr. 1). Allerdings hat das LeihArbVerh von vornherein einen – vom Willen der Arbeitsvertragsparteien getragenen – Drittbezug, weil der LeihArbN vereinbarungsgemäß nicht beim Verleiher tätig wird, sondern zur Arbeitsleistung an den Entleiher überlassen wird[8]. 14

c) **Beendigung des Beschäftigungsverhältnisses.** Falls keine anderen Erlaubnistatbestände (zB BV oder Einwilligung nach § 4a) einschlägig sind, ist Abs. 1 S. 1 außerdem der Prüfungsmaßstab für Maßnahmen, die im Zusammenhang mit der **Beendigung des Beschäftigungsverhältnisses** (Abmahnung, Kündigung) stehen. Der Begriff der Beendigung umfasst auch die **Abwicklung** eines Beschäftigungsverhältnisses[9]. Zulässig ist zB die Erhebung und Speicherung von Daten, die erforderlich sind, damit der ArbGeb seiner Darlegungs- und Beweislast (vgl. § 1 II 4, III 1 Hs. 2 KSchG) in einem Arbeitsgerichtsverfahren über die Wirksamkeit einer verhaltens-, personen- oder betriebsbedingten Kündigung nachkommen kann. Zulässig ist zB auch die Erhebung, Verarbeitung und Nutzung von Beschäftigtendaten, die erforderlich sind, um eine Aufhebungs- oder Abwicklungsvereinbarung anzubieten oder nach einem etwaigen Abschluss ordnungsgemäß abzuwickeln (zB Kündigungsfrist, Steuerklasse). Die Speicherung von Daten ausgeschiedener Beschäftigter (vgl. § 3 XI Nr. 7) ist zulässig, soweit dafür ein berechtigtes Interesse des ArbGeb besteht, etwa im Hinblick auf fortbestehende Rechte und Pflichte ggü. dem ehemaligen Beschäftigten oder die Einhaltung gesetzl. Vorschriften (zB des Anschlussverbots nach § 14 II 2 TzBfG; „Drehtürklausel" des § 9 Nr. 2 Hs. 4 AÜG)[10]. 15

---

1 BT-Drs. 16/13657, 21; *Gola/Klug*, NJW 2009, 2577 (2580); *Hanloser*, MMR 2009, 594 (597); *Kort*, DB 2011, 651; *Thüsing*, ArbN-Datenschutz und Compliance, Rz. 67 ff.; *Wybitul*, BB 2010, 1085; aA *Vogel/Glas*, DB 2009, 1747 (1751); *Joussen*, NZA Beil. 1/2011, 35 (39). ||2 Allg. zu Mitarbeiterkontrollen und Compliance auch *Franzen*, ZfA 2012, 175; *Heldmann*, DB 2010, 1235; *Kort*, DB 2011, 651; *Maschmann*, NZA Beil. 2/2012, 50; *Wermelt/Fechte*, BB 2013, 811 sowie die Nachw. unter Vorb. BDSG Rz. 92, 104a, 105, 107 ff.; zu einschlägigen MitbestR des BR *Neufeld/Kittner*, BB 2013, 821; allg. zu unternehmensinternen Untersuchungen *Wisskirchen/Glaser*, DB 2011, 1392 und 1447. ||3 ErfK/*Franzen*, § 32 BDSG Rz. 30; aA *Joussen*, NZA 2010, 254 (256 ff.): § 32 I, II gilt nicht; Rechtfertigung nach § 106 GewO etc. ||4 Vgl. *Erfurth*, NJOZ 2009, 2914 (2921); *Kock/Francke*, NZA 2009, 646 (648); *Löwisch*, DB 2009, 2782 (2785); *Wybitul*, BB 2009, 1582 (1584). ||5 Vgl. *Thüsing*, NZA 2009, 865 (866); v. *Steinau-Steinrück/Mosch*, NJW-Spezial 2009, 450. ||6 *Erfurth*, NJOZ 2009, 2914 (2915). ||7 Vgl. die ähnliche Argumentation zu § 613a V BGB BAG 13.7.2006 – 8 AZR 303/05, NJW 2007, 244 (246 Rz. 23). ||8 Neuerdings spricht das BAG in Bezug auf das Rechtsverhältnis zwischen LeihArbN und Entleiher sogar von einem „Leiharbeitsverhältnis", vgl. BAG 15.3.2011 – 10 AZB 49/10, NZA 2011, 653; *Lembke*, NZA 2013, 815 (820 f.). ||9 BT-Drs. 16/13657, 21; Plath/*Stamer/Kuhnke*, § 32 Rz. 149. ||10 ErfK/*Franzen*, § 32 BDSG Rz. 29.

16 **2. Datenerhebung, -verarbeitung oder -nutzung zum Zwecke der Aufdeckung von Straftaten (S. 2).** Abs. 1 S. 2 benennt die Voraussetzungen für die Beschaffung oder Verwendung von personenbezogenen Beschäftigtendaten zur Aufdeckung von Straftaten, die im Beschäftigungsverhältnis begangen worden sind, wie zB Diebstahl und Korruption. Laut Gesetzesbegr.[1] orientiert sich die Regelung im Wortlaut an § 100 III 1 TKG und inhaltlich an den Anforderungen, welche die Rspr. zur verdeckten Überwachung von Beschäftigten aufgestellt hat[2] (vgl. Vorb. Rz. 108). Nach Abs. 1 S. 2 bestehen folgende vier Zulässigkeitsvoraussetzungen:

17 (1) Es müssen **tatsächliche Anhaltspunkte** den konkreten Verdacht begründen, dass ein Beschäftigter im Beschäftigungsverhältnis eine Straftat begangen hat. Aus dem Gesetzeswortlaut („Verdacht ..., dass *der* Betroffene ...") sowie der Gesetzesbegr. („Danach müssen tatsächliche Anhaltspunkte für eine Straftat *eines* Beschäftigten")[3] folgt, dass ein **konkreter Anfangsverdacht ggü. einem Beschäftigten oder einem abgrenzbaren Kreis von Beschäftigten** bestehen muss[4] (zur Abgrenzung ggü. Abs. 1 S. 1 Rz. 9). Die in Frage stehende Straftat (nicht bloße Ordnungswidrigkeit) muss „im Beschäftigungsverhältnis" begangen worden sein. Dies ist weit zu verstehen und erfasst die Begehung während der Arbeitszeit oder, wenn die Straftat gegen den ArbGeb gerichtet ist, auch außerhalb der Arbeitszeit, weil im letzteren Fall immer auch eine Verletzung von im Beschäftigungsverhältnis bestehenden Nebenpflichten gegeben ist.

18 (2) Die tatsächlichen Umstände, die den Anfangsverdacht ggü. dem betreffenden Beschäftigten begründen, sind vom ArbGeb zu **dokumentieren**, dh. schriftlich oder elektronisch und jederzeit reproduzierbar festzuhalten. Die Dokumentation muss nicht zwingend vor der datenschutzrechtl. relevanten Maßnahme vorgenommen werden, sondern kann auch danach geschehen (zB in einem entsprechenden Protokoll, in der BR-Anhörung nach § 102 BetrVG). Zu empfehlen ist allerdings eine vorherige Dokumentation, weil dies die Einbeziehung der für die Zulässigkeit der Maßnahme maßgeblichen Erwägungen erleichtert. Formalia erleichtern das Finden des zutreffenden Ergebnisses.

19 (3) Die Erhebung oder Verwendung der Beschäftigtendaten muss **für die Aufdeckung der Straftat erforderlich** sein, dh. die Maßnahme muss zur Aufdeckung der Straftat geeignet sein und das mildeste aller gleich geeigneten Mittel darstellen.

20 (4) Der Erhebung oder Verwendung der Daten dürfen **keine überwiegenden schutzwürdigen Interessen des Beschäftigten** entgegenstehen.[5] Insb. dürfen Art und Ausmaß der Erhebung, Verarbeitung und Nutzung der Daten im Hinblick auf den Anlass **nicht unverhältnismäßig** sein. Die Aufnahme der Abwägungsklausel in Abs. 1 S. 2 trägt der Tatsache Rechnung, dass Maßnahmen zur Aufdeckung einer Straftat idR besonders intensiv in das allg. Persönlichkeitsrecht eingreifen. Mit dem in der Abwägungsklausel erwähnten Anlass der Datenerhebung, -verarbeitung oder -nutzung sind zum einen die Art und Schwere der Straftat und zum anderen die Intensität des Verdachts gemeint[6]. Je stärker der Verdacht ggü. einem Beschäftigten ist, dass er eine Straftat begangen hat, desto geringer sind seine Interessen zu gewichten.

21 Besteht der Verdacht, dass ein ArbN eine Straftat zu Lasten des ArbGeb begangen hat, und führt der ArbGeb im Rahmen der Aufklärungsmaßnahmen eine **Anhörung** des verdächtigen ArbN **vor** Ausspruch einer **Verdachtskündigung** durch[7], sind die damit verbundenen Datenerhebungen und Datenverwendungen regelmäßig nach Abs. 1 S. 2 zulässig, wenn man auf den Zweck der Aufdeckung der Straftat abstellt. Sieht man hingegen den Schwerpunkt der datenschutzrechtl. relevanten Maßnahmen in der Vorbereitung der Kündigung, folgt die Zulässigkeit aus Abs. 1 S. 1. In jedem Fall ist dem ArbGeb zu empfehlen, die tatsächlichen Anhaltspunkte für den Verdacht sowie die wesentlichen Erwägungen und Erkenntnisse zu dokumentieren, nicht zuletzt, um die Dokumentationspflicht nach Abs. 1 S. 2 zu erfüllen.

22 **IV. Rechtsfolgen eines Verstoßes gegen § 32.** Sind die Zulässigkeitsvoraussetzungen des § 32 nicht erfüllt und gibt es auch keine sonstige Rechtsgrundlage für die jeweilige Erhebung, Verarbeitung oder Nutzung der Beschäftigtendaten, drohen die allg. Rechtsfolgen (Vorb. Rz. 86), insb. eine Ordnungswidrigkeit nach § 43 II Nr. 1 wegen unbefugter Erhebung (§ 3 III) oder Verarbeitung (§ 3 IV) von personenbezogenen Daten, die nicht allg. zugänglich sind. Zudem können die Datenschutzbehörden nach § 38 V einschreiten und Maßnahmen zur Beseitigung festgestellter Verstöße bei der Erhebung, Verarbeitung oder Nutzung personenbezogener Daten anordnen (vgl. Vorb. Rz. 31 f.).

23 Hingegen führt ein Verstoß gegen datenschutzrechtl. Normen **nicht** automatisch zu einem (Beweis-)**Verwertungsverbot** (vgl. Vorb. Rz. 108, 110 f.). Dies folgt auch aus einem Umkehrschluss zu § 42a S. 6, in dem explizit ein Verwertungsverbot geregelt ist.

---

1 BT-Drs. 16/13657, 21. ||2 Vgl. BAG 27.3.2003 – 2 AZR 51/02, NZA 2003, 1193; 26.8.2008 – 1 ABR 16/07, NZA 2008, 1187. ||3 BT-Drs. 16/13657, 21. ||4 *Erfurth*, NJOZ 2009, 2914 (2920); *Hanloser*, MMR 2009, 594 (597). ||5 Zur Interessenabwägung bei körperlichen oder sonstigen Untersuchungen – etwa der Kontrolle des persönlichen Schrankes des ArbN – BAG 20.6.2013 – 2 AZR 546/12, NZA 2014, 143 (146f.), Rz. 26ff. ||6 BT-Drs. 16/13657, 21. ||7 Dazu *Lembke*, RdA 2013, 82 (87f.).

Bundeselterngeld- und Elternzeitgesetz (BEEG)
Gesetz zum Elterngeld und zur Elternzeit

in der Fassung der Bekanntmachung vom 5.12.2006 (BGBl. I S. 2748),
zuletzt geändert durch Gesetz vom 15.2.2013 (BGBl. I S. 254)

– Auszug –

Abschnitt 4. Elternzeit für Arbeitnehmerinnen und Arbeitnehmer

Vor §§ 15–21 BEEG

I. Allgemeines. Neben der staatl. Gewährung von Elterngeld haben Eltern und Sorgeberechtigte gegen ihren ArbGeb Anspruch auf unbezahlte Freistellung von der Arbeit für eine Zeit von bis zu drei Jahren. Neben einer Erleichterung der Betreuung und Erziehung des Kindes soll die Elternzeit die Chancengleichheit von Mann und Frau fördern[1]. 1

Das BEEG gilt in Bezug auf die Elternzeit für alle Kinder, unabhängig davon, wann sie geboren oder mit dem Ziel der Adoption in Obhut genommen wurden. Dies stellt § 27 II 1 klar. Ein Anspruch auf Elternzeit nach §§ 15 ff. steht dabei unter Einbeziehung der Großeltern nur ArbN zu, die in einem Betreuungsverhältnis zu einem Kind stehen. Einzelheiten bestimmt § 15 I. Als ArbN gelten dabei auch die zu ihrer Berufsbildung Beschäftigten, die Heimarbeiter und die ihnen Gleichgestellten (§ 20). 2

II. Auswirkungen auf die arbeitsrechtliche Stellung. 1. Allgemein. Während der Elternzeit **ruht das ArbVerh** kraft Gesetzes ganz oder – wenn beim gleichen ArbGeb eine Teilzeitbeschäftigung ausgeübt wird – teilweise[2]. Nebenpflichten (zB Nebentätigkeitsgenehmigung, Geheimhaltungspflicht, Wettbewerbsverbot) bestehen fort, soweit sie nicht mit den Hauptleistungspflichten verknüpft sind oder Abweichendes vereinbart wird[3]. Nach Ablauf der Elternzeit leben die Hauptpflichten unverändert auf. Da der ArbN erst dann wieder durch Arbeitsunfähigkeit an der Arbeitsleistung gehindert sein kann, beginnt der Sechs-Wochen-Zeitraum der Entgeltfortzahlung (§ 3 EFZG) auch bei früherer Erkrankung erst mit Ablauf der Elternzeit[4]. Hängt eine Rechtsposition von der Dauer der Betriebszugehörigkeit ab (zB § 1 I KSchG, § 4 BUrlG, § 1b BetrAVG), wird Elternzeit grds. angerechnet. Wird auf tatsächliche Beschäftigungszeiten (zB Stufenlaufzeit bei Tarifentgelt nach TVöD) abgestellt, kann Elternzeit ausgegrenzt werden; in dieser Zeit wird keine Berufserfahrung gewonnen[5]. Anderes gilt bei Teilzeitbeschäftigung während der Elternzeit. Elternzeit kann in Zeugnis erwähnt werden, wenn sich Ausfallzeit als erhebl. Unterbrechung der Beschäftigung darstellt[6]. 3

2. Lohn, Gehalt und Sonderleistungen. Wenn keine Teilzeitbeschäftigung ausgeübt wird, entfällt der Lohn- und Gehaltsanspruch während der Elternzeit. Rechtsfolgen für Sonderleistungen sind gesetzl. nicht geregelt und hängen deshalb zunächst einmal vom Inhalt der Vereinbarung ab. Soweit dort eine (zeitanteilige) Kürzung wegen Elternzeit vorgesehen ist, liegt darin kein Verstoß gegen Art. 157 AEUV, Art. 21 GrCh, Art. 3 und 6 GG, § 7 AGG oder § 612a BGB[7]. Hiervon ist nach BAG auch dann auszugehen, wenn eine Kürzung für das „kraft Gesetzes" ruhende ArbVerh vorgesehen ist[8]. Ist eine Jahressonderzahlung bislang kalenderjährlich mit wirksamem Freiwilligkeitsvorbehalt gewährt worden, kann über die Anspruchsvoraussetzungen jedes Jahr neu entschieden werden[9]. Kürzung wegen Elternzeit ist dann kein Verstoß gegen den Gleichbehandlungsgrundsatz[10]. Fehlt eine ausdrückliche Regelung, ist Auslegung notwendig. Hier ist vor allem der Zweck der Zuwendung maßgeblich[11]. Die Bezeichnung hat dabei nur Indizcharakter. Im Zweifel wird eine Sonderleistung indes auch als Vergütung für Arbeitsleistung im Bezugszeitraum gewährt[12]. 4

a) Elternzeit ohne Teilzeitbeschäftigung. Sonderleistungen wegen Betriebstreue müssen ungekürzt gezahlt werden. Sie werden ohne Rücksicht auf Arbeitsleistung wegen des Fortbestands des ArbVerh gezahlt (zB Jubiläumsgeld). Fehlen gegenteilige Regelungen, gehören hierzu auch Deputate oder der Bezug von Firmenleistungen mit Personalrabatt (zB Energie, Freifahrten im ÖPNV, Flugtickets, Kon- 5

---

1 Vgl. BT-Drs. 15/3400. ||2 BAG 19.4.2005 – 9 AZR 233/04, BB 2006, 553 (557); 9.5.2006 – 9 AZR 278/05, NZA 2006, 1413. ||3 BAG 10.5.1989 – 6 AZR 660/87, NZA 1989, 759; 9.5.2006 – 9 AZR 278/05, NZA 2006, 1413; *Mauer/Schmidt*, BB 1991, 1779 (1782). ||4 Vgl. BAG 29.9.2004 – 5 AZR 558/03, EzA § 3 EFZG Nr. 13 S. 4f. ||5 Vgl. BAG 27.1.2011 – 6 AZR 526/09, BB 2011, 1139f. ||6 LAG Köln 4.5.2012 – 4 Sa 114/12, NZA-RR 2012, 563. ||7 EuGH 21.10.1999 – Rs. C-333/97, NZA 1999, 1325 (1328). ||8 BAG 10.2.1993 – 10 AZR 450/91, DB 1993, 1090; 24.5.1995 – 10 AZR 619/94, NZA 1996, 31 (32). ||9 BAG 30.7.2008 – 10 AZR 606/07, NZA 2008, 1173; 18.3.2009 – 10 AZR 289/08, NZA 2009, 535 (536). ||10 BAG 6.12.1995 – 10 AZR 198/95, NZA 1996, 1027. ||11 BAG 24.10.1990 – 6 AZR 156/89, BB 1991, 695 (696); *B. Gaul*, Sonderleistungen und Fehlzeiten, 1994, S. 146 ff., 265, 271 ff. ||12 *B. Gaul*, BB 1994, 494 (496); BAG 10.1.1991 – 6 AZR 205/89, BB 1991, 1045.

tobedingungen), Vereins- oder Verbandsmitgliedschaften, Regelungen zu ArbN-Darlehen oder Beihilfen im Krankheitsfall.

6 **Allein arbeitsleistungsbezogene Sonderleistungen** (Sonderzuwendungen mit reinem Entgeltcharakter) sind in das vertragl. Synallagma eingebunden und verfolgen keinen darüber hinausgehenden Zweck[1]. Ohne abweichende Vereinbarung entfällt hier der Anspruch (anteilig) für die Dauer der Elternzeit[2]. Eine ausdrückliche Kürzungsabrede ist nicht erforderlich. **Beispiele:** 13. Monatsgehalt, Dienstwagen[3], Ergebnis- oder Gewinnbeteiligung, vermögenswirksame Leistungen oder sonstige Anlageformen (zB Sparbeitrag zum Erwerb von Aktien oder Aufwendungen des ArbN nach dem Wohnungsbau-Prämiengesetz). Entsprechend wird man aufwandsbezogene Leistungen behandeln müssen (zB Jobtickets für ÖPNV, Firmenparkplatz).

7 **Sonderleistungen mit Mischcharakter** vergüten neben der Arbeitsleistung auch die vergangene oder künftige Betriebszugehörigkeit. Da diese Zweckbestimmung im Zweifel insg. erfüllt werden soll[4], entsteht der Anspruch – wie bei Sonderzuwendungen mit Entgeltcharakter – nur für die Zeit, in der Arbeitsleistung erbracht wird. IdR gehören hierzu zB Urlaubs- oder Weihnachtsgeld, allerdings muss im Zweifel eine Feststellung des Zwecks anhand der sonstigen Anspruchsvoraussetzungen und Kürzungstatbestände erfolgen. Einer ausdrücklichen Kürzungsabrede wegen der Elternzeit bedarf es bei einem entsprechenden Auslegungsergebnis auch unter Berücksichtigung von § 305c II BGB nicht[5]. Da letztendlich der Inhalt der Zusage maßgeblich ist, sollte indes eine klare Regelung getroffen werden. Zulässig ist es, den Zahlungsanspruch an das Bestehen eines Urlaubsanspruchs zu knüpfen[6]. Ohne Urlaubsanspruch (vgl. § 17) entsteht damit kein Zahlungsanspruch. Allerdings entsteht ein ungekürzter Anspruch, wenn nur eine bestimmte Mindestleistung (zB 14 Tage Arbeitsleistung) im Kalenderjahr verlangt wird, die außerhalb der Elternzeit erfüllt wird. Eine Kürzung der Sonderleistung mit Mischcharakter entfällt, wenn die Vergütung der Arbeitsleistung untergeordnete Bedeutung hat[7]. Anhaltspunkt hierfür kann die Höhe der Zuwendung sein[8].

8 **Sonderfälle:** Bei betrAV muss Elternzeit in Bezug auf die Unverfallbarkeitsfristen (§ 1b BetrAVG) berücksichtigt werden. Dies gilt selbst dann, wenn mehrere Elternzeiten lückenlos aufeinander folgen[9]. Hier steht die Vergütung der Betriebstreue im Vordergrund. Allerdings kann vereinbart werden, dass Elternzeit keine anspruchssteigernde Wirkung hat. Eine solche Regelung ist mit Art. 157 AEUV, Art. 21 GrCh, Art. 3 und 6 GG sowie §§ 7 AGG, 612a BGB vereinbar[10]. Ein Eingriff in eine bereits bestehende Anwartschaft wegen der Elternzeit wäre indes unzulässig. Wenn Eltern selbst eine Kapital-Lebensversicherung abgeschlossen haben, müssen sie die Prämien auch während der Elternzeit tragen[11]. Hat ArbGeb seine Beitragspflicht für die Dauer des ArbVerh zugesagt, besteht sie während der Elternzeit fort[12]. Es kann aber vereinbart werden, dass Versicherung in Zeiten ohne Gehaltsanspruch beitragsfrei gestellt wird oder die Beiträge durch den ArbN übernommen werden. Bei Entgeltumwandlung kann ArbN verlangen, dass die Versicherung oder Versorgung während Elternzeit mit eigenen Beiträgen fortgesetzt wird (§ 1a IV BetrAVG). Bei der betriebszugehörigkeitsbezogenen Berechnung von Sozialplanabfindungen ist eine Ausgrenzung der Elternzeit unwirksam[13]. Knüpft die Abfindungshöhe an das zuletzt bezogene Arbeitsentgelt, kann Teilzeitbeschäftigung in Elternzeit trotz EuGH v. 22.10.2009[14] eine Kürzung der Abfindung bewirken; die Gefahr einer mittelbaren Benachteiligung überwiegend weibl. ArbN, die nur während der Elternzeit eine Teilzeit ausüben, kann durch fünfjährigen Bezugszeitraum vermieden werden[15]. Bei Werkmietwohnungen (§ 576 BGB) bzw. Werkdienstwohnungen (§ 576b BGB) stellt die Elternzeit keinen Grund zur Kündigung dar. Eine zum Nachteil des Mieters abweichende Vereinbarung ist unwirksam. Bei Aktienoptionen muss differenziert werden. Im Zweifel setzt ein Anspruch auf die Option keine Arbeitsleistung während eines bestimmten Bezugszeitraums voraus. Die Ausübung der Option kann dann ohne Rücksicht auf eine etwaige Elternzeit erfolgen. Abweichendes kann vereinbart werden[16]. Dies gilt erst recht, wenn Option durch die Muttergesellschaft ohne unmittelbaren Bezug zum ArbVerh eingeräumt wird. Kinderbezogene Entgeltbestandteile (hier: Besitzstandszulage) dürfen nach Ablauf der Elternzeit nicht gekürzt werden[17]. Karenzentschädigung wegen nachvertragl. Wettbewerbsverbots bestimmt sich nach dem zuletzt gezahlten Entgelt, ggf. also auch einem Teilzeitarbeitsentgelt während der Elternzeit[18].

---

1 BAG 24.10.1990 – 6 AZR 156/89, DB 1991, 446 (447). ||2 BAG 24.10.1990 – 6 AZR 156/89, DB 1991, 446 (447); *Bruns*, Elternzeit, S. 33f. ||3 Vgl. BAG 14.12.2010 – 9 AZR 631/09, DB 2011, 939. ||4 Vgl. *B. Gaul*, Sonderleistungen und Fehlzeiten, 1994, S. 199ff., 205. ||5 *Sowka*, NZA 1993, 783 (784); aA BAG 24.10.1990 – 6 AZR 341/89, DB 1991, 868; 10.12.2008 – 10 AZR 35/08, NZA 2009, 258 (259). ||6 BAG 15.4.2003 – 9 AZR 137/02, ZTR 2003, 624. ||7 Vgl. Erman/*Edenfeld*, § 611 BGB Rz. 455. ||8 BAG 24.10.2007 – 10 AZR 825/06, BB 2008, 166 (168). ||9 *Doetsch*, DB 1992, 1239 (1240); *Köster/Schiefer/Überacker*, DB 1994, 2341 (2346). ||10 Vgl. BAG 15.2.1994 – 3 AZR 708/93, DB 1994, 1479; 20.4.2010 – 3 AZR 370/08, NZA 2010, 2734 (2735ff.). ||11 Vgl. BAG 15.12.1998 – 3 AZR 251/97, NZA 1999, 834 (835) zu TV Übergangsversorgung Flugbegleiter. ||12 LAG Nürnberg 27.8.2002 – 6 (5) Sa 141/01, NZA-RR 2003, 318 (319). ||13 BAG 12.11.2002 – 1 AZR 58/02, DB 2003, 1635; 20.4.2010 – 3 AZR 370/08, NZA 2010, 2734 (2735). ||14 EuGH v. 22.10.2009 – Rs. C-116/08, NZA 2010, 29 – *Meerts*. ||15 Vgl. BAG 22.9.2009 – 1 AZR 316/08, DB 2009, 2664 (2665); *Köhler/Wolff*, ZESAR 2012, 468 (470ff.); aA ErfK/*Kania*, §§ 112, 112a BetrVG Rz. 25f. ||16 Vgl. BAG 12.1.2000 – 10 AZR 840/98, BB 2000, 2047 (2048); *Lembke*, BB 2001, 1469 (1472); *Harrer*, Mitarbeiterbeteiligungen, 2. Aufl. 2004, Rz. 433. ||17 BAG 18.12.2008 – 6 AZR 287/07, NZA 2009, 391. ||18 BAG 22.10.2008 – 10 AZR 360/08, DB 2009, 404; aA *Bauer/Diller*, Wettbewerbsverbote, Rz. 264.

b) Elternzeit mit Teilzeittätigkeit. Wenn während der Elternzeit beim selben ArbGeb eine Teilzeitbeschäftigung ausgeübt wird, hat dies bei betriebszugehörigkeitsbezogenen Sonderleistungen keine Bedeutung. Sie werden ohnehin nicht gekürzt. IÜ aber entsteht bei Sonderleistungen mit reinem Entgeltcharakter (Rz. 6) oder Sonderleistungen mit Mischcharakter (vgl. Rz. 7) nur ein entsprechend der tatsächlichen Arbeitszeit in der Elternzeit gekürzter Anspruch (§ 4 I 2 TzBfG). Geringere Arbeitszeit darf quantitativ, nicht aber qualitativ anders abgegolten werden als Vollzeitarbeit[1]. Wird eine Mindestarbeitszeit durch Teilzeittätigkeit unterschritten, entfällt die Sonderleistung vollständig[2]. 9

Auch bei Sonderleistungen mit Mischcharakter muss der Verzicht auf die Kürzung bzw. den Wegfall ausdrücklich vereinbart werden. Wird eine Kürzung wegen Elternzeit vereinbarungsgemäß ausgeschlossen, was wegen Art. 157 IV AEUV, Art. 3 II 2 GG, § 5 AGG statthaft ist[3], gilt dies auch für ArbN mit Teilzeitbeschäftigung. Andernfalls würden solche ArbN, die mit der Beschäftigung sogar die arbeitsleistungsbezogenen Anspruchsvoraussetzungen erfüllen und – entsprechend der Zweckbestimmung von § 15 IV–VII – Kontakt zum Arbeitsplatz halten, schlechter gestellt als ArbN, die überhaupt keine Arbeitsleistung erbringen[4]. 10

III. Betriebsverfassungsrechtliche Stellung. Wenn während der Elternzeit keine Teilzeitbeschäftigung ausgeübt wird, führt dies zwar zu einem Ruhen des Arbeitsvertrags. Der ArbN behält aber sein aktives und passives Wahlrecht bei den Wahlen zum BR[5]. Ausgehend von einer Rückkehr in die bisherige Funktion, besteht Kennzeichnung als leitender Angestellte(r) iSd. § 5 III BetrVG in Elternzeit fort. Ob das Personalrats- oder BR-Mitglied durch die Elternzeit vorübergehend an der Amtsführung gehindert ist, so dass nach § 25 I 2 BetrVG, § 31 I 2 BPersVG ein Ersatzmitglied an seine Stelle tritt, hängt vom Einzelfall ab[6]. Eine Beendigung des Betriebsratsamts nach § 24 Nrn. 3, 4 BetrVG kommt nicht in Betracht[7]. Gem. §§ 3 I, 7 II, 9ff., 24 MitbestG, 3, 5 II DrittelbG besteht ein entsprechendes Recht zur Teilnahme an den Wahlen zum Aufsichtsrat. Ohne freiwillige Niederlegung kann das Mandat auch während der Elternzeit ausgeübt werden[8]. Anspruch auf Fahrtkostenerstattung besteht nur dann nicht, wenn wegen einer Teilzeitbeschäftigung in der Elternzeit ohnehin eine Anwesenheitspflicht bestanden hat[9]. Bei einer Wahl durch Delegierte kommen Ersatzdelegierte zum Einsatz (§ 14 II MitbestG). Wird das Mandat wegen der Elternzeit freiwillig niedergelegt, tritt das Ersatzmitglied – falls ein solches gewählt wurde – an die Stelle des zurückgetretenen BR oder Aufsichtsratsmitglieds. Gibt es kein Ersatzmitglied (mehr), muss Neuwahl erfolgen. Dass ArbN während der Elternzeit gem. § 81 IV 1 BetrVG über Maßnahmen und deren Auswirkungen auf die Arbeitsplätze schriftlich zu unterrichten sind[10], erscheint zweifelhaft, weil die individuelle Betroffenheit erst bei Wiederaufnahme der Tätigkeit nach Elternzeit erkennbar wird. 11

IV. Sozialversicherungsrechtliche Stellung. 1. Kranken- und Pflegeversicherung. Solange Elternzeit oder Elterngeld in Anspruch genommen werden, bleibt die Mitgliedschaft Versicherungspflichtiger in der gesetzl. Kranken- und Pflegeversicherung erhalten (§ 192 I Nr. 2 SGB V, § 49 II SGB XI iVm. § 192 I Nr. 2 SGB V). Auch Familienangehörige sind nach § 10 SGB V geschützt[11]. Da die Elternzeit selbst keine Versicherungspflicht begründet, liegt darin die Fortführung der zuvor begründeten Versicherung. Bei freiwilligen Mitgliedern in der gesetzl. KV und Pflegeversicherung bzw. privat Versicherten trägt der ArbN die volle Beitragspflicht (§§ 224 I, 257 SGB V, 61 SGB XI). Beitragspflichtig sind ArbN und ArbGeb in Elternzeit nur, wenn sie wegen einer Teilzeitarbeit Entgeltansprüche haben[12]. Besonderheiten gelten, wenn insoweit eine geringfügige Beschäftigung iSd. § 8 I Nr. 1 SGB IX bzw. eine Beschäftigung in der Gleitzone nach § 20 II SGB IV ausgeübt wird. Der Anspruch auf Krankengeld ruht in der Elternzeit, soweit nicht Arbeitsunfähigkeit vor deren Beginn bestand. Tritt Arbeitsunfähigkeit erst nach Beginn der Elternzeit ein, ohne dass dadurch eine Teilzeittätigkeit unterbrochen wird, besteht kein Anspruch auf Krankengeld (§ 49 I Nr. 2 SGB V). Hier ist die Elternzeit Ursache des Vergütungsausfalls[13]. 12

2. Rentenversicherung. Ohne Rücksicht auf die Inanspruchnahme von Elternzeit besteht während der Kindererziehung Versicherungspflicht (§§ 3 S. 1 Nr. 1, 56 SGB VI). Die Kindererziehungszeit beginnt nach Ablauf des Monats der Geburt und endet nach 36 Kalendermonaten. Sie wird für einen Elternteil angerechnet. Haben beide Eltern das Kind erzogen, können sie wählen, auf wessen Versicherung die Zeit angerechnet werden soll (§ 56 II 2, 3 SGB VI). 13

3. Arbeitslosenversicherung. Auch während der Elternzeit besteht Versicherungspflicht (§ 26 IIa SGB III). Damit wird die Zeit ohne Beitragspflicht anspruchssteigernd berücksichtigt. Als (fiktives) Ar- 14

---

1 BAG 24.5.2000 – 10 AZR 629/99, NZA 2001, 216 (218). ‖2 BAG 5.8.1992 – 10 AZR 88/90, NZA 1993, 130 (132); 8.12.1993 – 10 AZR 66/93, NZA 1994, 421 (422). ‖3 BAG 19.3.2002 – 9 AZR 29/01, DB 2002, 2495 (2496). ‖4 BAG 19.3.2002 – 9 AZR 29/01, DB 2002, 2495 (2496); 12.2.2003 – 10 AZR 375/02, NZA-RR 2003, 482 (483f.). ‖5 *Buchner/Becker*, Vor §§ 15–21 Rz. 41; *Bruns*, Elternzeit, S. 36. ‖6 BAG 25.5.2005 – 7 ABR 45/04, NZA 2005, 1002f.; VGH Mannheim 26.9.1995 – PB 15 S 1138/95, NZA-RR 1996, 158 (159); *Buchner/Becker*, Vor §§ 15–21 BEEG Rz. 41; abw. GK-BetrVG/*Wiese*, § 25 Rz. 17. ‖7 BAG 25.5.2005 – 7 ABR 45/04, NZA 2005, 1002. ‖8 BAG 31.5.1989 – 7 AZR 574/88, DB 1990, 793; 25.5.2005 – 7 ABR 45/04, NZA 2005, 1002f.; LAG München 27.2.1998 – 8 TaBV 98/97, nv. ‖9 BAG 25.5.2005 – 7 ABR 45/04, NZA 2005, 1002. ‖10 So ArbG Bochum 20.4.2006 – 4 Ca 3329/05, NZA-RR 2006, 643 (644). ‖11 BSG 29.6.1993 – 12 RK 48/91, NZS 1994, 21. ‖12 *Buchner/Becker*, Vor §§ 15–21 Rz. 51. ‖13 BAG 17.10.1990 – 5 AZR 10/90, NZA 1991, 321 (322).

beitsentgelt wird das tarifl. Arbeitsentgelt derjenigen Beschäftigung angesetzt, auf die die AA die Vermittlungsbemühungen für einen vergleichbaren Arbl. in erster Linie zu erstrecken hat. Voraussetzung ist, dass in dieser Zeit nicht gearbeitet wird. Bei einer Teilzeitbeschäftigung während der Elternzeit bleibt die tatsächlich ausgeübte Tätigkeit maßgeblich.

15 Anspruch auf Elternzeit

(1) Arbeitnehmerinnen und Arbeitnehmer haben Anspruch auf Elternzeit, wenn sie
1. a) mit ihrem Kind,
   b) mit einem Kind, für das sie die Anspruchsvoraussetzungen nach § 1 Abs. 3 oder 4 erfüllen, oder
   c) mit einem Kind, das sie in Vollzeitpflege nach § 33 des Achten Buches Sozialgesetzbuch aufgenommen haben,

   in einem Haushalt leben und
2. dieses Kind selbst betreuen und erziehen.

Nicht sorgeberechtigte Elternteile und Personen, die nach Satz 1 Nr. 1 Buchstabe b und c Elternzeit nehmen können, bedürfen der Zustimmung des sorgeberechtigten Elternteils.

(1a) Anspruch auf Elternzeit haben Arbeitnehmer und Arbeitnehmerinnen auch, wenn sie mit ihrem Enkelkind in einem Haushalt leben und dieses Kind selbst betreuen und erziehen und
1. ein Elternteil des Kindes minderjährig ist oder
2. ein Elternteil des Kindes sich im letzten oder vorletzten Jahr einer Ausbildung befindet, die vor Vollendung des 18. Lebensjahres begonnen wurde und die Arbeitskraft des Elternteils im Allgemeinen voll in Anspruch nimmt.

Der Anspruch besteht nur für Zeiten, in denen keiner der Elternteile des Kindes selbst Elternzeit beansprucht.

(2) Der Anspruch auf Elternzeit besteht bis zur Vollendung des dritten Lebensjahres eines Kindes. Die Zeit der Mutterschutzfrist nach § 6 Abs. 1 des Mutterschutzgesetzes wird auf die Begrenzung nach Satz 1 angerechnet. Bei mehreren Kindern besteht der Anspruch auf Elternzeit für jedes Kind, auch wenn sich die Zeiträume im Sinne von Satz 1 überschneiden. Ein Anteil der Elternzeit von bis zu zwölf Monaten ist mit Zustimmung des Arbeitgebers auf die Zeit bis zur Vollendung des achten Lebensjahres übertragbar; dies gilt auch, wenn sich die Zeiträume im Sinne von Satz 1 bei mehreren Kindern überschneiden. Bei einem angenommenen Kind und bei einem Kind in Vollzeit- oder Adoptionspflege kann Elternzeit von insgesamt bis zu drei Jahren ab der Aufnahme bei der berechtigten Person, längstens bis zur Vollendung des achten Lebensjahres des Kindes genommen werden; die Sätze 3 und 4 sind entsprechend anwendbar, soweit sie die zeitliche Aufteilung regeln. Der Anspruch kann nicht durch Vertrag ausgeschlossen oder beschränkt werden.

(3) Die Elternzeit kann, auch anteilig, von jedem Elternteil allein oder von beiden Elternteilen gemeinsam genommen werden. Satz 1 gilt in den Fällen des Absatzes 1 Satz 1 Nr. 1 Buchstabe b und c entsprechend.

(4) Der Arbeitnehmer oder die Arbeitnehmerin darf während der Elternzeit nicht mehr als 30 Wochenstunden im Durchschnitt des Monats erwerbstätig sein. Eine im Sinne des § 23 des Achten Buches Sozialgesetzbuch geeignete Tagespflegeperson kann bis zu fünf Kinder in Tagespflege betreuen, auch wenn die wöchentliche Betreuungszeit 30 Stunden übersteigt. Teilzeitarbeit bei einem anderen Arbeitgeber oder selbständige Tätigkeit nach Satz 1 bedarf der Zustimmung des Arbeitgebers. Dieser kann sie nur innerhalb von vier Wochen aus dringenden betrieblichen Gründen schriftlich ablehnen.

(5) Der Arbeitnehmer oder die Arbeitnehmerin kann eine Verringerung der Arbeitszeit und ihre Ausgestaltung beantragen. Über den Antrag sollen sich der Arbeitgeber und der Arbeitnehmer oder die Arbeitnehmerin innerhalb von vier Wochen einigen. Der Antrag kann mit der schriftlichen Mitteilung nach Absatz 7 Satz 1 Nr. 5 verbunden werden. Unberührt bleibt das Recht, sowohl die vor der Elternzeit bestehende Teilzeitarbeit unverändert während der Elternzeit fortzusetzen, soweit Absatz 4 beachtet ist, als auch nach der Elternzeit zu der Arbeitszeit zurückzukehren, die vor Beginn der Elternzeit vereinbart war.

(6) Der Arbeitnehmer oder die Arbeitnehmerin kann gegenüber dem Arbeitgeber, soweit eine Einigung nach Absatz 5 nicht möglich ist, unter den Voraussetzungen des Absatzes 7 während der Gesamtdauer der Elternzeit zweimal eine Verringerung seiner oder ihrer Arbeitszeit beanspruchen.

(7) Für den Anspruch auf Verringerung der Arbeitszeit gelten folgende Voraussetzungen:
1. Der Arbeitgeber beschäftigt, unabhängig von der Anzahl der Personen in Berufsbildung, in der Regel mehr als 15 Arbeitnehmer und Arbeitnehmerinnen,
2. das Arbeitsverhältnis in demselben Betrieb oder Unternehmen besteht ohne Unterbrechung länger als sechs Monate,

3. die vertraglich vereinbarte regelmäßige Arbeitszeit soll für mindestens zwei Monate auf einen Umfang zwischen 15 und 30 Wochenstunden verringert werden,
4. dem Anspruch stehen keine dringenden betrieblichen Gründe entgegen und
5. der Anspruch wurde dem Arbeitgeber sieben Wochen vor Beginn der Tätigkeit schriftlich mitgeteilt.

Der Antrag muss den Beginn und den Umfang der verringerten Arbeitszeit enthalten. Die gewünschte Verteilung der verringerten Arbeitszeit soll im Antrag angegeben werden. Falls der Arbeitgeber die beanspruchte Verringerung der Arbeitszeit ablehnen will, muss er dies innerhalb von vier Wochen mit schriftlicher Begründung tun. Soweit der Arbeitgeber der Verringerung der Arbeitszeit nicht oder nicht rechtzeitig zustimmt, kann der Arbeitnehmer oder die Arbeitnehmerin Klage vor den Gerichten für Arbeitssachen erheben.

I. Anspruchsberechtigter Personenkreis	1	1. Grundsatz	9
II. Dauer, Übertragbarkeit und Unabdingbarkeit der Elternzeit	3	2. Teilzeitarbeit bei fremdem Arbeitgeber oder selbständige Tätigkeit	10
1. Dauer und Übertragbarkeit	3	3. Teilzeitarbeit beim selben Arbeitgeber	11
2. Unabdingbarkeit des Anspruchs	7	4. Anspruch auf Verringerung der Arbeitszeit im Anschluss an die Elternzeit	25
III. Möglichkeiten der Inanspruchnahme	8	5. Prozessuales	26
IV. Erwerbstätigkeit während der Elternzeit	9		

I. Anspruchsberechtigter Personenkreis. Neben der in Abs. 1 beschriebenen Beziehung zum Kind setzt der Anspruch auf Elternzeit das **Bestehen eines ArbVerh** voraus. Dauer und Umfang der Vertragsbeziehung und die Art der Tätigkeit spielen keine Rolle. Dabei sind die zur Berufsbildung Beschäftigten (§§ 10, 26 BBiG) sowie die in Heimarbeit Beschäftigten in den anspruchsberechtigten Personenkreis einbezogen (§ 20). Darüber hinaus haben auch Großeltern Anspruch auf Elternzeit, sofern sie mit ihrem Enkelkind in einem Haushalt leben, es selbst betreuen und erziehen und ein Elternteil des Kindes minderjährig ist oder sich im letzten oder vorletzten Jahr einer Ausbildung befindet, die vor Vollendung des 18. LJ begonnen wurde und die Arbeitskraft des Elternteils im Allg. voll in Anspruch nimmt. Als Ausbildung wird insoweit auch das Hochschulstudium erfasst[1]. Die damit verbundene Unterstützung bei der Erziehung der Enkel soll die Situation junger Eltern verbessern[2]. Die Inanspruchnahme durch die Großeltern erfolgt indes subsidiär, ist also ausgeschlossen für Zeiten, in denen einer der Elternteile selbst Elternzeit beansprucht (Abs. 1a). Nicht anspruchsberechtigt sind mangels ArbN-Eigenschaft Selbständige, selbständige Handelsvertreter (§ 84 HGB) und GmbH-Geschäftsführer. Nicht anspruchsberechtigt sind außerdem Beamte und Soldaten. Für diese gelten besondere gesetzl. Regelungen. 1

Die **Beendigung des ArbVerh** vor Beginn der Elternzeit schließt einen Anspruch aus § 15 aus. Die Form der Beendigung ist unerheblich. Der verbleibende Teil kann beim FolgeArbGeb genommen werden[3]. Bei befristeten ArbVerh führt Inanspruchnahme von Elternzeit nicht zu einer Vertragsverlängerung; Abweichendes kann vereinbart werden. 2

II. Dauer, Übertragbarkeit und Unabdingbarkeit der Elternzeit. 1. Dauer und Übertragbarkeit. Grundsatz: Anspruch auf Elternzeit besteht bis zur Vollendung des dritten LJ, bei angenommenen Kindern und bei einem Kind in Vollzeit- oder Adoptionspflege bis zu drei Jahre ab der Aufnahme bei der berechtigten Person. Wird das ArbVerh in dieser Zeit beendet, kann der noch verbleibende Teil der Elternzeit beim FolgeArbGeb genommen werden[4]. Dabei ist die Elternzeit teilbar und kann innerhalb des Drei-Jahres-Zeitraums verlängert werden (§ 16 Rz. 4). Ein Anteil von bis zu zwölf Monaten kann über den Drei-Jahres-Zeitraum hinaus bis zur Vollendung des achten LJ des Kindes übertragen werden. Die Übertragung muss indes bis zum Ablauf des Drei-Jahres-Zeitraums vereinbart werden und bezieht sich auf die bis zur Vollendung des dritten LJ noch mögliche Elternzeit (vgl. § 16 Rz. 4). Damit besteht die Chance, sich zB gerade in der Phase der Einschulung oder im Anschluss an die Elternzeit wegen eines weiteren Kindes verstärkt um die Erziehung zu kümmern[5]. Insb. bei einer kurzen Geburtenfolge oder bei Mehrlingsgeburten muss jedes Kind gesondert betrachtet werden. Hier wird durch Abs. 2 S. 3 sichergestellt, dass von der Zeit, in der sich die ersten drei LJ der Kinder überschneiden, ein Anteil gem. Abs. 2 S. 4 übertragen werden kann[6]. 3

- **Beispiel:** Das erste Kind wird am 1.1.2010 geboren, das zweite am 1.1.2012. Die Mutter hatte für das erste Kind drei Jahre Elternzeit bis zum 31.12.2012 angemeldet. Sie nimmt für das zweite Kind Elternzeit bis zum 31.12.2014. Das erste LJ des zweiten Kindes hat sich mit der Elternzeit für das erste Kind überschnitten. Wenn für beide Kinder der Drei-Jahres-Zeitraum in Anspruch genommen werden soll, ist die Elternzeit für das erste Kind vorzeitig zu beenden (vgl. § 16 Rz. 4, 10), Elternzeit für das zweite Kind in Anspruch zu nehmen und die für das erste Kind noch verbliebene Elternzeit mit 4

---

1 BT-Drs. 16/9415, 6; Düwell, NZA 2009, 759. ‖ 2 Düwell, NZA 2009, 759; Genenger, ZRP 2008, 180 ff. ‖ 3 Vgl. BAG 11.3.1999 – 2 AZR 19/98, BB 1999, 1711. ‖ 4 Vgl. BAG 11.3.1999 – 2 AZR 19/98, BB 1999, 1711. ‖ 5 BT-Drs. 14/3553, 21. ‖ 6 Vgl. BT-Drs. 15/1502, 36 f.

Zustimmung des ArbGeb (vgl. Rz. 5) auf einen späteren Zeitpunkt bis zur Vollendung des achten LJ zu übertragen.

5 **Übertragung der Elternzeit** bedarf einer Zustimmung des ArbGeb. Die Verweigerung kann mit sachlichen Gründen aus der Sphäre des Betriebs begründet werden, muss aber billigem Ermessen genügen[1]. Erforderlich ist also eine Interessenabwägung unter Berücksichtigung der zu diesem Zeitpunkt bekannten Umstände. Abstrakte betriebl. (Planungs-)Interessen treten dabei hinter dem Interesse an einer Betreuung des Kindes zurück[2]. Ggf. muss Klage auf Zustimmung erhoben werden; die Festsetzung erfolgt dann gem. § 315 III BGB. Eine Festlegung, in welcher Zeit die spätere Inanspruchnahme erfolgen soll, ist nicht erforderlich, muss aber im Rahmen der Interessenabwägung berücksichtigt werden. Denn die Zustimmung nach Abs. 2 bezieht sich nur auf die Übertragung, nicht auch auf die zeitliche Lage im Anschluss daran. Dass der ArbN nach Zustimmung des ArbGeb in arbeitsplatzbedrohenden Zeiten durch den Antrag auf Elternzeit Sonderkündigungsschutz nach § 18 auslösen kann, ist hinzunehmen[3]. Ein Widerrufsvorbehalt bei der Erteilung der Zustimmung ist unwirksam[4]. Die Zustimmung kann nur einvernehmlich oder durch Änderungskündigung beseitigt werden. Diese Bindung besteht wechselseitig auch dann, wenn die Zeit, in der der übertragene Teil der Elternzeit genommen werden soll, einvernehmlich festgelegt wird[5]. Abweichendes gilt für Änderungen nach § 16 (vgl. § 16 Rz. 11 f.). Wegen der Inanspruchnahme der letzten zwölf Monate vgl. § 16 Rz. 4.

6 **ArbGebWechsel:** Der neue ArbGeb ist an eine zuvor erteilte Zustimmung des bisherigen ArbGeb nicht gebunden[6]. Dies schließt einen erneuten Antrag auf spätere Inanspruchnahme des zweiten Teils der Elternzeit nicht aus[7]. Während Elternzeit, die bis zur Vollendung des dritten LJ genommen werden soll, bei ArbGebWechsel schon in der Probezeit ohne die Notwendigkeit einer Zustimmung des neuen ArbGeb geltend gemacht werden kann[8], ist die Inanspruchnahme des übertragenen Teils an eine Zustimmung des neuen ArbGeb entsprechend Abs. 2 geknüpft[9]. Bei Betriebsübergang/Umwandlung ist der neue ArbGeb gem. § 613a BGB, § 324 UmwG an die Zustimmung des Rechtsvorgängers gebunden[10].

7 **2. Unabdingbarkeit des Anspruchs.** Auf das Recht auf Elternzeit oder Übertragbarkeit eines Teils der Elternzeit kann nicht verzichtet werden (Abs. 2 S. 6); abweichende Vereinbarungen sind nur zu Gunsten des ArbN erlaubt[11]. Sonderurlaubsvereinbarungen, die vor der Schwangerschaft getroffen wurden, werden durch § 15 nicht berührt. Da eine Freistellung hier bereits erfolgt ist, kann keine Elternzeit mehr verlangt werden. Wenn dem ArbN aber die Fortsetzung des Sonderurlaubs nicht zuzumuten ist, kann der ArbGeb aber aus §§ 241 II, 242 BGB verpflichtet sein, der vorzeitigen Beendigung des Sonderurlaubs zuzustimmen, wenn stattdessen Elternzeit begehrt wird[12].

8 **III. Möglichkeiten der Inanspruchnahme.** Die Elternzeit kann von jedem Elternteil allein oder von beiden gemeinsam genommen werden. Entsprechendes gilt für Ehegatten, Lebenspartner und die Berechtigten gem. Abs. 1 S. 1 Nr. 1c (Abs. 3). Auch kann sie ganz oder teilweise gleichzeitig in Anspruch genommen werden. Lediglich die Großeltern, die wiederum gleichzeitig Elternzeit nehmen könnten, werden zurückgestellt. Sie können für Zeiten der Inanspruchnahme durch eines der Elternteile keine Elternzeit beanspruchen (Abs. 1a). Wenn der Anspruch auf Elterngeld für 14 Monate in Anspruch genommen werden soll („Partnermonate"), muss einer der Eltern das Einkommen aus Erwerbstätigkeit für die Dauer von mindestens zwei Monaten mindern (§ 4 II 3). Das dürfte idR mit einer Unterbrechung oder Minderung seiner Erwerbstätigkeit iSd. § 1 VI verbunden sein[13]. Weitere Einzelheiten regelt § 16 I 4. Jeder Anspruchsberechtigte kann die Gesamtdauer geltend machen. Eine Anrechnung und daraus folgend eine Verkürzung ist nur insoweit vorgesehen, als die Zeit der Mutterschutzfrist nach § 6 I MuSchG (acht bzw. zwölf Wochen nach der Entbindung) zur Anrechnung kommt[14].

9 **IV. Erwerbstätigkeit während der Elternzeit. 1. Grundsatz.** Während der Elternzeit kann jede Form der Erwerbstätigkeit von **bis zu 30 Wochenstunden** vereinbart werden (Abs. 4). Auf diese Weise soll auch der Wiedereinstieg in den Beruf erleichtert werden. Die Höchstdauer gilt für jeden Elternteil. Eine andere Aufteilung (etwa 35/25 Stunden) zwischen den Eltern ist unzulässig[15]. Wird die Grenze überschritten, entfällt der Anspruch auf Elterngeld. Zivilrechtl. hat die Vereinbarung aber Bestand. Eine Ausnahme gilt nur für eine geeignete Tagespflegeperson iSd. § 23 SGB VIII. Sie kann bis zu fünf Kinder betreuen, auch wenn die wöchentliche Betreuungszeit 30 Stunden übersteigt (§§ 1 I Nr. 4, VI, 15 IV 2).

---

1 BAG 18.10.2011 – 9 AZR 315/10, NZA 2012, 262 (264). || 2 BAG 21.4.2009 – 9 AZR 391/08, BB 2009, 949; vgl. B. Gaul/Wisskirchen, BB 2000, 2466; Reinecke, FA 2001, 10 (11); Buschmann/Dieball/Stevens-Bartol, §§ 15, 16 BErzGG Rz. 8. || 3 LAG Nds. 2.7.2004 – 16 Sa 440/04, NZA 2005, 250. || 4 AA Lindemann/Simon, NJW 2001, 258 (259). || 5 AA Sowka, NZA 2000, 1185 (1186). || 6 BT-Drs. 14/3553, 21. || 7 AA Leßmann, DB 2001, 94 (95). || 8 Vgl. BAG 11.3.1999 – 2 AZR 19/98, BB 1999, 1711. || 9 B. Gaul/Wisskirchen, BB 2000, 2466; Buschmann/Dieball/Stevens-Bartol, §§ 15, 16 BErzGG Rz. 8, die ein Erlöschen des Anspruchs annehmen. || 10 Lindemann/Simon, NJW 2001, 258 (259); Buschmann/Dieball/Stevens-Bartol, §§ 15, 16 BErzGG Rz. 8. || 11 Hönsch, Elternzeit und Erziehungsgeld, 2001, Rz. 215. || 12 BAG 16.7.1997 – 5 AZR 309/96, NZA 1998, 104 (105); abl. Sowka, NZA 1998, 347 (348). || 13 HK-MuSchG/BEEG/Lenz, § 4 Rz. 5. || 14 Ebenso schon ArbG Bremen 21.2.2002 – 8 Ca 8262/01, nv.; ArbG Hamburg 28.2.2002 – 14 Ca 257/01, EzA-SD 2002, Nr. 26, 10; Sowka, NZA 2000, 1185 (1186); Leßmann, DB 2001, 94; Lindemann/Simon, NJW 2001, 258 (259); Reinecke, FA 2001, 10 (11). || 15 BT-Drs. 14/3553, 21.

2. Teilzeitarbeit bei fremdem Arbeitgeber oder selbständige Tätigkeit. Die Teilzeitbeschäftigung bei einem fremden ArbGeb oder eine selbständige Tätigkeit bedürfen der Zustimmung des ArbGeb. Eine Verweigerung muss schriftl. innerhalb von vier Wochen erfolgen; die Begründung selbst kann mündlich erfolgen. Sie setzt aber „dringende betriebliche Gründe" voraus[1]. **Beispiele:** Arbeitsbedarf und (nachweisbar) fehlende Möglichkeit einer Ersatzeinstellung, geplante Konkurrenztätigkeit[2]. Wird keine Zustimmung erteilt, muss Klage auf Abgabe einer solchen Erklärung erhoben werden[3]. Erfolgt die Ablehnung nicht form- und fristgerecht, entfällt das Zustimmungserfordernis auch beim Vorliegen betriebl. Gründe[4].

3. Teilzeitarbeit beim selben Arbeitgeber. Die Teilzeittätigkeit kann auch beim selben ArbGeb erfolgen. Falls eine entsprechende Tätigkeit bereits vor der Elternzeit verrichtet wurde, ist keine besondere Vereinbarung erforderlich, soweit die vereinbarte Arbeitszeit 30 Wochenstunden im Durchschnitt des Monats nicht übersteigt (Abs. 5 S. 4). Dies gilt selbst dann, wenn das ArbVerh vorübergehend zum Ruhen gebracht und die Teilzeitbeschäftigung erst danach während der fortbestehenden Elternzeit wieder aufgenommen wird, falls die Fortsetzung der Teilzeittätigkeit bereits in der Frist des § 16 I 1 vor der Elternzeit geltend gemacht wurde[5]. Wenn allerdings bis zum Beginn der Elternzeit eine Vollzeittätigkeit bzw. eine Tätigkeit oberhalb dieser Zeitgrenze vereinbart war, muss eine Vereinbarung getroffen werden. Grundlage kann ein Antrag auf Arbeitszeitverringerung nach Abs. 6, 7 sein.

a) Inhalt und Form der Geltendmachung. Der Wunsch nach Teilzeitarbeit kann an sich formlos kundgetan werden. Dies kann bereits mit dem Verlangen der Elternzeit nach § 16, aber auch nach Antritt der Elternzeit geschehen, selbst wenn die Arbeitszeit zu diesem Zeitpunkt bereits auf „Null" reduziert wurde[6]. Vor der Erklärung, Elternzeit in Anspruch zu nehmen, kann ein Antrag auf Verringerung nicht auf Abs. 6, 7 gestützt werden[7]. Wenn Inanspruchnahme der Elternzeit nur bei gleichzeitiger Teilzeitbeschäftigung erfolgen soll, muss dies als Bedingung mit dem Verlangen nach § 16 verknüpft werden[8]. Die Bedingungsfeindlichkeit gestaltender Willenserklärungen steht dem nicht entgegen, da die Entscheidung des ArbN, Elternzeit zu nehmen, von der Entscheidung des ArbGeb über die Teilzeitbeschäftigung abhängt[9]. Wird keine Einigung erzielt, kann ein Anspruch auf Verringerung der Arbeitszeit nach Abs. 7 aber nur geltend gemacht werden, wenn er dem ArbGeb spätestens sieben Wochen vor Beginn der Tätigkeit schriftl. mitgeteilt wurde. Während der Elternzeit gelten insoweit strengere Formerfordernisse als bei § 8 TzBfG. Im Hinblick darauf kann der Antrag mit der schriftl. Mitteilung nach Abs. 7 S. 1 Nr. 5 verbunden werden. Entsprechend § 145 BGB muss der Antrag konkrete Angaben über den Beginn, den Umfang und die Dauer der angestrebten Verringerung der Arbeitszeit enthalten[10]. Dabei kann auch eine nur vorübergehende Verringerung verlangt werden[10]. Es genügt nicht, lediglich „Teilzeitarbeit" zu verlangen[11]. Eine bestimmte Ausgestaltung (Verteilung der Arbeitszeit) muss nicht verlangt werden. Dass der Gesetzgeber in Abs. 7 Nr. 5 missverständlicherweise nur von „Mitteilung" des Anspruchs spricht, ist unerheblich. Der ArbN ist an seinen Antrag auf Vertragsänderung gebunden[12].

b) Vorrang einer einvernehmlichen Regelung. ArbGeb und Elternteil sollen sich innerhalb von vier Wochen über den Antrag auf Verringerung der Arbeitszeit und ihre Ausgestaltung verständigen und eine Teilzeittätigkeit vereinbaren (Abs. 5). Einigungszwang besteht nicht. Mit Einigung wird die Vertragsänderung wirksam und für beide Seiten verbindlich. Änderungen sind in der Elternzeit nur durch Änderungsvereinbarung, Änderungskündigung oder die Durchsetzung eines erneuten Anspruchs auf Arbeitszeitverringerung möglich[13]. Allerdings kann der Anspruch auf Teilzeit nur zweifach durchgesetzt werden; dabei zählen einvernehmliche Teilzeitregelungen mit[14]. Die abw. Ansicht des BAG berücksichtigt zu wenig, dass auch die Einigung schlussendlich nur die Abwicklung eines einseitigen Antrags des ArbN darstellt. Lässt sich der ArbGeb auf eine Erörterung des Teilzeitwunsches nicht ein und missachtet damit die Verhandlungsobliegenheit, hat dies keinen Anspruch auf Arbeitszeitverringerung zur Folge. Hierfür bleibt allein Abs. 7 maßgeblich[15].

c) Anspruch auf Verringerung der Arbeitszeit. Soweit keine Einigung erfolgt, kann der ArbN nach Abs. 6, 7 während der Gesamtdauer der Elternzeit zweimal einen Anspruch auf Arbeitszeitverringerung geltend machen, wenn

– der ArbGeb idR mehr als 15 ArbN ohne die zu ihrer Berufsausbildung Beschäftigten beschäftigt; ihre Arbeitszeit ist unerheblich, so dass auch Kleinstbetriebe erfasst werden,

---

1 Eingehend *Joussen*, NZA 2003, 644 (645). ‖2 LAG Düss. 2.7.1999 – 14 Sa 487/99, NZA-RR 2000, 232. ‖3 LAG Düss. 2.7.1999 – 14 Sa 487/99, NZA-RR 2000, 232 (233); *Joussen*, NZA 2003, 644 (648); aA *Buschmann/Dieball/Stevens-Bartol*, §§ 15, 16 BErzGG Rz. 12: nach Fristablauf „automatische" Berechtigung zur Aufnahme der Beschäftigung. ‖4 BAG 26.6.1997 – 8 AZR 506/95, EzA § 15 BErzGG Nr. 9 S. 3. ‖5 BAG 17.4.2004 – 9 AZR 21/04, NZA 2004, 1039 (1040). ‖6 BAG 15.12.2009 – 9 AZR 72/09, NZA 2010, 447 (449f). ‖7 BAG 5.6.2007 – 9 AZR 82/07, NZA 2007, 1352 (1355). ‖8 BAG 5.6.2007 – 9 AZR 82/07, NZA 2007, 1352 (1355). ‖9 BAG 5.6.2007 – 9 AZR 82/07, NZA 2007, 1352 (1355). ‖10 BAG 19.4.2005 – 9 AZR 233/04, BB 2006, 553 (554); *Sowka*, NZA 2000, 1185 (1189). ‖11 Vgl. BAG 16.10.2007 – 9 AZR 239/07, NZA 2008, 289; *Sowka*, NZA 2000, 1185 (1189). ‖12 BAG 9.5.2006 – 9 AZR 278/05, NZA 2006, 1413. ‖13 Vgl. *Lindemann/Simon*, NJW 2001, 258 (261). ‖14 LAG Hamburg 18.5.2011 – 5 Sa 93/10, NZA-RR 2011, 454; aA BAG 19.2.2013 – 9 AZR 461/11, NZA 2013, 907 (909). ‖15 Vgl. BAG 18.2.2003 – 9 AZR 356/02, NZA 2003, 911 zu § 8 TzBfG.

- das ArbVerh des Elternteils zum Zeitpunkt der Antragstellung[1] in dem selben Betrieb oder Unternehmen länger als sechs Monate ohne Unterbrechung bestanden hat,
- die vertragl. vereinbarte regelmäßige Arbeitszeit für die Dauer von mindestens drei Monaten festgelegt wird und sich zwischen 15 und 30 Wochenstunden bewegt; damit kann auch eine nur vorübergehende Absenkung der Arbeitszeit geltend gemacht werden,
- dem Anspruch keine dringenden betriebl. Gründe entgegenstehen, und
- der Anspruch dem ArbGeb sieben Wochen vor Beginn der Tätigkeit schriftl. mitgeteilt wurde.

15 Die Sieben-Wochen-Frist kann bereits mit dem Verlangen nach Abs. 5 in Gang gesetzt werden. Abs. 7 verlangt nicht, dass die Einigung gescheitert oder die Vier-Wochen-Frist für den Einigungsversuch abgelaufen ist (Abs. 5 S. 2). Andernfalls bestünde die Gefahr, Kündigungsschutz nach § 18 erst nach dem Scheitern einer Einigung über das Teilzeitverlangen auszulösen[2]. Nach BAG führt fehlende Einhaltung der Ankündigungsfrist im Wege der Auslegung im Zweifel zu einer automatischen Verlängerung zum nächstzulässigen Termin[3]. Der ArbGeb kann ausdrücklich oder konkludent auf Einhaltung der Frist verzichten.

16 Auf den Anspruch auf Verringerung der Arbeitszeit nach **§ 8 TzBfG** kann für die Dauer der Elternzeit entgegen BAG v. 22.10.2008[4] nicht zurückgegriffen werden. Die dort getroffenen Regelungen, auf Grund derer ohnehin nur eine unbefristete Verringerung der Arbeitszeit mit der Folge einer Fortgeltung auch über den Ablauf der Elternzeit hinaus durchgesetzt werden könnte, werden durch § 15 als lex specialis verdrängt[5]. Gegen die parallele Anwendbarkeit beider Vorschriften spricht nicht nur das Gebot der Rechtssicherheit, das angesichts der unterschiedlichen Verfahren sowie der verschiedenen Form- und Fristerfordernisse zu Lasten der ArbGebSeite nicht mehr gewahrt wäre. Hinzu kommt, dass mit § 15 eine abschließende Sonderregelung geschaffen wurde, die zwar Einschränkungen hinsichtlich des Gestaltungsspielraums enthält (zB Zeitrahmen zwischen 15 und 30 Wochenstunden). Diese Einschränkungen werden aber durch erleichterte Anspruchsvoraussetzungen (zB Ablehnung nur aus dringenden betriebl. Gründen), die Berechtigung zur mehrfachen Geltendmachung und den Sonderkündigungsschutz ausgeglichen, so dass die fehlende Anwendbarkeit in der Elternzeit auch nicht im Widerspruch zu Art. 6 GG steht. Etwas anderes gilt nur dann, wenn nach der Geburt eines Kindes bzw. der Inobhutnahme keine Elternzeit beantragt wird. Hier kann (weiterhin) auf § 8 TzBfG zurückgegriffen werden.

17 **d) Ablehnung einer Verringerung der Arbeitszeit aus dringenden betrieblichen Gründen.** Der Anspruch auf Arbeitszeitverringerung kann nur aus dringenden betriebl. Gründen abgelehnt werden. Dabei ist das **Drei-Stufen-Schema** anzuwenden, das das BAG zu § 8 TzBfG entwickelt hat (vgl. § 8 TzBfG Rz. 24). In einer ersten Stufe ist zu prüfen, ob der vom ArbGeb als erforderlich angesehenen Arbeitszeitregelung überhaupt ein bestimmtes betriebl. Organisationskonzept zugrunde liegt. Danach ist zu prüfen, ob diese Arbeitszeitregelung dem Arbeitszeitverlangen des ArbN entgegensteht (zweite Stufe). In der dritten Stufe ist dann das Gewicht der betriebl. Gründe zu prüfen. Da der Antrag auf Verkürzung der Arbeitszeit außerhalb der Elternzeit nach § 8 TzBfG bereits aus betriebl. Gründen zurückgewiesen werden kann, müssen „zwingende Hindernisse" gegen die Umsetzung sprechen[6]. Vergleichbar mit den zu § 7 I BUrlG entwickelten Grundsätzen oder den Anforderungen an eine Kündigung tarifvertragl. ordentlich unkündbarer ArbN wird man deshalb im Rahmen einer am Einzelfall ausgerichteten Interessenabwägung ein deutliches Überwiegen („besonderes Gewicht"[7]) der betriebl. Interessen an der Vermeidung einer Teilzeitbeschäftigung verlangen müssen. Die Gründe müssen auch verfassungsrechtl. Wertentscheidungen (zB Pressefreiheit, Kunstfreiheit[8]) und die in § 8 TzBfG genannten Gründe berücksichtigen, zumal der Gesetzgeber diese ursprünglich als Beispiele eines dringenden betriebl. Grundes konzipiert hatte[9]. Im Rahmen von § 15 müssen indes alle denkbaren organisatorischen und personellen Maßnahmen geprüft und umgesetzt werden. Dass dies den ArbGeb belastet, wird hingenommen, sofern darin keine Änderung des Betriebszwecks oder der -organisation liegt. Wenn die Arbeit bereits während des ersten Teils der Elternzeit, bei Urlauben bzw. langandauernder Krankheit auf mehrere Kollegen verteilt wurde, spricht dies gegen einen dringenden betriebl. Grund[10]. **Unzureichend:** Koordinationsaufwand, nötige Delegation von Aufgaben auf andere ArbN, Beeinträchtigung der Organisation oder des Arbeitsablaufes, wenn es möglich ist, diese Störungen durch eine auf das Direktionsrecht gestützte Umorganisation oder andere Verteilung der Arbeitszeit aufzuheben oder auf ein vertretbares Maß zu reduzieren[11]; geplanter Einsatz von LeihArbN, Mehraufwand durch höheren

---

1 *Buschmann/Dieball/Stevens-Bartol*, §§ 15, 16 BErzGG Rz. 14. ||2 Vgl. BT-Drs. 15/1502, 37. ||3 BAG 20.7.2004 – 9 AZR 626/03, DB 2004, 2323; abw. noch *B. Gaul/Wisskirchen*, BB 2000, 2466 (2468). ||4 10 AZR 360/08, DB 2009, 404. ||5 Ebenso *Sowka*, BB 2001, 935 (936); *Kliemt*, NZA 2001, 63 (70); aA BAG 22.10.2008 – 10 AZR 360/08, DB 2009, 404, das trotz speziellerer Regelung von einer parallelen Anwendbarkeit ausgeht; *Rudolf/Rudolf*, NZA 2002, 602 (605); *Däubler*, ZIP 2001, 217 (219); *Hanau*, NZA 2001, 1168 (1173); *Leuchten* in Tschöpe, Arbeitsrecht, Teil 2 D Rz. 33. ||6 BAG 13.11.2007 – 9 AZR 36/07, NZA 2008, 314 (316); 15.12.2009 – 9 AZR 72/09, NZA 2010, 447 (450). ||7 BAG 19.4.2005 – 9 AZR 233/04, BB 2006, 553 (557); LAG Schl.-Holst. 12.6.2007 – 5 Sa 83/07, NZA-RR 2007, 511 (512). ||8 Vgl. BAG 13.10.2009 – 9 AZR 910/08, NZA 2010, 339. ||9 Vgl. RefE, NZA 2000, 1045 (1046). ||10 Vgl. BAG 13.10.2009 – 9 AZR 910/08, NZA 2010, 339 (341). ||11 Vgl. ArbG Stuttgart 5.7.2001 – 21 Ca 2762/01, NZA 2001, 968.

Personalaufwand, Kosten der Einarbeitung einer Ersatzkraft[1] oder durch Übergabegespräche als Folge des verstärkten Einsatzes von Teilzeitkräften[2]; Funktion als Führungskraft (Leiterin Controlling)[3], unbefristete Einstellung einer Ersatzkraft[4], Störung des Arbeitsablaufs durch gleichzeitigen Urlaub anderer ArbN[5]; Notwendigkeit einer Versetzung. **Ausreichend:** Fehlender Beschäftigungsbedarf wegen personeller Überkapazität[6]. Fehlen der nach Arbeits- oder Organisationskonzept des ArbGeb tatsächlich erforderlichen Ersatzkraft für die ausfallende Arbeitszeit trotz Nachfrage bei der AA[7]; befristete Einstellung einer Vertretungskraft, die – wie andere ArbN auch – nicht bereit ist, Arbeitszeit zu verringern[8]; Veränderung der Organisationsstruktur des Betriebs auf Grund bestehender Teilzeit- und Vollzeitschichtmodelle[9]; Gefährdung des Betriebszwecks durch Teilzeitbeschäftigung (hier: heilpädagogischer Kindergarten[10]); Notwendigkeit zur Einstellung einer Vollzeitersatzkraft und Abbau von Überstunden[11]. Überwiegt keines der beiden Interessen, ist dem Begehren des ArbN stattzugeben. Da in der Elternzeit auf der Grundlage von Abs. 6, 7 nur eine Verringerung, nicht eine bestimmte Verteilung verlangt werden kann, ist eine BV nach § 87 I Nr. 2, 3 BetrVG, die nicht die Dauer betrifft, ohne Bedeutung.

Der ArbGeb muss bei der Entscheidung über Teilzeitbeschäftigung **anderweitige Einsatzmöglichkeiten** im Rahmen des Direktionsrechts beachten[12]. Ggf. sind andere ArbN zu versetzen. Eine Pflicht des ArbGeb zur Änderung des Arbeitsvertrags (zB Zuweisung einer anderen Tätigkeit), um Teilzeitbeschäftigung zu ermöglichen, besteht nicht. Der ArbN kann sich indes auf andere Stellen bewerben. Bei gleicher Eignung wie andere Bewerber kann dann die Rücksichtnahmepflicht aus § 241 II BGB den ArbGeb ausnahmsweise zur Vertragsänderung verpflichten. Das gilt für vergleichbare und geringwertigere Arbeitsplätze, nicht aber für höherwertige. Eine Pflicht, die Vergütung einer geringwertigeren Tätigkeit anzuheben, besteht nicht[13].

Ändern sich die tatsächlichen Gegebenheiten nach einer (berechtigten) Ablehnung eines Anspruchs auf Verringerung der Arbeitszeit, muss der ArbN darüber gem. § 7 II TzBfG in Kenntnis gesetzt werden[14]. Allg. Bekanntgabe gem. § 18 S. 2 TzBfG genügt nicht. Der ArbN kann daraufhin den Anspruch erneut geltend machen. Da Abs. 6 dem Verlangen erst nach zweimaliger Herabsetzung der Arbeitszeit entgegensteht, kann der Anspruch zunächst unbegrenzt oft geltend gemacht werden. Konsequenz dieser Rechtsfolge ist, dass im Prozess – abweichend von § 8 TzBfG[15] – auf den Tag der mündlichen Verhandlung abgestellt wird (vgl. Rz. 28); § 8 VI TzBfG greift nicht.

Ändern sich die Verhältnisse nach Einigung über die Arbeitszeitverringerung so, dass einem erneuten Verlangen jetzt dringende betriebl. Gründe entgegengestellt werden könnten, kann die Einigung gleichwohl nur einvernehmlich oder im Wege der Änderungskündigung beseitigt werden. Abweichend von § 8 V 4 TzBfG gilt dies auch bei einer Einigung über eine bestimmte Verteilung der Arbeitszeit (§ 23 TzBfG). Die Änderungskündigung bedarf aber einer Zustimmung nach § 18[16]. Eine Einigung über eine Teilzeittätigkeit in der Elternzeit steht nicht unter der auflösenden Bedingung des dauernden Fortbestands der in Abs. 7 genannten Voraussetzungen[17]. Das Gesetz stellt schon durch die Fristsetzung für den Fall einer Ablehnung nur auf die Verhältnisse zum Zeitpunkt des Zugangs der Entscheidung des ArbGeb ab. Abweichende Vereinbarungen sind allerdings zulässig. Eine etwaige Befristung muss der AGB-Kontrolle Rechnung tragen (vgl. § 307 BGB Rz. 21), wenn sie formularmäßig erfolgt oder einseitig vorbereitet wurde (§§ 305 I, 310 III Nr. 2 BGB).

e) Form- und Fristerfordernisse einer Ablehnung. Sind die Voraussetzungen eines Anspruchs auf Arbeitszeitverringerung nicht gegeben, muss der ArbGeb dies dem Elternteil binnen vier Wochen nach Geltendmachung mit schriftl. Begründung mitteilen. Dem ist genügt, wenn der wesentliche Kern der betriebl. Hinderungsgründe benannt wird[18]. Zuvor müssen mögliche Maßnahmen zur Umsetzung des Teilzeitverlangens eingeleitet worden und gescheitert sein (Bsp.: Nachfrage bei der AA wegen Ersatzarbeitskraft zur Abdeckung der Restarbeitszeit). „Vorratsablehnung" ist unzulässig[19]. Wird Arbeitszeitverringerung trotz bestehender Anspruchsvoraussetzungen abgelehnt, muss der ArbN Klage gegen den ArbGeb auf Abgabe der Zustimmung erheben. Ob der ArbGeb im Rahmen dieses Verfahrens an die in der Ablehnung genannten Gründe gebunden ist, ist umstritten. Da die Schriftform dem ArbN die

---

1 Vgl. BAG 21.6.2005 – 9 AZR 409/04, DB 2006, 105 (107). ||2 *Schiefer*, NZA-RR 2002, 393 (396). ||3 BAG 15.12.2009 – 9 AZR 72/09, NZA 2010, 447 (451). ||4 LAG Schl.-Holst. 12.6.2007 – 5 Sa 83/07, NZA-RR 2007, 511 (512). ||5 LAG Rh.-Pf. 11.2.2004 – 10 Sa 1307/03, NZA-RR 2004, 341 (342). ||6 BAG 15.4.2008 – 9 AZR 380/07, DB 2008, 1753 (1754); 15.12.2009 – 9 AZR 72/09, NZA 2010, 447 (451). ||7 Vgl. BAG 14.10.2003 – 9 AZR 636/02, NZA 2004, 975 (977), das indes verhältnismäßige Schulungsmaßnahmen ggü. einer Ersatzkraft für zumutbar hält; 21.6.2005 – 9 AZR 409/04, DB 2006, 105 (107); aA *Reiserer/Lemke*, MDR 2001, 242 (244). ||8 BAG 19.4.2005 – 9 AZR 233/04, BB 2006, 553 (557). ||9 Vgl. LAG BW 4.11.2002 – 15 Sa 53/02, LAGE § 8 TzBfG Nr. 10 S. 7; ArbG Freiburg 4.9.2001 – 3 Ca 143/01, NZA 2002, 216 (218); ArbG Frankfurt/M. 19.12.2001 – 6 Ca 2951/01, NZA-RR 2002, 402. ||10 Vgl. BAG 19.8.2003 – 9 AZR 542/02, EzA § 8 TzBfG Nr. 4 S. 1. ||11 Vgl. BAG 9.12.2003 – 9 AZR 16/03, NZA 2004, 921 zu § 8 TzBfG. ||12 Vgl. BAG 13.11.2012 – 9 AZR 259/11, DB 2013, 760 (762); *Salomon/Reuße*, NZA 2013, 865 (867ff.). ||13 *B. Gaul/Wisskirchen*, BB 2000, 2466 (2468); *Lindemann/Simon*, NJW 2001, 258 (262). ||14 Abl. *Leßmann*, DB 2001, 94 (98). ||15 Vgl. hierzu BAG 18.2.2003 – 9 AZR 356/02, NZA 2003, 911 (912); *Boewer*, § 8 TzBfG Rz. 228. ||16 *B. Gaul/Wisskirchen*, BB 2000, 2466 (2468). ||17 AA *Leßmann*, DB 2001, 94 (98). ||18 BAG 5.6.2007 – 9 AZR 82/07, NZA 2007, 1352 (1355). ||19 Vgl. LAG Düss. 1.3.2002 – 18 (4) Sa 1269/01, DB 2002, 1222.

Möglichkeit einer Einschätzung des Erfolgs seines Begehrens geben soll, ist aber – abweichend von vergleichbaren Überlegungen zu § 81 I 9 SGB IX[1] – von einer Bindungswirkung auszugehen[2]. Insoweit kann eine Parallele zu § 9 III 2 MuSchG[3], § 15 III BBiG oder tarifl. Regelungen über die Notwendigkeit einer schriftl. Begründung von Kündigungen[4] gezogen werden[5].

22 Werden die Form- oder Fristerfordernisse einer Ablehnung nicht beachtet, gilt die Zustimmung indes (noch) nicht als erteilt. Vielmehr muss auch hier Klage erhoben werden (vgl. Rz. 26). Eine Fiktion, wie sie in § 8 V TzBfG vorgesehen ist, kennt § 15 nicht[6].

23 **f) Anspruch auf Verteilung der Arbeitszeit.** Anspruch auf eine bestimmte Verteilung der Arbeitszeit bei Teilzeittätigkeit in der Elternzeit besteht nicht. Nach Abs. 5 soll nur der **Versuch einer Einigung** über die Ausgestaltung gemacht werden[7]. Ohne Einigung obliegt es dem ArbGeb, Beginn und Ende der Arbeitszeit sowie ihre Verteilung auf die Wochentage festzulegen[8]. Denn der größere Gestaltungsspielraum des ArbGeb in der Elternzeit ist Ausgleich für die strengeren Voraussetzungen, die für eine Ablehnung der Arbeitszeitverringerung erfüllt sein müssen. Allerdings muss der ArbGeb bei der Entscheidung über bestimmte Verteilung der Arbeitszeit die **Grundsätze billigen Ermessens** beachten (§§ 106 GewO, 315 III BGB)[9]. Regelmäßig dürften dabei die Interessen des ArbN wegen der familiären Einbindung und der Betreuungsaufgabe überwiegen, so dass die gewünschte Verteilung durchsetzbar ist. Ist kein Überwiegen der ArbN-Interessen erkennbar, kann der ArbGeb eine abweichende Entscheidung treffen. Dringende betriebl. Erfordernisse, wie sie die Rspr. auch für die Ablehnung der gewünschten Verteilung verlangt[10], sind nicht erforderlich. Eine solche Sichtweise missachtete die unterschiedliche Ausgestaltung von § 8 TzBfG und § 15 BEEG und verengte das durch § 106 GewO gewährleistete Direktionsrecht. „Billig" handelt der ArbGeb daher auch dann, wenn er keine dringenden betriebl. Gründe hat[11]. Falls für ArbN eine bestimmte Verteilung erforderlich ist, um zB der Kindesbetreuung gerecht zu werden, und sonst auf Teilzeitbeschäftigung verzichtet werden soll, muss das Verlangen nach Verringerung der Arbeitszeit an die aufschiebende Bedingung einer Einigung über diese Verteilung geknüpft werden. In diesem Fall kann der ArbGeb nur einheitlich annehmen oder ablehnen[12].

24 **g) Mitbestimmung des Betriebsrats/Personalrats.** In der Vereinbarung einer Verringerung der Arbeitszeit während der Elternzeit liegt Einstellung iSd. § 99 BetrVG[13] bzw. § 75 BPersVG[14], die der Zustimmung des BR oder PersR bedarf, wenn die Arbeitszeit zuvor wegen Elternzeit auf Null reduziert war. Unerheblich ist, ob die Einigung vor oder während der Elternzeit erfolgt. Ein solches MitbestR besteht indes nicht, wenn die Arbeitszeitverringerung unmittelbar mit Elternzeit beginnt[15] oder unter Einbeziehung der ArbN-Vertretung bereits bei der erstmaligen Einstellung vereinbart wurde[16]. Losgelöst davon besteht MitbestR bei der Verteilung der Arbeitszeit (§ 87 I Nr. 2 BetrVG[17], § 75 III Nr. 1 BPersVG).

25 **4. Anspruch auf Verringerung der Arbeitszeit im Anschluss an die Elternzeit.** § 15 ist auf die Teilzeitbeschäftigung während der Elternzeit begrenzt. Abs. 5 S. 2 stellt lediglich sicher, dass der ArbN mit Ende der Elternzeit wieder zu der Arbeitszeit zurückkehren kann, die er vor der Elternzeit hatte. Soll die Teilzeit im Anschluss an die Elternzeit fortgesetzt oder erstmalig vereinbart werden, gilt § 8 TzBfG. Dieser Anspruch muss wegen der Drei-Monats-Frist bereits während der Elternzeit geltend gemacht werden.

26 **5. Prozessuales. a) Hauptsacheverfahren.** Ausgehend davon, dass die Verringerung der Arbeitszeit kein einseitiges Gestaltungsrecht ist, muss bei fehlender Zustimmung des ArbGeb bzw. Verweigerung Leistungsklage erhoben werden[18]. Der Antrag, der gem. § 253 II Nr. 2 ZPO die Dauer der gewünschten Arbeitszeit sowie Beginn und Ende der Arbeitszeitänderung nennen muss, richtet sich auf Abgabe der Zustimmung[19]. Da eine § 8 VI TzBfG entsprechende Regelung fehlt, ist es statthaft, das außergerichtl. geltend gemachte Teilzeitverlangen bei Klageerhebung bis zur mündlichen Verhandlung abzuändern. Die Zustimmung des ArbGeb gilt mit Rechtskraft des Urteils als erteilt (§ 894 ZPO). Dabei kann auch eine rückwirkende Vertragsänderung verlangt werden (§§ 311a I, 275 I BGB)[20]. Gleichzeitig kann wegen der Verteilung der Arbeitszeit im Wege der Leistungsklage ein Antrag auf Ersetzung der unbilligen oder fehlenden Leistungsbestimmung des ArbGeb nach § 315 III BGB gestellt werden[21]. Wenn der ge-

---

1 BAG 18.11.2008 – 9 AZR 643/07, NZA 2009, 728 (731). ||2 AA *Barth*, BB 2007, 2567 (2568). ||3 Vgl. *Buchner/Becker*, § 9 MuSchG Rz. 264. ||4 Vgl. BAG 10.2.1999 – 2 AZR 176/98, NZA 1999, 602 ff. ||5 *B. Gaul/Wisskirchen*, BB 2000, 2466 (2468); *Leßmann*, DB 2001, 94 (99). ||6 *B. Gaul/Wisskirchen*, BB 2000, 2466 (2468). ||7 *B. Gaul/Wisskirchen*, BB 2000, 2466 (2468). ||8 AA *Leßmann*, DB 2001, 94 (97): Analogie zu § 8 IV TzBfG. ||9 BAG 15.12.2009 – 9 AZR 72/09, NZA 2010, 447 (449); LAG Köln 27.3.2012 – 12 Sa 987/11, EzAöD 100 § 3 TVöD-AT Direktionsrecht Nr. 7. ||10 BAG 9.5.2006 – 9 AZR 278/05, NZA 2006, 1413 (1416). ||11 AA BAG 9.5.2006 – 9 AZR 278/05, NZA 2006, 1413 (1416). ||12 Vgl. BAG 23.11.2004 – 9 AZR 644/03, DB 2005, 1279 (1281); LAG München 24.4.2007 – 6 Sa 1180/06, nv. ||13 BAG 28.4.1998 – 1 ABR 63/97, DB 1998, 2278; *Löwisch/Kaiser*, § 99 BetrVG Rz. 6. ||14 BVerwG 2.6.1993 – 6 P 3.92, PersR 1993, 450; *Buschmann/Dieball/Stevens-Bartol*, § 75 BPersVG Rz. 1. ||15 BAG 25.1.2005 – 1 ABR 59/03, DB 2005, 1630 (1633). ||16 Vgl. BAG 28.4.1998 – 1 ABR 63/97, DB 1998, 2278 (2279). ||17 LAG Köln 18.4.2012 – 3 TaBV 92/11, nv. ||18 *Bruns*, Elternzeit, S. 71 ff. ||19 *Küttner/Reinecke*, Elternzeit/Erziehungsurlaub, Rz. 27. ||20 BAG 9.5.2006 – 9 AZR 278/05, NZA 2006, 1413; 15.12.2009 – 9 AZR 72/09, NZA 2010, 447 (449). ||21 BAG 9.5.2006 – 9 AZR 278/05, NZA 2006, 1413; 15.12.2009 – 9 AZR 72/09, NZA 2010, 447 (450).

wünschte Zeitraum bereits verstrichen ist, kann dieses Klagebegehren aber nur noch mit der Feststellungsklage verfolgt werden[1].

Für eine schlüssige Begründung der Klage genügt es, wenn das Vorliegen der in Abs. 7 Nr. 1–3 genannten Voraussetzungen (Betriebsgröße, Dauer der Betriebszugehörigkeit, Einhaltung des Arbeitszeitrahmens), der rechtzeitige Zeitpunkt der Geltendmachung des Anspruchs auf Arbeitszeitverringerung dargelegt und das Fehlen dringender betriebl. Gründe behauptet wird. Ist keine oder keine form- und fristgerechte Ablehnung des ArbGeb erfolgt, muss die Form- oder Fristversäumnis des ArbGeb dargelegt und ggf. bewiesen werden; dringende betriebl. Gründe können durch den ArbGeb in diesem Fall nicht mehr geltend gemacht werden[2]. Darüber hinaus kann wegen der Verletzung der vertragl. Nebenpflicht des ArbGeb, ohne dringende betriebl. Gründe dem Antrag auf Arbeitszeitverringerung zuzustimmen[3], Schadensersatz (zB Verdienstausfall) geltend gemacht werden. Wenn der ArbGeb form- und fristgerecht eine Ablehnung erklärt hat und dies seinerseits im Prozess dargelegt wird, muss von Seiten des ArbN eine Auseinandersetzung mit diesen Gründen erfolgen. Ein non liquet hinsichtlich der dringenden betriebl. Gründe geht zu Lasten des ArbGeb. 27

Für das Vorliegen entgegenstehender betriebl. Gründe ist – abweichend von BAG v. 15.12.2009[4] – bei § 15 nicht auf die Verhältnisse im Zeitpunkt der Ablehnung durch den ArbGeb, sondern auf den Schluss der mündlichen Verhandlung abzustellen (vgl. Rz. 19)[5]. Soweit die Ablehnung der Arbeitszeitverringerung durch den ArbGeb mit einem organisatorischen Konzept begründet wird, kann es nicht auf seine Zweckmäßigkeit überprüft werden[6]. Da es sich bei § 15 nicht nur um eine reine Missbrauchskontrolle handelt[7], muss aber das Vorliegen eines (Organisations-)Konzepts, die Beeinträchtigung dieses Konzepts für den Fall einer Umsetzung des Teilzeitverlangens und das besondere Gewicht der entgegenstehenden betriebl. Gründe dargelegt und ggf. bewiesen werden (vgl. § 8 TzBfG Rz. 22 ff.). 28

b) **Einstweilige Verfügung.** Entsprechend der Sichtweise zu § 8 TzBfG kann das Begehren auch mit dem Ziel einer einstw. Verfügung verfolgt werden. Schließlich begründet die Dauer des Hauptsacheverfahrens die Gefahr, dass die Teilzeitbeschäftigung durch Zeitablauf nur noch begrenzt, ggf. sogar überhaupt nicht mehr, geltend gemacht werden kann[8]. 29

16 *Inanspruchnahme der Elternzeit*

(1) Wer Elternzeit beanspruchen will, muss sie spätestens sieben Wochen vor Beginn schriftlich vom Arbeitgeber verlangen und gleichzeitig erklären, für welche Zeiten innerhalb von zwei Jahren Elternzeit genommen werden soll. Bei dringenden Gründen ist ausnahmsweise eine angemessene kürzere Frist möglich. Nimmt die Mutter die Elternzeit im Anschluss an die Mutterschutzfrist, wird die Zeit der Mutterschutzfrist nach § 6 Abs. 1 des Mutterschutzgesetzes auf den Zeitraum nach Satz 1 angerechnet. Nimmt die Mutter die Elternzeit im Anschluss an einen auf die Mutterschutzfrist folgenden Erholungsurlaub, werden die Zeit der Mutterschutzfrist nach § 6 Abs. 1 des Mutterschutzgesetzes und die Zeit des Erholungsurlaubs auf den Zweijahreszeitraum nach Satz 1 angerechnet. Die Elternzeit kann auf zwei Zeitabschnitte verteilt werden; eine Verteilung auf weitere Zeitabschnitte ist nur mit der Zustimmung des Arbeitgebers möglich. Der Arbeitgeber hat dem Arbeitnehmer oder der Arbeitnehmerin die Elternzeit zu bescheinigen.

(2) Können Arbeitnehmerinnen und Arbeitnehmer aus einem von ihnen nicht zu vertretenden Grund eine sich unmittelbar an die Mutterschutzfrist des § 6 Abs. 1 des Mutterschutzgesetzes anschließende Elternzeit nicht rechtzeitig verlangen, können sie dies innerhalb einer Woche nach Wegfall des Grundes nachholen.

(3) Die Elternzeit kann vorzeitig beendet oder im Rahmen des § 15 Absatz 2 verlängert werden, wenn der Arbeitgeber zustimmt. Die vorzeitige Beendigung wegen der Geburt eines weiteren Kindes oder in Fällen besonderer Härte, insbesondere bei Eintritt einer schweren Krankheit, Schwerbehinderung oder Tod eines Elternteils oder eines Kindes der berechtigten Person oder bei erheblich gefährdeter wirtschaftlicher Existenz der Eltern nach Inanspruchnahme der Elternzeit, kann der Arbeitgeber unbeschadet von Satz 3 nur innerhalb von vier Wochen aus dringenden betrieblichen Gründen schriftlich ablehnen. Die Elternzeit kann zur Inanspruchnahme der Schutzfristen des § 3 Absatz 2 und des § 6 Absatz 1 des Mutterschutzgesetzes auch ohne Zustimmung des Arbeitgebers vorzeitig beendet werden; in diesen Fällen soll die Arbeitnehmerin dem Arbeitgeber die Beendigung der Elternzeit rechtzeitig mitteilen. Eine Verlängerung der Elternzeit kann verlangt werden, wenn ein vorgesehener Wechsel der Anspruchsberechtigten aus einem wichtigen Grund nicht erfolgen kann.

---

1 BAG 9.5.2006 – 9 AZR 278/05, NZA 2006, 1413. || 2 Vgl. *Sowka*, NZA 2000, 1185 (1189), nach dessen Ansicht die Zustimmung dann auch als erteilt gilt. || 3 BAG 9.5.2006 – 9 AZR 278/05, NZA 2006, 1413 (1416). || 4 BAG 15.12.2009 – 9 AZR 72/09, NZA 2010, 447 (449). || 5 So ArbG Mönchengladbach 30.5.2001 – 5 Ca 1157/01, NZA 2001, 970 (973). || 6 *Preis/Gotthardt*, DB 2001, 145 (148). || 7 Vgl. *Schiefer*, NZA-RR 2002, 393 (395). || 8 *B. Gaul/Wisskirchen*, BB 2000, 2466 (2468); *Lindemann/Simon* NJW 2001, 258 (261); *Buschmann/Dieball/Stevens-Bartol*, §§ 15, 16 BErzGG Rz. 15; abl. *Leßmann*, DB 2001, 94 (99); *Peters-Lange/Rolfs*, NZA 2000, 682 (686).

(4) Stirbt das Kind während der Elternzeit, endet diese spätestens drei Wochen nach dem Tod des Kindes.

(5) Eine Änderung in der Anspruchsberechtigung hat der Arbeitnehmer oder die Arbeitnehmerin dem Arbeitgeber unverzüglich mitzuteilen.

1 I. Inanspruchnahme der Elternzeit. 1. Erklärung und Erklärungsfrist. Der ArbN muss die Elternzeit vom ArbGeb schriftlich verlangen[1]. Dabei muss er zugleich erklären, welchen Zeitraum der ersten zwei Jahre er Elternzeit in Anspruch nehmen will. Ebenso kann von vornherein der gesamte Zeitraum bis zur Vollendung des dritten LJ geltend gemacht werden[2]. Bleibt die mitgeteilte Elternzeit hinter dem Zwei-Jahres-Zeitraum zurück, besteht nur unter den in Abs. 3 S. 1, 4 genannten Voraussetzungen die Möglichkeit einer Verlängerung im Rahmen von § 15 II. IdR bedarf es also einer Zustimmung des ArbGeb (vgl. Rz. 6). Da die Schriftform nur der Klarstellung dient, bleibt das Verlangen nach Elternzeit trotz Nichtbeachtung des Formerfordernisses wirksam[3]. Damit wird auch der Kündigungsschutz (vgl. § 18) ausgelöst. Einverständnis des ArbGeb ist nicht erforderlich[4].

2 Die Mitteilung über die beabsichtigte Elternzeit muss dem ArbGeb **spätestens sieben Wochen vor Beginn** zugehen (Abs. 1 S. 1). Der ArbGeb kann ausdrücklich oder konkludent auf die Einhaltung der Frist verzichten[5]. Mit der einheitlichen Frist sollen Probleme der Personalplanung, insb. die Organisation einer Vertretung, berücksichtigt werden. Nur in dringenden Fällen ist eine angemessene kürzere Frist möglich (Abs. 1 S. 2). IÜ kann, wenn die Berechtigten an dem Verlangen aus einem von ihnen nicht zu vertretenden Grund im Hinblick auf eine sich unmittelbar an die Mutterschutzfrist nach § 6 I MuSchG anschließende Elternzeit gehindert waren, dieses binnen einer Woche nach Wegfall des Grundes nachgeholt werden (§ 16 II). Die Vorschrift soll Härtefällen (Bsp.: Krankenhausaufenthalt der Mutter) Rechnung tragen[6]. Allerdings muss sich das Versäumnis auf die fristgerechte Erklärung, nicht etwa auf die Inanspruchnahme beziehen. LAG Berlin will Abs. 2 analog auf die unerwartet schnelle Entscheidung über einen Adoptionsantrag übertragen[7].

3 Eine Verpflichtung, die Elternzeit zum frühestmöglichen Zeitpunkt zu beginnen, besteht nicht. Wird die Sieben-Wochen-Frist nicht beachtet, verschiebt sich der gewünschte Zeitpunkt des Beginns entsprechend[8]. Vertragl. Ausschlussfristen finden keine Anwendung[9].

4 Spätestens sieben Wochen vor Ablauf des Zwei-Jahres-Zeitraums müssen sich die Eltern entscheiden, ob sie von dem Recht auf unmittelbare Verlängerung bis zur Dauer von drei Jahren Gebrauch machen wollen. Insoweit findet § 16 I 1, der an sich nur von einer Inanspruchnahme innerhalb von zwei Jahren spricht, entsprechende Anwendung. Allerdings setzt Verlängerung die Zustimmung des ArbGeb voraus (Abs. 3 S. 1)[10], falls sie nicht verlangt wird, weil ein vorgesehener Wechsel in der Anspruchsberechtigung aus wichtigem Grund nicht erfolgen kann (Abs. 3 S. 4). Dies gilt nicht nur, wenn erstmalige Inanspruchnahme für weniger als zwei Jahre erfolgt war[11]. Einer Zustimmung bedarf es auch, wenn der ArbN nach Beginn der Elternzeit verlangt, das dritte Jahr unmittelbar im Anschluss an die ersten beiden Jahre in Anspruch zu nehmen[12]. Alternativ kann der ArbGeb um Zustimmung zur Übertragung von bis zu zwölf Monaten auf die Zeit bis zur Vollendung des achten LJ gebeten werden (§ 15 II). Wird die Zustimmung erteilt, kann die Elternzeit bis zum Ablauf des Acht-Jahres-Zeitraums wiederum nur mit einer Ankündigungsfrist von mindestens sieben Wochen verlangt werden. Entsprechend Abs. 1 S. 2 ist nur bei dringenden Gründen ausnahmsw. eine angemessene kürzere Frist möglich. Wird Verlängerung nicht rechtzeitig geltend gemacht, kann es zu einer Unterbrechung der Elternzeit durch Aktivierung des ArbVerh kommen.

5 Abs. 1 S. 1 gilt auch dann, wenn eine bis zur Elternzeit bestehende Teilzeitbeschäftigung gem. § 15 V 3 – ggf. mit vorübergehender Unterbrechung – in der Elternzeit fortgesetzt wird, sofern das Verlangen mit der Inanspruchnahme der Elternzeit selbst geltend gemacht wird[13]. Losgelöst von § 16 gilt für das Geltendmachen des Anspruchs auf eine Teilzeitbeschäftigung während der Elternzeit beim eigenen ArbGeb, die nicht von § 15 V 3 erfasst wird, nach § 15 VII eine Frist von sieben Wochen (§ 15 Rz. 15). Eine Verringerung der Arbeitszeit im Anschluss an die Elternzeit muss spätestens drei Monate im Voraus verlangt werden (§ 8 II TzBfG).

6 **2. Zeitabschnitte.** Die Elternzeit darf von jedem Berechtigten ohne die Notwendigkeit einer Zustimmung des ArbGeb auf **zwei Zeitabschnitte** verteilt werden. Dies schließt die letzten zwölf Monate ein, die mit Zustimmung des ArbGeb auf die Zeit bis zur Vollendung des achten LJ des Kindes übertragen

---

1 BAG 26.6.2008 – 2 AZR 23/07, NZA 2008, 1241 (1243). ||2 BAG 19.4.2005 – 9 AZR 233/04, BB 2006, 553 (555); 9.5.2006 – 9 AZR 278/05, NZA 2006, 1413. ||3 BT-Drs. 14/3553, 22. ||4 BAG 17.2.1994 – 2 AZR 616/93, DB 1994, 1477 (1478); 19.4.2005 – 9 AZR 233/04, BB 2006, 553 (555). ||5 BAG 15.12.2009 – 9 AZR 72/09, NZA 2010, 447 (450). ||6 BT-Drs. 10/3792, 20. ||7 LAG Berlin 22.4.1993 – 4 Sa 7/93, nv.; zweifelnd BAG 17.2.1994 – 2 AZR 616/93, DB 1994, 1477 (1478). ||8 BAG 17.10.1990 – 5 AZR 10/90, NZA 1991, 320 (322). ||9 BAG 17.4.2004 – 9 AZR 21/04, NZA 2004, 1039 (1042). ||10 BAG 19.4.2005 – 9 AZR 233/04, BB 2006, 553 (555); aA LAG Rh.-Pf. 4.11.2004 – 4 Sa 606/04, AE 2006, 181–182; LAG Nds. 13.11.2006 – 5 Sa 402/06, nv. ||11 ArbG Frankfurt 22.4.2010 – 20 Ga 78/10, NZA-RR 2010, 487. ||12 ErfK/*Gallner*, § 16 BEEG Rz. 6; aA LAG Rh.-Pf. 4.11.2004 – 4 Sa 606/04, AE 2006, 181–182; LAG Nds. 13.11.2006 – 5 Sa 402/06, nv.; ArbG Frankfurt 22.4.2010 – 20 Ga 78/10, NZA-RR 2010, 487; HK-MuSchG/BEEG/*Rancke*, § 16 BEEG Rz. 3. ||13 BAG 17.4.2004 – 9 AZR 21/04, NZA 2004, 1039 (1040).

werden können (vgl. § 15 Rz. 5). Eine Verteilung auf weitere Zeitabschnitte ist nur mit Zustimmung des ArbGeb möglich (Abs. 1 S. 5). Die Gesamtdauer von drei Jahren pro Kind wird hiervon nicht berührt (vgl. § 15 Rz. 3, 8). Allerdings muss die Verteilung unmittelbar bei der erstmaligen Geltendmachung der Elternzeit mitgeteilt werden, wenn die Notwendigkeit einer Zustimmung des ArbGeb vermieden werden soll. Abs. 1 S. 1 spricht deshalb von der Erklärung, für welche „Zeiten" innerhalb von zwei Jahren Elternzeit genommen werden soll. Verlangt ArbN, ein drittes Elternzeitjahr an die zunächst nur geforderten zwei Elternzeitjahre anzuschließen, handelt es sich indes um das Begehren nach Verlängerung, nicht um die Mitteilung der Verteilung nach Abs. 1 S. 5. Damit ist eine Zustimmung des ArbGeb notwendig (vgl. Rz. 4)[1].

3. Bescheinigung der Elternzeit. Der ArbGeb soll die Elternzeit bescheinigen. Eine Ablehnung setzt – was kaum denkbar ist – besondere Beeinträchtigung der Interessen des ArbGeb durch eine Bescheinigung voraus. Die Bescheinigung kann in Textform erfolgen. Sie behandelt jedes ArbVerh im Rahmen von § 15 separat.

II. Nachträgliche Veränderung der Elternzeit. 1. Bindungswirkung des Elternzeitverlangens. Die Erklärung des ArbN nach Abs. 1 S. 1 über den Zeitraum der Elternzeit ist bindend[2]. Entsprechendes gilt dann, wenn der ArbN eine Verlängerung verlangt und zeitlich festgelegt hat. Unerheblich ist dabei, ob dies die Zeit bis zur Vollendung des dritten LJ oder im Anschluss an eine Übertragung die Zeit bis zur Vollendung des achten LJ betrifft.

2. Änderung, Beendigung oder Verlängerung der Elternzeit. Trotz der Bindungswirkung des Elternzeitverlangens kann mit Zustimmung des ArbGeb jederzeit eine Veränderung der Zeiträume, eine Verlängerung, eine vorzeitige Beendigung oder ein Wechsel zwischen den Elternteilen vorgenommen werden. Die vorzeitige Beendigung ist vier Wochen vor beabsichtigter Unterbrechung ggü. dem ArbGeb geltend zu machen; bei Nichteinhalten der Frist verschiebt sich die Beendigung entsprechend.

Der ArbGeb ist grds. berechtigt, die Zustimmung zu verweigern, wenn dies unter Berücksichtigung der ArbN-Interessen billigem Ermessen (§ 315 BGB) entspricht[3]. Dies gilt auch bei einem Elternzeitverlangen für das 3. Lebensjahr des Kindes[4]. Wegen der Geburt eines Kindes oder in Fällen besonderer Härte kann der ArbG die Zustimmung zur Beendigung indes nur aus dringenden betrieblichen Gründen ablehnen. Hier nennt Abs. 3 S. 2 nur Beispiele. Die Ablehnung durch den ArbG muss schriftlich innerhalb von vier Wochen erfolgen. Auch bei frühzeitiger Zustimmung endet die Elternzeit aber nicht vor Ablauf von vier Wochen nach dem Verlangen ihrer vorzeitigen Beendigung[5]. Verweigert der ArbGeb die Zustimmung ohne das Vorliegen solcher Gründe oder erfolgt Ablehnung unter Missachtung der Form- und Fristerfordernisse, muss Klage auf Abgabe einer solchen Zustimmung erhoben werden[6]. Da Abs. 3 S. 2 als Ergänzung zu S. 1 konzipiert ist, handelt es sich – entgegen BAG v. 21.4.2009[7] – nicht um ein einseitiges Gestaltungsrecht[8]. Ohne Zustimmung des ArbGeb besteht Elternzeit also bis zur gerichtl. Entscheidung fort. Eine Ausnahme gilt nach Abs. 3 S. 3 nur für den Fall, dass die Elternzeit bei erneuter Schwangerschaft zur Inanspruchnahme der Schutzfristen der §§ 3 Abs. 2, 6 Abs. 1 MuSchG vorzeitig beendet werden soll. Hier genügt die rechtzeitige Mitteilung an den ArbGeb; seine Zustimmung ist nicht erforderlich. Mit dieser Neuregelung, die am 18.9.2012 in Kraft getreten ist[9], wurde der frühere Verstoß der gesetzl. Regelungen gegen die MutterschutzRL 92/85/EWG beseitigt[10].

Losgelöst davon kann der ArbN eine Verlängerung seiner Elternzeit verlangen, wenn ein vorgesehener Wechsel in der Anspruchsberechtigung aus wichtigem Grund (zB Erkrankung des anderen Elternteils) nicht erfolgen kann (Abs. 3 S. 4). Dabei muss der Grund nicht in der Person eines der Berechtigten liegen. Sind die Voraussetzungen erfüllt, führt das Verlangen – vergleichbar mit Abs. 1 S. 1 – automatisch zu einer Verlängerung. Entgegen dem „normalen" Verlangen nach Verlängerung (Abs. 1 S. 1) ist eine Zustimmung des ArbGeb hier nicht erforderlich. Auch muss die Sieben-Wochen-Frist des Abs. 1 S. 1 nicht berücksichtigt werden. Im Streitfall kann Feststellungsklage erhoben werden[11].

III. Tod des Kindes. Für den Fall, dass das Kind während der Elternzeit stirbt, endet diese spätestens drei Wochen nach dem Tod des Kindes (Abs. 4). Stirbt das Kind vor Beginn der bereits beantragten Elternzeit, ist ein Antritt ausgeschlossen[12].

IV. Änderung der Anspruchsberechtigung. Der ArbN muss den ArbGeb unverzüglich von Änderungen in der Anspruchsberechtigung in Kenntnis setzen. Mitteilungspflichtig sind Änderungen der Tatbestandsmerkmale des § 15 I und der Wechsel des Berechtigten.

---

1 BAG 19.4.2005 – 9 AZR 233/04, BB 2006, 553 (555); LAG Nds. 13.11.2006 – 5 Sa 402/06, nv. ‖ 2 BAG 19.4.2005 – 9 AZR 233/04, BB 2006, 553 (555). ‖ 3 BAG 18.10.2011 – 9 AZR 315/10, NZA 2012, 262. ‖ 4 Abw. LAG Sachs. v. 17.5.2011 – 7 Sa 137/10, nv.; *Aschmoneit*, NZA 2012, 247 ff. ‖ 5 LAG Köln 22.12.2004 – 7 Sa 879/04, LAGReport 2005, 383. ‖ 6 ErfK/*Gallner*, § 16 BEEG Rz. 9. ‖ 7 BAG 21.4.2009 – 9 AZR 391/08, BB 2009, 949; ebenso *Sowka*, FS 50 Jahre BAG, 2004, S. 229 (233). ‖ 8 ErfK/*Gallner*, § 16 BEEG Rz. 10. ‖ 9 BGBl. 2012 I S. 1878 (1882). ‖ 10 Vgl. EuGH v. 20.9.2007 – Rs. C-116/06, NZA 2007, 1274 ff. - Kiiski. ‖ 11 LAG Berlin 7.6.2001 – 10 Sa 2770/00, BB 2001, 2169. ‖ 12 ErfK/*Gallner*, § 16 BEEG Rz. 10.

17 *Urlaub*
(1) Der Arbeitgeber kann den Erholungsurlaub, der dem Arbeitnehmer oder der Arbeitnehmerin für das Urlaubsjahr zusteht, für jeden vollen Kalendermonat der Elternzeit um ein Zwölftel kürzen. Dies gilt nicht, wenn der Arbeitnehmer oder die Arbeitnehmerin während der Elternzeit bei seinem oder ihrem Arbeitgeber Teilzeitarbeit leistet.

(2) Hat der Arbeitnehmer oder die Arbeitnehmerin den ihm oder ihr zustehenden Urlaub vor dem Beginn der Elternzeit nicht oder nicht vollständig erhalten, hat der Arbeitgeber den Resturlaub nach der Elternzeit im laufenden oder im nächsten Urlaubsjahr zu gewähren.

(3) Endet das Arbeitsverhältnis während der Elternzeit oder wird es im Anschluss an die Elternzeit nicht fortgesetzt, so hat der Arbeitgeber den noch nicht gewährten Urlaub abzugelten.

(4) Hat der Arbeitnehmer oder die Arbeitnehmerin vor Beginn der Elternzeit mehr Urlaub erhalten, als ihm oder ihr nach Absatz 1 zusteht, so kann der Arbeitgeber den Urlaub, der dem Arbeitnehmer oder der Arbeitnehmerin nach dem Ende der Elternzeit zusteht, um die zu viel gewährten Urlaubstage kürzen.

1 **I. Kürzung des Erholungsurlaubs.** Da der Anspruch auf den gesetzl. Urlaub keine tatsächliche Arbeitsleistung während des Kalenderjahres verlangt, hat die Elternzeit an sich keine Auswirkung auf den Urlaubsanspruch. Er entsteht auch während der Elternzeit. Durch § 17 werden die Vorgaben des BUrlG indes den Besonderheiten des ruhenden ArbVerh angepasst.

2 Danach ist der ArbGeb berechtigt, den Erholungsurlaub für jeden vollen Kalendermonat, der durch den ArbN in dem betreffenden Kalenderjahr als Elternzeit genommen wird, ohne Ankündigung um ein Zwölftel zu kürzen (Abs. 1 S. 1). Unerheblich ist, ob es sich um den gesetzl. Urlaub (einschl. Zusatzurlaub nach § 125 I SGB IX) oder einen zusätzlichen (idR tarifl.) vereinbarten Urlaub handelt. Da auf volle Monate abgestellt wird, erlauben Monate, in deren Verlauf die Elternzeit beginnt oder endet, keine Kürzung[1].

3 Eine Einschränkung in Bezug auf die Kürzungsbefugnis kann sich für den ArbGeb nur aus dem Grundsatz der Gleichbehandlung ergeben. Dieser verlangt, innerhalb eines Kalenderjahres nur aus sachlichem Grund unterschiedlich zu verfahren[2]. IÜ kann eine Kürzung durch Vereinbarung ausgeschlossen werden. Andere Formen der Freistellung (zB Freistellung eines BR-Mitglieds) werden von § 17 nicht erfasst[3].

4 Ausgeschlossen ist eine Kürzung bei ArbN, die in Teilzeit bei dem die Elternzeit gewährenden ArbGeb beschäftigt sind (Abs. 1 S. 2). Der Umfang ist entsprechend der tatsächlichen Verteilung der Arbeitsleistung auf die einzelnen Wochentage anzupassen. Wird wegen Teilzeit an weniger Wochentagen als vor Beginn der Elternzeit gearbeitet, reduziert sich die Zahl künftig zu erwerbender Urlaubstage entsprechend. Eine Kürzung durch den ArbGeb ist hierfür nicht erforderlich[4]. Bereits erworbene Urlaubstage werden wegen des Wechsels in Teilzeit nicht gekürzt[5].

5 Die Kürzungserklärung nach § 17 ist eine empfangsbedürftige Willenserklärung. Sie kann vor, während oder nach Ende der Elternzeit ausgesprochen werden[6]. Formerfordernisse bestehen nicht; sie kann auch konkludent – durch Gewährung eines gekürzten Urlaubs – zum Ausdruck kommen. Mit Zugang erlischt der Urlaubsanspruch[7].

6 **II. Folgen zu wenig gewährten Urlaubs.** Wurde der Urlaub vor der Elternzeit nicht oder nicht vollständig genommen, muss der Resturlaub nach der Elternzeit im laufenden oder im nächsten Urlaubsjahr gewährt werden (Abs. 2). Insoweit wird zu Gunsten der ArbN eine von § 7 III BUrlG abweichende Regelung getroffen. Urlaubsansprüche, die ohne Elternzeit verfallen wären, werden hiervon nicht erfasst. Resturlaub aus dem Vorjahr, der kurz nach Beginn der Elternzeit abgewickelt sein muss und ansonsten verfällt, bleibt daher nur in Höhe der Tage von Beginn der Elternzeit bis Ende der Übertragungsfrist erhalten[8]. Urlaubsansprüche, die erst im Anschluss an die Elternzeit entstehen, werden nicht erfasst. Ihre Abwicklung bestimmt sich allein nach § 7 BUrlG[9].

7 Die in Abs. 1 S. 1 vorgesehene Übertragung stellt eine abschließende Regelung dar. Der Urlaubsanspruch erlischt damit zum Ende des Folgejahres, das auf das Ende der Elternzeit folgt, wegen derer er nicht genommen wurde. Daraus folgt ein Übertragungszeitraum zwischen einem Jahr und einem Tag (Ende der Elternzeit mit Ablauf des 31.12.) und einem Jahr und 364 Tagen (Ende der Elternzeit mit Ablauf des 1.1.). Diese Grenze gilt auch dann, wenn der Urlaub durch den ArbN wegen Mutterschutzfristen nicht genommen werden kann. Denn wenn der wegen eines solchen Beschäftigungsverbots nicht genommene Urlaub während des laufenden oder des folgenden Urlaubsjahres – gleich aus welchem Grunde – nicht genommen wird, verfällt er. Urlaub, der bereits nach § 17 S. 2 MuSchG übertragen,

---

[1] BAG 17.5.2011 – 9 AZR 197/10, DB 2012, 182. ||[2] Küttner/*Reinecke*, Elternzeit/Erziehungsurlaub, Rz. 32. ||[3] *Meisel/Sowka*, § 17 BErzGG Rz. 2. ||[4] Vgl. BAG 28.4.1998 – 9 AZR 314/97, NZA 1999, 156. ||[5] EuGH 13.6.2013 – Rs. C-415/12, NZA 2013, 775 ff. – Brandes. ||[6] BAG 28.7.1992 – 9 AZR 340/91, DB 1993, 642. ||[7] Küttner/*Reinecke*, Elternzeit/Erziehungsurlaub, Rz. 32. ||[8] BAG 1.10.1991 – 9 AZR 365/90, DB 1992, 584. ||[9] ErfK/*Gallner*, § 17 BEEG Rz. 9.

aber wegen der Elternzeit nicht im Übertragungszeitraum genommen wurde, kann also nicht noch einmal nach Abs. 2 übertragen werden[1]. Allerdings wird der vor einer Elternzeit entstandene Anspruch auf Erholungsurlaub nach Abs. 2 auf die Zeit nach einer weiteren Elternzeit übertragen, die sich unmittelbar an die erste Elternzeit anschließt[2]. Bei langandauernder Krankheit nach Elternzeit können aus europarechtl. Gründen Besonderheiten gelten (vgl. § 7 BUrlG Rz. 74a).

Arbeitet der ArbN während der Elternzeit im Rahmen einer **Teilzeitbeschäftigung**, findet Abs. 2 grds. keine Anwendung. Entgegen der bisherigen Auffassung zu den Folgen eines Wechsels von Vollzeit- in Teilzeitbeschäftigung erfolgt für die Dauer der Teilzeitbeschäftigung aber aus europarechtl. Gründen keine Reduzierung entsprechend dem Verhältnis ihres Umfangs zum Umfang der Vollzeitbeschäftigung (vgl. § 3 BUrlG Rz. 33 ff.)[3]. 8

III. Abgeltungsanspruch. Endet das ArbVerh während der Elternzeit oder im unmittelbaren Anschluss an diese, kann der ArbN eine Abgeltung des noch nicht gewährten Urlaubs verlangen. Unerheblich ist dabei, aus welcher Zeit der Urlaubsanspruch stammt[4]. Dabei setzt der Anspruch Beendigung des ArbVerh im laufenden oder im Jahr nach Beendigung der Elternzeit voraus[5]. Besonderheiten gelten für den Fall langandauernder Erkrankung (vgl. § 7 BUrlG Rz. 108a). Insoweit gilt nach Abs. 3 nichts anderes als für § 7 IV BUrlG. IÜ kann der ArbGeb den Abgeltungsanspruch entsprechend Abs. 1 um jeweils ein Zwölftel kürzen für jeden vollen Kalendermonat, in dem sich der ArbN insg. in Elternzeit befand[6]. 9

Etwaige (tarifl.) Ausschlussfristen gelten nicht nur für den übergesetzl. Mehrurlaub, sondern für den gesamten Abgeltungsanspruch[7]. Das folgt aus RL 2003/88/EG, die eine Aufgabe des Surrogationsprinzips bewirkt hat[8]. 10

IV. Folgen zu viel gewährten Urlaubs. Hat der ArbN vor dem Beginn seiner Elternzeit mehr Urlaub erhalten als nach Abs. 1 durchsetzbar wäre, ist eine Kürzung des bereits gewährten Urlaubs nicht mehr möglich. Der ArbGeb ist aber berechtigt, die für die Zeit nach Ende der Elternzeit zustehenden Urlaubstage um die zu viel gewährten Tage zu kürzen (Abs. 4). Entsprechend Abs. 2 kann die Kürzung dabei in dem laufenden oder im nächsten Urlaubsjahr nach Ende der Elternzeit erfolgen[9]. Andernfalls besteht die Gefahr, dass der Urlaub des Jahres, in dem die Elternzeit beendet wird, für die Kürzung nicht genügt[10]. Ein bereicherungsrechtl. Rückforderungsanspruch neben dem Ausgleich gem. Abs. 4 steht dem ArbGeb nicht zu[11]. 11

Endet das ArbVerh nach der Elternzeit, ohne dass noch die in Abs. 4 vorgesehene Kürzung des Urlaubs möglich ist, kann indes aus §§ 812 ff. BGB eine Rückzahlung des Urlaubsentgelts verlangt werden[12]. 12

18 Kündigungsschutz

(1) Der Arbeitgeber darf das Arbeitsverhältnis ab dem Zeitpunkt, von dem an Elternzeit verlangt worden ist, höchstens jedoch acht Wochen vor Beginn der Elternzeit, und während der Elternzeit nicht kündigen. In besonderen Fällen kann ausnahmsweise eine Kündigung für zulässig erklärt werden. Die Zulässigkeitserklärung erfolgt durch die für den Arbeitsschutz zuständige oberste Landesbehörde oder die von ihr bestimmte Stelle. Die Bundesregierung kann mit Zustimmung des Bundesrates allgemeine Verwaltungsvorschriften zur Durchführung des Satzes 2 erlassen.

(2) Absatz 1 gilt entsprechend, wenn Arbeitnehmer oder Arbeitnehmerinnen
1. während der Elternzeit bei demselben Arbeitgeber Teilzeitarbeit leisten oder
2. ohne Elternzeit in Anspruch zu nehmen, Teilzeitarbeit leisten und Anspruch auf Elterngeld nach § 1 während des Bezugszeitraums nach § 4 Abs. 1 haben.

I. Einleitung. Die Vorschrift schützt den Bestand des ArbVerh. Damit eine tatsächliche Inanspruchnahme des Anspruchs auf Elternzeit sichergestellt ist, wird der ArbN unmittelbar vor und während der Elternzeit vor arbeitgeberseitigen Kündigungen geschützt. Die Bestimmung gilt auch in der Insolvenz[13] und im Rahmen von Arbeitskämpfen[14]; suspendierende Aussperrung wird dabei indes nicht erfasst[15]. 1

---

1 ErfK/*Gallner*, § 17 BEEG Rz. 9. ||2 BAG 20.5.2008 – 9 AZR 219/07, NZA 2008, 1237 (1238) unter Aufgabe früherer Rspr. ||3 Vgl. EuGH 22.4.2010 – Rs. C-486/08, NZA 2010, 557 – Zentralbetriebsrat der Landeskrankenhäuser Tirols gegen das Land Tirol; aA noch BAG 10.2.2004 – 9 AZR 116/03, NZA 2004, 986 ff. ||4 LAG Hamm 20.2.2001 – 11 Sa 1061/00, NZA-RR 2002, 460 (461). ||5 ErfK/*Gallner*, § 17 BEEG Rz. 12. ||6 LAG Nds. 16.11.2010 – 3 Sa 1288/10, nv. ||7 BAG 9.8.2011 – 9 AZR 352/10, nv. ||8 Vgl. EuGH 20.1.2009 – Rs. C-350/06, NZA 2009, 135 ff. – Schultz-Hoff; BAG 24.3.2009 – 9 AZR 983/07, NZA 2009, 538 (542 ff.); LAG Hamm 22.4.2010 – 16 Sa 1502/09, NZA 2011, 106; *Gaul/Bonanni/Ludwig*, DB 2009, 1013 ff. ||9 *Buchner/Becker*, § 17 Rz. 26; aA ErfK/*Gallner*, § 17 BEEG Rz. 13, der dies wegen der gesetzl. Formulierung „nach dem Ende der Elternzeit" für ausgeschlossen hält. ||10 *Meisel/Sowka*, § 17 BErzGG Rz. 32. ||11 Ebenso *Gröninger/Thomas*, § 17 BErzGG Rz. 14; *Bruns*, DB 2008, 386 (387). ||12 *Meisel/Sowka*, § 17 BErzGG Rz. 34; aA ErfK/*Gallner*, § 17 BEEG Rz. 10. ||13 ErfK/*Gallner*, § 18 BEEG Rz. 3, LAG Nürnberg 11.1.2012 – 4 Sa 627/11, ZInsO 2012, 2300 ff. ||14 BAG 21.4.1971 – GS 1/68, DB 1971, 1061. ||15 Dazu *Buchner/Becker*, § 18 Rz. 7.

2 Das Kündigungsverbot erfasst Kündigungen aller Art (außerordentlich oder ordentlich, Änderungs- oder Beendigungskündigung). Andere Formen der Beendigung, insb. Befristung, Aufhebungsvertrag oder Kündigung durch ArbN, werden nicht erfasst. Eine Überschneidung mit dem Kündigungsverbot nach § 9 MuSchG ist möglich[1]; in diesem Fall bedarf der ArbGeb für eine Kündigung einer Genehmigung der Behörde nach beiden Vorschriften[2]. Sonstige Regelungen zum Kündigungsschutz (zB §§ 1 KSchG, 102 BetrVG) werden durch § 18 nicht berührt, müssen also ggf. parallel beachtet werden.

3 **II. Persönlicher Geltungsbereich nach Abs. 1.** Abs. 1 erfasst alle ArbN und die zur Berufsbildung und Heimarbeit Beschäftigten sowie die ihnen Gleichgestellten nach § 20, soweit sie als Anspruchsberechtigte gem. § 15 I schriftlich Elternzeit gem. §§ 15, 16 verlangt oder angetreten haben. Wenn ein Teil der Elternzeit auf einen Zeitraum bis zur Vollendung des achten LJ übertragen wurde, gilt dies für die Inanspruchnahme des übertragenen Zeitraums entsprechend[3]. Abs. 1 gilt auch, wenn der Elternzeitberechtigte in einem zweiten ArbVerh den Rest der beim früheren ArbGeb noch nicht vollständig in Anspruch genommenen Elternzeit geltend macht[4]. Der Schutz erfasst damit auch die Erziehung von Kindern, die vor Beginn des ArbVerh geboren wurden.

4 Kündigungsschutz nach Abs. 1 endet mit dem Ende der Elternzeit. § 18 steht Veränderungen des Arbeitsplatzes während der Elternzeit nicht entgegen. Ebenso wenig schützt § 18 vor Änderungen im Rahmen des Direktionsrechts, die durch den ArbGeb nach Elternzeit vorgenommen werden. Der ArbN hat keinen Anspruch auf denselben Arbeitsplatz nach Rückkehr aus der Elternzeit, wenn § 106 GewO andere Einsatzmöglichkeiten zulässt. Gibt es nach der Elternzeit keine Beschäftigungsmöglichkeit mehr, kommt eine betriebsbedingte Kündigung in Betracht.

5 § 18 gilt auch dann, wenn der Antrag auf Durchführung von Elternzeit in engem Zusammenhang mit betriebl. Umstrukturierungsmaßnahmen steht, die den Wegfall des konkreten Arbeitsplatzes zur Folge haben. Rechtsmissbrauch liegt nicht bereits dann vor, wenn zu vermuten ist, dass der ArbN sich nur in den Genuss des Sonderkündigungsschutzes bringen will[5].

6 Eine Tätigkeit in einem Betrieb wird nicht verlangt; erfasst sind auch im Haushalt beschäftigte Personen[6]. Eine Einschränkung für Heimarbeitnehmerinnen, wie sie in § 9 MuSchG vorgesehen ist, existiert nicht. Unerheblich ist auch, ob der ArbN Kündigungsschutz nach dem KSchG hat. § 18 gilt auch in der Probezeit.

7 Das Verlangen nach Verlängerung der Elternzeit (§ 16 III 1, 4) löst keinen Kündigungsschutz aus, da in dieser Zeit ohnehin noch Elternzeit besteht[7]. Wird Verlängerung erst nach Ablauf der bis dahin laufenden Elternzeit abgelehnt, besteht bis dahin Kündigungsschutz. Kündigt ArbGeb danach wegen des Verlängerungsbegehrens, steht ArbN nur § 612a BGB zur Seite.

8 **III. Schutz Teilzeitbeschäftigter nach Abs. 2.** Vom besonderen Kündigungsschutz des Abs. 1 werden auch Teilzeitbeschäftigte erfasst. Unerheblich ist, ob das ArbVerh und/oder die Teilzeitbeschäftigung erst nach der Geburt des Kindes begonnen wurde[8].

9 **Teilzeitbeschäftigte mit Elternzeit.** Nach Abs. 2 Nr. 1 werden Personen geschützt, die während der Elternzeit beim selben ArbGeb regelmäßig Teilzeitarbeit leisten[9]. Wird die gem. § 15 IV zulässige Höchstgrenze überschritten, greift der Sonderkündigungsschutz gem. § 18 nicht[10]. Auch ein zufälliges Unterschreiten der vereinbarten Vollzeit genügt nicht[11]. Allerdings kann ein entsprechender Schutz vereinbart werden[12].

10 **Teilzeitbeschäftigte ohne Elternzeit.** Daneben schützt Abs. 2 Nr. 2 auch Personen, die – ohne Elternzeit in Anspruch zu nehmen – Teilzeitarbeit leisten und Anspruch auf Elterngeld haben für die Dauer des in § 4 I bestimmten Bezugszeitraums von längstens 14 Monaten.

11 Abs. 2 Nr. 2 ist nicht an die tatsächliche Inanspruchnahme von Elternzeit geknüpft[13]. Es genügt, wenn ein Anspruch auf Elterngeld besteht. Damit werden nicht nur ArbN erfasst, die nach der Geburt des Kindes bei ihrem bisherigen ArbGeb eine Teilzeitbeschäftigung wahrnehmen, ohne Elternzeit in Anspruch zu nehmen[14]. Im Gegensatz zu der bis zum 31.12.2006 geltenden Fassung, bei der Sonderkündigungsschutz nur bei einer Teilzeitbeschäftigung bei dem ArbGeb, bei dem die Elternzeit hätte in Anspruch genommen werden können, erfasst wurde[15], werden durch Abs. 2 Nr. 2 auch ArbN geschützt, die gem. § 15 IV 3 einer Teilzeitbeschäftigung bei einem ArbGeb nachgehen, während sie bei einem anderen

---

1 Bay VerwGH 29.2.2012 – 12 C 12264, NZA-RR 2012, 302 ff. (zum „besonderen Fall" des § 9 III MuSchG). ||2 Vgl. EuGH 14.4.2005 – Rs. C-519/03, NZA 2005, 587; BAG 31.3.1993 – 2 AZR 595/92, DB 1993, 1783 f. ||3 *Buchner/Becker*, § 18 Rz. 12. ||4 BAG 11.3.1999 – 2 AZR 19/98, NZA 1999, 1047 (1048). ||5 LAG Nds. 2.7.2004 – 16 Sa 440/04, NZA-RR 2005, 250. ||6 APS/*Rolfs*, § 18 BEEG Rz. 5. ||7 LAG Berlin 15.12.2004 – 17 Sa 1729/04, NZA-RR 2005, 474 (475). ||8 BAG 27.3.2003 – 2 AZR 627/01, NZA 2004, 155; abw. *Buchner/Becker*, § 18 Rz. 37, die Abs. 2 Nr. 2 nur auf Fälle beziehen wollen, in denen Teilzeitbeschäftigung schon vor Geburt des Kindes wahrgenommen wurde. ||9 BAG 2.2.2006 – 2 AZR 596/04, NZA 2006, 678. ||10 APS/*Rolfs*, § 18 BEEG Rz. 6. ||11 LAG MV 21.10.2009 – 2 Sa 204/09, nv. ||12 ErfK/*Gallner*, § 18 BEEG Rz. 6. ||13 Vgl. BAG 27.3.2003 – 2 AZR 627/01, NZA 2004, 155. ||14 Vgl. BAG 27.3.2003 – 2 AZR 627/01, NZA 2004, 155; BT-Drs. 10/4212, 6. ||15 Vgl. BAG 2.2.2006 – 2 AZR 596/04, NZA 2006, 678; APS/*Rolfs*, § 18 BEEG Rz. 11; KR/*Bader*, § 18 BEEG Rz. 19.

ArbGeb Elternzeit nehmen. Voraussetzung ist nur, dass die Arbeitszeit 30 Wochenstunden nicht übersteigt, eine Beschäftigung zur Berufsausbildung ausgeübt wird oder die berechtigte Person als iSd. § 23 SGB VIII geeignete Tagespflegeperson nicht mehr als fünf Kinder betreut. Andernfalls entfällt der erforderliche Anspruch auf Elterngeld. Ob der Gesetzgeber diese Ausweitung des Kündigungsschutzes gewollt hat, ist unklar. Einerseits hat er festgestellt, dass mit den Veränderungen in § 18 die bis dahin geltenden Regelungen inhaltlich unverändert übernommen werden[1]. Andererseits hat er aber in Abs. 2 Nr. 2 die Worte „bei seinem Arbeitgeber" gestrichen und verlangt nur in Abs. 2 Nr. 1, dass die Teilzeitarbeit „bei demselben Arbeitgeber" geleistet wird. Nimmt man diese Differenzierung ernst, erfasst der Sonderkündigungsschutz auch Teilzeitbeschäftigte bei ArbGeb, bei denen sie keine Elternzeit in Anspruch genommen haben. Dafür spricht auch der Umstand, dass nicht (mehr) die Elternzeit, sondern – arbeitgeberunabhängig – der Anspruch auf Elterngeld als Anspruchsvoraussetzung genannt wird[2].

Unterrichtungspflicht: Da der ArbGeb nicht notwendig Kenntnis von den Umständen hat, die nach Abs. 2 Nr. 2 Sonderkündigungsschutz begründen, ist der ArbN nach Zugang der Kündigung zur Unterrichtung des ArbGeb verpflichtet. Andernfalls entfällt der Sonderkündigungsschutz. Lehnt man eine unverzügliche Unterrichtungspflicht ab[3], liegt es nahe, von einer analogen Anwendbarkeit der Zwei-Wochen-Frist des § 9 I 1 MuSchG auszugehen[4].

IV. Dauer und Rechtswirkungen des Sonderkündigungsschutzes. Fällt der ArbN in den Geltungsbereich von § 18, darf das ArbVerh durch den ArbGeb nicht gekündigt werden. Entscheidend sind die objektiven Umstände zum Zeitpunkt des Zugangs der Kündigung. Eine verbotswidrig ausgesprochene Kündigung kann nicht in eine Kündigung nach Ablauf der Elternzeit umgedeutet werden. Sie ist gem. § 134 BGB nichtig[5].

Der Kündigungsschutz beginnt mit dem Tag des Zugangs eines wirksamen Verlangens nach Elternzeit, höchstens acht Wochen vor Elternzeitbeginn. Als Endtermin ist Tag der prognostizierten Geburt maßgebend, wenn er vor der tatsächlichen Geburt liegt[6]. Fehlende Schriftform ist dabei unerheblich[7]. Macht der ArbN Elternzeit – ggf. sogar aus Rücksichtnahme auf den ArbGeb – mehr als sieben Wochen vor Beginn der Elternzeit (Abs. 1 S. 1) bzw. vor dem Zeitpunkt geltend, an dem sie frühestens hätte angetreten werden können (Abs. 2 Nr. 2), besteht bis zum Beginn der Sieben-Wochen-Frist kein Kündigungsschutz nach § 18[8]. Dies gilt auch für das Elternzeitverlangen durch Adoptiveltern, obwohl sie auf den Zeitpunkt der Kindesannahme wegen der Abhängigkeit von der Gesetzeslage und der Behördentätigkeit wenig Einfluss haben[9].

Der Schutz durch § 18 endet, sobald die Elternzeit abläuft. Dies gilt auch dann, wenn sie nur verkürzt in Anspruch genommen wurde oder vorzeitig beendet wird.

V. Ausnahmsweise Zulässigkeitserklärung. In besonderen Fällen kann eine Kündigung durch die für Arbeitsschutz zuständige oberste Landesbehörde ausnahmsweise für zulässig erklärt werden. Dabei handelt es sich um eine eingeschränkte Ermessensentscheidung, die aufgrund außergewöhnlicher Umstände im Einzelfall ein Überwiegen der ArbGebInteressen verlangt[10]. Im Zweifel wird die Bewertung durch die Verwaltung an den allgemeinen Verwaltungsvorschriften zum Kündigungsschutz bei Elternzeit v. 3.1.2007[11] ausgerichtet. Um den Ausgangspunkt der einzelfallbezogenen Interessenabwägung festzustellen, setzt dies auch Überprüfung des entsprechenden Vortrags des ArbGeb voraus, insb. zum Inhalt der unternehmerischen Entscheidung, seiner Prognose für die künftige Entwicklung, die Wahrscheinlichkeit einer geplanten Stilllegung, die tatsächliche Umsetzung etwaiger Rationalisierungsmaßnahmen oder das Fehlen einer Weiterbeschäftigungsmöglichkeit[12]. Neben den wirtschaftl. Gegebenheiten (zB Insolvenz) kennzeichnen auch diese Umstände die ArbGebInteresssen. Dass dies zT der Darlegungs- und Beweislast im Kündigungsschutzprozess widerspricht, ist mit Blick auf den Zweck des verwaltungsrechtl. Sonderkündigungsschutzes hinzunehmen. Auszunehmen ist nur die Rechtsfrage, ob die Kündigung wegen § 613a IV BGB unwirksam ist[13]. **Ein besonderer Fall**, der regelmäßig zur Zulässigkeit der Kündigung führt, ist nach § 2.1 der Verwaltungsvorschriften insb. dann gegeben, wenn

– der Betrieb oder die Betriebsabteilung dauerhaft stillgelegt oder verlagert wird und der ArbN nicht auf einem anderen Arbeitsplatz im Betrieb oder in anderen Betrieben des Unternehmen weiterbeschäftigt werden kann[14],

---

1 BT-Drs. 16/1889, 27. ‖ 2 Abl. HK-MuSchG/BEEG/*Rancke*, § 18 BEEG Rz. 17. ‖ 3 Vgl. LAG Berlin 15.12.2004 – 17 Sa 1463/04, LAGReport 2005, 147f.; für unverzügliche Unterrichtungspflicht vgl. Schaub/*Linck*, ArbRHdb, § 172 Rz. 53. ‖ 4 Vgl. LAG Berlin 15.12.2004 – 17 Sa 1463/04, BB 2006, 672; LAG MV 21.10.2009 – 2 Sa 204/09, nv.; APS/*Rolfs*, § 18 BEEG Rz. 9; *Buchner/Becker*, § 18 Rz. 38; HK-MuSchG/BEEG/*Rancke*, § 18 BEEG Rz. 19. ‖ 5 Ebenso *Buchner/Becker*, § 18 Rz. 17; ErfK/*Gallner*, § 18 BEEG Rz. 9. ‖ 6 BAG 12.5.2011 – 2 AZR 384/10, NZA 2012, 208. ‖ 7 Vgl. BT-Drs. 14/3553, 22; BAG 26.6.2008 – 2 AZR 23/07, NZA 2008, 1241 (1243): Rechtsmissbrauch. ‖ 8 Vgl. ErfK/*Gallner*, § 18 BEEG Rz. 9; APS/*Rolfs*, § 18 BEEG Rz. 15. ‖ 9 LAG Nds. 12.9.2005 – 5 Sa 396/05, NZA-RR 2006, 346 (347). ‖ 10 Vgl. BVerwG 18.8.1977 – V C 8.77, AP Nr 5 zu § 9 MuSchG 1968; LAG Nds. 4.12.2007 – 3 A 1850/07, nv.; *Bruns*, Elternzeit, S. 131 ff., eingehend *Wiebauer*, ZfA 2012, 507 ff.; *Wiebauer*, BB 2013, 1784 ff. ‖ 11 Vgl. BR-Drs. 832/06. ‖ 12 Vgl. VG Aachen 21.12.2004 – 2 K 2511/03, nv.; VG Ansbach 12.2.2009 – AN 14 K 07.00690, nv.; *Kittner*, NZA 2010, 198 (200ff.). ‖ 13 Vgl. VG Augsburg 17.3.2009 – Au 3 K 08 981, nv.; BAG 22.6.2011 – 8 AZR 107/10, DB 2011, 2553. ‖ 14 BAG 20.1.2005 – 2 AZR 500/03, NZA 2005, 687 (688); VGH Mannheim 20.2.2007 – 4 S 2436/05, NZA-RR 2007, 290 (291); *Wiebauer*, BB 2013, 1784 (1786f.).

- der ArbN in den vorgenannten Fällen eine angebotene, zumutbare Weiterbeschäftigung auf einem anderen Arbeitsplatz ablehnt,
- durch die Aufrechterhaltung des ArbVerh nach Beendigung der Elternzeit eine Existenzgefährdung für Betrieb oder ArbGeb droht oder
- besonders schwere Vertragspflichtverletzungen oder vorsätzliche strafbare Handlungen des ArbN die Aufrechterhaltung des ArbVerh dem ArbGeb unzumutbar machen[1].

17 Zu weiteren Einzelfällen vgl. § 2.2 der Verwaltungsvorschriften. Diese Beispiele sind allerdings nicht abschließend. So ist eine betriebsbedingte Kündigung bereits dann statthaft, wenn schon während der Elternzeit als Folge einer Fremdvergabe erkennbar ist, dass eine Beschäftigungsmöglichkeit im Unternehmen auf Dauer entfallen wird und die Sozialauswahl ordnungsgemäß erfolgt ist[2]. Der ArbGeb muss nicht warten, bis die Elternzeit endet und der Kündigungsgrund – möglicherweise – nicht mehr besteht[3]. Bindungswirkung für die Arbeitsgerichte lösen die Verwaltungsvorschriften deshalb nicht aus.

18 **Zuständige Behörden** sind in Baden-Württemberg: Regierungspräsidien, Bayern: Gewerbeaufsichtsämter, Berlin: Landesamt für Arbeitsschutz, Gesundheitsschutz und technische Sicherheit, Brandenburg: Landesamt für Arbeitsschutz, Bremen: Gewerbeaufsichtsämter, Hamburg: Behörde für Soziales, Familie, Gesundheit und Verbraucherschutz, Hessen: Regierungspräsidenten, Mecklenburg-Vorpommern: Landesamt für Gesundheit und Soziales, Niedersachsen: Gewerbeaufsichtsämter, Nordrhein-Westfalen: staatliche Ämter für Arbeitsschutz, Rheinland-Pfalz: Struktur- und Genehmigungsdirektionen, Saarland: Ministerium für Umwelt und Verbraucherschutz, Sachsen: Regierungspräsidien, Sachsen-Anhalt: Landesämter für Verbraucherschutz, Schleswig-Holstein: Landesamt für Gesundheit und Arbeitssicherheit, Thüringen: Landesbetriebe für Arbeitsschutz und technischen Verbraucherschutz.

19 **Wichtiger Grund. Frist.** Der besondere Fall muss nicht das Gewicht eines wichtigen Grundes nach § 626 BGB haben[4]. Wenn die Kündigung allerdings außerordentlich fristlos erklärt werden soll, muss der Antrag innerhalb der Zwei-Wochen-Frist des § 626 II BGB gestellt und die Kündigung analog § 91 SGB IX unverzüglich nach Zustimmung erklärt werden[5]. Dies entspricht § 9 MuSchG. Wird die ordentliche Kündigung eines schwerbehinderten Menschen während der Elternzeit ausgesprochen, sind Zustimmungen nach §§ 85 SGB IX, 18 BEEG erforderlich. Wenn Verfahren nach § 18 zum Überschreiten der Monatsfrist des § 88 III SGB IX führt, muss der ArbGeb die ordentl. Kündigung unverzüglich nach Zulässigerklärung gem. § 15 aussprechen[6].

20 **Zeitpunkt der Zustimmung.** Die Zulässigerklärung muss dem ArbGeb bei Ausspruch der Kündigung vorliegen. Bestandskraft ist nicht notwendig[7].

21 **Bedingung. Auslauffrist.** Die Zustimmung kann bedingt erteilt werden[8]. Handelt es sich nicht um eine aufschiebende Bedingung, die vor Ausspruch der Kündigung zu erfüllen ist, steht der Nichteintritt aber der Wirksamkeit der Kündigung nicht entgegen. Denkbar ist allenfalls ein Wiedereinstellungsanspruch[9]. Soweit streitig ist, ob ein Betrieb stillgelegt oder auf einen anderen Inhaber übergegangen ist, darf die Behörde die Zulässigerklärung nicht mit der Begründung verweigern, es liege ein Betriebsübergang vor, da diese Frage allein durch die ArbG verbindlich beantwortet werden kann[10]. Eine Verpflichtung des ArbGeb, bei Ausspruch der Kündigung wegen Betriebsstilllegung eine soziale Auslauffrist bis zum Ende der Elternzeit einzuräumen, besteht nicht[11].

22 **Widerspruch und Klage.** Bedenken gegen eine bestandskräftige Zulässigkeitserklärung nach Abs. 1 S. 2 und 3 können – soweit keine Nichtigkeit des Bescheids in Betracht kommt – nur in Widerspruchsverfahren und ggf. durch Anfechtungsklage vor dem Verwaltungsgericht nachgeprüft werden. An einen bestandskräftigen Verwaltungsakt ist das ArbG gebunden[12].

23 **Verwirkung/Klagefrist.** Weil der ArbGeb Kenntnis von der Elternzeit hat, kann der ArbN die Unwirksamkeit der Kündigung wegen Fehlens der erforderlichen Zulässigkeitserklärung grds. bis zur Grenze der Verwirkung geltend machen (§ 4 S. 4 KSchG)[13]. Eine Verwirkung liegt etwa vor, wenn sich der ArbN erst nach mehrjähriger Prozessdauer in der letzten mündlichen Verhandlung auf das Fehlen der Zustimmung beruft[14]. Etwas anderes gilt, wenn die Elternzeit bei einem anderen ArbGeb genommen wurde und dies dem ArbGeb nicht bekannt war. Hier ist die Klage binnen drei Wochen nach Zugang zu

---

1 Vgl. Bay VerwGH 29.2.2012 – 12 C 12264, NZA RR 2012, 302 ff. || 2 VG Ansbach 12.2.2009 – AN 14 K 07.00690, nv.; *Wiebauer*, BB 2013, 1784 (1785). || 3 Vgl. BAG 9.9.2010 – 2 AZR 493/09, ZTR 2011, 45 (46); abw. VG München 24.7.2008 – M 15 K 07.1847, nv.; VG Frankfurt a.M. 27.3.2009 – 7 K 4198/08. F, nv. || 4 VGH Mannheim 20.2.2007 – 4 S 2436/05, NZA-RR 2007, 290 (291); *Buchner/Becker*, § 18 Rz. 24. || 5 So LAG Köln 21.1.2000 – 11 Sa 1195/99, NZA-RR 2001, 303; KR/*Bader/Gallner*, § 9 MuSchG Rz. 112; *Buchner/Becker*, § 9 MuSchG Rz. 265. || 6 Vgl. BAG v. 24.11.2011 – 25 AZR 429/10, NZA 2012, 610. || 7 BAG 3.7.2003 – 2 AZR 487/02, NZA 2003, 1335. || 8 BAG 20.1.2005 – 2 AZR 500/03, NZA 2005, 687 (688); *Wiebauer*, NZA 2011, 177 ff. || 9 *Wiebauer*, NZA 2011, 177 (179). || 10 OVG NW 21.3.2000 – 22 A 5137/99, NZA-RR 2000, 406 (407); BAG 22.6.2011 – 8 AZR 107/10, NZA-RR 2012, 119 (120). || 11 BAG 20.1.2005 – 2 AZR 500/03, NZA 2005, 687 (688); *Kittner*, NZA 2010, 198 (203). || 12 BAG 22.6.2011 – 8 AZR 107/10, NZA-RR 2012, 119 (120). || 13 BAG 3.7.2003 – 2 AZR 487/02, NZA 2003, 1335. || 14 BAG 25.3.2004 – 2 AZR 295/03, NZA 2004, 1064.

erheben; andernfalls gilt die Kündigung als wirksam (§§ 4 S. 1, 7 KSchG). Unabhängig davon hat der ArbN den ArbGeb über das Vorliegen dieser besonderen Voraussetzungen für den Kündigungsschutz rechtzeitig zu unterrichten (vgl. Rz. 12). Wird der ArbGeb vor Ausspruch der Kündigung über den Kündigungsschutz nach Abs. 2 Nr. 2 unterrichtet, ist Klage erst nach Maßgabe von § 4 S. 1, 4 KSchG zu erheben.

Verzicht. § 18 ist zwingende Vorschrift. Verzicht durch den ArbN kommt lediglich nachträglich in Betracht, von vornherein sind Beschränkungen nicht zulässig. 24

19 *Kündigung zum Ende der Elternzeit*
Der Arbeitnehmer oder die Arbeitnehmerin kann das Arbeitsverhältnis zum Ende der Elternzeit nur unter Einhaltung einer Kündigungsfrist von drei Monaten kündigen.

I. Bedeutung der Vorschrift. § 19 begründet und begrenzt das arbeitnehmerseitige Recht zur Kündigung, wenn diese zum Ende der Elternzeit wirksam werden soll. Dies soll gewährleisten, dass der Elternzeitberechtigte durch einseitige Erklärung mit vorgegebener Fristsetzung verhindern kann, nach Ablauf der Elternzeit nicht mehr an seinen Arbeitsplatz zurückzukehren. Zwar soll dies primär eine Fortsetzung der Betreuung und Erziehung des Kindes ermöglichen. Der Grund für die Beendigung spielt indes keine Rolle. 1

Dabei verdrängt die dreimonatige Kündigungsfrist alle anderen Fristen, die – länger oder kürzer – kraft Gesetzes, TV oder arbeitsvertragl. Regelung Geltung beanspruchen würden. Sie gilt auch dann, wenn – zB wegen eines befristeten Arbeitsvertrags – an sich keine ordentl. Kündigung möglich wäre. Dies folgt aus dem Umstand, dass „nur" die dreimonatige Kündigungsfrist gilt. Auf diese Weise soll der ArbGeb in die Lage versetzt werden, den Veränderungen bei seiner Personalplanung Rechnung zu tragen. 2

II. Anwendungsbereich. Das Sonderkündigungsrecht gilt nur für ArbN in Elternzeit bzw. solche, die Elternzeit geltend gemacht haben. Es findet keine Anwendung auf sonstige Formen der Freistellung oder auf die in § 18 II Nr. 2 genannten Teilzeitbeschäftigten ohne Elternzeit. Nehmen beide Berechtigten Elternzeit in Anspruch, kann das Sonderkündigungsrecht von beiden selbständig wahrgenommen werden. 3

Die Kündigung muss schriftl. erfolgen (§ 623 BGB) und mindestens drei Monate vor Beendigung der Elternzeit zugegangen sein (§ 187 I BGB). Fällt der Beginn dieser Frist auf einen Samstag, Sonntag oder gesetzl. Feiertag, muss die Kündigung bereits am letzten vorhergehenden Werktag zugegangen sein. 4

Das gesetzl. Sonderkündigungsrecht ist zwingend. Längere Kündigungsfristen können weder individual- noch kollektivvertragl. vereinbart werden. Entsprechende Regelungen sind unwirksam[1]. 5

Kündigt der ArbN ohne Wahrung der dreimonatigen Frist, bleibt die Kündigung wirksam und beendet das ArbVerh zum nächstmöglichen Termin[2]. 6

III. Verhältnis zu sonstigen Kündigungsmöglichkeiten. Die dreimonatige Frist des § 19 gilt nur für die ordentl. Kündigung zum Ende der Elternzeit. Wenn die ordentl. Kündigung nicht aus allg. Gründen ausgeschlossen ist, kann sie mit den hierfür geltenden Fristen auch während der Elternzeit erklärt werden, wenn sie nicht erst zum Ende der Elternzeit wirksam werden soll. IÜ bleibt das Recht zur außerordentl. Kündigung aus wichtigem Grund (§ 626 BGB) hiervon unberührt. 7

Losgelöst davon kann der ArbN eine Kündigung nach Beendigung der Elternzeit aussprechen. In diesem Fall gelten wieder die allg. Regelungen. Liegen die Voraussetzungen für eine vorzeitige Kündigung zum Ende der Schutzfrist nach § 10 MuSchG neben denen des § 19 vor, hat die ArbNin die Wahl, von welchem Recht sie Gebrauch macht. 8

IV. Rechtsfolgen der Sonderkündigung. Die Kündigung nach § 19 führt zur Beendigung des ArbVerh. Eine besondere Rechtsposition für den Fall der Wiedereinstellung, wie sie durch § 10 MuSchG bei einer Kündigung während der Schwangerschaft und während der Schutzfrist nach der Entbindung gewährleistet wird, räumt § 19 nicht ein. Ob und inwieweit die Eigenkündigung vor Ende der Elternzeit Rückzahlungsansprüche des ArbGeb (zB Gratifikationen, Fort- und Weiterbildungskosten) auslöst, bestimmt sich nach den hierzu getroffenen Vereinbarungen. § 19 steht einer Rückzahlungspflicht nicht entgegen. 9

20 *Zur Berufsbildung Beschäftigte, in Heimarbeit Beschäftigte*
(1) Die zu ihrer Berufsbildung Beschäftigten gelten als Arbeitnehmer oder Arbeitnehmerinnen im Sinne dieses Gesetzes. Die Elternzeit wird auf Berufsbildungszeiten nicht angerechnet.

---

1 Ebenso APS/*Rolfs*, § 19 BEEG Rz. 4; *Vossen* in Stahlhacke/Preis/Vossen, Rz. 1452. ||2 KR/*Bader*, § 19 BEEG Rz. 13.

(2) Anspruch auf Elternzeit haben auch die in Heimarbeit Beschäftigten und die ihnen Gleichgestellten (§ 1 Abs. 1 und 2 des Heimarbeitsgesetzes), soweit sie am Stück mitarbeiten. Für sie tritt an die Stelle des Arbeitgebers der Auftraggeber oder Zwischenmeister und an die Stelle des Arbeitsverhältnisses das Beschäftigungsverhältnis.

1   I. Zur Berufsbildung Beschäftigte. Voraussetzung für den Anspruch auf Elternzeit nach §§ 15 ff. ist die Beschäftigung als ArbN. Durch Abs. 1 gelten im Rahmen dieser Regelungen zur Elternzeit auch die zur Berufsbildung Beschäftigten als ArbN. Dabei kann offen bleiben, ob es sich hierbei um eine Erweiterung oder eine Klarstellung in Bezug auf den Kreis der Anspruchsberechtigten handelt[1]. Vergleichbar mit der Begriffsbestimmung in § 5 I BetrVG (vgl. § 5 BetrVG Rz. 2 ff.) wird jeder einbezogen, der sich in Berufsbildung, Fortbildung und Umschulung befindet[2], ebenso Volontäre, Anlernlinge und Praktikanten, soweit ihr Praktikum nicht zum obligatorischen Fach- oder Hochschulstudium gehört[3]. Zur Berufsbildung Beschäftigte sind auch Jugendliche, die im Rahmen einer überbetrieblichen Ausbildung tätig sind[4]. Das Ausbildungsverhältnis muss privatrechtl. Natur sein[5]. Daher werden Personen ausgeschlossen, die in einer Ausbildung im Rahmen eines öffentl.-rechtl. Dienstverhältnisses stehen (§ 3 BBiG).

2   Eine Anrechnung der Elternzeit auf die Berufsbildungszeit erfolgt nicht. Diese verlängert sich entsprechend. Dies gilt selbst dann, wenn während der Elternzeit Teilzeitarbeit geleistet wird. Damit soll eine Beendigung der Berufsbildung während der Elternzeit vermieden werden. Kann das Ausbildungsziel ohne Verlängerung erreicht werden und kann auch die Zulassung zur Abschlussprüfung (§ 45 BBiG) vorzeitig erfolgen, steht § 20 einer Kürzung der Berufsbildung nicht im Wege. Dies gilt auch für einen teilzeitbeschäftigten Auszubildenden. Hier muss aber anhand von Ausbildungsplänen die Qualität einer Bildung im Teilzeitverhältnis nachgewiesen werden können[6].

3   Die im Gesetz vorgesehene Verlängerung der Ausbildungszeit auf Grund der Elternzeit ist nicht dispositiv. Einschränkende Vereinbarungen sind unzulässig[7]. Leistungen, die dem Berechtigten auf Grund seines Berufsbildungsverhältnisses bis zu einem bestimmten Lebensalter geleistet werden (zB Halbwaisenrente), können auf Grund Inanspruchnahme von Elternzeit nicht gekürzt werden[8].

4   II. In Heimarbeit Beschäftigte und Gleichgestellte. Heimarbeiter und ihnen Gleichgestellte gelten mangels persönlicher Abhängigkeit nicht als ArbN. Sie sind jedoch wegen der wirtschaftl. Abhängigkeit im gleichen Maße schutzbedürftig. Nach Abs. 2 haben sie daher einen Anspruch auf Elternzeit, soweit sie am Stück mitarbeiten. Der in Heimarbeit Beschäftigte muss also in Elternzeit von seinem Auftraggeber oder Zwischenmeister keine Aufträge entgegennehmen. Aus der Ablehnung von Aufträgen darf ihm kein Nachteil erwachsen. §§ 15 ff. gelten also entsprechend, wobei an die Stelle des ArbGeb der Auftraggeber oder Zwischenmeister und an die Stelle des ArbVerh das Beschäftigungsverhältnis tritt.

21 Befristete Arbeitsverträge

(1) Ein sachlicher Grund, der die Befristung eines Arbeitsverhältnisses rechtfertigt, liegt vor, wenn ein Arbeitnehmer oder eine Arbeitnehmerin zur Vertretung eines anderen Arbeitnehmers oder einer anderen Arbeitnehmerin für die Dauer eines Beschäftigungsverbotes nach dem Mutterschutzgesetz, einer Elternzeit, einer auf Tarifvertrag, Betriebsvereinbarung oder einzelvertraglicher Vereinbarung beruhenden Arbeitsfreistellung zur Betreuung eines Kindes oder für diese Zeiten zusammen oder für Teile davon eingestellt wird.

(2) Über die Dauer der Vertretung nach Absatz 1 hinaus ist die Befristung für notwendige Zeiten einer Einarbeitung zulässig.

(3) Die Dauer der Befristung des Arbeitsvertrags muss kalendermäßig bestimmt oder bestimmbar oder den in den Absätzen 1 und 2 genannten Zwecken zu entnehmen sein.

(4) Der Arbeitgeber kann den befristeten Arbeitsvertrag unter Einhaltung einer Frist von mindestens drei Wochen, jedoch frühestens zum Ende der Elternzeit, kündigen, wenn die Elternzeit ohne Zustimmung des Arbeitgebers vorzeitig endet und der Arbeitnehmer oder die Arbeitnehmerin die vorzeitige Beendigung der Elternzeit mitgeteilt hat. Satz 1 gilt entsprechend, wenn der Arbeitgeber die vorzeitige Beendigung der Elternzeit in den Fällen des § 16 Abs. 3 Satz 2 nicht ablehnen darf.

(5) Das Kündigungsschutzgesetz ist im Falle des Absatzes 4 nicht anzuwenden.

(6) Absatz 4 gilt nicht, soweit seine Anwendung vertraglich ausgeschlossen ist.

(7) Wird im Rahmen arbeitsrechtlicher Gesetze oder Verordnungen auf die Zahl der beschäftigten Arbeitnehmer und Arbeitnehmerinnen abgestellt, so sind bei der Ermittlung dieser Zahl Arbeitnehmer und Arbeitnehmerinnen, die sich in der Elternzeit befinden oder zur Betreuung eines Kindes freigestellt sind, nicht mitzuzählen, solange für sie auf Grund von Absatz 1 ein Vertreter oder eine Vertreterin eingestellt ist. Dies gilt nicht, wenn der Vertreter oder die Vertreterin nicht mitzuzählen ist. Die

---

1 *Buchner/Becker*, § 20 Rz. 1. || 2 BAG 24.2.1999 – 5 AZR 10/98, DB 1999, 1019. || 3 BAG 30.10.1991 – 7 ABR 11/91, NZA 1992, 808 (809). || 4 BAG 26.1.1994 – 7 ABR 13/92, DB 1994, 1371 (1372); 24.2.1999 – 5 AZB 10/98, DB 1999, 1019 (1020). || 5 *Meisel/Sowka*, § 20 BErzGG Rz. 3. || 6 *Buchner/Becker*, § 20 Rz. 5; aA *Meisel/Sowka*, § 20 BErzGG Rz. 6. || 7 *Meisel/Sowka*, § 20 BErzGG Rz. 6. || 8 Vgl. BSG 29.4.1997 – 5 RJ 84/95, BSGE 80, 205.

Sätze 1 und 2 gelten entsprechend, wenn im Rahmen arbeitsrechtlicher Gesetze oder Verordnungen auf die Zahl der Arbeitsplätze abgestellt wird.

I. Sachlicher Grund für die Befristung. Soweit Abs. 1 sachliche Gründe benennt, bei deren Vorliegen ArbN befristet zur Vertretung eingestellt werden können, ist dies mit Blick auf § 14 I Nr. 3 TzBfG überflüssig. Die Regelung hätte mit Inkrafttreten des TzBfG gestrichen werden können. Da nach der Prognose des ArbGeb an der Arbeitskraft des Vertreters von vornherein nur ein vorübergehender, zeitlich durch die Rückkehr des Vertretenen begrenzter Bedarf besteht, liegt in der beabsichtigten Vertretung eines anderen ArbN stets ein sachlicher Grund[1]. Eine Prognose darüber, dass der vertretene ArbN seine Tätigkeit zum Zeitpunkt der Beendigung des befristeten Arbeitsvertrags wieder aufnehmen wird, ist nicht erforderlich. Die Prognose muss sich nicht darauf erstrecken, ob der zu vertretende ArbN seine Tätigkeit in vollem Umfang wieder aufnehmen wird (vgl. Rz. 9). Losgelöst davon ist es trotz § 21 statthaft, ArbN unter den in § 14 II TzBfG genannten Voraussetzungen auch ohne sachlichen Grund als Vertreter befristet zu beschäftigen. Genügt der 24-Monats-Zeitraum nicht, weil die Elternzeit für drei Jahre oder für ein weiteres Kind in Anspruch genommen wird, kann nach Ablauf der 24-Monats-Frist eine Befristung aus sachlichem Grund (§§ 14 I TzBfG, 21 BEEG) vereinbart werden. 1

Von Abs. 1 kann auch zur wiederholten Befristung eines Arbeitsvertrags Gebrauch gemacht werden. Es genügt, wenn der ArbGeb zum Zeitpunkt der Befristung annehmen durfte, der zu vertretende ArbN werde seine Arbeit wieder aufnehmen[2]. Unzureichend wäre, wenn ArbN dauerhaft zur generellen Vertretung bei solchen Fehlzeiten beschäftigt wird[3]. Allerdings kann sich aus der Rahmenvereinbarung über befristete ArbVerh zur RL 1999/70/EG unter dem Gesichtspunkt des Rechtsmissbrauchs eine Schranke für den Fall ergeben, dass das ArbVerh mehrfach mit dem Ziel einer Vertretung befristet wurde, obwohl der Bedarf einer Beschäftigung mit gleicher oder vergleichbarer Tätigkeit als Folge des entsprechenden Ausfalls einer größeren Zahl von ArbN an sich ständig und dauernd ist[4]. 2

Wichtig ist, dass die allg. Regelungen des TzBfG neben § 21 anwendbar sind. Damit bedarf zwar die Befristung der Schriftform (§ 14 IV TzBfG). Mit Ausnahme der gedanklichen Vertretung muss der sachliche Grund aber – wenn nicht durch TV ein Zitiergebot geschaffen wird – in der Vereinbarung grds. selbst nicht genannt werden (vgl. Rz. 6). Es genügt, dass er bei Vertragsschluss tatsächlich gegeben war[5]. Wenn die Vertragsdauer als Zweckbefristung festgelegt wird, muss der Vertragszweck indes schriftlich vereinbart werden[6]. 3

Liegt der in Abs. 1 genannte Grund für die Befristung des ArbVerh zum Zeitpunkt der Vereinbarung nicht vor, ist die Befristung unwirksam. In diesem Fall kann die Befristung außerhalb von § 14 II TzBfG nur mit anderen Gründen gerechtfertigt werden. **Beispiel:** Vorübergehende Mehrarbeit, fehlende Qualifizierung des Vertreters für Dauerbesetzung[7], fehlende Haushaltsmittel für eine längere Beschäftigung[8]. Sonst gilt der Arbeitsvertrag mit dem Vertreter als auf unbestimmte Zeit geschlossen und kann vom ArbGeb frühestens zum vereinbarten Ende ordentlich gekündigt werden, sofern keine frühere Kündbarkeit vereinbart wurde (§ 16 TzBfG). 4

Fällt der Grund für die Befristung des ArbVerh nach Vertragsabschluss weg (zB überraschende Eigenkündigung des ArbN in Elternzeit), bleibt die Befristung wirksam. Entsprechendes gilt, wenn der ArbN in Elternzeit eine Verlängerung verlangt oder sein Ausfall durch eine weitere Elternzeit oder andere Fehlzeiten (zB Mutterschutzfristen, krankheitsbedingte Arbeitsunfähigkeit) im Anschluss an die erste Elternzeit verlängert wird. Kehrt der Vertretene wegen einer Eigenkündigung zum Ende der Elternzeit nicht zurück, bleibt es bei der Beendigung des Arbeitsvertrages des Vertreters durch die Befristung[9]. Ein Anspruch des Vertreters auf Fortsetzung des ArbVerh besteht nicht[10]. 5

II. Unmittelbare, mittelbare oder gedankliche Vertretung. Der Vertreter kann mit der Tätigkeit des durch eine Fehlzeit iSd. Abs. 1 ausgefallenen ArbN (unmittelbare Vertretung) oder mit der Tätigkeit eines anderen ArbN, der seinerseits zur Vertretung des ausgefallenen ArbN eingesetzt wird (mittelbare Vertretung), beschäftigt werden[11]. Wenn die Befristung bei der mittelbaren Vertretung mit dem Ausfall des ArbN in Elternzeit begründet wird, muss der ArbGeb indes darlegen, dass die Vertretungskraft gerade wegen des durch den zeitweiligen Ausfall des zu vertretenden Mitarbeiters entstandenen vorübergehenden Beschäftigungsbedarfs eingestellt wurde[12]. Sollen diese Schwierigkeiten einer solchen Kau- 6

---

1 BAG 6.12.2000 – 7 AZR 262/99, DB 2001, 870; 23.1.2002 – 7 AZR 440/00, DB 2002, 1274; 5.6.2002 – 7 AZR 201/01, DB 2002, 2272; 4.6.2003 – 7 AZR 406/02, DB 2003, 1683 (1684). ||2 BAG 13.10.2004 – 7 AZR 654/03, NZA 2005, 469 (471). ||3 BAG 3.10.1984 – 7 AZR 192/83, DB 1985, 2152 (2153); LAG Hess. 16.9.1999 – 12 Sa 2034/98, NZA-RR 2000, 293 (294). ||4 Vgl. EuGH 26.1.2012 – Rs. C-586/10, NZA 2012, 135 – Kücük; BAG 18.7.2012 – 7 AZR 443/09, NZA 2012, 1351; 10.10.2012 – 7 AZR 462/11, ZTR 2013, 138. ||5 BAG 5.6.2002 – 7 AZR 241/01, DB 2002, 2166 (2167); 1.12.2004 – 7 AZR 198/04, NJW 2005, 2333 (2335). ||6 BAG 21.12.2005 – 7 AZR 541/04, NZA 2006, 321. ||7 BAG 5.6.2002 – 7 AZR 201/01, DB 2002, 2272. ||8 BAG 15.8.2001 – 7 AZR 263/00, NZA 2002, 85 (86); 23.1.2002 – 7 AZR 461/00, NZA 2002, 871. ||9 LAG Nürnberg 2.8.2007 – 5 Sa 564/06, BB 2007, 2076. ||10 Vgl. BAG 20.2.2002 – 7 AZR 600/00, NZA 2002, 896 (897); Elz, Der Wiedereinstellungsanspruch, 2002, S. 96. ||11 BAG 13.10.2004 – 7 AZR 654/03, NZA 2005, 469 (471); 17.11.2010 – 7 AZR 443/09 (A), NZA 2011, 34 (36). ||12 BAG 21.2.2001 – 7 AZR 107/00, DB 2001, 2099; 10.3.2004 – 7 AZR 402/03, DB 2004, 1434 (1436); 25.8.2004 – 7 AZR 32/04, NZA 2005, 472 (473).

salkette vermieden werden, muss die befristete Einstellung unmittelbar durch den zeitweiligen Ausfall des ArbN begründet werden, der zur Vertretung des durch eine Fehlzeit iSd. Abs. 1 ausgefallenen ArbN eingesetzt wird. Alternativ kann eine gedankliche Vertretung erfolgen[1]. Diese liegt vor, wenn der befristet beschäftigte ArbN Aufgaben wahrnimmt, die der ArbGeb dem vorübergehend abwesenden ArbN im Rahmen des für diesen geltenden Direktionsrechts tatsächlich und rechtl. hätte übertragen können. Der Einsatz des Vertreters kann dann auch auf einem neuen Arbeitsplatz erfolgen. Der Kausalzusammenhang muss aber im Arbeitsvertrag oder im Rahmen der Beteiligung der Arbeitnehmervertretung erkennbar gemacht werden.

7   III. Bestimmtheitserfordernis. Bei einer Befristung nach § 21 muss die **Dauer** des ArbVerh **kalendermäßig bestimmt** oder bestimmbar oder den in den Abs. 1 und 2 genannten Zwecken zu entnehmen sein (§ 21 III). Einerseits soll den Parteien dadurch frühzeitig Klarheit über das Vertragsende verschafft werden. Andererseits wird der Tatsache Rechnung getragen, dass zB bei Beginn der Mutterschutzfristen noch unklar ist, ob und wie lange (ggf. unter Einbindung der Elternzeit) Vertretungsbedarf gegeben ist. Werden diese Formerfordernisse nicht beachtet, ist die Befristung zwar unwirksam. Analog § 16 II TzBfG wird man allerdings von einer ordentl. Kündbarkeit des Vertrags ausgehen können[2].

8   Wird anstelle der Zweckbefristung, was statthaft ist, eine **auflösende Bedingung** vereinbart, muss der Eintritt der Bedingung Auswirkungen auf den Beschäftigungsbedarf haben. Dies ist nicht der Fall, wenn der befristete Arbeitsvertrag mit Ausscheiden des Vertreters enden soll[3]. Darüber hinaus muss die Möglichkeit des Bedingungseintritts sichergestellt werden. Unklar ist, auf einen „Wegfall des Bedarfs" abzustellen[4]. Wird „die Rückkehr" des vertretenen ArbN als Bedingung gewählt, besteht der Vertrag unbefristet fort, wenn die Rückkehr zB wegen Beendigung des ArbVerh nicht mehr zu erwarten ist[5]. Vorsorglich können **Zeit- und Zweckbefristung verknüpft** werden. In diesem Fall endet der Vertrag idR mit Zweckerfüllung, spätestens mit Ablauf des vereinbarten Datums.

9   IV. Befristungsdauer. Die Befristung zur Vertretung kann höchstens für die Dauer der Fehlzeit des vertretenen ArbN zzgl. einer erforderlichen Einarbeitungszeit gewählt werden (Abs. 2). Dabei kann die Befristung auch für einen Teil der Fehlzeit nach Abs. 1 vereinbart werden. Da der ArbGeb frei darüber entscheiden kann, ob und ggf. für welche Zeit er eine Vertretungskraft beschäftigt, kann auch eine kürzere Befristung erfolgen. Ein sachlicher Grund zur Begründung der Befristungsdauer ist nicht erforderlich; der sachliche Grund muss die Befristung selbst rechtfertigen[6].

10 Soweit eine Zweckbefristung erfolgt ist oder eine auflösende Bedingung vereinbart wurde, endet der Vertrag erst zwei Wochen nach Zugang einer schriftl. Mitteilung des ArbGeb über die Zweckerfüllung bzw. den Bedingungseintritt (§ 15 II TzBfG). Gegenteilige Vereinbarungen sind unwirksam[7].

11 Arbeitet der ArbN nach Fristende mit Wissen des ArbGeb bzw. eines zum Abschluss von Arbeitsverträgen berechtigten Vertreters weiter, ohne dass ein unverzüglicher Widerspruch erfolgt, wandelt sich das befristete ArbVerh nach § 625 BGB in ein unbefristetes um[8]. Ein Widerspruch ist konkludent im Angebot auf einen neuen befristeten Arbeitsvertrag enthalten[9]. Abweichendes gilt bei Kombination von auflösender Bedingung und zeitlicher Höchstbefristung. Die Fiktion des § 15 V TzBfG ist hier auf befristeten Fortbestand bis Ablauf kalendermäßiger Befristung begrenzt[10].

12 V. Mitbestimmung des Betriebs- und Personalrats. Die Einstellung eines Vertreters bedarf der Zustimmung des BR (§ 99 BetrVG) bzw. des PersR (§ 75 BPersVG). Diese Zustimmung ist auch für den Fall einer Verlängerung der Befristung notwendig[11]. Fehlt eine solche Zustimmung, ist der Arbeitsvertrag wirksam, aber eine tatsächliche Beschäftigung ausgeschlossen[12]. Die Befristung selbst wird von § 99 BetrVG nicht erfasst; eine Unterrichtung über den Grund der Befristung ist daher nicht notwendig[13]. Allerdings ist eine Zustimmung des PersR notwendig (vgl. § 75 BPersVG). Ohne Zustimmung ist die Befristung unwirksam mit der Folge, dass ein unbefristeter Arbeitsvertrag besteht[14].

13 VI. Sonderkündigungsrecht des Arbeitgebers. Haben ArbGeb und Vertreter keine Möglichkeit einer ordentl. Kündigung des ArbVerh vereinbart, ist eine Kündigung während der Befristung beiderseits grds. nur aus wichtigem Grund (§ 626 BGB) zulässig (§ 15 III TzBfG). Abweichend hiervon ist eine Kündigung des ArbGeb indes mit einer Frist von drei Wochen, frühestens jedoch zum Ende der Elternzeit des vertretenen ArbN zulässig, wenn die Elternzeit ohne Zustimmung des ArbGeb vorzeitig endet und

---

1 Vgl. BAG 25.3.2009 – 7 AZR 34/08, DB 2009, 2272; 17.11.2010 – 7 AZR 443/09 (A), NZA 2011, 34 (35f.). || 2 Ebenso *Boewer*, § 16 TzBfG Rz. 10; abw. noch BAG 26.3.1986 – 7 AZR 599/84, DB 1987, 1257 (1258), das vor dem Inkrafttreten des TzBfG eine Beendigung mit Auslauffrist entsprechend der Mindestkündigungsfrist angenommen hatte. || 3 BAG 5.6.2002 – 7 AZR 201/01, DB 2002, 2272. || 4 LAG Nürnberg 2.8.2007 – 5 Sa 564/06, BB 2007, 2076. || 5 BAG 26.6.1996 – 7 AZR 674/95, DB 1996, 2289 (2290). || 6 BAG 6.12.2000 – 7 AZR 262/99, DB 2001, 870; 13.10.2004 – 7 AZR 654/03, NZA 2005, 469 (471); aA LAG Hamburg 4.9.2000 – 5 Sa 17/00, AuR 2001, 111; *Bruns*, Elternzeit, S. 90 ff. || 7 *Bauer*, NZA 2000, 1039 (1042); *Meinel/Heyn/Herms*, § 15 TzBfG Rz. 24. || 8 BAG 20.2.2002 – 7 AZR 662/00, EzA § 625 BGB Nr. 5. || 9 *Hönsch*, Elternzeit und Erziehungsgeld, 2001, Rz. 454. || 10 BAG 29.7.2011 – 7 AZR 6/10, NZA 2011, 1346. || 11 BAG 8.7.1998 – 7 AZR 308/97, NZA 1998, 1296; 27.10.2010 – 7 ABR 86/09, NZA 2011, 418 (419f.). || 12 BAG 2.7.1980 – 5 AZR 1241/79, EzA § 99 BetrVG 1972 Nr. 28. || 13 BAG 27.10.2010 – 7 ABR 86/09, NZA 2011, 418 (419). || 14 BAG 20.2.2002 – 7 AZR 707/00, NZA 2002, 811 (813); LAG BW 5.7.2000 – 12 Sa 89/99, nv.

der ArbN die vorzeitige Beendigung seiner Elternzeit mitgeteilt hat (Abs. 4 S. 1). Dies gilt entsprechend, wenn der ArbGeb die vorzeitige Beendigung der Elternzeit wegen der Geburt eines weiteren Kindes oder wegen eines besonderen Härtefalls (§ 1 V) nicht ablehnen darf (Abs. 4 S. 2). Bei einer solchen Kündigung findet das KSchG keine Anwendung, es sei denn, seine Anwendbarkeit ist auch für diesen Fall vereinbart worden (Abs. 5, 6). Anderweitiger Kündigungsschutz (zB § 15 KSchG, § 9 MuSchG, §§ 85 ff. SGB IX) findet dagegen weiterhin Anwendung[1]. Eine besondere Kündigungsmöglichkeit für den Fall der beabsichtigten Rückkehr des ArbN in Elternzeit zur Aufnahme einer Teilzeitbeschäftigung sieht § 21 nicht vor. In diesem Fall stellt die befristete Einstellung der Vertretungskraft indes einen dringenden betriebl. Grund zur Ablehnung des Teilzeitverlangens dar[2].

Das Sonderkündigungsrecht des ArbGeb aus Abs. 4 kann vertragl., auch durch TV, ausgeschlossen werden[3]. Allerdings muss die Vereinbarung erkennen lassen, dass der Verzicht nicht nur die ordentliche Kündigung, sondern auch das Sonderkündigungsrecht nach Abs. 4 erfasst[4]. **14**

VII. Auswirkungen auf die Berechnung der Betriebsgröße. Kommt es für die Anwendbarkeit einer Vorschrift auf die Betriebsgröße an, sind ArbN, die sich in Mutterschutz bzw. Elternzeit befinden oder zur Betreuung eines Kindes freigestellt wurden, nicht mitzuzählen, wenn für sie ein Vertreter eingestellt ist. Dies gilt auch bei unbefristeter Vertretung, solange der Vertretungsbedarf besteht. Der ausgefallene ArbN wird nur dann einbezogen, wenn bereits der Vertreter nicht mitzuzählen ist. Entsprechendes gilt für Vorschriften, in denen auf die Zahl von Arbeitsplätzen hingewiesen wird (§ 21 VII), zB §§ 1, 9, 95, 99, 106, 110, 111 BetrVG; §§ 17, 23 KSchG. Dadurch soll verhindert werden, dass der vorübergehend mit einem Vertreter besetzte Arbeitsplatz doppelt gezählt wird und Vorschriften anwendbar werden, die ohne die Einstellung einer Vertretung nicht einschlägig wären. **15**

VIII. Prozessuales. Will der Vertreter geltend machen, dass die Befristung unwirksam ist, muss er gem. § 17 TzBfG grds. binnen drei Wochen nach dem vereinbarten Ende des befristeten Arbeitsvertrags beim ArbG Klage erheben. Bei mehrfacher Befristung gilt dies für jede einzelne Frist. Bei auflösender Bedingung gilt § 15 Abs. 2 TzBfG. Wird die Klagefrist nicht gewahrt, sind die betroffenen Vereinbarungen zur Beendigung des ArbVerh wirksam[5]. Darlegungs- und beweispflichtig für das Vorliegen des vorübergehenden Bedarfs für die Beschäftigung eines Vertreters ist der ArbGeb[6]. Dagegen spricht, wenn der zu vertretene Mitarbeiter in Teilzeit tätig war, der Vertreter selbst aber als Vollzeitkraft eingestellt wird[7]. **16**

---

[1] *Glatzel*, AR-Blattei SD 656 Rz. 212. ||[2] BAG 19.4.2005 – 9 AZR 233/04, BB 2006, 553 (557). ||[3] ErfK/*Müller-Glöge*, § 21 BEEG Rz. 10. ||[4] *Bruns*, BB 2008, 386 (387). ||[5] BAG 5.6.2002 – 7 AZR 205/01, DB 2002, 2385; 25.8.2004 – 7 AZR 7/04, DB 2005, 502. ||[6] Vgl. BAG 21.2.2001 – 7 AZR 107/00, NZA 2001, 1069 f.; 5.6.2002 – 7 AZR 205/01, DB 2002, 2385. ||[7] BAG 13.10.2004 – 7 AZR 654/03, NZA 2005, 469 (471).

Betriebsrentengesetz (BetrAVG)
Gesetz zur Verbesserung der betrieblichen Altersversorgung

vom 19.12.1974 (BGBl. I S. 3610),
zuletzt geändert durch Gesetz vom 21.12.2008 (BGBl. I S. 2940)

Vorbemerkungen

I. Motive des Gesetzgebers 1	1. Grundlagen 110
II. Historische Entwicklung 3	2. Versorgungssysteme 116
III. Anwendungsbereich des BetrAVG 11	IX. Abänderung von Versorgungszusagen ... 124
1. Sachlicher Anwendungsbereich 11	1. Abänderung aus wirtschaftlichen Gründen 125
2. Persönlicher Anwendungsbereich 16	2. Abänderung aus nicht wirtschaftlichen Gründen 163
3. BetrAVG und Auslandsbezug 17	3. Neue Altersgrenzen in der gesetzlichen Rentenversicherung 164a
4. Freizügigkeits-Richtlinie 98/49 21	4. Widerruf wegen Treuebruch 165
IV. Inhalte der betrieblichen Altersversorgung 22	X. Versorgungsausgleich 171
1. Definition und Kennzeichen 22	1. Ausgleich der Ehezeitanteile von Versorgungsrechten 172
2. Leistungsarten 34	2. Ehezeitanteil und Ausgleichswert 175
3. Abgrenzung zu den anderen Leistungen .. 56	3. Teilung 181
V. Durchführungswege 64	4. Schuldrechtlicher Ausgleich nach Scheidung 189
1. Unmittelbare Versorgungszusage 65	5. Verfahren vor dem Familiengericht 193
2. Mittelbare Versorgungszusage 68	XI. Mitbestimmungsrecht des Betriebsrats .. 196
3. Kombinationsmöglichkeiten 75	1. Gesetzliche Grundlagen 196
VI. Rechtsbegründungsakte 76	2. Mitbestimmung bei unmittelbaren Versorgungszusagen 199
1. Individualrechtliche Zusagen 77	
2. Kollektivrechtliche Zusagen 83	3. Mitbestimmung bei mittelbaren Versorgungszusagen 201
3. Grundsatz der Gleichbehandlung 91	
4. Zusammentreffen mehrerer Begründungsakte 95	4. Mitbestimmungsfreie Entscheidungen .. 207
VII. Leistungsvoraussetzungen 97	XII. Prozessrecht 209
1. Allgemeine Voraussetzungen 98	
2. Besondere Voraussetzungen 104	
VIII. Berechnung der Versorgungsleistung 110	

1   **I. Motive des Gesetzgebers.** Die Altersversorgung beruht in Deutschland auf drei „Säulen": Die erste Säule umfasst die Regelsicherung des Lebensstandards durch die Pflichtgemeinschaft der gesetzl. Versicherten. Zweite Säule ist die betrAV zur Aufstockung dieser Grundsicherung. Als dritte Säule dient die eigenverantwortl. Ergänzung der Grundsicherung und der betrAV durch die private Eigenvorsorge.

2   Einstweilen frei.

3   **II. Historische Entwicklung.** Am 22.12.1974 trat das **Gesetz zur Verbesserung der betrieblichen Altersversorgung** (BetrAVG)[1] mit seinen wesentlichen Teilen auf dem Gebiet der alten Bundesrepublik in Kraft[2].

Für die neuen Bundesländer ist das BetrAVG nur anzuwenden, wenn die Versorgungszusage nach dem 31.12.1991 erteilt worden ist[3].

4   Eine wesentliche Novellierung des BetrAVG erfolgte im Dezember 1997 mit der Verabschiedung des Rentenreformgesetzes 1999 (RRG)[4], um ua. die Vorgaben aus der Barber-Rspr. des EuGH[5] und der diese umsetzenden RL 96/97/EG zu erfüllen (§ 30a). Das folgende Altersvermögensgesetz (AVmG)[6] vom 26.6.2001 sieht ua. eine Förderung der privaten und der betrAV vor. Mit dem AVmG haben ArbN erstmals einen Anspruch auf betrAV im Wege der Entgeltumwandlung[7]. Ergänzt wurden die neuen Regelungen durch das Gesetz zur Einführung einer Kapitalgedeckten Hüttenknappschaftlichen Zusatzversicherung und zur Änderung anderer Gesetze[8], das ua. die mittels Eigenbeiträgen finanzierte kapi-

---

[1] G v. 19.12.1974 (BGBl. I S. 3610); nach Reformierung durch das Alterseinkünftegesetz (BGBl. 2004 I S. 1427) trägt das Gesetz nun die offizielle Bezeichnung Betriebsrentengesetz. || [2] BT-Drs. v. 26.11.1973, 7/1281, 1 ff.
|| [3] BAG 29.1.2008 – 3 AZR 522/06, DB 2008, 1867. || [4] BGBl. 1997 I S. 2998 (3025). || [5] EuGH 17.5.1990 – Rs. C-262/88, DB 1990, 1824 – Barber. || [6] BGBl. 2001 I S. 1310. || [7] *Förster/Cisch/Karst*, Einf. Rz. 2 ff.
|| [8] BGBl. 2002 I S. 2167.

talgedeckte Alterversorgung schützt (vgl. § 1 Rz. 9f.). Mit dem Alterseinkünftegesetz v. 5.7.2004[1] wurden die Rahmenbedingungen für die betrAV abermals erheblich verändert, vor allem durch die Möglichkeit, alle im Verlauf eines Berufslebens erworbenen Anwartschaften bei einem ArbGeb zu konzentrieren (sog. Portabilität), und durch Einschränkungen zur Abfindung von Versorgungsrechten (vgl. Komm. zu §§ 3 und 4). Weitere kleinere Änderungen erfolgten mit Gesetzen v. 2.12.2006, 20.4.2007, 10.12. 2007 und 21.12.2008[2].

Einstweilen frei. 5–10

III. Anwendungsbereich des BetrAVG. 1. Sachlicher Anwendungsbereich. Das BetrAVG gilt nur dann, wenn Leistungen der betrAV zugesagt werden. Dies sind nach der gesetzl. Formulierung Leistungen der Alters-, Invaliditäts- oder Hinterbliebenenversorgung, die einem ArbN oder einer arbeitnehmerähnl. Person aus Anlass ihres Arbeits- oder Dienstverhältnisses zugesagt worden sind. Der Begriff der betrAV ist geprägt durch den in Rspr. und Schrifttum gebräuchlichen Bedeutungsinhalt[3]. Die Versorgungsleistungen knüpfen jeweils an ein biologisches Ereignis an, dh. Tod, Invalidität oder Erreichen einer festen Altersgrenze, und übernehmen auf diese Weise ein damit angesprochenes **biometrisches Risiko** (Langlebigkeit, Invalidität, Todesfallrisiko). **Versorgungsleistungen** sind dabei alle Leistungen, die den Lebensstandard des ArbN oder seiner Hinterbliebenen im Versorgungsfall verbessern sollen[4]. Zweck der betrAV ist die Ergänzung der gesetzl. und privaten Vorsorge durch Leistungen des ArbGeb. Von der Abgeltung unmittelbarer Arbeit unterscheidet sich die betrAV dadurch, dass sie als auf den Eintritt eines Versorgungsfalles bezogene zukünftige Sozialleistung ausgestaltet ist[5]. Auf das Motiv für die Zusage kommt es für die Einordnung als betrAV nicht an[6], maßgeblich ist allein, welches biometrische Ereignis die Versorgung auslöst[7]. 11

IdR werden Geldleistungen in Form laufender Renten oder Kapitalzahlungen geschuldet. Auch Nutzungsrechte oder Sachleistungen können den Charakter einer betrAV haben[8]. Das soll zB auch für einen verbilligten Strombezug gelten, der sowohl aktiven ArbN als auch Betriebsrentnern gewährt wird, nicht aber für Beihilfen im Krankheitsfall, weil Krankheit kein biometrisches Risiko iSd. BetrAVG sei[9]. Insoweit zieht das BAG eine Parallele zur gesetzl. Rentenversicherung und grenzt zu Risiken anderer Versicherungszweige der gesetzl. Versicherung, insb. Arbeitslosigkeit und Krankheit, ab[10]. 12

Einstweilen frei. 13–15

2. Persönlicher Anwendungsbereich. Das BetrAVG dient dem **ArbN**-Schutz. Nach § 17 I 2 gilt es aber auch für sog. **Arbeitnehmerähnl. Personen**, soweit ihnen Leistungen der betrAV aus **Anlass** ihrer Tätigkeit für ein Unternehmen zugesagt worden sind (vgl. Komm. zu § 17). Gegen eine betrAV soll insofern sprechen, wenn das Unternehmen lediglich den tätigen Gesellschaftern Zusagen gemacht hat[11]. Dies gilt auch dann, wenn die den Gesellschafter-Geschäftsführern erteilte Zusage auf Altersversorgung im Verhältnis zu der ihnen gewährten Tätigkeitsvergütung sowie in der rechtl. und tatsächl. Ausgestaltung wesentlich von Zusagen abweicht, wie sie Dritten – insb. sonstigen Geschäftsführern und leitenden Angestellten – erteilt worden sind[12]. In gleicher Weise ist auch zu prüfen, inwieweit familiäre Beziehungen Anlass für das Versorgungsversprechen waren; verfügen familienfremde Mitarbeiter in vergleichbarer Position nicht über eine Versorgungszusage, so ist dies ein Indiz dafür, dass es sich nicht um betriebl. Ruhegeldleistungen handelt[13]. 16

3. BetrAVG und Auslandsbezug. ArbVerh weisen häufig einen Auslandsbezug auf, sei es, dass ein ArbN bei einem ausländischen Unternehmen angestellt ist, aber im Inland arbeitet, sei es, dass ein ArbN, der im Inland angestellt ist, vorübergehend oder dauerhaft in das Ausland entsandt wird. Das kann auch für betriebl. Versorgungsansprüche bedeutsam sein, weil fraglich sein kann, welches nationale Arbeitsrecht anzuwenden ist. Das sog. „Internationale Arbeitsrecht" wird seit dem 17.12.2009 durch die Art. 3, 8 und 9 der sog. Rom-I-VO[14] bestimmt, die damit außer Kraft getretenen Art. 27, 30 und 34 EGBGB gelten nur noch für vor dem 17.12.2009 geschlossene Arbeitsverträge. Nähere Einzelheiten zu anzuwendendem Recht und Möglichkeiten einer Rechtswahl s.u. *Tillmanns*, Art. 9 Rom-I-VO Rz. 6, 11 ff. 17

Einstweilen frei. 18–20

4. Freizügigkeits-Richtlinie 98/49. Die sog. FreizügigkeitsRL v. 29.6.1998[15] bezweckt die Erhaltung von Versorgungsanwartschaften der ArbN, die ihren Arbeitsplatz in einen anderen EU-Mitgliedstaat verlegen. Es soll sichergestellt werden, dass der in das Ausland entsandte ArbN in dem bisherigen inländi- 21

---

1 G v. 5.7.2004, BGBl. I S. 1427. || 2 BGBl. 2006 I S. 2742, BGBl. 2007 I S. 554, BGBl. 2007 I S. 2838 und BGBl. 2008 I S. 2940. || 3 BT-Drs. 7/1281, 22. || 4 BAG 16.3.2010 – 3 AZR 594/09, DB 2010, 1834. || 5 BAG 26.6.1990 – 3 AZR 641/88, ZIP 1991, 49. || 6 BAG 8.5.1990 – 3 AZR 121/89, DB 1990, 2375. || 7 BAG 16.3.2010 – 3 AZR 594/09, DB 2010, 1834. || 8 *Höfer*, ART Rz. 45. || 9 BAG 12.12.2006 – 3 AZR 476/05, DB 2007, 2043; 10.2.2009 – 3 AZR 652/07, NZA 2009, 796. || 10 BAG 16.3.2010 – 3 AZR 594/09, DB 2010, 1834. || 11 BAG 25.1.2000 – 3 AZR 769/98, DB 2001, 2102; 19.1.2010 – 3 AZR 42/08, DB 2010, 1411. || 12 BAG 25.1.2000 – 3 AZR 769/98, DB 2001, 2102. || 13 *Höfer*, § 17 Rz. 5540ff., 5543. || 14 VO 593/2008 über das auf vertragliche Schuldverhältnisse anzuwendende Recht (Rom I) v. 17.6.2008, ABl. 2008 L 177/6. || 15 RL 98/49/EG des Rates v. 29.6.1998 zur Wahrung ergänzender Rentenansprüche von Arbeitnehmern und Selbständigen, die innerhalb der europäischen Gemeinschaft zu- und abwandern, ABl. L Nr. 209/6, in Kraft getreten am 25.7.1998.

schen Versorgungssystem verbleiben kann. Er kann dann weiterhin Beiträge in das dortige Versorgungssystem entrichten, ohne zusätzlich Beiträge in ein ausländisches (betriebl.) Versorgungssystem einzahlen zu müssen (Art. 6 II der RL). Der betroffene ArbN hat ggü. seinem ArbGeb **Auskunftsrechte** über die erreichten Versorgungsansprüche und etwaige Wahlmöglichkeiten. Für nach deutschem Recht erworbene Anwartschaften ergeben sich diese Auskunftsrechte bereits aus § 2 VI.

22 **IV. Inhalte der betrieblichen Altersversorgung. 1. Definition und Kennzeichen. a) Legaldefinition.** Nach der gesetzl. Regelung in § 1 I 1 wird betrAV als Leistungen der Alters-, Invaliditäts- oder Hinterbliebenenversorgung definiert, die einem ArbN aus Anlass seines ArbVerh zugesagt worden sind[1].

23 **b) Kennzeichen der betrieblichen Altersversorgung. aa) Freiwilligkeit.** Die Zusage von betrAV beruht grds. auf einem freien und rechtl. nicht erzwingbaren Entschluss des ArbGeb. Dieser kann insb. frei darüber entscheiden, ob er überhaupt betriebl. Versorgungsleistungen gewähren will und wenn ja, welcher Durchführungswege er sich bedienen, welche objektiv abgrenzbaren Personenkreise er einbeziehen und wie viel er aufwenden will[2]. Hierbei muss der ArbGeb sowohl Grundrechte und allgemeine Rechtsgrundsätze, als auch die Mindestanforderungen des BetrAVG berücksichtigen. Hat der ArbGeb aber einen bestimmten Durchführungsweg zugesagt, ist er daran auch gebunden. Kann er ihn nicht einhalten, muss er ggf. auf andere Weise einen wertgleichen Anspruch verschaffen[3]. Das Prinzip der Freiwilligkeit wird nur im Rahmen der Entgeltumwandlung durchbrochen, die ein ArbN nach § 1a einfordern kann.

24 **bb) Funktion. (1) Versorgungszweck.** Wesentliche Aufgabe und gleichzeitig Tatbestandsmerkmal der betrAV ist die **Versorgung** der aus Alters- oder Invaliditätsgründen in den Ruhestand getretenen ArbN sowie deren Hinterbliebene. Unter einer „Versorgung" sind alle Leistungen zu verstehen, die den Lebensstandard des ArbN oder seiner Hinterbliebenen im Versorgungsfall verbessern sollen[4].

25 **(2) Ergänzungsfunktion.** Als zweite Säule der Altersversorgung ergänzt die betrAV die Grundsicherung aus der gesetzl. RV und schließt – ganz oder teilweise – die Versorgungslücke zum insg. angestrebten Versorgungsvolumen. Ihre besondere soziale Bedeutung sieht der Gesetzgeber darin, dass zahlreichen ArbN während ihrer aktiven Zeit nur ungenügende Mittel zur Verfügung stehen, um eine ausreichende private Eigenvorsorge für den Ruhestand aufzubauen[5]. Diese sog. Ergänzungsfunktion ist – kommt sie auch in vielen Fällen zum Tragen – nicht konstitutiver Inhalt der betrAV. Der Versorgungszweck ist auch dann erfüllt, wenn die zugesagten Leistungen keinen Bezug zur Versorgungslücke aufweisen oder wegen ihrer Geringfügigkeit das durch die gesetzl. RV erreichte Versorgungsniveau nur wenig aufbessern[6].

26 **(3) Fürsorge- und Entgeltcharakter.** Ursprünglich wurde die betrAV lediglich als Fürsorgeleistung des ArbGeb für seine ArbN verstanden. Diese Auffassung wandelte sich mit Entwicklung einer Unverfallbarkeit und Anpassungsprüfungspflicht, die später im BetrAVG normiert wurde dahingehend, dass die betrAV nunmehr als Gegenleistung aus dem arbeitsvertragl. Austauschverhältnis mit Entgeltcharakter angesehen wird[7].

27 Das BAG sieht Leistungen der betrAV nicht als vorenthaltenen Arbeitslohn, der in unmittelbarer Beziehung zur Arbeitsleistung steht; vielmehr handelt es sich um eine **Gegenleistung des ArbGeb für die insg. erbrachte bzw. zu erwartende Betriebstreue des ArbN**[8]. Unter Zugrundelegung dessen hat das BAG den Entgeltcharakter betont und das Fürsorgeelement in den Hintergrund treten lassen[9].

28 **cc) Rechtliche Ausgestaltung. (1) Vertragsfreiheit.** Für die Gewährung von betrAV gilt der Grundsatz der Privatautonomie. Das BetrAVG enthält als ArbN-Schutzgesetz zwar einige einschränkende Regelungen, wie zB die Unverfallbarkeit, das Auszehrungs-, Anrechnungs- und Abfindungsverbot oder die Anpassungsprüfungspflicht, die vom ArbGeb zu beachten sind, wenn er sich einmal zur Zusage entsprechender Leistungen entschlossen hat. Von diesen einschränkenden Regelungen darf gem. § 17 III 3 selbst mit seiner Zustimmung nicht zuungunsten des ArbN abgewichen werden. Ausnahmen zuungunsten des ArbN lässt das Gesetz nur für tarifvertragl. Regelungen oder für Versorgungsberechtigte zu, die dem persönlichen Anwendungsbereich eines TV aufgrund ihrer Position nicht mehr unterfallen. Ansonsten sind nur Vereinbarungen unzulässig, die entweder gegen ein gesetzl. Verbot oder gegen die guten Sitten verstoßen[10].

29 **(2) Gleichbehandlung.** § 1b S. 1 und S. 4 sehen explizit vor, dass sich eine Versorgungszusage unter bestimmten Voraussetzungen auch aus dem Grundsatz der Gleichbehandlung ergeben kann. Dieser

---

1 Diese arbeitsrechtl. Definition des Begriffs der betrAV ist mangels anderweitiger Definitionen auch für das Steuerrecht maßgeblich. ||2 BAG 12.6.1975 – 3 ABR 13/74, DB 1975, 1559; *Höfer*, ART Rz. 50 mwN. ||3 BAG 12.12.2006 – 3 AZR 388/05, EzA-SD 2007, Nr. 18, 15; 15.2.2011 – 3 AZR 54/09, NZA 2011, 928. ||4 BAG 28.10.2008 – 3 AZR 317/07, NZA 2009, 844; 19.2.2008 – 3 AZR 61/06, NZA-RR 2008, 597. ||5 BT-Drs. 7/1281, 19. ||6 LAG München 30.10.1985 – 5 Sa 630/85, BB 1986, 880; *Höfer*, ART Rz. 56 mwN. ||7 BAG 10.3.1972 – 3 AZR 278/71, DB 1972, 1486; 16.12.1976 – 3 AZR 761/75, BB 1977, 146; *Blomeyer/Rolfs/Otto*, Einl. Rz. 25 ff. mwN. ||8 BAG 10.3.1972 – 3 AZR 278/71, DB 1972, 1486. ||9 BAG 5.9.1989 – 3 AZR 575/88, DB 1989, 2615; *Höfer*, ART Rz. 58 mwN. ||10 *Langohr-Plato*, Rz. 19.

beinhaltet das Prinzip, dass Gleiches nicht ungleich und Ungleiches entsprechend nicht gleich behandelt werden darf. Er verbietet mithin die sachfremde Schlechterstellung einzelner ArbN ggü. anderen ArbN in vergleichbarer Lage. Die Vergleichsgruppenbildung muss – gemessen am Leistungszweck – sachlichen Kriterien entsprechen. Gibt es für die unterschiedliche Behandlung keine billigenswerten Gründe, so ist die Regelung willkürlich und damit unwirksam. Der ArbN hat dann einen Anspruch entsprechend der begünstigten Gruppe[1]. Die Vertragsfreiheit ist demnach eingegrenzt, wenn eine Gruppe nach generalisierenden Merkmalen, nach einem erkennbar gleichen Prinzip oder nach einer allg. Ordnung aufgestellt wird. Dabei ist irrelevant, ob die jeweils begünstigten oder benachteiligten ArbN eine Mehrheit oder nur eine Minderheit der insg. gleich zu behandelnden ArbN darstellen[2]. Eine nicht geringe Anwendung genügt, um einen Anspruch auf Gleichbehandlung zu begründen[3].

Eine Differenzierung kann nach besonderen Qualifikationen oder Arbeitsleistungen, auf Grund unterschiedlicher Anforderungen an den Arbeitsplatz oder einer herausragenden Berufserfahrung erfolgen[4]. Als zulässig werden weiter Regelungen angesehen, die Versorgungsberechtigte ab einem bestimmten Stichtag von Verbesserungen einer Versorgungsordnung ausnehmen[5]. Nicht zu beanstanden ist auch, wenn nur diejenigen ArbN eine Invaliden- oder Hinterbliebenenversorgung erhalten, die besonders gefährliche Arbeiten verrichten[6]. Ebenfalls zulässig ist es, wenn lediglich leitenden Angestellten – etwa in Form von Einzelzusagen – Versorgungsleistungen zugesagt werden, die die übrigen Mitarbeiter, die keine herausragende Position bekleiden, nicht erhalten[7]. Nicht vergleichbar sind auch Beamte und nicht verbeamtete Mitarbeiter[8]. Zulässig ist schließlich anhand der Betriebstreue zu differenzieren, also zB ArbN besser zu stellen, die nicht vorzeitig vor Erreichen der Altersgrenze ausgeschieden, sondern unmittelbar in den Ruhestand eingetreten sind[9] oder nur ArbN in unbefristeten ArbVerh[10]. 30

Auch in kollektivrechtl. begründeten Versorgungszusagen ist der Gleichbehandlungsgrundsatz zu beachten[11]. Er gibt jedoch ArbN, die nicht von der kollektiven Regelung erfasst werden, keinen Anspruch. So kann etwa ein leitender Angestellter (iSv. § 5 III BetrVG) Versorgungsleistungen aus einer BV nicht mit Hilfe des Gleichbehandlungsgrundsatzes für sich einfordern. Einer Gleichbehandlung können auch Vorteile in der Entlohnung entgegenstehen, die Einzelnen tarifvertragl. eingeräumt worden sind; es gilt dann das Günstigkeitsprinzip[12]. Der Gleichbehandlungsgrundsatz gilt bei kollektivrechtl. Regelungen, die dem Gleichbehandlungsgrundsatz genügen, nicht mehr gesondert für den Normanwender[13]. 31

Zur Verwirklichung des Grundsatzes der Gleichbehandlung ist seit dem 18.6.2006 das **AGG** in Kraft. Daraus ergibt sich das Verbot, ArbN wegen der in § 1 AGG benannten Kriterien nachteilig oder bevorzugt zu behandeln. Das AGG ist auf die betrAV grds. anwendbar, enthält aber in § 2 II 2 AGG eine Kollisionsregel[14]. Danach gilt das AGG nicht, wenn und soweit das BetrAVG selbst bestimmte Unterscheidungen enthält, die einen Bezug zu den in § 1 AGG erwähnten Merkmalen (zB § 2 I: Alter) haben[15]. Der EuGH hat auf Vorlagebeschluss des BAG[16] festgestellt, dass Sachverhalte, die zum Zeitpunkt des Inkrafttretens des AGG bereits abgeschlossen waren, dem AGG bzw. der dem AGG zugrunde liegenden Richtlinie generell nicht unterfallen[17]. Danach ist eine Hinterbliebenenversorgung mit der dort geregelten Altersabstandsklausel von 15 Jahren nicht nach AGG zu beurteilen, wenn sich der Versorgungsfall zeitlich vor dem Inkrafttreten des AGG ereignet hat. Gleiches hat das BAG unter diesen Voraussetzungen für den Fall einer Hinterbliebenenversorgung bejaht, von der der hinterbliebene Partner einer eingetragenen Lebenspartnerschaft ausgeschlossen war[18]. Unzulässig ist nach AGG wie schon nach dem Grundsatz der Gleichbehandlung die unmittelbare oder mittelbare Diskriminierung etwa wegen des Geschlechts (vgl. auch Rz. 94 u. § 2 Rz. 27)[19]. Keine Diskriminierung ist die Ausnahme von Erziehungsurlaubszeiten aus der Anwartschaftsberechnung[20]. 32

(3) **Auslegung.** Für Inhalt und Umfang der betriebl. Versorgungsleistungen gilt die sog. **Unklarheitenregel.** Danach muss der ArbGeb bei mehrdeutigen Verträgen die für ihn ungünstigere Auslegungsmöglichkeit gegen sich gelten lassen, wenn er ein schutzwürdiges Vertrauen auf bestimmte Leistungen bei seinen ArbN erweckt[21]. 33

---

1 BAG 9.12.1997 – 3 AZR 661/96, DB 1998, 1823. ||2 BAG 25.1.1984 – 5 AZR 89/82, NZA 1984, 326; 25.1.1984 – 5 AZR 251/82, NZA 1984, 323; *Schipp* in Tschöpe, Arbeitsrecht, Teil 2 E Rz. 166. ||3 Ca. die Hälfte: BAG 21.8.2012 – 3 AZR 81/10. ||4 BAG 28.7.1992 – 3 AZR 173/92, BAGE 71, 29. ||5 BAG 6.6.1974 – 3 AZR 44/74, NJW 1975, 78; 11.9.1980 – 3 AZR 606/79, DB 1981, 943; 15.1.2013 – 3 AZR 169/10. ||6 *Förster/Cisch/Karst*, § 1 Rz. 122. ||7 BAG 11.11.1986 – 3 ABR 74/85, NZA 1987, 449; *Förster/Cisch/Karst*, § 1 Rz. 122. ||8 BAG 16.3.2010 – 3 AZR 356/08, ZTR 2010, 485. ||9 BAG 30.11.2010 – 3 AZR 754/08, nv. ||10 BAG 15.1.2013 – 3 AZR 4/11. ||11 BAG 28.7.1992 – 3 AZR 173/92, DB 1993, 169; 7.3.1995 – 3 AZR 282/94, DB 1995, 2000. ||12 BAG 25.4.1995 – 3 AZR 446/94, DB 1995, 2009; 17.10.1995 – 3 AZR 882/94, BB 1996, 380; 25.2.1999 – 3 AZR 113/97, DB 1999, 1912; *Schipp* in Tschöpe, Arbeitsrecht, Teil 2 E Rz. 167. ||13 BAG 12.12.2009 – 3 AZR 895/07, NZA 2010, 521. ||14 BAG 11.12.2007 – 3 AZR 249/06, NZA 2008, 532; *Thum*, BB 2008, 2291. ||15 BAG 14.1.2009 – 3 AZR 20/07, NZA 2009, 489. ||16 BAG 27.6.2006 – 3 AZR 352/05 (A), DB 2006, 2524. ||17 EuGH 23.9.2008 – Rs. C-427/06, NZA 2008, 1119. ||18 BAG 14.1.2009 – 3 AZR 20/07, NZA 2009, 489. ||19 BAG 19.1.2011 – 3 AZR 29/09, BAGE 137, 19; hierzu ausf. *Schipp* in Tschöpe, Arbeitsrecht, Teil 2 E Rz. 176ff. mwN. ||20 BAG 20.4.2010 – 3 AZR 370/08, NZA 2010, 1188. ||21 BAG 25.5.1973 – 3 AZR 405/72, BB 1973, 1171; 25.9.1979 – 3 AZR 1096/77, BB 1979, 784; 16.3.1982 – 3 AZR 843/79, BB 1982, 1940; *Langohr-Plato*, Rz. 20 mwN.

BetrAVG Vorb. Rz. 34   Vorbemerkungen

34 **2. Leistungsarten. a) Begriff der „Leistung".** Der Begriff der Leistung iSv. § 1 I 1 meint nur **tatsächliche Zuwendungen** (Sach-, Nutzungs- und zweck- oder nicht zweckgebundene Geldleistungen), die dem Versorgungsberechtigten unmittelbar zum Zwecke der Alters-, Invaliditäts- oder Hinterbliebenenversorgung gewährt werden[1]. Finanzierungsaufwendungen stellen hingegen noch keine „Leistungen" idS dar, unabhängig davon, ob sie nur buchmäßig vorgenommen werden (Pensionsrückstellungen) oder ob sie auch in Geld erbracht werden, wie Beiträge zu Direktversicherungen oder Zuwendungen an Pensions- oder U-Kassen[2]. Häufigste Form von Versorgungsleistungen sind laufende Renten oder einmalige Kapitalzahlungen[3]. Sach- (zB Deputate) und Nutzungsrechte (zB Werkswohnungen) sowie Vergünstigungen (zB Personalrabatte) können aber ebenfalls unter den Begriff der betrAV subsumiert werden[4]. Voraussetzung ist, dass sie dem ehemaligen Mitarbeiter unter Versorgungsaspekten auch nach seiner aktiven Dienstzeit weiter gewährt werden[5].

35 Nicht erforderlich ist, dass der ArbGeb die zugesagten Versorgungsleistungen persönlich erbringt. Er kann die eingegangenen Leistungsverpflichtungen auch auf einen **Dritten** – nämlich eine Lebensversicherung, einen Pensionsfonds oder eine Pensions- oder U-Kasse – übertragen. Wird ein entsprechender externer, mittelbarer Durchführungsweg gewählt, so stellt der ArbGeb die Finanzierung sicher. Tritt der abgesicherte Versorgungsfall ein, muss der mittelbare Versorgungsträger über die zur Erfüllung der Leistungsverpflichtung erforderlichen Mittel verfügen können[6].

36 **b) Leistungsvarianten. aa) Altersrente.** Die Inanspruchnahme von Altersrente setzt regelmäßig das Erreichen einer bestimmten Altersgrenze voraus. Bei der Festlegung einer vorgezogenen Altersgrenze besteht ein gewisser Handlungsspielraum, der allerdings durch den Grundsatz der Gleichbehandlung – gleiche Altersgrenze für beide Geschlechter – eingeschränkt wird. Als niedrigste Altersgrenze wird idR die Vollendung des 60. LJ anzunehmen sein. Für die Vereinbarung einer noch niedrigeren Altersgrenze müssten besondere berufsspezifische Gründe vorliegen[7], die sich von bloß altersbedingten Arbeitsmarktrisiken unterscheiden. Diesen Umständen tragen auch steuerrechtl. Bestimmungen Rechnung. Bei der U-Kasse ist zwar gem. § 4d I 1 Nr. 1c S. 2 EStG eine Altersgrenze von 55 LJ zulässig. Gleichwohl wird in der Finanzverwaltung als generelle Altersgrenze die Vollendung des 60. LJ angenommen, für Zusagen nach dem 31.12.2011 die Vollendung des 62. LJ[8]. Gem. Art. 10 des RV-Altersgrenzenanpassungsgesetzes[9] wird § 52 EStG in seinen Abs. 24 u. 36 modifiziert. Bei Lebensversicherungen wird das frühestmögliche Auszahlungsalter vom 60. auf das vollendete 62. LJ angehoben, wenn die Beiträge zur LV als Sonderausgaben abzugsfähig sein oder nur die Hälfte der Erträge bei Kapitalzahlungen als Einkünfte aus Kapitalvermögen gelten sollen.

37 Nach st. Rspr. des BAG[10] kommt es für die Zuordnung zur betrAV darauf an, dass die zugesagten Leistungen für die „Alterssicherung" bestimmt sind. Daraus folgt, dass die Leistung gerade dazu dienen muss, die Versorgung des ArbN nach seinem Ausscheiden aus dem Erwerbs- oder Berufsleben sicherzustellen. Danach lässt sich kein fester Zeitpunkt und keine absolute Untergrenze bestimmen. Die Wahl einer früheren Altersgrenze muss jedoch auf sachlichen, nicht außerhalb des ArbVerh liegenden Gründen beruhen, die dem Zweck genügen, dem aus dem aktiven Arbeitsleben ausscheidenden ArbN bei der Sicherung des Lebensstandards im Alter zu helfen. Dies ist regelmäßig nur bei der Festlegung einer Altersgrenze der Fall, die auch nach der allg. Verkehrsanschauung als Beginn des Ruhestandes gilt. Ausgehend von diesen Grundüberlegungen hat das BAG **Überbrückungsleistungen** oder Überbrückungshilfen stets aus dem Schutzbereich des BetrAVG ausgenommen[11]. Solche Leistungen dienen dazu, den Übergang in einen anderen Beruf oder in den Ruhestand zu erleichtern[12] und sind selbst nicht als betrAV zu qualifizieren, wenn sie sich der Höhe nach an einer in Aussicht gestellten Betriebsrente orientieren[13]. Das gilt auch dann, wenn sie als Ruhegeld bezeichnet und erst ab Vollendung des 60. LJ gezahlt werden[14]. Überbrückungsleistungen sind schließlich solche, die Arbeitslosigkeit überbrücken sollen und etwa an das sog. „Anpassungsgeld"[15] oder die Knappschaftsausgleichsleistung[16] anknüpfen.

38 **bb) Invaliditätsrente.** Eine eigenständige Definition des Begriffs „Invalidität" ist dem Arbeitsrecht nicht bekannt. Soweit die Versorgungszusage keine eigenständige Begriffsbestimmung enthält[17], dürfte es auf den allgemeinen Sprachgebrauch ankommen. Danach besteht Invalidität dann, wenn der ArbN wegen körperlicher oder geistiger Behinderung außer Stande ist, seine Arbeitsverpflichtung voll oder

---

1 *Höfer*, ART Rz. 25. ‖ 2 *Höfer*, ART Rz. 15. ‖ 3 BAG 30.9.1986 – 3 AZR 22/85, DB 1987, 1304. ‖ 4 BAG 12.12.2006 – 3 AZR 476/05, DB 2007, 2043; 19.2.2008 – 3 AZR 61/06, NZA-RR 2008, 597. ‖ 5 BAG 11.8.1981 – 3 AZR 395/80, BB 1981, 1835; 2.12.1986 – 3 AZR 123/86, DB 1987, 1442; LAG Düss. 5.5.1977 – 14 Sa 1374/76, DB 1977, 2054. ‖ 6 *Langohr-Plato*, Rz. 56. ‖ 7 BGH 16.3.1981 – II ZR 222/79, BB 1981, 1524; BAG 2.8.1983 – 3 AZR 370/81, DB 1984, 1201; 28.1.1986 – 3 AZR 312/84, BB 1987, 690; 26.4.1986 – 3 AZR 411/86, DB 1988, 2007; *Höfer*, ART Rz. 31. ‖ 8 *Cisch/Kruip*, BB 2007, 1162; vgl. auch BMF-Schreiben v. 5.2.2008 – IV C 8 - S 2222/07/0003, 2008/0022798, Rz. 185. ‖ 9 BGBl. 2007 I S. 554. ‖ 10 BAG 26.4.1988 – 3 AZR 411/86, DB 1988, 1019. ‖ 11 BAG 28.1.1986 – 3 AZR 312/84, NZA 1987, 126; 3.11.1998 – 3 AZR 454/97, BB 1999, 905; 10.2.2009 – 3 AZR 783/07, nv. ‖ 12 BGH 3.7.2000 – II ZR 381/98, MDR 2000, 1197; 28.10.2008 – 3 AZR 317/07, NZA 2009, 844. ‖ 13 BAG 10.2.2009 – 3 AZR 783/07, nv. ‖ 14 BAG 3.11.1998 – 3 AZR 454/97, NZA 1999, 594; vgl. Rz. 36. ‖ 15 BAG 16.3.2010 – 3 AZR 594/09, DB 2010, 1834. ‖ 16 BAG 14.2.2012 – 3 AZR 260/10, DB 2012, 2527. ‖ 17 BAG 20.4.2010 – 3 AZR 553/08, DB 2011, 2176.

wenigstens in ausreichendem Umfang zu erfüllen¹. Rechtlich ist dabei von einer Anknüpfung an das sozialversicherungsrechtl. Begriffsverständnis auszugehen². Stellt eine Versorgungsordnung ohne weitere Differenzierung nur auf den „Invaliditätsfall" ab, werden hiervon nach der alten Terminologie sowohl Erwerbs- als auch Berufsunfähigkeit erfasst³, nach neuer Terminologie alle Fälle der Erwerbsminderung. Hingegen sind Leistungen, die an den Inhaber eines Bergmannversorgungsscheins erbracht werden, keine betrAV, Leistungen an einen Bezieher von Bergmannsrente aber schon⁴. Denkbar ist im Einzelfall auch eine Anknüpfung an die Dienstunfähigkeit des Beamtenrechts⁵.

Einstweilen frei. **39, 40**

MWv. 1.1.2001 wurde das System der sozialversicherungsrechtl. Invalidenrente nach dem SGB VI neu strukturiert⁶. Die früheren Renten wegen Berufs- oder Erwerbsunfähigkeit sind durch eine **zweistufige Erwerbsminderungsrente** ersetzt worden, die grds. zunächst nur befristet gewährt wird. Bei Gewährung einer Erwerbsminderungsrente ist maßgeblich, inwieweit der Versicherte beruflich überhaupt noch erwerbstätig sein kann. Sind dies drei bis sechs Stunden täglich, so kann er eine halbe Erwerbsminderungsrente beanspruchen. Eine volle Erwerbsminderungsrente steht ihm zu, wenn das Restleistungsvermögen weniger als drei Stunden täglich beträgt. Aus arbeitsmarktpolitischen Gründen wird eine volle Erwerbsminderungsrente bewilligt, wenn eigentlich nur die Voraussetzungen für eine halbe Rente erfüllt sind, der Arbeitsmarkt jedoch keine Beschäftigungsmöglichkeiten hergibt. **41**

Soweit die Versorgungszusage auf die einschlägigen Begriffe des SozV-Rechts Bezug nimmt, ist davon auszugehen, dass es sich um eine zeit- und inhaltsdynamische Verweisung auf die sozialversicherungsrechtl. Tatbestände handelt, an deren Erfüllung das jeweils geltende SozV-Recht die Zahlung einer gesetzl. Rente wegen Leistungsminderung knüpft⁷. Veränderungen im SozV-Recht führen daher regelmäßig nicht zu einer Regelungslücke in einer solchen Versorgungsregelung⁸. **42**

Im Rahmen einer Invaliditätsversorgung kann der ArbGeb zusätzlich Leistungsvoraussetzungen festlegen oder auf gesetzl. Erfordernisse für eine Erwerbsminderungsrente verzichten. Er kann die Invaliditätsleistung zB von der Vollendung eines bestimmten Mindestalters⁹ oder dem Auslaufen des Anspruchs auf Lohnfortzahlung¹⁰ abhängig machen. **43**

cc) Hinterbliebenenversorgung. Ob eine Versorgung als Hinterbliebenenversorgung iSd. BetrAVG zu qualifizieren ist, hängt davon ab, ob dem ArbN bei typisierender Betrachtung ein Versorgungsinteresse für die betreffende Person unterstellt werden kann¹¹. Die Zusage auf Hinterbliebenenversorgung durch den ArbGeb ist rechtl. als Vertrag zu Gunsten Dritter zu qualifizieren. Versprechensempfänger ist dabei der ArbN. Seine Hinterbliebenen sind die Begünstigten, die erst mit seinem Tod ein Recht auf die versprochene Leistung erwerben¹². Bis dahin ist weder für die Einschränkung oder Änderung des begünstigten Personenkreises noch für die Aufstockung der eigenen Versorgung des ArbN gegen einen teilweisen oder vollständigen Verzicht auf Hinterbliebenenversorgung eine Zustimmung der Hinterbliebenen erforderlich¹³. Eine Begrenzung des Kreises der anspruchsberechtigten Dritten durch zusätzliche anspruchsbegründende oder besondere anspruchsausschließende Merkmale ist legitim und verstößt als solches nicht gegen das AGG¹⁴. **44**

(1) Witwenrente/Witwerversorgung. Hinterbliebenenleistungen an Witwen/Witwer kommen regelmäßig iHv. 60 % der erdienten oder erdienbaren Anwartschaft auf Altersversorgung zur Auszahlung. Nicht zu beanstanden ist, wenn die Ehe des versorgungsberechtigten ArbN im Todeszeitpunkt bereits eine gewisse Zeit bestanden haben¹⁵ oder vor der Pensionierung bzw. vor Vollendung eines bestimmten Alters geschlossen worden sein muss, sog. **Spätehenklausel**¹⁶. Die Rspr. lässt damit einen Leistungsausschluss bei „Versorgungsehen" bzw. „bei Verdacht einer Versorgungsehe" zu¹⁷. Ein Ausschluss wird auch bei einer **erheblichen Altersdifferenz** zwischen den Eheleuten für zulässig erachtet¹⁸. Für den Fall des **Getrenntlebens** im Zeitpunkt des Todesfalls des Versorgungsberechtigten kann ebenfalls der Ausschluss der Leistung vereinbart werden¹⁹. In die Hinterbliebenenversorgung sind nach AGG auch einge- **45**

---

1 *Griebeling/Griebeling*, Rz. 447. ||2 BAG 24.6.1998 – 3 AZR 288/97, DB 1998, 1969; 11.10.2011 – 3 AZR 795/09, NZA-RR 2013, 211. ||3 *Langohr-Plato*, Rz. 28 mwN. ||4 BAG 16.3.2010 – 3 AZR 594/09, DB 2010, 1834. ||5 Zu den verschiedenen Begrifflichkeiten des alten und neuen SozV-Rechts sowie der Dienstunfähigkeit: BAG 14.12.2010 – 3 AZR 930/08. ||6 BGBl. 2000 I S. 1827. ||7 BAG 19.1.2011 – 3 AZR 83/09, BAGE 136/374; 11.10.2011 – 3 AZR 795/09, NZA-RR 2013, 211; 9.10.2012 – 3 AZR 539/10, DB 2013, 942; vgl. *Höfer*, ART Rz. 865; *Kemper*, BetrAV 1998, 289 ff. ||8 BAG 9.10.2012 – 3 AZR 539/10, DB 2013, 942. ||9 BAG 20.10.1987 – 3 AZR 208/86, BB 1988, 836. ||10 BAG 6.6.1989 – 3 AZR 401/87, NZA 1990, 147. ||11 BAG 18.11.2008 – 3 AZR 277/07, DB 2009, 294. ||12 BAG 26.8.1997 – 3 AZR 235/96, BAGE 86, 216 (219); 21.11.2000 – 3 AZR 91/00, DB 2001, 2455. ||13 BAG 21.11.2000 – 3 AZR 91/00, DB 2001, 2455; *Langohr-Plato*, Rz. 42; *Blomeyer/Rolfs/Otto*, Anh. § 1 Rz. 298. ||14 BAG 20.4.2010 – 3 AZR 509/08, DB 2010, 2000. ||15 BAG 11.8.1987 – 3 AZR 6/86, DB 1988, 347. ||16 BVerfG 11.9.1979 – 1 BvR 92/79, AP Nr. 182 zu § 242 BGB Ruhegehalt; BAG 18.7.1972 – 3 AZR 472/71, BB 1972, 1372; 28.3.1995 – 3 AZR 343/94, BB 1995, 1593; 9.11.1978 – 3 AZR 784/77, DB 1979, 410; 26.8.1997 – 3 AZR 235/96, DB 1998, 1190; 28.7.2005 – 3 AZR 457/04, DB 2006, 2018. ||17 BAG 4.7.1989 – 3 AZR 772/87, NZA 1990, 273. ||18 BAG 9.11.1978 – 3 AZR 784/77, DB 1979, 410; 18.7.1972 – 3 AZR 472/71, DB 1972, 2067 (bei Differenz von 25 Jahren). ||19 BVerfG 29.2.1980 – 1 BvR 1231/79, AP Nr. 183a zu § 242 BGB Ruhegehalt; BAG 6.9.1979 – 3 AZR 358/78, DB 1980, 112; 28.3.1995 – 3 AZR 343/94, BB 1995, 1593; *Langohr-Plato*, Rz. 43 mwN.

tragene **Lebenspartner** einzubeziehen. Das gilt aber nur, wenn zwischen dem Versorgungsschuldner und dem -berechtigten am 1.1.2005 noch ein Rechtsverhältnis bestand[1]. Kein Anspruch besteht deshalb dann, wenn am 1.1.2005 der Versorgungsberechtigte bereits verstorben war[2].

46 Angehörige, die erst nach Beendigung des ArbVerh den Angehörigenstatus erlangt haben, erwerben keinen Anspruch auf Hinterbliebenenleistungen[3].

47 Eine Klausel, die eine Versorgung nur für Eheleute vorsieht, die noch während des bestehenden ArbVerh geheiratet haben, ist zulässig[4]. „**Wiederverheiratungsklauseln**", die einen Wegfall der Hinterbliebenenrente bei Wiederverheiratung des überlebenden Ehegatten zulassen, werden gemeinhin ebenfalls als zulässig anerkannt[5].

48 (2) **Waisenrente.** Hat der ArbGeb Waisenrenten zugesagt, orientiert sich deren Dauer regelmäßig am Bezug des gesetzl. Kindergeldes nach dem BKGG bis zum 18., bei einer Berufsausbildung bis max. zum 25. LJ[6]. Die Höhe von betriebl. Waisenrenten beträgt im Normalfall 10 % (Halbwaisen) bzw. 20 % (Vollwaisen) der erdienten bzw. erdienbaren Altersrente. Witwen-/Witwerrenten und Waisenrenten werden zudem regelmäßig dadurch begrenzt, dass sie zusammen nicht mehr als 100 % der zugesagten Altersrente ausmachen dürfen[7].

49 Anders als eine sog. „Wiederverheiratungsklausel" bei Witwen-/Witwerrente verstößt eine Regelung, die eine Waisenrente bei Heirat des Waisen entfallen lässt, gegen Art. 6 GG[8].

50 c) **Leistungsformen. aa) Leibrenten.** Betriebl. Versorgungsleistungen werden meist in Form lebenslänglich zu gewährender Renten, sog. Leibrenten im versicherungstechnischen Sinne, erbracht. Damit ist nicht die Leibrente iSv. §§ 759 ff. BGB gemeint[9].

51 Ist die Beendigung der Rentenzahlung schon zu einem früheren Zeitpunkt, spätestens aber mit dem Tod des Berechtigten vorgesehen, so handelt es sich um eine **temporäre Leibrente**. Eine solche ist etwa die Waisenrente, die idR mit dem Abschluss einer Berufsausbildung oder mit Vollendung eines bestimmten Lebensalters endet, wenn nicht der Berechtigte vorher stirbt[10]. Soll die Rentenleistung nicht mit dem Eintritt des Versorgungsfalles einsetzen, sondern erst mit einer bestimmten zeitlichen Verzögerung, so spricht man von einer sog. **aufgeschobenen Leibrente**[11].

52 **bb) Zeitrenten.** Leistungen der betrAV, die als Renten nur für eine bestimmte Dauer (Laufzeit), aber unabhängig vom Leben des Berechtigten, gewährt werden, bezeichnet man als Zeitrente. Beim vorzeitigen Ableben – also vor Ablauf der vereinbarten Laufzeit – des Berechtigten geht der Anspruch auf Weitergewährung der Rentenzahlung auf dessen Erben über[12]. Auch die Zeitrente kann in Form einer aufgeschobenen Zeitrente gewährt werden.

53 **cc) Kapitalleistungen.** Bei Kapitalleistungen ist die Verwendung zu Versorgungszwecken im Gegensatz zu Rentenleistungen nicht immer gewährleistet, da die Begünstigten zu vorzeitigem Verzehr verleiten werden können[13].

54 Für eine Zuordnung von Kapitalzahlungen zur betrAV müssen deren allgemeine Merkmale erfüllt sein[14]. Auch Kapitalleistungen können direkt oder indirekt Versorgungszwecken dienen, etwa durch den Einkauf in einen Rentenwert (RV, fest verzinsliches Wertpapier ua.), oder durch Tilgung von laufenden Belastungen (zB Hypothekenverpflichtung)[15]. Das BAG hat entschieden, dass selbst eine Abfindungsregelung dem Versorgungscharakter einer Kapitalzusage nicht entgegensteht[16].

55 **dd) Sonstige Leistungen.** Als Leistungen der betrAV sind auch **Sachleistungen** und **Nutzungen** sowie **zweckgebundene Geldleistungen** und **Vergünstigungen** anerkannt[17]. Hier sind insb. Bier- und Kohledeputate sowie Personalrabatte zu nennen[18]. Nutzungsleistungen kommen insb. in Form von Wohnrechten in einer Werkswohnung vor. Geldleistungen stehen Sach- oder Nutzungsleistungen insoweit nahe, als sie zweckgebunden gewährt werden, wie etwa für Wohnungsmiete, Strom und Heizung. Grundvoraussetzung für eine Qualifikation als betrAV ist, dass die Leistung durch ein biologisches Ereignis ausgelöst wird und Versorgungscharakter hat[19].

56 **3. Abgrenzung zu den anderen Leistungen. a) Sonstige Zuwendungen des Arbeitgebers.** Leistungen der betrAV sind kein vorenthaltener Arbeitslohn, da sie in keinem unmittelbaren Bezug zur Arbeitsleistung stehen[20]; sie werden daher nicht dem unmittelbaren Arbeitsentgelt zugerechnet. Unter Arbeits-

---

1 BAG 14.1.2009 – 3 AZR 20/07, DB 2009, 1545; 15.9.2009 – 3 AZR 294/09, NZA 2010, 216. ||2 BAG 15.9.2009 – 3 AZR 294/09, NZA 2010, 216. ||3 BAG 19.12.2000 – 3 AZR 186/00, DB 2001, 2303. ||4 BAG 20.4.2010 – 3 AZR 509/08, DB 2010, 2000. ||5 *Förster/Cisch/Karst*, § 1 Rz. 56. ||6 *Förster/Cisch/Karst*, § 1 Rz. 66. ||7 *Langohr-Plato*, Rz. 41. ||8 LAG Hamm 20.5.1980 – 6 Sa 177/80, DB 1980, 1550. ||9 *Höfer*, ART Rz. 218. ||10 *Höfer*, ART Rz. 42. ||11 *Höfer*, ART Rz. 44. ||12 *Höfer*, ART Rz. 42. ||13 LAG Hamm 13.8.1996 – 6 Sa 1638/95, DB 1996, 1986. ||14 *Blomeyer/Rolfs/Otto*, § 1 Rz. 18. ||15 *Höfer*, ART Rz. 40 mwN. ||16 BAG 30.9.1986 – 3 AZR 22/85, NZA 1987, 456. ||17 *Blomeyer/Rolfs/Otto*, § 1 Rz. 9. ||18 BAG 24.10.1979 – 5 AZR 1088/77, DB 1980, 1126; 11.8.1981 – 3 AZR 395/80, BB 1981, 1835; 19.2.2008 – 3 AZR 61/06, NZA-RR 2008, 597; 16.3.2010 – 3 AZR 594/09, DB 2010, 1834. ||19 *Blomeyer/Rolfs/Otto*, § 1 Rz. 12, 18. ||20 BAG 10.3.1972 – 3 AZR 278/71, DB 1972, 1486.

entgelt ieS wird nur die in einem synallagmatischen Austauschverhältnis für die laufende Tätigkeit des ArbN unmittelbar gewährte Gegenleistung des ArbGeb verstanden. Leistungen der betrAV sind in Abgrenzung zum Arbeitsentgelt den betriebl. Sozialleistungen zuzuordnen[1].

Dagegen gehören **Tantiemen** und **Gewinnbeteiligungen** regelmäßig zum Arbeitsentgelt; sie sind nicht der betrAV zuzuordnen. Dies ergibt sich schon daraus, dass diese Art von Leistung in aller Regel keinen Versorgungszweck erfüllt. Zu Abgrenzungsproblemen kann es jedoch bei Tantiemen bzw. Gewinnbeteiligungen mit aufgeschobener Fälligkeit – etwa bis zum altersbedingten Ausscheiden des ArbN – kommen. Hier kann im Einzelfall der Versorgungscharakter derart im Vordergrund stehen, dass Leistungen der betrAV anzunehmen sind[2]. Ein solcher Fall liegt regelmäßig dann vor, wenn die Auszahlung auch bei vorzeitiger Invalidität und/oder vorzeitigem Tod, dh. bei Bindung an ein biologisches Ereignis vorgesehen ist[3]. 57

Sonderzahlungen wie Weihnachtsgeld, Urlaubsgeld und 13. Monatsgehalt gehören zum Arbeitsentgelt und sind keine Leistung der betrAV. Werden die Sonderzahlungen jedoch vorbehaltlos und in regelmäßiger Folge an ausgeschiedene ArbN gezahlt, stellen sie eine Leistung der betrAV dar[4]. Dies soll auch gelten, wenn sonstige Versorgungsleistungen nicht gewährt werden[5]. 58

Treueprämien und **Jubiläumsgelder** gehören idR nicht zur betrAV, obwohl sie wie diese Betriebstreue honorieren. Eine Zurechnung zur betrAV scheitert an dem regelmäßig fehlenden Versorgungszweck. Auch die Voraussetzung des Eintritts in den Ruhestand oder eines anderen biologischen Ereignisses liegt idR nicht vor. Knüpft ihre Gewährung dagegen ausnahmsw. an den Eintritt eines biologischen Ereignisses, wird der Versorgungszweck im Vordergrund stehen, so dass eine Zuordnung zur betrAV denkbar ist[6]. 59

Schließlich sind auch **Abfindungen** grds. keine Leistungen der betrAV, da sie als Ausgleich für den Verlust des Arbeitsplatzes fungieren. Denkbar ist aber eine Abfindung, die als an Leib und Leben gebundene Rentenzahlung vereinbart wird. Zur Abgrenzung ist festzustellen, ob der Versorgungszweck überwiegt. Dies ist nicht der Fall, wenn sie unabhängig vom Eintritt eines Versorgungsfalles gewährt wird[7]. 60

b) **Sonstige Rentenansprüche.** Keine Leistungen der betrAV sind Veräußerungs- bzw. Kaufpreisrenten sowie betriebl. Versorgungsrenten. Letztere werden etwa an Veräußerer von Wirtschaftsgütern oder an einen ehemaligen (Mit-)Inhaber des Unternehmens oder an dessen Hinterbliebene ausgezahlt. Für die Veräußerungs- bzw. Kaufpreisrente ergibt sich der fehlende Versorgungscharakter schon daraus, dass es sich um eine Gegenleistung aus einem Kaufvertrag handelt, während die betrAV stets eine Tätigkeit für das Unternehmen honoriert. Dies gilt sinngemäß auch für die betriebl. Versorgungsrente, welche der neue Inhaber oder der verbleibende Gesellschafter eines Unternehmens an den ehemaligen (Mit-)Inhaber zahlt[8]. Keine betriebl. Versorgungsleistungen liegen vor, wenn sie uneingeschränkt **vererblich** gestellt werden[9]. Auch nach Auffassung des BAG liegen keine betriebl. Versorgungsleistungen vor, wenn die zugesagte Leistung beim Tod des ArbN an die Erben auszuzahlen ist[10]. Es folgt damit der Überlegung, dass bei einer solchen Vertragsgestaltung biometrische Risiken nicht übernommen werden und es sich nicht um eine Versorgungsvereinbarung, sondern eine Form der Vermögensbildung in ArbN-Hand handelt. 61

c) **Sonstige Versicherungsleistungen.** Versicherungsleistungen können im Grundsatz nur dann Leistungen der betrAV sein, wenn die Versicherung vom ArbGeb „freiwillig" auf Grund des ArbVerh zu Gunsten des ArbN abgeschlossen wird. Hierbei muss es sich dann um eine sog. Personenversicherung handeln[11]; der Versicherungsfall muss durch ein biologisches Ereignis bei der versicherten Person eintreten. Beihilfen im Krankheitsfall sind ebenfalls keine betrAV[12]. 62

Zur Personenversicherung gehören nur die Lebens- (Kapital-, Renten- bzw. Pensions-, Invaliditäts-) und die Berufsunfähigkeitsversicherung (Unfall- und Krankenversicherung)[13]. 63

V. **Durchführungswege.** Für die Gewährung betriebl. Versorgungsleistungen stehen dem ArbGeb verschiedene Durchführungswege zur Verfügung, § 1b II–IV. Dabei kann er die Leistungen **unmittelbar** aus seinem Vermögen erbringen (unmittelbare Versorgungszusage) oder sich zur Erfüllung der Versorgungsleistungen anderer Versorgungsträger bedienen (**mittelbare** Versorgungszusage). Ob der ArbN die Einhaltung eines bestimmten Durchführungsweges verlangen kann, richtet sich nach den Festlegungen zwischen ArbGeb und ArbN[14]. 64

1. **Unmittelbare Versorgungszusage.** Bei der unmittelbaren Versorgungszusage verspricht der ArbGeb dem ArbN, diesem nach Eintritt des Versorgungsfalls die Versorgungsleistung unmittelbar aus sei- 65

---

1 *Höfer*, ART Rz. 64 f. ||2 Vgl. hierzu BAG 30.10.1980 – 3 AZR 805/79, DB 1981, 644. ||3 *Höfer*, ART Rz. 66. ||4 BAG 19.5.1981 – 3 AZR 308/80, BB 1981, 1900; 16.2.2010 – 3 AZR 118/08, DB 2010, 1947. ||5 LAG München 30.10.1985 – 5 Sa 630/85, BB 1986, 880. ||6 *Höfer*, ART Rz. 69. ||7 Vgl. BAG 28.1.1986 – 3 AZR 312/84, NZA 1987, 126. ||8 *Höfer*, ART Rz. 108 ff. mwN. ||9 BMF-Schreiben v. 5.8.2002 – IV C 4-S 2222-295/02, Rz. 148, BetrAV 2002, 539 (554). ||10 BAG 18.3.2002 – 3 AZR 313/02, NZA 2004, 848; aA noch BAG 30.9.1986 – 3 AZR 22/85, BAGE 53, 131. ||11 *Blomeyer/Rolfs/Otto*, § 1 Rz. 72 mwN. ||12 BAG 12.12.2006 – 3 AZR 476/05, DB 2007, 2043. ||13 *Höfer*, ART Rz. 96 mwN. ||14 BAG 12.6.2007 – 3 AZR 186/06, BAGE 123, 82.

nem Vermögen zu erbringen. Die Haftung für die Erfüllung der Zusage erfolgt mit dem Betriebsvermögen und – wenn es sich um einen Einzelkaufmann oder persönlich haftenden Gesellschafter handelt – auch mit dem Privatvermögen[1].

66 In der Praxis hat sich der Zusammenschluss zu sog. **Konditionenkartellen** bewährt. Hierbei handelt es sich meist um branchenbezogene Verbände, die die Verwaltung und Angleichung von unmittelbaren Versorgungszusagen übernehmen. Dabei verbleiben die Deckungsmittel allerdings bei den einzelnen Unternehmen. Solche Konditionenkartelle sind der Bochumer Verband (Bergbau), der Essener Verband (Eisen- und Stahlindustrie) sowie der Duisburger Verband (Speditionsgewerbe)[2].

67 Die unmittelbare Versorgungszusage hat von allen Durchführungsformen den höchsten Verbreitungsgrad[3]. Der Vorteil für den ArbGeb liegt in der Finanzierung durch Pensionsrückstellungen zu günstigem Rechnungszinsfuß. Dies führt zu einer Verminderung der Einkommens-, Körperschafts- und Ertragssteuer[4]. Dem Unternehmen bleibt in der Anwartschaftsphase die Liquidität erhalten.

68 **2. Mittelbare Versorgungszusage.** Eine mittelbare Versorgungszusage liegt vor, wenn die betrAV über einen **externen Versorgungsträger** abgewickelt wird. Der ArbGeb muss allerdings für die Erfüllung der von ihm zugesagten Leistungen einstehen, § 1 I 3[5]. Die mittelbare Versorgungszusage basiert auf einer **Dreiecksbeziehung** zwischen ArbGeb, ArbN und Versorgungsträger. Letzterer erhält vom ArbGeb die Mittel, aus denen im Versorgungsfall die Leistungen an die Begünstigten zu erbringen sind. Als zwischen ArbGeb und ArbN geschalteter Versorgungsträger kommt die Direktversicherung, die Pensionskasse, die U-Kasse sowie der Pensionsfonds in Betracht[6].

69 a) **Direktversicherung.** Versorgungsträger der Direktversicherung ist eine **Lebensversicherungsgesellschaft**, § 1b II. Es kommt zu einer Überlagerung von versicherungs- und arbeitsrechtl. Beziehungen. Der ArbGeb ist Versicherungsnehmer; der ArbN ist die versicherte Person. Dieser und/oder seine Hinterbliebenen sind bei Eintritt des Versorgungsfalles die Bezugsberechtigten[7]. Es obliegt dem ArbGeb, durch Beitragszahlung sicherzustellen, dass der Versicherer im Versorgungsfall die Leistungen an den oder die Begünstigten erbringen kann. Kommt der ArbGeb dieser Obliegenheit nicht nach, so haftet er unmittelbar ggü. den Versorgungsberechtigten[8].

70 b) **Pensionskassen.** b) **Pensionskassen.** Bei Pensionskassen handelt es sich um eine Sonderform einer Lebensversicherungsgesellschaft, § 1b III. Besonderes Merkmal der Pensionskassen ist, dass sie regelmäßig nur bestimmte Gruppen von ArbN versichern. Hierbei handelt es sich um Angehörige eines oder mehrerer Trägerunternehmen. Wie bei der Direktversicherung erwerben die ArbN einen Rechtsanspruch auf die zugesagte Leistung. Auch bei der Pensionskasse obliegt es dem ArbGeb sicherzustellen, dass die Versorgungsleistungen erbracht werden können. Kommt er dieser Obliegenheit nicht nach oder macht die Pensionskasse von satzungsmäßigen Kürzungsrechten Gebrauch, kommt es zu unmittelbaren Ansprüchen des Versorgungsberechtigten gegen den ArbGeb selbst, die nicht ausgeschlossen werden können[9].

71 c) **Unterstützungskassen** sind rechtsfähige Versorgungseinrichtungen, die auf ihre Leistungen keinen Rechtsanspruch gewähren, § 1b IV. Sie werden zumeist in Form einer GmbH oder eines eV geführt; wegen der bestehenden Staatsaufsicht dagegen seltener als Stiftung[10]. Der arbeitsrechtl. Verpflichtungsumfang des ArbGeb ist in vergleichbarer Weise verfestigt wie bei rechtsverbindl. unmittelbaren Versorgungszusagen oder bei mittelbaren Versorgungszusagen über Direktversicherungen, Pensionskassen etc. Im Gegensatz zu „rechtsverbindlichen" Versorgungszusagen besteht jedoch bei U-Kassen ein einseitiges Widerrufsrecht des ArbGeb, wenn dafür hinreichende, von der Rspr. näher definierte Gründe vorliegen[11]. Dieser Widerruf kann zB durch Aushang erklärt werden, ohne dass eine Kenntnisnahme des einzelnen Berechtigten oder eine Erklärung diesem ggü. erforderlich wäre[12].

72 d) **Pensionsfonds.** Seit dem 1.1.2002 hat der Gesetzgeber Pensionsfonds in § 1b III als weiteren Durchführungsweg der betrAV vorgesehen. Dabei handelt es sich um rechtsfähige Versorgungseinrichtungen[13], die ArbN einen eigenen Anspruch zubilligen. Im Versorgungsfall „Alter" kann eine lebenslange Rente oder eine Einmalkapitalzahlung zugesagt werden (§ 112 I 1 Nr. 4 VAG). Invaliditäts- und Hinterbliebenenleistungen sind hingegen auch als Kapitalzahlung zulässig[14]. Nur bei Inanspruchnahme der steuerlichen Förderung gem. § 1a III sind auch Invaliditäts- und Hinterbliebenenleistungen ausschließlich in Form einer Rente möglich, § 1a III iVm. § 82 II iVm. III EStG[15]. Der Pensionsfonds unterscheidet sich von der Pensionskasse dadurch, dass die Höhe der Altersversorgungsleistungen oder die Höhe der für diese Leistungen zu entrichtenden künftigen Beiträge nicht für alle im Pensionsplan vorgesehenen Leistungsfälle zugesagt werden kann[16], also ein gewisses Anlagerisiko besteht.

---

1 *Schipp* in Tschöpe, Arbeitsrecht, Teil 2 E Rz. 84. ||2 *Förster/Cisch/Karst*, § 1b Rz. 33. ||3 *Förster/Cisch/Karst*, § 1b Rz. 31. ||4 *Schipp* in Tschöpe, Arbeitsrecht, Teil 2 E Rz. 86 mwN. ||5 BAG 16.3.2010 – 3 AZR 744/08, NZA-RR 2010, 610; 19.6.2012 – 3 AZR 408/10, DB 2012, 2818. ||6 KKBH/*Kemper*, § 1 Rz. 79. ||7 *Griebeling/Griebeling*, Rz. 257. ||8 *Schipp* in Tschöpe, Arbeitsrecht, Teil 2 E Rz. 97. ||9 BAG 19.6.2012 – 3 AZR 408/10, DB 2012, 2818. ||10 *Förster/Cisch/Karst*, § 1b Rz. 81. ||11 BAG 17.4.1985 – 3 AZR 72/83, EzA § 1 BetrAVG Unterstützungskasse Nr. 2. ||12 BAG 9.10.2012 – 3 AZR 533/10. ||13 *Förster/Cisch/Karst*, § 1b Rz. 48. ||14 *Langohr-Plato*, Rz. 141. ||15 KKBH/*Kemper*, § 1a Rz. 51. ||16 KKBH/*Kemper*, § 1 Rz. 111.

Pensionsfonds können nur in der Rechtsform der AG oder des Pensionsfondsvereins auf Gegenseitigkeit betrieben werden[1]. Sie unterliegen der Versicherungsaufsicht[2]. 73

Die Finanzierung des Pensionsfonds erfolgt über Beiträge der ArbGeb. Diese haften für die Erfüllung der zugesagten Leistungen, § 2 IIIa sowie § 1 I 3. 74

3. Kombinationsmöglichkeiten. Denkbar ist auch die Kombination verschiedener Durchführungswege. Dabei können verschiedene Durchführungswege gleichzeitig nebeneinander stehen; es kann aber auch zu einem ablösenden Wechsel kommen[3]. 75

VI. Rechtsbegründungsakte. Eine Versorgungsverpflichtung bedarf immer eines Rechtsbegründungsakts als Grundlage. Dieser ist der konkrete Verpflichtungstatbestand für die Begründung des Versorgungsverhältnisses. Für ihn stehen die fünf in § 1b geregelten Durchführungswege zur Verfügung. Der Rechtsbegründungsakt kann auf einer individualrechtl. oder einer kollektivrechtl. Grundlage beruhen. 76

1. Individualrechtliche Zusagen. Bei individualrechtl. Zusagen ist zwischen Einzelzusagen, Einheitsregelungen, Gesamtzusagen und betriebl. Übung zu differenzieren[4]. 77

a) Einzelzusage. Die Einzelzusage grenzt sich zu anderen individualrechtl. Versorgungszusagen dadurch ab, dass sie keinen kollektiven Bezug aufweist, also nicht an eine Gruppe von ArbN gerichtet ist. Auf sie finden die allg. Regeln des Vertragsrechts Anwendung. Die Einzelzusage, die iÜ nicht formbedürftig ist[5], kommt durch ein entsprechendes Angebot des ArbGeb und die Annahme durch den ArbN zustande, die auch stillschweigend oder ohne ausdrückliche Annahmeerklärung (§ 151 S. 1 BGB) erfolgen kann, da betriebl. Versorgungszusagen begünstigender Natur sind[6]. Mit Abschluss wird die Einzelzusage Bestandteil des Arbeitsvertrages. Hiervon kann nur durch eine anderweitige Vereinbarung oder durch Kündigung bzw. Änderungskündigung abgewichen werden[7]. 78

b) Einheitsregelung. Vertragl. Einheitsregelungen werden einheitlich für eine Mehrzahl von ArbN gefasst. Sie enthalten für alle begünstigten ArbN eine identische Regelung hinsichtlich der betrAV. Einheitsregelungen werden – wie bei der Einzelzusage – mit jedem einzelnen ArbN vereinbart. Der Unterschied zur Einzelzusage besteht also darin, dass ihr Inhalt nicht individuell ausgehandelt wird. 79

c) Gesamtzusage. Soll die Gesamtbelegschaft oder eine objektiv abgrenzbare ArbN-Gruppe betriebl. Versorgungsleistungen erhalten, so bietet sich als Rechtsbegründungsakt eine Gesamtzusage an. Hierbei handelt es sich um eine Summe gleichstrukturierter Versorgungszusagen, die einseitig an die Belegschaft bekannt gegeben werden, ohne dass es einer Annahmeerklärung bedarf[8]. Diese führen zu vertragl. Ansprüchen und unterscheiden sich insoweit nicht von individualvertragl. begründeten Ansprüchen bei Einzelzusagen[9]. 80

Das Versorgungsversprechen erfolgt regelmäßig nicht durch Übergabe einer förmlichen Zusage. Gesamtzusagen werden schon dann wirksam, wenn sie in einer Form verlautbart werden, die den einzelnen ArbN typischerweise in die Lage versetzt, von der Erklärung Kenntnis zu nehmen[10], also zB durch im Betrieb verteilte Broschüren oder Aushang. Voraussetzung ist allerdings, dass die Erklärungen nicht nur informatorischen Charakter haben, sondern sich daraus ein Rechtsbindungswille des ArbGeb ergibt[11]. Eine ausdrückliche Annahmeerklärung der begünstigten ArbN ist nicht erforderlich[12]. Sie wird über § 151 BGB Inhalt des Arbeitsvertrages[13]. 81

d) Betriebliche Übung. Eine individualrechtl. Versorgungszusage kann auch aus einer betriebl. Übung entstehen, vgl. § 1b I 4. Das BAG fordert dafür, dass dem Verhalten des ArbGeb eine konkludente Willenserklärung zu entnehmen ist, die vom ArbN gem. § 151 BGB angenommen werden kann[14]. Verbindlich wird der Verpflichtungswille durch ein gleichförmiges, wiederholtes Verhalten des ArbGeb. Dabei ist darauf abzustellen, ob die ArbN aus dem – für die ArbN erkennbaren und nicht verborgenen[15] – Verhalten des ArbGeb unter Berücksichtigung von Treu und Glauben sowie der Verkehrssitte gem. § 242 BGB und der Begleitumstände auf einen originären Bindungswillen des ArbGeb schließen durften[16]. Es kommt letztlich auf die Verhältnisse des Einzelfalls an, aus denen der – vom ArbGeb nach sachgerechten und objektiven Merkmalen erkennbar abzugrenzende – Kreis der Begünstigten, Art und Umfang der Leistungen herzuleiten sind[17]. Die bindende Wirkung einer betriebl. Übung betrifft dabei auch die ArbN, die die Vergünstigung noch nicht erhalten, weil sie die nach der Übung vorausgesetzten Be- 82

---

1 *Förster/Cisch/Karst*, § 1b Rz. 46, 48. ||2 KKBH/*Kemper*, § 1 Rz. 110f. ||3 KKBH/*Kemper*, § 1 Rz. 257ff. ||4 *Förster/Cisch/Karst*, § 1 Rz. 97. ||5 BAG 23.11.1973 – 3 AZR 33/73, BB 1974, 278; 20.7.1982 – 3 AZR 261/80, DB 1983, 50. ||6 BAG 13.3.1975 – 3 AZR 446/74, BB 1975, 1114; 17.5.1966 – 3 AZR 477/65, DB 1966, 1277. ||7 *Schipp* in Tschöpe, Arbeitsrecht, Teil 2 E Rz. 149ff.; *Förster/Cisch/Karst*, § 1 Rz. 98. ||8 BAG 22.12.2009 – 3 AZR 136/08, DB 2010, 1074. ||9 BAG 15.6.1986 – GS 1/82, NZA 1987, 168. ||10 BAG 15.5.2012 – 3 AZR 610/11, NZA 2012, 1279. ||11 BAG 15.5.2012 – 3 AZR 610/11, NZA 2012, 1279. ||12 KKBH/*Kemper*, § 1 Rz. 135. ||13 BAG 18.3.2003 – 3 AZR 101/02, DB 2004, 327. ||14 BAG 16.9.1986 – GS 1/82, NZA 1987, 168; 15.5.2012 – 3 AZR 610/11, NZA 2012, 1279. ||15 BAG 15.2.2011 – 3 AZR 35/09, BB 2011, 3068; 23.8.2011 – 3 AZR 650/09, BAGE 139, 69. ||16 BAG 16.2.2010 – 3 AZR 118/08, DB 2010, 1947; 15.5.2012 – 3 AZR 610/11, NZA 2012, 1279. ||17 Vgl. BAG 30.10.1984 – 3 AZR 236/82, NZA 1985, 531; 3.12.1985 – 3 AZR 577/83, NZA 1986, 787; 3.2.1987 – 3 AZR 330/85, NZA 1987, 666; 19.8.2008 – 3 AZR 194/07, NZA 2009, 196.

dingungen noch nicht erfüllen¹. Die Bezeichnung einer Leistung als freiwillig schließt das Entstehen einer betriebl. Übung nicht aus², der ArbGeb muss einen einschränkenden Vorbehalt klar zum Ausdruck bringen³. Eine betriebl. Übung kann schließlich auch noch nach Eintritt des Versorgungsfalles Art und Umfang der Leistungen modifizieren⁴.

83 **2. Kollektivrechtliche Zusagen.** Kollektiv können betriebl. Versorgungsansprüche durch TV oder durch BV bzw. durch entsprechende Vereinbarungen nach dem SprAuG begründet werden.

84 **a) Tarifvertrag.** Im Bereich der Entgeltumwandlung sind gem. § 1 II Nr. 3 vermehrt tarifvertragl. Versorgungsstrukturen vorzufinden. Sollen beim Anspruch auf Entgeltumwandlung iSv. § 1a Bezüge umgewandelt werden, die auf einem TV beruhen, muss der TV dies für die tarifgebundenen ArbN ausdrücklich vorsehen oder zumindest zulassen, § 17 V. Dies gilt allerdings nur für Entgeltumwandlungen, die auf Versorgungszusagen beruhen, die nach dem 29.6.2001 erteilt worden sind, § 30h. Entgeltumwandlungen, die vor diesem Termin vereinbart worden sind und die eine tarifl. Vergütung betreffen, sind arbeitsrechtl. dagegen nicht zu beanstanden; dies gilt selbst dann, wenn eine tarifl. Öffnungsklausel nicht existiert⁵.

85 TV, die eine echte arbeitgeberfinanzierte betrAV begründen, kommen eher selten vor. Als Beispiel sei die betrAV des öffentl. Dienstes genannt, die überwiegend auf TV beruht. Auch in der Bauindustrie existiert eine betrAV im Rahmen von TV.

86 TV über betrAV haben eigenen Rechtsnormcharakter und bedürfen regelmäßig keiner Übernahme in den Arbeitsvertrag. Demzufolge wird die tarifvertragl. Versorgungszusage auch nicht Bestandteil des einzelnen Arbeitsvertrages⁶.

87 Wird die betrAV durch TV geregelt, so kann hierzu keine BV geschlossen werden; §§ 77 III u. 87 I BetrVG. Eine Ausnahme besteht dann, wenn der TV den Abschluss von BV ausdrücklich zulässt⁷.

88 **b) Betriebsvereinbarung.** Anspruchsgrundlage für eine betrAV kann auch eine BV sein. Für Pensions- und U-Kassen ergibt sich dies ausdrücklich aus § 88 Nr. 2 BetrVG: Hiernach kann die Errichtung von Sozialeinrichtungen Gegenstand freiwilliger BV sein⁸. Für alle anderen Formen der betrAV resultiert die Zulässigkeit aus der umfassenden funktionellen Zuständigkeit des BR in sozialen Angelegenheiten⁹.

89 Die Ansprüche der Versorgungsberechtigten ergeben sich gem. § 77 IV BetrVG unmittelbar und zwingend aus der BV¹⁰, die zu ihrer Wirksamkeit nach § 77 II 1 BetrVG der Schriftform bedarf.

90 **c) Vereinbarungen nach dem Sprecherausschussgesetz.** Das SprAuG eröffnet für den ArbGeb und den SprAu die Möglichkeit, freiwillige Richtlinien ua. über den Inhalt von ArbVerh der leitenden Angestellten (§ 28 I SprAuG) zu vereinbaren. Hier kommen auch Richtlinien für die betrAV in Betracht¹¹. Diese gelten allerdings nicht automatisch; ihre normative Wirkung muss gem. § 28 II SprAuG ausdrücklich vereinbart werden¹².

91 **3. Grundsatz der Gleichbehandlung.** Ein Rechtsbegründungsakt eigener Art ist der Versorgungsanspruch auf der Grundlage des Gleichbehandlungsgrundsatzes, den § 1b I 4 sonstigen Zusagen gleichstellt. Bei mittelbaren Durchführungswegen haften ArbGeb und Versorgungseinrichtung gesamtschuldnerisch¹³.

92 Der Gleichbehandlungsgrundsatz verbietet die willkürliche Schlechterstellung einzelner ArbN ggü. anderen in vergleichbarer Lage. Dies wird für eine Differenzierung zwischen Arbeitern und Angestellten nach bloßem Statusunterschied für den Regelfall angenommen¹⁴. Eine Gruppenbildung muss – gemessen am Leistungszweck – sachlichen Kriterien entsprechen. Hieraus folgt eine Eingrenzung der Vertragsfreiheit, sobald eine Gruppe nach generalisierenden Merkmalen, nach einem erkennbar gleichen Prinzip oder nach einer allgemeinen Ordnung aufgestellt ist¹⁵. Irrelevant ist insoweit, ob die betroffenen ArbN eine Mehrheit oder eine Minderheit der insg. gleichzubehandelnden Mitarbeiter darstellen¹⁶.

93 Es obliegt dem ArbGeb darzulegen und zu beweisen, nach welchen sachlichen Kriterien er den begünstigten Personenkreis abgegrenzt hat und warum der Mitarbeiter nicht dazu gehört¹⁷. Das BAG akzeptiert Differenzierungsgründe, die auf vernünftigen, einleuchtenden Erwägungen beruhen und nicht gegen übergeordnete Wertentscheidungen verstoßen. Legitim ist es danach etwa, für Mitarbeiter einer bestimmten Berufsgruppe aus Gründen der Portabilität eine gesonderte Versorgung vorzusehen¹⁸.

---

1 BAG 15.5.2012 – 3 AZR 610/11, NZA 2012, 1279. ‖ 2 BAG 19.5.2005 – 3 AZR 660/03, NZA 2005, 889. ‖ 3 BAG 16.2.2010 – 3 AZR 118/08, DB 2010, 1947; 15.5.2012 – 3 AZR 610/11, NZA 2012, 1279. ‖ 4 BAG 19.5.2005 – 3 AZR 660/03, NZA 2005, 889. ‖ 5 *Blomeyer*, DB 2001, 1413 (1416). ‖ 6 KKBH/*Kemper*, § 1 Rz. 152. ‖ 7 *Blomeyer/Rolfs/Otto*, Anh. § 1 Rz. 95 ff. ‖ 8 *Förster/Cisch/Karst*, § 1 Rz. 90. ‖ 9 BAG 16.3.1956 – GS 1/55, BAGE 3, 1. ‖ 10 *Förster/Cisch/Karst*, § 1 Rz. 91. ‖ 11 *Schipp* in Tschöpe, Arbeitsrecht, Teil 2 E Rz. 147 mwN. ‖ 12 *Förster/Cisch/Karst*, § 1 Rz. 96. ‖ 13 BAG 16.2.2010 – 3 AZR 216/09, NZA 2010, 701. ‖ 14 BAG 16.2.2010 – 3 AZR 216/09, NZA 2010, 701; rechtmäßige Differenzierung bei Anwendung verschiedener TV: BAG 22.12.2009 – 3 AZR 895/07, NZA 2010, 521. ‖ 15 *Förster/Cisch/Karst*, § 1 Rz. 116. ‖ 16 BAG 25.1.1984 – 5 AZR 251/82, NZA 1984, 323. ‖ 17 BAG 12.6.1990 – 3 AZR 166/89, DB 1991, 389; 12.11.1991 – 3 AZR 489/90, BB 1992, 1358. ‖ 18 BAG 22.12.2009 – 3 AZR 136/08, DB 2010, 1074.

Eine Ungleichbehandlung kann sich auch aus einer **geschlechtsbezogenen Differenzierung** ergeben. Nach der st. Rspr. des EuGH verstoßen unterschiedliche Rentenzugangsalter bei Männern und Frauen gegen das Gebot der Lohngleichheit aus Art. 157 AEUV (früher Art. 141 EG). Diese Differenzierungen sind jedoch für Betriebszugehörigkeitszeiten bis zum 17.5.1990 (Datum der sog. Barber-Entscheidung[1]) nach wie vor zulässig. Einen Anspruch auf Gleichbehandlung kann ein ArbN deshalb nur erheben, wenn sich sein Ruhegeld auch aus ruhegeldfähigen Dienstzeiten nach dem 17.5.1990 errechnet[2]. Versorgungsregelungen müssen ab diesem Zeitpunkt für Männer und Frauen identische Altersgrenzen enthalten. Der ArbGeb ist berechtigt, unterschiedliche Altersgrenzen aneinander anzugleichen, und zwar auch so, dass die höhere Altersgrenze für beide Geschlechter gilt. Bis zu einer solchen Neuregelung muss er die Versorgungsleistungen für das benachteiligte Geschlecht nach den Regelungen des begünstigten Geschlechts bemessen. Dabei können sich bis zu drei Teilanwartschaften ergeben (Teil aus Betriebszugehörigkeit bis 17.5.1990, Teil aus Betriebszugehörigkeit ab dem 18.5.1990 bis zur Neuregelung und Teil aus Neuregelung), die nach der ratierlichen Berechnungsmethode des § 2 zu ermitteln sind. Aus der Addition dieser Teilanwartschaften ergibt sich der Gesamtanspruch[3]. Dasselbe gilt bei zwar gleichen Altersgrenzen, wenn für die vorgezogene Inanspruchnahme unterschiedliche versicherungsmathematische Abschläge gelten sollen[4]. Erfolgt die Diskriminierung durch die Leistungsordnung einer Pensionskasse, kann uU der ArbGeb unmittelbar zur Beseitigung der Ungleichbehandlung verpflichtet sein[5]. Genau wie unterschiedliche Altersgrenzen für Männer und Frauen verstößt auch die unterschiedliche Festlegung versicherungsmathematischer Abschläge bei vorgezogener Inanspruchnahme der Altersrente gegen das Lohngleichheitsgebot; Versorgungsberechtigte des benachteiligten Geschlechts können verlangen, entsprechend besser gestellt zu werden[6]. Wird männlichen ArbN eine betrAV einschl. einer unbedingten Witwenversorgung gewährt, hingegen weiblichen ArbN nur eine betrAV mit einer Witwerversorgung zugesagt, die unter der Bedingung steht, dass die Ehefrau den überwiegenden Teil des Unterhalts bestritten hat, so liegt hierin eine unterschiedliche Entlohnung, die einen Anspruch auf Gleichbehandlung begründet[7]. 94

Der Grundsatz der Gleichbehandlung wird inzwischen maßgeblich durch das **AGG** ausgestaltet, das unter Beachtung der Kollisionsregel des § 2 II AGG seit seinem Inkrafttreten am 18.8.2006 auch auf die betrAV Anwendung findet (vgl. dazu Rz. 32). Unter Geltung des AGG sind bei der Hinterbliebenenversorgung nach BetrAVG insb. **Partner einer eingetragenen Lebenspartnerschaft** Ehegatten gleichzustellen; für hinterbliebene Partner ergibt sich seit Inkrafttreten des AGG ein Anspruch auf Gleichhandlung mit hinterbliebenen Ehegatten[8]. Diese unterfallen dann allerdings auch Spätehenklauseln[9]. Die Ausnahme von Geschwistern aus der Hinterbliebenenversorgung stellt hingegen keinen Verstoß gegen das AGG oder den arbeitsrechtl. Gleichbehandlungsgrundsatz dar[10]. Die Regelung einer Wartezeit von 15 Jahren verstößt nicht gegen das Diskriminierungsverbot wegen Alters.[11] 94a

4. Zusammentreffen mehrerer Begründungsakte. Gibt es unterschiedliche Anspruchsgrundlagen, so bestimmt sich deren Rangverhältnis nach allg. Grundsätzen. Gesetze (Europäisches Recht, GG, einfache Gesetze) gehen TV und diese wiederum BV und arbeitsvertragl. Regelungen vor[12]. Nach dem Günstigkeitsprinzip bleiben grds. günstigere Ansprüche niedrigerer Rechtsquellen erhalten. 95

Für gleichartige Rechtsbegründungsakte gilt das **Ablösungsprinzip** (Zeitkollisionsregel, zB für aufeinander folgende Einzelzusagen)[13]. 96

VII. Leistungsvoraussetzungen. Für den Eintritt des Versorgungsfalls müssen die in der Zusage niedergelegten Voraussetzungen erfüllt sein, von denen die Zahlung der Versorgungsleistung abhängt. 97

1. Allgemeine Voraussetzungen. Allgemeine Leistungsvoraussetzungen sind solche, die unabhängig von der einzelnen Leistungsart festgesetzt werden. 98

a) **Wartezeit.** Die Vereinbarung einer bestimmten Mindestwartezeit oder Vorschaltzeit ist häufig Inhalt von Versorgungszusagen. Danach kann eine Versorgungsleistung nur dann gefordert werden, wenn der Versorgungsfall nach einer **ununterbrochenen Mindestbetriebszugehörigkeit** (Wartezeit) eintritt. Bei einer **Vorschaltzeit** soll die Versorgungszusage erst nach Ablauf einer festgesetzten Zeitspanne formal wirksam werden und damit den Beginn der Unverfallbarkeitsfristen (vgl. Komm. zu § 2) hemmen. Nach Auffassung des BAG ist eine derartige Ankündigung einer Zusage bereits als Versorgungszusage selbst zu verstehen, wenn dem ArbGeb nach Ablauf der Zeitspanne kein Spielraum mehr 99

---

1 EuGH 17.5.1990 – Rs. C-262/88, NZA 1990, 775 – Barber; weiterentwickelt in EuGH 14.12.1993 – Rs. C-110/91, DB 1994, 228 – Moroni. ||2 BAG 18.3.1997 – 3 AZR 759/95, DB 1997, 1475; 3.6.1997 – 3 AZR 910/95, BB 1997, 1694. ||3 BAG 17.9.2008 – 3 AZR 1061/06, BB 2008, 2177. ||4 BAG 23.9.2003 – 3 AZR 304/02, DB 2004, 2645; 29.9.2010 – 3 AZR 564/09, BB 2011, 113. ||5 BAG 7.9.2004 – 3 AZR 550/03, DB 2005, 507. ||6 BAG 19.8.2008 – 3 AZR 530/06, NZA 2009, 785. ||7 BAG 11.12.2007 – 3 AZR 249/06, DB 2008, 766. ||8 BAG 14.1.2009 – 3 AZR 20/07, NZA 2009, 489; 15.9.2009 – 3 AZR 294/09, NZA 2010, 216; 11.12.2012 – 3 AZR 684/10, DB 2013, 1063. ||9 BAG 15.9.2009 – 3 AZR 797/08, DB 2010, 231. ||10 BAG 18.11.2008 – 3 AZR 277/07, DB 2009, 294. ||11 BAG 12.2.2013 – 3 AZR 100/11, DB 2013, 1245. ||12 Überblick bei *Blomeyer/Rolfs/Otto*, Anh. § 1 Rz. 105 ff. ||13 BAG 16.9.1986 – GS 1/82, NZA 1987, 168; 22.5.1990 – 3 AZR 128/89, NZA 1990, 813; 18.9.2012 – 3 AZR 431/10, DB 2013, 884.

verbleibt, über die förmliche Erteilung des Versprechens zu entscheiden[1]. Die Dauer einer Wartezeit ist frei wählbar. Die Rspr. hat vor Inkrafttreten des AGG noch Wartezeiten bis zu 35 Jahren akzeptiert;[2] unter Geltung des AGG hat das BAG eine Wartezeit von 15 Jahren gebilligt, dabei aber deutlich gemacht, dass diese als Altersgrenze nach § 10 S. 2 AGG noch „angemessen" ist[3], so dass längere Wartezeiten vor dem BAG keinen Bestand mehr haben dürften. Diese als Anspruchsvoraussetzung ausgestalteten Wartezeiten sind streng von den Unverfallbarkeitsfristen nach § 1b I zu unterscheiden[4]. Sind die Unverfallbarkeitsvoraussetzungen erfüllt, kann eine vorgesehene Wartezeit auch noch nach Beendigung des ArbVerh erfüllt werden (§ 1b I 5).

100 Wartezeiten, die eine lange ununterbrochene Betriebszugehörigkeit voraussetzen und auch etwaige Vordienstzeiten im gleichen Unternehmen nicht zu ihrer Erfüllung heranziehen, sind nicht unbillig[5] und stellen für sich allein auch keine „verdeckte Diskriminierung" von Frauen dar[6]. Die Forderung, dass etwa eine 20-jährige Wartezeit nur in einer Vollzeitbeschäftigung abgeleistet werden kann, ist nach höchstgerichtl. Entscheidungen allerdings diskriminierend und unwirksam[7].

101 **b) Altersgrenzen.** Die Versorgungszusage kann vorsehen, dass die Leistungspflicht vor einem bestimmten Alter des ArbN nicht eintritt[8] (vgl. aber § 6).

102 Entsprechend darf der ArbGeb festlegen, dass Leistungen beim Eintritt eines Versorgungsfalls nach Überschreiten eines Höchstalters nicht mehr zu erbringen sind oder dass beim Diensteintritt ab diesem Alter keine Altersversorgung gewährt wird[9]. Eine neue Bedeutung hat die Regelung von Altersgrenzen als potentielle Diskriminierung wegen des Alters erhalten, die nun nach § 10 S. 3 Nr. 4 AGG zu beurteilen ist, der auf der RL 78/2000/EG beruht. Art. 6 II der RL überlässt es den Mitgliedstaaten, in betriebl. Systemen der sozialen Sicherheit (betrAV) zur Erreichung ihrer legitimen Ziele Altersgrenzen festzulegen. Nach der Rspr. des BAG ist die Festsetzung von Altersgrenzen nach § 10 S. 3 Nr. 4 AGG daher europarechtl. idR zulässig[10].

103 **c) Beendigung des Arbeitsverhältnisses.** Leistungen der betrAV verfolgen den Zweck, zur Deckung des nach dem Ausscheiden aus dem Erwerbsleben entstehenden Versorgungsbedarfs beizutragen. Die Zahlung der Versorgungsleistung wird daher regelmäßig an die Bedingung der Beendigung des konkreten ArbVerh oder die Einstellung der berufl. Tätigkeit geknüpft[11].

104 **2. Besondere Voraussetzungen.** Die verschiedenen Leistungsarten können besondere, ihren jeweils spezifischen Gegebenheiten folgende Leistungsvoraussetzungen vorsehen.

105 **a) Altersrente.** Für die Gewährung der Altersleistung ist das Erreichen einer in der Versorgungszusage vorgesehenen festen Altersgrenze erforderlich. Dies ist der Zeitpunkt, ab dem der ArbN die ihm zugesagte Altersleistung ungekürzt beanspruchen kann. Die Versorgungszusage muss dann nicht unverfallbar sein. Auch andere Voraussetzungen, etwa eine Erwerbsminderung oder der Nachweis der Inanspruchnahme des Altersruhegelds aus der gesetzl. RV, werden vom ArbN nicht gefordert[12].

106 Der Gesetzgeber hat im Zuge der schrittweisen Heraufsetzung der **Regelaltersgrenze** in der gesetzl. RV (§§ 35, 235 SGB VI[13]) auch das BetrAVG entsprechend angepasst. Als späteste Altersgrenze wird nicht mehr die Vollendung des 65. LJ definiert. Entscheidend ist vielmehr, wann der Ruhegeldberechtigte die für ihn geltende Regelaltersgrenze erreicht. Ab dem Geburtsjahrgang 1947 wird mit Wirkung ab 2012 die Regelaltersgrenze um einen Monat, ab dem Jahrgang 1959 sogar um zwei Monate angehoben. Bei langjährig Beschäftigten greift die stufenweise Anhebung ab dem Geburtsjahrgang 1949 in für die Bezieher von Regelaltersrenten vergleichbaren Schritten. Für den Geburtsjahrgang 1964 gilt dann eine Regelaltersgrenze von vollendeten 67 LJ. Von der Anhebung der Altersgrenzen ausgenommen sind Personen, die vor dem 1.1.1955 geboren sind und vor dem 1.1.2007 eine ATZ-Vereinbarung geschlossen haben. Gleiches gilt für ArbN, die mit Anpassungsgeld aus dem Bergbau ausgeschieden sind, sowie für schwerbehinderte Menschen, wenn sie als solche am 1.1.2007 anerkannt waren (§§ 37, 236a SGB VI). Für schwerbehinderte Menschen wird ab dem Geburtsjahrgang 1952 die Altersgrenze für eine abschlagsfreie Altersgrenze stufenweise von 63 LJ auf 65 LJ angehoben (§§ 37, 236a SGB VI). Für knappschaftlich versicherte langjährig unter Tage Beschäftigte wird sie ebenfalls in Schritten um zwei Jahre angehoben (§§ 40, 238 SGB VI). Die Regelaltersgrenze gilt dann, wenn die Versorgungszusage keine andere feste Altersgrenze enthält, deren Vereinbarung weiterhin zulässig ist[14]. Unterschiedliche feste Altersgrenzen für Männer und Frauen verletzen dagegen den Gleichbehandlungsgrundsatz (vgl. Rz. 94 f.)[15].

---

1 BAG 24.2.2004 – 3 AZR 5/03, DB 2004, 1158; 13.7.1978 – 3 AZR 278/78, BB 1979, 477; 15.12.1981 – 3 AZR 1100/78, BB 1982, 1488; BGH 4.5.1981 – II ZR 100/80, NJW 1981, 2409.   ‖2 BAG 9.3.1982 – 3 AZR 389/79, BB 1982, 1733; LAG Köln 10.11.1992 – 4 Sa 238/92, LAGE § 1 BetrAVG Nr. 14.   ‖3 BAG 12.2.2013 – 3 AZR 100/11, DB 2013, 1245.   ‖4 BAG 12.2.2013 – 3 AZR 100/11, DB 2013, 1245; *Langohr-Plato*, Rz. 349.   ‖5 BAG 9.3.1982 – 3 AZR 389/79, DB 1982, 2089; LAG Köln 10.11.1992 – 4 Sa 238/92, EWiR 1993, 331.   ‖6 Str., vgl. hierzu *Höfer*, ART Rz. 833 mwN.   ‖7 EuGH 13.5.1986 – Rs. 170/84, AP Nr. 10 zu Art. 119 EWG-Vertrag; BAG 14.10.1986 – 3 AZR 66/83, NZA 1987, 445.   ‖8 BAG 20.10.1987 – 3 AZR 208/86, BB 1988, 836.   ‖9 BAG 14.1.1986 – 3 AZR 456/84, NZA 1987, 23.   ‖10 BAG 11.8.2009 – 3 AZR 23/08, DB 2010, 341; 11.8.2009 – 3 AZR 320/08.   ‖11 *Höfer*, ART Rz. 842.   ‖12 *Höfer*, ART Rz. 852.   ‖13 RV-Altersgrenzenanpassungsgesetz, BGBl. 2007 I S. 554.   ‖14 *Höfer*, ART Rz. 852.   ‖15 *Langohr-Plato*, Rz. 1282; *Blomeyer/Rolfs/Otto*, § 2 Rz. 90.

Problematisch ist allerdings, wie sich die Anhebung der Regelaltersgrenze auf bereits **bestehende Versorgungszusagen** auswirkt. Legt die Versorgungszusage kein bestimmtes Alter fest, dürfte sich die Altersgrenze automatisch an die sozialrechtl. Regelaltersgrenze anpassen. Nennt die Zusage ausdrücklich die Vollendung des 65. LJ, muss durch Auslegung ermittelt werden, was damit gemeint ist. Dabei dürfte eine Rolle spielen, dass in der gesetzl. RV schon seit 1916 nur bis zum vollendeten 65. LJ Rentensteigerungen durch Beitragszahlungen möglich waren. Bei der Formulierung des Versorgungsversprechens gab es deshalb keinen Grund, ein anderes Alter festzulegen, wenn an die in der SozV geltende Altersgrenze angeknüpft werden sollte[1]. Gelangt man allerdings bei der Auslegung dazu, dass die Vollendung des 65. LJ doch als feste Altersgrenze zu verstehen ist, erfolgt keine Korrektur über § 41 S. 2 SGB VI. Diese Bestimmung besagt, dass Vereinbarungen, die eine Beendigung des ArbVerh zur Vollendung des 65. LJ vorsehen, als auf die Regelaltersgrenze abgeschlossen gelten. Die Bestimmung befasst sich aber nur mit der Beendigung des ArbVerh, nicht mit dem Inhalt desselben. Es bleibt deshalb bei der Altersgrenze in der Zusage[2]. Ob dann eine Anpassung gem. § 313 I BGB in Betracht kommt, ist fraglich. Auch bei einer Gesamtversorgung wird man im Wege der Auslegung im Zweifel nicht zu dem Ergebnis gelangen können, der ArbGeb wolle die Betriebsrente zunächst ohne Anrechenbarkeit der SozV-Rente alleine zahlen, bis der Berechtigte nach Erreichen der Regelaltersgrenze auch die gesetzl. Rente bezieht[3]. Hier wird man davon ausgehen müssen, dass die gesetzl. Rente anzurechnen ist, auf die bei Erreichen der Regelaltersgrenze Anspruch besteht. Bei einer unterhalb der Vollendung des 65. LJ liegenden Altersgrenze spricht hingegen viel dafür, dass auch dieses Lebensalter gemeint ist. Gründe, diese ihrerseits durch Auslegung der Zusage schrittweise anzuheben, dürften schwerlich auszumachen sein, zumal wegen der vielfältigen Gestaltungsmöglichkeiten dafür hinreichende Anknüpfungspunkte vorhanden sein müssten. Indes dürfte bei einer unter der Regelaltersgrenze liegenden festen Altersgrenze kein Risiko bestehen, dass der ArbGeb sowohl Betriebsrente als auch Entgelt bezahlen muss, wenn sich der ArbN entschließt, über die feste Altersgrenze hinaus bis zum Erreichen der Regelaltersgrenze weiter zu arbeiten. Die Versorgungszusage dürfte idR so auszulegen sein, dass das Ruhegeld an die Stelle eines Arbeitseinkommens treten soll und damit ein Ausscheiden aus dem Erwerbsleben voraussetzt[4]. 106a

b) **Invaliditätsleistungen.** Voraussetzung für die Gewährung einer Invaliditätsleistung ist, dass der Versorgungsberechtigte vor Erreichen der festen Altersgrenze auf Grund körperlicher, geistiger oder seelischer Gebrechen voraussichtlich vorübergehend, aber für längere Zeit nicht mehr in der Lage ist, seine Arbeitsleistung in der vertragl. geschuldeten Weise[5] zu erbringen. In der Versorgungszusage kann der Begriff der Invalidität aber auch eigenständig definiert werden. 107

c) **Hinterbliebenenleistungen.** Hinterbliebenenleistungen werden durch den Tod des begünstigten ArbN ausgelöst. Kommt es zu einem Ableben während des Bestehens des Beschäftigungsverhältnisses, spricht man von „Aktiventod"; verstirbt er erst als Empfänger einer Alters- oder Invalidenleistung oder als Inhaber einer aufrechterhaltenen Versorgungsanwartschaft, so ist die Begrifflichkeit „Rentnertod" gebräuchlich[6]. Eine Beschränkung des Versorgungsfalls nur auf den „Aktiventod" oder nur auf den „Rentnertod" ist grds. zulässig[7]. 108

Begünstigte für die Hinterbliebenenleistung sind die in der Versorgungszusage benannten Personen, also regelmäßig – aber nicht zwingend – der hinterbliebene Ehepartner und/oder die Kinder des Verstorbenen[8]. 109

VIII. Berechnung der Versorgungsleistung. 1. Grundlagen. Die Höhe der Versorgungsleistung richtet sich häufig, wenn keine Festbeträge zugesagt werden, nach der bis zum Versorgungsfall zurückgelegten „versorgungsfähigen Dienstzeit". Eine Ausnahme hiervon bilden Direktversicherungen, bei denen die Dienstzeit von untergeordneter Bedeutung ist. Ein weiterer Faktor für die Leistungshöhe ist häufig auch ein „versorgungsfähiges Einkommen". 110

a) **Versorgungsfähige Dienstzeit.** Der ArbGeb kann frei festlegen, in welchem Umfang eine zurückzulegende Dienstzeit für die Leistungshöhe maßgeblich sein soll. Insb. kann er bestimmen, dass nicht die gesamte abgeleistete Dienstzeit leistungssteigernd wirkt. So können etwa Ausbildungs-, Einarbeitungs-, Ruhens- oder Probezeiten oder ein anderer bestimmter Zeitraum als nicht leistungssteigernd erklärt werden. Es ist auch nicht diskriminierend, sondern ein zulässiges Mittel der Risikokontrolle, die Anzahl der rentenfähigen Dienstjahre zu beschränken[9]. 111

Der ArbGeb kann dem ArbN grds. aber auch fiktive Dienstzeiten zubilligen, um einen versorgungsfähigen Anspruch einzuräumen oder zu erhöhen[10]. 112

b) **Versorgungsfähiges Einkommen.** Unterschiedliche Verdienst- und Leistungsstrukturen innerhalb einer Belegschaft können auch in einem Versorgungswerk berücksichtigt werden. Versorgungssysteme, 113

---

[1] BAG 15.5.2012 – 3 AZR 11/10, BB 2012, 2630; *Höfer/Witt/Kuchem*, BB 2007, 1445. ||[2] *Baumeister/Merten*, DB 2007, 1306. ||[3] BAG 15.5.2012 – 3 AZR 11/10, BB 2012, 2630; *Baumeister/Merten*, DB 2007, 1306. ||[4] So auch *Cisch/Kruip*, BB 2007, 1162. ||[5] *Höfer*, ART Rz. 857. ||[6] *Höfer*, ART Rz. 875. ||[7] LAG Hamm 12.11.1985 – 6 Sa 1123/85, nv. ||[8] *Griebeling/Griebeling*, Rz. 450 ff. ||[9] BAG 11.12.2012 – 3 AZR 634/10, DB 2013, 1002; *Höfer*, ART Rz. 925. ||[10] *Höfer*, ART Rz. 926.

bei denen die Höhe der zugesagten Leistungen in direktem Bezug zu dem Einkommen steht, sind daher weit verbreitet. Dabei wird regelmäßig auf das Einkommen abgestellt, das der Begünstigte entweder unmittelbar vor Eintritt des Versorgungsfalles oder während seiner Betriebszugehörigkeit im Durchschnitt erhalten hat; man spricht insoweit auch von „endgehaltsbezogener Versorgungszusage"[1] und „durchschnittsgehaltsbezogener Versorgungszusage"[2].

114 Bei der Einkommensermittlung ist im Zweifel davon auszugehen, dass alle regelmäßigen Einkommensteile, die nicht ausdrücklich ausgenommen sind, zum versorgungsfähigen Einkommen zählen[3]. Die Bezugnahme auf das letzte „Bruttomonatsgehalt" schließt allerdings Sachbezüge und unregelmäßige Vergütungsbestandteile aus[4].

115 Die Leistungshöhe wird regelmäßig durch einen frei vom ArbGeb wählbaren Prozentsatz des versorgungsfähigen Entgelts festgelegt. Es ist auch zulässig, bestimmte Vergütungsanteile nicht in die Ruhegeldberechnung mit einzubeziehen[5]. Verbreitet und diskriminierungsrechtl. zulässig ist auch eine Differenzierung iS einer „gespaltenene Rentenformel" nach Einkommensanteilen unterhalb und oberhalb der BBG in der gesetzl. RV[6]. In Fällen, in denen der ArbN unter der BBG West und der BBG Ost gearbeitet hat, ist mangels ausdrücklicher Regelung zur Bestimmung der Leistungshöhe im Wege ergänzender Vertragsauslegung ein zeitlich gewichteter Wert zwischen den beiden BBG zugrunde zu legen[7]. Nach zwischenzeitlich vertretener Auffassung des BAG seien Versorgungsordnungen mit einer „gespaltenen Rentenformel" durch die außerplanmäßige Erhöhung der BBG im Jahre 2003 nach § 275c SGB VI regelmäßig lückenhaft geworden und entsprechend dem ursprünglichen Regelungsplan zu ergänzen; die Betriebsrente berechne sich danach zunächst ohne Berücksichtigung der außerplanmäßigen Anhebung der BBG, um dann von dieser Rente den Betrag in Abzug zu bringen, um den sich die gesetzl. Rente infolge höherer Beitragszahlungen erhöht hat[8]. Das BAG hat diese Rspr. aufgegeben und beurteilt die außerplanmäßige Erhöhung jetzt nach den Grundsätzen der Störung der Geschäftsgrundlage.[9]

116 **2. Versorgungssysteme.** Für den ArbGeb besteht weder eine Verpflichtung zur Gewährung betrAV, noch eine Notwendigkeit, betriebl. Versorgungssysteme in besonderer Hinsicht materiell auszugestalten. Hiervon macht lediglich § 1a I 3 für die Entgeltumwandlung eine Ausnahme. Das BetrAVG garantiert nur einen Mindeststandard, der nach § 17 III unabdingbar ist. IÜ gilt aber – unter Beachtung des Gleichbehandlungsgrundsatzes und des MitbestR des BR – die allg. Vertragsfreiheit. Art und Umfang der betrAV hängen daher von den arbeitgeberseitig verfolgten individuellen Zielsetzungen ab. Dies erklärt die Vielzahl der in der Praxis anzutreffenden unterschiedlichen Versorgungssysteme[10].

117 **a) Statische Versorgungssysteme.** Ein statisches Versorgungssystem ist dadurch gekennzeichnet, dass den ArbN ein Festbetrag als Altersruhegeld zugesagt wird oder sie einen bestimmten Betrag für jedes zurückgelegte Dienstjahr erhalten. Die Versorgung ist dann weder leistungs- noch bedarfsorientiert. Sie unterliegt dem Risiko einer erheblichen Wertminderung, da die zugesagte Leistung im Anwartschaftszeitraum nicht anzuheben ist[11].

118 **b) Dynamische Versorgungssysteme.** Dagegen sind vergütungsabhängige Versorgungssysteme stärker am Entgeltcharakter orientiert. Das betriebl. Ruhegeld erhöht sich durch Steigerungsbeträge pro Dienstjahr, deren Höhe vom letzten Entgelt vor dem Ausscheiden abhängig sind. Gebräuchl. sind auch Modelle mit einem Sockelbetrag und geringeren Steigerungsbeträgen. Oftmals werden auch nur bestimmte Beschäftigungsjahre berücksichtigt[12]. Von einem **halbdynamischen** Ruhegeld spricht man, wenn ein festes Ruhegeld versprochen wird, welches sich in bestimmten Rhythmen nach Maßgabe bestimmter Faktoren (zB die Geldentwertungsrate, tarifl. Vergleichseinkommen, oÄ) verändert. Eine **Volldynamik** besteht dann, wenn sich der Ruhegeldanspruch während der Anwartschafts- und der Leistungsphase bspw. am Einkommen eines noch aktiven vergleichbaren ArbN orientiert[13]. Oftmals enthalten solche Zusagen sog. **gespaltene Rentenformeln**, bei denen für den Teil des versorgungsfähigen Einkommens oberhalb der BBG höhere Leistungen vorgesehen sind. Da im Einkommensbereich oberhalb der BBG kein Erwerb gesetzlicher Rentenanteile möglich ist, besteht dort ein erhöhter Versorgungsbedarf. Durch die außerplanmäßige Erhöhung der BBG in 2003 um 500 Euro kann es bei solchen Zusagen zu einer Störung der Geschäftsgrundlage gekommen sein. Die zwischenzeitliche Rspr., die nicht von einer Störung, sondern von lückenhaften Zusagen ausging[14], ist jetzt überholt[15].

119 **c) Bausteinzusagen** stellen eine Mischung aus einem Festbetragssystem und einer bezügeabhängigen teildynamischen Versorgungszusage dar. Dabei wird für jedes Dienstjahr ein bestimmter Prozentsatz des jew. in dem betreffenden Dienstjahr bezogenen Einkommens ermittelt. Dieser Betrag wird als

---

1 Besonderheiten bei ATZ: BAG 17.4.2012 – 3 AZR 280/10, NZA-RR 2012, 489. ||2 *Höfer*, ART Rz. 933. ||3 BAG 5.8.1986 – 3 AZR 515/85, NZA 1987, 312. ||4 BAG 13.11.2012 – 3 AZR 557/10. ||5 BAG 15.2.2005 – 3 AZR 237/04, AP Nr. 134 zu § 1 TVG Tarifverträge. ||6 BAG 11.12.2012 – 3 AZR 588/10, NZA 2013, 572; *Höfer*, ART Rz. 943. ||7 BAG 21.4.2009 – 3 AZR 640/07, EBE/BAG 2009, 132. ||8 BAG 21.4.2009 – 3 AZR 695/08, BetrAV 2009, 267. ||9 BAG 23.4.2013 – 3 AZR 475/11, DB 2013, 2157. ||10 *Langohr-Plato*, Rz. 202, 205. ||11 *Schipp* in Tschöpe, Arbeitsrecht, Teil 2 E Rz. 67f. ||12 *Schipp* in Tschöpe, Arbeitsrecht, Teil 2 E Rz. 69. ||13 *Blomeyer/Rolfs/Otto*, Anh. § 1 Rz. 217. ||14 BAG 21.4.2009 – 3 AZR 695/08, DB 2009, 2162 u. 3 AZR 471/07, DB 2009, 2164. ||15 BAG 23.4.2013 – 3 AZR 475/11, DB 2013, 2157.

Nominalbetrag für jedes Dienstjahr festgeschrieben. Die zu zahlende Rente ergibt sich aus der aufaddierten Summe der für die einzelnen Dienstjahre ermittelten Steigerungsbeträge[1].

d) Hierarchische Versorgungszusagen. Versorgungssysteme können auch die Einstufung der ArbN nach Zugehörigkeit zu einer bestimmten – idR hierarchisch gegliederten – Personengruppe ("Versorgungsgruppe") vorsehen. Die Einteilung erfolgt häufig nach Funktionen, zB Arbeiter, Vorarbeiter, Meister, Abteilungsleiter, leitende Angestellte ua. Mit einem solchen System wird der im Betrieb geltenden Verdienststruktur des maßgeblichen TV oder sonstiger Vergütungsregelungen Rechnung getragen[2]. 120

Das BAG billigt solche hierarchisch strukturierten Versorgungsregelungen ausdrücklich. Es liegt selbst dann kein Verstoß gegen das Gebot der Gleichbehandlung vor, wenn dadurch nur männlichen ArbN in einer höheren betriebl. Funktionsstufe eine Versorgungszusage erteilt wurde[3]. 121

e) Gesamtversorgungszusagen. Bei Gesamtversorgungssystemen verspricht der ArbGeb eine relativ hohe Betriebsrente, auf die von anderer Seite gewährte Versorgungsleistungen, wie die gesetzl. Rente oder Ansprüche aus einer Lebensversicherung, die mindestens zur Hälfte mit Beiträgen des ArbGeb finanziert worden sind, angerechnet werden. Häufig wird dabei ein Versorgungsgrad bestimmt, der die Leistungen aus der betrAV zusammen mit den anzurechnenden Leistungen begrenzt[4]. 122

Gesamtversorgungssysteme sind für den ArbGeb wegen der ungewissen Entwicklung der gesetzl. RV riskant. Denn die Betriebsrente schließt hier die Lücke zwischen einer im Voraus kalkulierten gesetzl. Rente und dem zugesagten Versorgungsniveau. Bleibt die gesetzl. Rente hinter den Annahmen zurück, erhöhen sich im gleichen Maß die betriebl. Leistungen. Durch die Zusage einer Gesamtversorgung übernimmt der ArbGeb praktisch die Position eines Ausfallbürgen für die gesetzl. Grundsicherung[5]. 123

IX. Abänderung von Versorgungszusagen. Bei bestehenden Versorgungswerken ergibt sich oftmals für den ArbGeb ein Änderungsbedarf. Die Gründe hierfür sind unterschiedlich. Bedeutendste Fallgruppe ist der **Widerruf** oder die **Kürzung von Leistungen** der betrAV aus wirtschaftl. Gründen. Ein Abänderungsbedürfnis kann aber auch bestehen, wenn der ArbGeb betrAV-Leistungen **neu strukturieren** möchte, etwa um bestehende Ungerechtigkeiten zu beseitigen oder das Versorgungssystem zu vereinfachen. Ein Änderungsbedarf kann auch entstehen, wenn das ursprüngliche Versorgungsziel überschritten wird und eine Überversorgung entsteht. Schließlich können **Fälle grob vertragswidrigen Verhaltens** des ArbN den ArbGeb dazu bewegen, über einen Widerruf der versprochenen Altersversorgung nachzudenken. 124

1. Abänderung aus wirtschaftlichen Gründen. Art, Inhalt und Umfang von Veränderungsmöglichkeiten hängen maßgeblich von der **Anspruchsgrundlage** ab. Es ist von erheblicher Bedeutung, ob Basis für das Versorgungswerk kollektivrechtl. oder aber vertragl. Grundlagen sind. Die Palette der Änderungsmöglichkeiten wird zudem maßgeblich von dem Durchführungsweg geprägt. Es kommt also darauf an, ob eine Direktzusage oder Direktversicherung besteht, Ansprüche über eine Pensionskasse oder einen Pensionsfonds begründet werden oder aber Leistungen einer U-Kasse zugesagt worden sind. Die ersten vier Fallgestaltungen unterscheiden sich von der letztgenannten dadurch, dass auf ihre Leistungen ein Rechtsanspruch besteht, während eine U-Kasse von Gesetzes wegen eine Einrichtung ist, auf deren Leistungen ein solcher Anspruch gerade nicht eingeräumt wird, § 16 S. 1. 125

a) Arbeitsvertragliche Ruhegeldzusagen. Vertragl. Ansprüche können auf verschiedene Weise begründet werden. Sowohl klassische Einzelzusagen als auch Gesamtzusagen, vertragl. Einheitsregelungen oder betriebl. Übungen begründen arbeitsvertragl. Rechte, die auch nur mit dem für das Vertragsrecht vorgesehenen rechtl. Instrumentarium abgeändert oder beseitigt werden können. 126

aa) Änderungsvereinbarung. Eine Änderungsvereinbarung setzt das **Einverständnis des ArbN** voraus. Dabei ist § 17 zu beachten. Nach dessen Abs. 3 kann von bestimmten gesetzl. Bestimmungen nur durch TV abgewichen werden. IÜ ist ein **Abweichen zuungunsten des ArbN verboten**. So können bspw. keine längeren Unverfallbarkeitsfristen vereinbart werden. Zu den Bestimmungen, von denen nicht abgewichen werden darf, gehört auch das Abfindungs- und Verzichtsverbot des § 3 I. Nach dieser Regelung kann eine Versorgungsanwartschaft, die der ArbN nach § 1b I–III und V bei Beendigung des ArbVerh behält, nur unter den Voraussetzungen des § 3 Ib 2–6 abgefunden werden. Das BAG hat zu § 3 aF entschieden, dass eine Versorgungsanwartschaft, die nicht wirksam abgefunden werden darf, auch nicht wirksam erlassen werden kann[6]. Das Abfindungs- und Verzichtsverbot gilt aber nur bei Beendigung des Vertragsverhältnisses, nicht wenn der Verzicht oder die Abfindung während des laufenden ArbVerh vereinbart werden[7]. Gelingt es dem ArbGeb, seinem ArbN im gesetzl. Rahmen des § 17 eine Verschlechterung seiner arbeitsvertragl. Position abzuhandeln, so begegnet dies keinen rechtl. Bedenken. 127

---

1 *Förster/Cisch/Karst*, § 1 Rz. 74; *Schipp* in Tschöpe, Arbeitsrecht, Teil 2 E Rz. 72 mwN. ‖ 2 *Höfer*, ART Rz. 947. ‖ 3 BAG 11.11.1986 – 3 ABR 74/85, NZA 1987, 449. ‖ 4 *Schipp* in Tschöpe, Arbeitsrecht, Teil 2 E Rz. 81; *Förster/Cisch/Karst*, § 1 Rz. 83. ‖ 5 *Schipp* in Tschöpe, Arbeitsrecht, Teil 2 E Rz. 82; *Steinmeyer*, RdA 2005, 345. ‖ 6 BAG 22.9.1987 – 3 AZR 194/86, DB 1988, 656. ‖ 7 BAG 14.8.1990 – 3 AZR 301/89, MDR 1991, 181.

128 **bb) Änderungskündigung.** Kann der ArbGeb keine Änderungsvereinbarung durchsetzen, so bleibt die Möglichkeit einer Änderungskündigung. Mit ihr wird das bisherige ArbVerh beendet, aber zugleich dessen Fortsetzung unter geänderten Arbeitsbedingungen angeboten. Der ArbN hat unterschiedliche Möglichkeiten, auf die Änderungskündigung zu reagieren. Er kann das Änderungsangebot vorbehaltlos **annehmen**. Geschieht dies, ändert sich mit Ablauf der Kündigungsfrist der Inhalt des ArbVerh und damit auch der Versorgungszusage. Er kann das Änderungsangebot **ablehnen**; die Änderungskündigung wandelt sich dann praktisch in eine Beendigungskündigung. Unternimmt der ArbN nichts weiter, so endet das ArbVerh mit Ablauf der Kündigungsfrist. Erhebt er **Kündigungsschutzklage**, so hängt der Fortbestand der Altersversorgungslasten von dem Ausgang des gerichtl. Verfahrens ab. Der ArbN kann schließlich das Änderungsangebot unter dem **Vorbehalt des § 2 I KSchG** annehmen. Er kann also erklären, dass er das Angebot, das ArbVerh unter geänderten Bedingungen fortzusetzen, nur unter dem Vorbehalt annehme, dass die inhaltliche Veränderung der Altersversorgungsbedingungen nicht sozial ungerechtfertigt ist. Gewinnt der ArbN den Prozess, so verbleibt es bei den ursprünglichen Regelungen. Verliert er ihn, so wird das ArbVerh mit den geänderten Altersversorgungsbedingungen fortgesetzt. Aber auch bei einer erfolgreichen Änderungskündigung werden Versorgungsansprüche keineswegs in jedem Fall vollständig beseitigt. Verbleibt der ArbN bis zum Eintritt des Versorgungsfalles in den Diensten des ArbGeb oder erreicht er die Unverfallbarkeitsfristen des § 1b, so kann nur unter bestimmten Voraussetzungen in bereits erdiente Versorgungsrechte eingegriffen werden (vgl. Rz. 150 ff.).

129 Zu beachten ist, dass eine Änderungskündigung im Anwendungsbereich des KSchG (§ 23 KSchG) der **sozialen Rechtfertigung** bedarf. Der ArbGeb wird also betriebsbedingte Gründe nachweisen müssen. Eine Änderungskündigung mit dem Ziel, Einsparungen zu ermöglichen, lässt das BAG idR aber nur dann zu, wenn anders eine akute Gefahr für die Arbeitsplätze oder eine Existenzgefährdung des Unternehmens nicht vermieden werden können[1]. Änderungskündigungen zur Reduzierung von Versorgungsverbindlichkeiten spielen deshalb eine untergeordnete Rolle. IdR sind sie auch ein ungeeignetes Mittel, wenn es darum geht, ein Versorgungswerk als Ganzes an geänderte Verhältnisse anzupassen. Hier hilft dem ArbGeb die soziale Rechtfertigung einer einzelnen Kündigung meist nicht weiter[2].

130 **cc) Anfechtung, Rücktritt, Unmöglichkeit, Verzug.** Weitere zivilrechtl. Instrumentarien zur Veränderung von Leistungsverpflichtungen sind auch nach der Schuldrechtsnovelle[3] die Anfechtung, der Rücktritt und die Gestaltungsmöglichkeiten bei Verzug oder Unmöglichkeit. Auch sie sind allenfalls in **besonders gestalteten Einzelfällen** zur Veränderung von Altersversorgungsverpflichtungen geeignet.

131 **dd) Widerruf.** Erhebl. Bedeutung für die Änderung von vertragl. Altersversorgungsansprüchen hat der (Teil)Widerruf von Versorgungszusagen. Da das Vertragsrecht von dem Grundsatz „pacta sunt servanda" geprägt wird, kommt ein Widerruf nur dann in Betracht, wenn er vorbehalten war oder aber der Schuldner eine Störung der Geschäftsgrundlage nach § 313 BGB einwenden kann.

132 **(1) Vorbehaltener Widerruf.** Dem ArbGeb steht es natürlich frei, sich den Widerruf der Versorgungsleistungen vertragl. vorzubehalten. Ein Vorbehalt, die zugesagten Leistungen der betrAV **jederzeit frei zu widerrufen**, ist für den ArbGeb jedoch aus steuerrechtl. Gründen nicht attraktiv, unabhängig von der Frage, ob ein Widerruf nicht am gesetzl. Kündigungsschutz scheitert. In aller Regel sind Versorgungszusagen nur dann für ein Unternehmen interessant, wenn es auch entsprechende steuermindernde Rückstellungen bilden kann. Steuerlich begünstigte Pensionsrückstellungen nach § 6a EStG kann aber nur der bilden, der sich verbindlich verpflichtet. Versorgungszusagen enthalten deshalb nur die in Abschnitt 41 IV EStR aufgeführten sog. steuerunschädlichen Vorbehalte. Diese lassen den **Widerruf nur unter eng begrenzten Voraussetzungen** zu; regelmäßig nur dann, wenn sich die rechtl. oder wirtschaftl. Bedingungen für den ArbGeb so nachhaltig geändert haben, dass dem Unternehmen die volle oder teilweise Aufrechterhaltung der zugesagten Leistungen nicht mehr zugemutet werden kann[4]. Solche steuerschädlichen Vorbehalte dienen lediglich als Hinweis auf eine Störung der Geschäftsgrundlage, sind daher für Fragen des Widerrufs entbehrlich[5].

133 **(2) Wegfall/Störung der Geschäftsgrundlage.** Das Argument des Wegfalls der Geschäftsgrundlage, nun in § 313 BGB als Störung der Geschäftsgrundlage kodifiziert, lässt das BAG nur in sehr eingeschränktem Maße zu. Positiv entschieden hat es **nur in drei Fallgruppen**, nämlich im Falle des Widerrufs von Versorgungsleistungen wegen einer wirtschaftl. Notlage des ArbGeb, bei der Beseitigung unerwünschter Überversorgungen und bei der Äquivalenzstörung wegen erheblicher Überschreitung des Dotierungsrahmens einer Versorgung.

134 **(3) Wirtschaftliche Notlage.** Die Rspr. begriff den Sicherungsfall des § 7 I 3 Nr. 5 aF als gesetzl. normierten Tatbestand des Wegfalls der Geschäftsgrundlage[6]. Als wirtschaftl. Notlage verstand der Ruhegeldsenat eine **extreme insolvenznahe Situation des ArbGeb**. Es waren also strenge Maßstäbe zu erfüllen. Weil der Widerruf wegen wirtschaftl. Notlage ein Sicherungsfall für den Pensions-Sicherungs-Verein (PSVaG) als Träger der gesetzl. Insolvenzsicherung für Ansprüche aus betrAV war, waren auch

---

[1] BAG 20.3.1986 – 2 AZR 294/85, NZA 1986, 824; 11.10.1989 – 2 AZR 61/89, NZA 1990, 607. ||[2] Vgl. *Griebeling*, NZA-Beil. 3/1989, 26 (29). ||[3] BGBl. 2001 I S. 3138. ||[4] *Blomeyer/Rolfs/Otto*, Anh. § 1 Rz. 492. ||[5] *Griebeling*, NZA-Beil. 3/1989, 26 (30). ||[6] BAG 26.4.1988 – 3 AZR 277/87, BAGE 58, 167.

nicht nur die rechtl. Interessen des ArbGeb und der ArbN berührt, sondern auch die des PSVaG. § 7 I 3 Nr. 5 aF sah die Einstandspflicht des Insolvenzsicherers deshalb auch nur dann vor, wenn die Kürzung oder Einstellung von Versorgungsleistungen wegen wirtschaftl. Notlage durch rechtskräftiges Urteil eines Gerichts für zulässig erklärt worden war (vgl. § 7 Rz. 48) bzw. der PSVaG dem Widerruf zuvor zugestimmt hatte[1]. Nachdem der Gesetzgeber den Sicherungsfall der wirtschaftl. Notlage aufgehoben hat, kommt ein Widerruf wegen Wegfalls oder Störung der Geschäftsgrundlage nicht mehr in Betracht[2]. Zum Teil wird vertreten, dass nach wie vor ein Widerruf zulässig sein müsse, das gelte jedenfalls dann, wenn ein Widerrufsrecht vorbehalten sei[3]. Andere Stimmen nehmen an, dass ein Widerruf ausgeschlossen ist (vgl. auch § 7 Rz. 48)[4]. Sachgerecht dürfte sein, dass der ArbGeb sich um einen außergerichtl. Vergleich mit dem PSVaG ernsthaft bemühen muss, will er die Versorgungsleistungen einstellen. Ist der PSVaG dazu nicht bereit, hat der ArbGeb aus dem Rechtsgrund des § 242 BGB die Pflicht, die Eröffnung des Insolvenzverfahrens zu beantragen[5].

(4) Überversorgung. Ein Widerruf von Versorgungsleistungen ohne ausdrücklichen Vorbehalt lässt das BAG auch bei planwidrigen Überversorgungen zu. Eine Überversorgung liegt zumindest dann vor, wenn die Ruhestandsbezüge (gesetzl. Altersruhegeld zzgl. Betriebsrente) **die Aktiven-Bezüge übersteigen.** Allerdings weist das BAG darauf hin, dass Betriebsrentner nicht mehr mit den für die Erzielung des Arbeitseinkommens typischerweise verbundenen Aufwendungen belastet sind, so dass auch schon ein unter dem bisherigen Nettoaktiveinkommen liegendes Versorgungsniveau eine Vollversorgung beinhalten kann[6]. Eine Überversorgung liegt aber auch dann vor, wenn ein vom Versorgungsgeber mit einer Begrenzungsklausel vorgegebener Versorgungsgrad überschritten wird[7]. Ist die Überversorgung nicht gewollt, so kann der ArbGeb eine Reduzierung seiner Versorgungsleistungen vornehmen, um die Vertragsgerechtigkeit wiederherzustellen. Dabei kann nach Auffassung des BAG ausnahmsw. auch in bereits erdiente Besitzstände eingegriffen werden, für die der Versorgungsberechtigte die Gegenleistung in Form der geleisteten Betriebstreue endgültig erbracht hat[8]. Über diesen Weg wird nur in Ausnahmefällen, nämlich dann, wenn die bisherige Versorgungsregelung bei dem überwiegenden Teil der Berechtigten zu einer Überversorgung führt, eine Begrenzung des Gesamtvolumens eines Versorgungswerkes herbeizuführen sein. Wesentliches Kriterium ist dann, ob es sich wirklich um eine **planwidrige** Überversorgung handelt. War die Gefahr einer solchen Überversorgung dem ArbGeb bekannt und handelt er dennoch über Jahre hinweg nicht, so spricht einiges gegen eine Planwidrigkeit und für einen Schutz der betroffenen ArbN[9]. Befindet sich der Versorgungsberechtigte bereits im Ruhestand, kommt regelmäßig eine Kürzung nicht mehr in Betracht[10]. Da dieser auf eine Reduzierung seines Ruhestandseinkommens nicht mehr durch Eigenvorsorge reagieren kann, sind allenfalls künftige Rentensteigerungen zu begrenzen[11]. Wenn es im Zuge der Beseitigung einer Überversorgung planwidrig zu einer Versorgung unterhalb des maßgeblichen Versorgungsniveaus kommt, kann der ArbN von dem ArbGeb eine nach billigem Ermessen zu treffende Anpassung der Versorgung verlangen[12].

Im **öffentl. Dienst** lässt das BAG sogar den Abbau einer planmäßigen Überversorgung zu. Entscheidend ist dabei, dass auch in der Rechtsform des öffentl. Rechts gehandelt wird, denn anderenfalls kommt es auf die für die Privilegierung notwendige Anwendung haushaltsrechtl. Grundsätze nicht an[13]. Im Falle eines SozV-Trägers entschied das BAG, dass dieser Aufgaben der Solidargemeinschaft zu erfüllen habe und nicht der Überversorgung seiner Bediensteten diene. Insoweit entstehe kein schutzwürdiges Vertrauen[14].

(5) Äquivalenzstörung. Die Rspr. lässt eine Anpassung von Versorgungszusagen wegen Äquivalenzstörung zu. Dazu gehört die Anpassung von Gesamtversorgungszusagen, wenn der bei Schaffung des Versorgungssystems zugrunde gelegte **Dotierungsrahmen** auf Grund von Änderungen der Rechtslage zum Anpassungsstichtag um mehr als 50 % überschritten wird[15]. Dies beurteilt sich anhand eines Barwertvergleichs.

ee) Nachfolgende Betriebsvereinbarung. Mittels BV kann grds. nicht in Versorgungsrechte eingegriffen werden, deren rechtl. Grundlage ein **arbeitsvertraglicher Anspruch** ist. Bis zum Vorlagebeschluss des 5. Senats v. 8.12.1982[16] und dem folgenden Beschl. des Großen Senat v. 16.9.1986 nahm der Ruhegeldsenat noch an, wegen ihres kollektiven Bezuges dürfe in **Gesamtzusagen** und **betriebl. Einheitsregelungen** durch nachfolgende BV zu Lasten der ArbN eingegriffen werden. Ist allerdings die Ge-

---

1 BAG 24.4.2001 – 3 AZR 402/00, DB 2001, 1787. || 2 BAG 17.6.2003 – 3 AZR 396/02, DB 2004, 324; 31.7.2007 – 3 AZR 373/06, BAGE 123, 307. || 3 Höfer, § 7 Rz. 4385; Diller, ZIP 2000, 772; Schwerdtner, FS Uhlenbruck, 2000, S. 799. || 4 Bepler, BetrAV 2000, 19; so auch BAG 17.6.2003 – 3 AZR 396/02, DB 2004, 324. || 5 So auch Höfer, § 7 Rz. 4385, 4388ff. || 6 BAG 27.6.2006 – 3 AZR 212/05, DB 2007, 2491; 25.4.2004 – 3 AZR 123/03, AP § 1 BetrAVG Überversorgung Nr. 11. || 7 BAG 28.7.1998 – 3 AZR 357/97, BAGE 89, 279; 23.9.1997 – 3 ABR 85/96, NZA 1998, 719; 17.1.2012 – 3 AZR 555/09, BB 2012, 1599. || 8 BAG 9.7.1985 – 3 AZR 546/82, DB 1986, 1231; 23.9.1997 – 3 ABR 85/96, NZA 1998, 719; 28.7.1998 – 3 AZR 100/98, NZA 1999, 444; 9.11.1999 – 3 AZR 502/98, NZA 2001, 98. || 9 BAG 23.10.1990 – 3 AZR 260/89, DB 1991, 449. || 10 Hierzu tendierend BAG 27.6.2006 – 3 AZR 212/05, DB 2007, 2491. || 11 Schipp, RdA 2007, 340. || 12 BAG 29.1.2008 – 3 AZR 42/06, NZA-RR 2008, 469. || 13 BAG 13.11.2007 – 3 AZR 460/06, AP Nr. 4 zu § 313 BGB. || 14 BAG 19.11.2002 – 3 AZR 167/02, BAGE 104, 1; 25.5.2004 – 3 AZR 123/03, DB 2005, 1802. || 15 BAG 19.2.2008 – 3 AZR 212/06, DB 2008, 1387. || 16 BAG 8.12.1982 – 5 AZR 316/81, BAGE 41, 118.

schäftsgrundlage einer Gesamtzusage nachträglich gestört, kann eine Umgestaltung auch durch BV vorgenommen werden[1].

138 Vertragl. begründete Ansprüche der ArbN auf betriebl. Ruhegelder, die auf eine vom ArbGeb gesetzte Einheitsregelung oder Gesamtzusage zurückgehen, können durch eine nachfolgende BV in den Grenzen von Recht und Billigkeit beschränkt werden, soweit die neue Regelung insg. bei kollektiver Betrachtung **nicht ungünstiger** ist. Es ist ein sog. **kollektiver Günstigkeitsvergleich** vorzunehmen. Der ArbGeb darf sein Versorgungswerk danach umstrukturieren, wenn damit der Dotierungsrahmen insg. nicht eingeschränkt wird. Das bedeutet zugleich, dass durch BV eine Reduzierung von auf arbeitsvertragl. Grundlagen beruhenden Versorgungslasten nicht herbeigeführt werden kann.

139 Soweit lediglich **umstrukturiert** wird, unterliegt die neue Regelung ebenfalls einer gerichtl. Billigkeitskontrolle[2]. Auch bei Beibehaltung des **Dotierungsrahmens**[3] kann folglich nicht einschränkungslos in die Rechte Einzelner eingegriffen werden[4].

140 Von dem Grundsatz, dass durch nachfolgende BV nicht in Versorgungsrechte aus betriebl. Einheitsregelungen oder Gesamtzusagen eingegriffen werden kann, macht das BAG unter dem Gesichtspunkt des **Vertrauensschutzes** Ausnahmen. Soweit BV, die auf vertragl. Einheitsregelungen oder Gesamtzusagen beruhende Versorgungswerke zum Nachteil der ArbN abgeändert haben, aus der Zeit **vor dem 12.8.1982** stammen, werden sie von der Rspr. grds. als wirksam anerkannt[5]. Spätere BV sind nur dann wirksam, wenn sie dem kollektiven Günstigkeitsvergleich standhalten[6].

141 Davon unabhängig ist es zulässig, Versorgungszusagen „**betriebsvereinbarungsoffen**" auszugestalten[7]. Sieht eine individuelle Zusage, eine Gesamtzusage oder eine betriebl. Einheitsregelung vor, dass auch nachteilige Änderungen durch BV zulässig sind, ist die BV zulässiges Gestaltungsmittel; für die Abänderung gilt dann auch der für BV maßgebliche Maßstab der Billigkeitskontrolle (vgl. Rz. 150 ff.)[8]. Ggf. muss durch Auslegung ermittelt werden, ob die Zusage betriebsvereinbarungsoffen gestaltet ist[9], etwa weil der ArbGeb darauf hingewiesen hat, dass die Leistung auf mit dem BR abgestimmten Richtlinien beruhen[10], oder es sich um eine U-Kassenversorgung handelt, für die ein Widerruf aus sachlichen Gründen vorbehalten ist[11].

Eine Betriebsvereinbarungsoffenheit besteht auch dann, wenn die Versorgungszusage zunächst auf einer BV beruhte, aber nach einem Betriebsübergang gem. § 613a I 3 BGB in den Arbeitsvertrag transformiert wurde. Ziel des § 613a BGB ist nicht, die von einem Betriebsübergang betroffenen ArbN zu begünstigen. Die in den Arbeitsvertrag überführten Versorgungsregelungen können deshalb durch nachfolgende BV verändert werden[12]. Eine „Überkreuzablösung" von transformierten Versorgungsregeln nach Betriebsübergang, dh. von Regelungen aus Tarifvertrag durch BV und umgekehrt, schließt das BAG aus[13].

142 **b) Versorgung durch Unterstützungskasse.** Leistungen der betrAV können auch über den Durchführungsweg einer U-Kasse zugesagt werden. Grundlage hierfür kann eine entsprechende arbeitsvertragl. Regelung, aber auch eine BV sein. Ein ArbGeb, der seine ArbN mit Hilfe einer U-Kasse versorgen will, kündigt ihnen an, die U-Kasse werde als eine **selbständige Versorgungseinrichtung** betrieben. Versorgungsleistungen erbringen. Grundlage für die Rechtsbeziehungen zwischen dem Versorgungsempfänger und der U-Kasse bildet deshalb das ArbVerh als Valutaverhältnis. IdR geht eine solche Zusage dahin, die Versorgungseinrichtung werde Leistungen gewähren, soweit deren Satzung und Richtlinien dies vorsehen[14]. Besonderes Kennzeichen einer U-Kasse ist – so § 1 IV 1 –, dass es sich um eine rechtsfähige Versorgungseinrichtung handelt, die auf ihre Leistungen keinen Rechtsanspruch gewährt. Das BAG hat aus diesem Vorbehalt der Freiwilligkeit und dem Ausschluss des Rechtsanspruchs hergeleitet, dass der U-Kasse ein Widerrufsrecht aus sachlichen Gründen zusteht[15]. ArbN müssen nach Auffassung des BAG bei einer dynamischen Bezugnahme von Satzungen einer U-Kasse aufgrund des Ausschlusses des Rechtsanspruchs stets mit einer Abänderung der Versorgungsordnung rechnen[16].

143 Aus dem Entgelt- und Versorgungscharakter von Betriebsrenten folgt, dass der ArbGeb nach Annahme der Betriebstreue des ArbN die Versorgung nicht mehr ohne weiteres versagen darf[17]. Anknüpfend daran, dass auch eine U-Kasse insolvenzgeschützt ist, hat das BAG entschieden, dass ein Widerruf nur auf solche wirtschaftl. Gründe gestützt werden dürfe, die zugleich einen Sicherungsfall iSd. § 7 dar-

---

1 BAG 16.9.1986 - GS 1/82, BAGE 53, 42; 17.1.2012 – 3 AZR 555/09, BB 2012, 1599. || 2 BAG 16.9.1986 – GS 1/82, BAGE 53, 42. || 3 Zum Begriff des Dotierungsrahmens instruktiv BAG 17.6.2003 – 3 ABR 39/03, DB 2004, 714. || 4 Vgl. auch BAG 28.7.1998 – 3 AZR 357/97, DB 1999, 750. || 5 BAG 20.11.1990 – 3 AZR 573/89, BAGE 66, 228. || 6 BAG 18.3.2003 – 3 AZR 101/02, DB 2004, 945. || 7 BAG 21.4.2009 – 3 AZR 674/07, DB 2009, 2386; 17.4.2012 – 3 AZR 400/10, BB 2013, 57. || 8 BAG 21.4.2009 – 3 AZR 674/07, nv. || 9 BAG 25.7.2000 – 3 AZR 292/98, nv.; 17.6.2008 – 3 AZR 254/07, DB 2008, 2491. || 10 BAG 15.2.2011 – 3 AZR 35/09, BB 2011, 3068; 17.4.2012 – 3 AZR 400/10, BB 2013, 57. || 11 BAG 15.2.2011 – 3 AZR 35/09, BB 2011, 3068. || 12 BAG 29.7.2003 – 3 AZR 630/02, EzA § 1 BetrAVG Ablösung Nr. 42; 14.8.2001 – 1 AZR 619/00, BB 2002, 413. || 13 BAG 13.11.2007 – 3 AZR 191/06, DB 2008, 1506. || 14 BAG 10.11.1977 – 3 AZR 705/76, DB 1978, 939. || 15 BAG 10.11.1977 – 3 AZR 705/76, DB 1978, 939; BVerfG 19.10.1983 – 2 BvR 298/81, BVerfGE 65, 196. || 16 BAG 16.2.2010 – 3 AZR 181/08, NZA 2011, 42. || 17 BAG 12.2.1971 – 3 AZR 83/70, DB 1971, 920.

stellen. Ein sachlicher Grund zum Widerruf von U-Kassenleistungen sei deshalb der Wegfall der Geschäftsgrundlage (nun § 313 BGB), regelmäßig also das **Vorliegen einer wirtschaftl. Notlage** iSd. § 7 I 3 Nr. 5 aF. Auch bei der U-Kasse könne nicht aus weniger gewichtigen Gründen als einer wirtschaftl. Notlage widerrufen werden, da der gesetzl. Insolvenzschutz für U-Kassenleistungen ansonsten praktisch wertlos werde[1].

Das **BVerfG** hielt die Auffassung des BAG für zu weitgehend und entschied, dass es darauf ankommt, wann die rechtl. Grundlagen für die U-Kassenversorgung geschaffen worden sind[2]. Danach ist zu differenzieren zwischen sog. „Alt-", „Übergangs-" und „Neu-"Fällen. Sog. **„Neu-Fälle"** sind U-Kassen, deren rechtl. Grundlagen erst nach Inkrafttreten des BetrAVG gelegt wurden. Hier verbleibt es bei der strengen Rspr. des BAG zu Eingriffen in Versorgungszusagen (vgl. Rz. 150 ff.). Von den „Neu-Fällen" zu unterscheiden sind die sog. **„Alt-Fälle"**. Bei ihnen wurden die rechtl. Regelungen für die U-Kasse vor Inkrafttreten des BetrAVG geschaffen. Die Altersversorgungsberechtigten schieden auch vor diesem Zeitpunkt aus dem ArbVerh aus. Hier genügen „triftige Gründe", um sogar den bereits erdienten Teilbetrag einer Versorgungsanwartschaft kürzen zu können. Schließlich gibt es **„Übergangsfälle"**. Bei diesen Fallgestaltungen stammen die rechtl. Grundlagen für die Ansprüche gegen die U-Kasse zwar ebenfalls aus der Zeit vor Inkrafttreten des BetrAVG, die ArbN schieden aber nach diesem Zeitpunkt aus. Auch hier ließ das BVerfG[3] triftige Gründe ausreichen, um Leistungen zu widerrufen oder zu kürzen. Sowohl in den „Alt-" als auch in den „Übergangsfällen" ist nach Auffassung des BVerfG[4] ein Insolvenzschutz wie nach § 7 I 3 Nr. 5 aF zu gewähren. Die vom BAG befürchtete Lücke im Insolvenzschutz wurde durch Richterrecht somit geschlossen. Für die Zeit nach der Gesetzesänderung zur Streichung des § 7 I 3 Nr. 5 aF am 31.12.1998 hat das BAG seine Rspr. zu „Übergangsfällen" für überholt erklärt; nachdem der Sicherungsfall der wirtschaftl. Notlage nach § 7 I 3 Nr. 5 aF seit dem 1.1.1999 nicht mehr gilt, ist auch der Widerruf in diesen Fällen nicht mehr zulässig[5]. Ein in einem „Übergangsfall" vor dem 1.1.1999 zulässig erfolgter Widerruf bleibt nach den bisherigen Grundsätzen wirksam.

Ein **„triftiger" Grund** zum Widerruf in „Altfällen" und „Übergangsfällen" bis zum 31.12.1998 ist nach Ansicht des **BVerfG** dann anzuerkennen, wenn eine ungekürzte Versorgungslast langfristig die Substanz des Trägerunternehmens gefährden könnte und mildere Mittel nicht ausreichen. Triftige Gründe sind damit solche, die es dem ArbGeb gestatten, im Rahmen der Anpassungsprüfung nach § 16 eine Angleichung der Leistungen an die Steigerung der Lebenshaltungskosten abzulehnen[6]. Das **BAG** verwendet eine andere Terminologie. Triftige Gründe idS bezeichnet es als „sachliche Gründe"; soweit es triftige Gründe nennt, meint es solche, die sogar einen Eingriff in zeitanteilig erdiente Dynamik (sog. zweite Besitzstandsstufe) gestatten[7].

c) **Betriebsvereinbarung.** Betriebl. Versorgungswerke basieren, sofern es sich um kollektivrechtl. Regelungen handelt, im Wesentlichen auf BV. BV schaffen für die ArbN **unmittelbar geltendes Recht** (§ 77 IV BetrVG). § 77 IV 2 BetrVG bestimmt sogar, dass ein Verzicht auf durch BV eingeräumte Rechte nur mit Zustimmung des BR zulässig ist[8].

Einigkeit besteht darüber, dass die **Einführung eines betrieblichen Versorgungswerks** keinen mitbestimmungspflichtigen Tatbestand iSd. § 87 I BetrVG bildet, sondern der Bereich freiwilliger Mitbest. nach § 88 Nr. 2 BetrVG betroffen ist[9]. Eine BV über die Einführung einer betrAV unterliegt deshalb auch nicht der Nachwirkung des § 77 VI BetrVG, wenn sie gekündigt wird[10]. Die Kündigung bedarf auch keiner Rechtfertigung[11]. Etwas anderes gilt für dessen inhaltliche Ausgestaltung. Dies hat zur Konsequenz, dass eine befristete oder gekündigte BV über die Einführung einer betrAV nicht nachwirkt (§ 77 VI BetrVG)[12]. Hiervon zu unterscheiden ist der Fall, bei dem der ArbGeb eine BV deshalb kündigt, um anschließend eine Neuverteilung - eines ggf. geänderten Dotierungsrahmens - vorzunehmen. Hier kommt dann bis zur Neuregelung eine Nachwirkung in Betracht[13]. Wird eine BV geschlossen, die eine ältere BV ablösen soll, gilt nicht das Günstigkeitsprinzip, sondern nur die Zeitkollisionsregel. Die jüngere BV ersetzt das ältere Regelwerk[14]. Das BAG weist in st. Rspr. darauf hin, dass eine ablösende BV, die zu einer Kürzung von Versorgungsanwartschaften führt, einer **Billigkeitskontrolle** nach dem sog. dreistufigen Prüfungsschema unterliegt (vgl. Rz. 150 ff.)[15]; im Unterschied zur Nachwirkung des § 77 VI BetrVG geht es dabei um eine materielle Fortgeltung der Regelungen für die geschützten Besitzstände der Anwärter und Betriebsrentner nach den ausdifferenzierten Grundsätzen von Vertrauensschutz und Verhältnismäßigkeit[16].

---

1 BAG 5.6.1984 – 3 AZR 33/84, BAGE 46, 80. || 2 BVerfG 19.10.1983 – 2 BvR 298/81, BVerfGE 65, 196 u. 14.1.1987 – 1 BvR 1052/79, BVerfGE 74, 129. || 3 BVerfG 14.1.1987 – 1 BvR 1052/79, BVerfGE 74, 129. || 4 BVerfG 14.1.1987 – 1 BvR 1052/79, BVerfGE 74, 129. || 5 BAG 18.11.2008 – 3 AZR 417/07, BetrAV 2009, 264. || 6 Vgl. dazu *Höfer*, ART Rz. 478 ff.; BAG 5.6.1984 – 3 AZR 33/84, BAGE 46, 80. || 7 BAG 9.12.2008 – 3 AZR 970/06, nv.; *Höfer*, ART Rz. 479, 570 ff. || 8 Vgl. auch BAG 3.6.1997 – 3 AZR 25/96, DB 1998, 267. || 9 BAG 29.7.2003 – 3 ABR 34/02, BB 2004, 943. || 10 *Schlewing*, NZA 2010, 529. || 11 BAG 18.9.2001 – 3 AZR 728/00, NZA 2002, 1164. || 12 BAG 9.12.2008 – 3 AZR 384/07, nv.; 15.2.2011 – 3 AZR 35/09, BB 2011, 3068. || 13 BAG 17.8.1999 – 3 ABR 55/98, BAGE 92, 203; 26.10.1993 – 1 ABR 46/93, AP Nr. 6 zu § 77 BetrAVG 1972 Nachwirkung. || 14 BAG 17.3.1987 – 3 AZR 64/84, BAGE 54, 261; 18.9.2012 – 3 AZR 431/10, DB 2013, 884. || 15 BAG 17.3.1987 – 3 AZR 64/84, BAGE 54, 261; 18.9.2012 – 3 AZR 431/10, DB 2013, 884. || 16 *Schlewing*, NZA 2010, 529.

147a **d) Tarifvertrag.** Als Anspruchsgrundlage kommen zunehmend auch TV in Betracht. Nach Auffassung des BAG kann bei Eingriffen in Versorgungsanwartschaften das sog. dreistufige Prüfungsschema (vgl. Rz. 150 ff.) wegen der verfassungsrechtl. geschützten Tarifautonomie nicht auf TV angewandt werden[1]. Nach dem Rechtsstaatsprinzip sind die TV-Parteien aber an die Grundsätze des Vertrauensschutzes und der Verhältnismäßigkeit gebunden. Wird nicht in den erdienten Versorgungsbesitzstand eingegriffen und sind die Eingriffe nicht schwer wiegend, reicht jeder sachliche Grund aus[2]. Demggü. sind erdiente Versorgungsanwartschaften (§ 2) grds. einem Eingriff der TV-Parteien entzogen, weil sie sowohl Versorgungs- als auch Entgeltcharakter haben und die ausreichende Gegenleistung für bereits geleistete Arbeit und Betriebstreue des Versorgungsanwärters darstellen; für einen Eingriff bedarf es daher hier gewichtiger Gründe[3]. Die Regelungsbefugnis erstreckt sich dabei – unabhängig davon, ob diese nur noch außerordentliche Gewerkschaftsmitglieder sind[4] – auch auf Betriebsrentner[5], wobei idR die Ausgangsrente nicht verringert werden darf[6]. Es findet keine AGB- oder Billigkeitskontrolle statt[7].

148 **e) Betriebliche Mitbestimmung.** Bei allen **Änderungen betriebl. Altersversorgungswerke** durch den ArbGeb, gleichgültig auf welchem Rechtsbegründungsakt sie beruhen, ist darauf zu achten, dass dem BR dabei nach § 87 I Nr. 8 oder Nr. 10 BetrVG ein MitbestR zustehen kann (vgl. dazu Rz. 196)[8]. Werden Leistungen eines Versorgungswerkes generell gekürzt, so kann der ArbGeb dies uU nicht ohne Beteiligung des BR tun. Mitbestimmungsfrei ist die Verringerung des Dotierungsrahmens. Das BAG hat ein abgestuftes Besitzstandsmodell entwickelt (vgl. dazu Rz. 150 ff.)[9]; für jeden Eingriff in eine dieser Stufen benötigt der ArbGeb einen Eingriffsgrund anderer Intensität. Schöpft der ArbGeb seine Eingriffsmöglichkeiten aus, kann er dies mitbestimmungsfrei durchführen[10]. Geschieht dies nicht und nimmt er eine anderweitige Verteilung der verbleibenden Mittel vor, besteht ein MitbestR nach § 87 BetrVG[11].

149 BV über betrAV sind nach § 77 V BetrVG kündbar. Eines Kündigungsgrundes bedarf es dazu nicht[12]. Von dieser Kündigung werden auch die noch aktiven Anwärter erfasst. Soweit nach der Rspr. des BAG die Wirkungen einer solchen Kündigung wegen der unterschiedlich geschützten Besitzstände[13] der Berechtigten beschränkt sind, bleibt die BV als Rechtsgrundlage trotz ihres nicht erzwingbaren Charakters erhalten[14]. Der BR kann in einem Beschlussverfahren klären lassen, welche Rechtswirkungen die Kündigung hat[15].

150 **f) Maßstab für zulässige Änderungen von Versorgungsanwartschaften.** Wenn geklärt ist, ob eine Versorgungsregelung überhaupt geändert werden kann und mit welchem rechtl. Instrumentarium das möglich ist, bedeutet dies nicht, dass jedweder Eingriff zulässig ist. Das BAG betont in st. Rspr., dass zulässige Eingriffe sich am **Grundsatz der Verhältnismäßigkeit** messen lassen müssen[16]. Der 3. Senat des BAG hat eine Rangfolge unterschiedlich stark geschützter Besitzstände entwickelt („Drei-Stufen-Schema"). Ausgehend davon, dass eine betrAV auch Entgeltcharakter hat, also Gegenleistung für bereits in der Vergangenheit geleistete Dienste des ArbN ist, hat es Versorgungsanwartschaften als umso schutzwürdiger erachtet, je mehr der ArbN dafür bereits vorgeleistet hat[17]. Diese Grundsätze gelten für Eingriffe in unverfallbare und noch verfallbare Anwartschaften gleichermaßen[18]. Abweichungen vom Schema können zum einen dort gelten, wo das Vertrauen im Sonderfall nicht schutzwürdig ist und daher Eingriffe in höherem Maße zulässig sind[19]. Zum anderen können sich besondere Fallkonstellationen der Systematik des Drei-Stufen-Schemas entziehen, wie es insb. für die Umstellung von einer Rentenauf eine Kapitalversorgung gilt; nicht zu beanstanden ist ein solcher Wechsel nach der Rspr. des BAG nur dann, wenn das die Umstellung begründende Interesse des ArbGeb das Interesse des ArbN am Erhalt der Rentenleistung erheblich überwiegt[20].

151 **aa) Erdienter Teilwert.** Den erdienten Teilwert einer Versorgungsanwartschaft hält das BAG für **besonders schützenswert**. Der ArbN habe hier seine Vorleistung bereits erbracht und müsse deshalb ähnlich wie ein Eigentümer vor einem entschädigungslosen Entzug der Anwartschaft geschützt werden. Ein Eingriff in den erdienten Teil der Versorgungsanwartschaft hält das BAG deshalb idR für **unverhältnismäßig und unbillig**; dennoch vorgenommene Eingriffe sind dem ArbN ggü. unwirksam[21]. Erdient ist der Teil der Versorgungsanwartschaft, den der ArbN als Versorgungsanwartschaft behalten würde, schiede er im Zeitpunkt der Abänderung der Versorgungsregelung bei seinem ArbGeb aus[22]. Dabei

---

1 BAG 28.7.2005 – 3 AZR 14/05, DB 2006, 166; 17.6.2008 – 3 AZR 409/06, DB 2008, 2314. ||2 BAG 28.7.2005 – 3 AZR 14/05, DB 2006, 166; 18.9.2012 – 3 AZR 382/10. ||3 BGH 14.11.2007 – IV ZR 74/06, BGHZ 174, 127; BAG 18.9.2012 – 3 AZR 382/10. ||4 BAG 11.8.2009 – 3 AZR 23/08, DB 2010, 341. ||5 BAG 27.2.2007 – 3 AZR 734/05, DB 2007, 1763; 17.6.2008 – 3 AZR 409/06, DB 2008, 2314. ||6 BAG 21.8.2007 – 3 AZR 102/06, DB 2007, 2850. ||7 BAG 21.8.2007 – 3 AZR 102/06, DB 2007, 2850. ||8 BAG 23.9.1997 – 3 ABR 85/96, NZA 1998, 719. ||9 BAG 5.6.1984 – 3 AZR 33/84, BAGE 46, 80. ||10 BAG 9.12.2008 – 3 AZR 384/07, nv. ||11 BAG 11.5.1999 – 3 AZR 21/98, BAGE 91, 310. ||12 BAG 11.5.1999 – 3 AZR 21/98, BAGE 91, 310; 17.8.2004 – 3 AZR 189/03, EzA § 1 BetrAVG Betriebsvereinbarung Nr. 5. ||13 BAG 26.8.1997 – 3 AZR 235/96, BAGE 86, 216; 25.5.2004 – 3 AZR 145/03, EzA § 2 BetrAVG Nr. 21. ||14 BAG 11.5.1999 – 3 AZR 21/98, BAGE 91, 310. ||15 BAG 17.8.1999 – 3 ABR 55/98, NZA 2000, 498. ||16 BAG 16.9.1986 – GS 1/82, BAGE 53, 42. ||17 BAG 17.3.1987 – 3 AZR 64/84, BAGE 54, 261; 11.5.1999 – 3 AZR 21/98, NZA 2000, 322; 10.9.2002 – 3 AZR 635/01, DB 2003, 2749. ||18 BAG 15.1.2013 – 3 AZR 169/10. ||19 BAG 21.4.2009 – 3 AZR 674/07, nv. ||20 BAG 15.5.2012 – 3 AZR 11/10, DB 2012, 1756. ||21 BAG 16.9.1986 – GS 1/82, BAGE 53, 42. ||22 BAG 22.9.1987 – 3 AZR 662/85, NZA 1988, 732; 26.8.1997 – 3 AZR 235/96, BAGE 86, 221.

kommt es allerdings hinsichtlich der Frage, welcher Teil der Versorgungsanwartschaft bereits erdient ist, nicht darauf an, ob die Unverfallbarkeitsfristen des § 1 erreicht sind. Auch eine zum Zeitpunkt der Abänderung der Versorgungszusage noch verfallbare Anwartschaft ist in Höhe ihres Teilwertes bereits erdient und gegen Eingriffe des ArbGeb in gleicher Weise wie Teilwerte einer unverfallbaren Anwartschaft geschützt[1]. Erreicht der ArbN später die Unverfallbarkeit, so behält er diesen erdienten Teil endgültig. Oftmals sehen verschlechternde Versorgungsregelungen vor, dass der bis zur Abänderung erdiente Besitzstand als Mindestrente garantiert wird, gleichzeitig aber mit zusätzlicher Betriebstreue nach ungünstigeren Maßstäben weitere Steigerungsbeträge verdient werden können. In solchen Fällen ist ein Günstigkeitsvergleich vorzunehmen. Der nach der neuen Versorgungsregelung über die gesamte Betriebszugehörigkeit erworbene Versorgungsanspruch ist mit dem zum Abänderungsstichtag nach der bisherigen Zusage erreichten Besitzstand zu vergleichen. Der höhere Betrag ist zu bezahlen, der zum Abänderungsstichtag erdiente Wert darf nicht unterschritten werden[2]. Durch Auslegung ist zu ermitteln, ob der ArbGeb hinsichtlich des bis zum Abänderungsstichtag erdienten Betrags eine echte Garantie geben will. Dann ist dieser Betrag zu zahlen; die in der Betriebszugehörigkeit nach der Abänderung erreichten Zuwächse nach der neuen Versorgungsregelung sind hinzu zu addieren[3].

Einen Eingriff in den erdienten Besitzstand ließ die Rspr. deshalb nur aus **zwingenden Gründen** zu, und zwar nur dann, wenn der ArbGeb sich zu Recht auf einen **Wegfall** oder die **Störung der Geschäftsgrundlage** (§ 313 BGB) berufen konnte. Es musste also eine wirtschaftl. Notlage des Unternehmens vorliegen, die ihrerseits den Insolvenzschutz durch den PSVaG nach § 7 I 3 Nr. 5 aF ausgelöst hätte[4]. Nach Aufgabe des Sicherungsfalls der wirtschaftl. Notlage per 1.1.1999 kommt ein Eingriff in erdiente Besitzstände aus wirtschaftl. Gründen nicht mehr in Betracht[5] (vgl. auch § 7 Rz. 48). 152

Auf einen Wegfall der Geschäftsgrundlage kann sich aber berufen, wer eine **nicht planmäßige Überversorgung** abbauen will. Auch erdiente Teile einer Überversorgung können so beseitigt werden[6]. Im öffentl. Dienst kann sogar eine planmäßige Überversorgung abgebaut werden, weil dort kein schutzwürdiges Vertrauen auf Beibehaltung des Versorgungsbesitzstandes entstehen kann[7]. Eine Störung der Geschäftsgrundlage iS einer **Äquivalenzstörung** nimmt das BAG auch an, wenn bei einer Gesamtversorgungszusage der bei Schaffung des Versorgungssystems zugrunde gelegte Dotierungsrahmen auf Grund von Änderungen der Rechtslage um mehr als 50 % überschritten wird[8]. 153

bb) **Erdiente Dynamik.** Für **weniger schutzwürdig** erachtet das BAG die sog. „erdiente Dynamik". Das BAG differenziert zwischen Steigerungen, die sich aus der Dauer der Betriebszugehörigkeit ergeben, sog. dienstzeitabhängigen Steigerungsraten, und solchen, bei denen der Wertzuwachs der Anwartschaft ohne Bindung an die Dienstzeit der Entwicklung eines Berechnungsfaktors folgen soll, der seinerseits variabel ist[9]. Gemeint sind damit Versorgungszusagen, bei denen bspw. die Betriebsrente bspw. abhängig ist von der Höhe des zuletzt gezahlten Gehalts oder der Ruhegeldanspruch bei Versorgungszusagen an die Entwicklung der Rente aus der gesetzl. RV gekoppelt ist[10]. Dienstzeitabhängige Steigerungsraten müsse der ArbN erst in der Zukunft erdienen; für sie habe er die erforderliche Betriebstreue noch nicht erbracht. 154

Etwas anderes gilt nach Auffassung des BAG für **dienstzeitunabhängige Steigerungen**. Ihr Zweck besteht nicht darin, die fortdauernde Betriebstreue zu vergüten oder zum Maßstab der Rentenberechnung zu machen. Hier geht es vielmehr darum, den Versorgungsbedarf des ArbN flexibel zu erfassen. Die Versorgungshöhe soll sich an der den Lebensstandard prägenden Höhe des Arbeitsentgelts bei Eintritt des Versorgungsfalles orientieren. Soweit für eine solche vergütungsabhängige Dynamik die Betriebstreue in der Vergangenheit bereits abgeleistet worden ist, verdient sie den besonderen Schutz. Im Gegensatz zu den erst künftigen Steigerungsraten sind sie im Zeitpunkt der Ablösung schon erdient. Dieser besondere Schutz gilt aber nur für den Teil der Anwartschaft, der zurzeit der Ablösung bereits erdient ist; die auf den noch nicht erdienten Teil der Anwartschaft entfallende Dynamik wird davon nicht erfasst[11]. 155

Unterschieden werden muss ggf. zwischen einer schon **erdienten** und einer **noch nicht erdienten** Dynamik. Der bereits zeitanteilig erdiente und nach § 2 I zu berechnende Teil der Anwartschaft nimmt weiterhin an der Dynamik der Bemessungsgrundlage teil. Insoweit ist die Dynamik „erdient". Können auch nach Abänderung der Versorgungszusagen durch weitere Betriebstreue noch Zuwächse erreicht werden, so kann für sie die Dynamik entfallen, soweit sachliche Kürzungsgründe vorliegen[12]. Das BAG definiert den Besitzstand der erdienten Dynamik als Produkt aus dem bis zum Ablösungsstichtag erdienten Prozentsatz und dem tatsächlichen End- oder Durchschnittsgehalt beim Ausscheiden. Ob tatsächlich in die erdiente Dynamik eingegriffen werde, könne abschließend zum Ablösungsstichtag nur dann festgestellt werden, wenn eine endgehaltsbezogene Versorgungszusage durch Widerruf oder 156

---

1 BAG 15.1.2013 – 3 AZR 169/10; 26.4.1988 – 3 AZR 168/86, BAGE 58, 156. ||2 BAG 16.12.2003 – 3 AZR 39/03, DB 2004, 1051; 18.2.2003 – 3 AZR 81/02, BB 2003, 1841. ||3 BAG 18.3.2003 – 3 AZR 221/02, BB 2003, 2625. ||4 Vgl. auch *Griebeling*, NZA-Beil. 3/1989, 26 (32). ||5 BAG 31.7.2007 – 3 AZR 373/06, BAGE 123, 307. ||6 So schon BAG 9.7.1985 – 3 AZR 546/82, DB 1986, 1231. ||7 BAG 19.11.2002 – 3 AZR 167/02, BAGE 104, 1. ||8 BAG 19.2.2008 – 3 AZR 212/06, DB 2008, 1387. ||9 BAG 26.8.1997 – 3 AZR 235/96, BAGE 86, 216. ||10 BAG 15.1.2013 – 3 AZR 705/10. ||11 BAG 17.4.1985 – 3 AZR 72/83, BAGE 49, 57; BGH 14.11. 2007 – IV ZR 74/06, BGHZ 174, 127; BAG 15.1.2013 – 3 AZR 705/10. ||12 Vgl. *Höfer*, ART Rz. 590.

Richtlinienänderung für die Zukunft gänzlich aufgehoben und nur der sich aus § 2 I iVm. § 2 V errechnete Versorgungsbesitzstand aufrecht erhalten werde. Werde dem Versorgungsberechtigten aber die Möglichkeit eröffnet, nach anderen Berechnungsmaßstäben, etwa über eine festbetrags- oder beitragsorientierte Zusage, Zuwächse zu erwerben, könne erst beim Ausscheiden genau festgestellt werden, ob mit der ablösenden Neuregelung in den Besitzstand der erdienten Dynamik eingegriffen worden sei. Besitzstandswahrung bedeute nicht, dass Anspruch auf beides bestehe, den dynamischen, bis zum Ausscheiden fortgeschriebenen Besitzstand im Ablösungszeitpunkt und die Zuwächse nach der neuen Versorgungsregelung[1].

157 In eine erdiente Dynamik kann aus sog. **triftigen Gründen** eingegriffen werden. Unter triftigen Gründen versteht das BAG solche, die es dem ArbGeb gestatten, von einer Anpassung nach § 16 abzusehen[2]. Hierzu ist der ArbGeb dann berechtigt, wenn er die Erhöhung der Rente nicht mehr aus den Erträgen und Wertzuwächsen des Unternehmens erwirtschaften kann und deshalb die Gefahr besteht, dass die Entwicklung des Unternehmens beeinträchtigt und seine Substanz aufgezehrt wird[3]. Der ArbGeb muss ggf. beweisen, dass triftige Gründe für einen Eingriff in die zeitanteilig erdiente Dynamik vorlagen.

158 cc) **Nicht erdiente Versorgungsbestandteile.** Die dritte Besitzstandsstufe umfasst den gesamten Inhalt der Versorgungszusage, also die Teile, die nicht unter die erste oder zweite Stufe des Besitzstands fallen. Geschützt sind danach künftige Zuwächse, etwa der noch nicht erdiente Teil einer Dynamik oder noch nicht erdiente Steigerungsbeträge[4]. Das BAG lässt in diese Besitzstandsstufe Eingriffe zu, wenn „**sachlich proportionale Gründe**" vorliegen[5]. Sachliche Gründe liegen nicht etwa schon dann vor, wenn der ArbGeb einen berechtigten Anlass zur Reduzierung von Versorgungsverpflichtungen zu haben glaubt. Eingriffsgrund und Eingriffsumfang müssen sich vielmehr entsprechen[6]. Auch hier gilt folglich der Verhältnismäßigkeitsgrundsatz. So hat das BAG einen Eingriff in noch nicht erdiente Steigerungsbeträge akzeptiert, wenn bei einer Neuverteilung gleich bleibender Versorgungsmittel bisher unversorgte ArbN in den Kreis der Begünstigten aufgenommen werden sollten[7]. Anerkannt hat das BAG auch veränderte Vorstellungen der Begünstigten über die Leistungsgerechtigkeit[8]. Ein Eingriff kann auch mit der Notwendigkeit von Einsparungen begründet werden. Diese müssen in einer ablösenden BV nicht erwähnt werden. Es ist auch nicht erforderlich, dass der ArbGeb einen Sanierungsplan vorlegt[9]. Das Ausmaß des Eingriffs darf dabei aber nicht größer sein als es das angestrebte Ziel erfordert. Der ArbGeb muss, beruft er sich auf sachlich proportionale Gründe, die Erwägungen für den Eingriff darlegen und deutlich machen, dass sie **nicht willkürlich**[10] sind; er muss **nachvollziehbar** erkennen lassen, welche Umstände und Erwägungen die Änderung der Versorgungszusage veranlasst haben[11]; ohne sich nur allgemein auf wirtschaftl. Schwierigkeiten zu berufen[12]. Zur Darlegung der Proportionalität ist es nach Auffassung des BAG zumeist nicht erforderlich, die Einsparungen zu beziffern[13].

159 dd) **Gerichtliche Billigkeitskontrolle.** IdR ist dem ArbGeb nicht gedient, wenn er nur mit einzelnen ArbN Änderungen der Versorgungszusagen vereinbaren kann. Betriebsvereinbarungsoffene Einheitsregelungen oder Gesamtzusagen und auf BV basierende Versorgungswerke werden deshalb regelmäßig durch **verschlechternde BV** abgeändert. Das BAG unterzieht solche BV einer gerichtl. Billigkeitskontrolle. Zunächst ist eine **abstrakte Billigkeitskontrolle** vorzunehmen. Dabei ist zu prüfen, ob die Betriebspartner ersichtlich erdiente Besitzstände unangetastet lassen wollten und ob sie dafür geeignete Regelungen geschaffen haben. Fehlen solche Besitzstandsregelungen, so ist die abändernde BV nicht insg. unwirksam. Nur soweit sie in unzulässiger Weise in geschützte Besitzstände eingreift, vermag sie keine Wirkungen zu entfalten[14]. Dieser abstrakten Billigkeitskontrolle ist eine **konkrete Überprüfung** anzuschließen, wenn die neue Regelung zwar insg. nicht zu beanstanden ist, jedoch im Einzelfall Wirkungen entfaltet, die nach dem Regelungsplan nicht beabsichtigt sein können und unbillig erscheinen. Eine solche konkrete Billigkeitskontrolle ändert jedoch nichts am Inhalt und der Wirksamkeit der BV. Sie fügt ihr – soweit nicht ohnehin schon vorhanden – nur gleichsam eine Härteklausel hinzu[15]. Zu denken ist hier an Sonderregelungen bspw. für rentennahe Jahrgänge, die durch Eigenvorsorgemaßnahmen das reduzierte Niveau der betrAV nicht mehr auffangen können oder für Härten im Einzelfall.

160 g) **Maßstab für zulässige Änderungen bei laufenden Leistungen.** Der ArbGeb kann daran interessiert sein, auch laufende Leistungen nach Höhe und Umfang zu verändern. Das ist nur möglich, wenn die Versorgungsregelung derartige Änderungen zulässt. In Betracht kommen Veränderungen des Zusageinhalts bspw. dann, wenn der ArbGeb betriebl. Leistungen nach einer allg. Versorgungsordnung zugesagt und in der Zusage darauf hingewiesen hat, dass die jeweils aktuelle Leistungsordnung Geltung ha-

---

1 BAG 10.9.2002 – 3 AZR 635/01, BB 2003, 2749. || 2 BAG 17.4.1985 – 3 AZR 72/83, BAGE 49, 57; 4.4.1989 – 5 AZB 9/88, BAGE 61, 273. || 3 BAG 4.4.1989 – 5 AZB 9/88, BAGE 61, 273; 15.1.2013 – 3 AZR 705/10. || 4 Vgl. Heither, RdA 1993, 72. || 5 BAG 17.3.1987 – 3 AZR 64/84, BAGE 54, 261. || 6 Vgl. Griebeling, NZA-Beil. 3/1989, 26 (33). || 7 BAG 8.12.1981 – 3 ABR 53/80, BAGE 36, 327. || 8 BAG 17.3.1987 – 3 AZR 64/84, BAGE 54, 261. || 9 BAG 19.4.2005 – 3 AZR 468/04, DB 2005, 1527; 10.9.2003 – 3 AZR 635/01, BB 2003, 2749. || 10 BAG 18.9.2001 – 3 AZR 728/00, NZA 2002, 1164; 15.2.2011 – 3 AZR 35/09, AP Nr. 1 zu § 1 BetrAVG Auslegung. || 11 BAG 18.4.1989 – 3 AZR 688/87, BAGE 61, 323. || 12 BAG 18.9.2001 – 3 AZR 728/00, NZA 2002, 1164; 15.1. 2013 – 3 AZR 705/10. || 13 BAG 16.2.2010 – 3 AZR 181/08, NZA 2011, 42; vgl. aber noch: BAG 22.4.1986 – 3 AZR 496/83, BAGE 51, 397. || 14 BAG 23.4.1985 – 3 AZR 194/83, BAGE 48, 258. || 15 BAG 8.12.1981 – 3 ABR 53/80, BAGE 36, 327.

ben soll. Bei solchen **Jeweiligkeitsklauseln** muss der Versorgungsberechtigte sich Änderungen sowohl in der Anwartschaftsphase, als auch nach Aufnahme der Rentenleistungen unterwerfen[1].

Das BAG hat entschieden, dass bei Veränderungen **während der Leistungsphase** die von ihm aufgestellten Besitzstandsregelungen zur Beschränkung von Versorgungsanwartschaften (sog. Drei-Stufen-Modell) nicht gelten, sondern die allg. Grundsätze der Verhältnismäßigkeit und des Vertrauensschutzes[2]. Zulässig sind danach zunächst Regelungen, die nur eine **geringfügige Verschlechterung** darstellen, **nicht zur Schmälerung der Ausgangsleistung führen**, in sich **ausgewogen und sachlich begründet** sind. In diesen Fällen seien weder zwingende noch triftige Gründe erforderlich, um Veränderungen herbeizuführen. Es genügten vielmehr sachliche Erwägungen des ArbGeb[3]. Die entschiedenen Fälle betrafen Eingriffe in die sog. Rentendynamik, die die zugesagte Ausgangsleistung nicht berührten. Verändert wurde nur die Entwicklung der laufenden Leistungen, die statt der vollständigen Entwicklung der tarifl. Entgelte dieser nur noch eingeschränkt[4] oder nur noch der Entwicklung der Lebenshaltungskosten folgen sollte[5]. 161

In einem anderen, davon abzugrenzenden Fall war die Hinterbliebenenrente um die Hälfte ihres Ausgangsbetrages gekürzt worden. Nach Ansicht des BAG war eine solche, **mehr als geringfügige Verschlechterung** unzulässig[6]. Derartige Einschnitte sind nur ausnahmsw. unter Berücksichtigung des durch die Arbeitsleistung des ArbN erworbenen Bestandsinteresses einerseits und der Schwere des Eingriffs andererseits aufgrund ganz erheblich überwiegender Interessen des ArbGeb möglich[7]. Zulässig kann eine Änderung sein, wenn im Arbeitsvertrag oder kollektivrechtl. Regelungen dynamisch auf tarifl. Bestimmungen verwiesen wird[8]. 162

2. Abänderung aus nicht wirtschaftlichen Gründen. Nicht immer sind die Überlegungen, ein Versorgungswerk inhaltlich zu verändern, wirtschaftl. Art. Auch nicht wirtschaftl. Erwägungen können Beweggrund dafür sein, von den bisherigen Versorgungsregelungen abzurücken und sie ggf. durch neue zu ersetzen. Dies gilt bspw. für die **Ablösung sog. Gesamtversorgungssysteme**[9]. Bei ihnen hängt die Höhe der betriebl. Rente nicht nur von dynamischen Bemessungsfaktoren wie dem letzten Gehalt ab, sondern auch von einer anzurechnenden SozV-Rente, deren Höhe idR nicht von vornherein feststeht. Sie wird bestimmt von den individuellen Beitrags- und Versicherungszeiten sowie den allg. Bemessungsgrundlagen[10]. Das BAG hält es für zulässig, ein Gesamtversorgungssystem durch eine andere Versorgungsregelung zu ersetzen, bei der die Höhe der betriebl. Ruhegeldleistungen nicht mehr von der jeweiligen SozV-Rente der Begünstigten abhängt. Auch bei einer solchen Abkoppelung sind allerdings **Besitzstände zu beachten**. In diese kann nur unter den Voraussetzungen eingegriffen werden, wie sie von der Rspr. für die Abänderung von Versorgungsregelungen aus wirtschaftl. Gründen entwickelt worden sind[11]. Daraus folgt, dass in den **erdienten Teilwert** einer Versorgungsanwartschaft grds. nicht eingegriffen werden kann. Gründe nicht wirtschaftl. Art, die einen Eingriff ausnahmsw. rechtfertigen, können vorliegen, wenn die planwidrige Überversorgung abgebaut werden soll. Bei Gesamtversorgungssystemen besteht allerdings kaum die Gefahr einer Überversorgung. 163

Ein Eingriff auf zweiter Besitzstandsstufe (**Eingriffe in die erdiente Dynamik**) ist durch triftige Gründe zu rechtfertigen. Das BAG nimmt **triftige Gründe** nicht wirtschaftl. Art an, wenn **dringende betriebl. Bedürfnisse für eine Umstrukturierung** bestehen und ohne Schmälerung des Gesamtaufwandes Leistungskürzungen durch Verbesserungen des Versorgungsschutzes aufgewogen werden[12]. Eingriffe in die zweite Besitzstandsstufe sind deshalb nur dann zulässig, wenn der Dotierungsrahmen für die Versorgungsleistungen insg. nicht geschmälert wird. Entsprechendes gilt auch für die Ablösung eines Gesamtversorgungssystems. Es bedarf triftiger Gründe, wenn in Gesamtversorgungssystemen der Maßstab der von den Leistungen der gesetzl. RV abhängigen „Versorgungslücke" abgelöst und durch ein dienstzeit- und endgehaltsabhängiges Versorgungssystem ersetzt werden soll[13]. Ausdrücklich weist das BAG darauf hin, dass die durch das 20. und 21. RentenanpassungsG verursachte Leistungsminderung in der gesetzl. RV, die in einem Gesamtversorgungssystem dazu führt, dass der ArbGeb die entstehende Lücke ausgleichen muss, kein triftiger Grund ist, um in erdiente Besitzstände einzugreifen[14]. Auf der **dritten Besitzstandsstufe** genügen **sachlich proportionale Gründe**. Hier können auch Änderungen in der Gesetzgebung zur Kürzung von noch nicht erdienten Zuwächsen herangezogen werden[15]. Der Eingriff muss dann nur insg. ausgewogen und angemessen sein. Sachliche Gründe können bspw. Verbesserungen der Versorgungsgerechtigkeit, Verwaltungsvereinfachungen oder eine größere Transparenz bei der Rentenberechnung sein[16]. 164

---

1 BAG 27.8.1996 – 3 AZR 466/95, DB 1996, 1827; 18.9.2012 – 3 AZR 431/10, DB 2013, 884. ||2 BAG 18.9.2012 – 3 AZR 431/10, DB 2013, 884; 28.7.1998 – 3 AZR 357/97, BAGE 89, 279 (293). ||3 BAG 16.7.1996 – 3 AZR 398/95, DB 1997, 631; 9.11.1999 – 3 AZR 432/98, NZA 2001, 221; 28.6.2011 – 3 AZR 282/09, BAGE 138, 197. ||4 BAG 18.9.2012 – 3 AZR 431/10, BB 2013, 308. ||5 BAG 16.7.1996 – 3 AZR 398/95, DB 1997, 631; aber schwerwiegender Eingriff: BAG 28.6.2011 – 3 AZR 282/09, BAGE 138, 197. ||6 BAG 12.10.2004 – 3 AZR 557/03, DB 2005, 783. ||7 BAG 28.6.2011 – 3 AZR 282/09, BAGE 138, 197. ||8 BAG 27.6.2006 – 3 AZR 255/05, DB 2007, 118. ||9 *Steinmeyer*, RdA 2005, 345. ||10 Vgl. *Höfer*, ART Rz. 607ff. ||11 BAG 17.3.1987 – 3 AZR 64/84, BAGE 54, 261. ||12 BAG 11.9.1990 – 3 AZR 380/89, BAGE 66, 39; 26.8.1997 – 3 AZR 235/96, BAGE 86, 216. ||13 BAG 23.10.1990 – 3 AZR 492/89, nv. ||14 BAG 17.3.1987 – 3 AZR 64/84, BAGE 54, 261. ||15 Vgl. *Höfer*, ART Rz. 612. ||16 BAG 27.8.1996 – 3 AZR 466/95, DB 1996, 1827.

164a 3. **Neue Altersgrenzen in der gesetzlichen Rentenversicherung.** Auch die schrittweise Erhöhung der Regelaltersgrenze in der gesetzl. RV kann einen Grund zur Änderung von Versorgungsregelungen darstellen, wobei zunächst durch Auslegung zu ermitteln ist, ob die bisherige Regelung nicht schon als auf die Regelaltersgrenze bezogen zu verstehen ist. Allerdings sollte für neue ArbVerh zumindest klargestellt werden, wie die Zusage zu verstehen ist. Für neue ArbN ergeben sich auch bei einer Umstellung keine Probleme. Für den Altbestand kommt es auf die Art der Anspruchsgrundlage an. Bei arbeitsvertragl. Grundlagen wird eine Zustimmung des ArbN erforderlich sein, soweit keine Öffnung für kollektivrechtl. Veränderungen besteht oder keine Jeweiligkeitsklausel einseitige Veränderungen des ArbGeb zulässt. Bei kollektivrechtl. Regelungen ersetzt die neue Regelung die ältere. Allerdings sind in jedem Fall Besitzstände zu beachten, die auch hier nach der Drei-Stufen-Theorie des BAG gegen Eingriffe geschützt sind. In bereits erdiente Anwartschaftsteile dürfte ein Eingriff unzulässig sein[1]. Ob triftige Gründe für einen Eingriff in die zweite Besitzstandsstufe vorliegen, wird von den Auswirkungen einer Beibehaltung der bisherigen Altersgrenze abhängen. Hier dürfte nichts anderes gelten als bei der Anhebung einer Altersgrenze unterhalb des 65. LJ vor Einführung der neuen Regelaltersgrenze. Regelmäßig werden triftige Gründe schon deshalb fehlen, weil die höheren Altersgrenzen zu einer Entlastung des ArbGeb führen[2]. Für künftige Steigerungsbeträge und sonstige noch nicht erdiente Rechte liegen aber sachlich proportionale Gründe zur Umstellung auf die neue Regelaltersgrenze vor[3].

165 4. **Widerruf wegen Treuebruch.** Es ist allgemein anerkannt, dass der ArbGeb eine Versorgungszusage widerrufen kann, wenn der Pensionsberechtigte Handlungen begeht, die den ArbGeb noch vor Entstehung einer unverfallbaren Anwartschaft zu einer fristlosen Entlassung berechtigt hätten. Gleiches gilt, unabhängig vom Zeitpunkt, für die grobe Verletzung von Pflichten. Dabei wird juristisch unscharf von einem „Widerruf" der Versorgungszusage gesprochen. Es handelt sich insoweit jedoch nicht um eine rechtsgestaltende Erklärung des ArbGeb, sondern um die Ausübung eines Leistungsverweigerungsrechts wegen Rechtsmissbrauchs[4]. Da betrAV-Leistungen Entgeltcharakter haben, berechtigt nicht jedes Fehlverhalten des ArbN dazu, später die Gewährung der Betriebsrente zu verweigern. IdR wird es sich um **schwerwiegende Verfehlungen**[5] handeln müssen, die zu einem existenzbedrohlichen Schaden geführt haben[6]; der Versorgungswiderruf wegen Treuebruchs ist kein Mittel der Maßregelung[7]. Im öffentl. Dienst gelten nach § 18 Besonderheiten[8].

166 Es sind Verfehlungen aktiver und solche ausgeschiedener ArbN zu unterscheiden.

167 a) **Verfehlungen während des Arbeitsverhältnisses.** Wird der Widerruf auf Verfehlungen während des ArbVerh gestützt, ist zu differenzieren zwischen solchen, die in die Zeit vor, und anderen, die in die Zeit nach Eintritt der Unverfallbarkeit fallen.

168 aa) **Treuebruch vor Unverfallbarkeit.** War bei Beginn des Treuebruchs die Versorgungsanwartschaft noch verfallbar, so kann sich der Berechtigte auf die Versorgungszusage nicht berufen, wenn ihm ein Verhalten zur Last gelegt werden kann, das den ArbGeb zum Ausspruch einer **verhaltensbedingten fristlosen Kündigung aus wichtigem Grund** berechtigt hätte[9]. Verschleiert der ArbN sein Fehlverhalten, so dass der ArbGeb mangels Kenntnis von dem Kündigungsgrund nicht außerordentl. kündigen kann, so kann sich der ArbGeb später auf ein vollständiges Leistungsverweigerungsrecht berufen. Denn der ArbGeb hätte bei rechtzeitiger Kenntnis des wichtigen Grundes den Eintritt der Unverfallbarkeit durch sofortige Beendigung des ArbVerh vereiteln können[10].

169 bb) **Treuebruch nach Unverfallbarkeit.** Wurde die Treuwidrigkeit erst nach Erfüllung der Unverfallbarkeitsfristen begangen, so kann die Anwartschaft zeitanteilig bis **zum Zeitpunkt der Treuwidrigkeit** aufrechtzuerhalten sein. Bei der Feststellung des aufrechtzuerhaltenden Teils der Anwartschaft bleibt also der Zeitraum, ab dem der ArbN sich grob treuwidrig verhalten hat, außer Ansatz[11]. Nur die bis zum Treuebruch geleistete Betriebstreue hat dann Bedeutung für das betriebl. Ruhegeld[12]. Da ein Eingriff in den erdienten Teil der Versorgungsanwartschaft regelmäßig nur unter ganz besonderen Voraussetzungen zulässig ist, muss auch hier beachtet werden, dass nicht jeder Grund, der zu einer außerordentl. Kündigung berechtigt, einen Eingriff in erdiente Anwartschaftsteile ermöglicht. Es muss sich vielmehr um **besonders schwerwiegende Treuwidrigkeiten** handeln. Der ArbN war im vom BAG am 19.6.1980 entschiedenen Fall wegen fortgesetzten Betruges zu Lasten seines ArbGeb mit einem Schaden von mindestens 11 000 DM zu einer Freiheitsstrafe verurteilt worden. Nur die Zeit, innerhalb derer die Betrugshandlungen begangen wurden, war bei der Berechnung der Höhe der Versorgungsanwartschaft unberücksichtigt zu lassen; iÜ wurde der Widerruf der Versorgungszusage für unwirksam gehalten.

---

1 So auch *Cisch/Kruip*, BB 2007, 1162; *Baumeister/Merten*, DB 2007, 1306; aA *Reichenbach/Grüneklee*, DB 2006, 2236. ||2 So auch *Cisch/Kruip*, BB 2007, 1162; *Baumeister/Merten*, DB 2007, 1306. ||3 So *Baumeister/Merten*, DB 2007, 1306; *Reichenbach/Grüneklee*, DB 2006, 2236. ||4 BGH 13.12.1999 – II ZR 152/98, MDR 2000, 466; BAG 10.2.1968 – 3 AZR 4/67, BAGE 20, 298. ||5 BGH 13.12.1999 – II ZR 152/98, MDR 2000, 466; 25.11.1996 – II ZR 118/95, BetrAV 1998, 344. ||6 BAG 13.11.2012 – 3 AZR 444/10, BetrAV 2013, 242. ||7 *Griebeling*, NZA-Beil. 3/1989, 26 (28). ||8 BAG 21.11.2006 – 3 AZR 672/05, BAGE 120, 222. ||9 BAG 8.2.1983 – 3 AZR 10/81, BAGE 41, 338; 24.4.1990 – 3 AZR 497/88, ZIP 1990, 1615; 13.11.2012 – 3 AZR 444/10, BetrAV 2013, 242. ||10 BAG 18.10.1979 – 3 AZR 550/78, BAGE 32, 139. ||11 BAG 19.6.1980 – 3 AZR 137/79, DB 1980, 2143. ||12 BAG 24.4.1990 – 3 AZR 497/88, ZIP 1990, 1615.

Gleiches gilt, wenn ein noch nicht ausgeschiedener ArbN sich nach Erreichen der Unverfallbarkeit treuwidrig verhält, danach aber noch beanstandungsfrei weiterarbeitet. So hielt das BAG eine nach den Verfehlungen noch erbrachte ca. sechsjährige beanstandungsfreie Betriebszugehörigkeit für wertlos und sah den ArbGeb nicht verpflichtet, für diese Dienstzeit eine betrAV zu gewähren[1].

169a Ob das BAG Fälle wie diese, in denen der ArbN einen geringeren Schaden verursacht und der ArbGeb daraufhin den Versorgungsanspruch anteilig reduziert, noch anerkennt, ist nach der jüngeren Rspr. zweifelhaft. Danach kann ein ArbGeb, der die Verursachung eines Vermögensschadens durch den ArbN einwendet, die Versorgungszusage nur dann widerrufen, wenn der ArbN seine **Pflichten in grober Weise verletzt** und ihm hierdurch einen **existenzgefährdenden Schaden** zugefügt hat[2]. Nur in diesen Fällen, in denen der ArbN die Erfüllung seiner Versorgungszusage insg. gefährdet habe, sei ein Widerruf gerechtfertigt; in allen anderen Fällen sei der ArbGeb hingegen gehalten, konkrete Schadenersatzansprüche zu beziffern und aufzurechnen[3]. Schon bisher kam ein vollständiger Entzug der Versorgungsrechte nur ausnahmsw. in Betracht, wenn etwa der Versorgungsberechtigte durch ruinösen Wettbewerb die wirtschaftl. Grundlage des Schuldners gefährdete oder wenn ein ArbN seine Stelle jahrelang dazu missbraucht hat, seinen ArbGeb erheblich zu schädigen[4].

170 b) **Verfehlungen durch Ausgeschiedene.** Allerdings kann sogar bei zeitweilig einwandfreiem Verhalten des ArbN der Versorgungsanspruch trotz Erfüllung der Unverfallbarkeitsfristen insg. entfallen, wenn sich die beanstandungsfreie Betriebszugehörigkeit rückblickend als **wertlos** erweist. Das BAG betont, dass die Altersversorgung eine Gegenleistung für die erbrachte Betriebstreue ist. Betriebstreue bedeute freiwilliges Festhalten an der vertragl. Bindung zu einem ArbGeb. Für diesen stelle die Betriebstreue des ArbN regelmäßig einen wirtschaftl. Wert dar. Verursache der ArbN bspw. ganz erhebliche Schäden oder sei sein Verhalten besonders schwerwiegend, so könne die Betriebstreue insg. rückblickend wertlos sein[5]. Im Hinblick auf die jüngste Rspr. des BAG wird zu verlangen sein, dass der ArbN seine **Pflichten in grober Weise verletzt** und dem ArbGeb hierdurch einen **existenzgefährdenden Schaden** zugefügt hat[6]. Fügt ein bereits ausgeschiedener ArbN später seinem ArbGeb durch treuwidriges Verhalten so schwere Schäden zu, dass die zuvor geleistete beanstandungsfreie Betriebstreue sich insg. als wertlos erweist, kann sich für den ArbGeb ein Leistungsverweigerungsrecht ergeben.

171 X. **Versorgungsausgleich.** Zum 1.9.2009 hat das **Gesetz über den Versorgungsausgleich (VersAusglG)**[7] die vorher vornehmlich im BGB und dem VAHRG bestehenden Regeln zum Versorgungsausgleich abgelöst. Nach alter Rechtslage waren die wechselseitig erworbenen Rechte zu saldieren und die Differenz extern über die gesetzl. RV hälftig auszugleichen. Das VersAusglG sieht hingegen eine Halbteilung jedes einzelnen der erworbenen Anrechte unter den Ehegatten vor. Bei einer Teilung eines Anrechts erwirbt der jeweils begünstigte Ehegatte im Regelfall der internen Teilung ein eigenes Versorgungsrecht ggü. dem Versorgungsträger.

172 1. **Ausgleich der Ehezeitanteile von Versorgungsrechten.** Auszugleichen sind nach § 2 I VersAusglG alle Anwartschaften auf Versorgung und alle Ansprüche auf laufende Versorgung. Der Ausgleich beschränkt sich auf Renten wegen Alters und Invalidität (§ 2 II Nr. 2 VersAusglG), so dass isoliert zugesagte Hinterbliebenenrenten ausgenommen sind[8]. Während im Allg. nur rentenförmige Anwartschaften und Leistungen auszugleichen sind, gilt diese Einschränkung für die betrAV nicht (§ 2 II Nr. 3 VersAusglG). Anrechte iSd. BetrAVG sind unabhängig von der Leistungsform auszugleichen, so dass auch Kapitalleistungen und sogar Sachleistungen[9] erfasst werden.

173 Versorgungsanwartschaften sind nicht auszugleichen, solange sie noch verfallbar (§ 19 II Nr. 1 VersAusglG) oder aus anderen Gründen des § 19 II Nr. 2 bis 4 VersAusglG nicht **ausgleichsreif** sind. Sie unterfallen aber, sollten sie nach der Scheidung unverfallbar werden, hinsichtlich ihres in der Ehezeit erworbenen Anteils dem schuldrechtl. Ausgleich nach Scheidung gem. §§ 20 ff. VersAusglG. Für den Versorgungsausgleich ist es hingegen unbeachtlich, wenn Wartezeiten oder andere zeitliche Voraussetzungen noch nicht erfüllt sind (§ 2 III VersAusglG).

174 Die auszugleichenden Rechte sind nur hinsichtlich ihres in der Ehezeit erworbenen Anteils (**Ehezeitanteil**) dem Ausgleich unterworfen. Ehezeit ist gem. § 3 I VersAusglG die Zeit vom Beginn des Monats der Eheschließung bis zum Ende des Monats vor Zustellung des Scheidungsantrags. Die Ermittlung des Ehezeitanteils erfolgt nach den Wertermittlungsvorschriften der §§ 39 ff., 45 VersAusglG.

175 2. **Ehezeitanteil und Ausgleichswert.** Zum Ausgleich eines Versorgungsrechts ist in einem ersten Schritt der Wert des Ehezeitanteils zu bestimmen. Dieser ist dann in einem zweiten Schritt hälftig auszugleichen.

---

1 BAG 29.1.1991 – 3 AZR 85/90, AP Nr. 13 zu § 1 BetrAVG Hinterbliebenenversorgung. ‖**2** BAG 13.11.2012 – 3 AZR 444/10, BetrAV 2013, 242. ‖**3** BAG 13.11.2012 – 3 AZR 444/10, BetrAV 2013, 242. ‖**4** BAG 19.6.1980 – 3 AZR 137/79, DB 1980, 2143; 18.10.1979 – 3 AZR 550/78, BAGE 32, 139. ‖**5** BAG 8.2.1983 – 3 AZR 10/81, BAGE 41, 338; 29.1.1991 – 3 AZR 85/90, AP Nr. 13 zu § 1 BetrAVG Hinterbliebenenversorgung. ‖**6** BAG 13.11.2012 – 3 AZR 444/10, BetrAV 2013, 242. ‖**7** BGBl. 2009 I S. 700. ‖**8** BT-Drs. 16/10144, 46; *Blomeyer/Rolfs/Otto*, Anh. § 1 Rz. 350; aA *Höfer*, ART Rz. 1717 f. ‖**9** *Blomeyer/Rolfs/Otto*, Anh. § 1 Rz. 351.

176 **a) Ehezeitanteil.** Die Sonderregelung des § 45 VersAusglG sieht zwei Bezugsgrößen für die Wertbestimmung des Ehezeitanteils bei Anwartschaften in der betrAV vor. Danach kommt eine Festsetzung des Wertes als Rentenbetrag gem. § 2 BetrAVG oder als Kapitalwert nach § 4 V BetrAVG in Betracht. Die Wahl der Bezugsgröße obliegt im Verfahren vor dem Familiengericht zunächst dem Versorgungsträger, der seine Auskunft danach ausrichtet (§ 5 I VersAusglG). Bei Wahl eines Rentenbetrags als Bezugsgröße ist zugleich der korrespondierende Kapitalwert nach § 47 VersAusglG zu ermitteln und dem Gericht mitzuteilen.

177 Als Verfahren zur Wertermittlung schreibt § 45 I VersAusglG bei Betriebsrentenanwartschaften vorrangig die unmittelbare Bewertung nach § 39 VersAusglG vor. Nur nachrangig greift die zeitratierliche Bewertung. Dieser **Vorrang der unmittelbaren Bewertung** gilt auch für die Bewertung laufender Versorgung (§ 41 VersAusglG).

178 **aa) Unmittelbare Bewertung.** Die unmittelbare Bewertung ist maßgeblich, wenn sich der Wert des auszugleichenden Rechts nach einer Bezugsgröße richtet, die einem Zeitabschnitt bestimmt zugeordnet werden kann. Nur so kann direkt ermittelt werden, welchen Wert das in der Ehezeit erworbene Recht hat, der dann dem Ausgleich zugeführt wird. Es ist individuell zu prüfen, ob eine Versorgungszusage auf Leistungen der betrAV den Kriterien des § 39 VersAusglG genügt. Das VersAusglG nennt dazu in § 39 II verschiedene Beispiele von Anrechten, für die eine unmittelbare Bewertung gilt. Eine Versorgungsleistung kann dabei im Allg. einem bestimmten Jahr zugeordnet werden, wenn spezifisch Leistungen für bestimmte Jahre zugesagt oder in jedem Jahr ein Beitrag aufgewandt wird, der eine bestimmte Leistung zur Folge hat[1]. Dies ist zB bei Zusagen eines definierten Rentenbetrags pro Jahr der Fall, kann aber auch etwa bei Bausteinsystemen der Fall sein[2].

179 **bb) Zeitratierliche Bewertung.** Wenn eine unmittelbare Bewertung nicht in Betracht kommt, gilt die zeitratierliche Bewertung nach § 40 VersAusglG. Für die Altersversorgung schreibt § 45 II VersAusglG dabei eine besondere ratierliche Berechnung vor. Dazu ist der nach § 45 I VersAusglG auf den Zeitpunkt des Ehezeitendes (§ 40 III VersAusglG) ermittelte Gesamtwert des Anrechts so zu kürzen, dass nur der in der Ehezeit erworbene Anteil dieses Anrechts abgebildet wird. Dazu ist der Wert nach § 45 II VersAusglG zunächst mit dem Zeitraum zu multiplizieren, während dessen sich Betriebszugehörigkeit und Ehe überschnitten haben, sodann durch den Zeitraum der gesamten Betriebszugehörigkeit bis zum Ehezeitende zu dividieren. An die Stelle des Ehezeitendes tritt der Zeitpunkt der tatsächlichen Beendigung der Betriebszugehörigkeit, wenn dieser bereits erreicht ist[3].

180 **b) Ausgleichswert.** Der Ausgleichswert eines Anrechts ergibt sich bei einer hälftigen Teilung des Ehezeitanteils. Das Gesetz erteilt hierzu keine weiteren Hinweise. Der Gesetzesbegr. lassen sich indes **drei Varianten der Halbteilung** entnehmen[4]. Danach ist zunächst denkbar, den Kapitalwert einer Rente hälftig aufzuteilen; dies führt bei Berücksichtigung der unterschiedlichen biometrischen Risiken der Ehegatten (Geschlecht, Lebensalter) zu unterschiedlich hohen Renten, die aus der versicherungsmathematischen Umrechnung resultieren. Möglich ist weiterhin eine schlichte Halbteilung des Rentenwerts; ein solches Vorgehen entfernt sich allerdings vom Kapitalwert der Rente, da sich bei versicherungsmathematischer Betrachtung zumeist wesentlich andere Rentenwerte ergeben. Schließlich kann auf Grundlage des Kapitalwerts eine Rente einheitlicher Höhe gebildet und das Kapital nach versicherungsmathematischen Grundsätzen entsprechend unterschiedlich zugeteilt werden; diese Berechnung hält sich im Rahmen des Kapitalwerts der Rente, berücksichtigt allerdings nicht die unterschiedliche Wertigkeit der nur nominal gleich hohen Renten. Vorzuziehen ist die erste Variante, die zu versicherungsmathematisch gleichwertigen, wenn auch nominal unterschiedlichen Renten führt[5].

181 **3. Teilung. a) Interne Teilung.** Das VersAusglG sieht zwei Möglichkeiten der Teilung von Versorgungsrechten vor, die interne und die externe Teilung. Bei der internen Teilung überträgt das Familiengericht den auszugleichenden Teil des Anrechts der ausgleichsverpflichteten Person auf die ausgleichsberechtigte Person (§ 10 VersAusglG). Der ausgleichsberechtigte Ehegatte erwirbt damit eigene Ansprüche gegen den Versorgungsträger, während sich die Ansprüche des verpflichteten Ehegatten gegen den Versorgungsträger entsprechend verkürzen. Bei Anwartschaften oder Versorgungsrechten nach BetrAVG erlangt der ausgleichsberechtigte Ehegatte infolge des Ausgleichs die Stellung eines ausgeschiedenen ArbN iSd. BetrAVG (§ 12 VersAusglG). Der ausgleichsberechtigte Ehegatte ist also grds. so zu behandeln, als wenn er als ArbN bzw. arbeitnehmerähnl. Person aufgrund einer Tätigkeit für das Unternehmen ein Versorgungsrecht erworben hätte.

182 Ausnahmsweise ist dann, wenn beide Ehegatten Rechte gleicher Art bei demselben Versorgungsträger erworben haben, lediglich die **Differenz** dieser Rechte **auszugleichen** (§ 10 II VersAusglG). Dies verkürzt die Abwicklung, da in diesen Fällen bei einem Ausgleich beider Anrechte nach allg. Regeln am Ende auch nur ein Ausgleich der Differenz stehen würde.

---

1 *Höfer*, ART Rz. 1800. || 2 Bsp. bei *Höfer*, ART Rz. 1805 ff.; KKBH/*Huber*, Anh. I Rz. 22 ff. || 3 *Höfer*, ART Rz. 1832 ff. || 4 BT-Drs. 16/10144, 56; *Cisch/Hufer*, BetrAV 2009, 500 (503); Palandt/*Brudermüller*, § 5 VersAusglG Rz. 10. || 5 *Blomeyer/Rolfs/Otto*, Anh. § 1 Rz. 360a; *Höfer*, ART Rz. 1841 ff.

Das neue Recht des Ehegatten nimmt am **Insolvenzschutz** nach den §§ 7 ff. teil. Dabei wird die Geltung der Höchstgrenze nach § 7 III für die ursprünglich in einer Hand bestehenden Rechte nicht dadurch aufgeweicht, dass eine interne Teilung durchgeführt worden ist. Maßgeblich für die Geltung der Höchstgrenze ist daher die Summe beider Rechte[1]. 183

Die **Kosten des Versorgungsträgers**, die aus der internen Teilung entstehen, können beim Ausgleich in Ansatz gebracht werden. Dazu werden die angemessenen Kosten den Ehegatten hälftig belastet (§ 13 VersAusglG). 184

b) Externe Teilung. Im Gegensatz zur internen Teilung vollzieht sich die externe Teilung nicht anhand einer realen Aufteilung von bestehenden Anrechten bei einem Versorgungsträger, sondern durch Begründung eines neuen oder durch Erhöhung eines bestehenden Anrechts bei einem anderen Versorgungsträger (§ 14 I VersAusglG). Zur Durchführung der externen Teilung hat der Versorgungsträger der ausgleichpflichtigen Person den Ausgleichswert an den neuen Versorgungsträger als Kapitalbetrag zu entrichten; mit Zahlung reduziert sich das Anrecht des ausgleichspflichtigen Ehegatten in Höhe des entsprechenden Ausgleichswertes[2]. 185

Die externe Teilung beschränkt sich auf die beiden Fälle des § 14 II VersAusglG. Der erste Fall betrifft die Vereinbarung externer Teilung zwischen dem Versorgungsträger der ausgleichspflichtigen Person und der ausgleichsberechtigten Person. Der zweite Fall externer Teilung greift auf Verlangen des Versorgungsträgers, wenn der Ausgleichswert für den Rentenbetrag höchstens bei 2 % der monatlichen Bezugsgröße nach § 18 I SGB IV, in allen anderen Fällen als Kapitalwert höchstens 240 % dieser Bezugsgröße beträgt. Dieses Recht des Versorgungsträgers wird in § 17 VersAusglG für Fälle von Direktzusagen und Zusagen einer U-Kassenversorgung noch einmal erweitert und die Obergrenze des externen Ausgleichs als Kapitalwert auf die Beitragsbemessungsgrenze in der allg. RV festgeschrieben. Die externe Teilung ermöglicht es dem Versorgungsträger, die Aufnahme von Personen in sein Versorgungssystem für vergleichsweise geringwertige Rechte zu verhindern. 186

Die Durchführung der externen Teilung vollzieht sich gem. § 15 VersAusglG grds. **nach Wahl der ausgleichsberechtigten Person**. Hervorzuheben sind dabei die Anforderungen des § 15 II und III VersAusglG. Danach muss die gewählte Zielversorgung eine angemessene Versorgung gewährleisten und darf die Zahlung eines Kapitalbetrags an die Zielversorgung nicht zu steuerpflichtigen Einnahmen oder einer schädlichen Verwendung führen. Für Pensionsfonds, Pensionskassen, Direktversicherungen oder Verträge, die nach Altersvorsorgeverträge-Zertifizierungsgesetz zertifiziert sind, werden diese Voraussetzungen unwiderlegbar vermutet (§ 15 III VersAusglG). Diese Durchführungswege sind als Zielversorgung also privilegiert[3]. 187

Sollte der ausgleichsberechtigte Ehegatte bei Durchführung der externen Teilung keine Wahl treffen, erfolgt der Ausgleich von Anwartschaften und Versorgungsrechten nach BetrAVG über die Begründung eines **Anrechts bei der Versorgungsausgleichskasse**. Diese Institution ist für diese Zwecke in der Rechtsform eines VaG besonders geschaffen worden[4]. 188

4. Schuldrechtlicher Ausgleich nach Scheidung. Der schuldrechtl. Ausgleich nach der Scheidung erfolgt nur, soweit ein Ausgleich bei Scheidung nicht möglich ist. Für die betrAV gilt dieser Ausgleich insb. für noch verfallbare Anwartschaften, die gem. § 19 II Nr. 1 VersAusglG vom Versorgungsausgleich ausgenommen sind, wenn sie nach Ende der Ehezeit unverfallbar werden. Nicht selten dürfte ein Versorgungsausgleich in diesen Fällen allerdings entsprechend § 18 II VersAusglG wegen Geringfügigkeit ausgeschlossen sein. Ein weiterer Fall sind endgehaltsbezogene Zusagen, deren Höhe bei laufendem ArbVerh noch nicht feststeht; insofern kommt ein nachträglicher Ausgleich der Dynamik in Betracht[5]. 189

Der nachträgliche Ausgleich kann über **schuldrechtl. Ausgleichszahlungen** nach §§ 20 bis 22 VersAusglG, als **Abfindung** nach §§ 23, 24 VersAusglG oder als **Teilhabe an der Hinterbliebenenversorgung** nach §§ 25, 26 VersAusglG erfolgen. 190

Schuldrechtl. Ausgleichszahlungen werden erst fällig, wenn die ausgleichspflichtige Person eine laufende Versorgung aus dem noch nicht ausgeglichenen Anrecht bezieht und die ausgleichsberechtigte Person ihrerseits bestimmte biometrische Voraussetzungen für den Bezug einer Versorgungsleistung erfüllt oder eine solche bezieht (§ 20 I, II VersAusglG). Der Anspruch richtet sich dabei in erster Linie gegen den ausgleichspflichtigen Ehegatten; der Ausgleichsberechtigte kann indes auch die Abtretung von Ansprüchen gegen den Versorgungsträger selbst verlangen. 191

Bei Versterben der ausgleichspflichtigen Person begründet § 25 VersAusglG einen Anspruch auf **Hinterbliebenenrente**. Voraussetzung ist, dass die ausgleichsberechtigte Person eine solche Rente bei Fortdauer der Ehe bis zum Tod des Ausgleichspflichtigen vom Versorgungsträger hätte verlangen kön- 192

---

1 KKBH/*Huber*, Anh. I Rz. 51. || 2 BT-Drs. 16/10144, 59; KKBH/*Huber*, Anh. I Rz. 80. || 3 Dies einschränkend auf Fälle einer ergänzenden „Umfassungszusage" *Blomeyer/Rolfs/Otto*, Anh. § 1 Rz. 371b; dagegen KKBH/*Kisters-Kölkes*, Anh. I Rz. 97. || 4 VersAusglKassG; Einzelheiten bei *Höfer*, ART Rz. 1784ff. || 5 BT-Drs. 16/10144, 63; BGH v. 11.6.2008 – XII ZB 154/07, FamRZ 2008, 1512; *Blomeyer/Rolfs/Otto*, Anh. § 1 Rz. 353a; *Höfer*, ART Rz. 1865ff.

nen. Die Ansprüche nach § 25 VersAusglG sind auf den Betrag beschränkt, den die berechtigte Person als schuldrechtl. Ausgleichsrente hätte verlangen können. Es gelten die gleichen Fälligkeitsvoraussetzungen wie nach § 20 II und III VersAusglG.

193 **5. Verfahren vor dem Familiengericht.** Am Verfahren vor dem Familiengericht sind die Ehegatten sowie die Versorgungsträger beteiligt. Bei einem mittelbaren Durchführungsweg ist der ArbGeb somit vom Verfahren ausgeschlossen.

194 Der Versorgungsträger hat dem Gericht die Mitteilungen nach § 5 VersAusglG zu machen, insb. den Ehezeitanteil des verpflichteten Ehegatten zu berechnen und einen Vorschlag über den Ausgleichswert zu unterbreiten. Die Beteiligten sind nach § 220 FamFG zur Auskunft ggü. dem Gericht verpflichtet.

195 Die Beteiligten, darunter die Versorgungsträger, können Beschwerde nach §§ 58 ff. FamFG einlegen, um eine Abänderung der Entscheidung des Familiengerichts zu erreichen. Die Beschwerde ist fristgebunden einzulegen und zu begründen (§ 61 FamFG). Eine Mindestbeschwer ist nicht erforderlich (§§ 228, 61 FamFG).

196 **XI. Mitbestimmungsrecht des Betriebsrats. 1. Gesetzliche Grundlagen.** Die betrAV gehört zu den sozialen Angelegenheiten eines Betriebes[1]. Normative Grundlage für die Mitbest. des BR sind die §§ 87–89 BetrVG. Relevante erzwingbare MitbestTatbestände befinden sich in § 87 I Nr. 8 und 10 BetrVG. § 88 Nr. 2 BetrVG eröffnet zusätzlich die Möglichkeit freiwilliger BV zwecks Errichtung von Unterstützungs- und Pensionskassen, deren Wirkungsbereich auf den Betrieb, das Unternehmen oder den Konzern beschränkt ist[2]. Das MitbestR kann ggf. auch dem Gesamt- oder dem Konzernbetriebsrat zustehen[3]. Eine Verletzung des MitbestR begründet keinen über die vertragl. Grundlage hinausgehenden Anspruch des ArbN[4].

197 Gem. § 87 I Nr. 8 BetrVG steht dem BR ein MitbestR über Form, Ausgestaltung und Verwaltung von Sozialeinrichtungen, deren Wirkungsbereich auf den Betrieb, das Unternehmen oder den Konzern beschränkt ist, zu. Diese Regel ist zunächst maßgebend für die Mitbest. bei Pensions- und U-Kassen[5].

198 Bei Gruppenpensions- und Gruppenunterstützungskassen kann dagegen auch ein MitbestR nach § 87 I Nr. 10 BetrVG hergeleitet werden[6].

199 **2. Mitbestimmung bei unmittelbaren Versorgungszusagen.** Das BAG hat in seinen grundlegenden Beschlüssen v. 12.6.1975[7] für unmittelbare Versorgungszusagen und Direktversicherungen eine Mitbest. des BR nach § 87 I Nr. 10 BetrVG festgestellt. Es bewertet die betrAV als eine gem. § 87 I Nr. 10 BetrVG mitbestimmungspflichtige Frage der betriebl. Normgestaltung.

200 In derselben Entscheidung hat das BAG dargelegt, dass bei diesen Durchführungswegen keine Sozialeinrichtung vorliegt und damit eine Mitbest. nach § 87 I Nr. 8 BetrVG nicht in Betracht kommt.

201 **3. Mitbestimmung bei mittelbaren Versorgungszusagen.** Pensions- und U-Kassen sind Sozialeinrichtungen iSv. § 87 I Nr. 8 BetrVG[8]. Nach gefestigter Rspr. des BAG setzt der Begriff „Einrichtung" voraus, dass etwas vorhanden ist, was zu verwalten ist[9]. Es muss ein abgesonderter Teil konkreter Mittel mit einer gewissen eigenen Organisation, ein zweckgebundenes Sondervermögen, vorhanden sein[10].

202 Ein erzwingbares MitbestR des BR liegt nur dann vor, wenn sich die Pensions- oder U-Kasse in ihrem Wirkungsbereich auf den Betrieb, das Unternehmen oder den Konzern beschränkt. Bei sog. Gruppenkassen ist § 87 I Nr. 8 BetrVG nicht anwendbar, da deren Wirkungsbereich sich auf mehrere, voneinander unabhängige Unternehmen erstreckt. Ein MitbestR ergibt sich bei Gruppenkassen aber aus § 87 I Nr. 10 BetrVG[11]; mitbestimmungspflichtig ist das Abstimmungsverhalten des ArbGeb[12].

203 Der BR hat nicht mitzubestimmen, wenn sich der Begünstigtenkreis ausschließlich aus Personen zusammensetzt, die nach dem BetrVG nicht vom BR vertreten werden können (zB leitende Angestellte, bereits aus dem Unternehmen ausgeschiedene ArbN)[13].

204 Auch bei Direktversicherungen ergibt sich die Mitbest. aus § 87 I Nr. 10 BetrVG und nicht etwa aus § 87 I Nr. 8 BetrVG[14].

205 Schließlich ist auch der Pensionsfonds als Sozialeinrichtung iSd. § 87 I Nr. 8 BetrVG zu qualifizieren. Erbringt ein Pensionsfonds Altersversorgungsleistungen für mehrere ArbGeb, die nicht einen Konzern bilden, gelten für die MitbestR der BR der einzelnen ArbGeb dieselben Grundsätze wie bei überbetriebl. Pensions- und U-Kassen[15].

---

1 BAG 16.9.1986 – GS 1/82, NZA 1987, 168. ||2 *Höfer*, ART Rz. 1011. ||3 BAG 24.1.2006 – 3 AZR 483/04, NZA-RR 2007, 595. ||4 BAG 11.6.2002 – 1 AZR 390/01, BAGE 101, 288; 19.7.2005 – 3 AZR 472/04, NZA 2005, 1431. ||5 BAG 12.6.1975 – 3 ABR 13/74, BAGE 27, 194. ||6 BAG 22.4.1986 – 3 AZR 100/83, NZA 1986, 574; 9.5.1989 – 3 AZR 439/88, NZA 1989, 889. ||7 BAG 12.6.1975 – 3 ABR 13/74, DB 1975, 1559. ||8 BAG 13.7.1978 – 3 ABR 108/77, BB 1978, 1617. ||9 BAG 15.5.1957 – 1 ABR 8/55, AP Nr. 5 zu § 56 BetrVG. ||10 *Höfer*, ART Rz. 1102. ||11 *Förster/Cisch/Karst*, § 1 Rz. 186. ||12 BAG 9.5.1989 – 3 AZR 439/88, NZA 1989, 889; 14.12.1993 – 3 AZR 618/93, NZA 1994, 554. ||13 *Höfer*, ART Rz. 1105. ||14 BAG 18.3.1976 – 3 ABR 32/75, BB 1976, 1175. ||15 Vgl. hierzu KKBH/*Kemper*, § 1 Rz. 401 f.

Die Mitbest. für U-Kassen, Pensionskassen und Pensionsfonds kann **zweistufig** oder **organschaftlich** 206
wahrgenommen werden. Schon die Entscheidung, welcher Weg beschritten wird, ist mitbestimmungspflichtig[1]. Bei der zweistufigen Lösung müssen ArbGeb und BR sich zunächst auf betriebl. Ebene über mitbestimmungspflichtige Fragen verständigen. Im zweiten Schritt muss dann der ArbGeb auf der Ebene der Versorgungseinrichtung dafür sorgen, dass die mit dem BR vereinbarten Regelungen beachtet werden[2]. Bei der organschaftlichen Lösung werden die MitbestR durch ausreichende Repräsentanz des BR in den Organen der Versorgungseinrichtung wahrgenommen, dh. eine paritätische Besetzung durch BR und ArbGebVertreter[3]; die Entscheidungen sind dann für ArbGeb und BR bindend[4].

4. Mitbestimmungsfreie Entscheidungen. Das Wesen der betrAV setzt der erzwingbaren Mitbest. 207
Grenzen. Bei der betrAV handelt es sich um eine freiwillige Leistung. Der ArbGeb ist nicht verpflichtet, seinen ArbN eine Altersversorgung zu gewähren. Das BetrAVG stellt nur Mindestregelungen für die Ausgestaltung einer betriebl. Versorgungsmaßnahme in bestimmten Teilbereichen auf. Auch die Rspr. zwingt den ArbGeb nicht, betriebl. Versorgungsleistungen zuzusagen[5]. Verpflichtungen können sich allenfalls aus tarifl. bindenden Regelungen ergeben.

Das BetrVG lässt dort Raum für mitbestimmungsfreie unternehmerische Grundentscheidungen, wo 208
die Betriebspartner nicht durch eine freiwillige BV Abreden getroffen haben[6]. Auf den Durchführungsweg kommt es dabei nicht an. In jedem Falle verbleiben dem ArbGeb **mitbestimmungsfreie Räume**. So entscheidet der ArbGeb frei darüber, ob überhaupt eine betrAV einführt wird. Der BR kann keinen Einfluss auf diese Grundsatzentscheidung des ArbGeb nehmen[7]. Neben der freien Entscheidung, ob eine Altersversorgung gewährt werden soll, kann der ArbGeb auch frei über den Umfang der zur Verfügung gestellten Mittel (Dotierungsrahmen) entscheiden[8]. Auch in der Wahl der Personengruppen, die er durch die betrAV begünstigen will, ist der ArbGeb – unter Beachtung des Gleichbehandlungsgrundsatzes – frei[9]. Dies gilt ebenfalls für die Wahl des Durchführungsweges[10], ob die betrAV mittels einer unmittelbaren Versorgungszusage (Direktzusage) oder einer Direktversicherungs-, Pensionskassen- oder U-Kassenzusage oder durch Pensionsfonds durchgeführt werden soll. Der Wechsel des Durchführungsweges ist, ungeachtet der Frage, inwieweit ein Wechsel bei Bindung an einen Durchführungsweg mit Wirkung für den ArbN überhaupt möglich ist[11], in der Konsequenz genauso wenig mitbestimmungspflichtig[12].

XII. Prozessrecht. § 2 I Nr. 3a und c ArbGG bestimmt, dass Streitigkeiten aus dem ArbVerh und aus 209
dessen Nachwirkungen den ArbG zugewiesen sind. Hieraus ergibt sich die Zuständigkeit der ArbG auch für den Bereich der betrAV.

Die Zuständigkeit der Zivilgerichtsbarkeit kann abweichend hiervon begründet sein, wenn der ArbN 210
gleichzeitig gesetzl. Vertretungsorgan des ArbGeb ist. Für den Rechtsweg kommt es dann entscheidend darauf an, auf welchen Rechtsbeziehungen die Ruhegeldzusage beruht[13]. Dieser Rechtsweg gilt auch, wenn der ArbN vor Eintritt des Versorgungsfalles bei seinem ArbGeb ausgeschieden ist oder wenn er bereits Betriebsrente bezieht[14].

Bei Streitigkeiten mit dem PSVaG regelt § 2 I Nr. 5 und 6 ArbGG iVm. § 2 I Nr. 3c ArbGG, dass die 211
ArbG für Streitigkeiten zwischen Versorgungsberechtigten und dem PSVaG zuständig sind. Die Zuweisung zur Arbeitsgerichtsbarkeit erfolgt unabhängig von der Parteirolle, dh. auch Aktivprozesse des PSVaG gegen Versorgungsberechtigten fallen in die Zuständigkeit der ArbG. Wird der Rechtsstreit jedoch nicht mit einem ArbN iSd. § 17 I 2 geführt, so verbleibt es gem. § 5 ArbGG bei der Zuständigkeit der ordentl. Gerichte[15].

Erster Teil. Arbeitsrechtliche Vorschriften

Erster Abschnitt. Durchführung der betrieblichen Altersversorgung

1 *Zusage des Arbeitgebers auf betriebliche Altersversorgung*
(1) Werden einem Arbeitnehmer Leistungen der Alters-, Invaliditäts- oder Hinterbliebenenversorgung aus Anlass seines Arbeitsverhältnisses vom Arbeitgeber zugesagt (betriebliche Altersversorgung), gelten die Vorschriften dieses Gesetzes. Die Durchführung der betrieblichen Altersversorgung

---

1 BAG 10.3.1992 – 3 AZR 221/91, NZA 1992, 949. ||2 BAG 10.3.1992 – 3 AZR 221/91, NZA 1992, 949. ||3 BAG 13.7.1978 – 3 AZR 108/77, BB 1978, 1617. ||4 BAG 10.3.1992 – 3 AZR 221/91, BB 1992, 1431. ||5 BAG 12.6.1975 – 3 ABR 13/74, DB 1975, 1559. ||6 *Förster/Cisch/Karst*, § 1 Rz. 173. ||7 BAG 12.6.1975 – 3 ABR 13/74, DB 1975, 1559. ||8 BAG 12.6.1975 – 3 ABR 13/74, DB 1975, 1559. ||9 BAG 12.6.1975 – 3 ABR 13/74, DB 1975, 1559. ||10 BAG 12.6.1975 – 3 ABR 13/74, DB 1975, 1559. ||11 BAG 12.6.2007 – 3 AZR 186/06, BAGE 123, 82; 17.6.2008 – 3 AZR 254/07, NZA 2008, 1320; *Reinecke*, BB 2010, 2392 mwN. ||12 *Höfer*, ART Rz. 1058. ||13 BAG 27.10.1960 – 5 AZR 578/59, DB 1961, 71; *Förster/Cisch/Karst*, § 1 Rz. 309. ||14 *Blomeyer/Rolfs/Otto*, Anh. § 1 Rz. 299. ||15 LAG Düss. 28.2.1977 – 16 Sa 1040/76, DB 1977, 779; OLG Frankfurt 20.4.1994 – 5 W 6/94, OLGReport Frankfurt 1994, 119.

kann unmittelbar über den Arbeitgeber oder über einen der in § 1b Abs. 2 bis 4 genannten Versorgungsträger erfolgen. Der Arbeitgeber steht für die Erfüllung der von ihm zugesagten Leistungen auch dann ein, wenn die Durchführung nicht unmittelbar über ihn erfolgt.

(2) Betriebliche Altersversorgung liegt auch vor, wenn

1. der Arbeitgeber sich verpflichtet, bestimmte Beiträge in eine Anwartschaft auf Alters-, Invaliditäts- oder Hinterbliebenenversorgung umzuwandeln (beitragsorientierte Leistungszusage),
2. der Arbeitgeber sich verpflichtet, Beiträge zur Finanzierung von Leistungen der betrieblichen Altersversorgung an einen Pensionsfonds, eine Pensionskasse oder eine Direktversicherung zu zahlen und für Leistungen zur Altersversorgung das planmäßig zuzurechnende Versorgungskapital auf der Grundlage der gezahlten Beiträge (Beiträge und die daraus erzielten Erträge), mindestens die Summe der zugesagten Beiträge, soweit sie nicht rechnungsmäßig für einen biometrischen Risikoausgleich verbraucht wurden, hierfür zur Verfügung zu stellen (Beitragszusage mit Mindestleistung),
3. künftige Entgeltansprüche in eine wertgleiche Anwartschaft auf Versorgungsleistungen umgewandelt werden (Entgeltumwandlung) oder
4. der Arbeitnehmer Beiträge aus seinem Arbeitsentgelt zur Finanzierung von Leistungen der betrieblichen Altersversorgung an einen Pensionsfond, eine Pensionskasse oder eine Direktversicherung leistet und die Zusage des Arbeitgebers auch die Leistungen aus diesen Beiträgen umfasst; die Regelungen für Entgeltumwandlung sind hierbei entsprechend anzuwenden, soweit die zugesagten Leistungen aus diesen Beiträgen im Wege der Kapitaldeckung finanziert werden.

1   **I. Sachlicher Anwendungsbereich nach Abs. 1 S. 1.** Abs. 1 S. 1 bestimmt den sachlichen Geltungsbereich des Gesetzes (vgl. Vorb. Rz. 11). Die Vorschrift definiert betriebl. Versorgungsansprüche als Leistungen der Alters- (Vorb. Rz. 36f.), Invaliditäts- (Vorb. Rz. 38ff.) oder Hinterbliebenenversorgung (Vorb. Rz. 44ff.). Anlass für die Versorgungszusage muss ein ArbVerh sein. § 17 I 2 stellt klar, dass es bei arbeitnehmerähnl. Personen genügt (Vorb. Rz. 16), wenn die Zusage durch die Tätigkeit für ein Unternehmen veranlasst ist. Wesentliches Kennzeichen ist deshalb, dass der Leistungsfall durch ein biologisches Ereignis ausgelöst wird, also durch das alters- (Vorb. Rz. 36) oder invaliditätsbedingte (Vorb. Rz. 38) Ausscheiden aus dem Erwerbsleben oder den Tod (Vorb. Rz. 44) des Begünstigten, und dass durch die vorgesehene Leistung ein im BetrAVG angesprochenes Risiko durch Gewährung einer Versorgung teilweise übernommen wird[1].

2   **II. Durchführungswege nach Abs. 1 S. 2.** Abs. 1 S. 2 unterscheidet zwischen unmittelbaren und mittelbaren Durchführungswegen der betrAV. Neben dem vom ArbGeb selbst zu erbringenden Versorgungsleistungen (Vorb. Rz. 65ff.) kann die Altersversorgung auch mittelbar über andere Träger erbracht werden; nämlich über ein Lebensversicherungsunternehmen (Direktversicherung) (Vorb. Rz. 69), über eine U-Kasse (Vorb. Rz. 71), über eine Pensionskasse (Vorb. Rz. 70) und über einen Pensionsfonds (Vorb. Rz. 72). Maßgeblich ist aber immer die Versorgungszusage des ArbGeb. Der ArbGeb darf von einem mittelbaren Durchführungsweg, der nach der Versorgungszusage bindend festgelegt ist, nicht mehr abweichen und sich für einen anderen Durchführungsweg entscheiden[2].

3   **III. Einstandspflicht des Arbeitgebers nach Abs. 1 S. 3.** Da die Versorgungszusage stets vom ArbGeb ausgeht, bestimmt Abs. 1 S. 3, dass der ArbGeb in jedem Fall selbst einstandspflichtig ist, auch wenn er sich eines Versorgungsträgers bedient. Diese gesetzl. Regelung entspricht der höchstrichterlichen Rspr., die einen ArbGeb auch bei mittelbaren Versorgungszusagen für unmittelbar verpflichtet hält[3]. Da der ArbGeb in jedem Fall einstandspflichtig ist, sind ihm umgekehrt aber auch Überzahlungen durch einen Versorgungsträger zuzurechnen, die er, wenn er zB aus einer anderen Versorgungszusage eintrittspflichtig ist, verrechnen oder zurückfordern kann[4].

4   **IV. Beitragsorientierte Altersversorgung nach Abs. 2 Nr. 1.** Abs. 2 Nr. 1 lässt auch eine beitragsorientierte Versorgung – sog. beitragsorientierte Leistungszusagen – zu. Bei dieser Form des betriebl. Ruhegeldes sagt der ArbGeb zu, einen bestimmten Beitrag für den ArbN zu investieren, der dann über eine Umrechnungstabelle in eine konkrete Versorgungsleistung umgerechnet wird. Das Beitragsvolumen kann sich etwa an einem fixen Betrag oder an einem konstanten Verhältnis zum jeweiligen rentenfähigen Arbeitsentgelt orientieren[5]. Für die so ermittelte Leistung hat der ArbGeb einzustehen. Besondere Regelungen etwa über die Höhe einer unverfallbaren Anwartschaft bedarf es daher nicht. Beitragsorientierte Versorgungszusagen sind nur in den Durchführungswegen Direktversicherung, Pensionskasse und Pensionsfonds möglich. Die Einführung dieser Versorgungsform wird als Vorstufe zu einer reinen Beitragszusage angesehen, die nach der derzeitigen Gesetzeslage nicht dem BetrAVG unterfällt. In der Abgrenzung würde der ArbGeb bei einer Beitragszusage von vornherein nur die Aufbringung eines bestimmten Beitrags zusagen, ohne damit schon die Höhe der Versorgungsleistungen zu definieren[6].

---

1 BAG 8.5.1990 – 3 AZR 121/98, AP Nr. 58 zu § 7 BetrAVG; 28.10.2008 – 3 AZR 317/07, NZA 2009, 844. ||2 BAG 12.6.2007 – 3 AZR 186/06, BAGE 123, 82; 17.6.2008 – 3 AZR 254/07, NZA 2008, 1320. ||3 BAG 14.9.1999 – 3 AZR 273/98, nv.; 19.6.2012 – 3 AZR 408/10, DB 2012, 2818. ||4 BAG 28.7.2009 – 3 AZR 43/08, NZA 2010, 576–579. ||5 *Förster/Cisch/Karst*, § 1 Rz. 78. ||6 BAG 17.6.2008 – 3 AZR 254/07, DB 2008, 2491.

V. Beitragszusage mit Mindestleistung nach Abs. 2 Nr. 2. Statt der reinen Beitragszusage hat der Gesetzgeber mit dem AVmG eine Beitragszusage mit Mindestleistung als neue Leistungsform in Abs. 2 Nr. 2 aufgenommen. Dabei werden – wie bei der beitragsorientierten Altersversorgung – nur Beitragszahlungen versprochen. Der ArbGeb übernimmt aber zusätzlich die Verpflichtung, dafür einzustehen, dass das planmäßig zuzurechnende Kapital auf der Grundlage der gezahlten Beiträge einschl. der daraus erzielten Erträge zur Verfügung gestellt wird. Dabei ist mindestens die Summe der zugesagten Beiträge zu erreichen, soweit sie nicht rechnungsmäßig für einen biometrischen Risikoausgleich (Absicherung eines Invaliditäts- und Todesrisikos) verbraucht wurden. Bei wirtschaftl. Betrachtungsweise kommt die Beitragszusage mit Mindestleistung unter den gegebenen rechtl. Rahmenbedingungen der arbeitgeberseitig gewünschten rein beitragsorientierten Versorgung am nächsten.

Reine Beitragszusagen, mit denen sich der ArbGeb verpflichtet, nur einen Beitrag für die externe Versorgung seines ArbN zu tragen, ohne weitere Rechtspflichten zu übernehmen, sind ebenfalls zulässig, sie unterfallen aber nicht dem Schutz des BetrAVG[1].

Die Beitragszusage mit Mindestleistung ist nur bei den Durchführungswegen umsetzbar, bei denen eine tatsächliche Beitragszahlung erfolgt. Es werden mithin die Direktversicherungen, Pensionskasse sowie der Pensionsfonds erfasst[2].

VI. Entgeltumwandlung nach Abs. 2 Nr. 3. Abs. 2 Nr. 3 stellt klar, dass die Umwandlung künftiger, nicht erdienter Entgeltansprüche in eine wertgleiche Anwartschaft auf Versorgungsleistungen vom Schutzzweck des BetrAVG erfasst wird. Damit werden auch arbeitnehmerfinanzierte Versorgungsformen geschützt. Das BAG hatte zuvor schon entschieden, dass Entgeltumwandlungsversicherungen betriebl. Versorgungscharakter haben[3].

Bei der Entgeltumwandlung vereinbaren die Arbeitsvertragsparteien, ob und wenn ja, auf welche Art und Weise, zukünftige Arbeitsleistungen des ArbN nicht per Gehaltsauszahlung, sondern mit einer Anwartschaft auf betrAV vergütet werden soll. Gegenstand der Entgeltumwandlung können künftige, laufende Lohn- und Gehaltsansprüche jeder Art, aber auch Ansprüche auf einmalige Entgeltzahlungen sein. Dies gilt auch für künftige vermögenswirksame Leistungen[4].

VII. Eigenvorsorge nach Abs. 2 Nr. 4. Das Gesetz zur Einführung einer Kapitalgedeckten Hüttenknappschaftlichen Zusatzversicherung und zur Änderung anderer Gesetze (HZvNG[5]) enthielt Regelungen für die Eigenvorsorge des ArbN. Der Gesetzgeber erachtet die Verwendung von Entgeltbestandteilen zum Aufbau einer kapitalgedeckten Eigenvorsorge für genauso schutzwürdig wie die Umwandlung von Entgeltanteilen nach Gehaltsverzicht, wenn die Zusage des ArbGeb auch Leistungen aus Beiträgen umfasst, die der ArbN selbst investiert[6]. Es bleibt jedoch dabei, dass das BetrAVG nur dann anwendbar ist, wenn sich die Rechte des ArbN auf Versorgung aus der Zusage des ArbGeb anlässlich des ArbVerh ergeben. Schließt der ArbN mit einem Dritten einen Versorgungsvertrag ab und wendet diesem dann Beiträge zu, ohne diese über den ArbGeb abzuwickeln, handelt es sich nicht um betrAV[7]. Nach dem Willen des Gesetzgebers sollen von Abs. 2 Nr. 4 insb. die Versorgungssysteme des öffentl. Dienstes erfasst werden. In Abkehr vom bisherigen Umlageverfahren soll eine Kapitaldeckung aufgebaut werden, die auch Eigenbeiträge der ArbN vorsieht. Würde diese durch Eigenbeiträge finanzierte Versorgung nicht dem BetrAVG unterfallen, müssten sie normal versteuert und verbeitragt werden, was vermieden werden soll[8].

Die steuerl. und beitragsrechtl. Behandlung einer Eigenvorsorge weicht von der einer Entgeltumwandlung ab. Eine Pauschalversteuerung scheidet aus, die aufgewendeten Beiträge unterliegen der SozV-Pflicht[9]. Wirtschaftl. gibt es keinen nachvollziehbaren Unterschied, ob der ArbGeb nach Entgeltverzicht einen Teil der Vergütung zur Finanzierung einer Versorgung einbehält oder der ArbN aus eigenen Mitteln Beiträge entrichtet. Entscheidend ist daher, dass ArbGeb und ArbN eine klare Abrede zur Entgeltumwandlung treffen, sollen die hierfür vorgesehenen Privilegien gesichert werden.

1a *Anspruch auf betriebliche Altersversorgung durch Entgeltumwandlung*
(1) Der Arbeitnehmer kann vom Arbeitgeber verlangen, dass von seinen künftigen Entgeltansprüchen bis zu 4 vom Hundert der jeweiligen Beitragsbemessungsgrenze in der allgemeinen Rentenversicherung durch Entgeltumwandlung für seine betriebliche Altersversorgung verwendet werden. Die Durchführung des Anspruchs des Arbeitnehmers wird durch Vereinbarung geregelt. Ist der Arbeitgeber zu einer Durchführung über einen Pensionsfonds oder eine Pensionskasse (§ 1b Abs. 3) bereit, ist die betriebliche Altersversorgung dort durchzuführen; andernfalls kann der Arbeitnehmer verlangen, dass der Arbeitgeber für ihn eine Direktversicherung (§ 1b Abs. 2) abschließt. Soweit der An-

---

1 BAG 7.9.2004 – 3 AZR 550/03, DB 2005, 507; zur Abgrenzung BAG 19.6.2012 – 3 AZR 408/10, DB 2012, 2818. || 2 *Förster/Cisch/Karst*, § 1 Rz. 19; KKBH/*Kemper*, § 1 Rz. 458; aA *Höfer*, 2538 ff. || 3 BAG 26.6.1990 – 3 AZR 641/88, DB 1990, 2475. || 4 *Bode/Grabner*, Pensionsfonds und Entgeltumwandlung, S. 75 ff. || 5 BGBl. 2002 I S. 2167. || 6 Vgl. amtl. Begr., abgedr. in BetrAV 2002, 493. || 7 Vgl. *Hopfner*, DB 2002, 1050. || 8 Vgl. amtl. Begr., abgedr. in BetrAV 2002, 493. || 9 Vgl. *Hopfner*, DB 2002, 1050.

spruch geltend gemacht wird, muss der Arbeitnehmer jährlich einen Betrag in Höhe von mindestens einem Hundertsechzigstel der Bezugsgröße nach § 18 Abs. 1 des Vierten Buches Sozialgesetzbuch für seine betriebliche Altersversorgung verwenden. Soweit der Arbeitnehmer Teile seines regelmäßigen Entgelts für betriebliche Altersversorgung verwendet, kann der Arbeitgeber verlangen, dass während eines laufenden Kalenderjahres gleich bleibende monatliche Beträge verwendet werden.

(2) Soweit eine durch Entgeltumwandlung finanzierte betriebliche Altersversorgung besteht, ist der Anspruch des Arbeitnehmers auf Entgeltumwandlung ausgeschlossen.

(3) Soweit der Arbeitnehmer einen Anspruch auf Entgeltumwandlung für betriebliche Altersversorgung nach Absatz 1 hat, kann er verlangen, dass die Voraussetzungen für eine Förderung nach den §§ 10a, 82 Abs. 2 des Einkommensteuergesetzes erfüllt werden, wenn die betriebliche Altersversorgung über einen Pensionsfonds, eine Pensionskasse oder eine Direktversicherung durchgeführt wird.

(4) Falls der Arbeitnehmer bei fortbestehendem Arbeitsverhältnis kein Entgelt erhält, hat er das Recht, die Versicherung oder Versorgung mit eigenen Beiträgen fortzusetzen. Der Arbeitgeber steht auch für die Leistungen aus diesen Beiträgen ein. Die Regelungen über Entgeltumwandlung gelten entsprechend.

1 **I. Historische Entwicklung des Anspruchs auf Entgeltumwandlung.** Bis 1999 regelte das BetrAVG keine Entgeltumwandlung. Dennoch sah die Rspr. Entgeltumwandlungen als betrAV an und erklärte das BetrAVG – einschl. der Insolvenzsicherung – hierauf für anwendbar[1].

2 Der Gesetzgeber trug dieser Rspr. mit dem Reformgesetz 1999 Rechnung und nahm die Entgeltumwandlung in § 1 V auf. Mit dem AVmG erfolgte zum 1.1.2002 die inhaltsgleiche Übernahme in § 1 II Nr. 3 (vgl. § 1 Rz. 7). Zugleich wurde § 1a eingeführt, der einen gesetzl. Anspruch auf eine betrAV durch Entgeltumwandlung und Eigenbeiträge als Alternative zur staatl. geförderten privaten kapitalgedeckten Eigenvorsorge einräumt[2].

3 Abs. 1 gewährt dem ArbN einen Anspruch, dass Anteile seines **künftigen** Entgelts für eine betrAV verwendet werden. Die Verpflichtung des ArbGeb zur Entgeltumwandlung ist verfassungsgemäß[3].

4 **II. Durchführung der Entgeltumwandlung.** Für die Entgeltumwandlung stehen alle fünf Durchführungswege (vgl. § 1 Rz. 2) zur Verfügung. Der Anspruch ist aber begrenzt auf einen Betrag von 4 % der jeweiligen BBG in der gesetzl. RV. Für 2014 entspricht dies einem Umwandlungsjahresbetrag von 2 856 Euro, in den neuen Bundesländern 2 400 Euro.

5 Der ArbGeb kann sich bereit erklären, die Entgeltumwandlung über einen **Pensionsfonds** oder eine **Pensionskasse** durchzuführen. Geschieht dies, ist der Anspruch des ArbN erfüllt. Macht der ArbGeb keinen Gebrauch von der ihm eingeräumten Option, ist auf Verlangen des ArbN eine **Direktversicherung** abzuschließen. Der ArbN kann so **erzwingen**, dass er eine steuerlich geförderte Versorgung erhält.

6 Gegenstand der Entgeltumwandlung können insb. künftige, laufende Lohn- und Gehaltsansprüche sein. In Betracht kommen aber auch künftige Ansprüche auf Einmalzahlungen, vermögenswirksame Leistungen sowie unter bestimmten Voraussetzungen auch zukünftige Urlaubsansprüche[4].

7 Anspruchsberechtigt sind nur die in der gesetzl. RV Pflichtversicherten, § 17 I 3. Ausgeschlossen sind Berufsgruppen mit berufsständischen Versicherungen, wie Ärzte, Rechtsanwälte und Architekten.

8 Das Gesetz regelt nicht, wer berechtigt ist, das Versicherungsunternehmen auszuwählen. Da der ArbGeb Versicherungsnehmer und damit Vertragsschließender wird, dürfte ihm dieses Recht zustehen[5]. Allerdings wird er das Einvernehmen mit dem ArbN suchen müssen, weil über die Durchführung der Entgeltumwandlung nach S. 2 eine Vereinbarung zu schließen ist. Kollektivrechtl. kommt für die Vereinbarung sowohl eine Regelung durch TV als auch durch BV in Frage. Ansonsten erfolgt die Regelung durch individualrechtl. Vereinbarung, welche gem. § 2 I 2 Nr. 6 NachwG schriftl. niederzulegen ist[6].

8a Gewährt der ArbGeb die Versorgung über den Abschluss einer **gezillmerten Direktversicherung**, war bislang streitig, ob den Anforderungen des BetrAVG genügt[7]. Bei der Zillmerung werden einmalige Abschluss- und Vertriebskosten dem Konto des ArbN sofort belastet, so dass in dem ersten Jahren nach Beginn des Versicherungsverhältnisses überhaupt kein oder nur ein verhältnismäßig geringes Deckungskapital aufgebaut wird. Das BAG hat nunmehr die – auch volle – Zillmerung nach den Maßstäben des Gebots der Wertgleichheit gem. § 1 II Nr. 3 grds. für zulässig erachtet[8]. Es sieht jedoch im Hinblick auf § 307 BGB eine unangemessene Benachteiligung, wenn die Abschluss- und Vertriebskosten auf weniger als fünf Jahre verteilt werden. Soweit die vorgesehene Belastung der Kosten einer Rechtskontrolle nicht standhält, führt dies nicht zur Unwirksamkeit der Entgeltumwandlungsvereinbarung, sondern zu einer entsprechend höheren betrAV[9].

---

1 BAG 26.6.1990 – 3 AZR 641/88, NZA 1991, 144. || 2 *Bode/Grabner*, Pensionsfonds und Entgeltumwandlung, S. 74 f. || 3 BAG 12.6.2007 – 3 AZR 14/07, FA 2007, 248. || 4 *Bode/Grabner*, Pensionsfonds und Entgeltumwandlung, S. 76 f. || 5 So auch *Höfer*, DB 2001, 1145. || 6 *Förster/Cisch/Karst*, § 1a Rz. 16. || 7 *Deist/Lange*, BetrAV 2008, 26; *Dierkes*, BetrAV 2008, 225. || 8 BAG 15.9.2009 – 3 AZR 17/09, ZIP 2009, 2401. || 9 BAG 15.9.2009 – 3 AZR 17/09, ZIP 2009, 2401.

Macht der ArbN einen Anspruch auf Entgeltumwandlung geltend, muss er mindestens 1/160 der jährlichen Bezugsgröße gem. § 18 I SGB IV dafür verwenden; das sind 2014 207,38 Euro in den alten Bundesländern und 175,88 Euro in den neuen Bundesländern. Der ArbGeb kann verlangen, dass dabei während eines Kalenderjahres monatlich gleich hohe Beiträge entrichtet werden. Nach dessen Ablauf kann der ArbN neu disponieren.

III. Ausschluss des Anspruchs auf Entgeltumwandlung nach Abs. 2. Der ArbN kann nach Abs. 2 keine Entgeltumwandlung beanspruchen, soweit schon eine derart finanzierte betrAV besteht.

Andere Versorgungszusagen haben dagegen keine Auswirkung auf den Anspruch auf Entgeltumwandlung. Allerdings hat der ArbN dann Anspruch darauf, bis zur Gesamthöhe von 4 % der BBG zusätzlich Entgelt umzuwandeln; er kann mit dem ArbGeb eine entsprechende ergänzende Vereinbarung treffen.

IV. Anspruch auf steuerliche Förderung nach Abs. 3. Soweit der ArbGeb eine Entgeltumwandlung beanspruchen kann, sind auf sein Verlangen die Voraussetzungen für eine steuerl. Förderung nach §§ 10a, 82 II EStG zu erfüllen, wenn die Altersversorgung über eine **Direktversicherung**, eine **Pensionskasse** oder einen **Pensionsfonds** durchgeführt wird. Bei einer unmittelbaren Versorgungszusage und einer Zusage von U-Kassenleistungen scheidet somit eine steuerl. Förderung aus. Da den ArbGeb hier eine gesetzl. Erfüllungsverpflichtung trifft, muss er für Versäumnisse oder Fehler, die die steuerl. Förderung ausschließen oder einschränken, nach den Regeln des bürgerlichen Rechts **haften**.

Die steuerl. Förderung setzt nach § 82 II EStG voraus, dass der ArbN den umzuwandelnden Betrag aus seinem versteuerten Entgelt aufbringt. Daraus folgt, dass darauf auch gesetzl. SozV-Beiträge zu entrichten sind. Der ArbGeb muss deshalb auch entsprechende ArbGebAnteile aufbringen. Das gilt nicht für umgewandelte Entgelte bis zu 4 % der BBG in der gesetzl. RV (West). Sie sind in der gesetzl. Renten-, Arbeitslosen-, Kranken-, und Pflegeversicherung beitragsfrei (§ 14 SGB IV, § 1 I SVeV). Durch das Gesetz zur Förderung der betrieblichen Altersversorgung wurde die zunächst nur bis zum 31.12. 2008 geltende Befristung der Abgabenfreiheit aufgehoben[1]. Als steuerl. Förderung wird der **Abzug von Sonderausgaben** vom zu versteuernden Einkommen bis zu festen Höchstgrenzen gewährt. Diese betragen jährlich 2100 Euro (§ 10a I 1 EStG). Zusätzlich kann der ArbN auf Antrag eine vom Familienstand abhängige **Zulage** beziehen. Die Grundzulage bei einem kinderlosen Berechtigten beträgt jährlich 154 Euro. Für jedes beim Zulageberechtigten zu berücksichtigende Kind können 185 Euro zusätzlich beansprucht werden. Gefördert werden nur laufende Rentenzahlungen, nicht Kapitalleistungen[2]. Die für die geförderte private rückgedeckte Altersversorgung erforderliche **Zertifizierung** ist für die betriebl. Versorgung durch Entgeltumwandlung nicht notwendig. Die späteren Rentenleistungen unterliegen gem. § 22 Nr. 5 EStG der somit nachgelagerten Besteuerung, weil die Beiträge wegen des Sonderausgabenabzugs praktisch nicht zu versteuern sind.

V. Beitragszahlung bei ruhendem Arbeitsverhältnis. Abs. 4 gibt dem ArbN einen Anspruch, die Versicherung oder Versorgung mit eigenen Beiträgen fortzusetzen, wenn das ArbVerh zwar noch besteht, der ArbN aber keinen Entgeltanspruch hat. Angesprochen sind damit zB Zeiten des Wehrdienstes, die Elternzeit, lang anhaltende krankheitsbedingte Ausfallzeiten nach Ablauf der Entgeltfortzahlungsperiode, aber auch vertragl. entgeltlose Freistellungen. Aus der systematischen Stellung der Vorschrift – sie ist Teil der speziellen Regelungen zum Anspruch auf Entgeltumwandlung – folgt, dass dieser Anspruch nur bei arbeitnehmerfinanzierten Versorgungsrechten gilt[3]. Erfasst sind deshalb auch nur die Durchführungswege Pensionskasse, Lebensversicherung und Pensionsfonds[4]. Dabei sind die bisherigen Beiträge weiterzuzahlen, dies ergibt sich aus der Formulierung „fortzusetzen"[5]. Eine Beitragserhöhung durch den ArbN wäre auch mit der Einstandspflicht des ArbG nach Abs. 2 nicht zu vereinbaren. Der ArbN muss zur Durchsetzung seines Anspruchs initiativ werden. Eine Pflicht zur Belehrung ist dem Gesetz nicht zu entnehmen.

1b *Unverfallbarkeit und Durchführung der betrieblichen Altersversorgung*

(1) Einem Arbeitnehmer, dem Leistungen aus der betrieblichen Altersversorgung zugesagt worden sind, bleibt die Anwartschaft erhalten, wenn das Arbeitsverhältnis vor Eintritt des Versorgungsfalls, jedoch nach Vollendung des 25. Lebensjahres endet und die Versorgungszusage zu diesem Zeitpunkt mindestens fünf Jahre bestanden hat (unverfallbare Anwartschaft). Ein Arbeitnehmer behält seine Anwartschaft auch dann, wenn er auf Grund einer Vorruhestandsregelung ausscheidet und ohne das vorherige Ausscheiden die Wartezeit und die sonstigen Voraussetzungen für den Bezug von Leistungen der betrieblichen Altersversorgung hätte erfüllen können. Eine Änderung der Versorgungszusage oder ihre Übernahme durch eine andere Person unterbricht nicht den Ablauf der Fristen nach Satz 1. Der Verpflichtung aus einer Versorgungszusage stehen Versorgungsverpflichtungen gleich, die auf betrieblicher Übung oder dem Grundsatz der Gleichbehandlung beruhen. Der Ablauf einer vorgesehenen Wartezeit wird durch die Beendigung des Arbeitsverhältnisses nach Erfüllung der Voraus-

---

1 BGBl. 2007 I S. 2838. ||2 *Höfer*, DB 2001, 1145. ||3 Vgl. auch Begr. in BT-Drs. 15/2150, 52 zu Nr. 2.
||4 *Förster/Cisch*, BB 2004, 2126 (2133). ||5 *Förster/Cisch*, BB 2004, 2126 (2133).

setzungen der Sätze 1 und 2 nicht berührt. Wechselt ein Arbeitnehmer vom Geltungsbereich dieses Gesetzes in einen anderen Mitgliedstaat der Europäischen Union, bleibt die Anwartschaft in gleichem Umfange wie für Personen erhalten, die auch nach Beendigung eines Arbeitsverhältnisses innerhalb des Geltungsbereichs dieses Gesetzes verbleiben.

(2) Wird für die betriebliche Altersversorgung eine Lebensversicherung auf das Leben des Arbeitnehmers durch den Arbeitgeber abgeschlossen und sind der Arbeitnehmer oder seine Hinterbliebenen hinsichtlich der Leistungen des Versicherers ganz oder teilweise bezugsberechtigt (Direktversicherung), so ist der Arbeitgeber verpflichtet, wegen Beendigung des Arbeitsverhältnisses nach Erfüllung der in Absatz 1 Satz 1 und 2 genannten Voraussetzungen das Bezugsrecht nicht mehr zu widerrufen. Eine Vereinbarung, nach der das Bezugsrecht durch die Beendigung des Arbeitsverhältnisses nach Erfüllung der in Absatz 1 Satz 1 und 2 genannten Voraussetzungen auflösend bedingt ist, ist unwirksam. Hat der Arbeitgeber die Ansprüche aus dem Versicherungsvertrag abgetreten oder beliehen, so ist er verpflichtet, den Arbeitnehmer, dessen Arbeitsverhältnis nach Erfüllung der in Absatz 1 Satz 1 und 2 genannten Voraussetzungen geendet hat, bei Eintritt des Versicherungsfalles so zu stellen, als ob die Abtretung oder Beleihung nicht erfolgt wäre. Als Zeitpunkt der Erteilung der Versorgungszusage im Sinne des Absatzes 1 gilt der Versicherungsbeginn, frühestens jedoch der Beginn der Betriebszugehörigkeit.

(3) Wird die betriebliche Altersversorgung von einer rechtsfähigen Versorgungseinrichtung durchgeführt, die dem Arbeitnehmer oder seinen Hinterbliebenen auf ihre Leistungen einen Rechtsanspruch gewährt (Pensionskasse und Pensionsfonds), so gilt Absatz 1 entsprechend. Als Zeitpunkt der Erteilung der Versorgungszusage im Sinne des Absatzes 1 gilt der Versicherungsbeginn, frühestens jedoch der Beginn der Betriebszugehörigkeit.

(4) Wird die betriebliche Altersversorgung von einer rechtsfähigen Versorgungseinrichtung durchgeführt, die auf ihre Leistungen keinen Rechtsanspruch gewährt (Unterstützungskasse), so sind die nach Erfüllung der in Absatz 1 Satz 1 und 2 genannten Voraussetzungen und vor Eintritt des Versorgungsfalles aus dem Unternehmen ausgeschiedenen Arbeitnehmer und ihre Hinterbliebenen den bis zum Eintritt des Versorgungsfalles dem Unternehmen angehörenden Arbeitnehmern und deren Hinterbliebenen gleichgestellt. Die Versorgungszusage gilt in dem Zeitpunkt als erteilt im Sinne des Absatzes 1, von dem an der Arbeitnehmer zum Kreis der Begünstigten der Unterstützungskasse gehört.

(5) Soweit betriebliche Altersversorgung durch Entgeltumwandlung erfolgt, behält der Arbeitnehmer seine Anwartschaft, wenn sein Arbeitsverhältnis vor Eintritt des Versorgungsfalles endet; in den Fällen der Absätze 2 und 3

1. dürfen die Überschussanteile nur zur Verbesserung der Leistung verwendet,
2. muss dem ausgeschiedenen Arbeitnehmer das Recht zur Fortsetzung der Versicherung oder Versorgung mit eigenen Beiträgen eingeräumt und
3. muss das Recht zur Verpfändung, Abtretung oder Beleihung durch den Arbeitgeber ausgeschlossen werden.

Im Fall einer Direktversicherung ist dem Arbeitnehmer darüber hinaus mit Beginn der Entgeltumwandlung ein unwiderrufliches Bezugsrecht einzuräumen.

I. Historische Entwicklung	1	6. Übergangsbestimmungen	23
II. Unverfallbarkeit nach Abs. 1	3	III. Durchführungswege	24
1. Gesetzliche Unverfallbarkeitsvoraussetzungen	3	1. Direktversicherung nach Abs. 2	25
2. Wartezeit	19	2. Pensionskasse und Pensionsfonds nach Abs. 3	28
3. Wechsel in andere Mitgliedstaaten der EU	20	3. Unterstützungskasse nach Abs. 4	31
4. Sonderregelung für Vorruhestand	21	4. Entgeltumwandlung	34
5. Vertragliche Unverfallbarkeit	22		

1 **I. Historische Entwicklung.** Betriebl. Versorgungswerke waren vor Inkrafttreten des BetrAVG dadurch geprägt, dass Leistungsansprüche entfielen, wenn der Versorgungsberechtigte nicht bis zum Erreichen der Altersgrenze oder bis zum Eintritt eines früheren Versorgungsfalles in den Diensten seines ArbGeb verblieb[1]. Unter Betonung des Entgeltcharakters der betrAV entschied das BAG, dass eine Versorgungsanwartschaft nicht mehr verfallen könne, wenn das ArbVerh des Versorgungsberechtigten mehr als 20 Jahre bestanden habe und vom ArbGeb einseitig beendet werde[2]. Mit Inkrafttreten des BetrAVG wurde die Unverfallbarkeit von betriebl. Ruhegeldanwartschaften 1974 auf eine gesetzl. Grundlage gestellt. Der aus dem Unternehmen ausscheidende ArbN behält danach seine Versorgungsanwartschaft, wenn er nach Erfüllung der sog. **Unverfallbarkeitsvoraussetzungen** aus dem ArbVerh ausscheidet. Bei Eintritt des Versorgungsfalles kann er dann Leistung fordern.

---

1 Vgl. BAG 14.12.1956 – 1 AZR 29/55, BAGE 3, 332. ||2 BAG 10.3.1972 – 3 AZR 278/71, DB 1972, 1486; 26.5.2009 – 3 AZR 956/07, nv.

Durch das AVmG ist der Schutz für die ArbN in Hinblick auf die Unverfallbarkeit ihrer Ansprüche nochmals erheblich verbessert worden. Das Gesetz[1] führte zu einer weiteren Absenkung des Mindestlebensalters auf volle 25 LJ ab dem 1.1.2009.

II. Unverfallbarkeit nach Abs. 1. 1. Gesetzliche Unverfallbarkeitsvoraussetzungen. Der Gesetzgeber hat in § 1b die Unverfallbarkeit von Versorgungsanwartschaften von der Erfüllung personengebundener und vertragsbezogener Bedingungen abhängig gemacht. Auf die **Person** des ArbN zugeschnitten ist das gesetzl. **Mindestalter** von 25 Jahren, das seit 2009 gilt. Nur wer bei Ausscheiden aus den Diensten seines ArbGeb dieses Lebensalter erreicht hat, kann seine Versorgungsanwartschaft behalten. Fraglich ist, ob die Festlegung eines Alters von 25 vollendeten LJ keine Diskriminierung wegen Alters iSd. RL 2000/78/EG v. 27.11.2000 ist[2]. Für Zusagen, die bis zum 31.12.2000 erteilt wurden bzw. bis zum 31.12.2008 erteilt werden, gilt das Übergangsrecht des § 30f (vgl. Rz. 23).

Zusätzlich muss der ArbN eine **vertragsbezogene Bedingung** erfüllen[3]: Die Versorgungszusage muss mindestens fünf Jahre bestanden haben. Dazu genügt gem. § 187 II 1 BGB etwa, wenn die Zusage am 1.1.2005 begonnen und das ArbVerh am 31.12.2009 geendet hat[4]. Ist diese Voraussetzung beim Ausscheiden erfüllt, behält der ArbN die Versorgungsanwartschaft. Bei Eintritt des Versorgungsfalles kann er dann Leistungen zumindest in Höhe des gesetzl. durch § 2 garantierten Umfangs beanspruchen.

a) Zusagedauer. Die Versorgungsanwartschaft bleibt bestehen, wenn die Versorgungszusage **fünf Jahre** bestanden hat.

aa) Erteilung der Versorgungszusage. Maßgeblich für den Lauf der Unverfallbarkeitsfristen ist der **Zeitpunkt**, in dem die Versorgungszusage erteilt worden ist. Als frühester Termin kommt der Beginn der Betriebszugehörigkeit in Betracht. Dies folgt aus § 1 I 1, wonach das Versorgungsversprechen „aus Anlass seines ArbVerh" gegeben worden sein muss[5]. Für Direktversicherungen, Pensionsfonds und Pensionskassen ist dies sogar ausdrücklich gesetzl. geregelt (Abs. 2 S. 3 u. Abs. 3 S. 2), weil dort der Versicherungsbeginn schon zu einem früheren Zeitpunkt erfolgt sein könnte.

Die Rspr. lässt aber eine **Anrechnung von Vordienstzeiten** zu. Sagt der ArbGeb zu, die in einem früheren, beendeten ArbVerh abgeleistete Betriebszugehörigkeit anzurechnen, kann der Zusagezeitpunkt vorverlagert werden. IdR wird erforderlich sein, dass die Vordienstzeit von einer Versorgungsanwartschaft begleitet war[6] und nahtlos an das neue ArbVerh heranreicht[7]. Ob der ArbGeb die Vordienstzeit nur für die Höhe der Versorgung oder aber auch für die Unverfallbarkeitsfristen anrechnen will, ist durch Auslegung zu ermitteln[8]. Eine Anrechnung wird idR nur dann gewollt sein, wenn aus dem früheren, beendeten ArbVerh nicht schon unverfallbare Versorgungsrechte erwachsen sind[9]. Die Grundsätze der Vertragsfreiheit lassen es zu, dass Betriebszugehörigkeitszeiten vor einer Unterbrechung des ArbVerh oder gar fiktive Zeiten angerechnet werden, ohne dass dies allerdings zu einer gesetzl. unverfallbaren Anwartschaft nach § 1b führt.

Auch eine sog. **„Blankettzusage"** ist eine rechtsverbindl. Versorgungszusage. Der ArbGeb sagt mit ihr eine betrAV zu und will sich nur deren inhaltliche Bestimmung vorbehalten. Er hat sie gem. § 315 BGB nach billigem Ermessen festzusetzen; notfalls bestimmt das Gericht die Höhe[10]. Erhält der ArbN bei Beginn des ArbVerh die Zusage, nach einer bestimmten Zeit in ein Versorgungswerk aufgenommen zu werden, hat er bereits mit seinem Eintritt in das ArbVerh eine Zusage erhalten. Die Unverfallbarkeitsfrist beginnt nicht erst mit Aufnahme in das Versorgungswerk; die Zusage, ein Versorgungsversprechen zu erhalten, beinhaltet rechtl. bereits die Versorgungszusage selbst[11]. Etwas anderes gilt, wenn eine Versorgung erst dann zugesagt sein soll, wenn der ArbN eine bestimmte, vorab nicht gesicherte Position erlangt hat. Hier beginnt die Zusage erst mit Erreichen der Stellung[12]. Entscheidend ist, ob dem ArbGeb noch ein Entscheidungsspielraum verbleibt. Stellt er nur Ruhegeldleistungen in Aussicht und behält er sich vor, darüber zu entscheiden, ob und wann der ArbN in das Versorgungswerk aufgenommen wird, ist die Versorgungszusage noch nicht erteilt[13].

Der **Lauf der Unverfallbarkeitsfristen** ist nicht vom Inhalt der Versorgungszusage abhängig. Eine spätere **Verbesserung oder Veränderung** der Zusage gilt nicht als neue Zusage. Wird zB der ArbN mit Beginn des ArbVerh in das generelle Versorgungswerk aufgenommen und erhält er später bei Ernennung zum Prokuristen eine großzügige Einzelzusage, so setzt dies keine erneuten Unverfallbarkeitsfristen in Gang[14]. Das gilt auch, wenn neben die ursprüngliche Versorgungszusage eine weitere tritt, selbst wenn sie über einen anderen Durchführungsweg abgewickelt wird; zB zu einer U-Kassenversorgung eine Direktversicherung tritt[15].

---

1 BGBl. 2007 I S. 2838. ||2 Art. 1 RL 2000/78/EG; *Thüsing*, ZfA 2001, 397 (408). ||3 Vgl. *Höfer*, § 1b Rz. 2707 ff. ||4 BAG 26.5.2009 – 3 AZR 816/07, nv.; 14.1.2009 – 3 AZR 529/07, DB 2009, 2702. ||5 *Höfer*, § 1b Rz. 2718. ||6 BAG 3.8.1978 – 3 AZR 19/77, BAGE 31, 45. ||7 BAG 11.1.1983 – 3 AZR 212/80, DB 1984, 195. ||8 BAG 29.6.1982 – 3 AZR 1188/79, DB 1982, 2090; 24.6.1998 – 3 AZR 97/97, nv.; 2.7.2009 – 3 AZR 501/07, nv. ||9 BAG 3.8.1978 – 3 AZR 19/77, BAGE 31, 45. ||10 BAG 23.11.1978 – 3 AZR 708/77, DB 1979, 364; 19.7.2005 – 3 AZR 472/04, NZA 2005, 1431. ||11 BAG 15.12.1981 – 3 AZR 1100/78, DB 1982, 855; 19.4.1983 – 3 AZR 24/81, DB 1983, 2474. ||12 BAG 12.2.1985 – 3 AZR 183/83, DB 1985, 2055. ||13 LAG Hamm 29.1.1980 – 6 Sa 1340/79, EzA § 1 BetrAVG Nr. 6. ||14 BAG 20.4.1982 – 3 AZR 1118/79, DB 1982, 1879. ||15 BAG 28.4.1981 – 3 AZR 184/80, DB 1982, 856.

10 **bb) Beendigung der Versorgungszusage.** Die Versorgungszusage endet mit **Beendigung des Arbeitsverhältnisses**, wenn der Berechtigte vor Eintritt des Versorgungsfalles ausscheidet. Sind bis dahin die Unverfallbarkeitsfristen nicht erfüllt, so erlischt die Versorgungsanwartschaft. Das gilt auch dann, wenn die Fristen nur um wenige Tage unterschritten werden[1]. Der ArbGeb ist allerdings nicht daran gehindert, eine über die gesetzl. Mindeststandards hinausgehende Zusage zu geben. Wird in kurzem zeitlichen Abstand mit demselben ArbGeb ein erneutes ArbVerh begründet und wiederum eine Versorgungszusage erteilt, beginnen die gesetzl. Unverfallbarkeitsfristen von vorn[2]. Dies soll nach in der Lit. vertretener Auffassung nicht ausnahmslos gelten. Bestehe zwischen zwei aufeinander folgenden ArbVerh ein innerer Zusammenhang oder ein sie übergreifendes rechtl. Band, so müsse trotz einer formalen rechtl. Trennung von einem zusammenhängenden Zeitablauf ausgegangen werden[3]. Dem ist entgegenzuhalten, dass das BetrAVG auf einem strengen Stichtagssystem beruht, das nur Mindestbedingungen garantiert. Geht der ArbGeb in der Zusage nicht darüber hinaus, verfällt eine Anwartschaft beim Ausscheiden und kann bei späterer Begründung eines neuen ArbVerh nicht wiederbelebt werden.

11 **cc) Arbeitgeberwechsel.** Die Unverfallbarkeitsfristen werden **nicht** dadurch **unterbrochen**, dass ein anderer ArbGeb die Versorgungszusage übernimmt. Eine Übernahme der Versorgungszusage kann durch Gesamtrechtsnachfolge, Betriebsübergang oder Schuldübernahme erfolgen. Fälle der Gesamtrechtsnachfolge sind im Wesentlichen die Umwandlung und die Erbfolge. Bei einem Betriebsübergang ergibt sich der Wechsel des Versorgungsschuldners aus § 613a I 1 BGB[4]. Die schuldbefreiende vertragl. vereinbarte Übernahme einer Versorgungszusage bedarf gem. § 415 I 2 BGB der Genehmigung des Gläubigers, mithin des Versorgungsberechtigten. Darüber hinaus sind die Voraussetzungen des § 4 zu erfüllen. Die Dienstzeit bei dem früheren ArbGeb braucht ausnahmsw. durch den Betriebsübernehmer nicht berücksichtigt werden, wenn sie nur als Bemessungsgrundlage für die Höhe der Versorgungsleistung maßgeblich sein soll oder eine leistungsausschließende Wartezeit abgeleistet werden muss[5].

12 **b) Beginn und Ende der Betriebszugehörigkeit. aa) Allgemeines.** Die Betriebszugehörigkeit iSd. Abs. 1 S. 1 setzt grds. die **tatsächliche Verbundenheit** eines ArbN mit dem Betrieb seines ArbGeb voraus. Sie wird durch den **Bestand eines ArbeitsVerh** bzw. eines Dienstverhältnisses gem. § 17 I 1 oder 2 vermittelt, ohne Unterbrechungen oder Aufteilungen bei einem Wechsel zwischen beiden Varianten[6]. Die Betriebszugehörigkeit beginnt nicht mit dem Abschluss des Arbeitsvertrages, sondern erst mit dem Zeitpunkt, zu dem das ArbVerh beginnen soll.

13 Zu einer **Verkürzung oder Unterbrechung** der Betriebszugehörigkeit führen tatsächliche Unterbrechungen der Tätigkeit bei rechtl. Fortbestand des ArbVerh nicht. So besteht auch bei Feiertagen, Urlaub, Krankheit, Streik, Elternzeit etc. eine Betriebszugehörigkeit[7]. Entsprechendes gilt für Zeiten, in denen der ArbGeb sich im Annahmeverzug befindet. Hingegen soll die Arbeitsverweigerung des ArbN den Lauf der Betriebszugehörigkeit hemmen[8]. Dagegen spricht jedoch, dass das Gesetz allein an den Bestand des ArbVerh anknüpft, welches erst dann endet, wenn der ArbGeb etwa wegen einer Vertragsverletzung kündigt. Die Betriebszugehörigkeit besteht auch dann fort, wenn das ArbVerh kraft vertragl. Vereinbarung ruht[9]. Auch einige Gesetze sehen vor, dass Zeiten, in denen der ArbN nicht arbeiten konnte, als Betriebszugehörigkeit zu werten sind, ua. das ArbPlSchG[10], das Soldatenversorgungsgesetz, die Gesetze über den Bergmann-Versorgungsschein in Nordrhein-Westfalen und im Saarland, das Eignungsübungsgesetz, das MuSchG und das Abgeordnetengesetz.

14 **bb) Konzern-Betriebszugehörigkeitszeiten.** Betriebszugehörigkeitszeiten, die – in ununterbrochener Folge – innerhalb eines Konzerns zurückgelegt werden, können uU als **eine Betriebszugehörigkeit** iSd. § 1 I gewertet werden. Bestehen bspw. innerhalb eines Konzerns einheitliche Versorgungsregelungen, die eventuell sogar einen Wechsel zwischen den konzernangehörigen Unternehmen vorsehen, kann von einer einheitlichen Betriebszugehörigkeit ausgegangen werden[11]. Erfolgt der Wechsel des ArbGeb innerhalb eines Konzerns in Form einer „Versetzung", geht das BAG davon aus, dass die Betriebszugehörigkeit innerhalb des Konzernverbundes honoriert werden soll. Das BAG erkennt insoweit einen gemeinsamen wirtschaftl. ArbGeb an. Es sei nicht erforderlich, dass der Versorgungsschuldner zugleich unmittelbarer Vertragspartner und Gläubiger des Anspruchs auf Arbeitsleistung sei. Es genüge deshalb, wenn eine Konzerngesellschaft ArbN einer anderen Gesellschaft desselben Konzerns Altersversorgungsleistungen zusage[12]. In diesem Zusammenhang hat das BAG sogar die bei einer ausländischen Konzerntochter verbrachte Betriebszugehörigkeit angerechnet[13]. Aus der Rspr. des BAG darf aber nicht gefolgert werden, dass jedes innerhalb eines Konzernverbundes erteilte Versorgungsversprechen unternehmensübergreifende Geltung entfaltet, es kommt vielmehr auf den jeweiligen Zusageinhalt an.

---

1 BAG 3.7.1990 – 3 AZR 382/89, DB 1990, 2431. ‖ 2 BAG 26.9.1989 – 3 AZR 815/87, DB 1990, 284. ‖ 3 *Höfer*, § 1b Rz. 2912 ff. ‖ 4 *Klemm/Frank*, BB 2013, 2741. ‖ 5 BAG 30.8.1979 – 3 AZR 58/78, NJW 1980, 416; vgl. auch BAG 17.10.1989 – 3 AZR 50/88, nv. ‖ 6 BAG 19.1.2010 – 3 AZR 660/09, ZIP 2010, 1663. ‖ 7 *Höfer*, § 1b Rz. 2854ff.; BAG 15.2.1994 – 3 AZR 708/93, NZA 1994, 794. ‖ 8 *Höfer*, § 1b Rz. 2856; *Blomeyer/Otto*, § 2 Rz. 72. ‖ 9 *Höfer*, § 1b Rz. 2859ff. ‖ 10 BAG 25.7.2006 – 3 AZR 307/05, NZA 2007, 512. ‖ 11 BAG 6.8.1985 – 3 AZR 185/83, BB 1986, 1506. ‖ 12 BAG 6.8.1985 – 3 AZR 185/83, BB 1986, 1506. ‖ 13 BAG 6.8.1985 – 3 AZR 185/83, BB 1986, 1506.

cc) Arbeitgeberwechsel. Ebenso wie bei der Zusagedauer beeinflusst eine **Betriebsübernahme** oder ein ArbGebWechsel durch **Gesamtrechtsnachfolge** nicht den Lauf der Betriebszugehörigkeit. Die übergegangenen Versorgungszusagen gelten ohne Unterbrechung der Betriebszugehörigkeit fort.

Erhält der ArbN erst nach dem Betriebsübergang eine Versorgungszusage, so ist für den Beginn der Betriebszugehörigkeit zur Ermittlung der Unverfallbarkeit von dem Zeitpunkt des Eintritts bei dem Vorarbeitgeber auszugehen[1]. Der Betriebsübernehmer kann die Dienstzeit bei dem früheren ArbGeb nur ausschließen, soweit sie als Bemessungsgrundlage für die **Höhe** der Versorgungsleistung maßgeblich ist oder eine leistungsausschließende Wartezeit abgeleistet werden muss[2].

dd) Anrechnung von Vordienstzeiten. Auch im Hinblick auf das zu erfüllende Tatbestandsmerkmal der Betriebszugehörigkeit kann der FolgeArbGeb Vordienstzeiten anrechnen. Das **BAG** geht davon aus, dass im Zweifel Vordienstzeiten auch im Hinblick auf eine Verkürzung der Unverfallbarkeitsfristen angerechnet werden sollen. Ist dies nicht beabsichtigt, muss die Versorgungszusage dies klar ausdrücken[3]. Fehlen in der Zusage nähere Anhaltspunkte, gilt eine Anrechnung von Vordienstzeiten deshalb sowohl für die Höhe der Versorgung als auch für deren Unverfallbarkeit[4].

Das BAG lässt die Anrechnung von Vordienstzeiten **nicht schrankenlos** zu. Zwar sei der ArbGeb frei, über das gesetzl. geschützte Maß der betrAV hinaus günstigere Versorgungszusagen zu erteilen und damit eine sog. **vertragliche** Unverfallbarkeit zu erzielen. Eine etwa für den Insolvenzschutz erforderliche gesetzl. Unverfallbarkeit wird damit aber nicht erreicht[5]. Das BAG sieht das **gesetzl.** Tatbestandsmerkmal einer hinreichenden Betriebszugehörigkeit durch Anrechnung von Vordienstzeiten nur dann als erfüllt an, wenn die Dienstzeiten unmittelbar aneinander heranreichen, jeweils von einer Versorgungszusage begleitet sind und die Versorgungserwartung bei dem Vorarbeitgeber noch nicht unverfallbar war (vgl. § 7 Rz. 19).

2. Wartezeit. Versorgungsregelungen können sog. Wartezeiten vorsehen. So sehen viele Versorgungswerke vor, dass Anspruch auf die Versorgungsleistung nur dann besteht, wenn bis zum Eintritt des Versorgungsfalles eine **ununterbrochene Mindestbetriebszugehörigkeit** zurückgelegt worden ist. Der ArbGeb ist grds. frei, über die Länge einer Wartezeit zu bestimmen[6]. Es ist deshalb unbedenklich, eine Wartezeit von 20 oder 25 Jahren festzulegen[7]. Wartezeiten können die Bedeutung einer Aufnahmevoraussetzung erlangen, etwa dann, wenn vom Diensteintritt bis zum Erreichen der festen Altersgrenze die Wartezeit nicht mehr abgeleistet werden kann. Der ArbN verfügt dann letztlich über keine Versorgungszusage[8]. Sieht das Versorgungsversprechen keine feste Altersgrenze vor, kann die Wartezeit ausnahmsw. auch nach Erreichen der Regelaltersgrenze noch erfüllt werden[9]. Abs. 1 S. 5 bestimmt, dass eine **Unverfallbarkeit** auch dann eintreten kann, wenn der ArbN bei dem vorzeitigen Ausscheiden aus den Diensten seines ArbGeb die nach der Versorgungszusage verlangte Wartezeit noch nicht erfüllt hat. Wartezeiten können deshalb länger sein als die gesetzl. Unverfallbarkeitsfristen. Eine lange Wartezeit kann den Eintritt der Unverfallbarkeit nicht hinausschieben. Der ArbN kann vielmehr **auch nach dem Ausscheiden**, spätestens aber bis zum Eintritt des Versorgungsfalles, die Wartezeit erfüllen[10]. Umgekehrt führt eine Wartezeit, die kürzer ist als die gesetzl. Unverfallbarkeitsfristen, nicht zu einer vorzeitigen Unverfallbarkeit vor Erfüllung der gesetzl. Voraussetzungen für die Unverfallbarkeit[11].

3. Wechsel in andere Mitgliedstaaten der EU. Nach Abs. 1 S. 6 führt der Wechsel in einen anderen EU-Mitgliedstaat nicht dazu, dass der ArbN seine Anwartschaft verliert. Er ist vielmehr so zu behandeln, als wäre er im Geltungsbereich des BetrAVG verblieben. Allerdings behält der Versorgungsberechtigte nur solche Rechte, die er auch bei einem Ausscheiden nicht verloren hätte, dh. die Unverfallbarkeitsvoraussetzungen müssen bei einem Wechsel in einen anderen EU-Staat erfüllt sein[12]. Die Vorschrift enthält allerdings nur Selbstverständliches. Sind die Unverfallbarkeitsvoraussetzungen erfüllt, kann dem ArbN die Anwartschaft auf betriebl. Ruhegeld nicht mehr genommen werden, gleichgültig, in welches Land er sich begibt[13]. Die Vorschrift hat nur deklaratorische Bedeutung und wurde zur Umsetzung der **RL 98/49/EG** zur Wahrung ergänzender Rechtsansprüche in das Gesetz aufgenommen. Die RL soll sicherstellen, dass Personen, für die wegen des Wechsels in einen anderen EU-Staat keine Beiträge mehr in ein ergänzendes Sicherungssystem eingezahlt werden, genauso behandelt werden wie solche, für die ebenfalls keine Beiträge mehr entrichtet werden, die aber in dem betreffenden Mitgliedstaat verbleiben[14].

4. Sonderregelung für Vorruhestand. Mit Abs. 1 S. 2 hat der Gesetzgeber einen Anreiz zum Abschluss von Vorruhestandsvereinbarungen geschaffen. Ein auf Grund einer Vorruhestandsregelung ausschei-

---

1 BAG 8.2.1983 – 3 AZR 229/81, DB 1984, 301; 28.4.1993 – 10 AZR 38/92, DB 1994, 151; 19.12.2000 – 3 AZR 551/99, ZIP 2001, 1690. || 2 BAG 30.8.1979 – 3 AZR 58/78, BB 1979, 1719. || 3 BAG 25.1.1979 – 3 AZR 1096/77, DB 1979, 1183. || 4 BAG 16.3.1982 – 3 AZR 843/79, DB 1982, 1728; BGH 8.6.1983 – IVb ZB 588/81, NJW 1984, 234. || 5 Höfer, § 1b Rz. 2845ff. || 6 BAG 9.3.1982 – 3 AZR 389/79, DB 1982, 2089. || 7 LAG Köln 10.11.1992 – 4 Sa 238/92, EWiR 1993, 331 (Wartezeit von 35 Jahren). || 8 BAG 7.7.1977 – 3 AZR 570/76, BAGE 29, 227. || 9 BAG 7.7.1977 – 3 AZR 570/76, BAGE 29, 227; 9.3.1982 – 3 AZR 389/79, DB 1982, 2089; 14.1.1986 – 3 AZR 473/84, DB 1986, 2551. || 10 BAG 7.7.1977 – 3 AZR 570/76, BAGE 29, 227; 9.3.1982 – 3 AZR 389/79, DB 1982, 2089; 14.1.1986 – 3 AZR 473/84, DB 1986, 2551. || 11 BGH 25.1.1993 – II ZR 45/92, BB 1993, 679. || 12 BAG 6.8.1985 – 3 AZR 185/83, DB 1986, 131; 25.10.1988 – 3 AZR 64/87, DB 1989, 278. || 13 So auch Höfer, § 1b Rz. 2979. || 14 Vgl. Vorschlag für eine erweiternde EG-RL, BR-Drs. 784/05.

dender ArbN kann unter **erleichterten Voraussetzungen** eine unverfallbare Versorgungsanwartschaft erlangen. Notwendig hierfür ist eine von einer Versorgungszusage begleitete Beschäftigungszeit von beliebiger Dauer sowie das Ausscheiden aus dem ArbVerh auf Grund einer Vorruhestandsregelung. Es sind weder eine bestimmte Zusagedauer noch eine Mindestbetriebszugehörigkeit notwendig. Allerdings muss für den ArbN die Möglichkeit bestanden haben, bei einem Verbleib im ArbVerh bis zum Eintritt des Versorgungsfalles überhaupt einen Anspruch auf betriebl. Ruhegeld zu erwerben[1]. Es genügt also, wenn der ArbN bis zum Eintritt des Versorgungsfalles eine etwaige Wartezeit und etwaige weitere Leistungsvoraussetzungen erfüllen kann. Allerdings zählen Zeiten des Vorruhestands nicht zur Betriebszugehörigkeit, sie hindern nur den Eintritt der Unverfallbarkeit nicht[2].

22 **5. Vertragliche Unverfallbarkeit.** Das BetrAVG hindert den ArbGeb nicht, über § 1b hinausgehende, **bessere Regelungen** zu treffen. Das BetrAVG trifft insoweit nur Mindestregelungen. Nicht zulässig ist hingegen, durch Vertrag die Unverfallbarkeitsvoraussetzungen zu verschärfen.

23 **6. Übergangsbestimmungen.** § 30f I enthält Übergangsbestimmungen für die am 1.1.2001 in Kraft getretenen Unverfallbarkeitsfristen des § 1b für bis zum 31.12.2000 erteilte Versorgungszusagen. Für sie gelten weiterhin die ursprünglichen gesetzl. Unverfallbarkeitsvoraussetzungen, dh. die Vollendung des 35. LJ beim vorzeitigen Ausscheiden und ein Bestand der Versorgungszusage für mindestens zehn Jahre oder – bei mindestens 12-jähriger Betriebszugehörigkeit – für mindestens drei Jahre. Die Anwartschaft aus Altzusagen bleibt auch dann erhalten, wenn die Zusage ab dem 1.1.2001 für fünf Jahre erteilt worden ist und der ArbN bei Beendigung des ArbVerh das 30. LJ vollendet hat. Eine Altzusage wird damit spätestens dann unverfallbar, wenn sie – wäre sie am 1.1.2001 oder später erteilt worden – gem. der bis zum 31.12.2008 geltenden Regelung unverfallbar würde. § 30f II beinhaltet Übergangsregelungen für die abermalige Herabsetzung des Mindestalters auf 25 Jahre. Sie gilt nur für ab dem 1.1.2009 erteilte neue Zusagen. Für Zusagen, die nach dem 31.12.2000 und vor 1.1.2009 erteilt wurden bzw. werden, bleibt es bei dem Mindestalter von 30 Jahren. Ausnahmsweise reicht für Altzusagen auch die Vollendung des 25. LJ, wenn die Zusage ab dem 1.1.2009 mindestens fünf Jahre und damit dann auch das ArbVerh ununterbrochen bis zum 31.12.2013 besteht[3].

24 **III. Durchführungswege.** Nach der Vorstellung des Gesetzgebers ist die unmittelbare Versorgungszusage der Grundfall eines Versorgungsversprechens. In den Abs. 2–4 sind deshalb für die vier mittelbaren Durchführungswege Sonderregeln zur Unverfallbarkeit bestimmt (ausf. § 1 Rz. 2).

25 **1. Direktversicherung nach Abs. 2.** Eine Direktversicherung liegt vor, wenn der ArbGeb als Versicherungsnehmer bei einer Lebensversicherungsgesellschaft, die der Versicherungsaufsicht unterliegen muss, eine Versicherung auf das Leben des ArbN abschließt. Dem begünstigten ArbN bzw. seinen Hinterbliebenen steht auf Grund eines vom ArbGeb ganz oder teilweise eingeräumten Bezugsrechts aus dem Versicherungsvertrag ein unmittelbarer Leistungsanspruch ggü. dem Versicherer zu. Der betriebl. Versorgung durch eine Direktversicherung liegt damit ein Dreiecksverhältnis zugrunde: Der ArbGeb erteilt dem ArbN eine Versorgungszusage, die darin besteht, auf sein Leben eine Versicherung abzuschließen. Die Auslegung der Versorgungszusage ist auch dafür maßgeblich, ob dem ArbN die Überschussanteile zustehen sollen[4]. Weiterhin schließt der ArbGeb mit einem Versicherungsunternehmen einen Versicherungsvertrag ab. Dieser Versicherungsvertrag ist wiederum so ausgestaltet, dass der ArbN daraus ein unmittelbares Bezugsrecht erwirbt (Vertrag zu Gunsten Dritter, § 323 BGB). Nach Abs. 2 S. 4 gilt die Versorgungszusage mit dem Versicherungsbeginn – frühestens jedoch mit Beginn der Betriebszugehörigkeit – als erteilt. Problematisch ist der Fristbeginn dann, wenn der ArbGeb den Abschluss der Versicherung für den Zeitpunkt des Erreichens einer bestimmten Mindestbetriebszugehörigkeit verspricht. Bei einer unmittelbaren Versorgungszusage würde dies schon die Unverfallbarkeitsfristen in Gang setzen[5]. Der klare Gesetzeswortlaut legt hier jedoch anderes fest. Das Versicherungsverhältnis soll entscheidend sein. Dies entspricht bei diesem Durchführungsweg auch den Bedürfnissen der Praxis[6]. Maßgeblich ist deshalb, was der ArbGeb versprochen hat. Hat er zugesagt, den ArbN von einem bestimmten Zeitpunkt an zu versichern, ist dies zu behandeln wie eine unmittelbare Versorgungszusage mit der Folge, dass ein Schadensersatzanspruch entsteht, wenn die Zusage nicht eingehalten wird. Hat der ArbGeb aber den Abschluss eines Lebensversicherungsvertrages nach Ablauf einer gewissen Betriebszugehörigkeit zugesagt und kommt er dem nach, ist der Beginn der Unverfallbarkeitsfrist nicht vorzuverlagern[7].

26 Hinsichtlich der Unverfallbarkeit nimmt Abs. 2 S. 1 Bezug auf die in Abs. 1 S. 1 und 2 niedergelegten Voraussetzungen. Nach deren Erfüllung darf der ArbGeb das Bezugsrecht nicht mehr widerrufen. Handelt er dem zuwider, so entfaltet der Widerruf im Verhältnis zum Versicherer zwar Wirkung – ggü. dem betroffenen ArbN macht sich der ArbGeb aber schadensersatzpflichtig[8].

---

1 BAG 28.3.1995 – 3 AZR 496/94, BAGE 79, 370. ||2 BAG 12.12.2006 – 3 AZR 716/05, NZA-RR 2007, 434. ||3 BR-Drs. 540/07, 10. ||4 BAG 16.2.2010 – 3 AZR 479/08, NZA-RR 2010, 601. ||5 BAG 15.12.1981 – 3 AZR 1100/78, DB 1982, 855; 19.4.1983 – 3 AZR 24/81, DB 1983, 2474. ||6 *Blomeyer*, DB 1992, 2499; aA *Blomeyer/Rolfs/Otto*, § 1b Rz. 256f.; *Förster*, BetrAV 1982, 110; *Höfer*, § 1b Rz. 3013. ||7 *Blomeyer*, DB 1992, 2499; aA *Blomeyer/Rolfs/Otto*, § 1b Rz. 258. ||8 BAG 28.7.1987 – 3 AZR 694/85, NZA 1988, 159.

Der ArbGeb hat versicherungsrechtl. die Möglichkeit, Ansprüche aus der Lebensversicherung abzutreten oder zu beleihen. Dadurch kann der Wert des Bezugsrechts der Versicherung beschädigt werden. Tritt der Versicherungsfall dann nach Vorliegen der Unverfallbarkeitsvoraussetzungen ein, muss der ArbGeb gem. Abs. 2 und 3 etwaige Abtretungen und Beleihungen rückgängig machen. Anderenfalls ist er ggü. dem ArbN schadensersatzpflichtig.

2. Pensionskasse und Pensionsfonds nach Abs. 3. Der Gesetzgeber hat die Pensionskasse und den Pensionsfonds in Abs. 3 S. 1 legaldefiniert: Er beschreibt sie als rechtsfähige Versorgungseinrichtungen, die betrAV durchführen und dem ArbN oder seinen Hinterbliebenen Rechtsansprüche auf Leistungen gewähren. Sagt der ArbGeb Leistungen einer Pensionskasse oder eines Pensionsfonds zu, ist er dem ArbN ggü. verpflichtet, die Versorgung über den betreffenden Durchführungsweg sicherzustellen; hierfür haftet er unmittelbar. Anders als bei der Direktversicherung scheidet bei den Pensionskassen eine Abtretung oder Beleihung aus, weil auch der ArbN Versicherungsnehmer und nicht nur bezugsberechtigte Person ist. Sie kann also nicht als Finanzierungsinstrument genutzt werden. Ebenso kann der ArbGeb deshalb auch nicht einseitig das Bezugsrecht ändern.

Gem. Abs. 3 S. 2 beginnt die Frist zur Erfüllung der Unverfallbarkeitsvoraussetzungen mit Versicherungsbeginn – jedoch nicht vor Beginn der Betriebszugehörigkeit. Für diese Voraussetzungen findet Abs. 1 entsprechende Anwendung. Hier gilt Entsprechendes wie für die Direktzusage: Das Versprechen, nach Ablauf eines bestimmten Zeitraums ein Versicherungs- oder Versorgungsverhältnis abzuschließen, setzt nach dem klaren Wortlaut des Abs. 3 S. 2 die Unverfallbarkeitsfristen nicht in Gang.

Wechselt ein über seinen ArbGeb bei einer Gruppenpensionskasse versicherter ArbN den ArbGeb, so findet ohne besondere Vereinbarung keine automatische Zusammenrechnung der bei dem früheren und bei dem neuen ArbGeb zurückgelegten Versicherungszeiten statt, selbst wenn der neue ArbGeb ebenfalls derselben Gruppenpensionskasse angeschlossen und der ArbN dort versichert geblieben ist[1].

3. Unterstützungskasse nach Abs. 4. Die U-Kasse wird nach Abs. 4 S. 1 als rechtl. selbständige Versorgungseinrichtung definiert, die betriebl. Altersversorgungsleistungen **ohne Rechtsanspruch** gewährt. Auch der Versorgung über diesen Weg liegt eine arbeitsrechtl. Vereinbarung zwischen ArbGeb und ArbN zugrunde, kraft derer der ArbN betriebl. Versorgungsleistungen beanspruchen kann. Dem ArbGeb steht aber ein Widerrufsrecht zu, welches an Treu und Glauben gebunden ist. Er kann dies nur aus sachlichen Gründen im Rahmen billigen Ermessens ausüben[2] (zu Änderungsmöglichkeiten vgl. Vorb. Rz. 124ff.). Widerruft der ArbGeb die Zusage, sind Besitzstände zu wahren, denn der ArbN hat mit seiner Betriebstreue die für die Versorgung vorausgesetzte Leistung bereits erbracht (vgl. Vorb. Rz. 150ff.). Leistet die U-Kasse im Versorgungsfall (etwa nach Insolvenz) nicht, kann sich der ArbN an seinen ArbGeb halten, denn dieser haftet unmittelbar aus dem Versorgungsversprechen.

Wegen des Ausschlusses eines Rechtsanspruches wird der Begriff der Unverfallbarkeit in Abs. 4 vermieden und stattdessen eine Gleichstellung mit Inhabern einer unmittelbaren Versorgungszusage angeordnet. Der Gesetzgeber knüpft für die Unverfallbarkeit an die Zugehörigkeit zum Kreis der Begünstigten der U-Kassen an, Abs. 4 S. 2. Es kommt also auf die Zusage des ArbGeb an, denn er entscheidet über die Aufnahmevoraussetzungen. Satzungsrechtl. Bestimmungen, die eine Aufnahme in den Kreis der Begünstigten erst nach einer Mindestbetriebszugehörigkeit vorsehen, haben deshalb für den Fristablauf keine rechtl. Bedeutung[3].

Die Gleichstellung mit der hier aus Rechtsgründen nicht vorgesehenen Unverfallbarkeit erfolgt durch Verweis auf Abs. 1 S. 1 und 2. Die Anwartschaft auf Leistungen einer U-Kasse kann danach nicht mehr entzogen werden, wenn der ArbN vor dem Eintritt des Versorgungsfalles ausscheidet, er zu diesem Zeitpunkt das 25. LJ vollendet hat und die Versorgungszusage mindestens fünf Jahre besteht (vgl. aber Übergangsvorschriften § 30f). Wechselt ein ArbN zu einem ArbGeb, der derselben Gruppen-Unterstützungskasse oder überbetriebl. U-Kasse angehört wie der frühere ArbGeb, so kommt es ohne Abrede zu keiner automatischen Zusammenrechnung der Betriebszugehörigkeitszeiten[4].

4. Entgeltumwandlung. Soweit die Altersversorgung durch Entgeltumwandlung erfolgt, besteht von Anbeginn der Zusage eine Unverfallbarkeit (Abs. 5). Dadurch soll sichergestellt werden, dass der ArbN den finanziellen Einsatz, den er durch Gehaltsverzicht während seines ArbVerh geleistet hat, nicht verliert[5].

Ferner dürfen bei den versicherungsförmig angelegten Durchführungswegen Direktversicherung, Pensionskasse und Pensionsfonds die Überschussanteile nur zur Verbesserung der Leistungen verwendet werden, muss dem ArbN das Recht zur Fortsetzung der Versicherung oder Versorgung mit eigenen Beiträgen eröffnet werden und muss das Recht zur Verpfändung, Abtretung oder Beleihung durch den ArbGeb ausgeschlossen sein. Für den Fall der Direktversicherung muss dem ArbN vom Beginn der Um-

---

1 OLG Köln 11.4.1994 – 5 U 172/93, BB 1995, 436. ||2 BAG 17.5.1973 – 3 AZR 381/72, NJW 1973, 1996; 17.11.1992 – 3 AZR 76/92, NZA 1993, 938; ausf. *Förster/Cisch/Karst*, § 1b Rz. 83 mwN. ||3 BAG 13.7.1978 – 3 AZR 278/77, DB 1979, 38. ||4 *Förster/Cisch/Karst*, § 1b Rz. 86; vgl. auch OLG Köln 11.4.1994 – 5 U 172/93, DB 1995, 436. ||5 BAG 8.6.1993 – 3 AZR 670/92, NZA 1994, 507; *Bode/Grabner*, Pensionsfonds und Entgeltumwandlung, S. 87.

wandlung an ein unwiderrufliches Bezugsrecht eingeräumt werden. Durch diese Gebote soll gewährleistet werden, dass die vom ArbN im Wege der Entgeltumwandlung aufgewendeten Mittel auch nur diesem und zwar ungeschmälert zu Gute kommen. Verstößt der ArbGeb gegen diese Verpflichtungen, macht er sich schadenersatzpflichtig.

2 Höhe der unverfallbaren Anwartschaft

(1) [Unmittelbare Versorgung] Bei Eintritt des Versorgungsfalles wegen Erreichens der Altersgrenze, wegen Invalidität oder Tod haben ein vorher ausgeschiedener Arbeitnehmer, dessen Anwartschaft nach § 1b fortbesteht, und seine Hinterbliebenen einen Anspruch mindestens in Höhe des Teiles der ohne das vorherige Ausscheiden zustehenden Leistung, der dem Verhältnis der Dauer der Betriebszugehörigkeit zu der Zeit vom Beginn der Betriebszugehörigkeit bis zum Erreichen der Regelaltersgrenze in der gesetzlichen Rentenversicherung entspricht; an die Stelle des Erreichens der Regelaltersgrenze tritt ein früherer Zeitpunkt, wenn dieser in der Versorgungsregelung als feste Altersgrenze vorgesehen ist, spätestens der Zeitpunkt, in dem der Arbeitnehmer ausscheidet und gleichzeitig eine Altersrente aus der gesetzlichen Rentenversicherung für besonders langjährig Versicherte in Anspruch nimmt. Der Mindestanspruch auf Leistungen wegen Invalidität oder Tod vor Erreichen der Altersgrenze ist jedoch nicht höher als der Betrag, den der Arbeitnehmer oder seine Hinterbliebenen erhalten hätten, wenn im Zeitpunkt des Ausscheidens der Versorgungsfall eingetreten wäre und die sonstigen Leistungsvoraussetzungen erfüllt gewesen wären.

(2) [Direktversicherung] Ist bei einer Direktversicherung der Arbeitnehmer nach Erfüllung der Voraussetzungen des § 1b Abs. 1 und 5 vor Eintritt des Versorgungsfalles ausgeschieden, so gilt Absatz 1 mit der Maßgabe, dass sich der vom Arbeitgeber zu finanzierende Teilanspruch nach Absatz 1, soweit er über die von dem Versicherer nach dem Versicherungsvertrag auf Grund der Beiträge des Arbeitgebers zu erbringende Versicherungsleistung hinausgeht, gegen den Arbeitgeber richtet. An die Stelle der Ansprüche nach Satz 1 tritt auf Verlangen des Arbeitgebers die von dem Versicherer auf Grund des Versicherungsvertrages zu erbringende Versicherungsleistung, wenn

1. spätestens nach drei Monaten seit dem Ausscheiden des Arbeitnehmers das Bezugsrecht unwiderruflich ist und eine Abtretung oder Beleihung des Rechts aus dem Versicherungsvertrag durch den Arbeitgeber und Beitragsrückstände nicht vorhanden sind,
2. vom Beginn der Versicherung, frühestens jedoch vom Beginn der Betriebszugehörigkeit an, nach dem Versicherungsvertrag die Überschussanteile nur zur Verbesserung der Versicherungsleistung zu verwenden sind und
3. der ausgeschiedene Arbeitnehmer nach dem Versicherungsvertrag das Recht zur Fortsetzung der Versicherung mit eigenen Beiträgen hat.

Der Arbeitgeber kann sein Verlangen nach Satz 2 nur innerhalb von drei Monaten seit dem Ausscheiden des Arbeitnehmers diesem und dem Versicherer mitteilen. Der ausgeschiedene Arbeitnehmer darf die Ansprüche aus dem Versicherungsvertrag in Höhe des durch Beitragszahlungen des Arbeitgebers gebildeten geschäftsplanmäßigen Deckungskapitals oder, soweit die Berechnung des Deckungskapitals nicht zum Geschäftsplan gehört, das nach § 169 Abs. 3 und 4 des Versicherungsvertragsgesetzes berechneten Wertes weder abtreten noch beleihen. In dieser Höhe darf der Rückkaufswert auf Grund einer Kündigung des Versicherungsvertrages nicht in Anspruch genommen werden; im Falle einer Kündigung wird die Versicherung in eine prämienfreie Versicherung umgewandelt. § 169 Abs. 1 des Versicherungsvertragsgesetzes findet insoweit keine Anwendung. Eine Abfindung des Anspruchs nach § 3 ist weiterhin möglich.

(3) [Pensionskassen] Für Pensionskassen gilt Absatz 1 mit der Maßgabe, dass sich der vom Arbeitgeber zu finanzierende Teilanspruch nach Absatz 1, soweit er über die von der Pensionskasse nach dem aufsichtsbehördlich genehmigten Geschäftsplan oder, soweit eine aufsichtsbehördliche Genehmigung nicht vorgeschrieben ist, nach den allgemeinen Versicherungsbedingungen und den fachlichen Geschäftsunterlagen im Sinne des § 5 Abs. 3 Nr. 2 Halbsatz 2 des Versicherungsaufsichtsgesetzes (Geschäftsunterlagen) auf Grund der Beiträge des Arbeitgebers zu erbringende Leistung hinausgeht, gegen den Arbeitgeber richtet. An die Stelle der Ansprüche nach Satz 1 tritt auf Verlangen des Arbeitgebers die von der Pensionskasse auf Grund des Geschäftsplanes oder der Geschäftsunterlagen zu erbringende Leistung, wenn nach dem aufsichtsbehördlich genehmigten Geschäftsplan oder den Geschäftsunterlagen

1. vom Beginn der Versicherung, frühestens jedoch vom Beginn der Betriebszugehörigkeit an, Überschussanteile, die auf Grund des Finanzierungsverfahrens regelmäßig entstehen, nur zur Verbesserung der Versicherungsleistung zu verwenden sind oder die Steigerung der Versorgungsanwartschaften des Arbeitnehmers der Entwicklung seines Arbeitsentgeltes, soweit es unter den jeweiligen Beitragsbemessungsgrenzen der gesetzlichen Rentenversicherungen liegt, entspricht und
2. der ausgeschiedene Arbeitnehmer das Recht zur Fortsetzung der Versicherung mit eigenen Beiträgen hat.

Absatz 2 Satz 3 bis 7 gilt entsprechend.

(3a) [Pensionsfonds] Für Pensionsfonds gilt Absatz 1 mit der Maßgabe, dass sich der vom Arbeitgeber zu finanzierende Teilanspruch, soweit er über die vom Pensionsfonds auf der Grundlage der nach dem geltenden Pensionsplan im Sinne des § 112 Abs. 1 Satz 2 in Verbindung mit § 113 Abs. 2 Nr. 5 des Versicherungsaufsichtsgesetzes berechnete Deckungsrückstellung hinausgeht, gegen den Arbeitgeber richtet.

(4) [Unterstützungskassen] Eine Unterstützungskasse hat bei Eintritt des Versorgungsfalles einem vorzeitig ausgeschiedenen Arbeitnehmer, der nach § 1b Abs. 4 gleichgestellt ist, und seinen Hinterbliebenen mindestens den nach Absatz 1 berechneten Teil der Versorgung zu gewähren.

(5) [Berücksichtigung künftiger Entwicklung] Bei der Berechnung des Teilanspruchs nach Absatz 1 bleiben Veränderungen der Versorgungsregelung und der Bemessungsgrundlagen für die Leistung der betrieblichen Altersversorgung, soweit sie nach dem Ausscheiden des Arbeitnehmers eintreten, außer Betracht; dies gilt auch für die Bemessungsgrundlagen anderer Versorgungsbezüge, die bei der Berechnung der Leistung der betrieblichen Altersversorgung zu berücksichtigen sind. Ist eine Rente der gesetzlichen Rentenversicherung zu berücksichtigen, so kann das bei der Berechnung von Pensionsrückstellungen allgemein zulässige Verfahren zugrunde gelegt werden, wenn nicht der ausgeschiedene Arbeitnehmer die Anzahl der im Zeitpunkt des Ausscheidens erreichten Entgeltpunkte nachweist; bei Pensionskassen sind der aufsichtsbehördlich genehmigte Geschäftsplan oder die Geschäftsunterlagen maßgebend. Bei Pensionsfonds sind der Pensionsplan und die sonstigen Geschäftsunterlagen maßgebend. Versorgungsanwartschaften, die der Arbeitnehmer nach seinem Ausscheiden erwirbt, dürfen zu keiner Kürzung des Teilanspruchs nach Absatz 1 führen.

(5a) Bei einer unverfallbaren Anwartschaft aus Entgeltumwandlung tritt an die Stelle der Ansprüche nach Absatz 1, 3a oder 4 die vom Zeitpunkt der Zusage auf betriebliche Altersversorgung bis zum Ausscheiden des Arbeitnehmers erreichte Anwartschaft auf Leistungen aus den bis dahin umgewandelten Entgeltbestandteilen; dies gilt entsprechend für eine unverfallbare Anwartschaft aus Beiträgen im Rahmen einer beitragsorientierten Leistungszusage.

(5b) An die Stelle der Ansprüche nach den Absätzen 2, 3, 3a und 5a tritt bei einer Beitragszusage mit Mindestleistung das dem Arbeitnehmer planmäßig zuzurechnende Versorgungskapital auf der Grundlage der bis zu seinem Ausscheiden geleisteten Beiträge (Beiträge und die bis zum Eintritt des Versorgungsfalls erzielten Erträge), mindestens die Summe der bis dahin zugesagten Beiträge, soweit sie nicht rechnungsmäßig für einen biometrischen Risikoausgleich verbraucht wurden.

(6) *(weggefallen)*

I. Einführung 1	3. Mögliche Betriebszugehörigkeit 20
II. Zugesagter Leistungsumfang 2	**IV. Besonderheiten bei bestimmten Durchführungswegen** 31
1. Möglicher Versorgungsanspruch 4	1. Direktversicherung 32
2. Eintritt in den Altersruhestand 6	2. Pensionskassen 41
3. Invaliditäts- und Hinterbliebenenleistungen . 7	3. Pensionsfonds 42
4. Beibehaltung der bei Ausscheiden gültigen Versorgungsregelungen und Bemessungsgrundlagen 10	4. Unterstützungskasse 43
III. Zeitanteilige Quotierung 16	5. Entgeltumwandlung und beitragsorientierte Leistungszusage 44
1. Tatsächliche Betriebszugehörigkeit ... 17	6. Beitragszusage mit Mindestleistung 45
2. Anrechnung von Nachdienstzeiten 19	

I. Einführung. Wer mit einer unverfallbaren Versorgungsanwartschaft vor Eintritt des Versorgungsfalles (Erreichen der Altersgrenze, Inanspruchnahme des vorgezogenen Altersruhegeldes, Invalidität, Tod bei Hinterbliebenenversorgung) ausscheidet, kann später, nachdem der Versorgungsfall eingetreten ist, Versorgungsleistungen in Höhe der durch Abs. 1 gesetzl. garantierten **Mindesthöhe** beanspruchen[1]. Abs. 1 schreibt dabei nur einen Mindestbestand fest. Der ArbGeb ist nicht gehindert, dem ArbN darüber hinausgehende Rechte einzuräumen. Dies muss aber in der Versorgungszusage deutlich zum Ausdruck kommen; im Zweifel ist anzunehmen, dass der ArbGeb keine über Abs. 1 hinausgehenden Rechte einräumen will. Für eine günstigere Zusage ist der ArbN darlegungs- und beweispflichtig[2]. Für Versorgungsansprüche aus Entgeltumwandlungen und leistungsorientierten Beitragszusagen sowie Beitragszusagen mit Mindestleistungen, sieht das Gesetz in Abs. 5a und 5b Besonderheiten vor. Die früher in Abs. 6 aF normierten Auskunftspflichten wurden in § 4a überführt und ausgeweitet (vgl. Komm. zu § 4a).

II. Zugesagter Leistungsumfang. Bei der Bestimmung der Höhe der unverfallbaren Anwartschaft geht der Gesetzgeber von der Prämisse aus, dass der ArbN den Teil der ursprünglich zugesagten Altersversorgung erhalten soll, den er während seiner Betriebszugehörigkeit verdient hat. Wem bspw. ein Ru-

---

1 Konformität mit EU-Recht und GG: BAG 19.7.2011 – 3 AZR 434/09, BAGE 138, 346. || 2 BAG 12.3.1985 – 3 AZR 450/82, DB 1985, 1948; 8.6.1999 – 3 AZR 39/98, NZA 1999, 1215.

hegeld von 100 Euro monatlich zugesagt worden ist und wer die Hälfte der vorgesehenen Betriebszugehörigkeit abgeleistet hat, erhält auch die Hälfte der versprochenen Betriebsrente. Nach Abs. 1 ist in zwei Schritten vorzugehen: Zunächst ist die Versorgungsleistung zu ermitteln, die der Versorgungsberechtigte erhalten hätte, wäre er nicht vorzeitig ausgeschieden. Der sich aus dieser Betrachtung ergebende **mögliche Versorgungsanspruch** ist zeitlich im Verhältnis der **tatsächlichen** Betriebszugehörigkeit bis zum vorzeitigen Ausscheiden zu der **möglichen** Betriebszugehörigkeit bis zum Erreichen der Regelaltersgrenze gem. §§ 35, 235 SGB VI oder einer früheren festen Altersgrenze zu quotieren.

3   Eine zeitanteilige Berechnung ist auch vorzunehmen, wenn der ArbN eine **dienstzeitabhängige Versorgungszusage** erhalten hat. So kann der ArbGeb dem ArbN für jedes abgeleistete Dienstjahr einen bestimmten Geldbetrag als Ruhegeld zusagen. Hier sind nicht die bis zum vorzeitigen Ausscheiden erreichten Steigerungsbeträge maßgeblich. Zu ermitteln ist vielmehr die in einem ersten Rechenschritt die bis zur festen Altersgrenze erreichbare Versorgungshöhe. Eine ratierliche Kürzung unterbleibt schließlich auch dann nicht, wenn der ArbN bis zu seinem Ausscheiden bereits die nach der Versorgungszusage mögliche **Höchstrente** erreicht hat[1]. Auch hier ist gedanklich die zugesagte Leistung auf alle Zugehörigkeitsjahre bis zur festen Altersgrenze zu verteilen und mit der Anzahl der tatsächlichen Beschäftigungsjahre zu multiplizieren.

4   **1. Möglicher Versorgungsanspruch.** Als möglicher Versorgungsanspruch ist immer die Leistung zugrunde zu legen, die der ArbN „ohne das vorherige Ausscheiden" hätte verlangen können. Die so ermittelten Leistungen werden auch als „**hypothetische Rente**"[2] oder „**Als-ob-Leistung**"[3] bezeichnet.

5   Anhand der Versorgungszusage ist die Leistung zu errechnen, die der Berechtigte bei Eintritt des betreffenden Versorgungsfalles ohne vorheriges Ausscheiden verlangen könnte.

6   **2. Eintritt in den Altersruhestand.** Wird eine betriebl. Altersrente zugesagt, ist somit stets zu prüfen, wann der Versorgungsberechtigte die Regelaltersgrenze oder eine frühere feste Altersgrenze erreicht hat[4]. Die dafür vorgesehene Leistung ist bei den weiteren Rechenschritten zugrunde zu legen.

7   **3. Invaliditäts- und Hinterbliebenenleistungen.** Bei einer Invaliditäts- oder Hinterbliebenenversorgung ist ebenfalls zunächst der **mögliche Versorgungsanspruch** zu ermitteln[5]. Hier ist der Zeitpunkt des Eintritts des Versorgungsfalles maßgeblich. Als möglicher Versorgungsanspruch ist dann nicht die Leistung zugrunde zu legen, die nach der Versorgungsordnung maximal möglich gewesen wäre, sondern nur die, die der ArbN ohne vorheriges Ausscheiden bis zum Eintritt des Versorgungsfalles hätte erreichen können[6]. Auf die Höhe des möglichen Versorgungsanspruches kann es sich deshalb zB auswirken, wenn der ArbN schon mit 59 LJ invalide wird. Auf den Zeitwertfaktor (Verhältnis tatsächlicher zu möglicher Betriebszugehörigkeit) hat dabei die vorzeitige Inanspruchnahme der Rente **keinen** Einfluss. **Beispiel:** Sagt der ArbGeb etwa für jedes Jahr der Betriebszugehörigkeit ein Ruhegeld von 10 Euro zu und tritt der ArbN mit 45 vollendeten LJ ein, mit 55 vollendeten LJ vorzeitig wieder aus und wird mit 59 vollendeten LJ invalide, ergibt sich folgende Berechnung: Bis zum Eintritt der Invalidität hätte der ArbN ohne vorzeitiges Ausscheiden ein Ruhegeld von 140 Euro für eine vierzehnjährige Betriebszugehörigkeit erreichen können. Dieser Anspruch wäre dann im Verhältnis der tatsächlichen Betriebszugehörigkeit von zehn Jahren zur möglichen Betriebszugehörigkeit bis zum Erreichen einer festen Altersgrenze mit Vollendung des 65. LJ von 20 Jahren ratierlich gekürzt worden. Er hätte folglich eine Anwartschaft auf Invaliditätsleistungen von 70 Euro erreicht.

8   Die zum Zeitpunkt des Ausscheidens festgestellte Anwartschaftshöhe für eine betriebl. **Altersrente** sagt deshalb idR nichts über die Höhe einer Anwartschaft auf Invaliditäts- und Hinterbliebenenleistungen aus. Denn bei Ausscheiden aus dem ArbVerh steht noch nicht fest, wann der Versorgungsfall der Invalidität oder der Tod eintritt. Wird dagegen ein Festbetrag als Invaliditätsleistung zugesagt, etwa monatlich 500 Euro, so ändert eine frühe Inanspruchnahme an der Höhe der Anwartschaft zunächst nichts. Sieht die Versorgungsregelung aber wegen eines früheren Bezugs Kürzungsregelungen vor oder weist sie ergänzungsbedürftige Lücken auf, kann es zu einer zusätzlichen Minderung der Anwartschaft kommen. Dies gilt auch für eine dienstzeitabhängige Versorgungszusage.

9   Abs. 2 macht von dem Quotierungsprinzip eine **Ausnahme**. Bei Invalidität oder Tod vor Erreichen der Altersgrenze ist die Versorgungsanwartschaft auf den Betrag begrenzt, den der ArbN oder seine Hinterbliebenen erhalten hätten, wenn im Zeitpunkt des Ausscheidens der Versorgungsfall schon eingetreten wäre. Der Versorgungsanwärter soll also ggü. demjenigen, der in den Diensten seines ArbGeb invalide wird, nicht bevorzugt werden.

10 **4. Beibehaltung der bei Ausscheiden gültigen Versorgungsregelungen und Bemessungsgrundlagen.** Abs. 5 S. 1 bestimmt, dass bei der Berechnung der Anwartschaftshöhe **Veränderungen** der Versorgungsregelung und der Bemessungsgrundlagen **unberücksichtigt** bleiben, soweit sie nach dem Ausscheiden des ArbN eingetreten sind. Dies gilt nur für die Berechnung der Anwartschaft nach arbeits-

---

1 BAG 12.3.1985 – 3 AZR 450/82, DB 1985, 1948; 11.12.2012 – 3 AZR 634/10, DB 2013, 1002. ||2 BAG 8.5.1990 – 3 AZR 341/88, NZA 1991, 15. ||3 *Höfer*, § 2 Rz. 3074. ||4 BAG 23.1.2001 – 3 AZR 164/00, BB 2001, 1854. ||5 BAG 15.12.1998 – 3 AZN 816/98, DB 1999, 916. ||6 BAG 21.8.2001 – 3 AZR 649/00, BB 2002, 518.

rechtl. Grundsätzen, also in erster Linie für die unmittelbare Versorgungszusage. Soweit sich die Versorgungshöhe nach versicherungsförmigen Maßstäben richtet, etwa weil der ArbGeb bei einer Direktversicherung oder Pensionskasse für eine versicherungsrechtl. Lösung optiert (vgl. Rz. 35), findet Abs. 5 keine Anwendung. Für U-Kassen wird auf Abs. 1 verwiesen, so dass dort die für unmittelbare Versorgungszusagen geltenden Grundsätze anzuwenden sind. Die Veränderungssperre gilt sowohl zu Gunsten als auch zu Lasten des Versorgungsberechtigten. Die Regelung schreibt aber nur Mindestbedingungen fest, über die zum Vorteil des ArbN hinausgegangen werden kann. Dies muss hinreichend zum Ausdruck kommen[1].

Festgeschrieben wird nicht nur das eigentliche Ruhegeld, sondern auch darauf anzurechnende anderweitige Leistungen. Die Versorgungsanwartschaft wird damit faktisch auf die zum Zeitpunkt des Ausscheidens des ArbN geltenden Verhältnisse eingefroren. Der mögliche Versorgungsanspruch ist also so zu berechnen, als würden die zum Zeitpunkt des Ausscheidens gültigen Verhältnisse bis zum Eintritt des Versorgungsfalles unverändert fortbestehen. Bei einer endgehaltsabhängigen Versorgungszusage würde folglich das beim Ausscheiden gezahlte Entgelt maßgeblich sein, auch wenn bis zum Eintritt des Versorgungsfalles noch erhebliche tarifl. Steigerungen zu erwarten wären. Während an anderen Stellen im BetrAVG von der Versorgungszusage gesprochen wird, verwendet Abs. 5 S. 1[2] den Begriff „**Versorgungsregelung**". Nach allg. Auffassung gibt es zwischen beiden Begriffen einen inhaltlichen Unterschied aber nicht. Wenn in den Begrifflichkeiten überhaupt Unterschiede ausgemacht werden, werden sie dahingehend verstanden, dass als „Versorgungszusage" der rechtl.-tatbestandl. Teil des Versorgungsvertrages wie sein Zustandekommen und sein Fortbestand gemeint sind, während unter „Versorgungsregelung" der materiell-inhaltl. Teil dieses Vertrages zu verstehen ist[3]. Auch über die Frage, was alles zur Versorgungsregelung iSd. Abs. 5 S. 1 gehört, herrscht Einigkeit. Hierzu zählen alle Bestimmungen sowohl bzgl. der Voraussetzungen als auch der Leistungsarten, der anrechnungsfähigen Dienstzeit, der pensionsfähigen Bezüge, der Höhe der Leistungen, der Fälligkeit, der Anrechnung anderweitiger Bezüge, evtl. Anpassungs- und Spannungsklauseln, Verpfändungsverbote, Vorbehalte und alle sonstige Regelungen, welche das Maß der Versorgung bestimmen[4]. Ebenso gehört dazu die Höhe eines später bei Eintritt des Versorgungsfalls vorzunehmenden versicherungsmathematischen Abschlags. Wird dieser nach dem Ausscheiden des ArbN verringert, muss der Versorgungsberechtigte dennoch den höheren Abschlag hinnehmen. Das gilt selbst dann, wenn die Versorgungszusage eine sog. Jeweiligkeitsklausel vorsieht, wonach für den Versorgungsanspruch die jeweils geltende Regelung anzuwenden ist[5].

Bemessungsgrundlagen sind alle Werte, von denen die Höhe der Versorgungsleistungen abhängig ist[6], etwa ein in Bezug genommenes Entgelt oder bestimmte anzurechnende Größen.

Abs. 5 S. 1 schreibt die Bemessungsgrundlagen aber nicht nur für den sog. Anwartschaftszeitraum fest. Dies kann allenfalls nach einer Insolvenz für die vom PSVaG später gezahlte Rente bedeuten, dass sie nicht den in der Zusage vorgesehenen Steigerungen folgt[7]. Ist eine Versorgungszusage **dynamisch** ausgestaltet, indem etwa festgelegt ist, dass die Rente entsprechend einer tarifl. Entwicklung anzuheben ist, kann der ArbN nach seinem Ausscheiden **keine Erhöhung** seiner Versorgungsanwartschaft erwarten, wenn es danach Tariferhöhungen gibt; hier greift der sog. Festschreibeeffekt, da die künftige Entwicklung völlig offen ist[8]. Etwas anderes gilt nur, wenn der ArbGeb eine über den gesetzl. Mindeststandard hinausgehende Zusage erteilt hat, was ggf. durch Auslegung zu ermitteln ist[9]. Das gilt aber nur für die Höhe der auf den Zeitpunkt des Eintritts des Versorgungsfalls berechneten Anwartschaft. Während der Leistungsphase eintretende Veränderungen bleiben davon unberührt[10]. Auch auf Grundlage einer Jeweiligkeitsklausel vorgenommene Änderungen der Versorgungszusage können deshalb nach Eintritt des Versorgungsfalles die Höhe der laufenden Leistungen beeinflussen.

Soweit auf den möglichen Versorgungsanspruch **anderweitige Leistungen anzurechnen** sind, müssen sie auf den Zeitpunkt, zu dem der Versorgungsfall eingetreten ist, hochgerechnet werden. Allerdings sind auch hier die Bemessungsgrundlagen festgeschrieben. Ist bspw. eine Rente aus der gesetzl. RV anzurechnen, so müssen alle Daten, die für die Ermittlung der Rente aus der gesetzl. RV im Zeitpunkt des Ausscheidens vorliegen, fortgeschrieben werden. Auf dieser Basis ist dann eine fiktive Rente aus der gesetzl. RV zu ermitteln[11] und auf die nach der Versorgungszusage geltende Altersgrenze hochzurechnen[12].

Im Einzelfall kann die Ermittlung der anzurechnenden SozV-Rente schwierig sein. Abs. 5 S. 2 lässt deshalb ein **vereinfachtes** Vorgehen, nämlich das sog. **Näherungsverfahren**[13], zu. Es handelt sich dabei um eine Berechnungsweise, die die Finanzverwaltung für die Berechnung von Pensionsrückstellungen zugelassen hat. Allerdings hat der ArbN ein Wahlrecht. Er kann auch verlangen, dass eine präzise Be-

---

1 BAG 17.8.2004 – 3 AZR 318/03, BB 2005, 720. ||2 Vgl. *Blomeyer/Rolfs/Otto*, § 2 Rz. 399; *Höfer*, § 2 Rz. 3331. ||3 Vgl. *Höfer*, § 2 Rz. 3331. ||4 Vgl. KKBH/*Kisters-Kölkes*, § 2 Rz. 119aff. ||5 BAG 17.8.2004 – 3 AZR 318/03, BB 2005, 720. ||6 *Höfer*, § 2 Rz. 3340. ||7 BAG 22.11.1994 – 3 AZR 767/93, BAGE 78, 279; *Höfer*, § 2 Rz. 3343. ||8 BAG 29.9.2010 – 3 AZR 564/09, BB 2011, 113. ||9 BAG 6.8.1999 – 3 AZR 39/98, NZA 1999, 1215. ||10 BAG 4.4.2000 – 3 AZR 458/98, AP Nr. 32 zu § 2 BetrAVG; 27.2.2007 – 3 AZR 734/05, NZA 2007, 137. ||11 BAG 12.11.1991 – 3 AZR 520/90, BAGE 69, 19. ||12 BAG 24.10.2006 – 3 AZR 362/06, BB 2007, 672. ||13 BAG 9.12.1997 – 3 AZR 695/96, NZA 1998, 1171.

rechnung erfolgt. Dazu muss er aber die im Zeitpunkt des Ausscheidens erreichten Entgeltpunkte nachweisen.

16 **III. Zeitanteilige Quotierung.** Der nach der Versorgungszusage mögliche Anspruch ist im Verhältnis der Dauer der Betriebszugehörigkeit zu der Zeit vom Beginn der Betriebszugehörigkeit bis zum Erreichen der Regelaltersgrenze gem. §§ 35, 235 SGB VI zu kürzen (Kürzung um den sog. **Zeitwertfaktor**). An die Stelle der Regelaltersgrenze tritt ein früherer Zeitpunkt, wenn dieser in der Versorgungsregelung als feste Altersgrenze vorgesehen ist. Sieht eine Gesamtversorgungszusage eine Obergrenze vor, ist diese bereits bei der Errechnung der hypothetischen Rente und nicht erst bei der um den Zeitwertfaktor reduzierten Leistung zu berücksichtigen[1].

17 **1. Tatsächliche Betriebszugehörigkeit.** Die tatsächliche Betriebszugehörigkeit setzt ein mit dem Beginn des ArbVerh und schließt mit dessen Beendigung[2]. Krankheitszeiten, Urlaub, Ausfallzeiten wegen Streiks etc. sind deshalb ebenso einzubeziehen wie Phasen, in denen das ArbVerh etwa wegen Inanspruchnahme von Elternzeit ruht. Es gibt jedoch auch Gesetze, die differenzieren. So enthalten das Soldatenversorgungsgesetz[3] – dort § 8 III 2 – und das Abgeordnetengesetz[4] – dort § 4 II – Regelungen, wonach die Ausfallzeit für die Berechnung der Anwartschaftshöhe nicht zu berücksichtigen ist. Zeiten eines Vorruhestandes zählen nicht zur Betriebszugehörigkeit, hindern nur gem. § 1b I 2 nicht den Eintritt der Unverfallbarkeit[5].

18 ArbGeb können auch für die Höhe der aufrechtzuerhaltenden Anwartschaft **Vordienstzeiten** anrechnen[6]. Bei der Anrechnung von Vordienstzeiten verpflichtet sich der ArbGeb, den ArbN so zu stellen, als sei er tatsächlich schon längere Zeit bei ihm beschäftigt. Der ArbGeb kann dabei frei darüber entscheiden, ob die Vordienstzeiten für die Unverfallbarkeitsfristen und die Höhe einer unverfallbaren Anwartschaft von Bedeutung seien oder sich nur auf die Leistungshöhe auswirken sollen[7]. Insolvenzschutz für eine angerechnete Vordienstzeit besteht aber nur dann, wenn die angerechnete Vordienstzeit ihrerseits von einer Versorgungszusage begleitet und bei Begründung des neuen ArbVerh die frühere Anwartschaft auf betrAV noch nicht erloschen war[8]. Das gilt auch für Betriebszugehörigkeitszeiten bei verschiedenen Unternehmen innerhalb eines Konzerns, wenn das einzelne Unternehmen die Zusage erteilt hat. Bei einem Wechsel zwischen Unternehmen des Konzerns bleibt der Vertragspartner nicht derselbe. Auch hier bedarf es entsprechender Anrechnungsvereinbarungen, ohne die die Betriebszugehörigkeitszeiten nicht zusammengerechnet werden können[9].

19 **2. Anrechnung von Nachdienstzeiten.** Nach Auffassung des BAG kann auch eine sog. Nachdienstzeit, also ein Zeitraum nach dem tatsächlichen Ausscheiden des ArbN, bei der Ermittlung des Unverfallbarkeitsquotienten berücksichtigt werden[10]. Das BAG begründet seine Sichtweise mit einer Ausnahmesituation, weil die Arbeitsvertragsparteien nur wegen der besonderen Gesetzeslage in der gesetzl. RV gezwungen waren, das ArbVerh vorzeitig zu beenden und nicht lediglich ruhen zu lassen[11]. Ob an dieser Rspr. fest zu halten ist, hat das BAG offen gelassen. Eine Anrechnung fiktiver Dienstzeiten schließt es aber für den Umfang des gesetzl. Insolvenzschutzes nach § 7 aus[12].

20 **3. Mögliche Betriebszugehörigkeit.** Abs. 1 beschränkt die mögliche Betriebszugehörigkeit auf die Zeitspanne bis zum **Erreichen der Regelaltersgrenze**. Das Gesetz geht also davon aus, dass ein ArbN spätestens zu diesem Zeitpunkt in den Ruhestand tritt. Das BetrAVG korrespondiert somit mit dem SozV-Recht, in dem Altersrenten ebenfalls spätestens mit Erreichen der Regelaltersgrenze beansprucht werden können (§ 35 S. 2 SGB VI). Damit hat der Gesetzgeber für das BetrAVG die stufenweise Anhebung des Rentenalters von der Vollendung des 65. auf das 67. LJ[13] für das BetrAVG übernommen (vgl. auch Vorb. Rz. 106). Ein früherer Zeitpunkt ist für die Betriebsrente nur dann maßgebend, wenn es sich um eine feste Altersgrenze handelt.

21 **a) Erreichen der Regelaltersgrenze.** Kraft Gesetzes gilt als feste Altersgrenze das Erreichen der Regelaltersgrenze. Das war bis zum 31.12.2011 das vollendete 65. LJ in allen Fällen, in denen die Versorgungsregelung keinen davon abweichenden Zeitpunkt bestimmt. **Spätere Altersgrenzen** beinhalteten einen Verstoß gegen § 17 III. Wurden sie dennoch vereinbart, war gleichwohl die Regelaltersgrenze maßgeblich. Nach dem Wortlaut des § 17 III wäre eine höhere Altersgrenze allenfalls auf Grund eines TV zulässig[14]. Die Regelaltersgrenze bleibt auch maßgeblich, wenn der vorzeitig ausgeschiedene ArbN bereits im Zeitpunkt einer Inanspruchnahme der vorgezogenen Altersruhegelde die betriebl. Höchstgrenze erreicht hätte[15]. Bis zum 31.12.2011 galt die Vollendung des 65. LJ als Regelaltersgrenze. Ab dem 1.1. 2012 wird sie für die Geburtsjahrgänge 1947 bis 1958 in Ein- und für die Jahrgänge ab 1959 in Zwei-Mo-

---

1 BAG 21.3.2006 – 3 AZR 374/05, DB 2006, 2354 unter Aufgabe von BAG 24.6.1986 – 3 AZR 630/84 u. v. 8.5.1990 – 3 AZR 341/99. ||2 *Höfer*, § 1 Rz. 3089; KKBH/*Kisters-Kölkes*, § 2 Rz. 64ff. ||3 BGBl. 2002 I S. 1258, 1909. ||4 BGBl. 1996 I S. 326. ||5 BAG 12.12.2006 – 3 AZR 716/05, NZA-RR 2007, 434. ||6 BAG 29.9.1987 – 3 AZR 99/86, NZA 1988, 311. ||7 BAG 16.3.1982 – 3 AZR 843/79, DB 1982, 1728; 2.7.2009 – 3 AZR 501/07, nv. ||8 Vgl. BAG 8.5.1984 – 3 AZR 68/82, NZA 1985, 155; 25.4.2006 – 3 AZR 78/05, FA 2006, 183. ||9 BAG 20.4.2004 – 3 AZR 297/03, DB 2004, 2432. ||10 BAG 10.3.1992 – 3 AZR 140/91, DB 1992, 2251; vgl. aber auch BAG 14.12.1999 – 3 AZR 684/98, FA 2000, 390. ||11 Krit. dazu *Höfer*, § 2 Rz. 3092f. ||12 BAG 30.5.2006 – 3 AZR 205/05, DB 2007, 1987. ||13 G v. 20.4.2007, BGBl. 2007 I S. 554. ||14 AA *Höfer*, § 2 Rz. 3112ff. ||15 BAG 23.1.2001 – 3 AZR 562/99, DB 2002, 1168.

nats-Schritten angehoben. Erstmals für den Geburtsjahrgang 1964 gilt dann eine Regelaltersgrenze vom vollendeten 67. LJ. Für Anwartschaften eines vor dem 1.1.2008 Ausgeschiedenen bleibt es wegen der Veränderungssperre des Abs. 5 bei der Vollendung des 65. LJ, selbst wenn für die gesetzl. Rente eine höhere Altersgrenze gilt[1].

Die schrittweise Anhebung der Altersgrenze hat Auswirkungen auf die Anwartschaftshöhe. Eine Verlängerung der möglichen Betriebszugehörigkeit bis zum vollendeten 67. LJ führt zu einer Absenkung des Zeitwertfaktors und damit zu einer Reduzierung der Anwartschaft. Andererseits kann sich die Anwartschaft auch erhöhen, wenn bis zu der neuen Altersgrenze eine Steigerung des Versorgungsgrads oder zusätzliche Rentenbausteine verdient werden können. Beide Effekte beruhen auf Entscheidungen des Gesetzgebers und sind deshalb hinzunehmen.

b) **Frühere feste Altersgrenze.** Schwierigkeiten bereitet häufig, ob eine in einer Versorgungsregelung genannte Altersgrenze als frühere feste Altersgrenze zu verstehen ist. Eine Legaldefinition gibt es nicht. 22

aa) **Feste Altersgrenze.** Nennt die Versorgungsordnung einen vor Erreichen der Regelaltersgrenze liegenden Zeitpunkt als feste Altersgrenze, bspw. die Vollendung des 63. LJ, so bedeutet dies, dass der ArbN schon zu diesem Zeitpunkt die zugesagte Vollrente beanspruchen kann. Dies hat unmittelbare Auswirkung auf den **Zeitwertfaktor**. Je niedriger die feste Altersgrenze festgelegt wird, desto günstiger ist der für die ratierliche Berechnung zugrunde zu legende Quotient. 23

Ob eine feste Altersgrenze vorliegt, hängt **nicht** davon ab, ob sie als solche **bezeichnet** wird. Die feste Altersgrenze beschreibt kein festes Datum. Sie bezeichnet lediglich als Grundlage für die vom ArbN verlangte Betriebsrente den Zeitpunkt, zu dem nach der Versorgungszusage im Regelfall – und zwar unabhängig von den Voraussetzungen des § 6 – mit einer Inanspruchnahme der Betriebsrente und dem altersbedingten Ausscheiden aus dem Berufs- und Erwerbsleben zu rechnen ist, so dass der ArbN die ungekürzte Rente (Vollrente) in Anspruch nehmen kann[2]. Dies gilt etwa dann, wenn nach der Versorgungszusage die Betriebsrente ungekürzt „nach Erreichen der gesetzl. Voraussetzungen für das Altersruhegeld" verlangt werden kann[3]. Die in einer Versorgungszusage enthaltene feste Altersgrenze kann durch eine Vereinbarung, die aus Anlass der Beendigung des ArbVerh getroffen wird, nicht mehr herab- oder heraufgesetzt werden[4]. 24

bb) **Flexible Altersgrenze.** Wenn auch eine feste Altersgrenze nicht notwendigerweise ein bestimmtes zu erreichendes Lebensalter bezeichnet, ist sie von der flexiblen Altersgrenze zu unterscheiden. Eine flexible Altersgrenze nennt nur einen Zeitpunkt, ab dem der ArbN unter Erfüllung der besonderen Voraussetzungen des § 6 zu einem früheren Zeitpunkt **vorzeitige Altersleistungen** (zur Berechnung einer Anwartschaft bei vorzeitiger Inanspruchnahme des Ruhegeldes gem. § 8 vgl. § 6 Rz. 21 ff.) verlangen kann[5]. Nach § 6 kann vorgezogenes betriebl. Ruhegeld verlangen, wer Altersrente aus der gesetzl. RV vor Erreichen der Regelaltersgrenze als Vollrente in Anspruch nimmt. Verwiesen wird damit auf die vorzeitigen Renten wegen Alters nach den §§ 36 ff. SGB VI. Steht dem ArbN bei Inanspruchnahme der gesetzl. Rente aber noch nicht die nach der betriebl. Versorgungsregelung vorgesehene Vollrente zu, so handelt es sich nicht um eine feste Altersgrenze, die Einfluss auf die Höhe des Unverfallbarkeitsfaktors hat. 25

Ob eine Versorgungszusage eine frühere feste oder nur eine flexible Altersgrenze benennt, ist durch **Auslegung** zu ermitteln. Findet sich keine Differenzierung zwischen vorgezogenen und regelmäßigen Renten und hat der Zeitpunkt des Ausscheidens auf die Höhe der Leistungen keinen Einfluss, so ist von einer früheren festen Altersgrenze auszugehen, wenn die Versorgungsregelung einen Bezug vor Erreichen der Regelaltersgrenze zulässt[6]. Eine Vorverlegung der festen Altersgrenze auf einen Zeitpunkt vor Vollendung des 60. LJ ist idR nicht möglich, da dann nicht mehr davon ausgegangen werden kann, dass Leistungen wegen des Eintritts in den Altersruhestand gewährt werden sollen. Solche Leistungen erfüllen nicht das Begriffsmerkmal einer betrAV iSd. BetrAVG, sondern sind bloße Übergangsgelder. Im Zweifel ist die Verkehrsanschauung maßgeblich[7]. Zum Teil wird bei Männern sogar auf das 63. LJ abgestellt[8]. 26

cc) **Geschlechtsbezogene unterschiedliche Altersgrenzen.** In Anlehnung an Regelungen in der gesetzl. RV finden sich in vielen Versorgungsordnungen unterschiedliche feste Altersgrenzen für Männer und Frauen. Derartige unterschiedliche feste Altersgrenzen verstoßen nach Auffassung des EuGH gegen das in Art. 141 EGV (jetzt: Art. 157 AEUV) verankerte **Gebot der Lohngleichheit** für Männer und Frauen[9]. Eine derartige Differenzierung bei den festen Altersgrenzen führt dazu, dass eine „Anpassung nach oben" erfolgen muss, dh. die benachteiligte ArbN-Gruppe kann unter den gleichen Voraussetzungen betriebl. Altersruhegeld verlangen wie die bevorzugte[10]. Mit Urt. v. 14.12.1993[11] ergänzte der EuGH 27

---

1 *Baumeister/Merten*, DB 2007, 1306. ||2 BAG 17.9.2008 – 3 AZR 865/06, NZA 2009, 440. ||3 BAG 25.10.1988 – 3 AZR 598/86, EzA § 2 BetrAVG Nr. 10. ||4 BAG 17.9.2008 – 3 AZR 865/06, NZA 2009, 440. ||5 BAG 22.2. 1983 – 3 AZR 546/80, BAGE 41, 414. ||6 BAG 25.10.1988 – 3 AZR 598/86, NZA 1989, 299. ||7 *Blomeyer/Rolfs/Otto*, § 1 Rz. 20 ff.; BAG 28.1.1986 – 3 AZR 312/84, DB 1987, 52. ||8 BGH 28.9.1981 – II ZR 181/80, DB 1982, 126. ||9 EuGH 17.5.1990 – Rs. C-262/88, NZA 1990, 775. ||10 EuGH 27.6.1990 – Rs. C-33/89, NZA 1990, 771; BAG 7.11.1995 – 3 AZR 1064/94, DB 1996, 941. ||11 EuGH 14.12.1993 – Rs. C-110/91, DB 1994, 228.

seine Rspr. dahingehend, dass unterschiedliche feste Altersgrenzen für Frauen und Männer nicht mehr für den Teil der Versorgungszusage zulässig sind, der nach dem 17.5.1990 erdient worden ist, iÜ aber zu akzeptieren seien. Eine Vereinheitlichung der Leistungsvoraussetzungen für Männer und Frauen ist möglich (vgl. Vorb. Rz. 94f.).

28 Das BAG erkennt an, dass **Änderungen der Rechtslage** einen sachlichen Grund darstellen können, um eine Angleichung der zugesagten Leistungen an die neue Rechtslage kostenneutral durchzuführen[1].

29 Der EuGH hat allerdings darauf hingewiesen, dass das ursprüngliche Versorgungsversprechen für das begünstigte Geschlecht erst für den **ab der Neuregelung erdienten Teil** verschlechtert werden dürfe[2]. Danach könne man dann das Versorgungsniveau auf das des bisher benachteiligten Geschlechts herabsenken. Dem bisher benachteiligten Geschlecht stehe für ab dem 17.5.1990 erdiente Versorgungsanwartschaftsteile bis zum späteren Neuregelungsstichtag ein Anspruch auf das bessere Leistungsniveau des begünstigten Geschlechts zu[3]. Hieraus folgt, dass es für den ArbGeb bedeutsam sein kann, zu einem möglichst frühen Zeitpunkt bestehende unterschiedliche Altersgrenzen anzugleichen[4]. Die aufrechtzuerhaltende Versorgungsanwartschaft kann sich deshalb bei einer späteren Angleichung von geschlechtsspezifisch unterschiedlichen Altersgrenzen aus mehreren Teilen errechnen, nämlich einem Teil aus der Zeit vor der sog. Barber-Entscheidung (17.5.1990), einem Teil nach der Barber-Entscheidung bis zur Neuregelung und schließlich dem ab der Neuregelung erdienten Anteil[5].

30 § 30a bestimmt im Hinblick auf das Barber-Urteil v. 17.5.1990 nun positivrechtl., dass Männer für nach dem Tag der Entscheidung zurückgelegte Beschäftigungszeiten eine vorzeitige Altersrente beanspruchen können, wenn sie die für Frauen geltenden Voraussetzungen für eine vorzeitige gesetzl. Altersrente sowie die Leistungsvoraussetzungen der Versorgungsregelung erfüllen.

30a c) **Sonderfall für langjährig Versicherte, Abs. 1 S. 1 letzter Hs.** Für ArbN, die 45 Versicherungsjahre in der gesetzl. RV erreicht haben, wird die bei der Ermittlung des sog. Zeitwertfaktors zu berücksichtigende mögliche Betriebszugehörigkeit auf den Zeitpunkt begrenzt, zu dem sie ausscheiden und gleichzeitig eine Altersrente für besonders langjährig Versicherte (§ 38 SGB VI) in Anspruch nehmen. Die Regelung ist unklar. Mit „Ausscheiden" kann nur die Beendigung des ArbVerh bei dem verpflichteten ArbGeb gemeint sein, weil nicht anzunehmen ist, dass das Gesetz in einer Vorschrift unterschiedliche Bezugspunkte anspricht, wenn es die Folgen des „Ausscheidens" benennt. Im ersten Hs. von Abs. 1 S. 1 geht es aber um den Austritt bei dem verpflichteten ArbGeb[6]. Andererseits regelt § 2 die Höhe der unverfallbaren Anwartschaft. Wer aber sofort nach dem Ausscheiden in den Ruhestand tritt, wird nicht „Anwärter", sondern sogleich Rentner. Abs. 1 S. 1 letzter Hs. erfasst mithin nur den seltenen Fall, dass jemand zwar ausscheidet und die gesetzl. Rente bezieht, aber auf das betriebl. Ruhegeld bis zum Erreichen der Regelaltersgrenze – etwa zur Vermeidung von Abschlägen wegen des vorzeitigen Bezugs – verzichtet[7].

31 **IV. Besonderheiten bei bestimmten Durchführungswegen.** § 2 enthält für einige Durchführungswege besondere Regelungen zur Ermittlung des unverfallbaren Versorgungsrechts.

32 **1. Direktversicherung.** Ist für die betrAV eine Versicherung auf das Leben des ArbN abgeschlossen worden, so gelten einige Besonderheiten:

33 a) **Auffüllpflicht.** Auch bei einer Direktversicherung ist der Anspruch, den der ArbN im Falle seines Ausscheidens als unverfallbare Anwartschaft behält, grds. durch eine **ratierliche Berechnung** zu ermitteln. Allerdings ist es möglich, dass das in der Direktversicherung bis zum vorzeitigen Ausscheiden angesammelte Kapital hinter der Höhe der ratierlich zu berechnenden Versorgungsanwartschaft zurückbleibt. Das kann bspw. dann eintreten, wenn der Versicherungsvertrag erst einige Zeit nach der Zusage abgeschlossen worden ist. Durch zu Anfang eines Versicherungsverhältnisses regelmäßig anfallende Provisionen und Gebühren kommt es in den ersten Jahren des Versicherungsverhältnisses meist nur zu einer geringen Kapitalbildung. Abs. 2 S. 1 will den Begünstigten einer Direktversicherung aber nicht schlechter stellen als den ArbN, dem eine unmittelbare Versorgungszusage erteilt worden ist. Der ArbGeb ist deshalb verpflichtet, bis zur Höhe des ratierlich zu berechnenden Anspruchs selbst einzustehen und bei Eintritt des Versorgungsfalles die **Differenz** zur bis zum Ausscheiden angesparten Versicherungssumme auszugleichen. Dieses Verfahren wird auch als arbeitsrechtl. Lösung bezeichnet. Soweit nach der Zusage Überschussanteile dem ArbN zustehen sollen, können diese bei der ratierlichen Berechnung nicht einbezogen werden, da ihre Höhe vom Versicherer nicht garantiert werden kann. Dem ArbN stehen die Überschussanteile dann in der bis zur Beendigung des ArbVerh erwirtschafteten Höhe zusätzlich zu[8].

---

1 BAG 22.4.1986 – 3 AZR 496/83, NZA 1986, 746. ||2 EuGH 28.9.1994 – Rs. C-408/92, NZA 1994, 1126. ||3 EuGH 28.9.1994 – Rs. C-408/92, NZA 1994, 1126. ||4 Vgl. hierzu auch *Höfer*, ART Rz. 755ff. u. § 2 Rz. 3116. ||5 BAG 3.6.1997 – 3 AZR 25/96, DB 1998, 267; 23.9.2003 – 3 AZR 304/02, DB 2004, 2645; 17.9.2008 – 3 AZR 1061/06, BB 2008, 2177. ||6 *Baumeister/Merten*, DB 2007, 1306. ||7 *Cisch/Kruip*, BB 2007, 1162; aA *Höfer/Witt/Kuchem*, BB 2007, 1445. ||8 BAG 29.7.1986 – 3 AZR 15/85, DB 1987, 743.

Oftmals beteiligt sich der ArbN mit eigenen Beiträgen am Aufbau der Versicherungsleistung. Hierdurch finanzierte Versicherungsleistungen unterfallen nicht den gesetzl. Rechtsfolgen des Abs. 2, weil das Gesetz insoweit auf den „vom Arbeitgeber zu finanzierenden Teilanspruch" abstellt. Der durch Entgeltumwandlung aufgebrachte Versorgungsteil ist arbeitgeberfinanziert, weil durch den Entgeltverzicht der Anspruch auf Barlohn untergeht und durch Versorgungslohn ersetzt wird. Allerdings definiert § 1 II Nr. 4 unter der Voraussetzung, dass dies von der Zusage des ArbGeb umfasst wird, nun auch auf Eigenbeiträgen beruhende Leistungen als betrAV. Die Vorschriften über die Entgeltumwandlung sind darauf entsprechend anzuwenden, wenn die zugesagten Leistungen dabei im Wege der Kapitaldeckung finanziert werden, was bei den angesprochenen Durchführungswegen (Direktversicherung, Pensionskasse und Pensionsfonds) regelmäßig der Fall ist. Deshalb unterfallen (seit 1.1.2003, vgl. § 30e) auch auf Eigenbeiträgen beruhende Anwartschaften § 2. 34

b) **Ersatzverfahren.** Der ArbGeb kann die persönliche Haftung vermeiden, wenn er das sog. „Ersatzverfahren", auch versicherungsrechtl. Lösung genannt, nach Abs. 2 S. 2 wählt. Dabei werden dem ArbN die **Rechte aus dem Versicherungsvertrag übertragen**, so dass an die Stelle des ratierlich zu berechnenden Anspruchs die auf Grund des Versicherungsvertrages zu erbringende Versicherungsleistung tritt. Der ArbGeb kann sein Wahlrecht nur innerhalb von drei Monaten seit dem Ausscheiden des ArbN ausüben. Er muss dies dem ArbN und dem Versicherer mitteilen. 35

Der ArbGeb darf grds. frei wählen und sich ohne Weiteres auch für die dem ArbN ungünstigere Lösung entscheiden[1]. Er kann sich allerdings ggü. dem ArbN schon im Vorfeld vertraglich verpflichten, die versicherungsrechtl. Lösung zu wählen. Dies setzt voraus, dass entweder alle gesetzl. Voraussetzungen des Abs. 2 S. 2 vorliegen oder er hilfsweise für eine etwaige Differenz zur arbeitsrechtl. Lösung bindend einsteht[2]. 35a

Das Ersatzverfahren kann nur gewählt werden, wenn der ArbGeb **drei sog. soziale Auflagen** erfüllt[3]: 36

Spätestens drei Monate seit dem Ausscheiden des ArbN muss das Bezugsrecht aus dem Versicherungsvertrag **unwiderruflich** sein (im Falle der Entgeltumwandlung ist dem ArbN schon von Gesetzes wegen ein unwiderrufliches Bezugsrecht einzuräumen, § 1b V 2). Eine Abtretung oder Beleihung[4] des Rechts aus dem Versicherungsvertrag durch den ArbGeb darf nicht vorhanden sein. Das Gleiche gilt für Beitragsrückstände. 37

Vom Beginn der Versicherung, frühestens jedoch vom Beginn der Betriebszugehörigkeit an, dürfen nach dem Versicherungsvertrag die **Überschussanteile** nur zur Verbesserung der Versicherungsleistung verwendet werden. Gemeint sind damit nur die bis zum vorzeitigen Ausscheiden erdienten Überschussanteile[5]. Damit der ArbGeb für die versicherungsrechtl. Lösung optieren kann, muss er schon zu Versicherungsbeginn festlegen, was mit den Überschussanteilen geschehen soll[6]. Eine Vereinbarung zwischen ArbGeb und Versicherer, auf Grund derer die Überschussanteile nicht zur Verbesserung der Versicherungsleistungen zu verwenden, sondern alljährlich mit den fälligen Beiträgen zu verrechnen sind, schließt danach die Wahl der versicherungsrechtl. Lösung aus[7]. 38

Dem ausgeschiedenen ArbN muss nach dem Versicherungsvertrag das Recht zur Fortsetzung der Versicherung mit eigenen Beiträgen eingeräumt sein. 39

Wählt der ArbGeb diese versicherungsförmige Lösung, wird der **ArbN Versicherungsnehmer.** Er kann die Versicherung mit eigenen Beiträgen fortsetzen, sie aber auch beitragslos stellen. In keinem Fall kann er jedoch die arbeitgeberseitig finanzierten Versicherungsansprüche sofort verwerten. Abs. 2 S. 4 und 5 bestimmen, dass der ausgeschiedene ArbN die Ansprüche aus dem Versicherungsvertrag, soweit der ArbGeb sie finanziert hat, weder beleihen noch abtreten darf. In dieser Höhe darf er den Rückkaufswert im Falle einer Kündigung auch nicht in Anspruch nehmen. Insofern enthält das Gesetz ein Verbot iSd. § 134 BGB. Will der ArbN keine eigenen Beiträge leisten, ist die Versicherung in eine **prämienfreie Versicherung** umzuwandeln. Durch diese Verfügungsbeschränkungen wird sichergestellt, dass der ursprüngliche Versorgungszweck auch nach Beendigung des ArbVerh erreicht werden kann[8]. 40

2. **Pensionskassen.** Für Pensionskassen gelten vergleichbare Regularien wie bei Direktversicherungen. Auch hier muss der ArbGeb auffüllen, wenn der Leistungsumfang hinter dem ratierlich nach Abs. 1 berechneten Anspruch zurückbleibt. Der ArbN kann aber auf den in der Pensionskasse aufgebauten Anspruch verwiesen werden, wenn entweder die Überschussanteile nur zur Verbesserung der Versicherungsleistungen verwendet werden oder die Versorgungsanwartschaft an der Entwicklung des Arbeitsentgelts (begrenzt auf die Beitragsbemessungsgrundlage in der gesetzl. RV) teilnimmt. Eine Übertragung der Versicherungsnehmereigenschaft ist hier nicht erforderlich, weil der ArbN bei der Pensionskasse selbst Mitglied ist. 41

3. **Pensionsfonds.** Auch bei einem Pensionsfonds kann der Anwartschaftsumfang hinter dem ratierlich berechneten Anspruch zurückbleiben. Der ArbGeb muss dann bis zur nach Abs. 1 berechneten An- 42

---

1 BAG 12.2.2013 – 3 AZR 99/11. ||2 BAG 12.2.2013 – 3 AZR 99/11. ||3 *Höfer*, § 2 Rz. 3198; *Förster/Cisch/Karst*, § 2 Rz. 23 ff. ||4 *Blomeyer/Rolfs/Otto*, § 2 Rz. 193. ||5 BAG 29.7.1986 – 3 AZR 15/85, DB 1987, 743. ||6 *Höfer*, § 2 Rz. 3233. ||7 BAG 12.2.2013 – 3 AZR 99/11. ||8 BT-Drs. 7/1281, Teil B, zu § 2 II, 26.

wartschaftshöhe selbst eintreten. Der ArbN kann hier nicht auf die Anwartschaft ggü. dem Pensionsfonds verwiesen werden.

43 **4. Unterstützungskasse.** Für die U-Kasse verweist das Gesetz auf Abs. 1. Es kommt also ausschließlich eine ratierliche Berechnung der Anwartschaft in Betracht. Ein Ersatzverfahren gibt es hier nicht. Soweit die U-Kasse nicht leistungsfähig ist, kann sich der ArbN an den ArbGeb halten; er ist aus dem Versorgungsversprechen unmittelbar verpflichtet.

44 **5. Entgeltumwandlung und beitragsorientierte Leistungszusage.** Anstelle des ratierlich zu berechnenden Anspruchs tritt bei der Entgeltumwandlung in den Durchführungswegen der unmittelbaren Versorgungszusage, der U-Kasse, und des Pensionsfonds sowie bei der beitragsorientierten Leistungszusage nach Abs. 5a die vom Zeitpunkt der Zusageerteilung bis zum Ausscheiden des ArbN aus dem ArbVerh erreichte Anwartschaft aus den umgewandelten Entgeltbestandteilen oder aufgewendeten Beiträgen. Die bei vorzeitigem Ausscheiden über Entgeltumwandlung erworbene Anwartschaft entspricht mithin dem Kapitalbetrag, der durch die tatsächlich geleisteten Beiträge einschl. Zinsen und Zinseszinsen entstanden ist[1]. Die Sonderregelung gilt gem. § 30g erst für Zusagen, die seit dem 1.1.2001 erteilt wurden.

45 **6. Beitragszusage mit Mindestleistung.** Bei einer Beitragszusage mit Mindestleistungen wird die Anwartschaft ebenfalls nicht zeitanteilig quotiert. Stattdessen steht dem ArbN das planmäßig zuzurechnende Versorgungskapital auf Grundlage der bis zum Ausscheiden geleisteten Beiträge (einschl. der bis zum Versorgungsfall erzielten Erträge) zu, Abs. 5b. Mindestens ist die Summe der bis zum Ausscheiden zugesagten Beiträge als Anwartschaft aufrechtzuerhalten, soweit sie nicht rechnungsmäßig für einen biometrischen Risikoausgleich verbraucht wurden.

3 Abfindung

(1) Unverfallbare Anwartschaften im Falle der Beendigung des Arbeitsverhältnisses und laufende Leistungen dürfen nur unter den Voraussetzungen der folgenden Absätze abgefunden werden.

(2) Der Arbeitgeber kann eine Anwartschaft ohne Zustimmung des Arbeitnehmers abfinden, wenn der Monatsbetrag der aus der Anwartschaft resultierenden laufenden Leistung bei Erreichen der vorgesehenen Altersgrenze 1 vom Hundert, bei Kapitalleistungen zwölf Zehntel der monatlichen Bezugsgröße nach § 18 des Vierten Buches Sozialgesetzbuch nicht übersteigen würde. Dies gilt entsprechend für die Abfindung einer laufenden Leistung. Die Abfindung ist unzulässig, wenn der Arbeitnehmer von seinem Recht auf Übertragung der Anwartschaft Gebrauch macht.

(3) Die Anwartschaft ist auf Verlangen des Arbeitnehmers abzufinden, wenn die Beiträge zur gesetzlichen Rentenversicherung erstattet worden sind.

(4) Der Teil der Anwartschaft, der während eines Insolvenzverfahrens erdient worden ist, kann ohne Zustimmung des Arbeitnehmers abgefunden werden, wenn die Betriebstätigkeit vollständig eingestellt und das Unternehmen liquidiert wird.

(5) Für die Berechnung des Abfindungsbetrages gilt § 4 Abs. 5 entsprechend.

(6) Die Abfindung ist gesondert auszuweisen und einmalig zu zahlen.

1 **I. Einführung.** Der Gesetzgeber hat die Möglichkeit, Versorgungsanwartschaften abzufinden, zum 1.1.2005 völlig neu geordnet und bis dahin vorhandene Abfindungsmöglichkeiten weiter eingeschränkt[2]. Die Vorschrift bezweckt sicherzustellen, dass im späteren Versorgungsfall der Anspruch auf betriebl. Ruhegeld noch nicht verbraucht ist[3]. Nur kleinere Versorgungsanwartschaften ohne hinreichenden Versorgungswert können abgefunden werden, um unverhältnismäßigen Verwaltungsaufwand beim ArbGeb zu vermeiden[4]. Die Vorschrift steht im Kontext mit § 4. Die Übertragung von Versorgungsrechten soll Vorrang vor einer Abfindung haben[5]. Abs. 1 beinhaltet ein gesetzl. generelles Verbot iSd. § 134 BGB, von dem nur nach den Abs. 2–4 abgewichen werden darf.

2 **II. Abfindung von Anwartschaften bei Beendigung des Arbeitsverhältnisses.** Abs. 2 schränkt die Abfindung von Versorgungsanwartschaften **bei Beendigung** des ArbVerh ein. Die Vorschrift befasst sich nur mit der **gesetzlich** nach § 1b I 1 **gesicherten Versorgungsanwartschaft**, auch wenn das der neuen Gesetzesformulierung nicht ausdrücklich zu entnehmen ist[6]. Geht die Zusage des ArbGeb über den gesetzl. garantierten Mindestbestand hinaus, so sind Abfindungen möglich, soweit dabei der gesetzl. garantierte Teil der Versorgungsanwartschaft nicht berührt wird. Nicht betroffen von Abs. 2 sind deshalb auch Versorgungsanwartschaften, welche auf Grund des Unverfallbarkeitsurteils des BAG[7] unverfallbar geworden sind[8]. Sagt der ArbGeb zu, die Versorgungsanwartschaft solle schon vor Ablauf der gesetzl. Unverfallbarkeitsfristen des § 1b unverfallbar sein, hindert Abs. 1 eine Abfindung nicht[9].

---

1 *Förster/Cisch/Karst*, § 2 Rz. 38. ||2 BGBl. I S. 1427. ||3 BT-Drs. 15/2150, 52 zu Nr. 4. ||4 BT-Drs. 7/1281, 27. ||5 BT-Drs. 15/2150, 52; *Langohr-Plato*, Rz. 435. ||6 BT-Drs. 15/2150, 52; *Förster/Cisch*, BB 2004, 2126 (2132). ||7 BAG 10.3.1972 – 3 AZR 278/71, DB 1972, 1486. ||8 BAG 30.7.1985 – 3 AZR 401/83, NZA 1986, 519. ||9 BT-Drs. 15/2150, 52; so auch *Förster/Cisch*, BB 2004, 2126 (2132).

1. Abfindung bei Ausscheiden. Das Abfindungsverbot gilt nur bei Abfindungsregelungen, die aus Anlass der **Beendigung** des ArbVerh getroffen werden. Dem ArbN soll anlässlich seines Ausscheidens der erdiente Versorgungsanspruch nicht genommen werden können. Auch mit Zustimmung des ArbN können geschützte Anwartschaften deshalb nicht abgefunden werden. 3

Abs. 2 erfasst nicht nur die Abfindung von Versorgungsanwartschaften, sondern auch den **entschädigungslosen Verzicht.** Nach Auffassung des BAG bedeutet es einen Widerspruch, wenn das Gesetz zwar eine Abfindung verbiete, den entschädigungslosen Verzicht hingegen zulasse. Abs. 2 gilt deshalb auch für die Aufhebung einer Versorgungsanwartschaft bei Beendigung des ArbVerh[1]. 4

Abs. 2 verbietet nur Abfindungen. Darunter fallen nicht Regelungen, die bei Eintritt des Versorgungsfalles statt einer laufenden Leistung eine Kapitalzahlung vorsehen[2]. Eine Abfindungsregelung liegt ebenfalls nicht vor, wenn die Versorgungszusage eine Wahlschuld vorsieht, nach der zwischen einer laufenden oder einer Kapitalzahlung gewählt werden kann, § 262 BGB. Die Ausübung des Wahlrechts erfolgt mit der Wirkung des § 263 II BGB. Danach gilt die gewählte Leistung als von Anfang an geschuldet[3]. Entsprechendes gilt für vereinbarte einseitige Leistungsbestimmungsrechte[4].

2. Abfindung bei fortbestehendem Arbeitsverhältnis. Abs. 1 trifft keine Regelung über die Abfindung oder die Aufhebung bestehender Versorgungsanwartschaften während des **laufenden Arbeitsverhältnisses.** Die Vertragsparteien sind deshalb nicht gehindert, die einmal begründeten Versorgungsrechte während des laufenden ArbVerh abzufinden, aufzuheben oder abzuändern[5]. Es soll deshalb auch nicht gegen § 3 verstoßen, wenn der ArbN im Zusammenhang mit einem geplanten Betriebsinhaberwechsel (§ 613a BGB) auf seine Versorgungsanwartschaft verzichtet oder sich eine Abfindung ausbezahlen lässt (str.)[6]. 5

3. Abfindung laufender Leistungen. Die Abfindung schon laufender Leistungen ist von der seit dem 1.1.2005 geltenden Gesetzesneufassung ebenfalls **erfasst.** Auch hier sind die Vertragspartner nicht mehr frei, sich über eine Abfindung, einen Verzicht oder eine Änderung bestehender Versorgungsansprüche zu verständigen. Es ist dabei ohne Bedeutung, ob der Leistungsanspruch auf einer Versorgungszusage beruht, die bis zum Ausscheiden des Versorgungsberechtigten noch verfallbar war. 6

Es ist auch nicht zulässig, wenn die Vertragsparteien erst nach Eintritt des Versorgungsfalles anstelle der ursprünglich vorgesehenen laufenden Leistungen eine **Kapitalzahlung** vereinbaren[7]. Das Abfindungsverbot für laufende Leistungen gilt aber nur für solche Versorgungsverpflichtungen, auf die erstmals seit dem 1.1.2005 Zahlungen geleistet wurden (§ 30g II). Für vor diesem Datum aufgenommene Leistungen besteht nach wie vor eine Abfindungsmöglichkeit. 7

III. Abfindungsmöglichkeiten. Die Zulässigkeit der Abfindung von Versorgungsanwartschaften ist abschließend in den Abs. 2–4 geregelt: 8

1. Bagatellversorgungsrechte. Abs. 2 macht eine Abfindung von der **Höhe der Versorgungsanwartschaft** abhängig. Allein der ArbGeb kann eine Abfindung verlangen, wenn der Monatsbetrag der Rente 1 % oder bei einer einmaligen Kapitalleistung 120 % der monatlichen Bezugsgröße nach § 18 SGB IV nicht übersteigt. 2014 sind dies in den alten Bundesländern 27,65 Euro im Monat bzw. 3318 Euro bei einer Kapitalleistung. Für die neuen Bundesländer sind dies 23,45 Euro für die monatliche und 2814 Euro für die Kapitalleistung. Das Abfindungsrecht besteht entsprechend bei einer laufenden Leistung (Abs. 2 S. 2). Der ArbN kann hingegen eine Abfindung nicht beanspruchen. Er kann aber die einseitige Abfindung verhindern, wenn er von seinem Recht auf Übertragung der Anwartschaft bei ArbGeb Gebrauch macht. Abs. 2 S. 3 verweist auf § 4 III; ein Verweis auf § 4 II Nr. 1 wäre überflüssig, weil bei der dort geregelten einvernehmlichen Übertragung des Anwartschaftswertes eine Abfindung des beim alten ArbGeb erdienten Anwartschaftswertes ohnehin ausscheidet. 9

Unter das Abfindungsverbot fallen auch Ansprüche aus einer **Entgeltumwandlung**. Schon § 3 I aF erfasste unverfallbare Anwartschaften aus Entgeltumwandlungen. Es ist nicht erkennbar, dass der Gesetzgeber hieran etwas ändern wollte. Die Abfindungsmöglichkeit des § 3 I 3 Nr. 4 aF hat er ebenfalls ersatzlos gestrichen. 10

2. Erstattung der Beiträge zur gesetzl. Rentenversicherung. Eine weitere **Ausnahme** vom Abfindungsverbot sieht das Gesetz in Abs. 3 vor, wenn dem Anwartschaftsberechtigten die geleisteten Beiträge zur gesetzl. RV erstattet worden sind. Die Regelung bezieht sich auf ausländische ArbN, die in ihr Herkunftsland zurückkehren wollen und deshalb von der im Gesetz zu Förderung der Rückkehrbereitschaft von Ausländern[8] vorgesehenen Möglichkeit der Erstattung der gezahlten RV-Beiträge Gebrauch machen. Der ArbN hat hier einen Abfindungsanspruch, der auch von der Höhe der versprochenen Leistungen unabhängig ist. 11

---

1 BAG 22.9.1987 – 3 AZR 194/86, NZA 1988, 470. ||2 *Förster/Cisch*, BB 2004, 2126 (2132); *Höfer*, § 3 Rz. 3570. ||3 *Förster/Cisch*, BB 2004, 2126 (2132). ||4 *Förster/Cisch*, BB 2004, 2126 (2132). ||5 BAG 14.8.1990 – 3 AZR 301/89, NZA 1991, 174. ||6 *Höfer*, ART Rz. 1289; aA LAG Hamm 2.4.1991 – 6 Sa 1184/90, LAGE § 613a BGB Nr. 22, bestätigt durch BAG 12.5.1992 – 3 AZR 247/91, BAGE 70, 209, welches allerdings einen Verstoß gegen § 613a BGB annahm. ||7 *Höfer*, § 3 Rz. 3570. ||8 BGBl. 1983 I S. 1377.

BetrAVG § 3 Rz. 12   Abfindung

12   **3. Während eines Insolvenzverfahrens erdiente Anwartschaft.** Nach Abs. 4 kann auch der während eines Insolvenzverfahrens erdiente Teil einer Versorgungsanwartschaft abgefunden werden. Die Bagatellgrenze des Abs. 2 gilt hierfür nicht[1]. Notwendig ist aber eine vollständige Einstellung der Betriebstätigkeit und eine Liquidierung des Unternehmens. Betriebsstilllegung iSd. § 3 IV und Betriebsübergang schließen sich, anders als im Rahmen des § 613a BGB, nicht aus; die Regelung soll die Liquidation eines Unternehmens im Insolvenzverfahren erleichtern und verfolgt insolvenzspezifische Interessen[2]. Das Recht des Insolvenzverwalters ist keine Wahlschuld, sondern Ersetzungsbefugnis ohne Billigkeitsschranken nach § 315 BGB[3].

13   **IV. Rechtsfolgen einer nichtigen Abfindungsregelung.** Wird eine nach Abs. 1 nicht abfindbare Versorgungsanwartschaft dennoch abgefunden, so ist dies **nichtig**[4]. Es ist deshalb auch nicht zulässig, künftige Rentenansprüche aus einer unverfallbaren Anwartschaft mit Abfindungsansprüchen gem. §§ 9, 10 KSchG[5] oder mit Abfindungsansprüchen in Sozialplänen[6] zu verrechnen. Im Versorgungsfall kann der ArbN seine Betriebsrente ungekürzt verlangen[7]. Dem Bereicherungsanspruch des ArbGeb auf Rückzahlung der Abfindung nach § 812 I 2 BGB steht regelmäßig § 817 S. 2 BGB entgegen. Das gilt dann nicht, wenn der Abfindungsanspruch selbst teilweise unter der aufschiebenden Bedingung steht, dass die Abfindung dann nicht beansprucht werden kann, wenn der ArbN vorzeitig eine Betriebsrente bezieht[8]. Im Streitfall hatten die Parteien vereinbart, dass der ArbN die für den Verlust des Arbeitsplatzes gezahlte Abfindung insoweit nicht behalten durfte, als er vorzeitig eine Betriebsrente vor Eintritt des Versorgungsfalles „Alter" erhielt. § 817 S. 2 BGB steht iÜ dem Bereichungsanspruch auf Rückzahlung der Abfindung nur dann entgegen, wenn der ArbN bei seinem Austritt überhaupt über eine unverfallbare Versorgungsanwartschaft verfügt. Das Abfindungsverbot greift nicht ein, wenn die betrAV nur umgestaltet wird und die neuen Leistungen wirtschaftl. gleichwertig sind[9].

14   **V. Abfindungshöhe.** Die Höhe der zu gewährenden Abfindung bemisst sich gem. Abs. 5 nach § 4 V und damit nach dem **Barwert** der nach § 2 bemessenen **künftigen Versorgungsleistungen** im Zeitpunkt der Beendigung des ArbVerh. Das Gesetz schreibt vor, dass bei der Barwertberechnung der bei der jeweiligen Form der betrAV vorgeschriebene Rechnungszinsfuß und die Rechnungsgrundlagen sowie die anerkannten Regeln der Versicherungsmathematik zu berücksichtigen sind. Dies kann zur Folge haben, dass der Abfindungsbetrag trotz inhaltlich gleicher Zusage unterschiedlich hoch ist. Denn für die verschiedenen Durchführungswege der betrAV gelten unterschiedliche Rechnungszinssätze, so für unmittelbare Zusagen ein Zinssatz von 6 %, für U-Kassen ein Satz von 5,5 %[10]. Der Abfindungsbetrag ist also nach versicherungsmathematischen Grundsätzen zu ermitteln. Bei Direktversicherungen ist das geschäftsplanmäßige Deckungskapital als maßgeblicher Abfindungsbetrag zugrunde zu legen. Das Gesetz schreibt nur Mindestbeträge fest, ohne die Vereinbarung höherer Leistungen zu hindern.

15   Ist die Höhe des Anspruchs oder die Erfüllung der Voraussetzungen einer Unverfallbarkeit strittig, kann die Höhe des Anspruchs selbst durch gerichtlichen Vergleich bestimmt werden[11].

16   **VI. Ausweisungspflicht und Zahlweise.** Der Abfindungsbetrag ist gesondert auszuweisen, darf also nicht mit anderen ArbGeb-Leistungen, etwa einer Kündigungs- oder Sozialplanabfindung zusammengefasst werden. Hierdurch wird für die Vertragsparteien eine Rechtsklarheit vermittelt[12]. Weiterhin ist die Abfindung in einem Betrag auszuzahlen. Eine dennoch in Raten gezahlte Abfindung lässt gleichwohl die Anwartschaft erlöschen.

4   *Übertragung*
(1) Unverfallbare Anwartschaften und laufende Leistungen dürfen nur unter den Voraussetzungen der folgenden Absätze übertragen werden.

(2) Nach Beendigung des Arbeitsverhältnisses kann im Einvernehmen des ehemaligen mit dem neuen Arbeitgeber sowie dem Arbeitnehmer

1. die Zusage vom neuen Arbeitgeber übernommen werden oder

2. der Wert der vom Arbeitnehmer erworbenen unverfallbaren Anwartschaft auf betriebliche Altersversorgung (Übertragungswert) auf den neuen Arbeitgeber übertragen werden, wenn dieser eine wertgleiche Zusage erteilt; für die neue Anwartschaft gelten die Regelungen über Entgeltumwandlung entsprechend.

(3) Der Arbeitnehmer kann innerhalb eines Jahres nach Beendigung des Arbeitsverhältnisses von seinem ehemaligen Arbeitgeber verlangen, dass der Übertragungswert auf den neuen Arbeitgeber übertragen wird, wenn

---

1 BAG 22.12.2009 – 3 AZR 814/07, NZA 2010, 568. ||2 BAG 22.12.2009 – 3 AZR 814/07, NZA 2010, 568. ||3 BAG 22.12.2009 – 3 AZR 814/07, NZA 2010, 568. ||4 *Förster/Cisch/Karst*, § 3 Rz. 23; *Blomeyer/Rolfs/Otto*, § 3 Rz. 42. ||5 BAG 24.3.1998 – 3 AZR 800/96, NZA 1998, 1280. || 6 BAG 7.8.1975 – 3 AZR 505/74, BB 1975, 1390; 30.10.1980 – 3 AZR 364/79, NJW 1981, 1632. ||7 BAG 24.3.1998 – 3 AZR 800/96, NZA 1998, 1280. ||8 BAG 20.11.2001 – 3 AZR 28/01, EzA-SD 2002, Nr. 18, 21. ||9 BAG 20.11.2001 – 3 AZR 28/01, EzA-SD 2002, Nr. 18, 21. ||10 *Langohr-Plato*, Rz. 449. ||11 BAG 18.12.1984 – 3 AZR 125/84, NZA 1986, 95; 30.7.1985 – 3 AZR 401/83, DB 1986, 548; 23.8.1994 – 3 AZR 825/93, DB 1995, 52. ||12 *Höfer*, § 3 Rz. 3624.

1. die betriebliche Altersversorgung über einen Pensionsfonds, eine Pensionskasse oder eine Direktversicherung durchgeführt worden ist und
2. der Übertragungswert die Beitragsbemessungsgrenze in der allgemeinen Rentenversicherung nicht übersteigt.

Der Anspruch richtet sich gegen den Versorgungsträger, wenn der ehemalige Arbeitgeber die versicherungsförmige Lösung nach § 2 Abs. 2 oder 3 gewählt hat oder soweit der Arbeitnehmer die Versicherung oder Versorgung mit eigenen Beiträgen fortgeführt hat. Der neue Arbeitgeber ist verpflichtet, eine dem Übertragungswert wertgleiche Zusage zu erteilen und über einen Pensionsfonds, eine Pensionskasse oder eine Direktversicherung durchzuführen. Für die neue Anwartschaft gelten die Regelungen über Entgeltumwandlung entsprechend.

(4) Wird die Betriebstätigkeit eingestellt und das Unternehmen liquidiert, kann eine Zusage von einer Pensionskasse oder einem Unternehmen der Lebensversicherung ohne Zustimmung des Arbeitnehmers oder Versorgungsempfängers übernommen werden, wenn sichergestellt ist, dass die Überschussanteile ab Rentenbeginn entsprechend § 16 Abs. 3 Nr. 2 verwendet werden. § 2 Abs. 2 Satz 4 bis 6 gilt entsprechend.

(5) Der Übertragungswert entspricht bei einer unmittelbar über den Arbeitgeber oder über eine Unterstützungskasse durchgeführten betrieblichen Altersversorgung dem Barwert der nach § 2 bemessenen künftigen Versorgungsleistung im Zeitpunkt der Übertragung; bei der Berechnung des Barwerts sind die Rechnungsgrundlagen sowie die anerkannten Regeln der Versicherungsmathematik maßgebend. Soweit die betriebliche Altersversorgung über einen Pensionsfonds, eine Pensionskasse oder eine Direktversicherung durchgeführt wird, entspricht der Übertragungswert dem gebildeten Kapital im Zeitpunkt der Übertragung.

(6) Mit der vollständigen Übertragung des Übertragungswerts erlischt die Zusage des ehemaligen Arbeitgebers.

§ 4 regelt die Übertragung von Versorgungsrechten (sog. **Portabilität**). Die Vorschrift wurde durch Gesetz v. 28.5.2004 neu gefasst[1] und erfasst nun neben der Übernahme von Versorgungszusagen bei einem ArbGebWechsel auch die Übertragung des Wertes einer beim alten ArbGeb erworbenen unverfallbaren Anwartschaft auf den neuen ArbGeb. Eine nach § 4 wirksame Übertragung oder Übernahme führt nach der ausdrücklichen gesetzl. Anordnung zum Erlöschen der Verpflichtung des alten ArbGeb. Versorgungsverbindlichkeiten könnten an und für sich wie jede andere Schuld von Dritten übernommen werden. § 4 ist insoweit lex specialis zu § 415 BGB und schränkt durch die Neufassung die Übernahme von Versorgungsverbindlichkeiten noch weiter ein. Demnach kann **nicht jeder Dritte** eine Versorgungsverbindlichkeit mit schuldbefreiender Wirkung übernehmen, sondern nur **der neue ArbGeb**. Übernahmeberechtigt waren nach § 4 aF auch Pensionskassen, Lebensversicherer und öffentl.-rechtl. Versorgungsträger. Sie können nur noch nach Abs. 4 bei einer Betriebseinstellung mit dem Ziel der Liquidation des Unternehmens Versorgungsverpflichtungen übernehmen. Eine vertragl. Schuldübernahme durch andere Versorgungsträger benennt Abs. 1 ausdrücklich als **unwirksam**. § 4 beinhaltet eine **Verbotsnorm** iSd. § 134 BGB. Eine Übernahme durch eine U-Kasse war auch bisher unzulässig, außer schon ursprünglich waren U-Kassenleistungen geschuldet. 1

§ 4 bezweckt den **Schutz des ArbN**. Es soll sichergestellt werden, dass der ArbN durch die Übernahme der Versorgungsverpflichtungen nicht den ArbGeb als in der Regel zahlungskräftigen Schuldner verliert. Damit wird zugleich auch der PSVaG als Träger der gesetzl. Insolvenzsicherung geschützt. Denn er ist es, der im Insolvenzfall aus Solidarmitteln die Versorgungsschuld erfüllen muss[2]. Dabei geht der Gesetzgeber offenbar davon aus, dass ein neuer ArbGeb keine signifikanten zusätzlichen Risiken für die Insolvenzsicherung nach § 7 generiert. Die Neufassung der Vorschrift fördert die **Mobilität** des ArbN, indem sie die Möglichkeiten zur Übertragung von Versorgungsrechten ausweitet. 2

Der Anwendungsbereich der Vorschrift wurde der Rspr. des BAG folgend[3] auch auf **laufende Versorgungsleistungen** ausgedehnt; erfasst waren vom Wortlaut bislang nur unverfallbare Versorgungsanwartschaften. § 4 schränkt die Übernahme von Versorgungsverbindlichkeiten nur bei **gesetzl. unverfallbaren Anwartschaften** und laufenden Leistungen ein. Bei nur vertragl. Unverfallbarkeit von Versorgungsanwartschaften fehlt ein Schutzbedürfnis. Denn mit dem Ausscheiden des ArbN würde die Anwartschaft ohnehin verfallen. Eine Inanspruchnahme des PSVaG droht nicht[4]. Beruht die Unverfallbarkeit der Anwartschaft auf Anwendung der vorgesetzl. Rspr. zur Unverfallbarkeit[5], ist § 4 allerdings zu beachten. Denn kraft Richterrechts unverfallbare Anwartschaften sind insolvenzgeschützt[6]. 3

Der Schuldner einer **nicht insolvenzgeschützten Versorgungsanwartschaft** (zB sog. Unternehmerrenten, vgl. auch § 17 Rz. 8 ff.) kann nach dem Belieben der Vertragsparteien ohne Einschränkungen durch Abs. 1 ausgetauscht werden[7]. 4

---

1 BGBl. 2004 I S. 1427ff. ‖ 2 BAG 17.3.1987 – 3 AZR 605/85, NZA 1988, 21 zu § 4 aF. ‖ 3 BAG 17.3.1987 – 3 AZR 605/85, NZA 1988, 21. ‖ 4 *Höfer*, § 4 Rz. 3659. ‖ 5 BAG 10.3.1972 – 3 AZR 278/71, DB 1972, 1486. ‖ 6 BVerfG 10.3.1988 – 1 BvR 894/87, BB 1988, 2469; BAG 16.10.1980 – 3 AZR 1/80, BB 1981, 850; 20.1.1987 – 3 AZR 503/85, BB 1987, 1465. ‖ 7 BAG 4.8.1981 – 3 AZR 441/80, DB 1981, 2544.

BetrAVG § 4 Rz. 5 — Übertragung

5 Unproblematisch ist die **Erfüllungsübernahme** oder ein **Schuldbeitritt** durch einen Dritten. Sie benachteiligen weder den PSVaG noch den Versorgungsberechtigten. Denn der ursprünglich verpflichtete Versorgungsschuldner wird dadurch nicht frei.

6 Die Übernahme von Versorgungsverbindlichkeiten bedarf der **Zustimmung** des versorgungsberechtigten ArbN. Sie kann sowohl ggü. dem bisherigen als auch ggü. dem neuen Schuldner erklärt werden. Wird sie nicht erteilt, können die schuldbefreienden Wirkungen für den bisherigen Versorgungsverpflichteten nicht eintreten. Die Zustimmungserklärung ist formlos möglich und kann deshalb auch **konkludent** erfolgen. Die bloße Entgegennahme von Versorgungsleistungen eines Dritten beinhaltet aber nicht die Zustimmung zur Haftungsbefreiung. Nach richtiger Auffassung des BAG ist die befreiende Schuldübernahme ein ungewöhnliches und bedeutsames Rechtsgeschäft. Eine Entlassung des bisherigen Schuldners könne nur dann angenommen werden, wenn der Gläubiger dies deutlich zum Ausdruck bringe. Im Zweifel werde der Gläubiger nur annehmen, dass er einem Schuldbeitritt genehmigen solle, der ihn begünstige, weil er einen zusätzlichen Schuldner erhalte[1]. § 4 lässt an und für sich die Übernahme von Versorgungsverbindlichkeiten durch andere als die im Gesetz genannten Versorgungsträger nicht zu. Nach dem Gesetzeswortlaut ist es nicht möglich, dass ein ArbGeb, bei dem der ArbN nicht beschäftigt war, die Versorgungsverbindlichkeit schuldbefreiend übernimmt.

7 Nach Auffassung des BAG zu § 4 in der bis zum 31.12.2004 gültigen Fassung war der **völlige Ausschluss der Übertragbarkeit** von Versorgungsverbindlichkeiten auf andere als die in § 4 I aF genannten Rechtsträger mit dem Sinn und Zweck des Gesetzes aber nicht zu rechtfertigen. Das Ziel, die ursprüngliche Haftungsmasse zu erhalten, begünstige im Wesentlichen den PSVaG, der das Insolvenzrisiko trage[2]. Eine Übertragung von Versorgungsverbindlichkeiten auf andere als die in § 4 genannten Versorgungsträger sei deshalb zulässig, wenn neben dem Versorgungsberechtigten auch der PSVaG zustimmt[3]. Der Gesetzgeber hat diese Rspr. bei der Neufassung der Vorschrift nicht aufgenommen, so dass davon auszugehen ist, dass Übertragungen auf andere Rechtsträger überhaupt nicht mehr zulässig sind. Dafür spricht auch, dass mit der Neufassung ein weiterer Schutzzweck hinzugekommen ist, nämlich die Übertragungsmöglichkeit von Versorgungsrechten auf spätere ArbGeb. Diese würden eingeschränkt, wenn ein Dritter die Versorgungspflichten schuldbefreiend übernehmen könnte. Der alte ArbGeb stünde dann zB für Vereinbarungen nach Abs. 2 nicht mehr zur Verfügung.

8 Unabhängig davon erteilt der **PSVaG** die zur Übernahme von Versorgungsverbindlichkeiten notwendigen Zustimmungen **nicht**[4]. Er hat sich allerdings auf die Entscheidung des BAG 26.6.1980 hin durch eine **geschäftsplanmäßige Erklärung** v. 12.11.1981[5] verpflichtet, die Insolvenzsicherung bei schuldbefreienden Übertragungen laufender Versorgungsleistungen auf Versorgungsträger, die nicht in Abs. 1 genannt sind, zu übernehmen, wenn die Übertragungen vor dem 1.1.1981 vorgenommen worden sind. Dabei kommt es darauf an, dass bis zu dem genannten Zeitraum alle Wirksamkeitsvoraussetzungen vorliegen, also die Übertragung der Versorgungsverbindlichkeiten vereinbart war, der versorgungsberechtigte ArbN davon in Kenntnis gesetzt wurde und der Enthaftung eines bisherigen Schuldners zustimmte. Wurden diese Voraussetzungen (teilweise) erst später erfüllt, stimmt der PSVaG nicht zu, so dass eine Übertragung der Versorgungsverbindlichkeiten nicht wirksam möglich ist. Dagegen wurde eingewandt, dass der PSVaG nach der Rspr. berechtigt sei, Übertragungen zu gestatten. Er könne deshalb als mit öffentl. Befugnissen Beliehener sein Ermessen nutzen und auch andere, vom Gesetz nicht angesprochene Übernahmen gestatten[6]. Dabei wird aber übersehen, dass der PSVaG zur Wahrung der Interessen der Solidargemeinschaft, die Zwangsbeiträge zur Insolvenzsicherung aufbringt, verpflichtet ist, jegliche Verringerung oder auch nur Gefährdung der Haftungsmasse zu verhindern. Deshalb dürfte idR das Ermessen auf „null" reduziert sein, zumal die wirtschaftl. Entwicklung insolvenzfähiger Versorgungsträger nur begrenzt prognostizierbar ist. Nur wenn die Übertragung ausschließlich vorteilhaft für die Insolvenzsicherung ist, dürfte eine Genehmigung vorzunehmen sein.

9 Für die Übertragung von Versorgungsverbindlichkeiten gelten die **§§ 414 ff. BGB**. § 4 enthält in Abs. 2 Nr. 2 darüber hinaus spezialgesetzl. Regelungen für die Transferierung des sog. Übertragungswertes. § 4 lässt den Lauf der Unverfallbarkeitsfristen unberührt. Mit der Übernahme der Versorgungsverpflichtung kann eine Beitragspflicht zur Insolvenzsicherung entstehen, nämlich dann, wenn der Übernehmer die Versorgungsverpflichtung selbst übernimmt oder er Träger einer übernehmenden U-Kasse ist. Allerdings soll bei der Übernahme einer Zusage der Durchführungsweg nicht gewechselt werden können. Möglich sei das aber bei der Übertragung nur des Übertragungswertes[7].

10 Abs. 2 Nr. 1 regelt die **Übernahme** einer Versorgungszusage **durch den neuen ArbGeb**. Das war auch schon nach dem bis zum 31.12.2004 geltenden Recht zulässig. Notwendig dazu ist eine Vereinbarung zwischen dem ArbN, dem alten und dem neuen ArbGeb. Der neue ArbGeb muss dann die bisherige Zu-

---

1 BAG 11.11.1986 – 3 AZR 194/85, NZA 1987, 559. ||2 BAG 17.3.1987 – 3 AZR 605/85, NZA 1988, 21. ||3 BAG 26.6.1980 – 3 AZR 156/79, NJW 1981, 189; demggü. für eine Ersetzung der Zustimmung: BAG 17.3.1987 – 3 AZR 605/85, NZA 1988, 21. ||4 PSVaG-Merkblatt 300/M10/12.04 u M15/01.05; hierzu BVerfG 18.12.1987 – 1 BvR 1242/87, DB 1988, 1905. ||5 Abgedr. in BB 1982, 120. ||6 *Blomeyer/Otto*, 3. Aufl., § 4 Rz. 86. ||7 *Blomeyer/Rolfs/Otto*, § 4 Rz. 73 ff.

sage ihrem Inhalt nach unverändert fortführen, darf aber den Durchführungsweg wechseln[1]. Allerdings sind der neue ArbGeb und der ArbN nicht daran gehindert, den Inhalt der übernommenen Zusage einvernehmlich abzuändern. Bei Verbindung der Übernahme der Versorgungszusage durch den neuen ArbGeb mit einer Vereinbarung zwischen dem ArbN und dem alten ArbGeb über die Beendigung des zwischen ihnen bestehenden ArbVerh verknüpft die Vereinbarung nach Abs. 2 sämtliche Abreden der Beteiligten unteilbar miteinander; die Anfechtung ist daher nur insg. möglich und ggü. sämtlichen Beteiligten zu erklären[2].

Abs. 3 normiert sogar einen **Anspruch** des ArbN auf Übertragung des Anwartschaftswertes auf den neuen ArbGeb. Ziel der Vorschrift ist, die Mobilität des ArbN zu fördern und die Versorgungsansprüche möglichst bei einem ArbGeb zusammenzufassen[3]. Der Wert der beim alten ArbGeb erdienten Versorgungsanwartschaft ist in einen bezifferten Kapitalbetrag, den sog. Übertragungswert umzurechnen. Dieser wird dann auf den neuen ArbGeb überführt. Letzterer muss dann dem ArbN eine wertgleiche Versorgungszusage erteilen. Der überführte Übertragungswert bildet dann gleichsam den Grundstock für die neue Versorgungszusage. Diese kann dann inhaltlich völlig anders ausgestaltet werden, darf aber nicht hinter dem übertragenen Wert zurückbleiben. Der neue ArbGeb ist damit in die Lage versetzt, die Versorgungsansprüche in das bei ihm etwa schon vorhandene Versorgungssystem einzugliedern[4]. Nach erfolgter Übertragung sind die Ansprüche ggü. dem alten ArbGeb erloschen (Abs. 6). Für die neue Zusage gelten die Regeln für die Entgeltumwandlung, dh. sie ist sofort unverfallbar (vgl. § 1b V). Unter den Voraussetzungen des § 7 V 3 kann aber der Insolvenzschutz eingeschränkt sein. Der Übertragungswert bemisst sich nach Abs. 5. Maßgebend ist der Barwert der nach § 2 ermittelten Anwartschaft. Dabei ist der bei der Barwertberechnung der bei dem jeweiligen Durchführungsweg der betrAV vorgeschriebene Rechnungszinssatz und die Rechnungsgrundlagen sowie die anerkannten Regeln der Versicherungsmathematik zu berücksichtigen. Der Übertragungswert ist durch versicherungsmathematische Berechnung zu ermitteln. Bei Direktversicherungen ist das geschäftsplanmäßige Deckungskapital als maßgeblicher Wert zugrunde zu legen[5]. 11

Bei der sog. **freiwilligen Portabilität** nach Abs. 2 Nr. 2 ist eine Vereinbarung zwischen ArbN, neuem und altem ArbGeb notwendig. Der neue ArbGeb kann nicht gezwungen werden, den Übertragungswert zu übernehmen und eine eigene Zusage zu erteilen. 12

Soweit Abs. 3 dem ArbN einen **Portabilitätsanspruch** einräumt, gelten zu Gunsten des ArbGeb Beschränkungen: Der Anspruch ist auf Anwartschaften begrenzt, deren Wert im Jahr der Übertragung die BBG in der allgemeinen RV nicht übersteigt. Ein Recht auf teilweise Mitnahme von Versorgungsrechten gibt es nicht[6]. Der Übertragungsanspruch besteht nur, wenn die bisherige Versorgung über einen Pensionsfonds, eine Pensionskasse oder eine Direktversicherung durchgeführt wird. Der neue ArbGeb muss sich seinerseits eines der genannten drei Versorgungswege bedienen. Dazu reicht aus, wenn er etwa die Versicherungsnehmereigenschaft bei der Direktversicherung, der Pensionskasse oder dem Pensionsfonds übernimmt. Der neue ArbGeb ist aber nicht verpflichtet, die bisherigen Versorgungsträger zu frequentieren. Er kann auch den Inhalt der Zusage neu bestimmen, solange der Übertragungswert nicht unterschritten wird[7]. Ein späterer Wechsel des Durchführungsweges ist nicht ausgeschlossen. Die Übertragung setzt ein Verlangen des ArbN voraus, das nur innerhalb eines Jahres nach der Beendigung des bisherigen ArbVerh geäußert werden kann; danach kann die Übertragung nicht mehr verlangt werden. Eine besondere Form ist für das Verlangen nicht vorgeschrieben. Hat der ArbN von seinem Recht auf Übertragung der Anwartschaft Gebrauch gemacht, ist eine Abfindung der Versorgungsrechte gem. § 3 II 3 unzulässig. 13

Abs. 4 S. 1 erleichtert die **Liquidation** von Unternehmen, die Versorgungsleistungen zugesagt haben und dafür auch nach Einstellung der Betriebstätigkeit weiter haften müssten. Bei Unternehmen, die ihre betrAV über eine Direktversicherung oder eine Pensionskasse abwickeln, gibt es ohnehin keine Probleme bei einer Liquidation, weil hier die Verpflichtungen praktisch ausgelagert sind. Um eine Liquidation zu ermöglichen, können ausnahmsw. Versorgungsverpflichtungen auch **ohne Zustimmung** des Versorgungsberechtigten von einer Pensionskasse oder einem Unternehmen der Lebensversicherung übernommen werden. Allerdings muss sichergestellt sein, dass die Überschussanteile ab Rentenbeginn ausschließlich zur Erhöhung der laufenden Leistungen verwendet werden[8]. Die Übertragung auf eine Lebensversicherung muss dabei insolvenzfest sein. Das kann dadurch erreicht werden, dass dem ArbN die Versicherungsnehmereigenschaft übertragen oder aber das Bezugsrecht unwiderruflich gestellt wird[9]. Abs. 4 S. 2 stellt mit dem Verweis auf § 2 II 4–6 sicher, dass der Versorgungsberechtigte seine Versorgungsansprüche nicht vor Eintritt des Versorgungsfalles beschädigen oder verbrauchen kann. 14

---

1 BT-Drs. 15/2150, 53 zu Nr. 5, wo ausdrückl. klargestellt wird, dass § 4 nicht den Wechsel des Durchführungsweges verbietet. ‖ 2 BAG 11.2.2011 – 6 AZR 626/09, BB 2011, 1332. ‖ 3 *Blumenstein*, BetrAV 2004, 236; *Förster/Cisch*, BB 2004, 2126. ‖ 4 *Höfer*, DB 2004, 1426 (1427). ‖ 5 Nähere Einzelheiten bei *Langohr-Plato*, Rz. 535 ff. ‖ 6 BT-Drs. 15/2150, 53 zu Nr. 6. ‖ 7 *Höfer*, DB 2004, 1426 (1428). ‖ 8 *Förster/Cisch/Karst*, § 4 Rz. 25. ‖ 9 *Höfer*, § 4 Rz. 4759 ff.

15 Mittels **Treuhandlösungen (Contractual Trust Arrangements – CTA**[1]**)** können betriebl. Versorgungsverpflichtungen nicht **schuldbefreiend** ausgegliedert werden. Ziel eines solchen Vorgehens ist meist eine Stärkung des Bilanzbildes für Unternehmen, die einen internationalen Jahresabschluss erstellen. Internationale Jahresabschlüsse werden überwiegend nach den Grundsätzen des IAS (International Accounting Standards) und den FAS (Statement of Financial Accounting Standards) aufgestellt. Diese lassen es zu, dass Versorgungsverpflichtungen nicht in die Geschäftsabschlüsse aufgenommen werden, wenn und soweit sie durch das einem Treuhänder übereignete Vermögen abgesichert sind. Das geschieht so, dass das zur Ausfinanzierung der Versorgungsverpflichtungen notwendige Deckungsvermögen einem rechtlich unabhängigen Treuhänder, meist einem eingetragenen Verein übertragen wird. In Betracht kommen alle Vermögensgegenstände, zB Grundbesitz, Wertpapiere, Bankguthaben oder auch Forderungen[2]. Das Vermögen unterliegt einer im Treuhandvertrag zu regelnden Zweckbindung (zB Erfüllung und Sicherung der Verpflichtungen ggü. den Betriebsrentnern)[3] und muss dem Zugriff anderer Unternehmensgläubiger entzogen sein[4]. Der Treuhänder hat das Vermögen nach den Weisungen des Unternehmens zu verwenden[5]. Notwendig ist aber, dass der Treuhänder von dem aus der Zusage verpflichteten Unternehmen unabhängig ist und das Vermögen nur zweckgebunden verwendet werden darf (vgl. hierzu § 7 Rz. 62)[6]. Er überträgt das Vermögen im Einvernehmen mit dem Treugeber einem aufsichtsrechtlich zugelassenen Vermögensverwalter, der das Vermögen in Investmentfonds anlegt[7]. Die Bildung eines Treuhandvermögens unterliegt nicht der Mitbest. des **BR**[8]. Der ArbGeb bleibt weiterhin ggü. den Versorgungsberechtigten verpflichtet. Der Trust zahlt die Betriebsrente entweder unmittelbar an die Pensionäre aus oder erstattet dem ArbGeb dessen Leistungen. Der ArbGeb haftet weiterhin in vollem Umfang für seine Versorgungszusagen. Wird er insolvent (s. a. § 7 Rz. 62f.), wird das treuhändisch verwaltete Vermögen zur Befriedigung der Pensionsansprüche herangezogen[9]. Gesichert werden die Zahlungsansprüche über eine Verpfändung an die Versorgungsberechtigten oder das in Praxis gebräuchlichere Modell einer doppelseitigen Treuhand[10]. Bei diesem müssen – anders als beim Verpfändungsmodell – die Versorgungsberechtigten nicht mitwirken. Das erleichtert die Umstellung auf ein CTA-Modell. CTA-Lösungen sind keine Übernahmen iSd. § 4 BetrAVG, also nicht von der Zustimmung der Versorgungsberechtigten abhängig.

Der auf der internationalen Bilanz aufbauende deutsche Konzernabschluss muss bei einer CTA-Lösung ebenfalls keine Pensionsrückstellungen ausweisen[11]. Hierdurch verringert sich dann die Bilanzsumme. Gemessen daran ist dann die Eigenkapitalquote höher, was zB die Kreditfähigkeit verbessern kann. Die bilanzielle Auslagerung von Versorgungsverpflichtungen beendet aber die arbeitsrechtl. Verpflichtung des ArbGeb aus der Versorgungszusage nicht.

16 Die Übertragung von Versorgungsverpflichtungen **aus anderen rechtl. Gründen** wird durch § 4 nicht berührt. Versorgungsverbindlichkeiten können unabhängig von § 4 auch durch eine Gesamtrechtsnachfolge oder einen Betriebsübergang übertragen werden. Nach § 613a I 1 BGB gehen Rechte und Pflichten aus einem ArbVerh über, wenn ein Betrieb oder Betriebsteil auf einen anderen Inhaber übertragen wird. Zu den Rechten und Pflichten aus einem ArbVerh gehören auch Ansprüche aus einer betriebl. Ruhegeldzusage. § 613a BGB erfasst aber nur aktive ArbVerh. Versorgungsverpflichtungen ggü. Ruheständlern und ArbN, die mit unverfallbarer Versorgungsanwartschaft ausgeschieden sind, verbleiben beim Betriebsveräußerer[12]. In Fällen der Gesamtrechtsnachfolge werden hingegen auch die Verpflichtungen aus bereits beendeten ArbVerh erfasst, dh. auch die Verpflichtungen ggü. Ruheständlern und mit unverfallbarer Versorgungsanwartschaft ausgeschiedener ArbN gehen über. Fälle der Gesamtrechtsnachfolge sind im Wesentlichen die Erbfolge (§§ 1922ff. BGB) und Umwandlungen nach dem UmwG, das sind Abspaltungen, Vermögensübertragungen und Verschmelzungen.

17 Anders als die vertragl. vereinbarte Schuldübernahme vollzieht sich die **umwandlungsrechtl. Spaltung** im Wege der partiellen Gesamtrechtsnachfolge[13]. Der neue Gläubiger tritt mit allen Rechten und Pflichten in die Stellung des bisherigen ein und übernimmt nicht nur eine Verbindlichkeit. Mithin ist eine Zustimmung zur Zuordnung von Verbindlichkeiten betroffener Versorgungsberechtigter nicht erforderlich und ein Widerspruch nicht möglich, muss der neue Schuldner aus Versorgungszusagen der Versorgungsberechtigten werden und bedarf es auch einer Zustimmung des PSVaG nicht[14]. Zudem verdrängt das spezifische umwandlungsrechtl. Haftungssystem der §§ 133, 134 UmwG die betriebsrentenrechtl. Vorschrift des § 4[15]. Nach §§ 133, 134 UmwG haften die an der Spaltung beteiligten Rechtsträger näm-

---

1 Nähere Einzelheiten zur Struktur von CTA-Modellen: *Höfer/Meißner*, DB 2004, 2057; *Küppers/Louven*, BB 2004, 337; *Knortz*, DB 2003, 2399; *Rößler*, BB 2010, 1405. ‖ 2 *Blomeyer*, BetrAV 1999, 293. ‖ 3 *Höfer/Oppermann*, DB 2000, 1039 (1040). ‖ 4 Das geschieht durch Einräumung eines Pfandrechts, *Rößler/Doetsch/Heger*, BB 1999, 2498 (2503); *Höfer*, § 7 Rz. 4600. ‖ 5 *Höfer*, § 7 Rz. 4599.1. ‖ 6 *Höfer*, § 7 Rz. 4600; *Passarge*, DB 2005, 2746. ‖ 7 *Fischer/Meyer*, DB 2000, 1861 (1863); *Förster*, BetrAV 2001, 133 (135). ‖ 8 *Rößler/Doetsch/Heger*, BB 1999, 2498 (2503); *Küppers/Louven*, BB 2004, 337 (344f.). ‖ 9 *Höfer*, § 7 Rz. 4599.1; *Baetge/Dörner/Kleekämper/Wollmert/Kirsch*, IAS, Rz. 137; *Berenz*, DB 2006, 2125. ‖ 10 Ausführl.: *Küppers/Louven*, BB 2004, 337 (340ff.); *Rößler*, BB 2010, 1405. ‖ 11 *Höfer*, § 7 Rz. 4599.2; *Meier/Bätzel*, DB 2004, 1439. ‖ 12 BAG 23.3.1999 – 3 AZR 685/97, nv.; 17.3.1987 – 3 AZR 605/85, BB 1987, 2233. ‖ 13 *Langohr-Plato*, Rz. 1022; *Hill*, BetrAV 1995, 114 (117). ‖ 14 BAG 22.2.2005 – 3 AZR 499/03, BAGE 114, 1; 11.3.2008 – 3 AZR 358/06, DB 2008, 2369. ‖ 15 *Willemsen*, NZA 1996, 791 (801); *Hill*, BetrAV 1995, 114 (117); *Blomeyer/Rolfs/Otto*, § 4 Rz. 34ff.; *Boecken*, Unternehmensumwandlungen und Arbeitsrecht, Rz. 136ff.; BAG 22.2.2005 – 3 AZR 499/03, DB 2005, 954.

lich gesamtschuldnerisch für einen begrenzten Zeitraum von fünf bzw. bei der Betriebsaufspaltung von zehn Jahren. Die weit reichende Rechtsfolge des § 4 (Schuldbefreiung) kann also bei der Spaltung gerade nicht erreicht werden. Die Verbindlichkeiten ggü. **ausgeschiedenen** ArbN lassen sich deshalb frei zuordnen; § 613a BGB findet hier keine Anwendung (vgl. auch § 324 UmwG Rz. 5)[1]. Damit ist die Abspaltung von Versorgungsverpflichtungen ggü. ausgeschiedenen Anwärtern und Betriebsrentnern auf eine iÜ inaktive Gesellschaft (**Rentnergesellschaft**) möglich[2]. Grds. muss die vom BAG näher definierte[3] Ausstattung der Rentnergesellschaft nicht nur für die Erfüllung der zugesagten laufenden Betriebsrenten, sondern auch für Anpassungen nach § 16 BetrAVG ausreichen, anderenfalls können – ohne Auswirkung auf die Wirksamkeit der Rechtsnachfolge der Rentnergesellschaft – Schadensersatzansprüche des Rentners gegen den übertragenden Rechtsträger gegeben sein[4]. Bei **aktiven** ArbN gilt allerdings – soweit dessen Voraussetzungen erfüllt sind – § 613a BGB, so dass die Versorgungsverpflichtung nicht vom ArbVerh getrennt werden kann. Außerhalb des Anwendungsbereichs des § 613a BGB können aber auch im bestehenden ArbVerh Ruhegeldverbindlichkeiten frei zugeordnet werden.

§ 4 kann durch **tarifvertragl. Regelung abbedungen** werden (§ 17 III), so dass eine Übertragung auch auf andere Rechtsträger erfolgen kann. Da der gesetzl. Insolvenzschutz nach § 7 nicht tarifdisponibel ist, kann nur auf insolvenzfeste Träger oder mit Zustimmung des PSVaG übertragen werden. 18

4a *Auskunftsanspruch*

(1) Der Arbeitgeber oder der Versorgungsträger hat dem Arbeitnehmer bei einem berechtigten Interesse auf dessen Verlangen schriftlich mitzuteilen,

1. in welcher Höhe aus der bisher erworbenen unverfallbaren Anwartschaft bei Erreichen der in der Versorgungsregelung vorgesehenen Altersgrenze ein Anspruch auf Altersversorgung besteht und
2. wie hoch bei einer Übertragung der Anwartschaft nach § 4 Abs. 3 der Übertragungswert ist.

(2) Der neue Arbeitgeber oder der Versorgungsträger hat dem Arbeitnehmer auf dessen Verlangen schriftlich mitzuteilen, in welcher Höhe aus dem Übertragungswert ein Anspruch auf Altersversorgung und ob eine Invaliditäts- oder Hinterbliebenenversorgung bestehen würde.

§ 4a wurde durch Gesetz v. 5.7.2004[5] eingefügt und normiert anstelle des § 2 VI aF Auskunftsansprüche des ArbN über die Höhe der Versorgungsanwartschaft. Für die Auskunftserteilung ist **Schriftform** vorgeschrieben. Von der Auskunft nach § 4a ist die Auskunftserteilung an das Gericht als Versorgungsträger im familienrechtlichen Versorgungsausgleichsverfahren zu unterscheiden[6]. 1

Abs. 1 betrifft den Auskunftswunsch ggü. dem aktuellen und dem **früheren ArbGeb**. Der ArbGeb oder sonstige Versorgungsträger hat dem ArbN mitzuteilen, in welcher Höhe Versorgungsleistungen bei Erreichen der in der Versorgungsregelung vorgesehenen Altersgrenze aus einer unverfallbaren Versorgungsanwartschaft beansprucht werden können. Dabei müssen die Informationen so genau sein, dass der Versorgungsberechtigte die Berechnung der Anwartschaftshöhe nachvollziehen kann[7]. Die im allg. Sprachgebrauch als Anwartschaftsausweis bezeichnete Auskunft ist nur **auf Verlangen** zu erteilen. Der ArbN hat dabei nur Anspruch auf eine Auskunft, nicht aber darauf, dass die Auskunft nach Maßgabe der Vorstellungen des ArbN etwa zum richtigen Berechnungsweg erteilt wird[8]. Das Gesetz verlangt außerdem ein **berechtigtes Interesse** des ArbN. Ein solches Interesse besteht bei Ausscheiden des ArbN, aber auch während des ArbVerh, etwa wenn der Mitarbeiter eine ergänzende Eigenvorsorge vornehmen möchte[9]. Kein Auskunftanspruch, auch nicht aus § 242 BGB, soll anlässlich eines Betriebsübergangs bestehen[10]. 2

Der **Inhalt der Auskunft** kann stets nur vorläufiger Natur sein. Denn nach dem Gesetz ist der ArbN darüber zu informieren, in welcher Höhe er Versorgungsleistungen bei Erreichen der in der Versorgungsregelung vorgesehenen Altersgrenze beanspruchen kann. Die bei Eintritt des Versorgungsfalles zu zahlende Betriebsrente kann niedriger sein, nämlich dann, wenn bei dem Versorgungsberechtigten vor Erreichen der Altersgrenze ein Versorgungsfall eintritt. Die zu erteilende Auskunft beinhaltet kein Schuldanerkenntnis[11]; sie ist reine Wissenserklärung und Information. Der ArbGeb erkennt damit weder dem Grunde noch der Höhe nach eine bestimmte Versorgungsanwartschaft an[12]. 3

Schadensersatzansprüche kommen allerdings dann in Betracht, wenn der ArbN im Vertrauen auf eine falsche Auskunft nachteilige Dispositionen getroffen hat, die im Hinblick auf seine Versorgungssituation nicht mehr revidiert werden können[13]. Erteilt der ArbGeb auf Anfrage keine Auskunft, kann 4

---

1 BAG 22.2.2005 – 3 AZR 499/03, DB 2005, 954; BVerwG 13.7.1999 – 1 C 13/98, DVBl. 1999, 1727. ||2 BAG 11.3.2008 – 3 AZR 358/06, DB 2008, 2369. ||3 BAG 11.3.2008 – 3 AZR 358/06, DB 2008, 2369; *v. Buddenbrock/Manhart*, DB 2009, 1237; *Höfer/Küpper*, DB 2009, 118. ||4 BAG 11.3.2008 – 3 AZR 358/06, DB 2008, 2369. ||5 G v. 5.7.2004, BGBl. I S. 1427. ||6 *Merten/Baumeister*, DB 2009, 957. ||7 BAG 9.12.1997 – 3 AZR 695/96, NZA 1998, 1171. ||8 BAG 23.8.2011 – 3 AZR 669/09, DB 2012, 527. ||9 BT-Drs. 15/2150, 54 zu Nr. 6. ||10 BAG 22.5.2007 – 3 AZR 834/05, ArbRB 2007, 161. ||11 *Höfer*, § 2 Rz. 3851 ff.; LAG Hamm 14.3.1995 – 6 Sa 1038/94, BetrAV 1995, 226. ||12 BAG 8.11.1983 – 3 AZR 511/81, BB 1984, 601. ||13 BAG 8.11.1983 – 3 AZR 511/81, BB 1984, 601; 17.6.2003 – 3 AZR 462/02, EzA § 2 BetrAVG Nr. 20.

diese im Klageweg erzwungen werden. Ein Rechtsstreit über Vollständigkeit und Richtigkeit einer Auskunft ist mittels einer **Feststellungsklage** zu führen[1]. Das Feststellungsinteresse ergibt sich aus Abs. 6[2].

5 Abs. 2 gewährt im Falle einer Übertragung von Anwartschaftswerten gem. § 4 III Auskunftsrechte ggü. dem **neuen ArbGeb** oder dem Träger der Versorgung. Wegen des klaren Verweises nur auf § 4 III besteht dem Wortlaut nach kein Anspruch auf Auskunft, wenn nach § 4 II Nr. 2 einvernehmlich der Anwartschaftswert übertragen wird[3]. Hier dürfte es sich um ein Redaktionsversehen handeln. Es ist kein Grund ersichtlich, weshalb dem ArbN bei einer freiwilligen Übertragung die betreffenden Auskünfte nicht zustehen sollten. Dem ArbN ist mitzuteilen, in welcher Höhe aus dem Übertragungswert ein Anspruch auf Altersversorgung besteht. Diese Information ist insb. deshalb von Interesse, weil der Inhalt der neuen Versorgungszusage von dem beim alten ArbGeb abweichen kann. Darüber hinaus ist Auskunft zu erteilen, ob ein Anspruch auf Invaliditäts- oder Hinterbliebenenversorgung besteht. Hier sieht der Gesetzgeber keinen Informationsanspruch über die Höhe der voraussichtlichen Leistungen vor. Tatsächlich werden sie idR auch nicht im Voraus berechenbar sein[4], weil sie auch vom Zeitpunkt des Eintritts des Versorgungsfalles abhängig sind.

6 Art. 11 **RL 2003/41/EG** enthält über § 4a hinausgehende Informationsrechte. Danach haben Versorgungsberechtigte Anspruch auf Überlassung des Jahresabschlusses und weiterer „ausführlicher und sachdienlicher" Informationen über den Versorgungsanspruch[5]. Die RL bedarf der Umsetzung in deutsches Recht[6]. Des Weiteren können auch TV und BV zusätzliche Auskunftsrechte begründen[7].

Zweiter Abschnitt. Auszehrungsverbot

5 *Auszehrung und Anrechnung*
(1) Die bei Eintritt des Versorgungsfalles festgesetzten Leistungen der betrieblichen Altersversorgung dürfen nicht mehr dadurch gemindert oder entzogen werden, dass Beträge, um die sich andere Versorgungsbezüge nach diesem Zeitpunkt durch Anpassung an die wirtschaftliche Entwicklung erhöhen, angerechnet oder bei der Begrenzung der Gesamtversorgung auf einen Höchstbetrag berücksichtigt werden.

(2) Leistungen der betrieblichen Altersversorgung dürfen durch Anrechnung oder Berücksichtigung anderer Versorgungsbezüge, soweit sie auf eigenen Beiträgen des Versorgungsempfängers beruhen, nicht gekürzt werden. Dies gilt nicht für Renten aus den gesetzlichen Rentenversicherungen, soweit sie auf Pflichtbeiträgen beruhen, sowie für sonstige Versorgungsbezüge, die mindestens zur Hälfte auf Beiträgen oder Zuschüssen des Arbeitgebers beruhen.

1 **I. Einführung.** Für die **inhaltliche Ausgestaltung** einer Versorgungszusage gilt grds. das Prinzip der **Vertragsfreiheit.** Der ArbGeb bestimmt weitgehend darüber, ob und ggf. welche Versorgung dem ArbN zuteil werden soll. Die Versorgungszusage kann eine Gesamtversorgung vorsehen oder Anrechnungs- und Begrenzungsklauseln enthalten. Soll bei einer Gesamtversorgungsobergrenze statt einer Bruttoeine bestimmte Nettoversorgung maßgebend sein, muss dies in der Versorgungsordnung deutlich gemacht werden[8]. Das betriebl. Ruhegeld dient bei Anrechnungs- und Begrenzungsklauseln dazu, einen unter Berücksichtigung sonstiger Versorgungsbezüge in der Versorgungszusage definierten Versorgungsbedarf abzudecken.

2 Das BetrAVG geht davon aus, dass anderweitige Versorgungsbezüge auf den betriebl. Ruhegeldanspruch **angerechnet** werden dürfen, soweit dies in der Versorgungszusage vorgesehen ist. § 5 schränkt die Anwendung anderweitiger Versorgungsbezüge ein. Zu Einschränkungen einer Anrechnung nach § 5 treten ggf. weitere Beschränkungen, zB aus § 75 BetrVG für Einkommen, das im Unterschied zu Leistungen aus einem Nachversorgungsfall auf eigenen Rechten beruht[9], oder dem Gleichbehandlungsgrundsatz, der es zB verbietet, nur Einkommen des Hinterbliebenen, das er beim Versorgungsschuldner erzielt, auf den Versorgungsanspruch anzurechnen[10].

3 **II. Auszehrungs- und Anrechnungsverbot. 1. Auszehrungsverbot.** Abs. 1 beinhaltet das sog. Auszehrungsverbot. Betriebl. Ruhegeldleistungen sollen durch spätere Veränderungen anzurechnender anderer Versorgungsleistungen nicht mehr vermindert werden können. Der bei Eintritt des Versorgungsfalles bestehende Versorgungsanspruch wird festgeschrieben; er soll dem Versorgungsberechtigten auch dann verbleiben, wenn sich eine anzurechnende Versorgungsleistung, etwa eine anzurechnende Rente aus der gesetzl. RV, später erhöht.

---

1 LAG Hamm 8.2.1994 – 6 (10) Sa 895/92, DB 1994, 892. || 2 LAG Hamm 7.3.1989 – 6 Sa 270/88, DB 1989, 1141. || 3 So auch *Langohr-Plato*, Rz. 637. || 4 *Höfer*, DB 2004, 1426 (1429). || 5 Pensionsfonds-RL, ABl. 2003 L 235/10 v. 23.9.2003. || 6 *Reinecke*, RdA 2005, 129 (131). || 7 *Reinecke*, RdA 2005, 129 (132). || 8 BAG 5.10.1999 – 3 AZR 230/98, NZA 2000, 839. || 9 BAG 18.5.2010 – 3 AZR 80/08, BB 2011, 443; 18.5.2010 – 3 AZR 97/08, EzA § 5 BetrAVG Nr. 35. || 10 BAG 19.7.2011 – 3 AZR 398/09, BAGE 138, 332.

Das Auszehrungsverbot stellt immer nur auf die **erstmalige Leistung** bei Eintritt des Versorgungsfalls ab. Es ist deshalb zulässig, die bei einem Gesamtversorgungssystem vor dem Anpassungstermin gewährte betriebl. Leistungshöhe wegen einer höheren Dynamisierung anzurechnender Versorgungsleistungen zu unterschreiten, wenn nur der bei Eintritt des Versorgungsfalls erstmalig festgesetzte Betrag nicht unterschritten wird[1]. Bei Prüfung des Auszehrungsverbots müssen die vom selben ArbGeb zugesagten Renten idR als Einheit betrachtet werden[2]. 4

Das Auszehrungsverbot des Abs. 1 gilt jedoch nur dann, wenn die anzurechnende Leistung an die **wirtschaftl. Entwicklung** angepasst wird. Darunter fallen ua. die jährlichen Erhöhungen der Leistungen der gesetzl. RV gem. § 65 iVm. § 68 SGB VI[3]. Das Auszehrungsverbot greift dagegen nicht, wenn die anzurechnende Leistung aus **anderen Gründen** erhöht wird oder eine anzurechnende Leistung hinzutritt[4]. Tritt bspw. eine höhere volle Rente wegen Erwerbsminderung oder eine höhere vorgezogene Altersrente an die Stelle einer niedrigeren Rente wegen teilweiser Erwerbsminderung, so kann der höhere Rentenbetrag angerechnet werden. In diesem Fall können sich die vom ArbGeb aufzubringenden Leistungen verringern. 5

Das Auszehrungsverbot gilt nur für **laufende Leistungen**, nicht jedoch für Anwartschaften[5]. Das Auszehrungsverbot ist ausnahmsw. auch während der Anwartschaftsphase zu beachten, wenn die Versorgungsanwartschaft bei Ausscheiden aus betriebsbedingten Gründen aufrechterhalten bleibt und bei der Ermittlung der Versorgungsobergrenze unterschiedliche Zeitpunkte für die Wertberechnung von Anwartschaft und SozV-Rente zugrunde gelegt werden[6]. Durch die Anrechnung anderweitiger Versorgungsleistungen können sich aber auch sog. Null-Leistungen ergeben[7], wenn durch die Entwicklung anzurechnender Versorgungsleistungen der definierte Versorgungsbedarf bereits abgedeckt wird. Nach Auffassung des BAG darf der ArbGeb aber Versorgungsleistungen nicht von vornherein so konzipieren, dass die Versorgungsanwartschaft bis zum Eintritt des Versorgungsfalles in der Regel durch den steigenden anderweitigen Versorgungsbezug aufgezehrt wird[8]. 6

Für Angestellte des **öffentl. Dienstes**, die Anspruch auf eine dynamische Gesamtversorgung haben, gilt gem. § 18 I das Auszehrungsverbot des § 5 nicht[9]. Nach § 17 I 1 kann in TV vom Auszehrungsverbot abgewichen werden, wozu sich eine Abweichung zweifelsfrei aus der tarifl. Regelung ergeben muss[10]. 7

2. Anrechnung anderweitiger Versorgungsbezüge. Eine Anrechnung anderweitiger Versorgungsbezüge ist möglich, wenn sie in der Versorgungsregelung vorgesehen ist. Die Anrechnung bedarf einer **besonderen und eindeutigen Rechtsgrundlage**, anderenfalls ist sie nicht zulässig[11]. 8

Abs. 2 beschränkt die Anrechenbarkeit anderweitiger Versorgungsbezüge. Versorgungsbezüge, die auf eigenen Beiträgen des Versorgungsempfängers beruhen, dürfen nicht angerechnet werden. Hierzu gehören etwa private Lebensversicherungen und Versorgungsleistungen von Berufsverbänden[12]. Von diesem Grundsatz macht das Gesetz eine Ausnahme. **Renten aus der gesetzl. RV**, soweit sie auf Pflichtbeiträgen beruhen, dürfen **voll** angerechnet werden, denn Pflichtbeiträge zur gesetzl. RV haben ArbGeb und ArbN regelmäßig zu gleichen Teilen aufzubringen. Gleiches gilt für sonstige Bezüge, die mindestens zur Hälfte auf Beiträgen oder Zuschüssen des ArbGeb beruhen. Dies betrifft idR Leistungen aus einer Pensionskasse oder einer Direktversicherung. 9

Eine auf Pflichtbeiträgen beruhende SozV-Rente kann selbst dann angerechnet werden, wenn der Versorgungsberechtigte die Wartezeit für die SozV-Rente mit **freiwilligen Beiträgen** erfüllt hat. Allerdings darf dann der Teil der SozV-Rente, der auf den freiwilligen Beiträgen beruht, nicht angerechnet werden[13]. Auch **ausländische Pflichtversicherungsrenten** sind anrechenbar[14]. Anrechenbar sind ferner Renten aus der **gesetzl. Unfallversicherung**. Nicht anrechenbar ist dabei jedoch derjenige Teil der Rente, der die Funktion eines Schmerzensgeldes hat. Dazu gehört mindestens die Grundrente nach dem Bundesversorgungsgesetz[15]. Anrechenbar sind schließlich auch anderweitige **Erwerbseinkünfte** und **Karenzentschädigungen** aus nachvertragl. Wettbewerbsverboten. Auch in diesen Fällen muss aber die anzurechnende Leistung in der Versorgungsregelung eindeutig bezeichnet sein[16]. Zulässig ist es deshalb, ein Arbeitseinkommen anzurechnen, welches der Berechtigte bei seinem ArbGeb oder einem anderen ArbGeb nach Eintritt des Versorgungsfalles bezieht[17]. Ebenso können Karenzentschädigungen für die Einhaltung eines nachvertragl. Wettbewerbsverbotes angerechnet werden. Nach Auffassung des BAG endet ein Wettbewerbsverbot und damit die Pflicht zur Zahlung einer Karenzentschädigung nicht 10

---

1 BAG 13.7.1978 – 3 AZR 873/77, NJW 1979, 831; 13.12.2011 – 3 AZR 731/09, NZA-RR 2012, 316. ‖ 2 BAG 13.12. 2011 – 3 AZR 731/09, NZA-RR 2012, 316. ‖ 3 *Höfer*, § 5 Rz. 4000. ‖ 4 BAG 18.5.2010 – 3 AZR 80/08, BB 2011, 443. ‖ 5 *Förster/Cisch/Karst*, § 5 Rz. 2 ff. ‖ 6 BAG 20.3.1984 – 3 AZR 22/82, DB 1984, 1995; vgl. aber auch BAG 20.11.1975 – 3 AZR 566/74, BB 1976, 364. ‖ 7 LAG Hamm 23.11.1977 – 11 Sa 953/77, DB 1978, 304; LAG Düss. 7.5.1980 – 16 Sa 29/80, BetrAV 1980, 267. ‖ 8 BAG 18.12.1975 – 3 AZR 58/75, AP Nr. 170 zu § 242 BGB Ruhegehalt. ‖ 9 BAG 28.6.1983 – 3 AZR 94/81, DB 1983, 2786; BVerfG 22.3.2000 – 1 BvR 1136/96, NJW 2000, 3341. ‖ 10 BAG 10.3.1992 – 3 AZR 352/91, NZA 1992, 935; 5.10.1999 – 3 AZR 230/98, NZA 2000, 839. ‖ 11 BAG 5.9.1989 – 3 AZR 654/87, NZA 1990, 269. ‖ 12 BAG 22.2.2000 – 3 AZR 39/99, NZA 2001, 541. ‖ 13 BAG 19.2.1976 – 3 AZR 212/75, DB 1976, 1237. ‖ 14 BAG 24.4.1990 – 3 AZR 309/88, NZA 1990, 936. ‖ 15 BAG 2.2.1988 – 3 AZR 115/86, DB 1988, 1273. ‖ 16 BAG 5.9.1989 – 3 AZR 654/87, NZA 1990, 269. ‖ 17 *Höfer*, § 5 Rz. 3977.

mit Eintritt in den Ruhestand, selbst wenn eine Betriebsrente gezahlt wird[1]. Zulässig ist es aber zu vereinbaren, dass die Karenzentschädigung dann auf die Betriebsrente anzurechnen ist[2]. Für die Anrechnung anderweitiger Leistungen, die keinen Versorgungscharakter haben, gelten iÜ die allg. Grundsätze. Es ist also das Willkürverbot zu beachten und der Gleichbehandlungsgrundsatz anzuwenden[3]. Bedenklich ist deshalb die Anrechnung von Privatvermögen oder Versicherungsleistungen.

11 Gesetzlich nicht geregelt ist, ob Leistungen aus einer **Entgeltumwandlung** oder aus **Eigenbeiträgen** angerechnet werden dürfen. Die ist zu verneinen, weil hier der Versorgungsberechtigte zumindest wirtschaftl. eigene Aufwendungen leistet, sei es durch Gehaltsverzicht oder Einbringung eigener Beiträge in das Versorgungswerk des ArbGeb. Würde man diese Leistungen dennoch anrechnen, dürfte der Gleichbehandlungsgrundsatz verletzt sein, weil ArbN, die ihr Entgelt außerhalb des ArbVerh zu Zwecken der Eigenvorsorge anlegen, keiner Anrechnung ausgesetzt sind. Dagegen können andere betriebl. arbeitgeberfinanzierte Leistungen angerechnet werden. Sie rühren aus demselben Versorgungsverhältnis her und sind deshalb als Einheit zu verstehen. Der ArbGeb darf deshalb zB Leistungen aus einer Direktversicherung auf Ansprüche aus einer unmittelbaren Versorgungszusage anrechnen.

12 **III. Rechtsfolge eines Verstoßes gegen das Auszehrungs- und Anrechnungsverbot.** Der Verstoß gegen die Regelungen in den Abs. 1 und 2 in einer vertragl. Vereinbarung führt zu deren Unwirksamkeit nach § 134 BGB. Der Versorgungsberechtigte kann die Differenzbeträge nachfordern. Hat der ArbGeb widerrechtl. Unfallrenten auf die betrAV angerechnet, führt auch dies zu einer Nachzahlungspflicht[4].

Dritter Abschnitt. Altersgrenze

6 *Vorzeitige Altersleistung*
Einem Arbeitnehmer, der die Altersrente aus der gesetzlichen Rentenversicherung als Vollrente in Anspruch nimmt, sind auf sein Verlangen nach Erfüllung der Wartezeit und sonstiger Leistungsvoraussetzungen Leistungen der betrieblichen Altersversorgung zu gewähren. Fällt die Altersrente aus der gesetzlichen Rentenversicherung wieder weg oder wird sie auf einen Teilbetrag beschränkt, so können auch die Leistungen der betrieblichen Altersversorgung eingestellt werden. Der ausgeschiedene Arbeitnehmer ist verpflichtet, die Aufnahme oder Ausübung einer Beschäftigung oder Erwerbstätigkeit, die zu einem Wegfall oder zu einer Beschränkung der Altersrente aus der gesetzlichen Rentenversicherung führt, dem Arbeitgeber oder sonstigen Versorgungsträgern unverzüglich anzuzeigen.

1 **I. Einführung.** § 6 ermöglicht dem Versorgungsberechtigten, schon vor Erreichen der Regelaltersgrenze in der gesetzl. RV betriebl. Ruhegeld in Anspruch zu nehmen, wenn gleichzeitig die Voraussetzungen für den Bezug einer Vollrente aus der gesetzl. RV erfüllt sind. Nicht jeder Bezug von betriebl. Ruhegeld vor Erreichen der Regelaltersgrenze beinhaltet eine vorzeitige Leistung iSd. § 6. Legt die Versorgungszusage eine frühere, vor Erreichen der Regelaltersgrenze liegende **feste** Altersgrenze fest, so können schon ab dem Erreichen dieser Altersgrenze betriebl. **Ruhegelder ungekürzt** in Anspruch genommen werden. Es handelt sich dann nicht um vorgezogene betriebl. Leistungen, selbst wenn die gesetzl. Rente nur als vorgezogenes Ruhegeld bezogen werden kann. Durch Gesetz v. 20.4.2007[5] wurden mit langen Übergangsfristen die Altersgrenzen in der gesetzl. RV neu festgelegt. Bis zum 31.12.2011 gilt als Regelaltersgrenze die Vollendung des 65. LJ. Von da an wird sie schrittweise erhöht, bis sie ab dem Geburtsjahrgang 1964 bei vollendetem 67. LJ liegt. Für einige Beschäftigtengruppen, wie zB schwerbehinderte Menschen gelten Besonderheiten (Einzelheiten s. Vorb. Rz. 106).

2 § 30a greift die Rspr. des EuGH zur Gleichbehandlung von Männern und Frauen bei Entgeltleistungen[6] auf. Darin ist bestimmt, dass Männern für nach dem 17.5.1990 abgeleistete Dienstzeiten eine vorzeitige Altersrente zu gewähren ist, wenn sie die für Frauen geltenden Anspruchsvoraussetzungen für eine vorzeitige gesetzl. Altersrente sowie die Leistungsvoraussetzungen der Versorgungszusage erfüllen.

3 § 6 verlangt, dass der ArbN eine Altersrente aus der gesetzl. RV als **Vollrente** bezieht; eine Teilrente genügt nicht. Eine Vollrente wird aber auch dann bezogen, wenn die SozV-Rente wegen vorzeitiger Inanspruchnahme nur mit Abschlägen (0,3 % für jeden Monat des vorzeitigen Bezugs) gezahlt wird.

4 **II. Bezug des betrieblichen Ruhegeldes vor Erreichen der Regelaltersgrenze.** § 6 bezieht sich nur auf betriebl. Altersruhegeld, nicht auch auf Invaliditäts- und Hinterbliebenenleistungen[7]. Die Möglichkeit, auch betriebl. Altersruhegeld vorzeitig in Anspruch zu nehmen, besteht selbst dann, wenn dies in der Versorgungsregelung **nicht vorgesehen** ist. Allerdings muss der Versorgungsberechtigte die übrigen Anspruchsvoraussetzungen erfüllen, insb. eine etwaige Wartezeit abgeleistet haben[8].

---

1 BAG 30.10.1984 – 3 AZR 213/82, BAGE 47, 125. ||2 BAG 26.2.1985 – 3 AZR 182/84, AP Nr. 30 zu § 611 BGB Konkurrenzklausel. ||3 *Höfer*, § 5 Rz. 3979. ||4 *Förster/Cisch/Karst*, § 5 Rz. 23. ||5 BGBl. I S. 554. ||6 EuGH 17.5.1990 – Rs. C-262/88, NZA 1990, 775 – Barber. ||7 *Blomeyer/Rolfs/Otto*, § 6 Rz. 12; *Höfer*, § 6 Rz. 4077. ||8 Vgl. *Höfer*, § 6 Rz. 4136 ff.

1. Inanspruchnahme der gesetzl. Altersrente. Gesetzl. Anspruch auf vorzeitige Ruhegeldleistungen 5
hat nur, wer die gesetzl. Altersrente **tatsächlich in Anspruch nimmt**. Der ArbN muss dem ArbGeb die
Inanspruchnahme der gesetzl. Altersrente nachweisen. Dies geschieht idR durch Vorlage eines Rentenbescheides. Oftmals verzögern sich allerdings die Rentenzahlungen des SozV-Trägers aus beim Versorgungsträger liegenden Gründen, die der Anspruchsberechtigte nicht beeinflussen kann. Der Rentenbescheid des RV-Trägers weist dann aber als Zeitpunkt des Eintritts des Versorgungsfalles das Datum
aus, zu dem alle für den vorzeitigen Rentenbezug notwendigen Voraussetzungen erfüllt waren. Der
ArbN hat dann ggf. einen Anspruch auf Rentennachzahlung ggü. seinem ArbGeb.

Bei den im Gesetz genannten **gesetzl. Altersrenten**, die einen vorzeitigen Anspruch auf betriebl. Ruhe- 6
geld auslösen können, handelt es sich um Altersrenten für langjährig Versicherte (§ 36 SGB VI), die
nach 63 LJ, und Altersrenten für schwerbehinderte Menschen (§ 37 SGB VI), die nach 62 LJ bezogen
werden können. Neu eingeführt wurde (mit Wirkung ab 2012) § 38 SGB VI die nach 65 LJ abschlagsfrei
beziehbare Rente für besonders langjährig Beschäftigte, die unter den Voraussetzungen des § 36
SGB VI ebenfalls vorzeitig nach 63 LJ beansprucht werden kann. Noch zeitlich befristete Sonderregelungen gibt es für langjährig Versicherte (§ 236 SGB VI), schwerbehinderte Menschen (§ 236a
SGB VI), Arbl. sowie ATZ-ArbN (§ 237 SGB VI) und für Frauen (§ 237a SGB VI). Erfasst sind jeweils bestimmte Geburtsjahrgänge mit bestimmter Anzahl von Versicherungsjahren. § 45 I SGB VI sieht daneben noch eine besondere Rente für Bergleute vor; sie ist aber keine Altersrente iSd. § 6.

Leistungen aus einer **befreienden Lebensversicherung** stehen der Inanspruchnahme der gesetzl. 7
Rente nicht gleich[1]. Anders verhält sich dies bei **berufsständischen Pflichtversorgungswerken**, zu denen auf Grund öffentl.-rechtl. Bestimmungen Pflichtbeiträge zu entrichten sind. Sie treten an die Stelle
der gesetzl. RV iSd. §§ 36–40 SGB VI. Die Inanspruchnahme vorzeitiger Renten aus diesen Versorgungswerken berechtigt deshalb auch zum Leistungsbezug eines betriebl. Ruhegeldes[2]. Denn es handelt sich
auch hier um öffentl.-rechtl. strukturierte Versorgungssysteme.

2. Erfüllung der Wartezeit. Vorzeitige betriebl. Ruhegeldleistungen kann nicht beanspruchen, wer 8
nach der Versorgungszusage eine abzuleistende Wartezeit noch nicht erfüllt hat. Der ArbGeb kann die
Wartezeit frei bestimmen. Sie darf ohne Weiteres **länger** bemessen sein als die gesetzl. Unverfallbarkeitsfristen[3]. Hat der ArbN bis zum Bezug der vorgezogenen gesetzl. Rente die Wartezeit noch nicht erfüllt, so führt dies aber keineswegs zu einem Leistungsausschluss. Vielmehr kann er sie, wenn das nach
der Versorgungszusage nicht ausgeschlossen ist, auch nach seinem Austritt **noch erfüllen**[4]. Betriebl.
Ruhegeldleistungen sind ihm dann ab dem Zeitpunkt zu gewähren, ab dem die Wartezeit erfüllt ist[5].
Nach Auffassung des BAG kommt es nicht darauf an, ob der ArbN bei Ausscheiden aus den Diensten
des ArbGeb und anschließendem Eintritt in den Ruhestand die Unverfallbarkeitsfrist des § 1b bereits
erfüllt hatte. Auch wenn er die Wartezeit noch nicht erfüllt hat, ist er nicht als Versorgungsanwärter zu
betrachten[6]. Keine Betriebsrentenleistungen kann er allerdings dann beanspruchen, wenn die Wartezeit auch nicht bis zum Erreichen der Regel- oder einer früheren festen Altersgrenze erfüllt werden
kann.

3. Sonstige Leistungsvoraussetzungen. Sonstige in der Versorgungszusage genannte Leistungs- 9
voraussetzungen müssen ebenfalls erfüllt sein. Dazu zählt regelmäßig, dass der ArbN tatsächlich aus
den Diensten seines ArbGeb **ausgeschieden** ist oder sogar jedwede **Erwerbstätigkeit aufgegeben** hat.
Nicht erforderlich ist, dass die Unverfallbarkeitsfristen des § 1 erfüllt werden. Darauf kommt es ohnehin
nicht an, wenn der ArbN aus Anlass des Versorgungsfalles ausgeschieden ist[7].

4. Zahlungsverlangen des Arbeitnehmers. Der **Versorgungsberechtigte** muss von seinem ArbGeb 10
Versorgungsleistungen verlangen. Er muss also initiativ werden. Der ArbGeb ist nicht von sich aus verpflichtet, vorzeitige Leistungen zu gewähren. Form und Frist des Leistungsverlangens richten sich
nach der Versorgungszusage. Soweit unmittelbare Rechtsbeziehungen zwischen dem ArbN und einem
die Altersversorgung durchführenden selbstständigen Versorgungsträger bestehen – in Betracht kommen insoweit die Pensionskasse, der Pensionsfonds, die U-Kasse sowie die Direktversicherung mit unwiderruflichem Bezugsrecht des ArbN – kann sich das Verlangen auch gegen den Versorgungsträger
selbst richten[8]. Zuständiger Adressat bei der Insolvenz des ArbGeb ist der PSVaG[9].

Der Anspruch unterliegt der **Verjährung** und **Verwirkung**[10]. 11

III. Wegfall der Leistungen. Fallen die Voraussetzungen für den Bezug der gesetzl. Altersrente weg, 12
endet auch die Verpflichtung zur Zahlung vorzeitiger betriebl. Ruhegelder. Dies kommt insb. dann in
Betracht, wenn der ArbN durch eine entgeltliche Tätigkeit die gesetzl. **Hinzuverdienstgrenzen überschreitet** (§ 34 II iVm. III Nr. 1 SGB VI) und deshalb keine (Voll-)Rente aus der SozV beziehen kann.
Der Wegfall der gesetzl. Altersrente führt nicht zu einem endgültigen Leistungsausschluss in der

---

[1] *Blomeyer/Rolfs/Otto*, § 6 Rz. 22; LAG Rh.-Pf. 24.7.1990 – 3 Sa 254/90, NZA 1991, 939. ‖ [2] AA *Höfer*, § 6 Rz. 4135; KKBH/*Kisters-Kölkes*, § 6 Rz. 7. ‖ [3] BAG 9.3.1982 – 3 AZR 389/79, DB 1982, 2089. ‖ [4] BAG 21.6.1979 – 3 AZR 232/78, BB 1980, 210. ‖ [5] BAG 28.2.1989 – 3 AZR 470/87, NZA 1989, 935. ‖ [6] BAG 28.2.1989 – 3 AZR 470/87, NZA 1989, 935. ‖ [7] BT-Drs. 7/1281, 30. ‖ [8] *Förster/Cisch/Karst*, § 6 Rz. 13. ‖ [9] BGH 9.6.1980 – II ZR 255/78, NJW 1980, 2257. ‖ [10] *Förster/Cisch/Karst*, § 6 Rz. 13.

betrAV. Bezieht der ArbN erneut eine Rente aus der gesetzl. RV, kann er ebenfalls die **Wiederaufnahme** der betriebl. Ruhegeldzahlungen verlangen. Die betriebl. Ruhegeldleistungen können auch dann eingestellt werden, wenn die gesetzl. Altersrente auf einen Teilbetrag beschränkt wird. Der Wegfall der gesetzl. Vollrente verpflichtet den ArbGeb nicht zur Leistungseinstellung. S. 2 räumt ihm hierzu lediglich die Möglichkeit ein. Dies ist letztlich nur eine rechtl. Selbstverständlichkeit. Denn das BetrAVG hindert den ArbGeb nicht, über das gesetzl. festgeschriebene Mindestmaß hinaus günstigere Regelungen zu treffen.

13 Wird nach der Versorgungsregelung ein **Kapitalbetrag** geschuldet, so gewährt der Wegfall der gesetzl. Altersrente kein teilweises Rückforderungsrecht. Der ArbN kann vielmehr die Kapitalleistung vollumfänglich behalten[1]. Der ausgeschiedene ArbN hat nach S. 3 **Informationsverpflichtungen**. Er muss den ArbGeb darüber unaufgefordert unterrichten, wenn die Voraussetzungen für den vorzeitigen Bezug des betriebl. Altersruhegeldes entfallen sind. Unterbleibt eine Information, kommen Rückzahlungsverpflichtungen und Schadensersatzleistungen in Betracht.

14 **IV. Höhe vorzeitiger Leistungen.** Gesetzlich ist nicht geregelt, in welcher Höhe der ArbN vorzeitige Leistungen verlangen kann[2]. Versorgungsregelungen können vorsehen, dass für den vorzeitigen Bezug von der Vollrente **Abschläge** vorzunehmen sind. Derartige Abschläge sind insb. deshalb gerechtfertigt, weil durch den vorzeitigen Bezug des Ruhegeldes die Gesamtaufwendungen nicht ausgeweitet werden sollen. Durch den voraussichtlich längeren Bezug des Ruhegeldes sollen insb. keine finanziellen Vorteile erwachsen[3]. Es gilt deshalb, der kürzeren Dienstzeit des Versorgungsberechtigten, der voraussichtlich längeren Bezugsdauer, der höheren Erlebenswahrscheinlichkeit und der Zinslast aus der vorzeitigen Zahlung Rechnung zu tragen[4].

15 **1. Berechnung bei vorgezogener Inanspruchnahme.** Tritt der Versorgungsberechtigte **unmittelbar** aus dem ArbVerh heraus in den Ruhestand, sind verschiedene Rechenschritte vorzunehmen, um zu angemessenen vorzeitigen betriebl. Ruhestandsleistungen zu gelangen.

16 **a) Verringerte Anzahl von Steigerungsbeträgen.** Sieht eine Versorgungszusage jährl. Steigerungsbeträge oder zu erdienende jährl. Rentenbausteine vor, kann die Höhe des Ruhegeldes so bestimmt werden, dass aufsteigend die bis zur vorzeitigen Verrentung erreichten Steigerungsbeträge oder Bausteine angesetzt werden[5]. Damit wird der verringerten Betriebszugehörigkeit Rechnung getragen.

17 **b) Quasiratierlicher Abschlag bei fehlender Regelung.** Oftmals fehlen in Versorgungszusagen Regelungen über die Bemessung der vorzeitigen Ruhegeldleistungen. Dies kann darauf beruhen, dass bei Schaffung der Versorgungsregelung noch keine rechtl. Möglichkeit der vorzeitigen Inanspruchnahme bestand oder aber die Inanspruchnahme vorzeitiger Leistungen einfach nicht bedacht wurde. Ist die Versorgungsregelung insoweit lückenhaft, lässt das BAG eine **dienstzeitabhängige Quotierung** der zugesagten Vollrente entsprechend § 2 I zu[6]. Entsprechendes gilt, wenn die Leistung nicht als Rente, sondern als Kapitalzahlung zugesagt ist[7]. Dabei lässt das BAG die längere Rentenbezugsdauer und die Zinsbelastung unberücksichtigt und gesteht dem ArbGeb eine Kürzungsmöglichkeit nur für die fehlende Dienstzeit zu.

18 Die Kürzung wegen der vorzeitigen Inanspruchnahme erfolgt daher im Verhältnis der **tatsächlichen Betriebszugehörigkeit** bis zum Eintritt des Versorgungsfalles zur **möglichen Betriebszugehörigkeit** bis zum Erreichen der Regelaltersgrenze oder einer früheren festen Altersgrenze.

19 Eine solche dienstzeitabhängige Quotierung kann natürlich auch Inhalt der Versorgungszusage sein. Sie gilt auch dann, wenn eine andere Regelung wegen Missachtung der Mitbest. des BR unwirksam ist[8].

20 **c) Versicherungsmathematischer Abschlag.** Um eine Wertgleichheit zwischen vorzeitigen und Regelaltersleistungen zu erreichen, lässt die Rspr.[9] zu, dass die Versorgungszusage versicherungsmathematische Abschläge vorsieht. Nachträglich kann ein solcher Abschlag nicht eingeführt werden[10]. Bei laufenden Renten werden gewöhnlich **Kürzungsfaktoren von 0,3–0,5 % für jeden Monat der vorzeitigen Inanspruchnahme**[11] vereinbart; wenn vertraglich ein versicherungsmathematischer Abschlag vorgesehen, aber nicht beziffert ist, nimmt das BAG einen Kürzungsfaktor von 0,5 % je Monat der vorzeitigen Inanspruchnahme an[12]. Eine derartige Kürzung gestattet das BAG auch ausnahmsw. dem PSVaG bei der Bemessung vorzeitiger Rentenleistungen[13], selbst wenn die Versorgungszusage einen versicherungsmathematischen Abschlag nicht enthält. Es sind auch andere Kürzungsmöglichkeiten denkbar.

---

1 *Höfer*, § 6 Rz. 4174. ||2 BAG 29.7.1997 – 3 AZR 134/96, NZA 1998, 544; 23.1.2001 – 3 AZR 164/00, BB 2001, 1854; 24.7.2001 – 3 AZR 684/00, BB 2001, 1688. ||3 BAG 22.4.1986 – 3 AZR 496/83, NZA 1986, 746; 23.1.2001 – 3 AZR 164/00, BB 2001, 1854. ||4 *Höfer*, § 6 Rz. 4209. ||5 BAG 23.1.2001 – 3 AZR 164/00, BB 2001, 1854; 1.6.1978 – 3 AZR 216/77, BAGE 33, 333. ||6 BAG 20.4.1982 – 3 AZR 1137/79 und 24.6.1986 – 3 AZR 630/84, AP Nr. 4 und 12 zu § 6 BetrAVG. ||7 BAG 25.6.2013 – 3 AZR 219/11, EBE/BAG 2013, 154. ||8 BAG 24.6.1986 – 3 AZR 630/84, DB 1987, 691. ||9 BAG 13.3.1990 – 3 AZR 338/89, NZA 1990, 692; 23.1.2001 – 3 AZR 164/00, BB 2001, 1854; 17.6.2008 – 3 AZR 783/06, nv.; 29.9.2010 – 3 AZR 557/08, BB 2011, 764. ||10 BAG 24.6.1986 – 3 AZR 630/84, DB 1987, 691. ||11 BAG 23.1.2001 – 3 AZR 164/00, BB 2001, 1854; 18.11.2003 – 3 AZR 517/02, BB 2004, 1455. ||12 BAG 29.9.2010 – 3 AZR 557/08, BB 2011, 764. ||13 BAG 20.4.1982 – 3 AZR 1137/79, DB 1982, 1830; 13.3.1990 – 3 AZR 338/89, DB 1990, 1619.

Dabei muss jedoch der arbeitsrechtl. Gleichbehandlungsgrundsatz berücksichtigt werden. Bezieher vorzeitiger betriebl. Ruhegelder dürfen nicht sachwidrig bevorzugt oder benachteiligt werden[1].

d) Anhebung der gesetzl. Altersgrenzen. Die Anhebung der gesetzl. Altersgrenzen kann Auswirkungen auf die Höhe vorgezogener Leistungen haben. Wird eine Betriebsrente mit Vollendung des 65. LJ bezogen, obwohl die Regelaltersgrenze für den Berechtigten erst später erreicht wird, handelt es sich um vorgezogene Leistungen, soweit die Zusage keine vor der Regelaltersgrenze liegende feste Altersgrenze definiert. Der Berechtigte muss dann mit Abschlägen wegen des vorzeitigen Bezugs rechnen. Das gilt ab 2012 auch für die ohne Abschläge nach 65 LJ vorgesehene Rente für besonders langjährig Versicherte (§ 38 SBG VI). Hier handelt es sich zwar nicht um eine vorgezogene gesetzl. Rente. Nimmt aber die betr. Versorgungszusage auf das Erreichen der Regelaltersgrenze Bezug, liegt im betriebsrentenrechtl. Sinn eine vorgezogene Leistung vor, die Abschläge ermöglicht[2]. Fraglich ist allerdings, ob nicht Grundsätze des Vertrauensschutzes es gebieten, es bei den bisherigen Altersgrenzen für den abschlagsfreien Bezug für vor dem 1.1.2008 eingetretene ArbN zu belassen[3]. Dafür könnte sprechen, dass der ArbGeb Einsparungen einseitig zu Lasten des ArbN realisieren könnte. Allerdings beruht die Anhebung der Altersgrenze auf einem gesetzgeberischen Akt, dessen Sinn darin lag, die aus dem demographischen Wandel folgenden Belastungen der gesetzl. RV abzumildern[4]. Diese Belastungen wirken sich gleichermaßen auf betriebl. Versorgungssysteme aus. Es gibt deshalb keinen Anlass, dem ArbGeb die Mehrbelastungen aus einer verlängerten Lebenserwartung aufzubürden. Ein Vertrauen des ArbN, auf Grund einer höheren Lebenserwartung eine auch höhere Gesamtleistung zu erhalten, ist demggü. nicht schutzwürdig.

2. Höhe bei Ausscheiden mit unverfallbarer Anwartschaft. Vorzeitige betriebl. Ruhegeldleistungen kann der ArbN auch dann verlangen, wenn er vor Eintritt des Versorgungsfalles mit einer unverfallbaren Anwartschaft ausgeschieden ist. Die Voraussetzungen für einen vorzeitigen Bezug nach § 6 müssen auch hier erfüllt sein. Außerdem besteht auch hier das Bedürfnis, die zugesagte Vollrente zu mindern, um die durch die vorgezogene Inanspruchnahme gestörte Wertgleichheit wieder herzustellen.

a) Kürzere Betriebszugehörigkeit. Zunächst hielt das BAG **bis zu drei Kürzungen** des Ruhegeldes bei vorzeitiger Inanspruchnahme für zulässig. Eine erste Kürzung konnte eintreten, weil der Versorgungsberechtigte in der Versorgungszusage vorgesehene Steigerungsbeträge für die Zeit zwischen dem vorzeitigen Versorgungsfall und der Altersgrenze nicht mehr erreichen konnte. Eine weitere Kürzung war über einen versicherungsmathematischen Abschlag wegen der früheren Inanspruchnahme möglich. Eine abschließende Kürzung ergab sich schließlich aus § 2 I, weil der Berechtigte schon vor der Pensionierung mit unverfallbarer Versorgungsanwartschaft ausgeschieden war[5]. Davon ist das BAG mit Urt. v. 23.1.2001 **abgerückt**. Das betriebl. Ruhegeld dürfe wegen der kürzeren Betriebszugehörigkeit nicht zweimal gekürzt werden. Eine dienstzeitbezogene Kürzung ergebe sich schon aus der geringeren Anzahl von Steigerungsbeträgen der quasiratierlichen Berechnung des Anspruchs entsprechend § 2 I. Sei der Berechtigte mit unverfallbarer Anwartschaft vor dem Versorgungsfall ausgeschieden, werde mit der ratierlichen Berechnung nach § 2 I der kürzeren Dienstzeit noch einmal Rechnung getragen. Denn als mögliche Betriebszugehörigkeit iSd. § 2 I werde nicht nur die Zeit bis zur vorzeitigen Inanspruchnahme, sondern vielmehr die gesamte Phase bis zur Altersgrenze veranschlagt. Da die ratierliche Berechnung nach § 2 I gesetzl. vorgeschrieben ist, müsste von der bis zum Erreichen der Altersgrenze (vollendetes 65. LJ oder frühere feste Altersgrenze) vorgesehenen Leistungshöhe[6] ausgegangen werden[7]. Die neue Rechtsprechung des BAG ist auf vielfältige Kritik gestoßen[8].

Einstweilen frei.

Bei der Berechnung der Invalidenrente lässt das BAG die zweifache Kürzung wegen einer geringen Betriebszugehörigkeit zu[9]. Angesichts des eindeutigen Wortlauts des § 2 I stellt das BAG dies auch nicht in Frage[10]. Es erklärt aber nicht überzeugend, weshalb der Gesetzgeber bei der Inanspruchnahme einer Invalidenrente eine zweifache Kürzung vor der Berechnung nach § 2 I vorgesehen hat, bei der vorgezogenen Altersrente eine solche Kürzung aber nicht gewollt haben soll[11]. Es dürfte auch schwer zu vermitteln sein, weshalb etwa ein 60-jähriger, der nach vorherigem Ausscheiden Invalidenrente in Anspruch nimmt, eine geringere Leistung erhält, als würde er stattdessen vorgezogenes Altersruhegeld beziehen.

Nicht geklärt ist, ob bei vorzeitigem Austritt mit unverfallbarer Anwartschaft wirklich eine Wertgleichheit der vorgezogenen Ruhegeldleistungen zu den Regelaltersleistungen gewährleistet ist. Ohne

---

1 *Höfer*, § 6 Rz. 4204; BAG 29.7.1997 – 3 AZR 114/96, NZA 1998, 543. ||2 *Baumeister/Merten*, DB 2007, 1306. ||3 So etwa *Höfer/Witt/Kuchem*, BB 2007, 1445. ||4 Vgl. BR-Drs. 2/07, 1 ff. ||5 BAG 13.3.1990 – 3 AZR 338/89, NZA 1990, 692; 12.3.1991 – 3 AZR 102/90, NZA 1991, 771. ||6 BAG 23.1.2001 – 3 AZR 164/00, BB 2001, 1854; 24.7.2001 – 3 AZR 684/00, BB 2001, 1688. ||7 Krit. zur Rspr. des BAG: *Höfer*, RdA 2001, 121; *Grabner/Bode*, BB 2001, 2425. ||8 Vgl. *Höfer*, BetrAV 2001, 454 und DB 2001, 2045; *Schumann*, EWiR 2001, 8; *Berenz*, DB 2001, 2346; *Blomeyer*, ZIP 2001, 225; *Grabner/Mey*, DB 2002, 591; *Grabner/Bode*, BB 2001, 2425; *Schipp*, NZA 2002, 1113; *Heubeck/Oster*, BetrAV 2001, 230; ausf. auch die 3. Aufl.; aA *Neumann*, BB 2001, 838. ||9 BAG 21.8.2001 – 3 AZR 649/00, DB 2002, 644. ||10 So auch BAG 21.8.2001 – 3 AZR 649/00, DB 2002, 644. ||11 *Neumann*, FS Förster, 2001, S. 219 (234); vgl. auch *Höfer*, BetrAV 2001, 454.

nähere Untersuchung geht das BAG davon aus, dass nicht nur die längere Rentenlaufzeit, sondern auch entstehende Zinsverluste und die höhere Erlebenswahrscheinlichkeit abgedeckt würden[1]. Es verweist auf *Höfer*[2], der allerdings betont, dass Reduktionsfaktoren von 0,4 bis 0,5 % pro Monat der vorzeitigen Inanspruchnahme dann einen hinreichenden Ausgleich bieten, wenn „die bereits dienstzeitanteilig herabgesetzte Altersleistung" zugrundelegt wird[3]. *Höfer* spricht also die schon ratierlich entsprechend § 2 I gekürzte Rente an. Zum Teil wird darauf hingewiesen, dass in den gängigen versicherungsmathematischen Abschlägen Zinsverluste und größere Erlebenswahrscheinlichkeiten des Versorgungsfalles gerade nicht berücksichtigt seien[4]. Andere halten einen über 0,5 % liegenden Abschlag für erwägenswert[5]. *Heubeck* legt höhere versicherungsmathematische Abschläge zugrunde, wobei darauf hingewiesen wird, dass entscheidend sein könne, welche Leistungen neben einem Altersruhegeld zugesagt würden (zB Hinterbliebenenversorgung, Invaliditätsrente)[6]. Die Höhe eines angemessenen Abschlages ist vom Inhalt der Zusage abhängig. Werden keine Hinterbliebenenleistungen versprochen, muss ein höherer Kürzungsfaktor angesetzt werden, weil dann im Falle des Todes des Versorgungsberechtigten nicht einmal die niedrigere Hinterbliebenenversorgung anfällt. Kürzungsfaktoren um 0,7 % könnten dann angebracht sein[7]. Mit dem Hinweis auf gängige versicherungsmathematische Abschläge kommt man nicht weiter; dabei wird nämlich übersehen, dass ArbGeb von einem höheren versicherungsmathematischen Abschlag im Vertrauen auf den Fortbestand der bisherigen Rspr. abgesehen haben könnten[8].

26 Allerdings stellt sich die Frage nach der angemessenen Höhe versicherungsmathematischer Abschläge unabhängig davon, ob der Versorgungsberechtigte bis zum Rentenfall gearbeitet hat oder vorher ausgeschieden ist. Zu erwägen wäre, ob nicht besser vom Barwert der Verpflichtung auszugehen ist, die der ArbGeb bei Erreichen der Altersgrenze zu erfüllen hätte[9]. Wer vorzeitig ausscheidet und vor der Altersgrenze Ruhegeld in Anspruch nimmt, hat keinen Anlass davon auszugehen, mehr zu erhalten als ginge er erst mit Erreichen der festen Altersgrenze in Pension. Er wird deshalb von vornherein mit solchen Berechnungen rechnen müssen, die das Ruhegeld wertmäßig auf das begrenzen, was zugesagt war.

27 Das BAG kann die neue Rspr. zur Berechnung von unverfallbaren Anwartschaften auf vorgezogenes Altersruhegeld nicht konsequent anwenden. Sowohl bei disproportionalen Versorgungszusagen als auch bei Gesamtversorgungssystemen führt die Rspr. zu Widersprüchen. Das BAG lässt deshalb in dem Grundsatzurteil v. 23.1.2001 ausdrücklich offen, ob die aufgestellten Berechnungsgrundsätze auch für Gesamtversorgungssysteme und ähnlich ausgestaltete Versorgungszusagen oder für Zusagen gelten, die einmalige Kapitalleistungen in Aussicht stellen[10]. Wie dann in solchen Fällen – vom BAG als untypische Fälle bezeichnet – gerechnet werden soll, ist nicht allg. gültig entschieden und wird einer Klärung in jedem Streitfall überlassen[11]. So hat das BAG eine Berechnungsalternative für sog. **aufsteigende Berechnungsregelungen** entwickelt. Unter einer aufsteigenden Berechnung eines vorgezogenen Ruhegeldes versteht das BAG Zusagen, die vorsehen, dass dem Berechtigten die Steigerungsanteile oder -beträge zustehen, die bis zur vorzeitigen Verrentung angewachsen sind[12]. Hier könne die bis zum vorzeitigen Ruhestand erreichbare Leistung im Verhältnis der tatsächlichen Betriebszugehörigkeit zur bis zum vorzeitigen Eintritt in den Ruhestand möglichen Zugehörigkeit gekürzt werden[13]. In einer neueren Entscheidung hat das BAG zugelassen, dass im Hinblick auf die bei vorzeitiger Inanspruchnahme kürzere Betriebstreue und längere Bezugsdauer zwei ausgleichende Korrekturen vorgenommen werden dürfen. Dabei liege es nahe, neben einem versicherungsmathematischen Abschlag eine Kürzung entsprechend § 2 I vorzunehmen. Letztere hat mit der ratierlichen Berechnung gem. Abs. 1 nichts zu tun, würde also zusätzlich vorgenommen[14]. Im Erg. stünden dann doch wieder drei Berechnungsschritte an; dies belegt die Unzulänglichkeit der Rspr.-Änderung des BAG.

Die neuen Berechnungsgrundsätze für vorgezogene Ruhegeldleistungen gelten auch, wenn die Versorgung über einen mittelbaren Versorgungsweg, etwa eine Pensionskasse, durchgeführt wird. Sieht deren Satzung noch eine Berechnung entsprechend der früheren Rspr. des BAG (s. Rz. 21) vor, kann uU der zusagende ArbGeb unmittelbar verpflichtet sein, für den Unterschiedsbetrag zu einer sich aus der Rechtsprechungsänderung ergebenden höheren Leistung einzustehen[15].

28 **b) Ratierliche Kürzung.** Der so errechnete Betrag ist im Verhältnis der Dauer der tatsächlichen Betriebszugehörigkeit bis zum vorzeitigen Ausscheiden zur Dauer der möglichen Betriebszugehörigkeit bis zum Erreichen der Regelaltersgrenze oder einer früheren festen Altersgrenze ratierlich zu kürzen[16]. Bei der Berechnung ist iÜ zu berücksichtigen, dass die Bemessungsgrundlagen auf den Zeitpunkt des Ausscheidens bei dem ArbGeb festgeschrieben werden (§ 2 V).

---

1 BAG 24.7.2001 – 3 AZR 587/00, NZA 2002, 672. ||2 *Höfer*, § 6 Rz. 4238. ||3 *Höfer*, § 6 Rz. 4233. ||4 *Blomeyer*, ZIP 2001, 225 (227). ||5 *Berenz*, DB 2001, 2346. ||6 HHPRW/*Heubeck*, § 6 Rz. 121. ||7 HHPRW/*Heubeck*, § 6 Rz. 126. ||8 So auch die Überlegung des BAG im Urt. v. 23.1.2001 – 3 AZR 164/00, DB 2001, 1887. ||9 Vgl. zB *Grabner/Bode*, BB 2001, 2425 (2426); ausführl. dazu die 3. Aufl. ||10 BAG 23.1.2001 – 3 AZR 164/00, DB 2001, 1887; bejahend für Zusagen mit Gesamtversorgungsobergrenze: BAG 19.6.2012 – 3 AZR 289/10, BB 2012, 2828. ||11 BAG 24.7.2001 – 3 AZR 567/00, NZA 2002, 672. ||12 *Förster*/Cisch, BB 2005, 773 (777). ||13 BAG 18.11.2003 – 3 AZR 517/02, BB 2004, 1455. ||14 BAG 7.9.2004 – 3 AZR 524/03, DB 2005, 839. ||15 BAG 23.3.2004 – 3 AZR 279/03, BAGReport 2004, 351. ||16 BAG 22.2.1983 – 3 AZR 546/80, NJW 1984, 996; 29.7.1997 – 3 AZR 134/96, NZA 1998, 544; demggü. krit. das BAG 21.3.2000 – 3 AZR 93/99, DB 2001, 206 und 23.1.2001 – 3 AZR 164/00, BB 2001, 1854.

c) Längere Laufzeit, höhere Erlebenswahrscheinlichkeit, Zinslast. Sieht die Versorgungszusage 29
einen versicherungsmathematischen Abschlag vor, darf dieser zum Ausgleich der verlängerten Rentenlaufzeit, der erhöhten Erlebenswahrscheinlichkeit und des Zinsverlustes für die frühere Bereitstellung der Versorgungsleistung angewendet werden. Der bei Vollendung des 65. LJ oder Erreichen der in der Versorgungsregelung festgelegten früheren festen Altersgrenze mögliche Anspruch ist dann um den vereinbarten versicherungsmathematischen Abschlag zu reduzieren. Anschließend erfolgt die ratierliche Kürzung gem. § 2.

Fehlt eine Kürzungsregelung in der Versorgungszusage, lässt das BAG einen sog. „unechten" oder 30
„untechnischen versicherungsmathematischen Abschlag"[1] zu. Dabei wird die bis zur festen Altersgrenze erreichbare Vollrente im Verhältnis der möglichen Dienstjahre bis zum Versorgungsfall zu der möglichen Dienstzeit bis zur festen Altersgrenze quotiert. Auch unter dem Gesichtspunkt des Vertrauensschutzes kommt eine solche Kürzung in Betracht: Hat nämlich der ArbGeb im Vertrauen auf die ältere Rspr. des BAG einen versicherungsmathematischen Abschlag nicht vorgenommen, weil seiner Auffassung nach die übrigen Kürzungsmöglichkeiten ausreichen, kann er als Ersatz dafür einen sog. unechten versicherungsmathematischen Abschlag vornehmen[2].

3. Hinterbliebenenrente und Invaliditätsleistungen. Bei einem vorzeitigen Ausscheiden mit unverfall- 31
barer Anwartschaft auf eine Invaliditätsrente oder eine Hinterbliebenenversorgung sind die vom BAG für den vorzeitigen Altersruhegeldbezug entwickelten Berechnungsgrundsätze nicht anzuwenden. Es handelt sich um andere Versorgungsformen, die der ArbGeb, wenn er Altersversorgungsleistungen verspricht, nicht zusätzlich zusagen muss. Nach Auffassung des BAG gab es für den Gesetzgeber besondere Gründe, zwischen tatsächlich bis zum Versorgungsfall erreichbarer Betriebszugehörigkeit und bei Ermittlung des Unverfallbarkeitsfaktors zu berücksichtigender möglicher Betriebszugehörigkeit zu unterscheiden[3]. Es hat deshalb die zur Berechnung vorgezogener Altersruhegelder entwickelte Rspr. nicht auf Invaliditäts- und Hinterbliebenenversorgungsansprüche[4] übertragen[5]. Hier ist deshalb anders zu rechnen: Zu ermitteln ist die bis zum Eintritt der Invalidität erreichbare Leistung. Davon sind, soweit in der Versorgungszusage vorgesehen, versicherungsmathematische Abschläge vorzunehmen. Sodann ist der sich ergebende Betrag gem. § 2 zu quotieren.

Vierter Abschnitt. Insolvenzsicherung

7 *Umfang des Versicherungsschutzes*
(1) [Versorgungsansprüche] Versorgungsempfänger, deren Ansprüche aus einer unmittelbaren Versorgungszusage des Arbeitgebers nicht erfüllt werden, weil über das Vermögen des Arbeitgebers oder über seinen Nachlass das Insolvenzverfahren eröffnet worden ist, und ihre Hinterbliebenen haben gegen den Träger der Insolvenzsicherung einen Anspruch in Höhe der Leistung, die der Arbeitgeber auf Grund der Versorgungszusage zu erbringen hätte, wenn das Insolvenzverfahren nicht eröffnet worden wäre. Satz 1 gilt entsprechend,
1. wenn Leistungen aus einer Direktversicherung auf Grund der in § 1b Abs. 2 Satz 3 genannten Tatbestände nicht gezahlt werden und der Arbeitgeber seiner Verpflichtung nach § 1b Abs. 2 Satz 3 wegen der Eröffnung des Insolvenzverfahrens nicht nachkommt,
2. wenn eine Unterstützungskasse oder ein Pensionsfonds die nach ihrer Versorgungsregelung vorgesehene Versorgung nicht erbringt, weil über das Vermögen oder den Nachlass eines Arbeitgebers, der der Unterstützungskasse oder dem Pensionsfonds Zuwendungen leistet (Trägerunternehmen), das Insolvenzverfahren eröffnet worden ist.

§ 14 des Versicherungsvertragsgesetzes findet entsprechende Anwendung. Der Eröffnung des Insolvenzverfahrens stehen bei der Anwendung der Sätze 1 bis 3 gleich
1. die Abweisung des Antrags auf Eröffnung des Insolvenzverfahrens mangels Masse,
2. der außergerichtliche Vergleich (Stundungs-, Quoten- oder Liquidationsvergleich) des Arbeitgebers mit seinen Gläubigern zur Abwendung eines Insolvenzverfahrens, wenn ihm der Träger der Insolvenzsicherung zustimmt,
3. die vollständige Beendigung der Betriebstätigkeit im Geltungsbereich dieses Gesetzes, wenn ein Antrag auf Eröffnung des Insolvenzverfahrens nicht gestellt worden ist und ein Insolvenzverfahren offensichtlich mangels Masse nicht in Betracht kommt.

(1a) [Anspruchszeitraum] Der Anspruch gegen den Träger der Insolvenzsicherung entsteht mit dem Beginn des Kalendermonats, der auf den Eintritt des Sicherungsfalles folgt. Der Anspruch endet mit Ablauf des Sterbemonats des Begünstigten, soweit in der Versorgungszusage des Arbeitgebers nicht

---

1 BAG 23.1.2001 – 3 AZR 164/00, BB 2001, 1854; 12.12.2006 – 3 AZR 716/05, NZA-RR 2007, 434. ||2 BAG 23.1. 2001 – 3 AZR 164/00, BB 2001, 1854. ||3 Vgl. näher *Neumann*, FS Förster, 2001, S. 219. ||4 BAG 15.2.2005 – 3 AZR 298/04, ArbuR 2005, 108. ||5 BAG 21.8.2001 – 3 AZR 649/00, EzA § 2 BetrAVG Nr. 17.

BetrAVG § 7 — Umfang des Versicherungsschutzes

etwas anderes bestimmt ist. In den Fällen des Absatzes 1 Satz 1 und 4 Nr. 1 und 3 umfasst der Anspruch auch rückständige Versorgungsleistungen, soweit diese bis zu zwölf Monaten vor Entstehen der Leistungspflicht des Trägers der Insolvenzsicherung entstanden sind.

(2) [Versorgungsanwartschaften] Personen, die bei Eröffnung des Insolvenzverfahrens oder bei Eintritt der nach Absatz 1 Satz 4 gleichstehenden Voraussetzungen (Sicherungsfall) eine nach § 1b unverfallbare Versorgungsanwartschaft haben, und ihre Hinterbliebenen haben bei Eintritt des Versorgungsfalls einen Anspruch gegen den Träger der Insolvenzsicherung, wenn die Anwartschaft beruht

1. auf einer unmittelbaren Versorgungszusage des Arbeitgebers oder
2. auf einer Direktversicherung und der Arbeitnehmer hinsichtlich der Leistungen des Versicherers widerruflich bezugsberechtigt ist oder die Leistungen auf Grund der in § 1b Abs. 2 Satz 3 genannten Tatbestände nicht gezahlt werden und der Arbeitgeber seiner Verpflichtung aus § 1b Abs. 2 Satz 3 wegen der Eröffnung des Insolvenzverfahrens nicht nachkommt.

Satz 1 gilt entsprechend für Personen, die zum Kreis der Begünstigten einer Unterstützungskasse oder eines Pensionsfonds gehören, wenn der Sicherungsfall bei einem Trägerunternehmen eingetreten ist. Die Höhe des Anspruchs richtet sich nach der Höhe der Leistungen gemäß § 2 Abs. 1, 2 Satz 2 und Abs. 5, bei Unterstützungskassen nach dem Teil der nach der Versorgungsregelung vorgesehenen Versorgung, der dem Verhältnis der Dauer der Betriebszugehörigkeit zu der Zeit vom Beginn der Betriebszugehörigkeit bis zum Erreichen der in der Versorgungsregelung vorgesehenen festen Altersgrenze entspricht, es sei denn, § 2 Abs. 5a ist anwendbar. Für die Berechnung der Höhe des Anspruchs nach Satz 3 wird die Betriebszugehörigkeit bis zum Eintritt des Sicherungsfalles berücksichtigt. Bei Pensionsfonds mit Leistungszusagen gelten für die Höhe des Anspruchs die Bestimmungen für unmittelbare Versorgungszusagen entsprechend, bei Beitragszusagen mit Mindestleistung gilt für die Höhe des Anspruchs § 2 Abs. 5b.

(3) [Höchstgrenze] Ein Anspruch auf laufende Leistungen gegen den Träger der Insolvenzsicherung beträgt im Monat höchstens das Dreifache der im Zeitpunkt der ersten Fälligkeit maßgebenden monatlichen Bezugsgröße gemäß § 18 des Vierten Buches Sozialgesetzbuch. Satz 1 gilt entsprechend bei einem Anspruch auf Kapitalleistungen mit der Maßgabe, dass zehn vom Hundert der Leistung als Jahresbetrag einer laufenden Leistung anzusetzen sind.

(4) [Anzurechnende Leistungen] Ein Anspruch auf Leistungen gegen den Träger der Insolvenzsicherung vermindert sich in dem Umfang, in dem der Arbeitgeber oder sonstige Träger der Versorgung die Leistungen der betrieblichen Altersversorgung erbringt. Wird im Insolvenzverfahren ein Insolvenzplan bestätigt, vermindert sich der Anspruch auf Leistungen gegen den Träger der Insolvenzsicherung insoweit, als nach dem Insolvenzplan der Arbeitgeber oder sonstige Träger der Versorgung einen Teil der Leistungen selbst zu erbringen hat. Sieht der Insolvenzplan vor, dass der Arbeitgeber oder sonstige Träger der Versorgung die Leistungen der betrieblichen Altersversorgung von einem bestimmten Zeitpunkt an selbst zu erbringen hat, entfällt der Anspruch auf Leistungen gegen den Träger der Insolvenzsicherung von diesem Zeitpunkt an. Die Sätze 2 und 3 sind für den außergerichtlichen Vergleich nach Absatz 1 Satz 4 Nr. 2 entsprechend anzuwenden. Im Insolvenzplan soll vorgesehen werden, dass bei einer nachhaltigen Besserung der wirtschaftlichen Lage des Arbeitgebers die vom Träger der Insolvenzsicherung zu erbringenden Leistungen ganz oder zum Teil vom Arbeitgeber oder sonstigen Träger der Versorgung wieder übernommen werden.

(5) [Versicherungsmissbrauch] Ein Anspruch gegen den Träger der Insolvenzsicherung besteht nicht, soweit nach den Umständen des Falles die Annahme gerechtfertigt ist, dass es der alleinige oder überwiegende Zweck der Versorgungszusage oder ihre Verbesserung oder der für die Direktversicherung in § 1b Abs. 2 Satz 3 genannten Tatbestände gewesen ist, den Träger der Insolvenzsicherung in Anspruch zu nehmen. Diese Annahme ist insbesondere dann gerechtfertigt, wenn bei Erteilung oder Verbesserung der Versorgungszusage wegen der wirtschaftlichen Lage des Arbeitgebers zu erwarten war, dass die Zusage nicht erfüllt werde. Ein Anspruch auf Leistungen gegen den Träger der Insolvenzsicherung besteht bei Zusagen und Verbesserungen von Zusagen, die in den beiden letzten Jahren vor dem Eintritt des Sicherungsfalls erfolgt sind, nur

1. für ab dem 1. Januar 2002 gegebene Zusagen, soweit bei Entgeltumwandlung Beträge von bis zu 4 vom Hundert der Beitragsbemessungsgrenze in der allgemeinen Rentenversicherung für eine betriebliche Altersversorgung verwendet werden oder
2. für im Rahmen von Übertragungen gegebene Zusagen, soweit der Übertragungswert die Beitragsbemessungsgrenze in der allgemeinen Rentenversicherung nicht übersteigt.

(6) [Katastrophenfall] Ist der Sicherungsfall durch kriegerische Ereignisse, innere Unruhen, Naturkatastrophen oder Kernenergie verursacht worden, kann der Träger der Insolvenzsicherung mit Zustimmung der Bundesanstalt für Finanzdienstleistungsaufsicht die Leistungen nach billigem Ermessen abweichend von den Absätzen 1 bis 5 festsetzen.

I. Einführung 1	1. Laufende Leistungen 7
II. Geschützte Durchführungswege 2	2. Anwartschaften 14
III. Geschützte Versorgungsrechte 6	3. Keine Anpassung von Anwartschaften 27

IV. Sicherungsfälle	28	2. Trotz Insolvenz erbrachte Leistungen	52
1. Unternehmensliquidation	30	3. Höchstgrenze	53
2. Unternehmensfortführung	44	4. Rückständige Leistungen	56
V. Leistungseinschränkungen	50	VI. Versicherungsmissbrauch	57
1. Außergerichtlicher Vergleich und bestätigter Insolvenzplan	51	VII. Vertragliche Sicherung in der Insolvenz	60

I. Einführung. Mit Gesetz v. 19.12.1974 wurde ein **Insolvenzschutz** für betriebl. Ruhegelder eingeführt. Kann der ArbGeb Versorgungsansprüche nicht mehr erfüllen, weil er insolvent geworden ist, erhält der Versorgungsberechtigte einen gesetzl. Anspruch gegen den **Pensions-Sicherungs-Verein auf Gegenseitigkeit (PSVaG)**. Bis dahin gab es keine Absicherung für Versorgungsberechtigte, wenn der ArbGeb nicht mehr leistungsfähig war. Schon seit 1968 gab es deshalb Bestrebungen zur Absicherung von betriebl. Versorgungsansprüchen im Insolvenzfall[1]. Für Sicherungsfälle, die nach dem 1.1.1975 eingetreten sind (§ 30 S. 1 iVm. § 32 S. 2) besteht eine Insolvenzsicherung nach versicherungsförmigen Grundsätzen. Mit dem RRG 1999 wurde die Insolvenzsicherung novelliert[2]. Ua. trat an die Stelle unterschiedlicher Verfahren ein einheitliches Insolvenzverfahren. Die Höchstgrenze für die Sicherung von Ansprüchen wurde herabgesetzt. Arbeitnehmerfinanzierte Ansprüche wurden in die Insolvenzsicherung einbezogen. Mit dem AVmG[3] wurden weitere Änderungen vorgenommen, die mit dem Gesetz zur Einführung einer Kapitalgedeckten Hüttenknappschaftlichen Zusatzversicherung und zur Änderung anderer Gesetze ergänzt wurden[4]. 1

II. Geschützte Durchführungswege. Nicht alle Durchführungswege bedürfen des Insolvenzschutzes. Wo kein Ausfallrisiko besteht, sind Leistungen des PSVaG überflüssig. Die **Pensionskasse** unterliegt der strengen Aufsicht durch die BaFin. Ein Insolvenzschutz ist deshalb nicht erforderlich. Zwar unterliegt auch der Pensionsfonds der Versicherungsaufsicht. Diese ist aber weniger streng und ermöglicht höhere Anlagerisiken, so dass ein Insolvenzschutzbedürfnis besteht[5]. **Öffentl.-rechtl. Versorgungsträger**, soweit sie nicht insolvenzfähig sind, benötigen ebenfalls keinen Schutz. Bei **Direktversicherungen** mit **unwiderruflichem** Bezugsrecht ist ein Insolvenzschutz nur insoweit erforderlich, wie die Versicherung vom ArbGeb (ggf. mit Zustimmung des ArbN) abgetreten, verpfändet oder beliehen ist[6]. Bei sog. **eingeschränkt widerruflichen Bezugsrechten**[7] bleibt das Widerrufsrecht unter den allg. Voraussetzungen in der Insolvenz erhalten, so dass bei fortdauerndem Widerrufsrecht der Rückkaufswert der Masse zusteht. Wenn nach Auslegung des Versicherungsvertrags hingegen kein Widerrufsrecht besteht, gehören die Rechte aus dem Versicherungsvertrag zum Vermögen des ArbN. In diesem Zusammenhang hat das BAG zuletzt hervorgehoben, dass für die Auslegung des Versicherungsvertrags die betriebsrentenrechtl. Wertungen maßgeblich sind, daher also zB eine Beendigung des ArbVerh nicht angenommen werden kann, wenn sich in der Insolvenz ein Betriebsübergang ereignet[8], und sich der Eintritt von Unverfallbarkeit nach Betriebsrentenrecht beurteilt[9]. Einbußen bei einer Direktversicherung, die trotz unwiderruflichen Bezugsrechts entstanden sind, weil der ArbGeb die Beiträge an den Versicherer nicht vertragsmäßig entrichtet hat, sind nicht insolvenzgesichert[10]. Denn Ursache ist hier nicht die Insolvenz des ArbGeb, sondern dessen vertragswidriges Verhalten. Für Schadensersatzansprüche besteht ein gesetzl. Insolvenzschutz generell nicht. 2

Bei allen anderen Durchführungswegen (unmittelbare Versorgungszusage, Direktversicherung mit widerruflichem Bezugsrecht, U-Kasse, Pensionsfonds) besteht ein uneingeschränkter Insolvenzschutz. Im Hinblick auf die U-Kasse ist zu berücksichtigen, dass nicht bei dieser, sondern bei dem Trägerunternehmen der Sicherungsfall eingetreten sein muss[11]. 3

Der Insolvenzsicherungsanspruch deckt bei laufenden Versorgungszahlungen auch die vom **Pensionsfonds** geschuldete Versorgungsleistung ab. Bei Versorgungsanwartschaften richtet sich die Höhe des Insolvenzsicherungsanspruchs nach der gem. § 2 iVm. IIIa quotierten Versorgungsleistung, wenn eine **Leistungszusage** vorliegt. Bei **Beitragszusagen mit Mindestleistung** gilt für die Höhe des Anspruches § 2 Vb. Versichert ist also nur das bis zur Insolvenz auf Grund der geleisteten Beiträge dem ArbN planmäßig zuzurechnende Versorgungskapital, mindestens die Summe der bis dahin zugesagten Beiträge, soweit sie nicht rechnungsmäßig für einen biometrischen Risikoausgleich verbraucht wurden. 4

Ein **gut dotierter** Pensionsfonds ist trotz Insolvenz des Trägerunternehmens unter Umständen in der Lage, die versprochenen Leistungen zu gewähren. Deswegen gestattet das Gesetz dem Pensionsfonds, innerhalb eines Monats nach Eintritt der Insolvenz bei der BaFin die Genehmigung zu beantragen, selbst die Ansprüche der ArbN des insolventen Unternehmens zu erfüllen (§ 8 Ia 3). Die Genehmigung kann die BaFin nur dann erteilen, wenn durch dessen Auflagen die dauernde Erfüllbarkeit der Versorgungsleistungen aus dem Pensionsplan sichergestellt werden kann (§ 8 Ia 2). Wird die Genehmigung er- 5

---

[1] 25 Jahre Pensions-Sicherungs-Verein, Köln 2000, S. 214 ff. ||[2] BGBl. 1997 I S. 2998 (3025). ||[3] BGBl. 2001 I S. 1310. ||[4] BGBl. 2002 I S. 2167. ||[5] Vgl. auch *Gerke/Heubeck*, BetrAV 2002, 433. ||[6] BAG 17.10.1995 – 3 AZR 420/94, NZA 1996, 880. ||[7] BAG 17.1.2012 – 3 AZR 776/09, nv. ||[8] BAG 15.6.2010 – 3 AZR 334/06, MDR 2011, 308; v. 18.9.2012 – 3 AZR 176/10, ZIP 2012, 2269. ||[9] BAG 15.6.2010 – 3 AZR 31/07, DB 2010, 2678. ||[10] BAG 17.11.1992 – 3 AZR 51/92, NZA 1993, 843. ||[11] BAG 14.12.1993 – 3 AZR 618/93, NZA 1994, 554.

teilt, überträgt der PSVaG die Leistungspflicht auf den Pensionsfonds, der PSVaG ist damit aus seiner Verpflichtung endgültig entlassen. Verweigert die BaFin die Genehmigung zur Leistungserfüllung durch den Pensionsfonds, so muss der PSVaG anstelle des Pensionsfonds die versprochenen Versorgungsleistungen erbringen. In diesem Fall geht das Vermögen des Pensionsfonds auf den PSVaG über (§ 9 IIIa iVm. III).

6 **III. Geschützte Versorgungsrechte.** § 7 schützt laufende Versorgungsleistungen und unverfallbare Anwartschaften:

7 **1. Laufende Leistungen.** In erster Linie ist der PSVaG eintrittspflichtig für laufende Leistungen, die der ArbGeb insolvenzbedingt nicht mehr erbringen kann. Der PSVaG wird dabei nicht Rechtsnachfolger des insolventen ArbGeb. Vielmehr begründet der Eintritt des Sicherungsfalles ein **gesetzl. Schuldverhältnis**[1]. Steht aber rechtskräftig fest, dass der insolvente ArbGeb (aus Gründen, die nichts mit der Eintrittspflicht des PSVaG zu tun haben) nicht leistungspflichtig ist, kommt auch ein Anspruch gegen den PSVaG nicht in Betracht[2].

8 Der Anspruch gegen den PSVaG ist ein Versicherungsanspruch, allerdings keiner aus einem Versicherungsvertrag[3]. Die Zahlungsverpflichtung des PSVaG besteht deshalb unabhängig davon, ob Versicherungsbeiträge entrichtet wurden, umgekehrt entsteht durch Zahlung von Beiträgen kein Anspruch auf Insolvenzleistungen[4], zB weil der geltend gemachte Anspruch nicht sicherungsfähig ist[5].

9 Maßgeblich für die Aufnahme von Leistungen ist der **Insolvenzstichtag**. In den Sicherungsfällen des Abs. 1 S. 1 und 2 sowie S. 4 Nr. 1 ist dies der Tag, der sich aus dem jeweiligen Gerichtsbeschluss ergibt, etwa dem Insolvenzverfahrenseröffnungsbeschluss. Im Fall der Nr. 2 ist es der Tag, an dem der ArbGeb sich unter Mitteilung seiner Zahlungsunfähigkeit an seine Gläubiger gewandt hat[6]. Der Zeitpunkt des Eintritts des Sicherungsfalles ist insoweit Absprachen zwischen dem ArbGeb und dem PSVaG zugänglich[7]. Bei dem Sicherungsfall der Nr. 3 kommt es darauf an, wann der ArbGeb den Pensionären die Versorgungsleistungen mit der Begründung verweigert, er habe kein für die Eröffnung des Insolvenzverfahrens ausreichendes Vermögen und der PSVaG vom ArbGeb oder den Pensionären unter Hinweis hierauf in Anspruch genommen wird[8]. Im Falle der wirtschaftl. Notlage war Insolvenzstichtag der Zeitpunkt, der sich aus dem Gerichtsurteil oder der Zustimmung des PSVaG gem. Abs. 1 S. 4 BetrAVG ergab.

10 Der Anspruch gegen den PSVaG entsteht mit dem Beginn des auf den Sicherungsfall folgenden Monats (Abs. 1a). Der PSVaG haftet in den Fällen des Abs. 1 S. 1 und 4 Nr. 1 und Nr. 3 nicht nur für ab diesem Zeitpunkt fällige Leistungen, sondern auch – allerdings zeitlich beschränkt – für **rückständige Leistungen**, die vor dem Insolvenzstichtag fällig geworden sind und zwar für rückständige Leistungen der letzten zwölf Monate (Abs. 1a S. 3 idF bis zum 31.12.2008: sechs Monate) vor dem Entstehen des Anspruchs. Maßgeblich ist, für welchen Zeitraum die rückständige Betriebsrente geschuldet ist[9].

11 Gesichert sind Rentner, dh. Personen, die bereits Leistungen der betrAV beziehen. Hierzu gehören auch Personen, die zum Zeitpunkt des Sicherungsfalles die Voraussetzungen für einen Ruhegeldanspruch voll erfüllen, aber noch keine Leistungen bezogen haben (sog. **technischer Rentner**)[10].

12 Eine **Anpassung laufender Leistungen** der Insolvenzsicherung sieht das Gesetz **nicht** vor. § 16 ist auf den Anspruch gegen den PSVaG nicht anwendbar[11]. Das BAG begründet seine Auffassung damit, dass der gesetzl. Insolvenzschutz den ArbN nicht besser stellen wolle als einen ArbN eines zwar Not leidenden, aber noch nicht insolventen ArbGeb. Dieser müsse letztlich auf Anpassungen verzichten, solange es seinem ArbGeb schlecht gehe. Ein Anspruch auf Anpassung laufender Leistungen besteht aber dann, wenn er sich aus der Versorgungszusage selbst ergibt[12].

13 Eine Verpflichtung, Renten in einer bestimmten Weise anzuheben, kann sich auch aus einer **betrieblichen Übung** ergeben. Der Inhalt der betrieblichen Übung ist im Einzelnen zu ermitteln. Die daraus folgende Bindung geht jedoch im Zweifel nicht weiter als die Anpassungspflicht nach § 16, die für den PSVaG gerade nicht besteht[13]. Dagegen bewirkt die Veränderungssperre des § 2 V, dass versprochene Anpassungen nach variablen Bezugsgrößen wie Zusagen durch ein Konditionskartell – etwa dem Bochumer, Duisburger oder Essener Verband – vom PSVaG nicht zu übernehmen sind, wenn der ArbN vor der Insolvenz bei seinem ArbGeb mit unverfallbarer Anwartschaft ausgeschieden war (vgl. auch Rz. 27)[14].

14 **2. Anwartschaften.** Insolvenzschutz besteht nach Abs. 2 auch für Versorgungsanwartschaften.

---

1 BAG 30.8.1979 – 3 AZR 381/78, DB 1979, 2330. ||2 BAG 23.3.1999 – 3 AZR 625/97, NZA 1999, 652. ||3 Vgl. *Paulsdorff*, § 7 Rz. 13. ||4 Vgl. *Paulsdorff*, § 7 Rz. 14; KKBH/*Berenz*, § 7 Rz. 4. ||5 BAG 23.3.1999 – 3 AZR 625/97, NZA 1999, 652. ||6 *Paulsdorff*, § 7 Rz. 17. ||7 BAG 14.12.1993 – 3 AZR 618/93, NZA 1994, 554. ||8 BAG 11.9.1980 – 3 AZR 544/79, DB 1981, 645. ||9 BAG 26.8.1986 – 3 AZR 98/85, NZA 1987, 450. ||10 Zum Begriff vgl. *Höfer*, ART Rz. 569; *Paulsdorff*, § 7 Rz. 46; KKBH/*Berenz*, § 7 Rz. 8; vgl. auch BAG 26.1.1999 – 3 AZR 464/97, NZA 1999, 711. ||11 BAG 3.2.1987 – 3 AZR 330/85, NZA 1987, 666; 5.10.1993 – 3 AZR 698/92, NZA 1994, 459. ||12 BAG 22.11.1994 – 3 AZR 767/93, NZA 1995, 887; 8.6.1999 – 3 AZR 39/98, DB 1999, 2071. ||13 BAG 3.12.1985 – 3 AZR 577/83, NZA 1986, 787; 3.2.1987 – 3 AZR 330/85, NZA 1987, 666. ||14 BAG 4.4.2000 – 3 AZR 458/98, BB 2000, 883.

a) **Voraussetzungen des Insolvenzschutzes.** Voraussetzung ist, dass bei Eintritt der Insolvenz oder bei einem früheren Ausscheiden vor der Insolvenz eine **unverfallbare Versorgungsanwartschaft** besteht. Für den Insolvenzschutz verlangt Abs. 2 eine nach § 1b unverfallbare Versorgungsanwartschaft. Die **gesetzl. Unverfallbarkeitsfristen** müssen folglich erfüllt sein[1]. Anwartschaften, die nur auf Grund vertragl. Abrede unverfallbar sind, genießen deshalb keinen Insolvenzschutz. 15

Einstweilen frei. 16

Die Unverfallbarkeitsvoraussetzungen müssen **spätestens bei Eintritt des Sicherungsfalles** erfüllt sein. Für Vorruheständler gelten hier besondere Vergünstigungen. Sie genießen auch dann Insolvenzschutz, wenn sie nach ihrem Ausscheiden die allg. Unverfallbarkeitsvoraussetzungen des § 1b I 1 bei Eintritt der Insolvenz noch nicht erfüllt haben. Denn nach § 1b I 2 behält ein ArbN seine Anwartschaft auch dann, wenn er auf Grund einer Vorruhestandsregelung ausscheidet und ohne das vorherige Ausscheiden die Wartezeit und die sonstigen Voraussetzungen für den Bezug von Leistungen der betrAV hätte erfüllen können. Nach Auffassung des BAG wollte der Gesetzgeber den Vorruhestand bewusst fördern. Dazu gehöre auch eine Verbesserung der Unverfallbarkeitsbedingungen[2]. 17

Nicht insolvenzgeschützt sind dagegen **vertragl. Abreden**, es sei denn, sie erfüllen zugleich die vom BAG im Urt. v. 10.3.1972 aufgestellten Kriterien oder aber die gesetzl. Unverfallbarkeitsfristen des § 1b. Der gesetzl. Insolvenzschutz steht nicht zur Disposition der Vertrags-, Betriebs- und Tarifpartner[3]. Jede über das Gesetz hinausgehende Regelung mag deshalb zwar zwischen den Arbeitsvertragsparteien Rechtswirkungen entfalten, ist aber ggü. dem Träger der gesetzl. Insolvenzsicherung unwirksam[4]. 18

b) **Anrechenbare Zeit.** Nach der Rspr. des BAG kann eine vertragl. **Anrechnung von Vordienstzeiten** im Ausnahmefall auch zum Erwerb einer unverfallbaren und insolvenzgeschützten Versorgungsanwartschaft führen[5]. Es begründet die Anrechenbarkeit von Vordienstzeiten damit, dass die Betriebsrente in erster Linie Vergütung für eine langjährige Betriebstreue sei, welche nicht ersatzlos wegfallen dürfe, wenn der ArbN bestimmte Fristen im Dienste seines ArbGeb zurückgelegt habe[6]. Soweit das BAG die Anrechnung von Vordienstzeiten insoweit für zulässig erachtet, unterstellt es nicht eine vertragl. Anrechnungsvereinbarung dem Insolvenzschutz. Vielmehr erfüllt in bestimmen Fällen auch eine angerechnete Betriebszugehörigkeit das gesetzl. Tatbestandsmerkmal der Betriebszugehörigkeit, wie es von § 1 aF verlangt wurde[7]. In § 1b ist zwar nur noch vom Bestehen der Versorgungszusage die Rede. Vom BetrAVG erfasst aber nur die Zusage, die von einem Arbeits- oder ähnlichen Verhältnis unterlegt ist[8]. Voraussetzung für eine Berücksichtigung der Betriebszugehörigkeit aus einem beendeten ArbVerh ist, dass ein noch nicht erloschener Besitzstand vorhanden ist und der ArbGeb in dem neuen ArbVerh sich verpflichtet, diesen Besitzstand zu übernehmen. Das BAG begreift die angerechnete Dienstzeit als eine einzige einheitliche Betriebszugehörigkeit. Folgerichtig verlangt es, dass die anzurechnende Betriebszugehörigkeit bis an das ArbVerh heranreicht, welches die neue Versorgungsanwartschaft begründet[9]. Eine Anrechnung von Vordienstzeiten, die auch Wirkung für den Insolvenzschutz haben soll, kommt deshalb dann **nicht in Betracht**, wenn das erste ArbVerh gar nicht von einer Versorgungszusage begleitet war, zwischen den ArbVerh eine zeitliche, wenn auch nur geringfügige Unterbrechung liegt oder aber der ArbGeb in dem letzten ArbVerh sich nicht zur Übernahme des Besitzstandes aus dem Vorarbeitsverhältnis verpflichtet hat[10]. 19

In einer Einzelfallentscheidung hat das BAG auch die **Anrechnung sog. „Nachdienstzeiten"** mit Wirkung für den Insolvenzschutz zugelassen. Der Insolvenzschutz greift danach auch dann, wenn der ArbGeb eine Nachdienstzeit anerkennt, obwohl tatsächlich ein ArbVerh nicht bestanden hat, um beim ArbN ohne weitere Versorgungseinbußen den Versorgungsfall der vorgezogenen Altersrente in der gesetzl. RV herbeizuführen[11]. Das BAG begründet seine Sichtweise mit einer Ausnahmesituation. Die Arbeitsvertragsparteien seien nur wegen der Gesetzeslage in der gesetzl. RV gezwungen gewesen, das ArbVerh vorzeitig zu beenden und hätten es nicht lediglich ruhen lassen können[12]. Das BAG hat offen gelassen, ob an dieser Rspr. fest zu halten ist. Eine Anrechnung fiktiver Dienstzeiten hält es jedenfalls im Hinblick auf den gesetzl. Insolvenzschutzes für unzulässig[13]. 20

c) **Unverfallbarkeitsfristen.** Am 1.1.2001 sind mit dem AVmG neue Unverfallbarkeitsfristen eingeführt worden. Unverfallbar sind Versorgungszusagen nur, wenn der Versorgungsberechtigte zum Zeitpunkt der Beendigung des ArbVerh mindestens das 30. LJ vollendet und die Versorgungszusage mindestens fünf Jahre bestanden hat (§ 1b I 1). 21

---

1 BAG 22.2.2000 – 3 AZR 4/99, DB 2000, 482. ||2 BAG 28.3.1995 – 3 AZR 496/94, NZA 1996, 258. ||3 BAG 28.3.1995 – 3 AZR 496/94, NZA 1996, 258; 9.11.1999 – 3 AZR 361/98, NZA 2000, 1290; 22.2.2000 – 3 AZR 4/99, FA 2000, 129; 15.7.2008 – 3 AZR 669/06, nv. ||4 BAG 22.9.1987 – 3 AZR 662/85, NZA 1988, 732; 28.10.2008 – 3 AZR 903/07, NZA-RR 2009, 327. ||5 BAG 3.8.1978 – 3 AZR 19/77, NJW 1979, 446; 26.9.1989 – 3 AZR 814/87, NZA 1990, 348; 25.4.2006 – 3 AZR 78/05, FA 2006, 183. ||6 BAG 11.1.1983 – 3 AZR 212/80, NJW 1984, 1199. ||7 BAG 11.1.1983 – 3 AZR 212/80, NJW 1984, 1199. ||8 *Höfer*, § 1b Rz. 2823. ||9 BAG 11.1.1983 – 3 AZR 212/80, NJW 1984, 1199; 26.9.1989 – 3 AZR 814/87, NZA 1990, 348; 24.6.1998 – 3 AZR 97/97, nv.; 22.2.2000 – 3 AZR 4/99, BetrAV 2001, 576. ||10 BAG 13.3.1990 – 3 AZR 509/88, nv.; 22.2.2000 – 3 AZR 4/99, DB 2000, 482. ||11 BAG 10.3.1992 – 3 AZR 140/91, NZA 1992, 932. ||12 Krit. dazu *Höfer*, § 2 Rz. 3092f. ||13 BAG 30.5.2006 – 3 AZR 205/05, DB 2007, 1987.

MW v. 1.1.2009 ist das Mindestalter weiter auf die Vollendung des 25. LJ abgesenkt worden[1]. § 30f enthält Übergangsregelungen für die seit dem 1.1.2001 bzw. 1.1.2009 geltenden neuen Unverfallbarkeitsvoraussetzungen (vgl. Komm. zu § 30f).

22, 23 Einstweilen frei.

24 **d) Entgeltumwandlung.** Bei Entgeltumwandlungen gelten Besonderheiten. Nach § 1b V sind solche Anwartschaften **sofort** unverfallbar, und zwar unabhängig vom Alter des Berechtigten. Weil der Insolvenzschutz an die gesetzl. Unverfallbarkeit anknüpft, sind auch die Ansprüche aus einer Entgeltumwandlung insolvenzgeschützt. Allerdings ist die zweijährige Ausschlussfrist von Abs. 5 zu beachten. Danach besteht in den ersten zwei Jahren nach Beginn der Zusage kein Insolvenzschutz. Der ArbN geht also ein gewisses Risiko ein. Dies hat der Gesetzgeber mit dem Gesetz zur Einführung einer Kapitalgedeckten Hüttenknappschaftlichen Zusatzversicherung und zur Änderung anderer Gesetze (HZvNG) relativiert[2]. Ein sofortiger Insolvenzschutz besteht nämlich mit sofortiger Wirkung, soweit es sich um eine vom AVmG erfasste, ab dem 1.1.2002 erteilte Versorgungszusage handelt. Werden bis zu 4 % der gesetzl. BBG in der gesetzl. RV der ArbN für betriebl. Versorgungszwecke verwendet (§ 1a I), besteht trotz der Ausschlussfrist des Abs. 5 sofortiger Insolvenzschutz (Abs. 5 S. 3 Hs. 2). Ist die betrAV **sowohl** vom ArbGeb als auch auf Grund von Entgeltumwandlung durch den ArbN finanziert, muss differenziert werden: Für den vom ArbGeb finanzierten Teil greift ein Insolvenzschutz nach Erreichen der „normalen" Unverfallbarkeitsvoraussetzungen ein. Der vom ArbN finanzierte Teil ist ggf. sofort insolvenzgeschützt, soweit nicht die zweijährige Ausschlussfrist des Abs. 5 eingreift. Die **sofortige Unverfallbarkeit** gilt auch bei Entgeltumwandlungen nur für Zusagen, die seit **2001 erteilt** wurden[3]. Vorstehende Grundsätze dürften auch für die von § 1 II Nr. 4 erfasste **Eigenvorsorge** des ArbN gelten. Denn auch hier ist die Zusage des ArbGeb erforderlich. Der einzige Unterschied zur Entgeltumwandlung liegt darin, dass der ArbN Mittel aus versteuertem und verbeitragtem Geld aufwendet. Es ist kein Grund ersichtlich, diesen Typus aus dem gesetzl. Insolvenzschutz auszugrenzen.

25 **e) Neue Bundesländer.** Für die neuen Bundesländer gelten Besonderheiten. Nach dem Wortlaut des Einigungsvertrages gilt der gesetzl. Insolvenzschutz nur für Zusagen, die **nach dem 31.12.1991 erteilt** wurden. Die bloße Fortführung einer bestehenden Zusage oder einer bereits laufenden Rentenzahlung genügt nicht[4]. Ältere Versorgungszusagen sind dann insolvenzgeschützt, wenn der verpflichtete ArbGeb sie **nach dem 31.12.1991** ausdrücklich neu zusagt. Zusagezeitpunkt iSd. Unverfallbarkeitsregelungen ist dann der Zeitpunkt der Neuzusage[5].

26 **f) Berechnung der Leistungen.** Die Berechnung der Höhe der unverfallbaren Versorgungsanwartschaft richtet sich auch im Insolvenzfall nach § 2. Auch hier ist eine **ratierliche Berechnung** vorzunehmen, die sich nach den allg. Grundsätzen auch auf einen im Laufe des ArbVerh ermittelten Teilbesitzstand bezieht[6]. Es ist die Dauer der Betriebszugehörigkeit bis zum Erreichen der in der Versorgungsregelung vorgesehenen Altersgrenze zur tatsächlichen Betriebszugehörigkeit ins Verhältnis zu setzen. Die tatsächliche Betriebszugehörigkeit wird dabei allerdings nur bis zum Eintritt des Sicherungsfalles berücksichtigt. Abs. 2 S. 3 verweist ferner auf § 2 V. Die Bemessungsgrundlagen werden danach auf die Verhältnisse zum Zeitpunkt des Insolvenzeintritts bzw. eines noch davor liegenden Ausscheidens festgeschrieben. Spätere Erhöhungen dieser Grundlagen bleiben deshalb für den Insolvenzschutz außer Betracht[7]. Auf die Betriebsrente anzurechnende anderweitige Leistungen werden ebenfalls mit den per Insolvenzstichtag gültigen Werten festgeschrieben.

27 **3. Keine Anpassung von Anwartschaften.** Ebenso wie der PSVaG nicht verpflichtet ist, laufende Leistungen anzupassen, können Versorgungsanwärter keine Erhöhung der Versorgungsanwartschaft verlangen. Die von dem PSVaG bei Eintritt des Versorgungsfalles zu zahlende **Rente bleibt** aber auch dann **statisch**, wenn der ArbGeb sich dem ArbN ggü. verpflichtet hatte, die Rente nach bestimmten Maßstäben zu erhöhen. Das BAG leitet dies aus Abs. 2 S. 3 her, der auf § 2 V 1 verweist. Danach würden die Bemessungsgrundlagen für die Berechnung einer Anwartschaft auf den Zeitpunkt des Ausscheidens festgeschrieben. Der PSVaG kann deshalb aus einer dem ArbN zugesagten Dynamik seiner Versorgungsbezüge nicht mehr in Anspruch genommen werden, wenn der ArbN bei Eintritt der Insolvenz noch Versorgungsanwärter war[8]. Etwas anderes kann gelten, wenn die Versorgungsanwärter im Zeitpunkt der Insolvenz bereits Versorgungsleistungen beziehen, aber bei dem dann insolvent gewordenen ArbGeb vorher mit unverfallbarer Anwartschaft ausgeschieden sind. Hier kann eine Dynamisierung auch vom PSVaG vorzunehmen sein, wenn sich aus der Versorgungszusage ergibt, dass der ArbGeb auch dem Versorgungsanwärter nach Eintritt des Versorgungsfalles Ruhegelderhöhungen nach bestimmten Maßstäben zukommen lassen wollte[9].

28 **IV. Sicherungsfälle.** In Abs. 1 S. 1 und 4 Nr. 1–3 sind die Sicherungsfälle, in denen der PSVaG für die eigentlich vom ArbGeb zu erbringenden Versorgungsleistungen einstehen muss, abschließend auf-

---

[1] BGBl. 2007 I S. 2838. ||[2] BGBl. 2002 I S. 2167. ||[3] *Bode/Grabner*, Pensionsfonds und Entgeltumwandlung, S. 89. ||[4] Vgl. BAG 24.4.1998 – 3 AZR 778/96, DB 1998, 1621; 19.1.2010 – 3 AZR 660/09, ZIP 2010, 1663. ||[5] BAG 29.1.2002 – 3 AZR 522/06, DB 2008, 1867. ||[6] BAG 15.7.2008 – 3 AZR 669/06, nv. ||[7] BAG 12.3.1991 – 3 AZR 63/90, NZA 1992, 132. ||[8] BAG 22.11.1994 – 3 AZR 767/93, NZA 1995, 887; 4.4.2000 – 3 AZR 458/98, FA 2000, 225. ||[9] BAG 8.6.1999 – 3 AZR 39/98, NZA 1999, 1215.

gezählt[1]. Es gibt zwei Gruppen von Sicherungsfällen, solche, bei denen das **Unternehmen liquidiert** wird, und andere, die eine Unternehmensfortführung ermöglichen sollen. Auf Sicherungsfälle, die vor dem 1.1.1999 eingetreten sind, ist das BetrAVG in der bis zum 31.12.1998 gültigen Fassung anzuwenden (§ 31)[2].

Voraussetzung für die Einstandspflicht des PSVaG ist stets ein **Sicherungsfall bei dem ArbGeb** des Versorgungsberechtigten. Dabei genügt es, wenn der ursprünglich Versorgungsverpflichtete einmal ggü. dem Versorgungsberechtigten die ArbGebStellung innehatte. Hat er zwischenzeitlich jede werbende Tätigkeit eingestellt, so bleibt er dennoch ArbGeb im insolvenzschutzrechtl. Sinne[3]. Der **ArbGebBegriff** des BetrAVG ist nicht mit dem allg. Begriff im Arbeitsrecht identisch. So sind auch die ggü. arbeitnehmerähnl. Personen iSd. Abs. 1 S. 2 verpflichteten Unternehmen iSd. gesetzl. Insolvenzsicherung. Das BAG formuliert noch weiter. Danach ist ArbGeb iSd. § 7 ganz allg. derjenige, „der selbst oder über Versorgungseinrichtungen Leistungen der betrAV zusagt oder erbringt"[4]. Das BAG billigte einem ArbN Insolvenzschutz zu, der von einer deutschen Konzernmutter eine Altersversorgungszusage erhalten hatte, aber zu einer Tochterunternehmung gewechselt war, auch für die dortige Tätigkeit zu[5]. Versorgungsverpflichtungen können von einem anderen ArbGeb übernommen werden. So ist eine Übernahme nach § 4 I zulässig, soweit ihr der PSVaG zugestimmt hat. Ebenso können gem. § 613a BGB und durch das UmwG Versorgungsverbindlichkeiten auf einen neuen ArbGeb übergehen. Verpflichtet ist dann nur noch der übernehmende ArbGeb mit der Konsequenz, dass bei ihm ein Sicherungsfall eingetreten sein muss, soll der PSVaG in Anspruch genommen werden.

1. Unternehmensliquidation. Eine Liquidierung des Unternehmens erfolgt bei der Insolvenz des ArbGeb mit Liquidationsfolge, der Abweisung des Insolvenzantrages mangels Masse, dem außergerichtl. Liquidationsvergleich und bei der Beendigung der Betriebstätigkeit bei offensichtlicher Masselosigkeit.

a) Eröffnung des Insolvenzverfahrens mit Liquidationsfolge. Grundtatbestand des Abs. 1 ist die Eröffnung des Insolvenzverfahrens über das Vermögen des ArbGeb. Das Insolvenzverfahren ersetzt das nach früherem Recht vorgesehene Konkurs- oder Vergleichsverfahren. Voraussetzung hierfür ist die **Insolvenzfähigkeit.** Daran fehlt es bspw. bei einer stillen Gesellschaft oder einer GbR (§ 705 BGB). Ein Sicherungsfall tritt nur dann ein, wenn über das Vermögen aller BGB-Gesellschafter das Insolvenzverfahren eröffnet worden ist; solange noch bei einem Gesellschafter Zahlungsfähigkeit besteht, muss dessen wirtschaftl. Leistungsfähigkeit ausgeschöpft werden. Um den Sicherungsfall der Insolvenzverfahrenseröffnung herbeizuführen, bedarf es eines **Eröffnungsantrags**, den ggf. auch die Versorgungsberechtigten selbst stellen können. Auch Versorgungsanwärter, die noch tätig sind, können einen Antrag stellen. Die Eröffnung des Insolvenzverfahrens hängt davon ab, ob ein **Eröffnungsgrund** besteht. Dies wiederum richtet sich nach den insolvenzrechtl. Bestimmungen. Zunächst ist dies die Zahlungsunfähigkeit (§ 17 II InsO). Weiterer Eröffnungsgrund ist die drohende Zahlungsunfähigkeit nach § 18 II InsO. Bei juristischen Personen tritt auch die Überschuldung Eröffnungsgrund (§ 19 InsO). Dabei ist das Vermögen des ArbGeb zu Fortführungswerten anzusetzen, wenn eine Fortführung des Unternehmens überwiegend wahrscheinlich ist[6]. Entscheidend ist der Zeitpunkt der Verfahrenseröffnung dafür, ab wann Ansprüche ggü. dem gesetzl. Insolvenzsicherer bestehen. Gem. § 27 II Nr. 3 InsO müssen im Eröffnungsbeschluss nicht nur der Tag der Verfahrenseröffnung, sondern auch die Stunde festgehalten werden; geschieht das nicht, gilt als Zeitpunkt der Eröffnung die Mittagsstunde des Tages, an dem das Verfahren eröffnet wurde. Wird später das Insolvenzverfahren mangels Masse wieder eingestellt, so berührt dies die Zahlungsverpflichtung des PSVaG nicht. Selbst wenn im Insolvenzverfahren eine 100%ige Befriedigung aller Gläubiger, auch der Versorgungsberechtigten, erreicht werden kann, ist der PSVaG einstandspflichtig.

b) Abweisung des Antrags auf Eröffnung des Insolvenzverfahrens mangels Masse. Nach Abs. 1 S. 4 werden der Eröffnung des Insolvenzverfahrens andere Sicherungsfälle gleichgestellt, darunter nach S. 4 Nr. 1 die Abweisung des Antrags auf Eröffnung des Insolvenzverfahrens mangels Masse. Nach § 26 I InsO ist der Antrag auf Eröffnung des Insolvenzverfahrens abzuweisen, wenn das Insolvenzgericht in einer Ermessensentscheidung dazu gelangt, dass die Vermögensmasse des Schuldners nicht einmal zur Deckung der Verfahrenskosten ausreicht. Regelmäßig führt eine solche Insolvenz dazu, dass das Unternehmen nicht mehr fortgeführt werden kann. Bei Kapitalgesellschaften sehen die gesetzl. Bestimmungen nach rechtskräftiger Abweisung eines Antrags auf Eröffnung des Insolvenzverfahrens zwingend die Auflösung der Gesellschaft vor.

Die Abweisung des Antrags auf Eröffnung des Insolvenzverfahrens mangels Masse erfolgt durch **gerichtlichen Beschluss.** Auch hier kann der genaue Zeitpunkt des Sicherungsfalles dem Abweisungsbeschluss entnommen werden; er ist maßgeblich für die Einstandspflicht des PSVaG[7].

---

1 *Langohr-Plato*, Rz. 721; Rz. 2733; KKBH/*Berenz*, § 7 Rz. 25. || 2 Zur früheren Rechtslage vgl. einschlägige Kommentarlit., zB *Höfer*, § 7 Rz. 4381 ff. || 3 BAG 11.11.1986 – 3 AZR 194/85, NZA 1987, 559. || 4 BAG 6.8.1985 – 3 AZR 185/83, DB 1986, 131. || 5 BAG 25.10.1988 – 3 AZR 64/87, DB 1989, 278. || 6 *Blomeyer/Rolfs/Otto*, Vor § 7 Rz. 15. || 7 KKBH/*Berenz*, § 7 Rz. 35.

34 **c) Außergerichtlicher Liquidationsvergleich.** Weiterer Sicherungsfall ist der außergerichtl. Liquidationsvergleich, wenn ihm der PSVaG zustimmt. Der außergerichtl. Liquidationsvergleich als Sicherungsfall hat praktisch keine Bedeutung; er kommt nur in Betracht, wenn mit einer besonders hohen Quote zu rechnen ist, die in einem Insolvenzverfahren nicht erreicht werden kann[1].

35 Ein außergerichtl. Vergleich besteht ggf. aus einer Vielzahl von Einzelverträgen des Schuldners mit seinen Gläubigern. Der PSVaG hat dabei weder eine gesetzl. Vertretungsmacht noch eine Verfügungsbefugnis für den Abschluss außergerichtl. Vergleiche über Versorgungsrechte der Berechtigten. Zu den Gläubigern gehören auch die Versorgungsberechtigten. Es steht ihnen frei, dem Vergleichsvorschlag zuzustimmen. Sie können die Zustimmung auch unter der Bedingung erteilen, dass der PSVaG dem außergerichtl. Vergleich zustimmt[2]. Abs. 2 begrenzt dabei lediglich die Einstandspflicht des PSVaG. Nur soweit, wie der PSVaG einzustehen hat, gehen Versorgungsansprüche der Berechtigten auf ihn über. Den nicht insolvenzgesicherten Teil der Altersversorgung können die Betriebsrentner von ihrem früheren ArbGeb weiterhin verlangen[3].

36 Ein Sicherungsfall tritt aber nur dann ein, wenn der **PSVaG zustimmt**. Sinn ist es, den PSVaG vor unberechtigten Inanspruchnahmen zu schützen. Wäre die Zustimmung nicht erforderlich, so könnte der Versorgungsberechtigte dem Vergleich zustimmen, ohne wirtschaftl. Nachteile befürchten zu müssen, denn er wäre ja insolvenzgeschützt. Das Zustimmungserfordernis seitens des PSVaG verhindert damit Verträge zu Lasten eines Dritten, nämlich des PSVaG. Sinnvoll ist das Zustimmungserfordernis insb. im Hinblick darauf, dass die Last der Insolvenzsicherung von der Solidargemeinschaft der beitragspflichtigen Unternehmen aufgebracht werden muss. Der PSVaG muss seine Entscheidung, einem außergerichtl. Vergleich zuzustimmen, nach **pflichtgemäßem Ermessen** treffen, er kann eine Zustimmung also nicht willkürlich versagen[4]. Dabei muss er prüfen, ob mittels des außergerichtl. Vergleichs eine Sanierung des Unternehmens und damit auch eine Sicherstellung der Versorgungsansprüche herbeigeführt werden kann.

37 Allerdings ist es **nicht Zweck** der gesetzl. Insolvenzsicherung, Sanierungen zu ermöglichen oder Krisenhilfen zu stellen[5]. So hat das BAG ausdrücklich darauf hingewiesen, dass der PSVaG nicht einem außergerichtl. Vergleich zustimmen müsse, bei dem der ArbGeb seine Vermögenswerte einsetze, um seine sonstigen Gläubiger zu befriedigen, während die Versorgungslasten dem PSVaG aufgebürdet werden[6].

38 Der ArbGeb hat **keinen Rechtsanspruch** ggü. dem PSVaG auf Zustimmung zu dem außergerichtl. Vergleich[7]. Stimmt der PSVaG dem außergerichtl. Vergleichsvorschlag des ArbGeb nicht zu, so kann das Unternehmen seit dem 1.1.1999 nicht mehr versuchen, einen Sicherungsfall nach Abs. 1 S. 3 Nr. 5 aF herbeizuführen. In der Lit. wird dafür plädiert, dem ArbGeb einen Anspruch auf Zustimmung zuzubilligen. Der ArbGeb habe nun ja keine rechtl. Handhabe mehr, den PSVaG zu einer Übernahme der Versorgungsverpflichtungen zu veranlassen[8]. Dem ist entgegenzuhalten, dass auch nach früherem Recht keine Möglichkeit bestand, den PSVaG zur Übernahme der Versorgungslasten zu zwingen. Er hatte lediglich das Recht, die betriebl. Versorgungszusage wegen wirtschaftl. Notlage zu widerrufen. Die Pflicht, den PSVaG zu verklagen, hatte nichts mit einem Anspruch gegen den PSVaG zu tun[9]. Ein Widerruf der Versorgungszusage wegen wirtschaftl. Notlage kommt deshalb nach nunmehr geltendem Recht nicht mehr in Betracht[10].

39 Maßgeblich für die Eintrittspflicht des PSVaG ist der Zeitpunkt, in dem der ArbGeb seine Zahlungsunfähigkeit allen Versorgungsberechtigten mitteilt. Eine Zahlungseinstellung allein reicht nicht aus. Das BAG lässt allerdings Absprachen zwischen dem ArbGeb und dem PSVaG über den Zeitpunkt für die Übernahme von betriebl. Versorgungsleistungen zu[11]. Der Sicherungsfall tritt damit regelmäßig schon zu einem früheren Zeitpunkt ein als an dem Tag, an dem der außergerichtl. Vergleich durch Annahme der Gläubiger zustande kommt. Dies ist aber auch sachgerecht, weil sich die frühere Übernahme der Zahlungsverpflichtungen durch den PSVaG für die Versorgungsempfänger regelmäßig günstig auswirkt.

40 Einstweilen frei.

41 **d) Vollständige Betriebseinstellung bei offensichtlicher Masselosigkeit.** Der Sicherungsfall des Abs. 1 S. 4 Nr. 3 beinhaltet einen **Auffangtatbestand** für alle Fälle, in denen der ArbGeb infolge Zahlungsunfähigkeit seine Zahlungen einstellt und ein förmliches Insolvenzverfahren nicht betreibt[12]. Der Versorgungsberechtigte soll auch dann geschützt sein, wenn der ArbGeb die Zahlungen einstellt und den Betrieb nicht mehr fortführt. Der Versorgungsberechtigte soll von der Formalität entbunden werden, einen Antrag auf Eröffnung des Insolvenzverfahrens stellen zu müssen, um die Insolvenzsicherung herbeizuführen. Allerdings muss ein Antrag auf Eröffnung des Insolvenzverfahrens zulässig sein. Notwen-

---

1 *Everhardt*, BetrAV 1995, 184. ||2 *Blomeyer/Rolfs/Otto*, § 7 Rz. 107. ||3 BAG 9.11.1999 – 3 AZR 361/98, NZA 2000, 1290. ||4 AA *Blomeyer/Rolfs/Otto*, § 7 Rz. 103. ||5 *Höfer*, § 7 Rz. 4359. ||6 BAG 11.9.1980 – 3 AZR 544/79, DB 1981, 645. ||7 *Blomeyer/Rolfs/Otto*, § 7 Rz. 103; *Höfer*, § 7 Rz. 4359; KKBH/*Berenz*, § 7 Rz. 41; aA *Diller*, ZIP 1997, 765. ||8 *Diller*, ZIP 1997, 765. ||9 *Höfer*, § 7 Rz. 4360f. ||10 BAG 17.6.2003 – 3 AZR 396/02, DB 2004, 324; *Wohlleben*, DB 1998, 1230; *Höfer*, § 7 Rz. 4389.1. ||11 BAG 14.12.1993 – 3 AZR 618/93, NZA 1994, 554. ||12 *Blomeyer/Rolfs/Otto*, § 7 Rz. 109; KKBH/*Berenz*, § 7 Rz. 43.

dig ist deshalb die **Insolvenzverfahrensfähigkeit** des Unternehmens wie auch das **Vorhandensein eines Eröffnungsgrundes**[1]. Negativ formuliertes Tatbestandsmerkmal ist, dass **kein Eröffnungsantrag** gestellt worden ist, andernfalls kommen nur die Sicherungsfälle der Eröffnung des Insolvenzverfahrens und der Abweisung des Antrags auf Eröffnung des Insolvenzverfahrens mangels Masse in Betracht. Positives Tatbestandsmerkmal ist die vollständige **Beendigung der Betriebstätigkeit**. Hierzu muss die gesamte unternehmerische Tätigkeit eingestellt werden. Es genügt danach nicht, wenn nur die werbende Tätigkeit beendet worden ist. Auch eine **noch fortdauernde Liquidation** beinhaltet eine Betriebstätigkeit, die den Eintritt des Sicherungsfalls nach Abs. 1 S. 4 Nr. 3 ausschließt[2].

Nach dem Gesetzeswortlaut darf ein Insolvenzverfahren wegen **offensichtlicher Masselosigkeit** nicht in Betracht kommen. Dieses Tatbestandsmerkmal ist erfüllt, wenn **objektiv** eine Masselosigkeit vorliegt und diese für den mit dem betriebl. Verhältnissen vertrauten Betrachter **ohne Weiteres erkennbar** ist. Der Versorgungsberechtigte und der PSVaG müssen sie nicht kennen[3]. Der PSVaG muss dann die Leistungen übernehmen, kann aber die Ansprüche auf sich überleiten und alle Schritte unternehmen, um noch verwertbares Vermögen des ArbGeb an sich zu ziehen, notfalls dadurch, dass er ein Insolvenzverfahren einleitet. 42

Für die Feststellung des **Zeitpunkts**, zu dem der Sicherungsfall eingetreten ist, kommt es darauf an, wann das letzte anspruchsbegründende Tatbestandsmerkmal erstmalig vorliegt. Dabei kann die Masselosigkeit auch erst nach der Beendigung der Betriebstätigkeit eintreten[4]. Auf den Eintritt des Sicherungsfalles wirkt sich nicht aus, wenn der ArbGeb später seine **Betriebstätigkeit wieder aufnimmt**. Es verbleibt dann bei der Einstandspflicht des PSVaG; dieser kann allenfalls bei dem eigentlichen Versorgungsschuldner Rückgriff nehmen. Ein später eröffnetes Insolvenzverfahren nach späterem Antrag beseitigt den erst einmal eingetretenen Sicherungsfall des Abs. 1 S. 4 Nr. 3 nicht nachträglich. Die Sicherungsfälle sind gleichrangig[5]. 43

2. Unternehmensfortführung. Die andere Gruppe von Sicherungsfällen umschreibt Tatbestände, bei denen regelmäßig das Unternehmen fortgeführt wird, nämlich den außergerichtl. Stundungs- oder Quotenvergleich und das Insolvenzverfahren mit Sanierungserfolg. 44

a) Außergerichtlicher Stundungs- oder Quotenvergleich. Häufigster Anwendungsfall ist der außergerichtl. Stundungs- oder Quotenvergleich, dem der PSVaG zustimmt. Es gelten hier die gleichen rechtl. Rahmenbedingungen wie für den außergerichtl. Liquidationsvergleich. In einem außergerichtl. Vergleich mit der Zielsetzung der Unternehmensfortführung kann der PSVaG seine Zustimmung auch davon abhängig machen, dass die Leistungspflicht des ArbGeb gemindert fortbesteht oder zeitlich begrenzt wird. Der PSVaG kann auch eine Gegenleistung für die Übernahme von Versorgungsverpflichtungen übernehmen. 45

Der PSVaG wird iÜ einem außergerichtl. Vergleich nur dann zustimmen, wenn das Unternehmen noch sanierungsfähig ist und eine gleichmäßige Beteiligung aller Gläubiger gewährleistet ist. Dazu kann ggf. auch ein Beitrag der Anteilseigner des ArbGeb gehören. Im Regelfall verlangt der PSVaG einen nachvollziehbaren abgesicherten Sanierungsplan, aus dem die Sanierungsfähigkeit und die Verteilung der Sanierungsbeiträge ersichtlich ist. 46

b) Insolvenzverfahren mit Sanierungserfolg. Kein echter eigenständiger Sicherungsfall ist das Insolvenzverfahren mit Sanierungserfolg. Sicherungsfall ist auch hier zunächst die **Eröffnung** des Insolvenzverfahrens. Kommt im Insolvenzverfahren ein sog. **Insolvenzplan** zustande, hat das aber Auswirkungen auf den **Umfang** des Insolvenzschutzes. Wird im Insolvenzverfahren nämlich ein Insolvenzplan bestätigt, vermindert sich der Anspruch gegen den PSVaG insoweit, als nach dem Insolvenzplan der ArbGeb oder sonstige Träger der Versorgung einen Teil der Leistungen selbst zu erbringen hat. Im Insolvenzplan kann auch vorgesehen werden, dass der PSVaG nur bis zu einem bestimmten Zeitpunkt die Ruhegeldleistungen übernehmen soll. Im Insolvenzplan soll sogar vorgesehen werden, dass bei einer nachhaltigen Besserung der wirtschaftl. Lage des ArbGeb die zu überbringende Leistung wieder ganz oder zum Teil vom ArbGeb oder sonstigen Trägern der Versorgung übernommen wird. 47

c) Wirtschaftliche Notlage. Seit dem 1.1.1999 gibt es nicht mehr den Sicherungsfall der wirtschaftl. Notlage (Abs. 1 S. 3 Nr. 5 aF). Dem ArbGeb bleibt deshalb nur die Möglichkeit, sich um einen **außergerichtlichen Vergleich** mit seinen Gläubigern und einer Regelung der Versorgungsfragen mit dem PSVaG zu bemühen, wenn er sich auf ein Leistungsverweigerungsrecht wegen wirtschaftl. Notlage berufen will. Lehnt der PSVaG den außergerichtl. Vergleich ab, muss der ArbGeb den Insolvenzschutz durch den Gang ins Insolvenzverfahren herbeiführen[6]. 48

Besonderheiten können gelten, wenn der ArbGeb Versorgungsleistungen über eine **U-Kasse** zugesagt hat. Ausgehend von dem Freiwilligkeitsvorbehalt erleichtert die Rspr. den Widerruf von Versorgungsleistungen einer U-Kasse in sog. „Alt-" und „Übergangsfällen" (vgl. zu dieser Differenzierung Vorbem. 49

---

1 *Blomeyer/Rolfs/Otto*, § 7 Rz. 115 ff. || 2 *Paulsdorff*, § 7 Rz. 135. || 3 BAG 9.12.1997 – 3 AZR 429/96, DB 1998, 1570. || 4 BAG 20.11.1984 – 3 AZR 444/82, NZA 1986, 156; 9.12.1997 – 3 AZR 429/96, DB 1998, 1570. || 5 BAG 9.12.1997 – 3 AZR 429/96, DB 1998, 1570. || 6 BAG 17.6.2003 – 3 AZR 396/02, DB 2004, 324.

Rz. 144 ff.). Über den Gesetzeswortlaut des Abs. 1 S. 3 Nr. 5 aF und die derzeitige Gesetzeslage hinaus bestand und besteht in diesen Fällen ebenfalls gesetzl. Insolvenzschutz[1]. Für die Zeit nach der Gesetzesänderung zur Streichung des Abs. 1 S. 3 Nr. 5 aF zum 31.12.1998 hat das BAG die Rspr. des BAG zu „Übergangsfällen" für überholt erklärt; nachdem der PSVaG bei wirtschaftl. Notlage seit dem 1.1.1999 nicht mehr eintritt, ist auch der Widerruf in diesen Fällen nicht mehr zulässig[2].

50 **V. Leistungseinschränkungen.** Unter gewissen Voraussetzungen sieht das BetrAVG Leistungseinschränkungen vor.

51 **1. Außergerichtlicher Vergleich und bestätigter Insolvenzplan.** Die Leistungspflicht des PSVaG ist bei einem bestätigten Insolvenzplan nach Abs. 4 S. 2 und 3 beschränkt auf den Ausfall, der dem Versorgungsberechtigten noch verbleibt. Entsprechendes gilt nach Abs. 4 S. 4, wenn der PSVaG seine Zustimmung zu einem außergerichtl. Vergleich davon abhängig macht, dass der ArbGeb bestimmte Teile der Versorgung selbst sicherstellen muss.

52 **2. Trotz Insolvenz erbrachte Leistungen.** Der Anspruch auf Insolvenzsicherungsleistungen verringert sich in dem Umfang, in dem der ArbGeb oder sonstige Träger der Versorgung die Leistungen der betrAV erbringt, Abs. 4. **Beispiele:** Der Versicherer erbringt einen Teil einer Altersversorgungsleistung aus einer Direktversicherung nach wie vor. Nur die Differenz zu den zugesagten Leistungen wird dann vom PSVaG übernommen. Oder: Der ArbGeb hat eine Rückdeckungsversicherung abgeschlossen, die dem Versorgungsberechtigten auf Grund einer Verpfändung nun zusteht. Auch hier besteht keine Eintrittspflicht in Höhe der abgesicherten Leistungen.

53 **3. Höchstgrenze.** Der Anspruch gegen den PSVaG ist betragsmäßig begrenzt, Abs. 3. Die Höchstgrenze beträgt **monatl.** höchstens das Dreifache der im Zeitpunkt der ersten Fälligkeit maßgebenden monatl. Bezugsgröße gem. § 18 SGB IV. Die monatl. Bezugsgröße für die SozV beträgt in den alten Bundesländern im Jahre 2014 2765 Euro, in den neuen Ländern 2345 Euro. Die Höchstgrenze für den Insolvenzschutz beträgt monatl. folglich 8295 Euro (West) bzw. 7035 Euro (Ost).

54 Bei **Kapitalleistungen** wird eine fiktive Berechnung vorgenommen. 10 % der Kapitalleistung gelten als Jahresbetrag einer laufenden Leistung. Eine laufende jährliche Leistung ist in Höhe des 12-fachen Monatshöchstbetrages insolvenzgeschützt. Das sind 2014 99 540 Euro (2765 Euro × 3 × 12 Monate) bzw. 84 420 Euro in den neuen Ländern. Da das nur 10 % der insolvenzgeschützten Kapitalleistung sind, muss der Betrag auf 100 % hochgerechnet, also mit 10 multipliziert werden. Das ergibt einen maximal insolvenzgeschützten Kapitalbetrag von 995 400 Euro (= 360-fache monatliche Bezugsgröße). Für die neuen Bundesländer gilt eine Höchstgrenze für Kapitalleistungen von 844 200 Euro.

55 Andere Höchstgrenzen gelten für Zusagen, die auf Sicherungsfällen beruhen, die vor dem 1.1.1999 eingetreten sind (§ 31). Hier wird der Insolvenzschutz auf das Dreifache der im Zeitpunkt der ersten Fälligkeit des Ruhegelds geltenden BBG für Monatsbezüge in der gesetzl. RV der ArbN begrenzt. Bei Kapitalleistungen sind 10 % als Jahresbetrag einer laufenden Leistung anzusetzen. Eine Kapitalleistung wird gedanklich also für einen Zeitraum von zehn Jahren angesetzt. Höchstgrenze ist folglich das Zehnfache der dreifachen jährlichen BBG. In 2014 beträgt die monatl. BBG in der gesetzl. RV 5 950 Euro (West) bzw. 5 000 Euro (Ost).

56 **4. Rückständige Leistungen.** Eine Leistungspflicht des PSVaG entsteht grds. erst mit dem Beginn des Kalendermonats, der auf den Eintritt des Sicherungsfalls folgt. In den Fällen des Abs. 1 S. 1 (Eröffnung des Insolvenzverfahrens) und des S. 4 Nr. 1 (Abweisung des Insolvenzantrages) und Nr. 3 (vollständige Betriebseinstellung bei offensichtlicher Masseunzulänglichkeit) werden auch Ansprüche auf rückständige Versorgungsleistungen erfasst, soweit diese **bis zu zwölf Monate** (bis 1.1.2009: sechs Monate) vor Entstehen der Leistungspflicht des PSVaG entstanden sind.

57 **VI. Versicherungsmissbrauch.** Nach Abs. 5 **besteht ein Anspruch gegen den PSVaG nicht**, soweit die Annahme gerechtfertigt ist, dass es der alleinige oder überwiegende Zweck der Versorgungszusage oder ihrer Verbesserung ist, den PSVaG in Anspruch zu nehmen[3]. Rechtsfolge ist also nicht die Nichtigkeit des zugrunde liegenden Geschäfts, sondern ein Leistungsausschluss des PSVaG[4]. Bei dieser Generalklausel liegt die Darlegungs- und Beweislast beim PSVaG. Allerdings verlangt das Gesetz seinem Wortlaut nach nicht den Nachweis einer Missbrauchsabsicht. Das BAG nimmt aber an, dass der Tatbestand des Versicherungsmissbrauchs auch subjektive Voraussetzungen hat; der Versorgungsberechtigte müsse den missbilligten Zweck der Maßnahme zumindest erkennen können[5]. Abs. 5 S. 2 stellt eine gesetzl. Vermutung auf. Die **Annahme des Missbrauchs** soll insb. dann gerechtfertigt sein, wenn bei Erteilung oder Verbesserung der Versorgungszusage wegen der wirtschaftl. Lage des ArbGeb zu erwarten war, dass die Zusage nicht erfüllt werde. Statt des Missbrauchszwecks muss der PSVaG nach Abs. 5 S. 2 lediglich nachweisen, dass die Erfüllung der Zusage bzw. der Verbesserung in Anbetracht der wirtschaftl. Lage des ArbGeb nicht zu erwarten war. Es wird dann vermutet, dass mit den Vereinbarungen

---

1 BVerfG 19.10.1983 – 2 BvR 298/81, BVerfGE 65, 196; 14.1.1987 – 1 BvR 1052/79, BVerfGE 74, 129. ||2 BAG 18.11.2008 – 3 AZR 417/07, BetrAV 2009, 264. ||3 BAG 8.5.1990 – 3 AZR 121/89, NZA 1990, 931. ||4 BAG 24.2.2011 – 6 AZR 626/09, BB 2011, 1332. ||5 BAG 19.1.2010 – 3 AZR 660/09, ZIP 2010, 1663.

ein missbräuchlicher Zweck verfolgt wurde. Der ArbN hat dann die Möglichkeit, diese Vermutung zu widerlegen[1]. Dazu kann genügen, dass die subjektiven Voraussetzungen des Abs. 5 S. 1 widerlegt werden[2].

Verbesserungen der Versorgungszusage, die **innerhalb der letzten beiden Jahre** vor Eintritt des Sicherungsfalles **erfolgt**[3] sind, werden bei der Bemessung der Leistungen des PSVaG nach Abs. 5 S. 3 nicht berücksichtigt, soweit nicht einer der Ausnahmetatbestände des S. 3 Nr. 1 oder 2 vorliegt[4]. Hier handelt es sich um eine **unwiderlegbare** gesetzl. Vermutung[5], für die es seit dem 1.1.1999 auf den Zeitpunkt der Vereinbarung oder des Urteils ankommt[6]. Das gilt auch für Versorgungsanwartschaften, die auf Entgeltumwandlungen beruhen, also arbeitnehmerfinanziert sind. Sie sind nach § 1b V zwar sofort unverfallbar, unterliegen jedoch wegen der Ausschlussfrist des Abs. 5 S. 3 erst nach zwei Jahren dem gesetzl. Insolvenzschutz[7]. Ein sofortiger Insolvenzschutz besteht aber insoweit, als bei einer ab dem 1.1. 2002 erteilten Zusage auf Entgeltumwandlung nur bis zu 4 % der BBG in der allg. RV für die Versorgung verwendet werden. Das gilt unabhängig davon, ob der Versorgungsberechtigte überhaupt pflichtversichert ist, also auch zB für insolvenzgeschützte (vgl. § 17 I) Vorstände von AG[8]. 58

Eine Ausnahme von der Missbrauchsvermutung gilt für Übertragungswerte, die gem. § 4 auf einen neuen ArbGeb übertragen wurden. Dies ist konsequent, weil nach § 4 nur Werte aus unverfallbaren Anwartschaften übertragen werden können, die deshalb beim alten ArbGeb bereits Insolvenzschutz genossen. Da bei dem neuen ArbGeb aber höhere Insolvenzrisiken bestehen können, gilt die Ausnahme nur für Übertragungswerte, soweit diese die BBG in der allg. RV nicht übersteigen[9]. Der die BBG übersteigende Betrag ist gesetzl. nicht insolvenzgeschützt[10]. Abs. 5 S. 3 Nr. 2 bezieht sich seinem Wortlaut nach durch Verwendung des Begriffes „Übertragung" nicht auf § 4 II Nr. 1. Dort ist die Übernahme einer Zusage durch einen neuen ArbGeb geregelt, bei der der Inhalt der Versorgungszusage unverändert erhalten bleibt. Hierbei dürfte es sich um einen redaktionellen Fehler handeln. Denn es ist kein Grund ersichtlich, weshalb bei der unveränderten Fortführung der Versorgungszusage beim neuen ArbGeb die Missbrauchsvermutung voll durchgreifen soll[11]. 58a

Nach seinem ursprünglichen Wortlaut galt Abs. 5 S. 3 nur bei Verbesserungen von Versorgungszusagen, nicht aber für ihre erstmalige Erteilung. Der Gesetzgeber hat inzwischen klargestellt, dass auch kein Insolvenzschutz besteht, wenn die Versorgungszusage erst innerhalb der letzten beiden Jahre vor Eintritt des Sicherungsfalles erteilt wurde[12]. Für den Beginn der Jahresfrist kommt es darauf an, an welchem Tag die Verbesserung zugesagt worden ist, nicht wann der damit bezweckte Erfolg eintritt[13]. Planmäßige und automatische Verbesserungen, die in der Versorgungszusage bereits angelegt sind, genießen Insolvenzschutz[14]. Sofortiger Insolvenzschutz besteht aber auch bei Entgeltumwandlungen, die auf ab dem 1.1.2002 gegebenen Zusagen beruhen, soweit bis zu 4 % der BBG in der gesetzl. RV der Arbeiter und Angestellten für Zwecke der betrAV verwendet werden. 59

VII. Vertragliche Sicherung in der Insolvenz. Nicht alle Versorgungsverpflichtungen sind insolvenzgeschützt. Ein Kompensationsbedarf kann zB in folgenden Situationen entstehen: 60

– Die gesetzl. Unverfallbarkeitsfristen sind noch nicht erreicht.

– Der Versorgungsberechtigte ist als Unternehmer anzusehen und unterfällt deshalb nicht dem gesetzl. Insolvenzschutz.

– Die Versorgungszusage überschreitet die Höchstgrenze nach Abs. 3.

Der ArbGeb kann hier zur Absicherung der betriebl. Versorgungszusage eine Lebensversicherung als Rückdeckungsversicherung abschließen und diese für den Fall der Insolvenz des Unternehmens an den Versorgungsberechtigten **verpfänden**. Mit der **Verpfändung der Rückdeckungsversicherung** erwirbt der Versorgungsberechtigte das Recht, bei Pfandreife die Versorgungsleistung insoweit für sich in Anspruch zu nehmen, wie dies zur vollen Erfüllung seiner Pensionszusage erforderlich ist. Er genießt dadurch einen vertragl. Insolvenzschutz, der mit dem gesetzl. Insolvenzschutz durchaus vergleichbar ist. Im Fall der Insolvenz steht dem Berechtigten ein **Absonderungsrecht** iSv. § 50 InsO zu, so dass die Rückdeckungsversicherung jedenfalls in Höhe des Versorgungsanspruchs nicht in die Insolvenzmasse fällt. Bei Eintritt der Insolvenz darf der Insolvenzverwalter das verpfändete Recht nicht verwerten, sondern muss es hinterlegen, bis Pfandreife, dh. der Versorgungsfall eingetreten ist[15]. Bei Pfandreife kann der Versorgungsberechtigte Zugriff nehmen. Ohne eine Verpfändung der Rückdeckungsversicherung steht dem ArbN hingegen kein Recht daran zu; die Rückdeckungsversicherung ist grds. ausschließlich 61

---

1 BAG 29.11.1988 – 3 AZR 184/87, DB 1989, 786.   ‖2 BAG 19.2.2002 – 3 AZR 137/01, DB 2002, 2115.   ‖3 Zur früheren Rechtslage: BAG 18.3.2003 – 3 AZR 120/02, DB 2004, 84.   ‖4 Eingeführt durch G v. 5.7.2004, BGBl. I S. 1427.   ‖5 BAG 2.6.1987 – 3 AZR 764/85, NZA 1988, 19; 24.11.1998 – 3 AZR 423/97, NZA 1999, 650.   ‖6 BAG 18.3.2003 – 3 AZR 120/02, DB 2004, 84.   ‖7 Bode/Grabner, Pensionsfonds und Entgeltumwandlung, S. 89.   ‖8 Höfer, § 7 Rz. 4573.2.   ‖9 BT-Drs. 15/2150, 54 zu Nr. 7a.   ‖10 BAG 24.2.2011 – 6 AZR 626/09, BB 2011, 1332.   ‖11 So auch Höfer, § 7 Rz. 4573.4.   ‖12 BGBl. 2004 I S. 1427; so schon vorher: BAG 24.11.1998 – 3 AZR 423/97, NZA 1999, 650; Höfer, § 7 Rz. 4566ff.; KKBH/Berenz, § 7 Rz. 159; Blomeyer/Rolfs/Otto, § 7 Rz. 300.   ‖13 BAG 2.6.1987 – 3 AZR 764/85, NZA 1988, 19.   ‖14 BAG 2.6.1987 – 3 AZR 764/85, NZA 1988, 19.   ‖15 BAG 17.1.2012 – 3 AZR 10/10, NZA-RR 2013, 86.

Instrument zur Refinanzierung der Versorgungsaufwendungen des ArbGeb. Gleiches gilt im Verhältnis von ArbGeb zu Unterstützungskasse, die eine Rückdeckungsversicherung abgeschlossen hat[1].

62 In Betracht kommen ferner **Treuhandlösungen** (Contractual Trust Arrangements – CTA); dazu § 4 Rz. 15. Dabei überträgt der aus der Altersversorgung Verpflichtete Vermögen an einen Treuhänder. Dieser wiederum wird verpflichtet, bei Eintritt der Insolvenz aus dem Treuhandvermögen das Versorgungsversprechen zu erfüllen. In Betracht kommt jedes Wirtschaftsgut, zB Immobilienbesitz, Wertpapiere, Bankguthaben, Forderungen[2]. Die Insolvenz des ArbGeb führt gem. § 116 S. 1 iVm. § 115 InsO dazu, dass der Treuhandvertrag beendet wird. Der Insolvenzverwalter ist dann verpflichtet, den Rückgewähranspruch des Unternehmens geltend zu machen. Dies kann dadurch ausgeschlossen werden, dass der Rückgewähranspruch an die versorgungsberechtigten ArbN verpfändet wird. Durch das Aussonderungsrecht gem. §§ 50 ff. InsO wird gewährleistet, dass der Treuhänder dann die Möglichkeit behält, die Versorgungsleistungen zu erbringen.

63 Das Pfandrecht der ArbN geht allerdings gem. **§ 9 II** auf den **PSVaG** über, wenn dieser eintrittspflichtig ist. Allerdings darf der PSVaG den Forderungsübergang nicht zum Nachteil des Berechtigten geltend machen (§ 9 II 2). Ist der PSVaG nicht einstandspflichtig (etwa weil es sich um eine nicht sicherungsfähige Unternehmerrente handelt), findet kein Forderungsübergang statt. Bei einer nur teilweisen Eintrittspflicht (etwa wenn die Höchstgrenzen des Abs. 3 überschritten werden), muss der PSVaG das Pfandrecht zu Gunsten des Versorgungsberechtigten freigeben und ggf. auf ihn rückübertragen, soweit das Vermögen nicht zur Erfüllung der gesetzl. Leistungspflicht des PSVaG benötigt wird. Soweit der PSVaG das Sicherungsrecht verwertet hat, ist dem Versorgungsberechtigten Zugriff auf den Erlös zu ermöglichen[3].

8 Übertragung der Leistungspflicht und Abfindung

(1) Ein Anspruch gegen den Träger der Insolvenzsicherung auf Leistungen nach § 7 besteht nicht, wenn eine Pensionskasse oder ein Unternehmen der Lebensversicherung sich dem Träger der Insolvenzsicherung gegenüber verpflichtet, diese Leistungen zu erbringen, und die nach § 7 Berechtigten ein unmittelbares Recht erwerben, die Leistungen zu fordern.

(1a) Der Träger der Insolvenzsicherung hat die gegen ihn gerichteten Ansprüche auf den Pensionsfonds, dessen Trägerunternehmen die Eintrittpflicht nach § 7 ausgelöst hat, im Sinne von Absatz 1 zu übertragen, wenn die Bundesanstalt für Finanzdienstleistungsaufsicht hierzu die Genehmigung erteilt. Die Genehmigung kann nur erteilt werden, wenn durch Auflagen der Bundesanstalt für Finanzdienstleistungsaufsicht die dauernde Erfüllbarkeit der Leistungen aus dem Pensionsplan sichergestellt werden kann. Die Genehmigung der Bundesanstalt für Finanzdienstleistungsaufsicht kann der Pensionsfonds nur innerhalb von drei Monaten nach Eintritt des Sicherungsfalles beantragen.

(2) Der Träger der Insolvenzsicherung kann eine Anwartschaft ohne Zustimmung des Arbeitnehmers abfinden, wenn der Monatsbetrag der aus der Anwartschaft resultierenden laufenden Leistung bei Erreichen der vorgesehenen Altersgrenze 1 vom Hundert, bei Kapitalleistungen zwölf Zehntel der monatlichen Bezugsgröße nach § 18 des Vierten Buches Sozialgesetzbuch nicht übersteigen würde oder wenn dem Arbeitnehmer die Beiträge zur gesetzlichen Rentenversicherung erstattet worden sind. Dies gilt entsprechend für die Abfindung einer laufenden Leistung. Die Abfindung ist darüber hinaus möglich, wenn sie an ein Unternehmen der Lebensversicherung gezahlt wird, bei dem der Versorgungsberechtigte im Rahmen einer Direktversicherung versichert ist. § 2 Abs. 2 Satz 4 bis 6 und § 3 Abs. 5 gelten entsprechend.

1 **I. Übertragung der Leistungspflicht.** Der PSVaG kann seine Verpflichtung nach Abs. 1 auf ein Unternehmen der Lebensversicherung oder eine Pensionskasse **übertragen**. Dies soll der Verwaltungsentlastung des PSVaG dienen[4]. Von dieser Möglichkeit macht der PSVaG dergestalt Gebrauch (vgl. § 2 II der Satzung des PSVaG), dass er mit einem Konsortium aus 56 Lebensversicherungsunternehmen unter der Führung der Allianz Lebensversicherung AG vereinbart hat, die laufenden Leistungen zu erbringen. Durch diese Vereinbarung wird der PSVaG von seiner eigenen Verpflichtung befreit. Es handelt sich um eine vom Gesetz zugelassene befreiende Schuldübernahme, der der Versorgungsberechtigte nicht zuzustimmen braucht. Ansprüche richten sich dann nur noch gegen das Versicherungskonsortium. Eine Zwangsvollstreckung gegen den PSVaG ist nicht mehr zulässig. Ist der Versorgungsberechtigte der Ansicht, ihm stünden höhere Leistungen zu, muss der PSVaG verklagt werden. Denn die Schuldbefreiung des PSVaG ist auf den bei dem Konsortium versicherten Betrag beschränkt. Zahlt das Konsortium nicht die bei ihm versicherten Leistungen, kann der Berechtigte gegen das Konsortium selbst klagen.

2 Das die Leistungspflicht übernehmende Versicherungskonsortium erteilt dem Versorgungsberechtigten einen **Versicherungsausweis**. Aus diesem ergibt sich, dass der Berechtigte ein unmittelbares Recht hat, die Leistungen in der im Ausweis bezifferten Höhe von dem Versicherungskonsortium zu fordern.

---

1 BAG 29.9.2010 – 3 AZR 107/08, ZIP 2011, 347. ||2 *Blomeyer*, BetrAV 1999, 293. ||3 KKBH/*Berenz*, § 9 Rz. 18 f. ||4 BT-Drs. 7/2843, 9.

II. Besonderheiten beim Pensionsfonds. Bei einer Versorgung über einen Pensionsfonds besteht die 3 Möglichkeit, dass dieser die Ansprüche weiterhin selbst erfüllt. Der PSVaG hat unter den Voraussetzungen des Abs. 1a die gegen ihn gerichteten Ansprüche auf den Pensionsfonds zu übertragen. Der Pensionsfonds muss die Genehmigung, selbst die Ansprüche der ArbN des insolventen Unternehmens erfüllen zu dürfen, innerhalb von drei Monaten nach Eintritt des Sicherungsfalls bei der BaFin beantragen. Bedingung für die Genehmigungserteilung ist, dass die dauernde Erfüllbarkeit der Versorgungsleistungen aus dem Pensionsfonds sichergestellt ist. Dies hat die BaFin ggf. durch Auflagen sicherzustellen.

III. Abfindung von Anwartschaften. Mit Gesetz v. 5.7.2004[1] wurden die Möglichkeiten zur Abfindung 4 von Versorgungsrechten modifiziert (vgl. Komm. zu § 3). Damit korrespondierend wurden auch die Abfindungsrechte des PSVaG aus Abs. 2 angeglichen. Liegen die Voraussetzungen des § 3 II u. III vor, kann der PSVaG ohne Zustimmung des ArbN dessen unverfallbare Anwartschaften abfinden. Das Gesetz verweist ausdrücklich auf § 2 II 4–6. Daraus folgt, dass die besonderen Unverfallbarkeitsvoraussetzungen erfüllt sein müssen. Entsprechende Abfindungsrechte bestehen für laufende Leistungen. Eine Besonderheit gilt, wenn die Abfindung an ein Unternehmen der Lebensversicherung gezahlt wird, bei dem der Versorgungsberechtigte im Rahmen einer Direktversicherung versichert ist. Hier gelten die Beschränkungen des Abs. 2 S. 1 nicht. Rechtstechnisch wird hier die Anwartschaft aber auch nicht abgefunden, sondern übertragen. Denn Abs. 2 S. 4 verweist auf § 3 V, der wiederum auf § 4 V verweist. Die bisherige Versicherung wird damit fortgeführt. Der PSVaG wird mit der Zahlung von einer Verpflichtung frei[2].

§ 9 Mitteilungspflicht; Forderungs- und Vermögensübergang

(1) [Mitteilungspflichten] Der Träger der Insolvenzsicherung teilt dem Berechtigten die ihm nach § 7 oder § 8 zustehenden Ansprüche oder Anwartschaften schriftlich mit. Unterbleibt die Mitteilung, so ist der Anspruch oder die Anwartschaft spätestens ein Jahr nach dem Sicherungsfall bei dem Träger der Insolvenzsicherung anzumelden; erfolgt die Anmeldung später, so beginnen die Leistungen frühestens mit dem Ersten des Monats der Anmeldung, es sei denn, dass der Berechtigte an der rechtzeitigen Anmeldung ohne sein Verschulden verhindert war.

(2) [Forderungsübergang] Ansprüche oder Anwartschaften des Berechtigten gegen den Arbeitgeber auf Leistungen der betrieblichen Altersversorgung, die den Anspruch gegen den Träger der Insolvenzsicherung begründen, gehen im Falle eines Insolvenzverfahrens mit dessen Eröffnung, in den übrigen Sicherungsfällen dann auf den Träger der Insolvenzsicherung über, wenn dieser nach Absatz 1 Satz 1 dem Berechtigten die ihm zustehenden Ansprüche oder Anwartschaften mitteilt. Der Übergang kann nicht zum Nachteil des Berechtigten geltend gemacht werden. Die mit der Eröffnung des Insolvenzverfahrens übergegangenen Anwartschaften werden im Insolvenzverfahren als unbedingte Forderungen nach § 45 der Insolvenzordnung geltend gemacht.

(3) [Vermögensübergang] Ist der Träger der Insolvenzsicherung zu Leistungen verpflichtet, die ohne den Eintritt des Sicherungsfalles eine Unterstützungskasse erbringen würde, geht deren Vermögen einschließlich der Verbindlichkeiten auf ihn über; die Haftung für die Verbindlichkeiten beschränkt sich auf das übergegangene Vermögen. Wenn die übergegangenen Vermögenswerte den Barwert der Ansprüche und Anwartschaften gegen den Träger der Insolvenzsicherung übersteigen, hat dieser den übersteigenden Teil entsprechend der Satzung der Unterstützungskasse zu verwenden. Bei einer Unterstützungskasse mit mehreren Trägerunternehmen hat der Träger der Insolvenzsicherung einen Anspruch gegen die Unterstützungskasse auf einen Betrag, der dem Teil des Vermögens der Kasse entspricht, der auf das Unternehmen entfällt, bei dem der Sicherungsfall eingetreten ist. Die Sätze 1 bis 3 gelten nicht, wenn der Sicherungsfall auf den in § 7 Abs. 1 Satz 4 Nr. 2 genannten Gründen beruht, es sei denn, dass das Trägerunternehmen seine Betriebstätigkeit nach Eintritt des Sicherungsfalls nicht fortsetzt und aufgelöst wird (Liquidationsvergleich).

(3a) Absatz 3 findet entsprechende Anwendung auf einen Pensionsfonds, wenn die Bundesanstalt für Finanzdienstleistungsaufsicht die Genehmigung für die Übertragung der Leistungspflicht durch den Träger der Insolvenzsicherung nach § 8 Abs. 1a nicht erteilt.

(4) [Insolvenzplan] In einem Insolvenzplan, der die Fortführung des Unternehmens oder eines Betriebes vorsieht, kann für den Träger der Insolvenzsicherung eine besondere Gruppe gebildet werden. Sofern im Insolvenzplan nichts anderes vorgesehen ist, kann der Träger der Insolvenzsicherung, wenn innerhalb von drei Jahren nach der Aufhebung des Insolvenzverfahrens ein Antrag auf Eröffnung eines neuen Insolvenzverfahrens über das Vermögen des Arbeitgebers gestellt wird, in diesem Verfahren als Insolvenzgläubiger Erstattung der von ihm erbrachten Leistungen verlangen.

(5) [Beschwerderecht] Dem Träger der Insolvenzsicherung steht gegen den Beschluss, durch den das Insolvenzverfahren eröffnet wird, die sofortige Beschwerde zu.

I. Mitteilungspflichten. Nach Abs. 1 muss der PSVaG die dem Versorgungsberechtigten zustehenden 1 Ansprüche oder Anwartschaften schriftl. mitteilen. Dies geschieht in Form eines „**Leistungsbeschei-**

---

1 BGBl. 2004 I S. 1427. ||2 *Höfer*, DB 2004, 1426 (1429f.).

des", wenn der PSVaG laufende Leistungen zu übernehmen hat, und durch einen sog. "**Anwartschaftsausweis**", soweit für eine unverfallbare Versorgungsanwartschaft Insolvenzschutz besteht. Die Mitteilung des PSVaG muss Angaben zu Anwartschaften und Ansprüchen dem Grunde und der Höhe nach enthalten. Dem Versorgungsberechtigten soll ein verlässliches Bild über das Bestehen und den Umfang von Versorgungsrechten gegeben werden. Der PSVaG hat von sich aus zu informieren. Anders als bei der Auskunft nach § 4a II ist ein Verlangen des Versorgungsberechtigten nicht erforderlich[1]. Damit soll der Gefahr vorgebeugt werden, dass dem Berechtigten der Eintritt des Sicherungsfalles verborgen bleibt[2]. Ungeachtet dessen hat der Berechtigte einen Auskunftsanspruch, der sich auch auf die Höhe des Versorgungsanspruchs bzw. der Anwartschaft erstreckt[3].

2   Weder der Leistungsbescheid noch der Anwartschaftsausweis haben konstitutive Bedeutung. Der PSVaG haftet allein nach Maßgabe von § 7. Inhaltlich unrichtige Anwartschaftsausweise oder Leistungsbescheide können daher idR keinen Zahlungsanspruch zu begründen[4]. Die Mitteilung der Anwartschaftshöhe im Anwartschaftsausweis ist schon deshalb **nicht bindend**, weil nur eine vorläufige Feststellung möglich ist. Denn während der Anwartschaftsphase stehen oftmals für die endgültige Leistungsbemessung maßgebliche Faktoren noch nicht fest. So ist nicht vorhersehbar, wann der Versorgungsfall eintritt. Der PSVaG kann deshalb immer nur die voraussichtlichen Leistungen bescheinigen, die der ArbN bei Erreichen der Regelaltersgrenze oder einer früheren festen Altersgrenze beanspruchen kann.

3   Aus einem Leistungsbescheid kann ausnahmsw. dann ein über die Rechte des § 7 hinausgehender Anspruch hergeleitet werden, wenn der Rentner in seinem **Vertrauen auf die Richtigkeit** des Bescheides Vermögensdispositionen getroffen oder zu treffen unterlassen hat, die er nicht mehr oder nur noch unter unzumutbaren Nachteilen rückgängig machen kann. Diese Haftung ist jedoch auf die Höhe dessen begrenzt, was der PSVaG in seinem Leistungsbescheid ursprünglich anerkannt hatte[5].

4   **II. Anmeldung von Ansprüchen.** Versäumt der PSVaG seine Mitteilungspflichten, so sind nach Abs. 1 S. 1 Hs. 1 vom Versorgungsberechtigten nicht nur Ansprüche auf laufende Leistungen, sondern auch Anwartschaften anzumelden. Dies muss spätestens ein Jahr nach dem Sicherungsfall erfolgen. Geschieht dies nicht, beginnen die Leistungen frühestens mit dem Ersten des Monats der Anmeldung. Auf den Eintritt des Versorgungsfalles kommt es nicht an. Wurde bereits ein Anwartschaftsausweis erteilt, bedarf es bei Eintritt des Versorgungsfalles keiner erneuten Anmeldung. Allerdings können fällige Ansprüche auch ggü. dem PSVaG verjähren[6]. Die Verjährungsfrist entspricht der, die auch ggü. dem insolventen ArbGeb einzuhalten gewesen wäre.

5   **III. Forderungsübergang.** Abs. 2 regelt, dass mit **Eintritt des Sicherungsfalles** die Ansprüche der ArbN auf Leistungen der betrAV auf den PSVaG übergehen. Besteht die Sicherung in Form einer Bürgschaft, kann sich der Bürge nicht auf Grund der unvorhersehbaren Insolvenz auf einen Wegfall der Geschäftsgrundlage berufen[7]. Insoweit wird durch Abs. 2 eine endgültige Rechtszuweisung geschaffen[8].

6   Für die Sicherungsfälle der Eröffnung des Insolvenzverfahrens und der Abweisung des Antrages auf Eröffnung des Insolvenzverfahrens mangels Masse tritt der Forderungsübergang sofort ein, bei allen übrigen Sicherungsfällen erst dann, wenn der PSVaG den Berechtigten die ihnen zustehenden Ansprüche oder Anwartschaften mitteilt. Der PSVaG tritt damit in der Insolvenz an die Stelle des ArbGeb. Die Versorgungsberechtigten sind ggü. dem insolventen ArbGeb dann nicht mehr aktivlegitimiert. Ihnen stehen nur noch Ansprüche ggü. dem PSVaG zu. Auf diese Weise erhält der PSVaG die Möglichkeit, einen Teil seiner Aufwendungen anders als durch Beiträge zu finanzieren.

7   **Sicherungsrechte**[9], die auf den PSVaG **übergehen**, sind etwa

– Bürgschaften[10],

– durch Schuldbeitritt entstandene Forderungen gegen einen Dritten[11],

– akzessorische Sicherungsrechte[12],

– Rechte aus verpfändeten Rückdeckungsversicherungen[13],

– Rechte aus CTA im Verpfändungsmodell sowie dem Modell der doppelseitigen Treuhand[14],

– Ansprüche gegen ehemalige Einzelunternehmer iSv. § 28 HGB, die ihr Unternehmen in eine KG eingebracht haben[15].

---

1 *Höfer*, § 9 Rz. 4661. ‖ 2 *Höfer*, § 9 Rz. 4661. ‖ 3 BAG 28.6.2011 – 3 AZR 385/09, BAGE 138, 184. ‖ 4 BAG 29.9.2010 – 3 AZR 546/08, NZA 2011, 210; BGH 3.2.1986 – II ZR 54/85, DB 1986, 1118. ‖ 5 BGH 3.2.1986 – II ZR 54/85, DB 1986, 1118. ‖ 6 BAG 21.3.2000 – 3 AZR 72/99, NZA 2000, 835. ‖ 7 BGH 13.5.1993 – IX ZR 166/92, NZA 1994, 365. ‖ 8 BAG 12.4.1983 – 3 AZR 607/80, DB 1983, 1826. ‖ 9 Vgl. Aufzählung bei *Förster/Cisch/Karst*, § 9 Rz. 5. ‖ 10 BGH 13.5.1993 – IX ZR 166/92, NZA 1994, 365. ‖ 11 BAG 12.12.1989 – 3 AZR 540/88, NZA 1990, 475. ‖ 12 BAG 12.12.1989 – 3 AZR 540/88, NZA 1990, 475. ‖ 13 Vgl. Aufzählungen bei *Förster/Cisch/Karst*, § 9 Rz. 5. ‖ 14 *Förster/Cisch/Karst*, § 9 Rz. 5; *Rößler*, BB 2010, 1405 (1412). ‖ 15 BAG 23.1.1990 – 3 AZR 171/88, NZA 1990, 685.

– Ansprüche gegen ausgeschiedene persönlich haftende Gesellschafter einer Personengesellschaft nach §§ 128, 161 II HGB, wobei die Haftung für alle während der Mitgliedschaft des Gesellschafters erteilten Versorgungszusagen auf die Ansprüche begrenzt ist, die bis zu fünf Jahre nach seinem Ausscheiden fällig werden[1].

Vertragl. Haftungsausschlussklauseln sind ggü. dem PSVaG unwirksam[2]. Der PSVaG darf allerdings den Forderungsübergang **nicht zum Nachteil der Versorgungsberechtigten** geltend machen. Ihnen verbleibt das Zugriffsrecht auf das Vermögen des ArbGeb, wenn der PSVaG die Ansprüche nicht voll befriedigt[3].

IV. Vermögensübergang. Abs. 3 sieht vor, dass das Vermögen einer U-Kasse einschl. deren Verbindlichkeiten auf den PSVaG übergeht. Grund für diese Sonderregelung ist, dass nach der gesetzl. Definition in § 1b IV beim Durchführungsweg der U-Kasse kein Rechtsanspruch auf die zugesagten Leistungen besteht, so dass eine Anspruchsübertragung nach Abs. 2 nicht in Frage kommt. Entgegen dem Wortlaut der Vorschrift findet ein Vermögensübergang nicht nur dann statt, wenn die Kasse bereits laufende Leistungen gewährt; es genügt, wenn insolvenzgeschützte Versorgungsanwartschaften bestehen. Gibt es jedoch weder insolvenzgeschützte Anwärter noch Leistungsbezieher, findet ein Vermögensübergang nicht statt[4]. Für den Vermögensübergang ist es nicht erforderlich, dass die Kasse bei Eintritt des Sicherungsfalls vermögenslos oder zahlungsunfähig ist. Der Übergang findet sogar dann statt, wenn die Kasse in der Lage wäre, alle Versorgungsverbindlichkeiten zu erfüllen[5]. Zum Vermögen einer U-Kasse kann auch eine Darlehensforderung gegen das Trägerunternehmen gehören[6]. Übersteigt das Vermögen den Barwert der Ansprüche und Anwartschaften gegen den Träger der Insolvenzsicherung, muss dieser den übersteigenden Teil nach Maßgabe der Satzung der Kasse verwenden (Abs. 3 S. 2).

Eine U-Kasse mit mehreren Trägerunternehmen wird durch die Insolvenz eines Trägerunternehmens in ihrem Fortbestand nicht berührt. Statt des vollständigen Vermögensübergangs steht dem PSVaG ein Anspruch in Höhe des anteiligen Kassenvermögens gegen die U-Kasse zu, welches dem den Sicherungsfall auslösenden Trägerunternehmen zuzurechnen ist[7].

Beim Sicherungsfall des außergerichtl. Vergleichs (§ 7 I 4 Nr. 2) findet gem. Abs. 3 S. 4 nur dann ein Vermögensübergang statt, wenn das Trägerunternehmen seine Betriebstätigkeit nicht fortsetzt und aufgelöst wird, also ein Liquidationsvergleich geschlossen wird. Wird das Unternehmen fortgeführt, haftet der ArbGeb weiter für Leistungsverpflichtungen der Kasse. Dafür bleibt der U-Kasse ihr Vermögen.

Besonderheiten gelten beim **Pensionsfonds**. Hier kommt es nur dann zu einem Forderungsübergang, wenn die BaFin die Genehmigung zu einer beantragten Übertragung der Leistungspflicht auf den Pensionsfonds verweigert (§ 9 IIIa).

Die Abs. 4 und 5 verbessern die Stellung des PSVaG im Insolvenzverfahren. Kommt es zu einem Insolvenzplan, der eine Fortführung des Unternehmens vorsieht, kann für den PSVaG eine besondere Gruppe der am Insolvenzplan Beteiligten gebildet werden. Da über den Insolvenzplan nach Gruppen abgestimmt wird, hat der PSVaG in diesem Fall quasi ein Vetorecht. Ferner hat der PSVaG ein eigenes Beschwerderecht, kraft dessen er gegen den Beschluss zur Eröffnung des Insolvenzverfahrens sofortige Beschwerde einlegen kann. Damit soll der Möglichkeit entgegengewirkt werden, dass sich der Schuldner zu Lasten der Solidargemeinschaft auf leichtem Wege saniert[8].

10 Beitragspflicht und Beitragsbemessung

(1) [Beitragspflicht] Die Mittel für die Durchführung der Insolvenzsicherung werden auf Grund öffentlich-rechtlicher Verpflichtungen durch Beiträge aller Arbeitgeber aufgebracht, die Leistungen der betrieblichen Altersversorgung unmittelbar zugesagt haben oder eine betriebliche Altersversorgung über eine Unterstützungskasse, eine Direktversicherung der in § 7 Abs. 1 Satz 2 und Absatz 2 Satz 1 Nr. 2 bezeichneten Art oder einen Pensionsfonds durchführen.

(2) [Gesamtbeitragsaufkommen] Die Beiträge müssen den Barwert der im laufenden Kalenderjahr entstehenden Ansprüche auf Leistungen der Insolvenzsicherung decken zuzüglich eines Betrages für die auf Grund eingetretener Insolvenzen zu sichernden Anwartschaften, der sich aus dem Unterschied der Barwerte dieser Anwartschaften am Ende des Kalenderjahres und am Ende des Vorjahres bemisst. Der Rechnungszinsfuß für die Berechnung des Barwerts der Ansprüche auf Leistungen der Insolvenzsicherung bestimmt sich nach § 65 des Versicherungsaufsichtsgesetzes; soweit keine Übertragung nach § 8 Abs. 1 stattfindet, ist der Rechnungszinsfuß bei der Berechnung des Barwerts der Anwartschaften um ein Drittel höher. Darüber hinaus müssen die Beiträge die im gleichen Zeitraum entstehenden Verwaltungskosten und sonstigen Kosten, die mit der Gewährung der Leistungen zusammenhängen, und die Zuführung zu einem von der Bundesanstalt für Finanzdienstleistungsauf-

---

1 BGH 19.5.1983 – II ZR 50/82, NJW 1984, 833; BAG 28.11.1989 – 3 AZR 818/87, NZA 1990, 557. ‖ 2 LG Köln v. 21.8.1991 – 24 O 125/90, DB 1992, 640. ‖ 3 BAG 12.12.1989 – 3 AZR 540/88, NZA 1990, 475. ‖ 4 *Höfer*, § 9 Rz. 4692. ‖ 5 BAG 12.12.1991 – 3 AZR 30/90, NZA 1991, 723. ‖ 6 BAG 6.10.1992 – 3 AZR 41/92, NZA 1993, 455. ‖ 7 BAG 22.10.1991 – 3 AZR 1/91, DB 1992, 996. ‖ 8 Vgl. BT-Drs. 12/3803, 112.

sicht festgesetzten Ausgleichsfonds decken; § 37 des Versicherungsaufsichtsgesetzes bleibt unberührt. Auf die am Ende des Kalenderjahres fälligen Beiträge können Vorschüsse erhoben werden. Sind die nach den Sätzen 1 bis 3 erforderlichen Beiträge höher als im vorangegangenen Kalenderjahr, so kann der Unterschiedsbetrag auf das laufende und die folgenden vier Kalenderjahre verteilt werden. In Jahren, in denen sich außergewöhnlich hohe Beiträge ergeben würden, kann zu deren Ermäßigung der Ausgleichsfonds in einem von der Bundesanstalt für Finanzdienstleistungsaufsicht zu genehmigenden Umfang herangezogen werden.

(3) [Beitragsbemessungsgrundlage] Die nach Absatz 2 erforderlichen Beiträge werden auf die Arbeitgeber nach Maßgabe der nachfolgenden Beträge umgelegt, soweit sie sich auf die laufenden Versorgungsleistungen und die nach § 1b unverfallbaren Versorgungsanwartschaften beziehen (Beitragsbemessungsgrundlage); diese Beträge sind festzustellen auf den Schluss des Wirtschaftsjahres des Arbeitgebers, das im abgelaufenen Kalenderjahr geendet hat:

1. Bei Arbeitgebern, die Leistungen der betrieblichen Altersversorgung unmittelbar zugesagt haben, ist Beitragsbemessungsgrundlage der Teilwert der Pensionsverpflichtung (§ 6a Abs. 3 des Einkommensteuergesetzes).
2. Bei Arbeitgebern, die eine betriebliche Altersversorgung über eine Direktversicherung mit widerruflichem Bezugsrecht durchführen, ist Beitragsbemessungsgrundlage das geschäftsplanmäßige Deckungskapital oder, soweit die Berechnung des Deckungskapitals nicht zum Geschäftsplan gehört, die Deckungsrückstellung. Für Versicherungen, bei denen der Versicherungsfall bereits eingetreten ist, und für Versicherungsanwartschaften, für die ein unwiderrufliches Bezugsrecht eingeräumt ist, ist das Deckungskapital oder die Deckungsrückstellung nur insoweit zu berücksichtigen, als die Versicherungen abgetreten oder beliehen sind.
3. Bei Arbeitgebern, die eine betriebliche Altersversorgung über eine Unterstützungskasse durchführen, ist Beitragsbemessungsgrundlage das Deckungskapital für die laufenden Leistungen (§ 4d Abs. 1 Nr. 1 Buchstabe a des Einkommensteuergesetzes) zuzüglich des Zwanzigfachen der nach § 4d Abs. 1 Nr. 1 Buchstabe b Satz 1 des Einkommensteuergesetzes errechneten jährlichen Zuwendungen für Leistungsanwärter im Sinne von § 4d Abs. 1 Nr. 1 Buchstabe b Satz 2 des Einkommensteuergesetzes.
4. Bei Arbeitgebern, soweit sie betriebliche Altersversorgungen über einen Pensionsfonds durchführen, ist Beitragsbemessungsgrundlage 20 vom Hundert des entsprechend Nummer 1 ermittelten Betrages.

(4) [Zwangsvollstreckung] Aus den Beitragsbescheiden des Trägers der Insolvenzsicherung findet die Zwangsvollstreckung in entsprechender Anwendung der Vorschriften der Zivilprozessordnung statt. Die vollstreckbare Ausfertigung erteilt der Träger der Insolvenzsicherung.

1 **I. Beiträge.** Der PSVaG erhebt zur Finanzierung des Insolvenzschutzes Zwangsbeiträge. Die Beitragshöhe wird in einem Promille-Satz der Beitragsbemessungsgrundlage nach Abs. 3 ausgedrückt. Auf die am Ende des Kalenderjahres fälligen Beiträge können Vorschüsse erhoben werden. Die Höhe des vom PSVaG festzusetzenden Beitragssatzes ist vom Schadensvolumen in dem jeweiligen Jahr abhängig.

2 **1. Beitragspflicht.** Beitragspflichtig sind nach Abs. 1 nur die ArbGeb, deren Versorgungszusagen einem Insolvenzrisiko unterliegen. Damit sind Pensionskassen und „unbeschädigte" Direktversicherungen mit unwiderruflichem Bezugsrecht von der Mittelaufbringung nicht erfasst. Ausgeschlossen sind ferner ArbGeb, bei denen kraft Gesetzes die Zahlungsfähigkeit gesichert ist, also eine Insolvenz ausgeschlossen ist (§ 17 II). Auf die Wahrscheinlichkeit eines Insolvenzeintritts kommt es nicht an. Deshalb sind auch ArbGeb beitragspflichtig, bei denen eine Insolvenz nicht zu erwarten, aber rechtlich möglich ist, etwa bei öffentl.-rechtl. Ersatzschulen oder Rundfunkanstalten etc.

3 **2. Beitragsaufkommen.** Beiträge zur Insolvenzsicherung werden auf Grund **öffentl.-rechtl.** Verpflichtung durch Beiträge aller ArbGeb aufgebracht, die Leistungen der betrAV unmittelbar zugesagt haben oder eine betrAV über eine U-Kasse, einen Pensionsfonds oder eine Direktversicherung durchführen. Mit Wirkung seit dem Beitragsjahr 2006[1] hat der Gesetzgeber das Finanzierungsverfahren der Insolvenzsicherung auf eine vollständige Kapitaldeckung umgestellt. Mit den Beiträgen wird der gesamte im Beitragsjahr durch Insolvenzen entstandene Schaden abgedeckt. Bislang erfolgte eine Vorausfinanzierung von Versorgungsanwartschaften aus Insolvenzfällen nicht, Anwartschaften wurden erst bei Eintritt des Versorgungsfalls ausfinanziert. Die Nachfinanzierung bereits bis zum Jahresende 2005 aufgelaufener Anwartschaften kann gem. § 30i auf 15 Jahre verteilt werden. Weiterhin legt Abs. 2 nun ausdrücklich fest, dass die Beiträge auch die sonstigen mit der Gewährung der Sicherungsleistungen zusammenhängenden Kosten und die nach versicherungsaufsichtsrechtl. Vorgaben notwendigen Zuführungen zu einer Verlustrücklage sowie einem Ausgleichsfonds abdecken müssen. Bei besonders hohen Beitragssätzen kann der Beitrag eines Jahres auf noch laufende und die folgenden vier Jahre verteilt werden, § 10 II 5. Von dieser Möglichkeit hat der PSVaG erstmals 2009 Gebrauch machen müssen.

---

1 BGBl. 2006 I S. 2742; Details bei KKBH/*Berenz*, § 10 Rz. 37 ff.

Die vom PSVaG zu übernehmenden Verpflichtungen werden durch Einmalbeträge bei einem **Konsortium** von 56 Lebensversicherungsunternehmen unter Führung der Allianz Lebensversicherungs AG versichert. Der von Jahr zu Jahr unterschiedliche Schadensverlauf bewirkt deshalb unmittelbar eine Erhöhung oder Ermäßigung des Beitragssatzes.

Der PSVaG erlässt **Beitragsbescheide** als Verwaltungsakt[1]. Für sie gilt das Verwaltungsvollstreckungsrecht, aus ihnen ist also die Zwangsvollstreckung zulässig. Beitragsbescheide werden im **verwaltungsrechtl. Verfahren** überprüft. Damit ist für alle Rechtsstreitigkeiten über Grund und Höhe des Beitrages zur Insolvenzsicherung nach § 40 I 1 VwGO der Verwaltungsrechtsweg eröffnet[2]. Gegen einen Beitragsbescheid kommt nur die Anfechtungsklage gem. § 42 I VwGO vor dem VerwG in Betracht. Vor Erhebung der Anfechtungsklage ist nach § 68 I 1 VwGO ein Widerspruchsverfahren durchzuführen. Widerspruch und Klage gegen einen Beitragsbescheid haben keine aufschiebende Wirkung[3]. 4

3. **Bemessungsgrundlagen.** Beiträge werden im sog. **Selbstveranlagungsverfahren** erhoben. Dazu hat der ArbGeb dem ArbN die für die Bemessung des Beitrages maßgebenden Grundlagen gem. § 11 I von sich aus mitzuteilen. Jährlich hat er die Daten nach § 11 II bis zum 30.9. zu übermitteln. Bei **unmittelbaren Versorgungszusagen** und **Pensionsfonds** ist Beitragsbemessungsgrundlage der Teilwert der Pensionsverpflichtung (§ 6a III EStG). Ursprünglich galt dies auch für **Pensionsfonds**. Mit Gesetz v. 24.3. 2003[4] wurde die Beitragsbemessungsgrundlage auf 20 % des entsprechend Nr. 1 zu ermittelnden Betrages reduziert. Grund hierfür war das geringere Insolvenzrisiko bei Pensionsfonds. Damit wurde dem Gesichtspunkt Rechnung getragen, dass Pensionsfonds kapitalgedeckt sind und der ArbGeb auf dieses Kapital wegen der externen Anlage nicht zugreifen kann[5]. Hinzu kommt, dass auch der Pensionsfonds der Versicherungsaufsicht unterliegt. Bei **Direktversicherungen** mit widerruflichem Bezugsrecht ist die Beitragsbemessungsgrundlage das geschäftsplanmäßige Deckungskapital, das sind die Versicherungsprämien zzgl. einer Verzinsung von 3,5 %, oder, soweit die Berechnung des Deckungskapitals nicht zum Geschäftsplan gehört, die Deckungsrückstellung. Für Versicherungen, bei denen der **Versicherungsfall bereits eingetreten** ist und für Versicherungsanwartschaften, für die ein **unwiderrufliches Bezugsrecht** eingeräumt ist, ist das Deckungskapital oder die Deckungsrückstellung nur insoweit zu berücksichtigen, als die Versicherungen abgetreten, beliehen oder verpfändet sind. Führt der ArbGeb die Altersversorgung über eine **U-Kasse** durch, ist Beitragsbemessungsgrundlage das Deckungskapital für die laufenden Leistungen zuzüglich des 20-fachen der nach § 4d I Nr. 1b 1 EStG errechneten jährlichen Zuwendungen für Leistungsanwärter iSv. § 4d I Nr. 1b 2 EStG. 5

Beträgt die Beitragsbemessungsgrundlage nicht mehr als 60 000 Euro, verwendet der PSVaG zur Vereinfachung die gemeldete Beitragsbemessungsgrundlage für das lfd. Jahr und unverändert für die vier folgenden Jahre[6]. 6

Mit dem RRG 1999 wurden die Höchstgrenzen für die gesetzl. Insolvenzsicherung erheblich gesenkt (vgl. § 7 Rz. 53). Damit wurde für den ArbGeb das Risiko erhöht, Beiträge für Versorgungsanteile aufzuwenden, die wegen Überschreitens der Höchstgrenzen nicht sicherungsfähig sind. Dies ist vor dem Hintergrund einer Beitragsgerechtigkeit und einer Gleichbehandlung der Versicherten bedenklich[7]. Der PSVaG begnügt sich damit, dass bei der Meldung der Beitragsbemessungsgrundlagen nur Daten für die sicherungsfähigen Versorgungsanteile gemeldet werden. Den Beitragszahlern ist aber auch gestattet, aus Gründen der Verwaltungsvereinfachung die volle Bemessungsgrundlage zu melden[8]. 7

Der PSVaG kann nicht prüfen, ob Versorgungszusagen, für die Beiträge entrichtet werden, auch **insolvenzsicherungsfähig** sind. Ob der PSVaG im Insolvenzfall eintreten muss, wird deshalb erst geklärt, wenn ein Sicherungsfall eingetreten ist. Es erscheint fraglich, ob schon vor Eintritt des Sicherungsfalles durch Feststellungsklage die Insolvenzsicherungsfähigkeit festgestellt werden kann[9]. Einer Feststellungsklage dürfte letztlich das Rechtsschutzbedürfnis fehlen; sie liefe auf das unzulässige Ersuchen auf Erstattung eines gerichtlichen Rechtsgutachtens hinaus. Durch die Entrichtung von Beiträgen können für nicht versicherungsfähige Versorgungen keine Ansprüche gegen den PSVaG ausgelöst werden[10]. 8

II. **Zwangsvollstreckung.** Aus den Beitragsbescheiden des PSVaG findet gem. Abs. 2 die Zwangsvollstreckung statt. Fällig ist ein Beitrag frühestens nach Erlass eines Bescheides[11], spätestens jedoch am Ende des Kalenderjahres[12]. Die Vorschriften der ZPO zur Zwangsvollstreckung finden entsprechende Anwendung. Wegen der Beleihung mit öffentl.-rechtl. Befugnissen kann der PSVaG selbst vollstreckbare Ausfertigungen erteilen. Der Beitragsschuldner kann die in der ZPO vorgesehenen Rechtsbehelfe einlegen. Zuständig ist das VerwG[13]. 9

---

1 OVG NW 22.3.1994 – 13 A 195/93, DB 1994, 1936. || 2 Vgl. *Paulsdorff*, § 10 Rz. 9. || 3 OVG Rh.-Pf. 15.7.1983 – 8 B 21.83, nv.; OVG Lüneburg 6.5.1988 – 4 OVG B 399/87, nv. || 4 BGBl. 2003 I S. 1526. || 5 *Sasdrich*, BetrAV 2003, 496. || 6 Vgl. PSVaG-Merkblatt 210/M 21b, Stand 10.08. || 7 *Wohlleben*, DB 1998, 1230. || 8 PSVaG-Merkblatt 300/M 13, Stand 3.13. || 9 Befürwortend BGH 25.10.2004 – II ZR 413/02, NZA 2005, 782; abl. ArbG Köln 24.6.1994 – 5 Ca 943/94, nv. || 10 Vgl. *Paulsdorff*, § 7 Rz. 14. || 11 *Förster/Cisch/Karst*, § 10 Rz. 15. || 12 OVG NW 25.9.1992 – 13 A 1394/91, DB 1993, 46. || 13 Bay. VGH v. 5.2.1982 – 5 B 81 A. 691, BB 1983, 199.

10a Säumniszuschläge; Zinsen; Verjährung

(1) Für Beiträge, die wegen Verstoßes des Arbeitgebers gegen die Meldepflicht erst nach Fälligkeit erhoben werden, kann der Träger der Insolvenzsicherung für jeden angefangenen Monat vom Zeitpunkt der Fälligkeit an einen Säumniszuschlag in Höhe von bis zu eins vom Hundert der nacherhobenen Beiträge erheben.

(2) Für festgesetzte Beiträge und Vorschüsse, die der Arbeitgeber nach Fälligkeit zahlt, erhebt der Träger der Insolvenzsicherung für jeden Monat Verzugszinsen in Höhe von 0,5 vom Hundert der rückständigen Beiträge. Angefangene Monate bleiben außer Ansatz.

(3) Vom Träger der Insolvenzsicherung zu erstattende Beiträge werden vom Tage der Fälligkeit oder bei Feststellung des Erstattungsanspruchs durch gerichtliche Entscheidung vom Tage der Rechtshängigkeit an für jeden Monat mit 0,5 vom Hundert verzinst. Angefangene Monate bleiben außer Ansatz.

(4) Ansprüche auf Zahlung der Beiträge zur Insolvenzsicherung gemäß § 10 sowie Erstattungsansprüche nach Zahlung nicht geschuldeter Beiträge zur Insolvenzsicherung verjähren in sechs Jahren. Die Verjährungsfrist beginnt mit Ablauf des Kalenderjahres, in dem die Beitragspflicht entstanden oder der Erstattungsanspruch fällig geworden ist. Auf die Verjährung sind die Vorschriften des Bürgerlichen Gesetzbuches anzuwenden.

1 **I. Säumniszuschläge und Zinsen.** Die mit dem RRG 1999 eingeführte Regelung gibt in Abs. 1–3 dem PSVaG die Möglichkeit, ggü. säumigen Schuldnern Säumniszuschläge und Zinsen zu erheben. Bis dahin hatte die Rspr. solche Ansprüche zT abgelehnt[1]. Das Gesetz legt den Anspruch dem Grunde und der Höhe nach fest.

2 Die Erhebung von Beiträgen nach Fälligkeit wegen Verletzung der Meldepflicht kann der PSVaG nach pflichtgemäßem Ermessen Säumniszuschläge erheben (Abs. 1). Der ArbGeb muss dazu in vorwerfbarer Weise, also vorsätzlich oder fahrlässig, gegen seine Mitteilungspflichten aus § 11 I 1 oder II 1 verstoßen haben. Das trifft dann zu, wenn die gesetzl. gebotenen Angaben unterbleiben, unvollständig oder falsch sind, oder verspätet erfolgen, so dass der Beitrag nicht bei Fälligkeit erhoben werden kann. Die Geltendmachung durch den PSVaG erfolgt durch Verwaltungsakt per Beitragsbescheid. Der Säumniszuschlag beträgt bis zu 1 % der nacherhobenen Beiträge. Dem PSVaG steht insoweit ebenfalls ein Ermessen zu.

3 Demggü. sieht Abs. 2 bei der Erhebung von Verzugszinsen für bereits festgesetzte Beiträge und Vorschüsse eine gebundene Entscheidung vor. Der Zinssatz beträgt für jeden vollen Monat 0,5 % der rückständigen Beiträge und Vorschüsse. Angefangene Monate werden nicht berücksichtigt.

4 Der PSVaG muss seinerseits nach Abs. 3 zu erstattende Beiträge mit 0,5 % für jeden Monat vom Tage der Fälligkeit des Anspruchs an verzinsen. Bei gerichtl. Feststellung des Erstattungsanspruchs beginnt die Verzinsung mit Rechtshängigkeit. Auch hier bleiben angefangene Monate außer Ansatz.

5 **II. Verjährung.** Sowohl die Beitragsforderungen des PSVaG als auch gegen ihn gerichtete Erstattungsansprüche, etwa in Folge von Überzahlungen, unterliegen der Verjährung nach der spezialgesetzl. Regelung des Abs. 4. Die Frist beträgt danach sechs Jahre. Sie beginnt mit Ablauf des Jahres, in dem die Beitragspflicht entstanden bzw. der Erstattungsanspruch fällig geworden ist. Die Vorschriften des BGB finden Anwendung. Bei der Verjährung handelt es sich um eine von der jeweiligen Partei geltend zu machende Einrede, die von Amts wegen nicht zu berücksichtigen ist.

11 Melde-, Auskunfts- und Mitteilungspflichten

(1) [Erstmalige Mitteilung über Zusagen] Der Arbeitgeber hat dem Träger der Insolvenzsicherung eine betriebliche Altersversorgung nach § 1b Abs. 1 bis 4 für seine Arbeitnehmer innerhalb von drei Monaten nach Erteilung der unmittelbaren Versorgungszusage, dem Abschluss der Direktversicherung oder der Errichtung einer Unterstützungskasse oder eines Pensionsfonds mitzuteilen. Der Arbeitgeber, der sonstige Träger der Versorgung, der Insolvenzverwalter und die nach § 7 Berechtigten sind verpflichtet, dem Träger der Insolvenzsicherung alle Auskünfte zu erteilen, die zur Durchführung der Vorschriften dieses Abschnittes erforderlich sind, sowie Unterlagen vorzulegen, aus denen die erforderlichen Angaben ersichtlich sind.

(2) [Periodische Mitteilung] Ein beitragspflichtiger Arbeitgeber hat dem Träger der Insolvenzsicherung spätestens bis zum 30. September eines jeden Kalenderjahres die Höhe des nach § 10 Abs. 3 für die Bemessung des Beitrages maßgebenden Betrages bei unmittelbaren Versorgungszusagen und Pensionsfonds auf Grund eines versicherungsmathematischen Gutachtens, bei Direktversicherungen auf Grund einer Bescheinigung des Versicherers und bei Unterstützungskassen auf Grund einer nachprüfbaren Berechnung mitzuteilen. Der Arbeitgeber hat die in Satz 1 bezeichneten Unterlagen mindestens sechs Jahre aufzubewahren.

---

1 BVerwG 27.9.1990 – 3 C 56/88, ZIP 1991, 179.

(3) [Mitteilungen im Insolvenzfall] Der Insolvenzverwalter hat dem Träger der Insolvenzsicherung die Eröffnung des Insolvenzverfahrens, Namen und Anschriften der Versorgungsempfänger und die Höhe ihrer Versorgung nach § 7 unverzüglich mitzuteilen. Er hat zugleich Namen und Anschriften der Personen, die bei Eröffnung des Insolvenzverfahrens eine nach § 1 unverfallbare Versorgungsanwartschaft haben, sowie die Höhe ihrer Anwartschaft nach § 7 mitzuteilen.

(4) Der Arbeitgeber, der sonstige Träger der Versorgung und die nach § 7 Berechtigten sind verpflichtet, dem Insolvenzverwalter Auskünfte über alle Tatsachen zu erteilen, auf die sich die Mitteilungspflicht nach Absatz 3 bezieht.

(5) In den Fällen, in denen ein Insolvenzverfahren nicht eröffnet wird (§ 7 Abs. 1 Satz 4) oder nach § 207 der Insolvenzordnung eingestellt worden ist, sind die Pflichten des Insolvenzverwalters nach Absatz 3 vom Arbeitgeber oder dem sonstigen Träger der Versorgung zu erfüllen.

(6) [Amtshilfe] Kammern und andere Zusammenschlüsse von Unternehmern oder anderen selbständigen Berufstätigen, die als Körperschaften des öffentlichen Rechts errichtet sind, ferner Verbände und andere Zusammenschlüsse, denen Unternehmer oder andere selbständige Berufstätige kraft Gesetzes angehören oder anzugehören haben, haben den Träger der Insolvenzsicherung bei der Ermittlung der nach § 10 beitragspflichtigen Arbeitgeber zu unterstützen.

(7) [Vordrucke] Die nach den Absätzen 1 bis 3 und 5 zu Mitteilungen und Auskünften und die nach Absatz 6 zur Unterstützung Verpflichteten haben die vom Träger der Insolvenzsicherung vorgesehenen Vordrucke zu verwenden.

(8) [Angaben der Finanzämter] Zur Sicherung der vollständigen Erfassung der nach § 10 beitragspflichtigen Arbeitgeber können die Finanzämter dem Träger der Insolvenzsicherung mitteilen, welche Arbeitgeber für die Beitragspflicht in Betracht kommen. Die Bundesregierung wird ermächtigt, durch Rechtsverordnung mit Zustimmung des Bundesrates das Nähere zu bestimmen und Einzelheiten des Verfahrens zu regeln.

I. Normzweck. Die Vorschrift erleichtert die Durchführung der Insolvenzsicherung der betrAV, indem sie dem ArbGeb, dem Insolvenzverwalter und Behörden Informationspflichten auferlegt.

II. Erstmeldung. ArbGeb, die betriebl. Versorgungsleistungen über einen insolvenzgeschützten Durchführungsweg anbieten, unterliegen einer **Meldepflicht**. Die erstmalige Meldung an den PSVaG über das Bestehen an einer insolvenzsicherungspflichtigen betrAV ist nach Abs. 1 innerhalb von drei Monaten nach Erteilung einer unmittelbaren Versorgungszusage, nach Abschluss einer Direktversicherung oder nach Errichtung einer U-Kasse oder eines Pensionsfonds abzugeben. In der Praxis verlangt der PSVaG in Abweichung von dieser Regelung jedoch erst dann Meldung, wenn erstmals eine Unverfallbarkeit eintritt, so dass nur bei sofortiger Unverfallbarkeit (zB Entgeltumwandlung) die gesetzl. Meldepflicht besteht[1]. Unabhängig davon, ob der pflichtige ArbGeb die Versorgungsverpflichtung meldet und dafür auch Beiträge zahlt, besteht der gesetzl. Insolvenzschutz. Unterbleibt eine ordnungsgemäße Meldung, ist dies eine Ordnungswidrigkeit nach § 12 I.

Abs. 1 S. 2 enthält darüber hinaus eine Generalklausel, nach der alle Fälle der Insolvenz an dem Versorgungsrecht Beteiligten (ArbGeb, sonstiger Träger der Versorgung wie U-Kasse oder Lebensversicherung, Insolvenzverwalter, ArbN und Pensionär) zur umfassenden Informationserteilung und ggf. Vorlage von Unterlagen verpflichtet sind. Der PSVaG kann Schäden, die ihm entstehen, zivilrechtl. vor den ordentl. Gerichten geltend machen[2].

III. Folgemeldungen. Nach der Erstmeldung erhält der ArbGeb in den Folgejahren automatisch einen Erhebungsbogen. Der ArbGeb ist verpflichtet, mit diesem die jeweils aktuellen Beitragsbemessungsgrundlagen bis spätestens zum 30.9. des Jahres mitzuteilen (§ 11 II und VII, § 10 III). Formlose Meldungen werden vom PSVaG aus verwaltungstechnischen Gründen nicht bearbeitet und werden von ihm als nicht abgegeben behandelt.

Die zur Berechnung der Beitragsbemessungsgrundlage notwendigen Unterlagen iSv. Abs. 2 S. 1 sind mindestens sechs Jahre aufzubewahren. Diese Regelung in Abs. 2 S. 2 korrespondiert mit der Verjährungsfrist in § 10a IV 1.

IV. Mitteilungen im Insolvenzfall. Tritt der Insolvenzfall ein, so hat der Insolvenzverwalter gem. Abs. 3 die Eröffnung des Insolvenzverfahrens ggü. dem PSVaG anzuzeigen, die entsprechenden Angaben – Name und Anschrift der Versorgungsempfänger und der Inhaber von unverfallbaren Anwartschaften sowie die Höhe der Versorgungs- bzw. Anwartschaftsansprüche – vorzunehmen und auf Vorlage des PSVaG bestimmte Unterlagen vorzulegen. Kommt es ohne Eröffnung eines Insolvenzverfahrens zum Sicherungsfall, hat der ArbGeb oder sonstige Versorgungsträger als Auskunftsperson für den PSVaG zur Verfügung zu stehen. Auch den Versorgungsberechtigten trifft eine grds. Mitwirkungspflicht nach Abs. 4, und zwar ggü. dem Insolvenzverwalter, damit dieser den PSVaG umfassend unterrichten kann. Die Verletzung dieser Pflicht kann den PSVaG zu einer Leistungsverweigerung berechtigten[3].

---

1 PSVaG-Merkblatt 210/M 21a/Stand 10.08. || 2 KKBH/*Berenz*, § 11 Rz. 36 f. || 3 LG Köln v. 28.12.1988 – 24 O 82/87, DB 1989, 1780.

BetrAVG § 11 Rz. 7

7 **V. Amtshilfe.** Abs. 6 verpflichtet berufsständige Einrichtungen (IHK, Handwerkskammern, Berufsgenossenschaften etc.) zur Amtshilfe. Sie haben den PSVaG bei der Ermittlung der nach § 10 beitragspflichtigen ArbGeb zu unterstützen. Damit soll eine möglichst vollständige Erfassung der Beitragspflichtigen ermöglicht werden. Finanzämter können nach Abs. 8 ebenfalls durch Auskünfte bei der Ermittlung der Beitragspflichtigen mitwirken. Es handelt sich um eine Kann-Bestimmung, über die Auskunftserteilung ist deshalb nach pflichtgemäßem Ermessen zu entscheiden. Das Steuergeheimnis ist insoweit gelockert.

12 Ordnungswidrigkeiten

(1) Ordnungswidrig handelt, wer vorsätzlich oder fahrlässig

1. entgegen § 11 Abs. 1 Satz 1, Abs. 2 Satz 1, Abs. 3 oder Abs. 5 eine Mitteilung nicht, nicht richtig, nicht vollständig oder nicht rechtzeitig vornimmt,
2. entgegen § 11 Abs. 1 Satz 2 oder Abs. 4 eine Auskunft nicht, nicht richtig, nicht vollständig oder nicht rechtzeitig erteilt oder
3. entgegen § 11 Abs. 1 Satz 2 Unterlagen nicht, nicht richtig, nicht vollständig oder nicht rechtzeitig vorlegt oder entgegen § 11 Abs. 2 Satz 2 Unterlagen nicht aufbewahrt.

(2) Die Ordnungswidrigkeit kann mit einer Geldbuße bis zu zweitausendfünfhundert Euro geahndet werden.

(3) Verwaltungsbehörde im Sinne des § 36 Abs. 1 Nr. 1 des Gesetzes über Ordnungswidrigkeiten ist die Bundesanstalt für Finanzdienstleistungsaufsicht.

1 § 12 erfasst in Abs. 1 die sich aus § 11 I–V ergebenden Mitteilungs-, Auskunfts-, Vorlage- sowie Aufbewahrungspflichten. Sowohl bei einem vorsätzl. als auch bei einem fahrlässigen Verstoß gegen diese Pflichten liegt eine Ordnungswidrigkeit vor, die mit einer Geldbuße, deren Höhe in das Ermessen der BaFin gestellt ist, geahndet werden kann. Die BaFin ist gem. § 14 Aufsichtsbehörde des PSVaG. Die Geldbuße darf gem. Abs. 2 2500 Euro nicht überschreiten.

2 Der Bußgeldbescheid kann sich gegen den ArbGeb, den Insolvenzverwalter, den Versorgungsträger sowie den nach § 7 Berechtigten richten. Gem. § 9 OWiG können auch Organmitglieder juristischer Personen sowie Personen, die vom Inhaber mit der Leitung des Betriebs oder eines Betriebsteils beauftragt worden sind oder zumindest Aufgaben in eigener Verantwortung wahrnehmen, die dem Inhaber des Betriebs obliegen, belangt werden[1].

3 Der Betroffene kann gegen einen Bußgeldbescheid innerhalb von zwei Wochen nach Zustellung schriftl. oder zur Niederschrift bei der BaFin Einspruch einlegen, § 67 I OWiG.

13 (weggefallen)

14 Träger der Insolvenzsicherung

(1) [Pensions-Sicherungs-Verein] Träger der Insolvenzsicherung ist der Pensions-Sicherungs-Verein Versicherungsverein auf Gegenseitigkeit. Er ist zugleich Träger der Insolvenzsicherung von Versorgungszusagen Luxemburger Unternehmen nach Maßgabe des Abkommens vom 22. September 2000 zwischen der Bundesrepublik Deutschland und dem Großherzogtum Luxemburg über Zusammenarbeit im Bereich der Insolvenzsicherung betrieblicher Altersversorgung. Er unterliegt der Aufsicht durch die Bundesanstalt für Finanzdienstleistungsaufsicht. Die Vorschriften des Versicherungsaufsichtsgesetzes gelten, soweit dieses Gesetz nichts anderes bestimmt.

(2) [Kreditanstalt für Wiederaufbau] Der Bundesminister für Arbeit und Sozialordnung weist durch Rechtsverordnung mit Zustimmung des Bundesrates die Stellung des Trägers der Insolvenzsicherung der Kreditanstalt für Wiederaufbau zu, bei der ein Fonds zur Insolvenzsicherung der betrieblichen Altersversorgung gebildet wird, wenn

1. bis zum 31. Dezember 1974 nicht nachgewiesen worden ist, dass der in Absatz 1 genannte Träger die Erlaubnis der Aufsichtsbehörde zum Geschäftsbetrieb erhalten hat,
2. der in Absatz 1 genannte Träger aufgelöst worden ist oder
3. die Aufsichtsbehörde den Geschäftsbetrieb des in Absatz 1 genannten Trägers untersagt oder die Erlaubnis zum Geschäftsbetrieb widerruft.

In den Fällen der Nummern 2 und 3 geht das Vermögen des in Absatz 1 genannten Trägers einschließlich der Verbindlichkeiten auf die Kreditanstalt für Wiederaufbau über, die es dem Fonds zur Insolvenzsicherung der betrieblichen Altersversorgung zuweist.

---

1 *Förster/Cisch/Karst*, § 12 Rz. 4.

(3) Wird die Insolvenzsicherung von der Kreditanstalt für Wiederaufbau durchgeführt, gelten die Vorschriften dieses Abschnittes mit folgenden Abweichungen:
1. In § 7 Abs. 6 entfällt die Zustimmung der Bundesanstalt für Finanzdienstleistungsaufsicht.
2. § 10 Abs. 2 findet keine Anwendung. Die von der Kreditanstalt für Wiederaufbau zu erhebenden Beiträge müssen den Bedarf für die laufenden Leistungen der Insolvenzsicherung im laufenden Kalenderjahr und die im gleichen Zeitraum entstehenden Verwaltungskosten und sonstigen Kosten, die mit der Gewährung der Leistungen zusammenhängen, decken. Bei einer Zuweisung nach Absatz 2 Nr. 1 beträgt der Beitrag für die ersten drei Jahre mindestens 0,1 vom Hundert der Beitragsbemessungsgrundlage gemäß § 10 Abs. 3; der nicht benötigte Teil dieses Beitragsaufkommens wird einer Betriebsmittelreserve zugeführt. Bei einer Zuweisung nach Absatz 2 Nr. 2 oder 3 wird in den ersten drei Jahren zu dem Beitrag nach Nummer 2 Satz 2 ein Zuschlag von 0,08 vom Hundert der Beitragsbemessungsgrundlage gemäß § 10 Abs. 3 zur Bildung einer Betriebsmittelreserve erhoben. Auf die Beiträge können Vorschüsse erhoben werden.
3. In § 12 Abs. 3 tritt an die Stelle der Bundesanstalt für Finanzdienstleistungsaufsicht die Kreditanstalt für Wiederaufbau.

Die Kreditanstalt für Wiederaufbau verwaltet den Fonds im eigenen Namen. Für Verbindlichkeiten des Fonds haftet sie nur mit dem Vermögen des Fonds. Dieser haftet nicht für die sonstigen Verbindlichkeiten der Bank. § 11 Abs. 1 Satz 1 des Gesetzes über die Kreditanstalt für Wiederaufbau in der Fassung der Bekanntmachung vom 23. Juni 1969 (BGBl. I S. 573), das zuletzt durch Artikel 14 des Gesetzes vom 21. Juni 2002 (BGBl. I S. 2010) geändert worden ist, ist in der jeweils geltenden Fassung auch für den Fonds anzuwenden.

I. Träger der Insolvenzsicherung. Träger der Insolvenzsicherung für Ansprüche aus betrAV ist gem. Abs. 1 der Pensions-Sicherungs-Verein auf Gegenseitigkeit (PSVaG) mit Sitz in Köln (Pensions-Sicherungs-Verein auf Gegenseitigkeit, Bahnstraße 6, 50996 Köln; Tel.: 0221/93 65 90, Fax: 0221/93 65 92 99; Internet: www.psvag.de; E-Mail: info@psvag.de). Der PSVaG hat im Insolvenzverfahren eine besondere Stellung, die es ihm erleichtern soll, seine besondere Aufgabe zu erfüllen[1]. 1

II. Selbsthilfeeinrichtung. Der PSVaG wurde am 7.10.1974 als **Selbsthilfeeinrichtung** der deutschen Wirtschaft durch die Bundesvereinigung der deutschen Arbeitgeberverbände eV, den Bundesverband der deutschen Industrie eV und den Verband der Lebensversicherungs-Unternehmen eV entsprechend der traditionellen privatrechtl. und privatwirtschaftl. Gestaltung der betrAV in Form einer privatrechtl. Organisation unter Aufbringung von zehn Mio. DM als Gründungsstock gegründet. Ausschließlicher Zweck des PSVaG ist die Insolvenzsicherung der betrAV. 2

Der PSVaG bezweckt nicht die Erzielung von Gewinnen und ist daher von der Körperschafts-, Vermögens- und Gewerbesteuer befreit. Prämienleistungen, die er an Lebensversicherungsunternehmen und ggf. Pensionskassen erbringt, unterliegen nicht der ESt; entsprechend gelten die Beiträge der beitragspflichtigen ArbGeb nicht als steuerpflichtiger Arbeitslohn und sind daher von der Steuer befreit. 3

1. Rechtliche Doppelstellung. Auf Grund der öffentl.-rechtl. ausgestalteten Beitragspflicht hat der PSVaG eine rechtl. Doppelstellung. Leistungen erbringt er nach zivilrechtl. Grundsätzen, Beiträge zieht er nach verwaltungsrechtl. Prinzipien ein. Er ist insoweit ein mit Befugnissen und Aufgaben der öffentl. Verwaltung **beliehenes Unternehmen**[2]. 4

2. Mitgliedschaft. Mitglieder können alle ArbGeb, die Leistungen der betrAV unmittelbar zugesagt haben oder eine betrAV über eine U-Kasse, einen Pensionsfonds oder über eine widerrufliche bzw. verpfändete Direktversicherung durchführen, sein. Das Mitgliedschaftsverhältnis ist rein privatrechtl. Natur. Es beginnt mit der Begründung des Versicherungsverhältnisses und erlischt mit dessen Beendigung. Eine Pflichtmitgliedschaft besteht nicht. Für Ansprüche ggü. dem PSVaG kommt es nur darauf an, ob die gesetzl. Voraussetzungen für eine Einstandspflicht erfüllt sind. Dies bedeutet, dass der PSVaG auch leisten muss, wenn der ArbGeb es pflichtwidrig unterlassen hat, Beiträge an den PSVaG abzuführen[3] oder nicht Mitglied des PSVaG ist. Umgekehrt besteht eine Zahlungsverpflichtung des PSVaG nicht, wenn zwar Beiträge abgeführt, der geltend gemachte Anspruch aber nach Maßgabe der gesetzl. Bestimmungen nicht sicherungsfähig ist. 5

3. Organisation. Der PSVaG ist als VVaG organisiert und damit eine jur. Person des Privatrechts. Oberstes Organ ist die Mitgliederversammlung. Diese wählt den Aufsichtsrat. Der Aufsichtsrat wiederum bestellt und beruft die Vorstandsmitglieder ab. Der Vorstand besteht aus zwei Mitgliedern; er vertritt den PSVaG gerichtlich und außergerichtlich. Ihm obliegt die Geschäftsführung. Dem PSVaG ist ein Beirat zugeordnet. Er berät den Aufsichtsrat und den Vorstand. Er besteht zu je ⅓ aus Vertretern der Vereinsmitglieder, der Lebensversicherungsunternehmen, die dem Versicherungskonsortium des PSVaG angehören, und Vertretern der ArbN der Mitglieder. 6

---

1 Näheres dazu bei *Gareis*, ZInsO-Praxis 2007, 23. ||2 Vgl. schriftl. Bericht BT-Drs. 7/2843, 10. ||3 Vgl. *Paulsdorff*, § 7 Rz. 14.

7 **4. Klagen gegen den PSVaG.** Für Klagen gegen den PSVaG aus dem Leistungsverhältnis sind gem. § 2 I Nr. 5 ArbGG die Gerichte für Arbeitssachen zuständig. Waren die Versorgungsberechtigten nicht ArbN, sondern arbeitnehmerähnl. Personen iSd. § 17 I 2, so ist der Rechtsweg zu den ordentl. Gerichten eröffnet. Für Rechtsstreitigkeiten aus der Beitragspflicht sind die VerwG zuständig. Ansprüche, die gegen den PSVaG gerichtet sind, haben gesetzl. Charakter. Der allg. Gerichtsstand des PSVaG ist daher **Köln**, erstinstanzlich sind Klagen also bei dem ArbG Köln oder bei dem LG Köln anhängig zu machen[1]. Für Verwaltungsrechtsstreite ist das VerwG Köln zuständig. Der PSVaG kann also nicht an dem Ort verklagt werden, an dem das der Altersversorgungszusage zugrunde liegende Vertragsverhältnis zu erfüllen war. Wurde die Klage vor einem anderen Gericht erhoben, ist der Rechtsstreit an das betreffende Gericht in Köln zu verweisen.

8 **III. Auffanglösung.** Der Gesetzgeber sah das Risiko, dass der PSVaG daran gehindert sein könnte, den gesetzl. Insolvenzschutz zu übernehmen. Für diesen Fall wurde die Kreditanstalt für Wiederaufbau als Auffanglösung ausgewählt. Bei ihr sollte ein besonderer Fonds gebildet werden, um die Insolvenzabsicherung zu gewährleisten. Die Vorschrift hat wenig Relevanz. Nur bei Auflösung des PSVaG oder bei Untersagung dessen Geschäftsbetriebes bestünde Bedarf für einen Ersatz.

15 *Verschwiegenheitspflicht*
Personen, die bei dem Träger der Insolvenzsicherung beschäftigt oder für ihn tätig sind, dürfen fremde Geheimnisse, insbesondere Betriebs- oder Geschäftsgeheimnisse, nicht unbefugt offenbaren oder verwerten. Sie sind nach dem Gesetz über die förmliche Verpflichtung nichtbeamteter Personen vom 2. März 1974 (Bundesgesetzbl. I S. 469, 547) von der Bundesanstalt für Finanzdienstleistungsaufsicht auf die gewissenhafte Erfüllung ihrer Obliegenheiten zu verpflichten.

1 Die Pflicht zur Verschwiegenheit trifft neben den angestellten Mitarbeitern des PSVaG auch freiberufliche Mitarbeiter sowie Gutachter und Berater. Sie bezieht sich auf fremde Geheimnisse, also solche Gegebenheiten, die nicht allg. bekannt sind und an deren Geheimhaltung der Geheimnisträger ein Interesse hat – namentlich Geschäftsgeheimnisse. Eine Pflichtverletzung kann neben einer strafrechtl. Verfolgung nach §§ 203 f. StGB insb. auch zu einem zivilrechtl. Schadensersatzanspruch führen, da § 15 S. 1 als Schutzgesetz iSv. § 823 II BGB zu qualifizieren ist[2]. Wird die Pflichtverletzung von einem angestellten Mitarbeiter des PSVaG begangen, so ergeben sich hieraus – je nach Schwere des Verstoßes – arbeitsrechtl. Konsequenzen von der Abmahnung bis hin zur außerordentl. und fristlosen Kündigung.

Fünfter Abschnitt. Anpassung

16 *Anpassungsprüfungspflicht*
(1) [Grundsatz] Der Arbeitgeber hat alle drei Jahre eine Anpassung der laufenden Leistungen der betrieblichen Altersversorgung zu prüfen und hierüber nach billigem Ermessen zu entscheiden; dabei sind insbesondere die Belange des Versorgungsempfängers und die wirtschaftliche Lage des Arbeitgebers zu berücksichtigen.

(2) [Obergrenzen] Die Verpflichtung nach Absatz 1 gilt als erfüllt, wenn die Anpassung nicht geringer ist als der Anstieg

1. des Verbraucherpreisindexes für Deutschland oder
2. der Nettolöhne vergleichbarer Arbeitnehmergruppen des Unternehmens

im Prüfungszeitraum.

(3) [Ausnahmen] Die Verpflichtung nach Absatz 1 einfällt, wenn

1. der Arbeitgeber sich verpflichtet, die laufenden Leistungen jährlich um wenigstens eins vom Hundert anzupassen,
2. die betriebliche Altersversorgung über eine Direktversicherung im Sinne des § 1b Abs. 2 oder über eine Pensionskasse im Sinne des § 1b Abs. 3 durchgeführt wird, ab Rentenbeginn sämtliche auf den Rentenbestand entfallende Überschussanteile zur Erhöhung der laufenden Leistungen verwendet werden und zur Berechnung der garantierten Leistung der nach § 65 Abs. 1 Nr. 1 Buchstabe a des Versicherungsaufsichtsgesetzes festgesetzte Höchstzinssatz zur Berechnung der Deckungsrückstellung nicht überschritten wird oder
3. eine Beitragszusage mit Mindestleistung erteilt wurde; Absatz 5 findet insoweit keine Anwendung.

(4) [Nachholen der Anpassung] Sind laufende Leistungen nach Absatz 1 nicht oder nicht in vollem Umfang anzupassen (zu Recht unterbliebene Anpassung), ist der Arbeitgeber nicht verpflichtet, die Anpassung zu einem späteren Zeitpunkt nachzuholen. Eine Anpassung gilt als zu Recht unterblieben,

---

1 BAG 4.5.1992 – 5 AS 2/92, nv. || 2 *Blomeyer/Rolfs/Otto*, § 15 Rz. 10.

wenn der Arbeitgeber dem Versorgungsempfänger die wirtschaftliche Lage des Unternehmens schriftlich darlegt, der Versorgungsempfänger nicht binnen drei Kalendermonaten nach Zugang der Mitteilung schriftlich widersprochen hat und er auf die Rechtsfolgen eines nicht fristgemäßen Widerspruchs hingewiesen wurde.

(5) Soweit betriebliche Altersversorgung durch Entgeltumwandlung finanziert wird, ist der Arbeitgeber verpflichtet, die Leistungen mindestens entsprechend Absatz 3 Nr. 1 anzupassen oder im Falle der Durchführung über eine Direktversicherung oder eine Pensionskasse sämtliche Überschussanteile entsprechend Absatz 3 Nr. 2 zu verwenden.

(6) Eine Verpflichtung zur Anpassung besteht nicht für monatliche Raten im Rahmen eines Auszahlungsplans sowie für Renten ab Vollendung des 85. Lebensjahrs im Anschluss an einen Auszahlungsplan.

I. Einführung	1	3. Belange des Versorgungsempfängers	9
II. Anpassungssysteme	2	4. Gesetzlicher Ausschluss der Anpassung	19
III. Gesetzliche Anpassungsprüfungspflicht	4	5. Keine Anpassung bei Insolvenz	25
1. Anpassung laufender Leistungen	5	6. Wirtschaftliche Lage des Arbeitgebers	26
2. Prüfungsrhythmus	8	7. Klage, Darlegungs- und Beweislastverteilung	34a

I. Einführung. Die Qualität einer Versorgungszusage hängt entscheidend auch davon ab, wie sich die Versorgungsleistungen nach Eintritt des Versorgungsfalles entwickeln. Art und Umfang einer Werterhaltung des zugesagten Ruhegeldes bestimmt der ArbGeb grds. selbst. Eine Verpflichtung zur Wertsicherung besteht nach dem Gesetz nicht. Dennoch finden sich oftmals **Wertsicherungssysteme**. Fehlen sie, sieht Abs. 1 eine Anpassungsprüfung nach billigem Ermessen vor. Die Vorschrift dient dem Werterhalt des Ruhegeldes. Im Rahmen der wirtschaftl. Leistungsfähigkeit des ArbGeb soll dem ArbN die verdiente Gegenleistung für die aufgewendete Betriebstreue erhalten bleiben. Nach einem Betriebsübergang und damit verbundenen ArbGebWechsel richtet sich der Prüfungsanspruch gegen den Betriebserwerber, aus dessen Leistungsfähigkeit es dann ankommt[1]. § 16 ist durch das RRG 1999 reformiert worden. Der Gesetzgeber hat sich bemüht, dabei verschiedene, in der Vergangenheit aufgetretene Zweifelsfragen zu lösen. Ferner sieht das Gesetz unter bestimmten Voraussetzungen nun Begrenzungen der Anpassungsprüfungspflicht vor. 1

II. Anpassungssysteme. Während **statische Versorgungssysteme** auf einen Festbetrag lauten, gibt es unterschiedliche Möglichkeiten, dem Bedürfnis des Versorgungsberechtigten nach wertgesicherten Altersversorgungsleistungen Rechnung zu tragen (vgl. Vorb. Rz. 118). Verbreitet sind **halb- und volldynamische Versorgungszusagen**, **Bausteinmodelle**, beitragsabhängige und ergebnisorientierte **Versorgungssysteme**, **Gesamtversorgungszusagen**, die sich im Wesentlichen im öffentl. Dienst finden, und sog. **Spannungsklauseln**. **Wertsicherungsklauseln** ieS liegen dann vor, wenn die Höhe des Ruhegeldes vom Preis oder Wert andersartiger Güter oder Leistungen abhängig sein soll. Am geläufigsten sind solche Formeln, bei denen das Altersruhegeld an die Entwicklung des Lebenshaltungskostenindex angebunden ist. Derartige Klauseln waren gem. § 3 WährG ohne Genehmigung der zuständigen Stelle unwirksam. § 3 WährG ist durch § 2 PaPkG und mit dem 14.9.2007[2] durch das Preisklauselgesetz (PrKG) ersetzt worden. Preisklauseln, die eine Betriebsrente an die Steigerung des Verbraucherpreisindexes koppeln, sind nach § 3 PrKG genehmigungsfrei. Für bis zum 13.9.2007 vereinbarte Klauseln gilt das alte Recht fort, erteilte Genehmigungen bleiben dabei gültig, § 9 I PrKG. 2

Dynamische Versorgungssysteme verschaffen aber uU nur dem Versorgungsberechtigten Vorteile, der mit Eintritt des Versorgungsfalles aus den Diensten seines ArbGeb ausscheidet. Für Anwärter, also solche, die **vor Eintritt des Versorgungsfalles** mit einer unverfallbaren Anwartschaft ihren ArbGeb verlassen, gilt § 2 V 1. Danach werden die Bemessungsgrundlagen auf den Zeitpunkt des Ausscheidens festgeschrieben. Dies kann auch eine zugesagte Dynamik erfassen[3]. Das soll dazu führen können, dass ein ArbGeb von dem mit einer unverfallbaren Versorgungsanwartschaft ausgeschiedenen ArbN nach Eintritt des Versorgungsfalles aus dem Versprechen, die laufenden Leistungen in einem bestimmten Maßstab zu erhöhen, nicht mehr in Anspruch genommen werden kann[4]. Allerdings will das BAG seine Rspr. nur auf den Insolvenzschutz nach § 7 verstanden wissen. § 2 V gelte nur für die Berechnung der Anwartschaft bei Eintritt des Versorgungsfalls. Während der Leistungsphase eintretende Veränderungen bleiben davon unberührt[5]. 3

III. Gesetzliche Anpassungsprüfungspflicht. Soweit die Versorgungszusage keine oder nur eine unzureichende Wertsicherung enthält, kann ein **Werterhalt** nur über § 16 erreicht werden. Die gesetzl. Bestimmung verpflichtet den ArbGeb, im Abstand von drei Jahren eine Anpassung der laufenden Leistungen der betrAV zu prüfen und hierüber nach billigem Ermessen zu entscheiden (§ 315 BGB). § 16 4

---

[1] BAG 21.2.2006 – 3 AZR 216/05, BB 2006, 2694. || [2] BGBl. 2007 I S. 2246. || [3] BAG 22.11.1994 – 3 AZR 767/93, BAGE 78, 279. || [4] *Höfer*, § 2 Rz. 3351. || [5] BAG 27.2.2007 – 3 AZR 734/05, NZA 2007, 1371.

verschafft damit dem Versorgungsberechtigten keinen festen, von der wirtschaftl. Lage des ArbGeb unabhängigen Anpassungsanspruch. Es ist vielmehr unter Berücksichtigung der Belange des Versorgungsempfängers und der wirtschaftl. Lage des ArbGeb eine Ermessensentscheidung zu treffen. Das Wort „insbesondere" verdeutlicht, dass die Aufzählung nicht abschließend ist. Weitere Billigkeitsgesichtspunkte sind denkbar, etwa die Berücksichtigung eines biometrischen Faktors, wenn die Betriebsrentner im Durchschnitt wesentlich älter werden, als dies der übrigen Bevölkerung entspricht. Es dürfte billigem Ermessen entsprechen, wenn bei der Anpassung eine signifikant höhere Lebenserwartung mit der daraus resultierenden zusätzlichen wirtschaftl. Belastung des ArbGeb berücksichtigt wird. Die Ausgangsleistung und die bisherigen Anpassungen würden dabei nicht tangiert.

5 **1. Anpassung laufender Leistungen.** Die Anpassungsprüfungspflicht bezieht sich ausschließlich auf laufende Leistungen. Damit sind **Versorgungsanwartschaften** ausgegrenzt. Der während des Anwartschaftszeitraums eintretende Wertverlust kann deshalb nicht über Abs. 1 ausgeglichen werden[1]. Sagt der ArbGeb bspw. eine feste Rente von 50 Euro zu und tritt der ArbN 40 Jahre später in den Ruhestand, so realisiert sich der vollständige zwischenzeitlich eingetretene Kaufkraftverlust. Erst drei Jahre nach Eintritt des Versorgungsfalles kann der ArbN erstmals eine Überprüfung verlangen und auf einen Ausgleich des seit Eintritt des Versorgungsfalles eingetretenen Kaufkraftverlustes hoffen[2]. Da sich die Anpassungsprüfungspflicht nur auf laufende Leistungen erstreckt, muss es sich um **regelmäßig wiederkehrende Zahlungen** handeln. **Einmalige Kapitalauszahlungen** gehören nicht dazu[3]. Es kann aber auch vereinbart werden, Kapitalleistungen in **Raten** auszuzahlen. Hier kann die Abgrenzung zu laufenden Leistungen problematisch sein. In jedem Einzelfall ist dann zu prüfen, ob die Ratenzahlungen den Charakter einer laufenden Leistung annehmen. Bei einer Verteilung auf drei Jahre entsteht in keinem Fall eine Anpassungsprüfungspflicht. Erstreckt sich die Zahlung über darüber hinaus gehende Zeiträume, wird man eine Prüfungspflicht annehmen müssen. Denn Zweck des § 16 ist der Werterhalt, der sonst trotz wirtschaftl. Leistungsfähigkeit des ArbGeb nicht gewährleistet wäre[4].

6 Die Anpassungsprüfungspflicht erstreckt sich auf **alle Formen der betrAV**, soweit das Gesetz in Abs. 3 keine Ausnahme bestimmt. Anpassungsverpflichtet ist der ArbGeb. Dabei ist auf den arbeitsvertragl. maßgeblichen ArbGeb abzustellen. Er bleibt auch verpflichtet, wenn er seine unternehmerischen Verpflichtungen einstellt. Gleiches gilt für den Erben eines ehemals einzelkaufmännisch tätigen früheren ArbGeb[5]. Bei U-Kassen richtet sich deshalb das Anpassungsbegehren gegen den ArbGeb unmittelbar, wenn die U-Kasseneinrichtung keine entsprechenden Mittel besitzt oder eine Anpassung ablehnt. Entsprechendes gilt für Direktversicherungen. Auch hier bleibt anpassungsprüfungsverpflichtet der ArbGeb, der ggf. für eine höhere Dotierung des Lebensversicherungsvertrages sorgen kann. Anzupassen sind weiterhin Pensionskassenleistungen, und zwar einschl. der vom ArbGeb wegen seiner Einstandspflicht (§ 1 I 3) selbst geleisteten Anteile[6]. Selbst ein liquidiertes Unternehmen, welches keinen unternehmerischen Wertzuwachs und keine Erträge mehr erzielt und dessen Aufgabe lediglich darin besteht, die Zusagen aus der betrAV abzuwickeln (sog. **Rentnergesellschaft**), ist zur Anpassung der Betriebsrenten verpflichtet, kann dann allerdings keinen Risikoaufschlag mehr für das eingesetzte Kapital ansetzen[7]. Wenn die Ausstattung einer aus einer Ausgliederung nach UmwG hervorgegangenen Rentnergesellschaft für Anpassungen nach § 16 nicht ausreicht, können Schadensersatzansprüche des Rentners gegen den übertragenden Rechtsträger gegeben sein[8].

7 Eine modifizierte gesetzl. Anpassungsprüfungspflicht besteht im **öffentl. Dienst.** Nach § 18 I gilt § 16 nicht für Personen, die in einer Zusatzversorgungseinrichtung des öffentl. Dienstes pflichtversichert sind. ArbN, die bis zum Eintritt des Versorgungsfalles im öffentl. Dienst verbleiben, erhalten nach dem Satzungsrecht der Zusatzversorgungseinrichtungen eine dyn. Versorgung, für die satzungsmäßig auch eine Anpassung vorgesehen ist. Wer hingegen vorher mit einer unverfallbaren Versorgungsanwartschaft ausscheidet, erhält später bei Eintritt in den Ruhestand lediglich eine statische Versicherungsrente, für die nach § 16 keine Anpassungsprüfungspflicht besteht. Das BVerfG hat den Ausschluss jeglicher Anpassungen statischer Versicherungsrenten für verfassungsrechtl. fragwürdig erachtet und den Satzungsgebern aufgegeben, ihr satzungsmäßiges Leistungsrecht zu überprüfen[9]. Der Gesetzgeber hat inzwischen in § 18 IV eine Anpassungspflicht verankert. Die Versicherungsrenten sind – mit Ausnahme der Mindestleistung nach § 18 II Nr. 4 – jährlich zum 1.7. um 1 % zu erhöhen, soweit in dem betreffenden Jahr eine allg. Erhöhung der Versorgungsrenten erfolgt.

8 **2. Prüfungsrhythmus.** Abs. 1 verpflichtet den ArbGeb **alle drei Jahre** zu einer Anpassungsprüfung und -entscheidung. Die erste Prüfung muss drei Jahre nach Aufnahme der Leistungen vorgenommen werden. Es ist nicht zulässig, auf die Durchschnittswerte der einzelnen Jahre des dreijährigen Prüfungszeitraums abzustellen. Maßgebend ist nach der BAG-Rspr. ein Vergleich der Indexwerte der Monate,

---

1 BAG 15.9.1977 – 3 AZR 654/76, NJW 1977, 2370. ||2 BAG 15.9.1977 – 3 AZR 654/76, NJW 1977, 2370. ||3 BAG 30.3.1973 – 3 AZR 26/72, DB 1973, 773. ||4 *Chmurzinski*, RdA 1981, 21 und *Höfer*, § 16 Rz. 5121, die erst ab zehnjähriger Ratenverteilung § 16 anwenden wollen. ||5 BAG 9.11.1999 – 3 AZR 420/98, BetrAV 2000, 605. ||6 BAG 19.6.2012 – 3 AZR 408/10, DB 2012, 2818. ||7 BAG 26.10.2010 – 3 AZR 502/08, BB 2011, 700; 11.3.2008 – 3 AZR 358/06, DB 2008, 2369; 23.10.1996 – 3 AZR 514/95, NZA 1997, 1111; vgl. auch *Förster/Cisch/Karst*, § 16 Rz. 3, 49 mwN. ||8 BAG 11.3.2008 – 3 AZR 358/06, DB 2008, 2369. ||9 BVerfG 22.3.2000 – 1 BvR 1136/99, NJW 2000, 3341.

die dem **erstmaligen Rentenbezug** und **den jeweiligen** Anpassungsstichtagen unmittelbar vorausgehen[1]. Alle im Betrieb vorzunehmenden Prüfungen können aber auf einen Stichtag innerhalb oder am Ende des Jahres gebündelt werden[2]. Nimmt der ArbGeb keine Bündelung der Anpassungsprüfung vor, so ist auf die exakte Inflationsrate drei Jahre nach Rentenbeginn abzustellen. Möglich ist auch, alle Prüfungen auf jeweils ein Jahr zu konzentrieren, wenn dadurch für einzelne Versorgungsberechtigte der Drei-Jahres-Rhythmus nicht mehr als ein halbes Jahr überschritten wird[3]. Der ArbGeb kann also alle drei Jahre für alle Betriebsrentner zu nur einem Zeitpunkt alle Anpassungsprüfungen vornehmen, muss dann aber alle Berechtigten mit dem vollen Anpassungssatz einbeziehen, die dann schon Ruheständler sind. Die Pflichtprüfung lässt sich iÜ nicht ohne Weiteres vorziehen, denn dadurch würde möglicherweise der Anpassungsbedarf negativ beeinflusst. Der Prüfungszeitraum würde verschoben. Maßgeblich für die Anpassungsprüfung ist nach Maßgabe der Rspr. jedoch der konkret seit der Pensionierung[4] entstandene Anpassungsbedarf. Dem ArbGeb unbenommen ist natürlich eine **vorzeitige freiwillige Anpassung**. Diese darf er bei späteren Pflichtprüfungen gegenrechnen.

3. Belange des Versorgungsempfängers. Die Prüfung und Entscheidung über eine Anhebung der Versorgungsleistungen hat unter Berücksichtigung der Belange des Versorgungsempfängers zu erfolgen.

a) Teuerungsausgleich. Die berechtigten Belange des Versorgungsempfängers beschränken sich auf eine **Werterhaltung**. Der Versorgungsempfänger nimmt nicht an einer besonders positiven Entwicklung seines früheren ArbGeb teil. Anpassungsziel kann deshalb nur ein Teuerungsausgleich sein. Hierfür kommt es gem. Abs. 2 Nr. 1 auf die Entwicklung des Verbraucherpreisindexes für Deutschland an. Nach § 30c I 4 ist aber uU zu differenzieren. Der Verbraucherindex für Deutschland ist nur maßgeblich für die Zeit seit dem 1.1.2003. Für davor liegende Zeiträume ist der Preisindex für die Lebenshaltung von Vier-Personen-Haushalten von Arbeitern und Angestellten mit mittleren Einkommen heranzuziehen[5], was ggf. eine Verknüpfung der Indizes erfordert.

Der Versorgungsberechtigte ist nicht gehalten, **einen Abschlag für eine „normale Geldentwertung"** hinzunehmen[6]. Ebenso gibt es keine „Opfergrenze" oder „absolute Obergrenze", bei deren Überschreitung der ArbGeb einen Ausgleich der Teuerungsrate verweigern kann[7]. Auch „relative Obergrenzen" braucht sich der Versorgungsberechtigte nicht entgegenhalten zu lassen. Hierbei wird die Summe aus gesetzl. und betrAV zu dem letzten Einkommen ins Verhältnis gesetzt[8]. Die Höhe der laufenden Leistungen ist auch unabhängig vom Niveau der SozV-Rente. Wird diese erhöht, ist dies für das betriebl. Versorgungsniveau ohne Belang[9]. Auf das Versorgungsniveau insg. kommt es nicht an (sog. Abkoppelungstheorie).

Lässt es die wirtschaftl. Lage des ArbGeb (vorbehaltlich einer reallohnbezogenen Obergrenze, vgl. dazu ausf. Rz. 17) zu, hat der ArbN Anspruch auf **Ausgleich der Teuerungsrate**[10]. Von Bedeutung dabei ist das Basisjahr des Preisindexes, weil die Preisentwicklung aus verschiedenen Faktoren, dem sog. „Warenkorb", abgeleitet wird. Da sich Lebenshaltungsgewohnheiten ändern, bedarf auch der „Warenkorb" einer laufenden Aktualisierung. Maßgeblich ist immer der zum Anpassungsstichtag zuletzt veröffentlichte Preisindex[11]. Entfallen Teile des dreijährigen Prüfungszeitraums auf Zeiten bis zum 1.1.2003, ist gem. § 30c IV nach der sog. Splittingmethode zu verfahren, bei der die Geldentwertungsraten für die Zeit bis zum 1.1.2003 nach dem früheren Preisindex für die Lebenshaltung von Vier-Personen-Haushalten von Arbeitern und Angestellten mit mittlerem Einkommen der Basis 1995 (LHK) und für die Zeit danach nach dem aktuellen Verbraucherpreisindex (VPI) errechnet und dann miteinander verknüpft werden[12]. Mathematisch gleichwertig ist die vom BAG favorisierte Rückrechnungsmethode, nach der VPI für Zeiträume, die vor dem 1.1.2003 liegen, in dem Verhältnis umgerechnet wird, in dem sich dieser Index und der LHK im Dezember 2002 gegenüberstanden[13]. Eine negative Anpassung ist auch bei einer Deflation ausgeschlossen[14].

b) Nachholende Anpassung. Abs. 1 legt zwar einen dreijährigen Prüfungsrhythmus fest, dagegen fehlt aber eine eindeutige Aussage zum maßgeblichen Prüfungszeitraum. Aus dem Zweck des § 16 leitet das BAG ab, dass nicht der Anpassungsbedarf aus den letzten drei Jahren zu überprüfen sei. Da es um den Werterhalt des Ruhegeldes gehe, müsse der gesamte seit Rentenbeginn eingetretene Kaufkraftverlust, soweit er durch Anpassungen nicht gedeckt worden sei, betrachtet werden[15]. Hat der ArbGeb jedoch anlässlich eines früheren Prüfungstermins eine Anpassung ganz oder teilweise ablehnen können, so verbleibt ein Nachholbedarf. Dieser ist bei der nächsten Prüfung auszugleichen, soweit der ArbGeb hierzu wirtschaftl. in der Lage ist[16]. Abs. 4 S. 1 legt fest, dass eine in der Vergangenheit zu Recht unterbliebene

---

1 BAG 30.8.2005 – 3 AZR 395/04, DB 2006, 732; 11.10.2011 – 3 AZR 527/09, AP Nr. 81 zu § 16 BetrAVG.   ‖ 2 BAG 28.4.1992 – 3 AZR 142/91, NZA 1993, 69; 11.10.2011 – 3 AZR 527/09, AP Nr. 81 zu § 16 BetrAVG; 11.12.2012 – 3 AZR 615/10, BB 2013, 1075.   ‖ 3 BAG 30.8.2005 – 3 AZR 395/04, DB 2006, 732.   ‖ 4 BAG 30.8.2005 – 3 AZR 395/04, DB 2006, 732.   ‖ 5 BAG 26.4.2006 – 3 AZR 159/05, DB 2006, 2639.   ‖ 6 BAG 16.12.1976 – 3 AZR 795/75, NJW 1977, 828.   ‖ 7 BAG 16.12.1976 – 3 AZR 795/75, NJW 1977, 828.   ‖ 8 *K. Heubeck*, DB 1978, 345.   ‖ 9 BAG 15.9.1977 – 3 AZR 654/76, BB 1977, 1550.   ‖ 10 BT-Drs. 7/2843, 12.   ‖ 11 BAG 28.6.2011 – 3 AZR 859/09, BAGE 138, 213; 27.3.2012 – 3 AZR 218/10, AP Nr. 84 zu § 16 BetrAVG.   ‖ 12 KKBH/*Huber*, § 16 Rz. 42.   ‖ 13 BAG 11.10.2011 – 3 AZR 527/09, BAGE 139, 252; 27.3.2012 – 3 AZR 218/10, AP Nr. 84 zu § 16 BetrAVG.   ‖ 14 BAG 23.1.2001 – 3 AZR 287/00, DB 2001, 2507.   ‖ 15 BAG 28.4.1992 – 3 AZR 142/91, BAGE 70, 137.   ‖ 16 BAG 28.4.1992 – 3 AZR 244/91, BAGE 70, 158.

(teilweise) Anpassung zu einem späteren Zeitpunkt nicht nachgeholt werden muss. Die Vorschrift gilt nicht für vor dem 1.1.1999 zu Recht unterlassene Anpassungen, § 30c II.

14 Rechtmäßig unterblieben ist die Anpassung kraft gesetzl. Fiktion nach Abs. 4 S. 2, wenn der ArbGeb dem Leistungsempfänger die wirtschaftl. Lage des Unternehmens schriftl. dargelegt und dieser nicht binnen drei Kalendermonaten schriftl. widersprochen hat[1]. Der Versorgungsberechtigte ist über die Rechtsfolgen eines nicht fristgemäßen Widerspruchs zu belehren. Wie die schriftl. Darlegung der wirtschaftl. Lage des Unternehmens beschaffen sein muss, ist dem Gesetz nicht zu entnehmen. Sie wird sich nicht in plakativen Erklärungen erschöpfen können. Der ArbGeb muss vielmehr dem Berechtigten ermöglichen, die Anpassungsentscheidung nachzuvollziehen. Dazu muss sich der schriftl. Information des ArbGeb entnehmen lassen, auf Grund welcher Umstände davon auszugehen ist, dass das Unternehmen voraussichtlich nicht in der Lage sein wird, die Anpassungen zu leisten. Darzustellen sind die sich aus den handelsrechtl. Jahresabschlüssen der letzten drei Jahre ergebenden Daten zum Eigenkapital und zur Berechnung der Eigenkapitalverzinsung für jedes zur Prognoseerstellung angezogene Jahr[2]. Widerspricht der ArbN oder erfolgt von vornherein keine schriftl. Darlegung der Gründe, muss das Gericht entscheiden, ob der ArbGeb zu einer Anpassung verpflichtet ist. Gelangt das Gericht dazu, dass eine Anpassung nicht vorzunehmen war, ist auch zu späteren Prüfungsstichtagen keine nachholende Anpassung notwendig. Dazu ist rechnerisch von der im betreffenden Anpassungszeitraum ermittelte Teuerung von der Gesamtteuerung seit Rentenbeginn abzuziehen[3].

14a Das BAG meint, Abs. 4 gelte nur dann, wenn wegen der wirtschaftl. Lage eines Unternehmens ein (voller) Teuerungsausgleich nicht geschuldet war[4]. Sei die Anpassung aber wegen einer niedrigeren reallohnbezogenen Obergrenze unterblieben, greife Abs. 4 nicht ein, mit der Folge, dass der Teuerungsausgleich nachzuholen ist. Das BAG ignoriert damit die mit der Einführung des Abs. 4 vom Gesetzgeber verfolgte Absicht, die Bereitschaft von Unternehmen zu fördern, neue Zusagen zu erteilen und die Verbreitung der betrAV zu fördern. Deshalb sollten künftig zu Recht nicht erfolgte Anpassungen nicht mehr nachgeholt werden müssen[5]. Abs. 4 verweist auf Abs. 1, der durch Abs. 2 ergänzt wird, indem dort geregelt ist, wann die Anpassungsprüfungspflicht erfüllt ist. Hat der ArbGeb die Anpassungsprüfungspflicht unter Beachtung des Abs. 2 durchgeführt, ist zwar ggf. kein voller Teuerungsausgleich erreicht worden, aber der Anspruch auf Anpassungsprüfung erfüllt. Abs. 4 spricht aber gar nicht von der Prüfungspflicht des ArbGeb, sondern von der Anpassung, also der tatsächlichen Erhöhung des Ruhegeldes, die unterblieben ist. Kommt die reallohnbezogene Obergrenze zum Zuge, ist entgegen der Sichtweise des BAG die Anpassung, also die tatsächliche Erhöhung der Betriebsrente, ganz oder teilweise zu Recht unterblieben. Das BAG verkennt letztlich den Ausnahmecharakter des Abs. 4. Unterblieb die Erhöhung des Ruhegeldes aber zu Unrecht, bleibt es bei dem Anspruch des ArbN darauf, dass bei der aktuellen Leistungsüberprüfung der gesamte seit Rentenbeginn eingetretene Kaufkraftverlust zu berücksichtigen ist. Etwas anderes lässt sich auch nicht aus Abs. 4 S. 2 entnehmen. Diese Bestimmung schafft zu Gunsten des ArbGeb lediglich eine unwiderlegliche Vermutung[6].

15 Die Pflicht zur nachholenden Anpassung führt allerdings **nicht zu Nachzahlungsansprüchen** für frühere Prüfungszeiträume. Der Anspruch auf eine höhere Betriebsrente entsteht erst mit der nächsten Anpassungsprüfung, die zu dem Ergebnis führt, dass der ArbGeb auch zur Nachholung früher ganz oder teilweise unterbliebener Anpassungen in der Lage ist[7].

16 c) **Nachträgliche Anpassung.** Von einer nachholenden Anpassung zu unterscheiden ist die sog. nachträgliche Anpassung. Nach Auffassung des BAG hat die Anpassungsentscheidung des ArbGeb streitbeendende Funktion. Der Versorgungsberechtigte kann nur bis zum nächsten Anpassungsstichtag geltend machen, die Entscheidung des ArbGeb sei fehlerhaft, und eine nachträgliche Anpassung verlangen. Mit dem nächsten Anpassungsstichtag entsteht ein neuer Anspruch auf Anpassungsprüfung und -entscheidung. Der Anspruch auf Korrektur einer früheren Anpassungsentscheidung erlischt. Trifft der ArbGeb keine Entscheidung oder teilt er eine getroffene Entscheidung dem Versorgungsberechtigten nicht mit, so kann der Betriebsrentner bis zu dem auf den nächsten Anpassungsstichtag folgenden Anpassungstermin geltend machen, der ArbGeb sei doch zu einer Erhöhung der Versorgungsleistungen verpflichtet gewesen[8]. Hat der Betriebsrentner rechtzeitig vor dem nächsten bzw. bei unterbliebener oder nicht mitgeteilter Anpassungsentscheidung vor dem übernächsten Anpassungsstichtag die nicht hinreichende Anpassung gerügt, muss er binnen drei weiterer Jahre erheben Klage erheben. Anderenfalls verwirkt sein Recht, eine nachträgliche Anpassung einzuklagen[9]. Nach Auffassung des BAG können eine verzögerte Gewährung der Rentenerhöhungen und die damit verbundenen Nachteile (Steuerschaden) als Folgeschäden einer verzögerten Anpassungsentscheidung angesehen werden, wenn der ArbG mit einer fristgerechten ordnungsgemäßen Anpassungsentscheidung in Verzug gerät[10].

---

1 BAG 11.10.2011 – 3 AZR 732/09, BAGE 139, 269. ‖ 2 BAG 11.10.2011 – 3 AZR 732/09, BAGE 139, 269. ‖ 3 BAG 23.5.2013 – 3 AZR 125/11, BB 2013, 2489. ‖ 4 BAG 30.8.2005 – 3 AZR 395/04, DB 2006, 732. ‖ 5 BT-Drs. 13/8011, 209. ‖ 6 Vgl. *Höfer*, § 16 Rz. 5481 ff. ‖ 7 BAG 28.4.1992 – 3 AZR 142/91, DB 1992, 2401; 28.4.1992 – 3 AZR 244/91 und 28.4.1992 – 3 AZR 356/91, AP Nr. 24, 25 und 26 zu § 16 BetrAVG; LAG Hamm 6.12.1994 – 6 Sa 156/94, DB 1995, 330. ‖ 8 BAG 17.4.1996 – 3 AZR 56/95, NZA 1997, 155. ‖ 9 BAG 25.4.2006 – 3 AZR 372/05, DB 2006, 2527; 21.8.2007 – 3 AZR 330/06, DB 2007, 2720. ‖ 10 BAG 28.10.2008 – 3 AZR 171/07, nv.

d) Reallohnbezogene Obergrenze. Versorgungsempfänger können keinen vollen Teuerungsausgleich verlangen, wenn die noch aktiven ArbN keinen vollen Teuerungsausgleich erhalten, also eine Stagnation ihrer Einkünfte oder gar einen Realeinkommensverlust hinnehmen müssen; das schreibt Abs. 2 Nr. 2 seit dem 1.1.1999 ausdrücklich fest. Das BAG hatte schon vor der Gesetzesnovelle betont, dass es nicht der Billigkeit widerspreche, wenn der ArbGeb die Rente nur bis zur **durchschnittlichen Steigerungsrate der Reallöhne** der aktiven ArbN anpasse[1]. Nach wie vor überlässt das BAG es der Praxis, handhabbare und sachgerechte Modelle zu entwickeln, nach denen die reallohnbezogene Obergrenze ermittelt wird[2]. Es müssen dabei aber gesetzl. Vorgaben und die Grenzen billigen Ermessens beachtet werden. Das gilt insb. für den **Prüfungszeitraum**. Sowohl für die reallohnbezogene Obergrenze als auch für den Anpassungsbedarf gilt nach Auffassung des BAG zwingend derselbe Prüfungszeitraum vom individuellen Rentenbeginn bis zum Anpassungsstichtag[3]. Soweit aktive ArbN keinen vollen Teuerungsausgleich erhalten hätten, müssen sich auch die Betriebsrentner mit einer entsprechenden Rentenerhöhung begnügen. Dabei kommt es auch dann ausschließlich auf die Entwicklung der **Nettolöhne** an, wenn die Bruttolöhne gar nicht erhöht wurden; die Nettolöhne können in diesem Fall nämlich zB durch steuerl. oder sozialversicherungsrechtl. Effekte angestiegen sein[4]. Bei der **Vergleichsbetrachtung** ist auf die Nettodurchschnittsverdienste der aktiven ArbN oder eines typischen Teils der aktiven Belegschaft abzustellen[5]. Bei der Gruppenbildung zur Anwendung der reallohnbezogenen Obergrenze hat der ArbGeb einen weitgehenden Entscheidungsspielraum. Es genügen klare verdienstbezogene Abgrenzungskriterien[6]. Er kann deshalb auch unterschiedliche Anpassungssätze festlegen, soweit das mit dem arbeitsrechtl. Gleichbehandlungsgrundsatz zu vereinbaren ist. Ein in Folge der Anwendung einer reallohnbezogenen Obergrenze nicht ausgeglichener Kaufkraftverlust ist nach Auffassung des BAG bei einer **späteren Anpassungsprüfung nachzuholen**, wenn die vergleichbaren aktiven ArbN inzwischen den ihrerseits erlittenen Wertverlust ihrer Bezüge aufgeholt haben[7]. Das BAG lässt bei unternehmensübergreifenden Versorgungswerken auch eine **konzernweite** Ermittlung einer einheitlichen reallohnbezogenen Obergrenze zu. Abs. 2 Nr. 2 stellt zwar auf die Entwicklung der Nettolöhne vergleichbarer ArbN-Gruppen im Unternehmen des ArbGeb ab. Aus der Formulierung „gilt als erfüllt" folge jedoch nur, dass es keiner weiteren Prüfung mehr bedarf, wenn diese Voraussetzung eingehalten sei. Das bedeutet jedoch nicht, dass andere Berechnungsmethoden nach der Generalklausel des Abs. 1 ermessensfehlerhaft sind. Der ArbGeb kann sich so auch für eine konzernweite Betrachtung entscheiden, müsse sich aber eine Billigkeitskontrolle gefallen lassen[8].

Die vergleichbaren Nettoeinkommen noch aktiver ArbN sind ggf. um nicht aussagefähige Entgeltbestandteile zu bereinigen. Herauszurechnen sind zB Verdienststeigerungen, die auf Grund von Karrieresprüngen erfolgen[9]. Gleiches dürfte für außergewöhnliche Sonderzahlungen gelten, auf die kein vertragl. Anspruch bestand (zB Vergütung für Erfindung oder Verbesserungsvorschlag, Prämie für besonderen, außerplanmäßigen Erfolg etc.). Alle übrigen Entgeltbestandteile sind einzubeziehen; eine Berücksichtigung nur der Grundvergütung ist unzulässig[10].

4. Gesetzlicher Ausschluss der Anpassung. In besonderen, durch Gesetz geregelten Fällen besteht eine Anpassungsprüfungspflicht nicht:

a) Keine Prüfung bei jährlich 1%iger Anhebung. Nach Abs. 3 entfällt die Anpassungsprüfungspflicht, wenn sich der ArbGeb verpflichtet, die laufenden Leistungen um mindestens 1 % zu erhöhen. Die dem ArbGeb eingeräumte Möglichkeit besteht allerdings nur für nach dem 31.12.1998 erteilte Zusagen, § 30c. Auf vorher erteilte Zusagen ist die Anpassung nach Abs. 3 Nr. 1 nicht übertragbar.[11]

Abs. 5 sieht für die Finanzierung durch Entgeltumwandlung vor, dass die Versorgungsleistungen in entsprechender Anwendung des Abs. 3 Nr. 1 anzupassen sind – also mit mindestens 1 % jährlich. Diese Regelung gilt gem. § 30c III nur für laufende Leistungen, die auf Zusagen beruhen, die seit dem 1.1.2001 erteilt worden sind.

b) Versorgungssteigernde Verwendung von Überschussanteilen. Bei einer betrAV über Direktversicherungen oder Pensionskassen kann die Anpassungsprüfung unterbleiben, wenn ab Rentenbeginn alle auf den Rentenbestand entfallenden Überschussanteile zur Erhöhung der laufenden Leistungen verwendet werden und zur Berechnung der garantierten Leistungen der von der Versicherungsaufsicht festgesetzte Höchstzinssatz für die Ermittlung der Deckungsrückstellung nicht überschritten wird, Abs. 3 Nr. 2. Der Gesetzgeber versteht dies als gleichwertige Alternative zur Anpassungsprüfung[12].

c) Beitragszusage mit Mindestleistung. Bei einer Beitragszusage mit Mindestleistung entfällt nach Abs. 3 Nr. 3 jegliche Anpassungsprüfung. Hierdurch wird diese Form der Zusage für den ArbGeb besonders attraktiv[13].

---

1 BAG 14.2.1989 – 3 AZR 313/87, NZA 1989, 675; 23.5.2000 – 3 AZR 103/99, NZA 2001, 1076; 30.8.2005 – 3 AZR 395/04, DB 2006, 732. || 2 BAG 10.9.2002 – 3 AZR 593/01, AP Nr. 52 zu BetrAVG. || 3 BAG 19.6. 2012 - 3 AZR 464/11, NZA 2012, 1291. || 4 BAG 19.6.2012 – 3 AZR 408/10, DB 2012, 2818. || 5 BAG 14.2.1989 – 3 AZR 313/87, NZA 1989, 675; 23.5.2000 – 3 AZR 103/99, NZA 2001, 1076; 30.8.2005 – 3 AZR 395/04, DB 2006, 732. || 6 BAG 23.5. 2000 – 3 AZR 103/99, NZA 2001, 1076. || 7 BAG 30.8.2005 – 3 AZR 395/04, DB 2006, 732. || 8 BAG 30.8.2005 – 3 AZR 395/04, DB 2006, 732. || 9 BAG 23.5.2000 – 3 AZR 103/99, NZA 2001, 1076. || 10 BAG 9.11.1999 – 3 AZR 432/98, BB 2000, 2264. || 11 BAG 28.6.2011 – 3 AZR 282/09, BAGE 138, 197. || 12 Vgl. *Höfer*, § 16 Rz. 5449 ff. || 13 *Förster/Cisch/Karst*, § 16 Rz. 60.

24 **d) Auszahlungspläne.** Abs. 6 nimmt sog. Auszahlungspläne und sich daran anschließende Rentenzahlungen aus der Anpassungsprüfungspflicht aus. Die Vorschrift wurde durch das AVmG eingeführt und durch das Hüttenknappschaftliche Zusatzversicherungs-Neuregelungs-Gesetz modifiziert. Die Regelung betrifft die Altersvorsorgezulage nach §§ 79 ff. EStG. § 82 EStG verweist dabei auf § 1 I Nr. 4 und 5 AltZertG[1]. Dieses Gesetz regelt die **Zertifizierung** förderungsfähiger Anlageformen. Dazu kann ein Auszahlungsplan vereinbart werden, über den in Raten bis zur Vollendung des 85. LJ die in der Ansparphase aufgebauten Leistungen auszuzahlen sind. Ein Teil des zu Beginn der Auszahlungsphase zur Verfügung stehenden Kapitals ist zu Beginn der Auszahlungsphase in eine RV einzubringen, die ab Vollendung des 85. LJ eine gleich bleibende oder steigende lebenslange Leibrente gewährt, deren erste monatliche Rate mindestens so hoch ist wie die letzte monatl. Auszahlung aus dem Auszahlungsplan ohne Berücksichtigung variabler Teilraten. Damit diese Leistungen kalkuliert werden können, unterliegen weder die einzelnen Teilraten des Auszahlungsplans noch die späteren Leistungen der RV der Anpassungsprüfung[2].

25 **5. Keine Anpassung bei Insolvenz.** Ist der ArbGeb insolvent, kann der ArbN keine Anpassung laufender Leistungen verlangen. Der PSVaG als Träger der gesetzl. Insolvenzsicherung ist zu einem Teuerungsausgleich nicht verpflichtet[3]. Anderenfalls würde der Rentner, dessen ArbGeb bereits insolvent ist, besser behandelt als derjenige, dessen ArbGeb wirtschaftl. nicht hinreichend leistungsfähig ist.

26 **6. Wirtschaftliche Lage des Arbeitgebers.** Ein Teuerungsausgleich steht dem Versorgungsempfänger nur insoweit zu, als die wirtschaftl. Lage des ArbGeb dies erlaubt.

27 **a) Teuerungsausgleich aus Wertzuwachs.** Das BAG weist in st. Rspr. darauf hin, dass der ArbGeb einen Kaufkraftausgleich nach § 16 ganz oder teilweise ablehnen kann, wenn und soweit dadurch das **Unternehmen übermäßig belastet** würde. Übermäßig ist die Belastung dann, wenn es dem Unternehmen prognostizierbar nicht möglich sein wird, den Teuerungsausgleich aus dem Wertzuwachs des Unternehmens und dessen Erträgen in der Zeit nach dem Anpassungsstichtag aufzubringen[4]. Die Rspr. betont, dass die Substanz des Unternehmens erhalten bleiben muss. Die gesunde wirtschaftl. Entwicklung und künftige Wettbewerbsfähigkeit des Unternehmens darf nicht verhindert und die Arbeitsplätze dürfen nicht durch eine langfristige Auszehrung in Gefahr gebracht werden[5]. Der Begriff der „wirtschaftlichen Lage" in § 16 darf nicht mit einer „wirtschaftlichen Notlage" nach § 7 I 3 Nr. 5 aF gleichgesetzt werden[6]. Hieraus folgt, dass nicht sämtliche Gewinne durch die Anpassung aufgezehrt werden dürfen; vielmehr muss dem Unternehmen noch eine angemessene **Eigenkapitalverzinsung**[7] verbleiben. Um zu einer verlässlichen **Prognose** zu gelangen, muss die Vergangenheit betrachtet werden[8]. Bei der Berechnung der Eigenkapitalrendite ist einerseits auf die Höhe des Eigenkapitals, andererseits auf das erzielte Betriebsergebnis abzustellen. Beide Bemessungsgrundlagen sind ausgehend von dem in den handelsrechtl. Jahresabschlüssen ausgewiesenen Zahlenwert zu bestimmen[9]. Für die angemessene Eigenkapitalverzinsung kommt es auf das tatsächlich vorhandene Eigenkapital iSd. § 266 III A HGB an. Dazu zählen nicht nur das gezeichnete Kapital (Stammkapital) und die Kapitalrücklage, sondern auch Gewinnrücklagen, Gewinn- und Verlustvorträge sowie der Jahresüberschuss bzw. der Jahresfehlbetrag. Die Eigenkapitalrendite ist dadurch zu ermitteln, dass der Jahresüberschuss oder Jahresfehlbetrag dem Eigenkapital, so wie es sich aus § 266 III A HGB ergibt, ggü. gestellt wird[10].

28 Dabei sind **Scheingewinne**, die sich etwa aus betriebswirtschaftl. überhöhten Abschreibungen ergeben, auszunehmen[11]. Entsprechendes gilt auch für außerordentl. Erträge. Zwar sind sie keine Scheingewinne. Ihr Ausnahmecharakter darf aber bei der Beurteilung der künftigen Ertragsentwicklung nicht außer Acht gelassen werden. Sie gehören nämlich nicht zu Erträgen, mit denen das Unternehmen regelmäßig rechnen kann. Sie sind deshalb aus den der Prognose zugrunde zu legenden früheren Jahresabschlüssen herauszurechnen[12].

29 Die angemessene Eigenkapitalverzinsung besteht aus dem Basiszins und einem Zuschlag für das Risiko (2 %), dem das im Unternehmen investierte Kapital ausgesetzt ist[13]. Als Basiszins ist die Umlaufrendite öffentl. Anleihen heranzuziehen, der den Veröffentlichungen des Statistischen Bundesamtes entnommen werden kann und deshalb leicht nachprüfbar ist[14]. Der Risikozuschlag entfällt für die sog. Rentnergesellschaften[15].

---

1 G v. 26.2.2001, BGBl. I S. 1322, geändert durch G v. 20.12.2001, BGBl. I S. 3926. ||2 *Höfer*, DB 2001, 1149. ||3 BAG 5.10.1993 – 3 AZR 698/92, NZA 1994, 459; LAG Köln 8.12.2000 – 11 Sa 1073/00, EzA-SD 2001, Nr. 9, 15. ||4 BAG 14.12.1993 – 3 AZR 519/93, DB 1994, 1147; 23.4.1985 – 3 AZR 156/83, BAGE 48, 272; 15.9.1977 – 3 AZR 654/76, BAGE 29, 294. ||5 BAG 14.2.1989 – 3 AZR 191/87, BAGE 61, 94. ||6 BAG 15.9.1977 – 3 AZR 654/76, BAGE 29, 294; 23.4.1985 – 3 AZR 156/83, BAGE 48, 272. ||7 Zur Berechnung einer angemessenen Eigenkapitalverzinsung BAG 23.5.2000 – 3 AZR 146/99, NZA 2001, 1251. ||8 BAG 23.1.2001 – 3 AZR 287/00, DB 2001, 2507. ||9 BAG 11.10.2011 – 3 AZR 527/09, AP Nr. 81 zu § 16 BetrAVG; 21.8.2012 – 3 ABR 20/10, BetrAV 2013, 63. ||10 BAG 23.1.2001 – 3 AZR 287/00, DB 2001, 2507; 11.10.2011 – 3 AZR 527/09, BAGE 139, 252. ||11 BAG 23.4.1985 – 3 AZR 548/82, BAGE 48, 284. ||12 BAG 23.1.2001 – 3 AZR 287/00, DB 2001, 2507. ||13 BAG 17.4.1996 – 3 AZR 56/95, BAGE 83, 1; 23.1.2001 – 3 AZR 287/00, DB 2001, 2507; 30.11.2010 – 3 AZR 754/08, nv. ||14 BAG 23.5.2000 – 3 AZR 146/99, DB 2001, 2255. ||15 BAG 26.10.2010 – 3 AZR 502/08, BB 2011, 700.

Zum maßgeblichen **Eigenkapital** zählt nicht das zur Begleichung der Versorgungsverbindlichkeiten notwendige Kapital. Erträge daraus sind aber zu berücksichtigen[1]. Das gilt iÜ auch für den Versorgungsschuldner, der seine unternehmerischen Aktivitäten aufgegeben hat und für den Erben, selbst wenn er das ehemals einzelkaufmännisch betriebene Geschäft nicht fortführt. Für einen Risikozuschlag besteht dann aber kein Anlass[2]. **Außerordentl.** Erträge aus der Auflösung stiller Reserven erhöhen das Eigenkapital und sind deshalb bei der Berechnung einer angemessenen Eigenkapitalverzinsung einzubeziehen[3]. Weiterhin sind Faktoren wie ein besonderer, absehbarer Investitionsbedarf, Betriebssteuern oder außerordentl. Erträge zu berücksichtigen[4]. Steuern vom Einkommen werden allerdings durch die Anpassung gemindert, weil die Rentenerhöhung den Gewinn verringert. Es kommt auf die Gesamtsituation des Unternehmens an. Eine Anpassung kann nicht schon dann verlangt werden, wenn einzelne Bilanzpositionen eine Anpassung zulassen würden[5]. 30

Selbst bei positiven Betriebsergebnissen und einer hinreichenden Eigenkapitalverzinsung kann die **Eigenkapitalausstattung** wegen früher eingetretener Substanzeinbußen unzureichend sein und deshalb die erforderliche Belastbarkeit des Unternehmens vorerst fehlen. Der ArbGeb kann die Anpassung der Betriebsrenten ablehnen, wenn er davon ausgehen darf, dass der Eigenkapitalmangel jedenfalls bis zum nächsten Anpassungsstichtag fortbesteht[6]. 31

Die in den **Verlustvorträgen** festgehaltenen früheren Fehlbeträge mindern das Eigenkapital. Da der Wettbewerbsfähigkeit des Unternehmens entscheidende Bedeutung zukommt, darf der ArbGeb nach einer Eigenkapitalauszerrung einer raschen Wiederherstellung einer ausreichenden Eigenkapitalausstattung den Vorzug geben und bis dahin von Betriebsrentenerhöhungen absehen[7]. Sowohl die Erhaltung als auch die Wiedererlangung der Unternehmenssubstanz sind berechtigte unternehmerische Anliegen im Interesse der Wettbewerbsfähigkeit und zum Schutz von Arbeitsplätzen. Die Erhöhung von Betriebsrenten würde deshalb vor der Konsolidierung des Unternehmens eine dauerhafte Belastung schaffen, wobei zu berücksichtigen ist, dass § 16 Betriebsrentenkürzungen, selbst wenn die wirtschaftl. Lage entgegen früheren Prognosen schlechter ist, nicht zulässt[8]. 32

Die Gesundung eines Unternehmens ist deshalb erst dann abgeschlossen, wenn der Verzehr des Stammkapitals ausgeglichen ist. Dies ist der Fall, sobald das Eigenkapital des Unternehmens mindestens ebenso hoch ist wie die Summe aus dem Stammkapital und der aus den zusätzlichen Einlagen gebildeten Kapitalrücklage[9]. 33

b) Konzerndurchgriff. Regelmäßig kommt es auf die wirtschaftl. Lage des ArbGeb an. Ist dieser wirtschaftl. nicht in der Lage, einen Teuerungsausgleich vorzunehmen, besteht kein Anspruch auf eine höhere Rente[10]. Etwas anderes kann aber dann gelten, wenn der Versorgungsschuldner in einen Konzern eingebunden ist. Der Begriff des **Konzerns** ergibt sich aus § 18 AktG. Die Rspr. versteht darunter jedoch nicht nur aktienrechtl. Strukturen. Ein Konzern liegt vielmehr bereits dann vor, wenn eine Konzernobergesellschaft auf abhängige Unternehmen einen beherrschenden Einfluss ausüben kann. Herrschendes Unternehmen kann deshalb bspw. auch der Einzelkaufmann sein, der eine GmbH beherrscht[11]. In solchen Fällen hat das BAG der Rspr. des BGH[12] folgend unter besonderen Voraussetzungen einen sog. Berechnungsdurchgriff zugelassen[13]. Auch beim **Berechnungsdurchgriff** ist der ehemalige ArbGeb zur Anpassungsprüfung verpflichtet. Berücksichtigt wird dabei jedoch die wirtschaftl. Lage des anderen Konzernunternehmens[14]. Für einen Berechnungsdurchgriff müssen zwischen dem Versorgungsschuldner und dem herrschenden Unternehmen **verdichtete Konzernverbindungen** bestehen. Dies ist der Fall, wenn ein **Beherrschungs- oder Ergebnisabführungsvertrag** besteht. Als zusätzliches Erfordernis verlangt das BAG, dass die Konzernleitung in einer Weise ausgeübt wird, die auf die Belange des abhängigen Tochterunternehmens **keine angemessene Rücksicht** nimmt und so letztlich die mangelnde Leistungsfähigkeit des Versorgungsschuldners verursacht[15]. Das kann bspw. dann der Fall sein, wenn das beherrschende Unternehmen dem Abhängigen verbindliche Preise vorschreibt und so seine Wettbewerbsfähigkeit beschränkt[16]. Darlegungs- und beweispflichtig für die missbräuchliche Ausübung der Gesellschafterrechte durch das herrschende Unternehmen ist der Pensionär. Dieser muss zumindest Indizien vortragen, mit denen eine missbräuchliche Ausübung der Leitungsmacht verdeutlicht wird[17]. Dem Versorgungsberechtigten, der regelmäßig keinen Einblick in die gesellschaftl. und finanziellen Verhältnisse hat, wird eine entsprechende Darlegung sehr schwer fallen. Das BAG gewährt allerdings Erleichterungen der Beweislast. Es lässt genügen, wenn der Versorgungsempfänger beispiel- 34

---

1 BAG 9.11.1999 – 3 AZR 420/98, BetrAV 2000, 605. ||2 BAG 9.11.1999 – 3 AZR 420/98, BetrAV 2000, 605. ||3 BAG 23.1.2001 – 3 AZR 287/00, DB 2001, 2507. ||4 BAG 17.4.1996 – 3 AZR 56/95, DB 1996, 2496. ||5 BAG 14.2.1989 – 3 AZR 191/87, NZA 1989, 844; 17.4.1996 – 3 AZR 56/95, NZA 1997, 155. ||6 BAG 23.1.2001 – 3 AZR 287/00, DB 2001, 2507. ||7 BAG 23.1.2001 – 3 AZR 287/00, DB 2001, 2507. ||8 BAG 23.1.2001 – 3 AZR 287/00, DB 2001, 2507. ||9 BAG 23.1.2001 – 3 AZR 287/00, DB 2001, 2507; 30.11.2010 – 3 AZR 754/08, AP Nr. 72 zu § 16 BetrAVG; 11.12.2010 – 3 AZR 615/10, BB 2013, 1075. ||10 *Steinmeyer*, FS Stahlhacke, 1995, S. 553 (556); *Junker*, FS Kissel, 1994, S. 451. ||11 BGH 29.3.1993 – II ZR 265/91, BB 1993, 814. ||12 BAG 14.12.1993 – 3 AZR 519/93, DB 1994, 1147; 8.3.1994 – 9 AZR 197/92, DB 1994, 1708. ||13 *Weigl*, ZIP 1997, 354. ||14 BAG 4.10.1994 – 3 AZR 910/93, DB 1995, 528; 29.9.2010 – 3 AZR 427/08, DB 2011, 362. ||15 BAG 4.10.1994 – 3 AZR 910/93, DB 1995, 528; 23.10.1996 – 3 AZR 514/95, DB 1997, 1287. ||16 BAG 28.4.1992 – 3 AZR 244/91, NZA 1993, 72. ||17 BAG 14.12.1993 – 3 AZR 519/93, DB 1994, 1147.

haft Eingriffe nennt, die im Konzerninteresse vorgenommen wurden. Es liegt dann beim prüfungspflichtigen Unternehmen, diese Hinweise zu entkräften[1].

Ausreichend zur Annahme verdichteter Konzernbeziehungen war bisher auch, wenn ein Unternehmen die Geschäfte des eigentlichen ArbGeb tatsächlich umfassend und nachhaltig führte (sog. qualifiziert faktischer Konzern). Der BGH selbst vertritt zwischenzeitlich diese Rechtsfigur nicht mehr. Dem hat sich nun auch das BAG angeschlossen und diese Form der Durchgriffshaftung ebenfalls aufgegeben.[2] Der BGH prüft nun, ob ein sog. **existenzvernichtender Eingriff** vorliegt, der zu einer Innenhaftung des Gesellschafters ggü. der Gesellschaft nach § 826 BGB und nicht zu einer unmittelbaren Außenhaftung des Gesellschafters ggü. den Gläubigern führt[3]. Wenn der Gesellschafter dem grds. zur Anpassung verpflichteten Unternehmen wie bei einem existenzvernichtenden Eingriff Vermögenswerte kompensationslos entzieht, können dem früheren ArbGeb Schadensersatzansprüche zustehen, die bei der Anpassungsprüfung als vorhandener Vermögenswert zu berücksichtigen wären. Diese Betrachtung hat den Vorteil, dass bzgl. der wirtschaftl. Leistungsfähigkeit nicht auf die Verhältnisse bei einem Dritten, nämlich der Konzernmuttergesellschaft, abgestellt werden muss, wo möglicherweise noch andere – eben nur dort bestehende – Verhältnisse Einfluss auf die Anpassungsentscheidung haben könnten. Der Grundsatz der Trennung der Haftungskreise würde nicht durchbrochen, allein die wirtschaftliche Lage des ArbGeb wäre maßgeblich[4].

Das BAG lässt es außerdem auf die wirtschaftl. Lage eines anderen Unternehmens ankommen, wenn dieses durch sein Verhalten ein **schützenswertes Vertrauen** darauf begründet hat, dass die Versorgungsverbindlichkeiten der Versorgungsschuldner erfüllt werden würden[5]. Allerdings gilt auch in Fällen von **Patronatserklärungen** ggü. Dritten das Erfordernis des **Gleichlaufs der Haftung des Anpassungsschuldners im Außenverhältnis mit einer ausgleichenden Innenhaftung** des erklärenden Unternehmens. Daher ist bei Patronatserklärungen, die keine Ansprüche der Anpassungsschuldnerin gegen das erklärende Unternehmen begründen, ein Haftungsdurchgriff ausgeschlossen[6].

Auf eine schlechte wirtschaftl. Lage der Konzernobergesellschaft kann es ankommen, wenn zu erwarten ist, dass sie in den nächsten drei Jahren auf den Versorgungsschuldner durchschlagen wird und dies für die Rentenanpassung relevant würde[7]. Das Mutterunternehmen haftet hingegen unmittelbar, wenn es einen eigenen **Vertrauenstatbestand** geschaffen hat, die Anpassung der laufenden Leistungen gewährleisten zu wollen[8]. Ferner kann sich eine eigene Haftung des beherrschenden Unternehmens ggü. den Betriebsrentnern aus Grundsätzen des Schadensersatzes ergeben, wenn der beherrschten Gesellschaft nach Beendigung des Beherrschungsvertrags nicht genügend Mittel zur Verfügung gestellt werden, um auch vorgesehene Anpassungen vornehmen zu können[9].

34a **7. Klage; Darlegungs- und Beweislastverteilung.** Der ArbN kann die Anpassungsentscheidung des ArbGeb gerichtl. angreifen und zur Prüfung stellen. Das Gericht ersetzt eine fehlerhafte Anpassungsentscheidung des ArbGeb durch eine eigene Entscheidung (§ 315 III BGB). Mit Rechtskraft des Urteils erwächst daraus ein fälliger Zahlungsanspruch, der auch erst ab diesem Zeitpunkt zu verzinsen ist[10]. Der ArbN kann sofort Zahlungsklage auf die erhöhte Rente erheben, mit der er notwendig schlüssig die Ersetzung der Anpassungsentscheidung des ArbGeb begehrt.

35 Wird die Anpassung von Betriebsrenten nach § 16 mit einer mangelnden wirtschaftl. Leistungsfähigkeit abgelehnt, so trägt der **ArbGeb** im Rechtsstreit dafür die Darlegungs- und Beweislast. Als Vortrag hierzu reicht nicht die Mitteilung von Verlusten, mit denen einzelne Handelsbilanzen oder Betriebsergebnisberechnungen abgeschlossen haben, aus. Rückschlüsse auf die wirtschaftl. Lage des Unternehmens sind idR nur in Verbindung mit den übrigen Bilanzdaten, also ihren Berechnungsgrundlagen, möglich[11]. Der ArbN kann sich deshalb zunächst darauf beschränken, zu bestreiten, dass der ArbGeb nicht in der Lage ist, aus den Erträgen und einem Wertzuwachs einen Teuerungsausgleich zu finanzieren. Es ist dann Sache des ArbGeb, im Einzelnen darzulegen, weshalb er zu einer Anpassung nicht in der Lage ist. Dazu muss er sämtliche bestimmende Faktoren vortragen. Dazu wird er im Regelfall Geschäftsabschlüsse offen legen müssen. Zur Darlegung geeignet sind dabei nur Abschlüsse nach HGB, nicht nach IFRS.[12] Geschieht dies, so ist im Sinne einer abgestuften Darlegungslast der ArbN gehalten, Einwendungen zu erheben, aus denen sich ergibt, dass ein Teuerungsausgleich doch möglich ist. Nach der Rspr. des BAG kann die tatsächliche wirtschaftl. Entwicklung nach dem Anpassungsstichtag die der Anpassungsentscheidung zu Grunde liegende Prognose bestätigen oder entkräften. Je besser sich die Entwicklung darstellt, desto genauer und sorgfältiger müsse der ArbGeb vortragen, dass seine frühere negative Einschätzung trotzdem nicht zu beanstanden sei[13].

---

1 BAG 4.10.1994 – 3 AZR 910/93, DB 1995, 528. ||2 BAG 15.1.2013 – 3 AZR 638/10, ZIP 2013, 1041. ||3 BGH 16.7.2007 – II ZR 3/04, BGHZ 143, 246 – Trihotel; 9.2.2009 – II ZR 292/07, BGHZ 179, 344 – Sanitary. ||4 *Schipp*, DB 2010, 112. ||5 BAG 15.1.2013 – 3 AZR 638/10, ZIP 2013, 1041. ||6 BAG 29.9.2010 – 3 AZR 427/08, DB 2011, 362. ||7 BAG 10.2.2009 – 3 AZR 727/07, DB 2009, 2554. ||8 BAG 17.4.1996 – 3 AZR 56/95, ZIP 1996, 2085; *Höfer*, § 16 Rz. 5311 ff. ||9 BAG 26.5.2009 – 3 AZR 369/07, DB 2009, 2384. ||10 BAG 28.6.2011 – 3 AZR 859/09, BAGE 138, 213; 19.6. 2012 - 3 AZR 464/11, NZA 2012, 1291. ||11 BAG 23.4.1985 – 3 AZR 548/82, NZA 1985, 499. ||12 BAG 21.8.2012 – 3 ABR 20/10, BetrAV 2013, 63; 18.9.2012 – 3 AZR 415/10, NZA 2013, 210. ||13 BAG 11.10.2011 – 3 AZR 527/09, BAGE 139, 252.

Der ArbGeb kann sich nicht darauf berufen, im Falle einer vollständigen Darlegung müsse er notwendigerweise **Betriebs- oder Geschäftsgeheimnisse** preisgeben. Das BAG verweist den ArbGeb auf vorhandene Schutzmechanismen des Prozessrechts. In Betracht kommen der zeitweise Ausschluss der Öffentlichkeit (§ 52 ArbGG, § 142 GVG) und strafbewehrte Schweigegebote (§ 174 II GVG)[1]. 36

Sechster Abschnitt. Geltungsbereich

17 *Persönlicher Geltungsbereich und Tariföffnungsklausel*
(1) [Arbeitnehmer] Arbeitnehmer im Sinne der §§ 1 bis 16 sind Arbeiter und Angestellte einschließlich der zu ihrer Berufsausbildung Beschäftigten; ein Berufsausbildungsverhältnis steht einem Arbeitsverhältnis gleich. Die §§ 1 bis 16 gelten entsprechend für Personen, die nicht Arbeitnehmer sind, wenn ihnen Leistungen der Alters-, Invaliditäts- oder Hinterbliebenenversorgung aus Anlass ihrer Tätigkeit für ein Unternehmen zugesagt worden sind. Arbeitnehmer im Sinne von § 1a Abs. 1 sind nur Personen nach den Sätzen 1 und 2, soweit sie auf Grund der Beschäftigung oder Tätigkeit bei dem Arbeitgeber, gegen den sich der Anspruch nach § 1a richten würde, in der gesetzlichen Rentenversicherung pflichtversichert sind.

(2) [Öffentlicher Dienst] Die §§ 7 bis 15 gelten nicht für den Bund, die Länder, die Gemeinden sowie die Körperschaften, Stiftungen und Anstalten des öffentlichen Rechts, bei denen das Insolvenzverfahren nicht zulässig ist, und solche juristische Personen des öffentlichen Rechts, bei denen der Bund, ein Land oder eine Gemeinde kraft Gesetzes die Zahlungsfähigkeit sichert.

(3) [Unabdingbarkeit] Von den §§ 1a, 2 bis 5, 16, 18a Satz 1, §§ 27 und 28 kann in Tarifverträgen abgewichen werden. Die abweichenden Bestimmungen haben zwischen nichttarifgebundenen Arbeitgebern und Arbeitnehmern Geltung, wenn zwischen diesen die Anwendung der einschlägigen tariflichen Regelung vereinbart ist. Im Übrigen kann von den Bestimmungen dieses Gesetzes nicht zuungunsten des Arbeitnehmers abgewichen werden.

(4) [Gesetzesvorrang] Gesetzliche Regelungen über Leistungen der betrieblichen Altersversorgung werden unbeschadet des § 18 durch die §§ 1 bis 16 und 26 bis 30 nicht berührt.

(5) [Entgeltumwandlung nach Tarifvertrag] Soweit Entgeltansprüche auf einem Tarifvertrag beruhen, kann für diese eine Entgeltumwandlung nur vorgenommen werden, soweit dies durch Tarifvertrag vorgesehen oder durch Tarifvertrag zugelassen ist.

I. Einführung. Die Vorschriften des BetrAVG finden nur auf Leistungen der **betrAV** Anwendung. Dabei wird ausschließlich der in Abs. 1 genannte **Personenkreis** erfasst. Handelt es sich bei zugesagten Leistungen nicht um solche der betrAV oder gehören die Adressaten einer Zusage nicht zum geschützten Personenkreis, so berührt dies die Wirksamkeit der eingegangenen Verpflichtung grds. nicht. Der Schutz aus dem BetrAVG kann aber nicht in Anspruch genommen werden. 1

In Abs. 3 ist die Unabdingbarkeit der Normen des BetrAVG geregelt, wobei der Gesetzgeber für einzelne Regelungen eine Tariföffnungsklausel vorgesehen hat. 2

II. Persönlicher Geltungsbereich. Das BetrAVG ist ein ArbN-Schutzgesetz. Nach Abs. 1 S. 1 gilt es in erster Linie für ArbN. Sog. **arbeitnehmerähnl. Personen** werden aber nach Abs. 1 S. 2 ebenfalls erfasst, soweit ihnen Leistungen der betrAV aus Anlass ihrer Tätigkeit für ein Unternehmen zugesagt worden sind. 3

1. Arbeitnehmer. Unter den gesetzl. Schutz fallen Arbeiter, Angestellte und die zu ihrer Berufsausbildung Beschäftigten. Es muss ein **privatrechtl. Arbeitsvertrag** bestehen: Beamte, Richter und Soldaten werden deshalb nicht erfasst[2]. ArbN ist nicht, wer auf Grund eines Werkvertrages für ein Unternehmen tätig wird[3]. Es genügt aber uU ein faktisches ArbVerh[4]. 4

Abs. 1 S. 3 schränkt den ArbN-Begriff insoweit ein, als eine betrAV durch Entgeltumwandlung iSv. § 1a erfolgt. Denn danach kann nur der ArbN eine Entgeltumwandlung von dem ArbGeb verlangen, bei dem er in der gesetzl. RV pflichtversichert ist[5]. 5

Das BetrAVG gilt iÜ auch dann, wenn der ArbN **an dem Unternehmen beteiligt** ist[6]. Es ist dann aber genau zu prüfen, ob die Versorgung **aus Anlass** des ArbVerh zugesagt wurde oder seine Wurzel im gesellschaftsrechtl. Bereich hat[7]. Maßgeblich ist eine Prüfung im Einzelfall. Dabei kommt es ua. darauf an, ob die zugesagte Versorgung nach Art und Höhe auch bei Fremdkräften wirtschaftlich vernünftig und üblich gewesen wäre[8]. Hinweis auf einen fehlenden Zusammenhang zwischen ArbVerh und Versorgungszusage ist die Beschränkung von Versorgungszusagen auf die Gesellschafter[9]. 6

---

1 BAG 23.4.1985 – 3 AZR 548/82, NZA 1985, 499. ||2 *Blomeyer/Rolfs/Otto*, § 17 Rz. 9. ||3 *Höfer*, § 17 Rz. 5525. ||4 Vgl. *Höfer*, § 17 Rz. 5527. ||5 Vgl. hierzu im Einzelnen *Förster/Cisch/Karst*, § 1a Rz. 6. ||6 Zur Abgrenzung vgl. *Förster/Cisch/Karst*, § 17 Rz. 7ff. mwN. ||7 BAG 19.1.2010 – 3 AZR 42/08, DB 2010, 1411. ||8 BAG 19.1.2010 – 3 AZR 660/09, ZIP 2010, 1663. ||9 BAG 19.1.2010 – 3 AZR 660/09, ZIP 2010, 1663; 19.1.2010 – 3 AZR 42/08, DB 2010, 1411.

7 **2. Arbeitnehmerähnliche Personen.** Nach Abs. 1 S. 2 gelten die §§ 1–16 entsprechend für Personen, die nicht ArbN sind, wenn ihnen Versorgungsleistungen aus Anlass ihrer Tätigkeit für ein Unternehmen zugesagt worden sind. Der BGH hat das Gesetz einschränkend ausgelegt. Er hat es als ArbN-Schutzgesetz begriffen und daraus gefolgert, dass dessen Geltung auf die Personen begrenzt werden müsse, deren Lage im Hinblick auf die Ruhegeldzusage mit der eines ArbN annähernd vergleichbar ist[1]. Unternehmer werden deshalb vom BetrAVG nicht erfasst. Auf Grund mehrerer Grundsatzentscheidungen des BGH sind Einzelkaufleute, persönlich haftende Gesellschafter einer OHG oder KG, Selbständige und Alleingesellschafter von Kapitalgesellschaften als Unternehmer anzusehen[2].

8 Als Anknüpfungspunkt für die **Unterscheidung zwischen ArbN- und Unternehmerstellung** hat die Rspr. auf den Einzelkaufmann abgestellt. Dieser müsse sich aus seinem eigenen Unternehmen versorgen und könne daher bereits formalrechtl. nicht als Empfänger einer Versorgungszusage bezeichnet werden. Mit einem Einzelkaufmann gleichzusetzen sei derjenige, welcher für ein Unternehmen tätig sei, das mit Rücksicht auf die vermögens- und einflussmäßige Verbindung mit ihm nach natürlicher Anschauung als sein eigenes zu betrachten sei[3].

9 **a) Am Unternehmen nicht beteiligte Personen. Echte Fremdgeschäftsführer** oder **Vorstände von AG**, die nicht an dem Unternehmen, für welches sie tätig sind, beteiligt sind, genießen ohne jeden Zweifel den Schutz des BetrAVG. Gleiches kann auch für **Komplementäre** einer KG oder KGaA gelten, wenn sie bei wirtschaftl. Betrachtungsweise nur sog. **angestellte persönlich haftende Gesellschafter** sind. Dies ist etwa dann der Fall, wenn sie lediglich im Außenverhältnis als Gesellschafter auftreten, im Innenverhältnis aber wie Angestellte ggü. den die Gesellschaft beherrschenden Kommanditisten weisungsgebunden sind. Ein Indiz kann hierfür sein, dass sie durch interne Regelungen von der Haftung freigestellt wurden[4]. Eine solche Abhängigkeit besteht etwa dann, wenn ein ArbN im Rahmen seines ArbVerh bei einem verbundenen Unternehmen die Position des persönlich haftenden Gesellschafters einnehmen muss.

10 **b) Am Unternehmen beteiligte Personen.** Das BetrAVG erfasst am Unternehmen beteiligte Personen nur dann, wenn sie allein oder mit anderen gemeinsam nicht letztlich eine Unternehmerstellung innehaben[5].

11 **aa) Organmitglieder juristischer Personen.** Bei juristischen Personen ist nach st. Rspr. des BGH auf die **Kapitalbeteiligung** oder die **Anzahl der Stimmrechte** abzustellen. Die Kapitalanteile oder Stimmrechte mehrerer geschäftsführender Gesellschafter sind **zusammenzuzählen**. Eine den Schutz des BetrAVG ausschließende Mitunternehmerstellung liegt dann vor, wenn die leitend tätigen Gesellschafter zusammen über die Mehrheit der Kapitalanteile oder Stimmrechte verfügen[6]. Umgekehrt wird nicht jeder Minderheitsgesellschafter in leitender Position von der Geltung des BetrAVG ausgenommen. Voraussetzung ist vielmehr, dass die Beteiligung des Versorgungsberechtigten nicht völlig unbedeutend ist. In Anlehnung an das Aktien- und Umwandlungsrecht dürfte eine **Minderheitsbeteiligung von 10 %**, ab der bereits gewisse Minderheitsrechte bestehen, nicht mehr als unerheblich bezeichnet werden können[7]. Haben bspw. zwei geschäftsführende Gesellschafter jeder für sich nur eine Minderheitsbeteiligung von einmal 15 % und einmal 40 %, so verfügen sie gemeinsam über die Kapitalmehrheit. Sie sind dann beide als Unternehmer zu qualifizieren.

12 Die **Zusammenrechnung** von Anteilen oder Stimmrechten eines Minderheitsgesellschafters mit denen eines anderen Gesellschafters unterbleibt, wenn der andere schon allein über die Anteils- oder Stimmrechtsmehrheit verfügt[8]. Die §§ 1–16 gelten aber auch dann nicht, wenn die geschäftsleitende Person eine Altersversorgungszusage von einer Gesellschaft erhalten hat, deren Kapital ganz oder teilweise einer weiteren Gesellschaft gehört, an der sie wiederum beteiligt ist. Auch eine solche indirekte Beteiligung schließt die Anwendung des BetrAVG aus.

13 **bb) Gesellschafter von juristischen Personen** können zugleich auch in einem ArbVerh zu dem Unternehmen stehen. Die Frage, ob sie Unternehmer sind, hängt dann von dem Maß der bestehenden **Leitungsmacht** und der **stimmrechts- oder kapitalmäßigen Beteiligung** ab. Wer auf Grund einer mehrheitlichen Kapital- oder Stimmrechtsbeteiligung ohne Organ zu sein ein Unternehmen letztverantwortlich leitet, ist Unternehmer[9]. Die fehlende formale Stellung als Organmitglied ist nicht entscheidend. Besteht nur eine Minderheitsbeteiligung, so kommt auch hier eine Zusammenrechnung von Anteilen mit anderen geschäftsleitend tätigen Gesellschaftern in Betracht. Verfügt ein Prokurist über etwa 45 % der Geschäftsanteile, ein Geschäftsführer hingegen nur über 10 %, so sind beide als Unternehmer anzusehen und deshalb vom BetrAVG nicht geschützt.

---

1 BGH 28.4.1980 – II ZR 254/78, DB 1980, 1434. ‖2 BGH 28.4.1980 – II ZR 254/78, DB 1980, 1434; 9.6.1980 – II ZR 255/78, DB 1980, 1588; 14.7.1980 – II ZR 106/79, DB 1980, 1992. ‖3 BGH 9.6.1980 – II ZR 255/78, DB 1980, 1588. ‖4 BGH 9.6.1980 – II ZR 255/78, DB 1980, 1588. ‖5 Vgl. hierzu *Förster/Cisch/Karst*, § 17 Rz. 5 ff. ‖6 BGH 9.6.1980 – II ZR 255/78, DB 1980, 1588; 14.7.1980 – II ZR 106/79, DB 1980, 1992. ‖7 *Blomeyer/Rolfs/Otto*, § 17 Rz. 109; *Höfer*, § 17 Rz. 5595 ff.; *Everhardt*, BB 1981, 681; zweifelnd, ob an dieser Grenze festgehalten werden kann: BGH 2.6.1997 – II ZR 181/96, DB 1997, 1611. ‖8 BGH 25.9.1989 – II ZR 259/88, DB 1989, 2425. ‖9 Vgl. OLG Köln 21.2.1986 – 6 U 141/85, DB 1986, 1063.

cc) Persönlich haftende Gesellschafter von Personengesellschaften **fallen** grds. unabhängig von der Höhe ihrer Beteiligung **aus dem Schutzbereich des BetrAVG heraus**[1]. Hier besteht eine besondere Nähe zum Einzelkaufmann. Die Haftung besteht unabhängig von der Höhe der Kapitaleinlage. Gesellschafter von BGB-Gesellschaften und OHG sowie Komplementäre von KG und KGaA fallen deshalb grds. nicht unter den Anwendungsbereich des BetrAVG.

dd) Kommanditisten einer KG sind nach den §§ 164, 170 HGB von der Geschäftsführung ausgeschlossen und zur Vertretung der Gesellschaft nicht ermächtigt. Sind sie für ein Unternehmen tätig, so schließt dies die Anwendung der §§ 1–16 nicht grds. aus. Es kommt dann auf die **Qualität der Leitungsmacht** an. Werden geschäftsleitende Aufgaben wahrgenommen, etwa kraft einer Prokura, so ist die betreffende Person als Unternehmer zu qualifizieren[2]. Auch hier kommt eine Zusammenrechnung von Beteiligungen geschäftsleitend tätiger Personen in Betracht[3].

ee) GmbH & Co. KG Besonderheiten gelten bei einer GmbH & Co. KG. Unterhält die Komplementär-GmbH einen von der Förderung der Geschäfte der KG **unterscheidbaren, wirtschaftl. eigenständigen Betrieb**, der die Grundlage dafür bildet, dass für die GmbH wirklich Dienste geleistet werden und dafür eine Altersversorgungszusage erteilt wird, so kommt es im Hinblick auf den Gesellschafter-Geschäftsführer nur auf die Verhältnisse bei der GmbH an. Hat er dort oder gemeinsam mit Anderen eine Mehrheitsbeteiligung, so ist er Unternehmer.

Unterhält die Komplementär-GmbH hingegen **keinen eigenen Geschäftsbetrieb**, so ist es gleichgültig, ob die Zusage von der GmbH oder der KG erteilt wurde. Bei der Prüfung der Unternehmerstellung müssen die Geschäftsanteile des GmbH-Geschäftsführers bei der GmbH und bei der KG zusammengerechnet werden. Dabei können die GmbH-Anteile des Geschäftsführers nur in Höhe der Quote berücksichtigt werden, mit der die GmbH ihrerseits an der KG beteiligt ist[4]. In der Lit. werden differenziertere Betrachtungsweisen verlangt. Zunächst sei die Unternehmerstellung des Geschäftsführers in der GmbH zu prüfen. Fehle sie dort, so sei die mittelbare Beteiligung über die GmbH an der KG unberücksichtigt zu lassen. Bestehe hingegen eine unternehmerische Beteiligung an der GmbH, so sei die Beteiligung der GmbH an der KG dem Geschäftsführer vollständig zuzurechnen. Denn wenn er die GmbH majorisiere, so könne er deren Gesellschafterrechte in der KG vollständig wahrnehmen[5]. Letztere Auffassung ist zutreffend. Der BGH übersieht, dass der an der GmbH mehrheitlich beteiligte Gesellschafter-Geschäftsführer das gesamte Stimmrecht für die GmbH in der KG ausüben kann.

Entsprechend ist auch bei **anderen Beteiligungsformen** zu verfahren, zB bei einer AG & Co. GmbH[6].

3. Auswirkungen der Nichtanwendbarkeit des BetrAVG. Die Nichtanwendbarkeit des BetrAVG berührt grds. die **Gültigkeit einer Versorgungszusage** nicht. Ohne entsprechende Regelung kann sich der Versorgungsberechtigte weder auf eine Unverfallbarkeit berufen noch eine Anpassung laufender Leistungen verlangen. Insb. kann er den gesetzl. Insolvenzschutz nach § 7 nicht in Anspruch nehmen, wenn die zugesagten Leistungen insolvenzbedingt nicht mehr zur Verfügung stehen.

Gelegentlich kommt es vor, dass Zeiten, die vom BetrAVG erfasst werden, von solchen abgelöst werden, für die das BetrAVG nicht gilt. Im Hinblick auf den **persönlichen Geltungsbereich** des Gesetzes kann dies geschehen, wenn der Versorgungsberechtigte zeitweilig als Unternehmer, iÜ aber als ArbN oder arbeitnehmerähnl. Person für ein Unternehmen tätig war. Verliert bspw. ein Unternehmer seine mehrheitliche Beteiligung an dem Unternehmen, so kann es geschehen, dass er zu einem späteren Zeitpunkt in den Schutzbereich des BetrAVG fällt. Es ist dann festzustellen, inwieweit die Rechte aus einer Versorgungszusage dem Geltungsbereich des BetrAVG unterfallen. Es ist eine **zeitanteilige Aufteilung** vorzunehmen, die sich im Wesentlichen an § 2 orientiert[7]. Die zugesagte Leistung ist dann zu quotieren. Dabei ist unerheblich, ob der Wechsel vom Unternehmerstatus zum Nichtunternehmerstatus oder umgekehrt erfolgt[8].

Bei **Versorgungsanwärtern** besteht eine Unverfallbarkeit nach § 1b nur dann, wenn die vom Schutz des BetrAVG erfassten Dienst- und Zusagezeiten insg. die gesetzl. Unverfallbarkeitsvoraussetzungen erfüllen. Zeiten, die außerhalb des Schutzbereichs des BetrAVG als Unternehmer absolviert sind, bleiben bei Prüfung der Unverfallbarkeitsvoraussetzungen vollständig unberücksichtigt[9]. Durch einen **Statuswechsel** tritt keine Unterbrechung der Fristen, sondern lediglich eine Hemmung ein[10]. Einzelne, vom Gesetz erfasste Zeiten müssen also nicht jede für sich zu einer unverfallbaren Anwartschaft geführt haben, sondern können **zusammengerechnet** werden[11]. Das ist insb. für die Eintrittspflicht des PSVaG von Bedeutung, wenn das Unternehmen insolvent geworden ist.

III. Öffentlicher Dienst. Öffentl.-rechtl. ArbGeb, die keinem Insolvenzrisiko unterliegen, sind von der Beitragspflicht zum PSVaG befreit. Abs. 2 zählt die ArbGeb abschließend auf, die nicht den Vorschrif-

---

1 BGH 9.6.1980 – II ZR 255/78, DB 1980, 1588. ||2 BGH 28.4.1980 – II ZR 254/78, DB 1980, 1434; 1.2.1999 – II ZR 276/97, NJW 1999, 1263. ||3 OLG Köln 21.2.1986 – 6 U 141/85, DB 1986, 1063; aA *Höfer*, § 17 Rz. 5604f.; *Blomeyer/Rolfs/Otto*, § 17 Rz. 115ff. ||4 BGH 28.4.1980 – II ZR 254/78, DB 1980, 1434. ||5 Vgl. *Höfer*, § 17 Rz. 5611ff. ||6 *Höfer*, § 17 Rz. 5616. ||7 BGH 9.6.1980 – II ZR 255/78, DB 1980, 1588. ||8 BGH 9.6.1980 – II ZR 255/78, DB 1980, 1588. ||9 BGH 24.9.2013 – II ZR 396/12, nv.; *Blomeyer/Rolfs/Otto*, § 7 Rz. 146. ||10 BGH 4.5.1981 – II ZR 100/80, NJW 1981, 2409. ||11 *Höfer*, § 17 Rz. 5622.

ten über den Insolvenzschutz unterfallen. Alle übrigen ArbGeb sind unabhängig von ihrem rechtl. Status den §§ 7–15 unterworfen.

23 **IV. Tariföffnungsklausel und Unabdingbarkeit.** Die Regelungen des BetrAVG sind grds. nicht zu Lasten der ArbN **abdingbar**, Abs. 3 S. 3. Eine Ausnahme hiervon sieht die sog. „Tariföffnungsklausel" in Abs. 3 S. 1 vor, nach der die TV-Parteien von den §§ 1a, 2 bis 5, 16, 18a S. 1, 27 und 28 in TV auch zu Lasten der ArbN abweichen dürfen. Die TV-Parteien sind dabei allerdings nicht ermächtigt, durch eine lediglich punktuelle Tarifregelung – etwa nur zu § 16 bzw. 30c I – von der Tariföffnungsklausel Gebrauch zu machen, um so einer nicht-tarifvertraglichen Bestimmung, etwa aus einer BV oder einer vom ArbGeb einseitig geschaffenen Versorgungsordnung, (nachträglich) zur Wirksamkeit zu verhelfen. Nach Auffassung des BAG machen die TV-Parteien in einem solchen Fall selbst gar keinen Gebrauch von ihrem Gestaltungsspielraum, vom BetrAVG abweichende Regelungen zu treffen, sondern überlassen dies den Betriebspartnern oder dem ArbGeb[1]. Ausnahmsweise lässt das BAG eine teleologische Reduktion des Verbots nach § 17 III 3 und damit abweichende Regelungen auch von Nicht-Tarifparteien zu, etwa wenn die Anpassung der Rente bei einem nach beamtenrechtl. Grundsätzen vergüteten ArbN in Abweichung zu § 16 nach den beamtenrechtl. Versorgungsregeln vereinbart ist[2].

24 Die Tariföffnungsklausel ist Ausdruck der Tarifautonomie[3]; sie schafft die Möglichkeit von betriebseinheitlichen Versorgungsbedingungen, da die abweichenden Bestimmungen auch ggü. nichttarifgebundenen Arbeitsvertragsparteien Wirkung entfalten, soweit die Anwendung der einschlägigen tarifl. Regelungen vereinbart ist, Abs. 3 S. 2. Hintergrund ist die Vermeidung der Anwendbarkeit von ungünstigen tarifl. Regelungen nur für tarifgebundene Versorgungsberechtigte, während alle anderen Versorgungsberechtigten von den günstigeren gesetzl. Bestimmungen profitieren. Einschlägig ist dabei nur der TV, der bei unterstellter Tarifgebundenheit beider Parteien räumlich, zeitlich, fachlich und persönlich auf das ArbVerh unmittelbar Anwendung fände[4]. Für Organmitglieder ist das BetrAVG insoweit abdingbar, als den TV-Parteien Abweichungen erlaubt sind[5].

25 Eine für die Versorgungsberechtigten **günstigere abweichende Regelung** ist iÜ immer möglich. Diese bindet allerdings den PSVaG grds. nicht.

26 **V. Gesetzesvorrang.** Abs. 4 stellt klar, dass gesetzl. Regelungen über betriebl. Versorgungsleistungen durch dieses Gesetz nicht aufgehoben oder verschlechtert werden. Solche Regelungen sind zB das Gesetz zur Hüttenknappschaftlichen Pensionsversicherung im Saarl. v. 22.11.1971[6] und das Gesetz zur Errichtung einer Zusatzversicherung für ArbN in der Land- und Forstwirtschaft v. 31.7.1994[7]. Für den öffentl. Dienst gilt dies nicht. Denn § 18 berührt ältere Versorgungsregelungen des öffentl. Dienstes[8], so zB Hamburgisches Ruhegeldgesetz idF v. 21.1.1991[9].

27 **VI. Entgeltumwandlung nach Tarifvertrag.** In Abs. 5, eingeführt durch das AVmG, ist die ausschließliche Kompetenz der Tarifparteien geregelt, darüber zu befinden, ob tarifgebundene Bestandteile von Lohn und Gehalt Gegenstand einer Entgeltumwandlung sein können. Die Entgeltumwandlung muss daher im TV ausdrücklich zugelassen werden. Dabei ist es ausreichend, wenn der TV eine Öffnungsklausel vorsieht, die durch BV oder Einzelvereinbarung ausgefüllt ist[10].

28 Neben Öffnungsklauseln können zB auch die Rahmenbedingungen – etwa die Dauer der Entgeltumwandlung –, die Festlegung des Versorgungsträgers mit dessen Einwilligung, das Leistungsspektrum und die Leistungsvoraussetzungen Gegenstand einer tarifl. Regelung sein[11].

18 Sonderregelungen für den öffentlichen Dienst
(1) Für Personen, die
1. bei der Versorgungsanstalt des Bundes und der Länder (VBL) oder einer kommunalen oder kirchlichen Zusatzversorgungseinrichtung pflichtversichert sind, oder
2. bei einer anderen Zusatzversorgungseinrichtung pflichtversichert sind, die mit einer der Zusatzversorgungseinrichtungen nach Nummer 1 ein Überleitungsabkommen abgeschlossen hat oder auf Grund satzungsrechtlicher Vorschriften der Zusatzversorgungseinrichtungen nach Nummer 1 ein solches Abkommen abschließen kann, oder
3. unter das Gesetz über die zusätzliche Alters- und Hinterbliebenenversorgung für Angestellte und Arbeiter der Freien und Hansestadt Hamburg (Erstes Ruhegeldgesetz – 1. RGG), das Gesetz zur Neuregelung der zusätzlichen Alters- und Hinterbliebenenversorgung für Angestellte und Arbeiter der Freien und Hansestadt Hamburg (Zweites Ruhegeldgesetz – 2. RGG) oder unter das Bremische Ruhelohngesetz in ihren jeweiligen Fassungen fallen oder auf die diese Gesetze sonst Anwendung finden,

---

1 BAG 18.9.2012 – 3 AZR 415/10, NZA 2013, 210. ||2 BAG 30.11.2010 – 3 AZR 798/08, BB 2011, 756. ||3 *Förster/Cisch/Karst*, § 17 Rz. 20. ||4 BAG 19.4.2011 – 3 AZR 154/09, BAGE 137, 357. ||5 BAG 21.4.2009 – 3 AZR 285/07, ZTR 2009, 657. ||6 BGBl. 1971 I S. 2104. ||7 BGBl. 1984 I S. 1660. ||8 Vgl. *Höfer*, § 17 Rz. 5669 ff. ||9 Hamburgisches GVBl. 1991 Teil 1 Nr. 3. ||10 *Bode/Grabner*, Pensionsfonds und Entgeltumwandlung, S. 83 f. ||11 *Förster/Cisch/Karst*, § 17 Rz. 24 ff.

sehr eingeschränkten Anwendungsbereich. Abgesehen von den verbliebenen für den öffentl. Dienst relevanten Bestimmungen im BetrAVG, regelt sich die betrAV für diesen Personenkreis deshalb nach dem Satzungsrecht der verschiedenen Zusatzversorgungseinrichtungen[1].

III. Berechnung der Zusatzrente. Wie ArbN in der Privatwirtschaft sind auch die Beschäftigten im öffentl. Dienst regelmäßig in der gesetzl. RV versichert. Auf Grund ihrer Nähe zur Beamtenschaft erhalten sie zusätzlich zu ihrer gesetzl. Rente einen Ausgleich der Differenz zur Beamtenversorgung. Dies geschieht in Form einer von einer Zusatzversorgungseinrichtung zu zahlenden Zusatzrente[2].

Abs. 2 enthält für die Zahlung dieser Zusatzrente eine eigene Anspruchsgrundlage, in der auch Mindeststandards für die Höhe der Leistungen und aufrecht zu erhaltenden Versorgungsanwartschaften sowie die vorzeitigen Inanspruchnahme geregelt sind. Die Modalitäten der Berechnung der Zusatzrente ergeben sich im Einzelnen aus Abs. 2 Nr. 1–7[3]. Anspruchsgegner ist dabei nicht etwa – wie sonst üblich – der ehemalige ArbGeb, sondern die jeweilige Zusatzversorgungseinrichtung, bei der die Versicherung zum Ausscheidenszeitpunkt bestanden hat[4]. Abs. 3 enthält Sonderbestimmungen für das Bundesland Bremen, in dem die Zusatzversorgung durch besondere Gesetze normiert ist.

IV. Portabilität. § 4 gilt auch für die Zusatzversorgungseinrichtungen im öffentl. Dienst. Allerdings sind diese regelmäßig nicht voll kapitalgedeckt, sondern umlagefinanziert. Bei einer Umlagefinanzierung ist kein Kapital vorhanden, welches übertragen werden könnte. Gleiches gilt für eine haushaltsfinanzierte Zusatzversorgung. Eine Übertragung nach § 4 scheidet deshalb (Abs. 1 S. 1 aE) aus. Aber auch eine partielle Übertragung kommt nicht in Betracht, wenn die Zusage teilweise kapitalgedeckt ist. Dies widerspräche dem Ziel des Gesetzgebers, Anwartschaften möglichst bei einem ArbGeb zu bündeln[5].

V. Anpassung. Abs. 4 sieht vor, dass die Zusatzrente jährlich zum 1.7. um 1 % angepasst wird. Dabei ist diese Anpassung davon abhängig, dass auch die Versorgungsrente in dem jeweiligen Jahr erhöht wird. Diese mit dem AVmG eingeführte Dynamisierung der Zusatzrente folgt aus der Umsetzung einer Entscheidung der BVerfG, welches von einer Vereinbarkeit des Dynamisierungsausschlusses mit Art. 3 I GG nur bis zum 31.12.2000 ausgegangen ist[6].

Eine DV kann die Betriebsrente wirksam an die Einkommensentwicklung aktiv Beschäftigter koppeln. Einkommenssenkungen dürfen nur insoweit berücksichtigt werden, als das ursprüngliche Versorgungsniveau erhalten bleibt[7].

VI. Ausschluss von Doppelleistungen. Abs. 5 regelt den Fall, in dem der Versorgungsbegünstigte für denselben Zeitraum sowohl einen Anspruch auf eine Zusatzversorgung als auch einen solchen auf eine Versorgungs- oder Versicherungsrente einer Zusatzversorgungseinrichtung geltend machen kann. Zur Vermeidung einer nicht beabsichtigten Überversorgung bestimmt der Gesetzgeber insoweit, dass nur derjenige dieser Ansprüche zu erfüllen ist, aus dem die betragsmäßig höhere Rente resultiert. Durch unterschiedliche Leistungsanpassungen kann es dabei dazu kommen, dass sich die Ansprüche während der Leistungsphase so unterschiedlich entwickeln, dass zu Beginn des Versorgungsfalls der eine und im späteren Verlauf der andere Rentenanspruch zu erfüllen ist[8]. Ein Bezug beider Leistungen zur gleichen Zeit kommt nicht in Betracht.

VII. Einzelfallregelungen. Abs. 6, 7 und 9 beinhalten Einzelfallregelungen (Übertragung von Anwartschaften auf Versorgungssysteme von überstaatl. Einrichtungen; Einschränkung der Anwendungsbereiche des BetrAVG für Personen, die bei der Versorgungsanstalt der deutschen Kulturorchester oder bei der der deutschen Bühnen pflichtversichert sind; Ausscheiden aus einem versicherungsfreien ArbVerh), die aus sich heraus verständlich sind. Für die Vergleichsberechnung nach Abs. 9 ist nur die Beschäftigungszeit in dem versicherungsfreien Dienstordnungsangestelltenverhältnis zu Grunde zu legen, in dem die unverfallbare Versorgungsanwartschaft erworben wurde[9].

VIII. Rechtswegzuweisung. Abs. 8 legt fest, dass für vorzeitig Ausgeschiedene gegen Entscheidungen der Zusatzversorgungseinrichtungen über Ansprüche aus dem BetrAVG der Rechtsweg gegeben ist, der auch für die Versicherten dieser Einrichtung gilt. Der Rechtsweg wird regelmäßig in den betreffenden Satzungen geregelt sein. Bei der VBL ist bspw. ein Schiedsgericht vorgesehen. Ohne eine derartige Rechtswegzuweisung sind die ordentl. Gerichte zuständig. Dies gilt nicht für Rechtsstreite zwischen dem Versorgungsberechtigten und dem ArbGeb aus dem Versorgungsverhältnis; hier ist für ArbN der Rechtsweg zu den ArbG eröffnet, für Organvertreter der Rechtsweg zu den ordentl. Gerichten.

18a *Verjährung*

Der Anspruch auf Leistungen aus der betrieblichen Altersversorgung verjährt in 30 Jahren. Ansprüche auf regelmäßig wiederkehrende Leistungen unterliegen der regelmäßigen Verjährungsfrist nach den Vorschriften des Bürgerlichen Gesetzbuchs.

---

1 Vgl. hierzu *Langohr-Plato*, Rz. 659 und 676 ff. || 2 *Förster/Cisch/Karst*, § 18 Rz. 7. || 3 Hierzu ausf. *Förster/Cisch/Karst*, § 18 Rz. 11 ff. || 4 *Förster/Cisch/Karst*, § 18 Rz. 12. || 5 BT-Drs. 15/2150, 54, dort zu Nr. 13. || 6 BVerfG 22.3.2000 – 1 BvR 1136/96, NJW 2000, 3341. || 7 BAG 26.10.2010 – 3 AZR 711/08, BetrAV 2011, 172. || 8 *Förster/Cisch/Karst*, § 18 Rz. 10. || 9 BAG 19.6.2012 – 3 AZR 708/11, NZA 2013, 433.

BetrAVG § 18a Rz. 1   Verjährung

1   § 18a – eingefügt durch das SchuldrechtsmodernisierungsG v. 26.11.2001[1] – regelt die **Verjährung** von Versorgungsansprüchen. Zu unterscheiden ist zwischen dem sog. Rentenstammrecht und den einzelnen zu zahlenden Versorgungsbeträgen. Das **Rentenstammrecht**, das ist der Versorgungsanspruch als Ganzes, verjährt in 30 Jahren. Nach Ablauf dieser Frist kann der Versorgungsberechtigte keine Leistungen mehr verlangen, wenn die Verjährungseinrede erhoben wird. Gleiches gilt für einen etwaigen Anspruch auf Erteilung einer Versorgungszusage selbst, etwa aus dem Grundsatz der Gleichbehandlung oder aus einer betriebl. Übung[2]. Für die einzelnen **wiederkehrenden Raten** einer laufenden Verpflichtung gelten die Bestimmungen des BGB. Es gilt also die regelmäßige Verjährungsfrist des § 195 BGB von drei Jahren. Gleiches gilt für die Rückforderung überzahlter Renten[3]. Nicht explizit angesprochen werden einmalige Kapitalzahlungen. Da S. 1 nur allg. von dem Anspruch auf Leistungen spricht und in Satz 2 nur für wiederkehrende Leistungen auf das BGB verweist, muss für die einmalige Kapitalzahlung von einer 30-jährigen Verjährung ausgegangen werden. Eine Unterscheidung zwischen ArbN-Ansprüchen und solchen von Geschäftsführern oder Vorständen juristischer Personen findet nicht mehr statt.

2   Auch Ansprüche aus einer nicht ausreichenden Anpassung der betrAV unterliegen der kurzen Verjährungsfrist, nicht jedoch der Anpassungsprüfungsanspruch als solcher; er verjährt in 30 Jahren[4].

3   Für die Anwendung von Ausschlussfristen, die die Verjährung abkürzen, gelten strenge Auslegungskriterien. Das BAG nimmt an, dass tarifl. Ausschlussklauseln sich nur dann auf Leistungen betrAV beziehen, wenn die TV-Parteien dies im TV deutlich zum Ausdruck bringen[5].

4   Die Annahme von Verwirkung vor Ablauf der Verjährungsfrist ist ebenfalls an strenge Voraussetzungen geknüpft. Insb. genügt eine bloße lange Untätigkeit nicht (zB 13 Jahre), um zu dem Zeitmoment ohne weitere Anhaltspunkte ein Umstandsmoment annehmen zu können[6]. Das BAG bemisst zudem das Zeitmoment erst ab Fälligkeit des Versorgungsrechts[7].

Zweiter Teil. Steuerrechtliche Vorschriften[8]

19–25 *(nicht kommentiert)*

1   Eine Übersicht zur Besteuerung der betrAV ist der Komm. zu §§ 19/38 EStG zu entnehmen.

Dritter Teil. Übergangs- und Schlussvorschriften

26–30 *(nicht kommentiert)*[9]

30a *Anspruchsvoraussetzungen*
(1) Männlichen Arbeitnehmern,
1. die vor dem 1. Januar 1952 geboren sind,
2. die das 60. Lebensjahr vollendet haben,
3. die nach Vollendung des 40. Lebensjahres mehr als zehn Jahre Pflichtbeiträge für eine in der gesetzlichen Rentenversicherung versicherte Beschäftigung oder Tätigkeit nach den Vorschriften des Sechsten Buches Sozialgesetzbuch haben,
4. die die Wartezeit von 15 Jahren in der gesetzlichen Rentenversicherung erfüllt haben und
5. deren Arbeitsentgelt oder Arbeitseinkommen die Hinzuverdienstgrenze nach § 34 Abs. 3 Nr. 1 des Sechsten Buches Sozialgesetzbuch nicht überschreitet,

sind auf deren Verlangen nach Erfüllung der Wartezeit und sonstiger Leistungsvoraussetzungen der Versorgungsregelung für nach dem 17. Mai 1990 zurückgelegte Beschäftigungszeiten Leistungen der betrieblichen Altersversorgung zu gewähren. § 6 Satz 3 gilt entsprechend.

---

1 BGBl. I S. 3138, 3187. ‖ 2 BAG 5.2.1971 – 3 AZR 28/70, MDR 1971, 695. ‖ 3 BAG 26.5.2009 – 3 AZR 797/07, NZA 2009, 1279. ‖ 4 BAG 29.7.1966 – 3 AZR 20/66, NJW 1967, 174; LAG Hamm 19.3.1991 – 6 Sa 697/90, NZA 1991, 938; *Griebeling*, Rz. 564. ‖ 5 BAG 26.5.2009 – 3 AZR 797/07, NZA 2009, 1279; 19.7.1983 – 3 AZR 250/81, BAGE 43, 188. ‖ 6 BAG 20.4.2010 – 3 AZR 255/08, NZA 2010, 883. ‖ 7 BAG 28.6.2011 – 3 AZR 448/09, AP Nr. 64 zu § 1 BetrAVG Gleichbehandlung. ‖ 8 Vgl. zB *Höfer*, BetrAVG, Bd. 2 (Steuerrecht); *Furtmayr*, Das neue Altersvermögensgesetz, 2002, S. 33 ff.; *Albert/Schumann/Sieben/Menzel*, Betriebliche und private Altersvorsorge nach der Rentenreform 2001, 2002, S. 1 ff. ‖ 9 S. dazu die Komm. in der 3. Aufl.

(2) [Beschäftigungszeiten vor dem 17.5.1990] Haben der Arbeitnehmer oder seine anspruchsberechtigten Angehörigen vor dem 17. Mai 1990 gegen die Versagung der Leistungen der betrieblichen Altersversorgung Rechtsmittel eingelegt, ist Absatz 1 für Beschäftigungszeiten nach dem 8. April 1976 anzuwenden.

(3) [Verjährung] Die Vorschriften des Bürgerlichen Gesetzbuchs über die Verjährung von Ansprüchen aus dem Arbeitsverhältnis bleiben unberührt.

Mit dem RRG 1999 ist zur Umsetzung der EuGH-Rspr. zur Gleichbehandlung von Männern und Frauen hinsichtlich von Versorgungszusagen enthaltenen Altersgrenzen § 30a in das BetrAVG eingefügt worden. Dieser sieht vor, dass Männer für die vor dem 17.5.1990[1] zurückgelegte Beschäftigungszeiten die vorzeitige Altersrente verlangen können, soweit sie die für Frauen geltenden Voraussetzungen für eine vorzeitige Altersrente aus der gesetzl. RV erfüllen und zudem die besonderen Leistungsvoraussetzungen der Versorgungszusage vorliegen.

30b *Übergangsregelung für Übertragung unverfallbarer Anwartschaften*
§ 4 Abs. 3 gilt nur für Zusagen, die nach dem 31. Dezember 2004 erteilt wurden.

§ 30b bestimmt, dass ein Anspruch auf Übertragung von Anwartschaftswerten (vgl. Komm. zu § 4) nur für solche Zusagen erhoben werden kann, die nach dem 31.12.2004 erteilt wurden. Der neue und der alte ArbGeb sollen sich auf dieses Recht des ArbN einstellen können[2], ggf. die Möglichkeit haben, ihre Zusagepraxis darauf einzurichten. Einvernehmliche Übertragungen nach § 4 II Nr. 2 sind hingegen unbeschränkt möglich.

30c *Übergangsregelung für Ausnahmen von der Anpassungsprüfungspflicht*
(1) § 16 Abs. 3 Nr. 1 gilt nur für laufende Leistungen, die auf Zusagen beruhen, die nach dem 31. Dezember 1998 erteilt werden.

(2) § 16 Abs. 4 gilt nicht für vor dem 1. Januar 1999 zu Recht unterbliebene Anpassungen.

(3) § 16 Abs. 5 gilt nur für laufende Leistungen, die auf Zusagen beruhen, die nach dem 31. Dezember 2000 erteilt werden.

(4) Für die Erfüllung der Anpassungsprüfungspflicht für Zeiträume vor dem 1. Januar 2003 gilt § 16 Abs. 2 Nr. 1 mit der Maßgabe, dass an die Stelle des Verbraucherpreisindexes für Deutschland der Preisindex für die Lebenshaltung von 4-Personen-Haushalten von Arbeitern und Angestellten mit mittlerem Einkommen tritt.

§ 30c enthält mehrere Übergangsregelungen für Ausnahmen von der Anpassungsprüfungspflicht. So legt **Abs. 1** fest, dass die Abwahlmöglichkeit des § 16 III Nr. 1 zu Gunsten einer jährlichen Anpassung um mindestens 1 % der laufenden Leistungen nur für solche Leistungen gilt, die auf nach dem 31.12. 1998 erteilten Zusage beruhen[3]. Eine Erstreckung der Regelung auch auf ältere Zusagen ist unzulässig[4]. Auch TV-Parteien können eine Anwendung auf ältere Zusagen jedenfalls nicht punktuell regeln, nur um einer unwirksamen arbeitsvertragl. oder Regelung durch BV zur Wirksamkeit zu verhelfen[5].

Abs. 2 regelt im Zusammenhang mit der in § 16 IV enthaltenen Bestimmung, wonach eine zu Recht unterbliebene Anpassung grds. nicht nachgeholt werden muss, dass diese Befreiung nur für ab dem 1.1. 1999 zu Recht unterbliebene Anpassungsprüfungen gilt. Für vor diesem Stichtag unterbliebene Anpassungsprüfungen oder pflichtwidrig zu niedrige Erhöhungen laufender Leistungen bleibt die Pflicht zur Nachholung auch ab 1999 bestehen. Aus der Vorschrift folgt weiter, dass ein am 31.12.1998 unbefriedigt gebliebener Anpassungsbedarf noch beim darauf folgenden Anpassungsstichtag berücksichtigt werden kann. Lassen dann zu diesem Zeitpunkt die wirtschaftl. Verhältnisse des ArbGeb eine Erhöhung nicht zu, ist die Anpassung zu Recht unterblieben mit der Folge, dass eine nachholende Anpassung dann endgültig nicht mehr verlangt werden kann[6].

§ 16 V gilt nach **Abs. 3** nur für ab dem 1.1.2001 vereinbarte Entgeltumwandlungen und nicht für zuvor gewährte Zusagen.

Für die Nichtanpassung bei Auszahlungsplänen gem. § 16 VI wurde keine eigene Übergangsvorschrift geschaffen; diese Regelung gilt seit dem 1.1.2001[7].

30d *Übergangsregelung zu § 18*
(1) Ist der Versorgungsfall vor dem 1. Januar 2001 eingetreten oder ist der Arbeitnehmer vor dem 1. Januar 2001 aus dem Beschäftigungsverhältnis bei einem öffentlichen Arbeitgeber ausgeschie-

---

1 EuGH 17.5.1990 – Rs. C-262/88, NZA 1990, 775. || 2 BT-Drs. 15/2150, 55 zu Nr. 14. || 3 Hierzu ausf. *Höfer*, § 30c Rz. 5739 ff. || 4 BAG 28.6.2011 – 3 AZR 282/09, BAGE 138, 197. || 5 BAG 18.9.2012 – 3 AZR 415/10, NZA 2013, 210. || 6 *Bepler*, BetrAV 2000, 287. || 7 *Höfer*, § 30c Rz. 5745.

BetrAVG § 30d Rz. 1   Übergangsregelung zu § 18

den und der Versorgungsfall nach dem 31. Dezember 2000 eingetreten, sind für die Berechnung der Voll-Leistung die Regelungen der Zusatzversorgungseinrichtungen nach § 18 Abs. 1 Satz 1 Nr. 1 und 2 oder die Gesetze im Sinne des § 18 Abs. 1 Satz 1 Nr. 3 sowie die weiteren Berechnungsfaktoren jeweils in der am 31. Dezember 2000 geltenden Fassung maßgebend; § 18 Abs. 2 Nr. 1 Buchstabe b bleibt unberührt. Die Steuerklasse III/0 ist zugrunde zu legen. Ist der Versorgungsfall vor dem 1. Januar 2001 eingetreten, besteht der Anspruch auf Zusatzrente mindestens in der Höhe, wie er sich aus § 18 in der Fassung vom 16. Dezember 1997 (BGBl. I S. 2998) ergibt.

(2) Die Anwendung des § 18 ist in den Fällen des Absatzes 1 ausgeschlossen, soweit eine Versorgungsrente der in § 18 Abs. 1 Satz 1 Nr. 1 und 2 bezeichneten Zusatzversorgungseinrichtungen oder eine entsprechende Leistung auf Grund der Regelungen des Ersten Ruhegeldgesetzes, des Zweiten Ruhegeldgesetzes oder des Bremischen Ruhelohngesetzes bezogen wird, oder eine Versicherungsrente abgefunden wurde.

(3) Für Arbeitnehmer im Sinne des § 18 Abs. 1 Satz 1 Nr. 4, 5 und 6 in der bis zum 31. Dezember 1998 geltenden Fassung, für die bis zum 31. Dezember 1998 ein Anspruch auf Nachversicherung nach § 18 Abs. 6 entstanden ist, gilt Absatz 1 Satz 1 für die auf Grund der Nachversicherung zu ermittelnde Voll-Leistung entsprechend mit der Maßgabe, dass sich der nach § 2 zu ermittelnde Anspruch gegen den ehemaligen Arbeitgeber richtet. Für den nach § 2 zu ermittelnden Anspruch gilt § 18 Abs. 2 Nr. 1 Buchstabe b entsprechend; für die übrigen Bemessungsfaktoren ist auf die Rechtslage am 31. Dezember 2000 abzustellen. Leistungen der gesetzlichen Rentenversicherung, die auf einer Nachversicherung wegen Ausscheidens aus einem Dienstordnungsverhältnis beruhen, und Leistungen, die die zuständige Versorgungseinrichtung auf Grund von Nachversicherungen im Sinne des § 18 Abs. 6 in der am 31. Dezember 1998 geltenden Fassung gewährt, werden auf den Anspruch nach § 2 angerechnet. Hat das Arbeitsverhältnis im Sinne des § 18 Abs. 9 bereits am 31. Dezember 1998 bestanden, ist in die Vergleichsberechnung nach § 18 Abs. 9 auch die Zusatzrente nach § 18 in der bis zum 31. Dezember 1998 geltenden Fassung einzubeziehen.

1   Nachdem das BVerfG § 18 in weiten Teilen für verfassungswidrig erklärt hatte[1], musste der Gesetzgeber die entsprechende Regelung bis zum 31.12.2000 reformieren (Einzelheiten bei § 18). In § 30d hat er eine Übergangsregelung für die in § 18 enthaltenen Sonderregelungen des öffentl. Dienstes getroffen, bei der von der Möglichkeit Gebrauch gemacht wurde, die Folgen der Verfassungswidrigkeit für die Vergangenheit einzuschränken. Er hat sich dafür entschieden, dass Versorgungsfälle, die bis zum 31.12.2000 eingetreten sind und bei denen der Berechtigte vor diesem Zeitpunkt ausgeschieden ist, im Grundsatz nach dem alten Recht abzuwickeln sind.

2   **Abs. 1** vereinfacht wegen der Komplexität der sonst vorzunehmenden Rechenschritte die Berechnung von Ansprüchen, soweit altes Recht noch anzuwenden ist. Dabei ist das nach den Versorgungsregelungen maßgebliche Entgelt zum Zeitpunkt des Ausscheidens anzusetzen. Ist der Versorgungsfall vor dem 1.1.2001 eingetreten, besteht der Anspruch auf Zusatzrente mindestens aber in der Höhe, wie er sich aus § 18 idF v. 18.12.1997 ergibt[2].

3   **Abs. 2** sieht in den dort aufgezählten Fällen ausnahmsw. auch für „Altfälle" die Anwendung ausschließlich des neuen Rechts vor, was sich regelmäßig aber nicht nachteilig für den ArbN auswirkt. Die nach bisherigem Recht bemessene Versorgungsrente oder entsprechende Leistung ist im Normalfall höher als die Zusatzrente, so dass die Nichtanwendbarkeit des § 18 I für den Berechtigten vorteilhaft ist.

4   Nach **Abs. 3** findet eine Nachberechnung statt, wenn ArbN betroffen sind, für die § 18 VI in der bis zum 31.12.1998 geltenden Fassung einen Anspruch auf Nachversicherung vorsieht. Durch das RRG 1999 war die Möglichkeit einer Nachversicherung (§ 18 VI aF) bereits aufgehoben worden. Eine Nachversicherung kommt für solche unter Abs. 3 fallende ArbN in Betracht, die auf Grund einer Zusage von Versorgungsleistungen nach beamtenrechtl. Grundsätzen in der gesetzl. RV nicht pflichtversichert waren. Für ehemalige Beamte kommt ein solcher Anspruch nicht in Betracht. Wegen der Besonderheiten des Beamtenverhältnisses sieht das BVerfG hier keinen Verstoß gegen Art. 3 GG[3]. Zudem wird in Abs. 3 auf die besondere Berechnung einer Zusatzrente und die Anrechnung der Versorgungsrente oder vergleichbaren Leistung nach § 18 V verzichtet, falls eine Versorgungsrente oder eine entsprechende Leistung bezogen wird[4]. Auch hier sind Nachteile für die Berechtigten nicht zu erwarten. Die Versorgungsrente dürfte idR höher sein, weil alle Pflichtversicherungszeiten einbezogen werden. Abs. 3 enthält keine ausdrückliche Regelung für den Fall, dass der dieser Bestimmung unterfallende ArbN seine Betriebsrente auch vorgezogen in Anspruch nimmt; insofern gelten grds. die allg. Regeln zur Kürzung auch durch versicherungsmathematische Abschläge, allerdings insofern modifiziert, als dafür ausschließlich die am 31.12.2000 geltende Versorgungsordnung maßgeblich ist[5].

---

1 BVerfG 15.7.1998 – 1 BvR 1554/89, BVerfGE 98, 365. ‖ 2 *Förster/Cisch/Karst*, § 30d Rz. 1. ‖ 3 BVerfG 2.3.2000 – 2 BvR 951/98, NVwZ 2000, 1036. ‖ 4 *Förster/Cisch/Karst*, § 30d Rz. 2. ‖ 5 BAG 31.5.2011 – 3 AZR 406/09, NZA-RR 2012, 205.

30e Übergangsregelung zu § 1 Abs. 2 Nr. 4

(1) § 1 Abs. 2 Nr. 4 zweiter Halbsatz gilt für Zusagen, die nach dem 31. Dezember 2002 erteilt werden.

(2) § 1 Abs. 2 Nr. 4 zweiter Halbsatz findet auf Pensionskassen, deren Leistungen der betrieblichen Altersversorgung durch Beiträge der Arbeitnehmer und Arbeitgeber gemeinsam finanziert und die als beitragsorientierte Leistungszusage oder als Leistungszusage durchgeführt werden, mit der Maßgabe Anwendung, dass dem ausgeschiedenen Arbeitnehmer das Recht zur Fortführung mit eigenen Beiträgen nicht eingeräumt werden und eine Überschussverwendung gemäß § 1b Abs. 5 Nr. 1 nicht erfolgen muss. Wird dem ausgeschiedenen Arbeitnehmer ein Recht zur Fortführung nicht eingeräumt, gilt für die Höhe der unverfallbaren Anwartschaft § 2 Abs. 5a entsprechend. Für die Anpassung laufender Leistungen gelten die Regelungen nach § 16 Abs. 1 bis 4. Die Regelung in Absatz 1 bleibt unberührt.

Die Übergangsregelung enthält Bestimmungen zur betrAV, die der ArbN mit eigenen Beiträgen aus seinem Arbeitseinkommen finanziert. § 1 Abs. 2 Nr. 4 wurde durch das Gesetz zur Einführung einer Kapitalgedeckten Hüttenknappschaftlichen Zusatzversicherung und zur Änderung anderer Gesetze (HZvNG) eingeführt[1]. Sie gilt auch für die Zusatzversorgungseinrichtungen des öffentl. Dienstes. 1

Abs. 1 legt fest, dass die für die Entgeltumwandlung geltenden Bestimmungen nur für solche Eigenbeiträge des ArbN einschließende Zusagen Anwendung finden, die nach dem 31.12.2002 erteilt wurden. Dies schließt nach der Begründung des Gesetzgebers[2] nicht aus, auf Grund besonderer Vereinbarung die Bestimmungen für die Entgeltumwandlung auch auf frühere vom ArbN mit Eigenbeiträgen mitfinanzierte Zusagen entsprechend anzuwenden. Dies kann auch in den Statuten der öffentl. Zusatzversorgungseinrichtungen so festgelegt werden. 2

Abs. 2 stellt sicher, dass Pensionskassen, bei denen die genannten Voraussetzungen erfüllt sind, bestehende Leistungszusagen auch in Zukunft einschränkungslos für ArbN fortführen können. Ein zusätzliches Bedürfnis, dem ArbN nach seinem Ausscheiden ein Recht zur Fortführung des Versorgungsverhältnisses mit eigenen Beiträgen zu ermöglichen und Überschüsse nur zur Verbesserung der Zusage verwendet werden dürfen, besteht nicht. Auch die Sonderregelung für die Anpassung von laufenden Leistungen (§ 16 V) ist nicht erforderlich. Dem Grundsatz der Werterhaltung betriebl. Versorgungsrechte, die aus eigenen Beiträgen resultieren, wird dadurch gewährleistet, dass zumindest der geschäftsplanmäßige Rechnungszinsfuß berücksichtigt werden muss und die Absätze 1–4 des § 16 Anwendung finden. Abs. 2 S. 3 enthält eine Klarstellung, nämlich dass auf Abs. 2 auch Abs. 1 anzuwenden ist. Damit wird eine rückwirkende Belastung bestehender Zusagen ausgeschlossen, die dadurch eintreten könnten, dass die Regelungen zur Entgeltumwandlung auch auf Zusagen, die der ArbN mit eigenen Beiträgen aus seinem Arbeitseinkommen finanziert, ausgeweitet werden. Die freiwillige Anwendung dieser Regelungen auf frühere Zusagen ist natürlich zulässig[3]. 3

Abs. 2 S. 2[4] trägt der Besonderheit sog. **kofinanzierter Pensionskassenzusagen** Rechnung. Bei diesen muss dem ausgeschiedenen ArbN nicht das Recht zur Fortführung der Versicherung mit eigenen Beiträgen ermöglicht werden. Dem ArbGeb ist dadurch die Wahl der sog. versicherungsförmigen Lösung nach § 2 III 2 verwehrt. S. 2 stellt deshalb sicher, dass auch bei solchen Zusagen die Versorgungsanwartschaft eines vor Eintritt des Versorgungsfalles ausgeschiedenen ArbN nach § 2 Va zu berechnen ist[5]. 4

30f Übergangsregelung zu § 1b

(1) Wenn Leistungen der betrieblichen Altersversorgung vor dem 1. Januar 2001 zugesagt worden sind, ist § 1b Abs. 1 mit der Maßgabe anzuwenden, dass die Anwartschaft erhalten bleibt, wenn das Arbeitsverhältnis vor Eintritt des Versorgungsfalles, jedoch nach Vollendung des 35. Lebensjahres endet und die Versorgungszusage zu diesem Zeitpunkt

1. mindestens zehn Jahre oder
2. bei mindestens zwölfjähriger Betriebszugehörigkeit mindestens drei Jahre

bestanden hat; in diesen Fällen bleibt die Anwartschaft auch erhalten, wenn die Zusage ab dem 1. Januar 2001 fünf Jahre bestanden hat und bei Beendigung des Arbeitsverhältnisses das 30. Lebensjahr vollendet ist. § 1b Abs. 5 findet für Anwartschaften aus diesen Zusagen keine Anwendung.

(2) Wenn Leistungen der betrieblichen Altersversorgung vor dem 1. Januar 2009 und nach dem 31. Dezember 2000 zugesagt worden sind, ist § 1b Abs. 1 Satz 1 mit der Maßgabe anzuwenden, dass die Anwartschaft erhalten bleibt, wenn das Arbeitsverhältnis vor Eintritt des Versorgungsfalls, jedoch nach Vollendung des 30. Lebensjahres endet und die Versorgungszusage zu diesem Zeitpunkt fünf Jahre bestanden hat; in diesen Fällen bleibt die Anwartschaft auch erhalten, wenn die Zusage ab dem 1. Januar 2009 fünf Jahre bestanden hat und bei Beendigung des Arbeitsverhältnisses das 25. Lebensjahr vollendet ist.

---

1 BGBl. 2002 I S. 2167. ||2 Abgedr. in BetrAV 2002, 491 (494). ||3 Vgl. gesetzl. Begr., abgedr. in BetrAV 2002, 491 (494). ||4 Eingefügt durch G v. 5.7.2004, BGBl. I S. 1427. ||5 BT-Drs. 15/2150, 55, dort zu Nr. 15.

BetrAVG § 30f Rz. 1   Übergangsregelung zu § 1b

1   Das AVmG hat mWv. 1.1.2001 die Unverfallbarkeitsfristen des § 1b modifiziert. Neben einer Reduzierung der Zusagedauer auf fünf Jahre ist auch das Mindestalter als weitere Voraussetzung auf 30 Jahre herabgesetzt worden. Mit dem 1.1.2009 wurde das Mindestalter noch einmal herabgesetzt, und zwar auf 25 Jahre.

2   Abs. 1 Hs. 1 regelt im Grundsatz, dass die vor dem 1.1.2001 geltenden Unverfallbarkeitsvoraussetzungen alternativ zur seit dem 1.1.2001 geltenden Regelung weiterhin Anwendung finden[1]. Zudem gilt diese Vorschrift auch für Versorgungszusagen, die vor dem 1.1.2001 erteilt worden sind. Abs. 1 Hs. 2 fingiert insoweit eine erneute Zusage am 1.1.2001[2]. Für den ArbN gilt letztlich die günstigere Unverfallbarkeitsfrist – also die, die zuerst „greift" (vgl. § 1b Rz. 23f.).

3   Abs. 1 S. 2 bestimmt, dass die sofortige gesetzl. Unverfallbarkeit nach § 1b V nur für seit dem 1.1.2001 erteilte Entgeltumwandlungszusagen gilt. Die besondere Relevanz dieser Vorschrift liegt im Insolvenzschutz, der nur für gesetzl. unverfallbare Anwartschaften gilt[3].

4   Abs. 2 enthält eine Übergangsvorschrift für die Absenkung des Lebensalters in § 1b I auf 25 LJ. Danach gilt die Absenkung nur für neue Zusagen, die seit dem 1.1.2009 erteilt werden. Damit soll eine übermäßige Belastung der ArbGeb vermieden werden[4]. Eine Ausnahme davon ist im letzten Hs. des Abs. vorgesehen: Damit Versorgungsberechtigte mit Altzusagen nicht ggü. denen mit neuen Zusagen benachteiligt werden, wird die Anwartschaft auch bei Altzusagen unverfallbar, wenn die Zusage vor dem 1.1.2009 und nach dem 31.12.2000 erteilt wurde und das ArbVerh ununterbrochen bis zum 31.12.2013 fortbesteht.

30g *Übergangsregelung zu § 2 Abs. 5a*

(1) § 2 Abs. 5a gilt nur für Anwartschaften, die auf Zusagen beruhen, die nach dem 31. Dezember 2000 erteilt worden sind. Im Einvernehmen zwischen Arbeitgeber und Arbeitnehmer kann § 2 Abs. 5a auch auf Anwartschaften angewendet werden, die auf Zusagen beruhen, die vor dem 1. Januar 2001 erteilt worden sind.

(2) § 3 findet keine Anwendung auf laufende Leistungen, die vor dem 1. Januar 2005 erstmals gezahlt worden sind.

1   § 2 Va gilt nach Abs. 1 S. 1 nur für solche Anwartschaften, die auf nach dem 31.12.2000 erteilte Entgeltumwandlungszusagen oder beitragsorientierten Leistungszusagen beruhen. Eine zeitliche darüber hinausgehende Erstreckung ist nur bei entsprechender Vereinbarung zwischen ArbGeb und ArbN möglich, Abs. 1 S. 2. Durch eine solche Vereinbarung kommt es bereits ab dem 1.1.2001 zum sofortigen Insolvenzschutz, soweit die Versorgungszusage zu diesem Zeitpunkt mindestens zwei Jahre bestand (§ 7 V 3).

2   Abs. 2[5] nimmt Versorgungsleistungen, die vor dem 1.1.2005 erstmals aufgenommen wurden, aus dem Abfindungsverbot des § 3 heraus. § 3 I erlaubt die Abfindung einer laufenden Versorgungsleistung nur aus den Gründen des § 3 II–IV. Für bereits laufende Versorgungsleistungen galt bis zum 31.12.2004 keine Abfindungsbeschränkung, sie konnten ohne Weiteres durch Vereinbarung in der Zusage oder spätere Regelung abgefunden werden (vgl. § 3 Rz. 6 f.).

30h *Übergangsregelung zu § 17 Abs. 5*

§ 17 Abs. 5 gilt für Entgeltumwandlungen, die auf Zusagen beruhen, die nach dem 29. Juni 2001 erteilt werden.

1   Nach § 30h gilt der Tarifvorbehalt des § 17 V, der eine Entgeltumwandlung im Bereich des Tarifeinkommens nur zulässt, wenn eine entsprechende Ermächtigung der TV-Parteien vorliegt, erst nach dem 29.6.2001. Zuvor vorgenommene Entgeltumwandlungen unterliegen keinem Tarifvorbehalt[6].

30i *Insolvenzsicherung*

(1) Der Barwert der bis zum 31. Dezember 2005 auf Grund eingetretener Insolvenzen zu sichernden Anwartschaften wird einmalig auf die beitragspflichtigen Arbeitgeber entsprechend § 10 Abs. 3 umgelegt und vom Träger der Insolvenzsicherung nach Maßgabe der Beträge zum Schluss des Wirtschaftsjahres, das im Jahr 2004 geendet hat, erhoben. Der Rechnungszinsfuß bei der Berechnung des Barwerts beträgt 3,67 vom Hundert.

(2) Der Betrag ist in 15 gleichen Raten fällig. Die erste Rate wird am 31. März 2007 fällig, die weiteren zum 31. März der folgenden Kalenderjahre. Bei vorfälliger Zahlung erfolgt eine Diskontierung der ein-

---

1 Zur Unionsrechts- und GG-Konformität BAG 9.10.2012 – 3 AZR 477/10, NZA-RR 2013, 150; 28.5.2013 – 3 AZR 635/11, DB 2013, 1973. ||2 *Höfer*, § 30f Rz. 5748. ||3 *Höfer*, § 30f Rz. 5751. ||4 BR-Drs. 540/07, 10. ||5 Eingefügt durch G v. 5.7.2004 mWz. 1.1.2005, BGBl. 2005 I S. 1427. ||6 *Höfer*, § 30h Rz. 5756.

zelnen Jahresraten mit dem zum Zeitpunkt der Zahlung um ein Drittel erhöhten Rechnungszinsfuß nach § 65 des Versicherungsaufsichtsgesetzes, wobei nur volle Monate berücksichtigt werden.

(3) Der abgezinste Gesamtbetrag ist gemäß Absatz 2 am 31. März 2007 fällig, wenn die sich ergebende Jahresrate nicht höher als 50 Euro ist.

(4) Insolvenzbedingte Zahlungsausfälle von ausstehenden Raten werden im Jahr der Insolvenz in die erforderlichen jährlichen Beiträge gemäß § 10 Abs. 2 eingerechnet.

Die Vorschrift ergänzt § 10 II und regelt die Ausfinanzierung zu sichernder Versorgungsanwartschaften, die bis zum 31.12.2005 aufgelaufen sind. Bis zum Inkrafttreten des neuen Finanzierungsverfahrens[1] mussten Beiträge für Versorgungsanwartschaften erst bei Eintritt des Versorgungsfalles entrichtet werden. Da nun eine Beitragserhebung bereits im Jahr des Eintritts des Sicherungsfalles erfolgt, müssen zur Erreichung einer vollständigen Kapitaldeckung bis zum 31.12.2005 nicht ausfinanzierter Anwartschaften Beiträge nacherhoben werden. Um eine Überforderung der ArbGeb zu vermeiden, sieht Abs. 2 eine Verteilung der Zahllast auf 15 Jahre vor. Allerdings ist auch eine vorfällige Zahlung möglich. Die hierfür vorgesehene Diskontierung dürfte für Unternehmen durchaus attraktiv sein. Abs. 4 sichert ab, dass insolvenzbedingt ausfallende Beiträge zur Nachversicherung durch die laufenden Beiträge für das betreffende Beitragsjahr abzudecken sind.

31 Übergangsregelung für den Insolvenzschutz
Auf Sicherungsfälle, die vor dem 1. Januar 1999 eingetreten sind, ist dieses Gesetz in der bis zu diesem Zeitpunkt geltenden Fassung anzuwenden.

Hintergrund der Regelung in § 31 ist das Inkrafttreten der InsO zum 1.1.1999. Für die vor diesem Zeitpunkt eingetretenen Sicherungsfälle ist auch nach 1999 noch das vorher geltende Recht anwendbar.

Dies hat etwa zur Folge, dass für Sicherungsfälle, die bis zum 31.12.1998 eingetreten sind, die Grenze, bis zu der die PSVaG Insolvenzschutz gewähren muss, auch ab dem 1.1.1999 erst bei Erreichen des Dreifachen der monatlichen BBG der gesetzl. RV der ArbN überschritten, und nicht auf das Dreifache der monatlichen Bezugsgröße iSv. § 18 SGB IV abgesenkt wird[2].

§ 31 führt aber auch dazu, dass der nur bis Ende 1998 im Gesetz enthaltene Sicherungsfall der „wirtschaftlichen Notlage" fortbesteht, wenn dessen tatbestandlichen Voraussetzungen bis zum 31.12.1998 eingetreten waren. Der PSVaG muss dann beim Andauern der wirtschaftl. Notlage über 1998 hinaus Insolvenzschutz gewähren[3].

32 Inkrafttreten
Dieses Gesetz tritt vorbehaltlich des Satzes 2 am Tage nach seiner Verkündung in Kraft. Die §§ 7 bis 15 treten am 1. Januar 1975 in Kraft.

Da das Gesetz am 21.12.1974 im BGBl.[4] verkündet worden ist, ist es nach § 32 S. 1 am 22.12.1974 in Kraft getreten. Hiervon wurden nach S. 2 die Regelungen zur Insolvenzsicherung in den §§ 7–15 ausdrücklich ausgenommen. Diese sind seit dem 1.1.1975 in Kraft. Aus der Vorschrift folgt weiter, dass die späteren Gesetzesänderungen ebenfalls am Tage nach ihrer Verkündung in Kraft traten, soweit die Übergangsregelungen der §§ 30b–31 nichts anderes bestimmen. Die §§ 26–29 regeln demggü. Art und Umfang der Rückwirkung einzelner Bestimmungen.

---

1 BGBl. 2006 I S. 2742. || 2 *Höfer*, § 31 Rz. 5757. || 3 *Höfer*, § 31 Rz. 5757.1. || 4 BGBl. 1974 I S. 3610.

Betriebsverfassungsgesetz (BetrVG)

in der Fassung der Bekanntmachung vom 25.9.2001 (BGBl. I S. 2518), zuletzt geändert durch Gesetz vom 20.4.2013 (BGBl. I S. 868)

Vorbemerkungen

1 **I. Bedeutung der Mitbestimmung:** Vor dem Hintergrund einer auch dem Sozialstaatsprinzip verpflichteten Wirtschaftsordnung soll das BetrVG durch die Beteiligung der ArbN und ArbN-Vertreter die Grundlage für einen Ausgleich zwischen der unternehmerischen Entscheidungsfreiheit auf der einen Seite und dem Recht auf Selbstbestimmung der in einer fremdbestimmten Arbeitsorganisation tätigen ArbN auf der anderen Seite setzen. Zu diesem Zweck werden Beteiligungsrechte des BR begründet, die in unterschiedlicher Intensität die Mitgestaltung materieller sowie technisch-organisatorischer Arbeitsbedingungen zulassen. Neben Informations- und Beratungsrechten gibt es Angelegenheiten, in denen der BR zuvor um Zustimmung gebeten werden muss. Wird diese Zustimmung verweigert, sind die Konsequenzen unterschiedlich. Ein Teil der Maßnahmen kann gleichwohl umgesetzt werden (zB Kündigung), bei einem Teil muss grds. Antrag auf gerichtl. Zustimmungsersetzung gestellt werden (zB Versetzung, Einstellung). Soweit die stärkste Form der Beteiligung der ArbN-Vertreter in Rede steht, kann die Maßnahme ohne Zustimmung des BR oder einen die Einigung zwischen ArbGeb und BR ersetzenden Spruch der Einigungsstelle nicht umgesetzt werden (zB Änderung der Gleitzeit, Überstunden, Beurteilungssysteme, Gewährung oder Kürzung übertariflicher Zulagen).

2 In welchem Umfang durch betriebsverfassungsrechtl. Beteiligungsrechte tatsächlich Mitbest. erfolgt und auf welche Weise damit ein echter Ausgleich der wechselseitigen Interessen erfolgt, hängt allerdings nicht nur von den rechtl. Gegebenheiten, sondern vor allem auch von der Art und Weise ab, wie die gesetzl. Gegebenheiten im Betrieb, Unternehmen oder Konzern „gelebt" werden. Das gilt für ArbGeb und BR gleichermaßen. Insofern hat für beide Sozialpartner der Grundsatz der vertrauensvollen Zusammenarbeit, der wechselseitige Respekt und das beiderseitige Wirken zum Wohle der ArbN und des Betriebs eine mindestens gleiche Bedeutung wie die juristische Bewertung eines Sachverhalts.

3 Eine Mitbest. bei der eigentlichen Steuerung des Unternehmens ist der Mitwirkung von ArbN im Aufsichts- oder Steuerungsorgan in der Europäischen Gesellschaft (SE), der Europäischen Genossenschaft (SCE) und der „klassischen" Unternehmensmitbest. vorbehalten, die im Zusammenhang mit dem MitbestG und dem DrittelbG behandelt wird[1].

4 **II. Geltungsbereich.** Das BetrVG gilt für alle Arbeiter und Angestellten einschl. der zu ihrer Berufsausbildung Beschäftigten (vgl. § 5 Rz. 2 ff.). Dabei gilt das Gesetz grds. für **alle Betriebe des Privatrechts**. Ist der Inhaber eine juristische Person des öffentl. Rechts, sind die Personalvertretungsgesetze anzuwenden (§ 130). Allerdings fällt der gemeinsame Betrieb eines öffentl.-rechtl. Rechtsträgers mit einem Rechtsträger des Privatrechts grds. in den Geltungsbereich des BetrVG[2]. Gleiches gilt für Einheiten, die unter Einbeziehung öffentl.-rechtl. Rechtsträger durch TV geschaffen wurden. Für Religionsgemeinschaften und ihre karitativen und erzieherischen Einrichtungen gelten statt dieses Gesetzes eigene Vertretungsordnungen und -gesetze. In sog. Tendenzbetrieben findet das Gesetz nach § 118 I nur eingeschränkt Anwendung. Für die bei Luftfahrtunternehmen im Flugbetrieb Beschäftigten können nach § 117 II durch TV besondere Vertretungen gebildet werden. Für die Seeschifffahrt bestehen Sonderregelungen in den §§ 114–116.

5 **III. Ausland.** Der Geltungsbereich des BetrVG ist auf Deutschland begrenzt (**Territorialitätsprinzip**). Auch wenn dieser Begriff umstritten ist[3], wird damit der Versuch umschrieben, eine sinnvolle Kollisionsregel für das Recht der Betriebsverfassung bei grenzüberschreitenden Sachverhalten zu finden[4]. Richtiger ist allerdings, nicht (allein) auf räumliche Aspekte abzustellen. Unerheblich ist auch die Staatsangehörigkeit oder die Anwendbarkeit deutschen Rechts in den betroffenen ArbVerh[5]. Vergleichbar mit Überlegungen zum Außendienst werden deshalb ArbN im Ausland vom BetrVG (einschl. BV) erfasst, wenn trotz räumlicher Trennung die Zugehörigkeit zu einem in Deutschland gelegenen Betrieb besteht[6]. Voraussetzung für eine solche **Ausstrahlung**[7] ist, dass neben der vertragl. Bindung durch Fortbestand des ArbVerh auch eine fortbestehende Eingliederung in die inländische Betriebsorganisation

---

1 Eingehend zur Entstehungsgeschichte sowie zu Zweck und Struktur des BetrVG vgl. GK-BetrVG/*Wiese*, Einl. Rz. 1 ff.; MünchArbR/*v. Hoyningen-Huene*, § 210 Rz. 1 ff.; *Böhm*, RdA 2013, 193 ff. ǁ 2 Vgl. BAG 24.1.1996 – 7 ABR 10/95, DB 1996, 2131; BVerwG 13.6.2001 – 6 P 8.00, AP Nr. 14 zu § 1 BetrVG 1972 Gemeinsamer Betrieb Bl. 5; abw. LAG Hess. 16.8.2007 – 9 TaBV 28/07, nv. für den Fall eines öffentl.-rechtl. Vertrags. ǁ 3 Richardi/*Richardi*, Einl. Rz. 73; DKKW/*Trümner*, § 1 Rz. 23 ff. ǁ 4 Vgl. GK-BetrVG/*Franzen*, § 1 Rz. 4; *Marhold*, ZESAR 2013, 251 (253) zur Territorialität grenzüberschreitend wirkender BV. ǁ 5 BAG 7.12.1989 – 2 AZR 228/89, NZA 1990, 658 (659). ǁ 6 Vgl. BAG 22.3.2000 – 7 ABR 34/98, NZA 2000, 1119 (1120). ǁ 7 Krit. Richardi/*Richardi*, Einl. Rz. 75.

gegeben ist. Indizien hierfür sind vor allem Weisungsrechte aus dem Inland, ein ständiges Rückrufrecht, Berichtspflichten ggü. dem ArbGeb in Deutschland[1], die Fortschreibung des Laufbahnprofils, die Teilnahme an inländischen Beurteilungssystemen oder inländischen Informations- oder Fortbildungsmaßnahmen oder eine Einbeziehung in ein betriebsbezogenes Organigramm[2]. Im Zweifel liegt also eine Entsendung vor.

Letztlich müssen zwei Voraussetzungen erfüllt sein: Zunächst einmal muss trotz der Tätigkeit im Ausland eine **Förderung des inländischen Betriebszwecks** gegeben sein (zB Erfüllung bestimmter Aufgaben des im Inland gelegenen Unternehmens, Erwerb von Know-how für spätere Tätigkeit im Inland, Übernahme von Beratungsaufgaben, Abwicklung eines Auftrags oder Reparatur einer Anlage). Darüber hinaus muss die **Leitungsmacht** in Bezug auf die wesentlichen personellen und sozialen Angelegenheiten für diesen ArbN weiterhin **vom Inland aus** ausgeübt werden. Die bloße Personalverwaltung (zB Abrechnung, Abwicklung Altersversorgung) genügt nicht[3]. Bei Auszubildenden oder Trainees ist die Steuerung der Berufsbildung von besonderer Bedeutung[4]. Besteht auf diese Weise trotz des Auslandseinsatzes eine hinreichend konkrete Beziehung zum Inlandsbetrieb, gilt das BetrVG auch für diesen ArbN[5]. Dies kann auch dann der Fall sein, wenn der ArbN nur für eine Tätigkeit im Ausland eingestellt wird oder nach einer früheren Tätigkeit im Inland jetzt dauerhaft nur noch im Ausland eingesetzt werden soll[6]. Vergleichbar mit einem im Inland tätigen Außendienstmitarbeiter kann auch bei dauerhafter Auslandstätigkeit eine (weitere) Zugehörigkeit zu einem im Inland gelegenen Betrieb gegeben sein, die auch Beteiligungsrechte des BR zur Folge hat[7]. Analog § 4 I 1 Nr. 1 ist eine Zugehörigkeit nur dann ausgeschlossen, wenn der ArbN in eine Einheit im Ausland integriert wird, die räumlich weit entfernt liegt, sofern dort mindestens fünf ArbN beschäftigt werden, von denen drei wählbar sind[8].

Auch ein ArbN, der vom inländischen Betriebsinhaber an den Inhaber eines im Ausland liegenden Betriebs verliehen wird, gehört dem inländischen Betrieb an (§ 14 I AÜG)[9]. Dies gilt ohne Rücksicht auf eine etwaige Konzernbindung der beteiligten Unternehmen. Umgekehrt gehört ein ArbN, der von einem im Ausland gelegenen Betrieb heraus in einen inländischen Betrieb entsandt wird, grds. nicht zum inländischen Betrieb. In diesen Fällen greift auch die Sonderregelung in § 5 I 3 nicht. Allerdings wird man zu prüfen haben, ob die neuen Grundsätze des BAG zur Einbeziehung von LeihArbN greifen (vgl. § 1 Rz. 1).

Bei ArbN, deren ArbVerh im Inland für die Dauer des Auslandseinsatzes zum Ruhen gebracht wird, ist eine Zuständigkeit des BR anzunehmen, wenn der Auslandseinsatz nur vorübergehender Natur und eine Rückkehr in ein aktives ArbVerh im inländischen Betrieb geplant ist. Insofern besteht eine Parallele zur Behandlung von ArbN in Elternzeit (vgl. Vor §§ 15–21 BEEG Rz. 11). Unerheblich ist, ob der Einsatz im Ausland auf der Grundlage eines Ortsvertrags mit einem im Ausland gelegenen Unternehmen oder auf der Grundlage eines zweiten Arbeitsvertrags mit dem bisherigen ArbGeb erfolgt. Die Zugehörigkeit besteht auch fort, wenn der Auslandseinsatz auf der Grundlage des bisherigen Arbeitsvertrags erfolgt, aber Ort, Tätigkeit und Vergütung angepasst werden.

Findet das BetrVG nach den vorgenannten Kriterien auf einen ins Ausland entsandten ArbN Anwendung, steht ihm entsprechend §§ 7, 8 das aktive und passive Wahlrecht zu. Auch kann er in den Geltungsbereich einer BV fallen. Das Gleiche gilt für ArbN, die im Wege der AÜ nach Deutschland kommen; sie können auch an Betriebsversammlungen teilnehmen. BR-Tätigkeit im Ausland ist nur eingeschränkt möglich. So kann ein im Ausland tätiger ArbN von einem BR-Mitglied im Rahmen der Wahrnehmung betriebsverfassungsrechtl. Aufgaben aufgesucht werden, wenn dies sachlich erforderlich ist[10]. Betriebs- oder Abteilungsbetriebsversammlungen können im Ausland aber ebenso wenig durchgeführt werden wie Sprechstunden[11]. Ein ausdrückliches Verbot durch den anderen Staat ist nicht erforderlich[12]. Die deutsche Betriebsverfassung kann nicht im Ausland eingerichtet werden. Der BR des inländischen Betriebs kann aber für die sich im Ausland befindenden ArbN MitbestR vor allem in personellen und sozialen Angelegenheiten wahrnehmen. Bsp.: § 87 Vergütung/Altersversorgung[13], §§ 99, 102 bei Versetzung oder Kündigung[14], § 111 bei Entlassung im Rahmen Betriebsänderung.

---

1 LAG München 8.7.2009 – 11 TaBV 114/08, nv.; vgl. *Boemke*, NZA 1992, 112 (114). ‖ 2 Vgl. BAG 25.4.1978 – 6 ABR 2/77, AP Nr. 16 zu IPR Arbeitsrecht Bl. 2 mit zust. Anm. *Simitis* Bl. 3; LAG Düss. 14.2.1979 – 16 Ta BV 52/78, DB 1979, 2233 (2234). ‖ 3 LAG Köln 14.4.1998 – 13 TaBV 37/97, NZA-RR 1998, 357 (358); LAG München 8.7.2009 – 11 TaBV 114/08, nv. ‖ 4 BAG 13.3.1991 – 7 ABR 89/90, BB 1992, 66 (67). ‖ 5 Vgl. BAG 7.12.1989 – 2 AZR 228/89, NZA 1990, 658 (659 f.); s.a. BAG 20.2.2001 – 1 ABR 30/00, NZA 2001, 1033 (1035). ‖ 6 AA LAG München 8.7.2009 – 11 TaBV 114/08, nv. ‖ 7 Vgl. BAG 7.12.1989 – 2 AZR 228/89, NZA 1990, 658 (659); vgl. *Fitting*, § 1 Rz. 27 f.; aA Richardi/*Richardi*, Einl. § 1 Rz. 77; ErfK/*Koch*, § 1 BetrVG Rz. 4. ‖ 8 Vgl. LAG München 8.7.2009 – 11 TaBV 114/08, nv. („feste im Ausland befindliche betriebliche Organisation"). ‖ 9 BAG 22.3.2000 – 7 ABR 34/98, NZA 2000, 1119 (1120 f.). ‖ 10 Vgl. *B. Gaul*, BB 1990, 697. ‖ 11 BAG 27.5.1982 – 6 ABR 28/80, DB 1982, 2519; aA GK-BetrVG/*Franzen*, § 1 Rz. 12; DKKW/*Trümner*, § 1 Rz. 26. ‖ 12 Abw. GK-BetrVG/*Franzen*, § 1 Rz. 12; DKKW/*Trümner*, § 1 Rz. 36. ‖ 13 Vgl. BAG 25.4.1978 – 6 ABR 2/77, DB 1978, 1840. ‖ 14 Vgl. BAG 7.12.1989 – 2 AZR 228/89, NZA 1990, 658; 18.2.1986 – 1 ABR 27/84, NZA 1986, 616; 9.11.1977 – 5 AZR 132/76, DB 1978, 451; *Fitting*, § 1 Rz. 28.

Erster Teil. Allgemeine Vorschriften

1 *Errichtung von Betriebsräten*
(1) In Betrieben mit in der Regel mindestens fünf ständigen wahlberechtigten Arbeitnehmern, von denen drei wählbar sind, werden Betriebsräte gewählt. Dies gilt auch für gemeinsame Betriebe mehrerer Unternehmen.
(2) Ein gemeinsamer Betrieb mehrerer Unternehmen wird vermutet, wenn
1. zur Verfolgung arbeitstechnischer Zwecke die Betriebsmittel sowie die Arbeitnehmer von den Unternehmen gemeinsam eingesetzt werden oder
2. die Spaltung eines Unternehmens zur Folge hat, dass von einem Betrieb ein oder mehrere Betriebsteile einem an der Spaltung beteiligten anderen Unternehmen zugeordnet werden, ohne dass sich dabei die Organisation des betroffenen Betriebs wesentlich ändert.

I. Betriebsratsfähigkeit 1	V. Vermutung eines gemeinsamen Betriebs (Abs. 2) 17
II. Beteiligungsrechte und Rechtsstellung des Betriebsrats 2	1. Zusammenarbeit der beteiligten Rechtsträger (Nr. 1) 17
III. Betriebsbegriff 5	2. Fehlende Organisationsänderung nach Betriebsteilübertragung (Nr. 2) 18
1. Vorbemerkung 5	3. Widerlegung der gesetzlichen Vermutung . 24
2. Allgemeiner Betriebsbegriff 6	
3. Kriterien einer Kennzeichnung des Betriebs 7	
IV. Gemeinsamer Betrieb mehrerer Unternehmen 13	

1 **I. Betriebsratsfähigkeit.** In einem Betrieb mit idR mindestens fünf ständigen wahlberechtigten ArbN, von denen drei wählbar sind, kann ein BR gewählt werden. Lässt man die Frage der aktiven oder passiven Wahlberechtigung einmal unberücksichtigt (vgl. §§ 7 Rz. 1 ff., 8 Rz. 4 ff.), muss damit in dem in Rede stehenden Betrieb der Schwellenwert von mindestens fünf ArbN iSd. § 5 I erreicht werden. Dabei werden Vollzeit- und Teilzeitbeschäftigte gleichermaßen erfasst[1]. Unerheblich ist auch, ob es sich um ein aktives oder ruhendes ArbVerh handelt[2]. Entscheidend ist allein, ob die Zahl der ArbVerh idR erreicht wird[3]. Sollte der Betrieb im Zeitpunkt der Einleitung der Wahl möglicherweise nur vier ständige ArbN haben, steht dies der BR-Fähigkeit nicht entgegen, wenn ihre Zahl „in der Regel" bei fünf oder mehr ArbN liegt und drei von ihnen wählbar sind[4]. Hierbei ist die Vergangenheit zu betrachten und eine Prognose hinsichtlich der künftigen Entwicklung anzustellen[5], Letzteres aber nur, wenn konkrete Entscheidungen des ArbGeb vorliegen, die eine Änderung der Beschäftigtenzahl erwarten lassen[6]. Wird durch Rationalisierung die Belegschaftsstärke reduziert, um den Betrieb in vermindertem Umfang fortzuführen, und stabilisiert sich der Personalbestand auf niedrigerem Niveau, folgt daraus die neue den Betrieb kennzeichnende regelmäßige Personalstärke. Höhere Belegschaftszahlen der Vergangenheit sind irrelevant[7]. Zeiten außergewöhnlichen Arbeitsanfalls oder zeitweiligen Beschäftigungsrückgangs sind unerheblich[8]. Zu den regelmäßig Beschäftigten gehört, wer wegen der ihm übertragenen Arbeitsaufgabe nicht nur vorübergehend dem Betrieb angehört[9]. LeihArbN gehören auch bei einer am Zweck ausgerichteten Interpretation von § 1 nicht dazu[10].

2 **II. Beteiligungsrechte und Rechtsstellung des Betriebsrats.** Als Formen der Beteiligung des BR nennt das Gesetz Unterrichtungs-, Anhörungs- und Vorschlagsrechte, Beratungsrechte sowie MitbestR in der Form von Zustimmungsverweigerungsrechten oder Zustimmungserfordernissen bzw. Initiativrechten. Die Absicherung der Beteiligungsrechte erfolgt über individualrechtl., kollektivrechtl. und strafrechtl. Sanktionen sowie ergänzende Handlungsmöglichkeiten, die die Rspr. entwickelt hat (Bsp.: Allgemeiner Unterlassungsanspruch[11]).

3 Auf die gesetzl. Beteiligungsrechte kann **nicht wirksam verzichtet** werden. Auch eine Einschränkung durch Einräumung eines Bestimmungsrechts des ArbGeb ist unwirksam, wenn sie nicht in Bezug auf einen konkreten Sachverhalt erfolgt, die Rahmenbedingungen festgelegt werden und ein Kontrollrecht des BR bleibt. Beteiligungsrechte können allerdings – jedenfalls in den Grenzen der funktionalen Zu-

---

1 Vgl. LAG Hamm 11.5.1979 – 3 Ta BV 9/79, DB 1979, 2380; GK-BetrVG/*Franzen*, § 7 Rz. 25; *Fitting*, § 1 Rz. 272; Hess ua./*Rose*, § 5 Rz. 38 f. ||2 GK-BetrVG/*Franzen*, § 7 Rz. 22; DKKW/*Trümner*, § 1 Rz. 243, 252. ||3 Richardi/*Richardi*, § 1 Rz. 116. ||4 Vgl. *Fitting*, § 1 Rz. 273. ||5 BAG 22.2.1983 – 1 AZR 260/81, AP Nr. 7 zu § 113 BetrVG 1972 Bl. 3. ||6 GK-BetrVG/*Franzen*, § 1 Rz. 99; *Etzel*, Betriebsverfassungsrecht, Rz. 85. ||7 BAG 9.5.1995 – 1 ABR 51/94, NZA 1996, 166 (167). ||8 Vgl. BAG 22.2.1983 – 1 AZR 260/81, AP Nr. 7 zu § 113 BetrVG 1972 Bl. 4; 9.5.1995 – 1 ABR 51/94, DB 1995, 2075. ||9 Richardi/*Richardi*, § 1 Rz. 112; *Fitting*, § 1 Rz. 272. ||10 AA BAG 18.10.2011 – 1 AZR 335/10, NZA 2012, 221 zu § 111 BetrVG; 13.3.2013 – 7 ABR 67/11, NZA-RR 2013, 575. ||11 Vgl. BAG 23.6.2009 – 1 ABR 23/08, NZA 2009, 1430; 17.5.2011 – 1 ABR 121/09, EzA-SD 2011, Nr. 17, 13; *Lerch/Weinbrenner*, NZA 2011, 664 ff.

ständigkeit des BR – durch freiwillige BV sowie Regelungsabreden erweitert werden[1]. Die Ausweitung der Mitbest. durch TV ist grds. möglich, ihr kommt jedoch keine größere praktische Bedeutung zu[2].

Der **BR** als wichtigster Träger der Beteiligungsrechte besitzt **keine eigene Rechtspersönlichkeit**. Er ist grds. weder rechts- noch vermögensfähig[3]. Er besitzt nur eine Teilrechtsfähigkeit, die durch den Umfang seiner betriebsverfassungsrechtl. Befugnisse bestimmt wird. Dies gilt ua. für den Informationsanspruch nach § 80 II und die Beteiligungsfähigkeit nach § 10 ArbGG. Im Rahmen der Teilrechtsfähigkeit kann der BR, wie § 40 zeigt, auch Träger vermögensrechtl. Ansprüche und Rechtspositionen sein, so dass er in eigenem Namen im Rahmen seiner betriebsverfassungsrechtl. Befugnisse mit Dritten (Rechtsanwälte, Berater ua.) Verträge schließen kann[4]. Die Kostentragungspflicht des ArbGeb in § 40 I begründet zwischen diesem und dem BR ein gesetzl. Schuldverhältnis[5]. Der BR haftet als Organ nicht aus unerlaubter Handlung. Die einzelnen BR-Mitglieder haften nach den allg. Regeln. Sie haften daher grds. wie andere ArbN aus unerlaubter Handlung und sittenwidriger Schädigung. Beim Abschluss von Vereinbarungen mit Dritten außerhalb der Zuständigkeit und/oder Erforderlichkeit kommt darüber hinaus eine Haftung als Vertreter ohne Vertretungsmacht (§ 179 BGB) in Betracht[6]. Eine „amtsbedingte" Ausweitung der Haftung findet nicht statt. In der Inanspruchnahme von MitbestR liegt keine Pflichtverletzung. In der Betriebsverfassung wird der BR im eigenen Namen kraft Amtes tätig. Seine Rechte kann er gerichtl. durchsetzen. Im arbeitsgerichtl. Beschlussverfahren ist er nach § 10 ArbGG beteiligungsfähig (parteifähig). Er darf grds. nicht die Interessen eines einzelnen ArbN verfolgen; seine Aufgabe ist der Schutz der Belegschaft[7]. Die BR-Mitglieder dürfen nach § 78 S. 1 in der Ausübung ihrer Tätigkeit weder gestört noch behindert werden. Dieses Verbot richtet sich nicht nur gegen ArbGeb, sondern gegen jedermann. BR-Mitglieder dürfen darüber hinaus nach § 78 S. 2 wegen ihrer BR-Tätigkeit weder benachteiligt noch begünstigt werden. Sie üben ihr Amt unentgeltlich aus; für die Dauer der erforderlichen BR-Tätigkeit und des Besuchs von Schulungsveranstaltungen besteht allerdings ein Anspruch auf Entgeltfortzahlung (§ 37). § 103 BetrVG und § 15 KSchG schützen BR-Mitglieder in besonderer Weise gegen Kündigungen.

III. Betriebsbegriff. 1. Vorbemerkung. Ausgehend davon, dass § 1 die BR-Fähigkeit eines Betriebs regelt, ist für die Kennzeichnung des Betriebs iSd. § 1 am Zweck der betriebl. Mitbest. anzuknüpfen. Für die Betriebsverfassung ist der Betrieb kein Funktions-, sondern ein Repräsentationsbereich. Das Unternehmen hingegen knüpft an den Rechtsträger an[8]. Die Betriebsverfassung gibt den gewählten ArbN-Vertretungen Beteiligungsrechte an Entscheidungen des ArbGeb. Sie ist damit zunächst einmal auf einen bestimmten ArbGeb bezogen. Der BR ist keine Vertretung bestimmter ArbN-Gruppen, sondern repräsentiert die gesamte Belegschaft eines Betriebs (einheitliche ArbN-Repräsentation).

2. Allgemeiner Betriebsbegriff. Das Gesetz enthält keine Definition. Der Begriff des Betriebs wird vorausgesetzt. Unter Berücksichtigung des Zwecks der Betriebsverfassung muss deshalb eine Auslegung vorgenommen werden, die als Ausgangspunkt die Definition *Jacobis*[9] zugrunde legen kann[10]. Danach ist der Betrieb die Vereinigung von persönlichen, sächlichen und materiellen Mitteln zur fortgesetzten Verfolgung des von einem oder mehreren Rechtsträgern gemeinsam gesetzten technischen Zwecks[11]. Da mit den Beteiligungsrechten des BR eine effektive Vertretung der ArbN-Interessen ggü. dem ArbGeb sichergestellt werden soll, muss als dann entscheidendes Merkmal der organisatorischen Einheit der einheitliche Leitungsapparat in den wesentlichen mitbestimmungs- und mitwirkungspflichtigen Angelegenheiten herangezogen werden. Diese gesetzgeberische Entscheidung bringt auch Abs. 2 zum Ausdruck, wenn dort auf den „Einsatz" der ArbN und Betriebsmittel (Nr. 1) und die „Organisation des betroffenen Betriebs" (Nr. 2) abgestellt wird. Daran anschließend wird der Betrieb deshalb zu Recht als **organisatorische Einheit** definiert, innerhalb derer ein Unternehmer allein oder in Gemeinschaft mit seinen Mitarbeitern mit Hilfe von sächlichen und immateriellen Mitteln bestimmte arbeitstechnische Zwecke fortgesetzt verfolgt[12]. Entscheidend ist die Einheit der Organisation, weniger der arbeitstechnischen Zweckbestimmung[13]. Ob diese Voraussetzungen erfüllt sind, ist im Wege einer typologischen Betrachtung mit Beurteilungsspielraum festzustellen[14]. Dabei wird der Betrieb durch eine Vielzahl von Merkmalen beschrieben, die in sehr unterschiedlichen Ausführungen iSv. „mehr oder weniger" vorliegen, im Einzelfall aber auch fehlen können. Wegen des unterschiedlichen Zwecks gesetzl. Regelungen besteht keine Bindung an die Kennzeichnung des Betriebs in anderen Rechtsvorschriften. Im Streitfall besteht Feststellungsmöglichkeit nach § 18 II.

---

1 Vgl. BAG 14.8.2001 – 1 AZR 744/00, NZA 2002, 342. || 2 BAG 24.8.2004 – 1 ABR 28/03, NZA 2005, 371; 10.2.1988 – 1 ABR 70/86, NZA 1988, 699; *Fitting*, § 1 Rz. 255 ff. || 3 BAG 24.4.1986 – 6 AZR 607/83, NZA 1987, 100 (101); *Fitting*, § 1 Rz. 199. || 4 Vgl. BGH 25.10.2012 – III ZR 266/11, NZA 2012, 1382 (1385); GK-BetrVG/*Franzen*, § 1 Rz. 77; Richardi/*Richardi*, Einl. Rz. 111. || 5 GK-BetrVG/*Franzen*, § 1 Rz. 76; DKKW/*Wedde*, Einl. Rz. 142; Richardi/*Richardi*, Einl. Rz. 112. || 6 BGH 25.10.2012 – III ZR 266/11, NZA 2012, 1382 (1386). || 7 Vgl. BAG 5.5.1992 – 1 ABR 1/92, NZA 1992, 1089 (1090); 18.1.2005 – 3 ABR 21/04, DB 2005, 2417 (2419); *Ahrendt*, NZA 2011, 774 (778). || 8 *Richardi*, FS Wiedemann, 2002, S. 493 (501, 503). || 9 In FS Ehrenberg, 1927, S. 1 (9). || 10 Krit. *Joost*, Betrieb und Unternehmen, S. 83 (84); *Preis*, RdA 1999, 311 (313); *Preis*, RdA 2000, 257 (268). || 11 Vgl. nur BAG 13.8.2008 – 7 ABR 21/07, NZA-RR 2009, 255 (256). || 12 Vgl. BAG 13.2.2013 – 7 ABR 36/11, NZA-RR 2013, 521 (523). || 13 Vgl. nur BAG 23.3.1984 – 7 AZR 515/82, NZA 1984, 88; 14.9.1988 – 7 ABR 10/87, NZA 1989, 190. || 14 Zutr. *Fromen*, FS D. Gaul, 1992, S. 151 (174).

7   **3. Kriterien einer Kennzeichnung des Betriebs. Übergreifende Leitungsstruktur in personellen und sozialen Angelegenheiten:** Die für einen Betrieb notwendige Organisationsstruktur setzt eine übergreifende Leitungsstruktur zur Entscheidung und Umsetzung der wesentlichen personellen und sozialen Angelegenheiten voraus. Maßgebend ist, dass die vorhandenen materiellen und immateriellen Arbeitsmittel unter Berücksichtigung der daran anknüpfenden Beteiligungsrechte des BR zusammengefasst, geordnet und gezielt eingesetzt werden und der Einsatz der menschlichen Arbeitskraft von einem einheitlichen Leitungsapparat gesteuert wird[1]. Wenn diese Beteiligungsrechte Wirkung zeigen sollen, müssen sie an einer Stelle ansetzen, die die hierfür maßgeblichen Entscheidungen trifft bzw. ihre Umsetzung zu verantworten hat. Dabei ist keine Konzentration dieser arbeitgeberseitigen Befugnis in einer einzigen Person erforderlich. Anders wäre ein wirkungsvolles Personal-Management in größeren Betrieben schon wegen der Notwendigkeit, in Fachfragen jeweils eine kompetenzbezogene Zuständigkeit auch für solche Angelegenheiten aufzubauen, die mit Beteiligungsrechten des BR verbunden sind, nicht zu realisieren. Vielmehr genügt es, wenn die Entscheidungsbefugnis vor allem in Bezug auf Einstellungen und Entlassungen, die Personalplanung, die Arbeitsverteilung, die Anwendung technischer Einrichtungen oder die Verteilung der Arbeitszeit sowie Vergütungsfragen im Wesentlichen von einem einheitlichen Leitungsapparat abgeleitet und von diesem einheitlichen Leitungsapparat aus gesteuert wird[2], selbst wenn die fachliche Zuständigkeit oder wirtschaftl. Verantwortlichkeit dezentral bzw. im Rahmen einer Matrix aufgeteilt wird. Folgerichtig schließt auch eine Matrixstruktur mit standort- oder unternehmensübergreifenden Zuständigkeiten eine betriebsverfassungsrechtl. Kennzeichnung hiervon getrennter Betriebsstrukturen nicht aus[3]. Dem BR können unterschiedliche Verhandlungspartner gegenüberstehen, ohne dass damit ein einheitlicher Leitungsapparat ausgeschlossen wäre[4]. Umgekehrt kann trotz dezentral tätiger Personalreferenten oder Marktleiter eine zentrale Steuerung durch einen zentralen Personalleiter gegeben sein[5]. Werden jedoch im Rahmen unternehmensübergreifender Zuständigkeit mitbestimmungspflichtige Entscheidungen getroffen, kann dies zur Zuständigkeit des KonzernBR führen[6].

8   **Entscheidungen in wirtschaftlichen Angelegenheiten** können zentral oder dezentral getroffen und in ihrer Umsetzung gesteuert werden. Für den Betriebsbegriff spielt dies keine Rolle[7].

9   **Räumliche Nähe** verschiedener Einheiten ist allenfalls ein Indiz für das Vorliegen eines Betriebs[8], das allerdings durch die Ergebnisse einer Bewertung der Organisationsstruktur verdrängt wird. Die räumliche Einheit ist für die Annahme eines Betriebs aber weder erforderlich noch ausreichend[9]. Dies belegt § 4 I Nr. 1, wonach Betriebsteile als selbständige Betriebe gelten, wenn sie räumlich weit vom Hauptbetrieb entfernt sind. Wären räumlich nicht verbundene Organisationseinheiten stets selbständige Betriebe, wäre diese Regelung überflüssig. Die räumlich weit entfernten Betriebsteile bleiben Betriebsteile, werden aber kraft Fiktion als Betriebe behandelt (§ 4 I: „gelten als selbständige Betriebe"). In diesen Betriebsteilen kann zwar ein BR errichtet werden, dies macht die Einheiten indes nicht zu selbständigen Betrieben[10].

10 **Unterschiedliche arbeitstechnische Betriebszwecke** stehen der Annahme eines Betriebs nicht entgegen. In einem Betrieb können verschiedene solcher Zwecke verfolgt werden[11]. Ein wechselseitiger Bezugspunkt der Arbeiten ist nicht erforderlich[12].

11 **Eine einheitliche Betriebsgemeinschaft** ist schon wegen ihrer subjektiven Determination kein geeignetes Kriterium zur Feststellung eines Betriebs[13]. Schon der Indizcharakter erscheint zweifelhaft[14].

12 **Der Betriebsinhaber** ist zwar Anknüpfungspunkt für die Wahrnehmung der Beteiligungsrechte des BR, für die Kennzeichnung einer Einheit als Betrieb indes ohne besondere Bedeutung. Dies macht bereits die Figur des gemeinsamen Betriebs deutlich, bei der mehrere Rechtsträger gemeinsam Betriebsinhaber sind (vgl. Rz. 13 ff.). IÜ lässt der Wechsel des Betriebsinhabers (zB Übergang nach § 613a BGB) den Betrieb in seiner Identität zunächst einmal unberührt. Wegen weiterer Einzelheiten von Veränderungen auf der Betriebs- oder Unternehmensebene in Bezug auf den BR und die dort bestehenden BV vgl. §§ 21a, 21b, 77 BetrVG, 613a BGB.

13 **IV. Gemeinsamer Betrieb mehrerer Unternehmen. Gesetzliche Kennzeichnung:** Abs. 1 S. 2 erkennt den gemeinsamen Betrieb mehrerer Unternehmen als Organisationsform des Betriebsverfassungsrechts an, enthält aber keine Definition. Daher muss an die von Rspr. und Lit. entwickelten Kriterien angeknüpft werden. Im Streitfall besteht Feststellungsmöglichkeit nach § 18 Abs. 2. Für die Anerken-

---

1 BAG 31.5.2007 – 2 AZR 254/06, NZA 2007, 1307 (1308); 9.12.2009 – 7 ABR 38/08, NZA 2010, 906 (908). ||2 *B. Gaul*, Betriebs- und Unternehmensspaltung, § 25 Rz. 36. ||3 So auch *Müller-Bonanni/Mehrens*, ZIP 2010, 2228 (2233). ||4 DKKW/*Trümner*, § 1 Rz. 81. ||5 Vgl. BAG 31.5.2007 – 2 AZR 276/06, NZA 2008, 33. ||6 Vgl. *Bauer/Herzberg*, NZA 2011. 713 (718); *Müller-Bonanni/Mehrens*, ZIP 2010, 2228 (2232). ||7 BAG 18.1.1990 – 2 AZR 355/89, NZA 1990, 977 (978). ||8 BAG 23.9.1982 – 6 ABR 42/81, DB 1983, 1498 (1499). ||9 AA *Gamillscheg*, ZfA 1975, 357 (399); *Gamillscheg*, AuR 1989, 33; *Joost*, Betrieb und Unternehmen, S. 232. ||10 Vgl. *Hanau*, ZfA 1990, 115 (118); GK-BetrVG/*Franzen*, § 4 Rz. 18; *Richardi/Richardi*, § 1 Rz. 35 ff. ||11 Vgl. BAG 23.3.1984 – 7 AZR 515/82, NZA 1984, 88 (89); unklar BAG 16.4.2008 – 7 ABR 4/07, NZA-RR 2008, 583 (585). ||12 BAG 23.9.1982 – 6 ABR 42/81, DB 1983, 1498 (1500). ||13 Zurückhaltend nur BAG 23.9.1982 – 6 ABR 42/81, DB 1983, 1498 (1500). ||14 So BAG 25.9.1986 – 6 ABR 68/84, DB 1987, 1202.

nung eines gemeinsamen Betriebs mehrerer Unternehmen müssen im Wesentlichen zwei Voraussetzungen erfüllt sein:

Übergreifender Leitungsapparat: Zunächst einmal müssen die Betriebsmittel, die von Seiten der beteiligten Rechtsträger in die in Rede stehende Einheit eingebracht wurden, in einer übergreifenden Organisationsstruktur für einen oder mehrere arbeitstechnische Zwecke zusammengefasst, geordnet und gezielt eingesetzt und der Einsatz der menschlichen Arbeitskraft dabei von einem einheitlichen Leitungsapparat gesteuert werden. Eine bloße Zusammenarbeit genügt nicht[1]. Vielmehr muss diese Zusammenarbeit auf der Basis eines gemeinsamen Einsatzes – also einer arbeitgeberübergreifenden Steuerung – erfolgen. Dies unterscheidet die Tätigkeit im gemeinsamen Betrieb von einer AÜ[2] oder dem Einsatz auf Grund Dienst- oder Werkvertrags[3]. Für einen gemeinsamen Betrieb ist erforderlich, dass ArbGebFunktionen in den wesentlichen personellen und sozialen Fragen von derselben institutionalisierten Leitung ausgeübt werden. Entsprechend den Feststellungen zum Betrieb eines einzigen Unternehmens (Rz. 7) müssen die Arbeitsabläufe in personeller, technischer und organisatorischer Hinsicht unterhalb einer unternehmensübergreifenden Leitungsstruktur zur Erfüllung der arbeitstechnischen Zweckbestimmung verknüpft sein[4]. Es genügt nicht, dass fachliche Weisungsbefugnisse übertragen[5] oder zB Servicefunktionen (Bsp.: Lohn- und Gehaltsabrechnung, Ausarbeitung von Formularvereinbarungen) von einem Rechtsträger für den anderen erledigt werden[6]. Auch eine zentrale Beratung in arbeitsrechtl. Angelegenheiten bzw. die Unterstützung bei Verhandlungen mit örtlichen BR genügt nicht, um von einer übergreifenden Steuerung auszugehen. Erforderlich ist insb., dass über Einstellungen, Entlassungen, etwaige Überstunden, Versetzungen, Arbeitsentgelt und sonstige Arbeitszeitfragen übergreifend von einer Stelle/Abteilung aus entschieden wird[7]. Dies bewirkt eine Einheit der Organisation. Ein einheitlicher arbeitstechnischer Betriebszweck ist nicht erforderlich (vgl. Rz. 10). Auch im gemeinsamen Betrieb können die beteiligten Unternehmen unterschiedliche Zwecke verfolgen, die in keinem unmittelbaren funktionellen Zusammenhang stehen[8].

Eine Vereinbarung über die gemeinsame Ausübung der Leitungsmacht (Führungsvereinbarung) ist zwar – entgegen anderen Bewertungen[9] – erforderlich[10], hat aber kaum praktische Relevanz. Denn sie kann auch konkludent geschlossen werden[11]. Insofern können auch die tatsächlichen Umstände das Vorliegen einer solchen Vereinbarung nahe legen[12]. Anhaltspunkt hierfür ist, dass wesentliche Fragen in personellen und sozialen Angelegenheiten im wechselseitigen Einvernehmen durch einen gemeinsamen Leitungsapparat gesteuert werden, ohne auf die unterschiedlichen arbeitsvertragl. Bindungen Rücksicht zu nehmen[13]. Dass einzelne Maßnahmen separat von den beteiligten Unternehmen veranlasst werden, ist unschädlich. Auch im Betrieb eines einzigen Unternehmens müssen nicht alle Entscheidungen zentral getroffen werden[14]. Wichtig ist nur, dass durch die Vereinbarung gewährleistet ist, dass der BR in Fragen der sozialen und personellen Mitbest. jeweils einen zu einer einheitlichen Willensbildung für alle Unternehmen fähigen Ansprechpartner hat[15]. Dabei können auch juristische Personen des öffentl. Rechts einbezogen werden, sofern sich dies auf der Grundlage einer privatrechtl. Vereinbarung vollzieht[16].

Indizien für das Vorliegen eines gemeinsamen Betriebs[17] sind einheitliche Ausübung der Leitungsmacht in den wesentlichen personellen und sozialen Angelegenheiten[18], Austausch von ArbN[19], gemeinsame Nutzung von Betriebsmitteln[20], Personenidentität in den Unternehmensorganen (Geschäftsführer/Vorstand)[21] und/oder der diesen Organen nachgeordneten Ebene, soweit diese für beide Unternehmen die Entscheidungen in wesentlichen personellen und sozialen Angelegenheiten trifft[22],

---

1 BAG 23.9.2010 – 8 AZR 567/09, NZA 2011, 197 (199); 13.2.2013 – 7 ABR 36/11, NZA-RR 2013, 521 (523). ||2 BAG 17.2.2010 – 7 ABR 51/08, NZA 2010, 832 (835); 23.9.2010 – 8 AZR 567/09, NZA 2011, 197 (199); 9.6.2011 – 6 AZR 132/10, AP Nr. 164 zu § 102 BetrVG 1972. ||3 BAG 13.8.2008 – 7 ABR 21/07, NZA-RR 2009, 255 (258). ||4 BAG 24.5.2012 – 2 AZR 62/11, NZA 2013, 277 (282); 18.1.1990 – 2 AZR 355/89, NZA 1990, 977 (978). ||5 BAG 9.6.2011 – 6 AZR 132/10, ZTR 2011, 566. ||6 BAG 22.6.2005 – 7 ABR 47/05, NZA 2005, 1248 (1249). ||7 Vgl. BAG 21.2.2001 – 7 ABR 9/00, EzA § 1 BetrVG Nr. 11 S. 5; 9.6.2011 – 6 AZR 132/10, ZTR 2011, 566. ||8 BAG 11.11.1997 – 1 ABR 6/97, NZA 1998, 723 (724). ||9 LAG Nds. 23.4.1990 – 3 Ta BV 27/90, LAGE § 1 BetrVG 1972 Nr. 3 S. 3; LAG Hamburg 22.10.1997 – 4 Ta BV 9/95, LAGE § 1 BetrVG 1972 Nr. 4 S. 8. ||10 BAG 13.8.2008 – 7 ABR 21/07, NZA-RR 2009, 255 (257); *B. Gaul*, Betriebs- und Unternehmensspaltung, § 25 Rz. 66. ||11 BAG 9.6.2011 – 6 AZR 132/10, ZTR 2011, 566; 13.2.2013 – 7 ABR 36/11. ||12 BAG 25.5.2005 – 7 ABR 38/04, DB 2005, 1914; 13.8.2008 – 7 ABR 21/07, NZA-RR 2009, 255 (257). ||13 BAG 21.2.2001 – 7 ABR 9/00, EzA § 1 BetrVG Nr. 11 S. 3; 13.8.2008 – 7 ABR 21/07, NZA-RR 2009, 255 (257). ||14 BAG 24.1.1996 – 7 ABR 10/95, DB 1996, 2131. ||15 BAG 14.9.1988 – 7 ABR 10/87, NZA 1989, 190 (191); 23.11.1988 – 7 AZR 121/88, NZA 1989, 433 (434). ||16 Vgl. BVerwG 13.6.2001 – 6 P 8.00, AP Nr. 14 zu § 1 BetrVG 1972 Gemeinsamer Betrieb Bl. 5f.; BAG 9.6.2011 – 6 AZR 132/10, ZTR 2011, 566. ||17 Ausf. *Sick*, BB 1992, 1129.; DKKW/*Trümner*, § 1 Rz. 96ff., 130; *B. Gaul*, Betriebs- und Unternehmensspaltung, § 25 Rz. 69ff. ||18 BAG 7.8.1988 – 7 ABR 10/87, AP Nr. 9 zu § 1 BetrVG 1972 Bl. 4; 29.12.1987 – 6 ABR 23/85, NZA 1987, 707 (708). ||19 BAG 19.2.2002 – 1 ABR 26/01, AP Nr. 13 zu § 4 BetrVG 1972 Bl. 2; lediglich Personalgestellung ist hingegen nicht ausreichend, wenn das personalstellende Unternehmen an der Einsatzsteuerung durch das andere Unternehmen nicht beteiligt ist; BAG 16.4.2008 – 7 ABR 4/07, NZA-RR 2008, 583 (585). ||20 BAG 24.1.1996 – 7 ABR 10/95, NZA 1996, 1110 (1112); 18.1.1990 – 2 AZR 355/89, NZA 1990, 977 (978). ||21 BAG 25.5.2005 – 7 ABR 38/04, DB 2005, 1914; abw. BAG 16.4.2008 – 7 ABR 4/07, NZA-RR 2008, 583 (585). ||22 Vgl. BAG 14.12.1994 – 7 ABR 26/94, EzA § 1 BetrVG 1972 Nr. 9 S. 2f.; 13.8.2008 – 7 ABR 21/07, NZA-RR 2009, 255 (257).

gemeinsame Personalabteilung[1], räumliche Nähe zwischen Betriebsstätten[2], übergreifende Urlaubsplanung und Krankheitsvertretung[3], gemeinsame Einsatzplanung/Überwachung der Einsätze[4]. Derselbe Geschäftsführer kann die Unternehmen auch organisatorisch voneinander getrennt leiten, insb. dann, wenn auf den nachgeordneten Ebenen keine personenidentische Besetzung der für die wesentlichen personellen und sozialen Angelegenheiten maßgeblichen Funktionen erfolgt. Dass einzelne Entscheidungen übergeordnet getroffen werden, spielt keine Rolle[5]. Nur untergeordnete Bedeutung haben die zentrale Steuerung isolierter Personalfragen (zB Altersversorgung, Ausbildung[6], Auslandsentsendung, Fort- und Weiterbildung). Die Bildung einer steuerlichen Organschaft zwischen den beteiligten Rechtsträgern ist trotz personeller Verflechtung nur Indiz für das Vorliegen eines Gemeinschaftsbetriebs[7], da die je nach Ausrichtung der Organschaft verbundene Eingliederung in finanziellen, wirtschaftl. und organisatorischen Angelegenheiten Einfluss auf die Willensbildung auf Unternehmensebene hat[8]; Betriebe können losgelöst davon (weiterhin) selbständig geführt werden[9]. Ohne Bedeutung für das Vorliegen eines gemeinsamen Betriebs sind eine gesellschaftsrechtl. Einflussnahme[10], Weisungen oder die mit einem Konzernverhältnis verbundene Beherrschung eines Unternehmens durch ein anderes[11], eine Identität der Gesellschafter[12], konzernrechtl. Weisungsmacht, der Abschluss eines Organ- oder Beherrschungs-[13] oder Ergebnisabführungsvertrags bzw. die Bildung eines (qualifiziert) faktischen Konzerns zwischen den beteiligten Rechtsträgern durch eine Mehrheitsbeteiligung[14], eine übergreifende Steuerung in wirtschaftl.-kaufmännischen Angelegenheiten[15], die Nutzung gemeinsamer Sozialeinrichtungen (zB Kantine, Betriebskrankenkasse, Pensionskasse, Betriebsarzt)[16] oder die übergreifende Abwicklung von Servicefunktionen in personellen, technischen oder kaufmännischen Angelegenheiten (zB Buchhaltung, Controlling, Lohn- und Gehaltsabrechnung[17], Rechnungswesen[18], Druckerei, Hausmeister, Haustechnik[19], technischer Notdienst), eine interne Kostenverrechnung der beteiligten Rechtsträger, die auch bei dienst- oder werkvertragl. Zusammenarbeit oder AÜ erfolgen kann[20], die eigentumsrechtliche Zuordnung der Betriebsmittel[21], die gemeinsame Nutzung von Werkswohnungen oder einer bestimmten Infrastruktur (zB Werkschutz, Telefonanlage, Abfallentsorgung, Postverteilung, Warenannahme, Stromversorgung)[22] oder das subjektive Verbundenheitsgefühl der ArbN[23].

17 **V. Vermutung eines gemeinsamen Betriebs (Abs. 2). 1. Zusammenarbeit der beteiligten Rechtsträger (Nr. 1).** Nach Abs. 2 Nr. 1 wird das Vorliegen eines gemeinsamen Betriebs iSd. BetrVG vermutet, wenn zur Verfolgung arbeitstechnischer Zwecke die Betriebsmittel sowie die ArbN von den Unternehmen gemeinsam eingesetzt werden. Dabei genügt es, wenn die wesentlichen Ressourcen der beteiligten Rechtsträger einbezogen werden. Alle ArbN oder alle Betriebsmittel müssen nicht erfasst werden[24]. Für einen Rückgriff auf die gesetzl. Vermutung reicht eine „gemeinsame Nutzung" der Betriebsmittel und ArbN indes nicht ausreichend. Vielmehr muss dargelegt und ggf. bewiesen werden, dass ein „gemeinsamer Einsatz" erfolgt, also eine übergreifende Steuerung der ArbN in den wesentlichen personellen und sozialen Angelegenheiten durch einen einheitlichen Leitungsapparat gegeben ist[25]. An dieser Tatsache erst knüpft die gesetzl. Vermutung an[26]. Ohne den Nachweis einer einheitlichen Leitung bedarf es keines Rückgriffs auf Abs. 2[27]. Schließlich baut das Gesetz auf der früheren Rspr. zum gemeinsamen Betrieb auf[28]. Ersetzt wird durch die Vermutung in Abs. 2 Nr. 1 nur der Nachweis, dass der gemeinsamen

---

1 BAG 13.8.2008 – 7 ABR 21/07, NZA-RR 2009, 255 (257).   ‖2 Vgl. BAG 25.5.2005 – 7 ABR 38/04, DB 2005, 1914; 13.2.2013 – 7 ABR 36/11, BB 2013, 2170 ff.; allerdings ist dieses Kriterium für das Bestehen eines gemeinsamen Betriebs weder notwendige Voraussetzung noch schließt ihr Nichtvorhandensein ein solches aus: vgl. BAG 19.6.2001 – 1 ABR 42/00, NZA 2001, 1263 (1264); aA *Joost*, Betrieb und Unternehmen, S. 241, 265; *Gamillscheg*, ZfA 1975, 357 (399).   ‖3 BAG 18.10.2006 – 2 AZR 434/05, DB 2007, 810 (812); 13.2.2013 – 7 ABR 36/11, NZA-RR 2013, 521 (525).   ‖4 BAG 13.2.2013 – 7 ABR 36/11, NZA-RR 2013, 521 (524).   ‖5 BAG 25.5.2005 – 7 ABR 38/04, DB 2005, 1914.   ‖6 Abw. DKKW/*Trümner*, § 1 Rz. 96.   ‖7 Vgl. BAG 13.8.2008 – 7 ABR 21/07, NZA-RR 2009, 255 (259): Organvertrag genügt nicht.   ‖8 Vgl. BFH 3.4.2008 – V R 76/05, BB 2008, 2109 (2110); vgl. zu den Voraussetzungen der finanziellen Eingliederung BFH 1.12.2010 – XI R 437/08.   ‖9 BAG 25.5.2005 – 7 ABR 38/04, DB 2005, 1914; aA *Growe/Grüninger*, AiB 2001, 580 (583); für indiziellen Charakter auch DKKW/*Trümner*, § 1 Rz. 100.   ‖10 BAG 22.3.2001 – 8 AZR 565/00, NZA 2002, 1349 (1356); 31.5.2007 – 2 AZR 254/06, NZA 2007, 1307 (1309).   ‖11 BAG 11.12.2007 – 1 AZR 824/06, NZA-RR 2008, 298 (299).   ‖12 WHSS/*Hohenstatt*, Rz. D 43; abw. noch BAG 29.1.1987 – 6 ABR 23/85, NZA 1987, 707 (708), das darin einen zu berücksichtigenden Umstand gesehen hatte.   ‖13 BAG 24.5.2012 – 2 AZR 62/11, NZA 2013, 277 (279); 13.8.2008 – 7 ABR 21/07, NZA-RR 2009, 255 (259).   ‖14 Vgl. BAG 29.4.1999 – 2 AZR 352/98, EzA § 23 KSchG Nr. 21 S. 6; 22.3.2001 – 8 AZR 565/00, NZA 2002, 1349 (1356); 23.9.2010 – 8 AZR 567/09, NZA 2011, 197 (199).   ‖15 BAG 23.9.1982 – 6 ABR 42/81, DB 1983, 1498 (1499); *B. Gaul*, Betriebs- und Unternehmensspaltung, § 25 Rz. 39; *Hermann*, Gemeinsamer Betrieb, 1993, S. 31 f.   ‖16 AA DKKW/*Trümner*, § 1 Rz. 96 (indizieller Charakter).   ‖17 BAG 18.10.2006 – 2 AZR 434/05, DB 2007, 810 (811).   ‖18 BAG 1.4.1987 – 4 AZR 77/86, DB 1987, 1643; 18.1.1990 – 2 AZR 355/89, NZA 1990, 977 (978).   ‖19 BAG 25.5.2005 – 7 ABR 38/04, DB 2005, 1914.   ‖20 Vgl. BAG 24.1.1996 – 7 ABR 10/95, NZA 1996, 1110 (1111); LAG Hess. 16.4.1997 – 8 Sa 1202/95, NZA-RR 1998, 242, 244.   ‖21 BAG 13.2.2013 – 7 ABR 36/11, NZA-RR 2013, 521 (524).   ‖22 Vgl. BAG 25.5.2005 – 7 ABR 38/04, DB 2005, 1914; 13.2.2013 – 7 ABR 36/11, NZA-RR 2013, 521 (526).   ‖23 BAG 23.9.1982 – 6 ABR 42/81, DB 1983, 1498 (1499); *B. Gaul*, Betriebs- und Unternehmensspaltung, § 25 Rz. 22 ff.   ‖24 Vgl. *Hanau*, RdA 2001, 76 (81).   ‖25 Vgl. BAG 22.6.2005 – 7 ABR 57/04, NZA 2005, 1248 (1250); 13.8.2008 – 7 ABR 21/07, NZA-RR 2009, 255 (259); *B. Gaul*, Betriebs- und Unternehmensspaltung, § 25 Rz. 99.   ‖26 BAG 12.12.2006 – 1 ABR 38/05, AP Nr. 27 zu § 1 BetrVG Gemeinsamer Betrieb; 13.8.2008 – 7 ABR 21/07, NZA-RR 2009, 255 (257).   ‖27 BAG 13.8.2009 – 7 ABR 21/07, NZA-RR 2009, 255 (259).   ‖28 BT-Drs. 14/5741, 33.

Steuerung eine entsprechende Führungsvereinbarung zugrunde liegt[1]. Eine bestimmte Dauer des gemeinsamen Einsatzes ist nicht erforderlich. Ein Betrieb kann auch für eine vorübergehende Zusammenarbeit gebildet werden. Bloße Dienstleistungsvereinbarungen, Subunternehmertätigkeiten oder eine arbeitsteilige Zusammenarbeit genügen nicht[2]. Sind die Voraussetzungen einer Vermutung nach Abs. 2 nicht festzustellen, kann dennoch ein gemeinsamer Betrieb nach Abs. 1 S. 2 vorliegen[3].

2. Fehlende Organisationsänderung nach Betriebsteilübertragung (Nr. 2). Nach Abs. 2 Nr. 2 wird ein gemeinsamer Betrieb mehrerer Unternehmen vermutet, wenn die Spaltung eines Unternehmens zur Folge hat, dass ein oder mehrere Betriebsteile einem anderen Rechtsträger zugeordnet werden, ohne dass sich dabei die Organisation des betroffenen Betriebs wesentlich ändert. Obwohl dabei der Begriff der Spaltung eines Unternehmens nahe legen könnte, dass nur Übertragungsvorgänge nach § 123 UmwG gemeint sind, erfasst die Vermutung **jede Form der Übertragung eines Betriebsteils auf einen anderen Rechtsträger**. Auf die Art des Rechtsgeschäfts (Einzel- oder Gesamtrechtsnachfolge) kommt es nicht an. Trotz seiner Ungenauigkeit liegt der Vorteil des Begriffs der Zuordnung darin, dass auch solche Fallgestaltungen erfasst werden, die – zB bei der Übernahme eines betriebsmittelarmen Betriebsteils durch Einstellung des nach Zahl und Sachkunde wesentlichen Personals[4] – nicht mit einer Übertragung von Vermögen auf andere Rechtsträger verbunden sind. 18

Anknüpfungspunkt für den Fortbestand des bis zum Übertragungszeitpunkt bestehenden Betriebs ist der Umstand, dass seine **Organisation** nach der Übernahme einzelner Betriebsteile durch einen oder mehrere andere Rechtsträger **im Wesentlichen unverändert** bleibt. Charakterisiert man die Organisation eines Betriebs im betriebsverfassungsrechtl. Sinne vor allem durch die einheitliche Leitungsmacht in den wesentlichen personellen und sozialen Fragen (vgl. Rz. 7, 14), kommt die gesetzl. Vermutung zum Tragen, wenn hinsichtlich dieser Aufgabenzuordnung keine tatsächlichen Veränderungen vorgenommen wurden. Erforderlich ist also nicht nur, dass ArbN sowie etwaige Betriebsmittel weiterhin übergreifend eingesetzt werden; fehlt es daran, kommt es auf die Leitungsstruktur der Organisationseinheit nicht an[5]. Wenn eine solche Zusammenfassung von ArbN und Betriebsmitteln gegeben ist, müssen auch die für die Kennzeichnung des Betriebs wesentlichen Maßnahmen, also vor allem Einstellungen, Entlassungen und Versetzungen sowie Veränderungen in Bezug auf die betriebl. Ordnung, Arbeitszeit, Urlaub, technische Einrichtungen und Entgelt, weiter zentral gesteuert werden. Anknüpfungspunkte hierfür sind zB die unveränderte personelle und soziale Verantwortlichkeit in Person der Personal- oder Betriebsleiter/in, eine Beibehaltung der bisherigen Hierarchieebenen, des bisherigen Organigramms, der Abteilungen, der fachlichen und personellen Zuständigkeiten sowie der Berichtspflichten. Eine personelle Identität der jeweiligen Vorgesetzten ist nicht erforderlich; ihr Austausch würde auch ohne Übertragung eines Betriebsteils keine Veränderung der Betriebsorganisation bewirken. 19

Nicht ausreichend für einen Fortbestand der Betriebsorganisation ist, wenn nur ein untergeordneter Teil der personellen und sozialen Angelegenheiten weiterhin einheitlich ausgeübt wird. Bsp.: Personalserviceleistungen wie Lohn- und Gehaltsabrechnungen, zentrale Vorgabe von Vertragsmustern[6]. Es muss der wesentliche Teil in der übergreifenden Steuerung der operativen Tätigkeit fortgeführt werden. 20

Kleinere Änderungen stehen der Vermutungswirkung nicht entgegen. Erforderlich ist aber, dass diese Änderungen in ihrer Intensität **unterhalb der Schwelle einer Betriebsänderung** iSd. § 111 S. 3 Nr. 4 liegen. Dafür spricht, dass in § 1 nicht das Wort „grundlegend", sondern – entsprechend der mehrheitlichen Interpretation von § 322 I UmwG aF – das Wort „wesentlich" verwendet worden ist. Vergleichbar mit den Überlegungen zu § 111 sind allerdings auch bei der Kennzeichnung der Wesentlichkeit quantitative Gesichtspunkte maßgeblich. Wenn die personelle und soziale Leitungsmacht für den Teil des Betriebs, der auf einen anderen Rechtsträger übertragen wurde und von der Zahl der ArbN – bezogen auf den Gesamtbetrieb – die Schwellenwerte in § 17 KSchG überschreitet, nach der veränderten Zuordnung durch den übernehmenden Rechtsträger selbst ausgeübt wird, kommt die Vermutung nicht mehr zur Anwendung. 21

Die räumliche Nähe der betroffenen Einheiten spielt keine Rolle (vgl. Rz. 9). Mit der Anknüpfung an die Organisation des Betriebs wird ein klares Kriterium genannt, das – wie §§ 4 I 1, 111 S. 3 Nr. 2 zeigen – ohnehin unabhängig von der räumlichen Entfernung maßgeblich für die betriebsverfassungsrechtl. Eigenständigkeit eines Betriebs oder Betriebsteils ist. 22

Ob zwischen den beteiligten Rechtsträgern eine Führungsvereinbarung abgeschlossen worden ist, muss nicht dargelegt und ggf. bewiesen werden. Denn die gesetzl. Vermutung bezieht sich gerade auf die Existenz einer solchen Vereinbarung über den einheitlichen Leitungsapparat[7]. 23

---

1 BAG 13.8.2008 – 7 ABR 21/07, NZA-RR 2009, 255 (257); 13.2.2013 – 7 ABR 36/11, NZA-RR 2013, 521 (524). ||2 BAG 13.8.2008 – 7 ABR 21/07, NZA-RR 2009, 255 (259); LAG Düss. 20.12.2010 – 14 TaBV 24/10, BB 2011, 2428. ||3 BAG 13.8.2009 – 7 ABR 21/07, NZA-RR 2009, 255 (259). ||4 Vgl. *B. Gaul*, Betriebs- und Unternehmensspaltung, § 6 Rz. 150 ff., 230 ff.; ErfK/*Preis*, § 613a BGB Rz. 24 ff. ||5 BAG 22.6.2005 – 7 ABR 57/04, NZA 2005, 1248. ||6 Vgl. *B. Gaul*, Betriebs- und Unternehmensspaltung, § 25 Rz. 87 mwN. ||7 BAG 22.6.2005 – 7 ABR 57/04, NZA 2005, 1248; 12.12.2006 – 1 ABR 38/05, AP Nr. 27 zu § 1 BetrVG Gemeinsamer Betrieb.

24 3. **Widerlegung der gesetzlichen Vermutung.** Die gesetzl. Vermutungen des Abs. 2 sind widerlegbar[1]. In der Praxis dürfte dies aber selten gelingen. Voraussetzung hierfür ist nämlich, dass dargelegt und ggf. bewiesen wird, dass die beteiligten Rechtsträger keine Vereinbarung über die gemeinsame Führung des Betriebs getroffen haben[2]. Problematisch daran ist aber, dass sich dies (konkludent) bereits aus der praktischen Handhabe der beteiligten Rechtsträger ergeben kann. Angesichts dessen müsste also für die Widerlegung der gesetzl. Vermutung aus Abs. 2 dargelegt und ggf. bewiesen werden, dass die Steuerung der ArbN und Betriebsmittel der gemeinsam tätigen Rechtsträger (Nr. 1) bzw. der ArbN in den verschiedenen Teilen des bisherigen Betriebs (Nr. 2) von den beteiligten Rechtsträgern jeweils selbständig erfolgt, obgleich auf Grund der tatsächlichen Gegebenheiten – insb. als Folge der einheitlichen Personalsteuerung mit ihrer Vorgabe von Art, Ort und Zeit der Arbeit einschl. des Arbeitsentgelts – an sich von dem (Fort-)Bestand einer einheitlichen Organisation auszugehen ist[3]. Dass eine solche Steuerung der ArbN ohne Wissen und Wollen der beteiligten Rechtsträger erfolgt, was für das Fehlen einer (konkludenten) Vereinbarung über die gemeinsame Führung erforderlich wäre, ist kaum denkbar. Die gesetzl. Vermutung dürfte deshalb nur dann widerlegbar sein, wenn einer der von einer veränderten Zuordnung betroffenen Betriebsteile mit der Folge verlegt wird, dass wegen der räumlichen Entfernung trotz Beibehaltung der bisherigen Organisation eine betriebsverfassungsrechtl. Verselbständigung gegeben ist (§ 4 I 1 Nr. 1). In den übrigen Fällen dürfte sich Abs. 2 Nr. 2 auf die Wiedergabe des rechtl. Status quo beschränken. Angreifbar sind daher im Zweifel nur die die Vermutung selbst begründenden Tatsachen.

25 **Rechtsfolge des gemeinsamen Betriebs:** Der gemeinsame Betrieb mehrerer Unternehmen wird grds. wie ein Betrieb eines Unternehmens behandelt[4]. Insofern finden die allg. Regelungen zur Wahl, zur Zusammensetzung und zu den Beteiligungsrechten des BR Anwendung[5]. Für den Fall des Zusammenschlusses gilt § 21a[6]. Bei Neuwahl für gem. Betrieb findet verfahrensrechtlich Funktionsnachfolge statt[7]. Die Wahrung der BeteiligungsR obliegt den beteiligten Unternehmen, wobei dem BR unter Berücksichtigung der jeweiligen Angelegenheit unterschiedliche Verhandlungspartner gegenüberstehen können[8]. BV begründen indes im Zweifel nur Ansprüche der ArbN ggü. dem jeweiligen VertragsArbGeb (vgl. § 77 Rz. 27). Insofern können im gemeinsamen Betrieb für die an ihm beteiligten ArbGeb jeweils im Verhältnis zu ihren ArbN auch verschiedene Vergütungsordnungen zur Anwendung kommen[9]; wird der Betrieb nach einem Betriebsteilübergang als gemeinsamer Betrieb fortgeführt, besteht grds. die bisherige Vergütungsordnung im Verhältnis zu beiden VertragsArbGeb fort[10]. Für Ansprüche der BR-Mitglieder auf Entgeltfortzahlung ist der VertragsArbGeb zuständig. Für Ansprüche des BR auf Kostenerstattung nach §§ 40, 80 III, 111 S. 2 haften die beteiligten Unternehmen indes als Gesamtschuldner[11]; im Innenverhältnis können die Unternehmen hiervon abweichende Vereinbarungen treffen. Werden einzelne Betriebsteile von mehreren Erwerbern als Gemeinschaftsbetrieb fortgeführt, wird deshalb auch nicht der Betrieb gem. § 613a BGB neuer ArbGeb[11]. Vielmehr bleiben die Unternehmen, die den gemeinsamen Betrieb errichten, ArbGeb der bei ihnen beschäftigten ArbN. Auf die Betriebsfortführungsgesellschaft wird nichts, was die Identität einer wirtschaftl. Einheit ausmacht, übertragen. Eine Anwendbarkeit von § 613a BGB ist daher ausgeschlossen, sofern nicht die von den einzelnen Rechtsträgern übernommenen Betriebsteile ihrerseits einen Übergang nach § 613a BGB – bezogen auf den einzelnen Rechtsträger – nahe legen.

26 Sofern Rechte des BR und seiner Mitglieder an eine bestimmte ArbN-Zahl im Betrieb geknüpft sind (zB §§ 9, 99, 106), ist auf die Gesamtzahl der im gemeinsamen Betrieb durch die beteiligten Unternehmen beschäftigten ArbN abzustellen[12]. Auch bei §§ 15 IV, V, 17 KSchG ist auf den gemeinsamen Betrieb gem. § 1 I 2 abzustellen (vgl. § 17 KSchG Rz. 7)[13]. Entsprechendes gilt für die Unternehmensmitbest. Dort wird auf den Betrieb iSd. BetrVG abgestellt (vgl. § 3 II MitbestG). Alle ArbN sind bei der Berechnung der Schwellenwerte für die Anwendbarkeit des MitbestG (vgl. § 1 MitbestG Rz. 12) oder DrittelbG (vgl. § 3 DrittelbG Rz. 3) einzubeziehen und bei Wahlen der ArbN-Vertreter der am gemeinsamen Betrieb beteiligten Rechtsträger und – sofern vorhanden – der diesen beherrschenden Unternehmen aktiv und passiv legitimiert[14]. Gemeinsamer BR entsendet in GBR und KBR; für mehrere gemeinsame Betriebe gleicher Trägerunternehmen ist jeweils ein GBR bei jedem Trägerunternehmen zu errichten, falls keine abweichende Vereinbarung nach § 3 getroffen wird[15].

---

1 BAG 13.2.2013 – 7 ABR 36/11, NZA-RR 2013, 521 (524). || 2 *B. Gaul*, Betriebs- und Unternehmensspaltung, § 25 Rz. 89. || 3 Vgl. BAG 13.2.2013 – 7 ABR 36/11, NZA-RR 2013, 521 (524); *Trümner*, AiB 2001, 507 (511); *B. Gaul*, Betriebs- und Unternehmensspaltung, § 25 Rz. 102. || 4 Eingehend *Bonanni*, Der gemeinsame Betrieb, S. 91 ff. || 5 Vgl. BAG 27.6.1995 – 1 ABR 62/94, EzA § 111 BetrVG 1972 Nr. 31 S. 3. || 6 *Schönhöft/Schönleber*, BB 2013, 2485 (2488). || 7 BAG 13.2.2013 – 7 ABR 36/11, NZA-RR 2013, 521 (523). || 8 Vgl. BAG 12.11.2002 – 1 AZR 632/01, NZA 2003, 676 (678); *Bonanni*, Der gemeinsame Betrieb, S. 166 ff. || 9 BAG 12.11.2006 – 1 ABR 38/05, AP Nr. 27 zu § 1 BetrVG Gemeinsamer Betrieb. || 10 BAG 8.12.2009 – 1 ABR 66/08, NZA 2010, 404 (406). || 11 BAG 16.2.2006 – 8 AZR 211/05, NZA 2006, 592 (595). || 12 Vgl. BAG 12.11.2002 – 1 AZR 632/01, NZA 2003, 676 (678). || 13 Vgl. KR/*Weigand*, § 17 KSchG Rz. 15 f. || 14 Vgl. BAG 13.3.2013 – 7 ABR 47/11, NZA 2013, 853 (856) zum aktiven Wahlrecht. Offen passives Wahlrecht und Zurechnung bei Schwellenwerten. Umfassend ebenso LG Hamburg 21.10.2008 – 417 O 171/07, ZIP 2008, 2364 (2366); ErfK/*Oetker*, § 3 MitbestG Rz. 3; MüKo-AktG/*Grach*, § 3 MitbestG Rz. 35; UHH/*Henssler*, MitbestG § 3 Rz. 120; Richardi/*Richardi*, § 1 Rz. 86; *Däubler*, FS Zeuner, 1994, S. 19, 31; abw. Fitting/Wlotzke/*Wißmann*, § 10 MitbestG Rz. 13; UHH/*Hanau/Ulmer*, § 10 MitbestG Rz. 5; *Hohenstatt/Schramm*, NZA 2010, 846 ff. || 15 BAG 17.3.2010 – 7 AZR 706/08, DB 2010, 2812.

Auflösung des gemeinsamen Betriebs: Der gemeinsame Betrieb wird beendet, wenn – bei zwei beteiligten Unternehmen – eines der Unternehmen seine betriebl. Tätigkeit einstellt oder die Vereinbarung über die gemeinsame Steuerung aufgelöst wird. In gleicher Weise können einzelne Unternehmen aus dem gemeinsamen Betrieb ausscheiden; der gemeinsame Betrieb besteht sodann mit den übrigen Unternehmen fort. Voraussetzung ist aber, dass die Beendigung der Vereinbarung auch tatsächlich in die Praxis umgesetzt wird; die bloße Kündigung (zB durch Insolvenzverwalter) genügt nicht[1]. Im Zweifel stellt die Auflösung eines gemeinsamen Betriebs eine **Betriebsänderung** dar[2]. Ggf. besteht ein Übergangs- oder Restmandat nach §§ 21a, 21b (vgl. §§ 21a Rz. 4ff., 21b Rz. 3ff.); im Beschlussverfahren findet eine Funktionsnachfolge statt[3]. Wenn das in einem gemeinsamen Betrieb beteiligte Unternehmen seine Tätigkeit einstellt, das andere Unternehmen diese aber fortsetzt und die Identität des Betriebs gewahrt bleibt, besteht auch der BR fort. Ein Übergangs- oder Restmandat kommt nicht in Betracht. Ob Neuwahlen erforderlich sind, richtet sich nach § 13[4]. 27

Passivlegitimation: Für Ansprüche des BR, die sich auf die Vornahme oder Unterlassung einer der gemeinsamen betriebl. Leitungsmacht unterfallenden Maßnahme richten (zB Verlängerung der betriebsüblichen Arbeitszeit), ist nicht das einzelne Unternehmen passiv legitimiert. Im gemeinsamen Betrieb sind Inhaber der betriebl. Leitungsmacht alle Unternehmen, die sich zur einheitlichen Leitung des Betriebs verbunden haben. Anträge des BR sind deshalb gegen alle Unternehmen zu richten, die am gemeinsamen Betrieb beteiligt sind. Richtet sich der Antrag zunächst nur gegen ein Unternehmen, kann dies vom Rechtsbeschwerdegericht nachgeholt werden[5]. 28

2 *Stellung der Gewerkschaften und Vereinigungen der Arbeitgeber*
(1) Arbeitgeber und Betriebsrat arbeiten unter Beachtung der geltenden Tarifverträge vertrauensvoll und im Zusammenwirken mit den im Betrieb vertretenen Gewerkschaften und Arbeitgebervereinigungen zum Wohl der Arbeitnehmer und des Betriebs zusammen.

(2) Zur Wahrnehmung der in diesem Gesetz genannten Aufgaben und Befugnisse der im Betrieb vertretenen Gewerkschaften ist deren Beauftragten nach Unterrichtung des Arbeitgebers oder seines Vertreters Zugang zum Betrieb zu gewähren, soweit dem nicht unumgängliche Notwendigkeiten des Betriebsablaufs, zwingende Sicherheitsvorschriften oder der Schutz von Betriebsgeheimnissen entgegensteht.

(3) Die Aufgaben der Gewerkschaften und der Vereinigungen der Arbeitgeber, insbesondere die Wahrnehmung der Interessen ihrer Mitglieder, werden durch dieses Gesetz nicht berührt.

I. Vorbemerkung. § 2 enthält Grundregeln der Betriebsverfassung zur Rechtsstellung von ArbGeb, BR und Gewerkschaften und dient insoweit auch der Auslegung und Anwendung des Gesetzes. 1

II. Gebot der vertrauensvollen Zusammenarbeit. Das Gebot der vertrauensvollen Zusammenarbeit bezieht sich auf das betriebsverfassungsrechtl. Verhältnis zwischen ArbGeb und BR. Es ist der Schlüssel für ein beiderseits erfolgreiches Wirken. Auf ArbGebSeite sind neben dem Organ alle ArbN verpflichtet, die in betriebsverfassungsrechtl. relevanten Angelegenheiten ggü. dem BR als Vertreter des ArbGeb tätig werden. Adressat des Gebots auf ArbN-Seite sind nicht nur der BR als Kollegialorgan, sondern auch der Betriebsausschuss und sonstige BR-Ausschüsse nach §§ 27, 28, soweit ihnen betriebsverfassungsrechtl. Aufgaben zur selbständigen Erledigung übertragen sind. In gleicher Weise werden deshalb auch die Arbeitsgruppe nach § 28a oder die ArbN-Vertretungen nach § 3 erfasst. Da in allen Fällen betriebsverfassungsrechtl. Aufgaben wahrgenommen werden, spielt es keine Rolle, ob sie neben oder anstelle der gesetzl. ArbN-Vertretung gebildet wurden. Entsprechend werden auch die sonstigen betriebsverfassungsrechtl. Gremien wie GBR und KBR oder JAV erfasst[6]. Darüber hinaus sind die einzelnen Mitglieder dieser Vertretungsorgane zur vertrauensvollen Zusammenarbeit verpflichtet, soweit sie betriebsverfassungsrechtl. Aufgaben wahrnehmen[7]. Bis zum Ablauf ihrer Amtszeit werden auch bereits gekündigte BR-Mitglieder erfasst, da sie weiterhin ein Mandat innehaben, soweit fristgemäß Kündigungsschutzklage erhoben wurde und der Rechtsstreit noch nicht abgeschlossen ist[8]. 2

Wegen der in Abs. 1 normierten Verpflichtung zum Zusammenwirken gilt das Gebot der vertrauensvollen Zusammenarbeit auch für die im Betrieb vertretenen **Gewerkschaften und ArbGebVereinigungen**, soweit sie betriebsverfassungsrechtl. Aufgaben und Befugnisse wahrnehmen[9]. Das Gebot gilt dagegen weder für das Verhältnis der BR-Mitglieder untereinander noch zwischen den verschiedenen ArbN-Vertretungen. Das Verhältnis des BR zum **Sprecherausschuss** wird in § 2 II SprAuG geregelt (vgl. § 2 SprAuG Rz. 3ff.). 3

---

1 Vgl. BAG 12.11.1998 – 8 AZR 301/97, DB 1999, 1067. ||2 Vgl. *B. Gaul*, Betriebs- und Unternehmensspaltung, § 28 Rz. 45 (49). ||3 BAG 13.2.2013 – 7 ABR 36/11, NZA-RR 2013, 521 (523). ||4 BAG 19.11.2003 – 7 AZR 11/03, NZA 2004, 435 (437). ||5 BAG 15.5.2007 – 1 ABR 32/06, NZA 2007, 1240 (1241). ||6 Vgl. auch Richardi/*Richardi*, § 2 Rz. 11; GK-BetrVG/*Franzen*, § 2 Rz. 7; *Fitting*, § 2 Rz. 13. ||7 BAG 21.2.1978 – 1 ABR 54/76, EzA § 74 BetrVG 1972 Nr. 4 S. 27 (39); GK-BetrVG/*Franzen*, § 2 Rz. 10. ||8 ArbG Elmshorn 16.6.2003 – 2 BVGa 35d/03, AiB 2004, 40. ||9 Vgl. BAG 14.2.1967 – 1 ABR 7/66, EzA § 45 BetrVG 1952 Nr. 1 S. 2; Richardi/*Richardi*, § 2 Rz. 11; GK-BetrVG/*Franzen*, § 2 Rz. 22.

4 Das Gebot vertrauensvoller Zusammenarbeit verpflichtet zu gegenseitiger **„Ehrlichkeit und Offenheit"**[1]. Die Zusammenarbeit soll dem „Wohl der Arbeitnehmer und des Betriebes" dienen. Dabei betrifft das Gebot neben Form und Verfahren der Zusammenarbeit auch den Inhalt der Handlungen und Erklärungen im Verhältnis zwischen ArbGeb und ArbN-Vertretern. Außerdem verpflichtet es zur **Zuverlässigkeit**. Vertrauensvoll ist die Zusammenarbeit, wenn sie von Respekt getragen ist und jeder den Worten des Anderen Glauben schenken kann. Darüber hinaus müssen die jeweilige Funktion und die daraus folgenden Unterschiede in Art und Inhalt der Interessenvertretung anerkannt werden. Vertrauensvolle Zusammenarbeit verlangt, dass der ArbGeb die gesetzl. geschaffene Einwirkungsmöglichkeit des BR auf seinen Rechtskreis anerkennt und umgekehrt der BR bei der Verfolgung der ArbN-Interessen auf die Rechte und Belange des ArbGeb Rücksicht nimmt. Abs. 1 verbietet deshalb auch, die Funktion der anderen Seite im Rahmen der Betriebsverfassung zu stören. Für den ArbGeb ist dies durch § 78 konkretisiert, für den BR bestimmt § 77 I 2, dass er nicht durch einseitige Handlungen in die Leitung des Betriebs eingreifen darf. Im Rahmen eines Meinungsaustauschs können dabei völlig unterschiedliche Sichtweisen zu bestimmten Angelegenheiten einschl. einer entsprechenden Einschätzung der Arbeits- und Vorgehensweise der jeweils anderen Seite zum Ausdruck kommen. Dass etwaige Meinungsverschiedenheiten öffentl. und mit „harten Bandagen" ausgetragen werden, ist unschädlich, soweit die Auseinandersetzung nicht verletzend und in der Form unangemessen ist[2]. Das Gleiche gilt auch für Kritik des ArbGeb an der Zusammensetzung des BR oder den BR-Kosten. Sie ist grds. zulässig. Allerdings dürfen solche Meinungsäußerungen nicht verkürzt und plakativ vor der Belegschaft im Wesentlichen mit dem Ziel erfolgen, das Ansehen des BR vor den ArbN herabzusetzen und seine Arbeit zu erschweren[3]. Umgekehrt kann deshalb auch die öffentl. Diffamierung des ArbGeb einen Verstoß gegen Abs. 1 darstellen, sofern nicht der ArbGeb durch ständige Provokationen die Entgleisungen herausgefordert und damit selbst die vertrauensvolle Zusammenarbeit aufgekündigt hat[4]. Der Grundsatz der vertrauensvollen Zusammenarbeit erfordert auch die angemessene Berücksichtigung der finanziellen Belange des ArbGeb[5], ohne dass stets die für den ArbGeb kostengünstigste Gestaltungsmöglichkeit gewählt werden muss. So darf der BR nicht auf Einrede der Verjährung von Rechtsanwaltsansprüchen mit der Folge verzichten, dass der ArbGeb zur Kostenerstattung verpflichtet ist[6].

5 Soweit die Zusammenarbeit zwischen ArbGeb und BR **„unter Beachtung der geltenden Tarifverträge"** erfolgen muss, setzt dies voraus, dass der jeweils in Rede stehende TV im Betrieb überhaupt Geltung beansprucht. Der TV muss für den Betrieb gelten, dh. der Betrieb muss in den räumlichen, fachlichen und zeitlichen Geltungsbereich des TV fallen und beiderseitige Tarifgebundenheit bestehen. Wird diese Voraussetzung durch mehrere TV erfüllt, richtet sich deren Geltung nach den zur Tarifkonkurrenz und Tarifpluralität entwickelten Grundsätzen (vgl. § 4 TVG Rz. 47ff.)[7]. Konkretisiert wird diese Vorgabe allerdings durch die Regelungen zum Tarifvorrang in §§ 77 III, 87 I Einleitungssatz und § 80 I Nr. 1, nach dem der BR über die Durchführung der geltenden TV im Betrieb zu wachen hat. BR sollen den Gewerkschaften keine Konkurrenz machen[8]. Soweit das Gesetz in Heimarbeit Beschäftigte erfasst (vgl. § 5 Rz. 32), gilt eine entsprechende Verpflichtung bei einer bindenden Festsetzung der Entgelte und sonstigen Vertragsbedingungen nach § 19 HAG.

6 Obwohl Abs. 1 mit den vorstehenden Vorgaben unmittelbar verpflichtet, also keinen bloßen Programmsatz enthält[9], lassen sich daraus **keine zusätzlichen Kompetenzen** der betriebl. Sozialpartner begründen. Insb. können mit dem Gebot der vertrauensvollen Zusammenarbeit keine weiteren Mitbest.- oder Mitwirkungsrechte begründet werden[10]. Abs. 1 enthält nur eine Vorgabe, die bei der Auslegung und Anwendung der durch das BetrVG anderweitig begründeten Rechte und Pflichten zur Geltung kommt (zB Rechtzeitigkeit einer Unterrichtung, Umfang und (Schrift-)Form einer Informationspflicht[11]). Für den ArbGeb kann Abs. 1 einen Anspruch auf Informationen zum Zustandekommen eines BR-Beschlusses begründen, falls diese für die Wirksamkeit von Vereinbarungen maßgeblich ist und Anhaltspunkte dafür bestehen, dass die gesetzl. Erfordernisse nicht beachtet wurden (Bsp.: Einladung, beteiligte BR-Mitglieder, Beschlussfassung). Abs. 1 verpflichtet, alles zu unterlassen, was der Wahrnehmung eines konkreten MitbestR entgegensteht[12]. Gleichwohl kann aber allein mit Abs. 1 kein allg. Unterlassungsanspruch bei betriebsverfassungswidrigem Verhalten begründet werden[13]. Ebenso wenig folgt daraus ein Anspruch auf Durchführung einer BV, die der BR nicht selbst beschlossen hat[14]. Hierfür

---

1 BAG 2.11.1983 – 7 AZR 65/82, EzA § 102 BetrVG 1972 Nr. 53 S. 435 (439); 22.9.1994 – 2 AZR 31/94, NZA 1995, 363 (365); GK-BetrVG/*Franzen*, § 2 Rz. 13; *Hampe*, DB 2010, 1996 f. ||2 LAG Nds. 6.4.2004 – 1 TaBV 64/03, LAGReport 2004, 276: Aufforderung des ArbGeb an BR, sich nicht „mimosenhaft" zu verhalten und zum Wohl der Mitarbeiter zu handeln. ||3 Vgl. BAG 19.7.1995 – 7 ABR 60/94, NZA 1996, 332 (334); 12.11.1997 – 7 ABR 14/97, NZA 1998, 559 (560); LAG Düss. 26.11.1993 – 17 TaBV 71/93, LAGE § 23 BetrVG 1972 Nr. 34 S. 3; LAG Köln 21.3.1995 – 9 TaBV 68/94, LAGE § 23 BetrVG 1972 Nr. 37 S. 1. ||4 Vgl. ArbG Marburg 28.5.1999 – 2 BV 3/99, NZA-RR 2001, 91 (92). ||5 BAG 16.4.2003 – 7 ABR 29/02, EzA § 20 BetrVG 2001 Nr. 1 S. 6; 23.6.2009 – 7 ABR 103/08, NZA 2010, 1298 (1301). ||6 Vgl. LAG Schl.-Holst. 4.7.2000 – 3 TaBV 15/00, NZA-RR 2000, 590 (591). ||7 Vgl. BAG 7.7.2010 – 4 AZR 549/08, NZA 2010, 1068ff. ||8 Hess ua./*Rose*, § 2 Rz. 79. ||9 GK-BetrVG/*Franzen*, § 2 Rz. 4; *Fitting*, § 2 Rz. 16. ||10 GK-BetrVG/*Franzen*, § 2 Rz. 4, 15; *Fitting*, § 2 Rz. 23. ||11 BAG 30.9.2008 – 1 ABR 54/07, NZA 2009, 502 (504). ||12 BAG 18.5.2010 – 1 ABR 6/09, NZA 2010, 1433 (1435). ||13 BAG 28.5.2002 – 1 ABR 32/01, NZA 2003, 166 (169); *Fitting*, § 2 Rz. 26; ausf. GK-BetrVG/*Oetker*, § 23 Rz. 132ff. ||14 BAG 18.5.2010 – 1 ABR 6/09, NZA 2010, 1433 (1435).

kommt es stattdessen auf den Inhalt des jeweiligen MitbestR, dessen konkrete Ausgestaltung und die Art der Rechtsverletzung an[1].

III. Gewerkschaft und Arbeitgebervereinigung. Die in Abs. 1 bestimmte Pflicht zum „Zusammenwirken mit den im Betrieb vertretenen Gewerkschaften und Arbeitgebervereinigungen" begründet keinen Rechtsanspruch entsprechender Koalitionen zur Einbindung in die betriebsverfassungsrechtl. Interessenvertretung[2]. Das Gesetz verpflichtet ArbGeb und BR nur, den Koalitionen die Möglichkeit einer Mitwirkung auf Betriebsebene einzuräumen[3]. Bei der Feststellung des Anwendungsbereichs ist von den Grundsätzen auszugehen, die zur Kennzeichnung von Gewerkschaft und ArbGebVereinigung im Tarifrecht entwickelt worden sind[4].

Tariffähige Gewerkschaften müssen danach frei gebildet, gegnerfrei, auf übertarifl. Grundlage organisiert und unabhängig sein sowie das geltende Tarifrecht für sich verbindlich anerkennen. Ferner müssen sie in der Lage sein, durch Ausüben von Druck auf den Tarifpartner zu einem Tarifabschluss zu kommen (vgl. § 2 TVG Rz. 5, 18)[5]. Erfasst werden dabei auch Zusammenschlüsse von Gewerkschaften (Spitzenverbände) iSd. § 2 II TVG, ferner Orts- und Bezirksverwaltungen einer Gewerkschaft, soweit sie korporativ verfasst sind, eigenes Vermögen und die Befugnis zum Abschluss von TV haben (vgl. § 1 TVG Rz. 5, § 2 TVG Rz. 1 ff.). Für **ArbGebVereinigungen** gelten im Wesentlichen gleiche Voraussetzungen. Es muss sich um einen Zusammenschluss von ArbGeb auf freiwilliger Grundlage mit korporativer Verfassung handeln, der unabhängig von Gegner, Staat, Parteien und Kirche ist und zu dessen satzungsmäßigen Aufgaben die Regelung von Arbeitsbedingungen gehört (vgl. § 2 TVG Rz. 4). Da nach § 2 I TVG jeder ArbGeb tariffähig ist, ist für die Tariffähigkeit aber keine bestimmte Durchsetzungskraft (Mächtigkeit) notwendig (vgl. § 2 TVG Rz. 18)[6].

Betriebsverfassungsrechtl. relevant sind indes nur die **im Betrieb vertretenen Koalitionen**. Dabei genügt es nicht, dass ein einzelner ArbN zu ihren Mitgliedern zählt, also personelle Präsenz gegeben ist[7]. Erforderlich ist, dass die Koalition nach ihrer Satzung auch zur allg. Interessenvertretung ihrer Mitglieds innerhalb des Betriebs berechtigt ist. Da die den Gewerkschaften durch das BetrVG zugewiesenen Rechte nicht dem Abschluss von TV dienen, ist eine Tarifzuständigkeit indes nicht erforderlich[8].

Soweit damit Beteiligungsrechte begründet werden sollen, obliegt es der jeweiligen Koalition, ihre Vertretung im Betrieb **darzulegen und zu beweisen**. Die Gewerkschaft kann Beweis indes dadurch führen, dass sie, ohne den Namen ihres betriebsangehörigen Mitglieds zu nennen, eine entsprechende notarielle Erklärung vorlegt[9].

IV. Zugang von Gewerkschaftsbeauftragten zum Betrieb. Abs. 2 begründet für die im Betrieb vertretenen Gewerkschaften bzw. ihren Beauftragten ein Recht zum Zugang zum Betrieb. Es besteht indes nur insoweit, als es für die im Betrieb vertretenen Gewerkschaften zur Wahrnehmung ihrer Aufgaben und Befugnisse nach diesem Gesetz erforderlich ist. Hierzu gehören zB das Wahlvorschlagsrecht (§ 14 V und VIII), das Einladungsrecht zu einer Betriebsversammlung für die Wahl eines Wahlvorstands in betriebsratslosen Betrieben (§ 17 II), das Antragsrecht auf Ersetzung eines säumigen Wahlvorstands (§ 18 I), das Wahlanfechtungsrecht (§ 19 II) oder das Antragsrecht auf Ausschluss eines BR-Mitglieds oder Auflösung des BR (§ 23 I). Zusätzliche Befugnisse kann Abs. 2 nicht begründen. Das Zugangsrecht setzt (akzessorisch) das Bestehen einer gesetzl. Befugnis der Gewerkschaft nach diesem Gesetz voraus[10].

Da die koalitionsspezifische Betätigung der Gewerkschaften durch das BetrVG nicht berührt wird (Abs. 3), kann aber ungeachtet von Abs. 2 ein **weitergehendes Zugangsrecht** der Gewerkschaft bestehen, wenn sie außerhalb ihrer betriebsverfassungsrechtl. Beteiligung im Rahmen der Koalitionsfreiheit tätig wird[11]. Erfasst werden auch (noch) nicht tariffähige ArbN-Vereinigungen[12]. Auf der Grundlage von Art. 9 III 1 GG besteht das Zugangsrecht unabhängig davon, ob die Vereinigung im Betrieb bereits Mitglieder hat (vgl. Rz. 20 f.)[13]. Unter Berücksichtigung der vor allem durch Art. 2 I, 12 I, 14 I GG geschützten Rechtsposition des ArbGeb kann dieser Zugang zu Werbezwecken oder im Zusammenhang mit Ar-

---

1 BAG 3.5.1994 – 1 ABR 24/93, AP Nr. 23 zu § 23 BetrVG 1972 Bl. 4; 28.5.2002 – 1 ABR 32/01, NZA 2003, 166 (169); 23.6.2009 – 1 ABR 23/08, NZA 2009, 1430 ff. ||2 Vgl. BAG 14.1.1983 – 6 AZR 67/79, EzA § 76 BetrVG 1972 Nr. 34 S. 187 (190); Richardi/*Richardi*, § 2 Rz. 35, 75; vgl. DKKW/*Berg*, § 2 Rz. 42 ff.; GK-BetrVG/*Franzen*, § 2 Rz. 23. ||3 Vgl. GK-BetrVG/*Franzen*, § 2 Rz. 22. ||4 BAG 19.9.2006 – 1 ABR 53/05, NZA 2007, 518 (520). ||5 Vgl. BAG 28.3.2006 – 1 ABR 58/04, NZA 2006, 1112 (1114); 5.10.2010 – 1 ABR 88/09, NZA 2011, 300 ff.; 14.12.2010 – 1 ABR 19/10, NZA 2011, 289 ff. ||6 BAG 6.6.2000 – 1 ABR 10/99, NZA 2001, 160 (162); 20.11.1990 – 1 ABR 62/89, EzA § 2 TVG Nr. 20 S. 3. ||7 Vgl. BAG 25.3.1992 – 7 ABR 65/90, AP Nr. 4 zu § 2 BetrVG 1972 Bl. 2; 10.11.2004 – 7 ABR 19/04, NZA 2005, 426 (428). ||8 BAG 10.11.2004 – 7 ABR 19/04, NZA 2005, 426 (428). ||9 BAG 25.3.1992 – 7 ABR 65/90, AP Nr. 4 zu § 2 BetrVG 1972 Bl. 3; DKKW/*Berg*, § 2 Rz. 80; *Fitting*, § 2 Rz. 43; Richardi/*Richardi*, § 2 Rz. 71; aA GK-BetrVG/*Franzen*, § 2 Rz. 39 ff., der unter Hinweis auf den prozessualen Grundsatz des substantiierten Vortrags die namentliche Nennung des ArbN fordert. ||10 BAG 28.2.2006 – 1 AZR 460/04, NZA 2006, 798. ||11 Vgl. BAG 17.1.1989 – 1 AZR 805/87, EzA § 2 BetrVG 1972 Nr. 12 S. 3; 28.2.2006 – 1 AZR 460/04, NZA 2006, 798; DKKW/*Berg*, § 2 Rz. 85; aA GK-BetrVG/*Franzen*, § 2 Rz. 55. ||12 Eingehend *Schönhöft/Klafki*, NZA-RR 2012, 393 ff. ||13 BAG 28.2.2006 – 1 AZR 460/04, NZA 2006, 798 (800); LAG BW 8.9.2010 – 2 Sa 24/10, ZTR 2011, 121.

beitskampfmaßnahmen genutzt werden, soweit dies nach Art, Dauer, Häufigkeit und Zeitpunkt im Einzelfall unter Berücksichtigung der wechselseitigen verfassungsrechtl. geschützten Interessen verhältnismäßig ist[1]. Ein genereller zukunftsbezogener Anspruch einer ArbN-Vereinigung auf Zutritt besteht deshalb nicht[2]. Darüber hinaus ist der Besuchstermin idR eine Woche im Voraus dem ArbGeb ggü anzukündigen[3].

13 Das Zugangsrecht besteht zum **Betrieb**, dort indes nur zu den Teilen, deren Betreten zur Wahrnehmung der gesetzl. bzw. verfassungsrechtl. Aufgaben und Befugnisse erforderlich ist. In diesen Grenzen muss der ArbGeb den Zutritt gewähren und die Anwesenheit dulden. Dabei ist der Beauftragte nicht darauf beschränkt, den BR oder andere Organe des Betriebsverfassungsrechts aufzusuchen oder an der Betriebsversammlung teilzunehmen. Es können auch ArbN am Arbeitsplatz aufgesucht[4] oder an öffentl. Stimmauszählung teilgenommen werden[5]. Dieses Recht besteht auch während der Arbeitszeit.

14 Der Zugang erfolgt grds. durch **Betreten des Betriebs**. Man wird mit Abs. 2 aber auch einen Anspruch auf Nutzung **anderweitiger Kommunikationsstrukturen** begründen können, sofern dies zur Wahrnehmung der gesetzl. Aufgaben und Befugnisse geeignet, erforderlich und angemessen ist. Unter Berücksichtigung allg. Schranken, wie sie nachstehend dargestellt werden, kann hierzu im Einzelfall auch die Nutzung des Telefons, des Intranets oder der dienstlichen E-Mail-Accounts[6] gehören[7].

15 Die Gewerkschaft bestimmt die Person, die als **Beauftragte** das Zugangsrecht wahrnimmt[8]. Sie kann, soweit sie dies mit Blick auf die betriebsverfassungsrechtl. Aufgabe für erforderlich hält, auch mehrere Personen bestimmen. Nicht notwendig ist, dass es sich um einen hauptberuflichen Angestellten der Gewerkschaft[9] oder einen ArbN des in Rede stehenden Betriebs[10] handelt. Die Auswahlfreiheit kann allerdings durch den Gesichtspunkt des Rechtsmissbrauchs beschränkt sein. Soweit das Zugangsrecht nicht von einem Ersuchen des BR abhängig ist, bestimmt die Gewerkschaft Zeitpunkt und Dauer des Besuchs ihres Beauftragten.

16 Sind die Voraussetzungen des Zugangsrechts nicht gegeben oder droht eine Überschreitung der gesetzl. Befugnisse, kann der ArbGeb dem Gewerkschaftsbeauftragten den **Zutritt zum Betrieb verwehren**. Erforderlich sind aber konkrete Anhaltspunkte, die regelmäßig gegeben sind, wenn das Handeln des betreffenden Beauftragten schon zuvor Anlass für entsprechende Beanstandungen gegeben hat[11].

17 Darüber hinaus kann der ArbGeb den Zugang zu den Betrieben oder einzelnen Teilen verweigern, soweit dem unumgängliche **Notwendigkeiten des Betriebsablaufs, zwingende Sicherheitsvorschriften oder der Schutz von Betriebsgeheimnissen** entgegenstehen. Das Verbot muss nach Zeitpunkt und Umfang geeignet, erforderlich und angemessen sein, um unter Berücksichtigung der durch Art. 9 III GG und Abs. 3 geschützten Koalitionsfreiheit diesen betriebl. Interessen Rechnung zu tragen. Unumgängliche Notwendigkeiten des Betriebsablaufs sind deshalb nur anzuerkennen, wenn der Zugang zu einer schwerwiegenden und unzumutbaren Beeinträchtigung des Arbeitsablaufs führt. Eine bloße Störung des Betriebsablaufs, die sich aus dem Zugang einer betriebsfremden Person ergibt, genügt nicht[12]. Sie ist der gesetzl. Regelung immanent. Weitergehend kann der Zutritt nicht bereits verweigert werden, wenn ein berechtigtes Interesse des ArbGeb an der Geheimhaltung des durch Zutritt erkennbaren Betriebsgeheimnisses ggü. Betriebsfremden besteht. Vielmehr muss der durch tatsächliche Anhaltspunkte begründete Verdacht bestehen, dass der Beauftragte der Gewerkschaft seine Geheimhaltungspflicht (§§ 79, 120) verletzen wird[13]. Gewerkschaftsvertreter dürfen grds. in ihrem Zugangsrecht nicht stärker eingeschränkt werden als ArbN des Betriebs[14]. Zu den zwingenden Sicherheitsvorschriften gehören öffentl.-rechtl. Sicherheitsvorschriften und BV nach § 87 I Nr. 7.

18 Durch Abs. 2 entsteht ein Schuldverhältnis iSd. § 280 I BGB, allerdings sind die Kosten des arbeitsgerichtl. Beschlussverfahrens nicht als Schaden iSd. § 280 I BGB zu ersetzen[15]. Das durch Abs. 2 gewährleistete Zugangsrecht stellt **kein Schutzgesetz iSd. § 823 II BGB** dar, dessen Missachtung Schadensersatzansprüche begründen kann[16].

---

1 BAG 20.1.2009 – 1 AZR 515/08, NZA 2009, 615 (618); 22.10.2010 – 1 AZR 179/09, NZA 2010, 1365 (1367f.). ||2 Vgl. BAG 22.10.2010 – 1 AZR 179/09, NZA 2010, 1365 (1368). ||3 BAG 22.10.2010 – 1 AZR 179/09, NZA 2010, 1365 (1368). ||4 BAG 17.1.1989 – 1 AZR 805/87, EzA § 2 BetrVG 1972 Nr. 12 S. 3; DKKW/*Berg*, § 2 Rz. 82; *Fitting*, § 2 Rz. 72; Richardi/*Richardi*, § 2 Rz. 123; aA *Hanau*, BB 1971, 485 (486). ||5 Vgl. BAG 16.4.2003 – 7 ABR 29/02, EzA § 20 BetrVG 2001 Nr. 1 S. 4. ||6 Abl. BAG 20.1.2009 – 1 AZR 515/08, NZA 2009, 615, das diese Nutzung aber mit Art. 9 III GG rechtfertigt. ||7 Vgl. zum Meinungsstand *Däubler*, Internet und Arbeitsrecht, 3. Aufl. 2004, S. 231; *Klebe/Wedde*, AuR 2000, 401; *Beckschulze/Henkel*, DB 2001, 1491 ff.; *Lelley*, BB 2002, 252. ||8 BAG 16.4.2003 – 7 ABR 29/02, EzA § 20 BetrVG 2001 Nr. 1 S. 5; 22.10.2010 – 1 AZR 179/09, NZA 2010, 1365 (1367). ||9 ErfK/*Koch*, § 2 BetrVG Rz. 5. ||10 Vgl. BAG 22.10.2010 – 1 AZR 179/09, NZA 2010, 1365 (1367). ||11 Vgl. BAG 18.3.1964 – 1 ABR 12/63, AP Nr. 1 zu § 45 BetrVG Bl. 3; 14.2.1967 – 1 ABR 7/66, AP Nr. 2 zu § 45 BetrVG Bl. 2; ArbG Leipzig 26.4.2007 – 7 BVGa 6/07, nv. ||12 GK-BetrVG/*Franzen*, § 2 Rz. 72f.; Richardi/*Richardi*, § 2 Rz. 128. ||13 Vgl. GK-BetrVG/*Franzen*, § 2 Rz. 75. ||14 DKKW/*Berg*, § 2 Rz. 95.; Richardi/*Richardi*, § 2 Rz. 130; ErfK/*Koch*, § 2 BetrVG Rz. 6. ||15 BAG 2.10.2007 – 1 ABR 59/06, NZA 2008, 372 (373). ||16 Vgl. LAG München 28.3.2001 – 9 Ta BV 14/01, NZA-RR 2001, 662 (663): Geltendmachung von im arbeitsgerichtl. Beschlussverfahren entstandenen Rechtsanwaltskosten durch die Gewerkschaft.

Umstritten ist, ob die Gewerkschaft den Zugang auch unmittelbar vor oder **während eines Arbeits-** 19
kampfes verlangen kann. Während das Zutrittsrecht in der Lit. zT insg.[1], jedenfalls aber während der Einbindung des Betriebs in den Arbeitskampf[2] abgelehnt wird, lehnt ein anderer Teil der Lit. jede generelle Einschränkung des Zugangsrechts ab[3]. Für die letztgenannte Auffassung spricht, dass betriebsverfassungsrechtl. Befugnisse der Gewerkschaft (zB Beteiligung an BR-Wahl) auch während des Arbeitskampfes wahrgenommen werden müssen. Es genügt, dass die innerbetriebl. Beteiligung an Arbeitskampfmaßnahmen zu keiner Zeit auf Abs. 2 gestützt werden kann. Das bestätigt schlussendlich Abs. 3.

V. Koalitionen. Abs. 3 gewährleistet, dass die koalitionsspezifische Betätigung der Gewerkschaft und 20
der ArbGebVereinigungen durch das BetrVG nicht beeinträchtigt wird[4]. Die Koalitionsfreiheit, insb. also das Recht zur Wahrnehmung der Interessen ihrer Mitglieder, besteht losgelöst von den betriebsverfassungsrechtl. Aufgaben[5]. Das bestätigt letztendlich auch das eigenständige, von der Mitgliedschaft der ArbN des Betriebs unabhängige Zugangsrecht aus Art. 9 III GG (vgl. Rz. 12)[6].

Zu den **typischen – betriebsbezogenen – Aufgaben** der Koalitionen gehören der Abschluss von TV und 21
die Überwachung ihrer Einhaltung, die Durchführung von Arbeitskämpfen, die Mitgliederwerbung und -beratung sowie die Prozessvertretung. Die Gewerkschaften dürfen deshalb ihre Interessen im Betrieb vertreten. Hierzu gehört zB Plakatwerbung[7] oder das Verteilen von Werbematerial durch betriebsangehörige Gewerkschaftsmitglieder außerhalb und ggf. sogar innerhalb der Arbeitszeit[8]. Die Gewerkschaft kann verlangen, hierfür Zutritt zum Betrieb zu erhalten[9]. Das Recht zur Werbung von Mitgliedern gilt unabhängig davon, ob die ArbN-Vereinigung bereits Mitglieder im Betrieb hat. Grds. entscheidet die Gewerkschaft selbst, an welchem Ort, durch welche Personen und auf welche Art und Weise sie Mitglieder werben will. Sie kann auch durch betriebsfremde Beauftragte wahrgenommen werden[10]. In allen Fällen hat indes eine Interessenabwägung zu erfolgen, die berücksichtigen muss, ob und inwieweit die durch Art. 9 III GG geschützte Koalitionsfreiheit die jeweils in Rede stehende Beeinträchtigung der ebenfalls grundrechtl. geschützten Interessen des ArbGeb rechtfertigt[11]. Beispielhaft sei hier nur auf die Berufsfreiheit und die wirtschaftl. Betätigungsfreiheit (Art. 2 I, 12 I GG), das Recht am eingerichteten und ausgeübten Gewerbebetrieb (Art. 14 GG) oder den verfassungsrechtl. Tendenzschutz (Art. 4, 5 GG) hingewiesen. Der Gewerkschaft ist es indes verwehrt, Mitarbeiter oder Einrichtungen des ArbGeb zu nutzen, um Information oder Werbung im eigenen Interesse an Dritte (zB Kunden) zu verteilen[12].

VI. Prozessuales. Über den Inhalt von Abs. 1 und die Zugangsrechte nach Abs. 2 wird einzelfallbezogen im arbeitsgerichtl. Beschlussverfahren nach §§ 2a, 80 ArbGG entschieden. Dabei kann das Zugangsrecht in dringenden Fällen auch im Wege der einstw. Verfügung durchgesetzt werden (§ 85 II ArbGG[13]). Über Rechte und Pflichten, die sich aus der Koalitionsfreiheit ergeben, wird – abhängig vom Regelungsgegenstand – im Urteilsverfahren nach § 2 I Nr. 2 ArbGG oder im Beschlussverfahren entschieden. Rechtsanwaltskosten, die der Gewerkschaft zur Durchsetzung ihrer Aufgaben im Zusammenhang mit BR-Wahlen im arbeitsgerichtl. Beschlussverfahren entstehen, gehören zu den vom ArbGeb nach § 20 III 1 zu tragenden Kosten[14]; iÜ sind die Kosten der Gewerkschaft zur Durchsetzung des Zugangsrechts nach Abs. 2 auch nicht als Schadensersatz zu erstatten[15]. 22

§ 3 Abweichende Regelungen

(1) Durch Tarifvertrag können bestimmt werden:
1. für Unternehmen mit mehreren Betrieben
   a) die Bildung eines unternehmenseinheitlichen Betriebsrats oder
   b) die Zusammenfassung von Betrieben,

   wenn dies die Bildung von Betriebsräten erleichtert oder einer sachgerechten Wahrnehmung der Interessen der Arbeitnehmer dient;
2. für Unternehmen und Konzerne, soweit sie nach produkt- oder projektbezogenen Geschäftsbereichen (Sparten) organisiert sind und die Leitung der Sparte auch Entscheidungen in beteiligungspflichtigen Angelegenheiten trifft, die Bildung von Betriebsräten in den Sparten (Spartenbetriebsräte), wenn dies der sachgerechten Wahrnehmung der Aufgaben des Betriebsrats dient;

---

1 Hess ua./*Rose*, § 2 Rz. 219. ||2 Richardi/*Richardi*, § 2 Rz. 121. ||3 *Fitting*, § 2 Rz. 71; DKKW/*Berg*, § 2 Rz. 91. ||4 BAG 14.2.1978 – 1 AZR 280/77, AP Nr. 26 zu Art. 9 GG Bl. 4. ||5 Vgl. BAG 14.2.1978 – 1 AZR 280/77, AP Nr. 26 zu Art. 9 GG Bl. 4. ||6 BAG 28.2.2006 – 1 AZR 460/04, NZA 2006, 798 (800); LAG BW 8.9.2010 – 2 Sa 24/10, ZTR 2011, 121. ||7 Vgl. BVerfG 17.2.1981 – 2 BvR 384/78, AP Nr. 9 zu Art. 140 GG Bl. 3. ||8 Vgl. BAG 14.2.1967 – 1 AZR 494/65, AP Nr. 10 zu Art. 9 GG Bl. 2; BVerfG 17.2.1981 – 2 BvR 384/78, AP Nr. 9 zu Art. 140 GG Bl. 3. ||9 BAG 28.2.2006 – 1 AZR 460/04, NZA 2006, 798. ||10 BAG 28.2.2006 – 1 AZR 460/04, NZA 2006, 798. ||11 BAG 28.2.2006 – 1 AZR 460/04, NZA 2006, 798; 20.1.2009 – 1 AZR 515/08, NZA 2009, 615 (618). ||12 Vgl. ArbG Düss. 23.7.2003 – 10 Ca 4080/03, NZA-RR 2003, 644 (645); MünchArbR/*v. Hoyningen-Huene*, § 215 Rz. 18; abw. LAG Köln 3.2.1995 – 12 Sa 1073/94, NZA-RR 1996, 100 (101). ||13 BAG 22.10.2010 – 1 AZR 179/09, NZA 2010, 1365 (1368). ||14 BAG 16.4.2003 – 7 ABR 29/02, EzA § 20 BetrVG 2001 Nr. 1 S. 3. ||15 BAG 2.10.2007 – 1 ABR 59/06, DB 2008, 646 (647).

3. andere Arbeitnehmervertretungsstrukturen, soweit dies insbesondere auf Grund der Betriebs-, Unternehmens- oder Konzernorganisation oder auf Grund anderer Formen der Zusammenarbeit von Unternehmen einer wirksamen und zweckmäßigen Interessenvertretung der Arbeitnehmer dient;
4. zusätzliche betriebsverfassungsrechtliche Gremien (Arbeitsgemeinschaften), die der unternehmensübergreifenden Zusammenarbeit von Arbeitnehmervertretungen dienen;
5. zusätzliche betriebsverfassungsrechtliche Vertretungen der Arbeitnehmer, die die Zusammenarbeit zwischen Betriebsrat und Arbeitnehmern erleichtern.

(2) Besteht in den Fällen des Absatzes 1 Nr. 1, 2, 4 oder 5 keine tarifliche Regelung und gilt auch kein anderer Tarifvertrag, kann die Regelung durch Betriebsvereinbarung getroffen werden.

(3) Besteht im Fall des Absatzes 1 Nr. 1 Buchstabe a keine tarifliche Regelung und besteht in dem Unternehmen kein Betriebsrat, können die Arbeitnehmer mit Stimmenmehrheit die Wahl eines unternehmenseinheitlichen Betriebsrats beschließen. Die Abstimmung kann von mindestens drei wahlberechtigten Arbeitnehmern des Unternehmens oder einer im Unternehmen vertretenen Gewerkschaft veranlasst werden.

(4) Sofern der Tarifvertrag oder die Betriebsvereinbarung nichts anderes bestimmt, sind Regelungen nach Absatz 1 Nr. 1 bis 3 erstmals bei der nächsten regelmäßigen Betriebsratswahl anzuwenden, es sei denn, es besteht kein Betriebsrat oder es ist aus anderen Gründen eine Neuwahl des Betriebsrats erforderlich. Sieht der Tarifvertrag oder die Betriebsvereinbarung einen anderen Wahlzeitpunkt vor, endet die Amtszeit bestehender Betriebsräte, die durch die Regelungen nach Absatz 1 Nr. 1 bis 3 entfallen, mit Bekanntgabe des Wahlergebnisses.

(5) Die auf Grund eines Tarifvertrages oder einer Betriebsvereinbarung nach Absatz 1 Nr. 1 bis 3 gebildeten betriebsverfassungsrechtlichen Organisationseinheiten gelten als Betriebe im Sinne dieses Gesetzes. Auf die in ihnen gebildeten Arbeitnehmervertretungen finden die Vorschriften über die Rechte und Pflichten des Betriebsrats und die Rechtsstellung seiner Mitglieder Anwendung.

I. Vorbemerkung	1	IV. Beschluss der Arbeitnehmer zu unternehmenseinheitlichem Betriebsrat	22
II. Abweichende Regelungen durch Tarifvertrag	3	V. Geltungsdauer abweichender Vereinbarungen	24
1. Tarifvertrag	4	VI. Durchführung von Betriebsratswahlen	26
2. Unternehmensbezogene Zusammenfassung von Betrieben	8	VII. Fiktion des Betriebs	31
3. Spartenbezogene Arbeitnehmervertreter	10	VIII. Rechtsstellung der ArbN-Vertretung und ihrer Mitglieder	33
4. Sonstige Arbeitnehmervertretungsstrukturen	14	IX. Unwirksamkeit, Anfechtbarkeit und Nichtigkeit	38
5. Arbeitsgemeinschaften und zusätzliche sonstige Vertretungen	16	X. Folgen von Umstrukturierungen	39
III. Regelungen durch Betriebsvereinbarung	20		

1 **I. Vorbemerkung.** Die Organisationsstruktur der Betriebsverfassung ist zwingend, soweit das Gesetz nicht – wie zB in §§ 3, 47 IX, 55 IV – ausdrücklich Abweichendes zulässt[1]. Da die gesetzl. Regelungen den Bedürfnissen der Praxis nicht gerecht werden, erlaubt § 3, abweichende Regelungen zur Struktur der betriebs-, unternehmens- oder konzernbezogenen ArbN-Vertreter durch TV, BV oder Abstimmung der ArbN herbeizuführen. Auf diese Weise können vom BetrVG abweichende betriebsverfassungsrechtl. Organisationseinheiten geschaffen werden, die im Interesse der ArbN, ArbN-Vertreter und Unternehmen sachnah und kompetent eine – auch mit Blick auf ihre Größe – möglichst effiziente und interessengerechte Vertretung der ArbN-Seite erlauben. § 3 ist verfassungsgemäß, aber aus Sicht des BAG eng zu verstehen[2]. Die vereinbarten Strukturen können die gesetzl. Organisationsstruktur durch BR, GBR oder KBR ersetzen oder neben sie treten[3]. Im Mittelpunkt dürfte dabei die Möglichkeit von regionalen BR und SpartenBR stehen. Eine behördliche Genehmigung für Regelungen nach § 3 ist nicht erforderlich.

2 § 3 findet zwar unmittelbar keine Anwendung auf die Bildung der JAV, des Wirtschaftsausschusses (vgl. Rz. 14), eines SprAu, der Schwerbehindertenvertretung oder auf die Wahl von ArbN-Vertretern zum Aufsichtsrat. Soweit bei der Bildung dieser Organe indes auf den betriebsverfassungsrechtl. Betrieb, den BR oder den GBR abgestellt wird, werden die gesetzl. Vorgaben durch eine Bezugnahme auf die neu gebildeten Organisationsstrukturen bzw. die daran anknüpfenden Organe ersetzt, wenn die Vereinbarung im Rahmen von § 3 I Nr. 1–3 erfolgt[4]. Die gebildeten Organisationseinheiten gelten insoweit als Betrieb iSd. BetrVG (Abs. 5). Wegen der Rechtsfolgen für BVen vgl. § 77 Rz. 27.

---

1 Vgl. BAG 17.1.1978 – 1 ABR 71/76, EzA § 1 BetrVG S. 6; GK-BetrVG/*Franzen*, § 3 Rz. 3; krit. *Gamillscheg*, FS Molitor, 1988, S. 133 (134). || 2 BAG 13.3.2013 – 7 ABR 70/11, NZA 2013, 738 (741); *Friese*, ZfA 2003, 237 (239); *Thüsing*, Tarifautonomie im Wandel, 2003, S. 285 (287); aA *Giesen*, BB 2002, 1480. || 3 Vgl. BT-Drs. 14/5741, 33. || 4 BAG 10.11.2004 – 7 ABR 17/04, AiB 2005, 619.

II. Abweichende Regelungen durch Tarifvertrag. Alle abweichenden Regelungen, die Abs. 1 nennt, können durch TV vereinbart werden. Durch BV (Abs. 2) oder Beschluss der ArbN (Abs. 3) kann von dieser Regelungsmöglichkeit nur eingeschränkt Gebrauch gemacht werden (vgl. Rz. 20, 22).

1. Tarifvertrag. Regelungen nach Abs. 1 können durch Firmen- oder VerbandsTV (allg. oder firmenbezogen) getroffen werden. Soll eine unternehmensübergreifende Regelung getroffen werden, müssen alle Unternehmen beteiligt und wirksam durch die auf ArbGebSeite vertragsschließende Partei (ArbGebVerband/-Vereinigung, Konzernmutter) vertreten werden. Dass das herrschende Unternehmen im Konzern den TV abschließt, genügt nicht[1]. Wenn der ArbGeb an den TV gebunden ist, ist dieser ohne Rücksicht auf die Gewerkschaftsmitgliedschaft auf ArbN-Seite verbindlich (§ 3 II TVG). Die Zuständigkeit der Gewerkschaft bestimmt sich nach ihrer Satzung. Sind mehrere Gewerkschaften zuständig, ist jede einzelne Gewerkschaft einzeln oder gemeinsam mit der anderen Gewerkschaft zum Abschluss berechtigt[2]. Deckt die Zuständigkeit der Gewerkschaften jeweils nur Teile des Geltungsbereichs, muss ein gemeinsamer Abschluss erfolgen. Denn der TV muss durch eine „im Betrieb" in seiner Gesamtheit vertretene Gewerkschaft erfolgen[3].

Da der Abschluss betriebsverfassungsrechtl. Regelungen zur gesetzl. Regelungskompetenz gehört und Grundlage des durch Art. 9 III GG abgesicherten Anspruchs auf die Gestaltung von Arbeitsbedingungen sein kann, sind entsprechende TV **erstreikbar**[4]. Einen Vorrang gesetzl. Regelungen, der einer Erstreikbarkeit entgegenstünde, gibt es nicht[5]. In der Praxis stellt sich indes die Frage, ob arbeitnehmerseits überhaupt die wirtschaftl. Nachteile eines Streiks zu Gunsten einer anderen betriebsverfassungsrechtl. Organisationsstruktur in Kauf genommen werden. Abs. 2 zeigt, dass eine tarifvertragl. Regelung gegen den erklärten Willen des BR und/oder der Belegschaft abgeschlossen werden kann (s. Rz. 20 f.).

Ein TV nach § 3 kann mit Wirkung für **künftige Gesellschaften** abgeschlossen werden. Insb. im Zusammenhang mit Betriebsübergang/Umwandlung kann der übernehmende Rechtsträger dabei bereits als Vorgesellschaft beteiligt werden[6]. Dadurch wird vermieden, dass für eine Übergangszeit erst die im Gesetz vorgesehenen Strukturen gebildet werden. Vorsorglich kann sein Inkrafttreten an bestimmte Bedingungen (zB Eintragung der Gesellschaft im Handelsregister) geknüpft werden[7]. Denkbar ist auch, dass im TV ein Beitritt weiterer Unternehmen vorgesehen ist, für die dann bereits Rechtsfolgen (zB Einbindung in eine übergreifende GBR-Struktur statt des gesetzl. GBR und KBR) vorgesehen werden (vgl. Rz. 14).

Werden **mehrere TV** mit Wirkung für ein Unternehmen oder einen Betrieb abgeschlossen und überschneidet sich ihr jeweiliger Geltungsbereich oder entsteht eine solche **Konkurrenz** als Folge gesellschaftsrechtl. Veränderungen (zB Verschmelzung), führt dies nicht zur Unwirksamkeit widersprechender Regelungen. Vielmehr dürfte die Regelung vorrangig sein, die eine stärkere Repräsentativität hat (vgl. § 7 II AEntG, 3a IV AÜG)[8]. Der Grundsatz der Spezialität zur Auflösung von Tarifkonkurrenz oder -pluralität kann den notwendigen Vorrang einer Regelung im Rahmen von § 3 im Zweifel nicht begründen (str.)[9]. Bestehende TV können aber durch neue Regelungen derselben Parteien ersetzt werden (Zeitkollisionsregel). Abweichend von § 4 V TVG gelten die Regelungen des TV nach seinem Ablauf nicht fort. Sie werden durch die zwingenden Vorgaben des BetrVG ersetzt, falls keine neue Vereinbarung nach § 3 abgeschlossen wird[10]. Durch TV kann indes eine Übergangsregelung oder eine vorübergehende Nachwirkung (zB für einen bestimmten Zeitraum der Neuverhandlungen) vereinbart werden. Zum Übergangs- oder Restmandat vgl. Rz. 40 ff.

2. Unternehmensbezogene Zusammenfassung von Betrieben. Nach Abs. 1 Nr. 1a kann ein unternehmenseinheitlicher BR gebildet werden. Ohne Rücksicht auf die aus §§ 1, 4 I 1 folgende Kennzeichnung eines Betriebs gelten alle Einheiten in diesem Fall als ein Betrieb; die Bildung eines GBR entfällt[11]. Dies gilt auch bei räumlich weiter Entfernung. Ohne zusätzliche Maßnahmen zur Änderung der Organisations- und Leitungsstruktur bestehen die früheren Betriebe zwar nach dem Wirksamwerden des TV trotz Fiktion des Abs. 5 als abgrenzbare Teileinheiten der größeren betriebsverfassungsrechtl. Organisationseinheit fort. Ob die bei Zusammenschluss bestehenden Vereinbarungen und (titulierten) Verpflichtungen der Betriebsparteien allerdings – beschränkt auf die jeweilige Teileinheit – weitergelten, hängt davon ab, ob die Teileinheit in ihrer Identität als Betrieb fortbesteht oder als Folge eines Zusammenschlusses durch Neugründung oder Eingliederung in eine bestehende Organisationsstruktur aufgelöst

---

1 LAG Nds. 19.10.2012 – 6 TaBV 82/10, nv.   ‖ 2 BAG 29.7.2009 – 7 ABR 27/08, BB 2009, 1749.   ‖ 3 BAG 29.7.2009 – 7 ABR 27/08, BB 2009, 1749.   ‖ 4 BAG 29.7.2009 – 7 ABR 27/08, BB 2009, 1749; *Trümner*, ArbRGgw 36 (1999), 59 (72); Richardi/*Richardi*, § 3 Rz. 59; aA *Hohenstatt/Dzida*, DB 2001, 2498 (2501).   ‖ 5 *Friese*, ZfA 2003, 237 (239); abl. *Reichold*, NZA 2001, 857 (859); *Franzen*, ZfA 2000, 285 (297); aA *Fitting*, § 3 Rz. 20.   ‖ 6 Vgl. BAG 24.6.1998 – 4 AZR 208/97, EzA § 20 UmwG Nr. 1 S. 6 m. Anm. *Rieble*; *B. Gaul*, Betriebs- und Unternehmensspaltung, § 24 Rz. 39.   ‖ 7 Vgl. BAG 24.1.2001 – 4 ABR 4/00, NZA 2001, 1149 (1150 f.).   ‖ 8 Vgl. *Löwisch/Rieble*, TVG § 4 Rz. 295 ff.; *Jacobs*, Tarifeinheit und Tarifkonkurrenz, S. 257 ff.; offen BAG 9.12.2009 – 4 AZR 190/08, NZA 2010, 712 (716 f.); aA LAG Nürnberg 17.8.2008 – 5 TaBV 14/07, LAGE § 3 BetrVG 2001 Nr. 1 S. 5.   ‖ 9 Vgl. DKKW/*Trümner*, § 3 Rz. 218 ff.   ‖ 10 *Trümner*, ArbRGgw 36 (1999), 59 (77); abl. *Teusch*, NZA 2007, 124 (129): Nachwirkung.   ‖ 11 *Hohenstatt/Dzida*, DB 2001, 2498.

wird (vgl. § 77 Rz. 77)[1]. Alternativ dazu können im Unternehmen einzelne Betriebe zusammengefasst werden (Abs. 1 Nr. 1b). Denkbar ist dies insb. bei einer Filial- oder Regionalstruktur. Wenn ein BR gewählt wird, muss dieser sodann für die neue Einheit gebildet werden. Sie gilt als Betrieb iSd. BetrVG (Abs. 5 S. 1). Eine parallele Wahl nach den gesetzl. Merkmalen wäre nichtig. Nicht erforderlich ist, dass dabei alle Betriebe des Unternehmens einbezogen werden. Für Einheiten, die vom TV nicht erfasst werden, gilt weiter das BetrVG. Bestehen mehrere BR, die auf der Grundlage der gesetzl. oder der tarifl. Betriebsstruktur gebildet wurden, muss von diesen ein GBR gebildet werden (§ 47 I). Unternehmensübergreifende Strukturen können nicht auf Abs. 1 Nr. 1 gestützt werden[2].

9 Voraussetzung für solche ZuordnungsTV ist, dass dies die Bildung von BR erleichtert oder einer sachgerechten Wahrnehmung der Interessen der ArbN dient. Die Anforderungen an entsprechende Vereinbarungen sind damit relativ gering[3]. So dürfte die erste Voraussetzung erfüllt sein, wenn BR-Wahlen in den nach Gesetz gebildeten Betrieben bereits wegen der geringen Größe einen unverhältnismäßigen Aufwand bedeuten[4]. Die zweite Voraussetzung dürfte immer dann erfüllt sein, wenn durch die Zusammenfassung mehrerer Betriebe eine übergreifende Interessenvertretung auf ArbN-Seite geschaffen wird, die der entsprechenden Zentralisierung oder Regionalisierung auf ArbGebSeite Rechnung trägt. Dies gilt insb. dann, wenn damit nicht betriebsratsfähige oder bislang betriebsratslose Einheiten einen BR wählen oder durch die Zusammenfassung kleinerer Einheiten die Zahl der repräsentierten ArbN erhöht und damit auch die Stärke des ArbN-Vertreters gestärkt wird[5]. Dieser Vorteil von Vereinbarungen nach Abs. 1 Nr. 1 gilt grds. auch bei räumlich weit verteilten Einheiten, insb. wenn die Einleitung einer BR-Wahl nach Maßgabe des Gesetzes an der Organisationsfähigkeit auf ArbN-Seite scheitert. Dass die Zusammenfassung zu einer Verringerung der BR-Mitglieder führt, steht der Zulässigkeit nicht entgegen[6]. Allerdings sind vielfältige Gesichtspunkte zu berücksichtigen (zB Organisation der Personalsteuerung, fachliche Verknüpfung der Arbeitsprozesse, räumliche Entfernung)[7]. Wenn die Bildung von BR bereits durch eine Zusammenfassung von Betrieben nach Abs. 1 Nr. 1 erleichtert wird, steht dies im Zweifel einem unternehmenseinheitlichen BR entgegen[8]. Die neue Struktur dient einer Wahrnehmung der ArbN-Interessen insb. dann, wenn der BR dort errichtet wird, wo ihm ein kompetenter Ansprechpartner und Entscheidungsträger gegenübersteht[9]. Eine unmittelbare tatsächliche Verbesserung der sachgerechten Interessenvertretung der ArbN ist nicht erforderlich[10]. Da es genügt, wenn die Vereinbarung diesem Ziel „dient", reicht es, wenn eine entsprechende Wirkung von den TV-Parteien angestrebt wird und der Erfolg nicht objektiv ausgeschlossen ist. Es besteht ein Beurteilungsspielraum der TV-Parteien[11]. Ist keine der (alternativen) Voraussetzungen erfüllt, ist die Regelung allerdings unwirksam (vgl. Rz. 38). Dies gilt auch bei verbandspolitisch motiviertem TV oder wenn nicht erkennbar ist, wer der durch TV geschaffenen ArbN-Vertretung als ArbGebVertreter gegenübersteht[12].

10 **3. Spartenbezogene Arbeitnehmervertreter.** Nach Abs. 1 Nr. 2 kann durch TV unternehmens- oder konzernbezogen eine spartenbezogene Bildung von BR vereinbart werden. Die Sparte wird dabei als produkt- oder projektbezogener Geschäftsbereich definiert[13]. Nicht erforderlich ist, dass in den Einheiten einer Sparte jeweils der gleiche Betriebszweck verfolgt wird (zB Herstellung und Vertrieb). Diesen Bereichen können dann nicht verschiedene Betriebe mit der Folge zugeordnet werden, dass betriebsübergreifend eine einzige ArbN-Vertretung gewählt wird. Wenn in einem Betrieb iSd. BetrVG verschiedene Sparten vertreten sind, können diese Bereiche auch betriebsintern entsprechend ihrer produkt- oder projektbezogenen Ausrichtung jeweils getrennten SpartenBR zugeordnet werden. Die ursprüngliche Kennzeichnung nach den allg. Vorgaben des BetrVG ist dann unerheblich. Eine konzernübergreifende Bildung von SpartenBR – zB im Zusammenhang mit einem Joint Venture ohne Mehrheitsbeteiligung oder Arbeitsgemeinschaften – wird durch Abs. 1 Nr. 2 nicht gestattet, wäre aber nach Abs. 1 Nr. 3 erlaubt.

11 Abs. 1 Nr. 2 erlaubt auch die Bildung von **SpartenGBR** innerhalb eines Unternehmens mit verschiedenen Sparten. Wenn die Sparten unternehmensübergreifend im Konzern bestehen, können GBR auch für mehrere Betriebe unterschiedlicher Unternehmen gebildet werden[14]. Der Begriff des „Betriebsrats" in Abs. 1 Nr. 2 bezieht alle Ebenen der betriebsverfassungsrechtl. Organstruktur ein (SpartenBR, -GBR, -KBR), ohne dass insoweit ein Rückgriff auf Abs. 1 Nr. 3 erforderlich ist[15]. Grundlage der Bildung von SpartenGBR kann eine gesetzl. BR-Struktur sein. Wenn die gesetzl. Strukturen auf der betriebl.

---

1 Abw. BAG 18.3.2008 – 1 ABR 3/07, NZA 2008, 1259 (1262), das bei fehlender Organisationsänderung generell von einem Fortbestand der früheren Betriebe als Teileinheiten ausgeht. ‖2 BAG 13.3.2013 – 7 ABR 70/11, NZA 2013, 738 (742). ‖3 Vgl. *Giesen*, BB 2002, 1480 (1481); *Hohenstatt/Dzida*, DB 2001, 2498 (2499). ‖4 ArbG Dresden 19.6.2008 – 5 BV 25/08, nv. ‖5 LAG Nds. 22.8.2008 – 12 TaBV 14/08, nv. ‖6 LAG Nds. 22.8.2008 – 12 TaBV 14/08, nv.; abl. *Trümner/Sparchholz*, AiB 2009, 98 (100) für den Fall, dass die Zahl der gesetzl. BR-Mitglieder durch TV drastisch reduziert wird. ‖7 Eingehend BAG 24.4.2013 – 7 ABR 71/11, DB 2013, 1913 (1914); *Sprenger*, NZA 2013, 990 (992f.). ‖8 BAG 24.4.2013 – 7 ABR 71/11, DB 2013, 1913 (1914). ‖9 BT-Drs. 14/5741, 34. ‖10 AA *Trümner/Sparchholz*, AiB 2009, 98 (99): positive Feststellung der Verbesserung durch Gerichte. ‖11 BAG 13.3.2013 – 7 ABR 70/11, NZA 2013, 738 (743). ‖12 BAG 29.7.2009 – 7 ABR 27/08, BB 2009, 1749. ‖13 Eingehend ArbG Frankfurt a.M. 24.05.2006 – 14 BV 518/04, NZA-RR 2007, 25; *Friese*, RdA 2003, 92 (93f.). ‖14 Vgl. BAG 10.11.2004 – 7 ABR 17/04, AiB 2005, 619 (620); *B. Gaul/Mückl*, NZA 2011, 657 (660f.); abl. *Teusch*, NZA 2007, 124 (126). ‖15 Ebenso LAG Hess. 21.4.2005 – 9/5 TaBV 115/04, AiB 2009, 522; offen BAG 16.5.2007 – 7 AZN 34/07, nv. (Nr. 2 oder Nr. 3); abl. DKKW/*Trümner*, § 3 Rz. 70.

Ebene eine ordnungsgemäße Interessenvertretung erlauben, ist es nicht erforderlich, neben den SpartenGBR auch SpartenBR zu bilden[1]. Allerdings ist es ausgeschlossen, Teile eines nach dem Gesetz gebildeten Betriebs gleichzeitig auch in einen SpartenBR einzubinden[2]. ArbN dürfen nicht gleichzeitig durch verschiedene BR vertreten werden. Vereinbarungen nach Abs. 1 Nr. 2 treten stets an die Stelle der gesetzl. Struktur, soweit sie für die betroffene Ebene vereinbart werden. Die Vereinbarung nach Abs. 1 Nr. 2 kann sich indes auf die zweite Ebene beschränken. Der SpartenGBR hat dann – bezogen auf die ihm durch Vereinbarung zugeordneten Betriebe – die Zuständigkeit gem. § 50[3]. Oberhalb mehrerer SpartenKBR kann durch Vereinbarung ein übergreifender KBR gebildet werden; notwendig ist dies nicht.

Voraussetzung für die Bildung von SpartenBR ist zunächst einmal, dass die Leitung der Sparte auch Entscheidungen in **beteiligungspflichtigen Angelegenheiten** trifft. Nicht erforderlich ist, dass sie wesentliche oder gar alle Fragen in personellen, sozialen oder wirtschaftl. Angelegenheiten trifft. Unter diesen Voraussetzungen wäre eine gesonderte Vereinbarung ohnehin nur dann erforderlich, wenn die einer Sparte zuzuordnenden Einheiten wegen ihrer räumlichen Entfernung keinen Betrieb bilden könnten. Andernfalls wären sie schon wegen der übergreifenden Steuerung als ein Betrieb anzusehen. Vergleichbar mit der durch § 4 I 1 Nr. 1 für den Fall der räumlichen Entfernung vorausgesetzten Mindestkompetenzzuweisung (vgl. § 4 Rz. 9 ff.) genügt es, dass einzelne Fragen, die Beteiligungsrechte des BR auslösen, in der Spartenleitung entschieden werden[4]. Unerheblich ist, ob das Beteiligungsrecht mit Unterrichtungs- oder weitergehenden MitbestR verbunden ist. Da die Zuordnung dieser Entscheidungskompetenz zur Spartenleitung der unternehmerischen Entscheidungsfreiheit unterliegt, sind die Voraussetzungen von der ArbN-Seite/Gewerkschaft indes nicht erzwingbar. Denkbar ist auch, dass diese Organisation nur für einzelne Sparten im Unternehmen/Konzern gegeben ist, so dass auch nur dort Vereinbarungen nach § 3 in Betracht kommen.

Weitere Wirksamkeitsvoraussetzung ist, dass der TV der **sachgerechten Wahrnehmung der Aufgaben** des BR dient[5]. Trotz des abweichenden Wortlauts wird man hiervon indes entsprechend Abs. 1 Nr. 1 ausgehen können, wenn der SpartenBR dort errichtet wird, wo ihm ein kompetenter Ansprechpartner und Entscheidungsträger ggü. steht. Das Gleiche gilt dann, wenn mit dieser Form der sachbezogen spezialisierten ArbN-Vertretung einer regionalen oder standortinternen Aufteilung eines Betriebs iSd. BetrVG spartenbezogenen Organisationsänderungen oder unterschiedlichen Tätigkeiten in den einzelnen Geschäftsbereichen und den daraus folgenden Beteiligungsrechten des BR zB in Bezug auf Personalplanung oder Arbeitsschutz Rechnung getragen werden soll. Da nur die sachgerechte Wahrnehmung der betriebsverfassungsrechtl. Aufgaben unterstützt wird, ist der Nachweis einer unmittelbaren Verbesserung nicht notwendig (vgl. Rz. 9).

4. Sonstige Arbeitnehmervertretungsstrukturen. Abs. 1 Nr. 3 ermöglicht durch TV die Bildung anderer ArbN-Vertretungsstrukturen, die an die Stelle der vom Gesetz an sich vorgegebenen Strukturen treten. Damit ist eine umfassende Neuorganisation der betriebsverfassungsrechtl. Strukturen möglich. Neben der Aufteilung eines Betriebs in mehrere betriebsverfassungsrechtl. Organisationseinheiten, der betriebsübergreifenden Zusammenfassung von Betriebsteilen oder der Bildung von unternehmensübergreifenden GBR ist zB im mittelständischen Konzern mit wenigen kleinen Konzernunternehmen eine zwei- oder gar einstufige Interessenvertretung anstelle der dreistufigen Struktur des BetrVG möglich. Es können unternehmensübergreifende Regionalbetriebe oder ein GBR für mehrere (Regional-)Betriebe verschiedener Unternehmen errichtet werden, der dann – was indes klarzustellen ist – an die Stelle des im Gesetz vorgesehenen GBR und KBR tritt[6]. Durch Abs. 1 Nr. 3 kann auch ein gemeinsamer Betrieb mehrerer Unternehmen bei Fortbestand der übergreifenden Steuerung in mehrere betriebsverfassungsrechtl. Einheiten geteilt werden. Ohne Vereinbarung nach § 3 kann unternehmensübergreifend kein GBR gebildet werden[7]. Bei mehreren gemeinsamen Betrieben gleicher Trägerunternehmen kann nach Abs. 1 Nr. 3 für alle Trägerunternehmen ein gemeinsamer GBR errichtet werden. Im Gleichordnungskonzern kann durch TV nach Abs. 1 Nr. 3 ein KBR errichtet werden[8]. Abs. 1 Nr. 3 erlaubt auch die Bildung gestufter KBR ohne das Vorliegen der Voraussetzungen für einen Konzern im Konzern. Aus Abs. 5 S. 1 folgt, dass Abs. 3 Nr. 3 nicht zur Bildung eines Konzernwirtschaftsausschusses genutzt werden kann[9].

Wirksamkeitsvoraussetzung ist, dass die Bildung anderer ArbN-Vertretungsstrukturen insb. auf Grund der Betriebs-, Unternehmens- oder Konzernorganisation oder auf Grund anderer Formen der Zusammenarbeit von Unternehmen einer **wirksamen und zweckmäßigen Interessenvertretung** der ArbN dient (vgl. Rz. 9). Da dieses Ziel keinen abschließenden Charakter hat („insbesondere"), kann die

---

1 AA LAG Hess. 21.4.2005 – 9/5 TaBV 115/04, nv. ‖ 2 Insoweit ebenso LAG Hess. 21.4.2005 – 9/5 TaBV 115/04, nv. ‖ 3 Eingehend – wenn auch mit einer zT abweichenden Zuordnung der Regelungsmöglichkeiten zu § 3 I Nr. 2, 3 – vgl. *Friese*, RdA 2003, 92 (94). ‖ 4 Ebenso DKKW/*Trümner*, § 3 Rz. 72 f.; *Friese*, RdA 2003, 92 (93); aA ErfK/*Koch*, § 3 BetrVG Rz. 5, der offenbar eine weiter gehende Kompetenzzuweisung für erforderlich hält. ‖ 5 Eingehend *Friese*, RdA 2003, 92 (100). ‖ 6 BAG 13.3.2013 – 7 ABR 70/11, NZA 2013, 738 (741). ‖ 7 BAG 3.2.2007 – 1 AZR 184/06, NZA 2007, 825 (827). ‖ 8 Vgl. BT-Drs. 14/5741, 34. ‖ 9 AA WHSS/*Hohenstatt*, D Rz. 174.

wirksame und zweckmäßige Interessenvertretung der ArbN auch aus anderen (wertungsmäßig vergleichbaren) Gründen verfolgt werden. Bsp.: Spartenorganisation, Zusammenarbeit im Joint Venture oder in Arbeitsgemeinschaften. Im Zweifel dürfte damit jede sachlich begründete Form der unternehmensübergreifenden Zusammenarbeit eine vom Gesetz abweichende ArbN-Vertretungsstruktur rechtfertigen, sofern diese besser als die gesetzl. Struktur eine wirksame Interessenvertretung der ArbN bewirkt. Dass solche abweichenden Strukturen nur zulässig sind, wenn die Errichtung einer wirksamen und zweckmäßigen Interessenvertretung als Folge der – vornehmlich organisatorischen oder funktionalen – Rahmenbedingungen rechtlich oder tatsächlich „generell mit besonderen Schwierigkeiten verbunden" ist[1], erscheint auch mit Blick auf den Wortlaut und Zweck des Gesetzes zu eng. Gerade weil in großen Konzernen mit vielen Ebenen die Zusammenführung von unternehmensübergreifenden Strukturen erst beim KBR der Konzernobergesellschaft wegen der Größe solcher Organe häufig keine interessengerechte Wahrnehmung mehr ermöglicht, kann es zB zweckmäßig sein, einen KBR außerhalb der strengen Voraussetzungen des Konzerns im Konzern zu bilden. Solange solche „vereinbarten Teilkonzerne" eine ausreichende Eigenständigkeit haben und der Teilkonzern-KBR eine interessengerechtere Mitbest.-Möglichkeit verschafft, kann dies die gleichzeitige Ausgrenzung der ArbN-Vertreter des Teilkonzerns aus dem KBR der Konzernobergesellschaft rechtfertigen. Dass die gesetzl. Organisation der Betriebsverfassung damit zur Disposition der TV-Parteien gestellt wird und dies durch nicht organisierte ArbN hingenommen werden muss, ist mit Blick auf Abs. 2 hinzunehmen, zumal der BR selbst auch in der neuen Struktur ohne Rücksicht auf eine Gewerkschaftsmitgliedschaft durch Wahlen demokratisch legitimiert werden muss und Arbeitsbedingungen selbst durch den TV nur bei beiderseitiger Tarifbindung gestaltet werden können[2]. Unstatthaft ist aber, dass der TV den ArbN überlässt, vor jeder BR-Wahl abzustimmen, ob der TV zur Anwendung kommt oder ob in den einzelnen Betrieben eigenständige BR gewählt werden sollen[3].

16 **5. Arbeitsgemeinschaften und zusätzliche sonstige Vertretungen.** Nach Abs. 1 Nr. 4 können durch TV zusätzliche betriebsverfassungsrechtl. Gremien (Arbeitsgemeinschaften) gebildet werden, die der unternehmensübergreifenden Zusammenarbeit von ArbN-Vertretungen dienen. Ein Konzernbezug oder eine besondere Form der Zusammenarbeit der beteiligten Unternehmen ist nicht erforderlich. Arbeitsgemeinschaften können auch regional oder branchenbezogen gebildet werden. Darüber hinaus soll es möglich werden, dass ArbN-Vertretungsstrukturen entlang einer Produktionskette (just in time) oder für andere moderne Erscheinungsformen von Produktion, Dienstleistung und Zusammenarbeit von Unternehmen geschaffen werden[4]. Unter der ArbN-Vertretung iSd. Abs. 1 Nr. 4 sind neben BR, GBR oder KBR auch SpartenBR oder andere ArbN-Vertretungsstrukturen iSd. Abs. 1 Nr. 3 zu verstehen.

17 Darüber hinaus können nach Abs. 1 Nr. 5 durch TV zusätzliche betriebsverfassungsrechtl. Vertretungen der ArbN gebildet werden, sofern sie die Zusammenarbeit zwischen BR und ArbN erleichtern. Bsp.: Regionale Vertreter des BR, BR-Vertreter für Betriebsteile, Vertrauensleute zur Kommunikation mit Regional-BR[5].

18 Im Unterschied zu Abs. 1 Nr. 1–3 treten die Arbeitsgemeinschaften und sonstigen zusätzlichen ArbN-Vertretungen nach Nrn. 4, 5 nicht an die Stelle der gesetzl. vorgesehenen ArbN-Vertretungen. Es sind zusätzliche Strukturen, die die Rechtsposition der nach dem Gesetz bestehenden Organe unberührt lassen. Sie übernehmen keine betriebsverfassungsrechtl. Aufgaben und besitzen keine Mitwirkungs- und MitbestR[6]. Soweit zusätzliche ArbN-Vertretungen im Gesetz nicht vorgesehene Rechte erhalten sollen, bleibt dies indes weiterhin statthaft[7].

19 **Bestimmung der Zahl der Mitglieder, Zusammensetzung und Wahl.** Durch TV kann an sich nur eine vom Gesetz abweichende Organisationseinheit definiert werden, die als BetrVG iSd. BetrVG gilt (Abs. 5 S. 1). Soweit keine dahin gehende Regelung getroffen wird, finden deshalb grds. die Regelungen über die Zahl der BR-Mitglieder, ihre Zusammensetzung und die daran anknüpfenden Organisationsvorgaben (zB §§ 9, 14a, 17a, 27, 38, 47) für ArbN-Vertretungen nach Abs. 1 Nr. 1–3 entsprechende Anwendung. Abs. 1 Nr. 3 macht indes durch die Berechtigung zur Wahl anderer „ArbN-Strukturen" deutlich, dass auch eine vom Gesetz abweichende Regelung über die Zahl der Mitglieder des vereinbarten Repräsentationsorgans, seine Zusammensetzung und das Wahlverfahren vereinbart werden kann, sofern dabei die allg. Grundsätze des Betriebsverfassungsrechts (zB Repräsentation durch ArbN des Betriebs) beachtet werden[8]. Auf der Ebene des BR gehört hierzu auch die Notwendigkeit einer ungeraden Zahl an Amtsträgern. Denn in diesen Fällen kann nicht ohne weiteres auf eine analoge Anwendung der gesetzl. Regelungen zur Wahl bzw. Zusammensetzung von BR oder GesamtBR zurückgegriffen werden[9]. Deshalb ist es auch möglich, entgegen § 14 die Bildung von Wahlkreisen in einem Betrieb zu ver-

---

[1] So aber BAG 13.3.2013 – 7 ABR 70/11, NZA 2013, 738 (742). ||[2] Abw. Richardi/*Richardi*, § 3 Rz. 37. ||[3] BAG 10.11.2004 – 7 ABR 17/04, AiB 2005, 619. ||[4] BT-Drs. 14/5741, 34. ||[5] LAG Nds. 22.8.2008 – 12 TaBV 14/08, nv. ||[6] *Löwisch*, BB 2001, 1734 (1735). ||[7] Vgl. BAG 19.6.2001 – 1 AZR 463/00, NZA 2002, 397 (400) – Bildung eines Redaktionsrats für Mitwirkung bei tendenzbezogenen Maßnahmen in Zeitungsredaktion. *(|[8] Vgl. LAG Hamm 27.6.2003 – 10 TaBV 22/03, nv.; s.a. BAG 5.10.2000 – 1 ABR 14/00, NZA 2001, 1325 (1327) (zu § 3 BetrVG aF);* ebenso *Fitting*, § 3 Rz. 47ff., 54; ErfK/*Koch*, § 3 BetrVG Rz. 6ff.; *Hohenstatt/Dzida*, DB 2001, 2498 (2500); *Annuß*, NZA 2002, 290 (292); abl. *Teusch*, NZA 2007, 124 (127). ||[9] BT-Drs. 14/5741, 26; LAG Hamm 27.6.2003 – 10 TaBV 22/03, nv.

einbaren¹. Allerdings muss durch vergleichbare Größe eine gleiche Repräsentation aller ArbN gewährleistet sein; regionale Gesichtspunkte erlauben eine hiervon abweichende Aufteilung, wenn das Stimmengewicht nach der Zahl der vertretenen ArbN verteilt wird. Da Abs. 5 S. 2 insoweit keine Einschränkung enthält, gilt diese Regelungsbefugnis ebenso für Abs. 1 Nr. 1, 2².

III. Regelungen durch Betriebsvereinbarung. Abs. 2 erlaubt nur sehr eingeschränkt vom Gesetz abweichende Regelungen durch BV, GBV oder KBV. Zum einen können nur Regelungen entsprechend Abs. 1 Nr. 1, 2, 4 oder 5 getroffen werden, sofern dies im Rahmen des Einschätzungsspielraums der Betriebsparteien die Bildung von BR erleichtert oder einer sachgerechten Wahrnehmung der ArbN-Interessen dient (vgl. Rz. 9)³. Zum anderen ist eine Regelung ausgeschlossen, wenn im Betrieb oder Unternehmen, das in den Geltungsbereich der BV fallen soll, irgendeine tarifl. Regelung gilt. Im Kern geht es also um einen „Supertarifvorbehalt", der §§ 77 III 1, 87 I Einleitungssatz deutlich übertrifft. Jede Regelung durch Verbands- oder FirmenTV, gleich welchen Geltungsbereich sie betrifft (zB vermögenswirksame Leistungen), schließt eine BV nach Abs. 2 aus. Dies gilt auch, wenn der TV keine Regelungen über betriebverfassungsrechtl. Organisationsstrukturen enthält⁴. Dabei werden auch allgemeinverbindliche Regelungen einbezogen⁵. Da Abs. 2 indes von Tarifgeltung und nicht bloß Tarifgebundenheit spricht, muss – vergleichbar mit tarifl. Systematik (vgl. Rz. 4, § 4 Rz. 18) – eine beiderseitige gesetzl. Tarifgebundenheit vorliegen. Dies setzt mindestens einen ArbN voraus, der im Betrieb in den Geltungsbereich des TV fällt und – wenn keine Allgemeinverbindlichkeit besteht – Mitglied der tarifschließenden Gewerkschaft ist. So kann ein allgemeinverbindlicher TV Ausbildung keine Sperrwirkung auslösen, wenn der ArbGeb selbst keine Auszubildenden beschäftigt. Eine einzelvertragl. Bezugnahme auf einen TV genügt indes nicht, um die Sperrwirkung für eine BV auszulösen; Abs. 2 verlangt eine gesetzl. Geltung des TV. Warum der Gesetzgeber den betriebl. Sozialpartnern bedauerlicherweise so wenig Kompetenz zugesteht, ist nicht erkennbar. Der damit bewirkte Vorrang der Gewerkschaften ist unverhältnismäßig und sachlich unbegründet. Dies gilt umso mehr, wenn die Regelungsbefugnis der Gewerkschaft nur bei Vertretung im Betrieb und der damit verbundenen Kenntnis um betriebl. Verhältnisse anerkannt wird⁶. Den betriebl. Sozialpartnern kann indes durch Öffnungsklauseln im TV der Gestaltungsspielraum zuerkannt werden⁷. Dass Abs. 2 eine solche Möglichkeit – anders als § 77 III 2 – nicht nennt, steht dem nicht entgegen. Andernfalls läge ein unverhältnismäßiger Eingriff in die negative Koalitionsfreiheit des ArbGeb vor, der – entgegen dem eigentlichen Regelungswillen der TV-Parteien – bereits durch Abschluss eines TV zu völlig anderen Fragen jedwede Gestaltungsmöglichkeit auf betriebsverfassungsrechtl. Ebene verböte. Eine solche Öffnungsklausel berechtigt BR, GBR oder KBR indes nicht, ihren originären Zuständigkeitsbereich (Betrieb, Unternehmen oder Konzern), wie er durch §§ 50 I, 58 I gekennzeichnet wird, zu überschreiten⁸. Die Missachtung des gesetzl. TV-Vorbehalts und die damit verbundene Verkennung der Zuständigkeit betriebl. ArbN-Vertreter führt zur Unwirksamkeit der Vereinbarung (vgl. Rz. 38).

Die **Geltungsdauer** der BV bestimmt sich grds. nach § 77. Beansprucht ein TV erst nach Abschluss einer BV gem. Abs. 2 Wirkung, endet die Wirkung der BV ohne Übergang an diesem Tag. Unerheblich ist, auf welche Weise die Geltung herbeigeführt wird (zB Neuabschluss eines FirmenTV, Beitritt zu ArbGebVerband). Auch der Regelungsgegenstand des TV spielt keine Rolle. Die BV wirkt nicht gem. § 77 VI nach. Endet der TV, ist damit auch ein Wiederaufleben der BV ausgeschlossen. Allerdings kann vereinbart werden, dass die BV in diesem Fall wieder in Kraft tritt. Die Ablösung der bestehenden Organisationsstrukturen bestimmt sich sodann (wieder) nach Abs. 4. Wegen eines Rest- oder Übergangsmandats vgl. Rz. 39 ff.

IV. Beschluss der Arbeitnehmer zu unternehmenseinheitlichem Betriebsrat. Abs. 3 eröffnet – theoretisch – die Möglichkeit, die Wahl eines unternehmenseinheitlichen BR entsprechend Abs. 1 Nr. 1a durch mehrheitlichen Beschluss der ArbN herbeizuführen. Voraussetzung ist allerdings, dass keine tarifl. Regelung besteht (vgl. Rz. 20) und in dem Unternehmen überhaupt kein BR existiert. Besteht in einem der Betriebe des Unternehmens ein BR, ist ein Beschluss nach Abs. 3 ausgeschlossen. Die Abstimmung kann von mindestens drei wahlberechtigten ArbN oder von einer im Unternehmen vertretenen Gewerkschaft veranlasst werden. Spricht sich die Mehrheit der ArbN für die unternehmenseinheitliche Bildung eines BR aus, müssen entsprechende BR-Wahlen eingeleitet werden (vgl. Rz. 26). Absolute Mehrheit ist nicht erforderlich; es genügt relative Mehrheit der teilnehmenden ArbN⁹. Unternehmensübergreifende Regelungen können durch Abs. 3 nicht geschaffen werden. Sie sind unwirksam¹⁰.

---

1 LAG Hamm 27.6.2003 – 10 TaBV 22/03, nv. ‖ 2 AA *Friese*, RdA 2003, 92 (101), die allerdings Ausnahmen zulässt. ‖ 3 BAG 24.4.2013 – 7 ABR 71/11, DB 2013, 1913 (1914f.). ‖ 4 BT-Drs. 14/5741, 34. ‖ 5 *Richardi/Richardi*, § 3 Rz. 75. ‖ 6 BAG 29.7.2009 – 7 ABR 27/08, BB 2009, 1749. ‖ 7 Vgl. LAG Hamm 10.11.1999 – 3 TaBV 92/99, das (zu weitgehend) sogar einseitige Gestaltung durch ArbGeb erlaubt hatte; aA *Annuß*, NZA 2002, 290 (293); *Thüsing*, Tarifautonomie im Wandel, 2003, S. 285 (303); *Spinner/Wiesenecker*, FS Löwisch, 2007, S. 375 (382). ‖ 8 *B. Gaul*, Betriebs- und Unternehmensspaltung, § 27 Rz. 98. ‖ 9 LAG Düss. 16.10.2008 – 11 TaBV 105/08, nv.; *B. Gaul/Mückl*, NZA 2011, 657 (659) mwN; aA *Richardi/Richardi*, § 3 Rz. 88. ‖ 10 ArbG Hamburg 13.6.2006 – 19 BV 16/06, NZA-RR 2006, 645.

23 Obwohl dahingehende Regelungen fehlen, wird man dem Beschluss analog § 4 I 2–5 Bindungswirkung für die Dauer der Amtszeit des BR zumessen müssen. Er kann indes mit Mehrheitsbeschluss widerrufen werden. Erfolgt kein Widerruf, der dem BR spätestens zehn Wochen vor Ablauf der Amtszeit mitgeteilt werden muss, wird nach Ablauf der Amtszeit ein neuer unternehmenseinheitlicher BR gewählt.

24 V. Geltungsdauer abweichender Vereinbarungen. Abweichende Regelungen eines TV oder einer BV iSd. Abs. 1 Nr. 1–3 kommen, wenn in der Vereinbarung selbst nichts Abweichendes bestimmt wird, erstmals bei der nächsten regelmäßigen BR-Wahl zur Anwendung. Erst dann gilt die Fiktion des Abs. 5. Bis dahin bestehen die gesetzl. Betriebs- und Vertretungsstrukturen fort[1]. Sofort zur Anwendung kommen Vereinbarungen nach § 3 im Zweifel nur dann, wenn kein BR besteht oder aus anderen Gründen eine Neuwahl des BR erforderlich ist. Sehen die Vereinbarungen einen anderen Wahlzeitpunkt vor, was statthaft ist, endet die Amtszeit bestehender BR, die durch die Regelungen nach Abs. 1 Nr. 1–3 entfallen, mit Bekanntgabe der Wahlergebnisse[2]. Vereinbarungen über Arbeitsgemeinschaften oder zusätzliche Vertretungen nach Abs. 1 Nr. 4, 5 können, wenn nichts anderes vereinbart wird, sofort in Kraft treten. Bestehende ArbN-Vertretungen bleiben hiervon unberührt[3].

25 Endet der TV oder die BV, werden (wieder) die im BetrVG vorgesehenen ArbN-Vertretungen gebildet. Nachwirkung entfalten die Regelungen nicht, falls keine abweichende Vereinbarung getroffen wird[4]. Fehlt eine ausdrückliche Regelung, enden die abweichenden Vereinbarungen und das Mandat der auf dieser Grundlage gebildeten Organe indes erst mit Ablauf der gesetzl. Wahlperiode. Der BR hat dann nach § 21a die Aufgabe, die BR-Wahl(en) in den dann nach dem Gesetz bestimmten Einheiten vorzubereiten. Die Auflösung des nach § 3 gebildeten Betriebs ist insoweit als Spaltung eines Betriebs iSd. § 21a zu behandeln.

26 VI. Durchführung von Betriebsratswahlen. Wie die Mitglieder einer ArbN-Vertretung nach Abs. 1 Nr. 1–3 nach Inkrafttreten der abweichenden Vereinbarung gewählt werden, bestimmt § 3 nicht. Auch die Wahlordnung zum BetrVG schweigt. Abs. 5 S. 2 stellt lediglich klar, dass auf die „gebildeten" ArbN-Vertretungen die Vorschriften über die Rechte und Pflichten des BR und die Rechtsstellung seiner Mitglieder entsprechende Anwendung finden.

27 Gab es bislang keinen BR, wird man deshalb von einer entsprechenden Anwendbarkeit der Regelungen zu BR-Wahlen in betriebsratslosen Betrieben ausgehen können, soweit die ArbN-Vertretung – wie in Abs. 1 Nr. 1, 2 vorgesehen – an die Stelle eines BR treten soll. Insofern kommen insb. §§ 14ff., 17ff., 21ff. zur Anwendung. Darüber hinaus sind die Vorgaben zu Wahlberechtigung und Wählbarkeit sowie Zahl der Mitglieder (§§ 9ff.) entsprechend anwendbar[5]. Bei Abs. 1 Nr. 3 muss differenziert werden: Werden durch TV oder BV neue Organisationseinheiten definiert, die einen oder mehrere bislang nach Maßgabe des BetrVG bestehende Betriebe verändern bzw. auflösen, gilt für den Fall erstmaliger BR-Wahlen Entsprechendes. Treten die neuen ArbN-Strukturen an die Stelle von GBR oder KBR, wird man die für deren Bildung im Gesetz vorgesehenen Vorschriften analog heranziehen können. Besondere Voraussetzungen (zB § 54 I 2) finden dann allerdings keine Anwendung.

28 Wenn die abweichende Struktur durch TV eingeführt wird, obwohl in den hiervon betroffenen Einheiten **bereits BR bestehen**, finden ebenfalls die allg. Grundsätze Anwendung. Erfolgt der Zusammenschluss während der Amtszeit der BR im Wege der Eingliederung in einen Betrieb, der im Anschluss daran fortbesteht (vgl. § 77 Rz. 77), gilt das Mandat des im aufnehmenden Betrieb bereits bestehenden BR innerhalb der gem. § 3 gebildeten Einheit fort, sofern nicht die Voraussetzungen einer Neuwahl nach § 13 II Nr. 1 gegeben sind. Besteht in der aufnehmenden Einheit kein BR, hat der BR das Übergangsmandat, in dessen bis zum Zusammenschluss bestehenden Betrieb oder Betriebsteil die größte Zahl wahlberechtigter ArbN beschäftigt ist (§ 21a I, II 2). Erfolgt der Zusammenschluss durch Neugründung, ist § 21a II 1 maßgeblich. Damit hat der BR das Übergangsmandat, in dessen Betrieb oder Betriebsteil bis zum Wirksamwerden der TV die größte Zahl wahlberechtigter ArbN beschäftigt war (§ 21a II). Verfahrensrechtlich kommt es zur Funktionsnachfolge[6].

29 Wenn die ArbN-Vertretungen zusätzlich gebildet werden (Abs. 1 Nr. 4, 5), kann in der Vereinbarung selbst die Bildung und Zusammensetzung geregelt werden.

30 Die Wahlen im Anschluss an eine Vereinbarung nach § 3 sind ggf. anfechtbar analog § 19. Wegen der weiteren Einzelheiten der Abgrenzung zwischen Nichtigkeit und Anfechtbarkeit vgl. Rz. 38. Daneben kann das Vorliegen einer betriebsverfassungsrechtl. Organisationseinheit zum Gegenstand eines Feststellungsantrags nach § 18 II gemacht werden.

31 VII. Fiktion des Betriebs. Nach Abs. 5 S. 1 gelten die auf Grund eines TV oder einer BV nach Abs. 1 Nr. 1–3 gebildeten betriebsverfassungsrechtl. Organisationseinheiten als Betriebe iSd. BetrVG. Auch ohne das Vorliegen der in §§ 1, 4 genannten Voraussetzungen wird der Betrieb also fingiert[7]. Entspre-

---

1 So offenbar auch BAG 18.3.2008 – 1 ABR 3/07, NZA 2008, 1259 (1261). ‖ 2 So schon zur früheren Rechtslage BAG 24.1.2001 – 4 ABR 11/00, nv.; 19.6.2001 – 1 ABR 43/00, NZA 2001, 1263 (1264). ‖ 3 ArbG Frankfurt/M. 30.3.2004 – 4 BV 438/03, AuR 2004, 398 (LS). ‖ 4 Vgl. *Thüsing*, Tarifautonomie im Wandel, 2003, S. 285 (309). ‖ 5 Vgl. *Hohenstatt/Dzida*, DB 2001, 2498 (2500). ‖ 6 BAG 13.2.2013 – 7 ABR 36/11, NZA-RR 2013, 521 (523). ‖ 7 BAG 31.5.2007 – 2 AZR 254/06, NZA 2007, 1307 (1309).

chendes gilt für den Beschluss nach Abs. 3. Werden Einheiten unternehmensübergreifend zu einem Betrieb zusammengefasst, sind alle ArbN der neuen Organisationseinheit bei der Berechnung der Schwellenwerte nach §§ 106, 111[1], 112a[2] maßgeblich. § 17 I, II KSchG richtet sich nach der nun geschaffenen Organisationseinheit (vgl. § 17 KSchG Rz. 9)[3]. Dies kann zu einer Anhebung der Schwellenwerte für das Vorliegen einer Betriebsänderung bzw. einer Massenentlassung führen. Insofern ist auch auf diesen Betrieb abzustellen, wenn ArbN-Vertreter im Aufsichtsrat nach MitbestG, MontanMitbestG oder DrittelbG gewählt werden (vgl. § 1 Rz. 26)[4]. Wegen der Konsequenzen für BV vgl. § 77 Rz. 77.

Da der kündigungsschutzrechtl. Betrieb losgelöst von den betriebsverfassungsrechtl. Vorgaben bestimmt wird[5], hat eine Vereinbarung nach § 3 für den Betriebsbegriff nach §§ 1, 23 KSchG keine Bedeutung[6]. Entscheidend für die Zusammenfassung mehrerer Einheiten zu einem kündigungsschutzrechtl. Betrieb ist, dass die wesentlichen personellen und sozialen Angelegenheiten von einer Stelle aus übergreifend gesteuert werden. Die räumliche Entfernung spielt dabei – abweichend von §§ 3, 4 I 1 Nr. 1 – keine Rolle (vgl. § 1 KSchG Rz. 259)[7]. Bei der Kennzeichnung des zuständigen BR für die Beteiligung bei Massenentlassungen (§ 17 II, III KSchG) kommt es dann aber wiederum auf den Betrieb iSd. § 3 an. Für seine Zuständigkeit ist wie bei §§ 111, 112 der betriebsverfassungsrechtl. Betriebsbegriff maßgeblich. Auch § 15 IV, V KSchG bestimmt sich nach der Organisationseinheit iSd. Abs. 5 S. 1[8].

VIII. Rechtsstellung der ArbN-Vertretung und ihrer Mitglieder. Auf die ArbN-Vertreter in den nach § 3 gebildeten Einheiten finden die Regelungen über Rechte und Pflichten des BR und die Rechtsstellung seiner Mitglieder Anwendung (Abs. 5 S. 2). Unter entsprechender Berücksichtigung der vertikalen Zuständigkeitsverteilung durch §§ 50, 58 kann die ArbN-Vertretung damit alle Mitbestimmungs- und Mitwirkungsrechte des BR wahrnehmen. Neben der personellen und sozialen Mitbest. gehört hierzu auch die Beteiligung bei einer Betriebsänderung nach §§ 111, 112[9]. Im Zweifel ist das Wort „Betriebsrat" durch die Worte „ArbN-Vertretung nach § 3 BetrVG" zu ersetzen, so dass von Abs. 5 zB auch unternehmensübergreifende (Sparten-)GBR erfasst werden. Die Erstattung der Kosten und etwaiger Sachaufwand richten sich dabei nach § 40. Für die Mitglieder dieser ArbN-Vertretungen folgt aus dieser Gleichstellung vor allem der Anspruch auf Entgeltfortzahlung und Freistellung (§§ 37, 38), dass der Kündigungsschutz durch §§ 15 KSchG, 103 BetrVG, die Anwendbarkeit des Begünstigungs- und Benachteiligungsverbots (§ 78) sowie die Pflicht zur Verschwiegenheit (§ 79). Dabei werden Wahlbewerber und Mitglieder des Wahlvorstands analog § 15 III KSchG einbezogen. Allerdings kann die Vereinbarung nach Abs. 1 Nr. 1–3 abweichende Regelungen zur Zahl der festen Freistellungen von BR-Mitgliedern treffen, sofern die interessengerechte Wahrnehmung von BR-Aufgaben nicht gefährdet ist; für TV folgt dies schon aus § 38 I 5[10].

Soweit ArbN verschiedener Unternehmen in den entsprechenden ArbN-Vertretungen tätig sind, werden die betriebsverfassungsrechtl. Pflichten in beteiligungspflichtigen Angelegenheiten ggü. der Vertretung in ihrer Gesamtheit durch die Unternehmen als **Gesamtschuldner** wahrgenommen. Dies gilt auch für die Kostenerstattung und die Übernahme des Sachaufwands entsprechend § 40[11]; im Innenverhältnis kann zwischen den Unternehmen Abweichendes vereinbart werden. Insoweit besteht also eine Parallele zum gemeinsamen Betrieb (vgl. § 1 Rz. 25). Individuelle Ansprüche der einzelnen Mitglieder richten sich allerdings ebenso wie Rechte und Pflichten von ArbN aus BV, die mit Wirkung für ArbN mehrerer Unternehmen von der Vertretung abgeschlossen worden sind (zB SpartenBV), grds. nur gegen den jeweiligen ArbGeb (vgl. § 77 Rz. 27).

Arbeitsgemeinschaften und zusätzliche Vertreter nach Abs. 1 Nr. 4, 5 werden in die Gleichstellung durch Abs. 5 nicht einbezogen. Ihnen steht insb. kein besonderer Kündigungsschutz zu. Folgerichtig erstreckt sich der gesetzl. Schutz auch nicht auf Wahlbewerber für Arbeitsgemeinschaften und zusätzliche Vertretungen. IdR dürften die Mitglieder dieser zusätzlichen Strukturen aber als Mitglied der gesetzl. ArbN-Vertretungen geschützt sein. Unabhängig davon gilt § 612a BGB.

Weitergehende Rechte und Pflichten der Mitglieder der ArbN-Vertretungen nach Abs. 1 können vereinbart werden. Unzulässig ist es aber, durch solche Vereinbarungen der Vertretung selbst besondere Mitbestimmungs- und Mitwirkungsrechte zuzugestehen, wenn dadurch zugleich das gesetzl. Mitbestimmungs- oder Mitwirkungsrecht einer anderen ArbN-Vertretung eingeschränkt wird. Insb. kann durch Vereinbarung nach § 3 die Verteilung der Zuständigkeit zwischen BR, GBR oder KBR (vgl. §§ 50, 58) nicht verändert werden. Unzulässig ist auch, durch Vereinbarung einem BR ohne gleichzeitige Bildung einer entsprechenden Organisationsstruktur überbetriebliche Zuständigkeiten zuzuweisen.

---

1 LAG Köln 3.3.2008 – 14 TaBV 83/07, BB 2008, 1570 (1571). ||2 *Bissels*, BB 2008, 1571 (1572). ||3 Vgl. *Busch*, DB 1992, 1474; aA APS/*Moll*, § 17 KSchG Rz. 7. ||4 Vgl. BT-Drs. 7/2172, 13; vgl. UHH/*Henssler*, § 3 MitbestG Rz. 112 ff. ||5 Vgl. BAG 15.3.2001 – 2 AZR 151/00, NZA 2001, 831 (832); 13.2.2007 – 1 AZR 184/06, NZA 2007, 825 (827); *B. Gaul*, Betriebs- und Unternehmensspaltung, § 18 Rz. 11. ||6 BAG 31.5.2007 – 2 AZR 276/06, NZA 2008, 33 (35); *Kania/Gilberg*, NZA 2000, 678 (680); *Preis*, RdA 2000, 257 (264); *Stege/Weinspach/Schiefer*, § 3 Rz. 17 f.; DKKW/*Trümner*, NZA Rz. 210; *B. Gaul*, Betriebs- und Unternehmensspaltung, § 18 Rz. 12 f. ||7 BAG 31.5.2007 – 2 AZR 276/06, NZA 2008, 33 (35). ||8 Vgl. LAG Rh.-Pf. 25.1.2007 – 4 Sa 797/06, nv.; ArbG Cottbus 18.7.2007 – 6 Ca 209/06, nv.; *B. Gaul/Mückl*, NZA 2011, 657 (569). ||9 *B. Gaul*, Betriebs- und Unternehmensspaltung, § 28 Rz. 93 ff. ||10 BAG 11.6.1997 – 7 ABR 5/96, NZA 1997, 1301 (1302); WHSS/*Hohenstatt*, D Rz. 174; *B. Gaul/Mückl*, NZA 2011, 657 (659). ||11 Vgl. *Löwisch*, BB 2001, 1734 (1735).

37 Gem. Abs. 5 S. 1 besitzen die Mitglieder der nach Abs. 1 Nr. 1–3 gebildeten betriebsverfassungsrechtl. Organisationseinheiten die **Rechte und Pflichten des BR** und seiner Mitglieder. Da Abs. 1 Nr. 4 und 5 dort nicht aufgeführt ist, ergibt sich im Umkehrschluss, dass die Mitglieder in zusätzlichen betriebsverfassungsrechtl. Vertretungen nicht die Rechte und Pflichten des BR und die Rechtsstellung seiner Mitglieder besitzen. Ihnen bleibt aber der Schutz als Mitglieder der ArbN-Vertretung, aus der heraus sie in die besonderen Vertretungsstrukturen nach Abs. 1 Nr. 4, 5 entsandt werden.

38 **IX. Unwirksamkeit, Anfechtbarkeit und Nichtigkeit.** Auch wenn § 3 den Gestaltungsspielraum ggü. der früheren Rechtslage erweitert hat und die angestrebte Verbesserung der Interessenvertretung einem Beurteilungsspielraum der Parteien unterworfen ist[1], führt eine Überschreitung der gesetzl. Rahmenbedingungen zur Unwirksamkeit entsprechender Vereinbarungen[2]. Allerdings ist auch hier zwischen Anfechtbarkeit und Nichtigkeit der daran anknüpfenden BR-Wahl zu unterscheiden. Nichtigkeit der Vereinbarung mit entsprechender Folge für die BR-Wahl und die Nichtexistenz von ArbN-Vertretern setzt offenkundige Fehlerhaftigkeit voraus[3]. Hierzu gehören zB Missachtung des Schriftformerfordernisses, BV trotz offenkundig geltender TV, unternehmensübergreifender BR durch Beschluss gem. Abs. 3[4] oder Errichtung von BR-Strukturen im Rahmen von § 3 I Nr. 1–3, die neben die gesetzl. Organe treten. Dies gilt auch, wenn die Bildung oder der Fortbestand einer ArbN-Vertretung durch Interessenausgleich vereinbart wird. Ein Sozialplan ist untauglich, wenn ein TV gilt (Abs. 2) und es nicht nur um Verlängerung des gesetzl. Übergangsmandats geht[5]. ArbN-Vertreter, die ihre Existenz aus solchen Vereinbarungen ableiten, sind betriebsverfassungsrechtl. nicht existent. Vereinbarungen, die von solchen ArbN-Vertretern abgeschlossen werden, sind im Zweifel nichtig[6]. Bloße Anfechtbarkeit besteht bspw., wenn die Vereinbarung den Beurteilungsspielraum in Bezug auf die gebotene Erleichterung der BR-Bildung überschreitet[7], einzelne Unternehmen bei Abschluss eines TV nicht wirksam vertreten werden[8], eine fehlerhafte Zuständigkeitsabgrenzung zwischen BR, GBR und KBR[9] oder durch Wahlvorstand Fehler im Wahlverfahren erfolgen[10]. Hier ist Nichtbeachtung des gesetzl. Gestaltungsspielraums nicht grob und offensichtlich[11], so dass letztlich nur eine Verkennung des Betriebsbegriffs gegeben ist (vgl. § 19 Rz. 11)[12]. Bis zu einer rechtskräftigen Entscheidung des ArbG gelten Vereinbarungen und BR-Wahl als wirksam. ArbN-Vertreter können gesetzl. Rechte geltend machen; eine etwaige Unwirksamkeit von Regelungen zur Zuständigkeit lässt die Wirksamkeit zur Bildung der ArbN-Vertretungsstrukturen unberührt. Insoweit entfällt die Bindungswirkung der Vereinbarung – wie das Organ selbst – ohne Nachwirkung ex nunc erst, wenn rechtskräftig die Unwirksamkeit des TV bzw. der BV festgestellt wird[13].

39 **X. Folgen von Umstrukturierungen.** ZuordnungsTV nach § 3 stehen einer Restrukturierung – auch im Anwendungsbereich von § 111 – nicht entgegen[14]. Vergleichbar mit freiwilligen Vereinbarungen zur grenzüberschreitenden Unterrichtung und Anhörung bzw. zur Bildung eines EBR nach §§ 17 ff., 41 EBRG sollte deshalb in einer Vereinbarung nach § 3 sichergestellt sein, wie bei künftigen Änderungen der Betriebs-, Unternehmens- oder Konzernstruktur, einer Veränderung der im Unternehmen oder Konzern bestehenden Sparten bzw. sonstigen Veränderungen im Kreis der beteiligten Rechtsträger in Bezug auf die bereits bestehenden Vereinbarungen verfahren werden soll (vgl. zur Umstrukturierung durch Abschluss entsprechender Vereinbarungen Rz. 27 f.). Ohne solche Absprachen, die bei einem TV auch durch Öffnung für Regelungen durch BV erfolgen können (vgl. Rz. 20), wird man differenzieren müssen:

40 Wird die der Bildung von SpartenBR zugrunde liegende Struktur der Geschäftsbereiche mit der Folge geändert, dass einzelne **Sparten entfallen**, endet das Amt der ArbN-Vertretung nach Abs. 1 Nr. 2. Der BR hat indes – je nach den tatsächlichen Gegebenheiten – ein Übergangs- und/oder Restmandat analog §§ 21a, 21b[15]. Die nach Gesetz gewählten BR treten im Wege der Funktionsnachfolge in die verfahrensrechtliche Stellung ein[16].

41 Werden Einheiten, die durch eine Vereinbarung nach Abs. 1 Nr. 1–3 als selbständige betriebsverfassungsrechtl. Organisationseinheiten definiert wurden, Gegenstand eines **Betriebsübergangs** bzw. einer **Umwandlung**, hängen die Rechtsfolgen davon ab, ob ihre Identität durch den Übertragungsvorgang berührt wird, ob mit entsprechenden Vereinbarungen betriebsinterne, unternehmensinterne oder unter-

---

1 LAG Nds. 22.8.2008 – 12 TaBV 14/08, nv. ‖ 2 Vgl. allg. BAG 10.11.2004 – 7 ABR 17/04, AiB 2005, 619 (620); LAG Köln 10.3.2000 – 13 TaBV 9/00, LAGE § 3 BetrVG 1972 Nr. 6 S. 4; *Mückl/Koehler*, NZA-RR 2009, 514 (518); *Spinner/Wiesenecker*, FS Löwisch, 2007, S. 375; *Hohenstatt/Dzida*, DB 2001, 2498 (2503). ‖ 3 BAG 13.3.2013 – 7 ABR 70/11, NZA 2013, 738 (742); *Mückl/Koehler*, NZA-RR 2009, 514 ff. ‖ 4 ArbG Hamburg 13.6.2006 – 19 BV 16/06, NZA 2006, 645 (647); *Mückl/Koehler*, NZA-RR 2009, 514 (516). ‖ 5 LAG Düss. 21.1.2000 – 9 Sa 1754/99, ZInsO 2000, 681 (683). ‖ 6 BAG 13.2.2007 – 1 AZR 184/06, NZA 2007, 825 (827); 17.3.2010 – 7 AZR 706/08, DB 2010, 2812. ‖ 7 BAG 13.3.2013 – 7 ABR 70/11, NZA 2013, 738 (742) – Bildung unternehmensübergreifender regionaler Wahlbetriebe ohne entsprechende Personalsteuerung; abw. *Spinner/Wiesenecker*, FS Löwisch, 2007, S. 375 (380), die generelle Nichtigkeit annehmen. ‖ 8 LAG Nds. 19.10.2012 – 6 TaBV 82/10, nv. ‖ 9 Diff. *Mückl/Koehler*, NZA-RR 2009, 514 (517 f.). ‖ 10 LAG München 6.7.2007 – 3 TaBV 84/07, nv. ‖ 11 *Mückl/Koehler*, NZA-RR 2009, 514 (516 f.); diff. *Trümner/Sparchholz*, AiB 2009, 98 (101); abl. *Spinner/Wiesenecker*, FS Löwisch, 2007, S. 375 (385). ‖ 12 BAG 13.3.2013 – 7 ABR 70/11, NZA 2013, 738 (742). ‖ 13 Eingehend *B. Gaul*, Betriebs- und Unternehmensspaltung, § 27 Rz. 102 ff. ‖ 14 Vgl. *Meyer*, SAE 2013, 49 (51). ‖ 15 Vgl. *Giesen*, BB 2002, 1480 (1482). ‖ 16 BAG 13.2.2013 – 7 ABR 36/11, NZA-RR 2013, 521 (523).

nehmensübergreifende ArbN-Vertretungen geschaffen wurden und ob und inwieweit diese Vereinbarungen ihrer Rechtsnatur nach auch den übernehmenden Rechtsträger binden. § 613a I 2 BGB kommt, da es sich insoweit um Betriebsnormen handelt, nicht zur Anwendung. Voraussetzung ist also eine kollektivrechtl. Fortgeltung des TV oder der BV. Das Gleiche gilt grds. auch für die Vereinbarung nach Abs. 1 Nr. 4, 5. Hier treten die ArbN-Vertretungen indes neben die Organe, die nach den Vorgaben des BetrVG gebildet wurden. Die Rechtsfolgen für die ArbN-Vertreter nach Abs. 1 Nr. 4, 5 müssen also getrennt von den Rechtsfolgen für den BR, den GBR oder KBR bzw. die JAV beurteilt werden. Wenn die Bildung der ArbN-Vertretung durch Beschluss der ArbN gem. Abs. 3 erfolgt ist, besteht keine Bindung des übernehmenden Rechtsträgers[1]. Das Ergebnis lässt sich wie folgt zusammenfassen:

Wenn gem. Abs. 1 Nr. 2 für einen einzelnen Betrieb iSd. §§ 1, 4 I 1 durch BV die **Bildung mehrerer (Sparten-)BR** vereinbart wird, gilt die Vereinbarung auch beim übernehmenden Rechtsträger fort, wenn dieser die Betriebe unter Wahrung der in der Vereinbarung gekennzeichneten Identität aufrechterhält. Entsprechendes gilt bei einer solchen Übertragung, wenn innerbetrieblich zusätzliche ArbN-Vertretungen gem. Abs. 1 Nr. 5 vereinbart wurden.

Wenn eine Vereinbarung gem. Abs. 1 Nr. 2, 3, 5 durch **FirmenTV** getroffen wurde, gilt sie – vorausgesetzt die betroffenen Einheiten werden übernommen – auch beim übernehmenden Rechtsträger fort, wenn die Übertragung im Wege der Gesamtrechtsnachfolge vorgenommen wurde und die sonstigen Voraussetzungen eines Eintritts in den FirmenTV erfüllt sind. Bei einer Übertragung im Wege der Einzelrechtsnachfolge kommt ein Eintritt in den FirmenTV nur auf Grund gesonderter Vereinbarung zwischen der Gewerkschaft und dem übernehmenden Rechtsträger in Betracht[2]. Im Zweifel muss ein Beitritt zum TV erfolgen oder durch TV eine inhaltsgleiche Regelung getroffen werden. Andernfalls entfällt die entsprechende Regelung. Allerdings kommt bei den nach Abs. 1 Nr. 2, 3 gebildeten ArbN-Vertretungen auf betriebl. Ebene ein Übergangsmandat gem. §§ 3 V, 21a zur Anwendung.

Wenn die durch Vereinbarung gebildeten Betriebe in Zusammenhang mit dem Übertragungsvorgang in ihrer **Identität verändert**, insb. aufgelöst werden, ist ein Fortbestand des BR ausgeschlossen. Dies gilt auch für den Fall, dass ein durch Vereinbarung gebildeter Betrieb nach dem Übergang in einen anderen Betrieb eingegliedert wird[3]. Auch hier ist aber das Übergangsmandat gem. Abs. 5, § 21a zu berücksichtigen, soweit ArbN-Vertretungen nach Abs. 1 Nr. 2, 3 betroffen sind[4]. Diese Überlegungen lassen sich bei unternehmensbezogenen ArbN-Vertretungen auf den Fall übertragen, dass Betriebe oder selbständige Betriebsteile außerhalb der Vereinbarung mit dem GBR bzw. mit der Gewerkschaft zu einem einzigen Betrieb gem. Abs. 1 Nr. 1, 2 zusammengefasst worden sind. Werden diese Einheiten unter Wahrung ihrer Identität auf einen anderen Rechtsträger übertragen, gilt die auf Grund der GBV getroffene Regelung kollektivrechtl. fort. Ist die Regelung durch TV getroffen worden, kommt eine Fortgeltung der Vereinbarungen nach Abs. 1 Nr. 1–3 nur bei einer Gesamtrechtsnachfolge in Betracht. Liegen die hierfür erforderlichen Voraussetzungen nicht vor, endet die Vereinbarung für die vom Übergang betroffene Einheit mit dem Wirksamwerden des Übertragungsvorgangs. Soweit deshalb bis zur Neuwahl eines BR keine ArbN-Vertretung besteht, wird man indes wegen Abs. 5 ein Übergangsmandat gem. § 21a annehmen müssen. Neu gewählte BR treten in die verfahrensrechtl. Stellung ein[5].

Ob beim übertragenden Rechtsträger eine **betriebsübergreifende ArbN-Vertretung** fortbesteht, hängt vom Inhalt der Vereinbarung und den tatsächlichen Gegebenheiten ab[6].

Wenn durch Vereinbarung mit dem KBR gem. Abs. 1 Nr. 2, 4 Regeln zur Bildung unternehmensübergreifender ArbN-Vertretungen abgeschlossen wurden, bestehen diese Vereinbarung und die daran anknüpfend gebildeten Organe fort, wenn die Übertragung im Konzern erfolgt und die Einheiten in ihrer Identität, wie sie durch die Vereinbarung definiert wird, nicht berührt werden. Werden Betriebe und Betriebsteile auf Rechtsträger außerhalb des Konzerns übertragen, findet die konzernbezogene BV keine Anwendung mehr. Dies gilt auch beim FirmenTV, sofern nicht ausnahmsw. eine Übertragung im Wege der Gesamtsrechtsnachfolge veranlasst worden ist. Wenn die bisherige ArbN-Vertretung fortbestehen soll, muss eine entsprechende Vereinbarung unter Einbeziehung des übernehmenden Rechtsträgers neu abgeschlossen werden. Ist diese Rechtsfolge bei ArbN-Vertretungen iSd. Abs. 1 Nr. 1–3 mit einem Wegfall der betriebsbezogenen Interessenvertretung verbunden, kommt das Übergangsmandat gem. § 21a zur Anwendung. Es greift lediglich dann, wenn die Übertragung mit dem Wegfall von ArbN-Vertretern verbunden ist, die gem. Abs. 1 Nr. 2, 3 auf überbetrieblicher Ebene neben dem BR gebildet worden sind. Es kommt auch dann nicht zur Anwendung, wenn die Vereinbarung auf die Bildung zusätzlicher ArbN-Vertretungen iSd. Abs. 1 Nr. 4 gerichtet war[7].

Die Rechtsfolgen einer **unternehmensinternen Betriebsspaltung** werden im Wesentlichen durch den Inhalt der Vereinbarung nach § 3 bestimmt. Wenn nach der Vereinbarung angenommen werden muss,

---

1 *B. Gaul*, Betriebs- und Unternehmensspaltung, § 27 Rz. 225 ff. ||2 Eingehend *B. Gaul*, Betriebs- und Unternehmensspaltung, § 24 Rz. 135 ff. ||3 LAG Nds. 22.8.2008 – 12 TaBV 14/08, nv. ||4 *B. Gaul*, Betriebs- und Unternehmensspaltung, § 27 Rz. 230. ||5 BAG 13.2.2013 – 7 ABR 36/11, NZA-RR 2013, 521 (523). ||6 *B. Gaul*, Betriebs- und Unternehmensspaltung, § 27 Rz. 233. ||7 *B. Gaul*, Betriebs- und Unternehmensspaltung, § 27 Rz. 235.

dass die neue Betriebsstruktur nicht mehr vom Geltungsbereich des TV oder der BV erfasst wird, oder die in der Vereinbarung getroffene Vereinbarung auf die neue Organisationsstruktur nicht angewendet werden kann, bestimmt sich die Bildung eines BR wieder nach dem Gesetz. Bis zur Neukonstitution muss wegen Abs. 5 ein Übergangsmandat iSd. § 21a anerkannt werden[1].

48 Auch bei einem **Zusammenschluss von Betrieben oder Betriebsteilen**, für die eine Vereinbarung nach § 3 abgeschlossen worden ist, muss geprüft werden, ob die Vereinbarung selbst die Rechtsfolgen regelt. Ist dies nicht der Fall, kann auf die allg. Grundsätze zu den Folgen eines solchen Zusammenschlusses zurückgegriffen werden (vgl. auch Rz. 27f.)[2]. Insb. muss geprüft werden, ob der Zusammenschluss durch Aufnahme oder Neugründung erfolgt. Liegt eine Aufnahme vor, besteht die durch TV oder BV gebildete Organisationseinheit nach Abs. 5 S. 1 fort.

4 Betriebsteile, Kleinstbetriebe

(1) Betriebsteile gelten als selbständige Betriebe, wenn sie die Voraussetzungen des § 1 Abs. 1 Satz 1 erfüllen und

1. **räumlich weit vom Hauptbetrieb entfernt oder**
2. **durch Aufgabenbereich und Organisation eigenständig sind.**

Die Arbeitnehmer eines Betriebsteils, in dem kein eigener Betriebsrat besteht, können mit Stimmenmehrheit formlos beschließen, an der Wahl des Betriebsrats im Hauptbetrieb teilzunehmen; § 3 Abs. 3 Satz 2 gilt entsprechend. Die Abstimmung kann auch vom Betriebsrat des Hauptbetriebs veranlasst werden. Der Beschluss ist dem Betriebsrat des Hauptbetriebs spätestens zehn Wochen vor Ablauf seiner Amtszeit mitzuteilen. Für den Widerruf des Beschlusses gelten die Sätze 2 bis 4 entsprechend.

(2) Betriebe, die die Voraussetzungen des § 1 Abs. 1 Satz 1 nicht erfüllen, sind dem Hauptbetrieb zuzuordnen.

1 **I. Vorbemerkung.** § 4 enthält weitere Vorgaben zur Kennzeichnung des betriebsverfassungsrechtl. Betriebs und kommt zur Anwendung, wenn die in Rede stehende Einheit nicht bereits aus sich heraus die Kriterien eines Betriebs iSd. § 1 erfüllt.

2 **II. Verselbständigung eines Betriebsteils (Abs. 1 S. 1).** Nach Abs. 1 S. 1 gilt ein Betriebsteil als selbständig, wenn er entweder räumlich weit vom Hauptbetrieb entfernt ist (Alt. 1) oder durch Aufgabenbereich und Organisation eigenständig ist (Alt. 2), sofern dort idR mindestens fünf ständige wahlberechtigte ArbN beschäftigt werden, von denen drei wählbar sind[3]. Die selbständige Behandlung eines Betriebsteils ist als Ausnahme anzusehen; § 4 ist daher eng auszulegen[4].

3 **1. Kennzeichnung des Betriebsteils.** Durch die gesetzl. Fiktion soll einerseits sichergestellt werden, dass für jede Organisationseinheit ein BR gewählt werden kann. Anderseits soll ein unfruchtbares Nebeneinander verschiedener BR für einzelne Betriebsteile vermieden werden, wenn diese an sich organisatorisch und wirtschaftl. als ein Betrieb angesehen werden müssen.

4 Aus diesem Grund ist zwischen „einfachen" und betriebsratsfähigen Betriebsteilen zu unterscheiden. Die **Abgrenzung** erfolgt nach den in Abs. 1 S. 1 genannten Kriterien. Entscheidend ist der Grad der Verselbständigung, der im Umfang der Leitungsmacht zum Ausdruck kommt[5]. Der „einfache", unselbständige Betriebsteil ist dem Betrieb zuzuordnen, in dem die wesentlichen Entscheidungen in den personellen und sozialen Angelegenheiten getroffen werden[6]. Die ArbN wählen den für diesen Betrieb zu bildenden BR mit und werden von diesem vertreten. Dies gilt auch, wenn ein anderer Betrieb des Unternehmens dem Betriebsteil räumlich näher ist[7]. Die Zuordnung zu einem Betrieb ohne Zuständigkeit in den wesentlichen betriebsverfassungsrechtl. Entscheidungen würde den ArbN des Betriebsteils den Ansprechpartner nehmen[8]. Im Gegensatz dazu ist der selbständige Betriebsteil wie ein Betrieb zu behandeln; hier wird ein eigener BR gewählt.

5 **Betriebsteile** sind organisatorisch abgrenzbare relativ verselbständigte Betriebsbereiche mit eigenem ArbN-Stamm, die wegen ihrer Eingliederung in die Organisation des Betriebs nicht allein bestehen können[9]. Der arbeitsrechtl. Zweck, der in einem Betriebsteil verfolgt wird, kann mit dem Zweck des Gesamtbetriebs identisch sein. Ist er verschieden, wird er dem Zweck des Gesamtbetriebs ein- oder untergeordnet. In jedem Fall übt der Betriebsteil eine Teilfunktion für das Erreichen des arbeitstechnischen Zwecks des Betriebs aus und erfüllt Aufgaben, die sich von denen der anderen Abteilungen idR erkennbar unterscheiden, aber in ihrer Zielsetzung dem arbeitstechnischen Zweck des Betriebs dienen. Für

---

1 *B. Gaul*, Betriebs- und Unternehmensspaltung, § 27 Rz. 234ff. ||2 *B. Gaul*, Betriebs- und Unternehmensspaltung, § 27 Rz. 239. ||3 Eingehend *Rieble/Klebeck*, FS Richardi, 2007, S. 693ff. ||4 BAG 24.2.1976 – 1 ABR 62/75, DB 1976, 1579; Richardi/*Richardi*, § 4 Rz. 15; aA GK-BetrVG/*Franzen*, § 4 Rz. 10; DKKW/*Trümner*, § 4 Rz. 6, 44. ||5 BAG 7.5.2008 – 7 ABR 15/07, NZA 2009, 328 (330). ||6 BAG 25.9.1986 – 6 ABR 68/84, NZA 1987, 708.; 31.5.2007 – 2 AZR 254/06, NZA 2007, 1307 (1308); ErfK/*Koch*, § 4 BetrVG Rz. 2. ||7 LAG Bln.-Bbg. 23.9.2010 – 25 TaBV 2776/09, nv. ||8 ErfK/*Koch*, § 4 BetrVG Rz. 2. ||9 Vgl. BAG 25.9.1986 – 6 ABR 68/84, NZA 1987, 708; 29.5.1991 – 7 ABR 54/90, NZA 1992, 74; 14.5.1997 – 7 ABR 26/96, NZA 1997, 1245.

die Abgrenzung von Betrieb und Betriebsteil ist der Grad der Verselbständigung entscheidend. Erstreckt sich die in der organisatorischen Einheit ausgeübte Leitungsmacht auf alle wesentlichen Funktionen des ArbGeb in personellen und sozialen Angelegenheiten, handelt es sich um einen selbständigen Betrieb iSd § 1. Für einen Betriebsteil iSd. Abs. 1 S. 1 reicht, dass die organisatorische Einheit räumlich oder funktional vom Betrieb abgegrenzt ist und in ihr eine den Einsatz der ArbN bestimmende Leitung institutionalisiert ist, die Weisungsrechte des ArbGeb ausübt[1]. Im Unterschied zu einer als Betrieb zu qualifizierenden Einheit fehlt dem Betriebsteil also ein eigener Leitungsapparat, der die wesentlichen Entscheidungen in den personellen und sozialen Angelegenheiten eigenständig trifft[2].

2. Räumliche Entfernung (Alt. 1). Ein Betriebsteil gilt zunächst einmal dann als selbständiger Betrieb, wenn er räumlich weit vom Hauptbetrieb entfernt ist. Dabei ist nicht allein auf die streckenmäßige Entfernung abzustellen. Es ist eine **Gesamtwürdigung aller für die Erreichbarkeit des Hauptbetriebs in Betracht kommenden Umstände** vorzunehmen[3]. Da das Gesetz zur Bildung eines eigenständigen BR führen soll, wenn wegen der Entfernung eine sachgerechte Vertretung der ArbN des Betriebsteils durch den BR des Hauptbetriebes nicht gewährleistet ist[4], muss auch die Dauer berücksichtigt werden, die der BR und seine Mitglieder benötigen, um ArbGeb oder ArbN als Ansprechpartner in bestimmten Angelegenheiten persönlich zu erreichen[5]. Schließlich soll der BR in der Lage sein, für alle ArbN des Betriebs eine wirksame Interessenvertretung wahrzunehmen[6]. Insofern sind vor allem die Verkehrsanbindung und die für den BR verfügbaren Verkehrsmittel von Bedeutung[7]. Unerheblich ist die Erreichbarkeit des BR per Post, Telefon oder mit Hilfe moderner Kommunikationsmittel[8]. BR-Mitglieder müssen kurzfristig zu einer Sitzung zusammenkommen können und für ArbN leicht erreichbar sein[9]. Außerdem müssen ihnen die Verhältnisse vor Ort aus unmittelbarer und ständiger eigener Anschauung bekannt sein[10]. Erforderlich ist eine Einzelfallbetrachtung, die wegen der konkreten Verkehrsverhältnisse in unterschiedlichen Fällen trotz gleicher Entfernung zu anderen Ergebnissen in Bezug auf Abs. 1 S. 1 Nr. 1 führen kann. Dabei steht den Tatsachengerichten ein Beurteilungsspielraum zu, der nur beschränkt nachprüfbar ist[11]. So wurden die Entfernungen zwischen Kassel und Göttingen (ca. 45 km[12]) und zwischen Köln und Essen[13] auf Grund guter Verkehrsanbindungen und intakter Kontakte zwischen BR und Belegschaft noch nicht als weit angesehen, ebenso eine Entfernung von 22 km, die in 25 Minuten überbrückt werden konnte[14]. Die Rspr. tendiert aber inzwischen zu einer strengeren Linie[15]. So soll nicht erst eine Entfernung von 70 bis 90 km[16] bzw. 260 km[17], sondern schon von 15 bis 30 km wegen ständiger Verkehrstaus bzw. mehrfachen Umsteigens räumlich weit entfernt sein[18]. Das Gleiche gilt bei einer Fahrtzeit von 55 Minuten zzgl. dem Weg zur jeweiligen Haltestelle[19]. Das BVerwG vermutet eine weite Entfernung schon bei mehr als 20 km[20]. Köln und Düsseldorf sind bereits mental so weit von einander entfernt, dass von einer Selbständigkeit der Einheiten auszugehen ist.

Sind **mehrere Betriebsteile** räumlich weit vom Hauptbetrieb entfernt, bilden sie – wenn jeweils die Voraussetzungen des § 1 I erfüllt werden – je für sich einen betriebsverfassungsrechtl. verselbständigten Betriebsteil. Das gilt auch, wenn sie im Verhältnis zueinander räumlich nahe liegen. Etwas anderes gilt nur, wenn ein Betriebsteil einem anderen organisatorisch untergeordnet ist, so dass er von ihm geleitet wird[21]. Hauptbetrieb ist derjenige Betrieb, in dem Leitungsaufgaben auch für den Betriebsteil wahrgenommen werden[22]. Das Gleiche gilt, wenn Betriebsteile organisatorisch miteinander verknüpft sind. Um eine Zersplitterung der untereinander in räumlicher Nähe liegenden Betriebsteile zu vermeiden, sind die Anforderungen an eine organisatorische Verknüpfung indes gering.

---

1 Vgl. BAG 31.5.2007 – 2 AZR 254/06, NZA 2007, 1307 (1308); 9.12.2009 – 7 ABR 38/08, NZA 2010, 906 (908). ||**2** Vgl. BAG 28.6.1995 – 7 ABR 59/94, NZA 1996, 276; 15.3.2001 – 2 AZR 151/00, NZA 2001, 831; Richardi/*Richardi*, § 4 Rz. 15. Zur Filialstruktur vgl. *Haas/Salamon*, NZA 2009, 299 ff. ||**3** BAG 7.5.2008 – 7 ABR 15/07, NZA 2009, 328 (331). ||**4** Vgl. BAG 24.2.1976 – 1 ABR 62/75, DB 1976, 1579. ||**5** Vgl. BAG 24.2.1976 – 1 ABR 64/81, DB 1983, 2039 (2040); 21.6.1995 – 2 AZR 783/94, nv.; LAG Köln 20.11.1998 – 11 Ta BV 6/98, nv.; vgl. auch BVerwG 29.5.1991 – 6 P 12/89, DÖV 1991, 974 (976). ||**6** Vgl. BAG 24.2.1976 – 1 ABR 62/75, DB 1976, 1579 (1580). ||**7** Vgl. BAG 17.2.1983 – 6 ABR 64/81, DB 1983, 2039 (2040); 21.6.1995 – 2 AZR 783/94, nv.; LAG Köln 20.11.1998 – 11 Ta BV 6/98, nv.; *Löwisch/Kaiser*, § 4 Rz. 4. ||**8** BAG 7.5.2008 – 7 ABR 15/07, NZA 2009, 328 (331). ||**9** BAG 23.9.1982 – 6 ABR 42/81, DB 1983, 1498. ||**10** BAG 24.2.1976 – 1 ABR 62/75, DB 1976, 1579 (1580). ||**11** BAG 17.2.1983 – 6 ABR 64/81, DB 1983, 2039 (2040); 21.6.1995 – 2 AZR 783/94, nv.; LAG Köln 20.11.1998 – 11 Ta BV 6/98, nv. ||**12** BAG 24.2.1976 – 1 ABR 62/75, DB 1976, 1579 (1580); ebenso BAG 25.5.1988 – 7 ABR 51/87, nv., für eine Entfernung von 40 km. ||**13** BAG 24.9.1968 – 1 ABR 4/68, DB 1969, 89. ||**14** BAG 17.2.1983 – 6 ABR 64/81, DB 1983, 2039 (2040); ähnlich auch LAG Hamburg 1.11.1982 – 2 Ta BV 8/82, BB 1983, 1095 (1096), das die leichte Erreichbarkeit der Betriebsstätten auch nach Dienstende hervorhebt. ||**15** Vgl. BAG 21.6.1995 – 2 AZR 693/94, EzA § 23 KSchG Nr. 14 (dort gekürzt): Trotz einer Entfernung von 22 km und einer Pkw-Erreichbarkeit von 20 Minuten keine räumliche Nähe, wenn die Verkehrsanbindung mit öffentl. Verkehrsmitteln beschwerlich ist und auf Grund geringer Löhne nicht vom Vorhandensein von Pkw bei allen ArbN ausgegangen werden kann; ähnlich auch LAG Köln 28.6.1988 – 2 TaBV 42/88, LAGE § 4 BetrVG 1972 Nr. 4 S. 3 (etwa 40 km). ||**16** LAG Köln 13.4.1989 – 1 TaBV 72/88, AiB 1990, 359 m. Anm. *Grimberg*. ||**17** BAG 19.2.2002 – 1 ABR 26/01, AP Nr. 13 zu § 4 BetrVG 1972 Bl. 3. ||**18** LAG Köln 13.4.1989 – 1 TaBV 72/88, AiB 1990, 359. ||**19** BAG 7.5.2008 – 7 ABR 15/07, NZA 2009, 328 (331). ||**20** BVerwG 29.5.1991 – 6 P 12/89, DÖV 1991, 974 (976). ||**21** Vgl. BAG 29.5.1991 – 7 ABR 54/90, NZA 1992, 74 (76); 19.2.2002 – 1 ABR 26/01, NZA 2002, 1300 (1302). ||**22** BAG 29.1.1992 – 7 ABR 27/91, NZA 1992, 894; 7.5.2008 – 7 ABR 15/07, NZA 2009, 328 (330).

8 Da der gemeinsame Betrieb iSd. § 1 KSchG ohne Rücksicht auf die räumliche Entfernung bestimmt wird (vgl. § 1 Rz. 22)[1], hat die betriebsverfassungsrechtl. Selbständigkeit keine Bedeutung für die **kündigungsrechtl. Bewertung.** Wenn zwei Einheiten in räumlich weiter Entfernung betriebsverfassungsrechtl. als zwei selbständige Betriebe gelten, aber in den wesentlichen personellen und sozialen Fragen übergreifend gesteuert werden, bilden sie einen einzigen kündigungsrechtl. Betrieb[2].

9 **3. Eigenständigkeit nach Aufgabenbereich und Organisation (Alt. 2).** Auch bei räumlicher Nähe[3] gilt ein Betriebsteil als selbständig, wenn er durch Aufgabenbereich und Organisation eigenständig ist. Unerheblich ist, ob die Abgrenzung ggü. dem Hauptbetrieb oder anderen Betriebsteilen erfolgt[4]. Nach dem Gesetz müssen zwar beide Voraussetzungen erfüllt sein; entscheidend ist aber letztlich die organisatorische Eigenständigkeit des Betriebsteils[5]. Fehlt ein eigener Leitungsapparat, so kann der Betriebsteil stets nur als Gesamtbetrieb erscheinen. Eine Verselbständigung kommt hier nur bei räumlich weiter Entfernung in Betracht.

10 Die **Eigenständigkeit eines Aufgabenbereichs** ist bereits dann gegeben, wenn der arbeitstechnische Zweck des Betriebsteils von den sonst im Betrieb verfolgten Aufgaben deutlich abgegrenzt ist. Dies ist jedenfalls dann der Fall, wenn fachliche Unterschiede der verschiedenen Aufgaben gegeben sind (Bsp.: Hilfsfunktion des Betriebsteils für den arbeitstechnischen Zweck des Gesamtbetriebs)[6]. Die notwendige Eigenständigkeit kann indes auch bei gleicher Aufgabenstellung gegeben sein (Betreiben mehrerer Restaurants mit gleicher Speisekarte oder Herstellung desselben Autotyps in verschiedenen Betrieben)[7].

11 Für die **organisatorische Eigenständigkeit** muss eine eigene institutionell verankerte Leitungsstruktur vorhanden sein, mit der eine von der Betriebsleitung abgehobene Leitung auf der Ebene des Betriebsteils geschaffen wird[8]. Diese muss – abgrenzbar zum Hauptbetrieb oder anderen Betriebsteilen – eine relative Eigenständigkeit besitzen. Die im Betriebsteil vorhandenen Vertreter des ArbGeb müssen in der Lage sein, die ArbGebFunktionen in wesentlichen Bereichen der betriebl. Mitbest. wahrzunehmen[9]. Nicht erforderlich ist, dass sich die Leitungsmacht auf alle wesentlichen Angelegenheiten im sozialen oder personellen Bereich bezieht; andernfalls würde es sich bereits um einen Betrieb iSd. § 1 handeln, was Abs. 1 S. 1 Nr. 2 entbehrlich machte[10]. Auch ist eine Freiheit von Weisungen der Unternehmensleitung nicht erforderlich, sofern der Leitung des Betriebsteils Raum für eigene Entscheidungen bleibt[11]. Wenn allerdings – was wegen der schwierigen Abgrenzung der Regelfall sein dürfte[12] – (auch) die Voraussetzungen eines selbständigen Betriebs erfüllt werden, steht dies einem (vorsorglichen) Rückgriff auf die Fiktion in Abs. 1 nicht entgegen.

12 **III. Beteiligung an der Betriebsratswahl im Hauptbetrieb (Abs. 1 S. 2–5).** Nach Abs. 1 S. 2 können die ArbN eines nach Abs. 1 S. 1 betriebsverfassungsrechtl. selbständigen Betriebsteils beschließen, an der Wahl des BR im Hauptbetrieb teilzunehmen, statt einen eigenen BR zu wählen. Entscheiden sie sich für die Beteiligung an der Wahl im Hauptbetrieb, ist der Betriebsteil nur noch Teil des Hauptbetriebs[13], was nicht nur die Größe und Zusammensetzung des BR sowie die Zahl der Freistellungen, sondern auch seinen Zuständigkeitsbereich erweitert. Die Zuständigkeit besteht insoweit übergreifend und einheitlich[14]. Bei der Kennzeichnung einer Betriebsänderung (§§ 111 BetrVG, 17 KSchG) sind Hauptbetrieb und Betriebsteil insg. maßgeblich. Ist der Betriebsteil nach Abs. 1 S. 1 nicht betriebsratsfähig, sind die ArbN ohnehin Teil des Hauptbetriebs, dort wahlberechtigt und wählbar und werden vom BR des Hauptbetriebs in allen Angelegenheiten vertreten.

13 Der **Beschluss** über die Teilnahme an BR-Wahlen im Hauptbetrieb kann formlos getroffen werden, setzt aber eine Mehrheit der ArbN des Betriebsteils voraus (absolute Mehrheit). Die Mehrheit der Stimmen der anwesenden oder an der Abstimmung teilnehmenden ArbN (relative Mehrheit) ist nicht ausreichend[15]. Abstimmungsberechtigt sind alle ArbN des Betriebsteils. Wahlberechtigung nach § 7 ist insoweit keine Voraussetzung[16]. ArbN und BR im Hauptbetrieb sind an das Ergebnis der Abstimmung gebunden. Der Beschluss, an der Wahl eines anderen selbständigen Betriebsteils teilzunehmen, ist nicht möglich.

---

1 BAG 21.6.1995 – 2 AZR 693/94, AP Nr. 16 zu § 1 BetrVG 1972; 15.3.2001 – 2 AZR 151/00, NZA 2001, 831. ‖ 2 BAG 31.5.2007 – 2 AZR 276/06, NZA 2008, 33 (35). ‖ 3 Vgl. BAG 29.5.1991 – 7 ABR 54/90, NZA 1992, 74. ‖ 4 BAG 29.5.1991 – 7 ABR 54/90, NZA 1992, 74; 29.1.1992 – 7 ABR 27/91, NZA 1992, 894 (898). ‖ 5 Vgl. BAG 23.9.1982 – 6 ABR 42/81, DB 1983, 1498 (1499); 29.1.1992 – 7 ABR 27/91, NZA 1992, 894 (898); 9.12.1992 – 7 ABR 15/92, nv. ‖ 6 *Fitting*, § 4 Rz. 24. ‖ 7 Vgl. BAG 25.11.1993 – 2 AZR 517/93, NZA 1994, 836 (839); DKKW/*Trümner*, § 4 Rz. 77; MünchArbR/*Richardi*, § 22 Rz. 13. ‖ 8 BAG 29.1.1992 – 7 ABR 27/91, NZA 1992, 894 ff.; 31.5.2007 – 2 AZR 254/06, NZA 2007, 1307 (1308). ‖ 9 Vgl. BAG 9.12.2009 – 7 ABR 38/08, NZA 2010, 906 (908); *Fitting*, § 4 Rz. 25; Richardi/*Richardi*, § 4 Rz. 27. ‖ 10 BAG 29.5.1991 – 7 ABR 54/90, NZA 1992, 74. ‖ 11 Vgl. Richardi/*Richardi*, § 1 Rz. 27. ‖ 12 BAG 3.12.1985 – 1 ABR 29/84, NZA 1986, 334 (335). ‖ 13 *B. Gaul*, Betriebs- und Unternehmensspaltung, § 27 Rz. 5; aA *Seebacher*, AuR 2011, 335. ‖ 14 *Bayreuther*, NZA 2011, 727 ff.; aA LAG München 26.1.2011 – 11 TaBV 77/10, NZA-RR 2011, 299. ‖ 15 *Fitting*, § 4 Rz. 29; Richardi/*Richardi*, § 4 Rz. 38; aA *Löwisch/Kaiser*, § 4 Rz. 10; *Löwisch*, BB 2001, 1734. ‖ 16 *Fitting*, § 4 Rz. 30; abw. Richardi/*Richardi*, § 4 Rz. 38; *Konzen*, RdA 2001, 76 (81); *Reichold*, NZA 2001, 857 (858).

Arbeitnehmer §5 BetrVG

14 Die **Abstimmung** kann durch den BR des Hauptbetriebs (Abs. 2 S. 3) oder von mindestens drei wahlberechtigten ArbN des Betriebsteils oder einer im Betriebsteil vertretenen Gewerkschaft veranlasst werden (§§ 3 III 2, 4 II 1).

15 Der Beschluss ist dem BR des Hauptbetriebs spätestens **zehn Wochen vor Ablauf** von dessen Amtszeit mitzuteilen (Abs. 1 S. 4). Gibt es noch keinen BR, muss die Mitteilung spätestens zehn Wochen vor der Wahl dem Wahlvorstand ggü. erfolgen; in diesem Fall muss die BR-Wahl zu diesem Zeitpunkt also bereits eingeleitet worden sein; die ArbN im selbständigen Betriebsteil können eine solche Wahl selbst nicht veranlassen. Erfolgen Beschluss und Mitteilung nach Ablauf der Frist, haben sie erst für die folgende Wahl Bedeutung[1].

16 Aus den Vorgaben zum **Widerruf** in S. 5 folgt, dass der Beschluss zur Teilnahme an den Wahlen im Hauptbetrieb zunächst auch für weitere Wahlen gilt. Es ist ein Beschluss mit Dauerwirkung. Die Entscheidung kann indes durch Mehrheitsbeschluss (Rz. 13) entsprechend Abs. 1 S. 2–4 widerrufen werden. Der Widerruf zeigt aber erst bei den nachfolgenden Wahlen Wirkung. Er führt nicht zu einer Beendigung des Mandats des BR für den Betriebsteil während der Dauer der Amtsperiode[2]. Erst nach Ablauf der Amtszeit kann im Betriebsteil wieder ein eigener BR gewählt werden. Ein Übergangs- oder Restmandat analog §§ 21a, 21b gibt es nicht.

17 **IV. Behandlung von Kleinstbetrieben (Abs. 2).** Nach Abs. 2 ist ein Betrieb, der die Voraussetzungen des § 1 I 1 nicht erfüllt, also nicht betriebsratsfähig ist, dem Hauptbetrieb zuzuordnen. Dabei werden nicht nur Nebenbetriebe erfasst. Wie die gesetzl. Überschrift deutlich macht, werden alle Kleinstbetriebe erfasst, damit die dort beschäftigten ArbN nicht aus der betriebl. Mitbest. fallen. Hauptbetrieb ist dabei die Einheit, in der die wesentlichen personellen und organisatorischen Angelegenheiten auch mit Wirkung für die ArbN im Kleinstbetrieb entschieden und in ihrer Umsetzung gesteuert werden[3]. Unterhält der ArbGeb neben dem nicht betriebsratsfähigen Betrieb mehrere weitere Betriebe, ist Hauptbetrieb iSv. Abs. 2 der Betrieb, der ggü. dem nicht betriebsratsfähigen Betrieb eine hervorgehobene Bedeutung hat. Diese Bedeutung kann sich daraus ergeben, dass die Leitung dieses Betriebs die Leitung des nicht betriebsratsfähigen Betriebs in personellen und sozialen Angelegenheiten beratend unterstützt. Dem steht nicht entgegen, dass in den Betrieben unterschiedliche arbeitstechnische Zwecke verfolgt werden oder andere Betriebe des ArbGeb räumlich näher liegen[4].

18 **V. Vom Gesetz abweichende Regelungen.** Von den Regelungen in § 4 kann durch TV, BV oder Beschluss der ArbN iSd. § 3 abgewichen werden (s. § 3).

19 **VI. Prozessuale Aspekte.** Über die Frage, ob ein Betrieb als Nebenbetrieb oder Betriebsteil selbständig oder einem anderen Betrieb oder Betriebsteil zuzuordnen ist, wird im arbeitsgerichtl. Beschlussverfahren nach §§ 2a, 80 ff. ArbGG entschieden. Die Antragsberechtigung richtet sich nach § 18 II. Über diese Fragen kann auch als Vorfrage in anderen Verfahren entschieden werden.

5 Arbeitnehmer

(1) Arbeitnehmer (Arbeitnehmerinnen und Arbeitnehmer) im Sinne dieses Gesetzes sind Arbeiter und Angestellte einschließlich der zu ihrer Berufsbildung Beschäftigten, unabhängig davon, ob sie im Betrieb, im Außendienst oder mit Telearbeit beschäftigt werden. Als Arbeitnehmer gelten auch die in Heimarbeit Beschäftigten, die in der Hauptsache für den Betrieb arbeiten. Als Arbeitnehmer gelten ferner Beamte (Beamtinnen und Beamte), Soldaten (Soldatinnen und Soldaten) sowie Arbeitnehmer des öffentlichen Dienstes einschließlich der zu ihrer Berufsausbildung Beschäftigten, die in Betrieben privatrechtlich organisierter Unternehmen tätig sind.

(2) Als Arbeitnehmer im Sinne dieses Gesetzes gelten nicht

1. in Betrieben mit einer juristischen Person die Mitglieder des Organs, das zur gesetzlichen Vertretung der juristischen Person berufen ist;
2. die Gesellschafter einer offenen Handelsgesellschaft oder die Mitglieder einer anderen Personengesamtheit, soweit sie durch Gesetz, Satzung oder Gesellschaftsvertrag zur Vertretung der Personengesamtheit oder zur Geschäftsführung berufen sind, in deren Betrieben;
3. Personen, deren Beschäftigung nicht in erster Linie ihrem Erwerb dient, sondern vorwiegend durch Beweggründe karitativer oder religiöser Art bestimmt ist;
4. Personen, deren Beschäftigung nicht in erster Linie ihrem Erwerb dient und die vorwiegend zu ihrer Heilung, Wiedergewöhnung, sittlichen Besserung oder Erziehung beschäftigt werden;
5. der Ehegatte, der Lebenspartner, Verwandte und Verschwägerte ersten Grades, die in häuslicher Gemeinschaft mit dem Arbeitgeber leben.

---

1 *Löwisch/Kaiser*, § 4 Rz. 10; *Fitting*, § 4 Rz. 33; *Löwisch*, BB 2001, 1734. ‖ 2 *Fitting*, § 4 Rz. 36; ErfK/*Koch*, § 4 BetrVG Rz. 5. ‖ 3 ErfK/*Koch*, § 4 BetrVG Rz. 6; *Fitting*, § 4 Rz. 10; aA Richardi/*Richardi*, § 4 Rz. 47; DKKW/*Trümner*, § 4 Rz. 22, die allein auf die räumliche Nähe abstellen. ‖ 4 BAG 17.1.2007 – 7 ABR 63/05, NZA 2007, 703 (706).

(3) Dieses Gesetz findet, soweit in ihm nicht ausdrücklich etwas anderes bestimmt ist, keine Anwendung auf leitende Angestellte. Leitender Angestellter ist, wer nach Arbeitsvertrag und Stellung im Unternehmen oder im Betrieb

1. zur selbständigen Einstellung und Entlassung von im Betrieb oder in der Betriebsabteilung beschäftigten Arbeitnehmern berechtigt ist oder
2. Generalvollmacht oder Prokura hat und die Prokura auch im Verhältnis zum Arbeitgeber nicht unbedeutend ist oder
3. regelmäßig sonstige Aufgaben wahrnimmt, die für den Bestand und die Entwicklung des Unternehmens oder eines Betriebs von Bedeutung sind und deren Erfüllung besondere Erfahrungen und Kenntnisse voraussetzt, wenn er dabei entweder die Entscheidungen im Wesentlichen frei von Weisungen trifft oder sie maßgeblich beeinflusst; dies kann auch bei Vorgaben insbesondere auf Grund von Rechtsvorschriften, Plänen oder Richtlinien sowie bei Zusammenarbeit mit anderen leitenden Angestellten gegeben sein.

Für die in Absatz 1 Satz 3 genannten Beamten und Soldaten gelten die Sätze 1 und 2 entsprechend.

(4) Leitender Angestellter nach Absatz 3 Nr. 3 ist im Zweifel, wer

1. aus Anlass der letzten Wahl des Betriebsrats, des Sprecherausschusses oder von Aufsichtsratsmitgliedern der Arbeitnehmer oder durch rechtskräftige gerichtliche Entscheidung den leitenden Angestellten zugeordnet worden ist oder
2. einer Leitungsebene angehört, auf der in dem Unternehmen überwiegend leitende Angestellte vertreten sind, oder
3. ein regelmäßiges Jahresarbeitsentgelt erhält, das für leitende Angestellte in dem Unternehmen üblich ist, oder,
4. falls auch bei der Anwendung der Nummer 3 noch Zweifel bleiben, ein regelmäßiges Jahresarbeitsentgelt erhält, das das Dreifache der Bezugsgröße nach § 18 des Vierten Buches Sozialgesetzbuch überschreitet.

I. Vorbemerkung 1	4. Beschäftigung aus medizinischen oder erzieherischen Gründen (Nr. 4) 46
II. Arbeitnehmerbegriff nach Abs. 1 2	5. Familienangehörige des Arbeitgebers (Nr. 5) 47
1. Privatrechtlicher Vertrag 3	IV. Kennzeichnung des leitenden Angestellten durch Abs. 3 48
2. Leistung fremdbestimmter Arbeit in persönlicher Abhängigkeit 5	1. Allgemein 48
3. Praxisbeispiele von A–Z 11	2. Selbständige Einstellungs- und Entlassungsberechtigung (Nr. 1) 52
III. Einschränkung des Arbeitnehmerbegriffs nach Abs. 2 40	3. Generalvollmacht oder Prokura (Nr. 2) ... 55
1. Vertreter juristischer Personen (Nr. 1) 41	4. Funktionaler Grundtatbestand (Nr. 3) ... 58
2. Mitglieder von Personengesamtheiten (Nr. 2) 43	V. Handhabe von Zweifelsfällen (Abs. 4) 63
3. Beschäftigung aus karitativen oder religiösen Gründen (Nr. 3) 44	VI. Streitigkeiten 68

I. Vorbemerkung. § 5 regelt in Abs. 1 und 2, wer als ArbN iSd. BetrVG anzusehen ist. Auf diese Weise werden der persönliche Geltungsbereich des BetrVG und der durch den BR repräsentierte Personenkreis festgelegt. Abs. 3 S. 1 bestimmt, dass dieses Gesetz keine Anwendung auf leitende Angestellte findet, soweit in ihm nicht ausdrücklich etwas anderes bestimmt ist (zB §§ 99, 106, 110, 111, 112a). Abs. 3 S. 2 enthält eine Legaldefinition des leitenden Angestellten, die durch Abs. 4 für Zweifelsfälle ergänzt wird. Die Begriffe des ArbN und des leitenden Angestellten nach dem BetrVG sind **zwingend** und keiner Vereinbarung zugänglich[1].

II. Arbeitnehmerbegriff nach Abs. 1. Ausgangspunkt des BetrVG ist der allg. arbeitsrechtl. ArbN-Begriff (vgl. Vor § 611 BGB Rz. 19 ff.)[2]. ArbN ist damit, wer auf Grund eines privatrechtl. Vertrages im Dienste eines anderen in persönlicher Abhängigkeit zur Leistung fremdbestimmter Arbeit verpflichtet ist[3].

1. Privatrechtlicher Vertrag. Das ArbVerh wird durch Arbeitsvertrag zwischen ArbGeb und ArbN begründet (vgl. § 611 BGB Rz. 30 ff.). Dem steht das kraft Gesetz begründete ArbVerh (zB § 625 BGB, § 10 I AÜG) gleich. Unerheblich ist, ob der Arbeitsvertrag fehlerhaft zustande gekommen und deshalb nichtig

---

[1] ErfK/Koch, § 5 BetrVG Rz. 1; Fitting, § 5 Rz. 13; GK-BetrVG/Raab, § 5 Rz. 7. ||[2] BAG 12.2.1992 – 7 ABR 42/91, NZA 1993, 334; Däubler, AuR 2001, 1 (3); Engels/Trebinger/Löhr-Steinhaus, DB 2001, 532 (536); Konzen, RdA 2001, 76 (82); Richardi/Annuß, DB 2001, 41 (43). ||[3] Vgl. nur BAG 16.2.2000 – 5 ABR 71/99, NZA 2000, 385 (387); 12.12.2001 – 5 AZR 253/00, NZA 2002, 787 (788); Fitting, § 5 Rz. 16; GK-BetrVG/Raab, § 5 Rz. 13; krit. DKKW/Trümner, § 5 Rz. 8 ff.: Anknüpfung an die Betriebszugehörigkeit; Wank, DB 1992, 90: Einbindung der wirtschaftl. Abhängigkeit.

ist oder angefochten wurde. Auch wer auf Grund anfechtbaren oder nichtigen Arbeitsvertrags tätig wird, bleibt für die Dauer seiner tatsächlichen Beschäftigung ArbN; insofern genügt ein faktisches ArbVerh[1].

Der das ArbVerh kennzeichnende Vertrag muss im Rahmen der Privatautonomie begründet werden[2]. Nicht erfasst werden eine Beschäftigung auf Grund öffentl.-rechtl. Dienstverhältnisse ggü. der Einstellungskörperschaft (Bsp.: Beamte, Beamtenanwärter und Soldaten), Personen im freiwilligen sozialen Jahr[3], Strafgefangene, soweit sie nach § 11 I Nr. 1 StVollzG beschäftigt werden[4] und kein freies ArbVerh nach § 39 StVollzG eingehen[5], Zivildienstleistende, die nicht in freiem Beschäftigungsverhältnis iSd. § 15a ZDG stehen[6], zu gemeinnütziger und zusätzlicher Arbeit herangezogene Sozialhilfeempfänger, soweit sie nicht das übliche Arbeitsentgelt erhalten[7], und Entwicklungshelfer[8]. Eine Ausnahme bestimmt Abs. 1 S. 3: Werden Beamte, Soldaten oder ArbN des öffentl. Dienstes in privatrechtl. organisierten Unternehmen eingesetzt (Bsp.: Universitätsklinik überlässt Personal an ausgegliederte Servicegesellschaft), gelten sie im Einsatzbetrieb ggü. dem Betriebsinhaber als ArbN iSd. BetrVG (vgl. Rz. 34a). Weitergehende Besonderheiten gelten für den drittbezogenen Personaleinsatz (vgl. Rz. 12).

2. Leistung fremdbestimmter Arbeit in persönlicher Abhängigkeit. Persönliche Abhängigkeit. Weitere Voraussetzung der ArbN-Eigenschaft ist die Unselbständigkeit der zu erbringenden Leistung und die damit verbundene Eingliederung in die Betriebsorganisation des ArbGeb[9]. Dabei ist nicht auf die wirtschaftl., sondern die persönliche Abhängigkeit abzustellen[10]. Diese ergibt sich im Wege einer typologischen Betrachtungsweise aus einer Vielzahl von Kriterien (vgl. § 611 BGB Rz. 40ff.), deren Bedeutung auch von der Eigenart der Tätigkeit abhängen kann[11]. In der Abgrenzung zur selbständigen Tätigkeit ist die Bezeichnung eines Vertrags unerheblich; entscheidend sind tatsächliche Umstände, unter denen die Dienstleistung erbracht wird[12]. Auch sozialversicherungsrechtl. Bewertungen sind unerheblich[13].

Ausgangspunkt für die Prüfung persönlicher Abhängigkeit vom Selbständigen enthält § 84 I 2 HGB[14]. Danach ist selbständig, wer im Wesentlichen seine Tätigkeit frei gestalten und seine Arbeitszeit bestimmen kann. Wichtiges Indiz ist damit der **Grad der Weisungsgebundenheit** des Dienstleistenden bzgl. der Art, der Zeit und Dauer sowie des Orts der Dienstleistung (vgl. § 106 S. 1 GewO)[15].

Im Vordergrund steht die **örtliche und zeitliche Weisungsgebundenheit**. Für ArbN-Eigenschaft sprechen zB Einbindung in Arbeitszeitsysteme, Schichtmodelle und unternehmensseitige Vorgaben für Beginn und Ende der Arbeitszeit[16] oder die Befugnis des potenziellen ArbGeb, über die Arbeitsleistung innerhalb eines bestimmten Zeitrahmens zu verfügen[17], dagegen die Berechtigung zur freien Arbeitszeiteinteilung[18]. Wegen des Tendenzschutzes, der auch in der geistigen oder künstlerischen Tätigkeit selbst zum Ausdruck kommt, ist die persönliche Abhängigkeit von Mitarbeitern in Rundfunk/Fernsehen allerdings nicht schon ausgeschlossen, weil sie sachlich wie örtlich in ihrer Arbeitsleistung frei sind. Die Fremdbestimmtheit der Arbeit kann anderweitig begründet werden[19].

Auch **fachliche Weisungsgebundenheit** ist ein wichtiges Indiz für persönliche Abhängigkeit; ihr Fehlen schließt die ArbN-Stellung indes nicht aus[20]. Denn Aufgabenstellung, Art oder Qualität einer Tätigkeit können es mit sich bringen, dass trotz Einbindung in die betriebl. Organisation ein hohes Maß an Gestaltungsfreiheit/fachlicher Selbständigkeit beim Dienstverpflichteten verbleibt[21]. Umgekehrt ist die fachliche Weisungsgebundenheit allein nicht ausreichend, um die ArbN-Eigenschaft zu begründen. Auch ein Selbständiger kann (vgl. § 645 I BGB) Weisungen seines Vertragspartners unterworfen sein[22].

Weiteres Indiz für das Vorliegen der ArbN-Eigenschaft ist der Umstand, dass eine Tätigkeit **regelmäßig nur im Rahmen eines ArbVerh ausgeübt** wird. Bsp.: Copilot[23], Tankwartaushilfe[24], Lehrer an allgemeinbildenden Schulen[25]. Wegen der geringeren Einbindung in ein Schul- oder Ausbildungssystem

---

1 BAG 5.12.1957 – 1 AZR 594/56, EzA § 123 BGB Nr. 1 S. 2f.; DKKW/*Trümner*, § 5 Rz. 10; *Fitting*, § 5 Rz. 19. ||2 *Richardi*, § 5 Rz. 14. ||3 BAG 12.2.1992 – 7 ABR 42/91, NZA 1993, 334. ||4 AA DKKW/*Trümner*, § 5 Rz. 197. ||5 Vgl. BAG 3.10.1978 – 6 ABR 46/76, DB 1979, 1186 (1187); LAG BW 15.9.1988 – 4b Sa 41/88, NZA 1989, 886; *Fitting*, § 5 Rz. 314. ||6 DKKW/*Trümner*, § 5 Rz. 149; Richardi/*Richardi*, § 5 Rz. 135. ||7 BAG 7.7.1999 – 7 ABR 661/97, NZA 2000, 542; Richardi/*Richardi*, § 5 Rz. 132. ||8 Vgl. BAG 27.4.1977 – 5 AZR 129/76, BB 1977, 1304. ||9 BAG 21.7.2004 – 7 ABR 38/03, AP Nr. 8 zu § 9 BetrVG 1972; 25.9.2013 – 10 AZR 282/12, vgl. ||10 BAG 16.2.2000 – 5 AZB 71/99, NZA 2000, 385 (387); 12.12.2001 – 5 AZR 253/00, NZA 2002, 787 (788); aA LAG Köln 30.6.1995 – 4 Sa 63/95, AP Nr. 80 zu § 611 BGB Abhängigkeit Bl. 6f.; *Wank*, NZA 1999, 225 (226). ||11 Vgl. BAG 19.1.2000 – 5 AZR 644/98, NZA 2000, 1102 (1104); 20.9.2000 – 5 AZR 61/99, NZA 2001, 551; *Reiserer*, BB 1998, 1258 (1260); *Hromadka*, DB 1998, 195; krit. gegen typologische Abgrenzungsmethode ErfK/*Preis*, § 611 BGB Rz. 53ff.; *Richardi*, DB 1999, 958 (960). ||12 Vgl. BGH 21.10.1998 – VIII ZB 54/97, NZA 1999, 110; BAG 17.4.2013 – 10 AZR 272/12, NZA 2013, 903 (907); *Hromadka*, NZA 1997, 569. ||13 Vgl. *Heinze*, NZA 2000, 5 (6). ||14 BAG 19.1.2000 – 5 AZR 644/98, NZA 2000, 1102 (1104). ||15 BAG 6.5.1998 – 5 AZR 247/97, NZA 1999, 205 (206); 19.1.2000 – 5 AZR 644/98, NZA 2000, 1102 (1103). ||16 Vgl. BAG 30.11.1994 – 5 AZR 704/93, NZA 1995, 622 (624); 19.1.2000 – 5 AZR 644/98, NZA 2000, 1102 (1104). ||17 BAG 19.1.2000 – 5 AZR 644/98, NZA 2000, 1102 (1104). ||18 Vgl. BAG 29.5.1991 – 7 ABR 67/90, NZA 1992, 36 (37); 15.12.1999 – 5 AZR 566/98, NZA 2000, 447. ||19 BAG 15.3.1978 – 5 AZR 819/76, BB 1978, 760. ||20 Vgl. BAG 20.7.1994 – 5 AZR 627/93, NZA 1995, 161 (162). ||21 Vgl. BAG 20.7.1994 – 5 AZR 627/93, NZA 1995, 161 (162); 6.5.1998 – 5 AZR 347/97, NZA 1998, 873 (875f.). ||22 Vgl. BGH 22.10.1981 – VII ZR 310/79, BGHZ 82, 100 (106); BAG 18.1.2012 – 7 AZR 723/10, NZA-RR 2012, 455 (458). ||23 BAG 16.3.1994 – 5 AZR 447/92, DB 1994, 2504. ||24 BAG 12.6.1996 – 5 AZR 960/94, NZA 1997, 191. ||25 BAG 12.9.1996 – 5 AZR 104/95, NZA 1997, 604.

sind Volkshochschuldozenten und Lehrkräfte an Musikschulen regelmäßig außerhalb eines ArbVerh tätig[1]. Dass auf die personellen und sachlichen Ressourcen des potenziellen ArbGeb zurückgegriffen werden muss, genügt nicht, da vergleichbare Notwendigkeit beim Werkvertrag bestehen kann[2]. Für die ArbN-Eigenschaft spricht, wenn ein potenzieller ArbN keine Möglichkeit hat, die eigene Arbeitsorganisation frei festzulegen[3].

10   Dass der ArbN seine Arbeitsleistung dem ArbGeb fremdnützig zur Verwertung nach den von diesem vorgegebenen Zielen überlässt, ist kein Abgrenzungskriterium[4]. Wer Dienstleistung und keinen durch Arbeit bewirkten Erfolg verspricht, überlässt die Disposition über die Verwertung stets dem Leistungsempfänger.

11   **3. Praxisbeispiele von A–Z.**

– **Arbeitnehmerähnliche Personen** sind keine ArbN; sie leisten keine Dienste in persönlicher Abhängigkeit (vgl. auch § 5 I 2 ArbGG). Wegen der ausschließlichen oder überwiegenden Beschäftigung für eine Person oder ein Unternehmen besteht indes idR wirtschaftl. Abhängigkeit, die zT einen vergleichbaren Schutz zur Folge hat[5]. Bsp.: Künstler, Reporter, Kameraleiter, nebenamtliche Dozenten an Volkshochschulen[6], Erfinder, Wirtschaftsberater, selbständige Heimbetriebsmeister[7]. Bei Lehrkräften scheint eine Tendenz zur Annahme der ArbN-Eigenschaft zu bestehen[8]. Für arbeitnehmerähnl. Personen können TV abgeschlossen werden (§ 12a TVG). Sie sind ArbN iSd. ArbGG (vgl. § 5 ArbGG) und ArbN urlaubsrechtl. gleichgestellt (§ 2 BUrlG). Die sozialversicherungsrechtl. Kennzeichnung (zB § 7 IV SGB IV) spielt keine Rolle.

12   – **Arbeitnehmerüberlassung** (Leiharbeit) ist eine Form des drittbezogenen Personaleinsatzes (mittelbares ArbVerh). Sie liegt vor, wenn ein ArbGeb (Verleiher) einem anderen Unternehmen (Entleiher) Arbeitskräfte zur Verfügung stellt, die in den Betrieb des Entleihers eingegliedert werden und ihre Arbeiten nach dessen Weisungen ausführen[9]. Die ArbGebFunktion ist dahin aufgespalten, dass der Entleiher die weiter gehende Organisationshoheit und Dispositionsbefugnis sowie für den überwiegenden Teil der Tätigkeit das Weisungsrecht nach § 106 GewO hat, während der Verleiher für arbeitsvertragl. Fragen zuständig ist[10]. Insb. in Bezug auf Dauer der Arbeitszeit und Vergütung müssen indes §§ 3 I Nr. 3, 3a, 9 Nr. 2, 10 IV, 12 I 3 AÜG (Anspruch auf Gleichbehandlung in Bezug auf wesentliche Arbeitsbedingungen) berücksichtigt werden (vgl. § 3 AÜG Rz. 29 ff.). Am 1.12.2011 ist die Unterscheidung zwischen gewerbsmäßiger und nicht gewerbsmäßiger AÜ entfallen. Die Erlaubnispflicht (§ 1 AÜG) erfasst jede Überlassung im Rahmen einer wirtschaftl. Tätigkeit. Dabei darf die Überlassung nur vorübergehend erfolgen[11]. Besonderheiten gelten bei der Überlassung im Konzern, die teilweise ohne Rücksicht auf das AÜG erfolgen kann (vgl. § 1 AÜG Rz. 53).

13   LeihArbN sind grds. ArbN des Betriebs des Verleihers (§ 14 I AÜG)[12]. Mit Ausnahme der für Beamte, Soldaten und ArbN des öffentl. Dienstes (einschl. Auszubildende) in Abs. 1 S. 3 bestimmten Ausnahmen (vgl. Rz. 34a) werden sie nur dann (auch) ArbN des Entleihers, wenn der Arbeitsvertrag zwischen Verleiher und ArbN wegen fehlender Erlaubnis nach § 1 AÜG unwirksam ist (§§ 9 Nr. 1, 10 I AÜG)[13]. Nach § 10 I 4 AÜG bestimmen sich Inhalt und Dauer dieses ArbVerh nach den für den Betrieb des Entleihers geltenden Vorschriften und sonstigen Regelungen[14]. Ist eine Überlassung erlaubt, bleibt das ArbVerh zwischen Verleiher und ArbN ohne Rücksicht auf die Dauer der Überlassung bestehen[15]. Obwohl damit grds. kein ArbVerh zwischen Entleiher und LeihArbN besteht, sind LeihArbN damit außerhalb der Sonderregelung in Abs. 1 S. 3 beim Entleiher wahlberechtigt, wenn sie länger als drei Monate im Betrieb eingesetzt werden (§ 7 S. 2). Sie sind aber nicht wählbar (§ 14 II 1 AÜG) und – entgegen der neuen Bewertung durch das BAG[16] – nicht bei der Berechnung der Schwellenwerte für ArbN im BetrVG zu berücksichtigen. Das folgt aus Wortlaut, Systematik und Zweck der übergeordneten Vorgabe in §§ 5 I, 7 S. 2. Die Art der Überlassung (zB entgeltlich, konzernintern) spielt keine Rolle[17]. Grund für die aktive Wahlberechtigung ist der Umstand, dass der BR des Entleihers nicht nur bei der Übernahme des LeihArbN gem. § 99 zu beteiligen ist (§ 14 III AÜG). Viel-

---

1 BAG 24.6.1992 – 5 AZR 384/91, NZA 1993, 174. ||2 BAG 30.11.1994 – 5 AZR 704/93, NZA 1995, 622 (624); aA BAG 15.3.1978 – 5 AZR 819/76, BB 1978, 760. ||3 Vgl. BAG 19.11.1997 – 5 AZR 653/96, NZA 1998, 364 (366). ||4 BAG 30.11.1994 – 5 AZR 704/93, AP Nr. 74 zu § 611 BGB Abhängigkeit Bl. 3; aA noch BAG 15.3.1978 – 5 AZR 819/76, BB 1978, 760 (761). ||5 *Boemke*, ZfA 1998, 285, 317. ||6 BAG 25.8.1982 – 5 AZR 7/81, AP Nr. 32 zu § 611 BGB Lehrer, Dozenten Bl. 2. ||7 Vgl. BAG 13.8.1980 – 4 AZR 592/78, AP Nr. 37 zu § 611 BGB Abhängigkeit Bl. 4. ||8 Vgl. BAG 26.7.1995 – 5 AZR 22/94, AP Nr. 79 zu § 611 BGB Abhängigkeit Bl. 3; 12.9.1996 – 5 AZR 1066/94, NZA 1997, 194 (195); LAG Düss. 13.11.1996 – 12 Sa 1178/96, BB 1997, 791. ||9 BAG 1.6.1994 – 7 AZR 7/93, NZA 1995, 465 (466); 3.12.1997 – 7 AZR 764/96, NZA 1998, 876 (877) mwN. ||10 Vgl. BAG 28.7.1992 – 1 ABR 22/92, NZA 1993, 272 (276); *Schüren*, § 1 AÜG Rz. 69 ff. ||11 Vgl. BAG 10.7.2013 – 1 ABR 91/11, NZA 2013, 1296. ||12 BAG 9.6.2011 – 6 AZR 132/10, ZTR 2011, 566. ||13 BAG 17.2.2010 – 7 ABR 51/08, NZA 2010, 832; 18.1.2012 – 7 AZR 723/10, NZA-RR 2012, 455. ||14 BAG 30.1.1991 – 7 AZR 497/89, AP Nr. 8 zu § 10 AÜG Bl. 4. ||15 BAG 28.6.2000 – 7 AZR 100/99, NZA 2000, 1160. ||16 Vgl. BAG 18.10.2011 – 1 AZR 335/10, NZA 2012, 221 (§ 111); 5.12.2012 – 7 ABR 48/11, NZA 2013, 793 (795); 13.3.2013 – 7 ABR 69/11, DB 2013, 1613 (1614); abw. noch BAG v. 16.4.2003 – 7 ABR 53/02, DB 2003, 2128: „Leiharbeitnehmer wählen, aber zählen nicht". ||17 BAG 17.2. 2010 – 7 ABR 51/08, NZA 2010, 832; LAG Hess. 16.8.2007 – 9 TaBV 28/07, nv.; Richardi/*Thüsing*, § 7 Rz. 11; DKKW/ *Trümner*, § 5 Rz. 84, 88.

mehr ist der BR über die in § 14 II AÜG genannten Beteiligungsrechte hinaus bei allen Angelegenheiten zuständig, die das Weisungsrecht des Entleihers und damit die konkreten Arbeitsbedingungen der ArbN betreffen (zB Beginn und Ende der Arbeitszeit, Arbeitsschutzmaßnahmen)[1]. Richtigerweise wird man diese Beteiligungsrechte des BR des Entleihers auch bei erlaubnisfreier oder nach § 1 III AÜG privilegierter Überlassung[2] und dem in Abs. 1 S. 3 genannten Einsatz von Beamten, Soldaten und ArbN des öffentl. Dienstes annehmen müssen[3]. Existiert beim Entleiher kein BR, können diese Angelegenheiten von ihm mitbestimmungsfrei umgesetzt werden. Für Entscheidungen des VertragsArbGeb in den die LeihArbN betreffenden sozialen, personellen und wirtschaftl. Angelegenheiten ist weiter der BR des Verleihers bzw. die ArbN-Vertretung des öffentl. Dienstes zuständig (zB Vergütung, Wechsel des Entleihers)[4].

Von der AÜ ist die **Tätigkeit von Fremdpersonal** auf Grund Dienst- oder Werkvertrags zwischen Betriebsinhaber und anderem Unternehmer zu unterscheiden. In diesem Fall unterliegen die zur Ausführung des Dienst- oder Werkvertrags eingesetzten ArbN den Weisungen der Fremdfirma; sie sind deren Erfüllungsgehilfen und keine ArbN des Auftraggebers (vgl. Rz. 27)[5]. Zur Abgrenzung der AÜ vom Werk- oder Dienstvertrag vgl. § 1 AÜG. AÜ liegt auch dann nicht vor, wenn der ArbN in einem gemeinsamen Betrieb mehrerer Unternehmen (§ 1 I 2) tätig wird. Denn im gemeinsamen Betrieb erfolgt keine Übertragung, sondern nur eine gemeinsame Ausübung der Leitungsmacht in den wesentlichen personellen und sozialen Fragen (vgl. § 1 Rz. 14)[6]. Keine Anwendung findet das AÜG auch bei der **Gebrauchsüberlassung von Maschinen mit Bedienungspersonal**, wenn die Geräteüberlassung im Vordergrund steht und die Personal-Überlassung nur den Geräteeinsatz ermöglichen soll[7]. 14

– **Altersteilzeit:** ArbN, die sich in der Freistellungsphase des sog. Blockmodells befinden, sind nicht mehr in die Betriebsorganisation eingebunden, so dass sie nicht mehr von Abs. 1 erfasst werden[8]. IÜ gelten die Grundsätze zu Teilzeitbeschäftigten (vgl. Rz. 38). 15

– **Auslandsentsendung:** ArbN können auch bei einer Tätigkeit im Ausland von Abs. 1 erfasst sein. Es genügt, dass ein Arbeitsvertrag zum inländischen ArbGeb besteht. Die Annahme einer Zuständigkeit des BR während des Auslandseinsatzes hängt dann davon ab, dass die Zugehörigkeit zum inländischen Betrieb auch in dieser Zeit gegeben ist. Dabei kommt es nicht darauf an, ob der Einsatz vorübergehend oder dauerhaft erfolgt. Voraussetzung ist, dass – vergleichbar mit den für Außendienstmitarbeiter entwickelten Kriterien – (weiterhin) eine Eingliederung in die betriebl. Organisation in Deutschland gegeben ist, selbst wenn ein Teil der Arbeitsbedingungen für die Auslandsentsendung modifiziert wird (vgl. Vorb. Rz. 5)[9]. Wenn der Auslandseinsatz nur vorübergehender Natur ist und eine Rückkehr in ein aktives ArbVerh im inländischen Betrieb geplant ist, liegt eine Zuständigkeit des BR auch dann vor, wenn das ArbVerh während des Auslandseinsatzes zum Ruhen gebracht und durch einen aktiven Vertrag für die Auslandsentsendung mit dem gleichen ArbGeb oder einer anderen Gesellschaft vor Ort ergänzt wird[10]. Insofern besteht eine Parallele zur Behandlung von ArbN in Elternzeit (vgl. Rz. 35, vor §§ 15–21 BEEG Rz. 11). 15a

– **Außendienst:** Die Aufnahme der Außendienstmitarbeiter in Abs. 1 stellt nur klar, dass es für den betriebsverfassungsrechtl. ArbN-Status auf die funktionale Eingliederung in die betriebl. Arbeitsorganisation ankommt[11]. Eine örtliche Eingliederung in den Betrieb muss – was auch in Fällen der Auslandsentsendung deutlich wird[12] – nicht zwingend erfolgen[13]. Insofern ist auch die Unterscheidung zwischen ortsgebundenen (zB Arbeit im eigenen Haus) und ortsunabhängigen Tätigkeiten (zB Auslieferungs- und Verkaufsfahrer, Bauarbeiter, Kundenberater, Monteure, Reiseleiter, Service- und Wartungspersonal sowie Zeitungsausträger) unerheblich. Daneben müssen die allg. Abgrenzungskriterien zur Kennzeichnung der Vertragsbeziehung als ArbVerh geprüft werden. Kennzeichen einer Eingliederung sind hier zB Abhängigkeit des Außendienstlers von der Organisation des ArbGeb (Bsp.: Verteilung Arbeit/Kunden, Berichtspflichten, Ausbildung)[14] oder Einbindung in ein Kundenbetreuungskonzept durch Dienstpläne des ArbGeb[15]. 16

– **Beamte und Soldaten:** Personen in einem Beamten- oder Soldatenverhältnis sind keine ArbN (vgl. Rz. 4). Seit dem 4.8.2009[16] werden sie aber von Abs. 1 erfasst, wenn sie als Beamte oder Soldaten in 17

---

1 BAG 19.6.2001 – 1 ABR 43/00, NZA 2001, 1263 (1265); 13.3.2013 – 7 ABR 69/11, DB 2013, 1613 (1615). ||2 So BAG 18.1.1989 – 7 ABR 62/87, NZA 1993, 272 (276); 22.3.2000 – 7 ABR 34/98, NZA 2000, 1119 (1120); abl. *Boemke*, § 14 AÜG Rz. 4 mwN, wonach § 14 II AÜG nur auf die erlaubnispflichtige Überlassung anwendbar ist. ||3 Vgl. BAG 9.6.2011 – 6 AZR 132/10, ZTR 2011, 566; *Löwisch*, BB 2009, 2317 (2319). ||4 BAG 28.7.1992 – 1 ABR 22/92, NZA 1993, 272 (276); 19.6.2001 – 1 ABR 43/00, NZA 2001, 1263 (1265); LAG Nds. 23.10.2009 – 12 TaBV 123/08, NZA-RR 2010, 144; *Fitting*, § 5 Rz. 235 mwN. ||5 BAG 13.8.2008 – 7 ABR 21/07, NZA-RR 2009, 255 (257); dazu auch BAG 18.1.2012 – 7 AZR 723/10, NZA-RR 2012, 455. ||6 BAG 25.10.2000 – 7 AZR 487/99, NZA 2001, 259 (260); 13.8.2008 – 7 ABR 21/07, NZA-RR 2009, 255 (257). ||7 BAG 17.2.1993 – 7 AZR 167/92, NZA 1993, 1125 (1126). ||8 BAG 16.4.2003 – 7 ABR 53/02, DB 2003, 2128 (2129); LAG Nürnberg 16.2.2006 – 2 TaBV 9/06, NZA-RR 2006, 358. ||9 Vgl. BAG 7.12.1989 – 2 AZR 228/89, NZA 1990, 658 (659). ||10 Vgl. BAG 14.7.2005 – 8 AZR 392/04, NZA 2005, 1411. ||11 Vgl. BT-Drs. 14/5741, 35. ||12 Vgl. BAG 23.3.2000 – 7 ABR 34/98, NZA 2000, 1119 (1120); 7.12.1989 – 2 AZR 222/89, NZA 1990, 658 (659). ||13 Vgl. BAG 23.3.2000 – 7 ABR 34/98, NZA 2000, 1119 (1120); 19.6.2001 – 1 ABR 43/00, NZA 2001, 1263 (1264). ||14 BAG 15.3.1978 – 5 AZR 819/76, AP Nr. 26 zu § 611 BGB Abhängigkeit Bl. 3. ||15 BAG 6.5.1998 – 5 AZR 247/97, NZA 1999, 205 (207). ||16 BGBl. I S. 2424.

einem Betrieb iSd. BetrVG eingesetzt werden (vgl. auch §§ 19 I DBGrG, 24 II PostPersRG). Wird der Beamte von seinen Pflichten aus dem Beamtenverhältnis beurlaubt, kann daneben ein Arbeitsvertrag mit der gleichen Körperschaft oder einem anderen Rechtsträger, für den der Beamte während des ruhenden Dienstverhältnisses tätig ist, begründet werden. Für eine solche Vertragsbeziehung mit einem privatrechtl. organisierten ArbGeb ist dann ohne gesetzl. Fiktion die Zuständigkeit des BR nach Abs. 1 gegeben.

18 – **Befristete Arbeitsverhältnisse:** ArbN mit befristetem Arbeitsvertrag werden ohne Rücksicht auf Grund, Dauer und Art der Befristung als ArbN iSd. Abs. 1 erfasst; dies gilt auch für Aushilfskräfte. Die Wirksamkeit der Befristung spielt keine Rolle. Entsprechendes gilt bei auflösender Bedingung.

19 – **Berufsausbildungsverhältnis:** Kraft Gesetzes sind alle zu ihrer Berufsausbildung Beschäftigten ArbN iSd. BetrVG, was zur Folge hat, dass sie auch im MitbestG oder DrittelbG zu berücksichtigen sind. Erfasst werden auch Auszubildende, die aus dem öffentl. Dienst heraus in Betrieben privatrechtl. organisierter Unternehmen tätig sind (Abs. 3 S. 3). Dabei ist der Begriff der Berufsausbildung weiter als im BBiG zu fassen. Unerheblich ist, ob das Ausbildungsverhältnis als ArbVerh zu qualifizieren ist[1]. Anders als bei § 4 I BPersVG[2] kommt es nicht auf den Zweck der Ausbildung an. Es spielt keine Rolle, ob die Ausbildung für den Eigenbedarf erfolgt, eigen- oder fremdnützig ist, den Betriebszweck fördert oder für den Betrieb nützlich ist. Erfasst werden alle Verträge, durch die berufl. Kenntnisse, Fähigkeiten und Erfahrungen vermittelt werden sollen[3]. Voraussetzung ist, dass die Auszubildenden in den Betrieb des Ausbildenden eingegliedert sind. Die Auszubildenden müssen mit solchen Tätigkeiten beschäftigt werden bzw. diese erlernen, die auch zu den berufl. Aufgaben von Arbeitern und Angestellten des Betriebs gehören[4]. Eine schulische Ausbildung genügt nicht. Der ArbGeb muss ihnen gegenständliche, praktische Aufgaben zum Zwecke der Ausbildung zuweisen. Dazu zählen ua. Umschüler und Teilnehmer an berufsvorbereitenden Ausbildungsmaßnahmen[5], Volontäre, Praktikanten, Anlernlinge[6], Teilnehmer einer Ausbildung in unternehmenseigener Schule bei praktischer Unterweisung im Betrieb[7], wobei eine rein schulische Ausbildung nicht genügt[8]. Unerheblich ist, ob die betriebl. Ausbildung nur Teil eines aus betrieblich-praktischen und schultheoretischen Teilen bestehenden Ausbildungsganges ist[9]. Auszubildende in einer von mehreren Unternehmen bzw. Betrieben errichteten überbetrieblichen Ausbildungsstätte[10] sind ArbN iSd. BetrVG. Auszubildende in reinen Ausbildungsbetrieben oder Einrichtungen, die zu Ausbildungszwecken einen Produktionsbetrieb nachahmen (zB Berufsbildungswerk), sind keine ArbN des Ausbildungsbetriebs[11]. Hier ist der ArbN selbst Gegenstand des Betriebszwecks; es bleibt die Möglichkeit einer Interessenvertretung nach § 51 BBiG. Eine Ausnahme gilt nur dort, wo die Ausbildung zum Einsatz im Rahmen des arbeitstechnischen Zwecks der Einrichtung, etwa zum Betreuer oder Ausbilder, erfolgt[12]. Die Entgeltlichkeit ist ein Indiz für ein Ausbildungsverhältnis[13].

20 – **Beschäftigungsgesellschaft (Transfergesellschaft):** Mitarbeiter in Beschäftigungsgesellschaften zur Abwicklung von Transferkurzarbeit nach § 111 SGB III sind ArbN[14], die mit idR befristetem Vertrag beschäftigt sind[15]. Im Rahmen einer Beschäftigungsgesellschaft nach dem SGB II angestellte Personen sind ArbN, wenn ihre Tätigkeit dem arbeitstechnischen Zweck des Betriebs dient und nicht selbst Gegenstand des Betriebszwecks ist[16].

21 – **Doppelarbeitsverhältnis:** Hiervon spricht man, wenn ein ArbN neben einem bereits bestehenden ArbVerh, das idR vorübergehend zum Ruhen gebracht wird (StammArbVerh), ein weiteres ArbVerh mit einem anderen (abhängigen) Unternehmen begründet. Betriebsverfassungsrechtl. gehört der ArbN in dieser Zeit beiden Unternehmen an[17]. Erfolgt die Abordnung nicht nur zum vorübergehenden, flexiblen Einsatz, sondern als organisatorische Dauerlösung in der Form, dass die Arbeitsverträge mit dem herrschenden Unternehmen geschlossen werden, die Beschäftigung tatsächlich jedoch im Betrieb eines abhängigen Unternehmens stattfindet, gehört der ArbN betriebsverfassungsrechtl. zu dem Betrieb, in dem er arbeitet[18].

– **Ehrenamtlich Tätige** sind keine ArbN, da kein ArbVerh vorliegt[19].

---

1 BAG 21.7.1993 – 7 ABR 35/92, NZA 1994, 713 (715). || 2 BVerwG 19.6.1980 – 6 P 1/80, PersV 1981, 368; dazu *Edenfeld*, PersV 2005, 290. || 3 BAG 24.9.1981 – 6 ABR 7/81, DB 1982, 606. || 4 BAG 13.6.2007 – 7 ABR 44/06, NZA-RR 2008, 19 (20). || 5 BAG 26.11.1987 – 6 ABR 6/83, NZA 1988, 505 (506). || 6 BAG 28.7.1992 – 1 ABR 22/92, NZA 1993, 272 (275). || 7 BAG 10.2.1981 – 6 ABR 86/78, DB 1981, 1935 (1936). || 8 BAG 28.7.1992 – 1 ABR 22/92, NZA 1993, 272 (275). || 9 BAG 8.5.1990 – 1 ABR 7/89, NZA 1990, 896 (897). || 10 BAG 26.1.1994 – 7 ABR 13/92, NZA 1995, 120 (122). || 11 BAG 13.6.2007 – 7 ABR 44/06, NZA-RR 2008, 19 (20). || 12 BAG 26.1.1994 – 7 ABR 13/92, NZA 1995, 120 (122); 13.6.2007 – 7 ABR 44/06, NZA-RR 2008, 19 (20). || 13 BAG 25.10.1989 – 7 ABR 1/88, DB 1990, 1192 (1193). || 14 Vgl. DKKW/*Trümner*, § 5 Rz. 144; *Fitting*, § 5 Rz. 151ff.; LAG Bbg. 24.2.1994 – 3 Sa 869/93, DB 1994, 1245. || 15 Vgl. *Fiene*, Abschluss und Umsetzung von Transfer-Sozialplänen, 2013, S. 134ff., 145 mwN. || 16 BAG 5.4.2000 – 7 ABR 20/99, NZA 2001, 629 (630); 5.10.2000 – 1 ABR 14/00, NZA 2001, 1325 (1328). || 17 Vgl. BAG 29.3.1974 – 1 ABR 27/73, DB 1974, 1680. || 18 *Fitting*, § 5 Rz. 224. || 19 BAG 29.8.2012 – 10 AZR 499/11, NZA 2012, 1433.

- **Ein-Euro-Jobber:** Erwerbsfähige Hilfsbedürftige, die nach § 16d SGB II beschäftigt werden, sind keine ArbN iSv. Abs. 1. Ihre Beschäftigung löst aber eine mitbestimmungspflichtige Einstellung nach § 99 aus[1]. 22

- **Einfirmenvertreter** (§ 92a HGB) dürfen auf Grund vertragl. Regelung oder können wegen Art und Umfang der mit ihnen vereinbarten Tätigkeit nicht für weitere Unternehmer tätig werden. Sie sind Handelsvertreter gem. § 84 HGB und somit selbständig, wenn sie im Wesentlichen ihre Tätigkeit frei gestalten und ihre Arbeitszeit bestimmen können. Anderenfalls handelt es sich um kaufmännische Angestellte, ggf. im Außendienst[2]. Indizien für eine Eingliederung sind zB die Zuteilung eines Kundenstamms durch den Dienstgeber, Vorgabe eines Tourenplans oder einer Mindestanzahl zu besuchender Kunden[3]. 23

- **Familienangehörige:** Erfolgt Mitarbeit von Familienangehörigen im Betrieb nur auf Grund familienrechtl. Verpflichtung (Kinder: § 1619 BGB, Ehegatten: Pflicht zur ehelichen Lebensgemeinschaft), liegt nach allg. Grundsätzen kein ArbVerh vor[4]. Besteht ein ArbVerh, sind sie ArbN iSd. Betriebsverfassung, es sei denn, es erfolgt eine Ausgrenzung gem. Abs. 2 Nr. 5 (vgl. Rz. 47). 24

- **Franchising** schließt die ArbN-Eigenschaft des Franchisenehmers nicht aus; hier ist eine einzelfallbezogene Prüfung erforderlich[5]. IdR ist der Franchisenehmer aber selbständiger Unternehmer, der sich zur Errichtung und Führung eines Betriebes nach den Vorgaben des Franchisegebers verpflichtet hat[6]. Der Franchisenehmer ist als ArbN zu qualifizieren, wenn zB durch die Bestimmung von Arbeitsort und Arbeitszeit sowie das Erteilen arbeitsleistungsbezogener Weisungen eine persönliche Abhängigkeit hergestellt wird[7]. 25

- **Freie Mitarbeiter** sind keine ArbN. Es fehlt die für ArbVerh typische persönliche Abhängigkeit in Form einer Weisungsgebundenheit bzgl. Zeit, Ort und Inhalt der Tätigkeit[8]. Grundlage ihrer Tätigkeit ist ein Werk-, Dienst- oder Geschäftsbesorgungsvertrag. Freie Mitarbeit setzt deshalb voraus, dass trotz Zusage einer zeitbestimmten Dienstleistung die Tätigkeit und Arbeitszeit im Wesentlichen selbst bestimmt werden kann. Falls ein Dauerschuldverhältnis besteht, spricht dies für das Vorliegen eines ArbVerh, wenn der Dienstgeber darin innerhalb eines zeitlichen Rahmens über die Arbeitsleistung verfügen kann. Bsp.: Buchlektor eines Verlags[9], Aushilfs-Taxifahrer[10]. 26

- **Fremdpersonal:** Werden ArbN auf Grund Dienst- oder Werkvertrags mit einem Dritten (Auftraggeber) als dessen Erfüllungsgehilfen im Betrieb eingesetzt, sind sie nicht ArbN des ArbGeb (Auftraggebers), dem dieser Betrieb zugeordnet ist[11]. Bsp.: Reinigung, Catering, Bewachung. Entscheidend für die Zuordnung zum Betrieb des Auftragnehmers ist, dass das Personal der Fremdfirma zur Erfüllung des Betriebszwecks dieser Firma tätig wird[12], insoweit von diesem die Weisungen in Bezug auf Art, Ort und Zeit der Tätigkeit erhält[13] und dieser für die Erfüllung der im Vertrag vorgesehenen Dienste oder die Herstellung des geschuldeten Werks ggü. dem Besteller verantwortlich bleibt[14]. Anweisungen des Bestellers für die Ausführung des Werks (§ 645 I 1 BGB) ggü. dem Unternehmer oder seinen Erfüllungsgehilfen bleiben hiervon unberührt. Unerheblich ist, ob der Fremdfirmeneinsatz der Erfüllung des Betriebszwecks des Inhabers des Einsatzbetriebs dient[15] oder ob eine bisher selbst wahrgenommene Betriebsaufgabe auf eine Fremdfirma übertragen wurde[16]. Liegt in Wirklichkeit AÜ vor und hat der Verleiher keine Erlaubnis iSd. § 1 I AÜG, wird allerdings gem. § 10 AÜG ein ArbVerh mit dem Entleiher begründet (vgl. Rz. 12). Handelt es sich um Beamte, Soldaten oder ArbN des öffentl. Dienstes, die in privatrechtl. organisierten Unternehmen tätig werden, gelten sie abweichend von §§ 5 I 1, 7 S. 2 als ArbN iSd. BetrVG (vgl. Rz. 34a). 27

- **Geringfügig Beschäftigte und Personen mit Gleitzonenjob** (§§ 8, 20 II SGB IV) sind ohne Rücksicht auf die sozialversicherungsrechtl. Handhabe mit Blick auf die Fragen einer persönlichen Abhängigkeit zu bewerten[17]. Liegt nach allg. Grundsätzen ein ArbVerh vor, ist auch der nach §§ 8, 8a SGB IV nicht Sozialversicherungspflichtige ArbN[18]. 28

---

1 BAG 2.10.2007 – 1 ABR 60/06, NZA 2008, 244 (245); *Engels*, NZA 2007, 8. ‖ 2 Vgl. BAG 21.1.1966 – 3 AZR 183/65, DB 1966, 546; LAG Nds. 7.9.1990 – 3 (2) Sa 1791/89, LAGE § 611 BGB Arbeitnehmerbegriff Nr. 24 S. 2; LAG Nürnberg 30.10.1992 – 7 TA 59/92, NZA 1993, 652. ‖ 3 ArbG Lübeck 26.10.1995 – 2 CA 2046/95, BB 1996, 177 (178). ‖ 4 Vgl. *Fitting*, § 5 Rz. 343 ff.; Richardi/*Richardi*, § 5 Rz. 55. ‖ 5 BAG 16.7.1997 – 5 AZB 29/96, NZA 1997, 1126 (1127); BGH 27.1.2000 – III ZB 67/99, NZA 2000, 390; *Hänlein*, DB 2000, 374. ‖ 6 Vgl. BAG 24.4.1980 – 3 AZR 911/77, BB 1980, 1471; 21.2.1990 – 5 AZR 162/89, BB 1990, 1064. ‖ 7 Vgl. BAG 16.7.1997 – 5 AZB 29/96, NZA 1997, 1126 (1127); LAG Düss. 20.10.1987 – 16 Ta BV 83/87, NJW 1988, 725; DKKW/*Trümner*, § 5 Rz. 73, 75; aA Richardi/*Richardi*, § 5 Rz. 151 zum sog. Subordinations-Franchising. ‖ 8 DKKW/*Trümner*, § 5 Rz. 63 ff.; *Fitting*, § 5 Rz. 39; Richardi/*Richardi*, § 5 Rz. 146. ‖ 9 BAG 27.3.1991 – 5 AZR 194/90, NZA 1991, 933 (934). ‖ 10 BAG 29.5.1991 – 7 ABR 67/90, NZA 1992, 36 (37). ‖ 11 BAG 21.7.2004 – 7 ABR 38/03, AP Nr. 8 zu § 9 BetrVG 1972; DKKW/*Trümner*, § 5 Rz. 104; *Fitting*, § 5 Rz. 279; GK-BetrVG/*Kreutz*, § 7 Rz. 59 f. ‖ 12 BAG 25.10.2000 – 7 ABR 487/99, NZA 2001, 259 (260); 11.9.2001 – 1 ABR 14/01, EzA § 99 BetrVG 1972 Einstellung Nr. 10 S. 6. ‖ 13 BAG 26.4.1995 – 7 AZR 850/92, NZA 1996, 92 (93). ‖ 14 BAG 18.1.2012 – 7 AZR 723/10, NZA-RR 2012, 455 (458). ‖ 15 Vgl. BAG 30.1.1991 – 7 AZR 497/89, NZA 1992, 19 (21); 5.3.1991 – 1 ABR 39/90, NZA 1991, 686 (688). ‖ 16 Vgl. BAG 9.7.1991 – 1 ABR 45/90, NZA 1992, 275 (277). ‖ 17 BAG 30.9.1998 – 5 AZR 563/97, NZA 1999, 374 (375). ‖ 18 Vgl. DKKW/*Trümner*, § 5 Rz. 37; *Fitting*, § 5 Rz. 95; GK-BetrVG/*Raab*, § 5 Rz. 31; Richardi/*Richardi*, § 5 Rz. 55 ff.

29 – **Gesellschafter:** Die aus dem Gesellschaftsvertrag resultierende Tätigkeit begründet grds. keine ArbN-Eigenschaft. Nur ausnahmsw. kann auch ein ArbVerh vorliegen. An der hierfür erforderlichen persönlichen Abhängigkeit fehlt es aber, wenn der Gesellschafter maßgeblichen Einfluss auf die Geschäftsführung hat. Bsp.: Sperrminorität oder Einstimmigkeitsprinzip nach Gesellschaftsvertrag[1].

30 – **Handelsvertreter** sind selbständig tätig (vgl. § 84 I 2 HGB). Damit sind Versicherungsvertreter im Außendienst keine Handelsvertreter, sondern ArbN, wenn sie in einer für ArbN typischen Weise in die Betriebsabläufe eingegliedert sind[2]. Indizien für eine selbständige Tätigkeit sind: Berechtigung zum Einsatz von Untervertretern[3], Möglichkeit der freien Arbeitszeiteinteilung, Vorgaben zum Arbeitssoll mit Gestaltungsspielraum bei Umsetzung. Indizien für abhängige Tätigkeit sind: Pflicht zu Tätigkeitsberichten, Kontrolle termingebundener Geschäfte, Anwesenheitspflicht[4], Arbeitszeitvorgaben[5], konkrete Vorgaben für Kundenbesuche[6], Pflicht zur Teilnahme an Schulungen[7]. Ohne Bedeutung sind: Anzeigepflicht bei Urlaub oder Arbeitsunfähigkeit[8], Bindung an preisliche Vorgaben des Auftraggebers[9], Vereinbarung eines vertragl. oder nachvertragl. Wettbewerbsverbots[10] oder Unterstützung bei Werbemaßnahmen[11]. Bei Berichtspflichten und fachlichen Weisungen muss wegen § 86 II HGB bzw. §§ 675, 665 BGB differenziert werden[12].

31 – **Haushaltshilfen:** ArbN, die ausschließlich im Haushalt des Betriebsinhabers beschäftigt sind, sind keine ArbN des Betriebes. Erfolgt ihre Beschäftigung sowohl im Haushalt als auch im Betrieb, zählen sie auch dann zur Belegschaft des Betriebes, wenn sie mit dem Betriebsinhaber in häuslicher Gemeinschaft leben[13].

32 – **Heimarbeiter und Hausgewerbetreibende** (§ 2 I, II HAG) sind von ihrem Auftraggeber zwar wirtschaftl., nicht aber persönlich abhängig. Sie gelten aber als ArbN iSd. Abs. 1[14]. Voraussetzung ist, dass sie „in der Hauptsache" für den Betrieb arbeiten[15]; die Beschäftigung für den Betrieb muss ggü. der Leistung von Heimarbeit für andere Auftraggeber überwiegen. Heimarbeiter sollen betriebsverfassungsrechtl. nur einem Betrieb zugeordnet werden[16], während andere ArbN mit mehreren ArbVerh in mehreren Betrieben wahlberechtigt und wählbar sind[17]. Die Verdiensthöhe spielt keine Rolle[18]. Familienangehörige, Hilfskräfte oder den Heimarbeitern gleichgestellte Personen werden von der gesetzl. Fiktion als ArbN nicht erfasst[19].

33 – **Konzern:** Ist ein ArbN in mehreren Betrieben eines Unternehmens oder mehreren Unternehmen eines Konzerns tätig, ist die Zugehörigkeit zu jedem Betrieb eigenständig zu behandeln. Eine Zugehörigkeit zu mehreren Betrieben ist möglich, wenn jeweils ein ArbVerh zum Betriebsinhaber besteht. Ruht das ArbVerh zu einem Unternehmen für die Dauer der vorübergehenden Tätigkeit in einem anderen Unternehmen, mit dem ein gesonderter Arbeitsvertrag abgeschlossen wird, bleibt die Rechtsstellung als ArbN des bisherigen Einsatzbetriebs neben der neugegründeten Rechtsstellung als ArbN des neuen Einsatzbetriebs bestehen[20]. Vergleichbar mit der Bewertung von Elternzeit setzt das freilich voraus, dass Rückkehr und Einsatz im bisherigen Einsatzbetrieb geplant sind. Wird eine AÜ im Konzern (Konzernleihe) vorgenommen, bleibt der Betroffene ArbN des verleihenden Konzernunternehmens[21]. Auch wenn das AÜG nicht anwendbar ist (§ 1 III Nr. 2 AÜGkann insoweit auf die Grundsätze zu § 14 II AÜG zurückgegriffen werden (vgl. Rz. 12).

34 – **Medienbereich:** Hier ist zwischen programmgestaltender und nicht programmgestaltender Tätigkeit zu unterscheiden. Zu den programmgestaltenden Mitarbeitern gehören diejenigen, die typischerweise ihre eigenen Ansichten über Politik, Wirtschaft, Kunst oder andere Sachfragen in das Programm einbringen[22]. Diese programmgestaltende Tätigkeit kann auch in einem ArbVerh ausgeübt werden[23]. Ein ArbVerh liegt vor, wenn der Mitarbeiter zwar inhaltlich am Programm mitwirkt, hierbei jedoch weitgehenden Weisungen unterliegt, so dass ihm jedenfalls in Bezug auf die Arbeitszeit, die inhaltliche Festlegung des übergeordneten Themas und des Zwecks der Publikation/Sendung und die organisatorische Anbindung des Arbeitsablaufs kaum Gestaltungsfreiheit verbleibt[24]. Indizien für

---

1 BAG 28.11.1990 – 4 AZR 198/90, NZA 1991, 392 (393); 10.4.1991 – 4 AZR 467/90, AP Nr. 54 zu § 611 BGB Abhängigkeit Bl. 3. ||2 BAG 15.12.1999 – 5 AZR 169/99, NZA 2000, 1162 (1163); 20.9.2000 – 5 AZR 271/99, NZA 2001, 210 (211); LAG Nürnberg 26.1.1999 – 7 Sa 658/98, ZIP 1999, 769. ||3 BAG 15.12.1999 – 5 AZR 3/99, NZA 2000, 534 (537). ||4 BAG 15.12.1999 – 5 AZR 566/98, NZA 2000, 447. ||5 BAG 15.12.1999 – 5 AZR 770/98, NZA 2000, 481 (483). ||6 BAG 15.12.1999 – 5 AZR 770/98, NZA 2000, 481 (483). ||7 BAG 15.12.1999 – 5 AZR 770/98, NZA 2000, 481 (483): 12 Gesprächsrunden à 2,5 Stunden im Halbjahr sind indes nicht genügend. ||8 Vgl. BAG 15.12.1999 – 5 AZR 3/99, NZA 2000, 534 (538); aA DKKW/*Trümner*, § 5 Rz. 63. ||9 BAG 15.12.1999 – 5 AZR 3/99, NZA 2000, 534 (538). ||10 BAG 15.12.1999 – 5 AZR 770/98, NZA 2000, 481 (484). ||11 BAG 15.12.1999 – 5 AZR 770/98, NZA 2000, 481 (483). ||12 Vgl. BAG 15.12.1999 – 5 AZR 770/98, NZA 2000, 481 (483); 15.12.1999 – 5 AZR 3/99, NZA 2000, 534 (537); 15.12.1999 – 5 AZR 566/98, NZA 2000, 447 (448). ||13 ErfK/*Koch*, § 5 BetrVG Rz. 16. ||14 Vgl. BAG 25.3.1992 – 7 ABR 52/91, NZA 1992, 899. ||15 BAG 7.11.1995 – 9 AZR 268/94, NZA 1996, 380. ||16 Vgl. BAG 25.3.1992 – 7 ABR 52/91, NZA 1992, 899 (901). ||17 BAG 27.9.1974 – 1 ABR 90/73, DB 1975, 936 (937). ||18 BAG 27.9.1974 – 1 ABR 90/73, DB 1975, 936 (937). ||19 *Rost*, NZA 1999, 113 (115). ||20 Vgl. ErfK/*Koch*, § 5 BetrVG Rz. 9. ||21 Vgl. dazu *Rüthers/Bakker*, ZfA 1990, 245; *Fitting*, § 5 Rz. 245 ff., 266. ||22 BVerfG 28.6.1983 – 1 BvR 525/82, DB 1983, 2314 (2315); BAG 19.1.2000 – 5 AZR 644/98, NZA 2000, 1102 (1104). ||23 BAG 19.1.2000 – 5 AZR 644/98, NZA 2000, 1102 (1104); 20.9.2000 – 5 AZR 61/99, NZA 2001, 551 (552). ||24 BAG 19.1.2000 – 5 AZR 644/98, NZA 2000, 1102 (1104).

eine ArbN-Eigenschaft sind ständige Dienstbereitschaft und Einbeziehung in festen Dienstplan[1] oder Dienstanweisungen und Rundschreiben, die die Einzelheiten des Vertragsverhältnisses einseitig regeln[2]. Einzelabstimmungen über den jeweiligen Einsatz programmgestaltender Mitarbeiter sprechen gegen den ArbN-Status[3]. Die Aufnahme in Organisations- und Raumbelegungspläne begründet allein noch keine ArbN-Eigenschaft[4]. Zu den nicht programmgestaltenden Mitarbeitern gehören das betriebstechnische und verwaltende Personal sowie diejenigen, die zwar bei der Realisierung des Programms mitwirken, aber keinen Einfluss auf dessen Inhalt nehmen[5]. Sie sind idR ArbN[6]. Indizien für ArbN-Status: Terminlisten für längeren Zeitraum[7], zeitlich festgelegte Berichtspflichten, Pflicht zur Schulungsteilnahme[8].

– **Personalgestellung:** Werden Beamte, Soldaten oder ArbN des öffentl. Dienstes in privatrechtl. organisierten Unternehmen eingesetzt (Bsp.: Universitätsklinik überlässt Personal an ausgegliederte Servicegesellschaft), gelten sie nach Abs. 5 S. 1 im Einsatzbetrieb ggü. dem Betriebsinhaber als ArbN iSd. BetrVG (vgl. auch § 19 I DBGrG, § 24 II PostPersRG)[9]. Voraussetzung der Eingliederung ist, dass der Inhaber des Einsatzbetriebs das für das ArbVerh typische Weisungsrecht innehat und die Entscheidung über den Einsatz nach Zeit und Ort trifft[10]. Dennoch bleiben die Betroffenen in personalvertretungsrechtl. Hinsicht Beschäftigte der Stammdienststelle[11]. Erfasst wird jede Tätigkeit, innerhalb derer Beamte, Soldaten oder ArbN des öffentl. Dienstes einem privatrechtl. organisierten Unternehmen zur Arbeitsleistung überlassen werden. Die Bezeichnung (Personalgestellung, Abordnung, AÜ) spielt keine Rolle[12]. Auch ist eine bestimmte Dauer nicht erforderlich[13]. Wenn ein ArbN bei seinem öffentl.-rechtl. ArbGeb bereits von der Arbeit freigestellt ist (Bsp.: Personalratstätigkeit), steht dies der Überlassung und dem Vollzug der Freistellung im Rahmen der Überlassung nicht entgegen[14]. Die überlassenen Personen werden als ArbN iSd. Abs. 1 S. 1 bei Schwellenwerten berücksichtigt, sind mit Beginn der Gestellung nach §§ 7 S. 1, 8 aktiv und passiv wahlberechtigt und können von BV erfasst werden[15]; damit ist eine Doppelmitgliedschaft in BR und Personalrat möglich[16]. Die Dauer der Überlassung spielt nur dann eine Rolle, wenn auf die „in der Regel" beschäftigten ArbN abgestellt wird. Abs. 1 S. 3 verdrängt §§ 7 S. 2 BetrVG, 14 II 1 AÜG; sie begünstigt die hier genannten Personen ggü. LeihArbN, die von privatrechtl. Unternehmen überlassen werden (vgl. Rz. 13)[17]. Das aus § 1 I 3 AÜG auch für die Personalgestellung folgende Verbot einer nicht nur vorübergehenden Überlassung hat betriebsverfassungsrechtl. keine Auswirkung. Der BR des Entleihers hat indes nur MitbestR, wo der Entleiher als Betriebsinhaber materiell oder formell etwas zu entscheiden hat (vgl. Rz. 12). Ein Beteiligungsrecht nach § 102 bei Kündigung ist damit ausgeschlossen[18]. 34a

– **Ruhende Arbeitsverhältnisse:** Wenn eine Rückkehr der ArbN in den Betrieb geplant ist, werden auch Personen mit einem ruhenden ArbVerh von Abs. 1 erfasst (zB Elternzeit, Wehr- oder Zivildienst)[19]. 35

– **Schüler:** Wer als Schüler ein Praktikum absolviert, ist nicht ArbN[20]. Schüler werden im Rahmen ihres Praktikums weder ausgebildet noch sind sie zur Arbeitsleistung verpflichtet[21]. 36

– **Studenten**, die im Rahmen ihres Studiums ein Praktikum absolvieren, sind ArbN, wenn sie einen Ausbildungsvertrag mit dem Betriebsinhaber geschlossen haben[22]. Ausgenommen ist ein Hochschulpraktikum[23]. 37

– **Teilzeitarbeit:** ArbN mit Teilzeitbeschäftigung (§ 2 I TzBfG) sind ohne Rücksicht auf die Dauer der Arbeitszeit in Abs. 1 einzubeziehen[24]. Eine Mindestarbeitszeit ist nicht erforderlich[25]. Auch die sozialversicherungsrechtl. Handhabe ist unerheblich[26]; es werden auch geringfügig Beschäftigte (§§ 8, 8a SGB IV) oder ArbN mit „Gleitzonenjob" (§ 20 II SGB IV) erfasst. Grds. gilt dies auch bei ATZ (vgl. Rz. 15). 38

– **Telearbeit:** Obwohl der Begriff auch betriebsinterne Tätigkeiten erfasst, soll mit der Benennung der Telearbeit deutlich gemacht werden, dass auch die außerhalb des Betriebs unter Verwendung von 39

---

1 BAG 9.6.1993 – 5 AZR 123/92, NZA 1994, 169 (170); 19.1.2000 – 5 AZR 644/98, NZA 2000, 1102 (1104); *Reiserer*, BB 1998, 1258 (1259); 20.9.2000 – 5 AZR 61/99, NZA 2001, 551 (552) mit Ausnahme bei Aufnahme in Dienstplan wegen Bestandsschutz-TV. ‖ 2 BAG 12.9.1996 – 5 AZR 104/95, NZA 1997, 600 (603). ‖ 3 Vgl. BAG 22.4.1998 – 5 AZR 191/97, NZA 1998, 1275 (1276). ‖ 4 BAG 19.1.2000 – 5 AZR 644/98, NZA 2000, 1102 (1105). ‖ 5 BVerfG 28.6.1983 – 1 BvR 525/82, BVerfGE 64, 256 (260); BAG 19.1.2000 – 5 AZR 644/98, NZA 2000, 1102 (1104). ‖ 6 BAG 22.4.1998 – 5 AZR 92/97, NZA 1999, 82 (83). ‖ 7 LAG Düss. 9.9.1997 – 8 Sa 756/97, NZA-RR 1998, 195. ‖ 8 BAG 6.5.1998 – 5 AZR 347/97, NZA 1998, 873 (875); *Hopt*, DB 1998, 863 (865, 867). ‖ 9 *Löwisch*, BB 2009, 2316 ff.; *Thüsing*, BB 2009, 2036 ff.; *Heise/Fedder*, NZA 2009, 1069 ff.; *Kröll*, AiB, 193 ff. ‖ 10 BAG 5.12.2012 – 7 ABR 17/11, NZA 2013, 690 (692). ‖ 11 OVG NW 23.3.2010 – 16 A 2423/08. PVL, PersV 2010, 389. ‖ 12 Vgl. LAG Bln.-Bbg. 16.2.2011 – 15 TaBV 2347/10, nv. ‖ 13 BAG 5.12.2012 – 7 ABR 17/11, NZA 2013, 690 (693); aA *Heise/Fedder*, NZA 2009, 1069 (1070 f.). ‖ 14 Vgl. LAG Bln.-Bbg. 16.2.2011 – 15 TaBV 2347/10, nv. ‖ 15 BAG 15.12.2011 – 7 ABR 65/10, NZA 2012, 519; 12.9.2012 – 7 ABR 37/11, NZA-RR 2013, 197 (198). ‖ 16 BAG 12.9.2012 – 7 ABR 37/11, NZA-RR 2013, 197 (198). ‖ 17 Vgl. BAG 17.2.2010 – 7 ABR 51/08, NZA 2010, 832. ‖ 18 BAG 9.6.2011 – 6 AZR 132/10, ZTR 2011, 566. ‖ 19 BAG 16.4.2003 – 7 ABR 53/02, DB 2003, 2128 (2129); 13.4.2010 – 9 AZR 36/09, DB 2010, 2805. ‖ 20 BAG 8.5.1990 – 1 ABR 7/89, NZA 1990, 896 (897). ‖ 21 *Fitting*, § 5 Rz. 307 mwN. ‖ 22 BAG 10.10.1991 – 7 ABR 11/91, NZA 1992, 808 (809). ‖ 23 BAG 24.9.1981 – 6 ABR 77/81, DB 1982, 606. ‖ 24 BAG 29.1.1992 – 7 ABR 27/91, NZA 1992, 894 (896). ‖ 25 AA *Wank*, RdA 1985, 1 (11); *Löwisch*, RdA 1984, 197 (206). ‖ 26 *Fitting*, § 5 Rz. 173; *Lipke*, NZA 1990, 758 (759).

EDV verrichtete Arbeit Grundlage einer Kennzeichnung als ArbN iSd. Abs. 1 sein kann. Da solche Tätigkeiten auf der Grundlage von Dienst-, Werk- oder Werklieferungsverträgen, in freier Mitarbeit oder Selbständigkeit, in Heimarbeit, ArbN-Ähnlichkeit oder im ArbVerh durchgeführt werden können[1], ist für die Feststellung des ArbN-Status auf allg. Abgrenzungsregeln zurückzugreifen[2]. Indizien für eine weisungsgebundene Tätigkeit sind: Online-Betrieb mit jederzeitiger Erreichbarkeit und Responserwartung durch den ArbGeb/andere ArbN[3], Einbindung in betriebl. Arbeitszeit, Verwendung der arbeitgeberseitigen Software[4].

40   **III. Einschränkung des Arbeitnehmerbegriffs nach Abs. 2.** Abs. 2 grenzt im Wege einer gesetzl. Fiktion bestimmte Personen aus dem betriebsverfassungsrechtl. ArbN-Begriff aus. Ein Teil davon zählt schon nach allg. Kriterien nicht zur Gruppe der ArbN (Nr. 1, 2), ein Teil davon kann durchaus in einem ArbVerh zum Betriebsinhaber stehen und als ArbN qualifiziert werden (Nr. 3–5). Die hier genannten Personen sollen nicht zu der durch den BR repräsentierten Belegschaft gehören, weil sie wegen der Eigenart des Beschäftigungsverhältnisses nicht dem Normalbild eines ArbN entsprechen (Nr. 3 und 4) oder weil die Lebensumstände vermuten lassen, dass eine sehr enge persönliche Beziehung zum ArbGeb gegeben ist (Nr. 5). Zur letztgenannten Gruppe gehört auch der Partner der eingetragenen (gleichgeschlechtlichen) Lebenspartnerschaft[5].

41   **1. Vertreter juristischer Personen (Nr. 1).** Nach Nr. 1 werden aus der Gruppe der ArbN in Betrieben einer juristischen Person die Mitglieder des Organs ausgegrenzt, das zur gesetzl. Vertretung dieser Person berufen ist. Dies gilt selbst dann, wenn sie zu dieser Gesellschaft[6] oder zu einer anderen Gesellschaft in einem ArbVerh stehen[7]. Wenn das ArbVerh zu einer anderen Gesellschaft besteht, kann der Geschäftsführer dort indes dem Kreis der ArbN iSd. Abs. 1 zuzuordnen sein[8]. Zu den gem. Nr. 1 auszugrenzenden Personen gehören bei der AG alle Vorstandsmitglieder (§ 78 I AktG), während der Abwicklung der Abwickler (§ 269 I AktG), bei der KGaA die persönlich haftenden Gesellschafter nach Maßgabe des Gesellschaftsvertrages (§ 278 II AktG iVm. §§ 161 II, 125 HGB), also nur soweit sie nicht von der Vertretung ausgeschlossen sind[9], während der Abwicklung die persönlich haftenden Gesellschafter und die von der Hauptversammlung der Kommanditaktionäre bestellten Personen (§ 290 I AktG), bei der GmbH die Geschäftsführer (§ 35 I GmbHG), während der Liquidation die Liquidatoren (§ 70 S. 1 GmbHG), bei Genossenschaften alle Vorstandsmitglieder (§ 24 I GenG), während der Liquidation die Liquidatoren (§ 88 S. 1 GenG), bei rechtsfähigen Vereinen die Vorstandsmitglieder (§ 26 BGB) und der Sondervertreter iSd. § 30 BGB, bei Stiftungen der Vorstand (§ 86 S. 1 iVm. § 26 BGB) und das im Stiftungsgeschäft bestimmte Organ (§ 85 BGB), bei Versicherungsvereinen auf Gegenseitigkeit die Vorstandsmitglieder (§ 34 I 2 VAG iVm. § 78 AktG), während der Liquidation die Liquidatoren (§ 47 III 1 VAG iVm. § 269 I AktG). Bei den ausländischen juristischen Personen richtet sich ihre Vertretung nach dem Recht des Staates, in dem die juristische Person ihren Verwaltungssitz hat[10].

42   Die Einschränkung in Nr. 1 betrifft nur die Mitglieder des Vertretungsorgans. Gesellschafter, Aktionäre, Aufsichtsrats- und Genossenschaftsmitglieder können ArbN sein[11].

43   **2. Mitglieder von Personengesamtheiten (Nr. 2).** Soweit mit Abs. 2 Nr. 2 die Gesellschafter einer OHG oder die Mitglieder einer anderen Personengesamtheit, soweit sie durch Gesetz, Satzung oder Gesellschaftsvertrag zur Vertretung der Personengesamtheit oder zur Geschäftsführung berufen sind, in deren Betrieben aus der Gruppe der ArbN ausgegrenzt werden, dient dies nur der Klarstellung. In der GbR werden hiervon alle Gesellschafter mit Ausnahme derer erfasst, die nach dem Gesellschaftsvertrag weder an der Geschäftsführung noch an der Vertretung der Gesellschaft beteiligt sind (§§ 709, 714 BGB), bei nicht rechtsfähigen Vereinen werden die nach der Satzung vertretungsberechtigten Personen erfasst – nach § 54 iVm. § 26 BGB also regelmäßig nur der Vorstand und nicht alle Vereinsmitglieder[12], bei der OHG alle Gesellschafter, es sei denn, dass ihnen ausnahmsw. durch Gesellschaftsvertrag die Geschäftsführungsbefugnis oder die Vertretungsmacht entzogen ist (§§ 114, 115, 125 HGB), in der KG die persönlich haftenden Gesellschafter (§§ 164, 170 HGB), bei der Partnerschaft nach PartGG alle Partner (§ 6 II und III PartGG iVm. §§ 114, 115 HGB, § 7 III PartGG iVm. § 125 I und II, §§ 126, 127 HGB), bei der Reederei alle Mitreeder, da ihnen die Geschäftsführung zusteht, wenn nicht der Vertrag insoweit etwas anderes bestimmt (§§ 490 ff. HGB), in der ehelichen Gütergemeinschaft bei gemeinschaftlicher Verwaltung beide Ehegatten, ansonsten nur der Ehegatte, der das Gesamtgut allein verwaltet (§ 1421 BGB), bei fortgesetzter Gütergemeinschaft nur der überlebende Ehegatte (§ 1487 I BGB), bei der Erbengemeinschaft alle Miterben (§ 2038 I BGB). Für ausländische nicht rechtsfähige Personengesamtheiten richtet sich die Geschäftsführungs- und Vertretungsbefugnis nach der entsprechenden Satzung[13].

---

1 Vgl. *Wank*, Telearbeit, Rz. 283; *Boemke/Kaufmann*, Telearbeitsvertrag, 2000, S. 6.; *Kramer*, DB 2000, 1329; *Schaub*, NZA 2001, 364. || 2 *Fitting*, § 5 Rz. 201; *Boemke*, BB 2000, 147 (148). || 3 Vgl. MünchArbR/*Heenen*, § 316 Rz. 7; *Boemke/Ankersen*, BB 2000, 2254. || 4 *Wank*, NZA 1999, 225 (231). || 5 Hierzu vgl. *Powietzka*, BB 2002, 146 (149, 150); *Fitting*, § 5 Rz. 181. || 6 Denkbar nach BAG 10.4.1991 – 4 AZR 467/90, NZA 1991, 856 (857); 13.5.1996 – 5 AZB 27/95, NZA 1996, 952. || 7 *Fitting*, § 5 Rz. 327; Richardi/*Richardi*, § 5 Rz. 155. || 8 BAG 20.10.1995 – 5 AZB 5/95, NZA 1996, 200. || 9 DKKW/*Trümner*, § 5 Rz. 163; *Fitting*, § 5 Rz. 327; GK-BetrVG/*Raab*, § 5 Rz. 78. || 10 Richardi/*Richardi*, § 5 Rz. 163. || 11 *Fitting*, § 5 Rz. 328. || 12 DKKW/*Trümner*, § 5 Rz. 176; *Fitting*, § 5 Rz. 331. || 13 Richardi/*Richardi*, § 5 Rz. 175.

3. Beschäftigung aus karitativen oder religiösen Gründen (Nr. 3). Durch Abs. 2 Nr. 3 werden alle Personen ausgegrenzt, deren Beschäftigung nicht in erster Linie ihrem Erwerb dient, sondern vorwiegend durch karitative oder religiöse Beweggründe bestimmt wird. Bsp.: Ordensschwestern, Mönche und Diakonissen[1]. Ihre Lebensversorgung ist durch die Gemeinschaft gesichert, der sie angehören[2]. Erfolgt ihre Beschäftigung in einer kirchl. Einrichtung, können sie von der Geltung des staatl. Arbeitsrechts ausgenommen, jedenfalls aber nach Vorgaben behandelt werden, in denen die für alle geltenden Gesetze mit Blick auf den kirchl. Dienst und die spezifischen Obliegenheiten modifiziert werden[3]. Das gilt grds. auch, wenn sie über den Verband auf Grund Gestellungsvertrags in einem Betrieb tätig werden, der nicht unter § 118 II fällt[4]. Ausnahme kann für Schwesternschüler/innen gelten[5].

44

Krankenschwestern, die sich zu einem Verband zusammengeschlossen haben, sind nicht ArbN des Schwesternverbandes. Bsp.: Caritas, Deutsches Rotes Kreuz, Innere Mission. Im Verhältnis zum Verband, dem sie angehören, erbringen sie ihre Leistung auf Grund Mitgliedschaft, nicht auf Grund Arbeitsvertrags[6]. Entsprechendes kann für Mitglieder eines Vereins (hier: Deutsches Rotes Kreuz) gelten, die im Rettungs- und Transportdienst tätig sind[7]. Dies gilt sogar dann, wenn die Rote-Kreuz-Schwester auf Grund Gestellungsvertrags in einem Krankenhaus tätig wird, dessen Träger nicht Mitglied des Verbands ist[8]. ArbN sind nur Krankenschwestern ohne mitgliedschaftliche Bindung[9]. Auch bei einer Beschäftigung ohne Arbeitsvertrag kann indes eine Einstellung nach § 99 vorliegen[10].

45

4. Beschäftigung aus medizinischen oder erzieherischen Gründen (Nr. 4). Abs. 2 Nr. 4 schließt solche Personen aus, bei denen die Beschäftigung vorwiegend als Mittel zur Behebung physischer, psychischer oder sonstiger in der Person des Beschäftigten liegender Mängel erfolgt. Hierzu gehören Kranke, Süchtige[11], nach § 74 SGB V zur Wiedereingliederung Beschäftigte[12], Jugendliche unter der Obhut des Jugendamtes (§ 42 SGB VIII), Sicherungsverwahrte in Unterbringungsanstalt nach § 66 StGB[13]. Vorausgesetzt wird, dass der Beschäftigte keine marktgerechte Vergütung erhält[14]. Nicht von der gesetzl. Fiktion erfasst werden Beschäftigte, die auf Grund einer vom Sozialhilfeträger geschaffenen Arbeitsgelegenheit nach § 16d SGB II bei einem Dritten in einem befristeten ArbVerh beschäftigt werden; sie sind ArbN iSd. Abs. 1[15]. Unter Nr. 4 fällt nur, wer durch die Beschäftigung in die Lage versetzt werden soll, einer geregelten Arbeit nachzugehen, nicht hingegen, wer diese Fähigkeit besitzt, aber Kenntnisse und Fertigkeiten für die Aufnahme einer Tätigkeit auf einem bestimmten Gebiet erwerben soll[16]. Ob Schwerbehinderte, die nach § 136 SGB IX in einer Behindertenwerkstatt beschäftigt werden, ArbN sind, hängt davon ab, ob die Beschäftigung vorwiegend zu therapeutischen Zwecken, auf Grund Berufsausbildungsvertrags oder Arbeitsvertrags erfolgt[17].

46

5. Familienangehörige des Arbeitgebers (Nr. 5). Ohne Rücksicht auf das denkbare Vorliegen eines ArbVerh werden der Ehegatte, der eingetragene (gleichgeschlechtliche) Lebenspartner nach § 1 LPartG[18], Eltern und Kinder (auch nicht eheliche und adoptierte) sowie Schwiegereltern und -kinder des ArbGeb aus dem Begriff des ArbN iSd. BetrVG ausgegrenzt, wenn sie in häuslicher Gemeinschaft mit dem ArbGeb leben. Häusliche Gemeinschaft erfordert das Bestehen eines gemeinsamen Lebensmittelpunkts (§ 1619 BGB). Eine gemeinsame Wohnung muss nicht die ständige Wohnung sein[19]. ArbN, die mit dem ArbGeb in eheähnlicher bzw. nichtehelicher Lebensgemeinschaft leben, werden nicht erfasst[20]. Verwandtschaftliche Verhältnisse weiteren Grades (zB Enkelkinder, Geschwister etc.) schließen ein ArbVerh ebenso wenig aus wie ein Verlöbnis[21]. Mit ArbGeb iSd. Nr. 5 ist stets eine natürliche Person gemeint; nur mit natürlichen Personen ist eine häusliche Gemeinschaft möglich[22]. Bei der Personengesamtheit (OHG, KG) müssen die Voraussetzungen der Vorschrift in Bezug auf ein geschäftsführungs- oder vertretungsbefugtes Mitglied gegeben sein[23]. Umstritten ist, ob die Vorschrift wegen vergleichbarer Interessenlage analog auf Verwandte oder Verschwägerte des vertretungsberechtigten Organs einer juristischen Person anwendbar ist[24].

47

---

1 SG Koblenz 17.5.2001 – S 1 AL 180/00, nv.; ArbG Bremen 31.5.1956 – I Ca 578/55, AP Nr. 4 zu § 5 ArbGG 1953 Bl. 2. ‖2 DKKW/*Trümner*, § 5 Rz. 181; *Fitting*, § 5 Rz. 332. ‖3 Vgl. nur BVerfG 4.6.1985 – 2 BvR 1703, 1718/83, 2 BvR 856/84, NJW 1986, 367 (368); BAG 21.2.2001 – 2 AZR 139/00, NZA 2001, 1136 (1138). ‖4 GK-BetrVG/*Raab*, § 5 Rz. 80; Richardi/*Richardi*, § 5 Rz. 177; aA DKKW/*Trümner*, § 5 Rz. 181. ‖5 ArbG Marburg 22.12.2006 – 2 BV 4/04, DB 2007, 295 (296). ‖6 BAG 18.2.1956 – 2 AZR 294/54, AP Nr. 1 zu § 5 ArbGG Bl. 2 f.; Richardi/*Richardi*, § 5 Rz. 178; aA DKKW/*Trümner*, § 5 Rz. 182 ff.; *Fitting*, § 5 Rz. 334. ‖7 Offen BAG 12.11.2002 – 1 ABR 60/01, ArbuR 2003, 309. ‖8 BAG 20.2.1986 – 6 ABR 5/85, NZA 1986, 690; GK-BetrVG/*Raab*, § 5 Rz. 83; aA DKKW/*Trümner*, § 5 Rz. 182 ff.; *Fitting*, § 5 Rz. 334; Richardi/*Richardi*, § 5 Rz. 178. ‖9 Vgl. BAG 4.7.1979 – 5 AZR 8/78, DB 1979, 2282 (2283); 14.12.1994 – 7 ABR 26/94, NZA 1995, 906 (908). ‖10 BAG 23.6.2010 – 7 ABR 1/09, NZA 2010, 1302. ‖11 BAG 25.10.1989 – 7 ABR 1/88, DB 1990, 1192 (1193); 26.1.1994 – 7 ABR 13/92, NZA 1995, 120 (121). ‖12 BAG 29.1.1992 – 5 AZR 37/91, NZA 1992, 643; 19.4.1994 – 9 AZR 462/92, DB 1994, 1880 (1881). ‖13 *Fitting*, § 5 Rz. 342. ‖14 BAG 25.10.1989 – 7 ABR 1/88, DB 1990, 1192. ‖15 BAG 5.4.2000 – 7 ABR 20/99, NZA 2001, 629 (630). ‖16 BAG 25.10.1989 – 7 ABR 1/88, DB 1990, 1192. ‖17 *Fitting*, § 5 Rz. 341; GK-BetrVG/*Raab*, § 5 Rz. 88. ‖18 Hierzu vgl. *Powietzka*, BB 2002, 146 (149, 150); *Fitting*, § 5 Rz. 343. ‖19 DKKW/*Trümner*, § 5 Rz. 200; GK-BetrVG/*Raab*, § 5 Rz. 89; Richardi/*Richardi*, § 5 Rz. 181. ‖20 LAG Hamm 12.9.2001 – 10 TaBV 52/01, DB 2002, 1332 (LS); DKKW/*Trümner*, § 5 Rz. 199, 201; *Fitting*, § 5 Rz. 345. ‖21 *Fitting*, § 5 Rz. 345, 346. ‖22 DKKW/*Trümner*, § 5 Rz. 202; GK-BetrVG/*Raab*, § 5 Rz. 89. ‖23 DKKW/*Trümner*, § 5 Rz. 203; *Fitting*, § 5 Rz. 344; GK-BetrVG/*Raab*, § 5 Rz. 66. ‖24 Dafür *Fitting*, § 5 Rz. 344; GK-BetrVG/*Raab*, § 5 Rz. 92; Richardi/*Richardi*, § 5 Rz. 182; aA DKKW/*Trümner*, § 5 Rz. 202, nur wenn es sich um eine Ein-Personen-GmbH handelt; offen LAG Hamm 21.9.2001 – 10 TaBV 52/01, DB 2002, 1332.

48 **IV. Kennzeichnung des leitenden Angestellten durch Abs. 3. 1. Allgemein.** Leitende Angestellte sind ArbN iSd. BetrVG. Sie werden auf Grund eines privatrechtl. Vertrags im Dienste des ArbGeb zur Leistung fremdbestimmter Arbeit in persönlicher Abhängigkeit verpflichtet (vgl. Rz. 2 ff.). Gem. Abs. 3 S. 1 findet das BetrVG auf leitende Angestellte nur dann Anwendung, wenn das Gesetz dies ausdrücklich bestimmt (§§ 105, 107, 108). Hintergrund – und insoweit auch ein Kriterium bei der Auslegung und Anwendung der gesetzl. Fallgestaltungen – ist der Interessengegensatz aus der besonderen Stellung leitender Angestellte. Einerseits übernehmen sie im Betrieb unternehmerische Aufgaben des ArbGeb mit eigenem Entscheidungsspielraum, andererseits haben sie (eigene) spezifische ArbN-Interessen[1]. Die in Abs. 3 vorgenommene Kennzeichnung ist durch Bezugnahme auch für das SprAuG (§ 1 I SprAuG), die Unternehmensmitbest. (§ 3 I MitbestG, § 3 I DrittelbG), den EBR (§ 23 VI EBRG) und das Arbeitszeitrecht (§ 18 I Nr. 1 ArbZG) maßgeblich. Das Kündigungsrecht (§§ 14 II, 17 V KSchG) und § 22 II Nr. 2 ArbGG enthalten abweichende Kriterien für den leitenden Angestellten.

49 Mit den drei Gruppen enthält Abs. 3 eine **abschließende Legaldefinition** des leitenden Angestellten. Die dort genannten Voraussetzungen müssen tatsächlich erfüllt sein[2]. Die Abgrenzung des leitenden Angestellten vom ArbN ist zwingendes Recht. Sie kann individual- oder kollektivvertragl. nicht geändert werden[3]. Insofern kann die Qualifikation auch nicht „verliehen" oder durch Bezeichnung im Arbeitsvertrag („Papierform") begründet werden[4]. Sie muss durch Arbeitsvertrag und Stellung im Unternehmen oder Betrieb tatsächlich „gelebt" werden. Weichen Arbeitsvertrag und tatsächlich zugewiesene Aufgaben ab, sind letztere maßgeblich für die Kennzeichnung nach Abs. 3. Diese Arbeiten sind an den gesetzl. Kriterien zu messen[5]. Auf andere Merkmale kommt es bei der Entscheidung über die Eigenschaft des leitenden Angestellten nicht an. Durch Abs. 4 soll nur eine Auslegungshilfe für die Anwendung von Abs. 3 Nr. 3 gegeben werden (vgl. Rz. 63). Folgerichtig spielt die Tarifbindung eines ArbN keine Rolle. Ob AT-Angestellte leitende Angestellte nach Abs. 3 sind, hängt davon ab, ob die dort genannten Voraussetzungen erfüllt sind[6]. Personen einer Personalgestellung nach Abs. 1 S. 3 und LeihArbN können im Einsatzbetrieb leitende Angestellte sein, wenn sie aufgrund ihrer Tätigkeit dort tatsächlich die Voraussetzungen des Abs. 3 erfüllen[7]. Dies hat Konsequenzen für die Zuständigkeit des BR des Einsatzbetriebs. Ein ArbN, der in anderer Gesellschaft zum Geschäftsführer bestellt wurde oder dort Funktionen eines leitenden Angestellten wahrnimmt, ist nicht zwingend leitender Angestellter seines Vertrags-ArbGeb. Zu prüfen ist aber, ob die Funktion in der anderen Gesellschaft nicht eine vergleichbare Bedeutung auch für den Vertrags-ArbGeb hat. Dies kann Konsequenz einer Matrix-Organisation sein. Wenn aber beim Vertrags-ArbGeb die in Nr. 1–3 genannten Merkmale nicht erfüllt sind, ist er als ArbN einzustufen[8].

50 Ausreichend für die Kennzeichnung als leitender Angestellter ist, wenn die Voraussetzungen einer Gruppe erfüllt sind. Alle Fälle sind dadurch gekennzeichnet, dass nicht nur eine Umsetzung der durch Andere getroffenen Entscheidungen in Rede steht. Es muss eine **eigene unternehmerische Tätigkeit** erkennbar sein[9], die das Unternehmen insg. oder einen Betrieb betrifft[10]. Ist der Angestellte mehreren Betrieben eines Unternehmens zugeordnet, kann sein Status indes nur einheitlich für alle Betriebe bestimmt werden[11].

51 Eine bestimmte Dauer, innerhalb derer die nachfolgend dargestellten Funktionen wahrgenommen werden, ist zur Statusbegründung nicht erforderlich. Ein mit diesen Aufgaben betrauter Angestellter ist grds. bereits mit Übertragung der entsprechenden Funktion und Beginn seiner Tätigkeit leitender Angestellter. Der Status als leitender Angestellter kann schon während der Probe- oder der Wartezeit nach § 1 I KSchG bestehen[12]. Dies gilt insb. bei einer geplanten Bestellung zum Vorstand oder Geschäftsführer. Einzelfallbezogene Ausnahmen sind allenfalls bei einer von Beginn an vorübergehenden Tätigkeit denkbar (zB als Urlaubs- oder Krankheitsvertreter), die einem prägenden Charakter der leitenden Funktion entgegensteht[13]. Daher verliert der leitende Angestellte seinen Status unmittelbar, wenn ihm nicht nur vorübergehend eine Tätigkeit übertragen wird, die nicht mehr die nachfolgenden Voraussetzungen erfüllt. Die sofortige und völlige Freistellung des ArbN von den vertragl. Pflichten beseitigt den Status indes nicht[14].

52 **2. Selbständige Einstellungs- und Entlassungsberechtigung (Nr. 1).** Im Gegensatz zu § 14 II KSchG müssen Einstellungs- und Entlassungsbefugnis **kumulativ** vorliegen[15]. Hiervon ist auszugehen, wenn der Angestellte im Wesentlichen frei von Weisungen des ArbGeb über diese personellen Einzelmaßnahmen entscheiden kann; die Berechtigung muss vor allem im Innenverhältnis zum ArbGeb bestehen[16],

---

1 Vgl. BAG 29.1.1980 – 1 ABR 45/79, DB 1980, 1545 (1546); 23.1.1986 – 6 ABR 51/81, NZA 1986, 484 (485). ||2 BAG 11.3.1982 – 6 AZR 136/79, BB 1982, 1729; GK-BetrVG/*Raab*, § 5 Rz. 96. ||3 BAG 5.5.2010 – 7 ABR 97/08, NZA 2010, 955 ff.; DKKW/*Trümner*, § 5 Rz. 234; *Fitting*, § 5 Rz. 365. ||4 Vgl. BAG 25.10.2001 – 2 AZR 358/00, NZA 2002, 584; 5.5.2010 – 7 ABR 97/08, NZA 2010, 955. ||5 Vgl. GK-BetrVG/*Raab*, § 5 Rz. 102. ||6 BAG 6.5.2003 – 1 ABR 13/02, DB 2003, 2445 (2446). ||7 LAG Rh.-Pf. 18.10.2012 – 10 TaBV 18/12, nv. (Personaldirektorin in Cluster-Organisation). ||8 Vgl. LAG München 13.4.2000 – 2 Sa 886/99, NZA-RR 2000, 425; *Falder*, NZA 2000, 868. ||9 Vgl. *Fitting*, § 5 Rz. 370; aA *Martens*, RdA 1989, 71 (77). ||10 BAG 23.1.1986 – 6 ABR 51/81, NZA 1986, 484 (485); MünchArbR/*Richardi*, § 26 Rz. 27. ||11 BAG 25.10.1989 – 7 ABR 60/88, NZA 1990, 820 (821). ||12 Vgl. Richardi/*Richardi*, § 5 Rz. 219. ||13 Vgl. *Fitting*, § 5 Rz. 400. ||14 *Powietzka/Hager*, DB 2006, 102. ||15 BAG 11.11.1983 – 6 AZR 291/83, nv.; DKKW/*Trümner*, § 5 Rz. 247; *Fitting*, § 5 Rz. 375. ||16 BAG 11.3.1982 – 6 AZR 136/79, DB 1982, 1990; 10.10.2007 – 7 ABR 61/06, DB 2008, 590 (591).

aber auch im Außenverhältnis gelten[1]. Abweichend von § 14 KSchG (vgl. § 14 KSchG Rz. 10) kommt es zwar auf den zeitlichen Umfang der tatsächlichen Ausübung dieser Befugnisse nicht an[2]. Berücksichtigt man die gleichgewichtige Bedeutung von Nr. 1 und Nr. 3, darf die Einstellungs- und Entlassungsbefugnis aber nicht nur untergeordnete Bedeutung haben. Insofern genügt es nicht, dass nur vorübergehend Hilfskräfte eingestellt oder entlassen werden können[3]. Vielmehr muss es sich um eine Aufgabe handeln, die wegen der Größe bzw. der Funktion der betroffenen ArbN für den Bestand des Unternehmens, eines Betriebs oder einer Betriebsabteilung von Bedeutung ist[4]. Erforderlich ist also, dass – insoweit entsprechend § 14 II KSchG (vgl. § 14 KSchG Rz. 10[5]) – dem Angestellten eine Personalkompetenz ggü. einer bedeutenden Anzahl von ArbN oder gewissen Anzahl bedeutender ArbN zusteht. Die Bedeutung der Personalverantwortung kann aus Quantität[6] oder Qualität der ArbN folgen, auf die sich die Einstellungs- und Entlassungsbefugnis bezieht[7]. Qualitative Bedeutung haben ArbN, die hoch qualifizierte Tätigkeiten mit entsprechenden Entscheidungsspielräumen ausüben, einen für das Unternehmen herausgehobenen Geschäftsbereich betreuen[8] oder ihrerseits die ihnen nachgeordneten ArbN selbständig einstellen und entlassen können. Umgekehrt genügt es nicht, wenn sich die Befugnis auf einen sehr begrenzten Personenkreis beschränkt, zB nur geringfügig oder mit untergeordneten Aufgaben Beschäftigte[9].

Die Art der Vollmacht (Prokura, Handlungsvollmacht, Vollmacht nach § 167 BGB) spielt keine Rolle. Unerheblich ist auch, dass Erklärungen im Namen des ArbGeb ggü. Dritten wegen des im Unternehmen vorgegebenen Vier-Augen-Prinzips nur durch zwei Vertreter gleichzeitig abgegeben werden können. Die Einstellungs- und Entlassungsbefugnis iSd. Abs. 3 S. 2 Nr. 1 ist bereits dann gegeben, wenn diese Erklärung im Innenverhältnis durch einen der beiden Unterzeichnenden bestimmt worden ist, der andere also nur noch eine formale Richtigkeits- oder Budgetkontrolle vorgenommen hat[10]. Wenn die inhaltliche Zustimmung eines weiteren ArbN oder des ArbGeb (zB des Geschäftsführers) für die Personalmaßnahme erforderlich ist, also die Entscheidungsbefugnis eines Dritten gegeben ist, liegt keine selbständige Entscheidungsbefugnis mehr vor[11]. Hier kommt dann nur noch die Qualifikation als leitender Angestellter nach Abs. 3 S. 2 Nr. 3 in Betracht. Wenn die Einstellung oder Entlassung nur nach außen selbständig vorgenommen wird, nach innen aber nur Entscheidungen anderer Stellen umgesetzt werden, wird Abs. 3 S. 2 Nr. 1 nicht erfüllt[12]. 53

Grds. genügt eine nur nach dem Vertrag bestehende Einstellungs- und Entlassungsbefugnis nicht; sie muss **tatsächlich ausgeübt** werden. Dass über eine längere Zeit keine Einstellungen und Entlassungen vorgenommen werden, steht der Anwendbarkeit von Nr. 1 nicht entgegen, wenn in dem betreffenden Zeitraum generell keine entsprechenden Personalmaßnahmen im eigenen Zuständigkeitsbereich vorzunehmen waren. In diesem Fall bleibt der Status erhalten. Erforderlich ist aber die entsprechende Einbindung der in Rede stehenden Personen, wenn wieder solche Maßnahmen zu erledigen sind. Schließlich spricht das Gesetz nur von der Berechtigung, nicht von der tatsächlichen Ausübung. Umgekehrt können sich aus einer tatsächlich geübten Vertragspraxis Anhaltspunkte für das Vorliegen einer Befugnis iSd. Nr. 1 auch dann ergeben, wenn hierfür im Arbeitsvertrag kein Anhaltspunkt gegeben ist. Die Personalführungsbefugnis bedarf nicht der schriftl. Vereinbarung[13]. 54

- **Beispiele** für Nr. 1: **zustimmend:** Leiter der Vorfertigung der Fertigungsdurchführung[14], Vertriebsniederlassungsleiter[15]; **ablehnend:** Vertriebsleiter eines Zeitungsverlags[16], Verwaltungsdirektor[17] oder Verwaltungsleiter eines Krankenhauses[18], Franchisenehmer von Ladenlokalen[19], Geschäftsführer der Tochtergesellschaft als leitender Angestellter der Muttergesellschaft[20], Chefarzt der Abteilung eines Krankenhauses (str.)[21], Leiter eines Fast Food-Restaurants[22], Bereichsleiter einer Spielbank[23]. Entscheidend sind jeweils die Umstände des Einzelfalls.

---

1 BAG 18.11.1999 – 2 AZR 903/98, NZA 2000, 427 (428). ‖2 Vgl. BAG 10.10.2007 – 7 ABR 61/06, DB 2008, 590 (591). ‖3 Vgl. BAG 11.3.1982 – 6 AZR 136/79, DB 1982, 1990; Richardi/*Richardi*, § 5 Rz. 201. ‖4 BAG 11.3.1982 – 6 AZR 136/79, DB 1982, 1990; 16.4.2002 – 1 ABR 23/01, NZA 2003, 56; 10.10.2007 – 7 ABR 61/06, DB 2008, 590 (591); 25.3.2009 – 7 ABR 2/08, DB 2009, 1825 (1827); abw. *Löwisch/Kaiser*, § 5 Rz. 29, wonach ein kleiner Personenkreis genügt. ‖5 Vgl. BAG 10.10.2002 – 2 AZR 598/01, DB 2003, 506 (507); 14.4.2011 – 2 AZR 167/10, DB 2011, 2496. ‖6 BAG 16.4.2002 – 1 ABR 23/01, NZA 2003, 56; 10.10.2007 – 7 ABR 61/06, DB 2008, 590 (591). ‖7 BAG 16.4.2002 – 1 ABR 23/01, NZA 2003, 56; 10.10.2007 – 7 ABR 61/06, DB 2008, 590 (591). ‖8 BAG 27.9.2001 – 2 AZR 176/00, DB 2002, 1163; 16.4.2002 – 1 ABR 23/01, NZA 2003, 56; 10.10.2007 – 7 ABR 61/06, DB 2008, 590 (591). ‖9 BAG 11.3.1982 – 6 AZR 136/79, DB 1982, 1990; LAG Düss. 26.7.2000 – 12 TaBV 35/00, NZA-RR 2001, 308 (309). ‖10 BAG 16.4.2002 – 1 ABR 23/01, NZA 2003, 56; Richardi/*Richardi*, § 5 Rz. 199f. ‖11 BAG 16.4.2002 – 1 ABR 23/01, NZA 2003, 56; 27.9.2001 – 2 AZR 176/00, DB 2002, 1163; 10.10.2007 – 7 ABR 61/06, DB 2008, 590 (591); 25.3.2009 – 7 ABR 2/08, DB 2009, 1825 (1827); *Kronisch*, AuA 2001, 484 (484). ‖12 Vgl. LAG Hess. 7.9.2000 – 12 TaBV 64/98, NZA-RR 2001, 426 (427); DKKW/*Trümner*, § 5 Rz. 248. ‖13 BAG 16.4.2002 – 1 ABR 23/01, NZA 2003, 56. ‖14 LAG Hamm 16.12.1977 – 3 TaBV 50/77, DB 1978, 400. ‖15 LAG Berlin 5.3.1990 – 9 TaBV 6/89, LAGE § 5 BetrVG 1972 Nr. 18. ‖16 BAG 27.10.1978 – 1 ABR 27/77, DB 1979, 700. ‖17 BAG 11.3.1982 – 6 AZR 136/79, BB 1982, 1729. ‖18 BAG 17.11.1983 – 6 AZR 291/83, nv. ‖19 LAG Düss. 20.10.1987 – 16 TaBV 83/87, LAGE § 5 BetrVG 1972 Nr. 16. ‖20 LAG München 13.4.2000 – 2 Sa 886/99, NZA-RR 2000, 425. ‖21 LAG Thür. 6.7.2000 – 1 TaBV 16/99, LAGE § 5 BetrVG 1972 Nr. 22; abl. BAG 10.10.2007 – 7 ABR 61/06, DB 2008, 590. ‖22 Abl. LAG Hess. 7.9.2000 – 12 TaBV 64/98, DB 2001, 932. ‖23 BAG 16.4.2002 – 1 ABR 23/01, NZA 2003, 56.

55 **3. Generalvollmacht oder Prokura (Nr. 2).** Generalvollmacht und Prokura werden als eigenständige Kriterien für die Kennzeichnung als leitender Angestellter zwar in der Annahme genannt, dass Personen mit einer derart weit reichenden Vertretungsmacht ausschließlich geschäftsleitende Funktionen wahrnehmen. Der natürliche Gegensatz zu den übrigen ArbN des Betriebs muss allerdings durch ergänzende Kriterien festgestellt werden.

56 Die **Generalvollmacht** ist ein Unterfall der Handlungsvollmacht (§ 54 HGB). Sie berechtigt zur Führung des gesamten Geschäftsbetriebs (§ 105 I AktG). Ihr konkreter Umfang hängt von dem der Erteilung zugrunde liegenden Rechtsgeschäft ab. Soweit im Innenverhältnis eine Beschränkung vorgenommen wird, muss sie ein Dritter gegen sich gelten lassen, wenn er sie kennt oder kennen musste (§ 54 III HGB). Allerdings darf die Einschränkung keine wesentliche Einschränkung der Vertretungsbefugnis zur Folge haben. Denn dann handelte es sich nur noch um eine bloße Handlungsvollmacht, die allenfalls im Rahmen von Abs. 2 S. 2 Nr. 3 Berücksichtigung findet[1].

57 Die **Prokura** ist eine besondere handelsrechtl. Vollmacht, deren Reichweite sich nach §§ 48 bis 53 HGB bestimmt. Sie ermächtigt zur Vornahme aller gerichtl. und außergerichtl. Rechtshandlungen, die der Betrieb eines Handelsgewerbes mit sich bringt, mit Ausnahme der Veräußerung und Belastung von Grundstücken (§ 49 HGB). Inhalt und Umfang der Prokura sind im Außenverhältnis nicht beschränkbar (§ 50 I HGB). Zulässig ist aber die Erteilung von Gesamtprokura, nach der Prokura nur gemeinsam mit einem anderen Prokuristen ausgeübt werden darf (§ 48 II HGB), oder einer Niederlassungsprokura, nach der sich die Prokura nur auf den Betrieb einer Niederlassung, die unter einer anderen Firma betrieben wird, bezieht (§ 48 II HGB). Da die Prokura im Verhältnis zum ArbGeb nicht unbedeutend sein darf, setzt die an Abs. 2 Nr. 2 anknüpfende Kennzeichnung als leitender Angestellter voraus, dass der Prokurist die gesetzl. Vertretungsmacht im Innenverhältnis zum ArbGeb auch tatsächlich in einem wesentlichen Umfang wahrnehmen darf. Einer völligen Deckungsgleichheit zwischen der Berechtigung im Innen- und Außenverhältnis bedarf es indes nicht. Wer aber, was in der Praxis häufig geschieht, auf Grund Vereinbarung oder Weisung des ArbGeb gehalten ist, von seinen gesetzl. Befugnissen nicht oder nur in einem unwesentlichen Bereich Gebrauch zu machen, erfüllt als sog. Titularprokurist nicht die Voraussetzungen eines leitenden Angestellten[2]. Im Zweifel gilt dies auch für Prokuristen in Stabsfunktionen[3]. In Zweifelsfällen sind für die Konkretisierung der Wesentlichkeit des eingeräumten Betätigungsfeldes die Merkmale der Nr. 3 heranzuziehen; das der Prokura zugrunde liegende Aufgabengebiet darf deshalb nicht unbedeutend sein[4].

- **Beispiele** für Nr. 2: „Controller" und Abteilungsleiter Materialwirtschaft eines Bremsenherstellers für Kraftfahrzeuge[5]; Prokuristen der Hauptabteilungen „Finanzwesen" sowie „Allgemeines Rechnungswesen"[6]; ablehnend: Leiter der Groß- und Firmenkundenbetreuung der Wertpapierabteilung einer Großbank[7]; Leiter der Revisionsabteilung einer Genossenschaftsbank[8].

58 **4. Funktionaler Grundtatbestand (Nr. 3).** Die Regelung in Abs. 3 S. 2 Nr. 3 bildet den Grundtatbestand für die Definition des leitenden Angestellten, die frühere Leitsätze der Rspr. aufgegriffen hat[9]. Sie verlangt, dass regelmäßig sonstige Aufgaben wahrgenommen werden, die für den Bestand und die Entwicklung des Unternehmens oder eines Betriebs von Bedeutung sind und deren Erfüllung besondere Erfahrungen und Kenntnisse voraussetzt. Ziel ist die Herausnahme von Personengruppen aus dem Anwendungsbereich des BetrVG, die **nach Art ihrer Tätigkeit und Bedeutung ihrer Funktion der Unternehmensleitung nahe stehen**[10]. Dabei muss es sich um einen beachtlichen Teilbereich unternehmerischer Gesamtaufgaben handeln; die Tätigkeit des ArbN darf sich nicht in Aufsichts- oder Überwachungsarbeiten erschöpfen[11]. Eine fachlich oder rechtl. begrenzte unternehmerische Teilaufgabe kann genügen, wenn sie Schlüsselposition für Bestand des Unternehmens oder Betriebs und die Verwirklichung unternehmerischer Zielsetzung ist[12].

59 Aufgaben haben für Bestand und Entwicklung eines Unternehmens oder Betriebs nicht bereits dann Bedeutung, wenn sie sich deutlich von den Aufgaben abheben, die anderen Angestellten übertragen werden[13]. Vielmehr müssen die Aufgaben, die wirtschaftl., personeller, organisatorischer, kaufmännischer oder technischer Natur sein können, einen bedeutenden Teil der unternehmerischen Gesamtaufgaben ausmachen[14]. Bloße Aufsichts- und Überwachungsfunktionen genügen nicht[15]. Die Aufgaben

---

1 Vgl. BAG 10.4.1991 – 4 AZR 479/90, NZA 1991, 857 (858); *Fitting*, § 5 Rz. 390; Hess ua./*Rose*, § 5 Rz. 171. ||2 Vgl. BAG 27.4.1988 – 7 ABR 5/87, DB 1988, 2003 (2004); 11.1.1995 – 7 ABR 33/94, AP Nr. 55 zu § 5 BetrVG 1972 Bl. 3; GK-BetrVG/*Raab*, § 5 Rz. 117; Richardi/*Richardi*, § 5 Rz. 205; *Hromadka*, BB 1990, 57 (60). ||3 BAG 25.3.2009 – 7 ABR 2/08, DB 2009, 1825 (1826). ||4 BAG 11.1.1995 – 7 ABR 33/94, AP Nr. 55 zu § 5 BetrVG 1972 Bl. 3 f.; 29.6.2011 – 7 ABR 5/10, NZA-RR 2011, 647 ff.; Richardi/*Richardi*, § 5 Rz. 205. ||5 LAG Rh.-Pf. 20.1.1981 – 3 TaBV 15/80, EzA zu § 5 BetrVG 1972 Nr. 36. ||6 BAG 11.1.1995 – 7 ABR 33/94, BB 1995, 1645. ||7 BAG 27.4. 1988 – 7 ABR 5/87, BB 1988, 2030. ||8 BAG 25.3.2009 – 7 ABR 2/08, DB 2009, 1825. ||9 Vgl. DKKW/*Trümner*, § 5 Rz. 262; GK-BetrVG/*Raab*, § 5 Rz. 121. ||10 Vgl. BAG 29.1.1980 – 1 ABR 38/78, DB 1980, 1947; 25.10.2001 – 2 AZR 358/00, NZA 2002, 584. ||11 BAG 23.1.1986 – 6 ABR 51/81, NZA 1986, 484; 25.10.2001 – 2 AZR 358/00, NZA 2002, 584. ||12 Vgl. BAG 25.10.2001 – 2 AZR 358/00, NZA 2002, 584. ||13 So BAG 5.3.1974 – 1 ABR 19/73, DB 1974, 1237; *Wlotzke*, DB 1989, 111 (120). ||14 BAG 25.3.2009 – 7 ABR 2/08, DB 2009, 1825 (1827); vgl. ErfK/*Koch*, § 5 BetrVG Rz. 21; *Fitting*, § 5 Rz. 393. ||15 Vgl. BAG 5.5.2010 – 7 ABR 97/08, NZA 2010, 955; *Fitting*, § 5 Rz. 395; *Wlotzke*, DB 1989, 111 (120).

müssen regelmäßig ausgeübt werden und den Schwerpunkt der Tätigkeit bilden; die Leitungsaufgabe muss der Tätigkeit des ArbN das Gepräge geben[1]. Denkbar ist, dass diese Voraussetzung schon während der Probezeit erfüllt wird[2]. Nimmt ein Angestellter die Aufgaben bloß gelegentlich oder vorübergehend wahr, ist Nr. 3 nur dann erfüllt, wenn diese Übertragung als ständiger Vertreter über einen längeren Zeitraum erfolgt[3].

Als **besondere Kenntnisse und Erfahrungen** sind nicht nur Formalqualifikationen anzusehen. Es werden auch Fertigkeiten erfasst, die durch Berufserfahrung, praktische Tätigkeit oder Selbststudium erreicht wurden[4]. 60

Die für Nr. 3 notwendige **Eigenverantwortlichkeit** ist gegeben, wenn der ArbN bei seiner Tätigkeit Entscheidungen im Wesentlichen frei von Weisungen treffen oder die Entscheidungen maßgeblich beeinflussen kann[5]. Eine maßgebliche Einflussnahme liegt vor, wenn der Angestellte auf Grund seiner Position Fakten schafft, die bei der Findung der unternehmens- oder betriebsleitenden Entscheidung nicht unbeachtet gelassen werden können[6]. Indizien sind zB selbständige Verwaltung eines nicht ganz unerheblichen Budgets oder die zwingende Mitwirkung bei Investitionsentscheidungen[7]. Je tiefer die Entscheidungsstufe in der Unternehmenshierarchie liegt, auf der der ArbN tätig ist, desto größer ist die Wahrscheinlichkeit, dass wesentliche unternehmerische Entscheidungsspielräume auf höheren Entscheidungsstufen bereits verbraucht wurden[8]. Dass er dabei an Rechtsvorschriften, Pläne oder Richtlinien gebunden ist oder aber mit anderen leitenden Angestellten zusammenarbeiten muss, steht einer Kennzeichnung als leitender Angestellter nicht entgegen. Voraussetzung ist, dass Entscheidungen nicht bereits im Wesentlichen vorgegeben sind[9]. Auch bei der Zusammenarbeit einer Gesamtheit von Angestellten, die gemeinsam einen maßgeblichen Einfluss auf die wirtschaftl., technische und wissenschaftliche Führung der ArbGeb ausüben, wird nicht ohne weiteres für jeden einzelnen Mitarbeiter eine entsprechende unternehmerische Teilfunktion anzuerkennen sein[10]. Die fachlichen Aufgabengebiete müssen so aufgeteilt sein, dass ihre individuelle Wahrnehmung für die Erreichung des Unternehmensziels jeweils von entsprechender Bedeutung ist[11]. 61

Der dem Angestellten eingeräumte Entscheidungsspielraum lässt sich nicht abstrakt, sondern nur einzelfallbezogen feststellen. Es besteht ein Beurteilungsspielraum. Dass angestellte Steuerberater und Rechtsanwälte nach StBerG und BRAO ihren Beruf unabhängig und eigenverantwortlich ausüben, genügt nicht. Sofern nicht ohnehin die Merkmale des Abs. 3 erfüllt werden, ist nur der angestellte Wirtschaftsprüfer mit einer Prokura im Rahmen von § 45 S. 2 WPO als leitende Angestellte anzusehen[12]. Generell spielen sowohl die Größe und Struktur des Unternehmens, die Form der Einbindung in Entscheidungsprozesse sowie die vom ArbGeb frei bestimmte Unternehmensorganisation eine entscheidende Rolle. Es kommt auch darauf an, wie stark die Unternehmensleitung zentralisiert oder dezentralisiert ist[13]. 62

- **Beispiele:** Chefredakteur einer Zeitschrift; Grubenfahrsteiger im Steinkohlebergbau[14]; Wirtschaftsprüfer (als Prüfungsleiter und/oder Berichtskritiker)[15]; Chefpilot einer Fluggesellschaft[16]; ablehnend: Abteilungsleiter eines Schleifmaschinenherstellers[17]; Abteilungsleiter eines Herstellers von Muldenkippern und Produkten der Marinetechnik[18]; leitender Angestellter im Ruhrbergbau[19]; Chefarzt[20]. Wegen weiterer Bsp. vgl. *Raab*[21].

V. Handhabe von Zweifelsfällen (Abs. 4). Bedeutung der Zweifelsregelung: Mit Abs. 4 werden Hilfskriterien für den Fall zur Verfügung gestellt, dass nach der Anwendung von Abs. 3 S. 2 Nr. 3 noch Fragen in Bezug auf die Kennzeichnung eines ArbN als leitender Angestellter bestehen. Abs. 4 wendet sich in erster Linie an die Wahlvorstände sowie andere innerbetriebl. Rechtsanwender[22]. Ein Rückgriff darauf kommt nur in Betracht, wenn das Vorliegen der Voraussetzungen nach Abs. 3 S. 2 Nr. 3 in Rede steht[23]. Abs. 4 enthält deshalb weder Tatbestandsmerkmale noch Regelbeispiele oder beispielhafte Erläuterungen der unbestimmten Rechtsbegriffe des Abs. 3 S. 2 Nr. 3[24], sondern ein Hilfsargument, das ein „schwankendes Auslegungsergebnis" in eine Richtung bringen kann. Eine gesetzl. Vermutung ist damit 63

---

1 BAG 25.10.1989 – 7 ABR 60/88, BB 1990, 1700; 5.5.2010 – 7 ABR 97/08, NZA 2010, 955. ‖2 BAG 25.3.1976 – 1 AZR 192/75, BB 1976, 743. ‖3 ErfK/*Koch*, § 5 BetrVG Rz. 21. ‖4 BAG 9.12.1975 – 1 AZR 192/75, BB 1976, 743; *Fitting*, § 5 Rz. 408. ‖5 Vgl. BAG 25.3.2009 – 7 ABR 2/08, DB 2009, 1825 (1827); 5.5.2010 – 7 ABR 97/08, NZA 2010, 955. ‖6 Vgl. BT-Drs. 11/2503, 30. ‖7 BAG 5.5.2010 – 7 ABR 97/08, NZA 2010, 955. ‖8 BAG 5.5.2010 – 7 ABR 97/08, NZA 2010, 955. ‖9 Vgl. BAG 25.10.2001 – 2 AZR 358/00, NZA 2002, 584. ‖10 BAG 25.10.2001 – 2 AZR 358/00, NZA 2002, 584. ‖11 Vgl. BAG 29.6.2011 – 7 ABR 15/10, NZA 2012, 408 (410). ‖12 BAG 29.6.2011 – 7 ABR 5/10, NZA-RR 2011, 647; zur Auslegung von § 45 WPO vgl. BAG 29.6.2011 – 7 ABR 15/10, NZA 2012, 408 (409). ‖13 BAG 23.1.1986 – 6 ABR 51/81, NZA 1986, 484; 25.10.2001 – 2 AZR 358/00, NZA 2002, 584. ‖14 BAG 19.11.1974 – 1 ABR 50/73, AP Nr. 3 zu § 5 BetrVG 1972. ‖15 BAG 28.1.1975 – 1 ABR 52/73, BB 1975, 743; 29.6.2011 – 7 ABR 15/10, NZA 2012, 408: angestellte Wirtschaftsprüfer gelten unabhängig von Abs. 3 S. 2 immer als leitende Angestellte, wenn ihnen Prokura erteilt ist. ‖16 BAG 25.10.1989 – 7 ABR 60/88, AP Nr. 42 zu § 5 BetrVG 1972. ‖17 BAG 5.3.1974 – 1 ABR 19/73, AP Nr. 1 zu § 5 BetrVG 1972. ‖18 BAG 4.12.1974 – 1 ABR 48/73, AP Nr. 4 zu § 5 BetrVG 1972. ‖19 BAG 23.1.1986 – 6 ABR 51/81, NZA 1986, 484. ‖20 BAG 5.5.2010 – 7 ABR 97/08, NZA 2010, 955. ‖21 GK-BetrVG/*Raab*, § 5 Rz. 150. ‖22 *Fitting*, § 5 Rz. 415. ‖23 *Fitting*, § 5 Rz. 414; GK-BetrVG/*Raab*, § 5 Rz. 157; DKKW/*Trümner*, § 5 Rz. 282. ‖24 BAG 25.10.2001 – 2 AZR 358/00, NZA 2002, 584; *Fitting*, § 5 Rz. 417 ff.; GK-BetrVG/*Raab*, § 5 Rz. 158; teilw. aA *Martens*, RdA 1989, 73 (83).

indes nicht verbunden[1]. Wenn eine Kennzeichnung als leitender Angestellter nach Abs. 3 S. 2 Nr. 3 erfolgen soll, müssen also die dort genannten Voraussetzungen tatsächlich vorliegen[2]. Bestehen Schwierigkeiten bei der Anwendung von Abs. 3 S. 2 Nr. 3, ist ein Rückgriff auf Abs. 4 erst möglich, wenn die tatbestandsmäßigen Voraussetzungen nicht ermittelt werden können und nach umfassender Auslegung mindestens zwei Auslegungsergebnisse verbleiben, die vertretbar erscheinen[3]. Schließlich lassen die Kriterien in Abs. 4 selbst noch keinen Rückschluss auf die Qualität der tatsächlich wahrgenommenen Aufgaben zu. So kann die Zuordnung zur Gruppe der leitenden Angestellten im Zusammenhang mit einer BR-Wahl auch wegen der Einstellungs- und Entlassungsbefugnis nach Abs. 3 S. 2 Nr. 1 erfolgt sein[4]. Bei den vier Hilfskriterien handelt es sich damit um formale Merkmale, die zwar nicht kumulativ vorliegen müssen[5]. Wenn einzelne Regelungen erfüllt sind, bedeutet dies aber nicht zwangsläufig, dass die statusbegründenden Voraussetzungen des Abs. 3 S. 2 Nr. 3 erfüllt sind. Ob die betriebl. Stellen berechtigterweise Zweifel hatten, können Gerichte durch eigene Bewertung des Sachverhalts entscheiden.

64 **Behandlung bei der letzten Wahl einer ArbN-Vertretung (Nr. 1):** Wenn ein Angestellter bei der letzten Wahl des BR, des SprAu oder von Aufsichtsratsmitgliedern der ArbN oder durch rechtskräftige gerichtl. Entscheidung den leitenden Angestellten zugeordnet worden ist, legt dies nahe, dass die Kriterien in Abs. 3 S. 2 Nr. 3 erfüllt sind. Der ArbN muss aber – wenn auch ein SprAu gewählt wird – von beiden Wahlvorständen übereinstimmend als leitender Angestellter angesehen worden und vom BR nicht in die Wählerliste der letzten BR-Wahl aufgenommen worden sein[6]. Dabei wird man auch die Zuordnung durch einen Vermittler einbeziehen können, selbst wenn dessen Entscheidung einer gerichtl. Überprüfung nach § 18a V nur eingeschränkt zugänglich ist[7]. Schließlich wird auch die Zuordnung in Bezug auf die Wahl der ArbN-Vertreter für den Aufsichtsrat berücksichtigt, obwohl hier sogar eine Selbsteinschätzung des ArbN maßgeblich sein kann (vgl. §§ 10, 11 WO MitbestG). Ein solches Selbsteinschätzungsrecht kennt das BetrVG nicht[8]. Umstritten ist, ob der Bedeutungsgehalt der Regelung sich ausschließlich auf die positive Zuordnung zum Kreis der leitenden Angestellten erstreckt[9]. Haben sich die tatsächlichen Verhältnisse nach der letzten Wahl geändert, hat die Zuordnung eines ArbN keine Bedeutung mehr[10]. Wird die Zuordnung des Wahlvorstands durch das ArbG korrigiert, ist letztere maßgebend. Mit Blick auf den Untersuchungsgrundsatz (§ 83 ArbGG) sowie den Verfahrensgegenstand und die daraus folgende Rechtskraftwirkung ist indes eine Entscheidung im Beschlussverfahren erforderlich[11].

65 **Angehörigkeit zur Leitungsebene (Nr. 2):** Obwohl die Ebene selbst keinen Rückschluss auf die Art einer Tätigkeit und die damit verbundene Entscheidungsbefugnis und Verantwortlichkeit erlaubt, soll im Zweifel von einer Kennzeichnung als leitender Angestellter iSd. Abs. 3 S. 2 Nr. 3 auszugehen sein, wenn sich die Leitungsebene, auf der der ArbN hierarchisch beschäftigt wird, überwiegend aus leitenden Angestellten zusammensetzt. Die Zuordnung einzelner ArbN erfolgt auf Grund des Organisationsplans der Unternehmen[12]. Überwiegend bedeutet mehr als 50 %[13]. Dabei können indes nur solche ArbN berücksichtigt werden, deren Status als leitende Angestellte zwischen den Beteiligten unstreitig ist[14].

66 **Regelmäßiges Jahresarbeitsentgelt (Nr. 3, 4):** Die entsprechende Zweifelsregel besteht nach Abs. 4 Nr. 3 dann, wenn der ArbN ein regelmäßiges Jahresarbeitsentgelt erhält, das für leitende Angestellte im konkreten Unternehmen üblich ist. Dabei sind alle laufenden und einmaligen Vergütungsbestandteile zusammenzurechnen, soweit darauf auch im Folgejahr Anspruch besteht[15]. Dazu gehören auch Tantiemen, Provisionen und der vermögenswerte Vorteil aus Sachbezügen[16]. Üblich bedeutet nicht durchschnittlich. Vielmehr ist das Jahresentgelt leitender Angestellter mit vergleichbarer Tätigkeit heranzuziehen[17]. Sonderfälle auf Grund höheren Alters, Auslandstätigkeit etc. können der Vergleichbarkeit entgegenstehen[18]. Wie bei Nr. 2 ist allerdings auch bei Nr. 3 nur auf solche leitenden Angestellten abzustellen, deren Status feststeht oder unstreitig ist[19]. Kommt es zu einer gerichtl. Auseinandersetzung, ist der ArbGeb verpflichtet, soweit erforderlich über die Vergütung vergleichbarer ArbN Auskunft zu erteilen. Konkrete Namen müssen nicht genannt werden[20].

---

1 Vgl. BAG 25.10.2001 – 2 AZR 358/00, NZA 2002, 584; *Fitting*, § 5 Rz. 420; aA GK-BetrVG/*Raab*, § 5 Rz. 157. ||2 BAG 25.10.2001 – 2 AZR 358/00, NZA 2002, 584. ||3 *Fitting*, § 5 Rz. 423; ErfK/*Koch*, § 5 BetrVG Rz. 23; aA Richardi/*Richardi*, § 5 Rz. 232. ||4 Vgl. BAG 25.2.1997 – 1 ABR 69/96, NZA 1997, 955 (957). ||5 Richardi/*Richardi*, § 5 Rz. 234; *Fitting*, § 5 Rz. 427. ||6 ErfK/*Koch*, § 5 BetrVG Rz. 24. ||7 *Dänzer-Vanotti*, NZA-Beil. 1/1989, 30 (35); abl. *Fitting*, § 5 Rz. 429. ||8 DKKW/*Trümner*, § 5 Rz. 291. ||9 Dafür ErfK/*Koch*, § 5 BetrVG Rz. 24; *Fitting*, § 5 Rz. 430; anders DKKW/*Trümner*, § 5 Rz. 291. ||10 ErfK/*Koch*, § 5 BetrVG Rz. 24; *Fitting*, § 5 Rz. 430; Richardi/*Richardi*, § 5 Rz. 237; aA GK-BetrVG/*Raab*, § 5 Rz. 170. ||11 ErfK/*Koch*, § 5 BetrVG Rz. 24; *Fitting*, § 5 Rz. 430; Richardi/*Richardi*, § 5 Rz. 237; aA GK-BetrVG/*Raab*, § 5 Rz. 169. ||12 *Fitting*, § 5 Rz. 434. ||13 *Fitting*, § 5 Rz. 434; Richardi/*Richardi*, § 5 Rz. 240; *Hromadka*, BB 1990, 57 (63); *Dänzer-Vanotti*, NZA-Beil. 1/1989, 30 (36); abw. *G. Müller*, DB 1989, 824 (830): 60–75 %. ||14 DKKW/*Trümner*, § 5 Rz. 292; GK-BetrVG/*Raab*, § 5 Rz. 176; *Fitting*, § 5 Rz. 434. ||15 Vgl. DKKW/*Trümner*, § 5 Rz. 293; *Engels/Natter*, BB-Beil. 8/1989, 12. ||16 *Stege/Weinspach/Schiefer*, § 5 Rz. 24c; für Einbeziehung einmaliger Sonderzahlungen DKKW/*Trümner*, § 5 Rz. 244; ErfK/*Koch*, § 5 BetrVG Rz. 26. ||17 Vgl. Richardi, AuR 1991, 33 (36). ||18 *Fitting*, § 5 Rz. 437; ErfK/*Koch*, § 5 BetrVG Rz. 26; GK-BetrVG/*Raab*, § 5 Rz. 178. ||19 GK-BetrVG/*Raab*, § 5 Rz. 178; *Fitting*, § 5 Rz. 439; Richardi/*Richardi*, § 5 Rz. 243. ||20 ErfK/*Koch*, § 5 BetrVG Rz. 26; *Fitting*, § 5 Rz. 438.

Falls – was allerdings selten sein dürfte – trotz der vorstehenden Zweifelsregel weiterhin Zweifel bestehen, ist von einer Kennzeichnung als leitender Angestellter nach Abs. 4 Nr. 4 auszugehen, wenn das regelmäßige Jahresarbeitsentgelt des ArbN das Dreifache der monatlichen Bezugsgröße nach § 18 SGB IV überschreitet. Für 2014 sind dies 8295 Euro (alte Bundesländer einschl. Berlin-West) bzw. 7035 Euro (neue Bundesländer einschl. Berlin-Ost) gem. Sozialversicherungs-RechengrößenVO v. 2.12. 2013[1]. 67

VI. Streitigkeiten. Über den ArbN-Status oder den Status als leitender Angestellter wird im Beschlussverfahren vor den ArbG nach §§ 2a, 80 ff. ArbGG entschieden. Beteiligungsbefugt und antragsberechtigt zur Einleitung eines Beschlussverfahrens sind ArbGeb, BR, GBR[2], SprAu[3], die im Betrieb vertretene Gewerkschaft[4] sowie im Zusammenhang mit einer BR- oder SprAuWahl auch die beiden Wahlvorstände. Der betroffene ArbN ist stets Beteiligter. Das Rechtsschutzinteresse für das Beschlussverfahren ist auch dann gegeben, wenn kein konkreter Streitfall wie BR- oder SprAuWahlen vorliegt. Die Frage, ob jemand leitender Angestellter ist, kann auch als Vorfrage etwa in einem Kündigungsschutzprozess eine Rolle spielen. Wenn die Kennzeichnung als leitender Angestellter inzident im Rahmen eines Urteilsverfahrens erfolgt, zB mit Blick auf eine BR-Anhörung nach § 102 vor Kündigung, erwächst diese Feststellung indes nicht in Rechtskraft und entfaltet für die betriebsverfassungsrechtl. Behandlung keine Bindungswirkung. Organmitglieder tragen ihre Rechtsstreitigkeiten grds. vor den Zivilgerichten aus (§ 5 I 3 ArbGG). 68

6 *(weggefallen)*

Zweiter Teil. Betriebsrat, Betriebsversammlung, Gesamt- und Konzernbetriebsrat

Erster Abschnitt. Zusammensetzung und Wahl des Betriebsrats

7 *Wahlberechtigung*

Wahlberechtigt sind alle Arbeitnehmer des Betriebs, die das 18. Lebensjahr vollendet haben. Werden Arbeitnehmer eines anderen Arbeitgebers zur Arbeitsleistung überlassen, so sind diese wahlberechtigt, wenn sie länger als drei Monate im Betrieb eingesetzt werden.

I. Inhalt und Zweck. Die Vorschrift regelt das **aktive Wahlrecht** zum BR, während § 8 die Wählbarkeit, dh. das passive Wahlrecht behandelt. 1

Die Wahlberechtigung umfasst das Recht (nicht: die Pflicht) zur Stimmabgabe und gibt betriebsverfassungsrechtl. Befugnisse im Zusammenhang mit der Wahl wie zB in §§ 14 III u. IV, 14a, 16, 17 III u. IV, 17a (Wahlvorschläge, vereinfachtes Wahlverfahren, Bestellung des Wahlvorstands) etc. Sie ist von Bedeutung für die **Errichtung und Größe des BR** nach §§ 1, 9 (näher Rz. 21) und die größenabhängigen Beteiligungsrechte (§§ 95 II, 99 I 1, 111 I), die Bildung des Wirtschaftsausschusses (§ 106 I) und die Unterrichtung der ArbN in wirtschaftl. Angelegenheiten (§ 110 II). 2

Die Wahlberechtigung zur **JAV**, die in § 61 besonders geregelt ist, schließt das Wahlrecht zum BR nach § 7 nicht aus. 3

II. Voraussetzungen der Wahlberechtigung. Materiell wahlberechtigt sind alle Personen, die als ArbN iSv. § 5 I anzusehen sind (Rz. 5) und dem Betrieb entweder kraft ArbVerh (Rz. 9) oder auf Grund einer Überlassung zur Arbeitsleistung für längere Zeit als drei Monate (Rz. 15) angehören und am Wahltag das 18. LJ vollendet haben (Rz. 20). Die Staatsangehörigkeit spielt keine Rolle. Zur praktischen Durchführung der Wahl ist die Eintragung in die Wählerliste als **formelles** Merkmal erforderlich (§ 2 III WO). 4

1. Arbeitnehmereigenschaft. Nur **ArbN** iSd. BetrVG sollen als „Wahlvolk" den BR wählen. S. 1 verweist insoweit auf § 5 I (s. dort). Nicht wahlberechtigt sind daher die in § 5 II und III genannten Personen, insb. die leitenden Angestellten. 5

ArbN sind **unabhängig davon** wahlberechtigt, ob sie befristet, in (auch nur geringfügiger) Teilzeit, im Außendienst oder mit Telearbeit beschäftigt sind (§ 5 I 1). Auch die in Heimarbeit Beschäftigten „gelten" ausdrücklich nach § 5 I 2 als ArbN und sind wahlberechtigt, wenn sie hauptsächlich für den Betrieb arbeiten. Die zu ihrer **Berufsausbildung Beschäftigten** dürfen nur dann wählen, wenn sie im Rahmen des arbeitstechnischen Zwecks des Betriebs ausgebildet werden (vgl. § 5 Rz. 17); anders ist es, wenn sie 6

---

1 BGBl. I S. 4038. ||2 Vgl. GK-BetrVG/*Raab*, § 5 Rz. 206. ||3 Richardi/*Richardi*, § 5 Rz. 302; DKKW/*Trümner*, § 5 Rz. 300. ||4 BAG 5.3.1974 – 1 ABR 19/73, BB 1974, 553.

in reinen „Ausbildungsbetrieben" tätig und somit selbst Gegenstand des Betriebszwecks sind[1]. Auszubildende, die in einem Betrieb nur **vorübergehend** beschäftigt werden, sind dort nicht wahlberechtigt, wenn ein anderer Betrieb des Unternehmens zentral die wesentlichen Entscheidungen für die Ausbildungsverhältnisse trifft[2]. **Praktikanten** sind als wahlberechtigte ArbN dann zu berücksichtigen, wenn ihnen auf Grund eines privatrechtl. Vertrags berufliche Kenntnisse zur Verwirklichung des Betriebszwecks vermittelt werden, nicht aber, wenn nur ein allg. Einblick in das Arbeitsleben zB im Rahmen eines schulischen Betriebspraktikums erfolgt[3]. Beschäftigte, die auf Grund einer von Sozialhilfeträgern geschaffenen Arbeitsgelegenheit in einem befristeten ArbVerh tätig werden, sind idR nicht dem arbeitstechnischen Zweck des Betriebs unterworfen, sondern selbst Gegenstand des Betriebszwecks und können damit anders als etwa ihre sozialpädagogischen Betreuer und die sonstigen ArbN nicht als wahlberechtigt angesehen werden[4]. Dasselbe gilt für die „Leistungen zur Eingliederung in Arbeit" (§ 16d VII 2 SGB II), weil dadurch für die sog. **Ein-Euro-Jobber** ein ArbVerh explizit nicht begründet werden soll; vielmehr begründet § 16d VII 2 SGB II ein öffentl.-rechtl. Sozialrechtsverhältnis, das kein Wahlrecht zum BR ermöglicht[5].

7 **Beamte** gelten dann als wahlberechtigte ArbN, wenn sie „in Betrieben privatrechtl. organisierter Unternehmen tätig sind", so § 5 I 3. Der Gesetzgeber wollte damit durch G v. 29.7.2009[6] auch für Soldaten sowie ArbN des öffentl. Dienstes das aktive (und passive[7]) Wahlrecht und die Vertretung durch den BR im konkreten Beschäftigungsbetrieb sicher stellen, sofern ihnen im Rahmen einer Privatisierung Tätigkeiten in einem privaten Unternehmen zugewiesen werden (öff.-rechtl. Gestellung, vgl. aber Rz. 18)[8]. Das BAG spricht hier von „**Betriebsangehörigkeit**" (vgl. Rz. 8) und meint damit die Eingliederung kraft weisungsgebundener Tätigkeit[9], die auch für alle Schwellenwerte (zB § 38 I 1) maßgeblich ist. Die spezielleren, anlässlich der Privatisierung der Deutschen Bundespost und der Gründung der Deutschen Bahn AG eigens für Beamte erlassenen Regelungen (vgl. § 24 II 1 PostPersRG, § 19 I 1 DBGrG)[10] gehen der allg. Regelung vor. Dort wird eine Vertretung nur im „Unternehmen" (zB Tochter-GmbH der Deutsche-Post-AG), nicht aber im konkreten Betrieb ermöglicht[11]. Als Spezialregeln bleiben sie unberührt, sollten aber nunmehr entbehrlich sein. Man wird das Wahlrecht und die Wählbarkeit nach neuer Gesetzeslage den abgeordneten Beamten schon dann auch im Einsatzbetrieb gewähren müssen, soweit ein mindestens dreimonatiger Einsatz vorliegt (S. 2 analog)[12]. Die materiellen Beteiligungsrechte des BR im Einsatzbetrieb können ihnen aber nur zugute kommen, soweit nicht ihr Beamtenstatus dem zB im Bereich der Entgeltbedingungen oder bei Sozialplänen entgegen steht[13]. Ihre Interessenvertretung durch den PersR bleibt erhalten.

8 **2. Betriebszugehörigkeit.** Zur ArbN-Eigenschaft muss die Betriebszugehörigkeit **als zweite Voraussetzung** der Wahlberechtigung kumulativ hinzutreten. Die neue Fassung von S. 1 stellt das klar („ArbN des Betriebs")[14]. Unverändert setzt sich die Betriebszugehörigkeit aus einer **rechtlichen** Dimension – die arbeitsvertragl. Beziehung zum Betriebsinhaber – und einer **faktischen** Dimension – die „Eingliederung des ArbN in die Betriebsorganisation" – zusammen[15]. An dieser „Kumulationstheorie" oder „Zwei-Komponenten-Lehre" hat das BetrVG-ReformG grds. nichts geändert[16]. S. 2 ist als **Ausnahmeregel** eng auszulegen. Die LeihArbN bleiben „ArbN eines anderen ArbGeb", erwerben aber durch S. 2 ein zusätzliches aktives Wahlrecht im Entleiherbetrieb (vgl. § 14 II 1 AÜG sowie Rz. 15), nicht dagegen eine zusätzliche Betriebszugehörigkeit[17]. Doch meint das BAG jetzt, **betriebsangehörige** (Rz. 7) ArbN sowie die LeihArbN gleichermaßen auch für die Größe des BR nach den Schwellenwerten zB der §§ 9, 38

---

1 BAG 21.7.1993 – 7 ABR 35/92, NZA 1994, 713; 20.3.1996 – 7 ABR 34/95, NZA 1997, 107: Majorisierung der Ausbilder durch die Auszubildenden soll vermieden werden; 13.6.2007 – 7 ABR 44/06, NZA-RR 2008, 19; BAG 16.11.2011 – 7 ABR 48/10, wonach dies auch für diejenigen Auszubildenden gilt, die vorübergehend in einer selbstständigen organisatorischen Einheit im Betrieb berufspraktisch eingesetzt werden, damit aber keine vom Zweck des Ausbildungsbetriebs unabhängigen Ziele verfolgen, sondern lediglich Hilfsfunktionen wahrnehmen. ||2 BAG 13.3.1991 – 7 ABR 89/89, NZA 1992, 223; LAG Köln 1.4.2010 – 13 TaBV 79/09. ||3 BAG 15.3.2006 – 7 ABR 39/05, nv., Rz. 22ff.; LAG Schl.-Holst. 25.3.2003 – 2 TaBV 39/02, NZA-RR 2004, 251; ferner *Maties*, RdA 2007, 135 (138ff.). ||4 BAG 5.4.2000 – 7 ABR 20/99, NZA 2001, 629; LAG Düss. 27.1.2000 – 11 TaBV 73/99, BB 2000, 1677 (zu § 19 BSHG, der bis zum 31.12.2004 galt). ||5 So auch BAG 8.11.2006 – 5 AZB 36/06, NZA 2007, 53; 26.9.2007 – 5 AZR 857/06, NZA 2007, 1422; LAG Hess. 23.5.2006 – 9 TaBVGa 81/06; aA *Schulze*, NZA 2005, 1332 (1336), der auf das MitbestR des BR aus § 99 verweist (dieses wird bejaht von BAG 2.10.2007 – 1 ABR 60/06, NZA 2008, 244). ||6 BGBl. I S. 2424; dazu krit. *Thüsing*, BB 2009, 2036; *Heise/Fedder*, NZA 2009, 1069. ||7 AA *Löwisch*, BB 2009, 2316 (2317) wegen § 14 II 1 AÜG: keine Wählbarkeit. ||8 BAG 15.8.2012 – 7 ABR 34/11, NZA 2013, 107 für Beschäftigte des öffentl. Dienstes. ||9 BAG 5.12.2012 – 7 ABR 17/11, NZA 2013, 690 (692f. – Rz. 23). ||10 Dazu BAG 16.1.2008 – 7 ABR 66/06, ZTR 2008, 458; 28.3.2001 – 7 ABR 21/00, NZA 2002, 1294. ||11 Deutlich BAG 16.1.2008 – 7 ABR 66/06, ZTR 2008, 458 (Rz. 24); hiergegen richtet sich ausweislich der Gesetzesbegr. der neue § 5 I 3. ||12 So auch *Löwisch*, BB 2009, 2316 (2317); GK-BetrVG/*Raab*, § 7 Rz. 49; die Wählbarkeit bejaht LAG Schl.-Holst. 23.3.2011 – 3 TaBV 31/10, öAT 2011, 216. ||13 So bereits zur alten Rechtslage DKKW/*Schneider*, § 7 Rz. 9; *Fitting*, § 5 Rz. 280ff.; § 7 Rz. 10f. ||14 BT-Drs. 14/5741, 36; vgl. *Kreutz*, FS Wißmann, 2005, S. 364 (369). ||15 BAG 16.4.2003 – 7 ABR 53/02, BAGE 106, 64; 22.3.2000 – 7 ABR 34/98, NZA 2000, 1119; 29.1.1992 – 7 ABR 27/91, NZA 1992, 894. ||16 So auch BAG 22.10.2003 – 7 ABR 3/03, NZA 2004, 1052. ||17 So auch BAG 17.2.2010 – 7 ABR 51/08, NZA 2010, 832; zust. *Kreutz*, FS Wißmann, 2005, S. 364 (373); *Kreutz*, SAE 2004, 168 (170); *Kraft*, FS Konzen, 2006, S. 439 (443); aA DKKW/*Schneider*, § 7 Rz. 7; *Fitting*, § 7 Rz. 37; Richardi/*Thüsing*, § 7 Rz. 5.

berücksichtigen zu müssen[1]. Insoweit sei die „Zwei-Komponenten-Lehre" nicht maßgeblich (näher Rz. 21).

a) „Arbeitnehmer des Betriebs" (S. 1). Betriebszugehörig ist der ArbN dann, wenn er in einem Arb-Verh gerade zum **Betriebsinhaber** als ArbGeb steht und mit seiner Arbeitsaufgabe zur Erfüllung des Betriebszwecks beiträgt[2]. Auf die Wirksamkeit des Arbeitsvertrags kommt es nicht an, wenn nur tatsächlich und einvernehmlich die Arbeit im Betrieb aufgenommen wurde (sog. „fehlerhaftes Arbeitsverhältnis"). Maßgeblich ist letztlich die Betriebszugehörigkeit **kraft Weisungsrechts** durch den Betriebsinhaber[3]. Fehlt es überhaupt an einer Vertragsbeziehung wie bei Beamten, die nach Umwandlung ihrer Dienststelle in eine Versicherungs-AG ihren Beamtenstatus zum Land behalten, kann es schon deshalb mangels eines ArbVerh zum Betriebsinhaber keine Betriebszugehörigkeit kraft Weisungsrechts geben[4]. Soweit aber Beamte, Soldaten und ArbN des öffentl. Dienstes iSv. § 5 I 3 im Betrieb tätig sind, „gelten" sie dort als Arbeitnehmer und zählen auch für die Schwellenwerte (Rz. 7)[5].

Der ArbN muss spätestens am **Wahltag** dem Betrieb angehören (bei mehreren Wahltagen spätestens am letzten Tag)[6]. Auf die Dauer der Betriebszugehörigkeit kommt es also anders als bei der Wählbarkeit (§ 8) nicht an; auch der erst kurz vor der Wahl eingetretene ArbN ist wahlberechtigt (vgl. § 4 III 2 WO). Schon wegen § 4 TzBfG müssen auch nur vorübergehend Eingestellte ebenso wie geringfügig Beschäftigte bei der BR-Wahl mit Dauer- und Vollzeitkräften gleich behandelt werden[7]. Sind sie in **mehreren Betrieben** desselben ArbGeb in Teilzeit beschäftigt, so sind sie in jedem dieser Betriebe wahlberechtigt, wenn jeweils ein eigener Arbeitsbereich kraft Weisungsabhängigkeit zu den verschiedenen Betriebsinhabern besteht[8]. Hilft die Teilzeitkraft dagegen im anderen Betrieb nur aus, ohne deshalb dort einen neuen Arbeitsbereich (neue Weisungsbeziehung zum dortigen Betriebsinhaber) auszufüllen, bleibt es bei der einzigen Betriebszugehörigkeit. Arbeitet die Teilzeitkraft in **Betrieben verschiedener ArbGeb**, werden idR auch mehrere Arbeitsbereiche (Weisungsbeziehungen) und damit mehrere Wahlrechte vorliegen[9]. Das gilt auch, wenn es sich um ein Konzern-ArbVerh handelt, weil der Konzern als solcher nicht ArbGeb ist, sondern nur eines der Konzern-Unternehmen. Wird ein zum Zeitpunkt der Wahl in einen anderen Betrieb des Unternehmens **versetzter Arbeitnehmer** schon vorläufig dort eingesetzt, liegt keine Betriebszugehörigkeit zum abgebenden Betrieb mehr vor. Dies gilt auch dann, wenn Klage gegen die Versetzung erhoben wurde[10].

Außendienstler gehören schon nach § 5 I 1 zur Belegschaft, soweit sie zur Erfüllung des Betriebszwecks beitragen. Für die Betriebszugehörigkeit kommt es weniger auf eine räumliche als auf eine **funktionale** Betrachtung an[11]. So hat das BAG betont, dass **Zeitungszusteller** trotz ihrer Tätigkeit außerhalb der Betriebsräume als letztes Glied der Zeitungsproduktion fungierten und damit im Hauptbetrieb wahlberechtigt seien[12]. Ist der VertragsArbGeb Inhaber **mehrerer Betriebe**, kommt es für die betriebsverfassungsrechtl. Zuordnung entscheidend auf die tatsächliche **organisatorische Einbindung** an[13]. Die Außendienstmitarbeiter gehören daher zu dem **Betrieb**, von dem die Entscheidungen über ihren Einsatz ausgehen und in dem somit **Leitungsmacht** ausgeübt wird[14]. Ein ins **Ausland entsandter** Mitarbeiter bleibt nur dann zum BR des entsendenden Betriebs wahlberechtigt, wenn er trotz des Auslandsaufenthalts als von der Heimat gleichsam „gesteuert" betrachtet werden kann (zB regelmäßige Zuteilung von Reisegruppen an im Ausland lebende Reiseleiterin)[15]. Wenn auch bei großzügiger Betrachtung eine Weisungsbeziehung zum InlandsArbGeb nicht erkennbar ist, scheidet eine Betriebszugehörigkeit jedoch aus. Ein ständig zur Auslandsvertretung eines Unternehmens entsandter ArbN ist selbst dann nicht wahlberechtigt, wenn für sein ArbVerh weiterhin deutsches Arbeitsrecht maßgebend ist[16].

Auf die tatsächliche Arbeitsleistung im Betrieb kommt es nicht an, so dass es auf das Wahlrecht keinen Einfluss hat, ob der ArbN sich in **Urlaub** befindet oder wegen **Krankheit** arbeitsunfähig ist oder auf „Kurzarbeit null" gesetzt ist[17]; denn die Betriebszugehörigkeit wird dadurch nicht unterbrochen.

Auch ein **ruhendes ArbVerh** führt idR nicht zum Verlust der Betriebszugehörigkeit selbst bei längerer Befreiung von der Arbeitspflicht wie bei der **Elternzeit** (§ 15 BEEG)[18]. Die Regel des § 13 I 2 BPersVG,

---

[1] BAG 13.3.2013 – 7 ABR 69/11, NZA 2013, 789 (Rz. 21ff.). ||[2] GK-BetrVG/*Raab*, § 7 Rz. 20; aA *Natzel*, Betriebszugehörigkeit, 2000, S. 162f. ||[3] *Reichold*, NZA 1999, 568; vgl. auch MünchArbR/*Joost*, § 216 Rz. 43. ||[4] BAG 25.2.1998 – 7 ABR 11/97, NZA 1998, 838. ||[5] BAG 5.12.2012 – 7 ABR 17/11, NZA 2013, 690; GK-BetrVG/*Raab*, § 7 Rz. 49; *Heise/Fedder*, NZA 2009, 1069; aA *Löwisch/Kaiser*, § 7 Rz. 12. ||[6] Zutr. Richardi/*Thüsing*, § 7 Rz. 20 (Tag der Stimmabgabe) zB MünchArbR/*Joost*, § 216 Rz. 56. ||[7] *Fitting*, § 7 Rz. 24; Richardi/*Thüsing*, § 7 Rz. 32; vgl. auch BAG 29.1.1992 – 7 ABR 27/91, NZA 1992, 894. ||[8] Richardi/*Thüsing*, § 7 Rz. 28; ähnlich *Natzel*, Betriebszugehörigkeit, 2000, S. 164; anders aber LAG Thür. 20.10.2011 – 6 TaBV 8/10, wonach es für die Eingliederung nicht darauf ankommt, in welchem Betrieb das Weisungsrecht ausgeübt wird. ||[9] *Fitting*, § 7 Rz. 25, 81; Richardi/*Thüsing*, § 7 Rz. 26. ||[10] LAG Köln 10.2.2010 – 8 TaBV 65/09. ||[11] ErfK/*Koch*, § 7 BetrVG Rz. 4. ||[12] BAG 29.1.1992 – 7 ABR 27/91, NZA 1992, 894. ||[13] BAG 22.3.2000 – 7 ABR 34/98, NZA 2000, 1119. ||[14] BAG 10.3.2004 – 7 ABR 36/03, AiB 2005, 76. ||[15] BAG 7.12.1989 – 2 AZR 228/89, NZA 1990, 658. ||[16] *Lindemann/Simon*, NZA 2002, 371; Richardi/*Richardi*, Einl. Rz. 76; zweifelhaft Richardi/*Richardi*, Einl. Rz. 78, insoweit vertreten wird, jeder ArbN müsse auch im Ausland notwendigerweise einem Betrieb angehören; hiergegen zutr. MünchArbR/*Joost*, § 216 Rz. 48. ||[17] *Fitting*, § 7 Rz. 29; MünchArbR/*Joost*, § 216 Rz. 57. ||[18] HM, vgl. BAG 29.3.1974 – 1 ABR 27/73, BAGE 26, 107; *Fitting*, § 7 Rz. 30; MünchArbR/*Joost*, § 216 Rz. 58; Richardi/*Thüsing*, § 7 Rz. 44; GK-BetrVG/*Raab*, § 7 Rz. 23.

wonach Beschäftigte, die am Wahltag seit mehr als sechs Monaten unter Wegfall der Bezüge beurlaubt sind, nicht wahlberechtigt sind, kann nicht auf das BetrVG übertragen werden. Leitend muss der Gedanke sein, dass der BR auch während der Ruhensphase auf die rechtliche und tatsächliche Stellung des ArbN einzuwirken vermag, soweit dieser nach der Ruhenszeit einen Rückkehranspruch hat und schon deshalb die personelle Kompetenz des BR gefragt ist (§§ 92 ff.). Für die **Altersteilzeit** bedeutet das, dass die Wahlberechtigung nur solange besteht, als nicht völlige Freistellung im Blockmodell erreicht ist; denn damit ist der vorzeitige Ruhestand erreicht und eine Rückkehrmöglichkeit auf den Arbeitsplatz nicht mehr vorgesehen[1] – die Betriebszugehörigkeit ist also beendet, nicht dagegen das ArbVerh (Fortdauern der Entgeltzahlung).

14 Bei einem **gekündigten Arbeitsverhältnis** bleibt die Betriebszugehörigkeit bis zum Ablauf der Kündigungsfrist erhalten. Nach Ablauf der Kündigungsfrist oder bei einer fristlosen Kündigung erlischt dagegen mit der Betriebszugehörigkeit auch die Wahlberechtigung, selbst wenn eine Kündigungsschutzklage wirksam erhoben worden ist[2]. Etwas anderes gilt bei einer Weiterbeschäftigung nach § 102 V oder kraft Richterrechts, da in diesem Fall die wirksame Auflösung des ArbVerh bis zum rechtskräftigen Abschluss des Kündigungsprozesses offen bleibt, jedoch nur dann, wenn noch eine tatsächliche Betriebszugehörigkeit kraft (erzwungener) Weiterbeschäftigung bejaht werden kann[3].

15 b) „**Arbeitnehmer eines anderen Arbeitgebers**" (S. 2). Werden ArbN eines anderen ArbGeb zur Arbeitsleistung überlassen, sollen diese *zusätzlich* zu ihrem originären Wahlrecht im Verleiherbetrieb (§ 14 I AÜG) auch im **Entleiherbetrieb** (nur) das aktive Wahlrecht (§ 14 II 1 AÜG) und damit eine besondere „Betriebsbeziehung" erhalten (Rz. 8), wenn sie länger als **drei Monate** im Entleiherbetrieb eingesetzt werden (Rz. 19). Die amtl. Begründung hält für maßgeblich, dass die ArbN „in den Einsatzbetrieb derart eingegliedert sind, dass sie dem Weisungsrecht des Betriebsinhabers unterliegen"[4]. Hauptanwendungsfall ist damit die gewerbsmäßige („unechte") **Arbeitnehmerüberlassung** nach dem AÜG[5].

16 Konstitutiv für die Wahlberechtigung in S. 2 ist die „Betriebsbeziehung" **kraft Weisungsrechts** zum Entleiher (nicht: ArbGeb), das aber wegen § 14 I AÜG keine zweite Betriebszugehörigkeit begründet (vgl. Rz. 8). Es handelt sich um eine rechtlich relevante Abspaltung des Weisungsrechts kraft § 328 BGB vom Verleiher an den Entleiher bei gespaltener ArbGebStellung[6]; dieses genuin arbeitsvertragl. Weisungsrecht muss ihm allein zustehen. Damit wird eine rechtl. Eingliederung iSv. § 7 begründet, die sich elementar unterscheidet von einer rein faktischen Eingliederung wie bei Mitarbeitern von Fremdfirmen (sog. **Fremdfirmenarbeitnehmer**) oder freien Mitarbeitern, die dienst- oder werkvertragl. Pflichten im für sie fremden Betrieb erledigen[7]. Das werk- oder dienstvertragl. Weisungsrecht eines Dritten muss vom arbeitsvertragl. Weisungsrecht des Entleihers also streng unterschieden werden und begründet keine Wahlberechtigung iSv. § 7[8]. Ausnahmen können allerdings bei „**Schein**"-**Werkverträgen** greifen (soweit nicht wegen der dann illegalen AÜ ohnehin ein ArbVerh nach § 10 I AÜG zwischen Entleiher und LeihArbN fingiert wird)[9]. Maßgeblich ist stets die tatsächliche Handhabung des Vertragsverhältnisses und damit die Frage, bei wem nach den Umständen des Einzelfalls das tatsächliche arbeitsvertragl. Weisungsrecht liegt – beim Betriebsinhaber oder beim Vertragspartner[10].

17 Von S. 2 erfasst werden auch **nicht gewerbsmäßig** überlassene LeihArbN („echte" Leiharbeit), weil der Gesetzgeber nicht zwischen den verschiedenen Formen der Leiharbeit differenziert hat[11]. So gilt umgekehrt auch § 14 I AÜG entsprechend für zB die von einer Personalführungsgesellschaft (PfG) an andere Konzernunternehmen ausgeliehenen ArbN, was ohne Gewinnerzielungsabsicht geschieht: Sie bleiben in dieser PfG wählbar und wahlberechtigt[12]. Dann tritt ebenfalls eine Spaltung zwischen dem Grundverhältnis zur PfG und dem – betriebsverfassungsrechtl. maßgeblichen – Beschäftigungsverhältnis zum Einsatzunternehmen ein. Auf die **Dauer der Abordnung** kommt es nicht an, sondern allein auf die Übertragung des Weisungsrechts, so dass auch kurzfristigere Arbeitsgemeinschaften im Baugewerbe (sog. **ARGE**) ein gespaltenes ArbVerh und damit ein Wahlrecht nach S. 2 vermitteln können[13].

18 „Überlassen" iSv. S. 2 können auch auf Grund **Gestellungsvertrags** im Gastbetrieb tätige ArbN sein[14]. Öff.-rechtl. Beschäftigte iSv. § 5 I 3 gelten aber im Einsatzbetrieb als ArbN iSv. S. 1 (Rz. 7). Beim Gestel-

---

1 Ebenso BAG 16.4.2003 – 7 ABR 53/02, BAGE 106, 64; *Kreutz*, SAE 2004, 168; GK-BetrVG/*Raab*, § 7 Rz. 25; *Fitting*, § 7 Rz. 32.   ‖2 LAG Berlin 2.5.1994 – 9 TaBV 1/94, BB 1994, 1857; *Fitting*, § 7 Rz. 34; GK-BetrVG/*Raab*, § 7 Rz. 29; *Lindemann/Simon*, NZA 2002, 368; *Richardi/Thüsing*, § 7 Rz. 38; aA DKKW/*Schneider*, § 7 Rz. 13.   ‖3 Vgl. näher GK-BetrVG/*Raab*, § 7 Rz. 30 f.; MünchArbR/*Joost*, § 216 Rz. 62 f.   ‖4 BT-Drs. 14/5741, 36.   ‖5 BAG 13.3.2013 – 7 ABR 69/11, NZA 2013, 789; 17.2.2010 – 7 ABR 51/08, NZA 2010, 832.   ‖6 Rechtsdogmatisch handelt es sich um einen „Arbeitsvertrag zu Gunsten Dritter" (§ 328 BGB), vgl. dazu *Walker*, AcP 194 (1994), 295 (308 ff.).   ‖7 So auch BAG 21.7.2004 – 7 ABR 38/03, NZA 2005, 240: keine Betriebszugehörigkeit von auf Grund Dienst- oder Werkverträgen tätigen Fremdfahrern.   ‖8 BAG 15.3.2006 – 7 ABR 39/05, nv., Rz. 19; zur Abgrenzung vgl. *Brors*, NZA 2002, 126.   ‖9 LAG Hamburg 16.11.2007 – 6 TaBV 18/06; *Fitting*, § 7 Rz. 55; *Maschmann*, DB 2001, 2446.   ‖10 Näher *Karthaus/Klebe*, NZA 2012, 417 (419 ff.); *Wendeling-Schröder*, AuR 2011, 424 (426).   ‖11 So auch BAG 10.3.2004 – 7 ABR 49/03, NZA 2004, 1340; 17.2.2010 – 7 ABR 51/08, NZA 2010, 832; ferner *Brors*, NZA 2002, 125; *Dewender*, RdA 2003, 274 (275); *Fitting*, § 7 Rz. 41; *Richardi/Thüsing*, § 7 Rz. 11.   ‖12 BAG 20.4.2005 – 7 ABR 20/04, NZA 2005, 1006.   ‖13 *Fitting*, § 7 Rz. 49 (Abordnung zur ARGE).   ‖14 LAG Schl.-Holst. 24.5.2007 – 1 TaBV 64/06; *Fitting*, § 7 Rz. 50; *Richardi/Thüsing*, § 7 Rz. 12.

lungsvertrag im eigentlichen Sinn verpflichtet sich der Gestellungsträger, dem Betriebsinhaber für den Betriebszweck notwendiges Personal, zB Lehr- oder Pflegekräfte, zur Verfügung zu stellen, ohne dass mit dem Betriebsinhaber ein Arbeitsvertrag geschlossen wird. Vom LeihArbVerh unterscheidet sich dieser Fall dadurch, dass der „Verleiher" zum Dienstleistenden nicht in einem ArbVerh, sondern in einem **Mitgliedschaftsverhältnis** steht[1]. Dennoch können abgestellte ArbN nach S. 2 „überlassen" sein, wenn sie sich dem Weisungsrecht des Betriebsinhabers so wie entliehene Arbeitskräfte unterwerfen müssen. Ausnahmen sind nur für Personen anzuerkennen, deren Beschäftigung nach § 5 II Nr. 3 nicht in erster Linie ihrem Erwerb dient, sondern vorwiegend durch Beweggründe **karitativer oder religiöser Art** bestimmt ist, wie zB bei Ordensschwestern, nicht aber zB bei weltlichen Krankenschwestern wie im Deutschen Roten Kreuz[2].

Das Wahlrecht nach S. 2 setzt eine Einsatzzeit von **mehr als drei Monaten** voraus. Es soll dem überlassenen ArbN laut Gesetzesbegr. mit dem ersten Arbeitstag im Einsatzbetrieb zustehen[3]. Er muss also bis zum Wahltag (Tag der Stimmabgabe) nicht bereits drei Monate im Betrieb zugebracht haben („eingesetzt *werden*", nicht: „wurden"). Vielmehr geht es um die Dauer seines **geplanten Einsatzes**, die sich grds. nach dem Vertrag zwischen Verleiher und Entleiher bestimmt[4]. Ist die Einsatzzeit nicht klar genug festgelegt, so muss eine (vertretbare) Prognoseentscheidung vom Wahlvorstand getroffen werden, die auf einen im Wesentlichen **ununterbrochenen** Einsatz für mehr als drei Monate hinweist. Wird ein für nur zwei Monate geplanter Einsatz aber verlängert und findet die Wahl zB nach vier Monaten statt, so entscheidet die faktische Betriebszugehörigkeit – das Wahlrecht ist also zu bejahen[5]. 19

3. **Wahlalter.** Der ArbN muss spätestens am Wahltag 18 Jahre alt sein, dh. am letzten Tag der Stimmabgabe (Rz. 10) seinen Geburtstag haben (§ 187 II 2 BGB)[6]. Noch nicht Volljährige können an der Wahl zur JAV teilnehmen (§§ 60ff.). Zur Berufsausbildung Beschäftigte zwischen 18 und 25 sind sowohl zum BR als auch zur JAV wahlberechtigt (Rz. 3). 20

III. Bedeutung der Wahlberechtigung. Die Bindung der Wahlberechtigung an die Betriebszugehörigkeit bzw. -angehörigkeit (§ 14 I AÜG, Rz. 7f.) hat ua. für die **Größenzahlen** etwa in §§ 1, 9, 38 etc. (vgl. Rz. 2) große Bedeutung. Fraglich ist, ob die Wahlberechtigung auch der überlassenen ArbN (Rz. 15) für die Betriebsgröße in anderen Normen maßgeblich sein muss – oder ob sie „wählen, ohne zu zählen"[7]. Gegen die Einbeziehung der LeihArbN wird argumentiert, dass der Gesetzgeber die „ArbN *des Betriebs*" (S. 1) von den überlassenen ArbN eines „anderen ArbGeb" (S. 2) bewusst getrennt habe; die Betriebsgrößen seien demnach ohne LeihArbN zu berechnen[8]. Dem hatte sich das BAG zunächst angeschlossen[9]. Andere halten dem aber Sinn und Zweck der Erweiterung der „Betriebszugehörigkeit" entgegen. Wenn der Gesetzgeber die Randbelegschaft durch Zuerkennung der Wahlberechtigung an die Stammbelegschaft heranführen will[10], möchte er mit der Erweiterung der (ausschlaggebenden) **Betriebszugehörigkeit** (Rz. 15f.) auch die betriebsverfassungsrechtl. relevanten Größenzahlen erhöhen[11]. Dem stehen zwar Einwände entgegen, die auf den Zusammenhang von S. 2 und § 14 AÜG abstellen und daraus die Ablehnung einer „zweiten" Betriebszugehörigkeit für LeihArbN folgern[12]. Doch hat das BAG sich jetzt nach Sinn und Zweck der Schwellenwerte und der auch LeihArbN betreffenden Mitbestimmungsrechte des BR von seiner bisherigen Rspr. distanziert und sich zu der zweiten Meinung bekannt[13]. 21

Zum BR wahlberechtigte ArbN besitzen auch das aktive Wahlrecht zur Wahl der ArbN-Vertreter in den **Aufsichtsrat** nach § 5 II DrittelbG sowie für die Wahl der Wahlmänner nach § 8 II Montan-MitbestErgG. Die Betriebszugehörigkeit nach § 7 ist auch für die Wahlberechtigung zur Wahl der Aufsichtsratsmitglieder der ArbN in die mitbestimmten Unternehmen nach dem MitbestG maßgeblich (vgl. §§ 10 II, 18 MitbestG). 22

IV. Streitigkeiten. Die Entscheidung über die Wahlberechtigung obliegt zunächst dem **Wahlvorstand** (§ 16; ferner §§ 2, 4 II WO). Lässt er Nichtberechtigte zu oder verweigert er eigentlich Wahlberechtigten die Teilnahme, so liegt bei möglicher Kausalität für das Wahlergebnis ein Anfechtungsgrund nach § 19 I vor[14]. In Grenzfällen kommt dem Wahlvorstand ein nach pflichtgemäßem Ermessen auszufüllender **Beurteilungsspielraum** zu, zB bei der Wahlberechtigung von „Aushilfen"[15]. Werden LeihArbN bei der Festlegung der BR-Größe **nicht** berücksichtigt (Rz. 21), so liegt nach neuer Ansicht des BAG[16] ein erhebli- 23

---

1 MünchArbR/*Richardi*, § 24 Rz. 123. ‖ 2 AA wohl BAG 22.4.1997 – 1 ABR 74/96, NZA 1997, 1297 – Einstellung; wie hier *Fitting*, § 7 Rz. 50; Richardi/*Thüsing*, § 7 Rz. 12. ‖ 3 BT-Drs. 14/5741, 36. ‖ 4 *Maschmann*, DB 2001, 2447; Richardi/*Thüsing*, § 7 Rz. 10. ‖ 5 So auch *Fitting*, § 7 Rz. 63; Richardi/*Thüsing*, § 7 Rz. 10; aA *Maschmann*, DB 2001, 2447. ‖ 6 Vgl. nur *Fitting*, § 7 Rz. 85. ‖ 7 *Hanau*, RdA 2001, 65 (68). ‖ 8 So zB *Hanau*, NJW 2001, 2513 (2515); GK-BetrVG/*Raab*, § 7 Rz. 75f.; *Lindemann/Simon*, NZA 2002, 367f.; *Löwisch*, BB 2001, 1734 (1737); *Maschmann*, DB 2001, 2448. ‖ 9 BAG 16.4.2003 – 7 ABR 53/02, BAGE 106, 64; zust. *Kreutz*, SAE 2004, 168; krit. dagegen *Brors*, NZA 2003, 1380; *Schüren*, RdA 2004, 184; *Blanke*, DB 2008, 1153 (1159); MünchArbR/*Joost*, § 216 Rz. 89. ‖ 10 BT-Drs. 14/5741, 28. ‖ 11 So *Däubler*, AuR 2001, 285 (286); DKKW/*Schneider*, § 7 Rz. 7f.; *Fitting*, § 7 Rz. 95; *Reichold*, NZA 2001, 861; *Wlotzke*, FS 50 Jahre BAG, 2004, S. 1157; *Blanke*, DB 2008, 1153 (1157f.). ‖ 12 Umfassend *Kreutz*, FS Wißmann, 2005, S. 365 (368ff.); vgl. auch *Brose*, NZA 2005, 797. ‖ 13 BAG 13.3.2013 – 7 ABR 69/11, NZA 2013, 789; 5.12.2012 – 7 ABR 48/11, NZA 2013, 793. ‖ 14 BAG 16.1.2008 – 7 ABR 66/06, ZTR 2008, 458; 14.5.1997 – 7 ABR 26/96, NZA 1997, 1245. ‖ 15 LAG Hess. 10.2.2000 – 12 TaBV 148/98, BB 2001, 1095. ‖ 16 BAG 13.3.2013 – 7 ABR 69/11, NZA 2013, 789; anders noch BAG 22.10.2003 – 7 ABR 3/03, BAGE 108, 185; 10.3.2004 – 7 ABR 49/03, NZA 2004, 1340.

cher Verstoß vor, der die Wahlanfechtung rechtfertigt, nicht aber einen Nichtigkeitsgrund darstellt: Eine grobe und offensichtliche Missachtung wesentlicher Wahlvorschriften kann wegen der Strittigkeit dieser Rechtsfrage nicht angenommen werden[1]. Letztlich entscheidet das **ArbG** über die Wahlberechtigung im Beschlussverfahren (§ 2a I Nr. 1 ArbGG). Eine gerichtl. Entscheidung vor der Wahl lässt sich in der Regelfall nur im Wege der **einstweiligen Verfügung** erreichen (§ 85 II ArbGG). Antragsberechtigt sind nicht nur die in ihrem Wahlrecht Betroffenen, sondern auch die nach § 19 II Berechtigten, also auch der ArbGeb. Ein vorgezogenes gerichtl. Korrekturverfahren (vgl. § 18 Rz. 16f.) schafft zwar vollendete Tatsachen (Leistungsverfügung), kann aber durch nachträgliche Wahlanfechtung überprüft werden.

8 Wählbarkeit

(1) Wählbar sind alle Wahlberechtigten, die sechs Monate dem Betrieb angehören oder als in Heimarbeit Beschäftigte in der Hauptsache für den Betrieb gearbeitet haben. Auf diese sechsmonatige Betriebszugehörigkeit werden Zeiten angerechnet, in denen der Arbeitnehmer unmittelbar vorher einem anderen Betrieb desselben Unternehmens oder Konzerns (§ 18 Abs. 1 des Aktiengesetzes) angehört hat. Nicht wählbar ist, wer infolge strafgerichtlicher Verurteilung die Fähigkeit, Rechte aus öffentlichen Wahlen zu erlangen, nicht besitzt.

(2) Besteht der Betrieb weniger als sechs Monate, so sind abweichend von der Vorschrift in Absatz 1 über die sechsmonatige Betriebszugehörigkeit diejenigen Arbeitnehmer wählbar, die bei der Einleitung der Betriebsratswahl im Betrieb beschäftigt sind und die übrigen Voraussetzungen für die Wählbarkeit erfüllen.

1 **I. Inhalt und Zweck.** Mit der „Wählbarkeit" werden die Voraussetzungen für das **passive Wahlrecht** zum BR geregelt. Die Vorschrift bezieht sich mit dem Erfordernis der „Betriebszugehörigkeit" auf § 7 S. 1, verlangt aber zusätzlich eine Zugehörigkeitsdauer von mindestens sechs Monaten. „Überlassene" ArbN können nach § 7 S. 2 zwar aktiv wählen, sind aber, wie § 14 II 1 AÜG ausdrücklich anordnet, im Entleiherbetrieb nicht wählbar (vgl. auch § 2 III 2 WO). Daraus wird deutlich, dass das passive Wahlrecht eine **engere Bindung** an den Betrieb erfordert als das aktive Wahlrecht: BR-Mitglied soll nur werden, wer in einer arbeitsvertragl. Beziehung zum Betriebsinhaber steht und damit zur Stammbelegschaft iSv. § 7 S. 1 zählt (vgl. Rz. 4).

2 Wer zum BR gewählt worden ist, kann nicht auch noch zum Jugend- und Auszubildendenvertreter gewählt werden, § 61 II 2.

3 **II. Voraussetzungen der Wählbarkeit.** Materiell wählbar ist jeder nach § 7 S. 1 Wahlberechtigte (Rz. 4), der nicht durch strafgerichtl. Urteil die Fähigkeit verloren hat, Rechte aus öffentl. Wahlen zu erlangen (Rz. 7) und (spätestens am letzten Wahltag) dem Betrieb sechs Monate angehört (Rz. 8). Das passive Wahlrecht ist entsprechend dem aktiven Wahlrecht ein **subjektives** (höchstpersönliches) **Recht**[2], dem aber nicht eine Pflicht zur Kandidatur entspricht. **Formelle** Voraussetzung für die Wählbarkeit ist neben der Eintragung in die Wählerliste (§ 2 III WO) noch die Aufnahme des passiv Wahlberechtigten in einen **Wahlvorschlag** (§ 14 III bzw. § 14a II, III 2). Dagegen kommt es – anders als noch nach dem BetrVG 1952 – nicht mehr auf die Staatsangehörigkeit an.

4 **1. „Alle Wahlberechtigten"** (Abs. 1). Die Wahlberechtigung bestimmt sich nach § 7 S. 1, so dass nur ArbN (§ 7 Rz. 5), die rechtlich und faktisch dem Betrieb angehören („Betriebsangehörigkeit bzw. -zugehörigkeit", vgl. § 7 Rz. 7f.), wählbar sind. Nach der BetrVG-Novelle 2001 sind entgegen dem Wortlaut nicht mehr „alle" Wahlberechtigten auch wählbar[3]. Die Einfügung des § 7 S. 2 verleiht dem LeihArbN nur das aktive Wahlrecht (Rz. 1); dagegen bleiben sie **allein in ihrem Stammbetrieb** wählbar (§ 14 II 1 AÜG)[4]. Diese Ausnahme gilt nicht nur für die gewerbsmäßige AÜ nach AÜG, sondern auch für die nicht gewerbsmäßige („echte") Leiharbeit (§ 7 Rz. 17)[5]. Eine Gleichbehandlung beider Sachverhalte rechtfertigt sich durch den Fortbestand der „stärkeren" vertraglichen Beziehung zum Verleiher[6] und ist auch nicht durch die Einfügung des § 7 S. 2 obsolet geworden.

5 Grds. kann für das passive Wahlrecht auf die Ausführungen zur **Betriebszugehörigkeit** als Voraussetzung der Wahlberechtigung (§ 7 Rz. 8ff.) verwiesen werden, so auch für den Fall, dass ArbN in mehreren Betrieben zB als Teilzeitkräfte beschäftigt sind (§ 7 Rz. 10): Sie können dann auch in mehreren Betrie-

---

1 Zutr. *Maschmann*, DB 2002, 2449. ‖ 2 So GK-BetrVG/*Kreutz*, § 8 Rz. 12. ‖ 3 Vgl. GK-BetrVG/*Kreutz*, § 8 Rz. 16. ‖ 4 Krit. zum Ausschluss des passiven Wahlrechts von LeihArbN im Entleiherbetrieb Schüren/*Hamann*, § 14 AÜG Rz. 60; *Hamann*, jurisPR-ArbR 25/2010 Anm. 2. ‖ 5 So auch BAG 10.3.2004 – 7 ABR 49/03, NZA 2004, 1340; 20.4.2005 – 7 ABR 20/04, NZA 2005, 1006; 17.2.2010 – 7 ABR 51/08, NZA 2010, 832, wonach kein nach Art. 3 I GG erforderlicher Sachgrund ersichtlich ist, der eine unterschiedliche Behandlung der beiden Personengruppen rechtfertigen würde. ‖ 6 BAG 22.3.2000 – 7 ABR 34/98, NZA 2000, 1119 (zwar zur alten Rechtslage, doch gültig in Bezug auf die Aussagen zum AÜG). Wie hier GK-BetrVG/*Kreutz*, § 8 Rz. 16; Richardi/*Thüsing*, § 8 Rz. 6; aA *Fitting*, § 8 Rz. 27.

ben BR-Mandate ausüben[1]. Die in § 5 I 3 genannten Personengruppen gelten als ArbN und sind damit im Einsatzbetrieb passiv wahlberechtigt (§ 7 Rz. 7)[2]. Wählbarkeit ist auch trotz eines **ruhenden Arbeitsverhältnisses** möglich (§ 7 Rz. 13), es sei denn, dass wie bei der ATZ im Blockmodell eine Rückkehrmöglichkeit auf den früheren Arbeitsplatz nicht mehr vorgesehen ist (vgl. Nachw. bei § 7 Rz. 13)[3]. Wer trotz Elternzeit oder Zivildienst gewählt wird, ist zeitweilig (solange das ArbVerh ruht) an der Ausübung des BR-Amtes gehindert und muss nach § 25 I 2 durch ein Ersatzmitglied vertreten werden. Wählbar ist auch der **Wahlvorstand**, weil das BetrVG eine Inkompatibilität zwischen Wahlvorstand und (späterem) BR-Amt nicht ausdrücklich anordnet[4].

Allerdings möchte das BAG beim Rechtsstreit über die Wirksamkeit einer **Kündigung** für die Wählbarkeit anders entscheiden als für das aktive Wahlrecht (§ 7 Rz. 14): Damit der ArbGeb nicht durch eine Kündigung die Kandidatur eines ihm unliebsamen Bewerbers verhindern kann (§ 15 III KSchG schützt nur Wahlbewerber *nach* Aufstellung des Wahlvorschlags), soll die Wählbarkeit auch **nach Ablauf der Kündigungsfrist** möglich sein, sofern der ArbN eine **Kündigungsschutzklage** erhoben hat[5]. Dem ist zuzustimmen, weil die Frage der Wählbarkeit anders als die Wahlberechtigung im Zeitpunkt der Durchführung der Wahlen keiner abschließenden Klärung bedarf. Obsiegt der ArbN im Prozess, so kann er (ab diesem Zeitpunkt) amtieren. Verliert er, so rückt das ihn vertretende Ersatzmitglied endgültig nach (§ 25 I 1). Dagegen kann die Beteiligung nicht wahlberechtigter ArbN ebenso wenig korrigiert werden wie die Stimmabgabe eines gekündigten ArbN nachgeholt werden kann, wenn rechtskräftig die Unwirksamkeit der Kündigung festgestellt wird[6]. 6

2. Verlust der Wählbarkeit durch Richterspruch (Abs. 1 S. 3). Nicht wählbar ist, wer infolge **strafgerichtlicher Verurteilung** nach § 45 StGB die Fähigkeit verloren hat, Rechte aus öffentl. Wahlen zu erlangen. Tatbestandliche Voraussetzung hierfür ist die Verurteilung wegen eines **Verbrechens** zu Freiheitsstrafe von mindestens einem Jahr (§ 45 I StGB). Der Verlust der Wählbarkeit für die Dauer von fünf Jahren ergibt sich dann als automatische Nebenfolge. § 8 I 3 zeigt, welche Bedeutung der Gesetzgeber dem BR-Amt zumisst, handelt es sich doch hier gerade nicht um „öffentliche" Wahlen. Auch im **Ausland** erfolgte Verurteilungen können zum Verlust des passiven Wahlrechts führen, soweit die dortige Strafe funktionsäquivalent den Verlust der Rechte aus öffentl. Wahlen vorsieht. 7

3. Sechsmonatige Betriebszugehörigkeit (Abs. 1). In den BR gewählt werden kann nur, wer am letzten Wahltag[7] dem Betrieb, in dem die Wahl stattfindet, mindestens **sechs Monate** angehört hat. Die erforderliche Betriebszugehörigkeit soll – anders als beim aktiven Wahlrecht – sicherstellen, dass in den BR nur ArbN gewählt werden können, die den für die Ausübung des BR-Amts erforderlichen Überblick über die betriebl. Verhältnisse haben[8]. Deshalb reicht es nicht aus, wenn nur der Arbeitsvertrag seit sechs Monaten besteht. Vielmehr kommt es auf die Dauer der faktischen **Eingliederung in den Betrieb** an[9] (Fristberechnung nach §§ 187 II 1, 188 II BGB: Die sechsmonatige Frist beginnt am ersten Tag der Betriebszugehörigkeit). Weil die tatsächliche Kenntnis des Betriebs zählen, schadet es auch nicht, wenn der Wahlbewerber nicht volle sechs Monate volljährig war oder Zeiten als leitender Angestellter oder LeihArbN in die Frist mit eingerechnet werden[10]. 8

Abs. 1 S. 2 lässt auch die Anrechnung von Beschäftigungszeiten in einem **anderen Betrieb** desselben Unternehmens oder Konzerns (iSv. § 18 I AktG, dh. Unterordnungskonzern) zu. Es muss ein unmittelbarer zeitlicher Zusammenhang bestehen, so dass jede Unterbrechung schadet. Eine restriktive Auslegung ist bei einer **Ausnahmevorschrift** wie dieser deshalb geboten, weil sie vom Erfordernis der tatsächlichen Kenntnis des Wahlbetriebs absieht, um missbräuchlichen Versetzungen im Vorfeld der Wahlen vorzubeugen. 9

Das Gesetz verlangt **nicht** eine **ununterbrochene Tätigkeit**. Kürzere Unterbrechungen (zB Urlaub, Krankheit, Arbeitskampf) schaden daher nicht. Längere Unterbrechungen, die den Zweck der Betriebszugehörigkeit (Rz. 8) deutlich beeinträchtigen (zB mehr als zweimonatige Krankheit), können dagegen nicht eingerechnet werden; sie hemmen den Ablauf der Frist[11]. Entgegen der hM kommt es dabei nicht auf den *rechtlichen* Bestand des ArbVerh an, weil auch kurzfristige rechtl. Unterbrechungen nichts an der maßgeblichen Übersicht über die betriebl. Verhältnisse ändern müssen. 10

---

1 HM seit BAG 11.4.1958 – 1 ABR 2/57, DB 1958, 658, vgl. *Fitting*, § 8 Rz. 30; *Richardi/Thüsing*, § 8 Rz. 11. ||2 BAG 15.8.2012 – 7 ABR 34/11, NZA 2013, 107 für Beschäftigte des öffentl. Dienstes. ||3 BAG 16.4.2003 – 7 ABR 53/02, BAGE 106, 64. ||4 BAG 12.10.1976 – 1 ABR 1/76, DB 1977, 356. ||5 BAG 14.5.1997 – 7 ABR 26/96, NZA 1997, 1245 für BR-Wahl nach *fristloser* Kündigung; 10.11.2004 – 7 ABR 12/04, NZA 2005, 707 für BR-Wahl nach *ordentlicher* Kündigung. ||6 BAG 10.11.2004 – 7 ABR 12/04, NZA 2005, 707; *Gräfl*, JbArbR 42 (2005), 133 (136). ||7 HM, vgl. BAG 7.7.2011 – 2 AZR 377/10, NZA 2012, 107; *Fitting*, § 8 Rz. 32; MünchArbR/*Joost*, § 216 Rz. 82; Richardi/*Thüsing*, § 8 Rz. 17; aA GK-BetrVG/*Kreutz*, § 8 Rz. 25; offen gelassen von BAG 26.9.1996 – 2 AZR 528/95, NZA 1997, 666. ||8 BAG 26.9.1996 – 2 AZR 528/95, NZA 1997, 666. ||9 BAG 28.11.1977 – 1 ABR 40/76, DB 1978, 450. ||10 HM, vgl. BAG 10.10.2012 – 7 ABR 53/11, wonach der LeihArbN in unmittelbarem Anschluss an die Überlassung ein ArbVerh mit dem Entleiher begründen muss; *Fitting*, § 8 Rz. 33–38; MünchArbR/*Joost*, § 216 Rz. 78; Richardi/*Thüsing*, § 8 Rz. 20–22. ||11 Zutr. *Löwisch/Kaiser*, § 8 Rz. 6; im Erg. ähnlich *Fitting*, § 8 Rz. 45; GK-BetrVG/*Kreutz*, § 8 Rz. 35; aA MünchArbR/*Joost*, § 216 Rz. 83 (alle Unterbrechungen bleiben unberücksichtigt).

11 Ähnliches gilt für das **ruhende Arbeitsverhältnis** (zB Elternzeit). Auch hier setzt die Wählbarkeit eine mindestens sechsmonatige tatsächliche Betriebszugehörigkeit voraus, die nur unwesentliche (kürzere als zweimonatige) Unterbrechungen verträgt. Wer zB bereits nach vier Monaten zum Wehrdienst eingezogen wird, kann nicht kandidieren, weil ihm die Vertrautheit mit den betrieblichen Verhältnissen fehlt[1]. Die den sozialen Schutz bezweckenden Vorschriften wie zB § 6 II ArbPlSchG wirken sich nicht auf das passive Wahlrecht aus, weil hier die Funktionsfähigkeit der Betriebsverfassung im Vordergrund steht und nicht der Individualschutz des ArbN.

12 **4. Neu errichtete Betriebe (Abs. 2).** Das Erfordernis der sechsmonatigen Betriebszugehörigkeit (Rz. 8) entfällt kraft Gesetzes, wenn der Betrieb bei Einleitung der Wahl (Wahlausschreiben, vgl. § 3 I 2 WO) **weniger als sechs Monate** besteht (Abs. 2). Dann sind alle Wahlberechtigten auch wählbar, soweit es sich nicht um LeihArbN (Rz. 4) oder um nach § 45 StGB Verurteilte (Rz. 7) handelt. Die Ausnahmeregel gilt jedoch nur für **neu errichtete** Betriebe. Wird ein bestehender Betrieb lediglich **erweitert**, indem unter Aufrechterhaltung der organisatorischen Einheit zB ein Umzug in ein neues Gebäude oder eine Anschaffung von neuem Gerät erfolgt, greift Abs. 2 nicht ein[2]. Auch beim Betriebsübergang nach § 613a BGB wird die Regel nicht benötigt, weil die Kontinuität des BR-Amts nicht in Frage steht. **Anders** dagegen, wenn mehrere Betriebe unter Aufgabe ihrer Identität zu einem neuen Betrieb zusammengeschlossen werden oder durch Unternehmensspaltung neue Betriebseinheiten entstehen (vgl. § 21a)[3]. Maßgeblich ist jeweils, ob eine betriebsratsfähige Organisationseinheit (vgl. § 18 II) **neu** entstanden ist (dazu Komm. zu § 1).

13 **III. Streitigkeiten.** Auch über die Wählbarkeit der ArbN entscheidet zunächst der **Wahlvorstand** nach pflichtgemäßem Ermessen (§ 2 III WO). Werden nicht im Wege der einstweiligen Verfügung (§ 7 Rz. 23) oder des Anfechtungsverfahrens (§ 19) seine Feststellungen zum passiven Wahlrecht gerichtlich überprüft, so kann ausweislich des § 24 Nr. 6 auch **nach Ablauf** der Anfechtungsfrist des § 19 II 2 der Mangel der Wählbarkeit jederzeit noch gerichtlich festgestellt werden. Die Mitgliedschaft im BR erlischt dann erst mit Rechtskraft der nach § 24 Nr. 6 ergehenden gerichtl. Entscheidung. Aus § 24 Nr. 6 ergibt sich auch, dass die Wahl eines nicht wählbaren ArbN idR keinen Nichtigkeitsgrund darstellt[4].

9 Zahl der Betriebsratsmitglieder[5]

Der Betriebsrat besteht in Betrieben mit in der Regel

5 bis 20 wahlberechtigten Arbeitnehmern aus	einer Person,
21 bis 50 wahlberechtigten Arbeitnehmern aus	3 Mitgliedern,
51 wahlberechtigten Arbeitnehmern bis 100 Arbeitnehmern aus	5 Mitgliedern,
101 bis 200 Arbeitnehmern aus	7 Mitgliedern,
201 bis 400 Arbeitnehmern aus	9 Mitgliedern,
401 bis 700 Arbeitnehmern aus	11 Mitgliedern,
701 bis 1000 Arbeitnehmern aus	13 Mitgliedern,
1001 bis 1500 Arbeitnehmern aus	15 Mitgliedern,
1501 bis 2000 Arbeitnehmern aus	17 Mitgliedern,
2001 bis 2500 Arbeitnehmern aus	19 Mitgliedern,
2501 bis 3000 Arbeitnehmern aus	21 Mitgliedern,
3001 bis 3500 Arbeitnehmern aus	23 Mitgliedern,
3501 bis 4000 Arbeitnehmern aus	25 Mitgliedern,
4001 bis 4500 Arbeitnehmern aus	27 Mitgliedern,
4501 bis 5000 Arbeitnehmern aus	29 Mitgliedern,
5001 bis 6000 Arbeitnehmern aus	31 Mitgliedern,
6001 bis 7000 Arbeitnehmern aus	33 Mitgliedern,
7001 bis 9000 Arbeitnehmern aus	35 Mitgliedern.

In Betrieben mit mehr als 9000 Arbeitnehmern erhöht sich die Zahl der Mitglieder des Betriebsrats für je angefangene weitere 3000 Arbeitnehmer um zwei Mitglieder.

1 **I. Inhalt und Zweck.** Die Vorschrift legt die nach der **Belegschaftsstärke** gestaffelte Zahl der BR-Mitglieder fest. Diese ist stets ungerade und vom Gesetz **zwingend** vorgegeben. Eine vereinbarte Lösung scheidet daher aus[6]. Die BR-Größe bestimmt sich zunächst nach der Zahl der *wahlberechtigten* ArbN, danach nach der Zahl der ArbN *insgesamt*. Maßgeblich ist dabei jeweils die Betriebszugehörigkeit bzw. -angehörigkeit iSv. § 7 S. 1 (vgl. Rz. 4). Die Staffelung der Zahl der BR-Mitglieder nach der Belegschaftsstärke soll die **Funktionsfähigkeit** des BR sicherstellen[7], wobei unterstellt wird, dass mit der

---

1 Wie hier GK-BetrVG/*Kreutz*, § 8 Rz. 38; *Löwisch/Kaiser*, § 8 Rz. 10; MünchArbR/*Joost*, § 216 Rz. 84; aA *Fitting*, § 8 Rz. 14 ff.; Richardi/*Thüsing*, § 8 Rz. 27 ff. ||2 BAG 26.9.1996 – 2 AZR 528/95, NZA 1997, 666. ||3 Vgl. nur *Fitting*, § 8 Rz. 61; Richardi/*Thüsing*, § 8 Rz. 36. ||4 Vgl. nur *Fitting*, § 8 Rz. 66. ||5 **Amtl. Anm.:** Gemäß Artikel 14 Satz 2 des Gesetzes zur Reform des Betriebsverfassungsgesetzes (BetrVerf-Reformgesetz) vom 23.7. 2001 (BGBl. I S. 1852) gilt § 9 (Artikel 1 Nr. 8 des BetrVerf-Reformgesetzes) für im Zeitpunkt des Inkrafttretens bestehende Betriebsräte erst bei deren Neuwahl. ||6 BAG 7.5.2008 – 7 ABR 17/07, NZA 2008, 1142 (Rz. 18). ||7 BAG 18.1.1989 – 7 ABR 21/88, NZA 1989, 724.

Stärke der Belegschaft der Arbeitsaufwand proportional steigt. Der Reformgesetzgeber 2001 hat die BR-Größe ab 201 ArbN um je weitere zwei Mitglieder mit der Begründung erweitert, der BR könne angesichts der gestiegenen Anforderungen nunmehr seine umfassenderen Aufgaben wieder besser wahrnehmen und auf mehr Schultern verteilen[1]. Dass größere Gremien aber die Kostenbelastung gerade der kleinen und mittleren Unternehmen (KMU) drastisch erhöhen, wurde dabei ignoriert[2].

II. Anzahl der BR-Mitglieder. Auf der Grundlage der maßgeblichen Belegschaftsstärke wird vom **Wahlvorstand** im Wahlausschreiben die Zahl der zu wählenden BR-Mitglieder festgestellt (§ 3 II Nr. 5 WO). Dabei zählen in den ersten drei Größenstufen nur „wahlberechtigte", dh. volljährige ArbN (§ 7 Rz. 20), ab der vierten Stufe auch solche ArbN, die wegen ihres Alters noch nicht wahlberechtigt sind, dennoch aber dem Betrieb angehören[3]. Sie müssen am Tag des Erlasses des Wahlausschreibens (Rz. 6) „in der Regel" dem Betrieb iSv. § 7 S. 1 angehören (Rz. 3).

1. Regelmäßige Betriebszugehörigkeit. Wie in anderen Bestimmungen des BetrVG (zB §§ 1 I, 14 IV, 14a I u. III) kommt es auf die Zahl der „**in der Regel**" beschäftigten ArbN an. Dabei handelt es sich um solche, die während des größten Teils eines Jahres in einem Betrieb normalerweise beschäftigt werden (Regelarbeitsplätze). Der Wahlvorstand hat dabei die schwierige Aufgabe, einerseits im Rückblick auf den bisherigen Personalstand, andererseits in Einschätzung der künftigen personellen Entwicklung den Regelpersonalstand nach **pflichtgemäßem Ermessen** mit eigenem Beurteilungsspielraum festzulegen[4]. Bloße Befürchtungen und Erwartungen berechtigen nicht zu einer abweichenden Festsetzung, vielmehr muss der Personalabbau zB auf Grund Sozialplans fest stehen[5]. „In der Regel" beschäftigt heißt auch nicht „durchschnittlich" beschäftigt, sondern „**jetzt und zukünftig**" idR beschäftigt[6].

Im Rahmen des § 9 sind nur **betriebsangehörige** ArbN zu berücksichtigen, dh. Personen, die in einem ArbVerh zum Betriebsinhaber stehen und in die Betriebsorganisation eingegliedert sind[7]. Die Feststellung der Belegschaftsgröße knüpft insoweit an die Tatbestandsvoraussetzungen des § 7 S. 1 an. Das BAG hat mehrfach betont, dass nur „ArbN des Betriebs" iSv. § 7 S. 1 zählen (inkl. die öffentl.-rechtl. Beschäftigten iSv. § 5 I 3[8]), so dass „überlassene" ArbN nach § 7 S. 2 als ArbN eines „anderen" ArbGeb bei den Größenzahlen des § 9 nicht zu berücksichtigen seien[9]. Davon ist das BAG jetzt **abgerückt**: Leih-ArbN sind wegen Sinn und Zweck der Schwellenwerte und wegen ihrer Betroffenheit durch die MitbestRe im Einsatzbetrieb bei der Bestimmung der Betriebsgröße **mitzuzählen** (vgl. § 7 Rz. 21)[10]. Sind die zu ihrer **Berufsausbildung Beschäftigten** in reinen Ausbildungsbetrieben tätig, werden sie auch dann nicht bei den Schwellenwerten des § 9 berücksichtigt, wenn sie vorübergehend im Betrieb berufspraktisch eingesetzt werden (vgl. § 7 Rz. 6)[11]. Werden aber Aushilfen **regelmäßig** für einen Zeitraum von mindestens sechs Monaten beschäftigt, so sind diese Arbeitsplätze mitzuzählen[12], auch wenn es sich um jeweils andere Personen handelt[13]. **Anders** ist der Fall zu beurteilen, wenn der ArbGeb Rahmenvereinbarungen abschließt, auf deren Grundlage erst jeweils kurzfristig sog. Tagesaushilfsarbeitsverhältnisse vereinbart werden. Hier schafft die Rahmenvereinbarung als solche noch keine arbeitsvertragliche Beziehung zwischen dem ArbGeb und der jeweiligen Aushilfskraft[14], jedenfalls solange nicht Abrufarbeit nach § 12 TzBfG vereinbart wird. Bei **ruhenden** ArbVerh wie zB in der Elternzeit (§ 7 Rz. 13) darf aus der Norm des § 21 VII BEEG verallgemeinernd gefolgert werden, dass ausdrücklich als Ersatzkraft eingestellte ArbN die Zahl der regelmäßig Beschäftigten **nicht** erhöhen[15].

Für die Größenzahlen des § 9 zählen nur **ArbN**, für deren Interessenvertretung der BR zuständig ist. Deshalb scheiden leitende Angestellte (§ 7 Rz. 5) bei der Feststellung der Belegschaftsgröße ebenso aus wie sog. „Ein-Euro-Jobber" nach § 16d VII 2 SGB II (§ 7 Rz. 6) und Beamte (§ 7 Rz. 7). Auch **freie Mitarbeiter** wie zB Aushilfs-Taxifahrer oder auf Grund Dienst- oder Werkverträgs tätige Fremdfirmenarbeitnehmer (§ 7 Rz. 16) zählen mangels Betriebszugehörigkeit (dh. kein arbeitsvertragl. Weisungsrecht) **nicht** zur Belegschaft[16].

2. Zeitpunkt der Feststellung. Im Gegensatz zu § 7, der auf den (letzten) Wahltag abstellt, ist im Rahmen von § 9 die Zahl der bei **Erlass des Wahlschreibens** idR betriebsangehörigen ArbN maßgeblich (§ 3

---

1 BT-Drs. 14/5741, 28, 36. ‖ 2 Kritik bei *Buchner*, NZA 2001, 633 (636); *Hanau*, RdA 2001, 65 (71); *Konzen*, RdA 2001, 76 (84); *Reichold*, NZA 2001, 862; *Rieble*, ZIP 2001, 133 (137). ‖ 3 Ausf. zur Entstehungsgeschichte BAG 18.1.1989 – 7 ABR 21/88, NZA 1989, 724; ferner GK-BetrVG/*Kreutz*, § 9 Rz. 5. ‖ 4 BAG 25.11.1992 – 7 ABR 7/92, NZA 1993, 955; *Fitting*, § 9 Rz. 11 ff.; Richardi/*Thüsing*, § 9 Rz. 10; *Schiefer/Korte*, NZA 2002, 58 f. ‖ 5 LAG Schl.-Holst. 27.10.1994 – 4 TaBV 23/94, BB 1995, 620. ‖ 6 LAG Hamm 23.2.2007 – 10 TaBV 104/06; Richardi/*Thüsing*, § 9 Rz. 10. ‖ 7 BAG 7.5.2008 – 7 ABR 17/07, NZA 2008, 1142; 18.1.1989 – 7 ABR 21/88, NZA 1989, 724. ‖ 8 BAG 15.12.2011 – 7 ABR 65/10, NZA 2012, 519; aA *Löwisch/Kaiser*, § 9 BetrVG Rz. 2 sowie *Rieble*, NZA 2012, 485 (486), der § 5 I 3 darüber hinaus für gleichheitswidrig hält. ‖ 9 BAG 16.4.2003 – 7 ABR 53/02, BAGE 106, 64; zust. *Kreutz*, SAE 2004, 168; 22.10.2003 – 7 ABR 3/03, BAGE 108, 185; 10.3.2004 – 7 ABR 49/03, NZA 2004, 1340; aA *Brors*, NZA 2003, 1380 (1382); *Däubler*, AuR 2004, 81; *Hamann*, NZA 2003, 526 (528); *Schüren*, RdA 2004, 187; *Blanke*, DB 2008, 1153 (1157). ‖ 10 BAG 13.3.2013 – 7 ABR 69/11, NZA 2013, 789. ‖ 11 BAG 16.11.2011 – 7 ABR 48/10. ‖ 12 BAG 12.10.1976 – 1 ABR 1/76, DB 1977, 356. ‖ 13 LAG Düss. 26.9.1990 – 12 TaBV 74/90, DB 1990, 238. ‖ 14 BAG 12.11.2008 – 7 ABR 73/07, nv.; 7.5.2008 – 7 ABR 17/07, NZA 2008, 1142. ‖ 15 BAG 15.3. 2006 – 7 ABR 39/05, nv.; *Lindemann/Simon*, NZA 2002, 369. ‖ 16 BAG 21.7.2004 – 7 ABR 38/03, NZA 2005, 240 (auf Grund Dienst- oder Werkvertrags tätige Fremdfahrer); 29.5.1991 – 7 ABR 67/90, NZA 1992, 36.

II Nr. 5 WO)[1]. Bis zum Wahltag eintretende Veränderungen der ArbN-Zahl bleiben für § 9 unbeachtlich, geht es doch nur um eine „Regelgröße". Ausnahme ist der zwischen Erlass des Wahlausschreibens und Wahl eingetretene Verlust der BR-Fähigkeit nach § 1[2].

7 **3. Einköpfiger/mehrköpfiger BR.** Besteht der BR (in Betrieben mit idR 5 bis 20 wahlberechtigten ArbN) nur aus **einer Person** (bis 1988 sog. „Betriebsobmann"), handelt es sich um ein funktionell dem mehrköpfigen BR entsprechendes Organ der Betriebsverfassung. Allerdings gelten für ihn nicht die Bestimmungen, die sich auf den BR als **Kollegialorgan** beziehen (§§ 26 ff.); doch hat auch der einköpfige BR seine Entscheidungen in der Form des § 34 niederzulegen. MitbestR stehen ihm mangels Belegschaftsstärke nicht gem. §§ 99, 111 zu, es sei denn, die Zahl der wahlberechtigten ArbN steigt während seiner Amtsperiode auf Dauer[3]. Beim **mehrköpfigen** BR ist in der dritten Größenstufe zu beachten, dass die Grenze von 51 *wahlberechtigten* ArbN wirklich überschritten sein muss, um fünf BR-Mitglieder wählen zu können. Erst ab 101 ArbN kommt es auf deren Wahlberechtigung nicht mehr an (Rz. 2).

8 **4. Veränderungen der Belegschaftsstärke nach der Wahl.** Die zutreffend festgestellte Zahl der BR-Mitglieder bleibt für die **Dauer der Amtsperiode** auch dann gültig, wenn die Belegschaftsstärke nach der Wahl auf eine andere Größenstufe steigt oder sinkt. Nur wenn 24 Monate nach der Wahl die Zahl der regelmäßig Beschäftigten um die Hälfte, mindestens aber um 50 gestiegen oder gesunken ist, sieht § 13 II Nr. 1 die Wahl eines **neuen BR** vor. Sinkt im Laufe der Amtszeit die Zahl der Wahlberechtigten allerdings unter die Mindestgröße des § 1, entfällt die BR-Fähigkeit und der BR hat seine Tätigkeit einzustellen[4].

9 **III. Streitigkeiten.** Die Festsetzung der Anzahl der zu wählenden BR-Mitglieder ist zunächst Sache des **Wahlvorstands** (Rz. 2). Wird ein BR zB mit zu hoher Mitgliederzahl gewählt, kann das nur im Rahmen einer **Wahlanfechtung** nach § 19 geltend gemacht werden, soweit der BR seinen Beurteilungsspielraum überschritten hat. Erfolgt diese nicht, so bleibt es für die Amtsperiode bei der (falsch) festgelegten Anzahl[5]. Hat die Wahlanfechtung Erfolg, weil die Anzahl der zu Wählenden falsch festgesetzt wurde, so kann das Wahlergebnis nicht berichtigt werden; vielmehr ist die Wahl insg. für **unwirksam** zu erklären und zu **wiederholen**, auch wenn bei einer Gruppenwahl der Fehler nur darauf beruht, dass für eine Gruppe eine zu hohe Zahl von ArbN zugrunde gelegt worden ist[6].

10 *(weggefallen)*

11 *Ermäßigte Zahl der Betriebsratsmitglieder*
Hat ein Betrieb nicht die ausreichende Zahl von wählbaren Arbeitnehmern, so ist die Zahl der Betriebsratsmitglieder der nächstniedrigeren Betriebsgröße zugrunde zu legen.

1 **I. Inhalt und Zweck.** Die selten relevante Vorschrift hat seit 1972 weiter an Bedeutung verloren. Wegen der zunächst (BetrVG 1952) größeren Unterschiede zwischen Wahlberechtigung und Wählbarkeit (Alter, Staatsangehörigkeit) war es möglich, dass eine ausreichende Zahl **wählbarer** ArbN nach den Größenzahlen des § 9 nicht zur Verfügung stand. Heute lässt sich wegen der Annäherung in den Voraussetzungen von § 7 und § 8 eine direkte Anwendung kaum mehr vorstellen[7], weil mehr als sechs Monate im Betrieb beschäftigte ArbN iSv. § 8 ganz eindeutig überwiegen.

2 **II. Mangel an Wahlbewerbern.** Eine gewisse Bedeutung kann § 11 bei **entsprechender Anwendung** für den Fall zukommen, dass zwar eine ausreichende Zahl von wählbaren ArbN vorhanden ist, aber zu viele **nicht kandidieren** wollen oder das **Amt ablehnen**[8]. Auch hier ermöglicht § 11 das Zurückgehen auf die entsprechende Größenstufe. Eine entsprechende Anwendung wird von der hM auch für den Fall befürwortet, dass bei einer **Mehrheitswahl** nicht ausreichend viele Bewerber überhaupt eine Stimme erhalten, so dass nur die tatsächlich Gewählten auch ein Mandat der Belegschaft erhalten können[9]. Auch hier treffen Sinn und Zweck des § 11 den nicht ausdrücklich geregelten Sachverhalt[10]. **Anders** verhält es sich dagegen, wenn das in der Minderheit befindliche **Geschlecht** nicht die ihr nach § 15 II zustehende „Quote" ausschöpft. Hier kommt § 11 nicht zum Zug, weil nicht die Größe des BR sich verringert, sondern sich nur die Geschlechterzusammensetzung verändert[11]. § 15 V Nr. 5 WO sieht für diesen Fall eine Auffüllung der BR-Sitze durch das andere Geschlecht vor (vgl. § 15 Rz. 8).

---

1 BAG 12.10.1976 – 1 ABR 1/76, DB 1977, 356; nach LAG Hamm 14.5.2010 – 13 TaBVGa 12/10 ist eine Berichtigung der Zahl der regelmäßig im Betrieb beschäftigten ArbN und damit der nach § 9 zu wählenden BR-Mitglieder bis zum Ablauf der zweiwöchigen Frist für die Einreichung von Wahlvorschlägen (§ 3 II Nr. 8 WO) möglich. ||2 Vgl. nur *Fitting*, § 9 Rz. 34 f.; *Richardi/Thüsing*, § 9 Rz. 13. ||3 Vgl. *Fitting*, § 9 Rz. 23. ||4 *Fitting*, § 9 Rz. 35; *Richardi/Thüsing*, § 9 Rz. 24 ff. ||5 *Fitting*, § 9 Rz. 52; *Richardi/Thüsing*, § 9 Rz. 19. ||6 BAG 7.5.2008 – 7 ABR 17/07, NZA 2008, 1142; 29.6.1991 – 7 ABR 67/90, NZA 1992, 36; *Richardi/Thüsing*, § 9 Rz. 20 f.; zT aA *Fitting*, § 9 Rz. 49 f. ||7 Ähnlich GK-BetrVG/*Kreutz*, § 11 Rz. 2; *Richardi/Thüsing*, § 11 Rz. 1. ||8 HM, vgl. LAG Schl.-Holst. 7.9.1988 – 3 TaBV 2/88, DB 1988, 284; *Fitting*, § 11 Rz. 8; *Richardi/Thüsing*, § 11 Rz. 6; aA GK-BetrVG/*Kreutz*, § 9 Rz. 21, § 11 Rz. 11. ||9 HM, vgl. *Fitting*, § 11 Rz. 9; *Richardi/Thüsing*, § 11 Rz. 8. ||10 AA jedoch GK-BetrVG/*Kreutz*, § 9 Rz. 21, § 11 Rz. 11 (beachtlicher Unterschied in der Interessenlage). ||11 So auch *Fitting*, § 9 Rz. 46, § 11 Rz. 10; *Richardi/Thüsing*, § 11 Rz. 10.

12 *(weggefallen)*

13 *Zeitpunkt der Betriebsratswahlen*
(1) **Die regelmäßigen Betriebsratswahlen finden alle vier Jahre in der Zeit vom 1. März bis 31. Mai statt. Sie sind zeitgleich mit den regelmäßigen Wahlen nach § 5 Abs. 1 des Sprecherausschussgesetzes einzuleiten.**

(2) Außerhalb dieser Zeit ist der Betriebsrat zu wählen, wenn
1. mit Ablauf von 24 Monaten, vom Tage der Wahl an gerechnet, die Zahl der regelmäßig beschäftigten Arbeitnehmer um die Hälfte, mindestens aber um fünfzig, gestiegen oder gesunken ist,
2. die Gesamtzahl der Betriebsratsmitglieder nach Eintreten sämtlicher Ersatzmitglieder unter die vorgeschriebene Zahl der Betriebsratsmitglieder gesunken ist,
3. der Betriebsrat mit der Mehrheit seiner Mitglieder seinen Rücktritt beschlossen hat,
4. die Betriebsratswahl mit Erfolg angefochten worden ist,
5. der Betriebsrat durch eine gerichtliche Entscheidung aufgelöst ist oder
6. im Betrieb ein Betriebsrat nicht besteht.

(3) Hat außerhalb des für die regelmäßigen Betriebsratswahlen festgelegten Zeitraums eine Betriebsratswahl stattgefunden, so ist der Betriebsrat in dem auf die Wahl folgenden nächsten Zeitraum der regelmäßigen Betriebsratswahl neu zu wählen. Hat die Amtszeit des Betriebsrats zu Beginn des für die regelmäßigen Betriebsratswahlen festgelegten Zeitraums noch nicht ein Jahr betragen, so ist der Betriebsrat in dem übernächsten Zeitraum der regelmäßigen Betriebsratswahlen neu zu wählen.

I. Inhalt und Zweck. Die Vorschrift bestimmt in Abs. 1 zwingend den **Wahlrhythmus** und den **Wahlzeitraum** der regelmäßigen BR-Wahlen. Durch die (1989 geänderte) Übergangsvorschrift des § 125 I wurde ergänzend klargestellt, dass der Vier-Jahres-Rhythmus ab 1990 angelaufen ist, so dass die Wahlen einheitlich im Frühjahr 1994, 1998, 2002, 2006, 2010, 2014 etc. stattfanden bzw. -finden. Abs. 2 regelt die Fälle, in denen ausnahmsweise BR-Wahlen außerhalb der Vier-Jahres-Regel stattfinden. Durch Abs. 3 wird der Anschluss der unregelmäßigen an die regelmäßige BR-Wahl sichergestellt. Die Festlegung eines regelmäßigen Wahlzeitraums sollte den Gewerkschaften die organisatorische Vorbereitung der Wahl erleichtern[1], aber auch die Gefahr von Wahlanfechtungen auf Grund fehlerhafter Maßnahmen ungeschulter Wahlvorstände minimieren. **1**

II. Regelmäßige Betriebsratswahlen (Abs. 1). Neben der Verlängerung der Wahlperiode auf vier Jahre wurde 1988[2] die zeitgleiche Wahl von BR und **SprAu** (vgl. § 5 I SprAuG) geregelt. Hintergrund war die notwendig *gemeinsame* Bemühung der Wahlvorstände um die richtige **Zuordnung** von leitenden Angestellten, wie sie von § 18a I vorausgesetzt wird. **2**

1. Wahlzeit vom 1. März bis 31. Mai (S. 1). BR-Wahlen müssen nach Abs. 1 S. 1 **alle vier Jahre** in der Zeit vom 1. März bis 31. Mai durchgeführt werden. Diese Rahmenbestimmung wird ergänzt durch § 21, der Beginn und Ende der Amtszeit des BR regelt. Die kalendermäßige Fixierung des Wahlzeitraums bezieht sich nur auf den **Wahltag**. Bei mehreren Wahltagen darf der Tag der Stimmabgabe jedenfalls nicht vor dem 1. März, der letzte nicht nach dem 31. Mai liegen[3]. Hat die Stimmabgabe nicht bis zum 31. Mai stattgefunden, kann die Wahl jedoch wegen Abs. 2 Nr. 6 jederzeit nachgeholt werden – der Betrieb ist dann ja betriebsratslos (Rz. 13). **3**

Von der Festlegung des Wahltags sind die **Wahlvorbereitungen** nicht betroffen. Der Wahlvorstand wird immer bemüht sein, die Regel des § 16 I 1 („spätestens") zu befolgen und die Wahlvorbereitungen weit vor dem 1. März anlaufen zu lassen, um betriebsratslose Zeiten zu verhindern. Wie § 21 S. 2 erkennen lässt, führt die frühere Bekanntgabe des Wahlergebnisses nicht zu einer Amtszeitverkürzung des (noch) amtierenden BR. **4**

Die Missachtung des klar geregelten Wahlzeitraums führt, wenn es sich nicht um einen der abschließend geregelten Ausnahmefälle (Abs. 2) handelt, wegen offensichtlichen Gesetzesverstoßes (§ 134 BGB) zur **Nichtigkeit** der Wahl[4]. Insb. die „Abwahl" eines amtierenden BR im Stile zB eines aus der Politik bekannten „konstruktiven Misstrauensvotums" lässt sich nicht unter Abs. 2 subsumieren und ist damit ebenso nichtig wie die zusätzliche Wahl eines zweiten BR für ein und dieselbe Organisationseinheit. **5**

2. Zeitgleiche Einleitung der Wahlen (S. 2). Die Verpflichtung des Abs. 1 S. 2 bezieht sich nur auf die **regelmäßigen** Wahlen und soll das Zuordnungsverfahren des § 18a durch einvernehmliches Zusammen- **6**

---

1 Vgl. *Fitting*, § 13 Rz. 5; GK-BetrVG/*Kreutz*, § 13 Rz. 2. ||2 BGBl. I S. 2312. ||3 GK-BetrVG/*Kreutz*, § 13 Rz. 13; aA *Fitting*, § 13 Rz. 6; Richardi/*Thüsing*, § 13 Rz. 6. ||4 HM, vgl. BAG 11.4.1978 – 6 ABR 22/77, DB 1978, 1452; ArbG Regensburg 20.9.1989 – 6 BV 14/89, BB 1990, 852; *Fitting*, § 13 Rz. 20; GK-BetrVG/*Kreutz*, § 13 Rz. 14; Richardi/*Thüsing*, § 13 Rz. 7.

wirken der beiden Wahlvorstände ermöglichen. Dazu ist eine Absprache der Wahlvorstände notwendig. Die „zeitgleiche Einleitung" bedeutet deren Rechtspflicht, das jeweilige **Wahlausschreiben** an ein und demselben Tag zu erlassen (§ 3 I WO)[1]. Das weitere Wahlverfahren kann unabhängig voneinander betrieben werden. Die Vorschrift ist allerdings **nicht sanktioniert** und eröffnet keinen klagbaren Anspruch[2]. Zudem kann die Verpflichtung von vornherein dann ins Leere laufen, wenn durch asynchrone Amtszeiten des SprAu bzw. BR die Bestellung der Wahlvorstände in concreto nicht koordinierbar ist[3]. Somit handelt es sich um eine Ordnungsregel, deren Verletzung eine **Wahlanfechtung nicht** begründen kann[4].

7 **III. Wahlen außerhalb des regelmäßigen Wahlzeitraums (Abs. 2).** Abs. 2 zählt die Fälle der „außerordentlichen" Wahlen abschließend auf. Bei wesentlichen Veränderungen der „Geschäftsgrundlage" soll eine **Pflicht zur Neuwahl** begründet werden, indem die Möglichkeit eröffnet wird, ausnahmsweise außerhalb des Vier-Jahres-Rhythmus den BR neu zu wählen[5]. Vorzeitige Neuwahlen bedeuten dann auch (in Nr. 1–3) vorzeitige Amtsbeendigungen, vgl. § 21 S. 5. Als Generalklausel stellt **Nr. 6** sicher, dass in allen betriebsratslosen Betrieben ohne Rücksicht auf regelmäßige Wahlzeiträume BR-Wahlen durchgeführt werden können (womit die Grundnorm des § 1 I 1 organisationsrechtlich konkretisiert wird). In den Fällen von Nr. 1–3 kann der bisherige BR, im Falle seiner Untätigkeit auch der GBR[6], den Wahlvorstand bestellen (dazu § 16 Rz. 6), in den Fällen von Nr. 4 und Nr. 6 wird nach §§ 17f. vorgegangen, und im Fall der Nr. 5 muss nach § 23 II das ArbG tätig werden.

8 **1. Wesentliche Veränderung der Belegschaftsstärke (Nr. 1).** Die Verlängerung der Amtsdauer auf vier Jahre machte es notwendig, wesentliche Veränderungen in der **Belegschaftsstärke** nicht erst bei der nächsten regelmäßigen Wahl zu berücksichtigen. Vielmehr soll – auch zur besseren Legitimation des BR – wenigstens **einmal während der Wahlperiode**, jedoch nicht vor Ablauf von 24 Monaten, bei einer Belegschaftsveränderung um die Hälfte, **mindestens aber um 50**, neu gewählt werden können (vgl. § 9 Rz. 8). Nr. 1 kann folglich nur in Betrieben ab 100 ArbN aufwärts praktisch werden. Aus Gründen der Rechtssicherheit bleiben frühere oder spätere Belegschaftsschwankungen – auch der hier erheblichen Größenordnung – für die Neuwahl unbeachtlich[7]. Maßgeblicher **Stichtag** („*mit Ablauf* von 24 Monaten") ist nach §§ 187 I, 188 II BGB der auf den Ablauf der 24-Monats-Frist folgende Tag: Fällt also zB die Wahl (genauer: der letzte Tag der Stimmabgabe) des BR auf den 15.4.2012, so liefe die 24-Monats-Frist am 15.4.2014 ab mit der Folge, dass der für die Belegschaftsstärke maßgebliche Stichtag der 16.4.2014 wäre. Abzustellen ist in Übereinstimmung mit § 9 auf die Zahl der „regelmäßig beschäftigten ArbN" des Betriebs, dh. nur auf **betriebsangehörige** ArbN (vgl. § 9 Rz. 3ff.). Ob sich dagegen aus der veränderten Belegschaftsstärke eine veränderte BR-Größe nach § 9 ergibt, ist für die Neuwahl unerheblich.

9 **2. Absinken der Zahl der Betriebsratsmitglieder (Nr. 2).** Neuwahlen können auch stattfinden, wenn der BR trotz des Eintretens sämtlicher Ersatzmitglieder nicht mehr die nach § 9 „**vorgeschriebene**" **Mitgliederzahl** aufweist. Ausschlaggebend hierfür ist die nach § 3 II Nr. 5 WO im Wahlausschreiben festgestellte Zahl der zu wählenden BR-Mitglieder nach §§ 9, 11 selbst dann, wenn irrtümlich zu hohe oder zu niedrige Staffeln ermittelt wurden und die Wahl nicht angefochten wurde (vgl. § 9 Rz. 9)[8]. Unerheblich ist demggü. die (allein für Nr. 1 maßgebliche) Belegschaftsstärke in ihrem (möglicherweise inzwischen zutreffenden) Verhältnis zur BR-Größe. Erst wenn ohne Rücksicht auf Listen- und Geschlechtszugehörigkeit **kein Ersatzmitglied** nach § 25 mehr zur Auffüllung des BR zur Verfügung steht, kommt eine Neuwahl in Betracht[9]. Willkürliche Rücktritte einer Liste oder eines Geschlechts können Neuwahlen also nicht erzwingen, solange Ersatzmitglieder zur Verfügung stehen; außerdem darf Nr. 3 nicht unterlaufen werden, der einen Mehrheits-Beschluss für den Rücktritt verlangt. Scheidet im **einköpfigen** BR der Amtsinhaber aus und steht auch kein Ersatzmitglied zur Verfügung, ergibt sich die Besonderheit, dass der BR als solcher nicht mehr besteht. Der Gesetzgeber geht aber von der Amtsfortführung trotz Ausscheidens aus, § 21 S. 5, so dass anstelle der Nr. 2 in diesem Fall die Neuwahl nach Nr. 6 greift[10]. Die **isolierte** Wahl eines Ersatzmitglieds wegen des Nachrückens des gewählten Ersatzmitglieds in die einköpfige Vertretung außerhalb des gesetzlichen Turnus ist **nichtig**[11].

10 **3. Rücktritt des Betriebsrats (Nr. 3).** In Nr. 3 wird anerkannt, dass der BR **jederzeit** mit absoluter Stimmenmehrheit seinen Rücktritt beschließen kann (Selbstauflösung). Einstimmigkeit ist also nicht erforderlich, wohl aber ein **formeller Beschluss** (§ 33). Auch genügt nicht das einfache Beschlussverfahren nach § 33, sondern es bedarf der Mehrheit **aller** Mitglieder; die einfache Mehrheit allein der **erschienenen** Mitglieder reicht – anders als nach § 33 I 1 – nicht. Stimmenthaltung ist wie eine Ablehnung zu werten. Aus welchem Grund der Rücktritt erfolgt, ist belanglos und für das Gericht unerheblich[12]. Der

---

1 GK-BetrVG/*Kreutz*, § 13 Rz. 21; Richardi/*Thüsing*, § 13 Rz. 11. ||2 HM, vgl. nur GK-BetrVG/*Kreutz*, § 13 Rz. 24; Löwisch/Kaiser, § 13 Rz. 2; Richardi/*Thüsing*, § 13 Rz. 12; aA *Fitting*, § 13 Rz. 15 (Anspruch auf einstw. Verfügung). ||3 GK-BetrVG/*Kreutz*, § 13 Rz. 26. ||4 HM, vgl. nur *Fitting*, § 13 Rz. 17; GK-BetrVG/*Kreutz*, § 13 Rz. 25; Richardi/*Thüsing*, § 13 Rz. 12. ||5 Vgl. GK-BetrVG/*Kreutz*, § 13 Rz. 29. ||6 So LAG Hess. 8.12.2005 – 9 TaBV 88/05, AuR 2006, 253. ||7 HM, vgl. *Fitting*, § 13 Rz. 25; GK-BetrVG/*Kreutz*, § 13 Rz. 37; Richardi/*Thüsing*, § 13 Rz. 18f. ||8 BAG 22.11.1984 – 6 ABR 9/84, DB 1985, 1534; GK-BetrVG/*Kreutz*, § 13 Rz. 51. ||9 *Fitting*, § 13 Rz. 37; GK-BetrVG/*Kreutz*, § 13 Rz. 56; Krause/Niemann, AuA 1999, 265 (266); Richardi/*Thüsing*, § 13 Rz. 31. ||10 Zutr. GK-BetrVG/*Kreutz*, § 13 Rz. 54; Richardi/*Thüsing*, § 13 Rz. 36; *Fitting*, § 13 Rz. 35. ||11 LAG Hamm 22.8.1990 – 3 TaBV 54/90, DB 1990, 2531 (für eine JAV). ||12 BAG 3.4.1979 – 6 ABR 64/76, DB 1979, 2091.

Rücktritt beendet das Amt des BR nicht sofort, sondern ermöglicht zunächst nur die Neuwahlen. Die Nichterwähnung von Nr. 3 in § 21 S. 5 dürfte auf ein Redaktionsversehen zurückzuführen sein; jedenfalls gilt § 22, der die vorläufige Weiterführung der Geschäfte anordnet[1]. Beim **einköpfigen** BR ist der Rücktritt ebenfalls möglich; doch muss durch Auslegung entschieden werden, ob Rücktritt oder (persönliche) **Niederlegung** des Amts nach § 24 I Nr. 2 gewollt ist. Gaben persönliche Gründe den Ausschlag, so scheidet ein Rücktritt idR aus und es rückt ein Ersatzmitglied nach (Fall der Niederlegung)[2]. Ein Rücktritt kommt nur in Betracht, wenn der Beschluss eine **Neuwahl** zum Ziel hat. Mit dem Beschluss erlischt zugleich das Amt **aller** BR-Mitglieder (auch der überstimmten Amtsträger).

4. Anfechtung der Wahl (Nr. 4). Bei erfolgreicher Anfechtung der Wahl nach § 19 endet das Amt erst mit der **Rechtskraft** des arbeitsgerichtl. Beschlusses. Um eine sich anschließende betriebsratslose Zeit zu verhindern, eröffnet die Nr. 4 die Möglichkeit einer Neuwahl. Anders als nach Nr. 1–3 kommt nach erfolgreicher Anfechtung aber eine Fortführung der Geschäfte nach § 22 **nicht** in Betracht – mit der rechtskräftigen Entscheidung muss das Amt sofort enden; eine betriebsratslose Zeit ist dann auch nicht mehr durch Rücktritt des BR zu verhindern[3]. 11

5. Auflösung durch gerichtliche Entscheidung (Nr. 5). Der BR kann nach § 23 I wegen grober Verletzung seiner gesetzl. Pflichten durch Beschluss des ArbG auch **aufgelöst** werden. Auch dann endet das Amt des BR, vgl. Rz. 11. Beim Ausschluss **einzelner** Mitglieder findet Nr. 5 ebenso wenig wie Nr. 4 Anwendung, weil dadurch die Amtszeit des BR nicht infrage gestellt wird; vielmehr muss dann ein Ersatzmitglied nachrücken (vgl. § 24 Nr. 5). 12

6. Nichtbestehen eines Betriebsrats (Nr. 6). Nr. 6 stellt sicher, dass in betriebsratsfähigen Betrieben (§ 1 I 1) **jederzeit** ein BR gewählt werden kann (beschränkte Generalklausel, vgl. Rz. 7). Aus welchem Grund der BR nicht (mehr) existiert, spielt für die Anwendung der Norm keine Rolle[4]. Legen zB alle BR-Mitglieder einschl. der Ersatzmitglieder ihr Amt nieder, handelt es sich mangels eines Rücktrittsbeschlusses nicht um einen Fall der Nr. 3, sondern um einen Fall der Nr. 6 (Auffangtatbestand, vgl. Rz. 10)[5]. Für **Unternehmensumstrukturierungen** findet sich eine lex specialis in § 21a. 13

IV. Anschluss an die regelmäßigen Betriebsratswahlen (Abs. 3). Abs. 3 regelt den Anschluss des außerordentlich gewählten BR an die regelmäßigen Wahlzeiträume. Die **Regel** stellt S. 1 dar: Der BR ist in dem auf die Wahl folgenden nächsten „ordentlichen" Wahlzeitraum, dh. im Frühjahr 2014, 2018 usw. (Rz. 3), **neu** zu wählen. Die Amtszeit des „außerordentlichen" BR wird damit notwendig verkürzt. Erfolgt allerdings keine reguläre Neuwahl, besteht überhaupt kein BR mehr; eine Amtsfortführung des außerordentl. gewählten BR kommt wegen § 21 S. 3 nicht in Betracht[6]. Als **Ausnahme** regelt S. 2, dass im Fall eines noch nicht einjährigen Amtierens des „außerordentlichen Betriebsrats" erst der **übernächste** Wahlzeitraum für Neuwahlen verbindlich ist – in diesem Fall wird die Amtszeit notwendig verlängert. Der maßgebliche **Stichtag** ist in diesem Fall der 1. März des Jahres, in das die regelmäßigen Wahlen fallen. Liegt die Bekanntgabe des Wahlergebnisses (vgl. §§ 21, 22) der außerordentlichen Wahl also am 1. März in 2009 oder später, wird erst im übernächsten ordentlichen Wahlzeitraum neu gewählt (§§ 187 I, 188 II BGB)[7]. 14

V. Streitigkeiten. Herrscht Streit über die Notwendigkeit bzw. Möglichkeit von Neuwahlen auf Grund von § 13, entscheidet das ArbG im Beschlussverfahren (§§ 2a I Nr. 1, II iVm. §§ 80 ff. ArbGG). Dabei ist in den Fällen des Abs. 2 Nr. 1–3 zu beachten, dass der BR die Geschäfte weiter führt, bis der neue BR gewählt und das Wahlergebnis bekannt gegeben ist (§ 22). Bei gerichtl. Feststellung der Unwirksamkeit der Wahl oder der Auflösung des BR (Nr. 4–5) scheidet diese Möglichkeit aber aus (Rz. 11), so dass hier möglichst schnell nach §§ 17 f. bzw. § 23 II ein Wahlvorstand zur Vorbereitung der Neuwahlen einzusetzen ist (vgl. Rz. 7). 15

14 *Wahlvorschriften*

(1) Der Betriebsrat wird in geheimer und unmittelbarer Wahl gewählt.

(2) Die Wahl erfolgt nach den Grundsätzen der Verhältniswahl. Sie erfolgt nach den Grundsätzen der Mehrheitswahl, wenn nur ein Wahlvorschlag eingereicht wird oder wenn der Betriebsrat im vereinfachten Wahlverfahren nach § 14a zu wählen ist.

(3) Zur Wahl des Betriebsrats können die wahlberechtigten Arbeitnehmer und die im Betrieb vertretenen Gewerkschaften Wahlvorschläge machen.

(4) Jeder Wahlvorschlag der Arbeitnehmer muss von mindestens einem Zwanzigstel der wahlberechtigten Arbeitnehmer, mindestens jedoch von drei Wahlberechtigten unterzeichnet sein; in Betrieben mit in der Regel bis zu zwanzig wahlberechtigten Arbeitnehmern genügt die Unterzeichnung durch

---

1 Vgl. BAG 15. 2.2012 – 7 ABN 74/11, DB 2012, 812; GK-BetrVG/*Kreutz*, § 13 Rz. 65; Richardi/*Thüsing*, § 13 Rz. 41.
|| 2 *Fitting*, § 13 Rz. 40. || 3 BAG 29.5.1991 – 7 ABR 54/90, NZA 1992, 74; GK-BetrVG/*Kreutz*, § 13 Rz. 74.
|| 4 *Fitting*, § 13 Rz. 47; Richardi/*Thüsing*, § 13 Rz. 50. || 5 Vgl. GK-BetrVG/*Kreutz*, § 13 Rz. 69; Richardi/*Thüsing*, § 13 Rz. 51. || 6 BAG 6.12.2006 – 7 ABR 62/05, nv. || 7 GK-BetrVG/*Kreutz*, § 13 Rz. 85; Richardi/*Thüsing*, § 13 Rz. 58.

zwei Wahlberechtigte. In jedem Fall genügt die Unterzeichnung durch fünfzig wahlberechtigte Arbeitnehmer.

(5) Jeder Wahlvorschlag einer Gewerkschaft muss von zwei Beauftragten unterzeichnet sein.

1 **I. Inhalt und Zweck.** Die Norm regelt die Grundsätze für die Durchführung jeder BR-Wahl (Abs. 1–2) und das Wahlvorschlagsrecht (Abs. 3–5), soweit nicht das vereinfachte Wahlverfahren für **Kleinbetriebe** nach § 14a als lex specialis gilt. Sie wird **konkretisiert** durch die Wahlordnung (WO) v. 11.12.2001[1].

2 Dass der BR **gewählt** werden muss, ergibt sich aus der Norm als **zwingendes** Recht. Wahlgrundsätze und Wahlvorschläge können also nicht durch TV oder BV, auch nicht im Rahmen des § 3, anders als in § 14 geregelt werden. Jede andere Form der Errichtung ist daher unzulässig und **nichtig**[2]. Insb. darf nicht der **ArbGeb** den BR „einsetzen". Lediglich bei der Bestellung des Wahlvorstands sieht das Gesetz eine Hilfsfunktion des GBR bzw. des ArbG vor (vgl. § 16 II, III; § 17).

3 Einstweilen frei.

4 **II. Wahlgrundsätze (Abs. 1).** Abs. 1 bestimmt ausdrücklich nur das Erfordernis „geheimer" und „unmittelbarer" Wahlen. Nach hM gelten aber auch die anderen elementaren Wahlrechtsgrundsätze der „freien", „allgemeinen" und „gleichen" Wahlen als Ausprägungen des Demokratieprinzips (vgl. Art. 38 I GG) für die BR-Wahlen[3], ohne Rücksicht darauf, ob in Mehrheits- oder in Verhältniswahl gewählt wird.

5 **1. Geheime und unmittelbare Wahl.** Die Wahl muss **geheim** sein; sie darf also nicht durch Zuruf in einer Versammlung oder durch offenere Abstimmung erfolgen[4]. Vielmehr muss gewährleistet sein, dass der Wähler einen besonders vorbereiteten Stimmzettel **unbeobachtet** kennzeichnen und den Stimmzettel in einem verschlossenen Umschlag im Wahllokal abgeben kann (vgl. § 12 I–III WO). Der **Inhalt** der Wahlentscheidung, das „Wie" der Wahl, muss geheim bleiben, nicht aber das „Ob" der Wahl. Deshalb verstößt eine gerichtl. Vernehmung von ArbN über ihre Stimmabgabe gegen den Grundsatz der geheimen Wahl[5]. Eine **Briefwahl** (schriftl. Stimmabgabe) ist damit vereinbar, auch dann, wenn sie über die Fälle des § 24 WO hinaus **generell** angeordnet wird[6]. Allein die Befolgung der Ordnungsregel des § 24 WO kann mit *Kreutz* nämlich nicht ausschlaggebend für die Einhaltung des Merkmals der „geheimen Wahl" in Abs. 1 sein[7]. „Wahlhilfe" in der Kabine beim Ausfüllen der Stimmzettel ist nicht erlaubt, auch nicht bei ausländischen ArbN, es sei denn, die wahlberechtigte Person muss auf Grund einer **Behinderung** (auch: bei Leseunkundigkeit) auf die Hilfe einer Vertrauensperson beim Wahlakt zurückgreifen. Deren Hilfeleistung muss sich dann aber auf die Erfüllung der Wünsche des Wählers bei der Stimmabgabe beschränken, vgl. § 12 IV WO.

6 Die Wahl muss unmittelbar sein, dh. als **Urwahl** durch die Wahlberechtigten selbst erfolgen und nicht vermittelt durch Wahlmänner. Eine Vertretung bei der Stimmabgabe ist nicht zulässig; vielmehr muss die Wahl, wie sich aus § 25 Nr. 1 WO ergibt, auch bei der Briefwahl **persönlich** vorgenommen werden.

7 **2. Freie, allgemeine und gleiche Wahl.** Die Wahl ist **frei**, dh. es besteht keine Wahlpflicht. Auf das Wahlrecht kann aber nicht wirksam verzichtet werden. Ein den Abs. 1 ergänzendes Verbot der **Wahlbehinderung** ergibt sich aus § 20 I u. II, das aber zulässige Wahlwerbung natürlich nicht umfasst. Werden Wahlberechtigte vom Wahlvorstand während der laufenden Wahl durch Einsichtnahme in die mit Stimmabgabevermerken versehene Wählerliste gezielt darauf angesprochen, dass sie noch nicht gewählt hätten, ist die daraus entstehende **Drucksituation** mit dem Grundsatz der freien Wahl nicht vereinbar[8].

8 Die Wahl ist **allgemein**, dh. jeder der Wahlberechtigten soll sein Wahlrecht in möglichst gleicher Weise ausüben können. Damit verbietet sich eine Aufteilung des Betriebs in „Wahlkreise"[9] und der unberechtigte Ausschluss von der Wahl zB wegen Ausländereigenschaft (vgl. § 7 Rz. 4, 6)[10]. Die Allgemeinheit der Wahl ist Unterfall der **Gleichheit** der Wahl, wonach jeder Stimme der gleiche Zählwert und Erfolgswert zukommen muss. Damit verbunden ist der ungeschriebene Grundsatz der Chancengleichheit der Wahlbewerber[11].

9 **III. Wahlverfahren (Abs. 2).** Auch bei der Wahl eines mehrköpfigen BR kommt es nach dem BetrVerfReformG 2001 nicht mehr zu einer Trennung der Wahlvorgänge für Arbeiter und Angestellte (Aufgabe des sog. Gruppenprinzips, vgl. Rz. 1). Die Gruppen (und Geschlechter) wählen nunmehr stets **gemein-**

---

1 BGBl. I S. 3494. ‖2 HM, vgl. nur *Fitting*, § 14 Rz. 4; GK-BetrVG/*Kreutz*, § 14 Rz. 9. ‖3 HM, vgl. nur *Fitting*, § 14 Rz. 10; GK-BetrVG/*Kreutz*, § 14 Rz. 10; Richardi/*Thüsing*, § 14 Rz. 18–20; *Schiefer/Korte*, NZA 2002, 61. ‖4 So auch LAG Hess. 27.9.2012 – 16 Sa 1741/11, wonach eine offene Abstimmung durch Handzeichen zwar eine Wahlanfechtung rechtfertigt, jedoch nicht zur Nichtigkeit der BR-Wahl führt. ‖5 BAG 6.7.1956 – 1 ABR 7/55, AP BetrVG § 27 Nr. 4; LAG Hamm 5.8.2011 – 10 TaBV 13/11; vgl. auch *Fitting*, § 14 Rz. 15; Richardi/*Thüsing*, § 14 Rz. 15. ‖6 BAG 14.2.1978 – 1 ABR 46/77, DB 1978, 1451; aA aber BAG 27.1.1993 – 7 ABR 37/92, NZA 1993, 949: Briefwahl darf nicht generell, sondern nur unter den in § 26 WO 1953 bestimmten Voraussetzungen zugelassen werden; ähnlich LAG Schl.-Holst. 18.3.1999 – 4 TaBV 51/98, BB 1999, 1166. ‖7 GK-BetrVG/*Kreutz*, § 14 Rz. 22; aA aber *Fitting*, § 14 Rz. 14, § 24 WO Rz. 2. ‖8 BAG 6.12.2000 – 7 ABR 34/99, DB 2001, 1422. ‖9 *Fitting*, § 14 Rz. 17; GK-BetrVG/*Kreutz*, § 14 Rz. 29. ‖10 HaKo-BetrVG/*Brors*, § 14 Rz. 4. ‖11 Richardi/*Thüsing*, § 14 Rz. 18.

sam in einem Wahlgang, ohne dass es vorher noch einer geheimen Abstimmung über die Durchführung einer gemeinsamen Wahl bedarf (so § 14 II aF)[1].

1. Verhältniswahl (S. 1). Eine Verhältniswahl findet statt, wenn **mehr als drei Sitze** zu vergeben sind (Betriebe ab 51 ArbN, vgl. § 14a) **und wenn zwei oder mehr gültige Vorschlagslisten** eingereicht worden sind (Umkehrschluss aus S. 2). Dann wird der Schutz der „verhältnismäßig" zu berücksichtigenden Minderheitslisten relevant: Es soll möglichst keine Stimme verloren gehen[2]. Die Verhältniswahl ist immer auch **Listenwahl**. Der Wähler kann seine Stimme nur für den gesamten Wahlvorschlag abgeben (vgl. § 11 I, III WO), nicht für einzelne Kandidaten. Die Zuteilung der Sitze erfolgt dann nach dem **d'Hondt'schen System** (sog. „Höchstzahlen-Verfahren"). Dazu werden die auf die einzelnen Listen entfallenden Stimmenzahlen in einer Reihe nebeneinander gestellt und sämtlich durch 1, 2, 3, 4 usw. geteilt. Unter den so gefundenen Teilzahlen werden so viele Höchstzahlen ausgesondert und der Größe nach geordnet, wie Mitglieder des BR zu wählen sind. Jede Vorschlagsliste erhält so viele Sitze zugeteilt, wie auf sie Höchstzahlen entfallen (vgl. § 15 I, II WO). Bei der Zuteilung auf die Listen ist aber zusätzlich die **Geschlechterquote** nach § 15 II zu berücksichtigen (dazu näher § 15 V WO). Somit ist eine **zweistufige** Rechnung vorzunehmen[3]:

(1) Ermittlung der auf jede Liste entfallenden Sitze;
(2) Ermittlung der danach sich ergebenden Geschlechtsverteilung und ggf. Korrekturverfahren nach §§ 5, 15 V WO.

- **Beispiel:** Im Betrieb werden 150 ArbN beschäftigt, davon 100 Männer und 50 Frauen. Der BR besteht aus sieben Mitgliedern (§ 9 S. 1), den Frauen stehen mindestens zwei Sitze zu (§ 15 II iVm. § 5 WO). Es werden zwei Listen eingereicht. Auf die Liste 1 entfallen 110 Stimmen, die Liste 2 erhält 40 Stimmen.

Rechnung 1:

Liste 1 (110 Stimmen)			Liste 2 (40 Stimmen)		
110 : 1 =	110	(1)	40 : 1 =	40	(3)
110 : 2 =	55	(2)	40 : 2 =	20	(7)
110 : 3 =	36,66	(4)	40 : 3 =	13,33	(9)
110 : 4 =	27,5	(5)			
110 : 5 =	22	(6)			
110 : 6 =	18,33	(8)			

Auf die Liste 1 entfallen somit fünf Sitze, auf die Liste 2 entfallen zwei Sitze.

Rechnung 2: Im einfachsten Fall soll die Liste 1 nur Männer und die Liste 2 nur Frauen aufweisen – dann wäre ein Korrekturbedarf nach § 15 V WO nicht gegeben, weil im Erg. der von § 15 II geforderten Geschlechterquote gerade entsprochen ist (vgl. aber Fallabwandlung in § 15 Rz. 8).

Vorschlagslisten sind auch dann gültig, wenn sie nur Angehörige eines Geschlechts enthalten (vgl. Beispiel Rz. 10)[4]. Die nicht gewählten Mitglieder einer Liste sind Ersatzmitglieder in der Reihenfolge, in der sie auf der Liste stehen. Höchstzahlen spielen keine Rolle mehr, weil für ein ausscheidendes Mitglied der jeweils nächste Kandidat derselben Liste nachrückt (s. § 25).

2. Mehrheitswahl (S. 2). Eine Mehrheitswahl findet nur statt, wenn lediglich ein (gültiger) Wahlvorschlag eingereicht ist oder das vereinfachte Verfahren nach § 14a Anwendung findet. Damit ist **Personenwahl** möglich: Der Wahlberechtigte kann so viele Kandidat/innen ankreuzen, wie BR-Mitglieder insg. zu wählen sind, ohne an die Reihenfolge des Vorschlags gebunden zu sein[5]. Kreuzt er weniger Bewerber/innen an, schadet dies nicht, kreuzt er dagegen mehr an, ist seine Stimme unwirksam (vgl. § 20 III WO).

Bei der **Ermittlung** der Gewählten entscheidet die (relative) Mehrheit der Stimmen. Zur Wahrung der Geschlechtsquote nach § 15 II müssen dabei jedoch zuerst die dem Geschlecht in der Minderheit zustehenden Sitze mit den Bewerbern dieses Geschlechts in der Reihenfolge der jeweils auf sie entfallenden Stimmenzahlen besetzt werden (vgl. § 22 I WO), ganz ohne Rücksicht darauf, welche Stimmenzahlen auf die Kandidaten des anderen Geschlechts entfallen. Erst danach werden die verbleibenden Mitglieder in der Reihenfolge der Stimmhöchstzahlen ermittelt, jetzt ohne Rücksicht auf das Geschlecht (vgl. § 22 II WO).

- **Abwandlung des Beispiels Rz. 10:** Wieder werden von 150 ArbN 100 Männer und 50 Frauen beschäftigt. Der BR besteht aus sieben Mitgliedern (§ 9 S. 1), den Frauen stehen mindestens zwei Sitze zu (*§ 15 II iVm. § 5 WO*), *doch es wird nur ein Wahlvorschlag eingereicht.*

Angenommen,

A (Mann)	erhält	110 Stimmen,	E (Mann)	erhält	50 Stimmen,
B (Mann)	erhält	85 Stimmen,	F (Mann)	erhält	45 Stimmen,

---

1 *Engels/Trebinger/Löhr-Steinhaus*, DB 2001, 532 (534); *Fitting*, § 14 Rz. 21; *Quecke*, AuR 2002, 1. ||2 *Fitting*, § 14 Rz. 22; GK-BetrVG/*Kreutz*, § 14 Rz. 34. ||3 Vgl. *Thüsing/Lambrich*, NZA-Sonderheft 2001, 81 f. ||4 BT-Drs. 14/5741, 53; Richardi/*Thüsing*, § 14 Rz. 35. ||5 *Fitting*, § 14 Rz. 30; GK-BetrVG/*Kreutz*, § 14 Rz. 44.

| C (Frau) | erhält | 65 Stimmen, | G (Mann) | erhält | 40 Stimmen, |
| D (Mann) | erhält | 52 Stimmen, | H (Frau) | erhält | 10 Stimmen, |

so bedeutet das nach § 22 I, II WO, dass **zunächst** C und H gewählt sind als Vertreterinnen des Minderheitsgeschlechts, und **sodann** A, B, D, E und F auf die restlichen Sitze gelangen. G geht dagegen als „Quotenopfer" leer aus.

14 Die nicht gewählten Bewerber/innen sind **Ersatzmitglieder** (vgl. § 25 II 3), wobei auch beim Nachrücken beachtet werden muss, dass das Geschlecht in der Minderheit weiterhin entsprechend seinem Anteil an der Gesamtbelegschaft vertreten ist. Im obigen Beispiel kann daher bei Ausscheiden von C oder H nur die drittplatzierte Frau auf der Liste (falls vorhanden), nicht etwa G nachrücken (s. § 25).

15 **IV. Wahlvorschläge (Abs. 3–5).** Dass die BR-Wahl auf Grund von „Wahlvorschlägen" erfolgen **muss**, setzt die Regelung der Vorschlagsberechtigung in Abs. 3–5 voraus. Regelmäßig ist damit die **schriftliche** Benennung einer oder mehrerer Wahlbewerber/innen ggü. dem Wahlvorstand gemeint. Die Wahlordnung spricht von **Vorschlagslisten** (§§ 6 I, 20 I WO) wegen des Regelverfahrens der Verhältniswahl (Rz. 10). Ausnahmsweise sind aber auch mündliche Vorschläge im vereinfachten Wahlverfahren möglich, vgl. § 14a II, so dass als Oberbegriff hier wie in § 33 WO von „Wahlvorschlägen" die Rede ist. Erfolgt die Wahl nicht auf der Grundlage von Wahlvorschlägen, so ist sie nicht nur anfechtbar, sondern **nichtig**[1]. Die Bewerber/innen genießen ab der Benennung im Wahlvorschlag **Kündigungsschutz** nach § 15 III KSchG bis sechs Monate nach Bekanntgabe des Wahlergebnisses. Der Kündigungsschutz beginnt dabei nicht erst ab Einreichung des Wahlvorschlages beim Wahlvorstand. Ausreichend ist, dass der Wahlvorschlag von der erforderlichen Anzahl der wahlberechtigten ArbN iSv. § 14 IV gestützt wird[2].

16 Nicht alleine die **wahlberechtigten** ArbN unter Einschluss der wahlberechtigten LeihArbN (§ 7 S. 2), sondern auch **im Betrieb vertretene** Gewerkschaften dürfen nach Abs. 3 Wahlvorschläge einreichen.

17 **1. Wahlvorschläge der Arbeitnehmer des Betriebs (Abs. 4).** Für das Wahlvorschlagsrecht der wahlberechtigten ArbN, zu denen auch die nach § 7 S. 2 wahlberechtigten LeihArbN gehören[3], regelt Abs. 4 die genauen Voraussetzungen der notwendigen **Stützunterschriften** (erforderliches Stimmenquorum). Vorrangig zu beachten ist dabei S. 2, wonach jedenfalls die Unterzeichnung durch **50 Wahlberechtigte** ausreicht (absolutes Quorum). Ansonsten muss jeder Wahlvorschlag der ArbN von mindestens einem Zwanzigstel (also 5 %) der Wahlberechtigten unterzeichnet sein (relatives Quorum), **mindestens** aber von drei ArbN (S. 1). Das erforderliche relative Quorum (5 %) muss nach § 3 II Nr. 6 WO im Wahlausschreiben zahlenmäßig konkretisiert sein. Für Kleinbetriebe gilt die Sonderregelung des S. 1 ggü. 2, wonach bei bis zu 20 wahlberechtigten ArbN auch die Unterzeichnung durch zwei Wahlberechtigte genügt. Das Erfordernis einer bestimmten Anzahl von Stützunterschriften soll völlig aussichtslose Wahlvorschläge und sinnlose Stimmenzersplitterung verhindern[4]. Sind die Voraussetzungen des Abs. 4 erfüllt und hat sich die Kandidatur eines Wahlbewerbers hiernach **verfestigt**, greift wegen der „Vorwirkung" des potentiellen BR-Amtes bereits zu diesem Zeitpunkt der Sonderkündigungsschutz nach § 15 III KSchG[5].

18 Jeder Wahlberechtigte kann rechtsgültig nur einen einzigen Wahlvorschlag unterstützen, nicht aber mehrere Vorschläge. Der schriftl. Wahlvorschlag muss von der gesetzlich geforderten Mindestanzahl wahlberechtigter ArbN **persönlich** unterschrieben sein[6]. Im Wahlvorschlag vertretene Bewerber/innen sind genauso wie Mitglieder des Wahlvorstands ebenfalls zur Unterzeichnung befugt[7]. Befinden sich Bewerberliste und Stützunterschriften auf mehreren Blättern, muss eindeutig erkennbar sein, dass es sich um eine **einheitliche** Urkunde handelt[8]. Eine Wahlvorschlagsliste ist ungültig, wenn ein bereits unterzeichneter Wahlvorschlag ohne Einverständnis der ihn unterstützenden ArbN **abgeändert** wird[9]. Nach § 3 IV 3 iVm. § 2 IV 4 WO ist die Bekanntmachung des Wahlausschreibens ausschließlich in **elektronischer Form** nur zulässig, wenn alle ArbN davon Kenntnis erlangen können und Vorkehrungen getroffen werden, dass Änderungen der Bekanntmachung nur vom Wahlvorstand vorgenommen werden können.

19 **2. Wahlvorschläge der im Betrieb vertretenen Gewerkschaften (Abs. 5).** Bei den Vorschlagslisten der Gewerkschaften genügt die Unterzeichnung durch zwei (durch Satzung oder Vollmacht) **Beauftragte**[10]. Der Gesetzgeber verzichtete hier vertretbar[11] auf ein Mindestquorum von Stützvorschriften, weil er bei gewerkschaftl. Wahlvorschlägen die notwendige Ernsthaftigkeit der Vorschläge unter Berücksichtigung ihrer Funktion in der Betriebsverfassung (vgl. § 2 II) unterstellen durfte. Die Gewerkschaften müs-

---

1 HM, vgl. *Fitting*, § 14 Rz. 43; GK-BetrVG/*Kreutz*, § 14 Rz. 48; Richardi/*Thüsing*, § 14 Rz. 41. || 2 BAG 4.3.1976 – 2 AZR 620/74, NJW 1976, 1652; LAG Sachs. 12.5.2010 – 5 Sa 361/09. || 3 So auch *Löwisch*, BB 2001, 1734 (1737); *Maschmann*, DB 2001, 2446 (2448); Richardi/*Thüsing*, § 14 Rz. 44. || 4 *Fitting*, § 14 Rz. 46; GK-BetrVG/*Kreutz*, § 14 Rz. 52. || 5 BAG 7.7.2011 – 2 AZR 377/10, NZA 2012, 107. || 6 BAG 20.1.2010 – 7 ABR 39/08; *Fitting*, § 14 Rz. 52; GK-BetrVG/*Kreutz*, § 14 Rz. 67. || 7 BAG 4.10.1977 – 1 ABR 37/77, DB 1978, 449, hM. || 8 BAG 25.5.2005 – 7 ABR 39/04, BAGE 115, 34; LAG Hamm 3.3.2006 – 13 TaBV 18/06, EzA-SD 2006, Nr. 11, 12. || 9 BAG 21.1.2009 – 7 ABR 65/07, NZA-RR 2009, 481. || 10 Dies gilt nach LAG MV 3.5.2010 – 2 TaBVga 2/10 auch dann, wenn zwei Gewerkschaften einen gemeinsamen Wahlvorschlag einreichen. || 11 Ausf. zur Verfassungsmäßigkeit des § 14 V: GK-BetrVG/*Kreutz*, § 14 Rz. 95ff.

sen aber zur Ausübung ihres originären Wahlvorschlagsrechts aus Abs. 3 **im Betrieb vertreten** sein, so dass mindestens ein ArbN des Betriebs ihr als Mitglied angehören muss. Soweit diese Voraussetzung zum Zeitpunkt der Einreichung des Wahlvorschlags nicht offenkundig erfüllt ist, ist sie dem Wahlvorstand, ggf. durch notarielle Erklärung ohne Namensnennung einzelner ArbN oder durch entsprechende eidesstattliche Versicherung (sog. „mittelbare" Beweismittel)[1], nachzuweisen. Fehlt die Unterzeichnung durch zwei Beauftragte, darf der Wahlvorschlag nicht mit dem Gewerkschaftsnamen als Kennwort versehen sein[2].

V. Streitigkeiten. Streitigkeiten in Bezug auf das **Wahlverfahren** entscheidet das ArbG im Beschlussverfahren (§ 2a I Nr. 1, II iVm. §§ 80 ff. ArbGG). Über die Gültigkeit der eingereichten Wahlvorschläge muss zunächst aber der **Wahlvorstand** entscheiden, genauso wie über die Frage der Verhältnis- bzw. Mehrheitswahl. Seine Entscheidungen können vor Abschluss der BR-Wahl **selbständig** angefochten werden (vgl. § 18). Grds. ist bei Verstoß gegen die Wahlordnung nur eine **Anfechtung nach § 19** möglich; ausnahmsweise kann wie zB beim völligen Fehlen von Wahlvorschlägen (Rz. 15) die BR-Wahl aber auch nichtig sein, wenn wegen erheblicher Verstöße gegen elementare Wahlrechtsgrundsätze (Rz. 4ff.) nicht einmal der Anschein einer ordentlichen Wahl gewahrt ist[3]. 20

14a *Vereinfachtes Wahlverfahren für Kleinbetriebe*

(1) In Betrieben mit in der Regel fünf bis fünfzig wahlberechtigten Arbeitnehmern wird der Betriebsrat in einem zweistufigen Verfahren gewählt. Auf einer ersten Wahlversammlung wird der Wahlvorstand nach § 17a Nr. 3 gewählt. Auf einer zweiten Wahlversammlung wird der Betriebsrat in geheimer und unmittelbarer Wahl gewählt. Diese Wahlversammlung findet eine Woche nach der Wahlversammlung zur Wahl des Wahlvorstands statt.

(2) Wahlvorschläge können bis zum Ende der Wahlversammlung zur Wahl des Wahlvorstands nach § 17a Nr. 3 gemacht werden; für Wahlvorschläge der Arbeitnehmer gilt § 14 Abs. 4 mit der Maßgabe, dass für Wahlvorschläge, die erst auf dieser Wahlversammlung gemacht werden, keine Schriftform erforderlich ist.

(3) Ist der Wahlvorstand in Betrieben mit in der Regel fünf bis fünfzig wahlberechtigten Arbeitnehmern nach § 17a Nr. 1 in Verbindung mit § 16 vom Betriebsrat, Gesamtbetriebsrat oder Konzernbetriebsrat oder nach § 17a Nr. 4 vom Arbeitsgericht bestellt, wird der Betriebsrat abweichend von Absatz 1 Satz 1 und 2 auf nur einer Wahlversammlung in geheimer und unmittelbarer Wahl gewählt. Wahlvorschläge können bis eine Woche vor der Wahlversammlung zur Wahl des Betriebsrats gemacht werden; § 14 Abs. 4 gilt unverändert.

(4) Wahlberechtigten Arbeitnehmern, die an der Wahlversammlung zur Wahl des Betriebsrats nicht teilnehmen können, ist Gelegenheit zur schriftlichen Stimmabgabe zu geben.

(5) In Betrieben mit in der Regel 51 bis 100 wahlberechtigten Arbeitnehmern können der Wahlvorstand und der Arbeitgeber die Anwendung des vereinfachten Wahlverfahrens vereinbaren.

I. Inhalt und Zweck. Mit der Schaffung der §§ 14a, 17a wollte die BetrVG-Novelle 2001 die Errichtung von BR in **Kleinbetrieben** erleichtern[4]. Das vereinfachte Wahlverfahren ist für Betriebe mit bis zu 50 Wahlberechtigten (vgl. §§ 7, 9) **zwingend**. Ein Wahlrecht zwischen vereinfachten und Regelverfahren (§ 14) besteht nicht; wird das falsche Verfahren gewählt, kann das eine Anfechtung begründen[5]. Nur im Fall des Abs. 5 kann kraft **Vereinbarung** zwischen Wahlvorstand und ArbGeb in Betrieben, die regelmäßig 51 bis 100 ArbN beschäftigen, das vereinfachte Wahlverfahren „gewählt" werden (Rz. 19). Die Vereinbarung setzt voraus, dass zuvor ein Wahlvorstand im normalen Verfahren bestellt ist, betrifft also nur die „zweite Wahlversammlung". Kommt die Vereinbarung nicht zustande, bleibt es beim Regelverfahren (§ 14). Zur Ermittlung der Zahl der **wahlberechtigten** ArbN vgl. § 9 Rz. 2 ff. Eine Vereinbarung bleibt auch da möglich, wo bei mehr als 100 ArbN nicht mehr als 100 wahlberechtigt sind, jedoch darf damit nicht statt eines gewollten **fünfköpfigen** ein siebenköpfiger BR (nächste Größenstufe gem. § 9 S. 1) vereinfacht gewählt werden[6]. 1

Das **vereinfachte** Wahlverfahren zeichnet sich durch die Verkürzung von Fristen und die Ersetzung der Urnenwahl durch eine **Wahlversammlung** aus (vgl. §§ 28–37 WO). Dass (nur) **Mehrheitswahl** stattfindet, ergibt sich aus § 14 II 2 (vgl. § 14 Rz. 12) und ist verfassungsrechtlich fragwürdig, weil es den Minderheitenschutz im Kleinbetrieb beseitigt[7]. Die Norm unterscheidet zwischen einstufigen und zweistufigen Wahlverfahren. Das **zweistufige** Verfahren nach Abs. 1 u. 2 kommt nur dann zur Anwendung, wenn kein BR besteht und auch ein Wahlvorstand nicht anderweit (zB durch GBR oder ArbG, vgl. § 16) 2

---

[1] BAG 25.3.1992 – 7 ABR 65/90, NZA 1993, 134; ferner *Fitting*, § 14 Rz. 63; GK-BetrVG/*Kreutz*, § 14 Rz. 88; aA *Prütting/Weth*, AuR 1990, 269; *Prütting/Weth*, NJW 1993, 576. ||[2] BAG 15.5.2013 – 7 ABR 40/11, ArBR 2013, 473. ||[3] Richardi/*Thüsing*, § 14 Rz. 90. ||[4] BT-Drs. 14/5741, 26, 36 f. ||[5] BAG 19.11.2003 – 7 ABR 24/03, BAGE 108, 375; 16.11.2005 – 7 ABR 9/05, NZA 2006, 340 (zur SchwbVertretung). ||[6] Zutr. *Quecke*, AuR 2002, 1 f., der das Gesetz im Hinblick auf § 9 S. 1 restriktiv auslegen möchte. ||[7] Krit. etwa *Buchner*, NZA 2001, 633 (636); *Dütz*, DB 2001, 1306 (1308); HaKo-BetrVG/*Brors*, § 14a Rz. 3; *Konzen*, RdA 2001, 78 (88); aA aber GK-BetrVG/*Kreutz*, § 14a Rz. 56; Richardi/*Thüsing*, § 14a Rz. 2.

bestellt worden ist. Es dürfte damit in der Praxis seltener vorkommen als das **einstufige Wahlverfahren** nach Abs. 3[1], bei dem es nur zu einer einzigen Wahlversammlung kommt, weil der Wahlvorstand bereits anderweit bestellt worden ist (Rz. 16).

3 Ob allein die in der Gesetzesbegr. behauptete Aufwändigkeit des Wahlverfahrens[2] zu der statistisch nachweisbar geringen BR-Quote in kleineren Betrieben geführt hat, lässt sich mit guten Gründen bezweifeln[3]. Bei einem guten Betriebsklima wiegen im Kleinunternehmen enger persönlicher Arbeitskontakt und gegenseitiges Vertrauen mehr als formalisierte und zudem kostenverursachende Interessenvertretung. Die Neukonstruktion dürfte daher nur in solchen Kleinbetrieben auf Akzeptanz stoßen, in denen ArbN-Rechte beharrlich missachtet werden.

4 **II. Zweistufiges Wahlverfahren (Abs. 1, 2).** In Betrieben **ohne BR**, in denen der Wahlvorstand nicht schon nach §§ 16, 17 I bzw. IV bestellt ist, kommt das zweistufige Wahlverfahren zum Zuge. Auf einer ersten Wahlversammlung wird nach Maßgabe des § 17a Nr. 3 der **Wahlvorstand** gewählt. Die eigentliche Wahl des BR erfolgt in einer zweiten Wahlversammlung **eine Woche später** (Abs. 1 S. 4). Die Funktion dieser zweiten Wahlversammlung beschränkt sich auf den eigentlichen Wahlakt mit geheimer Stimmabgabe (§ 34 I WO)[4]; es gelten die allg. Wahlgrundsätze (vgl. § 14 Rz. 4 ff.).

5 **1. Erste Wahlversammlung zur Wahl des Wahlvorstands.** Der ersten Wahlversammlung muss eine **Einladung** zur Wahlversammlung nach § 28 WO vorausgehen (Rz. 6 f.). Der Wahlvorstand wird sodann in der **Wahlversammlung** von der Mehrheit der Anwesenden gewählt (§ 17a Nr. 3 S. 1, vgl. § 29 WO – Rz. 9 f.), um danach unverzüglich die Wählerliste getrennt nach den Geschlechtern aufzustellen (§ 30 I WO). Im Anschluss daran ist von ihm ein 15 Punkte umfassendes **Wahlausschreiben** zu erstellen und zu erlassen, womit die BR-Wahl eingeleitet wäre (vgl. § 31 I 2 WO – Rz. 11). Ab 21 Wahlberechtigten muss auch der Mindestanteil der BR-Sitze für das in der Minderheit befindliche Geschlecht errechnet werden (§ 32 WO). Daran anschließend sind die schriftlichen oder auch – während der Wahlversammlung möglichen – mündlichen **Wahlvorschläge** einzureichen (§ 14a II BetrVG, § 33 WO). Schließlich muss der Wahlvorstand die eingereichten Wahlvorschläge prüfen und evtl. Mängeln noch während der Wahlversammlung zu beseitigen versuchen. Eine gute Vorbereitung der Einladenden auf Ablauf und Inhalte der ersten Wahlversammlung ist zur Unterstützung des Wahlvorstands daher dringend geboten (vgl. auch Rz. 8)[5].

6 **a) Einladung zur Wahlversammlung. Einladungsberechtigt** zur ersten Wahlversammlung sind nach § 17a III 2 iVm. § 17 III drei wahlberechtigte ArbN des Betriebs oder eine im Betrieb vertretene Gewerkschaft, **nicht** jedoch der ArbGeb. Die Einladung muss dabei mindestens sieben Tage vor dem Tag der Wahlversammlung durch Aushang an geeigneten Stellen im Betrieb erfolgen (§ 28 I 2, 3 WO). Eine Bekanntmachung **ausschließlich** in elektronischer Form ist nur dann zulässig, wenn alle ArbN von ihr Kenntnis nehmen können und Vorkehrungen getroffen werden, dass Änderungen der Bekanntmachung nur von der einladenden Stelle aus möglich sind (§ 28 I 4 iVm. § 2 IV 4 WO)[6]. Die Wahlberechtigten müssen also sämtlich über einen eigenen E-Mail-Zugang verfügen. Der ArbGeb hat hierfür bereits vorhandene Infrastruktur (zB Intranet) den Einladenden zur Verfügung zu stellen, was aber nicht heißt, dass er auch eigene Personaldateien weitergeben muss[7]; zu seiner **nachfolgenden** Unterstützungspflicht nach § 28 II WO vgl. Rz. 8.

7 Die **Mindestangaben** in der Einladung bestehen nach § 28 I 5 WO aus Ort, Tag und Zeit der Wahlversammlung, aus dem Hinweis, dass bis zum Ende der Wahlversammlung Wahlvorschläge zur Wahl des BR gemacht werden können (Abs. 2), dem Hinweis auf die notwendigen Stützunterschriften der Wahlvorschläge (erforderliches Quorum, vgl. § 14 IV) und auf die Möglichkeit mündlicher Wahlvorschläge während der Wahlversammlung selbst. Auf Grund der sehr knappen Fristen im vereinfachten Wahlverfahren wirkt sich ein Verstoß gegen § 28 I 5 WO idR als Verletzung wesentlicher Verfahrensvorschriften mit der Folge der Anfechtbarkeit aus[8].

8 Auf Grund der Einladung entsteht für den ArbGeb eine wegen des raschen Zeitablaufs besonders belastende **Unterstützungspflicht**. Laut § 28 II WO soll er „unverzüglich nach Aushang der Einladung zur Wahlversammlung" der einladenden Stelle „alle für die Anfertigung der Wählerliste erforderlichen Unterlagen in einem versiegelten Umschlag" aushändigen. Damit soll der (erst noch zu wählende) **Wahlvorstand** in die Lage versetzt werden, schnellstmöglich über die Unterlagen zur Aufstellung der Wählerliste verfügen zu können. Die Einladenden haben aber kein Einsichtsrecht (daher der „versiegelte" Umschlag), sondern nur eine Botenfunktion (Rz. 11). „Unverzüglich", dh. ohne schuldhaftes Zögern handelt der ArbGeb auch dann, wenn er die Frist von **sieben Tagen** ausschöpft (Rz. 6)[9]. Der (erst zu wählende) Wahlvorstand hat einen **Anspruch** auf die Aushändigung wie nach § 2 II WO, kann diesen jedoch auch im einstw. Verfahren nur um den Preis der Verzögerung und Unterbrechung des Wahlverfah-

---

[1] Vgl. Richardi/*Thüsing*, § 14a Rz. 4 f. || [2] BT-Drs. 14/5741, 37. || [3] *Buchner*, NZA 2001, 633 (639); *Reichold*, NZA 2001, 857 (860). || [4] *Löwisch*, JZ 2002, 187 f.; *Löwisch/Kaiser*, § 14a Rz. 5. || [5] Vgl. *Berg*, AiB 2002, 18; GK-BetrVG/*Kreutz*, § 14a Rz. 25; HaKo-BetrVG/*Brors*, § 14a Rz. 5; *Quecke*, AuR 2002, 4. || [6] Richardi/*Thüsing*, § 28 WO Rz. 2. || [7] Zutr. Richardi/*Thüsing*, § 14a Rz. 6; vgl. auch *Fitting*, § 14a Rz. 12. || [8] Richardi/*Thüsing*, § 28 WO Rz. 4. || [9] Richardi/*Thüsing*, § 14a Rz. 9.

rens durchsetzen; er ist insoweit unweigerlich auf das Wohlwollen des ArbGeb angewiesen, der schon im Vorfeld der Wahlen aus freien Stücken unterrichtet werden sollte[1].

b) Wahlversammlung zur Wahl des Wahlvorstands. Auf der ersten Wahlversammlung wählen **alle anwesenden** ArbN (nicht nur die Wahlberechtigten) den (dreiköpfigen) **Wahlvorstand** sowie dessen Vorsitzenden (vgl. § 17a Nr. 3 BetrVG, § 29 S. 1 WO). Jedes einzelne Mitglied bedarf der Mehrheit der anwesenden ArbN[2]. Ein Quorum (Mindeststimmenzahl) für die Wahl des Wahlvorstands ist **nicht erforderlich**, so dass auch ein großes Desinteresse in der Belegschaft und eine entsprechend kleine Wahlversammlung die Bestellung des Wahlvorstands nicht verhindern kann[3]. Eine geheime Wahl ist nicht vorgeschrieben, so dass offen über die einzelnen Kandidaten abgestimmt werden kann (vgl. auch § 17 II). 9

Die Versammlung findet, wie § 44 I klarstellt, **während der Arbeitszeit** statt. Ein **Teilnahmerecht** des ArbGeb oder leitender Angestellter ist abzulehnen, weil sonst eine Beeinflussung der Wahlvorbereitungen zu befürchten wäre. Das auf Betriebsversammlungen nach §§ 42 ff. bezogene Teilnahme- und Mitwirkungsrecht des ArbGeb kann nicht auf den speziellen Fall der Einleitung bzw. Durchführung von BR-Wahlen auf Wahlversammlungen übertragen werden[4]. 10

c) Einleitung der Wahl des Betriebsrats. Nach der Konstituierung des Wahlvorstands ist von diesem **unverzüglich** eine **Wählerliste** getrennt nach Geschlechtern aufzustellen (§ 30 I 3 WO). Die Wahlberechtigten sind dabei exakt zu erfassen. Zu diesem Zweck ist dem Wahlvorstand von den Einladenden der vom ArbGeb stammende versiegelte Umschlag zu übergeben (§ 30 I 4 WO – Rz. 8). Eine weiter gehende Auskunftspflicht ist dem ArbGeb während der Wahlversammlung mangels Teilnahme (Rz. 10) unmöglich, jedoch ist eine Unterbrechung der Versammlung zwecks Informationsergänzung möglich, um beim ArbGeb weitere Auskünfte einzuholen, was aus § 2 II WO folgt[5]. Die besonders hohe Fehleranfälligkeit dieses „ad-hoc-Verfahrens" wird durch die extrem kurze Einspruchsfrist von drei Tagen (§ 30 II WO) nicht ausreichend kompensiert[6]. 11

Durch den Erlass des **Wahlausschreibens** nach Aufstellung der Wählerliste in der Versammlung wird die BR-Wahl **eingeleitet** (§ 31 I 2 WO); es ist in der Versammlung bekannt zu geben und im Betrieb auszuhängen. Auch die Wählerliste ist bis zur Abgabe der Stimmen an geeigneter Stelle im Betrieb auszulegen (vgl. § 2 IV WO). Nicht in Betracht kommt eine Versendung der Wählerliste per E-Mail, da sie an einer **zentralen Stelle** (sei es körperlich oder virtuell) bekannt gemacht werden muss. Möglich ist aber etwa die Veröffentlichung im Intranet[7]. Die Details des **Inhalts** des Wahlausschreibens ergeben sich aus dem Katalog des § 31 I 3 WO und bezwecken eine situationsgerechte Modifikation der allg. Regel des § 3 II WO. 12

Nach Abs. 2 (iVm. § 33 I WO) sind die **Wahlvorschläge** beim Wahlvorstand bis zum Ende der ersten Wahlversammlung einzureichen; danach ist ein Wahlvorschlag **nicht mehr möglich**. Der Verweis auf § 14 IV (vgl. § 14 Rz. 17) zeigt, dass es beim Grundsatz **schriftlich** einzureichender, durch mindestens drei bzw. zwei Wahlberechtigte unterzeichneter Wahlvorschläge bleiben soll. Jedoch lässt sich der – für Wahlvorschläge der Gewerkschaften (§ 14 Rz. 19) ausschließlich geltende – Grundsatz im zweistufigen Verfahren nur dann beherzigen, wenn vor der ersten Versammlung **vorbereitete** Wahlvorschläge präsentiert werden. Denn der Wahlvorstand, der Vorschläge entgegen nimmt, konstituiert sich erst in der Wahlversammlung (Rz. 9); die **mündliche Abgabe** von Wahlvorschlägen dürfte daher zur **Regel** werden (vgl. Abs. 2 Hs. 2). Der Wahlvorstand sollte zur Abgabe von Wahlvorschlägen ausdrücklich aufrufen. Macht keiner der Anwesenden trotz Aufforderung einen Wahlvorschlag, ist die Wahlversammlung für **beendet** zu erklären; der Wahlvorstand gibt dann bekannt, dass die Wahl nicht stattfindet (§ 33 V WO). Soweit in der Versammlung einzelne Kandidaten **mündlich** benannt werden, was dem Grundsatz der Mehrheitswahl entspricht (§ 14 Rz. 12), muss eine hinreichende Anzahl (vgl. § 14 IV) von unterstützenden Handzeichen erfolgen, um die Wirksamkeit des Wahlvorschlags zu gewährleisten[8]. 13

2. Zweite Wahlversammlung zur Wahl des Betriebsrats. Die tatsächliche Wahl des BR erfolgt auf einer **zweiten** Wahlversammlung eine Woche nach der Wahlversammlung zur Wahl des Wahlvorstandes (Rz. 4). Sie erfolgt nach den Grundsätzen der **Mehrheitswahl** (Rz. 2). Gewählt ist damit, wer die meisten Stimmen erhält. Besteht der BR zB aus drei Mitgliedern, sind die Wahlbewerber gewählt, auf die in dieser Reihenfolge die meisten Stimmen entfallen sind. Die anderen Wahlbewerber sind, entsprechend ihrer Reihenfolge, Ersatzmitglieder (vgl. § 14 Rz. 12 ff.). Sind mindestens drei BR-Mitglieder zu wählen, muss die **Geschlechtsquote** nach § 15 II beachtet werden; der Auszählungsmodus entspricht dem im oben § 14 Rz. 13 erläuterten Bsp. 14

Einstweilen frei. 15

---

1 Ausf. hierzu Richardi/*Thüsing*, § 14a Rz. 11–13. || 2 *Fitting*, § 14a Rz. 15. || 3 Krit. *Konzen*, RdA 2001, 76 (88); *Schiefer/Korte*, NZA 2001, 351 (352); *Thüsing/Lambrich*, NZA-Sonderheft 2001, 90. || 4 Str., wie hier *Däubler*, AuR 2001, 285 (287); Richardi/*Thüsing*, § 29 WO Rz. 2; aA *Fitting*, § 14a Rz. 21; unentschieden *Quecke*, AuR 2002, 3. || 5 GK-BetrVG/*Kreutz*, § 30 WO Rz. 2. || 6 Vgl. Richardi/*Thüsing*, § 14a Rz. 16. || 7 *Thüsing/Lambrich*, NZA Sonderheft 2001, 91. || 8 BT-Drs. 14/5741, 37; *Engels/Trebinger/Löhr-Steinhaus*, DB 2001, 532 (535); *Fitting*, § 33 WO Rz. 3; Richardi/*Thüsing*, § 14a Rz. 21.

16 **III. Einstufiges Wahlverfahren (Abs. 3).** Ist der Wahlvorstand schon durch den bestehenden BR (§ 16 I), den GBR oder KBR (§ 16 III) oder das ArbG bestellt, kommt nicht das zweistufige, sondern das einstufige Wahlverfahren zur Anwendung: Der BR wird „auf **nur einer Wahlversammlung** in geheimer und unmittelbarer Wahl gewählt" (S. 1). Auf Antrag von mindestens drei ArbN oder einer im Betrieb vertretenen Gewerkschaft kann auch dann, wenn die **erste** Wahlversammlung (Rz. 9) nicht zur Bestellung eines Wahlvorstands geführt hat, laut § 17a Nr. 4 durch das ArbG eine Bestellung erfolgen. Nach seiner Bestellung hat der Wahlvorstand gem. § 36 I, II WO die Wahl des BR **unverzüglich** durch Aufstellung der Wählerliste (getrennt nach Geschlechtern) und Erlass der Wählerliste einzuleiten; der ArbGeb hat ihn dabei nach § 2 II WO zu unterstützen. Nach § 36 III WO ist abweichend vom zweistufigen Verfahren der Hinweis erforderlich, dass Wahlvorschläge spätestens eine Woche vor dem Tag der Wahlversammlung beim Wahlvorstand einzureichen sind (S. 2); der letzte Tag der Frist ist anzugeben. **Zwingend** ist auch die Schriftform der Wahlvorschläge, wie der Verweis auf § 14 IV zeigt (vgl. § 14 Rz. 17); mündliche Wahlvorschläge sind also ausschließlich in der ersten Wahlversammlung des zweistufigen Verfahrens möglich (Rz. 13).

17 Die **WO 2001** regelt nicht die **Frist** zwischen Erlass des Wahlausschreibens und dem in S. 2 genannten letztmöglichen Zeitpunkt für die Einreichung von Wahlvorschlägen. Im zweistufigen Verfahren sind sieben Tage zwischen Einladung und erster Wahlversammlung vorgesehen (Rz. 6). Ebenso lange Zeit sollte mindestens auch im einstufigen Verfahren gewährt werden: Zwischen dem Erlass des Wahlausschreibens und dem Tag der Wahlversammlung zur Wahl des BR müssen also unter Berücksichtigung von S. 2 mindestens **zwei Wochen** liegen[1]. IÜ hängt aber die **Angemessenheit der Frist** wesentlich von den Modalitäten der Bestellung des Wahlvorstands gem. § 17a ab[2]. Mangels gesetzl. Vorgaben lässt sich jedenfalls eine Anfechtung der Wahl nicht auf zu kurze Fristen stützen.

18 **IV. Nachträgliche schriftliche Stimmabgabe (Abs. 4).** Um die ausdrücklich in Abs. 4 vorgesehene Möglichkeit zur schriftl. Stimmabgabe wahrnehmen zu können, müssen die Betroffenen bis spätestens **drei Tage** vor dem Tag der zweiten Wahlversammlung ihren Antrag auf nachträgliche schriftliche Stimmabgabe dem Wahlvorstand ggü. mitteilen, vgl. § 35 I 2 WO. Gründe für die fehlende Teilnahmemöglichkeit müssen nicht benannt werden[3]. Der Antrag kann mündlich oder schriftlich gestellt werden. Das Antragserfordernis schließt nicht aus, dass der Wahlvorstand von sich aus solchen Wahlberechtigten, die zB als Außendienstler oder Tele-Heimarbeiter grds. bei der Wahl nicht anwesend sein können, **von Amts wegen** die Unterlagen für die schriftliche Stimmabgabe zukommen lässt. Trotz der Verweisung in § 35 I 3 WO auch auf § 24 II WO wird daraus aber keine **Amtspflicht** abgeleitet werden können, weil das angesichts des Eilverfahrens eine unzumutbare Belastung des Wahlvorstands bedeuten würde[4]. Die Übersendung der Unterlagen für die schriftl. Stimmabgabe ist in der Wählerliste zu vermerken. Die nachträgliche schriftl. Stimmabgabe führt im Erg. zu einer **Verzögerung** des Wahlverfahrens, weil die Stimmen nicht direkt auf der zweiten Wahlversammlung ausgezählt werden können, vgl. Rz. 15. Der vom Gesetzgeber verfolgte Zweck der Verfahrensbeschleunigung sollte daher nicht durch übertriebene weitere Anforderungen an den – tendenziell überforderten – Wahlvorstand konterkariert werden[5].

19 **V. Vereinfachtes Wahlverfahren kraft Vereinbarung (Abs. 5).** Die Vereinbarung nach Abs. 5 ist **nicht erzwingbar** und kann nur einvernehmlich zwischen ArbGeb und Wahlvorstand zustande kommen (Rz. 1). Sie muss für jede BR-Wahl **neu** getroffen werden und hat keine Dauerwirkung[6]. Sie setzt die Existenz eines bestellten und gewählten Wahlvorstands voraus, so dass nur die Durchführung des **einstufigen** vereinfachten Wahlverfahrens nach Abs. 3 in Betracht kommt (Rz. 16, so auch § 37 WO). Bei Existenz eines BR kann allerdings mit dem ArbGeb eine entsprechende Vereinbarung schon vor der Bestellung des Wahlvorstands „abgestimmt", dh. vorbesprochen werden[7]. Die BR-Wahl erfolgt auch im einstufigen Wahlverfahren nach den Grundsätzen der **Mehrheitswahl**.

15 Zusammensetzung nach Beschäftigungsarten und Geschlechter[8]

(1) Der Betriebsrat soll sich möglichst aus Arbeitnehmern der einzelnen Organisationsbereiche und der verschiedenen Beschäftigungsarten der im Betrieb tätigen Arbeitnehmer zusammensetzen.

(2) Das Geschlecht, das in der Belegschaft in der Minderheit ist, muss mindestens entsprechend seinem zahlenmäßigen Verhältnis im Betriebsrat vertreten sein, wenn dieser aus mindestens drei Mitgliedern besteht.

1 **I. Inhalt und Zweck.** Die Norm ist durch die BetrVG-Novelle 2001 vor allem in Abs. 2 stark aufgewertet worden. Durch die **zwingende** Anordnung einer (relativen) Geschlechterquote hat der Gesetzgeber

---

[1] *Hanau*, ZIP 2001, 2163 (2167); Richardi/*Thüsing*, § 36 WO Rz. 5. ||[2] Vgl. *Fitting*, § 14a Rz. 49; § 36 WO Rz. 11; *Thüsing/Lambrich*, NZA Sonderheft 2001, 93. ||[3] *Fitting*, § 14a Rz. 38; Richardi/*Thüsing*, § 14a Rz. 28. ||[4] Zutr. Richardi/*Thüsing*, § 14a Rz. 29; aA *Fitting*, § 14a Rz. 38. ||[5] Ähnlich *Thüsing/Lambrich*, NZA Sonderheft 2001, 91. ||[6] DKKW/*Schneider*, § 14a Rz. 3; GK-BetrVG/*Kreutz*, § 14a Rz. 124. ||[7] *Berg*, AiB 2002, 17. ||[8] **Amtl. Anm.:** Gemäß Artikel 14 Satz 2 des Gesetzes zur Reform des Betriebsverfassungsgesetzes (BetrVerf-Reformgesetz) vom 23.7.2001 (BGBl. I S. 1852) gilt § 15 (Artikel 1 Nr. 13 des BetrVerf-Reformgesetzes) für im Zeitpunkt des Inkrafttretens bestehende Betriebsräte erst bei deren Neuwahl.

die verfassungsrechtl. Förderungspflicht des bisher benachteiligten weiblichen Geschlechts (Art. 3 II 2 GG) für die Zusammensetzung des BR umgesetzt. Die bisherige Soll-Vorschrift hatte laut Gesetzesbegr. das Ziel der tatsächlichen Repräsentanz der Geschlechter im BR **nicht erreicht**[1]. Der BR nimmt eine Schlüsselposition bei der Beseitigung von Nachteilen und der Durchsetzung der Gleichstellung von Frauen und Männern ein. Die Frauen sollen so die Möglichkeit erhalten, ihr Potenzial wirksamer in die BR-Arbeit einbringen und Einfluss insb. auf frauenspezifische Themen nehmen zu können[2]. Die Kritik gegen diese relative zwingende Geschlechterquote hat einerseits zutreffend erkannt, dass frauenspezifische Fragen nicht zwingend die Arbeitsbedingungen prägen[3]; andererseits ist die Einwirkung der Frauenförderungsregeln in AEUV und GG auf den quasi-demokratisch legitimierten BR nicht von der Hand zu weisen[4]. Die Geschlechterquote verlangt insb. **keine „starre Quote"**, sondern nur eine „relative Parität"[5], die sich nach dem zahlenmäßigen Verhältnis der Geschlechter in der konkreten Belegschaft richtet.

II. Zusammensetzung nach Organisationsbereichen und Beschäftigungsarten (Abs. 1). Der BR soll als Vertretung aller betriebl. ArbN ein Spiegelbild der Belegschaft darstellen. Deshalb ordnet Abs. 1 an, dass er „sich möglichst aus ArbN der einzelnen **Organisationsbereiche** und der verschiedenen **Beschäftigungsarten**" zusammensetzen soll. Er bleibt als Soll-Bestimmung eine Aufforderung des Gesetzgebers an möglichst authentische Repräsentation aller betriebl. Interessen, aber nicht mehr. Abs. 1 kann sanktionslos missachtet werden (*soft law*), aber nicht durch betriebl. Wahlordnungen zB in eine Muss-Vorschrift verändert oder ins Gegenteil verkehrt werden[6]. Abgesehen von § 3 stehen die Organisationsregeln nicht zur Disposition der Tarif- und Betriebspartner. „Organisationsbereiche" sind organisatorische Untergliederungen innerhalb eines Betriebs oder einer anderen nach § 3 möglichen betriebsverfassungsrechtl. Organisationseinheit (zB Betriebsabteilungen bei unternehmenseinheitlicher Betriebsvertretung)[7]. „Beschäftigungsarten" meint die im Betrieb vertretenen Berufsgruppen, zB Außendienst, Innendienst, Vertrieb etc[8]. Auf die **Gültigkeit der Wahl** hat es aber keinen Einfluss, wenn bei der Aufstellung der Wahlvorschläge einseitig einzelne Belegschaftsgruppen bevorzugt werden[9]; insoweit darf man auf das „freie Spiel" der Kräfte innerhalb der Belegschaft vertrauen (vgl. auch § 3 III WO).

III. Zusammensetzung nach Geschlechtern (Abs. 2). Während Abs. 1 als „soft law" keine Auswirkungen auf die Wirksamkeit der BR-Wahl äußert, schreibt Abs. 2 **zwingend die relative Parität der Geschlechter** vor. Die Formulierung wurde am Ende des Gesetzgebungsverfahrens noch verändert[10], um zu gewährleisten, dass das Geschlecht in der Minderheit auch über den ihm entsprechenden Anteil an der Belegschaft hinaus im BR vertreten sein kann („mindestens", dh. **Mindestquote**)[11]. Die Geschlechterquote verlangt jedoch nicht, dass bereits bei der Aufstellung der Wahlvorschläge ausreichend viele Personen des Minderheitengeschlechts benannt werden **müssen**[12]. Für den **GBR** ist keine zwingende Parität vorgesehen: In § 47 II 2 ist es bei der Soll-Vorschrift geblieben. Gleiches gilt für den KBR (§ 55). Für die **JAV** wurde dagegen in § 62 III die zwingende Geschlechterquote vorgesehen.

Tatbestandsmäßig setzt Abs. 2 voraus, dass ein Geschlecht in der Belegschaft **in der Minderheit** ist. Sind die Geschlechter daher in gleicher Anzahl (oder ist überhaupt nur eines) vertreten, kommt die Regelung überhaupt nicht zur Anwendung[13]. Weitere Voraussetzung sind mindestens 21 wahlberechtigte ArbN, weil erst ab dieser Größe nach § 9 S. 1 ein BR aus mindestens **drei Mitgliedern** gewählt werden kann. In Kleinbetrieben bis zu 20 wahlberechtigten ArbN existieren demnach keine Quotenregel, auch nicht als Soll-Vorschrift, was angesichts der sonstigen Regeln zur Frauenförderung wohl hingenommen werden kann. Zur wahltechnischen Umsetzung der Geschlechterquote dienen als Grundregeln §§ 5, 15, 22 WO, die ein **zweistufiges** Verfahren vorsehen (Rz. 6 ff.).

1. Gleichstellung von Frau und Mann. Obwohl es das erklärte Regelungsziel des Abs. 2 ist, den Zugang von **Frauen zum BR** wirksamer als bisher durchzusetzen, gewährt die Vorschrift einen Minderheitenschutz in geschlechtsneutraler Formulierung. Deshalb kann er auch männlichen Belegschaftsangehörigen zu Gute kommen, wenn sich diese in der Minderheit befinden. In dieser textlichen Ausgestaltung ist Abs. 2 **verfassungsgemäß**. Die Norm trägt dem grundgesetzl. Gleichstellungsgebot des Art. 3 II 2 GG sachangemessen Rechnung[14]. Sie ist geeignet, die bisher typische Unterrepräsentanz von Frauen im BR tatsächlich auszugleichen. Die zwingende Mindestvertretung im BR ist auch keine unverhältnismäßige Einschränkung des Grundsatzes gleicher Wahl, weil hier soziale Förderung in (noch) angemessener Weise formale Gleichbehandlung verdrängt[15]. Es wird nämlich **keine Zwangs-**

---

1 Vgl. BT-Drs. 14/5741, 37. ||2 So die Begr., BT-Drs. 14/5741, 37. Offen bleibt, ob die neue Fassung der Überschrift – statt früher „Geschlechtern" nunmehr „Geschlechter" – ebenfalls der Frauenförderung dienen soll. ||3 Vgl. etwa Kritik von *Hanau*, RdA 2001, 65 (70); *Richardi*, NZA 2001, 346 (347); *Rieble*, ZIP 2001, 133 (141). ||4 Zust. etwa *Fitting*, § 15 Rz. 11; HaKo-BetrVG/*Brors*, § 15 Rz. 1; *Konzen*, RdA 2001, 76 (88). ||5 HaKo-BetrVG/*Brors*, § 15 Rz. 1. ||6 GK-BetrVG/*Kreutz*, § 15 Rz. 6. ||7 Vgl. BT-Drs. 14/5741, 37; GK-BetrVG/*Kreutz*, § 15 Rz. 11. ||8 *Fitting*, § 15 Rz. 9; GK-BetrVG/*Kreutz*, § 15 Rz. 12. ||9 *Fitting*, § 15 Rz. 2; GK-BetrVG/*Kreutz*, § 15 Rz. 14. ||10 Vgl. *Fitting*, § 15 Rz. 11; GK-BetrVG/*Kreutz*, § 15 Rz. 5; *Richardi*/*Thüsing*, § 15 Rz. 3. ||11 BAG 13.3.2013 – 7 ABR 67/11, BB 2013, 1780. ||12 *Fitting*, § 15 Rz. 3; HaKo-BetrVG/*Brors*, § 15 Rz. 1. ||13 DKKW/*Schneider*, § 15 Rz. 11; *Fitting*, § 15 Rz. 19. ||14 So auch GK-BetrVG/*Kreutz*, § 15 Rz. 16; *Konzen*, RdA 2001, 76 (88). ||15 So auch BAG 16.3.2005 – 7 ABR 40/04, NZA 2005, 1252; dazu krit. *Kamanabrou*, RdA 2006, 186; *Ubber*, Anm. zu AP BetrVG 1972 § 15 Nr. 3; zust. *Brors*, NZA 2004, 472.

repräsentation einer Minderheit festgesetzt: Solange sich nicht genügend Minderheitsvertreter zur Wahl stellen, kann eine entsprechende Repräsentation nicht erfolgen[1].

6 **2. Ermittlung der Mindestsitze (§ 5 WO).** Der Wahlvorstand muss vor der Wahl die Anzahl der Sitze für das Geschlecht in der Minderheit nach den Grundsätzen der **Verhältniswahl** ermitteln (§ 5 I 2 WO) und diese Zahl auch im Wahlausschreiben bekannt geben (§ 31 I 3 Nr. 5 WO). Dabei wird auf die **aktuelle Gesamtzahl** der Beschäftigten bei Erlass des Wahlausschreibens abgestellt, nicht nur auf die Anzahl der Wahlberechtigten und auch nicht auf die „regelmäßige" Anzahl der Beschäftigten (vgl. § 9 Rz. 3)[2]. Bei vorübergehend Beschäftigten kommt es nicht darauf an, ob sie „Regelarbeitsplätze" einnehmen, wohl aber darauf, dass sie – anders als nach § 7 S. 2 – zur Belegschaft gehören (Betriebszugehörigkeit) Wird danach festgestellt, (1) dass überhaupt ein Geschlecht und (2) welches Geschlecht in der Minderheit ist, so werden ausgehend von der nach § 9 ermittelten Anzahl der BR-Sitze die Geschlechterzahlen nebeneinander gestellt, jeweils durch 1, 2, 3, 4 usw. geteilt und nach Höchstzahlen geordnet (**d'Hondt'sches Höchstzahlen-Verfahren**)[3]. Das Geschlecht in der Minderheit erhält so viele Sitze zugeteilt, wie Höchstzahlen auf es entfallen[4]. Wenn die niedrigste in Betracht kommende Höchstzahl auf beide Geschlechter zugleich entfällt, so entscheidet das Los über die Zuteilung (§ 5 II 3 WO). Die Regelung des § 5 II 2 WO hat aber zur Folge, dass **alle** BR-Sitze dem in der Mehrheit befindlichen Geschlecht zufallen, wenn keine Höchstzahl auf das Minderheitengeschlecht fällt, zB bei 33 ArbN (= drei BR-Sitze), von denen sieben Frauen sind[5], was angesichts des Wortlauts von § 15 II fragwürdig erscheint.

- **Beispiel:** (vgl. § 14 Rz. 10): Im Betrieb werden 150 ArbN beschäftigt, davon 100 Männer und 50 Frauen. Der BR besteht also aus sieben Mitgliedern (§ 9 S. 1).

	Männer	Frauen
: 1	100	50
: 2	50	25
: 3	33 ⅓	16 ⅔
: 4	25	12,5
: 5	20	10
: 6	16 ⅔	8 ⅓

7 **3. Sitzverteilung.** Die **konkrete Verteilung** der Sitze auf die Geschlechter hängt vom Wahlmodus ab, also davon, ob nach § 14 II 1 die Regel der Verhältniswahl oder nach § 14 II 2 die Ausnahme der Mehrheitswahl (bei nur einem Wahlvorschlag oder beim vereinfachten Verfahren nach § 14a) greift.

8 **a) Verhältniswahl (§ 15 V WO).** Die Verhältniswahl ist **Listenwahl** (vgl. § 14 Rz. 4). Der Wähler kann seine Stimme nur für den gesamten Wahlvorschlag abgeben (vgl. § 11 I, III WO), nicht für einzelne Kandidaten. Die Zuteilung der Sitze erfolgt (wieder) nach dem **d'Hondt'schen System** (sog. „Höchstzahlen-Verfahren"). Dazu werden die auf die einzelnen Listen entfallenden Stimmenzahlen in einer Reihe nebeneinander gestellt und sämtlich durch 1, 2, 3, 4 usw. geteilt. Unter den so gefundenen Teilzahlen werden so viele Höchstzahlen ausgesondert und der Größe nach geordnet, wie Mitglieder des BR zu wählen sind. Jede Vorschlagsliste erhält so viele Sitze zugeteilt, wie auf sie **Höchstzahlen** entfallen (vgl. § 15 I, II WO). Befindet sich unter den auf die Vorschlagslisten entfallenden Höchstzahlen aber nicht die erforderliche **Mindestzahl** für das Geschlecht in der Minderheit nach Abs. 2 (Rz. 6), wird zunächst auf der Liste mit der niedrigsten Höchstzahl anstelle der dort benannten Person die nächst platzierte Person aus dem Minderheitsgeschlecht berücksichtigt (§ 15 V Nr. 1 WO). Enthält diese Vorschlagsliste keine Person des Minderheitsgeschlechts mehr, geht dieser Sitz auf die Liste mit der nächst folgenden, noch nicht berücksichtigten Höchstzahl mit Angehörigen des Geschlechts in der Minderheit über (§ 15 V Nr. 2 WO). Dieser „Listensprung" verstößt laut BAG nicht gegen die Verfassung[6]. Im Fall der Verhinderung oder des Ausscheidens eines BR-Mitglieds des Minderheitsgeschlechts iSd. Abs. 2 S. 1 und 2 ist zur Ermittlung des nachrückenden Ersatzmitglieds der jeweils letzte Bewerbertausch rückgängig zu machen[7]. Erst dann, wenn keine andere Liste mehr über Personen des Minderheitsgeschlechts verfügt, verbleibt der Sitz bei der ursprünglich kraft Höchstzahlverfahrens gewählten Person (§ 15 V Nr. 5 WO). Das zwingt dazu, auf Vorschlagslisten stets eine ausreichende Zahl von Bewerbern aus dem Minderheitsgeschlecht aufzunehmen, um nicht Listenplätze an konkurrierende Listen zu verlieren[8].

- **Beispiel:** (Abwandlung § 14 Rz. 10): Im Betrieb werden 150 ArbN beschäftigt, davon 100 Männer und 50 Frauen. Der BR besteht aus sieben Mitgliedern (§ 9 S. 1), den Frauen stehen mindestens zwei Sitze zu (oben Rz. 6). Es werden zwei Listen eingereicht. Auf die Liste 1 entfallen 110 Stimmen, die Liste 2 erhält 40 Stimmen.

---

1 Vgl. § 15 Abs. 5 Nr. 5 WO sowie HaKo-BetrVG/*Brors*, § 15 Rz. 3; GK-BetrVG/*Kreutz*, § 15 Rz. 21; Richardi/*Thüsing*, § 15 Rz. 18; *Reichold*, NZA 2001, 857 (860). ||2 So die wohl hM, vgl. DKKW/*Schneider*, § 15 Rz. 13; *Fitting*, § 15 Rz. 16; Richardi/*Thüsing*, § 15 Rz. 13; aA aber *Quecke*, AuR 2002, 1: nur „wahlberechtigte" ArbN. ||3 BAG 13.3.2013 – 7 ABR 67/11, BB 2013, 1780. ||4 Diese Berechnung kann weniger Sitze als der üblichen Prozentualrechnung ergeben, vgl. *Quecke*, AuR 2002, 1. ||5 So auch BAG 10.3.2004 – 7 ABR 49/03, NZA 2004, 1340; dazu krit. *Franke*, NZA 2005, 394 mwN. ||6 BAG 16.3.2005 – 7 ABR 40/04, NZA 2005, 1252 (1257 ff.); aA *Weller*, NZA 2005, 1228. ||7 LAG Nürnberg 13.5.2004 – 5 TaBV 54/03, FA 2004, 280; LAG Nds. 10.3.2011 – 5 TaBV 96/10. ||8 ErfK/*Koch*, § 15 BetrVG Rz. 5.

Bestellung des Wahlvorstands   Rz. 1 § 16 BetrVG

Liste 1 (110 Stimmen)				Liste 2 (40 Stimmen)			
M	110 : 1 =	110	(1)	M	40 : 1 =	40	(3)
F	110 : 2 =	55	(2)	M	40 : 2 =	20	(7)
M	110 : 3 =	36,66	(4)	F	40 : 3 =	13,33	(9)
M	110 : 4 =	27,5	(5)				
M	110 : 5 =	22	(6)				
F	110 : 6 =	18,33	(8)				

Auf die Liste 1 entfallen somit fünf Sitze, auf die Liste 2 entfallen zwei Sitze. Weil danach aber nur eine Frau (Liste 1) in den BR gewählt worden wäre, tritt die Regel des § 15 V Nr. 1 WO in Kraft. Der zweite männliche Bewerber auf Liste 2 mit der niedrigsten Höchstzahl 20 muss den Sitz an die nächstplatzierte Frau seiner Liste abtreten.

b) Mehrheitswahl (§ 22 WO). Bei der Mehrheitswahl nach § 14 II 2 (Persönlichkeitswahl) entscheidet die (relative) Mehrheit der Stimmen (vgl. § 14 Rz. 12). Zur Wahrung der **Geschlechterquote** müssen dabei zuerst die dem Geschlecht in der Minderheit zustehenden Sitze mit den Bewerbern dieses Geschlechts in der Reihenfolge der jeweils höchsten auf sie entfallenden Stimmenzahlen besetzt werden (§ 22 I WO), ganz ohne Rücksicht darauf, welche Stimmenzahlen auf die Kandidaten des anderen Geschlechts entfallen sind. Erst danach werden die verbleibenden Mitglieder in der Reihenfolge der Stimmenhöchstzahlen ermittelt, jetzt ohne Rücksicht auf das Geschlecht (§ 22 II WO). Sind nach dem Beispiel oben Rz. 8 von sieben BR-Mitgliedern mindestens **zwei Frauen** zu wählen und erhalten   9

A (Mann)	140 Stimmen	E (Frau)	71 Stimmen
B (Frau)	110 Stimmen	F (Frau)	65 Stimmen
C (Mann)	105 Stimmen	G (Mann)	59 Stimmen
D (Mann)	98 Stimmen	H (Frau)	45 Stimmen,

so sind gewählt B und E einerseits (Frauen-Mindestquote), A, C, D, F und G andererseits (Restsitze ohne Rücksicht auf das Geschlecht, vgl. auch Beispiel § 14 Rz. 13). Haben sich zu wenige Bewerber des Minderheitengeschlechts beworben, fallen diese Sitze nach § 22 IV WO den Bewerbern des anderen Geschlechts in der Reihenfolge der jeweils höchsten Stimmenzahlen zu. Auch bei Mehrheitswahlen sollen die Größenzahlen nach § 9 unabhängig von der Geschlechterquote erreicht werden.

IV. Streitigkeiten. Zunächst ist es Aufgabe des **Wahlvorstands**, das Geschlecht in der Minderheit festzustellen, die Mindestsitze für dieses Geschlecht zu errechnen (§ 5 WO) und dies im Wahlausschreiben auch bekannt zu geben. Im Streitfall können Entscheidungen des Wahlvorstands bereits vor Abschluss der Wahl **selbständig** angefochten werden (vgl. § 18)[1]. Als zwingende Vorschrift stellt Abs. 2 eine wesentliche Wahlvorschrift dar, deren Verletzung eine **Wahlanfechtung** nach § 19 begründen kann. Entsprechende Streitigkeiten entscheidet auf Antrag das ArbG im **Beschlussverfahren** (§ 2a I Nr. 1 iVm. II, §§ 80 ff. ArbGG).   10

16 Bestellung des Wahlvorstands

(1) Spätestens zehn Wochen vor Ablauf seiner Amtszeit bestellt der Betriebsrat einen aus drei Wahlberechtigten bestehenden Wahlvorstand und einen von ihnen als Vorsitzenden. Der Betriebsrat kann die Zahl der Wahlvorstandsmitglieder erhöhen, wenn dies zur ordnungsgemäßen Durchführung der Wahl erforderlich ist. Der Wahlvorstand muss in jedem Fall aus einer ungeraden Zahl von Mitgliedern bestehen. Für jedes Mitglied des Wahlvorstands kann für den Fall seiner Verhinderung ein Ersatzmitglied bestellt werden. In Betrieben mit weiblichen und männlichen Arbeitnehmern sollen dem Wahlvorstand Frauen und Männer angehören. Jede im Betrieb vertretene Gewerkschaft kann zusätzlich einen dem Betrieb angehörenden Beauftragten als nicht stimmberechtigtes Mitglied in den Wahlvorstand entsenden, sofern ihr nicht ein stimmberechtigtes Wahlvorstandsmitglied angehört.

(2) Besteht acht Wochen vor Ablauf der Amtszeit des Betriebsrats kein Wahlvorstand, so bestellt ihn das Arbeitsgericht auf Antrag von mindestens drei Wahlberechtigten oder einer im Betrieb vertretenen Gewerkschaft; Absatz 1 gilt entsprechend. In dem Antrag können Vorschläge für die Zusammensetzung des Wahlvorstands gemacht werden. Das Arbeitsgericht kann für Betriebe mit in der Regel mehr als zwanzig wahlberechtigten Arbeitnehmern auch Mitglieder einer im Betrieb vertretenen Gewerkschaft, die nicht Arbeitnehmer des Betriebs sind, zu Mitgliedern des Wahlvorstands bestellen, wenn dies zur ordnungsgemäßen Durchführung der Wahl erforderlich ist.

(3) Besteht acht Wochen vor Ablauf der Amtszeit des Betriebsrats kein Wahlvorstand, kann auch der Gesamtbetriebsrat oder, falls ein solcher nicht besteht, der Konzernbetriebsrat den Wahlvorstand bestellen. Absatz 1 gilt entsprechend.

I. Inhalt und Zweck. Die Vorschriften der §§ 16–18 belegen die **zentrale Bedeutung des Wahlvorstands**   1
für die BR-Wahlen. Ohne Bestellung eines Wahlvorstands kann ein BR nicht gewählt werden, gleichgül-

---

1 GK-BetrVG/*Kreutz*, § 15 Rz. 31.

Reichold | 815

evtl. schon durch den GBR errichteter Wahlvorstand nicht wirksam bestellt[1]. Ein „Wettlauf" zwischen BR (Abs. 1) und GBR bzw. KBR (Abs. 3) sollte vermieden werden. Der **KBR** schließlich kann nicht tätig werden, wenn der primär zuständige GBR nicht handelt, sondern nur dann, wenn ein solcher fehlt, weil entgegen § 47 ein GBR nicht gebildet wurde oder der Betrieb der einzige im Unternehmen ist[2].

14 **V. Streitigkeiten.** Der Streit darüber, ob ein Wahlvorstand wirksam bestellt und zusammengesetzt ist, kann in einem **eigenständigen Beschlussverfahren** ausgetragen werden und muss nicht warten bis zum Abschluss der BR-Wahlen[3]. Antragsberechtigt sind analog § 19 II der ArbGeb, jede im Betrieb vertretene Gewerkschaft und (mindestens) drei Wahlberechtigte, wohl auch der (noch) amtierende BR[4]. Der Wahlvorstand kann nach § 10 ArbGG **beteiligte Stelle** im Beschlussverfahren sein. Sobald das Amt des Wahlvorstands erloschen ist, folgt ihm der aus der Wahl hervorgegangene BR als Antragsgegner. Verstöße gegen Vorschriften zur Bestellung und Zusammensetzung des Wahlvorstands können auch zur **Anfechtbarkeit** der Wahl führen; zwingende Wahlvorschriften sind regelmäßig als wesentlich iSd. § 19 I anzusehen[5]. Eine ohne Wahlvorstand durchgeführte BR-Wahl ist nach hM sogar nichtig (Rz. 3). Ein Abbruch einer bereits angelaufenen Wahl im Wege der **einstweiligen Verfügung** kann immer erfolgen, wenn die Wahl mit Sicherheit als **nichtig** anzusehen wäre[6]. Das BAG[7] lässt insoweit auch **voraussichtliche** Nichtigkeit ausreichen, die sichere Anfechtbarkeit hingegen genüge nicht[8]. Ein Anspruch des ArbGeb auf Unterlassung der weiteren Durchführung der Wahl bestehe nur, wenn der Wahlvorstand nicht bestellt wurde oder seine Bestellung nichtig ist (Rz. 3), **nicht jedoch** schon dann, wenn die Besetzung des Wahlvorstands zwar deutlich fehlerhaft ist, dies jedoch einer Anfechtung überlassen bleiben kann; betriebsratslose Zustände sollen nämlich vermieden werden[9].

17 Bestellung des Wahlvorstands in Betrieben ohne Betriebsrat

(1) Besteht in einem Betrieb, der die Voraussetzungen des § 1 Abs. 1 Satz 1 erfüllt, kein Betriebsrat, so bestellt der Gesamtbetriebsrat oder, falls ein solcher nicht besteht, der Konzernbetriebsrat einen Wahlvorstand. § 16 Abs. 1 gilt entsprechend.

(2) Besteht weder ein Gesamtbetriebsrat noch ein Konzernbetriebsrat, so wird in einer Betriebsversammlung von der Mehrheit der anwesenden Arbeitnehmer ein Wahlvorstand gewählt; § 16 Abs. 1 gilt entsprechend. Gleiches gilt, wenn der Gesamtbetriebsrat oder Konzernbetriebsrat die Bestellung des Wahlvorstands nach Absatz 1 unterlässt.

(3) Zu dieser Betriebsversammlung können drei wahlberechtigte Arbeitnehmer des Betriebs oder eine im Betrieb vertretene Gewerkschaft einladen und Vorschläge für die Zusammensetzung des Wahlvorstands machen.

(4) Findet trotz Einladung keine Betriebsversammlung statt oder wählt die Betriebsversammlung keinen Wahlvorstand, so bestellt ihn das Arbeitsgericht auf Antrag von mindestens drei wahlberechtigten Arbeitnehmern oder einer im Betrieb vertretenen Gewerkschaft. § 16 Abs. 2 gilt entsprechend.

1 **I. Inhalt und Zweck.** § 17 wurde durch das BetrVerf-ReformG entscheidend verändert. Er soll die Bestellung von Wahlvorständen im **betriebsratslosen Betrieb** erleichtern. Nach Abs. 1 kommt dem GBR bzw. KBR die **Primärkompetenz** zu, durch Bestellung eines Wahlvorstands BR erstmalig einzurichten. Der Betriebsversammlung kommt nur noch eine subsidiäre Zuständigkeit (Sekundärkompetenz) zu, weil ihre Durchführung in jedem einzelnen Fall zu aufwändig und kostenintensiv sei[10]. Ziel des Gesetzgebers war es, durch Einführung des sog. „Mentorenprinzips"[11] die Bestellung von Wahlvorständen und damit letztlich die Schaffung von BR zu erleichtern. Das ist scharf kritisiert worden[12]. Hingewiesen wird vor allem auf den demokratischen Legitimationsverlust; Minderheiten werde die Möglichkeit eröffnet, einen BR auch gegen den Willen der Belegschaftsmehrheit zu etablieren[13]. Die Einsetzung des BR „von oben" lässt sich aber rechtfertigen durch notwendig unternehmenseinheitliche Mitbestimmungsregelungen auf Grund einheitlicher Arbeitsbedingungen, die dem GBR ohnehin die Führungsrolle zu-

---

1 Str., wie hier HaKo-BetrVG/*Brors*, § 16 Rz. 14; aA *Stege/Weinspach/Schiefer*, § 16 Rz. 7b; *Fitting*, § 16 Rz. 76; GK-BetrVG/*Kreutz*, § 16 Rz. 74, die das Prioritätsprinzip zu Gunsten des GBR bzw. KBR auch ggü. dem BR behaupten wollen. ||2 HM, vgl. nur GK-BetrVG/*Kreutz*, § 16 Rz. 73. ||3 BAG 3.6.1975 – 1 ABR 98/74, BAGE 27, 163. ||4 So GK-BetrVG/*Kreutz*, § 16 Rz. 85 (Aktivlegitimation); vgl. ferner *Fitting*, § 16 Rz. 88; *Richardi/Thüsing*, § 16 Rz. 67. ||5 BAG 14.9.1988 – 7 ABR 93/87, BAGE 59, 328. ||6 Vgl. LAG Köln 10.3.2000 – 13 TaBV 9/00, NZA-RR 2001, 423 (Bestellung eines Wahlvorstands durch einen ohne Rechtsgrundlage bestellten „Übergangsbetriebsrat"); LAG Hess. 29.4.1997 – 12 TaBV Ga 60/97, BB 1997, 2220; ferner *Zwanziger*, DB 1999, 2264. ||7 BAG 27.7.2011 – 7 ABR 61/10, NZA 2012, 345; krit. LAG Schl.-Holst. 5.4.2012 – 4 TaBVGa 1/12; *Rieble*, AP BetrVG 1972 § 16 Nr. 2. ||8 So aber LAG Hess. 7.8.2008 – 9 TaBVGa 188/08; LAG Hamburg 19.4.2010 – 7 TaBVGa 2/10, NZA-RR 2010, 585; GK-BetrVG/*Kreutz*, § 18 Rz. 79; *Rieble/Triskatis*, NZA 2006, 233 (235). ||9 Anders aber LAG Nürnberg 30.3.2006 – 6 TaBV 19/06, AR-Blattei ES 530.6 Nr. 90; LAG Schl.-Holst. 19.3.2010 – 4 TaBVGa 5/10; *Rieble/Triskatis*, NZA 2006, 233 (234f.). ||10 Vgl. Begr. BT-Drs. 14/5741, 38. ||11 BT-Drs. 14/5741, 27. ||12 Vgl. etwa GK-BetrVG/*Kreutz*, § 17 Rz. 6; *Hanau*, RdA 2001, 65 (69); *Konzen*, RdA 2001, 76 (88); *Rieble*, ZIP 2001, 133 (135). ||13 HaKo-BetrVG/*Brors*, § 14 Rz. 1; GK-BetrVG/*Kreutz*, § 17 Rz. 6 ua. mit dem Hinweis, man hätte dem GBR als Minus auch nur ein Einladungsrecht zur Betriebsversammlung einräumen können.

weisen, zu einer Stärkung des Vertragsprinzips auf Unternehmensebene führen und deshalb einen betrieblichen „Unterbau" benötigen[1].

Die ursprüngliche Regel – Bestellung des Wahlvorstands über eine **Betriebsversammlung** – findet nach Abs. 2 nur bei Nichtexistenz eines GBR oder KBR (bzw. bei deren Untätigkeit) statt (Rz. 6). Die Einladungsberechtigung zu einer derartigen Betriebsversammlung regelt Abs. 3. In Abs. 4 schließlich wird die Ersatzkompetenz des ArbG „auf Antrag" geregelt, wenn trotz Einladung keine Betriebsversammlung stattfindet oder dort kein Wahlvorstand gewählt wird (Rz. 11). Findet das vereinfachte Wahlverfahren nach § 14a statt, gelten die **Sonderregeln** des § 17a. 2

II. Primärkompetenz des Gesamt- bzw. Konzernbetriebsrats (Abs. 1). Besteht trotz BR-Fähigkeit (§ 1 I 1) kein BR, soll nach Abs. 1 der **GBR** oder, falls ein solcher nicht besteht, der KBR einen Wahlvorstand nach den Grundsätzen des § 16 I bestellen. Dabei wird der Wahlvorstand durch einen **Beschluss** mit einfacher Stimmenmehrheit bestellt, wobei formal § 47 VII, VIII bzw. § 55 III mit ihrer besonderen Gewichtung beachtlich sind (nicht etwa § 33)[2], inhaltlich die Vorgaben des § 16 I. Dem GBR steht zur Wahrnehmung seiner Befugnis ein **Auskunftsrecht** ggü. dem ArbGeb hinsichtlich der betriebsratslosen Betriebe zu[3]. Darüber hinaus kann der GBR **Informationsveranstaltungen** mit den wahlberechtigten ArbN durchführen, um diese auf die Bestellung des Wahlvorstandes vorzubereiten (Annexkompetenz aus Abs. 1). Hieraus ergibt sich aber nicht das Recht, über allg. Aufgaben des BR oder GBR im Rahmen einer Belegschaftsversammlung zu informieren[4]. Nach überwiegender Auffassung begründet Abs. 1 aber **keine zwingende Verpflichtung** der Gremien zur Bestellung eines Wahlvorstands; eine derartige Fremdbestimmung bedürfte einer ausdrücklichen Regelung und hinreichender Rechtfertigung[5]. Vielmehr handelt es sich nur um eine Kompetenznorm. Dabei spielt es keine Rolle, aus welchem Grund kein BR besteht. Die Norm gilt sowohl für den Fall, dass ein neuer Betrieb entstanden ist, als auch für den Fall, dass das **Amt des BR abgelaufen** ist, ohne dass nach § 16 ein Wahlvorstand eingesetzt wurde (Rz. 5)[6]. 3

Im Falle einer **Betriebsspaltung** besteht ein gesetzl. Übergangsmandat des BR für die ihm zugeordneten Betriebsteile, soweit diese betriebsratsfähig sind und durch die Spaltung nicht in einen anderen Betrieb eingegliedert wurden (vgl. § 21a I 1). Betriebsratslosigkeit ist hier nicht gegeben, so dass Abs. 1 nicht eingreift. Auch in gesetzlich nicht geregelten Fällen ist nach dem gesetzlichen Muster des § 21a II zu verfahren, so dass etwa bei Umstrukturierungen im Unternehmen der BR des nach der Zahl der Wahlberechtigten bisher größten Betriebs den Wahlvorstand bestellt[7]. § 17 kommt auch hier nicht zum Zug. 4

§ 17 greift erst ein, wenn das **Regelverfahren des § 16** wegen Ablaufs der Amtszeit (vgl. § 21) nicht mehr anwendbar ist (vgl. § 16 Rz. 3). GBR bzw. KBR sind aber auch dann zur Bestellung eines Wahlvorstandes zuständig, wenn ein Verfahren nach § 16 II zwar eingeleitet wurde oder das ArbG sogar ersatzweise einen Wahlvorstand bestellt hat, diese Entscheidung aber **noch nicht rechtskräftig** geworden ist. Bis zur Rechtskraft der Entscheidung können die nach Abs. 1 zuständigen Gremien durch eigenständige Bestellung des Wahlvorstands noch die **Erledigung** des Verfahrens herbeiführen[8]. 5

III. Sekundärkompetenz der Betriebsversammlung (Abs. 2, 3). Der Recht zur Bestellung des Wahlvorstands (1) dann, wenn weder ein GBR noch ein KBR existieren, so Abs. 2 S. 1, (2) auch dann, wenn eine Bestellung durch diese Gremien **unterlassen** wurde, so Abs. 2 S. 2. Fraglich ist bei S. 2, wann genau davon auszugehen ist, dass die Primärkompetenz nicht wahrgenommen wird und die Sekundärkompetenz der Betriebsversammlung eingreift. Eine gesetzl. **Wartefrist** ist nicht vorgesehen. Solange GBR bzw. KBR erkennbar Anstrengungen zur Bestellung eines Wahlvorstands unternehmen (zB Abklärung der Frage, welche ArbN für die Mitgliedschaft im Wahlvorstand in Betracht kommen), kann eine Zuständigkeit der Betriebsversammlung wegen **Sperrwirkung kraft Wahlvorbereitung** durch die vorrangig zuständigen Gremien nicht bestehen[9]. Jedoch dürfen ansonsten die nach Abs. 3 Berechtigten **jederzeit** zu einer Betriebsversammlung einladen und den Wahlvorstand wählen lassen[10]. Die Primärkompetenz endet spätestens dann, wenn der nach Abs. 2, 3 gewählte Wahlvorstand im Amt ist, dh. die gewählten Mitglieder ihr Amt angenommen haben[11]. Ansonsten bleibt es GBR bzw. KBR unbenommen, nach dem **Prioritätsprinzip** die Betriebsversammlung durch eigenen Beschluss überflüssig zu machen[12]. Ein „Wettlauf" um die Bestellung des Wahlvorstands sollte aber sinnvollerweise durch Absprachen im Vorfeld vermieden werden. 6

1. Einladung zur Betriebsversammlung (Abs. 3). Der Wortlaut des Abs. 3 erfasst als Einladungsberechtigte drei wahlberechtigte ArbN oder eine im Betrieb vertretene Gewerkschaft (vgl. § 14 7

---

1 Vgl. *Reichold*, NZA 2001, 857 (861); *Däubler*, AuR 2001, 1 (2). ||2 HaKo-BetrVG/*Brors*, § 17 Rz. 2. ||3 LAG Nürnberg 25.1.2007 – 1 TaBV 14/06. ||4 BAG 16.11.2011 – 7 ABR 28/10, NZA 2012, 404. ||5 *Fitting*, § 17 Rz. 10; zu einigen Praxisbsp. vgl. *Wassermann/Rudolph*, AiB 2004, 273. ||6 BAG 2.3.1955 – 1 ABR 19/54, BAGE 1, 317; *Fitting*, § 17 Rz. 6. ||7 ArbG Düss. 17.9.1996 – 1 BVGa 12/96, AiB 1997, 602 (zur alten Rechtslage nach UmwG); GK-BetrVG/*Kreutz*, § 17 Rz. 8; Richardi/*Thüsing*, § 17 Rz. 5. ||8 HM, vgl. *Fitting*, § 17 Rz. 6, GK-BetrVG/*Kreutz*, § 17 Rz. 9. ||9 *Fitting*, § 17 Rz. 13. ||10 GK-BetrVG/*Kreutz*, § 17 Rz. 15; aA Richardi/*Thüsing*, § 17 Rz. 6. ||11 GK-BetrVG/*Kreutz*, § 17 Rz. 16; HaKo-BetrVG/*Brors*, § 17 Rz. 5. ||12 Zutr. *Fitting*, § 17 Rz. 14.

Rz. 17 ff.). Das Einladungsrecht der Gewerkschaft bzw. der ArbN entfällt nicht deswegen, weil der andere Einladungsberechtigte bereits eingeladen hat[1]. Streitig ist die Frage, ob dem **ArbGeb** ebenfalls ein Einladungsrecht zusteht[2]. Dagegen spricht der wohl als abschließend zu interpretierende Wortlaut sowie die Gefahr, dass durch die Einladung von ArbGebSeite Druck ausgeübt wird, einen ihm „genehmen" Wahlvorstand zu wählen[3]. Einer Wahlbeeinflussung steht aber § 20 entgegen. Wegen der erschöpfenden Aufzählung der Berechtigten in Abs. 3 können auch weder der noch amtierende BR (soweit nicht nach § 16 kompetent) noch **weniger als drei** ArbN einladungsberechtigt sein.

8   Sichergestellt sein muss, dass die Einladung zur Betriebsversammlung **alle** Wahlberechtigten erreicht. Die Einladung muss vor allem so rechtzeitig bekannt gemacht werden, dass alle ArbN des Betriebs von ihr Kenntnis nehmen können und dadurch die Möglichkeit erhalten, an der Betriebsversammlung teilzunehmen und an der Wahl des Wahlvorstandes mitzuwirken[4].

9   **2. Wahl des Wahlvorstands.** Für die als „Betriebsversammlung" bezeichnete Wahl nach Abs. 2, 3 finden die Vorschriften über die **Betriebsversammlung** (§§ 42 ff.) Anwendung, soweit diese nicht das Bestehen eines BR gerade voraussetzen. Danach besteht ein Teilnahmerecht für alle – auch für die nicht wahlberechtigten – ArbN des Betriebs sowie für Beauftragte der im Betrieb vertretenen Gewerkschaften, **nicht** dagegen für die in § 5 II, III genannten Personen und für den ArbGeb[5]. Die Teilnahme des ArbGeb auf der Wahlversammlung kann gerade nicht auf § 43 II – eine Betriebsvertretung existiert ja noch nicht – gestützt werden. Die Versammlung findet grds. **während der Arbeitszeit** statt, vgl. § 44 I 1. Eine bestimmte Mindestzahl von teilnehmenden ArbN im Sinne einer „Beschlussfähigkeit" ist nicht erforderlich. Das folgt aus Abs. 2 S. 1, der anordnet, dass die Wahl durch die (einfache) „Mehrheit der **anwesenden** ArbN" erfolgt[6]. Abstimmungsberechtigt sind **alle** (anwesenden) **ArbN**, nicht nur die wahlberechtigten, mangels Betriebszugehörigkeit aber nicht die LeihArbN (vgl. § 7 Rz. 8, 21).

10   Der Wahlvorstand ist auch im Anwendungsbereich des § 17 so zusammenzusetzen wie ein vom BR nach § 16 bestellter Wahlvorstand (vgl. § 16 Rz. 8). Gewählt ist, wer die meisten Stimmen erhält. Ausweislich des Wortlauts muss jeder Kandidat die Mehrheit der abgegebenen Stimmen der **anwesenden ArbN** auf sich vereinigen, so dass allein die Mehrheit der *abgegebenen* Stimmen nicht reicht[7]. Mangels besonderer Formvorschriften ist eine geheime Abstimmung durch Stimmzettel nicht erforderlich; es genügt das Abstimmen per Handzeichen[8]. Nach der Wahl erfolgt die **Bestellung** des Wahlvorstands. Ist in der Betriebsversammlung die Vorstandswahl unterlassen worden, so kann der Wahlvorstand ohne weiteres selbst den Vorsitzenden bestellen[9].

11   **IV. Ersatzkompetenz des Arbeitsgerichts (Abs. 4).** Erst wenn **trotz Einladung** zu der Betriebsversammlung nach Abs. 3 die Wahl eines Wahlvorstandes ausbleibt, kann das ArbG auf Antrag gem. Abs. 4 den Wahlvorstand bestellen. Das ArbG hat deshalb nach bisher hM die Ordnungsmäßigkeit der Einladung nach Abs. 3 zu prüfen, weil sonst der Antrag keinen Erfolg haben kann[10]. Der Wahlvorstand soll erst durch das Gericht installiert werden können, wenn sich die Belegschaft hierzu überhaupt äußern konnte, was die Kenntnisnahme von der Einladung voraussetzt. Die Gründe, warum es zu der Einladung nicht gekommen ist, spielen keine Rolle und sind für die Prüfung des ArbG unerheblich[11]. Antragsberechtigt sind wie bei § 16 II drei **wahlberechtigte** ArbN oder eine im Betrieb vertretene Gewerkschaft. Die Antragsbefugnis der ArbN entfällt bei deren fristloser Kündigung und fehlendem Weiterbeschäftigungsanspruch[12]. Eine Gewerkschaft ist iSv. Abs. 4 auch dann im Betrieb vertreten, wenn ihr – neben der erforderlichen personellen Präsenz durch mindestens ein Mitglied – eine **Tarifzuständigkeit** für den Betrieb **nicht zukommt**[13].

12   **V. Rechtsstellung des Wahlvorstands.** § 17 regelt nur die Bestellung des Wahlvorstands in Betrieben ohne BR. Hinsichtlich der Aufgaben, Amtsdauer und Rechtsstellung seiner Mitglieder gilt dasselbe wie bei der Bestellung durch den vorhandenen BR (vgl. § 16 Rz. 4). Die BetrVG-Novelle 2001 hat einen besonderen **Kündigungsschutz** zusätzlich für die **Initiatoren** von BR-Wahlen eingeführt: Nach § 15 IIIa KSchG sollen auch die nach Abs. 3 bzw. 4 einladenden bzw. antragstellenden ArbN vom Zeitpunkt der Einladung bzw. Antragstellung an bis zur Bekanntgabe des Wahlergebnisses, bei Nicht-Zustandekommen der Wahl drei Monate lang gegen **ordentliche** Kündigungen besonders geschützt sein. Ein darüber

---

1 LAG Köln 6.10.1989 – 9 TaBV 49/89, BB 1990, 998; *Fitting*, § 17 Rz. 16. || 2 Zum Streitstand ausf. GK-BetrVG/*Kreutz*, § 17 Rz. 23; Richardi/*Thüsing*, § 17 Rz. 11. || 3 So auch *Fitting*, § 17 Rz. 22; HaKo-BetrVG/*Brors*, § 14 Rz. 7; DKKW/*Schneider*, § 17 Rz. 3; aA GK-BetrVG/*Kreutz*, § 17 Rz. 22; Richardi/*Thüsing*, § 17 Rz. 11; auch BAG 19.3.1974 – 1 ABR 87/73, DB 1974, 1775. || 4 BAG 19.11.2003 – 7 ABR 24/03, NZA 2004, 395; LAG Hamm 13.4.2012 – 10 TaBV 109/11. || 5 Letzteres str., vgl. einerseits (für die ArbGeb-Teilnahme) *Fitting*, § 17 Rz. 26; GK-BetrVG/*Kreutz*, § 17 Rz. 28; andererseits DKKW/*Schneider*, § 17 Rz. 6; Richardi/*Thüsing*, § 17 Rz. 16. || 6 HM, vgl. DKKW/*Schneider*, § 17 Rz. 8; *Fitting*, § 17 Rz. 25. || 7 *Fitting*, § 17 Rz. 28; GK-BetrVG/*Kreutz*, § 17 Rz. 29. || 8 HaKo-BetrVG/*Brors*, § 17 Rz. 6. || 9 BAG 14.12.1965 – 1 ABR 6/65, BAGE 18, 54; Richardi/*Thüsing*, § 17 Rz. 25. || 10 BAG 26.2.1992 – 7 ABR 37/91, NZA 1992, 942; krit. *Fitting*, § 17 Rz. 33; *Richter*, NZA 2002, 1069 wegen der neuen Primärkompetenz des GBR/KBR. || 11 BAG 26.2.1992 – 7 ABR 37/91, NZA 1992, 942; LAG Düss. 19.10.1983 – 12 TaBV 75/83, AiB 1984, 79; GK-BetrVG/*Kreutz*, § 17 Rz. 45; das bleibt auch nach der Neufassung maßgeblich, vgl. *Richter*, NZA 2002, 1069 (1073). || 12 LAG München 7.12.2011 – 11 TaBV 74/11, NZA-RR 2012, 83. || 13 BAG 10.11.2004 – 7 ABR 19/04, NZA 2005, 426. Dem Beschluss kommt grundsätzliche Bedeutung für das BetrVG zu, dazu krit. *Ramrath*, SAE 2006, 114.

hinaus nachwirkender Kündigungsschutz ist nicht vorgesehen. Der Schutz ist begrenzt auf die **ersten drei** in der Einladung oder Antragstellung aufgeführten ArbN, § 15 IIIa 1 letzter Hs.; er gilt daher nicht für Initiatoren zur BR-Wahl, die allein oder bloß zu zweit geblieben sind[1].

17a *Bestellung des Wahlvorstands im vereinfachten Wahlverfahren*
Im Fall des § 14a finden die §§ 16 und 17 mit folgender Maßgabe Anwendung:

1. Die Frist des § 16 Abs. 1 Satz 1 wird auf vier Wochen und die des § 16 Abs. 2 Satz 1, Abs. 3 Satz 1 auf drei Wochen verkürzt.
2. § 16 Abs. 1 Satz 2 und 3 findet keine Anwendung.
3. In den Fällen des § 17 Abs. 2 wird der Wahlvorstand in einer Wahlversammlung von der Mehrheit der anwesenden Arbeitnehmer gewählt. Für die Einladung zu der Wahlversammlung gilt § 17 Abs. 3 entsprechend.
4. § 17 Abs. 4 gilt entsprechend, wenn trotz Einladung keine Wahlversammlung stattfindet oder auf der Wahlversammlung kein Wahlvorstand gewählt wird.

I. Inhalt und Zweck. Die Vorschrift ergänzt § 14a, indem sie dem Beschleunigungs- und Vereinfachungszweck des **vereinfachten Wahlverfahrens** entsprechende Modifikationen der allg. Regeln (§§ 16, 17) für die Bestellung des Wahlvorstands enthält. Sie gilt also nur für Betriebe mit idR fünf bis 50 wahlberechtigten ArbN, vgl. § 14a I 1. Die Fristen für die Bestellung des Wahlvorstands werden verkürzt (Nr. 1), der Wahlvorstand in Kleinbetrieben wird auf die Anzahl von **drei** Mitgliedern **festgelegt** (Nr. 2); eine höhere Mitgliederzahl hielt der Gesetzgeber im Kleinbetrieb nicht für erforderlich[2]. Für den betriebsratslosen Kleinbetrieb, dh. für das sog. zweistufige vereinfachte Wahlverfahren (vgl. § 14a Rz. 2), wird in Nr. 3 bestimmt, dass der Wahlvorstand in einer Wahlversammlung gewählt wird. Wie im Regelverfahren nach § 17 wird der Wahlvorstand dort von der Mehrheit der anwesenden Mitglieder bestellt (vgl. § 14a Rz. 9 f.). Nr. 4 schließlich sieht in entsprechender Anwendung des § 17 IV die Ersatzbestellung durch das ArbG auf Antrag vor (vgl. § 17 Rz. 11). 1

Soweit § 17a keine Modifikation enthält, finden die §§ 16, 17 uneingeschränkt Anwendung. Dies ergibt sich aus dem Eingangssatz der Vorschrift[3]. Zu beachten ist, dass § 17a nicht für das vereinfachte Wahlverfahren **kraft Vereinbarung** gilt, § 14a V, weil hier der Wahlvorstand bereits nach den allg. Regeln der §§ 16, 17 bestellt worden sein muss[4]. 2

II. Bestellung in Kleinbetrieben durch den Betriebsrat (Nr. 1 u. 2). Besteht bereits ein BR (sog. einstufiges vereinfachtes Verfahren, vgl. § 14a III), kann er nach Nr. 1 **sechs Wochen länger** mit der Bestellung des Wahlvorstands zuwarten als nach § 16 I 1. Entsprechend kann eine **Ersatzbestellung** durch das ArbG (§ 16 II) oder den GBR bzw. KBR (§ 16 III) nicht schon acht, sondern frühestens drei Wochen vor Ablauf der Amtszeit erfolgen. Der Sinn dieser Verkürzung von Bestellungsfristen ist auch mit Rücksicht auf Kleinbetriebe nicht erkennbar. Selbst wenn der Vorbereitungsaufwand dort geringer sein sollte, wird dennoch möglicherweise unnötige Hektik erzeugt. Jedenfalls ist dem BR eine frühere Bestellung keineswegs verwehrt (vgl. § 16 I 1: „spätestens")[5]. 3

III. Bestellung in Kleinbetrieben ohne Betriebsrat (Nr. 3 u. 4). Da § 17 uneingeschränkt Anwendung findet, soweit § 17a keine modifizierenden Regelungen enthält (Rz. 2), gilt auch in Kleinbetrieben ohne BR die **Primärkompetenz** des GBR bzw. KBR zur Bestellung des Wahlvorstands (vgl. § 17 Rz. 3). Der Wahlversammlung kommt auch **im vereinfachten Verfahren** nur eine sekundäre Zuständigkeit zu (vgl. § 17 Rz. 6)[6]. Die teleologisch begründbare Gegenmeinung von *Löwisch* ist systematisch nicht haltbar: Der Verweis der Nr. 3 auf „Fälle des § 17 II" setzt auch hier die Geltung des § 17 I als selbstverständlich voraus[7]. Der ggü. § 17 II **eigenständige Gehalt** von Nr. 3 S. 1 ist der Begriff „Wahlversammlung" (nicht: „Betriebsversammlung"), so dass eine formlose Versammlung von betriebl. ArbN ausreicht, die den Wahlvorstand ebenso formlos mit einfacher Mehrheit wählen kann (vgl. § 14a Rz. 9). Für die Einladung gilt § 17 III entsprechend, jedoch muss sie nach § 28 I 2 WO **sieben Tage** vor der Wahlversammlung erfolgen (vgl. § 14a Rz. 6 ff.). 4

Findet „trotz Einladung" **keine Wahlversammlung** statt oder wird trotz Wahlversammlung kein Wahlvorstand gewählt, ordnet Nr. 4 der Vorschrift die entsprechende Anwendung des § 17 IV an, so dass das ArbG auf Antrag von drei wahlberechtigten ArbN oder einer im Betrieb vertretenen Gewerkschaft den Wahlvorstand bestellen kann (vgl. § 17 Rz. 11). Auch dann kann die Zahl der Wahlvorstandsmitglieder nicht über drei hinaus erhöht werden. Nur in Betrieben mit idR mehr als 20 wahlberechtigten ArbN gilt über § 17 IV die Möglichkeit, betriebsexterne Gewerkschaftsmitglieder zu Mitgliedern des Wahlvorstands zu bestellen. 5

---

1 *Löwisch*, BB 2002, 1503. ||2 Vgl. BT-Drs. 14/5741, 38. ||3 HM, vgl. GK-BetrVG/*Kreutz*, § 17a Rz. 7; *Löwisch/Kaiser*, § 17a Rz. 1. ||4 Vgl. *Fitting*, § 17a Rz. 2; Richardi/*Thüsing*, § 17a Rz. 1. ||5 Vgl. GK-BetrVG/*Kreutz*, § 17a Rz. 9. ||6 HM, vgl. *Fitting*, § 17a Rz. 8; GK-BetrVG/*Kreutz*, § 17a Rz. 13; *Quecke*, AuR 2002, 3; aA *Löwisch/Kaiser*, § 17a Rz. 2. ||7 Vgl. ausf. GK-BetrVG/*Kreutz*, § 17a Rz. 13.

6 IV. Streitigkeiten. Streitigkeiten, die sich im Zusammenhang mit der Bestellung des Wahlvorstands ergeben, entscheidet das ArbG im Wege des **Beschlussverfahrens** (§§ 2a I Nr. 1, II iVm. 80 ff. ArbGG). Verstöße gegen § 17a können als Verstöße gegen das Wahlverfahren zur **Anfechtbarkeit** (§ 19) führen, wenn es nicht völlig unwahrscheinlich ist, dass bei ordnungsgemäßer Durchführung der Wahl ein anderes Wahlergebnis erzielt worden wäre. Eine pauschale Argumentation mit dem erhöhten Zeitdruck der Wahl im vereinfachten Verfahren reicht nicht aus[1], jedoch ist die Nicht-Einhaltung der knappen Fristen (zB der Sieben-Tage-Einladungsfrist im zweistufigen Wahlverfahren, vgl. § 14a Rz. 6) eindeutiger Anfechtungsgrund. IÜ vgl. § 14 Rz. 21, § 14a Rz. 20.

18 Vorbereitung und Durchführung der Wahl

(1) Der Wahlvorstand hat die Wahl unverzüglich einzuleiten, sie durchzuführen und das Wahlergebnis festzustellen. Kommt der Wahlvorstand dieser Verpflichtung nicht nach, so ersetzt ihn das Arbeitsgericht auf Antrag des Betriebsrats, von mindestens drei wahlberechtigten Arbeitnehmern oder einer im Betrieb vertretenen Gewerkschaft. § 16 Abs. 2 gilt entsprechend.

(2) Ist zweifelhaft, ob eine betriebsratsfähige Organisationseinheit vorliegt, so können der Arbeitgeber, jeder beteiligte Betriebsrat, jeder beteiligte Wahlvorstand oder eine im Betrieb vertretene Gewerkschaft eine Entscheidung des Arbeitsgerichts beantragen.

(3) Unverzüglich nach Abschluss der Wahl nimmt der Wahlvorstand öffentlich die Auszählung der Stimmen vor, stellt deren Ergebnis in einer Niederschrift fest und gibt es den Arbeitnehmern des Betriebs bekannt. Dem Arbeitgeber und den im Betrieb vertretenen Gewerkschaften ist eine Abschrift der Wahlniederschrift zu übersenden.

1 **I. Inhalt und Zweck.** Die Vorschrift regelt in erster Linie die **Aufgaben des Wahlvorstands** (Abs. 1 S. 1, Abs. 3) bei Vorbereitung und Durchführung der Wahl, die in der Wahlordnung im Einzelnen benannt werden. Der Feststellung des Wahlergebnisses kommt im demokratischen Rechtsstaat eine so hohe Bedeutung zu, dass nach Ansicht des Gesetzgebers der Inhalt des Abs. 3 nicht der WO vorbehalten sein sollte, sondern einer besonderen gesetzl. Normierung bedurfte[2]. Abs. 2 eröffnet hingegen die Möglichkeit der arbeitsgerichtl. Feststellung, ob eine „**betriebsratsfähige Organisationseinheit**" vorliegt. Diese wichtige Vorfrage für jeden Wahlvorstand darf laut BetrVG-Novelle 2001 **jederzeit** dem Gericht vorgelegt werden, nicht wie früher nur „vor der Wahl"[3]. Das entspricht der schon zuvor geltenden Rspr.[4]. Die Einführung des Begriffs der „betriebsratsfähigen Organisationseinheit" in Abs. 2 trägt dem durch § 3 I Nr. 1–3 möglichen flexibleren Betriebszuschnitt kraft TV oder BV Rechnung. Streit- und Zweifelsfragen können sich auch aus der Anwendung des § 1 II (gemeinsamer Betrieb) oder des § 4 I 1 bzw. II (Betriebsteil, Kleinstbetrieb) ergeben (näher Rz. 12)[5]. Eine weitere wichtige Änderung durch die BetrVG-Novelle 2001 betrifft den Kreis der Antragsberechtigten nach Abs. 1 S. 2: Ein untätiger Wahlvorstand kann auch auf Antrag des **BR**, der ihn bestellt hat, durch das ArbG ersetzt werden[6].

2 **II. Aufgaben des Wahlvorstands (Abs. 1, 3).** Ist der Wahlvorstand nach §§ 16, 17 oder 17a bestellt, hat er **unverzüglich** die Wahl des BR einzuleiten, durchzuführen und das Wahlergebnis festzustellen. Er trifft seine Entscheidungen in nicht-öffentl. Sitzungen mit einfacher Stimmenmehrheit seiner stimmberechtigten Mitglieder (§ 1 III WO). Die Feststellung des Ergebnisses muss aber öffentlich erfolgen, Abs. 3 (Rz. 6). Er kann auch **Rechtshilfe bzw. -rat** einer im Betrieb vertretenen Gewerkschaft in Anspruch nehmen und dazu Gewerkschaftsbeauftragte zu Sitzungen einladen[7]. Ein Entsendungsrecht der Gewerkschaften (ohne Einladung) kommt aber nur nach § 16 I 6 in Betracht (vgl. § 16 Rz. 9). Die Mitglieder des Wahlvorstands sind **ehrenamtlich** tätig und haben keinen Anspruch auf besondere Vergütung (vgl. § 16 Rz. 4); sie dürfen deshalb aber auch keine Nachteile erleiden (vgl. § 20 III 2). Werden sie aus betriebl. Gründen außerhalb ihrer Arbeitszeit tätig, haben sie deshalb analog § 37 III Ausgleichsansprüche[8].

3 **1. Einleitung und Durchführung der Wahl (Abs. 1).** Der Wahlvorstand hat die Wahl durch den Erlass des Wahlausschreibens spätestens sechs Wochen vor dem ersten Tag der Stimmabgabe **einzuleiten** (vgl. § 3 I 1, 2 WO). Aus dessen zwingendem Inhalt gem. § 3 II WO ergeben sich seine **wesentlichen** Aufgaben im Vorfeld, insb.

– Aufstellung der Wählerliste (§ 2 I WO);

– Feststellung des Anteils der Geschlechter und der Mindestsitze gem. § 15 II, § 5 WO (vgl. § 15 Rz. 6);

– Feststellung der Anzahl der zu wählenden BR-Mitglieder nach §§ 9, 11;

– Berechnung der Mindestzahl von Stützunterschriften für Wahlvorschläge nach § 14 IV (vgl. § 14 Rz. 17);

---

1 HaKo-BetrVG/*Brors*, § 17a Rz. 6. ||2 Ausschuss für Arbeit und Sozialordnung, zu BT-Drs. VI/2729, 21. ||3 BT-Drs. 14/5741, 38. ||4 Zuletzt BAG 9.4.1991 – 1 AZR 488/90, BAGE 68, 1. ||5 BT-Drs. 14/5741, 38; ferner GK-BetrVG/*Kreutz*, § 18 Rz. 56. ||6 BT-Drs. 14/5741, 38. ||7 HM, vgl. GK-BetrVG/*Kreutz*, § 18 Rz. 13; DKKW/*Schneider*, § 18 Rz. 2. ||8 BAG 26.4.1995 – 7 AZR 874/94, BAGE 80, 54.

Vorbereitung und Durchführung der Wahl   Rz. 9 § 18 BetrVG

- Festlegung des Ortes, des Tages und der Zeit der Stimmabgabe;
- Festlegung der Betriebsadresse des Wahlvorstands[1].

Die Wahl ist durch den Wahlvorstand „**unverzüglich**" einzuleiten. Der Begriff ist anhand § 121 I 1 BGB auszulegen, dh. Einleitung „ohne schuldhaftes Zögern", und findet eine Konkretisierung durch § 3 I 1 WO („spätestens sechs Wochen vor dem ersten Tag der Stimmabgabe"). Das Gesetz belässt dem Wahlvorstand einen Spielraum **pflichtgemäßen Ermessens** und fordert keineswegs übereiltes Handeln[2]. 4

Die **Durchführung** der Wahl beginnt mit dem Erlass des Wahlausschreibens (§ 3 WO[3]) und endet mit dem Abschluss der Stimmabgabe. Der Wahlvorstand nimmt vor allem **Wahlvorschläge** entgegen, prüft deren ordnungsgemäßes Zustandekommen[4] und fristgerechte Einreichung (§§ 6–8 WO). Weiter geht es um folgende wesentliche Maßnahmen: 5

- Entscheidung über Einsprüche gegen die Richtigkeit der Wählerliste (§ 4 WO);
- Feststellung, ob die Wahl als Verhältniswahl oder als Mehrheitswahl stattfindet (vgl. § 14 Rz. 10 ff.);
- Bekanntgabe der Wahlvorschläge (§ 10 II WO);
- technische Vorbereitung des Wahlgangs, zB Einsatz von Wahlhelfern (§ 1 II WO), Beschaffung der Stimmzettel, Wahlumschläge und Wahlurnen (§§ 11, 12 WO);
- Überwachung der Stimmabgabe (§ 12 WO), Öffnung und Prüfung der schriftl. Stimmabgaben (§ 26 WO).

2. **Feststellung des Wahlergebnisses (Abs. 3).** Ebenso **unverzüglich** wie die Einleitung hat auch die **Feststellung und Bekanntgabe** des Wahlergebnisses durch den Wahlvorstand nach Abs. 3 zu erfolgen (vgl. §§ 13 ff. WO). Das hat in **öffentlicher Sitzung** zu geschehen. Das gesamte Verfahren der Feststellung des Wahlergebnisses ist öffentlich und nicht – wie es der Wortlaut nahe legen könnte – nur der Vorgang der Stimmauszählung[5]. Die vorgeschriebene Öffentlichkeit erfordert, dass Ort und Zeitpunkt der Stimmauszählung **vorher** im Betrieb öffentlich bekannt gemacht werden. Gemeint ist nicht die allg. Öffentlichkeit, sondern die **Betriebsöffentlichkeit**[6], dh. alle ArbN und diejenigen, welchen auch ein Anfechtungsrecht nach § 19 zustehen kann. Damit sind auch die Gewerkschaften erfasst, unabhängig davon, ob sie bis jetzt an der Wahl beteiligt waren oder nicht. Die Beauftragten der Gewerkschaft haben daher ein Teilnahmerecht an der Auszählung, das auch ein Zugangsrecht zum Betrieb nach § 2 II begründet[7]. 6

Nach der Auszählung der Stimmen (§§ 13, 14 WO) und der Ermittlung der Sitze (§ 15 WO) wird das Ergebnis in einer **Wahlniederschrift** (§ 16 WO) festgestellt und den ArbN des Betriebs genauso wie das Wahlausschreiben bekannt gegeben (§ 18 WO). Voraussetzung ist allerdings die Zustimmung der Gewählten (§ 17 WO), die die Wahl selbstverständlich auch ablehnen können[8]. Erst dann ist eine Abschrift der Wahlniederschrift nach Abs. 3 S. 2 dem ArbGeb und den im Betrieb vertretenen Gewerkschaften durch den Wahlvorstand zu übersenden. Wird gegen diese Übersendungspflicht verstoßen, begründet das **keine Anfechtung**, weil zu diesem Zeitpunkt das Wahlergebnis bereits feststeht – eine mögliche kausale Wahlbeeinflussung scheidet aus[9]. 7

Mit der Bekanntmachung des **endgültigen** Wahlergebnisses durch zweiwöchigen Aushang (§ 18 WO) ist das Wahlverfahren **beendet**. Die Aushangfrist stimmt mit der Anfechtungsfrist nach § 19 II 2 überein. Der Wahlvorstand amtiert jedoch solange, bis er die Leitung der **konstituierenden** Sitzung des neu gewählten BR nach § 29 I 2 an den gewählten Wahlleiter abgeben kann (vgl. § 16 Rz. 4). Diese konstituierende Sitzung ist nach § 29 I 1 „vor Ablauf einer Woche nach dem Wahltag" durch den Wahlvorstand einzuberufen. 8

III. **Ersetzung des Wahlvorstands durch das Arbeitsgericht (Abs. 1 S. 2).** Die **tatsächliche** und **rechtzeitige** Durchführung der BR-Wahlen ist dem Gesetzgeber so wichtig, dass er die Pflichten des Wahlvorstands nach Abs. 1 durch eine **Ersetzungsbefugnis** des ArbG sanktioniert. Deshalb genügt schon objektive Untätigkeit des Wahlvorstands bzw. pflichtwidrige Verzögerung des Wahlverfahrens; einer schuldhaften Pflichtverletzung bedarf es – ähnlich wie bei der Auflösung des BR (vgl. § 23 I) – nicht[10]. Nach dem Wortlaut der Vorschrift ist der Ausschluss nur eines **einzigen** Mitglieds als der entscheidenden Störungsquelle nicht möglich – der Wahlvorstand wird als Gremium insg. abberufen[11]. Handelt der 9

---

[1] Einzelheiten vgl. § 2 Abs. 2 WO sowie *Fitting*, § 18 Rz. 16; GK-BetrVG/*Kreutz*, § 18 Rz. 19 ff. ||[2] Vgl. nur Ha-Ko-BetrVG/*Brors*, § 18 Rz. 3; GK-BetrVG/*Kreutz*, § 18 Rz. 18. ||[3] Zur Maßgeblichkeit des ordnungsgemäßen Aushangs im Verhältnis zur elektronischen Bekanntmachung gem. § 3 IV WO vgl. BAG 5.5.2004 – 7 ABR 44/03, NZA 2004, 1285; *Gräfl*, JbArbR 42 (2005), 133 (139 f.). ||[4] Vgl. BAG 18.7.2012 – 7 ABR 21/11, EzA § 19 BetrVG 2001 Nr. 9 sowie 25.5.2005 – 7 ABR 39/04, NZA 2006, 116: Am letzten Tag der Frist zur Einreichung von Wahlvorschlägen sind eingehende Wahlvorschläge möglichst sofort zu prüfen und ggf. zurückzuweisen; andernfalls liegt ein Verstoß gegen § 7 II 2 WO vor, der zur Anfechtbarkeit führt. ||[5] HM, vgl. *Fitting*, § 18 Rz. 21; GK-BetrVG/*Kreutz*, § 18 Rz. 32. ||[6] BAG 15.11.2000 – 7 ABR 53/99, NZA 2001, 853. ||[7] HM, vgl. *Fitting*, § 18 Rz. 23. ||[8] Ausf. GK-BetrVG/*Kreutz*, § 18 Rz. 36 ff., der deshalb zwischen einem vorläufigen und einem endgültigen Wahlergebnis differenziert. ||[9] HM, vgl. *Fitting*, § 18 Rz. 29; GK-BetrVG/*Kreutz*, § 18 Rz. 40. ||[10] HM, vgl. *Fitting*, § 18 Rz. 48; GK-BetrVG/*Kreutz*, § 18 Rz. 44 f. ||[11] Vgl. DKKW/*Schneider*, § 18 Rz. 15; Richardi/*Thüsing*, § 18 Rz. 11.

Wahlvorstand lediglich **unzweckmäßig**, kommt es nicht zum Ersetzungsverfahren, sondern allenfalls zum eigenständigen arbeitsgerichtl. Kontrollverfahren (Rz. 16).

10 Die Entscheidung des ArbG erfolgt nur auf **Antrag**. Antragsberechtigt sind der BR (Rz. 1), drei wahlberechtigte ArbN oder jede im Betrieb vertretene Gewerkschaft, nicht aber der ArbGeb. Zur Schließung einer Regelungslücke ist mit *Kreutz* aber auch der den Wahlvorstand nach §§ 16 III, 17 I bestellt habende **GBR bzw. KBR** als antragsberechtigt anzusehen[1]. Das ArbG beruft den alten Wahlvorstand ab und bestimmt gleichzeitig die Mitglieder des neuen Vorstands und den Vorsitzenden (vgl. § 16 Rz. 8, 10). Es kann bei deutlichem Fehlverhalten nur einer Person andere Mitglieder des ersetzten Wahlvorstands wieder in den neuen Wahlvorstand berufen[2]. Die Wirkung der Ersetzung des Wahlvorstands erfolgt mit „**ex nunc-Wirkung**", so dass etwaige vom alten Wahlvorstand veranlasste Maßnahmen ihre Gültigkeit behalten[3].

11 Einstweilen frei.

12 **IV. Feststellung betriebsratsfähiger Organisationseinheiten (Abs. 2).** Nach Abs. 2 kann in **jedem Zweifelsfall** und unabhängig von einer BR-Wahl **zu jeder Zeit** (Rz. 1) die arbeitsgerichtl. Entscheidung darüber herbeigeführt werden, ob eine bestimmte Organisationseinheit **betriebsratsfähig** ist oder nicht bzw. wo deren Grenzen verlaufen. Daher fällt auch die Feststellung, ob mehrere Unternehmen einen gemeinsamen Betrieb bilden, unter Abs. 2[4]. Die Klärung dieser Frage ist nicht nur für die Wahlen, sondern auch für den Umfang der Beteiligungsrechte – je nach Anzahl der Beschäftigten – wesentlich. Der systematische Zusammenhang der Antragsbefugnis mit dem Wahlverfahren in § 18 ist nur noch von historischer Bedeutung[5]. Doch wird durch Abs. 2 zutreffend betont, dass es gerade Aufgabe des **Wahlvorstands** ist, zur Vermeidung späterer Anfechtungsverfahren eine Klärung besonders schwieriger betriebl. Abgrenzungsfragen rechtzeitig zu veranlassen[6]. So können die Voraussetzungen für eine künftige ordnungsgemäße BR-Wahl geschaffen werden[7]. Solange eine **bindende Betriebsabgrenzung** nach dieser Norm nicht ergangen ist, kann diese Rechtsfrage auch als Vorfrage in einem Beschlussverfahren (zB Mitbest. nach § 99) geklärt werden[8]. Umgekehrt kommt der im Beschlussverfahren ergangenen Entscheidung **Bindungswirkung** für nachfolgende Urteilsverfahren (zB Nachteilsausgleich nach § 113) als Feststellung des betriebsverfassungsrechtl. Tatbestands zu, jedoch nur in Bezug auf kollektivrechtl. Vorfragen, nicht in Bezug auf den Kündigungsschutz[9].

13 Die **Antragsberechtigung** nach Abs. 2 ist nicht als abschließende Regelung aufzufassen. Vielmehr folgt diese den allg. Grundsätzen des Beschlussverfahrens kraft **materieller Betroffenheit**[10]. Über die in Abs. 2 ausdrücklich Genannten hinaus sind zB auch jeder beteiligte SprAu für leitende Angestellte und jeder dabei beteiligte Wahlvorstand antragsberechtigt[11]. Doch sind die **ArbN selbst** nicht antragsberechtigt, weil ihnen die für dieses Verfahren notwendige betriebsverfassungsrechtl. Betroffenheit fehlt[12]. Eine Analogie zum nachträglichen Rechtsschutz nach § 19 II überzeugt nicht[13]. Den im Betrieb vertretenen **Gewerkschaften** wird durch die Antragsbefugnis nach Abs. 2 eine betriebsverfassungsrechtl. Rechtsposition erst eingeräumt; daraus folgt jedoch keineswegs ein Beteiligungsrecht in Verfahren, die von anderen Antragsberechtigten eingeleitet worden sind[14].

14 Die rechtskräftige Entscheidung des ArbG führt zu einer weit gehenden **Bindungswirkung** (Rz. 12), und zwar nicht nur für alle Verfahrensbeteiligten, sondern auch für den ArbGeb und die ArbN kraft Rechtskrafterstreckung nach Sinn und Zweck des Abs. 2[15]. Dabei gilt es nach dem **Zeitpunkt der rechtskräftigen Feststellung** zu unterscheiden: Wird das ArbG, der ursprünglichen Intention des Abs. 2 folgend, im laufenden Wahlverfahren angerufen und ergeht eine (rechtskräftige) Entscheidung **vor Abschluss der Wahlen**, ist bei fehlerhafter Betriebsabgrenzung die Wahl abzubrechen und ein neues Wahlverfahren mit einem neuen Wahlvorstand einzuleiten[16]. Ein ggf. parallel gestellter Antrag auf Ersetzung des Wahlvorstands gem. Abs. 1 S. 2 wird mangels Rechtsschutzinteresses unzulässig, wenn der Wahl-

---

1 GK-BetrVG/*Kreutz*, § 18 Rz. 48: analoge Anwendung geboten; ähnl. *Fitting*, § 18 Rz. 46. ||2 So etwa *Fitting*, § 18 Rz. 52; GK-BetrVG/*Kreutz*, § 18 Rz. 50; Richardi/*Thüsing*, § 18 Rz. 15; aA wohl *Löwisch/Kaiser*, § 18 Rz. 8. ||3 HM, vgl. *Fitting*, § 18 Rz. 51; GK-BetrVG/*Kreutz*, § 18 Rz. 52; Richardi/*Thüsing*, § 18 Rz. 16. ||4 BAG 13.2.2013 – 7 ABR 36/11, BB 2013, 1395 (LS); 11.2.2004 – 7 ABR 27/03, NZA 2004, 618; 9.4.1991 – 1 AZR 488/90, BAGE 68, 1; LAG Köln 14.7.2004 – 7 TaBV 59/03, nv. ||5 GK-BetrVG/*Kreutz*, § 18 Rz. 55: frühere enumerative Aufzählung der Zuständigkeit in betriebsverfassungsrechtl. Streitigkeiten. ||6 HM, vgl. nur HaKo-BetrVG/*Brors*, § 18 Rz. 1; GK-BetrVG/*Kreutz*, § 18 Rz. 56f. sowie BAG 9.4.1991 – 1 AZR 488/90, BAGE 68, 1. ||7 BAG 7.5.2008 – 7 ABR 15/07, NZA 2009, 328; 17.1.2007 – 7 ABR 63/05, NZA 2007, 703. ||8 BAG 3.12.1985 – 1 ABR 29/84, BAGE 50, 251. ||9 BAG 18.10.2006 – 2 AZR 434/05, NZA 2007, 552; 9.4.1991 – 1 AZR 488/90, BAGE 68, 1. ||10 Str., wie hier GK-BetrVG/*Kreutz*, § 18 Rz. 58; Richardi/*Thüsing*, § 18 Rz. 26; aA BAG 18.1.2012 – 7 ABR 72/10, NZA-RR 2013, 133; DKKW/*Schneider*, § 18 Rz. 20; HaKo-BetrVG/*Brors*, § 18 Rz. 6; *Fitting*, § 18 Rz. 59. ||11 Nicht aber, wenn der gewählte BR schon im Amt ist, vgl. LAG Nürnberg 4.1.2007 – 6 Ta 206/06, NZA-RR 2007, 214. ||12 Vgl. auch BAG 18.1.2012 – 7 ABR 72/10, NZA-RR 2013, 133. ||13 So auch *Fitting*, § 18 Rz. 60; Richardi/*Thüsing*, § 18 Rz. 26; aA GK-BetrVG/*Kreutz*, § 18 Rz. 58. ||14 Beteiligung nur bei Betroffenheit gewerkschaftl. Interessen, vgl. BAG 25.9.1986 – 6 ABR 68/84, BAGE 53, 119. ||15 BAG 17.1.2007 – 7 ABR 63/05, BAGE 121, 7; 9.4.1991 – 1 AZR 488/90, BAGE 68, 1; vgl. ferner GK-BetrVG/*Kreutz*, § 18 Rz. 63. ||16 HM, vgl. nur ArbG Frankfurt/M. 24.1.2012 – 13 BVGa 32/12, BB 2012, 908; *Fitting*, § 18 Rz. 62; GK-BetrVG/*Kreutz*, § 18 Rz. 61.

vorstand in einer Betriebsstätte bestellt werden sollte, für die gem. Abs. 2 rechtskräftig festgestellt wurde, dass es sich nicht um eine betriebsratsfähige Organisationseinheit handelt[1].

Wird **während der Amtszeit** eines BR rechtskräftig festgestellt, dass eine fehlerhafte betriebl. Organisationsabgrenzung erfolgte, ist diese Entscheidung grds. erst **für die nächste Wahl** maßgebend, es sei denn, die Verkennung des Betriebsbegriffs ist evident (§ 19 Rz. 25). Der gewählte BR bleibt solange im Amt, bis seine Amtszeit abgelaufen ist, sofern die Wahl nicht wirksam nach § 19 innerhalb der Zwei-Wochen-Frist angefochten wird[2]. Wurde zB ein Teil der betriebsratsfähigen Organisationseinheit zu Unrecht nicht einbezogen, so erweitert zwar das gerichtl. Feststellung des Zuständigkeitsbereich des BR; jedoch kann außerhalb der regelmäßigen BR-Wahlen ein BR nur analog § 13 II Nr. 1 unter Beteiligung der hinzu gekommenen ArbN gewählt werden[3]. Existiert allerdings für den eigentlich unselbständigen Betriebsteil ein BR, bleibt dieser folgerichtig im Amt und fällt nicht in den Zuständigkeitsbereich des Hauptbetriebs[4].

V. Streitigkeiten. Die Norm regelt **ausdrücklich** zwei Verfahren: (1) das Abberufungsverfahren nach Abs. 1 S. 2 (Rz. 9–11), (2) das Zuordnungsverfahren nach Abs. 2 (Rz. 12–15). Darüber hinaus können nach hM **alle Maßnahmen des Wahlvorstands** bereits vor Abschluss des Wahlverfahrens vom ArbG in einem gesonderten Beschlussverfahren (§§ 2a, 80 ff. ArbGG) überprüft werden (vgl. § 14 Rz. 21). Das BetrVG sieht zwar ein solches allg. Kontrollverfahren nicht vor. Doch wäre es prozessökonomisch unsinnig, ein offenkundig fehlerhaftes Wahlverfahren erst nachträglich im Wege der Anfechtung mit den entsprechenden Folgekosten korrigieren zu können[5]. Auch die Möglichkeit des Abberufungsverfahrens ändert nichts an der Rechtsschutzlücke, die ohne ein allgemeines vorgeschaltetes Kontrollverfahren bestehen würde.

Weil der Antrag auf Kontrolle des Wahlvorstands keine aufschiebende Wirkung für das Wahlverfahren hat, muss idR die Möglichkeit der **einstweiligen Verfügung** geprüft werden. Sie ist im Beschlussverfahren möglich, § 85 II ArbGG, doch scheiden sog. Sicherungsverfügungen aus, weil sonst betriebsratslose Zeiten eintreten würden, die ja gerade durch §§ 16–18 vermieden werden sollen[6]. Nach hM können sog. **Leistungsverfügungen** schwerwiegende Fehler noch vor der Wahl korrigieren, zB indem eine Liste nachträglich zur Wahl zugelassen wird. Dass sich die Wahl dadurch verzögern kann, muss hingenommen werden, wenn ein **Verfügungsgrund** iSd. § 940 ZPO vorliegt. An sein Vorliegen sind strenge Anforderungen zu stellen, damit nicht im Verfügungsverfahren alle Rechtsfragen des Anfechtungsverfahrens vorweggenommen werden. Es muss sich daher um die Korrektur **wesentlicher Fehler** handeln, die ohne jeden Zweifel zur Nichtigkeit oder Anfechtbarkeit führen würden und durch einstweilige Verfügung auch korrigierbar sind[7].

Nur **ausnahmsweise** kann dem Wahlvorstand durch Abbruchverfügung die Durchführung der Wahl **vollständig untersagt werden**, wenn die Pflichtverletzungen so „irreparabel" sind, dass nach Überzeugung des Gerichts die Wahl mit Sicherheit eine erfolgreiche Anfechtung oder die **Nichtigkeit** zur Folge hätte[8], vgl. § 16 Rz. 14 mwN. Belanglose Ordnungsfehler dürfen nicht zum Wahlabbruch führen.

18a *Zuordnung der leitenden Angestellten bei Wahlen*

(1) Sind die Wahlen nach § 13 Abs. 1 und nach § 5 Abs. 1 des Sprecherausschussgesetzes zeitgleich einzuleiten, so haben sich die Wahlvorstände unverzüglich nach Aufstellung der Wählerlisten, spätestens jedoch zwei Wochen vor Einleitung der Wahlen, gegenseitig darüber zu unterrichten, welche Angestellten sie den leitenden Angestellten zugeordnet haben; dies gilt auch, wenn die Wahlen ohne Bestehen einer gesetzlichen Verpflichtung zeitgleich eingeleitet werden. Soweit zwischen den Wahlvorständen kein Einvernehmen über die Zuordnung besteht, haben sie in gemeinsamer Sitzung eine Einigung zu versuchen. Soweit eine Einigung zustande kommt, sind die Angestellten entsprechend ihrer Zuordnung in die jeweilige Wählerliste einzutragen.

---

1 BAG 1.12.2004 – 7 ABR 27/04, DB 2005, 953 (LS). ||2 Vgl. *Fitting*, § 18 Rz. 61; GK-BetrVG/*Kreutz*, § 18 Rz. 61. ||3 HM, vgl. nur HaKo-BetrVG/*Brors*, § 18 Rz. 7; *Fitting*, § 18 Rz. 64. ||4 Zutr. *Fitting*, § 18 Rz. 63; GK-BetrVG/*Kreutz*, § 18 Rz. 62; aA *Richardi/Thüsing*, § 18 Rz. 33. ||5 BAG 15.12.1972 – 1 ABR 8/72, BAGE 24, 480; 25.8.1981 – 1 ABR 61/79, BAGE 37, 31. ||6 HM, vgl. *Fitting*, § 18 Rz. 37 f.; GK-BetrVG/*Kreutz*, § 18 Rz. 75; *H. Hanau*, DB Beil. 4/1986, 11; *Zwanziger*, DB 1999, 2264 (2265). ||7 So die wohl hM, vgl. *Fitting*, § 18 Rz. 39 ff.; GK-BetrVG/*Kreutz*, § 18 Rz. 77; *Rieble/Triskatis*, NZA 2006, 233 (236); *Walker*, ZfA 2005, 45 (53, 71); *Zwanziger*, DB 1999, 2264 (2265), der allerdings Ausnahmen bei Verkennung des Betriebsbegriffs wegen § 18 II und bei Verkennung der Zahl der zu wählenden BR-Mitglieder mangels „wesentlichen" Nachteils anerkennen will; so auch LAG Hess. 21.3.1990 – 12 TaBV GA 34/90, DB 1991, 239; nach ArbG Frankfurt/M. 24.1.2012 – 13 BVGa 32/12, BB 2012, 908 führt die offensichtliche Verkennung des Betriebsbegriffs zum Abbruch der Wahl. ||8 LAG Schl.-Holst. 19.3.2010 – 4 TaBVGa 5/10; LAG Nds. 4.12.2003 – 16 TaBV 91/03, BB 2004, 1114; wohl strenger LAG Hamburg 19.4.2010 – 7 TaBVGa 2/10, NZA-RR 2010, 585, wonach im Falle eines Wahlabbruchs wegen einer mit Sicherheit erfolgreichen Wahlanfechtung der Wahlvorstand auch subjektiv vorwerfbar gehandelt haben muss; LAG BW 9.3.2010 – 15 TaBVGa 1/10; LAG Köln 29.3.2001 – 5 TaBv 22/01, BB 2001, 1356; LAG BW 20.5.1998 – 8 Ta 9/98, AiB 1998, 401; ausführlich *Rieble/Triskatis*, NZA 2006, 233.

(2) Soweit eine Einigung nicht zustande kommt, hat ein Vermittler spätestens eine Woche vor Einleitung der Wahlen erneut eine Verständigung der Wahlvorstände über die Zuordnung zu versuchen. Der Arbeitgeber hat den Vermittler auf dessen Verlangen zu unterstützen, insbesondere die erforderlichen Auskünfte zu erteilen und die erforderlichen Unterlagen zur Verfügung zu stellen. Bleibt der Verständigungsversuch erfolglos, so entscheidet der Vermittler nach Beratung mit dem Arbeitgeber. Absatz 1 Satz 3 gilt entsprechend.

(3) Auf die Person des Vermittlers müssen sich die Wahlvorstände einigen. Zum Vermittler kann nur ein Beschäftigter des Betriebs oder eines anderen Betriebs des Unternehmens oder Konzerns oder der Arbeitgeber bestellt werden. Kommt eine Einigung nicht zustande, so schlagen die Wahlvorstände je eine Person als Vermittler vor; durch Los wird entschieden, wer als Vermittler tätig wird.

(4) Wird mit der Wahl nach § 13 Abs. 1 oder 2 nicht zeitgleich eine Wahl nach dem Sprecherausschussgesetz eingeleitet, so hat der Wahlvorstand den Sprecherausschuss entsprechend Absatz 1 Satz 1 erster Halbsatz zu unterrichten. Soweit kein Einvernehmen über die Zuordnung besteht, hat der Sprecherausschuss Mitglieder zu benennen, die an Stelle des Wahlvorstands an dem Zuordnungsverfahren teilnehmen. Wird mit der Wahl nach § 5 Abs. 1 oder 2 des Sprecherausschussgesetzes nicht zeitgleich eine Wahl nach diesem Gesetz eingeleitet, so gelten die Sätze 1 und 2 für den Betriebsrat entsprechend.

(5) Durch die Zuordnung wird der Rechtsweg nicht ausgeschlossen. Die Anfechtung der Betriebsratswahl oder der Wahl nach dem Sprecherausschussgesetz ist ausgeschlossen, soweit sie darauf gestützt wird, die Zuordnung sei fehlerhaft erfolgt. Satz 2 gilt nicht, soweit die Zuordnung offensichtlich fehlerhaft ist.

1 **I. Inhalt und Zweck.** Das Zuordnungsverfahren soll eine eindeutige und einheitliche **Abgrenzung der leitenden Angestellten** von den einfachen Angestellten rechtzeitig vor den Wahlen zum BR bzw. zum SprAu ermöglichen. Dazu werden in Abs. 1 bis 3 die Abstimmung der Wahlvorstände bei **zeitgleichen** Wahlen (§ 13 I 2) und in Abs. 4 bei nicht zeitgleichen Wahlen beider Gremien geregelt. Abs. 5 betrifft die wesentliche **Rechtsfolge** der Einschränkung des Anfechtungsrechts (Rz. 13). Die Vorschrift möchte insoweit präventive Streitvermeidung und Rechtssicherheit gewährleisten (vgl. auch § 4 II 2 WO: Einspruch gegen Wählerliste wegen Zuordnung nach § 18a ausgeschlossen). Doch kann das Angebot des Gesetzgebers von den Wahlvorständen **sanktionslos** ausgeschlagen werden. Der Gesetzestext lädt in seiner regelungstechnischen Kompliziertheit nicht dazu ein, das aufwändige Zuordnungsverfahren vorzunehmen[1]. Dennoch ist sein Anliegen sinnvoll, die schwierige materielle Frage nach § 5 III kostengünstig und möglichst einvernehmlich **vor den Wahlen** zu klären[2]. Dadurch können Doppelzuordnungen und darauf gestützte unnötige Anfechtungsverfahren vermieden werden. Die Zuordnungsentscheidung nach § 18a hat aber keine Bedeutung für die **individuelle Rechtsstellung** eines ArbN (zB § 14 II KSchG), sondern beschränkt sich auf die Ordnungsmäßigkeit der Wahlen zu den jeweiligen Gremien[3].

2 **II. Zuordnungsverfahren bei zeitgleichen Wahlen (Abs. 1).** Nach Abs. 1 S. 1 ist es unerheblich, ob es sich um **regelmäßige** BR-Wahlen mit der Rechtspflicht zur zeitgleichen Einleitung der Wahlen handelt (vgl. § 13 Rz. 6), oder ob eine solche zeitgleiche Einleitung der Wahlen beider Organe auch ohne Rechtspflicht rein tatsächlich erfolgt. In diesem Fall sind **drei Stufen** des Zuordnungsverfahrens zu unterscheiden: (1) gegenseitige Unterrichtung über die jeweils durchgeführte Zuordnung, (2) einvernehmliche Einigung, soweit zunächst eine unterschiedliche Zuordnung erfolgt ist, (3) Vermittlung, soweit keine Einigung erzielt werden konnte. Führt eine dieser Stufen zum Erfolg, ist der Angestellte nach Abs. 1 S. 3 bzw. Abs. 2 S. 4 in die jeweilige Wählerliste einzutragen. Leiten die Wahlvorstände dagegen (uU pflichtwidrig) die Wahlen **nicht zeitgleich** ein, besteht keine Verpflichtung des ordentlich arbeitenden Wahlvorstands, auf den säumigen Wahlvorstand zu warten[4]; auch das besondere Verfahren nach Abs. 4 ist dann nicht eröffnet (Rz. 9), vielmehr hat man sich dadurch gegen die rechtssichere Zuordnungsmöglichkeit des § 18a insg. entschieden.

3 Das Zuordnungsverfahren beginnt mit der **gegenseitigen Unterrichtung** durch die Wahlvorstände. Diese hat unverzüglich, also ohne schuldhaftes Zögern (§ 121 I 1 BGB), nach Aufstellung der Wählerlisten zu erfolgen, spätestens jedoch **zwei Wochen** vor Einleitung der Wahl. Die Unterrichtung muss nicht zeitgleich erfolgen; sie ist formfrei und bedarf keiner Begründung[5]. Zur Verfahrensbeschleunigung ist eine schriftliche Unterrichtung – bei Zweifelsfällen mit Begründung – ratsam[6]. Soweit die Listen übereinstimmen, ist Einvernehmen hergestellt. Soweit die Listen nicht übereinstimmen, kann noch – nach getrennter Beratung in den Wahlvorständen – eine Korrektur erfolgen, die dann mitzuteilen ist.

---

1 Ähnlich HaKo-BetrVG/*Brors*, § 18a Rz. 1; zu den Lücken im Konzept vgl. ausf. GK-BetrVG/*Kreutz*, § 18a Rz. 26, 34. ||2 Vgl. *Fitting*, § 18a Rz. 6; *Löwisch/Kaiser*, § 18a Rz. 1. ||3 HM, vgl. *Fitting*, § 18a Rz. 63; GK-BetrVG/*Kreutz*, § 18a Rz. 4. ||4 HM, vgl. ErfK/*Koch*, § 18a BetrVG Rz. 1; *Fitting*, § 18a Rz. 27. ||5 HM, vgl. DKKW/*Trümner*, § 18a Rz. 12; Richardi/*Thüsing*, § 18a Rz. 14. ||6 Vgl. nur GK-BetrVG/*Kreutz*, § 18a Rz. 44; *Stege/Weinspach/Schiefer*, § 18a Rz. 3.

Eine **gemeinsame Sitzung** der Wahlvorstände nach Abs. 1 S. 2 findet erst dann statt, (1) wenn bzgl. 4
der Zuordnung unterschiedliche Auffassungen bestehen, (2) wenn einer der Wahlvorstände die Zuordnung unterlassen hat und zur Erklärung des anderen Wahlvorstands nicht Stellung bezogen hat[1]. Die Sitzung muss bis spätestens zu dem für den Vermittler in Abs. 2 S. 1 genannten Zeitpunkt, also spätestens **eine Woche vor Einleitung der Wahlen**, durchgeführt werden[2]. Bei der gemeinsamen Sitzung handelt es sich um einen **Erörterungs- und Beratungstermin**, in der keine Entscheidungen fallen. Eine Einigung kommt deshalb nur zustande, wenn die Wahlvorstände – während oder nach der Sitzung – in **getrennten Abstimmungen** zur gleichen Einschätzung gelangen. Angestellte, die hierdurch einvernehmlich zugeordnet wurden, sind nach Abs. 1 S. 3 in die entsprechenden Wählerlisten aufzunehmen. Nur soweit keine Einigung erzielt werden konnte, ist nach Abs. 2 anschließend ein Vermittler einzuschalten.

III. Einschaltung des Vermittlers (Abs. 2, 3). Abs. 3 regelt die **Bestellung des Vermittlers** ausführlich 5
und legt Wert auf einvernehmliches Handeln, vgl. Abs. 3 S. 1. Dazu stimmen die jeweiligen Wahlvorstände **getrennt** voneinander ab, nachdem von jedem der beiden Wahlvorstände (mindestens) je eine Person als Vermittler vorgeschlagen wurde. Wird von zumindest einem der beiden Wahlvorstände gar kein Vorschlag unterbreitet, ist das Zuordnungsverfahren **gescheitert** und darf nicht weiter durchgeführt werden[3].

Dem Vermittler obliegt die **Entscheidung aller (noch) strittigen Zuordnungsfragen**. Er ist nicht wei- 6
sungsgebunden[4], unterliegt jedoch einer Schweigepflicht analog zu § 79 II[5]. Zur Erfüllung seiner Aufgabe sind ihm nämlich nach Abs. 2 S. 2 „die erforderlichen Auskünfte zu erteilen", dh. Informationen über die Tätigkeit des Angestellten, seinen Verdienst und den Inhalt des Arbeitsvertrags, sowie „die erforderlichen Unterlagen zur Verfügung zu stellen", zB Arbeitsverträge, Funktionsbeschreibungen und Organigramme, nicht aber die Einsicht in die **Personalakte** im Ganzen zu gewähren[6]. **Scheitert** der nach Abs. 2 S. 1 spätestens eine Woche vor der Einleitung der Wahl vom Vermittler unternommene **erneute Verständigungsversuch**, muss dieser die Zuordnungsentscheidungen auf der materiell-rechtl. Grundlage von § 5 III und IV nach Beratung mit dem ArbGeb **selbst** treffen, vgl. Abs. 2 S. 3. Dabei handelt es sich um einen Akt der Rechtsanwendung, der Bindungswirkung nur für die anstehenden Wahlen entfaltet (vgl. Rz. 1).

IV. Nicht zeitgleiche Verfahren (Abs. 4). Besteht trotz zweier Gremien nur **ein Wahlvorstand**, regelt 7
Abs. 4 ein besonderes (außerordentl.) Zuordnungsverfahren. Allerdings ist der engere Tatbestand des Abs. 4 zu beachten: S. 1 nimmt für den BR und S. 3 für den SprAu jeweils auf das **Gebot zeitgleicher Wahlen** Bezug, wie es in § 13 I oder II bzw. in § 5 I oder II SprAuG normiert ist. Daraus lässt sich folgern, dass der Vorschrift **keine Auffangfunktion** für alle nicht zeitgleich eingeleiteten Wahlen zukommt. Sie greift also dann nicht, wenn zB die Wahl des einen Gremiums bereits eingeleitet war, bevor der Wahlvorstand des anderen Gremiums bestellt wurde (vgl. Rz. 2)[7]. Das Anliegen des Abs. 4 besteht nicht darin, unter allen Umständen das Zuordnungsverfahren zur Anwendung zu bringen; vielmehr möchte es die Zuordnung auch dann ermöglichen, wenn die Wahlen zeitlich a priori nicht synchron verlaufen (können) und deshalb nur ein Wahlvorstand existiert. Die wichtige Rechtsfolge des Abs. 5 gilt nur für die Wahl, bei der ein **Wahlvorstand** im Zuordnungsverfahren beteiligt war[8].

V. Streitigkeiten (Abs. 5). Nach Abs. 5 S. 1 wird durch die Zuordnung „der Rechtsweg nicht aus- 8
geschlossen". **Das bedeutet zweierlei:** (1) Sog. **Statusstreitigkeiten** werden durch die Zuordnung nicht tangiert. Das Verfahren nach § 18a berührt die Feststellungsinteresse (zB von ArbGeb, betroffenen ArbN oder BR) im arbeitsgerichtl. Beschlussverfahren über den „Status" des leitenden Angestellten auch dann nicht, wenn gleichzeitig ein Zuordnungsverfahren läuft[9]. Die Wählerliste kann deshalb kraft rechtskräftiger Feststellung im Statusverfahren zu korrigieren sein (vgl. Rz. 13)[10]. Ergeht die Entscheidung erst **nach** den BR-Wahlen konträr zum Zuordnungsverfahren, erlischt in analoger Anwendung des § 24 I Nr. 6 die Mitgliedschaft des angeblichen „ArbN" im BR (bzw. analog § 9 II Nr. 6 SprAuG die Mitgliedschaft des angeblichen „Leitenden" im Sprecherausschuss).

(2) Aus Abs. 5 S. 1 ergibt sich auch die gerichtl. Überprüfungsmöglichkeit des **Zuordnungsverfahrens** 9
selbst. Nach hM können alle Maßnahmen des Wahlvorstands bereits vor Abschluss des Wahlverfahrens vom ArbG in einem gesonderten Beschlussverfahren (§§ 2a, 80 ff. ArbGG) überprüft werden (vgl. § 18 Rz. 16), wozu dann auch die ordnungsgemäße Durchführung des Zuordnungsverfahrens und die daraus

---

[1] Vgl. GK-BetrVG/*Kreutz*, § 18a Rz. 48; Richardi/*Thüsing*, § 18a Rz. 16; aA *Fitting*, § 18a Rz. 16, der eine Sitzung im letzteren Fall nicht für erforderlich hält. || [2] HM, vgl. *Stege/Weinspach/Schiefer*, § 18a Rz. 4; *Löwisch/Kaiser*, § 18a Rz. 5. || [3] *Fitting*, § 18a Rz. 51; GK-BetrVG/*Kreutz*, § 18a Rz. 70f.; aA *Löwisch/Kaiser*, § 18a Rz. 15; *Stege/Weinspach/Schiefer*, § 18a Rz. 7. || [4] HM, vgl. *Fitting*, § 18a Rz. 59; GK-BetrVG/*Kreutz*, § 18a Rz. 78. || [5] Str., wie hier GK-BetrVG/*Kreutz*, § 18a Rz. 76; aA *Fitting*, § 18a Rz. 59; Richardi/*Thüsing*, § 18a Rz. 49: Nebenpflicht aus Arbeitsvertrag. || [6] HM, vgl. *Fitting*, § 18a Rz. 53; *Löwisch/Kaiser*, § 18a Rz. 10. || [7] So auch HaKo-BetrVG/*Brors*, § 18a Rz. 7; aA *Fitting*, § 18a Rz. 37; GK-BetrVG/*Kreutz*, § 18a Rz. 29; *Löwisch/Kaiser*, § 18a Rz. 12. || [8] Vgl. GK-BetrVG/*Kreutz*, § 18a Rz. 32; *Fitting*, § 18a Rz. 38. || [9] LAG Berlin 5.3.1990 – 9 TaBV 6/89, NZA 1990, 577 (578). || [10] HM, vgl. *Fitting*, § 18a Rz. 67; *Löwisch/Kaiser*, § 18a Rz. 17.

folgende Zuordnungsentscheidung zählen[1]. Daran ändert nichts, dass nach S. 2 durch das Zuordnungsverfahren eine **nachträgliche Anfechtung** grds. ausgeschlossen ist, soweit eine fehlerhafte Zuordnung gerügt wird. Denn ein vorgeschaltetes Kontrollverfahren, in dem zB ein Leistungsantrag auf Berichtigung der Wählerlisten (ggf. im Wege der einstw. Leistungsverfügung, vgl. § 18 Rz. 17) gestellt wird, hat ein anderes Rechtsschutzziel als die Anfechtungsklage[2].

10 Entscheidende Besonderheit und Rechtsfolge des Zuordnungsverfahrens ist alleine die **Einschränkung der Wahlanfechtung** nach S. 2. Sie bewirkt einen Bestandsschutz der gewählten Vertretungen, soweit die Anfechtung gerade auf die **fehlerhafte Zuordnung** im konkreten Wahlverfahren gestützt wird. Die Rechtsfolge tritt nur dann ein, wenn das Zuordnungsverfahren **ordnungsgemäß** abgelaufen ist[3]. S. 3 macht außerdem eine Ausnahme für den Fall einer **offensichtlich fehlerhaften** Zuordnungsentscheidung, die zu bejahen ist, wenn sich dem Fachkundigen die Fehlerhaftigkeit geradezu aufdrängt[4], insb. weil die Kriterien des § 5 III und IV grob verkannt worden sind[5]. Wurde die Wählerliste nicht berichtigt, obwohl noch rechtzeitig vor der Wahl ein anderer Status eines Angestellten rechtskräftig festgestellt wurde (Rz. 11), so ist die Zuordnung ebenfalls offensichtlich fehlerhaft[6]. Die Einschränkung nach S. 2 erfasst auch nicht die Anfechtung der Wahl eines **einzelnen Mitglieds** wegen fehlender Wählbarkeit, vgl. § 24 Nr. 6, mit der Folge, dass bei erfolgreicher Anfechtung ein Ersatzmitglied nachrückt[7].

19 Wahlanfechtung

(1) Die Wahl kann beim Arbeitsgericht angefochten werden, wenn gegen wesentliche Vorschriften über das Wahlrecht, die Wählbarkeit oder das Wahlverfahren verstoßen worden ist und eine Berichtigung nicht erfolgt ist, es sei denn, dass durch den Verstoß das Wahlergebnis nicht geändert oder beeinflusst werden konnte.

(2) Zur Anfechtung berechtigt sind mindestens drei Wahlberechtigte, eine im Betrieb vertretene Gewerkschaft oder der Arbeitgeber. Die Wahlanfechtung ist nur binnen einer Frist von zwei Wochen, vom Tage der Bekanntgabe des Wahlergebnisses an gerechnet, zulässig.

I. Inhalt und Zweck	1	1. Beschlussverfahren	14
II. Anfechtungsvoraussetzungen (Abs. 1)	4	2. Anfechtungsfrist	17
1. „Wesentliche Vorschriften"	5	3. Anfechtungsberechtigung	18
2. Berichtigung	12	4. Wirkung der Anfechtung	21
3. Kausalität	13	IV. Nichtigkeit der Wahl	23
III. Anfechtungsverfahren (Abs. 2)	14		

1 **I. Inhalt und Zweck.** Das Anfechtungsrecht nach Abs. 1 dient der gerichtl. Korrektur von BR-Wahlen, die unter Verstoß gegen **wesentliche Wahlvorschriften** durchgeführt worden sind. Die nach Abs. 2 Anfechtungsberechtigten können nur **binnen zwei Wochen** nach Bekanntgabe des Wahlergebnisses die Wahlen durch gerichtl. Beschluss für unwirksam erklären lassen, vgl. Abs. 2 S. 2. Dadurch soll eine weitere, den gesetzl. Vorschriften entsprechende Wahl ermöglicht werden[8]. Durch die hohen Anforderungen des Abs. 1 gibt der Gesetzgeber der Rechtssicherheit und dem **Bestandsschutz** der gewählten Interessenvertretung erkennbar den Vorrang vor der exakten Einhaltung von Wahlvorschriften. Dieser Vorrang besteht auch in Bezug auf die Rechtsfolgen der Wahlanfechtung: Selbst bei einem Erfolg der Wahlanfechtung bleibt der BR bis zum rechtskräftigen Abschluss des gerichtl. Verfahrens weiter im Amt (Rz. 21)[9].

2 Die ausdrückliche Regelung der Wahlanfechtung schließt eine **Nichtigkeitserklärung** der Wahl bei **groben Fehlern** nicht aus (ganz hM). Wenn in besonderen Ausnahmefällen gegen allg. Grundsätze jeder ordnungsgemäßen Wahl in so hohem Maße verstoßen worden ist, dass nicht einmal der Anschein einer dem Gesetz entsprechenden Wahl mehr vorliegt[10], kann unabhängig von den Anforderungen des § 19 die Nichtigkeit zu jeder Zeit, in jeder Form, in jedem Verfahren und von jedermann geltend gemacht werden (Rz. 23).

3 Die Anfechtungsregelung gilt ebenso für die Wahlen zur JAV, vgl. § 63 II 2, mit Modifikationen auch für die Wahlen zur Bordvertretung und zum SeeBR, vgl. §§ 115 II Nr. 9, 116 II Nr. 8. Auf **betriebsratsinterne Wahlen**, zB die Wahl des BR-Vorsitzenden und seines Stellvertreters (§ 26), die Bestellung der Mitglie-

---

1 Vgl. BT-Drs. 11/2503, 32; ausf. GK-BetrVG/*Kreutz*, § 18a Rz. 108, 111. ||2 Zur Antragsberechtigung analog § 19 II vgl. GK-BetrVG/*Kreutz*, § 18a Rz. 110. ||3 Str., wie hier GK-BetrVG/*Kreutz*, § 18a Rz. 101; HaKo-BetrVG/*Brors*, § 18a Rz. 12; wohl auch Richardi/*Thüsing*, § 18a Rz. 59; aA *Fitting*, § 18a Rz. 71. ||4 BT-Drs. 11/2503, 32. ||5 So zB *Löwisch/Kaiser*, § 18a Rz. 18; *Stege/Weinspach/Schiefer*, § 18a Rz. 16; diff. Richardi/*Thüsing*, § 18a Rz. 59; noch einschränkender GK-BetrVG/*Kreutz*, § 18a Rz. 103. ||6 HM, vgl. DKKW/*Trümner*, *§ 18a Rz. 75;* GK-BetrVG/*Kreutz*, § 18a Rz. 103. ||7 HM, vgl. *Fitting*, § 18a Rz. 72; GK-BetrVG/*Kreutz*, § 18a Rz. 104. ||8 BAG 31.5.2000 – 7 ABR 78/98, NZA 2000, 1350. ||9 HM, vgl. BAG 13.3.1991 – 7 ABR 5/90, BAGE 67, 316; GK-BetrVG/*Kreutz*, § 19 Rz. 115. ||10 St. Rspr., vgl. BAG 22.3.2000 – 7 ABR 34/98, NZA 2000, 1119; 15.11.2000 – 7 ABR 23/99, nv.; 13.11.1991 – 7 ABR 18/91, BAGE 69, 49.

der des Betriebsausschusses (§ 27) oder die Wahl der (ersatzweise) freizustellenden BR-Mitglieder (§ 38), findet die Vorschrift **analoge** Anwendung[1]. Dabei ist entgegen Abs. 2 S. 1 zur Anfechtung betriebsratsinterner Wahlen **jedes einzelne** BR-Mitglied befugt, das geltend macht, in seiner Rechtsstellung als BR-Mitglied oder einer geschützten Minderheit verletzt zu sein, so zB auch bei einem Entsendungsbeschluss nach § 47 II 1 Hs. 2 oder § 51 I 2 in den GBR oder dessen Ausschuss[2].

II. Anfechtungsvoraussetzungen (Abs. 1). Die Anfechtung einer BR-Wahl erfordert (1) einen Verstoß gegen **wesentliche** Wahlvorschriften (Rz. 5 ff.), (2) keine Berichtigung dieses Verstoßes (Rz. 12) und (3) die mögliche **Kausalität** dieses Verstoßes für das Wahlergebnis (Rz. 13).

1. **„Wesentliche Vorschriften".** Eine Anfechtung ist nur bei einem Verstoß „gegen wesentliche Vorschriften über das Wahlrecht, die Wählbarkeit oder das Wahlverfahren" möglich, dh. nur bei einem Verstoß gegen **tragende Grundsätze** der BR-Wahl; in aller Regel zeichnen diese sich durch ihre **zwingende** Ausgestaltung („Muss"-Regel) aus und unterscheiden sich insoweit von bloßen Ordnungs- oder Sollbestimmungen[3]. Die Einschränkung der Anfechtbarkeit ist wegen der detaillierten Regelung des Wahlverfahrens in der WO 2001 und der Vielzahl möglicher Verstöße gegen bloße Ordnungsregeln unentbehrlich. So ist zB ein Verstoß gegen die Soll-Regel des § 15 I (Zusammensetzung des BR nach Organisationsbereichen etc., vgl. § 3 III WO) kein Anfechtungsgrund, wohl aber der Verstoß gegen § 15 II (Zusammensetzung des BR nach Geschlechtern, vgl. § 3 II Nr. 4 WO), dazu § 15 Rz. 3. Dass aber auch **Soll-Vorschriften** wesentlich iSd. Abs. 1 S. 1 sein können, hat das BAG für die Missachtung von § 2 V WO (geeignete Unterrichtung der nicht der deutschen Sprache mächtigen ausländischen ArbN über BR-Wahl)[4] und von § 3 IV WO (Aushang eines Abdrucks des Wahlausschreibens in allen Betriebsstätten, in denen Wahlberechtigte beschäftigt sind)[5] betont.

a) **Wahlrecht (§ 7).** Die Vorschriften über das Wahlrecht sind bei **falscher Anwendung des § 7** verletzt, zB wenn ein Wahlberechtigter nicht zur Wahl zugelassen wird oder (umgekehrt) Nicht-Wahlberechtigte sich an der Wahl beteiligen[6], ebenso, wenn LeihArbN entgegen § 7 S. 2 von der Wahl ausgeschlossen werden. Die Anfechtung wegen einer fehlerhaften Zuordnung von **leitenden Angestellten** ist aber bei Anwendung des Zuordnungsverfahrens ausgeschlossen, vgl. § 18a V (dort Rz. 13). Wird der Einspruch nach § 4 WO gegen die Wählerliste versäumt, berührt das nicht die Möglichkeit der Wahlanfechtung[7], weil § 126 (iVm. § 4 WO) nicht § 19 außer Kraft setzen kann.

• **Beispiele** erfolgreicher Anfechtung aus der Rspr.:
 – Wahlausschluss von Teilzeitbeschäftigten, die außerhalb der Betriebsräume tätig sind (Zeitungszusteller, vgl. § 7 Rz. 11)[8]; der Mangel wird auch nicht dadurch geheilt, dass diese ArbN später aus dem Betrieb ausgeschieden sind[9];
 – Wahlausschluss von ArbN, deren ArbVerh ruht (Elternzeit, vgl. § 7 Rz. 13)[10];
 – falsche Betriebszuordnung von Außendienstmitarbeitern, wenn deren VertragsArbGeb Inhaber mehrerer Betriebe ist (vgl. § 7 Rz. 11)[11];
 – Wahlzulassung von Beschäftigten in einer Arbeitsgelegenheit nach § 19 BSHG[12], die selbst Gegenstand des Betriebszwecks sind (vgl. § 7 Rz. 6)[13].

b) **Wählbarkeit (§ 8).** Nach § 8 I 1 sind alle dem Betrieb seit sechs Monaten angehörenden Wahlberechtigten **wählbar** (passives Wahlrecht). Ein Verstoß gegen die Wählbarkeit kann in der Wahl eines Nicht-Wählbaren ebenso wie in der Nichtzulassung der Kandidatur eines Wählbaren liegen.[14] Der Mangel ist aber **heilbar**, wie § 24 Nr. 6 zeigt: Die Wahl kann nicht mehr angefochten werden, wenn zB ein Minderjähriger, der unzulässigerweise zur Wahl zugelassen wurde, inzwischen volljährig geworden ist[15]. Wird dagegen ein LeihArbN im Entleiherbetrieb gewählt, ist gegen § 8 verstoßen, weil § 7 S. 2 nur das Wahlrecht gewährt und nicht die Wählbarkeit begründet (vgl. § 2 III 2 WO)[16].

• **Beispiele** erfolgreicher Anfechtung aus der Rspr.:
 – Zulassung zur Kandidatur eines ständig zu einer Auslandsvertretung eines deutschen Unternehmens entsandten Angestellten, auch wenn für dessen ArbVerh iÜ deutsches Arbeitsrecht gilt[17];

---

1 BAG 20.4.2005 – 7 ABR 44/04, BAGE 114, 228; 25.4.2001 – 7 ABR 26/00, BAGE 97, 340; LAG BW 18.1.2012 – 20 TaBV 1/11; LAG Bremen 22.2.2000 – 1 TaBV 15/99, DB 2000, 1232; GK-BetrVG/*Kreutz*, § 19 Rz. 6. ‖ 2 BAG 21.7.2004 – 7 ABR 58/03, NZA 2005, 170; 21.7.2004 – 7 ABR 62/03, NZA 2005, 173; 15.8.2001 – 7 ABR 2/99, NZA 2002, 569; 13.11.1991 – 7 ABR 18/91, BAGE 69, 49. ‖ 3 HM, vgl. *Gräfl*, JbArbR 42 (2005), 133 (134); GK-BetrVG/*Kreutz*, § 19 Rz. 18; MünchArbR/*Joost*, § 216 Rz. 206. ‖ 4 BAG 13.10.2004 – 7 ABR 5/04, DB 2005, 675. ‖ 5 BAG 21.1.2009 – 7 ABR 65/07, NZA-RR 2009, 481. ‖ 6 *Löwisch/Kaiser*, § 19 Rz. 4; GK-BetrVG/*Kreutz*, § 19 Rz. 22. ‖ 7 Str., vgl. DKKW/*Schneider*, § 19 Rz. 6; GK-BetrVG/*Kreutz*, § 19 Rz. 23, 60; aA LAG Nürnberg 31.5. 2012 – 5 TaBV 36/11, AiB 2013, 393; *Fitting*, § 19 Rz. 14; Richardi/*Thüsing*, § 19 Rz. 10. ‖ 8 BAG 29.1.1992 – 7 ABR 27/91, BAGE 69, 286. ‖ 9 BAG 25.6.1974 – 1 ABR 68/73, DB 1974, 2115. ‖ 10 BAG 29.3.1974 – 1 ABR 27/73, BAGE 26, 107. ‖ 11 BAG 10.3.2004 – 7 ABR 36/03, AiB 2005, 76. ‖ 12 Heute geregelt in § 16d SGB II. ‖ 13 BAG 5.4.2000 – 7 ABR 20/99, NZA 2001, 629. ‖ 14 BAG 12.9.2012 – 7 ABR 37/11, NZA-RR 2013, 197. ‖ 15 HM, vgl. *Fitting*, § 19 Rz. 18; GK-BetrVG/*Kreutz*, § 19 Rz. 25. ‖ 16 St. Rspr., vgl. BAG 16.4.2003 – 7 ABR 53/02, NZA 2003, 1345; 10.3.2004 – 7 ABR 49/03, NZA 2004, 134. ‖ 17 BAG 25.4.1978 – 6 ABR 2/77, BAGE 30, 266.

- Zulassung zur Kandidatur von Angestellten einer landeseigenen Anstalt öffentl. Rechts nach Umwandlung in eine AG, soweit diese in einem Angestelltenverhältnis zum Land verblieben sind und ihre Arbeitsleistungen dem entstandenen Unternehmen nur überlassen wurden[1];
- Nichtzulassung eines gekündigten ArbN zur Kandidatur, wenn dessen vor der Wahl erhobenen Kündigungsschutzklage nach Durchführung der BR-Wahl stattgegeben wird (vgl. § 8 Rz. 7)[2].

10   c) **Wahlverfahren.** Verstöße gegen Vorschriften über das Wahlverfahren betreffen einerseits alle weiteren Normen, die **Wahlvorbereitung, Wahldurchführung** und Ermittlung des **Wahlergebnisses** regeln, dh. die §§ 9–18 sowie § 20 und die sie ergänzenden bzw. konkretisierenden Bestimmungen der Wahlordnung – soweit es sich um „wesentliche" Vorschriften handelt (Rz. 5) –, andererseits unzutreffende Festlegungen des Wahlvorstands in Bezug auf die **betriebsratsfähige Organisationseinheit**, also insb. wenn der Betriebsbegriff verkannt oder die Belegschaftsgröße falsch ermittelt wird[3]. Mit Verstößen gegen das „Wahlverfahren" wurde ein **Auffangtatbestand** für das Anfechtungsverfahren gebildet.

11   • **Beispiele** erfolgreicher Anfechtung aus der Rspr.:
- Ist unter Verkennung des Betriebsbegriffs in einem Gemeinschaftsbetrieb ein weiterer BR für einen unselbständigen Betriebsteil gewählt worden, muss eine nachfolgende BR-Wahl im Gemeinschaftsbetrieb ebenfalls angefochten werden[4]; BR-Wahlen in einzelnen Organisationseinheiten (§ 3 V 1) können jedoch isoliert angefochten werden[5]; die unzutreffende Annahme der Selbständigkeit einer Organisationseinheit begründet idR die Anfechtbarkeit, nicht aber die Nichtigkeit einer Wahl[6];
- die fehlerhafte Annahme der **Größe** des zu wählenden BR auf Grund falscher ArbN-Zählung ist ein Verstoß gegen wesentliche Wahlvorschriften (vgl. § 9 Rz. 9)[7], insb. bei Nichtberücksichtigung von LeihArbN trotz § 7 S. 2 (vgl. § 7 Rz. 21) bzw. bei der Berücksichtigung von FremdArbN, die im Zuge von Dienst- oder Werkverträgen für den Betrieb tätig sind[8] oder von befristeten Tagesaushilfen, mit denen lediglich Rahmenvereinbarungen getroffen wurden[9];
- ebenso die fehlerhafte Bekanntmachung des Wahlausschreibens durch **Aushang** (in Betrieb mit 84 Betriebsstätten erfolgte Aushang nach § 3 IV WO nur in zwei Betriebsstätten)[10];
- werden Ort und Zeitpunkt der Stimmauszählung nicht im Betrieb **öffentlich** bekannt gemacht, liegt eine Verletzung der Öffentlichkeit der Wahlen nach § 18 III 1 BetrVG, § 13 WO vor (vgl. § 18 Rz. 6), die einen wesentlichen Verstoß darstellt[11];
- unterrichtet der Wahlvorstand die im Betrieb beschäftigten **ausländischen** ArbN nur in deutscher Sprache über das Wahlverfahren, obwohl er davon ausgehen muss, dass eine Vielzahl dieser ArbN der deutschen Sprache nicht mächtig ist, stellt das einen wesentlichen Verstoß gegen § 2 V WO dar[12];
- wird während der laufenden BR-Wahl Dritten Einsichtnahme in die mit den Stimmabgabevermerken versehene Wählerliste gestattet, um eine bessere Wahlbeteiligung zu ermöglichen, stellt das einen Verstoß gegen den allg. Grundsatz der freien Wahl dar (vgl. § 14 Rz. 7)[13].

12   **2. Berichtigung.** Die Anfechtung ist unbegründet, wenn der Fehler korrigierbar war und **rechtzeitig korrigiert** wurde. Abs. 1 möchte durch die Möglichkeit der Berichtigung solche wesentlichen Verstöße heilen, die sich noch nicht als Einschränkung des Wahlrechts auf die Stimmabgabe ausgewirkt haben, zB durch Berichtigung einer unklaren Ortsangabe oder eines Rechenfehlers. Das Wahlverfahren muss also nach der Berichtigung noch ordnungsgemäß ablaufen können, zB durch rechtzeitige Klarstellung des richtigen Wahllokals[14]. Mängel bei der Bestellung des Wahlvorstandes können durch den noch amtierenden BR berichtigt werden[15]. Nach Ablauf der Einspruchsfrist (§ 4 I WO) ist die Korrektur der Wählerliste durch den Wahlvorstand nur bei Schreibfehlern, offenbaren Unrichtigkeiten, in Erledigung rechtzeitig eingelegter Einsprüche und dem Ein- oder Austritt von Wahlberechtigten möglich (§ 4 III 2 WO).

13   **3. Kausalität.** Nach Abs. 1 Hs. 2 berechtigen Verstöße gegen wesentliche Wahlvorschriften ausnahmsweise dann nicht zur Anfechtung der Wahl, wenn das Wahlergebnis dadurch objektiv **weder geändert noch beeinflusst werden** konnte. Entscheidend ist, ob bei einer hypothetischen Betrachtung eine ohne

---

1 LAG BW 10.11.1999 – 17 TaBV 1/99, nv. ||2 BAG 10.11.2004 – 7 ABR 12/04, NZA 2005, 707; 14.5.1997 – 7 ABR 26/96, BAGE 85, 370. ||3 HM, vgl. nur GK-BetrVG/*Kreutz*, § 19 Rz. 30; HaKo-BetrVG/*Brors*, § 19 Rz. 9. ||4 BAG 31.5.2000 – 7 ABR 78/98, NZA 2000, 1350; 7.12.1988 – 7 ABR 10/88, BAGE 60, 276. ||5 BAG 21.9.2011 – 7 ABR 54/10, NZA-RR 2012, 186. ||6 BAG 13.3.2013 – 7 ABR 70/11, NZA 2013, 738; 13.9.1984 – 6 ABR 43/83, NZA 1985, 293. ||7 BAG 13.3.2013 – 7 ABR 69/11, NZA 2013, 789; 12.10.1976 – 1 ABR 1/76, BAGE 28, 203; LAG München 1.12.1999 – 7 TaBV 42/99, ZBVR 2002, 11; LAG Hamm 19.8.1998 – 3 TaBV 30/98, AiB 1999, 643; LAG Düss. 24.11.1998 – 3 TaBV 73/98, AiB 1999, 281. ||8 BAG 16.4.2003 – 7 ABR 53/02, BAGE 106, 64; 21.7.2004 – 7 ABR 38/03, NZA 2005, 240. ||9 BAG 7.5.2008 – 7 ABR 17/07, NZA 2008, 1142; 12.11.2008 – 7 ABR 73/07, nv. ||10 BAG 5.5.2004 – 7 ABR 44/03, NZA 2004, 1285. ||11 BAG 15.11.2000 – 7 ABR 53/99, NZA 2001, 853; 11.6.1997 – 7 ABR 24/96, DB 1998, 139 (Wahl nach MitbestG). ||12 BAG 13.10.2004 – 7 ABR 5/04, DB 2005, 675. ||13 BAG 6.12.2000 – 7 ABR 34/99, DB 2001, 1422. ||14 BAG 19.9.1985 – 6 ABR 4/85, BAGE 50, 1. ||15 Vgl. nur GK-BetrVG/*Kreutz*, § 19 Rz. 39.

den Verstoß durchgeführte Wahl zwingend zu demselben Ergebnis geführt hätte[1]. Soweit Vorschriften über die Wahlberechtigung (§ 7) verletzt sind, kommt es darauf an, ob sich dadurch die Sitzverteilung hätte ändern können; bei Verstößen gegen die Wählbarkeit (zB Nichtzulassung zur Kandidatur, § 8) dürfte eine Beeinflussung des Wahlergebnisses dagegen kaum je auszuschließen sein[2]. Nehmen zB neun gekündigte und nicht weiterbeschäftigte ArbN an der Wahl teil, ist dieser Verstoß gegen § 7 dann **unbeachtlich**, wenn das Wahlergebnis hinsichtlich der (ordentlichen) BR-Mitglieder dadurch nicht beeinflusst wurde, sondern nur der Reihenfolge, in der Ersatzmitglieder nach § 25 nachrücken könnten, betroffen ist. Ersatzmitglieder sind aber nicht „gewählte" BR-Mitglieder, so dass die erforderliche Kausalität nicht gegeben ist[3].

III. Anfechtungsverfahren (Abs. 2). 1. Beschlussverfahren. Über die Wahlanfechtung wird im arbeitsgerichtl. Beschlussverfahren entschieden (§ 2a I Nr. 1, II iVm. §§ 80 ff. ArbGG), das einen Antrag nach § 81 ArbGG erfordert, in dem der Antragsgegner zu benennen ist[4] (zB der oder die fehlerhaft gewählten BR, keinesfalls aber der ArbGeb[5]). Es gilt der eingeschränkte Untersuchungsgrundsatz (§ 83 I 1 ArbGG), so dass das ArbG von **Amts wegen** sämtliche Anfechtungsgründe zu berücksichtigen hat, soweit der Vortrag der Beteiligten entsprechende Anhaltspunkte liefert, auch wenn diese sich darauf nicht berufen[6]. Ein Antrag auf „Ungültigkeitserklärung" der BR-Wahl ist regelmäßig dahin auszulegen, dass die Wahl unter jedem rechtl. Gesichtspunkt, also sowohl auf Nichtigkeit (Rz. 23) wie auch auf Anfechtbarkeit überprüft werden soll[7]. Der Antrag kann auf eine Gesamt- oder Teilanfechtung (zB ungültige Wahl einzelner Mitglieder), aber auch lediglich auf eine Korrektur des Wahlergebnisses gerichtet sein: Korrektur geht immer vor Kassation (vgl. Rz. 21)[8].

Zu den notwendig **Beteiligten** iSv. § 83 III ArbGG gehört vor allem der gewählte BR, weil es bei der Anfechtung um seinen rechtl. Bestand geht, wie auch der ArbGeb[9]. Beide sind durch die gerichtl. Entscheidung **unmittelbar** in ihren betriebsverfassungsrechtl. Rechten und Pflichten betroffen, nicht dagegen der Wahlvorstand, dessen Amt mit der Durchführung der Wahl erloschen ist. Nach der Konstituierung des BR ist er selbst dann nicht Beteiligter, wenn die Anfechtung mit Mängeln seiner Bestellung oder seines Verfahrens begründet wird[10]. Auch die im Betrieb vertretenen **Gewerkschaften** gehören nicht zu den notwendig Beteiligten, wenn sie von ihrem Anfechtungsrecht keinen Gebrauch gemacht haben[11].

Das **Rechtsschutzinteresse** für eine Anfechtung entfällt mit Ablauf der Amtszeit des Gremiums, dessen Wahl angefochten wird[12]. Davon zu unterscheiden ist der **Rücktritt** des BR (vgl. § 13 Rz. 10). Hier entfällt das Rechtsschutzinteresse nicht, weil der BR ausweislich § 22 iVm. § 13 II Nr. 3 die Geschäfte weiterführt, bis ein neues Gremium gewählt und das Wahlergebnis bekannt gegeben ist, er dadurch also seine betriebsverfassungsrechtl. Funktionen nicht verliert[13]. Wird jedoch nur die Wahl eines **einzelnen** BR-Mitglieds angefochten, entfällt das Rechtsschutzinteresse, wenn dieses Mitglied sein Amt nach § 24 Nr. 2 niederlegt: Durch die Amtsniederlegung erlischt die Mitgliedschaft im BR mit sofortiger Wirkung[14].

2. Anfechtungsfrist. Nach Abs. 2 S. 2 ist die Anfechtung „nur" innerhalb einer Zwei-Wochen-Frist möglich; es handelt sich also um eine materiell-rechtliche **Ausschlussfrist**[15]. Sie wird nach den §§ 187 ff. BGB berechnet und endet nach § 188 II BGB mit Ablauf des Wochentags, der dem Tag der ordnungsgemäßen Bekanntgabe des endgültigen Wahlergebnisses (Aushang nach § 18 WO, vgl. § 18 Rz. 8) entspricht[16]. Ein verspäteter Antrag ist vom ArbG wegen der materiellen Frist als **unbegründet**, nicht als unzulässig abzuweisen. Bei Untätigkeit aller Anfechtungsberechtigten werden daher alle Mängel der BR-Wahl geheilt, sofern nicht ausnahmsweise Nichtigkeit vorliegt[17]. Wurde die Wahl fristgerecht angefochten, muss das ArbG weiteren, im Laufe des Verfahrens hervortretenden Anfechtungsgründen **von Amts wegen** nachgehen[18]. Der BR bleibt mit allen seinen Befugnissen bis zum Ablauf seiner regelmäßigen Amtszeit auch dann im Amt, wenn unter Verkennung des Betriebsbegriffs für zwei Betriebe ein gemeinsamer BR gewählt und diese Wahl nicht angefochten worden ist – jedenfalls solange, als sich die tatsächlichen Verhältnisse nicht wesentlich geändert haben (vgl. § 13 II)[19].

---

1 BAG 12.9.2012 – 7 ABR 37/11, NZA-RR 2013, 197; 21.1.2009 – 7 ABR 65/07, NZA-RR 2009, 481; 15.11.2000 – 7 ABR 53/99, NZA 2001, 853. ||2 GK-BetrVG/*Kreutz*, § 19 Rz. 50 f. ||3 BAG 21.2.2001 – 7 ABR 41/99, NZA 2002, 282. ||4 AA LAG München 10.3.2008 – 6 TaBV 87/07: namentliche Bezeichnung der gewählten Personen und deren Kennzeichnung als Antragsgegner nicht erforderlich, wenn die angefochtene Wahl bestimmt bezeichnet ist und der Streitgegenstand damit feststeht. ||5 ArbG Köln 9.6.1976 – 3 BV 3/76, DB 1976, 2068. ||6 HM, vgl. BAG 4.12.1986 – 6 ABR 48/85, NZA 1987, 166; GK-BetrVG/*Kreutz*, § 19 Rz. 107; Richardi/*Thüsing*, § 19 Rz. 57. ||7 LAG München 1.12.1999 – 7 TaBV 42/99, ZBVR 2002, 11. ||8 Vgl. nur *Fitting*, § 19 Rz. 39; GK-BetrVG/*Kreutz*, § 19 Rz. 89, 119. ||9 BAG 4.12.1986 – 6 ABR 48/85, NZA 1987, 166. ||10 BAG 14.1.1983 – 6 ABR 39/82, BAGE 41, 275; LAG Berlin 28.6.1999 – 9 TaBV 479/99, NZA-RR 2000, 246. ||11 HM, vgl. BAG 19.9.1985 – 6 ABR 4/85, BAGE 50, 1; *Fitting*, § 19 Rz. 52; GK-BetrVG/*Kreutz*, § 19 Rz. 99; aA DKKW/*Schneider*, § 19 Rz. 25. ||12 BAG 16.4.2008 – 7 ABR 4/07, DB 2008 1864; 13.3.1991 – 7 ABR 5/90, BAGE 67, 316. ||13 BAG 29.5.1991 – 7 ABR 54/90, BAGE 68, 67. ||14 HM, vgl. *Fitting*, § 19 Rz. 44; GK-BetrVG/*Kreutz*, § 19 Rz. 110. ||15 GK-BetrVG/*Kreutz*, § 19 Rz. 77; HaKo-BetrVG/*Brors*, § 19 Rz. 16. ||16 Vgl. nur *Fitting*, § 19 Rz. 34; Löwisch/*Kaiser*, § 19 Rz. 17. ||17 BAG 19.9.1985 – 6 ABR 4/85, BAGE 50, 1. ||18 BAG 3.6.1969 – 1 ABR 3/69, BAGE 22, 38; ArbG Herford 23.3.2011 – 2 BV 12/10. ||19 BAG 27.6.1995 – 1 ABR 62/94, NZA 1996, 164; LAG Hamm 18.9.1996 – 3 TaBV 108/96, BB 1996, 2622.

18 **3. Anfechtungsberechtigung.** Die Anfechtungsberechtigung nach Abs. 2 S. 1 ist nach hM nicht nur **materielle**, sondern auch prozessuale Antragsvoraussetzung[1]. Die Aufzählung der Antragsberechtigten ist **abschließend**, so dass ausschließlich „mindestens drei Wahlberechtigte, eine im Betrieb vertretene Gewerkschaft oder der ArbGeb" vom Gestaltungsrecht des Abs. 1 Gebrauch machen können, nicht aber zB der BR oder der Wahlvorstand oder auch der einzelne ArbN – trotz eigener Betroffenheit[2]. Darauf, ob Einspruch nach § 4 WO gegen die Wählerliste eingelegt worden ist[3] oder ob der beanstandete Wahlverstoß den Antragsteller unmittelbar betrifft, kommt es für die Anfechtungsberechtigung nicht an (Rz. 6).

19 Für die Antragsbefugnis der wahlberechtigten **ArbN**, zu denen auch LeihArbN nach § 7 S. 2 zählen, ist unerheblich, ob sie während des gesamten Verfahrens wahlberechtigt bleiben; ihr nachträgliches Ausscheiden aus dem Betrieb schadet nicht. Allerdings muss der ausgeschiedene ArbN das Verfahren weiter tragen[4]. Scheiden sämtliche anfechtenden ArbN während des Beschlussverfahrens aus ihren ArbVerh endgültig aus, **entfällt** allerdings ihr **Rechtsschutzbedürfnis** (vgl. Rz. 16)[5]. Das „Auswechseln" von Antragsberechtigten nach dem Ablauf der Ausschlussfrist nach S. 2 auch zB durch eine im Betrieb vertretene Gewerkschaft ist nicht mehr möglich, weil die materielle Frist dadurch nicht mehr gewahrt ist[6]. Eine nachträgliche Aberkennung der Anfechtungsberechtigung eines wahlberechtigten ArbN wegen Verstoßes gegen Treu und Glauben kommt nur dann in Betracht, wenn die BR-Wahl gezielt zum Zwecke der späteren Anfechtung beeinflusst wurde und dies für die anderen Antragsteller offensichtlich war[7].

20 Die Anfechtungsberechtigung einer **Gewerkschaft** ist nur gegeben, wenn sie während des gesamten Verfahrens „im Betrieb vertreten" ist[8]. Nicht antragsberechtigt ist eine nicht tariffähige Koalition – sie ist nicht „Gewerkschaft"[9]. Nur der **ArbGeb**, in dessen Betrieb die BR-Wahl stattgefunden hat, ist nach Abs. 2 antragsbefugt. Nach einem Betriebsübergang (§ 613a BGB) ist nicht mehr der Veräußerer, sondern nur noch der Erwerber antragsberechtigt. Besteht zwischen mehreren ArbGeb eine BGB-Gesellschaft, so ist allein die Gesellschaft als solche, nicht aber sind die einzelnen Gesellschafter anfechtungsberechtigt[10]. Wird die Wahlanfechtung im **gemeinsamen Betrieb** auf das Fehlen einer unternehmensübergreifenden Organisationseinheit gestützt und geltend gemacht, es hätten gesonderte Wahlen für die einzelnen Betriebsstätten durchgeführt werden müssen, ist ArbGeb iSd. Abs. 2 derjenige, der behauptet, in seinem eigenständigen Betrieb hätte ein eigener BR gewählt werden müssen[11].

21 **4. Wirkung der Anfechtung.** Durch die erfolgreiche Anfechtung verliert der fehlerhaft gewählte BR **nicht rückwirkend** sein Amt. Bis dahin vorgenommene Handlungen des BR, zB der Abschluss von BV, bleiben wirksam. Er kann sogar im Amt verbleiben, wenn dem Anfechtungsantrag auch durch eine **Ergebnisberichtigung** abgeholfen werden kann, die vom Gericht zB bei Auszählungs- oder Verteilungsfehlern (Listenwahl, Geschlechtsquote etc.) festzustellen ist, wenn dadurch der Wille der Wähler nicht verfälscht wird (vgl. Rz. 12)[12]. Wird das Wahlergebnis aber insg. für **unwirksam** erklärt, verliert der BR sein Amt mit Rechtskraft der Entscheidung[13] – der Betrieb ist dann **betriebsratslos**. Die BR-Mitglieder verlieren ab diesem Zeitpunkt ihren besonderen betriebsverfassungsrechtlichen Kündigungsschutz nach § 15 KSchG, § 103. Eine **Nachwirkung** des Kündigungsschutzes kann nicht auf § 15 I 2 (l. Hs.) KSchG gestützt werden, weil die Beendigung der Mitgliedschaft auf einer gerichtl. Entscheidung beruht[14], wohl aber auf § 15 III 2 KSchG, soweit seit der Wahl noch nicht sechs Monate verstrichen sind (Kündigungsschutz als Wahlbewerber)[15].

22 Die BR-Wahl muss nach einer erfolgreichen Anfechtung **wiederholt** werden, so dass ein neuer Wahlvorstand bestellt werden muss. Eine Weiterführung der Amtsgeschäfte nach § 22 scheidet aus, Neuwahlen können (nur) nach § 13 II Nr. 4 durch Initiatoren gem. §§ 17, 17a eingeleitet werden. Der BR ist zur Bestellung des neuen Wahlvorstands **nicht befugt**. Das gilt sowohl nach Rechtskraft des Urteils, weil damit das Amt des BR endet (Rz. 21), als auch vor Rechtskraft des Urteils, da vor diesem Zeitpunkt keine Vorbereitungen für die Wiederholungswahl getroffen werden dürfen[16].

---

1 BAG 14.2.1978 – 1 ABR 46/77, BAGE 30, 114; 4.12.1986 – 6 ABR 48/85, NZA 1987, 166; *Fitting*, § 19 Rz. 29; Richardi/*Thüsing*, § 19 Rz. 36; aA GK-BetrVG/*Kreutz*, § 19 Rz. 57: nur Aktivlegitimation, nicht Prozessvoraussetzung. ||2 BAG 14.11.1975 – 1 ABR 61/75, DB 1976, 300; DKKW/*Schneider*, § 19 Rz. 20; Richardi/*Thüsing*, § 19 Rz. 42. ||3 LAG Köln 4.5.2000 – 10 TaBV 59/99, AiB 2001, 353. ||4 BAG 4.12.1986 – 6 ABR 48/85, NZA 1987, 166; *Fitting*, § 19 Rz. 29; Richardi/*Thüsing*, § 19 Rz. 38; aA GK-BetrVG/*Kreutz*, § 19 Rz. 69. ||5 BAG 15.2.1989 – 7 ABR 9/88, BAGE 61, 125; LAG Düss. 14.1.2011 – 7 TaBV 65/10; Richardi/*Thüsing*, § 19 Rz. 38. ||6 BAG 10.6.1983 – 6 ABR 50/82, BAGE 44, 57; GK-BetrVG/*Kreutz*, § 19 Rz. 70. ||7 LAG Düss. 14.1.2011 – 9 TaBV 65/10. ||8 BAG 21.11.1975 – 1 ABR 12/75, NJW 1976, 1165 (Marburger Bund); DKKW/*Schneider*, § 19 Rz. 23; *Fitting*, § 19 Rz. 31. ||9 ArbG Düss. 5.10.1998 – 7 BV 18/98, AiB 1999, 101. ||10 BAG 28.11.1977 – 1 ABR 36/76, BAGE 29, 392; GK-BetrVG/*Kreutz*, § 19 Rz. 74. ||11 BAG 10.11.2004 – 7 ABR 17/04, NZA 2005, 1059. ||12 Ausf. GK-BetrVG/*Kreutz*, § 19 Rz. 118–120. ||13 BAG 13.3.1991 – 7 ABR 5/90, BAGE 67, 316; LAG Hess. 18.12.2009 – 19/3 Sa 323/09; *Fitting*, § 19 Rz. 36. ||14 HM, vgl. *Fitting*, § 19 Rz. 50; KR/*Etzel*, § 15 KSchG Rz. 66. ||15 So auch GK-BetrVG/*Kreutz*, § 19 Rz. 125. ||16 Str., wie hier GK-BetrVG/*Kreutz*, § 19 Rz. 126; Richardi/*Thüsing*, § 19 Rz. 70; aA *Fitting*, § 19 Rz. 45; DKKW/*Schneider*, § 19 Rz. 35; HaKo-BetrVG/*Brors*, § 19 Rz. 17.

IV. Nichtigkeit der Wahl.

Obwohl im Gesetz nur die **Anfechtung** als Unwirksamkeit ex nunc (für die Zukunft) geregelt ist, ist dennoch allg. anerkannt (Rz. 2), dass in besonderen **Ausnahmefällen** auch die Nichtigkeit einer BR-Wahl rückwirkend (ex tunc) festgestellt werden kann, wenn gegen allg. Grundsätze jeder ordnungsgemäßen Wahl in so hohem Maße verstoßen worden ist, dass auch der Anschein einer dem Gesetz entsprechenden Wahl nicht mehr vorliegt. Es muss sowohl ein – aus Sicht von mit den Betriebsverhältnissen Vertrauten – **offensichtlicher** als auch ein **besonders grober** Verstoß gegen Wahlvorschriften vorliegen[1]. Allein eine Häufung von Wahlverstößen, von denen jeder für sich eine Wahlanfechtung begründen würde, kann die Nichtigkeit der Wahl idR nicht zur Folge haben. Entscheidend ist die Gesamtwürdigung der Verstöße[2]. Die Nichtigkeit der Wahl kann jederzeit, von jedermann und in jedem Zusammenhang geltend gemacht werden[3]. Wird die Anfechtungsfrist versäumt, erwächst daraus kein zusätzliches Argument für die Nichtigkeit. Nach dem **Evidenz-Maßstab** können Anfechtungsgründe nur dann auch zur Nichtigkeit führen, wenn diese nicht erst auf Grund umfangreicher und langwieriger Ermittlungen feststellbar, sondern offensichtlich sind und nicht einmal mehr den Anschein einer ordnungsgemäßen Wahl vermitteln[4].

- **Beispiele** erfolgreicher Nichtigkeitsklagen aus der Rspr.:
  - Wahl eines BR in einer kirchl. Einrichtung (Jugenddorf mit Mitgliedschaft im Diakonischen Werk der Landeskirche) statt der kirchengesetzl. vorgesehenen MAV (vgl. § 118 II)[5];
  - Wahl unter Verstoß gegen § 3 II BetrVG aF (keine behördl. Genehmigung des Organisationstarifs)[6];
  - Wiederwahl eines BR nach Ablauf seiner Amtszeit durch Akklamation in einer Betriebsversammlung[7];
  - Wahl ohne Wahlvorstand bzw. mit einem Wahlvorstand, dessen Bestellung nichtig ist[8];
  - Wahl außerhalb des für die BR-Wahlen festgelegten Zeitraums, obgleich die Voraussetzungen des § 13 II nicht vorliegen und ein BR noch besteht[9];
  - Wahlausschluss der Außendienstmitarbeiter von der Briefwahl entgegen etwa zehnjähriger Übung, ohne dass hierfür der geringste einleuchtende Grund besteht[10];
  - evidente und willkürliche Abweichung von § 4 (dh. besonders grobe Verkennung des Betriebsbegriffs, vgl. auch Rz. 25) auf der Grundlage eines nicht wirksamen TV[11];
  - Einsetzung des BR durch die Gewerkschaft oder den ArbGeb[12].

Eine „normale" Verkennung der betriebsratsfähigen Organisationseinheit und seiner Ausformungen in §§ 1, 3 und 4 führt idR aber nicht zur Nichtigkeit, sondern allenfalls zur **Anfechtbarkeit** der BR-Wahl (Rz. 11)[13]. Ebenso liegt keine Nichtigkeit vor, wenn nur bei einzelnen der gewählten BR-Mitglieder die Wählbarkeitsvoraussetzungen des § 8 nicht vorgelegen haben (Rz. 9)[14]. Allerdings scheidet bloße Anfechtbarkeit aus, wenn zB in den Fällen des § 3 I Nr. 1-3 auf Grund fehlender tarifl. Grundlagen eine Strukturveränderung ohne jede Rechtsgrundlage erfolgt – die Nichtigkeit ist hier **evident**.

Die Feststellung der Nichtigkeit durch das ArbG führt dazu, dass der BR **rechtlich nie existiert** hat. Folglich ist und war der Betrieb betriebsratslos[15]. Anders als nach der erfolgreichen Anfechtung (Rz. 21) sind alle vom „Betriebsrat" getroffenen Maßnahmen, dh. auch von ihm abgeschlossene BV, **rückwirkend** unwirksam[16]. Ebenso bestanden und bestehen keinerlei Mitbestimmungs- und Mitwirkungsrechte und haben die Mitglieder eines solchen BR keinen Kündigungsschutz (allenfalls den nachwirkenden Kündigungsschutz für Wahlbewerber, § 15 III KSchG, vgl. Rz. 21). Nur die voraussichtliche Nichtigkeit der BR-Wahl kann zu ihrem Abbruch führen; die sichere Anfechtbarkeit genügt hierfür nicht (vgl. § 16 Rz. 14)[17].

---

1 St. Rspr., vgl. BAG 27.7.2011 – 7 ABR 61/10, NZA 2012, 345; 22.3.2000 – 7 ABR 34/98, NZA 2000, 1119; 13.11.1991 – 7 ABR 18/91, BAGE 69, 49. ‖ 2 BAG 19.11.2003 – 7 ABR 24/03, BAGE 108, 375. ‖ 3 Ganz hM, vgl. nur *Gräfl*, JbArbR 42 (2005), 133 (142f.); GK-BetrVG/*Kreutz*, § 19 Rz. 132; HaKo-BetrVG/*Brors*, § 19 Rz. 2. ‖ 4 BAG 15.11.2000 – 7 ABR 23/99, nv. ‖ 5 BAG 30.4.1997 – 7 ABR 60/95, NZA 1997, 1240. ‖ 6 LAG Düss. 21.1.2000 – 9 Sa 1754/99, ZInsO 2000, 681; LAG Bbg. 9.8.1996 – 2 TaBV 9/96, LAGE § 3 BetrVG 1972 Nr. 2. ‖ 7 BAG 12.10. 1961 – 5 AZR 423/60, BAGE 11, 318. ‖ 8 ArbG Bielefeld 20.5.1987 – 4 BV 9/87, BB 1987, 1458; vgl. auch GK-BetrVG/*Kreutz*, § 17 Rz. 53, § 19 Rz. 138. ‖ 9 ArbG Regensburg 20.9.1989 – 6 BV 14/89 S, BB 1990, 852 (LS 2); vgl. auch Richardi/*Thüsing*, § 19 Rz. 74. ‖ 10 BAG 24.1.1964 – 1 ABR 14/63, BAGE 15, 235. ‖ 11 LAG Hamburg 6.5.1996 – 4 TaBV 3/96, NZA-RR 1997, 136. ‖ 12 BAG 29.9.1988 – 2 AZR 107/88, NZA 1989, 799 (Anerkennung des alten BR trotz neuer Betriebsstruktur). ‖ 13 St. Rspr., vgl. zB BAG 13.3.2013 – 7 ABR 70/11; 21.9. 2011 – 7 ABR 54/10, BAGE 139, 197; 9.5.1996 – 2 AZR 438/95, NZA 1996, 1145. ‖ 14 BAG 28.11.1977 – 1 ABR 36/76, BAGE 29, 392. ‖ 15 HM, vgl. BAG 27.7.2011 – 7 ABR 61/10, NZA 2012, 345; *Fitting*, § 19 Rz. 6; GK-BetrVG/*Kreutz*, § 19 Rz. 140. ‖ 16 LAG Düss. 21.1.2000 – 9 Sa 1754/99, ZInsO 2000, 681 (Abschluss eines Sozialplans). ‖ 17 BAG 27.7.2011 – 7 ABR 61/10, NZA 2012, 345.

20 *Wahlschutz und Wahlkosten*
(1) Niemand darf die Wahl des Betriebsrats behindern. Insbesondere darf kein Arbeitnehmer in der Ausübung des aktiven und passiven Wahlrechts beschränkt werden.

(2) Niemand darf die Wahl des Betriebsrats durch Zufügung oder Androhung von Nachteilen oder durch Gewährung oder Versprechen von Vorteilen beeinflussen.

(3) Die Kosten der Wahl trägt der Arbeitgeber. Versäumnis von Arbeitszeit, die zur Ausübung des Wahlrechts, zur Betätigung im Wahlvorstand oder zur Tätigkeit als Vermittler (§ 18a) erforderlich ist, berechtigt den Arbeitgeber nicht zur Minderung des Arbeitsentgelts.

1 **I. Inhalt und Zweck.** Die Norm schützt einerseits die BR-Wahlen gegen **Behinderung** (Abs. 1) und **Beeinflussung** (Abs. 2); sie regelt andererseits die **Kostentragungspflicht** des ArbGeb (Abs. 3). Sie gilt auch für alle übrigen Wahlen im Bereich der Betriebsverfassung (zB JAV, § 63 II), nicht dagegen für die durch Entsendung entstandenen Gremien wie zB GBR oder KBR und Wirtschaftsausschuss (deren Tätigkeit wird durch § 78 geschützt). Durch Abs. 1, 2 wird die **Freiheit** der Wahlen (vgl. § 14 Rz. 7) in Bezug auf äußere Willensbetätigung und innere Willensbildung der Wähler und Kandidierenden geschützt[1]; den besonders hohen Stellenwert zeigt auch die **Strafbewehrung** in § 119 I Nr. 1.

2 **II. Wahlschutz. 1. Verbot der Behinderung der Wahl (Abs. 1).** „Niemand" darf die Wahl des BR behindern oder unzulässig beeinflussen, dh. das Verbot richtet sich gegen **jedermann**, auch gegen ArbN und Gewerkschaften (Rz. 4). Abs. 1 schützt nicht nur den eigentlichen Abstimmungsvorgang, sondern auch alle **vorbereitenden Maßnahmen** (zB des Wahlvorstands, vgl. § 18 I) inkl. der Wahlwerbung (Rz. 3)[2]. „Behinderung" kann jedes rechtswidrige Tun oder Unterlassen sein, das den **äußeren Ablauf** der Wahlen stört[3]. Nach der historischen ratio zielt die Norm besonders auf den ArbGeb als potenziellen „Wahlstörer", entweder dadurch, dass er seine Förderungspflichten aus BetrVG und WahlO (zB nach § 28 II WO, vgl. § 14a Rz. 8) missachtet bzw. vernachlässigt, oder dadurch, dass er den ArbN gegen ihre Wahl aufzubringen oder ihre Teilnahme zu verhindern sucht, zB wenn diese schriftlich erklären sollen, dass sie keinen BR wünschen[4], oder durch andere wahlstörende **Handlungen** oder **Weisungen** (zB Entfernung von Wahlwerbung, Verhinderung der Wahlhandlung, Versetzung von ArbN zum Zwecke ihrer Nicht-Wählbarkeit, Anordnung einer Dienstreise zum Zeitpunkt der Wahl etc.)[5]. Ruft ein Vorgesetzter zum Wahlboykott auf oder behauptet er wahrheitswidrig die Unwirksamkeit der Wahlen, weshalb eine Teilnahme daran überflüssig sei, so ist das aber **keine Wahlbehinderung**, sondern nur eine nach Abs. 2 (und § 119 I Nr. 1) nicht eigens sanktionierte Wahlbeeinflussung: Es wird nicht in die **Handlungsfreiheit** der Wahlberechtigten eingegriffen, sondern (nur) in die Freiheit ihrer inneren Willensbildung (ohne die Androhung von Nachteilen etc., vgl. Rz. 5)[6]. Das Gesetz bestätigt diese Deutung in Abs. 1 S. 2, wenn es den wichtigsten Behinderungsfall als Beschränkung **in der Ausübung** des aktiven und/oder passiven Wahlrechts kennzeichnet[7]. Abs. 1 S. 2 schützt darüber hinaus auch die **negative Wahlfreiheit:** So ist die Aufforderung an wahlberechtigte ArbN, Briefwahlunterlagen an den Arbeitsplatz mitzubringen und das spätere Einsammeln derselben unzulässig. Der ArbN gerät hierdurch in eine Drucksituation, sich dafür rechtfertigen zu müssen, (noch) nicht gewählt zu haben[8].

3 Die Behinderung muss **rechtswidrig** sein; auf ein Verschulden kommt es nicht an[9]. Bei der Wahlwerbung von im Betrieb vertretenen (vgl. § 2 II) **Gewerkschaften** gilt im Zweifel der Vorrang ihres Betätigungsrechts, solange nicht kraft Abwägung zwischen Art. 9 III GG und Art. 12 GG ausnahmsweise das Recht des ArbGeb auf die Abwehr unverhältnismäßiger Eingriffe in den Betriebsablauf Vorrang genießt[10]. Wildes Plakatieren im Betrieb muss er zB nicht hinnehmen. Das Wahlwerbungsrecht besteht unabhängig davon, ob eigene Gewerkschaftsmitglieder für den BR kandidieren oder nicht, und ist notwendiger Ausdruck eines demokratischen Wahlverfahrens (ganz hM). Verletzen ArbN dagegen ihre arbeitsvertragl. Pflichten ohne einen inneren (sachlichen) Zusammenhang mit Wahlen, ist der ArbGeb durch das Behinderungsverbot in seinem Kündigungsrecht nicht beschränkt[11]. Auch muss er einen Wahlbewerber nicht zur Sammlung von Stützvorschriften (§ 14 IV) eigens frei stellen, sondern darf ihm dies in den Pausen oder außerhalb der Arbeitszeiten zumuten (Rz. 14)[12]. Genauso wenig muss er einem gekündigten ArbN, der nicht geklagt hat und nicht weiterbeschäftigt wird, den Zugang zum Zwecke der Wahl ermöglichen[13]. Zu den Rechtsfolgen wahlbehindernder Weisungen vgl. Rz. 9.

---

1 Vgl. GK-BetrVG/*Kreutz*, § 20 Rz. 1. ||2 BayObLG 9.7.1980 – 4 St 173/80, BB 1980, 1638. ||3 HM, so zB GK-BetrVG/*Kreutz*, § 20 Rz. 11; *Löwisch/Kaiser*, § 20 Rz. 3; weitergehend *Dörner*, FS Kreutz, 2010, S. 81 (84). ||4 ArbG München 26.5.1987 – 15 Ca 3024/87, DB 1987, 2662; ferner *Löwisch/Kaiser*, § 20 Rz. 4. ||5 Vgl. Bsp. bei *Fitting*, § 20 Rz. 10; GK-BetrVG/*Kreutz*, § 20 Rz. 13–20; HaKo-BetrVG/*Brors*, § 20 Rz. 2–4; Richardi/*Thüsing*, § 20 Rz. 8–11. ||6 LAG Köln 15.10.1993 – 13 TaBV 36/93, NZA 1994, 431. ||7 Ähnlich GK-BetrVG/*Kreutz*, § 20 Rz. 11. ||8 LAG München 27.1.2010 – 11 TaBV 22/09. ||9 HM, vgl. DKKW/*Schneider*, § 20 Rz. 1; GK-BetrVG/*Kreutz*, § 20 Rz. 12. ||10 BAG 28.2.2006 – 1 AZR 460/04, BAGE 117, 137; BVerfG 14.11.1995 – 1 BvR 601/92, BVerfGE 93, 352 (359ff.) unter Verabschiedung der sog. Kernbereichsformel, vgl. auch *Höfling* in Sachs, Art. 9 GG Rz. 71ff. Die ältere BAG-Rspr. ist damit in ihrer restriktiven Tendenz überholt. ||11 BAG 13.10.1977 – 2 AZR 387/76, DB 1978, 641 – Verhaltensbedingte Kündigung; *Rieble*, ZfA 2003, 283 (288f.). ||12 LAG Berlin 9.1.1979 – 3 TaBV 6/78, BB 1979, 1036; vgl. ferner LAG Hamm 6.2.1980 – 3 TaBV 79/79, EzA § 20 BetrVG 1972 Nr. 11. ||13 GK-BetrVG/*Kreutz*, § 20 Rz. 15; vgl. aber ArbG München 18.11.1997 – 19 BVGa 61/97, AiB 1998, 161: Gekündigtem Wahlbewerber, der die Kündigung gerichtl. angreift, darf nicht das Betreten des Betriebs verboten werden; vgl. ferner DKKW/*Schneider*, § 20 Rz. 14; *Fitting*, § 20 Rz. 16 jew. mwN.

Eine Behinderung der Wahlen durch **Wahlvorstand**, ArbN, Gewerkschaften oder **Dritte** ist ebenfalls verboten (Rz. 2), jedoch idR nicht praxisrelevant. Wer durch Beschimpfungen von Seiten seiner Kollegen oder von außen dazu veranlasst wird, von einer Wahlbewerbung abzusehen, kann sich sowohl zivilwie strafrechtlich dagegen wehren als auch ggf. die Wahl als solche anfechten (vgl. § 19, näher Rz. 8f.). Doch möchte § 20 gerade solchen Pressionen **vorbeugen**, also die freie Kandidatur trotz solcher Beeinflussungen sicherstellen. 4

2. Unzulässige Wahlbeeinflussung (Abs. 2). Abs. 2 möchte die **freie Willensbildung** der Wahlberechtigten sicherstellen und verbietet daher **jedermann** die „Zufügung oder Androhung von Nachteilen" oder „die Gewährung oder Versprechung von Vorteilen" zum Zwecke der Beeinflussung der Wahlen. Die Ausübung des passiven und des aktiven Wahlrechts soll allein auf der freien Entscheidung der Wahlberechtigten beruhen und keiner Steuerung von dritter Seite unterliegen[1]. Dabei entspricht es dem **vorbeugenden** (präventiven) Sanktionszweck der Norm, dass jeder geeignete Versuch einer – so definierten – unzulässigen Beeinflussung ausreicht. Auf eine tatsächliche Verfälschung des Wählerwillens kommt es nicht an[2]. Die Androhung von Kündigung, Versetzung auf einen schlechteren Arbeitsplatz oder sonstigen Nachteilen bzw. das In-Aussicht-Stellen von Beförderung, Gehaltserhöhung oder sonstigen materiellen oder immateriellen Vorteilen ist also verboten und – bei vorsätzlichem Handeln – auch strafbar (§ 119 I Nr. 1). Dafür reicht es aus, wenn der ArbGeb (anstelle der nach § 14 III berufenen ArbN selbst) Stützunterschriften für eine Vorschlagsliste sammelt[3] oder eine Gruppe von Wahlbewerbern bei der Herstellung einer Wahlzeitung unterstützt[4]. 5

Jeder betriebl. **Wahlkampf** darf und muss auf Beeinflussung der Willensbildung zielen und ist idR unbedenklich zulässig, solange er nicht die Entscheidungsfreiheit der Wähler/innen mindestens durch **indirekte** bzw. **mittelbare** Androhung von Nachteilen oder In-Aussicht-Stellung von Vergünstigungen iSv. Abs. 2 zu manipulieren versucht[5]. Das erlegt vor allem dem **ArbGeb** Zurückhaltung bei jeglicher Wahlwerbung (nicht: bei der Information über Gesetzesgrundlagen) auf[6]; er darf zB nicht in einem Schreiben an alle ArbN darauf hinweisen, dass bei Wahl einer Gewerkschaftsliste dem Unternehmen schwerer Schaden zugefügt würde[7]. Immer ist auch dem Bedeutungsgehalt von Art. 5 GG Rechnung zu tragen, so dass auch schrille Propaganda mit unwahren Behauptungen und Irreführungseignung erst dann in unzulässige Wahlbeeinflussung umschlägt, wenn zB Wahlbewerber oder Gewerkschaften in strafrechtlich relevanter Weise diffamiert werden und ihnen bzw. ihren Anhängern von daher „Nachteile" drohen[8]. 6

Auch **Gewerkschaften** können die freie Willensbildung bei BR-Wahlen dadurch **mittelbar** beeinflussen, dass sie es ihren Mitgliedern unter Androhung des Verbandsausschlusses untersagen, sich auf anderen als den „eigenen" Gewerkschaftslisten zur Wahl zu stellen, so dass diese nicht nach Gutdünken von ihrem passiven Wahlrecht Gebrauch machen können. Der BGH hatte das mehrmals für **rechtswidrig** und somit gegen Abs. 2 verstoßend erklärt, soweit nur die bloße Fremdkandidatur sanktioniert würde[9]. Das BVerfG hat dieser Rspr. die Grundlage entzogen, indem es dem BGH eine Verkennung des Schutzbereichs von Art. 9 III GG vorgehalten hat, das **geschlossene Auftreten** nach außen als wesentlich für die Selbstbestimmung der Koalitionen erklärt und damit über die individuelle Koalitionsfreiheit ihrer Mitglieder gestellt hat[10]. Eine Maßregelung bei Fremdkandidatur gilt also nicht mehr als nach Abs. 2 unzulässige Beeinflussung der Wahlen. Die BVerfG-Rspr. ist im Erg. geeignet, den Wettbewerb der Gewerkschaften und ihrer Listen im Betrieb zu stimulieren und passt damit in ein neues wettbewerbliches Zeitalter. Dadurch wird aber nicht jede Maßregelung gedeckt, insb. dann nicht, wenn die Liste der Gewerkschaft nicht nach binnendemokratischen Grundsätzen aufgestellt worden war[11]. 7

3. Sanktionierung unzulässiger Wahlstörungen. Zu unterscheiden ist zwischen individualrechtl. (Rz. 9) und **betriebsverfassungsrechtl.** Sanktionen unzulässiger Wahlstörungen: Einerseits handelt es sich dabei um eine Verletzung **wesentlicher** Vorschriften des Wahlverfahrens (vgl. § 19 Rz. 5), so dass neben der Wahlanfechtung sogar in krassen Fällen[12] eine Nichtigkeitserklärung der Wahl erfolgen kann. Der **wahlsichernde** präventive Zweck der Norm (Rz. 4) fordert vorrangig gerichtl. Maßnahmen *während* 8

---

1 BVerfG 24.2.1999 – 1 BvR 123/93, BVerfGE 100, 214. || 2 Vgl. auch BGH 19.1.1981 – II ZR 20/80, DB 1982, 130; LAG Nds. 16.6.2008 – 9 TaBV 14/07; GK-BetrVG/*Kreutz*, § 20 Rz. 25. || 3 LAG Hamburg 12.3.1998 – 2 TaBV 2/98, AiB 1998, 701. || 4 BAG 4.12.1986 – 6 ABR 48/85, NZA 1987, 166; aA GK-BetrVG/*Kreutz*, § 20 Rz. 30; *Rieble*, ZfA 2003, 283 (290ff.). || 5 Zur Zulässigkeit eines „virtuellen" Wahlkampfs im Intranet vgl. *Maschmann*, NZA 2008, 613ff. || 6 HM, vgl. nur *Fitting*, § 20 Rz. 24; *Richardi/Thüsing*, § 20 Rz. 18; aA GK-BetrVG/*Kreutz*, § 20 Rz. 30; *Rieble*, ZfA 2003, 283 (290ff.). || 7 ArbG Heilbronn 18.3.1999 – 1 BV 1/99, AiB 1999, 581; zu Recht abl. *Rieble*, ZfA 2003, 283 (294ff.). || 8 Str., ähnlich wie hier LAG Nds. 16.6.2008 – 9 TaBV 14/07, wonach das zulässige Maß dann überschritten ist, wenn die Propaganda Ausmaße einer allg. Hetze erreicht; DKKW/*Schneider*, § 20 Rz. 19; *Fitting*, § 20 Rz. 25; GK-BetrVG/*Kreutz*, § 20 Rz. 32 (Ehrverletzung). || 9 BGH 19.10.1987 – II ZR 43/87, BGHZ 102, 265; 19.1.1981 – II ZR 20/80, DB 1982, 130; 27.2.1978 – II ZR 17/77, BGHZ 71, 126; vgl. ferner *Fitting*, § 20 Rz. 26ff.; GK-BetrVG/*Kreutz*, § 20 Rz. 35ff.; *Popp*, JuS 1980, 798 (800ff.). || 10 BVerfG 24.2.1999 – 1 BvR 123/93, BVerfGE 100, 214; zust. *Fitting*, § 20 Rz. 27ff.; *Sachse*, AuR 1999, 387; krit. *Gaumann*, NJW 2002, 2155; MünchArbR/*Joost*, § 216 Rz. 187; *Reuter*, RdA 2000, 101. || 11 So *Sachse*, AuR 1999, 387 (389f.); zust. *Fitting*, § 20 Rz. 30; GK-BetrVG/*Kreutz*, § 20 Rz. 40; weiter gehend *Gaumann*, NJW 2002, 2155 (2157): Ausschluss als Ultima ratio. || 12 Zu eng *Fitting*, § 20 Rz. 32 (nur Fälle „offenen Terrors" begründen Nichtigkeit).

des Wahlverfahrens, gerade auch im Wege der einstw. Verfügung, vgl. hierzu § 18 Rz. 16 ff.[1]. Nachrangig ist an die Sanktion des § 23 III (grobe Verstöße des ArbGeb) oder gar an die strafrechtl. Sanktion des § 119 I Nr. 1 zu denken, die Vorsatz erfordert[2].

9 Andererseits stellen die Verbote der Abs. 1, 2 **gesetzliche Verbote** iSd. § 134 BGB dar, die im Erg. zu einem *relativen* **Vertragsschutz** der betroffenen Wahlteilnehmer führen: Jede im Hinblick auf Abs. 1, 2 rechtswidrige Maßnahme des ArbGeb ist individualrechtlich **unwirksam**, insb. Kündigungen, Versetzungen oder Weisungen zum Zwecke der Beeinträchtigung von BR-Wahlen[3]. Dabei muss im Zweifel eine Umkehr der Beweislast ähnlich wie im Diskriminierungsrecht (vgl. § 22 AGG) zu Gunsten der klagenden ArbN gefordert werden. Umstritten ist der Charakter als **Schutzgesetz** iSv. § 823 II BGB, weil jeweils der vermögensschützende Charakter des Wahlschutzes fraglich ist[4]. Doch können im Erg. unzweifelhaft zB solche Kosten, die „ausgeschlossenen" Wahlbewerbern zum Zwecke der gerichtl. Zutrittsermöglichung in den Betrieb (wegen Wahlwerbung etc.) entstehen, dem nach Abs. 1 S. 2 die Wahl störenden ArbGeb als **Schadensersatz** aus § 823 II BGB abverlangt werden[5].

10 Weiterhin ist der **absolute** Kündigungsschutz für Wahlvorstandsmitglieder und Wahlbewerber, aber auch Wahlinitiatoren zu beachten, den der Gesetzgeber ebenfalls vorsorglich in § 15 III bzw. IIIa KSchG angeordnet hat; insoweit werden § 20 I, II individualrechtlich flankiert. Nach der BetrVG-Novelle 2001 genießen auch die **Initiatoren** von BR-Wahlen Kündigungsschutz, wenn sich diese nach Maßgabe zB von §§ 16 II, 17 III bzw. IV für die Einleitung von BR-Wahlen stark machen (vgl. § 17 Rz. 12)[6].

11 **III. Wahlkosten (Abs. 3 S. 1).** Nach Abs. 3 S. 1 trägt der **ArbGeb** die Kosten der Wahl, dh. aller Vorbereitungs-, Einleitungs- und Durchführungsmaßnahmen des Wahlvorstands, wie sie in §§ 14–18a und der Wahlordnung vorgesehen sind, **nicht** dagegen die Kosten für Wahlwerbung[7]. Die Kosten müssen zur ordnungsgemäßen Wahlvorbereitung und -durchführung **erforderlich** sein, wie das BAG aus der entsprechenden Einschränkung in S. 2 auch für S. 1 folgert[8]. Zu erstatten sind die **tatsächlich** entstandenen Kosten. Dazu können auch die gerichtl. und außergerichtl. Kosten für das gerichtl. Bestellungsverfahren nach § 16 II bzw. § 17 IV[9] oder für das **Anfechtungsverfahren** nach § 19[10] oder für ein Beschlussverfahren zählen, das zur Klärung der Befugnisse des Wahlvorstands – zB über das Bestehen eines gemeinsamen Betriebs mehrerer Unternehmen (§ 1 II) – schon während des laufenden Wahlverfahrens wegen anders nicht zu behebender Meinungsverschiedenheiten ggü. dem ArbGeb **erforderlich** erscheint[11]; es gelten dazu die allg. Grundsätze der Kostenerstattung analog §§ 37 II, 40, vgl. näher § 37 Rz. 10, § 40 Rz. 6.

12 Der ArbGeb hat die erforderlichen **Sachkosten** zu tragen, dh. alle Unterlagen, Räume, Sachmittel, Büromaterial, Infrastruktur etc.[12] für die Wahl bereit zu stellen. § 40 II gilt entsprechend[13], doch kann der Wahlvorstand erst dann anstelle des ArbGeb sich die notwendigen Sachmittel **selbst beschaffen**, wenn der ArbGeb seine Mitwirkung rechtswidrig verweigert[14]. Im unter hohem Zeitdruck stehenden vereinfachten Wahlverfahren für Kleinbetriebe (§ 14a) müssen die Einladenden bzw. der Wahlvorstand aber nicht erst Rechtsschutz abwarten, bevor sie zur Selbstvornahme schreiten. Nicht erforderlich soll es laut BAG zB sein, die Wahlvorschlagslisten um die Lichtbilder der Kandidierenden zu ergänzen; entsprechende Kosten muss der ArbGeb nicht erstatten[15].

13 Der ArbGeb hat auch erforderliche **persönliche Kosten** für die Mitglieder des Wahlvorstands oder den Vermittler (§ 18a II, III) zu übernehmen, zB Reisekosten, die dem Wahlvorstand entstehen, inkl. dabei entstehender Unfallschäden, wenn die Benutzung des Fahrzeugs notwendig oder vom ArbGeb angeordnet worden war[16]. Auch erforderliche **Schulungskosten** für die Mitglieder des Wahlvorstands sind vom ArbGeb zu tragen, so zB bei einem erstmals bestellten Mitglied, das sich einen halben Tag bei der IG Metall über die Aufgaben des Wahlvorstands informieren lässt[17]. Die Kosten der **Hinzuziehung eines Rechtsanwalts** als Sachverständigen analog § 80 III hat der ArbGeb nur dann zu tragen, wenn er sich hiermit in einer vorherigen Vereinbarung einverstanden erklärt hat[18].

---

1 Vgl. auch GK-BetrVG/*Kreutz*, § 20 Rz. 42; *Rieble*, ZfA 2003, 283 (286 f.). ‖ 2 Vgl. nur GK-BetrVG/*Kreutz*, § 20 Rz. 45; Richardi/*Thüsing*, § 20 Rz. 28, 31. ‖ 3 Ganz hM, vgl. nur GK-BetrVG/*Kreutz*, § 20 Rz. 41; *Löwisch/Kaiser*, § 20 Rz. 15. ‖ 4 Kritik an der hM bei GK-BetrVG/*Kreutz*, § 20 Rz. 44; *Rieble*, ZfA 2003, 283 (287). ‖ 5 LAG Berlin 11.3.1988, 2 TaBV 1/88, LAGE § 20 BetrVG 1972 Nr. 7; LAG Hamm 6.2.1980 – 3 TaBV 79/79, EzA § 20 BetrVG 1972 Nr. 11; Schadensersatz nach Abs. 1 darf nicht verwechselt werden mit Wahlkostenerstattung nach Abs. 3, hierzu zB LAG Hess. 4.1.1990 – 12 TaBV 69/89, BB 1990, 1346 (LS). ‖ 6 Ausf. *Löwisch/Kaiser*, § 20 Rz. 27–30. ‖ 7 ArbG Düss. 21.7.1981 – 1 Ca 2201/81, BB 1981, 1579; ferner GK-BetrVG/*Kreutz*, § 20 Rz. 48; Richardi/*Thüsing*, § 20 Rz. 34. ‖ 8 BAG 31.5.2000 – 7 ABR 8/99, NZA 2001, 114. ‖ 9 BAG 31.5.2000 – 7 ABR 8/99, NZA 2001, 114 (außergerichtl. Kosten der bestellenden Gewerkschaft). ‖ 10 BAG 7.7.1999 – 7 ABR 4/98, NZA 1999, 1232 für die parallele Regelung in § 24 II 1 BPersVG. ‖ 11 BAG 8.4.1992 – 7 ABR 56/91, NZA 1993, 415; 26.11.1974 – 1 ABR 16/74, BAGE 26, 376. ‖ 12 Ausf. DKKW/*Schneider*, § 20 Rz. 28; *Fitting*, § 20 Rz. 36. ‖ 13 Vgl. nur GK-BetrVG/*Kreutz*, § 20 Rz. 50. ‖ 14 BAG 3.12.1987 – 6 ABR 79/85, NZA 1988, 440; GK-BetrVG/*Kreutz*, § 20 Rz. 50; HaKo-BetrVG/*Brors*, § 20 Rz. 7. ‖ 15 BAG 3.12.1987 – 6 ABR 79/85, NZA 1988, 440. ‖ 16 BAG 3.3.1983 – 6 ABR 4/80, DB 1983, 1366. ‖ 17 BAG 7.6.1984 – 6 AZR 3/82, NZA 1985, 66; so auch LAG Hamburg 14.3.2012 – H 6 Sa 116/11. ‖ 18 BAG 11.11.2009 – 7 ABR 26/08, NZA 2010, 353.

IV. Versäumnis von Arbeitszeit (Abs. 3 S. 2). In Abs. 3 S. 2 wird klar gestellt, dass als „Wahlkosten" auch die **Entgeltfortzahlung** für die Ausübung des Wahlrechts, die Betätigung im Wahlvorstand oder die Tätigkeit als Vermittler (§ 18a II, III) anzusehen ist. Das gilt zunächst für alle Teilnehmer an Betriebs- und Wahlversammlungen, zB im vereinfachten Wahlverfahren nach § 14a[1]. Auch der Wahlakt selber findet während der Arbeitszeit statt und darf nicht zu Entgeltkürzungen führen. Ob die Anwesenheit eines Wahlbewerbers bei der öffentl. Stimmauszählung nach der Wahl zwischen 12 und 12.30 Uhr noch „zur Ausübung des Wahlrechts" zählt oder nicht, hat immerhin zwei Instanzen beschäftigt und ist dem strengen Gesetzeswortlaut nach wohl zu verneinen[2]. Der (kleinliche) ArbGeb wird auch die Sammlung von Stützunterschriften (Rz. 3) oder die Vorstellung des Wahlbewerbers in anderen Abteilungen nicht als „erforderlich" werten müssen[3]. Die Mitglieder des **Wahlvorstands** und der Vermittler sowie ggf. notwendige **Wahlhelfer** sind **ehrenamtlich** tätig und haben daher keinen Anspruch auf besondere Vergütung (vgl. § 16 Rz. 4; § 18 Rz. 2); sie dürfen deshalb aber auch keine Nachteile erleiden. Ihre Tätigkeit findet grds. während der Arbeitszeit statt. Ihr Entgeltanspruch aus Arbeitsvertrag bleibt bestehen.

14

V. Streitigkeiten. Streitigkeiten in Bezug auf **unzulässige Wahlstörungen** (Abs. 1, 2) sind je nachdem, ob betriebsverfassungsrechtl. oder individualrechtl. Rechtsfolgen angestrebt werden (vgl. Rz. 8 ff.), im arbeitsgerichtl. Beschluss- oder Urteilsverfahren auszutragen. Ähnlich zu differenzieren ist bei Streitigkeiten in Bezug auf die **Wahlkosten** (Abs. 3): Während der Anspruch des Wahlvorstands auf Auslagenersatz (Abs. 3 S. 1) im Beschlussverfahren (§§ 2a, 80 ff. ArbGG) auszutragen ist, sind individuelle Entgeltansprüche von Wahlvorstandsmitgliedern auch dann im **Urteilsverfahren** nach § 2 I Nr. 3a, V iVm. §§ 46 ff. ArbGG auszutragen, wenn das vorenthaltene Arbeitsentgelt auf einer „Betätigung im Wahlvorstand" beruht[4]. Ein im Beschlussverfahren zur Notwendigkeit der Arbeitsversäumnis ergangener Beschluss hat für das folgende Urteilsverfahren **präjudizielle** Wirkung[5].

15

Zweiter Abschnitt. Amtszeit des Betriebsrats

21 Amtszeit

Die regelmäßige Amtszeit des Betriebsrats beträgt vier Jahre. Die Amtszeit beginnt mit der Bekanntgabe des Wahlergebnisses oder, wenn zu diesem Zeitpunkt noch ein Betriebsrat besteht, mit Ablauf von dessen Amtszeit. Die Amtszeit endet spätestens am 31. Mai des Jahres, in dem nach § 13 Abs. 1 die regelmäßigen Betriebsratswahlen stattfinden. In dem Fall des § 13 Abs. 3 Satz 2 endet die Amtszeit spätestens am 31. Mai des Jahres, in dem der Betriebsrat neu zu wählen ist. In den Fällen des § 13 Abs. 2 Nr. 1 und 2 endet die Amtszeit mit der Bekanntgabe des Wahlergebnisses des neu gewählten Betriebsrats.

I. Inhalt und Zweck. Die Norm regelt die Amtszeit des BR als **Kollegialorgan:** Sie beträgt idR **vier Jahre** (S. 1). In S. 2 bis 5 werden Beginn und Ende der Amtszeit bei prinzipiell konstanten Betriebsstrukturen in Abhängigkeit von den in § 13 geregelten Wahlzeiträumen (1. März bis 31. Mai) geregelt. Das BetrVerf-ReformG 2001 hat in Umsetzung der RL 2001/23/EG die Vorschrift durch § 21a (Übergangsmandat) und § 21b (Restmandat) für Umstrukturierungen wesentlich ergänzt. Mit dem Erlöschen des BR-Amts erlischt auch die Mitgliedschaft in den Entsendungsorganen GBR und KBR (vgl. §§ 49, 57), die anders als der BR Organe **ohne feste Amtszeit** darstellen[6].

1

II. Beginn der Amtszeit (S. 2). S. 2 knüpft in der **ersten Alternative** den Beginn der Amtszeit an die „Bekanntgabe des Wahlergebnisses", soweit nicht zu diesem Zeitpunkt noch ein BR besteht. Er gilt also für die Fälle des **Fehlens eines BR**, nicht nur bei erstmaliger Wahl eines BR, sondern auch dann, wenn die Wahl des BR erfolgreich angefochten wurde (§ 13 II Nr. 4), der BR durch Gerichtsbeschluss aufgelöst wurde (§ 13 II Nr. 5) oder die Amtszeit aus anderen Gründen bereits abgelaufen war (§ 13 II Nr. 6) – in allen diesen Fällen existiert ein BR nicht mehr oder noch nicht (vgl. § 13 Rz. 11–13). Auch eine vorläufige Fortführung der Amtsgeschäfte nach § 22 ist in diesen Fällen nicht vorgesehen. Die Amtszeit beginnt dann am Tag der öffentl. „Bekanntgabe des Wahlergebnisses" durch zweiwöchigen Aushang (§ 18 S. 1 WO)[7]. Der BR ist damit aber noch nicht handlungsfähig; er bedarf hierzu der konstituierenden Sitzung nach § 29 I (vgl. § 18 Rz. 8)[8]. Der Gesetzgeber nimmt hier das Auseinanderfallen von Amtszeit und Handlungsfähigkeit hin[9]. Zu den Sonderfällen vgl. Rz. 4.

2

---

[1] HM, vgl. nur *Fitting*, § 20 Rz. 43; GK-BetrVG/*Kreutz*, § 20 Rz. 64. ||[2] LAG Schl.-Holst. 26.7.1989 – 3 Sa 228/89, NZA 1990, 118 (Streitwert: DM 6,52 nebst Zinsen!). ||[3] Vgl. Beispiel LAG Schl.-Holst. 15.12.2004 – 3 Sa 269/04, NZA-RR 2005, 253: ArbGeb darf Wahlvorstand nicht ein Stundenkontingent vorgeben; ferner *Fitting*, § 20 Rz. 43; GK-BetrVG/*Kreutz*, § 20 Rz. 65; aA DKKW/*Schneider*, § 20 Rz. 35. ||[4] HM, vgl. BAG 5.3.1974 – 1 AZR 50/73, DB 1974, 1534; ferner ArbG Gelsenkirchen 22.8.1977 – 2 BV 29/77, BB 1978, 307; GK-BetrVG/*Kreutz*, § 20 Rz. 67; Richardi/*Thüsing*, § 20 Rz. 47. ||[5] BAG 6.5.1975 – 1 ABR 135/73, DB 1975, 1706. ||[6] Vgl. GK-BetrVG/*Kreutz*, § 21 Rz. 3. ||[7] Nicht erst am folgenden Tag, vgl. *Fitting*, § 21 Rz. 7; GK-BetrVG/*Kreutz*, § 21 Rz. 13. ||[8] BAG 23.8.1984 – 6 AZR 520/82, NZA 1985, 566. ||[9] Vgl. HaKo-BetrVG/*Düwell*, § 21 Rz. 9; Richardi/*Thüsing*, § 21 Rz. 7.

3 Die **zweite Alternative** beschreibt den Regelfall bei **Bestehen** eines BR. Die Wahlen werden, wie von § 16 gefordert, so rechtzeitig eingeleitet, dass bei Bekanntgabe des Wahlergebnisses die Amtsperiode des amtierenden BR noch nicht abgelaufen ist: Die Amtszeit des neu gewählten BR beginnt „mit Ablauf von dessen Amtszeit", so dass **lückenlose Kontinuität** gewährleistet ist. Amtsbeginn und Handlungsfähigkeit fallen zusammen, soweit die konstituierende Sitzung schon (zulässigerweise) vor dem Amtsbeginn stattgefunden hat (vgl. § 29 Rz. 3). Wird also zB am 26.3.2010 das Ergebnis der BR-Wahlen bekannt gemacht, läuft die vierjährige Amtszeit des amtierenden BR jedoch erst am 14.4.2010 ab, so beginnt die Amtszeit des neuen Gremiums am Tag danach, also am 15.4., kraft Gesetzes (vgl. § 13 Rz. 4). Auch für diesen **Zwischenraum** stehen den gewählten, aber noch nicht amtierenden BR-Mitgliedern nach hM – kraft extensiver Auslegung des § 15 I KSchG – der besondere Kündigungsschutz des Amtsträgers zu[1]. Doch dürfen in der Zeit vor Amtsbeginn durch das neue Gremium noch keine betriebsverfassungsrechtl. relevanten Beschlüsse gefasst werden (hM).

4 Eine Ausnahme von der Regel, dass bei **Bestehen** eines BR dessen Amtszeit den Beginn des nächsten Gremiums bestimmt (S. 2 Alt. 2), formulieren die S. 3–5 für die Ausnahmefälle des § 13 II Nr. 1 und 2 (nach hM auch für Nr. 3) sowie des § 13 III, weil hier entweder besondere Ereignisse die „Geschäftsgrundlage" des amtierenden BR haben entfallen lassen (Rz. 9) oder der Anschluss des „außerordentlich" gewählten BR an die Regelwahlzeiträume hergestellt werden muss (Rz. 8).

5 **III. Ende der Amtszeit.** Die Kompetenzen des BR enden grds. mit seiner Amtszeit. Eine „kommissarische" **Fortführung** der Amtsgeschäfte außerhalb der gesetzl. Fortführungstatbestände nach §§ 21a, 21b und 22 kommt nicht in Betracht[2]. Ebensowenig kann die Amtszeit durch Vereinbarung mit dem ArbGeb verlängert werden[3]. Die Befugnisse des BR können auch nicht durch ein anderes Organ (zB GesamtBR) oder durch die Belegschaft wahrgenommen werden[4]. Nicht zu verwechseln mit dem Ende der Amtszeit ist das Ausscheiden eines **einzelnen** BR-Mitglieds zB durch Niederlegung des Amts nach § 24 Nr. 2. Daraus ergeben sich nämlich keine Auswirkungen auf die Existenz des BR als solchem, wie sich anhand § 25 I zeigt, der das Nachrücken von Ersatzmitgliedern regelt. IdR fallen Ende der Mitgliedschaft und Ende der Amtszeit aber zusammen, vgl. § 24 Nr. 1. Die BR-Mitglieder **verlieren** damit ihre geschützte Rechtsstellung insb. nach § 103, doch tritt der **nachwirkende** Kündigungsschutz nach § 15 I 2 KSchG für ein Jahr in Kraft.

6 **1. Regelmäßige Amtszeit (S. 1).** Die Amtszeit endet im **Regelfall**, dh. für BR, die innerhalb des regelmäßigen Wahlzeitraums eines Wahljahres (§ 13 I) gewählt worden sind, nach S. 1 vier Jahre nach Ablauf von vier Jahren seit ihrem Beginn (Rz. 3). Die Berechnung der Frist erfolgt nach § 188 II iVm. § 187 I BGB, so dass zB bei Bekanntgabe des Wahlergebnisses am 18.4.2010 um 12 Uhr die Vier-Jahres-Frist am 18.4. 2014 um 24 Uhr abläuft. Wird bis zum Ablauf dieser Vier-Jahres-Frist kein neuer BR gewählt, wird der Betrieb **vertretungslos.** Eine Verlängerung der regelmäßigen Amtszeit ist im Gesetz nicht vorgesehen und auch S. 3 nicht zu entnehmen („spätestens am 31. Mai"), der sich auf außerhalb des Regelzeitraums gewählte Organe bezieht und nur *dafür* eine Höchstgrenze darstellt (Rz. 8)[5]. Die Amtszeit eines neuen BR beginnt *nach* Ablauf der Vier-Jahres-Frist erst mit der Bekanntgabe des Wahlergebnisses (Rz. 2).

7 **2. Unregelmäßige Amtszeit (S. 3–5).** Die S. 3 und 4 regeln das Ende der Amtszeit des „außerordentlich" gewählten BR in den Sonderfällen **verkürzter bzw. verlängerter** Amtszeiten nach § 13 III „spätestens zum 31. Mai" und möchten damit den Anschluss an die regelmäßigen Wahlzeiträume sicher stellen (Rz. 8). S. 5 bezieht sich auf die Fälle des Wegfalls der „Geschäftsgrundlage" des amtierenden BR unter Bezugnahme auf § 13 II Nr. 1 u. 2 (Rz. 9). Weitere Sonderfälle vorzeitiger Beendigung der Amtszeit werden idR analog zu S. 5 behandelt (Rz. 10 ff.). Wird kein ordentlicher BR gewählt, existiert ab dem 1.6. (überhaupt) kein BR mehr[6].

8 **a) Wahlen außerhalb des regelmäßigen Wahlzeitraums (§ 13 III).** Die S. 3 und 4 versuchen die Amtszeit an § 13 III, der den Zeitraum der Neuwahl eines außerordentl. gewählten BR festlegt, in nicht recht durchsichtiger Weise anzupassen. Die **Regel** des § 13 III 1, dass der BR in dem auf die Wahl folgenden nächsten „ordentlichen" Wahlzeitraum, dh. im Frühjahr 2014 etc. neu zu wählen ist, bedeutet eine Verkürzung der Amtszeit des „außerordentlich" gewählten BR. Die **Ausnahme** des § 13 III 2, dass der BR bei noch nicht einjähriger Amtszeit am 1.3. des folgenden Wahljahres (zB 2014) erst im übernächsten Wahlzeitraum, dh. im Frühjahr 2018 neu zu wählen ist, bedeutet eine Verlängerung seiner Amtszeit. Für beide Fälle regeln S. 3 (implizit) und S. 4 (explizit) das Ende der Amtszeit des „außerordentlichen" BR „spätestens" am 31.5. des Wahljahres (§ 13 I), nennen aber keinen regelmäßigen Endzeitpunkt. Das BAG hat hierzu klar gestellt, dass dadurch nicht stets der 31.5. als Endpunkt angesehen werden könne

---

[1] *Fitting*, § 21 Rz. 12; GK-BetrVG/*Kreutz*, § 21 Rz. 20. ||[2] BAG 6.12.2006 – 7 ABR 62/05 (nv.); vgl. aber BAG 24.10.2001 – 7 ABR 20/00, NZA 2003, 53: Vermögensrechtl. Ansprüche des BR gehen mit dem Ende der Amtszeit auch dann nicht ersatzlos unter, wenn ein betriebsratsloser Zustand eintritt. ||[3] LAG Hamm 24.3.2010 – 10 TaBVGa 7/10; aA LAG Düss. 17.5.2002 – 18 TaBV 26/02, LAGE § 14 nF BetrVG 2001 Nr. 2. ||[4] GK-BetrVG/*Kreutz*, § 21 Rz. 45. ||[5] HM, vgl. DKKW/*Buschmann*, § 21 Rz. 17; GK-BetrVG/*Kreutz*, § 21 Rz. 24; *Löwisch*/*Kaiser*, § 21 Rz. 2; aA Richardi/*Thüsing*, § 21 Rz. 13, die S. 3 erweiternd auslegen. ||[6] BAG 6.12.2006 – 7 ABR 62/05, nv.

("spätestens"!), sondern **analog zu S. 5** schon „mit der Bekanntgabe des Wahlergebnisses" die Amtszeit eines außerhalb des Regelturnus gewählten BR endet[1]. Nur dann, wenn bis zum 31.5. des Wahljahres (2014, 2018 etc.) also noch **kein Wahlergebnis** des Nachfolgegremiums bekannt gemacht ist, endet demnach die Amtszeit des „außerordentlich" gewählten BR nach § 13 III zu diesem Endtermin. Auf den Ablauf der Vier-Jahres-Frist kommt es insoweit nicht mehr an[2].

b) **Wahlen bei vorzeitiger Beendigung der Amtszeit (§ 13 II). Ausdrücklich** regelt S. 5 das Ende der Amtszeit „mit der Bekanntgabe des Wahlergebnisses des neu gewählten BR" für die Fälle des § 13 II Nr. 1 und 2, dh. bei wesentlicher Veränderung der Belegschaftsstärke (§ 13 Rz. 8) und bei Absinken der Zahl der BR-Mitglieder unter die durch § 9 vorgeschriebene Anzahl (§ 13 Rz. 9). In diesen Fällen des „Wegfalls der Geschäftsgrundlage" ist eine Neuwahl nach § 13 II zulässig. S. 5 sichert insoweit einen nahtlosen Übergang und die Kontinuität des Gremiums. Nicht anders ist die Situation beim (kollektiven) **Rücktritt** des BR nach § 13 II Nr. 3 (Selbstauflösung). Diesen Fall regelt S. 5 aber nicht, wohl weil der Gesetzgeber die Amtszeit mit dem Rücktrittsbeschluss für beendet hält. Andererseits geht er ausweislich § 22 in **allen drei Fällen** von einer Weiterführung der Geschäfte bis zur Bekanntmachung des Wahlergebnisses aus, so dass hier ein konzeptioneller Widerspruch vorliegt, der durch die analoge Anwendung von S. 5 auf die Fälle des Rücktritts aufzulösen ist (hM, vgl. auch § 13 Rz. 10)[3]. Kommt es in diesen Fällen zu keiner Neuwahl, endet die Amtszeit des fortbestehenden BR nach der Regel des S. 1, dh. mit Ablauf der regelmäßigen vierjährigen Amtszeit (Rz. 6) trotz der ggf. geringeren Mitgliederzahl. Die anderen Fälle vorzeitiger Neuwahl nach § 13 II, nämlich Anfechtung (§ 19) und Auflösung wegen grober Amtspflichtverletzung (§ 23, vgl. § 13 Rz. 11, 12), lassen keine Fortführung nach § 22 zu. Hier endet die Amtszeit **mit Rechtskraft** der arbeitsgerichtl. Entscheidung; eine betriebsratslose Zeit bis zur Neuwahl lässt sich nicht verhindern (vgl. § 13 Rz. 11).

c) **Andere Sonderfälle.** Wenn durch TV oder BV vom Gesetz **abweichende Organisationseinheiten** nach § 3 I Nr. 1–3 bzw. II gebildet werden, kann die entsprechende Kollektivvereinbarung nach § 3 IV 2 einen außerordentlichen Wahlzeitpunkt vorsehen mit der Folge, dass die Amtszeit bestehender BR mit Bekanntgabe des Wahlergebnisses der neuen Vertretungen endet[4].

Die Amtszeit endet auch mit **Verlust der BR-Fähigkeit**, dh. wenn die Gesamtzahl der idR beschäftigten wahlberechtigten ArbN **unter fünf** sinkt (hM). Diese Mindestzahl ist nicht nur Voraussetzung für die Wahl, sondern auch für den **Bestand** des BR: Ihr Wegfall führt zur sofortigen Beendigung des BR-Amts, eine Fortführung nach § 22 kommt nicht in Betracht. Dass die Zahl der **wählbaren** ArbN unter drei sinkt, beendet das Amt hingegen nicht[5].

Anders als beim kollektiven Rücktritt (Rz. 9) endet die Amtszeit mit dem **Ausscheiden des letzten BR-Mitglieds** sofort und endgültig[6]. § 24 Nr. 2 geht davon aus, dass jedes Organmitglied sein Amt jederzeit und ohne Begründung niederlegen kann. Mit dem Amtsverlust des letzten BR-Mitglieds ist die Amtszeit des BR beendet. Auch ein das Restmandat ausübendes BR-Mitglied kann nicht gezwungen werden, dieses gegen seinen Willen fortzuführen[7].

3. **Kein vorzeitiges Ende der Amtszeit.** Durch die Auflösung eines **Gemeinschaftsbetriebs** wird das BR-Amt nicht beendet, sofern die Identität des nunmehr von einem ArbGeb weitergeführten Betriebs erhalten bleibt[8]. Ändert sich bei einem **Betriebsübergang** nach § 613a BGB nicht der Zuschnitt des Betriebs, sondern nur – definitionsgemäß – der Betriebsinhaber, bleibt die Rechtsstellung des amtierenden BR davon **unberührt**[9]. Der Betriebserwerber tritt von Gesetzes wegen nicht nur in die Rechte und Pflichten der betriebl. ArbVerh ein, sondern auch in die betriebsverfassungsrechtl. Beziehung zum amtierenden BR. Nichts anderes gilt für den Betriebsübergang bei gesellschaftsrechtl. **Umwandlungsvorgängen**, vgl. § 324 UmwG (Gesamtrechtsnachfolge bei Verschmelzung, Spaltung und Vermögensübertragung). Der Betriebserwerber muss allerdings unter den **Geltungsbereich** des BetrVG fallen, dh. im Bereich der Privatwirtschaft verbleiben, vgl. §§ 118 II, 130. Übernimmt zB eine kirchl. Einrichtung iSd. § 118 II ein Krankenhaus von einem nicht-kirchl. Rechtsträger, so wird das Krankenhaus allein durch den Wechsel des Trägers zu einer karitativen Einrichtung der Kirche, auf die das BetrVG keine Anwendung findet; die Amtszeit des BR endet dann mit dem Betriebsübergang[10]. Allerdings muss nach Art. 6 RL 2001/23/EG v. 12.3.2001 dennoch ein **Übergangsmandat** der übernehmenden kirchl. Mitarbeitervertretung Platz greifen[11], auch wenn hierzu eine nationale Umsetzungsregel fehlt[12] (vgl. § 21a Rz. 21).

---

1 BAG 28.9.1983 – 7 AZR 266/82, BAGE 44, 164, hM, vgl. *Fitting*, § 21 Rz. 23; GK-BetrVG/*Kreutz*, § 21 Rz. 29. ||2 Vgl. nur GK-BetrVG/*Kreutz*, § 21 Rz. 30; Richardi/*Thüsing*, § 21 Rz. 15. ||3 HM, vgl. nur DKKW/*Buschmann*, § 21 Rz. 29; *Fitting*, § 21 Rz. 27. ||4 Vgl. nur GK-BetrVG/*Kreutz*, § 21 Rz. 35; HaKo-BetrVG/*Düwell*, § 21 Rz. 24. ||5 GK-BetrVG/*Kreutz*, § 21 Rz. 38; *Löwisch/Kaiser*, § 21 Rz. 10. ||6 So BAG 24.10.2001 – 7 ABR 20/00, NZA 2003, 53; 12.1.2000 – 7 ABR 61/98, NZA 2000, 669; vgl. ferner *Fitting*, § 21 Rz. 28; GK-BetrVG/*Kreutz*, § 21 Rz. 36. ||7 Vgl. BAG 12.1.2000 – 7 ABR 61/98, NZA 2000, 669. ||8 BAG 19.11.2003 – 7 AZR 11/03, NZA 2004, 435. ||9 Ganz hM, vgl. nur BAG 11.10.1995 – 7 ABR 17/95, NZA 1996, 495; 28.9.1988 – 1 ABR 37/87, NZA 1989, 188; ferner DKKW/*Buschmann*, § 21 Rz. 33; GK-BetrVG/*Kreutz*, § 21 Rz. 39. ||10 So BAG 9.2.1982 – 1 ABR 36/80, BAGE 41, 5; dazu näher *Reichold*, FS Richardi, 2007, S. 943; krit. DKKW/*Buschmann*, § 21 Rz. 34. ||11 Zutr. HaKo-BetrVG/*Düwell*, § 21 Rz. 31 aE. ||12 So *Reichold*, ZTR 2000, 57 (62); aA *Rieble*, NZA 2002, 233 (235).

14 Bei einer **Betriebsstilllegung** bleibt der BR solange im Amt, wie das zur Wahrnehmung seiner im Zusammenhang mit der Stilllegung sich ergebenden Beteiligungsrechte, zB Abschluss eines Sozialplans, erforderlich ist: Das Vollmandat wird insoweit vom **Restmandat** abgelöst, das sich als eine Fortsetzung des originären Mandats darstellt und solange besteht, als noch ein mindestens einköpfiger BR existiert[1] (vgl. Komm. zu § 21b).

15 Bei unternehmensinternen, aber auch unternehmensübergreifenden **Umstrukturierungen**, die wesentliche Identitätsmerkmale des jeweiligen Betriebs verändern, greift § 21a ein, der ein sog. „Übergangsmandat" des amtierenden BR zur sozialverträglichen Flankierung der Umstrukturierung begründet und damit ebenfalls ein vorzeitiges Ende der Amtszeit verhindert (vgl. Komm. zu § 21a).

16 **IV. Streitigkeiten.** Streitigkeiten über Beginn und Ende der Amtszeit entscheiden die ArbG im **Beschlussverfahren** (§§ 2a I Nr. 1, 80 ff. ArbGG). Ein Restmandat zu dem Zweck, ein bereits anhängiges Beschlussverfahren unabhängig davon zum Abschluss zu bringen, ob es um durch eine Betriebsstilllegung ausgelöste Beteiligungsrechte geht, ist zu verneinen[2]. Fehlt die Beteiligtenfähigkeit mangels Restmandats bzw. mangels amtierenden BR im maßgebenden Zeitpunkt der letzten mündlichen Verhandlung, ist der Antrag als **unzulässig** abzuweisen[3]. Hat der Antragsteller im Rechtsbeschwerdeverfahren das Verfahren deshalb für erledigt erklärt und widerspricht ein Beteiligter, ist vom BAG entsprechend die Erledigung festzustellen. Allerdings kann analog § 239 ZPO ein eingeleitetes Beschlussverfahren durch den neu gewählten BR als Funktionsnachfolger fortgesetzt werden.

21a *Übergangsmandat*[4]

(1) Wird ein Betrieb gespalten, so bleibt dessen Betriebsrat im Amt und führt die Geschäfte für die ihm bislang zugeordneten Betriebsteile weiter, soweit sie die Voraussetzungen des § 1 Abs. 1 Satz 1 erfüllen und nicht in einen Betrieb eingegliedert werden, in dem ein Betriebsrat besteht (Übergangsmandat). Der Betriebsrat hat insbesondere unverzüglich Wahlvorstände zu bestellen. Das Übergangsmandat endet, sobald in den Betriebsteilen ein neuer Betriebsrat gewählt und das Wahlergebnis bekannt gegeben ist, spätestens jedoch sechs Monate nach Wirksamwerden der Spaltung. Durch Tarifvertrag oder Betriebsvereinbarung kann das Übergangsmandat um weitere sechs Monate verlängert werden.

(2) Werden Betriebe oder Betriebsteile zu einem Betrieb zusammengefasst, so nimmt der Betriebsrat des nach der Zahl der wahlberechtigten Arbeitnehmer größten Betriebs oder Betriebsteils das Übergangsmandat wahr. Absatz 1 gilt entsprechend.

(3) Die Absätze 1 und 2 gelten auch, wenn die Spaltung oder Zusammenlegung von Betrieben und Betriebsteilen im Zusammenhang mit einer Betriebsveräußerung oder einer Umwandlung nach dem Umwandlungsgesetz erfolgt.

1 **I. Inhalt und Zweck.** Die Vorschrift wurde durch das BetrVerf-ReformG 2001 neu eingefügt. Abs. 1 S. 1 enthält die **Legaldefinition** des sog. „Übergangsmandats" des BR, die sich allerdings *pars pro toto* nur auf die Variante der **Betriebsspaltung** bezieht und daher den leitenden Gedanken nicht allgemein gültig formuliert. Dazu ist die BAG-Rspr. heranzuziehen, die die Zuständigkeit eines BR an die **Identität** des Betriebs knüpft, für den er gewählt worden ist[5]. Die durch Wahlen vermittelte Legitimation wird aber beim Wegfall der Betriebsidentität (Rz. 4) in ihrer „Geschäftsgrundlage" erschüttert (vgl. § 21 Rz. 9), sei es durch Spaltung in kleinere Einheiten, sei es durch Zusammenlegung mit anderen Einheiten. Um keine Schutzlücken aufzureißen, soll in solchen Fällen das **Übergangsmandat** als vorübergehende, „vom Staat legitimierte Notlösung"[6] die Amtsführung des bisherigen BR zum Zwecke der Veranlassung von Neuwahlen für die neuen Einheiten verlängern.

2 Vorläufer der Vorschrift waren die in einer Vielzahl von Spezialgesetzen (zB § 13 I 2 des Gesetzes über die Spaltung der von der Treuhand verwalteten Unternehmen, § 6b IX 2 des Gesetzes zur Regelung offener Vermögensfragen, § 20 des Deutsche Bahn Gründungsgesetzes) und schließlich in § 321 UmwG geregelten Übergangsmandate bei **Unternehmensspaltungen und -zusammenschlüssen**[7]. Dadurch wurde das Fehlen einer allg. Regelung im BetrVG als (nachträgliche) Schutzlücke offenkundig. Das BAG erkannte daher noch kurz vor Inkrafttreten der BetrVG-Novelle im Wege der **Gesamtanalogie** ein allg. betriebsverfassungsrechtl. Übergangsmandat für solche Fälle an, in denen „eine Änderung der be-

---

1 BAG 12.1.2000 – 7 ABR 61/98, NZA 2000, 669. ||2 LAG Köln 19.10.2000 – 10 TaBV 27/00, DB 2001, 156. ||3 BAG 14.8.2001 – 1 ABR 52/00, NZA 2002, 109; 12.1.2000 – 7 ABR 61/98, NZA 2000, 669; 27.8.1996 – 3 ABR 21/95, NZA 1997, 623. ||4 **Amtl. Anm.:** Diese Vorschrift dient der Umsetzung des Artikels 6 der Richtlinie 2001/23/EG des Rates vom 12. März 2001 zur Angleichung der Rechtsvorschriften der Mitgliedstaaten über die Wahrung von Ansprüchen der Arbeitnehmer beim Übergang von Unternehmen, Betrieben oder Betriebsteilen (ABl. 2001 L 82/16). ||5 Vgl. BAG 31.5.2000 – 7 ABR 78/98, NZA 2000, 1350; 23.11.1988 – 7 AZR 121/88, BAGE 60, 191; anderes Konzept bei *Kreutz*, FS Wiese, 1998, S. 241 ff. (Vorrang der Amtskontinuität). ||6 So *Rieble*, NZA 2002, 233 (234). ||7 Vgl. BT-Drs. 14/5741, 38f.; GK-BetrVG/*Kreutz*, § 21a Rz. 3; HaKo-BetrVG/*Düwell*, § 21a Rz. 4–8.

trieblichen Organisation zum Verlust der bisherigen betriebsverfassungsrechtl. Repräsentation und zum Entstehen neuer betriebsratsfähiger Einheiten führt, für die noch kein BR gebildet ist"[1].

Ähnlich argumentierte auch die **amtliche Begründung:** Sinn und Zweck des Übergangsmandats sei es, „die ArbN in der für sie besonders kritischen Phase im Anschluss an eine betriebliche Umstrukturierung vor dem Verlust der Beteiligungsrechte zu schützen". Das Übergangsmandat solle sicherstellen, „dass bei betrieblichen Organisationsänderungen in der Übergangsphase keine betriebsratslosen Zeiten mehr entstehen"[2]. Die Norm dient der **Umsetzung** des Art. 6 RL 2001/23/EG des Rates v. 12.3.2001[3]. Umsetzungslücken bleiben aber im nationalen Recht bestehen beim hier nicht vorgesehenen **systemübergreifenden** Übergangsmandat zwischen Privatwirtschaft und öffentl. bzw. kirchl. Dienst (vgl. Rz. 21).

II. Voraussetzungen des „unternehmensinternen" Übergangsmandats (Abs. 1, 2). Die Norm differenziert zwischen Betriebsumstrukturierungen **im Unternehmen,** Abs. 1 u. 2 (unternehmensinterne Umstrukturierung ohne Wechsel des ArbGeb), und Betriebsumstrukturierungen, die einhergehen mit dem **Wechsel des Unternehmensträgers,** Abs. 3 (unternehmensübergreifende Umstrukturierungen mit dem Wechsel des ArbGeb, vgl. Rz. 19). Anders als beim Übergangsmandat des früheren § 321 UmwG, das sich nur auf Betriebsspaltungen und -verschmelzungen aus Anlass solch unternehmensübergreifender Umstrukturierungen bezog, ist der jetzt entscheidende Anknüpfungspunkt nach Abs. 1 **jede** Betriebsumstrukturierung, die zu einer **Änderung der Betriebsidentität** führt[4]. § 21a greift daher nur ein, soweit wesentliche Veränderungen der betriebl. Organisation – ungeachtet ihres rechtlichen Anlasses – die „Geschäftsgrundlage" des BR-Mandats entfallen lassen, was zB beim Betriebsübergang unter Wahrung der Betriebsidentität nach § 613a BGB oder beim reinen Formwechsel nach § 190 UmwG nicht der Fall ist (vgl. § 21 Rz. 13). Wann und aus welchen Gründen ein Identitätsverlust bzw. eine wesentliche Veränderung der betriebl. Organisation vorliegt, klärt das Gesetz nicht, wenn es von Spaltung (Abs. 1) oder Zusammenfassung (Abs. 2) spricht.

1. Spaltung von Betrieben (Abs. 1). Eine Legaldefinition des Begriffs „Spaltung" enthält das Gesetz im Gegensatz zu der Verweisung im früheren § 321 UmwG nicht. Dem Normzweck nach muss daraus eine wesentliche Veränderung der betriebl. Organisation folgen (Rz. 4). Wie die Unternehmensspaltung kann sich auch die Betriebsspaltung sowohl als „Aufspaltung" als auch als „Abspaltung" vollziehen[5]. **Aufspaltung** bedeutet, dass aus einer Einheit durch vollständige Aufteilung mehrere eigenständige Organisationseinheiten entstehen und der Ursprungsbetrieb untergeht (vgl. dazu § 21b), während bei der **Abspaltung** nur bestimmte Teilbereiche aus dem fortbestehenden Ursprungsbetrieb ausgegliedert werden. Entscheidend für beide Fälle ist jeweils die Aufhebung bzw. Veränderung der bisher einheitlichen **Leitungsstrukturen**[6].

Weitere Voraussetzung für das Übergangsmandat ist, dass die aus der Umstrukturierung hervorgehenden Betriebsteile den Anforderungen des § 1 I entsprechen, also ihrerseits **betriebsratsfähig** sind. Daher kann ein Übergangsmandat nicht entstehen, wenn als Ergebnis der Betriebsspaltung **Kleinstbetriebe** mit weniger als fünf wahlberechtigten ArbN übrig bleiben[7]. Für ein Übergangsmandat reicht es dagegen aus, wenn (nur) die neu entstandene Einheit betriebsratsfähig (geworden) ist[8]. Andernfalls kommt aber noch eine Zuordnung des Kleinstbetriebs zum (bisherigen) Hauptbetrieb nach § 4 II infrage[9].

S. 1 enthält als weiteres „negatives" Tatbestandsmerkmal die **fehlende Eingliederung** des abgespaltenen Betriebsteils in einen anderen Betrieb, in dem ein BR bereits besteht (Spaltung zur Aufnahme in einen bestehenden Betrieb). Damit schließt das Gesetz zugleich aus, dass dieser Eingliederungsfall ein Fall der Zusammenfassung von verschiedenen Betrieben oder Betriebsteilen iSd Abs. 2 ist, weil es stillschweigend voraussetzt, dass sich die Identität des aufnehmenden Betriebs durch die Eingliederung nicht verändert (Rz. 9). Der BR im **aufnehmenden Betrieb** wird insoweit kraft Gesetzes partieller Funktionsnachfolger des bisher amtierenden BR – ein Übergangsmandat ist daher entbehrlich[10]. Ob im aufnehmenden Betrieb wegen der Eingliederung Neuwahlen stattfinden müssen, richtet sich nach den allg. Vorschriften, bei entsprechender Veränderung der Belegschaftsstärke insb. nach § 13 II Nr. 1. Ein Übergangsmandat entsteht aber dann, wenn die Spaltung zur Aufnahme in einen **betriebsratslosen Betrieb** führt, weil dann der Schutzzweck von S. 1 wieder greift, wonach die Umstrukturierung nicht zum Verlust der Beteiligungsrechte führen soll (Rz. 3). Ob dabei die Betriebsidentität des abgebenden und/oder aufnehmenden Betriebs erhalten bleibt oder nicht, kann entgegen *Thüsing* am Ergebnis nichts ändern[11], weil jedenfalls der abgespaltene unwesentliche Betriebsteil – ob mit oder ohne Aufnahme in

---

[1] BAG 31.5.2000 – 7 ABR 78/98, NZA 2000, 1350; vgl. ferner GK-BetrVG/*Kreutz*, § 21a Rz. 4; HaKo-BetrVG/*Düwell*, § 21a Rz. 9.   [2] BT-Drs. 14/5741, 39.   [3] ABl. 2001 L 82/16.   [4] HM, vgl. *Fitting*, § 21a Rz. 9; GK-BetrVG/*Kreutz*, § 21a Rz. 6 (krit. aber Rz. 24); Richardi/*Thüsing*, § 21a Rz. 4 („subsidiäre" Geltung); *Rieble*, NZA 2002, 233; idS auch LAG Hess. 14.3.2011 – 16 Sa 1677/10, NZA-RR 2011, 419.   [5] Vgl. etwa *Fitting*, § 21a Rz. 9; *Löwisch/Kaiser*, § 21a Rz. 5.   [6] Zutr. GK-BetrVG/*Kreutz*, § 21a Rz. 20ff.; *Rieble*, NZA 2002, 234.   [7] *Fitting*, § 21a Rz. 13; *Löwisch/Schmidt-Kessel*, BB 2001, 2163; *Rieble*, NZA 2002, 235.   [8] DKKW/*Buschmann*, § 21a Rz. 19, 34; *Fitting*, § 21a Rz. 13.   [9] *Löwisch/Kaiser*, § 21a Rz. 6.   [10] LAG Düss. 22.10.2008 – 7 TaBV 85/08; ebenso GK-BetrVG/*Kreutz*, § 21a Rz. 30f.; *Löwisch/Kaiser*, § 21a Rz. 7; *Rieble*, NZA 2002, 236f.   [11] Zutr. LAG Hamm 22.10.2010 – 10 TaBVGa 19/10; *Rieble*, NZA 2002, 234f., gegen *Thüsing*, DB 2002, 738f.; Richardi/*Thüsing*, § 21a Rz. 6, 10.

einen neuen Betrieb – seine Leitungsstruktur verändert hat (Rz. 5). Dass hierbei das Übergangsmandat aus Sicht des aufnehmenden betriebsratslosen Betriebs diesem eine „aufgedrängte" kollektive Interessenvertretung beschert, hat der Gesetzgeber offenbar im Interesse der Verbreitung der Betriebsverfassung hingenommen[1].

8 Hat die Abspaltung des Betriebsteils keinen Identitätsverlust im **Ursprungsbetrieb** zur Folge, bleibt der dort gewählte BR regulär im Amt, da sich nach dem Normzweck des § 21a das Übergangsmandat nur auf den abgespaltenen Betriebsteil beziehen kann[2]. Es gilt der Grundsatz „Regelmandat vor Übergangsmandat"[3]. Auch dort bestimmt sich die Erforderlichkeit von Neuwahlen nach den Regeln des § 13 II. **Fraglich** ist aber, was sich bei **Identitätsverlust** im Ursprungsbetrieb, der durch die Quantität oder die Qualität von Abspaltungen eintreten kann (zB Veränderungen der betriebswirtschaftlichen Funktion oder Reduzierung der Belegschaft)[4], demggü. verändert. Entgegen *Düwell* ist wohl auch dieser Fall vom Gesetzgeber berücksichtigt worden[5], der in S. 1 jede Spaltung – soweit sie zum Identitätsverlust führt (Rz. 4) – zum Anlass für ein Übergangsmandat genommen hat. Auch im Ursprungsbetrieb können dann die bisherigen Mitglieder des BR ihr Amt nach den S. 2 u. 3 nur noch als Übergangsmandat wahrnehmen[6].

9 **2. Zusammenfassung von Betrieben (Abs. 2).** Eine Zusammenfassung von Betrieben iSd. Abs. 2 liegt vor, wenn zwei oder mehr bisher selbständige organisatorische Einheiten so zusammengefasst werden, dass eine **neue Organisationseinheit mit neuer Leitungsstruktur** entsteht („Betriebsverschmelzung")[7]. Diese einschränkende teleologische Auslegung des Abs. 2 rechtfertigt sich aus dem „negativen" Tatbestandsmerkmal von Abs. 1 S. 1 (Rz. 7), wonach ein Übergangsmandat dann nicht entsteht, wenn es zu einer **Eingliederung** ohne Verlust der Betriebsidentität beim aufnehmenden Betrieb kommt[8]. Abs. 2 soll auch den Fall der Bildung eines **gemeinsamen Betriebs** durch mehrere Unternehmen (vgl. § 1 I 2) erfassen: Durch die Führungsvereinbarung wird eine einheitliche Leitungsstruktur begründet und aus den beteiligten Unternehmen wird ein gemeinsamer Betrieb[9]. Dabei wird nicht vorausgesetzt, dass in allen bislang selbständigen Betrieben bzw. Betriebsteilen (vgl. § 4 I) schon ein BR gewählt war. Ein Legitimationsproblem entsteht für den Gesetzgeber nicht, der ja auch das auftretende Konkurrenzproblem mehrerer „zuständiger" BR durch die **Zuweisung des Übergangsmandats** an den nach Zahl der Wahlberechtigten größten Betrieb löst und damit auch betriebsratslose Betriebe in die Betriebsverfassung einbeziehen möchte[10]. Im Unterschied zur Spaltung kommt diesem BR **ausschließlich** das Übergangsmandat zur Veranlassung der BR-Wahlen zu, während sein reguläres Mandat erlischt[11]. Ist bei der Betriebsverschmelzung der größte Betrieb **betriebsratslos**, kann das Übergangsmandat mit *Rieble* nicht einfach vom BR des nächstgrößten verfassten Betriebs wahrgenommen werden[12].

10 **III. Inhalt und Dauer des Übergangsmandats.** Das Übergangsmandat ist – anders als das Restmandat, § 21b – ein **zeitlich befristetes Vollmandat** (hM)[13]. Sein Inhalt ist ggü. einem regulären Vollmandat des BR in keiner Weise beschränkt (vgl. § 22 Rz. 3). Eine Einschränkung des Mandats nur auf Beteiligungsrechte im Zusammenhang mit der Umstrukturierung hat im Wortlaut der Norm keinen Niederschlag gefunden und wäre auch mit dem Zweck der Vorschrift (Rz. 3) nicht vereinbar. Der Umfang der MitbestRe bestimmt sich anhand der **neuen Betriebsgröße** nach Spaltung bzw. Verschmelzung[14], dh. das Übergangsmandat ist grds. bezogen auf die neue betriebl. Struktur. BV aus dem abgebenden Betrieb werden mangels Betriebsidentität aber nicht automatisch auf den neuen Betrieb übergeleitet[15], vielmehr gilt § 613a I 2 BGB (individuelle Fortgeltung)[16], solange nicht eine neue BV abgeschlossen wird.

---

1 Vgl. auch LAG Hess. 26.11.2009 – 9/5 TaBVGa 226/09; *Fischer*, RdA 2005, 39 (40); HaKo-BetrVG/*Düwell*, § 21a Rz. 68; *Rieble*, NZA 2002, 237f.; aA Richardi/*Thüsing*, § 21a Rz. 10. ||2 GK-BetrVG/*Kreutz*, § 21a Rz. 19; *Löwisch/Schmidt-Kessel*, BB 2001, 2162. ||3 *Rieble*, NZA 2002, 234; so auch BAG 19.11.2003 – 7 AZR 11/03, NZA 2004, 435: durch Auflösung eines Gemeinschaftsbetriebs wird das BR-Amt nicht beendet, sofern die Identität des nunmehr von einem ArbGeb weitergeführten Betriebs erhalten bleibt. ||4 Dazu HaKo-BetrVG/*Düwell*, § 21a Rz. 72. ||5 AA HaKo-BetrVG/*Düwell*, § 21a Rz. 73. ||6 So auch HaKo-BetrVG/*Düwell*, § 21a Rz. 73; Richardi/*Thüsing*, § 21a Rz. 8; ähnlich iE auch GK-BetrVG/*Kreutz*, § 21a Rz. 25, der analog § 13 II Nr. 1 nur den quantitativen Identitätsverlust für ein Übergangsmandat im Ursprungsbetrieb gelten lassen möchte. ||7 So *Rieble*, NZA 2002, 237. Krit. zur wechselnden Begrifflichkeit des Gesetzgebers auch GK-BetrVG/*Kreutz*, § 21a Rz. 58 („dilettantisch"). ||8 Wohl hM, vgl. LAG Hess. 23.10.2008 – 9 TaBV 155/08; 6.5.2005 – 9 TaBV 61/04; GK-BetrVG/*Kreutz*, § 21a Rz. 60; *Löwisch/Kaiser*, § 21a Rz. 23. ||9 Vgl. *Rieble*, NZA 2002, 238. ||10 AA *Maschmann*, NZA Beil. 1/2009, 32 (37) wegen der mangelnden Legitimation für den neuen Betrieb. ||11 HaKo-BetrVG/*Düwell*, § 21a Rz. 82; *Löwisch/Kaiser*, § 21a Rz. 22; *Rieble*, NZA 2002, 237. ||12 Anders hM, vgl. *Fischer*, RdA 2005, 39 (40); *Fitting*, § 21a Rz. 19; GK-BetrVG/*Kreutz*, § 21a Rz. 73; HaKo-BetrVG/*Düwell*, § 21a Rz. 69; *Hanau*, NJW 2001, 2513 (2515); zutr. *Rieble*, NZA 2002, 238: Nur der BR des größten Betriebs kann ein Übergangsmandat wahrnehmen; fehlt es an diesem, gibt es kein Übergangsmandat; so auch *Reichold*, NZA 2001, 857 (859); *Maschmann*, NZA Beil. 1/2009, 32 (37). ||13 HM, vgl. nur *Fitting*, § 21a Rz. 20; GK-BetrVG/*Kreutz*, § 21a Rz. 37. ||14 Vgl. HaKo-BetrVG/*Düwell*, § 21a Rz. 49; *Rieble*, NZA 2002, 235; diff. ErfK/*Koch*, § 21a BetrVG Rz. 8: Es kommt auf Zahl der in der neuen Einheit tätigen, bislang vertretenen ArbN an, ohne die bisher betriebsratslosen ArbN zu berücksichtigen. ||15 Zur *normativen* Fortgeltung einer BV bei Übertragung eines Teilbetriebs vgl. BAG 18.9.2002 – 1 ABR 54/01, BAGE 102, 356; zust. *Kreft*, FS Wißmann, 2005, S. 347; aA *Preis/Richter*, ZIP 2004, 925; *Rieble/Gutzeit*, NZA 2003, 233. ||16 Zutr. *Löwisch/Schmidt-Kessel*, BB 2001, 2163; aA GK-BetrVG/*Kreutz*, § 21a Rz. 39 (kollektive Fortgeltung als Grundsatz).

Das Gesetz hebt in Abs. 1 S. 2 als **wesentliche**, aber nicht ausschließliche („insbesondere") **Aufgabe** des Übergangsmandats die unverzügliche **Bestellung von Wahlvorständen** hervor. Das ansonsten einschlägige Bestellungsverfahren nach § 16 wird nur insoweit verdrängt, als für den Wahlvorstand die knappe Frist nach § 121 I 1 BGB gilt: **Unverzüglich** meint „ohne schuldhaftes Zögern", nicht „sofort". Fraglich ist, wann die „Ersatzkompetenz" von ArbG nach § 16 II oder, praktischer, von GBR oder KBR nach § 16 III greift. Wegen des weiten Ermessens bei der Einleitung der Neuwahlen sollte die Acht-Wochen-Frist auf den Ablauf des Übergangsmandats bezogen werden[1].

Die regelmäßige Höchstdauer des Übergangsmandats beträgt nach Abs. 1 S. 3 **sechs Monate**. Diese Frist **beginnt** nach § 187 I BGB am Tag nach dem „Wirksamwerden" der Betriebsspaltung bzw. -verschmelzung. Das ist der Zeitpunkt, in dem die Leitungsmacht **tatsächlich** auf den oder die neuen Betriebsinhaber übergegangen ist[2], soweit der BR nicht – entgegen § 80 II! – erst später **offiziell** über die betriebl. Umstrukturierungsmaßnahme unterrichtet worden ist. Auf gesellschaftsrechtl. Vereinbarungen kommt es dagegen nicht entscheidend an. Das **Ende** des Übergangsmandats bestimmt sich nach Abs. 1 S. 3 (bzw. Abs. 2 S. 2) mit **Bekanntgabe des Wahlergebnisses** in den neuen Betriebsteilen oder in dem neuen Betrieb, dh. am Tag der öffentl. Bekanntgabe durch zweiwöchigen Aushang (§ 18 S. 1 WO). Dadurch wird ein nahtloser Übergang iSv. § 21 S. 2 verwirklicht (Amtskontinuität). Bei der Spaltung kann das Übergangsmandat für die verschiedenen Betriebe zu unterschiedlichen Zeitpunkten enden[3]. Erst mit Ablauf der Sechs-Monats-Frist nach § 188 II BGB endet auch das letzte Übergangsmandat, selbst wenn noch keine Neuwahl erfolgt ist („**spätestens**").

Einstweilen frei.

IV. Besonderheiten der Zusammensetzung. 1. Betriebsspaltung (Abs. 1). Nach Spaltung eines Betriebs „bleibt dessen BR im Amt", so dass dieser für alle aus der Spaltung hervorgehenden Einheiten das Übergangsmandat ausübt – und zwar grds. in der **überkommenen personellen Besetzung** (Amts- und Besetzungskontinuität, hM). Problematisch ist das wegen der Zuordnung der jeweiligen ArbVerh der BR-Mitglieder kraft Auf- oder Abspaltung auf die neuen Einheiten. Mit dem Verlust der Wählbarkeit endet an sich nach § 24 Nr. 4 iVm. § 8 die Mitgliedschaft, so dass der BR im Übergangsmandat für die neuen Einheiten mit jeweils unterschiedlichen Besetzungen tagen müsste[4]. Das hält die hM zu Recht für unpraktikabel und mit Sinn und Zweck des Abs. 1 S. 1 nicht vereinbar[5]. § 24 Nr. 4 bedarf für diesen Fall der teleologischen Reduktion, was sich entgegen *Düwell* aus der ratio legis des Übergangsmandats zwanglos ableiten lässt. Auch die ausgegliederten Belegschaftsmitglieder sollen **vorübergehend** noch vom BR in der früheren Zusammensetzung betreut werden können.

Anderes gilt aber für den Fall der „Abspaltung", wenn die **Betriebsidentität unverändert** bleibt und deshalb das Regelmandat neben das Übergangsmandat für den abgespaltenen Betriebsteil tritt (Rz. 8 – soweit nicht eine „Eingliederung" erfolgt). Hier muss der BR im **Regelmandat** nach §§ 24 Nr. 4, 25 diejenigen Mitglieder ergänzen, die „abgespalten" worden sind und nur noch im **Übergangsmandat** Sitz und Stimme nach Abs. 1 behalten[6]. Im Fall der „Aufspaltung" tritt neben das Übergangsmandat das Restmandat nach § 21b für den untergehenden Ursprungsbetrieb; eine unterschiedliche personelle Zusammensetzung beider Gremien kommt dabei nicht in Betracht.

2. Betriebsverschmelzung (Abs. 2). Die personelle Zusammensetzung in Fällen des Abs. 2 richtet sich nach dem Prinzip der größeren Zahl, dh. der BR desjenigen Betriebs, hinter dem die meisten Wahlberechtigten stehen, erhält **als solcher** und **ausschließlich** das Übergangsmandat (Rz. 9). Für ihn endet das Regelmandat, stattdessen führt er die Geschäfte übergangsweise für den **gesamten neuen Betrieb** (Zuständigkeitsausweitung)[7]. Bei Ermittlung des größten Betriebs bemisst sich die Zählung der Wahlberechtigten nach § 7 S. 1, doch kommt es nicht auf die „in der Regel" bestehende Belegschaftsstärke an (vgl. § 9), sondern auf die **aktuelle** Zahl zum Zeitpunkt der Verschmelzung[8].

Nach dem in Abs. 2 S. 2 für entsprechend anwendbar erklärten Abs. 1 S. 1 bleibt der das Übergangsmandat wahrnehmende BR des **größten** Betriebs im Amt, muss jetzt aber die Geschäfte naturgemäß **auch für die ArbN aus anderen Betrieben** weiter führen, die bislang von ihm nicht vertreten wurden. Eine entsprechend „korrigierte" Anwendung des Abs. 1 S. 1 folgt aus der „**Vorgreiflichkeit**" des Übergangsmandats, das sich jeweils auf die neue Betriebsstruktur beziehen muss[9]. Die Mitglieder der übrigen **weichenden** BR verlieren ihr Amt mit Wirksamwerden der Verschmelzung (Rz. 12), weil zu diesem Zeitpunkt der Verlust ihrer Wählbarkeit nach § 24 Nr. 4 eintritt.

---

1 Zutr. GK-BetrVG/*Kreutz*, § 21a Rz. 41; *Löwisch/Kaiser*, § 21a Rz. 12; zu eng *Richardi/Thüsing*, § 21a Rz. 21, die schon nach 14 Tagen die Ersatzkompetenz greifen lassen wollen. ||2 HM, vgl. BAG 31.5.2000 – 7 ABR 78/98, BAGE 95, 15 (28); ferner *Fitting*, § 21a Rz. 24; GK-BetrVG/*Kreutz*, § 21a Rz. 47. ||3 *Löwisch/Kaiser*, § 21a Rz. 13. ||4 So in der Tat HaKo-BetrVG/*Düwell*, § 21a Rz. 75. ||5 HM, vgl. GK-BetrVG/*Kreutz*, § 21a Rz. 34; *Löwisch/Kaiser*, § 21a Rz. 8; *Rieble*, NZA 2002, 236; aA HaKo-BetrVG/*Düwell*, § 21a Rz. 75ff. ||6 So auch GK-BetrVG/*Kreutz*, § 21a Rz. 34; missverständlich HaKo-BetrVG/*Düwell*, § 21a Rz. 78; aA *Fitting*, § 21a Rz. 16. ||7 Vgl. GK-BetrVG/*Kreutz*, § 21a Rz. 75. ||8 So *Rieble*, NZA 2002, 237; aA *Fitting*, § 21a Rz. 18; GK-BetrVG/*Kreutz*, § 21a Rz. 71: Zeitpunkt der letzten Wahl. ||9 So GK-BetrVG/*Kreutz*, § 21a Rz. 75; *Rieble*, NZA 2002, 235; aA ErfK/*Koch*, § 21a BetrVG Rz. 8: personelle Beschränkung des Mandats nur auf ArbN der bislang verfassten Betriebe.

18 **3. Freistellungs- und sonstige Kostentragungspflichten.** Weil das Übergangsmandat vom Gesetzgeber als **Vollmandat** behandelt wird (Rz. 10), gelten hierzu in Ermangelung einer Sonderregelung die allg. Freistellungs- und Kostentragungspflichten aus §§ 37, 38, 40[1]. Für die kurze Zeit des Übergangsmandats bleibt es prinzipiell auch für Freistellungen nach § 38 beim Grundsatz der **Amts- und Besetzungskontinuität**, so dass unabhängig von der Verkleinerung der Einheiten bei Spaltung bzw. ihrer Vergrößerung bei Verschmelzung die Freistellungen nach Maßgabe der Ursprungsbetriebsgröße **erhalten** bleiben. Streitigkeiten über die Kostentragung können sich bei der Spaltung und danach verschiedenen ArbGeb ergeben, wenn das Übergangsmandat **Alt- und Neuarbeitgeber** ungleich belastet (zB unternehmensübergreifende Abspaltung, vgl. Rz. 19): Stammen übermäßig viele freigestellte ArbN zB aus dem Ursprungsbetrieb, so muss deren **VertragsArbGeb**[2] unverhältnismäßig hohe Kosten zu Gunsten der abgespaltenen neuen Einheit aufwenden. Hier empfiehlt es sich, dass die Inhaber der betroffenen Betriebe im Rahmen der Spaltung oder Verschmelzung eine **Vereinbarung** über die „Trennungskosten" treffen[3]. Ohne eine solche Vereinbarung, die Bestandteil des Spaltungsvertrags sein müsste, treffen die individuell zurechenbaren Kosten des Übergangsmandats den jeweiligen VertragsArbGeb, die Kosten der Wahlvorbereitung dagegen den Inhaber der neuen Einheit (§ 20 III).

19 **V. Übergangsmandat bei unternehmensübergreifender Umwandlung (Abs. 3).** Der Gesetzgeber stellt in Abs. 3 klar, dass – wie schon nach der Vorläuferregelung des § 321 UmwG (Rz. 2) – auch und erst recht der Wechsel des Unternehmensträgers beim maßgeblichen **Identitätsverlust der betrieblichen Organisation** zum Übergangsmandat führen kann. Tritt zu der Umstrukturierung iSd. Abs. 1 u. 2 also noch der **Wechsel des ArbGeb** hinzu, wird ein **unternehmensübergreifendes** Übergangsmandat begründet (vgl. Rz. 4), ohne dass besondere Regeln eingreifen müssten. Mit der Bezeichnung „Betriebsveräußerung" ist der Wechsel des Unternehmensträgers kraft **Einzelrechtsnachfolge** bei (strukturveränderndem) Betriebsübergang nach § 613a BGB gemeint, mit der Bezugnahme auf die „Umwandlung nach dem Umwandlungsgesetz" die (partielle) **Gesamtrechtsnachfolge** durch Spaltung oder Verschmelzung[4].

20 Beim unternehmensübergreifenden Übergangsmandat hat der BR des **gespaltenen Unternehmens** zwei Mandate für zwei Belegschaften ggü. zwei VertragsArbGeb wahrzunehmen – er agiert also unternehmensübergreifend, **ohne** deshalb jedoch ein **unternehmensübersteigendes Mandat** auszuüben[5]. Er kann aus Kompetenzgründen nicht etwa zB unternehmensübergreifende BV abschließen, sondern muss sich um – ggf. gleich lautende – BV mit den verschiedenen ArbGeb in Bezug auf ihre neu strukturierten Belegschaften bemühen. **Führen** die an der Spaltung beteiligten Rechtsträger jedoch den gespaltenen Betrieb **gemeinsam fort**, liegt ein Fall des § 1 I 2 vor, so dass der ursprünglich gewählte BR nunmehr für den Gemeinschaftsbetrieb regulär im Amt bleibt[6].

21 Fraglich ist, was bei der **den Geltungsbereich des Gesetzes verlassenden** Umstrukturierung gilt (vgl. § 21 Rz. 13), wenn also bei der Eingliederung in den öffentl. Dienst (§ 130) ein öffentl.-rechtl. Rechtsträger oder in den kirchl. Dienst (§ 118 II) ein dem Staatskirchenrecht zuzuordnender Rechtsträger entsteht. Hier endet die „BR-Fähigkeit" iSd Abs. 1 S. 1 (Rz. 6), so dass ein **systemübergreifendes Übergangsmandat** nicht auf § 21a gestützt werden kann[7]. Ein Übergangsmandat des BR bis zur Wahl eines Personalrats oder einer kirchlichen MAV scheidet aus, so wie auch der umgekehrte Vorgang der Privatisierung einer öffentlichen Einrichtung nicht im PersVG geregelt ist, obwohl auch dort kraft Art. 6 I Unterabs. 4 RL 2001/23/EG europarechtlich ein Übergangsmandat vorgesehen sein müsste[8]. Deshalb kommt in diesen Fällen nur ein **Restmandat** in Betracht, vgl. § 21b, weil der Betrieb iSd. BetrVG untergeht.

22 **VI. Analoge Anwendung auf andere Gremien.** Das Übergangsmandat ist auf den Geltungsbereich des BetrVG beschränkt und kann daher auf den **SprAu** nach dem SprAuG keine Anwendung finden, so dass Schutzlücken bei identitätsverändernder Umstrukturierung in Kauf zu nehmen sind (hM)[9]. Das ist auch aus Sicht des Europarechts nicht zu beanstanden, weil die leitenden Angestellten ja gerade nicht ArbN iSd. Richtlinie sind[10]. Eine analoge Anwendung von § 21a kommt mangels planwidriger Regelungslücke nicht in Betracht. Auch für eine analoge Anwendung auf den **GBR oder KBR oder andere Organe** fehlt es an einer vergleichbaren Interessenlage, weil sich Schutzlücken für diese vom BR abgeleiteten Dauerorgane nicht ergeben[11]. Auch bei unternehmensübergreifenden Umwandlungen kommt es lediglich zu deren Neukonstituierung – eines eigenen Übergangsmandats bedarf es hierzu nicht.

---

1 Vgl. DKKW/*Wedde*, § 40 Rz. 3; *Fitting*, § 21a Rz. 27, § 40 Rz. 7; GK-BetrVG/*Weber*, § 40 Rz. 7. ||2 Individuell zurechenbare Kosten müssen vom VertragsArbGeb getragen werden, so zutr. *Fitting*, § 21a Rz. 27; *Richardi/Thüsing*, § 21a Rz. 24; *Rieble*, NZA 2002, 236; aA ErfK/*Koch*, § 21a BetrVG Rz. 9: Alle Kosten treffen Inhaber der neuen Einheit. ||3 So auch *Richardi/Thüsing*, § 21a Rz. 24; *Rieble*, NZA 2002, 236. ||4 Einzelheiten bei HaKo-BetrVG/*Düwell*, § 21a Rz. 84ff. ||5 Zutr. *Rieble*, NZA 2002, 236; ähnlich GK-BetrVG/*Kreutz*, § 21a Rz. 84. ||6 Vgl. GK-BetrVG/*Kreutz*, § 21a Rz. 90. ||7 Str.; wie hier *Rieble*, NZA 2002, 235; Nachw. zur aA bei HaKo-BetrVG/*Düwell*, § 21a Rz. 62. ||8 Die Rspr. lehnte bisher ein Übergangsmandat des Personalrats bei Privatisierung ab, vgl. LAG Köln 11.2.2000 – 4 TaBV 2/00, NZA-RR 2001, 87; 10.3.2000 – 13 TaBV 19/00, NZA-RR 2001, 423; vgl. auch *Pawlak/Leydecker*, ZTR 2008, 74. ||9 HM, vgl. nur GK-BetrVG/*Kreutz*, § 21a Rz. 2; *Löwisch/Kaiser*, § 21a Rz. 3. ||10 Zutr. HaKo-BetrVG/*Düwell*, § 21a Rz. 39. ||11 Zutr. GK-BetrVG/*Kreutz*, § 21a Rz. 11; *Richardi/Thüsing*, § 21a Rz. 25.

VII. Streitigkeiten. Über Streitigkeiten zwischen ArbGeb und BR oder zwischen verschiedenen BR, die das Bestehen oder die Ausübung eines Übergangsmandats zum Gegenstand haben, entscheidet das ArbG im **Beschlussverfahren** nach §§ 2a I Nr. 1, II iVm. §§ 80 ff. ArbGG. Im Betriebsabgrenzungsverfahren nach § 18 II (vgl. § 18 Rz. 12, 14) kann geklärt werden, ob durch Änderungen der Betriebsorganisation neue betriebsratsfähige Einheiten entstanden sind[1]. Das **Urteilsverfahren** findet dann Anwendung, wenn Entgeltfortzahlungs- und Freizeitausgleichsansprüche von BR-Mitgliedern für die Wahrnehmung des Übergangsmandats geltend gemacht werden[2]. In dieser Verfahrensart kann auch im Rahmen eines Individualstreits zwischen ArbGeb und ArbN als **Vorfrage** das Bestehen, der Inhalt und der persönliche Anwendungsbereich des Übergangsmandats eine Rolle spielen, soweit die Rechtswirksamkeit einer von einem BR kraft Übergangsmandats vorgenommenen Handlung entscheidungserheblich ist. Vgl. iÜ § 21 Rz. 16.

21b Restmandat

Geht ein Betrieb durch Stilllegung, Spaltung oder Zusammenlegung unter, so bleibt dessen Betriebsrat so lange im Amt, wie dies zur Wahrnehmung der damit im Zusammenhang stehenden Mitwirkungs- und Mitbestimmungsrechte erforderlich ist.

I. Inhalt und Zweck. Das Restmandat soll nach dem Willen des Gesetzgebers das Recht des BR sichern, im Falle der Betriebsstilllegung oder einer anderen Form der Auflösung des Betriebs die damit zusammenhängenden gesetzl. Aufgaben **zum Schutze der ArbN**, insb. die Mitwirkungs- und MitbestR nach den §§ 111 ff., auch über seine Amtszeit hinaus wahrzunehmen[3], um zu verhindern, dass der ArbGeb durch rasche Vollziehung der Betriebsstilllegung gerade diese Beteiligungsrechte unterläuft.

Die Vorschrift wurde durch das BetrVerf-ReformG v. 23.7.2001 eingeführt. Mit der Kodifikation des Restmandats wollte der Gesetzgeber die von der Rspr. entwickelte[4] und allg. anerkannte Rechtsfigur „Restmandat des BR" gesetzlich verankern[5]. Die Auslegung dieser Vorschrift hat daher in Ansehung der zuvor ergangenen Rspr. des BAG zum Restmandat zu erfolgen[6].

II. Anwendungsbereich. Der Gesetzgeber hat das von der Rspr. im Zusammenhang mit Betriebsstilllegungen entwickelte Restmandat auch auf die Fälle eines Betriebsuntergangs durch Spaltung und Zusammenlegung ausgeweitet und regelt damit alle Fälle des **Betriebsuntergangs**[7]. **Kein Restmandat** entsteht, wenn das Amt des BR vorzeitig endet, weil alle BR-Mitglieder einschl. der Ersatzmitglieder aus dem Betrieb ausscheiden[8] oder wenn der Betrieb nach Ablauf der Amtszeit des BR untergeht und die ArbN keinen neuen BR gewählt haben[9]. Die Vorschrift findet auch keine Anwendung, wenn ein Betrieb lediglich räumlich verlegt wird (soweit nicht am neuen Standort eine völlig neue Belegschaft eingestellt wird[10]), ein Übergang nach § 613a BGB stattfindet[11] oder ein Betrieb wegen seiner Zerstörung[12] oder aus anderen Gründen **nur vorübergehend stillgelegt** wird, denn hier bleibt der BR mit Vollmandat im Amt.

1. Entstehungsvoraussetzungen. Die **Stilllegung** eines Betriebs ist nach der Definition des BAG die Aufhebung der Betriebs- und Produktionsgemeinschaft zwischen ArbGeb und ArbN für einen seiner Dauer nach unbestimmten, wirtschaftlich nicht unerheblichen Zeitraum[13]. Die Betriebsstilllegung ist erst dann vollzogen, wenn die Belegschaft **in rechtlicher Hinsicht aufgelöst** worden ist[14]; allein die Tatsache, dass die Betriebsanlage stillgelegt und die ArbN nicht mehr beschäftigt werden, genügt hierfür nicht. Eine **Teilstilllegung** des Betriebs führt nicht zu einem Restmandat, wenn der Restbetrieb seine Identität behält und funktionsfähig bleibt[15].

Spaltung und **Zusammenlegung** haben grds. die gleiche Bedeutung wie in § 21a (vgl. § 21a Rz. 5 ff.)[16], auch wenn der Gesetzgeber durch die Einführung einer dritten Bezeichnung für den gleichen Vorgang („Zusammenfassung" in § 21a II, „Zusammenlegung" in § 21b und „Zusammenschluss" in § 111 Nr. 3) zu einer Art babylonischer Sprachverwirrung beigetragen hat, weshalb hier möglichst bald eine Korrektur zur Vereinheitlichung der Terminologie erfolgen sollte.

Eine „Spaltung" iSd. § 21b wird in aller Regel **nur bei einer Betriebsaufspaltung** vorliegen, da nur in diesem Fall der Ursprungsbetrieb restlos untergeht (vgl. § 21a Rz. 5). Das Restmandat entsteht für die ganze untergegangene Einheit, unabhängig davon, ob die durch die Spaltung entstandenen Betriebe/Betriebsteile als eigenständige Betriebe weitergeführt werden oder in andere Betriebe eingegliedert werden, und – anders als das Übergangsmandat (vgl. § 21a Rz. 6) – auch dann, wenn die entstandenen

---

[1] GK-BetrVG/*Kreutz*, § 21a Rz. 102. ||[2] *Fitting*, § 21a Rz. 30. ||[3] BT-Drs. 14/5741, 39. ||[4] Zuletzt BAG 5.10.2000 – 1 AZR 48/00, NZA 2001, 849 und 12.1.2000 – 7 ABR 61/98, NZA 2000, 669. ||[5] BT-Drs. 14/5741, 39. ||[6] *Reichold*, NZA 2001, 857. ||[7] *Fitting*, § 21b Rz. 5. ||[8] BAG 27.8.1996 – 3 ABR 21/95, AP Nr. 4 zu § 83a ArbGG 1979. ||[9] *Fitting*, § 21b Rz. 5; Richardi/*Thüsing*, § 21b Rz. 8. ||[10] ArbG Berlin 17.3.2004 – 7 BV 3860/04, NZA-RR 2005, 80. ||[11] Nach LAG Rh.-Pf. 18.4.2005 – 2 TaBV 15/05, NZA-RR 2005, 529 soll § 21b für Kündigungen ggü. den dem Betriebsübergang widersprechenden ArbN analog Anwendung finden; aA aber LAG Köln 17.8.2012 – 10 Sa 1347/11. ||[12] BAG 16.6.1987 – 1 AZR 528/85, BAGE 55, 344 f. ||[13] BAG 18.1.2001 – 2 AZR 167/00, ZInsO 2001, 822. ||[14] BAG 29.3.1977 – 1 AZR 46/75, BAGE 29, 114. ||[15] BAG 24.5.2012 – 2 AZR 62/11, NZA 2013, 277. ||[16] Wohl hM, vgl. DKKW/*Buschmann*, § 21b Rz. 16; GK-BetrVG/*Kreutz*, § 21b Rz. 23; HaKo-BetrVG/*Düwell*, § 21b Rz. 10, 14; *Löwisch/Schmidt-Kessel*, DB 2001, 2165.

Teile überhaupt nicht betriebsratsfähig sind[1]. Bei einer **Abspaltung** bleibt das reguläre Vollmandat des BR dagegen bestehen; dieses Vollmandat umfasst auch die Beteiligungsrechte nach den §§ 111, 112 für die infolge der Abspaltung ausscheidenden ArbN[2].

7   Im Fall der **Zusammenlegung von Betrieben** (vgl. § 21a Rz. 9) entsteht sowohl im sog. Eingliederungsfall (Eingliederung eines Betriebes in einen anderen) als auch bei der Zusammenfassung mehrerer Betriebe ein Restmandat. Im ersten Fall geht nur der eingegliederte Betrieb unter, so dass auch nur für dessen BR ein Restmandat entsteht, im letzten Fall gehen alle zusammengelegten Betriebe unter mit der Folge, dass für alle in diesen Betrieben bestehenden BR ein Restmandat entsteht[3].

8   De lege lata muss ein Restmandat auch dann entstehen, wenn Spaltung oder Zusammenlegung im Rahmen einer **unternehmensübergreifenden Umwandlung** erfolgen und die neu entstehenden Einheiten den Geltungsbereich des Gesetzes verlassen (vgl. § 21a Rz. 21), da der „Betrieb" – auch wenn „nur" ein Betriebsübergang gem. § 613a BGB vollzogen wird – iSd. BetrVG insoweit untergeht, als er nach der erfolgten Umwandlung nicht mehr als „Betrieb" iSd. BetrVG (vgl. § 1 BetrVG), sondern als „Dienststelle" bzw. „Einrichtung" (vgl. § 1 MAVO, § 3 MVG für den kirchlichen Bereich bzw. § 6 BPersVG für den Bereich des öffentl. Dienstes) fortbesteht, auch wenn tatsächlich kein Betriebsuntergang im eigentlichen Wortsinne vorliegt. De lege ferenda wäre diese Problematik – unter Einbeziehung der RL 2001/23/EG – dahin gehend zu lösen, dass § 21a I 3 wie folgt geändert würde: „Das Übergangsmandat endet, sobald in den neu entstandenen Einheiten neue ArbN-Vertretungen gewählt und das Wahlergebnis bekannt gegeben ist,..." (vgl. § 21a Rz. 21).

9   **2. Inhalt.** Das Restmandat ist – anders als das Übergangsmandat – **kein Vollmandat**, sondern in seinen Kompetenzen inhaltlich wesentlich eingeschränkt. Als nachwirkendes Mandat ist das Restmandat **funktional** auf alle im Zusammenhang mit dem Untergang des Betriebs ergebenden Mitbestimmungs- und Mitwirkungsrechte **begrenzt**[4]. Es entsteht daher nicht, wenn nach Untergang des Betriebs kein Regelungsbedarf mehr besteht[5]. In der Praxis werden die Hauptaufgaben eines das Restmandat ausübenden BR in erster Linie die in der Gesetzesbegr. ausdrücklich genannten Beteiligungsrechte nach den §§ 111 ff. sein, dh. insb. die Vereinbarung eines Interessenausgleichs und eines Sozialplans. Hierzu gehört auch die Abänderung eines bereits geltenden Sozialplans, solange dieser noch nicht vollständig abgewickelt ist[6].

10 Das Restmandat umfasst auch **Beteiligungsrechte bei personellen Einzelmaßnahmen** – Anhörungs- und Widerspruchsrecht bei Kündigungen (§ 102), Informations- und Zustimmungsrecht bei Versetzungen (§ 99), Vorschlagsrecht zur Beschäftigungssicherung (§ 92a), MitbestR über Qualifizierungsmaßnahmen (§ 92 II) –, sofern **trotz der Stilllegung noch nicht alle Arbeitsverhältnisse beendet** sind, da einzelne ArbN noch mit Abwicklungsaufgaben beschäftigt sind[7].

11 Das Restmandat stellt **kein allgemeines Abwicklungsmandat** für alle zum Zeitpunkt des Betriebsuntergangs noch nicht abgeschlossenen betriebsverfassungsrechtl. Aufgaben dar, da es seinem Zweck nach einen tatsächlichen Regelungsbedarf voraussetzt. Sog. „unerledigte BR-Aufgaben", die keinen Bezug zu der Auflösung der Betriebsorganisation aufweisen, aber zum Zeitpunkt der Entstehung des Restmandats noch nicht erledigt sind, werden daher vom Restmandat **nicht erfasst**[8]. Wohl hM ist mittlerweile, dass es nicht erforderlich ist, dass der BR seine Rechte **noch in der regulären Amtszeit seines Vollmandats** ggü. dem ArbGeb geltend macht, da der Wortlaut des Gesetzes keinen Hinweis für ein solches Erfordernis gibt, und es auch nicht von der Sache her geboten ist, im Abwarten des BR schon einen Verzicht auf seine Rechte zu sehen[9].

12 **3. Personelle Zusammensetzung.** Das Restmandat wird von dem BR ausgeübt, der bei der Beendigung des Vollmandats im Amt war[10]. Die Ausübung des Restmandats hat durch den **BR als Organ** zu erfolgen, nicht etwa nur durch dessen Vorsitzenden[11]. Entscheidend für die Größe und die personelle Zusammensetzung des das Restmandat ausübenden BR ist der **Zeitpunkt der Stilllegung, Spaltung oder Zusammenlegung**. Führt der BR zu diesem Zeitpunkt die Geschäfte nur noch nach § 22 weiter, weil durch frühere Ausscheiden von Mitgliedern und wegen Fehlens von Ersatzmitgliedern die Mitgliederzahl unter die in § 9 vorgegebene Zahl gesunken ist, gehört zu diesen Geschäften auch die Wahrnehmung des Restmandats[12].

---

1 Vgl. *Fitting*, § 21b Rz. 10; GK-BetrVG/*Kreutz*, § 21b Rz. 26. ||2 Vgl. *Fitting*, § 21b Rz. 11; GK-BetrVG/*Kreutz*, § 21b Rz. 26. ||3 Vgl. *Fitting*, § 21b Rz. 12; GK-BetrVG/*Kreutz*, § 21b Rz. 27. ||4 BAG 24.5.2012 – 2 AZR 62/11, NZA 2013, 277; 8.12.2009 – 1 ABR 41/09, NZA 2010, 665; 25.10.2007 – 8 AZR 917/06, BB 2008, 1175; 12.1.2000 – 7 ABR 61/98, NZA 2000, 669. ||5 BAG 14.8.2001 – 1 ABR 52/00, NZA 2002, 109. ||6 BAG 5.10.2000 – 1 AZR 48/00, NZA 2001, 849. ||7 BAG 25.10.2007 – 8 AZR 917/06, BB 2008, 1175; 23.11.1988 – 7 AZR 121/88, NZA 1989, 433; GK-BetrVG/*Kreutz*, § 21b Rz. 12; *Löwisch/Schmidt-Kessel*, BB 2001, 2165; *Schubert*, AuR 2003, 133. ||8 BAG 14.8.2001 – 1 ABR 52/00, NZA 2002, 109; *Fitting*, § 21b Rz. 18; GK-BetrVG/*Kreutz*, § 21b Rz. 13; aA DKKW/*Buschmann*, § 21b Rz. 21; *Konzen*, RdA 2001, 85; *Richardi/Annuß*, DB 2001, 44. ||9 DKKW/*Buschmann*, § 21b Rz. 15; GK-BetrVG/*Kreutz*, § 21b Rz. 15 (aM noch 6. Aufl., § 21 Rz. 53). ||10 BAG 12.1.2000 – 7 ABR 61/98, NZA 2000, 669. ||11 BAG 14.11.1978 – 6 ABR 85/75, DB 1979, 849. ||12 BAG 12.1.2000 – 7 ABR 61/98, NZA 2000, 669.

Das Restmandat stellt eine **zu § 24 Nr. 3 u. 4 abweichende Sonderregelung** dar: Weder das Ausscheiden der BR-Mitglieder aus dem Betrieb noch der Übergang auf einen anderen ArbGeb führt zum Ausscheiden aus dem BR während der Dauer des Restmandats[1]. Dies wäre mit dem Zweck des Restmandats unvereinbar (vgl. auch § 21a Rz. 14). Ungeachtet dieser Sonderregelung ist eine **Amtsniederlegung** durch die das Restmandat wahrnehmenden BR-Mitglieder **uneingeschränkt möglich**. Die Mitglieder eines das Restmandat ausübenden BR können nicht gezwungen werden, gegen ihren Willen im Amt zu bleiben. Die Wahrnehmung eines Restmandats verpflichtet insoweit nicht stärker als ein Vollmandat[2]. Die Amtsniederlegung durch das letzte verbliebene BR-Mitglied kann ausnahmsweise auch ggü. dem ArbGeb erfolgen, sofern eine Belegschaft nicht mehr vorhanden ist[3].

4. Dauer, Kosten. Das Restmandat ist – anders als das Übergangsmandat, § 21a – grds. **zeitlich unbeschränkt**. Es endet daher entweder auf Grund personeller Ausdünnung (vgl. Rz. 12) oder mit **vollständiger Abwicklung** aller in seinen Zuständigkeitsbereich fallender Beteiligungsangelegenheiten. Ein endgültiges Erlöschen des Restmandats liegt daher erst vor, wenn sowohl Interessenausgleich als auch Sozialplan **tatsächlich umgesetzt** wurden und sämtliche Ansprüche des BR auf Kostenerstattung aus Tätigkeiten im Rahmen des Restmandats erfüllt wurden[4]. Insb. der Sozialplan kann Dauerregelungen enthalten (vgl. § 112), die dazu führen, dass das Restmandat noch einen erheblichen Zeitraum nach dem Betriebsuntergang weiter besteht. Das Restmandat kann daher das Ende der regulären Amtszeit (§ 21), für die der BR gewählt wurde, überdauern[5].

Kosten, die im Zusammenhang mit der Ausübung des Restmandats entstehen, hat nach der allg. Regel des § 40 der ArbGeb des Ursprungsbetriebs zu tragen. Dies gilt auch für die Vergütung ausgefallener Arbeitszeit eines das Restmandat ausübenden BR-Mitglieds, das bereits bei einem anderen ArbGeb beschäftigt ist, da gegen den neuen ArbGeb nur ein Anspruch auf unbezahlte Freistellung entsprechend § 37 II besteht[6]. Demggü. hat ein im Ruhestand befindliches BR-Mitglied keinen Anspruch auf Vergütung seines mit der BR-Tätigkeit im Restmandat verbundenen Freizeitopfers, wenn ihm hierdurch nicht gleichzeitig ein Vermögensnachteil entsteht[7].

Aufwendungen eines BR, die während der Dauer seines Amtes ggü. dem ArbGeb entstanden sind, aber vor einer vorzeitigen Beendigung der Amtszeit auf Grund der Auflösung der ArbVerh aller BR-Mitglieder nicht rechtzeitig geltend gemacht worden sind, gehören **nicht** zu den **Kosten des Restmandats**, sondern zu denen des **Vollmandats:** Der BR bleibt auch nach dem Ende seiner Amtszeit entsprechend §§ 22 BetrVG, 49 II BGB befugt, noch nicht erfüllte Kostenerstattungsansprüche gegen den ArbGeb weiterzuverfolgen und an den Gläubiger abzutreten[8] (vgl. § 24 Rz. 4 ff.).

III. Verhältnis Restmandat – Übergangsmandat. Sowohl bei der Spaltung als auch der Zusammenlegung ist ein **Nebeneinander von Restmandat und Übergangsmandat** möglich: Das Gesetz enthält keinen Hinweis darauf, dass das Restmandat nur dann subsidiär zur Anwendung kommen soll, wenn § 21a keine Anwendung findet[9]. Ein solches – gewolltes – Nebeneinander von Restmandat und Übergangsmandat erklärt sich auch aus den verschiedenen Zuständigkeitsbereichen: Das Restmandat ist **rückwärts gewandt** und richtet sich immer nur an den Inhaber des untergegangenen Betriebs, das Übergangsmandat erfasst den neuen Betrieb „vorgreiflich"[10].

IV. Streitigkeiten. Streitigkeiten über das Bestehen eines Restmandats und die damit verbundenen Befugnisse werden von den Arbeitsgerichten im **Beschlussverfahren** (§§ 2a I Nr. 1, II iVm. 80 ff. ArbGG) entschieden; sie können auch als Vorfrage Gegenstand eines Individualrechtsstreits im **Urteilsverfahren** sein. Beschlussverfahren über sonstige betriebsverfassungsrechtl. Streitigkeiten, die nicht die Regelungsmaterie des Restmandats betreffen, sind **einzustellen** (Rz. 11), da sie sich entweder mit der Betriebsstilllegung erledigt haben oder das Rechtsschutzinteresse fehlt[11].

---

1 Vgl. BAG 5.5.2010 – 7 AZR 728/08, NZA 2010, 1025; HaKo/*Düwell*, § 21b Rz. 23; Richardi/*Thüsing*, § 21a Rz. 13; *Schubert*, AuR 2003, 132.   ‖2 HM, vgl. BAG 12.1.2000 – 7 ABR 61/98, NZA 2000, 669; *Fitting*, § 21b Rz. 13; GK-BetrVG/*Kreutz*, § 21b Rz. 18; Richardi/*Thüsing*, § 21b Rz. 11; aA *Hanau*, NJW 2001, 2515.   ‖3 BAG 12.1.2000 – 7 ABR 61/98, NZA 2000, 669; 5.10.2000 – 1 AZR 48/00, NZA 2001, 849.   ‖4 BAG 5.10.2000 – 1 AZR 48/00, NZA 2001, 849; *Fitting*, § 21b Rz. 19; GK-BetrVG/*Kreutz*, § 21b Rz. 19.   ‖5 HM, vgl. BAG 16.6.1987 – 1 AZR 528/85, NZA 1987, 858; 27.8.1996 – 3 ABR 21/95, NZA 1997, 623; 1.4.1998 – 10 ABR 17/97, NZA 1998, 768; 5.5.2010 – 7 AZR 728/08, NZA 2010, 1025; DKKW/*Buschmann*, § 21b Rz. 24; GK-BetrVG/*Kreutz*, § 21b Rz. 19; *Löwisch/Schmidt-Kessel*, BB 2001, 2165.   ‖6 *Biebl*, Restmandat, 1991, S. 61; *Fitting*, § 21b Rz. 20; ausf. zum Kostenersatz nach § 37 II bzw. III analog *Auktor*, NZA 2003, 950.   ‖7 BAG 5.5.2010 – 7 AZR 728/08, NZA 2010, 1025; zum ähnlichen Fall der Arbeitslosigkeit im Erg. ebenso *Auktor*, NZA 2003, 950 (952); *Fitting*, § 21b Rz. 20.   ‖8 BAG 24.10.2001 – 7 ABR 20/00, NZA 2003, 53.   ‖9 Vgl. *Fitting*, § 21b Rz. 13; GK-BetrVG/*Kreutz*, § 21b Rz. 24; im Erg. auch HaKo-BetrVG/*Düwell*, § 21b Rz. 14 (vgl. aber Widerspruch in Rz. 6); Richardi/*Thüsing*, § 21b Rz. 6; aA *Lelley*, DB 2008, 1433 (1435), der behauptet, eine parallele Zuständigkeit zweier BR für einen Betrieb sei dem BetrVG fremd; *Löwisch/Schmidt-Kessel*, BB 2001, 2165, die verkennen, dass sich die „Erforderlichkeit" nur auf die Dauer („so lange") des Restmandats, nicht aber auf seinen Geltungsbereich bezieht.   ‖10 *Fitting*, § 21b Rz. 13; GK-BetrVG/*Kreutz*, § 21b Rz. 25; Richardi/*Thüsing*, § 21b Rz. 5.   ‖11 BAG 19.6.2001 – 1 ABR 48/00, NZA 2002, 756; 14.8.2001 – 1 ABR 52/00, NZA 2002, 109.

22 Weiterführung der Geschäfte des Betriebsrats
In den Fällen des § 13 Abs. 2 Nr. 1 bis 3 führt der Betriebsrat die Geschäfte weiter, bis der neue Betriebsrat gewählt und das Wahlergebnis bekannt gegeben ist.

1 **I. Inhalt und Zweck.** Die Vorschrift möchte für die Fälle vorzeitiger Beendigung der Amtszeit wegen „Wegfalls der Geschäftsgrundlage" nach § 13 II (vgl. § 21 Rz. 9) die **Kontinuität** des BR sicherstellen, indem sie die Fortführung der Geschäfte bis zur Bekanntgabe des Wahlergebnisses anordnet. Einem ähnlichen Modell bei Umstrukturierung folgt jetzt § 21a. **Eigenständige** Bedeutung kommt der Norm aber nur für § 13 II Nr. 3 zu, weil der Fall des kollektiven Rücktritts des BR in § 21 S. 5 nicht berücksichtigt wurde. Für die Fälle des § 13 II Nr. 1 u. 2, dh. die wesentliche Veränderung der Belegschaftsstärke (§ 13 Rz. 8) und das Absinken der Zahl der BR-Mitglieder (§ 13 Rz. 9), ordnet dagegen bereits § 21 S. 5 an, dass das Ende der Amtszeit erst mit der Bekanntgabe des Wahlergebnisses des neu gewählten BR eintritt. In diesen Fällen hat der alte BR also das **Vollmandat** bis zur Neuwahl inne und führt nicht bloß die Geschäfte iSd. § 22 weiter. Im Hinblick auf diese Fälle (§ 13 II Nr. 1 und 2) ist die Vorschrift daher lediglich „deklaratorischer" Natur[1].

2 Die Weiterführungsbefugnis nach § 22 ist eine **eng auszulegende** Ausnahmeregel. Grds. enden die Kompetenzen des BR mit seiner Amtszeit (§ 21 Rz. 5). Der Gesetzgeber nimmt es in zahlreichen Fällen hin, dass ein vorübergehender oder dauerhafter betriebsratsloser Zustand eintritt, zB wenn nach Ablauf der vierjährigen Amtszeit kein neuer BR gewählt wird oder alle BR-Mitglieder durch persönliche Niederlegung des Amts (§ 24 Nr. 2) aus ihrem Amt ausscheiden und Ersatzmitglieder nicht vorhanden sind[2]. Auch im Fall der fristlosen Eigenkündigung aller BR-Mitglieder und Ersatzmitglieder endet die Amtszeit des BR sofort; der Betrieb wird betriebsratslos. Eine Weiterführung des Amtes durch den nicht mehr existierenden BR kommt nicht in Betracht[3], eine ausnahmsweise **analoge** Anwendung der Norm allenfalls dann, wenn der BR vorübergehend wegen zeitweiliger Verhinderung von BR-Mitgliedern beschlussunfähig ist und auch durch Ersatzmitglieder nicht vertreten werden kann. Hier gilt der RestBR (zB im Anhörungsverfahren nach § 102 II) als befugt, während der Zeit der Verhinderung die Geschäfte fortzuführen[4]. Außerdem möchte das BAG hinsichtlich der vermögensrechtlichen Ansprüche des BR, die bereits entstanden sind, dem nicht mehr amtierenden BR in **analoger** Anwendung von §§ 22 BetrVG, 49 II BGB die Aktivlegitimation hinsichtlich seiner noch nicht erfüllten Freistellungsansprüche zuerkennen. Es betont jedoch die sachliche Beschränkung dieser nachwirkenden Amtsbefugnis auf die **Abwicklung** der bei Beendigung der Amtszeit bestehenden vermögensrechtlichen Positionen des BR[5]. Voraussetzung dieser Analogie ist, dass es keinen neu gewählten BR als **Funktionsnachfolger** des vorausgegangenen Organs gibt, der dessen Ansprüche geltend machen könnte.

3 **II. Inhalt der Geschäftsführungsbefugnis.** Durch § 22 wird dem BR bei seiner Weiterführung der Geschäfte ein umfassendes **Vollmandat** erteilt, das keine Veränderung seiner Rechtsposition mit sich bringt. Ausschüsse bleiben bestehen, Freistellungen bleiben wirksam, sämtliche Mitwirkungs- und MitbestR können ausgeübt werden (einschl. des Abschlusses von BV)[6]. Der einzige Unterschied ggü. dem noch im Amt befindlichen BR ist darin zu sehen, dass der geschäftsführende BR unverzüglich den **Wahlvorstand** für die Durchführung der Neuwahl zu bestellen hat (vgl. § 16)[7]. Ansonsten gelten alle Schutzvorschriften für Amtsträger auch in der Fortführungsphase nach § 22 (zB § 103 BetrVG, § 15 KSchG).

4 **III. Beendigung des Amtes.** Die Geschäftsführungsbefugnis endet mit Bekanntgabe des Wahlergebnisses des neu gewählten BR (vgl. § 21 Rz. 2). Kommt eine Neuwahl nach § 13 II nicht zustande, führt der BR die Geschäfte weiter, jedoch nicht über den Zeitpunkt der regulären Vier-Jahres-Frist hinaus (vgl. § 21 Rz. 6).

23 Verletzung gesetzlicher Pflichten
(1) Mindestens ein Viertel der wahlberechtigten Arbeitnehmer, der Arbeitgeber oder eine im Betrieb vertretene Gewerkschaft können beim Arbeitsgericht den Ausschluss eines Mitglieds aus dem Betriebsrat oder die Auflösung des Betriebsrats wegen grober Verletzung seiner gesetzlichen Pflichten beantragen. Der Ausschluss eines Mitglieds kann auch vom Betriebsrat beantragt werden.

(2) Wird der Betriebsrat aufgelöst, so setzt das Arbeitsgericht unverzüglich einen Wahlvorstand für die Neuwahl ein. § 16 Abs. 2 gilt entsprechend.

(3) Der Betriebsrat oder eine im Betrieb vertretene Gewerkschaft können bei groben Verstößen des Arbeitgebers gegen seine Verpflichtungen aus diesem Gesetz beim Arbeitsgericht beantragen, dem Arbeitgeber aufzugeben, eine Handlung zu unterlassen, die Vornahme einer Handlung zu dulden oder

---

1 Ähnlich HaKo-BetrVG/*Düwell*, § 22 Rz. 2; GK-BetrVG/*Kreutz*, § 22 Rz. 9. ||2 Vgl. BAG 24.10.2001 – 7 ABR 20/00, NZA 2003, 53; ferner GK-BetrVG/*Kreutz*, § 22 Rz. 14. ||3 LAG Hamm 14.10.2004 – 4 Sa 1102/04, LAGReport 2005, 182. ||4 BAG 18.8.1982 – 7 AZR 437/80, BAGE 40, 42. ||5 BAG 24.10.2001 – 7 ABR 20/00, NZA 2003, 53. ||6 BAG 19.11.2003 – 7 AZR 11/03, NZA 2004, 435: nach § 22 amtierender BR ist nach § 102 vor Kündigungen auch dann anzuhören, wenn nur noch eines von sieben BR-Mitgliedern im Amt ist. ||7 GK-BetrVG/*Kreutz*, § 22 Rz. 18.

eine Handlung vorzunehmen. Handelt der Arbeitgeber der ihm durch rechtskräftige gerichtliche Entscheidung auferlegten Verpflichtung zuwider, eine Handlung zu unterlassen oder die Vornahme einer Handlung zu dulden, so ist er auf Antrag vom Arbeitsgericht wegen einer jeden Zuwiderhandlung nach vorheriger Androhung zu einem Ordnungsgeld zu verurteilen. Führt der Arbeitgeber die ihm durch eine rechtskräftige gerichtliche Entscheidung auferlegte Handlung nicht durch, so ist auf Antrag vom Arbeitsgericht zu erkennen, dass er zur Vornahme der Handlung durch Zwangsgeld anzuhalten sei. Antragsberechtigt sind der Betriebsrat oder eine im Betrieb vertretene Gewerkschaft. Das Höchstmaß des Ordnungsgeldes und Zwangsgeldes beträgt 10 000 Euro.

I. Inhalt und Zweck 1	3. Wirkungen der Auflösung 24
II. Ausschluss eines Betriebsratsmitglieds (Abs. 1 Fall 1) 4	4. Neuwahl des Betriebsrats (Abs. 2) 25
1. Voraussetzungen 4	IV. Zwangsverfahren gegen den Arbeitgeber (Abs. 3) 27
2. Verfahren 13	1. Stellung im Anspruchs- und Sanktionensystem 28
3. Wirkungen des Ausschlusses 17	2. Voraussetzungen der Sanktionen (S. 1) ... 34
III. Auflösung des Betriebsrats (Abs. 1 Fall 2) .. 18	3. Erkenntnisverfahren (S. 1) 34
1. Besonderheiten der kollektiven Auflösung .. 18	4. Vollstreckungsverfahren (S. 2–5) 37
2. Verfahren 21	

I. Inhalt und Zweck. Die Vorschrift regelt **Sanktionsmöglichkeiten** bei **groben** Verstößen der Betriebspartner gegen die objektive betriebsverfassungsrechtl. Ordnung. Solche Pflichtverletzungen entweder durch den BR bzw. eines seiner Mitglieder oder durch den ArbGeb begründen die Vermutung, dass auch künftig mit weiteren Pflichtverletzungen zu rechnen sein wird, und erfordern **präventiv wirkende** Sanktionen. Abs. 1 ermöglicht deshalb die **Auflösung des BR** bzw. den Ausschluss eines seiner Mitglieder, während Abs. 3 grobe Verstöße des **ArbGeb** sanktioniert. Weil ein Austausch des ArbGeb nicht möglich ist, soll mit den Sanktionen Ordnungs- und Zwangsgeld ein pflichtgemäßes Verhalten des ArbGeb für die Zukunft erzwungen werden. Abs. 2 ergänzt § 16 II, indem er dem ArbG aufgibt, mit der Auflösungsentscheidung „unverzüglich" den Wahlvorstand für Neuwahlen einzusetzen (vgl. auch § 13 II Nr. 5). Verfahren nach Abs. 1 beschäftigen die Rspr. deutlich seltener als solche nach Abs. 3 gegen den ArbGeb. 1

Zweck der Norm ist nach heute hM die Gewährleistung eines **Mindestmaßes** gesetzmäßiger Amtsausübung des BR und gesetzmäßigen Verhaltens des ArbGeb, was im Erg. auch die **Funktionsfähigkeit** der Betriebsverfassung sichert[1]. Zwar erinnert der Wortlaut der Vorschrift an disziplinar- und strafrechtl. Vorschriften. Ihre systematische Stellung außerhalb des Abschnitts über Straf- und Bußgeldvorschriften sowie die Art der angeordneten Sanktionen sprechen jedoch gegen repressive Zwecke der Sanktionierung individuell pflichtwidrigen Verhaltens[2]; vielmehr sollen sie für die Zukunft pflichtwidriges Verhalten durch **präventive Maßnahmen** verhindern[3]. Einem Ausschlussverfahren gegen ein BR-Mitglied fehlt deshalb das Rechtsschutzinteresse, wenn dessen Amtszeit abgelaufen ist, selbst dann, wenn es wiedergewählt wurde[4]. Rechtsdogmatisch liegt, wie noch auszuführen ist (Rz. 29), jeweils die Analogie zum **Unterlassungsanspruch** nach § 1004 I 2 BGB nahe. 2

Abs. 1 ist **abschließend** und **zwingend**. Der Ausschluss aus dem BR bzw. die Auflösung des BR können nur durch **arbeitsgerichtlichen** Beschluss, nicht etwa durch eine Mehrheitsentscheidung des BR oder durch Mehrheitsbeschluss der Betriebsversammlung erfolgen. Der BR nimmt kein imperatives Mandat, sondern ein Repräsentativmandat wahr[5]. 3

II. Ausschluss eines Betriebsratsmitglieds (Abs. 1 Fall 1). 1. Voraussetzungen. Die Amtsenthebung setzt einen groben Verstoß des BR-Mitglieds gegen seine gesetzl. Pflichten voraus, Abs. 1 S. 1. Dabei muss strikt zwischen seiner Stellung als **Amtsträger** und als **ArbN** unterschieden werden. Die bloße Verletzung einer arbeitsvertragl. Pflicht mag eine individualrechtl. Abmahnung rechtfertigen, ist aber kein Grund für eine Amtsenthebung nach Abs. 1 (Rz. 6)[6]. 4

a) **Gesetzliche Pflichten.** Gesetzl. Pflichten sind sämtliche **Amtspflichten**, die sich aus der (aktuellen) Stellung als BR-Mitglied ergeben. Hierzu zählen alle sich aus dem BetrVG ergebenden Pflichten, dh. die sich hieraus ausdrücklich ergebenden **Gebote** und **Verbote**, zB die nach § 74 II 3 zu unterlassende parteipolitische Betätigung oder die nach § 79 I 1 bestehende Geheimhaltungspflicht in Bezug auf – ausdrücklich als geheimhaltungsbedürftig bezeichnete – Betriebs- und Geschäftsgeheimnisse[7]. Die verletzte Pflicht kann sich auch als Vernachlässigung gesetzl. Befugnisse nach BetrVG oder tarifl. Pflichten 5

---

[1] HM, vgl. nur *Fitting*, § 23 Rz. 51; GK-BetrVG/*Oetker*, § 23 Rz. 11, 122; MünchArbR/*Joost*, § 222 Rz. 2. ||[2] Zutr. GK-BetrVG/*Oetker*, § 23 Rz. 11; HaKo-BetrVG/*Düwell*, § 23 Rz. 5. ||[3] Die grobe Pflichtverletzung ist nicht Grund, sondern Anlass der gerichtl. Maßnahme, vgl. *Lobinger*, ZfA 2004, 101, 132. ||[4] BAG 29.4.1969 – 1 ABR 19/68, DB 1969, 1560; aA zB GK-BetrVG/*Oetker*, § 23 Rz. 82 wegen der möglichen fortwirkenden Beeinträchtigung. ||[5] HM, vgl. nur *Fitting*, § 23 Rz. 5; Richardi/*Thüsing*, § 23 Rz. 5. ||[6] Ganz hM, vgl. *Fitting*, § 23 Rz. 21; GK-BetrVG/*Oetker*, § 23 Rz. 21; *Löwisch/Kaiser*, § 23 Rz. 6; MünchArbR/*Joost*, § 222 Rz. 4. ||[7] Weitere Bsp. bei HaKo-BetrVG/*Düwell*, § 23 Rz. 7–11; MünchArbR/*Joost*, § 222 Rz. 6; Richardi/*Thüsing*, § 23 Rz. 14–18.

darstellen oder sich aus anderen Gesetzen, zB im Arbeits- oder Behindertenschutz, ergeben, muss aber immer im Zusammenhang mit dem **Amt** als BR-Mitglied stehen. Maßgeblich hierfür ist der Aufgabenbereich des **konkreten** BR-Mitglieds, der sich zB für den Vorsitzenden (§ 26) anders darstellt als für ein Ausschussmitglied (§§ 27, 28).

6   Umstritten ist die Rechtslage, wenn durch das Verhalten des BR-Mitglieds sowohl Amts- als auch Vertragspflichten verletzt werden, zB wenn seine Teilnahme an der Schulungsmaßnahme nicht erforderlich war und dies bei sorgfältiger objektiver Prüfung für jeden Dritten ohne weiteres erkennbar war[1]. Die hierauf ausgesprochene individualrechtl. **Abmahnung** wegen Arbeitsverweigerung auf Grund einer nicht nach § 37 VI erforderlichen Schulungsteilnahme wurde vom BAG zwar gebilligt, doch wäre umgekehrt eine Amtsenthebung als insoweit unverhältnismäßige Sanktion (schon tatbestandlich) nicht in Frage gekommen. Wenn und soweit daher Sanktionen auf **beiden Ebenen** in Betracht gezogen werden können, muss nach dem Verhältnismäßigkeitsprinzip die Stufenfolge (1) Abmahnung, (2) betriebsverfassungsrechtl. Abmahnung (str., vgl. Rz. 9)[2], (3) Amtsenthebung nach § 23 I und (4) Kündigung nach § 626 BGB genau beachtet werden, auch deshalb, weil eine Benachteiligung des BR **wegen seiner Amtsausübung** nach § 78 S. 2 **unzulässig** ist. Einer fristlosen Kündigung (auch) wegen Amtspflichtverletzung muss idR die Amtsenthebung vorgezogen werden, womit die BR-Mitglieder insoweit ggü. anderen ArbN privilegiert werden[3]. Unbenommen bleibt jedoch immer eine Abwägung nach Maßgabe der schwerpunktmäßigen Störungsursache im Vertrags- oder im Amtsverhalten.

7   b) **Grobe Pflichtverletzung.** Voraussetzung der Amtsenthebung ist eine **grobe** Verletzung der gesetzl. Pflichten. Mit diesem unbestimmten Rechtsbegriff, der den Tatsacheninstanzen einen Beurteilungsspielraum ermöglicht, wird der weite Tatbestand der Pflichtverletzung (Rz. 5) deutlich eingeschränkt. Das BAG hat einen groben Verstoß zunächst schon angenommen, „wenn der Auszuschließende durch ein ihm anrechenbares Verhalten die Funktionsfähigkeit des BR ernstlich bedroht oder lahm gelegt hat"[4]. Eine heftig geführte Kontroverse ist aber noch kein Grund für den Ausschluss einzelner BR-Mitglieder[5]. Eine grobe Pflichtverletzung liegt vielmehr erst dann vor, wenn sie **objektiv erheblich und offensichtlich schwerwiegend** gegen den Zweck des Gesetzes verstößt[6]. Entscheidend ist die Zukunftsprognose, dass die konkrete Pflichtverletzung unter Berücksichtigung aller Umstände, des Anlasses und der Persönlichkeit des BR-Mitglieds so erheblich ist, dass es für die weitere Amtsausübung **untragbar** erscheint[7]. Diese Voraussetzungen können bereits bei einem einmaligen Verstoß gegeben sein, jedoch stellen auch wiederholte, für sich genommen noch nicht grobe Verstöße möglicherweise in der Summe einen groben Verstoß dar, jedenfalls dann, wenn eine betriebsverfassungsrechtl. Abmahnung erfolgt ist (Rz. 9).

8   c) **Kein Verschulden.** Ob die grobe Pflichtverletzung schuldhaft begangen sein muss, ist **sehr umstritten**[8]. Dagegen spricht der Normzweck des § 23 (Rz. 2), dafür, dass die Rechtsfolge das einzelne BR-Mitglied unabhängig vom Zweck der Norm auch persönlich trifft. Das BAG verlangt nur ein dem BR-Mitglied **zurechenbares** Verhalten, geht also davon aus, dass Verschulden keine notwendige Voraussetzung der Amtsenthebung ist[9]. Dem ist schon wegen des Gleichlaufs von Amtsenthebung einzelner BR-Mitglieder und Amtsenthebung des ganzen Gremiums wie auch mit der Sanktion gegen den ArbGeb (Abs. 3) zuzustimmen (Rz. 20). Die Befürchtung, dass einzelne Organmitglieder dadurch zu leicht ihres Amtes enthoben werden könnten, ist bei sachgerechter Auslegung des „groben" Pflichtenverstoßes kaum berechtigt. Dem Wortlaut ist klar zu entnehmen, dass die **Pflichtverletzung** *selbst* **grob** sein muss, nicht etwa das auf die Verletzung bezogene Verschulden. Die Norm möchte keine Disziplinierung, sondern eine funktionsfähige Betriebsverfassung sichern (Rz. 2); eine Analogie zu § 1004 BGB liegt hier ebenso wie bei Abs. 3 zur Sicherung der objektiven betriebsverfassungsrechtl. Ordnung nahe[10].

9   d) **Betriebsverfassungsrechtliche Abmahnung.** Auch wenn es nicht um persönlich vorwerfbares Verhalten geht, kann eine **betriebsverfassungsrechtliche** Abmahnung notwendig sein[11]. Dabei muss der ArbGeb zunächst jede Verwechslung mit einer **Abmahnung kraft Arbeitsvertrags** ausschließen und die drohende Amtsenthebung betonen (vgl. Rz. 6). Eine solche untersteht nach Abs. 1 jedenfalls insoweit dem Verhältnismäßigkeitsgrundsatz, als auch die „grobe" Amtspflichtverletzung sich der Natur der Sache nach erst aus einer Kette leichterer Verfehlungen entwickeln kann (Rz. 7). Warum in-

---

1 BAG 10.11.1993 – 7 AZR 682/92, NZA 1994, 500. ||2 Zur Problematik vgl. nur GK-BetrVG/*Oetker*, § 23 Rz. 22ff.; HaKo-BetrVG/*Düwell*, § 23 Rz. 15. ||3 Ähnlich MünchArbR/*Joost*, § 222 Rz. 5; GK-BetrVG/*Oetker*, § 23 Rz. 27ff.; Richardi/*Thüsing*, § 23 Rz. 21ff. ||4 BAG 5.9.1967 – 1 ABR 1/67, BAGE 20, 56 (63). ||5 Zutr. Richardi/*Thüsing*, § 23 Rz. 10; MünchArbR/*Joost*, § 222 Rz. 7. ||6 HM, vgl. BAG 22.6.1993 – 1 ABR 62/92, BAGE 73, 291; *Fitting*, § 23 Rz. 14; GK-BetrVG/*Oetker*, § 23 Rz. 36. ||7 So zB DKKW/*Trittin*, § 23 Rz. 12; GK-BetrVG/*Oetker*, § 23 Rz. 36 in Anlehnung an BAG 22.6.1993 – 1 ABR 62/92, BAGE 73, 291; vgl. auch LAG Rh.-Pf. 17.12.2009 – 5 TaBV 16/09. ||8 Gegen das Verschuldenserfordernis zB GK-BetrVG/*Oetker*, § 23 Rz. 39; HaKo-BetrVG/*Düwell*, § 23 Rz. 13; MünchArbR/*Joost*, § 222 Rz. 12; dafür zB DKKW/*Trittin*, § 23 Rz. 13; *Fitting*, § 23 Rz. 16; *Löwisch/Kaiser*, § 23 Rz. 4; Richardi/*Thüsing*, § 23 Rz. 28. ||9 BAG 5.9.1967 – 1 ABR 1/67, BAGE 20, 56; 22.6.1993 – 1 ABR 62/92, BAGE 73, 291. ||10 Vgl. BAG 18.4.1985 – 6 ABR 19/84, BAGE 48, 246 (252). ||11 Sehr str., dagegen zB *Fischer*, NZA 1996, 633; *Fitting*, § 23 Rz. 17a; GK-BetrVG/*Oetker*, § 23 Rz. 38; dafür zB DKKW/*Trittin*, § 23 Rz. 45; HaKo-BetrVG/*Düwell*, § 23 Rz. 15; *Kania*, NZA 1996, 970.

soweit erst ein **beharrliches** Zuwiderhandeln abgewartet werden muss, um den Antrag nach Abs. 1 zu stellen, und nicht zu Gunsten des amtierenden BR(-Mitglieds) eine Verhaltensänderung kraft Abmahnung versucht werden können sollte, lässt sich allein mit Blick auf den Wortlaut kaum begründen[1]. Im Gegenteil ergibt sich eine solche Befugnis aus § 2 und dem daraus folgenden sog. „Betriebsverhältnis" der Betriebspartner[2]. Sie entspricht auch der allg. Dogmatik des Unterlassungsanspruchs, wonach die Wiederholungsgefahr schon durch Abmahnung ausgeräumt werden kann[3]. Einzuräumen ist der hM jedoch, dass eine Abmahnung **nicht eine notwendige** Voraussetzung des Antrags nach Abs. 1 sein darf, weil eine solche Einschränkung in der Tat dem Gesetz zu entnehmen sein müsste. Abmahnungsbefugt sind die nach Abs. 1 Antragsberechtigten (Rz. 13).

e) **Zeitpunkt der Pflichtverletzung.** Nach einer umstrittenen Entscheidung des BAG[4] soll ein Ausschlussverfahren nur wegen Pflichtverletzungen in der **aktuellen** Amtsperiode des BR eingeleitet werden können (Rz. 2). Zwar ergibt sich aus dem Normzweck, dass grds. nur „aktuelle" Pflichtverletzungen die Zugehörigkeit zum amtierenden BR belasten können. Doch kann daraus nicht die starre Ablehnung der Berücksichtigung von **früheren Pflichtverletzungen** folgen, jedenfalls dann nicht, wenn diese ausnahmsweise (bei Wiederwahl) die Zugehörigkeit zum amtierenden BR weiterhin belasten. Wirkt die frühere Pflichtverletzung also fort, etwa weil die Pflichtverletzung ganz gravierend war oder erst später entdeckt wurde (zB Verstoß gegen Geheimhaltung, § 79), muss folglich ein Antrag nach Abs. 1 wegen Untragbarkeit der weiteren Amtsführung auch in der Folgeperiode noch möglich bleiben[5]. Ein grober Verstoß wird nicht dadurch geheilt, dass die Mehrheit der Belegschaft ihn kraft Wiederwahl billigt. 10

f) **Ausschluss eines Ersatzmitglieds.** Sobald ein Ersatzmitglied in den BR nachgerückt ist, gilt das Rz. 10 Ausgeführte entsprechend. Hat ein Ersatzmitglied ein BR-Mitglied **zeitweilig vertreten** und während dieser Zeit eine grobe Pflichtverletzung begangen, so ist ein Amtsenthebungsverfahren auch nach Ablauf des Vertretungszeitraums noch zulässig. So kann verhindert werden, dass das Ersatzmitglied erneut in den BR nachrückt, § 23 I ist **entsprechend** anwendbar (hM)[6]. 11

g) **Einzelfälle.** Eine rechtssichere Beurteilung von „an sich" **groben Verstößen** anhand von vorentschiedenen Einzelfällen verbietet sich. Die aktuelle instanzgerichtl. Rspr. berücksichtigt bei ihrer Prognose in Bezug auf die **Untragbarkeit** der weiteren Amtsführung (Rz. 7) zunehmend auch entlastende Momente, zB bei „tätiger Reue"[7] oder bei generell „betriebsratsfeindlichem Klima" im Betrieb[8]. Auf die Aufzählung von Einzelfallentscheidungen kann vor allem wegen ihres meist älteren Datums hier verzichtet werden. Schwerpunkte sind Verstöße gegen §§ 74, 75, 79[9]. 12

2. Verfahren. Für das Verfahren der Amtsenthebung ist nach Abs. 1 allein das **ArbG** im Beschlussverfahren (§ 2a I Nr. 1, II iVm. §§ 80 ff. ArbGG) zuständig. Das Verfahren wird nicht von Amts wegen, sondern nur **auf Antrag** der in Abs. 1 genannten Antragsberechtigten eingeleitet, dh. eines Viertels der wahlberechtigten ArbN, jeder im Betrieb vertretenen Gewerkschaft, des BR oder des ArbGeb. Der Antrag des **BR** nach S. 2 setzt einen Beschluss nach § 33 voraus, bei dem das Mitglied, dessen Ausschluss betrieben werden soll, nicht stimmberechtigt ist und auch nicht teilnehmen kann; an seine Stelle tritt ein Ersatzmitglied[10] (vgl. § 33 Rz. 13). Die Antragsberechtigung des ArbGeb kann **verwirken**, wenn ihm selbst ein grober Verstoß seiner betriebsverfassungsrechtl. Pflichten zu Last gelegt werden kann[11]. 13

Der Antrag ist schriftlich und von den Antragsberechtigten unterschrieben beim örtlich zuständigen ArbG einzureichen oder bei dessen Geschäftsstelle mündlich zur Niederschrift anzubringen. Antragsgegner ist das BR-Mitglied, dessen Amtsenthebung beantragt wird. **Der Antrag ist zu begründen.** Er muss hinreichend konkret die Tatsachen benennen, die die grobe Pflichtverletzung des BR-Mitglieds begründen sollen, weil dadurch der Streitgegenstand festgelegt wird[12]. Die **Rücknahme** des Antrags ist in erster Instanz einseitig zulässig, vgl. § 81 II ArbGG[13], in den Rechtsmittelinstanzen nur mit Zustimmung der anderen Beteiligten, vgl. § 87 II 3 ArbGG. Der Antrag auf Ersetzung der Zustimmung zur außerordentlichen Kündigung, der Antrag auf Auflösung des BR und eine Wahlanfechtung können mit dem Antrag auf Amtsenthebung **verbunden** werden[14]. 14

---

[1] So etwa ArbG Hildesheim 1.3.1996 – 1 BV 10/95, AuR 1997, 336; aA LAG Düss. 23.2.1993 – 8 TaBV 245/92, DB 1993, 2604. ||[2] So etwa ArbG Berlin 10.1.2007 – 76 BV 16593/06; darauf weist hier HaKo-BetrVG/*Düwell*, § 23 Rz. 15. ||[3] Hierzu ArbG Marburg 28.5.1999 – 2 BV 4/99, NZA-RR 2001, 94: keine konkrete Wiederholungsgefahr bei „tätiger Reue" des fehlerhaft handelnden BR-Mitglieds. ||[4] BAG 29.4.1969 – 1 ABR 19/68, DB 1969, 1560 (abl. Anm. *Dietz*). ||[5] So auch GK-BetrVG/*Oetker*, § 23 Rz. 45 f., 82 f.; Richardi/*Thüsing*, § 23 Rz. 26; aA *Fitting*, § 23 Rz. 25; MünchArbR/*Joost*, § 222 Rz. 10; *Löwisch/Kaiser*, § 23 Rz. 4. ||[6] HM, vgl. nur *Fitting*, § 23 Rz. 34; GK-BetrVG/*Oetker*, § 23 Rz. 59. ||[7] Vgl. ArbG Marburg 28.5.1999 – 2 BV 4/99, NZA-RR 2001, 94: keine konkrete Wiederholungsgefahr bei „tätiger Reue" des fehlerhaft handelnden BR-Mitglieds. ||[8] LAG Hess. 13.9.2012 – 9 TaBV 79/12: kein grober Verstoß, wenn seitens eines Teils der Belegschaft ein betriebsratsfeindliches Klima herrscht. ||[9] Vgl. die Auflistung zB bei *Fitting*, § 23 Rz. 19 f.; GK-BetrVG/*Oetker*, § 23 Rz. 48 ff. ||[10] HM, vgl. BAG 3.8.1999 – 1 ABR 30/98, NZA 2000, 440 sowie *Fitting*, § 23 Rz. 13; GK-BetrVG/*Oetker*, § 23 Rz. 70; aA Richardi/*Thüsing*, § 23 Rz. 36: nur Stimmverbot, aber Teilnahmerecht. ||[11] LAG Hess. 13.9.2012 – 9 TaBV 79/12. ||[12] HM, vgl. DKKW/*Trittin*, § 23 Rz. 21; GK-BetrVG/*Oetker*, § 23 Rz. 72. ||[13] BAG 12.2.1985 – 1 ABR 11/84, NZA 1985, 786. ||[14] Vgl. *Fitting*, § 14 Rz. 22; GK-BetrVG/*Oetker*, § 23 Rz. 74 ff.

15 Scheidet das BR-Mitglied, dessen Amtsenthebung beantragt wird, aus dem BR **aus**, so ist der Antrag, falls er überhaupt noch aufrechterhalten wird, nach hM als unzulässig[1], nach aA als unbegründet[2] abzuweisen, weil eine Amtsenthebung nicht mehr in Betracht kommt. Sinnvollerweise ist das Verfahren in einem solchen Fall aber von den Beteiligten übereinstimmend für **erledigt** zu erklären, vgl. § 83a ArbGG. **Anders** ist zu entscheiden, wenn das auszuschließende BR-Mitglied wieder in den BR gewählt wird, der Antrag bleibt dann zulässig (str., vgl. Nachw. Rz. 10). Das Rechtsschutzinteresse entfällt auch dann nicht, wenn der BR kollektiv nach § 13 I Nr. 3 seinen Rücktritt erklärt, weil er dann nach § 22 noch die Geschäfte fortführt.

16 Einstweilen frei.

17 3. Wirkungen des Ausschlusses. Erst mit **Rechtskraft** des Beschlusses verliert das ausgeschlossene BR-Mitglied sein Amt, § 24 Nr. 5 (vgl. § 24 Rz. 10). Zugleich rückt ein **Ersatzmitglied** in den BR nach. Hatte das ausgeschlossene Mitglied im BR weitere Funktionen und Ämter inne, werden diese vom Ersatzmitglied nicht „automatisch" übernommen. Der Ausschluss aus dem BR lässt das ArbVerh zwar unberührt, jedoch verliert das ausgeschlossene BR-Mitglied den besonderen Kündigungsschutz einschl. des nachwirkenden besonderen Kündigungsschutzes, vgl. § 15 I 2 KSchG (dazu § 24 Rz. 13). Die **Wiederwahl** auch des ausgeschlossenen BR-Mitglieds ist grds. zulässig (hM)[3]; denn die Vorschrift des § 8 I enthält als „negative" Tatbestandsvoraussetzung nicht etwa eine vorausgegangene Amtsenthebung. Das gilt nach hM selbst dann, wenn durch „solidarischen" Rücktritt des BR nach § 13 II Nr. 3 aus Anlass des Ausschlusses Neuwahlen ermöglicht werden, die zur Wiederwahl des Ausgeschlossenen führen.

18 III. Auflösung des Betriebsrats (Abs. 1 Fall 2). 1. Besonderheiten der kollektiven Auflösung. Die Tatbestandsvoraussetzungen der Auflösung des BR sind grds. mit denen des Ausschlusses eines Mitglieds des BR **identisch**, vgl. Abs. 1 S. 1. Es bedarf einer groben **kollektiven** Pflichtverletzung des BR **als Organ**, was insb. bei Vernachlässigung seiner gesetzl. Aufgaben und Befugnisse in Betracht kommt, vgl. etwa §§ 16, 26, 27, 43, 47, 74 II[4]. Die Verletzung typischerweise dem einzelnen BR-Mitglied obliegender Amtspflichten wie Verschwiegenheit oder parteipolitische Neutralität (Rz. 5) führen nur dann zum **Auflösungsverfahren**, wenn sie dem BR als Organ kraft Beschlusses nach § 33 **zurechenbar** sind. Nicht erforderlich ist bei einem solchen amtspflichtverletzenden Beschluss, dass alle oder die meisten Mitglieder dem zugestimmt hatten; die einfache Mehrheit genügt, § 33 I 1[5].

19 Bei der Prüfung der **groben** kollektiven Verletzung seiner gesetzl. Pflichten (Rz. 7) muss beachtet werden, dass die Auflösung des BR eine besonders **einschneidende** Sanktion ist: Werden Mitglieder ausgeschlossen, rücken Ersatzmitglieder nach, § 25 I. Wird der BR aufgelöst, ist dagegen die Amtszeit sämtlicher BR-Mitglieder einschl. aller Ersatzmitglieder beendet, § 13 II Nr. 5, und setzt das Gericht unverzüglich einen Wahlvorstand für die Neuwahl ein, Abs. 2. Es tritt eine betriebsratslose Zeit ein. Das BAG hat deshalb betont, dass zB der Verstoß gegen den Tarifvorrang (§ 77 III) **nicht** ohne weiteres als **grob** bezeichnet werden könne, wenn infolge eines „unübersichtlichen Tarifwerks" nur schwer erkennbar sei, dass die abgeschlossene BV gegen den TV verstoße. Ein **grober Verstoß** komme erst in Betracht, wenn „unter Berücksichtigung aller Umstände die weitere Amtsausübung des BR untragbar erscheint" (Rz. 7)[6].

20 Einstweilen frei.

21 2. Verfahren. Für das Verfahren zur Auflösung des BR nach Abs. 1 gelten grds. die oben Rz. 13 ff. gemachten Anmerkungen. Der BR kann aber nicht seine Selbstauflösung beantragen, vgl. Abs. 1 S. 2. Doch können als „wahlberechtigte ArbN" auch BR-Mitglieder den Antrag stellen, soweit sie zusammen mit anderen ArbN „ein Viertel" der Belegschaft stellen. Der Antrag ist auf „**Auflösung**" des BR zu richten, Antragsgegner ist der BR.

22 Der BR kann dem Auflösungsantrag nicht durch einen **Rücktrittsbeschluss** nach § 13 II Nr. 3 den Boden entziehen, weil er ja dennoch nach § 22 die Geschäfte weiterführen muss, bis der neue BR gewählt ist (hM)[7]. Legen dagegen alle BR-Mitglieder einschl. der Ersatzmitglieder **ihr Amt nieder**, § 24 Nr. 2, oder endet die Amtszeit des BR während des Beschlussverfahrens, § 24 Nr. 1, so ist der Antrag, falls nicht zurückgenommen, nach hM als unzulässig[8] abzuweisen, weil der BR nicht mehr existiert und daher nicht mehr aufgelöst werden kann. Das Verfahren kann für erledigt erklärt werden, § 83a ArbGG. **Unzulässig** ist auch ein Antrag, der die Auflösung mit Verfehlungen des nicht mehr amtierenden BR begründet; denn selbst bei personenidentischer Neubesetzung ist das neue Organ als **Funktionsnachfolger** nicht mit dem alten Organ „als solchem" mehr identisch[9].

23 Einstweilen frei.

---

[1] So zB Fitting, § 23 Rz. 33; GK-BetrVG/Oetker, § 23 Rz. 80; MünchArbR/Joost, § 222 Rz. 16. || [2] So zB Richardi/Thüsing, § 23 Rz. 41, an die hM angepasst aber in Rz. 42. || [3] Vgl. nur Fitting, § 23 Rz. 30; GK-BetrVG/Oetker, § 23 Rz. 93 ff.; Richardi/Thüsing, § 23 Rz. 50. || [4] Vgl. Nachweis von Einzelfällen bei GK-BetrVG/Oetker, § 23 Rz. 103; HaKo-BetrVG/Düwell, § 23 Rz. 27. || [5] HM, vgl. Fitting, § 23 Rz. 40; GK-BetrVG/Oetker, § 23 Rz. 99; MünchArbR/Joost, § 222 Rz. 13. || [6] BAG 22.6.1993 – 1 ABR 62/92, BAGE 73, 291 (306); vgl. auch Richardi/Thüsing, § 23 Rz. 53. || [7] HM, vgl. nur Fitting, § 23 Rz. 44; GK-BetrVG/Oetker, § 23 Rz. 104. || [8] Vgl. nur GK-BetrVG/Oetker, § 23 Rz. 106, 109; Richardi/Thüsing, § 23 Rz. 60. || [9] HM, vgl. DKKW/Trittin, § 23 Rz. 56; GK-BetrVG/Oetker, § 23 Rz. 107.

3. Wirkungen der Auflösung.
Erst mit **Rechtskraft** des Beschlusses, dh. mit Ablauf der Rechtsmittelfrist bzw. – im Fall einer LAG-Entscheidung – mit Ablauf der zweimonatigen Notfrist für die Einlegung der Nichtzulassungsbeschwerde (§§ 92a, 72a III, IV ArbGG) bzw. mit Zurückweisung derselben durch das BAG endet das Amt des BR **unmittelbar** und **sofort**. BR-Mitglieder und Ersatzmitglieder verlieren ihr Amt, weil der BR **als solcher** aufgelöst ist und nicht mehr existiert, vgl. § 24 Nr. 5. Eine Fortführung der Geschäfte nach § 22 kommt in diesem Fall nicht in Betracht; sie wäre geradezu widersinnig (vgl. § 13 Rz. 11). Nach § 13 II Nr. 5 sind „außerordentliche" Neuwahlen anzuberaumen (Rz. 25), doch lässt sich eine betriebsratslose Zeit nicht vermeiden. Auch die besonderen Regeln des Kündigungs- und Versetzungsschutzes sind nicht mehr anwendbar, §§ 15 I KSchG, 103 BetrVG. Wegen § 15 I 2 letzter Hs. KSchG wird den Mitgliedern eines aufgelösten BR auch der besondere **nachwirkende** Kündigungsschutz **versagt**, vgl. näher § 24 Rz. 13.

4. Neuwahl des Betriebsrats (Abs. 2).
Nach § 13 II Nr. 5 ist nach der Auflösung des BR ein neuer BR zu wählen. Weil der aufgelöste BR **nicht** zur Fortführung der Geschäfte bis zur Neuwahl berechtigt ist (Rz. 24), kann er auch nicht den Wahlvorstand bestellen. Daher hat nach Abs. 2 das ArbG **von Amts wegen** unverzügl. nach der Auflösung im Beschlussverfahren einen Wahlvorstand einzusetzen. Die Entscheidungen über die Auflösung des BR und die Einsetzung des Wahlvorstands können **nicht** miteinander verbunden werden[1], weil die Einsetzung des Wahlvorstands die Rechtskraft des Auflösungsbeschlusses **voraussetzt**. Rechtsmittel gegen den Einsetzungsbeschluss ist die Beschwerde nach § 87 ArbGG.

Einstweilen frei.

IV. Zwangsverfahren gegen den Arbeitgeber (Abs. 3).
Die den §§ 888, 890 ZPO nachgebildete Regelung des Abs. 3 wurde erst 1972 den ersten Absätzen hinzugefügt. Trotz der schon damals gegebenen Möglichkeit, im **Beschlussverfahren** den ArbGeb zur Einhaltung seiner Pflichten notfalls im Wege der Zwangsvollstreckung zu zwingen, wurde die Regelung aus Gründen der **Symmetrie** für notwendig gehalten[2], weil Abs. 1 mit dem Verlust der Amtsstellung eine über die allg. Zwangsvollstreckung hinausgehende und die Mitglieder des BR persönlich treffende Sanktion enthielt. Abs. 3 sollte diese hinsichtlich der gesetzl. Sanktionen bestehende Ungleichbehandlung der Betriebspartner ausgleichen[3]. Obwohl diese Norm den ArbGeb seiner betriebsverfassungsrechtl. Stellung nicht entheben kann (Rz. 1), enthält sie zumindest den ArbGeb **persönlich treffende** Sanktionen. Die Gleichgewichtigkeit der Regelungen kann daher im Hinblick auf ihre Zielsetzung (Rz. 2) bejaht werden. Auch das Ordnungsgeld (S. 2) soll **präventive** Wirkungen iS einer „kollektivrechtlichen Abmahnung" zur künftigen Beachtung der betriebsverfassungsrechtl. Ordnung entfalten[4]; es handelt sich auch bei Abs. 3 also nicht um eine Straf- oder Disziplinarvorschrift[5].

1. Stellung im Anspruchs- und Sanktionensystem. Die Norm lässt die Möglichkeit der **allgemeinen Zwangsvollstreckung** nach § 85 I ArbGG aus einem Beschlussverfahren gegen den ArbGeb **unberührt**; aus Beschlüssen und Vergleichen, die Erfüllungs- bzw. Unterlassungsansprüche außerhalb von Abs. 3 titulieren, kann daher nach allg. Vorschriften vollstreckt werden[6]. Abs. 3 hat nur insoweit **selbständige Bedeutung**, als er es dem BR und vor allem auch einer im Betrieb vertretenen Gewerkschaft ermöglicht, die Verletzung von **fremden** sich aus dem BetrVG ergebenden **Rechten**, zB des im Allgemeininteresse bestehenden Verbots parteipolitischer Betätigung (§ 74 II 3), gerichtlich geltend zu machen. Es geht dabei also nicht um den „regulären Schutz" von eigenen betriebsverfassungsrechtl. Rechten durch die jeweils Berechtigten (zB aus BV), sondern um eine davon unabhängige **zusätzliche** Möglichkeit, auf das Verhalten des ArbGeb im Interesse der Wahrung der betriebsverfassungsrechtl. Ordnung einzuwirken[7]. Hierdurch wird **keine Prozessstandschaft**, dh. das Recht, fremde Rechte im eigenen Namen einzuklagen, begründet[8], sondern es werden genauso wie in Abs. 1 eigenständige betriebsverfassungsrechtl. Kompetenzen eingeräumt[9].

Die Norm lässt auch andere **materielle Unterlassungsansprüche** aus der Verletzung zB von MitbestR **unberührt**[10]. Abs. 3 ist hierzu **keine abschließende** Regelung mit Ausschlusswirkung. Zwar ging das BAG zunächst davon aus, dass Abs. 3 eine materiell-rechtl. Anspruchsgrundlage sei und als solche den Unterlassungsanspruch des BR gegen den ArbGeb **abschließend** regele[11]. Demzufolge wurde ein allg. Anspruch des BR gegen den ArbGeb auf Unterlassung von mitbestimmungswidrigen Handlungen abgelehnt. Diese

---

1 Str., vgl. wie hier GK-BetrVG/*Oetker*, § 23 Rz. 119; MünchArbR/*Joost*, § 222 Rz. 23; Richardi/*Thüsing*, § 23 Rz. 69; aA DKKW/*Trittin*, § 23 Rz. 63; *Fitting*, § 23 Rz. 46. ‖ 2 Ausschussbericht zu BT-Drs. VI/2729, 21. ‖ 3 Vgl. auch GK-BetrVG/*Oetker*, § 23 Rz. 123; *Konzen*, Betriebsverfassungsrechtliche Leistungspflichten, 1984, S. 6, 15, 39 ff.; MünchArbR/*Joost*, § 222 Rz. 26 f. ‖ 4 BAG 18.4.1985 – 6 ABR 19/84, NZA 1985, 783. ‖ 5 Zutr. GK-BetrVG/*Oetker*, § 23 Rz. 125; *Konzen*, Betriebsverfassungsrechtliche Leistungspflichten, 1984, S. 42, 47; MünchArbR/*Matthes*, § 240 Rz. 5. ‖ 6 HM, vgl. *Fitting*, § 23 Rz. 108; GK-BetrVG/*Oetker*, § 23 Rz. 160. ‖ 7 Vgl. BAG 18.4.1985 – 6 ABR 19/84, BAGE 48, 246 (252); *Dütz*, AuR 1973, 356; GK-BetrVG/*Oetker*, § 23 Rz. 129; *Lobinger*, ZfA 2004, 101 (131); *Raab*, ZfA 1997, 186; *Richardi*, NZA 1995, 8; *Walker*, Einstw. Rechtsschutz, Rz. 842. ‖ 8 Zutr. Richardi/*Thüsing*, § 23 Rz. 75. ‖ 9 Zutr. MünchArbR/*Joost*, § 222 Rz. 30. ‖ 10 HM, vgl. BAG 3.5.1994 – 1 ABR 24/93, BAGE 76, 364 (371 f.); GK-BetrVG/*Oetker*, § 23 Rz. 130; *Lobinger*, ZfA 2004, 101 (132); MünchArbR/*Matthes*, § 240 Rz. 15 ff.; *Raab*, Negatorischer Rechtsschutz, 1993, S. 67 ff. ‖ 11 BAG 22.2.1983 – 1 ABR 27/81, BAGE 42, 11.

Rspr. wurde aber vom BAG nach heftiger Kritik 1994 aufgegeben[1]. Bei Abs. 3 handelt es sich gerade **nicht** um den „archimedischen Punkt des betriebsverfassungsrechtlichen Rechtsschutzes"[2]; eine Regelung negatorischer Haftung des ArbGeb ggü. dem BR wegen der Verletzung von dessen Beteiligungsrechten findet sich hier nicht. Vielmehr enthält die Vorschrift eine Rechtsgrundlage für **quasi betriebs-"polizeiliche" Maßnahmen** bei offenkundigen Verstößen gegen die betriebsverfassungsrechtl. Ordnung[3]. Ob der BR im Einzelfall auf Grund seiner materiellen MitbestR (zB § 87 I) einen negatorischen **Unterlassungsanspruch** geltend machen kann, ist eine ganz andere Frage und muss je nach der Struktur des MitbestR entschieden werden[4]. Die Norm lässt auch andere mitbestimmungssichernde Regelungen wie zB §§ 98 V, 101 und 104 **unberührt**; ggü. Abs. 3 handelt es sich nicht um Spezialvorschriften, da ihr Anwendungsbereich verschieden ist. So gibt zB § 101 dem BR einen negatorischen Anspruch auf Beseitigung eines mitbestimmungswidrigen Zustands, wohingegen § 23 III dem BR einen Anspruch auf **künftige Beachtung** seiner MitbestR verleiht. Die Vorschriften finden daher nebeneinander Anwendung[5].

30 **2. Voraussetzungen der Sanktionen (S. 1). a) Gesetzliche Pflichten.** Voraussetzung der Sanktionen Ordnungs- und Zwangsgeld ist ein grober Verstoß des ArbGeb gegen seine „**Verpflichtungen** aus diesem Gesetz" (S. 1). Trotz des missverständlichen Wortlauts fallen hierunter auch in **anderen Gesetzen** geregelte betriebsverfassungsrechtl. Pflichten (vgl. § 17 II KSchG, §§ 83, 84 SGB IX) und solche Pflichten, die durch **TV** konkretisiert sind[6]. Verpflichtungen aus BV und Betriebsabsprachen sind auch dann Pflichten iSd. S. 1, wenn sie nicht „gesetzliche" Pflichten des BetrVG konkretisieren. Denn sie haben ihre Rechtsgrundlage im BetrVG und gestalten die betriebsverfassungsrechtl. Stellung des ArbGeb[7]. Auch die Einhaltung von Dienstplänen, die in einer BV vorgesehen und unter Beteiligung des BR aufgestellt wurden, stellt eine Verpflichtung iSd § 23 III 1 dar[8]. Im Wesentlichen geht es bei der Interpretation der Pflichten iSd. Abs. 3 um einen Gleichlauf mit der Auslegung des Abs. 1 (Rz. 5), so dass Pflichten, die sich nur aus Arbeitsvertrag oder aus anderen Gesetzen ohne Bezug zur Betriebsverfassung ergeben, nicht von Abs. 3 sanktioniert werden. Zu beachten ist aber, dass die Verpflichtungen aus §§ 75, 81 ff. trotz ihres **Individualcharakters** solche aus dem BetrVG sind und ihre grobe Verletzung deshalb auch nach Abs. 3 belangt werden kann[9].

31 **b) Grober Verstoß.** Wie zu Abs. 1 ausgeführt (Rz. 7), ist ein Verstoß als „grob" anzusehen, wenn er **objektiv erheblich** und **offensichtlich schwerwiegend** ist[10]. Es gilt der gleiche Maßstab wie bei Abs. 1. Auch hier handelt es sich um einen unbestimmten Rechtsbegriff. Auch ein **einmaliger** Verstoß kann ausreichend sein[11]. Bei Wiederholung können auch leichtere Verstöße ausreichen. Auf ein **Verschulden** des ArbGeb kommt es auch hier nicht an (Rz. 8, 20)[12]. Doch scheidet ein grober Verstoß jedenfalls dann aus, wenn der ArbGeb in einer schwierigen und ungeklärten Rechtsfrage eine zumindest vertretbare, nicht offensichtlich abwegige Rechtsansicht vertritt[13]. Ist jedoch für die Betriebspartner rechtskräftig **entschieden**, dass die Änderung von Dienstplänen mitbestimmungspflichtig ist, verstößt der ArbGeb grob gegen seine Pflichten, wenn er weiterhin Dienstpläne ohne Beteiligung des BR ändert[14].

32 Die Pflichtverletzung muss nach hM bereits **vollendet** sein. Nicht ausreichend ist, wenn sie **unmittelbar bevorsteht**[15], was sich schon aus dem Wortlaut und auch daraus ergibt, dass „grobe" Verstöße in aller Regel nur nach Vollendung als solche erkennbar sind. Die Analogie zum Unterlassungsanspruch führt insoweit in die Irre, zumal vorbeugender Rechtsschutz wegen Missachtung der Mitbestimmungsordnung inzwischen *außerhalb* von Abs. 3 gewährt wird (Rz. 35). Str. ist ferner, ob eine **Wiederholungsgefahr** bestehen muss. Das BAG hat dem zunächst widersprochen mit dem Argument, dass ihrer Funktion als „kollektivrechtlicher Abmahnung" folgend die Sanktion nach Abs. 3 sogleich mit Feststellung des groben Verstoßes dem BR die entsprechenden Zwangsmittel an die Hand geben muss, um gesetzmäßiges Verhalten des ArbGeb für die Zukunft sicherzustellen[16]. Der Meinungsstreit hat in der Praxis

---

1 BAG 3.5.1994 – 1 ABR 24/93, BAGE 76, 364 (371f.); ausf. Nachw. bei GK-BetrVG/*Oetker*, § 23 Rz. 127f. ||2 Vgl. *Raab*, ZfA 1997, 186. ||3 Zutr. *Lobinger*, ZfA 2004, 101 (133); GK-BetrVG/*Oetker*, § 23 Rz. 129; MünchArbR/*Joost*, § 222 Rz. 30. ||4 Hierzu etwa BAG 23.6.2009 – 1 ABR 23/08, NZA 2009, 1430; 13.3.2001 – 1 AZB 19/00, NZA 2001, 1037; 29.2.2000 – 1 ABR 4/99, NZA 2000, 1066; vgl. ferner *Lobinger*, ZfA 2004, 101, 173; *Raab*, ZfA 1997, 186; GK-BetrVG/*Oetker*, § 23 Rz. 132 ff. ||5 So auch BAG 17.3.1987 – 1 ABR 65/85, NZA 1987, 786. ||6 HM, vgl. GK-BetrVG/*Oetker*, § 23 Rz. 168; MünchArbR/*Joost*, § 222 Rz. 31. ||7 BAG 23.6.1992 – 1 ABR 11/92, NZA 1992, 1095; GK-BetrVG/*Oetker*, § 23 Rz. 169; *Fitting*, § 23 Rz. 61. ||8 BAG 7.2.2012 – 1 ABR 77/10, NZA-RR 2012, 359. ||9 HM, vgl. BAG 16.11.2004 – 1 ABR 53/03, NZA 2005, 416: Anspruch des ArbN auf Hinzuziehung des BR nach § 82 II 2 zu einem Personalgespräch; LAG Köln 19.2.1988 – 10 TaBV 69/87, DB 1989, 1341; ferner *Fitting*, § 23 Rz. 60; GK-BetrVG/*Oetker*, § 23 Rz. 170. ||10 BAG 23.6.1992 – 1 ABR 11/92, NZA 1992, 1095. ||11 LAG BW 14.4.1988 – 6 TaBV 1/88, AiB 1988, 281 (Beobachtung von Arbeitsplätzen durch Videokamera ohne Zustimmung des BR); GK-BetrVG/*Oetker*, § 23 Rz. 173; nach LAG Hess. 21.6.2012 – 9 TaBV 75/12 reicht der einmalige Verstoß gegen das Beteiligungsrecht aus § 98 III, IV nicht aus. ||12 BAG 18.4.1985 – 6 ABR 19/84, NZA 1985, 783; 19.1.2010 – 1 ABR 55/08, NZA 2010, 659. ||13 BAG 27.11.1973 – 1 ABR 11/73, BAGE 25, 415 (419); 22.2.1983 – 1 ABR 27/81, BAGE 42, 11; 19.1.2010 – 1 ABR 55/08, NZA 2010, 659, ganz hM. ||14 BAG 8.8.1989 – 1 ABR 59/88, NZA 1990, 569. ||15 So zB *Fitting*, § 23 Rz. 73; HaKo-BetrVG/*Düwell*, § 23 Rz. 64; MünchArbR/*Joost*, § 222 Rz. 33; aA aber DKKW/*Trittin*, § 23 Rz. 78; GK-BetrVG/*Oetker*, § 23 Rz. 177, die auch das erstmalige Bevorstehen einer groben Pflichtverletzung ausreichen lassen wollen. ||16 BAG 18.4.1985 – 6 ABR 19/84, NZA 1985, 783; zust. DKKW/*Trittin*, § 23 Rz. 78; *Fitting*, § 23 Rz. 65; abl. GK-BetrVG/*Oetker*, § 23 Rz. 179f.; MünchArbR/*Joost*, § 222 Rz. 36.

keine große Bedeutung, weil wie im Wettbewerbsrecht der „grobe" Verstoß eine Wiederholungsgefahr in aller Regel **indiziert**, so dass sie nur ganz ausnahmsweise entfällt (zB bei einvernehmlicher Einigung im Wege einer BV)[1].

Einstweilen frei. 33

3. Erkenntnisverfahren (S. 1). Nach Abs. 3 S. 1 ist das ArbG für das Erkenntnisverfahren zuständig. 34
Es entscheidet im **Beschlussverfahren** (§ 2a I Nr. 1, II iVm. §§ 80 ff. ArbGG) über das Vorliegen eines groben Pflichtenverstoßes iSv. Abs. 3. Antragsberechtigt sind nur der BR oder eine im Betrieb vertretene Gewerkschaft, nicht aber andere Organe der Betriebsverfassung oder einzelne BR-Mitglieder. Das Verfahren wird nicht von Amts wegen, sondern **nur auf Antrag** eingeleitet. Der Antrag muss **hinreichend konkret** die dem ArbGeb zur Last gelegten groben Verstöße bezeichnen und die aufzuerlegenden Handlungs- oder Unterlassungspflichten möglichst so genau bestimmen, dass eine spätere Vollstreckung möglich ist. Der Antrag ist mangels Bestimmtheit **unzulässig**, wenn er lediglich zB den Wortlaut des § 101 wiederholt und nicht die umstrittenen personellen Maßnahmen nach § 99 genau bezeichnet[2].

Nach noch hM kann das gerichtliche „Aufgeben" einer Handlung oder Unterlassung des ArbGeb im 35
Verfahren nach Abs. 3 nicht Gegenstand einer **einstweiligen Verfügung** sein, weil sonst das Erkenntnisverfahren in Bezug auf die Feststellung des „groben Verstoßes" präjudiziert würde[3]. Doch ist zu beachten, dass der inzwischen anerkannte **allgemeine** Unterlassungsanspruch des BR (Rz. 29) seine praktische Bedeutung vor allem in der Möglichkeit des einstw. Rechtsschutzes gegen mitbestimmungswidrige Handlungen des ArbGeb äußert, soweit **eigene** Rechtspositionen des BR betroffen sind[4].

Das Erkenntnisverfahren endet durch **Beschluss**. Ist das ArbG der Auffassung, dass kein grober 36
Pflichtenverstoß vorliegt, weist es den Antrag als **unbegründet** zurück. Andernfalls gibt es dem ArbGeb auf, eine bestimmte, konkret bezeichnete Handlung zu unterlassen, die Vornahme einer bestimmten Handlung zu dulden oder selbst eine bestimmte Handlung vorzunehmen. Bei seiner Entscheidung ist das Gericht nicht an den Antrag gebunden, sondern hat nach freiem Ermessen anzuordnen, was ihm zur künftigen Sicherung der betriebsverfassungsrechtl. Ordnung am Besten geeignet erscheint.

4. Vollstreckungsverfahren (S. 2–5). Auf das Erkenntnisverfahren folgt als zweite Stufe das Vollstre- 37
ckungsverfahren (S. 2 bis 5). Nach Abs. 3 S. 2 u. 3 ist das **ArbG** auch dann für das Vollstreckungsverfahren zuständig, wenn der Titel auf einer Entscheidung des BAG oder LAG beruht. Antragsberechtigt sind nach S. 2 u. 3 **nur** der BR oder eine im Betrieb vertretene Gewerkschaft. Jedoch muss der Antragsteller nicht identisch mit dem Antragsteller im Erkenntnisverfahren sein. Auch das Vollstreckungsverfahren wird **nur auf Antrag** eingeleitet. Das Verfahren setzt die Rechtskraft des Beschlusses voraus. Eine Vollstreckungsklausel ist nicht erforderlich. Zur Form des Antrags vgl. Rz. 14. Es muss die Verhängung von Ordnungs- oder Zwangsgeld beantragt werden, wobei keine bestimmte Höhe angegeben werden muss. Der Antrag ist zu begründen.

a) Verpflichtung zur Unterlassung oder Duldung einer Handlung (S. 2). Kommt der ArbGeb der 38
Pflicht zur Unterlassung oder Duldung einer Handlung nicht nach, kommt als Zwangsmittel bei der Verurteilung zu einem **Ordnungsgeld** zur Anwendung. Insoweit entspricht das Zwangsverfahren der Zwangsvollstreckung nach § 890 ZPO. Dem ArbGeb muss die Auferlegung des Ordnungsgeldes **angedroht** werden. Dies kann bereits im Beschluss geschehen, der dem ArbGeb die Pflicht auferlegt hat. Andernfalls hat das ArbG der ersten Instanz die Androhung auf Antrag durch Beschluss zu erlassen. Mit dem Androhungsbeschluss beginnt die Zwangsvollstreckung. Im Androhungsbeschluss muss das Höchstmaß des Ordnungsgeldes angegeben werden, wobei ein Hinweis auf das gesetzl. Höchstmaß genügt. Für den Fall, dass das Ordnungsgeld nicht beigetrieben werden kann, scheidet die Festsetzung einer Ordnungshaft nach § 85 I 3 ArbGG aus[5].

Der ArbGeb muss nach vorheriger Androhung gegen die ihm rechtskräftig auferlegte Verpflichtung 39
verstoßen haben. Die Verurteilung zu einem Ordnungsgeld ist keine reine Zwangsmaßnahme, sondern hat auch den Charakter einer **Strafsanktion**. Daher setzt sie **Verschulden** voraus, wobei aber kein grobes Verschulden erforderlich ist[6]. Das Verschulden des ArbGeb kann auch in einem Organisations-, Auswahl- oder Überwachungsfehler liegen[7]. Liegen die genannten Voraussetzungen vor, verhängt das ArbG durch Beschluss das angedrohte Ordnungsgeld. Dieses muss in einer Höhe geeignet sein, den ArbGeb zu betriebsverfassungsgemäßem Verhalten anzuhalten[8]. Der ArbGeb ist vorher **zu hören**. Da dem Ordnungsgeld auch der Charakter einer Strafsanktion zukommt, kann es auch dann noch ver-

---

1 So auch BAG 7.2.2012 – 1 ABR 77/10, NZA-RR 2012, 359; 23.6.1992 – 1 ABR 11/92, NZA 1992, 1095, ferner ErfK/*Koch*, § 23 BetrVG Rz. 18; HaKo-BetrVG/*Düwell*, § 23 Rz. 66; MünchArbR/*Joost*, § 222 Rz. 36. ||2 BAG 17.3.1987 – 1 ABR 65/85, NZA 1987, 786; LAG Hamm 5.2.2010 – 13 TaBV 38/09. ||3 Str., vgl. für die hM HaKo-BetrVG/*Düwell*, § 23 Rz. 43; MünchArbR/*Joost*, § 222 Rz. 42; Richardi/*Thüsing*, § 23 Rz. 103; aA GK-BetrVG/*Oetker*, § 23 Rz. 192 f.; DKKW/*Trittin*, § 23 Rz. 95; *Fitting*, § 23 Rz. 76. ||4 Zutr. MünchArbR/*Matthes*, § 240 Rz. 19; vgl. ferner DKKW/*Trittin*, § 23 Rz. 122; *Fitting*, § 23 Rz. 103. ||5 BAG 5.10.2010 – 1 ABR 71/09, NZA 2011, 174. ||6 HM, vgl. nur LAG Schl.-Holst. 3.1.2012 – 6 Ta 187/11; GK-BetrVG/*Oetker*, § 23 Rz. 211 f.; MünchArbR/*Joost*, § 222 Rz. 46. ||7 LAG Bln.-Bbg. 14.5.2009 – 15 Ta 466/09; LAG Hamm 3.5.2007 – 10 Ta 692/06; LAG Nds. 13.10.1999 – 13 TaBV 106/98. ||8 LAG Schl.-Holst. 3.1.2012 – 6 Ta 187/11.

hängt werden, wenn der ArbGeb gegen die ihm auferlegte Pflicht nach Rechtskraft des Beschlusses im Erkenntnisverfahren und nach erfolgter Androhung verstoßen hat, ihr dann aber vor der Festsetzung des Ordnungsgeldes noch nachgekommen ist, oder wenn er eine unter Verstoß gegen eine Unterlassungspflicht begangene Maßnahme nach Rechtskraft des zugrunde liegenden Titels zurückgenommen hat[1]. Bei wiederholter Pflichtverletzung kann das Ordnungsgeld erneut festgesetzt werden, Abs. 3 S. 2. Die Summe der Ordnungsgelder kann dann auch den Betrag von 10 000 Euro übersteigen.

40 **b) Verpflichtung zur Vornahme einer Handlung (S. 3).** Kommt der ArbGeb der Pflicht zur Vornahme einer Handlung nicht nach, kommt als Zwangsmittel die Verurteilung zu einem **Zwangsgeld** zur Anwendung. Insoweit entspricht das Zwangsverfahren der Zwangsvollstreckung nach § 888 ZPO. Anders als die Verurteilung zu einem Ordnungsgeld ist die Verurteilung zu einem Zwangsgeld eine **reine Zwangsmaßnahme**. Sie hat nicht zugleich den Charakter einer Strafsanktion. Aus diesem Grund muss das Zwangsgeld nicht zunächst angedroht werden. Der ArbGeb muss die ihm auferlegte Handlung trotz der Möglichkeit der Vornahme unterlassen haben. Wegen des fehlenden Strafsanktions-Charakters setzt die Verurteilung zur Zahlung des Zwangsgeldes **kein Verschulden** voraus[2].

41 Nimmt der ArbGeb die ihm aufgegebene Handlung nicht binnen der ihm gesetzten oder einer angemessenen Frist vor, so verhängt das ArbG das angedrohte Zwangsgeld. Wegen des reinen Zwangscharakters des Zwangsgeldes darf es **nicht mehr** verhängt oder vollstreckt werden, wenn der ArbGeb die Handlung vorgenommen hat. Kommt der ArbGeb der Pflicht zur Vornahme der Handlung trotz Beitreibung eines zuvor verhängten Zwangsgeldes nicht nach, so kann das Zwangsgeld wiederholt festgesetzt werden.

42 **c) Rechtsmittel, Vollstreckung.** Gegen die selbständige Androhung von Ordnungs- und Zwangsgeld sowie deren Festsetzung findet das Rechtsmittel der **sofortigen Beschwerde** an das LAG statt. Eine weitere Beschwerde ist nicht vorgesehen. Die Vollstreckung des Beschlusses, durch den das Ordnungs- oder Zwangsgeld verhängt wird (vgl. § 749 I Nr. 3 ZPO), erfolgt nach den Vorschriften der §§ 803 ff. ZPO, § 85 I ArbGG. Die beigetriebenen Gelder verfallen der Staatskasse. Die ersatzweise Verhängung von Ordnungs- oder Zwangshaft ist ausgeschlossen, § 85 I 2 ArbGG.

24 Erlöschen der Mitgliedschaft
Die Mitgliedschaft im Betriebsrat erlischt durch
1. **Ablauf der Amtszeit,**
2. **Niederlegung des Betriebsratsamtes,**
3. **Beendigung des Arbeitsverhältnisses,**
4. **Verlust der Wählbarkeit,**
5. **Ausschluss aus dem Betriebsrat oder Auflösung des Betriebsrats auf Grund einer gerichtlichen Entscheidung,**
6. **gerichtliche Entscheidung über die Feststellung der Nichtwählbarkeit nach Ablauf der in § 19 Abs. 2 bezeichneten Frist, es sei denn, der Mangel liegt nicht mehr vor.**

1 **I. Inhalt und Zweck.** Die Vorschrift regelt das Erlöschen der Mitgliedschaft des **einzelnen BR-Mitglieds**. Davon zu unterscheiden ist die Beendigung der Amtszeit des BR als Kollegialorgan, die in § 21 geregelt ist. Das Erlöschen der Mitgliedschaft lässt die Funktionsfähigkeit des BR idR **unberührt**; deshalb sieht § 25 I 1 das Nachrücken eines **Ersatzmitglieds** vor. Die aufgeführten sechs **Erlöschensgründe** sind zT „deklaratorischer" (Nr. 1, 5), zT „konstitutiver" (Nr. 2, 3, 4, 6), jedoch nicht abschließender Natur. So fehlt zB der Tod als Erlöschensgrund[3]. Auch die Sonderregeln des Übergangsmandats nach § 21a hätten zu einer Ergänzung bzw. Modifikation der Nr. 4 (Verlust der Wählbarkeit) führen müssen (vgl. § 21a Rz. 14). Auf **Ersatzmitglieder** sind die Erlöschensgründe entsprechend anzuwenden (hM), so dass bei Vorliegen eines Tatbestands der Nr. 2–4 und 6 die Anwartschaft, in den BR nachzurücken, erlischt[4].

2 **II. Ablauf der Amtszeit (Nr. 1).** Dass mit dem Ablauf der Amtszeit des BR als **Kollektivorgan** nach § 21 auch die Mitgliedschaft aller BR-Mitglieder erlischt, ist eine an sich **überflüssige Klarstellung** in Nr. 1, weil es ohne einen im Amt befindlichen BR keine Mitgliedschaft geben kann. Beginn und Ende der Mitgliedschaft folgen grds. der – auch verkürzten oder verlängerten – **Amtszeit**, wie sie sich aus §§ 13, 21, 22 ergibt. Das Gesetz kennt keinen gesonderten Ablauf der Amtszeit für einzelne BR-Mitglieder. Allerdings lässt sich durch Nr. 1 deutlich belegen, dass auch bei **Wiederwahl** die Mitgliedschaft nicht etwa „verlängert", sondern **neu begründet** wird, was für die Auslegung entsprechender Befristungsvereinbarungen („mit Ablauf der Amtszeit") zur Sicherung der Kontinuität des BR eine wesentliche Rolle spielen kann[5].

---
1 Vgl. zu Letzterem LAG Bln.-Bbg. 25.1.2008 – 13 Ta 2321/07, EzA AÜG § 14 Betriebsverfassung Nr. 75. ||2 HM, vgl. GK-BetrVG/*Oetker*, § 23 Rz. 221; MünchArbR/*Joost*, § 222 Rz. 49. ||3 HaKo-BetrVG/*Düwell*, § 24 Rz. 3; Richardi/*Thüsing*, § 24 Rz. 7. ||4 HM, vgl. *Fitting*, § 24 Rz. 4; GK-BetrVG/*Oetker*, § 24 Rz. 59 ff. ||5 Hierzu BAG 23.1.2002 – 7 AZR 611/00, NZA 2002, 986.

Mit dem Ende der Amtszeit endet die Mitgliedschaft also auch dann, wenn eine Wiederwahl zu einer neuen Mitgliedschaft führt.

III. Niederlegung des Betriebsratsamts (Nr. 2). Mit Nr. 2 stellt der Gesetzgeber klar, dass jedes BR-Mitglied sein Amt **jederzeit** und **ohne Begründung** niederlegen darf. Das BAG hat bestätigt, dass auch das Restmandat ausübende BR-Mitglieder nicht an einer Niederlegung gehindert sind[1]. Die Amtsniederlegung erfolgt grds. durch formlose, einseitige empfangsbedürftige Willenserklärung ggü. dem **BR** bzw. dessen Vorsitzendem (§ 26 II 2), die mit Zugang wirksam wird[2]. Eine Erklärung ggü. dem **ArbGeb** ist normalerweise unbeachtlich, doch kann im Restmandat des letzten verbliebenen Mitglieds eine Verlautbarung ihm ggü. dann ausreichend sein, wenn eine Belegschaft als Adressat der Erklärung nicht mehr vorhanden ist[3]. Die Rücktrittserklärung kann – vergleichbar einer Kündigungserklärung – nach Zugang nicht mehr zurückgenommen oder widerrufen werden; auch eine Anfechtung wird von der hM grds. ausgeschlossen, weil die Mitgliedschaft im BR nicht im Ungewissen bleiben darf[4]. Die persönliche Niederlegung des Amts darf nicht verwechselt werden mit dem **kollektiven Rücktritt** des BR als Organ nach § 13 II Nr. 3: Hier führt der BR die Geschäfte bis zur Neuwahl fort, § 22, so dass bis dahin auch die Mitgliedschaft bestehen bleibt.

IV. Beendigung des Arbeitsverhältnisses (Nr. 3). Bei Nr. 3 handelt es sich um einen Unterfall der Nr. 4, des Verlusts der Wählbarkeit. Ergibt sich nämlich die Betriebszugehörigkeit nach §§ 7, 8 aus einem **Arbeitsverhältnis** zum Betriebsinhaber, bedeutet dessen Beendigung immer auch den Verlust der Wählbarkeit nach § 8 I 1 (vgl. § 8 Rz. 5). Aus welchen Gründen das ArbVerh endet (zB Auflösungsvertrag oder Zeitablauf bei Befristung[5]), ist gleichgültig. Eine **Kündigung** darf der ArbGeb ggü. BR-Mitgliedern nur bei Stilllegung des Betriebs (§ 15 IV, V KSchG) oder mit Zustimmung des BR (§ 103 I) oder aus wichtigem Grund nach § 626 BGB aussprechen. Soweit allerdings wegen der Stilllegung ein **Restmandat** nach § 21b ausgeübt wird[6], bedürfen Nr. 3 bzw. Nr. 4 der „teleologischen Reduktion"[7] – die Mitgliedschaft endet dann erst mit Beendigung des Restmandats.

Erhebt das entlassene BR-Mitglied **Kündigungsschutzklage**, ist es während des Rechtsstreits nach § 25 I 2 zeitweilig an der Ausübung des Amts **verhindert** und wird durch ein Ersatzmitglied vertreten[8]. Hat es erstinstanzlich erfolgreich seine Weiterbeschäftigung erstritten, kann es seine Mitgliedschaftsrechte weiter voll wahrnehmen. Eine einstw. Verfügung zur weiteren Amtsausübung trotz Kündigung kommt nur in Betracht, wenn diese **offensichtlich** unbegründet ist, insb. wenn die fristlose Kündigung ohne Zustimmung des BR ausgesprochen worden war[9]. Bei Wiedereinstellung des gekündigten BR-Mitglieds lebt sein Amt **nicht** wieder auf, weil die Arbeitsvertragsparteien nicht über das zwingende Organisationsrecht des BetrVG disponieren können[10].

Ein **Betriebsübergang** nach § 613a BGB hat grds. keine Auswirkungen auf die Mitgliedschaft, weil deshalb das ArbVerh nicht beendet werden darf (vgl. § 613a IV BGB). Der BR behält das ihm durch die Wahl vermittelte Mandat (vgl. § 21 Rz. 13). Ein Übergangsmandat nach § 21a greift nur bei **Umstrukturierungen**, die wesentliche Identitätsmerkmale der jeweiligen Betriebs verändern, ein (vgl. § 21 Rz. 15), so dass nicht Nr. 3, sondern Nr. 4 betroffen ist. Auch die **Eröffnung eines Insolvenzverfahrens** wirkt sich unmittelbar weder auf das ArbVerh noch auf das Amt des BR aus (vgl. §§ 113ff. InsO). Auch das **Ruhen des Arbeitsverhältnisses** beendet nicht das ArbVerh, zB während des Wehr- oder Zivildienstes, während eines längeren Sonderurlaubs oder während der Elternzeit nach BEEG, jedoch liegt bei längerer Unterbrechung ein Verhinderungsgrund iSd. § 25 I 2 vor[11], nicht jedoch bei einer Unterbrechung wegen eines Freizeitausgleichs von wenigen Wochen[12]. Zum Verlust der Wählbarkeit wegen ruhendem ArbVerh vgl. Rz. 8.

V. Verlust der Wählbarkeit (Nr. 4). Der Erlöschenstatbestand der Nr. 4 greift in jenen Fällen, in denen die „Wählbarkeit", dh. das **passive Wahlrecht** nach § 8, nicht bereits durch die Beendigung des ArbVerh (Nr. 3) verloren geht. Es muss sich um den **nachträglichen** Verlust der Wählbarkeit handeln, weil ein anfänglicher Mangel nur durch gerichtl. Entscheidung, sei es im Anfechtungsverfahren nach § 19 I oder – nach Ablauf der Anfechtungsfrist – auf Grund der ausdrücklichen Regelung in Nr. 6, zum Erlöschen der Mitgliedschaft führen kann (Rz. 11).

---

1 BAG 12.1.2000 – 7 ABR 61/98, NZA 2000, 669. || 2 HM, vgl. nur *Fitting*, § 24 Rz. 10; GK-BetrVG/*Oetker*, § 24 Rz. 10. || 3 BAG 12.1.2000 – 7 ABR 61/98, NZA 2000, 669; so auch GK-BetrVG/*Oetker*, § 24 Rz. 10; Richardi/*Thüsing*, § 24 Rz. 8; vgl. auch die Möglichkeit des letzten BR-Mitglieds, die Niederlegung durch Niederschrift zu erklären, § 34 I. || 4 HM, vgl. *Fitting*, § 24 Rz. 11; GK-BetrVG/*Oetker*, § 24 Rz. 12; Richardi/*Thüsing*, § 24 Rz. 10; aA aber HaKo-BetrVG/*Düwell*, § 24 Rz. 6; *Löwisch/Kaiser*, § 24 Rz. 6; MünchArbR/*Joost*, § 217 Rz. 28: Anfechtung nach § 123 BGB zulässig. || 5 Hierzu BAG 23.1.2002 – 7 AZR 611/00, NZA 2002, 986. || 6 Dazu vgl. BAG 14.8.2001 – 1 ABR 52/00, NZA 2002, 109: Restmandat setzt einen der Stilllegung des Betriebs überdauernden Regelungsbedarf voraus. || 7 Im Erg. auch BAG 5.5.2010 – 7 AZR 728/08, NZA 2010, 1025; Richardi/*Thüsing*, § 24 Rz. 12. || 8 Vgl. BAG 14.5.1997 – 7 ABR 26/96, NZA 1997, 1245; 10.11.2004 – 7 ABR 12/04, NZA 2005, 707. || 9 Vgl. nur *Fitting*, § 24 Rz. 17; *Löwisch/Kaiser*, § 24 Rz. 9; MünchArbR/*Joost*, § 217 Rz. 30, jew. mwN zur instanziellen Rspr. || 10 HM, vgl. GK-BetrVG/*Oetker*, § 24 Rz. 37; MünchArbR/*Joost*, § 217 Rz. 32. || 11 HM, vgl. DKKW/*Buschmann*, § 24 Rz. 20; *Fitting*, § 24 Rz. 13. || 12 LAG Hamm 19.7.2000 – 3 Sa 2201/99; vgl. auch *Löwisch/Kaiser*, § 24 Rz. 11.

8 Fälle der Nr. 4 sind zB eine **strafgerichtliche Verurteilung** nach § 45 StGB, die zum Verlust der Fähigkeit führt, Rechte aus öffentl. Wahlen zu erlangen (§ 8 I 3), der Verlust der **ArbN-Eigenschaft** iSd. § 5 I, zB bei Beförderung zum leitenden Angestellten (§ 5 III, IV) oder zum Geschäftsführer (§ 5 II Nr. 1), oder – wegen der Tragweite des BR-Amts – die Bestellung eines **Betreuers** nach §§ 1896 ff. BGB (hM)[1]. Dagegen führt das **Ruhen des Arbeitsverhältnisses** nicht zum Verlust der Wählbarkeit (vgl. § 8 Rz. 6), es sei denn, dass wie bei der ATZ im Blockmodell eine Rückkehrmöglichkeit auf den früheren Arbeitsplatz nicht mehr vorgesehen ist – dann endet mangels faktischer Beschäftigung die Betriebszugehörigkeit (vgl. § 7 Rz. 13)[2]. Wer trotz **Elternzeit** oder Zivildienst gewählt ist, kann an den BR-Sitzungen teilnehmen und ist nicht allein deshalb nach § 25 I 2 an der Ausübung seines Amtes verhindert[3].

9 Wichtigster Anwendungsfall der Nr. 4 ist der Verlust der **Betriebszugehörigkeit**, sei es durch individuelle **Versetzung**, sei es durch Verlust der Betriebsidentität bei **Umstrukturierung**. Weil im ersten Fall eine individuelle Maßregelung wegen der BR-Tätigkeit zu befürchten ist, hat das BetrVerf-ReformG 2001 die Schutzlücke durch § 103 III geschlossen, so dass der BR dem zustimmen muss, wenn nicht der Betroffene mit der Versetzung einverstanden ist[4]. Dabei ist aber zu beachten, dass eine nur vorübergehende Abordnung in einen anderen Betrieb die Betriebszugehörigkeit zum Stammbetrieb nicht abreißen lässt (vgl. § 7 Rz. 10). Wird der **Betriebsteil**, in dem das BR-Mitglied arbeitet, dagegen abgespalten auf einen anderen Betrieb oder wird er verselbständigt (identitätsverändernde Umstrukturierung, vgl. § 21a Rz. 4), so müsste kraft Veränderung der Betriebsidentität („Wegfall der Geschäftsgrundlage") das Amt nach Nr. 4 erlöschen. Doch ordnet für diesen Fall der Reformgesetzgeber nach § 21a das **Übergangsmandat** mit der Folge an, dass das „abgespaltene" BR-Mitglied weiter amtieren darf, solange die Neuwahlen für die neuen Einheiten noch nicht abgeschlossen sind (§ 21a I 3). Soweit *Düwell* und *Oetker* meinen, dass in diesem Fall der „abgespaltene" Amtsträger wegen des Vorrangs der Nr. 4 nicht mehr dem ÜbergangsBR angehören könne[5], wird der systematische Vorrang von § 21a I kraft Spezialität verkannt (Grundsatz der Amts- und Besetzungskontinuität, vgl. § 21a Rz. 14). **Anderes** gilt aber im Fall der **Eingliederung** (vgl. § 21a Rz. 7): Hier entsteht wegen der Aufnahme in einen unverändert gebliebenen Betrieb kein Übergangsmandat, so dass das Amt des Betroffenen nach Nr. 4 erlöscht. Deshalb kann hier der Amtsschutz entsprechend § 15 V KSchG zwar diskutiert werden, doch besteht auf Grund der neuen Rechtslage seit Schaffung der §§ 21a, 21b mangels Schutzlücke hierfür kein Bedürfnis mehr.

10 **VI. Amtsenthebung (Nr. 5).** Die Nr. 5 bezieht sich auf die zwei Varianten der Amtsenthebung nach § 23 I, einerseits den **Ausschluss** eines Mitglieds aus dem BR, andererseits die **Auflösung** des gesamten Gremiums, jeweils wegen grober Verletzung ihrer gesetzl. Pflichten. Nach dem Wortlaut der Norm erlischt das Amt hier jeweils (erst) mit der **rechtskräftigen** gerichtl. Entscheidung (hM), was sich schon aus § 23 I ergibt (vgl. § 23 Rz. 17).

11 **VII. Feststellung der Nichtwählbarkeit (Nr. 6).** Wird ein nicht nach § 8 wählbarer Kandidat gewählt, zB bei der Wahl eines LeihArbN im Entleiherbetrieb (vgl. § 19 Rz. 8), so ist die Wahl anfechtbar, vgl. § 19 I. Unterbleibt eine Anfechtung innerhalb der Ausschlussfrist des § 19 II 2 (zwei Wochen), bleibt der Gewählte für die Dauer der Amtsperiode grds. BR-Mitglied. Doch möchte Nr. 6 der besonderen **Bedeutung** des passiven Wahlrechts und seiner Voraussetzungen dadurch Rechnung tragen, dass es auch bei nicht angefochtener Wahl die Berufung auf die **von Anfang an** fehlende Wählbarkeit zulässt[6]. Der letzte Halbsatz der Norm weist auf die **Heilbarkeit** des Mangels hin: Eine gerichtliche Entscheidung kommt nicht mehr in Betracht, wenn zB ein Minderjähriger, der unzulässigerweise zur Wahl zugelassen wurde, inzwischen volljährig geworden ist (vgl. § 19 Rz. 8).

12 Die gerichtl. Feststellung erfolgt nur auf **Antrag** im Beschlussverfahren (§§ 2a I Nr. 1, II iVm. 80 ff. ArbGG). Antragsberechtigt ist nur, wer auch zur Anfechtung der BR-Wahl befugt wäre, vgl. § 19 II 1[7]. Der Normtext („nach Ablauf der in § 19 II bezeichneten Frist") legt es nahe, dass der Antrag erst nach Ablauf der Anfechtungsfrist gestellt werden kann. Dem hat das BAG widersprochen. Danach kann die Feststellung der Nichtwählbarkeit **jederzeit** und **unabhängig** von einer Anfechtung beantragt werden; er ist gegen das BR-Mitglied zu richten und selbst dann möglich, wenn der Mangel bereits vor Ablauf der Anfechtungsfrist bekannt war[8]. Ist die Wahl fristgerecht **angefochten** worden (vgl. Beispiele § 19 Rz. 9), ist der Antrag nach Nr. 6 aber unzulässig – das Verfahren nach Nr. 6 ist ggü. der Wahlanfechtung subsidiär[9].

13 **VIII. Rechtsfolgen des Erlöschens.** In den Fällen des § 24 endet das BR-Amt **für die Zukunft**; damit werden alle ausgeübten Funktionen auch für GBR und KBR oder Wirtschaftsausschuss (§ 107 I 1) ebenso wie in den daraus abgeleiteten Ausschüssen beendet. Die Mitgliedschaft im **Aufsichtsrat** ist dagegen völlig unabhängig vom Erlöschen der Mitgliedschaft im BR; ähnliches gilt für die Mitwirkung in

---

1 HM, vgl. *Fitting*, § 24 Rz. 32; Richardi/*Thüsing*, § 24 Rz. 25; aA aber GK-BetrVG/*Oetker*, § 24 Rz. 42. || 2 BAG 16.4.2003 – 7 ABR 53/02, NZA 2003, 1345; wN vgl. § 7 Rz. 13. || 3 BAG 25.5.2005 – 7 ABR 45/04, NZA 2005, 1002. || 4 Vgl. auch GK-BetrVG/*Oetker*, § 24 Rz. 40; *Löwisch/Kaiser*, § 24 Rz. 15. || 5 So GK-BetrVG/*Oetker*, § 24 Rz. 34; HaKo-BetrVG/*Düwell*, § 21a Rz. 75; § 24 Rz. 20. || 6 GK-BetrVG/*Oetker*, § 24 Rz. 48. || 7 HM, vgl. BAG 11.3.1975 – 1 ABR 77/74, DB 1975, 1753; GK-BetrVG/*Oetker*, § 24 Rz. 49; Richardi/*Thüsing*, § 24 Rz. 30. || 8 So BAG 11.3.1975 – 1 ABR 77/74, DB 1975, 1753. || 9 Vgl. GK-BetrVG/*Oetker*, § 24 Rz. 51; Richardi/*Thüsing*, § 24 Rz. 32.

der Einigungsstelle[1]. Es enden auch die besonderen Regeln des Kündigungs- und Versetzungsschutzes, §§ 15 I KSchG, 103 BetrVG. Jedoch beginnt der **nachwirkende** Kündigungsschutz, § 15 I 2 KSchG, für ein weiteres Jahr, der nicht nur beim Amtszeitende des Kollegialorgans greift (Nr. 1), sondern auch die Fälle des individuellen Amtsverlusts bei fortbestehendem ArbVerh (Nr. 2 und 4) meint[2]. Zu beachten ist aber die Einschränkung des § 15 I 2 letzter Hs. KSchG: „Wenn die Beendigung der Mitgliedschaft auf einer gerichtlichen Entscheidung beruht", wird der nachwirkende Amtsschutz versagt. Damit sind nach dem klaren Wortlaut nicht nur die Amtsenthebungsfälle der Nr. 5 gemeint[3], sondern auch die Anfechtungsfälle der Nr. 6 (vgl. § 19 Rz. 21)[4]. Denn ein Schutzbedürfnis wird nach Rechtskraft der gerichtl. Entscheidung in **beiden** Fällen vom Gesetzgeber wegen der unrechtmäßig erlangten (Nr. 6) bzw. ausgeübten (Nr. 5) Amtsstellung nicht mehr anerkannt.

IX. Streitigkeiten. Streitigkeiten darüber, ob die Mitgliedschaft im BR erloschen ist, entscheiden die ArbG im **Beschlussverfahren** (§ 2a I Nr. 1, II iVm. §§ 80 ff. ArbGG). In den Fällen von Nr. 5 und 6 endet die Mitgliedschaft ohnehin nur auf Grund der (konstitutiv wirkenden) Entscheidung, in den übrigen Fällen kann das Erlöschen auch inzidenter in Urteilsverfahren festgestellt werden (zB wenn im Kündigungsschutzprozess der Amtsschutz nach § 15 I KSchG behauptet wird). Das Rechtsschutzinteresse entfällt, wenn das betreffende BR-Mitglied vor der letzten mündlichen Verhandlung bereits aus dem BR ausgeschieden war[5]. 14

25 Ersatzmitglieder

(1) Scheidet ein Mitglied des Betriebsrats aus, so rückt ein Ersatzmitglied nach. Dies gilt entsprechend für die Stellvertretung eines zeitweilig verhinderten Mitglieds des Betriebsrats.

(2) Die Ersatzmitglieder werden unter Berücksichtigung des § 15 Abs. 2 der Reihe nach aus den nichtgewählten Arbeitnehmern derjenigen Vorschlagslisten entnommen, denen die zu ersetzenden Mitglieder angehören. Ist eine Vorschlagsliste erschöpft, so ist das Ersatzmitglied derjenigen Vorschlagsliste zu entnehmen, auf die nach den Grundsätzen der Verhältniswahl der nächste Sitz entfallen würde. Ist das ausgeschiedene oder verhinderte Mitglied nach den Grundsätzen der Mehrheitswahl gewählt, so bestimmt sich die Reihenfolge der Ersatzmitglieder unter Berücksichtigung des § 15 Abs. 2 nach der Höhe der erreichten Stimmenzahlen.

I. Inhalt und Zweck. Die Vorschrift regelt das **Nachrücken** von bzw. die **Stellvertretung** durch Ersatzmitglieder für den Fall, dass amtierende BR-Mitglieder ausscheiden oder zeitweise verhindert sind. Ersatzmitglieder sind nach Abs. 2 S. 1 die **nicht gewählten Wahlbewerber**. Ein Wahlverstoß, der sich lediglich auf die Reihenfolge der möglicherweise nachrückenden Ersatzmitglieder auswirkt, berechtigt nicht zur Wahlanfechtung nach § 19, weil dadurch das Wahlergebnis nicht beeinflusst werden kann: Ersatzmitglieder sind eben „nichtgewählte Arbeitnehmer" (vgl. § 19 Rz. 13)[6]. 1

Der frühere Abs. 3 wurde durch das BetrVerf-ReformG aufgehoben. Auch Abs. 2 wurde durch die Gesetzesnovelle verändert: Mit dem Verweis auf § 15 II wird die Bedeutung der **Geschlechterquote** auch beim Nachrücken von Ersatzmitgliedern klargestellt[7]. Die Bedeutung der Norm für die **Kontinuität** der BR-Arbeit ist nicht zu unterschätzen. Die zwingende und nicht abdingbare Regelung ermöglicht die jederzeit komplette und konstante Besetzung des BR und damit die wirksame Beschlussfassung nach § 33[8]. 2

II. Nachrücken und Stellvertretung (Abs. 1). Bei **Ausscheiden** eines BR-Mitglieds, also bei Erlöschen der Mitgliedschaft nach § 24 Nr. 2–6, **rückt** das Ersatzmitglied für den Rest der Amtszeit **endgültig nach**, vgl. Abs. 1 S. 1. Kann zB ein BR-Mitglied mit Beginn der Freistellungsphase einer **Altersteilzeit** im sog. Blockmodell nicht mehr in die betriebl. Organisation zurückkehren, fehlt es ihm mangels Betriebszugehörigkeit (vgl. § 7 Rz. 13) an einer Wählbarkeitsvoraussetzung, so dass seine Mitgliedschaft nach § 24 Nr. 4 erlischt[9]. Ein Ruhen des ArbVerh führt dagegen als solches noch nicht zum Ausscheiden des BR-Mitglieds (vgl. § 24 Rz. 6, 8), allerdings kann eine zeitweilige Verhinderung vorliegen (Rz. 4). 3

Zu unterscheiden vom endgültigen Nachrücken ist die **vorübergehende betriebsverfassungsrechtl. Stellvertretung** durch das Ersatzmitglied nach Abs. 1 S. 2, durch die die Mitgliedschaft des verhinderten BR-Mitglieds nicht endet[10]. Eine **zeitweilige** Verhinderung nach S. 2 liegt vor, wenn es aus tatsächlichen oder rechtlichen Gründen nicht in der Lage ist, seine Amtsgeschäfte zu besorgen[11]. Das gilt auch dann, wenn die Amtsausübung aus persönlichen Gründen, zB wegen urlaubsbedingten Fehlens oder 4

---

1 Vgl. GK-BetrVG/*Oetker*, § 24 Rz. 56; Richardi/*Thüsing*, § 24 Rz. 34. ‖2 Heute hM, vgl. BAG 5.7.1979 – 2 AZR 521/77, DB 1979, 2327; GK-BetrVG/*Oetker*, § 24 Rz. 58; MünchArbR/*Joost*, § 217 Rz. 37. ‖3 So aber GK-BetrVG/*Oetker*, § 24 Rz. 57; HaKo-BetrVG/*Düwell*, § 24 Rz. 26; wohl auch *Löwisch/Kaiser*, § 24 Rz. 21. ‖4 Wie hier auch DKKW/*Buschmann*, § 24 Rz. 38; *Fitting*, § 24 Rz. 47; GK-BetrVG/*Kreutz*, § 19 Rz. 124. ‖5 *Fitting*, § 24 Rz. 48, vgl. ferner Nachw. § 21 Rz. 16. ‖6 BAG 21.2.2001 – 7 ABR 41/99, NZA 2002, 282. ‖7 Vgl. nur *Fitting*, § 25 Rz. 1; HaKo-BetrVG/*Düwell*, § 25 Rz. 1. ‖8 Vgl. nur Rz. GK-BetrVG/*Oetker*, § 25 Rz. 7. ‖9 BAG 25.10.2000 – 7 ABR 18/00, BAGE 96, 163. ‖10 Vgl. Richardi/*Thüsing*, § 25 Rz. 5, 15 (keine gewillkürte Stellvertretung). ‖11 HM, vgl. *Fitting*, § 25 Rz. 17; GK-BetrVG/*Oetker*, § 25 Rz. 16; *Stege/Weinspach/Schiefer*, § 25 Rz. 5.

beim Todesfall naher Angehöriger, vorübergehend **unzumutbar** ist.[1] Auch in diesem Fall kann sich das Mitglied nicht nach freiem Ermessen vertreten lassen; vielmehr tritt das Ersatzmitglied **kraft Gesetzes** stellvertretend ein, sobald der Amtsinhaber den Vorsitzenden von seiner Abwesenheit unterrichtet[2]. Die **Dauer** der zeitweiligen Verhinderung ist grds. **unerheblich**, ebenso deren Vorhersehbarkeit (hM). Ein Verhinderungsfall liegt bereits dann vor, wenn ein BR-Mitglied nur **zeitweise** an einer Sitzung des Gremiums nicht teilnehmen kann (Rz. 7). Auch kann die Verhinderung jede Art von BR-Tätigkeit betreffen, so dass das Nachrücken nicht nur für die Teilnahme an BR-Sitzungen erfolgen muss[3].

5   Eine **tatsächliche** Verhinderung liegt zB vor bei der auswärtigen Wahrnehmung des Erholungs- oder Bildungsurlaubs, bei Kuraufenthalten, Dienstreisen oder der Teilnahme an Schulungs- oder Bildungsveranstaltungen, **nicht** jedoch bei einer zeitweiligen Abwesenheit wegen arbeitsfreier Zeiten[4] oder wegen Ausübung der arbeitsvertragl. Tätigkeit[5]. Anders als im Fall bewilligten Erholungsurlaubs ist da die Wahrnehmung von BR-Aufgaben außerhalb der persönlichen Arbeitszeit nicht grds. unzumutbar[6]. Die Elternzeit nach dem BEEG muss genauso wie die **krankheitsbedingte** Arbeitsunfähigkeit nicht zwangsläufig zur zeitweiligen Verhinderung führen[7]. In diesen Fällen hat das BR-Mitglied dem BR-Vorsitzenden jedoch anzuzeigen, dass es seine BR-Tätigkeit trotz Abwesenheit wahrnehmen möchte[8]. Nicht verhindert ist ein BR-Mitglied, das an einem Arbeitskampf teilnimmt[9].

6   **Rechtlich** verhindert ist ein gekündigtes BR-Mitglied während seines **Kündigungsschutzprozesses** bis zur rechtskräftigen Entscheidung[10]. Wird die Kündigungsschutzklage abgewiesen, tritt das Ersatzmitglied **endgültig** an die Stelle des Ausgeschiedenen (Rz. 3). Gleiches gilt, wenn nach einem Teilbetriebsübergang strittig ist, ob das BR-Mitglied nach § 613a BGB vom Erwerber übernommen wurde oder nicht. Denn eine Mandatsausübung ohne Betriebszugehörigkeit ist nach § 24 Nr. 4 nicht möglich (zum Übergangsmandat vgl. § 24 Rz. 9). Um zu verhindern, dass den BR-Beschlüssen und BV im Nachhinein der Boden entzogen werden könnte, ist bis zur endgültigen Klärung der Betriebszugehörigkeit daher von einer zeitweiligen Verhinderung auszugehen[11].

7   **Punktuell** rechtlich verhindert kann ein BR-Mitglied auch bei konkret-individueller Betroffenheit in Bezug auf einen Beschlussgegenstand sein (**Interessenkollision**). Will es zB an einer die eigene **Umgruppierung** betreffenden Beschlussfassung des BR und an der vorangehenden Beratung teilnehmen, so muss dies vom Vorsitzenden unterbunden werden, indem er für das insoweit „verhinderte" Mitglied ein Ersatzmitglied lädt. Im Rahmen des MitbestR gem. § 99 ist eine konkret-individuelle Betroffenheit jedoch zu verneinen, wenn das BR-Mitglied einer von mehreren Mitbewerbern um eine intern zu besetzende Stelle ist[12]. Für die Beurteilung des Interessenkonflikts ist auf den Zeitpunkt der Beratung und Beschlussfassung des BR abzustellen[13]. Die **Nichtbeachtung** dieser Pflicht führt zur Unwirksamkeit des Beschlusses[14]. Dasselbe gilt im Zustimmungsverfahren nach § 103 für das BR-Mitglied, dem gekündigt werden soll[15].

8   **III. Nachrückverfahren (Abs. 2).** Das Ersatzmitglied rückt beim Ausscheiden eines BR-Mitglieds aus dem Amt **automatisch**, dh. kraft Gesetzes nach[16]. Eine ausdrückliche Annahmeerklärung des nachrückenden Ersatzmitglieds oder dessen Benachrichtigung durch den „RestBR" ist nicht erforderlich[17]. Anfangsmoment für das Nachrücken ist der **objektive** Zeitpunkt des Ausscheidens bzw. der Beginn der Verhinderung. Die Vertretung beschränkt sich auf den Zeitraum der Verhinderung. IÜ endet die Ersatzmitgliedschaft im BR mit Ende der Amtszeit, § 24 Nr. 1, bei Weiterführung der Geschäfte nach § 22 mit der Bekanntgabe des Wahlergebnisses.

9   Die **Reihenfolge** der nachrückenden Ersatzmitglieder nach Abs. 2 ist zwingend[18]. Der Verweis auf § 15 II bewirkt, dass im Nachrückverfahren an erster Stelle der **Geschlechterproporz** zu berücksichtigen ist. Außerdem ist danach zu differenzieren, ob das ausgeschiedene oder verhinderte BR-Mitglied durch eine Verhältniswahl, S. 1 u. 2, oder durch eine Mehrheitswahl, S. 3, gewählt worden ist[19]. Wurde der BR nach den Grundsätzen der **Verhältniswahl** gewählt (vgl. § 14 Rz. 10), so rückt das zuerst aufgeführte Ersatzmitglied der Liste nach, der das ausgeschiedene oder verhinderte BR-Mitglied angehörte. Dabei muss jeweils auf den Geschlechterproporz nach § 15 II geachtet werden, so dass beim Ausscheiden

---

1 BAG 8.9.2011 – 2 AZR 388/10, NZA 2012, 400 (Erholungsurlaub); nach LAG BW 27.3.2012 – 3 Sa 10/11 sind dem Erholungsurlaub die Zeiten gleichzustellen, in denen das BR-Mitglied nach § 37 III freigestellt ist (vgl. § 37 Rz. 17). ||2 Wie hier für den Fall des Urlaubs auch GK-BetrVG/*Oetker*, § 25 Rz. 22; aA DKKW/*Buschmann*, § 25 Rz. 17; *Fitting*, § 25 Rz. 21. ||3 Vgl. *Stege/Weinspach/Schiefer*, § 25 Rz. 6; HaKo-BetrVG/*Düwell*, § 25 Rz. 8. ||4 BAG 27.9.2012 – 2 AZR 955/11, NZA 2013, 425. ||5 LAG Schl.-Holst. 1.11.2012 – 5 TaBV 13/12, DB 2012, 2814: die Erfüllung der BR-Aufgaben hat Vorrang ggü. denjenigen aus dem Arbeitsvertrag. ||6 BAG 27.9.2012 – 2 AZR 955/11, NZA 2013, 425. ||7 BAG 25.5.2005 – 7 ABR 45/04, NZA 2005, 1002; 15.11.1984 – 2 AZR 341/83, NZA 1985, 367. ||8 LAG Hamm 15.10.2010 – 10 TaBV 37/10. ||9 Zutr. GK-BetrVG/*Oetker*, § 25 Rz. 17. ||10 HM, vgl. BAG 10.11.2004 – 7 ABR 12/04, NZA 2005, 707; LAG Hamm 17.1.1996 – 3 TaBV 61/95, LAGE § 15 BetrVG 1972 Nr. 4. ||11 LAG Köln 27.6.1997 – 11 TaBV 75/96, NZA-RR 1998, 266; GK-BetrVG/*Oetker*, § 25 Rz. 29; *Löwisch/Kaiser*, § 25 Rz. 13. ||12 BAG 24.4.2013 – 7 ABR 82/11, NZA 2013, 857. ||13 BAG 10.11.2009 – 1 ABR 64/08, NZA-RR 2010, 416. ||14 BAG 3.8.1999 – 1 ABR 30/98, NZA 2000, 440; zur den Ehepartner betreffenden personellen Maßnahme vgl. LAG Düss. 16.12.2004 – 11 TaBV 79/04, DB 2005, 954. ||15 BAG 23.8.1984 – 2 AZR 391/83, NZA 1985, 254; 26.8.1981 – 7 AZR 550/79, DB 1981, 2627. ||16 BAG 12.1.2000 – 7 ABR 61/98, NZA 2000, 669. ||17 LAG Schl.-Holst. 7.4.1994 – 4 Sa 18/94, LAGE § 15 KSchG Nr. 8; ferner DKKW/*Buschmann*, § 25 Rz. 6; GK-BetrVG/*Oetker*, § 25 Rz. 32; Richardi/*Thüsing*, § 25 Rz. 24; aA MünchArbR/*Joost*, § 217 Rz. 47. ||18 LAG Schl.-Holst. 1.11.2012 – 5 TaBV 13/12, DB 2012, 2814. ||19 Vgl. *Fitting*, § 25 Rz. 24.

einer Frau (nur) die nächste Frau auf der Liste berücksichtigt werden kann, wenn es sich um das Geschlecht in der Minderheit handelt und die geforderte Quote nicht schon erfüllt ist[1]. S. 2 sieht für den Fall der Erschöpfung der Liste ausdrücklich den **Listenwechsel** auch dann vor, wenn es um den geschlechtlich korrekten Nachrücker geht[2]. S. 2 ist auf das Nachrücken von Ersatzmitgliedern in betriebsratsinterne Ausschüsse **nicht** entsprechend anzuwenden[3]. Wurde der BR im Wege der **Mehrheitswahl** gewählt (vgl. § 14 Rz. 12), rückt das Ersatzmitglied des gleichen Geschlechts nach, das als Wahlbewerber die nächsthöchste Stimmzahl erreicht hat.

Sind überhaupt keine Ersatzmitglieder mehr vorhanden und scheidet ein Mitglied endgültig aus, so muss nach § 13 II Nr. 2 eine Neuwahl erfolgen[4]. Die Amtszeit des nicht mehr vollzähligen BR endet mit der Bekanntgabe des Wahlergebnisses für den neuen BR, vgl. § 21 S. 5. Besteht ein BR aus lediglich **einer Person**, so ist im Verhinderungsfall der ArbGeb in den Grenzen des Zumutbaren verpflichtet, beteiligungspflichtige Angelegenheiten zurückzustellen (str.)[5]. **10**

IV. Rechtsstellung der Ersatzmitglieder. Die nichtgewählten Wahlbewerber haben **vor dem Eintritt** eines der Tatbestände in Abs. 1 nur eine „tatsächliche" Anwartschaft auf einen Sitz im BR bzw. auf eine Vertretung. Die besonderen Amtsschutzvorschriften nach § 15 I KSchG bzw. § 103 gelten für sie nicht, wohl aber die Erlöschensgründe des § 24 (vgl. § 24 Rz. 1)[6]. Mit Eintritt des Tatbestands des Abs. 1 (Rz. 8) wird das Ersatzmitglied aber **ordentliches BR-Mitglied**. Auch der zeitweilige Vertreter tritt in **alle Rechte und Pflichten** ein, die sich aus dem BR-Amt ergeben, nicht aber in die weiteren Funktionen oder Ämter des ausgeschiedenen oder vertretenen BR-Mitglieds, zB in dessen Ausschuss-Mandate. Das Ersatzmitglied erlangt auch nicht automatisch die berufliche Freistellung nach § 38 III[7]. **11**

Erst mit Eintreten in den BR kann das Ersatzmitglied den **besonderen Kündigungs- und Versetzungsschutz** nach § 103 und § 15 I KSchG für sich beanspruchen. Vorher ist es nur als Wahlbewerber durch § 15 III KSchG sechs Monate lang geschützt. Das gilt nicht nur für das endgültig nachrückende, sondern auch für das **zeitweilig** vertretende Ersatzmitglied für die gesamte Dauer der Vertretung (hM). Zu beachten ist aber, dass durch § 15 1 1 nur der Kündigungsausspruch, nicht aber das Wirksamwerden einer bereits ausgesprochenen Kündigung unterbunden wird. Steht am Beginn einer längeren Vertretung eine BR-Sitzung oder ist diese Gegenstand einer kurzen Vertretung, **beginnt** der besondere Kündigungsschutz schon in der **Vorbereitungszeit** auf diese Sitzung, dh. in der Zeit ab der Ladung, wobei idR drei Arbeitstage als Vorbereitungszeit ausreichend sind[8]. Ist das Ersatzmitglied **selbst verhindert**, so bleibt der Kündigungsschutz bestehen, wenn die Dauer der eigenen Verhinderung im Vergleich zur voraussichtlichen Dauer des Vertretungsfalles als unerheblich anzusehen ist[9]. Unabhängig davon besteht der Kündigungsschutz auch dann, wenn das Ersatzmitglied zu konkreter BR-Tätigkeit **nicht herangezogen** wird. Anders als § 15 I 2 KSchG (vgl. Rz. 13) schützt § 15 I 1 KSchG das BR-Amt als solches, unabhängig von dessen tatsächlicher Ausübung[10]. **12**

Für die **endgültig** nachgerückten Ersatzmitglieder gilt unstreitig auch der **nachwirkende** Kündigungsschutz nach § 15 I 2 KSchG für ein weiteres Jahr nach Beendigung der Amtszeit (vgl. § 24 Rz. 13). Das BAG und die hL bejahen dies auch für die **vorübergehende** Stellvertretung, obwohl hier ja das verhinderte Mitglied im Amt bleibt. Doch dient der nachwirkende Kündigungsschutz nicht allein dem Amtsschutz, sondern auch der Sicherung unabhängiger Interessenvertretung durch eine „Abkühlungsphase" im Verhältnis zum ArbGeb nach Beendigung der BR-Tätigkeit[11]. Der hM ist mit der wichtigen Einschränkung zuzustimmen, dass das Ersatzmitglied **tatsächlich** BR-Aufgaben während seiner Vertretung wahrgenommen haben muss[12]. **13**

Dritter Abschnitt. Geschäftsführung des Betriebsrats

26 *Vorsitzender*
(1) Der Betriebsrat wählt aus seiner Mitte den Vorsitzenden und dessen Stellvertreter.

(2) Der Vorsitzende des Betriebsrats oder im Fall seiner Verhinderung sein Stellvertreter vertritt den Betriebsrat im Rahmen der von ihm gefassten Beschlüsse. Zur Entgegennahme von Erklärungen,

---

1 Bsp. bei *Fitting*, § 25 Rz. 26 ff. ||2 Vgl. GK-BetrVG/*Oetker*, § 25 Rz. 39 mit Verweis auf § 17 II WO 2001.
||3 BAG 16.3.2005 – 7 ABR 43/04, NZA 2005, 1072. ||4 Vgl. nur *Löwisch/Kaiser*, § 25 Rz. 4; *Fitting*, § 25 Rz. 33.
||5 So etwa ErfK/*Koch*, § 25 BetrVG Rz. 7; aA aber GK-BetrVG/*Oetker*, § 25 Rz. 49; HaKo-BetrVG/*Düwell*, § 25 Rz. 23. ||6 Vgl. nur GK-BetrVG/*Oetker*, § 25 Rz. 49. ||7 HM, vgl. Richardi/*Thüsing*, § 25 Rz. 27; HaKo-BetrVG/*Düwell*, § 25 Rz. 4. ||8 BAG 17.1.1979 – 5 AZR 891/77, DB 1979, 1136; LAG Düss. 9.11.2011 – 12 Sa 956/11; dazu krit. GK-BetrVG/*Oetker*, § 25 Rz. 56; *Uhmann*, NZA 2000, 576 (577): Vorwirkung allg. anzunehmen.
||9 BAG 9.11.1977 – 5 AZR 175/76, DB 1978, 495; Richardi/*Thüsing*, § 25 Rz. 30; GK-BetrVG/*Oetker*, § 25 Rz. 55.
||10 BAG 8.9.2011 – 2 AZR 388/10, NZA 2012, 400; LAG Düss. 26.4.2010 – 16 Sa 59/10, PersV 2010, 476.
||11 BAG 6.9.1979 – 2 AZR 548/77, DB 1980, 451; ferner *Fitting*, § 25 Rz. 10; GK-BetrVG/*Oetker*, § 25 Rz. 59; *Stege/Weinspach/Schiefer*, § 25 Rz. 9. ||12 So auch BAG 27.9.2012 – 2 AZR 955/11, NZA 2013, 425; 12.2.2004 – 2 AZR 163/03, AiB 2005, 376; aA DKKW/*Buschmann*, § 25 Rz. 39, der den nachwirkenden Kündigungsschutz grds. bejaht.

die dem Betriebsrat gegenüber abzugeben sind, ist der Vorsitzende des Betriebsrats oder im Fall seiner Verhinderung sein Stellvertreter berechtigt.

1 **I. Inhalt und Zweck.** Mit der Aufgabe des **Gruppenschutzes** durch das BetrVerf-ReformG 2001 wurde die Norm erheblich vereinfacht[1]. Bei der Wahl des Vorsitzenden bedarf es nicht mehr einer Beachtung verschiedener Wählergruppen, auch nicht der Beachtung der Geschlechterquote (vgl. § 15). Die Wahl nach Abs. 1 erfolgt in der **konstituierenden Sitzung** des BR, die der Wahlvorstand laut § 29 I 1 „vor Ablauf einer Woche nach dem Wahltag" einzuberufen hat. Es handelt sich dabei um einen Organisationsakt, der mit der Bestellung der **Geschäftsführung** die Funktionsfähigkeit des BR erst herstellt[2].

2 Abs. 1 ist **zwingendes** Recht, von Abs. 2 kann insoweit abgewichen werden, als auch andere Vertretungsregeln vom BR festgelegt werden können. Er kann bestimmten Mitgliedern Spezial- oder Generalvollmachten für gewisse Aufgabenbereiche zusprechen[3]. Doch **muss** jeder mehrköpfige BR kraft Gesetzes eine/n Vorsitzende/n und deren/dessen Stellvertreter/in wählen. Denn ohne Vorsitz ist der BR **nicht handlungsfähig** (vgl. § 21 Rz. 2). Nach hM kann der ArbGeb Verhandlungen mit dem BR verweigern, solange ein Vorsitzender nicht gewählt ist[4]. Unterbleibt die Wahl, kommt ein Amtsenthebungsverfahren nach § 23 I in Betracht (vgl. § 23 Rz. 6). Eine Ersatzbestellung durch das ArbG – etwa analog § 16 II – ist aber ausgeschlossen (hM).

3 **II. Wahl des Vorsitzenden (Abs. 1). Wählbar** für den Vorsitz und dessen Stellvertretung sind nur **Mitglieder** des BR („aus seiner Mitte"). Das aktive Wahlrecht steht „dem BR" in seiner Gesamtheit zu, dh. **jedes Mitglied**, auch die Kandidaten, haben eine Stimme, weil es sich um einen Organisationsakt handelt; ein Stimmausschluss wegen konkret-individueller Betroffenheit kommt hier nicht in Betracht. Jedes BR-Mitglied hat **eine** Stimme, es handelt sich insofern um allgemeine und gleiche Wahlen iSd. Art. 38 GG. Das Gesetz enthält keine weiteren Verfahrensvorschriften, jedoch ist **analog** zu § 33 I u. II einfache Mehrheit und die Anwesenheit von mindestens der Hälfte der Mitglieder zu fordern[5].

4 **Mangels besonderer Vorschriften** zum Wahlverfahren ist eine geheime Wahl nicht zwingend, doch muss bei offener Wahl zB durch Handaufheben der Wille jeden Mitglieds eindeutig zum Ausdruck kommen. Die Wahl sollte aber **geheim** sein, soweit ein Mitglied dies verlangt[6], um die Entschlussfreiheit der einzelnen Mitglieder nicht zu beeinträchtigen. Die Wahl des/der **stellvertretenden** Vorsitzenden erfolgt in einem **gesonderten** Wahlgang, jedoch kann der BR auch einen gemeinsamen Wahlgang mit der Folge beschließen, dass der/die Kandidat/in mit der höchsten Stimmenzahl als Vorsitzender und der/die Kandidat/in mit der nächst höheren Stimmenzahl als Stellvertreter gewählt sind[7]. Dabei sollen auch „Koalitionsabsprachen" grds. zulässig sein[8].

5 Der aus der Mitte des BR bestellte **Wahlleiter** (§ 29 I 2) zählt die Stimmen aus und hält das Ergebnis in einer Niederschrift (§ 34) fest. Gewählt ist, wer die **meisten Stimmen** auf sich vereinigt. Der Gewählte unterzeichnet zusammen mit dem Wahlleiter die Niederschrift. Der Zweitplatzierte wird nicht automatisch Stellvertreter, sondern nur dann, wenn die gemeinsame Wahl beschlossen wurde (Rz. 4). Stimmengleichheit führt nach hM zu einem **Losentscheid**[9], aber auch nur dann, wenn im BR zuvor keine andere Regelung vereinbart wurde.

6 Grds. entspricht die **Amtsdauer** des Vorsitzenden der vierjährigen Amtszeit des BR, vgl. § 21 S. 1. Wegen des Repräsentations- und Demokratieprinzips[10] endet sein Amt zwingend mit Ablauf der Amtszeit des BR, vgl. § 21 Rz. 5 bzw. § 24 Rz. 2. Für den Vorsitz können jedoch kürzere Perioden durch TV oder in der Geschäftsordnung festgesetzt werden, so dass es zu einem **Amtswechsel** während der vierjährigen Amtszeit kommen kann. Dazu führt ferner die (jederzeit mögliche) freiwillige **Niederlegung** des Vorsitzes[11] (was aber nicht Amtsniederlegung nach § 24 Nr. 2 bedeuten muss) oder die **Abberufung** durch einfachen BR-Beschluss iSd. § 33, der jederzeit auch ohne besondere Begründung erfolgen kann[12].

7 **III. Aufgaben des Vorsitzenden (Abs. 2).** Dem Vorsitzenden des BR kommen kraft Gesetzes wesentliche Befugnisse im Bereich der **Geschäftsführung** (Innenverhältnis) und im Bereich der **Vertretung** (Außenverhältnis) zu, jedoch hat er nicht die umfassenden Vollmachten zB eines GmbH-Geschäftsführers. Abs. 2 befasst sich ausdrücklich nur mit der Rolle als „Erklärungsvertreter" des BR (Rz. 9). Nimmt der Vorsitzende diese Aufgaben nicht ordnungsgemäß wahr, so begeht er eine **Pflichtverletzung**, die auch zum Ausschluss nach § 23 I führen kann[13].

---

1 Zum Problem des dadurch weggefallenen Minderheitenschutzes vgl. *Dütz*, DB 2001, 1308. ‖ 2 BAG 13.11.1991 – 7 ABR 8/91, BAGE 69, 41. ‖ 3 Richardi/*Thüsing*, § 26 Rz. 44. ‖ 4 St. Rspr., vgl. BAG 23.8.1984 – 6 AZR 520/82, BAGE 46, 282; 28.10.1992 – 10 ABR 75/91, NZA 1993, 420; LAG Hamm 20.5.1999 – 4 Sa 1989/98, ZInsO 1999, 362; *Fitting*, § 26 Rz. 7; Richardi/*Thüsing*, § 26 Rz. 1; aA DKKW/*Wedde*, § 26 Rz. 4; GK-BetrVG/*Raab*, § 26 Rz. 6. ‖ 5 Vgl. nur GK-BetrVG/*Raab*, § 26 Rz. 9; HaKo-BetrVG/*Blanke*, § 26 Rz. 4. ‖ 6 DKKW/*Wedde*, § 26 Rz. 7; *Fitting*, § 26 Rz. 9; aA GK-BetrVG/*Raab*, § 26 Rz. 10. ‖ 7 Vgl. nur *Fitting*, § 26 Rz. 9; GK-BetrVG/*Raab*, § 26 Rz. 13. ‖ 8 BAG 1.6.1966 – 1 ABR 18/65, BAGE 18, 319. ‖ 9 BAG 26.2.1987 – 6 ABR 55/85, DB 1987, 1995; ferner GK-BetrVG/*Raab*, § 26 Rz. 12; *Fitting*, § 26 Rz. 15. ‖ 10 Zum Demokratieprinzip bei Wahlvorgängen im BR vgl. *Löwisch*, DB 2001, 726; *Dütz*, DB 2001, 1307. ‖ 11 Vgl. nur GK-BetrVG/*Raab*, § 26 Rz. 25. ‖ 12 BAG 26.1.1962 – 2 AZR 244/61, BAGE 12, 220 (227f.); ferner *Fitting*, § 26 Rz. 20; GK-BetrVG/*Raab*, § 26 Rz. 26; DKKW/ *Wedde*, § 26 Rz. 15. ‖ 13 ArbG Kempten 21.8.2012 – 2 BV 16/12.

1. Geschäftsführung. Der Vorsitzende beruft die Sitzungen des BR ein. Er setzt die Tagesordnung fest und leitet die Verhandlung, vgl. § 29 II. Er ist verantwortlich für die Niederschrift der Sitzung, vgl. § 34 I. In BR mit **weniger als neun Mitgliedern** (bis 200 ArbN) können auf ihn **alleine** die laufenden Geschäfte übertragen werden, vgl. § 27 III. In größeren Betrieben ist diese Aufgabe dem BR-Ausschuss nach § 27 II 1 übertragen, dem der Vorsitzende als geborenes Mitglied angehört, vgl. § 27 I 2. Schließlich leitet er die Betriebsversammlung, § 42 I 1, und kann an den Sitzungen der JAV teilnehmen, §§ 65 II 2, 69 S. 4.

2. Vertretung. Der Vorsitzende vertritt den BR nach außen, aber nur „im Rahmen der von ihm gefassten Beschlüsse", S. 1. Damit kommt eine besonders gebundene **gesetzliche** Vertretungsmacht zum Ausdruck, die aber nicht auf eine reine Botenfunktion reduziert werden darf, sondern notwendige Handlungsspielräume zB im ArbG-Beschlussverfahren eröffnet[1]. Diesem quasi „imperativen Mandat" korreliert die Möglichkeit der jederzeitigen Abberufung (Rz. 6). Nach hM ist daher eine Willenserklärung, die ohne einen wirksamen BR-Beschluss getätigt wurde oder einem solchen zuwiderläuft, **schwebend unwirksam**[2] (zu den Rechtsfolgen vgl. Rz. 15). Darin unterscheidet sich der BR-Vorsitzende vom GmbH-Geschäftsführer. Er ist nicht mehr als ein „primus inter pares" und kann das Alleinentscheidungsrecht des BR als **Organ** nicht durch eigenmächtiges Handeln unterlaufen.

Das Gesetz beschränkt daher die Vertretungskompetenz des Vorsitzenden in Abs. 2 auf **Abgabe** (zB Unterzeichnung einer Betriebsvereinbarung), S. 1, und **Empfang**, S. 2, von Willenserklärungen. Vollmachtloses Handeln kann durch eine förmliche **Genehmigung** des BR nach § 33 geheilt werden[3], doch wird der gute Glaube des ArbGeb an das Vorliegen eines BR-Beschlusses in Angelegenheiten des § 87 I gesetzlich nicht geschützt[4]. Freilich kann laut BAG[5] in anderen Fällen eine widerlegbare **Vermutung** dafür sprechen, dass der Vorsitzende auf Grund eines BR-Beschlusses und nicht eigenmächtig gehandelt hat, so zB bei Verhandlungen in einer Sitzung der Einigungsstelle, die nicht etwa zum Zwecke der Beschlussfassung unterbrochen werden muss[6]. Eine Erkundigungspflicht trifft den ArbGeb nicht, doch schadet ihm besseres entgegenstehendes Wissen[7].

Nach S. 2 gehen Erklärungen jeder Art dem BR erst mit **Zugang beim Vorsitzenden** zu, § 130 BGB; Fristen beginnen erst ab diesem Zeitpunkt zu laufen[8]. Andere BR-Mitglieder sind insofern nur Empfangsboten. Zugang ist aber auch anzunehmen, wenn das Gesamtgremium etwa auf einer BR-Sitzung von der Erklärung erfährt[9]. Sind sowohl der Vorsitzende wie der Stellvertreter abwesend, sind vom BR notwendige Vorkehrungen für den Zugang zu treffen; fehlt es daran, kann sich der ArbGeb auf jeden Zugang im **Machtbereich** des BR (Büro oder anderes Mitglied) berufen[10].

IV. Stellvertreter des Vorsitzenden. Neben dem Vorsitzenden ist **zwingend** sein Stellvertreter zu wählen (Rz. 2). Es können ein oder auch mehrere Stellvertreter bestellt werden. Zum grds. gesonderten Wahlverfahren vgl. Rz. 4. Der Stellvertreter ist kein „zweiter Vorsitzender", sondern er nimmt **nur** „im Fall seiner Verhinderung" (Abs. 2) die Aufgaben des Vorsitzenden wahr. Zur zeitweiligen Verhinderung vgl. § 25 Rz. 4 ff. Für diesen Zeitraum rückt auch nach § 25 II ein Ersatzmitglied in den BR nach. Scheidet der Vorsitzende **endgültig** aus seinem Amt aus, wird nicht der Stellvertreter zum Vorsitzenden, sondern sind von ihm unverzüglich **Neuwahlen** anzuberaumen (Rz. 6)[11].

V. Streitigkeiten. Streitigkeiten betreffend die Wahl, die Abberufung oder Amtsniederlegung, die Amtsausübung und die Zuständigkeiten des Vorsitzenden bzw. seines Stellvertreters entscheiden die ArbG grds. im **Beschlussverfahren** (§ 2a I Nr. 1, II iVm. §§ 80 ff. ArbGG). Hinsichtlich der **Wahlmängel** geht das BAG in st. Rspr. von der analogen Anwendbarkeit des § 19 (Anfechtung) aus (Rz. 14)[12]. Für Fehler bei der **Amtsausübung** kommen als Sanktion auch das Amtsenthebungsverfahren nach § 23 I oder die Haftungsregeln des allg. Zivilrechts in Betracht (Rz. 15). Im letzteren Fall kann auch in einem Urteilsverfahren die betriebsverfassungsrechtl. Frage der Zulässigkeit seines Handelns als Vorfrage entschieden werden.

1. Mängel bei der Wahl. Anders als für die Wahl des BR (§ 19) sieht das Gesetz keine Sanktion von Fehlern bei **betriebsratsinternen** Wahlen vor. Laut BAG können Gesetzesverstöße bei solchen Wahlen,

---

[1] Ausf. *Linsenmaier*, FS Wißmann, 2005, S. 378 (380 f.) sowie BAG 19.3.2003 – 7 ABR 15/02, NZA 2003, 870: BR-Vorsitzender ist nicht Bote, sondern gibt eigene Erklärung ab; ferner BAG 29.4.2004 – 1 ABR 30/02, NZA 2004, 670: BR-Beschluss muss nur Gegenstand des Beschlussverfahrens bezeichnen, um wirksame Vertretung zu ermöglichen. ||[2] BAG 10.10.2007 – 7 ABR 51/06, DB 2008, 478; 24.2.2000 – 8 AZR 180/99, NZA 2000, 785; ferner *Fitting*, § 26 Rz. 28; GK-BetrVG/*Raab*, § 26 Rz. 38; Richardi/*Thüsing*, § 26 Rz. 46 f. ||[3] BAG 10.10.2007 – 7 ABR 51/06, DB 2008, 478. ||[4] BAG 8.6.2004 – 1 AZR 308/03, NZA 2005, 66; 10.11.1992 – 1 AZR 183/92, BAGE 71, 327. ||[5] BAG 17.2.1981 – 1 AZR 290/78, BAGE 35, 80 (88); 21.2.2002 – 2 AZR 581/00, nv. ||[6] Sofern der Vorsitzende sich im Rahmen der vorgegebenen „Linie" hält, vgl. BAG 24.2.2000 – 8 AZR 180/99, NZA 2000, 785; krit. aber *Linsenmaier*, FS Wißmann, 2005, S. 378 (385), weil § 26 II 1 eine solche Beweisregel nicht kenne sei. ||[7] BAG 23.8.1984 – 2 AZR 391/83, BAGE 46, 258 (265). ||[8] LAG Nds. 26.11.2007 – 6 TaBV 34/07; ferner *Fitting*, § 26 Rz. 33; GK-BetrVG/*Raab*, § 26 Rz. 54 f. ||[9] BAG 27.6.1985 – 2 AZR 412/84, BAGE 49, 136 (144). ||[10] Vgl. LAG Hess. 28.11.1988 – 4 TaBV 98/88, BB 1990, 1488; ferner DKKW/*Wedde*, § 26 Rz. 28; GK-BetrVG/*Raab*, § 26 Rz. 56. ||[11] HM, vgl. nur GK-BetrVG/*Raab*, § 26 Rz. 65. ||[12] Vgl. nur BAG 8.4.1992 – 7 ABR 71/91, NZA 1993, 270; 13.11.1991 – 7 ABR 8/91, BAGE 69, 41.

sofern nicht ausnahmsweise besonders **krasse Verstöße** gegen grundlegende Prinzipien vorliegen, die zur jederzeit feststellbaren **Nichtigkeit** führen könnten (vgl. § 19 Rz. 23)[1], in entsprechender Anwendung des § 19[2] nur innerhalb einer Frist von zwei Wochen im **Anfechtungsverfahren** dem ArbG zur Überprüfung vorgelegt werden. Erforderlich sind daher auch Verstöße gegen **wesentliche** Wahlvorschriften, zu denen das BAG nach alter Rechtslage auch die Soll-Vorschriften zur Beachtung des Gruppenschutzes von Arbeitern bzw. Angestellten im Vorsitz zählte[3]. **Anfechtungsberechtigt** sind – in Abweichung von § 19 II 1 – **jedes** einzelne BR-Mitglied, **nicht** dagegen die im Betrieb vertretenen Gewerkschaften (str.), weil deren Kontrollbefugnisse mit dem Abschluss der BR-Wahlen enden[4], auch nicht wahlberechtigte ArbN und der ArbGeb (hM), weil auch ihnen eine Einflussnahme auf die Willensbildung des BR versagt sein soll. In „Vergleichsverhandlungen" kann der **BR** nicht über das Wahlergebnis zum Vorsitzenden verfügen[5], er kann auch nicht anfechten, weil er durch Neuwahlen die Mängel selbst korrigieren kann.

15   **2. Mängel bei Handlungen des Vorsitzenden.** Handeln des Vorsitzenden über seine Kompetenzen hinaus führt zur **schwebenden Unwirksamkeit** seiner Erklärungen entsprechend § 177 BGB (Rz. 9). Der BR kann das Vorgehen des Vorsitzenden jedoch durch förmlichen **Beschluss** nachträglich noch genehmigen, § 184 I BGB (Rz. 10), nicht jedoch durch stillschweigende Genehmigung[6], weil es eine „stillschweigende" Beschlussfassung in Organen nicht gibt[7]. Bleibt die Genehmigung aus, ist der Vorsitzende Schadensersatzansprüchen aus § 179 I BGB ausgesetzt. Eine Erfüllung nach § 179 I BGB wird regelmäßig daran scheitern, dass die zu erfüllende Aufgabe nur vom Gesamtgremium BR geleistet werden kann, nicht dagegen vom Vorsitzenden allein. IÜ kann der BR den Vorsitzenden jederzeit **abberufen** (Rz. 6), in schweren Fällen auch das Amtsenthebungsverfahren einleiten (§ 23 I 2).

27 Betriebsausschuss

(1) Hat ein Betriebsrat neun oder mehr Mitglieder, so bildet er einen Betriebsausschuss. Der Betriebsausschuss besteht aus dem Vorsitzenden des Betriebsrats, dessen Stellvertreter und bei Betriebsräten mit

9 bis 15 Mitgliedern aus 3 weiteren Ausschussmitgliedern,

17 bis 23 Mitgliedern aus 5 weiteren Ausschussmitgliedern,

25 bis 35 Mitgliedern aus 7 weiteren Ausschussmitgliedern,

37 oder mehr Mitgliedern aus 9 weiteren Ausschussmitgliedern.

Die weiteren Ausschussmitglieder werden vom Betriebsrat aus seiner Mitte in geheimer Wahl und nach den Grundsätzen der Verhältniswahl gewählt. Wird nur ein Wahlvorschlag gemacht, so erfolgt die Wahl nach den Grundsätzen der Mehrheitswahl. Sind die weiteren Ausschussmitglieder nach den Grundsätzen der Verhältniswahl gewählt, so erfolgt die Abberufung durch Beschluss des Betriebsrats, der in geheimer Abstimmung gefasst wird und einer Mehrheit von drei Vierteln der Stimmen der Mitglieder des Betriebsrats bedarf.

(2) Der Betriebsausschuss führt die laufenden Geschäfte des Betriebsrats. Der Betriebsrat kann dem Betriebsausschuss mit der Mehrheit der Stimmen seiner Mitglieder Aufgaben zur selbständigen Erledigung übertragen; dies gilt nicht für den Abschluss von Betriebsvereinbarungen. Die Übertragung bedarf der Schriftform. Die Sätze 2 und 3 gelten entsprechend für den Widerruf der Übertragung von Aufgaben.

(3) Betriebsräte mit weniger als neun Mitgliedern können die laufenden Geschäfte auf den Vorsitzenden des Betriebsrats oder andere Betriebsratsmitglieder übertragen.

1   **I. Inhalt und Zweck.** Der Betriebsausschuss soll als „**Handlungsorgan**" in größeren Betrieben die laufende Geschäftsführung des BR übernehmen, dadurch dessen Arbeit **effizienter** machen und seine Handlungsfähigkeit stärken. Daher können ihm nach Abs. 2 S. 2 auch weitere Aufgaben zur **selbständigen Erledigung** übertragen werden (Rz. 11). Vorsitzender und Stellvertreter gehören ihm als geborene Mitglieder an. Daneben sind die in Abs. 1 genannten zusätzlichen Mitglieder zu wählen. Durch das BetrVerf-ReformG 2001 ist der Gruppenschutz von Arbeitern einerseits, Angestellten andererseits bei der Zusammensetzung des Betriebsausschusses entfallen, nicht aber wurde auch das Verhältniswahlrecht verabschiedet. Minderheitslisten können daher auch im Betriebsausschuss als einem „verkleinerten" BR nicht durch die Mehrheitsliste gegen ihren Willen majorisiert werden[8].

---

1 Nichtigkeitsgrund wäre zB die Wahl eines nicht dem BR angehörenden ArbN oder die fehlende Beschlussfähigkeit nach § 33 II, vgl. GK-BetrVG/*Raab*, § 26 Rz. 15, nicht schon die fehlerhafte Ladung, so aber unzutr. DKKW/*Wedde*, § 26 Rz. 36. ||2 BAG 20.4.2004 – 7 ABR 44/04, NZA 2005, 1426. ||3 BAG 8.4.1992 – 7 ABR 71/91, NZA 1993, 270; 13.11.1991 – 8/91, BAGE 69, 41. ||4 Str., wie hier GK-BetrVG/*Raab*, § 26 Rz. 19; Richardi/*Thüsing*, § 26 Rz. 22; aA dagegen BAG 12.10.1976 – 1 ABR 17/76, BAGE 28, 219; *Fitting*, § 26 Rz. 48. ||5 Vgl. LAG Saarl. 4.7.2001 – 2 TaBV 2/01, AiB 2002, 129. ||6 So aber BAG 15.12.1961 – 1 AZR 207/59, BB 1962, 220; aA DKKW/*Wedde*, § 26 Rz. 22; *Fitting*, § 26 Rz. 28. ||7 Zutr. DKKW/*Wedde*, § 26 Rz. 22; GK-BetrVG/*Raab*, § 26 Rz. 40. ||8 Zur Kritik an der – zunächst vorgesehenen – Aufhebung des Minderheitenschutzes bei § 27 vgl. *Dütz*, DB 2001, 1309; *Hanau*, RdA 2001, 64 (70); *Löwisch*, BB 2001, 726; GK-BetrVG/*Raab*, § 27 Rz. 4.

Die Einrichtung des Ausschusses bei einem BR von **neun oder mehr** Mitgliedern, dh. ab einer Betriebsgröße von 201 ArbN (§ 9 S. 1), ist vom Gesetz **zwingend** vorgesehen[1]. Die Vorschrift greift ein, sobald der BR tatsächlich neun oder mehr Mitglieder zählt und fällt auch nicht weg, wenn der BR zB durch Austritte schrumpft[2]. Zu kleineren Betrieben vgl. Rz. 14. Der ArbGeb kann die Verhandlungen mit dem BR, der pflichtwidrig den Betriebsausschuss nicht eingerichtet hat, nicht ablehnen (hM). Durch die Verweisung in § 28 I gilt die Norm auch für die Bildung von weiteren **Fachausschüssen** des BR. Auch für die Geschäftsführung in GBR bzw. KBR gilt die Norm entsprechend, vgl. §§ 51 I, 59 I[3].

II. Wahl der „weiteren Ausschussmitglieder" (Abs. 1). Gewählt werden können **nur** BR-Mitglieder, nicht dagegen der Vorsitzende und sein Stellvertreter, weil diese kraft Gesetzes als „geborene" Mitglieder dem Betriebsausschuss angehören. **Wahlberechtigt** sind alle BR-Mitglieder, ein Ausschluss wegen konkret-individueller Betroffenheit für Kandidat/innen kommt nicht in Betracht, vgl. § 26 Rz. 3. Weil erst die Bildung des Ausschusses dem BR die **volle** Handlungsfähigkeit verleiht, ist seine Wahl schon in der **konstituierenden Sitzung** des BR nach § 29 I erforderlich[4]. Die **Größe** des Betriebsausschusses ist in S. 2 zwingend vorgeschrieben und richtet sich nach der Zahl der tatsächlich **gewählten** BR-Mitglieder (nicht nach der gesetzl. vorgeschriebenen Zahl, weil diese auch unterschritten werden kann)[5].

Anders als in § 26 I (vgl. § 26 Rz. 4) schreibt das Gesetz in S. 3 die **geheime Wahl** und den Grundsatz der Verhältniswahl vor, vgl. Rz. 5. Die geheime Wahl bedingt eine förmliche Stimmabgabe mit **Stimmzetteln** Mindestens die Hälfte der Wahlberechtigten muss an der Wahl teilnehmen (§ 33 II analog). Alle Mitglieder des BR können Wahlvorschläge (auch mündlich) einreichen. Gibt es nur **einen** Wahlvorschlag, kommt es nach S. 4 zu einer **Mehrheitswahl** wie beim Vorsitzenden, dh. es müssen mindestens so viele Namen auf dem Wahlvorschlag enthalten sein, wie weitere Ausschussmitglieder zu wählen sind. Der BR kann für die Wahl getrennte Wahlgänge, aber auch einen gemeinsamen Wahlgang vorsehen[6].

Der in S. 3 verankerte Grundsatz der **Verhältniswahl** soll die Interessenpluralität verschiedener Wahllisten im BR auch in den maßgeblichen Betriebsausschuss hinein verlängern und damit **Minderheitenschutz** auch im Ausschuss gewährleisten[7]. Gibt es mehrere Wahlvorschläge und findet deshalb Verhältniswahl statt, werden nur die Listen als solche ohne Änderungsmöglichkeit durch den Wähler zur Wahl gestellt. Die Auszählung erfolgt nach hM entsprechend dem d'Hondt'schen Höchstzahlverfahren (vgl. § 15 WO)[8], vgl. dazu § 14 Rz. 10. Eine Wahl von **Ersatzmitgliedern** ist gesetzlich zwar nicht vorgesehen, jedoch wegen der Möglichkeit zeitweiliger Verhinderung oder des Ausscheidens der Ausschussmitglieder entsprechend §§ 47 III, 55 II zulässig und auch zweckmäßig, um stets eine volle Besetzung zu gewährleisten[9]. Der Betriebsausschuss kann sich nämlich nicht selbst ergänzen, Nachwahlen können zudem bei Verhältniswahl Rechtsprobleme aufwerfen (Rz. 7).

Bei Ausscheiden eines Mitglieds kann eine **Nachwahl** stattfinden. Sie muss stattfinden, soweit kein Ersatzmitglied gewählt wurde (Rz. 5). Dass es dadurch bei der Verhältniswahl zu Verschiebungen im Proporz der Listen kommen kann, ist hinzunehmen[10]. Die Gegenansicht, die für eine Neuwahl sämtlicher Ausschussmitglieder nach der Erschöpfung der Vorschlagsliste eintritt[11], kommt zwar zu einem dem Verhältniswahlrecht entsprechenden Ergebnis, fordert aber für nur ein weggefallenes Ausschussmitglied eine völlig unverhältnismäßige Wahlprozedur und ist daher als zu formalistisch abzulehnen. Deshalb hat auch das BAG in Bezug auf § 38 II entschieden, dass der Nachfolger für einen ausgeschiedenen Freigestellten nach Erschöpfung der Liste durch **Mehrheitswahl** ermittelt werden könne[12]. Keinesfalls muss bei Fortfall einzelner Mitglieder der gesamte Betriebsausschuss ab- und neu gewählt werden[13]. IÜ steht es dem BR frei, eigene Regeln für den Fall der Nachwahl zu treffen. Beschließt der BR während seiner Amtszeit, einen nach § 28 gebildeten Ausschuss, dessen Mitglieder nach den Grundsätzen der Verhältniswahl gewählt wurden, um ein zusätzliches Mitglied zu erweitern, sind dagegen sämtliche Ausschussmitglieder **neu** zu wählen[14].

III. Aufgaben des Betriebsausschusses (Abs. 2). 1. Geschäftsführung (S. 1). Der Betriebsausschuss ist **kein selbständiges** Organ des Betriebs, sondern als „Handlungsorgan" Teil des BR (Rz. 1). Er hat keine von diesem unterscheidbare Aufgabe, sondern führt dessen **laufende Geschäfte** quasi als geschäftsführender Ausschuss (Rz. 10). Deshalb geht die hM davon aus, dass der Vorsitzende des BR gleichzeitig auch den Vorsitz im Ausschuss innehat[15]. Unter seiner Leitung werden die nicht öffentl. Sit-

---

1 Vgl. nur DKKW/*Wedde*, § 27 Rz. 3; GK-BetrVG/*Raab*, § 27 Rz. 7. ||2 LAG Hess. 17.8.1993 – 4 TaBV 61/93, BB 1994, 717. ||3 Vgl. BAG 21.7.2004 – 7 ABR 62/03, NZA 2005, 173: weitere Mitglieder des GBR-Ausschusses werden vom GBR nach den Grundsätzen der Verhältniswahl gewählt; die Verweisung in § 51 I 2 auf § 27 I 3 beruht nicht auf einem Redaktionsversehen. ||4 So GK-BetrVG/*Raab*, § 27 Rz. 13; weniger streng *Fitting*, § 27 Rz. 8: „sollte"; Richardi//*Thüsing*, § 27 Rz. 9: „zweckmäßigerweise". ||5 HM, vgl. *Fitting*, § 27 Rz. 10; GK-BetrVG/*Raab*, § 27 Rz. 14. ||6 Vgl. nur *Fitting*, § 27 Rz. 25–27; GK-BetrVG/*Raab*, § 27 Rz. 18–20. ||7 Vgl. GK-BetrVG/*Raab*, § 27 Rz. 16; Wlotzke, DB 1989, 111 (114). ||8 HM, vgl. *Fitting*, § 27 Rz. 24; GK-BetrVG/*Raab*, § 27 Rz. 21. ||9 HM, vgl. *Fitting*, § 27 Rz. 28ff.; GK-BetrVG/*Raab*, § 27 Rz. 41ff. ||10 Vgl. *Dänzer-Vanotti*, AuR 1989, 204 (208); DKKW/*Wedde*, § 27 Rz. 24; Richardi/*Thüsing*, § 27 Rz. 30: Nachwahl mit einfacher Stimmenmehrheit. ||11 So vor allem *Fitting*, § 27 Rz. 37; GK-BetrVG/*Raab*, § 27 Rz. 45ff. ||12 BAG 25.4.2001 – 7 ABR 26/00, NZA 2001, 977; 28.10.1992 – 7 ABR 2/92, BAGE 71, 286 (289); ferner *Löwisch*, BB 2001, 1734 (1740). ||13 LAG Hess. 4.3.1993 – 12 TaBV 142/92, AiB 1993, 655 (657). ||14 BAG 16.3.2005 – 7 ABR 43/04, NZA 2005, 1072. ||15 HM, vgl. *Fitting*, § 27 Rz. 55; GK-BetrVG/*Raab*, § 27 Rz. 51; MünchArbR/*Joost*, § 218 Rz. 34.

8   Für die **laufenden Geschäfte des BR** (Abs. 2 S. 1) gibt der Gesetzgeber dem Betriebsausschuss einen **eigenständigen** Zuständigkeitsbereich (ganz hM). Freilich kann der BR jederzeit einzelne solcher Angelegenheiten ohne Begründung wieder an sich ziehen[1]. Deshalb darf der Bereich der „laufenden Geschäfte" **nicht zu eng** gezogen werden[2]. Dass darunter lediglich organisatorische Aufgaben mit verwaltungsinternem Charakter fallen sollen, wie die hM behauptet[3], reduziert den – repräsentativ zusammengesetzten! – Betriebsausschuss auf die Funktion eines Bürovorstehers. Vielmehr geht es dem S. 1 um solche Angelegenheiten, die **nicht** von **grundsätzlicher Bedeutung** sind und daher einer Entscheidung des Plenums nicht bedürfen. Das ist immer dann anzunehmen, wenn es um die Vorbereitung oder um die Umsetzung grds. Entscheidungen des BR geht, auch dann, wenn eine Mitbestimmungsentscheidung bei gleich liegenden Fällen im Einzelfall vollzogen wird[4]. Dass dazu auch der Einblick in die Listen über Bruttolöhne und -gehälter gehört, stellt § 80 II 2 ausdrücklich klar. Allerdings kann der Betriebsausschuss in der Tat **nicht** anstelle des Vorsitzenden den BR **nach außen** vertreten (§ 26 Rz. 9), was aber wegen der Doppelfunktion des Vorsitzenden (Rz. 8) ohnehin keine praktischen Auswirkungen hat.

9   **2. Übertragene Aufgaben (S. 2–4).** Durch Beschluss des BR können weitere Aufgaben auf den Ausschuss „zur **selbständigen Erledigung**" übertragen werden, S. 2. Insoweit tritt der Betriebsausschuss **an die Stelle** des BR und ersetzt sein Beschluss den des BR (hM). Durch den erforderlichen Übertragungsbeschluss verzichtet der BR auf eine eigene selbständige Entscheidung, kann die Entscheidungshoheit aber jederzeit zurückerlangen, vgl. S. 4 (Rz. 13). Die Übertragung erfordert die Mehrheit der Stimmen **aller** BR-Mitglieder, dh. nicht die einfache, sondern die **absolute** Mehrheit (ganz hM). Sie muss **schriftlich**, also auf Papier verkörpert und vom Vorsitzenden unterzeichnet, erfolgen, S. 3 iVm. § 126 I BGB, und die übertragene Angelegenheit genau bezeichnen[5]. Textform nach § 126b BGB ist nicht ausreichend, wohl aber mangels anderer gesetzl. Bestimmung die **elektronische Form** nach §§ 126 III, 126a BGB[6]. Das Formerfordernis wird auch erfüllt durch Niederschrift der BR-Sitzung (§ 34) oder in der Geschäftsordnung des BR[7].

10 Das Gesetz begrenzt den übertragbaren Aufgabenbereich nicht gegenständlich, sondern nur instrumentell: Der Abschluss von **BV** als Mitwirkung an der Normsetzung ist allein dem BR vorbehalten, S. 2 Hs. 2. Darüber hinaus darf sich der BR – neben den von ihm gesetzl. geforderten (Mehrheits-)Entscheidungen, vgl. zB §§ 26 I, 27 I, 28a I – jedenfalls nicht aller wesentlichen Befugnisse dadurch entäußern, dass er seine Aufgaben weitgehend auf Ausschüsse überträgt: Er muss als **Gesamtorgan** in einem **Kernbereich** der gesetzl. Befugnisse zuständig bleiben[8]. Nicht übertragbar sind daher **Grundlagenentscheidungen** des BR in Bezug auf seine innere Organisation oder seine Mitbestimmungs- und Teilhaberechte, wohl aber zB einzelne Aufgaben wie die Zustimmung nach § 103[9].

11 **IV. Kleinere Betriebe (Abs. 3).** In Abs. 3 wird die Delegation (nur) der **laufenden Geschäfte** in kleineren Betrieben geregelt, die bei bis zu 200 ArbN **keinen** Betriebsausschuss bilden können (wohl aber bei mehr als 100 ArbN Fachausschüsse, § 28 I 1)[10]. Grds. nimmt hier das Gesamtorgan die laufende Verwaltung und auch die Einsichtsrechte nach § 80 II 2[11] wahr. Dennoch sprechen praktische Bedürfnisse auch hier für eine Erleichterung der laufenden Arbeit. Die Übertragung der laufenden Geschäfte **ist nicht zwingend**, doch kann der BR durch Beschluss diese Angelegenheiten auf den Vorsitzenden oder auch andere BR-Mitglieder („einfacher" geschäftsführender Ausschuss) delegieren[12]. Dazu muss in Analogie zu Abs. 2 und zu § 28a I die **absolute** Mehrheit der Stimmen gefordert werden (vgl. Rz. 11)[13]. Nicht übertragen werden können die MitbestR und sonstige Aufgaben zur selbständigen Erledigung[14].

12 **V. Streitigkeiten. 1. Ausbleiben der Wahl.** Findet die vorgeschriebene Bildung eines Betriebsausschusses nach Abs. 1 **nicht statt**, handelt der BR pflichtwidrig und kann zumindest dann nach § 23 I aufgelöst werden, wenn er trotz betriebsverfassungsrechtl. Abmahnung (§ 23 Rz. 10) nicht zur Wahl des Betriebsausschusses schreitet[15]. Der ArbGeb kann aber die Zusammenarbeit mit dem BR nicht verwei-

---

1 HM, vgl. *Fitting*, § 27 Rz. 66; GK-BetrVG/*Raab*, § 27 Rz. 62. ||2 So zutr. MünchArbR/*Joost*, § 218 Rz. 28; Richardi/*Thüsing*, § 27 Rz. 51. ||3 So etwa DKKW/*Wedde*, § 27 Rz. 33; *Fitting*, § 27 Rz. 68; GK-BetrVG/*Raab*, § 27 Rz. 64. ||4 Zutr. MünchArbR/*Joost*, § 218 Rz. 29; Richardi/*Thüsing*, § 27 Rz. 53–55 mit Bsp. ||5 HM, vgl. *Fitting*, § 27 Rz. 82; GK-BetrVG/*Raab*, § 27 Rz. 73. ||6 So auch GK-BetrVG/*Raab*, § 27 Rz. 74. ||7 BAG 20.10.1993 – 7 ABR 26/93, BAGE 75, 1 (6). ||8 So ausdrücklich BAG 20.10.1993 – 7 ABR 26/93, BAGE 75, 1; vgl. ferner *Fitting*, § 27 Rz. 77; GK-BetrVG/*Raab*, § 27 Rz. 70. ||9 BAG 17.3.2005 – 2 AZR 275/04, DB 2005, 1693 mwN, vgl. auch § 28 Rz. 7. ||10 Die Bildung eines geschäftsführenden Ausschusses nach § 28 I bei kleineren Betrieben verneint wegen § 27 III LAG Hess. 7.4.2011 – 9 TaBV 182/10; ebenso GK-BetrVG/*Raab*, § 27 Rz. 82; aA *Fitting*, § 27 Rz. 93. ||11 Vgl. nur DKKW/*Wedde*, § 27 Rz. 45. ||12 Vgl. nur *Fitting*, § 27 Rz. 92; GK-BetrVG/*Raab*, § 27 Rz. 83 („pflichtgemäßes Ermessen"). ||13 Wie hier Richardi/*Thüsing*, § 27 Rz. 75; aA GK-BetrVG/*Raab*, § 27 Rz. 84; *Fitting*, § 27 Rz. 91. ||14 HM, vgl. *Fitting*, § 27 Rz. 94; GK-BetrVG/*Raab*, § 27 Rz. 82. ||15 Vgl. auch *Fitting*, § 27 Rz. 9: „Umstände des Einzelfalls" entscheiden; GK-BetrVG/*Raab*, § 27 Rz. 11: „unangemessen lange Verzögerung" der Bildung; Richardi/*Thüsing*, § 27 Rz. 5.

gern (Rz. 2), weil die Existenz des Vorsitzenden für die Handlungsfähigkeit des BR ausreicht[1]. Auch eine Verweigerung der Entgeltzahlung nach § 37 II kommt nicht in Betracht (hM).

2. Mängel bei der Wahl. Ähnlich wie bei der Wahl des **Vorsitzenden** und seines Stellvertreters können Mängel bei der Wahl der „weiteren Ausschussmitglieder" in entsprechender Anwendung des § 19 nur innerhalb einer Frist von zwei Wochen im **Anfechtungsverfahren** dem ArbG zur Überprüfung vorgelegt werden, soweit nicht ausnahmsweise Nichtigkeit zu bejahen ist (vgl. § 26 Rz. 14). Erforderlich sind Verstöße gegen **wesentliche** Wahlvorschriften, zu denen das BAG nach alter Rechtslage auch die Soll-Vorschriften zur Beachtung des Gruppenschutzes von Arbeitern bzw. Angestellten bei der Wahl der weiteren Mitglieder des Betriebsausschusses zählte[2]. Anfechtungsgrund ist auch der Verstoß gegen die Pflicht zur **geheimen** Wahl (Rz. 4). Nichtigkeit liegt etwa vor, wenn eine Neuwahl stattfindet, bevor eine Abberufung der früher und wirksam gewählten Mitglieder erfolgt ist[3].

13

3. Fehlerhafte Aufgabendelegation. Bei Streitigkeiten, ob eine Aufgabe zur **laufenden Verwaltung** gehört, wird wie oben Rz. 15 f. ebenfalls im Beschlussverfahren (§ 2a I Nr. 1, II iVm. §§ 80 ff. ArbGG) entschieden[4]. Vollzieht der Betriebsausschuss Aufgaben, die ihm **nicht übertragen** sind, handelt er pflichtwidrig. Erfolgt die Übertragung nicht in der gesetzlich vorgeschriebenen Form, so ist der Beschluss **unwirksam**, jedoch durch Nachholung der Erfordernisse **heilbar** (str.)[5]. Anders als der Vorsitzende ist der Betriebsausschuss echtes „Handlungsorgan" des BR, so dass seine rechtswidrigen Beschlüsse entweder nichtig oder **wirksam**, aber anfechtbar sind.

14

§ 28 Übertragung von Aufgaben auf Ausschüsse

(1) Der Betriebsrat kann in Betrieben mit mehr als 100 Arbeitnehmern Ausschüsse bilden und ihnen bestimmte Aufgaben übertragen. Für die Wahl und Abberufung der Ausschussmitglieder gilt § 27 Abs. 1 Satz 3 bis 5 entsprechend. Ist ein Betriebsausschuss gebildet, kann der Betriebsrat den Ausschüssen Aufgaben zur selbständigen Erledigung übertragen; § 27 Abs. 2 Satz 2 bis 4 gilt entsprechend.

(2) Absatz 1 gilt entsprechend für die Übertragung von Aufgaben zur selbständigen Entscheidung auf Mitglieder des Betriebsrats in Ausschüssen, deren Mitglieder vom Betriebsrat und vom Arbeitgeber benannt werden.

I. Inhalt und Zweck. Die Möglichkeit des BR, sog. **Fachausschüsse** zu bilden[6], erleichtert dessen interne Arbeitsteilung und ist seit dem BetrVerf-ReformG 2001 durch Abs. 1 S. 1 unabhängig vom Bestehen eines Betriebsausschusses (§ 27) für **Betriebe mit mehr als 100 ArbN** eröffnet worden. Allerdings hängt die Reichweite der übertragbaren Aufgaben noch immer von der Existenz eines Betriebsausschusses ab, vgl. Abs. 1 S. 3 (Rz. 7). Die 1972 geschaffene Vorschrift wurde durch die Aufhebung des Gruppenschutzes deutlich vereinfacht. Mittels der (vorbereitenden) Fachausschüsse sollen fachspezifische Themen wie Frauenförderung oder Ausländerintegration sachgerecht vorberaten und ggf. Beschlüsse des BR vorbereitet werden[7].

1

II. Errichtung von Fachausschüssen. Der Betrieb, in dem ein Fachausschuss gebildet werden soll, muss **mindestens 101 ArbN** aufweisen (der BR zählt daher idR sieben Mitglieder). Für die Berechnung der Betriebsgröße kommt es auf die Zahl der **regelmäßig** Beschäftigten an (vgl. § 9 Rz. 3)[8], so dass vorübergehende Schwankungen keine Rolle spielen. Sinkt die Belegschaft endgültig unter 101, endet die Amtszeit des Ausschusses[9]. Seine Aufgaben fallen an den BR zurück, der aber nicht gehindert ist, fachspezifische Aufgaben weiterhin von einzelnen BR-Mitgliedern bearbeiten zu lassen; doch ist dies nun einer *dauerhaften* gesetzlichen Institutionalisierung nicht mehr zugänglich. Eine Analogie zu § 27 III kommt mangels planwidriger Regelungslücke nicht in Betracht.

2

Einstweilen frei.

3

Wie bei den Wahlen zum Betriebsausschuss wird die Wahl der Ausschussmitglieder **geheim** und grds. nach dem **Verhältniswahlprinzip** durchgeführt, vgl. Abs. 1 S. 2 (§ 27 Rz. 4), es sei denn, dass nur ein einziger Wahlvorschlag erfolgt (dann Mehrheitswahl). Im Falle der Übertragung von Aufgaben zur selbständigen Erledigung ist das **Schriftformerfordernis** des Abs. 1 S. 3 Hs. 2 iVm. § 27 I 3 zu beachten (§ 27 Rz. 11); eine Übertragung durch die Geschäftsordnung des BR ist nicht möglich[10]. Anders als beim Betriebsausschuss gehören den Fachausschüssen der Vorsitzende des BR und sein Stellvertreter nicht kraft Gesetzes an; vielmehr müssen **alle Mitglieder** des Ausschusses aus der Mitte des BR gewählt werden[11].

4

---

1 HM, vgl. GK-BetrVG/*Raab*, § 27 Rz. 12; *Fitting*, § 27 Rz. 9. ||2 BAG 13.11.1991 – 7 ABR 18/91, BAGE 69, 49 (56 f.). ||3 BAG 13.11.1991 – 7 ABR 18/91, BAGE 69, 49 (54); distanziert aber BAG 25.4.2001 – 7 ABR 26/00, BAGE 97, 340 (342): jedenfalls anfechtbar. ||4 HM, vgl. GK-BetrVG/*Raab*, § 27 Rz. 85; Richardi/*Thüsing*, § 27 Rz. 79. ||5 Str., wie hier *Fitting*, § 27 Rz. 84; Richardi/*Thüsing*, § 27 Rz. 67; aA GK-BetrVG/*Raab*, § 27 Rz. 75: kein genehmigungsfähiger Tatbestand. ||6 Der Begriff findet sich in BT-Drs. 14/5741, 40; krit. zur Novellierung GK-BetrVG/*Raab*, § 28 Rz. 4; *Hanau*, RdA 2001, 65 (68). ||7 So BT-Drs. 14/5741, 40; ferner GK-BetrVG/*Raab*, § 28 Rz. 11. ||8 HM, vgl. nur *Fitting*, § 28 Rz. 14; GK-BetrVG/*Raab*, § 28 Rz. 17. ||9 So auch BAG 7.4.2004 – 7 ABR 41/03, NZA 2005, 311 zum Ende der Amtszeit des Wirtschaftsausschusses. ||10 LAG Hess. 24.9.2009 – 9 TaBV 69/09. ||11 BAG 16.11.2005 – 7 ABR 11/05, NZA 2006, 445.

5   **III. Stellung der Fachausschüsse.** Die Ausschüsse sind **Organe des BR**[1]. Sie treten nicht neben ihn, sondern nehmen nur einzelne Aufgaben des BR wahr. Dabei können sie vom BR durch Beschluss nach § 33 jederzeit wieder aufgelöst werden. Sofern dem Ausschuss Aufgaben zur selbständigen Erledigung übertragen sind, kann der Widerruf nur **schriftlich** und mit qualifizierter Mehrheit erfolgen, vgl. Abs. 1 S. 3 Hs. 2 iVm. § 27 II 4 (§ 27 Rz. 13). Bereits vom Ausschuss getroffene Entscheidungen können allerdings nicht mehr angefochten werden, wenn sie Dritten ggü. wirksam geworden sind[2]. Kontrollmöglichkeiten bestehen durch das Einsichtsrecht in die Unterlagen, § 34 III. Findet kein Widerruf statt und ist eine besondere Zweckbefristung zB in der Geschäftsordnung nicht vorgesehen, endet die Amtszeit des Ausschusses grds. mit der des BR.

6   **IV. Aufgaben der Fachausschüsse. 1. „Bestimmte Aufgaben" (Abs. 1 S. 1).** Nach Abs. 1 S. 1 kann der BR den Fachausschüssen nur „bestimmte Aufgaben" übertragen. Damit ist eine Einschränkung in qualitativer und in quantitativer Hinsicht gemeint. Der BR hat die **fachlichen Grenzen** der übertragenen Aufgaben festzulegen und ihren **vorbereitenden** Charakter zu betonen[3]. Der Unterschied zu den Aufgaben „zur selbständigen Erledigung" (Abs. 1 S. 3) muss klar sein. In diesen Grenzen können auch inhaltlich **wichtige Themen** auf Ausschüsse übertragen werden, zB EDV- oder Technologie-Planung. Die Gesamtheit der „laufenden Aufgaben" kann aber nicht übertragen werden, da ansonsten der Betriebsausschuss bzw. die Regelung des § 27 III funktionslos würde (§ 27 Rz. 10, 14). Keine Bedenken bestehen dagegen, bestimmte Aufgaben auch aus der laufenden Verwaltung einem Fachausschuss zu übertragen.

7   **2. Aufgaben „zur selbständigen Erledigung" (Abs. 1 S. 3).** Werden an einen Fachausschuss Aufgaben zur selbständigen Erledigung delegiert, tritt er insoweit **an die Stelle des BR** (§ 27 Rz. 11). Diese Delegation, die zB auch die Wahrnehmung von MitbestR beinhalten kann, ist aber nur bei Existenz eines **Betriebsausschusses** möglich. Sie muss **schriftlich** erfolgen, vgl. Rz. 4. Die Rspr. billigt etwa „Personalausschüsse", die die Beteiligungsrechte nach §§ 99, 102 und 103 wahrnehmen[4]. Ausgeschlossen ist aber entsprechend § 27 II 2 der Abschluss von BV; außerdem fordert die Rspr. vom BR, dass er als **Gesamtorgan** in einem **Kernbereich** seiner gesetzl. Befugnisse zuständig bleibt und sich nicht aller wesentlicher Kompetenzen durch Delegation entäußert (§ 27 Rz. 12)[5].

8   **V. Gemeinsame Ausschüsse (Abs. 2).** Abs. 2 regelt die Wahl und die Befugnisse der ArbN in Ausschüssen, die **gemeinsam von ArbGeb und BR** besetzt werden[6]. Bei diesen sog. „gemeinsamen Ausschüssen" handelt es sich um eine bedeutsame Vereinfachung der betriebl. Mitbest.[7]: Die von beiden Seiten benannten Mitglieder entscheiden **an Stelle der Betriebspartner mit verbindlicher Wirkung**, zB über die Verwaltung einer Sozialeinrichtung oder über personelle Angelegenheiten. Der gemeinsame Ausschuss steht daher selbständig neben dem BR und ist nicht dessen Organ, sondern eine **eigenständige Einrichtung** der Betriebsverfassung[8]. Abs. 2 verweist für die Einzelheiten von Bestellung und Befugnissen pauschal auf Abs. 1, so dass fraglich ist, ob – wie bisher – die Existenz des **Betriebsausschusses** nach Abs. 1 S. 3 Voraussetzung für die Bestellung von gemeinsamen Ausschüssen ist[9], oder ob allein das Größenerfordernis „mehr als 100 Arbeitnehmer" (Abs. 1 S. 1) zählt[10]. Weil Abs. 2 nur die Übertragung von Aufgaben „zur **selbständigen** Entscheidung" regelt (vgl. Rz. 11), ist die Inbezugnahme von Abs. 1 S. 3 ausschlaggebend (dazu Rz. 7): Die Existenz des Betriebsausschusses ist also Voraussetzung.

9   Entsprechend der großen Tragweite der Delegation ist daher beim Beschluss des BR über die Einrichtung gemeinsamer Ausschüsse über Abs. 1 S. 3 Hs. 2 insb. das Erfordernis **absoluter Mehrheit** nach § 27 II 2 und der **Schriftform** nach § 27 II 3 zu beachten[11]. Eine Verpflichtung zur Einrichtung gemeinsamer Ausschüsse besteht selbstverständlich nicht. Die zu delegierenden BR-Mitglieder sind idR nach Verhältniswahlrecht zu bestimmen, Abs. 1 S. 2 (Rz. 4). Besteht neben dem gemeinsamen Ausschuss für dieselbe Sachfrage noch ein Fachausschuss iSd. Abs. 1, so ist es möglich, aber nicht erforderlich, dass die aus dem BR in den gemeinsamen Ausschuss zu wählenden Vertreter auch dem Fachausschuss des BR angehören[12].

10 Über Größe, Besetzung und das Verfahren der gemeinsamen Ausschüsse müssen sich ArbGeb und BR – zB auch in Gestalt einer (schuldrechtl.) BV – **einigen**. Es empfiehlt sich der Erlass einer Geschäftsordnung, zumal der Gesetzgeber keine Vorgaben getroffen hat, so dass nur eine Missbrauchskontrolle bzw. ein Verstoß gegen allg. Grundsätze des BetrVG (zB Verzicht auf Mitbestimmung) die Ermessensfreiheit der Betriebspartner einschränken. Sinnvollerweise ist der Ausschuss **paritätisch** zu besetzen[13], wobei das Gleichgewicht nicht zwingend durch eine gleiche Anzahl von Vertretern, sondern auch durch

---

1 Richardi/*Thüsing*, § 28 Rz. 20. ||2 GK-BetrVG/*Raab*, § 27 Rz. 76. ||3 Vgl. *Fitting*, § 28 Rz. 13 ff., der von „vorbereitenden Ausschüssen" spricht. ||4 St. Rspr., vgl. BAG 28.2.1974 – 2 AZR 455/73, BAGE 26, 27; 4.8.1975 – 2 AZR 266/74, BAGE 27, 209; zu § 103 vgl. BAG 17.3.2005 – 2 AZR 275/04, DB 2005, 1693. ||5 BAG 20.10.1993 – 7 ABR 26/93, BAGE 75, 1 (8). ||6 Empirische Erkenntnisse bei *Senne*, BB 1995, 305; vgl. ferner *Trümner*, AiB 1991, 522 (527). ||7 Vgl. Richardi/*Thüsing*, § 28 Rz. 26: Form der mittelbaren Mitbest-Ausübung. ||8 Ganz hM, vgl. BAG 20.10.1993 – 7 ABR 26/93, BAGE 75, 1 (11 f.); *Fitting*, § 28 Rz. 41; GK-BetrVG/*Raab*, § 28 Rz. 36. ||9 So die wohl hM, vgl. *Fitting*, § 28 Rz. 39; GK-BetrVG/*Raab*, § 28 Rz. 39; Richardi/*Thüsing*, § 28 Rz. 28. ||10 So etwa HaKo-BetrVG/*Blanke*, § 28 Rz. 5. ||11 Vgl. *Fitting*, § 28 Rz. 44; GK-BetrVG/*Raab*, § 28 Rz. 39. ||12 BAG 12.7.1984 – 2 AZR 320/83, NZA 1985, 96; 20.10.1993 – 7 ABR 26/93, BAGE 75, 1 (11). ||13 Das ist aber nicht zwingend, vgl. DKKW/*Wedde*, § 28 Rz. 12; GK-BetrVG/*Raab*, § 28 Rz. 41 halten eine Unterbeteiligung der ArbN für unzulässig, eine Unterparität der ArbGeb dagegen für möglich.

eine entsprechende Gewichtung der Stimmen herbeigeführt werden kann. Ein Vertreter der Schwerbehindertenvertretung ist nach § 95 IV 1 SGB IX zur Teilnahme berechtigt[1].

In gemeinsamen Ausschüssen sind die ArbN-Vertreter zur **„selbständigen Entscheidung"** befugt. Diese Terminologie ist noch weiter reichend als die der „selbständigen Erledigung" in Abs. 1 S. 3 und räumt den Ausschussmitgliedern eine eigene Entscheidungskompetenz **unabhängig vom Mehrheitswillen im BR** ein[2]. Die Mitglieder des gemeinsamen Ausschusses können allerdings vom BR jederzeit nach § 33 abberufen werden. Auf die Geschäftsführung des gemeinsamen Ausschusses sind, sofern nicht eine eigene Geschäftsordnung vereinbart wird, im Zweifel §§ 29 ff. entsprechend anwendbar[3], so dass zB ein **Vorsitzender** und dessen Stellvertreter zu wählen sind. Das ist weiter bedeutsam für den **Abstimmungsmodus**, weil im Grundsatz nach § 33 I die einfache Mehrheit entscheidet, auch dann, wenn die ArbN-Seite zB durch Uneinigkeit überstimmt wird (str.)[4]. Abzulehnen ist die Ansicht, die eine Abstimmung **nach Bänken** bzw. eine sog. **„doppelte Mehrheit"** fordert (der Beschluss ist nur wirksam, wenn neben der Mehrheit des Ausschusses insg. auch die Mehrheit der anwesenden ArbN dafür stimmt)[5]. Hierdurch würde die gesetzl. vorgesehene Aufgabendelegation kraft eigener Entschließung und Einigung mit dem ArbGeb ohne Not verkompliziert. Der BR kann sich jederzeit mit absoluter Mehrheit und in Schriftform (§ 27 Rz. 13) vom gemeinsamen Ausschuss wieder verabschieden, § 27 II 4 analog. Bei **Patt-Situationen** kommen Beschlüsse im gemeinsamen Ausschuss ohnehin nicht zustande, § 33 I 2 analog, vielmehr fällt die Angelegenheit dann an den BR zurück[6]. Schließlich haben die Beschlüsse auch keine **normative Kraft**, weil entsprechend § 27 II Hs. 2 BV im gemeinsamen Ausschuss **nicht** abgeschlossen werden können (hM, vgl. § 27 Rz. 12).

VI. Streitigkeiten. Streitigkeiten betreffend die Einrichtung, die Wahl und die Zuständigkeiten der Fachausschüsse oder der gemeinsamen Ausschüsse entscheiden die ArbG grds. im **Beschlussverfahren** (§ 2a I Nr. 1, II iVm. §§ 80 ff. ArbGG). Hinsichtlich von **Wahlmängeln** geht das BAG auch in Bezug auf § 28 von der analogen Anwendbarkeit des § 19 aus (vgl. § 26 Rz. 14), so dass auch bei der Wahl der vom BR benannten Mitglieder eines gemeinsamen Ausschusses es die Rechtssicherheit gebietet, dass Mängel nur in der zweiwöchigen Anfechtungsfrist des § 19 II 2 geltend gemacht werden können, in besonderen Ausnahmefällen Nichtigkeit anzunehmen ist[7]. Das Gericht hat nicht eine Zweckmäßigkeitskontrolle, sondern nur eine Rechtskontrolle in Bezug auf die Einhaltung des Gesetzes und der Grenzen des Rechtsmissbrauchs und allg. Grundsätze bei der Entsendung und Aufgabenbestimmung anzustellen[8] (vgl. Rz. 10).

§ 28a *Übertragung von Aufgaben auf Arbeitsgruppen*

(1) In Betrieben mit mehr als 100 Arbeitnehmern kann der Betriebsrat mit der Mehrheit der Stimmen seiner Mitglieder bestimmte Aufgaben auf Arbeitsgruppen übertragen; dies erfolgt nach Maßgabe einer mit dem Arbeitgeber abzuschließenden Rahmenvereinbarung. Die Aufgaben müssen im Zusammenhang mit den von der Arbeitsgruppe zu erledigenden Tätigkeiten stehen. Die Übertragung bedarf der Schriftform. Für den Widerruf der Übertragung gelten Satz 1 erster Halbsatz und Satz 3 entsprechend.

(2) Die Arbeitsgruppe kann im Rahmen der ihr übertragenen Aufgaben mit dem Arbeitgeber Vereinbarungen schließen; eine Vereinbarung bedarf der Mehrheit der Stimmen der Gruppenmitglieder. § 77 gilt entsprechend. Können sich Arbeitgeber und Arbeitsgruppe in einer Angelegenheit nicht einigen, nimmt der Betriebsrat das Beteiligungsrecht wahr.

I. Inhalt und Zweck	1	1. Organisation der Arbeitsgruppe	16
II. „Arbeitsgruppen" (Abs. 1 S. 1)	3	2. Abschluss von Gruppenvereinbarungen (S. 1, 2)	17
III. Voraussetzungen für die Übertragung (Abs. 1)	7	3. Kündigung und Nachwirkung	21
1. Betriebsgröße	7	4. Rückfall der Beteiligungsrechte (S. 3)	22
2. Rahmenvereinbarung mit dem ArbGeb	8	V. Widerruf der Übertragung (Abs. 1 S. 4)	23
3. Übertragungsbeschluss	11	VI. Streitigkeiten	24
IV. Wirkungen der Übertragung (Abs. 2)	15		

I. Inhalt und Zweck. Die durch das BetrVerf-ReformG 2001 neu in das Gesetz aufgenommene Vorschrift ermöglicht es dem BR im Wege einer mit dem ArbGeb getroffenen **Rahmenvereinbarung**, „eng

---

1 BAG 21.4.1993 – 7 ABR 44/92, BAGE 73, 93. ‖ 2 HM, vgl. BAG 12.7.1984 – 2 AZR 320/83, NZA 1985, 96; *Fitting*, § 28 Rz. 39; GK-BetrVG/*Raab*, § 28 Rz. 36; diff. DKKW/*Wedde*, § 28 Rz. 16. ‖ 3 HM, vgl. *Fitting*, § 28 Rz. 45; HaKo-BetrVG/*Blanke*, § 28 Rz. 13. ‖ 4 Str., wie hier *Fitting*, § 28 Rz. 45; GK-BetrVG/*Raab*, § 28 Rz. 44; offen gelassen in BAG 12.7.1984 – 2 AZR 320/83, NZA 1985, 96; 20.10.1993 – 7 ABR 26/93, BAGE 75, 1 (14). ‖ 5 So aber Richardi/*Thüsing*, § 28 Rz. 36; *Hanau*, BB 1973, 1274 (1277). ‖ 6 So zutr. DKKW/*Wedde*, § 28 Rz. 17; *Fitting*, § 28 Rz. 46; GK-BetrVG/*Raab*, § 28 Rz. 44; aA Hess ua./*Glock*, § 28 Rz. 35f.: Widerruf der Aufgabenübertragung nötig. ‖ 7 BAG 20.10.1993 – 7 ABR 26/93, BAGE 75, 1. ‖ 8 BAG 20.10.1993 – 7 ABR 26/93, BAGE 75, 1 (8); aA ArbG Wuppertal 12.10.1992 – 4 BV 15/92, AiB 1993, 456.

begrenzte"[1] Beteiligungsrechte nach dem Subsidiaritätsprinzip auf sog. **Arbeitsgruppen** zu übertragen. Die Gesetzesbegr. stellt vor allem auf den Wandel der Arbeitsstrukturen sowie die gewachsene Verantwortung des einzelnen ArbN ab und möchte Entlastung des BR vom Alltagsgeschäft mit der stärkeren Einbeziehung des einzelnen ArbN in die Betriebsgestaltung kombinieren, um damit mehr Sach- und Praxisnähe der betriebl. Mitbest. zu erreichen[2]. Die Aufwertung der „Arbeitsgruppen" (Rz. 3, vgl. auch § 87 I Nr. 13) könnte bei entsprechender Handhabung auch einen Beitrag zur **Flexibilisierung** der Betriebsverfassung leisten, setzt aber sorgfältig gestaltete Rahmenvereinbarungen voraus[3]. In der betriebl. Praxis hat die Arbeitsgruppe bislang keinen Anklang gefunden[4].

2 Ähnlich wie beim gemeinsamen Ausschuss nach § 28 II (§ 28 Rz. 8) wird mit der Arbeitsgruppe eine weitere Möglichkeit[5] zur **Mitbestimmung an Stelle des BR** eröffnet. Die Arbeitsgruppe ist insoweit ein **eigenständiges Organ** der Betriebsverfassung und nicht Organ des BR[6], weil sie die ihr übertragenen Aufgaben selbständig entscheidet und vor allem im Unterschied zu den Ausschüssen nach § 28 auch eigene **Gruppenvereinbarungen** mit dem ArbGeb abschließen kann, vgl. Abs. 2 S. 1 (Rz. 17). Ein weiterer Unterschied besteht darin, dass die Arbeitsgruppe nicht erst durch Wahlen vom BR „errichtet" wird, sondern ihre Existenz als Ergebnis einer **freien Organisationsentscheidung des ArbGeb** vorgegeben und von den Betriebspartnern nicht beeinflussbar ist. Der Abschluss von Rahmenvereinbarungen muss schon deshalb für beide Seiten **freiwillig** sein (Rz. 10)[7]. Der BR kann nach der Übertragung auf die Arbeitsgruppe diese Entscheidung aber jederzeit widerrufen, vgl. Abs. 1 S. 4, hat also ein einseitiges „Rückholrecht" (Rz. 23).

3 **II. „Arbeitsgruppen" (Abs. 1 S. 1).** Das Gesetz definiert den Begriff der „Arbeitsgruppe" in Abs. 1 S. 1 **nicht**. Er ist nicht gleichzusetzen mit dem engeren Begriff der teilautonomen „Gruppenarbeit" iSd. § 87 I Nr. 13 Hs. 2[8], sondern umfasst laut Gesetzesbegr. auch „sonstige Team- und Projektarbeit" und bestimmte „Beschäftigungsarten und Arbeitsbereiche"[9]. Eine dauerhafte Einrichtung ist wegen der Einbeziehung **projektbezogener Arbeitsgruppen** nicht erforderlich. Nach der amtl. Begründung zu eng ist eine Definition, die die Arbeitsgruppe ausschließlich an gemeinsame Arbeitsaufgaben knüpft[10]. Vielmehr zeichnet sich diese beim notwendig **weiten Verständnis** dadurch aus, dass quantitativ nur eine **gewisse Anzahl** (mindestens drei[11], nicht: „die Mehrheit"[12]) der ArbN betroffen ist, die sich qualitativ durch mindestens **ein gemeinsames Merkmal** von den übrigen ArbN derart unterscheidet, dass ein eigenständiger Regelungsbedarf für mitbestimmungspflichtige Regelungsfragen besteht[13]. Das trifft zB auch auf Mitarbeiter im Außendienst oder in Forschungsabteilungen zu[14], die nicht zwingend eine „gemeinsame Arbeitsaufgabe" zu bewältigen haben.

4 **Rechtsdogmatisch** ist die Bezeichnung der Arbeitsgruppe als „Element direkter Demokratie"[15], „direkter Partizipation"[16] oder „direkt-demokratischer Interessenvertretung"[17] **irreführend**. Mit ihrer Anerkennung als einem Organ der Betriebsverfassung (Rz. 2) hat der Gesetzgeber vielmehr nur eine weitere (niedrigere) Mitbestimmungsebene eingerichtet, so dass die Arbeitsgruppe als solche nicht ihre (heteronome) Legitimation mit der des weiterhin **generell zuständigen BR** teilt und von diesem ableitet[18]. An den Grenzen, die privatautonom legitimierte Vertragsvereinbarungen der weit beschränkteren Legitimation des BR bzw. der Arbeitsgruppe setzen, ändert sich dadurch nichts (näher Rz. 19). Allerdings unterscheidet die Zugehörigkeit qua **Gruppenmerkmal** die Arbeitsgruppe deutlich vom BR und seinen Ausschüssen, deren Mitglieder durch formelle **Wahlen** bestimmt werden. Dass die quasi-demokratische Legitimation bei den Mitgliedern der Arbeitsgruppe nicht greift, bedeutet aber kein maßgebliches Legitimationsdefizit[19], verbleibt ihr doch die wichtigere **vertragsakzessorische** Legitimation kraft BetrVG[20], die neben dem BR auch die Arbeitsgruppe zu einem geeigneten „Vertragshelfer" für kollektive Gruppenangelegenheiten machen kann.

---

1 BT-Drs. 14/5741, 29. || 2 Vgl. BT-Drs. 14/5741, 28, 29, 40; vgl. ferner *Fitting*, § 28a Rz. 1, 5; GK-BetrVG/*Raab*, § 28a Rz. 2, 4. || 3 Vgl. hierzu *Raab*, NZA 2002, 474f.; *Thüsing*, ZTR 2002, 3; *Wedde*, AiB 2001, 630; eher krit. aber *Däubler*, AuR 2001, 289; *Franzen*, ZfA 2001, 437; GK-BetrVG/*Raab*, § 28a Rz. 4; *Malottke*, AiB 2001, 629; *Neef*, NZA 2002, 363; *Richardi*, NZA 2001, 351; *Wendeling-Schröder*, NZA 2001, 359. || 4 Empirische Bestandsaufnahme bei *Linde*, AiB 2004, 334. || 5 Die Ausschussbildung nach § 28 II wird von § 28a nicht tangiert, vgl. *Franzen* ZfA 2001, 437. || 6 HM, vgl. *Engels*, FS Wißmann, 2005, S. 302 (304f.); *Fitting*, § 28a Rz. 7; GK-BetrVG/*Raab*, § 28a Rz. 7; *Löwisch*, BB 2001, 1734 (1741); *Reichold*, NZA 2001, 862; *Richardi*, NZA 2001, 351. || 7 HM, vgl. *Fitting*, § 28a Rz. 19; *Franzen*, ZfA 2001, 434; GK-BetrVG/*Raab*, § 28a Rz. 20; *Konzen*, RdA 2001, 76 (85); *Natzel*, DB 2001, 1363; *Reichold*, NZA 2001, 862. || 8 HM, vgl. DKKW/*Wedde*, § 28a Rz. 16; *Fitting*, § 28a Rz. 10; GK-BetrVG/*Raab*, § 28a Rz. 12f. || 9 BT-Drs. 14/5741, 40. || 10 Wie hier *Engels*, FS Wißmann, 2005, S. 302 (304); *Fitting*, § 28a Rz. 12; *Löwisch*, BB 2001, 1734 (1740); *Raab*, NZA 2002, 476; zu eng HaKo-BetrVG/*Blanke*, § 28a Rz. 11. || 11 So *Malottke*, AiB 2001, 626. || 12 So aber *Natzel*, DB 2001, 1362; HaKo-BetrVG/*Blanke*, § 28a Rz. 14, fordert forsch „maximal 10 bis 15 Personen". || 13 Ähnlich DKKW/*Wedde*, § 28a Rz. 16; GK-BetrVG/*Raab*, § 28a Rz. 13; *Richardi/Thüsing*, § 28a Rz. 8; *Löwisch/Kaiser*, § 28a Rz. 8. || 14 Bsp. von *Däubler*, AuR 2001, 289. || 15 So *Thüsing*, ZTR 2002, 3. || 16 So *Blanke/Rose*, RdA 2001, 97. || 17 So HaKo-BetrVG/*Blanke*, § 28a Rz. 3, 14. || 18 Vgl. Begr. BT-Drs. 14/5741, 30: Funktion des BR als „einheitliche Interessenvertretung" muss erhalten bleiben; dazu weiterführend *Picker*, NZA 2002, 761 (769: Betriebsautonomie als Fremdbestimmung kraft staatl. Delegation). || 19 So aber *Wendeling-Schröder*, NZA 2001, 359. || 20 Dazu *Reichold*, Betriebsverfassung als Sozialprivatrecht, 1995, S. 486ff., insb. S. 542ff.

Übertragung von Aufgaben auf Arbeitsgruppen Rz. 11 § 28a BetrVG

Die Mitglieder der Arbeitsgruppe sind „als solche" gerade **nicht BR-Mitglieder** und können sich daher zB nicht auf deren Kündigungs- und Versetzungsschutz nach § 15 KSchG oder § 103 berufen[1]. § 28a ist die einzige und abschließende Regelung bzgl. der „Arbeitsgruppe", andere BR-Normen können **nicht analog** angewendet werden. Insb. hat die Arbeitsgruppe keinen Kostenerstattungsanspruch nach § 40[2], doch kann dies in der Rahmenvereinbarung mit dem ArbGeb anders geregelt werden. Ein Anspruch auf Teilnahme an Schulungs- und Bildungsveranstaltungen (§ 37 VI, VII) besteht ebenfalls nicht, jedoch kann entsprechend § 37 II eine (vorübergehende) Freistellung des Gruppensprechers oder anlässlich einer Gruppenversammlung in Betracht kommen. Ein mittelbarer Kündigungsschutz ergibt sich aber entsprechend § 78[3].

Einstweilen frei.

III. Voraussetzungen für die Übertragung (Abs. 1). 1. Betriebsgröße. Neben der Existenz einer „Arbeitsgruppe" als der Adressatin der Delegation (Rz. 3) verlangt Abs. 1 für die Anwendung des § 28a eine **Betriebsgröße von mehr als 100 ArbN**, die – der Gesetzgeber ist hier zu ergänzen – wie bei den anderen Schwellenwerten **regelmäßig** beschäftigt sein müssen (vgl. § 9 Rz. 3, § 28 Rz. 2)[4]. Warum erst ab einer BR-Größe von sieben Mitgliedern der Gesetzgeber die Übertragung von Aufgaben des BR auf Arbeitsgruppen für sinnvoll hält, ist allerdings nicht recht einsichtig[5], kann doch auch der kleinere ArbGeb bei unzumutbaren Mehrkosten die Rahmenvereinbarung verweigern. Nur bei einer dauerhaften Unterschreitung der ArbN-Zahl endet die Übertragungsmöglichkeit **kraft Gesetzes**, eine eingerichtete Arbeitsgruppe muss ihre Arbeit einstellen und ihre Aufgaben fallen an den BR zurück[6].

2. Rahmenvereinbarung mit dem ArbGeb. Weitere zwingende Voraussetzung für die Übertragung von Aufgaben des BR auf eine Arbeitsgruppe ist die von ihm „mit dem ArbGeb abzuschließende **Rahmenvereinbarung**", Abs. 1 S. 1 Hs. 2. Diese soll als Ermächtigungsgrundlage[7] für die Übertragungsbeschlüsse des BR regeln, welchen Arbeitsgruppen in welchem Umfang Aufgaben übertragen werden sollen[8]. Es geht dabei (1) um die genaue Abgrenzung der Arbeitsgruppe (zB Mitarbeiter Vertrieb) und (2) um die rahmenmäßige Aufzählung der zu delegierenden Beteiligungsangelegenheiten (zB Arbeitszeit- und Urlaubsregelungen). Zu beachten ist die im Gesetz angelegte Trennung zwischen „Rahmenvereinbarung" und „Übertragungsbeschluss", vgl. Abs. 1 S. 1 Hs. 1 sowie S. 2 bis 4. Damit soll dem BR eine ausreichend flexible und vor allem konkretere Handhabung der Übertragungsakte **im Rahmen** der getroffenen Vereinbarung ermöglicht werden[9]. Über den Mindestinhalt hinaus sind **Verfahrensregelungen** über die Organisation der Arbeitsgruppe (Rz. 16) im Hinblick auf Abs. 2 sinnvoll und dringend zu empfehlen[10]; diese können mit einer BV nach § 87 I Nr. 13 verbunden werden.

Zur **Rechtsnatur** der Rahmenvereinbarung ist streitig, ob eine formlose Regelungsabrede ausreicht oder eine **BV** erforderlich ist. Der Wortlaut des Abs. 1 lässt eine mündliche Vereinbarung als ausreichend erscheinen[11]. Doch ist wegen der **einschneidenden Wirkung** der Rahmenvereinbarung als einer Abweichung vom gesetzl. Regelsystem und aus Gründen der Rechtssicherheit über den Gesetzestext hinaus davon auszugehen, dass nur eine normativ wirkende BV in der Form des § 77 II die Übertragung auf Arbeitsgruppen ermöglichen kann[12]. Die Rahmenvereinbarung kann auch für **mehrere Arbeitsgruppen** geschlossen werden, was einer Unübersichtlichkeit und Zersplitterung der innerbetriebl. Delegation auf Arbeitsgruppen entgegen wirken würde[13].

Bei der Rahmenvereinbarung handelt es sich um eine **freiwillige BV** (Rz. 2), die **nicht per Einigungsstelle erzwungen** werden kann[14]. ArbGeb wie auch BR müssen sich auf die Delegation auf Arbeitsgruppen nicht einlassen. Das Einigungsstellenverfahren ist auch über den „Umweg" des § 87 I Nr. 13 nicht eröffnet, weil die Frage der Delegation nach § 28a nicht zu den Grundsätzen über die Durchführung von Gruppenarbeit zählt. Gleichwohl lässt sich aus § 75 II 2 zumindest eine **Förderungspflicht** beider Parteien ableiten, die eine Ablehnung an sachliche Gründe bindet[15]. Unterbleibt die Rahmenvereinbarung, findet keine Kompetenzübertragung statt und bleibt dem BR auf ArbN-Seite weiterhin die alleinige Regelungskompetenz.

3. Übertragungsbeschluss. Der von der Rahmenvereinbarung streng zu trennende Übertragungsbeschluss bedarf der „**Mehrheit der Stimmen seiner Mitglieder**", S. 1 Hs. 1, dh. die Mehrheit der Stim-

---

1 HM, vgl. nur *Fitting*, § 28a Rz. 39; GK-BetrVG/*Raab*, § 28a Rz. 8; *Natzel*, DB 2001, 1362; *Stege/Weinspach/Schiefer*, § 28a Rz. 5; aA *Malottke*, AiB 2001, 627. ‖2 Zutr. *Stege/Weinspach/Schiefer*, § 28a Rz. 6; aA *Wedde*, AuR 2002, 126. ‖3 Vgl. *Fitting*, § 28a Rz. 39. ‖4 HM, vgl. *Fitting*, § 28a Rz. 8; GK-BetrVG/*Raab*, § 28a Rz. 10; *Richardi/Thüsing*, § 28a Rz. 5. ‖5 Ähnlich krit. GK-BetrVG/*Raab*, § 28a Rz. 11. ‖6 Wie hier GK-BetrVG/*Raab*, § 28a Rz. 41; *Löwisch/Kaiser*, § 28a Rz. 6; *Richardi/Thüsing*, § 28a Rz. 6. ‖7 GK-BetrVG/*Raab*, § 28a Rz. 15. ‖8 BT-Drs. 14/5741, 40. ‖9 Vgl. hierzu *Fitting*, § 28a Rz. 15. ‖10 Muster bei *Wedde*, AiB 2001, 630 ff.; vgl. ferner *Fitting*, § 28a Rz. 16; GK-BetrVG/*Raab*, § 28a Rz. 21, 25; *Löwisch/Kaiser*, § 28a Rz. 12. ‖11 So zB GK-BetrVG/*Raab*, § 28a Rz. 22; *Malottke*, AiB 2001, 626; *Natzel*, DB 2001, 1362 f.; *Raab*, NZA 2002, 477. ‖12 Wohl hM, vgl. DKKW/*Wedde*, § 28a Rz. 25; *Engels*, FS Wißmann, 2005, S. 302 (307); *Fitting*, § 28a Rz. 18; *Richardi*, NZA 2001, 351; *Thüsing*, ZTR 2002, 5. ‖13 *Stege/Weinspach/Schiefer*, § 28a Rz. 8. ‖14 HM, vgl. *Fitting*, § 28a Rz. 19; GK-BetrVG/*Raab*, § 28a Rz. 20; *Löwisch/Kaiser*, § 28a Rz. 13; *Reichold*, NZA 2001, 862. ‖15 Str., wie hier *Fitting*, § 28a Rz. 19; *Franzen*, ZfA 2001, 434; GK-BetrVG/*Raab*, § 28a Rz. 22; *Löwisch/Kaiser*, § 28a Rz. 13; *Raab*, NZA 2002, 477.

men **aller BR-Mitglieder**, womit nicht die einfache, sondern die **absolute** Mehrheit gemeint ist (vgl. § 27 Rz. 11)[1]. Dabei ist der BR in seiner Entscheidung, **ob und in welchem Umfang** er Beteiligungsrechte an die Arbeitsgruppe überträgt, durch die abgeschlossene Rahmenvereinbarung nicht präjudiziert[2] (bei der Übertragung selbst ist er an die Vorgaben der Rahmenvereinbarung aber natürlich gebunden, vgl. Rz. 13). Eine Bindung an § 75 II 2 oder gar ein einklagbares Recht der Arbeitsgruppe auf ermessensfehlerfreie Entscheidung des BR[3] ist hier – anders als bei der Rahmenvereinbarung (Rz. 10) – deshalb abzulehnen, weil der Gesetzgeber in seiner Begründung den jederzeitigen Widerruf der Übertragung und die absolute Herrschaft des BR über das Übertragungsverfahren deutlich genug betont hat[4]. Ein innerbetriebl. Kompetenzstreit soll nicht entstehen können[5].

12 In S. 3 ordnet der Gesetzgeber die **Schriftform** an, was sich sowohl auf den **Beschluss selbst** (vgl. § 27 Rz. 11) als auch auf die **Mitteilung der Übertragung** an die Mitglieder der Arbeitsgruppe beziehen kann. Die wohl hM bezieht das im Gleichklang mit § 27 II 3 nur auf den Beschluss[6], während eine Mindermeinung die Schriftform (nur) auf die **Mitteilung** bezieht[7]. Der gleich lautende Wortlaut der Normen § 27 II 3 und § 28a I 3 erfordert eine gleich lautende Auslegung iSd. hM. Somit ist der Schriftform als **Wirksamkeitsvoraussetzung** schon zB durch die Sitzungsniederschrift nach § 34 I genügt, doch schließt der Gesetzgeber damit eine Mitteilungsobliegenheit des BR ggü. der Arbeitsgruppe bzw. deren Mitgliedern keineswegs aus. Weil die Arbeitsgruppe kein Organ des BR ist (Rz. 2), wird man wie bei gemeinsamen Ausschüssen eine erweiternde Auslegung des § 34 II dahin gehend vorzunehmen haben, dass eine **Aushändigung** einer Abschrift an beide Betroffenen (Arbeitsgruppe, ArbGeb) zu erfolgen hat, wobei die Arbeitsgruppe durch einen „Gruppensprecher" (Rz. 16) vertreten werden kann. Die Bildung von Arbeitsgruppen kann nicht durch die Geschäftsordnung des BR auf den Betriebsausschuss (§ 28) übertragen werden[8].

13 Werden vom BR Aufgaben übertragen, sind diese (1) durch die Ermächtigung in der Rahmenvereinbarung begrenzt, und müssen (2) auch „**im Zusammenhang** mit den von der Arbeitsgruppe zu erledigenden Tätigkeiten stehen", S. 2. Die Gesetzesbegr. nennt exemplarisch Arbeitszeitfragen, Pausenregelungen, Urlaubsplanung und Arbeitsgestaltung, während etwa Rechte aus §§ 111 ff. nicht übertragbar sein sollen[9]. Der zu fordernde **Tätigkeitsbezug**, bei dessen Bestimmung den Betriebspartnern ein Beurteilungsspielraum zustehen muss[10], kann nach Sinn und Zweck der Norm nicht etwa schematisch nur bei den sozialen Angelegenheiten (§ 87) gesehen werden, um die personellen und wirtschaftlichen Angelegenheiten prinzipiell auszuscheiden[11]. Er kann auch nicht nach dem gesetzesfremden Kriterium der – zu vermeidenden – Gefahr von Drucksituationen für die Gruppe[12] hergestellt werden; denn die Gruppe kann Verhandlungen mit dem ArbGeb jederzeit scheitern lassen. Er ist vielmehr (positiv) nach den je **gruppenspezifischen Belangen** im konkreten Einzelfall zu bestimmen, die sich (negativ) danach abgrenzen lassen, ob andere ArbN des Betriebs von den Gruppenregelungen nennenswert betroffen sein würden[13].

14 Unzulässig nach S. 2 ist demnach nur die Übertragung solcher Regelungsbereiche, die sich nicht auf Belange der Gruppe beschränken, sondern eindeutig den **Betrieb insgesamt** betreffen, zB die personellen Angelegenheiten der §§ 92 ff., insb. Veränderungen im Mitarbeiterbestand (§§ 99 ff.)[14], idR (aber nicht zwingend[15]) auch die Übertragung von Beteiligungsrechten nach §§ 111 ff. Angesichts des Ermessensspielraums, der den BR auch zu inhaltlich oder verfahrensmäßig beschränkten Übertragungsbeschlüssen berechtigt (Rz. 11), besteht kein Anlass zu weiteren **inhaltlichen Restriktionen** (zB in Fragen der Entgeltregelung[16]), will man nicht das Flexibilisierungspotenzial der Vorschrift von vornherein missachten und BR bzw. Arbeitsgruppe entmündigen.

15 **IV. Wirkungen der Übertragung (Abs. 2).** Mit der wirksamen Übertragung betriebsverfassungsrechtl. Aufgaben auf die Arbeitsgruppe tritt diese **an die Stelle des BR** (Rz. 2). Bis zum evtl. Widerruf der Delegation, Abs. 1 S. 4 (Rz. 23), hat dieser nicht die Möglichkeit, Beschlüsse der Gruppe aufzuheben oder zu modifizieren; andernfalls wäre Abs. 2 S. 3 (Rückfall an BR bei Nicht-Einigung, Rz. 22) überflüssig[17]. Auch ein Widerspruchsrecht des BR ist nicht anzuerkennen[18], würde dies doch Sinn und Zweck der Delegation von Aufgaben an die Arbeitsgruppe widersprechen. Er hat die Entscheidung der Arbeits-

---

1 BR-Mitglieder, die der Arbeitsgruppe angehören, sind nicht wegen Befangenheit von der Abstimmung ausgeschlossen, vgl. DKKW/*Wedde*, § 28a Rz. 41. ∥2 Str., wie hier DKKW/*Wedde*, § 28a Rz. 42; HaKo-BetrVG/*Blanke*, § 28a Rz. 8; Entscheidung nach pflichtgemäßem Ermessen fordern *Fitting*, § 28a Rz. 25; GK-BetrVG/*Raab*, § 28a Rz. 31; *Löwisch*, BB 2001, 1734 (1740). ∥3 So *Löwisch/Kaiser*, § 28a Rz. 16, 29. ∥4 BT-Drs. 14/5741, 30, 40. ∥5 Vgl. Kritik von *Neef*, NZA 2001, 363: Befugnisse „von Betriebsrats Gnaden". ∥6 Vgl. nur *Fitting*, § 28a Rz. 22; GK-BetrVG/*Raab*, § 28a Rz. 30; *Löwisch/Kaiser*, § 28a Rz. 15. ∥7 So DKKW/*Wedde*, § 28a Rz. 50; *Wedde*, AuR 2002, 125. ∥8 LAG Hess. 24.9.2009 – 9 TaBV 69/09. ∥9 BT-Drs. 14/5741, 40. ∥10 Zutr. *Richardi*/*Thüsing*, § 28a Rz. 24. ∥11 So etwa *Fitting*, § 28a Rz. 24; *Franzen*, ZfA 2001, 433; *Löwisch/Kaiser*, § 28a Rz. 9 f. ∥12 So DKKW/*Wedde*, § 28a Rz. 31. ∥13 So auch zutr. GK-BetrVG/*Raab*, § 28a Rz. 32; *Raab*, NZA 2002, 478; untauglich dagegen die Abgrenzung *Thüsings* je nach individual-vertragl. Regelbarkeit, vgl. *Richardi*/*Thüsing*, § 28a Rz. 23; *Thüsing*, ZTR 2002, 6. ∥14 HM, vgl. nur *Fitting*, § 28a Rz. 24; *Löwisch*, BB 2001, 1734 (1740); *Stege/Weinspach/Schiefer*, § 28a Rz. 10; *Raab*, NZA 2002, 478. ∥15 Vgl. aber die Kritik bei *Annuß*, NZA 2001, 367 (370 Fn. 25); *Richardi*/*Thüsing*, § 28a Rz. 23. ∥16 So etwa DKKW/*Wedde*, § 28a Rz. 31; HaKo-BetrVG/*Blanke*, § 28a Rz. 20. ∥17 Zutr. GK-BetrVG/*Raab*, § 28a Rz. 38. ∥18 So aber *Malottke*, AiB 2001, 627.

gruppe zu respektieren, auch wenn sie nicht seinem Willen entspricht. Durch die Möglichkeit des **jederzeitigen Widerrufs** der Übertragung sind die Rechte des BR ausreichend geschützt. Dabei bleiben allg. BV auch für die Gruppe verbindlich, solange es nicht zu gruppenspezifischen Modifikationen kraft Gruppenvereinbarung kommt (Rz. 17). Innerhalb des ihr übertragenen Aufgabenbereichs hat die Arbeitsgruppe grds. die **Befugnisse** des BR (vgl. aber Rz. 20), doch haben ihre Mitglieder **nicht** die Stellung der BR-Mitglieder (Rz. 5).

1. Organisation der Arbeitsgruppe. Der Gesetzgeber hat **bewusst** von „Vorgaben zur inneren Struktur" der Arbeitsgruppe **abgesehen**[1]. Im Grundsatz gilt daher nichts anderes als für den gemeinsamen Ausschuss (§ 28 Rz. 10): Organisatorische Regeln über Verfahren und Willensbildung sollen der einvernehmlichen Einigung der Betriebspartner, hier in Gestalt der Rahmenvereinbarung (Rz. 8), überlassen bleiben. Ansonsten gelten die Geschäftsordnungsregeln des BetrVG (§§ 29 ff.[2]) nur in vorsichtiger Analogie, weil die eher informell arbeitende Arbeitsgruppe nicht wie ein „kleiner Betriebsrat" behandelt werden kann. Die Rechtskontrolle des BAG wird sich ähnlich wie zu § 28 auf eine **Missbrauchskontrolle** zu beschränken haben[3]. Sollte der BR-Vorsitzende nicht analog § 29 I 2 die Wahl eines **Gruppensprechers** veranlassen, so kann man sich mit einem „Selbstversammlungsrecht" der Arbeitsgruppe behelfen[4]. Bei der Willensbildung ist die Einhaltung **demokratischer Grundprinzipien** unverzichtbar[5]. Abgesehen vom Verfahren beim Abschluss von Gruppenvereinbarungen (Rz. 17) sollten Beschlüsse analog § 33 zustande kommen. Auch jugendlichen Mitgliedern der Gruppe ist ein Stimmrecht einzuräumen[6]. Eine Abstimmung auch im Umlaufverfahren entspricht ebenfalls den besonderen Gegebenheiten der Gruppe[7]. 16

2. Abschluss von Gruppenvereinbarungen (S. 1, 2). Die Arbeitsgruppe kann **eigenständige** Vereinbarungen im Rahmen der delegierten Aufgaben **mit dem ArbGeb** abschließen, die mit der **absoluten Mehrheit** der Gruppenmitglieder beschlossen sein müssen, S. 1. Für die rechtsdogmatische Einordnung dieser „Gruppenvereinbarung" gibt die in S. 2 angeordnete **analoge Anwendung** von § 77 einen wichtigen Hinweis. Die hM entnimmt dem zutreffend eine Gleichstellung mit BV bzw. Regelungsabrede nach § 77[8]. Die Gruppenvereinbarung kann ihrer Rechtsnatur nach als eine **im Geltungsbereich beschränkte BV**[9] bezeichnet werden (oben Rz. 4), die entweder als formelle, normativ wirkende „Gruppenbetriebsvereinbarung" (§ 77 II–VI analog) oder als informelle, rein schuldrechtliche „Gruppenregelungsabrede" (§ 77 I analog) in Erscheinung tritt. Ihr dennoch einen „Nachrang" ggü. der BV beilegen zu wollen[10], verkennt die Absicht des Gesetzgebers. Das Gegenteil ist richtig: Kommt es – ausnahmsweise – zur inhaltlichen Konkurrenz mit einer BV, so hat die Gruppen(betriebs)vereinbarung kraft sachnotwendiger **Spezialität** den **Anwendungsvorrang** für die Gruppenmitglieder[11]. Sie kann demnach auch eine bislang allg. gültige BV **ablösen**, weil sie individueller auf Bedürfnisse und Problemlagen der Arbeitsgruppe ausgerichtet und daher nach dem Subsidiaritätsprinzip, das der Norm zugrunde liegt, vorrangig ggü. der allgemeineren BV ist. Doch erfolgt deren Verdrängung nur insoweit, als es die Sonderregelungen für die Arbeitsgruppe erfordern. 17

Einstweilen frei. 18

Der **Tarifvorbehalt** nach § 77 III gilt als Grenze der Regelungsbefugnis einer Gruppenvereinbarung[12] (eine Konkurrenz zu tarifl. Regelungen wird meist schon durch den Übertragungsbeschluss ausgeschlossen sein). Dabei gibt es keinen Grund, **Tariföffnungsklauseln** ausschließlich Betriebs- und nicht auch Gruppenvereinbarungen zugute kommen zu lassen[13] – immerhin ordnet ja das Gesetz dem BR auch die Arbeitsgruppe als Delegationsorgan „zu". Auch ist die **normative Wirkung** nach § 77 IV nicht wegen eines angeblichen Legitimationsdefizits der Arbeitsgruppe eingeschränkt auf nur begünstigende Regelungen[14]. Wie oben Rz. 4 ausgeführt, ist die quasi-demokratische Legitimation durch Wahl **keineswegs notwendige Voraussetzung** der betriebl. Normsetzung. Vielmehr kann der Staat seine Normsetzungsbefugnis kraft ihrer Sachnähe auch auf Arbeitsgruppen delegieren, solange nur der Grundrechtsschutz der Normunterworfenen durch strikte Beschränkung der Gruppenvereinbarung auf **kollektive Gruppenangelegenheiten** gewahrt bleibt. Allein diese den betriebl. Beteiligungsrechten immanente Beschränkung sichert die Privatautonomie der ArbN in Betrieb und Gruppe. 19

Berechtigt und verpflichtet aus der Gruppen(betriebs)vereinbarung sind damit alle **Gruppenangehörigen** auch dann, wenn sie am Beschluss nicht mitgewirkt haben, überstimmt wurden oder erst neu 20

---

1 BT-Drs. 14/5741, 40. ||2 So DKKW/*Wedde*, § 28a Rz. 73; *Fitting*, § 28a Rz. 38; HaKo-BetrVG/*Blanke*, § 28a Rz. 23. ||3 BAG 20.10.1993 – 7 ABR 26/93, BAGE 75, 1. ||4 So etwa DKKW/*Wedde*, § 28a Rz. 76; GK-BetrVG/*Raab*, § 28a Rz. 48. ||5 So *Thüsing*, ZTR 2002, 4; vgl. auch § 26 Rz. 3 ff. ||6 So auch *Fitting*, § 28a Rz. 35. ||7 Vgl. auch *Fitting*, § 28a Rz. 36; GK-BetrVG/*Raab*, § 28a Rz. 49. ||8 HM, vgl. *Däubler*, AuR 2001, 289; *Fitting*, § 28a Rz. 32; *Franzen*, ZfA 2001, 434; GK-BetrVG/*Raab*, § 28a Rz. 44; *Löwisch/Kaiser*, § 28a Rz. 22. ||9 So *Richardi*, NZA 2001, 351. ||10 So DKKW/*Wedde*, § 28a Rz. 57 ff.; HaKo-BetrVG/*Blanke*, § 28a Rz. 24 ff.; *Malottke*, AiB 2001, 627 f. ||11 Wohl hM, vgl. *Fitting*, § 28a Rz. 34; GK-BetrVG/*Raab*, § 28a Rz. 55; *Löwisch*, BB 2001, 1734 (1740); *Natzel*, DB 2001, 1363; aA daggen DKKW/*Wedde*, § 28a Rz. 57 ff.; HaKo-BetrVG/*Blanke*, § 28a Rz. 24 ff.; *Richardi/Thüsing*, § 28a Rz. 28. ||12 HM, vgl. nur GK-BetrVG/*Raab*, § 28a Rz. 52. ||13 So aber *Malottke*, AiB 2001, 628. ||14 So aber *Däubler*, AuR 2001, 289; GK-BetrVG/*Raab*, § 28a Rz. 53; *Malottke*, AiB 2001, 629; *Richardi*, NZA 2001, 351; *Wendeling-Schröder*, NZA 2001, 359.

(etwa durch Versetzung) zur Gruppe gestoßen sind. Entscheidend ist ihre **rechtliche**, dh. vertraglich, auch kraft Weisung begründete **und faktische**, dh. kraft „Eingliederung" (vgl. § 7 Rz. 8 f.) erfolgte **Zugehörigkeit** zur (in der Rahmenvereinbarung bezeichneten) Arbeitsgruppe. Genauso enden Berechtigung und Verpflichtung, wenn das gruppenbestimmende Merkmal auf einen ArbN nicht mehr zutrifft. Eine **Beendigung** der Gruppe als solcher liegt vor, wenn derart in Personenbestand oder Funktion eingegriffen wird, dass die Gruppe ihre bisherige **Identität**[1] verliert, zB wenn die Mitglieder insg. ausgewechselt werden.

21 **3. Kündigung und Nachwirkung.** Entsprechend § 77 V sind Gruppen(betriebs)vereinbarungen mit dreimonatiger Frist von beiden Seiten **kündbar**. Längere Kündigungsfristen wären wegen der Flexibilität, die eine Arbeitsgruppe auszeichnet, wenig sinnvoll, kürzere können jedoch **vereinbart** werden. Die Kündigung bedarf als „actus contrarius" zum Abschluss wie dieser der **absoluten Mehrheit** der Gruppenmitglieder[2]. Gruppenvereinbarungen enden **kraft Gesetzes**, wenn durch Auflösung der Arbeitsgruppe (Rz. 20) die Geschäftsgrundlage entfällt[3]. Wird die Übertragung widerrufen oder die Rahmenvereinbarung aufgekündigt, ohne dass die Arbeitsgruppe entfällt, bleibt es bei der Gruppenvereinbarung, bis sie der – wieder zuständige – BR kündigt[4]. Der entsprechenden Anwendung von § 77 VI (**Nachwirkung**) steht nicht entgegen, dass die Arbeitsgruppe selbst nicht die Einigungsstelle anrufen kann (Rz. 22). Der Zweck der Fortgeltung, in den mitbestimmungspflichtigen Angelegenheiten ein Regelungsvakuum zu vermeiden, wird dadurch nicht tangiert[5], es sei denn, dass ausnahmsweise zum selben Gegenstand eine BV existiert.

22 **4. Rückfall der Beteiligungsrechte (S. 3).** Einen „Rückfall" der delegierten Beteiligungsrechte an den BR sieht S. 3 vor, wenn sich „ArbGeb und Arbeitsgruppe in einer Angelegenheit **nicht einigen**" können. Dieser Rückfall in einer **einzelnen** Angelegenheit berührt aber nicht die Übertragung **als solche**[6]. Das Scheitern der Einigung muss von einer der beiden Seiten **verbindlich** erklärt worden sein, auf Seiten der Arbeitsgruppe ist ein Beschluss notwendig, der aber nicht der absoluten Mehrheit bedarf: Es reicht die **einfache** Mehrheit analog § 33 I[7]. Aus dem Rückfall der Beteiligungsrechte folgt nach der Gesetzesbegr.[8] und der hL, dass die Arbeitsgruppe auf eine **einvernehmliche** Einigung mit dem ArbGeb beschränkt und nicht konfliktfähig ist: **Nur dem BR** steht das Recht zu, in einer mitbestimmungspflichtigen Angelegenheit die **Einigungsstelle** anzurufen[9].

23 **V. Widerruf der Übertragung (Abs. 1 S. 4).** Nach Abs. 1 S. 4 kann der **BR** die Übertragung **jederzeit** ganz oder teilweise widerrufen. Die Verweisung auf S. 1 Hs. 1 stellt klar, dass für den **Widerruf** dieselben formalen Anforderungen gelten wie für den Übertragungsbeschluss (absolute Mehrheit, Schriftform, Rz. 11 f.). Der Zugang des Widerrufs an die Arbeitsgruppe ist keine Wirksamkeitsvoraussetzung[10], doch besteht eine Mitteilungsobliegenheit des BR (vgl. Rz. 12). **Inhaltlich** ist der Widerruf nicht an das Vorliegen sachlich nachvollziehbarer Gründe gebunden, wie schon die amtl. Begründung betont (Rz. 11)[11]. Ein „konkludenter" Widerruf zB durch den Abschluss einer der Gruppenvereinbarung widersprechenden BV kommt nicht in Betracht. Das Gesetz möchte durch hinreichend deutliche Delegationsbeschlüsse die Kompetenzverteilung transparent regeln, so dass der Widerruf **ausdrücklich** erfolgen muss (zB auch in einer neuen BV). Mit dem Widerruf der Übertragung fallen die Aufgaben an den BR zurück. Die Gruppenvereinbarungen sind nicht zwingend aufgehoben, daher besteht auch keine Nachwirkungsproblematik. Der BR kann allerdings die Vereinbarungen aufkündigen (Rz. 21).

24 **VI. Streitigkeiten.** Streitigkeiten betreffend Delegation auf und Zuständigkeit der Arbeitsgruppen sowie ihrer Rechte ggü. dem ArbGeb entscheiden die ArbG grds. im Beschlussverfahren (§ 2a I Nr. 1, II iVm. §§ 80 ff. ArbGG). Das gilt auch für Fragen der Wirksamkeit von Rahmen- und Gruppenvereinbarungen. Dabei muss der **Arbeitsgruppe** die Beteiligtenfähigkeit nach § 10 ArbGG zuerkannt werden, da ihr eine ggü. dem BR selbständige Stellung zukommt – sie ist daher **antragsbefugt**[12]. Denn obwohl die Arbeitsgruppe nach Abs. 2 S. 3 in Bezug auf „Vereinbarungen" mit dem ArbGeb nicht konfliktfähig ist, gibt es dennoch einen **eigenständigen** Klärungsbedarf ggü. BR einerseits und ArbGeb andererseits (zB § 80 II 2, Durchführung von Gruppenvereinbarungen etc.)[13]. In Bezug auf die **Rahmenvereinbarung** steht nach der hier vertretenen Meinung (Rz. 10) den Betriebspartnern ein Recht auf **Rechtskontrolle** (nicht: Zweckmäßigkeitskontrolle) in Bezug auf das „Wie" *und* auf das „Ob" zu. Die Überprüfung des **Übertragungsbeschlusses** ist dagegen nur in Bezug auf das „Wie", nicht in Bezug auf das „Ob" möglich (Rz. 11). Auch die **Gruppenvereinbarung** kann nicht im Wege einer Billigkeits- oder Angemessenheitskontrolle, sondern nur im Wege einer Rechtskontrolle auf Antrag vom Gericht überprüft werden.

---

1 So die Formulierung von *Thüsing*, ZTR 2002, 4. ||2 GK-BetrVG/*Raab*, § 28a Rz. 56; *Raab*, NZA 2002, 481. ||3 Vgl. *Fitting*, § 28a Rz. 27; *Thüsing*, ZTR 2002, 7. ||4 HM, vgl. *Fitting*, § 28a Rz. 27; *Franzen*, ZfA 2001, 435; GK-BetrVG/*Raab*, § 28a Rz. 57. ||5 HM, vgl. *Fitting*, § 28a Rz. 32; *Franzen*, ZfA 2001, 435; GK-BetrVG/*Raab*, § 28a Rz. 59; *Löwisch/Kaiser*, § 28a Rz. 23; *Natzel*, DB 2001, 1363; aA DKKW/*Wedde*, § 28a Rz. 65; *Wedde*, AuR 2002, 126. ||6 HM, vgl. *Fitting*, § 28a Rz. 28; GK-BetrVG/*Raab*, § 28a Rz. 42. ||7 So auch *Fitting*, § 28a Rz. 37. ||8 BT-Drs. 14/5741, 40. ||9 HM, vgl. *Fitting*, § 28a Rz. 37; GK-BetrVG/*Raab*, § 28a Rz. 36; *Löwisch/Kaiser*, § 28a Rz. 23. ||10 So aber DKKW/*Wedde*, § 28a Rz. 54; *Fitting*, § 28a Rz. 26; HaKo-BetrVG/*Blanke*, § 28a Rz. 21. ||11 BT-Drs. 14/5741, 40. ||12 Wohl hM, vgl. *Fitting*, § 28a Rz. 40; GK-BetrVG/*Raab*, § 28a Rz. 61; *Löwisch/Kaiser*, § 28a Rz. 29; *Richardi/Thüsing*, § 28a Rz. 33; aA aber DKKW/*Wedde*, § 28a Rz. 84; *Stege/Weinspach/Schiefer*, § 28a Rz. 6. ||13 Vgl. GK-BetrVG/*Raab*, § 28a Rz. 62.

29 Einberufung der Sitzungen

(1) Vor Ablauf einer Woche nach dem Wahltag hat der Wahlvorstand die Mitglieder des Betriebsrats zu der nach § 26 Abs. 1 vorgeschriebenen Wahl einzuberufen. Der Vorsitzende des Wahlvorstands leitet die Sitzung, bis der Betriebsrat aus seiner Mitte einen Wahlleiter bestellt hat.

(2) Die weiteren Sitzungen beruft der Vorsitzende des Betriebsrats ein. Er setzt die Tagesordnung fest und leitet die Verhandlung. Der Vorsitzende hat die Mitglieder des Betriebsrats zu den Sitzungen rechtzeitig unter Mitteilung der Tagesordnung zu laden. Dies gilt auch für die Schwerbehindertenvertretung sowie für die Jugend- und Auszubildendenvertreter, soweit sie ein Recht auf Teilnahme an der Betriebsratssitzung haben. Kann ein Mitglied des Betriebsrats oder der Jugend- und Auszubildendenvertretung an der Sitzung nicht teilnehmen, so soll es dies unter Angabe der Gründe unverzüglich dem Vorsitzenden mitteilen. Der Vorsitzende hat für ein verhindertes Betriebsratsmitglied oder für einen verhinderten Jugend- und Auszubildendenvertreter das Ersatzmitglied zu laden.

(3) Der Vorsitzende hat eine Sitzung einzuberufen und den Gegenstand, dessen Beratung beantragt ist, auf die Tagesordnung zu setzen, wenn dies ein Viertel der Mitglieder des Betriebsrats oder der Arbeitgeber beantragt.

(4) Der Arbeitgeber nimmt an den Sitzungen, die auf sein Verlangen anberaumt sind, und an den Sitzungen, zu denen er ausdrücklich eingeladen ist, teil. Er kann einen Vertreter der Vereinigung der Arbeitgeber, der er angehört, hinzuziehen.

I. Inhalt und Zweck. Die Vorschrift regelt **Einberufung** und **Ablauf** der BR-Sitzungen. In Abs. 1 möchte sie die möglichst rasche **Handlungsfähigkeit** des neu gewählten BR durch genaue Vorgaben für die konstituierende Sitzung sicherstellen, in Abs. 2 bis 4 Grundregeln für alle folgenden weiteren Zusammenkünfte aufstellen. Die Normen gelten **auch für Ausschüsse** des BR, soweit ihnen Aufgaben zur selbständigen Erledigung übertragen worden sind, weil diese an die Stelle des BR treten (vgl. § 27 Rz. 11)[1]. Kraft Verweisung in §§ 65, 115, 116 gilt die Vorschrift auch für besondere Vertretungen; für GBR und KBR gelten nur Abs. 2–4. Auf die informelle **Arbeitsgruppe** nach § 28a findet § 29 dagegen **keine Anwendung** (vgl. § 28a Rz. 16)[2]. Der Gesetzgeber hat hier bewusst von Vorgaben zur inneren Struktur abgesehen, so dass die Arbeitsgruppe auch in ihrer Gesamtheit, also ohne die Wahl eines Vorsitzenden, handlungsfähig sein sollte.

II. Konstituierende Sitzung (Abs. 1). 1. Einberufung (S. 1). Zur ersten (konstituierenden) Sitzung des neuen BR werden sämtliche gewählten Mitglieder vom **Wahlvorstand** geladen, der von seinem Vorsitzenden vertreten wird, vgl. § 16 I 1. Das Gesetz schreibt vor, dass dies „vor Ablauf einer Woche nach dem Wahltag" zu erfolgen hat, dh. nach §§ 187 I, 188 II BGB, dass die **Wochenfrist** mit Ablauf desjenigen Tages endet, welcher durch seine Benennung dem Wahltag entspricht, also zB bei Wahlen am Donnerstag mit Ablauf des Donnerstags der nächsten Woche. Durch Verwendung des Wortes „**einberufen**" bringt der Gesetzgeber zum Ausdruck, dass innerhalb der Woche nicht nur zu „laden" ist, sondern die Sitzung auch **stattfinden** soll[3]. Die rasche Einberufung soll die **Handlungsfähigkeit** des neuen BR durch die zwingend notwendige Wahl des Vorsitzenden und seines Stellvertreters sichern, § 26 I.

Dass die Amtszeit des Vorgänger-BR noch nicht abgelaufen ist, hindert nicht an Einberufung und Abhaltung der konstituierenden Sitzung. Die **vorzeitige Konstituierung** des neuen BR ist für den Regelfall einer Nachfolgewahl (§ 16) vom Gesetzgeber im Interesse **lückenloser Kontinuität** gewollt[4]. Der Amtsbeginn erfolgt dann zwar erst mit Ablauf der Amtszeit des Vorgänger-BR, vgl. § 21 S. 2 Alt. 2, doch ist der neue BR dann sogleich handlungsfähig (§ 21 Rz. 3). Bei Neuwahlen nach § 17 muss dagegen das (kurzzeitige) Auseinanderfallen von Amtsbeginn und Handlungsfähigkeit hingenommen werden, vgl. § 21 S. 2 Alt. 1.

Zu laden sind alle neu gewählten **BR-Mitglieder**, bei deren Verhinderung ihre Stellvertreter. Bis zur Wahl eines Wahlleiters übernimmt der Vorsitzende des Wahlvorstands auch den Vorsitz über die konstituierende Sitzung. Er ist aber nicht stimmberechtigt[5], es sei denn, er ist gleichzeitig in den neuen BR gewählt worden. Wegen der beschränkten Funktion der Sitzung ist der Wahlvorstand **nicht berechtigt**, **andere Teilnehmer**, zB ArbGeb-, Schwerbehinderten- oder Gewerkschaftsvertreter, zur konstituierenden Sitzung zu laden[6]. Die Sitzung ist auch bei eingelegtem Rechtsmittel, dh. bei **Wahlanfechtung**[7], einzuberufen, weil die Rechtswidrigkeit in diesem Falle noch nicht feststeht. Die Einberufungspflicht fällt nur fort, wenn die Wahl für den Wahlvorstand erkennbar nichtig gewesen ist. Zu Mängeln im Bereich des Abs. 1 S. 1 vgl. Rz. 17.

---

1 BAG 18.11.1980 – 1 ABR 31/78, BAGE 34, 260 (267); ferner GK-BetrVG/*Raab*, § 29 Rz. 2. ||2 Str., aA DKKW/*Wedde*, § 29 Rz. 1; *Fitting*, § 29 Rz. 3. ||3 So zutr. GK-BetrVG/*Raab*, § 29 Rz. 8; aA aber die hM, vgl. *Fitting*, § 29 Rz. 11; MünchArbR/*Joost*, § 219 Rz. 3; Richardi/*Thüsing*, § 29 Rz. 4. ||4 HM, vgl. *Fitting*, § 29 Rz. 11; GK-BetrVG/*Raab*, § 29 Rz. 9. ||5 BAG 28.2.1958 – 1 ABR 3/57, DB 1958, 603. ||6 HM, vgl. *Fitting*, § 29 Rz. 14; GK-BetrVG/*Raab*, § 29 Rz. 17; aA LAG Düss. 14.6.1961 – 3 BVTa 1/61, BB 1961, 900 (für ArbGebVertreter); DKKW/*Wedde*, § 29 Rz. 10; (für Gewerkschaftsvertreter); diff. Richardi/*Thüsing*, § 29 Rz. 7. ||7 HM, vgl. DKKW/*Wedde*, § 29 Rz. 4; GK-BetrVG/*Raab*, § 29 Rz. 7.

5 **2. Ablauf und Form (S. 2).** Die konstituierende Sitzung beginnt damit, dass das Gremium „aus seiner Mitte" einen **Wahlleiter** für die weiteren Wahlen bestimmt. Die Kompetenzen des Wahlvorstands sind nicht schon mit der Einberufung der Sitzung erschöpft, sondern erst mit dem Übergang der Sitzungshoheit auf den Wahlleiter – danach entfällt für ihn auch das Teilnahmerecht[1]. Als Wahlleiter können auch solche **BR-Mitglieder** fungieren, die sich für den BR-Vorsitz zur Verfügung stellen; doch sollte auch ohne gesetzl. Regelung eine solche Interessenkollision besser vermieden werden. Zur Bestellung ist die einfache Mehrheit ausreichend (§ 33 analog).

6 Nach den Pflichtwahlen des Vorsitzenden und seines Stellvertreters ist die konstituierende Sitzung **beendet**. Dem Wahlvorstand steht nicht die Kompetenz zu, nach eigenem Ermessen weitere Organisationsakte wie zB die Wahl des Schriftführers oder weiterer Ausschüsse oder die Bestimmung der Mitglieder des GBR oder KBR auf die Tagesordnung zu setzen[2]. Das schließt aber nicht aus, dass unter Vorsitz des neu gewählten **BR-Vorsitzenden** die Sitzung mit Beratungen fortgesetzt werden kann. **Beschlüsse** können wirksam aber nur gefasst werden, wenn (1) die Amtszeit schon begonnen hat, § 21 S. 2, (2) **alle Mitglieder einstimmig** der Erweiterung der Tagesordnung während der Sitzung zustimmen[3], (3) die Vertrauensperson der Schwerbehindertenvertretung bzw. ein Vertreter der JAV hinzugezogen werden können, vgl. Abs. 2 S. 4.

7 **III. Weitere Sitzungen (Abs. 2–4).** Für die „weiteren Sitzungen" des BR, die idR in nach der Geschäftsordnung **regelmäßige** (Abs. 2) und **außerordentliche** (Abs. 3) Sitzungen unterteilt werden, gelten grds. die Vorschriften der §§ 29–36. Sie finden nur auf solche (**förmliche**) Sitzungen Anwendung, auf denen **Beschlüsse** des BR gefasst werden, vgl. § 33. Das Gesetz regelt damit also die Voraussetzungen rechtswirksamen Handelns des BR als **Organ**, ohne damit anderweitige Zusammenkünfte des BR und seiner Mitglieder unterbinden zu wollen.

8 **1. Einberufung.** Die weiteren Sitzungen werden vom **Vorsitzenden** des BR einberufen, Abs. 2 S. 1 bzw. Abs. 3. Ist der Vorsitzende verhindert, kann der Stellvertreter, im Falle auch dessen Verhinderung ein anderer geschäftsplanmäßiger Vertreter[4] die Einberufung vornehmen. Ein **Selbstversammlungsrecht** des BR kann wirksam nur angenommen werden, wenn alle BR-Mitglieder anwesend sind und einstimmig die Tagesordnung billigen[5]. Andernfalls würde Abs. 3 übergangen, der den Vorsitzenden zur Einberufung **verpflichtet**, „wenn dies ein Viertel der Mitglieder des BR oder der Arbeitgeber" beantragen. Andere ArbN können zwar eine Sitzung nicht beantragen, jedoch nach § 86a S. 2 bei Unterstützung durch **mindestens 5 %** der betriebl. ArbN die **Beratung** eines von ihnen vorgeschlagenen Themas auf einer Sitzung in den nächsten zwei Monaten durchsetzen (Rz. 15).

9 Die **Ladung**, mit der die Tagesordnung mitzuteilen ist, soll „**rechtzeitig**" erfolgen, S. 3. Die BR-Mitglieder sollen dadurch die Möglichkeit erhalten, sich ein Bild über die in der Sitzung zu treffenden Entscheidungen zu machen, um sich ausreichend darauf vorbereiten zu können[6]. Allerdings ist damit nicht das Recht für einzelne Mitglieder verbunden, sämtliche zT umfangreichen Unterlagen schon *vor* der Sitzung einsehen zu dürfen (vgl. auch § 34 III)[7]. Zur Bestimmung der Rechtzeitigkeit kommt es idR auf die übliche Praxis des BR an[8], wobei ein Zeitraum von drei bis vier Tagen vor der Sitzung ausreichen dürfte. Er kann kürzer bemessen sein, wenn der BR regelmäßig, zB einmal wöchentlich, zu einem festgesetzten Termin zusammentritt, oder wenn der Termin durch Geschäftsordnung festgesetzt ist[9].

10 Einstweilen frei.

11 **2. Zeitpunkt der Sitzung.** Den Zeitpunkt der Sitzung bestimmt der Vorsitzende nach **pflichtgemäßem Ermessen**[10] je nach Arbeitsanfall, wobei idR durch die Geschäftsordnung (§ 36) ein regelmäßiger Turnus vorgeschrieben ist (zB einmal im Monat). Das Ermessen ist reduziert, wenn ein Viertel der Mitglieder des BR oder der ArbGeb eine **außerordentliche** Sitzung nach Abs. 3 verlangen (Rz. 8), was nur durch entsprechende Antragstellung ggü. dem Vorsitzenden möglich ist[11].

12 **3. Teilnehmer.** Zur Sitzung sind nach Abs. 2 S. 3 **alle** BR-Mitglieder zu laden. Bei **Verhinderung**, die nach S. 5 dem Vorsitzenden unverzüglich unter Angabe der Gründe mitzuteilen ist, müssen **Ersatzmitglieder** geladen werden, S. 6 (vgl. § 25 Rz. 4)[12]. Nach S. 4 sind auch die Schwerbehindertenvertretung (vgl. § 32 BetrVG iVm. § 94 SGB IX) und die JAV (vgl. § 67) zu laden, „soweit sie ein Recht auf Teilnah-

---

1 BAG 28.2.1958 – 1 ABR 3/57, DB 1958, 603. || 2 HM, vgl. GK-BetrVG/*Raab*, § 29 Rz. 22; Richardi/*Thüsing*, § 29 Rz. 15; aA aber DKKW/*Wedde*, § 29 Rz. 3. || 3 So das BAG 28.4.1988 – 6 AZR 405/86, BAGE 58, 221 (227) (zur gewöhnlichen Sitzung); zur konstituierenden Sitzung von BAG 13.11.1991 – 7 ABR 18/91, BAGE 69, 49 (58) offen gelassen; aA DKKW/*Wedde*, § 29 Rz. 14; *Fitting*, § 29 Rz. 21; GK-BetrVG/*Raab*, § 29 Rz. 22 (Mehrheitsbeschluss reicht). || 4 ArbG Marburg 13.11.1992 – 2 Ca 143/92, ARST 1993, 155. || 5 LAG Saarl. 11.11.1964 – Sa 141/63, DB 1965, 148; *Fitting*, § 29 Rz. 24; DKKW/*Wedde*, § 29 Rz. 15; Richardi/*Thüsing*, § 29 Rz. 17; zurückhaltend GK-BetrVG/*Raab*, § 29 Rz. 25. || 6 HM, vgl. BAG 28.4.1988 – 6 AZR 405/86, BAGE 58, 221 sowie *Fitting*, § 29 Rz. 44; GK-BetrVG/*Raab*, § 29 Rz. 35. || 7 BVerwG 29.8.1975 – VII P 2.74, BVerwGE 49, 144 (152f.). || 8 LAG Düss. 26.10.2007 – 9 TaBV 54/07. || 9 Etwas komplizierter GK-BetrVG/*Raab*, § 29 Rz. 36f., der eine Ladung dann für entbehrlich hält, dennoch aber die rechtzeitige Mitteilung der Tagesordnung fordern muss. || 10 HM, vgl. DKKW/*Wedde*, § 29 Rz. 16; GK-BetrVG/*Raab*, § 29 Rz. 24; MünchArbR/*Joost*, § 219 Rz. 9. || 11 GK-BetrVG/*Raab*, § 29 Rz. 27f. || 12 BAG 23.8.1984 – 2 AZR 391/83, BAGE 46, 258 (263); 3.8.1999 – 1 ABR 30/98, BAGE 92, 162 (167); ausf. *Mletzko*, AiB 1999, 552f.; GK-BetrVG/*Raab*, § 29 Rz. 42.

me" haben, was nach den Spezialnormen beider Vertretungen idR der Fall ist[1]. Sie haben sich grds. beim Vorsitzenden zu entschuldigen, falls sie nicht teilnehmen können, S. 5. Dann muss der Vorsitzende ihre Vertreter laden[2].

Einstweilen frei. 13

Der **ArbGeb** hat nach Abs. 4 nur ein **eingeschränktes** Teilnahmerecht, wenn er einen Antrag nach Abs. 3 gestellt hat oder vom BR „ausdrücklich" eingeladen wurde, vgl. Abs. 4 S. 1. Beim eigenen Antrag (Abs. 3) beschränkt sich sein Teilnahmerecht auf die Behandlung des von ihm vorgeschlagenen Themas, im anderen Fall (Abs. 4) kann der BR seine Einladung auf bestimmte Tagesordnungspunkte begrenzen[3]. Wird der ArbGeb **ausdrücklich** (zielgerichteter Wunsch des BR) eingeladen, kann er auch einen kompetenten Vertreter in die Sitzung entsenden[4]. Es entsteht jedenfalls insoweit nicht nur ein Teilnahmerecht, sondern aus dem Gebot der vertrauensvollen Zusammenarbeit heraus eine **Teilnahmepflicht**[5], die aber a priori **kein Stimmrecht** beinhalten kann[6]. Nach dem klaren Wortlaut des Abs. 4 S. 2 ist der ggf. hinzuzuziehende **Verbandsvertreter** dagegen nicht vom BR-Vorsitzenden einzuladen, sondern als Folge der Teilnahme des ArbGeb von diesem zusätzlich (nicht: als sein Vertreter) **hinzuzuziehen**[7]. 14

4. Ablauf und Form (Abs. 2 S. 2). Der Vorsitzende legt die **Tagesordnung** nach eigenem pflichtgemäßen Ermessen fest. Dabei sind die einzelnen Beschlussgegenstände in den Tagesordnungspunkten **klar zu fassen**, weil andernfalls (zB Bezeichnung „Verschiedenes") nur Diskussionen, nicht aber verbindliche Beschlüsse möglich sind[8]. Das Ermessen ist reduziert im Fall von Abs. 3, wenn ArbGeb oder 25 % des BR die Behandlung eines bestimmten Gegenstandes verlangt haben. Ähnlich verhält es sich mit der Pflicht, von **einzelnen ArbN** gewünschte Tagesordnungspunkte nach § 86a binnen zweier Monate (Rz. 8) oder Angelegenheiten der **Schwerbehindertenvertretung** nach § 95 IV 1 Hs. 2 SGB IX auf die nächste Tagesordnung zu setzen. Eine **Ergänzung** der Tagesordnung ist nur durch **einstimmigen Beschluss** des vollständig versammelten BR bzw. dann möglich, wenn kein BR-Mitglied widerspricht, weil ansonsten die Grundsätze einer ordnungsgemäßen Beschlussfassung im Hinblick auf die rechtzeitige Vorbereitung des Themas, aber auch im Hinblick auf die Rechte abwesender BR-Mitglieder nicht mehr gewährleistet sind[9]. Diese strenge Rspr. wird zu Unrecht als formalistisch[10] oder praxisfern kritisiert[11], weil sie in Ausnahme- und Eilsituationen ohnehin außer Betracht bleiben kann. Ansonsten kann sie durch rasche Einberufung einer neuen Sitzung mit ordnungsgemäßen Beschlüssen bzw. durch entsprechend vorsorgende Regelungen in der Geschäftsordnung „entschärft" werden (vgl. auch Rz. 18). 15

IV. Sitzung mit SprAu. Nach § 2 II 3 SprAuG „sollen" BR und SprAu einmal im Kalenderjahr zu einer gemeinsamen Sitzung zusammentreffen. In Bezug auf diese Sitzung nehmen die Vorsitzenden beider Gremien **gemeinsam** die Aufgaben der Einberufung und Leitung der Sitzung wahr[12]. 16

V. Streitigkeiten. Streitigkeiten im Zusammenhang mit Einberufung und Leitung der Sitzungen entscheiden die ArbG im **Beschlussverfahren** (§ 2a I Nr. 1, II iVm. §§ 80 ff. ArbGG). Zu beachten ist, dass die Vernachlässigung der kurzen Fristsetzung bei der konstituierenden Sitzung nach **Abs. 1 S. 1** ohne nachteilige Rechtsfolgen bleibt, weil es sich hier um eine reine **Ordnungsvorschrift** handelt[13]. Das Recht zur konstituierenden Sitzung kann auch im Wege der (subsidiären) **Selbstversammlung** wahrgenommen werden, indem sämtliche gewählten Mitglieder zusammentreffen und aus ihrer Mitte den Vorsitzenden und seinen Stellvertreter wählen[14]. 17

Wesentliche Grundsätze formuliert dagegen Abs. 2. Erfolgt die Ladung nicht unter korrekter Angabe der Tagesordnung, sind die auf der Versammlung gefassten Beschlüsse **rechtswidrig** und können nur geheilt werden, wenn der vollständig versammelte BR einstimmig die Tagesordnung ergänzt[15]. Ansonsten sind die Beschlüsse nichtig[16], und zwar selbst dann, wenn die vollständig versammelten BR-Mitglieder ordnungsgemäß abstimmen[17]. Dasselbe gilt, wenn im Falle der **Verhinderung** die Vertreter nicht geladen wurden[18]. Der Vorsitzende hat daher die Modalitäten der Einberufung unbedingt einzuhalten, weil ansonsten zB auch kein Vergütungsanspruch nach § 37 BetrVG entsteht[19]. 18

---

1 Vgl. etwa GK-BetrVG/*Raab*, § 29 Rz. 41 zum Teilnahmerecht der JAV. ||2 Vgl. *Mletzko*, AiB 1999, 552. ||3 HM, vgl. DKKW/*Wedde*, § 29 Rz. 34; GK-BetrVG/*Raab*, § 29 Rz. 64; ferner *Hamm*, AiB 1999, 489 mit Formulierungsvorschlägen. ||4 BAG 11.12.1991 – 7 ABR 16/91, NZA 1992, 850. ||5 HM, vgl. *Fitting*, § 29 Rz. 56; GK-BetrVG/*Raab*, § 29 Rz. 69. ||6 HM, vgl. nur GK-BetrVG/*Raab*, § 29 Rz. 67. ||7 Dazu näher *Fitting*, § 29 Rz. 62 ff.; GK-BetrVG/*Raab*, § 29 Rz. 72 ff. ||8 BAG 28.10.1992 – 7 ABR 14/92, NZA 1993, 466; LAG Bbg. 2.4.1998 – 3 Sa 477/96, ZTR 1998, 526 (zum Tagesordnungspunkt „Verschiedenes"). ||9 BAG 24.5.2006 – 7 AZR 201/05, NZA 2006, 1364 (Rz. 19); 28.10.1992 – 7 ABR 14/92, NZA 1993, 466; LAG Köln 25.11.1998 – 2 TaBV 38/98, NZA-RR 1999, 245. ||10 So HaKo-BetrVG/*Blanke*, § 29 Rz. 11. ||11 So DKKW/*Wedde*, § 29 Rz. 20, zust. GK-BetrVG/*Raab*, § 29 Rz. 53. ||12 Vgl. näher GK-BetrVG/*Raab*, § 29 Rz. 78 ff. ||13 HM, vgl. *Fitting*, § 29 Rz. 9; MünchArbR/*Joost*, § 219 Rz. 4. ||14 HM, vgl. GK-BetrVG/*Raab*, § 29 Rz. 13; MünchArbR/*Joost*, § 219 Rz. 4. ||15 So die Rspr., vgl. BAG 28.4.1988 – 6 AZR 405/86, BAGE 58, 221 (226 ff.). ||16 BAG 28.4.1988 – 6 AZR 405/86, BAGE 58, 221 (226) (keine Mitteilung der Tagesordnung); 28.10.1992 – 7 ABR 14/92, NZA 1993, 466 (zum TOP „Verschiedenes"). ||17 So LAG BW 22.10.1997 – 2 TaBV 3/97, nv., bestätigt von BAG 8.3.2000 – 7 ABR 11/98, BAGE 94, 42 (45). ||18 So LAG Nürnberg 23.9.1997 – 6 Sa 242/96, AiB 1998, 162 (Urlaubsabwesenheit und nachträgliche Heilung durch erneuten Beschluss). ||19 Zum Anspruch aus § 76a vgl. BAG 19.8.1992 – 7 ABR 58/91, NZA 1993, 710.

19 Der Vorsitzende handelt **pflichtwidrig**, wenn er einem Antrag nach **Abs. 3** nicht oder zu zögerlich nachkommt. Die Pflichtwidrigkeit kann auch darin bestehen, den beantragten Beratungsgegenstand nicht auf die Tagesordnung der nächsten Sitzung aufzunehmen[1]. Der BR hat dann die Möglichkeit, den Vorsitzenden abzuberufen (§ 26 Rz. 6), während der ArbGeb nach § 23 I vorgehen kann.

30 Betriebsratssitzungen

Die Sitzungen des Betriebsrats finden in der Regel während der Arbeitszeit statt. Der Betriebsrat hat bei der Ansetzung von Betriebsratssitzungen auf die betrieblichen Notwendigkeiten Rücksicht zu nehmen. Der Arbeitgeber ist vom Zeitpunkt der Sitzung vorher zu verständigen. Die Sitzungen des Betriebsrats sind nicht öffentlich.

1 **I. Inhalt und Zweck.** Die Vorschrift regelt unter der Überschrift „BR-Sitzungen" zwei unterschiedliche Sachverhalte: die **zeitliche Lage** der Sitzungen (S. 1 bis 3) und deren **Nichtöffentlichkeit** (S. 4). Damit wird die Grundnorm des § 29 II zur Einberufung der BR-Sitzungen **ergänzt** und wie dort davon ausgegangen, dass die Anberaumung in Bezug auf Häufigkeit und zeitliche Lage **allein Sache des BR** bzw. dessen Vorsitzenden ist[2], vgl. S. 2. Nicht geregelt werden dagegen der Ort (vgl. § 40 II), die Teilnahmeberechtigung (vgl. § 29 Rz. 12 ff.) und der Ablauf der Sitzungen (vgl. § 29 Rz. 15).

2 **II. Zeitliche Lage der Sitzungen (S. 1, 2).** Die Sitzungen, die der Vorsitzende nach § 29 II 1 einberuft, sollen nach S. 1 grds. nicht in Arbeitspausen oder sonst außerhalb der Arbeitszeit stattfinden, sondern „in der Regel" **während der Arbeitszeit**. Damit verdeutlicht das Gesetz, dass die Ausübung der BR-Tätigkeit zu Lasten des ArbGeb und nicht zu Lasten der Freizeit der BR-Mitglieder gehen soll (näher §§ 37–41). Die Sitzungen sind daher möglichst in die **persönliche** Arbeitszeit aller BR-Mitglieder zu legen[3], was in Betrieben mit starren Regelarbeitszeiten unproblematisch ist, nicht aber in Betrieben mit flexiblen Gleitzeit- oder Schichtsystemen. Der Vorsitzende muss darauf bedacht sein, die Sitzungen möglichst in der Kernarbeitszeit oder in jenen Tagschichten anzuberaumen, in denen die **Mehrheit** der BR-Mitglieder arbeitet. Rücksicht zu nehmen ist auch auf die persönlichen Arbeitszeiten der Teilzeitkräfte[4]. Lässt sich **ausnahmsweise** ein Freizeitopfer wegen einer außerdienstl. Sitzungsteilnahme zB von Nachtschicht- oder Teilzeit-Mitarbeitern nicht vermeiden, haben diese Anspruch auf **Freizeitausgleich** nach § 37 III[5] (vgl. § 37 Rz. 20).

3 Die Rücksichtnahme „auf die **betrieblichen Notwendigkeiten**", S. 2, bedeutet nicht etwa, dass die Sitzungen zB regelmäßig auf den Beginn oder das Ende der Arbeitszeit zu legen seien[6]. Vielmehr muss die Terminierung nur solche **dringenden** betriebl. Gründe berücksichtigen, die einen **zwingenden** Vorrang vor dem Interesse des BR an dem von ihm präferierten Termin begründen[7], so zB bei dem Interesse einer Fluglinie, dass die Gremiumsmitglieder zur Sitzung die Flüge der eigenen Gesellschaft und nicht die eines Konkurrenzunternehmens nutzen[8]. Nur in **Ausnahmefällen** darf die Sitzung wegen zwingender betriebl. Gründe (zB Termindruck bei Erledigung eines Großauftrags im Kleinbetrieb) auch außerhalb der Arbeitszeit stattfinden, soweit dem ArbGeb die entsprechenden organisatorischen Änderungen nicht zumutbar sind[9]. Zu den Folgen eines Verstoßes gegen S. 2 vgl. Rz. 6.

4 **III. Benachrichtigung des ArbGeb (S. 3).** S. 3 normiert eine **Unterrichtungspflicht** des BR, die er **rechtzeitig** („vorher") ggü. dem ArbGeb wahrzunehmen hat, um es diesem zu ermöglichen, die Betriebsorganisation auf die Abwesenheit der Sitzungsteilnehmer einzurichten[10] und ggf. seine Rechte aus § 29 IV geltend zu machen. Deshalb gibt ein nachträglicher Auskunftsanspruch auch keinen rechten Sinn[11]. Die Informationspflicht des BR nach S. 3 begründet für den ArbGeb keinerlei Zustimmungs- oder Veto-Recht, doch kann er bei krasser Vernachlässigung betrieblicher Notwendigkeiten uU eine einstw. Verfügung gegen die Abhaltung der Sitzung erwirken (hM). Die Unterrichtung kann unterbleiben, wenn der BR in einem **Regelturnus** tagt (etwa auf Grund BV[12] oder Geschäftsordnung[13] des BR, vgl. § 29 Rz. 11) und dies dem ArbGeb – wie idR – auch bekannt ist.

5 **IV. Nichtöffentlichkeit (S. 4).** Die seit den Anfängen der Betriebsverfassung (§ 30 I 2 BRG 1920) existierende Regel in S. 4, die BR-Sitzungen für **nicht öffentlich** erklärt, soll die von äußeren Einflüssen freie Beratung und Entscheidungsfindung im BR sicherstellen. Die gesetzl. Benennung des Teilnehmerkreises, also insb. die Mitglieder des BR selbst, ggf. die Ersatzmitglieder sowie die in §§ 29, 31, 32, 67 genannten Personen (vgl. § 29 Rz. 12 ff.), ist also **abschließend**. Das schließt nicht andere gesetzl. vorgesehene

---

1 GK-BetrVG/*Raab*, § 29 Rz. 32. || 2 HM, vgl. *Fitting*, § 30 Rz. 9; GK-BetrVG/*Raab*, § 30 Rz. 5. || 3 HM, vgl. *Fitting*, § 30 Rz. 6; GK-BetrVG/*Raab*, § 30 Rz. 5; missverständlich Richardi/*Thüsing*, § 30 Rz. 2 bzw. 5. || 4 Vgl. BAG 27.11.1987 – 7 AZR 29/87, NZA 1988, 661. || 5 Ganz hM, vgl. nur *Fitting*, § 30 Rz. 6; GK-BetrVG/*Raab*, § 30 Rz. 14. || 6 So aber *Hess/Schlochauer/Glaubitz*, 5. Aufl., § 30 Rz. 7; anders die hM, vgl. nur DKKW/*Wedde*, § 30 Rz. 7; GK-BetrVG/*Raab*, § 30 Rz. 8. || 7 LAG Bln.-Bbg. 18.3.2010 – 2 TaBV 2694/09. || 8 So LAG Köln 17.4. 2002 – 7 TaBV 13/01, BB 2002, 2680. || 9 HM, vgl. *Fitting*, § 30 Rz. 6; GK-BetrVG/*Raab*, § 30 Rz. 9; großzügiger Richardi/*Thüsing*, § 30 Rz. 4. || 10 Vgl. nur *Fitting*, § 30 Rz. 14; GK-BetrVG/*Raab*, § 30 Rz. 16. || 11 Zutr. ArbG Hamburg 8.9.1999 – 13 BV 4/99, AiB 2000, 102; zust. *Fitting*, § 30 Rz. 14; aA GK-BetrVG/*Raab*, § 30 Rz. 17; Richardi/*Thüsing*, § 30 Rz. 7a. || 12 Hierzu vgl. GK-BetrVG/*Raab*, § 30 Rz. 11; Richardi/*Thüsing*, § 30 Rz. 7. || 13 DKKW/*Wedde*, § 30 Rz. 10.

Ausnahmen aus, etwa wenn der BR bewusst **Sachverständige** oder andere **Auskunftspersonen** zB nach § 80 II 3 oder § 80 III einlädt[1]. Auch können ArbN bei individueller Betroffenheit in personellen Angelegenheiten (§§ 99 ff.) hinzugezogen werden[2]. Der Nichtöffentlichkeit korrespondiert die in §§ 79, 80 IV angeordnete **Verschwiegenheitspflicht**. Eine generelle Geheimhaltungspflicht für den Verlauf von BR-Sitzungen ergibt sich aus S. 4 jedoch nicht[3].

V. Streitigkeiten. Beschlüsse des BR, die unter Verstoß gegen die Anforderungen des § 30 zustande kommen (zB ohne Unterrichtung des ArbGeb), bleiben dennoch **wirksam**[4]. Arbeitsbefreiung ist auch für die unwirksam anberaumte Sitzung zu erteilen (vgl. § 37 II)[5]. Werden betriebl. Notwendigkeiten nicht beachtet, kann der ArbGeb allenfalls auf eine Verschiebung der Sitzung drängen[6] oder diese per einstw. Verfügung erzwingen (hM, vgl. Rz. 4). Ein „Unterlassungsanspruch" des ArbGeb gegen den BR wird durch S. 2 jedenfalls nicht begründet; ggf. ist der ArbGeb auf einen „Feststellungsantrag" zu verweisen, der seinerseits Grundlage für einen Antrag nach § 23 III sein kann[7]. **6**

31 Teilnahme der Gewerkschaften

Auf Antrag von einem Viertel der Mitglieder des Betriebsrats kann ein Beauftragter einer im Betriebsrat vertretenen Gewerkschaft an den Sitzungen beratend teilnehmen; in diesem Fall sind der Zeitpunkt der Sitzung und die Tagesordnung der Gewerkschaft rechtzeitig mitzuteilen.

I. Inhalt und Zweck. Die Vorschrift wurde durch Aufgabe des Gruppenschutzes im BetrVerf-ReformG 2001 vereinfacht und entspricht nun wieder im Wesentlichen der Urfassung von 1952[8]. Sie konkretisiert für die BR-Sitzungen das **Kooperationsgebot** nach § 2 I, dient dabei auch dem Schutz gewerkschaftlicher Minderheiten im BR, setzt aber eine **Initiative** von Seiten des BR voraus. Ein eigenständiger Teilnahmeanspruch der Gewerkschaften besteht gerade **nicht**. Auch der BR-Vorsitzende ist nicht berechtigt, von den Voraussetzungen des § 31 abzusehen und von sich aus Gewerkschaftsvertreter hinzuzuziehen. Die Norm gilt unmittelbar für die BR-Sitzungen und entsprechend für die Ausschusssitzungen (vgl. § 27 Rz. 9)[9], **nicht aber** auch für Arbeitsgruppen nach § 28a, weil diese nicht Organe des BR sind und bei ihnen die Selbstverwaltung im Vordergrund steht[10]. **1**

II. Gewerkschaftsbeauftragter. Als **personelle** Voraussetzung fordert § 31 nur, dass die Gewerkschaft **im BR** (nicht nur im Betrieb) **vertreten** ist, also mindestens ein BR-Mitglied zugleich Mitglied der Gewerkschaft ist. Nach neuer Rspr. muss eine Tarifzuständigkeit der Gewerkschaft für den Betrieb oder das Unternehmen aber nicht bestehen[11]. Der Beauftragte wird dann von der Gewerkschaft selbst ausgewählt[12]. Sind im BR mehrere Gewerkschaften vertreten, so kann je nach Antrag auch nur eine Gewerkschaft – nicht zwingend alle vertretenen Gewerkschaften – zur Sitzung eingeladen werden[13]. Der BR kann den Kreis der teilnahmeberechtigten Gewerkschaften aber nicht eigenmächtig zB durch Geschäftsordnung erweitern[14]. **2**

Einstweilen frei. **3**

III. Voraussetzungen des Teilnahmerechts. Das Teilnahmerecht entsteht auf Grund eines **formlosen Antrags** mindestens **eines Viertels** der BR-Mitglieder, der auch keiner Begründung bedarf. Gemeint ist ein Viertel **aller gewählten** Mitglieder, nicht ein Viertel der gerade anwesenden Mitglieder. Der Antrag kann auch außerhalb einer BR-Sitzung zB durch Brief oder E-Mail an den Vorsitzenden gerichtet werden. Der Antrag muss die Gewerkschaft, die einen Beauftragten entsenden soll, und die Sitzung mit Tagesordnungspunkt bezeichnen. Sind diese Voraussetzungen erfüllt, steht dem Vorsitzenden kein Entscheidungsermessen zu und hat er die Gewerkschaft zu informieren[15]. Das Antragsrecht ist ein **Minderheitenrecht**, so dass es nicht durch einen gegenteiligen Mehrheitsbeschluss des BR überstimmt werden kann[16]. **4**

Erst recht kann der BR auch durch **Mehrheitsbeschluss** (§ 33) die Hinzuziehung eines Gewerkschaftsbeauftragten verlangen (hM). Doch bleibt auch in diesem Fall die Wertung des § 31 **verbindlich**, dass nur die Hinzuziehung von im **BR** vertretenen, nicht allgemeiner auch die von im Betrieb vertretenen **5**

---

[1] ArbG Frankfurt/M. 16.9.1988 – 15 BVGa 20/88, AiB 1989, 14; ferner DKKW/*Wedde*, § 30 Rz. 12; *Fitting*, § 30 Rz. 17; GK-BetrVG/*Raab*, § 30 Rz. 19 f., die unwillens Sachverst., der Beratung beiwohnen dürfen, und sonstigen Auskunftspersonen, denen dieses Recht nicht zusteht, differenzieren. ‖ [2] So auch DKKW/*Wedde*, § 30 Rz. 12. ‖ [3] LAG Hess. 16.12.2010 – 9 TaBV 55/10; BAG 5.9.1967 – 1 ABR 1/67, BAGE 20, 56; hM, vgl. *Fitting*, § 30 Rz. 21. ‖ [4] Vgl. zB zu S. 2 ArbG Frankfurt/M 2.3.1988 – 14 BV 16/87, AiB 1988, 309; zu S. 4 BAG 28.2.1958 – 1 ABR 3/57, DB 1958, 603; ganz hM, vgl. nur *Fitting*, § 30 Rz. 12; GK-BetrVG/*Raab*, § 30 Rz. 10, 17, 23. ‖ [5] ArbG Hamburg 3.6.2005 – 25 Ca 52/08. ‖ [6] ArbG Frankfurt/M. 2.3.1988 – 14 BV 16/87, AiB 1988, 309. ‖ [7] LAG Bln.-Bbg. 18.3.2010 – 2 TaBV 2694/09. ‖ [8] Richardi/*Thüsing*, § 31 Rz. 2. ‖ [9] HM, zum Wirtschaftsausschuss vgl. BAG 18.11.1980 – 1 ABR 31/78, BAGE 34, 260 (267 ff.); 25.6.1987 – 6 ABR 45/85, BAGE 55, 386 (389 f.); ferner GK-BetrVG/*Raab*, § 31 Rz. 3; Richardi/*Thüsing*, § 31 Rz. 25 ff. ‖ [10] AA *Fitting*, § 28a Rz. 3; § 31 Rz. 3; HaKo-BetrVG/*Blanke*, § 31 Rz. 2. ‖ [11] BAG 10.11.2004 – 7 ABR 19/04, NZA 2005, 426. ‖ [12] Vgl. *Fitting*, § 31 Rz. 19; GK-BetrVG/*Raab*, § 31 Rz. 16. ‖ [13] Dazu mit Argumenten aus der Entstehungsgeschichte GK-BetrVG/*Raab*, § 31 Rz. 13. ‖ [14] BAG 28.2.1990 – 7 ABR 22/89, BAGE 64, 229. ‖ [15] HM, vgl. GK-BetrVG/*Raab*, § 31 Rz. 15. ‖ [16] HM, vgl. DKKW/*Wedde*, § 31 Rz. 8; GK-BetrVG/*Raab*, § 31 Rz. 15.

gelt werden¹. Die Norm gilt **entsprechend** für den Betriebsausschuss und die weiteren Ausschüsse², für Arbeitsgruppen nach § 28a wohl nur in vorsichtiger Analogie (vgl. § 28a Rz. 16). Bei der Übertragung von Aufgaben zur **selbständigen** Erledigung kann der BR sowohl bei Ausschüssen als auch bei Arbeitsgruppen verschärfte Anforderungen an die Wirksamkeit der Beschlüsse festlegen³.

3 **II. Äußere Voraussetzungen (Abs. 2). 1. Förmliche Sitzung.** Wirksame Beschlüsse des BR können nur in einer „förmlichen" Sitzung gefasst werden (vgl. § 29 Rz. 7). Eine Beschlussfassung im **Umlaufverfahren**, dh. mittels der Versendung eines vorformulierten Beschlussvorschlags mit der Bitte um schriftliche Zustimmung, ist selbst dann **ausgeschlossen**, wenn alle BR-Mitglieder einverstanden sind. Denn damit würde das von Abs. 2 vorausgesetzte Erfordernis der **gleichzeitigen Anwesenheit** von mindestens der Hälfte der Mitglieder und das Teilnahmerecht Dritter unterlaufen. Auch wäre dann die **Willensbildung** im Wege einer mündlichen Beratung durch Argumentation und Diskussion unter den Teilnehmern nicht gesichert⁴. Aus dem gleichen Grund scheidet eine **fernmündliche oder -schriftliche Beschlussfassung** aus. Eine Beschlussfassung via Telefon-, Video- oder Online-Konferenz ist ebenfalls unzulässig, weil hierbei die Nichtöffentlichkeit der Sitzung (§ 30 S. 4) nicht gesichert ist⁵. Den **ArbGeb** trifft keine Hinweis- bzw. Aufklärungspflicht (etwa aus § 2 I), weil es sich um betriebsratsinterne Vorgänge handelt und der BR seine gesetzlichen Aufgaben selbständig und in eigener Verantwortung wahrnimmt⁶.

4 Förmliche Sitzungen des BR setzen außerdem eine **ordnungsgemäße Einberufung** voraus. Wirksame Beschlüsse können nicht im Rahmen informeller Besprechungen oder zufälliger Begegnungen gefasst werden⁷. Nach § 29 II 3 ist die **rechtzeitige Ladung** aller Teilnahmeberechtigten (ggf. der Ersatzmitglieder⁸) unter Mitteilung der die Beschlussgegenstände klar benennenden **Tagesordnung**⁹ hierfür notwendig, um den allg. Grundsätzen ordnungsgemäßer Beschlussfassung gerecht zu werden, vgl. § 29 Rz. 15.

5 **2. Beschlussfähigkeit.** Nach Abs. 2 kann ein Beschluss nur gefasst werden, wenn **mindestens die Hälfte der BR-Mitglieder** (einschl. der Ersatzmitglieder, Abs. 2 Hs. 2) „an der Beschlussfassung **teilnimmt**". Anders als noch nach § 32 II BetrVG 1952 genügt nicht deren bloße (körperliche) Anwesenheit, vielmehr wird klargestellt, dass zusätzlich auch die **Beteiligung** an jeder einzelnen **Stimmabgabe** vorliegen muss¹⁰. Als Stimmabgabe in diesem Sinn zählt auch die bewusste Stimmenthaltung (hM). Schläft dagegen ein Mitglied, nimmt es gerade nicht an der Abstimmung teil¹¹. Da der BR stets aus einer **ungeraden Zahl** von Mitgliedern besteht, ist praktisch die Teilnahme von mehr als der Hälfte der BR-Mitglieder erforderlich. Stimmberechtigte JAV-Mitglieder werden für die Beschlussfähigkeit **nicht berücksichtigt**. Abs. 3 möchte lediglich klar stellen, dass ihr Stimmrecht nach § 67 II bei der Feststellung der einfachen Mehrheit nach Abs. 1 zu berücksichtigen ist, bezieht sich aber nicht auf Abs. 2¹².

6 Für die **Zahl der Mitglieder** ist auf den nach §§ 9, 11 ordnungsgemäß besetzten BR abzustellen. Falls ein ausgeschiedenes Mitglied nicht mehr durch ein Ersatzmitglied ersetzt werden kann, ist solange von der Zahl der noch vorhandenen BR-Mitglieder (einschl. der nachgerückten Ersatzmitglieder), also von der **Ist-Stärke** auszugehen, wie der BR bis zur durchzuführenden Neuwahl (§ 13 II Nr. 2) noch im Amt ist¹³. Entsprechendes gilt, wenn mehr als die Hälfte der BR-Mitglieder wegen eines **Stimmverbots** nicht stimmberechtigt ist und nicht durch Ersatzmitglieder vertreten werden kann¹⁴. Die Regelung des Abs. 2 Hs. 2 dient nur als Hinweis auf § 25, erweitert diese Norm aber nicht. Ein BR-Mitglied kann sich daher nicht beliebig, sondern **nur in den in § 25 I 2 genannten Fällen** „zeitweiliger Verhinderung" vertreten lassen (vgl. § 25 Rz. 4).

7 Einstweilen frei.

8 **Entscheidend** für den Nachweis der Beschlussfähigkeit ist die **Sitzungsniederschrift**, § 34. Da die Anwesenheitsliste, der der Sitzungsniederschrift anzufügen ist (§ 34 I S. 3), zum Nachweis der Beschlussfähigkeit nicht genügt, sollten, um Einwendungen zu begegnen, in das Protokoll neben Ja- und Nein-Stimmen auch die Stimmenthaltungen sowie – wenn nötig – die an der Abstimmung **nicht teilnehmenden** BR-Mitglieder aufgenommen werden¹⁵.

9 **III. Beschlussfassung (Abs. 1, 3). Stimmberechtigt** sind nach Abs. 1 S. 1 die „anwesenden Mitglieder" des BR. Bei Entscheidungen, die überwiegend jugendliche ArbN oder zur Berufsausbildung Beschäftigte nach § 60 I betreffen, sind deren Vertreter nach § 67 II ebenfalls stimmberechtigt. Abs. 3 bestätigt

---

1 HM, vgl. *Fitting*, § 33 Rz. 7; GK-BetrVG/*Raab*, § 33 Rz. 5. ǁ 2 HM, vgl. *Fitting*, § 33 Rz. 2; GK-BetrVG/*Raab*, § 33 Rz. 3. ǁ 3 Vgl. DKKW/*Wedde*, § 33 Rz. 1; GK-BetrVG/*Raab*, § 33 Rz. 3. ǁ 4 HM, vgl. nur GK-BetrVG/*Raab*, § 33 Rz. 10 f.; Richardi/*Thüsing*, § 33 Rz. 2; *Grosjean*, NZA-RR 2005, 113 (118). ǁ 5 Vgl. nur GK-BetrVG/*Raab*, § 33 Rz. 11; Richardi/*Thüsing*, § 33 Rz. 2. ǁ 6 BAG 16.1.2003 – 2 AZR 707/01, NZA 2003, 927; 4.8.1975 – 2 AZR 266/74, BAGE 27, 209 (214 ff.). ǁ 7 HM, vgl. *Fitting*, § 33 Rz. 20; GK-BetrVG/*Raab*, § 33 Rz. 9. ǁ 8 BAG 23.8.1984 – 2 AZR 391/83, NZA 1985, 254. ǁ 9 BAG 28.4.1988 – 6 AZR 405/86, NZA 1989, 223; 28.10.1992 – 7 ABR 14/92, NZA 1993, 466. ǁ 10 HM, vgl. *Fitting*, § 33 Rz. 13; GK-BetrVG/*Raab*, § 33 Rz. 15. ǁ 11 Vgl. *Fitting*, § 33 Rz. 13; GK-BetrVG/*Raab*, § 33 Rz. 16. ǁ 12 Vgl. GK-BetrVG/*Raab*, § 33 Rz. 22; Richardi/*Thüsing*, § 33 Rz. 9. ǁ 13 HM, vgl. DKKW/*Wedde*, § 33 Rz. 5; GK-BetrVG/*Raab*, § 33 Rz. 13. ǁ 14 BAG 18.8.1982 – 7 AZR 437/80, DB 1983, 288. ǁ 15 HM, vgl. *Fitting*, § 33 Rz. 14; GK-BetrVG/*Raab*, § 33 Rz. 17.

das, indem er die Anrechnung ihrer Stimmen für die Feststellung der Stimmenmehrheit nach Abs. 1 ausdrücklich anordnet.

1. Einfache Mehrheit. Nach Abs. 1 S. 1 fasst der BR seine Beschlüsse grds. mit **einfacher Mehrheit** der anwesenden Mitglieder. Bei Stimmengleichheit ist der Antrag abgelehnt, S. 2. Eine hiervon abweichende Regelung durch Geschäftsordnung ist nicht möglich (Rz. 2). Da ein Antrag nur angenommen ist, wenn er die Mehrheit der Stimmen der anwesenden Mitglieder erhält, wirkt eine **Stimmenthaltung** wie eine Ablehnung des Antrags, so ausdrücklich auch § 37 I 2 BPersVG[1]. Fraglich ist, ob ein BR-Mitglied diese Enthaltung vermeiden kann, indem es erklärt, es nehme an der Abstimmung **nicht teil**[2]. Man wird das als Nicht-Teilnahme akzeptieren müssen und nicht in das Ergebnis der Beschlussfassung nach Abs. 1 einbeziehen können. Doch bedarf das Verhalten einer schlüssigen Begründung, um es nicht als Pflichtverletzung werten zu müssen. 10

- **Beispiel:** Bei einem aus 13 Mitgliedern bestehenden BR müssen mindestens sieben Mitglieder an der Beschlussfassung teilnehmen, um überhaupt einen wirksamen Beschluss zustande zu bringen, Abs. 2. Kommen zur Sitzung zehn Mitglieder, und stimmen von diesen fünf dafür, drei dagegen bei einer Enthaltung sowie einer ausdrücklichen Nicht-Teilnahme, so ist die einfache Mehrheit nach Abs. 1 nach hM zu bejahen. Enthalten sich dagegen zwei der Stimme, ist der Antrag wegen Stimmengleichheit abgelehnt, Abs. 1 S. 2.

In folgenden speziellen Fällen fordert das Gesetz abweichend von Abs. 1 die **absolute Mehrheit** der Stimmen der BR-Mitglieder[3]: 11

- Rücktritt des BR, § 13 II Nr. 3,
- Übertragung von Aufgaben zur selbständigen Erledigung an den Betriebsausschuss, § 27 II 2,
- Übertragung von Aufgaben zur selbständigen Erledigung an Ausschüsse des BR, § 28 I 3 Hs. 2,
- Übertragung von Aufgaben zur selbständigen Erledigung an die Mitglieder des BR in gemeinsamen Ausschüssen, § 28 II,
- Übertragung von Aufgaben auf Arbeitsgruppen nach § 28a I 1,
- beim Erlass einer Geschäftsordnung, § 36,
- bei Beauftragung des GBR oder des KBR, eine Angelegenheit für den BR mit der Unternehmens- bzw. Konzernleitung zu behandeln, §§ 50 II, 58 II,
- bei Übertragung der Aufgaben des Wirtschaftsausschusses auf einen Ausschuss des BR, § 107 III 1.

Soweit die **Jugend- und Auszubildendenvertreter** stimmberechtigt sind, werden ihre Stimmen nach Abs. 3 bei der Feststellung der Stimmenmehrheit mitgezählt. Für die Wirksamkeit des Beschlusses ist aber nicht erforderlich, dass die Mehrheit der Mitglieder der JAV anwesend ist[4] oder dem Beschluss zugestimmt hat[5]. Soweit Beschlüsse der **Mehrheit** der Stimmen der BR-Mitglieder bedürfen (nicht nur der anwesenden, vgl. Rz. 10), und an diesen Beschlüssen die Mitglieder der JAV teilnehmen (denkbar im Fall des § 28 I 3), ist der Beschluss nur wirksam, wenn ihm sowohl die absolute Mehrheit des **erweiterten Gremiums** als auch die absolute Mehrheit der BR-Mitglieder zugestimmt hat. Solche organisatorischen Akte des BR können nämlich nicht gegen den Willen der Mehrheit seiner Mitglieder beschlossen werden[6]. 12

Soweit ein BR-Mitglied von einer Entscheidung des BR **persönlich, dh. konkret-individuell betroffen** ist, entfällt sein Stimmrecht wegen Interessenkollision. Niemand kann „Richter in eigener Sache" sein[7]. Persönlich betroffen ist das Mitglied zB, wenn es um seine Versetzung, außerordentliche Kündigung oder Amtsenthebung geht. Anstelle des betroffenen Mitglieds nimmt das nach § 25 I anstehende **Ersatzmitglied** an der Abstimmung teil. Nach Auffassung des BAG[8] ist das betroffene BR-Mitglied auch von der vorangehenden Beratung ausgeschlossen, weil das Ersatzmitglied nicht ohne Beratung sinnvoll abstimmen kann. Dagegen scheidet eine Interessenkollision bei **organisatorischen Akten** des BR aus (vgl. § 26 Rz. 3). 13

2. Abstimmungsverfahren. Zum Abstimmungsverfahren enthält das Gesetz keine Vorschriften. Die Abstimmung kann daher mündlich oder schriftlich, offen oder geheim erfolgen. Die Modalitäten der Beschlussfassung sollten in einer **Geschäftsordnung** des BR geregelt oder vom BR im Einzelfall beschlossen sein[9]. Über den Beschluss ist eine **Niederschrift** anzufertigen, § 34, was aber keine Wirksamkeitsvoraussetzung für den Beschluss darstellt, vgl. § 34 Rz. 3. Eine **stillschweigende** Beschlussfassung ist 14

---

1 HM, vgl. DKKW/*Wedde*, § 33 Rz. 16; *Fitting*, § 33 Rz. 33; GK-BetrVG/*Raab*, § 33 Rz. 29; aA *Löwisch*, BB 1996, 1006. ||2 Str., gegen irgendeine Berücksichtigung *Fitting*, § 33 Rz. 34; Richardi/*Thüsing*, § 33 Rz. 17; aA GK-BetrVG/*Raab*, § 33 Rz. 30: Berücksichtigung als Ablehnung. ||3 Vgl. Richardi/*Thüsing*, § 33 Rz. 20; *Fitting*, § 33 Rz. 36. ||4 DKKW/*Wedde*, § 33 Rz. 18. ||5 *Fitting*, § 33 Rz. 40; GK-BetrVG/*Raab*, § 33 Rz. 21. ||6 HM, vgl. *Fitting*, § 33 Rz. 42; GK-BetrVG/*Raab*, § 33 Rz. 34. ||7 BAG 3.8.1999 – 1 ABR 30/98, NZA 2000, 440; 23.8. 1984 – 2 AZR 391/83, NZA 1985, 254. Gleiches gilt, wenn personelle Maßnahmen der Ehepartner betreffen, vgl. LAG Düss. 16.12.2004 – 11 TaBV 79/04, AuR 2005, 164. ||8 BAG 3.8.1999 – 1 ABR 30/98, BAGE 92, 162. ||9 Vgl. nur *Fitting*, § 33 Rz. 26; Richardi/*Thüsing*, § 33 Rz. 23.

ausgeschlossen[1], auch kann nicht ein unterlassener Beschluss zB zur Begründung von Kostenerstattungsansprüchen nachträglich gefasst und ihm damit **rückwirkende** Geltung beigelegt werden (Rz. 21). Jedoch kann ein Beschluss durch **schlüssiges Verhalten** ergehen, wenn sich zB auf die Frage des Sitzungsleiters, ob jemand dem Antrag widersprechen wolle, niemand äußert oder die einmütige Zustimmung aus anderen Gründen evident ist[2].

15 **3. Änderung und Aufhebung.** Da spätere Beschlüsse frühere ablösen, ist eine Änderung, Ergänzung oder Aufhebung eines BR-Beschlusses möglich, solange er noch nicht durchgeführt bzw. noch **keine Rechtswirkungen nach außen** erlangt hat[3]. Hat der Beschluss jedoch durch Mitteilung an den ArbGeb Außenwirkung erlangt, ist der BR an ihn gebunden. Bei einer BV bleibt nur die Möglichkeit der Kündigung.

16 Beschlüsse des BR können **als solche nicht** nach § 19 **angefochten** werden, unterliegen aber dennoch einer gerichtl. Überprüfung (Rz. 18 ff.)[4]. Dagegen sind auf die **Stimmabgabe** die Regelungen über die Nichtigkeit und die Anfechtung von Willenserklärungen entsprechend anwendbar. BR-Mitglieder können daher ihre Stimmabgabe wegen **Irrtums, Täuschung oder Drohung** anfechten, §§ 119, 123 BGB. Hierdurch kann ein positiver Beschluss in einen negativen umgewandelt werden (und umgekehrt)[5]. Hat der positive Beschluss jedoch bereits **Außenwirkung** erlangt, muss dem Bestandsschutz der Vorrang vor dem Schutz fehlerfreier Willensbildung eingeräumt werden (hM).

17 **IV. Streitigkeiten.** Streitigkeiten über die Beschlussfähigkeit des BR und die Rechtswirksamkeit seiner Beschlüsse entscheidet das ArbG im Wege des **Beschlussverfahrens** (§ 2a I Nr. 1, II iVm. 80 ff. ArbGG), ggf. auch als Vorfrage im Urteilsverfahren. Antragsberechtigt ist, wer von dem Beschluss unmittelbar betroffen ist. Bei rein intern wirkenden Geschäftsführungsbeschlüssen des BR haben die Gewerkschaften **kein Antragsrecht**[6].

18 **1. Gerichtliche Rechtskontrolle.** Das Gesetz enthält keine Regelung über die Geltendmachung der Fehlerhaftigkeit von BR-Beschlüssen. Eine „Anfechtung" iSv. § 19 ist daher nicht möglich (Rz. 16). Dennoch muss das ArbG die **inhaltliche und formale Rechtmäßigkeit** der Beschlüsse überprüfen können, wobei insb. bei Verfahrensmängeln nicht jeder Formfehler zur **Unwirksamkeit** führen kann, sondern nur wesentliche Mängel die Beschlussnichtigkeit herbeiführen (Rz. 19). Die gerichtl. Kontrolle beschränkt sich auf eine Rechtskontrolle und darf keinesfalls die **Zweckmäßigkeit** des Beschlusses überprüfen[7]. Handelt der BR aber ermessensfehlerhaft, indem er sein Ermessen überschreitet oder missbraucht, so unterliegt auch dies der gerichtl. Rechtskontrolle[8].

19 **2. Nichtigkeit von Beschlüssen.** Nichtig und damit unwirksam sind BR-Beschlüsse, wenn sie entweder einen **gesetzwidrigen Inhalt** haben oder in einem **nicht ordnungsgemäßen Verfahren** zustande gekommen sind. Kleinere Formfehler begründen jedoch noch nicht die Nichtigkeit, erforderlich ist vielmehr ein **grober Verstoß** gegen Vorschriften bzw. Grundsätze, deren Beachtung unerlässliche Voraussetzung einer ordentlichen Beschlussfassung ist[9].

20 **Nichtig** ist die Beschlussfassung demnach insb. in folgenden Fällen:
– nicht ordnungsgemäße Ladung aller BR-Mitglieder (§ 29 II 3),
– fehlende Beschlussfähigkeit (§ 33 II),
– Beschlussfassung außerhalb von förmlichen Sitzungen (Rz. 3),
– fehlende einfache oder (soweit erforderlich) absolute Mehrheit der Stimmen (§ 33 I, vgl. Rz. 12 ff.).

Wirksam ist die Beschlussfassung dagegen trotz folgender Mängel[10]:
– fehlende Wahrung der Nichtöffentlichkeit der Sitzung (§ 30 S. 4),
– fehlende Aufnahme des Beschlusses in die Sitzungsniederschrift (§ 34 I),
– Verstoß gegen Vorschriften der Geschäftsordnung (§ 36),
– fehlende Ladung von Teilnahmeberechtigten *ohne* Stimmrecht.

21 Die Nichtigkeit des Beschlusses führt zur **Nichtigkeit der** darauf beruhenden **Maßnahme**. Allerdings können zu Gunsten von ArbN und ArbGeb die Grundsätze des **Vertrauensschutzes** eingreifen (vgl. § 26 Rz. 10). Davon zu unterscheiden ist die Frage, ob ein **fehlender** Beschluss zB zur Entsendung eines BR-Mitglieds auf Schulungen nach § 37 VI noch **nachträglich** gefasst werden kann. Das BAG hat eine solche

---

1 HM, vgl. nur BAG 19.1.2005 – 7 ABR 24/04, nv.; 14.2.1996 – 7 ABR 25/95, NZA 1996, 892. || 2 HM, vgl. *Fitting*, § 33 Rz. 32; GK-BetrVG/*Raab*, § 33 Rz. 39. || 3 HM, vgl. DKKW/*Wedde*, § 33 Rz. 22; *Fitting*, § 33 Rz. 45. || 4 Hierzu ausf. *Fitting*, § 33 Rz. 47 ff.; GK-BetrVG/*Raab*, § 33 Rz. 47 ff. || 5 Zutr. *Heinze*, DB 1973, 2089 (2093); GK-BetrVG/*Raab*, § 33 Rz. 50; Richardi/*Thüsing*, § 33 Rz. 36. || 6 BAG 16.2.1973 – 1 ABR 18/72, DB 1973, 1254. || 7 HM, vgl. BAG 3.4.1979 – 6 ABR 64/76, DB 1979, 2091; *Fitting*, § 33 Rz. 50; Richardi/*Thüsing*, § 33 Rz. 40. || 8 Für den PersR vgl. BVerwG 22.3.1963 – 7 P 8.62, BVerwGE 16, 12; ferner GK-BetrVG/*Raab*, § 33 Rz. 68. || 9 BAG 28.10.1992 – 7 ABR 14/92, NZA 1993, 466; 28.4.1988 – 6 AZR 405/86, NZA 1989, 223; ferner *Fitting*, § 33 Rz. 52 ff.; GK-BetrVG/*Raab*, § 33 Rz. 49, 52 ff. || 10 Dazu vgl. DKKW/*Wedde*, § 33 Rz. 28; *Fitting*, § 33 Rz. 55.

„nachträgliche" Beschlussfassung als Anspruchsgrundlage für eine Kostenerstattung nach § 40 entgegen einer früheren Entscheidung ausdrücklich abgelehnt[1]. Ist das Vorliegen eines wirksamen BR-Beschlusses streitig, muss sich das ArbG im Wege des Freibeweises ohne Bindung an Beweisregeln eine Überzeugung bilden. Legt der BR die Einhaltung der Voraussetzungen für einen wirksamen Beschluss des Gremiums über die Einleitung eines Gerichtsverfahrens im Einzelnen und unter Beifügung von Unterlagen dar, ist ein pauschales Bestreiten mit Nichtwissen durch den ArbGeb unbeachtlich[2].

34 Sitzungsniederschrift

(1) Über jede Verhandlung des Betriebsrats ist eine Niederschrift aufzunehmen, die mindestens den Wortlaut der Beschlüsse und die Stimmenmehrheit, mit der sie gefasst sind, enthält. Die Niederschrift ist von dem Vorsitzenden und einem weiteren Mitglied zu unterzeichnen. Der Niederschrift ist eine Anwesenheitsliste beizufügen, in die sich jeder Teilnehmer eigenhändig einzutragen hat.

(2) Hat der Arbeitgeber oder ein Beauftragter einer Gewerkschaft an der Sitzung teilgenommen, so ist ihm der entsprechende Teil der Niederschrift abschriftlich auszuhändigen. Einwendungen gegen die Niederschrift sind unverzüglich schriftlich zu erheben; sie sind der Niederschrift beizufügen.

(3) Die Mitglieder des Betriebsrats haben das Recht, die Unterlagen des Betriebsrats und seiner Ausschüsse jederzeit einzusehen.

I. Inhalt und Zweck. Die Vorschrift regelt in Abs. 1 u. 2 Anfertigung und Aushändigung der **Sitzungsprotokolle** des BR sowie in Abs. 3 das Recht der BR-Mitglieder, die Unterlagen des BR und seiner Ausschüsse einzusehen. Im Einzelnen regelt Abs. 1 S. 1 den **Mindestinhalt** des Protokolls. Es muss den Wortlaut der Beschlüsse und die Stimmenmehrheit, mit der diese gefasst wurden, enthalten und ist vom Vorsitzenden und einem weiteren BR-Mitglied zu unterzeichnen, Abs. 1 S. 2. Dem Protokoll ist eine Anwesenheitsliste beizufügen, Abs. 1 S. 3.

Abs. 1 möchte durch die Protokollierungspflicht den **Nachweis** darüber **sicherstellen**, dass Beschlüsse des BR mit der erforderlichen Mehrheit gefasst worden sind und welchen Inhalt diese Beschlüsse haben. Bedeutung hat dies vor allem bei Streitigkeiten über die **Wirksamkeit** von Beschlüssen (§ 33 Rz. 18 ff.)[3]. Abs. 3 stellt sicher, dass alle BR-Mitglieder den Überblick über die Gesamttätigkeit des BR behalten können[4].

Die Anfertigung der Niederschrift ist grds. **keine Voraussetzung** für die Wirksamkeit der Beschlüsse des BR (vgl. § 33 Rz. 20), weil es sich um eine bloße **Ordnungsregel** handelt[5]. Ausnahmen von diesem Grundsatz bilden die Fälle, in denen das Gesetz für die Beschlüsse des BR für seine Wirksamkeit der **Schriftform** bedarf, so zB bei Erlass einer Geschäftsordnung, § 36, oder bei der Übertragung von Aufgaben auf Arbeitsgruppen, § 28a I 3 (Rz. 8). Ansonsten kann die Beschlussfassung als solche auch anderweitig, zB durch Zeugeneinvernahme, nachgewiesen werden. Die Niederschrift hat Bedeutung als **Beweismittel** in einer arbeitsgerichtl. Auseinandersetzung. Sie ist **Privaturkunde** iSd. § 416 ZPO und beweist insoweit nur, dass die Unterzeichner die Angaben in der Niederschrift gemacht haben, nicht aber, dass diese Angaben auch **richtig** sind[6].

II. Sitzungsniederschrift (Abs. 1). Nach Abs. 1 S. 1 ist „über jede **Verhandlung**" des BR eine Niederschrift aufzunehmen, doch sind damit aus Überschrift und systematischer Stellung nur die **förmlichen** BR-Sitzungen gemeint (vgl. § 29 Rz. 7), nicht sonstige Verhandlungen oder Besprechungen des BR mit dem ArbGeb zB nach § 74 I[7]. Ein Protokoll ist auch dann anzufertigen, wenn in der Sitzung keine Beschlüsse gefasst wurden[8]. An welchem Datum die Sitzung erfolgt ist, muss der zeitlichen Zuordnung wegen ebenfalls festgehalten sein (hM).

Die Niederschrift ist über die **gesamte Verhandlung** anzufertigen. Notwendiger **Mindestinhalt** sind der Wortlaut der Beschlüsse und die Stimmenmehrheit, mit der sie gefasst worden sind, S. 1. Dafür ist zunächst der **Wortlaut** des Antrags fest zu halten, über den abgestimmt worden ist. Sodann ist das Stimmverhalten sämtlicher Stimmberechtigten zu protokollieren. Neben der Anzahl der Ja-Stimmen sind auch die Anzahl der Gegenstimmen und der Enthaltungen sowie – falls der Fall eintritt – die Zahl derer zu protokollieren, die ihre Nichtteilnahme an der Abstimmung erklären. Ohne diese Angaben kann nämlich nicht überprüft werden, ob der Beschluss die erforderliche **Mehrheit** nach § 33 I gefunden hat, vgl. § 33 Rz. 8.

Einstweilen frei.

---

1 BAG 8.3.2000 – 7 ABR 11/98, NZA 2000, 838 unter Aufgabe von BAG 28.10.1992 – 7 ABR 14/92, NZA 1993, 466; vgl. ferner GK-BetrVG/*Raab*, § 33 Rz. 65 ff.; *Reitze*, NZA 2002, 492. ‖ 2 BAG 9.12.2003 – 1 ABR 44/02, NZA 2004, 746; ferner *Linsenmaier*, FS Wißmann, 2005, S. 378 (384 ff.). ‖ 3 Vgl. GK-BetrVG/*Raab*, § 34 Rz. 11. ‖ 4 Vgl. DKKW/*Wedde*, § 34 Rz. 19. ‖ 5 HM, vgl. BAG 8.2.1977 – 1 ABR 82/74, DB 1977, 914; *Fitting*, § 33 Rz. 44, § 34 Rz. 26; GK-BetrVG/*Raab*, § 34 Rz. 9; aA LAG Köln 25.11.1998 – 2 TaBV 38/98, NZA-RR 1999, 245. ‖ 6 Keine materielle Beweiskraft, vgl. auch BAG 3.11.1977 – 2 AZR 277/76, DB 1978, 1135; GK-BetrVG/*Raab*, § 34 Rz. 12; Richardi/*Thüsing*, § 34 Rz. 19. ‖ 7 Vgl. nur GK-BetrVG/*Raab*, § 34 Rz. 6; DKKW/*Wedde*, § 34 Rz. 2. ‖ 8 HM, vgl. *Fitting*, § 34 Rz. 6; GK-BetrVG/*Raab*, § 34 Rz. 6.

8   Nach Abs. 1 S. 2 ist die Niederschrift vom Vorsitzenden und einem weiteren BR-Mitglied, idR dem gewählten Schriftführer, zu **unterzeichnen**. Nach dem Zweck der Vorschrift darf die Unterschrift nur von BR-Mitgliedern geleistet werden, die an der Sitzung teilgenommen haben[1]. Bedarf es für die Wirksamkeit eines Beschlusses der **Schriftform** (zB §§ 27 II 3, 36), reicht hierfür aus, wenn der Beschluss in die Niederschrift aufgenommen und diese ordnungsgemäß unterzeichnet wird (hM).

9   Nach Abs. 1 S. 3 ist der Niederschrift die von jedem Teilnehmer **eigenhändig unterschriebene Anwesenheitsliste** beizufügen, so dass sich nicht nur die BR-Mitglieder, sondern auch alle übrigen Teilnehmer der Sitzung inkl. zB des Beauftragten der Gewerkschaft oder des Vertreters des ArbGebVerbands, falls anwesend, sowie die Schreibkraft eintragen müssen. Sind BR-Mitglieder nur **vorübergehend anwesend**, so hat der BR-Vorsitzende bzw. der Schriftführer zum Nachweis der Beschlussfähigkeit des BR Angaben über Beginn und Ende der Anwesenheit zu machen[2].

10 **III. Aushändigung einer Abschrift, Einwendungen (Abs. 2).** Nach Abs. 2 S. 1 ist dem ArbGeb oder Gewerkschaftsbeauftragten, soweit diese (beim ArbGeb auch dessen Vertreter) jeweils an einer BR-Sitzung **tatsächlich** teilgenommen haben, der ihrer Teilnahme entsprechende Teil der Niederschrift als **Abschrift** auszuhändigen. Die übrigen Teilnehmer haben dagegen keinen Anspruch auf Aushändigung einer Abschrift[3], doch ist die Aushändigung wohl zulässig und grds. auch zweckmäßig. Die Abschrift muss nur vom BR-Vorsitzenden unterzeichnet sein[4].

11 Über das Recht nach Abs. 2 S. 1 hinaus hat der ArbGeb **kein Recht auf Herausgabe** oder Einsichtnahme in die Niederschrift. Zwar sind Niederschriftsurkunden und Protokollbuch formal **Eigentum** des ArbGeb (vgl. § 40 Rz. 27)[5], doch besteht Einigkeit, dass deren betriebsverfassungsrechtl. **Zweckbestimmung** im Erg. einer Nutzung durch den ArbGeb klar entgegensteht. Niederschriftsurkunden und Protokollbuch sind vom BR (auch über die jeweilige Amtsperiode hinaus) solange aufzubewahren, wie sie von rechtl. Bedeutung sind.

12 Nach Abs. 2 S. 2 sind **Einwendungen gegen die Niederschrift** unverzüglich zu erheben. Solche Einwendungen sollen keine „Gegenprotokolle" sein, sondern kurze Entgegnungen zu einzelnen beanstandeten Protokollinhalten oder Formulierungen der Sitzungsniederschrift[6]. Sie können nicht nur vom ArbGeb oder vom Beauftragten der Gewerkschaft, sondern **von allen** Sitzungsteilnehmern erhoben werden. Sie sind **unverzüglich**, dh. ohne schuldhaftes Zögern, und **schriftlich** beim BR zu erheben. Der BR-Vorsitzende hat die Gegendarstellung dem BR zur Kenntnis zu geben und auch dann der Niederschrift beizufügen, wenn er oder der BR sie für unzutreffend halten, Abs. 2 S. 2 Hs. 2[7].

13 Einstweilen frei.

14 **IV. Einsichtsrecht (Abs. 3).** Nach Abs. 3 haben die BR-Mitglieder das Recht, die Unterlagen des BR und seiner Ausschüsse jederzeit, dh. **ohne zeitliche Begrenzung** und **ohne sachlichen Grund**[8], einzusehen. Das Einsichtsrecht steht ausschließlich den Mitgliedern des BR zu, **nicht** dagegen zB der JAV, der Vertrauensperson der Schwerbehindertenvertretung usw. Auch ausgeschiedene BR-Mitglieder können das Einsichtsrecht nicht mehr in Anspruch nehmen[9]. Die JAV-Mitglieder können jedoch nach § 70 II 2 verlangen, dass ihnen der BR die zur Durchführung ihrer Aufgaben erforderlichen Unterlagen zur Verfügung stellt. Soweit ein berechtigtes Interesse besteht und die Geheimhaltungspflicht nach § 79 nicht entgegensteht, kann der BR auch Personen, denen kein Einsichtsrecht zusteht, nach pflichtgemäßem Ermessen Auskünfte anhand der Unterlagen geben[10].

15 Zu den **Unterlagen** iSd. Abs. 3 zählen sämtliche Schriftstücke, Niederschriften, Listen, Berechnungen, Materialien, Sitzungsunterlagen, Stellungnahmen und Akten, kurz: **alle schriftlichen Aufzeichnungen**, die der BR angefertigt hat oder die ihm für seine Geschäftsführung zur Verfügung stehen, auch wenn sie nur elektronisch gespeichert sind[11], darüber hinaus auch das Material, das der ArbGeb nach § 40 II dem BR zur Verfügung stellt, also Gesetzestexte, TV, Zeitschriften und Kommentare zum BetrVG[12].

16 Da Abs. 3 sicherstellen soll, dass alle BR-Mitglieder den **Überblick über die Gesamttätigkeit** des BR behalten (Rz. 2), erstreckt sich das Einsichtsrecht auch auf die Unterlagen seiner **Ausschüsse**. BR-Mitglieder können also auch Einblick in Unterlagen von Ausschüssen nehmen, denen sie selbst nicht angehören[13], auch zB bei gemeinsamen Ausschüssen nach § 28 II[14], **nicht aber** bei Arbeitsgruppen nach § 28a,

---

1 Vgl. GK-BetrVG/*Raab*, § 34 Rz. 18; Richardi/*Thüsing*, § 34 Rz. 9. || 2 HM, vgl. *Fitting*, § 34 Rz. 21; GK-BetrVG/*Raab*, § 34 Rz. 20. || 3 Vgl. *Fitting*, § 34 Rz. 24; Richardi/*Thüsing*, § 34 Rz. 11; nach DKKW/*Wedde*, § 34 Rz. 16 können die BR-Mitglieder aber ggf. Aushändigung einer Abschrift oder Fotokopie verlangen. || 4 HM, vgl. *Fitting*, § 34 Rz. 23; GK-BetrVG/*Raab*, § 34 Rz. 23. || 5 Str., wie hier zB GK-BetrVG/*Raab*, § 40 Rz. 180; Richardi/*Thüsing*, § 34 Rz. 22; aA DKKW/*Wedde*, § 34 Rz. 12; *Fitting*, § 40 Rz. 107. || 6 LAG Hess. 19.5.1988 – 12 TaBV 123/87, DB 1989, 486; aA GK-BetrVG/*Raab*, § 34 Rz. 26. || 7 HM, vgl. *Fitting*, § 34 Rz. 30; GK-BetrVG/*Raab*, § 34 Rz. 26. || 8 Enger aber LAG Nds. 16.2.2001 – 16 TaBV 46/00, NZA-RR 2001, 249: Für Unterlagen des Personalausschusses soll demnach ein sachlicher Grund erforderlich sein. || 9 LAG Hess. 25.10.2012 – 9 TABV 129/12, AiB 2013, 326. || 10 HM, vgl. *Fitting*, § 34 Rz. 35; GK-BetrVG/*Raab*, § 34 Rz. 29. || 11 So BAG 12.8.2009 – 7 ABR 15/08, NZA 2009, 1218. || 12 HM, vgl. DKKW/*Wedde*, § 34 Rz. 20; *Fitting*, § 34 Rz. 36. || 13 HM, vgl. nur GK-BetrVG/*Raab*, § 34 Rz. 33; Richardi/*Thüsing*, § 34 Rz. 26. || 14 HM, vgl. *Fitting*, § 34 Rz. 39; GK-BetrVG/*Raab*, § 34 Rz. 33; einschr. für Personalausschüsse aber LAG Nds. 16.2.2001 – 16 TaBV 46/00, NZA-RR 2001, 249: sachlicher Grund erforderlich.

weil diese nicht Organe des BR sind[1]. Dagegen ändert auch die besondere Funktion des **Wirtschaftsausschusses** nichts daran, dass er als Ausschuss des BR dessen Mitgliedern Einsicht in seine Unterlagen zu gewähren hat[2], vgl. näher §§ 106, 108. Das Einsichtsrecht ist unabdingbar. Es kann nicht durch die Geschäftsordnung oder einen BR-Beschluss eingeschränkt werden (hM).

Abs. 3 gewährt dem BR-Mitglied nur ein Einsichtsrecht. Es kann daher **nicht** verlangen, dass ihm die Unterlagen **zur Verfügung gestellt** werden. Soweit hierfür ein sachliches Bedürfnis besteht, darf das BR-Mitglied aber zumindest **Notizen** bzw. **Abschriften** oder **Kopien** anfertigen (lassen). Das BAG[3] war dagegen der Auffassung, dass die Anfertigung von Kopien die – wenn auch nur kurzzeitige – Überlassung der Unterlagen voraussetze und daher nicht verlangt werden könne. Angesichts der heute üblichen Praxis, dass Betriebsräten ein Kopiergerät bzw. ein EDV-Netzwerk zur Verfügung steht und die Anfertigung von Kopien daher unter Aufsicht möglich ist, dürfte die Auffassung des BAG überholt sein[4]. 17

V. Streitigkeiten. Streitigkeiten über die Notwendigkeit der Anfertigung und die Richtigkeit der Niederschriften, über die Berechtigung und Behandlung von Einwendungen, über den Anspruch auf Aushändigung einer Abschrift und über das Einsichtsrecht in die Unterlagen des BR und seiner Ausschüsse entscheidet das ArbG im **Beschlussverfahren** (§ 2a I Nr. 1, II iVm. §§ 80 ff. ArbGG). **Antragsbefugt** sind alle Personen, die als Sitzungsteilnehmer Einwendungen gegen die Niederschrift erheben können oder Aushändigung einer Abschrift oder Einsicht in die Unterlagen des BR und seiner Ausschüsse verlangen können[5]. 18

35 *Aussetzung von Beschlüssen*

(1) Erachtet die Mehrheit der Jugend- und Auszubildendenvertretung oder die Schwerbehindertenvertretung einen Beschluss des Betriebsrats als eine erhebliche Beeinträchtigung wichtiger Interessen der durch sie vertretenen Arbeitnehmer, so ist auf ihren Antrag der Beschluss auf die Dauer von einer Woche vom Zeitpunkt der Beschlussfassung an auszusetzen, damit in dieser Frist eine Verständigung, gegebenenfalls mit Hilfe der im Betrieb vertretenen Gewerkschaften, versucht werden kann.

(2) Nach Ablauf der Frist ist über die Angelegenheit neu zu beschließen. Wird der erste Beschluss bestätigt, so kann der Antrag auf Aussetzung nicht wiederholt werden; dies gilt auch, wenn der erste Beschluss nur unerheblich geändert wird.

I. Inhalt und Zweck. Die Norm dient dem Schutz der Interessen der jugendlichen ArbN und Auszubildenden sowie der Schwerbehinderten und wird nahezu wortgleich wiederholt in § 66 einerseits, § 95 IV 2 SGB IX andererseits. Lässt man solch legislative Redundanz schon zu, bedarf es jedenfalls einheitlicher Interpretation der „übereinstimmenden" Normierung. Sie gewährt den Vertretern dieser besonderen ArbN-Gruppen ein **suspensives Vetorecht**[6] gegen Beschlüsse des BR. Nach Abs. 1 bewirkt die Ausübung dieses Rechts, dass der Beschluss zunächst eine Woche auszusetzen ist, um ausreichend Zeit für die Herbeiführung einer Verständigung zu schaffen. Nach Abs. 2 ist über die Angelegenheit nach Ablauf der Wochenfrist erneut zu beschließen. Wird der erste Beschluss auf diese Weise bestätigt, so kann der Antrag auf Aussetzung nicht wiederholt werden. Letztlich kann die Wirksamkeit des Beschlusses von den Vertretern der besonderen ArbN-Gruppen also **nicht verhindert** werden. 1

II. Aussetzung (Abs. 1). Als „Beschlüsse" iSd. Abs. 1 nicht aussetzungsfähig sind die eigens im Gesetz geregelten **organisatorischen Akte** des BR wie zB die Wahlen des BR-Vorsitzenden und seines Stellvertreters (§ 26), der Mitglieder der BR-Ausschüsse (§§ 27, 28), der freizustellenden BR-Mitglieder (§ 38 II) usw.[7]. Solche Organisationsentscheidungen können nicht durch die Aussetzung in Frage gestellt werden, weil damit deren als **abschließend** gemeinte Regelung unterlaufen würde. IÜ sind an den **Aussetzungsgrund**, also die durch einen BR-Beschluss entstandene „erhebliche Beeinträchtigung wichtiger Interessen der durch sie vertretenen ArbN", keine hohen Anforderungen zu stellen. Er muss nicht objektiv, sondern nur **subjektiv** („erachtet") nach Ansicht der jeweiligen Interessenvertretung vorliegen, so dass letztlich nur die **schlüssige** Behauptung des Aussetzungsgrunds vom BR-Vorsitzenden geprüft werden muss (formelles Prüfungsrecht, vgl. Rz. 4)[8]. 2

Antragsberechtigt ist nur „die Mehrheit" der JAV, womit in Übereinstimmung mit § 66 I nicht die einfache, sondern die **absolute Mehrheit** des Gremiums gemeint ist, ohne dass aber zwingend ein förmlicher Beschluss in einer ordentlichen Sitzung vorliegen muss (sonst wäre ein Aussetzungsantrag schon während der BR-Sitzung nicht möglich)[9]. Für die Schwerbehindertenvertretung antragsberechtigt ist 3

---

1 Das wird zB von *Fitting*, § 34 Rz. 38 nicht beachtet. ||2 Str., wie hier GK-BetrVG/*Raab*, § 34 Rz. 34; DKKW/*Wedde*, § 34 Rz. 19; aA Richardi/*Thüsing*, § 34 Rz. 26. ||3 BAG 27.5.1982 – 6 ABR 66/79, DB 1982, 2578. ||4 HL, vgl. DKKW/*Wedde*, § 34 Rz. 23; *Fitting*, § 34 Rz. 34; GK-BetrVG/*Raab*, § 34 Rz. 31; Richardi/*Thüsing*, § 34 Rz. 28. ||5 HM, vgl. *Fitting*, § 34 Rz. 32; GK-BetrVG/*Raab*, § 34 Rz. 27. ||6 Vgl. *Fitting*, § 35 Rz. 1; GK-BetrVG/*Raab*, § 35 Rz. 9. ||7 HM, vgl. nur Richardi, § 35 Rz. 5; GK-BetrVG/*Raab*, § 35 Rz. 18. ||8 HM, vgl. *Fitting*, § 35 Rz. 19; GK-BetrVG/*Raab*, § 35 Rz. 19. ||9 Str. in Bezug auf die Förmlichkeit des Beschlusses, wie hier GK-BetrVG/*Raab*, § 35 Rz. 10; Richardi/*Thüsing*, § 35 Rz. 3; wohl auch HaKo-BetrVG/*Düwell*, § 35 Rz. 6, 9; aA *Fitting*, § 35 Rz. 7.

die gewählte **Vertrauensperson**, § 94 I 1 SGB IX. Beim Antragsrecht der Jugend- und Auszubildendenvertreter ist **zusätzlich** zu beachten, dass diese bei der Beschlussfassung ihr Stimmrecht nach § 67 II oder ihr beratendes Teilnahmerecht nach § 67 I 2 nicht **im Widerspruch** zum (späteren) Aussetzungsantrag geltend gemacht haben, indem sie zB nicht mehrheitlich dagegen stimmten oder sich dagegen aussprachen. Das Aussetzungsrecht könnte sonst wegen Rechtsmissbrauchs verweigert werden – es soll nicht als Korrektur von Versäumnissen bei der vorherigen Abstimmung herhalten[1].

4   **Folge** eines ordnungsgemäßen Antrags ist, dass der Beschluss für die Dauer von einer Woche auszusetzen ist, dh. während dieser Zeit **nicht vollzogen** werden kann. Der BR-Vorsitzende hat bei seiner Entscheidung über den Antrag kein materielles, sondern nur ein **formelles** Prüfungsrecht (Rz. 2), doch ist der Antrag auch bei **offensichtlicher** Unbegründetheit bzw. Unschlüssigkeit (zB keine spezifische Belastung ersichtlich), zumal dann, wenn der Beschluss eiliger Umsetzung bedarf, abzuweisen[2]. Die Grenze kann schon wegen des klaren Tatbestands in Abs. 1 nicht erst bei offensichtlicher Rechtsmissbräuchlichkeit gezogen werden[3]. Fraglich ist aber, ob an der Wochenfrist auch dann festgehalten werden kann, wenn das suspensive Veto im **Außenverhältnis** zum ArbGeb die geforderte BR-Äußerung innerhalb der kurzen Ausschlussfristen zB nach §§ 99 III, 102 II verhindern würde (bzw. als „Zustimmung" gewertet würde). Der Gesetzgeber hat hierzu in § 95 IV 3 SGB IX klargestellt, dass durch die Aussetzung solche Fristen **nicht verlängert** werden. Damit sieht sich die hM bestätigt, wonach der Beschäftigtenschutz des § 35 **nicht** zu einer **Lähmung der BR-Arbeit** führen darf[4]. Die faktische Verkürzung der Aussetzungswirkung muss in diesen Fällen hingenommen werden.

5   **III. Erneute Beschlussfassung (Abs. 2).** Nach Abs. 2 S. 1 ist ein **neuer Beschluss** frühestens nach Ablauf der Wochenfrist herbeizuführen, und zwar unabhängig davon, ob es zu einer Verständigung gekommen ist oder nicht[5]. Die Beschlussfassung hat in einer nach § 29 II ordnungsgemäß einberufenen Sitzung unter Beachtung des § 33 zu erfolgen. Sie ist nur dann entbehrlich, wenn die Antragsteller ihren Aussetzungsantrag zurückgezogen haben. Eine Beschlussfassung **ohne Einhaltung der Wochenfrist** ist im Fall vorheriger Einigung oder im Fall des Einverständnisses der Antragsteller (auch bei Fristenkollision, vgl. Rz. 4) möglich[6].

6   Wird der Beschluss mit der Mehrheit der Stimmen bestätigt, so kann der Antrag auf Aussetzung nach Abs. 2 S. 2 auch dann **nicht wiederholt** werden, wenn er nunmehr von anderen Antragsberechtigten gestellt wird[7]. Dies gilt auch, wenn der erste Beschluss **nur unerheblich** geändert wird, S. 2 Hs. 2. Wird dagegen ein neuer Beschluss gefasst, der erheblich vom ersten Beschluss abweicht, besteht von neuem die Möglichkeit, seine Aussetzung zu beantragen (hM).

7   **IV. Streitigkeiten.** Streitigkeiten, die sich aus Anträgen auf Aussetzung eines Beschlusses oder aus der Durchführung der Aussetzung ergeben, entscheidet das ArbG im **Beschlussverfahren** (§ 2a I Nr. 1, II iVm. §§ 80 ff. ArbGG). Nach dem BAG[8] gilt dies auch im Fall der Antragstellung bzw. der Beteiligung der Schwerbehindertenvertretung. Soweit es um die Zulässigkeit des Antrags auf Aussetzung geht, kann im Beschlussverfahren nur geprüft werden, ob die förmlichen Voraussetzungen des Antrags vorliegen, nicht, ob eine erhebliche Beeinträchtigung wichtiger Interessen vorliegt (Rz. 2, 4). Der BR-Vorsitzende kann von den Antragstellern auch durch eine **einstweilige Verfügung** zur rechtzeitigen Einberufung der erforderlichen Sitzung gezwungen werden[9].

36 Geschäftsordnung
Sonstige Bestimmungen über die Geschäftsführung sollen in einer schriftlichen Geschäftsordnung getroffen werden, die der Betriebsrat mit der Mehrheit der Stimmen seiner Mitglieder beschließt.

1   **I. Inhalt und Zweck.** Die Norm gibt dem BR auf, „sonstige Bestimmungen über die Geschäftsführung" in einer **schriftlichen Geschäftsordnung** zu treffen. Wegen der großen Bedeutung einer Geschäftsordnung für den ordnungsgemäßen Ablauf der BR-Tätigkeit und aus Gründen der Rechtssicherheit bedarf es für den Beschluss über die Geschäftsordnung der **absoluten** Mehrheit der BR-Mitglieder sowie der Schriftform. Es handelt sich um eine **Sollvorschrift**, so dass ihre Nichtbefolgung idR keinen Einfluss auf die **Wirksamkeit** von BR-Beschlüssen hat (Rz. 6) und eine grobe Pflichtverletzung iSd. § 23 I darstellt[10]. Im Interesse des ordnungsgemäßen Ablaufs der BR-Tätigkeit und der Festlegung wesentlicher Modalitäten seiner Geschäftsführung im Sinne einer Selbstbindung ist die Verabschiedung einer Geschäftsordnung im (größeren) Kollegialorgan aber **geboten**[11].

---

1 HM, so vor allem Richardi/*Thüsing*, § 35 Rz. 14 f.; vgl. ferner *Fitting*, § 35 Rz. 8 f.; GK-BetrVG/*Raab*, § 35 Rz. 12 f. ||2 HM, vgl. *Fitting*, § 35 Rz. 19; GK-BetrVG/*Raab*, § 35 Rz. 20. ||3 So aber DKKW/*Wedde*, § 35 Rz. 10. ||4 HM, vgl. *Fitting*, § 35 Rz. 30; GK-BetrVG/*Raab*, § 35 Rz. 22 f. ||5 HM, vgl. *Fitting*, § 35 Rz. 24; GK-BetrVG/*Raab*, § 35 Rz. 25. ||6 HM, vgl. *Fitting*, § 35 Rz. 25; GK-BetrVG/*Raab*, § 35 Rz. 26. ||7 Die Frist ist für die neuen Antragsteller ja abgelaufen, vgl. *Fitting*, § 35 Rz. 26; GK-BetrVG/*Raab*, § 35 Rz. 28. ||8 BAG 21.9.1989 – 1 AZR 465/88, NZA 1990, 362. ||9 HM, vgl. *Fitting*, § 35 Rz. 34; GK-BetrVG/*Raab*, § 35 Rz. 32. ||10 HM, vgl. *Fitting*, § 36 Rz. 9; GK-BetrVG/*Raab*, § 36 Rz. 6. ||11 Die Kann-Vorschrift des § 36 BetrVG 1952 wurde aus diesem Grund in eine Soll-Vorschrift umgewandelt, vgl. BT-Drs. VI/1786, 40; ferner MünchArbR/*Joost*, § 219 Rz. 79.

II. Inhalt der Geschäftsordnung. In der Geschäftsordnung können nur Einzelheiten der internen **Geschäftsführung**, dh. die Normen der §§ 26ff. **konkretisierende Modalitäten** der Aufgabenerfüllung des BR geregelt werden. Eine Erweiterung seiner gesetzl. Befugnisse ist durch die Geschäftsordnung dagegen nicht möglich[1], insb. können in ihr nicht Fragen geregelt werden, für die eine **Vereinbarung mit dem ArbGeb** erforderlich ist. Eine über § 38 I hinausgehende Freistellung von BR-Mitgliedern kann daher nicht Gegenstand der BR-Geschäftsordnung sein[2]. Regelungen, die in eine **BV** gehören, gehören auch nicht in die Geschäftsordnung, es sei denn, sie wiederholen deren Text deklaratorisch[3].

Die Geschäftsordnung darf Bestimmungen der §§ 26–41 wiederholen, **nicht aber von zwingenden Vorschriften abweichen**, sondern diese nur ergänzen[4]. Sie kann daher nicht die einfache Mehrheit der Stimmen ausreichen lassen, wo das Gesetz die absolute Mehrheit fordert oder die absolute Mehrheit der Stimmen verlangen, wo das Gesetz die einfache Mehrheit ausreichen lässt (vgl. § 33 Rz. 2). Strittig ist, ob in der Geschäftsordnung den im Betrieb vertretenen Gewerkschaften ein **generelles Teilnahmerecht** an den BR-Sitzungen eingeräumt werden kann, was nach Sinn und Zweck des § 31 zu verneinen ist, vgl. näher § 31 Rz. 5[5].

Zulässig sind dagegen Regelungen, die präzisieren, welche Geschäfte nicht als **laufende Geschäfte** anzusehen und daher nicht vom Betriebsausschuss zu behandeln sind, vgl. § 27 Rz. 9, 10, doch dürfen dabei die **eigenen Kompetenzen** des Betriebsausschusses nach § 27 II 1 nicht unzulässig beschnitten werden. Die Übertragung **weiterer Aufgaben** zur selbständigen Erledigung an den Betriebsausschuss kann auch in der Geschäftsordnung erfolgen, vgl. § 27 Rz. 11[6]. In einem Betrieb mit mehr als 100 ArbN sind außerdem Regelungen in der Geschäftsordnung zulässig, die sog. **Fachausschüsse** zur Vorberatung bestimmter Fragen, zB für Unfallverhütung oder Personalfragen, vorsehen, vgl. § 28 Rz. 3ff.

III. Erlass und Wirkung der Geschäftsordnung. Die Geschäftsordnung ist vom BR „mit der Mehrheit der Stimmen seiner Mitglieder", dh. mit der **absoluten** Mehrheit zu beschließen. Die Geschäftsordnung muss **schriftlich** niedergelegt sein und vom Vorsitzenden unterzeichnet werden[7]. Eine besondere Ausfertigung der Geschäftsordnung ist aber nicht erforderlich. Ausreichend ist die Aufnahme in die vom BR-Vorsitzenden unterzeichnete Niederschrift, § 34. Die fehlende Form kann jederzeit nachgeholt werden[8]. Im Hinblick auf ihre nur **interne Wirkung** muss die Geschäftsordnung nicht nach außen, auch nicht ggü. dem ArbGeb, bekannt gemacht und **veröffentlicht** werden, um Wirksamkeit zu erlangen[9].

Die Geschäftsordnung kann unter Beachtung der Schriftform mit den Stimmen der BR-Mehrheit jederzeit **geändert, ergänzt oder aufgehoben** werden. Außerdem kann in Einzelfällen mit dem gleichen Stimmenquorum (absolute Mehrheit) von ihr abgewichen werden[10]. Sie entfaltet **nur für die BR-Mitglieder**, insb. für den BR-Vorsitzenden, verbindliche Wirkung. Auch wenn die Geschäftsordnung somit nur eine **Selbstbindung** für die BR-Mitglieder (Rz. 1) bewirkt, handelt es sich bei ihren Bestimmungen um echte Rechtsnormen[11]. Ein Verstoß gegen die Geschäftsordnung kann deshalb dann **zur Unwirksamkeit von BR-Beschlüssen** führen, wenn er für ein ordentliches Verfahren **zentrale Vorschriften** missachtet, vgl. § 33 Rz. 18ff., nicht jedoch, wenn er äußere (formale) Regeln ohne inneren Bezug zur Willensbildung außer Acht lässt[12].

Strittig ist, ob die Geschäftsordnung nur für die **Dauer der Amtszeit** des BR (hM[13]) oder auch kraft Nachwirkung für den nachfolgenden BR gilt, solange sie dieser nicht aufhebt[14]. Für die hM spricht der allgemein für Geschäftsordnungen geltende Grundsatz der Diskontinuität, so dass der neu amtierende BR trotz der Kontinuität des Amts die Geschäftsordnung seines Vorgängers nur durch **ausdrücklichen Beschluss** übernehmen kann – der BR ist nicht „identisch" mit seinem Vorgänger, sondern nur dessen Funktionsnachfolger, vgl. § 24 Rz. 2. Der Praxis kann also nicht zur stillschweigenden Übernahme der alten Geschäftsordnung geraten werden.

IV. Streitigkeiten. Streitigkeiten über Erlass, Inhalt und Auslegung der Geschäftsordnung entscheidet das ArbG im Wege des **Beschlussverfahrens** (§ 2a I Nr. 1, II iVm. §§ 80ff. ArbGG). Zur arbeitsgerichtl. Rechtskontrolle der inhaltlichen bzw. formalen Wirksamkeit von Beschlüssen vgl. § 33 Rz. 18ff.

---

1 Ganz hM, vgl. *Fitting*, § 36 Rz. 5; GK-BetrVG/*Raab*, § 36 Rz. 12. ‖ 2 BAG 16.1.1979 – 6 AZR 683/76, DB 1979, 1516. ‖ 3 Vgl. nur DKKW/*Wedde*, § 36 Rz. 4; GK-BetrVG/*Raab*, § 36 Rz. 12. ‖ 4 HM, vgl. *Fitting*, § 36 Rz. 5; GK-BetrVG/*Raab*, § 36 Rz. 11. ‖ 5 Dafür aber BAG 28.2.1990 – 7 ABR 22/89, NZA 1990, 660; *Fitting*, § 36 Rz. 6; aA Richardi/*Thüsing*, § 36 Rz. 5. ‖ 6 Vgl. Richardi/*Thüsing*, § 36 Rz. 6. ‖ 7 HM, vgl. *Fitting*, § 36 Rz. 10; GK-BetrVG/*Raab*, § 36 Rz. 8. ‖ 8 GK-BetrVG/*Raab*, § 36 Rz. 8. ‖ 9 HM, vgl. *Fitting*, § 36 Rz. 11; GK-BetrVG/*Raab*, § 36 Rz. 9. ‖ 10 HM, vgl. *Fitting*, § 36 Rz. 13; GK-BetrVG/*Raab*, § 36 Rz. 10; MünchArbR/*Joost*, § 219 Rz. 82; aA Richardi/*Thüsing*, § 36 Rz. 13: Einverständnis aller Mitglieder nötig. ‖ 11 Zutr. GK-BetrVG/*Raab*, § 36 Rz. 18. ‖ 12 Wohl hM, wie hier GK-BetrVG/*Raab*, § 36 Rz. 18; Richardi/*Thüsing*, § 36 Rz. 12; wohl auch *Fitting*, § 36 Rz. 14. ‖ 13 HM, vgl. nur GK-BetrVG/*Raab*, § 36 Rz. 17; MünchArbR/*Joost*, § 219 Rz. 83. ‖ 14 So Richardi/*Thüsing*, § 36 Rz. 15; *Stege/Weinspach/Schiefer*, § 36 Rz. 3.

§ 37 Ehrenamtliche Tätigkeit, Arbeitsversäumnis

(1) Die Mitglieder des Betriebsrats führen ihr Amt unentgeltlich als Ehrenamt.

(2) Mitglieder des Betriebsrats sind von ihrer beruflichen Tätigkeit ohne Minderung des Arbeitsentgelts zu befreien, wenn und soweit es nach Umfang und Art des Betriebs zur ordnungsgemäßen Durchführung ihrer Aufgaben erforderlich ist.

(3) Zum Ausgleich für Betriebsratstätigkeit, die aus betriebsbedingten Gründen außerhalb der Arbeitszeit durchzuführen ist, hat das Betriebsratsmitglied Anspruch auf entsprechende Arbeitsbefreiung unter Fortzahlung des Arbeitsentgelts. Betriebsbedingte Gründe liegen auch vor, wenn die Betriebsratstätigkeit wegen der unterschiedlichen Arbeitszeiten der Betriebsratsmitglieder nicht innerhalb der persönlichen Arbeitszeit erfolgen kann. Die Arbeitsbefreiung ist vor Ablauf eines Monats zu gewähren; ist dies aus betriebsbedingten Gründen nicht möglich, so ist die aufgewendete Zeit wie Mehrarbeit zu vergüten.

(4) Das Arbeitsentgelt von Mitgliedern des Betriebsrats darf einschließlich eines Zeitraums von einem Jahr nach Beendigung der Amtszeit nicht geringer bemessen werden als das Arbeitsentgelt vergleichbarer Arbeitnehmer mit betriebsüblicher beruflicher Entwicklung. Dies gilt auch für allgemeine Zuwendungen des Arbeitgebers.

(5) Soweit nicht zwingende betriebliche Notwendigkeiten entgegenstehen, dürfen Mitglieder des Betriebsrats einschließlich eines Zeitraums von einem Jahr nach Beendigung der Amtszeit nur mit Tätigkeiten beschäftigt werden, die den Tätigkeiten der in Absatz 4 genannten Arbeitnehmer gleichwertig sind.

(6) Die Absätze 2 und 3 gelten entsprechend für die Teilnahme an Schulungs- und Bildungsveranstaltungen, soweit diese Kenntnisse vermitteln, die für die Arbeit des Betriebsrats erforderlich sind. Betriebsbedingte Gründe im Sinne des Absatzes 3 liegen auch vor, wenn wegen Besonderheiten der betrieblichen Arbeitszeitgestaltung die Schulung des Betriebsratsmitglieds außerhalb seiner Arbeitszeit erfolgt; in diesem Fall ist der Umfang des Ausgleichsanspruchs unter Einbeziehung der Arbeitsbefreiung nach Absatz 2 pro Schulungstag begrenzt auf die Arbeitszeit eines vollzeitbeschäftigten Arbeitnehmers. Der Betriebsrat hat bei der Festlegung der zeitlichen Lage der Teilnahme an Schulungs- und Bildungsveranstaltungen die betrieblichen Notwendigkeiten zu berücksichtigen. Er hat dem Arbeitgeber die Teilnahme und die zeitliche Lage der Schulungs- und Bildungsveranstaltungen rechtzeitig bekannt zu geben. Hält der Arbeitgeber die betrieblichen Notwendigkeiten für nicht ausreichend berücksichtigt, so kann er die Einigungsstelle anrufen. Der Spruch der Einigungsstelle ersetzt die Einigung zwischen Arbeitgeber und Betriebsrat.

(7) Unbeschadet der Vorschrift des Absatzes 6 hat jedes Mitglied des Betriebsrats während seiner regelmäßigen Amtszeit Anspruch auf bezahlte Freistellung für insgesamt drei Wochen zur Teilnahme an Schulungs- und Bildungsveranstaltungen, die von der zuständigen obersten Arbeitsbehörde des Landes nach Beratung mit den Spitzenorganisationen der Gewerkschaften und der Arbeitgeberverbände als geeignet anerkannt sind. Der Anspruch nach Satz 1 erhöht sich für Arbeitnehmer, die erstmals das Amt eines Betriebsratsmitglieds übernehmen und auch nicht zuvor Jugend- und Auszubildendenvertreter waren, auf vier Wochen. Absatz 6 Satz 2 bis 6 findet Anwendung.

I.	Inhalt und Zweck	1	
II.	Betriebsratsamt als Ehrenamt (Abs. 1)	3	
III.	Arbeitsbefreiung wegen Betriebsratstätigkeit (Abs. 2)	6	
	1. Aufgabenbereich des Betriebsrats	7	
	2. Erforderlichkeit nach Art und Umfang	10	
	3. „Ohne Minderung des Arbeitsentgelts"	14	
IV.	Betriebsratstätigkeit außerhalb der Arbeitszeit (Abs. 3)	17	
	1. „Betriebsbedingte Gründe"	18	
	2. Primärer Freizeitausgleich	20	
	3. Sekundäre Mehrarbeitsvergütung	21	
V.	Arbeitsentgelt- und Tätigkeitsschutz (Abs. 4, 5)	23	
	1. Verbot der Entgeltdiskriminierung (Abs. 4)	24	
	2. Verbot der beruflichen Diskriminierung (Abs. 5)	29	
VI.	Schulungs- und Bildungsveranstaltungen (Abs. 6, 7)	31	
	1. Zulässige Inhalte	32	
	2. Verfahren bei Arbeitsbefreiung (Abs. 6 S. 3–6)	38	
	3. Rechtsfolgen der Arbeitsbefreiung	42	
VII.	Streitigkeiten	47	
	1. Urteilsverfahren	47	
	2. Beschlussverfahren	48	

I. Inhalt und Zweck. Die Vorschrift regelt **wesentliche Fragen der Rechtsstellung** der BR-Mitglieder mit zwingender Wirkung und konkretisiert den Grundsatz des § 78 S. 2, wonach diese wegen ihrer Tätigkeit weder benachteiligt noch begünstigt werden dürfen. In Abs. 1 wird der Charakter des BR-Amts als **Ehrenamt** betont, so dass eine gesonderte Vergütung ausgeschlossen ist. In Abs. 2 u. 3 werden die *Modalitäten der Arbeitsbefreiung* für die BR-Tätigkeit und der Entgeltfortzahlung geregelt; korrespondierend hierzu ist die Regelung des § 38 zu sehen, in der eine **komplette Freistellung** von Amtsträgern von ihrer beruflichen Tätigkeit vorgesehen ist. Abs. 4 u. 5 wollen die Gleichbehandlung von BR-Mitgliedern in Bezug auf Entgelt- und Karriereentwicklung mit anderen ArbN sicherstellen. Abs. 6 u. 7 schließlich verdeutlichen, dass die regelmäßige Teilnahme an Schulungs- und Bildungsveranstaltungen für die BR-Mitglieder Bestandteil ihrer Amtstätigkeit ist.

Im Zusammenhang mit dem besonderen Kündigungs- und Versetzungsschutz sollen §§ 37, 38 und 40 dem BR-Mitglied mit der **äußeren** auch die **innere Unabhängigkeit** bei der Amtsführung sichern, um so eine sachgerechte Ausübung der gesetzlich vorgesehenen Interessenvertretung zu gewährleisten[1]. Eine Abkehr vom Ehrenamtsprinzip kann gerade wegen bekannt gewordener Skandale zB bei VW und Siemens rechtspolitisch nicht ernsthaft in Richtung „Anpassung" an missbräuchliche Vergütungszahlungen an BR-Mitglieder vertreten werden – eine solche „Professionalisierung" ist vom Gesetz gerade nicht gewollt[2]. Durch das BetrVerf-ReformG v. 23.7.2001 wurden Abs. 3 S. 2 und Abs. 6 S. 2 neu eingefügt. Damit soll nach der amtl. Begründung der zunehmenden **Flexibilisierung** der persönlichen Arbeitszeiten auch von BR-Mitgliedern Rechnung getragen und klar gestellt werden, „dass erforderliche BR-Arbeit, die wegen unterschiedlicher Arbeitszeiten der BR-Mitglieder nicht innerhalb der persönlichen Arbeitszeit des einzelnen BR-Mitglieds durchgeführt werden kann, die Ausgleichsansprüche des Abs. 3 auslöst" (vgl. Rz. 18)[3].

II. Betriebsratsamt als Ehrenamt (Abs. 1). Abs. 1 verknüpft den Charakter des BR-Amts als Ehrenamt mit dem streng zu handhabenden **Grundsatz der Unentgeltlichkeit**. Es soll keine auch nur mittelbare Vergütung oder sonstige materielle Besserstellung die finanzielle Unabhängigkeit des BR-Mitglieds und damit seine **innere** Unabhängigkeit in Frage stellen[4]. Unzulässig ist daher zB die Gewährung von Sitzungsgeldern oder Erschwerniszulagen[5] bzw. die Einräumung besonders günstiger Konditionen zB beim Verkauf von Firmenfahrzeugen etc. Entscheidend ist immer, ob dem BR-Mitglied mit Rücksicht auf sein **Amt** Vorteile gewährt werden, die vergleichbaren ArbN nicht eingeräumt werden. Auch ein freigestelltes BR-Mitglied darf nicht wegen seines Amtes für ein höheres als das vereinbarte Arbeitszeitdeputat entgolten werden[6]. Eine pauschale Abgeltung der amtsbedingten Auslagen und Aufwendungen ist nur im Rahmen des § 40 I zulässig, dh. dass eine Abrechnung in regelmäßigen Abständen zu erfolgen hat und keine versteckte Vergütung enthalten sein darf (vgl. § 40 Rz. 9). Betriebsübliche Reisekostenvergütungen nach Maßgabe der LStR sind auch auf Reisen der BR-Mitglieder anzuwenden[7].

Das BR-Mitglied ist nicht Amtsträger öffentl., sondern privaten Rechts (hM). Es übt ein gesetzl. umfassend normiertes **privates Amt** aus, um die Sozialverträglichkeit betriebl. Arbeitsbedingungen sicherzustellen[8], das jedoch dadurch nicht von seiner arbeitsvertragl. Grundlage abgelöst wird. §§ 37, 38 machen dies deutlich, indem sie den Amtsträger (auch bei Freistellung) jeweils nach Maßgabe seiner arbeitsvertragl. Einstufung vergüten und damit Amtstätigkeit mit Vertragstätigkeit gleichstellen. Daher ist auch die Tätigkeit im BR trotz ihres ehrenamtlichen Charakters als Arbeitsleistung im **sozialversicherungsrechtlichen** Sinn einzustufen, so dass Unfälle in Ausübung der BR-Tätigkeit als **Arbeitsunfälle** gelten (hM)[9]. In ein **Arbeitszeugnis** (§ 109 GewO) kann die BR-Tätigkeit dagegen nur auf Wunsch des ArbN Eingang finden (hM)[10], weil „Leistung und Verhalten im Arbeitsverhältnis" nicht von der Amtstätigkeit geprägt sein können; Ausnahmen können bei langjähriger Freistellung nach § 38 geboten sein.

Gegen das Ehrenamt verstoßende **Rechtsgeschäfte** sind auch dann, wenn zB eine BV zugrunde liegt, nach § 78 BetrVG iVm. § 134 BGB **nichtig**, verbotswidrige Zuwendungen können trotz § 817 S. 2 BGB zurückgefordert werden, weil hier der strenge (objektive) Verbotszweck der Vermögensverschiebung entgegensteht[11]. Die Annahme eines unzulässigen Vorteils kann einen Ausschluss nach § 23 I rechtfertigen, außerdem ist der – wenig praxistaugliche – Straftatbestand des § 119 I Nr. 3 zu beachten. Schließlich haben der VW-Skandal und seine Schmiergeldzahlungen an BR-Funktionäre auch zu Verurteilungen wegen Untreue (§ 266 StGB) geführt[12].

III. Arbeitsbefreiung wegen Betriebsratstätigkeit (Abs. 2). Abs. 2 geht davon aus, dass trotz der BR-Tätigkeit die vertragl. Arbeitspflichten des BR-Mitglieds **vollständig bestehen** bleiben. Weil die Amtstätigkeit aber grds. während der Arbeitszeit auszuüben ist (vgl. Abs. 3), wird in Abs. 2 eine vorübergehende Befreiung von den Arbeitspflichten aus **konkretem Anlass** angeordnet – nicht zu verwechseln

---

1 HM, vgl. BAG 20.10.1993 – 7 AZR 581/92 (A), BAGE 74, 351; ferner *Fitting*, § 37 Rz. 1; GK-BetrVG/*Weber*, § 37 Rz. 6. ‖2 Dazu näher *Fischer*, NZA 2007, 484; *Rieble*, NZA 2008, 276; *Schweibert/Buse*, NZA 2007, 1080; speziell zum VW-Skandal auch *Rüthers*, NJW 2007, 195. ‖3 BT-Drs. 14/5741, 40; vgl. auch *Engels/Trebinger/Löhr-Steinhaus*, DB 2001, 532 (537). ‖4 Ganz hM, vgl. nur BAG 5.3.1997 – 7 AZR 581/92, NZA 1997, 1242; ferner *Fitting*, § 37 Rz. 7 f.; GK-BetrVG/*Weber*, § 37 Rz. 9 ff.; *Rieble*, NZA 2008, 276. ‖5 LAG Rh.-Pf. 8.3.2007 – 2 Sa 10/07: Zahlung monatlicher „Erschwerniszulagen" an BR-Mitglieder kann nicht kraft „betrieblicher Übung" Anspruchscharakter erhalten. ‖6 BAG 16.2.2005 – 7 AZR 95/04, NZA-RR 2005, 556 (PersR-Mitglied erhält 30 statt 19,25 Wochenstd. bezahlt). ‖7 BAG 29.1.1974 – 1 ABR 34/73, DB 1974, 1535. ‖8 Vgl. *Reichold*, Betriebsverfassung als Sozialprivatrecht, 1995, S. 548 f.; *Fitting*, § 37 Rz. 6; MünchArbR/*Joost*, § 220 Rz. 1. ‖9 BSG 20.5.1976 – 8 RU 76/75, BSGE 42, 36 (BR-Mitglied als Mitglied der Tarifkommission einer Gewerkschaft); ferner *Fitting*, § 37 Rz. 14; GK-BetrVG/*Weber*, § 37 Rz. 14. ‖10 LAG Hamm 6.3.1991 – 3 Sa 1279/90, DB 1991, 1527; ferner *Fitting*, § 37 Rz. 15; Richardi/*Thüsing*, § 37 Rz. 12 mwN. ‖11 HM, wie hier GK-BetrVG/*Weber*, § 37 Rz. 15; MünchArbR/*Joost*, § 220 Rz. 133; Richardi/*Thüsing*, § 37 Rz. 9; aA DKKW/*Wedde*, § 37 Rz. 7; *Fitting*, § 37 Rz. 11. ‖12 *Rieble*, NZA 2008, 276 (279); *Rieble/Klebeck*, NZA 2006, 758 (763 f.); *Schweibert/Buse*, NZA 2007, 1080 (1085 f.).

mit der **Sonderregel** des § 38, der als lex specialis eine **generelle** Freistellung ermöglicht. Die vorübergehende Arbeitsbefreiung nach Abs. 2 muss der Erledigung von **BR-Aufgaben** dienen (Rz. 7) und zur ordnungsgemäßen Durchführung auch **erforderlich** sein (Rz. 10). Sind diese Voraussetzungen erfüllt, darf der ArbGeb das Arbeitsentgelt **nicht mindern** (Rz. 14). Zur ordnungsgemäßen Bewältigung der Amtsausübung kann zudem auch eine **Versetzung** von der Wechsel- in die Tagesschicht oder vom Außen- in den Innendienst geboten sein[1].

7 **1. Aufgabenbereich des Betriebsrats.** Zu prüfen ist zunächst, ob überhaupt der **Kompetenzbereich** (Aufgabenbereich) des BR eröffnet ist und ein entsprechender Handlungsbedarf für seine Mitglieder besteht. Das ergibt sich vorrangig aus dem BetrVG selbst, daneben aus den ua. auch BR-Aufgaben regelnden anderen Gesetzen sowie aus den einschlägigen TV, BV und Regelungsabreden[2]. Unerheblich ist es, ob diese Aufgaben inner- oder **außerhalb des Betriebsgeländes** wahrzunehmen sind, zB bei Sitzungen des GBR oder KBR oder beim Besuch eines Rechtsanwalts, der den BR vertritt, oder beim Auftreten in Gerichtsverhandlungen, wenn der BR selbst unmittelbar beteiligt ist[3]. Die Teilnahme des BR-Vorsitzenden an einem sog. „Arbeitsmarktgespräch", zu dem er von der AA eingeladen wird, kann wegen drohender Kurzarbeit bzw. Massenentlassungen im Unternehmen zu seinem Aufgabenbereich gehören[4]. Auch Besprechungen mit Vertretern der Gewerkschaft oder mit Vertretern anderer BR des gleichen Unternehmens können außerhalb des Betriebs stattfinden, wenn jeweils ein besonderer betriebl. Anlass besteht[5].

8 Dagegen gehört es **nicht** zu den Aufgaben von BR-Mitgliedern, an **Veranstaltungen einer Gewerkschaft** ohne konkreten betriebl. Bezug teilzunehmen, soweit es sich nicht um Schulungs- und Bildungsveranstaltungen nach Abs. 6, 7 handelt. Auch die Teilnahme an **Tarifverhandlungen** erfolgt nicht in Ausübung des BR-Amts, sondern einer gewerkschaftl. Funktion (auch bei Firmentarifverhandlungen) und ermöglicht daher keine Arbeitsbefreiung nach Abs. 2[6]. Bei der Ausübung von anderen **Ehrenämtern** zB in der Arbeitsgerichtsbarkeit ist Abs. 2 ebenfalls nicht einschlägig[7], wohl aber idR § 616 BGB bzw. tarifliche Freistellungsregeln. Auch die **Prozessvertretung einzelner ArbN** des Betriebs bei arbeitsgerichtl. Streitigkeiten ist nicht Aufgabe des BR, weil sich eine solche Kompetenzzuweisung weder aus §§ 82–84 noch aus § 102 ergibt[8]. Die Anwesenheit eines BR-Mitglieds als Zuhörer in einem Rechtsstreit des ArbGeb ist auch dann nicht seine „gesetzliche" Aufgabe, wenn es sich um eine grundsätzliche Rechtsfrage von allg. Bedeutung für den Betrieb handelt[9].

9 Wird eine Arbeitsbefreiung aus Gründen in Anspruch genommen, die sich mit BR-Aufgaben schon **objektiv-kompetenziell** nicht begründen lassen, verliert der handelnde Amtsträger grds. seinen Anspruch aus Abs. 2 auf Entgeltfortzahlung, ohne dass es auf sein **Verschulden** noch ankäme. Freilich wird schon hier idR zu Gunsten des Amtsträgers ein Beurteilungsspielraum geltend gemacht[10], der an sich erst beim weiteren Merkmal der „Erforderlichkeit" eine Rolle spielen darf (Rz. 10). **Subjektive** Gesichtspunkte sind aber bei einer möglichen **Abmahnung** schon hier zu beachten. Diese Sanktion kommt nach Ansicht des BAG nur dann ggü. dem Amtsträger in Betracht, wenn die Rechtslage als geklärt gelten kann und ihm ggü. auch so klar vor Augen geführt worden war, dass von einem entschuldbaren Irrtum nicht mehr gesprochen werden kann[11]. Anders verhält es sich dagegen bei der Verkennung schwieriger und/oder ungeklärter Rechtsfragen, bei denen dem BR-Mitglied ein **Beurteilungsspielraum** einzuräumen ist und – jedenfalls – dann eine Abmahnung weder wegen Arbeitsvertrags- noch wegen Pflichtverletzung nach § 23 I gerechtfertigt erscheint[12].

10 **2. Erforderlichkeit nach Art und Umfang.** Steht fest, dass der Kompetenzbereich des BR eröffnet ist, muss das Handeln der BR-Mitglieder „nach Umfang und Art des Betriebs zur ordnungsgemäßen Durchführung ihrer Aufgaben erforderlich" sein. Das ist unproblematisch, solange das Gesetz selbst zB die **Sitzungen** des BR und seiner Ausschüsse in die Arbeitszeit legt und damit die Arbeitsbefreiung wegen der Sitzungsteilnahme stets und regelmäßig für erforderlich erklärt, vgl. § 30 Rz. 1. Für Amtshandlungen, die außerhalb der gesetzlich vorgesehenen Sitzungen und Besprechungen wahrgenommen werden, muss aber stets ihre **Notwendigkeit** geprüft werden[13]. Wegen der Unabhängigkeit der BR-Tätigkeit

---

1 LAG Schl.-Holst. 30.8.2005 – 5 Sa 161/05, DB 2005, 2415. ||2 HM, vgl. nur *Fitting*, § 37 Rz. 23 f.; GK-BetrVG/*Weber*, § 37 Rz. 23; Übersicht bei *Pulte*, NZA 2000, 234. ||3 HM, vgl. BAG 19.5.1983 – 6 AZR 290/81, BAGE 42, 405; ferner *Fitting*, § 37 Rz. 28; GK-BetrVG/*Weber*, § 37 Rz. 25. ||4 BAG 23.9.1982 – 6 ABR 86/79, DB 1983, 182. ||5 BAG 21.6.2006 – 7 AZR 418/05, nv.; 10.8.1994 – 7 ABR 35/93, BB 1995, 1034 (Treffen mehrerer BRe desselben Unternehmens wegen einer Prämienregelung), hierzu krit. *Behrens*, BB 1995, 1035; ferner DKKW/*Wedde*, § 37 Rz. 19; *Fitting*, § 37 Rz. 27, 30; GK-BetrVG/*Weber*, § 37 Rz. 29, 31. ||6 ArbG Osnabrück 17.1.1995 – 3 Ca 720/94, NZA 1995, 1013 (Information über laufende Tarifverhandlungen gehört nicht zum BR-Aufgabenbereich); ferner *Fitting*, § 37 Rz. 31; GK-BetrVG/*Weber*, § 37 Rz. 30. ||7 HM, vgl. DKKW/*Wedde*, § 37 Rz. 23; GK-BetrVG/*Weber*, § 37 Rz. 28. ||8 BAG 31.8.1994 – 7 AZR 893/93, NZA 1995, 225; 19.5.1983 – 6 AZR 290/81, DB 1983, 2038. ||9 HM, wie hier BAG 19.5.1983 – 6 AZR 290/81, BAGE 42, 405; GK-BetrVG/*Weber*, § 37 Rz. 27; Richardi/*Thüsing*, § 37 Rz. 17; aA DKKW/*Wedde*, § 37 Rz. 22; *Fitting*, § 37 Rz. 28 mwN zur Instanz-Rspr. ||10 So zB GK-BetrVG/*Weber*, § 37 Rz. 21; wie hier Richardi/*Thüsing*, § 37 Rz. 15. ||11 BAG 31.8.1994 – 7 AZR 893/93, NZA 1995, 225. ||12 Die Frage der Entgeltminderung und der Abmahnungsberechtigung werden idR nicht voneinander getrennt und wie hier unterschiedlich gewichtet, vgl. nur *Fitting*, § 37 Rz. 33, 34. ||13 Vgl. nur *Fitting*, § 37 Rz. 38; Richardi/*Thüsing*, § 37 Rz. 23.

darf darüber **keinesfalls** der ArbGeb entscheiden (Rz. 12). Genauso wenig reicht ein Beschluss des BR als Kollegialorgan aus[1]; auch kann der Amtsträger selbst nicht nach eigenem subjektiven Ermessen entscheiden[2]. Vielmehr kommt es auf die **eigene gewissenhafte Überlegung und vernünftige Würdigung** aller Umstände durch den Amtsträger an, der die Arbeitsversäumnis für notwendig halten musste, um den an ihn gestellten Aufgaben gerecht zu werden[3]. Es handelt sich damit um eine verobjektivierte Beurteilung **ex ante**, wie sie auch die Erforderlichkeitsprüfung nach § 40 kennzeichnet (vgl. § 40 Rz. 6). Dem einzelnen BR-Mitglied muss bei der Entscheidung je nach den Umständen des Einzelfalls aber ein **Beurteilungsspielraum** zugestanden werden[4]; selbst bei dessen Überschreitung wird man eine Entgeltminderung erst dann vornehmen können, wenn die Rechtslage entgegen der Auffassung des BR-Mitglieds als geklärt gelten konnte. Arbeitsvertragl. Sanktionen wie zB eine Abmahnung scheiden idR erst recht aus (vgl. Rz. 9)[5].

Das Gesetz lässt erkennen („wenn und soweit"), dass die Frage der Erforderlichkeit („Ob"-Frage) durch die Frage nach der **Angemessenheit** der Arbeitsbefreiung („Wie"-Frage) im Sinne einer Verhältnismäßigkeitsprüfung ergänzt werden muss. Selbst wenn die Erforderlichkeit grds. bejaht werden kann, muss weiter gefragt werden, ob die Arbeitsbefreiung nach Art (personelle Auswahl) und Umfang (Dauer der Arbeitsbefreiung) noch als angemessen angesehen werden kann. Dafür entscheidend ist jeweils die **konkrete Aufgabe und Funktion** des Amtsträgers im Rahmen der BR-Tätigkeit, die nicht für alle BR-Mitglieder gleich sein kann[6]. Erforderlichkeit und Angemessenheit der Arbeitsbefreiung nach Abs. 2 werden maßgeblich davon bestimmt, inwieweit die BR-Aktivitäten außerhalb regulärer Zusammenkünfte nicht von den generell nach § 38 **freigestellten Mitgliedern** erledigt werden können. Nach der Ausweitung der Freistellungsverpflichtungen durch das BetrVerf-ReformG 2001 ist daher jeweils der konkrete Nachweis erforderlich, warum nicht der oder die Freigestellten herangezogen wurden, sondern ein nicht freigestelltes BR-Mitglied[7]. Eine zeitweise Arbeitsbefreiung wird dann nur in Ausnahmefällen, dh. bei besonderer Sachkunde oder wegen der Besonderheit des Einzelfalls, möglich sein[8], es sei denn, dass (insb. in kleineren Betrieben) eine Überlastung des oder der freigestellten Mitglieder behauptet werden kann[9]. Die Arbeitseinteilung innerhalb des BR ist zwar dessen **originäre Aufgabe**, doch kann er weder über die durch Freistellungen nach § 38 präjudizierte Erforderlichkeit noch über das Gebot der **rationellen BR-Organisation** hinweg entscheiden[10].

Obwohl es die Formulierung des Gesetzes nahe legt, ist die Arbeitsbefreiung nicht von einem **Gestaltungsakt** des ArbGeb abhängig, so dass dessen Zustimmung nicht erforderlich ist[11]. Das betreffende BR-Mitglied schuldet dem ArbGeb als vertragliche Nebenpflicht nur rechtzeitige **Ab- und Rückmeldung** bei seinem Vorgesetzten unter Angabe des Ortes und der voraussichtlichen Dauer seiner BR-Tätigkeit, nicht aber eine **persönliche** Meldung, auch keine Mitteilung über die **Art** der BR-Tätigkeit[12]. Nur die ordnungsgemäße Unterrichtung ist geschuldet. Wie diese bewirkt wird, steht dem BR-Mitglied frei[13]. Nach Ausübung der BR-Tätigkeit müssen sich die befreiten BR-Mitglieder wieder zurückmelden. Wird die Abmeldepflicht verletzt, kann dies zu einer **Abmahnung** führen[14]. Zweck der Meldepflicht ist es, dem ArbGeb die Überbrückung des Arbeitsausfalls zu ermöglichen. Daher besteht **keine** Meldepflicht in Fällen, in denen eine vorbeugende Umorganisation der Arbeitseinteilung nicht ernsthaft in Betracht kommt[15].

Einstweilen frei.

3. „Ohne Minderung des Arbeitsentgelts". Die Unentgeltlichkeit des BR-Amts als **Ehrenamt** (Rz. 3) ändert nichts daran, dass dem von der Arbeit befreiten BR-Mitglied der Anspruch auf sein arbeitsvertragl. Entgelt *deshalb* nicht geschmälert werden darf. Es gilt das – missverständliche – sog. **Lohnausfallprinzip**, wonach die Bezüge zu zahlen sind, die das Mitglied in seiner Eigenschaft als ArbN erhalten hätte, wenn es während der Ausfallzeit gearbeitet hätte[16]. Das bedeutet, dass die BR-Mitglieder so zu stellen sind, wie wenn sie an der Arbeitsstelle verblieben wären und gearbeitet hätten, nicht jedoch,

---

1 BAG 6.8.1981 – 6 AZR 505/78, AP Nr. 39 zu § 37 BetrVG 1972. || 2 BAG 15.3.1995 – 7 AZR 643/94, NZA 1995, 961. || 3 St. Rspr., vgl. BAG 15.3.1995 – 7 AZR 643/94, NZA 1995, 961; 6.8.1981 – 6 AZR 1086/79, DB 1982, 758; ferner *Fitting*, § 37 Rz. 38; GK-BetrVG/*Weber*, § 37 Rz. 33; MünchArbR/*Joost*, § 220 Rz. 13. || 4 BAG 21.6.2006 – 7 AZR 418/05, nv.; 16.3.1988 – 7 AZR 557/87, AP Nr. 63 zu § 37 BetrVG 1972; 16.10.1986 – 6 ABR 14/84, NZA 1987, 643. || 5 Wohl hM, vgl. BAG 31.8.1994 – 7 AZR 893/93, NZA 1995, 225; ferner DKKW/*Wedde*, § 37 Rz. 32; *Fitting*, § 37 Rz. 40; GK-BetrVG/*Weber*, § 37 Rz. 35. || 6 Vgl. *Fitting*, § 37 Rz. 45; GK-BetrVG/*Weber*, § 37 Rz. 36. || 7 So auch BAG 9.7.1997 – 7 ABR 18/96, NZA 1998, 164: Ersatzfreistellung für urlaubs- oder krankheitsbedingte Verhinderung eines freigestellten BR-Mitglieds nur bei konkreter Darlegung der Erforderlichkeit. || 8 Ähnlich wie hier GK-BetrVG/*Weber*, § 37 Rz. 37; Richardi/*Thüsing*, § 37 Rz. 23. || 9 So auch BAG 19.9.1985 – 6 AZR 476/83, AP Nr. 1 zu § 42 LPVG Rh.-Pf.; ferner DKKW/*Wedde*, § 37 Rz. 28; *Fitting*, § 37 Rz. 45. || 10 So schon BAG 1.3.1963 – 1 ABR 3/62, DB 1963, 869. || 11 St. Rspr., vgl. BAG 15.3.1995 – 7 AZR 643/94, NZA 1995, 961; 15.7.1992 – 7 AZR 466/91, NZA 1993, 220. || 12 Dazu BAG 29.6.2011 – 7 ABR 135/09, NZA 2012, 47; ausf. BAG 15.3.1995 – 7 AZR 643/94, BAGE 79, 263; ferner GK-BetrVG/*Weber*, § 37 Rz. 49; MünchArbR/*Joost*, § 220 Rz. 16ff. || 13 BAG 13.5.1997 – 1 ABR 2/97, NZA 1997, 1062. || 14 BAG 15.7.1992 – 7 AZR 466/91, BAGE 71, 14. || 15 BAG 29.6.2011 – 7 ABR 135/09, NZA 2012, 47. || 16 HM, vgl. BAG 18.9.1991 – 7 AZR 41/90, BAGE 68, 292: „Lohnfortzahlungsprinzip"; 16.8.1995 – 7 AZR 103/95, NZA 1996, 552: „Lohnausfallprinzip"; ferner *Fitting*, § 37 Rz. 57; GK-BetrVG/*Weber*, § 37 Rz. 53.

dass ihre BR-Tätigkeit unmittelbar wie Arbeit zu vergüten ist[1]. Das Gesetz gewährt keinen Ausgleichsanspruch, sondern belässt es beim ursprünglichen Zahlungsanspruch aus dem **Arbeitsvertrag iVm. § 611 I BGB**[2]. Folge davon ist, dass sowohl Entgeltmehrung (zB regelmäßiger Mehreinsatz einer Aushilfsverkäuferin[3]) wie auch Entgeltminderung (zB Schlechtwettergeld im Baugewerbe[4]) oder gar Entgeltausfall (zB Fälle des Arbeitskampfrisikos) auch dann auf die Amtsträger durchschlagen, wenn sie in dieser Zeit BR-Arbeit verrichtet hatten. Auch dann kann Abs. 2 **keine** eigenständige Anspruchsgrundlage sein[5]. Ebenso haben bei einer rechtmäßigen **Aussperrung** die ausgeschlossenen BR-Mitglieder auch dann keinen Entgeltanspruch, wenn sie während der Aussperrung BR-Aufgaben wahrgenommen hatten[6]. Finden auf den arbeits- und tarifvertragl. Entgeltanspruch **tarifliche Ausschlussfristen** Anwendung, gelten diese auch für den Anspruch nach Abs. 2[7].

15 Zum **Arbeitsentgelt** iSd. Abs. 2 gehören nach st. Rspr. neben der Grundvergütung alle **Zulagen und Zuschläge**, die das BR-Mitglied ohne Arbeitsbefreiung verdient hätte, insb. Zuschläge für Mehr-, Über-, Nacht-, Sonn- und Feiertagsarbeit, Erschwernis- und Sozialzulagen wie zB die in den TV der Druckindustrie enthaltenen Antrittsgebühren oder die von der Bahn gewährte Fahrentschädigung für Lokomotivführer und Zugbegleiter[8]. Dazu zählen auch **Überstundenvergütungen**, die der ArbN ohne seine Freistellung erzielt hätte, wobei es unerheblich ist, ob diese Überstundenvergütungen regelmäßig anfallen[9]. Auch die Überlassung eines **Dienstwagens** ist Bestandteil des Arbeitsentgelts. Es handelt sich um eine zusätzliche Gegenleistung für die geschuldete Arbeit in Form eines Sachbezugs[10]. Daher ist dieser „Vergütungsbestandteil" dem BR-Mitglied auch während der Befreiung von der berufl. Tätigkeit zu gewähren[11]. **Trinkgelder**, die dem Bedienungspersonal von Dritten freiwillig gewährt werden, gehören dagegen – zumindest bei fehlenden vertraglichen Abreden – nicht zum fortzuzahlenden Arbeitsentgelt, vgl. § 107 III GewO[12]. Bei **Akkord- bzw. Prämienlohn** ist die Vergütung nach der vorangegangenen durchschnittlichen Arbeitsleistung des freigestellten BR-Mitglieds zu berechnen. Kann diese nicht festgestellt werden, erfolgt die Lohnzahlung nach Maßgabe der durchschnittlichen Arbeitsleistung vergleichbarer ArbN[13].

16 Nicht zum Arbeitsentgelt zählen dagegen **Aufwandsentschädigungen**, weil sie dem Ersatz tatsächlicher Mehraufwendungen dienen und nicht die Arbeitsleistung als solche entgelten. Für die Abgrenzung entscheidend ist der enge sachliche Zusammenhang mit *wirklichen* Mehraufwendungen[14], dh., dass typischerweise besondere Aufwendungen für den ArbN entstehen, die jedenfalls idR den Umfang der gewährten Leistung erreichen. Eine Pauschalierung des typischen Mehraufwands ist zulässig[15]. Im Falle pauschalierter Auslösungen ist dem regelmäßigen Arbeitsentgelt der Teil hinzuzurechnen, der über den reinen Aufwendungsersatz hinausgeht und daher auch steuerpflichtig ist[16].

17 **IV. Betriebsratstätigkeit außerhalb der Arbeitszeit (Abs. 3).** Das Gesetz geht davon aus, dass BR-Tätigkeit grds. während der Arbeitszeit auszuführen sei (Rz. 6)[17]. Jedoch kann es aus **betriebsbedingten** Gründen unvermeidlich sein, auch außerhalb der **persönlichen** Arbeitszeit BR-Tätigkeiten durchzuführen (zB bei hälftiger Teilzeitarbeit). Dazu zählen auch Wege-, Fahrt- und Reisezeiten, soweit sie mit der Durchführung der BR-Tätigkeit in einem unmittelbaren sachlichen Zusammenhang stehen[18]. BR-Tätigkeit außerhalb der Arbeitszeit liegt auch dann vor, wenn sie an Tagen stattfindet, an denen das BR-Mitglied wegen vorangegangener BR-Tätigkeit nach § 37 III von der Arbeit freigestellt war[19]. Zum Ausgleich des erlittenen Freizeitverlusts besteht dann nach Abs. 3 S. 1 ein Anspruch auf „entsprechende Arbeitsbefreiung unter Fortzahlung des Arbeitsentgelts", dh. auf **Freizeitausgleich** (Rz. 20). Nur dann, wenn aus betriebsbedingten Gründen diese Arbeitsbefreiung vor Ablauf eines Monats nicht möglich ist, kann der **subsidiäre Anspruch nach S. 3 Hs. 2**, nämlich Vergütung wie Mehrarbeit, geltend gemacht

---

1 BAG 23.4.1974 – 1 AZR 139/73, DB 1974, 1725 (Schlechtwettergeld als Arbeitsentgelt). ||2 HM, vgl. BAG 8.9.2010 – 7 AZR 513/09, NZA 2011, 159; 12.8.2009 – 7 AZR 218/08, NZA 2009, 1284; 16.2.2005 – 7 AZR 95/04, NZA-RR 2005, 556; ferner *Fitting*, § 37 Rz. 58; MünchArbR/*Joost*, § 220 Rz. 19ff.; *Rieble*, NZA 2003, 276. ||3 BAG 3.12.1997 – 7 AZR 490/93, NZA 1998, 558. ||4 BAG 31.7.1986 – 6 AZR 298/84, NZA 1987, 528. ||5 HM, vgl. *Fitting*, § 37 Rz. 59ff.; Richardi/*Thüsing*, § 37 Rz. 31ff.; aA DKKW/*Wedde*, § 37 Rz. 49. ||6 BAG 25.10.1988 – 1 AZR 368/87, NZA 1989, 353. ||7 BAG 8.9.2010 – 7 AZR 513/09, NZA 2011, 159; so auch *Fitting*, § 37 Rz. 58; GK-BetrVG/*Weber*, § 37 Rz. 54. ||8 BAG 12.8.2009 – 7 AZR 218/08, NZA 2009, 1284; 5.4.2000 – 7 AZR 213/99, NZA 2000, 1174; 16.8.1995 – 7 AZR 103/95, NZA 1996, 552. ||9 BAG 29.6.1988 – 7 AZR 651/87, AP Nr. 1 zu § 24 BPersVG. ||10 St. Rspr., vgl. BAG 11.10.2000 – 5 AZR 240/99, BAGE 96, 34; 25.2.2009 – 7 AZR 954/07, nv., wonach ein Anspruch auf Nutzung aber nicht besteht, wenn das Firmenfahrzeug ausschließlich zur Durchführung der arbeitsvertragl. geschuldeten Tätigkeit zur Verfügung gestellt wurde. ||11 BAG 23.6.2004 – 7 AZR 514/03, NZA 2004, 1287. ||12 BAG 28.6.1995 – 7 AZR 1001/94, NZA 1996, 252; aA DKKW/*Wedde*, § 37 Rz. 48. ||13 HM, vgl. *Däubler*, Schulung und Fortbildung, 5. Aufl. 2004, Rz. 427; *Fitting*, § 37 Rz. 68; GK-BetrVG/*Weber*, § 37 Rz. 59. ||14 BAG 5.4.2000 – 7 AZR 213/99, NZA 2000, 1174; 15.7.1992 – 7 AZR 491/91, NZA 1993, 661. ||15 BAG 5.4.2000 – 7 AZR 213/99, NZA 2000, 1174. ||16 BAG 10.2.1988 – 7 AZR 36/87, NZA 1989, 112. ||17 St. Rspr., vgl. BAG 3.12.1987 – 6 AZR 569/85, NZA 1988, 437; 31.10.1985 – 6 AZR 175/83, DB 1986, 1026. ||18 BAG 12.8.2009 – 7 AZR 218/08, NZA 2009, 1284: Ein Anspruch auf Freizeitausgleich besteht dann, wenn eine im Betrieb geltende tarifl. oder betriebl. Regelung über Dienstreisen die Bewertung von Reisezeiten als Arbeitszeit vorsieht; 21.6.2006 – 7 AZR 389/05, NZA 2006, 1417; 16.4.2003 – 7 AZR 423/01, NZA 2004, 171. ||19 LAG Köln 3.2.2012 – 4 Sa 888/11; zur Zumutbarkeit der Amtsausübung in Zeiten des Freizeitausgleichs vgl. LAG BW 27.3.2012 – 3 Sa 10/11 (vgl. auch § 25 Rz. 4).

werden (Rz. 21). Diese Rangordnung ist **zwingend**[1]. Der Anspruch auf Mehrarbeitsvergütung entsteht **nicht automatisch** mit Ablauf der Monatsfrist, sondern erst dann, wenn betriebsbedingte Gründe der Gewährung des Freizeitausgleichs, die auch noch später erfolgen kann, endgültig entgegenstehen[2]. Ein Wahlrecht zwischen beiden Ansprüchen steht weder dem BR-Mitglied noch dem ArbGeb zu[3].

1. „Betriebsbedingte Gründe". Ausgleichsansprüche nach Abs. 3 sind nur möglich, wenn die (erforderliche, vgl. Rz. 10) BR-Tätigkeit aus betriebsbedingten Gründen außerhalb der persönlichen Arbeitszeit des BR-Mitglieds notwendigerweise zu verrichten war. Dazu stellt jetzt der neue S. 2 klar, dass es sich schon dann, wenn es „wegen der unterschiedlichen Arbeitszeiten" von BR-Mitgliedern, dh. wegen deren verschiedenen Arbeitszeitdeputaten (Umfang der Arbeitszeit) und/oder Arbeitszeitlagen am Tag und in der Woche, also zB bei Schichtarbeit, Gleitzeit, Abrufarbeit, Teilzeitarbeit etc., zu Freizeitopfern bei einzelnen Amtsträgern kommt, um betriebl. Gründe iSd. Abs. 3 handelt (vgl. Rz. 2)[4]. Die Norm erfasst damit die **Auswirkungen aller flexiblen Arbeitszeitsysteme** auf die BR-Arbeit, weil diese seiner „betrieblichen" Sphäre zuzurechnen sind[5]. Arbeiten jedoch alle teilzeitbeschäftigten BR-Mitglieder zB vormittags, sind die Sitzungen idR auf diese Zeit zu legen, weil dann „unterschiedliche Arbeitszeiten" in Bezug auf das Gremium als Ganzes gerade nicht auftreten[6]. Betriebl. Gründe werden sich seltener auf das Gremium als Ganzes (zB Eilsitzung außerhalb der betriebl. Arbeitszeit) als vor allem auf Tätigkeiten einzelner BR-Mitglieder, auch der freigestellten, beziehen (zB Unfalluntersuchung zur Nachtzeit).

Wird die BR-Tätigkeit aber lediglich aus **betriebsratsbedingten** und nicht aus betriebsbedingten Gründen außerhalb der Arbeitszeit durchgeführt, besteht idR **kein Ausgleichsanspruch**[7]. Die Festsetzung von regulären Sitzungsterminen des GBR oder KBR erlaubt es den anreisenden Mitgliedern daher nicht, Ersatzansprüche aus Abs. 3 wegen der Anreisezeit geltend zu machen[8], weil es sich hier allein um aus der Organisation der BR-Arbeit ergebende Sachzwänge handelt, die vom ArbGeb nicht beeinflusst werden[9]. Auch in Bezug auf die Teilnahme an **Bildungs- und Schulungsveranstaltungen** ist Abs. 3 maßgeblich, vgl. Abs. 6 S. 1 (Rz. 42).

2. Primärer Freizeitausgleich. Soweit ein Anspruch nach Abs. 3 S. 1 entstanden ist, ist er vom BR-Mitglied ggü. dem ArbGeb **geltend zu machen** und darf nicht einfach im Wege der „Selbstbeurlaubung" vollzogen werden; eigenmächtiges Fernbleiben von der Arbeit ist dem BR-Mitglied selbst dann nicht gestattet, wenn der ArbGeb ohne erkennbaren Grund die Arbeitsbefreiung nicht gewährt[10]. Dem BR-Mitglied steht insoweit kein Leistungsverweigerungsrecht nach § 275 III BGB zu[11]. Der Amtsträger hat mitzuteilen, wann und wie lange er außerhalb der Arbeitszeit für den BR tätig geworden ist. Soweit er den Anspruch **unverzüglich** geltend macht, hat der ArbGeb den Freizeitausgleich möglichst **innerhalb eines Monats** – gerechnet ab der außerdienstlichen BR-Tätigkeit – zu gewähren, S. 3. Sinn der relativ kurzen Frist ist ein möglichst zeitnaher Freizeitausgleich für das BR-Mitglied[12]. Doch handelt es sich **nicht** um eine **Ausschlussfrist**. Über die zeitliche Lage der Arbeitsbefreiung entscheidet der ArbGeb nach billigem Ermessen, eine Analogie zur Erteilung des Urlaubs nach § 7 Abs. 1 BUrlG scheidet aus, so dass die Wünsche des ArbN nicht berücksichtigt werden müssen[13]. Der Anspruch unterliegt der regelmäßigen **Verjährungsfrist** bzw. tariflichen Ausschlussfristen[14]. Mit Ablauf der Monatsfrist wandelt sich der Anspruch auf Freizeitausgleich **nicht automatisch** in den sekundären Vergütungsanspruch um (Rz. 17)[15]. Das BR-Mitglied kann primär nur „Arbeitsbefreiung" als Ausgleich beanspruchen und erhält daher sein Arbeitsentgelt nach den gleichen Grundsätzen wie nach Abs. 2 fortbezahlt (Rz. 14 f.), dh. ohne irgendwelche Zuschläge wegen „Mehrarbeit"[16]. Diese können ausnahmsweise nur nach S. 3 Hs. 2 beansprucht werden (Rz. 21). Denn es soll im Interesse der persönlichen Unabhängigkeit der BR-Mitglieder soweit wie möglich verhindert werden, dass sie entgegen dem Prinzip des Ehrenamts durch ihre Amtstätigkeit **zusätzliche** Vergütungsansprüche erwerben[17].

3. Sekundäre Mehrarbeitsvergütung. Nur bei einer auf **betriebsbedingten** Gründen beruhenden **Unmöglichkeit** der Gewährung von Freizeitausgleich kommt eine Vergütung der für die BR-Tätigkeit aufgewendeten Zeit „wie Mehrarbeit" in Betracht, S. 3 Hs. 2. Die betriebsbedingte Unmöglichkeit der Freizeitgewährung hat eine andere Funktion als der Tatbestand der betriebsbedingten BR-Tätigkeit

---

1 HM, vgl. GK-BetrVG/*Weber*, § 37 Rz. 88; MünchArbR/*Joost*, § 220 Rz. 37. ||2 BAG 25.8.1999 – 7 AZR 713/97, NZA 2000, 554. ||3 BAG 11.1.1995 – 7 AZR 543/94, NZA 1996, 105. ||4 Vgl. etwa *Fitting*, § 37 Rz. 81 ff.; GK-BetrVG/*Weber*, § 37 Rz. 79 ff. ||5 Vgl. amtl. Begr., BT-Drs. 14/5741, 40; *Löwisch*, BB 2001, 1741. ||6 So zutr. GK-BetrVG/*Weber*, § 37 Rz. 83. ||7 BAG 21.5.1974 – 1 AZR 477/73, DB 1974, 1823. ||8 BAG 11.7.1978 – 6 AZR 387/75, DB 1978, 2177. ||9 HM, vgl. *Fitting*, § 37 Rz. 88; GK-BetrVG/*Weber*, § 37 Rz. 85; Richardi/*Thüsing*, § 37 Rz. 45; aA DKKW/*Wedde*, § 37 Rz. 60. ||10 HM, vgl. GK-BetrVG/*Weber*, § 37 Rz. 90; Richardi/*Thüsing*, § 37 Rz. 55; aA DKKW/*Wedde*, § 37 Rz. 66; *Fitting*, § 37 Rz. 96. ||11 So auch BAG 13.8.2010 – 1 AZR 173/09, DB 2011, 1115 zum Anspruch auf Freistellung der Arbeitspflicht für gewerkschaftl. Betätigung. ||12 Vgl. *Fitting*, § 37 Rz. 104; GK-BetrVG/*Weber*, § 37 Rz. 96. ||13 BAG 15.2.2012 – 7 AZR 774/10, NZA 2012, 1112; ferner GK-BetrVG/*Weber*, § 37 Rz. 94; aA *Fitting*, § 37 Rz. 95; DKKW/*Wedde*, § 37 Rz. 66. ||14 BAG 16.4.2003 – 7 AZR 423/01, NZA 2004, 171. ||15 HM, vgl. BAG 25.8.1999 – 7 AZR 713/97, NZA 2000, 554; ferner GK-BetrVG/*Weber*, § 37 Rz. 96; Richardi/*Thüsing*, § 37 Rz. 53; aA MünchArbR/*Joost*, § 220 Rz. 38. ||16 BAG 19.7.1977 – 1 AZR 376/74, DB 1977, 2101. ||17 BAG 25.8.1999 – 7 AZR 713/97, NZA 2000, 554; 5.3.1997 – 7 AZR 581/92, BAGE 85, 224.

gestellten BR-Mitglied kann daher auch eine höherrangige Tätigkeit verlangt werden, wenn vergleichbare ArbN inzwischen eine solche ausüben. Fehlt dem vormaligen Amtsträger die hierfür (inzwischen) notwendige Qualifikation, so ist ihm eine entsprechende **Fortbildung** zu gewähren[1], vgl. auch §§ 96 ff. Das höhere Entgelt ist ihm bereits vorher zu zahlen.

30 Anders als in Abs. 4 lässt Abs. 5 eine Diskriminierung dann zu, wenn „**zwingende betriebliche Notwendigkeiten**" entgegenstehen, also zB ein gleichwertiger Arbeitsplatz nicht (mehr) zur Verfügung steht oder nicht mehr zu kompensierende Qualifikationsdefizite bestehen[2]. Als Ausnahmeregelung muss die Klausel jedoch **eng** ausgelegt werden. Bloße betriebl. Zweckmäßigkeiten genügen dafür nicht, vielmehr muss den betriebl. Notwendigkeiten im Einzelfall eine überragende Bedeutung zukommen[3].

31 **VI. Schulungs- und Bildungsveranstaltungen (Abs. 6, 7).** Mit Rücksicht auf die ständig steigenden Anforderungen an eine sachgerechte BR-Arbeit gewähren Abs. 6 und 7 den BR-Mitgliedern **zwei verschiedene Arten** von Arbeitsbefreiung zur Teilnahme an Schulungs- und Bildungsveranstaltungen. Zweck der Normen ist nicht etwa Herstellung der „intellektuellen Waffengleichheit" (was damit auch immer gemeint sein mag)[4], sondern Erlangung der notwendigen Kenntnisse zur funktionsgerechten Erfüllung der BR-Aufgaben[5]. **Abs. 6** gewährt einen **kollektiven Anspruch** des BR auf bezahlte Arbeitsbefreiung für Veranstaltungen, die für die BR-Arbeit „erforderliche" Kenntnisse vermitteln. Dabei ist nach st. Rspr. davon auszugehen, dass jedes Mitglied **Grundwissen über betriebsverfassungsrechtliche Fragen** braucht[6]. Voraussetzung für den (abgeleiteten) Individualanspruch auf Teilnahme ist ein Beschluss des BR-Gremiums[7]. Demgegenüber statuiert **Abs. 7** einen auf drei Wochen zeitlich begrenzten Anspruch für jedes **einzelne** BR-Mitglied auf bezahlte Arbeitsbefreiung zur Teilnahme an als geeignet anerkannten Schulungs- und Bildungsveranstaltungen – ohne Rücksicht auf den individuellen Kenntnisstand und zur Erforderlichkeit der Kenntnisse. Es handelt sich damit um einen „amtsbezogenen **Bildungsurlaub**"[8]. Für alle Schulungen ist jedoch ein Bezug zur BR-Tätigkeit notwendig[9]. Beide Ansprüche stehen **selbständig** nebeneinander und können unabhängig voneinander – auch kumulativ – geltend gemacht werden (Rz. 37)[10]. Zu beachten ist auch, dass als **Rechtsfolge** von Abs. 6 und 7 der ArbGeb (nur) zur Arbeitsbefreiung mit Entgeltfortzahlung verpflichtet wird, nicht dagegen zur Erstattung der **sonstigen Aufwendungen** (zB Schulungskosten), was bei „Erforderlichkeit" aber nach § 40 I möglich ist (vgl. § 40 Rz. 21).

32 **1. Zulässige Inhalte. a) „Erforderliche" Kenntnisse nach Abs. 6.** Schulungs- und Bildungsveranstaltungen iSd. Abs. 6 müssen Kenntnisse vermitteln können, die sich (1) auf die gesetzl. Aufgaben des BR und deren Durchführung im Betrieb beziehen[11], und (2) für die BR-Arbeit erforderlich sind, dh. im Hinblick auf die **konkrete betriebliche Situation** benötigt werden, um derzeitige oder künftig anfallende Aufgaben des BR sachgerecht bewältigen zu können[12]. Entscheidend ist auf den **Inhalt** der Veranstaltung abzustellen, nicht auf deren Träger, so dass auch bei Gewerkschaftsschulungen der ArbGeb grds. zur Übernahme der Schulungskosten nach § 40 I verpflichtet ist (vgl. § 40 Rz. 23). Regelmäßig bedarf es zur Erforderlichkeitsprüfung der **Darlegung** eines aktuellen oder absehbaren Betrieb und BR bezogenen Schulungsbedarfs. Doch kann darauf bei **erstmals gewählten** BR-Mitgliedern **verzichtet werden**, wenn es um die Vermittlung von Grundkenntnissen im Betriebsverfassungsrecht[13] oder im allg. Arbeitsrecht, zB im AGG[14], geht. Gleiches gilt auch für den Bereich der Arbeitssicherheit und der Unfallverhütung[15]. Die Vermittlung allgemeiner Grundkenntnisse des **Sozial- und SozV-Rechts** ist aber ohne einen konkreten betriebsbezogenen Anlass nicht erforderlich iSv. Abs. 6, da die Beratung von ArbN in sozialversicherungsrechtl. Fragen nicht zu den Aufgaben des BR nach dem BetrVG gehören soll[16]. Bei Schulungen, die auf **speziellere Themen** ausgerichtet sind, entscheidet die Darlegung nach den Verhältnissen des konkreten einzelnen Betriebs bzw. BR, so dass zB eine Veranstaltung zum Thema „Mobbing" der Darlegung konkreter betriebl. Konfliktlagen bedarf, um als „erforderlich" gelten zu können[17]. Im Einzelfall kann auch der Besuch einer Schulungsveranstaltung über **aktuelle BAG-Rspr.** erforderlich sein[18]. Bei der Entsendung bestimmter BR-Mitglieder zu einer Rhetorikschulung ist im Einzelfall

---

[1] HM, vgl. *Fitting*, § 37 Rz. 133; GK-BetrVG/*Weber*, § 37 Rz. 129; zu eng Richardi/*Thüsing*, § 37 Rz. 75. ||[2] Vgl. nur *Fitting*, § 37 Rz. 134; GK-BetrVG/*Weber*, § 37 Rz. 131. ||[3] So MünchArbR/*Joost*, § 220 Rz. 144. ||[4] So aber DKKW/*Wedde*, § 37 Rz. 91 ff.; *Däubler*, Schulung und Fortbildung, 5. Aufl. 2004, Rz. 85 ff. ||[5] HM, vgl. BAG 11.8.1993 – 7 ABR 52/92, NZA 1994, 517; GK-BetrVG/*Weber*, § 37 Rz. 136 f.; *Künzl*, ZfA 1993, 341 (342); *Wank*/*Maties*, NZA 2005, 1033 (1034). ||[6] So BAG 19.9.2001 – 7 ABR 32/00, DB 2002, 51. ||[7] BAG 6.11.1973 – 1 ABR 8/73, BAGE 25, 348. ||[8] Zutr. Richardi/*Thüsing*, § 37 Rz. 80. ||[9] BAG 11.8.1993 – 7 ABR 52/92, NZA 1994, 517; 18.12.1973 – 1 ABR 35/73, DB 1974, 923. ||[10] HM, vgl. BAG 5.4.1984 – 6 AZR 495/81, DB 1984, 1785; ferner *Fitting*, § 37 Rz. 229; GK-BetrVG/*Weber*, § 37 Rz. 135. ||[11] Vgl. BAG 15.1.1997 – 7 ABR 14/96, NZA 1997, 781; ferner *Fitting*, § 37 Rz. 139; GK-BetrVG/*Weber*, § 37 Rz. 157; *Künzl*, ZfA 1993, 341 (343). ||[12] St. Rspr., vgl. zuletzt BAG 15.1.1997 – 7 ABR 14/96, NZA 1997, 781; 20.12.1995 – 7 ABR 14/95, NZA 1996, 895; 19.7.1995 – 7 ABR 49/94, NZA 1996, 442. ||[13] St. Rspr., vgl. zuletzt BAG 19.9.2001 – 7 ABR 32/00, DB 2002, 51; 20.12.1995 – 7 ABR 14/95, NZA 1996, 895. ||[14] LAG Hess. 25.10.2007 – 9 TaBV 84/07 (AGG-Kenntnisse unabdingbar); BAG 19.7.1995 – 7 ABR 49/94, NZA 1996, 442; 16.10.1986 – 6 ABR 14/84, NZA 1987, 643. ||[15] BAG 15.5.1986 – 6 ABR 74/83, NZA 1987, 63. ||[16] BAG 4.6.2003 – 7 ABR 42/02, NZA 2003, 1284. ||[17] Vgl. einerseits (abl.) BAG 15.1.1997 – 7 ABR 14/96, NZA 1997, 781; LAG Rh.-Pf. 13.10.2004 – 10 TaBV 19/04, NZA-RR 2005, 376; andererseits (zust.) LAG München 30.10.2012 – 6 TaBV 39/12; LAG Hamm 7.7.2006 – 10 Sa 1283/05, NZA-RR 2007, 202. ||[18] BAG 18.1.2012 – 7 ABR 73/10, NZA 2012, 813.

darzulegen, dass gerade das entsandte BR-Mitglied die dort vermittelten rhetorischen Kenntnisse benötigt, damit der BR seine gesetzl. Aufgaben sachgerecht erfüllen kann[1].

Bei seiner Beschlussfassung zur Entsendung einzelner Mitglieder darf der BR die Frage der Erforderlichkeit **nicht** nach seinem **subjektiven Ermessen** beantworten. Vielmehr muss er sich auf den Standpunkt eines „vernünftigen Dritten" stellen, der die Interessen des Betriebs einerseits und des BR und der Belegschaft andererseits gegeneinander abwägt[2]. Trotz des ihm dabei eingeräumten Beurteilungsspielraums muss er neben der Erforderlichkeit auch die **Angemessenheit** hinsichtlich der personellen Auswahl („wen?" bzw. „wie viele?") und der Dauer („wie lange?") der Veranstaltung, also die Verhältnismäßigkeit jeder Entsendung beachten[3]. Das BAG hat insoweit zutreffend entschieden, dass sich die Erforderlichkeit nach Abs. 6 auf die „Kenntnisse", dh. auf das Thema der Schulung bezieht, dagegen Auswahl für und Umfang der Schulung **zusätzlich** einer Angemessenheitsprüfung unterliegen (vgl. Rz. 39). Das Gesetz geht hier wie in § 40 I wegen der Kostentragungspflicht des ArbGeb von einem „begrenzten Ausbildungsaufwand" aus[4]. Überwiegen zB bei einer Schulung mit übergreifender Thematik die für den BR nicht erforderlichen Themen jene, die für ihn erforderlich sind, so kann nach richtiger Auffassung die Erforderlichkeit insg. verneint, andernfalls insg. bejaht werden[5]. Eine Schulungsveranstaltung kann auch erforderlich sein, wenn das BR-Mitglied schon länger dem BR angehörte; vom Vorhandensein des erforderlichen Grundwissens kann nämlich nicht schon auf Grund der Dauer der BR-Tätigkeit ausgegangen werden[6]. Einer besonderen Darlegung der Erforderlichkeit bedarf es in Fällen der Vermittlung von Grundkenntnissen auch dann nicht, wenn die Schulungsveranstaltung erst **kurz vor Ablauf der Amtszeit** des BR erfolgt; anders ist dies nur, wenn absehbar ist, dass das zu schulende BR-Mitglied in seiner verbleibenden Amtszeit das vermittelte Wissen nicht mehr benötigt[7]. Mitglieder des Wirtschaftsausschusses, die nicht zugleich BR-Mitglieder sind, haben wegen § 107 I 3 grds. keinen Schulungsbedarf[8]. Dagegen fehlt es an der **Angemessenheit**, wenn unverhältnismäßig viele BR-Mitglieder entsandt werden oder unverhältnismäßig lange Veranstaltungen beschickt werden, zB eine Vier-Wochen-Schulung für die Grundlagenschulung zum BetrVG statt des (üblichen) 14-Tages-Seminars[9]. Insoweit kann der ArbGeb aber nur die überschießenden Schulungskosten nach § 40 I, **nicht dagegen** die Arbeitsbefreiung nach § 37 II verweigern.

- **Anspruchsprüfung nach § 37 VI**[10]**:**
  – Ist die Schulung erforderlich?
    → objektiv (Grundwissen oder Spezialwissen?)
    → subjektiv (für welche konkrete Person?)
  – Für wie viele Mitglieder?
    → Grundwissen
    → Spezialwissen
  – Wie lange?
    → Regel: zwei Wochen

b) **Bildungsurlaub nach Abs. 7.** Dagegen bedarf es für den amtsbezogenen Bildungsurlaub nach Abs. 7 keiner Erforderlichkeitsprüfung wie in Abs. 6. Es reicht, wenn die betreffende Veranstaltung von der zuständigen obersten Arbeitsbehörde des Landes als **geeignet anerkannt** ist. Die behördl. Anerkennung, die auch noch **nachträglich** erfolgen kann (Rz. 36), ersetzt eine eigene Ermessensprüfung des BR-Mitglieds in Bezug auf Thema und Ausgestaltung der Veranstaltung. Auf den Veranstalter kommt es nicht entscheidend an[11]. Das Merkmal der Eignung ist **weiter auszulegen** als das der Erforderlichkeit[12]. Doch kann der Anerkennungsbescheid wegen fehlender Eignung gerichtlich aufgehoben werden, wenn **kein ausreichender Zusammenhang** mit der sachgerechten Erfüllung von BR-Aufgaben besteht. Es kommt aber nicht auf die „Erforderlichkeit" der Kenntnisse für die konkrete Arbeit des BR im konkre-

---

1 BAG 12.1.2011 – 7 ABR 94/09, NZA 2011, 813. ||2 St. Rspr., vgl. BAG 15.1.1997 – 7 ABR 14/96, NZA 1997, 781; 15.2.1995 – 7 AZR 670/94, NZA 1995, 1036. ||3 Ähnlich GK-BetrVG/*Weber*, § 37 Rz. 172; MünchArbR/*Joost*, § 308 Rz. 101; Richardi/*Thüsing*, § 37 Rz. 100; aA DKKW/*Wedde*, § 37 Rz. 118; *Fitting*, § 37 Rz. 171. ||4 BAG 28.5.1976 – 1 AZR 116/74, AP Nr. 24 zu § 37 BetrVG 1972, wo differenziert wird zwischen voller Arbeitsbefreiung (§ 37 II) und nur teilweiser Kostentragung (§ 40 I), vgl. GK-BetrVG/*Weber*, § 37 Rz. 183f. ||5 So BAG 28.5. 1976 – 1 AZR 116/74, AP Nr. 24 zu § 37 BetrVG 1972 (im Umkehrschluss); vgl. auch *Wank/Maties*, NZA 2005, 1033 (1035); GK-BetrVG/*Weber*, § 37 Rz. 172; Richardi/*Thüsing*, § 37 Rz. 96; diff. aber LAG Köln 9.11.1999 – 13 Sa 818/99, AiB 2000, 357: bei Möglichkeit der teilweisen Teilnahme Beschränkung der Arbeitsbefreiung auf konkret erforderliche Schulungsteile. ||6 BAG 19.3.2008 – 7 ABR 2/07, nv.; nach LAG Hamm 10.12.2008 – 10 TaBV 125/08 ist die Erforderlichkeit jedoch zu verneinen, wenn das BR-Mitglied auf ein langjähriges Erfahrungswissen auf dem entsprechenden Gebiet zurückgreifen kann (vom BAG offen gelassen). ||7 BAG 7.5.2008 – 7 AZR 90/07, DB 2008, 2659 unter ausdrückl. Aufgabe von BAG 7.6.1989 – 7 ABR 26/88, NZA 1990, 149; 17.11.2010 – 7 ABR 113/09. ||8 BAG 11.11.1998 – 7 AZR 491/97, NZA 1999, 1119. ||9 Vgl. Nachw. bei *Fitting*, § 37 Rz. 173; GK-BetrVG/*Weber*, § 37 Rz. 193. ||10 Einzelheiten bei *Wank/Maties*, NZA 2005, 1033 (1037). ||11 BAG 11.8. 1993 – 7 ABR 52/92, NZA 1994, 517; LAG Bremen 1.6.2010 – 1 Sa 145/09. ||12 HM, vgl. *Fitting*, § 37 Rz. 197; GK-BetrVG/*Weber*, § 37 Rz. 218.

ten Betrieb wie in Abs. 6 an, sondern es genügt, dass die Kenntnisse für die BR-Tätigkeit **dienlich und förderlich sind**[1]. Als geeignet anerkannt sind zB Schulungen über das gesamte Arbeitsrecht, über wirtschaftliche und betriebswirtschaftliche Fragen, Frauen- und Familienförderung, Personalplanung sowie das allg. Sozialrecht[2], aber auch über Fragen des betriebl. Umweltschutzes[3]. **Nicht geeignet** sind dagegen Veranstaltungen, die allgemeinpolitischen, allgemein bildenden oder rein gewerkschaftspolitischen Zwecken dienen, weil dann ein ausreichender Bezug zur BR-Tätigkeit nicht mehr erkennbar ist[4]. So wurde zB das DGB-Seminar „Brüder, zur Sonne, zur Freiheit" vom BAG als sozialgeschichtliche Schulung ohne ausreichenden Bezug zur BR-Tätigkeit[5] für ebenso ungeeignet gehalten wie ein allgemein bildendes Seminar „Rhetorik und Persönlichkeitsbildung"[6].

36 Die Anerkennung einer Veranstaltung setzt einen **Antrag des Trägers** voraus. Der Antrag ist an **keine Form** gebunden, jedoch wird er in der Praxis schon wegen der vorgesehenen Inhalte schriftlich gestellt. Zuständig für die Anerkennung ist die oberste Arbeitsbehörde eines Landes, somit das jeweilige Staatsbzw. Landesministerium für Arbeit und Soziales[7]. Dessen örtl. Zuständigkeit folgt dem **Trägerprinzip**, nicht dem Ortsprinzip, so dass die oberste Arbeitsbehörde des Bundeslandes für die Anerkennung zuständig ist, in dessen Gebiet der für den Lehrinhalt verantwortliche Träger der Veranstaltung seinen Sitz hat[8]. Eine Frist schreibt das Gesetz ebenfalls nicht vor. Sinn und Zweck des Anerkennungsverfahrens stehen aber einer **nachträglichen** Anerkennung nicht entgegen[9]. Befasst sich eine Schulungs- und Bildungsveranstaltung nur **teilweise** mit Themen, die iSv. § 37 VII geeignet sind, muss entweder die Anerkennung verweigert oder durch entsprechende Nebenbestimmungen sichergestellt werden, dass die Veranstaltung in vollem Umfang geeignet ist[10].

37 c) **Verhältnis der Ansprüche aus Abs. 6 und 7.** Veranstaltungen nach Abs. 6 und 7 schließen sich nicht gegenseitig aus. Vielmehr kann auch eine als geeignet anerkannte Schulungsveranstaltung iSv. Abs. 7 erforderliche Kenntnisse iSv. Abs. 6 vermitteln, so dass die Anerkennung einer Maßnahme die Teilnahme auf Grund von Abs. 6 nicht ausschließt[11]. Beide Ansprüche bestehen **nebeneinander** und können **kumuliert** werden, vgl. Abs. 7 S. 1 („Unbeschadet der Vorschrift des Abs. 6..."). Über die Teilnahme nach Abs. 6 entscheidet aber allein der BR als Kollektivorgan (Rz. 38), während der Bildungsurlaub nach Abs. 7 einen **individuellen** Anspruch des Amtsträgers begründet, der nach der Amtszeit bei Nicht-Inanspruchnahme verfällt[12]. Nicht nachgerückte Ersatzmitglieder können ihn nicht erwerben (Rz. 46). Im Zweifel kann der BR wählen, welchen Anspruch und somit auch welches Kontingent an Schulungsveranstaltungen er geltend machen möchte. Vom ArbGeb kann er nicht auf Abs. 7 verwiesen werden, wenn er Arbeitsbefreiung nach Abs. 6 für eine als geeignet anerkannte Schulungsveranstaltung verlangt[13]. Zu beachten ist aber, dass durch einen Bildungsurlaub nach Abs. 7 eine weitere Teilnahme nach Abs. 6 mangels „Erforderlichkeit" entfallen kann.

38 2. **Verfahren bei Arbeitsbefreiung (Abs. 6 S. 3–6).** Das Gesetz enthält in Abs. 6 S. 3–6, die über Abs. 7 S. 3 auch für den amtsbezogenen Bildungsurlaub gelten, **Verfahrensregeln** für die Arbeitsbefreiung von BR-Mitgliedern bei Teilnahme an Schulungs- und Bildungsveranstaltungen. Dabei wird vorausgesetzt, dass ohne einen **vorherigen zustimmenden Beschluss** des Gremiums das BR-Mitglied nicht berechtigt ist, an einer Veranstaltung teilzunehmen[14]. Die Teilnahme ohne einen solchen Beschluss lässt die Entgeltfortzahlungs- und Kostentragungspflicht des ArbGeb entfallen; eine nachträgliche Zustimmung kann das Versäumnis nicht heilen[15]. Während die Festlegung der **zeitlichen Lage** der Veranstaltung stets vom BR in eigener Kompetenz getroffen wird, vgl. Abs. 6 S. 3, steht die **personelle Auswahlentscheidung** dem BR nur für Schulungen nach **Abs. 6** zu. Denn nur dieser Anspruch besteht zunächst als kollektiver Anspruch des Gesamtorgans BR mit dem ermessensgebundenen Recht zur Auswahl unter den BR-Mitgliedern (Rz. 31). Demggü. steht der Anspruch auf dreiwöchigen **Bildungsurlaub** jedem einzelnen BR-Mitglied selbst zu, so dass diesem hieraus ein Anspruch gegen den BR auf **Festlegung** des Zeitpunkts der Teilnahme erwächst[16].

39 Bei der Entsendung nicht freigestellter BR-Mitglieder soll der BR nach Abs. 6 S. 3 den **Schulungszeitpunkt** unter Berücksichtigung **betrieblicher Notwendigkeiten** festlegen. Damit können nur solche betriebl. Gründe gemeint sein, die eine Verschiebung **erzwingen**, zB wegen Notfallarbeiten, die nur vom

---

1 St. Rspr., vgl. BAG 11.10.1995 – 7 ABR 42/94, NZA 1996, 934; 11.8.1993 – 7 ABR 52/92, NZA 1994, 517; 9.9.1992 – 7 AZR 492/91, NZA 1993, 468. ‖ 2 Vgl. nur *Fitting*, § 37 Rz. 199 f.; GK-BetrVG/*Weber*, § 37 Rz. 221. ‖ 3 Schon vor dem BetrVerf-ReformG 2001, vgl. BAG 11.10.1995 – 7 ABR 42/94, NZA 1996, 934. ‖ 4 HM, vgl. *Fitting*, § 37 Rz. 202; GK-BetrVG/*Weber*, § 37 Rz. 222; *Künzl*, ZfA 1993, 355; *Kraft*, DB 1973, 2519; *Loritz*, NZA 1993, 2; auch *Däubler*, Schulung und Fortbildung, 5. Aufl. 2004, Rz. 278; aA DKKW/*Wedde*, § 37 Rz. 141. ‖ 5 BAG 11.8.1993 – 7 ABR 52/92, NZA 1994, 517. ‖ 6 BAG 15.8.1978 – 6 ABR 65/76, nv. ‖ 7 Vgl. nur Richardi/*Thüsing*, § 37 Rz. 149. ‖ 8 BAG 5.11.1974 – 1 ABR 146/73, DB 1975, 699. ‖ 9 BAG 11.10.1995 – 7 ABR 42/94, BAGE 81, 157. Weitere Details des Verfahrens bei *Fitting*, § 37 Rz. 210 ff.; GK-BetrVG/*Weber*, § 37 Rz. 227 ff. ‖ 10 Vgl. neben BAG 11.8.1993 – 7 ABR 52/92, NZA 1994, 517 noch GK-BetrVG/*Weber*, § 37 Rz. 223. ‖ 11 BAG 4.5.1984 – 6 AZR 495/81, DB 1984, 1785. ‖ 12 HM, vgl. LAG Düss. 8.10.1991 – 13 Sa 1450/90, DB 1992, 636; *Fitting*, § 37 Rz. 218; GK-BetrVG/*Weber*, § 37 Rz. 244; *Kraft*, DB 1973, 2519. ‖ 13 HM, vgl. DKKW/*Wedde*, § 37 Rz. 139; *Fitting*, § 37 Rz. 229; nun auch GK-BetrVG/*Weber*, § 37 Rz. 180; Richardi/*Thüsing*, § 37 Rz. 170. ‖ 14 Vgl. nur *Fitting*, § 37 Rz. 232; GK-BetrVG/*Weber*, § 37 Rz. 252. ‖ 15 BAG 8.3.2000 – 7 ABR 11/98, NZA 2000, 838. ‖ 16 Vgl. nur *Fitting*, § 37 Rz. 233; GK-BetrVG/*Weber*, § 37 Rz. 261, 267.

BR-Mitglied geleistet werden können¹. Doch kann dadurch eine Teilnahme an einer Schulung nicht völlig verhindert, sondern allenfalls verschoben werden. Die Vorschrift belegt, dass neben der Erforderlichkeit die pflichtgemäße Ermessensausübung des BR auch die **Angemessenheit** der Entsendung (Verhältnismäßigkeit, vgl. Rz. 33) bei der personellen Auswahlentscheidung in Bezug auf die betriebl. Notwendigkeiten zu berücksichtigen hat².

Der BR hat seine Entscheidung über die zeitliche Lage einer Schulung und die dafür vorgesehenen Teilnehmer dem ArbGeb so **rechtzeitig mitzuteilen**, Abs. 6 S. 4, dass der ArbGeb noch vor der Veranstaltung die **Einigungsstelle** anrufen kann, S. 5, wenn er meint, der BR habe die betriebl. Notwendigkeiten nicht ausreichend berücksichtigt³. Dabei sind dem ArbGeb auch die für die Anspruchsvoraussetzungen nach Abs. 6 bzw. Abs. 7 maßgeblichen Tatsachen, insb. die Inhalte der Veranstaltung, ggf. deren behördliche Anerkennung sowie Dauer, Ort und Veranstalter mitzuteilen⁴. Strittig sind die Folgen einer **Verletzung der Unterrichtungspflicht** durch den BR. Die wohl überwiegende Meinung⁵ möchte daraus keine Folgen für den Entgeltfortzahlungsanspruch des Schulungsteilnehmers ableiten, weil die **Ordnungsregel** des S. 4 nach Sinn und Zweck keine so weit reichenden Konsequenzen äußern könne. Dem ist zuzustimmen. Zwar handelt es sich um eine Pflichtverletzung des BR, die bei ständiger Wiederholung nach § 23 I sanktioniert werden kann. Doch soll die Mitteilungspflicht vor allem die Anrufung der Einigungsstelle (nur) in Bezug auf die ausreichende Berücksichtigung betrieblicher Notwendigkeiten ermöglichen, außerdem dem ArbGeb betriebl. Umstellungen ermöglichen, nicht aber die Anspruchsvoraussetzungen nach Abs. 6 S. 1 bzw. Abs. 7 S. 1 durch ein zwingendes Verfahren ergänzen⁶. 40

Hält der ArbGeb die „betrieblichen Notwendigkeiten" für nicht ausreichend berücksichtigt, so kann er die **Einigungsstelle** anrufen, Abs. 6 S. 5, um einen verbindlichen Spruch **nur in Bezug auf die zeitliche Lage** herbeizuführen⁷. Über die „Erforderlichkeit" iSv. Abs. 6 kann dagegen nur das ArbG entscheiden. Für die Anrufung ist im Gesetz **keine Frist** vorgesehen (anders § 38 II 4), doch wird die „Angemessenheit"⁸ einer Anrufung in vorsichtiger Anlehnung an die Zwei-Wochen-Frist des § 38 II 4 bzw. 7 zu bewerten sein, so dass nach Verstreichen dieser Frist der BR-Beschluss in aller Regel als vom ArbGeb **gebilligt** gilt⁹. Hat der ArbGeb der Teilnahme eines BR-Mitglieds an der Schulungsveranstaltung widersprochen, so muss der BR die Entsendung zur Schulung bis zur Klärung der Streitfrage **zurückstellen**¹⁰. Kann die Einigungsstelle nicht rechtzeitig zusammentreten, besteht die Möglichkeit, am ArbG eine einstw. Verfügung zu Gunsten der Teilnahme des BR-Mitglieds zu erwirken¹¹. Bestätigt die Einigungsstelle den BR-Beschluss, so ersetzt ihr Spruch zugleich die fehlende Einigung zwischen ArbGeb und BR, Abs. 6 S. 6, hält sie dagegen die betriebl. Notwendigkeiten für nicht ausreichend berücksichtigt, trifft sie eine **eigene Entscheidung** in der Sache. Abgesehen von der aufschiebenden Wirkung des Einigungsstellenverfahrens kann der ArbGeb die Schulungsteilnahme nicht verhindern, insb. bedarf das BR-Mitglied **keiner Befreiung** durch den ArbGeb¹², sondern muss sich wie nach Abs. 2 nur ordentlich abmelden (Rz. 12)¹³, soweit ein ordnungsgemäßer BR-Beschluss vorliegt. 41

3. Rechtsfolgen der Arbeitsbefreiung. a) Nach Abs. 6. Durch die Verweisung auf Abs. 2 *und* 3 stellt das Gesetz für die Rechtsfolgen der Arbeitsbefreiung nach Abs. 6 klar, dass nicht nur das Entgelt fortzuzahlen ist, wie wenn das BR-Mitglied im Betrieb gearbeitet hätte (Rz. 14), sondern auch im Fall von Freizeitopfern durch Schulungsteilnahme die **Freizeitausgleichs-** bzw. Abgeltungs-Lösung nach Abs. 3 greifen muss (vgl. Rz. 17). Der Ausgleichsanspruch umfasst nicht nur die der reinen Schulungszeiten, sondern auch die notwendige **An- und Abreisezeit** zum bzw. vom Schulungsort sowie die während der Schulungsveranstaltung anfallenden **Pausenzeiten** (vgl. auch Rz. 17)¹⁴. Die amtl. Begründung des BetrVerfReformG 2001 hatte betont, dass Schulungen in einem immer größer werdenden Umfang „insb. für **teilzeitbeschäftigte BR-Mitglieder**" außerhalb ihrer Arbeitszeit erfolgten. Ihnen einen entsprechenden Ausgleichsanspruch zu verwehren, erscheine nicht mehr – wie zT früher vertreten – gerechtfertigt¹⁵. Damit werden auch die vom EuGH aufgeworfenen¹⁶ Rechtsfragen hinsichtlich einer **mittelbaren Diskriminierung** der weiblichen Teilzeitkräfte bei Vollzeitschulungen gegenstandslos, ohne dass das Ehrenamtsprinzip beschädigt wird (Rz. 2). 42

Erforderlich bleibt aber entsprechend Abs. 3, dass **betriebsbedingte Gründe** vorliegen, die die Durchführung der Schulung außerhalb der persönlichen Arbeitszeit des BR-Mitglieds bedingen, wozu S. 2 Hs. 1 betont, dass darunter vorrangig „**Besonderheiten der betrieblichen Arbeitszeitgestaltung**" zu ver- 43

---

1 HM, vgl. *Fitting*, § 37 Rz. 238; GK-BetrVG/*Weber*, § 37 Rz. 266. ||2 So auch Richardi/*Thüsing*, § 37 Rz. 116, 118. ||3 BAG 18.3.1977 – 1 ABR 54/74, DB 1977, 1148. ||4 Vgl. nur *Fitting*, § 37 Rz. 241; GK-BetrVG/*Weber*, § 37 Rz. 269. ||5 Vgl. *Fitting*, § 37 Rz. 242; GK-BetrVG/*Weber*, § 37 Rz. 270 mwN. ||6 So aber MünchArbR/*Joost*, § 220 Rz. 103; Richardi/*Thüsing*, § 37 Rz. 124. ||7 HM, vgl. *Fitting*, § 37 Rz. 243; GK-BetrVG/*Weber*, § 37 Rz. 271. ||8 So GK-BetrVG/*Weber*, § 37 Rz. 272. ||9 Wie hier DKKW/*Wedde*, § 37 Rz. 132; *Fitting*, § 37 Rz. 244; strenger Richardi/*Thüsing*, § 37 Rz. 127: „unverzüglich". ||10 BAG 18.3.1977 – 1 ABR 54/74, DB 1977, 1148. ||11 HM, vgl. nur *Fitting*, § 37 Rz. 249; GK-BetrVG/*Weber*, § 37 Rz. 277. ||12 Ein auf Freistellung gerichteter Feststellungsantrag ist daher wegen fehlenden Feststellungsinteresses nach § 256 I ZPO unzulässig, vgl. LAG Hamm 17.9.2010 – 10 TaBV 26/10. ||13 Str., wie hier DKKW/*Wedde*, § 37 Rz. 134; *Fitting*, § 37 Rz. 250; Richardi/*Thüsing*, § 37 Rz. 131, 176; aA GK-BetrVG/*Weber*, § 37 Rz. 278. ||14 BAG 16.2.2005 – 7 AZR 330/04, NZA 2005, 936. ||15 BT-Drs. 14/5741, 41. ||16 EuGH 4.6.1992 – Rs. C-360/90, NZA 1992, 687 – Bötel; 6.2.1996 – Rs. C-457/93, NZA 1996, 319 – Lewark.

stehen sind[1]. Solche Besonderheiten ergeben sich aus flexiblen Arbeitszeitmodellen, die hinsichtlich der Lage und/oder des Umfangs der persönlichen Arbeitszeit schon für Vollzeit-, erst recht aber für Teilzeitkräfte Abweichungen von den üblichen Schulungszeiten ergeben (zB Schichtbetrieb, rollierendes System, Gleitzeit, Anordnung freier Tage durch BV, vgl. Rz. 18)[2]. **Kein Ausgleichsanspruch** besteht jedoch zB dann, wenn die Schulung eines vollzeitbeschäftigten BR-Mitglieds länger dauert als die tägliche Arbeitszeit oder sich auch auf den arbeitsfreien Samstag erstreckt – betriebsbedingte Gründe scheiden hier aus[3]. Das gilt auch für **teilzeitbeschäftigte** BR-Mitglieder, die darlegen müssen, inwieweit ihr Freizeitopfer teilzeitbedingt ist, dh. ob nicht auch bei Vollzeit die Schulung die tägliche Arbeitszeit überschritten hätte[4].

44 Der Ausgleichsanspruch ist nämlich im Gegensatz zur allg. Regelung des Abs. 3 **umfangmäßig beschränkt** auf die Arbeitszeit eines vollzeitbeschäftigten ArbN, S. 2 Hs. 2, um die an einer Schulungsveranstaltung teilnehmenden teilzeitbeschäftigten BR-Mitglieder nicht besser zu stellen als ihre vollzeitbeschäftigten Kollegen[5]. Der Ausgleichsanspruch kann deshalb pro Schulungstag höchstens der Arbeitszeit eines Vollbeschäftigten entsprechen, wobei diejenigen Schulungszeiten abzuziehen sind („unter Einbeziehung der Arbeitsbefreiung nach Abs. 2"), für die nach Abs. 2 ohnehin Arbeitsbefreiung unter Entgeltfortzahlung zu gewähren ist (persönliche Arbeitszeit)[6].

45 b) **Nach Abs. 7.** Abs. 7 verweist nicht auf Abs. 2 und 3, sondern ordnet für den amtsbezogenen Bildungsurlaub die Rechtsfolge „**bezahlte Freistellung** für insgesamt drei Wochen" eigenständig an. Dennoch gelten im Erg. die gleichen Grundsätze wie nach Abs. 2 in Bezug auf die Arbeitsbefreiung „ohne Minderung des Arbeitsentgelts" (Rz. 14). Hingegen besteht ein Anspruch auf **Freizeitausgleich** bzw. Abgeltung entsprechend Abs. 3 für den Fall einer Schulungsteilnahme außerhalb der persönlichen Arbeitszeit – anders als in Abs. 6 – **gerade nicht**[7]. Alleine die Verweisung in S. 3 auf „Abs. 6 Satz 2 bis 6" kann nicht dazu führen, dass auch für Abs. 7 die Rechtsfolgenverweisung des Abs. 6 auf Abs. 3 maßgeblich wird. Bzgl. der Bezugnahme auf S. 2 handelt es sich wohl um ein Redaktionsversehen, denn die isolierte Bezugnahme auf „betriebsbedingte Gründe" gibt keinen Sinn[8]. Die unterschiedliche Behandlung der Freistellungsansprüche in Bezug auf den Freizeitausgleich nach Abs. 3 lässt sich **sachlich rechtfertigen** durch die „erforderliche" Teilnahme als BR-Tätigkeit einerseits, den individuellen Anspruch auf „geeigneten" Bildungsurlaub andererseits, für den Freizeitopfer (genauso wie die fehlende Kostenübernahme, vgl. § 40 Rz. 21) zumutbar erscheinen[9].

46 Der **zeitliche Umfang** des Anspruchs nach Abs. 7 hängt davon ab, ob ein BR-Mitglied **erstmals** das BR-Amt übernommen hat und vorher auch nicht JAV-Mitglied war (diesem steht nach § 65 I ebenfalls Bildungsurlaub nach § 37 zu). In diesem besonderen Fall erhöht sich der Anspruch nach S. 2 auf **vier Wochen**, ansonsten gilt die Regeldauer von drei Wochen, die sich bei einer Fünf-Tage-Woche auf 15, bei einer Sechs-Tage-Woche auf 18 Arbeitstage beläuft[10]. Für nachgerückte **Ersatzmitglieder** (§ 25 I 1) entsteht ein entsprechend der verkürzten persönlichen Rest-Amtszeit **anteiliger** Freistellungsanspruch, wobei Erstmitglieder nach S. 2 eine Woche als „Starthilfe" hinzufügen dürfen[11]. Solange die Ersatzmitglieder nicht **endgültig** für ein ausgeschiedenes BR-Mitglied **nachgerückt** sind, besteht überhaupt kein Anspruch auf bezahlten Bildungsurlaub[12].

47 **VII. Streitigkeiten. 1. Urteilsverfahren.** Soweit das BR-Mitglied mit dem ArbGeb über Grund und Höhe der **Entgeltfortzahlung** nach Abs. 2 bzw. Abs. 6 und 7 streitet oder die Gewährung von Freizeitausgleich bzw. Abgeltung nach Abs. 3 vom ArbGeb verlangt, handelt es sich um **individualrechtliche** Streitigkeiten aus dem ArbVerh, die im Urteilsverfahren nach § 2 I Nr. 3a, V iVm. §§ 46 ff. ArbGG zu entscheiden sind. Das Gleiche gilt für Ansprüche wegen Entgelt- oder beruflicher Diskriminierung aus Abs. 4 und 5, weil jeweils der einzelne ArbN individuelle, auf sein ArbVerh bezogene Ansprüche aus dem BetrVG geltend macht[13]. Die betriebsverfassungsrechtl. Voraussetzungen dieser individualrechtl. Ansprüche sind dabei als wesentliche **Vorfragen** mitzuentscheiden. Soweit bereits ein Beschlussverfahren über diese relevanten Vorfragen rechtskräftig entschieden worden ist, hat dies präjudizielle Wirkung[14]. Die Darlegungs- und Beweislast trifft nach allg. Grundsätzen das BR-Mitglied auch hinsichtlich der den Anspruch auslösenden BR-Tätigkeit.

48 **2. Beschlussverfahren.** Tritt dagegen zB der **BR** als Antragsteller auf, um die Erforderlichkeit einer Schulungsteilnahme nach Abs. 6 gerichtl. klären zu lassen, ist das Beschlussverfahren (§ 2a I Nr. 1, II iVm. §§ 80 ff. ArbGG) einschlägig, weil es sich nach dem Streitgegenstand um eine betriebsverfassungsrechtl. Streitigkeit handelt. Das Rechtsschutzinteresse entfällt nicht schon deshalb, weil die Schulung

---

1 BT-Drs. 14/5741, 41; ferner *Fitting*, § 37 Rz. 189 ff.; GK-BetrVG/*Weber*, § 37 Rz. 206; Richardi/*Thüsing*, § 37 Rz. 135 f. ||2 *Fitting*, § 37 Rz. 189; GK-BetrVG/*Weber*, § 37 Rz. 212. ||3 Vgl. BT-Drs. 14/5741, 41. ||4 BAG 10.11.2004 – 7 AZR 131/04, NZA 2005, 704. ||5 BT-Drs. 14/5741, 41. ||6 Vgl. Rechenbsp. bei *Fitting*, § 37 Rz. 193. ||7 Str., wie hier GK-BetrVG/*Weber*, § 37 Rz. 247 f.; *Löwisch*, BB 2001, 1742 f.; aA *Fitting*, § 37 Rz. 226. ||8 So auch *Löwisch/Kaiser*, § 37 Rz. 85. ||9 Zutr. GK-BetrVG/*Weber*, § 37 Rz. 249. ||10 HM, vgl. *Fitting*, § 37 Rz. 219 f.; GK-BetrVG/*Weber*, § 37 Rz. 237. ||11 BAG 19.4.1989 – 7 AZR 128/88, NZA 1990, 317; ferner *Fitting*, § 37 Rz. 218; GK-BetrVG/*Weber*, § 37 Rz. 245. ||12 BAG 14.12.1994 – 7 ABR 31/94, NZA 1995, 593. ||13 St. Rspr. seit BAG 30.1.1973 – 1 ABR 22/72, BAGE 25, 23; vgl. ferner *Fitting*, § 37 Rz. 253; GK-BetrVG/*Weber*, § 37 Rz. 284 ff. ||14 BAG 6.5.1975 – 1 ABR 135/73, DB 1975, 1706.

Freistellungen § 38 BetrVG

inzwischen stattgefunden hat[1]. **Antragsberechtigt** sind BR, ArbGeb sowie das einzelne BR-Mitglied, soweit es ggü. dem BR seine Teilnahmeberechtigung an der Schulung behauptet, nicht aber eine Gewerkschaft[2]. Auch für die Überprüfung der **behördlichen** Entscheidung über die Anerkennung einer Veranstaltung als „geeignet" iSd. Abs. 7 sind die Arbeits- und nicht die Verwaltungsgerichte zuständig, obwohl es sich um einen **Verwaltungsakt** handelt[3]. Antragsberechtigt sind hier die Träger der Veranstaltung sowie die in Abs. 7 genannten Spitzenorganisationen der Gewerkschaften bzw. ArbGeb-Verbände, **nicht aber der ArbGeb**, obwohl dieser allein auf Grund der Anerkennung einer Schulungs- und Bildungsveranstaltung auf Entgeltzahlung in Anspruch genommen wird[4]. Diese Rspr. wird von der hL zu Recht als nicht vereinbar mit Art. 19 IV GG (Rechtsweggarantie) beanstandet[5]. Auch die Entscheidungen der **Einigungsstelle** hinsichtlich der zeitlichen Lage von Schulungs- und Bildungsveranstaltungen (Rz. 41) unterliegen der arbeitsgerichtl. **Rechtskontrolle** insoweit, als der unbestimmte Rechtsbegriff der „ausreichenden Berücksichtigung betrieblicher Notwendigkeiten" verkannt worden ist.

38 Freistellungen

(1) Von ihrer beruflichen Tätigkeit sind mindestens freizustellen in Betrieben mit in der Regel

200 bis 500 Arbeitnehmern	ein Betriebsratsmitglied,
501 bis 900 Arbeitnehmern	2 Betriebsratsmitglieder,
901 bis 1 500 Arbeitnehmern	3 Betriebsratsmitglieder,
1 501 bis 2 000 Arbeitnehmern	4 Betriebsratsmitglieder,
2 001 bis 3 000 Arbeitnehmern	5 Betriebsratsmitglieder,
3 001 bis 4 000 Arbeitnehmern	6 Betriebsratsmitglieder,
4 001 bis 5 000 Arbeitnehmern	7 Betriebsratsmitglieder,
5 001 bis 6 000 Arbeitnehmern	8 Betriebsratsmitglieder,
6 001 bis 7 000 Arbeitnehmern	9 Betriebsratsmitglieder,
7 001 bis 8 000 Arbeitnehmern	10 Betriebsratsmitglieder,
8 001 bis 9 000 Arbeitnehmern	11 Betriebsratsmitglieder,
9 001 bis 10 000 Arbeitnehmern	12 Betriebsratsmitglieder.

In Betrieben mit über 10 000 Arbeitnehmern ist für je angefangene weitere 2 000 Arbeitnehmer ein weiteres Betriebsratsmitglied freizustellen. Freistellungen können auch in Form von Teilfreistellungen erfolgen. Diese dürfen zusammengenommen nicht den Umfang der Freistellungen nach den Sätzen 1 und 2 überschreiten. Durch Tarifvertrag oder Betriebsvereinbarung können anderweitige Regelungen über die Freistellung vereinbart werden.

(2) Die freizustellenden Betriebsratsmitglieder werden nach Beratung mit dem Arbeitgeber vom Betriebsrat aus seiner Mitte in geheimer Wahl und nach den Grundsätzen der Verhältniswahl gewählt. Wird nur ein Wahlvorschlag gemacht, so erfolgt die Wahl nach den Grundsätzen der Mehrheitswahl; ist nur ein Betriebsratsmitglied freizustellen, so wird dieses mit einfacher Stimmenmehrheit gewählt. Der Betriebsrat hat die Namen der Freizustellenden dem Arbeitgeber bekannt zu geben. Hält der Arbeitgeber eine Freistellung für sachlich nicht vertretbar, so kann er innerhalb einer Frist von zwei Wochen nach der Bekanntgabe die Einigungsstelle anrufen. Der Spruch der Einigungsstelle ersetzt die Einigung zwischen Arbeitgeber und Betriebsrat. Bestätigt die Einigungsstelle die Bedenken des Arbeitgebers, so hat sie bei der Bestimmung eines anderen freizustellenden Betriebsratsmitglieds auch den Minderheitenschutz im Sinne des Satzes 1 zu beachten. Ruft der Arbeitgeber die Einigungsstelle nicht an, so gilt sein Einverständnis mit den Freistellungen nach Ablauf der zweiwöchigen Frist als erteilt. Für die Abberufung gilt § 27 Abs. 1 Satz 5 entsprechend.

(3) Der Zeitraum für die Weiterzahlung des nach § 37 Abs. 4 zu bemessenden Arbeitsentgelts und für die Beschäftigung nach § 37 Abs. 5 erhöht sich für Mitglieder des Betriebsrats, die drei volle aufeinander folgende Amtszeiten freigestellt waren, auf zwei Jahre nach Ablauf der Amtszeit.

(4) Freigestellte Betriebsratsmitglieder dürfen von inner- und außerbetrieblichen Maßnahmen der Berufsbildung nicht ausgeschlossen werden. Innerhalb eines Jahres nach Beendigung der Freistellung eines Betriebsratsmitglieds ist diesem im Rahmen der Möglichkeiten des Betriebs Gelegenheit zu geben, eine wegen der Freistellung unterbliebene betriebsübliche berufliche Entwicklung nachzuholen. Für Mitglieder des Betriebsrats, die drei volle aufeinander folgende Amtszeiten freigestellt waren, erhöht sich der Zeitraum nach Satz 2 auf zwei Jahre.

I. Inhalt und Zweck	1	1. Anzahl der Freistellungen (S. 1, 2)	3
II. Anspruchsgründe der Freistellung (Abs. 1)	3	2. Teilfreistellungen (S. 3, 4)	6

---

1 BAG 16.3.1976 – 1 ABR 43/74, BB 1976, 509. ||2 BAG 28.1.1975 – 1 ABR 92/73, DB 1975, 1996; ferner *Fitting*, § 37 Rz. 258; GK-BetrVG/*Weber*, § 37 Rz. 299f. ||3 St. Rspr., vgl. BAG 11.8.1993 – 7 ABR 52/92, NZA 1994, 517; ferner GK-BetrVG/*Weber*, § 37 Rz. 303ff.; krit. Richardi/*Thüsing*, § 37 Rz. 196. ||4 BAG 25.6.1981 – 6 ABR 92/79, DB 1981, 2180; offen gelassen in BAG 30.8.1989 – 7 ABR 65/87, NZA 1990, 483. ||5 Vgl. GK-BetrVG/*Weber*, § 37 Rz. 306; MünchArbR/*Joost*, § 220 Rz. 125.

3. Zusätzliche Freistellungen 9	IV. **Rechtsstellung der freigestellten Betriebsratsmitglieder** 16
4. Anderweitige Regelungen (S. 5) 12	1. Betriebsratstätigkeit und arbeitsvertragliche Pflichten 26
5. Zeitweilige Verhinderung freigestellter Betriebsratsmitglieder 15	2. Entgeltfortzahlung und Ausgleichsanspruch 29
III. **Freistellungsverfahren (Abs. 2)** 16	3. Diskriminierungsschutz (Abs. 3, 4) 32
1. Auswahl und Wahl (S. 1–3) 16	V. **Streitigkeiten** 36
2. Einigungsstellenverfahren (S. 4–7) 19	
3. Dauer der Freistellung, Nachwahlen 23	

1 **I. Inhalt und Zweck.** Die Vorschrift ist **lex specialis** zu § 37 II: Die Freistellung von BR-Mitgliedern nach Abs. 1 S. 1 u. 2 baut auf dem Grundtatbestand der anlassbezogenen Arbeitsbefreiung nach § 37 II auf[1]. Im Unterschied dazu (vgl. § 37 Rz. 6) führt die **Freistellung** zu einer **generellen Befreiung** von der berufl. Tätigkeit des jeweiligen BR-Mitglieds, ohne dass die „Erforderlichkeit" noch geprüft werden müsste, da diese kraft Gesetzes unwiderleglich vermutet wird. Die in Abs. 1 S. 1 u. 2 nach der Betriebsgröße gestaffelte **Mindestanzahl** von Freistellungen soll dazu beitragen, unnötigen Streit zwischen Arb-Geb und BR zu vermeiden[2]. Mit dieser Regelung wird unterstellt, dass ab einer bestimmten Betriebsgröße die BR-Aufgaben so umfangreich sind, dass sie nur bei völliger Freistellung einzelner BR-Mitglieder ordnungsgemäß erfüllt werden können.

2 Durch das BetrVerf-ReformG 2001 wurde der **Schwellenwert**, ab dem eine Freistellung erfolgen kann, von 300 auf 200 Beschäftigte **gesenkt**. Gleichzeitig wurde durch die geänderte Staffelung eine geringfügige Erhöhung der Anzahl der Freistellungen erreicht. Die Kritik an dieser Neuregelung betonte zutreffend, dass kleine und mittlere Unternehmen auf Grund der weiteren Kostenbelastung Anlass genug haben werden, Strategien zur Umgehung der immer kostenintensiveren Betriebsverfassung zu entwickeln[3]. Weiter wurde die vorher umstrittene Möglichkeit von **Teilfreistellungen** gesetzlich normiert und als Konsequenz der Aufhebung des Gruppenschutzes die entsprechende Wahlvorschrift in Abs. 2 ersatzlos gestrichen.

3 **II. Anspruchsgründe der Freistellung (Abs. 1). 1. Anzahl der Freistellungen (S. 1, 2).** Abs. 1 S. 1 enthält eine sich an der Betriebsgröße orientierende gestaffelte Zahl von **Mindestfreistellungen** – vorbehaltlich einer abweichenden Regelung durch TV oder BV, S. 5 (Rz. 12). Für Betriebe mit bis idR 10 000 ArbN lässt sich die Zahl der freizustellenden BR-Mitglieder direkt aus dem Gesetz ablesen. Bei größeren Betrieben erhöht sich nach S. 2 die Anzahl der freizustellenden Mitglieder je **angefangene weitere 2 000** ArbN um **ein** BR-Mitglied, ohne dass das Gesetz eine Begrenzung nach oben vorsieht. Daher sind in Betrieben mit

10 001 bis 12 000 ArbN   13 BR-Mitglieder,
12 001 bis 14 000 ArbN   14 BR-Mitglieder,
14 001 bis 16 000 ArbN   15 BR-Mitglieder usw.

freizustellen. Dabei ist zu beachten, dass der Gesetzgeber bei der Aufstellung der Mindeststaffel von der Freistellung von **Vollzeitkräften** ausgegangen war[4], was für die Möglichkeit von Teilfreistellungen wegen des hiernach zu berechnenden Gesamtvolumens Bedeutung erlangt, vgl. Rz. 7.

4 **Bemessungsgrundlage** für die Anzahl der Freistellungen ist die Zahl der **regelmäßig** („in der Regel") im Betrieb beschäftigten ArbN (vgl. dazu § 9 Rz. 3), wozu auch die in § 5 I 3 genannten ArbN des öffentl. Dienstes gehören, selbst wenn sie nicht langfristig eingesetzt werden[5]. Die räumliche Abgrenzung erfolgt nach § 4, so dass ArbN in selbständigen Betriebsteilen und Nebenbetrieben (§ 4 I) bei der Berechnung keine Berücksichtigung finden dürfen. Anders als in § 1 und § 9 I 1 kommt es auf die Wahlberechtigung zum BR nicht an, weshalb auch die im Betrieb beschäftigten jugendlichen ArbN mitzählen. **Teilzeitbeschäftigte** zählen **nach Köpfen** und nicht nur entsprechend dem Umfang ihrer Beschäftigung mit[6]. Bei der Ermittlung des Schwellenwerts berücksichtigt das BAG die **LeihArbN** wegen seiner neuen Auslegung der Norm des § 7 S. 2 jetzt vollständig, soweit deren Beschäftigung „regelmäßig" erfolgt (vgl. § 7 Rz. 21; § 9 Rz. 4)[7].

5 Entscheidend für die **Anzahl** der Freistellungen ist die **aktuelle Belegschaftsgröße** im Zeitpunkt des Freistellungsbeschlusses, da Zweck der Freistellung die ordnungsgemäße Erfüllung der BR-Aufgaben ist, deren Umfang von den tatsächlich zu betreuenden ArbN abhängt[8]. Verändert sich die Anzahl der

---

1 BAG 26.6.1996 – 7 ABR 48/95, NZA 1997, 58; 9.10.1973 – 1 ABR 29/73, DB 1974, 339. ‖2 Vgl. Amtl. Begr. zum BetrVG 1972, BT-Drs. VI/1786, 41. ‖3 Vgl. etwa die Kritik von *Buchner*, NZA 2001, 633 (637); *Konzen*, RdA 2001, 76 (84); *Reichold*, NZA 2001, 857 (861f.); *Rieble*, ZIP 2001, 133 (137); *Schiefer/Korte*, NZA 2001, 354. ‖4 Amtl. Begr. zum BetrVG 1972, BT-Drs. VI/1786, 9, sowie BT-Drs. VI/2729, 24; ferner BAG 26.6.1996 – 7 ABR 48/95, NZA 1997, 58; DKKW/Wedde, § 38 Rz. 19; *Fitting*, § 38 Rz. 12f.; Richardi/*Thüsing*, § 38 Rz. 14; aA GK-BetrVG/*Weber*, § 38 Rz. 16, 30; *Löwisch*, BB 2001, 1743. ‖5 BAG 15.12.2011 – 7 ABR 65/10, NZA 2012, 519; 5.12.2012 – 7 ABR 17/11, NZA 2013, 690. ‖6 HM, vgl. *Fitting*, § 38 Rz. 9; GK-BetrVG/*Weber*, § 38 Rz. 11. ‖7 So jetzt BAG 13.3.2013 – 7 ABR 69/11, NZA 2013, 789 (Rz. 21ff.); **anders** noch BAG 22.10.2003 – 7 ABR 3/03, NZA 2004, 1052; 16.4.2003 – 7 ABR 53/02, NZA 2003, 1345; vgl. auch *Fitting*, § 38 Rz. 9. ‖8 BAG 26.7.1989 – 7 ABR 64/88, NZA 1990, 621; *Fitting*, § 38 Rz. 8; GK-BetrVG/*Weber*, § 38 Rz. 12.

regelmäßig beschäftigten ArbN im Betrieb im Laufe der Wahlperiode nicht nur vorübergehend derart, dass ein Schwellenwert über- oder unterschritten wird, so ist die Zahl der Freistellungen idR **anzupassen**. Dies gilt bei einer Abnahme der Belegschaftsstärke dann nicht, wenn sich die BR-Aufgaben nicht in gleichem Umfang verringern[1].

2. Teilfreistellungen (S. 3, 4). Durch das BetrVerf-ReformG 2001 wurde die heftig umstrittene Frage der Möglichkeit von Teilfreistellungen zu Gunsten deren Zulässigkeit entschieden, vgl. S. 3. Ziel des Gesetzgebers war es zum einen, der Teilzeitarbeit als „immer häufiger werdende Arbeitsform" auch für die BR-Arbeit Rechnung zu tragen, zum anderen, Freistellungen von berufl. ambitionierten BR-Mitgliedern, „die durch die BR-Arbeit nicht den Anschluss an das Berufsleben verlieren wollen", im Wege der Teilfreistellung zu ermöglichen, schließlich bei räumlich weit auseinander liegenden Betriebsteilen die Basisnähe durch vermehrte Teilfreistellungen zu verbessern[2].

Eine **Teilfreistellung** liegt dann vor, wenn ein BR-Mitglied dergestalt von seiner Arbeitspflicht befreit wird, dass es noch **in einem bestimmten Umfang** Arbeitsleistung erbringen kann. Grds. unterliegt es der freien Organisationsentscheidung des BR, ob und in welchem Umfang er von der Möglichkeit der Teilfreistellung Gebrauch macht[3]. Die Möglichkeiten der Teilfreistellung sind so vielfältig wie die Möglichkeiten der Teilzeitarbeit: Stunden- oder tageweise Freistellung eines vollzeitbeschäftigten BR-Mitglieds, stunden- oder tageweise Freistellung von teilzeitbeschäftigten BR-Mitgliedern etc. S. 4 stellt aber ausdrücklich klar, dass durch Teilfreistellungen das **Gesamtfreistellungsvolumen** nach S. 1 u. 2 **nicht überschritten** werden darf, dh., dass die Addition der konkreten persönlichen Arbeitszeiten, für die teilweise freigestellte BR-Mitglieder jeweils von der Arbeit befreit sind, nicht das Gesamtvolumen der auf betriebl. Vollzeitkräfte bezogenen gesetzlichen Staffel (Rz. 3) überschreiten darf.

Bleibt der BR bei der Festlegung von Teilfreistellungen innerhalb des zulässigen Arbeitszeitvolumens vergleichbarer freigestellter Vollzeitbeschäftigter, trifft ihn – anders als nach der BAG-Rspr. zu § 38 aF[4] – **keine besondere Darlegungslast**, warum er sich für Teil- und nicht für Vollfreistellungen entscheidet[5]. Eine Grenze der Gestaltung der Teilfreistellung wird aber – schon wegen des Grundsatzes der vertrauensvollen Zusammenarbeit (§ 2 I) – dann zu ziehen sein, wenn eine „Atomisierung" der Freistellungen zu einer unzumutbaren Mehrbelastung des ArbGeb führt und einer sinnvollen Organisation der BR-Arbeit entgegen steht[6]. Bei Streitigkeiten über Zahl und Lage der Teilfreistellungen entscheidet nach Abs. 2 S. 4 die **Einigungsstelle**.

3. Zusätzliche Freistellungen. Die gesetzl. Staffel des Abs. 1 enthält lediglich **Mindestzahlen**. Der BR kann daher zusätzliche Freistellungen weiterer BR-Mitglieder geltend machen, wenn dies zur ordnungsgemäßen Wahrnehmung seiner ihm obliegenden Aufgaben „erforderlich" (vgl. § 37 Rz. 10) ist[7]. Anspruchsgrundlage ist dann aber § 37 II, weshalb es immer des konkreten Nachweises der Erforderlichkeit bedarf[8]. Der BR muss insb. detailliert darlegen, dass die zusätzliche Freistellung für die **gesamte** (restliche) **Wahlperiode** erforderlich ist und die Möglichkeit vorübergehender Arbeitsbefreiungen nach § 37 II nicht ausreicht, um die anfallende BR-Arbeit ordnungsgemäß zu erledigen. An die Darlegungslast des BR sind dabei relativ **hohe Anforderungen** zu stellen, da zu berücksichtigen ist, dass der Bedarf an Freistellungen vom Gesetzgeber in § 38 für den Normalfall großzügig bemessen ist[9].

Kriterien, die zusätzliche Freistellungen rechtfertigen, können zB sein
– zahlreiche und weit verstreut liegende Betriebsstätten[10],
– Drei- bzw. Mehrschichtbetrieb[11],
– erhöhter Arbeitsanfall wegen Besonderheiten der betriebl. Organisation[12].

Mit der Absenkung der Schwellenwerte und der Erhöhung der Zahl der Freistellungen hat der Gesetzgeber im BetrVerf-ReformG auf den Aufgabenzuwachs der BR reagiert[13], weshalb in Zukunft an die Erforderlichkeit zusätzlicher Freistellungen deutlich höhere Anforderungen zu stellen sein werden als früher.

Einstweilen frei.

4. Anderweitige Regelungen (S. 5). S. 5 eröffnet die Möglichkeit, durch TV oder BV „anderweitige Regelungen" über **Art und Umfang** der Freistellung zu treffen. Die Vorschrift soll laut LAG Köln nicht als

---

1 BAG 26.7.1989 – 7 ABR 64/88, NZA 1990, 621; DKKW/*Wedde*, § 38 Rz. 10; *Fitting*, § 38 Rz. 15; aA GK-BetrVG/*Weber*, § 38 Rz. 14; Richardi/*Thüsing*, § 38 Rz. 11: Anpassung immer nach unten. ||2 Amtl. Begr. BT-Drs. 14/5741, 41. ||3 HM, vgl. *Fitting*, § 38 Rz. 13; GK-BetrVG/*Weber*, § 38 Rz. 29. ||4 BAG 26.6.1996 – 7 ABR 48/95, BAGE 83, 234. ||5 *Fitting*, § 38 Rz. 13; GK-BetrVG/*Weber*, § 38 Rz. 29. ||6 Für diese Einschränkung DKKW/*Wedde*, § 38 Rz. 22; Richardi/*Thüsing*, § 38 Rz. 14f. ||7 HM vgl. BAG 22.5.1973 – 1 ABR 2/73, DB 1973, 1900; 26.7.1989 – 7 ABR 64/88, DB 1990, 1290; 26.6.1996 – 7 ABR 48/95, BAGE 83, 234; *Fitting*, § 38 Rz. 19; GK-BetrVG/*Weber*, § 38 Rz. 17. ||8 HM, vgl. BAG 26.7.1989 – 7 ABR 64/88, DB 1990, 1290; 26.6.1996 – 7 ABR 48/95, NZA 1997, 58; *Fitting*, § 38 Rz. 19; GK-BetrVG/*Weber*, § 38 Rz. 19. ||9 Vgl. BAG 26.7.1989 – 7 ABR 64/88, DB 1990, 1290; 13.11.1991 – 7 ABR 5/91, NZA 1992, 414; DKKW/*Wedde*, § 38 Rz. 14; *Fitting*, § 38 Rz. 22. ||10 LAG Düss. 29.6.1988 – 12 TaBV 37/88, AiB 1989, 80. ||11 BAG 22.5.1973 – 1 ABR 26/72, DB 1973, 1901. ||12 LAG Köln 2.8.1988 – 4 TaBV 34/88, AuR 1989, 150. ||13 Amtl. Begr., BT-Drs. 14/5741, 41.

„abschließend" dahin gehend zu verstehen sein, dass eine anderweitige Regelung nicht auch durch **Regelungsabrede** vereinbart werden könnte[1]. Regelungsgegenstand können die Zahlen und Schwellenwerte der S. 1 und 2 sein, die Modalitäten bei Teilfreistellungen, aber auch Freistellungen in kleineren Betrieben (weniger als 200 ArbN)[2]. Die **Mindestanzahl** der Freistellungen kann nicht nur erhöht, sondern auch **abgesenkt** werden, da das Gesetz nur von „anderweitigen" und nicht von „günstigeren" Regelungen spricht. Ein genereller Ausschluss von Freistellungen ist allerdings unzulässig[3]. Eine abweichende Regelung über das Freistellungsverfahren (Abs. 2) kann nicht vereinbart werden, was sich schon aus der systematischen Stellung der „anderweitigen Regelungsbefugnis" in Abs. 1 ergibt[4].

13 Eine anderweitige Regelung der Freistellungen kann nur **freiwillig** getroffen werden, so dass eine BV iSd. S. 5 nicht durch Spruch der Einigungsstelle erzwungen werden und entsprechend ein TV nicht erkämpft werden kann[5]. Besteht bereits eine tarifvertragl. Regelung, ist eine BV auf Grund des Günstigkeitsprinzips zulässig, wenn sie eine weiter gehende Freistellungsregelung vorsieht als der TV. Ungünstigere Freistellungsregelungen sind dagegen nur bei einer im TV verankerten Öffnungsklausel zulässig (Rangprinzip)[6]. **§ 77 III** ist hier nach hM auf das Verhältnis zwischen BV und TV **nicht anwendbar**, da es sich bei der Freistellung nicht um „sonstige Arbeitsbedingungen", sondern um eine betriebsverfassungsrechtl. Regelung handelt.

14 Einstweilen frei.

15 **5. Zeitweilige Verhinderung freigestellter Betriebsratsmitglieder.** Ist ein freigestelltes BR-Mitglied zeitweilig zB durch Krankheit, Urlaub oder Schulung verhindert, kann der BR einen Anspruch auf **Ersatzfreistellung** eines anderen Amtsträgers nur dann geltend machen, wenn er hinreichende Gründe für deren Erforderlichkeit darlegt. Denn die Ersatzfreistellung stützt sich dann auf einen **konkreten Anlass** nach § 37 II und kommt nur in Frage, wenn die BR-Aufgaben trotz einer zumutbaren internen Umverteilung im BR nicht durch die anderen Mitglieder erledigt werden können[7]. Nach st. BAG-Rspr. berührt eine vorübergehende Verhinderung die Rechtsstellung der freigestellten BR-Mitglieder nicht[8]. IdR kann **nicht** schon jede **kurzfristige Verhinderung** – zB wegen Krankheit oder Urlaub – eines freigestellten BR-Mitglieds eine Ersatzfreistellung nach § 37 II rechtfertigen, weil in der Berechnung der Mindeststaffel gewisse Fehlzeiten schon mit berücksichtigt sind[9]. Der BR kann nicht erwarten, für die Erledigung seiner Aufgaben an jedem Arbeitstag die der Mindeststaffel entsprechende Anzahl freigestellter BR-Mitglieder zur Verfügung zu haben. Dies hat umso mehr zu gelten, seitdem durch das BetrVerf-ReformG die Schwellenwerte gesenkt und die Zahl der Freistellungen erhöht worden sind.

16 **III. Freistellungsverfahren (Abs. 2). 1. Auswahl und Wahl (S. 1–3).** Der Wahl der freizustellenden BR-Mitglieder hat nach dem eindeutigen Wortlaut des Abs. 2 S. 1 eine **Beratung mit dem ArbGeb** vorauszugehen. Die Beratung muss in einer ordnungsgemäß einberufenen Sitzung (vgl. § 29 Rz. 8 ff.) mit dem **gesamten BR** erfolgen; eine Beratung nur einzelner BR-Mitglieder mit dem ArbGeb genügt nicht[10]. Zweck dieser Regelung ist es, eine gewisse Rationalisierung des Wahlverfahrens zu erreichen, indem der ArbGeb bereits vor der Wahl auf für ihn wesentliche betriebl. Belange hinweisen kann und diese ggf. von den BR-Mitgliedern bei den Wahlvorschlägen berücksichtigt werden können, um so bereits im Vorfeld ein Einigungsstellenverfahren zu vermeiden. **Unterlässt** der BR die Beratung mit dem ArbGeb, ist die Wahl zwar nicht unwirksam[11], jedoch kann die **Anfechtung** der Wahl analog § 19 gerechtfertigt sein[12]. Ein solches BR-Verhalten ist aber in jedem Fall pflichtwidrig und kann zu seiner Auflösung nach § 23 I führen.

17 Die eigentliche Wahl der freizustellenden BR-Mitglieder erfolgt in einer ordnungsgemäß einberufenen Sitzung **geheim** und nach den Grundsätzen der **Verhältniswahl**; wird lediglich **ein Wahlvorschlag** eingereicht, richtet sich die Wahl nach den Grundsätzen der **Mehrheitswahl** (zu den Einzelheiten vgl. § 14 Rz. 9 ff.). Ist nur ein BR-Mitglied freizustellen, wird dieses mit einfacher Stimmenmehrheit gewählt. Die Vorschrift entspricht im Wesentlichen der Wahlvorschrift für den Betriebsausschuss (§ 27 I 2 bis 4), vgl.

---

1 LAG Köln 7.10.2011 – 4 TaBV 52/11, NZA-RR 2012, 135. ||2 Vgl. ausf. Übersicht bei *Fitting*, § 38 Rz. 28. ||3 BAG 11.6.1997 – 7 ABR 5/96, NZA 1997, 1301; *Fitting*, § 38 Rz. 30; GK-BetrVG/*Weber*, § 38 Rz. 33. ||4 LAG Hess. 1.8.1991 – 12 TaBV 40/91, DB 1991, 2494; *Fitting*, § 38 Rz. 29; GK-BetrVG/*Weber*, § 38 Rz. 31. ||5 Ebenso GK-BetrVG/*Weber*, § 38 Rz. 31; Richardi/*Thüsing*, § 38 Rz. 20; für Freiwilligkeit nur bei BV, nicht aber bei TV DKKW/*Wedde*, § 38 Rz. 25; *Fitting*, § 38 Rz. 31. ||6 Vgl. DKKW/*Wedde*, § 38 Rz. 28; *Fitting*, § 38 Rz. 32; GK-BetrVG/*Weber*, § 38 Rz. 34; aA Richardi/*Thüsing*, § 38 Rz. 23, die auch eine günstigere Regelung für unzulässig erachten: Tarifregelung gilt abschließend. ||7 BAG 22.5.1973 – 1 ABR 26/72, DB 1974, 339; 12.2.1997 – 7 ABR 40/96, NZA 1997, 782; 9.7.1997 – 7 ABR 18/96, NZA 1998, 164. ||8 BAG 9.7.1997 – 7 ABR 18/96, NZA 1998, 164; 12.2.1997 – 7 ABR 40/96, NZA 1997, 782; *Fitting*, § 38 Rz. 26; GK-BetrVG/*Weber*, § 38 Rz. 37. ||9 HM, vgl. BAG 9.7.1997 – 7 ABR 18/96, NZA 1998, 164; *Fitting*, § 38 Rz. 27; GK-BetrVG/*Weber*, § 38 Rz. 37; aA DKKW/*Wedde*, § 38 Rz. 23; Richardi/*Thüsing*, § 38 Rz. 19. ||10 BAG 29.4.1992 – 7 ABR 74/91, NZA 1993, 329; *Fitting*, § 38 Rz. 36; Richardi/*Thüsing*, § 38 Rz. 27; aA GK-BetrVG/*Weber*, § 38 Rz. 43 (auch im Monatsgespräch nach § 74 I 1 möglich). ||11 LAG Nürnberg 19.11.1997 – 4 TaBV 15/96, BB 1998, 427; DKKW/*Wedde*, § 38 Rz. 38; *Fitting*, § 38 Rz. 46; GK-BetrVG/*Weber*, § 38 Rz. 45; aA Richardi/*Thüsing*, § 38 Rz. 29; ausdrückl. offen gelassen von BAG 29.4.1992 – 7 ABR 74/91, BAGE 70, 178 (184). ||12 LAG Berlin 19.6.1995 – 9 TaBV, NZA-RR 1996, 51; DKKW/*Wedde*, § 38 Rz. 38; *Fitting*, § 38 Rz. 46.

dazu näher § 27 Rz. 4f. Auf die Einhaltung der Geschlechterquote des § 15 II ist hier keine Rücksicht mehr zu nehmen (hM).

Einstweilen frei. 18

2. Einigungsstellenverfahren (S. 4–7). Hält der ArbGeb den Freistellungsbeschluss des BR für **sach-** 19 **lich nicht vertretbar**, kann er innerhalb einer Frist von zwei Wochen die Einigungsstelle anrufen (S. 4). Die Zwei-Wochen-Frist ist eine **Ausschlussfrist**; sie wird nach den §§ 187ff. BGB berechnet und endet nach § 188 II BGB nach Ablauf von zwei Wochen an dem Wochentag, der dem Tag entspricht, an dem die Namen der Freizustellenden dem ArbGeb ordnungsgemäß bekannt gegeben wurden[1]. Besteht eine **ständige Einigungsstelle** (§ 76 I 2), ist die Frist gewahrt, wenn vor ihrem Ablauf der Antrag des ArbGeb beim Vorsitzenden der Einigungsstelle eingegangen ist; muss diese dagegen erst gebildet werden, hat der ArbGeb vor Ablauf der Frist beim BR einen Antrag auf Bildung einer Einigungsstelle zu stellen[2].

Die Entscheidungsbefugnis der Einigungsstelle ist auf die sachliche Vertretbarkeit der **personellen** 20 **Auswahlentscheidung** beschränkt[3], die vor allem dann fehlt, wenn der BR zwingende betriebl. Notwendigkeiten (zB Unabkömmlichkeit des Freizustellenden) nicht beachtet hat. Bloße Erschwerungen des Betriebsablaufs oder Unannehmlichkeiten wegen der erforderlich werdenden Umorganisation, die mit jeder Freistellung verbunden sind, reichen hierfür nicht aus[4]. Der ArbGeb kann den Freistellungsbeschluss auch nur partiell angreifen, soweit er ihn sachlich nicht vertretbar hält, so dass er die Anrufung der Einigungsstelle auf die Freistellung eines **einzelnen** BR-Mitglieds beschränken kann[5].

Der Spruch der Einigungsstelle **ersetzt** die fehlende Einigung zwischen ArbGeb und BR. Teilt die Ei- 21 nigungsstelle die Bedenken des ArbGeb, hat sie die freizustellenden BR-Mitglieder selbst zu bestimmen[6]. Neben den allg. Entscheidungskriterien des § 76 V 3 hat die Einigungsstelle bei ihrer Entscheidung auch den **Minderheitenschutz** nach S. 1 zu beachten, vgl. S. 6. Nach der Abschaffung des Gruppenschutzes bezieht sich der Minderheitenschutz nur noch auf die Berücksichtigung möglichst **listengleicher** Kandidaten im Falle der Verhältniswahl. Nach dem eindeutigen Wortlaut des S. 6 („auch") ist der Minderheitenschutz aber nicht das alleinige Entscheidungskriterium, vielmehr hat die Einigungsstelle vor allem darauf zu achten, dass die Bestimmung eines anderen freizustellenden BR-Mitglieds sachlich vertretbar ist[7].

Einstweilen frei. 22

3. Dauer der Freistellung, Nachwahlen. IdR erfolgt die Freistellung für die gesamte **Amtsperiode** des 23 BR, vgl. § 21[8]. Eine **vorzeitige Beendigung** der Freistellung einzelner BR-Mitglieder kann durch Widerruf des Einverständnisses, Ausscheiden aus dem Betrieb oder dem BR-Gremium oder durch Abberufung erfolgen. Die Abberufung ist jederzeit möglich, da der BR auch während der Amtsperiode die volle personelle Gestaltungs- und Auswahlkompetenz behält, vgl. § 26 Rz. 6. Er ist und bleibt als Kollektivorgan Inhaber des Anspruchs aus § 38 I; erst mit der Wahl nach Abs. 2 erlangt das einzelne BR-Mitglied einen individuellen Anspruch gegen den ArbGeb auf Freistellung[9].

Für die **Abberufung** findet nach Abs. 2 S. 8 die Norm des § 27 I 5 (Betriebsausschuss) entsprechende 24 Anwendung, dh., dass es bei Abberufung eines nach den Grundsätzen der **Verhältniswahl** freigestellten BR-Mitglieds einer Mehrheit von drei Vierteln der Stimmen des BR in geheimer Abstimmung bedarf, um eine Umgehung des Minderheitenschutzes zu verhindern (vgl. § 27 Rz. 6). Werden jedoch die freizustellenden BR-Mitglieder **insgesamt** neu gewählt, so treten die Neugewählten an die Stelle der früher Gewählten, ohne dass diese erst mit qualifizierter Mehrheit abberufen werden müssten[10]. Das gilt auch dann, wenn die **Zahl** der freizustellenden **BR-Mitglieder** während der Amtszeit des BR **erhöht** wird, erfordert dies doch ohnehin eine Neuwahl **aller** freizustellenden BR-Mitglieder, wenn die Freistellungswahl nach den Grundsätzen der Verhältniswahl durchgeführt wird[11].

Einstweilen frei. 25

IV. Rechtsstellung der freigestellten Betriebsratsmitglieder. 1. Betriebsratstätigkeit und arbeitsver- 26 **tragliche Pflichten.** Die freigestellten BR-Mitglieder sind grds. von ihrer **gesamten** – bzw. bei Teilfreistellungen von ihrer anteilsmäßigen – **beruflichen Tätigkeit** befreit. Neben der konkreten Arbeitspflicht entfallen jedoch nicht die sonstigen Pflichten aus dem ArbVerh, so dass zB Verhaltens- und Ordnungsregelungen weiterhin zu beachten sind. Anstelle seiner vertragl. Arbeitsaufgabe muss sich das freigestellte BR-Mitglied während der **betriebsüblichen Arbeitszeit** den BR-Aufgaben widmen[12]; Leis-

---

1 Vgl. nur Richardi/*Thüsing*, § 38 Rz. 33; GK-BetrVG/*Weber*, § 38 Rz. 56. || 2 *Fitting*, § 38 Rz. 63; GK-BetrVG/*Weber*, § 38 Rz. 57; Richardi/*Thüsing*, § 38 Rz. 33. || 3 BAG 9.10.1973 – 1 ABR 29/73, DB 1974, 339; 26.6.1996 – 7 ABR 48/95, BAGE 83, 234. || 4 Vgl. *Fitting*, § 38 Rz. 61; GK-BetrVG/*Weber*, § 38 Rz. 59. || 5 HM, vgl. *Fitting*, § 38 Rz. 64; GK-BetrVG/*Weber*, § 38 Rz. 61. || 6 *Fitting*, § 38 Rz. 64; GK-BetrVG/*Weber*, § 38 Rz. 62. || 7 Im Erg. ebenso DKKW/*Wedde*, § 38 Rz. 50f.; *Fitting*, § 38 Rz. 67f.; GK-BetrVG/*Weber*, § 38 Rz. 64; Richardi/*Thüsing*, § 38 Rz. 38. || 8 Vgl. *Fitting*, § 38 Rz. 71; GK-BetrVG/*Weber*, § 38 Rz. 66. || 9 HM, vgl. nur *Fitting*, § 38 Rz. 7; GK-BetrVG/*Weber*, § 38 Rz. 9. || 10 BAG 29.4.1992 – 7 ABR 74/91, BAGE 70, 178 (185f.). || 11 BAG 20.4.2005 – 7 ABR 47/04, NZA 2005, 1013. || 12 LAG München 2.2.2012 – 3 TaBV 56/11: Einrichtungen der Zeiterfassung sind auch von freigestellten BR-Mitgliedern zu nutzen. Regelungen zur Kontrolle der Betriebsanwesenheit sind ebenfalls zu beachten.

tungsort ist der Sitz des BR, so dass eine Erstattung der Fahrtkosten zum BR-Sitz gegen das Begünstigungsverbot des § 78 S. 2 BetrVG verstößt[1]. Von der Anwesenheitspflicht ist es nur befreit, wenn und soweit seine Abwesenheit vom Betrieb zur Erfüllung von BR-Aufgaben erforderlich ist (§ 37 Rz. 10)[2]. Finden im Betrieb Maßnahmen zur Anwesenheitskontrolle statt, müssen sich ihnen auch freigestellte BR-Mitglieder stellen[3]. **Erholungsurlaub** steht ihnen genauso wie vergleichbaren ArbN zu; er suspendiert sie statt von der Arbeitspflicht von der betriebsverfassungsrechtl. Amtstätigkeit[4].

27 Der ArbGeb hat sachnotwendig **kein Direktionsrecht** hinsichtlich der Gestaltung der BR-Tätigkeit. Dem steht aber nicht entgegen, dass sich auch ein freigestelltes BR-Mitglied **abmelden** muss, wenn es den Betrieb **verlässt** (vgl. § 37 Rz. 12)[5]. Der ArbGeb kann nur Angaben hinsichtlich Ort und Dauer der beabsichtigten BR-Tätigkeit verlangen, nicht dagegen zur Art der BR-Aktivität[6]. Auf Verlangen des ArbGeb muss das BR-Mitglied aber den Nachweis führen, dass es außerhalb des Betriebs tatsächlich BR-Aufgaben wahrgenommen hat[7].

28 Die Freistellung soll ausschließlich der **sachgerechten** Wahrnehmung der BR-Aufgaben dienen. Es besteht allerdings eine **gesetzliche Vermutung** dafür, dass ein freigestelltes BR-Mitglied ausschließlich BR-Tätigkeit ausübt oder sich dafür bereithält[8]. Nutzt das BR-Mitglied die Freistellungszeit aber nachweislich für andere Zwecke, kann darin eine grobe **Amtspflichtverletzung** iSd. § 23 I gesehen werden, gleichzeitig aber auch eine Verletzung der Pflichten aus dem Arbeitsvertrag (vgl. § 23 Rz. 6)[9].

29 **2. Entgeltfortzahlung und Ausgleichsanspruch.** Das **Arbeitsentgelt** ist nach dem sog. „Lohnausfallprinzip" fortzuzahlen, dh. dass dem freigestellten BR-Mitglied Anspruch auf jenes Arbeitsentgelt zusteht, das es bei tatsächlicher Ausübung seiner beruflichen Tätigkeit erhalten hätte (vgl. § 37 Rz. 14). Eine Erhöhung der Arbeitszeit von 19,25 auf 30 Wochenstunden allein wegen der Freistellung verstößt gegen das Begünstigungsverbot aus § 78 S. 2[10]. Bei der Bemessung des Entgelts ist die **betriebsübliche berufliche Fortentwicklung** vergleichbarer ArbN als Maßstab heranzuziehen, was hier anders als bei den nur vorübergehend befreiten BR-Mitgliedern erheblich schwieriger festzustellen ist, da keinerlei persönliche Arbeitsleistung mehr erbracht wird, die als Bezugspunkt dienen kann[11]. Dies gilt auch für **Mehrarbeitszuschläge**, wenn vergleichbare ArbN Mehrarbeit leisten und das freigestellte BR-Mitglied diese auch hätte leisten müssen, wäre es nicht freigestellt[12]. Hierfür ist unerheblich, ob infolge der BR-Tätigkeit ebenfalls Mehrarbeit anfällt. Es muss aber darauf geachtet werden, dass für die Zeit, in der **zusätzliche BR-Tätigkeit** als „Mehrarbeit" von ihm geleistet wurde, die Mehrarbeitszuschläge auf seine Ansprüche aus § 37 III angerechnet werden, so dass keine doppelte Vergütung oder Arbeitsbefreiung erfolgt[13].

30 Leistet ein freigestelltes BR-Mitglied **außerhalb seiner Arbeitszeit** BR-Arbeit, besteht ein Anspruch auf entsprechenden Freizeitausgleich innerhalb eines Monats nach § 37 III nur, wenn dies betriebsbedingt und nicht betriebsratsbedingt erfolgen musste, vgl. § 37 Rz. 18f.[14]. Ein freigestelltes BR-Mitglied kann grds. selbst bestimmen, wann es den ihm zustehenden Freizeitausgleich nimmt, da es nicht in den Betriebsablauf eingegliedert ist[15]. Ein Anspruch auf **Mehrarbeitsvergütung** besteht daher nur, wenn das BR-Mitglied darlegen und beweisen kann, dass die ordnungsgemäße Erledigung der BR-Arbeit es unmöglich gemacht hatte, den Freizeitausgleich innerhalb eines Monats zu nehmen (vgl. § 37 Rz. 21)[16].

31 Soweit es sich um die Teilnahme an **Schulungs- und Bildungsveranstaltungen** handelt, sind die freigestellten BR-Mitglieder nicht ggü. ihren BR-Kollegen privilegiert. Vielmehr sind für die Prüfung der **Erforderlichkeit** dieselben rechtlichen Kriterien des § 37 VI bzw. § 40 I maßgeblich, weil Sinn und Zweck beider Regelungen die sachgerechte Wahrnehmung der dem BR obliegenden gesetzl. Aufgaben ist[17]. Daher hat auch ein freigestelltes BR-Mitglied weder einen Anspruch auf Kostenerstattung noch auf Entgeltfortzahlung, wenn es an einer Schulung teilnimmt, die weder erforderliche Kenntnisse iSd. § 37 VI vermittelt noch nach § 37 VII als geeignet anerkannt ist (vgl. ausf. § 37 Rz. 32ff.).

32 **3. Diskriminierungsschutz (Abs. 3, 4).** Sind BR-Mitglieder mindestens **drei aufeinander folgende Amtszeiten** freigestellt, so erweitert sich der Schutz gegen Entgelt- und Berufsdiskriminierung nach § 37 IV und V auf **zwei Jahre** nach Ablauf der Amtszeit, vgl. Abs. 3. Um der Intention der verlängerten

---

1 BAG 13.6.2007 – 7 ABR 62/06, NZA 2007, 1301; LAG BW 27.7.2006 – 11 TaBV 3/05, AiB 2006, 299. ||2 BAG 31.5.1989 – 7 ABR 277/88, NZA 1990, 313. ||3 HM, vgl. *Fitting*, § 38 Rz. 77; GK-BetrVG/*Weber*, § 38 Rz. 77. ||4 BAG 20.8.2002 – 9 AZR 261/01, NZA 2003, 1046. ||5 BAG 31.5.1989 – 7 ABR 277/88, NZA 1990, 313; GK-BetrVG/*Weber*, § 38 Rz. 81; Richardi/*Thüsing*, § 38 Rz. 50. ||6 BAG 29.6.2011 – 7 ABR 135/09, NZA 2012, 47; 15.3.1995 – 7 AZR 643/94, BAGE 79, 263. ||7 HM, vgl. *Fitting*, § 38 Rz. 79; GK-BetrVG/*Weber*, § 38 Rz. 81; aA DKKW/*Wedde*, § 38 Rz. 65. ||8 BAG 19.5.1983 – 6 AZR 290/81, BAGE 42, 405. ||9 Vgl. *Fitting*, § 38 Rz. 84; GK-BetrVG/*Weber*, § 38 Rz. 82. ||10 BAG 16.2.2005 – 7 AZR 95/04, NZA-RR 2005, 556 (betr. PersR-Mitglied). ||11 Vgl. DKKW/*Wedde*, § 38 Rz. 68; *Fitting*, § 38 Rz. 86. ||12 BAG 12.12.2000 – 9 AZR 508/99, BAGE 96, 344. ||13 Vgl. *Fitting*, § 38 Rz. 88; GK-BetrVG/*Weber*, § 38 Rz. 85. ||14 HM, vgl. BAG 21.5.1974 – 1 AZR 477/73, DB 1974, 1823; *Fitting*, § 38 Rz. 81; GK-BetrVG/*Weber*, § 38 Rz. 87; aA Richardi/*Thüsing*, § 38 Rz. 51. ||15 Vgl. *Fitting*, § 38 Rz. 81; GK-BetrVG/*Weber*, § 38 Rz. 88. ||16 Ebenso Richardi/*Thüsing*, § 38 Rz. 52; ähnlich *Fitting*, § 38 Rz. 81; aA GK-BetrVG/*Weber*, § 38 Rz. 89: entgegenstehende betriebl. Gründe nicht ersichtlich. ||17 BAG 21.7.1978 – 6 AZR 561/75, DB 1978, 2371.

Schutzfrist auf Grund zunehmender Entfremdung vom Arbeitsplatz gerecht zu werden, bedarf es hierzu der **völligen Freistellung** – eine teilweise Freistellung genügt also nicht[1]. Eine **volle Amtszeit** ist die regelmäßige Amtszeit des BR iSd. § 21, also von **vier Jahren**. Keine volle Amtszeit ist daher eine verkürzte Amtszeit wegen der Notwendigkeit einer vorzeitigen Neuwahl nach § 13 II Nr. 1–3 oder die vorzeitige Beendigung der Amtszeit auf Grund einer gerichtl. Entscheidung nach § 19 oder § 23. Die Freistellungszeit muss also immer **mindestens zwölf Jahre** betragen haben, doch kann die erforderliche Freistellungszeit unter den Voraussetzungen des § 13 III 2, § 21 S. 4 auch länger sein[2].

Das BR-Mitglied muss in der **letzten Amtsperiode** vor seinem Ausscheiden aus dem BR freigestellt gewesen sein, damit die Erhöhung der nachwirkenden Schutzfrist auf zwei Jahre greift, da Zweck dieser Vorschrift ist, den Schwierigkeiten zu begegnen, die bei der Eingliederung eines langzeitig freigestellten BR-Mitglieds in den betriebl. Arbeitsablauf entstehen können[3].

Eine Ausprägung des allg. Benachteiligungsverbots (§ 78 S. 2) enthält Abs. 4: Freigestellte BR-Mitglieder dürfen von inner- und außerbetriebl. **Maßnahmen der Berufsbildung** während der Freistellung **nicht ausgeschlossen** werden. Hierdurch steht ihnen zwar kein Anspruch auf bevorzugte Berücksichtigung bei der Auswahl der Teilnehmer zu. Es wird aber sichergestellt, dass Freigestellte nicht übergangen werden dürfen[4]. Die Vorschrift soll gewährleisten, dass die freigestellten BR-Mitglieder ihren früheren Arbeitskollegen in der berufl. Entwicklung nicht nachstehen und die angestrebte Wiedereingliederung in das Berufsleben nach Beendigung der Freistellung ermöglicht wird[5].

Außerdem ist den freigestellten BR-Mitgliedern **innerhalb eines Jahres** nach Beendigung der Freistellung die Gelegenheit zu geben, eine auf Grund der Freistellung unterbliebene betriebsübliche berufl. Entwicklung nachzuholen, vgl. Abs. 4 S. 2. Dies kann jedoch nur im Rahmen der Möglichkeiten des Betriebs erfolgen, so dass dem ArbGeb hinsichtlich Art, Dauer und finanziellem Aufwand **kein unzumutbarer Aufwand** entstehen darf[6]. Nach der Teilnahme an solchen Maßnahmen der berufl. Fortbildung ist das freigestellte Mitglied nach Beendigung seiner Freistellung konsequenterweise auch entsprechend seiner berufl. Fortentwicklung weiter zu beschäftigen. Ein Anspruch auf Bevorzugung ggü. vergleichbaren ArbN besteht allerdings nicht[7]. Auch diese nachwirkende Fortbildungsmöglichkeit verlängert sich, entsprechend Abs. 3, bei drei aufeinander folgenden vollen Freistellungsperioden auf zwei Jahre, vgl. Abs. 4 S. 3 (Rz. 32).

V. Streitigkeiten. Streitigkeiten zwischen ArbGeb und BR über den Umfang der Freistellungen oder die Wahl der freizustellenden BR-Mitglieder entscheiden die ArbG im **Beschlussverfahren** (§ 2a I Nr. 1, II iVm. §§ 80 ff. ArbGG). Bei der Wahl der freizustellenden BR-Mitglieder nach Abs. 2 handelt es sich um eine **betriebsratsinterne Wahl** mit der Folge, dass diese wie zB bei der Wahl des Vorsitzenden, § 26 I, oder bei der Wahl der Mitglieder des Betriebsausschusses, § 27 I, analog § 19 innerhalb einer Frist von zwei Wochen **anfechtbar** ist[8], vgl. näher § 26 Rz. 14.

Will der ArbGeb die **sachliche Unvertretbarkeit** der Freistellung geltend machen, muss er zunächst das **Einigungsstellenverfahren** durchführen, Abs. 2 S. 4 (Rz. 19 ff.). Die unmittelbare Anrufung des ArbG ist nicht zulässig, da erst der Spruch der Einigungsstelle eine verbindliche Regelung schafft, die einer arbeitsgerichtl. Überprüfung zugänglich ist[9]. Der Spruch der Einigungsstelle ist im **Beschlussverfahren** aber sowohl dahin gehend überprüfbar, ob er sachlich begründet ist, als auch daraufhin, ob die Einigungsstelle die Grenzen ihres Ermessens eingehalten hat (§ 76 V 4). Aus Gründen der Rechtssicherheit ist in beiden Fällen die **Zwei-Wochen-Frist** des § 76 V 4 einzuhalten[10].

Das **Urteilsverfahren** kommt zur Anwendung, wenn Meinungsverschiedenheiten zwischen ArbGeb und ArbN über Konsequenzen aus der Freistellung für das jeweilige individuelle ArbVerh bestehen. Hierzu zählen zB Streitigkeiten über mangelnde betriebl. Anwesenheit, die Fortzahlung des Arbeitsentgelts oder die Teilnahme an Fortbildungsveranstaltungen[11].

39 Sprechstunden

(1) Der Betriebsrat kann während der Arbeitszeit Sprechstunden einrichten. Zeit und Ort sind mit dem Arbeitgeber zu vereinbaren. Kommt eine Einigung nicht zustande, so entscheidet die Einigungsstelle. Der Spruch der Einigungsstelle ersetzt die Einigung zwischen Arbeitgeber und Betriebsrat.

(2) Führt die Jugend- und Auszubildendenvertretung keine eigenen Sprechstunden durch, so kann an den Sprechstunden des Betriebsrats ein Mitglied der Jugend- und Auszubildendenvertretung zur Beratung der in § 60 Abs. 1 genannten Arbeitnehmer teilnehmen.

---

1 Ebenso GK-BetrVG/*Weber*, § 38 Rz. 91; Richardi/*Thüsing*, § 38 Rz. 58. ||2 DKKW/*Wedde*, § 38 Rz. 73; *Fitting*, § 38 Rz. 94; GK-BetrVG/*Weber*, § 38 Rz. 94; aA Richardi/*Thüsing*, § 38 Rz. 59. ||3 *Fitting*, § 38 Rz. 96; aA DKKW/*Wedde*, § 38 Rz. 75; GK-BetrVG/*Weber*, § 38 Rz. 95. ||4 *Fitting*, § 38 Rz. 98 f.; Richardi/*Thüsing*, § 38 Rz. 62. ||5 *Fitting*, § 38 Rz. 97. ||6 *Fitting*, § 38 Rz. 100; GK-BetrVG/*Weber*, § 38 Rz. 100. ||7 *Fitting*, § 38 Rz. 103; GK-BetrVG/*Weber*, § 38 Rz. 102. ||8 BAG 20.4.2004 – 7 ABR 44/04, NZA 2005, 1426; 15.1.1992 – 7 ABR 24/91, NZA 1992, 1091; 28.10.1992 – 7 ABR 2/92, NZA 1993, 910. ||9 HM, vgl. *Fitting*, § 38 Rz. 107; GK-BetrVG/*Weber*, § 38 Rz. 104. ||10 HM, vgl. *Fitting*, § 38 Rz. 108; GK-BetrVG/*Weber*, § 38 Rz. 104. ||11 *Fitting*, § 38 Rz. 110; GK-BetrVG/*Weber*, § 38 Rz. 105.

(3) Versäumnis von Arbeitszeit, die zum Besuch der Sprechstunden oder durch sonstige Inanspruchnahme des Betriebsrats erforderlich ist, berechtigt den Arbeitgeber nicht zur Minderung des Arbeitsentgelts des Arbeitnehmers.

1   I. Inhalt und Zweck. Die Vorschrift will die **Kommunikation** zwischen BR und ArbN fördern[1]. Der BR muss nicht, kann aber unabhängig von der Größe des Betriebs durch die Einrichtung von Sprechstunden zu **festliegenden Zeiten** das Vorbringen von Anregungen und Beschwerden aus der Belegschaft erleichtern, vgl. auch §§ 85, 86a, und damit seine Geschäftsführung vereinfachen, weil nicht ständig BR-Mitglieder für Auskünfte und Beratungen bereit stehen müssen. Die Sprechstunde liegt auch im **Interesse des ArbGeb**, weil damit vermieden wird, dass nicht freigestellte BR-Mitglieder ständig bei der Arbeit gestört werden (Bündelung des Vorbringens der ArbN). Außerdem muss bei ihrer zeitlichen Festlegung auch auf betriebl. Notwendigkeiten Rücksicht genommen werden, weil sie **während der Arbeitszeit** stattfindet[2].

2   II. Einrichtung von Sprechstunden (Abs. 1). Bei der „Ob"-Frage der Einrichtung von Sprechstunden wird dem BR nach dem Gesetzeswortlaut („kann") eine Ermessensentscheidung zugebilligt, vgl. S. 1, die aber nicht willkürlich, sondern nach pflichtgemäßem Ermessen zu treffen ist[3]. In jedem Fall bedarf die Errichtungsentscheidung als solche nicht der Zustimmung des ArbGeb, vielmehr entscheidet der BR alleine durch **Beschluss**, vgl. § 33[4]. Kriterien im Rahmen der Ermessensentscheidung sind vor allem die Größe des Betriebs[5], seine Art und Organisation und auch die Bereitschaft der ArbN, von einer derartigen Einrichtung überhaupt Gebrauch zu machen. Trotz der Einrichtung von Sprechstunden kann den ArbN aber nicht die Möglichkeit verwehrt werden, **außerhalb der Sprechstunde** ein BR-Mitglied während der Arbeitszeit aufzusuchen[6]. Allerdings ist insoweit eine Begründung zu fordern, insb. muss sich ein Abwarten bis zur nächsten Sprechstunde, zB in Eilfällen oder aus räumlichen Gründen, als untunlich darstellen (vgl. Rz. 8)[7].

3   **Ist die „Ob"-Frage autonom vom BR bejaht worden, ist bei der **„Wie"-Frage nach S. 2 eine Einigung mit dem ArbGeb in Bezug auf **„Zeit und Ort"** der Sprechstunde erforderlich. Damit gemeint sind die zeitliche Lage der Sprechstunde (Tag und Uhrzeit) innerhalb der betriebsüblichen Arbeitszeit, ihre Häufigkeit (bestimmte Tage in der Woche oder nur einmal wöchentlich etc.) und nach überwiegender Auffassung auch ihre **Dauer**[8]. Diesbezüglich möchte die Gegenauffassung für die Frage des Zeitaufwands der Sprechstunde ein Alleinentscheidungsrecht des BR im Rahmen der Verhältnismäßigkeit annehmen[9]. Unter dem **„Ort"** der Sprechstunde ist der betriebl. Raum gemeint, in dem die Sprechstunden abgehalten werden sollen; er ist vom ArbGeb nach § 40 II zu stellen.

4   **Kommt es zwischen BR und ArbGeb nicht zu der nach S. 2 erforderlichen Einigung, so entscheidet die **Einigungsstelle, vgl. S. 3. Deren Spruch ersetzt insoweit – also **nur** hinsichtlich Zeit und Ort der Sprechstunden – dann die erforderliche Einigung, vgl. S. 4. Ausweislich der amtl. Gesetzesbegr. soll dies zu einer schnellen und betriebsnahen Regelung beitragen[10].

**5   **Einstweilen frei.

6   III. Teilnahme der JAV (Abs. 2). Soweit die JAV **keine eigenen** Sprechstunden durchführt, besteht nach Abs. 2 eine Teilnahmemöglichkeit für ein Mitglied an den BR-Sprechstunden zur Beratung der in § 60 I genannten, von ihr zu betreuenden jungen ArbN. Dabei ist völlig unerheblich, aus welchem Grund die JAV auf eine Sprechstunde verzichtet, ob es also an einer Berechtigung fehlt, vgl. § 69 S. 1, oder ob von einem bestehenden Recht kein Gebrauch gemacht wurde[11]. Die JAV bestimmt **eigenständig**, welches Mitglied an den Sprechstunden teilnimmt. Ohne ausdrückliche Beschlussfassung besteht ein Teilnahmerecht des Vorsitzenden bzw. dessen Stellvertreter[12]. Aus dem Gesetzeswortlaut scheint zu folgen, dass ein Teilnahmerecht **ausscheidet**, wenn andere ArbN als jugendliche ArbN oder Auszubildende bis 25 (vgl. § 60 I) die Sprechstunde besuchen. Jedoch steht dem nicht die Einrichtung „gemeinsamer Sprechstunden" entgegen, die den Mitgliedern der JAV ein Teilnahmerecht ermöglichen, das **Beratungsrecht** aber nur dann, wenn Mitglieder ihrer Zielgruppe auftreten[13].

7   IV. Keine Minderung des Arbeitsentgelts (Abs. 3). Nach Abs. 3 darf dem **ArbN**, der die Sprechstunde während der Arbeitszeit besucht, deshalb nicht das ihm sonst zustehende Arbeitsentgelt gekürzt werden. Dass der Besuch der Sprechstunde für den ArbN **erforderlich** ist, wird dabei vom Gesetzgeber vo-

---

1 Zu den Vor- bzw. Nachteilen von Sprechstunden vgl. *Brill*, BB 1979, 1247; *Ohm*, AiB 1996, 407. ||2 BAG 23.6.1983 – 6 ABR 65/80, BAGE 43, 109 (113). ||3 Vgl. insb. GK-BetrVG/*Weber*, § 39 Rz. 11, der für den Fall eines „offensichtlichen Bedürfnisses" eine Pflicht mit der Sanktionsmöglichkeit des § 23 I annimmt; weniger streng DKKW/*Wedde*, § 39 Rz. 4; *Fitting*, § 39 Rz. 6; Richardi/*Thüsing*, § 39 Rz. 3. ||4 DKKW/*Wedde*, § 39 Rz. 3; Richardi/*Thüsing*, § 39 Rz. 4. ||5 Vgl. etwa DKKW/*Wedde*, § 39 Rz. 4, der darauf hinweist, dass sich bei kleinen Betrieben auf Grund des engen Kontakts der Beteiligten die Sprechstunde praktisch erübrige. ||6 BAG 23.6.1983 – 6 ABR 65/80, BAGE 43, 109 (113f.). ||7 Zu eng GK-BetrVG/*Weber*, § 39 Rz. 13. ||8 HM, vgl. *Fitting*, § 39 Rz. 12; GK-BetrVG/*Weber*, § 39 Rz. 15. ||9 So DKKW/*Wedde*, § 39 Rz. 12; Richardi/*Thüsing*, § 39 Rz. 5. ||10 Vgl. (zum BetrVG 1972) BR-Drs. 715/70, 41. ||11 Vgl. Richardi/*Thüsing*, § 39 Rz. 15; *Fitting*, § 39 Rz. 17. ||12 HM, vgl. GK-BetrVG/*Weber*, § 39 Rz. 22; DKKW/*Wedde*, § 39 Rz. 22. ||13 Zutr. GK-BetrVG/*Weber*, § 39 Rz. 26.

rausgesetzt; nur in krassen Fällen, wenn zB ein Querulant den BR durch ständigen willkürlichen Sprechstundenbesuch strapaziert, wird man diese Erforderlichkeit verneinen können[1]. Für den ArbN gilt also das – missverständlich so genannte – **Lohnausfallprinzip**[2], das ggf. auch Entgeltmehrungen oder -minderungen für diese Zeit umfasst (vgl. § 37 Rz. 14ff.), während das die Sprechstunde abhaltende BR-Mitglied entweder kraft Freistellung (§ 38) oder kraft erforderlicher Arbeitsbefreiung (§ 37 II) die Entgeltfortzahlung beanspruchen kann.

Abs. 3 stellt ferner klar, dass das Lohnausfallprinzip auch für „**sonstige Inanspruchnahme**" des BR gilt, was gerade für den Fall Bedeutung gewinnt, dass keine regelmäßigen Sprechstunden stattfinden oder dass zB Beschwerden im Rahmen eines kollektiven Beschwerdeverfahrens nach § 85 entgegen zu nehmen sind[3]. Damit wird zugleich mittelbar der Anspruch auf Arbeitsbefreiung für die „sonstige Inanspruchnahme" des BR anerkannt, der jedoch bei der Einrichtung von regulären Sprechstunden im Zweifel einer Begründung im Hinblick auf ihre Erforderlichkeit bedarf (Rz. 2). Die Initiative kann auch vom BR-Mitglied ausgehen, wenn es zB den ArbN an seinem Arbeitsplatz wegen eiliger Rückfragen aufsuchen muss (hM). **8**

Vor dem Aufsuchen der Sprechstunde besteht die arbeitsvertragl. **Nebenpflicht** des ArbN, sich beim Vorgesetzten abzumelden (vgl. § 37 Rz. 12). IdR ist darüber hinaus **keine Zustimmung** des ArbGeb zum Besuch der Sprechstunde erforderlich[4], jedoch besteht andererseits ein ungeschriebenes „**Veto**"-Recht aus dringenden betriebl. Gründen, wenn der ArbN zB dringende und eilige Arbeit im Team zu verrichten hat, die keinen Aufschub duldet[5]. Dem ArbN muss dann aber bei nächster Gelegenheit das Aufsuchen der Sprechstunde ermöglicht werden. In jedem Fall hat der ArbN sich nach Rückkehr wieder zurückzumelden[6]. **9**

V. Streitigkeiten. Streitigkeiten über die Frage der Errichtung bzw. Abhaltung von Sprechstunden entscheidet das ArbG im **Beschlussverfahren** (§ 2a I Nr. 1, II iVm. §§ 80ff. ArbGG). ArbGeb oder BR haben auch nach einem Spruch der Einigungsstelle (Rz. 4) noch die Möglichkeit, diesen Spruch wegen Überschreitung des Ermessens der Einigungsstelle vom ArbG überprüfen zu lassen, vgl. § 76 V 4, das ebenfalls im Beschlussverfahren entscheidet. Ansprüche im Hinblick auf **vorenthaltenes Arbeitsentgelt** wegen der Teilnahme an einer Sprechstunde werden hingegen im **Urteilsverfahren** entschieden[7], was auch im Falle des § 37 II für BR-Mitglieder (vgl. § 37 Rz. 47) und über § 65 I für die JAV gilt. **10**

40 Kosten und Sachaufwand des Betriebsrats

(1) Die durch die Tätigkeit des Betriebsrats entstehenden Kosten trägt der Arbeitgeber.

(2) Für die Sitzungen, die Sprechstunden und die laufende Geschäftsführung hat der Arbeitgeber in erforderlichem Umfang Räume, sachliche Mittel, Informations- und Kommunikationstechnik sowie Büropersonal zur Verfügung zu stellen.

I. Inhalt und Zweck 1	IV. Sachaufwand und Büropersonal (Abs. 2) . . 26
II. Grundsätze der Kostentragungspflicht 4	1. Räume 28
III. Kosten der Geschäftsführung (Abs. 1) . . . 11	2. Sachmittel 30
1. Rechtsstreitigkeiten 12	3. Informations- und Kommunikationstechnik 33
2. Regelungsstreitigkeiten 17	4. Büropersonal 37
3. Aufwendungen der Betriebsratsmitglieder . 18	V. Streitigkeiten 38

I. Inhalt und Zweck. Die Vorschrift verpflichtet den ArbGeb, **Kosten und Sachaufwand** des BR zu tragen und ergänzt damit §§ 37, 38, die die Entgeltfortzahlung für ggf. auch freigestellte BR-Mitglieder (inkl. Teilnahme an Schulungs- und Bildungsveranstaltungen) anordnen. Abs. 1 ist daher Generalklausel für **alle sonstigen sachlichen und persönlichen Kosten** der BR-Tätigkeit („durch die Tätigkeit des BR entstehenden Kosten"), Abs. 2 sieht eine Naturalleistungspflicht für Sachaufwand und Büropersonal vor. Systematisch ist die Vorschrift im Zusammenhang mit dem Umlageverbot, § 41, und dem Benachteiligungsverbot, § 78 S. 2, sowie der Ausgestaltung des BR-Amts als **Ehrenamt**, § 37 I, zu sehen. Diese Normen sollen sicherstellen, dass weder das einzelne BR-Mitglied noch die Arbeitnehmerschaft als Ganzes durch die vom BetrVG gewährleistete Interessenvertretung der Belegschaft finanziell belastet werden. **1**

Durch das BetrVerf-ReformG 2001 erfolgte insoweit eine „Klarstellung", als in Abs. 2 ausdrücklich die Verpflichtung des ArbGeb zur Bereitstellung von „**Informations- und Kommunikationstechnik**" aufgenommen wurde. Nach der Gesetzesbegr. soll es sich dabei vor allem um „Computer mit entsprechen- **2**

---

[1] Zutr. *Fitting*, § 39 Rz. 29; zu eng GK-BetrVG/*Weber*, § 39 Rz. 29. ||[2] Vgl. nur GK-BetrVG/*Weber*, § 39 Rz. 34.
||[3] Vgl. *Fitting*, § 39 Rz. 30; GK-BetrVG/*Weber*, § 39 Rz. 35. ||[4] So aber GK-BetrVG/*Weber*, § 39 Rz. 31; unklar *Richardi*/*Thüsing*, § 39 Rz. 23. ||[5] Ähnlich MünchArbR/*Joost*, § 219 Rz. 92; DKKW/*Wedde*, § 39 Rz. 24.
||[6] BAG 23.6.1983 – 6 ABR 65/80, BAGE 43, 109. ||[7] Vgl. nur GK-BetrVG/*Weber*, § 39 Rz. 40.

gem. § 38 InsO[1]; **nach** Insolvenzeröffnung entstandene Ansprüche auf Kostenerstattung, die durch Handlungen des Insolvenzverwalters veranlasst worden sind (zB Kosten einer Einigungsstelle), sind Masseverbindlichkeiten iSd. § 55 I Nr. 1 InsO[2].

11 **III. Kosten der Geschäftsführung (Abs. 1).** Geschäftsführungskosten sind alle Kosten, die aus der ordnungsgemäßen laufenden Geschäftsführung entstehen und zur sachgerechten Durchführung der BR-Arbeit erforderlich sind[3]. Hierzu zählen – über den nach Abs. 2 zur Verfügung zu stellenden Sachaufwand hinaus (Rz. 26 ff.) – zB Kosten für die nach § 34 vorgeschriebene Anfertigung der Sitzungsniederschriften, Kosten für den umfangreichen **Tätigkeitsbericht** nach § 43 I 1, sofern er den ArbN auf der Betriebsversammlung schriftlich vorzulegen ist, ggf. auch die Kosten für einen **Dolmetscher** bei größeren Gruppen ausländischer ArbN (zB in der Betriebsversammlung oder der Sprechstunde), in Einzelfällen auch für schriftliche Übersetzungen[4]. Aufwendungen, die durch eine notwendige Heranziehung von **Sachverständigen** nach § 80 III entstehen, gehören zu den Geschäftsführungskosten nur dann, wenn ArbGeb und BR vorher eine Vereinbarung über dessen Hinzuziehung getroffen haben, da § 80 III insoweit eine Sonderregelung ggü. § 40 darstellt[5]. Bei den Kosten für einen **Rechtsanwalt** ist zu unterscheiden, ob dieser im Rahmen eines konkreten Rechtsstreits tätig wird[6] oder vom BR nur zur gutachtlichen Beratung hinzugezogen wird: Im ersten Fall richtet sich die Kostentragungspflicht allein nach § 40 I (vgl. Rz. 14), weshalb eine vorherige Vereinbarung mit dem ArbGeb nicht erforderlich ist, im zweiten Fall handelt der Rechtsanwalt als Sachverst. iSv. § 80 III, so dass die Kostentragungspflicht des Arb-Geb nur bei Vorliegen der speziellen Voraussetzungen besteht[7].

12 **1. Rechtsstreitigkeiten.** Zu den nach Abs. 1 erstattungsfähigen Kosten gehören auch die **Prozess- und Rechtsanwaltskosten**, die der gerichtl. Verteidigung von Rechten des BR als Organ oder seiner einzelnen Mitglieder dienen. Der BR darf betriebsverfassungsrechtl. Streitigkeiten auf Kosten des ArbGeb gerichtlich klären lassen, sofern eine gütliche Einigung nicht möglich ist[8]. Die Kostentragungspflicht des ArbGeb wird dadurch gemildert, dass im Beschlussverfahren nach § 2 II GKG keine Gerichtskosten anfallen, so dass im Rahmen von Abs. 1 nur **außergerichtliche Kosten** in Betracht kommen. Dabei ist es **unerheblich**, wer Partei bzw. Beteiligter des Rechtsstreits mit dem BR ist. Es kommen nicht nur Rechtsstreitigkeiten zwischen ArbGeb und BR in Betracht, sondern auch zwischen BR und einem anderen Organ der Betriebsverfassung (zB dem GBR), zwischen dem BR und einem seiner Mitglieder[9] oder dem BR und einer im Betrieb vertretenen Gewerkschaft. Auch lediglich eine **Beteiligung des BR** iSv. § 83 ArbGG löst die Kostentragungspflicht des ArbGeb aus. Unerheblich ist auch, ob der BR in einem Verfahren **obsiegt oder unterliegt**, weil sonst das Kostenrisiko dem BR die unabhängige Wahrnehmung seiner Aufgaben nicht mehr ermöglichen würde[10].

13 Die Kostentragungspflicht des ArbGeb besteht aber nur, wenn die Führung des Rechtsstreits **erforderlich** ist bzw. der BR diesen für erforderlich halten durfte (Rz. 6)[11]. Dies ist zB **nicht** der Fall, wenn

– die Rechtsverfolgung von vornehrein **offensichtlich aussichtslos** und mutwillig erscheint[12],
– eine Rechtsfrage bereits **höchstrichterlich entschieden** ist und in einem weiteren Rechtsstreit keine neuen Argumente vorgetragen werden[13],
– ein Antrag auf Erlass einer **einstweiligen Verfügung so spät** und zudem noch mit unvollständigen Unterlagen gestellt wird, dass – auch bei Verzicht auf die mündliche Verhandlung – mit einer rechtzeitigen Gerichtsentscheidung nicht gerechnet werden kann[14].

14 Die Kosten für die Hinzuziehung eines **Rechtsanwalts** sind immer erstattungspflichtig, sofern die Prozessvertretung durch einen Rechtsanwalt gesetzl. vorgeschrieben ist wie zB für die Unterzeichnung der Rechtsbeschwerdeschrift und der Rechtsbeschwerdebegründung (§ 94 I ArbGG). Darüber hinaus sind die Kosten einer Prozessvertretung des BR durch einen Rechtsanwalt vom ArbGeb zu tragen, wenn der BR bei verständiger und pflichtgemäßer Abwägung der zu berücksichtigenden Umstände die Zu-

---

1 BAG 9.12.2009 – 7 ABR 90/07, NZA 2010, 461: Dies gilt wegen § 105 InsO sogar dann, wenn die anspruchsbegründende Leistung (hier Tätigkeit eines Rechtsanwalts als Sachverständiger) auch noch nach Eröffnung des Insolvenzverfahrens erbracht wird. ||2 BAG 17.8.2005 – 7 ABR 56/04, NZA 2006, 109 (RA-Kosten). ||3 HM, vgl. *Fitting*, § 40 Rz. 12; GK-BetrVG/*Weber*, § 40 Rz. 27. ||4 Vgl. LAG Düss. 30.1.1981 – 16 Ta BV 21/80, DB 1981, 1093 (aber nicht für schriftl. Übersetzungen in Kleinbetrieben). ||5 BAG 25.4.1978 – 6 ABR 9/75, DB 1978, 1747; 26.2.1992 – 7 ABR 51/90, NZA 1993, 86; *Fitting*, § 40 Rz. 13; GK-BetrVG/*Weber*, § 40 Rz. 30 f. ||6 Wozu aber auch die vorbereitende Beratung des Gerichtsverfahrens bzw. der Versuch, vor Einleitung des Verfahrens noch eine gütliche Einigung zu erzielen, gehört, vgl. BAG 15.11.2000 – 7 ABR 24/00, EzA § 40 BetrVG 1972 Nr. 92. ||7 BAG 25.4.1978 – 6 ABR 9/75, DB 1978, 1747; *Fitting*, § 40 Rz. 14; GK-BetrVG/*Weber*, § 40 Rz. 32; zur Abgrenzung vgl. auch LAG Bln.-Bbg 29.5.2012 – 7 TaBV 576/12, LAGE § 80 BetrVG 2001 Nr. 7. ||8 HM, vgl. *Fitting*, § 40 Rz. 21; GK-BetrVG/*Weber*, § 40 Rz. 82. ||9 ZB Ausschlussverfahren nach § 23 I, vgl. BAG 19.4.1989 – 7 ABR 6/88, NZA 1990, 233. ||10 HM, vgl. *Fitting*, § 40 Rz. 21; GK-BetrVG/*Weber*, § 40 Rz. 85; aA *Platz*, ZfA 1993, 373 (380 ff.). ||11 BAG 19.4.1989 – 7 ABR 6/88, NZA 1990, 233. ||12 BAG 3.10.1978 – 6 ABR 102/76, BAGE 31, 93; 19.4.1989 – 7 ABR 6/88, NZA 1990, 233; 29.7.2009 – 7 ABR 95/07, NZA 2009, 1223. ||13 LAG Hamm 4.12.1985 – 3 TaBV 119/85, BB 1986, 323; *Fitting*, § 40 Rz. 22; GK-BetrVG/*Weber*, § 40 Rz. 86; aA DKKW/*Wedde*, § 40 Rz. 25. ||14 BAG 28.8.1991 – 7 ABR 72/90, NZA 1992, 41; LAG Hess. 15.10.1992 – 12 Ta BV 28/92, DB 1993, 1096.

ziehung eines Rechtsanwalts **für erforderlich** erachten durfte[1]. Ihm steht für diese Abwägung ein Beurteilungsspielraum zu[2], innerhalb dessen – wie immer im Rahmen von Abs. 1 (Rz. 6) – auf das Urteil eines vernünftigen Dritten im Zeitpunkt der Beauftragung des Rechtsanwalts abzustellen ist. Bei der Prüfung der Erforderlichkeit ist vor allem darauf abzustellen, ob der Rechtsstreit nach der Sach- und Rechtslage **Schwierigkeiten aufweist**[3], doch darf hierfür der juristische Verstand des BR nicht überstrapaziert werden, so dass ein relativ großzügiger Maßstab anzulegen ist[4]. Der Hinzuziehung eines Rechtsanwalts steht nicht entgegen, dass der Prozessvertretung durch einen **Gewerkschaftsvertreter** (vgl. § 11 ArbGG) möglich ist, da der BR in der Wahl seines Prozessvertreters grds. frei ist und die Gewerkschaften nicht – auch nicht wegen § 2 I – verpflichtet sind, dem BR Rechtsschutz zu gewähren[5].

Die Kostentragungspflicht besteht nur, wenn die Beauftragung des Rechtsanwalts auf Basis eines **ordnungsgemäßen Beschlusses** (vgl. § 29 Rz. 7; § 33 Rz. 3 ff.) erfolgte[6]. Ein solcher Beschluss hat gesondert für jede Instanz zu ergehen. Eine nachträgliche Beschlussfassung nach Abschluss der jeweiligen Instanz kann eine Kostenerstattungspflicht des ArbGeb nicht mehr auslösen[7]. Ausnahmsweise kann die Beauftragung bei Eilbedürftigkeit alleine durch den BR-Vorsitzenden erfolgen, muss dann aber nachträglich vom BR **genehmigt** werden[8]. Eine Prozessvollmacht ermächtigt gem. § 81 ZPO im Außenverhältnis zu allen den Rechtsstreit betreffenden Prozesshandlungen, weshalb eine im Innenverhältnis notwendige Beschlussfassung des BR zur erneuten Beauftragung des Anwalts auch nach Ablauf der Rechtsmittelfrist erfolgen kann[9].

15

Die dargelegten Grundsätze gelten in gleicher Weise für Gerichts- und Rechtsanwaltskosten, **die einzelnen BR-Mitgliedern aus ihrer Amtstätigkeit** entstehen, da auch dies Kosten der BR-Tätigkeit nach Abs. 1 sind[10]. Dies gilt jedenfalls dann, wenn die Amtsstellung oder -ausübung des einzelnen BR-Mitglieds Streitgegenstand ist oder durch den Rechtsstreit berührt wird, zB bei

16

- Anfechtung der Wahl eines BR-Mitglieds nach § 19,
- Ausschluss eines BR-Mitglieds aus dem BR nach § 23 I[11],
- Feststellung des Verlusts der Wählbarkeit eines BR-Mitglieds oder Wirksamkeit eines Rücktrittsbeschlusses des BR,
- Überprüfung von BR-Beschlüssen, da durch diese in die Rechtstellung eines BR-Mitglieds eingegriffen werden kann[12],
- Beschlussverfahren zur Durchsetzung des Anspruchs eines BR-Mitglieds auf Teilnahme an einer Schulungsmaßnahme.

Nicht erstattungsfähig nach Abs. 1 sind dagegen Kosten, die einem BR-Mitglied in einem Verfahren nach § 103 II entstehen, da die Beteiligung am Zustimmungsersetzungsverfahren nicht in Erfüllung betriebsverfassungsrechtl. Aufgaben erfolgt, sondern wegen des besonders ausgestalteten Kündigungsschutzes[13]. Wird der Zustimmungsersetzungsantrag dagegen rechtskräftig abgewiesen, folgt die Kostenerstattungspflicht aus § 78 S. 2 im gleichen Umfang wie in einem anderen Kündigungsschutzprozess. Kosten eines Urteilsverfahrens sind nie nach Abs. 1 zu ersetzen, auch wenn das BR-Mitglied zB wegen amtsbedingter Arbeitsversäumnis eine Leistungsklage auf Zahlung seines Arbeitsentgelts erhebt; § 12a I 1 ArbGG hat insoweit nicht nur prozessuale Bedeutung, sondern schließt jeden materiellrechtl. Kostenerstattungsanspruch, unabhängig von seiner Rechtsgrundlage, aus[14]. Ein Anspruch auf Freistellung von außergerichtl. Anwaltskosten besteht auch dann nicht, wenn das BR-Mitglied in einem Vergleich mit dem ArbGeb **freiwillig** der Kostenübernahme zustimmt[15]. Die Vergütung des vom BR als Organ in einem Verfahren nach § 103 II beauftragten Rechtsanwalts hat der ArbGeb dagegen nach Abs. 1 zu ersetzen, auch wenn dieser gleichzeitig das von der Kündigung betroffene BR-Mitglied vertritt[16]. In

---

1 St. Rspr., BAG 29.7.2009 – 7 ABR 95/07, NZA 2009, 1223; 20.10.1999 – 7 ABR 25/98, NZA 2000, 556. ||2 BAG 3.10.1978 – 6 ABR 102/76, BAGE 31, 93; 16.10.1987 – 6 ABR 2/85, NZA 1987, 753. ||3 BAG 26.11.1974 – 1 ABR 16/74, BAGE 26, 376; *Fitting*, § 40 Rz. 25; Richardi/*Thüsing*, § 40 Rz. 25. ||4 Vgl. BAG 3.10.1978 – 6 ABR 102/76, BAGE 31, 93; 16.10.1986 – 6 ABR 2/85, NZA 1987, 753. ||5 HM, vgl. BAG 3.10.1978 – 6 ABR 102/76, BAGE 31, 93; 4.12.1979 – 6 ABR 37/76, BAGE 40, 244. ||6 HM, vgl. BAG 18.1.2006 – 7 ABR 25/05, nv.; 8.3.2000 – 7 ABR 11/98, NZA 2000, 838; *Fitting*, § 40 Rz. 32; GK-BetrVG/*Weber*, § 40 Rz. 94. ||7 BAG 5.4.2000 – 7 ABR 6/99, NZA 2000, 1178. ||8 LAG Köln 14.7.1995 – 4 TaBV 40/95, NZA-RR 1996, 94 (für den Fall einer vom ArbGeb gegen den BR angestrengten einstw. Vfg.); *Fitting*, § 40 Rz. 32; GK-BetrVG/*Weber*, § 40 Rz. 94. ||9 Vgl. BAG 11.3.1992 – 7 ABR 50/91, NZA 1992, 946. ||10 BAG 3.4.1979 – 6 ABR 63/76, DB 1979, 1706; 5.4.2000 – 7 ABR 6/99, NZA 2000, 1178. ||11 *BAG 19.4.1989 – 7 ABR 6/88, NZA 1990, 233*; LAG Hamm 28.11.1978 – 3 TaBV 3/78, DB 1979, 2043; jedoch entfällt die Kostenerstattung, wenn eine Verteidigung gegen den Ausschluss offensichtlich aussichtslos ist und das Fehlverhalten nicht ernsthaft bestritten wird und zweifellos eine grobe Pflichtverletzung iSd. § 23 I darstellt. ||12 BAG 3.4.1979 – 6 ABR 64/76, DB 1979, 2091; DKKW/*Wedde*, § 40 Rz. 53; *Fitting*, § 40 Rz. 60; GK-BetrVG/*Weber*, § 40 Rz. 88. ||13 BAG 3.4.1979 – 6 ABR 63/76, DB 1979, 1706; 31.1.1990 – 1 ABR 39/89, NZA 1991, 152; *Fitting*, § 40 Rz. 62; GK-BetrVG/*Weber*, § 40 Rz. 91; aA DKKW/*Wedde*, § 40 Rz. 54. ||14 BAG 14.10.1982 – 6 ABR 37/79, BAGE 40, 244; 30.6.1993 – 7 ABR 45/92, NZA 1994, 284; 20.1.2010 – 7 ABR 68/08, NZA 2010, 777: Die Parteien können jedoch in einem Vergleich eine hiervon abweichende Regelung treffen; GK-BetrVG/*Weber*, § 40 Rz. 108; Richardi/*Thüsing*, § 40 Rz. 14. ||15 BAG 20.1.2010 – 7 ABR 68/08, NZA 2010, 777. ||16 BAG 25.8.2004 – 7 ABR 60/03, NZA 2005, 168.

einem Verfahren über die Auflösung eines ArbVerh nach § 78 IV 1 darf der BR neben der Mandatierung eines ihn vertretenden Rechtsanwalts idR nicht die weitere Beauftragung eines Anwalts zur gesonderten Vertretung der JAV für erforderlich halten[1].

17 **2. Regelungsstreitigkeiten.** Kosten, die durch die Tätigkeit des BR entstehen, sind auch die **Kosten der Einigungsstelle**[2], für die die Sonderregelung des § 76a gilt. Nach hM werden von dieser Norm aber nur die Kosten der Einigungsstelle selbst und die an ihre Mitglieder zu zahlende Vergütung erfasst, nicht dagegen die Kosten, die durch die Beauftragung eines Rechtsanwalts **zur Vertretung des BR** vor der Einigungsstelle entstehen. Für deren Erforderlichkeit gelten die gleichen Grundsätze wie für die anwaltl. Vertretung bei Rechtsstreitigkeiten, dh. die Entscheidung schwieriger Rechtsfragen (Rz. 14)[3].

18 **3. Aufwendungen der Betriebsratsmitglieder.** Zu den vom ArbGeb zu tragenden Aufwendungen gehören auch die **einzelnen BR-Mitgliedern** aus ihrer amtl. Tätigkeit erwachsene Kosten, sofern sie zur ordnungsgemäßen Erfüllung der Aufgaben des BR **erforderlich** sind[4]. Voraussetzung ist auch hier, dass die Tätigkeit **objektiv** der Durchführung von BR-Aufgaben gedient hat und die Kosten von einem vernünftig denkenden Dritten für erforderlich und verhältnismäßig gehalten werden konnten (vgl. Rz. 6). Solche Aufwendungen können Brief- und Portokosten sowie Kosten der Rechtsverfolgung sein (vgl. Rz. 16), vor allem aber **Fahrtkosten**, die dem BR-Mitglied zB dadurch entstehen, dass es sich außerhalb seiner persönlichen Arbeitszeit zu einer BR-Sitzung begibt[5]. Das gilt auch für die Fahrtkosten zwischen Wohnung und Betrieb für ein BR-Mitglied in **Elternzeit** wegen der Teilnahme an Sitzungen, da für dieses wegen des ruhenden ArbVerh keine Arbeitspflicht besteht[6]. Ein Anspruch auf Erstattung von **Kinderbetreuungskosten** besteht nur für Zeiten, in denen das BR-Mitglied ohne die Erfüllung von BR-Aufgaben nicht zur Arbeitsleistung verpflichtet wäre oder in denen der ArbGeb vom BR-Mitglied keine Mehrarbeit verlangen könnte[7]. Die Kosten eines freigestellten BR-Mitglieds für die regelmäßigen Fahrten zwischen Wohnung und Betrieb können dagegen als Aufwendungen der privaten Lebensführung nicht erstattet werden[8]. Kosten iSd. Abs. 1 können aber Aufwendungen eines BR-Mitglieds sein, die es zum Ersatz zB von **Unfallschäden am eigenen Pkw** für erforderlich halten durfte, soweit die Schäden in Ausübung der BR-Tätigkeit entstanden sind (§ 670 BGB analog)[9]. Handelt es sich um **Personenschäden**, greift das sozialversicherungsrechtl. Haftungsprivileg nach § 104 I SGB VII zu Gunsten des ArbGeb ein, da ein Unfall bei der Amtsausübung zugleich einen Arbeitsunfall nach § 8 I iVm. § 2 I Nr. 1 SGB VII darstellt[10].

19 **a) Reisekosten.** Zu den erforderlichen Aufwendungen gehören insb. Reisekosten, wenn das BR-Mitglied zur Erledigung seiner Aufgaben auswärtige Betriebe, Betriebsteile, Nebenbetriebe oder Baustellen aufsucht oder an auswärtigen Sitzungen anderer betriebsverfassungsrechtl. Gremien, an Gerichtsterminen oder Behördengesprächen teilnehmen muss[11]. Entsprechendes gilt auch für Reisekosten anlässlich der Teilnahme an einer Schulung nach § 37 II (vgl. Rz. 20). Bedingt durch die zunehmende internationale Verflechtung von Unternehmen können auch **Auslandsreisen** erforderlich sein[12]. Angesichts der Möglichkeiten moderner Kommunikationstechnik sind hier aber Erforderlichkeit und Angemessenheit der Kosten besonders sorgfältig zu prüfen. Nicht erstattungsfähig sind Reisekosten, die zB dadurch entstehen, dass ein BR-Mitglied **vom Urlaubsort** zum Betriebsort reist, um an der (konstituierenden) Sitzung des BR teilzunehmen[13]. Dasselbe gilt für solche Kosten eines teilweise freigestellten BR-Mitglieds, die für die Reise zum BR-Büro aufgewendet werden müssen[14].

20 Die vom ArbGeb zu tragenden Reisekosten umfassen die notwendigen **Fahrtkosten** sowie die Kosten für **Verpflegung und Unterkunft** abzüglich ersparter privater Aufwendungen[15]. Nicht zu erstatten sind die Kosten der persönlichen Lebensführung wie Getränke oder Tabakwaren[16]. Besteht im Betrieb eine für die ArbN verbindliche **Reisekostenregelung**, so ist diese im Hinblick auf § 78 S. 2 auch für Reisen der BR-Mitglieder maßgebend, sofern die entstehenden Kosten von ihnen beeinflusst werden können[17]. Er-

---

1 BAG 18.1.2012 – 7 ABR 83/10, NZA 2012, 683. || 2 HM, vgl. BAG 27.3.1979 – 6 ABR 39/76, DB 1979, 1562; *Fitting*, § 40 Rz. 35; GK-BetrVG/*Weber*, § 40 Rz. 109. || 3 BAG 14.2.1996 – 7 ABR 25/95, NZA 1996, 892; vgl. auch Komm. zu § 76a. || 4 HM, vgl. BAG 18.1.1989 – 7 ABR 89/87, BAGE 60, 385; 6.11.1973 – 1 ABR 26/73, BAGE 25, 357; ferner *Fitting*, § 40 Rz. 40; GK-BetrVG/*Weber*, § 40 Rz. 33. || 5 BAG 18.1.1989 – 7 ABR 71/06, NZA 1989, 641; 16.1.2008 – 7 ABR 71/06, DB 2008, 938. || 6 BAG 25.5.2005 – 7 ABR 45/04, NZA 2005, 1002. || 7 BAG 23.6.2010 – 7 ABR 103/08, NZA 2010, 1298: Dies gilt auch dann, wenn eine im Haushalt des BR-Mitglied lebende und nicht zur Kinderbetreuung verpflichtete Person die Betreuung ernsthaft ablehnt. || 8 BAG 13.6.2007 – 7 ABR 62/06, NZA 2007, 1301; 28.8.1991 – 7 ABR 46/90, NZA 1992, 72. || 9 BAG 3.3.1983 – 6 ABR 4/80, BAGE 42, 71; ferner *Fitting*, § 40 Rz. 46; GK-BetrVG/*Weber*, § 40 Rz. 78f. || 10 Vgl. *Fitting*, § 40 Rz. 47; GK-BetrVG/*Weber*, § 40 Rz. 80. || 11 HM, vgl. *Fitting*, § 40 Rz. 48; GK-BetrVG/*Weber*, § 40 Rz. 34. || 12 *Fitting*, § 40 Rz. 49; GK-BetrVG/*Weber*, § 40 Rz. 35. || 13 BAG 24.6.1969 – 1 ABR 6/69, DB 1969, 1754 m. Anm. *Neumann-Duesberg*. || 14 LAG Sachs. 15.5.2012 – 7 TaBV 22/11. || 15 BAG 29.1.1974 – 1 ABR 39/73, AP Nr. 9 zu § 37 BetrVG 1972; 29.4.1975 – 1 ABR 40/74, DB 1975, 1708; *Fitting*, § 40 Rz. 53; GK-BetrVG/*Weber*, § 40 Rz. 43f.; aA DKKW/*Wedde*, § 40 Rz. 50. Keine Anrechnung allerdings bei Anwendung einer betriebl. Reisekostenregelung oder der Abrechnung nach den steuerlichen Pauschbeträgen, da bei diesen ersparte Aufwendungen bereits berücksichtigt sind, vgl. BAG 30.3.1994 – 7 ABR 45/93, NZA 1995, 283. || 16 BAG 29.1.1974 – 1 ABR 41/73, BAGE 25, 482; 15.6.1976 – 1 ABR 81/74, AP Nr. 12 zu § 40 BetrVG. Dass nicht auch Getränke während der Seminarstunden anrechenbar sind, hat das LAG Köln 25.4.2008 – 11 TaBV 10/08 zutreffend erkannt. || 17 BAG 17.9.1974 – 1 ABR 98/73, DB 1975, 452; 23.6.1975 – 1 ABR 104/73, DB 1975, 1707.

folgt die Reisekostenerstattung im Betrieb üblicherweise nach den LStR, so gilt dies auch für die BR-Mitglieder. Sind jedoch zB bei einer Schulungsveranstaltung die Tagessätze des Veranstalters höher als die der Reisekostenregelung oder der LStR und vom BR-Mitglied nicht zu beeinflussen, hat der ArbGeb die höheren Kosten zu erstatten[1]. Werden Reisekosten nicht nach Pauschsätzen abgerechnet, muss das BR-Mitglied die Kosten im Einzelnen **nachweisen** (vgl. Rz. 9). Eine Einzelabrechnung kommt auch bei **teilzeitbeschäftigten BR-Mitgliedern** in Betracht, wenn diese im Verhältnis zu vollzeitbeschäftigten Amtsträgern wegen ihres niedrigeren Jahreseinkommens bei gleicher oder vergleichbarer Tätigkeit sonst benachteiligt wären[2].

b) **Schulungskosten.** Von Abs. 1 werden auch die Kosten erfasst, die durch die Teilnahme von BR-Mitgliedern an **Schulungs- und Bildungsveranstaltungen** entstehen[3], vgl. § 37 VI. Diese Norm stellt klar, dass die Schulung der BR-Mitglieder in Bezug auf ihre gesetzl. Aufgaben eng zu ihrer Amtstätigkeit gehört[4]. Sie ordnet aber ihrer Systematik entsprechend nur die Befreiung der BR-Mitglieder von ihrer beruflichen Tätigkeit ohne Minderung des Arbeitsentgelts an. Die Kostentragung über die Entgeltfortzahlung hinaus ist daher der Grundregel des Abs. 1 zu entnehmen, auch dann, wenn der ArbGeb damit Gewerkschaften als Schulungsveranstalter unterstützen muss (Rz. 23)[5]. Davon zu trennen ist die Kostenerstattung für den Bildungsurlaub iSd. § 37 VII, für den die bloße Anerkennung durch die oberste Arbeitsbehörde als „geeignet" noch nicht ausreicht. Vielmehr müssen – im Einzelnen nachweisbar – auch hierfür die erforderlichen Kenntnisse iSd. § 37 VI vermittelt werden[6], um eine zusätzliche Kostentragungspflicht des ArbGeb zu begründen (zum Unterschied zwischen § 37 VI und VII vgl. § 37 Rz. 37).

Die Kostentragungspflicht des ArbGeb umfasst grds. die erforderlichen **Reisekosten** (Rz. 19 ff.) sowie etwaige **Teilnehmergebühren** des Veranstalters, dh. Übernachtungs- und Verpflegungskosten, Referentenhonorare und Kosten für angemessene Tagungsunterlagen[7]. Der Grundsatz der Erforderlichkeit gebietet es, dass der BR bei gleichartigen und gleichwertigen Schulungsmöglichkeiten grds. nur die Kosten der **kostengünstigeren Veranstaltung** erstattet verlangen kann[8]. Der BR ist insoweit jedoch nicht gehalten, bei vergleichbaren Seminarinhalten eine umfassende Marktanalyse vorzunehmen und den günstigsten Anbieter zu ermitteln[9]. Werden Schulungen von unterschiedlicher Qualität angeboten, hat der BR einen Beurteilungsspielraum, der jedoch durch den Grundsatz der Verhältnismäßigkeit (**Angemessenheit**) begrenzt ist[10]. Eine Kostentragungspflicht des ArbGeb besteht auch dann, wenn er die Nichtteilnahme der BR-Mitglieder an einer Schulungsveranstaltung **bewusst herbeigeführt** und somit auch zu vertreten hat[11].

Der Kostentragungspflicht des ArbGeb steht nicht entgegen, dass die Schulungs- oder Bildungsveranstaltung von einer **Gewerkschaft** durchgeführt wird[12]. Hierin liegt auch kein Verstoß gegen das Grundrecht der Koalitionsfreiheit, Art. 9 III GG[13]. Zwar handelt es sich bei der Schulung von BR-Mitgliedern auch um eine eigene Aufgabe der Gewerkschaften, da ihre Unterstützungsfunktion koalitionsrechtlich gesichert ist. Das schließt aber nicht aus, dass den BR-Mitgliedern insoweit ein Kostenerstattungsanspruch gegen den ArbGeb zusteht, als sich die gewerkschaftl. Schulungsveranstaltung der Vermittlung von erforderlichen Kenntnissen für die BR-Tätigkeit iSv. § 37 VI beschränkt. Eine **immanente Schranke** ergibt sich aber aus dem koalitionsrechtl. Grundsatz, dass kein sozialer Gegenspieler verpflichtet ist, zur Finanzierung des **gegnerischen Verbandes** beizutragen[14]: Die Gewerkschaften dürfen aus den Schulungsveranstaltungen daher **keinen Gewinn** erzielen[15], weshalb sie nur die Erstattung der tatsächlich entstandenen Kosten verlangen können[16]. **Nicht zu ersetzen** sind auch sog. **Vorhaltekosten**, die unabhängig von der konkreten Schulung entstehen, wie zB Grundstücksabgaben, Mietzins und Mietnebenkosten, Heizung, Strom etc.[17]. **Honoraranforderungen** für gewerkschaftseigene Referenten

---

1 BAG 7.6.1984 – 6 ABR 66/81, NZA 1984, 362; *Fitting*, § 40 Rz. 54; GK-BetrVG/*Weber*, § 40 Rz. 43. ||2 LAG Hess. 6.10.1988 – 12 TaBV 12/88, NZA 1989, 943; GK-BetrVG/*Weber*, § 40 Rz. 43. ||3 HM, grundl. BAG 31.10.1972 – 1 ABR 7/72, BAGE 24, 459; zuletzt BAG 17.11.2010 – 7 ABR 113/09, NZA 2011, 816; ferner LAG Hamm 13.1.2006 – 10 TaBV 65/05, NZA-RR 2006, 249. ||4 So BAG 29.1.1974 – 1 ABR 41/73, BAGE 25, 482 (487). ||5 HM, vgl. nur GK-BetrVG/*Weber*, § 40 Rz. 45 ff.; MünchArbR/*Joost*, § 221 Rz. 14. ||6 BAG 6.11.1973 – 1 ABR 26/73, BAGE 25, 357; 25.4.1978 – 6 ABR 22/75, DB 1978, 1976; *Fitting*, § 40 Rz. 70; GK-BetrVG/*Weber*, § 40 Rz. 74; weiter gehend DKKW/*Wedde*, § 40 Rz. 58; Richardi/*Thüsing*, § 40 Rz. 33. ||7 Vgl. aber BAG 28.3.2007 – 7 ABR 33/06, FA 2007, 317, wonach allg. betriebl. Reisekostenregelungen auch für BR-Mitglieder verbindlich sind und kein Anspruch auf Übernachtung im teureren Tagungshotel besteht; so auch BAG 17.11.2010 – 7 ABR 113/09, NZA 2011, 816; nach LAG Köln 21.2.2013 – 6 TaBV 43/12 kommt es für die Beurteilung der Erforderlichkeit von Übernachtungskosten auf die konkreten Umstände zum Zeitpunkt der Schulung an, auch wenn die Hotelbuchung bereits zu einem früheren Zeitpunkt vorgenommen wurde. ||8 Vgl. *Fitting*, § 40 Rz. 74; GK-BetrVG/*Weber*, § 40 Rz. 58. ||9 BAG 17.11.2010 – 7 ABR 113/09, NZA 2011, 816. ||10 BAG 19.3.2008 – 7 ABR 2/07 (Qualität der Schulung hat Vorrang vor Kostengünstigkeit); 28.6.1995 – 7 ABR 55/94, NZA 1995, 1216. ||11 ArbG Berlin 24.10.2007 – 75 BV 9105/07, AiB 2008, 613. ||12 St. Rspr. seit BAG 28.5.1976 – 1 ABR 44/74, DB 1976, 1628; 28.6.1995 – 7 ABR 55/94, NZA 1995, 1216; ferner *Fitting*, § 40 Rz. 77; GK-BetrVG/*Weber*, § 40 Rz. 48 ff. ||13 BVerfG 14.2.1978 – 1 BvR 466/75, DB 1978, 843. ||14 BAG 30.3.1994 – 7 ABR 45/93, NZA 1995, 283; 28.6.1995 – 7 ABR 55/94, NZA 1995, 1216. ||15 BAG 15.1.1992 – 7 ABR 23/90, NZA 1993, 189; 30.3.1994 – 7 ABR 45/93, BAGE 76, 214. Das Fehlen eines Gewinns ergibt sich aber nicht schon daraus, dass der für die Unterbringung in Rechnung gestellte Tagessatz den steuerlichen Pauschbeträgen entspricht, da sich diese an den Preisen des Beherbergungsgewerbes orientieren, die einen Gewinnanteil schon einkalkuliert haben. ||16 BAG 17.6.1998 – 7 ABR 20/97, NZA 1999, 220. ||17 Vgl. BAG 28.5.1976 – 1 ABR 44/74, BAGE 28, 126; 3.4.1979 – 6 ABR 70/76, DB 1979, 1799.

können auf die Teilnehmer nur umgelegt werden, wenn die Lehrtätigkeit weder zu den Haupt- noch zu den Nebenpflichten des Referenten aus dessen ArbVerh gehört[1].

24 Die koalitionsrechtlich gebotenen Einschränkungen erfassen unter bestimmten Voraussetzungen auch **gewerkschaftsnahe Veranstalter**, da die Gewerkschaften sonst durch Zwischenschaltung einer juristischen Person die gesetzl. Kostentragungspflicht des ArbGeb erweitern könnten. Das Verbot der Gegnerfinanzierung ist daher auch zu beachten, wenn die Gewerkschaft die Durchführung von Schulungsveranstaltungen einer **GmbH**, deren Anteile sie zu 100 % hält, oder einem **gemeinnützigen Verein** überträgt, sofern sie sich einen **maßgeblichen Einfluss** auf den Inhalt der Bildungsarbeit vorbehält[2].

25 Die Kostentragungspflicht des ArbGeb für entstandene Schulungskosten setzt in **formeller** Hinsicht voraus, dass der BR die Teilnahme des BR-Mitglieds an der konkret gebuchten Veranstaltung **vorher beschlossen** hat (vgl. Rz. 7). Ein früherer Beschluss über die Teilnahme an einem anderen Seminar genügt ebenso wenig wie ein Beschluss, der erst **nachträglich** nach dem Besuch der Schulung gefasst wird[3]. Auch reicht ein Beschluss der JAV hierfür nicht aus[4].

26 **IV. Sachaufwand und Büropersonal (Abs. 2).** Abs. 1 enthält die allg. Kostentragungspflicht des ArbGeb für BR-Tätigkeit und ordnet an, dass der ArbGeb diese Kosten auch zu tragen hat, wenn sie durch rechtsgeschäftliches Handeln des BR begründet worden sind. Demgegenüber fordert Abs. 2 den **ArbGeb** dazu auf, dem BR für Sitzungen, Sprechstunden und die laufende Geschäftsführung „Räume, sachliche Mittel, Informations- und Kommunikationstechnik sowie Büropersonal **zur Verfügung zu stellen**". Die dazu erforderlichen Handlungen sind also vom ArbGeb selbst vorzunehmen. Abs. 2 stellt daher keine Konkretisierung der Kostentragungspflicht des Abs. 1 dar, sondern ist eine **Sonderregelung**, die in ihrer Rechtswirkung die Anwendung von Abs. 1 ausschließt. Der BR hat im Rahmen von Abs. 2 einen **Überlassungsanspruch** gegen den ArbGeb; er ist aber nicht berechtigt, sich die erforderlichen Sachmittel selbst zu beschaffen[5]. Kommt der ArbGeb seiner Verpflichtung, sachliche Mittel in erforderlichem Umfang zur Verfügung zu stellen, nicht nach, kann der BR seinen Anspruch im Rahmen einer **einstweiligen Verfügung** (§ 85 II ArbGG) durchsetzen. Die Ansprüche aus Abs. 2 stehen dem BR nur als **Kollektivorgan** zu; die Vorschrift kann nicht erweiternd auf Streitigkeiten innerhalb des BR über die Verteilung der bereit gestellten Mittel in Anwendung gebracht werden[6].

27 Der ArbGeb hat Räume, Sach- und Personalmittel **in erforderlichem Umfang** zur Verfügung zustellen. Er bleibt dabei **Eigentümer** der Einrichtungen bzw. Sachmittel, wird in seiner Nutzungsbefugnis aber durch den Zweck des Abs. 2 beschränkt – dem BR ist insoweit ein **Besitzrecht** zuzuerkennen[7]. Der enge Zusammenhang zwischen Abs. 1 und 2 gebietet es, an die Erforderlichkeit in Abs. 2 denselben Maßstab anzulegen wie in Abs. 1 (vgl. Rz. 6). Sie bestimmt sich nicht ausschließlich am entsprechenden Ausstattungsniveau des ArbGeb, sondern unter Berücksichtigung aller Umstände des Einzelfalls an den vom BR wahrzunehmenden Aufgaben und den betriebl. Verhältnissen, was nicht zwingend zB den Anschluss an das Internet verlangt[8]. Bislang von der Rspr. berücksichtigte Kriterien sind Größe, Art und technische Ausstattung des Betriebs sowie die Möglichkeit der Mitbenutzung bereits vorhandener Mittel des ArbGeb. Abs. 2 gewährt **keine** – wie auch immer definierte – sog. **Normalausstattung**, weshalb der BR sich der Prüfung der Erforderlichkeit nicht mit dem Hinweis entziehen kann, das geforderte Sachmittel gehöre zur Normalausstattung eines Büros und dürfe ihm deswegen nicht vorenthalten werden[9].

28 **1. Räume.** Der ArbGeb hat dem BR Räume zu überlassen, die eine ordnungsgemäße Aufgabenwahrnehmung gewährleisten. Sie müssen den Arbeitsschutzvorschriften entsprechen, funktionsgerecht eingerichtet, beheizt und beleuchtet sein[10]. Abhängig von Art und Größe des Betriebs und dem Umfang der BR-Aufgaben muss der ArbGeb **einen oder mehrere verschließbare Räume** ständig oder zeitweise – zB einen größeren Raum nur für die BR-Sitzungen – zur Verfügung stellen. In kleineren Betrieben kann es genügen, wenn dem BR nur stundenweise ein Raum zur Verfügung gestellt wird, sofern dadurch die BR-Arbeit nicht beeinträchtigt wird und Sitzungen und Sprechstunden ungestört abgehalten werden können.

---

1 BAG 3.4.1979 – 6 ABR 60/76, DB 1979, 1799 in Fortentwicklung von BAG 28.5.1976 – 1 ABR 44/74, DB 1976, 1628; *Fitting*, § 40 Rz. 81; GK-BetrVG/*Weber*, § 40 Rz. 56. ‖2 BAG 30.3.1994 – 7 ABR 45/93, BAGE 76, 214; 17.6.1998 – 7 ABR 20/97, NZA 1999, 220; *Fitting*, § 40 Rz. 82; GK-BetrVG/*Weber*, § 40 Rz. 51 f. ‖3 BAG 10.10.2007 – 7 ABR 51/06, BB 2008, 671; 8.3.2000 – 7 ABR 11/98, NZA 2000, 838. ‖4 LAG Hamm 16.1.2009 – 10 TaBV 37/08. ‖5 Vgl. BAG 21.4.1983 – 6 ABR 70/82, BAGE 42, 259; *Fitting*, § 40 Rz. 105; GK-BetrVG/*Weber*, § 40 Rz. 111 f. ‖6 LAG Bln.-Bbg. 19.7.2011 – 7 TaBV 764/11, AiB 2012, 747. ‖7 Im Einzelnen str., wie hier GK-BetrVG/*Weber*, § 40 Rz. 181 ff.; Richardi/*Thüsing*, § 40 Rz. 74 ff.; weiter *Fitting*, § 40 Rz. 107 (Eigentum an verbrauchbaren Sachen). ‖8 Vgl. einerseits BAG 23.8.2006 – 7 ABR 55/05, NZA 2007, 337 (nein bei Gartenbaumarkt); andererseits BAG 3.9.2003 – 7 ABR 8/03, BAGE 107, 231 (ja bei Elektrotechnik-Betrieb); krit. zB auch LAG Köln 19.1.2006 – 10 TaBV 55/05, NZA-RR 2006, 472 (nur GBR); anders LAG Bln.-Bbg. 9.7.2008 – 17 TaBV 607/08, AiB 2009, 447, wonach ein Zugang zum Internet als allg. genutzte und umfassende Informationsquelle allg. erforderlich sei; demggü. krit. *Weber*, NZA 2008, 280 (283 ff.). ‖9 BAG 12.5.1999 – 7 ABR 36/97, BAGE 91, 325 (PC nebst Zubehör). ‖10 LAG Schl.-Holst. 19.9.2007 – 6 TaBV 14/07, NZA-RR 2008, 187 fordert zudem angemessene Einrichtung sowie optische und akustische Abschirmung; vgl. ferner *Fitting*, § 40 Rz. 108 ff.; GK-BetrVG/*Weber*, § 40 Rz. 120 ff.

Das **Hausrecht** steht dem BR in den Räumen solange zu, wie sie ihm für seine Sitzungen, Sprechstunden oder sonstige Geschäftstätigkeit überlassen worden sind[1]. Es ist auch vom ArbGeb zu beachten, der nicht gegen den Willen des BR dessen Räumlichkeiten öffnen und betreten darf[2]. Das Hausrecht steht dem BR aber nur im Rahmen seiner gesetzl. Aufgaben zu, so dass der ArbGeb nur in diesem Umfang den Zugang vom BR eingeladener **Medienvertreter** dulden muss[3]. Dagegen ist ein vom BR zulässigerweise mit der Wahrnehmung seiner Interessen beauftragter Rechtsanwalt berechtigt, diesen im BR-Büro aufzusuchen[4]. Das Hausrecht geht nicht soweit, dass der BR die ihm einmal zugewiesenen Räume für immer behalten darf[5]. Der ArbGeb kann ihm an deren Stelle auch **andere Räume** zuweisen, soweit sie den dargelegten Anforderungen genügen und der Entzug der ursprünglichen Räume nicht willkürlich geschah. Nicht aber darf er im Wege der Selbsthilfe das bisher vom BR genutzte Büro ausräumen[6].

2. Sachmittel. Erforderliche Sachmittel iSd. Abs. 2 sind die **Büroeinrichtung** und alle sonstigen Utensilien, die zur **büromäßigen Erledigung** der Aufgaben der laufenden Geschäftsführung des BR erforderlich sind, wie zB Schreibmaterialien, Aktenordner, Taschenrechner, Briefpapier, Porto, Stempel etc. sowie die Mitbenutzung von betriebl. Kopiergeräten bzw. – in größeren Betrieben – die Überlassung eines eigenen Kopiergeräts[7]. Die erforderlichen Sachmittel müssen dem betriebsüblichen Standard entsprechen. Zur Überlassung von Informations- und Kommunikationstechnik vgl. Rz. 33.

Zu den Aufgaben des BR gehört die umfassende und rechtzeitige **Unterrichtung** der ArbN. Dazu dient herkömmlich die Information über ein „Schwarzes Brett", in größeren Betrieben auch über mehrere Anschlagtafeln, die der ArbGeb dem BR zur Verfügung stellen muss[8]. Heute übernehmen diese Unterrichtungsfunktion zunehmend E-Mail und Intranet, auf die der BR ebenfalls für seine Zwecke zugreifen können muss, soweit im Betrieb vorhanden (vgl. Rz. 36). Über den Inhalt der Bekanntmachung entscheidet **allein** der BR. Er muss sich dabei jedoch im Rahmen seiner Aufgaben und Zuständigkeiten bewegen und hat Anschläge zu unterlassen, die den Betriebsfrieden zB durch parteipolitische Werbung entgegen § 74 II gefährden. Durch diese Einschränkung wird der BR aber nicht daran gehindert, seine Kritik an Maßnahmen des ArbGeb in angemessener Form darzulegen[9].

Zu den Sachmitteln gehören auch die einschlägigen **Gesetzestexte und Fachliteratur**, die der BR zur Erfüllung seiner Aufgaben benötigt. Hierzu zählen insb. Textausgaben der wichtigsten arbeits- und sozialrechtl. Gesetzessammlungen, die Texte der für den Betrieb geltenden TV und Unfallverhütungsvorschriften, Kommentare, Fachzeitschriften und Entscheidungssammlungen[10]. Der BR muss sich nicht vorrangig auf den Besuch von Schulungsveranstaltungen oder die Inanspruchnahme von Sachverst. verweisen lassen, um sich die für seine Arbeit notwendigen Informationen zu beschaffen. Ob dem BR die Fachliteratur zur ausschließlichen Benutzung überlassen wird oder eine **Mitbenutzung** der im Betrieb vorhandenen Lit. ausreichend ist, richtet sich nach Art und Umfang der zu erledigenden Aufgaben unter Berücksichtigung der betriebl. Gegebenheiten. Vor allem in kleineren Betrieben kann es ausreichen, wenn Gesetzestexte und geeignete Kommentare der ArbGeb zur **jederzeitigen** Mitbenutzung des BR an einer stets zugänglichen Stelle zur Verfügung stehen[11]. Entsprechendes muss in größeren Betrieben für seltener benötigte Lit. oder Entscheidungssammlungen gelten. Die wichtigsten arbeitsrechtl. Gesetzestexte, wie sie in den gängigen Taschenbuchausgaben enthalten sind, sind jedem BR-Mitglied zu überlassen[12]. Jedem BR ist – unabhängig von seiner Größe – ein **Kommentar zum BetrVG** in jeweils neuester Auflage nach seiner eigenen Wahl zur Verfügung zu stellen[13], da das BetrVG das „Grundgesetz" der betriebl. Partnerschaft darstellt. Die Forderung, auch noch **jedem BR-Mitglied** einen Basiskommentar zum BetrVG zur Verfügung zu stellen, geht als durchsichtige Verkaufsförderung diverser Gewerkschaftskommentare zu weit[14]. Wegen der Bedeutung der aktuellen Rspr. kann der BR grds. auch den Bezug einer arbeits- und sozialrechtl. **Fachzeitschrift** mit entsprechend aktuellen Urteilsnachweisen fordern[15], in größeren Betrieben kann auch eine arbeitsrechtl. Entscheidungssammlung erforderlich sein. Der BR darf seinen Ermessensspielraum auch dahin nutzen, dass er die vom gewerkschaftseigenen Bund-Verlag herausgegebene Zeitschrift „Arbeitsrecht im Betrieb"[16] auswählt. Im

---

1 Vgl. BAG 18.9.1991 – 7 ABR 63/90, NZA 1992, 315; *Fitting*, § 40 Rz. 112; GK-BetrVG/*Weber*, § 40 Rz. 123. ||2 LAG Nürnberg 1.4.1999 – 6 TaBV 6/99, NZA 2000, 335 (hier hatte sich der ArbGeb geweigert, vor Betreten des BR-Büros auch nur anzuklopfen). ||3 BAG 18.9.1991 – 7 ABR 63/90, NZA 1992, 315. ||4 BAG 20.10.1999 – 7 ABR 37/98, nv.; LAG Schl.-Holst. 23.6.1998 – 1 TaBV 15/98, DB 1999, 382; *Fitting*, § 40 Rz. 112; GK-BetrVG/*Weber*, § 40 Rz. 123. ||5 Zutr. LAG Hamm 28.5.2010 – 13 TaBV 102/09. ||6 Vgl. DKKW/*Wedde*, § 40 Rz. 92; *Fitting*, § 40 Rz. 111. ||7 HM, vgl. *Fitting*, § 40 Rz. 114; GK-BetrVG/*Weber*, § 40 Rz. 125 ff. ||8 BAG 21.11.1978 – 6 ABR 85/76, DB 1979, 751; *Fitting*, § 40 Rz. 115; GK-BetrVG/*Weber*, § 40 Rz. 141. ||9 BAG 21.11.1978 – 6 ABR 85/76, DB 1979, 751; LAG Berlin 23.6.1980 – 9 TaBV 2/80, DB 1980, 1704; *Fitting*, § 40 Rz. 117; GK-BetrVG/*Weber*, § 40 Rz. 143. ||10 HM, vgl. BAG 21.4.1983 – 6 ABR 70/82, BAGE 42, 259; 29.11.1989 – 7 ABR 42/89, NZA 1990, 448; 26.10.1994 – 7 ABR 15/94, NZA 1995, 386; 25.1.1995 – 7 ABR 37/94, NZA 1995, 591. ||11 Vgl. *Fitting*, § 40 Rz. 121; GK-BetrVG/*Weber*, § 40 Rz. 131; aA DKKW/*Wedde*, § 40 Rz. 112. ||12 BAG 24.1.1996 – 7 ABR 22/95, NZA 1997, 60; *Fitting*, § 40 Rz. 119; GK-BetrVG/*Weber*, § 40 Rz. 132; Richardi/*Thüsing*, § 40 Rz. 69 (mit Kritik am BAG). ||13 BAG 26.10.1994 – 7 ABR 15/94, NZA 1995, 386. ||14 So aber DKKW/*Wedde*, § 40 Rz. 113. ||15 BAG 29.11.1989 – 7 ABR 42/89, NZA 1990, 448. ||16 BAG 21.4.1983 – 6 ABR 70/82, DB 1984, 248 (Verfassungsbeschwerde nicht zur Entscheidung angenommen, vgl. BVerfG 10.12.1985 – 1 BvR 1724/83, DB 1986, 647); DKKW/*Wedde*, § 40 Rz. 116; *Fitting*, § 40 Rz. 123; GK-BetrVG/*Weber*, § 40 Rz. 135; aA Richardi/*Thüsing*, § 40 Rz. 70.

Allg. dürfte der Bezug einer Fachzeitschrift ausreichen. **Nicht** zur erforderlichen Lit. zählt der regelmäßige Bezug einer **Tages- oder Wirtschaftszeitung**[1] sowie die Anschaffung einer **Lohnabzugstabelle** oder eines Kommentars zum LStRecht, da die Kontrolle des LStAbzugs nicht zu den BR-Aufgaben zählt[2].

33 **3. Informations- und Kommunikationstechnik.** Mit der durch das BetrVerf-ReformG aufgenommenen Verpflichtung des ArbGeb, dem BR in erforderlichem Umfang Informations- und Kommunikationstechnik zur Verfügung zu stellen, beabsichtigte der Gesetzgeber ausweislich der Regierungsbegr. nur eine Klarstellung[3]. Ihr bedurfte es aber nicht, da schon zu Abs. 2 aF nach hM kein Zweifel mehr darüber bestand, dass auch moderne Informations- und Kommunikationsmittel grds. zu den Sachmitteln iSd. Abs. 2 zu rechnen sind[4]. Voraussetzung war und ist[5], dass der BR die **Erforderlichkeit der IuK-Technik** konkret darlegen kann (vgl. Rz. 6). Auch hier entscheiden die **konkreten Verhältnisse** des einzelnen Betriebs und die Arbeit des einzelnen BR (hM).

34 Grds. gehört zu den erforderlichen Kommunikationsmitteln eine dem betriebl. Standard entsprechende **Telefonanlage**. Nur ausnahmsweise reicht in Kleinbetrieben die Mitbenutzung des betriebl. Telefonnetzes aus, sofern die Vertraulichkeit des Gesprächs sichergestellt ist[6]. In Betrieben mit weit verstreuten Filialen kann der BR aber verlangen, dass er von seiner Telefonanlage aus sowohl von sich aus die ArbN in den Filialen direkt anwählen kann, als auch, dass die ArbN ihn direkt erreichen können[7]. Darüber hinaus hat der BR Anspruch auf Freischaltung von Telefonen, die sich seiner Verfügungsgewalt entziehen. ArbN in Filialen können nicht darauf verwiesen werden, zur Kontaktaufnahme mit dem BR oder GBR ihren Privatanschluss, ein Mobiltelefon oder einen öffentlichen Fernsprecher zu verwenden[8]. Ein **Mobiltelefon** wird nur bei Vorliegen besonderer Umstände erforderlich sein; ein ausreichender Grund ist nicht allein darin zu sehen, dass der BR weit auseinanderliegende Betriebsstätten zu betreuen hat[9], da das Gesetz keine ständige Erreichbarkeit des BR verlangt[10]. Erforderlichkeit ist aber gegeben, wenn dem BR kein hinreichend abgetrennter Raum zur Verfügung steht und Telefonate ohne weiteres mitgehört werden können[11]. Ein Anspruch auf ein eigenes **Telefaxgerät** besteht nur dann, wenn dies nach den besonderen betriebl. Verhältnissen (zB in einem Betrieb mit räumlich weit voneinander entfernten Verkaufsstellen) für die BR-Tätigkeit erforderlich ist.

35 Der BR hat Anspruch auf einen eigenen **Personalcomputer** mit Peripherie (Bildschirm, Drucker[12]) und **Software**[13], sofern er diesen unter Berücksichtigung der betriebl. Verhältnisse benötigt, um seine konkreten Aufgaben bewältigen zu können; in mittleren und größeren Betrieben ist dies idR der Fall. Die Rspr. war hier bislang tendenziell streng: Die **Erforderlichkeit** war konkret darzulegen[14]. Die bloße Erleichterung der BR-Arbeit reichte nicht aus, vielmehr bestand ein Anspruch erst dann, wenn der BR anderenfalls seine gesetzl. Pflichten nicht erfüllen könnte[15]. An diesen Anforderungen hat sich auch nach der Novellierung 2001 nichts geändert (vgl. Rz. 33)[16]; dennoch wird es in den meisten Fällen für den ArbGeb sinnvoll sein, dem BR eine angemessene Computerausrüstung zu Verfügung zu stellen, da diese ggü. herkömmlichen Arbeitsmitteln eine rationale und damit kostengünstigere Arbeitsweise ermöglicht. Ein tragbarer Computer (**Laptop, Notebook**) wird aber nur in Einzelfällen erforderlich sein und ist zumindest dann ausgeschlossen, wenn der BR seine Aufgaben auch mit den regelmäßig kostengünstigeren stationären Geräten erledigen kann[17]. Bei einem nicht freigestellten und häufig auf Auswärtsterminen befindlichen BR-Vorsitzenden wird die Anschaffung eines Laptops wohl als erforderlich

---

1 Vgl. BAG 29.11.1989 – 7 ABR 42/89, NZA 1990, 448 („Handelsblatt" nicht erforderlich); GK-BetrVG/*Weber*, § 40 Rz. 138; Richardi/*Thüsing*, § 40 Rz. 70; aA DKKW/*Wedde*, § 40 Rz. 117; *Fitting*, § 40 Rz. 125 (unter besonderen Umständen). ‖2 BAG 11.12.1973 – 1 ABR 37/73, BAGE 25, 439 (Anm. *Thiele*); *Fitting*, § 40 Rz. 126; GK-BetrVG/*Weber*, § 40 Rz. 138. ‖3 Vgl. BT-Drs. 14/5741, 41. ‖4 Übersicht bei GK-BetrVG/*Weber*, § 40 Rz. 153. ‖5 St. Rspr., vgl. BAG 16.5.2007 – 7 ABR 45/06, NZA 2007, 1117 (1119 Rz. 21); 3.9.2003 – 7 ABR 8/03 bzw. 12/03, NZA 2004, 280 bzw. 278; zust. *Beckschulze/Henkel*, DB 2001, 1491; *Weber*, NZA 2008, 280; MünchArbR/*Joost*, § 221 Rz. 43; aA *Däubler*, AuR 2001, 285; DKKW/*Wedde*, § 40 Rz. 97ff.; *Fitting*, § 40 Rz. 131. ‖6 LAG Rh.-Pf. 9.12.1992 – 7 TaBV 38/91, NZA 1993, 426; *Fitting*, § 40 Rz. 128; GK-BetrVG/*Weber*, § 40 Rz. 156. ‖7 St. Rspr., vgl. BAG 19.1.2005 – 7 ABR 24/04, nv.; 27.11.2002 – 7 ABR 36/01, NZA 2003, 803. ‖8 BAG 9.12.2009 – 7 ABR 46/08, NZA 2010, 662; krit. *Bieder*, SAE 2010, 257. ‖9 So aber bislang einige Instanzgerichte; vgl. ArbG Karlsruhe 11.6.2008 – 4 BV 15/07, ferner DKKW/*Wedde*, § 40 Rz. 109 mwN. ‖10 So auch LAG Hamm 14.5.2010 – 10 TaBV 97/09, NZA-RR 2010, 522; anders aber LAG Hess. 28.11.2011 – 16 TaBV 129/11, NZA-RR 2012, 307, das die Erforderlichkeit wegen der verbesserten Erreichbarkeit der BR-Mitglieder bejaht. ‖11 LAG Sa.-Anh. 23.6.2010 – 4 TaBV 4/10. ‖12 Zum Anspruch auf Anschaffung eines Farbdruckers vgl. LAG Hamm 18.6.2010 – 10 TaBV 11/10, NZA-RR 2010, 521. ‖13 Zur Erforderlichkeit einer Software mit höherem Sicherheitsniveau als die im Unternehmen allg. verwendete Software vgl. LAG Köln 9.7.2010 – 4 TaBV 25/10, NZA-RR 2011, 24. ‖14 Zust. *Weber*, NZA 2008, 280. ‖15 BAG 23.8.2006 – 7 ABR 55/05, NZA 2007, 337 (Internet-Zugang); 12.5.1999 – 7 ABR 36/97, NZA 1999, 1290. ‖16 Deutlich restriktiv BAG 16.5.2007 – 7 ABR 45/06, NZA 2007, 1117 (1119 Rz. 21ff.); aA LAG Bremen 4.6.2009 – 3 TaBV 4/09, NZA-RR 2009, 485: Die EDV-Grundausstattung ist unverzichtbares Arbeitsmittel des BR. Einer besonderen Darlegung der Erforderlichkeit bedarf es nur dann, wenn es sich um einen Kleinbetrieb handelt oder sonstige Umstände das Verlangen nach einer EDV-Grundausstattung unverhältnismäßig erscheinen lassen; so auch *Fitting*, § 40 Rz. 131 mwN; großzügiger LAG Nürnberg 4.11.2009 – 4 TaBV 44/09, wonach ausreichen soll, dass durch den Einsatz des Sachmittels die Geschäftsführung des BR erleichtert wird. ‖17 LAG Köln 17.10.1997 – 11 TaBV 15/97, NZA-RR 1998, 163; GK-BetrVG/*Weber*, § 40 Rz. 154; Richardi/*Thüsing*, § 40 Rz. 68; weiter gehen DKKW/*Wedde*, § 40 Rz. 99; *Fitting*, § 40 Rz. 132.

angesehen werden dürfen[1]. Auf die Mitbenutzung eines im Betrieb bereits vorhandenen **Druckers** kann der BR nur verwiesen werden, wenn die Vertraulichkeit der verarbeiteten Daten gewährleistet ist[2].

36 Erfolgt in einem Betrieb die innerbetriebl. Kommunikation im Wesentlichen auf der Basis eines vom ArbGeb eingerichteten **E-Mail-Systems**, hat der BR Anspruch auf **Nutzung** dieses Systems, da in diesem Fall das Ausstattungsniveau des ArbGeb die betriebl. Verhältnisse bestimmt, unter denen die BR-Arbeit erfolgen muss[3]. Der BR kann in diesem Fall für die Kommunikation mit den ArbN nicht mehr nur auf das klassische schwarze Brett (Rz. 31) oder auf herkömmliche Rundschreiben verwiesen werden. Gleiches gilt für eine eigene **Homepage** des BR im betriebseigenen **Intranet**, die ebenfalls die Funktion des schwarzen Bretts übernehmen kann[4]. Auch kann der BR verlangen, dass im Bereich seines Aufgabengebiets umfassende Veröffentlichungen in den „Newsticker" des Intranets eingestellt werden[5]. **Keinen Anspruch** hat der BR auf die Einrichtung einer Homepage im öffentl. zugänglichen **Internet**, da der ArbGeb in seiner Außendarstellung nicht die Mitwirkung des BR und die von ihm für nötig gehaltenen Informationen dulden muss[6]; jedoch darf der BR die ihm zur Verfügung gestellten PC an das Internet anschließen (Rz. 33)[7] und auch für einzelne BR-Mitglieder die Einrichtung eigener externer E-Mail-Adressen verlangen[8]. Dies gilt sogar dann, wenn der Internetanschluss nicht dem betriebsüblichen Ausstattungsniveau entspricht, es sei denn, betriebl. Belange stehen im Einzelfall entgegen (zB wirtschaftlich schwierige Situation des ArbGeb)[9].

37 **4. Büropersonal.** Sofern es für die ordnungsgemäße Erfüllung der BR-Aufgaben erforderlich ist, hat der ArbGeb dem BR Büropersonal zur Verfügung zu stellen. Damit sind in erster Linie **Schreibkräfte** gemeint, je nach Arbeitsanfall und Größe des Betriebs können aber auch weitere **Hilfskräfte**, zB für Vervielfältigungsarbeiten und Botengänge, in Betracht kommen. Werden Hilfspersonen benötigt, um Entscheidungen über die Wahrnehmung seiner Beteiligungsrechte vorzubereiten und abzuwickeln, so ist auch diese dem BR zu überlassen[10]. Die Ausstattung des BR-Büros mit PC steht dem im Grundsatz nicht entgegen, doch bedarf es einer konkreten Darlegung der zu erledigenden Büroarbeiten durch die beanspruchte Vollzeitkraft[11]. Entscheidend sind immer **der konkrete Einzelfall** und die **Organisationsstruktur des jeweiligen Betriebs**. Ist die Bürokraft zugleich BR-Mitglied, kann sie nicht auf die Anzahl der nach § 38 I freizustellenden Amtsträger angerechnet werden: Der ArbGeb erfüllt insoweit einen Anspruch des BR aus Abs. 2, der in keinem Zusammenhang mit der Arbeitsbefreiung einzelner BR-Mitglieder zur Durchführung von BR-Arbeit steht[12].

38 **V. Streitigkeiten.** Streitigkeiten über die vom ArbGeb zu tragenden Geschäftsführungskosten des BR sowie über die Bereitstellung der erforderlichen Sachmittel entscheiden die ArbG im Beschlussverfahren (§ 2a I Nr. 1, II iVm. §§ 80 ff. ArbGG)[13]. Das gilt auch, wenn ein **einzelnes BR-Mitglied** Erstattung ihm entstandener erforderlicher Aufwendungen (Schulungskosten, Reisekosten etc.) verlangt, da dieser Anspruch nicht aus dem ArbVerh, sondern aus dem BR-Amt herrührt[14]. Der BR ist in einem solchen Verfahren notwendiger Beteiligter nach § 83 ArbGG[15]. Er ist auch befugt, Freistellungs- und Kostenerstattungsansprüche seiner Mitglieder ggü. dem ArbGeb im eigenen Namen geltend zu machen, jedoch kann er nur Erstattung an die Mitglieder verlangen[16]. Ist der Anspruch auf Kostenerstattung an eine **Gewerkschaft** oder an einen **Rechtsanwalt** abgetreten, ist er gleichfalls im Beschlussverfahren geltend zu machen[17]. Ist nach der Abtretung an die Gewerkschaft Streitgegenstand nur noch, ob die Kosten einer Schulungsveranstaltung der Höhe nach berechtigt sind, ist weder der BR noch das BR-Mitglied an dem Verfahren zu beteiligen[18]. Ein vom BR in einem Beschlussverfahren hinzugezogener Rechtsanwalt ist in einem Verfahren, das vom BR wegen der Freistellung von Honoraransprüchen des Rechts-

---

1 LAG Köln 13.12.2011 – 11 TaBV 59/11; GK-BetrVG/*Weber*, § 40 Rz. 154.   ‖ 2 LAG Hamm 18.6.2010 – 10 TaBV 11/10, NZA-RR 2010, 521.   ‖ 3 Wie hier LAG Nürnberg 4.11.2009 – 4 TaBV 44/09: Ein Anspruch besteht nicht, wenn auch die anderen BRe und der GBR nicht über eine entsprechende Kommunikationsmöglichkeit verfügen; DKKW/*Wedde*, § 40 Rz. 101; *Fitting*, § 40 Rz. 127; enger *Beckschulte*, SAE 2005, 131; *Hunold*, NZA 2004, 371; Richardi/*Thüsing*, § 40 Rz. 82.   ‖ 4 BAG 1.12.2004 – 7 ABR 18/04, NZA 2005, 1016; 3.9.2003 – 7 ABR 12/03, NZA 2004, 278; LAG BW 26.9.1997 – 5 TaBV 1/97, DB 1998, 887.   ‖ 5 LAG Hess. 5.11.2009 – 9 TaBV 241/08.   ‖ 6 Vgl. *Beckschulze* DB 1998, 1816; *Däubler*, Internet und Arbeitsrecht, Rz. 510; DKKW/*Wedde*, § 40 Rz. 102; GK-BetrVG/*Weber*, § 40 Rz. 166.   ‖ 7 BAG 18.7.2012 – 7 ABR 23/11, NZA 2013, 49: Einrichtung eines nicht personalisierten Internetzugangs, der es dem ArbGeb (im Hinblick auf eine etwaige Missbrauchsgefahr) nicht ermöglicht, die Internetrecherchen der BR-Mitglieder nachzuvollziehen; großzügig auch BAG 20.1.2010 – 7 ABR 79/08, NZA 2010, 709; 3.9.2003 – 7 ABR 8/03, NZA 2004, 280; aA BAG 23.8.2006 – 7 ABR 55/05, NZA 2007, 337 (nein).   ‖ 8 BAG 14.7.2010 – 7 ABR 80/08, DB 2010, 2731.   ‖ 9 BAG 17.2.2010 – 7 ABR 81/09, NJW 2011, 796.   ‖ 10 BAG 19.6.2012 – 1 ABR 19/11, NZA 2012, 1237.   ‖ 11 BAG 20.4.2005 – 7 ABR 14/04, NZA 2005, 1010 (BR mit 15 Mitgliedern); vgl. auch LAG BW 25.11.1987 – 2 TaBV 3/87, AuR 1989, 93, das bei einem BR mit 15 Mitgliedern eine vollzeitbeschäftigte Schreibkraft für erforderlich hält.   ‖ 12 Vgl. *Fitting*, § 40 Rz. 135; GK-BetrVG/*Weber*, § 40 Rz. 173.   ‖ 13 Ein Beschlussverfahren soll jedoch nur dann erforderlich sein, wenn eine gütliche Einigung nach § 74 I 2 nicht möglich ist und die Meinungsverschiedenheit nicht anders als durch Einleitung eines Beschlussverfahrens geklärt werden kann, vgl. LAG Hamm 2.10.2009 – 10 TaBV 189/08.   ‖ 14 BAG 24.6.1969 – 1 ABR 6/69, DB 1969, 1754; 18.1.1989 – 7 ABR 89/87, NZA 1989, 641.   ‖ 15 BAG 13.7.1977 – 1 ABR 19/75, DB 1978, 168; LAG Schl.-Holst. 16.2.2012 – 4 TaBV 28/11.   ‖ 16 BAG 10.6.1975 – 1 ABR 140/73, DB 1975, 2092; 21.11.1978 – 6 ABR 10/77, DB 1979, 507; 15.1.1992 – 7 ABR 23/90, NZA 1993, 189.   ‖ 17 BAG 29.1.1974 – 1 ABR 41/73, BAGE 25, 482; ferner *Fitting*, § 40 Rz. 146; GK-BetrVG/*Weber*, § 40 Rz. 189.   ‖ 18 BAG 15.1.1992 – 7 ABR 23/90, NZA 1993, 189.

anwalts bzw. deren Erstattung eingeleitet wird, kein Beteiligter iSd. § 83 ArbGG, da er nur in einem vertraglich begründeten, nicht aber in einem betriebsverfassungsrechtl. Rechtsverhältnis zum BR bzw. zum ArbGeb steht[1]. Dasselbe gilt hinsichtlich eines vom BR nach § 80 III hinzugezogenen Sachverständigen[2]. Hat ein nicht mehr im Amt befindlicher BR seinen Freistellungsanspruch an einen Dritten abgetreten, ist er nicht an dem Beschlussverfahren zu beteiligen, mit dem der Dritte den Anspruch gegen den ArbGeb geltend macht[3]. Führen Streitigkeiten über die Kostentragung zu einer wesentlichen Erschwerung der BR-Arbeit, kann der BR im Beschlussverfahren nach § 85 II ArbGG iVm. § 940 ZPO eine **einstweilige Verfügung** beantragen[4].

41 Umlageverbot
Die Erhebung und Leistung von Beiträgen der Arbeitnehmer für Zwecke des Betriebsrats ist unzulässig.

1   **I. Inhalt und Zweck.** Die Vorschrift ist als Ergänzung zu § 40 zu verstehen und soll sicherstellen, dass die **Kosten der BR-Tätigkeit** nicht auf die ArbN abgewälzt werden. Das Umlageverbot richtet sich sowohl an den BR als auch an die einzelnen ArbN: Weder der BR noch die Betriebsversammlung können daher eine „Betriebsumlage" oÄ beschließen – ein solcher Beschluss wäre nach § 134 BGB, § 41 **nichtig**[5].

2   Die Vorschrift wurde in das Betriebsrätegesetz 1920 aufgenommen, um der damals drohenden Zersplitterung der Gewerkschaftsbewegung durch die Konkurrenz der BR wirksam zu begegnen[6]. Nach heute hM soll die Bestimmung mit Blick vor allem auf den ArbGeb sicherstellen, dass der Grundsatz des **unentgeltlichen Ehrenamts** der BR-Mitglieder und ihre Unabhängigkeit nicht durch Vermögenszuwendungen gefährdet wird[7], vgl. auch §§ 37 I, 78 S. 2. Für rechtspolitisch überholt hält die Norm dagegen *Franzen* mit Verweis auf die Rechtslage in Österreich (Rz. 3)[8]. Dort ist der Betriebsinhaber grds. nur verpflichtet, dem BR die zur Erfüllung seiner Aufgaben erforderlichen Sacherfordernisse in einem der Größe des Betriebs und den Bedürfnissen des BR angemessenen Ausmaß unentgeltlich zur Verfügung zu stellen (§ 72 ArbVG). Darüber hinaus werden die Kosten des BR durch eine **BR-Umlage** der ArbN gedeckt (§ 73 ArbVG), die höchstens 0,5 % des Bruttomonatslohns je ArbN betragen darf[9]. Die Beiträge aus der BR-Umlage bilden den mit Rechtspersönlichkeit ausgestatteten BR-Fonds (§ 74 I ArbVG).

3   **II. Verbot der Erhebung von Leistungen und Beiträgen.** Die Norm verbietet die Erhebung und die Leistung von Beiträgen der ArbN unabhängig davon, ob sie freiwillig, regelmäßig oder einmalig gegeben werden[10]. Weder der BR noch die Betriebsversammlung können also eine BR-Umlage wie in Österreich (Rz. 3) beschließen (Rz. 1), was aber rechtspolitisch durchaus begrüßenswert scheint. Leistungen von Beiträgen idS liegen vor, wenn sie aus dem **Vermögen der ArbN** stammen, sei es, dass sie unmittelbar abgeführt werden oder dass bestehende Ansprüche gekürzt werden[11]. Zulässig ist es daher zwar, aus einem gesetzl. dem „Personalaufwand" gewidmeten Tronc einer Spielbank die **Personalkosten**, die durch die BR-Tätigkeit entstehen, zu bestreiten[12], nicht aber, wenn das Tronc-Aufkommen für die Finanzierung von **Sachmitteln** des BR verwendet wird – damit wird nämlich dem Personal das ihm gesetzlich gewidmete Aufkommen in unrechtmäßiger Weise entzogen[13].

4   **III. Sammlungen und Spenden für andere Zwecke.** Das Verbot des § 41 gilt nur für Sammlungen bzw. Leistungen für Zwecke, die mit der Tätigkeit des BR zusammenhängen. Sammlungen für andere Zwecke, wie zB für Geburtstags- oder Jubiläumsgeschenke, Trauer- oder Unglücksfälle, sind dann zulässig, wenn es sich um Angelegenheiten rein gesellschaftlicher Art handelt und diese von **einzelnen BR-Mitgliedern** in die Hand genommen werden[14]. Der BR darf aber nicht „als solcher" in Erscheinung treten, weil ihm insoweit keine Kompetenz zusteht[15].

5   **Nicht zulässig** ist die Führung von **Kassen** (wie zB Aufsichtsratsvergütungen der ArbN-Vertreter, Überschüsse aus der Kantinenverwaltung etc.) durch den BR, wenn dieser dadurch auf Dauer beträchtliche Geldmittel verwalten müsste. Eine ständige Verfügungsgewalt des BR über nicht unbeträchtliche Mittel wäre sowohl unter dem Gesichtspunkt seines Ehrenamtes als auch seiner Neutralität bedenklich[16]. Ebenfalls **unzulässig** ist eine **Erhebung von Gewerkschaftsbeiträgen** durch den BR, da

---

1 BAG 3.10.1978 – 6 ABR 102/76, BAGE 31, 93.   ‖ 2 BAG 25.4.1978 – 6 ABR 9/75, DB 1978, 1747.   ‖ 3 BAG 9.12.2009 – 7 ABR 90/07, NZA 2010, 461 (Rechtsanwalt).   ‖ 4 HM, vgl. *Fitting*, § 40 Rz. 148; GK-BetrVG/*Weber*, § 40 Rz. 199.   ‖ 5 HM, vgl. *Fitting*, § 41 Rz. 7; GK-BetrVG/*Weber*, § 41 Rz. 9.   ‖ 6 Vgl. *Flatow/Kahn-Freund*, BRG, 13. Aufl. 1931, § 37 Anm. 1; *Franzen*, FS Adomeit, 2008, S. 173 (179).   ‖ 7 HM, vgl. BAG 14.8.2002 – 7 ABR 29/01, NZA 2003, 626; ferner *Fitting*, § 41 Rz. 3; GK-BetrVG/*Weber*, § 41 Rz. 1.   ‖ 8 *Franzen*, FS Adomeit, 2008, S. 173 (180ff.).   ‖ 9 Vgl. *Junker*, ZfA 2001, 225 (240: „Kostenbremse"); entspr. Vorschläge de lege ferenda bei *Franzen*, FS Adomeit, 2008, S. 173 (182ff.); krit. *Fischer*, BB 2007, 997 (1000).   ‖ 10 *Fitting*, § 41 Rz. 3; GK-BetrVG/*Weber*, § 41 Rz. 4.   ‖ 11 BAG 24.7.1991 – 7 ABR 76/89, NZA 1991, 980.   ‖ 12 BAG 24.7.1991 – 7 ABR 76/89, NZA 1991, 980.   ‖ 13 BAG 14.8.2002 – 7 ABR 29/01, NZA 2003, 626.   ‖ 14 *Fitting*, § 41 Rz. 8; GK-BetrVG/*Weber*, § 41 Rz. 5.   ‖ 15 Hierauf verweist MünchArbR/*Joost*, § 221 Rz. 52; ähnlich GK-BetrVG/*Weber*, § 41 Rz. 5.   ‖ 16 BAG 22.4.1960 – 1 ABR 14/59, DB 1960, 1188; *Fitting*, § 41 Rz. 9; GK-BetrVG/*Weber*, § 41 Rz. 6; aA DKKW/*Wedde*, § 41 Rz. 4, falls Einverständnis des ArbGeb vorliegt.

dies nicht zu seinen Aufgaben gehört und mit dem Gebot gewerkschaftsneutraler Amtsführung nicht vereinbar ist[1].

Zulässig ist jedoch, dass einzelne BR-Mitglieder **außerhalb ihrer Amtseigenschaft** eine Kasse verwalten oder in ihrer Eigenschaft als Gewerkschaftsmitglieder (§ 74 III) die Einziehung von Beiträgen übernehmen. 6

IV. Streitigkeiten. Streitigkeiten, die aus der Anwendung dieser Vorschrift resultieren, entscheidet 7 das ArbG im **Beschlussverfahren**, § 2a I Nr. 1, II iVm. §§ 80 ff. ArbGG. § 41 räumt dem BR eine eigenständige, ggü. dem ArbGeb durchsetzbare betriebsverfassungsrechtl. Rechtsposition ein. Ihm erwächst aus dem gesetzl. Schuldverhältnis aus §§ 40, 41 eine eigene **Antragsbefugnis**, macht er zB Verstöße des ArbGeb gegen die zweckgerechte Verwendung des Tronc-Aufkommens (Rz. 4) geltend[2]. Stellen Verstöße gegen § 41 eine grobe Pflichtverletzung des **BR** dar, ist uU eine Auflösung des BR nach § 23 I möglich[3].

Vierter Abschnitt. Betriebsversammlung

42 *Zusammensetzung, Teilversammlung, Abteilungsversammlung*
(1) Die Betriebsversammlung besteht aus den Arbeitnehmern des Betriebs; sie wird von dem Vorsitzenden des Betriebsrats geleitet. Sie ist nicht öffentlich. Kann wegen der Eigenart des Betriebs eine Versammlung aller Arbeitnehmer zum gleichen Zeitpunkt nicht stattfinden, so sind Teilversammlungen durchzuführen.

(2) Arbeitnehmer organisatorisch oder räumlich abgegrenzter Betriebsteile sind vom Betriebsrat zu Abteilungsversammlungen zusammenzufassen, wenn dies für die Erörterung der besonderen Belange der Arbeitnehmer erforderlich ist. Die Abteilungsversammlung wird von einem Mitglied des Betriebsrats geleitet, das möglichst einem beteiligten Betriebsteil als Arbeitnehmer angehört. Absatz 1 Satz 2 und 3 gilt entsprechend.

I. Allgemeines. Die Regelung der Betriebs- und Abteilungsversammlungen ist **gesetzestechnisch** 1 **missglückt**. Die Regelungen der §§ 42–46 sind **unsystematisch** und **unübersichtlich**, woraus in der Praxis viele Streitigkeiten entstehen.

Die Betriebsversammlung **dient der Aussprache zwischen dem BR und der Belegschaft**. Der BR hat 2 **Rechenschaft** über seine Tätigkeit zu geben (§ 43 I 1), die Betriebsversammlung kann dem BR **Anträge unterbreiten** und zu seiner Arbeit Stellung nehmen. Zugleich dient die Betriebsversammlung aber auch der **Information der Belegschaft durch den ArbGeb** (§ 43 II 3).

Abs. 1 regelt die Betriebsversammlung, die als **Vollversammlung** (S. 1) oder **Teilversammlung** (S. 3) 3 stattfinden kann. Abs. 2 regelt die – von der Betriebsversammlung zu trennende – **Abteilungsversammlung**. In Abteilungsversammlungen geht es nur um die Angelegenheiten der jeweiligen Abteilung. In Teilversammlungen geht es dagegen um die Interessen der Gesamtbelegschaft, lediglich aus organisatorischen oder wirtschaftl. Gründen ist es unmöglich, alle ArbN gleichzeitig zu versammeln.

Die §§ 42–46 sind **zwingendes Recht**, Änderungen durch TV oder BV sind nicht zulässig[4]. Im Rahmen 4 des vom Gesetz gesteckten Rahmens sind dagegen Vereinbarungen zwischen ArbGeb und BR über die nähere Ausgestaltung, zeitliche Lage, Räumlichkeit etc. zulässig und dann auch durchsetzbar.

Betriebsversammlungen (Abs. 1) und Abteilungsversammlungen (Abs. 2) sieht das Gesetz nur auf 5 **Betriebsebene** vor. Auf Unternehmensebene (**GBR**) bzw. Konzernebene (**KBR**) gibt es keine gesetzl. geregelten ArbN-Versammlungen. Der GBR kann in **betriebsratslosen Betrieben** zwar einen Wahlvorstand zur Durchführung einer Betriebsratswahl bestellen (§ 17 I 1), das berechtigt ihn aber nicht dazu, in diesem Betrieb eine Betriebsversammlung einzuberufen[5]. Die Betriebsräteversammlung (§ 53) ist nicht eine Versammlung der ArbN, sondern der BR-Mitglieder. Möglich ist allerdings eine Versammlung der **Jugendlichen und Auszubildenden** (§ 71).

Die Abhaltung der gesetzl. vorgeschriebenen Betriebsversammlungen ist für den BR **Pflicht**, Verstöße 6 können zum Ausschluss oder zur Auflösung des BR nach § 23 führen[6].

Unzulässig ist der Missbrauch der Betriebsversammlung als **illegales Kampfmittel** zur Durchsetzung 7 tarifl. oder betriebsverfassungsrechtl. Ziele. Unzulässig ist insb. die (leider nicht ganz seltene) Unsitte, im Zuge der Auseinandersetzung um Betriebsänderungen (§§ 111 ff.) Dauer-Betriebsversammlungen abzuhalten, um Druck auf den ArbGeb auszuüben. So dauerte bspw. im Herbst 1993 eine Betriebsversammlung bei der JI Case GmbH in Neuss/Rhein sechs Wochen. Zwischenzeitliche Anfragen des Arb-

---

1 Vgl. *Fitting*, § 41 Rz. 10; GK-BetrVG/*Weber*, § 41 Rz. 7. ||2 BAG 14.8.2002 – 7 ABR 29/01, NZA 2003, 626.
||3 *Fitting*, § 41 Rz. 11. ||4 *Fitting*, § 42 Rz. 5. ||5 BAG 16.11.2011 – 7 ABR 28/10, DB 2012, 582. ||6 LAG Hess. 12.8.1993 – 12 TaBV 203/92, AiB 1993, 48.

BetrVG § 42 Rz. 8   Zusammensetzung, Teilversammlung, Abteilungsversammlung

Geb, wie lange die Versammlung voraussichtlich noch dauern werde, wurden vom BR-Vorsitzenden damit beantwortet, dies könne man noch nicht sagen, weil man immer noch beim ersten Tagesordnungspunkt sei.

8   Hat der Betrieb **keinen BR**, sind die §§ 42 ff. nicht anwendbar. Die ArbN können also nicht verlangen, sich bei Fortzahlung des Gehalts zur Erörterung betrieblicher Fragen versammeln zu dürfen. Eine Ausnahme machen nur §§ 14a, 17 (Betriebsversammlung zur Bestellung eines Wahlvorstands für eine erstmalige BR-Wahl), wobei allerdings zu einer solchen Betriebsversammlung nur drei wahlberechtigte ArbN oder eine im Betrieb vertretene Gewerkschaft einladen können (§ 17 III), nicht aber der Gesamtbetriebsrat[1].

9   Sämtliche **Kosten** der Betriebsversammlung (Raummiete, Lautsprecheranlage, evtl. Dolmetscher, etc.) fallen dem ArbGeb zur Last (§ 40, s. Rz. 18).

10   **II. Rechtsnatur der Betriebsversammlung.** Die Betriebsversammlung wird häufig als „**Organ der Betriebsverfassung**" bezeichnet. Diese Charakterisierung ist für die Beantwortung von Rechtsfragen unerheblich. Die Betriebsversammlung als solche ist **nicht rechtsfähig**, sie kann weder BV abschließen noch dem BR Weisungen erteilen oder ihn absetzen.

11   **III. Mitarbeiterversammlungen des Arbeitgebers.** Selbstverständlich ist es dem ArbGeb erlaubt, unabhängig von den vom BR verantworteten Betriebsversammlungen nach §§ 42 ff. eigene Mitarbeiterversammlungen anzuberaumen und mit den Mitarbeitern betriebsbezogene Fragen zu besprechen[2]. Der ArbGeb kann auch **kraft Direktionsrechts** die Teilnahme der Mitarbeiter an solchen Veranstaltungen anordnen. Allerdings soll nach verbreiteter Auffassung der ArbGeb eigene Mitarbeiterversammlungen nicht als „**Gegenveranstaltung**" zu einer Betriebsversammlung missbrauchen dürfen[3]. Für eine unzulässige Gegenveranstaltung soll eine zeitnahe Terminierung zu einer Betriebsversammlung oder die Weigerung des ArbGeb sprechen, auf Betriebsversammlungen zu erscheinen. Dagegen macht es eine vom ArbGeb einberufene Mitarbeiterversammlung noch nicht unzulässig, wenn in dieser die gleichen Themen wie auf einer vorhergegangenen Betriebsversammlung diskutiert werden. Ebenfalls nicht unzulässig ist es, wenn der ArbGeb auf einer eigenen Mitarbeiterversammlung die **Arbeit des BR kommentiert**, solange dabei die allg. Grenzen der vertrauensvollen Zusammenarbeit nicht überschritten werden.

12   Nicht gesetzl. geregelt ist die Einberufung bestimmter **ArbN-Gruppen** zu Versammlungen („Außendiensttagung", Frauenversammlung, Treffen der ausländischen ArbN etc.). Sofern nicht der ArbGeb einlädt, können solche Versammlungen nur außerhalb der Arbeitszeit und außerhalb der Regelungen des BetrVG stattfinden.

13   Zulässig ist auch eine „**Selbstversammlung**" der ArbN auf eigene Initiative, allerdings braucht dann der ArbGeb das Entgelt nicht fortzuzahlen, wenn er die Durchführung einer solchen Versammlung während der Arbeitszeit nicht gestattet, und die ArbN müssen sich dann in der **Freizeit** treffen.

14   **IV. Teilnehmer.** Teilnahmeberechtigt sind alle im Betrieb beschäftigten ArbN, egal ob **Arbeiter, Angestellte, Teilzeitbeschäftigte, befristete Beschäftigte, Auszubildende**[4], **TeleArbN**. Auch **gekündigte ArbN** sind teilnahmeberechtigt, und zwar nicht nur während des Laufs der Kündigungsfrist, sondern auch danach, sofern sie gem. § 102 V weiterzubeschäftigen sind oder aus sonstigen Gründen tatsächlich weiterbeschäftigt werden[5]. Teilnahmeberechtigt sind auch **freigestellte** ArbN oder Mitarbeiter, deren ArbVerh **ruht** (zB wegen Elternzeit, Urlaub oder Kurzarbeit)[6]. Ebenfalls teilnahmeberechtigt sind **LeihArbN** (§ 14 II 2 AÜG). Nicht teilnahmeberechtigt sind **leitende Angestellte** nach § 5 III (s. aber Rz. 15). Auch während einer **Freischicht** oder Freizeitausgleich für Überstunden besteht Teilnahmerecht[7]. Auch **Außendienstler** sind teilnahmeberechtigt, wobei sich bei einer Vielzahl von im Außendienst tätigen Mitarbeitern eine **Teilversammlung** (Abs. 1 S. 3) anbietet, wobei eine Veranstaltung **im Ausland** regelmäßig ausscheidet[8].

15   Der BR als Herr der Betriebsversammlung kann **Nicht-ArbN** einladen, wenn ihre Teilnahme für eine ordnungsgemäße Erfüllung der Aufgaben der Betriebsversammlung sachdienlich ist. Der Grundsatz der Nicht-Öffentlichkeit der Betriebsversammlung (Abs. 1 S. 2) steht dem nicht entgegen. In Betracht kommt insb. die Teilnahme folgender Personen/Personengruppen (denen es selbstverständlich freisteht, ob sie erscheinen wollen):

---

1 BAG 16.11.2011 – 7 ABR 28/10, DB 2012, 582. ||2 BAG 27.6.1989 – 1 ABR 28/88, AP Nr. 5 zu § 40 BetrVG. ||3 BAG 27.6.1989 – 1 ABR 28/88, AP Nr. 5 zu § 42 BetrVG; ArbG Osnabrück 25.6.1997 – 4 BV Ga 3/97, AiB 1998, 109; ArbG Duisburg 15.12.1993 – 1 BV 32/93, AuR 1994, 276. ||4 Zur Problematik bei reinen Ausbildungsbetrieben LAG Hamm 4.12.2009 – 10 TaBV 55/09. ||5 Richardi/*Annuß*, § 42 Rz. 4; weiter gehend DKKW/*Berg*, § 42 Rz. 15; GK-BetrVG/*Fabricius*, § 32 Rz. 22, wonach das Teilnahmerecht auch ohne Weiterbeschäftigung be-*steht, sofern ein Kündigungsschutzverfahren anhängig ist*. ||6 BAG 5.5.1987 – 1 AZR 665/85, AP Nr. 5 zu § 44 BetrVG; 31.5.1989 – 7 AZR 574/88, AP Nr. 9 zu § 44 BetrVG. ||7 DKKW/*Berg*, § 42 Rz. 15. ||8 BAG 27.5.1982 – 6 ABR 28/80, AP Nr. 3 zu § 42 BetrVG; DKKW/*Berg*, § 42 Rz. 15; LAG München 7.7.2010 – 5 TaBV 18/09 (Goethe-Institut).

- Der **ArbGeb** ist nach § 43 II, III stets einzuladen (s. dort);
- **Rechtsanwalt** des ArbGeb (vgl. auch § 46 Rz. 14)[1];
- Beauftragte der im Betrieb vertretenen **Gewerkschaften** (§ 46 I 1);
- Beauftragte der **ArbGebVereinigung** (§ 46 I 2);
- **leitende Angestellte** nach § 5 III sind, wenn sie den ArbGeb vertreten, nach § 43 (s. dort) teilnahmeberechtigt. Ansonsten können sie den ArbGeb als Sachverst. oder Auskunftsperson begleiten[2] oder auf Bitten des BR zu einzelnen Punkten teilnehmen oder referieren;
- betriebsfremde Mitglieder des **GBR**, des **KBR**, des **Wirtschaftsausschusses**, des **Eurobetriebsrats** sowie ArbN-Vertreter im **Aufsichtsrat** können ebenfalls vom BR eingeladen werden, wenn ihr Erscheinen sachdienlich ist[3]. Die ArbN müssen die Möglichkeit haben, auch diese Vertreter mit den im Betrieb aktuellen Fragen und Problemen bekannt zu machen[4];
- **Sachverständige** gem. § 80 III, sofern sie kein Honorar erhalten. Honoraransprüche setzen das Einverständnis des ArbGeb voraus;
- vom BR eingeladene **Gäste** im Zusammenhang mit der Erörterung einzelner, insb. tarif- und sozialpolitischer Fragen (vgl. im Einzelnen § 45 Rz. 10);
- der **Rechtsanwalt** des BR[5];
- **Hilfskräfte** wie Dolmetscher bei hohem Ausländeranteil, Bedienung für Saalbeleuchtung und Mikrofonanlage, etc.[6];
- Vertreter **konzernverbundener Betriebe** oder **Unternehmen**, auch ausländischer[7];
- Vertreter des (Mehrheits-)**Gesellschafters**.

Die ArbN des Betriebes haben nur ein Teilnahmerecht, **keine Teilnahmepflicht**. Wer **nicht kommt, muss** allerdings in der Zeit der Betriebsversammlung **arbeiten**, sofern dies möglich ist. Ist dies nicht möglich, besteht kein Entgeltanspruch[8]. **16**

Der ArbGeb darf die ArbN nicht dazu auffordern, an einer rechtmäßigen Betriebsversammlung nicht teilzunehmen. Der BR kann Unterlassung verlangen[9]. Ebenso wenig darf der ArbGeb Anreize (zB Zusatzurlaub) für Nichtteilnahme ausloben. **17**

V. Ort/Kosten. Sofern dies nach pflichtgemäßem Ermessen des BR möglich ist, hat die Betriebsversammlung **im Betrieb** stattzufinden (Halle, Kantine, Schulungsräume, etc.). Nach richtiger Auffassung entscheidet der ArbGeb darüber, welche Räume für die Betriebsversammlung genutzt werden, solange sie geeignet sind; ob ein vom BR vorgeschlagener anderer Raum noch besser geeignet wäre, ist unerheblich[10]. Gibt es im Betrieb keinen geeigneten Raum, muss ein Raum außerhalb **angemietet** werden. Nach richtiger Auffassung darf der BR nicht selbst anmieten, sondern hat nur einen Anspruch gegen den ArbGeb, dass dieser anmietet[11]. Versammlungen im **Ausland** scheiden regelmäßig aus[12]. Der ArbGeb hat nach § 40 II diejenigen **Kosten** der Versammlung zu tragen, die der BR nach pflichtgemäßem Ermessen für erforderlich halten durfte[13]. Zu den notwendigen Kosten gehören typischerweise Lautsprecheranlage, Auf- und Abbau der Bestuhlung, Dolmetscher bei hohem Ausländeranteil etc. Für die **Bewirtung** der Teilnehmer muss der ArbGeb hingegen nicht aufkommen, so dass bei länger dauernden Betriebsversammlungen der BR ausreichende Pausen vorsehen muss, in denen sich die Teilnehmer Speisen und Getränke besorgen oder mitgebrachte Speisen und Getränke verzehren können[14]. **18**

VI. Einladung. Die Betriebsversammlung setzt eine Einladung des **BR** (nicht allein des Vorsitzenden!) voraus. Vorschriften über **Form** und **Frist** der Einladung enthält das BetrVG nicht. Eine vernünftige Vorlaufzeit (mindestens eine Woche) ist aber, von Eilfällen abgesehen, erforderlich, damit die ArbN sich vorbereiten können[15]. Eingeladen wird üblicherweise durch **Rundschreiben, Handzettel, Anschlag am schwarzen Brett, Werkszeitung, E-Mail, Intranet** oÄ. Der ArbGeb hat die Nutzung derjenigen Kommunikationswege zu gestatten, die eine möglichst lückenlose Information der ArbN gewährleisten. Zusammen mit Zeit und Ort ist auch die Tagesordnung bekannt zu geben, bei deren Gestaltung der BR grds. frei ist (vgl. aber der nach § 43 gebotene Bericht des ArbGeb, insoweit ist Absprache mit dem ArbGeb erforderlich). **19**

---

1 *Bauer*, NJW 1988, 1130, das muss jedenfalls für nicht-organisierte ArbGeb gelten. ||2 *Fitting*, § 42 Rz. 15. ||3 BAG 19.4.1989 – 7 ABR 87/87, AP Nr. 35 zu § 80 BetrVG. ||4 BAG 13.9.1977 – 1 ABR 67/75 und 28.11.1978 – 6 ABR 101/77, AP Nr. 1, 2 zu § 42 BetrVG. ||5 *Fitting*, § 42 Rz. 20. ||6 LAG Düss. 30.1.1981 – 16 TaBV 21/80, DB 1981, 1093. ||7 LAG BW 16.1.1998 – 5 Ta BV 14/96, AuR 1998, 286. ||8 DKKW/*Berg*, § 44 Rz. 26. ||9 ArbG Köln 28.4.1982 – 7 BVGa 7/82, AiB 1989, 212; ArbG Detmold 12.5.1992 – 3 BVGa 7/92. ||10 LAG Hess. 12.6.2012 – 16 TaBVGa 149/12. ||11 Richardi/*Annuß*, § 42 Rz. 16; aA DKKW/*Berg*, § 42 Rz. 20. ||12 BAG 27.5.1982 – 6 ABR 28/80, AP Nr. 3 zu § 42 BetrVG; DKKW/*Berg*, § 42 Rz. 18; LAG München 7.7.2010 – 5 TaBV 18/09 (Goethe-Institut). ||13 LAG Rh.-Pf. 23.3.2010 – 3 TaBV 48/09: Anmietung von Stehtischen. ||14 LAG Nürnberg 25.4.2012 – 4 TaBV 58/11, NZA-RR 2012, 524. ||15 LAG Düss. 11.4.1989 – 12 Ta BV 9/89, DB 1989, 2284.

20 Da **ArbGeb** und **ein Viertel der ArbN** sogar die Abhaltung einer besonderen Betriebsversammlung beantragen können (§ 43 III), muss ihnen als minderes Recht auch die Möglichkeit zustehen, die **Ergänzung der Tagesordnung** zu verlangen[1]. Ebenso kann die **Betriebsversammlung** selbst beschließen, bestimmte zusätzliche Themen auf die Tagesordnung zu nehmen, wobei die Gast-Teilnehmer (s. Rz. 15) nicht mitstimmen dürfen.

21 Nach § 43 II 1 ist der **ArbGeb** unter Mitteilung der Tagesordnung **einzuladen**, die Einladung der **Gewerkschaften** muss schriftl. erfolgen (§ 46 II).

22 **VII. Versammlungsleitung.** Versammlungsleiter ist der **Vorsitzende des BR** (Abs. 1 S. 1 Hs. 2), bei Verhinderung der Stellvertreter, sonst ein vom BR beauftragtes Mitglied[2]. Der Leiter hat das Wort zu erteilen und zu entziehen, die Rednerliste zu führen, Abstimmungen zu leiten, die einzelnen Tagesordnungspunkte aufzurufen und für einen störungsfreien Ablauf der Versammlung zu sorgen[3]. Des Weiteren hat er dafür zu sorgen, dass keine nach § 45 unzulässigen Themen erörtert werden[4].

23 Nach herrschender Auffassung soll der BR im Versammlungsraum und auf den Zugangswegen auch das zivilrechtl. **Hausrecht** haben mit der Folge, dass er über den Zugang von Personen zu entscheiden hat[5]. Verliert die Versammlung wegen nachhaltig grober Verstöße den Charakter als Betriebsversammlung iSd. § 42, fällt das Hausrecht wieder dem ArbGeb zu[6]. Das Hausrecht des BR erstreckt sich nicht auf Neben- und Vorräume, so dass ein Anspruch einer Gewerkschaft auf Gestattung von Infotischen zur Mitgliederwerbung in den Vorräumen jedenfalls nicht gegenüber dem BR besteht, allenfalls gegenüber dem ArbGeb[7].

24 Üblicherweise fertigt der BR eine **Niederschrift** an, zwingend ist das nicht. **Beschlüsse** der Versammlung werden mit einfacher Mehrheit der teilnehmenden ArbN (auf Wahlberechtigung kommt es nicht an) gefasst, wobei Gäste nicht stimmberechtigt sind. Eine Mindestanzahl von Teilnehmern ist zur Beschlussfähigkeit nicht erforderlich. Anträge zur Beschlussfassung kann der BR und jeder ArbN stellen, nicht dagegen der ArbGeb (s. § 45 Rz. 20).

25 Jeder teilnehmende ArbN hat **Rederecht**, welches nach allgemeinen parlamentarischen Gebräuchen entzogen werden kann, zB bei nicht sachdienlichen Redebeiträgen, überlangen Reden oder aus allgemeiner Zeitnot (Anträge auf „Ende der Rednerliste" oder „Ende der Aussprache" sind zulässig). Ein ArbN, der das Wort ergreift, muss nicht seinen Namen und seine Abteilung nennen (obwohl das guter Brauch ist).

26 **VIII. Nicht-Öffentlichkeit.** Die Hinzuziehung von **Reportern** (Presse, Rundfunk, Fernsehen) kommt nur in Betracht, wenn alle ArbN und der ArbGeb zustimmen[8].

27 **Tonbandaufnahmen** sind nur zulässig, wenn BR, ArbGeb sowie jeder Einzelne das Wort ergreifende ArbN zustimmen[9]. Da die freie Aussprache gewährleistet sein soll, wird allgemein auch das Anfertigen stenographischer **Wortprotokolle** durch den ArbGeb oder den BR für unzulässig gehalten[10]. Stichwortartige Notizen (auch mit den Namen der das Wort ergreifenden ArbN!) sind dagegen zulässig[11].

28 Über die Nicht-Öffentlichkeit **zu wachen** ist Aufgabe des Versammlungsleiters (zur Teilnahme vom BR eingeladener Gäste s. Rz. 15). Notfalls muss der Versammlungsleiter von seinem Hausrecht Gebrauch machen, um nicht-teilnahmeberechtigte Personen zu entfernen. Bekommt die Versammlung durch massenhafte Teilnahme Außenstehender den Charakter einer „öffentlichen Versammlung", kann der Lohnanspruch der ArbN verfallen (§ 44 Rz. 34 ff.).

29 **IX. Teilversammlungen.** Zur Abgrenzung der Teilversammlungen von Abteilungsversammlungen nach Abs. 2 s. Rz. 3. **Vollversammlungen** haben wegen der besseren Kommunikationsmöglichkeiten grds. **Vorrang** vor Teilversammlungen[12]. Auf Teilversammlungen muss vor allem in den folgenden Fällen ausgewichen werden:

– Der Betrieb ist so **groß**, dass bei Vollversammlungen eine vernünftige und sachliche Aussprache nicht mehr gewährleistet ist, oder dass kein geeigneter Raum zu finden ist[13].

– Eine **vollständige Unterbrechung der Betriebsabläufe** kommt wegen der Besonderheiten der Produktion oder der angebotenen Dienstleistung nicht in Betracht (Deutsche Bahn AG, Lufthansa AG, vollkontinuierlich arbeitende Chemiebetriebe, Mikrochip-Herstellung etc.)[14]; insb. wenn eine **gesetzliche Betriebspflicht** besteht[15].

– Das Abhalten einer Vollversammlung würde zu **unzumutbaren wirtschaftl. Nachteilen** führen[16].

---

1 *Fitting*, § 42 Rz. 30. || 2 BAG 19.5.1978 – 6 ABR 41/75, AP Nr. 3 zu § 43 BetrVG. || 3 Ausf. *Mußler*, NZA 1985, 455. || 4 *Fitting*, § 42 Rz. 35. || 5 BAG 18.3.1964 – 1 ABR 12/63, AP Nr. 1 zu § 45 BetrVG; 13.9.1977 – 1 ABR 67/75, AP Nr. 1 zu § 42 BetrVG. || 6 *Fitting*, § 42 Rz. 36; Richardi/*Annuß*, § 42 Rz. 25. || 7 BAG 22.5.2012 – 1 ABR 11/11, NZA 2012, 1176. || 8 *Fitting*, § 42 Rz. 44; aA DKKW/*Berg*, § 42 Rz. 27; allg. dazu auch BAG 18.9.1991 – 7 ABR 63/90, NZA 1992, 315. || 9 LAG Düss. 28.3.1980 – 9 Sa 67/80, DB 1980, 2396. || 10 LAG Hamm 9.7.1986 – 3 TaBV 31/86, AiB 1987, 46; Richardi/*Annuß*, § 42 Rz. 42; *Fitting*, § 42 Rz. 47. || 11 *Fitting*, § 42 Rz. 47. || 12 BAG 9.3.1976 – 1 ABR 74/74, AP Nr. 3 zu § 44 BetrVG. || 13 ArbG Wuppertal 9.7.1996 – 9 BVGa 12/96, AiB 1997, 347. || 14 AA *Fitting*, § 44 Rz. 19. || 15 Vgl. LAG Bln.-Bbg. 8.4.2011 – 9 TaBV 2765/10: Unzulässigkeit einer Vollversammlung der Mitarbeiter der Berliner Flughafengesellschaft, die zur gleichzeitigen Schließung der Flughäfen Tegel und Schönefeld geführt hätte. || 16 Richardi/*Annuß*, § 42 Rz. 50.

Bei einem Betrieb mit **vielen Außendienstmitarbeitern** kommen zur Ersparung von Reisekosten und Reisezeit Teilversammlungen für den Außendienst in Betracht[1]. Bei **Drei-Schicht-Betrieben** sind die Vorteile einer Vollversammlung gegen den Umstand abzuwägen, dass bei der Vollversammlung die Betriebsversammlung für zwei von drei ArbN außerhalb der Arbeitszeit liegt. Die Auffassung des BAG, einer Vollversammlung sei grds. der Vorrang einzuräumen[2], stößt in der Lit.[3] und Rspr.[4] auf Widerstand. 30

Werden Teilversammlungen durchgeführt, sollen sie **möglichst zeitnah** aufeinander folgen. Der BR bestimmt durch Beschluss, dass und mit welchen ArbN Teilversammlungen durchzuführen sind. Hinsichtlich Versammlungsleitung, Hausrecht etc. gelten die allg. Grundsätze (s. Rz. 22 f.). 31

X. Abteilungsversammlungen. Die Bedeutung des Abs. 2 erschließt sich nur iVm. § 43 I 2 und 4. Abteilungsversammlungen nach Abs. 2 stehen nicht neben Betriebsversammlungen, sondern **ersetzen** sie. Abteilungsversammlungen sind durchzuführen, wenn die Erörterung der **besonderen Belange der ArbN dieser Abteilung** oder Abteilungen auf einer allgemeinen Betriebsversammlung nicht sinnvoll ist (Abs. 2 S. 1). In diesem Fall sind gem. § 43 I 2 **zwei der vier** pro Jahr stattfindenden regelmäßigen Betriebsversammlungen als Abteilungsversammlungen durchzuführen. Auch zusätzliche Betriebsversammlungen nach § 43 I 3 haben als Abteilungsversammlungen stattzufinden, wenn dies wegen der besonderen Belange der ArbN der Abteilung erforderlich ist. 32

Gem. § 43 I 3 (die Regelung hätte eigentlich in § 42 gehört!) sollen Abteilungsversammlungen **möglichst gleichzeitig** stattfinden. Dies dient dazu, die Störungen des Betriebsablaufs möglichst genauso gering zu halten, als wenn eine Vollversammlung stattfinden würde. Hat dagegen eine Abteilungsversammlung keine Auswirkungen auf den Betriebsablauf in den anderen Abteilungen, kommt auch eine zeitversetzte Durchführung in Betracht[5]. Das Gleiche gilt, wenn zB ein bestimmtes BR-Mitglied wegen besonderer Sachkenntnis bei mehr als einer Abteilungsversammlung anwesend sein muss. Über die Einzelheiten beschließt der BR, bei Vernachlässigung der betriebl. Interessen kann der ArbGeb Unterlassung verlangen[6]. 33

Eine Abteilungsversammlung kommt nur in Betracht, wenn es sich um **organisatorisch** oder (nicht: und!) **räumlich abgegrenzte** Betriebsteile handelt, wobei der Begriff „Betriebsteil" weiter als nach § 4 ist[7]. Die räumliche Abgrenzung setzt nicht getrennte Betriebsstätten voraus, auch innerhalb eines einheitlichen Betriebsgeländes können verschiedene abgegrenzte Bereiche bestehen[8]. Hinsichtlich der organisatorischen Abgrenzung kommt es neben Eigenständigkeit in der Aufgabenstellung auch auf eine Eigenständigkeit in der Leitung an[9]. 34

Ob anstatt einer Vollversammlung Abteilungsversammlungen stattfinden, steht nicht im freien Ermessen des BR, sondern die Aufspaltung in Abteilungsversammlungen muss für die Erörterung besonderer Belange der ArbN der Abteilungen **erforderlich** sein. Dabei muss es nicht unbedingt um Einzelabteilungen gehen, der BR kann auch mehrere Abteilungen für eine einheitliche Abteilungsversammlung zusammenfassen[10]. Maßgeblich ist jeweils der aktuelle Anlass, so dass je nach den zu behandelnden Themen mal Abteilungsversammlungen, mal Vollversammlungen angezeigt sein können[11]. Da die Abhaltung einer Abteilungsversammlung für einen Teil der Mitarbeiter automatisch bedeutet, dass auch für alle anderen ArbN eine Vollversammlung ausscheidet, muss zumindest für die **überwiegende Zahl der Betriebsteile** die Durchführung von Abteilungsversammlungen erforderlich sein; die Erforderlichkeit muss aber nicht für alle Betriebsteile vorliegen[12]. In der Abteilungsversammlung können auch allgemeine betriebl. Fragen erörtert werden[13]. 35

In Betracht kommen zB Abteilungsversammlungen für **Produktion** einerseits und **Vertrieb** andererseits. Soweit erforderlich, können auch Abteilungsversammlungen als Teilversammlungen durchgeführt werden[14]. Für Organisation, Versammlung und Hausrecht bei Abteilungsversammlungen gelten die allgemeinen Grundsätze (s. Rz. 22 ff.). 36

XI. Streitigkeiten. Streitigkeiten über das Ob, Wann und Wie der Versammlungen sind im Beschlussverfahren (§§ 2a, 80 ArbGG) zu klären. Unklar ist, ob der ArbGeb den BR auf Unterlassung der Einberufung/Abhaltung in Anspruch zu nehmen hat oder der BR den ArbGeb auf Duldung der Abhaltung. In der Praxis kreuzen sich mitunter die wechselseitigen Anträge. Richtigerweise wird man die **Angriffslast** dem ArbGeb zuweisen müssen, da der BR Herr der Versammlungen ist. Die Streitigkeiten werden regelmäßig im Wege des einstw. Rechtsschutzes[15] ausgetragen, wobei richtigerweise jedenfalls im Rechtsschutz ein Rechtsschutzbedürfnis für die Unterlassungsverfügung des ArbGeb zu bejahen ist, obwohl wegen der Vermögenslosigkeit des BR die Vollstreckung nicht möglich ist[16]. **Ansprüche der teil-** 37

---

1 *Fitting*, § 42 Rz. 55. ||**2** BAG 9.3.1976 – 1 ABR 74/74, AP Nr. 3 zu § 44 BetrVG. ||**3** *Fitting*, § 44 Rz. 19; DKKW/*Berg*, § 44 Rz. 14. ||**4** LAG BW 10.5.2002 – 14 TaBV 1/02, AiB 2003, 627. ||**5** *Fitting*, § 43 Rz. 7. ||**6** *Fitting*, § 43 Rz. 7. ||**7** *Richardi/Annuß*, § 42 Rz. 58; *Fitting*, § 42 Rz. 65. ||**8** *Fitting*, § 42 Rz. 67; DKKW/*Berg*, § 42 Rz. 41. ||**9** *Fitting*, § 42 Rz. 66. ||**10** DKKW/*Berg*, § 42 Rz. 68. ||**11** *Richardi/Annuß*, § 42 Rz. 60. ||**12** *Fitting*, § 42 Rz. 70; DKKW/*Berg*, § 42 Rz. 45. ||**13** *Fitting*, § 42 Rz. 64. ||**14** *Fitting*, § 42 Rz. 71. ||**15** ZB ArbG Darmstadt 27.11.2003 – 5 BVGa 39/03, AE 2004, 125 und 7.5.2009 – 7 BVGa 13/09. ||**16** Dazu LAG Bln.-Bbg. 8.4.2011 – 9 TaBV 2765/10: gleichzeitige Vollversammlung der Mitarbeiter der Flughafengesellschaft Berlin mit dadurch verursachter gleichzeitiger Schließung der Flughäfen Tegel und Schönefeld.

nehmenden einzelnen ArbN auf Freistellung/Entgeltfortzahlung oder Fahrkostenersatz sind individualrechtl. im **Urteilsverfahren** geltend zu machen[1].

43 Regelmäßige Betriebs- und Abteilungsversammlungen

(1) Der Betriebsrat hat einmal in jedem Kalendervierteljahr eine Betriebsversammlung einzuberufen und in ihr einen Tätigkeitsbericht zu erstatten. Liegen die Voraussetzungen des § 42 Abs. 2 Satz 1 vor, so hat der Betriebsrat in jedem Kalenderjahr zwei der in Satz 1 genannten Betriebsversammlungen als Abteilungsversammlungen durchzuführen. Die Abteilungsversammlungen sollen möglichst gleichzeitig stattfinden. Der Betriebsrat kann in jedem Kalenderjahr eine weitere Betriebsversammlung oder, wenn die Voraussetzungen des § 42 Abs. 2 Satz 1 vorliegen, einmal weitere Abteilungsversammlungen durchführen, wenn dies aus besonderen Gründen zweckmäßig erscheint.

(2) Der Arbeitgeber ist zu den Betriebs- und Abteilungsversammlungen unter Mitteilung der Tagesordnung einzuladen. Er ist berechtigt, in den Versammlungen zu sprechen. Der Arbeitgeber oder sein Vertreter hat mindestens einmal in jedem Kalenderjahr in einer Betriebsversammlung über das Personal- und Sozialwesen einschließlich des Stands der Gleichstellung von Frauen und Männern im Betrieb sowie die Integration der im Betrieb beschäftigten ausländischen Arbeitnehmer, über die wirtschaftliche Lage und Entwicklung des Betriebs sowie über den betrieblichen Umweltschutz zu berichten, soweit dadurch nicht Betriebs- oder Geschäftsgeheimnisse gefährdet werden.

(3) Der Betriebsrat ist berechtigt und auf Wunsch des Arbeitgebers oder von mindestens einem Viertel der wahlberechtigten Arbeitnehmer verpflichtet, eine Betriebsversammlung einzuberufen und den beantragten Beratungsgegenstand auf die Tagesordnung zu setzen. Vom Zeitpunkt der Versammlungen, die auf Wunsch des Arbeitgebers stattfinden, ist dieser rechtzeitig zu verständigen.

(4) Auf Antrag einer im Betrieb vertretenen Gewerkschaft muss der Betriebsrat vor Ablauf von zwei Wochen nach Eingang des Antrags eine Betriebsversammlung nach Absatz 1 Satz 1 einberufen, wenn im vorhergegangenen Kalenderhalbjahr keine Betriebsversammlung und keine Abteilungsversammlungen durchgeführt worden sind.

1 **I. Allgemeines.** § 43 ist nur verständlich im **Zusammenhang mit § 44**. § 43 regelt die Zahl der Versammlungen, § 44 hingegen die Frage, ob die Versammlungen innerhalb oder außerhalb der Arbeitszeit stattfinden und ob der ArbGeb das Entgelt fortzuzahlen hat. Während sich die Abs. 1, 3 und 4 mit Zahl und Anlass der Betriebsversammlung beschäftigen, regelt Abs. 2 die Rechte und Pflichten des ArbGeb anlässlich der Abhaltung von Betriebsversammlungen.

2 Die in § 43 geregelte **Zahl von Versammlungen** kann durch TV oder BV weder erhöht noch reduziert werden, § 43 ist insoweit **zwingend**[2].

3 §§ 43, 44 unterscheiden (was aus dem Gesetzestext nicht ohne weiteres hervorgeht) zwischen **drei verschiedenen Formen** von Betriebsversammlungen (bzw. Abteilungsversammlungen), nämlich

– **regelmäßige** Betriebsversammlungen (Abs. 1 S. 1, 2),

– **zusätzliche** (weitere) Betriebsversammlungen (Abs. 1 S. 3) und

– **außerordentliche** Betriebsversammlungen (Abs. 3 iVm. § 44 II).

4 Die **(zusätzliche) weitere** Betriebsversammlung nach Abs. 1 S. 3 unterscheidet sich von den regelmäßigen vierteljährlichen Versammlungen nach Abs. 1 S. 1 dadurch, dass sie nur dann stattfinden darf, wenn sie aus besonderen Gründen zweckmäßig erscheint. Hinsichtlich der Lage (während der Arbeitszeit) und des Verdienstausfalls (§ 44) unterscheiden sich dagegen die regelmäßige und die zusätzliche (weitere) Betriebsversammlung nicht. Die außerordentl. Betriebsversammlung (Abs. 3) unterscheidet sich von den regelmäßigen und den zusätzlichen (weiteren) Betriebsversammlungen dadurch, dass sie gem. § 44 S. 2 außerhalb der Arbeitszeit stattfindet und kein Entgelt fortzuzahlen ist.

5 **II. Regelmäßige Betriebs- und Abteilungsversammlungen.** Der BR muss in jedem Kalenderquartal eine regelmäßige Betriebsversammlung einberufen, pro Kalenderjahr also vier. Dabei ist nicht erforderlich, dass zwischen den einzelnen Betriebsversammlungen genau drei Monate liegen, sofern nur **pro Kalendervierteljahr eine** stattfindet[3]. Den Zeitpunkt der Versammlungen bestimmt der BR nach pflichtgemäßem Ermessen, sie finden grds. während der Arbeitszeit statt (vgl. § 44 Rz. 3 ff.).

6 Liegen die Voraussetzungen für **Abteilungsversammlungen** nach § 42 II vor (Behandlung besonderer Angelegenheiten bestimmter Abteilungen, s. dazu § 42 Rz. 32 ff.), so sind gem. Abs. 1 S. 2 **zwei der vier** jährlichen Betriebsversammlungen als Abteilungsversammlungen durchzuführen. Dies muss nicht abwechselnd geschehen, der BR bestimmt die Reihenfolge[4]. Nach richtiger Auffassung kann der BR nach pflichtgemäßem Ermessen auch beschließen, dass **nur eine** der vier jährlichen Betriebsversammlungen als Abteilungsversammlung durchgeführt werden soll, insoweit ist Abs. 1 Satz 2 nicht zwingend[5]. So-

---

1 *Fitting*, § 42 Rz. 76; DKKW/*Berg*, § 42 Rz. 58. ||2 *Fitting*, § 43 Rz. 3. ||3 DKKW/*Berg*, § 43 Rz. 3. ||4 DKKW/*Berg*, § 43 Rz. 3. ||5 *Fitting*, § 43 Rz. 6.

wohl die Betriebsversammlungen als auch die Abteilungsversammlungen sind unter den Voraussetzungen des § 42 I 3 als **Teilversammlungen** (s. § 42 Rz. 29 ff.) durchzuführen.

Der BR ist verpflichtet, vierteljährlich Betriebsversammlungen/Abteilungsversammlungen abzuhalten, sonst verletzt er seine gesetzl. Pflichten und riskiert ein Verfahren nach § 23 I[1]. Eine bestimmte Länge der Versammlungen ist aber nicht vorgeschrieben, so dass der BR mangels erörterungswürdiger Themen Betriebsversammlungen sehr kurz halten kann. Bloße Rundschreiben oder Ansprachen auf dem Betriebshof ersetzen Betriebsversammlungen nicht[2].

III. Ablauf der regelmäßigen Betriebsversammlungen. Auch hinsichtlich Inhalt und Ablauf der Betriebsversammlungen sind die §§ 42 ff. unübersichtlich. Abs. 2 regelt die Teilnahme des ArbGeb sowie den ihm obliegenden jährlichen Lagebericht. Abs. 1 S. 1 regelt, dass der BR in jeder Versammlung (nicht nur einmal jährlich!) einen Tätigkeitsbericht geben muss. Dagegen regelt § 45 die zulässigen sonstigen Themen sowie das Verhältnis der versammelten ArbN zum BR (Antragsrecht, Aussprache).

Nach Abs. 1 S. 1 hat der BR zu Beginn einer Betriebsversammlung stets einen Tätigkeitsbericht zu erstatten, dessen Inhalt vom gesamten BR festzulegen und zu beschließen ist. Der Bericht soll darlegen, **welche Tätigkeiten** der BR seit der letzten Versammlung **entfaltet** hat, dies gilt auch für Ausschüsse des BR sowie den GBR und den Wirtschaftsausschuss. Typischerweise wird bspw. über den Stand von Verhandlungen über BV, gerichtliche Auseinandersetzungen, Einigungsstellenverfahren etc. berichtet[3]. Der Bericht kann auch Ausführungen zur Lage der ArbN und des Unternehmens enthalten. Der Bericht braucht **nicht wertfrei** zu sein, insb. muss der BR nicht mit (sachlicher!) Kritik am ArbGeb sparen. Ob der Bericht vom BR-Vorsitzenden, einem anderen BR-Mitglied oder je nach interner Aufgabenverteilung von mehreren BR-Mitgliedern vorgetragen wird, steht im Ermessen des BR[4]. Der BR muss seine gesetzl. Verschwiegenheitspflichten (§§ 79, 99, 102) auch ggü. den ArbN wahren. Nicht Gegenstand des Tätigkeitsberichts ist die Tätigkeit der **Aufsichtsratsmitglieder** der ArbN-Seite[5], auch wenn ein Aufsichtsratsmitglied der ArbN-Seite zugleich BR ist.

Auch in **Abteilungs-** und/oder **Teilversammlungen** ist stets ein vollständiger Bericht zu erstatten, in Abteilungsversammlungen muss sich dieser Bericht zusätzlich auf die besonderen Angelegenheiten der Abteilung erstrecken[6].

Der BR **kann**, muss aber nicht, den Bericht auch in (ausführlicher oder gekürzter) **schriftl. Form** vorlegen. Schriftform ersetzt aber den mündlichen Vortrag nicht. Unzutreffend ist die Auffassung des LAG BW[7], wonach der ArbGeb die Kosten der Vervielfältigung und Verteilung eines solchen schriftl. Berichts zu tragen hat, wenn ein erheblicher Teil der Belegschaft auf der Versammlung nicht erscheint. Je nach Größe und Finanzkraft des ArbGeb kann dieser verpflichtet sein, bei einem hohen Anteil sprachunkundiger ausländischer Beschäftigter einen Dolmetscher zu stellen oder die Kosten für die Übersetzung eines schriftl. Berichts zu tragen[8].

Im Anschluss an den Bericht ist den teilnehmenden ArbN Gelegenheit zu geben, Stellung zu nehmen und zu **diskutieren**[9]. Hinsichtlich des weiteren Verlaufs der Versammlungen gibt es keine feststehenden Regeln. Der BR kann nach pflichtgemäßem Ermessen auch zu unkonventionellen Formaten greifen[10].

IV. Teilnehmerecht des Arbeitgebers/Berichtpflicht. Nach Abs. 2 S. 1 ist der ArbGeb unter Mitteilung der Tagesordnung zu Betriebs- und Abteilungsversammlungen (auch als Teilversammlungen) **einzuladen**, außerdem hat er gem. Abs. 2 S. 2 **Rederecht**. Daraus folgt selbstverständlich, dass er auch **Teilnahmerecht** hat (auch wenn er nicht ausdrücklich eingeladen wird). Nach abzulehnender Auffassung[11] soll dagegen der ArbGeb kein Teilnahmerecht bei den außerordentl. Betriebsversammlungen nach Abs. 3 haben. Richtig ist die Auffassung, dass ein Teilnahmerecht des ArbGeb an Betriebsversammlungen zur Bildung eines Wahlvorstandes nach §§ 14a, 17 nicht besteht[12].

Der eingeladene ArbGeb kann bei Verhinderung einen kompetenten **Vertreter** entsenden, auch einen **leitenden Angestellten**. In der Praxis erscheint meist der Personalchef[13]. Nicht möglich ist dagegen die Vertretung durch betriebsfremde Personen, zB einen Rechtsanwalt. Allerdings muss der ArbGeb nicht erscheinen, er hat **keine Teilnahmepflicht**. Verpflichtet ist er lediglich dazu, einmal jährlich den in Abs. 2 S. 3 vorgeschriebenen Lagebericht zu geben. Ist der Bericht beendet, ist der ArbGeb frei, ob er

---

1 LAG Hamm 25.9.1959 – 5 BVTa 48/59, DB 1959, 1227; LAG Rh.-Pf. 5.4.1960 – 1 Sa BV 1/60, BB 1960, 982; LAG Hess. 12.8.1993 – 12 TaBV 203/92, AiB 1994, 404. ||2 *Fitting*, § 43 Rz. 11. ||3 DKKW/*Berg*, § 43 Rz. 8. ||4 DKKW/*Berg*, § 43 Rz. 9. ||5 BAG 1.3.1966 – 1 ABR 14/64, AP Nr. 1 zu § 69 BetrVG 52. ||6 *Fitting*, § 43 Rz. 15. ||7 LAG BW 10.2.1983 – 7 TaBV 5/82, AuR 1984, 54. ||8 Vgl. ArbG München 14.3.1974 – 20 BV 57/73, BB 1974, 1022 einerseits; LAG Düss. 30.1.1981 – 16 TaBV 21/80, DB 1981, 1093 andererseits; zur Hinzuziehung eines Dolmetschers vgl. LAG BW 16.1.1998 – 5 TaBV 14/96, AuR 1998, 286; ArbG Stuttgart 27.2.1986 – 17 Ca 317/85, AiB 1986, 168; *Aigner*, BB 1992, 2357; *Helm*, AiB 1993, 70. ||9 DKKW/*Berg*, § 43 Rz. 10; *Fitting*, § 43 Rz. 16. ||10 *Müller*, AiB 2011, 114; s.a. LAG Rh.-Pf. 23.3.2010 – 3 TaBV 48/09: Gruppenarbeit an Stehtischen. ||11 BAG 27.6.1989 – 1 ABR 28/88, DB 1989, 2543; DKKW/*Berg*, § 43 Rz. 20; *Fitting*, § 43 Rz. 50. ||12 ArbG Bielefeld 23.6.1982 – 5 BVGa 12/82, AuR 1983, 91. ||13 LAG Düss. 11.2.1982 – 21 TaBV 109/81, DB 1982, 1066.

die Versammlung verlassen will. Das gilt selbst dann, wenn der BR ihn ausdrücklich eingeladen hat, um bestimmte Angelegenheiten zu erörtern[1].

15 Der ArbGeb kann zu seiner **Unterstützung** einen Beauftragten des ArbGebVerbands hinzuziehen (systemwidrig in § 46 I 2 geregelt) oder leitende Angestellte zur Unterstützung in die Versammlung mitnehmen, wenn diese besondere Sachkunde bei bestimmten Themen haben, über die der ArbGeb selbst nicht verfügt (zB IT-Fragen)[2].

16 Nach Abs. 2 S. 2 hat der **ArbGeb** das Recht, zu einzelnen Tagesordnungspunkten **das Wort** zu **ergreifen**. Eine Wortmeldung des ArbGeb setzt voraus, dass der Vorsitzende ihm das Wort erteilt. Dies hat er nach pflichtgemäßem Ermessen zu tun, was schon aus dem Grundsatz der vertrauensvollen Zusammenarbeit folgt. An der Willensbildung der Versammlung (Beschlüsse etc.) kann der ArbGeb sich selbstverständlich nicht beteiligen, er kann auch keine Anträge stellen[3].

17 Nach Abs. 2 S. 3 hat der **ArbGeb** (oder sein Vertreter) mindestens einmal pro Kalenderjahr in der Versammlung über das **Personal- und Sozialwesen** des Betriebs, den **betriebl. Umweltschutz** und über die **wirtschaftl. Lage und Entwicklung** des Betriebs (nicht des Unternehmens!) zu **berichten**. Finden Abteilungsversammlungen statt (Abs. 1 S. 2), muss der Lagebericht auf einer (Voll-)Betriebsversammlung erfolgen. Bei einem Gemeinschaftsbetrieb (§ 1 II) bezieht sich der Lagebericht auf alle Unternehmen[4]. Bei Tendenzbetrieben (§ 118) ist über tendenzbezogene Fragen nicht zu berichten[5]. Der Bericht muss grds. **mündlich** erstattet werden[6]. In welcher der vier jährlichen Betriebsversammlungen der ArbGeb den Bericht erstatten will, ist ihm überlassen, der BR kann dies nicht in der Einladung festlegen[7].

18 Hinsichtlich des **Personal- und Sozialwesens** muss der Bericht des ArbGeb Informationen über den Personalbestand, die Zusammensetzung der Belegschaft, die Personalplanung (§ 92), die voraussichtliche Entwicklung der Belegschaftsstärke und -struktur, den Bildungsbedarf, die Entwicklung des betriebl. Sozialwesens (Versorgungseinrichtungen etc.), den Stand der Gleichstellung von Frauen und Männern im Betrieb sowie die Integration ausländischer Mitarbeiter enthalten. Hinsichtlich der **wirtschaftl. Lage und Entwicklung** hat der ArbGeb nur über den **Betrieb** zu berichten, nicht (im Gegensatz zu § 110) über das Unternehmen. Darzustellen ist die wirtschaftl. Situation des Betriebs, die voraussichtliche Entwicklungs- und Marktlage, Produktivität und Investitionsvorhaben, Probleme oder bevorstehende Betriebsänderungen (§ 111). Betriebsgeheimnisse braucht der ArbGeb nicht zu gefährden (s. § 79). Der Bericht kann mit der **Unterrichtung der ArbN** über die wirtschaftl. Lage und Entwicklung des Unternehmens nach **§ 110 verbunden** werden[8].

19 Der ArbGeb darf die Belegschaft über die **Kosten der BR-Arbeit** (Freistellungen, Sachmittel, Reisekosten, Schulungsaufwand, Einigungsstellenverfahren, Gerichtsverfahren etc.) informieren, solange er dies objektiv und nicht-tendenziös tut[9]. Schlüsselt bspw. der ArbGeb verschiedene Kostenstellen auf, kann er auch zur Kostenstelle des BR Stellung nehmen. Unzulässig ist dagegen Stimmungsmache gegen den BR mit finanziellen Argumenten[10].

20 Der Bericht des ArbGeb kann (und sollte!) vom Versammlungsleiter zum **Gegenstand der Diskussion** gemacht werden, der ArbGeb muss in diesem Fall Fragen beantworten und ergänzende Angaben machen, sofern er weiter an der Versammlung teilnimmt (vgl. Rz. 14)[11].

21 **V. Zusätzliche (weitere) Betriebsversammlungen.** Nach Abs. 1 S. 4 kann der BR einmal pro Kalenderhalbjahr eine zusätzliche Betriebsversammlung einberufen, wenn ihm dies „**aus besonderen Gründen zweckmäßig**" erscheint. Der BR hat einen weiten Ermessensspielraum[12], der nur einer eingeschränkten gerichtl. Kontrolle unterliegt. Geht es nur um die Information der Mitarbeiter oder besondere Ereignisse, muss der BR sorgfältig prüfen, ob nicht einfachere Informationsmöglichkeiten (Rundschreiben, Aushang, E-Mail) ausreichen oder die Behandlung des Themas bis zur nächsten regelmäßigen Betriebsversammlung (Abs. 1) Zeit hat[13].

22 Besondere Gründe, die die Einberufung einer zusätzlichen Betriebsversammlung rechtfertigen können, sind zB Betriebsübergang, Insolvenz, drohende Kurzarbeit, Produktionsstörungen, bevorstehende Betriebsänderungen (§ 111), vorsorgliche Massenentlassungsanzeigen, Diskussion über den Abschluss einer wichtigen BV etc. Der Wunsch nach Vorstellung der Kandidaten zur nächsten BR-Wahl rechtfertigt keine zusätzliche Betriebsversammlung[14]. Steht zwar eine Betriebsänderung (§ 111) im Raum, liegen aber noch keine diskussionsfähigen Konzepte vor, kommt eine zusätzliche Betriebsversammlung nicht in Betracht[15]. Die Diskussion um bevorstehende Gesetzesänderungen rechtfertigt

---

1 AA DKKW/*Berg*, § 43 Rz. 21; ausf. zu Rechten und Pflichten des ArbGeb in der Betriebsversammlung *Brill*, BB 1983, 1860. ||2 Dazu LAG Düss. 4.9.1991 – 4 TaBV 60/91, AiB 1992, 154. ||3 Str., s. *Fitting*, § 43 Rz. 32 einerseits; Richardi/*Annuß*, § 43 Rz. 55 andererseits. ||4 LAG Hamburg 15.12.1988 – 2 TABV 13/88, NZA 1989, 733. ||5 Fitting 8.3.1977 – 1 ABR 18/75, AP Nr. 1 zu § 43 BetrVG. ||6 DKKW/*Berg*, § 43 Rz. 21. ||7 *Fitting*, § 43 Rz. 19. ||8 *Fitting*, § 43 Rz. 24; Richardi/*Annuß*, § 43 Rz. 16. ||9 *Bengelsdorf*, AuA 1998, 145. ||10 Im Einzelnen BAG 19.7.1995 – 7 ABR 60/94 und 12.11.1997 – 7 ABR 14/97, AP Nr. 25, 27 zu § 23 BetrVG. ||11 *Fitting*, § 43 Rz. 27. ||12 BAG 23.10.1991 – 7 AZR 249/90, AP Nr. 5 zu § 43 BetrVG. ||13 Dazu BAG 23.10.1991 – 7 AZR 249/90, AP Nr. 5 zu § 43 BetrVG; *Fitting*, § 43 Rz. 34; aA DKKW/*Berg*, § 43 Rz. 16. ||14 AA LAG Berlin 12.12.1978 – 3 Ta BV 5/78, DB 1979, 1850. ||15 BAG 23.10.1991 – 7 AZR 249/90, AP Nr. 5 zu § 43 BetrVG.

keine zusätzlichen Betriebsversammlungen[1], ebenso wenig wie die Information der Mitarbeiter über aktuelle Tarifauseinandersetzungen[2], zumal nicht selten die Betriebsversammlung als zusätzliche Kampfplattform missbraucht wird (s. § 42 Rz. 7).

Die zusätzlichen (weiteren) Betriebsversammlungen nach Abs. 1 S. 4 unterliegen den **allgemeinen Regeln** für regelmäßige (ordentl.) Betriebsversammlungen, so dass Teilnahme- und Rederecht des ArbGeb besteht, die Versammlung grds. während der Arbeitszeit stattfinden muss (§ 44 I 1) und Entgeltfortzahlungspflicht besteht. Beschränken sich die besonderen Gründe auf eine bestimmte **Betriebsabteilung**, so ist eine zusätzliche Abteilungsversammlung nur in dieser Abteilung durchzuführen, in den anderen Abteilungen ist weiterzuarbeiten (sofern dies betriebl. möglich ist)[3].

VI. Außerordentliche Betriebsversammlungen. Zusätzlich zu den regelmäßigen (Abs. 1 S. 1) und den zusätzlichen (weiteren) Betriebsversammlungen (Abs. 1 S. 4) können nach Abs. 3 noch außerordentl. Betriebsversammlungen stattfinden, und zwar

– auf Wunsch des **ArbGeb**,

– auf Antrag eines **Viertels** der wahlberechtigten **ArbN** oder

– auf Einladung des **BR** selbst, wenn dies dringend geboten ist.

Die Besonderheit der außerordentl. Betriebsversammlung liegt darin, dass diese gem. § 44 II **außerhalb der Arbeitszeit** stattzufinden hat (es sei denn, der ArbGeb stimmt der Abhaltung innerhalb der Arbeitszeit zu) und infolgedessen auch **kein Entgelt** fortgezahlt wird.

Beantragt der **ArbGeb** eine außerordentl. Betriebsversammlung, muss er keine bestimmte Form einhalten[4], jedoch die **Beratungsgegenstand angeben**. Ansonsten ist der BR nicht verpflichtet, die Versammlung einzuberufen[5]. Ggf. kann der ArbGeb auch nachträglich noch Ergänzungen der Tagesordnung verlangen. Der BR ist an den Antrag des ArbGeb gebunden, sofern der vom ArbGeb gewünschte Beratungsgegenstand zu den zulässigen Themen einer Betriebsversammlung gehört (§ 45). Der BR kann die Einberufung der Versammlung nicht mit dem Argument ablehnen, sie sei nicht zweckmäßig[6]. Selbstverständlich hat der ArbGeb **Teilnahme- und Rederecht**. Nach Sinn und Zweck der Vorschrift muss die Einberufung **unverzüglich** erfolgen.

Eine außerordentl. Betriebsversammlung ist auch auf Wunsch von einem **Viertel der wahlberechtigten ArbN** einzuberufen. Die Wahlberechtigung richtet sich nach § 7, für die Quote kommt es auf den Zeitpunkt des Antrags an. Zwar ist eine Form im Gesetz nicht vorgesehen, ohne **Unterschriftenlisten** kann jedoch zumindest in größeren Betrieben das Vorliegen des Quorums kaum geprüft werden. Die Unterschriftensammlung kann während der Arbeitszeit unter Fortzahlung des Arbeitsentgelts durchgeführt werden[7]. Hinsichtlich des Prüfungsrechts des BR und der Einberufungsfrist gilt das Gleiche wie für vom ArbGeb beantragte außerordentl. Betriebsversammlungen (s. Rz. 26). Bei den auf Wunsch der ArbN anberaumten Betriebsversammlungen soll der ArbGeb nach herrschender (abzulehnender) Auffassung kein Teilnahmerecht haben[8]. Allerdings kann der BR den ArbGeb einladen; außerdem ist er über Zeitpunkt, Ort und Tagesordnung zu informieren.

Der **BR selbst** kann eine außerordentl. Betriebsversammlung nur anberaumen, wenn sie aus sachlichen Gründen **dringend geboten** ist[9] und in dem betreffenden Zeitraum bereits die ordentl. und ggf. eine zusätzliche Betriebsversammlung nach Abs. 1 S. 3 stattgefunden haben und die Angelegenheit so dringlich ist, dass bis zur nächsten ordentl. Versammlung nicht gewartet werden kann[10]. Typischer Anlass für eine außerordentl. Betriebsversammlung sind **anstehende Betriebsänderungen**. Eine außerordentl. Betriebsversammlung kommt auch in Betracht, wenn der ArbGeb zuvor eine von ihm anberaumte „Mitarbeiterversammlung" zu unzulässiger Stimmungsmache gegen den BR missbraucht hat[11]. Ein Teilnahmerecht hat der ArbGeb bei vom BR anberaumten außerordentl. Betriebsversammlungen nach herrschender (abzulehnender) Auffassung nicht, er ist aber über Zeit und Ort sowie Beratungsgegenstand zu informieren[12]. Selbstverständlich kann der BR den ArbGeb gleichwohl einladen.

Nach § 44 II können außerordentl. Betriebsversammlungen auch in Form von **Abteilungsversammlungen** nach § 42 II durchgeführt werden[13], wobei es zur Bemessung des Quorums von einem Viertel der ArbN stets auf den Gesamtbetrieb ankommt, nicht auf die Abteilung[14].

Wie sich aus § 44 I 1 ergibt, finden die außerordentl. Betriebsversammlungen **außerhalb der Arbeitszeit** statt, so dass auch kein Entgelt fortzuzahlen ist. **Während der Arbeitszeit** (mit der Konsequenz der Entgeltfortzahlung) finden außerordentl. Betriebsversammlungen nur in zwei Fällen statt, nämlich

---

1 ArbG München 3.2.1986 – 22 BVGA 17/86, NZA 1986, 235. ||2 ArbG Wilhelmshaven 27.10.1988 – 1 BvGA 5/88, NZA 1989, 571. ||3 *Fitting*, § 43 Rz. 36. ||4 *Fitting*, § 43 Rz. 41. ||5 Richardi/*Annuß*, § 43 Rz. 31; *Fitting*, § 43 Rz. 42. ||6 *Fitting*, § 43 Rz. 42. ||7 ArbG Stuttgart 13.5.1977 – 7 Ca 117/77, BB 1977, 1304. ||8 Richardi/*Annuß*, § 43 Rz. 47; *Fitting*, § 43 Rz. 50. ||9 Richardi/*Annuß*, § 43 Rz. 26; DKKW/*Berg*, § 43 Rz. 33. ||10 DKKW/*Berg*, § 43 Rz. 33. ||11 BAG 27.6.1989 – 1 ABR 28/88, DB 1989, 2543. ||12 DKKW/*Berg*, § 43 Rz. 35. ||13 ArbG Stuttgart 13.5.1977 – 7 Ca 117/77, BB 1977, 1304; *Fitting*, § 43 Rz. 45. ||14 Zust. *Fitting*, § 43 Rz. 45; aA Richardi/*Annuß*, § 43 Rz. 33.

– wenn der **ArbGeb** mit der Abhaltung während der Arbeitszeit **einverstanden** ist (§ 44 II 2 Hs. 2) oder

– wenn der **ArbGeb** die Abhaltung der Betriebsversammlung **beantragt** hatte (systemwidrig in § 44 I 1 geregelt).

31 Will der BR die Abhaltung außerhalb der Arbeitszeit bei einer von ihm selbst oder einem Viertel der ArbN gewünschten außerordentl. Betriebsversammlung vermeiden, so kann er die Betriebsversammlung stattdessen als ordentl. oder zusätzl. (weitere) Betriebsversammlung nach Abs. 1 durchführen, wenn das entsprechende Kontingent an ordentl. und zusätzl. (weiteren) Betriebsversammlungen noch nicht erschöpft ist[1].

32 Hinsichtlich Ort, Einberufung, Versammlungsleitung etc. gelten für eine außerordentl. Betriebsversammlung die gleichen Grundsätze wie für eine ordentl. (s. § 42 Rz. 18 ff.).

33 **Betriebsversammlung auf Antrag einer Gewerkschaft (Abs. 4).** Die auf Antrag der Gewerkschaft anberaumte Betriebsversammlung steht nicht neben den ordentl., zusätzl. und außerordentl. Betriebsversammlungen nach Abs. 1–3, sondern ersetzt sie. Verletzt der BR die Pflicht, für regelmäßige Betriebsversammlungen zu sorgen, soll unter bestimmten Voraussetzungen eine Gewerkschaft einberufen können. Dabei haben die Antragsvoraussetzungen des Abs. 4 nichts mit der Frage zu tun, ob der BR durch Abhaltung von zu wenig Betriebsversammlungen gegen seine gesetzl. Pflichten verstößt und ein Verfahren nach § 23 riskiert[2].

34 Voraussetzung der Einberufung ist, dass in dem der Antragstellung **vorausgegangenen Kalenderhalbjahr** keine (ordentl., zusätzl. (weitere) oder außerordentl.) Betriebsversammlung stattgefunden hat. Soweit nur Abteilungsversammlungen stattgefunden haben, müssen sie jedenfalls für die ganz überwiegende Zahl der ArbN des Betriebs durchgeführt worden sein[3].

35 Maßgeblicher Zeitraum ist nicht ein Zeitraum von sechs Monaten, sondern das Kalenderhalbjahr. Hat in der Zeit vom 1.1. bis 30.6. keine Betriebsversammlung stattgefunden, kann die Gewerkschaft also am 1.7. die Einberufung verlangen. Hat dagegen am 2.1. eine Betriebsversammlung stattgefunden, kann während des gesamten Jahres kein Antrag gestellt werden. Eine Antragstellung kommt nicht in Betracht, wenn zwar im vorangegangenen Kalenderhalbjahr keine Betriebsversammlung stattgefunden hat, dafür aber **zwischen Ablauf des Kalenderhalbjahrs und der Antragstellung**. Hat bspw. zwischen dem 1.1. und dem 30.6. keine Betriebsversammlung stattgefunden, findet aber eine am 2.7. statt, so kann nicht die Gewerkschaft am 10.7. nach Abs. 4 die Abhaltung einer Versammlung verlangen.

36 Antragsberechtigt ist jede im Betrieb vertretene **Gewerkschaft** (vgl. § 2). Der Antrag ist **formlos** möglich und an den BR zu richten. Die Gewerkschaft kann **nicht selbst** einberufen[4], selbst wenn der BR trotz Antrags untätig bleibt. Die Gewerkschaft kann dann aber eine einstw. Verfügung beantragen. Keinen Einfluss hat die Gewerkschaft auf die **Tagesordnung**. Die Versammlung ist auf jeden Fall eine ordentl. Betriebsversammlung nach Abs. 1 S. 1, so dass der BR auch einen Tätigkeitsbericht erstatten muss[5]. Die Versammlung muss grds. als Vollversammlung durchgeführt werden, Abteilungsversammlungen kommen nicht in Betracht[6]. Zulässig bleiben allerdings Teilversammlungen, wenn dies wegen der Eigenart des Betriebes erforderlich ist.

37 Auf Antrag einer im Betrieb vertretenen Gewerkschaft muss der BR innerhalb von zwei Wochen „einberufen". Die Versammlung muss aber nicht auch innerhalb der zwei Wochen stattfinden. Allerdings muss **zeitnah einberufen** werden[7].

44 Zeitpunkt und Verdienstausfall

(1) Die in den §§ 14a, 17 und 43 Abs. 1 bezeichneten und die auf Wunsch des Arbeitgebers einberufenen Versammlungen finden während der Arbeitszeit statt, soweit nicht die Eigenart des Betriebs eine andere Regelung zwingend erfordert. Die Zeit der Teilnahme an diesen Versammlungen einschließlich der zusätzlichen Wegezeiten ist den Arbeitnehmern wie Arbeitszeit zu vergüten. Dies gilt auch dann, wenn die Versammlungen wegen der Eigenart des Betriebs außerhalb der Arbeitszeit stattfinden; Fahrkosten, die den Arbeitnehmern durch die Teilnahme an diesen Versammlungen entstehen, sind vom Arbeitgeber zu erstatten.

(2) Sonstige Betriebs- oder Abteilungsversammlungen finden außerhalb der Arbeitszeit statt. Hiervon kann im Einvernehmen mit dem Arbeitgeber abgewichen werden; im Einvernehmen mit dem Arbeitgeber während der Arbeitszeit durchgeführte Versammlungen berechtigen den Arbeitgeber nicht, das Arbeitsentgelt der Arbeitnehmer zu mindern.

---

1 ArbG Heilbronn 6.3.1990 – 3 BV Ga 1/90, AiB 1990, 197; *Däubler*, AiB 1982, 54; *Richardi/Annuß*, § 43 Rz. 40. ||2 *Fitting*, § 43 Rz. 53. ||3 DKKW/*Berg*, § 43 Rz. 41; *Fitting*, § 43 Rz. 54. ||4 *Fitting*, § 43 Rz. 55; DKKW/*Berg*, § 43 Rz. 42. ||5 *Fitting*, § 43 Rz. 55. ||6 *Fitting*, § 43 Rz. 57; *Richardi/Annuß*, § 43 Rz. 60. ||7 *Fitting*, § 43 Rz. 56.

Zeitpunkt und Verdienstausfall   Rz. 9 § 44 BetrVG

I. Allgemeines. Die Vorschrift regelt, welche Versammlungen **während** und welche **außerhalb der Arbeitszeit** stattfinden, und für welche Veranstaltungen und unter welchen Voraussetzungen der ArbGeb **Verdienstausfall** (Entgeltfortzahlung) sowie **Fahrkosten** erstatten muss.

§ 44 ist **zwingend**, von den Regelungen kann weder durch TV noch durch BV zu Ungunsten der ArbN abgewichen werden. Streitig ist allerdings, ob eine Vereinbarung über die Dauer der Betriebsversammlung zulässig ist[1]. § 44 gilt entsprechend für die Versammlung der **Jugendlichen und Auszubildenden** (§ 71) sowie für die **Bordversammlung** (vgl. §§ 115, 116).

II. Zeitpunkt der Betriebsversammlung. Nach der Konzeption der §§ 42–44 finden folgende Versammlungen grds. **während der Arbeitszeit** statt:

– **regelmäßige** (vierteljährliche) Betriebs- bzw. Abteilungsversammlungen (§ 43 I 1 und 2)
– **zusätzliche** (weitere) Betriebs- bzw. Abteilungsversammlungen (§ 43 I 4)
– **außerordentliche** Betriebs- bzw. Abteilungsversammlungen auf **Antrag des ArbGeb** (§ 43 III)
– Betriebsversammlung zur Bestellung des **Wahlvorstands** (§§ 14a, 17 I).

Dagegen finden nach Abs. 2 **außerhalb** der Arbeitszeit statt:

– **außerordentliche** Betriebs- bzw. Abteilungsversammlungen, die der **BR** selbst einberuft (§ 43 III)
– **außerordentliche** Betriebs- bzw. Abteilungsversammlungen auf Antrag eines **Viertels der ArbN** (§ 43 III).

In beiden Fällen können die Versammlungen allerdings nach Abs. 2 S. 2 im **Einvernehmen mit dem ArbGeb** während der Arbeitszeit abgehalten werden; dann ist auch das Entgelt fortzuzahlen.

III. Versammlung während der Arbeitszeit. 1. Zeitpunkt. Arbeitszeit iSv. Abs. 1 S. 1 ist nicht die persönliche Arbeitszeit des einzelnen ArbN, sondern die **betriebliche Arbeitszeit**. Betriebliche Arbeitszeit ist die Zeit, während der jedenfalls ein erheblicher Teil der Belegschaft arbeitet[2]. Bei Drei-Schicht-Betrieben zB ist es unumgänglich, dass die Versammlung für einen Teil der ArbN außerhalb der persönlichen Arbeitszeiten liegt. Abs. 1 S. 1 bedeutet, dass der BR die Versammlung so legen soll, dass **möglichst viele** ArbN an ihr während der Arbeitszeit ohne weitere Mühen und Kosten teilnehmen können[3]. Bei **Gleitzeit** darf der BR die Betriebsversammlung in die Kernarbeitszeit legen[4]. Der BR darf die Versammlung nicht ohne Not von vornherein so anberaumen, dass ein Teil von ihr **zwangsläufig in die Freizeit** hineinreicht. Betriebsversammlungen können auch während eines (teilweisen) Arbeitskampfs sowie während Kurzarbeit stattfinden[5], allerdings dürfen Betriebsversammlungen nicht als Kampfinstrument missbraucht werden (s. § 42 Rz. 7).

Tag und Stunde der Versammlung regelt der BR durch **Beschluss**, eine Zustimmung des ArbGeb ist nicht erforderlich. Grds. sinnvoll ist, wenn der BR den ArbGeb unabhängig von der gesetzl. vorgeschriebenen Einladung (§ 43 II 1) **möglichst frühzeitig** von der zeitlichen Planung der Versammlung unterrichtet, damit dieser bzgl. des Arbeitsausfalls die notwendigen Vorkehrungen treffen kann[6]. Sofern keine besonderen Interessen der ArbN oder des BR entgegenstehen, muss der BR so anberaumen, dass die **Störungen des Betriebsablaufs** möglichst gering sind. Ist bspw. in einem Betrieb mit Fünf-Tage-Woche der Arbeitsanfall an einem bestimmten Tag erfahrungsgemäß besonders hoch, darf die Betriebsversammlung nicht auf diesen Tag gelegt werden. Anders ist es hingegen, wenn an diesem Tag besonders viele TeilzeitArbN oder Aushilfen im Betrieb sind, da dann die Abhaltung an diesem Tag besonders vielen ArbN die Möglichkeit gibt, an der Verhandlung während der Arbeitszeit teilzunehmen.

In einem **Drei-Schicht-Betrieb** kann der BR von vornherein auf Teilversammlungen nach § 42 I 3 ausweichen. Nach Auffassung des BAG[7] sollen dagegen Vollversammlungen wegen der besseren Kommunikationsmöglichkeiten grds. Vorrang vor Teilversammlungen haben, auch wenn das bedeutet, dass die Versammlung für die Mehrzahl der ArbN außerhalb der regelmäßigen Arbeitszeit stattfindet. Werden Vollversammlungen abgehalten, so sollen sie entweder mal in der einen, mal in der anderen Schicht liegen[8]. Die andere Möglichkeit ist, die Betriebsversammlung zeitlich so zu legen, dass sie in etwa gleichem Umfang am Ende der einen und am Anfang der nächsten Schicht liegt[9].

Haben alle ArbN des Betriebes **gleichmäßige Arbeitszeit** (Ein-Schicht-Betrieb), muss der BR die Versammlung entweder mit dem Beginn der Arbeitszeit anberaumen oder aber so terminieren, dass die Versammlung voraussichtlich mit dem Ende der Arbeitszeit abgeschlossen sein wird. Unzulässig wäre es dagegen, die Betriebsversammlung genau in die Mitte des Arbeitstages zu legen.

---

1 Vgl. die Nachw. bei *Fitting*, § 44 Rz. 14; dazu LAG Saarbrücken 21.12.1960 – Ta 6/58, AP Nr. 2 zu § 43 BetrVG 52: Vereinbart war eine Stunde Dauer. ||2 BAG 27.11.1987 – 7 AZR 29/87, AP Nr. 7 zu § 44 BetrVG; 9.3.1976 – 1 ABR 74/74, AP Nr. 3 zu § 44 BetrVG. ||3 BAG 27.11.1987 – 7 AZR 29/87, AP Nr. 7 zu § 44. ||4 ArbG München 27.7.1972 – 17 Ca 56/72; *Fitting*, § 44 Rz. 8. ||5 BAG 5.5.1987 – 1 AZR 292/85, AP Nr. 4 zu § 44 BetrVG. ||6 *Richardi/Annuß*, § 44 Rz. 18. ||7 BAG 9.3.1976 – 1 ABR 74/74, AP Nr. 3 zu § 44 BetrVG. ||8 *Richardi/Annuß*, § 44 Rz. 19. ||9 LAG Nds. 30.8.1982 – 11 TaBV 8/81, DB 1983, 1312; LAG Schl.-Holst. 30.5.1991 – 4 TaBV 12/91, DB 1991, 2247.

10 Beraumt der BR eine Betriebsversammlung unter Missachtung der betriebl. Notwendigkeiten an, kann der ArbGeb eine einstw. Verfügung auf Unterlassung der Betriebsversammlung erwirken[1]. Verlangt dagegen der ArbGeb vom BR die Unterlassung der Betriebsversammlung, so ist fraglich, ob der BR sie gegen den Willen des ArbGeb durchführen kann oder ob er eine einstw. Verfügung auf Duldung beantragen muss. Eine solche einstw. Verfügung ist jedenfalls dann sinnvoll, wenn der ArbGeb den ArbN androht, im Falle ihrer Teilnahme das Entgelt zu kürzen[2].

11 **2. Dauer.** Die Dauer der Betriebsversammlung ist gesetzl. nicht geregelt. In der Praxis sind meistens **zwei bis drei Stunden** ausreichend. Regelmäßig gibt es kein Bedürfnis, die Versammlung auf **mehr als einen Tag** auszudehnen, wenngleich dies in Ausnahmefällen nicht ausgeschlossen ist. Auch wenn mit einem Zeitbedarf von acht Stunden gerechnet wird, ist zur Vermeidung von Übernachtungskosten anreisender Mitarbeiter die Versammlung an einem Tag abzuhalten, nicht an zwei aufeinander folgenden halben Tagen[3]. Dauert die Versammlung länger als einen normalen Arbeitstag (acht Stunden), ist stets sorgfältig zu prüfen, ob die Versammlung nicht längst ihren Charakter verloren und sich in eine unzulässige Protest- oder Streikveranstaltung gewandelt hat (s.a. § 42 Rz. 7)[4]. Stellt sich bei Ablauf der normalen betrieblichen Arbeitszeit heraus, dass noch nicht alle Themen abgearbeitet sind, kann der BR die Versammlung in die Freizeit hineinreichen lassen, wodurch dann zusätzliche Lohnansprüche entstehen. **Eine Vertagung auf den nächsten Tag** kommt regelmäßig nicht in Betracht, da der ArbGeb sich darauf nicht einrichten konnte[5], notfalls muss neu für einen anderen Tag eingeladen werden.

12 **IV. Ordentliche Versammlung außerhalb der Arbeitszeit wegen Eigenart des Betriebes.** Eine Versammlung, die nach Abs. 1 S. 1 grds. während der Arbeitszeit abzuhalten wäre, ist nach Hs. 2. des Satzes 1 ausnahmsw. außerhalb der Arbeitszeit durchzuführen, wenn die **Eigenart des Betriebes** eine andere Regelung zwingend erfordert.

13 Die Rspr. stellt an die Gründe für Versammlungen außerhalb der Arbeitszeit hohe Anforderungen[6]. Bloße Unbequemlichkeiten sowie das übliche wirtschaftl. Interesse des ArbGeb an der Vermeidung von Arbeitsausfällen reichen nicht. In Betracht kommt zum einen eine sog. „**technisch-organisatorische Unmöglichkeit**". Sie ist gegeben, wenn die Versammlung während der Arbeitszeit eine technisch untragbare Störung eines eingespielten Betriebsablaufs bedeuten würde[7]. Eine Abhaltung außerhalb der Arbeitszeit kann aber auch wegen „**wirtschaftlicher Unzumutbarkeit**" geboten sein. Allerdings muss hier der durch eine Versammlung während der Arbeitszeit drohende Schaden **ungewöhnlich hoch** sein und erheblich über die Nachteile hinausgehen, die üblicherweise mit einem Ruhen der Arbeit verbunden sind[8]. Dass die Arbeitszeit des Betriebes mit den **Öffnungszeiten für den Publikumsverkehr** zusammenfällt (Banken, Warenhäuser, Ladengeschäfte, Restaurantbetriebe etc.) bedeutet nicht, dass Versammlungen stets außerhalb der Arbeitszeit stattzufinden hätten. Vielmehr muss der Betrieb notfalls für die Dauer der Betriebsversammlung für die Öffentlichkeit geschlossen werden. Dies war insb. bei Warenhäusern heftig umstritten[9]. Allerdings muss der BR auf die wirtschaftl. Interessen des ArbGeb Rücksicht nehmen. So darf bspw. in einem Warenhaus eine Betriebsversammlung nicht auf klassische „Stoßzeiten" wie Samstage, Weihnachts- oder Ostergeschäft oder Schlussverkäufe gelegt werden[10].

14 Der **öffentl.-rechtl. Auftrag** eines Unternehmens rechtfertigt für sich allein nicht Versammlungen außerhalb der Arbeitszeit[11].

15 Mit zunehmender **Vernetzung der Wirtschaft** (Stichworte: **Just-in-Time**, Outsourcing etc.) steigen die Probleme. Wenn bspw. ein Autozulieferer sich vertragl. verpflichtet, auf Abruf binnen zwei Stunden bestimmte Mengen von Zulieferteilen in einer bestimmten Qualität herzustellen und beim Automobilhersteller anzuliefern, und jede Terminüberschreitung hohe Konventionalstrafen auslöst, dann kann in einem solchen Zulieferbetrieb keine Betriebsversammlung während der Arbeitszeit stattfinden[12]. Ebenso problematisch ist der Fall einer internationalen Fluggesellschaft, die über ihre deutschen Standorte internationale Zubringerflüge abwickelt. Hier würde durch eine Betriebsversammlung während der Arbeitszeit und die damit verbundenen Flugausfälle das gesamte weltweite Netz von Flugverbindungen durcheinander geraten.

16 Der ArbGeb darf während der Dauer der Betriebsversammlung den **Betrieb für Kunden geöffnet** halten in der Erwartung, dass ohnehin nicht alle ArbN an der Betriebsversammlung teilnehmen[13]. Einen **Notdienst**

---

1 LAG Düss. 24.10.1972 – 11 (6) BV Ta 43/72, DB 1972, 2212; ArbG Darmstadt 7.5.2009 – 7 BVGa 13/09. ||2 *Fitting*, § 44 Rz. 15. ||3 LAG MV 15.10.2008 – 2 TaBV 2/08. ||4 Abwegig ArbG Hamburg 28.6.1977 – 4 GaBV 19/77, AiB 2001, 711, wonach bei drohenden Massenentlassungen eine Dauer von vier Tagen gerechtfertigt sein kann. ||5 *Lunk*, Die Betriebsversammlung, 1991, S. 172; aA LAG BW 12.12.1985 – 14 Ta BV 22/85, AiB 1986, 67; DKKW/*Berg*, § 44 Rz. 5. ||6 LAG Schl.-Holst. 28.10.1996 – 1 Ta BV 38/96, AiB 1997, 348. ||7 Vgl. BAG 26.10.1956 – 1 ABR 26/54, AP Nr. 1 zu § 43 BetrVG betr. die Stilllegung des gesamten Betriebes für einen ganzen Arbeitstag; ähnlich LAG Saarbrücken 21.12.1960 – Ta 6/58, AP Nr. 2 zu § 43 BetrVG 52. ||8 BAG 9.3.1976 – 1 ABR 74/74, AP Nr. 3 zu § 44 BetrVG. ||9 BAG 9.3.1976 – 1 ABR 74/74, AP Nr. 3 zu § 44 BetrVG; 31.8.1982 – 1 ABR 27/80, AP Nr. 8 zu § 87 BetrVG; ausf. *Brötzmann*, BB 1990, 1055; *Kappes/Rath*, DB 1987, 2645; *Strümper*, NZA 1984, 315. ||10 BAG 9.3.1976 – 1 ABR 74/74, AP Nr. 3 zu § 44 BetrVG; Richardi/*Annuß*, § 44 Rz. 17.
||11 LAG Schl.-Holst. 28.10.1996 – 1 Ta BV 38/96, AiB 1997, 348; ArbG Wuppertal 9.7.1996 – 9 BV Ga 12/96, AiB 1997, 347. ||12 AA ArbG Darmstadt 7.5.2009 – 7 BVGa 13/09. ||13 Zutr. LAG Köln 19.4.1988 – 11 Ta BV 24/88, DB 1988, 1400; aA DKKW/*Berg*, § 44 Rz. 13; *Fitting*, § 44 Rz. 18.

darf der ArbGeb für die Zeit der Betriebsversammlung nicht einteilen[1], wenn er den für den Notdienst eingeteilten ArbN die Teilnahme an der Betriebsversammlung untersagt. Ist Notdienst zwingend, muss die Versammlung außerhalb der Arbeitszeit stattfinden oder es müssen Teilversammlungen abgehalten werden.

Nicht geregelt ist das Verhältnis zwischen **Teilversammlungen während der Arbeitszeit** und **Vollversammlungen außerhalb der Arbeitszeit**. Nach §§ 42 I 3 und 44 I 1 setzt beides voraus, dass aus betriebl. Gründen eine Vollversammlung innerhalb der Arbeitszeit nicht möglich ist. Das Gesetz regelt aber nicht, welche der beiden Alternativen bei Unmöglichkeit einer Vollversammlung während der Arbeitszeit Vorrang hat. Nach verbreiteter Auffassung soll eine Vollversammlung außerhalb der Arbeitszeit nur in Betracht kommen, wenn Teilversammlungen während der Arbeitszeit nicht möglich sind[2]. Vorzuziehen ist die Auffassung, wonach der **BR** einen **Ermessensspielraum** hat[3]. Erscheinen dem BR beide Alternativen als gleichwertig, kann er sie abwechselnd wählen. 17

V. Außerordentliche Betriebsversammlung. Die in Abs. 2 genannten Betriebsversammlungen sind grds. außerhalb der Arbeitszeit abzuhalten, und es ist kein Entgelt zu zahlen. Anders ist es, wenn der **ArbGeb** der Durchführung der Versammlung während der Arbeitszeit **zustimmt**. Ob der ArbGeb zustimmt, liegt allein in seinem Ermessen. Er kann die Zustimmung ohne Angabe von Gründen verweigern, und sein Einverständnis kann weder im Beschlussverfahren noch durch die Einigungsstelle ersetzt werden. Das Einverständnis ist formlos möglich (mündliche Ankündigung, Anschlag am schwarzen Brett etc.). Die Zustimmung des ArbGeb gilt als erteilt, wenn er davon erfährt, dass der BR eine der in Abs. 2 genannten Versammlungen innerhalb der Arbeitszeit abhalten will, aber nicht innerhalb angemessener Zeit ausdrücklich widerspricht[4]. Nach dem klaren Wortlaut löst die Zustimmung des ArbGeb zur Abhaltung innerhalb der Arbeitszeit automatisch den Entgeltfortzahlungsanspruch aus. Der ArbGeb kann die Zustimmung zur Abhaltung während der Arbeitszeit nicht mit der Maßgabe erteilen, dass keine Entgeltfortzahlung stattfinden soll[5], da sonst ArbGeb und BR die ArbN um Gehaltsansprüche bringen könnten. 18

Der ArbGeb kann sein Einverständnis auf eine bestimmte **Höchstdauer** der Versammlung beschränken[6]. Reicht dem BR die vom ArbGeb zugestandene Zeit nicht aus, muss der Rest der Versammlung dann außerhalb der Arbeitszeit stattfinden. 19

Adressat der Zustimmungserklärung ist der **BR**. Der ArbGeb sollte aber parallel die **Belegschaft** informieren, da er sonst Gefahr läuft, Vergütung bezahlen zu müssen, wenn den ArbN die Verweigerung der Zustimmung nicht bekannt war und/oder sie davon ausgingen, die Abhaltung der Betriebsversammlung während der Arbeitszeit bedürfe keiner Zustimmung. 20

Findet eine außerordentl. Betriebsversammlung außerhalb der allgemeinen Arbeitszeit statt, haben ArbN mit abweichender Arbeitszeit, die zu dem betreffenden Zeitpunkt **zum Dienst eingeteilt** sind, kein Teilnahmerecht, sofern der ArbGeb sie nicht freistellt. Ggf. sind Teilversammlungen außerhalb der Arbeitszeit abzuhalten[7]. 21

Hält der BR entgegen Abs. 2 ohne Zustimmung des ArbGeb eine außerordentl. Betriebsversammlung während der Arbeitszeit ab, kann der ArbGeb eine **einstw. Verfügung** beantragen, außerdem verstößt der BR grob gegen seine gesetzl. Pflichten (§ 23). Die ArbN haben kein Teilnahmerecht, bei rechtzeitiger Warnung und klarer Rechtslage kann die Teilnahme eine (ordentl. oder fristl.) Kündigung rechtfertigen, jedenfalls nach Abmahnung. 22

VI. Vergütungsanspruch, Entgeltfortzahlung. 1. Ordentliche Versammlungen. Die gem. Abs. 1 während der Arbeitszeit abzuhaltenden Betriebsversammlungen sind den einzelnen ArbN „wie Arbeitszeit" zu vergüten. Es kommt also nicht darauf an, ob der ArbN in dem betreffenden Zeitraum gearbeitet hätte, wenn keine Versammlung stattgefunden hätte. Das gilt gleichermaßen, wenn die Betriebsversammlung über das Ende der persönlichen Arbeitszeit hinausreicht, wenn der ArbN Freischicht hat oder wenn eine an sich gem. Abs. 1 während der Arbeitszeit abzuhaltende Betriebsversammlung wegen der Eigenart des Betriebs ausnahmsw. außerhalb der Arbeitszeit stattfindet. Abs. 1 regelt also nicht einen Lohnersatzanspruch, sondern einen **Vergütungsanspruch eigener Art**[8]. Vergütung erhalten also auch Mitarbeiter, die während des Erholungsurlaubs[9], während der Elternzeit[10], während Kurzarbeitszeiten[11] oder während eines Streiks an einer Versammlung teilnehmen[12]. 23

Weiterzuzahlen ist das **individuelle Arbeitsentgelt** einschl. Schmutzzulagen, Erschwerniszulagen sowie ggf. Sonn- und Feiertagszuschlägen[13]. Bei **variabler Vergütung** (zB Akkordverdienst) ist der Durch- 24

---

1 ArbG Hamburg 2.11.1979 – 18 GaBV 1/79. ||2 ZB *Rüthers*, ZfA 1974, 211. ||3 Richardi/*Annuß*, § 44 Rz. 13; *Fitting*, § 44 Rz. 19. ||4 BAG 27.11.1987 – 7 AZR 29/87, AP Nr. 7 zu § 44 BetrVG; so auch LAG BW 17.2.1987 – 8 (14) Sa 106/86, DB 1987, 1441. ||5 DKKW/*Berg*, § 44 Rz. 31; *Fitting*, § 44 Rz. 43. ||6 Richardi/*Annuß*, § 44 Rz. 22, 48; *Fitting*, § 44 Rz. 21. ||7 *Fitting*, § 44 Rz. 23. ||8 *Fitting*, § 44 Rz. 13; BAG 5.5.1987 – 1 AZR 292/85, AP Nr. 4 zu § 44 BetrVG. ||9 BAG 5.5.1987 – 1 AZR 665/85, AP Nr. 5 zu § 44 BetrVG. ||10 BAG 31.5.1989 – 7 AZR 574/88, DB 1990, 793. ||11 BAG 5.5.1987 – 1 AZR 666/85, AP Nr. 6 zu § 44 BetrVG. ||12 BAG 5.5.1987 – 1 AZR 292/85, AP Nr. 4 zu § 44 BetrVG. ||13 LAG Düss. 16.1.1978 – 20 Sa 1562/77, AuR 1979, 27; vgl. aber BAG 1.10.1974 – 1 AZR 394/73, AP Nr. 2 zu § 44 BetrVG: Keine Feiertagszuschläge für ArbN, die ansonsten an diesem Tag dienstfrei hätten.

schnitt der zuletzt erzielten Entgelte maßgeblich[1]. Die Zeiten der Teilnahme an einer Versammlung bzw. die Wegezeiten sind allerdings nicht den ansonsten erbrachten Arbeitszeiten hinzuzurechnen mit der Folge, dass für die Zeit der Teilnahme an der Versammlung Anspruch auf **Mehrarbeitsvergütung** entstehen würde[2]. Mehrarbeitsvergütung ist nur dann geschuldet, wenn der ArbN während der Zeit der Betriebsversammlung Mehrarbeit geleistet hätte[3].

25 Nimmt der ArbN an der Versammlung **nicht teil**, hat er keinen Vergütungsanspruch nach Abs. 1. Arbeitet er stattdessen weiter, hat er den normalen Anspruch auf Arbeitslohn.

26 Dass die Teilnahme an Versammlungen nach Abs. 1 „wie Arbeitszeit" zu vergüten ist, bedeutet nicht, dass diese Zeit auch **öffentl.-rechtl.** als Arbeitszeit anzusehen wäre[4].

27 Den ArbN sind auch **Wegezeiten** zu vergüten. Vergütungspflichtig sind aber nur „zusätzliche" Wegezeiten, also nur solche, die über diejenigen Wegezeiten hinaus anfallen, die der ArbN zur Erfüllung seiner ansonsten geschuldeten Arbeitsleistung aufwenden muss[5]. Dabei ist jeweils auf den einzelnen ArbN abzustellen. Die Vergütung von Wegezeiten kommt zB in Betracht, wenn die Versammlung **außerhalb des Betriebsgeländes** stattfindet, der ArbN von einer **entfernten** kleineren **Betriebsstätte anreist** oder die Versammlung in seiner **Freischicht** stattfindet. Verlängert sich die Wegezeit ggü. der sonst angefallenen Wegezeit, ist nur die Differenz vergütungspflichtig[6]. Die Vergütung für die Wegezeit ist steuer- und sozialversicherungspflichtig[7].

28 **2. Außerordentliche Versammlungen.** Soweit die Versammlungen **außerhalb der Arbeitszeit** stattfinden, muss der ArbGeb weder Entgelt fortzahlen noch Wegezeiten oder zusätzliche Fahrkosten ausgleichen. Die Zustimmung des ArbGeb zur Abhaltung **während der betriebsüblichen Arbeitszeit** bedeutet nicht, dass für die gesamte Dauer der Versammlung Entgelt zu zahlen ist. Vielmehr enthält Abs. 2 – anders als Abs. 1 – nur das **Verbot der Entgeltminderung**. Das bedeutet, dass Entgelt nur insoweit zu zahlen ist, wie die Betriebsversammlung in der individuellen persönlichen Arbeitszeit des einzelnen ArbN liegt. Hat bspw. ein Schichtarbeiter an dem betreffenden Tag arbeitsfrei, erhält er für die Zeit der Teilnahme an der Versammlung kein Entgelt.

29 Stimmt der ArbGeb der Abhaltung einer außerordentl. Versammlung während der Arbeitszeit zu, besteht nur ein Anspruch auf Fortzahlung der ansonsten geschuldeten Vergütung, **nicht** aber auf Vergütung **zusätzlicher Wegezeiten**. Etwas anderes gilt nur, wenn diese Wegezeiten innerhalb der persönlichen Arbeitszeit des ArbN liegen, denn sonst würde doch wieder eine Minderung des Arbeitsentgelts eintreten, was Abs. 2 gerade verhindern will.

30 **VII. Fahrkostenerstattung.** Auseinander zu halten sind drei verschiedene Fragen, nämlich der Anspruch auf Fahrkostenerstattung

– für ordentl. Betriebsversammlungen, die während der Arbeitszeit stattfinden,

– für ordentl. Betriebsversammlungen, die wegen der Eigenart des Betriebes außerhalb der Arbeitszeit stattfinden,

– für außerordentl. Versammlungen, die nach Abs. 2 grds. außerhalb der Arbeitszeit stattfinden müssen.

31 **Gesetzlich geregelt** ist nur der zweite Fall. Hier ordnet Abs. 1 S. 3 an, dass der ArbGeb die Fahrkosten zu erstatten hat. Es kommt insoweit nur darauf an, dass die Versammlung außerhalb der persönlichen Arbeitszeit des einzelnen ArbN stattfindet, die betriebsüblichen Arbeitszeiten sind unerheblich[8]. Der Anspruch ist zwingend und kann durch BV nicht ausgeschlossen werden[9]. Zu erstatten sind nur tatsächlich angefallene Fahrkosten, eine Pauschalierung können die ArbN nicht verlangen. Auch muss es sich um „zusätzliche" Fahrkosten handeln. Die Erstattungszahlung ist lohnsteuerfrei[10].

32 Der ArbGeb ist in entsprechender Anwendung von Abs. 1 S. 3 zur Erstattung verpflichtet, wenn auswärtige ArbN zu einer **während der Arbeitszeit** stattfindenden Versammlung anreisen, oder aber die gesamte Versammlung (zB aus Platzgründen) außerhalb des Betriebs stattfindet[11].

33 Kein Fahrkostenersatz ist dagegen für diejenigen außerordentl. Versammlungen zu zahlen, die grds. **außerhalb der Arbeitszeit** stattfinden (Abs. 2), selbst wenn der ArbGeb der Abhaltung während der Arbeitszeit ausnahmsw. zustimmt. Abs. 2 S. 2 knüpft an die Zustimmung als Rechtsfolge nur das Verbot der Entgeltminderung, gibt aber keinen Anspruch auf Fahrkostenerstattung.

---

1 BAG 23.9.1960 – 1 AZR 508/59, AP Nr. 11 zu § 1 Feiertagslohnzahlungsg; LAG Düss. 11.12.1972 – 10 Sa 810/72, BB 1973, 1305. || 2 BAG 18.9.1973 – 1 AZR 116/73, AP Nr. 1 zu § 44 BetrVG; LAG Düss. 8.12.1972 – 4 Sa 945/72, DB 1973, 386; aA *Fitting*, § 44 Rz. 15. || 3 BAG 18.9.1973 – 1 AZR 116/73, AP Nr. 1 zu § 44 BetrVG; LAG Düss. 8.12.1972 – 4 Sa 945/72, DB 1973, 386; aA *Fitting*, § 44 Rz. 15. || 4 Bartz/Stratmann, NZA-RR 2013, 281; *Fitting*, § 44 Rz. 32; aA VG Düss. 15.4.2008 – 3 K 4887/07; OVG Münster 10.5.2011 – 4 A 1403/08. || 5 BAG 5.5.1987 – 1 AZR 292/85, AP Nr. 4 zu § 44 BetrVG. || 6 *Fitting*, § 44 Rz. 38. || 7 *Fitting*, § 44 Rz. 38. || 8 DKKW/*Berg*, § 44 Rz. 24; *Fitting*, § 44 Rz. 39. || 9 DKKW/*Berg*, § 44 Rz. 28; GK-BetrVG/*Fabricius*, § 44 Rz. 78. || 10 Schreiben des BMWi 16.5.1972, BB 1972, 697. || 11 *Fitting*, § 44 Rz. 40; DKKW/*Berg*, § 44 Rz. 25; aA *Galperin/Löwisch*, § 44 Rz. 33.

VIII. Wegfall der Vergütungspflicht bei fehlerhafter Betriebsversammlung, insb. bei Behandlung unzulässiger Themen. Missbraucht der BR eine Versammlung zur Behandlung von Themen, die nach § 45 dort offensichtlich nicht hingehören, ist der ArbGeb nach einhelliger Auffassung nicht zur Entgeltzahlung und nicht zur Übernahme der Fahrkosten verpflichtet. Allerdings kann die Behandlung **unzulässiger Themen** nur dann zum (teilweisen) Wegfall des Entgeltanspruchs führen, wenn der ArbGeb auf die Unzulässigkeit der Erörterung und die sich daraus ergebenden Folgen hingewiesen hat[1], oder ein für die ArbN offensichtlicher Missbrauch (vgl. § 42 Rz. 7) vorliegt. Auch sind „Abschweifungen" von bis zu einer Viertelstunde regelmäßig unbeachtlich[2]. 34

Die Behandlung **zulässiger** Fragen, die **nicht auf der Tagesordnung** standen, lässt den Entgeltanspruch unberührt[3]. Wegen der Teilnahme **nicht-teilnahmeberechtigter Personen** entfällt der Entgeltanspruch regelmäßig nicht, es sei denn, es ist offensichtlich für jedermann erkennbar, dass wegen einer Vielzahl nicht-berechtigter Teilnehmer die Versammlung zu einer „öffentlichen" Versammlung geworden ist. Hat der BR eine ordentl. Versammlung **zu Unrecht außerhalb der Arbeitszeit** einberufen, so wird dadurch der ArbGeb nicht zu (zusätzlichen) Entgeltzahlungen verpflichtet, wenn er der Einberufung vorher widersprochen hat[4]. Bei einer **zu Unrecht** einberufenen **weiteren Betriebsversammlung** entfällt der Entgeltanspruch[5]. 35

IX. Streitigkeiten. Die Duldung einer Betriebsversammlung während der Arbeitszeit kann ggf. durch einstw. Verfügung (**Beschlussverfahren**) erzwungen werden (s.a. Rz. 10, 22)[6]. Der ArbGeb kann per einstw. Verfügung die Abhaltung einer Betriebsversammlung untersagen lassen, wenn sie unter Verstoß gegen § 44 anberaumt wird; zum Problem der fehlenden Vollstreckbarkeit s. § 42 Rz. 37. Die **Vergütungs- und Fahrkostenerstattungsansprüche** der ArbN sind individualrechtl. Natur, so dass über sie im **Urteilsverfahren** entschieden werden muss[7]. 36

45 Themen der Betriebs- und Abteilungsversammlungen

Die Betriebs- und Abteilungsversammlungen können Angelegenheiten einschließlich solcher tarifpolitischer, sozialpolitischer, umweltpolitischer und wirtschaftlicher Art sowie Fragen der Förderung der Gleichstellung von Frauen und Männern und der Vereinbarkeit von Familie und Erwerbstätigkeit sowie der Integration der im Betrieb beschäftigten ausländischen Arbeitnehmer behandeln, die den Betrieb oder seine Arbeitnehmer unmittelbar betreffen; die Grundsätze des § 74 Abs. 2 finden Anwendung. Die Betriebs- und Abteilungsversammlungen können dem Betriebsrat Anträge unterbreiten und zu seinen Beschlüssen Stellung nehmen.

I. Allgemeines. § 45 regelt zwei verschiedene Komplexe. S. 1 regelt – entsprechend der Überschrift – welche **Themen** zulässigerweise auf Betriebsversammlungen behandelt werden können. S. 2 dagegen betrifft das Verhältnis zwischen Betriebsversammlung und BR, regelt also insb. die **Befugnisse der Betriebsversammlung** als eigenständigem Organ der Betriebsverfassung ggü. dem BR. § 45 ist nach hM **zwingend**, abweichende Regelungen sind weder durch TV noch durch BV möglich[8]. 1

II. Zulässige Themen. 1. Grundsätze. S. 1 regelt die zulässigen Themen **nicht abschließend** („einschließlich"). Überdies regeln § 43 I 1 (Tätigkeitsbericht des BR) und § 43 II 3 (Bericht des ArbGeb über Personal- und Sozialangelegenheiten) weitere Themen von Betriebsversammlungen. Nach §§ 14a, 17 kann auch die Wahl eines Wahlvorstands Aufgabe der Betriebsversammlung sein. 2

S. 1 verlangt, dass Angelegenheiten behandelt werden, „**die den Betrieb oder seine Arbeitnehmer unmittelbar betreffen**". Damit unvereinbar wäre insb. die Diskussion allgemeinpolitischer Fragen (dazu eingehend Rz. 5). Nicht erforderlich ist, dass **ausschließlich** der Betrieb oder das Unternehmen betroffen ist. Deshalb können auch solche Themen diskutiert werden, die für eine Vielzahl von Betrieben/Unternehmen gleichartig sind (zB tarifpolitische Fragen, Änderungen der wirtschaftl. Rahmenbedingungen etc.)[9]. 3

Die behandelten Themen müssen nicht in der unmittelbaren **Einflusssphäre** von BR und/oder ArbGeb liegen. Zulässig ist deshalb die Behandlung von Themen wie bspw. die Insolvenz eines wichtigen Kunden, die drohende Stilllegung einer für den Betrieb wichtigen Bahnverbindung[10] oder die Änderung von Gesetzen betr. die hergestellten Produkte etc. 4

Nicht zulässig ist dagegen die Behandlung **allgemeinpolitischer Themen**, die BR und ArbN ausschließlich in ihrer Funktion als Staatsbürger berühren. Deshalb ist zB die Diskussion von Fragen der 5

---

1 ArbG Hamburg 5.11.1997 – 6 BV 6/97, NZA-RR 1998, 214; LAG BW 17.2.1987 – 8 (14) Sa 106/86, DB 1987, 1441; LAG Bremen 5.3.1982 – 1 Sa 374–378/81, DB 1982, 1573. ||2 LAG BW 25.9.1991 – 10 Sa 32/91, AiB 1992, 98; LAG Düss. 10.3.1981 – 11 Sa 1453/80, DB 1981, 1729. ||3 *Fitting*, § 44 Rz. 34; DKKW/*Berg*, § 44 Rz. 27. ||4 BAG 27.11.1987 – 7 ABR 29/87, DB 1988, 810. ||5 BAG 23.10.1991 – 7 AZR 249/90, DB 1992, 689. ||6 ArbG Frankfurt 17.5.1976 – 11 BVGa 6/76. ||7 BAG 18.9.1973 – 1 AZR 116/73 und 1.10.1974 – 1 AZR 394/73, AP Nr. 1, 2 zu § 44 BetrVG. ||8 *Fitting*, § 45 Rz. 3. ||9 Vgl. BAG 14.2.1967 – 1 ABR 7/66, AP Nr. 2 zu § 45 BetrVG. ||10 *Fitting*, § 45 Rz. 7.

Außenpolitik grds. unzulässig[1], es sei denn, diese haben unmittelbare Auswirkung auf Betrieb und Belegschaft (zB bei Rüstungsunternehmen).

6 Über **Referenten**, die der BR zu verschiedenen Tagesordnungspunkten einlädt, hat er im Rahmen seines Ermessens zu entscheiden[2]. Dabei dürfen die Grenzen der Parteipolitik (s. Rz. 9f.) nicht überschritten werden, auch darf der BR ohne Zustimmung des ArbGeb kein Sprecherhonorar oder die Übernahme von Reisekosten zusagen (s. § 80 III). Das Einverständnis des ArbGeb zur Einladung externer Sprecher braucht der BR ansonsten aber nicht einzuholen.

7 **2. Tarifpolitische Angelegenheiten.** In Betracht kommt vor allem die Information der ArbN über die für den Betrieb maßgeblichen **TV** einschl. dazu ergehender Rspr., den Stand von **TV-Verhandlungen**[3], tarifl. (auch bevorstehende) Änderungen etc. Zur Tarifpolitik gehört auch (trotz § 74 II) der **Arbeitskampf**, so dass auch die Erörterung aktueller oder drohender Arbeitskämpfe zulässig ist, das gilt auch für mittelbare Auswirkungen von Arbeitskämpfen in anderen Regionen, Branchen oder Betrieben[4]. Wegen § 74 II unzulässig sind dagegen Streikaufrufe oder die Aufforderung zur Teilnahme an Urabstimmungen.

8 **3. Sozialpolitische Themen.** „Sozialpolitische" Themen betreffen alle Maßnahmen oder Regelungen, die im weitesten Sinne die **Rechtsstellung der ArbN** betreffen[5]. Dazu gehören Fragen des Arbeits- und Sozialrechts, des Arbeitsschutzes, der Unfallverhütung, der beruflichen Bildung, der Vermögensbildung, der Renten-[6] und Krankenversicherung[7], der Altersgrenzen sowie der beruflichen Bildung. Auch der Stand von Gesetzgebungsverfahren kann behandelt werden[8]. Stets erforderlich ist aber ein **konkreter Bezugspunkt zum Betrieb oder seinen ArbN**. So kann bspw. eine Änderung des Ladenschlussgesetzes in Handelsunternehmen Gegenstand der Betriebsversammlung sein, nicht aber in einem produzierenden Unternehmen[9]. Dabei reicht es aus, wenn eine ganze Branche oder ein größerer Wirtschaftszweig betroffen ist[10]. Stets zulässiges Thema ist die (geplante) Veränderung **arbeitsrechtl. Gesetze**[11].

9 Grds. unzulässig ist jegliche **parteipolitische** Betätigung, ohne dass es darauf ankäme, ob durch die Betätigung eine konkrete Gefährdung des Betriebsfriedens droht[12]. Die ArbN sollen in ihrer Meinungs- und Wahlfreiheit als Staatsbürger nicht beeinflusst werden[13]. Werbung oder Propaganda für eine bestimmte Partei sind deshalb in einer Betriebsversammlung unzulässig[14].

10 Schwer abzugrenzen ist die (zulässige) Behandlung sozialpolitischer Themen von (unzulässiger) Parteipolitik. So darf bspw. ein **Politiker** vom **BR eingeladen** werden und eine Rede halten. Die Grenze zur unzulässigen Parteipolitik ist allerdings überschritten, wenn während des Wahlkampfs ein Spitzenpolitiker in seinem Wahlkreis im Rahmen seines Wahlkampfs redet[15]. Nichts einzuwenden ist gegen eine Behandlung (zulässiger) sozialpolitischer Themen, auch wenn dabei die Auffassungen der verschiedenen Parteien deutlich gemacht werden[16].

11 **4. Gewerkschaftliche Angelegenheiten.** Gewerkschaftliche Angelegenheiten gehören häufig bereits zu tarifpolitischen (s. Rz. 7) oder sozialpolitischen (s. Rz. 8ff.) Angelegenheiten. Unabhängig davon können in Betriebsversammlungen auch allgemeine Fragen der **Zusammenarbeit zwischen BR und Gewerkschaft** erörtert werden. Dabei darf auch über Aufgaben und Wahl **gewerkschaftlicher Vertrauensleute** referiert werden[17]. Konkrete Gewerkschaftswerbung ist aber unzulässig.

12 **5. Umweltpolitische Fragen.** Umweltpolitische Fragen müssen ebenfalls einen **konkreten Bezug zum Betrieb** haben. In Betracht kommt insb. die Diskussion von Themen des **betrieblichen Umweltschutzes**[18], zB Abfallvermeidung, Entwicklung umweltfreundlicher Produkte, Einführung umweltfreundlicher Verfahren, Einkauf recycelter Produkte etc.

13 **6. Wirtschaftliche Angelegenheiten.** Auch die Erörterung wirtschaftl. Angelegenheiten bedarf eines **konkreten Bezuges zum einzelnen Betrieb**. Fragen der allgemeinen Wirtschaftspolitik, der wirtschaftl. Rahmenbedingungen oder der generellen Wirtschaftsstruktur sowie Subventions- und Steuerpolitik dürfen deshalb nur dann und nur insoweit behandelt werden, wie ein betriebl. Bezug existiert[19]. Ebenfalls behandelt werden kann die konkrete wirtschaftl. Situation des Betriebes/Unternehmens (der ArbGeb muss nach § 43 II 3 ohnehin einmal jährlich darüber einen Bericht erstatten, s. § 43 Rz. 17). Behan-

---

1 Abwegig ArbG Mannheim 17.1.1991 – 8 BV Ga 4/91, AiB 1991, 55; dagegen zB *Fitting*, § 45 Rz. 7. ||2 BAG 13.9.1977 – 1 ABR 67/75, AP Nr. 1 zu § 42 BetrVG. ||3 LAG BW 25.9.1991 – 10 Sa 32/91, AiB 1992, 96. ||4 Ausf. Richardi/*Annuß*, § 45 Rz. 11ff.; DKKW/*Berg*, § 45 Rz. 6ff.; *Fitting*, § 45 Rz. 9; LAG BW 25.9.1991 – 10 Sa 32/91, AiB 1992, 96 u. 17.2.1987 – 8 (14) Sa 106/86, DB 1987, 1441. ||5 *Fitting*, § 45 Rz. 10; DKKW/*Berg*, § 45 Rz. 7. ||6 LAG Bremen 5.3.1982 – 1 Sa 374–378/81, DB 1982, 1573. ||7 ArbG Paderborn 24.10.1996 – 2 BV Ga 4/96, AuR 1997, 168 betr. Wahlrecht zwischen Krankenversicherungen. ||8 DKKW/*Berg*, § 45 Rz. 8. ||9 *Fitting*, § 45 Rz. 11. ||10 BAG 14.2.1967 – 1 ABR 7/66, AP Nr. 2 zu § 45 BetrVG. ||11 ArbG Minden 2.7.1996 – 2 BV Ga 2/96, AiB 1996, 555; LAG Hamm 8.7.1996 – 3 TaBV 71/96. ||12 BAG 13.9.1977 – 1 ABR 67/75, AP Nr. 1 zu § 42 BetrVG. ||13 BAG 13.9.1977 – 1 ABR 67/75, AP Nr. 1 zu § 42 BetrVG. ||14 *Fitting*, § 45 Rz. 25. ||15 BAG 13.9.1977 – 1 ABR 67/75, AP Nr. 1 zu § 42 BetrVG. ||16 *Fitting*, § 45 Rz. 25. ||17 LAG Düss. 10.3.1981 – 11 Sa 1453/80, DB 1981, 1729; LAG Hamm 3.12.1986 – 3 Sa 1229/86, DB 1987, 2659. ||18 Dazu BAG 11.10.1995 – 7 ABR 42/94, AP Nr. 115 zu § 37 BetrVG. ||19 *Fitting*, § 45 Rz. 15.

delt werden kann auch die Einbindung des Betriebs/Unternehmens in einen Konzern, ein Gesellschafterwechsel, wichtige Verträge mit anderen Unternehmen etc.

7. Frauenförderung/Vereinbarkeit von Beruf und Familie. Im Einzelnen kann über Themen wie Frauenförderung, Teilzeitangebote, Betriebskindergärten, Frauenquoten etc. gesprochen werden. 14

8. Integration ausländischer Arbeitnehmer. Mögliche Themen sind hier zB die Chancengleichheit bei Beförderungen, die Repräsentanz ausländischer ArbN im BR, Sprachkurse, ausländerfeindliche Tendenzen in einzelnen Abteilungen etc. 15

III. Friedenspflicht (§ 74 Abs. 2). Der letzte Hs. des S. 1 erstreckt die allgemeine betriebsverfassungsrechtliche Friedenspflicht auf die Betriebsversammlung. Unzulässig ist es deshalb insb., Maßnahmen des **Arbeitskampfs** zu beraten oder gar **Urabstimmungen** durchzuführen[1]. Die Diskussion über anderweitig organisierte Arbeitskampfmaßnahmen ist dagegen zulässig (s. Rz. 7). 16

Die Friedenspflicht (§ 74 II) bedeutet nicht, dass die Betriebsversammlung nicht Forum für scharfe Auseinandersetzungen sein kann. Schon aus dem Grundrecht der Meinungsäußerung (Art. 5 GG) folgt, dass ArbN und BR an vorhandenen Missständen im Betrieb **Kritik** äußern und die nach ihrer Ansicht dafür verantwortlichen **Personen kritisieren** dürfen[2]. Die Kritik darf sich auch persönlich an den ArbGeb oder die verantwortlichen leitenden Angestellten richten. Die Grenzen des Zulässigen sind erst dann überschritten, wenn die Kritik unsachlich oder ehrverletzend ist[3]. Dass durch scharfe Äußerungen Unruhe entstehen kann, macht sie nicht unzulässig; ein Verstoß gegen die Friedenspflicht liegt nicht schon bei jeder drohenden Beeinträchtigung des Betriebsfriedens vor[4]. 17

IV. Behandlung unzulässiger Themen. Der BR hat zunächst die Tagesordnung so zu gestalten, dass keine unzulässigen Themen darauf stehen. Darüber hinaus hat der Vorsitzende des BR als Inhaber des Hausrechts darüber zu wachen, dass die Versammlung nicht auf unzulässige Themen abgleitet. Notfalls hat er kraft Hausrechts **unzulässige Redebeiträge** zu **unterbinden**. Unterlässt er dies, kann eine grobe Pflichtverletzung nach § 23 vorliegen[5]. Sind ArbGeb und BR mit der Behandlung unzulässiger Themen **einverstanden**, ist dagegen allerdings nichts einzuwenden[6]. 18

Werden auf einer Betriebsversammlung ausführlich unzulässige Themen erörtert, **verlieren** die ArbN insoweit ihren **Lohnanspruch** (s. § 44 Rz. 34f.). Allerdings ist der ArbGeb verpflichtet, den BR-Vorsitzenden als Versammlungsleiter auf die Behandlung unzulässiger Themen hinzuweisen und auf Abhilfe zu drängen. Ansonsten kann sein Einverständnis unterstellt werden, jedenfalls solange er anwesend ist[7]. Ergreift ein ArbN zu einem unzulässigen Thema das Wort, verliert er seinen Lohnanspruch für die Zeit seines Redebeitrags nicht. Etwas anderes gilt nur dann, wenn der BR-Vorsitzende den Redner auf die Unzulässigkeit des Themas hinweist, dieser aber trotzdem fortfährt. 19

V. Verhältnis Betriebsversammlung/Betriebsrat. S. 2 stellt klar, dass die Betriebsversammlung dem BR nicht übergeordnet ist. Weder kann die Betriebsversammlung **BV schließen** noch sie **aufheben**. Sie kann auch den BR nicht **abberufen**. Das BetrVG kennt **kein imperatives Mandat**, der BR ist stets eigenverantwortlich[8]. Aus diesem Grund kann die Betriebsversammlung dem BR auch nicht ein bestimmtes Verhalten vorschreiben[9]. Nach S. 2 kann die Betriebsversammlung dem BR nur **Anträge unterbreiten**. „Antrag" ist jede Aufforderung zu einem bestimmten Verhalten. Auch durch förmliche Anträge entsteht jedoch keine Bindungswirkung. Anträge kann sowohl der BR als auch jeder einzelne ArbN stellen, andere Teilnehmer (§ 42 Rz. 15) sowie der ArbGeb jedoch nicht[10]. Stimmberechtigt sind nur die teilnehmenden ArbN, zur Annahme eines Antrags reicht einfache Mehrheit. Stimmenthaltung ist möglich. Ein Mindestquorum ist nicht erforderlich. 20

Möglich und denkbar ist, dass der BR die **Vertrauensfrage** stellt oder auf Antrag der ArbN ihm das Misstrauen ausgesprochen wird. Beides hat jedoch auf die Rechtsstellung des BR keinen Einfluss. 21

VI. Streitigkeiten. Streitigkeiten über die Befugnisse der Betriebsversammlung, die Zulässigkeit von Themen sowie die Wirksamkeit von Beschlüssen der Versammlung sind im **Beschlussverfahren** auszutragen. Wurden unzulässige Themen behandelt und verweigert der ArbGeb deshalb die **Vergütung**, müssen die ArbN dies im **Urteilsverfahren** geltend machen. 22

§ 46 Beauftragte der Verbände

(1) An den Betriebs- oder Abteilungsversammlungen können Beauftragte der im Betrieb vertretenen Gewerkschaften beratend teilnehmen. Nimmt der Arbeitgeber an Betriebs- oder Abteilungsversammlungen teil, so kann er einen Beauftragten der Vereinigung der Arbeitgeber, der er angehört, hinzuziehen.

---

1 *Fitting*, § 45 Rz. 23. ||2 Richardi/*Annuß*, § 45 Rz. 23. ||3 BAG 22.10.1964 – 2 AZR 479/63, AP Nr. 4 zu § 1 KSchG Verhaltensbedingte Kündigung; 15.1.1986 – 5 AZR 460/84, AiB 1989, 209: Aufforderung zur Ausübung von Leistungsverweigerungsrechten der ArbN. ||4 *Fitting*, § 45 Rz. 24. ||5 BAG 4.5.1955 – 1 ABR 4/53, AP Nr. 1 zu § 44 BetrVG. ||6 *Fitting*, § 44 Rz. 26; DKKW/*Berg*, § 45 Rz. 24. ||7 LAG Bremen 5.3.1982 – 1 Sa 374–378/81, DB 1982, 1573. ||8 *Fitting*, § 45 Rz. 29. ||9 DKKW/*Berg*, § 45 Rz. 25. ||10 *Fitting*, § 45 Rz. 33.

(2) **Der Zeitpunkt und die Tagesordnung der Betriebs- oder Abteilungsversammlungen sind den im Betriebsrat vertretenen Gewerkschaften rechtzeitig schriftlich mitzuteilen.**

1 **I. Allgemeines.** Die Vorschrift regelt das Teilnahmerecht von Gewerkschaften und ArbGebVereinigungen uneinheitlich. Vertreter der Gewerkschaften haben ein **eigenständiges Teilnahmerecht**, auch wenn der BR ausdrücklich die Teilnahme nicht wünscht. Zur Absicherung des Teilnahmerechts sind die Vertreter der Gewerkschaften rechtzeitig zu unterrichten (Abs. 2). Vertreter des ArbGebVerbands können dagegen **nur auf Wunsch des ArbGeb** teilnehmen (Abs. 1 S. 2).

2 **II. Teilnahme von Gewerkschaftsbeauftragten.** Das Teilnahmerecht der Gewerkschaften an Versammlungen nach Abs. 1 steht **neben dem allgemeinen Zugangsrecht** zum Betrieb nach § 2 II. An anderen Zusammenkünften, Versammlungen etc. als an Betriebs- und Abteilungsversammlungen nach §§ 42 ff. können Gewerkschaftsbeauftragte nur dann teilnehmen, wenn sie ausdrücklich eingeladen werden. Teilnahmerecht besteht hinsichtlich aller Betriebs- und Abteilungsversammlungen, und zwar gleichermaßen für regelmäßige, zusätzliche (weitere) oder außerordentl. Versammlungen, auch für Teilversammlungen und Abteilungsversammlungen[1].

3 Die Gewerkschaft muss **im Betrieb vertreten** sein, es muss also mindestens ein ArbN Mitglied der betreffenden Gewerkschaft sein. Ist das der Fall, darf die Gewerkschaft an sämtlichen Abteilungsversammlungen teilnehmen, auch wenn in der betreffenden Abteilung kein ArbN Gewerkschaftsmitglied ist[2]. Nach herrschender, aber abzulehnender Auffassung soll § 46 auch zu Gunsten des DGB als Spitzenorganisation gelten, so dass bei Mitgliedschaft eines ArbN in einer DGB-Einzelgewerkschaft sowohl die Einzelgewerkschaft als auch der DGB teilnahmeberechtigt sein soll[3]. Angesichts der zunehmenden Pluralisierung der Tariflandschaft ist eine Privilegierung des DGB nicht mehr zu rechtfertigen.

4 Die Gewerkschaft entscheidet grds. selbst, wen sie als **Beauftragten** entsendet. Als Beauftragter der Gewerkschaft kommt nicht nur einer ihrer ArbN oder ein Funktionär in Betracht, sondern auch zB ehrenamtliche Kräfte, Vertrauensleute anderer Betriebe etc. Beim Betreten des Betriebes müssen sich die Gewerkschaftsbeauftragten ausweisen. In Betracht kommt auch die Entsendung **mehrerer** Beauftragter, allerdings muss sich ihre Zahl im Rahmen halten, so dass bspw. die Entsendung einer ganzen Delegation zu Schulungszwecken nicht in Betracht kommt[4].

5 § 46 verpflichtet den ArbGeb nicht dazu, dem Betreten des Betriebes zuzustimmen, sondern gibt den Gewerkschaftsbeauftragten ein unmittelbares und von einer Genehmigung des ArbGeb unabhängiges **eigenständiges Zugangsrecht**[5]. Deshalb entfällt auch eine Unterrichtungspflicht gem. § 2 II[6], so dass einem Gewerkschaftsbeauftragten die Teilnahme auch nicht aus den in § 2 II letzter Satz genannten Gründen verweigert werden darf.

6 Bestehen durchgreifende Bedenken gegen die Teilnahme eines **bestimmten Beauftragten**, kann der ArbGeb im Einzelfall widersprechen (zB wenn auf Grund eines früheren Verhaltens gerade dieses Beauftragten auf einer Betriebsversammlung Störungen des Betriebsfriedens ernsthaft zu befürchten sind)[7]. Auch Geheimhaltungsinteressen können eine Rolle spielen. So kommt nach richtiger Auffassung als Beauftragter nicht in Betracht, wer zugleich ArbN-Vertreter im Aufsichtsrat eines Konkurrenzunternehmens ist[8]. Statt des abgelehnten Beauftragten kann die Gewerkschaft natürlich einen anderen entsenden[9].

7 Das Teilnahmerecht eines Gewerkschaftsbeauftragten ist unabhängig davon, ob ein **Arbeitskampf** droht, konkret vorbereitet wird oder bereits läuft[10].

8 Der Gewerkschaftsbeauftragte hat das Recht, sich **zu Wort zu melden**, Fragen zu stellen und zur Sache zu sprechen. Der BR-Vorsitzende muss ihm das Wort erteilen[11]. Der Gewerkschaftsbeauftragte kann (sachliche) Kritik an betriebl. Zuständen oder dem Verhalten von ArbGeb und/oder BR äußern[12]. Redebeiträge des Gewerkschaftsbeauftragten müssen sich im Rahmen der zulässigen Themen nach § 45 (s. dort) halten, für ihn gilt auch die **Friedenspflicht** nach §§ 45 S. 1, 74 II[13]. Streikaufrufe von Gewerkschaftsbeauftragten sind daher unzulässig[14]. Der Gewerkschaftsbeauftragte hat kein Stimmrecht und kann auch keine Anträge stellen[15].

9 Sind im Betrieb **mehrere Gewerkschaften** vertreten, hat jede das Recht, einen Beauftragten zu entsenden.

10 **III. Einladung der Gewerkschaften.** Das Teilnahmerecht der Gewerkschaften nach Abs. 1 S. 1 ist dadurch abgesichert, dass der BR gem. Abs. 2 einzuladen hat. Während jedoch für das Teilnahmerecht

---

1 *Fitting*, § 46 Rz. 13. ||2 *Richardi/Annuß*, § 46 Rz. 4; *Fitting*, § 46 Rz. 6. ||3 *Fitting*, § 46 Rz. 6; *Richardi/Annuß*, § 46 Rz. 5. ||4 GK-BetrVG/*Fabricius*, § 46 Rz. 6; *Fitting*, § 46 Rz. 7. ||5 *Fitting*, § 46 Rz. 8. ||6 *Fitting*, § 46 Rz. 8; DKKW/*Berg*, § 46 Rz. 5. ||7 BAG 14.2.1967 – 1 ABR 7/66, AP Nr. 2 zu § 45 BetrVG. ||8 Anders LAG Hamburg 28.11.1986 – 8 TaBV 5/86, DB 1987, 1595, wonach der Schutz des § 79 II ausreichen soll; wie hier *Brötzmann*, BB 1990, 1055. ||9 *Fitting*, § 46 Rz. 9. ||10 BAG 19.4.1989 – 7 ABR 87/87, AP Nr. 1 zu § 45 BetrVG. ||11 *Richardi/Annuß*, § 46 Rz. 13. ||12 Vgl. BAG 14.2.1967 – 1 ABR 7/66, AP Nr. 2 zu § 45. ||13 *Richardi/Annuß*, § 46 Rz. 10; GK-BetrVG/*Fabricius*, § 46 Rz. 20. ||14 LAG Bremen 14.1.1983 – 1 Sa 117 und 232/82, DB 1983, 778. ||15 *Richardi/Annuß*, § 46 Rz. 11; DKKW/*Berg*, § 46 Rz. 7; *Fitting*, § 46 Rz. 11.

nach Abs. 1 ausreicht, dass die Gewerkschaft **im Betrieb vertreten** ist, sind nach Abs. 2 nur diejenigen Gewerkschaften einzuladen, die auch **im BR vertreten** sind. Es muss also mindestens ein Mitglied des BR Mitglied der betreffenden Gewerkschaft sein[1].

Die Unterrichtungspflicht bezieht sich auf alle Arten von Versammlungen nach §§ 42ff., egal ob Betriebs- oder Abteilungsversammlungen, ob ordentl., zusätzliche oder weitere Versammlungen, ob innerhalb oder außerhalb der Arbeitszeit. Die Gewerkschaft ist nach dem Gesetzestext über **Zeitpunkt** und **Tagesordnung** der Versammlungen zu unterrichten. Nach allgemeiner Auffassung enthält Abs. 2 insoweit ein Redaktionsversehen, als selbstverständlich auch über den **Ort** der Versammlung unterrichtet werden muss[2]. Hinsichtlich der **Rechtzeitigkeit** kommt es auf die Umstände des Einzelfalls an, jedenfalls muss der Gewerkschaft eine **ausreichende Vorbereitungszeit** bleiben[3]. **Änderungen** müssen selbstverständlich ebenfalls mitgeteilt werden. 11

IV. Teilnahme von Vertretern des Arbeitgeberverbands. Anders als die Gewerkschaften haben ArbGebVerbände **kein eigenes Teilnahmerecht**, es gibt deshalb auch keine Abs. 2 entsprechende **Einladungspflicht** des ArbGeb. Verbandsteilnehmer können nur teilnehmen, wenn der ArbGeb sie darum bittet. Ob sie auf Bitten des ArbGeb dazu verpflichtet sind, ist eine Frage des Verbandsrechts. 12

Die Teilnahme eines Beauftragten setzt voraus, dass der ArbGeb einem ArbGebVerband („Vereinigung der Arbeitgeber") angehört. **OT-Mitgliedschaft** genügt[4]. Der ArbGeb kann mehrere Verbandsbeauftragte hinzuziehen, wenn er **mehreren Vereinigungen** angehört[5]. 13

Der **nicht-organisierte** ArbGeb kann **externe** Dritte nach dem eindeutiges Gesetzeswortlaut nicht hinzuziehen[6]. Vor dem Hintergrund der negativen Koalitionsfreiheit ist dies fraglich, jedenfalls die Hinzuziehung eines Anwalts des Vertrauens muss zulässig sein[7]. 14

Voraussetzung der Teilnahme eines Verbandsvertreters ist, dass der **ArbGeb** an der Versammlung **tatsächlich teilnimmt**, der ArbGeb darf sich nicht durch einen Verbandsvertreter vertreten lassen. 15

Die **Einladung** eines Verbandsvertreters ist ausschließlich Sache des ArbGeb. Der BR braucht die ArbGebVereinigung nicht über die Versammlungen zu informieren[8], ebenso wenig muss der ArbGeb vorab den BR über die Einladung informieren. 16

Der Verbandsvertreter muss sich dem Versammlungsleiter ggü. **ausweisen**. Liegen die gesetzl. Voraussetzungen vor, kann der Versammlungsleiter die Teilnahme nicht ablehnen. Fehlen die Voraussetzungen, kann der Versammlungsleiter den Verbandsvertreter aus Zweckmäßigkeitsgründen gleichwohl teilnehmen lassen[9]. 17

Aus dem unterschiedlichen Wortlaut von Abs. 1 S. 1 („beratend teilnehmen") und S. 2 („hinzuziehen") wird gefolgert, dass der Vertreter des ArbGebVerbandes im Gegensatz zum Gewerkschaftsvertreter kein eigenes **Rederecht** haben soll. Ihm ist also nur dann das Wort zu erteilen, wenn dies der ArbGeb wünscht[10] oder der Versammlungsleiter ihm aus Zweckmäßigkeit das Wort erteilt. Anträge stellen oder an Abstimmungen teilnehmen darf der Verbandsvertreter nicht. 18

V. Streitigkeiten. Streitigkeiten sind im arbeitsgerichtl. Beschlussverfahren auszutragen. Nach Auffassung des BAG[11] können in einem solchen Verfahren nur BR, ArbGeb sowie Gewerkschaft **Beteiligte** sein, nicht aber der ArbGebVerband. Geht es um das Teilnahmerecht der im Betrieb vertretenen Gewerkschaften, sind sie von Amts wegen zu beteiligen[12]. Streitigkeiten werden üblicherweise wegen der Eilbedürftigkeit im einstw. Verfügungsverfahren ausgetragen[13]. 19

Fünfter Abschnitt. Gesamtbetriebsrat

47 *Voraussetzungen der Errichtung, Mitgliederzahl, Stimmengewicht*[14]
(1) **Bestehen in einem Unternehmen mehrere Betriebsräte, so ist ein Gesamtbetriebsrat zu errichten.**

(2) **In den Gesamtbetriebsrat entsendet jeder Betriebsrat mit bis zu drei Mitgliedern eines seiner Mitglieder; jeder Betriebsrat mit mehr als drei Mitgliedern entsendet zwei seiner Mitglieder. Die Geschlechter sollen angemessen berücksichtigt werden.**

---

1 *Fitting*, § 46 Rz. 13. ||2 *Fitting*, § 46 Rz. 14; DKKW/*Berg*, § 46 Rz. 9. ||3 Richardi/*Annuß*, § 46 Rz. 7; DKKW/*Berg*, § 46 Rz. 10. ||4 AA *Fitting*, § 46 Rz. 17. ||5 AA Richardi/*Annuß*, § 46 Rz. 20; *Fitting*, § 46 Rz. 17. ||6 *Fitting*, § 46 Rz. 17. ||7 *Bauer*, NJW 1988, 1130. ||8 DKKW/*Berg*, § 46 Rz. 11; *Fitting*, § 46 Rz. 12. ||9 AA DKKW/*Berg*, § 46 Rz. 12. ||10 BAG 19.5.1978 – 6 ABR 41/75, AP Nr. 3 zu § 43 BetrVG. ||11 BAG 19.5.1978 – 6 ABR 41/75, AP Nr. 3 zu § 43 BetrVG. ||12 BAG 18.3.1964 – 1 ABR 12/63 u. 14.2.1967 – 1 ABR 7/66, AP Nr. 1, 2 zu § 45 BetrVG. ||13 LAG Hamm 12.6.1975 – 8 TaBV 37/75, EzA § 46 BetrVG Nr. 1. ||14 **Amtl. Anm.:** Gemäß Artikel 14 Satz 2 des Gesetzes zur Reform des Betriebsverfassungsgesetzes (BetrVerf-Reformgesetz) vom 23.7.2001 (BGBl. I S. 1852) gilt § 47 Abs. 2 (Artikel 1 Nr. 35 Buchstabe a des BetrVerf-Reformgesetzes) für im Zeitpunkt des Inkrafttretens bestehende Betriebsräte erst bei deren Neuwahl.

(3) Der Betriebsrat hat für jedes Mitglied des Gesamtbetriebsrats mindestens ein Ersatzmitglied zu bestellen und die Reihenfolge des Nachrückens festzulegen.

(4) Durch Tarifvertrag oder Betriebsvereinbarung kann die Mitgliederzahl des Gesamtbetriebsrats abweichend von Absatz 2 Satz 1 geregelt werden.

(5) Gehören nach Absatz 2 Satz 1 dem Gesamtbetriebsrat mehr als vierzig Mitglieder an und besteht keine tarifliche Regelung nach Absatz 4, so ist zwischen Gesamtbetriebsrat und Arbeitgeber eine Betriebsvereinbarung über die Mitgliederzahl des Gesamtbetriebsrats abzuschließen, in der bestimmt wird, dass Betriebsräte mehrerer Betriebe eines Unternehmens, die regional oder durch gleichartige Interessen miteinander verbunden sind, gemeinsam Mitglieder in den Gesamtbetriebsrat entsenden.

(6) Kommt im Fall des Absatzes 5 eine Einigung nicht zustande, so entscheidet eine für das Gesamtunternehmen zu bildende Einigungsstelle. Der Spruch der Einigungsstelle ersetzt die Einigung zwischen Arbeitgeber und Gesamtbetriebsrat.

(7) Jedes Mitglied des Gesamtbetriebsrats hat so viele Stimmen, wie in dem Betrieb, in dem es gewählt wurde, wahlberechtigte Arbeitnehmer in der Wählerliste eingetragen sind. Entsendet der Betriebsrat mehrere Mitglieder, so stehen ihnen die Stimmen nach Satz 1 anteilig zu.

(8) Ist ein Mitglied des Gesamtbetriebsrats für mehrere Betriebe entsandt worden, so hat es so viele Stimmen, wie in den Betrieben, für die es entsandt ist, wahlberechtigte Arbeitnehmer in den Wählerlisten eingetragen sind; sind mehrere Mitglieder entsandt worden, gilt Absatz 7 Satz 2 entsprechend.

(9) Für Mitglieder des Gesamtbetriebsrats, die aus einem gemeinsamen Betrieb mehrerer Unternehmen entsandt worden sind, können durch Tarifvertrag oder Betriebsvereinbarung von den Absätzen 7 und 8 abweichende Regelungen getroffen werden.

I. Allgemeines 1	IV. Bestellung von Ersatzmitgliedern 17
II. Errichtung eines Gesamtbetriebsrats 2	V. Abweichende Regelung der Mitgliederzahl 18
1. Unternehmen 2	VI. Obligatorische Verkleinerung des Gesamtbetriebsrats 22
2. Mehrere Betriebsräte 6	VII. Gewichtung der Stimmen 25
3. Auswirkungen von Umstrukturierungen auf den Gesamtbetriebsrat 7	VIII. Gemeinschaftsbetrieb und Gesamtbetriebsrat 27
4. Auswirkungen von Umstrukturierungen auf GesamtBV 12	IX. Streitigkeiten 30
III. Entsendung der Mitglieder 14	

1   I. Allgemeines. Gliedert sich ein Unternehmen in mehrere Betriebe und besteht in mindestens zwei Betrieben ein BR, so sind die BR verpflichtet, einen GBR zu bilden. Die Errichtung eines GBR ist **zwingend**[1], soweit nicht im Rahmen der Bildung anderer ArbN-Vertretungsstrukturen gem. § 3 I Nr. 3 auf die Bildung eines GBR verzichtet wird[2]. Auch im Hinblick auf die Zahl der Mitglieder des GBR sind Abweichungen nach Abs. 4 zulässig bzw. nach Abs. 5 obligatorisch. Der GBR ist eine „Dauereinrichtung"; er hat keine feststehende Amtszeit, sondern erlischt, wenn die Voraussetzungen für seine Errichtung entfallen[3].

2   II. Errichtung eines Gesamtbetriebsrats. 1. Unternehmen. Die Bildung eines GBR setzt gem. Abs. 1 voraus, dass sich ein Unternehmen in mehrere Betriebe gliedert[4]. Umgekehrt formuliert müssen die Betriebe, deren BR einen GBR bilden wollen, einem einheitlichen Unternehmen angehören[5]. Einen eigenständigen **Unternehmensbegriff** regelt das Gesetz in dieser Vorschrift nicht, vielmehr wird an die in anderen Gesetzen für Unternehmen und deren Rechtsträger geregelten Organisationsformen angeknüpft[6], also insb. die Organisationsformen des AktG, des GmbHG, des HGB und des BGB. Voraussetzung ist demnach das Bestehen eines **einheitlichen Rechtsträgers**[7]; die Betriebe müssen demselben Unternehmen angehören (s. aber Rz. 27ff. zum Sonderproblem des Gemeinschaftsbetriebs). Der Umstand, dass Unternehmen miteinander wirtschaftl. verflochten sind oder Personengleichheit in der Geschäftsführung besteht, berührt die rechtl. Selbständigkeit des Unternehmens nicht und führt somit nicht zur Möglichkeit der Bildung eines GBR[8]; rechtssystematisch ergibt sich dies aus den Vorschriften über den GBR einerseits und den KBR andererseits. Die rechtl. Selbständigkeit wird schließlich auch nicht dadurch berührt, dass Unternehmen Gemeinschaftsbetriebe unterhalten[9], zwischen Unternehmen ein Beherrschungsvertrag abgeschlossen oder ein Unternehmen in das andere eingegliedert ist[10]. Da die Vorschriften zur Errichtung des GBR zwingend sind (s. Rz. 1), kann ein abweichender Unternehmensbegriff auch nicht durch tatsächliche Übung oder aus Gründen des Vertrauensschutzes zugrunde gelegt werden[11].

---

1 Richardi/*Annuß*, § 47 Rz. 1; WPK/*Roloff*, § 47 Rz. 1.   ‖2 *Hohenstatt/Dzida*, DB 2001, 2498 (2499).   ‖3 ArbG Stuttgart 13.1.1975 – 4 BV 10/75, DB 1976, 1160; Richardi/*Annuß*, § 47 Rz. 26f.   ‖4 BAG 5.12.1975 – 1 ABR 8/74, NJW 1976, 870.   ‖5 BAG 13.2.2007 – 1 AZR 184/06, NZA 2007, 825; 29.11.1989 – 7 ABR 64/87, NZA 1990, 615.   ‖6 BAG 9.8.2000 – 7 ABR 56/98, NZA 2001, 116.   ‖7 BAG 17.3.2010 – 7 AZR 706/08, NZA 2010, 1144.   ‖8 BAG 29.11.1989 – 7 ABR 64/87, NZA 1990, 615.   ‖9 BAG 17.3.2010 – 7 AZR 706/08, DB 2010, 2812.   ‖10 *Fitting*, § 47 Rz. 11.   ‖11 BAG 9.8.2000 – 7 ABR 56/98, NZA 2001, 116.

Sowohl juristische Personen[1] als auch die Gesellschaften des Handelsrechts, die Genossenschaften nach dem Genossenschaftsrecht und die Gesellschaften bürgerlichen Rechts[2] können jeweils nur ein Unternehmen betreiben. Demggü. wird es für möglich gehalten, dass eine **natürliche Person** mehrere Unternehmen betreiben kann, soweit diese nicht durch eine einheitliche Organisation verbunden sind und keine einheitliche Leitung aufweisen[3].

Unterhält ein **ausländisches Unternehmen** innerhalb Deutschlands mehrere Betriebe, von denen mindestens zwei BR gebildet haben, so müssen diese nach überwiegender Auffassung stets einen GBR errichten, dem allerdings nur Vertreter inländischer Betriebe angehören können[4]. Dem kann nur mit Einschränkung zugestimmt werden. Für die inländischen Betriebe eines ausländischen Unternehmens ist ein GBR nur dann zu bilden, wenn innerhalb Deutschlands eine **überbetriebliche Organisation** besteht, die als Ansprechpartner für eine entsprechende betriebsverfassungsrechtl. Vertretung in Betracht kommt[5]. Dies ist der Fall, wenn innerhalb Deutschlands eine Organisationsebene besteht, die für die inländischen Betriebe zuständig ist. Durch diese Einschränkung werden die Anforderungen an die Bildung eines GBR mit den Anforderungen in Einklang gebracht, die das BAG an die Bildung eines Wirtschaftsausschusses bei inländischen Betrieben ausländischer Unternehmen stellt (s. § 106 Rz. 26)[6].

Haben inländische Unternehmen **Betriebe im Ausland**, nehmen diese an der Errichtung eines GBR nicht teil, da sich der Geltungsbereich des BetrVG nach dem Territorialitätsprinzip nur auf Betriebe erstreckt, die sich innerhalb Deutschlands befinden[7].

2. Mehrere Betriebsräte. Die Errichtung eines GBR setzt ferner voraus, dass mehrere BR existieren. Unerheblich ist, ob die einzelnen BR aus jeweils einem oder mehreren Mitgliedern bestehen. Der Errichtung eines GBR steht nicht entgegen, dass nicht in allen Betrieben BR existieren, solange mindestens zwei BR gebildet sind[8]. Besonderheiten gelten bei abweichenden Regelungen gem. § 3. Da es bei Bildung eines unternehmenseinheitlichen BR iSd. § 3 I Nr. 1a nur einen BR im Unternehmen gibt, kann kein GBR gebildet werden, während bei der Zusammenfassung von Betrieben gem. § 3 I Nr. 1b die Bildung eines GBR möglich bleibt, soweit weitere BR im Unternehmen errichtet sind (s. § 3 Rz. 8)[9].

3. Auswirkungen von Umstrukturierungen auf den Gesamtbetriebsrat. Während die Auswirkungen von Umstrukturierungen auf den Bestand des EinzelBR weitgehend geklärt sind (s. § 21 Rz. 13), hat die Rspr. des BAG im Hinblick auf den Bestand des GBR noch nicht zu allen für die Praxis relevanten Fragen abschließend Stellung genommen. Weit gehende Einigkeit besteht im Hinblick auf das **Ausscheiden Einzelner von mehreren Betrieben** aus dem Unternehmen: Solange in dem Unternehmen mehrere Betriebe mit BR bestehen bleiben, bleibt der GBR im Amt[10]. Die aus dem BR des ausscheidenden Betrieb entsandten GBR-Mitglieder verlieren ihr Amt, der GBR verliert seine Zuständigkeit für den ausscheidenden Betrieb[11].

Werden sämtliche Betriebe eines Unternehmens unverändert auf ein anderes Unternehmen übertragen, das bisher nicht über eigene Betriebe verfügt, tendiert das BAG dazu, dass der GBR bei dem neuen Inhaber im Amt bleibt[12]. Dagegen scheidet ein Fortbestand des GBR bei dem neuen Inhaber nach Ansicht des BAG aus, wenn *nicht* sämtliche Betriebe eines Unternehmens auf den neuen Inhaber übertragen werden oder das übernehmende Unternehmen bereits einen oder mehrere Betriebe hat und sich die betrieblichen Strukturen im übernehmenden Unternehmen durch die Integration der neuen Betriebe in das Unternehmen ändern[13]. Dass „sämtliche Betriebe" eines Unternehmens übertragen werden müssen, ist wörtlich zu nehmen: nach Ansicht des BAG reicht es nicht aus, wenn die ganz überwiegende Mehrheit der Betriebe oder die ganz überwiegende Belegschaft auf den neuen Inhaber übergeht; geht auch nur ein Betrieb oder Betriebsteil nicht über, lehnt das BAG den Fortbestand des GBR ab[14].

Entsprechendes gilt bei Umwandlungen. Bei einer **Verschmelzung** zur Neugründung besteht im aufnehmenden Unternehmen zunächst kein GBR, so dass der GBR des übertragenden Rechtsträgers fortbestehen kann. Gleiches gilt bei einer Verschmelzung zur Aufnahme, wenn das übernehmende Rechtsträger arbeitnehmerlos ist oder nicht über Betriebe mit BR verfügt. Hat das übernehmende Unternehmen hingegen schon Betriebe, kommt der Fortbestand des GBR des übertragenden Rechtsträgers beim aufnehmenden Rechtsträger nicht in Betracht. Stattdessen ist der GBR des aufnehmen-

---

1 BAG 5.12.1975 – 1 ABR 8/74, NJW 1976, 870. ||2 BAG 29.11.1989 – 7 ABR 64/87, NZA 1990, 615. ||3 DKKW/*Trittin*, § 47 Rz. 26; aA Richardi/*Annuß*, § 47 Rz. 9. ||4 MünchArbR/*Joost*, § 225 Rz. 13; Hess ua./*Glock*, § 47 Rz. 21. ||5 WHSS/*Hohenstatt*, Rz. D 148; Richardi/*Annuß*, § 47 Rz. 21. ||6 BAG 1.10.1974 – 1 ABR 77/73, NJW 1975, 1091; 31.10.1975 – 1 ABR 4/74, DB 1976, 295. ||7 Richardi/*Annuß*, § 47 Rz. 19. ||8 WPK/*Roloff*, § 47 Rz. 5. ||9 *Hohenstatt/Dzida*, DB 2001, 2498 f. ||10 *Gaul*, Betriebs- und Unternehmensspaltung, § 27 Rz. 125. ||11 WHSS/*Hohenstatt*, Rz. D 99. ||12 Ausdrücklich offen gelassen in BAG 5.6.2002 – 7 ABR 17/01, NZA 2003, 336; deutliche Tendenz zu dieser Ansicht aber in BAG 18.9.2002 – 1 ABR 54/01, NZA 2003, 670. Für einen Fortbestand des GBR beim neuen Inhaber: DKKW/*Trittin*, § 47 BetrVG Rz. 48; *Hauck*, FS ARGE Arbeitsrecht im DAV, 2006, S. 625; *Hauck*, FS Richardi, 2007, S. 537 (540); *Düwell* in Beseler/Düwell/Göttling, Arbeitsrechtliche Probleme beim Betriebsübergang, 2. Aufl. 2005, S. 334. ||13 BAG 5.6.2002 – 7 ABR 17/01, NZA 2003, 336. ||14 In dem Sachverhalt, der BAG 5.6.2002 – 7 ABR 17/01, NZA 2003, 336 zugrunde lag, waren rund 59 600 ArbN auf einen neuen Inhaber und rund 400 ArbN auf einen anderen neuen Inhaber übertragen worden, was einem Fortbestand des GBR entgegenstehe.

den Rechtsträgers um Delegierte der durch die Verschmelzung neu hinzukommenden Betriebe zu ergänzen[1].

10 Bei den verschiedenen Formen der Unternehmensspaltung kommen nach der hier vertretenen Ansicht dieselben Regeln zur Anwendung. Werden bei einer **Aufspaltung** alle Betriebe, die bisher von dem GBR repräsentiert waren, auf einen Rechtsträger übertragen, kann der GBR im Amt bleiben, vorausgesetzt, dass im aufnehmenden Unternehmen bislang keine Betriebe bestanden[2]. Bei der **Abspaltung** und **Ausgliederung** verliert der GBR zwar die Zuständigkeit für die auf einen neuen Rechtsträger übertragenen Betriebe, bleibt aber im Amt. Der GBR verliert hingegen sein Amt, wenn im übertragenden Rechtsträger nicht mehr mindestens zwei Betriebe mit BR bestehen[3]. Ein **Formwechsel** berührt den Bestand eines GBR nicht, da der Rechtsträger identisch bleibt und die Bildung eines GBR nicht von einer bestimmten Rechtsform des Rechtsträgers abhängig ist.

11 Die Frage des Bestands des GBR bei Umstrukturierungen, die sich außerhalb des Umwandlungsrechts vollziehen, insb. im Wege der Einzelrechtsübertragung (**Asset Deal**), ist entsprechend den vorstehend erläuterten Grundsätzen zu lösen[4].

12 **4. Auswirkungen von Umstrukturierungen auf GesamtBV.** Die Auswirkungen von Umstrukturierungen auf die im Unternehmen geltenden GesamtBV sind **umstritten**[5]. Einer ersten Auffassung zufolge gelten GesamtBV im Falle eines Wechsels des Betriebsinhabers stets gem. § 613a I 2 BGB fort; eine kollektivrechtl. Fortgeltung scheide demggü. aus, weil der GBR für die übertragenen Einheiten seine Zuständigkeit verliere bzw. im Zuge des Betriebsübergangs untergehe[6]. Nach anderer Ansicht gelten GesamtBV in den übertragenen Einheiten als EinzelBV auf Betriebsebene fort, sofern die betriebsverfassungsrechtl. Identität des übertragenen Betriebs erhalten bleibt. Dies wird damit begründet, dass GesamtBV ebenso wie EinzelBV Bestandteil der kollektiven Ordnung des Betriebs seien[7]. Eine vermittelnde Ansicht hält eine kollektivrechtl. Fortgeltung von GesamtBV auf Unternehmensebene für möglich, jedoch besteht Uneinigkeit über die insoweit erforderlichen Voraussetzungen[8]. Nach der **Rspr. des BAG** sollen GesamtBV, die in den Betrieben eines abgebenden Unternehmens gelten, ihren Status als Rechtsnormen auch beim Übergang eines oder mehrerer Betriebe auf ein anderes Unternehmen behalten können[9]. Demnach gelten GesamtBV kollektivrechtlich fort, wenn sämtliche Betriebe eines Unternehmens von einem anderen Unternehmen im Wege der Einzel- oder Gesamtrechtsnachfolge übernommen werden und das übernehmende Unternehmen bisher keinen eigenen Betrieb besaß. Werden nicht alle, aber doch mehrere Betriebe eines Unternehmens auf einen anderen Rechtsträger übertragen, der bis dahin keinen eigenen Betrieb führte, so gilt eine bestehende GesamtBV nach Ansicht des BAG als GesamtBV weiter. Wird nur ein Betrieb von mehreren auf ein Unternehmen übertragen, in dem es einen Betrieb mit BR nicht gibt, und wahrt der übertragene Betrieb seine Identität, so gilt eine bisherige GesamtBV als EinzelBV fort. Wird schließlich ein übernommener Betriebs*teil* im Erwerberunternehmen als Betrieb fortgeführt, gilt eine bisherige GesamtBV nach Ansicht des BAG ebenfalls als EinzelBV fort.

13 Nach hier vertretener Auffassung kommt die kollektivrechtl. Fortgeltung von GesamtBV (iSd. § 50 I) beim übernehmenden Rechtsträger nur in Betracht, wenn auch der GBR fortbesteht, was voraussetzt, dass alle Betriebe übertragen werden (vgl. Rz. 7 ff.). In allen anderen Fällen endet die kollektivrechtl. Geltung der von dem bisherigen Betriebsinhaber stammenden GesamtBV[10]. Die „Umwandlung" in eine EinzelBV ist im Gesetz nicht vorgesehen. Je nach Fallgestaltung kommt eine Fortgeltung gem. § 613a I 2 BGB in Betracht oder eine Ablösung gem. § 613a I 3 BGB[11].

14 **III. Entsendung der Mitglieder.** Die Mitglieder des GBR werden gem. Abs. 2 von den einzelnen BR entsandt. Die in den GBR entsandten Mitglieder müssen zugleich Mitglied des entsendenden BR sein, jedoch ist die Entsendung eines nur vorübergehend in den BR nachgerückten Ersatzmitglieds unzulässig[12]. Die **Entsendung** erfolgt durch Beschluss des BR gem. § 33 mit einfacher Mehrheit[13]. Auch wenn der BR die Entsendung in Form einer betriebsratsinternen „Wahl" durchführt, bleibt die Entsendung ihrer Rechtsnatur nach ein Geschäftsführungsbeschluss des BR, auf den Vorschriften über das Wahlverfahren keine Anwendung finden[14]. Das Entsendungsrecht des BR kann nicht auf ein anderes Gremium, zB ein aus Delegierten bestehendes Gremium, übertragen werden[15]. Auch der GBR selbst ist nicht

---

1 WHSS/*Hohenstatt*, Rz. D 109. ||2 WHSS/*Hohenstatt*, Rz. D 110. ||3 WHSS/*Hohenstatt*, Rz. D 111. ||4 WHSS/*Hohenstatt*, Rz. D 112; zur Umstrukturierung durch Anwachsung *Schnitker/Grau*, ZIP 2008, 394 (399). ||5 Zu GesamtBV im Gemeinschaftsbetrieb: *Schönhöft/Brahmstaedt*, NZA 2010, 851. ||6 *Boecken*, Unternehmensumwandlungen und Arbeitsrecht, Rz. 160; RGRK/*Ascheid*, § 613a BGB Rz. 211; Soergel/*Raab*, § 613a BGB Rz. 119. ||7 Hanau/Vossen, FS Hilger/Stumpf, 1983, S. 271 (275f.); MüKoBGB/*Müller-Glöge*, § 613a Rz. 151; *Kreßel*, BB 1995, 925 (929). ||8 Vgl. *Röder/Haußmann*, DB 1999, 1754 (1756); *Boewer* in Brennpunkte des Arbeitsrechts, 1997, S. 91 (147). ||9 BAG 18.9.2002 – 1 ABR 54/01, NZA 2003, 670; krit. hierzu Preis/*Richter*, ZIP 2004, 931; Niklas/Mückl, DB 2008, 2250 (2254). ||10 WHSS/*Hohenstatt*, Rz. E 60ff.; *Hohenstatt/Müller-Bonanni*, NZA 2003, 766 (771). ||11 Vgl. Trappehl/Nussbaum, BB 2011, 2869. ||12 LAG Hess. 28.8.2003 – 9 Ta BV 47/03, DB 2004, 2112. ||13 BAG 25.5.2005 – 7 ABR 10/04, NZA 2006, 215; 21.7.2004 – 7 ABR 58/03, DB 2005, 730. ||14 BAG 15.8.1978 – 6 ABR 56/77, DB 1978, 2224. ||15 LAG Hess. 21.12.1976 – 5 Ta BV 59/75, DB 1977, 2056.

berechtigt, seine Mitglieder zu bestimmen[1]. Besteht ein BR nur aus einer Person, so tritt diese automatisch in den GBR ein, ohne dass es einer förmlichen Entsendung bedarf[2]. Besteht in einem Unternehmen mit mehreren Betrieben noch kein GBR, so ist für seine **Errichtung** erforderlich, dass mindestens zwei BR Mitglieder in den GBR entsenden[3]. Es ist somit nicht erforderlich, dass die BR einen mehrheitlichen oder einstimmigen Beschluss zur Errichtung eines GBR fassen[4]. Die Konstituierung des GBR erfolgt sodann gem. § 51 II (s. dort Rz. 2): Der BR der Hauptverwaltung des Unternehmens oder, soweit ein solcher BR nicht besteht, der BR des nach der Zahl der ArbN größten Betriebs, lädt zur Wahl eines Vorsitzenden und eines stellvertretenden Vorsitzenden ein.

Die **Zahl der Mitglieder**, die der BR in den GBR entsendet, hängt von der Größe des BR ab. Ein BR mit bis zu drei Mitgliedern entsendet eines seiner Mitglieder, ein BR mit mehr als drei Mitgliedern entsendet zwei seiner Mitglieder. Wie dem Wortlaut des Abs. 2 zu entnehmen ist, können nur Mitglieder des BR, nicht jedoch dritte Personen, in den GBR entsandt werden. Nach Abs. 2 S. 2 sollen bei der Entsendung der Mitglieder des GBR die **Geschlechter angemessen berücksichtigt** werden. Ist ein Geschlecht in nicht unerheblicher Stärke in der Belegschaft vertreten, soll auch ein Mitglied in den GBR entsandt werden, das diesem Geschlecht angehört. Die Nichtbeachtung dieser Sollvorschrift bleibt jedoch folgenlos, wie sich systematisch aus dem Vergleich mit der Mussvorschrift des § 15 II ergibt[5]. 15

Liegen die Voraussetzungen zur Errichtung eines GBR vor, so sind die im Unternehmen bestehenden **BR verpflichtet, einen GBR zu errichten**. Ist ein GBR errichtet, so sind die BR verpflichtet, Mitglieder in den GBR zu entsenden[6]. Eine Verletzung dieser Rechtspflichten soll idR eine grobe Pflichtverletzung iSd. § 23 I darstellen[7]. Dem ist zuzustimmen, soweit ein BR sich weigert, Mitglieder in einen bestehenden GBR zu entsenden. Im Hinblick auf die Verpflichtung zur Bildung eines GBR dürfte es jedoch richtiger sein, eine grobe Pflichtverletzung erst bei bewusster und beharrlicher Weigerung anzunehmen, einen GBR zu bilden. 16

IV. Bestellung von Ersatzmitgliedern. Gem. Abs. 3 ist für jedes in den GBR entsandte Mitglied mindestens ein **Ersatzmitglied zu bestellen** und die **Reihenfolge des Nachrückens** festzulegen. Erlischt die Mitgliedschaft eines Mitglieds des GBR (§ 49), so rückt das Ersatzmitglied in den GBR nach. Ist das Mitglied des GBR zeitweilig verhindert, vertritt das Ersatzmitglied das Mitglied des GBR während des Zeitraums der Verhinderung. Für die Bestellung des Ersatzmitglieds gilt Abs. 2 entsprechend. Das Ersatzmitglied tritt jedoch nicht in besondere Funktionen (zB Vorsitz, stellvertretender Vorsitz) des GBR-Mitglieds ein, für das es nachrückt[8]. 17

V. Abweichende Regelung der Mitgliederzahl. Die Zahl der Mitglieder des GBR kann gem. Abs. 4 durch TV oder BV abweichend von der gesetzl. Regelung in Abs. 2 **verringert oder erhöht** werden. Zulässig ist sowohl die Verringerung oder Erhöhung der Zahl der Vertreter einzelner Betriebe als auch die Änderung der Zahl der Vertreter aller Betriebe[9]. Damit wird die Möglichkeit eröffnet, Missverhältnisse in der Zusammensetzung der Mitgliederzahl eines GBR zu korrigieren. Solche Missverhältnisse können bspw. in Unternehmen entstehen, die neben einem Großbetrieb zahlreiche kleinere Betriebe unterhalten, so dass die beiden aus dem BR des Großbetriebs entsandten Mitglieder einer Vielzahl von Mitgliedern aus den kleineren Betrieben ggü. stehen. Denkbar ist auch, dass in einem Unternehmen mit verhältnismäßig wenigen ArbN, die jedoch auf zahlreiche Betriebe verteilt sind, ein unverhältnismäßig großer GBR gebildet werden müsste; hier ist eine Verringerung der Mitgliederzahl auf eine angemessene Größe zulässig, nach Abs. 5 sogar obligatorisch (s. Rz. 22). 18

Abs. 4 gestattet lediglich eine abweichende Vereinbarung über die Zahl der Mitglieder, nicht hingegen eine Abweichung von anderen zwingenden gesetzl. Regelungen, bspw. der Zuständigkeit des GBR[10]. Im Hinblick auf die Bestellung der Mitglieder des verkleinerten GBR ist es zulässig, einer nach regionalen Gesichtspunkten gebildeten Versammlung der BR die Entscheidung über die in den GBR zu entsendenden Mitglieder zu übertragen[11]. 19

Die abweichende Regelung erfolgt durch TV oder BV. Eine Regelung durch **TV** setzt voraus, dass sämtliche Betriebe des Unternehmens in den Geltungsbereich des TV fallen und Tarifgebundenheit des ArbGeb besteht[12]. Da eine abweichende Regelung der Zahl der Mitglieder des GBR auf die Besonderheiten des jeweiligen Unternehmens abgestimmt sein soll, erfolgt die abweichende Regelung üblicherweise durch FirmenTV. Erfolgt die Regelung hingegen durch VerbandsTV und fällt nur ein Teil der Betriebe in dessen Geltungsbereich, so kommt eine Erstreckung der abweichenden Regelung auf die übrigen Betriebe durch BV in Betracht[13]. Eine tarifvertragl. Regelung kann nicht erstreikt werden, da die durch Abs. 4 eingeräumte Regelungskompetenz nicht Teil der durch Art. 9 III GG verfassungsrechtlich geschützten Tarifautonomie ist[14]. Eine Nachwirkung der tarifl. Regelung kommt nicht in Betracht, 20

---

[1] Vgl. BAG 15.8.1978 – 6 ABR 56/77, DB 1978, 2224. ||[2] GK-BetrVG/*Kreutz*, § 47 Rz. 37; Hess ua./*Glock*, § 47 Rz. 55. ||[3] Richardi/*Annuß*, § 47 Rz. 25. ||[4] Hess ua./*Glock*, § 47 Rz. 23. ||[5] Richardi/*Annuß*, § 47 Rz. 31. ||[6] Richardi/*Annuß*, § 47 Rz. 40. ||[7] *Fitting*, § 47 Rz. 8; GK-BetrVG/*Kreutz*, § 47 Rz. 30. ||[8] GK-BetrVG/*Kreutz*, § 47 Rz. 52. ||[9] ErfK/*Koch*, § 47 BetrVG Rz. 9; s.a. *Klasen*, DB 1993, 2180 (2182). ||[10] Richardi/*Annuß*, § 47 Rz. 44ff. ||[11] BAG 25.5.2005 – 7 ABR 10/04, NZA 2006, 215. ||[12] DKKW/*Trittin*, § 47 Rz. 116f.; Richardi/*Annuß*, § 47 Rz. 48. ||[13] Hess ua./*Glock*, § 47 Rz. 39. ||[14] *Richardi*, 7. Aufl. 1998, § 47 Rz. 54; ebenso für TV gem. § 3: *Hohenstatt/Dzida*, DB 2001, 2498 (2501); aA DKKW/*Trittin*, § 47 Rz. 117; GK-BetrVG/*Kreutz*, § 47 Rz. 80.

da der Zweck der Nachwirkung – die Vermeidung eines regelungslosen Zustands – auf Grund der gesetzl. Regelung in Abs. 2 S. 1 nicht eingreift[1] und sich ansonsten eine einmal getroffene Regelung gegen den Willen des BR realistischerweise nie verändern oder ablösen ließe[2].

21 Soweit keine tarifvertragl. Regelung besteht, kann die Mitgliederzahl des GBR durch **BV** abweichend geregelt werden. Die Zuständigkeit für den Abschluss einer solchen BV ist umstritten. Nach einer Ansicht ist stets der GBR in seiner nach Abs. 2 vorgesehenen Regelzusammensetzung zuständig[3]. Richtiger dürfte es sein, bei der erstmaligen Bildung eines GBR bereits vor dessen Konstituierung den Abschluss einer BV zwischen dem Unternehmen und den einzelnen BR zuzulassen, anstatt zunächst einen GBR nach den gesetzl. Vorschriften zu bilden, welcher nach Abschluss der BV sogleich neu konstituiert werden muss[4]. Wie sich systematisch aus Abs. 6 ergibt, kann der Abschluss einer solchen BV nicht erzwungen werden. Die BV entfaltet keine Nachwirkung und kann durch einen nachfolgenden TV abgelöst werden[5].

22 **VI. Obligatorische Verkleinerung des Gesamtbetriebsrats.** Während Abs. 4 eine freiwillige Änderung der Zahl der Mitglieder des GBR erlaubt, sieht Abs. 5 eine obligatorische Verkleinerung des GBR vor, wenn diesem nach der gesetzl. Regelung gem. Abs. 2 S. 1 **mehr als 40 Mitglieder** angehören. Zunächst ist ein GBR zu bilden, dessen Mitgliederzahl sich nach Abs. 2 richtet; der so gebildete, mehr als 40 Mitglieder umfassende GBR hat dann mit dem ArbGeb die BV über die Verringerung der Zahl der Mitglieder abzuschließen[6]. Ist die Zusammensetzung des GBR tarifl. geregelt, soll jedoch für eine Verkleinerung des GBR durch BV kein Raum sein, selbst wenn der GBR nach der tarifl. Regelung mehr als 40 Mitglieder hat[7].

23 Die BV darf nur die Mitgliederzahl des neu zu bildenden GBR regeln sowie die gemeinsame Entsendung von Mitgliedern durch mehrere BR zusammengefasster Betriebe[8]. Die Verringerung der Zahl der Mitglieder erfolgt dergestalt, dass regional oder durch gleichartige Interessen miteinander verbundene Betriebe gemeinsame Mitglieder in den GBR entsenden. Sonstige Gesichtspunkte dürfen nicht berücksichtigt werden[9]. Die **regionale Verbundenheit** kann sich entweder aus räumlicher Nähe[10] oder aus der Zugehörigkeit zu derselben Wirtschaftsregion ergeben[11]. **Gleichartige Interessen** können vorliegen, wenn insb. der Betriebszweck, die Zusammensetzung der Belegschaft und die Stellung innerhalb der Unternehmensorganisation einander ähnlich sind[12].

24 Kommt eine Einigung über die Verkleinerung des GBR nicht zustande, entscheidet gem. Abs. 6 eine für das Gesamtunternehmen zu bildende **Einigungsstelle**, deren Spruch die Einigung zwischen ArbGeb und GBR ersetzt. Da Zweck der Verkleinerung des GBR die Erhaltung der Arbeitsfähigkeit dieser ArbN-Vertretung ist[13] und der Gesetzgeber die Arbeitsfähigkeit des GBR bei einer 40 Mitglieder übersteigenden Zahl gefährdet sieht, ist die Kompetenz der Einigungsstelle dahin gehend beschränkt, dass eine 40 Mitglieder übersteigende Größe des GBR nicht festgelegt werden darf[14].

25 **VII. Gewichtung der Stimmen.** Da die einzelnen Mitglieder des GBR aus Betrieben mit unterschiedlicher Belegschaftsstärke entsandt werden, erfolgt gem. Abs. 7 eine Gewichtung ihrer Stimmen. Die Gewichtung der Stimmen bemisst sich danach, wie viele wahlberechtigte ArbN in dem Betrieb, aus dem das Mitglied des GBR entsandt wurde, am Wahltag der letzten BR-Wahl in der **Wählerliste** eingetragen waren. Nachträgliche Veränderungen der Belegschaftsstärke sind unbeachtlich[15]. Das Stimmgewicht des Mitglieds des GBR richtet sich danach, ob aus seinem EinzelBR ein Mitglied oder mehrere Mitglieder in den GBR entsandt worden sind: Ist lediglich ein Mitglied entsandt, bemisst sich sein Stimmgewicht nach allen in seinem Betrieb in der Wählerliste eingetragenen ArbN, sind mehrere Mitglieder entsandt, so stehen ihnen die Stimmen gem. Abs. 7 S. 2 anteilig zu. Die dem einzelnen Mitglied zustehenden Stimmen können nur einheitlich abgegeben werden und zwar auch dann, wenn ein Mitglied für mehrere Betriebe entsandt worden ist[16]. Es besteht **kein imperatives Mandat**. Die Mitglieder des GBR sind an Aufträge und Weisungen des entsendenden BR nicht gebunden[17].

26 Ist ein Mitglied des GBR für mehrere Betriebe entsandt worden, richtet sich das Gewicht seiner Stimme gem. Abs. 8 danach, wie viele wahlberechtigte ArbN in den Betrieben, für welche das Mitglied des GBR entsandt wurde, am Wahltag der letzten BR-Wahl in den Wählerlisten dieser Betriebe eingetragen waren. Eine Entsendung für mehrere Betriebe kommt durch die nach Abs. 4 und 5 mögliche bzw. obligatorische Verkleinerung des GBR in Betracht. Sind für mehrere Betriebe mehrere Mitglieder entsandt worden, stehen ihnen die Stimmen entsprechend der Regelung in Abs. 7 S. 2 anteilig zu.

---

1 GK-BetrVG/*Kreutz*, § 47 Rz. 81; aA DKKW/*Trittin*, § 47 Rz. 118. ‖ 2 Vgl. *Behrens/Hohenstatt*, DB 1991, 1877 (1878). ‖ 3 *Etzel*, Betriebsverfassungsrecht, Rz. 1349; DKKW/*Trittin*, § 47 Rz. 113. ‖ 4 WPK/*Roloff*, § 47 Rz. 15. ‖ 5 GK-BetrVG/*Kreutz*, § 47 Rz. 84; DKKW/*Trittin*, § 47 Rz. 114f. ‖ 6 BAG 15.8.1978 – 6 ABR 56/77, DB 1978, 2224. ‖ 7 *Fitting*, § 47 Rz. 67; WPK/*Roloff*, § 47 Rz. 17; so jetzt auch Richardi/*Annuß*, § 47 Rz. 61. ‖ 8 BAG 15.8.1978 – 6 ABR 56/77, DB 1978, 2224. ‖ 9 BAG 15.8.1978 – 6 ABR 56/77, DB 1978, 2224. ‖ 10 DKKW/*Trittin*, § 47 Rz. 133; Hess ua./*Glock*, § 47 Rz. 48. ‖ 11 MünchArbR/*Joost*, § 225 Rz. 26. ‖ 12 GK-BetrVG/*Kreutz*, § 47 Rz. 97; WPK/*Roloff*, § 47 Rz. 18. ‖ 13 BAG 15.8.1978 – 6 ABR 56/77, DB 1978, 2224; DKKW/*Trittin*, § 47 Rz. 123. ‖ 14 Offen gelassen BAG 15.8.1978 – 6 ABR 56/77, DB 1978, 2224; wie hier: Richardi/*Annuß*, § 47 Rz. 66; aA Hess ua./*Glock*, § 47 Rz. 46a f.; MünchArbR/*Joost*, § 225 Rz. 25. ‖ 15 DKKW/*Trittin*, § 47 Rz. 143. ‖ 16 Richardi/*Annuß*, § 47 Rz. 74; Hess ua./*Glock*, § 47 Rz. 77. ‖ 17 Hess ua./*Glock*, § 47 Rz. 78; Richardi/*Annuß*, § 47 Rz. 73.

VIII. Gemeinschaftsbetrieb und Gesamtbetriebsrat. Abs. 9 erkennt die Entsendungsmöglichkeit des BR eines Gemeinschaftsbetriebs in den GBR zumindest *eines* der Trägerunternehmen an, indem die Vorschrift vorsieht, dass in diesem Fall die Gewichtung der Stimmen im GBR durch TV oder BV abweichend von Abs. 7 und 8 geregelt werden kann. Ungeklärt bleibt jedoch die umstrittene Frage, ob ein Entsendungsrecht in die GBR *beider* Trägerunternehmen bestehen soll[1] oder, was zutreffend sein dürfte, lediglich ein **Entsendungsrecht in den GBR eines Trägerunternehmens**, und zwar desjenigen Trägerunternehmens, das im Wesentlichen die Regelung der personellen und sozialen Belange beeinflusst[2]. 27

Ebenfalls unbeantwortet bleibt die Frage, ob auch BR-Mitglieder in den GBR eines Unternehmens delegiert werden können, die diesem Unternehmen gar nicht angehören. Die Entsendung **unternehmensfremder Mitglieder** wäre ein Systembruch und ist abzulehnen. Der BR eines Gemeinschaftsbetriebs ist daher verpflichtet, nur Mitglieder in den GBR eines der Trägerunternehmen zu entsenden, die diesem Unternehmen angehören[3]. Dies kann in Ausnahmefällen dazu führen, dass eine Entsendung in einen GBR zu unterbleiben hat, wenn hierfür keine BR-Mitglieder des betreffenden Trägerunternehmens vorhanden sind[4]. Unterhalten Unternehmen Gemeinschaftsbetriebe, kann kein unternehmensübergreifender GBR gebildet werden[5], es sei denn, es wird ein TV nach § 3 I Nr. 3 abgeschlossen. 28

Problematisch ist des Weiteren die **Gewichtung der Stimmen**, wenn eine Sonderregelung zur Stimmgewichtung im Rahmen des Abs. 9 nicht besteht. Nach der Grundregel des Abs. 7 richtet sich dann die Gewichtung der Stimmen nach der Zahl der wahlberechtigten ArbN in dem Betrieb, in dem das Mitglied des GBR gewählt wurde. Diese Regelung könnte zu Ergebnissen führen, die mit den Grundregeln der demokratischen Betriebsverfassung nicht in Einklang zu bringen wären[6]. Es besteht nämlich die Gefahr, dass die aus einem großen Gemeinschaftsbetrieb entsandten Mitglieder den GBR eines verhältnismäßig kleinen Trägerunternehmens dominieren, selbst wenn lediglich eine geringe Zahl von Mitarbeitern des kleinen Trägerunternehmens in dem Gemeinschaftsbetrieb beschäftigt ist. Es ist daher sachgerecht, bei der Gewichtung der Stimmen nur diejenigen wahlberechtigten und in der Wählerliste eingetragenen ArbN zu berücksichtigen, die innerhalb des Gemeinschaftsbetriebs dem Trägerunternehmen angehören, in dessen GBR die Entsendung stattfindet. 29

IX. Streitigkeiten, welche die Errichtung oder Zusammensetzung des GBR, die Stimmgewichtung oder die Entsendung von Mitgliedern durch den BR eines Gemeinschaftsbetriebs betreffen, werden im Beschlussverfahren entschieden (§§ 2a, 80ff. ArbGG). Sind die Voraussetzungen für die Errichtung eines GBR streitig, sind die einzelnen BR und BR-Mitglieder[7] und der ArbGeb antragsberechtigt[8]. Die im Unternehmen vertretenen Gewerkschaften sind nicht antragsberechtigt[9]. Örtlich zuständig ist das ArbG, in dessen Bezirk der Sitz des Unternehmens liegt (§ 82 I 2 ArbGG). Bei Unternehmen mit Sitz im Ausland ist das ArbG örtlich zuständig, in dessen Bezirk die zentrale überbetriebliche Organisation für die in Deutschland belegenen Betriebe erfolgt[10]. 30

48 *Ausschluss von Gesamtbetriebsratsmitgliedern*

Mindestens ein Viertel der wahlberechtigten Arbeitnehmer des Unternehmens, der Arbeitgeber, der Gesamtbetriebsrat oder eine im Unternehmen vertretene Gewerkschaft können beim Arbeitsgericht den Ausschluss eines Mitglieds aus dem Gesamtbetriebsrat wegen grober Verletzung seiner gesetzlichen Pflichten beantragen.

Ein Mitglied des GBR kann wegen **grober Verletzung seiner gesetzl. Pflichten** aus dem GBR ausgeschlossen werden. Der Begriff der „groben Verletzung gesetzl. Pflichten" entspricht dem des § 23 I (s. § 23 Rz. 5 ff.), allerdings mit der Maßgabe, dass die Pflichtverletzung als Mitglied des GBR und in Bezug auf Pflichten als Mitglied des GBR erfolgen muss[11]. Die Verletzung von Pflichten als Mitglied des GBR rechtfertigt grds. nicht den Ausschluss aus dem BR und umgekehrt, wenngleich der Ausschluss aus dem BR automatisch zum Erlöschen der Mitgliedschaft im GBR führt (§ 49). Eine Auflösung des GBR ist anders als in § 23 I hinsichtlich des EinzelBR nicht vorgesehen. Jedoch können mehrere oder alle Mitglieder des GBR ausgeschlossen werden, wenn sie gemeinschaftlich ihre gesetzl. Pflichten grob verletzen[12]. 1

Der Ausschluss erfolgt auf **Antrag** des ArbGeb, eines Viertels der wahlberechtigten ArbN des Unternehmens, des GBR oder einer im Unternehmen vertretenen Gewerkschaft durch **Beschluss des ArbG**. Örtlich zuständig ist das ArbG, in dessen Bezirk der Sitz des Unternehmens liegt (§ 82 I 2 ArbGG). Wird der Antrag durch ein Viertel der wahlberechtigten ArbN gestellt, so ist für die erforderliche Zahl der Zeitpunkt der Antragstellung maßgeblich. Die erforderliche Mindestzahl muss während des ganzen Verfahrens aufrechterhalten bleiben, jedoch können bei Ausscheiden einzelner Antragsteller andere 2

---

[1] So *Fitting*, § 47 Rz. 80; DKKW/*Trittin*, § 47 Rz. 157. ‖ [2] WHSS/*Hohenstatt*, Rz. D 117. ‖ [3] Richardi/*Annuß*, § 47 Rz. 77. ‖ [4] WHSS/*Hohenstatt*, Rz. D 117. ‖ [5] BAG 17.3.2010 – 7 AZR 706/08, DB 2010, 2812. ‖ [6] Vgl. die Bsp. bei Richardi/*Annuß*, § 47 Rz. 78 und WHSS/*Hohenstatt*, Rz. D 118 ff. ‖ [7] BAG 15.8.1978 – 6 ABR 56/77, DB 1978, 2224. ‖ [8] Richardi/*Annuß*, § 47 Rz. 85. ‖ [9] BAG 30.10.1986 – 6 ABR 52/83, NZA 1988, 27. ‖ [10] BAG 31.10.1975 – 1 ABR 4/74, DB 1976, 295. ‖ [11] Hess ua./*Glock*, § 48 Rz. 4. ‖ [12] DKKW/*Trittin*, § 48 Rz. 4.

Wahlberechtigte jederzeit durch nachträgliche Antragstellung in das Verfahren eintreten[1]. Eine Gewerkschaft ist im Unternehmen vertreten, wenn ihr zumindest ein ArbN, der in einem der Betriebe des Unternehmens beschäftigt ist, angehört[2]. Demggü. haben EinzelBR kein Antragsrecht, jedoch können sie die von ihnen entsandten Mitglieder des GBR jederzeit abberufen[3]. Der Ausschluss wird erst mit **Rechtskraft** des arbeitsgerichtl. Beschlusses wirksam. Es besteht jedoch die Möglichkeit, einem Mitglied des GBR bis zur rechtskräftigen Entscheidung die Ausübung seines Amtes durch **einstw. Verfügung** zu untersagen[4].

3 Mit Wirksamkeit des Ausschlusses rückt das für das ausgeschlossene Mitglied des GBR bestellte **Ersatzmitglied** in den GBR nach. Soweit kein Ersatzmitglied vorhanden ist, hat der BR, der das ausgeschlossene Mitglied entsandt hatte, ein neues Mitglied in den GBR zu entsenden. Unzulässig ist jedoch, das ausgeschlossene Mitglied erneut zu entsenden, weil dies eine Umgehung der gerichtl. Entscheidung darstellen würde[5]; hat jedoch eine Neuwahl des BR stattgefunden, soll die erneute Entsendung des ausgeschlossenen Mitglieds nach überwiegender Ansicht hingegen zulässig sein, da nunmehr eine neue demokratische Legitimation bestehe[6].

49 *Erlöschen der Mitgliedschaft*

Die Mitgliedschaft im Gesamtbetriebsrat endet mit dem Erlöschen der Mitgliedschaft im Betriebsrat, durch Amtsniederlegung, durch Ausschluss aus dem Gesamtbetriebsrat auf Grund einer gerichtlichen Entscheidung oder Abberufung durch den Betriebsrat.

1 Der GBR ist eine „Dauereinrichtung"; er hat keine feststehende Amtszeit, sondern erlischt, wenn die Voraussetzungen für seine Errichtung entfallen[7]. Jedoch ändert sich die Zusammensetzung, wenn Mitglieder des GBR ihr Amt verlieren. § 49 regelt die Beendigung der Mitgliedschaft im GBR.

2 Die Mitgliedschaft im GBR erlischt zunächst durch **Erlöschen der Mitgliedschaft im BR**[8], da die in den GBR entsandten Mitglieder zugleich Mitglied des entsendenden BR sein müssen (s. § 47 Rz. 14). Das Erlöschen der Mitgliedschaft im entsendenden BR richtet sich nach § 24. Endet die Amtszeit des entsendenden BR, endet auch die Amtszeit der in den GBR entsandten Mitglieder, ungeachtet einer möglichen Wiederwahl und Wiederentsendung[9]. Die Mitgliedschaft im GBR erlischt des Weiteren durch **Amtsniederlegung**, die jederzeit möglich ist und durch eine Erklärung ggü. dem Vorsitzenden des GBR erfolgt, die weder zurückgenommen noch widerrufen werden kann[10]. Ferner erlischt die Mitgliedschaft durch den rechtskräftigen arbeitsgerichtl. Beschluss über den **Ausschluss aus dem GBR** gem. § 48. Schließlich kann der entsendende BR ein von ihm entsandtes Mitglied des GBR jederzeit abberufen. Die **Abberufung** wird mit Fassung des entsprechenden Beschlusses des entsendenden BR wirksam. Die Mitteilung über die Abberufung an den Vorsitzenden des GBR ist nicht Wirksamkeitsvoraussetzung[11], da nach dem Wortlaut des Gesetzes bereits die Abberufung – also die Beschlussfassung – und nicht erst die Mitteilung über die Beschlussfassung zum Erlöschen des Amtes führt. Neben den gesetzl. ausdrücklich geregelten Fällen endet die Mitgliedschaft im GBR auch, wenn der entsendende Betrieb auf Grund einer Übertragung aus dem Unternehmen ausscheidet[12].

3 Mit dem Erlöschen der Mitgliedschaft im GBR endet auch eine etwaige Mitgliedschaft im KBR. Für das ausgeschiedene Mitglied rückt das Ersatzmitglied in den KBR nach.

4 Bei **Streitigkeiten** über die Wirksamkeit der Amtsniederlegung, der Abberufung oder das Nachrücken eines Ersatzmitglieds entscheidet das ArbG im Beschlussverfahren (§§ 2a, 80 ff. ArbGG). Örtlich zuständig ist das ArbG, in dessen Bezirk der Sitz des Unternehmens liegt (§ 82 I 2 ArbGG).

50 *Zuständigkeit*

(1) Der Gesamtbetriebsrat ist zuständig für die Behandlung von Angelegenheiten, die das Gesamtunternehmen oder mehrere Betriebe betreffen und nicht durch die einzelnen Betriebsräte innerhalb ihrer Betriebe geregelt werden können; seine Zuständigkeit erstreckt sich insoweit auch auf Betriebe ohne Betriebsrat. Er ist den einzelnen Betriebsräten nicht übergeordnet.

(2) Der Betriebsrat kann mit der Mehrheit der Stimmen seiner Mitglieder den Gesamtbetriebsrat beauftragen, eine Angelegenheit für ihn zu behandeln. Der Betriebsrat kann sich dabei die Entscheidungsbefugnis vorbehalten. § 27 Abs. 2 Satz 3 und 4 gilt entsprechend.

I. Allgemeines 1	1. Überbetrieblicher Bezug und fehlende betriebliche Regelungsmöglichkeit 3
II. Zuständigkeit kraft Gesetzes 2	

---

1 GK-BetrVG/*Kreutz*, § 48 Rz. 13. ||2 Richardi/*Annuß*, § 48 Rz. 10. ||3 GK-BetrVG/*Kreutz*, § 48 Rz. 12; WPK/*Roloff*, § 48 Rz. 4. ||4 Hess ua./*Glock*, § 48 Rz. 10; DKKW/*Trittin*, § 48 Rz. 14. ||5 Hess ua./*Glock*, § 48 Rz. 12. ||6 Richardi/*Annuß*, § 48 Rz. 15; GK-BetrVG/*Kreutz*, § 48 Rz. 24; aA WPK/*Roloff*, § 48 Rz. 7. ||7 ArbG Stuttgart 13.1.1975 – 4 BV 10/75, DB 1976, 1160; Richardi/*Annuß*, § 47 Rz. 26 f. ||8 ArbG Stuttgart 13.1.1975 – 4 BV 10/75, DB 1976, 1160. ||9 ArbG Stuttgart 13.1.1975 – 4 BV 10/75, DB 1976, 1160. ||10 Hess ua./*Glock*, § 49 Rz. 6 f. ||11 Richardi/*Annuß*, § 49 Rz. 9; aA DKKW/*Trittin*, § 49 Rz. 10. ||12 *Etzel*, Betriebsverfassungsrecht, Rz. 1351.

2. Zuständigkeit auf Grund gesetzlicher Zuweisung 15
III. Zuständigkeit für betriebsratslose Betriebe 16
IV. Zuständigkeit kraft Auftrags 17
V. Streitigkeiten 19

I. Allgemeines. GBR und EinzelBR sind einander weder übergeordnet noch untergeordnet (Abs. 1 S. 2). Der GBR hat grds. die gleichen Rechte wie die EinzelBR (§ 51 V). Dieses gleichberechtigte Nebeneinander erfordert eine Abgrenzung der Zuständigkeiten. § 50 regelt, für welche Angelegenheiten der GBR zuständig ist. Die gesetzl. Abgrenzung der Zuständigkeiten zwischen GBR und EinzelBR ist zwingend und kann weder durch TV noch durch BV geändert werden[1]. 1

II. Zuständigkeit kraft Gesetzes. Gem. Abs. 1 S. 1 ist der GBR zuständig, wenn eine Angelegenheit das Gesamtunternehmen oder mehrere Betriebe betrifft und eine Regelung nicht durch die einzelnen BR innerhalb der Betriebe erfolgen kann. Diese Voraussetzungen – überbetriebl. Bezug und fehlende betriebl. Regelungsmöglichkeit – müssen kumulativ vorliegen[2]. Es besteht somit eine **primäre Zuständigkeit der EinzelBR**[3] und eine **subsidiäre Zuständigkeit des GBR**[4]. Ist der GBR kraft Gesetzes zuständig, ist er nicht auf eine bloße Rahmenkompetenz beschränkt, sondern hat die Angelegenheit insg. mit dem ArbGeb zu regeln[5]. 2

1. Überbetrieblicher Bezug und fehlende betriebliche Regelungsmöglichkeit. Die Zuständigkeit des GBR setzt zunächst voraus, dass es sich um eine überbetriebl. Angelegenheit handelt. Die überbetriebl. Angelegenheit kann entweder das **Gesamtunternehmen** betreffen, was der Fall ist, wenn eine Regelung unternehmensweit alle Betriebe berührt[6]. Für das Vorliegen einer überbetriebl. Angelegenheit ist eine unternehmensweite Bedeutung jedoch nicht zwingend erforderlich; es reicht aus, dass die Angelegenheit **mehrere Betriebe**, also mindestens zwei Betriebe, betrifft. Soweit eine Angelegenheit nur einen Betrieb betrifft, ist der GBR nur zuständig, wenn er von dem EinzelBR gem. Abs. 2 beauftragt wird, die Angelegenheit für ihn zu behandeln. 3

Die Zuständigkeit des GBR setzt des Weiteren voraus, dass die Angelegenheit **nicht durch die EinzelBR innerhalb ihrer Betriebe geregelt werden kann**. Dieses Kriterium ist jedenfalls erfüllt, wenn eine Regelung durch die EinzelBR **objektiv unmöglich** ist[7]. Das Vorliegen objektiver Unmöglichkeit ist stets ausreichend, um das Merkmal des „Nichtregelnkönnens" durch die EinzelBR zu bejahen. Nach der Rspr. des BAG ist das Merkmal des Fehlens einer betriebl. Regelungsmöglichkeit jedoch auch erfüllt, wenn ein **zwingendes Erfordernis** für eine unternehmenseinheitliche oder betriebsübergreifende Regelung besteht[8], also eine Regelung durch die EinzelBR **subjektiv unmöglich** ist[9]. Ob ein zwingendes Erfordernis besteht, richtet sich nach den Verhältnissen des einzelnen Unternehmens und der konkreten Betriebe[10]. **Nicht ausreichend** ist die **bloße Zweckmäßigkeit** einer einheitlichen Regelung oder das **Koordinationsinteresse** des ArbGeb[11] oder des GBR. Auch der wirtschaftl. Zwang zur Sanierung eines Unternehmens soll nach Ansicht des BAG nicht die Zuständigkeit des GBR zur Abschaffung von Kostenfaktoren (zB Erstattung von Kontoführungsgebühren) begründen, die auf BV beruhen und für die die EinzelBR zuständig sind[12]. Demggü. kann das **Verlangen des ArbGeb** nach einer unternehmensweit **einheitlichen Regelung** ein zwingendes Erfordernis darstellen, wenn der ArbGeb allein unter dieser Voraussetzung zu einer regelungsbedürftigen Maßnahme bereit ist und insoweit mitbestimmungs*frei* entscheiden kann (bspw. bei der Gewährung einer betrAV oder freiwilliger Zulagen)[13]. Anders als bei freiwilligen Leistungen des ArbGeb gilt dies nicht im Bereich der erzwingbaren Mitbest.: Dort stellt das Verlangen des ArbGeb nach einer einheitlichen Regelung kein zwingendes Erfordernis dar, wenn er bei einer mitbestimmungs*pflichtigen* Maßnahme eine betriebsübergreifende Regelung verlangt[14]. Ebenso soll sich die Zuständigkeit des GBR nach der Rspr. des BAG nicht bereits daraus ergeben, dass der ArbGeb Entscheidungskompetenzen über eine Angelegenheit bei der Unternehmensleitung ansiedelt; eine Konzentration der Entscheidungskompetenzen soll kein zwingendes Erfordernis darstellen, welches eine Zuständigkeit der EinzelBR entfallen lässt[15]. 4

Ein zwingendes Erfordernis für eine unternehmenseinheitliche oder betriebsübergreifende Regelung kann somit bspw. vorliegen, wenn **unternehmerische Sachzwänge** eine solche Regelung erfordern[16]. Dies ist etwa der Fall, wenn wegen produktionstechnischer Abhängigkeiten mehrerer Betriebe voneinander eine einheitliche Regelung im Hinblick auf Arbeitszeitfragen zu treffen ist, weil andernfalls 5

---

1 BAG 11.11.1998 – 4 ABR 40/97, NZA 1999, 1056; 28.4.1992 – 1 ABR 68/91, NZA 1993, 31. ‖2 BAG 26.1.1993 – 1 AZR 303/92, NZA 1993, 714. ‖3 BAG 6.4.1976 – 1 ABR 27/74, AP Nr. 2 zu § 50 BetrVG 1972. ‖4 Richardi/*Annuß*, § 50 Rz. 3. ‖5 BAG 14.11.2006 – 1 ABR 4/06, NZA 2007, 399. ‖6 BAG 16.6.1998 – 1 ABR 68/97, NZA 1999, 49. ‖7 Ausführlich *Thüsing*, ZfA 2010, 195. ‖8 BAG 11.11.1998 – 7 ABR 47/97, NZA 1999, 947; 26.1.1993 – 1 AZR 303/92, NZA 1993, 714; 23.9.1975 – 1 ABR 122/73, AP Nr. 1 zu § 50 BetrVG 1972. ‖9 BAG 11.2.1992 – 1 ABR 51/91, NZA 1992, 702; 18.10.1994 – 1 ABR 17/94, NZA 1995, 390; krit. *Lunk*, NZA 2013, 233 (234). ‖10 BAG 30.8.1995 – 1 ABR 4/95, NZA 1996, 218; 14.12.1999 – 1 ABR 27/98, NZA 2000, 783. ‖11 BAG 26.1.1993 – 1 AZR 303/92, NZA 1993, 714; 23.9.1975 – 1 ABR 122/73, AP Nr. 1 zu § 50 BetrVG 1972. ‖12 BAG 15.1.2002 – 1 ABR 10/01, NZA 2002, 988. ‖13 BAG 10.10.2006 – 1 ABR 59/05, NZA 2007, 523; 11.11.1998 – 7 ABR 47/97, NZA 1999, 947. ‖14 BAG 9.12.2003 – 1 ABR 49/02, NZA 2005, 234; 30.8.1995 – 1 ABR 4/95, NZA 1996, 218. ‖15 BAG 18.10.1994 – 1 ABR 17/94, NZA 1995, 390. ‖16 MünchArbR/*Joost*, § 225 Rz. 34.

eine Störung der betriebl. Abläufe eintreten würde[1]. Auch rechtl. Gründe können ein zwingendes Erfordernis für eine unternehmenseinheitliche oder betriebsübergreifende Regelung darstellen. In diesem Zusammenhang wird als Beispiel eine unternehmenseinheitliche Regelung unter dem Gesichtspunkt der **Gleichbehandlung** genannt[2], was allerdings nur dann ein zwingendes Erfordernis darstellen kann, soweit man den Gleichbehandlungsgrundsatz nicht nur auf ArbN desselben Betriebs beschränkt, sondern mit der Rspr. des BAG unternehmensweit versteht[3].

6 Die vorstehenden Kriterien, die der gefestigten Rspr. des BAG entsprechen, erlauben in der Praxis nicht immer eine präzise Abgrenzung der Zuständigkeit des GBR und der EinzelBR. Da die **Wahl des „falschen" Gremiums** für den ArbGeb erhebliche Folgen haben kann, bspw. bei Verhandlungen über einen Interessenausgleich (s. Rz. 13), empfiehlt es sich, dass der ArbGeb **im Zweifelsfall die in Betracht kommenden Gremien zur Klärung ihrer Zuständigkeit auffordert**[4]. Einigen sich GBR und EinzelBR auf die Zuständigkeit des GBR, so sieht das BAG darin zumindest eine Beauftragung gem. Abs. 2, so dass die Zuständigkeit des GBR in jedem Fall zu bejahen ist[5]. Einigen sich GBR und EinzelBR hingegen auf die Zuständigkeit eines oder mehrerer EinzelBR, ist dies zwar rechtlich nicht bindend, soweit tatsächlich die Zuständigkeit des GBR gegeben ist[6]. Jedoch kann dem ArbGeb in einem solchen Fall zumindest nicht der Vorwurf einer Verletzung von MitbestR gemacht werden[7]. Das Gleiche gilt, wenn sich GBR und EinzelBR nicht über das zuständige Gremium einigen können und der ArbGeb daraufhin eine Entscheidung hinsichtlich des „richtigen" Verhandlungspartners trifft, die unter Berücksichtigung der Entscheidungssituation nachvollziehbar erscheint[8].

7 Eine Abgrenzung der Zuständigkeit zwischen GBR und EinzelBR auf der Grundlage der von der Rspr. entwickelten abstrakten Kriterien ist, wie gesehen, in der Praxis oftmals problematisch[9]. Eine sichere Beurteilung ist vielfach nur unter Berücksichtigung der von der Rspr. entschiedenen **Präzedenzfälle** möglich.

8 **a) Soziale Angelegenheiten.** Im Bereich der sozialen Angelegenheiten ist mit der Rspr. davon auszugehen, dass es sich überwiegend um betriebs- und nicht um unternehmensbezogene Tatbestände handelt[10]. Gewichtige Ausnahmen stellen aber bspw. Fragen der Lohngestaltung (§ 87 I Nr. 10) oder die Ausgestaltung von Sozialeinrichtungen (§ 87 I Nr. 8) dar, die typischerweise einheitlich für alle Betriebe des Unternehmens geregelt werden[11]. Im Einzelnen gilt Folgendes:

– **Altersversorgung:** Der ArbGeb kann frei entscheiden, ob er ein betrieblich differenziertes oder ein unternehmenseinheitliches System betriebl. Altersversorgung (§ 87 I Nr. 8, 10) wünscht. Wird die betrAV wegen ihrer finanziellen, steuerlichen und sozialen Bedeutung im Unternehmen einheitlich ausgestaltet, ist der GBR zuständig[12], bei betrieblich differenzierter Altersversorgung sind die EinzelBR zuständig. Die Zuständigkeit des GBR ist auch zu bejahen bei einer unternehmensweit geltenden Neuordnung der betrAV, welche unterschiedliche, bisher auf betrieblicher Ebene geltende Versorgungsordnungen ablöst[13]. Auch für die Änderung unternehmenseinheitlicher Ruhegeldrichtlinien ist der GBR zuständig[14].

– **Arbeitszeit:** Das MitbestR bzgl. der Lage der Arbeitszeit (§ 87 I Nr. 2) fällt in die Zuständigkeit des GBR, wenn wegen der produktionstechnischen Abhängigkeit mehrerer Betriebe voneinander eine einheitliche Regelung erforderlich ist und bei fehlender einheitlicher Regelung eine technisch untragbare Störung eintreten würde, die zu unangemessenen betriebl. oder wirtschaftl. Auswirkungen führen würde[15].

– **Auszahlung der Arbeitsentgelte:** Eine Zuständigkeit des GBR besteht, wenn die Entgeltzahlung zentral EDV-gestützt verwaltet wird und unterschiedliche betriebl. Regelungen den wirtschaftl. Nutzen der zentralen EDV-Anlage in Frage stellen würden[16]. Demggü. besteht eine Zuständigkeit der EinzelBR, wenn die Verhältnisse in den einzelnen Betrieben nicht vergleichbar sind und eine Regelung auf betriebl. Ebene erfordern. Die Erstattung von Kontoführungsgebühren soll nach Ansicht des BAG wegen der unterschiedlichen Höhe der Gebühren der örtlichen Banken[17] und der angeblich bestehenden betrieblichen und regionalen Besonderheiten in den Zuständigkeitsbereich der EinzelBR fallen; das Bedürfnis nach unternehmensweit einheitlicher Behandlung aller ArbN hält das BAG insoweit für unerheblich[18].

---

1 BAG 19.6.2012 – 1 ABR 19/11, NZA 2012, 1237 (1239). ‖2 *Döring*, DB 1980, 689 (690); abl. Hess ua./*Glock*, § 50 Rz. 16. ‖3 BAG 17.11.1998 – 1 AZR 147/98, NZA 1999, 606. ‖4 So auch *Lunk*, NZA 2013, 233. ‖5 BAG 24.1.1996 – 1 AZR 542/95, NZA 1996, 1107; krit. zu der Begr. des BAG Richardi/*Annuß*, § 50 Rz. 48, mit Hinweis darauf, dass eine Beauftragung nach Abs. 2 an die dort geregelten formellen Voraussetzungen gebunden ist. ‖6 BAG 24.1.1996 – 1 AZR 542/95, NZA 1996, 1107. ‖7 Vgl. für das Nichtbestehen von Ansprüchen auf Nachteilsausgleich BAG 24.1.1996 – 1 AZR 542/95, NZA 1996, 1107. ‖8 BAG 24.1.1996 – 1 AZR 542/95, NZA 1996, 1107. ‖9 *Lunk*, NZA 2013, 233. ‖10 BAG 23.9.1975 – 1 ABR 122/73, DB 1976, 56. ‖11 BAG 6.4.1976 – 1 ABR 27/74, DB 1976, 1290. ‖12 BAG 19.3.1981 – 3 ABR 38/80, DB 1981, 2181; 5.5.1977 – 3 ABR 24/76, DB 1977, 1610; *Schnitker/Sittard*, NZA 2011, 331 (332). ‖13 LAG Düss. 6.2.1991 – 4 TaBV 106/90, DB 1991, 1330. ‖14 BAG 21.1.2003 – 3 ABR 26/02, EzA § 50 BetrVG 2001 Nr. 2. ‖15 BAG 23.9.1975 – 1 ABR 122/73, DB 1976, 56; s.a. LAG Nürnberg 29.11.2006 – 7 TaBV 30/05, NZA-RR 2007, 248. ‖16 LAG Berlin 10.9.1979 – 9 TaBV 3/79, DB 1979, 2091. ‖17 BAG 20.4.1982 – 1 ABR 22/80, DB 1982, 1674f. ‖18 BAG 15.1.2002 – 1 ABR 10/01, NZA 2002, 988.

- **Bildschirmarbeitsplätze:** Die EinzelBR sind zuständig, wenn die Bildschirmarbeitsplätze in den einzelnen Niederlassungen unterschiedlich gestaltet sind, so dass kein zwingendes Erfordernis für eine einheitliche Regelung besteht[1]. Im Regelfall ist allerdings eine Zuständigkeit des GBR anzunehmen, da Bildschirmarbeitsplätze, die unternehmensweit vernetzt sind, auch unternehmenseinheitlich gestaltet werden müssen.
- **EDV-System:** Hinsichtlich der Einführung und Nutzung eines unternehmenseinheitlichen EDV-Systems (§ 87 I Nr. 6) besteht eine originäre Zuständigkeit des GBR für die Wahrnehmung des MitbestR, da sich eine unterschiedliche Ausgestaltung eines solchen Systems in den einzelnen Betrieben mit den Zielen und der Funktion eines solchen Systems nicht vereinbaren lässt[2]. Eine Zuständigkeit des GBR für das MitbestR nach § 87 I Nr. 6 führt nicht zu einer korrespondierenden Zuständigkeit für das Überwachungsrecht nach § 80 I Nr. 1[3].
- **Ethikrichtlinie:** In einem Unternehmen, das keinem Konzern angehört, fällt die Einführung einer Ethikrichtlinie in die Zuständigkeit des GBR (soweit diese mitbestimmungspflichtige Gegenstände regelt)[4]. Es widerspräche dem Sinn einer Ethikrichtlinie, wenn ArbN an unterschiedliche ethische Maßstäbe gebunden wären, je nachdem, in welchem Betrieb sie arbeiten. Deswegen kann eine Ethikrichtlinie nur unternehmenseinheitlich gelten[5].
- **Gesundheitsschutz:** Für die Festlegung und Konkretisierung allg. Vorschriften zum Gesundheitsschutz (§ 87 I Nr. 7) ist der GBR zuständig, wenn die Regelung nicht auf den Einzelbetrieb mit seinen betriebsspezifischen Gefahren, sondern wegen unternehmensweit einheitlicher Tätigkeiten auf die einheitliche Festlegung von Sicherheitsstandards zugeschnitten ist[6].
- **Kontoführungspauschale:** S. „Auszahlung der Arbeitsentgelte".
- **Kurzarbeit:** Für die Einführung von Kurzarbeit sollen grds. die EinzelBR zuständig sein[7]. Eine Zuständigkeit des GBR ist jedoch gegeben, wenn wegen der produktionstechnischen Abhängigkeit mehrerer Betriebe voneinander eine einheitliche Regelung erforderlich ist[8].
- **Lohngestaltung:** Für Fragen der betriebl. Lohngestaltung (§ 87 I Nr. 10) ist die Frage der Zuständigkeit in besonderem Maße vom Einzelfall abhängig. Machen bspw. regionale Unterschiede der Arbeitsmarktlage die Zahlung von Zulagen nur in einigen Betrieben erforderlich, besteht keine zwingende Notwendigkeit einer einheitlichen Regelung, so dass die EinzelBR zuständig sind[9]. Ist hingegen aus Gründen der Lohngerechtigkeit ein einheitliches Entgeltsystem für alle im Unternehmen tätigen ArbN einer bestimmten Gruppe erforderlich, ist die Zuständigkeit des GBR zu bejahen[10]. Dies gilt auch, wenn auf Grund der Struktur eines Unternehmens die Provisionen von Außendienstmitarbeitern zentral für das gesamte Unternehmen geregelt werden[11]. Erklärt der ArbGeb, er wolle eine freiwillige Sondervergütung nur gewähren, wenn eine einheitliche Regelung für das Gesamtunternehmen zustande kommt, ist der GBR zuständig[12]. Die Zuständigkeit des GBR ist auch zu bejahen bei der unternehmensweiten Einführung eines Aktienoptionsprogramms[13] oder ähnlicher Formen der Mitarbeiterbeteiligung. Der GBR ist nicht zuständig für eine betriebsübergreifende Regelung der Vergütungsstruktur von AT-Angestellten[14].
- **Sozialeinrichtungen:** Die Form, Ausgestaltung und Verwaltung von Sozialeinrichtungen (§ 87 I Nr. 8) fällt in die Zuständigkeit des GBR, wenn die Sozialeinrichtung nicht nur für den einzelnen Betrieb errichtet wird[15].
- **Telefonanlage:** Hinsichtlich der Einführung und Nutzung einer unternehmenseinheitlichen Telefonanlage (§ 87 I Nr. 6) steht das MitbestR dem GBR zu, wenn mit der Einführung bspw. ein unternehmensweit vernetztes Telefonsystem mit zentraler Kostenüberwachung, der Möglichkeit der einheitlichen Steuerung, der unternehmensweiten Kostenoptimierung oder der Möglichkeit der filialweiten Rufweiterschaltung geschaffen werden soll[16].
- **Urlaub:** Für die Aufstellung allg. Urlaubsgrundsätze und des Urlaubsplans (§ 87 I Nr. 5) ist der GBR zuständig, wenn die produktionstechnische Abhängigkeit mehrerer Betriebe voneinander eine einheitliche Regelung erfordert. Andernfalls sind die EinzelBR zuständig[17].

b) **Gestaltung von Arbeitsplatz, Arbeitsablauf und Arbeitsumgebung.** Bei der Gestaltung von Arbeitsplatz, Arbeitsablauf und Arbeitsumgebung steht die Zuständigkeit gem. §§ 90, 91 idR den EinzelBR zu[18]. Dies gilt jedoch nicht, wenn auf Grund zentraler Planung eine einheitliche Gestaltung für

---

[1] LAG Düss. 28.11.1980 – 16 TaBV 13/80, DB 1981, 379. ||[2] BAG 14.11.2006 – 1 ABR 4/06, NZA 2007, 399; LAG Düss. 21.8.1987 – 9 TaBV 132/86, NZA 1988, 211; vgl. auch BAG 30.8.1995 – 1 ABR 4/95, NZA 1996, 218; LAG Nürnberg 3.5.2002 – 8 TaBV 38/01, NZA-RR 2003, 21. ||[3] BAG 16.8.2011 – 1 ABR 22/10, NZA 2012, 342. ||[4] *Dzida*, NZA 2008, 1265 (1267). ||[5] LAG Düss. 14.11.2005 – 10 TaBV 46/05, NZA-RR 2006, 81. ||[6] BAG 16.6.1998 – 1 ABR 68/97, NZA 1999, 49. ||[7] BAG 29.11.1978 – 4 AZR 276/77, DB 1979, 995. ||[8] *Fitting*, § 50 Rz. 38. ||[9] BAG 18.10.1994 – 1 ABR 17/94, NZA 1995, 390. ||[10] BAG 6.12.1988 – 1 ABR 44/87, NZA 1989, 479. ||[11] BAG 29.3.1977 – 1 ABR 123/74, NJW 1977, 1654. ||[12] BAG 11.2.1992 – 1 ABR 51/91, NZA 1992, 702. ||[13] *Baeck/Diller*, DB 1998, 1405 (1412). ||[14] BAG 18.5.2010 – 1 ABR 96/08, NZA 2011, 171. ||[15] BAG 6.4.1976 – 1 ABR 27/74, DB 1976, 1290. ||[16] BAG 11.11.1998 – 7 ABR 47/97, NZA 1999, 947. ||[17] Richardi/*Annuß*, § 50 Rz. 24. ||[18] Hess ua./*Glock*, § 50 Rz. 35.

mehrere oder alle Betriebe erfolgt. So ist der GBR bspw. zuständig, wenn für mehrere Filialen eines Einzelhandelsunternehmens, die eine gleichartige Struktur aufweisen, die Kassenarbeitsplätze nach einheitlichen Richtlinien neu gestaltet werden und die Planung und Gestaltung zentral von der Hauptverwaltung aus erfolgt[1].

10   c) **Personelle Angelegenheiten.** Während der GBR idR für allg. personelle Angelegenheiten zuständig ist, kommt eine Zuständigkeit für personelle Einzelmaßnahmen nur ausnahmsw. in Betracht. Für die unternehmensweite **Personalplanung** (§ 92) besteht ein zwingendes Erfordernis für eine unternehmenseinheitliche Regelung, so dass der GBR zuständig ist[2]. Auch die **Beschäftigungssicherung** (§ 92a) fällt überwiegend in die Zuständigkeit des GBR, da Vorschläge zum Produktions- und Investitionsprogramm, zur flexiblen Gestaltung der Arbeitszeit, Förderung der Teilzeitarbeit und ATZ einer überbetrieblichen oder unternehmensweiten Behandlung bedürfen. Im Einzelfall kann sich eine Zuständigkeit des BR ergeben, soweit sich bspw. Vorschläge zur Vermeidung von Outsourcingmaßnahmen auf einen Betrieb beschränken. Hinsichtlich der **Ausschreibung von Arbeitsplätzen** (§ 93) ist der GBR zuständig, wenn sie in mehreren oder allen Betrieben erfolgt[3]. **Personalfragebögen, Beurteilungsgrundsätze und Auswahlrichtlinien** (§§ 94, 95) fallen in die Zuständigkeit des GBR, da Anforderungen für einen bestimmten Stellentyp üblicherweise unternehmenseinheitlich gelten müssen[4]. Werden **Berufsbildungsmaßnahmen** (§§ 96 ff.) überbetrieblich durchgeführt oder koordiniert, ist der GBR zuständig[5].

11   Demggü. sind für **personelle Einzelmaßnahmen** grds. die EinzelBR zuständig, da Einstellung, Eingruppierung, Umgruppierung, Versetzung und Kündigung idR keinen überbetriebl. Bezug haben[6]. Eine Zuständigkeit des GBR wird von dem BAG auch verneint, wenn ein ArbN von einem Betrieb in einen anderen Betrieb versetzt wird, selbst wenn der ArbGeb mehrere solcher Versetzungen zu einer sog. Personalrunde zusammenfasst[7]. Eine Zuständigkeit des GBR ist auch dann nicht gegeben, wenn ein ArbN dem Übergang seines ArbVerh auf einen neuen Betriebsinhaber widerspricht und von dem bisherigen Betriebsinhaber – ohne zuvor einem anderen Betrieb des Unternehmens zugeordnet zu werden – betriebsbedingt gekündigt wird[8]; dem steht nicht entgegen, dass in solchen Fällen ggf. kein BR zu beteiligen ist, denn dem GBR steht keine Auffangzuständigkeit zu. Dagegen soll eine Zuständigkeit des GBR für personelle Einzelmaßnahmen gegeben sein, wenn ein ArbN für mehrere Betriebe des Unternehmens gleichzeitig tätig ist[9].

12   d) **Wirtschaftliche Angelegenheiten.** In wirtschaftl. Angelegenheiten ist der GBR zunächst für die Bestellung der Mitglieder des **Wirtschaftsausschusses** zuständig (§ 107 II 2). Er nimmt im Hinblick auf den Wirtschaftsausschuss alle Rechte und Pflichten wahr, die in Unternehmen mit nur einem Betrieb dem BR zugewiesen sind[10].

13   Betrifft eine **Betriebsänderung** mehrere Betriebe oder das gesamte Unternehmen und besteht ein zwingendes Erfordernis für eine überbetriebl. Regelung, ist der GBR zuständig (s. § 111 Rz. 73 ff.). Eine **Zuständigkeit des GBR für den Interessenausgleich** ist insb. gegeben, wenn eine Betriebsänderung unternehmenseinheitlich oder betriebsübergreifend geplant wird[11]. Sie kommt bspw. in Betracht, wenn alle oder mehrere Betriebe eines Unternehmens[12] oder der gesamte Außendienst eines Unternehmens[13] stillgelegt werden. Für die Verhandlungen über den Interessenausgleich ist der GBR ferner zuständig, wenn in einem Unternehmen entweder der eine oder der andere Betrieb stillgelegt werden muss[14]. Plant der ArbGeb die Verlegung eines Betriebs und dessen Zusammenlegung mit einem anderen seiner Betriebe, ist für die Verhandlungen über den Interessenausgleich ebenfalls der GBR zuständig[15]. Gleiches gilt für einen unternehmensweiten Personalabbau ohne Rücksicht auf betriebliche oder sonstige Besonderheiten in den einzelnen Betrieben[16]. Bei einer betriebsübergreifenden Betriebsänderung ersetzt ein mit dem GBR abgeschlossener Interessenausgleich mit Namensliste die Stellungnahme der örtlichen Betriebsräte nach § 17 III 2 KSchG[17]. Der GBR ist ebenfalls zuständig, falls eine bisher auf betriebl. Ebene bestehende organisatorische Einheit zentral in einem Betrieb zusammengefasst wird (bspw. die Buchhaltung[18]) oder eine vormals arbeitsteilige Produktion im Unternehmen umgestellt werden soll[19].

14   Zu beachten ist jedoch, dass aus der Zuständigkeit zum Abschluss des Interessenausgleichs nicht notwendigerweise die **Zuständigkeit für den Abschluss des Sozialplans** folgt[20]. Das Vorliegen der Zuständigkeitsvoraussetzungen für den Abschluss des Sozialplans ist **gesondert zu prüfen**. Ob die mit

---

1 LAG Düss. 29.4.1981 – 6 TaBV 19/81, ARST 82, 46.   ‖2 Hess ua./*Glock*, § 50 Rz. 37; Richardi/*Annuß*, § 50 Rz. 32.   ‖3 Richardi/*Annuß*, § 50 Rz. 33; vgl. Fitting, § 50 Rz. 53.   ‖4 BAG 31.1.1984 – 1 ABR 63/81, NZA 1984, 51; 31.5.1983 – 1 ABR 6/80, NZA 1984, 49; zu § 94 II: BAG 21.12.2010 – 6 Ta BVGa 12/10, NZA-RR 2011, 130.   ‖5 BAG 12.11.1991 – 1 ABR 21/91, NZA 1992, 657.   ‖6 Vgl. BAG 3.2.1982 – 7 AZR 791/79, DB 1982, 1624 f.   ‖7 BAG 26.1.1993 – 1 AZR 303/92, NZA 1993, 714.   ‖8 BAG 21.3.1996 – 2 AZR 559/95, NZA 1996, 974.   ‖9 DKKW/*Trittin*, § 50 Rz. 140; Hess ua./*Glock*, § 50 Rz. 40; vgl. auch BAG 3.2.1982 – 7 AZR 791/79, DB 1982, 1624 f.   ‖10 Richardi/*Annuß*, § 50 Rz. 36.   ‖11 BAG 20.9.2012 – 6 AZR 155/11, NZA 2013, 32; 8.6.1999 – 1 AZR 831/98, NZA 1999, 1168.   ‖12 BAG 17.2.1981 – 1 AZR 290/78, ZIP 1981, 642.   ‖13 BAG 8.6.1999 – 1 AZR 831/98, NZA 1999, 1168.   ‖14 BAG 11.12.2001 – 1 AZR 193/01, NZA 2002, 688.   ‖15 BAG 24.1.1996 – 1 AZR 542/95, NZA 1996, 1107.   ‖16 BAG 20.4.1994 – 10 AZR 186/93, NZA 1995, 89.   ‖17 BAG 7.7.2011 – 6 AZR 248/10, NZA 2011, 1108; Dzida/Hohenstatt, NJW 2012, 27; Schramm/Kuhnke, NZA 2011, 1071.   ‖18 WHSS/*Schweibert*, Rz. C 316.   ‖19 Picot/Schnitker, II D Rz. 97.   ‖20 BAG 3.5.2006 – 1 ABR 15/05, BB 2006, 2250; 11.12.2001 – 1 AZR 193/01, NZA 2002, 688; vgl. aber BAG 23.10.2002 – 7 ABR 55/01, ZIP 2003, 1514.

einer Betriebsänderung verbundenen Nachteile unternehmensbezogen oder betriebsbezogen auszugleichen sind, bestimmt sich nach dem Gegenstand der Betriebsänderung und der den ArbN daraus entstehenden Nachteile. Regelt ein mit dem GBR zu vereinbarender Interessenausgleich Betriebsänderungen, die einzelne Betriebe unabhängig voneinander betreffen, kommt für den Abschluss des Sozialplans eine Zuständigkeit der EinzelBR in Betracht[1].

2. Zuständigkeit auf Grund gesetzlicher Zuweisung. Der GBR hat schließlich Aufgaben auf Grund gesetzl. Zuweisung. Gem. § 54 kann durch Beschlüsse der einzelnen GBR ein KBR errichtet werden. Fällt das Unternehmen in den Anwendungsbereich des DrittelbG oder des MitbestG 1976, so wirkt der GBR an der Bestellung des Wahlvorstands zur Wahl der ArbN-Vertreter im Aufsichtsrat mit (§ 4 2. WOMitbestG 2002; § 4 3. WOMitbestG 2002; § 26 WODrittelbG). Des Weiteren ist der GBR zuständig für die Bestellung der inländischen Mitglieder des besonderen Verhandlungsgremiums sowie die Bestellung der inländischen Mitglieder des EBR (§ 11 I, § 23 I EBRG), soweit nicht der KBR zuständig ist (s. § 58 Rz. 10). Gem. § 17 I kann der GBR einen Wahlvorstand in betriebsratslosen Betrieben bestellen. Bei **Umwandlungen** nach dem UmwG ist der GBR empfangszuständig für die Entgegennahme des (Entwurfs des) Verschmelzungsvertrags gem. § 5 III UmwG, wenn der beteiligte Rechtsträger aus mehreren Betrieben besteht und ein GBR gebildet ist[2]. Entsprechendes gilt für die Zugänglichmachung des Verschmelzungsberichts gem. § 122e S. 2 UmwG bei **grenzüberschreitenden Verschmelzungen**[3]. Schließlich kann der GBR empfangszuständig sein für **Unterrichtungen nach WpÜG** (s. WpÜG Rz. 9).

III. Zuständigkeit für betriebsratslose Betriebe. Ist der GBR gem. Abs. 1 zuständig, so erstreckt sich diese Zuständigkeit gem. Abs. 1 S. 1 Hs. 2 auch auf betriebsratslose Betriebe[4]. Diese Erstreckung der Zuständigkeit ist im Zuge der Reform des BetrVG neu in das Gesetz eingefügt worden. Die entgegenstehende frühere Rspr. des BAG[5] ist damit hinfällig, obgleich die Einwände gegen eine Erstreckung der Zuständigkeit des GBR auf betriebsratslose Betriebe (fehlende demokratische Legitimation) bestehen bleiben. Die Zuständigkeit des GBR betrifft nicht solche Gegenstände, für die ein EinzelBR zuständig wäre; der GBR ist kein ErsatzBR[6]. So ist der GBR nicht berechtigt, in betriebsratslosen Betrieben Veranstaltungen durchzuführen, die den Charakter von Belegschaftsversammlungen haben[7]. „Betriebsratslos" sind betriebsratsfähige Betriebe, die von der Wahl eines BR abgesehen haben, nicht dagegen Kleinstbetriebe, die den Schwellenwert des § 1 nicht erreichen[8]. Durch die Erstreckung der Zuständigkeit des GBR auf betriebsratslose Betriebe wird der Geltungsbereich von in einem Unternehmen bereits bestehenden GesamtBV grds. auf die betriebsratslosen Betriebe ausgedehnt. Wird das Unternehmen dadurch jedoch mit weiteren nicht vorhersehbaren Kosten belastet, kann sich der ArbGeb auf einen Wegfall der Geschäftsgrundlage berufen und zumindest eine Anpassung der GesamtBV verlangen[9].

IV. Zuständigkeit kraft Auftrags. Abs. 2 eröffnet dem EinzelBR die Möglichkeit, den GBR mit der Wahrnehmung einzelner Angelegenheiten zu beauftragen, für die an sich der EinzelBR zuständig ist. Hierdurch wird es möglich, die Zuständigkeit des GBR in Fällen zu begründen, in denen dies zweckmäßig ist, insb. im Hinblick auf den unmittelbaren Kontakt des GBR zur Unternehmensleitung[10]. Allerdings handelt der GBR dann nicht im eigenen Namen, sondern im Namen des beauftragenden Betriebsrats[11]. Die Beauftragung ist mit der **qualifizierten Mehrheit** der Stimmen der Mitglieder des BR zu beschließen (Abs. 2 S. 1) und bedarf der **Schriftform** (Abs. 2 S. 3 iVm. § 27 II 3). Werden diese formalen Vorschriften nicht eingehalten, ist die Beauftragung unwirksam[12]. Der EinzelBR darf nicht generell im Voraus die Zuständigkeit ganzer Sachbereiche an den GBR übertragen, sondern kann die Beauftragung jeweils nur im Hinblick auf eine ganz bestimmte Angelegenheit vornehmen[13]. Der BR darf die Beauftragung des GBR **widerrufen**; auch dafür ist die Mehrheit der Stimmen der Mitglieder des BR erforderlich[14]. Nach überwiegender Auffassung bedarf der Widerruf keines sachlichen Grundes[15]. Erfolgt der Widerruf jedoch rechtsmissbräuchlich, etwa um Verhandlungen über einen Interessenausgleich durch ein „Ping-Pong-Spiel" zwischen BR und GBR zu verzögern, ist der Widerruf unwirksam[16]. Gleichwohl empfiehlt es sich aus ArbGebSicht, vor der Aufnahme von Verhandlungen auf eine unwiderrufliche Beauftragung des GBR zu drängen[17]. Hat ein EinzelBR den GBR beauftragt, eine bestimmte Angelegenheit für ihn zu behandeln, so ist der GBR auch für die Anrufung der Einigungsstelle zuständig[18]. Der GBR hat das Recht, die Angelegenheit an den BR zurück zu weisen (Rückdelegation)[19].

Gem. Abs. 2 S. 2 kann sich der BR bei der Beauftragung des GBR die **Entscheidungsbefugnis vorbehalten**, so dass dem GBR nur das Recht verbleibt, die Verhandlungen zu führen. Aus der Gesetzes-

---

1 BAG 11.12.2001 – 1 AZR 193/01, NZA 2002, 688. ‖ 2 *Dzida*, GmbHR 2009, 459 (460f.); Kallmeyer/*Willemsen*, § 5 UmwG Rz. 76; KölnKommUmwG/*Hohenstatt/Schramm*, § 5 Rz. 251. ‖ 3 *Dzida*, GmbHR 2009, 459 (465). ‖ 4 BAG 9.12.2009 – 7 ABR 46/08, DB 2010, 1188. ‖ 5 BAG 16.8.1983 – 1 AZR 544/81, DB 1984, 129. ‖ 6 BAG 16.8.1983 – 1 AZR 544/81, DB 1984, 129. ‖ 7 BAG 16.11.2011 – 7 ABR 28/10, NZA 2012, 404. ‖ 8 *Fitting*, § 50 Rz. 29. ‖ 9 Vgl. *Fitting*, § 50 Rz. 31f. ‖ 10 Richardi/*Annuß*, § 50 Rz. 53; *Rieble*, RdA 2005, 26. ‖ 11 GK-BetrVG/*Kreutz*, § 50 Rz. 56. ‖ 12 LAG Rh.-Pf. 19.7.2006 – 10 Sa 50/06, nv. ‖ 13 BAG 26.1.1993 – 1 AZR 303/92, NZA 1993, 714. ‖ 14 *Etzel*, Betriebsverfassungsrecht, Rz. 1362. ‖ 15 DKKW/*Trittin*, § 50 Rz. 187; Richardi/*Annuß*, § 50 Rz. 62. ‖ 16 Vgl. DKKW/*Trittin*, § 50 Rz. 187. ‖ 17 WHSS/*Schweibert*, Rz. C 313. ‖ 18 LAG Düss. 3.7.2002 – 12 TaBV 22/02, NZA-RR 2003, 83. ‖ 19 *Rieble*, RdA 2005, 30f.

systematik folgt, dass der GBR grds. entscheidungsbefugt ist, soweit sich der EinzelBR die Entscheidungsbefugnis nicht ausdrücklich und unmissverständlich vorbehalten hat[1].

19 **V. Streitigkeiten.** Bei Streitigkeiten über die Zuständigkeit des GBR entscheidet das ArbG im Beschlussverfahren (§§ 2a, 80 ff. ArbGG). Örtlich zuständig ist das ArbG, in dessen Bezirk der Sitz des Unternehmens liegt (§ 82 I 2 ArbGG). Für Streitigkeiten über eine Beauftragung des GBR durch einen EinzelBR ist dagegen das ArbG örtlich zuständig, in dessen Bezirk der Betrieb des betreffenden EinzelBR liegt. Kann im Rahmen eines **einstw. Verfügungsverfahrens** die Zuständigkeit des antragstellenden GBR bzw. BR nicht eindeutig geklärt werden, soll nach Ansicht des LAG Hess. ein überwiegendes Interesse am Erlass der einstw. Verfügung zu verneinen sein[2].

51 *Geschäftsführung*

(1) Für den Gesamtbetriebsrat gelten § 25 Abs. 1, die §§ 26, 27 Abs. 2 und 3, § 28 Abs. 1 Satz 1 und 3, Abs. 2, die §§ 30, 31, 34, 35, 36, 37 Abs. 1 bis 3 sowie die §§ 40 und 41 entsprechend. § 27 Abs. 1 gilt entsprechend mit der Maßgabe, dass der Gesamtbetriebsausschuss aus dem Vorsitzenden des Gesamtbetriebsrats, dessen Stellvertreter und bei Gesamtbetriebsräten mit

9 bis 16 Mitgliedern aus 3 weiteren Ausschussmitgliedern,

17 bis 24 Mitgliedern aus 5 weiteren Ausschussmitgliedern,

25 bis 36 Mitgliedern aus 7 weiteren Ausschussmitgliedern,

mehr als 36 Mitgliedern aus 9 weiteren Ausschussmitgliedern

besteht.

(2) Ist ein Gesamtbetriebsrat zu errichten, so hat der Betriebsrat der Hauptverwaltung des Unternehmens oder, soweit ein solcher Betriebsrat nicht besteht, der Betriebsrat des nach der Zahl der wahlberechtigten Arbeitnehmer größten Betriebs zu der Wahl des Vorsitzenden und des stellvertretenden Vorsitzenden des Gesamtbetriebsrats einzuladen. Der Vorsitzende des einladenden Betriebsrats hat die Sitzung zu leiten, bis der Gesamtbetriebsrat aus seiner Mitte einen Wahlleiter bestellt hat. § 29 Abs. 2 bis 4 gilt entsprechend.

(3) Die Beschlüsse des Gesamtbetriebsrats werden, soweit nichts anderes bestimmt ist, mit Mehrheit der Stimmen der anwesenden Mitglieder gefasst. Bei Stimmengleichheit ist ein Antrag abgelehnt. Der Gesamtbetriebsrat ist nur beschlussfähig, wenn mindestens die Hälfte seiner Mitglieder an der Beschlussfassung teilnimmt und die Teilnehmenden mindestens die Hälfte aller Stimmen vertreten; Stellvertretung durch Ersatzmitglieder ist zulässig. § 33 Abs. 3 gilt entsprechend.

(4) Auf die Beschlussfassung des Gesamtbetriebsausschusses und weiterer Ausschüsse des Gesamtbetriebsrats ist § 33 Abs. 1 und 2 anzuwenden.

(5) Die Vorschriften über die Rechte und Pflichten des Betriebsrats gelten entsprechend für den Gesamtbetriebsrat, soweit dieses Gesetz keine besonderen Vorschriften enthält.

1 **I. Allgemeines.** Die Vorschrift regelt die innere Organisation und die Geschäftsführung des GBR. Dabei verweisen Abs. 1 und 4 im Wesentlichen auf die Vorschriften, die auch für die innere Organisation und Geschäftsführung des BR maßgeblich sind, während Abs. 2 und 3 Regelungen enthalten, die den Besonderheiten des GBR Rechnung tragen. Abs. 5 regelt schließlich, dass die Vorschriften über Rechte und Pflichten des BR für den GBR entsprechend gelten, soweit das Gesetz keine abweichenden Vorschriften enthält.

2 **II. Konstituierung des Gesamtbetriebsrats.** Ist ein GBR erstmalig zu bilden, richtet sich die Zuständigkeit für die Einladung zu seiner konstituierenden Sitzung nach Abs. 2. Zweck der konstituierenden Sitzung ist die Wahl des Vorsitzenden des GBR und seines Stellvertreters. Zuständig für die Einladung zu der konstituierenden Sitzung ist der **BR der Hauptverwaltung** des Unternehmens. Hauptverwaltung ist derjenige Teil des Unternehmens, von dem aus die Leitung des Unternehmens erfolgt. Bildet die Hauptverwaltung keinen selbstständigen Betrieb, sondern ist sie nur unselbständiger Betriebsteil etwa eines Produktionsbetriebs, so ist der BR dieses Betriebs für die Einladung zur konstituierenden Sitzung zuständig[3]. Ist im Betrieb der Hauptverwaltung des Unternehmens kein BR gebildet, so lädt der BR des nach der Zahl der wahlberechtigten ArbN **größten Betriebs** zur konstituierenden Sitzung ein. Dabei kommt es auf die Zahl der Eintragungen in die Wählerliste bei der letzten BR-Wahl an[4]. Unterlässt der BR der Hauptverwaltung bzw. des größten Betriebs eine Einladung zur konstituierenden Sitzung, so sollen die von den EinzelBR entsandten Mitglieder nach überwiegender Ansicht von sich aus zur konstituierenden Sitzung zusammentreten können[5]. Die Regelungen des Abs. 2 finden schließlich entsprechend Anwendung, wenn die Mitgliedschaft aller Mitglieder des GBR, etwa infolge der regel-

---

1 GK-BetrVG/*Kreutz*, § 50 Rz. 67. ||2 LAG Hess. 21.6.2001 – 5 TaBV Ga 45/01, AE 2001, 137 (138). ||3 DKKW/*Trittin*, § 51 Rz. 6; Richardi/*Annuß*, § 51 Rz. 25. ||4 GK-BetrVG/*Kreutz*, § 51 Rz. 8; Richardi/*Annuß*, § 51 Rz. 24. ||5 WPK/*Roloff*, § 51 Rz. 4; DKKW/*Trittin*, § 51 Rz. 9; aA Hess ua./*Glock*, § 51 Rz. 21.

mäßigen BR-Wahlen, geendet hat[1]. In diesem Fall besteht allerdings der GBR, der eine Dauereinrichtung ist, fort. Es ist lediglich ein neuer Vorsitzender und stellvertretender Vorsitzender zu wählen.

Die Einladung ergeht an alle BR im Unternehmen. Sie kann die Aufforderung enthalten, Mitglieder in den GBR zu entsenden, soweit dies noch nicht geschehen ist[2]. 3

Bis der GBR aus seiner Mitte einen Wahlleiter bestellt hat, obliegt die **Sitzungsleitung** dem Vorsitzenden des einladenden BR. Soweit der Vorsitzende des einladenden BR selbst nicht in den GBR entsandt worden ist, endet seine Teilnahme an der konstituierenden Sitzung mit der Bestellung des Wahlleiters[3]. Nach der Wahl des Vorsitzenden obliegt diesem die weitere Leitung der Sitzung. Er beruft auch die weiteren Sitzungen ein. Insoweit gelten für die Einberufung der Sitzungen des BR anwendbaren Vorschriften entsprechend (Abs. 2 S. 3 iVm. § 29 II–IV). 4

III. Geschäftsführung und innere Ordnung. 1. Vorsitz. Der GBR wählt **aus seiner Mitte** einen Vorsitzenden und dessen Stellvertreter (Abs. 1 S. 1 iVm. § 26 I). Die erste Wahl eines Vorsitzenden erfolgt in der konstituierenden Sitzung des GBR (Abs. 2 S. 1). Da die Mitgliedschaft im GBR durch Erlöschen der Mitgliedschaft im entsendenden BR endet, ist eine Neu- oder Wiederwahl des Vorsitzenden und seines Stellvertreters in der den regelmäßigen BR-Wahlen (§ 13) folgenden Sitzung des GBR vorzunehmen[4]. Erlischt die Mitgliedschaft des Vorsitzenden oder seines Stellvertreters vorzeitig (§ 49) oder erfolgt eine Niederlegung des Vorsitzes oder eine Abberufung von dem Amt des Vorsitzenden, ist unverzüglich ein neuer Vorsitzender bzw. stellvertretender Vorsitzender zu wählen. Der Vorsitzende, oder im Fall seiner Verhinderung sein Stellvertreter, vertritt den GBR im Rahmen der von ihm gefassten Beschlüsse und ist zur Entgegennahme und Abgabe von Erklärungen, die dem GBR ggü. abzugeben sind, berechtigt (Abs. 1 S. 1 iVm. § 26 II) (s. § 26 Rz. 10). 5

2. Gesamtbetriebsausschuss. Hat der GBR neun oder mehr Mitglieder, besteht die Möglichkeit – aber auch die Pflicht – zur Bildung eines Gesamtbetriebsausschusses, der die **laufenden Geschäfte** des GBR führt. Auch können dem Gesamtbetriebsausschuss **Aufgaben zur selbstständigen Erledigung** übertragen werden, jedoch nicht der Abschluss von GesamtBV (Abs. 1 S. 1 iVm. § 27 II). Der Vorsitzende des GBR und sein Stellvertreter gehören dem Gesamtbetriebsausschuss kraft Amtes an. Je nach Größe des GBR sind drei bis neun weitere Ausschussmitglieder gem. der in Abs. 1 S. 2 festgelegten Staffel zu wählen. Die Wahl erfolgt nach den Grundsätzen der Verhältniswahl[5]. Vergrößert sich die Zahl der Mitglieder des GBR und dadurch auch die Zahl der Mitglieder des Gesamtbetriebsausschusses, sind alle weiteren Mitglieder des Gesamtbetriebsausschusses nach dem Prinzip der Verhältniswahl neu zu wählen[6]. Die Mitgliedschaft im Gesamtbetriebsausschuss endet durch Niederlegung des Amtes im Gesamtbetriebsausschuss, Erlöschen der Mitgliedschaft im GBR oder Abberufung durch den GBR[7]. Für die Beschlussfassung des Gesamtbetriebsausschusses ordnet Abs. 4 die entsprechende Anwendung des § 33 I und II an. Der Grundsatz der Stimmengewichtung gilt nicht; jedes Ausschussmitglied hat eine Stimme[8]. 6

Soweit im Unternehmen mehr als 100 ArbN beschäftigt sind, kann der GBR **weitere Ausschüsse** bilden und ihnen Aufgaben übertragen (Abs. 1 S. 1 iVm. § 28 I). Auch hier gilt jedoch, dass der Abschluss von GesamtBV nicht auf Ausschüsse übertragen werden darf (Abs. 1 S. 1 iVm. § 28 I 3 iVm. § 27 II 2). Für die Beschlussfassung der weiteren Ausschüsse ordnet Abs. 4 die entsprechende Anwendung des § 33 I und II an. Ebenso wie im Gesamtbetriebsausschuss gilt der Grundsatz der Stimmgewichtung nicht; jedes Ausschussmitglied hat eine Stimme. 7

3. Entsprechende Anwendung der für die Geschäftsführung des Betriebsrats geltenden Vorschriften. Für die Geschäftsführung und innere Ordnung des GBR sind gem. Abs. 1 S. 1 eine Reihe von weiteren Vorschriften, die für die Geschäftsführung des BR gelten, entsprechend anwendbar. Auf Grund dieser Verweisung gilt im Einzelnen Folgendes: 8

– **Arbeitsbefreiung:** Die Mitglieder des GBR sind von ihren berufl. Tätigkeiten zu befreien, soweit dies zur ordnungsgemäßen Durchführung ihrer Aufgaben erforderlich ist (Abs. 1 S. 1 iVm. § 37 II). Muss die Tätigkeit für den GBR aus betriebsbedingten Gründen außerhalb der Arbeitszeit durchgeführt werden, besteht Anspruch auf entsprechende Arbeitsbefreiung unter Fortzahlung des Arbeitsentgelts (Abs. 1 S. 1 iVm. § 37 III).

– **Ersatzmitglieder:** Scheidet ein Mitglied des GBR aus oder ist es zeitweilig verhindert, rückt ein Ersatzmitglied nach (Abs. 1 S. 1 iVm. § 25 I). Die Reihenfolge des Nachrückens ist gem. § 47 III festzulegen (s. § 47 Rz. 17).

– **Geschäftsordnung:** Sonstige Bestimmungen über die Geschäftsführung sollen in einer schriftl. Geschäftsordnung getroffen werden (Abs. 1 S. 1 iVm. § 36).

---

[1] ArbG Stuttgart 13.1.1975 – 4 BV 10/75, DB 1976, 1160. || [2] Hess ua./*Glock*, § 51 Rz. 20; DKKW/*Trittin*, § 51 Rz. 8. || [3] *Fitting*, § 51 Rz. 12; Richardi/*Annuß*, § 51 Rz. 26. || [4] ArbG Stuttgart 13.1.1975 – 4 BV 10/75, DB 1976, 1160. || [5] BAG 21.7.2004 – 7 ABR 62/03, NZA 2005, 173. || [6] BAG 16.3.2005 – 7 ABR 37/04, NZA 2005, 1069. || [7] Richardi/*Annuß*, § 51 Rz. 17ff. || [8] ErfK/*Koch*, § 51 BetrVG Rz. 5.

- **Gewerkschaftsbeauftragte:** Beauftragte von Gewerkschaften sind berechtigt, auf Antrag eines Viertels der Mitglieder des GBR an den Sitzungen beratend teilzunehmen, wobei das Stimmgewicht, nicht die Kopfzahl maßgeblich ist. Eine Teilnahmeberechtigung eines Gewerkschaftsvertreters setzt voraus, dass die Gewerkschaft im GBR vertreten ist[1], ihr also ein Mitglied des GBR angehört.

- **Kosten:** Die Kosten, die durch die Tätigkeit des GBR entstehen, trägt der ArbGeb (Abs. 1 S. 1 iVm. § 40). Auch hier gilt der Grundsatz, dass nur die zur Durchführung der Arbeit des GBR erforderlichen Kosten vom ArbGeb zu tragen sind[2]. Im Einzelfall kann es erforderlich sein, dass der Vorsitzende des GBR auswärtige Betriebe aufsucht[3]. Die Kosten der Herausgabe eines Informationsblatts durch den GBR braucht der ArbGeb nicht zu tragen[4].

- **Sitzungen des GBR:** Die GBR-Sitzungen finden idR während der Arbeitszeit statt (Abs. 1 S. 1 iVm. § 30 S. 1). Der GBR ist grds. nicht verpflichtet, seine Sitzungen am Ort der Hauptverwaltung des Unternehmens abzuhalten[5], jedoch ist es nicht zulässig, die Sitzungen des GBR an Orten abzuhalten, an denen das Unternehmen keinen Betrieb hat[6]. Auch ansonsten hat der GBR darauf zu achten, dass im Zusammenhang mit seinen Sitzungen nur die notwendigen und dem Grundsatz der Verhältnismäßigkeit entsprechenden Kosten anfallen. Trifft bspw. der GBR eines in Norddeutschland mit mehreren Betrieben ansässigen Unternehmens ohne zwingenden Grund in dem einzigen Betrieb des Unternehmens in Süddeutschland zu einer Sitzung zusammen, ist der ArbGeb nicht verpflichtet, die Reisekosten der norddeutschen Mitglieder des GBR zu tragen.

- **Sitzungsniederschrift:** Über jede Sitzung des GBR wird eine Niederschrift angefertigt, von der der ArbGeb oder der Beauftragte einer Gewerkschaft, sofern sie teilgenommen haben, eine Abschrift erhält (Abs. 1 S. 1 iVm. § 34). IdR besteht kein Anspruch des GBR auf Stellung einer Schreibkraft zur Protokollführung[7].

- **Sprechstunden:** Da Abs. 1 S. 1 nicht auf § 39 verweist, sind Sprechstunden des GBR nicht vorgesehen, es sei denn, sie werden außerhalb der Arbeitszeit abgehalten oder erfolgen mit Zustimmung des ArbGeb[8].

IV. Beschlussfassung des Gesamtbetriebsrats. Die Beschlussfassung im GBR erfolgt gem. Abs. 3, der den Besonderheiten der im GBR geltenden Regeln der Stimmgewichtung Rechnung trägt. Für die **Beschlussfähigkeit** des GBR ist erforderlich, dass mindestens die Hälfte der Mitglieder des GBR an der Beschlussfassung teilnimmt und die Teilnehmenden mindestens die Hälfte aller Stimmen vertreten. Diese Voraussetzungen müssen kumulativ vorliegen, da bei entsprechender Stimmengewichtung (§ 47 VII–IX) sehr wenige Mitglieder die Mehrheit der Stimmen innehaben können und es sich mit dem Charakter des GBR als Kollegialorgan nicht vertragen würde, wenn bereits deren Anwesenheit für die Beschlussfähigkeit ausreichen würde[9].

Die **Beschlussfassung** erfolgt, soweit nichts anderes bestimmt ist, mit der Mehrheit der Stimmen der anwesenden Mitglieder, wobei jedes Mitglied die ihm nach § 47 VII–IX zustehenden Stimmen innehat. Die dem einzelnen Mitglied zustehenden Stimmen können nur einheitlich abgegeben werden (s. § 47 Rz. 25). Gem. Abs. 3 S. 2 ist ein Antrag bei Stimmengleichheit abgelehnt. Während grds. die einfache Mehrheit der Stimmen der anwesenden Mitglieder ausreichend ist, erfordert die Übertragung von Aufgaben des GBR auf den Gesamtbetriebsausschuss die Mehrheit der Stimmen aller Mitglieder (Abs. 1 iVm. § 27 II 2). Gleiches gilt für die Beauftragung des KBR, eine Angelegenheit für den GBR wahrzunehmen (§ 58 II), für den Erlass einer Geschäftsordnung (Abs. 1 S. 1 iVm. § 36) sowie für die Übertragung von Aufgaben des Wirtschaftsausschusses auf einen Ausschuss des GBR (§ 107 III 1). Betrifft ein von dem GBR zu fassender Beschluss überwiegend die in § 60 I bezeichneten jugendlichen oder auszubildenden ArbN, haben die Mitglieder der GesamtJAV ein Stimmrecht (§ 73 II iVm. § 67 II). Ihre Stimmen sind somit bei der Berechnung der Stimmenmehrheit, nicht jedoch für das Vorliegen der Beschlussfähigkeit mitzuzählen[10].

V. Rechte und Pflichten des Gesamtbetriebsrats. Durch die Generalklausel des Abs. 5 wird klargestellt, dass der GBR über die gleichen Rechte und Pflichten wie der BR verfügt, soweit das Gesetz keine besonderen Vorschriften enthält. Somit gilt etwa das Gebot der vertrauensvollen Zusammenarbeit auch für das Verhältnis zwischen GBR und ArbGeb[11]. Im Rahmen seiner Zuständigkeit hat der GBR auch die gleichen MitbestR wie der BR[12].

VI. Streitigkeiten. Bei Streitigkeiten über die Geschäftsführung und innere Ordnung des GBR entscheidet das ArbG im Beschlussverfahren (§§ 2a, 80ff. ArbGG). Örtlich zuständig ist das ArbG, in dessen Bezirk der Sitz des Unternehmens liegt (§ 82 I 2 ArbGG).

---

1 Hess ua./*Glock*, § 51 Rz. 33; ErfK/*Koch*, § 51 BetrVG Rz. 3; aA DKKW/*Trittin*, § 51 Rz. 57; *Fitting*, § 51 Rz. 37. ||2 BAG 21.11.1978 – 6 ABR 55/76, BB 1979, 938. ||3 LAG Berlin 1.10.1973 – 5 TaBV 5/73, BB 1974, 1439. ||4 BAG 21.11.1978 – 6 ABR 55/76, BB 1979, 938. ||5 BAG 24.7.1979 – 6 ABR 96/77, BB 1980, 578. ||6 Hess ua./*Glock*, § 51 Rz. 14; offen gelassen von BAG 24.7.1979 – 6 ABR 96/77, BB 1980, 578. ||7 Anders DKKW/*Trittin*, § 51 Rz. 56. ||8 Hess ua./*Glock*, § 51 Rz. 64; *Fitting*, § 51 Rz. 45. ||9 Richardi/*Annuß*, § 51 Rz. 41ff. ||10 *Fitting*, § 51 Rz. 56; Richardi/*Annuß*, § 51 Rz. 44. ||11 BAG 16.8.2011 – 1 ABR 22/10, NZA 2012, 342 (344). ||12 DKKW/*Trittin*, § 51 Rz. 82; GK-BetrVG/*Kreutz*, § 51 Rz. 80.

52 Teilnahme der Gesamtschwerbehindertenvertretung
Die Gesamtschwerbehindertenvertretung (§ 97 Abs. 1 des Neunten Buches Sozialgesetzbuch) kann an allen Sitzungen des Gesamtbetriebsrats beratend teilnehmen.

Entsprechend dem Teilnahmerecht der Schwerbehindertenvertretung an den Sitzungen des BR (§ 32) regelt § 52 das Recht der **Gesamtschwerbehindertenvertretung**, an allen Sitzungen des GBR beratend teilzunehmen. Gem. § 97 I SGB IX wählen die Schwerbehindertenvertretungen der einzelnen Betriebe eine Gesamtschwerbehindertenvertretung, wenn für mehrere Betriebe eines ArbGeb ein GBR errichtet ist. Ist eine Schwerbehindertenvertretung nur in einem der Betriebe gewählt, nimmt sie die Rechte der Gesamtschwerbehindertenvertretung wahr. In Anlehnung an § 50 I 1 ist es gem. § 97 VI SGB IX Aufgabe der Gesamtschwerbehindertenvertretung, die Interessen der schwerbehinderten Menschen in solchen Angelegenheiten zu vertreten, die das Gesamtunternehmen oder mehrere Betriebe des ArbGeb betreffen und von den Schwerbehindertenvertretungen der einzelnen Betriebe nicht geregelt werden können. Des Weiteren vertritt die Gesamtschwerbehindertenvertretung auch die Interessen der schwerbehinderten Menschen, die in solchen Betrieben tätig sind, für die eine Schwerbehindertenvertretung nicht gewählt ist.

Die Gesamtschwerbehindertenvertretung ist **berechtigt, an allen Sitzungen des GBR** beratend teilzunehmen. Aus dem Gesetzeswortlaut ergibt sich, dass sich das Teilnahmerecht nicht auf Sitzungen des GBR beschränkt, in denen Gegenstände behandelt werden, die den Zuständigkeitsbereich der Gesamtschwerbehindertenvertretung berühren. Das Recht zur Teilnahme besteht vielmehr bei allen Sitzungen des GBR. Der Vorsitzende des GBR lädt die Gesamtschwerbehindertenvertretung zu allen Sitzungen des GBR ein (§ 51 II 3 iVm. § 29 II 4). Ein Verstoß gegen diese Verpflichtung führt jedoch nicht zu einer Unwirksamkeit der während der Sitzung des GBR gefassten Beschlüsse[1]. Die Gesamtschwerbehindertenvertretung hat nicht das Recht, die Einberufung des GBR zu verlangen[2].

Da die Gesamtschwerbehindertenvertretung **beratend** teilnimmt, hat sie kein Stimmrecht im GBR. Sie kann jedoch verlangen, dass Angelegenheiten, die Einzelne oder die schwerbehinderten Menschen als Gruppe besonders betreffen, auf die Tagesordnung der nächsten Sitzung des GBR gesetzt werden (§ 97 VII iVm. § 95 IV 1 SBG IX). Auch kann die Gesamtschwerbehindertenvertretung die Aussetzung von Beschlüssen verlangen, wenn sie einen Beschluss des GBR als erhebliche Beeinträchtigung wichtiger Interessen der durch sie vertretenen schwerbehinderten Menschen erachtet (§ 51 I iVm. § 35 I).

Über **Streitigkeiten** über das Teilnahmerecht der Gesamtschwerbehindertenvertretung und über ihre Befugnisse im Rahmen des BetrVG entscheidet das ArbG im Beschlussverfahren (§§ 2a, 80ff. ArbGG). Örtlich zuständig ist das ArbG, in dessen Bezirk der Sitz des Unternehmens liegt (§ 82 I 2 ArbGG).

53 Betriebsräteversammlung
(1) Mindestens einmal in jedem Kalenderjahr hat der Gesamtbetriebsrat die Vorsitzenden und die stellvertretenden Vorsitzenden der Betriebsräte sowie die weiteren Mitglieder der Betriebsausschüsse zu einer Versammlung einzuberufen. Zu dieser Versammlung kann der Betriebsrat abweichend von Satz 1 aus seiner Mitte andere Mitglieder entsenden, soweit dadurch die Gesamtzahl der sich für ihn nach Satz 1 ergebenden Teilnehmer nicht überschritten wird.

(2) In der Betriebsräteversammlung hat
1. **der Gesamtbetriebsrat einen Tätigkeitsbericht,**
2. **der Unternehmer einen Bericht über das Personal- und Sozialwesen einschließlich des Stands der Gleichstellung von Frauen und Männern im Unternehmen, der Integration der im Unternehmen beschäftigten ausländischen Arbeitnehmer, über die wirtschaftliche Lage und Entwicklung des Unternehmens sowie über Fragen des Umweltschutzes im Unternehmen, soweit dadurch nicht Betriebs- und Geschäftsgeheimnisse gefährdet werden,**

zu erstatten.

(3) Der Gesamtbetriebsrat kann die Betriebsräteversammlung in Form von Teilversammlungen durchführen. Im Übrigen gelten § 42 Abs. 1 Satz 1 zweiter Halbsatz und Satz 2, § 43 Abs. 2 Satz 1 und 2 sowie die §§ 45 und 46 entsprechend.

I. Allgemeines. Die Betriebsräteversammlung ist eine betriebsverfassungsrechtl. Einrichtung, welche dazu dient, Vertretern der EinzelBR Informationen über die Tätigkeit des GBR sowie über das Personal- und Sozialwesen und die wirtschaftl. Lage und Entwicklung des Unternehmens, den Umweltschutz sowie die Integration ausländischer ArbN im Unternehmen zu vermitteln. Abs. 2 legt dem GBR und dem Unternehmer entsprechende Berichtspflichten auf.

II. Teilnahmeberechtigte an der Betriebsräteversammlung. An der Betriebsräteversammlung sind gem. Abs. 1 S. 1 zunächst der **Vorsitzende und stellvertretende Vorsitzende** der BR sowie die **weiteren Mitglieder der Betriebsausschüsse** (soweit solche gebildet sind) teilnahmeberechtigt. Jedoch kann der

---
1 DKKW/*Trittin*, § 52 Rz. 17; WPK/*Roloff*, § 52 Rz. 5. ||2 Richardi/*Annuß*, § 52 Rz. 9; *Fitting*, § 52 Rz. 16.

BR gem. Abs. 1 S. 2 beschließen, abweichend von der gesetzl. Grundregel andere Mitglieder als den Vorsitzenden, stellvertretenden Vorsitzenden und die weiteren Mitglieder der Betriebsausschüsse zu entsenden. Dabei muss es sich jedoch um Mitglieder aus seiner Mitte handeln, so dass nur BR-Mitglieder zur Betriebsräteversammlung entsandt werden dürfen; Ersatzmitglieder sind nicht teilnahmeberechtigt, solange sie nicht endgültig oder zeitweilig in den BR nachgerückt sind[1]. Bei einem einköpfigen BR ist dieser teilnahmeberechtigt[2].

3 Teilnahmeberechtigt sind des Weiteren die **Mitglieder des GBR**[3], da der GBR zu der Betriebsräteversammlung einlädt und gem. Abs. 2 Nr. 1 über seine Tätigkeit Bericht zu erstatten hat. Sind der Vorsitzende oder stellvertretende Vorsitzende eines BR oder die weiteren Mitglieder der Betriebsausschüsse zugleich Mitglied des GBR, werden diese nicht auf die von dem BR zu entsendende Zahl von Delegierten der Betriebsräteversammlung angerechnet. In diesem Fall soll der BR berechtigt sein, weitere Mitglieder aus seiner Mitte zu entsenden, bis die zulässige Höchstzahl erreicht ist[4].

4 Des Weiteren ist der **Unternehmer** teilnahmeberechtigt. Dies ergibt sich aus seiner Pflicht zur Berichterstattung gem. Abs. 2 Nr. 2 und aus der Verpflichtung des GBR, den Unternehmer zu der Betriebsräteversammlung einzuladen (Abs. 3 S. 2 iVm. § 43 II 1). Der Unternehmer kann sich von einem Vertreter des ArbGebVerbands, dem er angehört, begleiten lassen (Abs. 3 S. 2 iVm. § 46 I 2).

5 Teilnahmeberechtigt sind schließlich Beauftragte der **Gewerkschaften** (Abs. 3 S. 2 iVm. § 46 I 1), wobei ausreichend sein soll, dass eine Gewerkschaft in einem der Betriebe des Unternehmens vertreten ist[5]. **Weitere Personen** sind nicht teilnahmeberechtigt, jedoch soll es zulässig sein, dass Mitglieder des KBR, des Wirtschaftsausschusses, der GesamtJAV, Sachverst. sowie ArbN-Vertreter im Aufsichtsrat von dem GBR zu der Betriebsräteversammlung eingeladen werden[6]. Zu einer Übernahme der dadurch entstehenden Kosten sowie einer Befreiung von der beruflichen Tätigkeit ist der Unternehmer nur verpflichtet, wenn die Teilnahme auf Einladung des GBR zu dem vom Gesetz zugewiesenen Aufgabenbereich des Mitglieds des KBR, des Wirtschaftsausschusses bzw. der GesamtJAV gehört, was im Regelfall zu verneinen ist. Die Betriebsräteversammlung ist nicht öffentl. (Abs. 3 S. 2 iVm. § 42 I 2).

6 **III. Einberufung der Betriebsräteversammlung.** Gem. Abs. 1 S. 1 ist die Betriebsräteversammlung mindestens **einmal in jedem Kalenderjahr** von dem GBR einzuberufen. Wie dem Gesetzeswortlaut zu entnehmen ist, sind somit weitere Betriebsräteversammlungen während eines Kalenderjahres zulässig. Es ist jedoch, auch im Hinblick auf die erheblichen Kosten der Durchführung einer Betriebsräteversammlung, davon auszugehen, dass **weitere Betriebsräteversammlungen** im Hinblick auf den Grundsatz der Verhältnismäßigkeit nicht ohne schwerwiegende Gründe durchgeführt werden dürfen[7]. Zulässig sind weitere Betriebsräteversammlungen auch, wenn der Unternehmer zustimmt[8].

7 Über den **Zeitpunkt** der Betriebsräteversammlung beschließt der GBR nach pflichtgemäßem Ermessen. Dabei hat er zu berücksichtigen, zu welchem Zeitpunkt der Bericht des Unternehmers am sinnvollsten erfolgen kann (bspw. nach Erstellung des Geschäftsberichts und des Jahresabschlusses). Des Weiteren hat er die zeitliche Verfügbarkeit der Geschäftsführung zu berücksichtigen[9]. Auch wenn der Zeitpunkt der Betriebsräteversammlung nicht der Zustimmung des Unternehmers bedarf[10], ist der Zeitpunkt doch mit ihm abzustimmen. Legt der GBR einen Zeitpunkt fest, zu dem der Unternehmer verhindert ist, handelt der GBR pflichtwidrig. Ebenfalls nach pflichtgemäßem Ermessen hat der GBR über den **Ort** der Betriebsräteversammlung zu entscheiden, wobei er insb. zu berücksichtigen hat, an welchem Ort die Versammlung unter Vermeidung unnötiger Kosten erfolgen kann. Der GBR hat eine angemessene **Ladungsfrist** einzuhalten[11], die idR nicht weniger als zwei Wochen betragen darf. Die Einladung zu der Betriebsräteversammlung erfolgt schließlich unter Mitteilung der **Tagesordnung**[12].

8 **IV. Berichtspflichten des Gesamtbetriebsrats und des Unternehmers.** Der **GBR** ist gem. Abs. 2 verpflichtet, der Betriebsräteversammlung einen **Tätigkeitsbericht** zu erstatten. „Erstatten" bedeutet mehr als „verlesen"; der Bericht ist idR von dem Vorsitzenden des GBR mündlich vorzutragen und auf Nachfrage der Versammlungsteilnehmer zu erläutern oder zu vertiefen[13]. Der Bericht erstreckt sich etwa auf den Abschluss von GesamtBV, Entsendung von Mitgliedern in den KBR oder die Tätigkeit von Mitgliedern des GBR im Wirtschaftsausschuss[14]. Erforderlich ist, dass der GBR vor der Erstattung des Tätigkeitsberichts über dessen wesentlichen Inhalt Beschluss gefasst hat[15].

9 Des Weiteren erstattet der **Unternehmer** einen **Lagebericht**. Der Lagebericht erstreckt sich auf das Personal- und Sozialwesen, also bspw. die Personalplanung und das Ausbildungswesen[16], aber auch auf den in Abs. 2 ausdrücklich genannten Stand der Gleichstellung von Frauen und Männern im Unterneh-

---

1 Hess ua./*Glock*, § 53 Rz. 6; DKKW/*Trittin*, § 53 Rz. 8. ||2 Hess ua./*Glock*, § 53 Rz. 5. ||3 GK-BetrVG/*Kreutz*, § 53 Rz. 7; Richardi/*Annuß*, § 53 Rz. 8. ||4 DKKW/*Trittin*, § 53 Rz. 7. ||5 Richardi/*Annuß*, § 53 Rz. 10; Hess ua./*Glock*, § 53 Rz. 9. ||6 *Fitting*, § 53 Rz. 15; WPK/*Roloff*, § 53 Rz. 11. ||7 *Stege/Weinspach/Schiefer*, § 53 Rz. 2; aA DKKW/*Trittin*, § 53 Rz. 11, *Fitting*, § 53 Rz. 30 und Richardi/*Annuß*, § 53 Rz. 18: (sachliche) Erforderlichkeit soll ausreichen. ||8 GK-BetrVG/*Kreutz*, § 53 Rz. 27. ||9 GK-BetrVG/*Kreutz*, § 53 Rz. 29. ||10 WPK/*Roloff*, § 53 Rz. 3; DKKW/*Trittin*, § 53 Rz. 13. ||11 Richardi/*Annuß*, § 53 Rz. 26; DKKW/*Trittin*, § 53 Rz. 13. ||12 Richardi/*Annuß*, § 53 Rz. 27. ||13 Vgl. LAG Hess. 26.1.1989 – 12 TaBV 147/88, DB 1989, 1473. ||14 GK-BetrVG/*Kreutz*, § 53 Rz. 18; DKKW/*Trittin*, § 53 Rz. 17. ||15 Hess ua./*Glock*, § 53 Rz. 14. ||16 DKKW/*Trittin*, § 53 Rz. 18.

men sowie die Integration der im Unternehmen beschäftigten ausländischen ArbN. Der Lagebericht erstreckt sich des Weiteren auf die wirtschaftl. Lage und Entwicklung des Unternehmens, also bspw. die finanzielle Situation, die Absatzlage oder Investitionsvorhaben, sowie ferner die in Abs. 2 ausdrücklich genannten Fragen des Umweltschutzes im Unternehmen. Auch für den Lagebericht des Unternehmers gilt, dass dieser mündlich vorzutragen und auf Nachfrage der Versammlungsteilnehmer zu erläutern oder zu vertiefen ist[1]. Nach Ansicht des LAG Hess. soll der zu erstattende Bericht grds. durch ein Mitglied des Leitungsorgans des Unternehmens erfolgen, weil in § 53 anders als etwa in § 43 II 3 eine Vertretung des Unternehmers gesetzl. nicht vorgesehen sei[2]. Die Berichtspflicht des Unternehmers besteht nur insoweit, als nicht Betriebs- oder Geschäftsgeheimnisse gefährdet werden (zum Begriff s. § 79 Rz. 4 ff.). Ist ein GBR fehlerhaft errichtet worden, entfällt die Pflicht des Unternehmers zur Erstattung eines Lageberichts[3].

Eingeschränkt ist die Berichtspflicht des Unternehmers im **Tendenzbetrieb** (s. § 118 Rz. 31). Weil § 118 I 2 die Anwendung der §§ 106 ff. im Tendenzbetrieb ausschließt, kann der Unternehmer im Tendenzbetrieb auch nicht verpflichtet sein, die Betriebsräteversammlung zu unterrichten, soweit es sich um die in § 106 III genannten Gegenstände handelt. Da für Tendenzunternehmen ein Wirtschaftsausschuss nicht gebildet wird und somit keine Unterrichtung in wirtschaftl. Angelegenheiten erfolgt, kann eine Unterrichtung in wirtschaftl. Angelegenheiten nicht über den Umweg des Abs. 2 erzwungen werden. 10

Neben dem Tätigkeitsbericht des GBR und dem Lagebericht des Unternehmers können gem. Abs. 3 iVm. § 45 **weitere Themen** zum Gegenstand der Betriebsräteversammlung gemacht werden. Insb. tarifpolitische, sozialpolitische und umweltpolitische Gegenstände können demnach behandelt werden. 11

V. Streitigkeiten. Über Streitigkeiten im Zusammenhang mit der Einberufung, Abhaltung und Durchführung der Betriebsräteversammlung, einschl. der Kostentragungspflicht des Unternehmers, entscheidet das ArbG im Beschlussverfahren (§§ 2a, 80 ff. ArbGG). Örtlich zuständig ist das ArbG, in dessen Bezirk der Sitz des Unternehmens liegt (§ 82 I 2 ArbGG). 12

Sechster Abschnitt. Konzernbetriebsrat

§ 54 Errichtung des Konzernbetriebsrats

(1) Für einen Konzern (§ 18 Abs. 1 des Aktiengesetzes) kann durch Beschlüsse der einzelnen Gesamtbetriebsräte ein Konzernbetriebsrat errichtet werden. Die Errichtung erfordert die Zustimmung der Gesamtbetriebsräte der Konzernunternehmen, in denen insgesamt mehr als 50 vom Hundert der Arbeitnehmer der Konzernunternehmen beschäftigt sind.

(2) Besteht in einem Konzernunternehmen nur ein Betriebsrat, so nimmt dieser die Aufgaben eines Gesamtbetriebsrats nach den Vorschriften dieses Abschnitts wahr.

I. Allgemeines. Bestehen in einem Konzern iSd. § 18 I AktG in mindestens zwei Konzernunternehmen jeweils (G)BR, kann ein KBR errichtet werden. Im Unterschied zu der Bildung eines GBR (§ 47 I) ist die Errichtung eines KBR **nicht obligatorisch**, sondern hängt von der Willensbildung der beteiligten (G)BR ab (§ 54 I 2). Dies ist darauf zurückzuführen, dass je nach Struktur des Konzerns die Bildung eines KBR zur Wahrnehmung der ArbN-Interessen entbehrlich sein kann[4]. § 54 kann weder durch TV noch durch BV abbedungen werden[5]. Jedoch kommt im Rahmen des § 3 I Nr. 3 die Bildung anderer ArbN-Strukturen in Betracht, welche etwa die Errichtung einer konzerneinheitlichen ArbN-Vertretung unter Verzicht auf BR und GBR vorsehen kann[6]. Durch die Reform des BetrVG ist die Bildung von KBR erleichtert worden: Zur Errichtung eines KBR reicht nunmehr bereits die Zustimmung der (G)BR aus, die mehr als 50 % der ArbN der Konzernunternehmen repräsentieren (früher mindestens 75 %). 1

II. Voraussetzung für die Errichtung eines Konzernbetriebsrats: Konzern iSd. § 18 AktG. Die Errichtung eines KBR setzt gem. Abs. 1 S. 1 voraus, dass ein Konzern iSd. § 18 I AktG besteht. Das BetrVG hält somit **keinen eigenen betriebsverfassungsrechtl. Konzernbegriff** bereit, sondern verweist auf die gesellschaftsrechtl. Begriffsbildung[7]. Es ist nicht erforderlich, dass der Konzern in den Anwendungsbereich des Aktiengesetzes fällt[8], selbst bei einer natürlichen Person als Konzernspitze kann bei Vorliegen der Voraussetzungen des § 18 I AktG ein KBR gebildet werden[9]. In öffentlich-privatrechtlichen Mischkonzernen soll trotz der öffentlich-rechtl. Organisation des herrschenden Unternehmens für die privatrechtlich organisierten beherrschten Unternehmen ein KBR errichtet werden können[10]. Ist eine Konzernbildung rechtswidrig, so soll dies der Errichtung eines KBR nicht entgegenstehen[11]. Liegt dem- 2

---

[1] LAG Hess. 26.1.1989 – 12 TaBV 147/88, DB 1989, 1473. || [2] LAG Hess. 26.1.1989 – 12 TaBV 147/88, DB 1989, 1473; *Etzel*, Betriebsverfassungsrecht, Rz. 1364; DKKW/*Trittin*, § 53 Rz. 20. || [3] BAG 9.8.2000 – 7 ABR 56/98, NZA 2001, 116. || [4] Begr. RegE, BT-Drs. VI/1786, 43. || [5] Hess ua./*Glock*, § 54 Rz. 6; GK-BetrVG/*Kreutz/Franzen*, § 54 Rz. 6. || [6] *Hohenstatt/Dzida*, DB 2001, 2498 (2499). || [7] WPK/*Roloff*, § 54 Rz. 2; Hess ua./*Glock*, § 54 Rz. 8. || [8] Richardi/*Annuß*, § 54 Rz. 5. || [9] BAG 22.11.1995 – 7 ABR 9/95, NZA 1996, 706; 23.8.2006 – 7 ABR 51/05, nv. || [10] BAG 27.10.2010 – 7 ABR 85/09, ZIP 2011, 587. || [11] *Windbichler*, Arbeitsrecht im Konzern, S. 315; missverständlich DKKW/*Trittin*, § 54 Rz. 11.

gegenüber gar kein Konzernverhältnis vor, kommt die Bildung eines KBR nicht in Betracht: Da die Vorschriften zur Errichtung eines KBR zwingend sind, kann ein von der gesellschaftsrechtl. Begriffsbildung abweichender Konzernbegriff insb. nicht durch tatsächliche Übung oder aus Gründen des Vertrauensschutzes zugrunde gelegt werden[1].

3 1. Unterordnungskonzern. Da Abs. 1 S. 1 nur auf § 18 I AktG verweist, kann ein KBR nur in einem Unterordnungskonzern, nicht aber in einem Gleichordnungskonzern gem. § 18 II AktG gebildet werden[2]. Ein Unterordnungskonzern liegt gem. § 18 I 1 AktG vor, wenn ein herrschendes und ein oder mehrere abhängige Unternehmen **unter der einheitlichen Leitung des herrschenden Unternehmens** zusammengefasst sind. Ein Abhängigkeitsverhältnis liegt nach § 17 I AktG vor, wenn ein herrschendes Unternehmen unmittelbar oder mittelbar einen beherrschenden Einfluss auf das abhängige Unternehmen ausüben kann. Für das Vorliegen eines Abhängigkeitsverhältnisses genügt nach der Rspr. des BAG bereits die Möglichkeit der Beherrschung des abhängigen Unternehmens durch das herrschende Unternehmen[3]. Des Weiteren wird eine Abhängigkeit gem. § 17 II AktG widerlegbar[4] vermutet, wenn ein Unternehmen im Mehrheitsbesitz eines anderen Unternehmens steht. Von einem abhängigen Unternehmen wiederum wird gem. § 18 I 3 AktG widerlegbar[5] vermutet, dass es mit dem herrschenden Unternehmen einen Konzern bildet, so dass es dann des Nachweises dahin gehend, dass das herrschende und das oder die abhängigen Unternehmen unter einheitlicher Leitung stehen, nicht bedarf. Anders formuliert kommt die Bildung eines KBR dann *nicht* in Betracht, wenn nachgewiesen werden kann, dass das herrschende Unternehmen und das oder die abhängigen Unternehmen nicht unter einheitlicher Leitung stehen[6].

4 Als unter einheitlicher Leitung anzusehen sind gem. § 18 I 2 AktG des Weiteren Unternehmen, die einen in dieser Vorschrift genannten **Vertrags- oder Eingliederungskonzern** bilden, zwischen denen also ein **Beherrschungsvertrag** gem. § 291 AktG besteht oder bei denen eine **Eingliederung** des einen in das andere Unternehmen gem. § 319 AktG erfolgt ist. In beiden Fällen handelt es sich um eine unwiderlegbare gesetzl. Konzernvermutung[7]. Die Vermutung gilt nicht für Teilgewinnabführungs- und Betriebsverträge nach § 292 AktG[8].

5 Des Weiteren ist die Möglichkeit des **faktischen Konzerns** anerkannt, in dem ebenfalls ein KBR errichtet werden kann[9]. Darunter versteht man Konzerne, die nicht auf Beherrschungsvertrag oder Eingliederung beruhen[10], bei denen sich aber auf Grund tatsächlicher Verhältnisse die Untergesellschaft der Konzernobergesellschaft unterordnet[11]. Die Abhängigkeit kann insb. auf Mehrheitsbeteiligung beruhen, aber bspw. auch auf der personenidentischen Besetzung von Leitungsorganen der Gesellschaften[12]. Im Falle der Mehrheitsbeteiligung wird die Bildung eines Konzerns, wie bereits erwähnt, gem. § 18 I 3 AktG widerlegbar vermutet.

6 2. (Paritätische) Gemeinschaftsunternehmen. Bei einem (paritätischen) Gemeinschaftsunternehmen sind mehrere Unternehmen im gemeinsamen Interesse und zum gemeinsamen Nutzen an einem gemeinsamen Unternehmen beteiligt. Nach ganz überwiegender Auffassung soll in Fällen der „Mehrmütterherrschaft" eine Abhängigkeit des Gemeinschaftsunternehmens ggü. jedem der beteiligten Unternehmen vorliegen können[13], also eine **mehrfache Konzernzugehörigkeit** möglich sein. Das BAG hält eine mehrfache Konzernzugehörigkeit iSv. Abs. 1 iVm. § 18 I AktG für gegeben, wenn die „Mutterunternehmen" die Möglichkeit gemeinsamer Herrschaftsausübung vereinbart haben; die hierdurch entstehende mehrfache Abhängigkeit löse die Konzernvermutung gem. § 18 I 3 AktG auch für den Regelungsbereich der §§ 54 ff. aus[14]. Erforderlich sei allerdings, dass die Beherrschungsmöglichkeit durch vertragl. oder organisatorische Bindungen verfestigt ist, etwa durch Stimmrechtspooling, Konsortialverträge, Schaffung besonderer Leitungsorgane oder der vertragl. Koordination der Willensbildung. Ob bei Vorliegen dieser Voraussetzungen tatsächlich die von dem BAG gefolgerte Möglichkeit der Entsendung von Mitgliedern in die KBR aller Mutterunternehmen besteht[15], ist zweifelhaft (ausf. § 55 Rz. 6).

7 3. Konzern im Konzern. Nach Auffassung des BAG kann in einem mehrstufigen, vertikal gegliederten Konzern neben dem KBR bei der Konzernspitze ein **weiterer KBR bei einer Teilkonzernspitze** gebildet werden, wenn der Teilkonzernspitze ein betriebsverfassungsrechtl. relevanter Spielraum für die bei ihr und für die von ihr abhängigen Unternehmen zu treffenden Entscheidungen verbleibt[16]. Das BAG er-

---

1 Vgl. BAG 9.8.2000 – 7 ABR 56/98, NZA 2001, 116 (bzgl. Unternehmensbegriff iSd. § 47 I); s. aber BAG 9.2.2011 – 7 ABR 11/10, NZA 2011, 866: offen bleibt, ob „Abhängigkeit" stets gesellschaftsrechtl. vermittelt sein muss. ||2 BAG 22.11.1995 – 7 ABR 9/95, NZA 1996, 706. ||3 BAG 16.8.1995 – 7 ABR 57/94, NZA 1996, 274; 22.11.1995 – 7 ABR 9/95, NZA 1996, 706. ||4 GroßkommAktG/*Windbichler*, § 17 Rz. 68; *Hüffer*, § 17 AktG Rz. 17. ||5 GroßkommAktG/*Windbichler*, § 18 Rz. 36; *Hüffer*, § 18 AktG Rz. 19. ||6 Richardi/*Annuß*, § 54 Rz. 4; vgl. zur Widerlegbarkeit der Konzernvermutung bei einer vermögensverwaltenden Holding als Obergesellschaft: BayObLG 6.3.2002 – 3 Z BR 343/00, NZA 2002, 691. ||7 GroßKommAktG/*Windbichler*, § 18 Rz. 29; *Hüffer*, § 18 AktG Rz. 17. ||8 *Fitting*, § 54 Rz. 22 (mHa eine mögliche faktische Beherrschung). ||9 GK-BetrVG/*Kreutz/Franzen*, § 54 Rz. 30; Hess ua./*Glock*, § 54 Rz. 14. ||10 MüKoAktG/*Bayer*, § 18 Rz. 9; GroßKommAktG/*Windbichler*, § 18 Rz. 34. ||11 MüKoAktG/*Bayer*, § 18 Rz. 9. ||12 MünchArbR/*Joost*, § 227 Rz. 17. ||13 Vgl. zum Meinungsstand *Hüffer*, § 17 AktG Rz. 13. ||14 BAG 13.10.2004 – 7 ABR 56/03, BB 2005, 1456; 30.10.1986 – 6 ABR 19/85, DB 1987, 1691. ||15 BAG 30.10.1986 – 6 ABR 19/85, DB 1987, 1691. ||16 BAG 14.2.2007 – 7 ABR 26/06, NZA 2007, 999; 21.10.1980 – 6 ABR 41/78, DB 1981, 895; ausf. zum TeilkonzernBR *Thüsing/Forst*, Der Konzern 2010, 1 (5 ff.).

kennt damit für die §§ 54 ff. die Konstruktion des Konzerns im Konzern an, die für das Gesellschaftsrecht ganz überwiegend abgelehnt[1], für das Recht der Unternehmensmitbestimmung hingegen ganz überwiegend anerkannt wird[2]. Das BAG begründet diese Abweichung von dem gesellschaftsrechtl. Konzernbegriff damit, dass bei der betriebl. Mitbest. im Konzern eine Beteiligung der Arbeitnehmerschaft an den die Konzernunternehmen bindenden Leitungsentscheidungen im sozialen, personellen und wirtschaftl. Bereich sichergestellt werden soll. Dazu sei aber erforderlich, dass die betriebl. Mitbest. dort ausgeübt wird, wo diese Leitungsmacht entfaltet wird. Werde Leitungsmacht für einen bestimmten Bereich des Konzerns nicht bei der Konzernspitze, sondern bei einer Teilkonzernspitze ausgeübt, sei dort ein (weiterer) KBR zu bilden[3]. Hingegen ist die Bildung eines Sparten-KBR unzulässig[4].

Gewichtige Stimmen in der Lit. lehnen die Konstruktion des Konzerns im Konzern hingegen auch für das Betriebsverfassungsrecht ab. Diese **Ablehnung der Konstruktion des Konzerns im Konzern** wird mit folgenden zutreffenden Erwägungen begründet: Der Wortlaut des Abs. 1 sieht nur die Bildung *eines* KBR vor[5]; das BAG verstößt gegen die in Abs. 1 enthaltene gesetzl. Vorgabe, dass die betriebsverfassungsrechtl. Repräsentation den gesellschaftsrechtl. Ordnungsstrukturen folgt[6]; durch die Bildung mehrerer KBR entstehen schließlich Unstimmigkeiten in der Kompetenzabgrenzung dieser Gremien[7]. 8

4. Sachverhalte mit Auslandsbezug. Unterhält eine **ausländische Konzernobergesellschaft** mindestens zwei Unternehmen in Deutschland, so kommt die Bildung eines KBR nach ganz überwiegender Auffassung nur dann in Betracht, wenn sich im Inland eine Teilkonzernspitze befindet, also innerhalb des Anwendungsbereichs des BetrVG ein Unterkonzern besteht, dessen Spitze eigenständige Leitungsmacht inne hat[8]. Besteht demggü. im Inland keine übergeordnete Leitungsmacht, sondern unterstehen inländische Unternehmen direkt der ausländischen Konzernspitze, ohne dass zwischen den inländischen Unternehmen Berichtslinien bestehen, so kommt die Errichtung eines KBR nicht in Betracht; ein KBR hätte im Inland keinen Ansprechpartner, der für beide inländische Unternehmen zuständig ist und könnte Beteiligungsrechte nicht sinnvoll wahrnehmen[9]. Unterstehen in einer internationalen Unternehmensgruppe einzelne inländische Konzernunternehmen einer deutschen Teilkonzernspitze, während andere inländische Unternehmen direkt von der ausländischen Konzernspitze beherrscht werden, so sind letztere an der Bildung eines KBR nicht zu beteiligen[10]. 9

Aus **ausländischen Konzernunternehmen** einer inländischen Konzernobergesellschaft können keine Vertreter in den deutschen KBR entsandt werden; die Zuständigkeit des deutschen KBR erstreckt sich nicht auf die Interessen der dort beschäftigten ArbN[11]. 10

III. Errichtung des Konzernbetriebsrats. Im Unterschied zu der Bildung eines GBR (§ 47 I) ist die Errichtung eines KBR **nicht obligatorisch**, sondern hängt von der Willensbildung der beteiligten GBR ab (§ 54 I 2). Die Errichtung eines KBR setzt voraus, dass in mindestens zwei Konzernunternehmen ein GBR errichtet ist[12]. Ist in einem Konzernunternehmen kein GBR gebildet, weil nur ein BR existiert, so nimmt dieser im Hinblick auf die Mitwirkung an der Errichtung eines KBR die Rechte eines GBR wahr (Abs. 2) (s. Rz. 14). Dies gilt jedoch nicht, wenn in einem Konzernunternehmen mehrere BR bestehen, aber ein GBR entgegen § 47 I nicht gebildet worden ist[13]. Dies gilt nach umstrittener Ansicht ebenfalls nicht, wenn in einem Konzernunternehmen nur ein BR besteht, obwohl mehrere betriebsratsfähige Betriebe bestehen (s. Rz. 14). In beiden Fällen nehmen die BR im Hinblick auf die Mitwirkung an der Errichtung eines KBR nicht die Rechte eines GBR wahr. 11

Der KBR wird durch selbständige **Beschlüsse** der einzelnen (G)BR errichtet. Gem. Abs. 1 S. 2 muss die Zustimmung der (G)BR vorliegen, in denen insg. mehr als 50 % der ArbN der Konzernunternehmen beschäftigt sind. Repräsentiert *ein* (G)BR mehr als 50 % der ArbN der Konzernunternehmen, so genügt sein Beschluss zur Bildung eines KBR[14]. Maßgeblich für die Frage, ob das Quorum erreicht ist, ist die Zahl der ArbN im Zeitpunkt der jew. Beschlussfassung der (G)BR[15]. Dabei ist auf die Zahl der ArbN aller Konzernunternehmen abzustellen, gleichgültig, ob dort ein (G)BR besteht oder nicht[16]. Leitende Angestellte iSd. § 5 III sind bei der Berechnung nicht mitzuzählen; auf die Wahlberechtigung der ArbN oder ihren Eintrag in die Wählerliste kommt es nicht an[17]. Liegen entsprechende Beschlüsse der (G)BR, 12

---

1 MüKoAktG/*Bayer*, § 18 Rz. 42; *Emmerich* in Emmerich/Habersack, Aktien- und GmbH-Konzernrecht, § 18 AktG Rz. 18. ‖ 2 OLG Düss. 30.1.1079 – 19 W 17/78, AG 1979, 318 ff.; OLG Zweibrücken 9.11.1983 – 3 W 25/83, AG 1984, 80 ff.; OLG Frankfurt/M. 10.11.1986 – 20 W 27/86, AG 1987, 53 ff. ‖ 3 BAG 21.10.1980 – 6 ABR 41/78, DB 1981, 895; dem BAG folgend: *Fitting*, § 54 Rz. 33; DKKW/*Trittin*, § 54 Rz. 18. ‖ 4 BAG 9.2.2011 – 7 ABR 11/10, NZA 2011, 866 (870). ‖ 5 *Windbichler*, Arbeitsrecht im Konzern, S. 318. ‖ 6 MünchArbR/*Joost*, § 227 Rz. 14; s.a. *Meik*, BB 1991, 2441 (2443). ‖ 7 Richardi/*Annuß*, § 54 Rz. 15. ‖ 8 BAG 14.2.2007 – 7 ABR 26/06, NZA 2007, 999; *Dzida/Hohenstatt*, NZA 2007, 945 (mN zur Gegenansicht); *Kort*, NZA 2009, 464 (468); *Ullrich*, DB 2007, 2710; GK-BetrVG/*Kreutz/Franzen*, § 54 Rz. 44; Richardi/*Annuß*, § 54 Rz. 35; krit. *Bachmann*, BB 2008, 107. ‖ 9 WHSS/*Hohenstatt*, Rz. D 146. ‖ 10 BAG 14.2.2007 – 7 ABR 26/06, NZA 2007, 999; *Dzida/Hohenstatt*, NZA 2007, 948 f. ‖ 11 Richardi/*Annuß*, § 54 Rz. 34; *Fitting*, § 54 Rz. 37; aA DKKW/*Trittin*, § 54 Rz. 104. ‖ 12 HM; Übersicht bei *Wollwert*, NZA 2011, 437; aA *Kreutz*, NZA 2008, 259 (261 ff.). ‖ 13 WPK/*Roloff*, § 54 Rz. 13. ‖ 14 DKKW/*Trittin*, § 54 Rz. 107; GK-BetrVG/*Kreutz/Franzen*, § 54 Rz. 51. ‖ 15 Richardi/*Annuß*, § 54 Rz. 39; Hess ua./*Glock*, § 54 Rz. 25. ‖ 16 BAG 11.8.1993 – 7 ABR 34/92, DB 1994, 480; aA *Behrens/Schaude*, DB 1991, 278 ff. ‖ 17 MünchArbR/*Joost*, § 227 Rz. 37.

in denen insg. mehr als 50 % der ArbN der Konzernunternehmen beschäftigt sind, vor, so ist der KBR errichtet. Seine Konstituierung richtet sich nach § 59, die Entsendung von Mitgliedern in den KBR nach § 55.

13 Der KBR ist eine „Dauereinrichtung"; er hat **keine feststehende Amtszeit**, sondern erlischt, wenn die Voraussetzungen für seine Errichtung entfallen, insb., wenn die Voraussetzungen für das Bestehen eines Konzerns nicht mehr vorliegen – bspw. infolge des Verkaufs von Konzernunternehmen an Dritte[1]. Auch Umstrukturierungen können Auswirkungen auf die Existenz eines KBR haben (s. Rz. 15 ff.). Weil die Bildung eines KBR nicht obligatorisch ist, können die (G)BR der Konzernunternehmen den KBR durch entsprechende übereinstimmende Beschlüsse wieder **auflösen**[2]. Erforderlich dazu ist im Umkehrschluss zu Abs. 1 S. 2, dass die Auflösungsbeschlüsse die Zustimmung der (G)BR der Konzernunternehmen finden, in denen insg. mehr als 50 % der ArbN der Konzernunternehmen beschäftigt sind[3]. Für die Frage, ob dieses Quorum erreicht ist, gelten die oben dargestellten Grundsätze (s. Rz. 12) entsprechend. Demggü. kann sich der KBR nicht selbst auflösen und auch nicht seinen „Rücktritt" beschließen; die Mitglieder des KBR können jedoch, auch gleichzeitig, ihr Amt gem. § 57 niederlegen[4]. Dies berührt jedoch nicht die Existenz des KBR als betriebsverfassungsrechtl. Organ[5].

14 **IV. Konzernunternehmen mit nur einem Betriebsrat (Abs. 2).** Durch Abs. 2 wird festgelegt, dass in Konzernunternehmen, in denen kein GBR, sondern nur ein BR gebildet ist, die gem. §§ 54 ff. bestehenden Aufgaben eines GBR von dem BR wahrgenommen werden. Dies ist unstreitig mit der Einschränkung der Fall, wenn in einem Konzernunternehmen **nur ein betriebsratsfähiger Betrieb** existiert. Einigkeit besteht ebenfalls, dass Abs. 2 entsprechend seinem Wortlaut („ein Betriebsrat") nicht anzuwenden ist, wenn in einem Konzernunternehmen, in dem **mehrere BR** bestehen, entgegen der zwingenden Vorschrift des § 47 kein GBR gebildet worden ist[6]. In diesem Fall nehmen die BR im Hinblick auf die Mitwirkung an der Errichtung eines KBR nicht die Rechte eines GBR wahr. Unterschiedliche Ansichten werden dem ggü. hinsichtlich der Fallgestaltung vertreten, dass in einem Konzernunternehmen nur **ein BR** gebildet ist, obwohl **mehrere betriebsratsfähige Betriebe** bestehen. Nach zutreffender Ansicht kommt eine Anwendung von Abs. 2 in diesen Fällen nicht in Betracht, da der bestehende BR nicht alle ArbN des Konzernunternehmens repräsentiert, sondern nur die ArbN des Betriebs, für die er gebildet ist; aus diesem Grund kann er auch nicht Aufgaben wahrnehmen, die grds. einem GBR – der alle ArbN des Unternehmens repräsentiert – zugewiesen sind[7]. Nach der Gegenansicht soll der einzige in einem Konzernunternehmen gewählte BR im Rahmen des Abs. 2 befugt sein, „notgedrungen auch die Interessen derer wahrzunehmen, die keinen BR gewählt haben"[8]. Dies verkennt, dass ihm dazu die demokratische Legitimation fehlt. Nach einer vermittelnden Auffassung soll der einzige im mehrbetrieblichen Konzernunternehmen bestehende BR bei der Bildung und Zusammensetzung des KBR berücksichtigt werden, allerdings nur mit den in seinem Betrieb beschäftigten ArbN, soweit das Gesetz auf die Zahl der in den Konzernunternehmen beschäftigten ArbN abstellt[9].

15 **V. Auswirkungen von Umstrukturierungen auf den Konzernbetriebsrat.** Umstrukturierungsmaßnahmen auf der Unternehmensebene können dazu führen, dass ein KBR **erstmals gebildet** werden kann. Führt bspw. ein aus mehreren Betrieben bestehendes Unternehmen eine **Ausgliederung zur Neugründung** gem. § 123 III Nr. 2 UmwG durch, so dass einer der Betriebe auf das neu gegründete Unternehmen übertragen wird, besteht nunmehr ein Konzern, da das bisherige Unternehmen durch die Ausgliederung sämtliche Anteile an dem neuen Unternehmen hält[10]. Bei Vorliegen der sonstigen Voraussetzungen kann infolge dieser Umstrukturierung erstmals ein KBR errichtet werden. Eine Vielzahl anderer Umstrukturierungen kann ebenfalls zur Möglichkeit der erstmaligen Errichtung eines KBR führen. Zu denken ist an **Veränderungen auf der Gesellschafterebene**, indem etwa ein Unternehmen die Mehrheit der Anteile an einem anderen Unternehmen erwirbt, welches seinerseits über einen (G)BR verfügt. Aber auch der Erwerb eines Betriebs im Wege eines **Asset Deal** kann die Möglichkeit der Bildung eines KBR nach sich ziehen[11].

16 Umstrukturierungsmaßnahmen können jedoch auch dazu führen, dass ein **KBR erlischt**. Bereits erwähnt wurde der Fall, in dem die Voraussetzungen für das Bestehen eines Konzerns entfallen, bspw. infolge des Verkaufs von Konzernunternehmen an Dritte[12]. Die Voraussetzungen für das Bestehen eines KBR können des Weiteren entfallen, wenn Konzernunternehmen verschmolzen werden; soweit eine solche Verschmelzung im Innenverhältnis rückwirkend erfolgt, führt dies jedoch nicht dazu, dass der KBR „rückwirkend erlischt". Der KBR erlischt des Weiteren, wenn infolge eines Verkaufs zwar noch ein Konzern erhalten bleibt, diesem aber nicht mehr mindestens zwei Unternehmen mit (G)BR angehören[13]. In internationalen Unternehmensgruppen entfällt die Möglichkeit, in Deutschland einen KBR zu bilden, wenn die im Inland ansässigen Unternehmen Beherrschungsverträge mit der ausländischen

---

1 Richardi/*Annuß*, § 54 Rz. 49; MünchArbR/*Joost*, § 227 Rz. 70. ||2 *Fitting*, § 54 Rz. 52. ||3 WHSS/*Hohenstatt*, Rz. D 133 mwN. ||4 Hess ua./*Glock*, § 54 Rz. 31 f.; DKKW/*Trittin*, § 54 Rz. 126 ff. ||5 Richardi/*Annuß*, § 54 Rz. 46. ||6 Hess ua./*Glock*, § 54 Rz. 40; GK-BetrVG/*Kreutz/Franzen*, § 54 Rz. 66. ||7 Richardi/*Annuß*, § 54 Rz. 55. ||8 DKKW/*Trittin*, § 54 Rz. 137. ||9 *Fitting*, § 54 Rz. 58; GK-BetrVG/*Kreutz/Franzen*, § 54 Rz. 65; Hess ua./*Glock*, § 54 Rz. 39. ||10 WHSS/*Hohenstatt*, Rz. D 124. ||11 Beispiele bei WHSS/*Hohenstatt*, Rz. D 126. ||12 *Kreutz*, FS Birk, 2008, S. 495 (501). ||13 WHSS/*Hohenstatt*, Rz. D 133.

Konzernspitze abschließen[1]. Wird ein Konzern, für den bislang ein KBR gebildet war, in einen anderen Konzern integriert, endet das Amt des KBR[2]. Zu einem anderen Ergebnis käme man nur, wenn die bisherige Konzernobergesellschaft auch nach der Integration als Teilkonzernspitze weiterbesteht und man mit dem BAG die Möglichkeit eines Konzern im Konzern anerkennen wollte (s. Rz. 7f.).

Erwerben Unternehmen eines Konzerns zusätzliche Betriebe oder Unternehmen, in denen (G)BR nicht gebildet sind, so kann dies dazu führen, dass die im Konzern beschäftigten ArbN nicht mehr zu mehr als 50 % durch (G)BR repräsentiert werden. In einem solchen Fall würde das 50 %-Quorum des Abs. 1 S. 2 nicht mehr erreicht, würde über die Errichtung eines KBR erneut Beschluss gefasst. Da das 50 %-Quorum dem Zweck dient, dem KBR eine ausreichend breite Legitimationsbasis zu verschaffen[3], **erlischt das Amt des KBR, wenn die im Konzern beschäftigten ArbN nicht mehr zu mehr als 50 % durch (G)BR repräsentiert werden**[4]. 17

Wird ein zum Konzern gehörendes Unternehmen verkauft, ohne dass dadurch die Voraussetzungen des Bestehens eines Konzerns entfallen, besteht der KBR fort[5]. Werden allerdings alle Konzernunternehmen an ein Unternehmen veräußert, bei dem keine BR bestehen, kann der bisherige KBR entsprechend der Rechtslage beim GBR im „aufnehmenden Konzern" fortbestehen (s. § 47 Rz. 8)[6]. 18

VI. Auswirkungen von Umstrukturierungen auf Konzernbetriebsvereinbarungen. Umstrukturierungsmaßnahmen haben des Weiteren oftmals Auswirkungen auf bestehende KonzernBV[7]. Ist mit einer Umstrukturierung ein **Betriebsübergang** verbunden, gelten Regelungen der KonzernBV gem. § 613a I 2 BGB fort, es sei denn, dass hinsichtlich des gleichen Regelungsgegenstands beim Betriebserwerber eine verdrängende BV gem. § 613a I 3 BGB in Kraft ist. Entsprechend der jüngsten Rspr. des BAG zur Fortgeltung von GesamtBV ist allerdings denkbar, dass das Gericht bei der Übernahme mehrerer Konzernunternehmen zu einer kollektivrechtl. Fortgeltung der KonzernBV und bei Übernahme nur eines Konzernunternehmens zu einer kollektivrechtl. Fortgeltung der KonzernBV als GesamtBV oder EinzelBV gelangen könnte (s. § 47 Rz. 12). Gehört der neue Betriebsinhaber zum gleichen Konzern wie der bisherige ArbGeb, ist für eine Fortgeltung gem. § 613a I 2 BGB kein Raum, vielmehr bleibt es bei einer kollektivrechtl. Anwendbarkeit der KonzernBV[8]. 19

Scheidet ein Konzernunternehmen dagegen im Wege der **Anteilsübertragung** aus dem Konzern aus, können sich die ArbN nicht mehr unmittelbar auf die KonzernBV berufen, da das Unternehmen nicht mehr Teil des Konzerns ist. Eine direkte Anwendung des § 613a I 2 BGB kommt nicht in Betracht, da bei der Anteilsübertragung kein Betriebsübergang erfolgt. Jedoch ist eine analoge Anwendung dieser Vorschrift angezeigt, weil andernfalls eine systematisch nicht zu rechtfertigende Lücke entstünde[9]. 20

VII. Streitigkeiten, welche die Errichtung des KBR oder seine Auflösung[10] betreffen, werden im **Beschlussverfahren** entschieden (§§ 2a, 80ff. ArbGG). Die im Konzern vertretenen Gewerkschaften sind nicht antragsberechtigt[11]. Örtlich zuständig ist das ArbG, in dessen Bezirk der Sitz des herrschenden Unternehmens liegt (§ 82 I 2 ArbGG). Hat die Konzernspitze ihren Sitz im Ausland, ist das ArbG örtlich zuständig, in dessen Bezirk die inländische Teilkonzernspitze ihren Sitz hat. 21

55 Zusammensetzung des Konzernbetriebsrats, Stimmengewicht

(1) In den Konzernbetriebsrat entsendet jeder Gesamtbetriebsrat zwei seiner Mitglieder. Die Geschlechter sollen angemessen berücksichtigt werden.

(2) Der Gesamtbetriebsrat hat für jedes Mitglied des Konzernbetriebsrats mindestens ein Ersatzmitglied zu bestellen und die Reihenfolge des Nachrückens festzulegen.

(3) Jedem Mitglied des Konzernbetriebsrats stehen die Stimmen der Mitglieder des entsendenden Gesamtbetriebsrats je zur Hälfte zu.

(4) Durch Tarifvertrag oder Betriebsvereinbarung kann die Mitgliederzahl des Konzernbetriebsrats abweichend von Absatz 1 Satz 1 geregelt werden. § 47 Abs. 5 bis 9 gilt entsprechend.

Die Zusammensetzung des KBR und die Gewichtung der Stimmen der Mitglieder ist entsprechend den Vorschriften für den GBR (§ 47 II–IX) geregelt. 1

Gem. Abs. 1 werden die Mitglieder des KBR von den einzelnen GBR entsandt. Die in den KBR entsandten Mitglieder müssen zugleich Mitglied des entsendenden GBR sein. Die **Entsendung** erfolgt durch Beschluss des GBR (s. § 51 Rz. 9). Jeder GBR entsendet zwei seiner Mitglieder in den KBR. Eine Übertragung des Entsendungsrechts des GBR auf ein anderes Gremium, etwa ein aus Delegierten be- 2

---

1 *Dzida/Hohenstatt*, NZA 2007, 949; vgl. ArbG Düss. 29.9.2010 – 8 BV 71/10, BB 2011, 1280. ||2 *Richardi/Annuß*, § 54 Rz. 52; WHSS/*Hohenstatt*, Rz. D 133. ||3 DKKW/*Trittin*, § 54 Rz. 106. ||4 WHSS/*Hohenstatt*, Rz. D 134. ||5 *Fitting*, § 57 Rz. 7; Richardi/*Annuß*, § 54 Rz. 51. ||6 AA *Kiehn*, KBR und KBV in der Betriebs- und Unternehmensumstrukturierung, 2012, S. 165ff. ||7 *Kern*, NZA 2009, 1313. ||8 *Gaul, B.*, NZA 1995, 724; *Boecken*, Unternehmensumwandlung und Arbeitsrecht, Rz. 160; WHSS/*Hohenstatt*, Rz. E 54. ||9 WHSS/*Hohenstatt*, Rz. E 71f. ||10 GK-BetrVG/*Kreutz/Franzen*, § 54 Rz. 67. ||11 Vgl. BAG 30.10.1986 – 6 ABR 52/83, NZA 1988, 27 (für GBR); Richardi/*Annuß*, § 54 Rz. 60.

stehenden Ausschuss, ist nicht zulässig[1]. Ein GBR ist, wenn ein KBR errichtet ist, zur Entsendung von Mitgliedern verpflichtet[2]. Besteht in einem Konzernunternehmen nur ein BR, so steht diesem nach Maßgabe des § 54 II (s. § 54 Rz. 14) das Entsendungsrecht in den KBR zu. Gem. Abs. 1 S. 2 sollen die Geschlechter bei der Entsendung angemessen berücksichtigt werden. Ebenso wie bei § 47 II 2 handelt es sich um eine Soll-Vorschrift, deren Nichtbeachtung folgenlos bleibt (s. § 47 Rz. 15)[3].

3 Gem. Abs. 2 ist für jedes in den KBR entsandte Mitglied mindestens ein **Ersatzmitglied zu bestellen** und die **Reihenfolge des Nachrückens** festzulegen. Erlischt die Mitgliedschaft des Mitglieds des KBR (§ 57), ohne dass zugleich der KBR als betriebsverfassungsrechtl. Organ erlischt, so rückt das Ersatzmitglied in den KBR nach. Ist das Mitglied des KBR zeitweise verhindert, vertritt das Ersatzmitglied das Mitglied des KBR während des Zeitraums der Verhinderung. Für die Bestellung eines Ersatzmitglieds gilt Abs. 1 entsprechend.

4 Hinsichtlich der **Stimmengewichtung** regelt Abs. 3, dass jedem Mitglied des KBR die Stimmen der Mitglieder des entsendenden GBR je zur Hälfte zustehen. Das Stimmengewicht der Mitglieder des GBR richtet sich wiederum gem. § 47 VII danach, wie viele wahlberechtigte ArbN in dem Betrieb, aus dem das Mitglied des GBR entsandt wurde, am Wahltag der letzten BR-Wahl in der Wählerliste eingetragen waren (s. § 47 Rz. 25). Damit hängt das Stimmengewicht des KBR-Mitglieds im Erg. von der Zahl der ArbN ab, die durch den entsendenden GBR repräsentiert werden. Auch im KBR gilt, dass **kein imperatives Mandat** besteht und Mitglieder des KBR an Aufträge und Weisungen des entsendenden GBR nicht gebunden sind[4].

5 Die Zahl der Mitglieder des KBR kann gem. Abs. 4 durch TV oder BV abweichend von der gesetzl. Regelung in Abs. 1 S. 1 **verringert oder erhöht** werden. Das Gesetz verweist auf die Vorschriften in § 47 V–IX, so dass insoweit die für den GBR geltenden Regelungen entsprechend gelten (s. § 47 Rz. 22 ff., 18 ff.). Streitig ist, welche Parteien einen TV über eine abweichende Zahl der Mitglieder im KBR schließen können. Nach überwiegender Auffassung soll ein TV zwischen dem herrschenden Unternehmen und einer Gewerkschaft, die für das herrschende Unternehmen tarifzuständig ist, ausreichen[5]. Für diese Ansicht spricht, dass sie in der Praxis erhebliche Durchführungsschwierigkeiten bei dem Abschluss eines solchen TV vermeidet. Demggü. dürfte es dogmatisch richtiger sein zu fordern, dass alle Konzernunternehmen Partei des TV sein müssen (und bei unterschiedlicher Tarifzuständigkeit auch mehrere Gewerkschaften), da die konzernweite Wirkung eines solchen TV andernfalls nicht begründet werden kann[6]. Denn ein allein mit dem herrschenden Unternehmen abgeschlossener TV entfaltet keine Wirkung für die Konzernunternehmen (s. zur parallelen Problematik hinsichtlich KonzernBV § 58 Rz. 11)[7].

6 Ein (paritätisches) **Gemeinschaftsunternehmen** soll nach Ansicht des BAG zu jedem der herrschenden Unternehmen in einem Konzernverhältnis stehen können (s. § 54 Rz. 6). Der GBR des (paritätischen) Gemeinschaftsunternehmens soll nach überwiegender Auffassung das Recht haben, Vertreter in die KBR der jeweiligen „Mutterunternehmen" zu entsenden[8]. Für das „wirklich" paritätische Gemeinschaftsunternehmen ist dies zweifelhaft, da in einem solchen Unternehmen die unternehmerische Leitungsmacht auf die Partner des Joint Venture aufgeteilt ist und diese bei unternehmerischen Weichenstellungen stets von Neuem einen Kompromiss finden müssen[9]. Da in dem paritätischen Gemeinschaftsunternehmen kein Partner dem anderen seinen Willen oktroyiert, wären Vertreter in den KBR der jeweiligen „Mutterunternehmen" somit nicht dort angesiedelt, wo sich die unternehmerische Leitungsmacht für das Gemeinschaftsunternehmen entfaltet. Hinzu kommt, dass KonzernBV des Konzernverbunds des jeweiligen „Mutterunternehmens" nicht gegen den Willen des anderen Joint Venture-Partners in dem Gemeinschaftsunternehmen angewendet werden können[10]. Deshalb sprechen die überwiegenden Gründe dafür, dem GBR eines paritätischen Gemeinschaftsunternehmens kein Recht zur Entsendung von Mitgliedern in die KBR der „Mutterunternehmen" einzuräumen.

7 **Streitigkeiten**, welche die Zusammensetzung des KBR, die Stimmengewichtung oder die Entsendung von Mitgliedern durch den GBR eines Gemeinschaftsunternehmens betreffen, werden im Beschlussverfahren entschieden (§§ 2a, 80 ff. ArbGG). Örtlich zuständig ist das ArbG, in dessen Bezirk der Sitz des herrschenden Unternehmens liegt (§ 82 I 2 ArbGG).

56 Ausschluss von Konzernbetriebsratsmitgliedern
Mindestens ein Viertel der wahlberechtigten Arbeitnehmer der Konzernunternehmen, der Arbeitgeber, der Konzernbetriebsrat oder eine im Konzern vertretene Gewerkschaft können beim Ar-

---

1 Richardi/*Annuß*, § 55 Rz. 5. ||2 WPK/*Roloff*, § 55 Rz. 2; Hess ua./*Glock*, § 55 Rz. 2. ||3 Vgl. Stege/Weinspach/*Schiefer*, §§ 54–59a Rz. 6. ||4 ErfK/*Koch*, § 55 BetrVG Rz. 1. ||5 Richardi/*Annuß*, § 55 Rz. 16 f.; DKKW/*Trittin*, § 55 Rz. 20; Hess ua./*Glock*, § 55 Rz. 5. ||6 GK-BetrVG/*Kreutz/Franzen*, § 55 Rz. 29 f. ||7 Wiedemann/*Oetker*, § 2 TVG Rz. 142. ||8 BAG 13.10.2004 – 7 ABR 56/03, BB 2005, 1456; 30.10.1986 – 6 ABR 19/85, ZIP 1987, 1407; zust. MünchArbR/*Joost*, § 227 Rz. 25; DKKW/*Trittin*, § 54 Rz. 41; GK-BetrVG/*Kreutz/Franzen*, § 54 Rz. 41; aA Richardi/*Annuß*, § 54 Rz. 18; *Windbichler*, Arbeitsrecht im Konzern, S. 315 ff. ||9 WHSS/*Hohenstatt*, Rz. D 131; *Dzida/Hohenstatt*, NZA 2007, 949. ||10 WHSS/*Hohenstatt*, Rz. D 132; *Dzida/Hohenstatt*, NZA 2007, 949; anders DKKW/*Trittin*, § 54 Rz. 43; GK-BetrVG/*Kreutz/Franzen*, § 54 Rz. 41.

beitsgericht den Ausschluss eines Mitglieds aus dem Konzernbetriebsrat wegen grober Verletzung seiner gesetzlichen Pflichten beantragen.

Entsprechend der Regelung für den GBR (§ 48) besteht auch bei dem KBR die Möglichkeit, ein Mitglied wegen **grober Verletzung seiner gesetzl. Pflichten** aus dem KBR auszuschließen. Der Begriff der „groben Verletzung gesetzl. Pflichten" entspricht dem der §§ 23, 48 I, allerdings mit der Maßgabe, dass die Pflichtverletzung als Mitglied des KBR und in Bezug auf Pflichten als Mitglied des KBR erfolgen muss[1]. Die Verletzung von Pflichten als Mitglied des KBR rechtfertigt grds. nicht den Ausschluss aus dem GBR oder dem BR, und umgekehrt, wenngleich der Ausschluss aus dem GBR automatisch zum Erlöschen der Mitgliedschaft im KBR führt (§ 57).

Der Ausschluss erfolgt auf **Antrag** des ArbGeb, eines Viertels der wahlberechtigten ArbN der Konzernunternehmen, des KBR oder einer im Konzern vertretenen Gewerkschaft durch **Beschluss des ArbG**. „Arbeitgeber" iSd. § 56 ist das herrschende Unternehmen[2]. Für einen Antrag eines Viertels der wahlberechtigten ArbN der Konzernunternehmen gelten die Regelungen des § 48 entsprechend (s. § 48 Rz. 2). Antragsberechtigt ist nur der KBR, nicht hingegen GBR, die jedoch die von ihnen entsandten Mitglieder jederzeit abberufen können (§ 57). Eine Gewerkschaft ist im Konzern vertreten, wenn ihr zumindest ein ArbN, der in einem der Konzernunternehmen beschäftigt ist, angehört[3]. Örtlich zuständig ist das ArbG, in dessen Bezirk der Sitz des herrschenden Unternehmens liegt (§ 82 I 2 ArbGG). Der Ausschluss wird erst mit **Rechtskraft** des arbeitsgerichtl. Beschlusses wirksam, durch einstw. Verfügung kann jedoch die Amtsausübung bis zur rechtskräftigen Entscheidung untersagt werden (s. § 48 Rz. 2).

Mit Wirksamkeit des Ausschlusses rückt das für das ausgeschlossene Mitglied des KBR bestellte **Ersatzmitglied** in den KBR nach. Die insoweit für das Nachrücken in den GBR geltenden Grundsätze sind entsprechend anzuwenden (s. § 48 Rz. 3).

57 Erlöschen der Mitgliedschaft

Die Mitgliedschaft im Konzernbetriebsrat endet mit dem Erlöschen der Mitgliedschaft im Gesamtbetriebsrat, durch Amtsniederlegung, durch Ausschluss aus dem Konzernbetriebsrat auf Grund einer gerichtlichen Entscheidung oder Abberufung durch den Gesamtbetriebsrat.

Der KBR ist eine „Dauereinrichtung"; er hat keine feststehende Amtszeit, sondern erlischt, wenn die Voraussetzungen für seine Errichtung entfallen (s. § 54 Rz. 13, 15 ff.). Jedoch ändert sich die Zusammensetzung, wenn Mitglieder des KBR ihr Amt verlieren. Die Beendigung der Mitgliedschaft im KBR wird durch § 57 geregelt.

Die Mitgliedschaft im KBR erlischt zunächst durch **Erlöschen der Mitgliedschaft im entsendenden (G)BR** (s. § 49 Rz. 3)[4], da die in den KBR entsandten Mitglieder zugleich Mitglied des entsendenden (G)BR sein müssen (s. § 55 Rz. 2). Das Erlöschen der Mitgliedschaft im entsendenden (G)BR richtet sich nach § 49 bzw. § 24. Die Mitgliedschaft im KBR erlischt des Weiteren durch **Amtsniederlegung**, die jederzeit möglich ist und durch eine Erklärung ggü. dem Vorsitzenden des KBR, die weder zurückgenommen noch widerrufen werden kann, erfolgt (s. § 49 Rz. 2). Ferner erlischt die Mitgliedschaft im KBR durch den rechtskräftigen arbeitsgerichtl. Beschluss über den **Ausschluss aus dem KBR** gem. § 56. Schließlich kann der entsendende (G)BR ein von ihm entsandtes Mitglied des KBR jederzeit abberufen. Die **Abberufung** wird mit Fassung des entsprechenden Beschlusses des entsendenden (G)BR wirksam. Für ausscheidende Mitglieder des GBR rücken die gewählten Ersatzmitglieder nach.

Neben den ausdrücklich in § 57 genannten Fällen endet die Mitgliedschaft im KBR, wenn der KBR als Gremium erlischt (s. § 54 Rz. 16 f.)[5]. Scheidet ein Konzernunternehmen aus dem Konzern aus, endet die Mitgliedschaft der aus dem (G)BR dieses Unternehmens entsandten Mitglieder des KBR[6].

Bei **Streitigkeiten** über die Wirksamkeit der Amtsniederlegung, der Abberufung oder das Nachrücken eines Ersatzmitglieds entscheidet das ArbG im Beschlussverfahren (§§ 2a, 80 ff. ArbGG). Örtlich zuständig ist das ArbG, in dessen Bezirk der Sitz des herrschenden Unternehmens liegt (§ 82 I 2 ArbGG).

58 Zuständigkeit

(1) Der Konzernbetriebsrat ist zuständig für die Behandlung von Angelegenheiten, die den Konzern oder mehrere Konzernunternehmen betreffen und nicht durch die einzelnen Gesamtbetriebsräte innerhalb ihrer Unternehmen geregelt werden können; seine Zuständigkeit erstreckt sich insoweit auch auf Unternehmen, die einen Gesamtbetriebsrat nicht gebildet haben, sowie auf Betriebe der Konzernunternehmen ohne Betriebsrat. Er ist den einzelnen Gesamtbetriebsräten nicht übergeordnet.

---

[1] WPK/*Roloff*, § 56 Rz. 4; Hess ua./*Glock*, § 56 Rz. 3. ||[2] Richardi/*Annuß*, § 56 Rz. 6, mit dem zutreffenden Hinweis, dass die gesetzl. Begrifflichkeit unscharf ist, da das herrschende Unternehmen nur ArbGeb der dem eigenen Unternehmen, nicht dagegen ArbGeb der den übrigen Konzernunternehmen angehörenden ArbN ist. ||[3] WPK/*Roloff*, § 56 Rz. 3. ||[4] BAG 9.2.2011 – 7 ABR 11/10, NZA 2011, 866 (870). ||[5] Richardi/*Annuß*, § 57 Rz. 3. ||[6] *Fitting*, § 57 Rz. 13; GK-BetrVG/*Kreutz*/*Franzen*, § 57 Rz. 4.

(2) **Der Gesamtbetriebsrat kann mit der Mehrheit der Stimmen seiner Mitglieder den Konzernbetriebsrat beauftragen, eine Angelegenheit für ihn zu behandeln. Der Gesamtbetriebsrat kann sich dabei die Entscheidungsbefugnis vorbehalten.** § 27 Abs. 2 Satz 3 und 4 gilt entsprechend.

1 **I. Allgemeines.** So wie GBR und EinzelBR einander weder über- noch untergeordnet sind (§ 50 I 2), besteht auch zwischen dem KBR und dem GBR kein Über-/Unterordnungsverhältnis (Abs. 1 S. 2). Der KBR hat grds. die gleichen Rechte wie GBR und EinzelBR (§ 59 I iVm. § 51 V). Dieses gleichberechtigte Nebeneinander erfordert auch hier eine Abgrenzung der Zuständigkeiten. § 58 regelt, für welche Angelegenheiten der KBR zuständig ist. Die Vorschrift ist der Zuständigkeitsabgrenzung zwischen GBR und EinzelBR (§ 50) nachgebildet. Die gesetzl. Abgrenzung der Zuständigkeiten zwischen KBR, GBR und EinzelBR ist zwingend und kann weder durch TV noch durch BV geändert werden.

2 **II. Zuständigkeit kraft Gesetzes.** Gem. Abs. 1 S. 1 ist der KBR zuständig, wenn eine Angelegenheit den Konzern oder mehrere Konzernunternehmen betrifft und eine Regelung nicht durch die einzelnen GBR innerhalb der jeweiligen Konzernunternehmen erfolgen kann. Somit besteht eine **subsidiäre Zuständigkeit** des KBR[1].

3 **1. Unternehmensübergreifender Bezug und fehlende Regelungsmöglichkeit im Unternehmen.** Für die Auslegung des Abs. 1 S. 1 gelten die von der Rspr. zu § 50 I 1 entwickelten Grundsätze entsprechend (s. § 50 Rz. 2 ff.)[2]. Die Zuständigkeit des KBR setzt zunächst voraus, dass es sich um eine unternehmensübergreifende, also über das einzelne Konzernunternehmen hinausgehende Angelegenheit handelt. Dabei kann es sich entweder um eine Angelegenheit handeln, die den **gesamten Konzern** betrifft, ein Regelungsgegenstand also alle Konzernunternehmen berührt. Dies ist jedoch nicht zwingend erforderlich; es reicht aus, dass die Angelegenheit **mehrere Konzernunternehmen**, also mindestens zwei Konzernunternehmen betrifft. Soweit eine Angelegenheit nur ein Konzernunternehmen betrifft, ist der KBR nur zuständig, wenn er von dem GBR gem. Abs. 2 beauftragt wird, eine Angelegenheit für ihn zu behandeln.

4 Die Zuständigkeit des KBR setzt des Weiteren voraus, dass die **Angelegenheit nicht durch die einzelnen GBR innerhalb ihrer Unternehmen geregelt werden kann**. Auch dieses Kriterium des „Nichtregelnkönnens" ist entsprechend der zu § 50 I 1 entwickelten Grundsätze auszulegen[3]. Auch hier ist dieses Kriterium jedenfalls erfüllt, wenn eine Regelung durch die GBR objektiv unmöglich ist[4]. Erfasst werden aber auch Angelegenheiten, bei denen ein **zwingendes Erfordernis** nach einer konzerneinheitlichen oder unternehmensübergreifenden Regelung besteht[5]. Ob ein zwingendes Erfordernis besteht, richtet sich nach dem konkreten Regelungsziel sowie den Verhältnissen des jeweiligen Konzerns und seiner Konzernunternehmen. Reine Zweckmäßigkeitserwägungen oder ein bloßes Koordinierungsinteresse der Konzernleitung oder des KBR reichen nicht aus[6]. Lässt sich hingegen ein Regelungsziel nur durch eine einheitliche Regelung auf der Ebene des Konzerns erreichen, so ist der KBR zuständig[7]. Für eine Kürzung tarifl. Ansprüche durch freiwillige BV besteht keine zwingende Zuständigkeit des KBR[8]. Zur Frage der fehlenden Regelungsmöglichkeit in den einzelnen Konzernunternehmen gelten iÜ die Ausführungen zu der fehlenden betriebl. Regelungsmöglichkeit iSd. § 50 I 1 entsprechend (s. § 50 Rz. 4 ff.).

5 **2. Einzelfälle.** Im Bereich der **sozialen Angelegenheiten** ist der KBR für die Wahrnehmung des MitbestR gem. § 87 I Nr. 8 zuständig, soweit sich der Wirkungsbereich einer Sozialeinrichtung auf den Konzern erstreckt[9]. Unter den gleichen Voraussetzungen besteht eine Zuständigkeit des KBR für Werkswohnungen gem. § 87 I Nr. 9[10]. Bezieht sich der Wirkungskreis eines Systems betriebl. Altersversorgung, etwa einer Unterstützungskasse, auf den Konzern, ist ebenfalls der KBR zuständig[11]. Das Gleiche gilt, wenn eine Regelung getroffen werden soll, nach der die Daten von Mitarbeitern innerhalb des Konzerns weitergegeben werden dürfen und davon alle Konzernunternehmen betroffen sind[12]. Die Einführung und Nutzung eines konzerneinheitlichen EDV-Systems oder einer konzerneinheitlichen Telefonanlage unterliegt ebenfalls der Mitbest. des KBR, da sich eine unterschiedliche Regelung in den einzelnen Konzernunternehmen mit den Zielen der Einführung eines einheitlichen Systems idR nicht vereinbaren ließe. Wird eine **Ethikrichtlinie** konzernweit eingeführt, so ist der KBR im Hinblick auf etwaige mitbestimmungspflichtige Regelungen einer solchen Richtlinie originär zuständig, weil eine konzerneinheitliche „Unternehmensphilosophie" und ethisch-moralische Standards nicht nach Unternehmen und Betrieben differenzieren können; aus diesem Grund besteht ein zwingendes Erfordernis für eine konzerneinheitliche Regelung[13].

---

1 Richardi/*Annuß*, § 58 Rz. 8. ||2 BAG 20.12.1995 – 7 ABR 8/95, NZA 1996, 945. ||3 BAG 20.12.1995 – 7 ABR 8/95, NZA 1996, 945. ||4 BAG 12.11.1997 – 7 ABR 78/96, NZA 1998, 497. ||5 BAG 20.12.1995 – 7 ABR 8/95, NZA 1996, 945; 12.11.1997 – 7 ABR 78/96, NZA 1998, 497. ||6 BAG 12.11.1997 – 7 ABR 78/96, NZA 1998, 497. ||7 BAG 20.12.1995 – 7 ABR 8/95, NZA 1996, 945. ||8 BAG 19.6.2007 – 1 AZR 454/06, NZA 2007, 1184. ||9 BAG 21.6.1979 – 3 ABR 3/78, DB 1979, 2039. ||10 DKKW/*Trittin*, § 58 Rz. 57; Hess ua./*Glock*, § 58 Rz. 13. ||11 BAG 14.12.1993 – 3 AZR 618/93, NZA 1994, 554; vgl. *Schnitker/Sittard*, NZA 2011, 331 (332). ||12 BAG 25.9.2012 – 1 ABR 45/11, NZA 2013, 275 (277); 20.12.1995 – 7 ABR 8/95, NZA 1996, 945. ||13 BAG 17.5.2011 – 1 ABR 121/09, CCZ 2012, 1195; 22.7.2008 – 1 ABR 40/07, NZA 2008, 1248; *Dzida*, NZA 2008, 1265 (1266); s. aber zur Zuständigkeit des GBR, wenn ein Unternehmen keinem Konzern angehört: § 50 Rz. 8.

Hinsichtlich der **Gestaltung von Arbeitsplatz, Arbeitsablauf und Arbeitsumgebung** dürfte eine Zuständigkeit des KBR nur ausnahmsweise in Betracht kommen, etwa wenn Arbeitsplätze auf Grund zentraler Planung für alle Konzernunternehmen einheitlich gestaltet werden. 6

Im Bereich der **allgemeinen personellen Angelegenheiten** kommt eine Zuständigkeit des KBR insb. im Hinblick auf eine konzernweit erfolgende Personalplanung (§ 92) in Betracht[1]. Entsprechendes gilt für die Mitbest. bei Auswahlrichtlinien (§ 95), wenn eine konzernweite Personalpolitik betrieben wird[2] sowie im Hinblick auf die unternehmensübergreifende oder konzernweite Ausschreibung von Arbeitsplätzen (§ 93)[3]. Demggü. besteht eine Zuständigkeit des KBR für **personelle Einzelmaßnahmen** grds. nicht, da diese idR keinen unternehmensübergreifenden Bezug haben[4]. Der KBR ist nach überwiegender Ansicht auch nicht hinsichtlich der Einstellung solcher ArbN zuständig, deren Arbeitsvertrag einen konzernweiten Einsatz erlaubt[5]. 7

Eine Zuständigkeit des KBR im Bereich der **wirtschaftl. Angelegenheiten** kommt bei unternehmensübergreifend geplanten Betriebsänderungen in Betracht (s. § 111 Rz. 76). Soll bspw. ein Konzernunternehmen liquidiert werden, einzelne Betriebe jedoch nicht stillgelegt, sondern mit Betrieben anderer Konzernunternehmen zusammengeschlossen werden, so ist der KBR zuständig[6]. Die Zuständigkeit des KBR kann auch gegeben sein, wenn im Zusammenhang mit der Betriebsänderung in dem Betrieb eines Konzernunternehmens einzelne ArbN in andere Konzernunternehmen übernommen werden und dies nur durch eine unternehmensübergreifende Regelung erreicht werden kann[7]; dies gilt jedoch nicht, soweit es sich lediglich um Einzelfälle handelt (s. § 111 Rz. 76). Demggü. kann der KBR **keinen Wirtschaftsausschuss** errichten[8]. 8

3. Zuständigkeit auf Grund gesetzlicher Zuweisung. Der KBR hat schließlich Aufgaben auf Grund gesetzl. Zuweisung. Ist bei dem herrschenden Unternehmen ein Aufsichtsrat nach dem MitbestG 1976 zu bilden, so bestellt der KBR die Mitglieder des Hauptwahlvorstands (§ 4 IV 3. WOMitbestG 2002). Des Weiteren ist der KBR zuständig für die Bestellung der inländischen Mitglieder des besonderen Verhandlungsgremiums sowie der Bestellung der inländischen Mitglieder des EBR (§ 11 II, § 23 II EBRG). Besteht in einem betriebsratsfähigen Betrieb kein BR, so kann der KBR unter den Voraussetzungen des § 17 I einen Wahlvorstand bestellen. Umstritten ist, ob der KBR bei **konzernweiten Umwandlungen** „zuständiger BR" für die Zuleitung des (Entwurfs des) Umwandlungsvertrags sein kann (§ 5 III, § 126 III UmwG)[9]. Dies ist nach zutreffender Auffassung bereits wegen des Wortlauts der jeweiligen Vorschriften („zuständiger BR dieses Rechtsträgers"), aber auch wegen des Gesetzzwecks der unternehmensnahen Repräsentation der ArbN im Umwandlungsverfahren zu verneinen[10]. Jedoch kann es sich in der Praxis zur Vermeidung jeglichen Risikos (Eintragungshindernis, vgl. § 17 I UmwG) empfehlen, eine Übersendung an alle (möglicherweise) zuständigen BR, also auch an den KBR, vorzunehmen[11]. Bei einer **grenzüberschreitenden Verschmelzung** ist eine Zuständigkeit des KBR für die Zugänglichmachung des Verschmelzungsberichts abzulehnen, weil § 122e S. 2 UmwG verlangt, dass der Verschmelzungsbericht dem zuständigen BR der an der grenzüberschreitenden Verschmelzung „beteiligten Gesellschaft" zugänglich gemacht wird[12]. Für die Erfüllung von **Unterrichtungspflichten nach WpÜG** ist der KBR nach zutreffender Ansicht in jedem Fall der unzuständige Adressat (s. WpÜG Rz. 9). 9

III. Zuständigkeit für Unternehmen ohne Gesamtbetriebsrat. Ist der KBR gem. Abs. 1 zuständig, so erstreckt sich diese Zuständigkeit gem. Abs. 1 S. 1 Hs. 2 auch auf Unternehmen, die einen GBR nicht gebildet haben, sowie auf Betriebe der Konzernunternehmen ohne BR. Diese Erstreckung der Zuständigkeit ist im Zuge der Reform des BetrVG neu in das Gesetz eingefügt worden. 10

IV. Abschluss von Konzernbetriebsvereinbarungen. Nicht abschließend geklärt ist die Frage, ob der Abschluss einer KonzernBV zwischen dem KBR und dem herrschenden Unternehmen auch Wirkung für die abhängigen Konzernunternehmen und ihre ArbN entfaltet oder ob eine normative Wirkung nur dadurch begründet werden kann, dass die Konzernunternehmen selbst Partei der KonzernBV werden[13]. Zustimmung verdient die Auffassung, nach der KonzernBV nicht von dem herrschenden Unternehmen für alle Konzernunternehmen abgeschlossen werden können, sondern eine KonzernBV nur auf diejenigen Konzernunternehmen anzuwenden ist, die selbst Partei der Vereinbarung geworden sind[14]. Da die Konzernunternehmen rechtlich selbständig sind, ist das herrschende Unternehmen nicht berechtigt, zu Lasten der Konzernunternehmen KonzernBV abzuschließen[15]. Nach anderer Ansicht soll aus der Institution des KBR und der damit verbundenen konzernweiten Mitbest. folgen, dass trotz 11

---

1 Richardi/*Annuß*, § 58 Rz. 11. ||2 DKKW/*Trittin*, § 58 Rz. 68. ||3 Richardi/*Annuß*, § 58 Rz. 11. ||4 WPK/*Roloff*, § 58 Rz. 7; Hess ua./*Glock*, § 58 Rz. 18. ||5 MünchArbR/*Joost*, § 227 Rz. 50; Hess ua./*Glock*, § 58 Rz. 19. ||6 Vgl. Richardi/*Annuß*, § 58 Rz. 15. ||7 Hess ua./*Glock*, § 58 Rz. 21. ||8 BAG 23.8.1989 – 7 ABR 39/88, NZA 1990, 863. ||9 Bejahend *Joost*, ZIP 1995, 985; *Engelmeyer*, DB 1996, 2545. ||10 *Dzida*, GmbHR 2009, 459 (461f.); WHSS/*Willemsen*, Rz. C 357; im Erg. ebenso Kallmeyer/*Willemsen*, § 5 UmwG Rz. 76; KölnKomm-UmwG/*Hohenstatt*/*Schramm*, § 5 Rz. 252. ||11 *Dzida*, GmbHR 2009, 459 (462); Kallmeyer/*Willemsen*, § 5 UmwG Rz. 76. ||12 *Dzida*, GmbHR 2009, 459 (464). ||13 Abschluss durch das herrschende Unternehmen: BAG 22.1.2002 – 3 AZR 554/00, NZA 2002, 1224; nicht eindeutig BAG 12.11.1997 – 7 ABR 78/96, NZA 1998, 497. ||14 MünchArbR/*Joost*, § 227 Rz. 65; Richardi/*Annuß*, § 58 Rz. 33ff.; *Windbichler*, RdA 1999, 151. ||15 *Windbichler*, RdA 1999, 151.

12 V. Zuständigkeit kraft Auftrags. Abs. 2 eröffnet einem GBR die Möglichkeit, den KBR mit der Wahrnehmung einzelner Angelegenheiten zu beauftragen, für die an sich der GBR zuständig ist (bzw. im Rahmen des § 54 II der EinzelBR). Hierdurch wird die Möglichkeit eröffnet, die Zuständigkeit des KBR in Fällen zu begründen, in denen dies zweckmäßig ist, insb. im Hinblick auf das konzernspezifische Wissen, die konzernweiten Informationsmöglichkeiten und den faktischen Einfluss des KBR[2]. Die Beauftragung ist mit der **qualifizierten Mehrheit** der Stimmen der Mitglieder des GBR zu beschließen (Abs. 2 S. 1) und bedarf der **Schriftform** (Abs. 2 S. 3 iVm. § 27 II 3). Abs. 2 ist § 50 II nachgebildet, so dass ergänzend auf die Erläuterungen zu dieser Vorschrift verwiesen werden kann (s. § 50 Rz. 17f.).

13 Mit der Beauftragung durch den GBR erhält der KBR die Befugnis, anstelle des an sich zuständigen GBR tätig zu werden. Verhandlungspartner auf Seiten des GBR ist das Konzernunternehmen. Da sich durch die Delegation nur die Zuständigkeit des betriebsverfassungsrechtl. Organs, nicht die Zuständigkeit auf ArbGebSeite ändert, ist **Verhandlungspartner des KBR das jeweilige Konzernunternehmen** – und nicht das herrschende Unternehmen. Das herrschende Unternehmen kann im Falle der Delegation nicht zum Abschluss einer KonzernBV verpflichtet werden[3].

14 Gem. Abs. 2 S. 2 kann sich der GBR bei der Beauftragung des KBR die **Entscheidungsbefugnis vorbehalten**, so dass dem KBR nur das Recht verbleibt, die Verhandlungen zu führen. Wie bei der Beauftragung des GBR durch den EinzelBR gem. § 50 II 2 gilt auch hier, dass der KBR grds. entscheidungsbefugt ist, soweit sich der GBR die Entscheidungsbefugnis nicht ausdrücklich und unmissverständlich vorbehalten hat (s. § 50 Rz. 18).

15 VI. Streitigkeiten. Bei Streitigkeiten über die Zuständigkeit des KBR entscheidet das ArbG im Beschlussverfahren (§§ 2a, 80ff. ArbGG). Örtlich zuständig ist das ArbG, in dessen Bezirk der Sitz des herrschenden Unternehmens liegt (§ 82 I 2 ArbGG). Für Streitigkeiten über die Beauftragung des KBR durch einen GBR (bzw. im Rahmen des § 54 II einen EinzelBR) ist dagegen das ArbG örtlich zuständig, in dessen Bezirk der Sitz des Konzernunternehmens liegt, dessen (Gesamt-)BR beteiligt ist[4]. Kann im Rahmen eines **einstw. Verfügungsverfahrens** die Zuständigkeit des antragstellenden KBR nicht eindeutig geklärt werden, soll ein überwiegendes Interesse am Erlass der einstw. Verfügung zu verneinen sein (s. § 50 Rz. 19).

59 Geschäftsführung

(1) Für den Konzernbetriebsrat gelten § 25 Abs. 1, die §§ 26, 27 Abs. 2 und 3, § 28 Abs. 1 Satz 1 und 3, Abs. 2, die §§ 30, 31, 34, 35, 36, 37 Abs. 1 bis 3 sowie die §§ 40, 41 und 51 Abs. 1 Satz 2 und Abs. 3 bis 5 entsprechend.

(2) Ist ein Konzernbetriebsrat zu errichten, so hat der Gesamtbetriebsrat des herrschenden Unternehmens oder, soweit ein solcher Gesamtbetriebsrat nicht besteht, der Gesamtbetriebsrat des nach der Zahl der wahlberechtigten Arbeitnehmer größten Konzernunternehmens zu der Wahl des Vorsitzenden und des stellvertretenden Vorsitzenden des Konzernbetriebsrats einzuladen. Der Vorsitzende des einladenden Gesamtbetriebsrats hat die Sitzung zu leiten, bis der Konzernbetriebsrat aus seiner Mitte einen Wahlleiter bestellt hat. § 29 Abs. 2 bis 4 gilt entsprechend.

1 I. Allgemeines. Die Vorschrift regelt die innere Organisation und Geschäftsführung des KBR. Abs. 1 verweist dabei im Wesentlichen auf die Vorschriften, die auch für die innere Organisation und Geschäftsführung des GBR und des BR maßgeblich sind. Abs. 2 regelt in Anlehnung an § 51 I die Konstituierung des KBR und seine Sitzungen.

2 II. Konstituierung des Konzernbetriebsrats. Ist ein KBR erstmalig zu bilden, richtet sich die Zuständigkeit für die Einladung zu seiner konstituierenden Sitzung nach Abs. 2. Auf der konstituierenden Sitzung werden der Vorsitzende des KBR und sein Stellvertreter gewählt. Zuständig für die Einladung ist der **GBR des herrschenden Unternehmens**. Besteht im herrschenden Unternehmen nur ein nach § 54 II zuständiger BR, so lädt dieser zu der konstituierenden Sitzung ein[5]. Ist in dem herrschenden Unternehmen weder ein GBR noch ein nach § 54 II zuständiger BR gebildet, so lädt der GBR des nach der Zahl der wahlberechtigten ArbN **größten Konzernunternehmens** zu der konstituierenden Sitzung ein. Dabei kommt es auf die Zahl der Eintragungen in die Wählerliste bei den Wahlen zu den EinzelBR an[6]; besteht in einem Betrieb kein BR, ist auf die aktuell beschäftigten ArbN abzustellen[7]. Die Erläuterungen zur Konstituierung des GBR gelten entsprechend (s. § 51 Rz. 2f.).

---

1 WPK/*Roloff*, § 58 Rz. 12; GK-BetrVG/*Kreutz/Franzen*, § 58 Rz. 12ff.; *Hanau*, ZGR 1984, 482ff. ||2 BAG 12.11. 1997 – 7 ABR 78/96, NZA 1998, 497. ||3 BAG 12.11.1997 – 7 ABR 78/96, NZA 1998, 497; *Fitting*, § 58 Rz. 42; aA GK-BetrVG/*Kreutz/Franzen*, § 58 Rz. 47. ||4 WPK/*Roloff*, § 58 Rz. 14; Richardi/*Annuß*, § 58 Rz. 47. ||5 Hess ua./*Glock*, § 59 Rz. 8; GK-BetrVG/*Kreutz/Franzen*, § 59 Rz. 7. ||6 Richardi/*Annuß*, § 59 Rz. 18; *Fitting*, § 59 Rz. 14. ||7 DKKW/*Trittin*, § 59 Rz. 39; Richardi/*Annuß*, § 59 Rz. 18; *Fitting*, § 59 Rz. 14.

Bis der KBR aus seiner Mitte einen Wahlleiter bestellt hat, obliegt die **Sitzungsleitung** dem Vorsitzenden des einladenden GBR. Soweit der Vorsitzende des einladenden GBR nicht selbst in den KBR entsandt worden ist, endet seine Teilnahme an der konstituierenden Sitzung mit der Bestellung des Wahlleiters[1]. Nach der Wahl des Vorsitzenden obliegt diesem die weitere Leitung der Sitzung. Er beruft auch die weiteren Sitzungen ein. Insoweit gelten die für die Einberufung der Sitzungen des BR anwendbaren Vorschriften entsprechend (Abs. 2 S. 3 iVm. § 29 II–IV).

III. Geschäftsführung und innere Ordnung. Der KBR wählt aus seiner Mitte einen **Vorsitzenden** und dessen Stellvertreter (Abs. 1 iVm. § 26 I). Insoweit gelten die Regelungen im Hinblick auf den Vorsitz im GBR entsprechend (s. § 51 Rz. 5).

Hat der KBR neun oder mehr Mitglieder, besteht die Möglichkeit – aber auch die Pflicht – zur Bildung eines **Konzernbetriebsausschusses**, der die laufenden Geschäfte des KBR führt. Soweit im Konzern mehr als 100 ArbN beschäftigt sind, kann der KBR **weitere Ausschüsse** bilden und ihnen Aufgaben übertragen (Abs. 1 iVm. § 28 I). Bei der Beschlussfassung in den Ausschüssen findet der Grundsatz der Stimmengewichtung keine Anwendung; jedes Ausschussmitglied hat eine Stimme[2]. Auch hier gelten die Regelungen über den Gesamtbetriebsausschuss und die Bildung weiterer Ausschüsse des GBR entsprechend (s. § 51 Rz. 6 f.).

Für die Geschäftsführung und innere Ordnung des KBR sind gem. Abs. 1 schließlich eine Reihe von weiteren Vorschriften, die für die Geschäftsführung des BR gelten, entsprechend anwendbar. § 51 I 1 verweist für den GBR im Wesentlichen auf dieselben Vorschriften, so dass auf die dortigen Ausführungen verwiesen werden kann (s. § 51 Rz. 8). Ein Teilnahmerecht von Gewerkschaftsbeauftragten besteht nur, wenn die Gewerkschaft im KBR vertreten ist[3], ihr also ein Mitglied des KBR angehört.

IV. Beschlussfassung des Konzernbetriebsrats. Für die Beschlussfassung im KBR verweist Abs. 1 auf die entsprechenden Vorschriften für die Beschlussfassung im GBR (§ 51 III). Für die Beschlussfähigkeit des KBR ist erforderlich, dass mindestens die Hälfte der Mitglieder des KBR an der Beschlussfassung teilnimmt und die Teilnehmenden mindestens die Hälfte aller Stimmen vertreten. Ebenso wie bei der Beschlussfassung des GBR müssen auch hier beide Voraussetzungen kumulativ vorliegen; auch auf die übrigen Ausführungen zu der Beschlussfassung im GBR kann entsprechend verwiesen werden (s. § 51 Rz. 9 f.).

Durch den Verweis auf die Generalklausel des § 51 V wird klargestellt, dass der KBR über die gleichen Rechte und Pflichten wie der BR verfügt (s. § 51 Rz. 11).

V. Streitigkeiten. Bei Streitigkeiten über die Geschäftsführung und innere Ordnung des KBR entscheidet das ArbG im Beschlussverfahren (§§ 2a, 80 ff. ArbGG). Örtlich zuständig ist das ArbG, in dessen Bezirk der Sitz des herrschenden Unternehmens liegt (§ 82 I 2 ArbGG).

59a *Teilnahme der Konzernschwerbehindertenvertretung*

Die Konzernschwerbehindertenvertretung (§ 97 Abs. 2 des Neunten Buches Sozialgesetzbuch) kann an allen Sitzungen des Konzernbetriebsrats beratend teilnehmen.

Entsprechend dem Teilnahmerecht der Schwerbehindertenvertretung an den Sitzungen des BR (§ 32) und dem Recht der Gesamtschwerbehindertenvertretung an den Sitzungen des GBR (§ 52) regelt § 59a das Recht der Konzernschwerbehindertenvertretung, an den Sitzungen des KBR teilzunehmen. Gem. § 97 II SGB IX wählen die Gesamtschwerbehindertenvertretungen eine Konzernschwerbehindertenvertretung, wenn für mehrere Unternehmen ein KBR errichtet ist.

Die Konzernschwerbehindertenvertretung ist **berechtigt, an allen Sitzungen des KBR** beratend **teilzunehmen**. Da die Vorschrift des § 59a dem Teilnahmerecht der Gesamtschwerbehindertenvertretung an den Sitzungen des GBR nachgebildet ist, kann im Hinblick auf das Teilnahmerecht der Konzernschwerbehindertenvertretung auf die entsprechend geltenden Ausführungen zu § 52 verwiesen werden.

Dritter Teil. Jugend- und Auszubildendenvertretung

Erster Abschnitt. Betriebliche Jugend- und Auszubildendenvertretung

60 *Errichtung und Aufgabe*

(1) In Betrieben mit in der Regel mindestens fünf Arbeitnehmern, die das 18. Lebensjahr noch nicht vollendet haben (jugendliche Arbeitnehmer) oder die zu ihrer Berufsausbildung beschäftigt sind und das 25. Lebensjahr noch nicht vollendet haben, werden Jugend- und Auszubildendenvertretungen gewählt.

---

1 Richardi/*Annuß*, § 59 Rz. 19. ||2 *Fitting*, § 59 Rz. 13; ErfK/*Koch*, § 59 BetrVG Rz. 3. ||3 ErfK/*Koch*, § 59 BetrVG Rz. 2; Hess ua./*Glock*, § 59 Rz. 24; aA *Fitting*, § 59 Rz. 19.

BetrVG § 60 Rz. 1   Errichtung und Aufgabe

(2) **Die Jugend- und Auszubildendenvertretung nimmt nach Maßgabe der folgenden Vorschriften die besonderen Belange der in Absatz 1 genannten Arbeitnehmer wahr.**

1   **I. Allgemeines.** Der dritte Teil des BetrVG ist der JAV gewidmet. Normzweck ist, dem benannten Personenkreis eine **zusätzliche betriebsverfassungsrechtl. Vertretung** zu geben, die ggü. dem BR die speziellen Interessen der jugendlichen und zu ihrer Berufsausbildung beschäftigten ArbN artikuliert[1]. Eine JAV ist zu wählen, wenn in einem Betrieb idR mindestens fünf ArbN beschäftigt werden, die das 18. LJ noch nicht vollendet haben oder die zu ihrer Berufsausbildung beschäftigt werden und das 25. LJ noch nicht vollendet haben (Abs. 1).

2   **1. Betrieb.** Betrieb iSv. Abs. 1 ist in demselben Sinne zu verstehen, wie er auch für die Bildung des BR zugrunde zu legen ist (zum Betriebsbegriff vgl. § 1 Rz. 8 ff.).

3   Besonderheiten gelten bei der **überbetrieblichen** und **außerbetrieblichen** Ausbildungsstätte: In reinen **Ausbildungsbetrieben** sind die zu ihrer Berufsausbildung dort Beschäftigten keine ArbN iSd. BetrVG, da ihre Ausbildung nicht im Rahmen der jeweiligen arbeitstechnischen Zwecksetzung eines Produktions- oder Dienstleistungsbetriebs erfolgt[2]. Eine Interessenvertretung kann daher dort nur nach § 51 BBiG errichtet werden[3]. Erfolgt die Berufsausbildung in **mehreren Betrieben eines Unternehmens**, so gelten die zu ihrer Berufsausbildung Beschäftigten als ArbN desjenigen Betriebs, in dem die für ihr Ausbildungsverhältnis wesentlichen und der Beteiligung des BR bzw. der JAV unterliegenden personellen und sozialen Entscheidungen zB über Begründung und Beendigung des Ausbildungsverhältnisses, Ausbildungsplan, Lage, Dauer, Folge und Inhalt der Ausbildungsabschnitte sowie Urlaub getroffen werden („**Stammbetrieb**")[4]. Erfolgt die Berufsausbildung durch **mehrere Unternehmen**, ist der Auszubildende grds. dem Betrieb desjenigen Unternehmens zuzurechnen, mit dem er den Ausbildungsvertrag geschlossen hat[5]. Überlässt ein Betriebsinhaber Dritten Einrichtungen (zB **Lehrwerkstatt**) zur Berufsausbildung, ohne dass die dortigen Auszubildenden seinem Weisungsrecht unterstellt sind, werden sie nicht zu Angehörigen seines Betriebs und sind damit nicht wahlberechtigt zu dessen JAV[6].

4   **2. Mindestgröße.** Dem Betrieb müssen idR (dazu § 1 Rz. 4) mindestens fünf ArbN angehören, die zu dem in Abs. 1 genannten Personenkreis gehören. Nach der Legaldefinition in Abs. 1 sind **jugendliche ArbN** solche ArbN (zum Begriff vgl. § 5 Rz. 2 ff.), die das 18. LJ noch nicht vollendet und deshalb wegen ihres Alters keine Wahlberechtigung zum BR (§ 7) haben. Ferner fallen unter den Geltungsbereich des Abs. 1 die zu ihrer **Berufsausbildung beschäftigten ArbN** (vgl. § 5 Rz. 17), die das 25. LJ noch nicht vollendet haben.

5   **3. Betriebsrat.** Voraussetzung für die Bildung einer JAV ist, dass in dem Betrieb ein BR besteht[7]. Da die JAV keine selbständige Funktion iSv. eigenständigen Mitbestimmungs- oder Beteiligungsrechten ggü. dem ArbGeb hat, sondern letztendlich darauf beschränkt ist, ihre Aufgaben über den BR zu erfüllen, bedarf es zwangsläufig eines solchen. Die Wahl einer JAV in einem Betrieb, in dem kein BR besteht, ist nichtig[8].

6   **II. Aufgaben (Abs. 2).** Liegen die Voraussetzungen für die Bildung einer JAV vor, ist diese zu errichten.

7   Nach Abs. 2 nimmt die JAV nach Maßgabe der weiteren Vorschriften die **besonderen Belange** der Jugendlichen und zu ihrer Berufsausbildung beschäftigten ArbN unter 25 Jahre wahr. Bestimmte allg. Aufgaben sind in § 70 I umschrieben. Zweck ist, die Angelegenheiten festzulegen, in denen eine Initiative der JAV erwartet wird, es also zu ihren **Amtspflichten** gehört, sich darum zu kümmern[9].

8   **III. Wegfall der Voraussetzungen.** Fallen die Voraussetzungen für die Errichtung einer JAV **nachträglich weg**, führt dies zur **Beendigung** der JAV[10]. Teilweise wird in der Lit. angenommen, ein nur kurzfristiger Wegfall des BR (etwa bei einer erfolgreichen Wahlanfechtung oder bei einer verzögerten Neuwahl des BR) würde nicht zum Wegfall einer bestehenden JAV führen[11]. Während einer Übergangszeit könne eine JAV **ohne BR** bestehen[12]. Diese Auffassung ist zweifelhaft: Ihre gesetzl. übertragene Funktion, als Hilfsorgan für den BR zu agieren, wird mit dem Wegfall des BR unmöglich, da die Interessen der jugendlichen ArbN und Auszubildenden nur über den BR wahrgenommen werden können[13].

9   **IV. Streitigkeiten** über die Bildung einer JAV sowie über ihre Zuständigkeit sind gem. §§ 2a I Nr. 1, II iVm. 80 ff. ArbGG von den ArbG im **Beschlussverfahren** zu entscheiden.

---

[1] *Fitting*, § 60 Rz. 5; Richardi/*Annuß*, § 60 Rz. 13. ||[2] Vgl. BAG 24.8.2004 – 1 ABR 28/03, NZA 2005, 371; 13.8.2008 – 7 AZR 450/07, AP Nr. 51 zu § 78a BetrVG 1972. ||[3] *Fitting*, § 60 Rz. 17. Die erforderliche VO nach § 52 BBiG ist – soweit ersichtlich – noch nicht erlassen. ||[4] BAG 13.3.1991 – 7 ABR 89/89, AP Nr. 2 zu § 60 BetrVG 1972; *Fitting*, § 60 Rz. 16; DKKW/*Trittin*, § 60 Rz. 21. ||[5] *Fitting*, § 60 Rz. 19 mwN. ||[6] BAG 4.4.1990 – 7 ABR 91/89, AP Nr. 1 zu § 60 BetrVG 1972. ||[7] *Fitting*, § 60 Rz. 22; GK-BetrVG/*Oetker*, § 60 Rz. 38 ff.; aA DKKW/*Trittin*, § 60 Rz. 27. ||[8] *Fitting*, § 60 Rz. 22. ||[9] Richardi/*Annuß*, § 60 Rz. 12. ||[10] GK-BetrVG/*Oetker*, § 60 Rz. 42. ||[11] *Fitting*, § 60 Rz. 23. ||[12] Vgl. GK-BetrVG/*Oetker*, § 60 Rz. 43 f. ||[13] GK-BetrVG/*Oetker*, § 60 Rz. 44; aA DKKW/*Trittin*, § 60 Rz. 30.

61 Wahlberechtigung und Wählbarkeit

(1) **Wahlberechtigt sind alle in § 60 Abs. 1 genannten Arbeitnehmer des Betriebs.**

(2) **Wählbar sind alle Arbeitnehmer des Betriebs, die das 25. Lebensjahr noch nicht vollendet haben; § 8 Abs. 1 Satz 3 findet Anwendung. Mitglieder des Betriebsrats können nicht zu Jugend- und Auszubildendenvertretern gewählt werden.**

I. Vorbemerkung. Abs. 1 regelt das **aktive**, Abs. 2 das **passive Wahlrecht** zur JAV. Der Betriebsbegriff entspricht dem in § 1 (vgl. § 1 Rz. 8 sowie § 60 Rz. 2 f.).

II. Aktives Wahlrecht (Abs. 1). Nach Abs. 1 sind **wahlberechtigt** neben den zu ihrer Berufsausbildung beschäftigten unter 25-Jährigen alle ArbN, die wegen fehlender Volljährigkeit noch nicht zum BR wahlberechtigt sind. Maßgebend ist das **Alter** am Wahltag. Erstreckt sich die Wahl über mehrere Tage, ist maßgebend das Alter am letzten Wahltag. Die zu ihrer Berufsausbildung beschäftigten ArbN, die das 25. LJ noch nicht vollendet haben, aber älter sind als 18 Jahre, verfügen über ein **Doppelwahlrecht:** Einerseits haben sie eine Wahlberechtigung zur JAV, andererseits zählen sie zu den ArbN iSd. BetrVG (§ 5 I) und sind daher auch bei der Wahl zum BR wahlberechtigt (§ 7 S. 1)[1]. Weitere Voraussetzung für die Ausübung des Wahlrechts ist die **Eintragung in die Wählerliste** (§§ 38 S. 1, 30, 2 III 1 WO)[2].

III. Passives Wahlrecht (Abs. 2). 1. Wählbare Arbeitnehmer. Passiv wahlberechtigt (wählbar) sind alle ArbN des Betriebs, die das 25. LJ noch nicht vollendet haben. Die Wählbarkeit ist, wie sich aus Abs. 2 S. 1 Hs. 1 ergibt, nicht auf den Kreis der wahlberechtigten ArbN zur JAV beschränkt. Vielmehr sind auch ArbN des Betriebs, die über 18 Jahre alt sind und nicht zu ihrer Berufsausbildung beschäftigt werden, wählbar, sofern sie das 25. LJ noch nicht vollendet haben[3]. Maßgebender **Stichtag** für die festgelegte Höchstaltersgrenze ist nicht der Tag der Wahl der JAV, sondern der Tag des **Beginns der Amtszeit** (vgl. § 64 Rz. 3 ff.) der JAV. Dies folgt aus § 64 III[4].

2. Keine doppelte Wählbarkeit. Abs. 2 S. 2 stellt ausdrücklich klar, dass Mitglieder des BR nicht zu Jugend- und Auszubildendenvertretern gewählt werden können. Wählbar sind aber **Ersatzmitglieder** des BR, so lange sie nicht nachgerückt sind[5]. Wenn ein Ersatzmitglied vorübergehend oder dauerhaft in den BR nachrückt, scheidet es nach § 65 I iVm. § 24 Nr. 4 **endgültig** aus der JAV aus und tritt nach Beendigung der Vertretung nicht wieder ein. Wegen Abs. 2 S. 2 können Mitglieder der JAV für den BR kandidieren. Werden sie gewählt und nehmen sie die Wahl an, scheiden sie aus der JAV aus (§ 65 I iVm. §§ 24 Nr. 4, 61 II 2)[6].

3. Strafgerichtliche Verurteilung. Die Wählbarkeit ist ebenso wie die zum BR infolge strafgerichtl. Verurteilung ausgeschlossen (Abs. 2 S. 1 Hs. 2 iVm. § 8 I 3, vgl. im Einzelnen § 8 Rz. 9).

IV. Streitigkeiten. Über die Wahlberechtigung oder Wählbarkeit hat zunächst der Wahlvorstand einen Beschluss zu fassen (vgl. § 4 WO). Streitigkeiten sind ebenso wie bei der BR-Wahl im arbeitsgerichtl. **Beschlussverfahren** zu entscheiden (§§ 2a I Nr. 1, II iVm. 80 ff. ArbGG).

62 Zahl der Jugend- und Auszubildendenvertreter, Zusammensetzung der Jugend- und Auszubildendenvertretung

(1) **Die Jugend- und Auszubildendenvertretung besteht in Betrieben mit in der Regel**

5 bis 20 der in § 60 Abs. 1 genannten Arbeitnehmer aus einer Person,

21 bis 50 der in § 60 Abs. 1 genannten Arbeitnehmer aus 3 Mitgliedern,

51 bis 150 der in § 60 Abs. 1 genannten Arbeitnehmer aus 5 Mitgliedern,

151 bis 300 der in § 60 Abs. 1 genannten Arbeitnehmer aus 7 Mitgliedern,

301 bis 500 der in § 60 Abs. 1 genannten Arbeitnehmer aus 9 Mitgliedern,

501 bis 700 der in § 60 Abs. 1 genannten Arbeitnehmer aus 11 Mitgliedern,

701 bis 1000 der in § 60 Abs. 1 genannten Arbeitnehmer aus 13 Mitgliedern,

mehr als 1000 der in § 60 Abs. 1 genannten Arbeitnehmer aus 15 Mitgliedern.

(2) **Die Jugend- und Auszubildendenvertretung soll sich möglichst aus Vertretern der verschiedenen Beschäftigungsarten und Ausbildungsberufe der im Betrieb tätigen in § 60 Abs. 1 genannten Arbeitnehmer zusammensetzen.**

(3) **Das Geschlecht, das unter den in § 60 Abs. 1 genannten Arbeitnehmern in der Minderheit ist, muss mindestens entsprechend seinem zahlenmäßigen Verhältnis in der Jugend- und Auszubildendenvertretung vertreten sein, wenn diese aus mindestens drei Mitgliedern besteht.**

I. Mitgliederzahl (Abs. 1). Der Wahlvorstand legt die Zahl der Beschäftigten anhand des § 60 I fest. Zu berücksichtigen sind allein ArbN des Betriebs unter 18 Jahre und zur Berufsausbildung Beschäftigte

---

[1] Fitting, § 61 Rz. 6.   [2] DKKW/Trittin, § 61 Rz. 4.   [3] Fitting, § 61 Rz. 10.   [4] Fitting, § 61 Rz. 11; DKKW/Trittin, § 61 Rz. 12.   [5] GK-BetrVG/Oetker, § 61 Rz. 38; Fitting, § 61 Rz. 14.   [6] DKKW/Trittin, § 61 Rz. 17.

unter 25 Jahre. Es gilt der **Betriebsbegriff** des § 1. Für die Feststellung der Zahl der „**in der Regel**" Beschäftigten ist auf den Tag des Wahlausschreibens abzustellen[1]. Entscheidend ist die für den Betrieb im Allg. kennzeichnende Anzahl der ArbN nach § 60 I. Abweichungen von der Staffel des Abs. 1 können sich in analoger Anwendung des § 11 ergeben, wenn sich der Wahl weniger Kandidaten stellen als die JAV nach dem Gesetz Mitglieder hat. In einem solchen Fall ist für die JAV die nächstniedrigere Stufe der Staffel maßgebend[2]. Daraus folgt, dass es immer bei einer **ungeraden Zahl** von Mitgliedern der JAV bleibt[3].

2 **II. Allgemeine Zusammensetzung (Abs. 2).** Wie nach § 15 I für den BR wird für die JAV gefordert, dass sie sich möglichst aus Vertretern der verschiedenen **Beschäftigungsarten** und **Ausbildungsberufe** zusammensetzen soll. Zweck der **Sollvorschrift** ist es, die JAV zu befähigen, ihre Arbeit möglichst sachkundig unter Berücksichtigung der im Betrieb ausgeübten Beschäftigungsarten und Ausbildungsberufe durchzuführen. Eine Nichtbeachtung von Abs. 2 hat keinen Einfluss auf die Gültigkeit der Wahl und begründet insb. nicht ihre Anfechtbarkeit[4].

3 **III. Geschlechterschutz (Abs. 3).** Eine zwingende **Geschlechterquote** für die Besetzung der JAV gilt dann, wenn die JAV aus **mindestens drei Mitgliedern** besteht. Die Durchführung der Wahl unter Berücksichtigung der Geschlechterquote folgt den Regelungen der BR-Wahl (vgl. § 15 Rz. 3 ff.)[5]. Verstöße können zur **Anfechtung** der Wahl zur JAV führen[6].

4 **IV. Beendigung des Amts.** Eine **erhebliche Veränderung** der Zahl der in § 60 I genannten ArbN nach der Wahl zur JAV führt nicht zur Änderung der Zahl der Jugend- und Auszubildendenvertreter. Im Unterschied zu § 13 II Nr. 1 erfolgt keine Neuwahl, da § 64 I 2 nur auf § 13 II Nr. 2–6, nicht hingegen auf Nr. 1 verweist[7]. Dies hat seinen Grund darin, dass die **Amtszeit** der JAV nur zwei Jahre beträgt (vgl. § 64 IV 1)[8]. Sinkt die Zahl der ArbN nach § 60 I **auf Dauer unter fünf**, verlieren die Jugend- und Auszubildendenvertreter ihr Amt[9]. Zu einer **vorzeitigen Neuwahl** der JAV kann es dann kommen, wenn die Gesamtzahl der Jugend- und Auszubildendenvertreter nach Eintreten sämtlicher Ersatzmitglieder unter die vorgeschriebene Zahl der Mitglieder gesunken ist (§§ 64 II 5 iVm. 13 II Nr. 2). In diesem Fall bestimmt sich die Größe der JAV nach der Zahl der bei Erlass des Wahlausschreibens zu dieser Wahl idR beschäftigten ArbN iSv. § 60 I, nicht nach der Zahl der ArbN bei der Wahl der JAV, deren Amtszeit vorzeitig endete[10]. Verstöße gegen Abs. 1 (bspw. die **irrtümliche** Festlegung der Zahl der zu wählenden Jugend- und Auszubildendenvertreter durch den Wahlvorstand) führen zur **Anfechtbarkeit** der JAV-Wahl nach § 63 II 2 iVm. § 19[11]. Erfolgt jedoch **keine fristgerechte Anfechtung**, verbleibt es für die Dauer der Wahlperiode bei der fehlerhaften Zusammensetzung der JAV[12].

5 **V. Streitigkeiten.** Der Wahlvorstand legt die Zahl der zu wählenden Jugend- und Auszubildendenvertreter fest. Über hierbei auftretende Meinungsverschiedenheiten hat das ArbG im **Beschlussverfahren** zu entscheiden (§§ 2a I Nr. 1, II iVm. 80 ff. ArbGG). Kommt es wegen Verstößen gegen § 62 durch den Wahlvorstand zu einer Anfechtung der Wahl zur JAV (§§ 63 II 2 iVm. 19), ist auch der BR Beteiligter, weil die JAV selbst nicht allein prozessual handlungsfähig ist[13].

63 *Wahlvorschriften*

(1) Die Jugend- und Auszubildendenvertretung wird in geheimer und unmittelbarer Wahl gewählt.

(2) Spätestens acht Wochen vor Ablauf der Amtszeit der Jugend- und Auszubildendenvertretung bestellt der Betriebsrat den Wahlvorstand und seinen Vorsitzenden. Für die Wahl der Jugend- und Auszubildendenvertreter gelten § 14 Abs. 2 bis 5, § 16 Abs. 1 Satz 4 bis 6, § 18 Abs. 1 Satz 1 und Abs. 3 sowie die §§ 19 und 20 entsprechend.

(3) Bestellt der Betriebsrat den Wahlvorstand nicht oder nicht spätestens sechs Wochen vor Ablauf der Amtszeit der Jugend- und Auszubildendenvertretung oder kommt der Wahlvorstand seiner Verpflichtung nach § 18 Abs. 1 Satz 1 nicht nach, so gelten § 16 Abs. 2 Satz 1 und 2, Abs. 3 Satz 1 und § 18 Abs. 1 Satz 2 entsprechend; der Antrag beim Arbeitsgericht kann auch von jugendlichen Arbeitnehmern gestellt werden.

(4) In Betrieben mit in der Regel fünf bis fünfzig der in § 60 Abs. 1 genannten Arbeitnehmer gilt auch § 14a entsprechend. Die Frist zur Bestellung des Wahlvorstands wird im Fall des Absatzes 2 Satz 1 auf vier Wochen und im Fall des Absatzes 3 Satz 1 auf drei Wochen verkürzt.

---

1 Vgl. BAG 22.11.1984 – 6 ABR 9/84, AP Nr. 1 zu § 64 BetrVG 1972. ||2 DKKW/*Trittin*, § 62 Rz. 4. ||3 GK-BetrVG/*Oetker*, § 62 Rz. 18. ||4 *Fitting*, § 62 Rz. 8; DKKW/*Trittin*, § 62 Rz. 9, 11. ||5 Zur Kritik wegen der praktischen Umsetzung sowie den verfassungsrechtl. Bedenken vgl. *Schiefer/Korte*, NZA 2002, 57 (60); *Schiefer/Korte*, NZA 2002, 113 (115f.). ||6 GK-BetrVG/*Oetker*, § 62 Rz. 33. ||7 DKKW/*Trittin*, § 62 Rz. 8; *Fitting*, § 62 Rz. 7. ||8 Vgl. BAG 22.11.1984 – 6 ABR 9/84, AP Nr. 1 zu § 64 BetrVG 1972. ||9 DKKW/*Trittin*, § 60 Rz. 34; *Fitting*, § 60 Rz. 13. ||10 Vgl. BAG 22.11.1984 – 6 ABR 9/84, AP Nr. 1 zu § 64 BetrVG 1972. ||11 Vgl. BAG 14.1.1972 – 1 ABR 6/71, AP Nr. 2 zu § 20 BetrVG Jugendvertreter. ||12 Vgl. BAG 14.1.1972 – 1 ABR 6/71, AP Nr. 2 zu § 20 BetrVG Jugendvertreter. ||13 Vgl. BAG 20.2.1986 – 6 ABR 25/85, AP Nr. 1 zu § 63 BetrVG 1972.

(5) In Betrieben mit in der Regel 51 bis 100 der in § 60 Abs. 1 genannten Arbeitnehmer gilt § 14a Abs. 5 entsprechend.

I. Allgemeines. 1. Wahlgrundsätze (Abs. 1). Für die Wahl der JAV gelten nach Abs. 1 die allg. Wahlgrundsätze der Wahl des BR (vgl. § 14 Rz. 1 ff.).

Gewählt werden kann nur, wer auf einem **Wahlvorschlag** benannt ist. Abs. 2 verweist insoweit auf die Bestimmungen bei der BR-Wahl (§ 14 II bis V).

2. Wahlanfechtung und Wahlnichtigkeit. a) Wahlanfechtung. Die Wahl der JAV kann unter den gleichen Voraussetzungen wie die BR-Wahl angefochten werden (Abs. 2 S. 2 iVm. § 19, vgl. zur Wahlanfechtung § 19 Rz. 4 ff.). **Anfechtungsberechtigt** sind neben dem ArbGeb und den im Betrieb vertretenen Gewerkschaften **nur** ArbN nach § 60 I, da aus dem Verweis auf § 19 folgt, dass es sich um **Wahlberechtigte** handeln muss.

b) Wahlnichtigkeit. Ebenso wie die BR-Wahl kann die Wahl der JAV nichtig sein, wenn gegen allg. Grundsätze einer jeden Wahl in so hohem Maße verstoßen worden ist, dass auch der Anschein einer dem Gesetz entsprechenden Wahl nicht mehr vorliegt (vgl. zur Nichtigkeit § 19 Rz. 23 ff.).

3. Wahlkosten. Die Kosten der Wahl inkl. der Pflicht, das Arbeitsentgelt weiterzuzahlen, das auf Grund der Versäumnis von Arbeitszeit entsteht, die zur Ausübung des Wahlrechts erforderlich ist, trägt nach Abs. 2 S. 2 iVm. § 20 III 1 der ArbGeb.

4. Wahlschutz. Die Wahl der JAV ist in gleicher Weise wie die BR-Wahl durch das Verbot der Behinderung und der unzulässigen Beeinflussung (Abs. 2 S. 2 iVm. § 20 I u. II) geschützt (vgl. zum Wahlschutz § 20 Rz. 2 ff.). Wahlbewerber und Wahlvorstände unterfallen dem besonderen **Kündigungsschutz** des § 15 III KSchG. Eine außerordentl. Kündigung von Wahlbewerbern und Wahlvorständen während des Wahlverfahrens bedürfte der Zustimmung des BR nach § 103[1]. **§ 78a** findet keine Anwendung, da **Wahlvorstände** und **(erfolglose) Wahlbewerber** nicht zu dem dort genannten besonders geschützten Personenkreis gehören.

II. Bestellung des Wahlvorstands. Die **Aufgaben** des Wahlvorstands entsprechen denen des Wahlvorstands der BR-Wahl (Abs. 2 iVm. § 18; vgl. im Einzelnen § 18 Rz. 2 ff.).

1. Bestellung durch den Betriebsrat. Der Regelfall ist die Bestellung des Wahlvorstands durch den BR. Dieser bestellt den Wahlvorstand und seinen Vorsitzenden spätestens acht Wochen vor Ablauf der Amtszeit der JAV (Abs. 2 S. 1). Das **Ende der ordentl. Amtszeit** der JAV bestimmt sich nach § 64 II 3. Endet das Amt der JAV vorzeitig und muss eine neue JAV gewählt werden, so hat der BR **unverzüglich** einen Wahlvorstand zu bestellen. Kommt der BR dieser Verpflichtung nicht nach, so liegt eine grobe Amtspflichtverletzung vor, die nach § 23 I zur Auflösung des BR berechtigt[2]. Die **Anzahl der Mitglieder** des Wahlvorstands liegt im pflichtgemäßen Ermessen des BR. Jedoch muss es sich um eine ungerade Anzahl und um mindestens drei Mitglieder handeln. Jede im Betrieb vertretene Gewerkschaft kann zusätzlich einen dem Betrieb angehörigen Beauftragten als nicht stimmberechtigtes Mitglied in den Wahlvorstand entsenden, sofern ihr nicht ein stimmberechtigtes Wahlvorstandsmitglied angehört (Abs. 2 S. 2 iVm. § 16 I 6). Ein Mitglied muss nach § 38 S. 2 WO iVm. § 8 das passive Wahlrecht zum BR besitzen. Das bedeutet, dass die mindestens sechsmonatige Betriebszugehörigkeit Voraussetzung ist[3]. Der BR kann ArbN iSv. § 60 I oder sonstige ArbN zu Mitgliedern des Wahlvorstands bestellen[4]. Der BR kann für jedes Mitglied des Wahlvorstands ein **Ersatzmitglied** bestellen[5]. Dem Wahlvorstand sollen Frauen und Männer angehören (Abs. 2 S. 2 iVm. § 16 I 5). Der BR hat einen **Vorsitzenden** des Wahlvorstands zu bestellen. Wenn er dies nicht tut, wählt ihn der Wahlvorstand mit Stimmenmehrheit aus seiner Mitte[6].

2. Ersatzbestellung durch das Arbeitsgericht. Bestellt der BR den Wahlvorstand nicht oder nicht spätestens sechs Wochen vor Ablauf der Amtszeit der JAV oder kommt der Wahlvorstand seinen Pflichten nicht nach, so gilt gem. Abs. 3 § 16 II 1 und 2, dh., dass **gerichtlich** ein Wahlvorstand bestellt werden kann. Es gelten im Wesentlichen die Grundsätze, die auch bei der BR-Wahl gelten (vgl. § 16 Rz. 10 ff.). Das bedeutet:

a) Bestehen eines Betriebsrats. Da Voraussetzung für die Bildung einer JAV das Bestehen eines BR ist (vgl. § 60 Rz. 5), ist Voraussetzung für einen Antrag auf gerichtl. Bestellung eines Wahlvorstands, dass ein BR in dem Betrieb vorhanden ist.

b) Antragsberechtigung. Das ArbG wird nicht von Amts wegen tätig, sondern es bedarf eines Antrags. Antragsberechtigt sind neben den im Betrieb vertretenen Gewerkschaften[7] oder mindestens drei zum BR wahlberechtigten ArbN auch jugendliche ArbN (Abs. 3 Hs. 2)[8]. Antragsberechtigt ist auch die GesamtJAV oder, falls eine solche nicht besteht, die KonzernJAV (Abs. 3 iVm. § 16 III).

---

1 *Fitting*, § 63 Rz. 17. ||2 *Fitting*, § 63 Rz. 19; GK-BetrVG/*Oetker*, § 63 Rz. 9. ||3 GK-BetrVG/*Oetker*, § 63 Rz. 24. ||4 *Fitting*, § 63 Rz. 18; DKKW/*Trittin*, § 63 Rz. 15. ||5 Richardi/*Annuß*, § 63 Rz. 8. ||6 DKKW/*Trittin*, § 63 Rz. 17; *Fitting*, § 63 Rz. 22. ||7 Vgl. hierzu BAG 10.11.2004 – 7 ABR 19/04, AP Nr. 7 zu § 17 BetrVG 1972. ||8 Richardi/*Annuß*, § 63 Rz. 12; *Fitting*, § 63 Rz. 27; aA GK-BetrVG/*Oetker*, § 63 Rz. 31.

12 c) **Vorschlagsrecht.** Die Antragsteller können nach Abs. 3 iVm. § 16 II 2 **Vorschläge** für die Zusammensetzung des Wahlvorstands unterbreiten, die allerdings das ArbG nicht binden[1]. Das ArbG ist vielmehr ebenso wie der BR in der Auswahl der zu bestellenden Personen frei und kann jeden wahlberechtigten ArbN des Betriebs bestellen.

13 d) **Maßgebende Pflichtverletzungen.** Maßgebende Pflichtverletzungen, die zur Antragsberechtigung führen, sind entweder die Nichtbestellung des Wahlvorstands durch den BR oder die nicht rechtzeitige Bestellung des Wahlvorstands durch den BR bis spätestens sechs Wochen vor Ablauf der Amtszeit der JAV. Bei einer vorzeitigen Neuwahl der JAV ist die Bestellung des Wahlvorstands nicht rechtzeitig, wenn sie nicht innerhalb von 14 Tagen nach dem Ereignis erfolgt, welches die Neuwahl bedingt[2]. Maßgebende Pflichtverletzung ist darüber hinaus, dass der Wahlvorstand durch Untätigkeit gegen seine Pflichten verstößt. Hier können Antragsberechtigte nach Abs. 3 seine **Ersetzung** durch das ArbG beantragen, allerdings nicht durch gerichtl. Entscheidung die Durchführung der Wahl erzwingen.

14 e) **Formulierung.** Ein **Antrag** auf gerichtl. Bestellung eines Wahlvorstands könnte wie folgt formuliert werden[3]:

● **Formulierungsvorschlag:**
Zur Durchführung einer Wahl einer JAV wird im Betrieb… der Antragsgegnerin ein Wahlvorstand bestellt, der aus

1. Herrn … (Privatadresse) als Vorsitzendem,
2. Frau … (Privatadresse) und
3. Herrn … (Privatadresse) als Beisitzer besteht.

15 3. **Ersatzbestellung durch Gesamt- oder Konzernbetriebsrat.** Bestellt der BR den Wahlvorstand nicht oder nicht spätestens sechs Wochen vor Ablauf der Amtszeit der JAV, geht die Befugnis zur Bestellung gem. Abs. 3 iVm. § 16 III 1 auf den GBR oder, wo ein solcher nicht besteht, auf den KBR über[4].

16 4. **Vereinfachte Bestellung.** Zur Wahl des BR gibt es in § 14a ein vereinfachtes Wahlverfahren (vgl. § 14a Rz. 1 ff.), das über Abs. 4 S. 1 auch für die Wahl zur JAV entsprechend anzuwenden ist. Für die Bestellung des Wahlvorstands zur Wahl einer JAV ergeben sich daraus folgende Besonderheiten:

17 a) **Bestehen eines Betriebsrats.** Aus dem Zusammenhang von Abs. 4 S. 1 und 2 wird deutlich, dass in Kleinbetrieben, dh. solchen, in denen idR fünf bis fünfzig wahlberechtigte ArbN beschäftigt werden und in denen das vereinfachte Wahlverfahren nach § 14a möglich ist, lediglich die Fristen der Abs. 2 und 3 zur Bestellung des Wahlvorstands durch den BR bzw. zur Möglichkeit der gerichtl. Bestellung eines Wahlvorstands verkürzt werden und dass die **eigentliche JAV-Wahl** durch den Wahlvorstand vereinfacht durchgeführt werden kann[5]. Letztendlich ergibt sich dies aus der Wahlordnung selbst: § 40 WO regelt die Wahl der JAV im vereinfachten Wahlverfahren. Für das Wahlverfahren verweist § 40 I 2 WO auf § 36 WO. § 36 I WO setzt **nach der Bestellung des Wahlvorstands** insb. durch den BR an (Wahl des BR im einstufigen Verfahren nach § 14a III). An einem Verweis auf die §§ 28 ff. WO (Wahl des BR im zweistufigen Verfahren nach § 14a I) fehlt es, so dass es dabei bleibt, dass eine Wahl der JAV ohne BR nicht möglich ist. Daraus folgt: In Kleinbetrieben findet das vereinfachte Wahlverfahren zur Bildung einer JAV nur insoweit Anwendung, als ein BR besteht.

18 b) **Betriebsgröße.** Voraussetzung für die Anwendung des vereinfachten Wahlverfahrens ist, dass in dem Betrieb idR fünf bis fünfzig der in § 60 I genannten ArbN beschäftigt werden (Abs. 4 S. 1).

19 c) **Verkürzung der Fristen.** Für den Fall der Anwendung des vereinfachten Wahlverfahrens verkürzen sich die Fristen, innerhalb derer der Wahlvorstand durch den BR zu bestellen bzw. der Wahlvorstand gerichtl. einzusetzen oder zu ersetzen ist (Abs. 4 S. 2): Der BR hat spätestens **vier Wochen** vor Ablauf der Amtszeit der JAV den Wahlvorstand und seinen Vorsitzenden zu bestellen.

20 d) **Vereinbarung vereinfachtes Wahlverfahren.** Nach Abs. 5 iVm. § 14a V können **Wahlvorstand** und **ArbGeb** in Betrieben mit idR 51 bis 100 der in § 60 I genannten ArbN die Anwendung des vereinfachten Wahlverfahrens nach § 14a vereinbaren (vgl. zur Vereinbarung des vereinfachten Wahlverfahrens § 14a Rz. 19).

21 III. **Streitigkeiten im Zusammenhang mit der Wahl** sowie der Bestellung und der Zuständigkeit des Wahlvorstands sind von den ArbG im Beschlussverfahren zu entscheiden (§§ 2a I Nr. 1, II iVm. 80 ff. ArbGG).

64 *Zeitpunkt der Wahlen und Amtszeit*

(1) Die regelmäßigen Wahlen der Jugend- und Auszubildendenvertretung finden alle zwei Jahre in der Zeit vom 1. Oktober bis 30. November statt. Für die Wahl der Jugend- und Auszubildendenvertretung außerhalb dieser Zeit gilt § 13 Abs. 2 Nr. 2 bis 6 und Abs. 3 entsprechend.

---

[1] *Fitting*, § 63 Rz. 27. ||[2] DKKW/*Trittin*, § 63 Rz. 22; *Fitting*, § 63 Rz. 25. ||[3] Bauer/Lingemann/Diller/Haußmann/*Diller*, M 30.1. ||[4] DKKW/*Trittin*, § 63 Rz. 16. ||[5] *Fitting*, § 63 Rz. 29; DKKW/*Trittin*, § 63 Rz. 31.

(2) **Die regelmäßige Amtszeit der Jugend- und Auszubildendenvertretung beträgt zwei Jahre. Die Amtszeit beginnt mit der Bekanntgabe des Wahlergebnisses oder, wenn zu diesem Zeitpunkt noch eine Jugend- und Auszubildendenvertretung besteht, mit Ablauf von deren Amtszeit. Die Amtszeit endet spätestens am 30. November des Jahres, in dem nach Absatz 1 Satz 1 die regelmäßigen Wahlen stattfinden. In dem Fall des § 13 Abs. 3 Satz 2 endet die Amtszeit spätestens am 30. November des Jahres, in dem die Jugend- und Auszubildendenvertretung neu zu wählen ist. In dem Fall des § 13 Abs. 2 Nr. 2 endet die Amtszeit mit der Bekanntgabe des Wahlergebnisses der neu gewählten Jugend- und Auszubildendenvertretung.**

(3) **Ein Mitglied der Jugend- und Auszubildendenvertretung, das im Laufe der Amtszeit das 25. Lebensjahr vollendet, bleibt bis zum Ende der Amtszeit Mitglied der Jugend- und Auszubildendenvertretung.**

I. Regelmäßige Wahlen. Während die regelmäßigen BR-Wahlen alle vier Jahre in der Zeit vom 1. März bis 31. Mai stattfinden (§ 13 I 1), gibt es für die Wahl zur JAV einen festen **regelmäßigen Wahlzeitraum**, der sich auf den Wahltag bezieht, welcher in der Zeit zwischen 1. Oktober bis 30. November liegen muss[1]. Die im Verhältnis zur BR-Wahl um die Hälfte auf zwei Jahre verkürzte Amtszeit (Abs. 1 S. 1) hat den Zweck, den zu einer JAV wahlberechtigten ArbN zumindest einmal die reale Möglichkeit der Wahlrechtsausübung zu geben, bevor die Voraussetzungen für ihr Wahlrecht infolge Erreichens der Altersgrenze entfallen[2]. Der Zeitraum im Herbst hat zum einen den Zweck, dass der neu gewählte BR die Wahl der JAV einleiten kann[3], zum anderen soll neu eintretenden jugendlichen ArbN oder zur Berufsausbildung Beschäftigten eine möglichst frühe Teilnahme an den Wahlen zur JAV ermöglicht werden. Da die Schulentlassungen regelmäßig in den Sommer fallen, ist dies bei einer Wahl zur JAV im Herbst möglich[4]. Die **turnusmäßigen Wahlen** zur JAV fanden erstmals im Jahre 1988 und danach folgend regelmäßig alle zwei Jahre statt (§ 125 II). Die nächsten Wahltage liegen daher zwischen dem 1.10. und 30.11.2014 und dem 1.10. und 30.11.2016. Die Wahl muss so fristgerecht eingeleitet werden, dass sie in dem Zeitraum vom 1. Oktober bis 30. November auch **tatsächlich** durchgeführt werden kann.

II. Außerordentliche Wahlen. Außerhalb des für die JAV maßgebenden **Wahlzeitraums** finden außerordentl. Wahlen unter denselben Voraussetzungen statt, unter denen der BR außerhalb des regelmäßigen Wahlzeitraums gewählt werden kann (Abs. 1 S. 2 iVm. § 13 II, vgl. zu außerordentl. Wahlen im Einzelnen § 13 Rz. 7 ff.). Wegen der im Vergleich zum BR kürzeren Amtszeit der JAV gilt eine Ausnahme nur insofern, als eine wesentliche Veränderung der Zahl der im Betrieb beschäftigten ArbN iSv. § 60 I keine **Neuwahl** auslöst (Abs. 1 erklärt insoweit § 13 I Nr. 1 nicht für entsprechend anwendbar). Eine ohne diese Voraussetzungen durchgeführte außerordentl. Wahl der JAV ist **nichtig**[5]. Für den Fall einer außerordentl. Wahl der JAV sichert Abs. 1 S. 2 iVm. § 13 III die Rückkehr zum regelmäßigen Wahlzeitraum: Die Wahl findet im **nächstfolgenden regelmäßigen Wahlzeitraum** statt, sofern die JAV zu Beginn dieses Zeitraums ein Jahr oder länger im Amt ist, ansonsten findet die Wahl erst im **übernächsten regelmäßigen Wahlzeitraum** statt.

III. Amtszeit (Abs. 2). Bei der Amtszeit der JAV ist zu differenzieren:

1. Regelmäßige Wahlen. Die zweijährige Amtszeit beginnt nach Abs. 2 S. 2 mit der Bekanntgabe des Wahlergebnisses oder, wenn zu diesem Zeitpunkt noch eine JAV besteht, mit Ablauf von deren Amtszeit. Die Amtszeit endet spätestens am 30. November des Jahres, in dem nach Abs. 1 S. 1 die regelmäßigen Wahlen stattfinden.

2. Außerordentliche Wahlen. Finden die Wahlen zur JAV außerordentl. statt, erfolgt eine Wiedereinordnung in den einheitlichen Wahlzeitraum durch eine Verlängerung oder Verkürzung der Amtszeit der JAV (Abs. 1 S. 2 iVm. § 13 III; vgl. Rz. 2).

3. Rücktritt der Jugend- und Auszubildendenvertretung. Ein **Sonderfall** ist der Rücktritt der JAV: Für den BR gilt insoweit, dass er im Falle des Rücktritts die Geschäfte weiterzuführen hat, bis der neue BR gewählt und das Wahlergebnis bekannt gegeben ist (§ 22). Da § 22 in Abs. 2 nicht erwähnt ist, kommt eine entsprechende Anwendung und damit eine **kommissarische Weiterführung** der Geschäfte durch die zurückgetretene JAV nicht in Betracht[6].

IV. Vollendung des 25. Lebensjahrs (Abs. 3). Zur JAV ist nur wählbar, wer das 25. LJ noch nicht vollendet hat (§ 61 II). Die Wählbarkeit muss **vor Beginn der Amtszeit** des Mitglieds der JAV gegeben sein (vgl. § 61 Rz. 3). Im Interesse der Kontinuität der Arbeit der JAV bestimmt Abs. 3 daher, dass ein Mitglied der JAV, das im Laufe der Amtszeit das 25. LJ vollendet, bis zum Ende der Amtszeit Mitglied der JAV bleibt.

V. Streitigkeiten über den Zeitpunkt der Wahlen zur JAV, über die Amtszeit der JAV oder über vorzeitige Neuwahlen entscheidet das ArbG im Beschlussverfahren gem. §§ 2a I Nr. 1, II iVm. 80 ff. ArbGG.

---

1 *Fitting*, § 64 Rz. 6; DKKW/*Trittin*, § 64 Rz. 4. ‖ 2 MünchArbR/*Joost*, § 228 Rz. 86. ‖ 3 GK-BetrVG/*Oetker*, § 64 Rz. 6. ‖ 4 DKKW/*Trittin*, § 64 Rz. 3. ‖ 5 DKKW/*Trittin*, § 64 Rz. 5 iVm. § 13 Rz. 6. ‖ 6 GK-BetrVG/*Oetker*, § 64 Rz. 21; Richardi/*Annuß*, § 64 Rz. 22; aA DKKW/*Trittin*, § 64 Rz. 10.

65 Geschäftsführung

(1) Für die Jugend- und Auszubildendenvertretung gelten § 23 Abs. 1, die §§ 24, 25, 26, 28 Abs. 1 Satz 1 und 2, die §§ 30, 31, 33 Abs. 1 und 2 sowie die §§ 34, 36, 37, 40 und 41 entsprechend.

(2) **Die Jugend- und Auszubildendenvertretung kann nach Verständigung des Betriebsrats Sitzungen abhalten; § 29 gilt entsprechend. An diesen Sitzungen kann der Betriebsratsvorsitzende oder ein beauftragtes Betriebsratsmitglied teilnehmen.**

1   **I. Vorbemerkung.** Die **Geschäftsführung** der JAV ist nach Abs. 1 weitgehend in Anlehnung an die des BR geregelt. Ferner hat die JAV ausdrücklich das Recht, eigene Sitzungen abzuhalten.

2   **II. Entsprechend anwendbare Vorschriften (Abs. 1).** Für die Organisation und Geschäftsführung der JAV verweist Abs. 1 auf eine Reihe der für den BR geltenden Bestimmungen. Die in Bezug genommenen Vorschriften sind für den BR konzipiert. Die entsprechende Anwendung kann daher nicht schematisch erfolgen, sondern steht unter dem Vorbehalt der durch Sinn und Zweck ermittelten Vergleichbarkeit.

3   **1. Verletzung gesetzlicher Pflichten (§ 23).** Nach § 23 I können mindestens ein Viertel der wahlberechtigten ArbN, der ArbGeb oder eine im Betrieb vertretene Gewerkschaft beim ArbG den **Ausschluss eines Mitglieds** aus dem BR oder die **Auflösung des BR** wegen grober Verletzung seiner gesetzl. Pflichten (vgl. § 23 Rz. 4ff.) beantragen (§ 23 I 1). Gleiches gilt für die JAV, wobei antragsberechtigt – neben ArbGeb und einer im Betrieb vertretenen Gewerkschaft – die JAV selbst sowie ein Viertel der Wahlberechtigten nach § 60 I sind. Nach § 23 I 2 kann der Ausschluss eines Mitglieds auch vom BR beantragt werden. Gleiches gilt über Abs. 1 für die JAV, die insoweit antragsberechtigt ist. Obwohl im Gesetz nicht ausdrücklich geregelt, ist auch **der BR** antragsberechtigt, und zwar sowohl für die Auflösung der JAV als auch für den Ausschluss eines ihrer Mitglieder[1]. Löst das ArbG die JAV auf, hat es **nicht** nach § 23 II unverzüglich einen Wahlvorstand für die Neuwahl einzusetzen. Dies ergibt sich daraus, dass Abs. 1 **nicht** auf § 23 II verweist. Kommt der BR seiner Verpflichtung nicht nach, kann das ArbG auf Antrag einer im Betrieb vertretenen Gewerkschaft oder von drei (auch jugendlichen) ArbN des Betriebs einen Wahlvorstand bestellen.

4   **2. Erlöschen der Mitgliedschaft (§ 24).** § 24 regelt bestimmte Fälle, in denen die Mitgliedschaft im BR erlischt (vgl. § 24 Rz. 2ff.). Über Abs. 1 gilt diese Regelung auch für die JAV mit einer **Ausnahme**: Der Verlust der Wählbarkeit durch Vollendung des 25. LJ während der Amtszeit eines Jugend- und Auszubildendenvertreters führt nicht zum Erlöschen der Mitgliedschaft, sondern er bleibt bis zum Ende der Amtszeit Mitglied der JAV, wie § 64 III zeigt (vgl. § 64 Rz. 7). Darüber hinaus führt die nachträgliche Mitgliedschaft eines Jugend- und Auszubildendenvertreters im BR zum Verlust der Wählbarkeit und damit zum Erlöschen des Amts als Jugend- und Auszubildendenvertreter (bspw. nachträgliche Mitgliedschaft im BR als Ersatzmitglied, vgl. § 61 Rz. 4).

5   **3. Ersatzmitglieder (§ 25).** § 25 regelt das **Nachrücken** von Ersatzmitgliedern in den BR (vgl. § 25 Rz. 3ff.).

6   ● **Hinweis:** Während der Zeit der Mitgliedschaft in der JAV genießt das nachgerückte **Ersatzmitglied** den vollen Kündigungsschutz nach § 103 und § 15 KSchG. Scheidet ein Ersatzmitglied, das für ein zeitweilig verhindertes ordentl. Mitglied der JAV angehört hat, nach Beendigung des Vertretungsfalls wieder aus der JAV aus, so genießt es, wenn es während der Vertretung Aufgaben eines Jugend- und Auszubildendenvertreters wahrgenommen hat, nach dem Ausscheiden den nachwirkenden Kündigungsschutz gegen ordentl. Kündigungen gem. § 15 I 2 KSchG (vgl. dazu § 25 Rz. 12f.).

7   **4. Vorsitzender (§ 26).** Nach Abs. 1 iVm. § 26 wählt die JAV aus ihrer Mitte einen **Vorsitzenden** sowie einen **Stellvertreter**.

8   **5. Bildung von Ausschüssen (§ 28).** Durch den Verweis in Abs. 1 auf § 28 I 1 und 2 ist der JAV die Befugnis gegeben, Ausschüsse zu bilden. Voraussetzung ist, dass in dem Betrieb mehr als 100 ArbN iSv. § 60 I beschäftigt werden. Die Bildung von Ausschüssen soll der JAV eine größere Effizienz ihrer Arbeit ermöglichen[2]. Für die Besetzung von Ausschüssen ist keine bestimmte Größe vorgeschrieben, ihre Festlegung liegt im **Ermessen der JAV**. Die Zweckmäßigkeit dieser Entscheidung unterliegt wie beim BR keiner gerichtl. Überprüfung[3]. Der Kreis der Angelegenheiten, die solchen Ausschüssen übertragen werden, ist gesetzl. nicht näher umschrieben. Er ist grds. nicht begrenzt, muss sich jedoch im Rahmen der funktionellen Zuständigkeit der JAV halten (vgl. § 28 Rz. 6ff.).

9   **6. Sitzungen (§ 30).** Für die Sitzungen der JAV gelten die gleichen Regelungen wie für BR-Sitzungen (vgl. § 30 Rz. 2ff.).

10 **7. Teilnahme der Gewerkschaften (§ 31).** Nach § 31 kann auf Antrag von einem Viertel der Mitglieder des BR ein Beauftragter einer im BR vertretenen Gewerkschaft an den Sitzungen beratend teilnehmen; in diesem Fall sind der Zeitpunkt der Sitzung und die Tagesordnung der Gewerkschaft rechtzeitig mitzuteilen. Über Abs. 1 gilt dies entsprechend für die JAV. Weil § 31 nur entsprechend anzuwenden ist,

---

[1] GK-BetrVG/*Oetker*, § 65 Rz. 9; Richardi/*Annuß*, § 65 Rz. 5; aA DKKW/*Trittin*, § 65 Rz. 3. ||[2] BT-Drs. 14/5741, 44. ||[3] Vgl. BAG 20.10.1993 – 7 ABR 26/93, AP Nr. 5 zu § 28 BetrVG 1972.

muss es sich um eine Gewerkschaft handeln, die **in der JAV vertreten** ist, also mindestens ein Jugend- und Auszubildendenvertreter muss Mitglied dieser Gewerkschaft sein[1]. Nach überwiegender Ansicht kann der BR eine Hinzuziehung von Beauftragten einer in ihm vertretenen Gewerkschaft in Sitzungen der JAV beschließen. Dies folge aus der generellen Beratungsfunktion des BR ggü. der JAV, dem Teilnahmerecht des BR-Vorsitzenden an ihren Sitzungen nach Abs. 2 S. 2 und dem Umstand, dass bei der Teilnahme des ArbGeb auch dieser einen Vertreter des ArbGebVerbandes hinzuziehen kann[2]. *Oetker*[3] weist demggü. zu Recht darauf hin, dass die gesamte JAV gem. § 67 I 2 bei der Behandlung von Angelegenheiten, die besonders die in § 60 I genannten ArbN betreffen, zu diesen Tagesordnungspunkten ein Teilnahmerecht an der BR-Sitzung hat. Zu dieser kann der **BR** einen Beauftragten einer im BR vertretenen Gewerkschaft einladen (§ 31) oder einen Sachverst. hinzuziehen (§ 80 III). Eines besonderen Teilnahmerechts einer **nur** im BR vertretenen Gewerkschaft an Sitzungen der JAV bedarf es daher nicht. Auch durch **Mehrheitsbeschluss** der JAV kann nicht ohne weiteres ein Gewerkschaftsvertreter einer nicht in der JAV vertretenen Gewerkschaft hinzugezogen werden[4].

- **Hinweis:** Die Fragen im Zusammenhang mit der Teilnahme von Gewerkschaftsbeauftragten an Sitzungen der JAV sind höchst umstritten. Sowohl für den BR über § 67 I 2 wie auch für die JAV über § 67 III bietet sich die Möglichkeit, Angelegenheiten der JAV auf die Tagesordnung einer Sitzung des BR zu setzen, zu der der BR wiederum einen Beauftragten einer im BR vertretenen Gewerkschaft hinzuziehen kann.

8. Beschlüsse (§ 33). Für die Beschlussfassung der JAV verweist Abs. 1 auf § 33 I und II. Danach werden Beschlüsse der JAV mit der **Mehrheit** der Stimmen der anwesenden Mitglieder gefasst, bei Stimmengleichheit ist der Antrag abgelehnt. **Beschlussfähig** ist die JAV nur, wenn mindestens die Hälfte der Jugend- und Auszubildendenvertreter an der Beschlussfassung teilnimmt, wobei die Stellvertretung durch Ersatzmitglieder zulässig ist (vgl. iÜ zur Beschlussfassung und Beschlussfähigkeit § 33 Rz. 1 ff.). Wenn auch nach Abs. 1 iVm. § 33 I 1 Beschlüsse des BR idR mit der Mehrheit der Stimmen der anwesenden Mitglieder gefasst werden, so gibt es doch einige Fälle, in denen die **absolute Mehrheit** der Stimmen der JAV erforderlich ist. Dies sind Beschlüsse über den Rücktritt (§§ 64 I iVm. 13 II Nr. 3), die Geschäftsordnung (§ 36), die Beauftragung der GesamtJAV, eine Angelegenheit für sie mit dem GBR zu behandeln (§§ 73 II iVm. 50 II) und den Antrag auf Aussetzung eines Beschlusses des BR (§ 66).

9. Sitzungsniederschrift (§ 34). Über die Sitzung der JAV ist eine Niederschrift zu fertigen. Die für den BR geltende Regelung des § 34 ist über Abs. 1 entsprechend anzuwenden (vgl. § 34 Rz. 4 ff.).

10. Geschäftsordnung (§ 36). Die JAV kann sich eine Geschäftsordnung geben. Die Regelungen zur Geschäftsordnung folgen den Bestimmungen zur Geschäftsordnung des BR (vgl. § 36 Rz. 2 ff.).

11. Ehrenamt (§ 37 Abs. 1). Nach Abs. 1 iVm. § 37 I üben die Mitglieder der JAV ihr Amt ehrenamtlich aus (vgl. § 37 Rz. 3 ff.).

12. Arbeitsbefreiung (§ 37 Abs. 2 u. 3). Mitglieder der JAV haben wie BR-Mitglieder Anspruch auf Arbeitsbefreiung unter Fortzahlung ihrer Vergütung, soweit dies zu ihrer Aufgabenerfüllung erforderlich ist, und können für notwendige Tätigkeiten außerhalb ihrer Arbeitszeit Freizeitausgleich und ggf. Entgeltausgleich verlangen (vgl. § 37 Rz. 6 ff.). Die Schutzbestimmungen des JArbSchG finden keine Anwendung, weil es sich nicht um eine vom ArbGeb veranlasste Tätigkeit iSd. JArbSchG handelt. Allerdings sollte bei ArbN unter 18 Jahren zum Schutz der Gesundheit ein Ausgleich primär in **Freizeit** erfolgen. Ist dies nicht möglich, ist die Mehrarbeit in der üblichen Weise zu vergüten[5].

13. Verdienstsicherung (§ 37 Abs. 4 u. 5). Über Abs. 1 gelten die Regelungen zur Verdienstsicherung bei BR auch für die Mitglieder der JAV (§ 37 IV u. V).

14. Schulungs- und Bildungsveranstaltungen (§ 37 Abs. 6 u. 7). Die Mitglieder der JAV haben einen Anspruch auf Teilnahme an Schulungs- und Bildungsveranstaltungen (Abs. 1, § 37 VI u. VII, vgl. § 37 Rz. 31 ff.). Allerdings stellt die Rspr. an die **Erforderlichkeit** einer Schulungsveranstaltung strenge Maßstäbe[6]: Wegen der „entsprechenden" Anwendung von § 37 V und VI bestimmt sich die Erforderlichkeit der Teilnahme an einer Schulungs- und Bildungsveranstaltung für Jugend- und Auszubildendenvertreter danach, inwieweit die dort vermittelten Kenntnisse für ihre Tätigkeit auch im Hinblick auf ihre nur zweijährige Amtszeit unbedingt erforderlich sind[7]. Dabei ist zu berücksichtigen, dass die JAV nicht der eigenständige Repräsentant jugendlicher ArbN und der zu ihrer Berufsausbildung beschäftigten ArbN ist, sondern sich die ihr übertragenen Aufgaben vorwiegend darauf beschränken, den BR in allen Fragen, die die jugendlichen ArbN betreffen, zu beraten und die Einhaltung der zu Gunsten der ArbN geltenden Bestimmungen zu überwachen. Um diese Aufgabe durchführen zu können, ist der JAV vom Gesetzgeber ein weitgehendes **Anhörungs- und Mitspracherecht** eingeräumt worden; sie kann je-

---

1 GK-BetrVG/*Oetker*, § 65 Rz. 79; *Fitting*, § 65 Rz. 9; aA Richardi/*Annuß*, § 65 Rz. 25. || 2 *Fitting*, § 65 Rz. 9. || 3 GK-BetrVG/*Oetker*, § 65 Rz. 81. || 4 GK-BetrVG/*Oetker*, § 65 Rz. 82; aA Richardi/*Annuß*, § 65 Rz. 25; DKKW/*Trittin*, § 65 Rz. 12; *Fitting*, § 65 Rz. 9. || 5 DKKW/*Trittin*, § 65 Rz. 19; *Fitting*, § 65 Rz. 13. || 6 Vgl. BAG 6.5.1975 – 1 ABR 135/73, AP Nr. 5 zu § 65 BetrVG 1972; 10.5.1974 – 1 ABR 60/73, AP Nr. 4 zu § 65 BetrVG 1972. || 7 Vgl. BAG 10.5.1974 – 1 ABR 60/73, AP Nr. 4 zu § 65 BetrVG 1972; *Christoffer*, NZA-RR 2009, 573.

doch die von ihr in Jugendfragen für erforderlich gehaltenen Maßnahmen nicht von sich aus durchführen, sondern ist hierbei auf die Mitwirkung des BR angewiesen[1]. Der Aufgaben- und Wirkungskreis der JAV ist demnach ggü. dem des BR sehr viel begrenzter. Zur **sachgerechten Wahrnehmung** der ihr übertragenen Aufgaben sind daher auch nicht die gleichen umfangreichen und eingehenden Kenntnisse des BetrVG und anderer zu Gunsten jugendlicher ArbN und der zur Berufsausbildung beschäftigten ArbN geltenden gesetzl. Bestimmungen und kollektiv-rechtl. Normen erforderlich, wie sie der BR zur sachgemäßen Durchführung der ihm obliegenden Aufgaben haben muss. Dieser **begrenzte Aufgaben- und Wirkungskreis** der JAV macht Schulungsveranstaltungen zwar nicht entbehrlich. Die Schulungen haben sich jedoch an dem der JAV im Verhältnis zu dem dem BR eingeräumten kleineren Aufgaben- und Wirkungskreis auszurichten und sich auf die Vermittlung der Kenntnisse zu beschränken, die für die sachgemäße Durchführung der ihnen nach dem BetrVG obliegenden Aufgaben **unbedingt erforderlich**[2], dh. **notwendig** sind[3]. Für die **Zulässigkeit** von Schulungsveranstaltungen kommt es auf eine Gesamtbetrachtung des angebotenen **Lehrprogramms** an. So können als Thema die Grundsätze der Betriebsverfassung und der Jugendvertretung in Frage kommen[4]. Auch eine Schulung zum „Gesundheitsschutz im Betrieb" ist zulässig, wenn hierbei der Jugendschutz im Vordergrund steht[5]. Zum BBiG und zum JArbSchG soll dies nur gelten, wenn Kenntnisse hierüber „am Rande" einer ansonsten erforderlichen Schulung vermittelt werden[6]. Die Teilnahme eines nicht endgültig nachgerückten **Ersatzmitglieds** einer einköpfigen JAV an einer Schulungsveranstaltung ist idR nicht erforderlich[7]. Eine andere Beurteilung kann sich dann ergeben, wenn ein Ersatzmitglied für längere Zeit nachrückt oder häufiger vertreten muss[8]. Letztendlich rechtfertigen sich die strengen Anforderungen nicht nur unter dem Gesichtspunkt des eingeschränkten Aufgaben- und Wirkungskreises der JAV, sondern auch unter dem Gesichtspunkt ihrer nur zweijährigen Amtszeit einerseits, der aber andererseits der **volle Freistellungsanspruch** nach § 37 VI u. VII zur Verfügung steht, was unter Berücksichtigung der verkürzten Amtszeit eine **Verdoppelung** der Freistellungsdauer im Verhältnis zu BR-Mitgliedern bedeutet. Zum **Verfahren** gilt: Über die Teilnahme eines Mitglieds der JAV an einer Schulungsveranstaltung entscheidet nicht die JAV, sondern der **BR** durch **Beschluss**. Zwar lässt sich dies nicht unmittelbar Abs. 1 entnehmen, folgt jedoch daraus, dass die JAV keine selbständigen Mitwirkungs- und MitbestR hat, sondern nur durch und über den BR tätig werden kann[9]. Bei seiner Entscheidung hat der BR gem. § 67 II die JAV **mit vollem Stimmrecht** zu beteiligen. Geschieht dies nicht, ist der Beschluss nicht deshalb unwirksam[10]. Der BR entscheidet auch dann durch Beschluss über die Teilnahme an einer Schulungs- und Bildungsveranstaltung, wenn der Jugend- und Auszubildendenvertreter zugleich Mitglied der Gesamt-JAV ist. Es entscheidet nicht die GesamtJAV[11].

19 **15. Kosten (§ 40).** Es gelten die gleichen Regelungen wie beim BR (vgl. § 40 Rz. 4 ff., s.a. § 78a Rz. 53).

20 **16. Umlageverbot (§ 41).** Hinsichtlich des Umlageverbots gilt für die JAV nichts anderes als für den BR (vgl. § 41 Rz. 4 ff.): Beiträge für die Zwecke der JAV dürfen weder von ArbN noch von Dritten erhoben oder geleistet werden.

21 **17. Weitere Bestimmungen.** Nachfolgende Vorschriften außerhalb der in den §§ 60 ff. genannten Bestimmungen enthalten weitere Regelungen betreffend die JAV: § 29 II 4 (Ladung der JAV zu BR-Sitzungen); § 35 (Aussetzung von Beschlüssen des BR, vgl. § 66 Rz. 1 ff.); § 39 II (Teilnahmerecht an den Sprechstunden des BR); § 78 (allg. Begünstigungs- und Benachteiligungsverbot); § 78a (Anspruch auf Übernahme in ein ArbVerh); § 79 II (Geheimhaltungspflicht); § 80 I Nr. 3 und 5 (Zusammenarbeit mit dem BR); §§ 103 BetrVG, 15 KSchG (Kündigungsschutz von Mitgliedern der JAV sowie Wahlbewerbern und Mitgliedern des Wahlvorstands).

22 **III. Nicht anwendbare Vorschriften.** Soweit Abs. 1 bestimmte, im Einzelnen benannte Vorschriften für entsprechend anwendbar erklärt, folgt daraus negativ, dass bestimmte andere Vorschriften keine entsprechende Anwendung finden. Diese sind:

23 **1. Betriebsausschuss, Übertragung von Aufgaben auf Ausschüsse.** § 27 sowie § 28 I 3 und II finden auf die JAV **keine** Anwendung. Zwar kann die JAV Ausschüsse bilden (vgl. Rz. 8), sie kann jedoch die Führung der Geschäfte nicht generell übertragen und keine Ausschüsse mit selbständigen Entscheidungsbefugnissen bilden[12].

24 **2. Schwerbehindertenvertretung, Vertrauensmann der Zivildienstleistenden.** Da Abs. 1 nicht auf § 32 und § 3 I ZDVG verweist, kann an den Sitzungen der JAV weder die Schwerbehindertenvertretung noch der Vertrauensmann der Zivildienstleistenden teilnehmen.

---

1 Vgl. BAG 20.11.1973 – 1 AZR 331/73, AP Nr. 1 zu § 65 BetrVG 1972. ||2 Vgl. BAG 10.5.1974 – 1 ABR 60/73, AP Nr. 4 zu § 65 BetrVG 1972. ||3 Vgl. BAG 6.5.1975 – 1 ABR 135/73, AP Nr. 5 zu § 65 BetrVG 1972. ||4 Vgl. BAG 6.5.1975 – 1 ABR 135/73, AP Nr. 5 zu § 65 BetrVG 1972. ||5 Vgl. BAG 10.6.1975 – 1 ABR 139/73, AP Nr. 6 zu § 65 BetrVG 1972. ||6 Vgl. BAG 6.5.1975 – 1 ABR 135/73, AP Nr. 5 zu § 65 BetrVG 1972. ||7 Vgl. BAG 10.5.1974 – 1 ABR 47/73, AP Nr. 2 zu § 65 BerVG 1972. ||8 Vgl. BAG 15.5.1986 – 6 ABR 64/83, AP Nr. 53 zu § 37 BetrVG 1972. ||9 Vgl. BAG 15.1.1992 – 7 ABR 23/90, AP Nr. 41 zu § 40 BetrVG 1972; 10.5.1974 – 1 ABR 57/73, AP Nr. 3 zu § 65 BetrVG 1972; 20.11.1973 – 1 AZR 331/73, AP Nr. 1 zu § 65 BetrVG 1972. ||10 Vgl. BAG 6.5.1975 – 1 ABR 135/73, AP Nr. 5 zu § 65 BetrVG 1972. ||11 Vgl. BAG 10.6.1975 – 1 ABR 140/73, AP Nr. 1 zu § 73 BetrVG 1972. ||12 Fitting, § 65 Rz. 7

3. Aussetzung eigener Beschlüsse. Die Aussetzung von Beschlüssen, soweit es sich um die eigenen Beschlüsse der JAV handelt, ist nicht möglich. Insoweit fehlt es an einer gesetzl. Regelung.

4. Freistellungen. § 38 enthält die Möglichkeit von Freistellungen für BR-Mitglieder ab einer bestimmten Betriebsgröße. Da Abs. 1 nicht auf § 38 verweist, ist eine Freistellung von Mitgliedern der JAV nicht möglich. Dadurch soll verhindert werden, dass das Ausbildungsziel gefährdet wird[1]. In größeren Betrieben kann die Freistellung nach § 37 II wegen der evtl. umfangreichen Tätigkeit des Jugend- und Auszubildendenvertreters de facto zu einer tatsächlichen fast völligen Freistellung führen. Darüber hinaus steht es ArbGeb und BR frei zu vereinbaren, dass eine bestimmte Anzahl von Mitgliedern der JAV ständig von der Arbeit freizustellen ist, wenn dies zur ordnungsgemäßen Erledigung der Aufgaben der JAV erforderlich ist[2]. Dabei würde es sich um eine Vereinbarung zwischen ArbGeb und BR, der insoweit zuständig ist, nach § 37 II über die Erforderlichkeit der Arbeitsbefreiung handeln[3]. Eine derartige Vereinbarung wird aber nur für solche Mitglieder der JAV zulässig sein, die nicht zu ihrer Berufsausbildung beschäftigt werden, um das Ausbildungsziel nicht zu gefährden[4].

IV. Sitzungen (Abs. 2). Die JAV kann nach Verständigung des BR Sitzungen abhalten, an denen der BR-Vorsitzende oder ein beauftragtes BR-Mitglied teilnehmen kann.

1. Verständigung des Betriebsrats. Verständigung des BR bedeutet, dass dieser über die Sitzung der JAV zu **informieren** ist. Eine Sitzung kann auch gegen den Willen des BR einberufen werden. Die Bestimmung ist eine **Ordnungsvorschrift**, die die korrekte Information des BR bezweckt, damit das jeweilige BR-Mitglied an den Sitzungen gem. Abs. 2 S. 2 teilnehmen kann[5].

2. Einberufung und Ablauf der Sitzung. Hinsichtlich der Einberufung der Sitzung, der Tagesordnung, der Sitzungsleitung und ggf. der Ladung von Ersatzmitgliedern gelten dieselben Regelungen wie beim BR (vgl. § 29 Rz. 7 ff.). Folgende **Besonderheit** ist zu beachten: Nach Abs. 2 S. 1 Hs. 2 iVm. § 29 III können der ArbGeb und ein Viertel der Mitglieder der JAV die Einberufung einer Sitzung der JAV beantragen. Der BR kann dies nicht. Er hat selbst die Möglichkeit, Angelegenheiten, die besonders die in § 60 I genannten ArbN betreffen, auf die Tagesordnung einer seiner Sitzungen zu setzen, um die JAV nach § 67 I 2 hinzuzuziehen[6]. Für die Beschlussfassung und die Beschlussfähigkeit gilt dasselbe wie beim BR (vgl. Rz. 12 sowie § 33 Rz. 3 ff.).

3. Teilnahmerecht. Teilnahmeberechtigt sind – neben den Mitgliedern der JAV – der **BR-Vorsitzende** oder ein beauftragtes BR-Mitglied (Abs. 2 S. 2). Teilnahmeberechtigt ist der **ArbGeb**, wenn die Sitzung auf sein Verlangen anberaumt wird oder wenn er ausdrücklich eingeladen ist (Abs. 2 S. 1 Hs. 2 iVm. § 29 IV 1). In diesem Fall kann der ArbGeb auch einen Vertreter eines ArbGebVerbandes, dem er angehört, hinzuziehen (Abs. 2 S. 1 Hs. 2 iVm. § 29 IV 2). **Gewerkschaftsbeauftragte** haben unter bestimmten Voraussetzungen ein Teilnahmerecht (vgl. Rz. 10). Sonstige Personen haben kein Teilnahmerecht. Es gilt das Gleiche wie für die Teilnahme an einer BR-Sitzung (vgl. Rz. 9 und § 30 Rz. 5).

V. Streitigkeiten. Wiederholte Pflichtverletzungen der JAV, wie bspw. die Verpflichtung zur Verständigung mit dem BR zur Abhaltung von Sitzungen der JAV, können eine **grobe Pflichtverletzung** iSv. § 23 I mit der Folge eines Auflösungsantrags darstellen. Ein solcher **Auflösungsantrag** kann wie folgt formuliert werden:

- **Formulierungsvorschlag:**
  Die im Betrieb … bestehende Jugend- und Auszubildendenvertretung wird aufgelöst.

- **Hinweis:** Der Antrag auf Auflösung der JAV kann hilfsweise verbunden werden mit dem Antrag auf Ausschluss eines einzelnen Mitglieds, wenn die Pflichtverletzung des Gesamtgremiums überwiegend auf die Initiative einzelner Mitglieder zurückgeht[7].

Über den Auflösungsantrag entscheiden wie über Fragen der Organisation, Zuständigkeit und Geschäftsführung der JAV – auch im Verhältnis zum BR – die ArbG im **Beschlussverfahren** (§§ 2a I Nr. 1, II iVm. 80 ff. ArbGG). Gleiches gilt für die Teilnahme an Schulungs- und Bildungsveranstaltungen sowie die Höhe der Schulungskosten. Da über die **Teilnahme** von Jugend- und Auszubildendenvertretern **an Schulungs- und Bildungsveranstaltungen** nach § 37 VI u. VII der BR zu beschließen hat (vgl. Rz. 18), ist bei Streitigkeiten mit dem ArbGeb über die Teilnahme neben der beteiligten JAV und dem betroffenen Jugend- und Auszubildendenvertreter[8] auch der BR antrags- und beteiligtenbefugt[9]. Wird über die **Höhe** der vom ArbGeb zu tragenden **Schulungskosten** gestritten, ist die JAV nicht zu beteiligen[10]. Über Ansprüche auf Freizeitausgleich und Lohnansprüche nach Abs. 1 iVm. § 37 III wird im **Urteilsverfahren** nach §§ 2 I Nr. 3a, V iVm. 46 ff. ArbGG entschieden.

---

1 *Fitting*, § 65 Rz. 25. || 2 DKKW/*Trittin*, § 65 Rz. 34; *Fitting*, § 65 Rz. 25. || 3 GK-BetrVG/*Oetker*, § 65 Rz. 37. || 4 DKKW/*Trittin*, § 65 Rz. 34; *Fitting*, § 65 Rz. 25. || 5 DKKW/*Trittin*, § 65 Rz. 36; *Fitting*, § 65 Rz. 26. || 6 DKKW/*Trittin*, § 65 Rz. 40; *Fitting*, § 65 Rz. 29; GK-BetrVG/*Oetker*, § 65 Rz. 71; aA Richardi/*Annuß*, § 65 Rz. 16. || 7 Bauer/Lingemann/Diller/Haußmann/*Diller*, M 33.1 in Fn. 5 mwN. || 8 Vgl. BAG 10.5.1974 – 1 ABR 47/73, AP Nr. 2 zu § 65 BetrVG 1972. || 9 Vgl. BAG 6.5.1975 – 1 ABR 135/73, AP Nr. 5 zu § 65 BetrVG 1972. || 10 Vgl. BAG 30.3.1994 – 7 ABR 45/93, AP Nr. 42 zu § 40 BetrVG 1972.

66 Aussetzung von Beschlüssen des Betriebsrats

(1) Erachtet die Mehrheit der Jugend- und Auszubildendenvertreter einen Beschluss des Betriebsrats als eine erhebliche Beeinträchtigung wichtiger Interessen der in § 60 Abs. 1 genannten Arbeitnehmer, so ist auf ihren Antrag der Beschluss auf die Dauer von einer Woche auszusetzen, damit in dieser Frist eine Verständigung, gegebenenfalls mit Hilfe der im Betrieb vertretenen Gewerkschaften, versucht werden kann.

(2) Wird der erste Beschluss bestätigt, so kann der Antrag auf Aussetzung nicht wiederholt werden; dies gilt auch, wenn der erste Beschluss nur unerheblich geändert wird.

1 I. **Vorbemerkung.** § 66 wiederholt im Interesse einer zusammenfassenden Regelung des Rechts der JAV die Bestimmung des § 35 (vgl. zum **Aussetzungsantrag** § 35 Rz. 3 ff.). Sie räumt der JAV das Recht ein, Beschlüsse des BR aussetzen zu lassen. Die Regelung gilt nach § 73 II entsprechend für die Gesamt-JAV und nach § 73b II für die KonzernJAV.

2 Einstweilen frei.

3 II. **Antragsvoraussetzungen. 1. Beschluss.** Der Antrag verlangt zunächst einen **ordnungsgemäßen Beschluss** der JAV als Organ, der mit absoluter Mehrheit zu fassen ist[1]. Nach aA, die auf den Gesetzeswortlaut abstellt, bedarf es einer Entscheidung der **Mehrheit der Jugend- und Auszubildendenvertreter** als Personen, so dass danach ausreichend ist, dass die Mehrheit der Jugend- und Auszubildendenvertreter den Antrag beim BR, dh. beim Vorsitzenden des BR (§ 26 III 2), stellt[2]. Die Formulierung des Gesetzes, das auf die **Mehrheit** der Jugend- und Auszubildendenvertreter abstellt, soll aber nur deutlich machen, dass es einer **absoluten Mehrheit** der JAV für einen Aussetzungsbeschluss bedarf[3]. Der Antrag kann daher nur durch die JAV nach entsprechender ordnungsgemäßer Beschlussfassung mit absoluter Mehrheit gestellt werden.

4 2. **Erhebliche Beeinträchtigung wichtiger Interessen.** Der Antrag der JAV setzt nicht voraus, dass **objektiv** eine erhebliche Beeinträchtigung wichtiger Interessen der in § 60 I genannten ArbN vorliegt. Ausreichend ist es, dass nach der **subjektiven** Ansicht der Mehrheit der JAV eine solche Beeinträchtigung vorliegt[4].

5 Eine **Beeinträchtigung** wichtiger Interessen der in § 60 I genannten ArbN kommt nur dann in Betracht, wenn der **gesamten** JAV nach § 67 I 2 ein Teilnahmerecht an der BR-Sitzung oder nach § 67 II sämtlichen Jugend- und Auszubildendenvertretern ein Stimmrecht zustand. Hat auf der BR-Sitzung, auf der der Beschluss, dessen Aussetzung nach § 66 begehrt wird, gefasst wurde, die Mehrheit der Jugend- und Auszubildendenvertreter diesem Beschluss des BR zugestimmt, kommt ein Aussetzungsantrag nicht in Betracht („venire contra factum proprium")[5].

6 ● **Hinweis:** Werden entgegen § 67 I 2 und II die Mitglieder der JAV nicht ordnungsgemäß zur Behandlung der die in § 60 I genannten ArbN „besonders" oder „überwiegend" betreffenden Angelegenheiten hinzugezogen, liegt regelmäßig eine erhebliche Beeinträchtigung wichtiger Interessen vor[6]. Dies gilt auch dann, wenn bei Teilnahme des Mitglieds der JAV an der BR-Sitzung sich am Abstimmungsergebnis nichts geändert hätte.

7 3. **Begründung.** Der Antrag der JAV **muss** begründet werden. Dies ist erforderlich, damit der BR prüfen kann, ob die Voraussetzungen für eine Aussetzung erfüllt sind[7].

8 4. **Frist und Form.** Eine **Frist** für die Antragstellung besteht nicht. Mittelbar ergibt sich eine Frist jedoch daraus, dass der Beschluss nur auf eine Woche von der Sitzung – nicht vom Antrag – an gerechnet ausgesetzt werden kann. Deshalb kann nach Ablauf von einer Woche nach Beschlussfassung der Antrag nicht mehr gestellt werden[8]. Eine bestimmte **Form** für den Antrag ist nicht vorgeschrieben. Aus Beweissicherungs- und Dokumentationszwecken ist die **Schriftform** empfehlenswert.

9 III. **Aussetzung des Beschlusses.** Ist der Aussetzungsantrag rechtzeitig und ordnungsgemäß gestellt, ist der Beschluss für die Dauer von einer Woche **nach Beschlussfassung** auszusetzen[9]. Innerhalb dieser Wochenfrist ist eine **Verständigung** ggf. mit Hilfe der im Betrieb vertretenen Gewerkschaft zu versuchen.

10 IV. **Erneute Beschlussfassung.** Nach Ablauf der Wochenfrist ist über die Angelegenheit neu zu beschließen. Wird der erste Beschluss nach Ablauf der Verständigungsfrist bestätigt, kann **kein erneuter** Aussetzungsantrag mehr gestellt werden. Dies gilt auch für den Fall, dass der ursprüngliche Beschluss unerheblich abgeändert wurde[10]. Der Beschluss ist vielmehr voll wirksam und vom Vorsitzenden des BR durchzuführen[11].

---

[1] DKKW/*Trittin*, § 66 Rz. 2; *Fitting*, § 66 Rz. 3. ||[2] Richardi/*Annuß*, § 66 Rz. 4. ||[3] *Fitting*, § 66 Rz. 3. ||[4] DKKW/*Trittin*, § 66 Rz. 4; *Fitting*, § 66 Rz. 4. ||[5] DKKW/*Trittin*, § 66 Rz. 5; *Fitting*, § 66 Rz. 4. ||[6] *Fitting*, § 66 Rz. 5. ||[7] GK-BetrVG/*Oetker*, § 66 Rz. 10; aA DKKW/*Trittin*, § 66 Rz. 7; *Fitting*, § 66 Rz. 6. ||[8] *Fitting*, § 35 Rz. 20; DKKW/*Wedde*, § 35 Rz. 8. ||[9] Richardi/*Annuß*, § 66 Rz. 8. ||[10] *Fitting*, § 66 Rz. 7; DKKW/*Trittin*, § 66 Rz. 9. ||[11] GK-BetrVG/*Oetker*, § 66 Rz. 24.

- **Hinweis:** Es ist in der Lit. streitig, ob die **Aussetzung** von Beschlüssen des BR die **Wirksamkeit** von BR-Beschlüssen berührt. Diese Frage ist von erheblicher Bedeutung, wenn der BR für seine Äußerung ggü. dem ArbGeb Fristen zu wahren hat (vgl. § 35 Rz. 5).

V. Streitigkeiten über die Voraussetzungen und Wirkungen des Aussetzungsantrags werden im arbeitsgerichtl. Beschlussverfahren nach den §§ 2a I Nr. 1, II iVm. 80ff. ArbGG entschieden. In der arbeitsrechtl. Praxis kann der Aussetzungsantrag vor allem dann bedeutsam werden, wenn der Vorsitzende des BR trotz eines – ordnungsgemäß – gestellten Aussetzungsantrags den angegriffenen Beschluss des BR nicht aussetzt. In diesen Fällen ist ein Antrag der JAV auf Erlass einer einstw. Verfügung möglich (§ 85 II ArbGG iVm. §§ 935ff. ZPO)[1]. Praktisch dürfte eine solche einstw. Verfügung jedoch nur in den seltensten Fällen zum Erfolg führen, da bis zur Vollstreckung einer solchen einstw. Verfügung der Beschluss längst vollzogen sein dürfte. Allerdings kann die Nichtbeachtung eines – ordnungsgemäßen – Aussetzungsantrags nach § 66 eine grobe Pflichtverletzung iSv. § 23 darstellen.

67 Teilnahme an Betriebsratssitzungen

(1) Die Jugend- und Auszubildendenvertretung kann zu allen Betriebsratssitzungen einen Vertreter entsenden. Werden Angelegenheiten behandelt, die besonders die in § 60 Abs. 1 genannten Arbeitnehmer betreffen, so hat zu diesen Tagesordnungspunkten die gesamte Jugend- und Auszubildendenvertretung ein Teilnahmerecht.

(2) Die Jugend- und Auszubildendenvertreter haben Stimmrecht, soweit die zu fassenden Beschlüsse des Betriebsrats überwiegend die in § 60 Abs. 1 genannten Arbeitnehmer betreffen.

(3) Die Jugend- und Auszubildendenvertretung kann beim Betriebsrat beantragen, Angelegenheiten, die besonders die in § 60 Abs. 1 genannten Arbeitnehmer betreffen und über die sie beraten hat, auf die nächste Tagesordnung zu setzen. Der Betriebsrat soll Angelegenheiten, die besonders die in § 60 Abs. 1 genannten Arbeitnehmer betreffen, der Jugend- und Auszubildendenvertretung zur Beratung zuleiten.

I. Vorbemerkung. Sinn und Zweck des § 67 ist es, durch verschiedenartige und unterschiedlich ausgestaltete Befugnisse sicherzustellen, dass die JAV an den Entscheidungen des BR beteiligt wird.

Einstweilen frei.

II. Teilnahmerecht (Abs. 1). 1. Allgemeines Teilnahmerecht (Abs. 1 S. 1). Die **unmittelbare Wahrnehmung** der Interessen der in § 60 I genannten ArbN erfolgt durch den BR, nicht durch die JAV[2]. Abs. 1 soll sicherstellen, dass die JAV in angemessener Weise an den Entscheidungen des BR beteiligt und über sie informiert wird. Die Entscheidung darüber, welcher Vertreter der JAV an der BR-Sitzung teilnimmt, ist zweckmäßigerweise dann von Fall zu Fall zu treffen, wenn sich einzelne Mitglieder der JAV auf bestimmte Sachgebiete spezialisiert haben und diese schwerpunktmäßig auf der BR-Sitzung behandelt werden[3].

a) **Teilnahmerecht an Betriebsratssitzungen.** Das allg. Teilnahmerecht besteht grds. allein für Plenarsitzungen des BR. Hat der BR allerdings bestimmte Angelegenheiten einem Ausschuss zur **selbständigen Erledigung** übertragen, besteht auch an diesen Ausschusssitzungen ein Teilnahmerecht, da anderenfalls das Teilnahmerecht der JAV und die vom Gesetz gewollte Einflussnahme auf die Willensbildung des BR von diesem durch die Übertragung einer Angelegenheit auf Ausschüsse unterlaufen würde[4]. Zu differenzieren ist, wenn es um das Verhältnis zwischen BR zur JAV oder zu einzelnen Jugend- und Auszubildendenvertretern geht: Hier kann der BR eine **Vorberatung** ohne einen Vertreter der JAV durchführen, hat aber das Ergebnis der JAV mitzuteilen[5]. Die Teilnahme an BR-Sitzungen ist ein **Recht**, keine **Pflicht**[6].

b) **Beratende Teilnahme.** Das Recht zur Teilnahme des Mitglieds der JAV nach Abs. 1 S. 1 beschränkt sich auf eine beratende Teilnahme. Ein Stimmrecht besteht nicht. Der Vertreter der JAV kann jedoch das Wort ergreifen und Stellung nehmen[7].

2. Besonderes Teilnahmerecht (Abs. 1 S. 2). Die **gesamte JAV** ist berechtigt, an den Sitzungen des BR teilzunehmen, wenn Angelegenheiten behandelt werden, die besonders jugendliche ArbN oder zu ihrer Berufsausbildung Beschäftigte unter 25 LJ betreffen (besonderes Teilnahmerecht).

a) **Besondere Betroffenheit.** Der Begriff der „besonderen Betroffenheit" setzt nicht voraus, dass die Angelegenheit **quantitativ** überwiegend jugendliche ArbN bzw. Auszubildende betrifft. Es genügt eine **qualitativ** besondere Betroffenheit in dem Sinne, dass die Angelegenheit jugendliche bzw. auszubildende ArbN unter 25 Jahre in spezifischer Weise angeht[8]. Ein solches Betroffensein ist bei Angelegen-

---

1 *Fitting*, § 35 Rz. 34; DKKW/*Wedde*, § 35 Rz. 19. ||2 Vgl. BAG 21.1.1982 – 6 ABR 17/79, AP Nr. 1 zu § 70 BetrVG 1972. ||3 *Fitting*, § 67 Rz. 8. ||4 GK-BetrVG/*Oetker*, § 67 Rz. 7; Richardi/*Annuß*, § 67 Rz. 10. ||5 GK-BetrVG/*Oetker*, § 67 Rz. 11. ||6 *Fitting*, § 67 Rz. 5; DKKW/*Trittin*, § 67 Rz. 2. ||7 *Fitting*, § 67 Rz. 9; DKKW/*Trittin*, § 67 Rz. 9. ||8 Richardi/*Annuß*, § 67 Rz. 12; GK-BetrVG/*Oetker*, § 67 Rz. 27, der neben der qualitativen auch eine quantitative Betroffenheit in dem Sinne verlangt, dass überwiegend ArbN iSv. § 60 I betroffen sind.

heiten der Fall, die sich unmittelbar auf Jugendliche bzw. die zu ihrer Berufsausbildung beschäftigte ArbN beziehen, etwa des BBiG, des JArbSchG oder des besonderen Gesundheitsschutzes für den genannten Personenkreis. Dies kann aber auch Angelegenheiten betreffen, die von besonderer altersspezifischer Bedeutung für jugendliche ArbN und die zu ihrer Berufsausbildung Beschäftigten sind, wie bspw. Berufsschulferien und Urlaubsplan[1] oder Betriebssport[2]. In der Lit. höchst umstritten ist die Frage, inwieweit ein besonderes Teilnahmerecht bei **personellen Einzelmaßnahmen** (zB §§ 99, 102) besteht. Ein besonderes Teilnahmerecht besteht nach der hier vertretenen Ansicht bei personellen Einzelmaßnahmen ggü. einem einzelnen jugendlichen ArbN oder zur Berufsausbildung Beschäftigten unter 25 LJ. Soweit es um personelle Einzelmaßnahmen ggü. diesem Personenkreis geht, haben die Jugend- und Auszubildendenvertreter nach Abs. 2 ein Stimmrecht, da eine Angelegenheit vorliegt, bei der ausschließlich die in § 60 I genannten ArbN betroffen sind und die gesamte JAV hinzuzuziehen ist. Wenn aber bei solchen Angelegenheiten ein **volles Stimmrecht** besteht, muss erst recht ein besonderes Teilnahmerecht an der der Beschlussfassung zugrunde liegenden BR-Sitzung mit der Beratung über die Angelegenheit bestehen[3].

8   b) **Teilnahmerecht bei speziellen Tagesordnungspunkten.** Das besondere Teilnahmerecht besteht grds. nicht für die gesamte BR-Sitzung, sondern nur zu den speziellen Tagesordnungspunkten, welche die besonderen Belange der jugendlichen oder auszubildenden ArbN betreffen[4]. Zu BR-Sitzungen mit solchen Tagesordnungspunkten ist durch den BR-Vorsitzenden oder seinen Stellvertreter (§ 26 II 1) ordnungsgemäß zu laden. Zwar ist die ordnungsgemäße **Ladung** nicht Wirksamkeitsvoraussetzung für die vom BR gefassten Beschlüsse[5], jedoch kann die Nichtbeachtung eine grobe Pflichtverletzung iSv. § 23 I darstellen[6].

9   c) **Betriebsratssitzungen.** Das besondere Teilnahmerecht bezieht sich nicht nur auf die **Plenarsitzungen** des BR, sondern auch auf **Ausschüsse**, sofern diesen einzelne Angelegenheiten zur selbständigen Erledigung übertragen worden sind (vgl. Rz. 4). Während an der Plenarsitzung **sämtliche** Mitglieder der JAV teilnehmen können, **reduziert** sich das Teilnahmerecht bei der Sitzung von Ausschüssen, denen eine Angelegenheit zur selbständigen Erledigung übertragen worden ist, auf so viele Mitglieder der JAV, das dem zahlenmäßigen Verhältnis einer Teilnahme an einer BR-Sitzung in etwa entspricht[7].

10 d) **Beratende Teilnahme.** Das besondere Teilnahmerecht umfasst ebenso wie bei Abs. 1 S. 1 nur eine beratende Teilnahme, also ein Recht zur Abgabe von Stellungnahmen zu dem jeweiligen Tagesordnungspunkt.

11 **III. Stimmrecht (Abs. 2).** Soweit es sich um Angelegenheiten handelt, von denen **überwiegend** Jugendliche oder zu ihrer Berufsausbildung beschäftigte ArbN betroffen sind, steht der JAV nicht nur ein erweitertes Teilnahmerecht, sondern auch ein Stimmrecht zu.

12 1. **Überwiegendes Betroffensein.** Von einer Angelegenheit sind die in § 60 I genannten ArbN überwiegend betroffen, wenn die Durchführung des Beschlusses unmittelbar oder mittelbar **zahlenmäßig mehr** die in § 60 I genannten ArbN als andere ArbN betrifft[8]. Bei **personellen Einzelmaßnahmen**, die zur JAV wahlberechtigte ArbN betreffen, ist das Stimmrecht stets gegeben[9]. Bsp.: Kündigung oder Teilnahme von Mitgliedern der JAV an Schulungsveranstaltungen[10].

13 2. **Abstimmung.** Das Stimmrecht steht dem einzelnen Jugend- und Auszubildendenvertreter zu. Er ist nicht an einen etwa vorangegangenen Beschluss der JAV gebunden[11]. Ist die Zahl der Mitglieder in der JAV höher als die Zahl der BR-Mitglieder, können diese bei einem Beschluss in Angelegenheiten des Abs. 2 **überstimmt** werden, der BR hat insoweit kein **Vetorecht**[12]. Die Stimmen der Mitglieder der JAV zählen nur bei der **Feststellung der Stimmenmehrheit**, nicht dagegen bei der **Feststellung der Beschlussfähigkeit** des BR[13].

14 3. **Fehlende Beteiligung.** Werden die Mitglieder der JAV in Angelegenheiten des Abs. 2 an der Beschlussfassung nicht beteiligt, ist der Beschluss des BR insg. unwirksam[14]. Der Beschluss soll nur dann nicht unwirksam sein, wenn die fehlende Beteiligung der JAV auf das Ergebnis rechnerisch keinen Einfluss haben konnte[15]. Diese Auffassung ist nicht zweifelsfrei: Die Beschlussfassung beruht regelmäßig auf einer vorhergehenden Beratung, in der Einfluss auf die Willensbildung genommen werden kann. Man wird daher zu differenzieren haben: Der Beschluss ist nur dann unwirksam, wenn die JAV **weder** an der Beratung über den Tagesordnungspunkt **noch** an der Abstimmung beteiligt wurde[16].

---

1 *Fitting*, § 67 Rz. 13; Richardi/*Annuß*, § 67 Rz. 13. ||2 *Fitting*, § 67 Rz. 13. ||3 Richardi/*Annuß*, § 67 Rz. 13. ||4 *Fitting*, § 67 Rz. 15; DKKW/*Trittin*, § 67 Rz. 18. ||5 DKKW/*Trittin*, § 67 Rz. 16; *Fitting*, § 67 Rz. 16. ||6 *Fitting*, § 67 Rz. 16. ||7 *Fitting*, § 67 Rz. 18; GK-BetrVG/*Oetker*, § 67 Rz. 31 und 32; Richardi/*Annuß*, § 67 Rz. 18; aA DKKW/*Trittin*, § 67 Rz. 20, wonach die Zahl der teilnehmenden Jugend- und Auszubildendenvertreter derjenigen der BR-Mitglieder entsprechen soll. ||8 DKKW/*Trittin*, § 67 Rz. 21; *Fitting*, § 67 Rz. 20. ||9 Richardi/*Annuß*, § 67 Rz. 20; aA GK-BetrVG/*Oetker*, § 67 Rz. 41; *Fitting*, § 67 Rz. 21. ||10 Richardi/*Annuß*, § 67 Rz. 20. ||11 *Fitting*, § 67 Rz. 24. ||12 GK-BetrVG/*Oetker*, § 67 Rz. 48. ||13 DKKW/*Trittin*, § 67 Rz. 23. ||14 DKKW/*Trittin*, § 67 Rz. 24; *Fitting*, § 67 Rz. 25. ||15 BAG 6.5.1975 – 1 ABR 135/73, AP Nr. 5 zu § 65 BetrVG 1972. ||16 AA GK-BetrVG/*Oetker*, § 67 Rz. 44.

- **Hinweis:** Die ordnungsgemäße Beschlussfassung des BR kann vielfach aus ArbN-Sicht von erheblicher Bedeutung sein. So führt der Widerspruch gegen eine Kündigung bspw. einen gesetzl. Weiterbeschäftigungsanspruch nach § 102 V herbei (vgl. § 102 Rz. 83 ff.). 15

IV. Antragsrecht (Abs. 3 S. 1). Abs. 3 S. 1 gibt der JAV das Recht, Angelegenheiten, die besonders die in § 60 I genannten ArbN betreffen und über die sie beraten hat, auf die nächste Tagesordnung zu setzen. Die JAV kann dagegen **keine Sitzung** des BR verlangen[1]. 16

1. Besondere Betroffenheit. Es muss sich um eine Angelegenheit handeln, die ein **besonderes Teilnahmerecht** auslöst (vgl. Rz. 6 ff.)[2]. 17

2. Vorberatung. Die JAV muss sich keine abschließende Meinung gebildet haben, es muss nur eine vorherige eingehende Erörterung erfolgt sein[3]. Nur mit Vorberatung ist eine sachkundige Diskussion in der BR-Sitzung möglich. Die Tatsache der Vorberatung der Angelegenheit ist dem BR-Vorsitzenden mit dem Antrag bekannt zu machen und ggf. nachzuweisen[4]. 18

3. Behandlung der Angelegenheit. Der BR ist verpflichtet, den beantragten Beratungsgegenstand auf die Tagesordnung der nächsten BR-Sitzung zu setzen, wenn die Voraussetzungen des Abs. 3 S. 1 vorliegen und der Antrag so rechtzeitig gestellt wurde, dass die Aufnahme in die Tagesordnung der nächsten Sitzung möglich und zumutbar ist. Ist das nicht der Fall, muss die Angelegenheit auf die Tagesordnung der nächstfolgenden Sitzung gesetzt werden[5]. Wird die Angelegenheit im BR behandelt, muss dieser darüber nicht abschließend entscheiden. Er kann sie bspw. einem **Ausschuss** zur weiteren Behandlung zuweisen[6]. In dem Ausschuss ist die JAV zu beteiligen[7]. 19

V. Informationspflicht (Abs. 3 S. 2). Abs. 3 S. 2 normiert eine Unterrichtungspflicht des BR, wenn dieser sich mit Angelegenheiten befasst, die besonders die in § 60 I genannten ArbN betreffen. Die JAV soll in die Lage versetzt werden, eine Angelegenheit vor der Erörterung im BR vorberaten zu können, um ihre Ansicht in der BR-Sitzung angemessen vertreten zu können[8]. 20

Wenn die betreffende Angelegenheit im BR behandelt wird, hat die JAV ein besonderes Teilnahmerecht nach Abs. 1 S. 2. Ob auch ein Stimmrecht nach Abs. 2 besteht, hängt davon ab, ob die Angelegenheit überwiegend die in § 60 I genannten ArbN betrifft. 21

VI. Rechtsfolgen bei Nichtbeachtung. Die – wiederholte – Verletzung kann eine grobe Amtspflichtverletzung darstellen (§ 23 I)[9]. Allerdings berührt ein Verstoß nicht **die Wirksamkeit eines BR-Beschlusses**[10]. 22

VII. Streitigkeiten über das Teilnahmerecht der JAV und das Stimmrecht der Jugend- und Auszubildendenvertreter entscheidet das ArbG im **Beschlussverfahren** (§§ 2a I Nr. 1, II iVm. 80 ff. ArbGG). Gleiches gilt hinsichtlich der Informationspflicht und des Antragsrechts. Antragsberechtigt und beteiligungsbefugt ist in diesen Fällen die JAV, es handelt sich um eine betriebsverfassungsrechtl. Streitigkeit zwischen ihr und dem BR. 23

68 Teilnahme an gemeinsamen Besprechungen

Der Betriebsrat hat die Jugend- und Auszubildendenvertretung zu Besprechungen zwischen Arbeitgeber und Betriebsrat beizuziehen, wenn Angelegenheiten behandelt werden, die besonders die in § 60 Abs. 1 genannten Arbeitnehmer betreffen.

I. Vorbemerkung. Die Vorschrift soll sicherstellen, dass die JAV in gleichem Ausmaß an Besprechungen des BR mit dem ArbGeb beteiligt wird, wie dies im Verhältnis zum BR in § 67 I 2 vorgesehen ist[11]. 1

II. Teilnahmerecht. 1. Besprechungsgegenstand. Die JAV ist zu den gemeinsamen Besprechungen zwischen ArbGeb und BR hinzuzuziehen, wenn Angelegenheiten behandelt werden, die **besonders** (vgl. § 67 Rz. 7) und natürlich auch **überwiegend** (vgl. § 67 Rz. 12) die Jugendlichen oder die zu ihrer Berufsausbildung beschäftigten ArbN unter 25 LJ betreffen[12]. 2

2. Besprechungen. Hinsichtlich dieser Themen besteht ein Teilnahmerecht der JAV an allen Besprechungen zwischen ArbGeb und BR. Das Teilnahmerecht beschränkt sich damit nicht auf die monatlichen Besprechungen gem. § 74 I[13]. Besprechungen sind **gemeinsame Sitzungen** des ArbGeb mit dem Organ BR oder einem offiziellen Ausschuss. Das Teilnahmerecht gilt deshalb nicht für **Einzelgespräche**, die der BR-Vorsitzende oder ein anderes BR-Mitglied mit dem ArbGeb von Fall zu Fall führt[14]. Wird die Besprechung von einem **Betriebsausschuss** oder einem sonstigen Ausschuss des BR wahrgenommen, besteht das Teilnahmerecht dort[15]. 3

---

1 *Fitting*, § 67 Rz. 26. ||2 DKKW/*Trittin*, § 67 Rz. 26. ||3 *Fitting*, § 67 Rz. 27; GK-BetrVG/*Oetker*, § 67 Rz. 57. ||4 *Fitting*, § 67 Rz. 27. ||5 *Fitting*, § 67 Rz. 28; DKKW/*Trittin*, § 67 Rz. 30. ||6 *Fitting*, § 67 Rz. 28. ||7 Richardi/*Annuß*, § 67 Rz. 26 und 29 f.; *Fitting*, § 67 Rz. 29 und 18. ||8 *Fitting*, § 67 Rz. 30. ||9 *Fitting*, § 67 Rz. 30; Richardi/*Annuß*, § 67 Rz. 34. ||10 GK-BetrVG/*Oetker*, § 67 Rz. 70. ||11 Richardi/*Annuß*, § 68 Rz. 1. ||12 *Fitting*, § 68 Rz. 4; GK-BetrVG/*Oetker*, § 68 Rz. 4. ||13 *Fitting*, § 68 Rz. 5; DKKW/*Trittin*, § 68 Rz. 2. ||14 *Fitting*, § 68 Rz. 5; aA DKKW/*Trittin*, § 68 Rz. 2. ||15 *Fitting*, § 68 Rz. 9; DKKW/*Trittin*, § 68 Rz. 3.

4 3. **Teilnahmeberechtigung.** Teilnahmeberechtigt – nicht verpflichtet – sind **alle Mitglieder** der JAV[1]. Das Recht auf Teilnahme bedeutet nicht nur körperliche Anwesenheit, sondern erlaubt auch, in die Besprechung einzugreifen[2].

5 4. **Ladung.** Einer Beschlussfassung des BR zur Hinzuziehung der JAV bedarf es nicht, da es sich um eine Pflichtaufgabe des BR handelt, deren Erfüllung keinen Beschluss voraussetzt[3]. Eine bestimmte Form für die Ladung ist nicht vorgeschrieben. Eine schriftl. Ladung ist aus Beweis- und Dokumentationsgründen jedoch zweckmäßig. Der BR hat dem **Vorsitzenden** der JAV den **Besprechungstermin** und die **Inhalte** der Besprechung mitzuteilen. Der Vorsitzende der JAV ist dann verpflichtet, alle Mitglieder der JAV über Ort, Zeit und Inhalt der gemeinsamen Besprechung zu informieren und einzuladen[4].

6 5. **Pflichtverletzung.** Verstößt der BR bzw. der BR-Vorsitzende – wiederholt – gegen die Verpflichtung zur Beiziehung der JAV, kann hierin ggf. ein **Verstoß** gegen § 23 I liegen[5]. Da die Hinzuziehungspflicht den BR, **nicht** den ArbGeb trifft, kann gegen ihn nicht nach § 23 III vorgegangen werden, wenn die Beteiligung der JAV unterbleibt[6].

7 III. **Streitigkeiten** über das Teilnahmerecht der JAV an Besprechungen zwischen ArbGeb und BR über Angelegenheiten, die besonders die in § 60 I genannten ArbN betreffen, entscheidet das ArbG im **Beschlussverfahren** nach §§ 2a I Nr. 1, II iVm. 80ff. ArbGG. Der Antrag auf Erlass einer einstw. Verfügung ist möglich[7], wenn auch in der Praxis wenig Erfolg versprechend, da zur Sicherung des Rechts **vor** der Besprechung zwischen ArbGeb und BR schwerlich eine einstw. Verfügung ergeht, die dann noch rechtzeitig vollstreckt werden muss.

69 Sprechstunden

In Betrieben, die in der Regel mehr als fünfzig der in § 60 Abs. 1 genannten Arbeitnehmer beschäftigen, kann die Jugend- und Auszubildendenvertretung Sprechstunden während der Arbeitszeit einrichten. Zeit und Ort sind durch Betriebsrat und Arbeitgeber zu vereinbaren. § 39 Abs. 1 Satz 3 und 4 und Abs. 3 gilt entsprechend. An den Sprechstunden der Jugend- und Auszubildendenvertretung kann der Betriebsratsvorsitzende oder ein beauftragtes Betriebsratsmitglied beratend teilnehmen.

1 I. **Vorbemerkung.** In Betrieben mit einer bestimmten Größe **kann** die JAV für Jugendliche oder zu ihrer Berufsausbildung beschäftigte ArbN unter 25 LJ eigene **Sprechstunden** einrichten. Wird von dieser Möglichkeit **kein** Gebrauch gemacht, so kann an den Sprechstunden des BR ein Mitglied der JAV zur Beratung der in § 60 I genannten ArbN teilnehmen (§ 39 II).

2 Einstweilen frei.

3 II. **Sprechstunden der Jugend- und Auszubildendenvertretung (S. 1–3). 1. Betriebsgröße.** Voraussetzung für die Errichtung einer eigenen Sprechstunde ist, dass in dem Betrieb (vgl. § 1 Rz. 8ff.) **in der Regel** (vgl. § 1 Rz. 4) mehr als fünfzig jugendliche ArbN oder zur Berufsausbildung Beschäftigte, die das 25. LJ noch nicht vollendet haben, tätig sind. Sinkt die Zahl auf Dauer unter 51 oder wird die erforderliche Anzahl von Anfang an nicht erreicht, können eigene Sprechstunden der JAV von Gesetzes wegen nicht abgehalten werden. Allerdings steht es ArbGeb, BR und JAV frei, **freiwillig** eine Vereinbarung abzuschließen, nach der die JAV eigene Sprechstunden abhalten darf[8].

4 2. **Beschlussfassung.** Die Einrichtung einer eigenen Sprechstunde der JAV erfolgt durch einen **Mehrheitsbeschluss** der JAV. Sie entscheidet darüber nach eigenem Ermessen, eine gesetzl. **Pflicht** zur Einrichtung besteht nicht[9]. An diesen Beschluss sind, sofern die gesetzl. Voraussetzungen vorliegen, ArbGeb und BR gebunden[10]. Dieser Beschluss besagt zunächst nur, dass eine eigene Sprechstunde der JAV eingerichtet wird. Diese findet während der Arbeitszeit statt (S. 1).

5 3. **Konkretisierung.** Der BR ist verpflichtet, mit dem ArbGeb eine Vereinbarung über Ort, Zeit sowie Häufigkeit der eigenen Sprechstunde der JAV zu treffen (S. 2)[11]. Können ArbGeb und BR sich nicht einigen, werden Zeit und Ort der Sprechstunden durch die **Einigungsstelle** festgelegt (S. 3 iVm. § 39 I 3 und 4). Die Festlegung von Zeit und Ort der von der JAV beschlossenen Sprechstunden gehört zu den gesetzl. Pflichten von ArbGeb und BR, deren Nichtbeachtung uU als grober Verstoß iSv. § 23 I angesehen werden kann[12].

6 4. **Durchführung der Sprechstunden.** Ist eine eigene Sprechstunde der JAV eingerichtet, ist diese durchzuführen. Wer die Sprechstunden abhalten soll, wie sie im Einzelnen ablaufen und wie sie angekündigt werden, entscheidet die JAV ohne Mitwirkung des BR[13]. Werden die Sprechstunden durch die JAV entgegen der Vereinbarung nicht durchgeführt, kann uU eine grobe Pflichtverletzung iSv. § 23 I vorliegen. Die Sprechstunde der JAV ist **ausschließlich** zuständig für die in § 60 I genannten ArbN. Diese

---

1 *Fitting*, § 68 Rz. 8; DKKW/*Trittin*, § 68 Rz. 7; GK-BetrVG/*Oetker*, § 68 Rz. 11 f. ||2 *Richardi/Annuß*, § 68 Rz. 6. ||3 *Richardi/Annuß*, § 68 Rz. 6. ||4 *Fitting*, § 68 Rz. 7; DKKW/*Trittin*, § 68 Rz. 6. ||5 GK-BetrVG/*Oetker*, § 68 Rz. 10. ||6 *Richardi/Annuß*, § 68 Rz. 9. ||7 *Fitting*, § 68 Rz. 10; DKKW/*Trittin*, § 68 Rz. 9. ||8 DKKW/*Trittin*, § 69 Rz. 4; *Fitting*, § 69 Rz. 4. ||9 GK-BetrVG/*Oetker*, § 69 Rz. 7. ||10 *Fitting*, § 69 Rz. 5; DKKW/*Trittin*, § 69 Rz. 6. ||11 DKKW/*Trittin*, § 69 Rz. 7; *Fitting*, § 69 Rz. 8. ||12 *Fitting*, § 69 Rz. 8; DKKW/*Trittin*, § 69 Rz. 7. ||13 *Richardi/Annuß*, § 69 Rz. 7.

sind aber nicht **gezwungen**, die Sprechstunde der JAV zu besuchen. Sie können wahlweise ihre Anliegen und Wünsche auch in der Sprechstunde des BR vorbringen, der BR darf sie insoweit nicht abweisen und auf die Sprechstunde der JAV verweisen (vgl. § 39 Rz. 6).

5. Kosten. Der ArbGeb hat die **notwendigen Kosten** zu tragen, die durch die Abhaltung der Sprechstunde entstehen, sowie die notwendigen Räume und anderen sachlichen Mittel zur Verfügung zu stellen (§§ 65 I iVm. 40, vgl. § 39 Rz. 3 sowie § 40 Rz. 26 ff.).

6. Arbeitsentgelt. Sind Sprechstunden eingerichtet, gehört die Durchführung zu den Amtspflichten der Mitglieder der JAV. Sie behalten für die Dauer der Sprechstunden ihren Anspruch auf Arbeitsentgelt (§§ 65 I iVm. 37 II)[1]. ArbN iSv. § 60 I dürfen die Sprechstunden der JAV besuchen, ohne dass es zu einer Minderung des Arbeitsentgelts kommt. Es gilt dasselbe wie für den Besuch der Sprechstunden des BR (vgl. § 39 Rz. 7 ff.).

III. Teilnahmerecht (S. 4). Nach S. 4 **kann** der BR-Vorsitzende oder ein beauftragtes BR-Mitglied **beratend** an den Sprechstunden der JAV teilnehmen. Allerdings besteht keine **Pflicht** des BR-Vorsitzenden oder eines beauftragten BR-Mitglieds, an den Sprechstunden der JAV teilzunehmen[2]. Das Teilnahmerecht steht primär dem BR-Vorsitzenden zu. Jedoch kann ein **anderes Mitglied** des BR mit dieser Aufgabe beauftragt werden.

IV. Streitigkeiten betr. die grds. Berechtigung der JAV, eigene Sprechstunden durchzuführen, sind im arbeitsgerichtl. **Beschlussverfahren** gem. §§ 2a I Nr. 1, II iVm. 80 ff. ArbGG zu entscheiden. Gleiches gilt für die Inanspruchnahme der Sprechstunden durch ArbN iSv. § 60 I und das Teilnahmerecht des BR-Vorsitzenden oder eines anderen beauftragten Mitglieds des BR. Ansprüche von beschäftigten ArbN iSv. § 60 I auf wegen des Besuchs der Sprechstunden vorenthaltenes Arbeitsentgelt sind solche aus dem ArbVerh, über die im **Urteilsverfahren** (§§ 2 I Nr. 3a, V iVm. 46 ff. ArbGG) zu entscheiden ist. Gleiches gilt für Jugend- und Auszubildendenvertreter, denen wegen der Durchführung von Sprechstunden Arbeitsentgelt vorenthalten wurde[3]. Kommt zwischen ArbGeb und BR keine Vereinbarung zustande (S. 2) und kommt es zu einem Spruch der Einigungsstelle (S. 3 iVm. § 39 I 3 und S. 4), kann dieser im **Beschlussverfahren** im Rahmen des § 76 V 4 arbeitsgerichtl. überprüft werden. Das Beschlussverfahren kann jedoch in diesem Fall nur vom BR oder vom ArbGeb, nicht von der JAV eingeleitet werden[4].

70 Allgemeine Aufgaben

(1) Die Jugend- und Auszubildendenvertretung hat folgende allgemeine Aufgaben:
1. Maßnahmen, die den in § 60 Abs. 1 genannten Arbeitnehmern dienen, insbesondere in Fragen der Berufsbildung und der Übernahme der zu ihrer Berufsausbildung Beschäftigten in ein Arbeitsverhältnis, beim Betriebsrat zu beantragen;
1a. Maßnahmen zur Durchsetzung der tatsächlichen Gleichstellung der in § 60 Abs. 1 genannten Arbeitnehmer entsprechend § 80 Abs. 1 Nr. 2a und 2b beim Betriebsrat zu beantragen;
2. darüber zu wachen, dass die zu Gunsten der in § 60 Abs. 1 genannten Arbeitnehmer geltenden Gesetze, Verordnungen, Unfallverhütungsvorschriften, Tarifverträge und Betriebsvereinbarungen durchgeführt werden;
3. Anregungen von in § 60 Abs. 1 genannten Arbeitnehmern, insbesondere in Fragen der Berufsbildung, entgegenzunehmen und, falls sie berechtigt erscheinen, beim Betriebsrat auf eine Erledigung hinzuwirken. Die Jugend- und Auszubildendenvertretung hat die betroffenen in § 60 Abs. 1 genannten Arbeitnehmer über den Stand und das Ergebnis der Verhandlungen zu informieren;
4. die Integration ausländischer, in § 60 Abs. 1 genannter Arbeitnehmer im Betrieb zu fördern und entsprechende Maßnahmen beim Betriebsrat zu beantragen.

(2) Zur Durchführung ihrer Aufgaben ist die Jugend- und Auszubildendenvertretung durch den Betriebsrat rechtzeitig und umfassend zu unterrichten. Die Jugend- und Auszubildendenvertretung kann verlangen, dass ihr der Betriebsrat die zur Durchführung ihrer Aufgaben erforderlichen Unterlagen zur Verfügung stellt.

I. Vorbemerkung. Die Aufgaben und Befugnisse der JAV sind **in Anlehnung an die Aufgaben des BR** (§ 80) in § 70 geregelt.

II. Allgemeine Aufgaben (Abs. 1). Abs. 1 umschreibt in allg. Form die Aufgaben, deren Erfüllung der Gesetzgeber von der JAV erwartet. Dabei ist der Aufgabenkatalog, der in Abs. 1 aufgezählt wird, nicht abschließend[5]. Die Aufgaben der JAV werden vielmehr durch die Gesamtheit der §§ 61 ff. umschrieben[6].

---

1 DKKW/*Trittin*, § 69 Rz. 11. ||2 DKKW/*Trittin*, § 69 Rz. 13; *Fitting*, § 69 Rz. 12. ||3 Richardi/*Annuß*, § 69 Rz. 13. ||4 DKKW/*Trittin*, § 69 Rz. 18; *Fitting*, § 69 Rz. 14. ||5 DKKW/*Trittin*, § 70 Rz. 1. ||6 GK-BetrVG/*Oetker*, § 70 Rz. 5.

Zur Erfüllung der allg. Aufgaben des § 70 können BR und JAV **gemeinsam** die Durchführung einer **Fragebogenaktion** unter dem in § 60 I genannten ArbN-Kreis beschließen[1].

3 **1. Antragsrecht (Abs. 1 Nr. 1).** Nach Abs. 1 Nr. 1 hat die JAV Maßnahmen, die den in § 60 I genannten ArbN (vgl. § 60 Rz. 7) dienen, insb. in Fragen der Berufsbildung und der Übernahme der zu ihrer Berufsausbildung Beschäftigten in ein ArbVerh., beim BR zu beantragen. Die Vorschrift gewährt der JAV ein **allgemeines Initiativrecht**[2].

4 **a) Relevante Maßnahmen.** Es muss sich um **den Betrieb betreffende Maßnahmen** handeln, die in den **Zuständigkeitsbereich des BR** fallen[3]. Von besonderer Bedeutung für den in § 60 I genannten ArbN-Kreis sind Fragen der **Berufsbildung**. Besonders genannt ist darüber hinaus die Übernahme der zu ihrer Berufsausbildung Beschäftigten in ein ArbVerh. Weitere **Beispiele:** Fragen der Arbeitszeit, besondere Sozialleistungen oder Sozialeinrichtungen (zB die Einrichtung von Aufenthaltsräumen, die Bildung einer betriebl. Sportabteilung oder Musikgruppe, die Einrichtung einer Jugendbibliothek, eines Ferienhauses), Urlaubsregelungen, Ausbildungsmaßnahmen usw.[4].

5, 6 Einstweilen frei.

7 **b) Beschlussfassung und Antrag.** Die JAV muss einen Antrag **an den BR** richten. Dies setzt voraus, dass die JAV die Angelegenheit zuvor beraten und – mit einfacher Mehrheit – einen **Beschluss** gefasst hat[5]. Der Vorsitzende der JAV hat kein eigenes Antragsrecht, er führt den Beschluss der JAV aus, indem er ihn an den BR weiterleitet[6].

8 **c) Behandlung durch Betriebsrat.** Der BR **muss** sich mit dem **Antrag** befassen[7]. Wie er ihn behandelt, unterliegt seinem Ermessen. Unsachliche, unbegründete oder unzweckmäßige Anträge kann er zurückweisen[8]. Erachtet der BR den Antrag der JAV als sachdienlich oder berechtigt, so ist er im Rahmen seines Ermessens verpflichtet, die Angelegenheit mit dem ArbGeb zu erörtern (§ 80 I Nr. 3, vgl. dort Rz. 33 ff.). Bei der Behandlung des Antrags im BR hat die JAV idR ein Teilnahmerecht nach § 67 I 2 und auch ein Stimmrecht nach § 67 II, wenn überwiegend die in § 60 I genannten ArbN betroffen sind[9]. In jedem Fall hat jedoch der BR die JAV über die Behandlung der Angelegenheit zu informieren (vgl. § 80 I Nr. 3), soweit nicht die JAV an der BR-Sitzung bzw. der Beschlussfassung gem. § 67 teilgenommen hat[10].

9 **2. Gleichstellung (Abs. 1 Nr. 1a).** Nach Abs. 1 Nr. 1a hat die JAV Maßnahmen zur **Durchsetzung der tatsächlichen Gleichstellung** der in § 60 I genannten ArbN entsprechend § 80 I Nr. 2a und 2b beim BR zu beantragen (zur Beschlussfassung und Behandlung des Antrages s. oben Rz. 7f.). Die entsprechende Anwendung von § 80 I Nr. 2a und 2b betrifft die Durchsetzung der tatsächlichen Gleichstellung von Frauen und Männern, insb. bei der Einstellung, Beschäftigung, Aus-, Fort- und Weiterbildung und dem beruflichen Aufstieg, sowie die Vereinbarkeit von Familie und Erwerbstätigkeit.

10 **3. Überwachung (Abs. 1 Nr. 2).** Nach Abs. 1 Nr. 2 hat die JAV darüber zu wachen, dass die zu Gunsten der in § 60 I genannten ArbN geltenden Gesetze, VO, Unfallverhütungsvorschriften, TV und BV durchgeführt werden. Die Vorschrift entspricht § 80 I Nr. 1 und normiert nicht nur ein **Überwachungsrecht** der JAV, sondern zugleich auch eine **Überwachungspflicht**[11]. Zu den Überwachungsaufgaben gehört es nicht, Individualansprüche der ArbN durchzusetzen oder sie vor dem ArbG zu vertreten[12]. Nicht erforderlich ist, dass die Rechtsnormen ausschließlich oder überwiegend den in § 60 I genannten ArbN-Kreis betreffen. Das Überwachungsrecht besteht vielmehr hinsichtlich aller Normen, die **auch** für diese ArbN von Bedeutung sind[13]. **Gesetzl. Vorschriften** iSv. Nr. 2 sind bspw. das BBiG und die HwO, soweit sie die Berufsausbildung betreffen, sowie ArbN-Schutzgesetze wie das ArbPlSchG, ArbZG etc. und auch das AGG[14]. Bei den **VO** kommen insb. die auf Grund des BBiG, des JArbSchG sowie der GewO erlassenen VO in Betracht[15]. Zahlreiche **Unfallverhütungsvorschriften** der Berufsgenossenschaften enthalten ebenfalls Sonderregelungen über die Beschäftigung des in § 60 I genannten ArbN-Kreises[16]. Auch **TV** und **BV** sehen vielfach entsprechende Sonderregelungen vor[17]. Für die Durchführung von Kontrollmaßnahmen ist die JAV auf die Mitwirkung des BR angewiesen. Stellt sie Verstöße gegen die in Nr. 2 genannten Bestimmungen fest, kann **nur** der BR beim ArbGeb **auf Abhilfe** dringen[18]. Dabei kann der BR keine generelle Einwilligung für jede zukünftige Überwachungsmaßnahme der JAV erteilen, da diese ansonsten in der Lage wäre, eigenständig neben dem BR zu handeln. Allerdings kann die JAV auch **ohne konkreten Verdacht** gem. Nr. 2 die Arbeitsplätze jugendlicher ArbN aufsuchen, bedarf dafür aber in jedem Fall der **Zustimmung** des BR[19].

---

1 DKKW/*Trittin*, § 70 Rz. 9; *Fitting*, § 70 Rz. 4; BAG 8.2.1977 – 1 ABR 82/74, AP Nr. 10 zu § 80 BetrVG 1972. ||2 *Fitting*, § 70 Rz. 5. ||3 *Fitting*, § 70 Rz. 5; DKKW/*Trittin*, § 70 Rz. 10. ||4 *Fitting*, § 70 Rz. 6. ||5 DKKW/*Trittin*, § 70 Rz. 12; *Fitting*, § 70 Rz. 8. ||6 *Fitting*, § 70 Rz. 8; GK-BetrVG/*Oetker*, § 70 Rz. 18. ||7 DKKW/*Trittin*, § 70 Rz. 12; GK-BetrVG/*Oetker*, § 70 Rz. 20. ||8 DKKW/*Trittin*, § 70 Rz. 14; *Fitting*, § 70 Rz. 10. ||9 GK-BetrVG/*Oetker*, § 70 Rz. 23; *Fitting*, § 70 Rz. 11. ||10 DKKW/*Trittin*, § 70 Rz. 14. ||11 *Fitting*, § 70 Rz. 12; DKKW/*Trittin*, § 70 Rz. 15. ||12 DKKW/*Trittin*, § 70 Rz. 20; *Fitting*, § 70 Rz. 14. ||13 DKKW/*Trittin*, § 70 Rz. 15; *Fitting*, § 70 Rz. 12. ||14 *Fitting*, § 70 Rz. 13. ||15 *Fitting*, § 70 Rz. 13. ||16 *Fitting*, § 70 Rz. 13. ||17 *Fitting*, § 70 Rz. 13. ||18 DKKW/*Trittin*, § 70 Rz. 16; *Fitting*, § 70 Rz. 14. ||19 Vgl. BAG 21.1.1982 – 6 ABR 17/79, AP Nr. 1 zu § 70 BetrVG 1972.

- **Hinweis:** Jugendliche und Auszubildende haben oft Probleme, Beschwerden über ihre Arbeitsplätze oder Arbeits- und Ausbildungsbedingungen zu artikulieren. In persönlichen, vertraulichen Gesprächen mit der JAV „vor Ort" kann es möglich sein, Verletzungen von Rechten oder Missstände festzustellen.

4. Anregungen (Abs. 1 Nr. 3). Nach Abs. 1 Nr. 3 hat die JAV Anregungen von in § 60 I genannten ArbN, insb. in Fragen der Berufsbildung, entgegenzunehmen und, falls sie berechtigt erscheinen, beim BR auf eine Erledigung hinzuwirken.

a) Betriebliche Fragen. Bei den Anregungen iSv. Nr. 3 handelt es sich um alle Formen der Meinungsäußerung. Hierzu gehören bspw. auch Beschwerden[1]. Bei den Anregungen muss es sich aber um betriebl. Fragen handeln[2]. Das Anregungsrecht entspricht § 80 I Nr. 3 (vgl. § 80 Rz. 33 ff.). Durch Nr. 3 wird lediglich eine Aufgabe der JAV umschrieben. Die jugendlichen oder auszubildenden ArbN brauchen sich nicht mit Anregungen an sie zu wenden, sondern können die Angelegenheiten gem. § 80 I Nr. 3 **unmittelbar dem BR** vortragen[3].

b) Behandlung durch Jugend- und Auszubildendenvertretung. Die JAV ist verpflichtet, die **Anregungen** entgegenzunehmen, wobei auch hier das Gesetz Anregungen in Fragen der Berufsbildung besonders betont. Die JAV hat sich in einer Sitzung mit den Anregungen zu befassen und zu entscheiden, ob sie berechtigt sind. Dabei steht ihr ein der gerichtl. Kontrolle entzogener **Beurteilungsspielraum** zu[4]. Hält die JAV die Anregung für unberechtigt, unzweckmäßig oder undurchführbar, hat sie dies in einem Beschluss festzustellen. Kommt sie dagegen zu dem Ergebnis, die Anregung sei berechtigt, **muss** sie diese dem BR – nicht dem ArbGeb – mit ihrer Stellungnahme und der Bitte um Erledigung zuleiten[5].

c) Behandlung durch Betriebsrat. Der BR ist nach § 80 I Nr. 3 verpflichtet, sich mit der **Anregung** zu befassen. Hinsichtlich der Erledigung ist der BR nicht an die Stellungnahme der JAV gebunden. Ihm steht ein selbständiges **Prüfungs- und Beurteilungsrecht** zu[6]. Hält der BR die Anregung für berechtigt, hat er mit dem ArbGeb Verhandlungen aufzunehmen[7]. Die betreffenden ArbN sind über den Stand und das Ergebnis der Verhandlungen zu unterrichten (§ 80 I Nr. 3 Hs. 2, vgl. § 80 Rz. 39).

d) Mitteilungspflicht. Nach Nr. 3 S. 2 hat die JAV die betroffenen, in § 60 I genannten ArbN über den Stand und das Ergebnis der Verhandlungen zu informieren. Sie muss mitteilen, wenn sie die Anregung für nicht berechtigt hält, oder darüber berichten, wie die Anregung im BR behandelt wurde und welches Ergebnis in dieser Sache die mit dem ArbGeb geführten Verhandlungen hatten[8].

5. Integration ausländischer Arbeitnehmer (Abs. 1 Nr. 4). Abs. 1 Nr. 4 gibt der JAV auf, die Integration ausländischer, in § 60 I genannter ArbN im Betrieb zu fördern und entsprechende Maßnahmen beim BR zu beantragen (vgl. § 80 Rz. 47 ff.).

a) Entsprechende Maßnahmen. BR und JAV sollen von sich aus aktiv werden, um im Vorfeld Vorurteile abzubauen und sich für die Belange ausländischer Kollegen verstärkt einzusetzen. Werden dem BR oder der JAV ausländerfeindliche Aktivitäten im Betrieb bekannt, können sie beim ArbGeb Maßnahmen zur Bekämpfung von Rassismus und Fremdenfeindlichkeit beantragen. Auf diese Weise sollen sie zB gegen ausländerfeindliche Hetzflugblätter wie auch gegen alltägliche Nadelstiche wie Belästigungen und kleine Benachteiligungen gemeinsam mit dem ArbGeb vorgehen[9]. In Betracht kommen als mögliche Maßnahmen freiwillige BV durch den BR zur Integration ausländischer ArbN sowie zur Bekämpfung von Rassismus und Fremdenfeindlichkeit im Betrieb.

b) Antrag und Beschlussfassung. Maßnahmen nach Abs. 1 Nr. 4 sind durch die JAV zu beschließen und beim BR zu beantragen (vgl. Rz. 7 f.).

III. Unterrichtung (Abs. 2). Zur Durchführung ihrer Aufgaben ist die JAV durch den BR nach Abs. 2 S. 1 rechtzeitig und umfassend zu unterrichten. Sie kann ferner verlangen, dass ihr der BR die zur Durchführung ihrer Aufgaben erforderlichen Unterlagen zur Verfügung stellt (Abs. 2 S. 2). Das **Unterrichtungsrecht** der JAV entspricht dem des BR nach § 80 II (vgl. § 80 Rz. 61 ff.).

1. Auskunftsverpflichteter (Abs. 2 S. 1). Die Unterrichtungsverpflichtung nach Abs. 2 S. 1 richtet sich **allein** gegen den **BR**, nicht gegen den ArbGeb[10]. Der BR muss die Unterrichtung von sich aus vornehmen. Die Unterrichtung hat rechtzeitig zu erfolgen, dh. die JAV muss die Informationen bei der Erledigung ihrer Aufgaben noch berücksichtigen können[11].

2. Umfang der Unterrichtung (Abs. 2 S. 1). Die Unterrichtungsverpflichtung erstreckt sich auf alle Informationen zu Umständen und Tatsachen, die sich auf die Aufgaben der JAV beziehen und ohne Schwierigkeiten vom BR eingeholt werden können. Über **Betriebs- oder Geschäftsgeheimnisse** darf der BR die JAV **nicht** unterrichten. Dies gilt selbst dann, wenn die Informationen für den von § 60 I genannten ArbN-Kreis von besonderer Bedeutung sind. Dies ergibt sich daraus, dass die JAV in die Ausnahme-

---

1 DKKW/*Trittin*, § 70 Rz. 21; *Fitting*, § 70 Rz. 15. || 2 DKKW/*Trittin*, § 70 Rz. 22. || 3 *Fitting*, § 70 Rz. 15. || 4 DKKW/*Trittin*, § 70 Rz. 23. || 5 *Fitting*, § 70 Rz. 18. || 6 GK-BetrVG/*Oetker*, § 70 Rz. 51. || 7 DKKW/*Trittin*, § 70 Rz. 25. || 8 *Fitting*, § 70 Rz. 19. || 9 BT-Drs. 14/5741, 31. || 10 DKKW/*Trittin*, § 70 Rz. 27; *Fitting*, § 70 Rz. 20. || 11 Vgl. *Fitting*, § 70 Rz. 21; DKKW/*Trittin*, § 70 Rz. 32.

bestimmungen des § 79 I 4 nicht aufgenommen ist[1] und die Mitglieder des BR der JAV ggü. zur Verschwiegenheit verpflichtet sind. Sollten Mitglieder der JAV dennoch von Betriebs- oder Geschäftsgeheimnissen Kenntnis erlangen, sind sie nach § 79 II zur Verschwiegenheit verpflichtet.

23   **3. Vorlage von Unterlagen (Abs. 2 S. 2).** Auf **Verlangen** der JAV hat der BR seine Unterrichtung durch die Vorlage der erforderlichen Unterlagen zu ergänzen. Die erforderlichen Unterlagen hat **nicht** der ArbGeb, sondern allein der BR zur Verfügung zu stellen[2]. Die Unterlagen müssen der JAV **auf Zeit** überlassen und nicht nur vorgelegt werden[3]. Enthalten die Unterlagen Betriebs- oder Geschäftsgeheimnisse, besteht keine Vorlagepflicht (vgl. Rz. 22). Zu den Unterlagen, die auf Verlangen zur Verfügung zu stellen sind, können Gesetzestexte, Tarifbestimmungen und uU auch Literatur gehören[4]. Möglich sind aber ebenfalls Ausbildungspläne, Berichte der für die Berufsausbildung zuständigen Behörden und andere Unterlagen, die zur Bearbeitung der jeweils konkreten Aufgabe erforderlich sind[5].

24   Die **Vorlagepflicht** beschränkt sich auf solche Unterlagen, die dem BR gem. § 80 II 1 zur Verfügung gestellt worden sind bzw. deren Zurverfügungstellung er im Rahmen des § 80 II 2 verlangen kann[6].

25   **IV. Streitigkeiten.** Eine Verletzung der in Abs. 1 genannten Pflichten durch den BR oder die JAV kann ggf. im Wiederholungsfall einen groben Verstoß iSv. § 23 I mit der Folge einer eventuellen Auflösung von BR oder JAV darstellen[7]. IÜ wird über den Umfang, Inhalt und die Grenzen der Aufgaben einer JAV sowie das Unterrichtungsrecht und die Pflicht zum Überlassen von Unterlagen im arbeitsgerichtl. **Beschlussverfahren** nach §§ 2a I Nr. 1, II iVm. 80 ff. ArbGG entschieden. In einem solchen Verfahren ist die JAV Beteiligte[8].

71 *Jugend- und Auszubildendenversammlung*

Die Jugend- und Auszubildendenvertretung kann vor oder nach jeder Betriebsversammlung im Einvernehmen mit dem Betriebsrat eine betriebliche Jugend- und Auszubildendenversammlung einberufen. Im Einvernehmen mit Betriebsrat und Arbeitgeber kann die betriebliche Jugend- und Auszubildendenversammlung auch zu einem anderen Zeitpunkt einberufen werden. § 43 Abs. 2 Satz 1 und 2, die §§ 44 bis 46 und § 65 Abs. 2 Satz 2 gelten entsprechend.

1   **I. Vorbemerkung.** Die betriebl. Jugend- und Auszubildendenversammlung ist das **Gesprächsforum** zwischen JAV und jugendlichen ArbN und den zu ihrer Berufsausbildung Beschäftigten unter 25 LJ. Sie soll Gelegenheit geben, die die ArbN iSv. § 60 I betreffenden Angelegenheiten unter sich zu erörtern[9].

2   **II. Einberufung und Durchführung.** Einberufung und Durchführung der Jugend- und Auszubildendenversammlung sind an bestimmte Voraussetzungen gebunden.

3   **1. Versammlungsgegenstand.** Die Jugend- und Auszubildendenversammlung kann sich nur mit den **besonderen Belangen** der im **Betrieb** beschäftigten jugendlichen und auszubildenden ArbN unter 25 Jahre befassen, dh. mit Fragen, die zum Aufgabenbereich der JAV gehören[10]. Hierzu gehören auch Angelegenheiten tarif-, sozial- (zB Fragen des Jugendarbeitsschutzes im Betrieb oder der Bereitstellung von Ausbildungsplätzen im Betrieb[11]) und wirtschaftspolitischer Art, sofern ein Bezug zu Auszubildenden oder jugendlichen ArbN des Betriebs besteht[12]. Es ist nicht erforderlich, dass die Angelegenheiten besonders oder überwiegend die Auszubildenden oder jugendlichen ArbN betreffen, es genügt, wenn sie diesen Personenkreis „auch" betreffen[13].

4   **2. Einberufung.** Ob eine Jugend- und Auszubildendenversammlung stattfindet, steht im **pflichtgemäßen Ermessen** der JAV[14]. Die Einberufung hat im Einvernehmen mit dem BR zu erfolgen (S. 1). Das bedeutet: Die JAV beschließt das „Ob", „Wann" und „Wie" der Versammlung[15]. Sie hat darüber in einer Sitzung einen **Beschluss** zu fassen, für den die einfache **Stimmenmehrheit** genügt (§§ 65 I iVm. 33 I 1)[16]. Dem muss der BR durch Beschluss zustimmen[17]. An der Beschlussfassung des BR ist die JAV nach § 67 I und II zu beteiligen[18]. Ist das Einvernehmen mit dem BR betr. die Jugend- und Auszubildendenversammlung inkl. Tagesordnung hergestellt, ist eine **nachträgliche Änderung** oder Ergänzung der Tagesordnung in wesentlichen Punkten nur mit Zustimmung des BR möglich[19].

5   **3. Versammlungsarten.** Nach S. 2 iVm. § 44 finden die Versammlungen grds. **während der Arbeitszeit** in unmittelbarem zeitlichen Zusammenhang[20] vor oder nach den (regelmäßigen, weiteren oder außer-

---

[1] *Fitting*, § 70 Rz. 22; DKKW/*Trittin*, § 70 Rz. 30. ||[2] Vgl. BAG 20.11.1973 – 1 AZR 331/73, AP Nr. 1 zu § 65 BetrVG 1972. ||[3] DKKW/*Trittin*, § 70 Rz. 36; *Fitting*, § 70 Rz. 25. ||[4] Richardi/*Annuß*, § 70 Rz. 25. ||[5] *Fitting*, § 70 Rz. 24. ||[6] *Fitting*, § 70 Rz. 23. ||[7] *Fitting*, § 70 Rz. 26; DKKW/*Trittin*, § 70 Rz. 37. ||[8] BAG 8.2.1977 – 1 ABR 82/74, AP Nr. 10 zu § 80 BetrVG 1972. ||[9] *Fitting*, § 71 Rz. 1. ||[10] GK-BetrVG/*Oetker*, § 71 Rz. 46; *Fitting*, § 71 Rz. 21. ||[11] *Fitting*, § 71 Rz. 21. ||[12] *Fitting*, § 71 Rz. 21. ||[13] *Fitting*, § 71 Rz. 21; DKKW/*Trittin*, § 71 Rz. 28; aA GK-BetrVG/*Oetker*, § 71 Rz. 46. ||[14] *Fitting*, § 71 Rz. 10; DKKW/*Trittin*, § 71 Rz. 2. ||[15] GK-BetrVG/*Oetker*, § 71 Rz. 31. ||[16] Richardi/*Annuß*, § 71 Rz. 10. ||[17] DKKW/*Trittin*, § 71 Rz. 3; *Fitting*, § 71 Rz. 11. ||[18] GK-BetrVG/*Oetker*, § 71 Rz. 30. ||[19] *Fitting*, § 71 Rz. 11; Richardi/*Annuß*, § 71 Rz. 11; GK-BetrVG/*Oetker*, § 71 Rz. 31. ||[20] Vgl. BAG 15.8.1978 – 6 ABR 10/76, AP Nr. 1 zu § 23 BetrVG 1972.

ordentl.) Betriebs- bzw. Abteilungsversammlungen statt[1]. Ebenso wie die Betriebsversammlung kann die betriebl. Jugend- und Auszubildendenversammlung bei Vorliegen der in § 42 I 3 bezeichneten Voraussetzungen in Form von **Teilversammlungen** durchgeführt werden (zur Teilversammlung § 42 Rz. 29 ff.). Die betriebl. Jugend- und Auszubildendenversammlung kann auch im Wege einer **Abteilungsversammlung** durchgeführt werden, wenn die Voraussetzungen des § 42 II 1 vorliegen (zur Abteilungsversammlung § 42 Rz. 32 ff.)[2].

Der **Regelfall** der Jugend- und Auszubildendenversammlung ist der der Vollversammlung im Anschluss an eine Betriebsversammlung. Nur wenn besondere betriebl. oder persönl. Gründe jugendlicher oder zu ihrer Ausbildung beschäftigter ArbN unter 25 LJ vorliegen, welche dies unmöglich machen oder erheblich erschweren, dürfen die Jugend- und Auszubildendenversammlungen **ausnahmsweise** am vorangehenden oder dem nachfolgenden Tag stattfinden[3]. Beeinträchtigungen des Betriebsablaufs sollen in möglichst engen Grenzen gehalten werden. IÜ können die Jugend- und Auszubildendenversammlungen nach S. 2 im Einvernehmen von JAV, BR und ArbGeb an jedem anderen Tag abgehalten werden[4].

4. Teilnahmerecht. Die Jugend- und Auszubildendenversammlung ist grds. **nicht öffentlich**[5]. Die Einberufung erfolgt durch den Vorsitzenden der JAV, indem er die betriebl. Jugend- und Auszubildendenversammlung zu dem festgesetzten Zeitpunkt lädt. Ist er verhindert, so hat sein Stellvertreter die Einberufung durchzuführen[6].

Teilnahmeberechtigt sind:

- der **ArbGeb** (S. 3 iVm. § 43 II 1; vgl. § 43 Rz. 13);
- ein Beauftragter der Vereinigung der ArbGeb (**Verbandsvertreter**), der der ArbGeb angehört (S. 3 iVm. § 46 I 2; vgl. § 46 Rz. 12 ff.);
- Beauftragte der **im Betrieb vertretenen Gewerkschaft** (S. 3 iVm. § 46 I 1; vgl. § 46 Rz. 2 ff.);
- der **BR-Vorsitzende** oder ein beauftragtes Mitglied des **BR** (S. 3 iVm. § 65 II 2);
- die **ArbN** iSv. § 60 I;
- die Mitglieder der JAV;
- **ArbN anderer ArbGeb**, die nach § 7 S. 2 wahlberechtigt sind und zu dem in § 60 I genannten ArbN-Kreis gehören[7], auch **LeihArbN**, sofern sie zu den in § 60 I genannten Personen gehören (§ 14 II 2 AÜG);
- Andere Personen haben wegen des Grundsatzes der Nichtöffentlichkeit (vgl. Rz. 7) kein Teilnahmerecht[8].

5. Durchführung. Alle an der Jugend- und Auszubildendenversammlung Teilnahmeberechtigten haben Rederecht[9]. Die Jugend- und Auszubildendenversammlung wird vom Vorsitzenden der JAV **geleitet**[10]. Er hat insoweit die gleichen Rechte und Pflichten wie der Vorsitzende des BR bei der Durchführung von Betriebsversammlungen (vgl. § 42 Rz. 22 ff.)[11] und dafür zu sorgen, dass die Jugend- und Auszubildendenversammlung ordnungsgemäß abläuft und auf ihr keine unzulässigen Themen (vgl. Rz. 3) erörtert werden. Während der Versammlung steht ihm das **Hausrecht** zu[12]. Kommt er seinen Pflichten nicht nach, muss der Vertreter des BR für den ordnungsgemäßen Ablauf sorgen[13]; bleibt auch dieser untätig oder sein Eingreifen wirkungslos, wächst das Hausrecht dem ArbGeb zu[14].

III. Kosten. Der ArbGeb hat die für die betriebl. Jugend- und Auszubildendenversammlung erforderlichen Räume und sachlichen Mittel zur Verfügung zu stellen, er trägt die Kosten für die Durchführung der Versammlung. Insoweit gilt nichts anderes als bei der Betriebsversammlung (vgl. § 42 Rz. 9). Der ArbGeb hat darüber hinaus grds. die Lohnkosten zu tragen. Für den Ausgleich des Verdienstausfalls gelten gem. S. 3 iVm. § 44 die dort niedergelegten Grundsätze (vgl. zum **Verdienstausfall** und zur **Kostenerstattung** § 44 Rz. 23 ff.).

IV. Muster. Ein **Einladungsschreiben** könnte wie folgt aussehen:

● **Formulierungsvorschlag:**
Jugend- und Auszubildendenvertretung Ort, Datum

An den (Arbeitgeber)

---

1 DKKW/*Trittin*, § 71 Rz. 13; *Fitting*, § 71 Rz. 15. || 2 Ebenso DKKW/*Trittin*, § 71 Rz. 7; aA *Fitting*, § 71 Rz. 8; GK-BetrVG/*Oetker*, § 71 Rz. 17; Richardi/*Annuß*, § 71 Rz. 9. || 3 Vgl. BAG 15.8.1978 – 6 ABR 10/76, AP Nr. 1 zu § 23 BetrVG 1972. || 4 *Fitting*, § 71 Rz. 16. || 5 *Fitting*, § 71 Rz. 5; DKKW/*Trittin*, § 71 Rz. 19. || 6 Richardi/*Annuß*, § 71 Rz. 15. || 7 Richardi/*Annuß*, § 71 Rz. 6. || 8 Richardi/*Annuß*, § 71 Rz. 7; aA *Fitting*, § 71 Rz. 7, der die Teilnahme von Dritten als Sachverst. oder Gäste für zulässig hält, wenn dies im Einverständnis mit dem Vorsitzenden der JAV und dem BR erfolgt. || 9 GK-BetrVG/*Oetker*, § 71 Rz. 57. || 10 DKKW/*Trittin*, § 71 Rz. 17; *Fitting*, § 71 Rz. 18. || 11 DKKW/*Trittin*, § 71 Rz. 17. || 12 *Fitting*, § 71 Rz. 19; DKKW/*Trittin*, § 71 Rz. 18. || 13 DKKW/*Trittin*, § 71 Rz. 18; *Fitting*, § 71 Rz. 20. || 14 *Fitting*, § 71 Rz. 20.

– Geschäftsführung –

Einladung zur Jugend- und Auszubildendenversammlung

Sehr geehrte Damen und Herren,

die Jugend- und Auszubildendenvertretung hat im Einvernehmen mit dem Betriebsrat beschlossen, eine Jugend- und Auszubildendenversammlung durchzuführen. Die Versammlung findet am ... (genaues Datum) in ... (genauer Ort) statt. Als Tagesordnung ist vorgesehen:

...

Zu dieser Jugend- und Auszubildendenversammlung laden wir hiermit ein.

Mit freundlichen Grüßen

... (Vorsitzender der JAV)

12   **V. Streitigkeiten** hinsichtlich der Zulässigkeit einer Jugend- und Auszubildendenversammlung, ihrer Durchführung und der Teilnahmerechte entscheidet das ArbG im Beschlussverfahren (§§ 2a I Nr. 1, II iVm. 80 ff. ArbGG). Fahrtkosten und Lohnansprüche sind im **Urteilsverfahren** geltend zu machen (§§ 2 I Nr. 3a, V iVm. 46 ff. ArbGG).

Zweiter Abschnitt. Gesamt-Jugend- und Auszubildendenvertretung

72 *Voraussetzungen der Errichtung, Mitgliederzahl, Stimmengewicht*

(1) Bestehen in einem Unternehmen mehrere Jugend- und Auszubildendenvertretungen, so ist eine Gesamt-Jugend- und Auszubildendenvertretung zu errichten.

(2) In die Gesamt-Jugend- und Auszubildendenvertretung entsendet jede Jugend- und Auszubildendenvertretung ein Mitglied.

(3) Die Jugend- und Auszubildendenvertretung hat für das Mitglied der Gesamt-Jugend- und Auszubildendenvertretung mindestens ein Ersatzmitglied zu bestellen und die Reihenfolge des Nachrückens festzulegen.

(4) Durch Tarifvertrag oder Betriebsvereinbarung kann die Mitgliederzahl der Gesamt-Jugend- und Auszubildendenvertretung abweichend von Absatz 2 geregelt werden.

(5) Gehören nach Absatz 2 der Gesamt-Jugend- und Auszubildendenvertretung mehr als zwanzig Mitglieder an und besteht keine tarifliche Regelung nach Absatz 4, so ist zwischen Gesamt-Betriebsrat und Arbeitgeber eine Betriebsvereinbarung über die Mitgliederzahl der Gesamt-Jugend- und Auszubildendenvertretung abzuschließen, in der bestimmt wird, dass Jugend- und Auszubildendenvertretungen mehrerer Betriebe eines Unternehmens, die regional oder durch gleichartige Interessen miteinander verbunden sind, gemeinsam Mitglieder in die Gesamt-Jugend- und Auszubildendenvertretung entsenden.

(6) Kommt im Fall des Absatzes 5 eine Einigung nicht zustande, so entscheidet eine für das Gesamtunternehmen zu bildende Einigungsstelle. Der Spruch der Einigungsstelle ersetzt die Einigung zwischen Arbeitgeber und Gesamt-Betriebsrat.

(7) Jedes Mitglied der Gesamt-Jugend- und Auszubildendenvertretung hat so viele Stimmen, wie in dem Betrieb, in dem es gewählt wurde, in § 60 Abs. 1 genannte Arbeitnehmer in der Wählerliste eingetragen sind. Ist ein Mitglied der Gesamt-Jugend- und Auszubildendenvertretung für mehrere Betriebe entsandt worden, so hat es so viele Stimmen, wie in den Betrieben, für die es entsandt ist, in § 60 Abs. 1 genannte Arbeitnehmer in den Wählerlisten eingetragen sind. Sind mehrere Mitglieder der Jugend- und Auszubildendenvertretung entsandt worden, so stehen diesen die Stimmen nach Satz 1 anteilig zu.

(8) Für Mitglieder der Gesamt-Jugend- und Auszubildendenvertretung, die aus einem gemeinsamen Betrieb mehrerer Unternehmen entsandt worden sind, können durch Tarifvertrag oder Betriebsvereinbarung von Absatz 7 abweichende Regelungen getroffen werden.

1   **I. Vorbemerkung.** GesamtJAV sind **zwingend** für die Unternehmen vorgeschrieben, in denen mehrere JAV bestehen (Abs. 1). Das Verhältnis von JAV zur GesamtJAV entspricht dem eines BR zum GBR (vgl. § 50 Rz. 4 ff.). Zweck der GesamtJAV ist, dass auch auf **Unternehmensebene** ein Gremium vorhanden ist, das sich speziell den Belangen der jugendlichen ArbN und Auszubildenden unter 25 LJ des Unternehmens annimmt[1]. Wie auch die JAV hat die GesamtJAV **keine eigenen Mitwirkungs- und MitbestR** ggü. dem ArbGeb[2]. Die Interessen der im Unternehmen beschäftigten ArbN des § 60 I ggü. dem ArbGeb kann sie nur mit Hilfe des GBR wahrnehmen[3], indem sie auf dessen Willensbildung Einfluss nimmt. Insoweit entspricht das Verhältnis zwischen GesamtJAV zum GBR dem der einzelnen JAV zum BR[4].

---

1 *Fitting*, § 72 Rz. 1. ||2 *Fitting*, § 72 Rz. 9; DKKW/*Trittin*, § 72 Rz. 3. ||3 *Fitting*, § 72 Rz. 9. ||4 *Fitting*, § 72 Rz. 9.

II. Errichtung und Ende (Abs. 1). 1. Errichtung. Aus Abs. 1 ergibt sich, dass Voraussetzung für eine GesamtJAV ist, dass es **mehrere JAV**, also mindestens zwei, gibt[1]. Die Voraussetzungen entsprechen insoweit dem gesetzl. Erfordernis für die Bildung eines GBR im Unternehmen (vgl. § 47 Rz. 6). Darüber hinaus können JAV nur in Betrieben, die einen BR haben, errichtet werden (vgl. § 60 Rz. 5). Bestehen in einem Unternehmen mehrere JAV, müssen mehrere BR vorhanden sein. Dann ist nach § 47 I in dem Unternehmen auch ein GBR zu errichten (vgl. § 47 Rz. 6). Daraus ergibt sich, dass die Errichtung einer **GesamtJAV** nur in Unternehmen zulässig ist, die auch einen **GBR** zu bilden haben[2]. Eine ohne GBR gebildete GesamtJAV wäre in ihrer Tätigkeit beschränkt, weil sie nicht direkt ggü. dem ArbGeb agieren kann[3]. Wird entgegen der gesetzl. Verpflichtung in § 47 I kein GBR gebildet, wird dadurch die Bildung einer GesamtJAV nach teilweise in der Lit. vertretener Ansicht zwar nicht ausgeschlossen. Weil die GesamtJAV aber nur über den GBR tätig werden kann, bleibt sie bedeutungslos[4].

2. Bildung. Die Bildung einer GesamtJAV ist bei Vorliegen der gesetzl. Voraussetzungen **zwingend** vorgeschrieben. Es besteht eine **Rechtspflicht** der JAV, die GesamtJAV zu bilden[5]. Eines besonderen **Errichtungsbeschlusses** bedarf es nicht[6]. Die Bildung erfolgt kraft Gesetzes dadurch, dass die JAV ihre Mitglieder entsenden und diese zur konstituierenden Sitzung zusammentreten (vgl. § 47 Rz. 14ff.). Einer besonderen Berücksichtigung des Geschlechts bedarf es, anders als beim GBR (§ 47 II 2), nicht.

3. Ende. Wie auch der GBR hat die GesamtJAV **keine feste Amtszeit**, da sie eine **Dauereinrichtung** ist (vgl. § 49 Rz. 1). Auflösungsbeschlüsse einzelner JAV sowie ein Selbstauflösungsbeschluss der GesamtJAV sind rechtl. bedeutungslos[7]. Die GesamtJAV endet daher nur, wenn die gesetzl. Voraussetzungen für ihre Errichtung entfallen.

4. Rechtsstellung der Mitglieder. Die Tätigkeit in der GesamtJAV ist **Ausfluss** der Tätigkeit in der JAV des einzelnen Betriebs. Da ein Mitglied der GesamtJAV stets Mitglied einer JAV ist, hat es auch den besonderen Kündigungsschutz des § 15 KSchG. Zulässig ist grds. nur die außerordentl. Kündigung, die der Zustimmung des BR, nicht des GBR, bedarf[8]. Daneben ist der besondere Versetzungsschutz nach § 103 III zu beachten.

III. Mitgliederzahl. 1. Regelfall (Abs. 2). Nach Abs. 2 entsendet jede JAV **ein Mitglied** in die GesamtJAV. Für die Entsendung des Vertreters bedarf es eines einfachen **Mehrheitsbeschlusses** der JAV (§§ 65 I iVm. 33)[9]. Dies gilt auch bei der Entsendungsentscheidung in eine verkleinerte (vgl. Rz. 15) GesamtJAV, eine Verhältniswahl ist nicht zwingend[10]. Auch die Abberufung des Vertreters bedarf (nur) eines einfachen Mehrheitsbeschlusses der JAV, der nicht zu begründen ist[11]. Wird nach einer Abberufung kein neuer Vertreter gewählt, rückt das **Ersatzmitglied** nach[12]. Unterlässt es die JAV, einen Vertreter zu entsenden, kann dies eine **grobe Pflichtverletzung** darstellen, die die Auflösung der JAV rechtfertigen kann[13]. Kommt ein Mitglied seinen Pflichten in der GesamtJAV nicht nach, kann dies nicht nur zu seinem Ausschluss aus der GesamtJAV (§§ 73 II iVm. 48), sondern auch zur Amtsenthebung als betriebl. Jugend- und Auszubildendenvertreter (§§ 65 I iVm. 23 I) führen[14].

2. Ersatzmitglied (Abs. 3). Nach Abs. 3 ist die JAV verpflichtet, für das Mitglied der GesamtJAV **mindestens** ein Ersatzmitglied zu bestellen und – für den Fall der Bestellung mehrerer Ersatzmitglieder – die Reihenfolge des Nachrückens festzulegen. Auch die Bestellung des Ersatzmitglieds bzw. der Ersatzmitglieder erfolgt durch einfachen Mehrheitsbeschluss. Besteht die JAV nur aus einem Mitglied, richtet sich die Bestimmung der Ersatzmitglieder nach § 25 (vgl. § 25 Rz. 3 ff.).

3. Abweichende Vereinbarungen bei der Mitgliederzahl der GesamtJAV sind durch TV und BV möglich. Sie können zwischen ArbGeb und GBR freiwillig getroffen werden, sind aber in bestimmten Fällen auch erzwingbar.

a) **Freiwillige Vereinbarungen.** Wie bei einem GBR kann die Mitgliederzahl der GesamtJAV durch **TV** oder freiwillige **GesamtBV** abweichend von dem gesetzl. Grundsatz der Entsendung eines Mitglieds für jede JAV geregelt werden (Abs. 4, vgl. § 47 Rz. 18ff.). Dies mag sinnvoll sein, wenn ein Unternehmen bspw. nur einige wenige, aber große Betriebe mit vielen ArbN iSv. § 60 I hat und eine im Verhältnis zur Gesamtzahl der betreffenden ArbN unverhältnismäßig kleine GesamtJAV entsteht[15]. Gleiches kann im umgekehrten Fall eintreten, wenn ein Unternehmen viele kleine Betriebe hat und eine im Verhältnis zur Gesamtzahl der betreffenden ArbN unverhältnismäßig große GesamtJAV entsteht[16]. Eine tarifl. Regelung hat Vorrang vor der GesamtBV[17]. Die GesamtJAV kann – wie die JAV (vgl. § 60 Rz. 8) – keine BV

---

1 MünchArbR/*Joost*, § 230 Rz. 2. ||2 GK-BetrVG/*Oetker*, § 72 Rz. 10; *Fitting*, § 72 Rz. 11; Richardi/*Annuß*, § 72 Rz. 5; aA DKKW/*Trittin*, § 72 Rz. 6. ||3 *Fitting*, § 72 Rz. 11; GK-BetrVG/*Oetker*, § 72 Rz. 11. ||4 Richardi/*Annuß*, § 72 Rz. 5; *Fitting*, § 72 Rz. 11; GK-BetrVG/*Oetker*, § 72 Rz. 11. ||5 *Fitting*, § 72 Rz. 12; DKKW/*Trittin*, § 72 Rz. 7. ||6 *Fitting*, § 72 Rz. 12; DKKW/*Trittin*, § 72 Rz. 7. ||7 *Fitting*, § 72 Rz. 13; DKKW/*Trittin*, § 72 Rz. 10. ||8 Richardi/*Annuß*, § 73 Rz. 17. ||9 *Fitting*, § 72 Rz. 16; GK-BetrVG/*Oetker*, § 72 Rz. 21. ||10 Vgl. BAG 25.5.2005 – 7 ABR 10/04. ||11 *Fitting*, § 72 Rz. 22; DKKW/*Trittin*, § 72 Rz. 13. ||12 *Fitting*, § 72 Rz. 23. ||13 *Fitting*, § 72 Rz. 18. ||14 GK-BetrVG/*Oetker*, § 72 Rz. 24; Richardi/*Annuß*, § 72 Rz. 14. ||15 *Fitting*, § 72 Rz. 31. ||16 MünchArbR/*Joost*, § 230 Rz. 6. ||17 *Fitting*, § 72 Rz. 34; Richardi/*Annuß*, § 72 Rz. 16; DKKW/*Trittin*, § 72 Rz. 15; aA GK-BetrVG/*Oetker*, § 72 Rz. 36 (Prioritätsprinzip).

mit dem ArbGeb abschließen, eine solche muss durch den GBR mit dem ArbGeb vereinbart werden[1]. Da es sich allerdings um eine primär jugendliche und zu ihrer Berufsausbildung beschäftigte ArbN betreffende Angelegenheit handelt, ist die GesamtJAV bei den Verhandlungen zwischen ArbGeb und BR zu beteiligen und hat im GBR Stimmrecht (§§ 73 II iVm. 67 I und II sowie § 68)[2].

10 **b) Erzwingbare Regelung.** Gehören der GesamtJAV in der gesetzl. Größe (vgl. Rz. 6) **mehr als 20 Mitglieder** an und besteht **keine tarifl. Regelung** über eine abweichende Größe, so ist zwischen GBR und ArbGeb eine BV über die Mitgliederzahl der GesamtJAV abzuschließen, in der bestimmt wird, dass JAV mehrerer Betriebe eines Unternehmens, die regional oder durch gleichartige Interessen miteinander verbunden sind, gemeinsam Mitglieder in die GesamtJAV entsenden (§ 72 V, vgl. § 47 Rz. 22 ff.). Zu einer Verringerung der Mitgliederzahl kommt es nicht **automatisch**. Es bedarf eines Tätigwerdens entweder des GBR oder des ArbGeb[3]. Die GesamtBV ist **erzwingbar**. Kommt eine Einigung zwischen dem ArbGeb und dem GBR nicht zustande, so entscheidet eine für das Unternehmen zu bildende Einigungsstelle, deren Spruch die Einigung zwischen ArbGeb und GBR ersetzt (Abs. 6, vgl. § 47 Rz. 24). Da es um eine Vereinbarung zwischen ArbGeb und GBR geht, kann die GesamtJAV die Einigungsstelle nicht anrufen, sie sollte im Einigungsstellenverfahren jedoch gehört werden[4].

11 **IV. Abstimmung.** Bei der Stimmabgabe sind die Gesamt-Jugend- und Auszubildendenvertreter frei und nicht an Aufträge oder Weisungen der entsendenden JAV gebunden; sie können ihre Stimme nur **einheitlich** abgeben, eine Aufgliederung ist ausgeschlossen[5].

12 **1. Regelfall.** Im Regelfall hat nach Abs. 7 S. 1 jedes Mitglied der GesamtJAV so viele Stimmen, wie in dem Betrieb, in dem es gewählt wurde, zur JAV wahlberechtigte ArbN in der Wählerliste eingetragen sind. Maßgebend ist somit die letzte Wahl, nicht die Zahl der gegenwärtig beschäftigten ArbN iSv. § 60 I[6]. **Beispiel:** Bei der letzten Wahl zur JAV eines Betriebs waren 100 wahlberechtigte ArbN iSv. § 60 I in der Wählerliste eingetragen. Der Gesamt-Jugend- und Auszubildendenvertreter dieses Betriebs hat in der GesamtJAV 100 Stimmen, auch wenn die Anzahl der ArbN iSv. § 60 I nach der letzten Wahl auf 110 gestiegen ist.

13 **2. Abweichende Vereinbarungen.** Hat die GesamtJAV wegen einer tarifvertragl. Regelung oder einer GesamtBV eine von der gesetzl. Regelung abweichende Mitgliederzahl, ist, je nachdem, ob die GesamtJAV vergrößert oder verkleinert wurde, zu unterscheiden:

14 **a) Vergrößerung der Anzahl der Gesamt-Jugend- und Auszubildendenvertreter.** Wurde die Mitgliederzahl durch abweichende Vereinbarung vergrößert, teilen sich die entsandten Mitglieder zu gleichen Teilen die Stimmen, welche dem einzelnen Mitglied zugekommen wären (Abs. 7 S. 3)[7]. **Beispiel:** Auf Grund einer abweichenden Vereinbarung hat ein Betrieb, bei dem bei der letzten Wahl der JAV 300 ArbN iSv. § 60 I in der Wählerliste eingetragen waren, vier (statt gesetzl. einen) Vertreter in die GesamtJAV entsandt. Jeder Vertreter hat 75 Stimmen.

15 **b) Verringerung der Anzahl der Gesamt-Jugend- und Auszubildendenvertreter.** Im Falle der Verringerung der Mitgliederzahl stehen dem einzelnen Mitglied alle sich aus den zusammengefassten Betrieben ergebenden Stimmen zu (Abs. 7 S. 2)[8]. **Beispiel:** Auf Grund einer abweichenden Vereinbarung entsenden vier Betriebe, in denen jeweils 75 ArbN iSv. § 60 I bei der letzten Wahl der JAV in den Wählerlisten eingetragen waren, einen gemeinsamen Vertreter in die GesamtJAV. Dieser hat in der GesamtJAV 300 Stimmen.

16 **3. Gemeinsamer Betrieb.** Abs. 8 ermöglicht es, dass durch **TV** oder **BV** von den obigen Grundsätzen abweichende Regelungen getroffen werden. Die Voraussetzungen sind identisch wie im gleich lautenden § 47 IX (vgl. § 47 Rz. 27 ff.), so dass auf die dortigen Ausführungen verwiesen werden kann. Eine abweichende Regelung zur **Stimmengewichtung** ist sinnvoll und zweckmäßig, um zu vermeiden, dass bei bestimmten, nur das Unternehmen betreffenden Angelegenheiten der Gesamt-Jugend- und Auszubildendenvertreter durch Ausübung seines vollen Stimmrechts (also auch unter Einschluss der durch ihn vertretenen nicht unternehmensangehörigen Mitarbeiter des gemeinsamen Betriebs) mehr Einfluss auf Regelungsgegenstände nimmt, die vom Ergebnis her nur die ArbN des einen Unternehmens betreffen.

17 **V. Streitigkeiten.** Über Streitigkeiten, die sich aus der Anwendung des § 72 ergeben, entscheiden die ArbG im **Beschlussverfahren** (§§ 2a I Nr. 1, II iVm. 80 ff. ArbGG). Örtlich zuständig ist das ArbG, in dessen Bezirk das Unternehmen seinen Sitz hat (§ 82 S. 2 ArbGG). Für die Überprüfung des Spruchs der Einigungsstelle gilt § 76 V 4.

---

1 *Fitting*, § 72 Rz. 35; DKKW/*Trittin*, § 72 Rz. 17. ||2 DKKW/*Trittin*, § 72 Rz. 17; *Fitting*, § 72 Rz. 35. ||3 Vgl. im Einzelnen *Fitting*, § 72 Rz. 40. ||4 *Fitting*, § 72 Rz. 41; DKKW/*Trittin*, § 72 Rz. 21. ||5 GK-BetrVG/*Oetker*, § 72 Rz. 47; *Fitting*, § 72 Rz. 30. ||6 *Fitting*, § 72 Rz. 27; DKKW/*Trittin*, § 72 Rz. 22. ||7 *Fitting*, § 72 Rz. 37; DKKW/*Trittin*, § 72 Rz. 24. ||8 *Fitting*, § 72 Rz. 38; DKKW/*Trittin*, § 72 Rz. 24.

73 Geschäftsführung und Geltung sonstiger Vorschriften

(1) **Die Gesamt-Jugend- und Auszubildendenvertretung kann nach Verständigung des Gesamt-Betriebsrats Sitzungen abhalten. An den Sitzungen kann der Vorsitzende des Gesamt-Betriebsrats oder ein beauftragtes Mitglied des Gesamt-Betriebsrats teilnehmen.**

(2) Für die Gesamt-Jugend- und Auszubildendenvertretung gelten § 25 Abs. 1, die §§ 26, 28 Abs. 1 Satz 1, die §§ 30, 31, 34, 36, 37 Abs. 1 bis 3, die §§ 40, 41, 48, 49, 50, 51 Abs. 2 bis 5 sowie die §§ 66 bis 68 entsprechend.

I. Vorbemerkung. § 73 regelt die Geschäftsführung der GesamtJAV. Auf Grund der gesetzl. Verweisung in Abs. 2 gelten weitestgehend die Grundsätze zur Geschäftsführung der JAV. Allerdings besteht – mangels entsprechender Verweisung – nicht die Möglichkeit der Einrichtung von Sprechstunden. Die Verweisung in Abs. 2 auf entsprechend anwendbare Vorschriften bedeutet nicht, dass diese **schematisch** angewandt werden können. Die Vorschriften wurden für andere Gremien konzipiert. Die entsprechende Anwendung kann daher nur unter dem Vorbehalt der durch Sinn und Zweck vermittelten Vergleichbarkeit erfolgen. Die Vorschrift ist **zwingend**, sie kann weder durch TV noch durch BV abbedungen werden[1]. 1

II. Sitzungen (Abs. 1). Die GesamtJAV kann **nach Verständigung** des GBR Sitzungen abhalten. Insoweit gilt nichts anderes als bei den Sitzungen der JAV (vgl. § 65 Rz. 27 ff.): Der GBR muss nicht zustimmen, die Ladung erfolgt durch den Vorsitzenden der GesamtJAV, der die Tagesordnung festsetzt und die Sitzung leitet (Abs. 2 iVm. § 51 II 2 u. 3). Der Vorsitzende der GesamtJAV **muss** nach Abs. 2 iVm. § 51 II 3 iVm. § 29 III eine Sitzung einberufen und den beantragten Gegenstand auf die Tagesordnung setzen, wenn dies ein Viertel der Mitglieder der GesamtJAV oder der ArbGeb verlangt. 2

Ist eine GesamtJAV zu errichten, so hat die JAV der Hauptverwaltung zur **konstituierenden Sitzung** einzuladen, um den Vorsitzenden und den stellvertretenden Vorsitzenden der GesamtJAV zu wählen (Abs. 2 iVm. § 51 II 1). Besteht dort keine JAV, so muss der nach der Zahl der Wahlberechtigten größte Betrieb des Unternehmens zu der Sitzung einladen. Dabei sind nicht die zum jeweiligen Zeitpunkt tatsächlich beschäftigten ArbN iSv. § 60 I maßgebend, sondern die bei der letzten Wahl der JAV in der Wählerliste eingetragenen ArbN[2]. Die zur konstituierenden Sitzung einladungsberechtigte JAV hat den GBR **vorher** von dieser Sitzung **zu unterrichten** (Abs. 2 iVm. § 51 II 1). Das Teilnahmerecht des Vorsitzenden des GBR bzw. eines beauftragten Mitglieds des GBR besteht auch für die konstituierende Sitzung[3]. 3

III. Entsprechende Anwendung (Abs. 2). Das Geschäftsführungsrecht, die innere Organisation sowie die Rechtsstellung der GesamtJAV sind durch eine **gesetzl. Verweisung** auf die für den BR und den GBR sowie die JAV geltenden Bestimmungen geregelt, die teilweise anzuwenden sind (Abs. 2). Damit gelten für die GesamtJAV weitgehend dieselben Regelungen wie für die JAV auf betriebl. Ebene. 4

1. Ersatzmitglied (§ 25 Abs. 1). Scheidet ein Mitglied aus der GesamtJAV aus, so rückt das nach § 72 III bestellte Ersatzmitglied nach (zur Bestellung und Wahl der Ersatzmitglieder vgl. § 72 Rz. 7 ff.). 5

2. Vorsitzender und Stellvertreter (§ 26). Wie auch die JAV wählt die GesamtJAV aus ihrer Mitte einen Vorsitzenden und einen Stellvertreter (§ 26 I). Der Vorsitzende bzw. im Verhinderungsfall sein Stellvertreter vertritt die GesamtJAV im Rahmen der von dieser gefassten Beschlüsse und ist zur Entgegennahme von Erklärungen, die der GesamtJAV ggü. abzugeben sind, berechtigt (§ 26 II). Insoweit gilt nichts anderes als für die JAV (vgl. § 65 Rz. 7). 6

3. Ausschüsse (§ 28 Abs. 1 S. 1). Ebenso wie die JAV kann die GesamtJAV Aufgaben auf Ausschüsse übertragen, wenn im Unternehmen insg. mehr als 100 wahlberechtigte ArbN iSv. § 60 I bei den letzten Wahlen zur jeweiligen JAV beschäftigt waren. Soweit die Befugnis zur Bildung von Ausschüssen der JAV nur in Betrieben mit mehr als 100 wahlberechtigten ArbN zusteht (vgl. ausf. § 65 Rz. 8), kann dies die GesamtJAV dann, wenn in den einzelnen Betrieben der JAV insg. mehr als 100 wahlberechtigte ArbN iSv. § 60 I beschäftigt werden. Damit kann die Situation eintreten, dass die einzelnen JAV keine Ausschüsse bilden können, da in den Betrieben nicht mehr als 100 wahlberechtigte ArbN iSv. § 60 I beschäftigt werden, dies aber die GesamtJAV kann, da die Gesamtheit der wahlberechtigten ArbN iSv. § 60 I in den Betrieben mehr als 100 ausmacht. Dies ergibt sich aus dem Zweck der Regelung: Wenn die JAV einen größeren Kreis von wahlberechtigten ArbN iSv. § 60 I vertritt, soll durch die Bildung von Ausschüssen eine größere Effizienz ihrer Arbeit ermöglicht werden[4]. Gleiches gilt für die GesamtJAV, wenn in ihr insg. mehr als 100 wahlberechtigte ArbN iSv. § 60 I repräsentiert sind[5]. 7

4. Sitzungen (§ 30). Hinsichtlich der Sitzungen der GesamtJAV gilt nichts anderes als bei der betriebl. JAV (vgl. Rz. 2 f. sowie § 65 Rz. 27 ff.). 8

5. Teilnahme der Gewerkschaften (§ 31). Vertreter der Gewerkschaften können an den Sitzungen der GesamtJAV teilnehmen, wobei streitig ist, ob die Gewerkschaft in der GesamtJAV vertreten sein muss 9

---

1 *Fitting*, § 73 Rz. 2; GK-BetrVG/*Oetker*, § 73 Rz. 2. ||2 DKKW/*Trittin*, § 73 Rz. 21; *Fitting*, § 73 Rz. 8. ||3 *Fitting*, § 73 Rz. 9. ||4 BT-Drs. 14/5741, 44. ||5 BT-Drs. 14/5741, 45.

oder ob es ausreicht, dass sie in einer JAV des Unternehmens vertreten ist (vgl. zum **Streitstand** § 65 Rz. 10 f. mzN)[1]. Allerdings kann die GesamtJAV auch selbst beschließen, einen Beauftragten der Gewerkschaft hinzuzuziehen, wenn sie dies für sachdienlich hält. Die Gewerkschaft muss dann nur im Unternehmen vertreten sein[2]. Bei der Ermittlung des Quorums von einem Viertel der Mitglieder der GesamtJAV, das für einen Antrag auf beratende Teilnahme eines Gewerkschaftsmitglieds erforderlich ist (§ 31), kommt es nicht auf die **Personenzahl**, sondern auf das **Stimmengewicht** an[3].

10 **6. Sitzungsprotokoll (§ 34).** Für die über die Sitzung der GesamtJAV anzufertigende Niederschrift gelten dieselben Bestimmungen wie für die Niederschrift der JAV (vgl. § 65 Rz. 13).

11 **7. Geschäftsordnung (§ 36).** Wie auch die betriebl. JAV kann die GesamtJAV sich mit der absoluten Mehrheit ihrer Stimmen eine schriftl. Geschäftsordnung geben (vgl. § 65 Rz. 14).

12 **8. Ehrenamt und Arbeitsbefreiung (§ 37 Abs. 1–3).** § 37 I–III bestimmt, dass die Mitglieder der GesamtJAV – wie die Mitglieder der JAV – ihr Amt unentgeltlich als **Ehrenamt** führen. Sie sind von der berufl. Tätigkeit ohne Minderung des Arbeitsentgelts zu befreien und haben Anspruch auf Arbeitsbefreiung unter Fortzahlung des Arbeitsentgelts, soweit sie ihre Amtstätigkeit außerhalb der Arbeitszeit durchführen (vgl. § 65 Rz. 15 ff.). Während § 65 I für die Geschäftsführung der JAV insg. auf § 37 verweist, beschränkt sich dies bei der GesamtJAV auf § 37 I–III. Die Vorschriften des § 37 IV–VII finden auf die Mitglieder der GesamtJAV bereits in ihrer Eigenschaft als Mitglied der JAV Anwendung (vgl. § 65 Rz. 17 f.), so dass sich eine besondere Bezugnahme erübrigt. Über die Teilnahme eines Mitglieds der GesamtJAV an Schulungsveranstaltungen entscheidet nicht die GesamtJAV, sondern der BR unter Hinzuziehung der JAV des Betriebes, dem der Vertreter angehört[4]. Der BR kann ein in die GesamtJAV entsandtes Mitglied jedoch auch für solche Schulungsveranstaltungen freistellen, bei denen Kenntnisse vermittelt werden, die für die Tätigkeit in der GesamtJAV erforderlich sind[5].

13 **9. Kosten (§ 40).** Wie für die JAV hat der ArbGeb auch die durch die Tätigkeit der GesamtJAV und ihrer Mitglieder entstehenden Kosten sowie den erforderlichen Sachaufwand zu tragen (vgl. § 65 Rz. 19).

14 **10. Umlageverbot (§ 41).** Die Erhebung und Leistung von Beiträgen von ArbN für die GesamtJAV ist unzulässig.

15 **11. Ausschluss (§ 48).** Mindestens ein Viertel der wahlberechtigten ArbN iSv. § 60 I des Unternehmens, der ArbGeb, der GBR, die GesamtJAV oder eine im Unternehmen vertretene Gewerkschaft können den Ausschluss eines Mitglieds aus der GesamtJAV wegen grober Verletzung seiner gesetzl. Pflichten beantragen (zur Verletzung der gesetzl. Pflichten vgl. § 23 Rz. 4 ff.)[6]. Hinsichtlich des Quorums von einem Viertel der wahlberechtigten ArbN iSv. § 60 I ist nicht auf die Personenzahl, sondern auf das Stimmengewicht abzustellen[7].

16 **12. Erlöschen der Mitgliedschaft (§ 49).** Nach der entsprechend anwendbaren Vorschrift des § 49 endet die Mitgliedschaft in der GesamtJAV mit dem Erlöschen der Mitgliedschaft in der JAV (vgl. § 62 Rz. 4), der Abberufung des Gesamt-Jugend- und Auszubildendenvertreters durch die betriebl. JAV (vgl. § 72 Rz. 6), durch Ausschluss aus der GesamtJAV (vgl. Rz. 15) sowie durch Amtsniederlegung.

17 **13. Zuständigkeit (§ 50).** Die GesamtJAV ist der örtlichen JAV nicht übergeordnet (§ 50 I 2). Die Zuständigkeit folgt der des GBR. Die GesamtJAV ist damit von Gesetzes wegen für die Wahrnehmung der besonderen Belange der in § 60 I genannten ArbN immer zuständig, wenn die Angelegenheit das Gesamtunternehmen oder mehrere Betriebe betrifft und eine Interessenwahrung nicht durch die einzelnen JAV innerhalb ihrer Betriebe erfolgen kann. Da sie wie auch die JAV **nicht** Träger von Mitwirkungs- und MitbestR ist, sondern darauf angewiesen ist, ihre Aufgaben ggü. dem GBR bzw. über den GBR zu erfüllen, ist ihre Zuständigkeit stets dann gegeben, wenn der GBR sich mit der Angelegenheit befassen kann[8]. Die Zuständigkeit der GesamtJAV erstreckt sich wegen der Verweisung auf § 50 I 1 Hs. 2 auch auf Betriebe, die selbst keine JAV haben. Dies erscheint problematisch, da die Wahlfreiheit des Einzelnen, die auch in der Freiheit besteht, nicht zu wählen, beeinträchtigt wird (vgl. zur Zuständigkeit für **betriebsratslose Betriebe** § 50 Rz. 16). Durch Mehrheitsbeschluss können JAV die GesamtJAV beauftragen, eine Angelegenheit für sie zu behandeln (§ 50 II). Dies ist jedoch nur dann sinnvoll, wenn auch der GBR von dem betreffenden BR entsprechend beauftragt wird, da die GesamtJAV nicht unmittelbar mit dem ArbGeb verhandeln kann[9].

18 **14. Konstituierende Sitzung (§ 51 Abs. 2).** Zur konstituierenden Sitzung der GesamtJAV vgl. bereits Rz. 3. Die Leitung der konstituierenden Sitzung der GesamtJAV obliegt dem Vorsitzenden der JAV, der zu der konstituierenden Sitzung einzuladen hat, bis die GesamtJAV aus ihrer Mitte einen Wahlleiter bestellt hat (§ 51 II 2). § 51 II 3 verweist auf § 29 II–IV. Daraus folgt insb. die Verpflichtung des Vorsitzenden der GesamtJAV, auf Antrag eines Viertels der Mitglieder der GesamtJAV (auch insoweit kommt es

---

[1] Auch: *Fitting*, § 73 Rz. 11; DKKW/*Trittin*, § 73 Rz. 10; GK-BetrVG/*Oetker*, § 73 Rz. 28; aA Richardi/*Annuß*, § 73 Rz. 7. ||[2] *Fitting*, § 73 Rz. 11; DKKW/*Trittin*, § 73 Rz. 11. ||[3] DKKW/*Trittin*, § 73 Rz. 11. ||[4] BAG 10.6.1975 – 1 ABR 140/73, AP Nr. 1 zu § 73 BetrVG 1972. ||[5] Vgl. BAG 10.6.1975 – 1 ABR 140/73, AP Nr. 1 zu § 73 BetrVG 1972. ||[6] Richardi/*Annuß*, § 73 Rz. 13. ||[7] DKKW/*Trittin*, § 73 Rz. 18. ||[8] *Fitting*, § 73 Rz. 13; DKKW/*Trittin*, § 73 Rz. 20. ||[9] *Fitting*, § 73 Rz. 13; DKKW/*Trittin*, § 73 Rz. 20.

15. Beschlussfassung (§ 51 Abs. 3). Die GesamtJAV ist nur dann **beschlussfähig**, wenn mindestens die Hälfte ihrer Mitglieder an der Beschlussfassung teilnimmt und die Teilnehmenden mindestens die Hälfte aller Stimmen vertreten (§ 51 III 3). Soweit nicht gesetzl. anderes bestimmt ist, ist zur Beschlussfassung die Mehrheit der Stimmen der anwesenden Mitglieder erforderlich (§ 51 III 1), bei Stimmengleichheit ist ein Antrag abgelehnt (§ 51 III 2). **19**

16. Beschlüsse und Ausschüsse (§ 51 Abs. 4). Die GesamtJAV hat die Möglichkeit, Ausschüsse zu bilden (vgl. Rz. 7). Für die Bildung eines Ausschusses bedarf es der Mehrheit der anwesenden Mitglieder, bei Stimmengleichheit ist der Antrag abgelehnt. Der Ausschuss ist nur beschlussfähig, wenn mindestens die Hälfte der Mitglieder an der Beschlussfassung teilnimmt, wobei Stellvertretung durch ein Ersatzmitglied zulässig ist (§§ 51 IV iVm. 33 I u. II). Jedes Ausschussmitglied hat nur eine Stimme. Das unterschiedliche Stimmengewicht der Gesamt-Jugend- und Auszubildendenvertreter spielt hier keine Rolle, weil der Ausschuss als Organ der GesamtJAV tätig wird[1]. **20**

17. Rechte und Pflichten (§ 51 Abs. 5). IÜ gelten hinsichtlich der Rechte und Pflichten der GesamtJAV die Vorschriften für die betriebl. JAV. Da sich § 51 V nicht auf die Organisations- und Geschäftsführungsbestimmungen erstreckt, kann die GesamtJAV weder eigene **Sprechstunden** (§ 69) abhalten noch eine Jugend- und Auszubildendenversammlung (§ 71) einberufen[2]. Letztendlich bedeutet die entsprechende Anwendung von § 51 V, dass über diese **Generalklausel** § 70 Anwendung findet[3]. Dies gilt insb. für den Unterrichtungsanspruch gem. § 70 II, wonach die GesamtJAV zur Durchführung ihrer Aufgaben rechtzeitig und umfassend zu informieren ist, sowie das Recht, zur Durchführung ihrer Aufgaben die erforderlichen Unterlagen zur Verfügung gestellt zu bekommen[4]. **21**

18. Aussetzung von Beschlüssen (§ 66). Wie die JAV ggü. dem BR kann auch die GesamtJAV ggü. dem GBR die Aussetzung von Beschlüssen in entsprechender Anwendung von § 66 verlangen. Das Verfahren folgt insoweit der Regelung in § 66 (vgl. § 66 Rz. 3 ff.). **22**

19. Teilnahme- und Stimmrecht (§ 67). Wie die JAV ggü. dem BR hat auch die GesamtJAV ggü. dem GBR das Recht auf **Teilnahme** an GBR-Sitzungen, sofern Angelegenheiten behandelt werden, die besonders die in § 60 I genannten ArbN betreffen (§ 67 I). Soweit die in § 60 I genannten ArbN überwiegend betroffen sind, hat die GesamtJAV zu diesen Tagesordnungspunkten **Stimmrecht** (§ 67 II). Darüber hinaus besteht ein **Initiativrecht**, besonders die in § 60 I genannten ArbN betreffende Angelegenheiten auf die Tagesordnung der nächsten GBR-Sitzung zu setzen, und die Verpflichtung des GBR, Angelegenheiten, die besonders die in § 60 I genannten ArbN betreffen, der GesamtJAV im Vorfeld zur Beratung zuzuleiten (§ 67 III). Die Voraussetzungen und Rechtsfolgen entsprechen dem Teilnahmerecht der JAV nach § 67 (vgl. § 67 Rz. 3 ff.). Für den Fall der Delegation von Aufgaben durch den GBR auf **Ausschüsse** gelten für das Teilnahmerecht der GesamtJAV dieselben Grundsätze wie für das Teilnahmerecht der JAV an den Sitzungen von Ausschüssen des BR (vgl. § 67 Rz. 4 und 9)[5]. **23**

20. Besprechungen (§ 68). Der GBR hat die GesamtJAV zu allen Besprechungen zwischen ArbGeb und GBR beizuziehen, wenn hierbei Angelegenheiten erörtert werden, die besonders den in § 60 I genannten ArbN-Kreis betreffen. Insoweit gilt die gleiche Regelung wie bei Besprechungen zwischen ArbGeb und BR betreffend die JAV in § 68 (vgl. § 68 Rz. 2 ff.). **24**

IV. Streitigkeiten. Über die Anwendung von § 73 und der in Bezug genommenen Bestimmungen wird im arbeitsgerichtl. **Beschlussverfahren** entschieden (§§ 2a I Nr. 1, II iVm. 80 ff. ArbGG). Zuständig ist das ArbG, in dessen Bezirk das Unternehmen seinen Sitz hat (§ 82 S. 2 ArbGG). Streitigkeiten, die sich aus der Vorenthaltung oder Minderung von Arbeitsentgelt oder der Verweigerung des ArbGeb zur Gewährung von Freizeitausgleich ergeben, sind im arbeitsgerichtl. **Urteilsverfahren** zu entscheiden (§§ 2 I Nr. 3a, V iVm. 46 ff. ArbGG). Hier bestimmt sich die örtliche Zuständigkeit nach den allg. Grundsätzen des ArbGG. Örtlich zuständig dürfte idR gem. § 46 II ArbGG iVm. § 29 ZPO das ArbG sein, in dessen Bezirk der Beschäftigungsbetrieb liegt (Gerichtsstand des Erfüllungsorts). **25**

---

[1] Richardi/*Annuß*, § 51 Rz. 47; *Fitting*, § 51 Rz. 59. ||[2] GK-BetrVG/*Oetker*, § 73 Rz. 47. ||[3] GK-BetrVG/*Oetker*, § 73 Rz. 48. ||[4] DKKW/*Trittin*, § 73 Rz. 23. ||[5] *Fitting*, § 73 Rz. 14; Richardi/*Annuß*, § 73 Rz. 26.

Dritter Abschnitt. Konzern-Jugend- und Auszubildendenvertretung

73a *Voraussetzung der Errichtung, Mitgliederzahl, Stimmengewicht*
(1) Bestehen in einem Konzern (§ 18 Abs. 1 des Aktiengesetzes) mehrere Gesamt-Jugend- und Auszubildendenvertretungen, kann durch Beschlüsse der einzelnen Gesamt-Jugend- und Auszubildendenvertretungen eine Konzern-Jugend- und Auszubildendenvertretung errichtet werden. Die Errichtung erfordert die Zustimmung der Gesamt-Jugend- und Auszubildendenvertretungen der Konzernunternehmen, in denen insgesamt mindestens 75 vom Hundert der in § 60 Abs. 1 genannten Arbeitnehmer beschäftigt sind. Besteht in einem Konzernunternehmen nur eine Jugend- und Auszubildendenvertretung, so nimmt diese die Aufgaben einer Gesamt-Jugend- und Auszubildendenvertretung nach den Vorschriften dieses Abschnitts wahr.

(2) In die Konzern-Jugend- und Auszubildendenvertretung entsendet jede Gesamt-Jugend- und Auszubildendenvertretung eines ihrer Mitglieder. Sie hat für jedes Mitglied mindestens ein Ersatzmitglied zu bestellen und die Reihenfolge des Nachrückens festzulegen.

(3) Jedes Mitglied der Konzern-Jugend- und Auszubildendenvertretung hat so viele Stimmen, wie die Mitglieder der entsendenden Gesamt-Jugend- und Auszubildendenvertretung insgesamt Stimmen haben.

(4) § 72 Abs. 4 bis 8 gilt entsprechend.

1   **I. Vorbemerkung.** § 73a gibt den GesamtJAV die Möglichkeit, eine KonzernJAV zu bilden. Der Gesetzgeber geht davon aus, dass grds. Entscheidungen über die Berufsbildung je nach Organisationsstruktur nicht mehr im einzelnen Betrieb oder Unternehmen getroffen, sondern für den gesamten Konzern von der Konzernspitze vorgegeben werden[1]. Aus diesem Grunde wurde durch die Einfügung der §§ 73a und 73b die **Möglichkeit** eingeräumt, eine KonzernJAV zu bilden[2]. Bei der KonzernJAV handelt es sich um **keine zwingend** einzurichtende Institution[3]: Für den in § 60 I genannten ArbN-Kreis wird die Errichtung einer Vertretung auf Konzernebene ermöglicht, wenn sich eine **qualifizierte Mehrheit** der GesamtJAV der Konzernunternehmen hierfür ausspricht[4].

2   **II. Errichtung (Abs. 1).** Bestehen für einen Konzern mehrere GesamtJAV, kann durch Beschlüsse der einzelnen GesamtJAV eine KonzernJAV gebildet werden (Abs. 1)[5].

3   **1. Konzern.** Eine KonzernJAV kann dann eingerichtet werden, wenn ein Konzern iSv. § 18 I AktG vorliegt[6] (zum Konzernbegriff § 54 Rz. 2 ff.).

4   **2. Mehrere Gesamt-Jugend- und Auszubildendenvertretungen.** Bereits aus dem Konzernbegriff folgt, dass mehrere Unternehmen vorliegen müssen, so dass es mehrere GesamtJAV gibt (zur Errichtung der GesamtJAV vgl. § 72 Rz. 2 ff.). Voraussetzung ist daher, dass **mindestens zwei GesamtJAV** existieren[7]. Eine **Ausnahme** davon macht Abs. 3: Besteht in einem der Konzernunternehmen keine GesamtJAV, sondern nur eine JAV (bspw. weil das betreffende Konzernunternehmen nur einen Betrieb unterhält), so nimmt diese einzelne JAV die Aufgaben einer GesamtJAV zur Bildung der KonzernJAV wahr. Die Ausnahmeregelung greift aber nur für Unternehmen, die nicht in zwei oder mehr betriebsratsfähige Betriebe gegliedert sind und deshalb keinen GBR haben können[8].

5   **3. Quorum.** Abs. 1 S. 2 verlangt zur Errichtung der KonzernJAV ein Zustimmungserfordernis: Erforderlich ist die **Zustimmung** der GesamtJAV der Konzernunternehmen, in denen insg. mindestens 75 % der in § 60 I genannten ArbN beschäftigt sind. Dies entspricht dem Quorum, das nach früherem Recht für die Bildung eines KBR erforderlich war (vgl. § 54 I 2 aF). Nach nunmehr geltendem Recht klaffen die Zustimmungserfordernisse auseinander: Während § 54 I für die Errichtung eines KBR die Zustimmung der GBR der Konzernunternehmen, in denen insg. **mehr als 50 %** der ArbN der Konzernunternehmen beschäftigt sind, verlangt, erfordert die Bildung einer KonzernJAV eine Zustimmung der GesamtJAV der Konzernunternehmen, in denen insg. **mindestens 75 %** der in § 60 I genannten ArbN beschäftigt sind. Das bedeutet: Es ist nicht erforderlich, dass alle GesamtJAV der Konzernunternehmen zustimmen. Es genügen **Mehrheitsbeschlüsse** derjenigen GesamtJAV, die 75 % der ArbN iSv. § 60 I repräsentieren[9]. Aus der Mehrzahl „GesamtJAV der Konzernunternehmen" (Abs. 1 S. 2) könnte man schließen, dass mindestens zwei GesamtJAV zustimmen und diese mindestens 75 % der ArbN iSv. § 60 I vertreten müssen. Bereits für die gleich lautende Regelung des KBR in § 54 I aF war anerkannt, dass eine solche Formulierung zu formalistisch ist und dem Sinn der Norm nicht gerecht wird. Es reicht deshalb für die Bildung einer KonzernJAV aus, wenn es nur **zwei** GesamtJAV gibt und **nur eine** der Bildung einer KonzernJAV zustimmt, wenn die zustimmende GesamtJAV mehr als 75 % der ArbN iSv. § 60 I vertritt (vgl. § 54 Rz. 12)[10]. Bei der Ermittlung der maßgebenden Beschäftigtenzahl zählen alle ArbN iSv. § 60 I (vgl.

---

[1] BT-Drs. 14/5741, 31. ||[2] *Engels/Trebinger/Löhr-Steinhaus*, DB 2001, 532 (542). ||[3] *Fitting*, § 73a Rz. 8; *DKKW/Trittin*, § 73a Rz. 7. ||[4] BT-Drs. 14/5741, 45; *DKKW/Trittin*, § 73a Rz. 21. ||[5] *Schaub*, ZTR 2001, 437 (440); *Schiefer/Korte*, NZA 2001, 71 (81). ||[6] *DKKW/Trittin*, § 73a Rz. 10. ||[7] *Richardi/Annuß*, § 73a Rz. 5; *DKKW/Trittin*, § 73a Rz. 14. ||[8] *Richardi/Annuß*, § 73a Rz. 5. ||[9] *Richardi/Annuß*, § 73a Rz. 9. ||[10] *DKKW/Trittin*, § 73a Rz. 23; *Fitting*, § 73a Rz. 13.

§ 60 Rz. 4) mit. Maßgebend ist die Zahl der zur Zeit der Beschlussfassung[1] beschäftigten ArbN iSv. § 60 I, was sich letztendlich aus der Formulierung in Abs. 1 S. 2 ergibt, der auf die Zustimmung der **beschäftigten** ArbN abstellt.

4. Konzern-Betriebsrat. Wie für die Errichtung einer JAV das Bestehen eines BR und für die Errichtung einer GesamtJAV das Bestehen eines GBR ist für die **wirksame Errichtung** einer KonzernJAV das Bestehen eines KBR Voraussetzung (vgl. zur Begr. die Ausführungen zur JAV in § 60 Rz. 5 mzN und zur GesamtJAV in § 72 Rz. 2 mzN)[2]. 6

5. Amtszeit. Die KonzernJAV ist **kraft Gesetzes errichtet**, sobald die GesamtJAV der Konzernunternehmen, die insg. 75 % der ArbN iSv. § 60 I beschäftigen, dahin gehende übereinstimmende Beschlüsse gefasst haben. Damit steht die Bildung der KonzernJAV fest. Die Anzahl der Mitglieder der KonzernJAV ergibt sich entweder aus Abs. 2, kann aber auch abweichend geregelt werden (Abs. 4 iVm. § 72 IV–VIII)[3]. Die ordnungsgemäß gebildete KonzernJAV ist – ebenso wie die GesamtJAV (vgl. § 72 Rz. 4) – eine **Dauereinrichtung**, dh. sie hat **keine feste Amtszeit**, sondern besteht fort, solange die Voraussetzungen für ihre Errichtung vorliegen[4]. Insoweit gilt für die Amtszeit nichts anderes als beim KBR, insoweit kann auf die dortigen Ausführungen, auch zur Auflösung, verwiesen werden (vgl. § 54 Rz. 13 mwN). 7

Einstweilen frei. 8, 9

III. Mitgliederzahl. 1. Regelfall (Abs. 2). Nach dem gesetzl. Regelfall in Abs. 2 S. 1 entsendet jede GesamtJAV durch **Mehrheitsbeschluss** eines ihrer Mitglieder in die KonzernJAV. Ferner ist ebenfalls durch Mehrheitsbeschluss mindestens ein Ersatzmitglied zu bestellen und für den Fall der Bestellung mehrerer Ersatzmitglieder die Reihenfolge des Nachrückens festzulegen (Abs. 2 S. 2). Voraussetzung und Verfahren sind insoweit mit der Entsendung von Mitgliedern in die GesamtJAV identisch (§ 72 II und III, vgl. § 72 Rz. 6 ff.). 10

2. Abweichende Regelungen (Abs. 4)[5]. a) Freiwillige Vereinbarung. Nach Abs. 4 iVm. § 72 IV kann durch TV oder eine zwischen dem KBR und dem **herrschenden Unternehmen** abzuschließende KonzernBV eine abweichende Regelung über die Mitgliederzahl der KonzernJAV getroffen werden. Insoweit gelten die gleichen Überlegungen und Voraussetzungen wie bei einer abweichenden Regelung der Mitgliederzahl bei der GesamtJAV (vgl. § 72 Rz. 13 ff.). 11

b) Erzwungene Regelung. In einem sehr großen Konzern kann es passieren, dass die KonzernJAV mehr als 20 Mitglieder nach der gesetzl. Entsendungsregelung in Abs. 2 hat. Ist dies der Fall und besteht keine **tarifl. abweichende Regelung** iSv. Abs. 4 iVm. § 72 IV, ist **zwingend** zwischen KBR und ArbGeb eine KonzernBV über die Mitgliederzahl der KonzernJAV abzuschließen, in der bestimmt wird, dass die GesamtJAV mehrerer Unternehmen eines Konzerns, die regional oder durch gleichartige Interessen miteinander verbunden sind, gemeinsam Mitglieder in die KonzernJAV entsenden (Abs. 4 iVm. § 72 V)[6]. Kommt eine Einigung nicht zustande, entscheidet **verbindlich** eine **Einigungsstelle**, die beim herrschenden Konzernunternehmen zu bilden ist (Abs. 4 iVm. § 72 VI)[7]. Die Voraussetzungen im Einzelnen sowie die Anrufung der Einigungsstelle sind identisch mit den Regelungen bei der GesamtJAV (vgl. § 72 Rz. 10). 12

IV. Stimmengewichtung. Auch bei der Stimmengewichtung ist zwischen dem gesetzl. Regelfall und möglichen abweichenden Regelungen zu unterscheiden. Das Stimmengewicht ist in jedem Fall abhängig von der Zahl der in § 60 I genannten und in der Wählerliste eingetragenen wahlberechtigten ArbN. 13

1. Gesetzlicher Regelfall (Abs. 3). Nach Abs. 3 hat jedes Mitglied der KonzernJAV so viele Stimmen, wie die Mitglieder der entsendenden GesamtJAV insg. Stimmen haben[8]. Die Regelung ist identisch mit § 72 VII (vgl. § 72 Rz. 11 ff.). 14

2. Abweichende Regelungen (Abs. 4). Nach Abs. 4 iVm. § 72 VII 2 und S. 3 ergibt sich für den Fall, dass eine von der gesetzl. Entsendungsregelung abweichende Regelung getroffen wurde, eine andere Stimmengewichtung: 15

a) Vergrößerung. Wird die Anzahl der Konzern-Jugend- und Auszubildendenvertreter **vergrößert**, so teilen sich die von der einzelnen GesamtJAV entsandten Mitglieder das Stimmengewicht, das bei einer regelmäßigen Zusammensetzung der KonzernJAV dem einzigen zu entsendenden Mitglied der GesamtJAV zugekommen wäre, **zu gleichen Teilen**[9]. 16

b) Verkleinerung. Gleiches gilt für den Fall, dass die Mitgliederzahl der KonzernJAV durch eine Zusammenfassung mehrerer GesamtJAV zur gemeinsamen Entsendung eines Vertreters in die KonzernJAV verkleinert wird: Jedem der Vertreter stehen so viele Stimmen zu, wie in den zusammengefassten Betrieben ArbN iSv. § 60 I in den Wählerlisten eingetragen sind[10]. Zur abweichenden Regelung und der 17

---

1 DKKW/*Trittin*, § 73a Rz. 24. ||2 *Löwisch*, BB 2001, 1734 (1746); aA DKKW/*Trittin*, § 73a Rz. 9; *Fitting*, § 73a Rz. 7. ||3 *Fitting*, § 73a Rz. 31; DKKW/*Trittin*, § 73a Rz. 49. ||4 DKKW/*Trittin*, § 73a Rz. 4. ||5 DKKW/*Trittin*, § 73a Rz. 49; *Fitting*, § 73a Rz. 31. ||6 DKKW/*Trittin*, § 73a Rz. 55; *Fitting*, § 73a Rz. 36. ||7 *Fitting*, § 73a Rz. 37; DKKW/*Trittin*, § 73a Rz. 58. ||8 Richardi/*Annuß*, § 73a Rz. 25. ||9 *Fitting*, § 73a Rz. 35. ||10 *Fitting*, § 73a Rz. 35.

Stimmengewichtung gelten auf Grund der entsprechenden Anwendung des § 72 VII über Abs. 4 die dortigen Ausführungen (vgl. § 72 Rz. 13 ff.).

18 **3. Fortführung abweichender Regelung bei gemeinsamem Betrieb.** Wenn mehrere Unternehmen einen gemeinsamen Betrieb bilden, besteht die Möglichkeit, durch TV oder BV abweichende Regelungen zur Stimmengewichtung in der GesamtJAV zu treffen (§ 72 VIII, vgl. § 72 Rz. 13 ff.). Hintergrund ist, dass Angelegenheiten im GBR, die ausschließlich eines der am gemeinsamen Betrieb beteiligten Unternehmen betreffen, nur mit den Stimmen der in diesem Unternehmen beschäftigten ArbN iSv. § 60 I beschlossen werden sollen. Die beteiligten Unternehmen können insoweit eine entsprechende Regelung treffen. Entsendet nunmehr dieser GBR einen oder ggf. auch mehrere Vertreter in den KBR, lässt Abs. 4 iVm. § 72 VIII die Möglichkeit, durch eine KonzernBV die Stimmengewichtung so zu regeln, dass bei bestimmten, allein den Konzern betreffenden Angelegenheiten die Stimmen der nicht konzernangehörigen ArbN iSv. § 60 I unberücksichtigt bleiben. Die KonzernBV kann sich insoweit aber nur auf die Veränderung der Stimmzahl beschränken. Möglich bleibt – und dies ist auch das Ziel der Regelung – eine Vereinbarung dahin gehend, dass die Stimmen nicht konzernangehöriger ArbN iSv. § 60 I bei Angelegenheiten, die allein den Konzern betreffen, nicht berücksichtigt werden.

19 **4. Ausübung des Stimmrechts.** Das Mitglied der KonzernJAV hat seine Stimme nach eigener Verantwortung abzugeben. Es gilt insoweit das Gleiche wie für die Mitglieder der GesamtJAV (vgl. § 72 Rz. 11). Auch bei der Ausübung des Stimmrechts des Mitglieds der KonzernJAV ist zu beachten, dass das Mitglied seine Stimme nur **einheitlich** abgeben kann, eine **Aufgliederung** ist ausgeschlossen.

20 **V. Streitigkeiten.** Über Streitigkeiten, die sich aus der Anwendung des § 73a ergeben, entscheidet das ArbG im **Beschlussverfahren** (§§ 2a I Nr. 1, II iVm. 80 ff. ArbGG). Zuständig ist in entsprechender Anwendung des § 82 I 2 ArbGG das ArbG, in dessen Bezirk das herrschende Unternehmen seinen Sitz hat[1]. Zwar wurde mit der Einführung der KonzernJAV § 82 ArbGG nicht dahin gehend ergänzt. Da die **örtliche Zuständigkeit** des KBR nach § 82 I 2 ArbGG sich aber ebenfalls nach dem Bezirk bestimmt, in dem das Unternehmen seinen Sitz hat, dürfte Gleiches für die KonzernJAV gelten.

73b *Geschäftsführung und Geltung sonstiger Vorschriften*

(1) Die Konzern-Jugend- und Auszubildendenvertretung kann nach Verständigung des Konzern-Betriebsrats Sitzungen abhalten. An den Sitzungen kann der Vorsitzende oder ein beauftragtes Mitglied des Konzern-Betriebsrats teilnehmen.

(2) Für die Konzern-Jugend- und Auszubildendenvertretung gelten § 25 Abs. 1, die §§ 26, 28 Abs. 1 Satz 1, die §§ 30, 31, 34, 36, 37 Abs. 1 bis 3, die §§ 40, 41, 51 Abs. 3 bis 5, die §§ 56, 57, 58, 59 Abs. 2 und die §§ 66 bis 68 entsprechend.

1 **I. Vorbemerkung.** § 73b regelt die **Geschäftsführung**, Zuständigkeit, Stellung und innere Organisation der KonzernJAV[2]. Abs. 2 regelt durch **Verweisung** auf entsprechende Vorschriften des BR, des GBR und KBR sowie der JAV Fragen der Geschäftsführung und der Zuständigkeit der KonzernJAV sowie die Beendigung der Mitgliedschaft in diesem Gremium[3].

2 **II. Sitzungen (Abs. 1).** Aus Abs. 1 ergibt sich, dass die KonzernJAV nach Verständigung des KBR Sitzungen abhalten kann, an denen der Vorsitzende des KBR oder ein beauftragtes KBR-Mitglied teilnehmen kann[4]. Der KBR muss den Sitzungen der KonzernJAV nicht zustimmen, er ist nur zu verständigen (vgl. § 73 Rz. 2 und § 65 Rz. 28)[5]. IÜ gelten sinngemäß die Regelungen zur Sitzung der JAV (vgl. § 65 Rz. 27 ff. sowie § 73 Rz. 2 f. sowie 8): Die Sitzungen werden vom Vorsitzenden rechtzeitig und unter Mitteilung der Tagesordnung einberufen, der Vorsitzende der KonzernJAV leitet die Sitzung. Zur konstituierenden Sitzung lädt die GesamtJAV des herrschenden Unternehmens oder, soweit eine solche GesamtJAV nicht besteht, die GesamtJAV des nach der Zahl der wahlberechtigten ArbN iSv. § 60 I größten Konzernunternehmens ein, um den Vorsitzenden und stellvertretenden Vorsitzenden der KonzernJAV zu wählen (Abs. 2 iVm. § 59 II 1; die Regeln zur konstituierenden Sitzung entsprechen denen der konstituierenden Sitzung der GesamtJAV über den Verweis auf § 51 II; vgl. § 73 Rz. 3 sowie § 51 Rz. 2 ff.).

3 **III. Entsprechende Anwendung (Abs. 2).** Abs. 2 erklärt eine Reihe von gesetzl. Regelungen für entsprechend anwendbar, die die Rechtsstellung, die innere Organisation und die Geschäftsführung des BR, des KBR sowie der JAV betreffen[6]. Im Wesentlichen gelten damit für die KonzernJAV **identische Regelungen** wie für die JAV auf betriebl. Ebene (vgl. § 65 Rz. 2 ff.) und die GesamtJAV auf Unternehmensebene (vgl. § 73 Rz. 4 ff.). Bei der entsprechenden Anwendung ist zu beachten, dass die Vorschriften für andere Gremien konzipiert sind und die Übertragung nicht schematisch, sondern nur unter dem Vorbehalt der durch Sinn und Zweck vermittelten Vergleichbarkeit erfolgen kann.

---

1 Richardi/*Annuß*, § 73a Rz. 33. ||2 DKKW/*Trittin*, § 73b Rz. 1. ||3 BT-Drs. 14/5741, 45. ||4 *Löwisch*, BB 2001, 1734 (1746). ||5 DKKW/*Trittin*, § 73b Rz. 2. ||6 *Fitting*, § 73b Rz. 11 ff.

1. Ersatzmitglied (§ 25 Abs. 1). Scheidet ein Mitglied aus der KonzernJAV aus, so rückt ein Ersatzmitglied nach. Dies gilt entsprechend für die Stellvertretung eines zeitweilig verhinderten Mitglieds des BR. Ersatzmitglieder sind diejenigen, die die GesamtJAV nach § 73a II bestellt hat (vgl. § 73a Rz. 9 sowie § 72 Rz. 11). 4

2. Vorsitzender und Stellvertreter (§ 26). Nach Abs. 2 iVm. § 26 I wählt die KonzernJAV aus ihrer Mitte den Vorsitzenden und dessen Stellvertreter. Vertreten wird die KonzernJAV im Rahmen der von ihr gefassten Beschlüsse (§ 26 II 1) durch den Vorsitzenden der KonzernJAV und im Falle seiner Verhinderung durch seinen Stellvertreter. Er bzw. im Verhinderungsfall sein Stellvertreter ist zur Entgegennahme von Erklärungen, die der KonzernJAV ggü. abzugeben sind, berechtigt (§ 26 II 2). Allerdings sind zu den Tagesordnungspunkten, die besonders die in § 60 I genannten ArbN betreffen, **alle** Mitglieder der KonzernJAV zu laden (§§ 73b iVm. 59 II 3 iVm. 29 II 4). 5

3. Ausschüsse (§ 28). Wie die betriebl. JAV und die GesamtJAV hat auch die KonzernJAV die Möglichkeit, Ausschüsse nach § 28 I 1 zu bilden (vgl. § 65 Rz. 8 und § 73 Rz. 7). Voraussetzung ist, wie sich aus der entsprechenden Anwendung ergibt, dass **im Konzern** mindestens 100 wahlberechtigte ArbN iSv. § 60 I beschäftigt werden[1]. 6

4. Sitzungen (§ 30). Die KonzernJAV hat das Recht, Sitzungen abzuhalten (vgl. Rz. 2). Für die Sitzungen gilt § 30 (vgl. § 65 Rz. 27 ff., § 73 Rz. 8 sowie § 30 Rz. 2 ff.). 7

5. Teilnahme der Gewerkschaften (§ 31). Gewerkschaftsvertreter können auf Antrag von einem Viertel der Mitglieder der KonzernJAV an der Sitzung beratend teilnehmen, wobei der Gewerkschaft für diesen Fall der Zeitpunkt der Sitzung und die Tagesordnung rechtzeitig mitzuteilen sind. Streitig ist, ob es ausreicht, dass die Gewerkschaft im Konzern vertreten ist, oder ob sie in der KonzernJAV vertreten sein muss (vgl. § 65 Rz. 10 f. und § 73 Rz. 9). Bei der Ermittlung der notwendigen Anzahl von „einem Viertel der Mitglieder" ist abzustellen auf das Stimmengewicht (vgl. § 73 Rz. 9). 8

Unabhängig von § 31 kann die KonzernJAV mit Stimmenmehrheit einen Beschluss fassen, einen Vertreter der Gewerkschaft beratend zur Sitzung hinzuzuziehen, wenn sie dies zur Erfüllung ihrer Aufgaben für notwendig hält. Für diesen Fall ist es ausreichend, wenn die Gewerkschaft im Konzern vertreten ist (vgl. § 65 Rz. 10 und § 73 Rz. 9). 9

6. Sitzungsniederschrift (§ 34). Wie die betriebl. JAV und die GesamtJAV hat auch die KonzernJAV eine Niederschrift über die Sitzung nebst Beschlussfassung und Stimmenmehrheit zu fertigen (vgl. § 65 Rz. 13 und § 73 Rz. 10). 10

7. Geschäftsordnung (§ 36). Mit absoluter Stimmenmehrheit kann sich die KonzernJAV eine schriftl. Geschäftsordnung geben. 11

8. Ehrenamt und Arbeitsbefreiung (§ 37 Abs. 1–3). Die Mitglieder der KonzernJAV führen ihr Amt unentgeltlich als **Ehrenamt** (§ 37 I). Sie sind von ihrer berufl. Tätigkeit ohne Minderung des Arbeitsentgelts zu befreien, soweit dies zur ordnungsgemäßen Durchführung ihrer Aufgaben erforderlich ist (§ 37 II und III). Darüber hinaus besteht ein Anspruch auf Freistellung für Schulungs- und Bildungsveranstaltungen nach § 37 IV–VII (vgl. § 73 Rz. 12). Bei der Beschlussfassung des BR über die Schulung eines Jugend- und Auszubildendenvertreters hat die JAV ein Teilnahme- und Stimmrecht (vgl. § 65 Rz. 18). 12

9. Kosten (§ 40). Der ArbGeb hat die für Sitzungen und laufende Geschäftsführung erforderlichen Räume und sachlichen Mittel zur Verfügung zu stellen (§ 40 II), er trägt die durch die Tätigkeit der KonzernJAV entstehenden Kosten (§ 40 I; zum **erforderlichen Sachaufwand** vgl. § 40 Rz. 4 ff.). 13

10. Umlageverbot (§ 41). Die Erhebung und Leistung von Beiträgen der ArbN für Zwecke der KonzernJAV ist unzulässig. 14

11. Beschlussfassung (§ 51 Abs. 3). Die **Beschlüsse** der KonzernJAV werden mit Mehrheit der Stimmen der anwesenden Mitglieder gefasst, soweit nichts anderes bestimmt ist (§ 51 III 1). Bei Stimmengleichheit ist ein Antrag abgelehnt (§ 51 III 2). Zur Beschlussfähigkeit der KonzernJAV ist erforderlich, dass mindestens die Hälfte seiner Mitglieder an der Beschlussfassung teilnimmt **und** die Teilnehmenden mindestens die Hälfte aller Stimmen vertreten, Stellvertretung durch Ersatzmitglieder ist zulässig (§ 51 III 3). Für die Zahl der Stimmen, die ein Mitglied hat, sind die §§ 73a, 72 VII und VIII maßgebend. Gleiches gilt für einen evtl. durch die KonzernJAV gebildeten Ausschuss iSv. § 28 I 1 (§ 51 IV). 15

12. Rechte und Pflichten (§ 51 Abs. 5). Hinsichtlich der Rechte und Pflichten der KonzernJAV verweist Abs. 2 auf § 51 V, der letztendlich wiederum – wegen der **entsprechenden** Anwendung – auf die **materiellen Rechte und Pflichten** der JAV verweist. Die **konkreten** Rechte und Pflichten der KonzernJAV ergeben sich daher – wie auch für die GesamtJAV – aus § 70, insb. der **Anspruch auf Unterrichtung** gem. § 70 II, wonach die KonzernJAV zur Durchführung ihrer Aufgaben rechtzeitig und umfassend zu informieren ist. Ferner kann die KonzernJAV verlangen, dass ihr zur Durchführung ihrer Aufgaben auch die dazu erforderlichen Unterlagen zur Verfügung gestellt werden (§ 70 II 2, vgl. § 70 Rz. 20 ff.). 16

---

1 Vgl. *Fitting*, § 73b Rz. 11.

17 **13. Ausschluss von Mitgliedern (§ 56).** Mindestens ein Viertel der wahlberechtigten ArbN iSv. § 60 I der Konzernunternehmen, der ArbGeb, der KBR oder eine im Konzern vertretene Gewerkschaft können beim ArbG den Ausschluss eines Mitglieds aus der KonzernJAV wegen grober Verletzung seiner gesetzl. Pflichten (vgl. § 56 Rz. 1) beantragen. Bei der Ermittlung des Quorums ist wiederum nicht auf die Personenzahl, sondern auf das Stimmengewicht abzustellen (vgl. § 73 Rz. 15).

18 **14. Erlöschen der Mitgliedschaft (§ 57).** Die Mitgliedschaft in der KonzernJAV endet mit dem Erlöschen der Mitgliedschaft in der GesamtJAV (vgl. § 73 Rz. 16), durch Amtsniederlegung, durch Ausschluss aus der KonzernJAV auf Grund einer gerichtl. Entscheidung oder durch Abberufung durch die GesamtJAV (vgl. § 73 Rz. 16 sowie § 65 Rz. 4).

19 **15. Zuständigkeit (§ 58).** Die KonzernJAV ist den einzelnen GesamtJAV nicht übergeordnet (§ 58 I 2). Sie ist zuständig für die Behandlung von Angelegenheiten, die den Konzern oder mehrere Konzernunternehmen betreffen und nicht durch die einzelnen GesamtJAV innerhalb ihrer Unternehmen geregelt werden können. Die KonzernJAV ist auch zuständig für Konzernunternehmen, in denen eine GesamtJAV **nicht gebildet** wurde, sowie für Betriebe der Konzernunternehmen ohne betriebl. JAV (vgl. § 58 Rz. 2 ff.). Die bloße **Zweckmäßigkeit** einer konzerneinheitlichen Regelung genügt für die Zuständigkeit der KonzernJAV nicht. Zwingend erforderlich ist eine unternehmensübergreifende Regelung[1]. Da die KonzernJAV nicht **Träger** von Mitwirkungs- und MitbestR ist, sondern darauf beschränkt ist, ihre Aufgaben ggü. dem KBR bzw. über den KBR zu erfüllen, ist ihre Zuständigkeit stets dann gegeben, wenn der KBR sich mit der Angelegenheit befassen kann[2]. Darüber hinaus kann die GesamtJAV mit der Mehrheit der Stimmen ihrer Mitglieder die KonzernJAV **beauftragen**, eine Angelegenheit für sie zu behandeln. Dies ist aber idR nur dann sinnvoll, wenn gleichzeitig der GBR den KBR beauftragt hat, da die KonzernJAV ebenso wie die GesamtJAV und die betriebl. JAV nicht direkt mit dem ArbGeb verhandeln kann (vgl. § 60 Rz. 8 und § 73 Rz. 17)[3]. Allerdings ist dies keine Wirksamkeitsvoraussetzung für den Beauftragungsbeschluss[4]. Fallkonstellationen, bei denen eine unternehmensübergreifende Regelung **zwingend erforderlich** ist, sind nur schwer vorstellbar: Die Frage von Kontoführungspauschalen oder die Notwendigkeit von Einsparungen zum Zwecke der Sanierung und ein damit verbundener Zeitdruck führen jedenfalls nicht zu einer solchen zwingenden Erforderlichkeit[5]. Zu denken wäre uU an Fragen im Zusammenhang mit der betrAV oder evtl. eine einheitliche Ausbildungsregelung.

20 **16. Aussetzung von Beschlüssen des Konzern-Betriebsrats (§ 66).** Wie auch die betriebl. JAV und die GesamtJAV kann die KonzernJAV einen Beschluss des KBR für die Dauer von einer Woche aussetzen lassen, wenn durch **Mehrheitsbeschluss** die KonzernJAV zu dem Ergebnis kommt, dass durch den Beschluss eine erhebliche Beeinträchtigung wichtiger Interessen der in § 60 I genannten ArbN vorliegt. Innerhalb der Wochenfrist ist eine Verständigung zwischen KonzernJAV und KBR ggf. mit Hilfe der im Konzern vertretenen Gewerkschaften zu versuchen. Bestätigt der KBR den ersten Beschluss, kann der Antrag auf Aussetzung nicht wiederholt werden (vgl. § 66 Rz. 3 ff.).

21 **17. Teilnahme an Konzern-Betriebsratssitzungen (§ 67).** Die KonzernJAV kann zu allen KBR-Sitzungen einen Vertreter entsenden. Werden Angelegenheiten behandelt, die besonders die in § 60 I genannten ArbN betreffen (vgl. § 67 Rz. 7), so hat zu diesen Tagesordnungspunkten nicht nur ein Vertreter, sondern die gesamte KonzernJAV ein Teilnahmerecht. Die KonzernJAV hat **Stimmrecht**, soweit die zu fassenden Beschlüsse des KBR **überwiegend** die in § 60 I genannten ArbN betreffen (vgl. § 67 Rz. 11 ff.). Auch hier ist maßgebend das Stimmengewicht, wie es sich aus den §§ 73a, 72 VII und VIII ergibt. Ferner hat die KonzernJAV das Recht, beim BR zu **beantragen**, Angelegenheiten, die besonders die in § 60 I genannten ArbN betreffen und über die die KonzernJAV beraten hat, auf die **nächste Tagesordnung** zu setzen. Der KBR soll Angelegenheiten, die besonders die in § 60 I genannten ArbN betreffen, der KonzernJAV zur Beratung zuleiten.

22 **18. Teilnahme an gemeinsamen Besprechungen (§ 68).** Der KBR hat die KonzernJAV zu Besprechungen mit dem ArbGeb beizuziehen, wenn Angelegenheiten behandelt werden, die besonders die in § 60 I genannten ArbN betreffen (vgl. § 68 Rz. 2 ff.).

23 **19. Kündigungsschutz.** Da ein Mitglied der KonzernJAV stets zugleich Mitglied einer JAV ist, genießt es auch den **besonderen Kündigungsschutz** des § 15 KSchG. Zulässig ist grds. nur die außerordentl. Kündigung, die der Zustimmung des BR – nicht des GBR oder KBR – bedarf[6]. Daneben ist der besondere Versetzungsschutz nach § 103 III zu beachten.

24 **20. Abschließende Regelung.** Bei dem Verweis in Abs. 2 auf die für entsprechend anwendbar erklärten Organisationsvorschriften handelt es sich um eine abschließende Regelung[7]. Insb. finden auf die KonzernJAV die Vorschriften über die Freistellung (§ 38), die Teilnahme der Konzernschwerbehindertenvertretungen an den Sitzungen des KBR (§ 59a), das Abhalten von Sprechstunden (§ 39) sowie über die Betriebsräteversammlung (§ 53) keine Anwendung.

---

1 BAG 15.1.2002 – 1 ABR 10/01, NZA 2002, 988. ||2 Richardi/*Annuß*, § 73b Rz. 20. ||3 Zur gleichen Rechtslage bei der GesamtJAV DKKW/*Trittin*, § 73 Rz. 20. ||4 Richardi/*Annuß*, § 73b Rz. 21. ||5 BAG 15.1.2002 – 1 ABR 10/01, NZA 2002, 988. ||6 Richardi/*Annuß*, § 73b Rz. 17. ||7 *Fitting*, § 73b Rz. 15.

IV. **Streitigkeiten.** Über Streitigkeiten, die sich aus der Anwendung des § 73b ergeben, entscheidet das ArbG im **Beschlussverfahren** (§§ 2a I Nr. 1, II iVm. 80ff. ArbGG). Zuständig ist in entsprechender Anwendung des § 82 I 2 ArbGG das ArbG, in dessen Bezirk das herrschende Unternehmen seinen Sitz hat[1]. Zwar wurde mit der Einführung der KonzernJAV § 82 ArbGG nicht dahin gehend ergänzt. Da die **örtliche Zuständigkeit** des KBR nach § 82 I 2 ArbGG sich aber ebenfalls nach dem Bezirk bestimmt, in dem das Unternehmen seinen Sitz hat, dürfte Gleiches für die KonzernJAV gelten. Über den Freizeitausgleich und die Minderung des Arbeitsentgelts nach § 37 II und III wird im **Urteilsverfahren** entschieden (§§ 2 I Nr. 3a, V iVm. 46ff. ArbGG)[2]. Örtlich zuständig ist nach § 46 II ArbGG iVm. § 29 ZPO das ArbG, in dessen Bezirk der Betrieb, in dem der Konzern-Jugend- und Auszubildendenvertreter tätig ist, liegt. 25

Vierter Teil. Mitwirkung und Mitbestimmung der Arbeitnehmer

Erster Abschnitt. Allgemeines

74 *Grundsätze für die Zusammenarbeit*
(1) Arbeitgeber und Betriebsrat sollen mindestens einmal im Monat zu einer Besprechung zusammentreten. Sie haben über strittige Fragen mit dem ernsten Willen zur Einigung zu verhandeln und Vorschläge für die Beilegung von Meinungsverschiedenheiten zu machen.

(2) Maßnahmen des Arbeitskampfes zwischen Arbeitgeber und Betriebsrat sind unzulässig; Arbeitskämpfe tariffähiger Parteien werden hierdurch nicht berührt. Arbeitgeber und Betriebsrat haben Betätigungen zu unterlassen, durch die der Arbeitsablauf oder der Frieden des Betriebs beeinträchtigt werden. Sie haben jede parteipolitische Betätigung im Betrieb zu unterlassen; die Behandlung von Angelegenheiten tarifpolitischer, sozialpolitischer, umweltpolitischer und wirtschaftlicher Art, die den Betrieb oder seine Arbeitnehmer unmittelbar betreffen, wird hierdurch nicht berührt.

(3) Arbeitnehmer, die im Rahmen dieses Gesetzes Aufgaben übernehmen, werden hierdurch in der Betätigung für ihre Gewerkschaft auch im Betrieb nicht beschränkt.

I. Inhalt und Zweck 1	2. Verbot der Störung des Betriebsfriedens (Abs. 2 S. 2) 14
II. Monatsgespräch (Abs. 1 S. 1) 3	3. Verbot der parteipolitischen Betätigung (Abs. 2 S. 3) 16
III. Verhandlungskultur (Abs. 1 S. 2) 8	V. Streitigkeiten 19
IV. Friedenspflicht (Abs. 2, 3) 9	
1. Verbot von Arbeitskampfmaßnahmen (Abs. 2 S. 1) 10	

I. **Inhalt und Zweck.** Die Norm leitet den **materiellen** vierten Teil der betriebsverfassungsrechtl. Mitbestimmungsordnung ein, indem das Kooperationsgebot für ArbGeb und BR nach § 2 I anhand des Leitbilds einer **friedlichen und vertrauensvollen Zusammenarbeit** konkretisiert und ergänzt wird. Gemeinsam stellen §§ 74, 75 die „Magna Charta" der Betriebsverfassung dar[3], weil nicht nur das Verhältnis zwischen den Betriebspartnern, sondern auch das Verhältnis zu den Gewerkschaften und der Belegschaft durch verfassungskonkretisierendes **objektives Recht** zur Ermöglichung einer Mitwirkungs- und Mitbestimmungsordnung im Betrieb geregelt werden. Dass damit noch nicht ein umfassender „Allgemeiner Teil" für Rechtsfragen der Mitwirkung bzw. Mitbest. des BR formuliert werden konnte, zeigt sich an den vielen ungelösten Fragen, die im Folgenden vor allem zu § 77 (zB Verhältnis der BV zu TV und Arbeitsvertrag) und zu § 87 (zB Rechtsfolgen mitbestimmungswidrigen Verhaltens) im Einzelnen zu kommentieren sind[4]. 1

Abs. 1 kann als gesetzl. Vorschlag zum Umgang mit betriebl. Konflikten verstanden werden. Daher bezieht sich das Gebot des Abs. 1 S. 2 nicht ausschließl. auf das in Abs. 1 geregelte Monatsgespräch, sondern stellt **generelle Verhaltensregeln** für alle Verhandlungen zwischen ArbGeb und BR auf[5]. Wenn die Betriebspartner auf eine Verhandlungskultur „mit dem ernsten Willen zur Einigung", dh. auf eine gegenseitige **Einlassungs- und Erörterungspflicht**[6] in allen streitigen Angelegenheiten verpflichtet werden, ist damit aber keineswegs eine „Rechtspflicht" zum **Kompromiss** gemeint (hM). Eine europarechtskonforme Auslegung der Norm im Hinblick auf Art. 2 Buchst. g RL 2002/14/EG, der die vergleichbare „**Anhörung**" als „Durchführung eines Meinungsaustauschs und eines Dialogs" iS eines echten Austauschs von Argumenten definiert, überwindet insoweit keine Widerstände – sie stimmt überein mit Sinn und Zweck der deutschen Norm[7]. Abs. 2 verbietet ArbGeb und BR, im Bereich der Betriebsverfassung zu Arbeitskampfmaßnahmen zu greifen und die betriebl. Zusammenarbeit insb. durch 2

---

[1] *Fitting*, § 73b Rz. 16; DKKW/*Trittin*, § 73b Rz. 28. ||[2] *Fitting*, § 73b Rz. 17. ||[3] So Richardi/*Richardi*, § 75 Rz. 1. ||[4] Vgl. hierzu auch ErfK/*Kania*, Einl. vor § 74 BetrVG. ||[5] So etwa *Fitting*, § 74 Rz. 9; GK-BetrVG/*Kreutz*, § 74 Rz. 24; Richardi/*Richardi*, § 74 Rz. 12. ||[6] HM, vgl. *Fitting*, § 74 Rz. 9; GK-BetrVG/*Kreutz*, § 74 Rz. 26; Richardi/*Richardi*, § 74 Rz. 12. ||[7] Ausf. *Reichold*, NZA 2003, 289 (296).

parteipolitische Betätigung zu belasten. Die Vorschrift kann daher auch als Konkretisierung von „**Treu und Glauben**" im Betriebsverhältnis zwischen ArbGeb und BR, ähnlich wie § 242 BGB, dogmatisch verstanden werden[1]. Schließlich bestätigt Abs. 3 die Koalitionsfreiheit der BR-Mitglieder, wenn diese ausdrückl. in ihrer Betätigung für Gewerkschaften (zB als Vertrauensleute) bestärkt werden (näher Rz. 12).

3   **II. Monatsgespräch (Abs. 1 S. 1).** ArbGeb und BR **sollen** (nicht: müssen) sich „mindestens einmal im Monat zu einer Besprechung" treffen. Sinn dieses Monatsgesprächs ist es, auf Grund des persönlichen Kontakts auch ohne akuten Anlass eine **vertrauensvolle** Atmosphäre zwischen den Betriebspartnern zu erzeugen und einen ständigen Gesprächskontakt zu gewährleisten[2]. Aus dieser gesetzgeberischen Absicht aber eine **Rechtspflicht** zum Monatsgespräch ableiten zu wollen[3], geht nicht nur über den Wortlaut der Vorschrift hinaus, sondern kann auch dazu führen, dass die Kontakte zu einem leeren Ritual verkommen. Den Betriebspartnern ist die Entscheidung über den Zeittakt ihrer regelmäßigen Zusammenkünfte selbst zu überlassen, zumal auch **unabhängig vom Monatsrhythmus** die Einberufung einer Besprechung verlangt werden kann[4].

4   Der BR nimmt in **voller Besetzung** an der Besprechung teil. Es handelt sich grds. nicht um eine nach §§ 26 ff. delegierbare Aufgabe, es sei denn, es sollen ausschließlich Angelegenheiten erörtert werden, die einem Ausschuss zur selbständigen Erledigung übertragen sind[5]. Auf **ArbGeb-Seite** muss eine natürliche Person teilnehmen, die zur Vertretung des ArbGeb berechtigt ist (Geschäftsführer, Gesellschafter, Prokurist etc.)[6]. Eine einfache Vollmacht (§ 167 I BGB) ist grds. ausreichend, allerdings muss der ArbGeb-Vertreter über die nötige Sachkunde und Entscheidungskompetenz verfügen[7].

5   Zum Monatsgespräch hinzuzuziehen ist nach § 68 auch die **JAV**, wenn und soweit dort Angelegenheiten behandelt werden, die besonders jugendliche ArbN betreffen. Nach § 95 V SGB IX gilt das auch für die **Schwerbehindertenvertretung**, jedoch unabhängig davon, ob diese Gruppe betreffende Themen besprochen werden. Der Gesetzgeber hat damit die entgegenstehende BAG-Rspr.[8] für gegenstandslos erklärt.

6   Kein Teilnahmerecht hat dagegen der **Gewerkschaftsbeauftragte**. Sein Recht aus § 31 bzw. § 46 bezieht sich ausdrücklich nur auf BR-Sitzungen bzw. die Betriebs- oder Abteilungsversammlung. Durch eine Teilnahme auch am Monatsgespräch würde die Unterstützungsfunktion der Gewerkschaften aus § 2 deutlich überspannt[9]. **Einvernehmlich** können sich aber ArbGeb und BR auf die Teilnahme von Gewerkschaftsbeauftragten verständigen (hM), dagegen besteht ein einseitiges Hinzuziehungsrecht nur bei eindeutig tarifbezogenen Angelegenheiten[10].

7   Einstweilen frei.

8   **III. Verhandlungskultur (Abs. 1 S. 2).** Die Verhandlungen zwischen ArbGeb und BR sollen ernsthaft und konstruktiv verlaufen. Das erfordert insb. ein **gegenseitiges Eingehen** auf die Positionen und Lösungsvorschläge von Problemen (Rz. 2)[11]. Die vertrauensvolle Zusammenarbeit erfordert in jedem Fall, vor Anrufung der **Einigungsstelle** ein direktes Gespräch zu führen und die wesentlichen Argumente auszutauschen[12]. Doch scheitert die Anrufung der Einigungsstelle nicht an der Verletzung der von Abs. 1 S. 2 geforderten Verhandlungskultur[13] – der Geist konstruktiver Zusammenarbeit lässt sich nicht erzwingen (Rz. 20). **Nicht erforderlich** ist die Einigung um jeden Preis; die Parteien können auf ihren Standpunkten beharren und sich einem Kompromiss verschließen (Rz. 2). Sachliche Kritik ist durchaus angebracht, dagegen sind persönliche Angriffe und ähnliche Ausfälle zu vermeiden. Eine **grobe Missachtung** der gesetzl. vorgezeichneten Verhandlungskultur, zB durch ständige Verweigerung von

---

1 Vgl. MünchArbR/v. *Hoyningen-Huene*, § 213 Rz. 17; § 214 Rz. 3 ff.; *Reichold*, Betriebsverfassung als Sozialprivatrecht, 1995, S. 498. ||2 Vgl. GK-BetrVG/*Kreutz*, § 74 Rz. 9. ||3 So zB DKKW/*Berg*, § 74 Rz. 3; *Fitting*, § 74 Rz. 4; GK-BetrVG/*Kreutz*, § 74 Rz. 10. ||4 Wie hier Richardi/*Richardi*, § 74 Rz. 8; *Stege/Weinspach/Schiefer*, § 74 Rz. 1; aA GK-BetrVG/*Kreutz*, § 74 Rz. 12, der ein solches Recht nur dem BR aus § 23 III zuspricht. ||5 Str., wie hier Richardi/*Richardi*, § 74 Rz. 7; für Delegation auf Ausschüsse DKKW/*Berg*, § 74 Rz. 5; *Fitting*, § 74 Rz. 5; dagegen GK-BetrVG/*Kreutz*, § 74 Rz. 14; nach BAG v. 15.8.2012 – 7 ABR 16/11, NZA 2013, 284 kann der BR die Teilnahme an den Sitzungen nach § 74 I auch dem Betriebsausschuss übertragen (§ 27 II 2); offengelassen noch von BAG 19.1.1984 – 6 ABR 75/81, BAGE 45, 22; ebenso ErfK/*Kania*, § 74 Rz. 5. ||6 Vgl. nur *Fitting*, § 74 Rz. 7; GK-BetrVG/*Kreutz*, § 74 Rz. 15. ||7 BAG 11.12.1991 – 7 ABR 16/91, NZA 1992, 850. ||8 Vgl. noch BAG 19.1.1984 – 6 ABR 19/83, BAGE 45, 22 (25). ||9 HM, vgl. nur *Fitting*, § 74 Rz. 8; GK-BetrVG/*Kreutz*, § 74 Rz. 18. ||10 Str., wie hier GK-BetrVG/*Kreutz*, § 74 Rz. 18; Richardi/*Richardi*, § 74 Rz. 11; weniger streng *Fitting*, § 74 Rz. 8; zu weitgehend DKKW/*Berg*, § 74 Rz. 6; HaKo-BetrVG/*Lorenz*, § 74 Rz. 3, weil ein Teilnahmerecht auf Wunsch nur einer Partei dem gegenseitigen Gesprächskontakt nicht dienlich sein kann. ||11 Vgl. BAG 13.10.1987 – 1 ABR 53/86, NZA 1987, 809: Eine gerichtl. Vorabbeurteilung von Regelungsvorschlägen des BR verstieße gegen § 74 I. ||12 Ausreichend kann aber auch schon der gegenseitige Austausch eigenständiger Entwürfe von BVen sein, wenn nicht zu erwarten ist, dass mündliche Verhandlungen zu einer einvernehmlichen Regelung führen, vgl. ArbG Dessau-Roßlau 9.6.2010 – 1 BV 1/10. ||13 HM, vgl. LAG Hamm 9.2.2009 – 10 TaBV 3/09; LAG Rh.-Pf. 5.1.2006 – 6 TaBV 60/05, AuR 2006, 333; LAG Hamm 9.8.2004 – 10 TaBV 81/04, AP Nr. 14 zu § 98 ArbGG 1979; LAG Nds. 7.12.1998 – 1 TaBV 74/98, AiB 1999, 648. Für die Entscheidung nach § 98 ArbGG kann aber ggf. das Rechtsschutzbedürfnis fehlen, wenn nicht einmal der Versuch unternommen wurde, mit Einigungswillen zu verhandeln, vgl. LAG Rh.-Pf. 8.3.2012 – 11 TaBV 5/12.

Verhandlungen, kann zu Ansprüchen aus § 23 I bzw. III führen[1]. Eine durch die Umstände ihrer Mitteilung den BR als reinen „Kostenfaktor" herabwürdigende **Bekanntgabe der BR-Kosten** durch den ArbGeb stellt zwar keine grobe Pflichtverletzung dar, kann aber wegen Behinderung der BR-Arbeit auf Grund von § 78 S. 1, die gleichzeitig einen Verstoß gegen die vertrauensvolle Zusammenarbeit darstellt, untersagt werden[2].

IV. Friedenspflicht (Abs. 2, 3). Abs. 2 ergänzt die kooperationssichernden Verhaltensgebote des Abs. 1 S. 2 („Verhandlungskultur") um **friedenssichernde Handlungseinschränkungen**, die gleichermaßen beide Betriebspartner betreffen. Der gebräuchliche Begriff „Friedenspflicht" ist dabei als Oberbegriff nicht ganz zutreffend[3], weil über das Arbeitskampfverbot (S. 1) und das Verbot von Beeinträchtigungen des Betriebsfriedens und des Arbeitsablaufs (S. 2) hinaus **jedwede parteipolitische Betätigung** im Betrieb (S. 3) **generell** untersagt wird (Rz. 16). Die allg. Friedenspflicht in S. 2 wird daher von den spezielleren Verboten in S. 1 u. 3 in deren Anwendungsbereich **verdrängt**[4], bleibt aber als allg. Auffangtatbestand für die Norm prägend (Rz. 14). Der Gesetzgeber bemüht sich hier um einen **innerbetrieblichen Verhaltenskodex**, der Interessengegensätze nicht leugnen, diese dennoch in eine verbindliche Friedensordnung einbinden will. Er überträgt damit vor allem dem BR große Verantwortung im Hinblick auf eine sachgerechte **Abwägung** zwischen der grundrechtl. geschützten Handlungs- und Meinungs-, aber auch Koalitionsfreiheit (Art. 2, 5, 9 III GG) einerseits und der Sicherung einer betriebl. Friedensordnung nach § 74 II (Art. 12 GG) andererseits. Abs. 3 macht auf diese Spannungslage aufmerksam. Das BVerfG hat zur verfassungsrechtl. Dimension der Norm ausdrücklich darauf verwiesen, dass parteipolitische Betätigung zwar generell, jede andere Betätigung aber nur dann verboten sei, wenn der Betriebsfrieden **konkret** beeinträchtigt werde[5].

1. Verbot von Arbeitskampfmaßnahmen (Abs. 2 S. 1). S. 1 Hs. 1 ordnet pauschal die Unzulässigkeit von Arbeitskampfmaßnahmen zwischen den Betriebspartnern, dh. eine **absolute Friedenspflicht** an, so dass es auf eine konkrete Beeinträchtigung des Betriebsfriedens überhaupt nicht ankommt[6]. S. 1 Hs. 2 stellt aber klar, dass damit Arbeitskämpfe **tariffähiger** Parteien nicht berührt würden. Daraus folgt nach ganz hM zweierlei:

– Zum einen, dass die Lösung betriebsverfassungsrechtl. Konflikte nicht nach dem sog. Konfrontationsmodell im Wege des Arbeitskampfs erfolgen darf, sondern ausschließlich im Wege des vom BetrVG nach dem **Kooperationsmodell** vorgesehenen Schlichtungsmechanismus der „Einigungsstelle" (§ 76) bzw. in einem arbeitsgerichtl. Beschlussverfahren[7];

– zum anderen, dass Arbeitskampfmaßnahmen tariffähiger Parteien, zu denen der BR nach § 2 I TVG nicht gehört, sich weder positiv noch negativ auf die betriebsverfassungsrechtl. Ordnung auswirken (sollen). Vielmehr soll der Arbeitskampf nichts an der Existenz des BR-Amts und dessen grds. fortbestehenden Aufgaben ändern – der BR hat sich neutral zu verhalten, **bleibt aber funktionstüchtig**[8]. Einwirkungspflichten auf zB (wild) Streikende in der Belegschaft bestehen nicht (hM). Dieses Postulat lässt sich allerdings mit einer Rechtswirklichkeit nur schwer vereinbaren, die von einer - regelmäßig und ständig auftretenden - Doppelfunktion von ArbGeb und BR-Mitgliedern als Betriebspartner einerseits und Arbeitskampfgegner andererseits gekennzeichnet ist[9] – genau deshalb erfolgte die **Klarstellung** in Abs. 3. Daraus folgende Interessenkonflikte der BR-Mitglieder können nicht ohne Rückwirkung auf ihre Beteiligungsrechte bleiben (vgl. Rz. 13).

Verboten sind alle Kampfmaßnahmen, die geeignet sind, auf den anderen Betriebspartner **Druck auszuüben**. Auf das „Kampfziel" kommt es nicht an, weil ArbGeb und BR durch S. 1 grds. auf friedliches Verhalten verpflichtet sind[10]. Notwendig ist aber jeweils ein dem **BR** oder dem **ArbGeb als Organ der Betriebsverfassung** zuzurechnendes Kampfverhalten, auch in verschleierter Form wie zB beim Aufruf des BR zu „Informations- oder Protestveranstaltungen" über mehrere Tage[11]. Unabhängig davon sind schon nach allg. Arbeitskampfrecht solche Streikmaßnahmen **rechtswidrig**, die zB auf die Rücknahme eines Antrags des ArbGeb auf Zustimmungsersetzung zur außerordentl. Kündigung eines BR-Mitglieds zielen, weil hier ein Rechtsstreit nach § 103 und nicht ein tarifl. Regelungsstreit Gegenstand der Forderung ist – die Streikenden sind deshalb zum Ersatz des daraus entstehenden Schadens verpflich-

---

1 HM, vgl. *Fitting*, § 74 Rz. 9; GK-BetrVG/*Kreutz*, § 74 Rz. 27; MünchArbR/*v. Hoyningen-Huene*, § 214 Rz. 6; Richardi/*Richardi*, § 74 Rz. 13. ||2 BAG 12.11.1997 – 7 ABR 14/97, NZA 1998, 559; 19.7.1995 – 7 ABR 60/94, NZA 1996, 332. ||3 So GK-BetrVG/*Kreutz*, § 74 Rz. 31; HaKo-BetrVG/*Lorenz*, § 74 Rz. 17; vgl. auch BVerfG 28.4. 1976 – 1 BvR 71/73, BVerfGE 42, 133 (140 f.); BAG 12.6.1986 – 6 ABR 67/84, DB 1987, 1898; diff. BAG 21.2.1978 – 1 ABR 54/76, DB 1978, 1547. ||4 Zutr. GK-BetrVG/*Kreutz*, § 74 Rz. 32. ||5 BVerfG 28.4.1976 – 1 BvR 71/73, BVerfGE 42, 133 (141). ||6 HM, vgl. GK-BetrVG/*Kreutz*, § 74 Rz. 32; *Kissel*, Arbeitskampfrecht, § 36 Rz. 4; *Rolfs/Bütefisch*, NZA 1996, 17 (18). ||7 BAG 17.12.1976 – 1 AZR 772/75, DB 1977, 728; ferner DFL/*Rieble*, § 74 Rz. 7; *Fitting*, § 74 Rz. 12; GK-BetrVG/*Kreutz*, § 74 Rz. 37. ||8 HM, vgl. zuletzt BAG 10.12.2002 – 1 ABR 7/02, NZA 2004, 223; 25.10.1988 – 1 AZR 368/87, BAGE 60, 71 (75); ferner *Fitting*, § 74 Rz. 18; GK-BetrVG/*Kreutz*, § 74 Rz. 59; *Kissel*, Arbeitskampfrecht, § 36 Rz. 5, 7; MünchArbR/*v. Hoyningen-Huene*, § 214 Rz. 15; Richardi/*Richardi*, § 74 Rz. 23 f., 33. ||9 BR-Mitglieder sind in der Mehrheit auch Gewerkschaftsmitglieder, vgl. nur *Kissel*, Arbeitskampfrecht, § 36 Rz. 4, 22; ferner DFL/*Rieble*, § 74 Rz. 11, 18; *Kempen*, NZA 2005, 185; *Rolfs/Bütefisch*, NZA 1996, 17 (18). ||10 Zutr. GK-BetrVG/*Kreutz*, § 74 Rz. 51. ||11 Vgl. DFL/*Rieble*, § 74 Rz. 9; weitere Bsp. bei GK-BetrVG/*Kreutz*, § 74 Rz. 68.

tet¹. Werden BR-Mitglieder dagegen **ausgesperrt** und damit von ihren arbeitsvertragl. Rechten und Pflichten suspendiert, ändert sich nichts an ihrer **Amtsfunktion** auch während des Arbeitskampfes, doch erhalten sie wie die anderen Ausgesperrten kein Arbeitsentgelt². Das BAG hat auch klar gestellt, dass **firmentarifliche Sozialpläne** zum Ausgleich von Nachteilen aus konkreten Betriebsänderungen trotz der §§ 111, 112 durch die Gewerkschaft erstreikbar sind – einer Arbeitsteilung zwischen BR (Sozialplan) und Gewerkschaft (Firmentarif) zu Lasten des ArbGeb und einer Überlagerung von Sozialplanverhandlungen durch Streiks, die das Friedensgebot aushöhlen, wird damit kein Riegel vorgeschoben³. Das erscheint bedenklich.

12 Das Arbeitskampfverbot gilt auch für das **einzelne BR-Mitglied**. Es darf sich nicht der Infrastruktur des BR nach § 40 II zu Streikzwecken bedienen oder Streikaufrufe als BR-Mitglied unterzeichnen⁴. Fraglich ist aber meistens, **wann** ein BR-Mitglied **als solches** handelt und wann es als streikender ArbN von seiner **Koalitionsfreiheit iSd. Abs. 3** Gebrauch macht. Danach kann es ihm nicht untersagt werden, sich an Ausständen seiner Gewerkschaft wie ein normaler ArbN zu beteiligen („in der Betätigung für ihre Gewerkschaft *auch im Betrieb* nicht beschränkt"). Ihm ist die Kampfbeteiligung nur in seiner Funktion als **Amtsträger** verboten⁵. Eine Vermutung für sein Auftreten gerade als BR-Mitglied wäre unzulässig – selbst der **freigestellte** Amtsträger ist nicht immer im Amt. So bleibt vom Neutralitätsgebot bei Arbeitskämpfen übrig, dass der BR als Gremium alle **Unterstützungsmaßnahmen** zu Gunsten der Streikenden zu unterlassen hat und seine Mitglieder nicht **erkennbar ihre Amtsautorität** zur Streikunterstützung missbrauchen dürfen⁶. Ihnen auf Grund ihrer Amtstellung eine leitende Funktion im betriebl. Arbeitskampfgeschehen untersagen zu wollen⁷, wird von der hM ebenfalls abgelehnt⁸. Allerdings ist es dem einzelnen BR-Mitglied nicht gestattet, **Sachmittel** des BR zur Unterstützung von Arbeitskampfmaßnahmen zu benutzen; dies gilt auch dann, wenn das BR-Mitglied nicht in seiner Funktion als Amtsträger handelt. So darf es keine Streikaufrufe über einen eigens für die BR-Tätigkeit eingerichteten E-Mail-Account verbreiten. Insoweit steht dem Arbeitgeber ein **Unterlassungsanspruch** zu (Rz. 19)⁹.

13 Die Tarifautonomie und der aus ihr abzuleitende Grundsatz der **Kampfmittelparität** verlangen aber eine arbeitskampfkonforme Auslegung und damit eine **Einschränkung** der Beteiligungsrechte des BR bei arbeitskampfbezogenen Maßnahmen (hM)¹⁰. In Arbeitskämpfen können für den BR Interessenkollisionen entstehen (Rz. 10), die es ihm unmöglich machen, die abstrakte Trennung zwischen Friedens- und Kampfordnung, dh. zwischen BetrVG-Rechten und Streikbeteiligung durchzuhalten. Will der ArbGeb zB während eines Streiks für arbeitswillige ArbN vorübergehend die betriebsübliche **Arbeitszeit** verlängern, so bedarf er insoweit nicht der Zustimmung des BR¹¹. Dass er bei Aussperrungs- bzw. Stilllegungsmaßnahmen nicht den BR zu beteiligen braucht, liegt auf der Hand. Das BVerfG hat die Einschränkung der BR-Rechte zu § 99 I als während des Arbeitskampfs zulässige **verfassungskonforme teleologische Restriktion** gebilligt und damit entgegenstehende Lehren verworfen¹². Entgegen *Kreutz*¹³ möchte das BAG die Einschränkung der Mitbest. nicht aus Abs. 2 S. 1 (Neutralitätsgebot) ableiten, sondern aus den übergeordneten Grundsätzen des Arbeitskampfrechts¹⁴. Im Erg. ist sich die hM einig darin, dass die Arbeitskampffreiheit des ArbGeb **tatsächlich und konkret** durch die Ausübung der MitbestR beeinträchtigt sein muss – diese muss geeignet sein, auf ihn **zusätzlichen Druck** auszuüben¹⁵. Unberührt bleiben daher zB die MitbestR in Bezug auf Sozialeinrichtungen oder Werkswohnungen, gleichermaßen solche Beteiligungsrechte, die „zufälligerweise" in die Arbeitskampfphase fallen, ohne aber einen inneren Bezug dazu aufzuweisen¹⁶. Dagegen ist **streitig**, ob zB Notdienst- und Erhaltungsarbeiten

---

1 BAG 7.6.1988 – 1 AZR 372/86, NZA 1988, 883. ‖ 2 Das ergibt sich aus dem „Lohnausfallprinzip" nach § 37 II, vgl. BAG 25.10.1988 – 1 AZR 368/87, BAGE 60, 71 (76). ‖ 3 BAG 24.4.2007 – 1 AZR 252/06, NZA 2007, 987; dazu krit. wegen fehlender Erforderlichkeit zB *Franzen*, ZfA 2005, 315 (338); *Henssler*, FS Richardi, 2007, S. 553 (557f.); *Reichold*, BB 2004, 2814 (2817f.); insoweit abl. *Fischinger*, NZA 2007, 310 (313f.); zu den Folgen für die Kampfparität vgl. *Hohenstatt/Schramm*, DB 2004, 2214; *Willemsen/Stamer*, NZA 2007, 413. ‖ 4 HM, vgl. nur *Fitting*, § 74 Rz. 15; GK-BetrVG/*Kreutz*, § 74 Rz. 34, 38; *Kissel*, Arbeitskampfrecht, § 36 Rz. 19; Richardi/*Richardi*, § 74 Rz. 26; aA DKKW/*Berg*, § 74 Rz. 18. ‖ 5 Eingehend zur Abgrenzung GK-BetrVG/*Kreutz*, § 74 Rz. 66; *Kissel*, Arbeitskampfrecht, § 36 Rz. 21 ff.; MünchArbR/*Matthes*, § 331 Rz. 4; Richardi/*Richardi*, § 74 Rz. 26; *Rolfs/Bütefisch*, NZA 1996, 17 (19ff.); vgl. auch BAG 17.12.1976 – 1 AZR 772/75, BAGE 28, 302 (307). ‖ 6 Ähnlich GK-BetrVG/*Kreutz*, § 74 Rz. 67; *Kissel*, Arbeitskampfrecht, § 36 Rz. 24. ‖ 7 So *Rolfs/Bütefisch*, NZA 1996, 17 (20). ‖ 8 Vgl. nur *Fitting*, § 74 Rz. 16; GK-BetrVG/*Kreutz*, § 74 Rz. 65; *Kempen*, NZA 2005, 185 (190); Richardi/*Richardi*, § 74 Rz. 26. ‖ 9 LAG Bln.-Bbg. 31.1.2012 – 7 TaBV 1733/11, BB 2013, 702. ‖ 10 St. Rspr., zuletzt BAG 10.12.2002 – 1 ABR 7/02, NZA 2004, 223; 14.2.1978 – 1 AZR 54/76, BAGE 30, 43 (48); krit. aus dogmatischer Sicht aber GK-BetrVG/*Kreutz*, § 74 Rz. 72ff. ‖ 11 BAG 24.4.1979 – 1 ABR 43/77, DB 1979, 1655. ‖ 12 BVerfG 7.4.1997 – 1 BvL 11/96, NZA 1997, 773 gegen zB DKKW/*Berg*, § 74 Rz. 20; HaKo-BetrVG/*Lorenz*, § 74 Rz. 11 f. ‖ 13 GK-BetrVG/*Kreutz*, § 74 Rz. 72ff. mwN. ‖ 14 BAG 10.12.2002 – 1 ABR 7/02, NZA 2004, 223; zust. *Kissel*, Arbeitskampfrecht, § 36 Rz. 56; Richardi/*Richardi*, § 74 Rz. 42; *Reichold*, NZA 2004, 247 (250). ‖ 15 BAG 10.12.2002 – 1 ABR 7/02, NZA 2004, 223; 10.2.1988 – 1 ABR 39/86, NZA 1988, 549; 24.4.1979 – 1 ABR 43/77, BAGE 31, 372 (379); eine solche Situation kann auch dann vorliegen, wenn der Arbeitskampf in einem anderen Betrieb *stattfindet und die vom BR vertretenen ArbN* unmittelbar von den Streikergebnissen profitieren würden, vgl. LAG Köln 13.8.2009 – 7 TaBV 116/08, NZA-RR 2010, 470; ähnlich *Fitting*, § 74 Rz. 21; *Kissel*, Arbeitskampfrecht, § 36 Rz. 53f.; Richardi/*Richardi*, § 74 Rz. 33; im Erg. auch GK-BetrVG/*Kreutz*, § 74 Rz. 76. ‖ 16 Bsp. bei *Kissel*, Arbeitskampfrecht, § 36 Rz. 45–48, 64–65.

der BR-Mitbest. unterliegen oder der **Unterrichtungsanspruch** nach § 80 II zB in Bezug auf arbeitskampfbezogene Überstunden erhalten bleibt. Im ersten Fall spricht der unmittelbare Bezug zum Kampfgeschehen gegen eine BR-Kompetenz[1], im zweiten Fall der Bezug des Unterrichtungsanspruchs zum arbeitskampfbezogenen Beteiligungsrecht („Zur Durchführung seiner Aufgaben…"). Dem ist das BAG aber nicht gefolgt, was als merkwürdige Förmelei erscheint[2]. Doch wurde vom BAG jetzt zutreffend dem BR das MitbestR aus § 99 untersagt, soweit es um eine **arbeitskampfbedingte** Versetzung zur Aufrechterhaltung des bestreikten Betriebs geht[3].

2. Verbot der Störung des Betriebsfriedens (Abs. 2 S. 2). Während den Betriebspartnern Arbeitskampfmaßnahmen **generell** untersagt sind (Rz. 10), ist in S. 2 das allg. Verbot der Störung des **Betriebsfriedens** als „relativer" Auffangtatbestand ggü. den spezielleren „absoluten" Verboten in S. 1 u. 3 verankert. Zu seiner Anwendung bedarf es einer verfassungskonformen Auslegung im Hinblick auf die Grundrechte der jeweils Beteiligten (zB bei kritischen Veröffentlichungen über den BR in Werkszeitungen[4], vgl. Rz. 9). Verboten sind (nur) **konkrete** Störungen von Arbeitsablauf und Betriebsfrieden, eine bloß abstrakte Gefährdung reicht nicht aus[5]. Mit „Arbeitsablauf" ist die eigentliche Durchführung der betriebl. **Arbeitsaufgaben** gemeint, mit „Frieden des Betriebs" dagegen das störungsfreie betriebl. **Zusammenwirken**, das sich exakter durch das Gebot zur vertrauensvollen Zusammenarbeit zwischen ArbGeb und BR gem. §§ 2 I, 74 I eingrenzen lässt.

S. 2 verleiht dem BR Handhabe gegen zB wiederholte Missachtung von Beteiligungsrechten durch den ArbGeb, diesem dagegen Handhabe zB gegen die Anberaumung spontaner Betriebsversammlungen entgegen §§ 42, 43. Insb. der **Übergriff in fremde Kompetenzen** zB durch eigenmächtige Entfernung von Aushängen am schwarzen Brett des BR oder durch einen Eingriff in das Leitungsrecht des ArbGeb stört idR den betriebl. Frieden[6]. Eine aufwändige Fragebogenaktion des BR stellt nur dann eine Störung des Arbeitsablaufs dar, wenn die ArbN die Fragen während der Arbeitszeit beantworten sollen[7]. Dagegen kann die konsequent „unflexible" Anwendung des BetrVG keinesfalls den Betriebsfrieden stören. Es gehört jedoch nicht zu den dem BR nach dem BetrVG obliegenden Aufgaben, **von sich aus** und ohne Veranlassung durch den ArbGeb die außerbetriebl. Öffentlichkeit über „allgemein interessierende Vorgänge" des Betriebs zu unterrichten[8]. Je nach den Umständen dieser Medieninformation wird eine Störung des Betriebsfriedens hier sehr nahe liegen. Der BR seinerseits muss sich **betriebsinterne Kritik** an seiner Amtsführung gefallen lassen, soweit diese von der Pressefreiheit einer vom ArbGeb herausgegebenen Werkszeitung gedeckt ist[9]. Auch eine Flugblattaktion zu innerbetriebl. Angelegenheiten von Seiten eines BR-Mitglieds kann bei Bezugnahme auf anstehende betriebl. Entscheidungen wegen Art. 5 GG noch zulässig sein[10]. Eine Information der Belegschaft über von der IG Metall mit dem ArbGeb abgeschlossene TV durch den BR ist ebenfalls zulässig, soweit nicht von vorneherein eine gemeinsame Aktion mit der Gewerkschaft erfolgt[11].

3. Verbot der parteipolitischen Betätigung (Abs. 2 S. 3). Die Betriebsparteien haben „**jede** parteipolitische Betätigung im Betrieb zu unterlassen", vgl. S. 3 Hs. 1. Damit sollen ähnlich wie im den Arbeitskampf betreffenden S. 1 **parteipolitische** Aktivitäten generell aus dem Betrieb fern gehalten werden – zu einer konkreten Störung des Betriebsfriedens muss es also nicht kommen[12]. Das Verbot wird **relativiert** durch S. 3 Hs. 2, wonach die Behandlung tarifpolitischer, sozialpolitischer, umweltpolitischer und wirtschaftlicher Fragen, „die den Betrieb und seine Mitarbeiter unmittelbar betreffen", von Hs. 1 unberührt bleibt. Damit wird erkennbar, dass – auch wegen der Ausstrahlungswirkung von Art. 5 GG (Rz. 9) – der Betrieb keineswegs als **politikfreie Zone** eingestuft werden kann[13]. Vielmehr wird durch S. 3 Hs. 2 das – nur Amtsträger des BetrVG betreffende[14] – pauschale „Politikverbot" sachlich beschränkt auf solche Themen, die den Betrieb und seine Mitarbeiter **nicht unmittelbar betreffen** (zB die Stationierung von Mittelstreckenraketen in Deutschland)[15]. Damit wird nicht eine „zulässige" Parteipolitik im Betrieb festgeschrieben, sondern nur die „zulässige" Behandlung von betriebsbezogenen **Sachthemen** ohne greifbar parteiliche Färbung[16].

---

1 Ähnlich wie hier *Fitting*, § 74 Rz. 24; *Kissel*, Arbeitskampfrecht, § 36 Rz. 89 f.; aA GK-BetrVG/*Kreutz*, § 74 Rz. 82. ||2 BAG 10.12.2002 – 1 ABR 7/02, NZA 2004, 223; abl. *Reichold*, NZA 2004, 247 (250); eher zust. *Krause*, Anm. EzA § 80 BetrVG 2001 Nr. 1. ||3 BAG 13.12.2011 – 1 ABR 2/10, NZA 2012, 571. ||4 Vgl. BVerfG 8.10. 1996 – 1 BvR 1183/90, BVerfGE 95, 28 (37 f.): Auswirkung der Art. 5 I 2 GG auf § 74 II. ||5 HM, vgl. BVerfG 28.4. 1976 – 1 BvR 71/73, BVerfGE 42, 133 (141); *Fitting*, § 74 Rz. 29; GK-BetrVG/*Kreutz*, § 74 Rz. 130; MünchArbR/ *v. Hoyningen-Huene*, § 214 Rz. 21; Richardi/*Richardi*, § 74 Rz. 46. ||6 Vgl. BAG 22.7.1980 – 6 ABR 5/78, BAGE 34, 75; weitere Bsp. bei *Fitting*, § 74 Rz. 31; GK-BetrVG/*Kreutz*, § 74 Rz. 136. ||7 BAG 8.2.1977 – 1 ABR 82/74, DB 1977, 914. ||8 BAG 18.9.1991 – 7 ABR 63/90, NZA 1992, 315; vgl. auch *Wiese*, FS 50 Jahre BAG, 2004, S. 1125 (1146 f.). ||9 BVerfG 8.10.1996 – 1 BvR 1183/90, BVerfGE 95, 28 (37 f.); DFL/*Rieble*, § 74 Rz. 17. ||10 LAG Hess. 17.2.1997 – 11 Sa 1776/96, NZA-RR 1998, 17. ||11 LAG Hamm 31.5.2006 – 10 TaBV 204/05, nv. ||12 HM, vgl. nur BAG 21.2.1978 – 1 ABR 54/76, DB 1978, 1547; *Fitting*, § 74 Rz. 37; GK-BetrVG/*Kreutz*, § 74 Rz. 37; Richardi/*Richardi*, § 74 Rz. 57; aA DKKW/*Berg*, § 74 Rz. 28; HaKo-BetrVG/*Lorenz*, § 74 Rz. 17: konkrete Gefährdung nötig. ||13 Ähnlich DFL/*Rieble*, § 74 Rz. 16; *Wiese*, FS 50 Jahre BAG, 2004, S. 1125 (1143). ||14 HM, vgl. *Fitting*, § 74 Rz. 39; GK-BetrVG/*Kreutz*, § 74 Rz. 101 ff. ||15 Vgl. BAG 12.6.1986 – 6 ABR 67/84, DB 1987, 1898; GK-BetrVG/*Kreutz*, § 74 Rz. 110; MünchArbR/*v. Hoyningen-Huene*, § 214 Rz. 26; Richardi/*Richardi*, § 74 Rz. 62; aA DKKW/*Berg*, § 74 Rz. 31 ff.; *Fitting*, § 74 Rz. 48, 50. ||16 Zutr. GK-BetrVG/*Kreutz*, § 74 Rz. 122.

17 Sinn und Zweck von S. 3 sind nur vom übergreifenden Grundsatz des **Betriebsfriedens** her zu erschließen, der die Betriebspartner einem **verbindlichen Verhaltenskodex** unterwirft (Rz. 9) und sie auf eine Verhandlungskultur festlegt (Rz. 2, 8). Entgegen soziologisch verbrämter Fehldeutungen[1] soll damit nicht die Meinungsfreiheit im Betrieb unterbunden werden, sondern lediglich der „offizielle" **Tätigkeitsbereich** der Betriebspartner auf betriebsunmittelbare Politikfelder beschränkt werden[2]. Das BAG hat deshalb auch den Auftritt eines Spitzenpolitikers auf einer Betriebsversammlung verboten: Obwohl dessen Kurzreferat ein (zulässiges) sozialpolitisches Thema betraf, überwogen die Bedenken gegen die Einbindung seines Auftritts in eine **Wahlkampfstrategie**, die geeignet war, den Betriebsfrieden wegen offenkundig parteipolitischer Absichten abstrakt zu gefährden[3]. Unter das Verbot fällt zB auch das Verteilen von Flugblättern durch BR-Mitglieder selbst dann, wenn dies vor dem Werkstor geschieht[4]. Das BAG sieht jetzt aber keine Gefahr der Polarisierung der Belegschaft bei „Äußerungen **allgemeinpolitischer Art** ohne Bezug zu einer Partei", zB bei einem Aufruf zur Teilnahme an kommunalen Volksbegehren[5]. Dabei wird übersehen, dass ebenso wie in § 45 S. 1 auch in § 74 II 3 nur konkret den Betrieb betreffende Themen (Rz. 16) für Amtsträger des BetrVG zur öffentlichen betrieblichen Diskussion frei gegeben werden. Der BR als solcher hat keine „Meinungsfreiheit", sondern nur gesetzlich geregelte Kompetenzen[6]. Diese Rspr. ist daher abzulehnen.

18 Das Verbot gilt **nicht** für die **ArbN** des Betriebs und die dort vertretenen Gewerkschaften (hM); es richtet sich nur an die Funktionsträger des BetrVG (Rz. 16). Dabei wird wiederum fraglich, wann ein BR-Mitglied in Amtsfunktion handelt und wann wie ein „normaler" ArbN. Die Maßstäbe bei der Abgrenzung sind hier strenger als beim Arbeitskampfverbot, weil zu Gunsten des BR-Mitglieds nicht die Privilegierung **koalitionsgemäßen** Handelns nach Abs. 3 spricht (Rz. 12), sondern zu seinen Lasten eher die Vermutung für die Ausnutzung seiner **Amtsautorität**, jedenfalls im Fall der Freistellung (§ 38)[7]. Soweit nicht aktive Parteipolitik mit BR-Tätigkeit **erkennbar** zusammentrifft, wird man aber wie zB beim Tragen von politischen Plaketten[8] oder beim Verteilen von Flugblättern in der Mittagspause[9] nur Sanktionen kraft **Arbeitsvertrags** und nicht kraft Abs. 2 in Erwägung ziehen können, die dann aber eine konkrete Störung des ArbVerh im Leistungsbereich oder im Bereich der betriebl. Verbundenheit wegen deutlich **provokatorischem** Gehalt erfordern[10].

19 **V. Streitigkeiten.** Neben den Ansprüchen aus § 23 III (grobe Verletzung der Pflichten aus dem BetrVG) sollte Abs. 2 nach bislang hM dem ArbGeb bzw. dem BR einen **eigenständigen Unterlassungsanspruch** gegen die jeweilige Gegenseite gewähren, soweit die betriebsverfassungsrechtl. Friedenspflicht verletzt wird[11]. Die Geltendmachung im Beschlussverfahren erforderte einen Antrag, der auf einzelne, tatbestandlich **konkret** beschriebene Handlungen als Verfahrensgegenstand zielt – andernfalls war das Rechtsschutzinteresse zu verneinen. Das BAG sieht das neuerdings anders: dem ArbGeb (jedenfalls) bei Verstößen gegen das Verbot parteipolitischer Betätigung soll **kein Unterlassungsanspruch** mehr zustehen[12]. Er soll nur die Möglichkeit haben, nach § 23 Abs. 1 vorzugehen oder im Beschlussverfahren die Zulässigkeit einer Maßnahme des BR im Wege eines Feststellungsantrags klären zu lassen. Damit wird dem Arbeitgeber im Ergebnis der **einstweilige Rechtsschutz** gegen Störungen des Betriebsfriedens (im eigenen Betrieb!) verweigert – eine mit dem Gesetzeswortlaut schwer zu vereinbarende Auslegung[13]. Daher ist darauf zu achten, ob der Verstoß gegen die Friedenspflicht gleichzeitig eine **Vertragsverletzung** darstellt, so dass eine Abmahnung oder gar (außerordentliche) Kündigung ausgesprochen werden kann, die aber unter dem Vorbehalt einer strengen Verhältnismäßigkeitsprüfung wegen der Amtsstellung des Betroffenen steht (vgl. § 23 Rz. 7). Im Zweifel ist eine „betriebsverfassungsrechtliche" **Abmahnung** vorzuziehen (str., vgl. § 23 Rz. 10). Das LAG Bln.-Bbg. gewährt aber dem ArbGeb einen Unterlassungsanspruch **gegen einzelne BR-Mitglieder**, wenn diese wegen Nutzung von Sachmitteln des BR das Neutralitätsgebot (§ 74 II 1) verletzt haben (vgl. Rz. 12). Im Gegensatz zum „latenten" Gebot der parteipolitischen Neutralität werde dadurch die Arbeitskampfsituation **unmittelbar** beeinflusst. Der ArbGeb müsse auf diese Situation mit einem Unterlassungsanspruch reagieren können[14].

20 Dem BR steht aus **Abs. 1 S. 2** zwar ein Recht auf ernsthafte Verhandlungen mit dem ArbGeb zu, doch ist dieses Recht **nicht einklagbar** (Rz. 8). Verhandlung und Einigungsversuch stellen keine Verfahrens-

---

1 Vgl. etwa DKKW/*Berg*, § 74 Rz. 30; *Derleder*, AuR 1988, 21 ff.; dazu krit. *Reichold*, NZA 1999, 562. ||2 So auch MünchArbR/*v. Hoyningen-Huene*, § 214 Rz. 29. ||3 BAG 13.9.1977 – 1 ABR 67/75, DB 1977, 2452. ||4 BAG 21.2.1978 – 1 ABR 54/76, DB 1978, 1547; vgl. ferner GK-BetrVG/*Kreutz*, § 74 Rz. 112 ff. ||5 BAG 17.3.2010 – 7 ABR 95/08, NZA 2010, 1133. ||6 Kritik bei *Bauer/E. M. Willemsen*, NZA 2010, 1089 (1091); *Reichold*, RdA 2011, 58 (60 f.). ||7 Vgl. GK-BetrVG/*Kreutz*, § 74 Rz. 102. ||8 BAG 9.12.1982 – 2 AZR 620/80, DB 1983, 2578 („Anti-Strauß-Plakette"). ||9 BAG 12.6.1986 – 6 AZR 559/84, NZA 1987, 153 (Abmahnung kraft Arbeitsvertrags wegen „friedlicher" Flugblattverteilung unberechtigt). ||10 Im Einzelnen str., vgl. nur MünchArbR/*Reichold*, § 49 Rz. 18 f.; GK-BetrVG/*Kreutz*, § 74 Rz. 106; Richardi/*Richardi*, § 74 Rz. 69; sehr großzügig zB DKKW/*Berg*, § 74 Rz. 40 f. ||11 HM, vgl. BAG 22.7.1980 – 6 ABR 5/78, BAGE 34, 75; ferner *Fitting*, § 74 Rz. 74; GK-BetrVG/*Kreutz*, § 74 Rz. 125; MünchArbR/*v. Hoyningen-Huene*, § 214 Rz. 30; Richardi/*Richardi*, § 74 Rz. 69. ||*12 BAG 17.3.2010 – 7 ABR 95/08, NZA 2010, 1133 (LS 2).* ||13 Krit. *Bauer/E. M. Willemsen*, NZA 2010, 1089 (1091); *Burger/Rein*, NJW 2010, 3613 (3616); *Reichold*, RdA 2011, 58 (61 f.); zust. dagegen *Lobinger*, RdA 2011, 76 (80 – Fn. 26). ||14 LAG Bln.-Bbg. 31.1.2012 – 7 TaBV 1733/11, BB 2013, 702; aA LAG Düss. 14.12.2010 – 17 TaBV 12/10, NZA-RR 2011, 132.

voraussetzung für die Anrufung der Einigungsstelle dar; eine ständige Missachtung der Verhandlungskultur kann aber wegen grobem Pflichtverstoß zu einem Anspruch aus § 23 III führen.

§ 75 Grundsätze für die Behandlung der Betriebsangehörigen

(1) Arbeitgeber und Betriebsrat haben darüber zu wachen, dass alle im Betrieb tätigen Personen nach den Grundsätzen von Recht und Billigkeit behandelt werden, insbesondere, dass jede Benachteiligung von Personen aus Gründen ihrer Rasse oder wegen ihrer ethnischen Herkunft, ihrer Abstammung oder sonstigen Herkunft, ihrer Nationalität, ihrer Religion oder Weltanschauung, ihrer Behinderung, ihres Alters, ihrer politischen oder gewerkschaftlichen Betätigung oder Einstellung oder wegen ihres Geschlechts oder ihrer sexuellen Identität unterbleibt.

(2) Arbeitgeber und Betriebsrat haben die freie Entfaltung der Persönlichkeit der im Betrieb beschäftigten Arbeitnehmer zu schützen und zu fördern. Sie haben die Selbständigkeit und Eigeninitiative der Arbeitnehmer und Arbeitsgruppen zu fördern.

I. Inhalt und Zweck 1	3. „Grundsätze von Recht und Billigkeit" . . . 7
II. Diskriminierungsverbot (Abs. 1) 4	4. Zulässige Ungleichbehandlung 15
1. Zur Überwachung Verpflichtete 5	III. Förderung der Persönlichkeit (Abs. 2) 18
2. „Alle im Betrieb tätigen Personen" 6	IV. Streitigkeiten 23

I. Inhalt und Zweck. Die Vorschrift erweitert das Kooperationsgebot aus §§ 2, 74 um eine **Drittdimension**, indem sie Pflichten der Betriebsparteien im Verhältnis zu den Beschäftigten im Betrieb festlegt (vgl. § 74 Rz. 1)[1]. Die beiden Absätze sind dabei strikt auseinander zu halten. Während Abs. 1 als einfachrechtl. Umsetzung und Verstärkung von europäischen (Art. 10 AEUV) und grundgesetzl. (Art. 3 GG) **Diskriminierungsverboten** gelten kann, betont Abs. 2 die **Freiheitsrechte** des einzelnen ArbN in Umsetzung von Art. 2, 12 GG[2]. Aus diesen **Schutz-, Förderungs- und Kontrollpflichten** ergeben sich einfachrechtl. Schranken vorrangig der betriebl. Regelungsbefugnis, **nicht aber** eigenständige Unterlassungsansprüche des BR gegen den ArbGeb, zB im Hinblick auf persönlichkeitsrechtsverletzende Maßnahmen ggü. ArbN[3], auch nicht Individualansprüche der ArbN (vgl. Rz. 5)[4]. Auch der Schutzgesetzcharakter der Norm iSd. § 823 II BGB ist abzulehnen (str.)[5]. 1

Bei § 75 handelt es sich um kollektives „**Amtsrecht**", das nur in Betrieben mit BR gilt. Berechtigt und verpflichtet werden ausschließlich die Betriebspartner; ein subjektives Recht des einzelnen ArbN auf Einschreiten kann daraus **nicht** abgeleitet werden[6]. Die Rspr. leitete aus dem Verweis auf die Grundsätze von „Recht und Billigkeit" in Abs. 1 zunächst die Befugnis zu einer „Billigkeitskontrolle" (Inhaltskontrolle) von BV ab, die inzwischen aber zutreffend auf eine „**Rechtskontrolle**" auf Grund höherrangigen Rechts eingeschränkt worden ist[7]. Insoweit handelt es sich bei § 75 um ein **Verbotsgesetz iSd. § 134 BGB**, so dass BV **nichtig** sind, soweit sie gegen die „Grundsätze von Recht und Billigkeit" (iS einer Rechtskontrolle) verstoßen[8]. 2

Im Zuge der Umsetzung der europäischen Richtlinien zur Verwirklichung der Gleichbehandlung in Beschäftigung und Beruf wurden die Merkmale „Rasse oder ethnische Herkunft" (Rz. 11)[9] sowie die Merkmale „Religion oder Weltanschauung" bzw. Behinderung und Alter als **neue Diskriminierungsmerkmale** in Abs. 1 aufgenommen[10]. Diese Anpassung an die Terminologie des § 1 AGG ermöglichte auch die Streichung des früheren Abs. 1 S. 2, wonach darauf zu achten war, dass ArbN nicht wegen Überschreitung bestimmter Altersgrenzen benachteiligt würden. Beabsichtigt war eine Anpassung nicht nur an die Terminologie, sondern auch an die Begriffsdefinitionen des AGG[11]. Mit dem Begriff der „**sonstigen Herkunft**" soll in Abgrenzung zur „ethnischen Herkunft" an die vorherige Differenzierungsverbot in Abs. 1 angeknüpft werden, so dass **zusätzlich** zu den Differenzierungsverboten des AGG auch eine Benachteiligung wegen der örtlichen, regionalen oder sozialen Herkunft verboten wird (Rz. 11)[12]. Die Beweislastregelung des § 22 AGG wird allerdings in einem Beschlussverfahren zu Gunsten des BR, 3

---

[1] So Richardi/*Richardi*, § 75 Rz. 1. ‖ [2] Monografisch *Hammer*, Betriebsverfassungsrechtliche Schutzpflicht, 1998, S. 107 ff. ‖ [3] So (zu § 75 II 1) BAG 28.5.2002 – 1 ABR 32/01, NZA 2003, 166; LAG Nürnberg 31.8.2005 – 6 TaBV 41/05, NZA-RR 2006, 137; GK-BetrVG/*Kreutz*, § 75 Rz. 105; Richardi/*Richardi*, § 75 Rz. 53; aA (ohne Begr.) DKKW/*Berg*, § 75 Rz. 62; *Fitting*, § 75 Rz. 99. ‖ [4] HM, vgl. *Fitting*, § 75 Rz. 20; GK-BetrVG/*Kreutz*, § 75 Rz. 23, 137; MünchArbR/*v. Hoyningen-Huene*, § 214 Rz. 32; Richardi/*Richardi*, § 75 Rz. 10. ‖ [5] Str., wie hier GK-BetrVG/*Kreutz*, § 75 Rz. 151; Richardi/*Richardi*, § 75 Rz. 53; aA BAG 5.4.1995 – 2 AZR 513/82, NZA 1985, 329; *Fitting*, § 75 Rz. 98 mwN. ‖ [6] So auch DFL/*Rieble*, § 75 Rz. 2. ‖ [7] Vgl. BAG 22.3.2005 – 1 AZR 49/04, NZA 2005, 773; 12.11.2002 – 1 AZR 58/02, NZA 2003, 1287 (Rechtskontrolle eines Sozialplans); 19.1.1999 – 1 AZR 499/98, BAGE 90, 316 (betriebl. Rauchverbot); vgl. ferner GK-BetrVG/*Kreutz*, § 75 Rz. 35; DFL/*Rieble*, § 75 BetrVG Rz. 6; *Reichold*, Anm. zu AP Nr. 84 zu § 77 BetrVG 1972; *Schliemann*, FS Hanau, 1999, S. 577 (602 f.). ‖ [8] HM, vgl. BAG 28.5.2002 – 3 AZR 358/01, FA 2002, 388; 19.1.1999 – 1 AZR 499/98, BAGE 90, 316; ferner *Fitting*, § 75 Rz. 98; GK-BetrVG/*Kreutz*, § 75 Rz. 152 mwN. ‖ [9] RL 2000/43/EG v. 29.6.2000 – AntirassismusRL. ‖ [10] RL 2000/78/EG v. 27.11.2000 – RahmenRL Beschäftigung. ‖ [11] BT-Drs. 16/1780, 56: Begriff der Benachteiligung und Zulässigkeit unterschiedlicher Behandlung richten sich nach den Bestimmungen des AGG; vgl. auch *Besgen*, BB 2007, 213 (218). ‖ [12] BT-Drs. 16/1780, 56.

soweit er seine Rechte aus § 17 II AGG geltend macht, nicht greifen können[1]; sie ist nur für das **Individualverfahren** des Benachteiligten geschaffen worden.

3a Der 2001 eingefügte **Satz 2** in Abs. 2 soll laut amtl. Begründung einen „Beitrag zu mehr Demokratie im Betrieb" leisten, indem die Betriebspartner durch entsprechende Gestaltung der Betriebsorganisation und der Arbeit mehr „Freiräume für Entscheidungen, Eigenverantwortung und Kreativität der ArbN und Arbeitsgruppen" schaffen sollen[2]. Mit dieser Verstärkung der **Zielnorm**[3] des Abs. 2 wird deutlicher, dass hier nicht nur die Regelungsbefugnis der Betriebspartner im Hinblick auf die Entfaltungsfreiheit der Persönlichkeit der ArbN im Sinne eines **Übermaßverbots** beschränkt wird[4], sondern dass ein allg. Wertungsprinzip, die sog. **Ausgleichsfunktion**, normiert wird: Danach zielt die Betriebsverfassung nicht auf ein spezifisches Ordnungs- oder Kollektivinteresse „des Betriebs", sondern als Ausformung der Privatautonomie auf die bestmögliche Verwirklichung des **Individualinteresses** jedes einzelnen ArbN **im betrieblichen Verbund**[5]. Die Betriebsparteien sind demnach durch Abs. 2 zu einer die freie Entfaltung der Persönlichkeit möglichst schonenden Auslegung und Handhabung der in den Mitbestimmungstatbeständen enthaltenen Eingriffsmöglichkeiten verpflichtet[6].

4 **II. Diskriminierungsverbot (Abs. 1).** Abs. 1 statuiert ein **Überwachungsgebot** für ArbGeb und BR, die jeder für sich, aber auch im Zusammenwirken darüber „zu wachen haben", dass alle Beschäftigten „nach den Grundsätzen von **Recht und Billigkeit** behandelt werden". Als besonders wichtiges Beispiel werden die **Diskriminierungsverbote des AGG** sowie weitere Verbote benannt (Rz. 9). Überwachungspflichten und -rechte treffen ArbGeb und BR unabhängig davon, wer die Kenntnis von Rechtsverstößen erlangt hat. Für den BR ist der Auskunftsanspruch nach § 80 II iVm. I Nr. 1 hierfür ein wesentliches Hilfsinstrument[7].

5 **1. Zur Überwachung Verpflichtete.** In **persönlicher** Hinsicht richten sich die Überwachungspflichten an die Vertreter des ArbGeb und die BR-Mitglieder einschl. der BR-Ausschüsse sowie des GBR und KBR, wohl auch an die Arbeitsgruppen iSv. § 28a[8]. **Nicht** verpflichtet sind die einzelnen ArbN[9], die weder eine Überwachungs- bzw. Unterrichtungspflicht trifft noch eine entsprechende **Verhaltenspflicht** – alleine ein Verstoß gegen § 75 begründet noch keine Kündigung. Allerdings zeigt die Norm des § 104 („… den Betriebsfrieden *wiederholt ernstlich* gestört" hat), dass über arbeitsvertragl. Verhaltenspflichten die Vorschrift des Abs. 1 zumindest **mittelbare** Wirkung auch auf das einzelne ArbVerh entfaltet[10]. ArbN können umgekehrt aus § 75 auch keine **Rechte** ableiten (Rz. 1, 2), doch können sie sich im Beschwerdeweg (§§ 82–85) über den BR oder direkt beim ArbG gegen Diskriminierungen bzw. ungerechtfertigte Maßregelungen oder wegen Verletzung der arbeitgeberseitigen **Fürsorgepflicht** zur Wehr setzen.

6 **2. „Alle im Betrieb tätigen Personen".** Die Überwachungspflicht des Abs. 1 S. 1 bezieht sich auf „**alle im Betrieb tätigen Personen**", so dass **nicht nur betriebszugehörige ArbN** erfasst sind, sondern auch LeihArbN und sogar Fremdfirmenpersonal (zB Reinigungskräfte, Wartungspersonal)[11]. **Leitende Angestellte** sind wegen § 5 III nicht von § 75 erfasst[12], doch gilt für sie die gleich lautende Vorschrift des § 27 SprAuG. Das Gebot kann dagegen nicht für leitendes Personal nach § 5 II Nr. 1, 2 sowie für **Selbständige** gelten, soweit diese vorübergehend im Betrieb tätig sind[13]. Es handelt sich zwar um eine Umsetzung der Verfassungsgebote aus Art. 3 GG, Art. 10 AEUV und fordert daher für den Betrieb, was die Rechtsordnung allgemein in Staat und Gesellschaft verlangt. Doch bleibt zu beachten, dass Abs. 1 „Amtspflichten" statuiert (Rz. 2). Der BR kann deshalb nicht kraft Abs. 1 andere Personen als die „im Betrieb tätigen" ArbN von Amts wegen überwachen (vgl. auch § 80 II 1 Hs. 2) – seine Kompetenz wäre sonst überschritten. Er ist auch für **außenstehende** Bewerber um einen betriebl. Arbeitsplatz nicht zum Handeln nach Abs. 1 legitimiert[14], wohl aber nach § 17 II AGG. Entgegen dem Wortlaut kann der ArbGeb auch **überbetrieblich** an § 75 gebunden sein, wenn sich die verteilende Entscheidung auf alle oder mehrere Betriebe des Unternehmens bezieht[15].

---

1 Zutr. *Besgen*, BB 2007, 213 (215). ||2 BT-Drs. 14/5741, 45; dazu ausf. *Franzen*, ZfA 2001, 424f. (448f.); Richardi/*Richardi*, § 75 Rz. 48. ||3 So Richardi/*Richardi*, § 75 Rz. 44; vgl. auch *Franzen*, ZfA 2001, 424. ||4 Vgl. BAG 13.2.2007 – 1 ABR 18/06, NZA 2007, 640; 12.12.2006 – 1 AZR 96/06, NZA 2007, 453; 29.6.2004 – 1 ABR 21/03, NZA 2004, 1278; ferner *Blomeyer*, FS 25 Jahre BAG, 1979, S. 26; *Hammer*, Betriebsverf. Schutzpflicht, 1998, S. 114ff.; GK-BetrVG/*Kreutz*, § 75 Rz. 108; Richardi/*Richardi*, § 75 Rz. 47; *Wiese*, ZfA 1971, 283. ||5 Ähnlich *Hammer*, Betriebsverf. Schutzpflicht, 1998, S. 133f.; zust. Richardi/*Richardi*, § 75 Rz. 44. Der Begriff „Ausgleichsfunktion" wurde bei *H. Hanau*, Individualautonomie und Mitbestimmung, 1994, S. 194ff. zur privatrechtl. Legitimation des Vorrangs der zwingenden Mitbest. nach § 87 I vor vertragl. Absprachen verwendet. ||6 Ausf. *Hammer*, Betriebsverf. Schutzpflicht, 1998, S. 140f.; ferner GK-BetrVG/*Kreutz*, § 75 Rz. 134; Löwisch/*Kaiser*, § 75 Rz. 3; Richardi/*Richardi*, § 75 Rz. 46f. ||7 Vgl. BAG 26.1.1988 – 1 ABR 34/86, NZA 1988, 620 (Diskriminierung streikender ArbN). ||8 Vgl. nur DKKW/*Berg*, § 75 Rz. 2; *Fitting*, § 75 Rz. 7f.; GK-BetrVG/*Kreutz*, § 75 Rz. 9f. ||9 BAG 3.12.1985 – 4 ABR 60/85, BAGE 50, 258 (276). ||10 Weiter gehend DKKW/*Berg*, § 75 Rz. 4, der aus § 75 I auch die einzelnen ArbN gebunden sieht. AA die hM, vgl. *Fitting*, § 75 Rz. 9; GK-BetrVG/*Kreutz*, § 75 Rz. 12; Richardi/*Richardi*, § 75 Rz. 10. ||11 HM, vgl. *Fitting*, § 75 Rz. 10f.; Richardi/*Richardi*, § 75 Rz. 7; aA GK-BetrVG/*Kreutz*, § 75 Rz. 13, 16, der entgegen dem Wortlaut nur auf betriebszugehörige ArbN abstellt. ||12 Vgl. schon BAG 19.2.1975 – 1 ABR 55/73, BAGE 27, 33 (42). ||13 HM, vgl. *Fitting*, § 75 Rz. 12; GK-BetrVG/*Kreutz*, § 75 Rz. 14f.; HaKo-BetrVG/*Lorenz*, § 75 Rz. 2; Löwisch/*Kaiser*, § 75 Rz. 8; weiter DKKW/*Berg*, § 75 Rz. 6. ||14 Str., wie hier DFL/*Rieble*, § 75 Rz. 3; GK-BetrVG/*Kreutz*, § 75 Rz. 44; MünchArbR/*v. Hoyningen-Huene*, § 214 Rz. 33; aA *Fitting*, § 75 Rz. 13; Richardi/*Richardi*, § 75 Rz. 8. ||15 BAG 3.12.2008 – 5 AZR 74/08, NZA 2009, 367; LAG Rh.-Pf. 24.8.2012 – 9 Sa 176/12, NZA-RR 2012, 636.

3. "Grundsätze von Recht und Billigkeit". Die Aufzählung der Diskriminierungsverbote in Abs. 1 S. 1 soll nur besonders bedeutende **Ausprägungen** der Grundsätze von „Recht und Billigkeit" beispielhaft („insbesondere") herausstellen, ohne dass deshalb andere Rechtsgrundsätze und **personenbezogene** Grundrechte von der Überwachungspflicht ausgenommen sind. So kann auch eine Differenzierung je nach Einstellungszeitpunkt bei betriebl. Ruhegeldern[1] ebenso wie eine Schmälerung von Sozialplanleistungen wegen der Elternzeit[2] gegen Recht und Billigkeit verstoßen. Auch **spezialgesetzliche** Benachteiligungsverbote wie § 81 II SGB IX stellen ebenso wie die sonstigen arbeitsrechtl. Normen zB im ArbSchG, ArbZG, BGB, KSchG usw. und die geltenden TV die Grundsätze des **geltenden Rechts** dar, die in S. 1 erwähnt werden, um die bare Selbstverständlichkeit zu betonen, dass die Betriebspartner an Gesetz und Recht gebunden sind[3]. Dagegen verweist die „Billigkeit" auf die **Einzelfallgerechtigkeit**[4] und stellt einen Appell an ArbGeb und BR dar, auf die individuellen Bedürfnisse des einzelnen ArbN einzugehen. Das wird relevant etwa bei Leistungsbestimmungsrecht des ArbGeb nach § 106 GewO und den entsprechenden MitbestR des BR (zB bei Urlaubsplänen), legitimiert aber nach hL nicht eine **allgemeine Inhaltskontrolle** von BV durch den Richter (Rz. 2), wie sich auch aus § 310 IV 1 BGB ergibt, sondern nur eine einzelfallbezogene Billigkeitskontrolle als „Willkürkontrolle"[5].

a) Relative Differenzierungsverbote ("Willkürverbot"). Wichtigster Unterfall von Abs. 1 S. 1 ist das dem allg. arbeitsrechtl. **Gleichbehandlungsgrundsatz** entsprechende „relative" Differenzierungsverbot, das nicht schematische Gleichbehandlung aller Betriebsangehörigen verlangt, sondern den Betriebspartnern nur **unsachliche** Differenzierungen verbietet und damit ein Willkürverbot ausspricht[6]. Sie müssen sich – wie der ArbGeb selbst auch – eine **Selbstbindung** „an die Regelhaftigkeit des eigenen Verhaltens"[7] gefallen lassen, was insb. für die Rspr. zur Billigkeit von Sozialplänen eine große Rolle spielt. Ob eine Regelung für einen einzelnen ArbN billig oder unbillig ist, zeigt sich in erster Linie daran, wie er im Vergleich zu anderen ArbN behandelt wird: So müssen zB **Sozialplanleistungen** auch solchen ArbN zugute kommen, denen zwar nicht gekündigt wurde, die jedoch auf Veranlassung des ArbGeb auf Grund eines Auflösungsvertrags ausgeschieden sind[8]. Ebenso verstößt eine Sozialplanregelung gegen Abs. 1, die formal zwischen ArbGeb- und ArbN-Kündigung unterscheidet und alle ArbN von den Sozialplanleistungen ausnimmt, die ihr ArbVerh selbst gekündigt haben[9]. Eine **typisierende Differenzierung** nach dem Status der ArbN (Arbeiter und Angestellte) ist grds. unzulässig, es sei denn, der Status ist Anknüpfungspunkt für einen sachlichen Differenzierungsgrund (zB unterschiedlicher Versorgungsbedarf)[10]. Billigenswert sind dagegen Gründe, die auf vernünftigen, einleuchtenden Erwägungen beruhen und gegen keine verfassungsrechtl. oder sonstigen übergeordneten Wertentscheidungen verstoßen. Ob der ArbGeb die zweckmäßigste und gerechteste Lösung wählte, ist dagegen nicht zu überprüfen, so dass er zusätzliche Leistungen auch nur solchen **älteren** ArbN versprechen darf, die sich nicht schon zuvor mit einem Ausscheiden auf der Basis des bestehenden Sozialplans einverstanden erklärt haben[11]. Auch können die Betriebsparteien in Sozialplänen für ArbN, die nach Beendigung des ArbVerh Anspruch auf vorzeitige Altersrente haben, geringere Abfindungen vorsehen[12] oder diese vollständig ausschließen[13]. Dies ist auch mit dem Verbot der **Altersdiskriminierung** vereinbar[14]. Neben dem Rückgriff auf die Dauer der **Betriebszugehörigkeit** zur pauschalen Bewertung der mit dem Arbeitsplatzverlust verbundenen Nachteile können die Betriebspartner im Sozialplan auch nach Zeiten der Teilzeit- bzw. Vollzeitbeschäftigung trotz § 4 I TzBfG differenzieren[15], nicht jedoch im Hinblick auf Art. 6 GG danach, ob Elternzeit zum Ruhen des ArbVerh geführt hatte[16]. Die **relativen** Differenzierungsverbote, die auch dem Maßstab von § 10 S. 3 Nr. 6 AGG genügen müssen, ermöglichen den Gerichten eine am autonomen Maßstab der Betriebspartner orientierte **„Ausübungskontrolle"** zur Vermeidung von Willkür, nicht dagegen eine Ermessens- oder Inhaltskontrolle der BV bzw. des Sozialplans (Rz. 2).

---

1 Vgl. BAG 28.5.2002 – 3 AZR 358/01, AP Nr. 29 zu § 6 BetrAVG: wesentliche Ungleichbehandlung bei der Berechnung der Abschläge wegen vorzeitigem Ausscheiden je nach Einstellungszeitpunkt. ||2 Verstoß gegen Art. 6 I, II GG, vgl. BAG 12.11.2002 – 1 AZR 58/02, AP Nr. 159 zu § 112 BetrVG 1972. ||3 Vgl. nur *Fitting*, § 75 Rz. 21; GK-BetrVG/*Kreutz*, § 75 Rz. 29 ff. ||4 HM, vgl. nur *Fitting*, § 75 Rz. 22; GK-BetrVG/*Kreutz*, § 75 Rz. 32; MünchArbR/*v. Hoyningen-Huene*, § 214 Rz. 34. ||5 So zB BAG 18.9.2001 – 3 AZR 728/00, NZA 2002, 1164. ||6 Vgl. etwa GK-BetrVG/*Kreutz*, § 75 Rz. 39; *Löwisch/Kaiser*, § 75 Rz. 27; Richardi/*Richardi*, § 75 Rz. 18. ||7 So *Canaris*, Bedeutung der iustitia distributiva, 1997, S. 38; ferner *Fastrich*, RdA 2000, 65 (71); *G. Hueck*, Grundsatz der gleichmäßigen Behandlung, 1958, S. 65. ||8 BAG 28.4.1993 – 10 AZR 222/92, DB 1993, 2034; 20.4.1994 – 10 AZR 323/93, NZA 1995, 489. ||9 BAG 20.5.2008 – 1 AZR 203/07, NZA-RR 2008, 636. ||10 BAG 16.2.2010 – 3 AZR 216/09, NZA 2010, 701; so auch schon BAG 10.12.2002 – 3 AZR 3/02, BAGE 104, 205. ||11 BAG 18.9.2001 – 3 AZR 656/00, NZA 2002, 148; nach BAG 31.5.2005 – 1 AZR 254/04, NZA 2005, 997 dürfen *Sozialplanleistungen* (auch nach Einführung des § 1a KSchG) nicht vom Verzicht auf die Erhebung einer KSch-Klage abhängig gemacht werden. Die Betriebsparteien dürften bei einer Betriebsänderung aber zusätzlich zu einem Sozialplan in einer freiwilligen BV Leistungen für den Fall vorsehen, dass der ArbN von der Möglichkeit zur Erhebung einer KSch-Klage keinen Gebrauch mache. ||12 BAG 30.9.2008 – 1 AZR 684/07, DB 2008, 573; 11.11.2008 – 1 AZR 475/07, NZA 2009, 210; 20.1.2009 – 1 AZR 740/07, NZA 2009 495; 26.5.2009 – 1 AZR 198/08, NZA 2009, 849. ||13 BAG 20.1.2009 – 1 AZR 740/07, NZA 2009, 495. ||14 BAG 26.3.2013 – 1 AZR 813/11: Betriebsparteien sind unionsrechtl. nicht gehalten, in einem Sozialplan für rentennahe ArbN einen Ausgleich vorzusehen, der mind. die Hälfte der Abfindung rentenferner ArbN beträgt. ||15 BAG 14.8.2001 – 1 AZR 760/00, NZA 2002, 451; 30.3.1994 – 10 AZR 352/93, NZA 1995, 88; 16.3.1994 – 10 AZR 606/93, DB 1994, 2635. ||16 BAG 12.11.2002 – 1 AZR 58/02, NZA 2003, 1287.

Wegen der Ausgleichs- und Überbrückungsfunktion des Sozialplans steht den Betriebsparteien bei der Ausgestaltung der Sozialplanregelungen (Gruppenbildung, Stichtagsregelungen) nach wie vor ein weiter **Ermessensspielraum** zu[1]. Nach der „Palacios"-Entscheidung des EuGH dürfen sachlich berechtigte Differenzierungen nach Alter bzw. Betriebszugehörigkeit aus Gründen der Arbeitsmarktpolitik gem. § 10 S. 3 Nr. 6 AGG als gerechtfertigt gelten, soweit nicht reine Willkür zur Setzung der Altersgrenzen geführt hat[2]. Wesentlich ist für den EuGH die Verknüpfung der Altersgrenze mit dem Anspruch auf eine Altersversorgung[3], zudem soll weitere Erwerbsarbeit im Alter (trotz Altersgrenze) nicht unterbunden werden[4].

9 **b) Absolute Differenzierungsverbote („Diskriminierungsverbot").** Demggü. handelt es sich bei den **ausdrücklich benannten** Diskriminierungstatbeständen des S. 1 um solche Merkmale, deren Heranziehung als Differenzierungsmerkmal vom Gesetzgeber grds. nicht geduldet wird, die daher **absolut verboten** sind. Rechtfertigungsgründe sind aber nach Maßgabe der §§ 8–10 AGG anzuerkennen (vgl. Rz. 15 ff.), was zu einer gleitenden Skala unterschiedlich strikter Anforderungen je nach Diskriminierungsmerkmal führt. Hier ergänzen und überlagern sich die europäischen (Art. 10 AEUV) und die deutschen (Art. 3 GG) Diskriminierungsverbote (Rz. 3). Ein Kontrahierungszwang (Einstellungsanspruch) als Rechtsfolge einer Diskriminierung scheidet aber aus, vgl. § 15 VI AGG. Wer Beschäftigte **allein** und **ausschließlich** „aus Gründen ihrer Rasse oder wegen ihrer ethnischen Herkunft, ihrer Abstammung oder sonstigen Herkunft, ihrer Nationalität, ihrer Religion oder Weltanschauung, ihrer Behinderung, ihrer Behinderung, ihres Alters, ihrer politischen oder gewerkschaftlichen Betätigung oder Einstellung oder wegen ihres Geschlechts oder ihrer sexuellen Identität" benachteiligt, kann grds. nicht mit der Billigung der Rechtsordnung rechnen. Dabei sind offene (unmittelbar kausale) Diskriminierungen seltener als versteckte (**mittelbar kausale**) Diskriminierungen, die ebenfalls unter das Verbot fallen (Rz. 10)[5].

10 Anhand der Geschlechtsbenachteiligung hat die (europäische) Rspr. drei Kriterien erarbeitet, anhand derer eine **mittelbare Diskriminierung** erkennbar sein soll: (1) die Regelung ist neutral formuliert, schließt aber **im Ergebnis** einen gewissen Anteil von ArbN von Vergünstigungen aus; (2) im ausgeschlossenen Anteil dominiert deutlich eine bestimmte Gruppe von ArbN mit übereinstimmenden, nicht zugelassenen Differenzierungsmerkmalen; (3) die nachteilige Wirkung der Regelung kann gerade mit den übereinstimmenden besonderen Merkmalen der Angehörigen der ausgeschlossenen Gruppe in Verbindung gebracht werden[6]. Diese Kriterien liegen auch der Regelung des § 3 II AGG zugrunde, obwohl danach die hypothetische Betrachtungsweise bei anderen Merkmalen weniger streng ausfallen wird und nur bei tatsächlicher Eignung bzw. konkreter Gefahrenlage die mittelbare Diskriminierung greifen lassen wird[7]. Dem Regelaufsteller ist je nach Diskriminierungsmerkmal eine sachliche **Rechtfertigung** seiner Maßnahme möglich, wie § 3 II AGG bestätigt (dazu näher Komm. zu § 3 AGG).

11 Mit **Abstammung** und **Herkunft** traf sich das (ältere) deutsche Gesetz bereits mit dem Ziel der RL 2000/43/EG[8], deren Merkmale und Definitionen in das deutsche Umsetzungsgesetz (AGG) eingegangen sind (Rz. 3). Diskriminierend ist nicht nur eine benachteiligende Behandlung (§ 3 I, II AGG) bzw. die Anweisung dazu (§ 3 V AGG), sondern auch solche unerwünschten Verhaltensweisen (§ 3 III AGG), die im Zusammenhang mit der Rasse oder ethnischen Herkunft einer Person stehen „und bezwecken oder bewirken, dass die **Würde der betreffenden Person** verletzt und ein von Einschüchterungen, Anfeindungen, Erniedrigungen, Entwürdigungen oder Beleidigungen gekennzeichnetes Umfeld geschaffen wird" (**Belästigung**). Über die europarechtl. Anforderungen hinaus erstreckt sich das Gleichbehandlungsgebot des Abs. 1 auch auf die **Nationalität**, dh. die Staatsangehörigkeit, womit auch Staatenlose erfasst werden und die entsprechenden Freizügigkeitsregelungen in der EU zu beachten sind[9]. Auch der Begriff „Herkunft" reicht über die ethnisch motivierte Richtlinie hinaus, da er auch Fälle **regionaler** und **sozialer** Herkunft umfasst[10]. Als Beispiel für eine Diskriminierung wegen der Herkunft kann die Entgeltdiskriminierung von solchen ArbN gelten, die zB im Jahr 1996 nur deshalb schlechter entlohnt wurden, weil sie am 2. Oktober 1990 ihren Wohnsitz in der DDR hatten[11]. Das BetrVerf-ReformG 2001 hat dem BR durch **§ 80 I Nr. 7** darüber hinaus „Maßnahmen zur Bekämpfung von Rassismus und Fremdenfeindlichkeit im Betrieb" besonders ans Herz gelegt und insoweit Abs. 1 deutlich verstärkt.

---

1 BAG 18.5.2010 – 1 AZR 187/09, NZA 2010, 1304. ||2 EuGH 16.10.2007 – Rs. C-411/05, NZA 2007, 1219 – Palacios; vgl. *Reichold*, ZESAR 2008, 49; *Temming*, NZA 2007, 1193. Laut BAG 26.5.2009 – 1 AZR 198/08, NZA 2009, 849 sind Ungleichbehandlungen wegen des Alters gerechtfertigt, wenn in Sozialplänen danach unterschieden wird, welche wirtschaftl. Nachteile den ArbN drohen, die durch eine Betriebsänderung ihren Arbeitsplatz verlieren. ||3 EuGH 12.10.2010 – Rs. C-45/09, NZA 2010, 1167 – Rosenbladt; ferner *Bayreuther*, NJW 2011, 19 ff. ||4 EuGH 12.10.2010 – Rs. C-499/08, NZA 2010, 1341 – Andersen. ||5 Vgl. auch *Fitting*, § 75 Rz. 62 ff.; GK-BetrVG/*Kreutz*, § 75 Rz. 47, 93. ||6 St. Rspr., vgl. EuGH 13.5.1986 – Rs. 170/84, EuGHE 1986, 1607; BAG 14.10.1986 – 3 AZR 66/83, BAGE 53, 161 (168), bestätigt durch BVerfG 28.9.1992 – 1 BvR 496/87, NZA 1993, 213; BAG 20.11.1990 – 3 AZR 613/89, BAGE 66, 264 – Gleichberechtigung; zuletzt v. 26.6.2001 – 9 AZR 244/00, NZA 2002, 44. ||7 Vgl. nur *Bauer/Göpfert/Krieger*, § 3 AGG Rz. 26. ||8 RL 2000/43/EG des Rates v. 29.6.2000 zur Anwendung des Gleichbehandlungsgrundsatzes ohne Unterschied der Rasse oder der ethnischen Herkunft, ABl. 2000 L 180/22, vgl. dazu *Baer*, ZRP 2001, 500; *Nickel*, NJW 2001, 2668; *Schiek*, NZA 2004, 873; *Waas*, ZIP 2000, 2151. ||9 Vgl. GK-BetrVG/*Kreutz*, § 75 Rz. 61; Richardi/*Richardi*, § 75 Rz. 24. ||10 Vgl. GK-BetrVG/*Kreutz*, § 75 Rz. 59; Richardi/*Richardi*, § 75 Rz. 23. ||11 BAG 15.5.2001 – 1 AZR 672/00, DB 2002, 273 – Gleichbehandlung.

Die absoluten Differenzierungsverbote nach der **Religion oder Weltanschauung, der Behinderung** 12
und des Alters sowie wegen des **Geschlechts oder der sexuellen Identität** treffen sich mit denen der RL 2000/78/EG[1], die parallel zur RL 2000/43/EG die Diskriminierung wegen der Religion oder der Weltanschauung oder der sexuellen Ausrichtung festlegt, und der GleichbehandlungsRL 2002/73/EG (Rz. 10), die Geschlechtsdiskriminierungen schon seit 1976 untersagte. Zur Auslegung und Konkretisierung dieser Gleichbehandlungsmerkmale s. die Komm. des AGG.

Nicht von europäischen Richtlinien gestützt ist das Verbot der Ungleichbehandlung wegen „**politi-** 13
scher oder gewerkschaftlicher Betätigung oder Einstellung". Dennoch ist es europarechtl. fraglos zulässig, zusätzliche Anforderungen an die Gleichbehandlung im Betrieb kraft der **nationalen Drittwirkung** von Art. 9 III 2 GG zu stellen. Nicht zu verwechseln ist dieses Verbot mit § 74 II iVm. III, wo nur **für BR-Mitglieder** die Abwägung zwischen erlaubter gewerkschaftlicher und nicht erlaubter parteipolitischer Tätigkeit geregelt ist (§ 74 Rz. 16 f.). Diese besonderen Amtspflichten sind auf normale Beschäftigte nicht übertragbar, vgl. § 74 Rz. 18. Geschützt wird sowohl deren positive als auch deren negative Koalitionsfreiheit, dh. dass weder die Zugehörigkeit noch die Nichtzugehörigkeit zu einer Gewerkschaft oder einer Partei zum Kriterium etwa einer Sozialleistung gemacht werden darf, wie auch der ArbGeb zB die Einstellung nicht vom Austritt aus der Gewerkschaft abhängig machen darf[2].

Einstweilen frei. 14

4. Zulässige Ungleichbehandlung. Trotz der **Absolutheit** der Differenzierungsverbote in Abs. 1 (Rz. 9) 15
lassen sich je nach Diskriminierungstatbestand unterschiedlich weit gehende Fallgruppen „zulässiger" Ungleichbehandlungen bilden, die auch angesichts weitgehender Verbote eine Ausnahme aus zwingenden (so zB im Bereich der geschlechtlichen bzw. ethnischen Benachteiligung) bzw. sachlichen Gründen (so zB im Bereich der Alters- bzw. Behinderten-Benachteiligung) rechtfertigen[3]. So liegt zB nach § 8 I AGG ausnahmsweise dann schon eine zulässige Geschlechtsdiskriminierung vor, wenn ein bestimmtes Geschlecht **unverzichtbare** Voraussetzung (so früher § 611a I 2 BGB) bzw. eine **wesentliche und entscheidende** berufliche Anforderung für die Arbeitsaufgabe darstellt, zB bei bestimmten Filmrollen oder einer Model-Tätigkeit[4]. Eine zulässige Ungleichbehandlung von sog. **Tendenzträgern** in Bezug auf politische oder koalitionspolitische Zielsetzungen ermöglicht das BetrVG selbst in § 118 I, wenn es diesbezüglich seinen Geltungsbereich einschränkt; in Bezug auf konfessionelle Einrichtungen wird in § 118 II sogar der staatl. Regelungsanspruch zu Gunsten kirchenspezifischer Mitarbeitervertretungsordnungen ganz zurückgenommen[5]. Vorschriften des Ausländerrechts können eine Differenzierung nach der **Nationalität** rechtfertigen, zB beim Abschluss von befristeten Arbeitsverträgen mit Angehörigen solcher Nicht-EU-Staaten, denen zB wegen Bürgerkriegs nur eine **befristete** Aufenthaltsbefugnis nach § 25 IV AufenthG erteilt worden ist[6]. Der BR wird besonders bei differenzierenden Regelungen nach dem Alter bzw. nach der Betriebszugehörigkeit zusammen mit dem ArbGeb eine eher großzügige Rechtfertigung aus Gründen der Arbeitsmarktpolitik von Seiten des EuGH in Rechnung stellen können (vgl. Bsp. in § 10 S. 3 AGG sowie oben Rz. 8).

Einstweilen frei. 16, 17

III. Förderung der Persönlichkeit (Abs. 2). Durch Abs. 2 S. 1 wurden 1972 erstmals Schutz und Ver- 18
wirklichung der **ArbN-Persönlichkeit** als allg. Aufgabe des Arbeitsrechts **gesetzlich** fixiert[7]. Seit 2001 haben die Betriebsparteien darüber hinaus deren „Selbständigkeit und Eigeninitiative" auch in Arbeitsgruppen zu fördern, vgl. S. 2 (Rz. 3a). Der Gesetzgeber selbst hat seine Reformbemühungen faktisch dennoch stärker dem Ausbau **kollektiver** BR-Rechte zugewandt, wie seine sonstigen Änderungen 2001 belegen[8]. Ebenso wie Abs. 1 begründet Abs. 2 **Schutz- und Förderpflichten** der Betriebsparteien als „Amtsrecht", nicht dagegen individuelle Rechte oder Pflichten der einzelnen ArbN (Rz. 1, 2). Doch bleibt von Abs. 2 selbstredend die Geltendmachung allg. und besonderer **Persönlichkeitsrechte** durch den einzelnen ArbN völlig unberührt[9]. Die Vorschrift macht das Spannungsfeld zwischen der privatautonomen Eigenverantwortung der ArbN einerseits und der kollektiven Wahrnehmung ihrer Rechte durch den BR andererseits augenfällig. Im Zusammenhang mit § 28a wird man den BR für verpflichtet halten müssen, **im Zweifel** einer Rahmenvereinbarung nach § 28a zuzustimmen und damit eigene Kompetenzen auf Arbeitsgruppen zu delegieren. Eine Ablehnung des BR ist deshalb an sachliche Gründe zu binden (vgl. § 28a Rz. 10 mwN).

---

1 RL 2000/78/EG des Rates v. 27.11.2000 zur Festlegung eines allg. Rahmens für die Verwirklichung der Gleichbehandlung in Beschäftigung und Beruf, ABl. 2000 L 303/16, vgl. dazu *Bauer*, NJW 2001, 2672; *Thüsing*, ZfA 2001, 397; *Wiedemann/Thüsing*, NZA 2002, 1234. ||2 BAG 28.3.2000 – 1 ABR 16/99, BAGE 94, 169 (174). ||3 Dazu besteht Anlass nach dem „Palacios"-Urt. des EuGH 16.10.2007 – Rs. C-411/05, NZA 2007, 1219, wonach Altersgrenzen ohne Entlassungsbedingung bereits bei (vermutet) arbeitsmarktpolitischer Motivation gerechtfertigt sind; so auch BAG 26.5.2009 – 1 AZR 198/08, NZA 2009, 849. ||4 Vgl. nur *Bauer/Göpfert/Krieger*, § 8 AGG Rz. 8; GK-BetrVG/*Kreutz*, § 75 Rz. 97; *Thüsing*, RdA 2001, 319 ff. ||5 Vgl. nur *Fitting*, § 75 Rz. 67; MünchArbR/*Richardi*, § 331 Rz. 1 ff. ||6 Vgl. MünchArbR/*Buchner*, § 29 Rz. 7 ff. ||7 GK-BetrVG/*Kreutz*, § 75 Rz. 101; *Wiese*, ZfA 1996, 746. ||8 So auch *Franzen*, ZfA 2001, 449 f.; *Neef*, NZA 2001, 361 (364). ||9 Vgl. nur *Fitting*, § 75 Rz. 76; GK-BetrVG/*Kreutz*, § 75 Rz. 103; *Wiese*, ZfA 1996, 459 ff.

19 Die **freie Entfaltung** der Persönlichkeit soll geschützt und gefördert werden; die neu in das Gesetz aufgenommenen Stichworte „Selbständigkeit und Eigeninitiative" sind lediglich Unterformen. Die Vorschrift knüpft an Art. 2 GG an, möchte aber weiter gehend die Betriebspartner zu einer **aktiven Förderung** verpflichten[1]. Neben der Beachtung des allg. betriebsverfassungsrechtl. **Übermaßverbots**, das die Regelungsbefugnis der Betriebsparteien zu Gunsten des Persönlichkeitsschutzes beschränkt (Schutzfunktion), will der Gesetzgeber die aktive Mitarbeit, ggf. auch Verbesserungsvorschläge der ArbN iSd. „**Ausgleichsfunktion**", dh. des Interessenausgleichs im betriebl. Arbeitszusammenhang (Rz. 3) besonders unterstützt wissen (Förderungsfunktion). Doch können sich hieraus keine neuen, über das Gesetz hinausgehenden MitbestR des BR ergeben (hM)[2].

20 Praktische Bedeutung erlangt Abs. 2 S. 1 vor allem bei betriebl. Regelungen, die zB bei der **Videoüberwachung** der Beschäftigten eines Briefzentrums[3] oder bei sonstiger akustischer Überwachung[4] in die Persönlichkeitsrechte des ArbN eingreifen (ständiger „Überwachungsdruck"). Auch psychologische Methoden wie graphologische Gutachten[5] oder Lügendetektoren[6] dürfen nicht ohne besonderen rechtfertigenden Anlass benutzt werden. Der Schutz der Persönlichkeit umfasst ferner zB das Verbot sexueller Belästigung[7], genetischer Analysen[8] und des Mobbing am Arbeitsplatz[9]. Die Betriebsparteien müssen dabei einerseits darüber wachen, dass keine Persönlichkeitsverletzungen am Arbeitsplatz auftreten, andererseits aber durch **eigene Regelungen** versuchen, Konfliktpotenzial wie zB bei Raucher-Nichtraucher-Kontroversen möglichst schonend ggf. unter Beachtung der einschlägigen Gesetzesvorgaben (zB §§ 27 ff. BDSG, § 88 TKG, §§ 3 ff. ArbSchG, § 5 ArbStättV) und des Übermaßverbots zu einem vernünftigen Interessenausgleich zu bringen[10].

21 Eingriffe in **Persönlichkeitsrechte** können jedoch aus betriebl. Gründen oder auch bei (ohne Druck erfolgter) Einwilligung des Betroffenen **gerechtfertigt** sein. Soweit nicht ohnehin gesetzl. Regelungen zB der informationellen Selbstbestimmung wie in §§ 27 ff. BDSG den Interessenkonflikt bei Speicherung und Weitergabe personenbezogener Daten regeln, bedarf es jeweils der Abwägung zwischen den **berechtigten** betriebl. Interessen und den gegenläufigen Schutzinteressen des ArbN, um einen unzulässigen Eingriff feststellen zu können. Die Erfassung (nur) der „Abrechnungsdaten" von Telefon- oder Internetnutzung erscheint gerechtfertigt, wenn betrieblich geregelt ist, dass der ArbN die Kosten **privater** Kommunikationsleistungen selbst bezahlt[11]. Die durch Spruch der Einigungsstelle ermöglichte Videoüberwachung im Briefzentrum bei der Deutschen Post AG ist entgegen der Auffassung des BAG trotz des Eingriffs in Persönlichkeitsrechte in Anbetracht des Stellenwerts des Postgeheimnisses und der Vielzahl der Beschäftigten geeignet, erforderlich und angemessen iSd. **Verhältnismäßigkeitsgrundsatzes** und bringt berechtigte betriebl. Zwecke mit den Schutzinteressen der ArbN zu einem schonenden Ausgleich[12]. Betriebl. Erfordernisse können weiterhin die Außendarstellung betreffen und zB eine gemeinsame **Arbeitskleidung** vorschreiben[13], wobei fraglich ist, ob nicht dennoch aus religiösen Gründen getragene Kopftücher[14], Bärte oder Turbane[15] grds. zu tolerieren sind. Einschränkungen betriebl. Regelungen sind auf Grund der Drittwirkung (Art. 4 GG) des GG bei berechtigtem persönlichen Interesse grds. hinzunehmen, vgl. Rz. 22.

22 Eingriffe in den Schutz **individueller Freiheitsbetätigung** können im Gegensatz zum kritischeren Schutz der **Persönlichkeit** (Rz. 20) eher durch betriebl. Erfordernisse gerechtfertigt sein. So ist zB ein Rauchverbot eine Maßnahme zum Gesundheitsschutz am Arbeitsplatz (§ 4 Nr. 1 ArbSchG, § 5 ArbStättV) und darf auch gegen die dadurch in ihrer Selbstentfaltungsfreiheit eingeschränkten Raucher verhängt werden[16]. Das Übermaßverbot ist jedoch verletzt, wenn eine BV auch solche ArbN zur Beteiligung an den Kosten eines Kantinenessens heranzieht, die die Kantinenverpflegung überhaupt nicht in Anspruch nehmen[17].

---

1 Zutr. GK-BetrVG/*Kreutz*, § 75 Rz. 102; *Wiese*, ZfA 1996, 477. ‖ 2 HM, vgl. BAG 8.6.1999 – 1 ABR 67/98, NZA 1999, 1288; *Fitting*, § 75 Rz. 91; GK-BetrVG/*Kreutz*, § 75 Rz. 133. ‖ 3 BAG 29.6.2004 – 1 ABR 21/03, NZA 2004, 1278; 26.8.2008 – 1 ABR 16/07, NZA 2008, 1187. ‖ 4 BAG 1.3.1973 – 5 AZR 453/72, DB 1973, 972; LAG Berlin 19.2.1974 – 4 Sa 94/73, DB 1974, 1243; ferner GK-BetrVG/*Kreutz*, § 75 Rz. 111. Zur Persönlichkeitsrechtsverletzung durch heimliches Mithörenlassen von Telefongesprächen vgl. BAG 29.10.1997 – 5 AZR 726/96, NZA 1998, 307. ‖ 5 BAG 16.9.1982 – 2 AZR 228/80, BAGE 41, 54 (mit Einwilligung des betroffenen ArbN aber grds. möglich); LAG BW 26.1.1972 – 8 Sa 109/71, NJW 1976, 310. ‖ 6 LAG Rh.-Pf. 18.11.1997 – 4 Sa 639/97, NZA 1998, 670. ‖ 7 Vgl. § 3 IV AGG. ‖ 8 Vgl. *Fitting*, § 75 Rz. 81; GK-BetrVG/*Kreutz*, § 75 Rz. 118; MünchArbR/*Reichold*, § 86 Rz. 16. ‖ 9 BAG 25.10.2007 – 8 AZR 593/06, NZA 2008, 223 (226); 16.5.2007 – 8 AZR 709/06, NZA 2007, 1154 (1160); LAG Hamburg 15.7.1998 – 5 TaBV 4/98, NZA 1998, 1245: Mobbingschutz als „unveräußerliche Aufgabe des BR". ‖ 10 Vgl. dazu BAG 19.1.1999 – 1 AZR 499/98, NZA 1999, 546; ferner *Fitting*, § 75 Rz. 87 f.; GK-BetrVG/*Kreutz*, § 75 Rz. 126 f.; MünchArbR/*Reichold*, § 85 Rz. 10 ff. ‖ 11 Vgl. *Däubler*, Internet und Arbeitsrecht, 2. Aufl. 2002, Rz. 275–277; GK-BetrVG/*Kreutz*, § 75 Rz. 112; MünchArbR/*Reichold*, § 49 Rz. 33 ff. ‖ 12 LAG Berlin 5.3.2003 – 10 TaBV 2089/02, aufgehoben durch BAG 29.6.2004 – 1 ABR 21/03, NZA 2004, 1278; vgl. jetzt BAG 26.8.2008 – 1 ABR 16/07, NZA 2008, 1187. ‖ 13 BAG 13.2.2007 – 1 ABR 18/06, NZA 2007, 640; 1.12.1992 – 1 AZR 260/92, NZA 1993, 711. ‖ 14 Vgl. BAG 10.10.2002 – 2 AZR 472/01, NZA 2003, 483 (keine ordentl. Kündigung wegen Tragen eines islamischen Kopftuchs); bestätigt von BVerfG 30.7.2003 – 1 BvR 792/03, NJW 2003, 2815. ‖ 15 ArbG Hamburg 3.1.1996 – 19 Ca 141/95, AuR 1996, 243; vgl. dazu *Kraushaar*, ZTR 2001, 208 (211). ‖ 16 BAG 19.1.1999 – 1 AZR 499/98, NZA 1999, 546; ferner BAG 21.8.1990 – 1 AZR 567/89, NZA 1991, 154; vgl. auch *Blomeyer*, FS 25 Jahre BAG, 1979, S. 26 ff.; GK-BetrVG/*Kreutz*, § 75 Rz. 127. ‖ 17 BAG 11.7.2000 – 1 AZR 551/99, NZA 2001, 462.

Denn pauschalisierende Kostenregelungen dürfen nicht völlig losgelöst vom vertragl. Äquivalenzprinzip festgesetzt werden[1].

IV. Streitigkeiten. § 75 begründet als Norm kollektiven „**Amtsrechts**" Rechte und Pflichten nur für die Betriebsparteien (Rz. 2), nicht aber für die einzelnen ArbN (Rz. 1). Aus der Verletzung von Amtspflichten ergeben sich auch **keine Schadensersatzansprüche** einzelner ArbN gegen ArbGeb oder BR, weil Individualschutz nicht das Anliegen der kollektiven BetrVG-Norm ist und sein kann (str.)[2]. Ein Verstoß des ArbGeb gegen § 75 kann aber **gleichzeitig** eine vertragliche Nebenpflichtverletzung des Arbeitsvertrags darstellen und als solche nach § 280 I BGB bzw. nach Spezialnormen wie zB § 15 I, II AGG zum Schadensersatz verpflichten. BR bzw. ArbGeb steht bei Verletzung des § 75 jedenfalls der Anspruch aus § 23 I bzw. III zu, der allerdings nur bei **groben Verstößen** einschlägig ist[3]. Dagegen lässt sich **nicht direkt** aus § 75 ein eigenständiger Unterlassungsanspruch ableiten, der es zB dem BR ermögliche, seiner Ansicht nach persönlichkeitsrechtsverletzende Maßnahmen des ArbGeb zu unterbinden[4]. Abs. 2 S. 1 beschränkt zwar die Regelungsbefugnis der Betriebsparteien, regelt aber **keine gegenseitigen Rechte und Pflichten** bei jeweils einseitigen Maßnahmen.

§ 75 kann als **Verbotsgesetz iSd. § 134 BGB** (Rz. 2) dazu führen, dass betriebsverfassungsrechtl. Regelungen insoweit (§ 139 BGB) **nichtig** sind, als sie zu einer unzulässigen Diskriminierung oder Persönlichkeitsrechtsverletzung von ArbN führen. Die Vorschrift dient daher vor allem als **Kontrollnorm** für BV, insb. Sozialpläne (Rz. 8), und sonstige betriebl. Regelungen zwischen ArbGeb und BR[5]. IÜ trifft vorrangig den ArbGeb, ggf. im Zusammenwirken mit dem BR, die Pflicht zur **Abhilfe**, soweit ihm Rechtsverstöße im Betrieb zu Ohren kommen[6]. Daneben erlaubt es ein Verstoß gegen § 75 als Rechtsverstoß dem BR, seine Zustimmung in personellen Angelegenheiten zu verweigern, vgl. § 99 II Nr. 1 bzw. Nr. 6[7]. Ein **individuelles** Leistungsverweigerungsrecht eines ArbN gegen eine rechtswidrige BV kommt dagegen nur dann in Betracht, wenn zugleich Pflichten aus dem Arbeitsvertrag verletzt sein können[8].

76 *Einigungsstelle*

(1) Zur Beilegung von Meinungsverschiedenheiten zwischen Arbeitgeber und Betriebsrat, Gesamtbetriebsrat oder Konzernbetriebsrat ist bei Bedarf eine Einigungsstelle zu bilden. Durch Betriebsvereinbarung kann eine ständige Einigungsstelle errichtet werden.

(2) Die Einigungsstelle besteht aus einer gleichen Anzahl von Beisitzern, die vom Arbeitgeber und Betriebsrat bestellt werden, und einem unparteiischen Vorsitzenden, auf dessen Person sich beide Seiten einigen müssen. Kommt eine Einigung über die Person des Vorsitzenden nicht zustande, so bestellt ihn das Arbeitsgericht. Dieses entscheidet auch, wenn kein Einverständnis über die Zahl der Beisitzer erzielt wird.

(3) Die Einigungsstelle hat unverzüglich tätig zu werden. Sie fasst ihre Beschlüsse nach mündlicher Beratung mit Stimmenmehrheit. Bei der Beschlussfassung hat sich der Vorsitzende zunächst der Stimme zu enthalten; kommt eine Stimmenmehrheit nicht zustande, so nimmt der Vorsitzende nach weiterer Beratung an der erneuten Beschlussfassung teil. Die Beschlüsse der Einigungsstelle sind schriftlich niederzulegen, vom Vorsitzenden zu unterschreiben und Arbeitgeber und Betriebsrat zuzuleiten.

(4) Durch Betriebsvereinbarung können weitere Einzelheiten des Verfahrens vor der Einigungsstelle geregelt werden.

(5) In den Fällen, in denen der Spruch der Einigungsstelle die Einigung zwischen Arbeitgeber und Betriebsrat ersetzt, wird die Einigungsstelle auf Antrag einer Seite tätig. Benennt eine Seite keine Mitglieder oder bleiben die von einer Seite genannten Mitglieder trotz rechtzeitiger Einladung der Sitzung fern, so entscheiden der Vorsitzende und die erschienenen Mitglieder nach Maßgabe des Absatzes 3 allein. Die Einigungsstelle fasst ihre Beschlüsse unter angemessener Berücksichtigung der Belange des Betriebs und der betroffenen Arbeitnehmer nach billigem Ermessen. Die Überschreitung der Grenzen des Ermessens kann durch den Arbeitgeber oder den Betriebsrat nur binnen einer Frist von zwei Wochen, vom Tage der Zuleitung des Beschlusses an gerechnet, beim Arbeitsgericht geltend gemacht werden.

---

1 Vgl. dazu näher *Hammer*, Betriebsverf. Schutzpflicht, 1998, S. 125 ff. (Schutz der Selbstbestimmungsfreiheit durch Eingriff in die Vertragsfreiheit). ||2 Str., wie hier GK-BetrVG/*Kreutz*, § 75 Rz. 151; Richardi/*Richardi*, § 75 Rz. 53; aA BAG 5.4.1984 – 2 AZR 513/82, NZA 1985, 329; *Fitting*, § 75 Rz. 98 mwN. Das BAG hatte maßgeblich auf eine Übereinstimmung von § 75 mit den arbeitsvertragl. Nebenpflichten des ArbGeb abgestellt. ||3 LAG Hess. 11.12.2008 – 9 TaBV 141/08 (sexuelle Belästigung einer Mitarbeiterin durch den BR-Vorsitzenden): § 75 I gebietet dem ArbGeb ein Eingreifen nach § 23 I, wenn er sich nicht selbst eine Verletzung seiner Pflichten vorwerfen lassen will. ||4 So BAG 28.5.2002 – 1 ABR 32/01, NZA 2003, 166; ebenso GK-BetrVG/*Kreutz*, § 75 Rz. 105. ||5 HM, vgl. nur *Fitting*, § 75 Rz. 98; GK-BetrVG/*Kreutz*, § 75 Rz. 152. ||6 So DKKW/*Berg*, § 75 Rz. 9; ausf. *Wiese*, FS Kreutz, 2010, S. 499 (502). ||7 BAG 16.11.2004 – 1 ABR 48/03, NZA 2005, 775; 18.9.2002 – 1 ABR 56/01, NZA 2003, 622. ||8 Str., wie hier Richardi/*Richardi*, § 75 Rz. 52; MünchArbR/v. *Hoyningen-Huene*, § 214 Rz. 41.

(6) Im Übrigen wird die Einigungsstelle nur tätig, wenn beide Seiten es beantragen oder mit ihrem Tätigwerden einverstanden sind. In diesen Fällen ersetzt ihr Spruch die Einigung zwischen Arbeitgeber und Betriebsrat nur, wenn beide Seiten sich dem Spruch im Voraus unterworfen oder ihn nachträglich angenommen haben.

(7) Soweit nach anderen Vorschriften der Rechtsweg gegeben ist, wird er durch den Spruch der Einigungsstelle nicht ausgeschlossen.

(8) Durch Tarifvertrag kann bestimmt werden, dass an die Stelle der in Absatz 1 bezeichneten Einigungsstelle eine tarifliche Schlichtungsstelle tritt.

I. Allgemeines	1
II. Arten der Einigungsstelle	4
1. Bedarfs- oder dauernde Einigungsstelle	4
2. Erzwingbare oder freiwillige Einigungsstelle	6
3. Tarifliche Schlichtungsstelle (Abs. 8)	9
4. Einigungsstelle auf Unternehmens- und Konzernebene	12
5. Anwendbarkeit der §§ 76 f. im Übrigen	13
III. Einleitung des Einigungsstellenverfahrens	14
1. Bildung	14
2. Annahme/Ablehnung	17
3. Antragstellung vor der Einigungsstelle	18
4. Amtszeit der Einigungsstelle	20
IV. Zusammensetzung der Einigungsstelle	21
1. Vorsitzender	21
2. Beisitzer	23
3. Ersatzmitglieder	27
4. Rechtsstellung der Einigungsstellenmitglieder	28
5. Schadensersatzansprüche	33
V. Allgemeine Verfahrensgrundsätze	35
1. Allgemeines; Schaffung einer besonderen Verfahrensordnung	35
2. Nichtöffentlichkeit	38
3. Grundsatz des rechtlichen Gehörs	41
4. Grundsatz der Mündlichkeit	43
5. Beschleunigungsgrundsatz	45
6. Dispositionsmaxime	47
7. Offizialmaxime/Amtsermittlungsprinzip	48
VI. Konstituierung der Einigungsstelle	49
1. Allgemeines	49
2. Ordnungsgemäße Ladung und Unterrichtung der Beisitzer	52
3. Protokollführung	57
4. Vertretung von Parteien durch Verfahrensbevollmächtigte	58
5. Prüfung der eigenen Zuständigkeit	59
6. Besorgnis der Befangenheit von Einigungsstellenmitgliedern	63
7. Erörterung des Sach- und Streitstandes sowie Bemühen um gütliche Regelung	69
8. Beweismittel und -aufnahme	70
VII. Abschluss des Einigungsstellenverfahrens	72
1. Beratung und Beschlussfassung	72
2. Beendigung des Verfahrens ohne „Spruch"	79
3. Sonstige Entscheidung der Einigungsstelle	81
4. Sachentscheidung („Spruch")	84
5. Säumnisentscheidung	97
6. Entscheidung in Eilfällen	99
VIII. Gerichtliche Überprüfung des Spruchs der Einigungsstelle	100
1. Zuständigkeit der Gerichte für Arbeitssachen	100
2. Antragsinhalt; Antragsberechtigung; Beteiligtenfähigkeit	102
3. Überprüfungsfrist	107
4. Umfang der gerichtlichen Prüfung	110
5. Rechtsfolgen bei Unwirksamkeit	114
6. Gegenstandswert	116

1 **I. Allgemeines.** Der Spruch der Einigungsstelle ersetzt die Einigung zwischen ArbGeb und BR. Er hat daher denselben Rechtscharakter wie eine entsprechende **Vereinbarung** der Betriebspartner[1]. Die Tätigkeit der Einigungsstelle ist in erster Linie auf **Kompromisse** angelegt[2]. Dies zeigt Abs. 3 S. 3, wonach zunächst eine Beschlussfassung ohne Beteiligung des Vorsitzenden zu versuchen ist[3].

2 Die Einigungsstelle ist ein von ArbGeb und BR gebildetes **betriebsverfassungsrechtl. Hilfsorgan eigener Art**, das kraft Gesetzes dazu bestimmt ist, durch Zwangsschlichtung Pattsituationen im Bereich der paritätischen Mitbest. aufzulösen[4]. Sie ist weder Gericht noch Behörde[5]. Ihre Entscheidungen haben nicht die Qualität von Verwaltungsakten[6]. Ebenso wenig ist die Einigungsstelle ein Schiedsgericht iSv. §§ 1025 ff. ZPO[7], da sie keines Schiedsvertrages bedarf, sondern gesetzl. vorgegeben ist. Dem Einigungsstellenverfahren wohnen mediative Elemente inne. Dennoch handelt es sich nicht um ein Mediationsverfahren, da dem Einigungsstellenvorsitzenden letztlich Entscheidungskompetenz zukommt.

3 Gegen die Institution der Einigungsstelle bestehen **keine verfassungsrechtl. Bedenken.** Sie ist keine mit Art. 9 III GG unvereinbare Einrichtung der Zwangsschlichtung zwischen den TV-Parteien, da sie nur Streitigkeiten zwischen den Betriebspartnern schlichtet und der Tarifvorrang durch §§ 77 III, 87 abgesichert ist[8]. Überdies greift sie nicht in unzulässiger Weise in die Unternehmergrundrechte aus Art. 2,

---

1 BVerfG 18.10.1986 – 1 BVR 1426/83, BB 1988, 342; Richardi/*Richardi*, § 76 Rz. 30. ||2 Zu den Vorzügen der Einigungsstelle: *Kliemt*, Die Einigungsstelle aus Sicht des Arbeitgebers, in Lukas/Dahl, Konfliktlösung im Arbeitsleben, 2013, S. 194 ff. ||3 BAG 27.6.1995 – 1 ABR 3/95, NZA 1996, 161. ||4 BVerfG 18.10.1986 – 1 BVR 1426/83, BB 1988, 342; BAG 18.1.1994 – 1 ABR 43/93, DB 1994, 838. ||5 *Wenning-Morgenthaler*, Rz. 14; Richardi/*Richardi*, § 76 Rz. 7. ||6 BAG 22.1.1980 – 1 ABR 48/77, DB 1980, 1895. ||7 *Friedemann*, Rz. 79; *Wenning-Morgenthaler*, Rz. 14. ||8 BVerfG 18.10.1986 – 1 BVR 1426/83, BB 1988, 342.

12 oder 14 GG ein. Die Regelung der Mitbest. und der Entscheidungskompetenz der Einigungsstelle im Streitfall ist vielmehr eine zulässige Einschränkung und Sozialbindung dieser Grundrechte, die dem Sozialstaatsprinzip des Art. 20 I GG entspricht[1].

II. Arten der Einigungsstelle. 1. Bedarfs- oder dauernde Einigungsstelle. Nach Abs. 1 S. 1 ist eine Einigungsstelle **bei Bedarf** zu bilden, also bei Meinungsverschiedenheiten, die zwischen BR und ArbGeb nicht beigelegt werden können. Vor Anrufung der Einigungsstelle haben die Betriebspartner nach § 74 I 1 über strittige Fragen zunächst mit dem ernsten Willen zur Einigung zu verhandeln und Vorschläge für die Beilegung der Meinungsverschiedenheit zu machen.

Nach Abs. 1 S. 2 kann durch BV auch eine **ständige Einigungsstelle** errichtet werden. Deren **Bildung** ist jedoch **nicht erzwingbar**, auch nicht gegen den Willen einer Betriebspartei durch Spruch der Einigungsstelle[2]. Die Zuständigkeit der ständigen Einigungsstelle kann auf bestimmte Fragen, zu denen häufig Streitfälle auftreten, beschränkt werden. Auch die Besetzung der Einigungsstelle kann geregelt werden. Die Betriebspartner können sich aber vorbehalten, über die Besetzung im jeweiligen Einzelfall zu entscheiden oder die Beisitzer der ständigen Einigungsstelle je nach Regelungsmaterie auszutauschen.

2. Erzwingbare oder freiwillige Einigungsstelle. In den im BetrVG **abschließend geregelten Fällen**[3] ist die Bildung einer Einigungsstelle erzwingbar. Das Gesetz ordnet in diesen Fällen ausdrücklich an, dass die Einigungsstelle entscheidet, sofern eine Einigung der Betriebsparteien nicht zustande kommt, und dass deren Spruch die Einigung zwischen BR und ArbGeb ersetzt (zB Aufstellung eines Sozialplanes bei Betriebsänderungen gem. § 112 IV). Daneben ist eine **Erweiterung** der erzwingbaren **MitbestR** des **BR durch TV** möglich. Dies geschieht, indem der TV vorsieht, dass über bestimmte, an sich nicht mitbestimmungsbedürftige Fragen (zB Dauer der Wochenarbeitszeit) eine BV geschlossen werden kann (sog. **Öffnungsklausel**) und der Spruch der Einigungsstelle die fehlende Einigung zwischen ArbGeb und BR ersetzt[4].

Für die Errichtung und den Beginn der Tätigkeit der erzwingbaren Einigungsstelle genügt der **Antrag nur einer Seite**, Abs. 5 S. 1. Zur Säumnis bzw. Untätigkeit der anderen Seite Abs. 5 S. 2, vgl. Rz. 97 f.

Ist gesetzl. für den Streitfall keine verbindliche Entscheidung der Einigungsstelle vorgesehen, wird sie nach Abs. 6 tätig, wenn **beide Seiten** dies beantragen oder mit ihrem Tätigwerden einverstanden sind (sog. **freiwillige Einigungsstelle**). Der Spruch der Einigungsstelle ist in diesen Fällen nur verbindlich, wenn beide Seiten sich ihm im Voraus unterworfen oder ihn nachträglich angenommen haben. Eine solche freiwillige Einigungsstelle kann in allen in die **Zuständigkeit** des BR fallenden Angelegenheiten tätig werden[5]. Auch Meinungsverschiedenheiten bzgl. **rechtl. Fragen**, wie etwa der Auslegung einer BV, können durch ein freiwilliges Einigungsstellenverfahren geregelt werden[6]. Allerdings bleibt dann die Möglichkeit der Überprüfung des Einigungsstellenspruchs durch das ArbG in vollem Umfang bestehen. Anderenfalls käme die Errichtung der freiwilligen Einigungsstelle letztlich der unzulässigen Vereinbarung eines Schiedsgerichtes gleich, vgl. §§ 4, 101 ff. ArbGG[7]. Ein gesetzl. genannter Fall der freiwilligen Einigungsstelle ist die Regelung, dass die **Wirksamkeit von Kündigungen** von der **Zustimmung** des BR abhängig ist und bei Meinungsverschiedenheiten eine (insoweit dann erzwingbare) Einigungsstelle entscheidet, § 102 VI.

3. Tarifliche Schlichtungsstelle (Abs. 8). Nach Abs. 8 können die TV-Parteien durch TV bestimmen, dass an die Stelle der Einigungsstelle eine tarifl. Schlichtungsstelle tritt[8]. Die Schlichtungsstelle kann sowohl betrieblich als auch überbetrieblich gebildet werden. Mit dem Inkrafttreten eines entsprechenden TV entfällt die Zuständigkeit der betriebl. Einigungsstelle. Ausreichend ist, dass der **ArbGeb tarifgebunden** ist und der Betrieb unter den Geltungsbereich des TV fällt; auf die Tarifbindung der ArbN kommt es nicht an[9].

Soweit es sich um eine die Einigungsstelle ersetzende tarifl. Schlichtungsstelle auf Unternehmensebene handelt, müssen alle Betriebe des Unternehmens vom Geltungsbereich des TV erfasst sein. Eine tarifl. Schlichtungsstelle auf Konzernebene erfordert die Tarifbindung aller Konzernunternehmen[10].

Die **Besetzung** der tarifl. Schlichtungsstelle ist ebenso wie ihre Einsetzung idR im TV näher ausgestaltet. Sie muss paritätisch mit Beisitzern besetzt sein und einen unparteiischen Vorsitzenden haben. Die Beisitzer werden von den TV-Parteien benannt. Kommt es über die Person des Vorsitzenden zu keiner

---

1 BVerfG 18.10.1986 – 1 BVR 1426/83, BB 1988, 342; BAG 31.8.1982 – 1 ABR 27/80, AP Nr. 8 zu § 87 BetrVG 1972 Arbeitszeit; 16.12.1986 – 1 ABR 26/85, AP Nr. 8 zu § 87 BetrVG 1972 Prämie. ‖ 2 BAG 26.8.2008 – 1 ABR 16/07, NZA 2008, 1187 unter Aufhebung von LAG Schl.-Holst. 14.12.2006 – 4 TaBV 21/06, nv.; LAG Bln.-Bbg. 23.6.2008 – 10 TaBV 303/08, ZTR 2008, 639 (LS). ‖ 3 Vgl. die Aufstellung bei Schwab/Weth/*Kliemt*, Einigungsstellenverfahren Rz. 17 ff. ‖ 4 Vgl. etwa BAG 18.8.1987 – 1 ABR 30/86, DB 1987, 2257; 9.5.1995 – 1 ABR 56/94, DB 1995, 2610 ff. ‖ 5 Bsp. bei Schwab/Weth/*Kliemt*, Einigungsstellenverfahren Rz. 24 ff. ‖ 6 BAG 20.11.1990 – 1 ABR 45/89, NZA 1991, 473 ff.; LAG Köln 22.4.1994 – 13 TaBV 8/94, NZA 1995, 445. ‖ 7 BAG 20.11.1990 – 1 ABR 45/89, NZA 1991, 473 ff. ‖ 8 Eingehend *Rieble*, RdA 1993, 140 ff.; Richardi/*Richardi*, § 76 Rz. 146 ff. ‖ 9 DKKW/*Berg*, § 76 Rz. 159; *Fitting*, § 76 Rz. 170. AA *Rieble*, RdA 1993, 140 (145). ‖ 10 Vgl. *Fitting*, § 76 Rz. 171; *Rieble*, RdA 1993, 140 (145).

Einigung und enthält der TV keinen Konfliktlösungsmechanismus, erfolgt die Bestimmung entsprechend § 98 ArbGG durch das ArbG[1]. Die Nichtbenennung der Beisitzer durch die eine oder andere Seite oder deren Nichterscheinen kann den Betriebspartnern nicht ohne weiteres zugerechnet werden. Abs. 5 S. 2 findet insoweit keine entsprechende Anwendung. Enthält der TV keine Regelung und fehlt es an der ordnungsgemäßen Besetzung der Schlichtungsstelle, lebt die Zuständigkeit der betriebl. Einigungsstelle wieder auf[2].

11 Die **Zuständigkeit** der tarifl. Schlichtungsstelle erstreckt sich auf alle Fragen, für die auch die betriebl. Einigungsstelle zuständig wäre. Ist die Zuständigkeit der Schlichtungsstelle tarifvertragl. beschränkt, bleibt iÜ die betriebl. Einigungsstelle zuständig. Der Spruch der Schlichtungsstelle muss unter Einhaltung der wesentlichen **Verfahrensvorschriften** (s. Rz. 35ff.) gefasst werden[3]. Er darf nicht die Grenzen des zustehenden Ermessens überschreiten. Mangels Beteiligung der Betriebspartner am Verfahren ist er **zwingend zu begründen**, vom Vorsitzenden zu unterzeichnen und den Betriebspartnern zuzustellen. Abweichend von der gesetzl. Regelung für die Einigungsstelle kann der TV für die Schlichtungsstelle eine **zweite Instanz**[4], die zwingende Durchführung einer **Güteverhandlung** und eine Regelung der Kostentragung (zB durch die TV-Parteien) vorsehen. Letztlich unterliegt auch der Spruch der Schlichtungsstelle der **gerichtlichen Nachprüfung**[5].

12 **4. Einigungsstelle auf Unternehmens- und Konzernebene.** Für die Bildung von Einigungsstellen auf Unternehmensebene gelten die §§ 76 ff. entsprechend, sofern ein **GBR** existiert und dieser für die jeweilige Materie zuständig ist, §§ 50, 51 V. Entsprechendes gilt für Einigungsstellen auf **Konzernebene**, §§ 58, 59 I, 51 V, und für ArbN-Vertretungen nach § 3 I Nr. 2, 3, etwa **SpartenBR**[6]. Für unternehmenseinheitliche **BR** oder für mehrere zusammengefasste **Betriebe** zuständige BR iSd. § 3 I Nr. 1 gelten die §§ 76 f. unmittelbar. Es handelt sich um „normale" BR.

13 **5. Anwendbarkeit der §§ 76 f. im Übrigen.** § 76 gilt nicht für die JAV, die Gesamt- und die Konzern-JAV. Diese sind nicht Träger von Beteiligungsrechten. Bei fehlender Einigung zwischen ArbGeb und einer **Arbeitsgruppe**, der nach § 28a die Wahrnehmung betriebsverfassungsrechtl. Aufgaben übertragen worden ist, kommt § 76 gleichfalls nicht zur Anwendung. In diesem Fall fällt die Regelung der umstrittenen konkreten Angelegenheit an den BR zurück. Dies ergibt sich aus § 28a II 3. Eine § 76 entsprechende Vorschrift findet sich in § 71 BPersVG. Das SprAuG und das EBRG hingegen kennen keine der Einigungsstelle vergleichbare Einrichtung.

14 **III. Einleitung des Einigungsstellenverfahrens. 1. Bildung.** Die Einigungsstelle ist – mit Ausnahme der sog. ständigen Einigungsstelle (hierzu Rz. 5) – keine zwingend vorgeschriebene, stets bestehende Institution. Sie wird zur Beilegung von Meinungsverschiedenheiten zwischen ArbGeb und BR **bei Bedarf** gebildet, Abs. 1. Sie wird **nicht von Amts wegen** tätig, sondern nur auf **Antrag. Antragsberechtigt** sind nur die Betriebspartner, nicht auch einzelne **ArbN**. Der einzelne ArbN hat auch keinen klagbaren Anspruch auf Einberufung der Einigungsstelle gegen den BR, etwa im Fall des § 85 II[7]. Hat der BR einem seiner Ausschüsse Angelegenheiten zur selbständigen Entscheidung übertragen und hat die zu treffende Regelung nicht die Wirkung einer BV, kann der BR auf diesen Ausschuss auch das Recht zur Anrufung der Einigungsstelle übertragen. Hingegen ist eine Arbeitsgruppe nach § 28a II 3 nicht antragsberechtigt.

15 **Materielle Voraussetzung** für die Anrufung der Einigungsstelle ist, dass die **Verhandlungen** zwischen den Betriebspartnern **gescheitert** sind, § 74 I 2. Haben ernsthafte Verhandlungen stattgefunden und war der Einigungsversuch nicht erfolgreich, steht es jeder Seite frei, das Scheitern der Verhandlungen festzustellen[8]. Gleiches gilt, wenn einer der Betriebspartner trotz Aufforderung jede Verhandlung über den Streitgegenstand ablehnt[9] oder Streit über die Zuständigkeit der Einigungsstelle besteht[10]. Hat der BR, nachdem Verhandlungen stattgefunden haben, weitere Verhandlungs- oder Informationswünsche, steht dies der Bildung einer Einigungsstelle nicht entgegen[11]. Ausreichend für die Einrichtung einer Einigungsstelle ist, wenn der ArbGeb den Entwurf einer BV vorgelegt hat, der BR hierzu Stellung genommen hat und der BR die Einladung zu einem Gespräch nicht wahrgenommen hat[12]. Haben die Betriebspartner nicht einmal Verhandlungen aufgenommen, kann es für das Bestellungsverfahren nach § 98 ArbGG am Rechtsschutzinteresse fehlen[13]. Allerdings würde der § 98 ArbGG zugrunde liegende Beschleunigungszweck konterkariert, wenn an das Kriterium, vorab verhandelt zu haben, zu hohe Anforderungen gestellt werden. So bleibt es jedem Betriebspartner überlassen, im konkreten Einzelfall die Kommunikation abzubrechen und auf die Bildung einer Einigungsstelle hinzuwirken, wenn nach seiner

---

1 LAG Düss. 26.10.1976 – 5 TaBV 46/76, EzA § 76 BetrVG 1972 Nr. 14. AA Richardi/*Richardi*, § 76 Rz. 149. ||2 *Fitting*, § 76 Rz. 177; Richardi/*Richardi*, § 76 Rz. 151; Hess ua./*Worzalla*, § 76 Rz. 38. ||3 AA DKKW/*Berg*, § 76 Rz. 156. ||4 AA *Müller*, FS Barz, 1974, S. 499. ||5 BAG 22.10.1981 – 6 ABR 69/79, DB 1982, 811; 18.8.1987 – 1 ABR 30/86, AP Nr. 23 zu § 77 BetrVG 1972. ||6 *Fitting*, § 76 Rz. 6. ||7 AA *Blomeyer*, GS Dietz, 1973, S. 173. ||8 LAG Hamm 9.2.2009 – 10 TaBV 191/08, ArbuR 2009, 322, Rz. 58; LAG Hess. 12.11.1991 – 4 TaBV 148/91, NZA 1992, 853; 22.11.1994 – 4 TaBV 112/94, NZA 1995, 1118. ||9 BAG 23.9.1997 – 3 ABR 85/96, NZA 1998, 719ff.; LAG Hess. 14.2.2006 – 4 TaBV 1/06, ArbuR 2006, 413. ||10 LAG Rhl.-Pf. 10.12.2008 – 7 TaBV 36/08, nv. ||11 LAG Hessen 17.4.2007 – 4 TaBV 59/07, AuA 2007, 757. ||12 LAG Hamm 10.5.2010 – 10 TaBV 23/10, nv. ||13 LAG BW 4.10.1984 – 11 TaBV 4/84, NZA 1985, 163; 16.10.1991 – 12 TaBV 10/91, NZA 1992, 186.

nicht offensichtlich unbegründeten subjektiven Einschätzung die Meinungsverschiedenheit nicht ohne Hilfe einer Einigungsstelle einer Lösung zugeführt werden kann[1]. Ansonsten hätte es die verhandlungsunwillige Seite in der Hand, durch geschicktes Taktieren die Einsetzung einer Einigungsstelle längere Zeit zu blockieren. Jedoch ist eine Einigungsstelle solange offensichtlich unzuständig, wie die jeweilige Materie in einer BV geregelt ist und diese ungekündigt fortbesteht, vgl. auch § 98 ArbGG Rz. 6[2].

Die Einigungsstelle wird „**angerufen**", indem der jeweils andere Betriebspartner unter Nennung des Streitgegenstandes zur Errichtung der Einigungsstelle aufgefordert, (mindestens) ein **Vorschlag für die Person des Vorsitzenden** unterbreitet und die **gewünschte Zahl der Beisitzer** genannt wird. Akzeptiert der andere Betriebspartner den Vorschlag, brauchen beide Seiten nur noch ihre Beisitzer zu benennen. Wird über die Zahl der Beisitzer und/oder die Person des Vorsitzenden keine Einigkeit erzielt, erfolgt auf Antrag eine Festsetzung durch das ArbG, vgl. § 98 ArbGG. Die Antragstellung beim ArbG kann bereits erfolgen, bevor sich die Gegenseite zum Vorschlag der Zahl der Beisitzer und/oder der Person des Vorsitzenden geäußert hat, wenn nur (spätestens) im Anhörungstermin Uneinigkeit über die Besetzung der Einigungsstelle besteht[3]. Eine **Frist** ist – abgesehen von der zweiwöchigen Frist in § 38 II 4 beim fehlenden Einverständnis des ArbGeb mit der Zahl der freigestellten BR-Mitglieder – **nicht** zu beachten. 16

2. Annahme/Ablehnung. Voraussetzung für die erfolgreiche Bildung der Einigungsstelle ist die **Annahme des Amtes** durch ihre Mitglieder[4]. Eine Rechtspflicht zur Übernahme des Amtes besteht auch dann nicht, wenn der Vorsitzende vom ArbG eingesetzt worden ist. Nimmt der gerichtlich eingesetzte Vorsitzende das Amt nicht an, ist das gerichtliche Bestellungsverfahren nach § 98 ArbGG noch nicht beendet, sondern bedarf der Fortsetzung. Daher empfiehlt sich, vor der Einsetzung die Bereitschaft des in Aussicht genommenen Vorsitzenden abzuklären. 17

3. Antragstellung vor der Einigungsstelle. Ist die Einigungsstelle konstituiert, kann ein **Antrag** an den Vorsitzenden gerichtet werden. Schriftform ist empfehlenswert. Zweckmäßigerweise sollten die zur Streitentscheidung notwendigen Unterlagen beigefügt und etwaige Beweismittel benannt werden. Der BR kann vom ArbGeb ggf. nach § 80 II die erforderlichen Auskünfte und Unterlagen verlangen und der Einigungsstelle übermitteln. Bereits in diesem Verfahrensstadium kann das ArbG von der anderen Seite zur Klärung der Frage angerufen werden, ob überhaupt eine **Zuständigkeit** der Einigungsstelle besteht (vgl. Rz. 59f.)[5]. 18

Der Antrag auf Anrufung der Einigungsstelle und der vor der Einigungsstelle gestellte Antrag können jederzeit **zurückgenommen** werden. In den Fällen der erzwingbaren Mitbest. bedarf die Antragsrücknahme der Zustimmung des anderen Betriebspartners[6]. Gleiches gilt bei Streitigkeiten im Bereich der freiwilligen Mitbest., wenn sich die Betriebspartner für den Fall der Nichteinigung verbindlich zur Anrufung der Einigungsstelle verpflichtet und sich deren Spruch im Voraus unterworfen haben. 19

4. Amtszeit der Einigungsstelle. Die Amtszeit der **erzwingbaren Einigungsstelle** endet mit dem Erreichen ihres Zwecks, also idR mit der Schlussabstimmung über den Streitgegenstand. Solange der Zweck nicht erreicht ist, kann der Vorsitzende jederzeit einen neuen Termin zur Fortsetzung der Verhandlung bestimmen[7]. Die Amtszeit der Beisitzer kann schon vor dem Ende der Einigungsstelle enden, da sie jederzeit abberufen werden oder ihr Amt niederlegen können. Gleiches gilt für den Vorsitzenden, wenn er einvernehmlich durch beide Parteien oder wegen Befangenheit (Rz. 64ff.) abberufen wird. Bei der **dauernden Einigungsstelle** ergibt sich deren Amtszeit aus der dazu abgeschlossenen BV sowie einem etwaigen Bestellungsbeschluss. Im **Insolvenzfall** bleibt die Einigungsstelle unabhängig vom Fortbestand der ArbVerh betriebsangehöriger Beisitzer bestehen[8]. 20

IV. Zusammensetzung der Einigungsstelle. 1. Vorsitzender. Die Einigungsstelle besteht neben den Beisitzern gem. Abs. 2 S. 1 aus einem unparteiischen Vorsitzenden. Die **Unparteilichkeit** ist die einzige gesetzl. genannte und wichtigste Qualifikation. Neben der Neutralität sollte der Vorsitzende über ein hohes Maß an **Rechts- und Sachkunde** über den jeweiligen Gegenstand des Einigungsstellenverfahrens verfügen. Auf Grund der Schlüsselposition, die dem Vorsitzenden im Einigungsstellenverfahren zukommt, ist dessen **Persönlichkeit** von herausragender Wichtigkeit. Hierbei sind vor allem ein hohes Einfühlungs- und Kommunikationsvermögen, Charisma, Autorität, Verhandlungsgeschick, Kenntnisreichtum sowie die Fähigkeit zur Analyse der streitigen betriebl. Probleme gefragt. Häufig werden **Arbeitsrichter** zu Einigungsstellenvorsitzenden ernannt. Sie bedürfen nach § 40 II DRiG zur Übernahme 21

---

1 LAG Rhl.-Pf. 2.11.2012 – 9 TaBV 34/12, LAGE § 98 ArbGG 1979 Nr. 64, Rz. 28f.; 8.3.2012 – 11 TaBV 12/12; LAG Bln.-Bbg. 28.7.2011 – 26 TaBV 1298/11, NZA-RR 2012, 38, Rz. 30; LAG Hamm 20.6.2011 – 10 TaBV 39/11; 4.10.2010 – 13 TaBV 74/10; LAG Nds. 25.10.2005 – 1 TaBV 48/05, LAGE § 98 ArbGG 1979 Nr. 45. AA noch LAG Schl.-Holst. 17.11.1988 – 6 TaBV 30/88, LAGE § 98 ArbGG 1979 Nr. 13. ||2 LAG Köln 5.3.2009 – 13 TaBV 97/08, ArbuR 2009, 370 (LS); LAG BW 18.11.2008 – 9 TaBV 6/08, nv.; LAG Hamm 21.12.2005 – 10 TaBV 173/05, nv.; LAG Nds. 29.7.2008 – 1 TaBV 47/08, LAGE § 98 ArbGG 1979 Nr. 51. ||3 LAG Hess. 13.6.2003 – 4 TaBV 67/03, LAGE § 98 ArbGG 1979 Nr. 41. ||4 *Fitting*, § 76 Rz. 39. ||5 BAG 15.10.1979 – 1 ABR 49/77, AP Nr. 5 zu § 111 BetrVG 1972; 22.10.1981 – 6 ABR 69/79, DB 1982, 811. ||6 Ebenso *Fitting*, § 76 Rz. 60; Richardi/*Richardi*, § 76 Rz. 93ff.; *Hennige*, S. 144ff.; *Friedemann*, Rz. 309. ||7 BAG 30.1.1990 – 1 ABR 2/89, DB 1990, 1090. ||8 BAG 27.3.1979 – 6 ABR 39/76, DB 1979, 1562f.

des Einigungsstellenvorsitzes einer Nebentätigkeitsgenehmigung. Auch andere Sachkundige, etwa **Rechtsanwälte** und **Hochschullehrer**, kommen als Vorsitzende in Betracht.

22 Können sich die Betriebsparteien auf den Vorsitzenden nicht einigen, erfolgt dessen **Bestellung** nach Abs. 2 S. 2, § 98 ArbGG auf Antrag **durch das ArbG** (vgl. die Komm. zu § 98 ArbGG). Eine Person kann auch gegen den Widerspruch einer Partei bestellt werden[1]. Umgekehrt ist das ArbG nicht an einen Vorschlag eines der Beteiligten gebunden[2]. Die **Betriebspartner** können sich jederzeit, also während oder nach Abschluss des gerichtl. Bestellungsverfahrens und sogar noch während des Einigungsstellenverfahrens, **auf einen anderen Vorsitzenden einigen**. Ebenso kann der Vorsitzende sein Amt niederlegen.

23 **2. Beisitzer.** Die Einigungsstelle muss nach Abs. 2 S. 1 aus einer gleichen Anzahl von Beisitzern bestehen, die je zur Hälfte vom ArbGeb und vom BR benannt werden (**Paritätsgrundsatz**). Unzulässig ist daher eine Vereinbarung der Betriebsparteien, wonach die Einigungsstelle auf ArbGeb- und BR-Seite mit einer unterschiedlichen Anzahl von Beisitzern besetzt wird, auch wenn für den Abstimmungsfall eine gleiche Anzahl der Stimmen beider Seiten vereinbart ist[3]. Die **Anzahl** der Beisitzer ist abhängig vom Streitgegenstand. Bei wichtigen, schwierigen oder komplexen Streitfällen, die besondere Fachkenntnisse erfordern, kann eine höhere Anzahl von Beisitzern bestimmt werden. Auch die Größe des Betriebes spielt eine Rolle. **Im Regelfall** sind **zwei Beisitzer** pro Seite erforderlich, aber auch ausreichend[4]. Bei einfachen Fällen kann ein Beisitzer pro Seite ausreichend sein[5]. Bei komplexen Fällen, großer Anzahl betroffener ArbN- oder ArbN-Gruppen, schwierigen Rechtsfragen oder zumutbaren Einigungsstellenkosten kann sich die Zahl auf drei erhöhen. Können sich die Parteien nicht auf die Anzahl der Beisitzer einigen, entscheidet das ArbG, Abs. 2 S. 3. Der Betriebspartner, der ein Abweichen von der Regelbesetzung anstrebt, hat hierfür „nachprüfbare" Tatsachen anzuführen[6]. In der Antragsschrift können die Beisitzer bereits namentlich genannt werden; es genügt jedoch der Antrag auf Festsetzung einer bestimmten Zahl von Beisitzern. Trotz der Festlegung durch das ArbG bleibt es den Betriebsparteien unbenommen, sich **im Nachhinein** auf eine andere Zahl von Beisitzern zu einigen[7].

24 Die Betriebspartner können ihre jeweiligen Beisitzer **frei wählen**. Die Beisitzer der Gegenseite können nicht abgelehnt werden. Sie müssen nicht Angehörige des Betriebes sein. Häufig werden Vertreter einer Gewerkschaft oder eines ArbGebVerbandes oder **Rechtsanwälte** als Beisitzer benannt. Der BR ist nicht gehalten, aus Kostengründen betriebsangehörige Beisitzer zu benennen[8]. **Unparteilichkeit** ist von den Beisitzern – anders als vom Vorsitzenden – **nicht** zu verlangen. Da sie jeweils vom ArbGeb bzw. dem BR benannt werden, sollen sie sogar deren jeweilige Interessen vertreten. Daher können auch Mitglieder des BR oder der ArbGeb selbst Beisitzer in der Einigungsstelle sein[9]. Eine Ablehnung wegen **Befangenheit** ist nicht möglich (vgl. Rz. 63).

25 Die Betriebspartner müssen ihre Beisitzer erst mit der Eröffnung der mündlichen Verhandlung **bekannt geben**. Der **BR** muss für die Bestellung der Beisitzer einen **Beschluss** iSv. § 33 fassen, der den allg. Wirksamkeitsvoraussetzungen entsprechen muss[10]. Der BR kann allerdings durch eine nachträgliche Beschlussfassung eine von dem BR-Vorsitzenden zuvor ohne Rechtsgrundlage im Namen des BR getroffene Vereinbarung genehmigen[11]. Wird die Einigungsstelle im Verlaufe eines **Insolvenzverfahrens** gebildet, besteht keine Verpflichtung, Vertreter der Gläubiger zu Mitgliedern zu bestellen[12].

26 Jede Seite kann die von ihr benannten Beisitzer jederzeit **abberufen** und durch andere ersetzen (zB bei Verhinderung, Vertrauensentfall), ohne dass es hierzu des Einverständnisses der Gegenseite bedarf. Ebenso kann jeder Beisitzer sein Amt jederzeit **niederlegen**.

27 **3. Ersatzmitglieder.** Die Betriebsparteien, aber auch das ArbG können für den Vorsitzenden einen oder mehrere **Ersatzvorsitzende** bestellen, die bei dessen Wegfall den Vorsitz übernehmen. Möglich ist auch die Bestellung von **Ersatzbeisitzern** (sog. stellvertretende Beisitzer), um Unterbrechungen in Krankheitsfällen zu vermeiden. Ersatzbeisitzer und -vorsitzender dürfen in der Einigungsstelle **nicht anwesend** sein, sofern zwischen den Parteien keine abweichende Regelung getroffen ist[13] oder sie der jeweiligen Betriebspartei angehören.

---

1 Unzutr. daher LAG Berlin 12.9.2001 – 4 TaBV 1436/01, NZA-RR 2002, 25. Wie hier die ganz hM, zB LAG Hamm 24.9.2007 – 10 TaBV 83/07, mwN. ||2 LAG Rh.-Pf. 15.5.2009 – 9 TaBV 10/09, nv.; LAG BW 26.6.2002 – 9 TaBV 3/02, NZA-RR 2002, 523. ||3 LAG Bln.-Bbg. 18.3.2009 – 5 TaBV 2416/08, nv. ||4 So auch LAG München 15.7.1975 – 5 TaBV 27/75, DB 1975, 2452; LAG Bremen 2.7.1982 – 1 TaBV 7/82, AuR 1983, 28; LAG Düss. 28.11.1980 – 16 TaBV 13/80, DB 1981, 379; LAG Schl.-Holst. 4.2.1997 – 1 TaBV 3/97, LAGE § 76 BetrVG 1972 Nr. 44; LAG Hamm 9.2.2009 – 10 TaBV 191/08, ArbuR 2009, 322, Rz. 66; 8.4.1987 – 12 TaBV 17/87, DB 1987, 1441; LAG München 15.7.1991 – 4 TaBV 27/91, NZA 1992, 185; LAG Nds. 7.8.2007 – 1 TaBV 63/07. AA (nur ein Beisitzer): LAG Schl.-Holst. 15.11.1990 – 4 TaBV 35/90, DB 1991, 287. Ablehnung eines Regelfalls: DKKW/*Berg*, § 76 Rz. 27; *Ehrich/Fröhlich*, Teil D, Rz. 34. Vier Beisitzer bei komplexem Sachverhalt: LAG Hamburg 13.1.1999 – 4 TaBV 9/98, AiB 1999, 221. ||5 LAG Hess. 3.11.2009 – 4 TaBV 185/09, NZA-RR 2010, 359 für Beschwerde nach § 85 II. ||6 LAG Nds. 15.8.2006 – 1 TaBV 43/06, NZA-RR 2006, 644; 13.12.2005 – 1 TaBV 77/05, NZA-RR 2006, 306; LAG Rh.-Pf. 23.6.1983 – 4 TaBV 12/83, DB 1984, 56. ||7 DKKW/*Berg*, § 76 Rz. 86; *Fitting*, § 76 Rz. 21. ||8 Vgl. BAG 24.4.1996 – 7 ABR 40/95, AP Nr. 5 zu § 76 BetrVG 1972 Einigungsstelle. ||9 BAG 6.5.1986 – 1 AZR 553/84, AP Nr. 8 zu § 128 HGB. ||10 Vgl. BAG 19.8.1992 – 7 ABR 58/91, NZA 1993, 710ff. ||11 BAG 10.10.2007 – 7 ABR 51/06. ||12 BAG 6.5.1986 – 1 AZR 553/84, AP Nr. 8 zu § 128 HGB. ||13 *Friedemann*, Rz. 128; *Fitting*, § 76 Rz. 22; GK-BetrVG/*Kreutz/Jacobs*, § 76 Rz. 50; *Wenning-Morgenthaler*, Rz. 119.

4. Rechtsstellung der Einigungsstellenmitglieder. Es besteht keine Rechtspflicht, das **höchstpersön- 28 liche Amt** als Vorsitzender oder Beisitzer zu übernehmen. Es kann jederzeit niedergelegt werden. Sofern es übernommen wird, besteht eine Verpflichtung, an den Sitzungen der Einigungsstelle teilzunehmen und an einer Entscheidung mitzuwirken.

Mit der Annahme des Amtes kommt ein besonderes **betriebsverfassungsrechtl. Schuldverhältnis** mit 29 dem ArbGeb zustande[1]. Dieses Rechtsverhältnis hat, soweit ein Honoraranspruch besteht (vgl. § 76a Rz. 4, 18, 21), den Charakter eines entgeltlichen Geschäftsbesorgungsvertrags (§§ 611ff., 675ff. BGB)[2]. Bei den betriebsangehörigen Einigungsstellenmitgliedern, die keinen Anspruch auf Vergütung besitzen, hat das Schuldverhältnis den Rechtscharakter eines Auftragsverhältnisses (§ 662 BGB). Kein Vertragsverhältnis besteht hingegen zwischen dem BR und den von ihm bestimmten Mitgliedern der Einigungsstelle[3]. Zu den Einzelheiten des **Vergütungsanspruchs** vgl. § 76a.

Die Mitglieder der Einigungsstelle sind **nicht an Weisungen** oder Aufträge **gebunden**[4]. Dies gilt trotz 30 ihrer Bestellung durch eine Partei auch für die Beisitzer. Sie sind nicht verlängerter Arm der jeweiligen Betriebspartei, sondern frei in ihrer Entscheidung. Sie sollen mit einer gewissen **inneren Unabhängigkeit** bei der Schlichtung des Regelungsstreits mitwirken[5].

Der Einigungsstellenmitglieder sind ebenso wie BR-Mitglieder gem. § 79 II, I zur **Geheimhaltung** aller 31 Betriebs- oder Geschäftsgeheimnisse verpflichtet, die ihnen auf Grund ihrer Zugehörigkeit zur Einigungsstelle bekannt werden, und die der ArbGeb ausdrücklich als geheimhaltungsbedürftig bezeichnet hat. Die Verletzung dieser Pflicht ist nach § 120 I Nr. 1, II und III strafbar.

Die Mitglieder der Einigungsstelle dürfen nach § 78 in der Ausübung ihrer Tätigkeit **nicht behindert** 32 werden. Ebenso ist deren Benachteiligung oder Begünstigung wegen ihrer Tätigkeit untersagt. Dies gilt auch für ihre berufliche Entwicklung. Verstöße sind durch § 119 I Nr. 2 und 3 strafbewehrt. Der besondere Kündigungsschutz nach § 15 KSchG, § 103 findet keine direkte Anwendung. Dennoch ist eine Kündigung betriebsangehöriger Mitglieder wegen ihrer Tätigkeit in der Einigungsstelle wegen Gesetzesverstoßes nichtig, § 134 BGB[6].

5. Schadensersatzansprüche. Bei Pflichtverletzungen können Schadensersatzansprüche insb. des 33 ArbGeb gegen die Einigungsstellenmitglieder entstehen. Für Schadensersatzansprüche des BR, einzelner betroffener ArbN oder Dritter wird es meist an einer Anspruchsgrundlage fehlen. Als **Pflichtverletzungen** des Vorsitzenden kommen nur Handlungen in Betracht, die ihm **selbst zurechenbar** sind (zB Verletzung der Verschwiegenheitspflicht nach § 79, unberechtigte Amtsniederlegung zur Unzeit oder Verweigerung der Schlussabstimmung). Hieraus muss ein Schaden resultieren. Aus allg. Grundsätzen zur Amtshaftung ergibt sich, dass **Handlungen des Kollegialorgans** Einigungsstelle (insb. ein fehlerhafter Spruch) dem Vorsitzenden nicht als **Pflichtverletzung** zugerechnet werden können[7]. Danach liegt kein Verschulden vor, wenn das mehrheitlich gefundene Ergebnis nach sorgfältiger Prüfung aller Umstände zustande gekommen ist.

Auf Grund des Charakters der Einigungsstelle als betriebl. Schlichtungsorgan ist die Haftung analog 34 § 839 II BGB **auf Vorsatz und grobe Fahrlässigkeit** beschränkt[8]. Ein überwiegendes **Mitverschulden** des ArbGeb iSd. § 254 II 1 BGB liegt vor, wenn dieser versäumt, einen fehlerhaften Einigungsstellenspruch zur Abwendung von Schäden gerichtlich anzufechten.

V. Allgemeine Verfahrensgrundsätze. 1. Allgemeines; Schaffung einer besonderen Verfahrensord- 35 **nung.** Das Verfahren vor der Einigungsstelle ist gesetzl. weitgehend ungeregelt. ZPO und ArbGG finden auf das Einigungsstellenverfahren keine direkte Anwendung. Abs. 3 schreibt lediglich einige, allerdings zwingende **Verfahrensregeln** vor: die mündliche Beratung (hierzu Rz. 43), die Abstimmung durch den Spruchkörper, den Abstimmungsmodus (hierzu Rz. 72ff.), die schriftl. Niederlegung (Rz. 90) sowie die Zuleitung der Beschlüsse der Einigungsstelle an ArbGeb und BR (Rz. 90).

Die Betriebsparteien können nach Abs. 4 weitere Einzelheiten des Verfahrens vor der Einigungsstelle 36 durch eine – freiwillige – **BV** regeln, zB Protokollführung, Einlassungs- und Ladungsfristen. Das durch Abs. 3 vorgeschriebene Abstimmungsverfahren indes ist zwingend und der Disposition der Betriebsparteien entzogen[9]. Dies folgt aus der Formulierung des Abs. 4 („weitere Einzelheiten"). Auch durch **TV** können weitere Einzelheiten des Einigungsstellenverfahrens geregelt werden[10]. Solche tarifl. Regelungen gehen denen einer etwa bestehenden BV vor.

Soweit keine Regelungen in TV oder BV existieren oder diese Gestaltungsspielräume offen lassen, 37 steht der Einigungsstelle im Interesse einer effektiven und zeitnahen Schlichtung ein **weiter Spielraum**

---

1 BAG 27.7.1994 – 7 ABR 10/93, DB 1995, 499; 15.12.1978 – 6 ABR 64/77, DB 1979, 1467. ||2 BAG 15.12.1978 – 6 ABR 64/77, DB 1979, 1467. ||3 BAG 15.12.1978 – 6 ABR 93/77, AP Nr. 6 zu § 76 BetrVG 1972. ||4 BAG 18.1. 1994 – 1 ABR 43/93, DB 1994, 838; 27.6.1995 – 1 ABR 3/95, NZA 1996, 161. ||5 BAG 29.1.2002 – 1 ABR 18/01, DB 2002, 1948; 27.6.1995 – 1 ABR 3/95, NZA 1996, 161. ||6 ErfK/*Kania*, § 76 BetrVG Rz. 13; *Fitting*, § 76 Rz. 54. ||7 Vgl. *Friedemann*, Rz. 356. ||8 *Fitting*, § 76 Rz. 52; *Wenning-Morgenthaler*, Rz. 140. AA *Friedemann*, Rz. 355; *Schipp*, NZA 2011, 271; *Sprenger*, BB 2010, 2110. ||9 *Pünnel*, AuR 1973, 257 (260). ||10 *Fitting*, § 76 Rz. 94; GK-BetrVG/*Kreutz/Jacobs*, § 76 Rz. 121.

zu, innerhalb dessen sie das Verfahren nach **pflichtgemäßem Ermessen selbst gestalten** kann[1]. Allerdings ist die Einigungsstelle hierbei an die nachfolgenden **allg. anerkannten Verfahrensgrundsätze** gebunden. Diese Grundsätze folgen zT aus dem Rechtsstaatsprinzip (Art. 20 I und III, 28 I GG), zT aus der Funktion der Einigungsstelle als Organ, das normative Regelungen erzeugt[2]. Deren **Nichteinhaltung** macht den Spruch der Einigungsstelle **unwirksam** und kann zu einer späteren gerichtl. Aufhebung des Spruchs führen (s. Rz. 114).

38 2. **Nichtöffentlichkeit.** Die Sitzungen der Einigungsstelle sind – im Gegensatz zu Gerichtsverfahren, vgl. § 169 GVG – **nicht öffentl.**, aber **parteiöffentl.**[3] Dies bedeutet, dass an den Verhandlungen nicht jeder beliebige Dritte, wohl aber die Betriebsparteien teilnehmen können, also sowohl Angehörige des BR als auch Vertreter der ArbGebSeite, soweit sie nicht Beisitzer der Einigungsstelle sind. Keinen Zutritt haben demggü. Pressevertreter oder betroffene ArbN[4], soweit sie nicht Beisitzer oder Vertreter der Betriebsparteien sind. Allerdings kann die Einigungsstelle neben den Beisitzern, dem Vorsitzenden und den Verfahrensbevollmächtigten die Anwesenheit Dritter zuzulassen.

39 **Zeugen** und **Sachverst.** nehmen nur für den Zeitraum ihrer Vernehmung bzw. der Erläuterung ihres Gutachtens an der Sitzung der Einigungsstelle teil[5]. Sie äußern sich nur zum Beweisthema und verlassen danach den Sitzungsraum. Gleiches gilt für sonstige Auskunftspersonen. Durch die Anwesenheit eines **Protokollführers** (vgl. noch Rz. 57) wird der Grundsatz der Nichtöffentlichkeit nicht verletzt[6].

40 Die auf die Verhandlung vor der Einigungsstelle folgende Phase der abschließenden **Beratung** und **Beschlussfassung** der Einigungsstelle ist **weder öffentl. noch parteiöffentl.** An ihr dürfen nur die Mitglieder der Einigungsstelle teilnehmen (vgl. noch Rz. 72). Ansonsten ist der Spruch unwirksam[7].

41 3. **Grundsatz des rechtlichen Gehörs.** Die Einigungsstelle hat den beteiligten Betriebsparteien (nicht nur den Mitgliedern der Einigungsstelle[8]) rechtl. Gehör zu gewähren[9]. Dieser sich für das gerichtl. Verfahren aus Art. 103 I GG ergebende Grundsatz des rechtl. Gehörs gilt für das Einigungsstellenverfahren **analog**. Ein **Verstoß** gegen den Anspruch auf rechtl. Gehör führt zur **Unwirksamkeit** des Spruchs der Einigungsstelle[10].

42 Der Grundsatz des rechtl. Gehörs verpflichtet die Einigungsstelle, jeder der beteiligten Seiten Gelegenheit zu geben, zum Tatsächlichen vorzutragen, Beweismittel anzubieten[11], die eigene Rechtsauffassung darzustellen und einen eigenen Vorschlag zur Lösung des Konfliktes zu unterbreiten. Hierzu muss nicht nur schriftl., sondern auch im Rahmen einer zwingenden mündlichen Verhandlung Gelegenheit bestehen (vgl. Rz. 43). **Nicht erforderlich** ist, den Betriebsparteien zu jedem **einzelnen Verfahrensschritt** rechtl. Gehör zu gewähren[12]. Bspw. braucht ein nach Erläuterung und Erörterung des Streitfalles vom Vorsitzenden unterbreiteter Einigungsvorschlag den Betriebsparteien nicht zur erneuten Stellungnahme zugeleitet werden. Auch kann die Einigungsstelle beschließen, wann den Parteivertretern Rederecht zugebilligt wird; der Anspruch auf rechtl. Gehör beinhaltet nicht die Befugnis der einzelnen Partei, sich immer dann mitzuteilen, wann es ihr beliebt[13].

43 4. **Grundsatz der Mündlichkeit.** Zwingend ist eine **mündliche Verhandlung der Betriebsparteien** vor der Einigungsstelle[14]. Zwar ist nach dem Wortlaut des Abs. 3 S. 2 nur die „mündliche Beratung" vorgeschrieben; allerdings hat der Gesetzgeber eine mündliche Verhandlung als selbstverständlich unterstellt, ohne noch eine besondere Erwähnung für notwendig zu erachten. Ein schriftl. Verfahren bildet im deutschen Rechtssystem die absolute Ausnahme und würde dem Sinn des Einigungsstellenverfahrens nicht gerecht, nach gemeinsamer offener Aussprache der Beteiligten unter Leitung und Vermittlung des unparteiischen Vorsitzenden eine der beiderseitigen Interessenlage Rechnung tragende, einvernehmliche Lösung zu vermitteln.

44 Die Einigungsstelle hat ihre Beschlüsse „nach mündlicher Beratung" zu fassen, Abs. 3 S. 2. Ihre Mitglieder müssen demnach gleichzeitig zur Beratung und Beschlussfassung an einem Ort anwesend sein. **Die Mündlichkeit ist Wirksamkeitserfordernis.** Eine Alleinentscheidung durch den Vorsitzenden, eine Entscheidung im Umlaufverfahren oder durch schriftl. Votum sowie eine Beratung mittels einer Telefon- oder Videokonferenz sind daher unzulässig.

---

1 BAG 4.7.1989 – 1 ABR 40/88, NZA 1990, 29; 18.1.1994 – 1 ABR 43/93, DB 1994, 838; *Faulenbach*, NZA 2012, 953. ‖2 BAG 18.1.1994 – 1 ABR 43/93, DB 1994, 838. Zu Einzelheiten Schwab/Weth/*Kliemt*, Einigungsstellenverfahren Rz. 105ff., 109. ‖3 BAG 18.1.1994 – 1 ABR 43/93, DB 1994, 838; *Wenning-Morgenthaler*, Rz. 165; *Fitting*, § 76 Rz. 73; Richardi/*Richardi*, § 76 Rz. 88. Krit. *Friedemann*, Rz. 208ff. ‖4 AA DKKW/*Berg*, § 76 Rz. 95; *Hennige*, S. 193. ‖5 *Friedemann*, Rz. 205; *Ehrich/Fröhlich*, Teil E, Rz. 18. ‖6 *Fitting*, § 76 Rz. 74; GK-BetrVG/*Kreutz/Jacobs*, § 76 Rz. 107; *Heinze*, RdA 1990, 273. AA *Friedemann*, Rz. 182, 255; MünchArbR/*Joost*, § 232 Rz. 46. ‖7 BAG 18.1.1994 – 1 ABR 43/93, DB 1994, 838. ‖8 Früher aA BAG 11.2.1992 – 1 ABR 51/91, DB 1992, 1730. ‖9 BAG 18.1.1994 – 1 ABR 43/93, DB 1994, 838f. ‖10 BAG 11.2.1992 – 1 ABR 51/91, DB 1992, 1730; 4.7.1989 – 1 ABR 40/88, NZA 1990, 29. ‖11 Vgl. BAG 11.2.1992 – 1 ABR 51/91, DB 1992, 1730. ‖12 *Fitting*, § 76 Rz. 70; *Ehrich/Fröhlich*, Teil E, Rz. 33. ‖13 ArbG Hamburg 30.3.2007 – 27 BV 8/07. ‖14 DKKW/*Berg*, § 76 Rz. 92; *Schönfeld*, NZA-Beil. 4/1988, 9. AA *Friedemann*, Rz. 215; *Wenning-Morgenthaler*, Rz. 162 (anders noch die 4. Aufl.); *Hennige*, S. 159f.; *Heinze*, RdA 1990, 262 (267); ErfK/*Kania*, § 76 BetrVG Rz. 18; *Hanau/Reitze*, FS Kraft, 1998, S. 167 (176f.); GK-BetrVG/*Kreutz/Jacobs*, § 76 Rz. 102; Richardi/*Richardi*, § 76 Rz. 86; *Fitting*, § 76 Rz. 71.

5. Beschleunigungsgrundsatz. Nach Abs. 3 S. 1 „hat" die Einigungsstelle **unverzüglich** (§ 121 BGB) tätig zu werden. Dem ist ein allg. Verfahrensgrundsatz der Beschleunigung des Einigungsstellenverfahrens zu entnehmen. Abs. 3 S. 1 zielt nicht nur auf eine rasche Verfahrensaufnahme; er beinhaltet auch die Pflicht zum unverzüglichen Handeln sowie zur zügigen und konzentrierten Abwicklung des Einigungsstellenverfahrens. Eine andere Interpretation stünde im Gegensatz zum erklärten Willen des Gesetzgebers, das Verfahren insg. zu beschleunigen, der auch in § 98 ArbGG zu Tage tritt. Hiernach entscheidet der Vorsitzende bei Meinungsverschiedenheiten über die Person des Einigungsstellenvorsitzenden und die Zahl der Beisitzer allein. Darüber hinaus sind die **Einlassungs- und Ladungsfristen auf 48 Stunden abgekürzt**. Schließlich muss der Beschluss des Gerichts spätestens innerhalb von vier Wochen nach Eingang des Antrags den Beteiligten zugestellt werden.

Die Pflicht zur Verfahrensbeschleunigung trifft sämtliche Mitglieder der Einigungsstelle. Sie müssen sich so schnell wie möglich mit den tatsächlichen und rechtl. Fragen der Meinungsverschiedenheit vertraut machen. Der Vorsitzende hat auf eine möglichst baldige Sitzungsterminierung hinzuwirken; soweit erforderlich, hat er vorsorglich mehrere Termine vorzusehen und für eine die zügige Arbeit der Einigungsstelle ermöglichende Vorbereitung der Sitzung zu sorgen. Er hat darauf hinzuwirken, dass ihm alle für die Entscheidung und deren Vorbereitung sachdienlichen Unterlagen überlassen werden[1].

6. Dispositionsmaxime. Die Einigungsstelle ist **nicht an die Anträge gebunden**[2]. Sie kann den Antrag einer Seite zum Inhalt ihres Spruchs machen, jedoch auch eine von den Anträgen beider Seiten abweichende Lösung des Konflikts beschließen. Die Einigungsstelle ist zu diesem Vorgehen sogar verpflichtet, um den **Verfahrensgegenstand auszuschöpfen**. Zwar entscheidet sie nicht von Amts wegen, sondern nur auf begründeten Antrag der Parteien. Auch darf sie die Angelegenheit nur insoweit regeln, als sie unter den Betriebspartnern streitig ist und die Regelungsstreitigkeit in den „Anträgen" Ausdruck findet. Der Antrag dient aber vor allem dazu, das Einigungsstellenverfahren einzuleiten, seinen Gegenstand zu bestimmen und zu umreißen. Soweit das MitbestR reicht, hat die Einigungsstelle den Konflikt vollständig zu lösen. Sie darf aber nicht über den ihr unterbreiteten Regelungsgegenstand hinausgehen und andere Fragen in ihre Entscheidung mit einbeziehen[3].

7. Offizialmaxime/Amtsermittlungsprinzip. Im Einigungsstellenverfahren gilt ebenso wie im arbeitsgerichtl. Beschlussverfahren die sog. **Offizialmaxime**. Die Einigungsstelle hat im Rahmen des ihr unterbreiteten Streitgegenstandes den für die Entscheidung erheblichen Sachverhalt **von Amts wegen aufzuklären**[4]. Sie ist befugt, nach pflichtgemäßem Ermessen selbst Ermittlungen vorzunehmen, zB durch Vernehmung von Zeugen, Hinzuziehung von Sachverst. oder Inaugenscheinnahme. Letztlich folgt dies aus der Ähnlichkeit und Nähe des Einigungsstellenverfahrens zum arbeitsgerichtl. Beschlussverfahren.

VI. Konstituierung der Einigungsstelle. 1. Allgemeines. Die Einigungsstelle ist **gebildet**, wenn der Vorsitzende und die von den Parteien jeweils benannten Beisitzer ihr Amt angenommen haben. Nach einer ordnungsgemäßen Ladung (Rz. 52) konstituiert sich die Einigungsstelle, indem sie erstmals zusammentritt. Der Vorsitzende eröffnet die erste mündliche Verhandlung und stellt zunächst die **Beschlussfähigkeit** und die **Anwesenden** fest. Dies sind neben dem Vorsitzenden vor allem die Beisitzer. Sie sollten mit Namen und Privat- oder Dienstanschrift im Protokoll (vgl. Rz. 57) vermerkt werden. Für die Verhandlungen, nicht hingegen für die Beschlussfassung sind darüber hinaus **anwesenheitsberechtigt** die **Verfahrensbevollmächtigten** (Rz. 58) sowie die **Parteien** des Einigungsstellenverfahrens selbst (Rz. 38). **Weitere Personen** dürfen nur im allg. Einvernehmen an den Sitzungen teilnehmen (vgl. Rz. 38).

Die **Vorbereitung** und die **Leitung der Verhandlung** obliegt ausschließlich dem Vorsitzenden. Er bestimmt **Zeitpunkt** und **Ort** der Einigungsstellenverhandlung, trifft die erforderlichen **Vorbereitungen**, eröffnet und unterbricht die Verhandlung, führt oder diktiert das Protokoll (Rz. 57), erteilt das Wort und fasst Ergebnisse zusammen.

Grundlegende Entscheidungen, die über die bloße Verhandlungsführung hinausgehen, entscheidet die Einigungsstelle als Kollegialorgan in einfacher Abstimmung mit einfacher Mehrheit[5]. Hierzu gehört etwa die Frage, inwieweit den Parteien rechtl. Gehör gewährt wird oder in welchem Umfang eine Protokollierung der Verhandlung erfolgt. Das in Abs. 3 geregelte zweistufige Verfahren der Beschlussfassung (Rz. 75) ist für verfahrensleitende Beschlüsse nicht anwendbar. Es gilt nur für die abschließende Entscheidung.

2. Ordnungsgemäße Ladung und Unterrichtung der Beisitzer. Die Mitglieder der Einigungsstelle sind vom Vorsitzenden so **rechtzeitig** und ordnungsgemäß über **Ort und Zeit der Sitzungen** zu unterrichten und mit den **notwendigen Unterlagen** zu versehen, dass sie sich noch auf den Termin vorbereiten kön-

---

1 *Fitting*, § 76 Rz. 63. ||2 BAG 30.1.1990 – 1 ABR 2/89, NZA 1990, 571; 28.7.1981 – 1 ABR 79/79, AP Nr. 2 zu § 87 BetrVG 1972 Urlaub. AA *Heinze*, RdA 1990, 262 (264). ||3 *Fitting*, § 76 Rz. 60; GK-BetrVG/*Kreutz/Jacobs*, § 76 Rz. 115, 96; Richardi/*Richardi*, § 76 Rz. 104. ||4 *Fitting*, § 76 Rz. 65; *Friedemann*, Rz. 235; *Wenning-Morgenthaler*, Rz. 152; ErfK/*Kania*, § 76 BetrVG Rz. 17. AA (Parteimaxime): Richardi/*Richardi*, § 76 Rz. 92; MünchArbR/*Joost*, § 232 Rz. 41; *Heinze*, RdA 1990, 262 (265); *Hennige*, S. 191. ||5 LAG Düss. 23.10.1986 – 17 Ta BV 98/86, DB 1987, 1255; *Fitting*, § 76 Rz. 56.

nen (vgl. Abs. 5 S. 2: „trotz rechtzeitiger Einladung"). Die Nichteinhaltung dieses selbständigen Verfahrensgrundsatzes führt zur Unwirksamkeit des Spruchs der Einigungsstelle[1]. Das Angebot geeigneter Räume im Betrieb hat der Vorsitzende zur Vermeidung unnötiger Kosten idR zu akzeptieren. Es sollte eine **Ladungsfrist** von mindestens einer Woche gewahrt werden. Allen Beisitzern sind die gleichen Unterlagen zur Verfügung zu stellen.

53 Eine **förmliche Ladung** analog §§ 166ff., 214f., 497 ZPO ist **nicht erforderlich**. Ausreichend ist eine **mündliche, telefonische** oder **schriftl.** Unterrichtung aller Beisitzer über Ort und Zeit der Verhandlung. Ist ein nachfolgender Termin in der letzten Verhandlung zwischen allen Mitgliedern der Einigungsstelle abgesprochen worden, erübrigt sich eine erneute Unterrichtung[2].

54 Der Vorsitzende kann sich **zur Übermittlung der Einladung** auch **anderer Personen**, zB einzelner Beisitzer, bedienen. Dennoch bleibt der Vorsitzende verantwortlich: Erreicht die Einladung ihren bestimmungsgemäßen Adressaten nicht, so ist der betreffende Beisitzer nicht ordnungsgemäß zur Sitzung eingeladen[3]. Allerdings können Beisitzer Dritten, etwa anderen Beisitzern oder der Schreibkraft im Büro des BR, **Ladungsvollmacht** erteilen[4]. Die Einladung gilt dann als bewirkt, auch wenn sie den Adressaten nicht persönlich erreicht, § 164 III BGB analog.

55 Die Ladung der Einigungsstellenmitglieder hat **unverzüglich** zu erfolgen (vgl. Rz. 45). Zur Verfahrensbeschleunigung kann der Vorsitzende das Einigungsstellenverfahren durch sofortige Terminierung und Ladung der Parteien einleiten, auch wenn die Beschwerdefrist gegen den Bestellungsbeschluss des ArbG nach § 98 II 2 ArbGG noch nicht abgelaufen ist[5].

56 Mängel der Einladung können dadurch **geheilt** werden, dass das betreffende Einigungsstellenmitglied rügelos an der Sitzung und Beschlussfassung teilnimmt. Erscheint ein Beisitzer hingegen nur kurz, um die Gründe seiner Abwesenheit (etwa die zu kurzfristige Kenntnis vom Termin und die daraus resultierende fehlende Vorbereitungszeit) zu erläutern, kann hierin noch keine Heilung gesehen werden[6]. Haben nicht alle Beisitzer an der Sitzung der Einigungsstelle teilgenommen, weil sie nicht oder nicht ordnungsgemäß geladen wurden, und ergeht dennoch ein Einigungsstellenspruch, ist dieser unwirksam[7].

57 **3. Protokollführung.** Eine Protokollierung der Verhandlungen der Einigungsstelle ist zur Dokumentation der Ordnungsgemäßheit des Verfahrens **zweckmäßig**, jedoch nicht zwingend. §§ 159ff. ZPO über die Protokollierung der mündlichen Verhandlung finden keine Anwendung. Abs. 3 S. 4 zwingt lediglich dazu, die Beschlüsse der Einigungsstelle schriftl. niederzulegen, vom Vorsitzenden zu unterschreiben und dem ArbGeb und dem BR zuzuleiten. Das Protokoll wird im Normalfall durch den Vorsitzenden selbst geführt. Es kann aber auch ein Beisitzer oder eine neutrale Person zum **Protokollführer** ernannt werden. Das Protokoll ist sodann vom Vorsitzenden zu **unterzeichnen**. Die Beisitzer können eine Abschrift des Protokolls beanspruchen.

58 **4. Vertretung von Parteien durch Verfahrensbevollmächtigte.** ArbGeb und BR können sich im Verfahren vor der Einigungsstelle durch Verfahrensbevollmächtigte, etwa durch Rechtsanwälte oder Verbandsvertreter, vertreten lassen[8]. Die Einigungsstelle steht **nicht das Recht** zu, den **Bevollmächtigten zurückzuweisen**. Die **Aufgabe** der Verfahrensbevollmächtigten im Einigungsstellenverfahren besteht darin, die jeweilige Partei in der mündlichen Verhandlung zu vertreten und schriftl. Erklärungen abzugeben. Bei der **Beratung** und **Beschlussfassung** dürfen sie hingegen **nicht anwesend** sein. Zur Erstattung der **Kosten** des Verfahrensbevollmächtigten des BR durch den ArbGeb vgl. § 76a Rz. 31f.

59 **5. Prüfung der eigenen Zuständigkeit.** Die Einigungsstelle muss zunächst prüfen, ob sie zuständig ist (sog. „**Vorfragenkompetenz**")[9]. Dies gilt auch, wenn sie durch das ArbG **bestellt** wurde[10], da das ArbG die Einigungsstelle nach § 98 ArbGG nur dann einsetzt, wenn sie „offensichtlich unzuständig" ist. Bei erzwingbaren Einigungsstellenverfahren läuft die Entscheidung über die Zuständigkeit häufig auf die Frage hinaus, ob hinsichtlich des zu entscheidenden Regelungsgegenstandes ein **MitbestR** besteht und ob dieses durch den Abschluss einer ungekündigten BV noch nicht verbraucht ist[11].

60 Gelangt die Einigungsstelle zu dem Ergebnis, dass sie unzuständig ist, hat sie das Verfahren **einzustellen**[12] (näher Rz. 83). Der Antrag des Betriebspartners, der die Einigungsstelle angerufen hat, wird in diesem Fall zurückgewiesen. Der einstellende Beschluss ist anfechtbar. Kommt das ArbG zu dem Ergebnis, dass die Einigungsstelle zuständig ist, stellt es die Unwirksamkeit des Einigungsstellenspruchs

---

1 BAG 27.6.1995 – 1 ABR 3/95, NZA 1996, 161. ||2 BAG 27.6.1995 – 1 ABR 3/95, NZA 1996, 161. ||3 BAG 27.6. 1995 – 1 ABR 3/95, NZA 1996, 161. ||4 BAG 27.6.1995 – 1 ABR 3/95, NZA 1996, 161. ||5 DKKW/*Berg*, § 76 Rz. 99. ||6 BAG 27.6.1995 – 1 ABR 3/95, NZA 1996, 161. ||7 BAG 27.6.1995 – 1 ABR 3/95, NZA 1996, 161. ||8 BAG 21.6.1989 – 7 ABR 78/87, DB 1989, 2436; 5.11.1981 – 6 ABR 24/78, AP Nr. 9 zu § 76 BetrVG 1972. AA *Friedemann*, Rz. 154ff.; *Bengelsdorf*, NZA 1989, 489 (497); *Sowka*, NZA 1990, 91ff. ||9 BAG 28.5.2002 – 1 ABR 37/01, NZA 2003, 171; 22.1.2002 – 3 ABR 28/01, DB 2002, 1838; 3.4.1979 – 6 ABR 29/77, DB 1979, 2186f.; 22.10.1981 – 6 ABR 69/79, DB 1982, 811f. ||10 Vgl. etwa BAG 15.5.2001 – 1 ABR 39/00, NZA 2001, 1154. AA *Hennige*, S. 219. ||11 *Offensichtliche Unzuständigkeit bei Bestehen einer ungekündigten BV*: LAG Hamm 10.9.2007 – 10 TaBV 85/07; 21.12.2005 – 10 TaBV 173/05; 17.10.2005 – 10 TaBV 143/05; LAG Hess. 14.6.2005 – 4 TaBV 54/05. AA LAG Köln 23.1.2007 – 9 TaBV 66/06; LAG Köln 6.9.2005 – 4 TaBV 41/05, LAGE § 98 ArbGG 1979 Nr. 44a. ||12 DKKW/*Berg*, § 76 Rz. 113; *Fitting*, § 76 Rz. 113; *Pünnel*, AuR 1973, 257 (262).

fest. Das Verfahren ist dann vor der Einigungsstelle fortzuführen, ohne dass es einer Neuerrichtung oder einer erneuten Anrufung bedarf[1].

Bejaht die Einigungsstelle ihre Zuständigkeit, ist das Verfahren fortzusetzen und zum Abschluss zu bringen. Wird die Zuständigkeit dennoch von einer Partei weiter bestritten, kann sie die Zuständigkeit im **arbeitsgerichtl. Beschlussverfahren** überprüfen lassen[2]. Hierdurch wird das Einigungsstellenverfahren nicht unterbrochen. Im Interesse einer effektiven Ausübung der Beteiligungsrechte des BR darf die Einigungsstelle das weitere Verfahren auch **nicht aussetzen**, sondern hat zügig eine Sachregelung herbeizuführen[3]. 61

Es steht im **Ermessen** der Einigungsstelle, ob sie über ihre Zuständigkeit vorab durch **Zwischenbeschluss** entscheidet[4]. Selbst bei einem entsprechenden Antrag ist die Einigungsstelle zu einem förmlichen Zwischenbeschluss nicht verpflichtet[5]. Zur Anfechtbarkeit des Zwischenbeschlusses der Einigungsstelle Rz. 105. 62

6. Besorgnis der Befangenheit von Einigungsstellenmitgliedern. Die Ablehnung eines Beisitzers wegen Besorgnis der Befangenheit ist **ausgeschlossen**[6] – auch wenn vom Ergebnis des Einigungsstellenverfahrens persönliche Interessen des Beisitzers berührt werden. Die Beisitzer sind anders als der Vorsitzende kraft Gesetzes nicht zur Unparteilichkeit verpflichtet. Ihre Befangenheit ist vom Gesetzgeber „eingeplant". 63

Den **Vorsitzenden** können die Parteien einvernehmlich jederzeit wegen Befangenheit abberufen und sich auf einen neuen Vorsitzenden einigen oder ihn durch das ArbG bestellen lassen[7]. Hält **nur eine Seite** den Vorsitzenden für befangen, kann sie ihn – anders als Beisitzer – **wegen Besorgnis der Befangenheit ablehnen**[8]. Die Vorschriften über die Ablehnung eines Schiedsrichters nach §§ 1036 ff. ZPO finden entsprechende Anwendung, soweit dem zwingende Grundsätze des Einigungsstellenverfahrens nach § 76 nicht entgegenstehen[9]. Die Besorgnis der **Befangenheit** ist in entsprechender Anwendung des § 42 II ZPO dann anzunehmen, wenn ein objektiver Grund besteht, der geeignet ist, aus Sicht der ablehnenden Partei an der Unvoreingenommenheit des Vorsitzenden zu zweifeln. Nicht erforderlich ist das tatsächliche Bestehen der Befangenheit. **Antragsberechtigt** für ein Befangenheitsgesuch gegen den Vorsitzenden ist nur eine der beiden Betriebsparteien, nicht die zu ihrer Vertretung in die Einigungsstelle entsandten Beisitzer[10]. Beisitzer können allerdings **als Bote** ein **schriftl.** Befangenheitsgesuch einer Betriebspartei überbringen[11]. 64

Die Befangenheitsgründe sind spätestens innerhalb von **zwei Wochen** nach Bekanntwerden **schriftl.** ggü. der Einigungsstelle **darzulegen**[12]. Ein Nachschieben von Ablehnungsgründen im gerichtl. Verfahren zur Klärung des Befangenheitsgesuches ist damit ausgeschlossen. Wer sich in Kenntnis der Ablehnungsgründe rügelos auf die Verhandlung der Einigungsstelle einlässt, verliert analog §§ 1036 f. ZPO sein Ablehnungsrecht[13]. 65

Kein Ablehnungsrecht besteht, wenn der Vorsitzende ausnahmsweise nicht in der Funktion eines Richters tätig wird, weil ihm das Recht zur Letztentscheidung nach Abs. 3 S. 3 fehlt. Ein solcher Ausnahmefall liegt bei der Einigungsstelle bzgl. eines Interessenausgleiches nach §§ 111, 112 II und III vor, da sie über die Ausgestaltung der Betriebsänderung nicht verbindlich entscheiden kann[14]. 66

Entscheidet die Einigungsstelle ohne Rücksicht auf einen erhobenen Befangenheitsantrag, ist der Spruch unwirksam[15]. Ob die Befangenheitsrüge parteiobjektiv begründet war, ist unerheblich. **Legt** der Vorsitzende sein **Amt freiwillig nieder**, weil er die Besorgnis der Befangenheit als begründet ansieht, ist der Weg frei für eine einvernehmliche oder gerichtl. herbeizuführende Neubesetzung des Vorsitzes[16]. Hält der Vorsitzende den Befangenheitsantrag für unbegründet, **entscheidet über das Ablehnungsgesuch** zunächst analog § 1037 II 2 ZPO die **Einigungsstelle** selbst, allerdings nach Abs. 3 S. 3 Hs. 1 ohne den abgelehnten Vorsitzenden[17]. Eine zweite Abstimmung unter seiner Beteiligung nach Abs. 3 S. 3 67

---

1 BAG 30.1.1990 – 1 ABR 2/89, NZA 1990, 571; GK-BetrVG/*Kreutz/Jacobs*, § 76 Rz. 175; ErfK/*Kania*, § 76 BetrVG Rz. 22; DKKW/*Berg*, § 76 Rz. 113; *Schaub*, § 232 IV Rz. 18. ||2 AA ErfK/*Kania*, § 76 BetrVG Rz. 35. ||3 BAG 28.5.2002 – 1 ABR 37/01, NZA 2003, 171; 17.9.1991 – 1 ABR 74/90, DB 1992, 435; 22.2.1983 – 1 ABR 27/81, BB 1983, 1724. AA (Ermessen zur Aussetzung): BAG 3.4.1979 – 6 ABR 29/77, DB 1979, 2186f. ||4 BAG 22.1.2002 – 3 ABR 28/01, DB 2002, 1938; 25.5.2002 – 1 ABR 37/01, NZA 2003, 171. ||5 BAG 25.5.2002 – 1 ABR 37/01, NZA 2003, 171. ||6 BAG 6.4.1973 – 1 ABR 20/72, DB 1973, 2197; LAG Düss. 3.4.1981 – 8 TaBV 11/81, BB 1981, 733; LAG BW 4.9. 2001 – 8 TaBV 2/01, ArbuR 2002, 151. Zu den diskutierten Ausnahme-Fallgruppen: Schwab/Weth/*Kliemt*, Einigungsstellenverfahren Rz. 202ff. ||7 *Schaub*, NZA 2000, 1087. ||8 BAG 17.11.2010 – 7 ABR 100/09, BB 2011, 1012 (LS); 29.1.2002 – 1 ABR 18/01, DB 2002, 1948; 11.9.2001 – 1 ABR 5/01, BB 2002, 576; 9.5.1995 – 1 ABR 56/94, DB 1995, 2610ff. diff. GK-ArbGG/*Schleusener*, § 98 Rz. 30, 33ff.; GMPM/*Schlewing*, § 98 ArbGG Rz. 23; *Friedemann*, Rz. 186ff. Zur Kontroverse vgl. auch *Bertelsmann*, FS Wißmann, 2005, S. 230, 242ff. ||9 BAG 17.11.2010 – 7 ABR 100/09, BB 2011, 1012 (LS). ||10 BAG 11.9.2001 – 1 ABR 5/01, BB 2002, 576. ||11 BAG 11.9.2001 – 1 ABR 5/01, BB 2002, 576. ||12 BAG 11.9.2001 – 1 ABR 5/01, BB 2002, 576. ||13 BAG 9.5.1995 – 1 ABR 56/94, DB 1995, 2610ff. ||14 Ebenso *Bauer/Diller*, DB 1996, 137 (139); *Friedemann*, Rz. 186. ||15 BAG 11.9.2001 – 1 ABR 5/01, BB 2002, 576; 29.1.2002 – 1 ABR 18/01, DB 2002, 1948. ||16 *Stege/Weinspach/Schiefer*, § 76 Rz. 15b; *Gaul, D.*, Die betriebliche Einigungsstelle, 2. Aufl. 1980, S. 284, Rz. 11; *Heinze*, RdA 1990, 262 (272). ||17 BAG 17.11.2010 – 7 ABR 100/09, NZA 2011, 941; 29.1.2002 – 1 ABR 18/01, DB 2002, 1948; 11.9.2001 – 1 ABR 5/01, BB 2002, 576.

Hs. 2 erfolgt nicht[1]. Wird das Ablehnungsgesuch mehrheitlich **abgelehnt**, nimmt das Einigungsstellenverfahren unter Beteiligung des Vorsitzenden seinen Fortgang (zur gerichtl. Überprüfung Rz. 100 ff.). Ergibt sich eine Mehrheit zu Gunsten des Ablehnungsgesuchs, ist der Vorsitzende wegen Besorgnis der Befangenheit von der weiteren Durchführung des Einigungsstellenverfahrens ausgeschlossen. Kommt es bei der Abstimmung in der Einigungsstelle über den Befangenheitsantrag zu einer **Pattsituation**, entscheidet die Einigungsstelle unter Beteiligung des für befangen gehaltenen Vorsitzenden darüber, ob sie das Verfahren fortsetzt oder ggf. bis zur gerichtl. Entscheidung über die geltend gemachten Ablehnungsgründe aussetzt (§ 1037 III 1, 2 ZPO analog). Bei dieser Entscheidung steht ihr ein vom ArbG zu beachtender Ermessensspielraum zu[2]. Im Fall der Aussetzung hat nunmehr das ArbG im Beschlussverfahren über die Abberufung des Vorsitzenden zu entscheiden (§ 1037 III 1 ZPO analog, § 98 ArbGG)[3].

68   Wird der **Ablehnungsantrag** eines Beteiligten von der Einigungsstelle **zurückgewiesen**, kann er innerhalb **eines Monats** die **Entscheidung des ArbG** über die Ablehnung beantragen. Dieses entscheidet in erster und letzter Instanz, §§ 1037 III 1, 1062 I Nr. 1 Var. 2, 1065 I 2 ZPO analog.[4] Bis zur Antragserhebung und während eines anhängig gemachten Verfahrens kann das Einigungsstellenverfahren entsprechend § 1037 III 2 ZPO unter Beteiligung des abgelehnten Vorsitzenden fortgesetzt und durch Spruch abgeschlossen werden. Gegen die Entscheidung des ArbG über die Ablehnung des Vorsitzenden findet nach § 98 II ArbGG die Beschwerde an das LAG statt[5].

69   **7. Erörterung des Sach- und Streitstandes sowie Bemühen um gütliche Regelung.** Ziel des Einigungsstellenverfahrens ist die Herbeiführung einer **gütlichen Einigung** zwischen den Betriebspartnern. Dies kommt nicht nur im Namen der Einigungsstelle, sondern auch in der Abstimmungsregelung des Abs. 3 S. 3 zum Ausdruck. Es existieren keine festen Regeln dafür, auf welche Weise sich der Vorsitzende um eine gütliche Einigung zu bemühen hat. Im Normalfall wird er zunächst den **Sachverhalt** erfassen und die Streitpunkte sowie die Interessenlage herausarbeiten. Mitunter ist es sinnvoll, die streitigen Punkte des Sachverhalts im Rahmen einer **Beweisaufnahme** zu klären. Sodann wird der Vorsitzende nach Kompromisslösungen suchen. Zu gegebener Zeit kann er einen eigenen **Lösungsvorschlag** unterbreiten. Je nach Verhandlungsklima und -situation können sich Unterbrechungen der Verhandlung anbieten, um den Parteien Gelegenheit zu getrennten Beratungen über den Vergleichsvorschlag zu geben. Der Vorsitzende hat auch die Möglichkeit, mit den Parteien getrennt zu beraten („Pendeldiplomatie"). Solche **Einzelgespräche** sind idR nützlich, da der Vorsitzende einen besseren Einblick in die Motivationslage der Parteien erhält und wesentliche Hintergründe für Standpunkte erfährt, die auf den ersten Blick unverständlich und unversöhnlich erscheinen mögen.

70   **8. Beweismittel und -aufnahme.** Streitige entscheidungserhebliche Sachverhaltspunkte können unter Berücksichtigung des Verhältnismäßigkeitsgrundsatzes aufgeklärt werden. Allerdings stehen der Einigungsstelle – anders als dem Gericht – **keine Zwangsmittel** zur Verfügung. Zeugen und Sachverst. können nicht gezwungen werden, vor der Einigungsstelle zu erscheinen und auszusagen[6]. Es besteht kein Recht, Zeugen zu vereidigen. Die Einigungsstelle ist auch nicht befugt, das persönliche Erscheinen der Parteien anzuordnen, so wie es dem ordentl. Gericht nach § 141 ZPO möglich wäre. Ebenso wenig kann die Einigungsstelle eine Zeugenvernehmung durch einen beauftragten oder ersuchten Richter nach § 375 ZPO veranlassen. Sie kann allerdings ohne vorherige Vereinbarung mit dem ArbGeb nach § 80 III **Sachverst.** hinzuziehen, soweit dies erforderlich und angemessen ist[7]. Sofern die Einigungsstelle **Unterlagen** für erforderlich hält, kann sie die Parteien zu deren Herausgabe auffordern. Ein indirekter Zwang zur Vorlage der Unterlagen ergibt sich aus der Interessenlage der Parteien, die befürchten müssen, dass die Einigungsstelle aus einer Weigerung negative Schlüsse zieht. Der BR kann im Rahmen des § 80 II die Erteilung von Auskünften des ArbGeb an die Einigungsstelle verlangen[8].

71   Die Fassung und Protokollierung eines formellen **Beweisbeschlusses** ist empfehlenswert, jedoch nicht zwingend. Die Einigungsstelle entscheidet über den Beweisbeschluss mit einfacher Mehrheit. Er kann nicht selbständig angefochten werden[9].

72   **VII. Abschluss des Einigungsstellenverfahrens. 1. Beratung und Beschlussfassung.** Konnte im Rahmen der mündlichen Verhandlung keine einvernehmliche Lösung des Regelungsstreites gefunden werden, hat sich der Vorsitzende mit den Beisitzern der Einigungsstelle zur Schlussberatung und Abstimmung zurückzuziehen[10]. Nach Abs. 3 S. 2 ist vor der Beschlussfassung eine **mündliche Beratung** zwingend erforderlich (zum Grundsatz der Mündlichkeit bereits Rz. 43 f.). Zur Nichtöffentlichkeit der Beratung und der Beschlussfassung bereits Rz. 40. Mangels gesetzl. Regelung ist die Beratung **nicht geheim**[11]. Eine Verschwiegenheitspflicht kann sich jedoch aus § 79 ergeben.

---

1 BAG 29.1.2002 – 1 ABR 18/01, DB 2002, 1948; LAG Düss. 2.11.2000 – 13 TaBV 23/00, AuR 2001, 157.   ‖ 2 BAG 29.1.2002 – 1 ABR 18/01, DB 2002, 1948.   ‖ 3 BAG 7.5.1995 – 1 ABR 56/94, DB 1995, 2610 ff.   ‖ 4 BAG 17.11.2010 – 7 ABR 100/09, NZA 2011, 941; 11.9.2001 – 1 ABR 5/01, BB 2002, 576.   ‖ 5 Vor dem 1.1.2002 existierte analog § 49 III ArbGG kein Rechtsmittel, vgl. hierzu *Ehrich/Fröhlich*, Teil E, Rz. 76.   ‖ 6 *Fitting*, § 76 Rz. 67; *Richardi/Richardi*, § 76 Rz. 91.   ‖ 7 BAG 13.11.1991 – 7 ABR 70/90, DB 1992, 789; LAG Hamm 22.2.2008 – 10 TaBVGa 3/08, Rz. 51, nv.   ‖ 8 ArbG Berlin 2.7.1999 – 24 BV 13410/99, AiB 2000, 436.   ‖ 9 BAG 4.7.1989 – 1 ABR 40/88, AP Nr. 20 zu § 87 BetrVG 1972 Tarifvorrang.   ‖ 10 BAG 18.1.1994 – 1 ABR 43/93, DB 1994, 838 f.   ‖ 11 *Friedemann*, Rz. 257; *Kaven*, Das Recht des Sozialplans, 1977, S. 122. AA *MünchArbR/Joost*, § 232 Rz. 46.

Die Einigungsstelle ist grds. nur bei Anwesenheit aller Mitglieder **beschlussfähig**[1]. Dies folgt aus der Verpflichtung der paritätischen Besetzung und der Beschlussregelung des Abs. 3 S. 2 und 3. Eine Ausnahme hiervon ist der Fall der **Säumnis** einer Seite (hierzu Rz. 97f.) bei erzwingbaren Einigungsstellenverfahren einschl. des Interessenausgleichs (§ 113 III), in dem gerade nicht alle Mitglieder anwesend sind. 73

Die Stimmabgabe hat **persönlich** zu erfolgen. Sie kann nicht auf ein anderes Mitglied oder auf Dritte delegiert werden. Jede Stimme, auch die des Vorsitzenden, hat das gleiche Gewicht. Die Mitglieder der Einigungsstelle können mit Stimmenmehrheit eine geheime Abstimmung beschließen. Bei diesem Beschluss ist der Vorsitzende stimmberechtigt. 74

Abs. 3 S. 3 regelt ein **zweistufiges Verfahren der Beschlussfassung**. Dieses gilt allerdings nur für die abschließende Sachentscheidung der Einigungsstelle. In **Verfahrensfragen** hingegen findet bereits der erste Abstimmungsgang unter Beteiligung des Vorsitzenden statt[2]. 75

Im zweistufigen Verfahren hat sich der Vorsitzende bei der **ersten Abstimmung** der Stimme zu enthalten. Dies gilt auch dann, wenn nicht alle Mitglieder der Einigungsstelle bei der Beschlussfassung anwesend sind[3]. Kommt bei der ersten Abstimmung **keine Mehrheit** zustande, so hat die Einigungsstelle **erneut zu beraten** („nach weiterer Beratung", Abs. 3 S. 3). Eine erneute Sitzung ist nicht erforderlich. Das Unterlassen der erneuten Beratung führt als Verfahrensfehler zur Unwirksamkeit des Einigungsstellenspruchs[4]. Von der erneuten Beratung kann nur abgesehen werden, wenn sie von allen Mitgliedern der Einigungsstelle für nicht mehr erforderlich gehalten wird[5]. Sodann erfolgt die **zweite Abstimmung**, an der zwingend auch der Vorsitzende teilnimmt. 76

Kommt es auch bei der zweiten Abstimmung zu einem **Patt** (etwa weil sich ein Beisitzer der Stimme enthalten hat), gibt – anders als nach § 29 II MitbestG – die Stimme des Vorsitzenden nicht den Ausschlag[6]. Eine Entscheidung ist dann nicht zustande gekommen. Das Verfahren ist fortzusetzen. Der Vorsitzende hat ebenso wie die übrigen Mitglieder der Einigungsstelle nur ein einfaches Stimmrecht. 77

Eine **Stimmenthaltung des Vorsitzenden** bei der zweiten Abstimmung ist unzulässig. Seine Stimme soll gerade den Ausschlag geben, falls nicht schon im ersten Abstimmungsgang eine Mehrheit erzielt worden ist[7]. Demggü. ist eine **Stimmenthaltung der Beisitzer** sowohl im ersten als auch im zweiten Wahlgang **zulässig**[8]. Eine Stimmenthaltung ist weder als Zustimmung noch als Ablehnung zu werten. Sie ist nicht mit zu berücksichtigen[9]. Von der Stimmenthaltung abzugrenzen ist die – mögliche – **konkludente Ablehnung** des Vorschlags der Gegenseite[10]. Da für eine Beschlussfassung die Mehrheit der abgegebenen Stimmen ausreichend ist, kann bei einer Stimmenthaltung einerseits bereits im ersten Abstimmungsvorgang eine Mehrheit erzielt werden, andererseits auch bei der zweiten Abstimmung eine Pattsituation entstehen. 78

2. Beendigung des Verfahrens ohne „Spruch". Im Einigungsstellenverfahren gilt die **Dispositionsmaxime**, allerdings mit der Besonderheit, dass die Einigungsstelle nicht an die Fassung der Anträge gebunden ist (Rz. 47). Bei einer **freiwilligen Einigungsstelle** verliert die Einigungsstelle durch die **Antragsrücknahme** idR ihre Existenzberechtigung; das Verfahren ist einzustellen[11]. Dasselbe gilt bei erzwingbaren Einigungsstellen, sofern nur ein **einseitiges Antragsrecht** besteht (§ 37 VI, VII; § 38 II; § 65 I iVm. § 37 VI, VII; § 85 II; § 95 I). Auch hier kann der Antragsteller das Verfahren jederzeit und ohne Einwilligung der anderen Seite beenden[12]. Besteht bei erzwingbaren Einigungsstellenverfahren hingegen ein **beiderseitiges Antragsrecht**, ist zur wirksamen Antragsrücknahme nach Verfahrensbeginn die **Zustimmung der anderen Seite** erforderlich. Ansonsten könnte genau in dem Zeitpunkt, in dem die eine Seite ihren Antrag zurücknimmt, die andere Seite kraft ihres eigenen Antragsrechtes das Verfahren wieder aufleben lassen. Ggf. müsste dann das Verfahren von vorne beginnen[13]. 79

Das Einigungsstellenverfahren endet überdies ohne Spruch, wenn die Parteien eine **Einigung** über den Streitgegenstand erzielen. Eine solche Einigung ist **in jedem Stand des Verfahrens** möglich. Durch eine zeitlich nachfolgende Einigung wird der Spruch der Einigungsstelle gegenstandslos. Für die Einigung ist in formaler Hinsicht aufseiten des BR ein Beschluss iSv. § 33 oder eine entsprechende Bevollmächtigung der entsandten Beisitzer erforderlich. Eine BV muss ferner nach § 77 II 1 schriftl. abgeschlossen und von den Parteien unterzeichnet werden. Kommt eine Einigung über einen **Interessenausgleich**[14] oder Sozial- 80

---

1 ErfK/*Kania*, § 76 BetrVG Rz. 19; Hess ua./*Worzalla*, § 76 Rz. 67. AA *Fiebig*, DB 1995, 1278; *Friedemann*, Rz. 264. ||2 DKKW/*Berg*, § 76 Rz. 130; *Fitting*, § 76 Rz. 87; *Friedemann*, Rz. 259; *Hennige*, S. 212f.; *Schönfeld*, NZA-Beil. 4/1988, 9. ||3 Richardi/*Richardi*, § 76 Rz. 101; *Brill*, BB 1972, 178 (179). ||4 BAG 30.1.1990 – 1 ABR 2/89, DB 1990, 1090f.; LAG Hamburg 5.5.2000 – 3 TaBV 6/00, AiB 2001, 50. ||5 BAG 30.1.1990 – 1 ABR 2/89, DB 1990, 1090f. ||6 ErfK/*Kania*, § 76 BetrVG Rz. 20; *Fitting*, § 76 Rz. 85. AA MünchArbR/*Joost*, § 232 Rz. 52. ||7 DKKW/*Berg*, § 76 Rz. 126; *Friedemann*, Rz. 269; *Heinze*, RdA 1990, 275. ||8 BAG 17.9.1991 – 1 ABR 23/91, DB 1992, 229f. ||9 BAG 17.9.1991 – 1 ABR 23/91, DB 1992, 229f. AA Richardi/*Richardi*, § 76 Rz. 103; GK-BetrVG/*Kreutz/Jacobs*, § 76 Rz. 112. ||10 Hierzu BAG 11.11.1998 – 7 ABR 47/97, NZA 1999, 947. ||11 Einhellige Auff., vgl. *Fitting*, § 76 Rz. 60; *Friedemann*, Rz. 310; *Hennige*, S. 142ff.; *Wenning-Morgenthaler*, Rz. 371. ||12 Ausf. *Hennige*, S. 139ff.; ebenso *Friedemann*, Rz. 308. ||13 *Hennige*, S. 144ff.; *Friedemann*, Rz. 309. Vgl. auch LAG Hess. 20.7.1993 – 5 Ta BV 5/93, BB 1994, 430. AA *Wenning-Morgenthaler*, Rz. 371. ||14 Förmliche Feststellung des Scheiterns der Verhandlungen keine Voraussetzung für Versuch eines Interessenausgleichs iSv. § 113 III iVm I: BAG 16.8.2011 – 1 AZR 44/10, EzA § 111 BetrVG 2001 Nr. 7.

plan zustande, ist sie schriftl. niederzulegen und von den Parteien und vom Vorsitzenden zu unterschreiben, § 112 III 3. Die Einigung kann – anders als der Spruch der Einigungsstelle – **nicht beim ArbG angefochten** werden. Sie kann als BV nur nach § 77 V gekündigt werden.

81 **3. Sonstige Entscheidung der Einigungsstelle.** Die Einigungsstelle kann durch Mehrheitsbeschluss im einstufigen Verfahren[1] beschließen, die Verhandlung zu einem späteren Zeitpunkt fortzusetzen. Eine solche **Vertagung** ist als verfahrensbegleitender Zwischenbeschluss nicht gesondert gerichtlich anfechtbar[2].

82 Das Verfahren kann analog § 148 ZPO mit einfacher Mehrheit der Mitglieder im einstufigen Verfahren **ausgesetzt** werden, etwa wenn das ArbG bei einer Pattsituation bei der Abstimmung über den Befangenheitsantrag gegen den Vorsitzenden analog § 1037 III ZPO entscheiden soll (Rz. 64 f.). Hingegen ist eine Aussetzung zur Entscheidung der Vorfrage, ob die Einigungsstelle überhaupt zuständig ist, nicht zulässig (Rz. 61).

83 Eine **Einstellung des Verfahrens** kommt in Betracht, wenn sich zB die Einigungsstelle für **unzuständig** hält (zur Vorfragenkompetenz Rz. 59) oder nach übereinstimmender Auffassung der Betriebsparteien die Meinungsverschiedenheit, wegen der sie die Einigungsstelle angerufen haben, nicht mehr besteht. So kann es bspw. liegen, wenn der ArbGeb beim Streit über den Inhalt eines Sozialplans von der beabsichtigten Betriebsänderung absieht. Die bloße einseitige Erklärung des ArbGeb reicht hierfür allerdings nicht aus, wenn sie von BR-Seite für unglaubwürdig erachtet wird[3].

83a Fasst die Einigungsstelle einen verfahrensbegleitenden **Zwischenbeschluss** (zB bei einer Gefährdungsbeurteilung die Begehung von Arbeitsplätzen), der keine eigene Regelung des Verfahrensgegenstandes trifft, hat dieser keine unmittelbare und zwingende Wirkung. Er muss vom ArbGeb nicht ausgeführt werden; der BR kann mangels Rechtsgrundlage den Zwischenbeschluss nicht gerichtlich durchsetzen[4].

84 **4. Sachentscheidung („Spruch"). a) Keine Bindung der Einigungsstelle an die Anträge.** Die Einigungsstelle ist nicht an die Fassung der Anträge gebunden (vgl. Rz. 47). Die Einigungsstelle hat den ihr unterbreiteten **Konflikt vollständig** und abschließend zu lösen; sie darf nicht wesentliche Fragen offen lassen[5], die der Einigungsstelle zustehende Regelungsbefugnis auf den ArbGeb übertragen[6] oder den Regelungsauftrag an die Betriebsparteien zurückgeben[7]. Aus diesem Grunde wäre ein Spruch unwirksam, der lediglich dem ArbGeb aufgibt, dem BR eine BV vorzulegen, die bestimmte von der Mehrheit der Einigungsstelle für richtig gehaltene Grundsätze beachtet, und der bei Nichteinigung über diese BV die Fortsetzung des Einigungsstellenverfahrens anordnet[8]. Dies käme einem „mitbestimmungsfreien Zustand" nahe[9]. Räumt hingegen der Beschluss der Einigungsstelle unter Ausschöpfung des MitbestR dem ArbGeb gewisse Entscheidungsspielräume ein (zB Aufstellung der Schichtpläne auf der Grundlage von der Einigungsstelle festgelegter Grundsätze), ist dieser nicht ermessensfehlerhaft[10]. Auch sind Sprüche, die den Regelungsgegenstand zunächst nur abstrakt-generell regeln, Maßnahmen des ArbGeb im konkreten Einzelfall aber an eine weitere Zustimmung des BR knüpfen und für den Fall der Nichterteilung der Zustimmung ein erneutes Einigungsstellenverfahren vorsehen, nicht generell ausgeschlossen[11]. Enthält der Spruch über die Aufstellung und Änderung von Dienstplänen jedoch keine eigenen Grundsätze und Kriterien zur Verteilung der Dienste auf die ArbN, kann der ArbGeb nicht zur Aufstellung und vorläufigen Durchführung des Dienstplans bis zur etwaigen späteren Entscheidung der Einigungsstelle ermächtigt werden[12].

Andererseits darf die Einigungsstelle nicht über den ihr unterbreiteten Streitgegenstand hinausgehen und andere Fragen in ihre Entscheidung einbeziehen[13]. Erkennt die Einigungsstelle, dass die Regelung der Mitbestimmungsmaterie nicht vollständig erfolgt ist und ist diese Unvollständigkeit offensichtlich, kann der Spruch in Anlehnung an die §§ 319 ff. ZPO nachträglich ergänzt werden[14]. Nicht festgelegt werden kann in einem Spruch die Besetzung einer künftigen Einigungsstelle, die – zB bei Nichteinigung der Betriebsparteien über spätere Dienstpläne oder über deren Änderung – entscheiden soll[15]. Der Spruch muss hinreichend **bestimmt** sein[16].

---

1 LAG Köln 26.7.2005 – 9 TaBV 5/05, NZA-RR 2006, 197. ‖ 2 Vgl. BAG 22.1.2002 – 3 ABR 28/01, DB 2002, 1839; 4.7.1989 – 1 ABR 40/88, NZA 1990, 29. ‖ 3 LAG Köln 23.8.2000 – 7 TaBV 35/00, NZA-RR 2001, 428. ‖ 4 LAG Bln.-Bbg. 1.7.2011 – 8 TaBV 656/11, BeckRS Nr. 26 ff. ‖ 5 Grundl. BAG 30.1.1990 – 1 ABR 2/89, DB 1990, 1090 f.; 11.1.2011 – 1 ABR 104/09, NZA 2011, 651. ‖ 6 BAG 17.1.2012 – 1 ABR 45/10, NZA 2012, 687 zur Bestimmung des persönl. Geltungsbereichs bei Dienstkleidung; BAG 8.6.2004 – 1 ABR 4/03, NZA 2005, 227. ‖ 7 LAG Hess. 8.4.2010 – 5 TaBV 123/09, AE 2010, 259. ‖ 8 BAG 22.1.2002 – 3 ABR 28/01, DB 2002, 183; LAG Bremen 26.10.1998 – 4 TaBV 4/98, NZA-RR 1999, 86; LAG Hamburg 12.8.2002 – 7 TaBV 14/00, nv. ‖ 9 Vgl. BAG 17.1.2002 – 1 ABR 45/10, NZA 2012, 687; 28.10.1986 – 1 ABR 11/85, NZA 1987, 248; 17.10.1989 – 1 ABR 31/87, NZA 1990, 399. ‖ 10 BAG 28.10.1986 – 1 ABR 11/85, NZA 1987, 248. ‖ 11 BAG 26.8.2008 – 1 ABR 16/07, NZA 2008, 632. ‖ 12 BAG 9.7.2013 – 1 ABR 19/12, DB 2013, 2569. ‖ 13 BAG 27.10.1992 – 1 ABR 4/92, NZA 1993, 608; LAG Schl.-Holst. 28.9.1983 – 5 TaBV 30/83, DB 1984, 1530; LAG Hess. 13.11.1984 – 4 TaBV 39/84, DB 1985, 1535. ‖ 14 LAG Hamburg 19.2.2013 – 2 TaBV 15/11, Rz. 47 ff.; 15.1.2013 – 2 TaBV 13/11, Rz. 54 ff., jew. für versehentlich fehlende Anlage. ‖ 15 BAG 9.7.2013 – 1 ABR 19/12, DB 2013, 2569. ‖ 16 BAG 22.11.2005 – 1 ABR 50/04, zu ArbN-Beschwerden; LAG Köln 5.10.2011 – 9 TaBV 94/10 zur Unterrichtung des Wirtschaftsausschusses.

Handelt es sich um einen komplexen Sachverhalt und werden Detailregelungen einer Gesamtregelung einer Angelegenheit in **Einzelabstimmungen** mit unterschiedlichen Mehrheiten beschlossen, so ist in einer **Schlussabstimmung** nochmals über den gesamten Streitstoff zu entscheiden[1]. 85

Einvernehmlich ist jederzeit eine **Einschränkung** oder **Erweiterung** des Verfahrensgegenstandes möglich. Eine nachträgliche Einschränkung des Verfahrensgegenstandes allein durch die Antragstellerseite richtet sich nach denselben Grundsätzen wie die Rücknahme des Antrags[2]. Eine **einseitige Erweiterung** des Verfahrensgegenstandes ist im laufenden Verfahren auch in Angelegenheiten der erzwingbaren Mitbest. nicht möglich[3]. Ansonsten würde das Bestellungsverfahren gem. § 98 ArbGG umgangen[4]. 86

b) Grenzen der Entscheidung. Inhalt des Spruchs der Einigungsstelle kann nur sein, was die Betriebspartner zulässigerweise hätten regeln können. Die Einigungsstelle kann nur im Rahmen ihrer **Zuständigkeit** (vgl. Rz. 59) tätig werden und ist bei ihrer Entscheidung an **zwingendes vorrangiges Recht** gebunden. Auf Grund von § 77 III sind auch die geltenden TV zu beachten, soweit diese keine Öffnungsklauseln enthalten. 87

Geht es im erzwingbaren Einigungsstellenverfahren um **Regelungsstreitigkeiten**, hat die Einigungsstelle nach Abs. 5 S. 3 ihre Entscheidung unter angemessener Berücksichtigung der Belange des Betriebs und des Unternehmens und der betroffenen ArbN nach **billigem Ermessen** zu treffen. Dieser Grundsatz gilt über den Wortlaut des Abs. 5 hinaus jedenfalls dann gleichfalls in **freiwilligen Einigungsstellenverfahren**, wenn sich die Parteien im Voraus dem Spruch der Einigungsstelle unterworfen haben[5]. Die Einigungsstelle muss stets eine Interessenabwägung vornehmen, wobei die hierbei zu berücksichtigenden Aspekte von unterschiedlichem Gewicht sein können[6]. Für die Aufstellung eines Sozialplans ergeben sich Ermessensrichtlinien aus § 112 V. Die Einigungsstelle ist nicht befugt, im Rahmen eines streitigen Spruchs MitbestR des BR zu erweitern[7]. 88

Innerhalb des ihr zustehenden Ermessensspielraumes hat die Einigungsstelle nach einer Lösung zu suchen, die sich die Betriebsparteien vernünftigerweise auch freiwillig hätten einigen können. Soweit der Spruch von seinem Rechtscharakter her eine **BV** ist, kann er auch die Möglichkeit einer **Kündigung** vorsehen und die **Kündigungsfrist** festlegen[8]. Überdies kann er wie eine BV auch bei Belastung der ArbN **rückwirken**, wenn diese mit einer rückwirkenden Regelung rechnen mussten und sich hierauf einstellen konnten[9]. 89

c) Äußere Form des Spruchs, Begründung und Zustellung. Die Beschlüsse der Einigungsstelle sind nach Abs. 3 S. 4 **schriftl. niederzulegen**, vom Vorsitzenden zu unterschreiben und ArbGeb und BR zuzuleiten[10]. Die Unterzeichnung durch die Beisitzer ist möglich, aber nicht erforderlich. Das **Schriftformerfordernis** betrifft nur den regelnden Teil des Spruchs, den sog. Tenor. Ein vom Vorsitzenden der Einigungsstelle nicht unterzeichneter Spruch ist unwirksam. Das Schriftformerfordernis hat konstitutive Bedeutung iSd. § 125 BGB[11]. Die Schriftform kann nach dem Rechtsgedanken des § 126 III BGB nicht durch elektronische Form (§ 126a BGB) oder Textform (§ 126b BGB) ersetzt werden. Insb. wahrt die Zuleitung des (unterschriebenen) Spruchs als pdf-Datei mittels E-Mail nicht die Schriftform[12]. Eine nachträgliche, rückwirkende Heilung der Verletzung des Unterschriftserfordernisses ist nicht möglich[13]. Trägt der den Beteiligten zugeleitete Spruch nicht schon am Ende des Regelungstextes, sondern erst am Ende der Begründung die Unterschrift des Einigungsstellenvorsitzenden, stellt dies keinen Verfahrensfehler dar, wenn es sich nach außen erkennbar um ein einheitliches Dokument handelt[14]. Sofern der Spruch auf Anlagen Bezug nimmt, genügt er nicht dem Schriftformerfordernis der §§ 126 BGB, 77 II BetrVG, wenn die Anlagen mit dem Spruch weder körperlich verbunden noch ihrerseits unterzeichnet oder paraphiert sind und eine Rückbeziehung der Anlagen auf den Spruch nicht vorliegt[15]. Eine schriftl. **Begründung** der Sachentscheidung ist **nicht zwingend**, aber zweckmäßig[16]. 90

Der **Zeitpunkt der Zuleitung** sollte eindeutig feststellbar sein. Er ist maßgeblich für die verfahrensbeendende Wirkung und den Beginn der zweiwöchigen Frist nach Abs. 5 S. 4, innerhalb derer eine gerichtl. Anfechtung wegen Ermessensüberschreitung möglich ist (Rz. 107). Dies kann etwa durch Über- 91

---

1 BAG 18.4.1989 – 1 ABR 2/88, AP § 87 BetrVG 1972 Arbeitszeit Nr. 34. ||2 Ebenso *Hennige*, S. 151 f. ||3 BAG 27.10.1992 – 1 ABR 4/92, NZA 1993, 608; LAG Hess. 13.11.1984 – 4 Ta BV 39/84, DB 1985, 1535. AA noch BAG 28.7.1981 – 1 ABR 79/79, AP Nr. 2 zu § 87 BetrVG 1972 Urlaub. ||4 *Friedemann*, Rz. 314. ||5 *Fitting*, § 76 Rz. 90; GK-BetrVG/*Kreutz/Jacobs*, § 76 Rz. 130. ||6 Vgl. hierzu *Fiebig*, Ermessensspielraum der Einigungsstelle, S. 86 ff. ||7 LAG Düss. 23.5.2012 – 5 TaBV 2/12, LAGE § 76 BetrVG 2001 Nr. 5 zur Verpflichtung des ArbGeb, Stellenbeschreibungen anzufertigen. ||8 BAG 8.3.1977 – 1 ABR 33/75, Nr. 1 zu AP § 87 BetrVG 1972 Auszahlung; 28.7.1981 – 1 ABR 79/79, AP Nr. 2 zu § 87 BetrVG 1972 Urlaub Nr. 2. ||9 BAG 19.9.1995 – 1 AZR 208/95, AP Nr. 61 zu § 77 BetrVG 1972 Nr. 61; 8.3.1977 – 1 ABR 33/75, AP Nr. 1 zu § 87 BetrVG 1972 Auszahlung. ||10 Umfassend: *Tschöpe/Geißler*, NZA 2011, 545. ||11 LAG Hamburg 15.1.2013 – 2 TaBV 12/11, Rz. 47. ||12 BAG 13.3.2012 – 1 ABR 78/10, NZA 2012, 2830, Rz. 19 f. ||13 BAG 5.10.2010 – 1 ABR 31/09, NZA 2011, 420; 14.9.2010 – 1 ABR 30/09, EzA § 76 BetrVG 2011 Nr. 1. ||14 BAG 29.1.2002 – 1 ABR 18/01, DB 2002, 1948. ||15 LAG Nds. 1.8.2012 – 2 TaBV 52/11, NZA-RR 2013, 23. ||16 So auch BAG 30.1.1990 – 1 ABR 2/89, DB 1990, 1090 f.; 31.8.1982 – 1 ABR 27/80, AP Nr. 8 zu § 87 BetrVG 1972 Arbeitszeit; BVerfG 18.10.1986 – 1 BVR 1426/83, BB 1988, 342. AA *Heinze*, RdA 1990, 262 (275).

gabe im Anschluss an die Sitzung oder durch Überbringung per Boten gewährleistet werden. Zur **Kostenlast** oder zum **Streitwert** trifft der Spruch keine Aussagen, ebenso wenig zur – nicht gegebenen – Vollstreckbarkeit. Auch eine **Rechtsmittelbelehrung**, die zB auf die Anfechtungsmöglichkeit des Abs. 5 S. 4 und die damit verbundene Frist hinweist, ist nicht erforderlich[1].

92 d) **Rechtswirkungen des Spruchs.** Im **erzwingbaren Verfahren** gem. Abs. 5 ist der Spruch der Einigungsstelle für die Betriebspartner **verbindlich**. Er ersetzt deren Einigung und wirkt daher gem. § 77 VI nach, bis er durch eine andere Abmachung ersetzt wird[2]. Nach § 77 I ist es die Aufgabe des ArbGeb, BV durchzuführen. Insoweit stehen Einigungsstellensprüche BV gleich, wie sich aus der Systematik von § 77 II 1 und 2 ergibt. Ein Einigungsstellenspruch ist grds. auch während eines laufenden Anfechtungsverfahrens verbindlich und durchzuführen, es sei denn, er weist krasse und offensichtliche Rechtsverstöße auf[3]. Seine Umsetzung kann daher ggf. gerichtlich erzwungen werden.

92a Eine Besonderheit gilt beim **Interessenausgleich** nach § 112 III: Das Einigungsstellenverfahren kann zwar auch in diesem Fall gegen den Willen des jeweils anderen Betriebspartners durchgeführt werden; die Einigungsstelle kann aber nur einen Vorschlag unterbreiten, den die Betriebspartner nicht annehmen müssen. Unzulässig wäre es daher, Regelungsinhalte des letztlich freiwilligen Interessenausgleichs (zB Kündigungsverbote) in den Spruch der Einigungsstelle über die Aufstellung des Sozialplans nach § 112 IV mit aufzunehmen. Ein entsprechender Spruch wäre unwirksam.

93 Im **freiwilligen Verfahren** hat der Spruch der Einigungsstelle gem. Abs. 6 S. 2 nur dann verbindliche Wirkung, wenn sich die Betriebsparteien ihm im Vorhinein unterworfen haben oder ihn im Nachhinein annehmen. Die Einigungsstelle kann auch eine Frist zur Annahme setzen. **Unterwerfung** bzw. **Annahme** können formfrei erfolgen. Die Unterwerfung kann im Rahmen einer BV für bestimmte, nicht jedoch antizipiert für alle Fälle erfolgen[4].

94 Der Spruch der Einigungsstelle ist **kein vollstreckbarer Titel**[5]. Sofern der ArbGeb sich weigert, den Spruch umzusetzen, muss der BR ihn gerichtlich durchsetzen. Gleiches gilt für den einzelnen ArbN, der etwa aus dem durch die Einigungsstelle festgesetzten Sozialplan Abfindungsansprüche einklagen müsste. Verstöße gegen die Pflicht zur Umsetzung von BV können ferner zu Sanktionen gem. § 23 führen.

95 Der Einigungsstellenspruch hat die gleiche **Rechtsnatur**, wie eine entsprechende freiwillige Vereinbarung der Betriebsparteien über den Regelungsgegenstand hätte. Meist wird dies der Charakter einer **BV** sein. Im Einzelfall kann es sich aber auch um eine formlose Regelungsabrede oder Rechtsfeststellung handeln. Der Spruch ist daher idR im Betrieb auszulegen, § 77 II 3.

96 Nur ein **wirksamer, rechtmäßiger Spruch** entfaltet Bindungswirkung. Die Unwirksamkeit des Spruchs kann jederzeit ohne Einhaltung einer Frist geltend gemacht werden. Die Zwei-Wochen-Frist des Abs. 5 S. 4 gilt nur für die Überschreitung der Ermessensgrenzen (vgl. Rz. 107). Die **Bindungswirkung** des Spruchs der Einigungsstelle **endet**, wenn dieser **als BV gekündigt** wird. BV können nach § 77 V unter Einhaltung einer Frist von drei Monaten gekündigt werden, sofern nichts anderes vereinbart ist. In Angelegenheiten der erzwingbaren Mitbest. gelten sie jedoch solange fort, bis sie durch eine andere Vereinbarung ersetzt werden, § 77 VI.

97 5. **Säumnisentscheidung.** Nach Abs. 5 S. 2 entscheidet der Vorsitzende mit den erschienenen Mitgliedern allein, wenn in einem erzwingbaren Einigungsstellenverfahren die andere Seite keine Mitglieder benennt oder die Mitglieder trotz rechtzeitiger Einladung nicht erscheinen (sog. „**Säumnisentscheidung**" oder „**Säumnisspruch**"[6]). In Angelegenheiten der erzwingbaren Mitbest. kann das Einigungsstellenverfahren daher nicht durch bloßes Untätigbleiben einer Seite blockiert werden. Eine Säumnisentscheidung ist nur im Fall des echten Säumnis, **nicht im Fall** der **persönlichen Verhinderung** möglich. Ist bspw. ein Beisitzer wegen Krankheit ausgefallen, ist eine Säumnisentscheidung nicht möglich. Dies gebietet auf Grund der fehlenden Einspruchsmöglichkeit der Grundsatz der vertrauensvollen Zusammenarbeit[7]. Die Parität könnte allerdings durch Stimmverzicht der anderen Seite hergestellt werden. Eine solche sog. **Pairingabrede** bedarf jedoch der Zustimmung aller Mitglieder der Einigungsstelle[8].

98 Auch bei Säumnis einer Partei erfolgt die Entscheidung **im zweistufigen Verfahren** des Abs. 3 S. 3, da es sich um eine Sachentscheidung, nicht um eine bloße Verfahrensentscheidung handelt. Ein **Einspruch** gegen die Säumnisentscheidung analog § 338 ZPO ist **nicht** gegeben. Die säumige Partei kann also nicht erreichen, dass das Verfahren vor der Einigungsstelle wieder aufgenommen wird. Die Säumnisentscheidung ist aber ebenso gerichtlich **anfechtbar wie eine reguläre Entscheidung** der Einigungsstelle. Bei Verfahrens- oder Rechtsmängeln wird sie auf Antrag durch das ArbG aufgehoben.

---

1 *Friedemann*, Rz. 332 ff. ||2 LAG Nds. 9.2.2009 – 8 TaBV 70/08, Rz. 33 ff., nv. ||3 LAG Hess. 16.12.2004 – 5 TaBVGa 153/04, ArbRB 2005, 241. ||4 BAG 18.1.1994 – 1 ABR 44/93, nv. AA *Fitting*, § 76 Rz. 132. ||5 LAG Köln 20.4.1999 – 13 TaBV 243/98, NZA-RR 2000, 311. ||6 BAG 27.6.1995 – 1 ABR 3/95, NZA 1996, 161. ||7 *Hennige*, S. 181 f. AA *Galperin/Löwisch*, § 76 Rz. 33. ||8 LAG Köln 26.7.2005 – 9 TaBV 5/05, NZA-RR 2006, 197.

6. Entscheidung in Eilfällen. Ein Verfahren des einstw. Rechtsschutzes ist für die Einigungsstelle im Gesetz nicht vorgesehen. Dennoch kann die Einigungsstelle in eiligen Angelegenheiten eine **vorläufige Regelung** bis zu ihrem endgültigen Spruch treffen[1]. Die Einigungsstelle kann auf Antrag zur Gewährung vorläufigen materiellen Rechtsschutzes im Rahmen billigen Ermessens des Abs. 2 verpflichtet sein, wenn unabweisbare Sicherungsbedürfnisse vorliegen[2]. Auch die Eilentscheidung wird durch die gesamte Einigungsstelle gefällt, nicht etwa nur durch den Vorsitzenden[3]. Es handelt sich um eine Entscheidung in der Sache, nicht um eine bloße Verfahrensregelung.

VIII. Gerichtliche Überprüfung des Spruchs der Einigungsstelle. 1. Zuständigkeit der Gerichte für Arbeitssachen. Der Spruch der Einigungsstelle unterliegt der **rechtl. Kontrolle** durch das ArbG. Die gerichtl. Überprüfung kann durch die Parteien nicht im Vorhinein ausgeschlossen werden. Dies ergibt sich aus dem Umkehrschluss zu § 4 ArbGG.

Die Überprüfung des Spruchs erfolgt primär im arbeitsgerichtl. **Beschlussverfahren** nach §§ 80, 2a II ArbGG. Soweit es um die Überprüfung der Einhaltung des Ermessens geht, ist dies die einzige Verfahrensart. Dies ergibt sich aus Abs. 5 S. 4, wonach diese Rüge nur in einer bestimmten Form und Frist geltend gemacht werden kann (vgl. Rz. 107). Andere Rechtsverstöße können **auch inzident überprüft** werden, zB im Rahmen der Zahlungsklage eines ArbN auf Leistungen aus dem Spruch der Einigungsstelle. Hier entscheidet das ArbG im Urteilsverfahren auch über die Wirksamkeit des Einigungsstellenspruchs als Vorfrage für den Zahlungsanspruch. Ein solches Urteilsverfahren, in dem die Rechtmäßigkeit des Spruchs der Einigungsstelle entscheidungserheblich ist, ist bis zum rechtskräftigen Abschluss eines anhängigen Beschlussverfahrens über die Rechtmäßigkeit des Einigungsstellenspruchs **auszusetzen**[4].

2. Antragsinhalt; Antragsberechtigung; Beteiligtenfähigkeit. Der **Antrag** lautet auf **Feststellung der Unwirksamkeit des Spruchs**, nicht auf seine Aufhebung[5]. Hält der jeweilige Beteiligte nur einen Teil des Spruchs für unwirksam, kann er die gerichtl. Überprüfung von vornherein hierauf beschränken[6], sofern die verbleibende Regelung mit dem unwirksamen Teil nicht in unlösbarem Zusammenhang steht. **Antragsberechtigt** sind der ArbGeb und der BR, nicht hingegen einzelne ArbN oder die Einigungsstelle selbst[7]. Die TV-Parteien sind dann antragsberechtigt, wenn die Wirksamkeit des Spruchs im Verhältnis zum TV infrage steht oder in sonstiger Weise in deren Rechte eingegriffen wird[8]. Die Delegation des BR auf den GBR zur Durchführung eines Einigungsstellenverfahrens umfasst nicht zwingend die Berechtigung, einen Spruch der Einigungsstelle gerichtlich anzufechten; maßgeblich ist der jeweilige Inhalt des Delegationsbeschlusses[9].

Beteiligte des Verfahrens können einzelne ArbN des Betriebs sein, wenn sie durch die gerichtl. Entscheidung über die Wirksamkeit des Spruchs unmittelbar betroffen werden (zB in den Fällen des § 37 VI 5, § 38 II 5, § 87 I Nr. 5 oder 9)[10]. Die **Einigungsstelle** selbst kann nicht Beteiligte des Verfahrens sein, da sie lediglich ein Hilfsorgan der Betriebspartner ist[11].

Unzulässig ist es, die Unwirksamkeit eines Spruchs aus mehreren Gründen (zB wegen eines Ermessensfehlers und wegen fehlender Zuständigkeit der Einigungsstelle) in **unterschiedlichen Beschlussverfahren** geltend zu machen. Der Streitgegenstand beider Verfahren ist derselbe. Selbst wenn die Verfahren gleichzeitig anhängig gemacht würden, stünde der Einwand anderweitiger Rechtshängigkeit entgegen[12].

Am **Rechtsschutzinteresse** für die gerichtl. Überprüfung des Spruchs fehlt es dann, wenn er eine Regelungsstreitigkeit zum Inhalt hat, die sich lediglich auf einen einmaligen, in der Vergangenheit liegenden Vorfall bezieht und keine Wiederholungsgefahr besteht[13]. Der **Zwischenbeschluss** einer Einigungsstelle, in dem diese ihre Zuständigkeit bejaht oder verneint, kann nicht mit einem Antrag zur gerichtl. Entscheidung gestellt werden, der auf die Feststellung der Unwirksamkeit dieses Beschlusses gerichtet ist[14]. Als Entscheidung über eine Rechtsfrage stellt der Zwischenbeschluss über die Zuständigkeit keine die Einigung der Betriebspartner ersetzende und diese bindende Regelung dar und kann deshalb nicht

---

1 *Küttner/Schmidt*, DB 1988, 704 (706); *Bengelsdorf*, BB 1991, 618; *Heinze*, RdA 1990, 279. ‖ 2 LAG Hess. 25.6.2009 – 5 TaBVGa 52/09, nv. ‖ 3 MünchArbR/*Joost*, § 232 Rz. 72; aA *Küttner/Schmidt*, DB 1988, 704 (706): Entscheidung durch Vorsitzenden möglich. ‖ 4 *Fitting*, § 76 Rz. 140; GK-BetrVG/*Kreutz/Jacobs*, § 76 Rz. 145. ‖ 5 BAG 15.3.2006 – 7 ABR 24/05, NZA 2006, 1422; 14.12.1993 – 1 ABR 31/93, NZA 1994, 809; 27.10.1992 – 1 ABR 4/92, NZA 1993, 608. ‖ 6 LAG Hamm 27.3.1985 – 12 TaBV 129/84, NZA 1985, 631; LAG Berlin 16.6.1986 – 9 TaBV 3/86, LAGE § 76 BetrVG Nr. 24; *Stege/Weinspach/Schiefer*, § 76 Rz. 28. ‖ 7 *Fitting*, § 76 Rz. 141; MünchArbR/*Joost*, § 232 Rz. 78. ‖ 8 *Fitting*, § 76 Rz. 141. ‖ 9 LAG Hess. 31.5.2011 – 4 TaBV 153/10, Rz. 57f. ‖ 10 *Fitting*, § 76 Rz. 145; GK-BetrVG/*Kreutz/Jacobs*, § 76 Rz. 150. ‖ 11 BAG 11.7.2000 – 1 ABR 43/99, NZA 2001, 402; 28.4.1981 – 1 ABR 53/79, DB 1981, 1882; 28.7.1981 – 1 ABR 65/79, DB 1982, 386f.; LAG Hamm – 29.9.2006 – 10 TaBV 5/06. AA BVerwG 13.2.1976 – VII P.9.74, BVerwGE 50, 176ff.; LAG Düss. 24.1.1978 – 8 TaBV 33/77, EzA § 87 BetrVG 1972 Vorschlagswesen Nr. 1; LAG Hamm 21.10.1977 – 3 TaBV 57/77, EzA § 76 BetrVG 1972 Nr. 19. ‖ 12 BAG 16.7.1996 – 3 ABR 13/95, AP Nr. 53 zu § 76 BetrVG 1972. ‖ 13 LAG Düss. 23.9.1977 – 17 TaBV 75/77, nv. ‖ 14 LAG 17.9.2013 – 1 ABR 21/12, BB 2013, 3069, Rz. 11; 22.11.2005 – 1 ABR 50/04, EzA § 85 BetrVG 2001 Nr. 1; LAG Hamburg 7.2.2012 – 4 TaBV 12/11, Rz. 35; *Fitting*, § 76 Rz. 84a. Vgl. auch BAG 22.1.2002 – 3 ABR 28/01, DB 2002, 1839; 28.5.2002 – 1 ABR 37/01, NZA 2003, 171. AA BAG 4.7.1989 – 1 ABR 40/88, NZA 1990, 29; LAG Nds. 20.3.2003 – 4 TaBV 108/00, LAGE § 5 ArbSchG Nr. 1.

isoliert angefochten werden. Es fehlt daher an einem feststellungsfähigen Rechtsverhältnis und damit an den Voraussetzungen des § 256 I ZPO. Die Frage der Zuständigkeit der Einigungsstelle unterliegt damit auch nach einem diese bejahenden Zwischenbeschluss in vollem Umfang der späteren gerichtl. Kontrolle im Rahmen der Überprüfung des abschließenden Beschlusses (vgl. Rz. 62).

106 Die Anrufung des ArbG im Beschlussverfahren hat idR **keine suspendierende Wirkung** für die Geltendmachung von Rechten aus dem Spruch der Einigungsstelle[1]. Der Spruch bleibt verbindlich. Seine Umsetzung kann daher trotz laufender Anfechtung uU auch im Wege einer einstw. Verfügung erzwungen werden[2]. Nur bei offensichtlicher Wirksamkeit bzw. offensichtlicher Unwirksamkeit des Spruchs kann die Vollziehung des Spruchs im Wege einer **einstweiligen Verfügung** durchgesetzt bzw. ausgesetzt werden[3].

107 **3. Überprüfungsfrist.** Will eine der Parteien den Spruch wegen **Überschreitung der Grenzen des Ermessens** gerichtlich angreifen, ist dies nach Abs. 5 S. 4 in Fragen der **erzwingbaren Mitbest.** nur innerhalb von **zwei Wochen** ab Zustellung des Spruchs möglich. Hierbei handelt es sich um eine **materiellrechtl. Ausschlussfrist**, nicht um eine prozessuale Frist für das Verfahren als solches[4]. Dh., auch nach Überschreitung der Frist findet eine gerichtl. Überprüfung des Spruchs statt; die Frage, ob die Grenzen des Ermessens überschritten sind, ist jedoch nicht mehr zu prüfen. Insoweit ist der Spruch der Einigungsstelle dann endgültig. Eine Verlängerung der Frist oder eine Wiedereinsetzung in den vorigen Stand ist ausgeschlossen[5]. Die Zwei-Wochen-Frist gilt **nicht** bei Entscheidungen im Rahmen der **freiwilligen Mitbestimmung**. Diesbzgl. fehlt es in Abs. 6 an einer entsprechenden Regelung.

108 Der Antragsteller muss **innerhalb der Frist die Gründe vortragen**, aus denen sich eine Überschreitung der Grenzen des Ermessens ergeben soll. Die bloße Antragstellung genügt nicht. Ein Nachschieben der Gründe heilt den Mangel nicht. Allerdings können innerhalb der Zwei-Wochen-Frist vorgetragene Gründe für die Ermessensüberschreitung später konkretisiert oder erweitert werden[6]. Ist ein Ermessensfehler innerhalb der Frist gerügt, hat das ArbG die Rechtswirksamkeit des Spruchs unter allen rechtl. Gesichtspunkten zu überprüfen, auch darauf, ob die Einigungsstelle überhaupt zuständig war[7].

109 **Andere Rügen** als die Überschreitung der Ermessensgrenzen sind zeitlich **unbefristet** möglich[8]. Dies gilt für Verfahrensfehler (vgl. Rz. 35 ff.) ebenso wie für die Auslegung unbestimmter Rechtsbegriffe, die in vollem Umfang der richterlichen Rechtskontrolle unterliegen[9]. Auch die Überprüfung von Regelungsfragen oder Verstößen gegen höherrangiges Recht ist zeitlich nicht befristet[10]. Eine Ausnahme gilt, wenn die Verfahrensverstöße zwischenzeitlich geheilt oder deren Geltendmachung verwirkt worden ist[11].

110 **4. Umfang der gerichtlichen Prüfung.** Die arbeitsgerichtl. Kontrolle des Spruchs der Einigungsstelle beschränkt sich nicht auf dessen **inhaltliche Rechtmäßigkeit**; sie erstreckt sich auch auf Verstöße gegen elementare **Verfahrensgrundsätze**, die bei Bildung, Verhandlung und Beschlussfassung der Einigungsstelle zu berücksichtigen sind. Beispiele hierfür sind die fehlende Zuständigkeit der Einigungsstelle, Grundrechtsverstöße[12] (zB Art. 2 I, 12, 14 GG, Verhältnismäßigkeitsprinzip), Gesetzesverstöße (zB § 75), Verstöße gegen TV oder BV, die Verletzung des Anspruchs auf rechtl. Gehör, die nicht ordnungsgemäße Ladung der Beisitzer oder die Nichteinhaltung der Abstimmungsregelung des Abs. 3 S. 3. Dies gilt selbst dann, wenn sie von keinem der Beteiligten gerügt worden sind[13].

111 Steht der Einigungsstelle bei der **Auslegung** eines **unbestimmten Rechtsbegriffes** ein Beurteilungsspielraum zu, beschränkt sich die gerichtl. Kontrolle auf die Prüfung, ob bei der Auslegung die Grenzen des Beurteilungsspielraums eingehalten wurden[14].

112 Die Überprüfung der **Ermessensausübung** durch die Einigungsstelle bei Regelungsfragen ist in zweierlei Hinsicht begrenzt: Zum einen können Ermessensfehler nur bei Einhaltung der Zwei-Wochen-Frist des Abs. 5 S. 4 überprüft werden (hierzu bereits Rz. 107); zum anderen ist lediglich die **Überschreitung der Grenzen des Ermessens** zu überprüfen[15]. Dabei darf die Einigungsstelle den ihr eingeräumten Ermessensspielraum ausschöpfen[16]. Nur eine Überschreitung führt zur Unwirksamkeit des Spruchs. Eine

---

1 LAG MV 3.2.2010 – 2 TaBV 15/09, nv.; LAG Köln 20.4.1999 – 13 Ta 243/98, NZA-RR 2000, 311; LAG Berlin 6.12.1984 – 4 TaBV 2/84, BB 1985, 1199f. AA GK-BetrVG/*Kreutz/Jacobs*, § 76 Rz. 77 mwN. ||2 LAG Hess. 16.12.2004 – 5 TaBVGa 153/04, ArbRB 2005, 241. AA wohl BAG 22.1.2013 – 1 ABR 92/11, EzA § 85 ArbGG 1979 Nr. 6 zum Durchsetzungsanspruch des BR bzgl. Abfindungsberechnung nach Sozialplan, der auf angefochtenem Spruch beruht. ||3 LAG Köln 30.7.1999 – 11 TaBV 35/99, BB 2000, 987; LAG Hess. 24.9.1987 – 12 TaBVGa 70/87, DB 1988, 347; LAG BW 7.11.1989 – 7 TaBV Ha 1/89, NZA 1990, 286; LAG Berlin 8.11.1990 – 14 TaBV 5/90, BB 1991, 206. ||4 BAG 27.6.1995 – 1 ABR 3/95, NZA 1996, 161. ||5 BAG 26.5.1988 – 1 ABR 11/87, DB 1988, 2154 f.; 25.7.1989 – 1 ABR 46/88, BB 1989, 2255. ||6 *Fitting*, § 76 Rz. 157; GK-BetrVG/*Kreutz/Jacobs*, § 76 Rz. 161. ||7 BAG 16.7.1996 – 3 ABR 13/95, DB 1996, 2448. ||8 BAG 27.6.1995 – 1 ABR 3/95, NZA 1996, 161. ||9 BAG 11.7.2000 – 1 ABR 43/99, AP § 109 BetrVG 1972 Nr. 2. ||10 *Fitting*, § 76 Rz. 151 mwN. ||11 BAG 18.1.1994 – 1 ABR 43/93, DB 1994, 838. ||12 BAG 13.2.2007 – 1 ABR 18/06, NZA 2007, 640. ||13 BAG 18.1.1994 – 1 ABR 43/93, DB 1994, 838 f.; 27.6.1995 – 1 ABR 3/95, NZA 1996, 161. ||14 BAG 8.8.1989 – 1 ABR 61/88, AP Nr. 6 zu § 106 BetrVG 1972 Nr. 6; *Fitting*, § 76 Rz. 153; *Henssler*, RdA 1991, 269; *Rieble*, BB 1991, 471. AA GK-BetrVG/*Kreutz/Jacobs*, § 76 Rz. 152. ||15 Zu den Grenzen des Ermessens vgl.: LAG Bbg. 13.2.2003 – 3 TaBV 15/01, nv.; LAG MV 28.10.2002 – 2 TaBV 2/02, nv. Zum Ermessensnichtgebrauch vgl. LAG Hamburg 12.8.2002 – 7 TaBV 14/00, nv. ||16 *Fitting*, § 76 Rz. 87 f.; *Wenning-Morgenthaler*, Rz. 406 ff.

"grobe" Ermessensüberschreitung oder eine "offenbare Unbilligkeit" des Spruchs ist nicht erforderlich; umgekehrt reichen bloße Zweifel an der Einhaltung der Ermessensgrenzen nicht aus[1]. Dem ArbG steht **keine Zweckmäßigkeitskontrolle** zu; es hat nicht das Recht, sein eigenes Ermessen an die Stelle des Ermessens der Einigungsstelle zu setzen[2]. Die Grenzen des Ermessens werden bestimmt durch die Interessen des ArbGeb einerseits und des BR bzw. der ArbN des Betriebs andererseits. Beide müssen angemessen berücksichtigt werden. Der Zweck des jeweiligen MitbestR ist zu beachten[3]. Der Ermessensspielraum ist nur in Ausnahmefällen auf Null reduziert.

Zu überprüfen ist nur der Spruch selbst, nicht eine etwaige Fehlerhaftigkeit der tatsächlichen oder rechtl. Annahmen oder Erwägungen der Einigungsstelle, die zu ihm geführt haben (sog. **Ermessensfehlgebrauch**)[4]. Ebenso wenig sind **verfahrensbegleitende Zwischenbeschlüsse** der Einigungsstelle (zB Ablehnung der Einstellung wegen Erledigung[5]) gesondert gerichtlich anfechtbar, es sei denn, sie hätten deren Zuständigkeit zum Gegenstand (Rz. 60)[6]. Auch die **Nichtbescheidung von Sachaufklärungsanträgen**, die zuvor eine Betriebspartei oder ein Beisitzer gestellt haben, ist kein erheblicher Verfahrensfehler[7]. Allein die von der Einigungsstelle beschlossene inhaltliche Regelung ist nach Abs. 5 auf Rechts- und Ermessensfehler zu überprüfen[8]. Stellt sich dabei heraus, dass mangels hinreichender Sachaufklärung von der Einigungsstelle Rechtsfehler begangen oder die Belange des Betriebs oder der betroffenen ArbN nicht angemessen berücksichtigt worden sind, ist aus diesem Grund der Spruch der Einigungsstelle unwirksam, nicht aber wegen des zugrunde liegenden Verfahrensverstoßes.

5. Rechtsfolgen bei Unwirksamkeit. Kommt das ArbG zu dem Ergebnis, dass die Ermessensgrenzen überschritten worden sind oder ein sonstiger zur Unwirksamkeit führender Rechtsverstoß vorliegt, hat es **die Unwirksamkeit des Spruchs festzustellen**. Es kann den Spruch **nicht aufheben** und durch eine **eigene Regelung** ersetzen. Bei Regelungsstreitigkeiten darf es nicht sein Ermessen an die Stelle des Ermessens der Einigungsstelle setzen[9]. Nur wenn die Einigungsstelle ausschließlich über eine Rechtsfrage entschieden hat, kann das ArbG diese sogleich selbst entscheiden. Sofern nur einzelne Bestimmungen des Spruchs unwirksam sind, kann eine **Teilunwirksamkeit** ausgesprochen werden, wenn der verbleibende Teil des Spruchs eine sinnvolle und in sich geschlossene Regelung bildet und nicht in einem unlösbaren Zusammenhang mit dem unwirksamen Teil steht[10]. Wenn jedoch die wirksamen und die unwirksamen Teile der Regelung zwingend zusammengehören, ist der Spruch insg. für unwirksam zu erklären.

Hat das ArbG die Unwirksamkeit des Spruchs festgestellt, muss die **Einigungsstelle** das Verfahren wieder aufgreifen, **erneut zusammentreten und entscheiden**. Es bedarf weder einer Neuanrufung der Einigungsstelle durch die Beteiligten noch der Bildung einer neuen Einigungsstelle. Sie tritt in derselben Konstellation zusammen wie zuvor. Ihre Aufgabe ist durch den unwirksamen Spruch noch nicht erfüllt[11]. Bei der neuen Entscheidung hat die Einigungsstelle die Feststellungen des ArbG zu berücksichtigen. Beruht die Unwirksamkeit des Spruchs darauf, dass die Einigungsstelle insg. unzuständig war, also kein MitbestR besteht, ist das Einigungsstellenverfahren beendet.

6. Gegenstandswert. Bei der Anfechtung von Einigungsstellenbeschlüssen kommt es entscheidend darauf an, das mit der Anfechtung verfolgte Interesse abzuschätzen. Für die Ausfüllung des bestehenden Ermessensrahmens sind (auch) die wirtschaftl. Bedeutung und die Mindestlaufzeit zu berücksichtigen[12]. Bei der Anfechtung eines Einigungsstellenspruchs über einen **Sozialplan** gem. Abs. 5 S. 4 handelt es sich um eine nicht vermögensrechtl. Streitigkeit, so dass sich die Gegenstandswertfestsetzung nach § 23 III 2 Hs. 2 RVG richtet. Für solche Gegenstände ist der Wert auf 4 000 Euro, nach Lage des Falles niedriger oder höher, jedoch nicht über 500 000 Euro festzusetzen[13]. Dabei werden beim Streit über die Wirksamkeit eines Einigungsstellenspruchs für die Bemessung des Gegenstandswertes häufig die Grundsätze über den Streit um das Bestehen eines MitbestR herangezogen. Ausgangspunkt bildet die Anzahl der betroffenen ArbN, wobei eine Orientierung an der Staffel des § 9 erfolgt. Für bis zu 20 ArbN

---

[1] LAG MV 25.2.2009 – 3 TaBV 7/08, Rz. 46f., nv. ||[2] BAG 22.7.2003 – 1 ABR 28/02, NZA 2004, 507; 30.10.1979 – 1 ABR 112/77, DB 1980, 548; 22.1.1980 – 1 ABR 28/78, DB 1980, 1402; 27.5.1986 – 1 ABR 48/84, NZA 1986, 643. AA *Rieble*, Die Kontrolle des Ermessens der Einigungsstelle, 1990, S. 163ff. ||[3] BAG 30.8.1995 – 1 ABR 4/95, DB 1996, 333f.; LAG Berlin 5.3.2003 – 10 TaBV 2089/02, nv. ||[4] BAG 24.8.2004 – 1 ABR 23/03, NZA 2005, 397; 29.1.2002 – 1 ABR 18/01, DB 2002, 1948; 25.1.2000 – 1 ABR 1/99, DB 2000, 2329f.; 30.8.1995 – 1 ABR 4/95, DB 1996, 333f. DKKW/*Berg*, § 76 Rz. 147; *Fitting*, § 76 Rz. 153; ErfK/*Kania*, § 76 BetrVG Rz. 32. AA (Überprüfung auch der Beweggründe): *Rieble*, Die Kontrolle des Ermessens der Einigungsstelle, 1990, S. 23ff.; *Fiebig*, DB 1995, 1278 (1280); *Heinze*, RdA 1990, 262 (272); Richardi/*Richardi*, § 76 Rz. 137. ||[5] LAG Bln.-Bbg. 21.3.2012 – 20 TaBV 188/11. ||[6] BAG 22.1.2002 – 3 ABR 28/01, DB 2002, 1839; 4.7.1989 – 1 ABR 40/88, NZA 1990, 29. ||[7] BAG 29.1.2002 – 1 ABR 18/01, DB 2002, 1948. ||[8] BAG 31.8.1982 – 1 ABR 27/80, BAGE 40, 107 (122). ||[9] *Herschel*, ArbuR 1974, 265; Richardi/*Richardi*, § 76 Rz. 136; *Fitting*, § 76 Rz. 160. ||[10] BAG 9.11.2010 – 1 ABR 75/09, NZA-RR 2011, 354; 28.5.2002 – 1 ABR 37/01, NZA 2003, 171; 20.7.1999 – 1 ABR 66/98, NZA 2000, 495ff. ||[11] BAG 30.1.1990 – 1 ABR 2/89, DB 1990, 1090f.; LAG Rh.-Pf. 12.4.2011 – 3 TaBV 6/11, Rz. 31ff.; LAG Düss. 24.1.1978 – 8 TaBV 33/77, EzA § 87 BetrVG 1972 Vorschlagswesen Nr. 1. AA (Bildung einer neuen Einigungsstelle): ErfK/*Kania*, § 76 BetrVG Rz. 22. ||[12] LAG Hamm 22.8.2005 – 10 TaBV 5/05. ||[13] LAG Hess. 11.2.2004 – 5 Ta 510/03, LAGE § 8 BRAGO Nr. 57.

ist der Auffangwert von 4 000 Euro in Ansatz zu bringen, für die weiteren in § 9 vorgesehenen Staffeln jeweils zusätzlich 4 000 Euro[1].

76a Kosten der Einigungsstelle

(1) Die Kosten der Einigungsstelle trägt der Arbeitgeber.

(2) Die Beisitzer der Einigungsstelle, die dem Betrieb angehören, erhalten für ihre Tätigkeit keine Vergütung; § 37 Abs. 2 und 3 gilt entsprechend. Ist die Einigungsstelle zur Beilegung von Meinungsverschiedenheiten zwischen Arbeitgeber und Gesamtbetriebsrat oder Konzernbetriebsrat zu bilden, so gilt Satz 1 für die einem Betrieb des Unternehmens oder eines Konzernunternehmens angehörenden Beisitzer entsprechend.

(3) Der Vorsitzende und die Beisitzer der Einigungsstelle, die nicht zu den in Absatz 2 genannten Personen zählen, haben gegenüber dem Arbeitgeber Anspruch auf Vergütung ihrer Tätigkeit. Die Höhe der Vergütung richtet sich nach den Grundsätzen des Absatzes 4 Satz 3 bis 5.

(4) Das Bundesministerium für Arbeit und Soziales kann durch Rechtsverordnung die Vergütung nach Absatz 3 regeln. In der Vergütungsordnung sind Höchstsätze festzusetzen. Dabei sind insbesondere der erforderliche Zeitaufwand, die Schwierigkeit der Streitigkeit sowie ein Verdienstausfall zu berücksichtigen. Die Vergütung der Beisitzer ist niedriger zu bemessen als die des Vorsitzenden. Bei der Festsetzung der Höchstsätze ist den berechtigten Interessen der Mitglieder der Einigungsstelle und des Arbeitgebers Rechnung zu tragen.

(5) Von Absatz 3 und einer Vergütungsordnung nach Absatz 4 kann durch Tarifvertrag oder in einer Betriebsvereinbarung, wenn ein Tarifvertrag dies zulässt oder eine tarifliche Regelung nicht besteht, abgewichen werden.

I. Vorbemerkung 1	III. Honorar und sonstige Kosten der Beisitzer 18
II. Honorar und sonstige Kosten des Vorsitzenden 4	1. Betriebsangehörige Beisitzer 18
1. Allgemeines 4	2. Betriebsfremde Beisitzer 21
2. Vereinbarung oder einseitige Bestimmung . 5	3. Auslagenersatz; Mehrwertsteuer 28
3. Kriterien der Vergütungsbemessung 7	IV. Abweichende Regelungen durch Tarifvertrag und Betriebsvereinbarung (Abs. 5) .. 29
4. Art der Berechnung 13	V. Kosten der Vertretung des Betriebsrats vor der Einigungsstelle 31
5. Fälligkeit der Vergütung 15	VI. Kosten durch die Sitzung; Sachverständiger 33
6. Auslagenersatz 16	VII. Gerichtliche Durchsetzung 34
7. Mehrwertsteuer 17	

1 **I. Vorbemerkung.** Das **BetrVG** von 1972 enthielt bis 1989 keine Regelung über die Kosten der Einigungsstelle. Es galt der allg. Grundsatz des § 40, wonach der ArbGeb die Kosten der Tätigkeit des BR zu tragen hat. Viele Einzelheiten der Kostentragungslast waren umstritten, insb. die Berechnung der Beisitzerhonorare nach den Grundsätzen der BRAGO[2]. Kritisiert wurde vor allem, dass die Einigungsstelle den Gegenstandswert selbst schätzen musste und damit die Höhe der eigenen Vergütung selbst bestimmte. Beanstandet wurde zudem, dass die zuweilen hohen Gegenstandswerte bei Sozialplanverhandlungen zu unangemessen hohen Honoraren führten[3].

2 1989 erfuhr die Kostenfrage in § **76a** eine gesetzl. Regelung[4]. Weder das BPersVG noch das SprAuG oder das EBRG enthalten vergleichbare Vorschriften. Abs. 1 schreibt die Verpflichtung des ArbGeb, die Kosten der Einigungsstelle zu tragen, gesetzl. fest. Abs. 2 und 3 regeln die Vergütung der Mitglieder der Einigungsstelle. Die gesetzl. Regelung knüpft hinsichtlich der Vergütungshöhe nicht mehr an die BRAGO bzw. das RVG an, sondern enthält eigene Bemessungskriterien. Unterschieden wird zudem zwischen betriebsangehörigen und betriebsfremden Beisitzern; Erstere haben keinen Anspruch auf eine gesonderte Vergütung. Von der in Abs. 4 enthaltenen Ermächtigung des BMAS, die Vergütung der Einigungsstellenmitglieder durch RechtsVO näher zu regeln, wurde bisher kein Gebrauch gemacht.

3 Die **Kostentragungspflicht des ArbGeb** umfasst **alle Kosten** der Einigungsstelle. Dies sind neben der Vergütung der Mitglieder auch deren Aufwendungen und Auslagen, aber auch die allg. Kosten der Einigungsstelle (vgl. Rz. 33). Es gilt allerdings der Grundsatz, dass all diese Kosten nur erstattet werden müssen, soweit sie **erforderlich und verhältnismäßig** sind[5].

4 **II. Honorar und sonstige Kosten des Vorsitzenden. 1. Allgemeines.** Der Vorsitzende hat einen **gesetzl. Anspruch** gegen den ArbGeb auf Zahlung einer Vergütung aus Abs. 3 und 4. Dies gilt auch, wenn

---

[1] So etwa LAG Hamburg 10.2.2012 – H 6 Ta 1/12; LAG Schl.-Holst. 16.7.2010 – 3 Ta 81/10; LAG Hamm 11.10.2006 – 10 Ta 522/06. ||[2] BAG 15.12.1978 – 6 ABR 64/77, AP Nr. 5 zu § 76 BetrVG 1972; Richardi/*Richardi*, § 76a Rz. 1. ||[3] Vgl. Richardi/*Richardi*, § 76a Rz. 2; *Bengelsdorf*, NZA 1989, 489 (490); *Wlotzke*, DB 1989, 111 (117); BT-Drs. 11/3618. ||[4] Gesetz v. 20.12.1988, BGBl. 1988 I S. 2312ff. ||[5] BAG 13.11.1991 – 7 ABR 70/90, DB 1992, 789 f.

er dem Betrieb angehört, da Abs. 2 nur für Beisitzer gilt[1]. Bis zum Erlass einer RechtsVO nach Abs. 4 S. 1 ist die Vergütung im Einzelfall festzulegen. Die früher übliche Bemessung des Honorars nach den Grundsätzen der BRAGO (jetzt: RVG) kommt seit Inkrafttreten des § 76a **nicht mehr in Betracht**.

2. Vereinbarung oder einseitige Bestimmung. Zur Vermeidung späterer Streitigkeiten ist es empfehlenswert, bereits vor Beginn der Einigungsstelle eine **Vereinbarung** über die Höhe der Vergütung (zB den Stundensatz) zu schließen. Für eine solche Honorarvereinbarung gilt der Grundsatz der **Vertragsfreiheit**: Der ArbGeb kann mit dem Vorsitzenden eine höhere Vergütung vereinbaren, als sie sich nach den Grundsätzen der Abs. 3, 4 ergäbe; der Vorsitzende kann andererseits auch ganz oder teilweise auf sein Honorar verzichten. Zum Schicksal des Beisitzerhonorars im Falle des Verzichts noch Rz. 24.

Kommt eine Vereinbarung zwischen dem Einigungsstellenvorsitzenden und dem ArbGeb über das Vorsitzendenhonorar oder die maßgebenden Aspekte seiner Berechnung nicht zustande, hat der Vorsitzende ein **einseitiges Bestimmungsrecht** iSv. §§ 315, 316 BGB. Danach kann er die Vergütung unter Berücksichtigung der Kriterien des Abs. 4 S. 3–5 (hierzu Rz. 7 f.) nach billigem Ermessen einseitig **selbst festsetzen**[2]. Erscheint dem ArbGeb das nach § 316 BGB einseitig festgesetzte Honorar zu hoch, kann er es **gerichtlich überprüfen** lassen. Dies geschieht im Beschlussverfahren[3]. Hat der Vorsitzende bei der einseitigen Bestimmung die Grenzen billigen Ermessens überschritten, setzt das ArbG die Höhe der zu zahlenden Vergütung fest, vgl. § 315 III 2 BGB[4]. Das Gericht hat die Billigkeit der Vergütungsfestsetzung unter Berücksichtigung der Besonderheiten des jeweiligen Einzelfalles zu beurteilen. Der pauschale Vergleich mit der Vergütung in einem anderen Streitfall ist jedenfalls dann nicht zulässig, wenn in diesem die Vergütungshöhe zuvor vereinbart worden ist[5]. Hatten der ArbGeb und der Einigungsstellenvorsitzende eine Vergütungsvereinbarung getroffen oder hat der ArbGeb die vom Vorsitzenden der Einigungsstelle gem. § 316 I BGB bestimmte Vergütungshöhe nicht als unbillig beanstandet, entspricht diese in aller Regel billigem Ermessen[6].

3. Kriterien der Vergütungsbemessung. Für die Bemessung der Höhe der Vergütung sind die **Kriterien des Abs. 4 S. 3–5** maßgeblich. Diese sind bis zum Erlass einer RechtsVO zur Vergütung der Einigungsstellenmitglieder auch unmittelbar bei der privatrechtl. Festsetzung des Honorars zu berücksichtigen[7]. Dies ergibt sich aus der Verweisung des Abs. 3 S. 2. Nach Abs. 4 S. 3 ist bei der Bemessung der Vergütung insb. der erforderliche **Zeitaufwand**, die **Schwierigkeit** der Streitigkeit sowie ein **Verdienstausfall** zu berücksichtigen. Die Aufzählung ist nicht abschließend („insbesondere")[8]. Nach Abs. 4 S. 5 ist auch den berechtigten Interessen der Mitglieder der Einigungsstelle und des ArbGeb Rechnung zu tragen. Zu den Kriterien im Einzelnen:

a) **Erforderlicher Zeitaufwand.** Das **wichtigste Kriterium** bei der Bemessung der Vergütung ist der „erforderliche Zeitaufwand" iSv. Abs. 4 S. 3. Hierzu zählt auch die **erforderliche Vor- und Nachbereitung** der Einigungsstelle (zB Studium von Unterlagen, Abfassen des Protokolls und einer etwaigen Begründung des Einigungsstellenspruchs)[9]. Zur Bemessung des Zeitaufwandes nach **Stunden- oder Tagessätzen** näher Rz. 13 f.

b) **Schwierigkeit der Streitigkeit.** Neben dem Zeitaufwand hat die Schwierigkeit der Streitigkeit als Kriterium **eine eigenständige Bedeutung**. Im Einzelfall kann eine besonders schwierige Streitigkeit durchaus in kurzer Zeit abgeschlossen werden. Dann wäre es unangemessen, das gleiche Honorar zuzusprechen wie bei einer Streitigkeit, die ebenso schnell abgeschlossen werden konnte, aber bedeutend einfacher war[10]. Ein erhöhter Tages- oder Stundensatz lässt sich daher durch eine besondere Schwierigkeit des Streitgegenstandes rechtfertigen. Die Schwierigkeit ist an **objektiven Maßstäben** und nicht daran zu messen, welche Schwierigkeit der Verhandlungsgegenstand dem einzelnen Einigungsstellenmitglied bereitet. Die Schwierigkeit kann sich aus der **Materie** des Einigungsstellenverfahrens oder aus **sonstigen Umständen** (zB hoher zeitlicher oder psychischer Druck) ergeben.

c) **Verdienstausfall.** Ein Verdienstausfall (Abs. 4 S. 3) ist bei der Honorarbemessung **zu berücksichtigen**, sofern er tatsächlich eingetreten ist. Eine gesonderte Erstattung des Verdienstausfalls im Wege eines individuellen Auslagenersatzes verstieße gegen den Wortlaut des Gesetzes[11]. Ausgehend von der 70 %-Regel (hierzu Rz. 24) ist hinsichtlich der Honorarhöhe ausnahmsweise eine **Differenzierung** vorzunehmen, wenn bei den einzelnen Mitgliedern der Einigungsstelle ein unterschiedlich hoher Verdienstausfall vorliegt (hierzu Rz. 25)[12]. Das **Fehlen eines Verdienstausfalles** führt nicht zu einer Verringerung der nach den übrigen Kriterien errechneten Vergütung[13].

---

1 Unzutr. daher *Ziege*, NZA 1990, 928. ‖ 2 BAG 12.2.1992 – 7 ABR 20/91, NZA 1993, 605; 28.8.1996 – 7 ABR 42/95, AP Nr. 7 zu § 76a BetrVG 1972. ‖ 3 Vgl. BAG 21.6.1989 – 7 ABR 78/87, DB 1989, 2436f. ‖ 4 BAG 12.2.1992 – 7 ABR 20/91, NZA 1993, 605. ‖ 5 BAG 28.8.1996 – 7 ABR 42/95, AP Nr. 7 zu § 76a BetrVG 1972. ‖ 6 BAG 12.2.1992 – 7 ABR 20/91, NZA 1993, 605. ‖ 7 BAG 12.2.1992 – 7 ABR 20/91, NZA 1993, 605. ‖ 8 *Bauer/Röder*, DB 1989, 223; *Fitting*, § 76a Rz. 19. AA GK-BetrVG/*Kreutz/Jacobs*, § 76a Rz. 43. ‖ 9 *Fitting*, § 76a Rz. 20; *Löwisch*, DB 1989, 224; GK-BetrVG/*Kreutz/Jacobs*, § 76a Rz. 45. ‖ 10 *Fitting*, § 76a Rz. 21; *Weber/Fröhlich*, Teil G, Rz. 18. ‖ 11 Ausf. Schwab/Weth/*Kliemt*, Einigungsstellenverfahren Rz. 374. ‖ 12 BAG 14.2.1996 – 7 ABR 24/95, DB 1996, 2233f. ‖ 13 BAG 28.8.1996 – 7 ABR 42/95, DB 1997, 283f.

11 Wird ein **Rechtsanwalt** als Vorsitzender der Einigungsstelle tätig, ist er idR verpflichtet, seinen Verdienstausfall so konkret wie möglich zu belegen[1]. Hierbei kann nicht davon ausgegangen werden, dass ein Rechtsanwalt wegen seiner Tätigkeit in der Einigungsstelle auch lukrative Mandate ausschlägt[2]. Der als Vorsitzender beauftragte Rechtsanwalt sollte daher bereits im Vorfeld mit dem ArbGeb eine Honorarvereinbarung treffen.

12 **d) Berechtigte Interessen des Einigungsstellenmitgliedes sowie des ArbGeb.** Bei der Festlegung der Vergütung sind auch die berechtigten Interessen der Mitglieder der Einigungsstelle sowie des ArbGeb zu berücksichtigen, Abs. 4 S. 5. Die zunächst anhand der zuvor genannten Kriterien ermittelte Vergütung kann unter **Abwägung aller Umstände** des Einzelfalls nochmals überprüft und ggf. angepasst werden. Im Rahmen der anzustellenden **Gesamtschau** kann eine Vergütungsanpassung auf Grund der wirtschaftl. Lage des ArbGeb, der wirtschaftl. Bedeutung des Einigungsstellenspruchs oder der besonderen Fachkunde der Einigungsstellenmitglieder gerechtfertigt sein. Befindet sich das Unternehmen in wirtschaftl. schwieriger Lage oder gar im Insolvenzverfahren, sind Vergütungsabschläge vorzunehmen[3].

13 **4. Art der Berechnung.** Meist wird die Tätigkeit auf der Grundlage eines festen **Tages- oder Stundensatzes** abgerechnet. Zulässig ist auch die Vereinbarung eines **Pauschalhonorars** (ggf. zzgl. einer Auslagenpauschale) unabhängig vom tatsächlichen Zeitaufwand[4]. Auch **Kombinationen** sind möglich. Bspw. können die eigentlichen Sitzungen auf der Basis eines Tageshonorars, die Zeiten der Vor- und Nacharbeit hingegen auf Stundenbasis vergütet werden. Um eine zügige Durchführung der Einigungsstelle zu gewährleisten, kann eine vorherige Vereinbarung eines **Höchsthonorars** (sog. **Deckelung**) ratsam sein. Eine Orientierung der Stundensätze an denjenigen, die Sachverst. nach dem JVEG erhalten (höchstens 95 Euro)[5], ist im Regelfall unsachgemäß, da die Tätigkeit der Einigungsstellenmitglieder erheblich komplexer und umfassender als die eines Sachverst. iSd. §§ 8 ff. JVEG ist[6]. Aus den gleichen Gründen ist eine Orientierung an der **Entschädigung ehrenamtlicher Richter** nach den §§ 15 ff. JVEG abzulehnen[7]. Ebenso wenig ist der Honoraranspruch durch eine sich am JVEG orientierende Höchstgrenze beschränkt. § 76a sieht eben keine Höchstgrenze vor. Es fehlt daher an einer Gesetzeslücke, die im Wege der analogen Anwendung der Vorschriften des JVEG zu schließen wäre[8].

14 Die **Höhe des Stundensatzes** bestimmt sich nach den oben (vgl. Rz. 7 ff.) dargestellten Kriterien des Abs. 4. Je nach Schwierigkeit der Streitigkeit und den sonstigen Umständen des Einzelfalls betragen die Stundensätze idR **100 bis 300 Euro**, in besonderen Fällen auch darüber[9]. Das **BAG** hat bereits 1996 einen Stundensatz von 300 DM (jetzt 153 Euro) bei einer Angelegenheit mittlerer Schwierigkeit, der Aufstellung eines Sozialplanes anlässlich einer Betriebsstilllegung, für angemessen erachtet[10].

15 **5. Fälligkeit der Vergütung.** Der Vergütungsanspruch entsteht mit der Bestellung zum Vorsitzenden der Einigungsstelle und wird – sofern nichts anderes vereinbart wurde – erst **nach Beendigung** des Einigungsstellenverfahrens fällig, § 614 S. 1 BGB. Ist eine Vergütung nach Tages- oder Stundensätzen vereinbart, wäre diese nach § 614 S. 2 BGB jeweils nach Ablauf der einzelnen Zeitabschnitte zu entrichten. Hier ist jedoch in aller Regel konkludent oder ausdrücklich vereinbart, dass die Vergütung erst bei Abschluss des Verfahrens fällig werden soll. Bei langwierigen Einigungsstellenverfahren oder bei zu erwartenden hohen Auslagen (Reisekosten oÄ) haben die Einigungsstellenmitglieder Anspruch auf einen angemessenen **Vorschuss** oder auf Abschlagszahlungen[11].

16 **6. Auslagenersatz.** Neben der Vergütung hat der Vorsitzende (zu den Beisitzern Rz. 28) einen Anspruch auf Ersatz aller ihm im Zusammenhang mit der Einigungsstelle entstehenden **Aufwendungen** und **Auslagen**. Hierzu zählen Fahrtkosten, Telefon- und Telefaxgebühren, Porto- und Fotokopierkosten sowie erforderliche Übernachtungs- und Verpflegungskosten[12]. Eine Pauschalierung dieser Aufwendungen (Spesen) oder die Vereinbarung einer **pauschalen** Abgeltung mit dem Honorar ist zulässig. Sofern dies nicht geschieht, müssen die Aufwendungen im Einzelnen belegt und abgerechnet werden. Bei den Auslagen handelt es sich nicht um Honorar iSd. Abs. 3 und 4, sondern um sonstige Kosten der Einigungsstelle, die der ArbGeb nach Abs. 1 zu tragen hat[13].

---

1 BAG 20.2.1991 – 7 ABR 6/90, DB 1991, 1939 f.; *Fitting*, § 76a Rz. 22.   ‖2 Vgl. BAG 20.2.1991 – 7 ABR 6/90, DB 1991, 1939 f.; 20.2.1991 – 7 ABR 78/89, nv.   ‖3 *Fitting*, § 76a Rz. 23; DKKW/*Berg*, § 76a Rz. 33.   ‖4 LAG Hess. 11.6.2012 – 16 TaBV 203/11 (Pauschalhonorar 25 000 Euro bei 13 Stunden dauernder Einigungsstelle hoch, aber noch angemessen); BAG 21.6.1989 – 7 ABR 78/87, DB 1989, 2436 f. (Pauschalhonorar 5 000 DM netto); 13.11.1991 – 7 ABR 70/90, DB 1992, 789 f. (drei Tagessätze à 2 000 DM); 14.2.1996 – 7 ABR 24/95, DB 1996, 2233 f. (Pauschalhonorar 19 000 DM netto zzgl. 2 000 DM Spesenpauschale). Krit. MünchArbR/*Joost*, § 232 Rz. 114; GK-BetrVG/*Kreutz*/*Jacobs*, § 76a Rz. 45.   ‖5 BAG 28.8.1996 – 7 ABR 42/95, DB 1997, 283 f. noch zum ZSEG; so nunmehr auch GK-BetrVG/*Kreutz*/*Jacobs*, § 76a Rz. 46 (anders noch die 8. Aufl.), ganz hM. AA *Stege*/*Weinspach*/*Schiefer*, § 76a Rz. 28; Hess ua./*Worzalla*, § 76a Rz. 33.   ‖6 Eingehend Schwab/Weth/*Kliemt*, Einigungsstellenverfahren Rz. 338 ff., 348 ff., jew. mwN.   ‖7 LAG Hess. 26.9.1991 – 12 TaBV 73/91, NZA 1992, 469; DKKW/*Berg*, § 76a Rz. 32; *Kamphausen*, NZA 1992, 55 (59); *Wenning-Morgenthaler*, Rz. 503. AA *Bengelsdorf*, NZA 1999, 489 (495); *Lunk*/*Nebendahl*, NZA 1990, 921 (925).   ‖8 BAG 28.8.1996 – 7 ABR 42/95, DB 1997, 283 f. zum EhrRiEG.   ‖9 Vgl. etwa ErfK/*Kania*, § 76a BetrVG Rz. 5; *Fitting*, § 76a Rz. 24b; *Wenning-Morgenthaler*, Rz. 504 ff.; *Ehrich*/*Fröhlich*, Teil G, Rz. 24.   ‖10 BAG 28.8.1996 – 7 ABR 42/95, DB 1997, 283 f.   ‖11 BAG 14.2.1996 – 7 ABR 24/95, DB 1996, 2233 f.; *Fitting*, § 76a Rz. 18. AA GK-BetrVG/*Kreutz*/*Jacobs*, § 76a Rz. 57.   ‖12 *Fitting*, § 76a Rz. 9; ErfK/*Kania*, § 76a BetrVG Rz. 2.   ‖13 BAG 14.2.1996 – 7 ABR 24/95, DB 1996, 2233 f.

7. Mehrwertsteuer. Ist der Vorsitzende zur Abführung von MwSt verpflichtet, hat er gegen den Arb 17
Geb auch ohne gesonderte Vereinbarung einen gesetzl. Anspruch auf deren Erstattung[1]. Die MwSt ist
keine eigenständige Honorarforderung, sondern Teil des vereinbarten Honorars iSv. Abs. 3 und 4. Sie
ist gem. § 14 I UStG gesondert auszuweisen.

III. Honorar und sonstige Kosten der Beisitzer. 1. Betriebsangehörige Beisitzer. Dem Betrieb ange- 18
hörende Beisitzer der Einigungsstelle erhalten für ihre Tätigkeit **keine gesonderte Vergütung**, Abs. 2
S. 1 Hs. 1. Dies gilt für Beisitzer der ArbGeb- und ArbN-Seite, auch für leitende Angestellte. Betriebsangehörige Beisitzer üben – wie BR-Mitglieder nach § 37 I – ein unentgeltliches Ehrenamt aus. Erhielten
sie für die im Interesse des eigenen Betriebs liegende Tätigkeit in der Einigungsstelle eine Vergütung,
wäre dies eine ggü. den Mitgliedern des BR nicht zu rechtfertigende Besserstellung[2]. Scheidet ein Beisitzer während des Einigungsstellenverfahrens aus dem Betrieb aus, hat er für die danach erbrachte Tätigkeit in der Einigungsstelle Anspruch auf eine **anteilige Vergütung**[3]. Für die Zeit der Einigungsstelle
sind betriebsangehörige Beisitzer ebenso wie BR-Mitglieder bezahlt von ihrer Verpflichtung zur Arbeitsleistung **freizustellen**, Abs. 2 S. 1 Hs. 2 iVm. § 37 II, III. Sofern die Einigungsstelle außerhalb der Arbeitszeit tagt, haben sie einen Anspruch auf Freizeitausgleich bzw. – wenn der Freizeitausgleich nicht
rechtzeitig gewährt werden kann – auf Abgeltung. Die gesetzl. Regelung ist **zwingend**. Eine davon abweichende Vereinbarung ist nichtig. Dies gilt auch dann, wenn sie Teil einer tarifvertragl. Regelung iSv.
Abs. 5 oder einer BV ist[4].

Wird die Einigungsstelle auf **Unternehmens- oder Konzernebene** zur Beilegung einer Meinungsver- 19
schiedenheit zwischen ArbGeb und Unternehmens- oder KonzernBR gebildet, gelten die vorstehenden
Ausführungen für Beisitzer, die einem Betrieb des Unternehmens bzw. eines Konzernunternehmens
angehören, entsprechend (Abs. 2 S. 2). Auch mit ihnen kann eine Vergütung nicht vereinbart werden.
Sie können gleichfalls bezahlte Freistellung, Freizeitausgleich und ggf. Abgeltung beanspruchen.

Wird die Einigungsstelle nicht auf Unternehmens- oder Konzern-, sondern auf **Betriebsebene** gebil- 20
det, ist der **betriebsfremde, aber unternehmensangehörige Beisitzer** hinsichtlich seiner Vergütung wie
ein betriebsfremder Beisitzer zu behandeln[5]. Statt der üblichen Honorarregelung kann eine Freistellung und Freizeitausgleich nach Abs. 2 S. 1 iVm. § 37 II, III vereinbart werden[6].

2. Betriebsfremde Beisitzer. a) Gesetzlicher Anspruch. Die betriebsfremden Beisitzer besitzen nach 21
Abs. 3 einen unmittelbaren gesetzl. Anspruch gegen den ArbGeb auf Zahlung einer Vergütung für ihre
Tätigkeit in der Einigungsstelle. Sofern keine besonderen Umstände vorliegen, sind alle betriebsfrem-
den Beisitzer gleich zu vergüten[7].

Bei den Beisitzern des BR ist allein die Fassung **eines wirksamen Beschlusses** durch den BR erforder- 22
lich[8]. Auf eine Mitteilung an den ArbGeb oder gar dessen Billigung kommt es nicht an[9]. Der ordnungsgemäße BR-Beschluss (vgl. § 29 II, § 33) muss vor Aufnahme der Tätigkeit als Beisitzer gefasst worden
sein. Fehlt es zunächst an einem wirksamen Beschluss, soll jedoch eine nachträgliche Genehmigung
durch den BR möglich sein; die Beschlussfassung des BR über die Bestellung des Beisitzers sei nicht
fristgebunden[10]. Eine allein vom BR-Vorsitzenden abgeschlossene Vereinbarung mit dem Beisitzer, die
nicht auf einem zuvor wirksam gefassten BR-Beschluss beruht, ist schwebend unwirksam. Ihre Wirksamkeit hängt nach § 177 I BGB von der nachträglichen Zustimmung des BR ab. Ein Anspruch des
nicht wirksam bestellten Beisitzers aus dem Gesichtspunkt des **Vertrauensschutzes** besteht nicht, da
der ArbGeb, gegen den sich der Anspruch richten würde, keinen Vertrauenstatbestand geschaffen
hat[11]. Lässt jedoch der ArbGeb die Teilnahme eines BR-Beisitzers über einen langen Zeitraum und eine
Vielzahl von Einigungsstellensitzungen hinweg unbeanstandet, kann – je nach den Umständen des Einzelfalles – sein erstmaliges Bestreiten eines wirksamen Bestellungsbeschlusses des BR rechtsmissbräuchlich und damit unbeachtlich sein[12].

Auf die Erforderlichkeit der Beauftragung eines (kostenträchtigen) betriebsfremden Beisitzers 23
kommt es nach dem eindeutigen Wortlaut des Abs. 3 S. 1 nicht (mehr) an[13]. Belastet der BR den Arb-

---

1 BAG 14.2.1996 – 7 ABR 24/95, DB 1996, 2233f. Ausf. Schwab/Weth/*Kliemt*, Einigungsstelle Rz. 375f. mwN. Zur früheren Rechtslage vgl. BAG 31.7.1986 – 6 ABR 79/83, DB 1987, 441f. ||2 *Fitting*, § 76a Rz. 11; GK-BetrVG/*Kreutz/Jacobs*, § 76a Rz. 63. ||3 ArbG Düss. 24.6.1992 – 4 BV 90/92, EzA § 76a BetrVG Nr. 5; GK-BetrVG/*Kreutz/Jacobs*, § 76a Rz. 24; DKKW/*Berg*, § 76a Rz. 20; *Fitting*, § 76a Rz. 11. AA *Stege/Weinspach/Schiefer*, § 76a Rz. 8. ||4 *Fitting*, § 76a Rz. 11; DKKW/*Berg*, § 76a Rz. 18. ||5 LAG Hess. 11.12.2008 – 9 TaBV 196/08, Rz. 22, nv.; 28.8.2003 – 9 TaBV 40/03, AR-Blattei ES 630 Nr. 76; LAG BW 30.12.1988 – 7 TaBV 9/88, DB 1989, 736; *Fitting*, § 76a Rz. 13; Schwab/Weth/*Kliemt*, Einigungsstellenverfahren Rz. 381. ||6 *Fitting*, § 76a Rz. 13. ||7 *Wenning-Morgenthaler*, Rz. 519ff. ||8 BAG 19.8.1992 – 7 ABR 58/91, DB 1993, 1196; *Hanau/Reitze*, FS Kraft, 1998, S. 168ff. ||9 BAG 24.4.1996 – 7 ABR 40/95, NZA 1996, 1171. ||10 BAG 10.10.2007 – 7 ABR 51/06, NZA 2008, 369, Rz. 14, 23; LAG Hess. 4.9.2008 – 9 TaBV 71/08 Rz. 11, nv. ||11 BAG 19.8.1992 – 7 ABR 18/91, DB 1993, 1196. ||12 LAG Hess. 11.12.2008 – 9 TaBV 196/08, Rz. 21, nv. für erstmaliges Bestreiten eineinhalb Jahre nach Ende der Einigungsstelle, die neun Monate und elf Sitzungen währte. ||13 BAG 10.10.2007 – 7 ABR 51/06, NZA 2008, 369 und nachgehend LAG Hess. 4.9.2008 – 9 TaBV 71/08, Rz. 11, nv.; BAG 24.4.1996 – 7 ABR 40/95, NZA 1996, 1171; DKKW/*Berg*, § 76a Rz. 23; *Fitting*, § 76a Rz. 15. AA *Bauer/Röder*, DB 1989, 225; *Bengelsdorf*, SAE 1995, 192; GK-BetrVG/*Kreutz/Jacobs*, § 76a Rz. 30ff.

24 **b) Höhe der Vergütung.** Für die **Höhe des Beisitzerhonorars** gilt das **Abstandsgebot** des Abs. 4 S. 4. Danach ist die Vergütung der Beisitzer idR **niedriger** zu bemessen als die des Vorsitzenden. Wenngleich § 76a keinen bestimmten Prozentsatz vorsieht, ist für die Beisitzer idR ein Honorar iHv. **70 %** des Vorsitzendenhonorars angemessen[2]. Dabei ist der geringere Zeit- und Vorbereitungsaufwand bereits berücksichtigt. Auf Grund **besonderer Umstände des Einzelfalles** kann ein anderer Prozentsatz geboten sein[3], etwa wenn es seinerseits unangemessen ist oder sich durch Besonderheiten erklärt, die in den Verhältnissen oder der Person des Beisitzers nicht erfüllt sind[4]. Wird bspw. ein Teil der an den Vorsitzenden entrichteten Vergütung als „pauschaler Auslagenersatz" deklariert, während die tatsächlich entstandenen Auslagen erheblich geringer sind, ist als Berechnungsgrundlage für die Beisitzervergütung die Gesamthonorierung des Vorsitzenden zugrunde zu legen[5]. Eine Pauschalierung iHv. 70 % der Vorsitzendenvergütung kann auch dann unbillig sein, wenn der Vorsitzende auf sein Honorar ganz oder teilweise **verzichtet**. Die Vergütung des Beisitzers ist nicht akzessorisch; sie ist dann auf der Grundlage der fiktiv zu ermittelnden Vergütung des Vorsitzenden zu berechnen[6].

24a Abs. 4 enthält allerdings **kein gesetzliches Verbot**, wonach die Zahlung eines höheren Honorars an einen außerbetriebl. Beisitzer als an den Vorsitzenden der Einigungsstelle unzulässig wäre. Von der Regelung des Abs. 4 S. 3–5 abweichende Vereinbarungen sind wegen der individuellen Vertragsautonomie zulässig[7].

24b Wenn der ursprüngliche Vorsitzende ein **Pauschalhonorar** vereinbart hatte, nach erfolgreicher **Anfechtung des Einigungsstellenspruchs** der Vorsitzende wechselt und die Einigungsstelle sodann ihre Arbeit fortsetzt, kommt eine Erhöhung des auf der Basis der 70 %-Regel bereits bezogenen Pauschalhonorars nur dann in Betracht, wenn wegen des erheblichen weiteren Zeitaufwandes die Vergütung insg. unangemessen wäre[8].

25 Eine **unterschiedlich hohe Vergütung** der Beisitzer des **BR und der ArbGebSeite** ist **unzulässig**. Der **Grundsatz der Parität** und das Benachteiligungsverbot nach § 78 S. 2 gebieten, an die Vergütung der Beisitzer die gleichen Maßstäbe anzulegen[9]. Hieraus folgt jedoch nicht ein Verbot jeglicher Differenzierung und jeglicher Abweichung vom 70 %-Grundsatz. Die Honorarhöhe der Beisitzer kann differieren, wenn dies sachlich gerechtfertigt ist. Bsp. hierfür sind: unterschiedlich hoher Verdienstausfall, Fehlen einzelner Beisitzer bei einigen Sitzungen der Einigungsstelle. Wurde die Höhe des Vorsitzendenhonorars unter Berücksichtigung seines Verdienstausfalls ermittelt, während bei keinem der Beisitzer ein Verdienstausfall eingetreten ist, rechtfertigt dies eine Verringerung ihres Honorars unter die üblichen 70 %. Liegt hingegen bei keinem der Einigungsstellenmitglieder ein Verdienstausfall vor, kann dies kein Anlass sein, von der 70 %-Praxis abzuweichen[10].

26 Will ein Beisitzer eine höhere Vergütung als 70 % des Vorsitzendenhonorars beanspruchen, obliegt ihm die **Darlegungs- und Beweislast** für die besonderen Umstände. Umgekehrt ist der ArbGeb, der auf Grund der Grundsätze des Abs. 4 S. 3 bis 5 eine geringere Beisitzervergütung als 70 % für angemessen hält, für die Gründe darlegungs- und beweisbelastet. Beträgt die Vergütung des anwaltlichen Beisitzers einer Einigungsstelle weniger als ? des Vorsitzendenhonorars, besteht eine Vermutung für einen Verstoß gegen § 78[11]. Da die Gewährung unterschiedlich hoher Vergütungen und die Abweichung vom 70 %-Grundsatz eine nur bei Vorliegen sachlicher Gründe zulässige Ausnahme darstellen, haben die Beisitzer gegen den ArbGeb einen **Auskunftsanspruch** auf Mitteilung der an die Beisitzer und den Vorsitzenden gewährten Vergütungen[12].

27 **c) Gewerkschaftssekretäre und Rechtsanwälte als Beisitzer.** Auch Verbandsvertretern (zB **Gewerkschaftssekretären**) steht ein Honorar zu, wenn sie als Beisitzer in der Einigungsstelle tätig werden[13]. Kann allerdings nicht festgestellt werden, ob ein Gewerkschaftsvertreter als außerbetriebl. Beisitzer oder als Verfahrensbevollmächtigter des BR an der Einigungsstelle teilgenommen hat, kann er kein Ho-

---

1 So auch *Fitting*, § 76a Rz. 15. ||2 HM, BAG 12.2.1992 – 7 ABR 20/91, NZA 1993, 605; 14.2.1996 – 7 ABR 24/95, DB 1996, 2233 f.; 27.7.1994 – 7 ABR 10/93, DB 1995, 835 f.; Schwab/Weth/*Kliemt*, Einigungsstellenverfahren Rz. 389 ff. mwN. ||3 *Fitting*, § 76a Rz. 25; DKKW/*Berg*, § 76a Rz. 34. ||4 LAG Hamm 10.2.2012 – 10 TaBV 61/11, Rz. 101; LAG Hess. 11.6.2012 – 16 TaBV 203/11, Rz. 25. ||5 ArbG Koblenz 5.5.1994 – 8 BV 18/93, nv. ||6 *Schäfer*, NZA 1991, 836 (839). ||7 LAG Hamm 20.1.2006 – 10 TaBV 131/05, NZA-RR 2006, 323; ausführl.: Schwab/Weth/*Kliemt*, Einigungsstellenverfahren Rz. 391a. ||8 LAG Nds. 25.1.2005 – 1 TaBV 65/04, 1 TaBV 69/04, LAGE § 76a BetrVG 2001 Nr. 1. ||9 BAG 20.2.1991 – 7 ABR 6/90, DB 1991, 1939 f.; LAG BW 24.5.1991 – 6 TaBV 14/91, DB 1991, 1992; LAG München 11.1.1991 – 2 TaBV 57/90, BB 1991, 551. AA Richardi/*Richardi*, § 76a Rz. 23; *Bauer/Röder*, DB 1989, 224 (226); GK-BetrVG/*Kreutz/Jacobs*, § 76a Rz. 51, 61. ||10 BAG 14.2.1996 – 7 ABR 24/95, DB 1996, 2233 f.; 28.8.1996 – 7 ABR 42/95, AP Nr. 7 zu § 76a BetrVG 1972. ||11 LAG München 11.1.1991 – 2 TaBV 57/90, LAGE § 76a BetrVG 1972 Nr. 1. ||12 DKKW/*Berg*, § 76a Rz. 40. ||13 BAG 14.2.1996 – 7 ABR 24/95, DB 1996, 2233 f.; 24.4.1996 – 7 ABR 40/95, NZA 1996, 1171.

norar nach Abs. 3 beanspruchen[1]. Wird ein **Rechtsanwalt als Beisitzer** in der Einigungsstelle tätig, ergeben sich keine Besonderheiten. Seine Vergütung bestimmt sich ebenfalls nach den Grundsätzen der Abs. 3, 4, nicht nach dem RVG[2]. Die Honorarvereinbarung bedarf nicht nach § 4 I RVG der Schriftform[3]. IdR wird er ein Honorar iHv. 70 % des Vorsitzendenhonorars beanspruchen können. Ein höherer Anspruch ergibt sich auch nicht daraus, dass der Rechtsanwalt im Unterschied zu den anderen Beisitzern idR einen erheblichen laufenden Büroaufwand hat[4]. Auch bei faktischer Miterledigung eines anderweitig anhängigen Verfahrens entsteht durch den Abschluss einer BV in der Einigungsstelle für das anderweitige Verfahren keine Termins- oder Einigungsgebühr[5]. Ein etwaiger Verdienstausfall kann bei der Bemessung des Honorars nur berücksichtigt werden, wenn er konkret dargelegt wird. Hierfür reicht der bloße Hinweis auf seinen durchschnittlichen Verdienst nicht[6]. Die Vergütung nach Abs. 3 S. 2 erfasst jedoch nur die Tätigkeit in der Einigungsstelle, nicht hingegen eine etwaige vorherige Beratung oder aber das spätere Mandat, die Unwirksamkeit des Einigungsstellenspruchs gerichtlich feststellen zu lassen.

3. Auslagenersatz; Mehrwertsteuer. Die betriebsangehörigen und die betriebsfremden Beisitzer haben ebenso wie der Vorsitzende einen Anspruch auf **Erstattung von Auslagen** (vgl. Rz. 16) und – auch ohne gesonderte Vereinbarung – ggf. auf Erstattung der MwSt.[7].   28

IV. Abweichende Regelungen durch Tarifvertrag und Betriebsvereinbarung (Abs. 5). Von der gesetzl. Vergütungsregelung des Abs. 3, 4 kann durch **TV** oder, wenn dieser eine entsprechende Öffnungsklausel enthält, durch (freiwillige, nicht erzwingbare) **BV** abgewichen werden. Für die Geltung der abweichenden tarifl. Regelung reicht nach § 3 II TVG die Tarifbindung des ArbGeb, da es sich um eine betriebsverfassungsrechtl. Norm iSd. § 1 I TVG handelt. Geändert werden kann zu deren Gunsten oder Ungunsten die Vorsitzenden- oder die Beisitzervergütung. Denkbar ist auch die Aufstellung gänzlich von Abs. 4 S. 3–5 abweichender eigener Berechnungskriterien[8]. Nicht disponibel sind Abs. 1 und 2. Aus diesem Grund kann weder die Entgeltregelung der betriebsangehörigen Beisitzer noch der Grundsatz der Kostentragungspflicht des ArbGeb modifiziert werden[9].   29

Obgleich in Abs. 5 nicht ausdrücklich erwähnt, sind auch **individuelle Vereinbarungen** zwischen dem ArbGeb und den vergütungsberechtigten Einigungsstellenmitgliedern zulässig, soweit sie eine für die Einigungsstellenmitglieder günstigere Vergütungsregelung beinhalten[10] und die Gleichbehandlung aller Beisitzer gewährleistet bleibt. Dies gebietet der Grundsatz der **Parität** (vgl. Rz. 25).   30

V. Kosten der Vertretung des Betriebsrats vor der Einigungsstelle. Lässt sich der BR **vor** der Einigungsstelle durch einen **Rechtsanwalt als Verfahrensbevollmächtigten** vertreten, sind die hieraus resultierenden Kosten **keine Kosten der Einigungsstelle** iSv. Abs. 1 selbst, sondern Kosten des BR iSd. § 40[11]. Die durch die Beauftragung entstehenden Kosten sind vom ArbGeb dann zu tragen, wenn der BR dessen Hinzuziehung bei pflichtgemäßer, verständiger Würdigung aller Umstände für erforderlich halten durfte. Dies ist zu bejahen, wenn der Streitgegenstand schwierige Rechtsfragen aufwirft, die zwischen den Betriebspartnern umstritten sind, und kein BR-Mitglied über den notwendigen juristischen Sachverstand verfügt[12]. Die anwaltliche Vertretung des ArbGeb vor der Einigungsstelle kann ein Indiz für die Schwierigkeit des Streitgegenstands darstellen. Bei der Abwägung der Erforderlichkeit hat der BR auch die Kostenlast für den ArbGeb zu berücksichtigen[13]. Voraussetzung eines Honoraranspruchs ist, dass die Beauftragung auf einem **ordnungsgemäßen BR-Beschluss** beruht (vgl. Rz. 22). Ein tatsächliches Tätigwerden des Rechtsanwalts genügt nicht[14].   31

Die **Vergütung** des Rechtsanwalts bemisst sich nach Nr. 2303 Nr. 4 VV und nach Nr. 1000 I 2 VV. Hiernach erhält er einen Gebührensatz von 1,5 in Verfahren vor sonstigen gesetzl. eingerichteten Einigungsstellen, die sich im Fall einer Einigung der Parteien um einen Gebührensatz von 1,5 erhöht. Der Gegenstandswert bemisst sich nach § 23 III RVG, ohne dass eine Begrenzung nach Abs. 4 stattfände[15]. Bei vorzeitiger Beendigung richtet sich der Vergütungsanspruch nach § 628 BGB. Übernimmt der Rechtsanwalt im Auftrag des BR die gerichtl. Anfechtung des Einigungsstellenspruchs, handelt es sich hierbei um eine neue Angelegenheit iSd. § 15 I RVG[16].   32

VI. Kosten durch die Sitzung; Sachverständiger. Zu den nach § 76a durch den ArbGeb zu tragenden Kosten der Einigungsstelle zählen auch die **allg. Sachkosten** der Einigungsstelle (sog. **Geschäftsaufwand**). Hierzu gehören Kosten für Räume, Schreibmaterial, Schreibpersonal (zB Protokollführer), Te-   33

---

1 LAG Hess. 7.7.2005 – 9 TaBV 134/04. || 2 *Fitting*, § 76a Rz. 17; Schwab/Weth/*Kliemt*, Einigungsstelle Rz. 396 f. mwN. || 3 LAG Hamm 20.1.2006 – 10 TaBV 131/05, NZA-RR 2006, 323. || 4 BAG 20.2.1991 – 7 ABR 6/90, DB 1991, 1939; 15.8.1990 – 7 ABR 76/88, nv. AA *Bauer/Röder*, DB 1989, 225. || 5 ArbG Weiden 20.3.2012 – 5 BV 30/11. || 6 BAG 20.2.1991 – 7 ABR 6/90, DB 1991, 1939. || 7 LAG Hamm 20.1.2006 – 10 TaBV 131/05, NZA-RR 2006, 323. || 8 *Fitting*, § 76a Rz. 31; DKKW/*Berg*, § 76a Rz. 48. AA *Stege/Weinspach/Schiefer*, § 76a Rz. 23. || 9 *Weiss/Weyand*, § 76a Rz. 10; *Fitting*, § 76a Rz. 30. || 10 LAG Rh.-Pf. 24.5.1991 – 6 TaBV 14/91, DB 1991, 1992. || 11 BAG 14.2.1996 – 7 ABR 25/95, DB 1996, 2187 f.; 5.11.1981 – 6 ABR 24/78, AP Nr. 9 zu § 76 BetrVG 1972; 21.6.1989 – 7 ABR 78/87, DB 1989, 2436 f. || 12 BAG 14.2.1996 – 7 ABR 25/95, DB 1996, 2187 f.; 21.6.1989 – 7 ABR 78/87, DB 1989, 2436 f. AA *Bengelsdorf*, NZA 1989, 489 (497); *Stege/Weinspach/Schiefer*, § 76a Rz. 18. || 13 BAG 14.2.1996 – 7 ABR 25/95, DB 1996, 2187 f. || 14 BAG 14.2.1996 – 7 ABR 25/95, DB 1996, 2187 f. || 15 BAG 14.2.1996 – 7 ABR 25/95, DB 1996, 2187 f. || 16 LAG Rh.-Pf. 6.8.1992 – 9 Ta 163/92, NZA 1993, 93.

lefon oder Porto und die Kosten eines **Sachverständigengutachtens**[1]. Die Einigungsstelle darf nach § 80 III den **Sachverst. ohne vorheriges Einverständnis des ArbGeb** beauftragen, wenn die Hinzuziehung **erforderlich** ist und die damit verbundenen Kosten **verhältnismäßig** sind. Insoweit steht der Einigungsstelle jedoch ein gewisser Beurteilungsspielraum zu. Sie muss dabei wie jeder andere, der auf Kosten eines Dritten handeln darf, die Maßstäbe einhalten, die sie einhielte, wenn sie als Gremium selbst oder wenn ihre Mitglieder die Kosten zu tragen hätten[2]. Wird ohne Beachtung dieser Grundsätze ein Gutachten eingeholt, besteht kein Honoraranspruch des Sachverst. gegen den ArbGeb. Er kann sich in diesem Fall nur an die handelnden Mitglieder der Einigungsstelle halten.

34 **VII. Gerichtliche Durchsetzung.** Ansprüche der **betriebsangehörigen** Beisitzer auf Fortzahlung des Arbeitsentgelts, auf Freizeitausgleich oder auf Abgeltung sind nach § 2 I Nr. 3a, Abs. 5, §§ 46 ff. ArbGG im **Urteilsverfahren** durchzusetzen, da es sich hierbei um arbeitsvertragl. zugesagtes Gehalt handelt[3]. Die **sonstigen Ansprüche** der Beisitzer und des Vorsitzenden sind im **Beschlussverfahren** geltend zu machen, § 2a I Nr. 1, §§ 80 ff. ArbGG. Dies gilt für die Vergütung, aber auch für Auslagen als sonstige Kosten der Einigungsstelle und für die Gebühren eines Rechtsanwalts, der als **Verfahrensbevollmächtigter** aufgetreten ist. **Antragsberechtigt** ist das einzelne Mitglied der Einigungsstelle bzw. der Verfahrensbevollmächtigte[4]. Das ArbG ist auch für nach erfolgter Anfechtung gegebene Rückzahlungsansprüche des Insolvenzverwalters gegen Einigungsstellenmitglieder zuständig[5]. Der BR ist nicht Beteiligter dieses Verfahrens, weil die Voraussetzungen des § 83 III ArbGG nicht vorliegen[6]: der gesetzl. Vergütungsanspruch des Einigungsstellenbeisitzers richtet sich unmittelbar gegen den ArbGeb, ohne dass es einer Honorarzusage des BR bedürfte.

35 Der ArbGeb hat auch die Kosten zu tragen, die einem betriebsfremden Einigungsstellenmitglied bei der Durchsetzung seines berechtigten Honoraranspruchs entstehen (**Honorardurchsetzungskosten**). Dieser Anspruch ergibt sich unter dem Gesichtspunkt des Verzugsschadens iSv. §§ 280 I und II, 286 BGB mittelbar aus der Einigungsstelle[7]. Dies gilt auch für etwaige Anwaltskosten, da § 12a I 1 ArbGG, wonach in der ersten Instanz keine Kostenerstattung erfolgt, nur im Urteilsverfahren gilt[8]. Die Honorardurchsetzungskosten sind selbst dann zu ersetzen, wenn der Antragsteller selbst Rechtsanwalt ist und seine eigene Vergütung gerichtlich durchsetzen muss[9].

36 War das Einigungsstellenverfahren vor Eröffnung der **Insolvenz** bereits abgeschlossen, sind Honoraransprüche der Einigungsstellenmitglieder nur einfache Insolvenzforderungen iSd. § 38 InsO[10]. Ist das Einigungsstellenverfahren hingegen erst nach Insolvenzeröffnung eingeleitet worden oder zwar vorher begonnen, dann aber vom Insolvenzverwalter fortgeführt worden, sind die Honorar- und sonstigen Ansprüche Masseverbindlichkeiten iSd. § 55 I InsO[11].

77 *Durchführung gemeinsamer Beschlüsse, Betriebsvereinbarungen*

(1) Vereinbarungen zwischen Betriebsrat und Arbeitgeber, auch soweit sie auf einem Spruch der Einigungsstelle beruhen, führt der Arbeitgeber durch, es sei denn, dass im Einzelfall etwas anderes vereinbart ist. Der Betriebsrat darf nicht durch einseitige Handlungen in die Leitung des Betriebs eingreifen.

(2) Betriebsvereinbarungen sind von Betriebsrat und Arbeitgeber gemeinsam zu beschließen und schriftlich niederzulegen. Sie sind von beiden Seiten zu unterzeichnen; dies gilt nicht, soweit Betriebsvereinbarungen auf einem Spruch der Einigungsstelle beruhen. Der Arbeitgeber hat die Betriebsvereinbarungen an geeigneter Stelle im Betrieb auszulegen.

(3) Arbeitsentgelte oder sonstige Arbeitsbedingungen, die durch Tarifvertrag geregelt sind oder üblicherweise geregelt werden, können nicht Gegenstand einer Betriebsvereinbarung sein. Dies gilt nicht, wenn ein Tarifvertrag den Abschluss ergänzender Betriebsvereinbarungen ausdrücklich zulässt.

(4) Betriebsvereinbarungen gelten unmittelbar und zwingend. Werden Arbeitnehmern durch die Betriebsvereinbarung Rechte eingeräumt, so ist ein Verzicht auf sie nur mit Zustimmung des Betriebsrats zulässig. Die Verwirkung dieser Rechte ist ausgeschlossen. Ausschlussfristen für ihre Geltendmachung sind nur insoweit zulässig, als sie in einem Tarifvertrag oder einer Betriebsvereinbarung vereinbart werden; dasselbe gilt für die Abkürzung der Verjährungsfristen.

(5) Betriebsvereinbarungen können, soweit nichts anderes vereinbart ist, mit einer Frist von drei Monaten gekündigt werden.

---

1 BAG 6.4.1973 – 1 ABR 20/72, AP Nr. 1 zu § 76 BetrVG 1972; 11.5.1976 – 1 ABR 37/75, AP Nr. 3 zu § 76 BetrVG 1972; *Fitting*, § 76a Rz. 6, 7; DKKW/*Berg*, § 76a Rz. 10 ff. ||2 BAG 13.11.1991 – 7 ABR 70/90, DB 1992, 789 f.; Schwab/Weth/*Kliemt*, Einigungsstellenverfahren Rz. 407 mwN. ||3 *Fitting*, § 76a Rz. 35; GK-BetrVG/*Kreutz/ Jacobs*, § 76a Rz. 66. ||4 Schwab/Weth/*Kliemt*, Einigungsstellenverfahren Rz. 412; *Fitting*, § 76a Rz. 33. ||5 LAG Hess. 15.9.1992 – 4 TaBV 52/92, NZA 1994, 96. ||6 BAG 12.2.1992 – 7 ABR 20/91, NZA 1993, 605. ||7 LAG Hamm 10.2.2012 – 10 TaBV 67/11; LAG Bremen 5.2.1992 – 2 TaBV 27/91, AiB 1992, 647; *Fitting*, § 76a Rz. 34. ||8 BAG 27.7.1994 – 7 ABR 10/93, DB 1995, 835 f. ||9 BAG 27.7.1994 – 7 ABR 10/93, DB 1995, 835 f. ||10 BAG 25.8.1983 – 6 ABR 52/80, DB 1984, 303; LAG Nds. 21.10.1981 – 4 TaBV 5/81, ZIP 1982, 488 zur alten KO. ||11 BAG 27.3.1979 – 6 ABR 39/76, AP Nr. 7 zu § 76 BetrVG 1972 zum alten Konkursrecht.

(6) Nach Ablauf einer Betriebsvereinbarung gelten ihre Regelungen in Angelegenheiten, in denen ein Spruch der Einigungsstelle die Einigung zwischen Arbeitgeber und Betriebsrat ersetzen kann, weiter, bis sie durch eine andere Abmachung ersetzt werden.

I. Die Betriebsvereinbarung	1
1. Begriff und Rechtsnatur	1
2. Rechtswirkungen der Betriebsvereinbarung	2
3. Mitbestimmte/teilmitbestimmte und freiwillige Betriebsvereinbarung	8
4. Kennzeichnung der Vereinbarung mit Arbeitsgruppe nach § 28a	9
5. Zustandekommen von Betriebsvereinbarungen	10
6. Auslegung einer Betriebsvereinbarung	22
7. Reichweite der Regelungskompetenz	23
8. Kündigung einer Betriebsvereinbarung	34
9. Sonstige Beendigungsgründe	39
10. Störung der Geschäftsgrundlage	43
11. Nachwirkung der Betriebsvereinbarung	44
12. Verhältnis der Betriebsvereinbarung zu höherrangigem Recht	47
a) Europäisches Recht, Grundgesetz und einfache Gesetze	47
b) Bedeutung des Tarifvorrangs	48
13. Verhältnis der Betriebsvereinbarung zu anderen Betriebsvereinbarungen	54
a) Verhältnis zwischen gleichrangigen BV	54
b) Verhältnis zwischen BV, GesamtBV und KonzernBV	58
14. Verhältnis zwischen Betriebsvereinbarung und Arbeitsvertrag	59
a) Grundsatz	59
b) Ablösung betrieblicher Einheitsregelungen durch BV	62
c) Betriebsvereinbarungsoffene Arbeitsverträge	68
15. Besonderheiten bei Betriebsübergang und Umwandlung (vgl. auch § 613a BGB)	69
a) Übertragung eines Betriebs unter Wahrung seiner Identität	69
b) Fortbestand des Betriebs als Gemeinschaftsbetrieb	70
c) Spaltung eines Betriebs und Übertragung eines Betriebsteils	71
d) Zusammenschluss von Betrieben	77
e) Ablösung durch andere Vereinbarung	78
f) Beendigung der BV im Zusammenhang mit Übergang	80
g) Besonderheiten für GesamtBV	81
h) Besonderheiten für KonzernBV	84
16. Unternehmensinterne Veränderungen/ Bildung und Auflösung eines gemeinsamen Betriebs	85
17. Rechtsfolgen von Abschlussmängeln bei einer Betriebsvereinbarung	86
a) Nichtigkeit/Unwirksamkeit von Betriebsvereinbarungen	87
b) Umdeutung einer Betriebsvereinbarung	90
c) Anfechtung einer Betriebsvereinbarung	92
18. Gerichtliche Klärung von Zweifelsfragen	93
II. Die Regelungsabrede	99
1. Inhalt und rechtliche Bedeutung	99
2. Beendigung einer Regelungsabrede	104
3. Rechtsfolgen einer Reorganisation, eines Betriebsübergangs oder einer Umwandlung	106

I. Die Betriebsvereinbarung. 1. Begriff und Rechtsnatur. Die BV ist ein privatrechtl. Normenvertrag[1] zwischen ArbGeb und BR im Rahmen der gesetzl. Aufgaben des BR für die von ihm repräsentierte Belegschaft (vgl. § 5 Rz. 2 ff., 46 ff.) zur Regelung von Rechten und Pflichten in Bezug auf Inhalt, Abschluss oder Beendigung von ArbVerh oder zur Klärung betrieblicher und betriebsverfassungsrechtl. Fragen[2]. Für den BR ist die BV das wohl wichtigste Mittel zur Wahrnehmung der Mitbest. **1**

2. Rechtswirkungen der Betriebsvereinbarung. Normative Wirkung: Die BV hat normative Wirkung für die Arbeitsvertragsparteien (Abs. 4 S. 1); sie ist kein Vertrag zugunsten Dritter (§ 328 BGB)[3]. Im Gegensatz zur Regelungsabrede (vgl. Rz. 99 ff.) wirkt sie unmittelbar und zwingend und kann nicht durch Einzelabsprachen zum Nachteil der ArbN abbedungen werden, wenn die betriebl. Sozialpartner die Abweichung nicht ausdrücklich oder in Form einer Öffnungsklausel zugelassen haben[4]. Eingehend zum Verhältnis zwischen BV und Arbeitsvertrag vgl. Rz. 59 ff. Diese Wirkung hat auch ein Spruch der Einigungsstelle, der in mitbestimmungspflichtigen Angelegenheiten an die Stelle einer Vereinbarung tritt[5]. **2**

Der ArbN kann während und nach Beendigung des ArbVerh nur mit Zustimmung des BR auf Ansprüche aus einer BV verzichten (Abs. 4 S. 2)[6], sofern die Vereinbarung nicht günstiger ist[7]. Dies gilt auch für Vereinbarungen in einem Vergleich[8]. Andernfalls ist der Verzicht nichtig (§ 134 BGB). Zulässig ist nur der Tatsachenvergleich, durch den ein Streit über die tatsächlichen Voraussetzungen eines Anspruchs durch gegenseitiges Nachgeben beseitigt wird[9]. Die Zustimmung des BR zu einem Verzicht kann form- **3**

---

1 BAG 13.2.2007 – 1 AZR 184/06, NZA 2007, 825 (829); BVerfG 23.4.1986 – 2 BvR 487/80, DB 1987, 279; *Richardi*, Kollektivgewalt und Individualwille, 1968, S. 317. ‖2 BAG 1.8.2001 – 4 AZR 82/00, NZA 2002, 41 (43); GK-BetrVG/*Kreutz*, § 77 Rz. 35 f.; Hess ua./*Worzalla*, § 77 Rz. 6; Richardi/*Richardi*, § 77 Rz. 23 ff.; Hromadka/*Maschmann*, Rz. 354; abw. noch die Vereinbarungstheorie von *Jacobi*, Grundlehren des Arbeitsrechts, 1927, S. 350; *Neumann-Duesberg*, RdA 1962, 404 (409), bzw. die Satzungstheorie von *Herschel*, RdA 1948, 47 (49); *Bogs*, RdA 1956, 1 (5). ‖3 BAG 13.2.2007 – 1 AZR 184/06, NZA 2007, 825 (829). ‖4 GK-BetrVG/*Kreutz*, § 77 Rz. 229, 269; DKKW/*Berg*, § 77 Rz. 42. ‖5 Richardi/*Richardi*, § 77 Rz. 39. ‖6 BAG 31.7.1996 – 10 AZR 138/96, BB 1997, 882 (883); DKKW/*Berg*, § 77 Rz. 89. ‖7 BAG 30.3.2004 – 1 AZR 85/03, NZA 2004, 1183. ‖8 DKKW/*Berg*, § 77 Rz. 89; Richardi/*Richardi*, § 77 Rz. 182. ‖9 Vgl. BAG 31.7.1996 – 10 AZR 138/96, DB 1997, 882 (883); vgl. auch für entsprechende tarifl. Ansprüche BAG 5.11.1997 – 4 AZR 682/95, DB 1998, 579.

los erfolgen, ist aber an einen ordnungsgemäßen Beschluss geknüpft und muss in Bezug auf den einzelnen Mitarbeiter oder eine bestimmte Regelungsfrage erklärt werden. Entsprechend §§ 182 ff. BGB kann sie als Einwilligung oder Genehmigung erfolgen. Sie kann auch mündlich oder konkludent erklärt werden[1]. Schweigen des BR ist kein Verzicht[2].

4 Die Verwirkung von Ansprüchen aus einer BV ist ausgeschlossen. Denkbar ist aber, dass Ansprüche aus anderen Gründen nicht (mehr) geltend gemacht werden können[3]. Ausschlussfristen mit Wirkung für Ansprüche aus einer BV können – wie auch eine Verlängerung der Verjährungsfrist – nur durch TV oder BV vorgegeben werden[4]. Zulässig ist, unterschiedliche Fristen für die erste Stufe (Geltendmachung im ArbVerh) und die zweite Stufe (gerichtl. Geltendmachung) festzusetzen. Dies gilt sogar bei Fristen von einem Monat[5]. §§ 305 ff. BGB gelten nicht (vgl. Rz. 21). Allerdings sind die allg. Grenzen (zB § 138 BGB, Einschränkung bei Bestandsschutzstreitigkeiten[6]) zu beachten.

5 **Schuldrechtliche Wirkung:** Nach hM enthält die BV regelmäßig auch einen schuldrechtl. Teil, in dem über die bloße Wiedergabe der gesetzl. Verpflichtung zur Umsetzung der BV hinaus Vereinbarungen zwischen ArbGeb und BR über ihr Verhalten ggü. der jeweils anderen Partei und/oder Dritten getroffen werden[7]. **Beispiele:** Pflicht zu Neuverhandlungen bei Kündigung, Einbeziehung einer Schlichtungsstelle bei Auslegungsschwierigkeiten, Verzicht auf alternative – in der BV nicht geregelte – Maßnahmen[8], Pflicht des ArbGeb zur Vereinbarung bestimmter Arbeitsbedingungen (hier: feste Arbeitszeiten statt KAPOVAZ) bei Neueinstellungen[9].

6 **Durchführungsanspruch:** Auch ohne gesonderte Vereinbarung sind die Parteien der BV zu ihrer Durchführung verpflichtet (Abs. 1 S. 1). Beide Seiten können bei einem Verstoß im Beschlussverfahren, ggf. im Wege der einstw. Verfügung, die Verurteilung zur Vornahme „pflichterfüllender" bzw. zum Unterlassen vereinbarungswidriger Handlungen geltend machen[10]. Individualansprüche einzelner ArbN (zB Weihnachtsgeld) können auf diese Weise nicht durchgesetzt werden[11]. In entsprechender Weise kann die Durchführung eines Einigungsstellenspruchs durchgesetzt werden, sobald die Frist zur Anfechtung abgelaufen ist[12]. Der BR kann dies selbst dann, wenn sich der ArbGeb bereits länger vereinbarungswidrig verhält und der BR dies zunächst hingenommen hat[13]. Eine grobe Verletzung der Pflichten aus der BV ist entgegen § 23 III nicht erforderlich; der BR tritt als Partei der BV auf[14]. Die Zusicherung des ArbGeb nach einer groben Pflichtverletzung, sich künftig vereinbarungstreu zu verhalten, beseitigt die Wiederholungsgefahr nicht[15]. Grobe Missachtung ist nur erforderlich, wenn eine im Betrieb vertretene Gewerkschaft den ArbGeb gem. § 23 III auf Erfüllung in Anspruch nimmt[16]. Voraussetzung für den Durchsetzungsanspruch ist die Rechtsstellung als Partei und normative Geltung der BV. Handeln KBR bzw. GBR aufgrund originärer Zuständigkeit (§§ 50 I, 58 I), haben GBR bzw. BR keinen Durchführungsanspruch[17]. Der örtliche BR kann aber den Anspruch aus § 23 III geltend machen. Erfolgt der Abschluss einer BV nach Delegation (§§ 50 II, 58 II), bleiben BR bzw. GBR Partei der BV und können ihre Durchsetzung verlangen[18]. Missachtet der ArbGeb den titulierten Durchführungsanspruch, kann der BR Zwangsmittel analog § 23 III beantragen[19]. Wenn die BV zB nach Betriebsübergang gem. § 613a I 2 BGB nur noch als Bestandteil des ArbVerh zur Anwendung kommt oder unter Berücksichtigung der Ein-Jahres-Frist durch eine andere Abmachung ersetzt wurde (vgl. Rz. 69, 72 ff.), steht dies dem Durchführungsanspruch entgegen[20]. Entsprechendes gilt im Nachwirkungszeitraum gem. Abs. 6[21]. Schadensersatzansprüche betroffener ArbN wegen unterlassener Durchführung bestehen nicht, weil sie nicht Anspruchsinhaber des Durchführungsanspruchs sind[22].

7 Ein Recht des BR zur eigenhändigen Durchsetzung einer BV besteht nicht (Abs. 1 S. 2); sie kann indes vereinbart werden[23]. Insb. kann der BR keine Weisungen ggü. ArbN aussprechen; ein Widerruf von Anordnungen des ArbGeb ist unzulässig. Zuwiderhandlungen durch den BR oder einzelne Mitglieder können einen wichtigen Grund zur außerordentl. Kündigung der betroffenen Mitglieder darstellen, Schadensersatzansprüche begründen oder zu einer Auflösung des BR oder der Amtsenthebung einzelner

---

1 BAG 3.6.1997 – 3 AZR 25/96, NZA 1998, 382 (384). ||2 BAG 3.6.1997 – 3 AZR 25/96, NZA 1998, 382 (384). ||3 GK-BetrVG/*Kreutz*, § 77 Rz. 281 ff. ||4 BAG 9.4.1991 – 1 AZR 406/90, NZA 1991, 734 (735). ||5 Vgl. BAG 27.2.2002 – 9 AZR 543/00, BB 2002, 2285. ||6 Vgl. BVerfG 1.12.2010 – 1 BvR 1682/07, NZA 2011, 354 (355 f.); BAG 5.10.2010 – 1 ABR 71/09, NZA 2011, 174. ||7 BAG 10.11.1987 – 1 ABR 55/86, NZA 1988, 255; 13.10.1987 – 1 ABR 51/86, NZA 1988, 253 (254); *Fitting*, § 77 Rz. 50; Richardi/*Richardi*, § 77 Rz. 59 ff.; abl. GK-BetrVG/*Kreutz*, § 77 Rz. 187; *Birk*, ZfA 1986, 73 (79), die in Abs. 4 S. 1 ein „stets und im Ganzen" hineinlesen. ||8 Vgl. BAG 10.11.1987 – 1 ABR 55/86, NZA 1988, 255. ||9 BAG 13.10.1987 – 1 ABR 51/86, NZA 1988, 253. ||10 Vgl. BAG 29.4.2004 – 1 ABR 30/02, NZA 2004, 670 (674); 16.11.2011 – 7 ABR 27/10, NZA-RR 2012, 579 (580); *Goebel*, Der betriebsverfassungsrechtliche Durchführungsanspruch gem. § 77 Abs. 1 S. 1 BetrVG, 2006, S. 17 ff.; *Fröhlich/Schelp*, ArbRB 2012, 385 ff. ||11 Vgl. *Fröhlich/Schelp*, ArbRB 2012, 385 ff.; *Staack/Sparchholz*, AiB 2012, 584 (586). ||12 Vgl. BAG 22.1.2013 – 1 ABR 92/11, EzA § 85 ArbGG 1979 Nr. 6. ||13 LAG Hess. 12.7.1988 – 5 Ta BV Ga 89/88, AiB 1988, 288; LAG BW 11.7.2002 – 2 TaBV 2/01, BB 2002, 1751 m. Anm. *Bayreuther*. ||14 BAG 16.11.2011 – 7 ABR 27/10, NZA-RR 2012, 579 (580). ||15 BAG 23.6.1992 – 1 ABR 11/92, DB 1992, 2450. ||16 BAG 29.4.2004 – 1 ABR 30/02, NZA 2004, 670 (678). ||17 BAG 18.5.2010 – 1 ABR 6/09, NZA 2010, 1433 (1434); *Staak/Sparchholz*, AiB 2012, 584 (585). ||18 BAG 18.5.2010 – 1 ABR 6/09, NZA 2010, 1433 (1434). ||19 BAG 5.10.2010 – 1 ABR 71/09, NZA 2011, 174. ||20 Vgl. *B. Gaul*, Betriebs- und Unternehmensspaltung, § 25 Rz. 246 f. ||21 *Ahrendt*, NZA 2011, 774 (775). ||22 BAG 13.12.2011 – 1 AZR 508/10, NZA 2012, 876 (877). ||23 BAG 24.4.1986 – 6 AZR 607/83, NZA 1987, 100: Führen einer Betriebskantine oder Organisation eines Betriebsausflugs.

Mitglieder führen[1]. Der BR kann aber die allg. Vollzugs-, Informations- und Überwachungsrechte (zB § 80 I Nr. 1, II) geltend machen.

3. Mitbestimmte/teilmitbestimmte und freiwillige Betriebsvereinbarung. Insb. mit Blick auf die Frage ihrer Erzwingbarkeit, die Abgrenzung der Zuständigkeit zwischen BR, GBR und KBR (vgl. § 50 Rz. 2 ff., § 58 Rz. 2 ff.), ihre Kündigung und die Frage der Nachwirkung (vgl. Rz. 44) ist zwischen mitbestimmten, teilmitbestimmten und freiwilligen BV zu unterscheiden. BV, die in einer mitbestimmungspflichtigen Angelegenheit abgeschlossen werden, bei der die fehlende Einigung zwischen ArbGeb und BR durch Beschluss der Einigungsstelle ersetzt werden kann (erzwingbare BV), bezeichnet man als „**mitbestimmte BV**"[2]. Bsp.: BV nach §§ 87, 94 f., 97 II oder Sozialplan nach § 112. Nicht erzwingbare BV werden entsprechend als „**freiwillige BV**" bezeichnet. Bsp.: Vereinbarungen nach §§ 88, 92a. „**Teilmitbestimmte BV**" sind Vereinbarungen über Angelegenheiten, die zum Teil mitbestimmungspflichtig, zum Teil aber auch der Mitbest. des BR entzogen sind. Bsp.: BV über Sonderbonus, übertarifliche Zahlungen, Altersversorgung. Hier kann der ArbGeb mitbestimmungsfrei über die Dotierung, den Zweck der Zuwendung und den Adressatenkreis entscheiden, während der BR nach § 87 I Nr. 10 im Hinblick auf die Verteilungsgrundsätze ein volles MitbestR hat (vgl. § 87 Rz. 178 ff.). Keine freiwillige BV liegt vor, wenn der ArbG bereits durch Gesetz (§ 612 BGB) oder TV zur Zahlung verpflichtet ist. Hier handelt es sich um mitbestimmte BV. Bsp.: Vereinbarung über tariflich abgesicherten Leistungs- oder Prämienlohn[3].

4. Kennzeichnung der Vereinbarung mit Arbeitsgruppe nach § 28a. Soweit § 77 auf Vereinbarungen entsprechende Anwendung findet, die zwischen ArbGeb und Arbeitsgruppe nach § 28a abgeschlossen werden, haben Vereinbarungen – vergleichbar mit § 112 I 3, 4 – den Charakter einer BV[4]. Das Verhältnis zwischen BV und Vereinbarung nach § 28a entspricht dem Verhältnis von BV zueinander (vgl. Rz. 54 ff.). Damit verdrängt die speziellere Vereinbarung nach § 28a die BV, soweit die Arbeitsgruppe durch die Rahmenvereinbarung zum Abschluss solcher Vereinbarungen berechtigt wird[5]. Durch BV kann eine vorangehende Vereinbarung nach § 28a geändert werden. Ein vorheriger Widerruf der Delegation[6] gilt mit Abschluss der nachfolgenden BV – auch ohne explizite Erwähnung – als konkludent erklärt[7]. Eine gekündigte Gruppenvereinbarung entfaltet Nachwirkung entsprechend Abs. 6; es kommt also auf die Art der Angelegenheit an[8].

5. Zustandekommen von Betriebsvereinbarungen. Allgemeines: Soweit Abs. 2 S. 1 von einem gemeinsamen Beschluss von ArbGeb und BR spricht, ist das Zustandekommen der BV nicht an eine gemeinsame Abstimmung geknüpft. Erforderlich sind aber zwei übereinstimmende Willenserklärungen beider Parteien, gerichtet auf den Abschluss einer BV. Der BR, vertreten nach § 26 II, äußert seinen Willen auf der Grundlage eines ordnungsgemäßen Beschlusses[9]. Ist der BR-Beschluss unwirksam (zB wegen fehlenden Tagesordnungspunkts für Einladung zur BR-Sitzung)[10] oder überschreitet der Vorsitzende die ihm durch Beschluss eingeräumte Vertretungsmacht[11], ist die BV unwirksam. Dies gilt auch dann, wenn der ArbGeb keine Kenntnis von dem Fehler hatte. Die BV kann aber nachträgl. genehmigt werden[12]. Dies gilt auch dann, wenn der ArbGeb keine Kenntnis von dem Fehler hatte. Die Bewertung der Rechtsfolgen eines fehlerhaften BR-Beschlusses im Rahmen von § 102 (vgl. § 102 Rz. 82) kann nach Maßgabe des BAG auf das Zustandekommen einer normativen Vereinbarung nicht übertragen werden. Dies erscheint indes zweifelhaft, gerade dann, wenn die Unwirksamkeit des Beschlusses Folge interner Fehler des BR ist. So kann die fehlerhafte Einladung der BR-Mitglieder zur BR-Sitzung, in der der Abschluss einer BV beschlossen wurde, ihre Unwirksamkeit bewirken. Diese kann – so das BAG – in den Grenzen der Verwirkung auch mehr als 15 Jahre danach geltend gemacht werden[13], was dem ArbGeb insb. im Bereich der betrAV erhebliche Risiken auferlegt, ohne dass er selbst die Fehler erkennen oder gar ausschließen kann. Wegen dieser Folgen ist der BR dem ArbGeb gem. § 2 indes zur Auskunft über Inhalt und Zustandekommen des BR-Beschlusses verpflichtet.

Die Befugnis zum Abschluss von BV besteht auch während des Übergangs- und Restmandats nach §§ 21a, 21b. Im Rahmen ihrer Zuständigkeit können auch GBR oder KBR[14] sowie ArbN-Vertretungen nach § 3 I Nr. 1–3 BV abschließen. Zum Verhältnis dieser BV zueinander vgl. Rz. 58. Die ArbN-Vertreter nach § 3 I Nr. 4, 5, die Vertreter der Jugend und Auszubildenden, die Betriebsversammlung oder der SprAu leitender Angestellter können nicht Partei einer BV sein. ArbGeb und SprAu können allerdings

---

1 Ausf. Richardi/*Richardi*, § 77 Rz. 10 ff. ||2 BAG 10.8.1994 – 10 ABR 61/93, DB 1995, 480. ||3 BAG 23.6.2009 – 1 AZR 214/08, NZA 2009, 1159 (1160). ||4 Krit. Richardi/*Annuß*, DB 2001, 41 (44 Fn. 33); abl. DKKW/*Wedde*, § 28a Rz. 57 f.; *Malottke*, AiB 2001, 625 (628), die die Gruppenvereinbarung nachrangig zur BV einordnen. ||5 So auch *Neef*, NZA 2001, 361 (363); *Wendeling-Schröder*, NZA Sonderheft 2001, 29 (33); *Natzel*, DB 2001, 1362 (1363); *Fitting*, § 28a Rz. 34; *Stege/Weinspach/Schiefer*, § 28a Rz. 17; aA *Malottke*, AiB 2001, 625 (627), die das Günstigkeitsprinzip anwendet. ||6 So *Stege/Weinspach/Schiefer*, § 28a Rz. 17; *Engels/Trebinger/Löhr-Steinhaus*, DB 2001, 532 (537). ||7 Ebenso Richardi/*Thüsing*, § 28a Rz. 28. ||8 *Neef*, NZA 2001, 361 (363); *Natzel*, DB 2001, 1362 (1363); aA DKKW/*Wedde*, § 28a Rz. 65. ||9 *Fitting*, § 77 Rz. 18; DKKW/*Berg*, § 77 Rz. 7. ||10 Vgl. BAG 24.5.2006 – 7 AZR 201/05, NZA 2006, 1364 (1365); zweifelnd BAG 9.7.2013 – 1 ABR 2/13, nv. ||11 BAG 15.12.1961 – 1 AZR 207/59, AP Nr. 1 zu § 615 BGB Kurzarbeit; 24.2.2000 – 8 AZR 180/99, DB 2000, 1287. ||12 BAG 15.12.1961 – 1 AZR 207/59, AP Nr. 1 zu § 615 BGB Kurzarbeit; 24.2.2000 – 8 AZR 180/99, DB 2000, 1287; LAG Nürnberg 23.9.1997 – 6 Sa 242/96, AiB 1998, 162; *Fitting*, § 33 Rz. 57. ||13 BAG 24.5.2006 – 7 AZR 201/05, NZA 2006, 1364 (1365). ||14 DKKW/*Berg*, § 77 Rz. 55; Richardi/*Richardi*, § 77 Rz. 31; *Fitting*, § 77 Rz. 18.

die normative Wirkung einer Richtlinie vereinbaren[1]. Dieser Wille muss indes deutlich erkennbar sein; die bloße Beteiligung des SprAu an einer BV genügt nicht.

12 Der SprAu muss vor BV-Abschluss angehört werden (§ 2 I 2 SprAuG). Wirksamkeitsvoraussetzung ist dies nicht[2].

13 Die Initiative zum Abschluss einer BV können ArbGeb und BR gleichermaßen ergreifen. Bei mitbestimmungspflichtigen Angelegenheiten kann eine Regelung, ggf. durch Spruch der Einigungsstelle, erzwungen werden[3]. Die darin liegende Einschränkung der unternehmerischen Entscheidungsfreiheit ist als verhältnismäßige Konsequenz der gesetzl. Anerkennung der Mitbest. hinzunehmen[4].

14 **Schriftform:** Gem. Abs. 2 bedarf die BV für ihr Wirksamwerden **zwingend** der Schriftform[5]. Textform (§ 126b BGB) genügt nicht; die elektronische Form nach § 126a II BGB dürfte schon wegen der fehlenden technischen Voraussetzungen (qualifizierte elektronische Signatur von ArbGeb und BR) ohne Bedeutung sein[6]. ArbGeb und BR müssen eigenhändig auf derselben Urkunde zum Abschluss der Regelungen unterzeichnen[7]. Der Austausch gleich lautender Urkunden ist abweichend von § 126 II 2 BGB unzureichend[8]. Damit genügt die Unterzeichnung einer Kopie eines BR-Beschlusses durch den ArbGeb selbst dann nicht, wenn alle BR-Mitglieder das Original unterzeichnet haben[9].

15 Wegen der normativen Wirkung muss der beiderseitige Wille, eine BV abzuschließen, in der Vereinbarung erkennbar werden. Daran fehlt es zB bei einem gemeinsam unterzeichneten Rundschreiben[10] oder einer Kurzarbeitsanzeige[11], wobei die Möglichkeit der Umdeutung in eine Regelungsabrede bleibt (vgl. Rz. 90). Ein Sitzungs- bzw. Verhandlungsprotokoll kann BV sein, wenn die darin getroffene Vereinbarung von beiden Parteien beschlossen und schriftl. niedergelegt worden ist[12]. Ein etwaiger Eingriff in einzelvertragl. Rechte der ArbN muss indes deutlich erkennbar sein. Eine Protokollnotiz, die nur „beiläufig" entsprechende Ausführungen enthält, soll im Zweifel keine ablösende BV sein[13]. Ist eine Vereinbarung der betriebl. Sozialpartner auch durch die Gewerkschaft unterzeichnet, muss Normurheberschaft einzelner Regelungen erkennbar sein. Regelmäßig liegt nur ein Firmen-TV vor, wenn die Vereinbarung sonst wegen Verstoßes gegen Abs. 3 unwirksam wäre[14].

16 Ein Anspruch auf Unterzeichnung einer BV besteht nicht, selbst wenn mündlich dem Verhandlungsergebnis zugestimmt wurde und eine entsprechende Beschlussfassung durch den BR erfolgt ist[15]. Die BV wird erst mit wechselseitiger Unterzeichnung wirksam. Die fehlende Zustimmung kann nur durch Einigungsstellenspruch ersetzt werden.

17 **Bezugnahme/Anlagen:** Abweichend von §§ 126, 766 BGB[16] brauchen Regelungen, auf die Bezug genommen wird, nicht ihrerseits in der BV wiederholt oder als Anlage beigefügt zu werden, wenn sie selbst schriftl. getroffen wurden. Bsp.: TV[17] oder bereits bekannt gegebene Gesamtzusage[18], Richtlinien und Erlasse[19]. In der BV muss die in Bezug genommene Regelung aber so genau bezeichnet werden, dass Irrtümer über Art und Ausmaß der Bezugnahme ausgeschlossen sind. Bsp.: Verweisung auf GesamtBV eines anderen Unternehmens, die die „betriebsspezifischen Belange des eigenen Betriebes ausreichend berücksichtigen", missachtet bereits das Schriftformerfordernis des Abs. 2[20]. Zur dynamischen Bezugnahme auf BV oder TV vgl. Rz. 53. Dies gilt auch für Anlagen, die nicht unterzeichnet werden müssen. Es genügt, wenn darauf in der BV Bezug genommen wird und die Einbeziehung auch äußerlich – etwa durch ein Zusammenheften – erkennbar wird[21]. Ohne feste körperliche Verbindung kann sich ihre Einbeziehung auch aus fortlaufender Paginierung/Nummerierung der einzelnen Vorschriften, einheitlicher grafischer Gestaltung, einheitlichem Textzusammenhang oder aus sonstigen vergleichbaren Merkmalen ergeben[22].

18 **Sprache:** Die Sprache des Betriebsverfassungsrechts ist nicht notwendig Deutsch[23]; BV in anderen Sprachen (zB Englisch) sind wirksam. Allerdings kann aus § 75 ein Übersetzungsanspruch entstehen, wenn ein Teil der Mitarbeiter die Fremdsprache nicht beherrscht[24]. Eine Verpflichtung, eine BV aus der

---

1 GK-BetrVG/*Kreutz*, § 77 Rz. 39; *Fitting*, § 77 Rz. 27; *Oetker*, ZfA 1990, 43, (83); DKKW/*Berg*, § 77 Rz. 56. ||2 *Fitting*, § 77 Rz. 28; DKKW/*Berg*, § 77 Rz. 56; *Hromadka/Sieg*, § 2 SprAuG Rz. 23. ||3 Vgl. BAG 4.3.1986 – 1 ABR 15/84, DB 1986, 1395. ||4 Vgl. BAG 4.3.1986 – 1 ABR 15/84, DB 1986, 1395 (1397). ||5 BAG 3.6.1997 – 3 AZR 25/96, NZA 1998, 382 (384); 11.11.1986 – 3 ABR 74/85, NZA 1987, 449. ||6 Vgl. Richardi/*Richardi*, § 77 Rz. 33, wonach die elektronische Form die Schriftform nicht ersetzen kann und auch § 126 III BGB keine Anwendung findet. ||7 BAG 11.11.1986 – 3 ABR 74/85, NZA 1987, 449. ||8 Richardi/*Richardi*, § 77 Rz. 37. ||9 LAG Berlin 6.9.1991 – 2 Ta BV 3/91, DB 1991, 2593 (2593); Hess ua./*Worzalla*, § 77 Rz. 11. ||10 LAG Düss. 3.2.1977 – 7 Sa 327/76, DB 1977, 1954. ||11 BAG 12.2.1991 – 2 AZR 415/90, DB 1991, 1990 (1991). ||12 BAG 20.12.1961 – 4 AZR 213/60, DB 1962, 409. ||13 BAG 9.12.1997 – 1 AZR 330/97, NZA 1998, 609 (611); 11.11.2010 – 8 AZR 169/09, NJW Spezial 2011, 211f. ||14 BAG 7.11.2000 – 1 AZR 175/00, NZA 2001, 727. ||15 LAG Berlin 6.9.1991 – 2 Ta BV 3/91, DB 1991, 2593. ||16 Vgl. nur BGH 13.11.1963 – V ZR 8/62, BGHZ 40, 255 (263). ||17 Vgl. BAG 27.3.1963 – 4 AZR 72/62, DB 1963, 902; 23.6.1992 – 1 ABR 9/92, NZA 1993, 229. ||18 BAG 3.6.1997 – 3 AZR 25/96, NZA 1997, 382 (383). ||19 BAG 2.2.1959 – 2 AZR 275/58, BAGE 7, 220 (221); 23.9.1981 – 4 AZR 569/79, DB *1982, 608.* ||20 BAG 22.8.2006 – 3 AZR 319/05, NZA 2007, 1187 (1189). ||21 BAG 11.11.1986 – 3 ABR 74/85, NZA 1987, 449. ||22 BGH 24.9.1997 – XII ZR 234/95, NJW 1998, 58; BAG 7.5.1998 – 2 AZR 55/98, DB 1998, 1770; offenbar strenger BAG 6.12.2001 – 2 AZR 422/00, NZA 2002, 999. ||23 Vgl. LG Düss. 16.3.1999 – 36 T 3/99, GmbHR 1999, 609. ||24 *Diller*, DB 2000, 718 (722).

deutschen Sprache in eine andere zu übersetzen, besteht auch nach Inkrafttreten des AGG nicht. Insb. fehlt eine § 2 V WO entsprechende Vorgabe in § 77.

Bekanntgabe der BV: Gem. Abs. 2 S. 3 muss der ArbGeb die BV an geeigneter Stelle im Betrieb auslegen. Entgegen abweichenden Stimmen[1] handelt es sich dabei nur um eine Ordnungsvorschrift. Ihre Beachtung ist keine Wirksamkeitsvoraussetzung[2]. Dies gilt auch für den Bereich der betrAV[3]. Andernfalls wäre es für ArbGeb möglich, einseitig das Wirksamwerden einer BV zu verhindern oder zu verzögern. Die ArbN-Interessen werden idR dadurch gewahrt, dass der ArbN – wenn auch im Arbeitsvertrag entgegen § 2 I 2 Nr. 10 bzw. III NachwG keine Bezugnahme auf die BV erfolgt ist – aus §§ 241 II, 280 I, II, 286, 611 BGB iVm. diesen Regeln des NachwG einen Anspruch auf Ersatz des ihm aus der Nichtbeachtung entstehenden Schadens hat[4]. Bsp.: Nichtbeachtung der in der BV festgelegten Ausschlussfrist[5]. Andernfalls bestünde ein Widerspruch zu §§ 305 II, 310 IV 2 BGB. Danach ist der ArbGeb nicht verpflichtet, ArbN die Möglichkeit einer Kenntnisnahme der im Formulararbeitsvertrag in Bezug genommenen Regelungswerke zu verschaffen. IÜ ist der BR berechtigt, selbst auf die BV hinzuweisen bzw. ihre Bekanntgabe vorzunehmen (vgl. § 80 I 1). 19

Die Auslegung muss allen ArbN ermöglichen, den Inhalt der BV ohne besondere Mühe zur Kenntnis zu nehmen. Dabei genügt es entsprechend § 8 TVG, wenn dem ArbN die Möglichkeit eines Einblicks verschafft wird. Ein „Aushändigen" ist nicht erforderlich[6]. Wenn alle ArbN über einen Bildschirm die Möglichkeit der Einsichtnahme besitzen, können BV auch in elektronischer Form im Intranet bekannt gegeben werden[7]. Dies kann auch durch allg. zugängliche Terminals erfolgen. 20

AGB-Kontrolle von BV: BV sind von der AGB-Kontrolle im Arbeitsrecht ausgeschlossen (§ 310 IV 1 BGB). Dies gilt zB für Widerrufsvorbehalte bei freiwilligen Leistungen[8]. Grds. erfolgt eine Inhaltskontrolle nach §§ 305 ff. BGB auch dann nicht, wenn die BV ihrem Wortlaut nach zum Inhalt des Arbeitsvertrags gemacht wird (§§ 307 III, 310 IV 3 BGB). Diese Angemessenheitskontrolle kann an sich auch nicht durch § 75 bewirkt werden. Denn dieser öffnet den Betriebsparteien einen größeren Gestaltungsspielraum, sofern übergeordnete Wertentscheidungen (zB Art. 12 GG) berücksichtigt werden[9]. Allerdings ist nicht zu verkennen, dass diese zu vergleichbaren Schranken wie bei einer arbeitsvertragl. Gestaltung führen (zB Stichtagsregelung bei Jahressonderzahlung[10]). Etwas anderes gilt dann, wenn im Formulararbeitsvertrag von einer BV abweichende Vereinbarungen getroffen werden oder wenn dort auf BV Bezug genommen wird, die ihrem Geltungsbereich nach das ArbVerh eigentlich nicht erfassen. Bsp.: Bezugnahme auf BV einer anderen Konzerngesellschaft. Dies gilt erst recht, wenn nur auf einen Teil einer BV verwiesen wird. Da hier der in der BV insg. gefundene Interessenausgleich nicht übernommen wird, gibt es hier keine Vermutung der materiellen Richtigkeit. Bei einer Bezugnahme auf betriebsfremde Regelungswerke steht außerdem zu besorgen, dass die Interessen der betroffenen ArbN durch den anderen BR schon wegen der anderweitigen Zusammensetzung und der verschiedenen Verhandlungsstärke nicht angemessen berücksichtigt werden. Allerdings rechtfertigt dies nicht, die materielle Angemessenheit der in der BV geregelten Leistungen zu bewerten. Eine solche „Preiskontrolle" wird durch §§ 310 IV, 307 III BGB nicht eröffnet. 21

6. Auslegung einer Betriebsvereinbarung. Die Auslegung der BV folgt den Grundsätzen der Gesetzesauslegung[11]. Das Gleiche gilt für den Spruch der Einigungsstelle[12]. Damit ist zunächst vom Wortlaut auszugehen, wobei der maßgebliche Sinn zu erforschen ist, ohne am Buchstaben zu haften. Der Wille der betriebl. Sozialpartner ist grds. nur insoweit zu berücksichtigen, als er in den Vorschriften seinen Niederschlag gefunden hat[13]. Abzustellen ist insoweit stets auf Gesamtzusammenhang und Systematik der Regelung, weil diese dokumentierten Anhaltspunkte für den wirklichen Willen der Vertragsparteien enthalten und so Sinn und Zweck der Normen zutreffend ermittelt werden können. So können etwa Sitzungsniederschriften, Protokollnotizen oder gemeinsame – auch nachträgl. – Erklärungen der Betriebsparteien von Bedeutung sein. Wenn der Wille der Parteien in einer erläuternden Protokollnotiz erkennbar wird, hat er im Zweifel Vorrang vor einem hiervon abweichenden Wortlaut der BV. Dies gilt umso mehr, wenn die BV von beiden Seiten entsprechend diesem Willen umgesetzt wurde. Protokollnotizen 22

---

1 So *Zöllner/Loritz*, § 46 II 2; *Heinze*, NZA 1994, 580 (582); *Preis/Lindemann*, Anm. zu EuGH 8.2.2001 – Rs. C-350/99, EAS RL 91/533/EWG Art. 2 Nr. 2, 18. ||2 Vgl. für die entsprechende Auslegungspflicht bei TV: BAG 23.1.2002 – 4 AZR 56/01, NZA 2002, 800 (804); DKKW/*Berg*, § 77 Rz. 74; GK-BetrVG/*Kreutz*, § 77 Rz. 50 ff.; *Fitting*, § 77 Rz. 25; aA *Fischer*, BB 2000, 354. ||3 Abw. *Fischer*, BB 2000, 354 (360). ||4 Vgl. BAG 30.9.1970 – 1 AZR 535/69, DB 1971, 101 (§ 70 II BAT); *Richardi/Richardi*, § 77 Rz. 41 f.; ebenso ArbG Frankfurt/M. 25.8.1999 – 2 Ca 477/99, DB 1999, 2316; *Fitting*, § 77 Rz. 26. ||5 Vgl. für die entsprechende Pflicht bei TV BAG 29.5.2002 – 5 AZR 105/01, EzA § 2 NachwG Nr. 4 (5); aA *Weber*, NZA 2002, 641 (643): keine Anwendbarkeit der BV bei fehlendem Nachweis. ||6 Vgl. BAG 5.11.1963 – 5 AZR 136/63, DB 1964, 470; GK-BetrVG/*Kreutz*, § 77 Rz. 51; *Richardi/Richardi*, § 77 Rz. 41; zweifelnd BAG 11.11.1998 – 5 AZR 63/98, NZA 1999, 605 (606); aA *Fitting*, § 77 Rz. 25, die das tatsächliche Auslegen (oder Aushändigen) eines oder mehrerer Abschriften für notwendig halten. ||7 *Beckschulze/Henkel*, DB 2001, 1491 (1502). ||8 BAG 13.10.2010 – 9 AZR 113/09, NZA-RR 2010, 457 (458). ||9 Vgl. *Preis*, NZA 2010, 361 (365), der § 75 BetrVG indes eine § 307 BGB entsprechende Prüfungsdichte entnehmen will. ||10 BAG 12.4.2011 – 1 AZR 412/09, NZA 2011, 989 ff.; 7.6.2011 – 1 AZR 807/09, NZA 2011, 1234 ff. ||11 BAG 14.12.2010 – 3 AZR 939/08, NZA 2011, 705 (707); 24.4.2013 – 7 AZR 523/11, nv. ||12 BAG 24.1.2006 – 1 ABR 6/05, NZA 2006, 862 (867). ||13 BAG 18.10.2011 – 1 AZR 376/10, AP Nr. 140 zu § 87 BetrVG 1972 Lohngestaltung.

können eine authentische Interpretation oder einen bloßen Hinweis darstellen. Sie können aber auch normativen Charakter haben und insoweit zur Änderung einer BV führen[1]. Ungeachtet dessen hat sich die Auslegung auch daran zu orientieren, ob ihr Ergebnis in sich verständlich und umsetzbar ist. Im Zweifel gebührt derjenigen Auslegung der Vorzug, welche zu einer sachgerechten, zweckorientierten, praktisch brauchbaren und gesetzeskonformen Regelung führt[2]. Verwenden die Parteien Begriffe, die in der Rechtsterminologie einen bestimmten Inhalt haben, ist regelmäßig anzunehmen, dass die Begriffe auch in ihrer allg. rechtl. Bedeutung gelten sollen[3]. Im Zweifel wollen Parteien Regelungen, die mit höherrangigem Recht in Einklang stehen. Hierzu gehört auch die aus Art. 288 AEUV folgende Pflicht, BV – soweit dies nach ihrem Wortlaut möglich ist – gemeinschaftskonform auszulegen, damit – sofern eine entsprechende Verbindlichkeit gegeben ist – die Vorgaben europäischer VO und RL umgesetzt werden[4]. Bleiben hiernach noch Zweifel, können die Gerichte für Arbeitssachen ohne Bindung an eine Reihenfolge weitere Kriterien (zB Entstehungsgeschichte oder praktische Übung) ergänzend hinzuziehen[5]. Für die Auslegung einer KonzernBV spielt die Vollzugspraxis eines einzelnen beherrschten Unternehmens indes keine Rolle[6].

23   **7. Reichweite der Regelungskompetenz. Persönlich:** Die BV gilt grds. für alle ArbN iSd. BetrVG (vgl. § 5 Rz. 2, 45). Unter Beachtung des Gleichbehandlungsgrundsatzes (§ 75) kann der Geltungsbereich aber durch Vereinbarung auf bestimmte Betriebsabteilungen oder ArbN-Gruppen begrenzt werden[7]. Dabei spielt die Gewerkschaftszugehörigkeit der ArbN keine Rolle[8]; ihre Berücksichtigung wäre eine unzulässige Diskriminierung[9]. Dies gilt auch bei einer BV zur Konkretisierung eines TV[10]. Neueinstellungen nach Abschluss der BV werden erfasst; Abweichendes kann vereinbart werden[11]. LeihArbN bleiben nach § 14 I AÜG auch während der Zeit ihrer Arbeitsleistung bei einem Entleiher Angehörige des entsendenden Betriebs des Verleihers; mit Ausnahme der Personen iSd. § 5 I 3 werden sie von einer BV des Entleihers also grds. nicht erfasst. Soweit allerdings Mitbest.- oder Mitwirkungsrechte des BR im Einsatzbetrieb gegeben sind (vgl. § 5 Rz. 12), ist generell auch der Abschluss einer BV möglich, die LeihArbN miterfasst (zB Beginn und Ende der Arbeitszeit, Benutzung technischer Einrichtungen).

24   Ausgenommen sind die **in § 5 II genannten Personen** und **leitende Angestellte** iSd. § 5 III[12]; für diesen Personenkreis hat der BR keine Regelungskompetenz. Werden sie gleichwohl in den Geltungsbereich der BV einbezogen, entsteht keine normative Wirkung. Die Regelung kann insoweit aber als Vertrag zugunsten Dritter (§ 328 BGB) Ansprüche dieser Personen begründen[13]. Dass der BR nach BAG 9.12.1997[14] keine Befugnis hat, außerhalb von § 77 unmittelbar anspruchsbegründende Vereinbarungen abzuschließen, steht § 328 BGB nur bei ArbN iSd. § 5 I entgegen. Nur hier würde die Anerkennung eines Vertrags zugunsten Dritter auch zur Wirkungslosigkeit des Tarifvorrangs in Abs. 3 führen. Bei den Personen iSd. § 5 II, III kommt dieser Vorbehalt ohnehin nicht zur Anwendung. Ein Anspruch auf Gleichbehandlung besteht indes nicht.

25   **Ausgeschiedene ArbN** werden vom Geltungsbereich einer BV grds. nicht erfasst[15]. Hierzu gehören auch ArbN, die in einen anderen Betrieb versetzt werden[16] oder deren ArbVerh nach § 613a BGB auf einen anderen Rechtsträger übergegangen ist[17]. Diesem Personenkreis fehlt das aktive und passive Wahlrecht, was an sich zur Legitimation des BR notwendig ist[18]. Eine erste Ausnahme betrifft Sozialpläne. Hier folgt an sich bereits aus dem Restmandat (§ 21b), dass der BR Regelungen mit Wirkung für ausgeschiedene ArbN treffen kann (zB Wiedereinstellungsanspruch[19])[20]. Voraussetzung ist, dass der Sozialplan Maßnahmen betrifft, die noch durch den bisherigen ArbGeb veranlasst wurden. Regeln Sozialplan oder BV Ansprüche der von einem Betriebsteilübergang betroffenen ArbN ggü. dem Erwerber, ohne diesen als Partei einzubinden, stellt dies einen unwirksamen Vertrag zulasten Dritter dar[21]. Unabhängig davon ist der BR berechtigt, in den sehr engen Grenzen der Verhältnismäßigkeit und des Vertrauensschutzes Änderungen zu Gunsten oder zum Nachteil bereits ausgeschiedener ArbN in Bezug

---

1 BAG 2.10.2007 – 1 AZR 815/06, NZA-RR 2008, 242 (243). ‖2 BAG 27.7.2010 – 1 AZR 874/08, NZA 2010, 1369 (1371); 24.4.2013 – 7 AZR 523/11, nv. ‖3 BAG 14.12.2010 – 3 AZR 939/08, NZA 2011, 705 (707). ‖4 Vgl. EuGH 14.7.1994 – Rs. C-91/92, NJW 1994, 2473 (2474); BAG 23.1.2002 – 4 AZR 56/01, NZA 2002, 800 (803). ‖5 BAG 29.9.2004 – 1 AZR 634/03, EzA § 42d EStG Nr. 2; 19.10.2005 – 7 AZR 52/05, NZA 2006, 393 (395); 13.12.2005 – 1 AZR 551/04, EzA § 112 BetrVG 2001 Nr. 16; 30.11.2010 – 3 AZR 475/09, BetrAV 2010, 794. ‖6 BAG 22.1.2002 – 3 AZR 554/00, NZA 2002, 1224. ‖7 BAG 1.2.1957 – 1 AZR 195/55, BB 1957, 294; *Fitting*, § 77 Rz. 35; DKKW/*Berg*, § 77 Rz. 78. ‖8 BAG 15.4.2008 – 1 AZR 86/07, NZA 2008, 1074 (1076). ‖9 Vgl. BAG 12.2.1985 – 1 AZR 40/84, DB 1985, 1487; ArbG München 20.12.2012 – 3 Ca 8900/12, NZA-RR 2013, 125ff. ‖10 GK-BetrVG/*Kreutz*, § 77 Rz. 172; *Fitting*, § 77 Rz. 35. ‖11 BAG 5.9.1960 – 1 AZR 509/57, DB 1960, 1309; DKKW/*Berg*, § 77 Rz. 78; *Fitting*, § 77 Rz. 35. ‖12 BAG 31.1.1979 – 5 AZR 454/77, DB 1979, 1039; DKKW/*Berg*, § 77 Rz. 35; Richardi/*Richardi*, § 77 Rz. 73; *Fitting*, § 77 Rz. 36. ‖13 BAG 31.1.1979 – 5 AZR 454/77, DB 1979, 1039; ähnlich *Hanau*, RdA 1979, 324 (329) im Rahmen der Folgen wegen Handelns als Vertreter ohne Vertretungsmacht; abl. Richardi/*Richardi*, § 77 Rz. 73; Hess ua./*Worzalla*, § 77 Rz. 35; *Fitting*, § 77 Rz. 36; GK-BetrVG/*Kreutz*, § 77 Rz. 175: Angebot zum Abschluss einer einzelvertragl. Vereinbarung. ‖14 BAG 9.12.1997 – 1 AZR 319/97, NZA 1998, 661 (663). ‖15 Vgl. BAG 14.12.2010 – 3 AZR 799/08, nv. ‖16 BAG 28.6.2005 – 1 AZR 213/04, AP Nr. 25 zu § 77 BetrVG 1972 Betriebliche Altersversorgung; WPK/*Preis*, § 77 Rz. 17. ‖17 BAG 18.3.2010 – 2 AZR 337/08, NZA-RR 2011, 18 (20f.). ‖18 BAG 16.3.1956 – GS 1/55, NJW 1956, 1086; 13.5.1997 – 1 AZR 75/97, NZA 1998, 160; 5.10.2000 – 1 AZR 48/00, NZA 2001, 849 (851). ‖19 BAG 24.4.2013 – 7 AZR 523/11, nv. ‖20 BAG 5.10.2000 – 1 AZR 48/00, NZA 2001, 849 (851); 10.8.1994 – 10 ABR 61/93, NZA 1995, 314. ‖21 BAG 18.9.2002 – 1 ABR 54/01, NZA 2003, 670 (674); 18.3.2010 – 2 AZR 337/08, NZA-RR 2011, 18 (21); 11.1.2011 – 1 AZR 375/09, DB 2011, 1171.

auf bereits abgeschlossene Regelungen vorzunehmen (vgl. § 112 Rz. 37)[1]. Fällige Ansprüche und feste Anwartschaften können hiervon nicht generell ausgenommen werden[2].

Eine weitere Ausnahme betrifft **Sozialleistungen**, die ihrem Zweck nach auch nach Beendigung des ArbVerh gewährt werden[3]. Bsp.: Werkmietwohnungen, Personalrabatte, Deputate, Beihilfen[4], Übergangsgelder, betrAV (vgl. auch Vorb. BetrAVG Rz. 137 ff.). Entgegen einer häufig vertretenen Auffassung[5] kann der BR insoweit Änderungen mit Wirkung für ausgeschiedene ArbN vornehmen. Sie können auch ArbN betreffen, die mit einer unverfallbaren Anwartschaft ausgeschieden sind und/oder bereits betrAV beziehen[6]. Dies gilt nicht nur bei ArbN mit einer dynamischen Bezugnahme auf die BV, die auch die Zeit nach Beendigung des ArbVerh erfasst[7]. Unter Berücksichtigung des Zwecks der Zuwendung folgt die Zuständigkeit bereits aus § 77. Wenn die allg. Schranken für die Änderung von BV im Bereich der betrAV auch insoweit beachtet werden (vgl. Rz. 55), die hier einen Eingriff in den Besitzstand im Zweifel verbieten, können Änderungen des Versorgungsniveaus auch mit Wirkung für bereits ausgeschiedene ArbN erfolgen. Dabei können die Regelungen einer BV über die Anpassung laufender Betriebsrenten bereits aus sachlichen Gründen geändert werden[8]. Eine Störung der Geschäftsgrundlage (§ 313 BGB), wie dies in BAG 9.7.1985[9] der Fall war, ist nicht erforderlich. 26

Räumlicher Geltungsbereich: Die BV gilt grds. für den **gesamten Betrieb oder selbständigen Betriebsteil** iSd. §§ 1, 4, die betriebsverfassungsrechtl. Organisationseinheit nach § 3 I Nr. 1–3 und Betriebe, für die unter Verkennung des Betriebsbegriffs eine BR-Wahl durchgeführt worden ist. Die letztgenannte Einheit wird – ggf. bis zum rechtskräftigen Abschluss einer erfolgreichen Anfechtung der BR-Wahl – wie ein Betrieb iSd. § 1 behandelt[10]. Allerdings können in den Grenzen des Gleichbehandlungsgrundsatzes (§ 75) innerhalb des Betriebs einzelne Betriebsteile, Funktionsgruppen oder ArbN ausgegrenzt werden. Ein räumlich weit entfernter Betriebsteil, der nach § 4 I 1 Nr. 1 als selbständiger Betrieb gilt (vgl. § 4 Rz. 6), wird nicht erfasst[11]. Die im gemeinsamen Betrieb mehrerer Unternehmen (vgl. § 1 Rz. 13) abgeschlossene BV ist im Zweifel dahin auszulegen, dass ArbN nur ihren VertragsArbGeb, nicht dagegen alle Unternehmen, die den Gemeinschaftsbetrieb geführt haben, gesamtschuldnerisch in Anspruch nehmen können[12]. Entsprechendes gilt, wenn eine BV für eine betriebsverfassungsrechtl. Organisationseinheit iSd. § 3 abgeschlossen wurde, an der mehrere Unternehmen beteiligt sind. 27

Der räumliche Geltungsbereich von **Gesamt- oder KonzernBV** hängt vom Regelungsgegenstand ab. Wird der ArbN-Vertretung im Rahmen der originären Zuständigkeit tätig (§§ 50 I, 58 I), werden idR alle Betriebe bzw. Unternehmen erfasst. Abweichendes kann sich aus dem Zweck ergeben oder vereinbart werden. Wenn GBR oder KBR nach Delegation gem. §§ 50 II, 58 II tätig werden, bestimmt sich der räumliche Geltungsbereich nach Zuständigkeit des vertretenen BR oder GBR. Schließlich handelt es sich insoweit auch (nur) um BV oder GesamtBV[13]. 28

ArbN, die außerhalb eines Betriebs tätig sind, werden erfasst, wenn Betriebszugehörigkeit gegeben ist. Dies kann bei allg. VerhaltensRL relevant sein (zB Code of Conduct, Social Media Guideline)[14]. Grds. gehören hierzu auch **ArbN im Außendienst oder in Telearbeit** (vgl. § 5 Rz. 15, 39), sofern der Einsatzort kein selbständiger Betriebsteil iSd. § 4 I 1 ist. Dabei werden auch **ArbN im Ausland** erfasst, sofern arbeitsvertragl. Bindung zum Inland besteht und – vor allem bei nur vorübergehender Entsendung – (weiterhin) eine tatsächliche Eingliederung in die inländische Betriebsorganisation gegeben ist[15]. Dies kann auch dann der Fall sein, wenn der Einsatz dauerhaft im Ausland erfolgt (vgl. § 1 Rz. 5 ff.; § 5 Rz. 16). Bsp.: Reiseleiterin im Ausland[16]. 29

Zeitlicher Geltungsbereich: Vorbehaltlich abweichender Vereinbarung tritt die BV mit Abschluss, also mit der letzten notwendigen Unterschrift, in Kraft[17]. Alternativ kann das Wirksamwerden an einen bestimmten Zeitpunkt oder den Eintritt einer vor allem für die ArbN klar erkennbaren Bedingung geknüpft werden[18]. 30

---

1 BAG 10.8.1994 – 10 ABR 61/93, NZA 1995, 314 (318); 5.10.2000 – 1 AZR 48/00, NZA 2001, 849 (852); GK-BetrVG/*Kreutz*, § 77 Rz. 184. ||2 Vgl. BAG 14.8.2001 – 1 ABR 52/00, BB 2002, 48 (49); anders noch BAG 16.3.1956 – GS 1/53, NJW, 1086 für Ruhegeldleistung. Bestätigt durch BAG 10.3.1992 – 3 ABR 54/91, NZA 1993, 234; 13.5.1997 – 1 AZR 75/97, NZA 1998, 160 (162); *Fitting*, § 77 Rz. 39; DKKW/*Berg*, § 77 Rz. 80; ErfK/*Kania*, § 77 BetrVG Rz. 34. ||3 *Fitting*, § 77 Rz. 38 f.; GK-BetrVG/*Kreutz*, § 77 Rz. 184. ||4 Offen BAG 10.2.2009 – 3 AZR 653/07, NZA 2009, 796 (798). ||5 So BAG 16.3.1956 – GS 1/55, NJW 1956, 1086; 25.10.1988 – 3 AZR 483/86, NZA 1989, 522 (523); 13.5.1997 – 1 AZR 75/97, NZA 1998, 160; Richardi/*Richardi*, § 77 Rz. 75 ff. ||6 BAG 25.7.2000 – 3 AZR 676/99, EzA § 1 BetrAVG Ablösung Nr. 25 S. 10; 18.2.2003 – 3 AZR 81/02, EzA § 1 BetrAVG Ablösung Nr. 35 S. 8; vgl. noch Hess ua./*Worzalla*, § 77 Rz. 30; BAG 10.2.2009 – 3 AZR 653/07, NZA 2009, 796 (798); abl. BAG 14.12.2011 – 3 AZR 799/08, nv. ||7 BAG 18.9.2012 – 3 AZR 431/10, NZA-RR 2013, 651. ||8 BAG 16.7.1996 – 3 AZR 398/95, DB 1997, 631. ||9 BAG 9.7.1985 – 3 ABR 546/82, NZA 1986, 517. ||10 BAG 27.6.1995 – 1 ABR 62/94, EzA § 111 BetrVG 1972 Nr. 31 (S. 3); 19.1.1999 – 1 AZR 342/98, EzA § 113 BetrVG 1972 Nr. 28 (S. 11). ||11 BAG 19.2.2002 – 1 ABR 26/01, AP Nr. 13 zu § 4 BetrVG 1972. ||12 Vgl. für Sozialplan im Konkurs BAG 12.12.2002 – 1 AZR 632/01, NZA 2003, 676; *B. Gaul*, NZA 2003, 695 (700). ||13 BAG 18.5.2010 – 1 ABR 6/09, NZA 2010, 1433 (1434). ||14 Vgl. *Forst*, ZD 2012, 251 (253). ||15 Vgl. *Marhold*, ZESAR 2013, 251 ff. ||16 BAG 7.12.1989 – 2 AZR 228/89, NZA 1990, 658; vgl. auch LAG München 13.4.2000 – 2 Sa 886/99, NZA-RR 2000, 425. ||17 *Fitting*, § 77 Rz. 40. ||18 BAG 15.1.2002 – 1 AZR 165/01, EzA § 614 BGB Nr. 1 (S. 10); LAG Rh.-Pf. 4.10.1999 – 7 Sa 821/99, NZA-RR 2001, 89.

31 Auch ein **rückwirkendes Inkraftsetzen** ist möglich[1], soweit dies nicht aus tatsächlichen Gründen – wie zB bei Verhaltens- und Ordnungsregeln sowie Abschlussnormen – ausgeschlossen ist. Im Gegensatz zu Inhaltsnormen, die Rechte und Pflichten für das bestehende ArbVerh regeln (Bsp.: Arbeitszeit, Entgelt)[2] und Beendigungsnormen, die das „Ob" und „Wie" der Beendigung des ArbVerh zum Inhalt haben (Bsp.: Sonderkündigungsschutz)[3], regeln Abschlussnormen das Zustandekommen, die Wiederaufnahme oder die Fortsetzung von ArbVerh bzw. einzelner Änderungen des Arbeitsvertrags (Bsp.: Vorgaben zur Befristung, Anspruch auf Teilzeitbeschäftigung)[4]. Keine Einschränkung gilt, wenn für die betroffenen ArbN günstigere Regelungen getroffen werden[5]. Bei einer Verschlechterung müssen die allg. Grundsätze über die Wirksamkeit abändernder BV (vgl. Rz. 54) beachtet werden[6]. Eine echte Rückwirkung mit einem Eingriff in abgewickelte Vorgänge der Vergangenheit ist grds. unzulässig. Eine unechte Rückwirkung betrifft gegenwärtige, noch nicht abgeschlossene Sachverhalte und Rechtsbeziehungen, die nachträglich abweichend geregelt werden; ihre Zulässigkeit bestimmt sich aus dem Grundsatz des Vertrauensschutzes und der Verhältnismäßigkeit[7]. Diese Grenze ist bei einer Änderung zum Nachteil der ArbN im Zweifel gewahrt, wenn die bisherige Rechtslage unklar war und die Betroffenen mit dieser rechnen und sich darauf einstellen konnten oder wenn eine Anpassung wegen Störung der Geschäftsgrundlage (§ 313 BGB) erforderlich ist[8]. Hiervon ist auszugehen, wenn die Vereinbarung – auch nach längeren Verhandlungen – eine zuvor gekündigte BV (rückwirkend) zum Ablauf der Kündigungsfrist ersetzen soll[9]. Dies gilt auch, wenn die Neuregelung durch Spruch der Einigungsstelle erfolgt[10]. Allerdings muss die Rückwirkung oder der Spruch in der BV zum Ausdruck kommen; im Zweifel gilt dies als nicht gewollt[11].

32 **Sachlicher Geltungsbereich:** Den betriebl. Sozialpartnern kommt eine umfassende Regelungskompetenz zu. In den Grenzen des Tarifvorrangs aus Abs. 3 bzw. des Tarifvorbehalts aus § 87 I (vgl. Rz. 48 ff.) können alle tarifvertragl. regelbaren Angelegenheiten Gegenstand einer BV sein[12]. Hierzu gehören Abschluss-, Inhalts- und Beendigungsnormen (zur Begrifflichkeit vgl. Rz. 31 sowie § 1 TVG Rz. 45 ff.). Daraus folgt nicht nur die Befugnis zum Abschluss von BV im Rahmen der gesetzl. Zuständigkeit des BR. Durch BV können auch zusätzliche Pflichten des ArbGeb oder Beteiligungsrechte des BR begründet werden. Bsp.: Entscheidungsbefugnis der Einigungsstelle in freiwilligen Angelegenheiten[13]. Insofern besteht eine unbeschränkte Zuständigkeit in Bezug auf alle sozialen, personellen und wirtschaftl. Angelegenheiten, die Arbeitsbedingungen im weitesten Sinne betreffen[14]. Im Gegensatz dazu kann der Einigungsstellenspruch nur Regelungen im Rahmen der erzwingbaren Mitbest. des BR treffen. Zusätzliche Pflichten der ArbN-Seite ohne Bezug zur Abwicklung des ArbVerh können aber auch durch BV nicht begründet werden. Der BR ist nur in betriebsverfassungsrechtl. Angelegenheiten zur Vertretung berechtigt. Regelungen in Bezug auf das außerdienstl. Verhalten der ArbN sind deshalb im Zweifel unzulässig[15].

33 Durch BV kann dem ArbGeb oder einer – meist paritätisch besetzten – Kommission die Befugnis zur einseitigen Gestaltung mitbestimmungspflichtiger Angelegenheiten in der Zukunft eingeräumt werden. Bsp.: Härtefallregelung im Sozialplan, Festsetzung der Jahresboni für Angestellte. Voraussetzung ist aber, dass darin kein unzulässiger Verzicht, sondern die Wahrnehmung des MitbestR zu sehen ist. Insofern müssen im Rahmen der Übertragung bereits konkrete Handlungsvorgaben und -schranken geschaffen werden, durch die auch zukünftige ArbN-Interessen angemessen berücksichtigt werden. Geschieht dies, muss nicht zu jeder einzelnen mitbestimmungspflichtigen Anordnung jeweils (erneut) die Zustimmung des BR eingeholt werden, wenn er sie – etwa für Überstunden in Eil- oder Notfällen – im Voraus erteilt hat[16]. Insofern kann auf die Schranken einer Bezugnahme auf TV verwiesen werden (vgl. Rz. 53). Die Substanz des MitbestR für die Zukunft darf nicht gefährdet sein[17]. Auch in zeitlicher Hinsicht muss flexibel auf Veränderungen und ggf. Missbrauch reagiert werden können; Laufzeiten von mehr als zwei Jahren oder über das Gesetz hinausgehende Kündigungsfristen dürften bei einer solchen Teil-Delegation problematisch sein.

34 **8. Kündigung einer Betriebsvereinbarung.** BV sind nach Abs. 5 kündbar. Dies gilt auch, wenn sie auf einen Einigungsstellenspruch zurückgehen[18]. Ohne anderweitige Vereinbarung bedarf die Kündigung

---

1 BAG 8.3.1977 – 1 ABR 33/75, DB 1977, 1464; 19.9.1995 – 1 AZR 208/95, NZA 1996, 386; Richardi/*Richardi*, § 77 Rz. 128 ff.; *Fitting*, § 77 Rz. 41; abl. GK-BetrVG/*Kreutz*, § 77 Rz. 195. ||2 Vgl. Wiedemann/*Thüsing*, § 1 TVG Rz. 409 ff. ||3 *Löwisch/Rieble*, § 1 TVG Rz. 137. ||4 Wiedemann/*Thüsing*, § 1 TVG Rz. 601. ||5 BAG 6.3.1984 – 3 AZR 82/82, DB 1984, 2516. ||6 BAG 19.9.1995 – 1 AZR 208/95, NZA 1996, 386; 2.10.2007 – 1 AZR 815/06, NZA-RR 2008, 242 (244); *Fitting*, § 77 Rz. 44; Richardi/*Richardi*, § 77 Rz. 130. ||7 BAG 2.10.2007 – 1 AZR 815/06, NZA-RR 2008, 242 (243). ||8 BAG 19.9.1995 – 1 AZR 208/95, NZA 1996, 386; 5.10.2000 – 1 AZR 48/00, NZA 2001, 849 (852) mwN. ||9 BAG 8.3.1977 – 1 ABR 33/75, DB 1977, 1464. ||10 BAG 19.9.1995 – 1 AZR 208/95, NZA 1996, 386. ||11 BAG 19.9.1995 – 1 AZR 208/95, NZA 1996, 386. ||12 BAG 7.11.1989 – GS 3/85, NZA 1990, 816 (818). ||13 BAG 13.7.1962 – 1 ABR 2/61, DB 1962, 1473. ||14 BAG 16.3.1956 – GS 1/55, NJW 1956, 1086; 25.3.1971 – 2 AZR 185/70, DB 1971, 1113; 7.11.1989 – GS 3/85, NZA 1990, 816; ErfK/*Kania*, § 77 BetrVG Rz. 36; *Fitting*, § 77 Rz. 45 ff.; abl. Richardi/*Richardi*, § 77 Rz. 66. ||15 BAG 1.12.1992 – 1 AZR 260/92, DB 1993, 990; 19.1.1999 – 1 AZR 499/98, NZA 1999, 546; *Lansnicker/Schwirtzek*, DB 2001, 865 (868); 22.7.2008 – 1 ABR 40/07, *NZA 2008, 1248 (1254)*; LAG Düss. 14.11.2005 – 10 TaBV 46/05, DB 2006, 162 (165). ||16 BAG 3.6.2003 – 1 AZR 349/02, NZA 2003, 1155 (1159). ||17 BAG 28.4.1992 – 1 ABR 68/91, NZA 1993, 31 (35); 3.6.2003 – 1 AZR 349/02, NZA 2003, 1155 (1158); *Joussen*, RdA 2005, 31 (38). ||18 GK-BetrVG/*Kreutz*, § 77 Rz. 360; Hess ua./*Worzalla*, § 77 Rz. 216; DKKW/*Berg*, § 77 Rz. 113.

keiner Rechtfertigung[1]; Schriftform nach Abs. 2 ist nicht erforderlich[2]. Aus der Kündigungserklärung muss sich zweifelsfrei – ggf. durch Auslegung (§ 133 BGB) – ergeben, welche BV gekündigt werden soll[3]. Ein Vorrang der Änderungskündigung zur Vermeidung einer Beendigungskündigung besteht nicht[4]. Mit den Regelungen zur Kündigung und Nachwirkung (Abs. 5, 6) hat das BetrVG eigenständige Regelungen zum Schutz anspruchsberechtigter ArbN getroffen[5]. Dies gilt auch bei betrAV (vgl. Vorb. BetrAVG Rz. 146 ff.)[6]. Der ArbGeb ist nicht verpflichtet, im Rahmen der Kündigungserklärung die Kündigungsfrist zu berechnen und dem BR mitzuteilen. Soweit er dies tut, die Frist aber falsch berechnet, bleibt die Kündigung wirksam. Bei zu kurz bemessener Frist gilt die Kündigung als zum nächst möglichen Termin erklärt[7].

Die Betriebsparteien können eine ordentl. **Kündigung ausschließen**. Dies muss allerdings hinreichend erkennbar sein[8]. Beim Sozialplan, der befristet oder für eine Betriebsänderung gilt, ist die ordentl. Kündigung ohne entsprechende Vereinbarung grds. ausgeschlossen. Schließlich wäre der Zweck des Sozialplans gefährdet, weil die Betriebsänderung nach Abschluss oder Scheitern der Interessenausgleichsverhandlungen sonst ohne Vereinbarung über Ausgleich oder Milderung der Nachteile umgesetzt würde[9]. Etwas anderes gilt beim Rahmensozialplan, der auch für künftige Betriebsänderungen gilt. 35

Grds. sind BV aus wichtigem Grund (§§ 314, 626 BGB) **außerordentl. kündbar**[10]. Man wird aber differenzieren müssen: Regelt die BV ein einmaliges Austauschverhältnis, ist die außerordentl. Kündigung ausgeschlossen[11]. Bsp.: Arbeitszeit an Heiligabend; Abfindung wegen Entlassung im Rahmen einer bestimmten Betriebsänderung. Die Grundsätze zur Störung der Geschäftsgrundlage (vgl. Rz. 43) bleiben hiervon unberührt[12]. Regelt die BV ein Dauerschuldverhältnis, ist außerordentl. Kündigung denkbar. Bsp.: betrAV, Dienstwagengestellung. Ein wichtiger Grund liegt entsprechend §§ 314, 626 BGB vor, wenn dem Kündigenden unter Berücksichtigung aller Umstände des Einzelfalls und unter Abwägung der beiderseitigen Interessen die Fortsetzung des Vertragsverhältnisses bis zur vereinbarten Beendigung oder bis zum Ablauf einer Frist für die ordentl. Kündigung nicht zuzumuten ist[13]. Bei Pflichtverletzungen liegt ein wichtiger Grund aber grds. erst nach erfolglosem Ablauf einer zur Abhilfe bestimmten Frist oder einer erfolglosen (betriebsverfassungsrechtl.) Abmahnung der anderen Seite vor. Eine Abmahnung ist entbehrlich, wenn die Pflichterfüllung ernsthaft und endgültig verweigert wird. Außerdem muss die Kündigung in angemessener Frist (idR zwei Wochen) nach Kenntnis des Berechtigten vom Kündigungsgrund erklärt werden. 36

Die Kündigung eröffnet keine weiter gehende Einwirkungsmöglichkeit als der Abschluss einer Aufhebungs- oder Änderungsvereinbarung[14]. Darüber hinaus kann die Wirkung einer Kündigung durch die Grundsätze des Vertrauensschutzes und der Verhältnismäßigkeit begrenzt sein[15]. Je stärker mit der Kündigung in bereits erworbenen Besitzstand oder bestehende Erwerbschancen eingegriffen wird, umso gewichtigere Gründe müssen durch den ArbGeb geltend gemacht werden[16]. Dies gilt insb. bei betrAV (vgl. Vorb. BetrAVG Rz. 146 ff.). 37

Die **Teilkündigung** einer BV kann ausgeschlossen oder vereinbart werden[17]. Ohne Vereinbarung ist sie zulässig, wenn sie sich auf einen selbständigen und abgrenzbaren Teil der BV bezieht, dessen Kündigung den verbleibenden Teil als eigenständig handhabbare Regelung bestehen lässt[18]. 38

9. Sonstige Beendigungsgründe. Anstatt durch Kündigung kann eine BV kraft Vereinbarung durch **Zeitablauf** (Befristung) bzw. **Zweckerfüllung oder -verfehlung** (auflösende Bedingung) enden[19]. Sie kann auch durch **Aufhebungsvertrag** beendet werden; Schriftform ist hierfür – wie bei der Kündigung (vgl. Rz. 34) – nicht erforderlich[20]. Demzufolge ist auch Ablösung oder Aufhebung durch (formlose) Regelungsabrede möglich, wenn dieser Wille in der Regelungsabrede zum Ausdruck gebracht wird[21]. Da eine Neuregelung nicht zwingend normativen Charakter haben muss, steht der Grundsatz „lex poste- 39

---

1 BAG 19.9.2006 – 1 ABR 58/05, AP Nr. 29 zu § 77 BetrVG 1972 Betriebsvereinbarung; 23.5.2007 – 10 AZR 295/06, NZA 2007, 940 (943). ‖ 2 BAG 6.11.2007 – 1 AZR 826/06, NZA 2008, 422 (423); 19.2.2008 – 1 AZR 114/07, NZA-RR 2008, 412 (413); Hess ua./*Worzalla*, § 77 Rz. 228; *Fitting*, § 77 Rz. 157. ‖ 3 BAG 19.2.2008 – 1 AZR 114/07, NZA-RR 2008, 412 (413). ‖ 4 BAG 10.3.1992 – 3 ABR 54/91, NZA 1993, 234; 26.10.1993 – 1 AZR 46/93, NZA 1994, 572 (573). ‖ 5 BAG 26.10.1993 – 1 AZR 46/93, NZA 1994, 572 (573); 17.8.1999 – 3 ABR 55/98, NZA 2000, 498 (500). ‖ 6 BAG 21.8.2001 – 3 ABR 44/00, NZA 2002, 575; 19.9.2006 – 1 AZR 45/05, AP Nr. 29 zu § 77 BetrVG 1972 Betriebsvereinbarung. ‖ 7 LAG Sachs. 25.4.2001 – 3 Sa 493/00, nv. ‖ 8 BAG 17.1.1995 – 1 ABR 29/94, NZA 1995, 1010 (1011); 21.8.2001 – 3 ABR 44/00, NZA 2002, 575 (577). ‖ 9 BAG 10.8.1994 – 10 ABR 61/93, NZA 1995, 314 (316). ‖ 10 Vgl. BAG 17.1.1995 – 1 ABR 29/94, NZA 1995, 1010 (1011); *Löwisch/Kaiser*, § 77 Rz. 97; GK-BetrVG/*Kreutz*, § 77 Rz. 366; DKKW/*Berg*, § 77 Rz. 112. ‖ 11 Vgl. BAG 10.8.1994 – 10 ABR 61/93, NZA 1995, 314 (317); aA Hess ua./*Worzalla*, § 77 Rz. 225 f. ‖ 12 Vgl. BAG 28.8.1996 – 10 AZR 886/95, NZA 1997, 109; *Hromadka/Maschmann*, § 16 Rz. 406. ‖ 13 Vgl. BAG 28.4.1992 – 1 ABR 68/91, NZA 1993, 31 (35). ‖ 14 BAG 21.8.2001 – 3 ABR 44/00, NZA 2002, 575 (578). ‖ 15 BAG 11.5.1999 – 3 AZR 21/98, NZA 2000, 322. ‖ 16 BAG 26.10.1993 – 1 AZR 46/93, NZA 1994, 572 (573); 11.5.1999 – 3 AZR 21/98, NZA 2000, 322. ‖ 17 BAG 6.11.2007 – 1 AZR 826/06, NZA 2008, 422 (423). ‖ 18 Vgl. BAG 29.5.1964 – 1 AZR 281/63, DB 1964, 1342; 6.11.2007 – 1 AZR 826/06, NZA 2008, 422 (423); DKKW/*Berg*, § 77 Rz. 113; Hess ua./*Worzalla*, § 77 Rz. 230; GK-BetrVG/*Kreutz*, § 77 Rz. 365. ‖ 19 Vgl. BAG 14.12.1966 – 4 AZR 18/65, DB 1967, 1181. ‖ 20 *Schaub*, BB 1995, 1639; aA DKKW/*Berg*, § 77 Rz. 93; Hess ua./*Worzalla*, § 77 Rz. 236; *Fitting*, § 77 Rz. 143; offen BAG 20.11.1990 – 1 AZR 643/89, BB 1991, 835. ‖ 21 AA BAG 27.6.1985 – 6 AZR 392/81, NZA 1986, 401 (402); 20.11.1990 – 1 AZR 643/89, BB 1991, 835.

rior derogat legi priori" einer solchen Ablösung nicht entgegen[1]. Zur Ablösung einer BV durch BV vgl. Rz. 54.

40 Eine BV endet ganz oder teilweise auch dann, wenn nachträglich ganz oder teilweise der **Tarifvorrang bzw. -vorbehalt** aus Abs. 3 (vgl. Rz. 48) oder § 87 I Einleitungssatz (vgl. § 87 Rz. 51) zur Anwendung kommt. Die Unwirksamkeit tritt sofort ein. Die Verlängerung einer BV kann durch TV indes nicht bestimmt werden.

41 Die Insolvenz oder der Tod des Betriebsinhabers haben keinen Einfluss auf die BV[2]. Wegen einer Betriebsspaltung, eines Betriebsübergangs oder einer Umwandlung vgl. Rz. 69ff., 85.

42 Endet die Amtszeit des BR, hat dies für Wirksamkeit der BV keine Bedeutung. Bsp.: erfolgreiche Anfechtung der BR-Wahl[3], gerichtl. Auflösung oder Rücktritt der BR-Mitglieder, Ablauf-, Übergangs- oder Restmandat iSd. §§ 21a, 21b. Sie gilt kollektivrechtl. auch dann fort, wenn kein neuer BR gewählt wird. Der ArbGeb ist in diesem Fall zur Kündigung gem. Abs. 5 durch Erklärung ggü. den betroffenen ArbN berechtigt[4]. §§ 1, 2 KSchG finden auf die darin liegende Teilkündigung keine Anwendung. Allerdings kann eine Nachwirkung gem. Abs. 6 eintreten. War die BR-Wahl nichtig, folgt daraus indes auch die Nichtigkeit der mit diesem „Betriebsrat" abgeschlossen BV. Wenn der ArbGeb in der Zwischenzeit Leistungen in dem Glauben an die Wirksamkeit der BV erbracht hat, schließt das eine betriebl. Übung aus.

43 **10. Störung der Geschäftsgrundlage.** Entsprechend § 313 BGB kann jede Partei die Anpassung einer BV verlangen, wenn sich die Umstände, die zur Grundlage der BV gemacht wurden, nach Vertragsschluss schwerwiegend verändert haben und die Parteien die Vereinbarung nicht oder mit anderem Inhalt geschlossen hätten, wenn sie diese Veränderung vorausgesehen hätten, soweit einem Teil unter Berücksichtigung aller Umstände des Einzelfalls, insb. der vertragl. oder gesetzl. Risikoverteilung, das Festhalten am unveränderten Vertrag nicht zugemutet werden kann. Einer Veränderung der Umstände steht es gleich, wenn sich wesentliche Vorstellungen, die zur Grundlage der BV geworden sind, als falsch herausstellen. Bsp.: Annahme eines völlig überhöhten Sozialplanvolumens (ca. 33 statt ca. 12 Mio. Euro)[5]. Die Anpassung kann mit einem Eingriff in bereits entstandene Ansprüche verbunden sein. Da die Betroffenen auf den Bestand dieser Ansprüche ebenso wenig vertrauen können, als wenn der Sozialplan von Anfang an nichtig ist oder wegen Ermessensüberschreitung der Einigungsstelle für unwirksam erklärt wird, steht der Vertrauensgrundsatz der Änderung nicht entgegen[6]. Ist in mitbestimmungsfreien Angelegenheiten eine Anpassung nicht möglich oder nicht zumutbar, kann die BV entsprechend §§ 313 III BGB, § 77 V gekündigt werden. Scheitert in mitbestimmungspflichtigen Angelegenheiten eine Einigung über die Anpassung, entscheidet die Einigungsstelle verbindlich[7].

44 **11. Nachwirkung der Betriebsvereinbarung.** Nach Abs. 6 gelten **mitbestimmte BV** (vgl. Rz. 8) nach ihrem Ablauf weiter, bis sie durch eine andere Abmachung ersetzt werden[8]. Dies gilt für jede Form der Beendigung[9] und vermeidet ein Regelungsvakuum bis zu einer Neuregelung[10]. Unter Berücksichtigung der Beteiligungsrechte des BR kann die Neuregelung – wie bei § 4 V TVG – auf individual- oder kollektivrechtl. Ebene, insb. also durch TV, BV, Arbeitsvertrag oder Änderungskündigung, auch zum Nachteil der ArbN, getroffen werden. Auch eine Regelungsabrede genügt[11]. Da Abs. 6 dispositiv ist[12], kann eine Nachwirkung ausdrücklich oder konkludent (ggf. kraft Natur der Sache) ausgeschlossen werden[13]. Hiervon ist insb. auszugehen, wenn die BV einen einmaligen, zeitlich begrenzten Gegenstand regelt[14]. Da der Ausschluss der Nachwirkung die Geltungsdauer regelt, ist allerdings Schriftform nach Abs. 1 notwendig. Eine Befristung genügt zum Ausschluss der Nachwirkung nicht[15].

45 Bei **freiwilligen BV** (Rz. 8) gibt es keine Nachwirkung gem. Abs. 6[16]. Mit Ablauf verliert die BV grds. jegliche Geltung und damit die Fähigkeit, weiterhin Grundlage für in ihr geregelte Ansprüche zu sein, soweit diese bei Ablauf nicht schon entstanden waren[17]. Mit Ausnahme der für betrAV entwickelten Ausnahmen ist ein Vertrauen der bislang Begünstigten auf den Fortbestand der BV idR nicht schutzwürdig[18]. Nachwirkung kann aber vereinbart werden[19]. Wird keine anderweitige Abrede getroffen, liegt in der vereinbarten Nachwirkung zugleich die Vereinbarung, bei Streit über die Neuregelung eine Ablö-

---

1 AA BAG 20.11.1990 – 1 AZR 643/89, BB 1991, 835 (836). ||2 DKKW/*Berg*, § 77 Rz. 107; GK-BetrVG/*Kreutz*, § 77 Rz. 381. ||3 Richardi/*Richardi*, § 77 Rz. 209. ||4 Ebenso GK-BetrVG/*Kreutz*, § 77 Rz. 383; DKKW/*Berg*, § 77 Rz. 107; abl. *D. Gaul*, NZA 1986, 628 (631): Wegfall der BV. ||5 BAG 10.8.1994 – 10 AZR 61/93, NZA 1995, 314 (318). ||6 Eingehend BAG 10.8.1994 – 10 ABR 61/93, NZA 1995, 314 (318). ||7 BAG 10.8.1994 – 10 ABR 61/93, NZA 1995, 314 (318). ||8 BAG 23.6.2009 – 1 AZR 214/08, NZA 2009, 1159 (1160); 9.7.2013 – 1 AZR 275/12, nv. ||9 BAG 10.8.1994 – 10 ABR 61/93, NZA 1995, 314 (316); DKKW/*Berg*, § 77 Rz. 116; aA GK-BetrVG/*Kreutz*, § 77 Rz. 399; *Fitting*, § 77 Rz. 179: keine Nachwirkung bei fristloser Kündigung, Betriebsstillegung sowie Zweckerfüllung ||10 BAG 28.4.1998 – 1 ABR 43/97, NZA 1998, 1348 (1350). ||11 AA *Fitting*, § 77 Rz. 184. ||12 Vgl. Hess ua./*Worzalla*, § 77 Rz. 254. ||13 BAG 17.1.1995 – 1 ABR 29/94, NZA 1995, 1010 (1013); 6.5.2003 – 1 AZR 340/02, NZA 2003, 1422 (1423). ||14 BAG 17.1.1995 – 1 ABR 29/94, NZA 1995, 1010 (1013). ||15 BAG 19.2.1991 – 1 ABR 31/90, DB 1991, 2043. ||16 BAG 21.8.1990 – 1 ABR 73/89, NZA 1991, 190 (191); 26.10.1993 – 1 AZR 43/93, NZA 1994, 572 (574). ||17 BAG 19.9.2006 – 1 ABR 58/05, AP Nr. 29 zu § 77 BetrVG 1972 Betriebsvereinbarung. ||18 BAG 19.9.2006 – 1 ABR 58/05, AP Nr. 29 zu § 77 BetrVG 1972 Betriebsvereinbarung; *Fitting*, § 77 Rz. 149. ||19 BAG 19.2.2008 – 1 ABR 84/06, NZA 2008, 1078 (1080); krit. *v.* Hoyningen-Huene, BB 1997, 1998 (2000).

sung durch Einigungsstellenspruch herbeiführen zu können[1]. Vorsorglich sollte diese Möglichkeit, ggf. auch eine zeitliche Begrenzung der Nachwirkung, indes ausdrücklich vereinbart werden.

Problematisch sind **teilmitbestimmte BV** (vgl. Rz. 8). Auch hier gibt es an sich nur Nachwirkung hinsichtlich der Gegenstände, die der zwingenden Mitbest. unterfallen. Das setzt aber voraus, dass sich die BV in einen nachwirkenden und nachwirkungslosen Teil aufspalten lässt. In diesem Fall werden Änderung oder Beendigung der einzelnen Regelungskomplexe jeweils getrennt behandelt[2]. Bsp.: Betriebsordnung (§ 87 I Nr. 1) mit Regelungen zum Umweltschutz (§ 88 Nr. 1a). Anders ist mit zusammenhängenden Regelungen zu verfahren. Grds. entfällt mit Beendigung der BV die Zahlungspflicht (freiwilliger Teil). Da damit auch die mitbestimmungspflichtigen Regelungen zur Verteilung und der damit verbundenen Wahrung innerbetriebl. Lohngerechtigkeit obsolet sind, entfaltet die gesamte BV keine Nachwirkung mehr[3]. Wird – ggf. durch Auslegung – erkennbar, dass eine Aufspaltung der Regelungskomplexe ausgeschlossen ist, entfällt zur Sicherung der Mitbest. die gesamte BV Nachwirkung (Bsp: BV Schichtarbeit mit Schichtzulage[4]). Ausnahmsweise soll nach dem BAG eine vorübergehende Nachwirkung auch dann gegeben sein, wenn die BV nicht vollständig und ersatzlos beseitigt, sondern nur mit dem Ziel einer Verringerung des Volumens und/oder einer geänderten Verteilung gekündigt wird. Hier gehe es letztlich nur um den mitbestimmten Teil der BV. Da die fehlende Einigung hier durch Einigungsstellenspruch ersetzt werden könne, sei bis dahin eine Nachwirkung als „überschießende" Konsequenz aus Abs. 6 hinzunehmen[5]. Führt man sich den klaren Wortlaut von Abs. 6 vor Augen, überzeugt diese Ausnahme allerdings nicht[6]. Sie ist iÜ ausgeschlossen, wenn die Kündigung ohne Hinweis auf die Absicht einer Gewährung unter veränderten Bedingungen erklärt wird[7]. Wenn keine Anhaltspunkte bestehen, ob, wann und in welcher Weise zukünftig eine mitbestimmungspflichtige Regelungsfrage (wieder) entstehen kann, der Spruch der Einigungsstelle also in Betracht kommt, hat die gekündigte BV ihre Bedeutung als Verhandlungsgrundlage verloren[8]. Wenn der BR Verhandlungen initiiert, kann dies keine Nachwirkung auslösen. Außerdem kann sich der ArbGeb jederzeit von der Absicht einer Neuregelung lösen[9]. Das kann auch noch im Rahmen eines Einigungsstellenverfahrens geschehen. Spätestens dann ist die Nachwirkung beendet. Ersetzt die Einigungsstelle die fehlende Einigung zwischen ArbGeb und BR, muss sie die vom ArbGeb frei zu bestimmenden Regelungen (zB Dotierungsrahmen bei übertarifl. Zulagen) zugrunde legen[10].

Nach den Feststellungen des BAG kann eine Nachwirkung auch dann eintreten, wenn eine teilmitbestimmte BV gekündigt wird, die Bestandteil eines betriebl. Vergütungssystems ist. Dies trifft vor allem ArbGeb ohne Tarifbindung. Wolle der ArbGeb in solche Vergütungsbestandteile eingreifen, wirke die BV nach, bis eine Zustimmung des BR oder eine sie ersetzende Entscheidung der Einigungsstelle getroffen wurde. Hiervon geht das BAG sogar dann aus, wenn der Dotierungsrahmen zT durch arbeitsvertragl. Lohn- und Gehaltsregelungen bestimmt wird, die verbindlich (und ohne Änderungsvorbehalt) in der Vergangenheit vereinbart wurden[11]. Eine Nachwirkung sei nur dann ausgeschlossen, wenn Höhe und Verteilung der sonstigen Leistungen bereits abschließend durch TV oder BV bestimmt würden[12]. Darüber hinaus wird man alle Leistungen unberücksichtigt lassen müssen, deren Gewährung mit Zustimmung des BR bereits individual- oder kollektivrechtlich zugesagt wurde. Ist dies nicht der Fall, kann die BV nur dann ohne Nachwirkung entfallen, wenn die in Rede stehende Leistung alleiniger Teil der BV ist, dort also keine weiteren Vergütungsbestandteile geregelt werden. Voraussetzung ist aber, dass der ArbGeb unmissverständlich und nachweisbar ggü. dem BR erklärt, dass er die Leistung in Gänze einstellen wolle. Die bloße Kündigungserklärung genügt nicht[13]. Denn ohne ein System zwischen verschiedenen BV kann die Kündigung einer einzigen BV auch nicht Ausdruck einer Entscheidung des ArbGeb sein, ein solches System mit geringerer Dotierung fortzuführen[14]. Stelle der ArbGeb dies erst nach der Kündigung klar, wirke die BV über den Ablauf der Kündigungsfrist hinaus bis dahin nach[15].

12. Verhältnis der Betriebsvereinbarung zu höherrangigem Recht. a) Europäisches Recht, Grundgesetz und einfache Gesetze. Die betriebl. Sozialpartner unterliegen bei Abschluss der BV einer mittel-

---

1 BAG 18.1.1994 – 1 ABR 44/93, nv.; 28.4.1998 – 1 ABR 43/97, NZA 1998, 1348; *Kort*, NZA 2001, 477 (479); abw. *Loritz*, DB 1997, 2074; *Jacobs*, NZA 2000, 69 (74): Nachwirkung bis zum endgültigen Scheitern der Verhandlungen; *Boemke/Kursawe*, DB 2000, 1405 (1409): Möglichkeit einer außerordentl. Kündigung der Nachwirkung. ‖2 BAG 23.6.1992 – 1 ABR 9/92, NZA 1993, 229; LAG Berlin v. 19.8.2005 – 13 Sa 1081/05, nv. ‖3 BAG 9.12.1997 – 1 AZR 319/97, NZA 1998, 661 (666); 9.7.2013 – 1 AZR 275/12, nv. ‖4 BAG 9.7.2013 – 1 AZR 275/12, nv. ‖5 So BAG 26.8.2008 – 1 AZR 354/07, NZA 2008, 1426 (1428); 5.10.2010 – 1 ABR 20/09, NZA 2011, 598 (599); abw. LAG Köln 27.4.1995 – 10 TaBV 69/94, AiB 1996, 250; DKKW/*Berg*, § 77 Rz. 119, die ohnehin von einer „untrennbaren Verknüpfung" der erzwingbaren und freiwilligen Elemente mit der Folge einer generellen Nachwirkung ausgehen; krit. *Krebs*, SAE 1995, 280; *Stege/Weinspach/Schiefer*, § 77 Rz. 44b; *Fitting*, § 77 Rz. 191. ‖6 Abl. auch *H. Hanau*, RdA 1998, 345 (350). ‖7 Vgl. hierzu die Rspr. zu vorangegangenen Fallgestaltungen: BAG 9.2.1989 – 8 AZR 310/87, NZA 1989, 765 (766); 26.4.1990 – 6 AZR 278/88, NZA 1990, 814 (815); abl. *Blomeyer*, DB 1990, 173; *Loritz*, RdA 1991, 65 (76). ‖8 BAG 17.1.1995 – 1 ABR 29/94, NZA 1995, 1010 (1012). ‖9 Abw. ArbG Hameln 13.7.1994 – 2 BV 19/93, nv.; DKKW/*Berg*, § 77 Rz. 122: „Auslauffrist" von drei Monaten. ‖10 Vgl. BAG 26.10.1993 – 1 AZR 46/93, NZA 1994, 572 (574). ‖11 Vgl. BAG 15.4.2008 – 1 AZR 65/07, NZA 2008, 888 (890); 26.8.2008 – 1 AZR 354/07, NZA 2008, 1426 (1428). ‖12 BAG 28.2.2006 – 1 ABR 4/05, NZA 2006, 1426 (1428); 15.4.2008 – 1 AZR 65/07, NZA 2008, 888 (889); 26.8.2008 – 1 AZR 354/07, NZA 2008, 1426 (1428). ‖13 Vgl. BAG 5.10.2010 – 1 ABR 20/09, NZA 2011, 598 (600); 9.7.2013 – 1 AZR 275/12, nv. ‖14 Vgl. BAG 23.1.2008 – 1 ABR 82/06, NZA 2008, 774 (776); *Boewer*, FS Bauer, 2010, S. 195 (200). ‖15 BAG 5.10.2010 – 1 ABR 20/09, DB 2011, 1113.

baren Grundrechtsbindung[1] sowie der Verpflichtung, den AEUV, die Grundrechts-Charta und sonstiges primäres sowie sekundäres Gemeinschaftsrecht nach Ablauf etwaiger Umsetzungsfristen zu beachten. Daraus folgende Wertentscheidungen sind bei der Auslegung und Anwendung der Generalklauseln, insb. also der Wahrung von Recht und Billigkeit, bei den Vorgaben zur Gleichbehandlung, dem AGG und dem darin geregelten Schutz vor Diskriminierung und dem Schutz des allg. Persönlichkeitsrechts nach § 75 zu berücksichtigen[2]. Regelungen, die den privaten Lebensbereich betreffen, sind unwirksam[3]. Bzgl. weiterer Einzelheiten vgl. § 75 Rz. 1 ff. Trotz fehlender AGB-Kontrolle einer BV können vergleichbare Wertentscheidungen über § 75 zu berücksichtigen sein[4]. Besonderheiten gelten für die Koalitionsfreiheit. Hier kann Art. 9 III GG iVm. §§ 823, 1004 BGB einen Unterlassungsanspruch der Gewerkschaft ggü. tarifwidrigen Maßnahmen von ArbGeb und/oder BR begründen[5]. Bzgl. weiterer Einzelheiten vgl. § 4 TVG Rz. 49 f. Vom Gesetz abweichende Regelungen sind unwirksam, wenn diese zwingenden Charakter haben und eine Abweichung (durch BV) nicht zugelassen wird[6]. Eine Diskriminierung durch BV kann Ansprüche auf Leistung des ArbGeb oder Leistungsverweigerungsrechte der ArbN auslösen[7].

48 **b) Bedeutung des Tarifvorrangs. Allgemein:** Gem. Abs. 3 sind Arbeitsentgelte und sonstige Arbeitsbedingungen einer Regelung durch BV nicht zugänglich, die durch TV geregelt sind oder üblicherweise geregelt werden. Entsprechende BV sind oder werden unwirksam[8]. Arbeitsbedingungen sind nicht nur materielle Regelungen zur Leistung des ArbN und Gegenleistung des ArbGeb, sondern alle Regelungen, die als Gegenstand tarifl. Inhaltsnormen nach § 1 TVG den Inhalt von ArbVerh ordnen[9]. Dies gilt ohne Rücksicht auf die Günstigkeit einer betriebl. Regelung[10]. Im Regelfall steht dieser Vorrang des TV auch einer Ablösung tarifvertragl. Arbeitsbedingungen durch BV („Über-Kreuz-Ablösung" nach Betriebsübergang) entgegen[11]. Der grundsätzliche Vorrang des TV vor der BV soll die Funktionsfähigkeit der verfassungsrechtl. gewährleisteten Tarifautonomie schützen[12]. Er bindet auch die Einigungsstelle[13]. Damit sollen konkurrierende Regelungen – auch inhaltsgleiche – verhindert werden[14]. Vorschläge zu einer Reform des Tarifvorrangs[15], die zu einer Stärkung betriebl. Regelungsmöglichkeiten führen sollten, werden nicht mehr verfolgt[16]. Regelungsabreden (vgl. Rz. 99 ff.) werden durch den Tarifvorrang des Abs. 3 indes nicht gesperrt, was gerade bei betriebl. Bündnissen für Arbeit genutzt wird[17].

49 Arbeitsbedingungen sind **durch TV geregelt**, wenn über sie ein TV abgeschlossen wurde und der Betrieb in den räumlichen, betrieblichen, fachlichen und persönlichen Geltungsbereich des TV fällt[18]. Die Tarifbindung des ArbGeb spielt für die Sperrwirkung des Abs. 3 keine Rolle[19]. Folgerichtig kann dem Tarifvorrang auch nicht durch OT-Mitgliedschaft im ArbGebVerband ausgewichen werden[20]. Fällt ein Betrieb in den Geltungsbereich eines TV, tritt Sperrwirkung ein[21]. Der Geltungsbereich etwaiger TV muss zeitlich, räumlich, persönlich und sachlich so begrenzt sein, dass die entsprechende Frage für den in Rede stehenden Personenkreis tatsächlich nicht durch TV geregelt ist oder üblicherweise geregelt wird[22]. Eine mitgliedschaftsbezogene Festlegung des Geltungsbereichs eines TV schließt die Sperrwirkung nicht aus[23]. Zur Festlegung des tarifl. Geltungsbereichs vgl. § 4 TVG Rz. 13 ff. Der Organisationsgrad auf ArbN-Seite ist für Abs. 3 unerheblich.

50 **Tarifüblichkeit** kann bereits nach der ersten tarifl. Regelung angenommen werden, sofern sie lange genug gilt[24]. Da die Betriebsautonomie nicht der Disposition durch die TV-Parteien unterliegt[25], können TV-Verhandlungen allein noch keinen Tarifvorrang begründen, selbst wenn bereits Tarifvertragsver-

---

1 BVerfG 23.4.1986 – 2 BvR 487/80, DB 1987, 279; 5.3.2013 – 1 AZR 417/12, NZA 2013, 916 (918). ‖2 Vgl. BAG 11.6.2002 – 1 ABR 46/01, NZA 2002, 1299; 5.3.2013 – 1 AZR 417/12, NZA 2013, 916 (918). ‖3 Vgl. BAG 22.7.2008 – 1 ABR 40/07, NZA 2008, 1248 (1254); 18.7.2006 – 1 AZR 578/05, NZA 2007, 462 (464). ‖4 BAG 12.4.2011 – 1 AZR 412/09, NZA 2011, 989; *Preis/Ulber*, RdA 2013, 211 (220). ‖5 Vgl. BAG 20.4.1999 – 1 ABR 72/98, NZA 1999, 887; 13.3.2001 – 1 AZB 19/00, NZA 2001, 1037, (1038); abl. *Richardi*, DB 2000, 42, (44). ‖6 Vgl. BAG 13.2.2002 – 5 AZR 470/00, NZA 2002, 683: BV zur Entgeltfortzahlung im Krankheitsfall; GK-BetrVG/*Kreutz*, § 77 Rz. 290 ff.; Hess ua./*Worzalla*, § 77 Rz. 49 ff.; DKKW/*Berg*, § 77 Rz. 21. ‖7 BAG 14.5.2013 – 1 AZR 44/12, nv. ‖8 BAG 26.8.2008 – 1 AZR 354/07, DB 2008, 2709; 17.3.2010 – 5 AZR 296/09, DB 2010, 1130; 18.3.2010 – 2 AZR 337/08, NZA-RR 2011, 18 (21). ‖9 BAG 18.3.2010 – 2 AZR 337/08, NZA-RR 2011, 18 (21). ‖10 BAG 18.10.2010 – 2 AZR 337/08, NZA-RR 2011, 18 (21) (hier: Kündigungsschutz für ältere Mitarbeiter); ErfK/*Kania*, § 77 BetrVG Rz. 40. ‖11 Vgl. BAG 13.11.2007 – 3 AZR 191/06, NZA 2008, 600 (603); 21.4.2010 – 4 AZR 768/08, DB 2010, 1998 (1999), das jedenfalls außerhalb zwingender Mitbest. eine Über-Kreuz-Ablösung von Tarifnormen durch BV ausschließt. ‖12 BAG 16.11.2011 – 7 ABR 27/10, NZA-RR 2012, 579 (580). ‖13 BAG 9.12.2003 – 1 ABR 52/02, EzA § 77 BetrVG 2001 Nr. 6. ‖14 BAG 8.12.2009 – 1 ABR 66/08, NZA 2010, 404 (407); 23.3.2011 – 4 AZR 268/09, AP Nr. 101 zu § 77 BetrVG 1972. ‖15 BAG 30.5.2006 – 1 AZR 111/05, NZA 2006, 1170 (1171); eingehender Hess ua./*Worzalla*, § 77 Rz. 101 f.; DKKW/*Berg*, § 77 Rz. 126. ‖16 Vgl. BT-Drs. 14/2612; 14/6548; 15/1182; 15/1889. ‖17 Vgl. BT-Drs. 15/1587; 15/2245. Auch der Koalitionsvertrag v. 26.10.2009 verzichtete trotz entsprechender Forderungen der FDP auf eine Stärkung der Betriebsautonomie im Verhältnis zum TV. ‖18 BAG 20.4.1999 – 1 ABR 72/98, NZA 1999, 887 (890); 21.1.2003 – 1 ABR 9/02, NZA 2003, 1097 (1099). ‖19 BAG 23.5.2007 – 10 AZR 295/06, NZA 2007, 940 (943); 18.3.2010 – 2 AZR 337/08, NZA-RR 2011, 18 (21). ‖20 BAG 21.1.2003 – 1 ABR 9/02, NZA 2003, 1097 (1099); DKKW/*Berg*, § 77 Rz. 139; Hess ua./*Worzalla*, § 77 Rz. 121; aA GK-BetrVG/*Kreutz*, § 77 Rz. 99 f. ‖21 Vgl. *Kania*, BB 2001, 1091 (1092). ‖22 BAG 23.3.2011 – 4 AZR 268/09, AP Nr. 101 zu § 77 BetrVG 1972. ‖23 Vgl. BAG 27.1.1987 – 1 ABR 66/85, NZA 1987, 489; 24.2.1999 – 4 AZR 62/98, NZA 1999, 995; *Fitting*, § 77 Rz. 75. ‖24 BAG 23.3.2011 – 4 AZR 268/09, AP Nr. 101 zu § 77 BetrVG 1972. ‖25 BAG 6.12.1963 – 1 ABR 7/63, DB 1964, 411. ‖26 BAG 1.12.1992 – 1 AZR 234/92, NZA 1993, 613 (615).

handlungen geführt werden¹. Ein jahrelanger tarifloser Zustand beseitigt aber die einmal begründete Tarifüblichkeit nicht, solange Verhandlungen laufen und eine Einigung angestrebt wird und möglich ist². Die einzelvertragl. Bezugnahme auf einen TV, der das ArbVerh von seinem Geltungsbereich her nicht erfasst, genügt für Tarifüblichkeit nicht. Ein FirmenTV kann genügen, wenn er den ArbGeb selbst oder die überwiegende Zahl vergleichbarer Betriebe erfasst und das ArbVerh in den Geltungsbereich fällt³. Wenn ein TV von einer kleinen Gewerkschaft abgeschlossen wurde, löst dies Tarifvorrang aus, wenn die Zahl der regelmäßig Beschäftigten in den tarifgebundenen Betrieben größer ist als die Zahl der in den nichttarifgebundenen Betrieben⁴. Auf die Zahl der Gewerkschaftsmitglieder selbst kommt es nicht an. In Bereichen, in denen (noch) keine TV geschlossen werden (zB Gewerkschaften als ArbGeb), ist Tarifüblichkeit ausgeschlossen⁵. Die Regelungssperre wird (ex nunc) wirksam, sobald entsprechende TV in Kraft treten⁶.

Verhältnis zu § 87 I: Nach der „Vorrangtheorie" kommt Abs. 3 bei Angelegenheiten, die der zwingenden Mitbest. des BR nach § 87 unterliegen, nicht zur Anwendung. Für sie gilt allein § 87 I Einleitungssatz (vgl. § 87 Rz. 14f.)⁷. Andernfalls wäre dem BR die Möglichkeit, durch den Abschluss von BV mitzubestimmen, in wichtigen sozialen Angelegenheiten versperrt⁸. Es bliebe allein die Regelungsabrede, die keine unmittelbare und zwingende Wirkung für die einzelnen ArbVerh entfalten kann. Damit ist eine uneingeschränkte Ausübung des MitbestR aus § 87 möglich, wenn und soweit dem ArbGeb in sozialen Angelegenheiten wegen fehlender eigener Bindung an einen konkreten TV ein Bestimmungsrecht verbleibt. Hiervon ist auch dann auszugehen, wenn der TV eine Angelegenheit nicht „vollständig und abschließend" regelt oder eine Konkretisierung notwendig ist⁹ oder die BV zusätzliche Entgeltbestandteile regelt, die an besondere Voraussetzungen gebunden und deshalb nicht Teil des Tariflohns sind¹⁰. Bsp.: übertarifl. Urlaubsgeld¹¹, über- oder außertarifl. Leistungen¹². Die bloße Aufstockung des Tariflohns ist wegen Abs. 3 unzulässig¹³. Dies gilt auch nach Beendigung des TV; Nachwirkung begründet keine Tarifsperre¹⁴. Ob die Frage (in einem anderen Betrieb) üblicherweise durch TV geregelt wird, ist ebenso unerheblich wie die arbeitnehmerseitige Tarifbindung¹⁵. Allerdings kann die Aufgabe der Rspr. zur Tarifeinheit bei Tarifpluralität¹⁶ die Sperrwirkung des Tarifvertrags ohne Rücksicht auf die Anzahl der hiervon betroffenen ArbN bewirken. Repräsentativität ist keine Voraussetzung für den Tarifvorrang nach § 87 I Einleitungssatz. Die Mitbestimmungspflicht eines Teils der Regelungen einer BV führt nicht dazu, dass die Sperrwirkung eines TV auch für die mitbestimmungsfreien Regelungen aufgehoben wäre¹⁷.

Öffnungsklausel: Die Tarifparteien können im TV abweichende bzw. ergänzende BV zulassen (Abs. 3 S. 2)¹⁸. Dies gilt auch im Rahmen von § 87 I¹⁹. Die Öffnungsklausel muss allerdings ausdrücklich erkennbar sein²⁰. Fehlt eine Öffnungsklausel, können die Tarifparteien eine BV, die gegen den Tarifvorrang bzw. -vorbehalt aus §§ 77 III, 87 I verstößt, auch nachträglich genehmigen und sie – ggf. auch rückwirkend – wirksam werden lassen. Dabei müssen indes die allg. Grenzen der Verhältnismäßigkeit und des Vertrauensschutzes beachtet werden²¹. Wenn eine Angelegenheit durch TV der einzelvertragl. Regelung zugewiesen wird, steht dies einer BV nicht entgegen, denn der Verzicht auf eine Regelung bestimmter Arbeitsbedingungen stellt eben keine Regelung dar und kann entsprechend keine Sperrwirkung auslösen²².

Übernahme eines TV durch BV: Aus Sinn und Zweck des Tarifvorrangs in Abs. 3 folgt, dass der Inhalt eines TV in seiner Gesamtheit nicht durch BV verbindlich gemacht werden kann. Anderenfalls würden ArbGeb und BR eine Allgemeinverbindlichkeit des TV herstellen, die im Widerspruch zur negativen Koalitionsfreiheit stünde²³. Dies gilt erst recht für „dynamische Verweisungen" oder „Blankettverweisun-

---

1 BAG 5.3.2013 – 1 AZR 417/12, NZA 2013, 916 (917). ‖ 2 Vgl. BAG 22.3.2005 – 1 ABR 64/03, AP Nr. 26 zu § 4 TVG Geltungsbereich; LAG Berlin 5.11.1980 – 5 Ta BV 2/80, DB 1981, 1730. ‖ 3 BAG 27.1.1987 – 1 ABR 66/85, NZA 1987, 489; 21.1.2003 – 1 ABR 9/02, NZA 2003, 1097 (1099); 21.6.2005 – 9 AZR 353/04, EzA § 4 TVG Altersteilzeit Nr. 16 S. 9. ‖ 4 BAG 6.12.1963 – 1 ABR 7/63, DB 1964, 401; Richardi/*Richardi*, § 77 Rz. 271; abl. ErfK/*Kania*, § 77 BetrVG Rz. 42. ‖ 5 Vgl. BAG 15.11.2000 – 5 AZR 310/99, NZA 2001, 900 (901); 20.2.2001 – 1 AZR 322/00, NZA 2001, 1204 (1205). ‖ 6 BAG 21.1.2003 – 1 ABR 9/02, NZA 2003, 1097 (1099); 23.3.2011 – 4 AZR 268/09, AP Nr. 101 zu § 77 BetrVG 1972; GK-BetrVG/*Kreutz*, § 77 Rz. 132. ‖ 7 BAG 3.12.1991 – GS 2/90, NZA 1992, 749; 8.12.2009 – 1 ABR 66/08, NZA 2010, 404 (407); DKKW/*Berg*, § 77 Rz. 132; v. Hoyningen-Huene/Meier-Krenz, NZA 1987, 793 (797); Heinze, NZA 1989, 41 (47); abl. die sog. „Zwei-Schranken-Theorie" Richardi/*Richardi*, § 77 Rz. 247ff.; GK-BetrVG/*Kreutz*, § 77 Rz. 139ff. ‖ 8 Vgl. BAG 3.12.1991 – GS 2/90, NZA 1992, 749 (755); 20.4.1999 – 1 ABR 72/98, NZA 1999, 887. ‖ 9 BAG 4.7.1989 – 1 ABR 40/88, NZA 1990, 29; 24.1.1996 – 1 AZR 597/95, NZA 1996, 948 (949); 22.6.1993 – 1 ABR 62/92, NZA 1994, 184 (185); 9.12.1997 – 1 AZR 319/97, NZA 1998, 661 (665). ‖ 10 BAG 9.7.2013 – 1 AZR 275/12, nv. ‖ 11 BAG 9.2.1989 – 8 AZR 310/87, NZA 1989, 765. ‖ 12 BAG 3.12.1991 – GS 2/90, NZA 1992, 749. ‖ 13 BAG 9.7.2013 – 1 AZR 275/12, nv. ‖ 14 BAG 24.2.1987 – 1 ABR 18/85, NZA 1987, 639; 27.11.2002 – 4 AZR 660/01, EzA § 77 BetrVG 2001 Nr. 2 S. 10. ‖ 15 BAG 24.2.1987 – 1 ABR 18/85, NZA 1987, 639; aA *Löwisch*/*Kaiser*, § 87 Rz. 6. ‖ 16 BAG 7.7.2010 – 4 AZR 546/08, NZA 2010, 1068ff. ‖ 17 BAG 22.3.2005 – 1 ABR 64/03, AP Nr. 26 zu § 4 TVG Geltungsbereich. ‖ 18 BAG 19.6.2007 – 1 AZR 454/06, NZA 2007, 1184 (1185). ‖ 19 Vgl. BAG 20.2.2001 – 1 AZR 23/00, DB 2001, 2100. ‖ 20 Vgl. BAG 20.4.1999 – 1 AZR 631/98, NZA 1999, 1059. ‖ 21 BAG 20.4.1999 – 1 AZR 631/98, NZA 1999, 1059 (1064); 29.1.2002 – 1 AZR 267/01, EzA § 77 BetrVG 1972 Nr. 71 (S. 6). ‖ 22 BAG 1.12.1992 – 1 AZR 234/92, NZA 1993, 613 (614); 14.12.1993 – 1 ABR 31/93, NZA 1994, 809 (810). ‖ 23 Vgl. BT-Drs. 6/1786, 47 und 6/2729, 11; BAG 3.12.1991 – GS 2/90, NZA 1992, 749 (753); 8.12.2009 – 1 ABR 66/08, NZA 2010, 404 (407); DKKW/*Berg*, § 77, Rz. 68; GK-BetrVG/*Kreutz*, § 77 Rz. 131; Hess ua./*Worzalla*, § 77 Rz. 122; für Zulässigkeit der Inbezugnahme BAG 27.3.1963 – 4 AZR 72/62, DB 1963, 902; *Stege*/*Weinspach*/*Schiefer*, § 77 Rz. 21.

gen", durch die ohne zeitliche Begrenzung auf einen TV oder eine betriebsfremde BV in der jeweils gültigen Fassung verwiesen wird (Bsp.: dynamische Übernahme von Tariflohnerhöhungen). Denn dadurch entäußern sich die Betriebsparteien auch ihrer gesetzl. Normsetzungsbefugnis[1], was als unzulässiger Verzicht auf die inhaltliche Gestaltung durch Wahrnehmung gesetzl. MitbestR zu qualifizieren ist. Dass die betriebl. Sozialpartner durch eine Bezugnahme nur eine Abschrift ersetzen, rechtfertigt vorbehaltl. Abs. 3 nur eine statische Übernahme. Abs. 3 steht iÜ jeder Regelung durch BV entgegen, mag sie kurz oder lang sein[2]. Zulässig ist, einzelne Regelungen eines TV – ggf. durch Bezugnahme – zum Gegenstand einer BV zu machen[3]. Dies gilt insb. im Anwendungsbereich von § 87, wo eine Bindungswirkung des TV nur bei Tarifgebundenheit des ArbGeb gegeben ist (vgl. Rz. 51). Da die Regelung bekannt ist, liegt darin kein unzulässiger Verzicht auf MitbestR oder eine mittelbare Übertragung von Rechtssetzungsbefugnissen[4]. Im Zweifel kann die (unwirksame) dynamische Bezugnahme aber geltungserhaltend auf eine statische Bezugnahme reduziert werden[5].

54 **13. Verhältnis der Betriebsvereinbarung zu anderen Betriebsvereinbarungen. a) Verhältnis zwischen gleichrangigen BV.** Die Betriebsparteien können eine Angelegenheit, die bislang durch BV geregelt war, unter – auch stillschweigender – Aufhebung dieser BV mit Wirkung für die Zukunft in einer neuen BV regeln. Die neue tritt dann an die Stelle der bisherigen BV (**Ablösungsprinzip**)[6]. Dies gilt grds. auch bei Änderungen zum Nachteil der betroffenen ArbN[7], soweit die Grundsätze der Verhältnismäßigkeit und des Vertrauensschutzes gewahrt sind[8].

55 Für den Eingriff in **Versorgungsanwartschaften** haben Rspr.[9] und Lit.[10] ein **dreistufiges Prüfungsschema** entwickelt: In den zum Zeitpunkt der Neuregelung erdienten und nach § 2 BetrAVG zu errechnenden Teilbetrag darf nur im Ausnahmefall eingegriffen werden. Erforderlich sind zwingende Gründe. Bsp.: Störung der Geschäftsgrundlage wegen wirtschaftl. Notlage des Unternehmens oder wegen einer wesentlichen Störung des Zwecks der betrAV (zB planwidrige Überversorgung durch veränderte Rahmenbedingungen). Soll die Neuregelung zum Nachteil der ArbN die (zeitanteilig) erdiente Dynamik eines variablen, dienstzeitunabhängigen Berechnungsfaktors – im Regelfall geht es um Änderungen des für die Höhe der betrAV maßgeblichen ruhegehaltsfähigen Entgelts (endgehaltsabhängige Dynamik) – ändern, bedarf es eines triftigen Grundes. Bsp.: langfristige Substanzgefährdung des Unternehmens bei Verzicht auf Änderungen[11], fehlende Möglichkeit, die Versorgungszuwächse aus Erträgen und Wertzuwächsen zu erwirtschaften oder eine angemessene Eigenkapitalverzinsung sicherzustellen[12]. IdR liegt ein triftiger Grund vor, wenn der Gesamtaufwand des Unternehmens für die betrAV nicht geschmälert wird[13]. Geht es nur um die Neuregelung der dienstzeitabhängigen künftigen Zuwächse, genügt zur Rechtfertigung bereits ein sachlich-proportionaler, also willkürfreier, nachvollziehbarer und anerkennenswerter Grund. Dabei ist eine Abwägung dieser Gründe mit den schützenswerten ArbN-Interessen notwendig. Bsp.: Anhaltende Verluste des ArbGeb trotz umfangreicher Einsparmaßnahmen[14], Vereinheitlichung der Versorgungsregelungen[15], Reaktion auf ungünstige wirtschaftl. Entwicklung des Unternehmens; Fehlentwicklung im betriebl. Versorgungswerk[16]. Ausreichend dabei ist, wenn ein unabhängiger Sachverst. den dringenden Sanierungsbedarf bestätigt[17]. Ein Sanierungsplan muss nicht vorgelegt werden[18]. Schließlich kann kein ArbN annehmen, dass eine Versorgungsordnung nicht an veränderte rechtl. und wirtschaftl. Rahmenbedingungen angepasst wird[19]. Bei Änderungen, die ausgeschiedene ArbN betreffen, müssen abweichende Vorgaben berücksichtigt werden. Nach Eintritt eines Versorgungsfalls gelten die Grundsätze der Verhältnismäßigkeit und des Vertrauensschutzes, die eine Abwägung der wechselseitigen Interessen verlangen. Regelmäßig sind nur noch geringfügige Verschlechterungen der zugesagten Versorgung gerechtfertigt[20].

56 Die vorstehend dargelegten Änderungen können im Bereich der betrAV auch durch **Kündigung** bewirkt werden (vgl. Vorb. BetrAVG Rz. 146 ff.)[21]. Wenngleich die Kündigung selbst keiner Rechtfertigung

---

1 BAG 16.2.1962 – 1 AZR 167/61, DB 1962, 543; 23.6.1992 – 1 ABR 9/92, NZA 1993, 229; 22.8.2006 – 3 AZR 319/05, NZA 2007, 1187 (1189); DKKW/*Berg*, § 77 Rz. 68; *Fitting*, § 77 Rz. 24; mit anderer Begr. Richardi/*Richardi*, § 77 Rz. 35: Verstoß gegen das Schriftformerfordernis; aA Hess ua./*Worzalla*, § 77 Rz. 14; BAG 9.7.1980 – 4 AZR 564/78, DB 1981, 374; 10.11.1982 – 4 AZR 1203/79, DB 1983, 717, wonach solche Verweisungen zulässig sind. ||2 Abw. BAG 23.6.1992 – 1 ABR 9/92, NZA 1993, 229 (231). ||3 BAG 23.6.1992 – 1 ABR 9/92, NZA 1993, 229. ||4 BAG 3.6.1997 – 3 AZR 25/96, NZA 1998, 382. ||5 BAG 23.6.1992 – 1 ABR 9/92, NZA 1993, 229; *Fitting*, § 77 Rz. 24. ||6 BAG 10.2.2009 – 3 AZR 653/07, NZA 2009, 796 (798); 18.9.2012 – 3 AZR 431/10, NZA-RR 2013, 651. ||7 BAG 10.2.2009 – 3 AZR 653/07, NZA 2009, 796 (798); 14.12.2010 – 3 AZR 799/08, nv. ||8 BAG 14.12.2010 – 3 AZR 799/08, nv.; 18.9.2012 – 3 AZR 431/10, nv.; *Fitting*, § 77 Rz. 193; DKKW/*Berg*, § 77 Rz. 23. ||9 Vgl. nur 19.4.2005 – 3 AZR 468/04, NZA-RR 2005, 598; 9.12.2008 – 3 AZR 384/07, NZA 2009, 1341 (1344). ||10 Vgl. nur *Griebeling*, BetrAVG Rz. 840; *Höfer*, BetrAVG ART Rz. 459 ff.; *Blomeyer/Rolfs/Otto*, BetrAVG Anh. § 1 Rz. 322 ff. ||11 BAG 21.8.2001 – 3 ABR 44/00, DB 2001, 952. ||12 Vgl. BAG 11.5.1999 – 3 AZR 21/98, DB 2000, 525 (527); 23.5.2000 – 3 AZR 146/99, NZA 2001, 1251 (1252). ||13 Vgl. BAG 27.8.1996 – 3 AZR 466/95, DB 1997, 633 (635). ||14 BAG 19.4.2005 – 3 AZR 468/04, NZA-RR 2005, 598. ||15 BAG 8.12.1981 – 3 ABR 53/80, DB 1982, 46; *Junker*, RdA 1993, 203 (209); krit. *Kemper*, BetrAVG 1990, 7 (8). ||16 Vgl. allg. BAG 17.8.1999 – 3 ABR 55/98, BB 2000, 777; 21.8.2001 – 3 ABR 44/00, NZA 2002, 575 (579). ||17 BAG 18.9.2001 – 3 AZR 728/00, DB 2002, 1114 (1115). ||18 BAG 19.4.2005 – 3 AZR 468/04, NZA-RR 2005, 598. ||19 BAG 8.12.1981 – 3 ABR 53/80, DB 1982, 46; weitergehend *v. Hoyningen-Huene*, BB 1992, 1640 (1644), der einen Eingriff in künftige Erwerbsmöglichkeiten auch ohne sachlichen Grund für zulässig hält. ||20 BAG 14.12.2010 – 3 AZR 799/08, BetrAV 2011, 106; 18.9.2012 – 3 AZR 431/10, NZA-RR 2013, 651. ||21 Vgl. BAG 11.5.1999 – 3 AZR 21/98, DB 2000, 525; 17.8.1999 – 3 AZR 55/98, BB 2000, 777.

bedarf, können deshalb nur solche Rechtsfolgen bewirkt werden, die den Grundsatz der Verhältnismäßigkeit und des Vertrauensschutzes sowie die MitbestR des BR aus § 87 berücksichtigen[1]. Bsp.: Liegen sachlich-proportionale Gründe vor, kann die Kündigung neben einer Schließung des Versorgungswerks für Neueinstellungen auch Änderungen zum Nachteil der bereits Beschäftigten bewirken[2]. Kann das Ziel bereits durch Maßnahmen auf der Grundlage der Versorgungsordnung erreicht werden (zB Verzicht auf Anpassung der Betriebsrente), ist die Kündigung nicht erforderlich und damit unwirksam[3]. Nach einer Kündigung wirkt die BV für die bis dahin geleistete Betriebszugehörigkeit als Anspruchsgrundlage kollektivrechtl. fort. Daraus folgt: Einzelvertragl. kann ohne Zustimmung des BR keine Verschlechterung vereinbart werden. Änderungen der Anspruchsgrundlage sind nur mit den Mitteln des Kollektivarbeitsrechts möglich. Selbst wenn die künftige Betriebszugehörigkeit keine anspruchssteigernde Wirkung mehr hat, kann sie auch nach dem Wirksamwerden der Kündigung noch zu einer Unverfallbarkeit der Anwartschaft führen.

Auf andere BV über freiwillige Sozialleistungen können diese Schranken für den Bereich der betrAV nicht übertragen werden. Bsp.: Verschlechternde BV über die Entgeltfortzahlung im Krankheitsfall[4], Änderung eines Sterbegeldverfahrens[5], Beihilfen in Krankheits- und Todesfällen[6]. Hier besteht mangels erworbenen Besitzstandes weitergehender Änderungsspielraum. **57**

b) Verhältnis zwischen BV, GesamtBV und KonzernBV. Das Verhältnis der unternehmens- oder konzernbezogenen BV zur BV richtet sich nach der Zuständigkeitsverteilung. Werden GBR oder KBR im Rahmen der originären Zuständigkeit nach §§ 50 I, 58 I tätig und regeln sie einen Gegenstand abschließend, ist der einzelne BR bzw. GBR nicht befugt, über denselben Gegenstand eine BV abzuschließen. Eine bereits bestehende BV wird ohne Rücksicht auf Günstigkeit verdrängt[7]. Eine Gesamt- oder KonzernBV kann indes abweichende Vereinbarungen zulassen[8]. Handeln GBR oder KBR im Rahmen der übertragenen Zuständigkeit (§§ 50 II, 58 II), liegt eine BV oder GesamtBV vor, die wie die mit der eigentlich zuständigen ArbN-Vertretung abgeschlossene Vereinbarung zu behandeln ist. Ohne weitere Delegation sind damit auch BR bzw. GBR für die Änderung oder Beendigung zuständig. **58**

14. Verhältnis zwischen Betriebsvereinbarung und Arbeitsvertrag. a) Grundsatz. Wegen der normativen Wirkung der BV (vgl. Rz. 2) muss ihre Wirkung für das ArbVerh nicht vereinbart werden. Es bedarf keiner Anerkennung, Unterwerfung oder Übernahme[9]. Wird im Arbeitsvertrag auf die BV Bezug genommen, hat dies deshalb im Zweifel nur deklaratorische Bedeutung (vgl. Rz. 68). Die Geltung der BV hängt also von der Wirksamkeit der BV ab[10]. Im Zweifel ist **dynamische Bezugnahme** gewollt. Unabhängig davon gelten einzelvertragl. Regelungen fort, wenn nachträglich eine günstigere BV abgeschlossen wird. Sie werden aber für die Zeit der normativen Geltung der BV verdrängt[11]. Nach Ablauf der BV lebt die einzelvertragl. Regelung wieder auf[12]. IÜ gilt im Verhältnis zwischen BV und Arbeitsvertrag das **Günstigkeitsprinzip:** Individualrechtl. Vereinbarungen haben ggü. BV Vorrang, und zwar nur und soweit sie eine für den ArbN günstigere Regelung enthalten[13]. Voraussetzung ist, dass der Arbeitsvertrag selbst die Frage konstitutiv geregelt hat. Trifft der Arbeitsvertrag keine oder nur eine deklaratorische Feststellung, kann die BV unmittelbar gegenseitige Rechte und Pflichten der Arbeitsvertragsparteien begründen (vgl. Rz. 68). Die Berechtigung zu ergänzenden Vorgaben durch BV folgt schon aus §§ 106 S. 1, 2 GewO, 87 Abs. 1 Nr. 1, 88 BetrVG. Bsp.: Berechtigung zur Anordnung von Überstunden[14]. Liegt keine BV vor, kann der ArbGeb in mitbestimmungspflichtigen Angelegenheiten an einer Umsetzung der einzelvertragl. Abrede gehindert sein, wenn die notwendige Zustimmung des BR fehlt. Bsp.: Arbeitsvertragliche Regelung zur Compliance bzw. Arbeitszeitverteilung im Anwendungsbereich von § 87 I Nr. 1 bzw. Nr. 3. **59**

Der Günstigkeitsvergleich ist als **Sachgruppenvergleich** vorzunehmen (vgl. § 4 TVG Rz. 30). Dabei sind die in innerem Zusammenhang stehenden Teilkomplexe der Regelung zu vergleichen. Entscheidend ist eine objektive Sichtweise. Beim Vergleich unterschiedlicher Leistungen kommt es darauf an, ob sie funktional äquivalent sind. Ist dies nicht der Fall, ist ein Günstigkeitsvergleich ausgeschlossen. Ein Vergleich von Regelungen, die mit verschiedenen Gegenleistungen verbunden sind, kann nicht erfolgen[15]. Die Kennzeichnung vergleichbarer Regelungsgegenstände ist allerdings streitig. So wird man zwar Arbeitszeit und -entgelt in einen Vergleich einbeziehen können[16]. Entgegen der Praxis so mancher **60**

---

1 BAG 19.9.2006 – 1 ABR 58/05, AP Nr. 29 zu § 77 BetrVG 1972 Betriebsvereinbarung. ||2 BAG 18.9.2001 – 3 AZR 728/00, DB 2002, 1114. ||3 BAG 21.8.2001 – 3 ABR 44/00, DB 2001, 952 (954). ||4 BAG 15.11.2000 – 5 AZR 310/99, NZA 2001, 900. ||5 BAG 19.9.2006 – 1 ABR 58/05, AP Nr. 29 zu § 77 BetrVG 1972 Betriebsvereinbarung. ||6 BAG 10.2.2009 – 3 AZR 653/07, NZA 2009, 796 (798). ||7 Vgl. BAG 3.5.1984 – 6 ABR 68/81, DB 1984, 2413. ||8 BAG 3.5.1984 – 6 ABR 68/81, DB 1984, 2413 (2414). ||9 BAG 16.9.1986 – GS 1/82, NZA 1987, 168 (171); 21.9.1989 – 1 AZR 454/88, NZA 1990, 351 (353). ||10 BAG 23.8.1989 – 5 AZR 390/88, nv.; 18.11.2003 – 1 AZR 604/02, NZA 2004, 803 (805); 23.8.2006 – 4 AZR 444/05, nv. ||11 BAG 21.9.1989 – 1 AZR 454/88, NZA 1990, 351 (353); 28.3.2000 – 1 AZR 366/99, NZA 2001, 49. ||12 DKKW/*Berg*, § 77 Rz. 34. ||13 BAG 21.4.2010 – 4 AZR 768/08, BB 2010, 1998 (1999); 5.3.2013 – 1 AZR 417/12, NZA 2013, 916 (920). ||14 BAG 3.6.2003 – 1 AZR 349/02, NZA 2003, 1155 (1159); abl. *Preis/Ulber*, RdA 2013, 211 (216, 219). ||15 Vgl. BAG 20.4.1999 – 1 ABR 72/98, NZA 1999, 887 (893): kein Vergleich von Äpfeln mit Birnen; BAG 30.3.2004 – 1 AZR 85/03, ArbRB 2004, 337; GK-BetrVG/*Kreutz*, § 77 Rz. 245 ff.; *Belling*, Günstigkeitsprinzip im Arbeitsrecht, 1984, S. 169. ||16 Ebenso *Buchner*, DB-Beil. 12/1996, 1 (10); *Heinze*, NZA 1991, 229 (335); *Joost*, ZfA 1984, 273 (276); aA *Wank*, NJW 1996, 2273 (2276); *Däubler*, DB 1989, 2534 (2536).

„Bündnisse für Arbeit" soll der Verzicht auf betriebsbedingte Kündigungen aber nicht zum Ausgleich einer Absenkung der Vergütung bzw. einer Anhebung der Arbeitszeit eingebracht werden können[1]. Etwas anderes dürfte indes dann gelten, wenn die BV dem ArbN ein entsprechendes Wahlrecht einräumt. Ebenso soll der Verzicht auf eine Sozialplanabfindung nicht mit Ansprüchen wegen des Eintritts in eine Transfergesellschaft aufgerechnet werden[2]. Die Unterscheidung zwischen mitbestimmungspflichtigen oder freiwilligen Angelegenheiten ist ohne Bedeutung[3]. Steht die Günstigkeit der Abweichung nicht zweifelsfrei fest, bleibt es bei der zwingenden Geltung der BV[4].

61 Eine Verschlechterung einzelvertragl. begründeter Ansprüche kann grds. nur durch Änderungskündigung, Änderungsvereinbarung oder Widerruf vorgenommen werden. Insofern bestehen auch Bedenken, ein unbefristetes ArbVerh durch eine Altersgrenze im Rahmen einer BV zu befristen[5]. Dies gilt auch für Ansprüche aus einer betriebl. Übung[6]. Etwas anderes gilt nur bei Wegfall der Geschäftsgrundlage (§ 313 BGB)[7]. Zu betriebsvereinbarungsoffenen Regelungen vgl. Rz. 68.

62 **b) Ablösung betrieblicher Einheitsregelungen durch BV.** Grds. gelten die vorangehenden Ausführungen auch für das Verhältnis zwischen einer BV und betriebl. Einheitsregelungen, die durch Arbeitsvertrag, Gesamtzusage oder betriebl. Übung geschaffen werden und freiwillige Sozialleistungen an mehrere ArbN zum Gegenstand haben. An sich können für die ArbN nachteilige Änderungen also nicht durch BV bewirkt werden (zu betriebsvereinbarungsoffenen Regelungen vgl. Rz. 68)[8].

63 Abweichend hiervon hat der Große Senat des BAG allerdings im Beschluss v. 16.9.1986[9] die Möglichkeit einer Änderung betriebl. Einheitsregelungen angenommen, wenn das **Prinzip der „kollektiven Günstigkeit"**[10] und – insb. im Bereich der betrAV – die Grundsätze der Verhältnismäßigkeit und des Vertrauensschutzes gewahrt seien[11]. Dies gelte auch dann, wenn die betriebl. Einheitsregelung unter Verletzung des MitbestR des BR zustande gekommen ist[12]. An diesen Grundsatz wird man jedenfalls bis zum Inkrafttreten der Schuldrechtsmodernisierung am 1.1.2002 festhalten können. Im Anschluss daran dürfte das Transparenzgebot, das auch für betriebl. Einheitsregelungen gilt, der weiteren Anwendung des Grundsatzes zur Ablösung bei „kollektiver Günstigkeit" entgegenstehen (vgl. Rz. 68).

64 Voraussetzung für eine Anwendung dieses Prinzips der „kollektiven Günstigkeit" ist, dass die nach Maßgabe der Einheitsregelung gewährten Leistungen in einem **Bezugssystem** zueinander gestanden haben. Hiervon ist nach dem BAG auszugehen, wenn arbeitgeberseitig eine Entscheidung über die Höhe der einzusetzenden Mittel und die Grundsätze ihrer Verteilung getroffen wurde, ohne dass die individuelle Lage eines einzelnen ArbN, seine persönlichen Umstände oder seine besonderen individuellen Verdienste eine Rolle spielten. Wenn die insoweit durch einen Dotierungsrahmen vorgegebenen Mittel als Folge der „umstrukturierenden Betriebsvereinbarung" zum Nachteil einzelner ArbN verändert werden, soll dies zulässig sein, wenn die Neuregelung generelle Ziele verfolgt und insg. bei kollektiver Betrachtung nicht ungünstiger ist[13]. Eine isolierte Betrachtung einzelner Ansprüche wäre verfehlt, da günstigere Einzelansprüche auf Grund der vorgegebenen Finanzierungsmasse nur auf Kosten einer Verkürzung der Ansprüche anderer ArbN erzielt werden könnten[14]. Blieben die Aufwendungen des ArbGeb aber konstant oder würden sie erweitert, stehe das Günstigkeitsprinzip einer Neuregelung nicht entgegen, selbst wenn einzelne ArbN dadurch schlechter gestellt würden. Umgekehrt gingen die Regelungen einer betriebl. Einheitsregelung einer nachfolgenden BV (weiterhin) vor, wenn durch die BV der Gesamtaufwand des ArbGeb verringert werde[15].

65 Bsp. für **vorhandenes Bezugssystem:** Geringere Jubiläumszuwendung ggü. höherem Weihnachtsgeld[16]; Wegfall der Steigerungsbeträge in betrAV zu Gunsten fester und dynamisierter Zulagen zum Tarifentgelt[17]. Der Vergleich eines durch Gesamtzusage begründeten Versorgungswerks, das durch Widerruf für neu in den Betrieb eintretende Mitarbeiter geschlossen worden war und einer neuen BV betrAV,

---

1 So BAG 20.4.1999 – 1 ABR 72/98, NZA 1999, 887 (893); 21.4.2010 – 4 AZR 768/08, BB 2010, 1998 (1999); *Ehmann/Schmidt*, NZA 1995, 193 (202); *P. Hanau*, RdA 1998, 65 (70); *Reichold*, ZfA 1998, 237 (252); aA *Adomeit*, NJW 1984, 26; *Buchner*, DB-Beil. 12/1996, 1 (10). ‖2 BAG 30.3.2004 – 1 AZR 85/03, ArbRB 2004, 337. ‖3 Vgl. BAG 16.9.1986 – GS 1/82, NZA 1987, 168; abw. DKKW/*Berg*, § 77 Rz. 36f. ‖4 BAG 30.3.2004 – 1 AZR 85/03, ArbRB 2004, 337. ‖5 So aber BAG 5.3.2013 – 1 AZR 417/12, NZA 2013, 916ff.; ebenso krit. *Preis/Ulber*, RdA 2013, 211 (216f.). ‖6 BAG 5.8.2009 – 10 AZR 483/08, NZA 2009, 1105 (1106). ‖7 Vgl. für den Bereich der betrAV BAG 16.9.1986 – GS 1/82, NZA 1987, 168 (171, 177); 23.9.1997 – 3 ABR 85/96, NZA 1998, 719; 18.3.2003 – 3 AZR 101/02, DB 2004, 327 (328). ‖8 Vgl. BAG 16.9.1986 – GS 1/82, NZA 1987, 168 (171); 28.3.2000 – 1 AZR 366/99, NZA 2001, 49 (50); 5.8.2009 – 10 AZR 483/08, NZA 2009, 1105 (1106); aA LAG Düss. 19.6.2001 – 16 Sa 418/01, LAGE § 242 Betriebliche Übung Nr. 27 (S. 3). ‖9 BAG 16.9.1986 – GS 1/82, NZA 1987, 168 (171). ‖10 Ebenso BAG 7.11.1989 – GS 3/85, NZA 1990, 816; 17.6.2003 – 3 ABR 43/02, NZA 2004, 1110 (1115); 6.11.2007 – 1 AZR 862/06, NZA 2008, 542 (544); 21.4.2010 – 4 AZR 768/08, BB 2010, 1998 (1999); Richardi/*Richardi*, § 77 Rz. 153f.; diff. GK-BetrVG/*Kreutz*, § 77 Rz. 256ff.; aA *Däubler*, AuR 1987, 349; *Joost*, RdA 1989, 7 (18); *Annuß*, NZA 2001, 756 (761); abl. *Hromadka*, NZA-Beil. 3/1987, 2. ‖11 BAG 18.3.2003 – 3 AZR 101/02, DB 2004, 327 (328). ‖12 BAG 16.9.1986 – GS 1/82, NZA 1987, 168 (176). ‖13 BAG 17.6.2003 – 3 ABR 43/02, NZA 2004, 1110 (1115). ‖14 BAG 16.9.1986 – GS 1/82, NZA 1987, 168 (173); 21.9.1989 – 1 AZR 454/88, NZA 1990, 351; 28.3.2000 – 1 AZR 366/99, NZA 2001, 49 (51); krit. GK-BetrVG/*Kreutz*, § 77 Rz. 258; Richardi/*Richardi*, § 77 Rz. 154; *Belling*, DB 1987, 1888; *Däubler*, AuR 1987, 349. ‖15 BAG 16.9.1986 – GS 1/82, NZA 1987, 168 (175). ‖16 BAG 3.11.1987 – 8 AZR 316/81, NZA 1988, 509 (510). ‖17 LAG Hamm 17.12.1996 – 6 Sa 643/96, BB 1997, 528.

die wieder für alle Mitarbeiter geöffnet ist, kann nicht ohne weiteres in der Weise vorgenommen werden, dass dem Aufwand für das geschlossene Versorgungswerk mit der naturgemäß sinkenden Zahl von Versorgungsberechtigten der Aufwand gegenübergestellt wird, der auf unbestimmte Zeit für das wieder geöffnete Versorgungswerk aufzubringen ist[1]. Bsp. für **fehlendes Bezugssystem:** Umsetzung einer durch TV nach Höhe und/oder Verteilung vorgegebenen Leistungspflicht, Regelungen zur Altersgrenze für Vertragsbeendigung[2], Regelungen über das eigentliche Arbeitsentgelt als Gegenleistung für die geschuldete Arbeitsleistung, die Bezugnahme auf TV, Regelungen über die Bezahlung von Mehrarbeit, Nacht- und Feiertagsarbeit, Urlaub und Urlaubsvergütung, Regelungen zur Lohnfortzahlung bei Fehlzeiten oder andere Regelungen, die – wie die Dauer der Wochenarbeitszeit, Kündigungsfristen – den Inhalt des ArbVerh bestimmen[3]. Einheitsregelungen zu diesen Angelegenheiten können durch BV nicht verändert werden. Soweit die BV für die einzelnen ArbN günstigere Normen enthält, verdrängt sie indes während ihrer Geltungsdauer die arbeitsvertragl. Regelungen[4].

Unterstellt man die Anwendbarkeit der Grundsätze zur „kollektiven Günstigkeit", entfällt die betriebl. Einheitsregelung mit Abschluss der ablösenden BV. Sie wird durch die BV ersetzt. Damit kann der Anspruch später auch durch BV geändert (Ablösungsprinzip) oder ohne Wiederaufleben der einzelvertragl. Regelung beendet werden[5]. 66

Wenn eine Änderung betriebl. Einheitsregelungen durch BV bereits vor dem Beschluss des Großen Senats v. 16.9.1986[6] vorgenommen wurde, hat die BV ablösenden Charakter, selbst wenn sie die Rechte der ArbN insg. bei kollektiver Betrachtung verschlechtert, falls die Betriebspartner auf die Geeignetheit des Ablösungsmittels „Betriebsvereinbarung" vertrauen durften und die Neuregelung ihrerseits einer inhaltlichen Kontrolle unter den Gesichtspunkten der Verhältnismäßigkeit und des Vertrauensschutzes standhält[7]. Jedenfalls bis zum Bekanntwerden von BAG 12.8.1982[8] durften die Betriebsparteien davon ausgehen, dass die BV eine Gesamtzusage oder betriebl. Einheitsregelung ablösen und ungünstiger gestalten kann[9]. 67

c) Betriebsvereinbarungsoffene Arbeitsverträge. Abweichend hiervon kann durch BV in einzelvertragl. Regelungen (einschl. Gesamtzusage und betriebl. Einheitsregelung) auch zuungunsten der ArbN eingegriffen werden, wenn dort der Vorbehalt einer kollektivrechtl. Änderung enthalten war[10] und die allg. Grenzen der Verhältnismäßigkeit und des Vertrauensschutzes beachtet werden[11]. Es gilt also der gesetzl. Transparenzerfordernissen (§§ 305c II, 307 I 2 BGB) Rechnung tragen. Er muss in der Vereinbarung oder Zusage bzw. anlässlich der Verhandlungen über die einzelvertragl. Regelung (§ 310 III Nr. 3 BGB) zum Ausdruck kommen. Dies gilt auch für Arbeitsverträge, die vor dem 1.1.2002 abgeschlossen wurden. Ein stillschweigender Vorbehalt einer Ablösung durch BV besteht nicht[12]. Ggf. muss ausgelegt werden; im Zweifel ist ein Änderungsvorbehalt abzulehnen (§ 305c II, 307 I 2 BGB)[13]. Bsp.: Altersgrenze in Versorgungsordnung[14], Richtlinie über Jubiläumsgeld mit Bezugnahme auf vorherige Abstimmung mit KBR[15]. Indizien für Betriebsvereinbarungsoffenheit:[16] Regelung in Allg. Arbeitsbedingungen und kollektiver Bezug einer Leistung; Einführung oder Änderung der betriebl. Einheitsregelung unter Beteiligung BR[17]. Der Arbeitsvertrag ist einer Änderung auch dann zugänglich, wenn auf eine BV in bestimmter Fassung verwiesen worden ist. Ausgehend davon, dass BV ohnehin unmittelbar und zwingend zur Anwendung kommen (Abs. 4 S. 1), soll ida der dem NachwG entsprechen. Insofern erfolgt der Verweis im Zweifel nur deklaratorisch[18] und „dynamisch"[19]. Bsp.: Im Arbeitsvertrag wird auf die zu dieser Zeit im Betrieb geltende Regelung über Beginn und Ende der täglichen Arbeitszeit und die Verteilung der Arbeitszeit auf die einzelnen Wochentage Bezug genommen. Schon wegen der Notwendigkeit kollektiver Veränderbarkeit und der damit verbundenen MitbestR des BR liegt darin im Zweifel keine individuelle Zusage, die ggü. späterer Veränderung der betriebl. Arbeitszeit durch BV Bestand haben kann[20]. Das Gleiche gilt, wenn im Einstellungsgespräch mündlich auf bestimmte BV (hier: 13. Monats- 68

---

1 BAG 17.6.2003 – 3 ABR 43/02, NZA 2004, 1110. ||2 BAG 7.11.1989 – GS 3/85, NZA 1990, 816. ||3 BAG 28.3.2000 – 1 AZR 366/99, NZA 2001, 49 (51); 21.9.1989 – 1 AZR 454/88, NZA 1990, 351. ||4 BAG 28.3.2000 – 1 AZR 366/99, NZA 2001, 49 (51). ||5 Vgl. BAG 16.9.1986 – GS 1/82, NZA 1987, 168; 21.9.1989 – 1 AZR 454/88, NZA 1990, 351 (352); abw. DKKW/*Berg*, § 77 Rz. 50: nur einvernehmliche Verschlechterung oder Beendigung der BV; ErfK/*Kania*, § 77 BetrVG Rz. 78: nur (vorübergehend) verdrängende Wirkung. ||6 BAG 16.9.1986 – GS 1/82, NZA 1987, 168. ||7 BAG 20.11.1990 – 3 AZR 573/89, NZA 1991, 477; 18.9.2001 – 3 AZR 679/00, EzA § 1 BetrAVG Ablösung Nr. 29 (S. 8). ||8 BAG 12.8.1982 – 6 AZR 1117/79, BB 1982, 2183. ||9 BAG 20.11.1990 – 3 AZR 573/89, NZA 1991, 477; 18.9.2001 – 3 AZR 679/00, NZA 2002, 760. ||10 BAG 16.9.1986 – GS 1/82, NZA 1987, 168 (171); 17.6.2003 – 3 ABR 43/02, NZA 2004, 1110 (1114). ||11 Vgl. BAG 10.12.2002 – 3 AZR 92/02, EzA § 1 BetrAVG Ablösung Nr. 37 S. 9. ||12 BAG 5.8.2009 – 10 AZR 483/08, NZA 2009, 1105 (1106f.); *Eich*, NZA 2010, 1389 (1394). ||13 Grds. ebenso BAG 5.8.2009 – 10 AZR 483/08, NZA 2009, 1105; 5.3.2013 – 1 AZR 417/12, NZA 2013, 916 (920f.), dessen einzelfallbezogenes Auslegungsergebnis aber nicht überzeugt; krit. *Preis/Ulber*, NZA 2013, 211 (223ff.). ||14 BAG 5.3.2013 – 1 AZR 417/12, NZA 2013, 916 (920f.); krit. *Hromadka*, NZA 2013, 1061 (1062). ||15 Vgl. BAG 3.11.1987 – 8 AZR 316/81, NZA 1988, 509; ähnlich BAG 10.12.2002 – 3 AZR 92/02, EzA § 1 BetrAVG Ablösung Nr. 37 S. 6 („Beschluss im Einvernehmen mit Betriebsrat"). ||16 BAG 5.3.2013 – 1 AZR 417/12, NZA 2013, 916 (921). ||17 BAG 17.7.2012 – 1 AZR 476/11, NZA 2013, 338 (340). ||18 BAG 14.8.2001 – 1 AZR 619/00, NZA 2002, 276 (278). ||19 BAG 16.8.1988 – 3 AZR 61/87, NZA 1989, 102; 20.11.1987 – 2 AZR 284/86, NZA 1988, 617. ||20 Vgl. BAG 23.6.1993 – 1 AZR 57/92, NZA 1993, 89; 15.9.2009 – 9 AZR 757/08, DB 2009, 2551.

gehalt) Bezug genommen wird[1]. Wenn ein ArbN eine bestimmte Regelung (statisch) festgeschrieben wissen will, muss dies im Arbeitsvertrag selbst deutlich zum Ausdruck gebracht werden[2]. Der Umstand, dass die arbeitsvertragliche Regelung als AGB für eine Vielzahl von ArbN geschaffen wurde, genügt nicht. Wenn im Arbeitsvertrag indes eine Zahlung nach den Maßgaben einer BV zugesagt wird, kann dies eine konstitutive Bezugnahme sein, die nicht vom Fortbestand der BV abhängig ist. Ob sie auch dynamisch ist, hängt von der weiteren Auslegung im Einzelfall ab[3].

69 **15. Besonderheiten bei Betriebsübergang und Umwandlung (vgl. auch § 613a BGB). a) Übertragung eines Betriebs unter Wahrung seiner Identität.** Wird ein Betrieb im Rahmen von § 613a BGB unter Wahrung seiner betriebsverfassungsrechtl. Identität auf einen anderen Rechtsträger übertragen[4], gilt die BV auf kollektivrechtl. Ebene fort, da sie – unabhängig von der Frage des Betriebsinhabers – in ihrem Bestand am Betrieb anknüpft[5]. Die Rechtsform der Übertragung ist unerheblich; Umwandlung oder sonstige Formen der Gesamtrechtsnachfolge werden einbezogen. Auch der Regelungsgegenstand spielt keine Rolle; § 613a I 2–4 BGB kommt nicht zur Anwendung[6]. Einzelvertragl. Vereinbarungen zum Nachteil der ArbN sind bereits nach Abs. 4 unwirksam. Änderungen der BV sind nach den allg. Grundsätzen zulässig (vgl. Rz. 54). Wenn eine BV unternehmensspezifische Regelungen enthält, die beim Erwerber keine Anwendung finden können (Bsp.: Stock-Option-Plan, umsatzabhängige Bonusregelung, Personalrabatt), ist ein Wegfall oder eine Anpassung nach den Grundsätzen zur ergänzenden Vertragsauslegung (§§ 133, 157 BGB[7]) bzw. – nachgeordnet – zur Störung der Geschäftsgrundlage (§ 313 BGB) denkbar[8]. Die erkennbare Absicht einer Förderung der Eigenproduktion kann zur Folge haben, dass ggü. dem Erwerber kein Anspruch mehr auf dieselben Waren oder Dienstleistungen besteht[9]. Kommt eine Vertragsauslegung nicht zur gewünschten Anpassung, muss geprüft werden, ob beim Vertragsschluss von einem Umstand ausgegangen worden ist, der zwar nicht Vertragsinhalt geworden ist, dennoch erkennbar auf beiden Seiten den Geschäftswillen aufgebaut hat, und dieser auf Grund schwerwiegender Änderungen weggefallen ist[10].

70 **b) Fortbestand des Betriebs als Gemeinschaftsbetrieb.** Wenn einzelne Teile auf einen anderen Rechtsträger übertragen werden, der Betrieb aber als gemeinsamer Betrieb der beteiligten Rechtsträger fortbesteht (§ 1 II Nr. 2), gelten diese Grundsätze entsprechend[11]. Die BV gilt also für die im gemeinsamen Betrieb der beteiligten Rechtsträger beschäftigten ArbN kollektivrechtl. fort[12]. Ein Rückgriff auf § 613a I 2–4 BGB zur Darstellung der Rechtsfolgen für die BV kommt nicht in Betracht.

71 **c) Spaltung eines Betriebs und Übertragung eines Betriebsteils.** Wird nur ein Betriebsteil ausgegliedert und übertragen, besteht aber der Betrieb in seiner Identität beim übertragenden Rechtsträger fort, gilt die BV dort kollektivrechtl. fort[13]. Entsprechendes gilt, wenn der ausgegliederte Betriebsteil beim übertragenden Rechtsträger bleibt, der Betrieb iÜ aber unter Wahrung seiner betriebsverfassungsrechtl. Identität auf einen anderen Rechtsträger übertragen wird. In diesem Fall gilt die BV für die ArbN kollektivrechtl. weiter, deren ArbVerh auf den anderen Rechtsträger übergegangen ist. Ein Rückgriff auf § 613a I 2–4 BGB ist insoweit nicht erforderlich.

72 Ganz überwiegend ist in der Vergangenheit angenommen worden, dass eine kollektivrechtl. Fortgeltung der BV in dem ausgegliederten Betriebsteil vor allem wegen der fehlenden Identität mit dem bisherigen Betrieb ausgeschlossen sei[14]. Das Gleiche galt dann, wenn der Betrieb aufgelöst und die daraus entstehenden Teile – ganz oder teilweise – auf einen oder mehrere Rechtsträger übertragen wurden[15]. Allerdings wurde angenommen, dass die Regelungen der BV gem. § 613a I 2 BGB als Bestandteil des ArbVerh fortgelten, was zur Folge hatte, dass diese Rechte und Pflichten für die Dauer von einem Jahr nicht zum Nachteil der betroffenen ArbN geändert werden können[16]. Maßgeblich für den Fristbeginn war insoweit die tatsächliche Spaltung bzw. Auflösung des bisherigen Betriebs. Der Zeitpunkt des

---

1 BAG 23.5.2007 – 10 AZR 295/06, NZA 2007, 940 (943).   ‖2 BAG 15.9.2009 – 9 AZR 757/08, DB 2009, 2551; 17.7.2012 – 1 AZR 476/11, NZA 2013, 338 (342); DKKW/*Berg*, § 77 Rz. 19aff.   ‖3 Vgl. BAG 24.9.2003 – 10 AZR 34/03, NZA 2004, 149 (150).   ‖4 Hierzu *B. Gaul*, Betriebs- und Unternehmensspaltung, § 25 Rz. 12 ff.   ‖5 BAG 27.7.1994 – 7 ABR 37/93, NZA 1995, 222 (225); 7.11.2000 – 1 ABR 17/00, EzA § 77 BetrVG 1972 Nachwirkung Nr. 2; 28.6.2005 – 1 AZR 213/04, AP Nr. 25 zu § 77 BetrVG 1972 Betriebliche Altersversorgung; LAG München 25.7.2012 – 5 TaBV 77/11, nv.: Für Fortgeltung nicht ausreichend, wenn BV-Geltungsbereich weiterhin abgrenzbar. Es kommt vielmehr auf betriebsverfassungsrechtl. Identität an.   ‖6 BAG 27.7.1994 – 7 ABR 37/93, NZA 1995, 222 (225); *Henssler*, NZA 1994, 913 (914); *Heinze*, DB 1998, 1861 (1893); *Röder/Haußmann*, DB 1999, 1754; aA *Junker*, RdA 1993, 203 (205).   ‖7 BAG 7.9.2004 – 9 AZR 631/03, DB 2005, 1223.   ‖8 Vgl. *B. Gaul*, Betriebs- und Unternehmensspaltung, § 13 Rz. 40 ff.; *B. Gaul/Naumann*, NZA 2011, 121 ff.   ‖9 BAG 7.9.2004 – 9 AZR 631/03, DB 2005, 1223 (1224); 13.12.2006 – 10 AZR 792/05, NZA 2007, 325; *Fuchs*, Betriebliche Sonderleistungen, S. 131.   ‖10 *B. Gaul*, Betriebs- und Unternehmensspaltung, § 25 Rz. 59 ff., 80 ff.; *Hartmann*, AuA 1997, 16 (17).   ‖11 *B. Gaul*, Betriebs- und Unternehmensspaltung, § 25 Rz. 59 ff., 80 ff.; *Hartmann*, AuA 1997, 16 (17).   ‖12 BAG 5.2.1991 – 1 AZR 32/90, DB 1991, 1937 (1939); Hess ua./*Worzalla*, § 77 Rz. 243; GK-BetrVG/*Kreutz*, § 77 Rz. 387.   ‖13 *B. Gaul*, Betriebs- und Unternehmensspaltung, § 25 Rz. 154; GK-BetrVG/*Kreutz*, § 77 Rz. 386; DKKW/*Berg*, § 77 Rz. 101 f.; aA *D. Gaul*, NZA 1986, 628 (631); *Sowka*, DB 1988, 1318 (1321).   ‖14 BAG 27.7.1994 – 7 ABR 37/93, NZA 1995, 222; 24.7.2001 – 3 AZR 660/00, NZA 2002, 520; 14.8.2001 – 1 AZR 619/00, NZA 2002, 276; *Heinze*, DB 1998, 1861 (1864); *B. Gaul*, Betriebs- und Unternehmensspaltung, § 25 Rz. 116 ff. mwN.; ErfK/*Preis*, § 613a BGB Rz. 113.   ‖15 *B. Gaul*, Betriebs- und Unternehmensspaltung, § 25 Rz. 117.   ‖16 *B. Gaul*, Betriebs- und Unternehmensspaltung, § 24 Rz. 31 ff., § 25 Rz. 125.

Übergangs der ArbVerh spielte keine Rolle. ArbN, die nach Übergang des ArbVerh beim übernehmenden Rechtsträger neu eingestellt werden, konnten von der individualrechtl. fortgeltenden BV nicht mehr erfasst werden. Analog § 613a I 2–4 BGB war von der Fortgeltung als Bestandteil des ArbVerh auch dann auszugehen, wenn der ausgegliederte Betriebsteil beim übertragenden Rechtsträger bleibt, während der Restbetrieb unter Wahrung seiner Identität übertragen wird[1].

Unter Berücksichtigung der zwischenzeitlichen Überlegungen in Rspr. und Lit. wird man an dieser Bewertung indes nicht mehr festhalten können und grds. von einer kollektivrechtl. Fortgeltung der BV ausgehen müssen, wenn ein Betriebsteil ausgegliedert oder ein Betrieb aufgelöst wird und die hiervon betroffenen Betriebsteile im Anschluss daran als eigenständige Betriebe iSd. §§ 1, 4 I fortgeführt werden[2]. Insofern wird man die Überlegungen übertragen können, die zu GesamtBV entwickelt wurden. Auf diese Weise wird überzeugender dem durch RL 2001/23/EG vorgegebenen Ziel Rechnung getragen, dass den von dem Betriebsübergang/der Umwandlung betroffenen ArbN nach Möglichkeit der bisherige Status quo erhalten bleiben soll. Dieser Status wird bei kollektivrechtl. Fortgeltung der BV inhaltlich und formal – was für künftige Veränderungen Bedeutung hat – fortgeschrieben. Denn damit sind ArbGeb und BR (ggf. im Rahmen des Übergangsmandats mit dem Erwerber) in der Lage, eine Änderung oder Beendigung durch neue BV (ggf. Spruch der Einigungsstelle) oder Kündigung der BV (ohne sachlichen Grund) herbeizuführen. Darüber hinaus wird auch beim Erwerber eine betriebseinheitliche Regelung gefördert. Entgegen der zT vertretenen Auffassung[3] kommt es dabei allerdings nicht auf den Regelungsgegenstand an. Insoweit werden freiwillige BV ebenso wie mitbestimmte oder teilmitbestimmte BV erfasst. Auch Regelungen über betriebl. und betriebsverfassungsrechtl. Fragen gelten als BV fort. Damit entfällt bei einem Fortbestand von Betriebsteilen als eigenständige Betriebe ein Rückgriff auf § 613 I 2 BGB für die BV. ArbN, die nach der Reorganisationsmaßnahme neu eingestellt werden, werden von der BV erfasst, falls keine Begrenzung des Geltungsbereichs vereinbart wird.

Hiervon ausgehend ist die Fortgeltung einer BV als Bestandteil des ArbVerh gem. § 613a I 2 BGB nach Betriebsübergang/Umwandlung bzw. bei unternehmensinternen Veränderungen im Grunde auf die Fälle begrenzt, in denen Betriebe oder Betriebsteile, in denen die BV bislang gegolten hat, mit einem anderen Betrieb zusammengeschlossen werden und keine Ablösung mit einer dort zum gleichen Regelungsgegenstand bestehenden BV erfolgt. In diesen Fällen ist nach dem bisherigen Verständnis eine kollektivrechtl. Fortgeltung als BV ausgeschlossen[4]. Etwas anderes würde nur dann gelten, wenn man – vergleichbar mit den Überlegungen zum kollektivrechtl. Fortbestand von TV im Rahmen von § 613a I 2 BGB[5] – auch hier eine normative Geltung der BV als Bestandteil des ArbVerh annehmen würde[6]. Voraussetzung einer Ablösung beim übernehmenden Rechtsträger wäre indes, dass der Zusammenschluss durch Eingliederung erfolgte (vgl. Rz. 77) oder mit dem dort zuständigen BR eine abweichende BV getroffen wird. Ob und inwieweit ein Übergangsmandat besteht, spielt für die Frage einer Fortgeltung von BV keine Rolle. Insofern hat auch die Frage, ob in der ab- oder aufnehmenden Einheit (bereits) ein BR besteht, für die Entscheidung über die individual- oder kollektivrechtl. Fortgeltung einer BV keine Bedeutung[7].

Wird eine BV gem. § 613a I 2 BGB zum Inhalt des ArbVerh, ist sie vor der Ablösung durch BV nicht anders geschützt, als wenn sie als BV kollektivrechtl. weitergelten würde[8]. Auf ihre Ablösung nach § 613a I 3 BGB finden insofern ohne Rücksicht auf die Ein-Jahres-Frist die Regelungen zur ablösenden BV Anwendung[9]. Wegen etwaiger Einschränkungen durch EuGH v. 6.9.2011[10] vgl. § 613a BGB Rz. 270. Voraussetzung ist, dass die ablösende BV ihrerseits wirksam ist. Das setzt auch die Wahrung des Tarifvorrangs (Abs. 3) voraus[11]. Dem Ordnungsinteresse des neuen Betriebsinhabers wird also ggü. dem Interesse der ArbN an einer individualrechtl. Fortgeltung der bisherigen Kollektivverträge Vorrang eingeräumt, wenn die neuen TV bzw. BV unmittelbar und zwingend für das mit dem Erwerber bestehende ArbVerh gelten[12]. Dies gilt auch, wenn die Neuregelung erst nach dem Übergang des Betriebsteils geschaffen wird[13]. Allerdings muss die ablösende BV notwendigerweise der Sache nach denselben Gegenstand regeln[14]. Im Bereich der betrAV gelten darüber hinaus die allg. Besonderheiten (vgl. Rz. 55)[15].

---

1 *P. Hanau*, RdA 1989, 207 (211); *B. Gaul*, Betriebs- und Unternehmensspaltung, § 25 Rz. 173 ff., 182 ff.; 194; abl. *Schiefer*, RdA 1994, 83 (85); *D. Gaul*, NZA 1986, 628 (630). || 2 Vgl. BAG 18.9.2002 – 1 ABR 54/01, NZA 2003, 670 (673); 18.11.2003 – 1 AZR 604/02, NZA 2004, 803 (805); *Kreutz*, FS 50 Jahre BAG, 2004, S. 993 (997); *Fitting*, § 77 Rz. 174; *Sagan*, RdA 2011, 163 (172 f.). || 3 Vgl. *Bauer/v. Steinau-Steinrück*, NZA 2000, 505. || 4 Offen BAG 21.1.2003 – 1 ABR 9/02, NZA 2003, 1097 (1098), das von der Möglichkeit einer Fortgeltung als „normative Teilordnung" im aufnehmenden Betrieb spricht (so für Sozialplan BAG 24.3.1981 – 1 AZR 805/78, DB 1981, 2178 (2180)). || 5 BAG 22.4.2009 – 4 AZR 100/08, DB 2009, 2605 (2607); 26.8.2009 – 4 AZR 280/08, NZA 2010, 238. || 6 *B. Gaul*, FS Bauer, 2010, S. 339 (340). || 7 Abw. *Kreutz*, FS 50 Jahre BAG, 2004, S. 993 (1010), dessen stringente Anbindung an das Übergangsmandat in Einzelfällen aber zu widersprüchlichen Ergebnissen führt (Bsp.: Spaltung eines betriebsratslosen Betriebs). || 8 BAG 18.11.2003 – 1 AZR 604/02, NZA 2004, 803 (805); 28.6.2005 – 1 AZR 213/04, AP Nr. 25 zu § 77 BetrVG 1972 Betriebliche Altersversorgung. || 9 Vgl. BAG 24.7.2001 – 3 AZR 660/00, NZA 2002, 520; 14.8.2001 – 1 AZR 619/00, NZA 2002, 276 (279). || 10 EuGH 6.9.2011 – Rs. C-108/10, NZA 2011, 1077 ff. – Scattolon. || 11 BAG 22.3.2005 – 1 ABR 64/03, AP Nr. 26 zu § 4 TVG Geltungsbereich. || 12 BAG 21.2.2001 – 4 AZR 18/00, NZA 2001, 1318; 14.8.2001 – 1 AZR 619/00, NZA 2002, 276 (279). || 13 BAG 19.3.1986 – 4 AZR 640/84, NZA 1986, 687; 20.4.1994 – 4 AZR 342/93, NZA 1994, 1140; 14.8.2002 – 1 AZR 619/00, NZA 2002, 276 (279). || 14 BAG 24.7.2001 – 3 AZR 660/00, NZA 2002, 520; 1.8.2001 – 4 AZR 82/00, NZA 2002, 41. || 15 BAG 24.7.2001 – 3 AZR 660/00, NZA 2002, 520; *B. Gaul/Kühnreich*, NZA 2002, 495.

76 Die Fortgeltung gem. § 613a I 2 BGB ist grds. auf **Inhalts- und Beendigungsnormen** beschränkt. Abschlussnormen gelten nur dann fort, wenn sie sich nicht auf Neueinstellungen, sondern auf Veränderungen in ArbVerh beziehen, die zum Zeitpunkt des Übertragungsvorgangs bereits bestanden haben (zB Anspruch auf Abschluss eines Altersteilzeitvertrags). Regelungen über betriebl. oder betriebsverfassungsrechtl. Fragen sind von einer Fortgeltung ausgeschlossen[1].

77 **d) Zusammenschluss von Betrieben.** Wenn der auf einen anderen Rechtsträger übertragene oder der beim übertragenden Rechtsträger bleibende Betriebsteil mit einem anderen Betrieb zusammengeschlossen wird, kann dies zu einer Ablösung der bis dahin geltenden Regelungen (vgl. Rz. 71–74) der (früheren) BV führen[2]. Allerdings sind die tatsächlichen Umstände maßgeblich, gerade bei einem Zusammenschluss nach § 3 I Nr. 1 Buchst. b[3]. Voraussetzung ist, dass der Zusammenschluss nicht durch Neugründung eines Betriebs, sondern durch Eingliederung des Betriebsteils in den anderen Betrieb vorgenommen wird. Denn nur wenn die Identität des aufnehmenden Betriebs gewahrt bleibt, kann die BV dieses Betriebs kollektivrechtlich weitergelten und die ArbN, deren Betrieb oder Betriebsteil eingegliedert wird, erfassen. Umgekehrt gilt: Nur wenn die betriebsverfassungsrechtl. Identität eines Betriebs auch nach einem Zusammenschluss gem. § 3 I Nr. 1 gewahrt bleibt, kann auch dessen BV kollektivrechtlich fortbestehen[4]. Ob eine Eingliederung oder eine Neugründung vorliegt, muss vor allem durch Vergleich der Organisation der Einheiten vor dem Zusammenschluss und der Organisation der nach dem Zusammenschluss bestehenden Einheit festgestellt werden[5]. Für Eingliederung spricht zB, wenn in der aufnehmenden Einheit deutlich mehr ArbN beschäftigt werden (ungefähr 60: 40) oder wenn der arbeitstechnische Zweck, der in den beteiligten Einheiten verfolgt wird, keine Integration einzelner Abteilungen/Bereiche mit entsprechenden Veränderungen in Bezug auf abteilungs- oder bereichsinterne Arbeitsabläufe erforderlich macht. Wenn auf dieser Grundlage davon auszugehen ist, dass die bisherige Organisation des aufnehmenden Betriebs fortbesteht, lösen die dort geltenden BV die bisherigen Regelungen zum gleichen Regelungsgegenstand ab. Auf die Günstigkeit der Regelungen kommt es nicht an. Solche Regelungen, die in der aufnehmenden Einheit (noch) nicht als BV geregelt sind, gelten für die ArbN der eingegliederten Einheit (zunächst) als Bestandteil des ArbVerh fort (§ 613a I 2 BGB). Wenn der Zusammenschluss des übertragenen Betriebs oder Betriebsteils mit einer beim übernehmenden Rechtsträger bestehenden Einheit hingegen als Neugründung eines Betriebs anzusehen ist, bleibt es zunächst einmal bei der Fortgeltung der Rechte und Pflichten aus der BV als Bestandteil des ArbVerh gem. §§ 613a I 2 BGB, 324 UmwG[6]. Eine Ablösung durch eine andere BV setzt voraus, dass diese Vereinbarung mit dem BR, der für den gegründeten Betrieb neu gewählt werden muss, abgeschlossen wird[7]. Wegen der Ablösung durch eine neue BV gilt § 613a I 3 BGB (vgl. Rz. 54, 75)[8]. Besteht Streit über die Frage, ob ein Betrieb oder mehrere Betriebe im Anschluss an einen Übertragungsvorgang bestehen, kann ein Beschlussverfahren nach § 18 II eingeleitet werden (vgl. § 18 Rz. 12 ff.).

78 **e) Ablösung durch andere Vereinbarung.** Die Regelungen einer BV können nach der Übertragung eines Betriebs oder Betriebsteils auch durch Gesamt- oder KonzernBV des Erwerbers abgelöst werden, sofern der gleiche Regelungsgegenstand betroffen ist und der Betrieb/Betriebsteil in deren Geltungsbereich fällt[9]. Unerheblich ist dabei, ob ein Betrieb oder Betriebsteil übertragen wird. Voraussetzung ist lediglich, dass die Gesamt- oder KonzernBV – ausgehend von einem Sachgruppenvergleich – den gleichen Regelungsgegenstand betrifft. In diesem Fall verdrängt sie nach den allg. Grundsätzen zur Konkurrenz zwischen BV einerseits und Gesamt- oder KonzernBV andererseits bzw. nach Maßgabe von § 613a I 3 BGB die bisherige Regelung.

79 Eine Ablösung der als Bestandteile des ArbVerh fortgeltenden BV durch TV ist nach § 613a I 3 BGB ebenfalls möglich, ohne dass ein Günstigkeitsvergleich vorgenommen wird[10]. Wegen etwaiger Einschränkungen durch EuGH v. 6.9.2011[11] vgl. § 613a BGB Rz. 270. Eine Ablösung der insoweit fortgeltenden Regelungen einer BV durch eine betriebl. Einheitsregelung, die der übernehmende Rechtsträger einführt, setzt Zustimmung des ArbN voraus und darf eine Verschlechterung der Arbeitsbedingungen erst nach Ablauf der Jahresfrist bewirken[12]. Eine Ausnahme ist nur bei betriebsvereinbarungsoffenen Regelungen denkbar (vgl. Rz. 68).

---

1 *B. Gaul*, Betriebs- und Unternehmensspaltung, § 25 Rz. 120 f. ||2 BAG 24.7.2001 – 3 AZR 660/00, NZA 2002, 520; 21.1.2003 – 1 ABR 9/02, NZA 2003, 1097 (1099). ||3 BAG 7.6.2011 – 1 ABR 110/09, NZA 2012, 110. ||4 Vgl. BAG 18.3.2008 – 1 ABR 3/07, NZA 2008, 1259 (1262); LAG München 25.7.2012 – 5 TaBV 77/11, nv. ||5 Ausf. *B. Gaul*, Betriebs- und Unternehmensspaltung, § 25 Rz. 157 ff. ||6 Abw. BAG 18.3.2008 – 1 ABR 3/07, NZA 2008, 1259, das nach einem Zusammenschluss von Betrieben offenbar generell von einem Fortbestand der bisherigen Betriebe als abgrenzbare Teileinheiten innerhalb des neuen Betriebs ausgeht und daraus die Fortgeltung der bei Zusammenfassung bestehenden Vereinbarungen ableitet. ||7 Vgl. *B. Gaul*, Betriebs- und Unternehmensspaltung, § 25 Rz. 169 ff., 175 ff. ||8 BAG 14.8.2001 – 1 AZR 619/00, NZA 2002, 276 (278); 28.6.2005 – 1 AZR 213/04, AP Nr. 25 zu § 77 BetrVG 1972 Betriebliche Altersversorgung. ||9 *B. Gaul*, Betriebs- und Unternehmensspaltung, § 25 Rz. 139; *Henssler*, NZA 1994, 913 (918); abw. *Sowka/Weiss*, DB 1991, 1518 (1520 f.). ||10 Sog. Über-Kreuz-Ablösung; LAG Hamburg 7.6.1995 – 4 Sa 115/94, AuR 1996, 75; *B. Gaul*, Betriebs- und Unternehmensspaltung, § 25 Rz. 146 ff.; *B. Gaul*, FS Bauer, 2010, S. 339 (348); *WHSS/Hohenstatt*, E Rz. 55; *Kania*, DB 1995, 625 (626). ||11 EuGH 6.9.2011 – Rs. C-108/10, NZA 2011, 1077 ff. – Scattolon. ||12 *B. Gaul*, Betriebs- und Unternehmensspaltung, § 26 Rz. 142 ff.; aA *Henssler*, NZA 1994, 913 (918).

f) Beendigung der BV im Zusammenhang mit Übergang. War die BV vor dem Übergang bereits beendet, ist ihre Fortgeltung beim übernehmenden Rechtsträger ausgeschlossen, wenn sie keine Nachwirkung hat[1]. Liegt Nachwirkung vor, gilt sie als BV (Übertragung des Betriebs) oder als Bestandteil des ArbVerh (Übertragung eines Betriebsteils) fort. Sie kann nicht nur durch Kollektivvereinbarung geändert werden. Vielmehr kann sie ohne Rücksicht auf die Ein-Jahres-Frist durch Änderungskündigung oder Änderungsvereinbarung auch zum Nachteil der betroffenen ArbN geändert werden. Entsprechendes gilt, wenn die BV nach der Spaltung bzw. Übertragung des Betriebs oder Betriebsteils beendet wird.

g) Besonderheiten für GesamtBV. Eine GesamtBV gilt als GesamtBV fort, wenn sämtliche Betriebe unter Wahrung ihrer Identität übertragen werden und der übernehmende Rechtsträger – bspw. bei einer Spaltung zur Neugründung – seinerseits noch keine Betriebe oder Betriebsteile besitzt, die bei ihrer Einbeziehung zu einer Ausweitung des bisherigen Geltungsbereichs führen würden[2]. Bestehen beim übernehmenden Rechtsträger andere Betriebe, setzt eine kollektivrechtl. Fortgeltung voraus, dass die GesamtBV in ihrem Geltungsbereich auf die übertragenen Betriebe begrenzt ist und beim übernehmenden Rechtsträger keine GesamtBV zum gleichen Regelungsgegenstand besteht, die die übertragenen Betriebe erfasst.

Eine GesamtBV gilt als BV fort, wenn ein einzelner Betrieb unter Wahrung seiner Identität auf einen anderen Rechtsträger übertragen wird. Unerheblich ist, ob die Vereinbarung im originären oder im übertragenen Zuständigkeitsbereich abgeschlossen wird[3]. In Übereinstimmung mit BAG 18.9.2002[4] gilt die GesamtBV auch dann als BV fort, wenn ein Betriebsteil übertragen und durch den Erwerber als eigenständiger Betrieb fortgeführt wird[5]. Konsequenz der kollektivrechtl. Fortgeltung ist, dass eine Änderung oder Beendigung nach Maßgabe der allg. Grundsätze zur Änderung oder Beendigung von BV (vgl. Rz. 34 ff., 54 ff.) erfolgen kann. Bei Fortgeltung als Bestandteil des ArbVerh müsste die Jahresfrist des § 613a I 2 BGB beachtet werden.

Beim übertragenden Rechtsträger wirkt die GesamtBV kollektivrechtl. als GesamtBV oder BV fort, sofern die dort verbleibenden Einheiten als Betrieb oder selbständiger Betriebsteil iSd. § 4 I 1 qualifiziert werden können[6].

h) Besonderheiten für KonzernBV. Eine KonzernBV wirkt als KonzernBV fort, wenn der Rechtsträger, auf den Betriebe oder Betriebsteile übertragen wurden, im selben Konzern steht[7]. Es genügt, dass die Einheiten auch im Anschluss an den Übertragungsvorgang in den Geltungsbereich fallen (§ 58 I 1). Steht der übernehmende Rechtsträger nicht in einer Konzernbindung, gelten die Ausführungen zur GesamtBV entsprechend[8].

16. Unternehmensinterne Veränderungen/Bildung und Auflösung eines gemeinsamen Betriebs. Wenn Betriebe oder Betriebsteile unternehmensintern ausgegliedert oder zusammengeschlossen werden, gelten die vorstehenden Ausführungen zu solchen Veränderungen im Anschluss an einen Betriebsübergang oder eine Umwandlung entsprechend (vgl. Rz. 69, 71 ff.). Diese Grundsätze gelten auch dann, wenn die Veränderung mit der Bildung oder Auflösung eines gemeinsamen Betriebs verbunden ist. Ggf. kommt es also zu einer analogen Anwendung von § 613a I 2 bis 4 BGB[9]. Für Gesamt- oder KonzernBV hat die unternehmensinterne Veränderung keine Bedeutung. Sie gelten kollektivrechtl. fort[10].

17. Rechtsfolgen von Abschlussmängeln bei einer Betriebsvereinbarung. Da es sich bei der BV um einen Vertrag handelt (vgl. Rz. 1), sind die Vorschriften des BGB über Willenserklärungen und Rechtsgeschäfte grds. anwendbar[11].

a) Nichtigkeit/Unwirksamkeit von Betriebsvereinbarungen. BV sind nichtig, soweit sie gegen ein zwingendes Gesetz oder die guten Sitten verstoßen (§§ 134, 138 BGB) oder das Schriftformerfordernis nicht beachtet wird (§ 125 I BGB). Eine BV ist auch dann unwirksam, wenn die betriebl. Sozialpartner außerhalb ihrer Regelungszuständigkeit handelten. Bsp.: Abschluss einer BV für einen anderen Betrieb, Vereinbarung über anderweitige Verteilung der Zuständigkeit zwischen BR, GBR und KBR oder Nichtbeachtung des Tarifvorrangs bzw. -vorbehalts aus §§ 77 III, 87 I[12]. Entgegen BAG v. 10.10.2007[13] will BAG v. 9.7.2013[14] eine unvollständige oder fehlerhafte Einladung der BR-Mitglieder zur BR-Sitzung

---

1 BAG 18.11.2003 – 1 AZR 604/02, NZA 2004, 803 (805); *B. Gaul*, Betriebs- und Unternehmensspaltung, § 25 Rz. 129 ff. ||2 *B. Gaul*, Betriebs- und Unternehmensspaltung, § 25 Rz. 210; WHSS/*Hohenstatt*, Rz. E 58; Kittner/Zwanziger/*Bachner*, Arbeitsrecht, § 116 Rz. 12; abl. *Boecken*, Unternehmensumwandlungen, Rz. 160. ||3 Vgl. BAG 18.9.2002 – 1 ABR 54/01, NZA 2003, 670 (673); *B. Gaul*, Betriebs- und Unternehmensspaltung, § 25 Rz. 216 ff.; aA noch BAG 29.10.1985 – 3 AZR 485/83, BB 1986, 1644; LAG Hamburg 7.6.1995 – 4 Sa 115/94, AuR 1996, 75 (76); *P. Hanau*, ZGR 1990, 548 (555); *Berscheid*, FS Stahlhacke, 1995, S. 15 (31): Fortgeltung gem. § 613a I 2 BGB. ||4 BAG 18.9.2002 – 1 ABR 54/01, NZA 2003, 670. ||5 Abw. *B. Gaul*, Betriebs- und Unternehmensspaltung, § 25 Rz. 223 ff. mwN: Fortgeltung gem. § 613a I 2 BGB; WHSS/*Hohenstatt*, E Rz. 59 ff. ||6 *B. Gaul*, Betriebs- und Unternehmensspaltung, § 25 Rz. 229 f. ||7 *B. Gaul*, Betriebs- und Unternehmensspaltung, § 25 Rz. 239 f. ||8 *B. Gaul*, Betriebs- und Unternehmensspaltung, § 25 Rz. 239 f. ||9 Eingehend *B. Gaul*, Betriebs- und Unternehmensspaltung, § 25 Rz. 59 ff., 111 ff., 157 ff., 196 ff. ||10 *B. Gaul*, Betriebs- und Unternehmensspaltung, § 25 Rz. 209, 232 ff., 238, 243 ff. ||11 Richardi/*Richardi*, § 77 Rz. 45; *Wurth*, Irrtum über Mitbestimmung, 1993, S. 47, 86. ||12 BAG 21.1.2003 – 1 ABR 9/02, NZA 2003, 1097 (1099); 22.3.2005 – 1 ABR 64/03, AP Nr. 26 zu § 4 TVG Geltungsbereich. ||13 BAG 10.10.2007 – 7 ABR 51/06, NZA 2008, 369. ||14 BAG 9.7.2013 – 1 ABR 2/13, nv.

nicht zwingend als Unwirksamkeitsgrund anerkennen. Handelte der BR-Vorsitzende ohne bzw. außerhalb seiner Vertretungsbefugnis, kann der Abschluss der BV, die insoweit schwebend unwirksam ist, durch den BR genehmigt werden[1]. War die BR-Wahl nichtig, ist die durch den vermeintlichen BR abgeschlossene Vereinbarung unwirksam. War die BR-Wahl nur anfechtbar, kann der BR allerdings bis zur rechtskräftigen Entscheidung nach § 19 alle Beteiligungsrechte ausüben, wozu auch der Abschluss einer BV gehört[2]. Ohne Anfechtung gilt die BR-Wahl ohnehin als wirksam. Eine Diskriminierung durch BV kann Ansprüche auf Leistung des ArbGeb oder Leistungsverweigerungsrechte der ArbN auslösen[3].

88 IdR handelt es sich um eine anfängliche Unwirksamkeit. Die Nichtigkeit wirkt allerdings ex nunc, wenn die BV bereits ein Dauerschuldverhältnis gestaltet hat (Bsp.: Vereinbarung über die Gewährung übertarifl. Leistungen) oder der Grund für die Unwirksamkeit erst nach Abschluss der BV wirksam wird (Bsp.: nachträglicher Abschluss eines TV zum selben Regelungsgegenstand).

89 Aus dem Normencharakter der BV folgt, dass sie trotz Nichtigkeit einzelner Regelungen iÜ wirksam ist, wenn die verbleibenden Bestimmungen eine sinnvolle und in sich geschlossene Regelung enthalten und kein solcher Zusammenhang zu dem unwirksamen Teil der BV besteht, der einer isolierten Fortgeltung entgegensteht[4]. Ob dabei § 139 BGB analog zur Anwendung kommt[5], kann offen bleiben.

90 **b) Umdeutung einer Betriebsvereinbarung.** Eine nichtige BV kann nach § 140 BGB in eine Regelungsabrede umgedeutet werden, um in Bezug auf die Handhabe der betriebsverfassungsrechtl. Beteiligungsrechte als schuldrechtl. Vertrag zwischen ArbGeb und BR fortzubestehen[6]. Bsp.: Verletzung des Tarifvorbehalts aus Abs. 3[7].

91 Weitergehend kann eine nichtige BV, die gleichwohl zur Umsetzung kommt, ausnahmsw. auch zur Begründung entsprechender Ansprüche im Wege der Gesamtzusage oder betriebl. Übung führen. Voraussetzung ist allerdings, dass der ArbGeb bei Abschluss der BV in Kenntnis der Unwirksamkeit handelt und gleichzeitig – ausdrücklich oder konkludent – zum Ausdruck bringt, sich ohne Rücksicht auf die Wirksamkeit der BV inhaltsgleich binden zu wollen[8]. Wenn der ArbGeb in der (irrtümlichen) Annahme handelt, eine durch BV begründete Verpflichtung zu erfüllen, genügt dies nicht, um das für die Entstehung einer betriebl. Übung erforderliche Vertrauen zu schaffen[9]. Dass der Mangel der BV hätte erkannt werden können oder müssen, spielt keine Rolle. In diesem Fall ist eine Umdeutung in eine Gesamtzusage ausgeschlossen[10]. Auch kann der bloße Normenvollzug nicht das für eine Anwendbarkeit des Gleichbehandlungsgrundsatzes erforderliche Gestalten des ArbGeb ersetzen[11]. Ausreichend kann aber sein, wenn eine BV abgeschlossen wird, um Unruhe wegen der Zahlung unterschiedlich übertarifl. Zulagen zu beseitigen, und die nichtige BV als „unkündbar" bezeichnet wurde[12]. Folge der Umdeutung ist, dass eine Beendigung oder Änderung der Zusage nur noch mit den Mitteln des Individualarbeitsrechts möglich ist[13]. Der Tarifvorrang steht einer solchen Umdeutung nicht entgegen[14]. Vermieden werden kann die Umdeutung bei Kenntnis der Unwirksamkeit nur dann, wenn einzelvertragl. die Fortgeltung der Regelungen zwischen ArbGeb und BR bewusst ausgeschlossen wird[15]. Ggf. muss die BV befristet werden. In diesem Fall kann auch die Umdeutung nur zu einer Gesamtzusage oder betriebl. Übung führen, die mit Ablauf der Befristung endet.

92 **c) Anfechtung einer Betriebsvereinbarung.** Die Erklärung zum Abschluss einer BV ist anfechtbar nach Maßgabe der §§ 119 ff. BGB. Die Wirkung tritt indes nicht rückwirkend, sondern nur ex nunc ein, da die BV wegen der verbindlichen Wirkung für Dritte nicht rückwirkend beseitigt werden kann[16].

93 **18. Gerichtliche Klärung von Zweifelsfragen.** Antragsbefugnis im Beschlussverfahren besitzt, wer nach materiellem Recht durch die begehrte Entscheidung in seiner eigenen betriebsverfassungsrechtl. Rechtsstellung unmittelbar betroffen wird bzw. dies zumindest behauptet[17]. Ein solches Interesse von ArbGeb und BR besteht, wenn der Inhalt einer BV[18], die Mitbestimmungspflichtigkeit einer konkreten Maßnahme[19]

---

1 DKKW/Berg, § 77 Rz. 57. ‖2 LAG Hess. 24.11.1987 – 5 Ta BV Ga 142/87, BB 1988, 1461; *Fitting*, § 19 Rz. 49 f.; Richardi/*Richardi*, § 77 Rz. 31. ‖3 BAG 14.5.2013 – 1 AZR 44/12, NZA 2013, 1160. ‖4 BAG 11.1.2011 – 1 ABR 104/09, NZA 2011, 651 (653); 18.9.2012 – 3 AZR 431/10, NZA-RR 2013, 651; *Fitting*, § 77 Rz. 32; Richardi/*Richardi*, § 77 Rz. 48; GK-BetrVG/*Kreutz*, § 77 Rz. 61. ‖5 So BAG 15.5.1964 – 1 ABR 15/63, BB 1964, 1004 (1005); 21.1.2003 – 1 ABR 9/02, NZA 2003, 1097 (1101); Hess ua./*Worzalla*, § 77 Rz. 242; abl. Richardi/*Richardi*, § 77 Rz. 48; diff. GK-BetrVG/*Kreutz*, § 77 Rz. 61. ‖6 BAG 20.4.1999 – 1 ABR 72/98, NZA 1999, 887; Richardi/*Richardi*, § 77 Rz. 46; abl. *Wurth*, Irrtum über Mitbestimmung, 1993, S. 247. ‖7 BAG 20.4.1999 – 1 ABR 72/98, NZA 1999, 887 (890). ‖8 Vgl. BAG 24.1.1996 – 1 AZR 597/95, NZA 1996, 948 (949); 17.3.2010 – 7 AZR 706/08, DB 2010, 2812 (2813); 18.3.2010 – 2 AZR 337/08, NZA-RR 2011, 18 (22); *Wurth*, Irrtum über Mitbestimmung, 1993, S. 254; DKKW/*Berg*, § 77 Rz. 63. ‖9 BAG 14.8.2001 – 1 AZR 619/00, NZA 2002, 276 (278); 28.6.2005 – 1 AZR 213/04, AP Nr. 25 zu § 77 BetrVG 1972 Betriebliche Altersversorgung; 23.1.2008 – 1 AZR 988/06, NZA 2008, 709 (712). ‖10 Wurth, Irrtum über Mitbestimmung, 1993, S. 253. ‖11 BAG 23.1.2008 – 1 AZR 988/06, NZA 2008, 709 (712). ‖12 BAG 23.8.1989 – 5 AZR 391/88, BB 1989, 2330. ‖13 BAG 23.8.1989 – 5 AZR 391/88, BB 1989, 2330; 20.11.2001 – 1 AZR 12/01, EzA § 77 BetrVG 1972 Nr. 70 (S. 10). ‖14 BAG 20.4.1999 – 1 ABR 72/98, NZA 1999, 887 (890). ‖15 Vgl. BAG 20.11.2001 – 1 AZR 12/01, EzA § 77 BetrVG 1972 Nr. 70 (S. 9). ‖16 BAG 15.12.1961 – 1 AZR 207/59, DB 1962, 306; *Fitting*, § 77 Rz. 33; Richardi/*Richardi*, § 77 Rz. 49; ErfK/*Kania*, § 77 Rz. 26. ‖17 BAG 20.12.1995 – 7 ABR 8/95, NZA 1996, 945 (947); LAG Köln 20.5.1999 – 13 Ta BV 37/98, NZA-RR 2000, 140 (141). ‖18 BAG 27.5.1986 – 1 ABR 48/84, NZA 1986, 643. ‖19 BAG 15.1.2002 – 1 ABR 13/01, NZA 2002, 995 (996); 28.5.2002 – 1 ABR 40/01, DB 2002, 2385; 11.6.2002 – 1 ABR 44/01, DB 2002, 2727; 11.6.2002 – 1 ABR 46/01, NZA 2002, 1299.

oder die Wirksamkeit, Unwirksamkeit oder Nachwirkung einer BV[1] streitig sind oder ein Anspruch auf Anwendung oder Durchführung einer BV, der sich aus Abs. 1 bzw. der BV selbst ergibt (vgl. Rz. 6), durchgesetzt werden soll[2]. Die Feststellung oder Erfüllung individueller Ansprüche einzelner ArbN kann durch den BR nicht zum Gegenstand eines Beschlussverfahrens gemacht werden[3]. Darüber wird im Urteilsverfahren, ggf. unter inzidenter Prüfung der BV, entschieden[4]. Etwas anderes gilt, wenn der BR über die Feststellung individualrechtl. Positionen eigene betriebsverfassungsrechtl. Rechte und Pflichten klären will[5].

GBR oder KBR sind antragsbefugt, wenn sie Partei einer BV sind oder ihre Beteiligung im Rahmen der Zuständigkeit nach §§ 50, 58 in Rede steht[6]. Umgekehrt kann der BR nicht die Wirksamkeit einer GesamtBV feststellen lassen, sofern er nicht eigene Zuständigkeit geltend macht[7]. Bei ArbN-Vertretungen nach § 3 I Nr. 1–3 gilt Entsprechendes. 94

Gerichtl. Entscheidungen über den Inhalt, die Wirksamkeit oder den Fortbestand einer BV im Beschlussverfahren sind für ArbGeb, BR und ArbN im Geltungsbereich der Vereinbarung verbindlich[8]. Ist die beantragte Feststellung nicht offensichtlich unzulässig oder unbegründet, muss der ArbGeb nach § 40 die Kosten des Verfahrens tragen[9]. 95

Gewerkschaften sind grds. nicht antragsbefugt, da die BV das Rechtsverhältnis zwischen ArbGeb und BR bzw. ArbN betrifft[10]. Etwas anderes gilt dann, wenn sie gem. § 1004 I 2 iVm. § 823 BGB eine Unterlassung und Beseitigung der Verletzung ihrer durch Art. 9 III GG geschützten Koalitionsfreiheit einwendet[11]. Als TV-Partei kann sie diesen Anspruch auch selbständig mit dem Ziel verfolgen, den Geltungsanspruch des TV ggü. unzulässigen konkurrierenden oder abweichenden Vereinbarungen zu verteidigen, ohne den Bestand des TV anzutasten, über den die TV-Parteien im Grundsatz nicht allein verfügen können[12]. Unerheblich ist, dass der Eingriff in die Koalitionsfreiheit als Folge einer Umdeutung der nichtigen BV letztendlich auf einzelvertragl. Ebene erfolgt[13]. Unerheblich ist auch, ob es sich um mitbestimmungspflichtige oder freiwillige Angelegenheiten handelt[14]. Voraussetzung für einen Eingriff ist aber, dass eine Tarifnorm als kollektive Ordnung verdrängt und ihrer zentralen Funktion beraubt werden soll. Hierfür ist eine betriebl. Regelung notwendig, die einheitlich wirken und an die Stelle der Tarifnorm treten soll[15]. Außerdem müssen die Gewerkschaftsmitglieder benannt werden, für die die Durchsetzung des TV erfolgen soll. Der Beseitigungsanspruch umfasst aber nicht die Wiederherstellung des rangkonformen Zustands durch Nachzahlung tariflicher Leistungen[16]. 96

Ob ein Verstoß gegen den Tarifvorrang aus Abs. 3 bzw. Tarifvorbehalt aus § 87 I Einleitungssatz auch Unterlassungsansprüche der Gewerkschaft gem. § 23 III begründen kann, ist zweifelhaft. Nach BAG 20.8.1991[17] soll nämlich nur ein Verstoß gegen Abs. 3, nicht aber gegen den Tarifvorbehalt aus § 87 I Einleitungssatz geeignet sein, Ansprüche aus § 23 I zu begründen[18]. Weiter gehend lässt BAG 20.4.1999[19] sogar offen, ob § 23 überhaupt zur Abwehr von Verstößen gegen Abs. 3 gedacht war[20]. 97

ür die Geltendmachung eines Unterlassungsanspruchs durch eine Gewerkschaft, der sich gegen die Durchführung oder den Abschluss einer BV richtet, soll das Beschlussverfahren die zutreffende Verfahrensart sein, und zwar auch dann, wenn die Gewerkschaft einen deliktsrechtl. Unterlassungsanspruch geltend macht[21]. 98

II. Die Regelungsabrede. 1. Inhalt und rechtliche Bedeutung. Die Regelungsabrede ist eine formlose Abrede zwischen ArbGeb und BR; sie kann auch konkludent zustande kommen[22]. Bloßes Schweigen oder widerspruchslose Hinnahme arbeitgeberseitiger Maßnahmen genügen nicht[23]. Insofern sind auch 99

---

1 BAG 8.12.1970 – 1 ABR 20/70, DB 1971, 582; 21.8.1990 – 1 ABR 73/89, BB 1990, 2406; LAG Hamburg 13.2.2002 – 8 TaBV 10/01, NZA 2002, 507 (508); *Kort*, NZA 2005, 620. ‖ 2 Vgl. BAG 21.1.2003 – 1 ABR 9/02, NZA 2003, 1097 (1098). ‖ 3 BAG 17.10.1989 – 1 ABR 75/88, NZA 1990, 441; 21.1.2003 – 1 ABR 9/02, NZA 2003, 1097 (1098); 18.1. 2005 – 3 ABR 21/04, DB 2005, 2417 (2419); *Ahrendt*, NZA 2011, 774 (778). ‖ 4 Vgl. BAG 24.11.1987 – 1 ABR 57/86, NZA 1988, 322; 22.1.2002 – 3 AZR 554/00, NZA 2002, 1224. ‖ 5 Vgl. BAG 17.8.1999 – 3 ABR 55/98, NZA 2000, 498 (501); 22.10.1985 – 1 ABR 47/83, DB 1986, 704. ‖ 6 BAG 31.1.1989 – 1 ABR 60/87, NZA 1989, 606 (608); LAG Köln 20.5.1999 – 13 Ta BV 37/98, NZA-RR 2000, 140. ‖ 7 BAG 5.3.2013 – 1 ABR 75/11, DB 2013, 1423. ‖ 8 BAG 17.2.1992 – 10 AZR 448/91, NZA 1992, 999; 17.8.1999 – 3 ABR 55/98, NZA 2000, 498 (502); LAG Nürnberg 23.12. 2002 – 6 Sa 66/00, LAGReport 2003, 131 (132). ‖ 9 BAG 19.4.1989 – 7 ABR 6/88, NZA 1990, 233. ‖ 10 BAG 23.2.1988 – 1 ABR 75/86, NZA 1989, 229; 20.4.1999 – 1 ABR 72/98, NZA 1999, 887 (889); *Däubler*, AiB 1999, 481. ‖ 11 BAG 20.8.1991 – 1 ABR 85/90, NZA 1992, 317 (318); 20.4.1999 – 1 ABR 72/98, NZA 1999, 887 (889); offenbar ohne weitere Prüfung LAG BW 11.7.2002 – 2 Ta BV 2/01, BB 2002, 1751 (1758). ‖ 12 BAG 20.4.1999 – 1 ABR 72/98, NZA 1999, 887 (889). ‖ 13 BAG 20.4.1999 – 1 ABR 72/98, NZA 1999, 887 (890). ‖ 14 Vgl. BAG 20.8.1991 – 1 ABR 85/90, NZA 1992, 317; 13.3.2001 – 1 AZB 19/00, NZA 2001, 1037. ‖ 15 BAG 20.4.1999 – 1 ABR 72/98, NZA 1999, 887 (892). ‖ 16 BAG 17.5.2011 – 1 AZR 473/09, NZA 2011, 116. ‖ 17 BAG 20.8.1991 – 1 ABR 85/90, NZA 1992, 317. ‖ 18 Krit. DKKW/*Berg*, § 77 Rz. 85. ‖ 19 BAG 20.4.1999 – 1 ABR 72/98, NZA 1999, 887 (890). ‖ 20 Vgl. auch BAG 13.3.2001 – 1 AZB 19/00, NZA 2001, 1037 (1038). ‖ 21 BAG 20.4.1999 – 1 ABR 72/98, NZA 1999, 887 (889); 13.3.2001 – 1 AZB 19/00, NZA 2001, 1037; krit. Richardi/*Richardi*, § 77 Rz. 315; *Annuß*, RdA 2000, 287 (297); *Bauer*, NZA 1999, 957 (958); *Hromadka*, ZTR 2000, 253 (256). ‖ 22 BAG 15.12.1961 – 1 AZR 492/59, BB 1962, 371; 21.1.2003 – 1 ABR 9/02, NZA 2003, 1097 (1099); Richardi/*Richardi*, § 77 Rz. 227; GK-BetrVG/*Kreutz*, § 77 Rz. 11. ‖ 23 BAG 10.11.1992 – 1 AZR 183/92, NZA 1993, 570 (572); LAG Hess. 17.3.1983 – 4 Ta BV 130/82, ZIP 1983, 1114.

Erklärungen des BR-Vorsitzenden unzureichend, solange sie nicht von einem BR-Beschluss gedeckt sind[1]. Sie können aber – grds. auch mit Rückwirkung – genehmigt werden[2].

100 Gegenstand einer Regelungsabrede ist die einvernehmliche Handhabe einer bestimmten – nicht zwingend mitbestimmungspflichtigen – Angelegenheit[3]. Bsp.: Handhabe der Beteiligung bei der Anordnung von Überstunden in Eilfällen. Durch Regelungsabrede können auch konkretisierende Regelungen über Arbeitsentgelte getroffen werden, wenn solche im TV (üblicherweise) geregelt sind. Da die formalen Voraussetzungen einer BV nicht beachtet werden müssen, erleichtert eine Regelungsabrede den Umgang mit Beteiligungsrechten des BR. Sie sind mit ihrem Abschluss gewahrt[4]. Durch Regelungsabrede kann auch eine Erweiterung der MitbestR vereinbart werden[5].

101 Im Gegensatz zur BV entfaltet die Regelungsabrede keine normative Wirkung in Bezug auf einzelne ArbVerh, sondern begründet nur eine schuldrechtl. Beziehung zwischen ArbGeb und BR[6]. Ein Vertrag zugunsten Dritter liegt darin nicht[7]. Rechtsansprüche der ArbN auf ein abredegemäßes Verhalten des ArbGeb begründet die Regelungsabrede deshalb nicht[8]. Wenn als Folge einer Regelungsabrede Rechte oder Pflichten im Rahmen des ArbVerh begründet werden sollen, ist individualrechtl. Umsetzung durch den ArbGeb erforderlich[9]. Bsp.: einseitige Leistungszusage, Vereinbarung einer Vertragsänderung, Anordnung von Überstunden im Rahmen des Direktionsrechts, Widerruf einer übertarifl. Zulage, Änderungskündigung. Wirksam sind diese Maßnahmen ohne Rücksicht auf die vorherige Zustimmung des BR indes nur dann, wenn die arbeitsvertragl. und gesetzl. Schranken (zB § 315 BGB, §§ 1, 2 KSchG) berücksichtigt werden[10]. Die Sperrwirkung des Abs. 3 steht einer bloßen Regelungsabrede nicht entgegen[11].

102 ArbGeb oder BR können frei darüber entscheiden, ob Regelungen durch BV oder Regelungsabrede getroffen werden[12]. Allerdings kann in mitbestimmungspflichtigen Angelegenheiten wechselseitig der Abschluss einer BV, ggf. ein Spruch der Einigungsstelle, verlangt werden[13].

103 Der BR kann im Beschlussverfahren – ggf. sogar im Wege einstw. Verfügung – eine Verurteilung des ArbGeb zur Unterlassung abredewidriger Maßnahmen verlangen[14].

104 **2. Beendigung einer Regelungsabrede.** Die Regelungsabrede endet nach den für BV geltenden Grundsätzen, nämlich durch Zweckerreichung, Ablauf der vereinbarten Geltungsdauer, Aufhebungsvertrag, Wegfall der Geschäftsgrundlage, Kündigung oder Ablösung durch anderweitige Vereinbarung[15]. Insofern kann die Regelungsabrede zwar durch BV abgelöst werden. Eine BV kann jedoch nur dann durch Regelungsabrede aufgehoben und abgelöst werden, wenn dieser Wille zur Änderung der normativen Vorgabe klar erkennbar ist (vgl. Rz. 39).

105 Die Kündigung einer Regelungsabrede ist mit der Drei-Monats-Frist des Abs. 5 möglich, sofern nichts anderes vereinbart wurde oder sich aus dem Zweck der Vereinbarung nichts anderes ergibt[16]. Weiterhin geht BAG 23.6.1992[17] von der Nachwirkung einer Regelungsabrede in mitbestimmungspflichtigen Angelegenheiten analog Abs. 6 aus[18]. Die Regelungsabrede habe in mitbestimmungspflichtigen Angelegenheiten für ArbGeb und BR die gleiche Rechtswirkung wie eine BV. Insofern bestehe das gleiche Weitergeltungsbedürfnis[19].

106 **3. Rechtsfolgen einer Reorganisation, eines Betriebsübergangs oder einer Umwandlung.** Regelungsabreden, die zwischen den betriebl. Sozialpartnern außerhalb der formalen Erfordernisse für BV abgeschlossen werden, gelten kollektivrechtl. fort, wenn der Betrieb unter Wahrung seiner Identität übertragen wird. Wird ein Teil des Betriebs ausgegliedert und eigenständig fortgeführt, besteht der Restbetrieb aber unter Wahrung der Identität fort, gilt die Regelungsabrede in diesem Restbetrieb entsprechend in kollektivrechtl. Form weiter. Unerheblich ist, ob der Restbetrieb beim bisherigen ArbGeb verblieben oder von einem anderen Rechtsträger übernommen wurde. In dem Teil, der keine Identität mit dem fortbestehenden Restbetrieb besitzt, gilt die Regelungsabrede nur für die Dauer des Übergangsmandats des BR nach § 21a fort. Mit dem Wegfall des BR entfällt auch der Sozialpartner, mit dem

---

1 BAG 10.11.1992 – 1 AZR 183/92, NZA 1993, 570 (572); Stege/Weinspach/Schiefer, § 77 Rz. 45; Richardi/Richardi, § 77 Rz. 227. ||2 BAG 17.11.2010 – 7 ABR 120/09, DB 2011, 884. ||3 Vgl. BAG 14.8.2001 – 1 AZR 744/00, NZA 2002, 342 (344); Peterek, FS D. Gaul, 1992, S. 471 (472); DKKW/Berg, § 77 Rz. 161; Kleinebrink, ArbRB 2012, 27. ||4 BAG 14.2.1991 – 2 AZR 415/90, NZA 1991, 607. ||5 BAG 14.8.2001 – 1 AZR 744/00, NZA 2002, 342 (344). ||6 BAG 24.2.1987 – 1 ABR 18/85, NZA 1987, 639; 14.2.1991 – 2 AZR 415/90, NZA 1991, 607; 6.5.2003 – 1 AZR 340/02, NZA 2003, 1422 (1423); Kleinebrink, ArbRB 2012, 27 (28). ||7 BAG 9.12.1997 – 1 AZR 319/97, NZA 1998, 661 (663); aA ErfK/Kania, § 77 BetrVG Rz. 132. ||8 BAG 21.1.2003 – 1 ABR 9/02, NZA 2003, 1097 (1099). ||9 BAG 20.4.1999 – 1 AZR 631/98, NZA 1999, 1059 (1061); Peterek, FS D. Gaul, 1992, S. 471 (475); aA Erman/Hanau, 10. Aufl. 2000, § 613a BGB Rz. 82. ||10 BAG 14.2.1991 – 2 AZR 415/90, NZA 1991, 607 (609); 3.12.1991 – GS 2/90, NZA 1991, 749 (753). ||11 BAG 20.4.1999 – 1 ABR 72/98, NZA 1999, 887 (890); 21.1.2003 – 1 ABR 9/02, NZA 2003, 1097 (1099). ||12 BAG 14.8.2001 – 1 AZR 744/00, NZA 2002, 342 (344). ||13 BAG 8.8.1989 – 1 ABR 62/88, NZA 1990, 322 (324). ||14 BAG 23.6.1992 – 1 ABR 53/91, NZA 1992, 1098. ||15 Vgl. DKKW/Berg, § 77 Rz. 166; Richardi/Richardi, § 77 Rz. 231ff. ||16 BAG 23.6.1992 – 1 ABR 53/91, NZA 1992, 1098; 10.3.1992 – 1 ABR 31/91, NZA 1992, 952; Peterek, FS D. Gaul, 1992, S. 471 (492). ||17 BAG 23.6.1992 – 1 ABR 53/91, NZA 1992, 1098. ||18 Abl. BAG 3.12.1991 – GS 2/90, NZA 1992, 749 (753); Richardi/Richardi, § 77 Rz. 234; GK-BetrVG/Kreutz, § 77 Rz. 22. ||19 BAG 23.6.1992 – 1 ABR 53/91, NZA 1992, 1098.

Einvernehmen hinsichtlich der Handhabe einer bestimmten Angelegenheit erzielt wurde. Ein neu gewählter BR ist an diese Vereinbarung nicht gebunden. Auf die Rechtsform der Übertragung (Einzel- oder Gesamtrechtsnachfolge) kommt es nicht an. Hiervon kann auch bei einer unternehmensinternen Betriebsspaltung oder der Auflösung eines gemeinsamen Betriebs ausgegangen werden[1].

78 Schutzbestimmungen

Die Mitglieder des Betriebsrats, des Gesamtbetriebsrats, des Konzernbetriebsrats, der Jugend- und Auszubildendenvertretung, der Gesamt-Jugend- und Auszubildendenvertretung, der Konzern-Jugend- und Auszubildendenvertretung, des Wirtschaftsausschusses, der Bordvertretung, des Seebetriebsrats, der in § 3 Abs. 1 genannten Vertretungen der Arbeitnehmer, der Einigungsstelle, einer tariflichen Schlichtungsstelle (§ 76 Abs. 8) und einer betrieblichen Beschwerdestelle (§ 86) sowie Auskunftspersonen (§ 80 Abs. 2 Satz 3) dürfen in der Ausübung ihrer Tätigkeit nicht gestört oder behindert werden. Sie dürfen wegen ihrer Tätigkeit nicht benachteiligt oder begünstigt werden; dies gilt auch für ihre berufliche Entwicklung.

I. Vorbemerkung. Der BR sowie die sonstigen Organe der Betriebsverfassung haben die Interessen der ArbN ggü. dem ArbGeb zu vertreten. In der **Betriebswirklichkeit** bleiben Spannungen und Konflikte mit dem ArbGeb nicht aus, sie liegen in der Natur der Sache und können durch keine rechtl. Regelung vermieden werden[2]. Es bedarf daher für den BR sowie die sonstigen Organe der Betriebsverfassung eines besonderen und nachhaltigen Schutzes, damit ihre Unabhängigkeit gesichert wird. § 78 sieht in zweierlei Hinsicht entsprechende Schutzregelungen vor: Nach S. 1 besteht ein **Verbot der Störung oder Behinderung** der Amtstätigkeit, nach S. 2 gilt ein **Verbot der Begünstigung oder Benachteiligung**, das sich auch auf die berufl. Entwicklung erstreckt. Die Vorschrift des § 78 ist **zwingend**. Sie kann weder durch TV noch durch BV noch durch eine einzelvertragl. Absprache abbedungen werden[3]. 1

II. Persönlicher Schutzbereich. Nach dem ausdrücklichen Wortlaut findet die Vorschrift Anwendung auf Mitglieder des BR, des GBR, des KBR, der JAV, der GesamtJAV, der KonzernJAV, des Wirtschaftsausschusses, der Bordvertretung, des SeeBR, der in § 3 I genannten Vertretungen der ArbN (zB SpartenBR), der Einigungsstelle, einer tarifl. Schlichtungsstelle (§ 76 VIII), einer betriebl. Beschwerdestelle (§ 86) sowie auf Auskunftspersonen (§ 80 II 3). Der Schutz der Vorschrift erstreckt sich auch auf **amtierende Ersatzmitglieder**[4]. **Schutzbestimmungen** enthalten die §§ 78a, 103 sowie § 15 KSchG. 2

Einstweilen frei. 3

III. Störungs- und Behinderungsverbot (S. 1). 1. Störungen und Behinderungen. Der Begriff der Behinderung in S. 1 ist umfassend zu verstehen. Er erfasst jede unzulässige Erschwerung, Störung oder gar Verhinderung der Tätigkeit der in S. 1 genannten betriebsverfassungsrechtl. Organe oder Gremien[5]. Die Vorschrift richtet sich gegen **jedermann**, dh. nicht nur gegen den ArbGeb, sondern auch gegen ArbN, Betriebsangehörige, die nicht ArbN sind, leitende Angestellte (§ 5 III und IV) und außerbetriebl. Stellen[6]. Behinderungen können durch **positives Tun** oder durch **Unterlassen** bei entsprechenden Mitwirkungspflichten erfolgen[7]. So kann bspw. eine Behinderung durch Unterlassung vorliegen, wenn sich der ArbGeb weigert, die für Sitzungen, Sprechstunden und die laufende Geschäftsführung erforderlichen Räume und sachlichen Mittel zur Verfügung zu stellen[8] oder widerrechtl. in Intranet-Bekanntmachungen des BR eingegriffen wird[9]. 4

2. Verschulden. Erfasst wird jede **objektive Behinderung**, und zwar unabhängig davon, ob ein Verschulden vorliegt oder nicht[10]. So kann bspw. der Hinweis des ArbGeb auf die mit der BR-Tätigkeit verbundenen Kosten eine Behinderung sein, wenn nicht erkennbar wird, dass es sich um für die BR-Tätigkeit erforderliche und verhältnismäßige Kosten handelt, für die der ArbGeb von Gesetzes wegen einzustehen hat[11]. Denn stellt der ArbGeb diese Zusammenhänge nicht heraus, wird nicht hinreichend deutlich, dass der BR nicht nach eigenem Gutdünken über die durch seine Amtsführung verursachten Kosten befinden kann und ihre Höhe nur durch den Umfang erforderlicher BR-Tätigkeit bestimmt wird[12]. Eine Behinderung liegt nicht vor bei **zulässigem Handeln**. 5

- **Beispiel:** Geht es um den Zutritt Dritter zum Betriebsgelände, so kann das begründete Interesse an einem Gespräch mit dem gesamten BR-Gremium oder die Möglichkeit einer etwa erforderlichen kurzfristigen Einsichtnahme in die im BR-Büro vorhandenen Unterlagen ebenso eine Rolle spielen 6

---

1 Eingehend *B. Gaul*, Betriebs- und Unternehmensspaltung, § 26 Rz. 8 ff. ||2 MünchArbR/*Joost*, § 220 Rz.126. ||3 *Fitting*, § 78 Rz. 4; GK-BetrVG/*Kreutz*, § 78 Rz. 20. ||4 DKKW/*Buschmann*, § 78 Rz. 6; *Fitting*, § 78 Rz. 2. ||5 BAG 20.10.1999 – 7 ABR 37/98, nv.; 12.11.1997 – 7 ABR 14/97, AP Nr. 27 zu § 23 BetrVG 1972; 19.7.1995 – 7 ABR 60/94, AP Nr. 25 zu § 23 BetrVG 1972. ||6 *Fitting*, § 78 Rz. 7; DKKW/*Buschmann*, § 78 Rz. 9. ||7 GK-BetrVG/*Kreutz*, § 78 Rz. 27; DKKW/*Buschmann*, § 78 Rz. 12. ||8 Vgl. zum Bereitstellen lediglich einer Schreibmaschine: LAG Hess. 7.2.2008 – 9 TaBV 247/07. ||9 Vgl. LAG Hamm 12.3.2004 – 10 TaBV 161/03. ||10 BAG 20.10.1999 – 7 ABR 37/98; 12.11.1997 – 7 ABR 14/97, AP Nr. 27 zu § 23 BetrVG 1972; 19.7.1995 – 7 ABR 60/94, AP Nr. 25 zu § 23 BetrVG 1972. ||11 Vgl. BAG 12.11.1997 – 7 ABR 14/97, AP Nr. 27 zu § 23 BetrVG 1972; 19.7.1995 – 7 ABR 60/94, AP Nr. 25 zu § 23 BetrVG 1972; vgl. zu herabsetzenden Äußerungen in Aushängen LAG Nds 6.4.2004 – 1 TaBV 64/03, NZA-RR 2005, 78. ||12 Vgl. BAG 12.11.1997 – 7 ABR 14/97, AP Nr. 27 zu § 23 BetrVG 1972.

wie berechtigte Geheimhaltungs- oder Sicherheitsbelange des ArbGeb oder dessen Interesse daran, dass betriebl. Abläufe nicht beeinträchtigt werden. So kann der BR die Duldung des Zutritts eines betriebsfremden Dritten (wie bspw. des beauftragten Rechtsanwalts) vom ArbGeb nur dann verlangen, wenn der BR zuvor im Einzelfall unter Berücksichtigung der jeweiligen Umstände die Erforderlichkeit des Zutritts zur Erfüllung seiner gesetzl. Aufgaben geprüft und in Anwendung des vorgenannten Maßstabs bejaht hat[1].

7 **3. Rechtsfolgen.** Bei Verstößen können sowohl die betriebsverfassungsrechtl. Organe und Gremien wie auch ihre Mitglieder Unterlassungsansprüche geltend machen[2]. Der Unterlassungsanspruch kann auch im Wege der einstw. Verfügung durchgesetzt werden[3]. Im Falle **grober Verstöße** bleibt die Möglichkeit der Geltendmachung von Unterlassungsansprüchen nach § 23 III. Bei einem **vorsätzlichen Verstoß** gegen das Behinderungsverbot liegt ein **Straftatbestand** nach § 119 I Nr. 2 vor. Anweisungen des ArbGeb an ein BR-Mitglied, die dem Benachteiligungsverbot widersprechen, sind **unwirksam** (§ 134 BGB). Das BR-Mitglied macht sich somit keiner Verletzung seiner arbeitsvertragl. Pflichten schuldig, wenn entsprechenden Anweisungen keine Folge geleistet wird[4].

8 **4. Darlegungs- und Beweislast.** Die Darlegungs- und Beweislast trägt grds. derjenige, der die unzulässige Benachteiligung oder Begünstigung behauptet[5].

9 Einstweilen frei.

10 **IV. Benachteiligungs- und Begünstigungsverbot (Satz 2). 1. Benachteiligung oder Begünstigung.** Mitglieder betriebsverfassungsrechtl. Organe oder Gremien üben ihr Amt als **Ehrenamt** aus, sie erhalten weder eine **Amtsvergütung** noch ist ihre Tätigkeit eine zu vergütende **Arbeitsleistung**. Ihnen steht nur dasjenige Entgelt zu, das sie verdient hätten, wenn sie anstelle der BR-Tätigkeit während ihrer Arbeitszeit die vertragl. geschuldete Arbeitsleistung erbracht hätten. Die durch das Ehrenamtsprinzip gesicherte Unabhängigkeit des BR ggü. dem ArbGeb als betriebl. Gegenspieler der ArbN ist damit wesentliche Voraussetzung für eine sachgerechte Durchführung von Mitwirkung und Mitbest. nach dem BetrVG[6].

11 **Benachteiligung** iSv. S. 2 ist jede Schlechterstellung im Verhältnis zu anderen vergleichbaren ArbN, die nicht aus sachlichen Erwägungen, sondern wegen ihrer Amtstätigkeit erfolgt[7]. Das Verbot der Benachteiligung umfasst jede **Zurücksetzung** und **Schlechterstellung** ggü. vergleichbaren ArbN in entsprechender Stellung[8]. Bei einer Versetzung mit der Folge des Amtsverlusts gilt der besondere Schutz des § 103 (vgl. § 103 Rz. 3 ff.). Das Benachteiligungsverbot umfasst ebenfalls die **berufliche Entwicklung**. So darf zB bei der Entscheidung zur Besetzung einer Beförderungsposition eine Freistellung nicht nachteilig berücksichtigt werden[9]. Nicht nur jede Benachteiligung, sondern auch jede **Bevorzugung** ist verboten. Der ArbGeb darf einem BR-Mitglied keine **Zuwendungen** machen, die diesem nicht auf Grund seines ArbVerh zustehen. Insb. ist jede unmittelbare Bezahlung der Tätigkeit des BR-Mitglieds und jedes versteckte Entgelt verboten, so etwa das Versprechen eines höheren Lohns als bisher oder als vergleichbare ArbN mit betriebsüblicher berufl. Entwicklung erhalten[10]. Ein Verstoß gegen das Begünstigungsverbot kann bspw. dann vorliegen, wenn einem BR-Mitglied im Zuge eines Aufhebungsvertrags eine höhere **Abfindung** wegen Verlustes seines Arbeitsplatzes als vergleichbaren ArbN zugestanden wird[11]. Das Benachteiligungs- und Begünstigungsverbot richtet sich gegen jedermann und setzt voraus, dass ein **Kausalzusammenhang** zwischen der Amtstätigkeit des betreffenden Mandatsträgers und der Benachteiligung oder Begünstigung besteht[12]. Stellt der ArbGeb den ArbN ein Firmenfahrzeug ausschließlich für die Durchführung der arbeitsvertragl. geschuldeten Tätigkeit zur Verfügung, hat der ArbN keinen Anspruch auf Nutzung des Firmenfahrzeugs zum Zwecke der Wahrnehmung von BR-Tätigkeit. Die Vorenthaltung der Nutzungsmöglichkeit des Firmenfahrzeugs durch den ArbGeb stellt keine Benachteiligung iSv. S. 2 dar, wenn eine entsprechende Nutzungsmöglichkeit für einen nicht dem BR angehörenden ArbN nicht besteht[13]. Begünstigungen außerhalb des ArbVerh wie bspw. Gewährung besonders günstiger Darlehen, unentgeltlicher Ferienreisen, Geschenke oÄ stellen per se eine unzuläs-

---

1 BAG 20.10.1999 – 7 ABR 37/98, nv.; vgl. iÜ zu weiteren umfangreichen Bsp. *Fitting*, § 78 Rz. 9; DKKW/*Buschmann*, § 78 Rz. 14; Richardi/*Thüsing*, § 78 Rz. 17. ||2 Vgl. BAG 12.11.1997 – 7 ABR 14/97, AP Nr. 27 zu § 23 BetrVG 1972; 19.7.1995 – 7 ABR 60/94, AP Nr. 25 zu § 23 BetrVG 1972. ||3 ArbG Düss. 8.9.1999 – 2 GaBV 13/99, AiB 1999, 648; ArbG Hamburg 16.6.1997 – 21 GaBV 1/97, AiB 1997, 659; 6.5.1997 – 25 GaBV 4/97, NZA-RR 1998, 78; ArbG Elmshorn 10.9.1996 – 1d GaBV 36/96, AiB 1997, 173; ArbG Stuttgart 22.12.1987 – 4 GaBV 3/87, AiB 1988, 109; LAG Hess. 17.8.1976 – 5 TaBV 40/76, ArbuR 1977, 90; 19.2.2008 – 4 TaBVGa 21/08, ArbuR 2008, 406. ||4 DKKW/*Buschmann*, § 78 Rz. 17; *Fitting*, § 78 Rz. 12. ||5 Vgl. BAG 12.2.1975 – 5 AZR 79/74, AP Nr. 1 zu § 78 BetrVG 1972. ||6 Vgl. BAG 5.3.1997 – 7 AZR 581/92, AP Nr. 123 zu § 37 BetrVG 1972; 5.5.2010 – 7 AZR 728/08, NZA 2010, 1025; 25.2.2009 – 7 AZR 954/07, AP Nr. 146 zu § 37 BetrVG 1972. ||7 *Fitting*, § 78 Rz. 17; DKKW/*Buschmann*, § 78 Rz. 18. ||8 Vgl. BAG 9.6.1982 – 4 AZR 766/79, AP Nr. 1 zu § 107 BPersVG; 20.1.2010 – 7 ABR 68/08, NZA 2010, 777; LAG Sachs. 4.7.2001 – 3 Sa 876/00, NZA-RR 2002, 471. ||9 Vgl. BAG 29.10.1998 – 7 AZR 676/96, AP Nr. 22 zu § 46 BPersVG; LAG Hamburg 19.9.2012 – H 6 TaBV 2/12; vgl. iÜ zu umfangreichen weiteren Bsp. die Aufstellung bei *Fitting*, § 78 Rz. 18; DKKW/*Buschmann*, § 78 Rz. 19; Richardi/*Thüsing*, § 78 Rz. 25. ||10 Richardi/*Thüsing*, § 78 Rz. 26; vgl. zur Vergütung von Reisezeiten LAG Sachs. 4.7.2001 – 3 Sa 876/00, NZA-RR 2002, 471. ||11 LAG Düss. 13.9.2001 – 11 (4) Sa 906/01, BB 2002, 306; vgl. iÜ zu umfangreichen weiteren Bsp. Richardi/*Thüsing*, § 78 Rz. 33; DKKW/*Buschmann*, § 78 Rz. 26a; *Fitting*, § 78 Rz. 22. ||12 GK-BetrVG/*Kreutz*, § 78 Rz. 44. ||13 BAG 25.2.2009 – 7 AZR 954/07, AP Nr. 146 zu § 37 BetrVG 1972.

sige Begünstigung und Bevorzugung dar, da ein Zusammenhang mit dem ArbVerh nicht besteht. Zweck der Norm ist es insg., dass durch das Verbot der Begünstigung oder Benachteiligung die persönliche Unabhängigkeit und Unparteilichkeit der Mitglieder der betriebsverfassungsrechtl. Gremien gesichert werden soll[1]. In der Praxis spielt diese Frage im Wesentlichen bei geldwerten Vorteilen eine Rolle. Denn der ArbGeb darf den Amtsträgern nur das Entgelt gewähren, das ihnen aufgrund ihres Arbeitsvertrages zusteht[2]. Gerade durch finanziell überobligatorische Leistungen, die vergleichbaren ArbN nicht gewährt werden, kann der Eindruck der Unabhängigkeit und Überparteilichkeit der BR-Mitglieder beeinträchtigt werden, da der Eindruck erweckt werden kann, dass diese gerade wegen ihrer Tätigkeit und der damit verbundenen Einflussmöglichkeiten begünstigt werden.

2. Verschulden. Wie bei S. 1 kommt es allein darauf an, ob **objektiv** eine Begünstigung oder Benachteiligung vorliegt, weder kommt es auf eine entsprechende Absicht des Handelnden noch auf ein Verschulden an[3].

3. Rechtsfolgen. Verstöße gegen das Benachteiligungsverbot haben die **Nichtigkeit** des Rechtsgeschäfts nach § 134 BGB zur Folge[4]. Verstößt der ArbGeb **schuldhaft** gegen das Benachteiligungsverbot, können dem betreffenden ArbN Schadensersatzansprüche aus § 823 II BGB zustehen, da S. 2 Schutzgesetz iSd. Bestimmung ist[5]. Auch Vereinbarungen oder Regelungen über eine Begünstigung von ArbN wegen ihrer BR-Tätigkeit sind nach § 134 BGB nichtig[6]. Daraus folgt einerseits, dass die im Rahmen einer rechtswidrigen Begünstigung versprochene Leistung nicht mit Erfolg eingeklagt werden kann, andererseits aber auch, dass andere ArbN die rechtswidrig gegen das Begünstigungsverbot zugesagte Leistung nicht für sich einfordern können[7]. **Vorsätzliche Verstöße** gegen das Benachteiligungs- und Begünstigungsverbot werden auf Antrag der geschützten betriebsverfassungsrechtl. Organe oder Gremien, des entsprechenden Unternehmers oder einer im Betrieb vertretenen Gewerkschaft nach § 119 I Nr. 3, II strafrechtl. verfolgt. Im Falle von **groben Verstößen** sind Unterlassungsansprüche nach § 23 III möglich.

4. Darlegungs- und Beweislast. Die Darlegungs- und Beweislast für einen Verstoß gegen das Benachteiligungs- und Begünstigungsverbot iSv. S. 2 trägt derjenige ArbN, der daraus etwas herleiten will[8].

V. Streitigkeiten über die Unterlassung einer Störung, Behinderung, Benachteiligung oder Begünstigung der Arbeit von betriebsverfassungsrechtl. Organen oder Gremien sind im arbeitsgerichtl. **Beschlussverfahren** durchzuführen (§§ 2a I Nr. 1, II iVm. 80 ff. ArbGG). Der Antrag auf Erlass einer einstw. Verfügung ist zulässig (vgl. Rz. 7). Neben dem betroffenen BR-Mitglied ist auch der BR antragsberechtigt[9]. Soweit einzelne Mitglieder eines betriebsverfassungsrechtl. Organs oder Gremiums iSv. S. 1 direkt einen Schadensersatzanspruch nach § 823 II BGB iVm. S. 2 geltend machen, ist darüber im arbeitsgerichtl. **Urteilsverfahren** zu entscheiden (§§ 2 I Nr. 3a und d, V iVm. 46 ff. ArbGG).

78a Schutz Auszubildender in besonderen Fällen

(1) Beabsichtigt der Arbeitgeber, einen Auszubildenden, der Mitglied der Jugend- und Auszubildendenvertretung, des Betriebsrats, der Bordvertretung oder des Seebetriebsrats ist, nach Beendigung des Berufsausbildungsverhältnisses nicht in ein Arbeitsverhältnis auf unbestimmte Zeit zu übernehmen, so hat er dies drei Monate vor Beendigung des Berufsausbildungsverhältnisses dem Auszubildenden schriftlich mitzuteilen.

(2) Verlangt ein in Absatz 1 genannter Auszubildender innerhalb der letzten drei Monate vor Beendigung des Berufsausbildungsverhältnisses schriftlich vom Arbeitgeber die Weiterbeschäftigung, so gilt zwischen Auszubildendem und Arbeitgeber im Anschluss an das Berufsausbildungsverhältnis ein Arbeitsverhältnis auf unbestimmte Zeit als begründet. Auf dieses Arbeitsverhältnis ist insbesondere § 37 Abs. 4 und 5 entsprechend anzuwenden.

(3) Die Absätze 1 und 2 gelten auch, wenn das Berufsausbildungsverhältnis vor Ablauf eines Jahres nach Beendigung der Amtszeit der Jugend- und Auszubildendenvertretung, des Betriebsrats, der Bordvertretung oder des Seebetriebsrats endet.

(4) Der Arbeitgeber kann spätestens bis zum Ablauf von zwei Wochen nach Beendigung des Berufsausbildungsverhältnisses beim Arbeitsgericht beantragen,

1. festzustellen, dass ein Arbeitsverhältnis nach Absatz 2 oder 3 nicht begründet wird, oder
2. das bereits nach Absatz 2 oder 3 begründete Arbeitsverhältnis aufzulösen,

---

1 BAG 20.1.2010 – 7 ABR 68/08, AP Nr. 98 zu § 40 BetrVG 1972. ||2 Vgl. zu den umfangreichen Bsp. aus der Rspr. Hess ua./*Worzalla*, § 78 Rz. 24; *Fitting*, § 78 Rz. 22. ||3 GK-BetrVG/*Kreutz*, § 78 Rz. 46; DKKW/*Buschmann*, § 78 Rz. 18. ||4 BAG 20.1.2010 – 7 ABR 68/08, AP Nr. 98 zu § 40 BetrVG 1972. ||5 Vgl. BAG 9.6.1982 – 4 AZR 766/79, AP Nr. 1 zu § 107 BPersVG; LAG Nds 21.11.2003 – 16 Sa 147/03, NZA-RR 2004, 414. ||6 ErfK/*Kania*, § 78 BetrVG Rz. 9; vgl. auch *Fitting*, § 78 Rz. 22 m. weiteren Bsp. ||7 LAG Düss. 13.9.2001 – 11 (4) Sa 906/01, BB 2002, 306. ||8 ErfK/*Kania*, § 78 BetrVG Rz. 7. ||9 *Fitting*, § 78 Rz. 25; DKKW/*Buschmann*, § 78 Rz. 30.

wenn Tatsachen vorliegen, auf Grund derer dem Arbeitgeber unter Berücksichtigung aller Umstände die Weiterbeschäftigung nicht zugemutet werden kann. In dem Verfahren vor dem Arbeitsgericht sind der Betriebsrat, die Bordvertretung, der Seebetriebsrat, bei Mitgliedern der Jugend- und Auszubildendenvertretung auch diese Beteiligte.

(5) Die Absätze 2 bis 4 finden unabhängig davon Anwendung, ob der Arbeitgeber seiner Mitteilungspflicht nach Absatz 1 nachgekommen ist.

I. Vorbemerkung 1	2. Form 17
II. **Persönlicher Schutzbereich (Abs. 1, 3)** 2	3. Rechtsfolgen 20
1. Auszubildende 3	4. Darlegungs- und Beweislast 23
2. Mitglied eines betriebsverfassungsrechtlichen Organs 4	V. **Entbindung von der Weiterbeschäftigungspflicht (Abs. 4)** 24
3. Wirksame Wahl 5	1. Feststellungsantrag (Abs. 4 S. 1 Nr. 1) ... 25
III. **Mitteilungspflichten des Arbeitgebers (Abs. 1)** 6	2. Auflösungsantrag (Abs. 4 S. 1 Nr. 2) 33
1. Frist 8	3. Weiterer Feststellungsantrag 39
2. Form 9	4. Unzumutbarkeit der Weiterbeschäftigung . 42
3. Rechtsfolgen bei unterlassener Mitteilung .. 11	VI. **Streitigkeiten** 52
IV. **Weiterbeschäftigungsanspruch des Auszubildenden (Abs. 2)** 15	1. Arbeitgeber 53
	2. Auszubildender 54
1. Frist 16	3. Einstweiliger Rechtsschutz 55

1 I. Vorbemerkung. § 78a enthält eine besondere **Schutzregelung** für Auszubildende, wenn sie Mitglied der JAV, des BR, der Bordvertretung oder des SeeBR sind. Da deren Berufsausbildungsverhältnis nach § 21 BBiG mit dem Ablauf der Ausbildungszeit bzw. mit dem Bestehen der Abschlussprüfung automatisch endet, nützt ihnen der Kündigungsschutz nach § 15 KSchG nichts. Davor schützt die Regelung des § 78a, die ein **Recht auf Übernahme** in ein ArbVerh auf unbestimmte Zeit einräumt[1]. Zweck der Vorschrift ist, die zeitliche Kontinuität des Amts sicherzustellen. Der in einem Berufsausbildungsverhältnis Stehende soll ähnlich wie seine in einem ArbVerh stehenden Kollegen und BR-Mitglieder weitgehenden Schutz vor einer Beendigung seines Amts während seiner Amtszeit bzw. innerhalb eines Jahres nach Beendigung der Amtszeit (§ 78a III) erhalten. Damit sollen diejenigen Auszubildenden, die Mitglied der JAV, des BR, der Bordvertretung oder des SeeBR sind, eine Rechtsposition erhalten, die der des BR nach § 15 KSchG, § 103 angenähert ist[2]. Der Anspruch richtet sich gegen den ArbGeb, also denjenigen, zu dem vertragl. Beziehungen bestehen[3].

2 II. Persönlicher Schutzbereich (Abs. 1, 3). Der persönliche Schutzbereich umfasst Auszubildende, die Mitglied der JAV, des BR, der Bordvertretung oder des SeeBR sind[4].

3 1. Auszubildende. Von § 78a sind nicht nur die nach §§ 4ff. BBiG staatl. anerkannten Ausbildungsverhältnisse erfasst. Die Vorschrift ist auch auf Ausbildungsverhältnisse, die tarifl. Regelungen entsprechen und eine geordnete Ausbildung von zwei Jahren Dauer (vgl. § 5 I Nr. 2 BBiG) vorsehen, anwendbar[5]. Eine solche tarifl. Regelung enthielt bspw. der TV über die Ausbildungsrichtlinie für **Redaktionsvolontäre** an Tageszeitungen, in dem die Ausbildung und Ausbildungsdauer geregelt war[6]. Nach dieser Rspr. des BAG[7] kommt es auf eine „geordnete Ausbildung" an. Praktikanten und Volontäre[8], bei denen eine solche Voraussetzung nicht gegeben ist, fallen nicht unter den Schutzbereich des § 78a[9]. Bei **Umschülern** ist zu differenzieren: Wer zur Umschulung für einen anerkannten Ausbildungsberuf in ein Berufsausbildungsverhältnis tritt (§§ 1 V, 58 ff. BBiG), gehört zu den Auszubildenden und fällt deshalb unter die Schutzvorschrift des § 78a[10]. Bei einer reinen **Fortbildung** (§§ 1 IV, 53ff. BBiG) wäre der Schutzbereich des § 78a nicht eröffnet, da eine eingeschlagene Fortbildung beibehalten werden soll (vgl. § 1 BBiG Rz. 5).

4 2. Mitglied eines betriebsverfassungsrechtlichen Organs. Die Auszubildenden müssen **amtierende Mitglieder** der JAV, des BR, der Bordvertretung oder des SeeBR sein. Auszubildendenvertretungen, die in örtlichen, unterhalb der Ebene des Betriebes angesiedelten Berufsbildungsstellen gebildet werden, sind keine JAV iSv. § 60ff. Damit ist auch § 78a nicht unmittelbar anwendbar[11]. Nach Abs. 3 gilt der Schutz auch für **ausgeschiedene Mitglieder** der Betriebsverfassungsorgane während des ersten Jahrs nach Ablauf der Amtszeit, sofern das Ausscheiden nicht auf einem gerichtl. Ausschluss oder der Fest-

---

1 Vgl. BAG 24.7.1991 – 7 ABR 68/90, AP Nr. 23 zu § 78a BetrVG 1972. || 2 Vgl. BAG 16.1.1979 – 6 AZR 153/77, AP Nr. 5 zu § 78a BetrVG 1972. || 3 Vgl. BAG 17.8.2005 – 7 AZR 553/04, EzA § 78a BetrVG 2001 Nr. 2. || 4 Vgl. zum Schutzbereich *Houben*, NZA 2006, 769 ff. (769 f.). || 5 Vgl. BAG 23.6.1983 – 6 AZR 595/80, AP Nr. 10 zu § 78a BetrVG 1972; 17.8.2005 – 7 AZR 553/04, EzA § 78a BetrVG 2001 Nr. 2. || 6 Vgl. BAG 23.6.1983 – 6 AZR 595/80, AP Nr. 10 zu § 78a BetrVG 1972. || 7 Wegen des entgegenstehenden Wortlauts von § 78a, der auf einen „Auszubildenden" in einem „Berufsausbildungsverhältnis" abstellt, ist diese Rspr. in der Lit. umstritten, vgl. *Fitting*, § 78a Rz. 6; GK-BetrVG/*Oetker*, § 78a Rz. 16; DKKW/*Bachner*, § 78a Rz. 4; Richardi/*Thüsing*, § 78a Rz. 6. || 8 BAG 1.12.2004 – 7 AZR 129/04, NZA 2005, 779. || 9 GK-BetrVG/*Oetker*, § 78a Rz. 16; *Fitting*, § 78a Rz. 6a; Richardi/*Thüsing*, § 78a Rz. 5; aA DKKW/*Bachner*, § 78a Rz. 4. || 10 Richardi/*Thüsing*, § 78a Rz. 5; *Fitting*, § 78a Rz. 5; GK-BetrVG/*Oetker*, § 78a Rz. 21. || 11 Vgl. BAG 13.8.2008 – 7 AZR 450/07, nv.

stellung der Nichtwählbarkeit oder einer gerichtl. Auflösung des betreffenden Betriebsverfassungsorgans beruht[1]. § 78a findet auch auf **Ersatzmitglieder** Anwendung, soweit diese in den letzten drei Monaten vor Beendigung des Berufsausbildungsverhältnisses einem Betriebsverfassungsorgan angehören und in diesem Zeitraum die Weiterbeschäftigung verlangen[2]. Dabei kommt es nicht darauf an, in welchem Umfang während der Vertretungszeit effektiv Aufgaben anfallen[3]. Das nur vorübergehend nachgerückte Ersatzmitglied kann den nachwirkenden Schutz gem. Abs. 3 in Anspruch nehmen, sofern das Berufsausbildungsverhältnis innerhalb eines Jahres nach dem Vertretungsfall erfolgreich abgeschlossen wird und der Auszubildende innerhalb von drei Monaten vor der Beendigung des Ausbildungsverhältnisses seine Weiterbeschäftigung verlangt[4].

3. Wirksame Wahl. Voraussetzung für die Anwendung des § 78a auf Auszubildende, die Mitglied der JAV, des BR, der Bordvertretung oder des SeeBR sind, ist, dass ihre Wahl wirksam war[5]. Es kann gerade für den ArbGeb sinnvoll sein, die Frage zu überprüfen, ob die Wahl des Auszubildenden überhaupt wirksam war.

III. Mitteilungspflichten des Arbeitgebers (Abs. 1). Beabsichtigt der ArbGeb die Nichtübernahme eines Auszubildenden, der unter den persönl. Schutzbereich des § 78a fällt, muss er dies **spätestens** drei Monate vor Beendigung des Berufsausbildungsverhältnisses dem Auszubildenden schriftl. mitteilen (Abs. 1).

Einstweilen frei.

1. Frist. Die Erklärung der Nichtübernahme in ein unbefristetes ArbVerh muss der ArbGeb **spätestens** drei Monate vor Ende des Berufsausbildungsverhältnisses abgeben. Eine frühere Mitteilung des ArbGeb schadet nicht. Die Beendigung des Ausbildungsverhältnisses ist in § 21 BBiG geregelt (vgl. § 21 BBiG Rz. 1 ff.). Spätestens **drei Monate** vor diesem Zeitpunkt muss der ArbGeb dem Auszubildenden die Ablehnung der Weiterbeschäftigung mitteilen. Ist infolge vorzeitiger Ablegung der Prüfung ein früheres Ende des Berufsausbildungsverhältnisses vorauszusehen, muss die Mitteilung drei Monate vor diesem Zeitpunkt erfolgen. Für die Berechnung der Drei-Monats-Frist des § 78a ist vom Bestehen der Abschlussprüfung zurückzurechnen[6]. Die Fristberechnung erfolgt nach den §§ 187, 188 BGB[7].

2. Form. Die Mitteilung des ArbGeb muss **schriftl.** erfolgen, dh. das Schreiben erfordert gem. § 126 BGB eigenhändige Namensunterschrift des ArbGeb oder seines Vertreters. Die Mitteilung muss dem Auszubildenden spätestens drei Monate vor Beendigung des Berufsausbildungsverhältnisses **zugegangen** sein (§ 130 BGB).

Einstweilen frei.

3. Rechtsfolgen bei unterlassener Mitteilung. Unterbleibt die arbeitgeberseitige Mitteilung, dass der Auszubildende nicht in ein unbefristetes ArbVerh übernommen werden soll, ergeben sich drei Fallkonstellationen mit jeweils unterschiedlichen Rechtsfolgen:

a) Kein automatisches Arbeitsverhältnis. Unterlässt der ArbGeb die rechtzeitige Mitteilung, führt dies nicht zu einer **automatischen Begründung** eines ArbVerh. Voraussetzung für das Entstehen eines unbefristeten ArbVerh ist nach Abs. 2 ein **Übernahmeverlangen** des Auszubildenden, so dass eine Handlung seinerseits erforderlich ist, um ein Rechtsverhältnis zu begründen, und zwar unabhängig davon, ob der ArbGeb seiner Mitteilungspflicht nachkommt oder nicht (vgl. Abs. 5)[8]. Ein Auszubildender kann nicht darauf vertrauen, übernommen zu werden, wenn der ArbGeb die ihm nach Abs. 1 obliegende Mitteilung versäumt[9].

b) Schadensersatzansprüche. In der Lit. wird einheitlich die Auffassung vertreten, dass der ArbGeb sich Schadensersatzansprüchen aussetzt, wenn der Auszubildende auf Grund der verspäteten oder unterbliebenen Mitteilung durch den ArbGeb ein anderes ArbVerh ausschlägt[10]. Das BAG stellt dagegen ausdrücklich darauf ab, dass der Auszubildende nicht darauf vertrauen darf, übernommen zu werden, wenn der ArbGeb die ihm nach Abs. 1 obliegende Mitteilung versäumt[11]. Wenn es somit der Auszubildende selbst in der Hand hat, durch Abgabe einer entsprechenden Erklärung seine Weiterbeschäftigung herbeizuführen, und nicht auf eine unbefristete Übernahme vertrauen darf, kann die unterbliebene Mitteilung des ArbGeb letztendlich nicht adäquat kausal für den Schadenseintritt in Form der Nichtaufnahme eines anderen ArbVerh sein.

c) Tatsächliche Weiterbeschäftigung. Hatte der ArbGeb ursprünglich die Absicht, den Auszubildenden nicht in ein unbefristetes ArbVerh zu übernehmen, und unterlässt er die Mitteilung nach Abs. 1, so wird nach § 24 BBiG ein ArbVerh auf unbestimmte Zeit begründet, wenn der ArbGeb den Auszubildenden entgegen seiner ursprünglichen Absicht tatsächlich nach Ablauf des Ausbildungsverhältnisses **weiterbeschäftigt**.

---

1 Vgl. BAG 21.8.1979 – 6 AZR 789/77, AP Nr. 6 zu § 78a BetrVG 1972. ‖ 2 Vgl. BAG 15.1.1980 – 6 AZR 726/79, AP Nr. 8 zu § 78a BetrVG 1972. ‖ 3 Vgl. BAG 15.1.1980 – 6 AZR 726/79, AP Nr. 8 zu § 78a BetrVG 1972. ‖ 4 Vgl. BAG 13.3.1986 – 6 AZR 207/85, AP Nr. 3 zu § 9 BPersVG. ‖ 5 Vgl. BAG 15.1.1980 – 6 AZR 726/79, AP Nr. 8 zu § 78a BetrVG 1972. ‖ 6 Vgl. BAG 31.10.1985 – 6 AZR 557/84, AP Nr. 15 zu § 78a BetrVG 1972. ‖ 7 DKKW/*Bachner*, § 78a Rz. 9. ‖ 8 Vgl. BAG 15.1.1980 – 6 AZR 621/78, AP Nr. 7 zu § 78a BetrVG 1972. ‖ 9 Vgl. BAG 31.10.1985 – 6 AZR 557/84, AP Nr. 15 zu § 78a BetrVG 1972. ‖ 10 *Fitting*, § 78a Rz. 16; DKKW/*Bachner*, § 78a Rz. 11. ‖ 11 Vgl. BAG 31.10.1985 – 6 AZR 557/84, AP Nr. 15 zu § 78a BetrVG 1972.

15 **IV. Weiterbeschäftigungsanspruch des Auszubildenden (Abs. 2).** Verlangt ein Auszubildender iSv. Abs. 1 innerhalb der letzten drei Monate vor Beendigung des Berufsausbildungsverhältnisses schriftl. vom ArbGeb die Weiterbeschäftigung, so gilt zwischen Auszubildendem und ArbGeb im Anschluss an das Berufsausbildungsverhältnis ein ArbVerh auf unbestimmte Zeit als begründet (Abs. 2 S. 1). Voraussetzung ist daher zunächst das frist- und formgerechte Geltendmachen der Weiterbeschäftigung.

16 **1. Frist.** Der Auszubildende muss **innerhalb von drei Monaten** vor Ablauf des Berufsausbildungsverhältnisses die Weiterbeschäftigung verlangen (zur Beendigung des Ausbildungsverhältnisses und Fristberechnung vgl. Rz. 8). Macht der Auszubildende seine Weiterbeschäftigung **früher** als drei Monate vor Beendigung des Ausbildungsverhältnisses geltend, ist das Weiterbeschäftigungsverlangen nach Abs. 2 S. 1 unwirksam[1]. Die Geltendmachung innerhalb von drei Monaten vor Ablauf des Ausbildungsverhältnisses ist auch dann erforderlich, wenn der ArbGeb seiner Mitteilungspflicht aus Abs. 1 nicht nachgekommen ist, wie sich aus Abs. 5 ergibt. Wurde dem Auszubildenden bereits vom Arbeitgeber mitgeteilt, dass er mangels einer ausbildungsadäquaten Weiterbeschäftigungsmöglichkeit nicht übernommen werde, und ist der Auszubildende aber auch zu einer Weiterbeschäftigung zu geänderten Vertragsbedingungen bereit, hat er diese Bereitschaft dem Arbeitgeber **unverzüglich** nach dessen Nichtübernahmeerklärung mitzuteilen[2].

17 **2. Form.** Das Weiterbeschäftigungsverlangen muss durch den Auszubildenden **schriftl.** erfolgen. Dies erfordert nach § 126 I BGB eine Urkunde des Auszubildenden, die von ihm eigenhändig durch Namensunterschrift unterzeichnet ist.

18, 19 Einstweilen frei.

20 **3. Rechtsfolgen. a) Unwirksames Weiterbeschäftigungsverlangen.** Verlangt der Auszubildende entweder seine Weiterbeschäftigung überhaupt nicht oder ist sein Weiterbeschäftigungsverlangen nicht form- und fristgerecht, scheidet er mit Ablauf des Ausbildungsverhältnisses aus dem Unternehmen aus. Etwas anderes gilt nach § 24 BBiG nur dann, wenn der ArbGeb ihn nach Ablauf des Ausbildungsverhältnisses tatsächlich weiterbeschäftigt (vgl. Rz. 14).

21 **b) Wirksames Weiterbeschäftigungsverlangen.** Macht der Auszubildende das Weiterbeschäftigungsverlangen frist- und formgerecht geltend, kommt nach Abs. 2 S. 1 nach Ablauf des Ausbildungsverhältnisses ein unbefristetes ArbVerh zustande. Ausnahme: Schließt der Auszubildende innerhalb der letzten drei Monate des Ausbildungsverhältnisses einen befristeten Arbeitsvertrag ab, kann darin uU ein Verzicht auf unbefristete Weiterbeschäftigung liegen, ein entsprechender Antrag liefe leer[3]. Der **Inhalt des Arbeitsverhältnisses** ergibt sich durch den Verweis in Abs. 2 S. 2 auf § 37 IV und V: Der ArbN darf während seiner Amtstätigkeit und des darauf folgenden Jahres nur mit Tätigkeiten beschäftigt werden, die den Tätigkeiten vergleichbarer ArbN mit betriebsüblicher beruflicher Entwicklung gleichwertig sind, sein Arbeitsentgelt muss dem vergleichbarer ArbN entsprechen (vgl. § 37 Rz. 23 ff.). Bei dem kraft des Weiterbeschäftigungsverlangens fingierten ArbVerh nach Ablauf des Ausbildungsverhältnisses handelt es sich um ein **unbefristetes VollzeitArbVerh**. Für die Begründung eines befristeten ArbVerh bedürfte es stets einer dahin gehenden vertragl. Vereinbarung zwischen ArbGeb und ArbN[4].

22 ● **Hinweis:** Um seine Weiterbeschäftigung nach Ablauf des Ausbildungsverhältnisses in jedem Fall sicherzustellen, sollte der Auszubildende spätestens mit dem Übernahmeverlangen nach Abs. 2 mitteilen, ob er bereit ist, zu anderen als den sich aus § 78a ergebenden Arbeitsbedingungen in ein ArbVerh übernommen zu werden[5] (vgl. aber Rz. 16). Durch diese hilfsweise erklärte Bereitschaft erweitert der Auszubildende das Spektrum des ArbVerh, in das er übernommen werden kann: Während der Regelfall die Übernahme in ein ArbVerh zu den sich aus § 78a ergebenden Arbeitsbedingungen ist, kann sich dies durch die hilfsweise abgegebene Bereitschaft, auch zu anderen als den sich aus § 78a ergebenden Arbeitsbedingungen in ein ArbVerh übernommen zu werden, auf weitere Tätigkeitsbereiche erstrecken.

23 **4. Darlegungs- und Beweislast.** Darlegungs- und beweispflichtig für Frist und Form sowie Zugang des Weiterbeschäftigungsverlangens nach Abs. 2 S. 1 ist der Auszubildende[6].

24 **V. Entbindung von der Weiterbeschäftigungspflicht (Abs. 4).** Abs. 2 gibt dem Auszubildenden ein **Gestaltungsrecht**, um auch gegen den Willen des ArbGeb die Begründung eines neuen (Vollzeit-)ArbVerh herbeizuführen[7]. Der ArbGeb kann jedoch beim ArbG nach Abs. 4 feststellen lassen, dass ein ArbVerh nicht begründet bzw. aufgelöst wird, wenn ihm die Weiterbeschäftigung **nicht zugemutet** werden kann. Hinsichtlich der gestellten Anträge ist danach zu unterscheiden, ob das Ausbildungsverhältnis bereits abgelaufen ist oder nicht.

25 **1. Feststellungsantrag (Abs. 4 S. 1 Nr. 1).** Der Antrag auf Feststellung, dass ein ArbVerh nicht begründet wird, soll das Zustandekommen eines ArbVerh verhindern.

---

[1] Vgl. BAG 15.1.1980 – 6 AZR 621/78, AP Nr. 7 zu § 78a BetrVG 1972; 31.10.1985 – 6 AZR 557/84, AP Nr. 15 zu § 78a BetrVG 1972; 15.12.2011 – 7 ABR 40/10, NZA-RR 2012, 413; 5.12.2012 – 7 ABR 38/11, NZA-RR 2013, 241.   [2] Vgl. BAG 8.9.2010 – 7 ABR 33/09, NZA 2011, 221.   [3] Vgl. BVerwG 31.5.2005 – 6 PB 1/05, NZA-RR 2005, 613 f.   [4] Vgl. BAG 24.7.1991 – 7 ABR 68/90, AP Nr. 23 zu § 78a BetrVG 1972.   [5] Vgl. BAG 6.11.1996 – 7 ABR 54/95, AP Nr. 26 zu § 78a BetrVG 1972.   [6] Vgl. BAG 31.10.1985 – 6 AZR 557/84, AP Nr. 15 zu § 78a BetrVG 1972.   [7] Vgl. BAG 13.11.1987 – 7 AZR 246/87, AP Nr. 18 zu § 78a BetrVG 1972.

a) Antrag. Der **Feststellungsantrag** kann **nur vor Beendigung** des Berufsausbildungsverhältnisses gestellt werden[1]. 26

b) Geltendmachung. Der Feststellungsantrag kann bereits gestellt werden, **bevor** der Auszubildende die Weiterbeschäftigung nach Abs. 2 S. 1 verlangt[2]. Dem ArbGeb muss es aus Dispositionsgründen möglich sein, klare Verhältnisse zu schaffen und die Unzumutbarkeit der Weiterbeschäftigung schon zu einem entsprechend früheren Zeitpunkt zu klären[3]. Soll für die Geltendmachung ein Rechtsanwalt beauftragt werden, bedarf es der Beschlussfassung durch den BR[4]. 27

c) Formulierung. Der Antrag nach Abs. 4 S. 1 Nr. 1 kann wie folgt formuliert werden: 28

● **Formulierungsvorschlag:**
  Es wird festgestellt, dass zwischen der Antragstellerin und dem Antragsgegner nach Ablauf der Ausbildungszeit am ... ein Arbeitsverhältnis nicht begründet werden wird[5].

d) Zwischenzeitlicher Ablauf des Ausbildungsverhältnisses. Ist der Feststellungsantrag im Zeitpunkt des Ablaufs des Ausbildungsverhältnisses noch nicht **rechtskräftig** entschieden, wandelt sich der Feststellungsantrag in einen Auflösungsantrag nach Abs. 4 S. 1 Nr. 2 um, ohne dass es einer Antragsänderung bedarf[6]. 29

Einstweilen frei. 30

e) Rechtsfolgen. aa) Antragsstattgebende Entscheidung. Ergeht vor Beendigung des Ausbildungsverhältnisses eine **rechtskräftige** gerichtl. Entscheidung über den Feststellungsantrag nach Abs. 4 S. 1 Nr. 1 dahin gehend, dass ein ArbVerh nicht begründet wird, scheidet der Auszubildende mit Beendigung seines Ausbildungsverhältnisses aus dem Betrieb und damit aus dem Organ, dem er angehört, aus. 31

bb) Antragsablehnende Entscheidung. Ergeht vor Ablauf des Ausbildungsverhältnisses eine **rechtskräftige** gerichtl. Entscheidung dahin gehend, dass der Feststellungsantrag des ArbGeb abgelehnt wird, ergibt sich daraus, dass der Auszubildende in ein unbefristetes ArbVerh übernommen wird. In diesem Fall kann nach Begründung des ArbVerh kein Antrag auf Auflösung nach Abs. 4 S. 1 Nr. 2 gestellt werden, da für einen solchen Antrag wegen der Rechtskraft des Antrags nach Abs. 4 S. 1 Nr. 1 das Rechtsschutzinteresse fehlen würde. Insoweit betreffen sowohl der Feststellungsantrag nach Nr. 1 als auch der Auflösungsantrag nach Nr. 2 **denselben Streitgegenstand**[7]. 32

2. Auflösungsantrag (Abs. 4 S. 1 Nr. 2). Sowohl der Feststellungsantrag nach Abs. 4 S. 1 Nr. 1 wie auch der Auflösungsantrag nach Abs. 4 S. 1 Nr. 2 zielen auf eine **rechtsgestaltende gerichtliche Entscheidung**, die ihre Wirkung erst mit ihrer Rechtskraft für die Zukunft entfaltet[8]. 33

a) Keine rechtskräftige Entscheidung bis Ablauf des Ausbildungsverhältnisses. Liegt bis zum Ablauf des Ausbildungsverhältnisses keine rechtskräftige Entscheidung vor, verhindert ein vom ArbGeb vor Ende des Ausbildungsverhältnisses eingeleitetes Verfahren gem. Abs. 4 S. 1 Nr. 1 nicht die Begründung eines ArbVerh. Zwar wandelt sich der Feststellungsantrag in einen Auflösungsantrag um (vgl. Rz. 29), jedoch ist der geschützte Auszubildende grds. bis zu einer rechtskräftigen Entscheidung entsprechend seiner Ausbildung im Betrieb zu beschäftigen[9]. 34

b) Ausschlussfrist. Der Auflösungsantrag kann daher nur gestellt werden, wenn das Ausbildungsverhältnis bereits abgelaufen und damit kraft der gesetzl. Fiktion ein ArbVerh begründet worden ist. Dieser Antrag ist aber fristgebunden. Er muss **vor Ablauf von zwei Wochen** nach Beendigung des Ausbildungsverhältnisses gestellt werden. Für die Fristberechnung gelten die §§ 187 ff. BGB[10]. Das bedeutet, dass der letzte Tag des Ausbildungsverhältnisses bei der Fristberechnung nicht mitzählt (§ 187 I BGB); fällt der letzte Tag der Frist auf einen Samstag, Sonntag oder staatl. anerkannten Feiertag, läuft die Frist mit dem nächstfolgenden Werktag ab (§ 193 BGB). Spätestens am Tag des Fristablaufs muss ein entsprechender Antrag beim ArbG eingegangen sein. Wird die Ausschlussfrist versäumt, kann das kraft Fiktion begründete ArbVerh nicht mehr wegen Unzumutbarkeit der Weiterbeschäftigung infrage gestellt werden[11]. Es liegt ein unbefristetes ArbVerh vor. 35

c) Formulierung. Der Auflösungsantrag nach Abs. 4 S. 1 Nr. 2 kann wie folgt formuliert werden[12]: 36

● **Formulierungsvorschlag:**
  Das am ... begründete Arbeitsverhältnis wird aufgelöst.

Einstweilen frei. 37

---

1 Vgl. BAG 29.11.1989 – 7 ABR 67/88, AP Nr. 20 zu § 78a BetrVG 1972. ‖ 2 Richardi/*Thüsing*, § 78a Rz. 33; GK-BetrVG/*Oetker*, § 78a Rz. 162 ff.; aA DKKW/*Bachner*, § 78a Rz. 28; *Fitting*, § 78a Rz. 35. ‖ 3 GK-BetrVG/*Oetker*, § 78a Rz. 168. ‖ 4 LAG Hamm 16.1.2009 – 10 TaBV 37/08. ‖ 5 Bauer/Lingemann/Diller/Haußmann/*Diller*, M 42.12. ‖ 6 Vgl. BAG 11.1.1995 – 7 AZR 574/94, AP Nr. 24 zu § 78a BetrVG 1972; 24.7.1991 – 7 ABR 68/90, AP Nr. 23 zu § 78a BetrVG 1972; 29.11.1989 – 7 ABR 67/88, AP Nr. 20 zu § 78a BetrVG 1972. ‖ 7 Vgl. BAG 29.11.1989 – 7 ABR 67/88, AP Nr. 20 zu § 78a BetrVG 1972. ‖ 8 Vgl. BAG 29.11.1989 – 7 ABR 67/88, AP Nr. 20 zu § 78a BetrVG 1972. ‖ 9 Vgl. BAG 29.11.1989 – 7 ABR 67/88, AP Nr. 20 zu § 78a BetrVG 1972; 15.1.1980 – 6 AZR 361/79, AP Nr. 9 zu § 78a BetrVG 1972. ‖ 10 *Fitting*, § 78a Rz. 37; Richardi/*Thüsing*, § 78a Rz. 35. ‖ 11 *Fitting*, § 78a Rz. 38. ‖ 12 Bauer/Lingemann/Diller/Haußmann/*Diller*, M 42.12.

38 **d) Rechtsfolgen.** Wird dem Auflösungsantrag stattgegeben, endet auf Grund der rechtsgestaltenden gerichtl. Entscheidung, die ihre Wirkung erst mit ihrer Rechtskraft für die Zukunft entfaltet[1], das kraft Fiktion begründete unbefristete ArbVerh. Wird der Auflösungsantrag rechtskräftig abgewiesen, besteht ein unbefristetes ArbVerh.

39 **3. Weiterer Feststellungsantrag.** Der ArbGeb kann auch daran denken, neben dem auf rechtsgestaltende Veränderung der Rechtslage abzielenden Antrag nach Abs. 4 S. 1 Nr. 2 zugleich feststellen zu lassen, dass die Voraussetzungen des Abs. 2 oder 3 nicht erfüllt sind[2]. Das BAG hat diese Frage nicht abschließend entscheiden müssen und offen gelassen[3]. Hält der ArbGeb daher das Verfahren nach § 78a von vornherein nicht für einschlägig, sei es, weil das Amt nicht besteht, sei es, weil der Auszubildende nicht wie in Abs. 2 vorgeschrieben innerhalb der letzten drei Monate vor Beendigung der Ausbildung schriftl. die Weiterbeschäftigung verlangt hat, kann er daran denken, diese Vorfrage zum Streitgegenstand zu machen, und folgenden **Antrag** stellen[4]:

40 • **Formulierungsvorschlag:**
1. Es wird festgestellt, dass zwischen der Antragstellerin und dem Antragsgegner nach Ablauf der Ausbildungszeit am ... ein Arbeitsverhältnis nicht begründet worden ist.
2. Hilfsweise: Das am ... begründete Arbeitsverhältnis wird aufgelöst.

41 Das Formulierungsbsp. unterstellt, dass der Antrag nach Ablauf des Ausbildungsverhältnisses gestellt worden ist. Vor Ablauf der Ausbildungszeit würde der Feststellungsantrag (vgl. Rz. 26) gestellt, bei dem als Vorfrage zu klären wäre, ob ein wirksames Weiterbeschäftigungsverlangen iSd. Abs. 2 und 3 vorliegt.

42 **4. Unzumutbarkeit der Weiterbeschäftigung.** Dem Feststellungs- und dem Auflösungsantrag ist dann stattzugeben, wenn Tatsachen vorliegen, auf Grund derer dem ArbGeb unter Berücksichtigung aller Umstände die Weiterbeschäftigung nicht zugemutet werden kann. Dabei können sich die Tatsachen sowohl aus der Person des Auszubildenden als auch aus dringenden betriebl. Erfordernissen ergeben.

43 **a) Maßstab.** Obwohl sich die Formulierung in Abs. 4 S. 1 an die des § 626 BGB, der die außerordentl. Kündigung regelt, anlehnt, sind die Zumutbarkeitsbegriffe nicht inhaltlich identisch[5]. Die zum Begriff der Unzumutbarkeit in § 626 I BGB entwickelten Grundsätze lassen sich nicht auf den Auflösungstatbestand des Abs. 4 übertragen. Der Tatbestand des § 626 I BGB ist erst dann gegeben, wenn dem ArbGeb die Fortsetzung des ArbVerh bis zum Ablauf der Kündigungsfrist oder bis zur vereinbarten Beendigung nicht zugemutet werden kann. Bei Abs. 4 ist demggü. zu entscheiden, ob dem ArbGeb die Beschäftigung des ArbN in einem unbefristeten ArbVerh zumutbar ist. Diese Frage ist im Grundsatz zu verneinen, wenn der ArbGeb keinen andauernden Bedarf für die Beschäftigung eines ArbN hat. Der Inhalt der Begriffe ist daher nach den genannten unterschiedlichen Funktionen zu bestimmen[6]. Liegt ein außerordentl. Kündigungsgrund iSv. § 626 I BGB vor, rechtfertigt dies auch die Nichtübernahme eines Auszubildenden in ein ArbVerh[7]. Darüber hinaus ist im Einzelfall nach den aufgeführten unterschiedlichen Funktionen zu prüfen, ob eine Unzumutbarkeit iSv. Abs. 4 vorliegt oder nicht. Da die Zumutbarkeitsbegriffe in § 626 I BGB und Abs. 4 nicht identisch sind, folgt daraus, dass § 626 BGB insg. nicht entsprechend auf Abs. 4 anzuwenden ist. Daraus folgt weiter, dass die Ausschlussfrist nach § 626 II BGB – wie auch die Ausschlussfrist nach § 22 IV BBiG (außerordentl. Kündigung eines Auszubildenden) – auf das Verfahren nach Abs. 4 keine Anwendung findet[8].

44 **b) Personenbedingte Gründe.** Grds. können nur **schwerwiegende Gründe persönlicher Art** geeignet sein, die Nichtbegründung eines ArbVerh bzw. die Auflösung eines schon begründeten ArbVerh zu rechtfertigen[9]. So kann das **wiederholte Nichtbestehen** der Abschlussprüfung die Unzumutbarkeit der Beschäftigung begründen[10]. Dagegen reicht das schlechtere Abschneiden bei der Abschlussprüfung im Verhältnis zu anderen Auszubildenden nicht aus[11]. Auch ist ein **Qualifikationsvergleich** zwischen dem geschützten Amtsträger und anderen Bewerbern um den Arbeitsplatz unzulässig[12].

45 **c) Dringende betriebl. Gründe** finden im Rahmen der Unzumutbarkeit des Abs. 4 Berücksichtigung.

46 **aa) Freier Arbeitsplatz.** Eine Übernahmeverpflichtung wird in der Rspr. nur für den Fall bejaht, dass zum Zeitpunkt des Ablaufs des Berufsausbildungsverhältnisses ein Arbeitsplatz frei ist[13]. Ist im Zeitpunkt der Beendigung des Ausbildungsverhältnisses ein freier Arbeitsplatz vorhanden, hat bei der Prü-

---

1 Vgl. BAG 29.11.1989 – 7 ABR 67/88, AP Nr. 20 zu § 78a BetrVG 1972. ‖ 2 DKKW/*Bachner*, § 78a Rz. 30. ‖ 3 Vgl. BAG 16.8.1995 – 7 ABR 52/94, AP Nr. 25 zu § 78a BetrVG 1972; 11.1.1995 – 7 AZR 574/94, AP Nr. 24 zu § 78a BetrVG 1972. ‖ 4 Bauer/Lingemann/Diller/Haußmann/*Diller*, M 42.12. ‖ 5 Vgl. BAG 6.11.1996 – 7 ABR 54/95, AP Nr. 26 zu § 78a BetrVG 1972; 16.1.1979 – 6 AZR 153/77, AP Nr. 5 zu § 78a BetrVG 1972. ‖ 6 Vgl. BAG 6.11.1996 – 7 ABR 54/95, AP Nr. 26 zu § 78a BetrVG 1972. ‖ 7 Vgl. BAG 6.11.1996 – 7 ABR 54/95, AP Nr. 26 zu § 78a BetrVG 1972; 16.1.1979 – 6 AZR 153/77, AP Nr. 5 zu § 78a BetrVG 1972. ‖ 8 Vgl. BAG 15.12.1983 – 6 AZR 60/83, AP Nr. 12 zu § 78a BetrVG 1972. ‖ 9 Vgl. BAG 16.1.1979 – 6 AZR 153/77, AP Nr. 5 zu § 78a BetrVG 1972. ‖ 10 LAG Nds. 8.4.1975 – 2 TaBV 60/74, DB 1975, 1224. ‖ 11 LAG Hamm 21.10.1992 – 3 TaBV 106/92, LAGE § 78a BetrVG 1972 Nr. 6. ‖ 12 DKKW/*Bachner*, § 78a Rz. 35; *Fitting*, § 78a Rz. 49. ‖ 13 Vgl. BAG 12.11.1997 – 7 ABR 73/96, AP Nr. 31 zu § 78a BetrVG 1972; 6.11.1996 – 7 ABR 54/95, AP Nr. 26 zu § 78a BetrVG 1972; 24.7.1991 – 7 ABR 68/90, AP Nr. 23 zu § 78a BetrVG 1972; 29.11.1989 – 7 ABR 67/88, AP Nr. 20 zu § 78a BetrVG 1972; 15.1.1980 – 6 AZR 361/79, AP Nr. 9 zu § 78a BetrVG 1972; 16.1.1979 – 6 AZR 153/77, AP Nr. 5 zu § 78a BetrVG 1972.

fung der Unzumutbarkeit einer Weiterbeschäftigung ein **künftiger Wegfall** von Arbeitsplätzen unberücksichtigt zu bleiben[1]. Innerhalb von drei Monaten vor Ablauf des Ausbildungsverhältnisses frei werdende Stellen stehen freien Stellen im Zeitpunkt der Übernahme gleich, wenn eine sofortige Neubesetzung nicht durch dringende betriebl. Gründe geboten war[2]. Anderes gilt, wenn fünf Monate vor Ablauf des Ausbildungsverhältnisses freie Arbeitsplätze besetzt wurden: Der ArbGeb ist regelmäßig nicht verpflichtet, zu bedenken, dass fünf Monate später nach § 78a geschützte Auszubildende ihre Ausbildung beenden und Übernahmeverlangen stellen könnten[3]. Ist ein freier Arbeitsplatz in diesem Sinne nicht vorhanden, kann vom ArbGeb nicht **die Schaffung zusätzlicher Arbeitsplätze** oder **die Entlassung anderer ArbN** verlangt werden[4]. Die Übernahme eines durch § 78a geschützten Auszubildenden ist dem ArbGeb nicht allein deshalb unzumutbar, weil er sich entschlossen hat, einen Teil der in seinem Betrieb anfallenden Aufgaben künftig LeihArbN zu übertragen[5]. Beschäftigt er auf dauerhaft eingerichteten, ausbildungsadäquaten Arbeitsplätzen LeihArbN, kann es ihm zumutbar sein, einen solchen Arbeitsplatz für den zu übernehmenden Jugend- und Auszubildendenvertreter freizumachen[6].

bb) Entgegenstehende gesetzliche Bestimmungen. Hat der ArbGeb zwar einen freien Arbeitsplatz zur Verfügung, kann aber der betreffende Auszubildende auf diesem Arbeitsplatz kraft entgegenstehender gesetzl. Verbote nicht eingesetzt werden, besteht eine Beschäftigungsmöglichkeit für den ArbGeb nicht, so dass die Weiterbeschäftigung unzumutbar ist[7].

cc) Geänderte Arbeitsbedingungen. Das Weiterbeschäftigungsverlangen nach Abs. 2 ist gerichtet auf eine Tätigkeit vergleichbarer ArbN mit betriebsüblicher beruflicher Entwicklung, die Vergütung muss der vergleichbarer ArbN entsprechen (vgl. Rz. 21). Die Prüfung, ob ein anderer freier Arbeitsplatz zur Verfügung steht, reduziert sich daher auf einen solchen Arbeitsplatz. Durch das Übernahmeverlangen des Auszubildenden entsteht ein unbefristetes VollzeitArbVerh, das einen Anspruch auf **ausbildungsgerechte Beschäftigung** im Ausbildungsbetrieb begründet[8]. Inhaltliche Abänderungen dieses ArbVerh unterliegen dem Konsensprinzip, so dass der Auflösungsantrag nach Abs. 4 nicht mit der Begründung abgewiesen werden darf, dem ArbGeb wäre die Beschäftigung im Rahmen eines anderen als des nach Abs. 2 entstehenden ArbVerh zumutbar gewesen[9]. Sofern allerdings der Auszubildende – wenn auch nur hilfsweise – sein Einverständnis mit einer Weiterbeschäftigung zu geänderten Arbeitsbedingungen erklärt hat (vgl. Rz. 22), gebietet es der Schutzzweck, dass der ArbGeb auf derartige Änderungswünsche eingeht. Tut er dies nicht, ist von einer Zumutbarkeit der Weiterbeschäftigung auszugehen. Das bedeutet: Hat der Auszubildende rechtzeitig erklärt, ggf. auch zu anderen Bedingungen zu arbeiten, muss der ArbGeb prüfen, ob eine anderweitige Beschäftigung möglich und zumutbar ist. Unterlässt er die Prüfung oder verneint er zu Unrecht die Möglichkeit und die Zumutbarkeit, kann das nach Abs. 2 entstandene ArbVerh nicht nach Abs. 4 aufgelöst werden[10].

d) Betrieb und Unternehmen. Bei der Prüfung der Weiterbeschäftigungsmöglichkeit ist auf den **Betrieb** abzustellen und nicht auf das Unternehmen[11]. Eine Beschränkung auf den Betrieb, in dem der Auszubildende Mitglied des betriebsverfassungsrechtl. Gremiums war, widerspricht der Wertung des Gesetzgebers im Verhältnis zu den §§ 1 II Nr. 1b, 15 IV KSchG.

e) Darlegungs- und Beweislast. Darlegungs- und beweisbelastet für die Frage der Unzumutbarkeit der Weiterbeschäftigung ist der ArbGeb. Der ArbN ist darlegungs- und beweisbelastet dafür, dass er frist- und formgerecht ein Weiterbeschäftigungsverlangen nach Abs. 2 gestellt hat (vgl. Rz. 23) sowie dafür, dass er bei seinem Weiterbeschäftigungsverlangen ggf. hilfsweise die Erklärung abgegeben hat, auch zu geänderten Arbeitsbedingungen tätig zu werden.

f) Rechtsfolgen. Ist die Weiterbeschäftigung unzumutbar, wird entweder dem Feststellungs- oder dem Auflösungsantrag entsprochen mit der Folge, dass bei einem bereits entstandenen Weiterbeschäftigungsanspruch nach Abs. 2 auf Grund der **rechtsgestaltenden Wirkung** der arbeitsgerichtl. Entscheidung **für die Zukunft** (vgl. Rz. 33) die Weiterbeschäftigung mit Rechtskraft der Entscheidung endet. Wird die Unzumutbarkeit der Weiterbeschäftigung verneint, steht mit Rechtskraft der Entscheidung abschließend fest, dass ein unbefristetes ArbVerh besteht.

VI. Streitigkeiten. Bei Streitigkeiten ist zu unterscheiden, ob der ArbGeb oder der Auszubildende/ArbN ein Verfahren einleitet.

1. Arbeitgeber. Die Entscheidung über einen Feststellungs- oder Auflösungsantrag des ArbGeb über die Frage, ob ihm gem. Abs. 4 die Weiterbeschäftigung des Auszubildenden nicht zugemutet werden

---

1 Vgl. BAG 16.8.1995 – 7 ABR 52/94, AP Nr. 25 zu § 78a BetrVG 1972. ||2 Vgl. BAG 12.11.1997 – 7 ABR 63/96, AP Nr. 30 zu § 78a BetrVG 1972. ||3 Vgl. BAG 12.11.1997 – 7 ABR 73/96, AP Nr. 31 zu § 78a BetrVG 1972. ||4 Vgl. BAG 6.11.1996 – 7 ABR 54/95, AP Nr. 26 zu § 78a BetrVG 1972; 15.1.1980 – 6 AZR 361/79, AP Nr. 9 zu § 78a BetrVG 1972; 16.1.1979 – 6 AZR 153/77, AP Nr. 5 zu § 78a BetrVG 1972; 8.9.2010 – 7 ABR 33/09, NZA 2011, 221. ||5 Vgl. BAG 16.7.2008 – 7 ABR 13/07, AP Nr. 50 zu § 78a BetrVG 1972; 25.2.2009 – 7 ABR 61/07, DB 2009, 1473. ||6 BAG 17.2.2010 – 7 ABR 89/08. ||7 So BAG 15.1.1980 – 6 AZR 361/79, AP Nr. 9 zu § 78a BetrVG 1972 zu den einer Weiterbeschäftigung im konkreten Fall entgegenstehenden Bestimmungen der Arbeitszeitordnung. ||8 Vgl. BAG 16.8.1995 – 7 ABR 52/94, AP Nr. 25 zu § 78a BetrVG 1972. ||9 Vgl. BAG 24.7.1991 – 7 ABR 68/90, AP Nr. 23 zu § 78a BetrVG 1972. ||10 Vgl. BAG 6.11.1996 – 7 ABR 54/95, AP Nr. 26 zu § 78a BetrVG 1972. ||11 Vgl. BAG 15.11.2006 – 7 ABR 15/06, AP Nr. 38 zu § 78a BetrVG 1972 mit zahlr. Nachw. auf den Streitstand; zust. *Reuter*, BB 2007, 2678 ff.; aA noch die 3. Aufl., § 78 Rz. 49 mzN.

kann, ist im arbeitsgerichtl. **Beschlussverfahren** zu treffen (§§ 2a I Nr. 1, II iVm. 80ff. ArbGG)[1]. Gleiches gilt, falls der ArbGeb die **Vorfrage**, dass ein ArbVerh deswegen nicht zustande gekommen ist, weil die Voraussetzungen nach Abs. 2 oder 3 nicht vorliegen, durch Einleitung eines **Beschlussverfahrens** gerichtl. klären lassen will[2]. **Beteiligte** an diesem Beschlussverfahren sind neben dem ArbGeb und dem Auszubildenden/ArbN auch das jeweilige betriebsverfassungsrechtl. Organ, also der BR, die Bordvertretung, der SeeBR oder die JAV (Abs. 4 S. 2) nicht aber die GesamtJAV oder die Konzern JAV[3]. Der ArbGeb hat allerdings nicht die **Kosten** einer anwaltl. Tätigkeit zu tragen, die einem Mitglied der JAV in einem Verfahren nach Abs. 4 entstanden sind[4]. Die Beteiligung des jeweiligen Mitglieds der JAV dient ausschließlich dessen individualrechtl. Interesse an der Fortsetzung seiner Tätigkeit bei dem ArbGeb auf Grund eines ArbVerh, das infolge eines schriftl. Weiterbeschäftigungsverlangens entstanden war. Nach st. Rspr. des BAG besteht kein betriebsverfassungsrechtl. Kostenerstattungsanspruch, wenn ein Mitglied eines betriebsverfassungsrechtl. Gremiums seine individualrechtl. Interessen ggü. dem ArbGeb wahrnimmt.

54 **2. Auszubildender.** Der Auszubildende hat seinen Anspruch auf Feststellung des Bestehens und Inhalts eines ArbVerh im arbeitsgerichtl. **Urteilsverfahren** geltend zu machen (§§ 2 I Nr. 3b, V iVm. 46ff. ArbGG)[5].

55 **3. Einstweiliger Rechtsschutz.** Der **Auszubildende** kann im Wege der einstw. Verfügung seine Weiterbeschäftigung geltend machen[6]. Anders der **ArbGeb:** Er kann im Wege der einstw. Verfügung nicht die Vertragsauflösung geltend machen[7], wohl aber die Entbindung von der tatsächlichen Weiterbeschäftigungspflicht[8]. Eine solche einstw. Verfügung auf Entbindung von der tatsächlichen Weiterbeschäftigung kann allerdings nur unter ganz engen Voraussetzungen in Betracht kommen, weil hierdurch der ArbN sein betriebsverfassungsrechtl. Amt nicht mehr ordnungsgemäß ausüben kann[9].

79 *Geheimhaltungspflicht*

(1) Die Mitglieder und Ersatzmitglieder des Betriebsrats sind verpflichtet, Betriebs- oder Geschäftsgeheimnisse, die ihnen wegen ihrer Zugehörigkeit zum Betriebsrat bekannt geworden und vom Arbeitgeber ausdrücklich als geheimhaltungsbedürftig bezeichnet worden sind, nicht zu offenbaren und nicht zu verwerten. Dies gilt auch nach dem Ausscheiden aus dem Betriebsrat. Die Verpflichtung gilt nicht gegenüber Mitgliedern des Betriebsrats. Sie gilt ferner nicht gegenüber dem Gesamtbetriebsrat, dem Konzernbetriebsrat, der Bordvertretung, dem Seebetriebsrat und den Arbeitnehmervertretern im Aufsichtsrat sowie im Verfahren vor der Einigungsstelle, der tariflichen Schlichtungsstelle (§ 76 Abs. 8) oder einer betrieblichen Beschwerdestelle (§ 86).

(2) Absatz 1 gilt sinngemäß für die Mitglieder und Ersatzmitglieder des Gesamtbetriebsrats, des Konzernbetriebsrats, der Jugend- und Auszubildendenvertretung, der Gesamt-Jugend- und Auszubildendenvertretung, der Konzern-Jugend- und Auszubildendenvertretung, des Wirtschaftsausschusses, der Bordvertretung, des Seebetriebsrats, der gemäß § 3 Abs. 1 gebildeten Vertretungen der Arbeitnehmer, der Einigungsstelle, der tariflichen Schlichtungsstelle (§ 76 Abs. 8) und einer betrieblichen Beschwerdestelle (§ 86) sowie für die Vertreter von Gewerkschaften oder von Arbeitgebervereinigungen.

1 **I. Gegenstand und Umfang der Geheimhaltungspflicht.** Das BetrVG gibt dem ArbGeb eine Reihe von Unterrichtungspflichten auf. Dies bringt es mit sich, dass der BR und sonstige Organe und Gremien der Betriebsverfassung eine Vielzahl vertraulicher Informationen erhalten. Daher wird für bestimmte Fälle eine besondere Geheimhaltungspflicht festgelegt.

2 **1. Verpflichteter Personenkreis (Abs. 1 S. 1, Abs. 2).** Verpflichteter Personenkreis sind nach Abs. 1 S. 1 sämtliche Mitglieder des BR sowie die Ersatzmitglieder. Der aus Abs. 1 S. 1 folgende Unterlassungsanspruch richtet sich aber nicht nur gegen die BR-Mitglieder sowie die Ersatzmitglieder, sondern auch an **den BR als Organ** der Betriebsverfassung. Insoweit ist Abs. 1 S. 1 planwidrig unvollständig und enthält eine offene, durch Analogie zu schließende Regelungslücke[10].

3 Die Geheimhaltungspflicht gilt nach Abs. 2 für die Mitglieder und Ersatzmitglieder des GBR, des KBR, der JAV, der GesamtJAV, der KonzernJAV, des Wirtschaftsausschusses, der Bordvertretung, des SeeBR, der gem. § 3 I gebildeten Vertretungen der ArbN, der Einigungsstelle, der tarifl. Schlichtungsstelle (§ 76 VIII), einer betriebl. Beschwerdestelle (§ 86) sowie für die Vertreter von Gewerkschaften

---

1 Vgl. BAG 29.11.1989 – 7 ABR 67/88, AP Nr. 20 zu § 78a BetrVG 1972; 5.4.1984 – 6 AZR 70/83, AP Nr. 13 zu § 78a BetrVG 1972. ‖ 2 Vgl. BAG 16.8.1995 – 7 ABR 52/94, AP Nr. 25 zu § 78a BetrVG 1972, anders noch BAG 29.11.1989 – 7 ABR 67/88, AP Nr. 20 zu § 78a BetrVG 1972 (Urteilsverfahren). ‖ 3 Vgl. BAG 15.11.2006 – 7 ABR 15/06, AP Nr. 38 zu § 78a BetrVG 1972. ‖ 4 Vgl. BAG 5.4.2000 – 7 ABR 6/99, AP Nr. 33 zu § 78a BetrVG 1972. ‖ 5 Vgl. BAG 13.11.1987 – 7 AZR 246/87, AP Nr. 18 zu § 78a BetrVG 1972; 22.9.1983 – 6 AZR 323/81, AP Nr. 11 zu § 78a BetrVG 1972. ‖ 6 *Fitting*, § 78a Rz. 64; GK-BetrVG/*Oetker*, § 78a Rz. 105; DKKW/*Bachner*, § 78a Rz. 45; LAG Berlin 22.2.1991 – 2 Sa 35/90, LAGE § 611 BGB Beschäftigungspflicht Nr. 29; LAG Sachs. 2.11.2005 – 2 Sa 731/05, nv. ‖ 7 GK-BetrVG/*Oetker*, § 78a Rz. 189ff.; DKKW/*Bachner*, § 78a Rz. 46. ‖ 8 ErfK/*Kania*, § 78a BetrVG Rz. 12. ‖ 9 Vgl. auch LAG Nds. 25.5.1998 – 11 Sa 695/98, AiB 1999, 43. ‖ 10 Vgl. BAG 26.2.1987 – 6 ABR 46/84, AP Nr. 2 zu § 79 BetrVG 1972 mwN.

oder von ArbGebVereinigungen. Die Aufzählung in Abs. 1 S. 1 und Abs. 2 ist nicht abschließend: Kraft ausdrücklicher gesetzl. Verweisung gilt die Verschwiegenheitspflicht auch für **Sachverst.** und **ArbN**, die zur Durchführung betriebsverfassungsrechtl. Aufgaben hinzugezogen werden (vgl. § 80 IV, § 107 III 4, § 108 II 3 u. § 109 S. 3). Über die Geheimhaltungspflicht in § 79 hinaus gibt es eine Reihe weiterer Schweigepflichten (vgl. Rz. 14 ff.).

2. Betriebs- oder Geschäftsgeheimnisse. Die Geheimhaltungspflicht nach § 79 umfasst Betriebs- oder Geschäftsgeheimnisse. Betriebs- oder Geschäftsgeheimnisse sind Tatsachen, Erkenntnisse oder Unterlagen, die im Zusammenhang mit dem technischen Betrieb oder der wirtschaftl. Betätigung des Unternehmens stehen, nur einem eng begrenzten Personenkreis bekannt, also nicht offenkundig sind, nach dem bekundeten Willen des ArbGeb geheim gehalten werden sollen oder deren Geheimhaltung, insb. vor Konkurrenten, für den Betrieb oder das Unternehmen wichtig ist (**materielles Geheimnis**)[1]. Dabei sind **Betriebsgeheimnisse** solche, die sich auf die Erreichung des Betriebszwecks, und **Geschäftsgeheimnisse** solche, die sich auf das Know-how des Unternehmens beziehen[2]. **Beispiele** für Betriebs- und Geschäftsgeheimnisse sind: Patente, Lizenzen, ArbNErf, Fertigungsmethoden, Materialzusammensetzungen, Jahresabschlüsse, Preisberechnungen sowie Lohn- und Gehaltsdaten, da sie Teil der betriebswirtschaftl. Kalkulation über Umsätze und Gewinnmöglichkeiten sind und aus diesen Daten Konkurrenten – unter Berücksichtigung der Besonderheiten des betroffenen Unternehmensbereichs – Informationen über Kalkulation und Unternehmenspolitik gewinnen können[3].

Ein Betriebs- oder Geschäftsgeheimnis liegt dann nicht vor, wenn etwas **offenkundig** ist. Offenkundig ist, was sich jeder Interessierte ohne besondere Mühe zur Kenntnis beschaffen kann. **Beispiel:** Die Rezeptur eines Reagenzes ist nicht offenkundig, wenn die quantitative Analyse für ausgebildete Chemiker einen mittleren Schwierigkeitsgrad bietet und die sinnvolle Verwendung der Bestandteile nicht ohne Detailkenntnisse und erst nach entsprechenden Überlegungen und Untersuchungen möglich ist[4]. An der Geheimhaltung muss der ArbGeb ein berechtigtes wirtschaftl. Interesse haben[5], welches nicht bei unlauteren oder gesetzeswidrigen Vorgängen, wie bspw. Steuerhinterziehungen, besteht[6]. Ferner unterliegen sog. **vertrauliche Angaben** des ArbGeb nicht der betriebsverfassungsrechtl. Schweigepflicht nach § 79, da es hinsichtlich der Geheimhaltungspflicht darauf ankommt, ob **objektiv** ein Betriebs- oder Geschäftsgeheimnis vorliegt. Durch die Kennzeichnung als „vertraulich" können nicht willkürlich Angelegenheiten zu Geschäftsgeheimnissen gemacht werden[7]. Allein der Umstand etwa, dass eine E-Mail mit dem Hinweis „vertrauliche und/oder rechtlich geschützte Informationen" versehen ist, verleiht dieser nicht zwingend den Charakter eines Betriebs-/Geschäftsgeheimnisses[8].

3. Ausdrückliche Geheimhaltungserklärung. Außer dem Vorliegen eines materiellen Geheimnisses erfordert die Geheimhaltungspflicht nach § 79, dass der ArbGeb durch **ausdrückliche Erklärung (mündlich oder schriftl.)** darauf hingewiesen hat, eine bestimmte Angelegenheit als Betriebs- oder Geschäftsgeheimnis zu betrachten und darüber Stillschweigen zu bewahren (**formelles Geheimnis**)[9]. Die Erklärung kann auch durch einen **Vertreter** des ArbGeb abgegeben werden[10].

● **Hinweis:** Aus Beweissicherungsgründen kann es angezeigt sein, die Erklärung schriftlich abzugeben[11]. Dabei sollte darauf geachtet werden, dass der Zugang beweisbar ist (zB Empfangsbestätigung). Erfolgt die Erklärung in einer Sitzung, empfiehlt es sich, einen entsprechenden Hinweis in das Sitzungsprotokoll aufzunehmen. In jedem Fall ist aus Sicht des ArbGeb zu beachten, dass die Erklärung ggü. einem empfangszuständigen Mitglied abgegeben wird (vgl. § 26 Rz. 9 ff.). Haben die in § 79 genannten Stellen und Personen die ausdrückliche Geheimhaltungsmitteilung des ArbGeb erhalten, haben sie ihrerseits dafür Sorge zu tragen, dass andere Mitglieder, die von der Erklärung bisher keine Kenntnis hatten (zB Ersatzmitglieder), von der Geheimhaltungspflicht unterrichtet werden[12]. Wird das Betriebs- oder Geschäftsgeheimnis dem betreffenden Organ oder Gremium im Rahmen seiner Amtstätigkeit aus anderer Quelle (zB von Dritten) bekannt oder teilt ihm der ArbGeb entsprechende Informationen mit, ohne zunächst ausdrücklich auf die Geheimhaltungsbedürftigkeit hinzuweisen, greift § 79 dennoch ein, wenn der ArbGeb im Nachhinein eine ausdrückliche Geheimhaltungsmitteilung macht[13]. In diesem Fall gilt die Geheimhaltungspflicht erst ab Zugang der Erklärung[14].

4. Kenntniserlangung. Abs. 1 S. 1 verlangt darüber hinaus, dass die Betriebs- oder Geschäftsgeheimnisse den zur Geheimhaltung verpflichteten Personen **in ihrer Eigenschaft als Mitglied** der genannten betriebsverfassungsrechtl. Institutionen zur Kenntnis gelangt sind[15]. Von wem die Angaben stammen,

---

1 Vgl. BAG 26.2.1987 – 6 ABR 46/84, AP Nr. 2 zu § 79 BetrVG 1972; 16.3.1982 – 3 AZR 83/79, AP Nr. 1 zu § 611 BGB Betriebsgeheimnis; DKKW/*Buschmann*, § 79 Rz. 6; *Fitting*, § 79 Rz. 3. ‖ 2 DKKW/*Buschmann*, § 79 Rz. 8 und 9; GK-BetrVG/*Oetker*, § 79 Rz. 11 f. ‖ 3 Vgl. BAG 26.2.1987 – 6 ABR 46/84, AP Nr. 2 zu § 79 BetrVG 1972. ‖ 4 Vgl. BAG 16.3.1982 – 3 AZR 83/79, AP Nr. 1 zu § 611 BGB Betriebsgeheimnis. ‖ 5 Vgl. BAG 26.2.1987 – 6 ABR 46/84, AP Nr. 2 zu § 79 BetrVG 1972. ‖ 6 DKKW/*Buschmann*, § 79 Rz. 6b; *Fitting*, § 79 Rz. 3. ‖ 7 DKKW/*Buschmann*, § 79 Rz. 13; *Fitting*, § 79 Rz. 3. ‖ 8 LAG Rh.-Pf. 22.2.2008 – 6 Sa 626/07. ‖ 9 DKKW/*Buschmann*, § 79 Rz. 11; *Fitting*, § 79 Rz. 5. ‖ 10 *Fitting*, § 79 Rz. 5; DKKW/*Buschmann*, § 79 Rz. 11. ‖ 11 DKKW/*Buschmann*, § 79 Rz. 11. ‖ 12 *Fitting*, § 79 Rz. 6; DKKW/*Buschmann*, § 79 Rz. 11. ‖ 13 DKKW/*Buschmann*, § 79 Rz. 12. ‖ 14 *Fitting*, § 79 Rz. 5; GK-BetrVG/*Oetker*, § 79 Rz. 18. ‖ 15 *Fitting*, § 79 Rz. 7; DKKW/*Buschmann*, § 79 Rz. 12.

ob vom ArbGeb durch mündliche Information oder auf Grund dessen Unterlagen oder von ArbN des Betriebs, ist dabei ohne Bedeutung[1]. Soweit Betriebs- oder Geschäftsgeheimnisse auf anderem Wege ohne Zusammenhang mit einer Amtstätigkeit bekannt werden, sind auch Mitglieder betriebsverfassungsrechtl. Institutionen lediglich in dem für alle ArbN geltenden Rahmen zur Geheimhaltung verpflichtet (§§ 17, 18 UWG, arbeitsvertragl. Treuepflicht)[2].

9   **5. Dauer der Geheimhaltungspflicht.** Die Verschwiegenheitspflicht beginnt mit dem Amtsantritt[3]. Sie wird wirksam, wenn dem Verpflichteten das Geheimnis und die Bezeichnung als geheimhaltungsbedürftig bekannt geworden sind. Die Geheimhaltungspflicht besteht während der ganzen Zeit der Amtstätigkeit und **endet** nach der ausdrücklichen Regelung in Abs. 1 S. 2 **nicht** mit dem **Ausscheiden** aus dem Amt und nicht mit der Beendigung des ArbVerh[4]. Entsprechendes gilt für die in Abs. 2 genannten Organisationsvertreter (Gewerkschaften und ArbGebVereinigungen), auch wenn sie es nicht mehr sind, sowie für Sachverst. nach Beendigung ihrer Sachverständigentätigkeit (§ 80 II)[5]. Die Geheimhaltungspflicht besteht so lange, bis das Betriebs- oder Geschäftsgeheimnis allg. bekannt ist oder es der ArbGeb als nicht mehr geheimhaltungsbedürftig bezeichnet[6].

10 **6. Ausnahmen von der Geheimhaltungspflicht.** Nach Abs. 1 S. 3 gilt die Geheimhaltungspflicht nicht ggü. Mitgliedern des BR, sie gilt nach Abs. 1 S. 4 ferner nicht ggü. dem GBR, dem KBR, der Bordvertretung, dem SeeBR und den ArbN-Vertretern im Aufsichtsrat sowie im Verfahren vor der Einigungsstelle, der tarifl. Schlichtungsstelle (§ 76 VIII) oder einer betriebl. Beschwerdestelle (§ 86). Für die in Abs. 2 aufgeführten Organe und Gremien gilt zunächst das Gleiche: In der jeweiligen internen Kommunikation besteht keine Geheimhaltungspflicht. Ferner dürfen die in Abs. 2 genannten Organe und Gremien Betriebs- oder Geschäftsgeheimnisse an die in Abs. 1 aufgeführten Organe weitergeben, weil für diese die Geheimhaltungspflicht nach Abs. 1 gilt. Das bedeutet: Die Offenbarung von Betriebs- und Geschäftsgeheimnissen an den BR, den GBR, den KBR, die Bordvertretung und den SeeBR, die ArbN-Vertreter im Aufsichtsrat sowie im Verfahren vor der Einigungsstelle, der tarifl. Schlichtungsstelle oder einer betriebl. Beschwerdestelle ist den in Abs. 2 genannten Personen und Gremien erlaubt[7]. **Unzulässig** ist die Weitergabe von Betriebs- oder Geschäftsgeheimnissen **umgekehrt** von den in Abs. 1 genannten Organen und Gremien ggü. den in Abs. 2 aufgeführten Organen, Gremien und Vertretern, soweit diese nicht bereits in Abs. 1 aufgeführt sind[8]. Somit ist die Offenbarung von Betriebs- oder Geschäftsgeheimnissen ggü. der JAV, der GesamtJAV, der KonzernJAV, dem Wirtschaftsausschuss, den zusätzlichen nach § 3 I gebildeten ArbN-Vertretungen und den Vertretern der Gewerkschaften und den ArbGebVerbänden nicht gestattet[9].

11 Hinsichtlich der nach § 3 I gebildeten Vertretungen der ArbN ist zu unterscheiden: § 3 I Nr. 1–3 regelt die Möglichkeit zur Bildung anderer betriebsverfassungsrechtl. Strukturen mit der Folge, dass für diese der BR gewählt wird. § 3 I Nr. 4–5 regelt **zusätzliche** betriebsverfassungsrechtl. Gremien. Insoweit treten die in § 3 I Nr. 1–3 genannten ArbN-Vertretungen **an die Stelle des BR**. Ihre Mitglieder sind daher den BR-Mitgliedern gleichzusetzen, ihnen ggü. dürfen aus diesem Grunde Geheimnisse offenbart werden[10].

12 Ferner greift keine Geheimhaltungspflicht, wenn eine **vorrangige Pflicht** zum Reden (zB bei Zeugenaussagen vor Gericht) oder Handeln (zB Anzeige strafbarer Handlungen) besteht[11]. Eine Ausnahme gilt auch für Zeugenaussagen: Ein BR-Mitglied kann sich im **Strafprozess** nicht unter Hinweis auf seine Geheimhaltungspflicht auf ein **Zeugnisverweigerungsrecht** nach § 53 I StPO berufen[12]. Dagegen ist im **Zivilprozess** die Berufung auf ein Zeugnisverweigerungsrecht nach § 383 I Nr. 6 ZPO möglich[13].

13 **7. Rechtsfolge.** Besteht wirksam eine Geheimhaltungspflicht, ist das Offenbaren und die Verwertung von Betriebs- und Geschäftsgeheimnissen untersagt. **Offenbaren** ist die Weitergabe des Geheimnisses an (unberechtigte) Dritte[14]. Dies sind auch ArbN des Betriebs[15]. Zur Weitergabe von Betriebs- oder Geschäftsgeheimnissen unterhalb den in Abs. 1 und Abs. 2 genannten Gremien vgl. vorstehend Rz. 10. **Verwerten** ist das wirtschaftl. Ausnutzen des Geheimnisses zum Zwecke der Gewinnerzielung[16].

14 **II. Sonstige Schweige- und Geheimhaltungspflichten.** Neben der Geheimhaltungspflicht aus § 79 gibt es eine Reihe weiterer Vorschriften mit Schweige- und Geheimhaltungspflichten.

15 **1. BetrVG.** Die Verschwiegenheitspflicht nach Abs. 1 erstreckt sich nur auf Betriebs- und Geschäftsgeheimnisse und nicht auf die persönlichen Verhältnisse und Angelegenheiten der ArbN. Soweit der BR Kenntnisse über solche persönlichen Verhältnisse und Angelegenheiten der ArbN im Rahmen seiner betriebsverfassungsrechtl. Tätigkeit erlangt, ist darüber Stillschweigen zu bewahren. Gesetzl. geregelt ist dies in § 80 IV (Geheimhaltungspflicht für Auskunftspersonen und Sachverst.), § 82 II 3 (Anhö-

---

1 *Fitting*, § 79 Rz. 7; DKKW/*Buschmann*, § 79 Rz. 11 und 12.   ‖ 2 *Fitting*, § 79 Rz. 7.   ‖ 3 DKKW/*Buschmann*, § 79 Rz. 15; GK-BetrVG/*Oetker*, § 79 Rz. 31.   ‖ 4 Vgl. BAG 15.12.1987 – 3 AZR 474/86, AP Nr. 5 zu § 611 BGB Betriebsgeheimnis; 16.3.1982 – 3 AZR 83/79, AP Nr. 1 zu § 611 BGB Betriebsgeheimnis.   ‖ 5 DKKW/*Buschmann*, § 79 Rz. 15; GK-BetrVG/*Oetker*, § 79 Rz. 32.   ‖ 6 *Fitting*, § 79 Rz. 17; DKKW/*Buschmann*, § 79 Rz. 15.   ‖ 7 *Fitting*, § 79 Rz. 22; GK-BetrVG/*Oetker*, § 79 Rz. 36.   ‖ 8 GK-BetrVG/*Oetker*, § 79 Rz. 37.   ‖ 9 GK-BetrVG/*Oetker*, § 79 Rz. 37.   ‖ 10 GK-BetrVG/*Oetker*, § 79 Rz. 38.   ‖ 11 *Fitting*, § 79 Rz. 30; DKKW/*Buschmann*, § 79 Rz. 25.   ‖ 12 *Fitting*, § 79 Rz. 30; GK-BetrVG/*Oetker*, § 79 Rz. 33.   ‖ 13 *Clemenz* in Tschöpe, Arbeitsrecht, Teil 4 A Rz. 487 mwN.   ‖ 14 *Fitting*, § 79 Rz. 16; DKKW/*Buschmann*, § 79 Rz. 18.   ‖ 15 *Fitting*, § 79 Rz. 17.   ‖ 16 *Fitting*, § 79 Rz. 16; DKKW/*Buschmann*, § 79 Rz. 18.

rungs- und Erörterungsrecht des ArbN), § 83 I 3 (Einsicht in die Personalakten), §§ 99 I 3 Hs. 2 iVm. 79 I 2–4 (Mitbest. bei personellen Einzelmaßnahmen) sowie in §§ 102 II 5 iVm. 99 I 3 iVm. 79 I 2–4 (Mitbest. bei Kündigungen). Eine besondere Erklärung des ArbGeb zur Geheimhaltungsbedürftigkeit ist nicht nötig, die Pflicht zur Verschwiegenheit ergibt sich aus den entsprechenden Normen selbst[1]. Aber auch soweit es im Gesetz nicht ausdrücklich angeordnet wird, sind vertrauliche Angaben über die Person eines ArbN geheim zu halten. Dies ergibt sich bereits aus § 75 II, der bestimmt, das ArbGeb und BR die freie Entfaltung der Persönlichkeit der im Betrieb beschäftigten ArbN zu schützen und zu fördern haben. Dem Schutz des allg. Persönlichkeitsrechts unterliegt die unbegrenzte Erhebung, Speicherung, Verwendung und Weitergabe der persönlichen Daten des ArbN[2]. Daraus ergibt sich die Verpflichtung des BR, vertrauliche Angaben, die er von ArbN im Rahmen seiner BR-Tätigkeit erhalten hat, geheim zu halten, solange er nicht im Einzelfall von dieser Pflicht entbunden worden ist[3]. Im Allg. besteht keine Pflicht der BR-Mitglieder, über den Verlauf von **BR-Sitzungen** Stillschweigen zu bewahren. Eine solche Schweigepflicht ist nur bei Vorliegen besonderer Umstände zu bejahen[4]. Eine Schweigepflicht besteht nur, wenn die Funktionsfähigkeit des BR durch Bekanntwerden bestimmter betriebsratsinterner Vorgänge ernsthaft gestört wird[5].

2. Datenschutzgesetz. Für den BR und seine Mitglieder gilt die Regelung des § 5 BDSG über das **Datengeheimnis**. Die Vorschrift erfasst alle Personen, die im Rahmen ihrer berufl. Tätigkeit im Unternehmen geschützte personenbezogene Daten zur Kenntnis bekommen. Zu diesem Personenkreis zählt auch der BR[6].

3. Arbeitsvertragliche Verschwiegenheitspflicht. Grds. unterliegen ArbN während der Andauer des ArbVerh auch ohne besondere vertragl. Vereinbarung einer umfassenden aus der arbeitsvertragl. Treuepflicht hergeleiteten Verschwiegenheitspflicht. Daneben ergibt sich eine gesetzl. Verpflichtung zur Wahrung von Geschäfts-/Betriebsgeheimnissen während des ArbVerh auch aus dem UWG (vgl. Rz. 18). Nach Beendigung des ArbVerh ist der ArbN, mit dem kein nachvertragliches Wettbewerbsverbot gem. §§ 74 ff. HGB vereinbart wurde, grds. frei, zu dem ArbGeb in Wettbewerb zu treten und dabei auch im Rahmen des ArbVerh erlangte Kenntnisse zu verwerten. Auch ohne ausdrückliche Vereinbarung geht das BAG[7] (insoweit im Hinblick auf die wettbewerbsrechtliche Beurteilung abweichend vom BGH) jedoch davon aus, dass aufgrund einer nachvertraglichen Rücksichtspflicht für den ArbN die Verpflichtung bestehen kann, über ihm bekannt gewordene Geschäfts- und Betriebsgeheimnisse Verschwiegenheit zu bewahren[8]. Die Arbeitsvertragsparteien können indes erweiternd vereinbaren, dass bestimmte, konkret bezeichnete Betriebs- oder Geschäftsgeheimnisse nach Beendigung des ArbVerh nicht genutzt oder weitergegeben werden dürfen[9].

4. Geheimnisschutz nach dem UWG. Betriebs- oder Geschäftsgeheimnisse unterliegen dem besonderen strafrechtl. Schutz nach den §§ 17 ff. UWG, der vom Schadensersatzanspruch nach § 823 II BGB ergänzt wird. Das Verbot des Verrats von Betriebs- oder Geschäftsgeheimnissen zu Wettbewerbszwecken richtet sich an alle ArbN und Auszubildenden eines Geschäftsbetriebs, denen ein Geheimnis auf Grund des ArbVerh anvertraut oder zugänglich gemacht wurde[10].

5. Arbeitnehmervertreter im Aufsichtsrat. Die ArbN-Vertreter im Aufsichtsrat unterliegen einer Schweigepflicht, die sich allerdings nach dem Gesellschaftsrecht richtet (§§ 116, 93 I 3 AktG, auf die wiederum auch für die mitbestimmte GmbH verwiesen wird, vgl. § 1 I Nr. 3 DrittelbG, § 25 I Nr. 2 MitbestG)[11].

6. Schwerbehindertenvertretungen. Für die Vertrauensperson der schwerbehinderten Menschen sowie für die Gesamt- und Konzernschwerbehindertenvertretung findet sich in den §§ 96 VII, 97 VII SGB IX eine dem § 79 entsprechende Geheimhaltungspflicht, deren Verletzung nach § 155 SGB IX strafbewehrt ist. Eine Ausnahme von der Verschwiegenheitspflicht besteht nach § 96 VII 3 SGB IX nicht nur hinsichtlich der in § 79 I genannten Organe, Gremien und Personen, sondern auch hinsichtlich der BA, der zuständigen Integrationsämter und der Rehabilitationsträger, soweit dies erforderlich ist.

Einstweilen frei.

III. Rechtsfolgen einer Verletzung der Geheimhaltungspflicht. 1. Auflösung und Amtsenthebung. Bei einer groben Verletzung der Schweigepflicht nach § 79 kann der ArbGeb die Amtsenthebung des betreffenden BR-Mitglieds nach § 23 I beantragen. Problematisch ist, ob bei unmittelbaren und groben Verstößen auch die Auflösung des BR als Organ verlangt werden kann. Dies kommt nur dann in Betracht, wenn der BR in seiner Gesamtheit gegen die Geheimhaltungspflicht grob verstößt[12]. Dies wäre

---

1 *Fitting*, § 79 Rz. 32; DKKW/*Buschmann*, § 79 Rz. 28. ||2 BVerfG 15.12.1983 – 1 BvR 209/83 ua., NJW 1984, 419 (422). ||3 DKKW/*Buschmann*, § 79 Rz. 29; Richardi/*Thüsing*, § 79 Rz. 32. ||4 BAG 21.2.1978 – 1 ABR 54/76, AP Nr. 1 zu § 74 BetrVG 1972; 5.9.1967 – 1 ABR 1/67, AP Nr. 8 zu § 23 BetrVG; LAG München 15.11.1977 – 5 TaBV 34/77, DB 1978, 894; LAG Hess. 16.12.2010 – 9 TaBV 55/10. ||5 *Fitting*, § 79 Rz. 40; DKKW/*Buschmann*, § 79 Rz. 30. ||6 *Fitting*, § 79 Rz. 35; DKKW/*Buschmann*, § 79 Rz. 31. ||7 BGH 3.5.2001 – I ZR 153/99, EzA Nr. 4 zu § 611 Betriebsgeheimnis. ||8 BAG 16.3.1982 – 3 AZR 83/79, AP Nr. 1 zu § 611 BGB Betriebsgeheimnis. ||9 BAG 16.3.1982 – 3 AZR 83/79, AP Nr. 1 zu § 611 BGB Betriebsgeheimnis. ||10 GK-BetrVG/*Oetker*, § 79 Rz. 57. ||11 GK-BetrVG/*Oetker*, § 79 Rz. 29; *Fitting*, § 79 Rz. 15. ||12 *Fitting*, § 79 Rz. 41; DKKW/*Buschmann*, § 79 Rz. 34.

bspw. dann der Fall, wenn der Bruch der Geheimhaltung auf einer Entscheidung des BR beruht oder sonst dem BR als Kollegialorgan zuzurechnen ist[1]. Die **Darlegungs- und Beweislast** für einen groben Verstoß iSv. § 23 I, insb. für die Verletzung der Geheimhaltungspflicht aus Abs. 1, trägt derjenige, der den Amtsenthebungs- oder Auflösungsantrag nach § 23 I stellt, also idR der ArbGeb.

23 2. **Außerordentliche Kündigung.** Liegt in der Verletzung der Geheimhaltungspflicht nach Abs. 1 zugleich eine Verletzung arbeitsvertragl. Pflichten, kommt eine außerordentl. Kündigung des einzelnen BR-Mitglieds in Betracht, wenn eine Fortführung des ArbVerh unzumutbar geworden ist[2].

24 3. **Unterlassungsansprüche.** Dem ArbGeb steht ein Unterlassungsanspruch gegen die zur Geheimhaltung verpflichteten Personen, Organe und Gremien zu, falls diese die Verschwiegenheitspflicht verletzt haben oder wenn eine derartige Verletzung ernsthaft droht[3]. Die **Darlegungs- und Beweislast** für die (drohende) Verletzung der Geheimhaltungspflicht iSv. Abs. 1 trägt derjenige, der den Unterlassungsanspruch geltend macht, also regelmäßig der ArbGeb.

25 4. **Schadensersatzansprüche.** Eine Verletzung der Geheimhaltungspflicht kann auch Schadensersatzansprüche zu Gunsten des ArbGeb auslösen, da die Vorschrift des § 79 ein Schutzgesetz iSv. § 823 II BGB ist[4]. Geltend machen können solche Schadensersatzansprüche nicht nur der ArbGeb, sondern auch ArbN, soweit ihnen ggü. eine Schweige- oder Geheimhaltungspflicht verletzt worden ist[5]. Stellt ein Verstoß gegen die Geheimhaltungspflicht eine arbeitsvertragl. Pflichtverletzung dar, kann auch ein Schadensersatzanspruch aus **positiver Forderungsverletzung** in Betracht kommen[6]. Schadensersatzansprüche können ArbN darüber hinaus geltend machen, wenn ihnen ggü. eine Schweigepflicht (etwa aus § 82 II 3 oder aus § 83 I 3) verletzt worden ist[7].

26 5. **Straftat.** Der vorsätzliche Bruch der Geheimhaltungspflicht ist nach § 120 **strafbewehrt**. Die Tat wird nur auf Antrag des Verletzten verfolgt (§ 120 V 1). Daneben kommt eine Bestrafung nach den §§ 17, 18 UWG in Betracht.

27 IV. **Streitigkeiten.** Streitigkeiten über das Bestehen und den Umfang einer Geheimhaltungspflicht nach § 79 entscheidet das ArbG im **Beschlussverfahren** (§§ 2a I Nr. 1, II iVm. 80 ff. ArbGG). Allerdings kann die Frage der Verletzung der Schweigepflicht auch in einem arbeitsgerichtl. **Urteilsverfahren** gem. §§ 2 I Nr. 3a, 3b u. 3c, V iVm. 46 ff. ArbGG als Vorfrage zu klären sein (zB in einem Kündigungs- oder Schadensersatzprozess). Unterlassungsansprüche können im Wege der einstw. Verfügung durchgesetzt werden (§§ 2a I Nr. 1, II, 85 II ArbGG iVm. 935 ff. ZPO)[8].

80 *Allgemeine Aufgaben*
(1) Der Betriebsrat hat folgende allgemeine Aufgaben:

1. darüber zu wachen, dass die zu Gunsten der Arbeitnehmer geltenden Gesetze, Verordnungen, Unfallverhütungsvorschriften, Tarifverträge und Betriebsvereinbarungen durchgeführt werden;
2. Maßnahmen, die dem Betrieb und der Belegschaft dienen, beim Arbeitgeber zu beantragen;
2a. die Durchsetzung der tatsächlichen Gleichstellung von Frauen und Männern, insbesondere bei der Einstellung, Beschäftigung, Aus-, Fort- und Weiterbildung und dem beruflichen Aufstieg, zu fördern;
2b. die Vereinbarkeit von Familie und Erwerbstätigkeit zu fördern;
3. Anregungen von Arbeitnehmern und der Jugend- und Auszubildendenvertretung entgegenzunehmen und, falls sie berechtigt erscheinen, durch Verhandlungen mit dem Arbeitgeber auf eine Erledigung hinzuwirken; er hat die betreffenden Arbeitnehmer über den Stand und das Ergebnis der Verhandlungen zu unterrichten;
4. die Eingliederung Schwerbehinderter und sonstiger besonders schutzbedürftiger Personen zu fördern;
5. die Wahl einer Jugend- und Auszubildendenvertretung vorzubereiten und durchzuführen und mit dieser zur Förderung der Belange der in § 60 Abs. 1 genannten Arbeitnehmer eng zusammenzuarbeiten; er kann von der Jugend- und Auszubildendenvertretung Vorschläge und Stellungnahmen anfordern;
6. die Beschäftigung älterer Arbeitnehmer im Betrieb zu fördern;
7. die Integration ausländischer Arbeitnehmer im Betrieb und das Verständnis zwischen ihnen und den deutschen Arbeitnehmern zu fördern sowie Maßnahmen zur Bekämpfung von Rassismus und Fremdenfeindlichkeit im Betrieb zu beantragen;

---

1 Richardi/Thüsing, § 79 Rz. 36. ||2 DKKW/Buschmann, § 79 Rz. 35. ||3 Vgl. BAG 26.2.1987 – 6 ABR 46/84, AP Nr. 2 zu § 79 BetrVG 1972; Fitting, § 79 Rz. 42; DKKW/Buschmann, § 79 Rz. 39. ||4 DKKW/Buschmann, § 79 Rz. 36; Fitting, § 79 Rz. 43. ||5 Fitting, § 79 Rz. 43; DKKW/Buschmann, § 79 Rz. 36. ||6 Richardi/Thüsing, § 79 Rz. 38. ||7 Richardi/Thüsing, § 79 Rz. 39. ||8 ErfK/Kania, § 79 BetrVG Rz. 22.

Allgemeine Aufgaben

8. die Beschäftigung im Betrieb zu fördern und zu sichern;
9. **Maßnahmen des Arbeitsschutzes und des betrieblichen Umweltschutzes zu fördern.**

(2) Zur Durchführung seiner Aufgaben nach diesem Gesetz ist der Betriebsrat rechtzeitig und umfassend vom Arbeitgeber zu unterrichten; die Unterrichtung erstreckt sich auch auf die Beschäftigung von Personen, die nicht in einem Arbeitsverhältnis zum Arbeitgeber stehen. Dem Betriebsrat sind auf Verlangen jederzeit die zur Durchführung seiner Aufgaben erforderlichen Unterlagen zur Verfügung zu stellen; in diesem Rahmen ist der Betriebsausschuss oder ein nach § 28 gebildeter Ausschuss berechtigt, in die Listen über die Bruttolöhne und -gehälter Einblick zu nehmen. Soweit es zur ordnungsgemäßen Erfüllung der Aufgaben des Betriebsrats erforderlich ist, hat der Arbeitgeber ihm sachkundige Arbeitnehmer als Auskunftspersonen zur Verfügung zu stellen; er hat hierbei die Vorschläge des Betriebsrats zu berücksichtigen, soweit betriebliche Notwendigkeiten nicht entgegenstehen.

(3) Der Betriebsrat kann bei der Durchführung seiner Aufgaben nach näherer Vereinbarung mit dem Arbeitgeber Sachverständige hinzuziehen, soweit dies zur ordnungsgemäßen Erfüllung seiner Aufgaben erforderlich ist.

(4) Für die Geheimhaltungspflicht der Auskunftspersonen und der Sachverständigen gilt § 79 entsprechend.

I. Vorbemerkung 1	10. Beschäftigungssicherung (Abs. 1 Nr. 8) ... 51
II. **Allgemeine Aufgaben des Betriebsrats (Abs. 1)** 3	11. Arbeitsschutz und betrieblicher Umweltschutz (Abs. 1 Nr. 9) 57
1. Überwachungsrechte (Abs. 1 Nr. 1) 3	III. **Auskunfts- und Unterrichtungsanspruch (Abs. 2)** 61
2. Antragsrecht (Abs. 1 Nr. 2) 20	1. Unterrichtung (Abs. 2 S. 1) 61
3. Förderung der Durchsetzung der tatsächlichen Gleichstellung von Frauen und Männern (Abs. 1 Nr. 2a) 25	2. Vorlage von Unterlagen (Abs. 2 S. 2 Hs. 1) . 72
	3. Einblick in Bruttolohn- und -gehältslisten (Abs. 2 S. 2 Hs. 2) 79
4. Förderung der Vereinbarkeit von Familie und Erwerbstätigkeit (Abs. 1 Nr. 2b) 30	4. Auskunftsperson (Abs. 2 S. 3) 84
5. Behandlung von Anregungen der Arbeitnehmer und der Jugend- und Auszubildendenvertretung (Abs. 1 Nr. 3) 35	IV. **Hinzuziehung von Sachverständigen (Abs. 3)** 96
	1. Sachverständige 97
6. Förderung der Eingliederung besonders schutzwürdiger Personen (Abs. 1 Nr. 4) ... 40	2. Erforderlichkeit 98
	3. Vereinbarung 99
7. Wahl und Zusammenarbeit mit Jugend- und Auszubildendenvertretung (Abs. 1 Nr. 5) .. 44	V. **Geheimhaltungspflicht (Abs. 4)** 101
8. Förderung der Beschäftigung älterer Arbeitnehmer (Abs. 1 Nr. 6) 45	VI. **Streitigkeiten** 102
9. Integration ausländischer Arbeitnehmer und Bekämpfung von Rassismus und Fremdenfeindlichkeit (Abs. 1 Nr. 7) 48	

I. Vorbemerkung. Die Vorschrift ist eine der wichtigsten im BetrVG. Sie beschreibt zunächst die allg. **Aufgaben** (Abs. 1), gewährt dem BR umfangreiche **Informationsrechte** sowie die Inanspruchnahme **sachkundiger Auskunftspersonen** (Abs. 2) und enthält Regelungen zur Hinzuziehung von **Sachverst.** (Abs. 3). 1

Die in Abs. 1 katalogartig normierten allg. Aufgaben des BR beziehen sich auf **sämtliche Tätigkeitsbereiche**, dh. den sozialen, personellen und wirtschaftl. Bereich[1]. Die allg. Aufgaben bestehen **unabhängig** von den konkreten Mitwirkungs- und MitbestR, die dem BR in sozialen, personellen und wirtschaftl. Angelegenheiten eingeräumt sind[2]. Die in Abs. 1 aufgeführten Aufgaben berechtigen den BR aber nicht zu einseitigen Eingriffen in die Betriebsführung[3]. Es bleibt daher bei dem Grundsatz des § 77 I 2, wonach der BR gehalten ist, nicht durch **einseitige Handlungen** in die Leitung des Betriebs einzugreifen[4]. Basis für die Durchführung der Aufgaben nach Abs. 1 ist das Gebot der vertrauensvollen Zusammenarbeit nach § 2 I. Das bedeutet, dass der ArbGeb entsprechend § 2 I verpflichtet ist, sich ernsthaft mit dem Problem, das der BR im Rahmen von Abs. 1 an ihn heranträgt, auseinander zu setzen und über diese Frage mit dem ernsten Willen zur Einigung zu verhandeln sowie Vorschläge für die Beilegung von Meinungsverschiedenheiten zu machen[5]. Der BR ist **verpflichtet**, die in Abs. 1 genannten Aufgaben wahrzunehmen[6]. Ihre Grenze findet die BR-Tätigkeit in dem Verbot von Arbeitskampfmaßnahmen (§ 74 II), dem Verbot, durch einseitige Handlungen in die Leitung des Betriebs einzugreifen (§ 77 I 2), sowie Rechtsmissbrauch[7]. Die Vorschrift gilt für den GBR und den KBR im Rahmen ihrer Zuständigkeit entsprechend[8]. Parallele Vorschriften finden sich für die JAV in § 70, für die Schwerbehindertenvertre- 2

---

[1] *Fitting*, § 80 Rz. 4. ||[2] *Fitting*, § 80 Rz. 4; DKKW/*Buschmann*, § 80 Rz. 1. ||[3] GK-BetrVG/*Weber*, § 80 Rz. 8. ||[4] GK-BetrVG/*Weber*, § 80 Rz. 8. ||[5] GK-BetrVG/*Weber*, § 80 Rz. 8. ||[6] *Fitting*, § 80 Rz. 4. ||[7] Vgl. BAG 11.7.1972 – 1 ABR 2/72, AP Nr. 1 zu § 80 BetrVG 1972. ||[8] *Fitting*, § 80 Rz. 2.

tung in § 95 I SGB IX und im ZDVG für den Vertrauensmann der Zivildienstleistenden. Deren Aufgaben und Zuständigkeiten schließen die des BR nicht aus[1]. Die in § 80 genannten Aufgaben hat der BR für die ArbN iSv. § 5 I wahrzunehmen. Ausgenommen sind leitende Angestellte iSv. § 5 III[2], für die der SprAu zuständig ist, dessen (allgemeine) Aufgaben in § 25 SprAuG geregelt sind.

3 **II. Allgemeine Aufgaben des Betriebsrats (Abs. 1). 1. Überwachungsrechte (Abs. 1 Nr. 1).** Abs. 1 Nr. 1 macht es dem BR ausdrücklich zur Pflicht, darüber zu wachen, dass die zu Gunsten der ArbN geltenden Gesetze, VO, Unfallverhütungsvorschriften, TV und BV durchgeführt werden. Dieses Überwachungsrecht bezieht sich nicht nur auf die eigentlichen ArbN-Schutzvorschriften, sondern auf alle Normen, die die ArbN in irgendeiner Form begünstigen[3]. Voraussetzung ist allerdings, dass die Normen das Rechtsverhältnis zwischen ArbGeb und ArbN unmittelbar gestalten oder auf dieses einwirken[4].

4, 5 Einstweilen frei.

6 a) **Gegenstand der Überwachung aa) Gesetze und Vorschriften.** Unter den Begriff der Gesetze und Vorschriften, die sich zu Gunsten der ArbN des Betriebs auswirken können, fallen zunächst die Grundrechte, soweit sie im Arbeitsrecht Geltung erlangen[5]. Darüber hinaus sind insb. zu berücksichtigen:

7 (1) **Arbeitsrechtliche Gesetze und Verordnungen**[6]: BUrlG, EFZG, KSchG, TzBfG, ArbZG, JArbSchG, BetrVG, AÜG, MuSchG, BEEG, NachwG[7], AGG[8].

8 (2) **Zivilrechtliche Gesetze mit arbeitsrechtlichem Bezug**[9]: BGB, HGB, GewO.

9 (3) **Arbeitnehmerschützende Umweltvorschriften**: BImSchG, ChemikalienG, AtomG, StrahlenschutzVO, GefStoffVO, UmweltauditG, StörfallVO.

10 (4) **Gesetze, die dem Betriebsrat weitere Zuständigkeiten zuweisen**: ArbNErfG, ArbPlSchG, ASiG, MitbestG, SchiedsstellenG, SGB IX, UmwG, BDSG, soweit seine Bestimmungen auf die ArbN des Betriebs Anwendung finden[10].

11 (5) **Europarechtliche Vorschriften**[11]: Art. 45, 151 ff., 157 AEUV sowie die dazu ergangenen Richtlinien, die bei der Auslegung nationalen Rechts (richtlinienkonform) sowie bei der Ermessensausübung nach § 76 V (Einigungsstellenspruch) zu berücksichtigen sind[12].

12 (6) **Sozialversicherungsvorschriften.** Nach Ansicht des BAG trifft den ArbGeb aus dem ArbVerh die **Nebenpflicht**, die Steuern der ArbN richtig zu berechnen und abzuführen[13]; es gehört aber nicht zu den Aufgaben des BR, darüber zu wachen, dass der ArbGeb bei der Berechnung des Lohns die Vorschriften des **LStRechts** und die hierzu ergangenen Richtlinien beachtet[14].

13 (7) **Allgemeine arbeitsrechtliche Grundsätze**[15]. Gleichbehandlungsgrundsatz[16], betriebl. Übung, Fürsorgepflicht, Grundsatz von Recht und Billigkeit[17].

14 bb) **Unfallverhütungsvorschriften.** Als Gegenstand der Überwachungspflicht ausdrücklich erwähnt werden die Unfallverhütungsvorschriften, die die Berufsgenossenschaften als Träger der gesetzl. Unfallversicherung nach § 15 SGB VII erlassen[18].

15 cc) **Tarifverträge.** Die Überwachung der Durchführung von TV bezieht sich auf die jeweils für den Betrieb geltenden TV. Hierbei erstreckt sich die Überwachungspflicht nicht nur auf **Inhaltsnormen** iSv. § 4 I 1 TVG, sondern auch auf **betriebliche und betriebsverfassungsrechtl. Normen** iSv. § 4 I 2 TVG[19]. Das gilt auch für obligatorische Bestimmungen eines TV, die sich zu Gunsten der ArbN auswirken[20]. Allerdings kann ein TV die gesetzl. Aufgabe des BR aus Abs. 1 Nr. 1, die Durchführung seiner Bestimmungen zu überwachen, nicht aufheben oder einschränken[21]. Voraussetzung für die Überwachung der Einhaltung von TV ist eine Tarifgebundenheit des ArbGeb[22]. Bei Inhaltsnormen muss auch der ArbN tarifgebunden oder die Anwendung des TV einzelvertragl. vereinbart sein[23]. Der TV muss kraft seines persönlichen und fachlichen Geltungsbereichs für den ArbN gelten[24].

16 dd) **Betriebsvereinbarungen.** Dem BR obliegt nach Abs. 1 Nr. 1 die Überwachung und Einhaltung von **BV** und **Regelungsabreden**. Die Durchführung der BV selbst bleibt aber nach § 77 I 1 Aufgabe des

---

1 *Fitting*, § 80 Rz. 2. ||2 GK-BetrVG/*Weber*, § 80 Rz. 4. ||3 *Fitting*, § 80 Rz. 6; DKKW/*Buschmann*, § 80 Rz. 6. ||4 *Clemenz* in Tschöpe, Arbeitsrecht, Teil 4 A Rz. 439. ||5 DKKW/*Buschmann*, § 80 Rz. 6; *Fitting*, § 80 Rz. 6. ||6 DKKW/*Buschmann*, § 80 Rz. 6 ff.; *Fitting*, § 80 Rz. 6 bis 8. ||7 Vgl. BAG 19.10.1999 – 1 ABR 75/98, AP Nr. 58 zu § 80 BetrVG 1972. ||8 Vgl. *Besgen*, BB 2007, 213 ff. (216). ||9 GK-BetrVG/*Weber*, § 80 Rz. 11. ||10 Vgl. BAG 17.3.1987 – 1 ABR 59/85, AP Nr. 29 zu § 80 BetrVG 1972; zur neueren Entwicklung *Haupt*, GWR 2009, 331. ||11 DKKW/*Buschmann*, § 80 Rz. 6. ||12 Vgl. BAG 2.12.1992 – 4 AZR 152/92, AP Nr. 28 zu § 23a BAT. ||13 Vgl. BAG 17.3.1960 – 5 AZR 395/58, AP Nr. 8 zu § 670 BGB. ||14 Vgl. BAG 11.12.1973 – 1 ABR 37/73, AP Nr. 5 zu § 80 BetrVG 1972; diff. DKKW/*Buschmann*, § 80 Rz. 9; GK-BetrVG/*Weber*, § 80 Rz. 16; Richardi/*Thüsing*, § 80 Rz. 9. ||15 GK-BetrVG/*Weber*, § 80 Rz. 17 f. ||16 Vgl. BAG 11.7.1972 – 1 ABR 2/72, AP Nr. 1 zu § 80 BetrVG 1972. ||17 Vgl. BAG 18.9.1973 – 1 ABR 7/73, AP Nr. 3 zu § 80 BetrVG 1972. ||18 Richardi/*Thüsing*, § 80 Rz. 10. ||19 DKKW/*Buschmann*, § 80 Rz. 11. ||20 Vgl. BAG 11.7.1972 – 1 ABR 2/72, AP Nr. 1 zu § 80 BetrVG 1972; *Fitting*, § 80 Rz. 11; DKKW/*Buschmann*, § 80 Rz. 11. ||21 Vgl. BAG 21.10.2003 – 1 ABR 39/02, AP Nr. 62 zu § 80 BetrVG 1972. ||22 *Fitting*, § 80 Rz. 11. ||23 Vgl. BAG 18.9.1973 – 1 ABR 7/73, AP Nr. 3 zu § 80 BetrVG 1972. ||24 ErfK/*Kania*, § 80 BetrVG Rz. 4.

ArbGeb[1]. Die Überwachungspflicht nach Abs. 1 Nr. 1 fällt auch dann in die Zuständigkeit des EinzelBR, wenn es um die Einhaltung einer Gesamt- oder KonzernBV geht[2]. Entsprechendes gilt für die sich aus betriebl. Einheitsregelungen ergebenden **allgemeinen Arbeitsbedingungen**; dies folgt aus dem Gleichbehandlungsgrundsatz nach § 75[3]. Das Überwachungsrecht bezieht sich allerdings nicht auf den **Inhalt** und die **Ausgestaltung** einzelner, **individueller Arbeitsverträge**[4]. Individuell ausgehandelte Verträge muss der ArbN selbst überwachen. Dies gilt jedoch nur, soweit es sich wirklich um individualrechtl. Abreden handelt[5]. Liegen arbeitsvertragl. Einheitsregelungen, Gesamtzusagen oder eine betriebl. Übung vor, hat der BR zwar kein Mitgestaltungsrecht bei den allg. Vertragsbedingungen, hat aber darüber zu wachen, dass der ArbGeb den Gleichbehandlungsgrundsatz einhält, wenn er nach einer bestimmten Regel ein Vertragsangebot an die ArbN macht[6]. Ferner hat der BR bei der Verwendung von Formularverträgen ein Überwachungsrecht auf die Vereinbarkeit mit den Normen des NachwG und der §§ 305 ff. BGB[7].

b) Ausübung des Überwachungsrechts. Bei der Ausübung des Überwachungsrechts ist zu unterscheiden zwischen der Kontrolle und möglichen Maßnahmen. 17

Das Überwachungsrecht macht den BR nicht zu einem dem ArbGeb übergeordneten **Kontrollorgan**[8]. Es dient nur der **Rechtskontrolle**[9]. Die Befugnisse des BR finden insb. ihre Schranken in § 77 I 2, also in dem Verbot, in die Leitung des Betriebs einzugreifen, und in dem Gebot der vertrauensvollen Zusammenarbeit nach § 2 I. Der BR kann jedoch, ohne einen konkreten Verdacht der Nichtbeachtung einer der in Abs. 1 Nr. 1 genannten Vorschriften darzulegen, die Arbeitsplätze der ArbN aufsuchen[10]. Er darf auch ArbN aufsuchen, die außerhalb des Betriebs tätig sind[11]. Allerdings ist der BR auf Verlangen des ArbGeb verpflichtet, sich vor Ausübung seines Zugangsrechts anzumelden und grob den Grund anzugeben[12]. 18

Der BR kann die Erfüllung von Ansprüchen der ArbN, die sich aus einzelnen Rechtsnormen zu ihren Gunsten ergeben, nicht kraft eigenen Rechts im arbeitsgerichtl. Beschlussverfahren durchsetzen[13]. Aus der Überwachungsaufgabe folgt **kein eigener Anspruch des BR gegen den ArbGeb** auf Einhaltung und Durchführung einer Rechtsvorschrift[14]. Erst recht kann kein Unterlassungsanspruch des BR aus Abs. 1 abgeleitet werden[15]. Letztendlich ist der BR darauf beschränkt, dem ArbGeb Verstöße gegen gesetzl. Bestimmungen und VO anzuzeigen und auf Beseitigung hinzuwirken[16]. **Bevor** der BR den ArbGeb bei Behörden **anzeigt** oder sich an die **Öffentlichkeit** wendet, ist die **interne Bereinigung** innerbetriebl. Missstände zu **versuchen**[17]. Ferner kann der BR die AA unterrichten, falls der ArbGeb der Anzeigepflicht bei Massenentlassungen nicht nachkommt (§ 17 KSchG)[18]. Was die Erteilung von Rechtsauskünften angeht, sollte der BR sich zurückhalten und die ArbN auf die allg. Möglichkeit der Inanspruchnahme Dritter (zB Rechtsanwälte oder Gewerkschaftssekretäre) verweisen[19]. Allerdings ist der BR nicht gehindert, den einzelnen ArbN auf eine evtl. gegebene unzutreffende rechtl. Behandlung durch den ArbGeb und seine Rechte hinzuweisen[20]. Die Übernahme der Prozessvertretung des ArbN gehört nicht zu den Aufgaben des BR[21]. 19

2. Antragsrecht (Abs. 1 Nr. 2). Nach Abs. 1 Nr. 2 hat der BR Maßnahmen, die dem Betrieb und der Belegschaft dienen, beim ArbGeb zu beantragen. 20

a) Initiativrecht. Abs. 1 Nr. 2 räumt dem BR ein Initiativrecht ein. Er kann auf Grund der ihm bekannten Verhältnisse im Betrieb auch solche Maßnahmen anregen, für die er keine weiteren ausgestaltenden Beteiligungsrechte hat[22]. Erforderlich ist dabei, dass die Maßnahmen überhaupt in die **Zuständigkeit** des BR fallen, sie müssen noch einen Sachzusammenhang zur Betriebsverfassung haben[23]. 21

b) Gegenstand. Gegenstand des Initiativrechts können Maßnahmen auf sozialem, personellem oder wirtschaftl. Gebiet sein[24]. Nach der Gesetzessystematik bezieht sich das Initiativrecht nicht auf rein individuelle Belange, insoweit sind Abs. 1 Nr. 3 wie auch die §§ 81–86a einschlägig[25]. 22

Einstweilen frei. 23

---

1 *Clemenz* in Tschöpe, Arbeitsrecht, Teil 4 A Rz. 444. ||2 Vgl. BAG 20.12.1988 – 1 ABR 63/87, AP Nr. 5 zu § 92 ArbGG 1979. ||3 DKKW/*Buschmann*, § 80 Rz. 12; *Fitting*, § 80 Rz. 12. ||4 DKKW/*Buschmann*, § 80 Rz. 13; *Fitting*, § 80 Rz. 12. ||5 MünchArbR/*Matthes*, § 236 Rz. 9. ||6 *Fitting*, § 80 Rz. 12. ||7 BAG 16.11.2005 – 7/ABR 12/05, AP Nr. 64 zu § 80 BetrVG 1972. ||8 BAG 11.7.1972 – 1 ABR 2/72, AP Nr. 1 zu § 80 BetrVG 1972. ||9 *Fitting*, § 80 Rz. 13; DKKW/*Buschmann*, § 80 Rz. 17. ||10 So für die inhaltsgleiche Regelung in § 70 I Nr. 2 BAG 21.1.1982 – 6 ABR 17/79, AP Nr. 1 zu § 70 BetrVG 1972. ||11 BAG 13.6.1989 – 1 ABR 4/88, AP Nr. 36 zu § 80 BetrVG 1972. ||12 LAG Nürnberg 18.10.1993 – 7 TaBV 13/93, LAGE § 80 BetrVG 1972 Nr. 11. ||13 BAG 24.2.1987 – 1 ABR 73/84, AP Nr. 28 zu § 80 BetrVG 1972; 10.6.1986 – 1 ABR 59/84, AP Nr. 26 zu § 80 BetrVG 1972; *Fitting*, § 80 Rz. 14; GK-BetrVG/*Weber*, § 80 Rz. 28. ||14 BAG 10.6.1986 – 1 ABR 59/84, AP Nr. 26 zu § 80 BetrVG 1972; Richardi/*Thüsing*, § 80 Rz. 18; vgl. zu den Kompetenzen des BR im Zusammenhang mit dem BEM *Leuchten*, DB 2007, 2482 ff. ||15 BAG 17.5.2011 – 1 ABR 121/09, AP Nr. 73 zu § 80 BetrVG 1972; LAG Bln.-Bbg. 14.8.2012 – 7 TaBV 468/12. ||16 BAG 24.2.1987 – 1 ABR 73/84, AP Nr. 28 zu § 80 BetrVG 1972; 10.6.1986 – 1 ABR 59/84, AP Nr. 26 zu § 80 BetrVG 1972; 18.5.2010 – 1 ABR 6/09, NZA 2010, 1433. ||17 Zutr. *Fitting*, § 80 Rz. 16. ||18 DKKW/*Buschmann*, § 80 Rz. 21. ||19 DKKW/*Buschmann*, § 80 Rz. 22. ||20 MünchArbR/*Matthes*, § 236 Rz. 15. ||21 Zur Teilnahme eines BR-Mitglieds als Zuhörer an einer Gerichtsverhandlung BAG 31.5.1989 – 7 AZR 277/88, AP Nr. 9 zu § 38 BetrVG 1972; 19.5.1983 – 6 AZR 290/81, AP Nr. 44 zu § 37 BetrVG 1972; vgl. auch *Fitting*, § 80 Rz. 14. ||22 BAG 27.6.1989 – 1 ABR 19/88, AP Nr. 37 zu § 80 BetrVG 1972. ||23 *Fitting*, § 80 Rz. 18; DKKW/*Buschmann*, § 80 Rz. 23. ||24 DKKW/*Buschmann*, § 80 Rz. 23. ||25 Richardi/*Thüsing*, § 80 Rz. 23; GK-BetrVG/*Weber*, § 80 Rz. 32; aA DKKW/*Buschmann*, § 80 Rz. 23.

24 **c) Durchsetzung.** Der ArbGeb ist nach §§ 2 I, 74 I nur verpflichtet, sich mit den Anregungen des BR ernsthaft zu beschäftigen[1]. Durchsetzen kann der BR seine Anregungen nicht. Auch wenn die Anregungen sachlich berechtigt sein mögen, ist die Befolgung nur in den im BetrVG ausdrücklich genannten Fällen erzwingbar (vgl. bspw. §§ 85 II, 87, 91, 93, 95 II, 98 V, 103 I, 104, 109, 112 IV iVm. 112a)[2].

25 **3. Förderung der Durchsetzung der tatsächlichen Gleichstellung von Frauen und Männern (Abs. 1 Nr. 2a).** Abs. 1 Nr. 2a weist dem BR die Aufgabe zu, die Durchsetzung der tatsächlichen Gleichstellung von Frauen und Männern, insb. bei der Einstellung, Beschäftigung, Aus-, Fort- und Weiterbildung und dem berufl. Aufstieg, zu fördern.

26 Der gesetzgeberische Auftrag in Art. 3 II GG, nach dem der Staat die tatsächliche Durchsetzung der Gleichberechtigung von Männern und Frauen fördert und auf die Beseitigung bestehender Nachteile hinwirkt, wird durch die Verpflichtung des BR zu **aktiver Förderung** der Gleichstellungsmaßnahmen untermauert[3]. Zweck ist, die vielfachen Benachteiligungen der Frauen im Berufsleben abzubauen[4].

27 Bei Abs. 1 Nr. 2a handelt es sich um eine **Zielvorgabe** an den BR, seine Möglichkeiten bei der Wahrnehmung der MitbestR auszuschöpfen, damit die tatsächliche Durchsetzung der Gleichstellung von Männern und Frauen gefördert wird[5]. Zu denken ist bspw. an Maßnahmen im Bereich der Teilzeitbeschäftigung (Ausschreibung neuer Stellen als Teilzeitarbeitsplätze[6]) sowie daran, bei (Neu-)Einstellungen verstärkt Frauen zu berücksichtigen usw.

28 Zwar muss sich der ArbGeb gem. §§ 2 I, 74 I mit den angeregten Förderungsmaßnahmen des BR befassen, jedoch kann der BR ein Tätigwerden des ArbGeb nur im Rahmen einzelner MitbestR, insb. der §§ 92ff., erzwingen[7]. Eine rechtl. Handhabe, den ArbGeb zu bestimmten Verhaltensweisen zu zwingen, besitzt der BR grds. nicht, so dass in den meisten Fällen nur der ArbGeb in der Lage ist, die Gleichstellung tatsächlich herzustellen[8].

29 Einstweilen frei.

30 **4. Förderung der Vereinbarkeit von Familie und Erwerbstätigkeit (Abs. 1 Nr. 2b).** Zweck der Regelung ist die Förderung der Chancengleichheit von Frauen und Männern im Betrieb[9]. Dadurch soll es ArbN mit Familienpflichten erleichtert werden, eine Berufstätigkeit auszuüben[10].

31 Bei Abs. 1 Nr. 2b handelt es sich um eine **Zielvorgabe** an den BR, Maßnahmen zur Förderung der Vereinbarkeit von Familie und Erwerbstätigkeit anzuregen[11]. Hier ist insb. an eine familienfreundliche Gestaltung der betriebl. Arbeitszeit zu denken, die es ArbN erlaubt, ihre familiären Pflichten, wie zB Betreuung kleiner Kinder oder pflegebedürftiger Angehöriger, mit ihren Pflichten aus dem ArbVerh in Übereinstimmung zu bringen[12], oder an die Anregung zur Errichtung von betriebl. Kindergärten und Horten, aber auch an die (verstärkte) Einrichtung von Teilzeitarbeitsplätzen[13].

32 Der ArbGeb ist nach §§ 2 I, 74 I verpflichtet, sich mit den Anträgen des BR ernsthaft zu befassen. Eine Pflicht zur Umsetzung besteht nicht. Damit Abs. 1 Nr. 2b nicht nur symbolische Gesetzgebung bleibt, besteht eine Folgewirkung auf weitere MitbestR des BR[14]: Die Vorschrift ist Richtschnur für die Ausübung der MitbestR durch den BR. So muss er bei der Regelung der Arbeitszeit nach Abs. 1 Nr. 2 auf eine familienfreundliche Gestaltung achten[15]. Die Vernachlässigung dieses Punktes kann wegen Verstoßes gegen Abs. 1 Nr. 2b iVm. § 75 II 1 zur Nichtigkeit der Regelung führen[16]. Die Förderpflichten führen jedoch nicht notwendig zum Vorrang der Interessen des einzelnen ArbN, der Familienpflichten zu erfüllen hat. Die Betriebsparteien haben hinsichtlich der tatsächlichen Voraussetzung und der Folgen der von ihnen gesetzten Regeln einen Beurteilungsspielraum und eine Einschätzungsprärogative[17].

33, 34 Einstweilen frei.

35 **5. Behandlung von Anregungen der Arbeitnehmer und der Jugend- und Auszubildendenvertretung (Abs. 1 Nr. 3). a) Inhalt und Zweck.** Der BR ist **Anlaufstelle** für Anregungen der ArbN und der JAV. Während ArbN die Möglichkeit haben, sich mit ihren Anregungen direkt an den ArbGeb oder den unmittelbaren Vorgesetzten zu wenden[18], kann die JAV nicht selbst tätig ggü. dem ArbGeb tätig werden, sie ist insoweit auf ein Tätigwerden des BR angewiesen (vgl. § 60 Rz. 5 u. 9). Unter Anregungen iSv. Nr. 3 sind **Vorschläge und Beschwerden** zu verstehen[19]. Der BR hat diese nicht nur entgegenzunehmen, sondern ist verpflichtet, sich mit ihnen zu befassen. Er hat sie, sofern sie nicht offensichtlich abwegig oder undurchführbar sind, in einer der nächsten Sitzungen zu beraten und darüber zu beschließen, keine Anregung darf unerledigt bleiben[20]. Hält der BR die Anregung für berechtigt, so hat er mit dem ArbGeb

---

[1] *Fitting*, § 80 Rz. 18; DKKW/*Buschmann*, § 80 Rz. 25. ||[2] *Fitting*, § 80 Rz. 18; DKKW/*Buschmann*, § 80 Rz. 25. ||[3] Richardi/*Thüsing*, § 80 Rz. 28. ||[4] *Fitting*, § 80 Rz. 34. ||[5] Richardi/*Thüsing*, § 80 Rz. 29. ||[6] Richardi/*Thüsing*, § 80 Rz. 29. ||[7] ErfK/*Kania*, § 80 BetrVG Rz. 11; GK-BetrVG/*Weber*, § 80 Rz. 33. ||[8] GK-BetrVG/*Weber*, § 80 Rz. 33. ||[9] BT-Drs. 14/5741, 30. ||[10] BT-Drs. 14/5741, 46. ||[11] Richardi/*Thüsing*, § 80 Rz. 30; *Fitting*, § 80 Rz. 40. ||[12] BT-Drs. 14/5741, 46. ||[13] *Löwisch*, BB 2001, 1790; DKKW/*Buschmann*, § 80 Rz. 34. ||[14] *Reichold*, NZA 2001, 857 (863). ||[15] *Fitting*, § 80 Rz. 40. ||[16] *Löwisch*, BB 2001, 1790. ||[17] BAG 16.12.2008 – 9 AZR 893/07, AP Nr. 27 zu § 8 TzBfG. ||[18] DKKW/*Buschmann*, § 80 Rz. 37; GK-BetrVG/*Weber*, § 80 Rz. 35. ||[19] *Fitting*, § 80 Rz. 24; DKKW/*Buschmann*, § 80 Rz. 37. ||[20] *Fitting*, § 80 Rz. 25; DKKW/*Buschmann*, § 80 Rz. 38.

über die Möglichkeit einer sachgerechten Erledigung zu verhandeln[1]. Diese Verpflichtung zur Hinwirkung auf eine Erledigung durch Verhandlungen mit dem ArbGeb besteht bereits dann, wenn die Mehrheit des BR die Berechtigung der Anregung für gegeben hält[2]. Gleiches gilt, wenn die Behandlung von Anregungen gem. §§ 27 oder 28 auf Ausschüsse übertragen wurde[3].

b) Durchsetzung der Anregung. Bei der Durchsetzung von Anregungen ist nicht nur nach dem Inhalt, sondern auch danach zu unterscheiden, ob diese von ArbN oder der JAV eingehen. Zunächst gilt, dass der ArbGeb nach §§ 2 I, 74 I gezwungen ist, sich ernsthaft mit den Anregungen zu befassen. 36

Anregungen von ArbN kann der BR nicht gegen den Willen des ArbGeb durchsetzen. Nur in zwei Fällen ist eine Regelung erzwingbar: Liegt der Anregung ein mitbestimmungspflichtiger Tatbestand zugrunde, bei der der Spruch der Einigungsstelle die Einigung zwischen ArbGeb und BR ersetzt, kann der BR über die Einigungsstelle eine Regelung erzwingen (§ 76 V, vgl. § 76 Rz. 6). Handelt es sich um eine Beschwerde des ArbN, ist der BR nicht gehindert, den ArbN auf die Erhebung einer förmlichen Beschwerde nach § 84 hinzuweisen. Erachtet der BR eine solche Beschwerde für berechtigt und bestehen über die Berechtigung der Beschwerde Meinungsverschiedenheiten mit dem ArbGeb, kann der BR die Einigungsstelle anrufen, deren Spruch die Einigung zwischen ArbGeb und BR ersetzt (§ 85 I und II). 37

Bei **Anregungen der JAV** ist der BR gezwungen, sich mit diesen zu befassen. Wie er diese behandelt, unterliegt seinem Ermessen. Die JAV hat keinen Anspruch, dass der BR das Anliegen für berechtigt hält und ggü. dem ArbGeb weiterverfolgt (vgl. § 70 Rz. 8). 38

c) Informationspflicht. Der BR hat über das Ergebnis der Verhandlungen mit dem ArbGeb den ArbN bzw. die JAV zu informieren. UU ist ein Zwischenbescheid zu erteilen, wenn sich die Verhandlungen mit dem ArbGeb hinziehen oder die Angelegenheit längere Zeit benötigt[4]. Diese Unterrichtungspflicht besteht auch dann, wenn der BR die Anregungen für nicht berechtigt erachtet[5]. 39

6. Förderung der Eingliederung besonders schutzwürdiger Personen (Abs. 1 Nr. 4). Als besondere Pflicht wird dem BR in Abs. 1 Nr. 4 aufgegeben, die Eingliederung schwerbehinderter Menschen und sonstiger besonders schutzbedürftiger Personen zu fördern. 40

a) Betroffener Personenkreis. Abs. 1 Nr. 4 erfasst zunächst schwerbehinderte Menschen iSv. § 2 SGB IX. Die **Förderungspflicht** erstreckt sich darüber hinaus auf sonstige ArbN, die besonders schutzbedürftig sind. Hierunter fallen körperlich, geistig oder seelisch beeinträchtigte Personen und Langzeit-Arbl. (§ 18 I SGB III). Zu diesem besonders schutzbedürftigen Personenkreis werden gerade wegen der Problematik der Jugendarbeitslosigkeit Jugendliche gehören[6]. Bei der besonderen Schutzbedürftigkeit handelt es sich um einen unbestimmten Rechtsbegriff. Er unterliegt gesellschaftlichen Veränderungen, so dass zu der Gruppe der besonders Schutzbedürftigen bspw. auch Aussiedler und allein erziehende Eltern zählen[7]. 41

b) Förderung des Personenkreises. Den BR treffen **Überwachungspflichten:** Er hat zunächst darüber zu wachen, dass die Pflicht zur Beschäftigung schwerbehinderter Menschen (§ 71 SGB IX), die Pflichten des ArbGeb bei der Beschäftigung schwerbehinderter Menschen (§ 81 SGB IX) sowie die Bestimmungen des AGG beachtet werden. Zur **Förderungspflicht** gehört es, Anregungen dahin zu geben, dass eine den Kräften und Fähigkeiten entspr. Beschäftigung zugewiesen wird. Der BR soll auf die besonders schutzwürdigen Personen dahin gehend einwirken, die richtige Einstellung zum Betrieb, zum Arbeitsplatz und zu anderen ArbN zu finden, sowie bei der Belegschaft Verständnis für die besondere Lage dieser Personen wecken[8]. 42

c) Durchsetzung der Förderung. Der ArbGeb ist wiederum nach §§ 2 I, 74 I verpflichtet, sich mit den Anliegen des BR ernsthaft zu befassen. Eine **Pflicht zur Umsetzung** besteht nur in den im Gesetz ausdrücklich genannten Fällen (vgl. Rz. 24). 43

7. Wahl und Zusammenarbeit mit Jugend- und Auszubildendenvertretung (Abs. 1 Nr. 5). Abs. 1 Nr. 5 wiederholt zunächst, dass es zu den Aufgaben des BR gehört, die Wahl einer JAV vorzubereiten und durchzuführen (§ 63 II, vgl. dort Rz. 13). Außerdem hat der BR mit der JAV zur Förderung der Belange der in § 60 I genannten ArbN eng zusammenzuarbeiten. Die Einzelheiten, die das Verhältnis zwischen BR und JAV bestimmen, sind in den §§ 65 bis 70 geregelt. Der BR kann Vorschläge und Stellungnahmen von der JAV anfordern. Das Recht der JAV, Anregungen zu geben, ergibt sich bereits aus Abs. 1 Nr. 3. Die Regelung der Zusammenarbeit zwischen BR und JAV ist deshalb notwendig, weil ggü. dem ArbGeb allein der BR verantwortlicher Interessenvertreter bleibt (vgl. § 60 Rz. 5 u. 9). 44

8. Förderung der Beschäftigung älterer Arbeitnehmer (Abs. 1 Nr. 6). Abs. 1 Nr. 6 gibt dem BR auf, die Beschäftigung älterer ArbN im Betrieb zu fördern. Insoweit ergänzt Abs. 1 Nr. 6 die §§ 75 I 2, 96 II[9] sowie 45

---

1 Fitting, § 80 Rz. 25; GK-BetrVG/Weber, § 80 Rz. 37. ||2 GK-BetrVG/Weber, § 80 Rz. 37. ||3 DKKW/Buschmann, § 80 Rz. 38; GK-BetrVG/Weber, § 80 Rz. 37. ||4 GK-BetrVG/Weber, § 80 Rz. 37; DKKW/Buschmann, § 80 Rz. 39. ||5 DKKW/Buschmann, § 80 Rz. 39; Fitting, § 80 Rz. 25. ||6 DKKW/Buschmann, § 80 Rz. 44. ||7 DKKW/Buschmann, § 80 Rz. 45; Richardi/Thüsing, § 80 Rz. 38. ||8 Fitting, § 80 Rz. 28. ||9 DKKW/Buschmann, § 80 Rz. 49; Fitting, § 80 Rz. 31.

die Benachteiligungsverbote des AGG. Förderungsmöglichkeiten bestehen insb. hinsichtlich der berufl. Weiterentwicklung, der Anpassung an veränderte wirtschaftl. und technische Gegebenheiten sowie der Neueinstellung älterer ArbN[1]. Der ArbGeb ist wiederum verpflichtet, sich mit den Anliegen des BR gem. §§ 2 I, 74 I ernsthaft zu befassen, zur Umsetzung der Anregungen kann der ArbGeb jedoch nur dann gezwungen werden, wenn ergänzend ein erzwingbares MitbestR besteht (vgl. Rz. 24).

46, 47 Einstweilen frei.

48 **9. Integration ausländischer Arbeitnehmer und Bekämpfung von Rassismus und Fremdenfeindlichkeit (Abs. 1 Nr. 7). a) Integration ausländischer Arbeitnehmer.** Aufgabe ist die Integration ausländischer ArbN in den Betrieb nach erfolgter Einstellung[2]. Der BR soll das Verständnis zwischen ihnen und den deutschen ArbN fördern. Angesichts der großen Zahl ausländischer ArbN und deren besonderer Probleme (Sprache, Religion, Wohnraumbeschaffung, Einarbeitung, Lebensgewohnheiten) besteht hier eine besonders wichtige Aufgabe des BR[3]. Insoweit geht es um den Abbau von Vorurteilen und die Schaffung gegenseitigen Verständnisses, wozu auch Sprachkurse für ausländische ArbN gehören[4].

49 **b) Schutz vor Rassismus und Fremdenfeindlichkeit.** Der BR soll von sich aus aktiv werden, um im Vorfeld Vorurteile abzubauen und sich für die Belange ausländischer ArbN verstärkt einzusetzen. Wenn dem BR ausländerfeindliche Aktivitäten im Betrieb bekannt werden, kann er beim ArbGeb Maßnahmen zur Bekämpfung von Rassismus und Fremdenfeindlichkeit beantragen. Auf diese Weise soll er bspw. gegen ausländerfeindliche Hetzflugblätter, aber auch gegen alltägliche Nadelstiche wie Belästigungen und kleine Benachteiligungen gemeinsam mit dem ArbGeb vorgehen[5]. Ergänzt wird die Bestimmung durch die Pflicht des ArbGeb, auf der Betriebsversammlung und der Betriebsräteversammlung (§§ 43 II 3, 53 II Nr. 2) zur Frage der Integration ausländischer ArbN vorzutragen. Darüber hinaus haben ArbN und BR die Möglichkeit, das Thema in einer Betriebs- oder Abteilungsversammlung zu erörtern (§ 45). Ferner können die Integration ausländischer ArbN sowie Maßnahmen zur Bekämpfung von Rassismus und Fremdenfeindlichkeit im Betrieb zum Gegenstand einer freiwilligen BV gemacht werden (§ 88 Nr. 4). Eine konkretisierende Klarstellung erfährt Abs. 1 Nr. 7 dadurch, dass dem BR im Falle begründeter Besorgnis der Störung des Betriebsfriedens durch rassistische oder fremdenfeindliche Betätigung ein Zustimmungsverweigerungsrecht nach § 99 II Nr. 6 eingeräumt wurde und § 104 S. 1 dem BR das Recht gibt, vom ArbGeb die Entlassung oder Versetzung eines Mitarbeiters zu verlangen, der durch rassistische oder fremdenfeindliche Betätigungen wiederholt ernstlich den Betriebsfrieden stört[6].

50 Erforderlich ist ein **konkreter Vorfall** im Betrieb, der Anlass gibt, Maßnahmen zur Bekämpfung zu ergreifen, diese wiederum müssen Bezug zum Betrieb haben[7]. Beispiel: Verteilung eines ausländerfeindlichen Flugblatts mit dem Titel „Der Asylbetrüger in Deutschland"[8].

51 **10. Beschäftigungssicherung (Abs. 1 Nr. 8).** Dem BR wird in Abs. 1 Nr. 8 aufgegeben, die Beschäftigung im Betrieb zu fördern und zu sichern. Die Vorschrift wird konkretisiert durch § 92a. Dieser verpflichtet den ArbGeb, sich mit den Vorschlägen des BR auseinander zu setzen und mit ihm zu beraten, für den Fall der Ablehnung bedarf es einer schriftl. Begründung (vgl. § 92a Rz. 6 ff.)[9].

52–54 Einstweilen frei.

55 Der BR kann dem ArbGeb **Vorschläge** zur Sicherung und Förderung der Beschäftigung machen. Diese können bspw. in einer flexiblen Gestaltung der Arbeitszeit, der Förderung von Teilzeitarbeit und ATZ, einer Änderung der Arbeitsorganisation, der Arbeitsmethoden und -abläufe, der Qualifizierung der ArbN, „Insourcing" sowie Investitionsprogrammen bestehen[10].

56 Der ArbGeb ist verpflichtet, die vorgeschlagenen Maßnahmen mit dem BR **ernsthaft zu erörtern** (§§ 2 I, 74 I). **Erzwingen** kann der BR Maßnahmen zur Beschäftigungssicherung und Beschäftigungsförderung im Rahmen von Abs. 1 Nr. 8 nicht. Er ist hierzu auf andere Mitbestimmungs- und Beteiligungsrechte, die insb. die Beschäftigungssicherung und -förderung ansprechen, angewiesen (vgl. bspw. §§ 92a, 95 II, 96 I 2, 97 II, 99 II Nr. 3, 112 V Nr. 2a)[11].

57 **11. Arbeitsschutz und betrieblicher Umweltschutz (Abs. 1 Nr. 9).** Die Vorschrift korrespondiert mit § 89, nach dem der BR sich dafür einzusetzen hat, dass die Vorschriften über den Arbeitsschutz und betriebl. Umweltschutz durchgeführt werden (vgl. daher zu den Begriffsbestimmungen und der gesetzgeberischen Intention § 89 Rz. 1 ff.).

58 **Inhalt der Regelung** ist, dass der BR das Recht hat, Maßnahmen zum betriebl. Umweltschutz und daraus folgend zum Arbeitsschutz vorzuschlagen. Dies bezieht sich nicht auf Investitionsentscheidungen des ArbGeb[12]. Ein allg. umweltpolitisches Mandat zu Gunsten Dritter oder der Allgemeinheit steht

---

1 ErfK/*Kania*, § 80 BetrVG Rz. 15. ||2 *Clemenz* in Tschöpe, Arbeitsrecht, Teil 4 A Rz. 453. ||3 *Fitting*, § 80 Rz. 32. ||4 Richardi/*Thüsing*, § 80 Rz. 43. ||5 BT-Drs. 14/5741, 31. ||6 *Engels/Trebinger/Löhr-Steinhaus*, DB 2001, 532 (542); *Schaub*, ZTR 2001, 437 (443). ||7 *Löwisch*, BB 2001, 1790. ||8 BAG 9.3.1995 – 2 AZR 644/94, NZA 1996, 875. ||9 *Schaub*, ZTR 2001, 437 (443). ||10 *Schaub*, ZTR 2001, 437 (443). ||11 *Reichold*, NZA 2001, 857 (863); *Bauer*, NZA 2001, 375 (378). ||12 *Engels/Trebinger/Löhr-Steinhaus*, DB 2001, 532 (541); *Reichold*, NZA 2001, 857 (863).

dem BR nicht zu[1]. Unter Berücksichtigung der betriebl. Umstände wären daher Vorschläge bspw. zur Verringerung der Emissionen (Lärm und Schadstoffe), zur Abfallvermeidung (zB Einführung von Mehrwegflaschen uÄ), zum Recycling etc. zu erwägen.

Zwar ist der ArbGeb verpflichtet, mit dem BR die vorgeschlagenen Maßnahmen **ernsthaft zu erörtern** (§§ 2 I, 74 I), jedoch kann er im Rahmen von Abs. 1 Nr. 9 zu konkreten Maßnahmen **nicht gezwungen** werden. Eine Regelung gegen den Willen des ArbGeb kann nur dann herbeigeführt werden, wenn ein erzwingbarer MitbestTatbestand vorliegt (vgl. Rz. 24). Aus der Aufnahme des betriebl. Umweltschutzes in § 88 (freiwillige BV) und § 89 (arbeits- und betriebl. Umweltschutz) ergibt sich keine erzwingbare Mitbest[2]. 59

Einstweilen frei. 60

III. Auskunfts- und Unterrichtungsanspruch (Abs. 2). 1. Unterrichtung (Abs. 2 S. 1). Abs. 2 S. 1 stellt einerseits eine **Generalklausel des Informationsrechts** dar, ist aber zugleich andererseits **Auffangtatbestand** neben speziellen Informationspflichten (§§ 43, 53, 89, 90, 92, 96, 97, 99, 100, 102, 106, 111, 115). Der Unterrichtungsanspruch des BR aus Abs. 2 S. 1 besteht auch während der Dauer von Arbeitskampfmaßnahmen im Betrieb. Die Arbeitskampffreiheit des ArbGeb wird dadurch nicht eingeschränkt[3]. 61

a) **Aufgabenbezug.** Die Unterrichtungspflicht bezieht sich auf Informationen, die der BR zur Durchführung seiner Aufgaben nach dem BetrVG benötigt. 62

aa) **Aufgaben.** Zu den Aufgaben iSv. Abs. 2 S. 1 gehören **alle Mitwirkungsrechte** nach dem BetrVG und nicht nur die in Abs. 1 aufgeführten Aufgaben. Insb. zählen auch die Wahrnehmung der MitbestR nach § 87 I[4] und die Überwachung der Einhaltung der in § 75 festgelegten Grundsätze für die Behandlung von Betriebsangehörigen dazu[5]. Dabei muss nicht feststehen, dass ein solches Recht besteht: Für den Auskunftsanspruch des BR nach Abs. 2 genügt es, dass der BR die Auskunft benötigt, um feststellen zu können, ob ihm ein MitbestR zusteht und ob er davon Gebrauch machen soll. Das Auskunftsrecht besteht nur dann nicht, wenn ein MitbestR offensichtlich nicht in Betracht kommt[6]. 63

• **Beispiel:** Der BR kann vom ArbGeb nach Abs. 2 Auskunft über die Auswertung einer im Betrieb durchgeführten Umfrage verlangen, wenn die hinreichende Wahrscheinlichkeit besteht, dass die dabei gewonnenen Erkenntnisse Aufgaben des BR betreffen. Für den notwendigen Grad der Wahrscheinlichkeit ist der jeweilige Kenntnisstand des BR maßgeblich. Die Anforderungen sind umso niedriger, je weniger der BR auf Grund der ihm bereits zugänglichen Informationen beurteilen kann, ob die begehrten Auskünfte tatsächlich zur Durchsetzung seiner Aufgaben nötig sind[7]. 64

bb) **Grad der Wahrscheinlichkeit.** Der BR kann nicht jede Auskunft verlangen, nur weil die dadurch vermittelten Kenntnisse ihn insg. sachkundiger machen[8]. Der allg. Auskunftsanspruch des BR nach Abs. 2 S. 1 setzt voraus, dass zumindest eine **gewisse Wahrscheinlichkeit für eine betriebsverfassungsrechtl. Aufgabe des BR** besteht und die begehrte **Auskunft zur Aufgabenwahrnehmung erforderlich** ist[9]. 65

Handelt es sich um Aufgaben, die der **BR aus eigener Initiative** (zB den Katalog des Abs. 1) angehen kann, darf der BR von sich aus an den ArbGeb herantreten und die Gegenstände der Unterrichtung bestimmen, ohne dass es eines konkreten Anlasses bedarf[10]. 66

Handelt es sich dagegen um eine Maßnahme, die der **ArbGeb** ergreift oder plant, kann der BR Auskünfte und Unterlagen, die zur Erfüllung seiner Aufgaben erforderlich sind, erst dann verlangen, wenn der ArbGeb tatsächlich tätig wird. Revisionsberichte, die Maßnahmen des ArbGeb lediglich anregen, also ein Beteiligungsrecht erst dann auslösen, wenn der ArbGeb sie plant oder ergreift, sind daher dem BR nicht zur Verfügung zu stellen[11]. Der Grad der Wahrscheinlichkeit ist anhand des Einzelfalls zu bestimmen. Beantragt der BR bspw. Informationen über „freie Mitarbeiter", ist von einem in diesem Sinne hinreichenden Grad der Wahrscheinlichkeit auszugehen und sind dem BR die begehrten Informationen zur Verfügung zu stellen, damit er prüfen kann, ob eine mitbestimmungspflichtige Einstellung iSv. § 99 vorliegt[12]. 67

b) **Umfang.** Die Unterrichtung muss **umfassend** sein, dh. alle Angaben enthalten, die der BR zur ordnungsgemäßen Erfüllung seiner Aufgaben benötigt[13]. Die Information ist **unaufgefordert** zu erteilen, 68

---

1 BT-Drs. 14/5741, 30.   ‖2 *Wiese*, BB 2002, 674 (678).   ‖3 BAG 10.12.2002 – 1 ABR 7/02, AP Nr. 59 zu § 80 BetrVG 1972.   ‖4 BAG 10.2.1987 – 1 ABR 43/84, AP Nr. 27 zu § 80 BetrVG 1972.   ‖5 BAG 26.1.1988 – 1 ABR 34/86, AP Nr. 31 zu § 80 BetrVG 1972.   ‖6 BAG 26.1.1988 – 1 ABR 34/86, AP Nr. 31 zu § 80 BetrVG 1972; 10.2.1987 – 1 ABR 43/84, AP Nr. 27 zu § 80 BetrVG 1972; 19.2.2008 – 1 ABR 84/06, AP Nr. 69 zu § 80 BetrVG 1972; 23.3.2010 – 1 ABR 81/08, AP Nr. 72 zu § 80 BetrVG 1972; 27.10.2010 – 7 ABR 86/09, NZA 2011, 418.   ‖7 BAG 8.6.1999 – 1 ABR 28/97, AP Nr. 57 zu § 80 BetrVG 1972; *Moll/Roebers*, DB 2011, 1862 ff. (speziell zu Personalumfragen).   ‖8 BAG 5.2.1991 – 1 ABR 32/90, AP Nr. 89 zu § 613a BGB.   ‖9 BAG 10.10.2006 – 1 ABR 68/05, AP Nr. 68 zu § 80 BetrVG 1972.   ‖10 BAG 18.9.1973 – 1 ABR 7/73, AP Nr. 3 zu § 80 BetrVG 1972; 11.7.1972 – 1 ABR 2/72, AP Nr. 1 zu § 80 BetrVG 1972.   ‖11 BAG 27.6.1989 – 1 ABR 19/88, AP Nr. 37 zu § 80 BetrVG 1972.   ‖12 BAG 15.12.1998 – 1 ABR 9/98, AP Nr. 56 zu § 80 BetrVG 1972.   ‖13 DKKW/*Buschmann*, § 80 Rz. 66; GK-BetrVG/*Weber*, § 80 Rz. 69.

wenn es um eine solche geht, die für den BR zur Erfüllung seiner gesetzl. Aufgaben erforderlich ist[1]. Der BR ist nicht darauf verwiesen, sich die benötigten Informationen selbst zu beschaffen, auch wenn er dazu faktisch in der Lage wäre[2]. Der ArbGeb muss und kann nur die Informationen weitergeben, die er selbst besitzt. Er ist uU verpflichtet, sich weiter gehende Informationen zu beschaffen, wenn der BR sie für erforderlich hält[3]. Der BR kann sich aber auch selbst Informationen beschaffen, etwa durch Betriebsbegehungen oder Besuche der ArbN am Arbeitsplatz[4]. Der Umfang der **Unterrichtungspflicht** ist in Abs. 2 S. 1 Hs. 2 hinsichtlich eines Punkts konkreter: Es wird ausdrücklich klargestellt, dass Gegenstand der vom ArbGeb geschuldeten Unterrichtung des BR auch die Beschäftigung von Personen ist, die in keinem ArbVerh zum ArbGeb stehen[5]. Damit wird die Rspr. des BAG, nach der eine entsprechende Unterrichtungspflicht des ArbGeb beim Einsatz von ArbN von Fremdfirmen besteht[6], aufgenommen. Werden bspw. LeihArbN oder ArbN, die auf Grund von Dienst- oder Werkverträgen des ArbGeb mit Dritten als deren Erfüllungsgehilfen im Einsatzbetrieb tätig werden, oder werden freie Mitarbeiter im Rahmen eines Dienstvertrags beschäftigt, ist der BR zu informieren. Dies gilt nicht für Personen, die nur kurzfristig im Betrieb eingesetzt werden, wie zB der Elektriker, der eine defekte Stromleitung zu reparieren hat[7]. Der ArbGeb kann die Erteilung von Informationen nicht mit der Begründung verweigern, Betriebs- oder Geschäftsgeheimnisse könnten gefährdet werden[8]. Zur Wahrung von Betriebs- und Geschäftsgeheimnissen gibt es die Geheimhaltungspflicht in § 79. Die Erteilung von Informationen des ArbGeb an den BR wird nicht durch das **BDSG** eingeschränkt, weil Abs. 2 insoweit dem BDSG vorgeht[9].

69 c) **Rechtzeitigkeit.** Die Unterrichtung muss so **rechtzeitig** erfolgen, dass der BR noch seine Überlegungen anstellen und seine Meinung ggü. dem ArbGeb äußern kann[10]. Nach verbreiteter Ansicht wird wegen des Zeitpunkts der Unterrichtung auf die Sechs-Stufen-Methode der Systemgestaltung (REFA-Standardprogramm Arbeitsgestaltung) verwiesen[11].

70 d) **Form.** Die Unterrichtung des BR unterliegt keiner gesetzl. Formvorschrift. Die Erteilung von Auskünften ist daher mündlich möglich, allerdings kann Schriftlichkeit bei komplexen und umfangreichen Sachverhalten geboten sein[12]. Zu **Beweissicherungszwecken** ist die Schriftform empfehlenswert. Die Unterrichtung muss verständlich sein (kein „Fachchinesisch"[13]). Sie hat grds. in deutscher Sprache zu erfolgen, es sei denn, die Beteiligten sind mit einer Unterrichtung in einer fremden Sprache einverstanden[14].

71 e) **Anspruchsberechtigung und Anspruchsverpflichtung. Anspruchsberechtigt** ist der BR als Gesamtgremium bzw. im Falle einer gesetzl. Verweisung der GBR oder KBR im Rahmen seiner Zuständigkeit[15]. **Anspruchsverpflichtet** ist der ArbGeb, der auch dann verpflichtet bleibt, wenn er die Informationen durch einen entsprechend bevollmächtigten Vertreter erteilt[16].

72 2. **Vorlage von Unterlagen (Abs. 2 S. 2 Hs. 1).** Über die Unterrichtungspflicht hinaus sind dem BR die erforderlichen Unterlagen zur Verfügung zu stellen, dh. auch ggf. auszuhändigen (Abs. 2 S. 2 Hs. 1).

73 a) **Unterlagen.** Die Unterlagen sind dem BR im Original, in Durchschrift oder in Fotokopie zur Verfügung zu stellen[17]. Unterlagen iSv. Abs. 2 S. 2 Hs. 1 sind alle **Aufzeichnungen**[18]. Die **Art** der Unterlagen ist unerheblich, es kommt auch die Vorlage von Tonträgern, Fotos oder Werkstücken in Betracht[19]. Zu überlassen sind nur Unterlagen, die **bereits vorhanden** sind[20]. Der ArbGeb ist zur Herstellung von Unterlagen verpflichtet, wenn die erforderlichen Daten zwar nicht in schriftl. Form vorliegen, aber bspw. in einem Datenspeicher vorhanden sind und mit einem vorhandenen Programm jederzeit abgerufen werden können[21]. Allerdings kann der BR nicht verlangen, dass der ArbGeb zunächst Anlagen installiert (zB Lärmmessgeräte), die die geforderten Unterlagen erstellen sollen. Die Zurverfügungstellung ist beschränkt auf die vorhandenen oder jederzeit erstellbaren Unterlagen[22].

74 Wie beim allg. Auskunfts- und Unterrichtungsanspruch ist das Herausgabeverlangen nicht durch die Vorschriften des BDSG eingeschränkt (vgl. Rz. 68). Der ArbGeb kann die Herausgabe von Unterlagen nicht unter Verweis auf Betriebs- oder Geschäftsgeheimnisse verweigern (vgl. Rz. 68). Der BR kann allerdings **nicht** die Herausgabe von **Personalakten** verlangen, wie sich mittelbar aus § 83 ergibt[23]. Es ist

---

[1] GK-BetrVG/*Weber*, § 80 Rz. 67; *Fitting*, § 80 Rz. 56. ‖ [2] BAG 15.4.2008 – 1 ABR 44/07, AP Nr. 70 zu § 80 BetrVG 1972. ‖ [3] BAG 6.5.2003 – 1 ABR 13/02, AP Nr. 61 zu § 80 BetrVG 1972; GK-BetrVG/*Weber*, § 80 Rz. 70. ‖ [4] BAG 13.6.1989 – 1 ABR 4/88, AP Nr. 36 zu § 80 BetrVG 1972; 17.1.1989 – 1 AZR 805/87, AP Nr. 1 zu § 2 LPVG NW. ‖ [5] LAG Hamburg 21.11.2002 – 1 TaBV 3/02, nv. ‖ [6] BAG 15.12.1998 – 1 ABR 9/98, AP Nr. 56 zu § 80 BetrVG 1972; 31.1.1989 – 1 ABR 72/87, AP Nr. 33 zu § 80 BetrVG 1972. ‖ [7] BT-Drs. 14/5741, 46. ‖ [8] BAG 5.2.1991 – 1 ABR 24/90, AP Nr. 10 zu § 106 BetrVG 1972. ‖ [9] BAG 17.3.1983 – 6 ABR 33/80, AP Nr. 18 zu § 80 BetrVG 1972. ‖ [10] Vgl. BAG 27.6.1989 – 1 ABR 19/88, AP Nr. 37 zu § 80 BetrVG 1972. ‖ [11] Vgl. hierzu *Fitting*, § 80 Rz. 55. ‖ [12] Vgl. BAG 10.10.2006 – 1 ABR 68/05, AP Nr. 68 zu § 80 BetrVG 1972. ‖ [13] *Fitting*, § 80 Rz. 56. ‖ [14] LAG Hess. 19.8.1993 – 12 TaBV 9/93, NZA 1995, 285; aA *Diller/Powietzka*, DB 2000, 718 (722). ‖ [15] GK-BetrVG/*Weber*, § 80 Rz. 56. ‖ [16] GK-BetrVG/*Weber*, § 80 Rz. 55. ‖ [17] DKKW/*Buschmann*, § 80 Rz. 88; *Fitting*, § 80 Rz. 62 ff. ‖ [18] Richardi/*Thüsing*, § 80 Rz. 63. ‖ [19] Vgl. BAG 7.8.1986 – 6 ABR 77/83, AP Nr. 25 zu § 80 BetrVG 1972. ‖ [20] ErfK/*Kania*, § 80 BetrVG Rz. 24. ‖ [21] Vgl. BAG 17.3.1983 – 6 ABR 33/80, AP Nr. 18 zu § 80 BetrVG 1972. ‖ [22] Vgl. BAG 7.8.1986 – 6 ABR 77/83, AP Nr. 25 zu § 80 BetrVG 1972. ‖ [23] Vgl. BAG 20.12.1988 – 1 ABR 63/87, AP Nr. 5 zu § 92 ArbGG 1979.

aber allg. anerkannt, dass im Einzelfall der ArbGeb konkrete Informationen auch aus der Personalakte erteilen muss, wenn diese Angaben für die Aufgabenerfüllung des BR erforderlich sind[1]. Das Persönlichkeitsrecht des einzelnen ArbN ist dadurch hinreichend geschützt, dass die Mitglieder des BR gem. § 79 zur Verschwiegenheit verpflichtet sind[2]. Verlangt der BR die Übergabe eines Verzeichnisses der Mitarbeiter, die die Voraussetzungen für ein betriebl. Eingliederungsmanagement erfüllen, ist dies nicht von einer Zustimmung der betreffenden ArbN abhängig[3].

b) Jederzeit. Abs. 2 S. 2 Hs. 1 gibt dem BR das Recht, jederzeit die zur Durchführung seiner Aufgaben erforderlichen Unterlagen herauszuverlangen. Daraus folgt, dass die Vorlagepflicht des ArbGeb **nicht** von einem **konkreten Streitfall** abhängig ist. Der BR kann vielmehr die Einsicht in die Unterlagen schon dann verlangen, wenn er seinen gesetzl. Aufgaben nachgehen will. Bestimmte Verdachtsmomente wegen eines Verstoßes des ArbGeb gegen zu Gunsten der ArbN geltende Vorschriften brauchen nicht vorzuliegen[4]. Allerdings besteht der Anspruch auf Vorlage von Unterlagen nicht uneingeschränkt. Zunächst geht es darum, ob überhaupt eine Aufgabe des BR gegeben ist, und anschließend darum, ob im Einzelfall die begehrte Information bzw. Zurverfügungstellung von Unterlagen **erforderlich** ist. Verwendet bspw. der ArbGeb mit dem BR abgestimmte **Formulararbeitsverträge**, hat der BR nur dann einen Anspruch auf Vorlage der **ausgefüllten** Arbeitsverträge, um die Einhaltung des NachwG zu überwachen, wenn er **konkrete Anhaltspunkte** für die Erforderlichkeit weiterer Informationen darlegt[5]. Weitere Grenze der Verpflichtung zur Vorlage von Unterlagen ist die **Rechtsmissbräuchlichkeit**, die bspw. dann gegeben sein kann, wenn der BR lediglich Einsichtnahme in die Gehaltslisten nehmen will, um zu entscheiden, ob Mitarbeiter leitende Angestellte iSv. § 5 III sind oder nicht[6]. Solche Streitigkeiten wären in einem gesonderten Beschlussverfahren auszutragen[7]. Der BR kann auch die **regelmäßige Vorlage** bestimmter Unterlagen verlangen, die er zur Durchführung seiner Aufgaben benötigt. Dies können bspw. Statistiken über Arbeitsunfälle oder solche über Mehr- und Nachtarbeit sein[8].

c) Dauer der Überlassung. Die Zeitdauer, während der der ArbGeb dem BR die entsprechenden Unterlagen zur Verfügung zu stellen hat, richtet sich nach der Art der Unterlagen, ihrer Bedeutung für den Betrieb und den Gesamtumständen des Einzelfalls. Sind Unterlagen für den Betrieb unentbehrlich oder sehr umfangreich, so muss sich der BR mit der Einsichtnahme begnügen; er kann aber Aufzeichnungen und auch Fotokopien anfertigen[9]. Im Regelfall sind die Unterlagen dem BR eine angemessene Zeit zu überlassen.

d) Verlangen. Der ArbGeb muss die erforderlichen Unterlagen nicht von sich aus zur Verfügung stellen, sondern nur auf Verlangen des BR[10].

Einstweilen frei.

3. Einblick in Bruttolohn- und -gehaltslisten (Abs. 2 S. 2 Hs. 2). a) Zweck. Durch das Einsichtsrecht in die Bruttolohn- und -gehaltslisten soll der BR die Möglichkeit erhalten, überprüfen zu können, ob anwendbare TV oder die Grundsätze des § 75 I eingehalten werden.

b) Bruttolohn- und -gehaltslisten. Das Einblicksrecht erstreckt sich auf die gesamten effektiven Bruttobezüge einschl. übertarifl. Zulagen. Das Einblicksrecht bezieht sich auch auf Poolzahlungen an Krankenhausärzte und nachgeordnete Mitarbeiter, die von liquidationsberechtigten Chefärzten herrühren[11]. Das Einblicksrecht erstreckt sich auch auf die Frage, welchen Mitarbeitern Aktienoptionen in welchem Umfang eingeräumt wurden[12]. Von dem Einblicksrecht kann der BR auch ohne Darlegung eines besonderen Anlasses jederzeit Gebrauch machen[13]. Das Einsichtsrecht umfasst **alle Lohnbestandteile** einschl. übertarifl. Zulagen und solcher Zahlungen, die individuell unter Berücksichtigung verschiedener Umstände ausgehandelt und geleistet werden[14]. Der Begriff „Liste" in Abs. 2 S. 2 Hs. 2 bezieht sich auch auf in EDV-Anlagen gespeicherte Gehaltsdaten, die Bestimmungen des BDSG stehen dem Einblicksrecht des BR in die Bruttolohn- und -gehaltslisten nicht entgegen[15]. Der Begriff der „Liste" ist unabhängig von der Datenführung zu verstehen, so dass es nicht erforderlich ist, dass die Listen tatsächlich schon ausgedruckt sind. Es reicht, wenn hierfür die Möglichkeit besteht[16]. Das Einblicksrecht ist auf die **Bruttolisten** beschränkt, da die besonderen persönlichen Verhältnisse der ArbN, bspw. die Besteuerung, eventuelle Lohnpfändungen uÄ, der Einsicht Dritter verschlossen sind[17]. Reichen die

---

1 Vgl. BAG 20.12.1988 – 1 ABR 63/87, AP Nr. 5 zu § 92 ArbGG 1979. ||2 Vgl. BAG 23.2.1973 – 1 ABR 17/72, AP Nr. 2 zu § 80 BetrVG 1972. ||3 Vgl. BAG 7.2.2012 – 1 ABR 46/10, NZA 2012, 744; krit. *Kort*, DB 2012, 688. ||4 Vgl. BAG 10.2.1987 – 1 ABR 43/84, AP Nr. 27 zu § 80 BetrVG 1972; 18.9.1973 – 1 ABR 7/73, AP Nr. 3 zu § 80 BetrVG 1972; 11.7.1972 – 1 ABR 2/72, AP Nr. 1 zu § 80 BetrVG 1972. ||5 Vgl. BAG 19.10.1999 – 1 ABR 75/98, AP Nr. 58 zu § 80 BetrVG 1972. ||6 Vgl. BAG 10.6.1974 – 1 ABR 23/73, AP Nr. 8 zu § 80 BetrVG 1972. ||7 Vgl. BAG 10.6.1974 – 1 ABR 23/73, AP Nr. 8 zu § 80 BetrVG 1972. ||8 *Fitting*, § 80 Rz. 63; DKKW/*Buschmann*, § 80 Rz. 90. ||9 GK-BetrVG/*Weber*, § 80 Rz. 86; DKKW/*Buschmann*, § 80 Rz. 96. ||10 Richardi/*Thüsing*, § 80 Rz. 65. ||11 Vgl. LAG Hamm 26.10.2001 – 10 TaBV 44/01, NZA-RR 2002, 302. ||12 Vgl. LAG Nürnberg 22.1.2002 – 6 TaBV 19/01, NZA-RR 2002, 247. ||13 Vgl. BAG 17.3.1983 – 6 ABR 33/80, AP Nr. 18 zu § 80 BetrVG 1972; 3.12.1981 – 6 ABR 60/79, AP Nr. 16 zu § 80 BetrVG 1972; 12.2.1980 – 6 ABR 2/78, AP Nr. 12 zu § 80 BetrVG 1972. ||14 Vgl. BAG 10.2.1987 – 1 ABR 43/84, AP Nr. 27 zu § 80 BetrVG 1972. ||15 Vgl. BAG 17.3.1983 – 6 ABR 33/80, AP Nr. 18 zu § 80 BetrVG 1972. ||16 Vgl. BAG 17.3.1983 – 6 ABR 33/80, AP Nr. 18 zu § 80 BetrVG 1972. ||17 *Fitting*, § 80 Rz. 72.

Angaben in der Bruttolohn- und Gehaltsliste iSv. Abs. 2 S. 2 Hs. 2 nicht aus, um den BR im erforderlichen Umfang zu unterrichten, ist der ArbGeb nach Abs. 2 S. 1 zu weiter gehenden Auskünften verpflichtet[1].

81 **c) Einsicht.** Der BR hat nur das Recht, Einblick in die Bruttolohn- und -gehaltslisten zu nehmen. Er hat weder einen Anspruch auf Aushändigung der Liste[2], noch umfasst das Einblicksrecht des BR in die Bruttolohn- und -gehaltslisten die Befugnis, diese Listen abzuschreiben oder sich Kopien zu fertigen[3]. Der BR hat aber die Möglichkeit, sich **Notizen** zu machen[4]. Bei der Einsichtnahme in die Bruttolohn- und -gehaltslisten dürfen keine Personen anwesend sein, die den BR überwachen oder mit seiner Überwachung beauftragt sind[5].

82 **d) Ausnahmen.** Ausgenommen vom Einsichtsrecht in die Bruttolohn- und -gehaltslisten sind die Gehälter der leitenden Angestellten iSv. § 5 III und IV, da diese nicht dem BetrVG unterfallen[6]. Nach der Rspr. des BAG kann der BR auch in **Tendenzbetrieben** das Recht auf Einblick in die vollständige Liste aller Bruttolöhne und -gehälter geltend machen[7]. Einer Einverständniserklärung der ArbN zur Einsicht des BR in die Bruttolohn- und -gehaltslisten bedarf es nicht, da ggü. dem kollektivrechtl. begründeten Einsichtsrecht die Individualinteressen der ArbN zurückzutreten haben[8]. Die gewonnenen Erkenntnisse darf der BR nicht an Dritte, zB ArbN, die einen Rechtsstreit mit dem ArbGeb führen, weitergeben[9].

83 **e) Berechtigter. Einsichtsberechtigt** sind nach Abs. 2 S. 2 Hs. 1 der BR bzw. nach Hs. 2 der Betriebsausschuss oder ein nach § 28 gebildeter Ausschuss. Das bedeutet, dass in größeren Betrieben das Einsichtsrecht in die Bruttolohn- und -gehaltslisten wegen der Vertraulichkeit der Informationen nicht dem gesamten BR, sondern nur dem Betriebsausschuss (§ 27) oder einem nach § 28 besonders gebildeten Ausschuss des BR zusteht. Aus dem Wortlaut des Abs. 2 S. 2 Hs. 2 den Schluss zu ziehen, das Einblicksrecht sei auf Betriebe mit mehr als 300 ArbN beschränkt, ist nach Auffassung des BAG unvereinbar mit dem Gesamtsinn der Regelung. In kleineren Betrieben steht vielmehr das Einblicksrecht den Personen zu, die in § 27 III erwähnt sind, das ist der Vorsitzende des BR oder ein anderes Mitglied des BR, dem die laufenden Geschäfte übertragen wurden. Die Beschränkung des Einblicksrechts auf Mitglieder des Betriebsausschusses hat nur einen praktischen Grund: Sie soll den reibungslosen Betriebsablauf sichern. Kleinere Betriebe sollen von der Information **nicht** ausgeschlossen werden[10].

84 **4. Auskunftsperson (Abs. 2 S. 3).** Abs. 2 S. 3 verpflichtet den ArbGeb, dem BR sachkundige ArbN als Auskunftspersonen zur Verfügung zu stellen, soweit dies zur ordnungsgemäßen Erfüllung von BR-Aufgaben erforderlich ist. Diese Bestimmung wird ergänzt durch § 111 S. 2, wonach der BR bei Betriebsänderungen auch ohne vorherige Einigung mit dem ArbGeb einen Berater hinzuziehen kann (vgl. § 111 Rz. 66 ff.)[11].

85 **a) Zweck.** Der technische und wirtschaftl. Wandel stellt auch die BR vor vielfältige neue, schwierige und komplexe Aufgaben. Der BR soll aus diesem Grund die Möglichkeit erhalten, den **internen Sachverstand** der ArbN zu nutzen, um diesen bei der Suche nach Problemlösungen einzubeziehen[12]. Durch die Möglichkeit der Inanspruchnahme einer Auskunftsperson wird der Rspr. des BAG Rechnung getragen, nach der die Hinzuziehung eines externen Sachverst. nach Abs. 3 dann nicht in Betracht kommt, wenn sich der BR die erforderlichen Kenntnisse durch die Inanspruchnahme sachkundiger ArbN verschaffen kann[13]. Die Regelung dient somit der Klarstellung[14].

86 **b) Aufgaben.** Als Aufgaben, für die sachkundige ArbN angefordert werden können, kommen alle gesetzl. Aufgaben des BR in Betracht, also sowohl seine allg. Überwachungsrechte nach Abs. 1 wie auch Mitwirkungs- und MitbestR in sozialen, personellen und wirtschaftl. Angelegenheiten[15].

87 **c) Erforderlichkeit.** Die Zurverfügungstellung einer Auskunftsperson muss zur ordnungsgemäßen Erfüllung der Aufgaben des BR erforderlich sein. Die Regelung darf nicht dazu benutzt werden, etwa durch Bildung von Arbeitskreisen faktisch den BR dauerhaft zu vergrößern[16]. Der unbestimmte Rechtsbegriff der „Erforderlichkeit" kann Probleme aufwerfen, wie sich bspw. im Rahmen des § 37 VI 1 (Erforderlichkeit von Schulungen) zeigt (vgl. § 37 Rz. 10 ff.)[17]. Durch das Abstellen auf die „Erforderlichkeit"

---

1 Vgl. BAG 30.9.2008 – 1 ABR 54/07, AP Nr. 71 zu § 80 BetrVG 1972. ||2 Vgl. BAG 15.6.1976 – 1 ABR 116/74, AP Nr. 9 zu § 80 BetrVG 1972. ||3 Vgl. BAG 3.12.1981 – 6 ABR 8/80, AP Nr. 17 zu § 80 BetrVG 1972. ||4 Vgl. BAG 15.6.1976 – 1 ABR 116/74, AP Nr. 9 zu § 80 BetrVG 1972; vgl. auch *Fitting*, § 80 Rz. 76. ||5 Vgl. BAG 16.8.1995 – 7 ABR 63/94, AP Nr. 53 zu § 80 BetrVG 1972. ||6 Vgl. BAG 10.6.1974 – 1 ABR 23/73, AP Nr. 8 zu § 80 BetrVG 1972; vgl. auch GK-BetrVG/*Weber*, § 80 Rz. 89; *Fitting*, § 80 Rz. 74. ||7 Vgl. BAG 30.6.1981 – 1 ABR 26/79, AP Nr. 15 zu § 80 BetrVG 1972; 22.5.1979 – 1 ABR 45/77, AP Nr. 12 zu § 118 BetrVG 1972. ||8 Vgl. BAG 20.12.1988 – 1 ABR 63/87, AP Nr. 5 zu § 92 ArbGG 1979; 30.6.1981 – 1 ABR 26/79, AP Nr. 15 zu § 80 BetrVG 1972; 30.4.1974 – 1 ABR 33/73, AP Nr. 1 zu § 118 BetrVG 1972; 18.9.1973 – 1 ABR 7/73, AP Nr. 3 zu § 80 BetrVG 1972. ||9 Vgl. *Kleinebrink*, FA 2006, 295 ff. (298). ||10 Vgl. BAG 10.2.1987 – 1 ABR 43/84, AP Nr. 27 zu § 80 BetrVG 1972; 18.9.1973 – 1 ABR 17/73, AP Nr. 4 zu § 80 BetrVG 1972; 18.9.1973 – 1 ABR 7/73, AP Nr. 3 zu § 80 BetrVG 1972; 23.2.1973 – 1 ABR 17/72, AP Nr. 2 zu § 80 BetrVG 1972. ||11 *Richardi/Annuß*, DB 2001, 41 (45). ||12 BT-Drs. 14/5741, 46 f. ||13 Vgl. BAG 26.2.1992 – 7 ABR 51/90, AP Nr. 48 zu § 80 BetrVG 1972. ||14 *Neef*, NZA 2001, 361 (363). ||15 *Löwisch*, BB 2001, 1790 (1791). ||16 *Richardi/Thüsing*, § 80 Rz. 90. ||17 *Schiefer/Korte*, NZA 2001, 71 (82).

soll offensichtlich ein **Missbrauch** der Inanspruchnahme von Auskunftspersonen verhindert werden[1]. Wegen der gleichen Begrifflichkeit kann im Einzelfall, wenn streitig ist, ob das Tatbestandsmerkmal der Erforderlichkeit zur ordnungsgemäßen Erfüllung der Aufgaben des BR vorliegt, auf die zu der Hinzuziehung von Sachverst. entwickelten Grundsätze zurückgegriffen werden (vgl. Rz. 98)[2].

d) **Sachkundige Arbeitnehmer.** Die sachkundigen ArbN sind dem BR als **Auskunftspersonen** zur Verfügung zu stellen. 88

Der Anspruch des BR ist auf die Fälle beschränkt, in denen er selbst über die erforderl. Sachkunde nicht verfügt, wie das insb. bei technischen und organisatorischen Fragen gegeben sein kann. Auskunftspersonen dürfen deshalb **nicht jederzeit**, sondern nur dann angefordert werden, wenn eine **konkrete Aufgabe** zu erfüllen ist[3]. Um eine übermäßige Belastung des ArbGeb zu vermeiden, ist ein strenger Erforderlichkeitsmaßstab geboten. Der BR muss darlegen, dass er ohne die Hinzuziehung die von ihm anlässlich eines konkreten Sachverhalts zu bewältigenden Aufgaben wegen fehlender Fachkenntnis oder mangelnder Kenntnis tatsächlicher Umstände nicht erfüllen kann und ihm auch sonst kein anderes, kostengünstigeres Mittel zur Erlangung der erforderlichen Information zur Verfügung steht[4]. 89

Da **leitende Angestellte** nicht dem BetrVG unterliegen, hat der BR keinen Anspruch darauf, dass leitende Angestellte iSv. § 5 III und IV als Auskunftspersonen zur Verfügung gestellt werden[5]. Soweit die Hinzuziehung leitender Angestellter möglich ist, wird dies ausdrücklich genannt (zB in § 108 II). 90

Der Begriff des **sachkundigen ArbN** ist im Gesetz nicht definiert. Seine Hinzuziehung muss zur Entscheidungsfindung dienlich sein, was erfordert, dass die hinzugezogene Person über Kenntnisse aus dem Bereich des ArbGeb verfügen muss[6]. 91

e) **Vorschlagsrecht.** Nach Abs. 2 S. 3 Hs. 2 kann der BR Vorschläge unterbreiten, die der ArbGeb zu berücksichtigen hat, soweit betriebl. Notwendigkeiten nicht entgegenstehen. Der BR hat kein **Bestimmungsrecht**[7]. Es bedarf daher der Herstellung des Einvernehmens zwischen ArbGeb und BR und damit letztendlich einer Freigabeentscheidung des ArbGeb[8]. Allerdings muss der ArbGeb einen Vorschlag berücksichtigen, soweit nicht **betriebl. Notwendigkeiten** entgegenstehen. Als solche kommen in Betracht die Unentbehrlichkeit des vom BR angeforderten sachkundigen ArbN (zB Anforderung eines Technikers mit der Folge des Eintritts einer Produktionsunterbrechung[9]) oder sonstige betriebl. Ablaufstörungen[10] (zB Nichteinhaltung eines Liefertermins wegen Abwesenheit des ArbN auf Grund einer Anforderung des BR[11]). Hat der ArbGeb einen sachkundigen ArbN als Auskunftsperson ausgewählt oder sich mit dem BR auf einen solchen verständigt, ist der ArbN verpflichtet, die Auskunftstätigkeit wahrzunehmen. Es obliegt dem arbeitgeberseitigen Direktionsrecht, zu bestimmen, wo der ArbN eingesetzt wird. Dabei hat der ArbGeb allerdings, weil es sich um eine einseitige Leistungsbestimmung handelt, die Grundsätze billigen Ermessens zu wahren (§ 106 GewO)[12]. Die Ausübung des Direktionsrechts durch den ArbGeb wird insoweit regelmäßig billigem Ermessen entsprechen, da die ArbN den BR **nicht beraten**, sondern lediglich **Auskunft erteilen** sollen[13]. Die Auskunftserteilung des ArbN dient nicht ausschließlich der Unterstützung der BR-Arbeit, sondern genauso dem Interesse des ArbGeb, weil es zum einen um die Lösung konkreter Probleme geht und zum anderen sich ggf. die Hinzuziehung eines externen Sachverst. nach Abs. 3 mit den dadurch verbundenen Kosten vermeiden lässt[14]: Der ArbGeb darf den ArbN anweisen, nur bestimmtes und kein darüber hinausgehendes Wissen zu vermitteln. Darüber hinaus hat der vom ArbGeb ausgewählte ArbN die Möglichkeit, durch Auskunftserteilung die Beschlussfassung des BR zu beeinflussen, indem auf Grund der erforderlichen Sachkunde und der übermittelten Informationen dem BR deutlich gemacht wird, dass bestimmte **Problemlösungen**, die der BR sich uU vorstellt, nicht praxisgerecht sind. 92

f) **Tätigkeit.** Die Tätigkeit der Auskunftsperson besteht darin, entweder bei Einzelfalllösungen entsprechende Auskünfte zu erteilen oder aber zusammen mit anderen BR-Mitgliedern Arbeitskreise zu bilden, um zu wichtigen, komplexen Themen (zB Qualifizierung, Beschäftigungssicherung oder Gesundheitsschutz im Betrieb) fundierte Vorschläge zu erarbeiten[15]. Der sachkundige ArbN ist **Auskunftsperson**, nicht **Berater**[16]. Er nimmt keine BR-Arbeit wahr, sondern seine Tätigkeit beschränkt sich in sachlicher Hinsicht auf die Erteilung von Informationen, die auch der ArbGeb dem BR zur Verfügung stellen müsste[17]. Die erteilten Auskünfte müssen wahr sein. 93

g) **Vergütung.** Eine gesonderte Vergütung erhält die Auskunftsperson nicht. Die Auskunftstätigkeit ggü. dem BR ist Teil der Arbeitsleistung, so dass sie vom ArbGeb einschl. etwaiger Mehrarbeit zu vergüten ist[18]. 94

---

1 *Schiefer/Korte*, NZA 2001, 351 (355). ||2 *Engels/Trebinger/Löhr-Steinhaus*, DB 2001, 532 (538). ||3 *Löwisch*, BB 2001, 1790 (1791). ||4 *Natzel*, NZA 2001, 872 (873). ||5 *Reichold*, NZA 2001, 857 (862); aA *Richardi/Thüsing*, § 80 Rz. 86. ||6 *Natzel*, NZA 2001, 872 (873). ||7 *GK-BetrVG/Weber*, § 80 Rz. 116. ||8 *Reichold*, NZA 2001, 857 (862); *Natzel*, NZA 2001, 872 (873); aA *DKKW/Buschmann*, § 80 Rz. 123. ||9 *Löwisch*, BB 2001, 1790 (1791). ||10 *Natzel*, NZA 2001, 872 (873). ||11 *Löwisch*, BB 2001, 1790 (1791). ||12 Vgl. BAG 16.9.1998 – 5 AZR 183/97, AP Nr. 2 zu § 24 BAT-O; 23.11.1988 – 5 AZR 663/87. ||13 *Fitting*, § 80 Rz. 85. ||14 AA *Löwisch*, BB 2001, 1790f. (1791); aA auch *Oetker*, NZA 2003, 1233ff. (1237). ||15 *Hanau*, NJW 2001, 2513 (2517). ||16 *Natzel*, NZA 2001, 872 (873). ||17 *Fitting*, § 80 Rz. 81. ||18 *Löwisch*, BB 2001, 1790 (1791); *Fitting*, § 80 Rz. 85.

95 **h) Schutzbestimmung.** Für den sachkundigen ArbN gilt § 78. Weitere betriebsverfassungsrechtl. Schutzbestimmungen bestehen zu seinen Gunsten nicht.

96 **IV. Hinzuziehung von Sachverständigen (Abs. 3).** Der BR kann nach Abs. 3 zur ordnungsgemäßen Durchführung seiner Aufgaben nach näherer Vereinbarung mit dem ArbGeb Sachverst. hinzuziehen, soweit dies erforderlich ist. Die Vorschrift ist entsprechend auf die Beauftragung von Sachverst. durch den Wahlvorstand anwendbar[1].

97 **1. Sachverständige.** Sachverst. iSv. Abs. 3 sind Personen, die dem BR fehlende Fachkenntnisse zur Beantwortung konkreter, aktueller Fragen vermitteln sollen, damit der BR die ihm obliegende betriebsverfassungsrechtl. Aufgabe sachgerecht erfüllen kann[2]. Sachverst. kann auch ein **Rechtsanwalt** sein, wenn es darum geht, dem BR fehlende Rechtskenntnis zu vermitteln[3]. Gleiches gilt für **Gewerkschaftssekretäre**, soweit ihre Tätigkeit über die ihnen ohnehin obliegende Unterstützungsfunktion bei Sitzungen und Versammlungen hinausgeht[4]. Der Sachverst. braucht seine Tätigkeit nicht „neutral" auszuüben. Zieht der BR eine betriebsfremde Person zur Beratung über eine vom ArbGeb vorgeschlagene Maßnahme hinzu, so soll diese Person für den BR in der Funktion eines Sachverst. tätig werden, der seine Kenntnisse nicht an **den Interessen des BR** ausgerichtet zur Verfügung stellt. In der Sache handelt es sich um eine **sachkundige Interessenvertretung**[5].

98 **2. Erforderlichkeit.** Die **Hinzuziehung** eines Sachverst. ist erst dann erforderlich, wenn der BR sich das notwendige Wissen nur durch einen Sachverst. zur ordnungsgemäßen Erfüllung seiner Aufgaben verschaffen kann. Vor Hinzuziehung eines Sachverst. sind zunächst die **betriebsinternen Informationsquellen** auszuschöpfen[6]. Eine Einschaltung von Sachverst. kommt nicht in Betracht, wenn es dem BR zunächst um die **allgemeine Vermittlung** von Kenntnissen geht, auf denen dann später Vorschläge aufbauen sollen[7]. Die Hinzuziehung eines Sachverst. ist möglich, sofern eine **bestimmte Aufgabe** des BR ordnungsgemäß nur wahrgenommen werden kann, wenn dafür Kenntnisse und Erfahrungen erforderlich sind, über die der BR nicht verfügt. Die Vermittlung von für die Arbeit des BR erforderlichen und geeigneten Kenntnissen, losgelöst von einer konkreten Aufgabe oder einem bestimmten Problem, ist Schulungsveranstaltungen vorbehalten, die der BR nach § 37 VI und VII besuchen kann[8]. Die Frage der Erforderlichkeit der Hinzuziehung eines Sachverst. lässt sich erst dann beantworten, wenn der ArbGeb den BR **abschließend unterrichtet** hat[9]. Die Erforderlichkeit wird bspw. bei der Hinzuziehung von **Rechtsanwälten** regelmäßig bei schwierigen Rechtsfragen sowie Vorbereitungen für einen Interessenausgleich und Sozialplan bejaht[10]. Für die Überwachung der sich für den ArbGeb aus dem NachwG ergebenden Vorgaben ist die Hinzuziehung eines Sachverst. regelmäßig nicht erforderl., wenn der ArbGeb den Nachweis durch Formulararbeitsverträge erbringt[11].

99 **3. Vereinbarung.** Im Falle der Erforderlichkeit hat der BR nach Abs. 3 das Recht, nach **näherer Vereinbarung** mit dem ArbGeb einen Sachverst. hinzuzuziehen[12]. In der erforderlichen Vereinbarung sind das Thema, zu dessen Klärung der Sachverst. hinzugezogen werden soll, die voraussichtlichen Kosten der Hinzuziehung und insb. die Person des Sachverst. festzulegen[13]. Einer besonderen Form bedarf diese Vereinbarung nicht[14]. Kommt eine Vereinbarung nicht zustande, kann das ArbG im Beschlussverfahren die Zustimmung des ArbGeb ersetzen (vgl. näher Rz. 102)[15]. In diesem Fall darf der BR **nach Eintritt der Rechtskraft des Beschlusses** den Sachverst. hinzuziehen[16]. Der ArbGeb soll auch dann kostenerstattungspflichtig sein, wenn der Sachverst. zunächst hinzugezogen, jedoch erst später die Zustimmung arbeitsgerichtl. ersetzt worden ist[17]. Allerdings hat der Ersetzungsbeschluss **keine Rückwirkung**[18]. Entspricht die Hinzuziehung nicht den Erfordernissen des Abs. 3, so kann die Kostentragungspflicht des ArbGeb auch nicht auf § 40 I gestützt werden[19].

100 • **Hinweis:** In der Praxis besteht idR Streit über die Erforderlichkeit. Der BR sollte, um nicht mit dem ArbGeb in einem Folgeverfahren über die Kostenerstattungspflicht streiten zu müssen, nach Möglichkeit eine vorherige Vereinbarung abschließen. Der Abschluss einer solchen Vereinbarung wird regelmäßig auch im Interesse des ArbGeb liegen, um Zeitverzögerungen zu vermeiden, die dadurch ein-

---

1 Vgl. BAG 11.11.2009 – 7 ABR 26/08, AP Nr. 23 zu § 20 BetrVG 1972. ‖ 2 Vgl. BAG 19.4.1989 – 7 ABR 87/87, AP Nr. 35 zu § 80 BetrVG 1972 mwN. ‖ 3 Vgl. BAG 25.4.1978 – 6 ABR 9/75, AP Nr. 11 zu § 80 BetrVG 1972. ‖ 4 LAG Berlin 2.3.1989 – 14 TaBV 5/88, AiB 1994, 751; vgl. auch BAG 25.6.1987 – 6 ABR 45/85, AP Nr. 6 zu § 108 BetrVG 1972; vgl. iÜ Richardi/*Thüsing*, § 80 Rz. 85; *Fitting*, § 80 Rz. 87. ‖ 5 Vgl. BAG 26.2.1992 – 7 ABR 51/90, AP Nr. 48 zu § 80 BetrVG 1972. ‖ 6 Vgl. BAG 4.6.1987 – 6 ABR 63/85, AP Nr. 30 zu § 80 BetrVG 1972. ‖ 7 *Fischer*, DB 2002, 322 (323). ‖ 8 Vgl. BAG 17.3.1987 – 1 ABR 59/85, AP Nr. 29 zu § 80 BetrVG 1972. ‖ 9 Vgl. BAG 4.6.1987 – 6 ABR 63/85, AP Nr. 30 zu § 80 BetrVG 1972; 17.3.1987 – 1 ABR 59/85, AP Nr. 29 zu § 80 BetrVG 1972. ‖ 10 Vgl. BAG 5.11.1981 – 6 ABR 24/78, AP Nr. 9 zu § 76 BetrVG 1972; zur Hinzuziehung eines Sachverst. wegen des Risikobegrenzungsgesetzes vgl. *Moderegger*, ArbRB 2008, 243 (246). ‖ 11 Vgl. BAG 16.11.2005 – 7 ABR 12/05, AP Nr. 64 zu § 80 BetrVG 1972. ‖ 12 So bereits BAG 27.9.1974 – 1 ABR 67/73, AP Nr. 8 zu § 40 BetrVG 1972. ‖ 13 Vgl. BAG 19.4.1989 – 7 ABR 87/87, AP Nr. 35 zu § 80 BetrVG 1972. ‖ 14 Richardi/*Thüsing*, § 80 Rz. 89. ‖ 15 Vgl. BAG 19.4.1989 – 7 ABR 87/87, AP Nr. 35 zu § 80 BetrVG 1972; 25.4.1978 – 6 ABR 9/75, AP Nr. 11 zu § 80 BetrVG 1972. ‖ 16 Vgl. BAG 19.4.1989 – 7 ABR 87/87, AP Nr. 35 zu § 80 BetrVG 1972. ‖ 17 Vgl. BAG 13.5.1998 – 7 ABR 65/96, AP Nr. 55 zu § 80 BetrVG 1972. ‖ 18 Vgl. BAG 25.4.1978 – 6 ABR 9/75, AP Nr. 11 zu § 80 BetrVG 1972; aA LAG Hess. 11.11.1986 – 5 TaBV 121/86, DB 1987, 1440. ‖ 19 Vgl. BAG 26.2.1992 – 7 ABR 51/90, AP Nr. 48 zu § 80 BetrVG 1972.

V. Geheimhaltungspflicht (Abs. 4). Die Mitglieder und Ersatzmitglieder des BR unterliegen der durch § 120 I Nr. 3 strafbewehrten **Verschwiegenheitspflicht** nach § 79 (vgl. § 79 Rz. 2 ff.). Gleiches gilt entsprechend Abs. 4 für die Auskunftsperson (Abs. 2 S. 3) und den Sachverst. (Abs. 3). 101

VI. Streitigkeiten zwischen ArbGeb und BR über das Bestehen und den Umfang von Informations- und Vorlagepflichten oder über das Einblicksrecht in die Bruttolohn- und -gehaltslisten werden im arbeitsgerichtl. **Beschlussverfahren** entschieden (§§ 2a I Nr. 1, II iVm. 80 ff. ArbGG). Der BR kann die Vorlage von Unterlagen im Wege der einstw. Verfügung durchsetzen (§ 85 II ArbGG)[1]. Ist der ArbGeb im arbeitsgerichtl. Beschlussverfahren rechtskräftig verpflichtet worden, Einsicht in die Listen über die Bruttolöhne und -gehälter zu gewähren, richtet sich die Vollstreckung nach § 888 ZPO[2]. Ebenfalls im arbeitsgerichtl. **Beschlussverfahren** ist darüber zu entscheiden, ob die Hinzuziehung eines Sachverst. erforderlich ist[3]. Antragsberechtigt ist der BR[4]. Die Entscheidung des ArbG ersetzt die „nähere Vereinbarung" gem. Abs. 3. Der BR kann auch gegen den Widerstand des ArbGeb einen Sachverst. mittels einstw. Verfügung hinzuziehen[5], was nicht unproblematisch ist, da damit idR dem im Hauptverfahren zu verfolgenden Anspruch endgültig vorgegriffen wird[6]. An diesem Beschlussverfahren ist der Sachverst. nicht zu beteiligen[7]. Wenn der ArbGeb grob gegen seine in § 80 geregelten Pflichten verstößt, kommt die Einleitung eines Verfahrens nach § 23 III in Betracht[8]. Eine Bestrafung nach § 119 I Nr. 2 und 3 kann dann verwirkt sein, wenn der ArbGeb die Tätigkeit des BR vorsätzlich behindert oder stört oder Mitglieder der in § 119 I Nr. 3 genannten Organe oder Gremien sowie die Auskunftsperson nach Abs. 2 S. 3 um ihrer Tätigkeit willen benachteiligt oder begünstigt. 102

Zweiter Abschnitt. Mitwirkungs- und Beschwerderecht des Arbeitnehmers

§ 81 *Unterrichtungs- und Erörterungspflicht des Arbeitgebers*

(1) Der Arbeitgeber hat den Arbeitnehmer über dessen Aufgabe und Verantwortung sowie über die Art seiner Tätigkeit und ihre Einordnung in den Arbeitsablauf des Betriebs zu unterrichten. Er hat den Arbeitnehmer vor Beginn der Beschäftigung über die Unfall- und Gesundheitsgefahren, denen dieser bei der Beschäftigung ausgesetzt ist, sowie über die Maßnahmen und Einrichtungen zur Abwendung dieser Gefahren und die nach § 10 Abs. 2 des Arbeitsschutzgesetzes getroffenen Maßnahmen zu belehren.

(2) Über Veränderungen in seinem Arbeitsbereich ist der Arbeitnehmer rechtzeitig zu unterrichten. Absatz 1 gilt entsprechend.

(3) In Betrieben, in denen kein Betriebsrat besteht, hat der Arbeitgeber die Arbeitnehmer zu allen Maßnahmen zu hören, die Auswirkungen auf Sicherheit und Gesundheit der Arbeitnehmer haben können.

(4) Der Arbeitgeber hat den Arbeitnehmer über die auf Grund einer Planung von technischen Anlagen, von Arbeitsverfahren und Arbeitsabläufen oder der Arbeitsplätze vorgesehenen Maßnahmen und ihre Auswirkungen auf seinen Arbeitsplatz, die Arbeitsumgebung sowie auf Inhalt und Art seiner Tätigkeit zu unterrichten. Sobald feststeht, dass sich die Tätigkeit des Arbeitnehmers ändern wird und seine beruflichen Kenntnisse und Fähigkeiten zur Erfüllung seiner Aufgaben nicht ausreichen, hat der Arbeitgeber mit dem Arbeitnehmer zu erörtern, wie dessen berufliche Kenntnisse und Fähigkeiten im Rahmen der betrieblichen Möglichkeiten den künftigen Anforderungen angepasst werden können. Der Arbeitnehmer kann bei der Erörterung ein Mitglied des Betriebsrats hinzuziehen.

I. Vorbemerkung. Das BetrVG gibt dem einzelnen ArbN in den §§ 81–86 unterschiedliche Mitwirkungs- und Beschwerderechte. Sie sollen zusätzlich zu den kollektiven Beteiligungsrechten des BR dem einzelnen ArbN in dem Bereich „rund um seinen Arbeitsplatz"[9] ein eigenständiges, unmittelbares Mitsprache- und Mitwirkungsrecht gewähren. Die Regelungen sind dem **Arbeitsvertragsrecht** zuzuordnen und bestehen daher auch in betriebsratslosen Betrieben[10]. **Zweck** der Regelung ist, dem ArbN die ordnungsgemäße Erbringung der Arbeitsleistung zu ermöglichen sowie ihn gegen Gefahren, die mit der Arbeit für Person und Eignung verbunden sind, zu sichern. Ferner soll die Regelung das Interesse des ArbN an seinem Arbeitsplatz und allen damit zusammenhängenden Fragen wecken, erhalten und för- 1

---

1 Richardi/*Thüsing*, § 80 Rz. 94; DKKW/*Buschmann*, § 80 Rz. 144. ||2 LAG Hamm 21.8.1973 – 8 TaBV 57/73, DB 1973, 1951. ||3 Vgl. BAG 18.7.1978 – 1 ABR 34/75, AP Nr. 1 zu § 108 BetrVG 1972; 25.4.1978 – 6 ABR 9/75, AP Nr. 11 zu § 80 BetrVG 1972. ||4 Vgl. BAG 19.4.1989 – 7 ABR 87/87, AP Nr. 35 zu § 80 BetrVG 1972; 18.7.1978 – 1 ABR 34/75, AP Nr. 1 zu § 108 BetrVG 1972. ||5 Vgl. LAG Hamm 15.3.1994 – 13 TaBV 16/94, LAGE § 80 BetrVG 1972 Nr. 12. ||6 Vgl. LAG Köln 5.3.1986 – 5 TaBV 4/86, nv. ||7 Vgl. BAG 25.4.1978 – 6 ABR 9/75, AP Nr. 11 zu § 80 BetrVG 1972. ||8 GK-BetrVG/*Weber*, § 80 Rz. 135; DKKW/*Buschmann*, § 80 Rz. 146. ||9 *Fitting*, § 81 Rz. 1 ||10 *Fitting*, § 81 Rz. 2; einschr. GK-BetrVG/*Wiese/Franzen*, vor § 81 Rz. 21.

dern. Der ArbN soll die Möglichkeit erhalten, sich über die Gesamtzusammenhänge des Arbeitsablaufs zu informieren[1].

2 **II. Persönlicher Geltungsbereich.** Der Anwendungsbereich der §§ 81–86 richtet sich nach dem allg. räumlichen, sachlichen und persönlichen Geltungsbereich des BetrVG. Die Vorschriften gelten für **sämtliche ArbN iSd. BetrVG**, insb. auch für die Auszubildenden[2]. Die Bestimmungen gelten **nicht** für ArbN des öffentl. Dienstes sowie die in § 5 II genannten Personen und leitenden Angestellten iSv. § 5 III[3]. Nach § 14 II 3 AÜG gelten die §§ 81, 82 I, 84–86 im **Entleiherbetrieb** hinsichtlich der dort tätigen LeihArbN, im **Verleiherbetrieb** finden die §§ 81–86 uneingeschränkt Anwendung[4].

3 **III. Unterrichtung des Arbeitnehmers über Aufgabe, Tätigkeitsbereich und Verantwortung (Abs. 1 S. 1).** Nach Abs. 1 S. 1 muss der ArbGeb den ArbN über dessen Aufgabe und Verantwortung sowie über die Art seiner Tätigkeit und ihre Einordnung in den Arbeitsablauf des Betriebs unterrichten.

4 **1. Abgrenzung zu betrieblichen Bildungsmaßnahmen (§ 98).** Nach § 98 I hat der BR bei der Durchführung von Maßnahmen der betriebl. Berufsbildung mitzubestimmen (vgl. § 98 Rz. 4ff.). Von mitbestimmungspflichtigen Berufsbildungsmaßnahmen iSv. § 98 ist die mitbestimmungsfreie Unterrichtung nach Abs. 1 abzugrenzen. Die Unterrichtungspflicht des ArbGeb nach § 81 erschöpft sich in der Einweisung an einen konkreten Arbeitsplatz. Dieser Einsatz setzt voraus, dass der ArbN die für die Ausübung seiner Tätigkeit an diesem Arbeitsplatz erforderlichen beruf. Kenntnisse und Erfahrungen schon besitzt. Nur auf der Grundlage dieser Kenntnisse und Erfahrungen kann dem ArbN eine Tätigkeit im Betrieb zugewiesen werden, über deren konkrete Ausübung unter Einsatz seiner Kenntnisse und Erfahrungen dann nach § 81 zu unterrichten ist[5]. Bsp. für mitbestimmungsfreie Unterrichtungen nach § 81 sind die Anleitung zur Bedienung von Arbeitsgeräten oder Maschinen und Unterweisungen, die sich auf die Arbeitsaufgabe oder das Unternehmen beziehen.

5 **2. Inhalt und Umfang der Unterrichtung.** Die Unterrichtung hat **vor Aufnahme** der tatsächlichen Beschäftigung zu erfolgen, sie muss **konkret** und **individuell** auf den einzelnen ArbN und seinen Arbeitsplatz bezogen sein. Pauschale und allg. Informationen, zB im Rahmen eines Vorstellungsgesprächs, reichen nicht[6]. Dabei setzt die Unterrichtungspflicht keine umfassende Betriebsbesichtigung mit einer ausführlichen Beschreibung des Produktionsablaufs und Darstellung sowie Erläuterung aller im Betrieb hergestellten Produkte voraus. Der ArbN ist über den Arbeitsplatz und die zu benutzenden Geräte zu unterrichten, Funktionsweise und Bedienung von Maschinen und Geräten sind ihm ebenso zu erklären wie die be- oder verarbeiteten Materialien, er muss darüber in Kenntnis gesetzt werden, wo er Material bekommt (Materialausgabe), Vorgesetzte und Mitarbeiter sind ihm bekannt zu machen, er ist darüber zu informieren, was er bei Funktionsstörungen zu machen hat. Neben dieser **fachlichen Einweisung** sind dem ArbN seine **Verantwortlichkeiten** mitzuteilen. Hierzu gehört zunächst die Personalverantwortung, aber auch die Verantwortung für das Arbeitsergebnis[7].

6 ● **Beispiel:** Lässt der ArbGeb eine Kundenbefragung vornehmen und ergibt sich, dass die Kunden Verhalten und Leistung der ArbN in den einzelnen Abteilungen als wenig „freundlich", „hilfsbereit" oder „fachkundig" bewerten, kann der ArbGeb organisierte Veranstaltungen abhalten mit dem Ziel, die ArbN zu befähigen, freundlich und hilfsbereit zu sein. Bei solchen Veranstaltungen handelt es sich nicht um Maßnahmen der beruflichen Bildung, sondern um gezielte Einweisungen in die auf Grund des Arbeitsvertrags geschuldete Tätigkeit[8].

7 **3. Form der Unterrichtung.** Die Unterrichtung kann mündlich erfolgen. Erforderlich ist nicht die Unterrichtung durch den ArbGeb persönlich, es genügt die Einweisung durch einen **sachkundigen Vorgesetzten**[9].

8 **4. Ausländische Arbeitnehmer.** Die Unterrichtung eines ausländischen ArbN muss in seiner Landessprache erfolgen, wenn nicht garantiert wird, dass er sie auf Deutsch zweifelsfrei verstehen kann[10].

9, 10 Einstweilen frei.

11 **IV. Unterrichtung über Unfallgefahren (Abs. 1 S. 2).** Gem. Abs. 1 S. 2 ist der ArbN vor Beginn der Beschäftigung über die Unfall- und Gesundheitsgefahren, denen er bei der Beschäftigung ausgesetzt ist, sowie über die Maßnahmen und Einrichtungen zur Abwendung dieser Gefahren zu belehren.

12 **1. Inhalt und Umfang.** Dem ArbN ist im Einzelnen darzulegen, welche konkreten **Unfall- und Gesundheitsgefahren** bei der von ihm aufzunehmenden Beschäftigung bestehen. Umfang und Bedeutung von Schutzmaßnahmen sind zu erläutern[11]. Die Erläuterung hat so ausführlich zu geschehen, dass der ArbN weiß, mit welchen Unfall- und Gesundheitsgefahren in seinem Arbeitsbereich typischerweise zu

---

1 *Fitting*, § 81 Rz. 5. ||2 DKKW/*Buschmann*, § 81 Rz. 4; GK-BetrVG/*Wiese/Franzen*, vor § 81 Rz. 21. ||3 Vgl. BAG 19.2.1975 – 1 ABR 55/73, AP Nr. 9 zu § 5 BetrVG 1972; DKKW/*Buschmann*, § 81 Rz. 4. ||4 DKKW/*Buschmann*, § 81 Rz. 4. ||5 Vgl. BAG 23.4.1991 – 1 ABR 49/90, AP Nr. 7 zu § 98 BetrVG 1972. ||6 DKKW/*Buschmann*, § 81 Rz. 7; *Fitting*, § 81 Rz. 3. ||7 *Fitting*, § 81 Rz. 5. ||8 BAG 28.1.1992 – 1 ABR 41/91, AP Nr. 1 zu § 96 BetrVG 1972. ||9 DKKW/*Buschmann*, § 81 Rz. 8; *Fitting*, § 81 Rz. 7. ||10 LAG BW 1.12.1989 – 5 Sa 55/89, AiB 1990, 313; GK-BetrVG/*Wiese/Franzen*, § 81 Rz. 10; DKKW/*Buschmann*, § 81 Rz. 7. ||11 DKKW/*Buschmann*, § 81 Rz. 12; *Fitting*, § 81 Rz. 9.

rechnen ist[1]. Zur Unterrichtung über Unfallgefahren gehört die Erklärung der Verwendung von **Schutzausrüstung** (Helme, Brillen, Handschuhe, Masken, Rettungsgeräte, Sicherheitsschuhe), die Demonstration von **Sicherheitseinrichtungen**, die **sicherheitsgerechte Arbeit** an gefährlichen Maschinen, die Erläuterung von **Warnsignalen**, die Benennung der **zuständigen Personen**, die bei Unfällen oder Gefahrenlagen zu unterrichten sind, und die Erteilung von **Informationen** über Sanitätskästen und Unfallhilfestellen uÄ[2]. Allein die Übergabe von Merkblättern an die ArbN reicht nicht aus[3]. Die ArbN sind darüber hinaus über die nach § 10 ArbSchG getroffenen Maßnahmen zu belehren. Die Maßnahmen sind den ArbN ebenso mitzuteilen wie die damit beauftragten Personen[4].

2. Konkretisierung der Belehrungspflicht. Die allg. Belehrungspflicht in Abs. 1 S. 2 wird konkretisiert durch Vorschriften des gesetzl. Arbeitsschutzes. Solche Bestimmungen sind bspw. § 12 ArbSchG, § 29 JArbSchG, § 7a HAG, § 14 GefStoffV, § 6 I Nr. 4 StörfallVO. 13

3. Form der Unterrichtung. Weder ist eine besondere Form der Unterrichtung vorgeschrieben (vgl. Rz. 6), noch muss der ArbGeb persönlich die Unterrichtung vornehmen (vgl. Rz. 6). Ausländische ArbN sind ggf. in ihrer Heimatsprache zu unterrichten (vgl. Rz. 10). 14

V. Unterrichtung bei Veränderungen im Arbeitsbereich (Abs. 2). Über Veränderungen in seinem Arbeitsbereich ist der ArbN **rechtzeitig** zu unterrichten (Abs. 2 S. 1). Der **Inhalt** der Unterrichtungspflicht ergibt sich aus Abs. 1, wie aus dem Verweis in § 82 II 2 folgt. **Arbeitsbereich** iSv. § 81 II 1 ist der Arbeitsplatz und seine Beziehung zur betriebl. Umgebung in räumlicher, technischer und organisatorischer Hinsicht[5]. Unter **Veränderungen** sind im Hinblick auf die Verweisung in Abs. 2 S. 2 alle Änderungen zu verstehen, die einen Gegenstand der Unterrichtungspflicht nach Abs. 1 betreffen und sich auf den ArbN unmittelbar auswirken[6]. Solche Veränderungen können die Einführung neuer Maschinen, Verwendung neuer Materialien, Restrukturierung der Arbeitsorganisation etc. sein[7]. 15

VI. Anhörung der Arbeitnehmer in betriebsratslosen Betrieben zu Arbeitsschutzmaßnahmen (Abs. 3). In Betrieben ohne BR ist der ArbGeb verpflichtet, die ArbN zu allen Maßnahmen zu hören, die Auswirkungen auf **Sicherheit** und **Gesundheit** haben können. Betriebsratslose Betriebe sind zum einen betriebsratsfähige Betriebe, in denen kein BR gewählt wurde, aber auch nicht betriebsratsfähige Betriebe[8]. Das **allgemeine Anhörungsrecht** der ArbN ist als Ausgleich für die in betriebsratslosen Betrieben nicht zum Tragen kommenden kollektiven Beteiligungsrechte des BR zum Arbeitsschutz gedacht[9]. 16

Einstweilen frei. 17

VII. Unterrichtung und Erörterung bei der Planung und Einführung neuer Techniken (Abs. 4). **1. Unterrichtungspflicht.** Nach Abs. 4 S. 1 hat der ArbGeb den ArbN über die auf Grund einer Planung von technischen Anlagen, von Arbeitsverfahren und Arbeitsabläufen oder der Arbeitsplätze vorgesehenen **Maßnahmen und ihre Auswirkungen auf seinen Arbeitsplatz**, die Arbeitsumgebung sowie auf Inhalt und Art seiner Tätigkeit zu unterrichten. Diese Unterrichtungspflicht besteht, wenn sich **konkrete Maßnahmen** abzeichnen, die den ArbN in den von Abs. 4 S. 1 genannten Bereichen betreffen[10]. Mit der Unterrichtungspflicht nach Abs. 4 wird die nach § 90 ggü. dem BR obliegende Informationspflicht ergänzt[11]. Da sich bestimmte Maßnahmen abzeichnen müssen, erfolgt die Unterrichtung nach Abs. 4 S. 1 im Allg. später als die Unterrichtung des BR nach § 90[12]. 18

2. Erörterung. Sobald feststeht, dass sich die Tätigkeit des ArbN ändern wird und seine berufl. Kenntnisse und Fähigkeiten zur Erfüllung seiner Aufgaben nicht mehr ausreichen, entsteht nach Abs. 4 S. 2 eine Verpflichtung des ArbGeb, dies mit dem ArbN zu erörtern. Diese Erörterung ist keine **höchstpersönliche Pflicht** des ArbGeb (vgl. Rz. 6). Die Erörterung bezieht sich auf die Anpassung der beruflichen Kenntnisse und Fähigkeiten des ArbN an die veränderten betrieblichen Gegebenheiten. In Betracht kommen bspw. Umschulungen oder Weiterbildungen[13]. Eine darüber hinausgehende Verpflichtung des ArbGeb besteht im Rahmen von Abs. 4 nicht, so dass der ArbN aus der Unterrichtung und Erörterung keinen **Rechtsanspruch** auf Umschulungs- oder Weiterbildungsmaßnahmen, sei es innerbetrieblich, sei es außerbetrieblich, herleiten kann[14]. 19

3. Beiziehung Betriebsratsmitglied. Der ArbN kann bei der **Erörterung** ein BR-Mitglied seiner Wahl hinzuziehen (Abs. 4 S. 3). 20

VIII. Rechtsfolgen. Kommt der ArbGeb seinen Verpflichtungen nach § 81 nicht nach, hat der ArbN zunächst ein **Leistungsverweigerungsrecht** nach § 273 BGB[15]. Teilweise wird dem ArbN auch ein **Erfüllungsanspruch** zugesprochen. Er soll die Möglichkeit haben, auf Erfüllung, dh. Vornahme einer ordnungsgemäßen Einweisung, zu klagen, weil es sich um einen individualrechtl. Anspruch handelt[16]. In 21

---

1 Richardi/*Thüsing*, § 81 Rz. 6. ||2 *Fitting*, § 81 Rz. 9; DKKW/*Buschmann*, § 81 Rz. 12. ||3 ErfK/*Kania*, § 81 BetrVG Rz. 12. ||4 DKKW/*Buschmann*, § 81 Rz. 13. ||5 DKKW/*Buschmann*, § 81 Rz. 14; *Fitting*, § 81 Rz. 17. ||6 GK-BetrVG/*Wiese/Franzen*, § 81 Rz. 8; *Fitting*, § 81 Rz. 18. ||7 Vgl. die Bsp. bei *Fitting*, § 81 Rz. 18; DKKW/*Buschmann*, § 81 Rz. 14. ||8 *Fitting*, § 81 Rz. 20; GK-BetrVG/*Wiese/Franzen*, § 81 Rz. 18. ||9 *Fitting*, § 81 Rz. 21. ||10 DKKW/*Buschmann*, § 81 Rz. 16; *Fitting*, § 81 Rz. 24. ||11 GK-BetrVG/*Wiese/Franzen*, § 81 Rz. 19. ||12 Richardi/*Thüsing*, § 81 Rz. 21; *Fitting*, § 81 Rz. 24. ||13 DKKW/*Buschmann*, § 81 Rz. 17. ||14 Richardi/*Thüsing*, § 81 Rz. 22. ||15 DKKW/*Buschmann*, § 81 Rz. 21; *Fitting*, § 81 Rz. 28. ||16 *Fitting*, § 81 Rz. 28.

Betracht kommt daneben ein **Schadensersatzanspruch** des ArbN aus § 280 I BGB und aus § 823 II BGB sowie bei durch Unterlassen der Belehrung eingetretener Verletzung von Körper, Gesundheit oder Eigentum aus § 823 I BGB[1]. Als Folge einer versäumten Erörterung gem. Abs. 4 S. 2 soll sich zudem ergeben, dass der ArbGeb vor einer personenbedingten Kündigung gem. § 1 II KSchG wegen unzureichender Kenntnisse und Fähigkeiten für die neue Aufgabe dem ArbN einen längeren Anpassungszeitraum an die neuen Anforderungen einzuräumen hat[2]. Hier gilt es zu differenzieren: Es kommt darauf an, ob der ArbN nach erfolgten Umschulungs- oder Weiterbildungsmaßnahmen die geänderten Anforderungen an seinen Arbeitsbereich hätte erfüllen können. Wenn dies nicht der Fall ist, wäre es überflüssiger Formalismus, dem ArbGeb verlängerte Umschulungs- oder Weiterbildungsfristen aufzugeben.

22 **Betriebsverfassungsrechtliche Sanktion.** Verstößt der ArbGeb gegen seine Pflichten aus § 81, kann der BR nach § 23 III ein Verfahren einleiten[3].

23 **IX. Streitigkeiten.** Bei Verstößen des ArbGeb gegen § 81 haben die ArbN die Möglichkeit, ihre **individuellen Rechte** in einem arbeitsgerichtl. **Urteilsverfahren** einzufordern (je nach geltend gemachtem Anspruch §§ 2 I Nr. 3a, 3b oder 3d, V iVm. 46ff. ArbGG). Leitet der BR ein Verfahren nach § 23 III ein, wäre dies im arbeitsgerichtl. **Beschlussverfahren** durchzuführen (§§ 2a I Nr. 1, II iVm. 80ff. ArbGG). Je nach Einzelfall kommen **einstw. Verfügungen** in Betracht[4].

82 Anhörungs- und Erörterungsrecht des Arbeitnehmers

(1) Der Arbeitnehmer hat das Recht, in betrieblichen Angelegenheiten, die seine Person betreffen, von den nach Maßgabe des organisatorischen Aufbaus des Betriebs hierfür zuständigen Personen gehört zu werden. Er ist berechtigt, zu Maßnahmen des Arbeitgebers, die ihn betreffen, Stellung zu nehmen sowie Vorschläge für die Gestaltung des Arbeitsplatzes und des Arbeitsablaufs zu machen.

(2) Der Arbeitnehmer kann verlangen, dass ihm die Berechnung und Zusammensetzung seines Arbeitsentgelts erläutert und dass mit ihm die Beurteilung seiner Leistungen sowie die Möglichkeiten seiner beruflichen Entwicklung im Betrieb erörtert werden. Er kann ein Mitglied des Betriebsrats hinzuziehen. Das Mitglied des Betriebsrats hat über den Inhalt dieser Verhandlungen Stillschweigen zu bewahren, soweit es vom Arbeitnehmer im Einzelfall nicht von dieser Verpflichtung entbunden wird.

1 **I. Vorbemerkung.** § 82 ergänzt § 81 dahin gehend, dass ein einzelner ArbN von sich aus die Initiative ergreifen kann, wenn es um **Informationen** über seine persönl. Stellung im Betrieb und seine berufl. Entwicklung geht. Die Vorschrift findet auch in Betrieben ohne BR Anwendung[5]. Der persönl. Geltungsbereich ist identisch mit dem des § 81 (vgl. § 81 Rz. 2). Die Rechte aus § 82 können grds. **während der Arbeitszeit** ausgeübt werden, das Arbeitsentgelt ist weiterzuzahlen[6].

2 **II. Recht des Arbeitnehmers auf Anhörung und Stellungnahme.** Nach Abs. 1 S. 1 hat der ArbN das Recht, in betriebl. Angelegenheiten, die seine Person betreffen, von den nach Maßgabe des organisatorischen Aufbaus des Betriebs hierfür zuständigen Personen gehört zu werden. Darüber hinaus ist er nach Abs. 1 S. 2 berechtigt, zu Maßnahmen des ArbGeb, die ihn betreffen, Stellung zu nehmen sowie Vorschläge für die Gestaltung des Arbeitsplatzes und des Arbeitsablaufs zu machen.

3 **1. Anhörungsrecht (Abs. 1 S. 1).** Das Anhörungsrecht besteht in **betrieblichen Angelegenheiten**, bei denen sich der ArbN an hierfür **zuständige Personen** wenden kann.

4 **a) Betriebliche Angelegenheiten.** Zu den betriebl. Angelegenheiten, die den ArbN betreffen, gehören insb. Fragen, die mit seiner Arbeitsleistung zusammenhängen, sowie Fragen der betriebl. Organisation und des Arbeitsablaufs, die Auswirkungen auf den Arbeitsbereich und die auszuübende Tätigkeit haben[7]. Der Begriff der „betrieblichen Angelegenheiten" ist weit zu verstehen. In Betracht kommen alle Angelegenheiten, die mit der Stellung des ArbN im Betrieb und seiner Funktion zusammenhängen[8]. Dazu gehören auch Angelegenheiten, die sich aus einer Tätigkeit des ArbN außerhalb des Betriebs ergeben[9].

5 • **Beispiel:** Nimmt der ArbN in seinem Arbeitsumfeld rechtswidrige Umweltpraktiken wahr, die sich außerhalb des Betriebs auswirken, steht ihm ein Anhörungsrecht nach Abs. 1 zu, weil der ArbN verpflichtet sein kann, dagegen einzuschreiten oder jedenfalls den ArbGeb zu informieren[10].

6 **b) Zuständigkeit.** Sachlich zuständig für das Anhörungsrecht ist zunächst der **unmittelbare Vorgesetzte** (Meister, Abteilungsleiter etc.)[11]. Im Interesse einer klaren und eindeutigen Regelung, wer nach dem organisatorischen Aufbau des Betriebs im Einzelnen für die Anhörung der ArbN zuständig ist, sollte dies festgelegt und im Betrieb bekannt gemacht werden[12].

---

1 DKKW/*Buschmann*, § 81 Rz. 21. ||2 DKKW/*Buschmann*, § 81 Rz. 21. ||3 DKKW/*Buschmann*, § 81 Rz. 22. ||4 DKKW/*Buschmann*, § 81 Rz. 21; *Fitting*, § 81 Rz. 28. ||5 Richardi/*Thüsing*, § 82 Rz. 2. ||6 DKKW/*Buschmann*, § 82 Rz. 2; *Fitting*, § 82 Rz. 2. ||7 *Fitting*, § 82 Rz. 4; DKKW/*Buschmann*, § 82 Rz. 4. ||8 DKKW/*Buschmann*, § 82 Rz. 4. ||9 GK-BetrVG/*Wiese/Franzen*, § 82 Rz. 6. ||10 GK-BetrVG/*Wiese/Franzen*, § 82 Rz. 6. ||11 DKKW/*Buschmann*, § 82 Rz. 2; *Fitting*, § 82 Rz. 4. ||12 GK-BetrVG/*Wiese/Franzen*, § 82 Rz. 7.

c) Abhilfe. Der ArbN hat nur Anspruch darauf, gehört zu werden, er hat keinen Anspruch darauf, dass eine Stellungnahme des ArbGeb erfolgt oder den Anregungen entsprochen wird. Grds. ist für die Anhörung nach Abs. 1 S. 1 nicht erforderlich, dass der ArbN sich beeinträchtigt fühlt[1]. Fühlt der ArbN sich durch betriebl. Maßnahmen beeinträchtigt und wünscht er Abhilfe, kann sein Vorbringen ggü. den nach Abs. 1 S. 1 genannten Personen als **Beschwerde** iSv. § 84 I anzusehen sein, so dass der ArbGeb den ArbN über die Behandlung der Beschwerde zu bescheiden hat (§ 84 II, vgl. § 84 Rz. 9 ff.). Im Rahmen des Abs. 1 S. 1 hat der ArbGeb nur die vorgetragenen Gründe zu prüfen und zu erwägen, seine **Entscheidungskompetenz** wird durch die Anhörungspflicht nicht berührt[2]. Wird eine Anhörung abgelehnt, hat der ArbN das Recht, sich an den BR zu wenden, der Anregungen gem. § 80 I Nr. 3 weiterverfolgen kann (vgl. § 80 Rz. 33 ff.)[3]. 7

2. Stellungnahme (Abs. 1 S. 2). Neben dem Recht auf Anhörung gibt Abs. 1 S. 2 dem ArbN das Recht, zu Maßnahmen des ArbGeb Stellung zu nehmen, die Auswirkungen auf seinen betriebl. Arbeitsbereich oder seine persönliche Stellung im Betrieb haben. Das gilt auch, wenn der ArbN sich nicht beeinträchtigt fühlt[4]. Die Vorschläge können sich auf alle Aspekte der Arbeitsplatzgestaltung und des Arbeitsablaufs beziehen, wie bspw. auf Fragen des Arbeits-, Gesundheits- und Umweltschutzes, auf die Herbeiführung einer menschengerechten Arbeitsplatzgestaltung und der Verbesserung des Betriebsablaufs[5]. Dem ArbN wird durch das Recht zur Stellungnahme **kein MitbestR** eingeräumt[6], jedoch können, falls der ArbN Anregungen beim BR vorbringt und dieser die Anregungen aufnimmt, mitbestimmungspflichtige Tatbestände erfüllt sein, bei denen der BR ggf. über den Spruch einer Einigungsstelle eine Regelung herbeiführen kann. 8

Einstweilen frei. 9

III. Erläuterungen des Arbeitsentgelts, Erörterung der Leistung und der beruflichen Entwicklung (Abs. 2). 1. Berechnung und Zusammensetzung des Arbeitsentgelts (Abs. 2 S. 1 Alt. 1). Der ArbN hat einen Anspruch darauf, dass ihm die Berechnung und Zusammensetzung seines Arbeitsentgelts erläutert wird. Unberührt von diesem **Individualrecht** kann der BR nach Maßgabe des § 80 II 2 Einblick in die Listen der **Bruttolöhne und -gehälter** nehmen[7]. 10

Unter dem Begriff des „**Arbeitsentgelts**" ist die Gesamtheit der dem ArbN zustehenden Bezüge zu verstehen, also Lohn, Gehalt, Sachleistungen, Zulagen, Auslösungen, Prämien, Provisionen, Tantiemen, Gratifikationen, Gewinn- und Ergebnisbeteiligungen sowie vermögenswirksame Leistungen[8]. Der ArbN hat einen Anspruch darauf, dass ihm das Arbeitsentgelt **der Höhe nach** erläutert wird (Bruttolohn und dessen Berechnung, zB unter Berücksichtigung der tarifl. Eingruppierung, der vergüteten Arbeitszeit oder der Elemente des Leistungslohns, Abzüge, Nettolohn)[9]. Wichtig ist die Aufklärung über die verschlüsselten Angaben auf Lohn- und Gehaltsstreifen oder -zetteln bei Verwendung von **Datenverarbeitungsanlagen**. Die ArbN müssen die Möglichkeit haben, diese zu entschlüsseln und zu verstehen[10]. Ggf. müssen dem ArbN auch die **Rechtsgrundlagen** mitgeteilt werden, nach denen sich sein Arbeitsentgelt berechnet (Gesetz, TV, BV, Arbeitsvertrag, Freiwilligkeit)[11]. 11

Der Erläuterungsanspruch kann grds. jederzeit **ohne konkreten Anlass** geltend gemacht werden[12]. Der Anspruch darf jedoch nicht zur **Unzeit** oder, sofern nicht besondere Gründe vorliegen, in **unangemessenen Zeitabständen** geltend gemacht werden. 12

2. Beurteilung der Leistung (Abs. 2 S. 1 Alt. 2). Der ArbN kann ohne konkreten Anlass (vgl. Rz. 12) vom ArbGeb die Beurteilung seiner Leistung verlangen. Zweck ist, dass er seine Situation realistisch einschätzen können soll[13]. Der ArbGeb darf Eignung, Befähigung und fachliche Leistung der bei ihm beschäftigten ArbN beurteilen und die Beurteilung in den Personalakten festhalten[14]. Findet sich eine **schriftl. Beurteilung** in der Personalakte, kann der ArbN diese nach § 83 einsehen und seine Gegendarstellung zur Personalakte geben (vgl. § 83 Rz. 9). Existiert eine Beurteilung, ist diese dem ArbN zur Kenntnis zu geben und auf Verlangen zu begründen, wozu die Angabe von Tatsachen gehört, die eine ungünstige Beurteilung rechtfertigen[15]. Fragen des ArbN sind zu beantworten. Er hat keinen Anspruch auf Aushändigung einer schriftl. Leistungsbeurteilung[16]. Es sind diejenigen Vorgesetzten zuständig, die den ArbN zu beurteilen haben[17]. 13

3. Möglichkeiten der beruflichen Entwicklung (Abs. 2 S. 1 Alt. 3). Die weitere berufl. Entwicklung im Betrieb ist mit dem ArbN zu erörtern. Auch dies dient der Information des ArbN und der – realistischen – Einschätzung seiner Situation. Die Erörterung hat daher möglichst umfassend unter Berücksichti- 14

---

1 GK-BetrVG/*Wiese/Franzen*, § 82 Rz. 5. ‖ 2 GK-BetrVG/*Wiese/Franzen*, § 82 Rz. 8. ‖ 3 *Fitting*, § 82 Rz. 6. ‖ 4 *Fitting*, § 82 Rz. 7; GK-BetrVG/*Wiese/Franzen*, § 82 Rz. 10. ‖ 5 DKKW/*Buschmann*, § 82 Rz. 5. ‖ 6 ErfK/*Kania*, § 82 BetrVG Rz. 4. ‖ 7 Vgl. BAG 18.9.1973 – 1 ABR 17/73, AP Nr. 4 zu § 80 BetrVG 1972. ‖ 8 *Clemenz* in Tschöpe, Arbeitsrecht, Teil 4 A Rz. 407. ‖ 9 DKKW/*Buschmann*, § 82 Rz. 6; *Fitting*, § 82 Rz. 9. ‖ 10 DKKW/*Buschmann*, § 82 Rz. 7; *Fitting*, § 82 Rz. 9. ‖ 11 GK-BetrVG/*Wiese/Franzen*, § 82 Rz. 13. ‖ 12 GK-BetrVG/*Wiese/Franzen*, § 82 Rz. 12; DKKW/*Buschmann*, § 82 Rz. 6. ‖ 13 GK-BetrVG/*Wiese/Franzen*, § 82 Rz. 15. ‖ 14 Vgl. BAG 28.3.1979 – 5 AZR 80/77, AP Nr. 3 zu § 75 BPersVG. ‖ 15 Vgl. BAG 28.3.1979 – 5 AZR 80/77, AP Nr. 3 zu § 75 BPersVG. ‖ 16 DKKW/*Buschmann*, § 82 Rz. 11. ‖ 17 GK-BetrVG/*Wiese/Franzen*, § 82 Rz. 17.

gung seiner Leistungen, der betriebl. Berufsbildungsmaßnahmen (§§ 96 ff.) und Personalüberlegungen zu erfolgen[1]. Dazu gehören die **Sicherung des Arbeitsplatzes** bei Rationalisierungsmaßnahmen, Aufstiegsmöglichkeiten, Übertragung neuer Verantwortungen, Auswirkungen der Einführung neuer Technologien (zB Bildschirmarbeit, computerunterstütztes Konstruieren)[2]. Dieses **Erörterungsrecht** besteht, ohne dass ein konkreter Anlass gegeben sein muss (vgl. Rz. 12). Die **Zuständigkeit** richtet sich nach der betriebl. Organisation, im Zweifel ist eine für die berufl. Entwicklung kompetente Person zuständig[3]. Auf verbindliche **Zusagen** im Rahmen eines solchen Gesprächs besteht kein Anspruch, wird dagegen vom ArbGeb oder von seinem zuständigen Vertreter eine Zusage erteilt, ist diese verbindlich[4].

15 **4. Beteiligung eines Betriebsratsmitglieds (Abs. 2 S. 2 u. 3).** Das in Abs. 2 S. 1 geregelte Recht, mit dem ArbGeb die dort genannten Themen zu erörtern, betrifft nur das Verhältnis zwischen ArbGeb und ArbN. Das Recht des ArbN nach Abs. 2 S. 2 ist begrenzt auf Gespräche über die in Abs. 2 S. 1 genannten Gegenstände, wobei eine Teilidentität der Gesprächsgegenstände ausreicht[5]. Das Recht nach Abs. 2 S 2 kann sich aber auch indirekt ergeben. So kann ein ArbN zu einem vom ArbGeb initiierten Gespräch über den Inhalt der Tätigkeitsbeschreibung ein BR-Mitglied hinzuziehen, wenn die Tätigkeitsbeschreibung Grundlage der Entgeltfindung und damit der Gesprächsgegenstand wiederum die Berechnung des Arbeitsentgelts ist[6]. Die in Abs. 2 S. 2 eröffnete **Unterstützungsmöglichkeit** des ArbN durch ein BR-Mitglied seines Vertrauens dient damit allein einem **Individualrecht des ArbN**. Das BR-Mitglied soll auf **Wunsch** des ArbN teilnehmen, um diesem beratend zur Seite zu stehen. Dabei kann es für den ArbN im Einzelfall darauf ankommen, ein intellektuelles Übergewicht des ArbGeb auszugleichen, indem das BR-Mitglied aktiv in das Gespräch durch Vorschläge und Fragestellungen eingreift oder nur als Zeuge des ArbN bei der Unterredung zugegen ist[7]. Es besteht **kein Anspruch des einzelnen BR-Mitglieds** auf Teilnahme an einem Gespräch zwischen ArbGeb und ArbN[8]. Wird auf Wunsch des ArbN ein BR-Mitglied zu dem Gespräch hinzugezogen, darf es sich aktiv an dem Gespräch beteiligen, selbst Fragen stellen und Vorschläge machen[9]. Die Auswahl des BR-Mitglieds bestimmt der ArbN, so dass der BR nicht durch Beschluss festlegen kann, wer von den BR-Mitgliedern diese Aufgabe wahrnimmt[10]. Allerdings hat der ArbN **keinen Anspruch** auf ein **bestimmtes Verhalten** des BR-Mitglieds im Rahmen des Gesprächs[11]. Das Teilnahmerecht eines BR-Mitglieds besteht auch dann, wenn die **Initiative** zu einem Gespräch nach Abs. 2 S. 1 nicht vom ArbN, sondern vom ArbGeb ausgeht[12]. Der ArbGeb muss die Wahl des ArbN hinsichtlich des teilnehmenden BR-Mitglieds akzeptieren. Das BR-Mitglied hat dem Verlangen des ArbN auf Teilnahme zu entsprechen[13]. Nach Abs. 2 S. 3 hat das BR-Mitglied über den Inhalt der Verhandlungen **Stillschweigen** zu bewahren, soweit es vom ArbN im Einzelfall nicht von dieser Verpflichtung entbunden wird. Die Verschwiegenheitspflicht gilt auch ggü. dem BR und den anderen BR-Mitgliedern, weil nicht der BR als solcher, sondern das BR-Mitglied **persönlich** hinzugezogen wird[14]. Ein Teilnahmerecht betriebsfremder Dritter (zB Rechtsanwalt) besteht nicht[15].

16 **IV. Streitigkeiten.** Ansprüche nach § 82 sind im arbeitsgerichtl. **Urteilsverfahren** einklagbar (§§ 2 I Nr. 3a, V iVm. 46 ff. ArbGG). Gleiches gilt für den Anspruch des ArbN auf Teilnahme eines BR-Mitglieds an Gesprächen nach Abs. 1 S. 1[16]. Das BR-Mitglied selbst hat keinen einklagbaren Anspruch auf Teilnahme[17]. Kommt ein BR-Mitglied seiner Pflicht zur Teilnahme nicht nach, so kann eine Amtspflichtverletzung vor, die bei einem groben Verstoß zur Amtsenthebung durch Beschluss des ArbG berechtigt (§ 23 I). Zuständig ist das ArbG, das im **Beschlussverfahren** entscheidet (§§ 2a I Nr. 1, II iVm. 80 ff. ArbGG). Verstößt ein BR-Mitglied gegen die Verschwiegenheitspflicht aus Abs. 2 S. 3, hat der betroffene ArbN einen Schadensersatzanspruch aus § 823 II BGB, denn Abs. 2 S. 3 ist Schutzgesetz iSv. § 823 II BGB zu Gunsten des ArbN[18]. Über eine solche Schadensersatzklage entscheidet das ArbG im **Urteilsverfahren**, da es sich um eine Streitigkeit zwischen ArbN aus einer unerlaubten Handlung handelt, die mit dem ArbVerh im Zusammenhang steht (§§ 2 I Nr. 9, V iVm. 46 ff. ArbGG). Verletzt das BR-Mitglied, das an einem Gespräch zwischen ArbN und ArbGeb teilgenommen hat, seine Schweigepflicht nach Abs. 2 S. 3, kann der Straftatbestand des § 120 II verwirklicht sein. Die Tat wird nur auf Antrag des ArbN verfolgt (§ 120 V 1).

83 Einsicht in die Personalakten

(1) **Der Arbeitnehmer hat das Recht, in die über ihn geführten Personalakten Einsicht zu nehmen. Er kann hierzu ein Mitglied des Betriebsrats hinzuziehen. Das Mitglied des Betriebsrats hat über**

---

1 GK-BetrVG/*Wiese/Franzen*, § 82 Rz. 18. ‖ 2 *Fitting*, § 82 Rz. 10. ‖ 3 DKKW/*Buschmann*, § 82 Rz. 9. ‖ 4 *Fitting*, § 82 Rz. 11; DKKW/*Buschmann*, § 82 Rz. 11. ‖ 5 Vgl. BAG 16.11.2004 – 1 ABR 53/03, AP Nr. 3 zu § 82 BetrVG 1972. ‖ 6 Vgl. BAG 20.4.2010 – 1 ABR 85/08, NZA 2010, 1307. ‖ 7 Vgl. BAG 23.2.1984 – 6 ABR 22/81, AP Nr. 2 zu § 82 BetrVG 1972. ‖ 8 Vgl. BAG 23.2.1984 – 6 ABR 22/81, AP Nr. 2 zu § 82 BetrVG 1972. ‖ 9 DKKW/*Buschmann*, § 82 Rz. 13; *Fitting*, § 82 Rz. 13. ‖ 10 *Fitting*, § 82 Rz. 13; GK-BetrVG/*Wiese/Franzen*, § 82 Rz. 20. ‖ 11 *Fitting*, § 82 Rz. 13; DKKW/*Buschmann*, § 82 Rz. 13. ‖ 12 Vgl. BAG 24.4.1979 – 6 AZR 69/77, AP Nr. 1 zu § 82 BetrVG 1972. ‖ 13 *Fitting*, § 82 Rz. 13; DKKW/*Buschmann*, § 82 Rz. 13. ‖ 14 DKKW/*Buschmann*, § 82 Rz. 13. ‖ 15 Vgl. *Stück*, DB 2007, 1137 ff. (1139). ‖ 16 Vgl. BAG 24.4.1979 – 6 AZR 69/77, AP Nr. 1 zu § 82 BetrVG 1972. ‖ 17 Vgl. BAG 23.2.1984 – 6 ABR 22/81, AP Nr. 2 zu § 82 BetrVG 1972. ‖ 18 Richardi/*Thüsing*, § 82 Rz. 17.

den Inhalt der Personalakte Stillschweigen zu bewahren, soweit es vom Arbeitnehmer im Einzelfall nicht von dieser Verpflichtung entbunden wird.

(2) Erklärungen des Arbeitnehmers zum Inhalt der Personalakte sind dieser auf sein Verlangen beizufügen.

I. Vorbemerkung. § 83 gibt allen ArbN (zum persönl. Geltungsbereich vgl. § 81 Rz. 2) das Recht, jederzeit Einsicht in die Personalakten zu nehmen und diesen Erklärungen beizufügen. Es handelt sich um ein **Individualrecht**, das aus diesem Grunde auch unabhängig von der Existenz eines BR oder der BR-Fähigkeit des Betriebs besteht[1]. Für leitende Angestellte ergibt sich das Recht zur Einsicht in die Personalakten aus § 26 II SprAuG. **Zweck** der Vorschrift ist es, dass der ArbN seine Position im Betrieb und Unternehmen realistisch einschätzen kann.

II. Einsichtsrecht (Abs. 1). Nach Abs. 1 S. 1 hat der ArbN das Recht, in die über ihn geführten Personalakten Einsicht zu nehmen. Er kann hierzu gem. Abs. 1 S. 2 ein Mitglied des BR hinzuziehen, das über den Inhalt der Personalakte Stillschweigen zu bewahren hat.

1. Begriff der Personalakte. Zu unterscheiden ist zwischen **materiellen** und **formellen** Personalakten. Personalakten sind nach der st. Rspr. des BAG eine Sammlung von Urkunden und Vorgängen, die die persönlichen und dienstlichen Verhältnisse des ArbN betreffen und in einem inneren Zusammenhang mit dem ArbVerh stehen. Sie sollen ein möglichst vollständiges, wahrheitsgemäßes und sorgfältiges Bild über die persönlichen und dienstlichen Verhältnisse des ArbN geben. Dabei ist es unerheblich, wie der ArbGeb einen Vorgang, der zu den Personalakten gehört, bezeichnet und wo und wie er ihn führt und aufbewahrt. Allein entscheidend ist der Inhalt des Vorgangs. Erfüllt dieser die begrifflichen Merkmale einer Personalakte, ist der Vorgang als Personalakte zu qualifizieren[2]. Von diesem **materiellen Personalaktenbegriff** ist der **formelle Personalaktenbegriff** zu unterscheiden. Unter formellen Personalakten sind diejenigen Schriftstücke und Unterlagen zu verstehen, die der ArbGeb als Personalakten führt oder diesen als Bei-, Neben- oder Sonderakten zuordnet. Auch für die formellen Personalakten gilt der Grundsatz, dass sie ein möglichst vollständiges, wahrheitsgemäßes und sorgfältiges Bild über die persönlichen und dienstlichen Verhältnisse des ArbN geben sollen. Sie sind dazu bestimmt, Grundlage für Beurteilungen und Auskünfte des ArbGeb über den ArbN zu sein. Nach der allg. Fürsorgepflicht hat der ArbGeb sich für die Belange des ArbN einzusetzen, auf dessen Wohl bedacht zu sein und alles zu unterlassen, was den berechtigten Interessen des ArbN schaden könnte[3]. Dieser Pflicht wird der ArbGeb nur gerecht, wenn er für Vollständigkeit und Richtigkeit der Personalakten sorgt. Daraus folgt, dass der ArbGeb **alle Personalakten** im materiellen Sinn zu den formellen Personalakten zu nehmen hat. Hierauf hat der ArbN einen einklagbaren Anspruch. Dieser Anspruch besteht unabhängig davon, dass der ArbN auch dann auf Einsicht in materielle Personalakten klagen kann, wenn sie vom ArbGeb nicht in den formellen Personalakten aufbewahrt werden[4]. Zu den Personalakten zählen neben dem Arbeitsvertrag alle für den Betrieb wissenswerten Angaben zur Person des ArbN (zB Personenstand, Berufsbildung, berufliche Entwicklung, Fähigkeiten, Leistung, Anerkennung, Beurteilungen aller Art, graphologische Gutachten, Testergebnisse, Abmahnungen, Betriebsbußen, Krankheiten, Urlaub, Pfändungen und Abtretungen)[5].

2. Führung der Personalakte. Über die Art und Weise der Anlegung von Personalakten enthält § 83 keine Aussage. Hierüber entscheidet allein der ArbGeb: **Form** und **System** etwaiger Personalakten iSv. § 83 obliegen ihm[6]. Genauso kann der ArbGeb aber die Entscheidung treffen, **keine** Personalakten anzulegen, er ist dazu gesetzl. nicht verpflichtet[7].

Personalakten können in herkömmlicher Form schriftl., aber auch elektronisch geführt werden[8]. Da **keine Pflicht zur Führung** von Personalakten besteht, gilt nicht – anders als im öffentl. Dienst – der Grundsatz der Vollständigkeit der Personalakten[9]. Daher steht es grds. dem ArbGeb frei, welche Unterlagen er in die Personalakten aufnimmt. Voraussetzung ist dabei, dass der ArbGeb die in den Personalakten enthaltenen Angaben **rechtmäßig** erlangt hat, er muss an ihnen ein **sachliches Interesse** haben[10]. Verneint wurde dies bspw. im Hinblick auf die Aufnahme eines Strafurteils in die Personalakte, das gegen einen ArbN im öffentl. Dienst wegen einer außerdienstl. Verfehlung ergangen war[11]. **Nicht** zu den Personalakten gehören Prozessakten aus anhängigen Rechtsstreitigkeiten zwischen ArbGeb und ArbN[12]. Darüber hinaus gehören nicht zu den Personalakten Aufzeichnungen des Betriebsarztes („Befundbogen"), die dem ArbGeb auf Grund der in § 8 I 3 ASiG normierten ärztlichen Schweigepflicht nicht zugänglich sind[13]. Den ArbGeb trifft eine **Aufbewahrungspflicht** dahin gehend, dass er die Personalakten vor dem Zugriff und der Einsichtnahme Dritter schützen muss. Wird diese Pflicht verletzt, liegt regelmäßig ein Eingriff in das allg. Persönlichkeitsrecht vor. Dies gilt ausnahmsw. dann nicht,

---

1 *Fitting*, § 83 Rz. 1; DKKW/*Buschmann*, § 83 Rz. 1. || 2 BAG 7.5.1980 – 4 AZR 214/78, ArbuR 1981, 124. || 3 Vgl. BAG 9.2.1977 – 5 AZR 2/76, AP Nr. 83 zu § 611 BGB Fürsorgepflicht. || 4 BAG 7.5.1980 – 4 AZR 214/78, ArbuR 1981, 124. || 5 *Fitting*, § 83 Rz. 4. || 6 GK-BetrVG/*Franzen*, § 83 Rz. 14. || 7 GK-BetrVG/*Franzen*, § 83 Rz. 13. || 8 GK-BetrVG/*Franzen*, § 83 Rz. 14. || 9 *Richardi/Thüsing*, § 83 Rz. 13. || 10 LAG Nds. 10.7.1980 – 6 Sa 35/80, AP Nr. 35 zu § 611 BGB Fürsorgepflicht; DKKW/*Buschmann*, § 83 Rz. 3. || 11 Vgl. BAG 9.2.1977 – 5 AZR 2/76, AP Nr. 83 zu § 611 BGB Fürsorgepflicht. || 12 BAG 8.4.1992 – 5 AZR 101/91, RDV 1993, 171. || 13 *Fitting*, § 83 Rz. 6; DKKW/*Buschmann*, § 83 Rz. 3a.

wenn die Einsichtnahme Dritter keine Nachteile verursacht hat und aus Sicht des ArbGeb auch den Interessen des ArbN dienen sollte[1].

6   **3. Einsichtsrecht des Arbeitnehmers (Abs. 1 S. 1).** Nach Abs. 1 S. 1 hat der ArbN das Recht, in die Personalakte Einsicht zu nehmen. Das bedeutet, dass er Einblick nicht nur in die „eigentliche" Personalakte, sondern in alle sonstigen Neben- oder Beiakten, die der ArbGeb über ihn führt, nehmen kann. Das Führen von **Geheimakten** ist unzulässig[2]. Der ArbN kann sich **Notizen** machen, er darf – sofern im Betrieb die Möglichkeit besteht – auf seine Kosten **Fotokopien** aus den Akten fertigen[3]. Darüber hinaus ist das Einsichtsrecht **kostenlos**. Es besteht **jederzeit** während der **Arbeitszeit** an dem **Ort**, an dem die Personalakten verwahrt werden[4]. Bei der Einsichtnahme hat der ArbN jedoch auf Grund seiner Treuepflicht (§ 242 BGB) auf die betriebl. Verhältnisse Rücksicht zu nehmen und darf das Recht nicht zur **Unzeit** oder in **unangemessen kurzen Zeitabständen** ausüben[5]. Das Recht zur Einsicht in die Personalakten ist **höchstpersönlich**, so dass eine Bevollmächtigung Dritter zur Einsichtnahme nur dann in Betracht kommt, wenn der ArbN über längere Zeit an einer **persönlichen Einsichtnahme** gehindert ist (zB durch Krankheit)[6]. Das BetrVG sieht lediglich vor, dass der ArbN ein Mitglied des BR hinzuziehen kann. Die Einzelheiten des Einsichtsrechts können in einer BV geregelt werden, wobei streitig ist, ob der Regelungsgegenstand der erzwingbaren Mitbest. nach § 87 I Nr. 1 unterliegt[7].

7   **4. Hinzuziehung eines Betriebsratsmitglieds (Abs. 1 S. 2 u. 3).** Der ArbN kann nach Abs. 1 S. 2 ein Mitglied des BR zur Einsichtnahme hinzuziehen. Nimmt der ArbN dieses Recht wahr, kann das BR-Mitglied Einsicht in demselben Umfang nehmen wie der betreffende ArbN[8]. Das Recht des ArbN auf Hinzuziehung eines BR-Mitglieds begründet **kein Recht des BR** auf Einsicht in die Personalakten als solche[9]. Das vom ArbN gewünschte BR-Mitglied darf sich dieser Unterstützungsfunktion nur entziehen, wenn es wichtige Gründe geltend machen kann[10]. Über den Inhalt der Personalakten hat das BR-Mitglied **Stillschweigen** zu bewahren, soweit es vom ArbN im Einzelfall nicht von dieser Verpflichtung entbunden wird (Abs. 1 S. 3). Die Vorschriften des BetrVG über die Schweigepflicht gehen im Rahmen ihres Geltungsbereichs den Vorschriften des BDSG vor (§ 1 III 1 BDSG). **Schwerbehinderte Menschen** haben das Recht, bei der Einsicht in die über sie geführten Personalakten oder sie betreffenden Daten die Schwerbehindertenvertretung hinzuzuziehen (§ 95 III 1 SGB IX).

8   **5. Beginn und Ende des Einsichtsrechts.** Das Recht auf Einsichtnahme in die Personalakten besteht vom Beginn bis zur Beendigung des ArbVerh. Darüber hinaus ergibt sich aus der nachwirkenden Fürsorgepflicht des ArbGeb das Recht des ArbN auf Einsicht in seine Personalakte auch nach Beendigung des ArbVerh. Der ArbN muss kein konkretes berechtigtes Interesse darlegen[11].

9   **III. Erklärungen des Arbeitnehmers zur Personalakte (Abs. 2).** Nach Abs. 2 sind bei Verlangen des ArbN dessen Erklärungen der Personalakte beizufügen. Damit wird dem Umstand Rechnung getragen, dass auch der ArbN ein Interesse an der Dokumentation bestimmter Vorgänge hat. Abs. 2 enthält aber nur ein **Gegenerklärungsrecht**, durch das unrichtige oder abwertende Angaben über die Person des ArbN nicht neutralisiert werden. Der ArbGeb hat aber das allg. Persönlichkeitsrecht in Bezug auf Ansehen, soziale Geltung und berufliches Fortkommen zu beachten. Das Persönlichkeitsrecht des ArbN wird durch unrichtige, das berufliche Fortkommen berührende Tatsachenbehauptungen beeinträchtigt.

10   **IV. Verhältnis zum BDSG.** Der ArbN hat daher ein Gegenerklärungsrecht (zum Rechtsschutz gegen Abmahnungen iÜ vgl. § 1 KSchG Rz. 202 ff.). Abs. 2 und die Schutzbestimmungen des BDSG stehen nicht in einem Subsidiaritätsverhältnis, sondern die Rechte bestehen nebeneinander[12]. Bei Vorliegen der Voraussetzungen des BDSG haben die ArbN insb. die Rechte aus den §§ 33 ff. BDSG[13].

11   **V. Streitigkeiten** zwischen ArbGeb und ArbN über die in § 83 gewährten Rechte sind im arbeitsgerichtl. **Urteilsverfahren** auszutragen (§§ 2 I Nr. 3a, V iVm. 46 ff. ArbGG). Gleiches gilt für den Rechtsstreit auf Entfernung einer Abmahnung aus der Personalakte sowie für Auseinandersetzungen über Ansprüche des ArbN nach dem BDSG. Schadensersatzansprüche, die der ArbN gegen den ArbGeb wegen ungerechtfertigter Weitergabe personenbezogener Daten geltend macht, wären ebenfalls im Urteilsverfahren zu verfolgen. Der BR kann den Anspruch des ArbN auf Hinzuziehung eines BR-Mitglieds nicht, auch nicht im Wege eines Beschlussverfahrens, durchsetzen (vgl. § 82 Rz. 16). Weigert sich ein BR-Mitglied, dem Wunsch des ArbN auf Hinzuziehung bei der Akteneinsicht nachzukommen, so kann dies uU eine grobe Pflichtverletzung iSv. § 23 I darstellen (vgl. § 82 Rz. 16). Allerdings besteht kein gerichtl.

---

1 Vgl. BAG 18.12.1984 – 3 AZR 389/83, AP Nr. 8 zu § 611 BGB Persönlichkeitsrecht. ||2 *Fitting*, § 83 Rz. 5; DKKW/*Buschmann*, § 83 Rz. 2. ||3 LAG Nds. 31.3.1981 – 2 Sa 79/80, DB 1981, 1623; *Fitting*, § 83 Rz. 11. ||4 Richardi/*Thüsing*, § 83 Rz. 19 und 21f. ||5 GK-BetrVG/*Franzen*, § 83 Rz. 22. ||6 GK-BetrVG/*Franzen*, § 83 Rz. 26; Richardi/*Thüsing*, § 83 Rz. 27; aA *Fitting*, § 83 Rz. 12; DKKW/*Buschmann*, § 83 Rz. 7. ||7 Für freiwillige BV ErfK/*Kania*, § 83 BetrVG Rz. 4; für erzwingbare Mitbest. nach § 87 I Nr. 1 Richardi/*Thüsing*, § 83 Rz. 24; DKKW/*Buschmann*, § 83 Rz. 7; *Fitting*, § 83 Rz. 13. ||8 DKKW/*Buschmann*, § 83 Rz. 10; *Fitting*, § 83 Rz. 41. ||9 GK-BetrVG/*Franzen*, § 83 Rz. 30 mzN. ||10 DKKW/*Buschmann*, § 83 Rz. 9. ||11 BAG 16.11.2010 – 9 AZR 573/09, NZA 2011, 453. ||12 Einschränkend GK-BetrVG/*Franzen*, § 83 Rz. 66; *Fitting*, § 83 Rz. 33. ||13 Vgl. iÜ ausf. zum BDSG und § 83 *Fitting*, § 83 Rz. 16 ff.; DKKW/*Buschmann*, § 83 Rz. 18 ff.; GK-BetrVG/*Franzen*, § 83 Rz. 42 ff.

durchsetzbarer Rechtsanspruch des ArbN auf Teilnahme eines BR-Mitglieds an der Einsicht in die Personalakte[1]. Streitigkeiten zwischen BR und ArbGeb über eine BV zum Zwecke der weiteren Ausgestaltung der Einsicht in die Personalakten (vgl. Rz. 6) sind im arbeitsgerichtl. **Beschlussverfahren** auszutragen (§§ 2a I Nr. 1, II iVm. 80 ff. ArbGG).

84 Beschwerderecht

(1) Jeder Arbeitnehmer hat das Recht, sich bei den zuständigen Stellen des Betriebs zu beschweren, wenn er sich vom Arbeitgeber oder von Arbeitnehmern des Betriebs benachteiligt oder ungerecht behandelt oder in sonstiger Weise beeinträchtigt fühlt. Er kann ein Mitglied des Betriebsrats zur Unterstützung oder Vermittlung hinzuziehen.

(2) Der Arbeitgeber hat den Arbeitnehmer über die Behandlung der Beschwerde zu bescheiden und, soweit er die Beschwerde für berechtigt erachtet, ihr abzuhelfen.

(3) Wegen der Erhebung einer Beschwerde dürfen dem Arbeitnehmer keine Nachteile entstehen.

I. Vorbemerkung. § 84 regelt das **individuelle Beschwerderecht** des ArbN (zum persönl. Geltungsbereich vgl. § 81 Rz. 2) ggü. dem ArbGeb. Neben der Beschwerde nach § 84 **direkt ggü. dem ArbGeb** bzw. den zuständigen Stellen des Betriebes darf der ArbN auch eine Beschwerde **beim BR** einreichen (§ 85). Für leitende Angestellte findet sich ein entsprechendes Beschwerderecht im SprAuG nicht. Zusätzlich zum Beschwerderecht nach den §§ 84 und 85 haben ArbN, die sich vom ArbGeb, von Vorgesetzten, von anderen Beschäftigten oder von Dritten am Arbeitsplatz sexuell belästigt fühlen, das Recht, sich bei den zuständigen Stellen des Betriebs zu beschweren. Der ArbGeb oder Dienstvorgesetzte hat die Beschwerde zu prüfen und geeignete Maßnahmen zu treffen, um die Fortsetzung einer festgestellten Belästigung zu unterbinden (§ 13 AGG). Da die weiteren in den §§ 84 und 85 vorgesehenen Möglichkeiten (Hinzuziehung eines BR-Mitglieds bei § 84, ggf. die Einsetzung einer Einigungsstelle bei § 85) in § 13 AGG aufgeführt sind, kann es aus taktischen Gesichtspunkten angezeigt sein, alle denkbaren Beschwerden einzulegen, um alle Möglichkeiten auszuschöpfen. Da es sich um einen **Individualanspruch** des ArbN als Ausfluss arbeitsvertragl. Beziehungen handelt, findet er auch in nicht betriebsratsfähigen und betriebsratslosen Betrieben Anwendung[2]. Durch die Erhebung der Beschwerde nach § 84 werden gesetzl. Fristen nicht gehemmt[3]. Die Beschwerde kann allerdings tarifl. Ausschlussfristen wahren, wenn lediglich eine schlichte Geltendmachung des Anspruchs verlangt wird[4]. Beschwerden bei **außerbetrieblichen Stellen** sind regelmäßig erst nach Erschöpfung der betriebl. Beschwerdemöglichkeiten zulässig[5]. Für den Bereich des ArbSchG sieht § 17 II ArbSchG ausdrücklich vor, dass die ArbN zuerst beim ArbGeb auf Abhilfe hinwirken müssen, bevor sie sich an die zuständigen Behörden wenden können.

Einstweilen frei.

II. Beschwerderecht (Abs. 1). 1. Gegenstand der Beschwerde. Gegenstand der Beschwerde ist die Behauptung des ArbN, in seiner **individuellen Position** vom ArbGeb oder von einem sonstigen Betriebsangehörigen beeinträchtigt worden zu sein. Unter Beschwerde ist jedes Vorbringen eines ArbN zu verstehen, mit dem er darauf hinweisen will, dass er sich benachteiligt oder in sonstiger Weise beeinträchtigt **fühlt**, und mit dem er die **Abhilfe** des ihn persönlich belastenden Zustands begehrt. Unerheblich ist, ob das Verlangen des ArbN **objektiv** begründet ist. § 84 verlangt lediglich, dass der ArbN sich selbst beeinträchtigt fühlt, stellt also auf seinen **subjektiven Standpunkt** ab[6]. Das bedeutet zugleich, dass es keine **Popularbeschwerde** gibt. Wenn Gegenstand der Beschwerde das subjektive Empfinden des betreffenden ArbN ist, er fühle sich in seiner individuellen Position benachteiligt, ungerecht behandelt oder in sonstiger Weise beeinträchtigt, kann die Beschwerde nicht auf **allgemeine betriebl. Streitpunkte** gestützt werden[7]. Der Gegenstand eines Beschwerdeverfahrens iSd. §§ 84, 85 ist umfassend. Es muss lediglich ein Zusammenhang zwischen dem Beschwerdegegenstand und dem ArbVerh bestehen[8].

- **Beispiele** für Beschwerdegegenstände: Arbeits- und Gesundheitsschutz (Lärm, Vibration, Geruch, Raumklima)[9]; betriebl. Umweltschutz (zB Zuweisung einer umweltrechtswidrigen oder -problematischen Tätigkeit)[10] sowie Arbeitsorganisation (Leistungsverdichtung, etwa durch die Geschwindigkeit des Maschinenlaufs, Vergrößerung des Arbeitspensums, Einführung von Gruppenarbeit insb. im Rahmen von lean production)[11]; sexuelle Belästigungen; Beleidigungen; schikanierendes und herablassendes Verhalten anderer Arbeitskollegen[12], ausländerfeindliche Äußerungen und Mobbing[13]; vermeintliche Vereitelung von Rechtsansprüchen (Verstoß gegen den Gleichbehandlungsgrundsatz, fal-

---

1 *Fitting*, § 83 Rz. 43; DKKW/*Buschmann*, § 83 Rz. 27. || 2 DKKW/*Buschmann*, § 84 Rz. 2. || 3 Richardi/*Thüsing*, § 84 Rz. 17. || 4 DKKW/*Buschmann*, § 84 Rz. 2; *Fitting*, § 84 Rz. 1. || 5 *Fitting*, § 84 Rz. 1; vgl. auch *Herbert*/*Oberrath*, NZA 2005, 193 ff. (197). || 6 Vgl. BAG 11.3.1982 – 2 AZR 798/79, nv. || 7 LAG Schl.-Holst. 21.12.1989 – 4 TaBV 42/89, NZA 1990, 703 (704); *Fitting*, § 84 Rz. 4; GK-BetrVG/*Wiese*/*Franzen*, § 84 Rz. 11. || 8 Vgl. LAG Hess. 3.3.2009 – 4 TaBV 14/09, ArbuR 2009, 181. || 9 Vgl. zum Nichtraucherschutz durch einstw. Verfügung LAG München 27.11.1990 – 2 Sa 542/90, LAGE § 618 BGB Nr. 5. || 10 *Fitting*, § 84 Rz. 6; DKKW/*Buschmann*, § 84 Rz. 8. || 11 *Fitting*, § 84 Rz. 6. || 12 ErfK/*Kania*, § 84 BetrVG Rz. 5. || 13 GK-BetrVG/*Wiese*/*Franzen*, § 84 Rz. 8.

sche Eingruppierung, unberechtigte Abmahnung)[1]; empfundene Beeinträchtigung wegen betriebsverfassungsrechtl. Regelungsfragen (Lage der Arbeitszeit, Essensqualität in der Werkskantine)[2].

5   Gegenstand einer Beschwerde kann nicht die Amtstätigkeit des BR oder eines der BR-Mitglieder sein, wohl aber das Verhalten einzelner BR-Mitglieder, sofern dieses auch unabhängig von der Amtstätigkeit den ArbN beeinträchtigt[3]. Dies ergibt sich daraus, dass zum einen § 84 nur von ArbGeb und ArbN spricht, zum anderen der ArbGeb keine Einwirkungs-, also auch keine Abhilfemöglichkeit hätte, sofern es um die Amtstätigkeit des BR und seiner Mitglieder geht[4]. IÜ bleibt im Falle grober Pflichtverstöße des BR oder einzelner BR-Mitglieder ggf. die Möglichkeit, einen Antrag nach § 23 I zu stellen[5].

6   **2. Adressat der Beschwerde.** Die Beschwerde ist bei der organisatorisch für die Abhilfe **zuständigen Stelle des Betriebs** einzulegen. Diese bestimmt der ArbGeb. Beschwerdeadressat wird idR der **unmittelbare Vorgesetzte** sein[6]. Gerade in größeren Betrieben ist es sinnvoll, zur Entgegennahme von Beschwerden zuständige Stellen vorzugeben. Dies kann bspw. die Personalabteilung sein[7]. Der ArbGeb vermeidet damit, dass Beschwerden bei unterschiedlichen Vorgesetzten eingelegt werden mit der Gefahr von Reibungsverlusten und einer unterschiedlichen Handhabung der Beschwerden.

7   **3. Form und Frist.** Die Beschwerde nach § 84 ist nicht an eine bestimmte Form oder bestimmte Frist gebunden. Zu Beweis- und Dokumentationszwecken ist die Schriftform für die Beschwerde regelmäßig zu empfehlen.

8   **4. Hinzuziehung Betriebsratsmitglied.** Nach Abs. 1 S. 2 kann der betroffene ArbN zur Unterstützung und zur Vermittlung ein Mitglied des BR hinzuziehen. Das entsprechende Recht des ArbN findet sich in § 82 II u. § 83 I (vgl. § 82 Rz. 15 u. § 83 Rz. 7). Im Unterschied zu § 83 I 3 besteht **keine besondere Schweigepflicht** des BR-Mitglieds. Ein Recht auf anonyme Behandlung seiner Beschwerde hat der ArbN nicht, jedoch folgt aus dem **allgemeinen Persönlichkeitsrecht** des ArbN eine Pflicht zur vertraulichen Behandlung der Beschwerde[8].

9   **III. Bescheidung der Beschwerde (Abs. 2).** Nach Abs. 2 hat der ArbGeb oder ein bevollmächtigter Vertreter über die Behandlung der Beschwerde zu bescheiden und, soweit er die Beschwerde für berechtigt erachtet, ihr abzuhelfen. Der ArbN hat daher nur einen Anspruch auf **Prüfung** der Beschwerde, nicht dagegen auf Abhilfe. Zumindest bei der Ablehnung der Beschwerde sind die wesentlichen Gründe mitzuteilen[9]. Erkennt der ArbGeb die Berechtigung der Beschwerde an, so ist er durch diese **Selbstbindung** zur Abhilfe verpflichtet, soweit eine solche Möglichkeit in seinem Einflussbereich liegt. Der ArbGeb geht durch die Anerkennung eine vertragl. Verpflichtung ein, aus der ein Rechtsanspruch des ArbN erwächst[10]. Eine bestimmte **Form** oder eine bestimmte **Frist** für die Entscheidung über die Beschwerde ist nach Abs. 2 nicht vorgesehen; der ArbN hat aber einen Anspruch darauf, innerhalb angemessener Frist über die Beschwerde verbeschieden zu werden[11].

10 ● **Hinweis:** Der ArbN sollte einer Anordnung, über die er sich beschwert, zunächst nachkommen, es sei denn, es besteht im Einzelfall ein Leistungsverweigerungsrecht (§ 273 BGB)[12]. Anderenfalls droht uU eine (außerordentl.) Kündigung des ArbVerh wegen Arbeitsverweigerung.

11 ● **Beispiel:** Ein – einschlägig abgemahnter – ArbN hatte einen Anspruch auf eine Pause. Als er in die Pause gehen wollte, trat ein Schaden bei der Maschine, an der er tätig war, auf. Sein Vorgesetzter erteilte ihm die Anweisung, zunächst bei der Reparatur der Maschine mitzuhelfen, anschließend könne der ArbN seine Pause machen. Der ArbN kam der Anweisung nicht nach, sondern begab sich in das Abteilungsbüro und beschwerte sich bei dem weiteren Vorgesetzten. Die Vorgesetzten halfen der Beschwerde nicht ab und forderten den ArbN zur Arbeitsaufnahme auf. Dieser Aufforderung leistete der ArbN keine Folge. Nach dem Bescheid über die Beschwerde „machte er Pause". Indem der ArbN nach Verbescheidung seiner Beschwerde der ihm erteilten Anweisung nicht nachkam, beging er eine beharrliche Arbeitsverweigerung, die zur Berechtigung der ausgesprochenen außerordentl. Kündigung führte[13].

12 **IV. Benachteiligungsverbot (Abs. 3).** Gem. Abs. 3 dürfen dem ArbN wegen der Erhebung der Beschwerde keine Nachteile entstehen (**Benachteiligungsverbot**). Als Benachteiligungen kommen Entgeltminderungen, eine Abmahnung[14] oder eine Kündigung in Betracht. Abs. 3 stellt insoweit eine **Spezialregelung** des allg. Maßregelungsverbots gem. § 612a BGB dar[15]. Kommt es zu einer Benachteiligung als Folge einer Beschwerde, so sind die **wegen einer Beschwerde** zugefügten Nachteile unwirksam, eine etwaige Kündigung ist nichtig[16]. Als Rechtsfolge kommen Schadensersatzansprüche nach § 823 II BGB

---

1 ErfK/*Kania*, § 84 BetrVG Rz. 5. ||2 ErfK/*Kania*, § 84 BetrVG Rz. 5. ||3 MünchArbR/*v. Hoyningen-Huene*, § 303 Rz. 18. ||4 DKKW/*Buschmann*, § 84 Rz. 11. ||5 *Fitting*, § 84 Rz. 12; GK-BetrVG/*Wiese/Franzen*, § 84 Rz. 15. ||6 DKKW/*Buschmann*, § 84 Rz. 12; *Fitting*, § 84 Rz. 13. ||7 GK-BetrVG/*Wiese/Franzen*, § 84 Rz. 16. ||8 GK-BetrVG/*Wiese/Franzen*, § 84 Rz. 23. ||9 *Fitting*, § 84 Rz. 16; DKKW/*Buschmann*, § 84 Rz. 16. ||10 *Fitting*, § 84 Rz. 18; DKKW/*Buschmann*, § 84 Rz. 17. ||11 GK-BetrVG/*Wiese/Franzen*, § 84 Rz. 27. ||12 *Fitting*, § 84 Rz. 15. ||13 LAG Hamm 29.10.1997 – 14 Sa 762/97, nv. ||14 Vgl. LAG Hamm 11.2.2004 – 18 Sa 1847/03, FA 2004, 155. ||15 ErfK/*Kania*, § 84 BetrVG Rz. 8. ||16 BAG 11.3.1982 – 2 AZR 798/79; LAG Hamm 17.12.2008 – 3 Sa 1248/08, ArbuR 2009, 145.

iVm. Abs. 3 in Betracht[1]. Etwas anderes kann sich aus den Begleitumständen der Beschwerde ergeben: Grds. gilt, dass im Falle der Erhebung einer Beschwerde des ArbN gegen seinen Vorgesetzten ihm gem. Abs. 3 auch dann keine Nachteile entstehen dürfen, wenn sich die Beschwerde als ungerechtfertigt herausstellt. Allerdings kann eine Kündigung dann gerechtfertigt sein, wenn **völlig haltlose schwere Anschuldigungen** gegen den ArbGeb oder den Vorgesetzten erhoben werden[2].

- **Beispiel:** Ein ArbN behauptete, von seinem Vorgesetzten tätlich angegriffen und am Ohr verletzt worden zu sein. Erweisen sich solche Vorwürfe als unzutreffend, wäre ein wichtiger Grund für eine außerordentl. Kündigung iSv. § 626 I BGB gegeben[3]. 13

- **Hinweis:** Die Einzelheiten des Beschwerdeverfahrens können durch TV oder BV geregelt werden (§ 86). 14

V. Streitigkeiten. Das ArbG entscheidet im Urteilsverfahren (§ 2 I Nr. 3a, V iVm. §§ 46 ff. ArbGG) über Rechtsstreitigkeiten zwischen ArbGeb und ArbN betreffend die Entgegennahme und Bescheidung der Beschwerde, wobei der ArbN keinen Anspruch auf eine konkrete Beschwerdebescheidung hat; Rechtsansprüche, die sich aus einer **Anerkennung** der Berechtigung der Beschwerde durch den ArbGeb ergeben; **Rechtsansprüche**, die der ArbN mit seiner Beschwerde ggü. dem ArbGeb geltend macht (zB Leistungsansprüche wegen eines behaupteten Verstoßes gegen den Gleichbehandlungsgrundsatz); Rechtsstreitigkeiten zwischen ArbN und ArbGeb über **Schadensersatzansprüche** (zB wegen **Verletzung der Schutzvorschrift** des § 84 III) sowie Rechtsstreitigkeiten zwischen ArbN und ArbGeb über die **Hinzuziehung** eines BR-Mitglieds (vgl. § 82 Rz. 16)[4]. Allerdings macht sich uU das BR-Mitglied einer groben Pflichtverletzung iSv. § 23 I schuldig (vgl. § 82 Rz. 16)[5]. 15

85 Behandlung von Beschwerden durch den Betriebsrat

(1) Der Betriebsrat hat Beschwerden von Arbeitnehmern entgegenzunehmen und, falls er sie für berechtigt erachtet, beim Arbeitgeber auf Abhilfe hinzuwirken.

(2) Bestehen zwischen Betriebsrat und Arbeitgeber Meinungsverschiedenheiten über die Berechtigung der Beschwerde, so kann der Betriebsrat die Einigungsstelle anrufen. Der Spruch der Einigungsstelle ersetzt die Einigung zwischen Arbeitgeber und Betriebsrat. Dies gilt nicht, soweit Gegenstand der Beschwerde ein Rechtsanspruch ist.

(3) Der Arbeitgeber hat den Betriebsrat über die Behandlung der Beschwerde zu unterrichten. § 84 Abs. 2 bleibt unberührt.

I. Vorbemerkung. § 85 ergänzt § 84: Während § 84 das **individuelle Beschwerdeverfahren** regelt, ist Gegenstand des § 85 das **Beschwerdeverfahren beim BR**. Zwischen beiden Vorschriften besteht keine Rangordnung, so dass der ArbN (zum persönl. Geltungsbereich vgl. § 81 Rz. 2) selbst darüber entscheiden kann, welchen Weg er wählt: Es liegt bei ihm, ob er seine Beschwerde beim BR sofort oder erst nach einem erfolglosen Beschwerdeverfahren gem. § 84 I einlegt. Er kann aber auch **gleichzeitig** beide Wege beschreiten[6]. 1

II. Einlegung und Behandlung der Beschwerde (Abs. 1). Nach Abs. 1 hat der BR Beschwerden von ArbN entgegenzunehmen und, falls er sie für berechtigt erachtet, beim ArbGeb auf Abhilfe hinzuwirken. 2

1. Beschwerdegegenstand. Begriff und **Gegenstand** von Beschwerden nach Abs. 1 bestimmen sich nach § 84 I[7]. Der Beschwerdegegenstand entspricht somit dem des § 84 (vgl. § 84 Rz. 3 ff.)[8]. Daraus folgt u.a., dass eine **Popularbeschwerde** nach Abs. 1 ausgeschlossen ist[9]. Der ArbN kann aber dem BR im Hinblick auf allg. Missstände und Benachteiligungen anderer ArbN Anregungen geben, damit dieser nach § 80 I Nr. 3 tätig wird. 3

2. Form und Frist. Für die Beschwerde nach § 85 ist weder eine bestimmte Form noch eine bestimmte Frist vorgeschrieben[10]. Zu Beweissicherungs- und Dokumentationszwecken ist die schriftl. Abfassung der Beschwerde empfehlenswert. Der ArbN kann die Beschwerde aber jederzeit **mündlich** einlegen, bspw. im Rahmen einer Sprechstunde nach § 39. 4

3. Einlegung beim Betriebsrat. Die Beschwerde ist beim BR einzulegen. Zuständig für die Entgegennahme ist nach § 26 II 2 der **BR-Vorsitzende** oder im Falle der Verhinderung sein Stellvertreter (zum Zugang von Erklärungen beim BR vgl. § 26 Rz. 11). Hat der BR einen besonderen (Beschwerde-)Ausschuss gebildet (§ 28), ist die Beschwerde an diesen zu richten. 5

---

1 GK-BetrVG/*Wiese/Franzen*, § 84 Rz. 35; *Fitting*, § 84 Rz. 21. ||2 *Fitting*, § 84 Rz. 21; DKKW/*Buschmann*, § 84 Rz. 20. ||3 LAG Köln 20.1.1999 – 8 (10) Sa 1215/98, LAGE § 626 BGB Nr. 128. ||4 Vgl. BAG 24.4.1979 – 6 AZR 69/77, AP Nr. 1 zu § 82 BetrVG 1972. ||5 *Fitting*, § 84 Rz. 23; Richardi/*Thüsing*, § 84 Rz. 32. ||6 DKKW/*Buschmann*, § 85 Rz. 1; *Fitting*, § 85 Rz. 1. ||7 BAG 11.3.1982 – 2 AZR 798/79. ||8 LAG Düss. 21.12.1993 – 8 (5) TaBV 92/93, NZA 1994, 767; LAG Schl.-Holst. 21.12.1989 – 4 TaBV 42/89, NZA 1990, 703; DKKW/*Buschmann*, § 85 Rz. Rz. 2; *Fitting*, § 85 Rz. 3. ||9 *Fitting*, § 84 Rz. 4. ||10 Richardi/*Thüsing*, § 85 Rz. 7.

6 **4. Behandlung durch Betriebsrat.** Der BR **muss** die Beschwerde auf ihre **sachliche Berechtigung** hin prüfen und darüber nach **pflichtgemäßem Ermessen** durch **Beschluss** entscheiden[1]. Allerdings kann der ArbN nicht gerichtl. erzwingen, dass der BR sich mit der Beschwerde befasst. Je nach den Umständen des Einzelfalls kommt aber eine grobe Amtspflichtverletzung nach § 23 I in Betracht[2]. Die Behandlung der Beschwerde durch den BR kann zu zwei Ergebnissen führen:

7 Hält der BR die Beschwerde für **unberechtigt**, hat er den Beschwerdeführer unter Angabe der **Gründe** zu unterrichten[3]. Dem ArbN steht es für diesen Fall frei, eine erneute Beschwerde einzureichen. Beruht die Beschwerde auf demselben, bereits einmal beschiedenen Sachverhalt, bedarf der Beschluss des BR, mit dem er zu dem Ergebnis der Nichtberechtigung der Beschwerde kommt, keiner Begründung. Ferner steht es dem ArbN frei, nach § 84 die Beschwerde erneut, nunmehr beim ArbGeb, einzulegen[4]. Hält der BR die Beschwerde für unberechtigt und verbescheidet den ArbN mit Begründung entsprechend, kann dieser ein weiteres Tätigwerden des BR nicht erzwingen. Dem ArbN bleibt nur die Möglichkeit, ggf. ein Verfahren nach § 23 I einzuleiten[5]. Eine bestimmte **Form** für die Verbescheidung der Beschwerde des ArbN ist nicht vorgeschrieben. Aus Beweissicherungs- und Dokumentationszwecken ist auch hier die **Schriftform** empfehlenswert.

8 Hält der BR die Beschwerde für **berechtigt**, so ist er nach Abs. 1 verpflichtet, beim ArbGeb auf **Abhilfe** hinzuwirken. Es ergibt sich bereits aus § 80 I Nr. 3, dass der BR den Beschwerdeführer über den Stand und das Ergebnis der Verhandlungen mit dem ArbGeb zu unterrichten hat (vgl. § 80 Rz. 39)[6].

9 **5. Behandlung durch Arbeitgeber.** ArbGeb und BR haben über die Berechtigung der Beschwerde zu verhandeln[7].

10 a) **Berechtigte Beschwerde.** Hält der ArbGeb die Beschwerde für berechtigt, ist er verpflichtet, ihr **abzuhelfen** (Abs. 3 S. 2 iVm. § 84 II Hs. 2, vgl. § 84 Rz. 9 ff.). In diesem Fall hat der ArbGeb den ArbN über die Berechtigung der Beschwerde zu verbescheiden (Abs. 3 S. 2 iVm. § 84 II Hs. 1). Der BR ist ebenfalls über die Berechtigung der Beschwerde zu unterrichten (Abs. 3 S. 1). Erachtet der ArbGeb die Beschwerde für berechtigt und teilt er dies ArbN und BR mit, entsteht ein ggf. im Klagewege durchsetzbarer **Rechtsanspruch** des einzelnen ArbN[8]. Der Anspruch ist gerichtet auf Abhilfe, nicht jedoch auf eine bestimmte Maßnahme. Die Art und Weise der Abhilfe obliegt dem ArbGeb[9]. Mit der Anerkennung der Berechtigung der Beschwerde durch den ArbGeb ist das Beschwerdeverfahren nach § 85 abgeschlossen[10].

11, 12 b) **Unberechtigte Beschwerde.** Bei übereinstimmender Verneinung der Beschwerdeberechtigung ist der ArbN von dem Ergebnis mit Begründung (vgl. Rz. 7) zu verständigen, das Verfahren nach § 85 ist abgeschlossen (Abs. 3 S. 2 iVm. § 84 II Hs. 1)[11].

13 c) **Keine Einigung.** Führen die Verhandlungen zwischen ArbGeb und BR zu **keiner Einigung**, weil der ArbGeb die Beschwerde für unberechtigt, der BR sie hingegen für berechtigt hält, kann der BR die **Einigungsstelle** anrufen.

14 **III. Anrufung und Kompetenz der Einigungsstelle (Abs. 2).** Kommen BR und ArbGeb nicht zu einer Einigung, so kann der BR nach Abs. 2 S. 1 die Einigungsstelle anrufen (zur Anrufung der Einigungsstelle vgl. § 76 Rz. 14 ff.). Die Anrufung der Einigungsstelle steht im **Ermessen** des BR, der ArbN hat insoweit keinen Anspruch[12]. Ferner bedarf es für die Anrufung der Einigungsstelle nicht der **Zustimmung** des ArbN. Da es sich um die Beschwerde eines bestimmten ArbN handelt, muss dessen **Name** genannt werden, weil sonst eine Prüfung der Angelegenheit und Entscheidung über die Berechtigung der Beschwerde nicht möglich ist[13]. Dieser kann aber dem Einigungsstellenverfahren jederzeit die Grundlage entziehen, indem er seine Beschwerde zurücknimmt[14].

15 Einstweilen frei.

16 **1. Zuständigkeit der Einigungsstelle (Abs. 2 S. 3). a) Keine Zuständigkeit bei Rechtsansprüchen.** Die Einigungsstelle ist zuständig, wenn es um Regelungsstreitigkeiten geht und nicht um Rechtsansprüche des ArbN. Etwas anderes könnte dann gelten, wenn man der Auffassung folgt, Abs. 2 S. 3 schließe nur die Verbindlichkeit eines Spruchs der Einigungsstelle aus, wenn mit der Beschwerde ein Rechtsanspruch geltend gemacht wird[15]. Für die Geltendmachung von Rechtsansprüchen steht dem ArbN das **arbeitsgerichtl. Urteilsverfahren** offen; die Einigungsstelle ist nicht zuständig und kann daher über Rechtsansprüche nicht, auch nicht „unverbindlich", entscheiden[16].

---

1 DKKW/*Buschmann*, § 85 Rz. 5; *Fitting*, § 85 Rz. 3. ‖2 DKKW/*Buschmann*, § 85 Rz. 4; Richardi/*Thüsing*, § 85 Rz. 12. ‖3 DKKW/*Buschmann*, § 85 Rz. 4; *Fitting*, § 85 Rz. 3. ‖4 *Clemenz* in Tschöpe, Arbeitsrecht, Teil 4 A Rz. 432. ‖5 DKKW/*Buschmann*, § 85 Rz. 4. ‖6 Richardi/*Thüsing*, § 85 Rz. 10. ‖7 *Fitting*, § 85 Rz. 4 ‖8 *Fitting*, § 85 Rz. 9. ‖9 GK-BetrVG/*Wiese/Franzen*, § 85 Rz. 25. ‖10 GK-BetrVG/*Wiese/Franzen*, § 85 Rz. 8; aA *Fitting*, § 85 Rz. 9. ‖11 GK-BetrVG/*Wiese/Franzen*, § 85 Rz. 8. ‖12 GK-BetrVG/*Wiese/Franzen*, § 85 Rz. 9. ‖13 GK-BetrVG/*Wiese/Franzen*, § 85 Rz. 7. ‖14 Vgl. BAG 28.6.1984 – 6 ABR 5/83, AP Nr. 1 zu § 85 BetrVG 1972. ‖15 DKKW/*Buschmann*, § 85 Rz. 10. ‖16 HM, vgl. BAG 28.6.1984 – 6 ABR 5/83, AP Nr. 1 zu § 85 BetrVG 1972; *Fitting*, § 85 Rz. 4,6.

b) Abgrenzung. Rechtsansprüche sind iSv. **Rechtsstreitigkeiten** zu verstehen, weil bei diesen aus 17
rechtsstaatl. Gründen weder dem ArbGeb noch dem ArbN der Rechtsweg abgeschnitten werden
kann[1]. Der **Begriff des Rechtsanspruchs** ist im weiten Sinn zu verstehen. Er umfasst neben vermögenswerten Rechten auch alle anderen Rechtsansprüche, die aus der Ordnung des Rechtsverhältnisses zwischen ArbN und ArbGeb oder Dritten hergeleitet werden[2]. **Kein Rechtsanspruch** liegt bspw. vor, wenn der ArbN sich über seine „totale" Arbeitsüberlastung beschwert[3]. Eine Regelungsstreitigkeit liegt vor, wenn es um den Inhalt von Gesprächen zwischen ArbGeb und ArbN geht, die zumindest nicht ausschließlich Rechtsansprüche betreffen[4]. Ferner ist die Einigungsstelle zuständig bei mangelnden oder unzureichenden Informationen und Zielsetzungen, unsachgemäßer Kritik oder Kontrolle, ständigem Einsatz als „Springer" unter Verschonung anderer ArbN[5]. **Rechtsansprüche** sind bspw. dann gegeben, wenn der ArbN sich auf die Verletzung des Benachteiligungsverbots iSd. §§ 75 I 1 und § 78 bei der Auswahl von Bewerbern für die Zulassung zu einem Aufstiegsverfahren beruft[6], wenn er sich wegen einer vermeintlichen Benachteiligung bei Gehaltserhöhungen beschwert[7], bei Eingriffen des ArbGeb in die vertragl. Rechte des ArbN (unzulässige Versetzungen[8]) und bei Beschwerden von ArbN, die darauf gerichtet sind, andere ArbN aus dem Unternehmen zu entfernen (nach einer tätlichen Auseinandersetzung beschwerte sich ein ArbN über seinen Kollegen und verlangte dessen Entfernung aus dem Betrieb)[9]. Ein weiteres Bsp. ist die Entfernung einer Abmahnung aus der Personalakte[10]. Andere Fälle von Rechtsansprüchen sind solche, die sich aus Gesetz, TV, BV oder individualvertragl. Regelungen ergeben (Nichtzahlung der vereinbarten Vergütung, Nichtgewährung des dem ArbN zustehenden Urlaubs uÄ)[11]. **Grenzfälle** sind Beschwerdegegenstände, bei denen sich möglicherweise Rechtsansprüche aus arbeitsvertragl. Nebenpflichten (zB Verletzung der Fürsorge- oder Gleichbehandlungspflicht[12]) herleiten lassen[13]. Richtig ist, Rechtsansprüche grds. aus dem Zuständigkeitsbereich der Beschwerde nach § 85 zu nehmen[14].

c) Mitbestimmung. Eine weitere **Schranke** für die **Anrufung** und **Entscheidungskompetenz** der Einigungsstelle besteht insoweit, als die **Grenzen der Mitbestimmung** es ausschließen, dass die Einigungsstelle eine für den ArbGeb bindende Entscheidung trifft. Das Recht, über die Berechtigung einer Beschwerde einen verbindlichen Spruch der Einigungsstelle herbeizuführen, erweitert nicht das MitbestR des BR. Der BR hat ein MitbestR im Beschwerdeverfahren, nicht aber über das Beschwerdeverfahren MitbestR, die das Gesetz nicht vorsieht[15]. 18

d) Freiwilliges Einigungsstellenverfahren. Unbenommen bleibt es dem ArbGeb und dem BR, bei 19
Nichteinigung über die Berechtigung eines durch die Beschwerde geltend gemachten Rechtsanspruchs ein freiwilliges Einigungsstellenverfahren einzuleiten (§ 76 VI).

2. Kompetenz der Einigungsstelle (Abs. 2 S. 2). Der Spruch der Einigungsstelle ersetzt die Einigung 20
zwischen ArbGeb und BR (Abs. 2). Gegenstand ist nur die **fehlende Einigung** zwischen ArbGeb und BR über die Berechtigung der durch den Antrag inhaltlich bestimmten Beschwerde ist; die Einigungsstelle entscheidet **nicht** über die zu treffenden Maßnahmen[16]. Durch den Spruch der Einigungsstelle entsteht, wenn die Beschwerde für berechtigt erachtet wird, ein im Klageweg durchsetzbarer Rechtsanspruch des einzelnen ArbN auf Abhilfe. Die konkreten Maßnahmen obliegen dem ArbGeb (vgl. Rz. 10). Damit dieser Abhilfe leisten kann, muss die Einigungsstelle die konkreten beeinträchtigenden Umstände kennen[17]. Der betroffene ArbN ist vor der Einigungsstelle zu hören (vgl. iÜ zum Ablauf des Einigungsstellenverfahrens § 76 Rz. 14ff.)[18].

IV. Unterrichtung (Abs. 3). Über die Behandlung der Beschwerde, insb. über die Art der Abhilfe, hat 21
der ArbGeb den BR (Abs. 3 S. 1) und den betreffenden ArbN (Abs. 3 S. 2 iVm. § 84 II) zu unterrichten. Dies gilt auch bei einvernehmlicher Ablehnung der Berechtigung der Beschwerde durch ArbGeb und BR oder durch Spruch der Einigungsstelle[19].

V. Benachteiligungsverbot. Wegen der Erhebung der Beschwerde dürfen dem ArbN keine **Nachteile** 22
entstehen. § 84 III gilt auch, wenn die Beschwerde über den BR erhoben wird[20].

---

1 LAG Düss. 21.12.1993 – 8 (5) TaBV 92/93, NZA 1994, 767 (768). ‖ 2 LAG Düss. 21.12.1993 – 8 (5) TaBV 92/93, NZA 1994, 767 (768). ‖ 3 LAG BW 13.3.2000 – 15 TaBV 4/99, AiB 2000, 760; LAG Düss. 21.12.1993 – 8 (5) TaBV 92/93, NZA 1994, 767 (768). ‖ 4 ArbG Hannover 29.3.1989 – 1 BV 2/89, AiB 1989, 313. ‖ 5 *Fitting*, § 85 Rz. 6. ‖ 6 Vgl. LAG München 25.3.1987 – 7 (8) TaBV 47/86, LAGE § 85 BetrVG 1972 Nr. 1. ‖ 7 Vgl. LAG München 6.3.1997 – 4 TaBV 3/97, LAGE § 85 BetrVG 1972 Nr. 4. ‖ 8 ArbG Marburg 30.10.1998 – 2 BV 9/98, ArbuR 1999, 365. ‖ 9 LAG Köln 2.9.1999 – 10 TaBV 44/99, NZA-RR 2000, 26. ‖ 10 Vgl. LAG Berlin 19.8.1988 – 2 TaBV 4/88, LAGE § 98 ArbGG Nr. 11; LAG Rh.-Pf. 17.1.1985 – 5 TaBV 36/84, NZA 1985, 190; aA LAG Hamburg 9.7.1985 – 8 TaBV 11/85, LAGE § 98 ArbGG Nr. 7; LAG Köln 16.11.1984 – 7 TaBV 40/84, NZA 1985, 191; LAG Hess. 27.3.1980 – 4 TaBV 79/79, nv. ‖ 11 ErfK/*Kania*, § 85 BetrVG Rz. 5. ‖ 12 *Fitting*, § 85 Rz. 6. ‖ 13 LAG Düss. 21.12.1993 – 8 (5) TaBV 92/93, NZA 1994, 767 (768); LAG Hess. 8.12.1992 – 4 TaBV 103/92, LAGE § 98 ArbGG Nr. 25; 15.9.1992 – 4 TaBV 52/92, LAGE § 98 ArbGG Nr. 26. ‖ 14 Richardi/*Thüsing*, § 85 Rz. 17ff. ‖ 15 *Fitting*, § 85 Rz. 12. ‖ 16 DKKW/*Buschmann*, § 85 Rz. 17. ‖ 17 Vgl. BAG 22.11.2005 – 1 ABR 50/04, AP Nr. 2 zu § 85 BetrVG 1972. ‖ 18 Vgl. BAG 28.6.1984 – 6 ABR 5/83, AP Nr. 1 zu § 85 BetrVG 1972. ‖ 19 *Fitting*, § 85 Rz. 10; GK-BetrVG/*Wiese/Franzen*, § 85 Rz. 28f. ‖ 20 Richardi/*Thüsing*, § 85 Rz. 37.

23 **VI. Streitigkeiten.** Die von ihm behaupteten **Rechtsansprüche** kann der ArbN jederzeit im arbeitsgerichtl. **Urteilsverfahren** geltend machen (§§ 2 I Nr. 3a, V iVm. 46ff. ArbGG). Hat der ArbGeb die Berechtigung der Beschwerde anerkannt oder wurde durch Spruch der Einigungsstelle die Berechtigung der Beschwerde festgestellt, kann der ArbN ebenfalls im arbeitsgerichtl. Urteilsverfahren (§§ 2 I Nr. 3a, V iVm. 46ff. ArbGG) Abhilfe einfordern, wobei der Anspruch auf Abhilfe nicht auf eine bestimmte Maßnahme gerichtet ist. Bei Streitigkeiten zwischen ArbGeb und BR über die Anrufung der Einigungsstelle und deren Zuständigkeit entscheidet das ArbG im **Beschlussverfahren** (§§ 2a I Nr. 1, II iVm. 80ff. ArbGG, § 98 ArbGG). Das Gleiche gilt, wenn der Spruch der Einigungsstelle nach § 76 V 4 angefochten werden sollte. Im Verfahren über die Wirksamkeit des Spruchs der Einigungsstelle ist der beschwerdeführende ArbN nicht Beteiligter[1]. Der einzelne ArbN hat keinen gerichtl. durchsetzbaren Anspruch darauf, dass der BR sich mit der Beschwerde befasst. Das beharrliche Nichtbefassen mit den an den BR herangetragenen Beschwerden ist eine Pflichtwidrigkeit, die bei Vorliegen der weiteren Voraussetzungen des § 23 I zur Einleitung eines Amtsenthebungsverfahrens berechtigt. Zuständig ist das ArbG, das im Beschlussverfahren entscheidet (§§ 2a I Nr. 1, II iVm. 80ff. ArbGG).

86 Ergänzende Vereinbarungen

Durch Tarifvertrag oder Betriebsvereinbarung können die Einzelheiten des Beschwerdeverfahrens geregelt werden. Hierbei kann bestimmt werden, dass in den Fällen des § 85 Abs. 2 an die Stelle der Einigungsstelle eine betriebliche Beschwerdestelle tritt.

1 **I. Vorbemerkung. I. Vorbemerkung.** Im Interesse einer möglichst betriebsnahen Regelung des Beschwerdewesens eröffnet § 86 die Möglichkeit, die Einzelheiten des Beschwerdeverfahrens durch TV oder BV zu regeln. An die Stelle der Einigungsstelle kann eine betriebl. Beschwerdestelle treten.

2 Einstweilen frei.

3 **II. Regelung des Beschwerdeverfahrens durch Tarifvertrag oder Betriebsvereinbarung (S. 1). 1. Regelungsgegenstand.** Durch TV oder BV können Einzelheiten sowohl des **individuellen Beschwerdeverfahrens** nach § 84 als auch des **kollektiven Beschwerdeverfahrens** nach § 85 näher geregelt werden: Möglich sind Vereinbarungen über Fragen der Frist und der Form für die Einlegung von Beschwerden, die **Zuständigkeit** für die Entgegennahme von Beschwerden und die Einführung eines Instanzenzugs für die Behandlung von Beschwerden im Betrieb[2]. Durch die Verfahrensregelung dürfen das Beschwerderecht des einzelnen ArbN und die Kompetenz der Einigungsstelle bzw. der betriebl. Beschwerdestelle **nicht eingeschränkt** werden[3]. Nicht ausgeschlossen werden kann, dass ArbN beide Beschwerdeverfahren gleichzeitig einleiten[4]. S. 1 eröffnet lediglich die Regelungsbefugnis durch TV oder BV für die Einzelheiten des **Beschwerdeverfahrens**, so dass keine Regelungen betreffend das Verfahren vor der **Einigungsstelle** möglich sind. Die für das Einigungsstellenverfahren zwingenden Grundsätze gelten auch für das Verfahren vor der betriebl. Beschwerdestelle[5].

4 **2. Vorrang Tarifvertrag.** Soweit ein TV das Beschwerdeverfahren regelt, ist eine BV ausgeschlossen[6]. Da es sich um eine betriebsverfassungsrechtl. Regelung handelt, ist die Tarifgebundenheit des ArbGeb ausreichend (§ 3 II TVG)[7].

5 **3. Freiwillige Betriebsvereinbarung.** Eine BV iSv. S. 1 ist eine freiwillige BV, sie kann nicht durch verbindlichen Spruch der Einigungsstelle erzwungen werden[8].

6 **III. Betriebliche Beschwerdestelle (S. 2).** Nach S. 2 kann durch TV oder BV bestimmt werden, dass in den Fällen des § 85 II an die Stelle der Einigungsstelle eine betriebl. Beschwerdestelle tritt. Die betriebl. Beschwerdestelle übernimmt die Aufgaben der Einigungsstelle gem. § 85 II.

7 **1. Regelungsgegenstand.** Die Kompetenz und Zuständigkeit der betrieblichen Beschwerdestelle sowie der von ihr zu treffende Regelungsgegenstand ist mit der der Einigungsstelle nach § 85 II identisch (vgl. § 85 Rz. 20).

8 **2. Zusammensetzung und Verfahren.** Da die betriebl. Beschwerdestelle letztendlich an die Stelle der Einigungsstelle nach § 85 II tritt, muss ihre **Zusammensetzung** § 76 II entsprechen. Das bedeutet, dass die betriebl. Beschwerdestelle einen unparteiischen Vorsitzenden haben muss und ihre Mitglieder paritätisch durch ArbGeb und BR bestellt werden[9]. Hinsichtlich des **Verfahrens** gelten die für das Einigungsstellenverfahren zwingenden Grundsätze auch für die betriebl. Beschwerdestelle[10]. Über die zwingenden Grundsätze des Einigungsstellenverfahrens (vgl. § 76 Rz. 35ff.) hinaus können allerdings

---

1 Vgl. BAG 28.6.1984 – 6 ABR 5/83, AP Nr. 1 zu § 85 BetrVG 1972. ||2 DKKW/*Buschmann*, § 86 Rz. 1; *Fitting*, § 86 Rz. 3. ||3 Richardi/*Thüsing*, § 86 Rz. 2; DKKW/*Buschmann*, § 86 Rz. 2. ||4 Richardi/*Thüsing*, § 86 Rz. 2; aA GK-BetrVG/*Wiese/Franzen*, § 86 Rz. 6. ||5 Richardi/*Thüsing*, § 86 Rz. 3 und 11; Rz. aA GK-BetrVG/*Wiese/Franzen*, § 86 Rz. 10. ||6 *Fitting*, § 86 Rz. 2; DKKW/*Buschmann*, § 86 Rz. 3. ||7 *Fitting*, § 86 Rz. 1; GK-BetrVG/*Wiese/Franzen*, § 86 Rz. 1. ||8 DKKW/*Buschmann*, § 86 Rz. 3. ||9 Richardi/*Thüsing*, § 86 Rz. 10; aA GK-BetrVG/*Wiese/Franzen*, § 86 Rz. 9. ||10 Richardi/*Thüsing*, § 86 Rz. 11; aA GK-BetrVG/*Wiese/Franzen*, § 86 Rz. 10; *Fitting*, § 86 Rz. 4.

weitere Einzelheiten des Verfahrens durch BV geregelt werden, da § 76 IV, der diese Möglichkeit eröffnet, nicht nur für die Einigungsstelle, sondern auch für die an ihre Stelle tretende betriebl. Beschwerdestelle Anwendung findet.

3. Tarifliche Schlichtungsstelle. Die Möglichkeit der Errichtung einer betriebl. Beschwerdestelle nach S. 2 schließt nicht die Ersetzung der Einigungsstelle durch eine tarifl. Schlichtungsstelle gem. § 76 VIII aus. S. 2 schafft nur eine zusätzliche (dritte) Möglichkeit für die Entscheidung über eine Beschwerde[1].

4. Schutz der Mitglieder. Die Mitglieder der betriebl. Beschwerdestelle genießen ebenso wie die Mitglieder der Einigungsstelle oder einer tarifl. Schlichtungsstelle nach § 76 VIII hinsichtlich ihrer Tätigkeit den **Schutz** nach § 78. Die Behinderung oder Störung der Tätigkeit ist genauso wie eine Benachteiligung wegen der Tätigkeit bei Vorliegen der Voraussetzungen Straftatbestand nach § 119. Die Mitglieder der betriebl. Beschwerdestelle unterliegen darüber hinaus der Geheimhaltungspflicht nach § 79.

IV. Streitigkeiten. Streitigkeiten aus der Anwendung des § 86, bspw. über die Zulässigkeit und den Inhalt eines TV oder einer BV, entscheiden die ArbG im **Beschlussverfahren** (§§ 2a I Nr. 1, II iVm. 80 ff. ArbGG).

86a Vorschlagsrecht der Arbeitnehmer

Jeder Arbeitnehmer hat das Recht, dem Betriebsrat Themen zur Beratung vorzuschlagen. Wird ein Vorschlag von mindestens 5 vom Hundert der Arbeitnehmer des Betriebs unterstützt, hat der Betriebsrat diesen innerhalb von zwei Monaten auf die Tagesordnung einer Betriebsratssitzung zu setzen.

I. Vorbemerkung. Zweck der Vorschrift ist die Stärkung des **demokratischen Engagements** der ArbN[2], die selbst vermehrt Einfluss auf die **Betriebspolitik** und die **BR-Arbeit** nehmen sollen[3]. Dies soll dadurch erreicht werden, dass der einzelne ArbN auch außerhalb von Betriebsversammlungen und Sprechstunden die Initiative ergreifen kann, um Themen, die er für wichtig hält, an den BR herantragen, damit dieser sich mit den aufgeworfenen Fragen auseinander setzen und ggf. entsprechende Regelungen mit dem ArbGeb anstreben kann. Das individuelle Vorschlagsrecht soll Anreiz bieten, dass sich die ArbN in betriebl. Angelegenheiten verstärkt einschalten und ihre **Ideen** und **Sichtweisen** ggü. ihrer Interessenvertretung kundtun[4]. Die Vorschrift schafft keine **neuen Rechte** der Belegschaft, sie ähnelt vielmehr dem Einberufungs- und Beratungsrecht bei Betriebsversammlungen nach § 43 III 1 und § 45 S. 2[5]. Vom Vorschlagsrecht nach § 86a unabhängig ist das Recht des ArbN nach § 80 I Nr. 3, dem BR Anregungen für die Verfolgung bestimmter Themen zu unterbreiten. § 86a ist insoweit enger, als eine **Pflicht** des BR besteht, den Vorschlag innerhalb von zwei Monaten auf die Tagesordnung einer BR-Sitzung zu setzen, wenn er von einem bestimmten Quorum unterstützt wird[6].

II. Vorschlagsrecht (S. 1). S. 1 gibt jedem ArbN das Recht, dem BR Themen zur Beratung vorzuschlagen.

1. Themen. Eine Begrenzung des Vorschlagsrechts auf bestimmte Themen sieht S. 1 nicht vor. Einzige Voraussetzung ist, dass das Thema in die **Zuständigkeit des BR** fällt[7]. Nicht vorausgesetzt ist eine **unmittelbare Betroffenheit** der vorschlagenden ArbN[8].

2. Ausübung. Die Ausübung des Vorschlagsrechts kann grds. **jederzeit**, dh. auch außerhalb von Betriebsversammlungen und Sprechstunden, erfolgen[9]. Das bedeutet, dass der ArbN während der **Arbeitszeit** den BR aufsuchen kann, um Themen vorzuschlagen[10]. Dies ist allerdings nicht uneingeschränkt möglich: Der ArbN ist nach wie vor an seine Arbeitspflicht gebunden, sofern sie nicht durch das BetrVG suspendiert ist. Einschlägig ist § 39 III, nach dem der ArbGeb nicht berechtigt ist, wegen Versäumnis von Arbeitszeit, die zum Besuch der Sprechstunden oder durch sonstige Inanspruchnahme des BR **erforderlich** ist, das Arbeitsentgelt zu kürzen.

3. Keine Form und Frist. Eine bestimmte Form oder eine bestimmte Frist für das Vorschlagsrecht ist im Gesetz nicht vorgesehen. Der ArbN kann es daher mündl., schriftl. oder auf elektronischem Weg ausüben[11].

4. Adressat. Das Vorschlagsrecht besteht ggü. dem BR. Nach § 26 II 2 ist zur Entgegennahme von Erklärungen der BR-Vorsitzende oder im Falle seiner Verhinderung sein Stellvertreter zuständig (vgl. ausf. § 26 Rz. 9 ff.)[12].

---

1 DKKW/*Buschmann*, § 86 Rz. 4; *Fitting*, § 86 Rz. 5; aA GK-BetrVG/*Wiese/Franzen*, § 86 Rz. 7; Richardi/*Thüsing*, § 86 Rz. 9. ||2 *Fitting*, § 86a Rz. 2. ||3 DKKW/*Buschmann*, § 86a Rz. 2. ||4 BT-Drs. 14/5741, 47. ||5 *Wendeling-Schröder*, NZA Sonderheft 2001, 29 (32). ||6 *Wiese*, BB 2001, 2267 (2268); DKKW/*Buschmann*, § 86a Rz. 12. ||7 BT-Drs. 14/5741, 47; DKKW/*Buschmann*, § 86a Rz. 10; *Fitting*, § 86a Rz. 6. ||8 *Fitting*, § 86a Rz. 6. ||9 BT-Drs. 14/5741, 47. ||10 DKKW/*Buschmann*, § 86a Rz. 8; *Fitting*, § 86a Rz. 5. ||11 *Wiese*, BB 2001, 2267 (2268); DKKW/*Buschmann*, § 86a Rz. 7; *Fitting*, § 86a Rz. 5. ||12 *Fitting*, § 86a Rz. 7.

7 **5. Weitere Behandlung durch den Betriebsrat.** Der BR ist im Rahmen **pflichtgemäßen Ermessens**[1] in seiner Entscheidung frei darüber, wie er mit dem Vorschlag verfährt. Er kann ihn beraten, muss es aber nicht. Der BR kann sich auch darauf beschränken, den Vorschlag nur zur Kenntnis zu nehmen[2]. Es besteht keine Verpflichtung des BR, den ArbN über die weitere Behandlung seines Vorschlags zu informieren[3].

8 **III. Unterstützter Vorschlag (S. 2).** Wird der Vorschlag des ArbN iSv. S. 1 von mindestens 5 % der ArbN unterstützt, hat der BR diesen innerhalb von zwei Monaten auf die Tagesordnung einer BR-Sitzung zu setzen und zu behandeln[4].

9 **1. Quorum.** Der Vorschlag iSv. S. 1 muss von mindestens 5 % der ArbN des Betriebs unterstützt werden. Beim Quorum ist die Unterstützung **jedes** ArbN zu berücksichtigen. Im Gegensatz zu § 43 III 1 wird das Quorum nicht von einer Unterstützung **wahlberechtigter** ArbN abhängig gemacht, so dass einschränkungslos alle ArbN iSv. § 5 I berechtigt sind, einen entsprechenden Vorschlag zu unterstützen[5].

10 **2. Arbeitszeit.** Nach S. 1 kann der ArbN während der Arbeitszeit dem BR Vorschläge unterbreiten. Der ArbGeb hat die Vergütung fortzuzahlen, wenn die Wahrnehmung des Vorschlagsrechts während der Arbeitszeit erforderlich ist (vgl. Rz. 4). Um das nach S. 2 für die Unterstützung eines Vorschlags durch andere ArbN erforderliche Quorum zu erreichen, wird allerdings ein gewisser Zeitaufwand kaum vermeidbar sein[6]. Der ArbN hat insoweit das Recht, sich während der Arbeitszeit um die Unterstützung anderer ArbN für seinen Vorschlag zu bemühen. Diese Unterschriften dürfen aber nur dann während der Arbeitszeit gesammelt werden, wenn dies auf andere zumutbare Weise nicht möglich ist[7], wobei auf den Erforderlichkeitsmaßstab des § 39 III (versäumte Arbeitszeit wegen des Besuchs von Sprechstunden des BR) zurückzugreifen ist[8]. Der Umfang der Erforderlichkeit iSv. § 39 III wird allerdings in der Praxis für eine hohe Streitanfälligkeit sorgen. Denn konsequent zu Ende gedacht wären ArbN nicht gehindert, **tagtäglich** dem BR Vorschläge zu unterbreiten und sich damit die Vorschläge auf einer BR-Sitzung innerhalb von zwei Monaten behandelt werden, um ein entsprechendes Quorum zu bemühen.

11 **3. Behandlung durch den Betriebsrat.** Im Falle der Unterstützung des Vorschlags durch das Quorum von 5 % der ArbN besteht ein **Rechtsanspruch**, dass der BR den Vorschlag innerhalb von zwei Monaten auf die Tagesordnung einer BR-Sitzung setzt. Die weitere Behandlung unterliegt wiederum dem **pflichtgemäßen Ermessen** des BR[9]. Er entscheidet darüber, ob er den Vorschlag nur zur Kenntnis nimmt, ihn – uU auch aus taktischen Erwägungen[10] – zunächst zurückstellt oder nach § 80 I Nr. 2 bzw. Nr. 3 zum Gegenstand von Verhandlungen mit dem ArbGeb macht[11]. So kann es sein, dass der Vorschlag im Betrieb nicht verwirklicht wird, weil er bereits mit dem ArbGeb ohne Ergebnis beraten worden ist oder mit den Interessen der vom BR insg. vertretenen ArbN nicht vereinbar ist oder sich aus anderen betriebl. Gründen als nicht umsetzbar erweist[12]. Die Nichtberücksichtigung kann aber auch daran liegen, dass der Vorschlag dem BR unsinnig, eindeutig querulatorisch, aussichtslos oder im Widerspruch zu den Interessen der Belegschaft stehend erscheint[13].

12 **4. Unterrichtungspflicht.** S. 1 u. 2 geben dem ArbN keinen Anspruch darauf, über die Behandlung seines Vorschlags durch den BR unterrichtet zu werden. Zwar hat der BR nach S. 2 den Vorschlag innerhalb von zwei Monaten auf die Tagesordnung einer BR-Sitzung zu setzen. Vom Ergebnis der BR-Sitzung ist der ArbN aber nicht zu informieren[14].

13 **5. Teilnahmerecht an Betriebsratssitzung.** Die Aufnahme in die Tagesordnung bedeutet nicht, dass ein Recht auf Teilnahme an der betreffenden BR-Sitzung durch den vorschlagenden ArbN oder die den Vorschlag unterstützenden ArbN besteht: § 86a ändert nichts an der Vorschrift des § 30 S. 4, wonach BR-Sitzungen nicht öffentl. sind[15].

14 **6. Benachteiligungsverbot.** ArbN dürfen wegen der Ausübung des Vorschlagsrechts nach § 86a keine Nachteile entstehen. Dies ist zwar im Gegensatz zu § 84 III bei der Ausübung des Beschwerderechts im BetrVG nicht ausdrücklich geregelt, folgt aber aus der allg. Vorschrift des § 612a BGB[16].

15 **IV. Streitigkeiten** zwischen den beteiligten ArbN und dem BR über die Behandlung eines Vorschlags werden im arbeitsgerichtl. **Beschlussverfahren** entschieden (§§ 2a I Nr. 1, II iVm. 80 ff. ArbGG). Streitigkeiten zwischen ArbGeb und ArbN über Vergütungszahlungen, wenn der ArbN sich während der Arbeitszeit an den BR wendet oder sich um Unterschriften für das Quorum nach § 86a S. 2 bemüht und damit keine Arbeitsleistung erbringt, sind im arbeitsgerichtl. **Urteilsverfahren** zu entscheiden (§§ 2 I Nr. 3a, V iVm. 46 ff. ArbGG). Der ArbN ist insoweit darlegungs- und beweispflichtig dafür, dass er dem

---

1 *Wiese*, BB 2001, 2267 (2269); DKKW/*Buschmann*, § 86a Rz. 12; *Fitting*, § 86a Rz. 8. || 2 *Löwisch*, BB 2001, 1734 (1741); *Schaub*, ZTR 2001, 437 (443). || 3 *Neef*, NZA 2001, 361 (363); DKKW/*Buschmann*, § 86a Rz. 12; aA *Fitting*, § 86a Rz. 8. || 4 *Posselt*, ZRP 2001, 176 (179). || 5 *Fitting*, § 86a Rz. 4. || 6 *Wiese*, BB 2001, 2267 (2268). || 7 *Richardi/Thüsing*, § 86a Rz. 3. || 8 *Fitting*, § 86a Rz. 5. || 9 *Fitting*, § 86a Rz. 8; DKKW/*Buschmann*, § 86a Rz. 17. || 10 *Wiese*, BB 2001, 2267 (2269). || 11 *Schaub*, ZTR 2001, 437 (443). || 12 BT-Drs. 14/5741, 47. || 13 *Wiese*, BB 2001, 2267 (2269); *Richardi/Thüsing*, § 86a Rz. 8. || 14 *Neef*, NZA 2001, 361 (363); aA *Wiese*, BB 2001, 2267 (2269); *Fitting*, § 86a Rz. 7; *Richardi/Thüsing*, § 86a Rz. 10. || 15 *Löwisch*, BB 2001, 1734 (1741); *Fitting*, § 86a Rz. 9. || 16 *Fitting*, § 86a Rz. 10.

BR einen Vorschlag iSv. § 86a unterbreitet hat und dies während der Arbeitszeit erforderlich war. Nimmt der BR willkürlich oder generell Vorschläge von ArbN nicht zur Kenntnis, kann hierin eine grobe Amtspflichtverletzung iSv. § 23 I liegen. Gleiches gilt, wenn der BR-Vorsitzende den Vorschlag eines ArbN willkürlich nicht auf die Tagesordnung einer BR-Sitzung setzt. Bei Vorliegen der Voraussetzungen des § 23 I kann daher der Ausschluss eines Mitglieds aus dem BR oder die Auflösung des BR insg. beantragt werden. Das ArbG hätte im **Beschlussverfahren** zu entscheiden (§§ 2a I Nr. 1, II iVm. 80 ff. ArbGG).

Dritter Abschnitt. Soziale Angelegenheiten

87 *Mitbestimmungsrechte*
(1) Der Betriebsrat hat, soweit eine gesetzliche oder tarifliche Regelung nicht besteht, in folgenden Angelegenheiten mitzubestimmen:

1. Fragen der Ordnung des Betriebs und des Verhaltens der Arbeitnehmer im Betrieb;
2. Beginn und Ende der täglichen Arbeitszeit einschließlich der Pausen sowie Verteilung der Arbeitszeit auf die einzelnen Wochentage;
3. vorübergehende Verkürzung oder Verlängerung der betriebsüblichen Arbeitszeit;
4. Zeit, Ort und Art der Auszahlung der Arbeitsentgelte;
5. Aufstellung allgemeiner Urlaubsgrundsätze und des Urlaubsplans sowie die Festsetzung der zeitlichen Lage des Urlaubs für einzelne Arbeitnehmer, wenn zwischen dem Arbeitgeber und den beteiligten Arbeitnehmern kein Einverständnis erzielt wird;
6. Einführung und Anwendung von technischen Einrichtungen, die dazu bestimmt sind, das Verhalten oder die Leistung der Arbeitnehmer zu überwachen;
7. Regelungen über die Verhütung von Arbeitsunfällen und Berufskrankheiten sowie über den Gesundheitsschutz im Rahmen der gesetzlichen Vorschriften oder der Unfallverhütungsvorschriften;
8. Form, Ausgestaltung und Verwaltung von Sozialeinrichtungen, deren Wirkungsbereich auf den Betrieb, das Unternehmen oder den Konzern beschränkt ist;
9. Zuweisung und Kündigung von Wohnräumen, die den Arbeitnehmern mit Rücksicht auf das Bestehen eines Arbeitsverhältnisses vermietet werden, sowie die allgemeine Festlegung der Nutzungsbedingungen;
10. Fragen der betrieblichen Lohngestaltung, insbesondere die Aufstellung von Entlohnungsgrundsätzen und die Einführung und Anwendung von neuen Entlohnungsmethoden sowie deren Änderung;
11. Festsetzung der Akkord- und Prämiensätze und vergleichbarer leistungsbezogener Entgelte, einschließlich der Geldfaktoren;
12. Grundsätze über das betriebliche Vorschlagswesen;
13. Grundsätze über die Durchführung von Gruppenarbeit; Gruppenarbeit im Sinne dieser Vorschrift liegt vor, wenn im Rahmen des betrieblichen Arbeitsablaufs eine Gruppe von Arbeitnehmern eine ihr übertragene Gesamtaufgabe im Wesentlichen eigenverantwortlich erledigt.

(2) Kommt eine Einigung über eine Angelegenheit nach Absatz 1 nicht zustande, so entscheidet die Einigungsstelle. Der Spruch der Einigungsstelle ersetzt die Einigung zwischen Arbeitgeber und Betriebsrat.

I. Vorbemerkung 1	IV. Nichtbeachtung des Mitbestimmungs-
II. Voraussetzungen und Schranken des Mit-	rechts 38
bestimmungsrechts 2	1. Theorie der Wirksamkeitsvoraussetzung .. 38
1. Persönlicher Geltungsbereich 2	2. Individualrechtliche Folgen 41
2. Kollektivmaßnahme 3	V. Einigungsstelle 44
3. Gesetzes-/Tarifvorrang 6	VI. Rechtsstreitigkeiten 51
III. Reichweite und Ausübung des Mitbestim-	1. Unterlassungsanspruch aus § 23 Abs. 3 ... 52
mungsrechts 16	2. Allg. Unterlassungs- und Beseitigungs-
1. Erzwingbare und freiwillige Mitbestim-	anspruch, Anspruch auf Durchführung,
mung 16	Vertragsstrafe 55
2. Eil- und Notfälle 21	3. Sonstige Streitigkeiten 59
3. Erweiterung des Mitbestimmungsrechts ... 25	VII. Die einzelnen Mitbestimmtatbestände
4. Beschränkung und Verzicht 28	des Abs. 1 60
5. Initiativrecht 32	1. Fragen der Ordnung des Betriebs und des
6. Form der Ausübung 35	Verhaltens der ArbN im Betrieb (Abs. 1 Nr. 1) 60

2. Beginn und Ende der täglichen Arbeitszeit, Verteilung der Arbeitszeit auf die einzelnen Wochentage (Abs. 1 Nr. 2) 67
3. Vorübergehende Verkürzung oder Verlängerung der betriebsüblichen Arbeitszeit (Abs. 1 Nr. 3) 81
4. Zeit, Ort und Art der Auszahlung der Arbeitsentgelte (Abs. 1 Nr. 4) 95
5. Aufstellung allgemeiner Urlaubsgrundsätze, des Urlaubsplans und Festsetzung der zeitlichen Lage des Urlaubs für einzelne Arbeitnehmer (Abs. 1 Nr. 5) 104
6. Einführung und Anwendung von technischen Einrichtungen (Abs. 1 Nr. 6) 115
7. Regelungen über die Verhütung von Arbeitsunfällen und Berufskrankheiten, Gesundheitsschutz (Abs. 1 Nr. 7) 131
8. Form, Ausgestaltung und Verwaltung von Sozialeinrichtungen (Abs. 1 Nr. 8) 142
9. Zuweisung und Kündigung von Wohnräumen sowie allgemeine Festlegung der Nutzungsbedingungen (Abs. 1 Nr. 9) 161
10. Fragen der betrieblichen Lohngestaltung (Abs. 1 Nr. 10) 174
11. Festsetzung der Akkord- und Prämiensätze und vergleichbarer leistungsbezogener Entgelte (Abs. 1 Nr. 11) 200
12. Betriebliches Vorschlagswesen (Abs. 1 Nr. 12) 208
13. Gruppenarbeit (Abs. 1 Nr. 13) 214

1 **I. Vorbemerkung.** In § 87 ist der Kernbereich der betriebl. Mitbest. geregelt[1]. Die Vorschrift dient dem Schutz der ArbN und soll ihnen die Mitgestaltung der wichtigsten Arbeitsbedingungen ermöglichen[2]. Sinn und Zweck der Regelung ist nach Auffassung des BAG die Sicherstellung der gleichberechtigten Teilhabe der ArbN an unternehmerischen Entscheidungen, die sie unmittelbar betreffen[3]. Das MitbestR nach § 87 gilt in jedem Betrieb mit gewähltem BR unabhängig von der Betriebsgröße. Die Rechte stehen also auch dem Betriebsobmann im Kleinstbetrieb uneingeschränkt zu[4]. Die Vorschrift gilt auch für GBR und KBR im Rahmen ihrer Zuständigkeit[5].

2 **II. Voraussetzungen und Schranken des Mitbestimmungsrechts. 1. Persönlicher Geltungsbereich.** Das MitbestR des BR in sozialen Angelegenheiten erstreckt sich auf ArbN iSd. Gesetzes, wie sie in § 5 definiert sind. Erfasst werden also Arbeiter und Angestellte einschl. der zu ihrer Berufsausbildung Beschäftigten sowie die in Heimarbeit Beschäftigten, die in der Hauptsache für den Betrieb arbeiten[6]. Der BR kann im Rahmen des § 87 MitbestR nur für den ArbN geltend machen, die er repräsentiert. Außerhalb seiner gesetzl. MitbestR stehen damit aus dem ArbVerh ausgeschiedene ArbN[7] (in der neueren Rspr. offen, ob Zuständigkeit für Anwärter und Betriebsrentner[8]). Auf LeihArbN kann sich das MitbestR dann erstrecken, wenn auf Grund des Normzwecks einerseits und des Direktionsrechts des ArbGeb des Entleiherbetriebs andererseits eine betriebsverfassungsrechtl. Zuordnung der LeihArbN auch zum Entleiherbetrieb erforderlich ist, weil sonst die Schutzfunktion des Betriebsverfassungsrechts außer Kraft gesetzt würde[9]. Eine generelle Einbeziehung von LeihArbN, die länger als drei Monate im Betrieb eingesetzt werden, ist auch vor dem Hintergrund des § 7 S. 2 abzulehnen[10]. In der Begründung zum RegE des BetrVerf-ReformG wird ausdrücklich darauf hingewiesen, dass die LeihArbN durch Verleihung des aktiven Wahlrechts nicht in „rechtl. unzutreffender Weise als ArbN" des Entleiherbetriebs eingestuft werden sollen[11]. Nachdem der Gesetzgeber also ausdrücklich die LeihArbN auch mit Verleihung des aktiven Wahlrechts nicht in den Kreis der ArbN des Betriebes einbeziehen wollte, bleibt es für diesen Personenkreis bei der „gespaltenen" Zuständigkeit des BR des Entleiher- und des Verleiherbetriebes. Eine Mitbest. des BR des Entleiherbetriebes im Rahmen des § 87 kommt nur in Ausnahmefälle zum Tragen gemäß den vom BAG hierzu entwickelten Grundsätzen.

3 **2. Kollektivmaßnahme.** Der Streit, ob die MitbestR des BR nach § 87 nur für kollektive Tatbestände gelten oder auch einzelne Maßnahmen erfassen, wurde bereits zu § 56 BetrVG 1952 diskutiert[12]. Nach dem Bericht des BT-Ausschusses für Arbeit und Sozialordnung für das BetrVG 1972 hielt der Gesetzgeber an der seinerzeit vorherrschenden Meinung fest, wonach sich die „Mitbestimmung des BR grds. nur auf generelle Tatbestände und nicht auf die Regelungen von Einzelfällen beziehe"[13]. Dementsprechend unterwirft § 87 I nur ausnahmsweise, nämlich in den Nr. 5 und 9 auch Individualtatbestände dem

---

1 *Fitting*, § 87 Rz. 2; *Stege/Weinspach/Schiefer*, § 87 Rz. 1; Hess ua./*Worzalla*, § 87 Rz. 1; GK-BetrVG/*Wiese*, Vor § 87 Rz. 1; Richardi/*Richardi*, § 87 Rz. 2, der von der „Urzelle" der Mitbestimmung spricht. ‖**2** *Fitting*, § 87 Rz. 3. ‖**3** BAG 18.4.1989 – 1 ABR 100/87, BAGE 61, 296. ‖**4** *Fitting*, § 87 Rz. 7; *Stege/Weinspach/Schiefer*, § 87 Rz. 2; Hess ua./*Worzalla*, § 87 Rz. 2; DKKW/*Klebe*, § 87 Rz. 1. ‖**5** GK-BetrVG/*Wiese*, § 87 Rz. 2. ‖**6** Hess ua./*Worzalla*, § 87 Rz. 8 b. ‖**7** Grundl. BAG 16.3.1956 – GS 1/55, BAGE 3,1; ausdrücklich bestätigt durch BAG 25.1.1988 – 3 AZR 483/86, BAGE 60, 78 und 13.5.1997 – 1 AZR 75/97, NZA 1998, 160; 19.2.2008 – 3 AZR 61/06, NZA-RR 2008, 597. ‖**8** BAG 18.11.2008 – 3 AZR 417/07, DB 2009, 1079; 19.2.2008 – 3 AZR 61/06, NZA-RR 2008, 597; 28.7.1998 – 3 AZR 357/97, BAGE 89, 279. ‖**9** BAG 15.12.1992 – 1 ABR 38/92, BAGE 72, 107; 19.6.2001 – 1 ABR 43/00, NZA 2001, 1263; zur Zuständigkeit nach § 87 I Nr. 2 BetrVG zuletzt LAG Hess. 1.9.2011 – 5 TaBV 44/11, AiB 2012, 540. Zur Zuständigkeit für wissenschaftl. Mitarbeiter im Landesdienst, welche einer privatrechtl. organisierten Universität überlassen werden: VGH Hess. 28.8.2012 – 22 A 161/11. PV, PersV 2012, 476 (478). ‖**10** Vgl. BAG 16.4.2003 – 7 ABR 53/02, nv.; LAG Hamm 15.11.2002 – 10 TaBV 92/02, DB 2003, 342; LAG Düss. 31.10.2002 – 5 TaBV 42/02, AP Nr. 6 zu § 7 BetrVG 1972. ‖**11** Begr. RegE, BetrVerf.-ReformG, BT-Drs. 14/5741, 28. ‖**12** Vgl. die Nachw. bei GK-BetrVG/*Wiese*, § 87 Rz. 15 ff. ‖**13** Vgl. BT-Drs. VI/2729, 4.

MitbestR. Gleichwohl ist bis heute streitig, ob grds. von einer Beschränkung des MitbestR auf kollektive Tatbestände auszugehen ist und nach welchen Kriterien Kollektiv- und Individualtatbestände voneinander abzugrenzen sind. Mit der herrschenden Auffassung sind richtigerweise nur kollektive Tatbestände mitbestimmungspflichtig, soweit nicht im Wege der Auslegung dem Katalog des § 87 I eine Mitbest. in Einzelfällen zu entnehmen ist[1].

Das BAG stellt zwar vielfach auf den kollektiven Bezug einer Maßnahme ab[2], vermeidet bisher aber eine klare Feststellung zu dieser Grundsatzfrage. Die Abgrenzung zwischen Kollektiv- und Individualmaßnahmen ist daher nach wie vor wenig präzise. So soll es für den kollektiven Bezug ausreichen, wenn auch kollektive Interessen der ArbN eines Betriebes berührt werden, ohne dass es auf die Zahl der konkret betroffenen ArbN ankommt[3]. 4

Maßnahmen, die nur den individuellen Besonderheiten einzelner ArbVerh Rechnung tragen und deren Auswirkungen sich auch darauf beschränken, sind aber nach soweit ersichtlich ganz überwiegender Auffassung mitbestimmungsfrei[4]. 5

3. Gesetzes-/Tarifvorrang. Abs. 1 Hs. 1 stellt das MitbestR des BR in den nachfolgend katalogartig aufgeführten Angelegenheiten unter den Vorbehalt, dass insoweit eine gesetzl. oder tarifl. Regelung nicht besteht. Wenn der ArbGeb bei einer bestimmten Maßnahme auf Grund vorrangiger gesetzl. oder tarifl. Regelungen keinen Regelungsspielraum mehr hat, bleibt kein Raum für einen Schutz durch das MitbestR. Soweit Gesetz oder TV die mitbestimmungspflichtige Angelegenheit zwingend und abschließend regeln, wird das einseitige Bestimmungsrecht des ArbGeb beseitigt und dadurch bereits den Interessen der ArbN an gleichberechtigter Teilhabe Rechnung getragen[5]. 6

a) Gesetzesvorbehalt. Gesetz iSd. Vorbehaltsregelung ist neben den formellen Gesetzen jedes Gesetz im materiellen Sinne, also auch Satzungsrecht öffentl. Körperschaften und Anstalten[6]. Verwaltungsakte und bindende behördl. Anordnungen, die den ArbGeb verpflichten, eine bestimmte Maßnahme vorzunehmen, stehen dem Gesetzesrecht gleich[7]. Das MitbestR wird nicht ausgeschlossen, wenn in diesen Fällen auf den ArbGeb nur ein faktischer, zB finanzieller Zwang für eine bestimmte Entscheidung ausgeübt wird. In diesen Fällen ist aber das Ermessen der Einigungsstelle insoweit gebunden, als eine entsprechende Zwangslage des ArbGeb Berücksichtigung finden muss[8]. 7

Umstritten ist, ob auch das sog. **gesetzesvertretende Richterrecht** als zwingende gesetzl. Regelung iSd. § 87 anzusehen ist[9]. Richtigerweise ist auch das gesetzesvertretende Richterrecht, soweit es zwingende Vorgaben enthält, einer gesetzl. Regelung iSd. Abs. 1 gleichzustellen. Es wäre mit der Rechtsordnung schwer vereinbar, wenn ArbGeb und BR Grundsatzentscheidungen der höchsten Gerichte ignorieren könnten[10]. 8

b) Tarifvorbehalt. Wenn ein TV die mitbestimmungspflichtige Angelegenheit zwingend und abschließend regelt und dadurch das einseitige Bestimmungsrecht des ArbGeb beseitigt, besteht ebenfalls kein MitbestR nach § 87, weil auch hierdurch dem Interesse der ArbN an gleichberechtigter Teilhabe Rechnung getragen wird[11]. Gem. § 19 III HAG stehen bindende Festsetzungen des Heimarbeitsausschusses für die in Heimarbeit Beschäftigten einem allgemein verbindlichen TV gleich. Sie sperren das MitbestR gleichermaßen[12]. 9

Der Tarifvorbehalt des § 87 sperrt nur die erzwingbare Mitbest. des BR. Freiwillige BV gem. § 88 werden nicht ausgeschlossen, insoweit ist aber § 77 III zu beachten[13]. 10

---

1 Fitting, § 87 Rz. 14 ff.; GK-BetrVG/Wiese, § 87 Rz. 18 ff.; Stege/Weinspach/Schiefer, § 87 Rz. 16; Löwisch/Kaiser, § 87 Rz. 2; ErfK/Kania, § 87 BetrVG Rz. 6; diff. Richardi/Richardi, § 87 Rz. 21 ff.; DKKW/Klebe, § 87 Rz. 16.
‖2 BAG 21.12.1982 – 1 ABR 14/81, BB 1983, 503; 27.11.1990 – 1 ABR 777/89, BB 1991, 548; 3.12.1991 – GS 2/90, BAGE 69, 134 (161); 27.6.1995 – 1 AZR 998/94, BuW 1996, 338. ‖3 BAG 18.4.1985 – 6 ABR 19/84, NZA 1985, 783 (785); 10.6.1986 – 1 ABR 61/84, BAGE 52, 160; 24.4.2007 – 1 ABR 47/06, NZA 2007, 818 (820); LAG Hamm 22.6.2012 – 13 TaBV 16/12 (Rz. 41). ‖4 BAG 21.12.1982 – 1 ABR 14/82, BB 1984, 503; 10.6.1986 – 1 ABR 61/84, NZA 1986, 840 (841); 27.11.1990 – 1 ABR 77/89, NZA 1991, 382 (383); 3.12.1991, GS 2/90, BAGE 69, 134 (163); 22.9.1992 – 1 AZR 461/90, NZA 1993, 569; Fitting, § 87 Rz. 17; Löwisch/Kaiser, § 87 Rz. 2; DKKW/Klebe, § 87 Rz. 16; GK-BetrVG/Wiese, § 87 Rz. 33; diff. auch hier Richardi/Richardi, § 87 Rz. 25. ‖5 BAG 25.1.2000 – 1 ABR 3/99, NZA 2000, 665; 18.4.1989 – 1 ABR 100/87, DB 1989, 1676; 14.12.1993 – 1 ABR 31/93, NZA 1994, 809; 3.12.1991 – GS 2/90, BAGE 69, 134. ‖6 BAG 25.5.1982 – 1 AZR 1073/79, DB 1982, 2712; Hess ua./Worzalla, § 87 Rz. 47; Fitting, § 87 Rz. 29; aA wohl DKKW/Klebe, § 87 Rz. 27. ‖7 BAG 11.12.2012 – 1 ABR 78/11, nv.; 9.7.1991 – 1 ABR 57/90, NZA 1992, 126 (Verfassungsbeschwerde des BR gegen diese Entscheidung, nicht angenommen: BVerfG 22.8.1994 – 1 BVR 176/91, NZA 1995, 129); BAG 26.5.1988 – 1 ABR 9/87, DB 1988, 2055; Fitting, § 87 Rz. 31; Hess ua./Worzalla, § 87 Rz. 29; aA DKKW/Klebe, § 87 Rz. 28. ‖8 So zu Recht: ErfK/Kania, § 87 BetrVG Rz. 12; Fitting, § 87 Rz. 33 ff. Zur entsprechenden Beschränkung des MitbestR: BAG 26.5.1988 – 1 ABR 9/87 (Rz. 21), NZA 1988, 811. ‖9 Dafür: GK-BetrVG/Wiese, § 87 Rz. 58; Richardi/Richardi, § 87 Rz. 145; Hess ua./Worzalla, § 87 Rz. 47; MünchArbR/Matthes, § 242 Rz. 13; Ziegler, NZA 1987, 224 (226); dagegen: Fitting, § 87 Rz. 30; DKKW/Klebe, § 87 Rz. 26; ErfK/Kania, § 87 BetrVG Rz. 11. ‖10 So zutr. Hess ua./Worzalla, § 87 Rz. 47. ‖11 BAG 18.4.1989 – 1 ABR 100/87, DB 1989, 1676; 3.12.1991 – GS 2/90, BAGE 69, 134; 14.12.1993 – 1 ABR 31/93, NZA 1994, 809; Fitting, § 87 Rz. 37 ff. ‖12 BAG 13.9.1983 – 3 AZR 343/81, NZA 1984, 41; 5.5.1992 – 9 AZR 13/91 (Rz 9); Fitting, § 87 Rz. 36; DKKW/Klebe, § 87 Rz. 29; GK-BetrVG/Wiese, § 87 Rz. 60. ‖13 Fitting, § 87 Rz. 39; Hess ua./Worzalla, § 87 Rz. 61; GK-BetrVG/Wiese, § 87 Rz. 59.

11 Voraussetzung für die Sperrwirkung ist, dass der TV für den betreffenden Betrieb gilt. Der Betrieb muss also vom sachlich/fachlichen und räumlichen Geltungsbereich des TV erfasst werden[1]. Zudem muss die tarifl. Regelung „bestehen", dh. der TV muss schon bzw. noch in Kraft sein. Ein abgelaufener oder nachwirkender TV schließt die Mitbest. des BR nach Abs. 1 nicht aus[2]. Anders als im Geltungsbereich des § 77 III löst die bloße Tarifüblichkeit keine Sperrwirkung im Rahmen des Abs. 1 aus, weil sie für den konkreten Betrieb keine Bindung erzeugt und damit die durch die Beteiligungsrechte des BR zu gewährleistende Teilhabe der ArbN nicht sicherstellt[3].

12 Der TV muss entweder nach § 5 TVG für **allgemeinverbindlich** erklärt worden sein oder den Betrieb über die **Tarifbindung des ArbGeb** erfassen. Eine Tarifbindung der ArbN des Betriebes ist nach hM nicht erforderlich, da die ArbN den Schutz der tarifl. Regelung jederzeit durch Beitritt zur vertragsschließenden Gewerkschaft erlangen können[4]. Soweit ArbN vom persönlichen Geltungsbereich des TV nicht erfasst sind (außertarifl. Angestellte), sperrt der Tarifvorbehalt das MitbestR des BR für diese Personengruppe bei iÜ bestehender Tarifbindung nicht[5].

13 Ein für den Betrieb geltender TV kann das MitbestR nur soweit ausschließen, wie die mitbestimmungspflichtige **Angelegenheit zwingend und abschließend geregelt** und dadurch das einseitige Bestimmungsrecht des ArbGeb beseitigt wird. Insoweit gilt Gleiches wie für den Gesetzesvorrang. Die Tarifregelung muss also dem Schutzzweck des MitbestG genügen. Der Tarifvorrang greift daher nicht, wenn die TV-Parteien das MitbestR des BR durch ein einseitiges Gestaltungsrecht des ArbGeb ersetzen[6]. Deshalb kann ein TV die Befugnis des ArbGeb, ohne Zustimmung des BR Überstunden anzuordnen, nur als Teil einer für Ausnahmefälle vorgesehenen Verfahrensregelung einräumen. Die TV-Parteien sind nicht befugt, den ArbGeb pauschal zur Anordnung von Überstunden zu ermächtigen[7]. Sie haben aber den gleichen Spielraum wie die Betriebsparteien selbst, können also ein Alleinentscheidungsrecht des ArbGeb für bestimmte Fälle vorsehen, wenn dadurch das MitbestR nicht in seiner Substanz beeinträchtigt wird[8]. Eine zwingende und abschließende Regelung fehlt auch bei einer vom ArbGeb gezahlten freiwilligen Zulage zum Tariflohn, da der TV nur die Mindestentlohnung, aber nicht die mitbestimmungspflichtige Angelegenheit an sich abschließend regelt[9]. Das MitbestR bleibt also bestehen, wenn die TV-Parteien von ihrem Vorrangsrecht keinen Gebrauch machen und/oder den Betriebspartnern über eine Öffnungsklausel ausdrücklich das Recht zu ergänzenden/ausfüllenden Regelungen einräumen[10]. Wenn die TV-Parteien die Angelegenheit abschließend und vollständig geregelt haben, den Betriebsparteien aber durch eine Öffnungsklausel die Möglichkeit einräumen, im gegenseitigen Einvernehmen abweichende Regelungen zu treffen, sperrt der TV im Fall der Nichteinigung die erzwingbare Mitbest., weil in diesem Fall der Tarifvorrang eingreift[11]. Die Auslegung der jeweiligen tarifvertragl. Vorgaben kann im Einzelfall schwierig sein. Entscheidend ist, ob der TV eine Materie erkennbar vollständig regelt, ohne dass eine weitere Ergänzung zwingend notwendig ist, um die Regelung auch praktisch handhabbar zu machen. In diesem Fall kann auch eine Nichtregelung einzelner Teilkomplexe das MitbestR sperren, wenn die iÜ vorhandenen Regelungen nicht ohne weiteres als nur unvollständig gemeint erkennbar sind[12].

14 **c) § 77 Abs. 3.** Nach § 77 III können Arbeitsentgelte und sonstige Arbeitsbedingungen, die durch TV geregelt sind oder üblicherweise geregelt werden, nicht Gegenstand einer BV sein. Diese den Tarifpartnern eingeräumte Vorrangkompetenz vor den Betriebsparteien dient der Absicherung der in Art. 9 III GG verfassungsrechtl. gewährleisteten Tarifautonomie und hat damit eine andere Zweckrichtung als der Tarifvorbehalt des § 87 I Eingangssatz. Die Regelungssperre des § 77 III greift aber nicht, wenn ein TV den Abschluss ergänzender BV ausdrücklich zulässt[13]. In Ausnahmefällen kann eine nach § 77 III unwirksame BV entsprechend § 140 BGB in eine vertragliche Einheitsregelung (Gesamtzusage oder gebündelte Vertragsangebote) umgedeutet werden. Voraussetzung hierfür ist ein gesteigerter Rechtsbindungswille des ArbGeb[14].

15 Die Frage, ob das MitbestR nach § 87 außer durch den Gesetzes- und Tarifvorrang des Abs. 1 Eingangssatz auch bei Vorliegen der Voraussetzungen des § 77 III ausgeschlossen wird (Zwei-Schranken-

---

1 BAG 21.1.2003 – 1 ABR 9/02 (Rz. 47), NZA 2003, 1097; Hess ua./*Worzalla*, § 87 Rz. 57; *Fitting*, § 87 Rz. 44; DKKW/*Klebe*, § 87 Rz. 30. ||2 BAG 14.2.1989 – 1 AZR 97/88, AP Nr. 8 zu § 87 BetrVG 1972; 24.2.1987 – 1 ABR 18/85, BAGE 54, 191; 13.7.1977 – 1 AZR 336/75, BB 1977, 1702; Hess ua./*Worzalla*, § 87 Rz. 53; *Fitting*, § 87 Rz. 41; GK-BetrVG/*Wiese*, § 87 Rz. 64. ||3 BAG 23.6.1992 – 1 ABR 9/92, NZA 1993, 229; DKKW/*Klebe*, § 87 Rz. 32. ||4 BAG 24.2.1987 – 1 ABR 18/85, BAGE 54, 191; 24.11.1987 – 1 ABR 25/86, DB 1988, 813; 30.1.1990 – 1 ABR 98/88, BAGE 64, 94; 10.8.1993 – 1 ABR 21/93, AP Nr. 12 zu § 87 BetrVG 1972 Auszahlung; *Fitting*, § 87 Rz. 42; Hess ua./*Worzalla*, § 87 Rz. 55; DKKW/*Klebe*, § 87 Rz. 30, mit der Einschränkung, dass die tarifvertragschließende Gewerkschaft eine Mindestrepräsentativität für den Betrieb habe; ebenso Richardi/*Richardi*, § 87 Rz. 157; für die Notwendigkeit einer Tarifbindung sowohl des ArbGeb als auch der ArbN GK-BetrVG/*Wiese*, § 87 Rz. 67f. ||5 BAG 22.1.1980 – 1 ABR 48/77, DB 1980, 1895; 11.2.1992 – 1 ABR 51/91, NZA 1992, 702; 18.5.2010 – 1 ABR 96/08, ArbR 2010, 454; *Fitting*, § 87 Rz. 45. ||6 BAG 17.11.1998 – 1 ABR 12/98, NZA 1999, 662. ||7 BAG 17.11.1998 – 1 ABR 12/98, NZA 1999, 662. ||8 BAG 3.5.2006 – 1 ABR 14/05, DB 2007, 60. ||9 BAG 17.12.1985 – 1 ABR 6/84, BB 1986, 734; 3.12.1991 – GS 2/90, BAGE 69, 134. ||10 *Fitting*, § 87 Rz. 53. ||11 So zu Recht BAG 28.2.1984 – 1 ABR 37/82, DB 1984, 1682; 25.4.1989 – 1 ABR 91/87, NZA 1989, 976; *Fitting*, § 87 Rz. 55; Hess ua./*Worzalla*, § 87 Rz. 59. ||12 Hess ua./*Worzalla*, § 87 Rz. 58; einschr. GK-BetrVG/*Wiese*, § 87 Rz. 73. ||13 BAG 23.6.2009 – 1 AZR 214/08, NZA 2009, 1159. ||14 BAG 17.3.2010 – 7 AZR 706/08, DB 2010, 2812; 30.5.2006 – 1 AZR 111/06, DB 2006, 1795 m.w.N.

Theorie), ist nach wie vor umstritten¹. Der Große Senat des BAG hat sich den Vertretern der sog. **Vorrangtheorie** angeschlossen². Die Sperre des § 77 III gilt seitdem in nunmehr st. Rspr. nicht in Angelegenheiten, die nach Abs. 1 der Mitbest. des BR unterliegen³. § 87 wird als speziellere Vorschrift ggü. § 77 III angesehen, weil der Schutz der ArbN durch die MitbestR des Abs. 1 nicht schon dann ausgeschlossen sein könne, wenn die betreffende Angelegenheit nur üblicherweise durch TV geregelt würde, eine die ArbN schützende tarifl. Regelung also tatsächlich für den Betrieb und seine ArbN gar nicht gelte⁴. Der Theorienstreit ist damit für die Praxis entschieden⁵.

III. Reichweite und Ausübung des Mitbestimmungsrechts. 1. Erzwingbare und freiwillige Mitbestimmung. § 87 zählt abschließend die Angelegenheiten auf, in denen der BR ein erzwingbares MitbestR hat. Daneben können die Betriebspartner nach § 88 in allen anderen sozialen Angelegenheiten freiwillig, also im beiderseitigen Einvernehmen, BV abschließen. 16

Eine andere Frage ist, ob die Freiwilligkeit einer Leistung das MitbestR des BR nach § 87 ausschließt. Eine freiwillige Leistung liegt dann vor, wenn der ArbGeb weder gesetzl. noch auf Grund tarifl. Vorschriften zur Leistung verpflichtet ist⁶. Entscheidend für die Freiwilligkeit ist, dass die Leistung auf einer eigenen lohnpolitischen Entscheidung des ArbGeb beruht. Für die Gewährung freiwilliger Leistungen hat das BAG in st. Rspr. – teils auch schon zur Vorläufervorschrift des § 56 – einen „Negativkatalog"⁷ entwickelt, welche Entscheidungen des ArbGeb in diesem Zusammenhang mitbestimmungsfrei sind. Ein zwingendes MitbestR sei mit dem Charakter der Freiwilligkeit nicht zu vereinbaren⁸, sonst könne von Freiwilligkeit nicht mehr die Rede sein⁹. Das BAG unterscheidet dabei zwischen dem mitbestimmungsfreien „Ob" und dem mitbestimmungspflichtigen „Wie". Mitbestimmungsfrei ist die Entscheidung des ArbGeb, ob und in welchem Umfang er finanzielle Mittel für eine freiwillige Leistung zur Verfügung stellen will (sog. Dotierungsrahmen). Bei der Verteilung der Leistung greift dann das MitbestR des BR im Rahmen der Vorgaben des § 87¹⁰. In diesem Zusammenhang ist zu beachten, dass der nicht (mehr) tarifgebundene ArbGeb sämtliche Vergütungsbestandteile ohne normative Bindung leistet¹¹, weshalb jede Änderung – auch einzelner Bestandteile der Gesamtvergütung – zu einer Änderung des Vergütungssystems und damit zu einer Änderung der Entlohnungsgrundsätze führt, die das MitbestR des BR nach Abs. 1 Nr. 10 auslöst. Nach Auffassung des BAG ist nur der Teil des Entgelts als das MitbestR ausschließlich echte „freiwillige Leistung" anzusehen, bei dem es dem ArbGeb freisteht, ob er ihn gewährt oder nicht. Bei fehlender Tarifbindung sowie dem Fehlen einer vertragl. Verpflichtung ist der ArbGeb wegen des grds. bestehenden Anspruchs aus § 612 I BGB gerade nicht frei in seiner Entscheidung über die Vergütung des ArbN¹². Für die Frage, ob ein Teil der Vergütung mitbestimmungsfrei beseitigt werden kann, ist also entscheidend, ob die Einführung der freiwilligen Leistung im Rahmen eines Gesamtvergütungssystems erfolgte. Ist dies der Fall, kann sie nur mit Zustimmung des BR beseitigt werden, da durch die Streichung eines Teils diese Gesamtvergütung das System als solches verändert wird. Das MitbestR des BR bezieht sich dann auf die Frage, wie das verbleibende Gesamtbudget verteilt wird (zB gleichmäßige oder ungleichmäßige Streichung, Kürzung verschiedener Vergütungsbestandteile oder vollständige Streichung eines Vergütungsbestandteils). Wurde dieser Vergütungsbestandteil außerhalb bestehender gesetzlicher, tariflicher oder vertraglicher Verpflichtungen gesondert als Einzelleistung, bspw. als alleiniger Regelungsgegenstand einer Einzelbetriebsvereinbarung gewährt, dann kann der ArbGeb die Leistung mit Kündigung der BV mitbestimmungsfrei einstellen. Erforderlich dafür ist aber zusätzlich, dass er mit oder im zeitlichen Zusammenhang mit der Kündigung dieser BV alle ArbN davon in Kenntnis setzt¹³. 17

Der **Dotierungsrahmen** ist die Summe aller freiwilligen Leistungen die der ArbGeb gewähren will bzw. versprochen hat¹⁴. Der BR kann den Dotierungsrahmen im Wege der erzwingbaren Mitbest. nicht erhöhen. Gleichwohl kann es infolge mitbestimmungswidrigen Verhaltens des ArbGeb faktisch zu einer Erhöhung des Dotierungsrahmens kommen. Hat nämlich der ArbGeb bereits vor der Beteiligung des BR Zahlungen erbracht, die er nicht mehr zurückfordern kann, können im Fall einer davon abweichenden Verteilungsentscheidung nach Durchführung des Mitbestimmungsverfahrens Kosten entstehen, die den ursprünglich vorgesehenen Dotierungsrahmen übersteigen. Im schlimmsten Fall kann sich der zur Befriedigung aller Ansprüche erforderliche finanzielle Aufwand verdoppeln, nämlich dann, wenn keiner der ursprünglichen Empfänger der freiwilligen Leistung zum Kreise derjenigen gehört, die nach der mitbestimmten Entscheidung begünstigt sein sollen. Nach Auffassung des BAG ist eine solche zusätzliche Belastung des ArbGeb aber als Folge seines rechtswidrigen Verhaltens allein ihm zuzurechnen¹⁵. 18

---

1 Hess ua./*Worzalla*, § 87 Rz. 62; *Fitting*, § 87 Rz. 58 ff.; GK-BetrVG/*Wiese*, § 87 Rz. 47 ff. mwN. ||2 BAG 3.12.1991 – GS 1/90, ArbuR 1993, 28; 3.12.1991 – GS 2/90, BAGE 69, 134. ||3 BAG 24.1.1996 – 1 AZR 597/95, NZA 1996, 948. ||4 So bereits BAG 24.2.1987 – 1 ABR 18/85, NZA 1987, 639. ||5 *Fitting*, § 87 Rz. 58. ||6 BAG 16.9.1986 – GS 1/82, NZA 1987, 168. ||7 BAG 12.6.1975 – 3 ABR 13/74, DB 1975, 1559. ||8 BAG 4.10.1956 – 2 AZR 213/54, AP Nr. 4 zu § 611 BGB Gratifikation; 23.6.2009 – 1 AZR 214/08, NZA 2009, 1159 (1161). ||9 BAG 15.5.1957 – 1 ABR 8/55, SAE 1957, 185. ||10 BAG 30.10.2012 – 1 ABR 61/11, NZA 2013, 522 (523); 28.4.2009 – 1 ABR 97/07, DB 2009, 2662 (2663). ||11 BAG 5.10.2010 – 1 ABR 20/09, DB 2011, 1113; 26.8.2008 – 1 AZR 354/07, NZA 2008, 1426; LAG Nds. 7.12.2012 – 12 TaBV 67/12. ||12 BAG 18.5.2010 – 1 ABR 96/08, ArbR 2010, 454; 23.3.2010 – 1 ABR 82/08, DB 2010, 1765. ||13 BAG 5.10.2010 – 1 ABR 20/09, DB 2011, 1113. ||14 *Fitting*, § 87 Rz. 445. ||15 BAG 12.6.1975 – 3 ABR 13/74, DB 1975, 1559; 14.6.1994 – 1 ABR 63/93, BAGE 77, 86.

19 Mitbestimmungsfrei ist nicht nur die Entscheidung des ArbGeb, ob eine freiwillige Leistung überhaupt gewährt wird, sondern – vorbehaltlich der in Rz. 17 dargestellten Grundsätze – auch die Entscheidung, sie einzustellen oder zu kürzen[1]. Gesetzessystematisch ist dies mit § 88 Nr. 2 zu begründen, wonach die Errichtung einer Sozialeinrichtung nur in einer freiwilligen BV geregelt werden kann[2]. Bei der **Kürzung der Leistung** ist auch die Entscheidung mitbestimmungsfrei, in welchem Umfang gekürzt werden soll[3].

20 Der ArbGeb ist nicht nur frei in der Entscheidung, ob er überhaupt eine freiwillige Leistung gewähren will, er kann mitbestimmungsfrei auch den mit der Zahlung verfolgten **Zweck** und den abstrakt **begünstigten Personenkreis** festlegen[4]. Gleichwohl kann sich auch hier eine Erweiterung des Dotierungsrahmens ergeben, wenn nicht begünstigte ArbN erfolgreich eine Verletzung des Gleichbehandlungsgrundsatzes oder des Maßregelungsverbotes geltend machen können und damit Ansprüche in gleicher Höhe erwerben wie der ursprünglich begünstigte Personenkreis[5].

21 **2. Eil- und Notfälle.** Der ArbGeb muss vor Durchführung einer nach § 87 mitbestimmungspflichtigen Maßnahme an den BR herantreten und dessen Zustimmung einholen. Wenn der BR zu eigenmächtigen Maßnahmen/Regelungen des ArbGeb schweigt oder diese hinnimmt, liegt darin regelmäßig keine Zustimmung, obwohl das MitbestR auch formlos (etwa durch eine Regelungsabrede) ausgeübt werden kann. Dies bedeutet aber keineswegs, dass ein stillschweigendes Einverständnis iS einer konkludenten Zustimmung in jedem Fall ausgeschlossen ist[6]. Entscheidend ist vielmehr, ob dem **Schweigen** oder der Hinnahme unter Berücksichtigung der gesamten Umstände des Einzelfalles eine konkludente Zustimmung zu entnehmen ist und diese Zustimmung durch eine auch für die Ausübung des MitbestR nach § 87 notwendige, ordnungsgemäße Beschlussfassung des BR gedeckt ist[7].

22 Auch in **Eilfällen** entfällt das MitbestR des BR nicht[8]. Sowohl die Rspr. als auch die Lit. verweisen den ArbGeb für Fälle, in denen eine Regelung möglichst umgehend erfolgen muss und der BR im Zweifel nicht rechtzeitig um Zustimmung ersucht werden kann, auf den Abschluss sog. **Rahmenregelungen**, mit denen dem ArbGeb gestattet wird, unter bestimmten Voraussetzungen im Einzelfall einseitige Anordnungen zu treffen. Ohne diese kann der ArbGeb keine vorläufigen Anordnungen treffen, ohne zumindest eine formlose Regelungsabrede mit dem BR getroffen zu haben.

23 Ob in sog. **Notfällen**, dh. in Extremsituationen wie bspw. Brand, Überschwemmungen oÄ, das MitbestR suspendiert wird, hat die Rspr. zunächst offen gelassen, inzwischen aber bejaht[9]. Das BAG leitet die Suspendierung des MitbestR in diesen Fällen aus dem Grundsatz der vertrauensvollen Zusammenarbeit gem. § 2 I ab[10]. Bei einer Extremsituation, die zum Ausschluss der Mitbest. führen kann, muss es sich um eine unvorhersehbare und schwerwiegende Situation handeln, in welcher der BR entweder nicht erreichbar oder nicht zur rechtzeitigen Beschlussfassung in der Lage ist, der ArbGeb aber sofort handeln muss, um vom Betrieb oder den ArbN nicht wieder gutzumachende Schäden abzuwenden[11]. Die Beteiligung des BR ist in diesen Fällen unverzüglich nachzuholen.

24 In allen Fällen, die keine Notfälle iSd. Rspr. sind, ist die Zustimmung des BR Wirksamkeitsvoraussetzung für mitbestimmungspflichtige Maßnahmen[12]. Führt der ArbGeb gleichwohl eine mitbestimmungspflichtige Maßnahme durch, ohne den BR zuvor beteiligt zu haben, ist die Maßnahme unwirksam. Auch eine nachträgliche Zustimmung des BR kann diesen Mangel nicht heilen[13].

25 **3. Erweiterung des Mitbestimmungsrechts.** Nach § 87 hat der BR in „folgenden" Angelegenheiten mitzubestimmen. Gleichwohl geht die ganz überwiegende Meinung in Rspr. und Lit. davon aus, dass das MitbestR des BR im Bereich der sozialen Angelegenheiten erweitert werden kann. Dem liegt die Auffassung zugrunde, dass die funktionelle Zuständigkeit des BR in sozialen Angelegenheiten unbeschränkt ist. Dies wird insb. daraus abgeleitet, dass nach § 88 auch über den Katalog des § 87 hinaus freiwillige BV abgeschlossen werden können und die dort aufgeführten Regelungsbereiche nicht abschließend sind („insbesondere")[14].

26 So kann das MitbestR des BR in sozialen Angelegenheiten durch TV-Parteien erweitert werden. Nach § 1 I TVG iVm. § 3 II TVG sind die TV-Parteien berechtigt, betriebl. und betriebsverfassungsrechtl. Fragen mit verbindlicher Wirkung für tarifgebundene Betriebe zu ordnen. Diese Rechtsetzungsbefugnis der TV-Parteien wird durch das BetrVG nicht beschränkt[15]. Demnach soll es zulässig sein, wenn die TV-

---

1 BAG 15.8.2000 – 1 AZR 485/99, nv.; 3.12.1991 – GS 2/90, BAGE 69, 134. ||2 BAG 6.12.1963 – 1 ABR 9/63, DB 1964, 154; 13.3.1973 – 1 ABR 16/72, DB 1973, 1458. ||3 BAG 10.2.1988 – 1 ABR 56/86, BAGE 57, 309. ||4 BAG 14.6.1994 – 1 ABR 63/93, BAGE 77, 86; 15.8.2002 – 1 AZR 458/99, nv.; *Fitting*, § 87 Rz. 446; ErfK/*Kania*, § 87 BetrVG Rz. 109. ||5 Vgl. BAG 13.2.2002 – 5 AZR 713/00, NZA 2003, 215. ||6 So aber DKKW/*Klebe*, § 87 Rz. 12. ||7 Richardi/*Richardi*, § 87 Rz. 80; GK-BetrVG/*Wiese*, § 87 Rz. 91ff. ||8 BAG 17.11.1998 – 1 ABR 12/98, BAGE 90, 194; 19.2.1991 – 1 ABR 31/90, BAGE 38, 96; Hess ua./*Worzalla*, § 87 Rz. 29; *Fitting*, § 87 Rz. 23; DKKW/*Klebe*, § 87 Rz. 21. ||9 Offen gelassen noch BAG 13.7.1977 – 1 AZR 336/75, DB 1977, 2235; für Suspendierung BAG 19.2.1991 – 1 ABR 31/90, NZA 1991, 609. ||10 BAG 19.2.1991 – 1 ABR 31/90, NZA 1991, 609. ||11 BAG 19.2.1991 – 1 ABR 31/90, BAGE 38/96; 17.11.1998 – 1 ABR 12/98, NZA 1999, 692. ||12 Vgl. nur BAG 3.5.1994 – 1 ABR 24/93, DB 1994, 2450; 3.12.1991 – GS 2/90, DB 1992, 1579; DKKW/*Klebe*, § 87 Rz. 4 mwN; *Fitting*, § 87 Rz. 599; aA Hess ua./*Worzalla*, § 87 Rz. 83 mwN. ||13 *Fitting*, § 87 Rz. 602; LAG Hess. 27.11.1986 – 9 Sa 828/86, DB 1987, 1844. ||14 *Fitting*, § 88 Rz. 1ff. mwN. ||15 Grundl. BAG 18.8.1987 – 1 ABR 30/86, BAGE 56, 18; 10.2.1988 – 1 ABR 70/86, NZA 1988, 699; 9.5.1995 – 1 ABR 56/94, NZA 1996, 156; GK-BetrVG/*Wiese*, § 87 Rz. 11 mwN; DKKW/*Klebe*, § 87 Rz. 37; aA ArbG Solingen 9.10.1985 – 3 BV 6/85, NZA 1986, 102.

Parteien dem BR ein MitbestR bei der Festlegung der individuellen regelmäßigen wöchentlichen Arbeitszeit einräumen[1]. Gleiches gilt für ein von den TV-Parteien eingeräumtes MitbestR bei der Festlegung von tarifl. Erschwerniszulagen[2]. Verfassungsrechtl. zweifelhaft dürfte es allerdings sein, wenn eine tarifl. Regelung dem BR ein echtes MitbestR bei der Frage zubilligt, welcher Bewerber einzustellen ist. Dies gilt auch dann, wenn im Streitfall die Einigungsstelle entscheiden soll[3]. Auch die Rechtsetzungsbefugnis der TV-Parteien hat sich im Rahmen der verfassungsrechtl. Grenzen zu bewegen mit einer entsprechenden Begrenzung auch einer etwaigen Delegationsbefugnis. Unabhängig davon, ob durch TV das MitbestR erweitert oder nur die Beteiligung des BR ausgestaltet werden soll, sind daher die verfassungsrechtl. Grenzen der im Kern geschützten unternehmerischen Freiheit zu beachten[4].

Die Betriebsparteien können nach § 88 auch soziale Angelegenheiten, die in § 87 I nicht aufgeführt sind, der Mitbest. unterwerfen. Dabei sind die Betriebsparteien nicht auf das Regelungsinstrument der BV beschränkt. Auch eine Erweiterung der Mitbest. durch formlose Regelungsabrede ist zulässig[5]. **27**

4. Beschränkung und Verzicht. Das BetrVG regelt als Schutzgesetz zu Gunsten der ArbN die Mitbestimmungs- und Mitwirkungsrechte des BR in zwingender Weise. Aus diesem Grund ist ein Verzicht des BR auf die Ausübung der ihm eingeräumten MitbestR nach ganz hM und st. Rspr. des BAG unzulässig, eine materiell-rechtl. Verwirkung ist ausgeschlossen[6]. Damit ist eine BV unzulässig, mit der dem ArbGeb in einer mitbestimmungspflichtigen Angelegenheit das Alleinentscheidungsrecht uneingeschränkt eingeräumt wird. Eine BV kann aber für bestimmte Fälle ein Alleinentscheidungsrecht des ArbGeb vorsehen, soweit dadurch das MitbestR nicht in seiner Substanz beeinträchtigt wird[7]. Nach Auffassung des BAG ist der BR verpflichtet, sein Mandat höchstpersönlich auszuüben iS einer Verpflichtung zur Normsetzung[8]. Er darf daher nur für bestimmte, eng umgrenzte Fallkategorien, etwa für nicht vorhersehbare und planbare Verkaufsvorbereitungs- und Abschlussarbeiten vor oder nach Ladenschluss, im Voraus die Zustimmung zu notwendig werdender Mehrarbeit erteilen[9]. Dabei muss es sich aber um eine erkennbare Ausübung des MitbestR in konkreten Fallgestaltungen handeln, eine „Generalermächtigung" liefe auf einen unzulässigen Verzicht hinaus. **28**

Aus dem gleichen Grund sind sog. **dynamische Blankettverweisungen** auf TV in BV grds. unzulässig[10]. Nach Auffassung des BAG entäußern sich die Betriebspartner mit einer derartigen Verweisung ihrer gesetzl. Normsetzungsbefugnis. Anders als bei Übernahme bestehender konkreter Regelungen eines TV sei die vorherige Unterwerfung der ihm eingeräumten MitbestR nach künftige Regelungen, die von dritter Seite getroffen werden, mit den Funktionen des Betriebsverfassungsrechts unvereinbar[11]. **29**

Obwohl die Erweiterung von MitbestR durch TV weitestgehend anerkannt ist, wird eine Einschränkung der MitbestR durch tarifvertragl. Regelungen außerhalb des Tarifvorrangs in § 87 I Eingangssatz von der herrschenden Auffassung für unzulässig erachtet[12]. Insoweit räume § 1 I TVG iVm. § 3 II TVG den TV-Parteien keine Vorrangkompetenz ggü. den Betriebspartnern ein, die über die in § 87 I Eingangssatz und § 77 III geregelten Tarifsperren hinausginge. Allerdings sind die tarifl. Regelungsspielräume auch nicht enger als die der Betriebsparteien. Auch die TV-Parteien können also in gleicher Weise wie die Betriebspartner für Ausnahmefälle Vorsorge treffen. Ein TV kann also im Rahmen eines tarifvertragl. Mitbestimmungsverfahrens die Befugnis des ArbGeb vorsehen, auch ohne Zustimmung des BR Überstunden anzuordnen[13]. Derartige Regelungen sollen aber nach Auffassung des Ersten Senats keine Alleinentscheidungsbefugnis des ArbGeb auch für Fälle eröffnen dürfen, in denen die Notwendigkeit von Überstunden mit einer gewissen Regelmäßigkeit auftritt oder bezogen auf den Einzelfall schon seit längerem erkennbar ist oder in denen der zusätzliche Arbeitsbedarf nicht kurzfristig befriedigt werden muss. Darin soll ein unzulässiger Ausschluss des MitbestR liegen[14]. **30**

Einen **Sonderfall** der zulässigen Delegation von MitbestR auf den ArbGeb und ArbN regelt § 28a. Da der Gesetzgeber mit dieser Regelung bewusst einen Teil der Kompetenzen des BR auf eine Arbeitsgruppe delegieren lässt, ist auf die Übertragung von MitbestR in diesem Zusammenhang ein weiterer Maßstab anzulegen. Der Arbeitsgruppe soll nach der gesetzl. Konzeption gerade ein eigenständiges Ausüben der übertragenen MitbestR zukommen. Die für Betriebe außerhalb des Anwendungsbereiches des § 28a geforderte Beschränkung auf den bloßen „Vollzug" einer vorgegebenen Vereinbarung[15] greift im Anwendungsbereich des § 28a nicht. Ansonsten würde der Sinn und Zweck der gesetzl. Vorgaben konterkariert. **31**

---

1 BAG 18.8.1987 – 1 ABR 30/86, BAGE 56, 18. ‖ 2 BAG 9.5.1995 – 1 ABR 56/94, NZA 1996, 156. ‖ 3 Unbedenklich nach Auffassung des BAG 10.2.1988 – 1 ABR 70/86, BAGE 56, 18. ‖ 4 Vgl. WPK/*Bender*; § 87 Rz. 5. ‖ 5 BAG 14.8.2001 – 1 AZR 744/00, NZA 2002, 342; *Fitting*, § 87 Rz. 6; DKKW/*Klebe*, § 87 Rz. 36. ‖ 6 BAG 28.8.2007 – 1 ABR 70/06, DB 2008, 70; 3.6.2003 – 1 AZR 349/02, NZA 2003, 1155; 14.8.2001 – 1 AZR 619/00, NZA 2002, 276; 14.12.1999 – 1 ABR 27/98, NZA 2000, 783; 26.5.1998 – 1 AZR 704/97, NZA 1998, 1292; 23.6.1992 – 1 ABR 53/91, NZA 1992, 1098. ‖ 7 BAG 17.11.1998 – 1 ABR 12/98, NZA 1999, 662; 26.7.1988 – 1 AZR 54/87, NZA 1989, 109; 12.1.1988 – 1 ABR 54/86, NZA 1988, 517. ‖ 8 BAG 23.6.1992 – 1 ABR 9/92, NZA 1993, 229. ‖ 9 BAG 12.1.1988 – 1 ABR 54/86, NZA 1988, 517. ‖ 10 BAG 23.6.1992 – 1 ABR 9/92, NZA 1993, 229. ‖ 11 BAG 23.6.1992 – 1 ABR 9/92, NZA 1993, 229. ‖ 12 BAG 17.11.1998 – 1 ABR 12/98, NZA 1999, 662; 23.7.1996 – 1 ABR 13/96, NZA 1997, 274; 21.9.1993 – 1 ABR 16/93, BAGE 74, 206; 23.3.1993 – 1 AZR 520/92, NZA 1993, 806; *Fitting*, § 87 Rz. 6; GK-BetrVG/*Wiese*, § 87 Rz. 5 mwN; DKKW/*Klebe*, § 87 Rz. 38. ‖ 13 BAG 17.11.1998 – 1 ABR 12/98, NZA 1999, 662. ‖ 14 BAG 17.11.1998 – 1 ABR 12/98, NZA 1999, 662. ‖ 15 DKKW/*Klebe*, § 87 Rz. 39.

32 **5. Initiativrecht.** Aus dem Grundgedanken der gleichberechtigten Teilhabe folgt, dass das MitbestR des BR nach § 87 grds. auch ein Initiativrecht beinhaltet[1]. Der BR kann also an den ArbGeb herantreten und die Regelung einer mitbestimmungspflichtigen Angelegenheit verlangen. Kommt eine Einigung nicht zustande, entscheidet die Einigungsstelle verbindlich.

33 Dieses grds. zu bejahende Initiativrecht besteht nur, soweit die MitbestR des BR reichen. Es ist zudem durch Sinn und Zweck des jeweiligen Mitbestimmungstatbestandes begrenzt[2]. Ein MitbestR, das dem Schutz und der Abwehr belastender Maßnahmen dient, schließt ein Initiativrecht des BR auf Einführung eben solcher Maßnahmen aus[3]. Aus diesem Grund kommt im Rahmen der Mitbestimmungstatbestände des Abs. 1 Nr. 3 (Anordnung von Überstunden), Nr. 11 (Leistungsentgelte) und Nr. 6 (technische Überwachungseinrichtungen) ein Initiativrecht des BR nicht in Betracht[4].

34 Die MitbestR des BR, wie auch das daraus resultierende Initiativrecht stehen nicht unter dem allg. Vorbehalt, dass durch sie nicht in die unternehmerische Entscheidungsfreiheit eingegriffen werden dürfte. Die Betriebsverfassung ist als Kooperationsmodell angelegt, die MitbestR des BR sollen gerade die unternehmerische Freiheit iS einer gleichberechtigten Teilhabe einschränken[5]. Dabei darf aber nicht übersehen werden, dass es trotz der gesetzl. weitgehend ausgestalteten MitbestR einen dem Zugriff des BR entzogenen Kernbereich der unternehmerischen Entscheidung gibt. Dies ist bereits in der Konzeption des BetrVG angelegt, wie die unterschiedliche Ausgestaltung der verschiedenen mitbestimmungsrechtl. Angelegenheiten zeigt. Sachverhalte, bei denen das vom BR geltend gemachte MitbestR unmittelbar die unternehmerische Entscheidung als solche zum Regelungsgegenstand macht, sind daher sorgfältig darauf zu prüfen, ob die begehrte Regelung vom MitbestR des § 87 abgedeckt wird oder darüber hinaus in den nach der gesetzl. Konzeption mitbestimmungsfreien unternehmerischen Entscheidungsspielraum eingreift[6].

35 **6. Form der Ausübung.** § 87 sagt nichts darüber aus, in welcher Form das MitbestR des BR auszuüben ist. Möglich ist daher sowohl der Abschluss einer förmlichen BV als auch eine Verständigung im Wege der Regelungsabrede. Die Zustimmung des BR kann sowohl ausdrücklich als auch konkludent erteilt werden. Da die Regelungsabrede aber nicht wie eine BV normativ auf die ArbVerh einwirkt, ist der Abschluss einer BV idR zweckmäßig. Jeder Beteiligung des BR, gleich in welcher Form sie stattfindet, muss ein ordnungsgemäßer Beschluss des Gremiums zugrunde liegen. Wenn allerdings der BR-Vorsitzende in seiner Funktion die Zustimmung zu einer vom ArbGeb begehrten Maßnahme erteilt, spricht eine widerlegbare Vermutung dafür, dass dem ein ordnungsgemäßer Beschluss zugrunde liegt[7].

36 Der BR ist im Rahmen seiner MitbestR nach § 87 grds. nicht verpflichtet, eine etwaige Verweigerung der Zustimmung zu begründen. Dies sieht das Gesetz anders als im Bereich der personellen Maßnahmen nicht vor. Gleichwohl muss auch im Rahmen des § 87 die Ausübung der MitbestR, wie alle Handlungen der Betriebspartner im Rahmen der Betriebsverfassung, dem Grundsatz der vertrauensvollen Zusammenarbeit (§ 2 I) entsprechen. Hieraus ergibt sich im Einzelfall eine Begrenzung des MitbestR mit der Folge, dass eine gegen diesen Grundsatz verstoßende rechtsmissbräuchliche Zustimmungsverweigerung gegenstandslos ist und den ArbGeb berechtigt, die beabsichtigte Maßnahme umzusetzen. Der Gesetzgeber hat dem BR weit gehende MitbestR in sozialen Angelegenheiten eingeräumt, mit denen der ArbGeb erheblich in seiner unternehmerischen Freiheit beschränkt wird. Diese MitbestR dürfen nicht rechtsmissbräuchlich dazu genutzt werden, um über sog. „Koppelungsgeschäfte" Leistungen des ArbGeb zu erzwingen, die außerhalb der Mitbest. des BR stehen.

Das BAG hat dies – soweit ersichtlich – bisher noch nicht ausdrücklich anerkannt, weist aber darauf hin, dass ein Widerspruch des BR im Rahmen des. § 87 dann unbeachtlich ist, wenn er etwas durchsetzen will, worauf kein MitbestR besteht[8]:

---

[1] BAG 10.8.1994 – 7 ABR 35/93, NZA 1995, 796; 22.9.1992 – 1 AZR 405/90, BAGE 71, 180; 28.7.1992 – 1 ABR 22/92, NZA 1993, 272; *Fitting*, § 87 Rz. 583; Hess ua./*Worzalla*, § 87 Rz. 42; DKKW/*Klebe*, § 87 Rz. 19. ||2 BAG 28.11.1989 – 1 ABR 97/88, NZA 1990, 406; 4.3.1986 – 1 ABR 15/84, BAGE 51, 187; MünchArbR/*Matthes*, § 238 Rz. 35 ff. ||3 So zu Recht BAG 28.11.1989 – 1 ABR 97/88, NZA 1990, 406; ebenso MünchArbR/*Matthes*, § 238 Rz. 37. ||4 MünchArbR/*Matthes*, § 238 Rz. 38. Für Abs. 1 Nr. 6: BAG 28.11.1989 – 1 ABR 97/88, NZA 1990, 406; Anordnung von Mehrarbeit und Überstunden: BVerwG 6.10.1992 – 6 P 25/90, PersR 1993, 77. ||5 BVerfG 18.12.1985 – 1 BVR 143/83, DB 1986, 486; BAG 31.8.1982 – 1 ABR 27/80, DB 1982, 1884; MünchArbR/*Matthes*, § 238 Rz. 42 ff. mwN. ||6 So zu Recht GK-BetrVG/*Wiese*, § 87 Rz. 146 ff. mit instruktiven Bsp. ||7 BAG 17.2.1981 – 1 AZR 290/78, BAGE 35, 80. ||8 Vgl. BAG 26.5.1998 – 1 AZR 704/97, DB 1998, 2119: Wenn der BR der Verteilung eines Kürzungsvolumens allein mit dem Ziel widerspricht, eine Verringerung des Kürzungsvolumens durchzusetzen, darf der ArbGeb in die mitbestimmungsfreie Vollanrechnung ausweichen; vgl. BAG 10.2.1988 – 1 ABR 56/86, BAGE 57, 309: Erhebt der BR keine Einwände gegen die Verteilung des Kürzungsvolumens, sondern nur gegen die Kürzung als solche, kann eine Einigung über die Verteilungsgrundsätze vorliegen und die Kürzung vorgenommen werden; vgl. auch LAG Köln 14.6.1989 – 2 TaBV 17/89, NZA 1989, 939: Aus dem Gebot der vertrauensvollen Zusammenarbeit folgt vielmehr die Pflicht des BR, bei der Ausübung des MitbestR allein diejenigen Überlegungen anzustellen und zur Grundlage der Entscheidung zu machen, die im Rahmen des konkreten MitbestR geboten sind.

Es ist insb. **rechtsmissbräuchlich**, wenn der BR die Zustimmung zur beantragten Mehrarbeit von der Zahlung zusätzlicher Leistungen abhängig macht oder für die Einführung von Schichtarbeit weitere Zuschläge oder gar den Ausschluss einer ordentl. Kündigung verlangt[1]. Gleiches gilt für die Koppelung der Zustimmung zur Kurzarbeit an die Vereinbarung einer Garantieklausel, bei Nichteintritt der BA 100 % der Entgeltfortzahlung durch den ArbGeb sicherzustellen[2]. 37

IV. Nichtbeachtung des Mitbestimmungsrechts. 1. Theorie der Wirksamkeitsvoraussetzung[3]. Das BAG sowie die herrschende Auffassung in der Lit. folgert aus dem Gesetzeszweck des § 87, dass die Mitbest. des BR Wirksamkeitsvoraussetzung für jede der Mitbest. gem. § 87 unterliegende Maßnahme des ArbGeb ist[4]. Um die gesetzl. bezweckte gleichberechtigte Teilhabe der durch den BR repräsentierten ArbN sicherzustellen, soll mit der Theorie der Wirksamkeitsvoraussetzung verhindert werden, dass der ArbGeb dem Einigungszwang mit dem BR durch Rückgriff auf arbeitsvertragl. Gestaltungsmöglichkeiten ausweicht. Das gesetzl. MitbestR beschränkt also die Gestaltungsmacht des ArbGeb, wobei die Mitbest. (im Gegensatz zur anderweitig erforderlichen Zustimmung gesetzl. Vertreter) nicht eine außerhalb des Geschäftsakts liegende zusätzliche Wirksamkeitsvoraussetzung, sondern rechtsnotwendiger Bestandteil der Maßnahme selbst ist[5]. 38

Folge dieser Theorie ist, dass eine ohne Mitwirkung des BR durchgeführte arbeitgeberseitige Maßnahme nicht nur schwebend, sondern an sich **unwirksam** ist und daher nicht im Nachhinein durch Genehmigung Wirksamkeit erlangen kann. Die Zustimmung des BR muss also stets vorher erteilt werden, eine nachträgliche Zustimmung kann die Unwirksamkeit nicht mehr heilen. Anderenfalls würde das MitbestR ausgehöhlt und zu einem bloßen Kontrollrecht degradiert[6]. 39

Solange noch kein BR gewählt ist, kann der ArbGeb im Rahmen der gesetzl., tarifl. und vertragl. Regelungen einseitig Maßnahmen treffen, die auch bei Neuwahl eines BR wirksam bleiben, bis sie durch eine anderweitig Einigung zwischen BR und ArbGeb oder einen ersetzenden Spruch der Einigungsstelle ersetzt werden[7]. Für die in der Lit. und Rspr. teilweise vertretene Auffassung, vom ArbGeb in betriebsratslosen Zeiten einseitig eingeführte Regelungen würden nach einer Übergangszeit rechtsunwirksam[8], fehlt die gesetzl. Grundlage. Das Zurückführen eines Betriebes mit Ablauf einer solchen Übergangsfrist auf eine Art mitbestimmungsrechtl. „Nulllinie" ist angesichts der Vielzahl der Gestaltungsmöglichkeiten nicht nur praktisch unmöglich (wie wäre eine solche Nulllinie zu definieren?), sondern auch unter Berücksichtigung der gesetzl. Vorgaben verfassungswidrig. Damit würde im Erg. nämlich dem BR, ohne dass vorher ein entsprechendes Verfahren durchgeführt worden wäre, zumindest für den dann anlaufenden Zeitraum der Entscheidungsfindung die Befugnis übertragen, die unternehmerische Grundentscheidung über die Ausgestaltung einzelner Maßnahmen zu treffen, bis diese Situation dann durch ein entsprechend mitbestimmtes Verfahren abgeändert würde. Es ist daher mit dem BAG und der wohl herrschenden Auffassung in der Lit. davon auszugehen, dass die zunächst wirksam eingeführte Maßnahme wirksam bleibt, bis sie auf Initiative der BR oder des ArbGeb im Rahmen eines mitbestimmten Verfahrens abgelöst wird[9]. Für die von *Klebe* vertretene Auffassung, der ArbGeb sei verpflichtet, in dieser Situation die Initiative zu ergreifen[10], fehlt ebenfalls jegliche gesetzl. Grundlage. 40

2. Individualrechtliche Folgen. Die Theorie der Wirksamkeitsvoraussetzung führt allerdings nicht dazu, dass Maßnahmen, die sich zu Gunsten der ArbN auswirken, auch ihnen ggü. unwirksam sind. Vielmehr gilt umgekehrt, dass mitbestimmungswidrige Anordnungen des ArbGeb dem ArbN im IndividualArbVerh nicht zum Nachteil gereichen dürfen. Wirkt die Maßnahme zu seinen Gunsten, darf sich der ArbGeb auf das mitbestimmungswidrige Zustandekommen nicht berufen, wirkt die Maßnahme zu seinen Lasten, gilt Gleiches, aber mit dem Ergebnis, dass die Situation des ArbN durch die mitbestimmungswidrige Maßnahme nicht verschlechtert werden darf[11]. Es gilt das aus § 242 BGB herzuleitende allg. Rechtsprinzip, dass sich der ArbGeb ggü. dem ArbN nicht auf sein eigenes rechtswidriges Verhalten berufen darf[12]. 41

---

1 ArbG Bielefeld 29.10.1982 – 3 BV 10/82, DB 1983, 1880; GK-BetrVG/*Wiese*, § 87 Rz. 361 mwN; aA LAG Nürnberg 6.11.1990 – 4 TaBV 13/90, DB 1991, 707 (Lärmzulage gegen Zustimmung zu Mehrarbeit); ArbG Hamburg 6.4.1993 – 5 BV 14/92, AiB 1994, 120 (zusätzliche Leistungen für die Anordnung von Mehrarbeit); DKKW/*Klebe*, § 87 Rz. 9 mwN. ||2 LAG Köln 14.6.1989 – 2 TaBV 17/89, NZA 1989, 939. ||3 Auch als Theorie der notwendigen Mitbestimmung bezeichnet, vgl. GK-BetrVG/*Wiese*, § 87 Rz. 98. ||4 BAG 14.11.1974 – 1 ABR 65/73, DB 1975, 647; 16.9.1986 – GS 1/82, BAGE 53, 42; 8.8.1989 – 1 ABR 62/88, NZA 1990, 322; 17.6.1998 – 2 AZR 336/97, BAGE 89, 149; *Fitting*, § 87 Rz. 599, DKKW/*Klebe*, § 87 Rz. 4; GK-BetrVG/*Wiese*, § 87 Rz. 99 mwN. ||5 GK-BetrVG/*Wiese*, § 87 Rz. 100; *v. Hoyningen-Huene*, DB 1987, 1426. ||6 BAG 20.1.1998 – 9 AZR 698/96, NZA 1998, 1237; LAG Hess. 27.11.1986 – 9 Sa 828/86, DB 1987, 1844; *Fitting*, § 87 Rz. 603; GK-BetrVG/*Wiese*, § 87 Rz. 100, DKKW/*Klebe*, § 87 BetrVG Rz. 13; MünchArbR/*Matthes*, § 241 Rz. 19. ||7 BAG 25.11.1981 – 4 AZR 274/79, DB 1982, 909; LAG Berlin 9.1.1984 – 12 Sa 127/83, DB 1984, 2098; GK-BetrVG/*Wiese*, § 87 Rz. 85. ||8 LAG Hess. v. 6.3.1990 – 5 Sa 1202/89, DB 1991, 1027; DKKW/*Klebe*, § 87 Rz. 8. ||9 BAG 25.11.1981 – 4 AZR 274/79, DB 1982, 909; LAG Berlin 9.1.1984 – 12 Sa 127/83, DB 1984, 2098; GK-BetrVG/*Wiese*, § 87 Rz. 85 mwN. ||10 DKKW/*Klebe*, § 87 Rz. 8. ||11 *Fitting*, § 87 Rz. 599, 604; GK-BetrVG/*Wiese*, § 87 Rz. 119ff. mwN. ||12 GK-BetrVG/*Wiese*, § 87 Rz. 125 mwN.

42 Die mitbestimmungswidrige Maßnahme darf den ArbN nicht belasten. Es besteht aber Einigkeit darüber, dass allein aus der Verletzung des betriebverfassungsrechtl. MitbestR kein individualrechtl. Anspruch entstehen kann, der zuvor nicht bestanden hat[1].

43 Mitbestimmungswidriges Verhalten des ArbGeb kann also sowohl zur Unwirksamkeit einzelner Maßnahmen als auch uU zu prozessualen Hindernissen führen:
– Die einseitig verhängte Betriebsbuße ist unwirksam[2].
– Bei mitbestimmungswidrig angeordneten Überstunden haben ArbN ein Leistungsverweigerungsrecht; wird die Arbeit geleistet, muss der ArbGeb sie vergüten[3].
– Der bisherige Entgeltzahlungsanspruch bleibt insb. in Bezug auf etwaige Zuschläge bei mitbestimmungswidriger Versetzung von der Wechsel- in die Normalschicht erhalten[4].
– Bei Einsatz von Überwachungseinrichtungen iSd. Nr. 6 ohne Beteiligung des BR kann im späteren Kündigungsschutzprozess ein Beweisverwertungsverbot drohen[5].
– Mitbestimmungswidrige einzelvertragl. Vereinbarungen mit einzelnen Mitarbeitern zur Umgehung des MitbestR sind unwirksam[6].

Für den Fall der mitbestimmungswidrigen Änderungskündigung differenziert die Rspr. Das BAG trennt zwischen dem individualrechtl. und dem kollektivrechtl. Teil der Änderungskündigung. Will ein ArbGeb durch betriebsbedingte Änderungskündigung Lohnzusatzleistungen reduzieren und umgestalten, so ist die vorherige Beteiligung des BR gem. Abs. 1 Nr. 10 für die Wirksamkeit der Änderungskündigung nicht erforderlich. Im Fall der rechtzeitigen Vorbehaltsannahme der Änderungskündigung durch den ArbN ist nur die Durchsetzung der beabsichtigten Vertragsänderung davon abhängig, ob der Mitbest. des BR erfolgt ist. Wenn ein ArbN also bei einer Änderungskündigung das Änderungsangebot nicht bzw. nicht rechtzeitig unter Vorbehalt annimmt, geht er das Risiko ein, dass die Änderungskündigung trotz einer evtl. vorliegenden Verletzung des Abs. 1 Nr. 10 (im Übrigen) wirksam und sozial gerechtfertigt ist[7].

44 **V. Einigungsstelle.** Können ArbGeb und BR über die Regelung eines der zwingenden Mitbestimmungstatbestände des Abs. 1 Nr. 1–13 keine Einigung erzielen, entscheidet gem. Abs. 2 die Einigungsstelle.

45 Der Umfang ihrer Zuständigkeit ist deckungsgleich mit der Reichweite des MitbestR. Die Einigungsstelle ist bei ihrer Entscheidung an zwingende gesetzl. Vorschriften gebunden. Sie muss zB bei einem Spruch
– im Rahmen des Abs. 1 Nr. 2 und 3 die Vorschriften des öffentl.-rechtl. Arbeitszeitrechts (ArbZG; JArbSchG; MuSchG);
– im Rahmen des Abs. 1 Nr. 5 die zeitliche Lage des Urlaubs einzelner ArbN (§ 7 I BUrlG);
– im Rahmen des Abs. 1 Nr. 6 zwingende datenschutzrechtl. Vorschriften

beachten.

46 **Europäische Richtlinien**, die vom Gesetzgeber noch nicht (ausreichend) umgesetzt worden sind, sind im Verhältnis zwischen privaten Arbeitsvertragsparteien nicht unmittelbar anwendbar[8], binden mithin auch die Einigungsstelle nicht. Erst wenn der Gesetzgeber tätig geworden ist, sind daran auch die Betriebspartner bzw. die Einigungsstelle gebunden.

47 Die Einigungsstelle wird auf **Antrag** des ArbGeb oder des BR tätig (§ 76 V 1). Der BR kann sie nur anrufen, wenn ihm ein Initiativrecht in der konkreten Frage zusteht[9].

48 Das **Verfahren** vor der Einigungsstelle ist in § 76 geregelt. TV können vorsehen, dass statt der Einigungsstelle eine tarifl. Schlichtungsstelle tätig wird (§ 76 VIII).

Der Spruch der Einigungsstelle ersetzt die Einigung der Betriebspartner (Abs. 2) und hat die Wirkung einer BV[10]. Bei den sog. „gemischten Tatbeständen" – Sachverhalte mit mitbestimmungsfreien und -pflichtigen Elementen – ersetzt der Spruch die Einigung der Betriebspartner verbindlich nur so weit, wie das zwingende MitbestR jeweils reicht. Wenn die mit dem Spruch festgelegte Ausgestaltung der

---

1 BAG v.22.6.2010 – 1 AZR 853/08, NZA 2010, 1243; 20.1.1998 – 9 AZR 698/96, NZA 1998, 1237; 15.11.1994 – 5 AZR 682/93, DB 1995, 580; 20.8.1991 – 1 AZR 326/90, DB 1992, 687; GK-BetrVG/*Wiese*, § 87 Rz. 128; *Fitting*, § 87 Rz. 601. ‖ **2** BAG 17.10.1989 – 1 ABR 100/88, BAGE 63, 169. ‖ **3** BAG 5.7.1976 – 5 AZR 264/75, BB 1976, 1223. ‖ **4** LAG BW 27.10.1994 – 5 Sa 55/94, AiB 1995, 291. ‖ **5** BAG 29.10.1997 – 5 AZR 508/96, NZA 1998, 307; aA bzgl. der Verwendung von Chatprotokollen: LAG Hamm 10.7.2012 – 14 Sa 1711/10, DuD 2013, 50 (54f.), anhängig beim BAG unter Az. 2 AZR 743/12. ‖ **6** BAG 10.11.1992 – 1 AZR 183/92, NZA 1993, 507; 13.2.1990 – 1 ABR 35/87, DB 1990, 1238ff.; GK-BetrVG/*Wiese*, § 87 Rz. 120 mwN. ‖ **7** So ausdrücklich BAG 23.11.2002 – 2 AZR 690/99, FA 2001, 243. ‖ **8** EuGH 3.10.2000 – Rs. C-303/98, AP Nr. 2 zu EWG-RL Nr. 93/104 (SIMAP); BAG 18.2.2003 – 1 ABR 2/02, FA 2003, 215; gegen Vorinstanz: LAG Hamburg 13.2.2002 – 8 TaBV 10/01, DB 2002, 691. ‖ **9** GK-BetrVG/*Wiese*, § 87 Rz. 1073. ‖ **10** BAG 8.3.1977 – 1 ABR 33/75, DB 1977, 1464.

mitbestimmungsfreien Tatbestände den Vorstellungen des ArbGeb nicht entspricht, kann er von der Gewährung der Leistung insgesamt absehen. Nur wenn und solange er die Leistung tatsächlich gewährt, ist er an den Spruch der Einigungsstelle gebunden[1].

Der Spruch der Einigungsstelle hat **unmittelbare und zwingende Wirkung** auf die ArbVerh (§ 77 IV 1) wie eine BV. **49**

Im Streitfall entscheidet das ArbG im Beschlussverfahren (§§ 2a, 80ff., 98 ArbGG) über die Zuständigkeit der Einigungsstelle, über deren Zusammensetzung, über die Ordnungsmäßigkeit des Verfahrens und über die Rechtswirksamkeit eines Spruchs. **50**

VI. Rechtsstreitigkeiten. Die Mitbest. des BR in sozialen Angelegenheiten vollzieht sich keinesfalls reibungslos, wie die Vielzahl von Beschlussverfahren zur Klärung streitiger Fragen zeigt. Die mitbestimmungswidrigen Maßnahmen des ArbGeb sind zwar nicht wirksam (Rz. 38ff.), dies hindert den ArbGeb aber nicht, sie betriebsverfassungswidrig aufrecht zu erhalten oder weiterhin gegen § 87 zu verstoßen. Um das für die Zukunft zu verhindern, kann der BR unter bestimmten Voraussetzungen Unterlassungsansprüche ggü. dem ArbGeb durchsetzen. Wirkt ein betriebsverfassungswidriger Zustand fort, kann er dessen Beseitigung verlangen. Nicht selten ist zwischen den Betriebspartnern schon die Frage streitig, ob überhaupt ein MitbestR eingreift bzw. wie weit es reicht. **51**

1. Unterlassungsanspruch aus § 23 Abs. 3. Bei groben Verstößen des ArbGeb gegen seine Pflichten aus dem BetrVG, also auch aus § 87, können der BR oder eine im Betrieb vertretene Gewerkschaft beim ArbG beantragen, dem ArbGeb aufzugeben, eine Handlung zu unterlassen, vorzunehmen oder zu dulden. **52**

Ein **grober Verstoß** liegt vor, wenn es sich um eine objektiv erhebliche und offensichtlich schwerwiegende Pflichtverletzung handelt, wobei es auf ein Verschulden nicht ankommt[2]. Das Vorgehen des ArbGeb muss zu einer objektiv erheblichen Belastung der betriebsverfassungsrechtl. Ordnung geführt haben[3]. Das ist im Rahmen der Mitbest. nach § 87 zB in folgenden Konstellationen der Fall: **53**

– mehrfache Anordnung bzw. Duldung von Überstunden ohne Beteiligung des BR[4];

– Abwicklung von Überstunden über einen „Strohmann" trotz mehrfacher Verfahren über MitbestR bei Anordnung von Überstunden[5];

– Dienstplanänderung[6] oder Aufstellen einer Kleiderordnung[7] ohne Beteiligung des BR trotz entgegenstehender rechtskräftiger Entscheidung.

Ob eine **Wiederholungsgefahr** bestehen muss, ist umstritten[8]: In der Praxis spielt der Streit eine geringe Rolle, weil bei Vorliegen eines groben Verstoßes die Wiederholungsgefahr nach Auffassung des BAG indiziert ist[9]. Wechselt der Betriebsinhaber, ohne dass ein Fall der Gesamtrechtsnachfolge vorliegt, liegt für ihn keine Wiederholungsgefahr aufgrund früheren Verhaltens des Veräußerers vor[10].

Antragsberechtigt sind der BR und eine im Betrieb vertretene Gewerkschaft (§ 23 III 1). Sie müssen den Anspruch im Beschlussverfahren (§§ 2a, 80ff. ArbGG) geltend machen. Der Antrag des BR setzt eine ordnungsgemäße Beschlussfassung (§ 33) voraus. Der BR bzw. die Gewerkschaft können mit dem Antrag nach § 23 III 1 bereits einen Antrag auf Ordnungsgeld/Zwangsgeld (§ 23 III 2 und 3) für den Fall der Zuwiderhandlung/Nichtvornahme verbinden. Das Höchstmaß des Ordnungs-/Zwangsgelds ist auf 10 000 Euro beschränkt (§ 23 III 5). Eine Festsetzung von Ordnungs- oder Zwangshaft ist nicht möglich (§ 85 I 3 ArbGG)[11]. Einstw. Rechtsschutz erlangen die Antragsteller im Rahmen des § 23 III nicht[12]. **54**

2. Allg. Unterlassungs- und Beseitigungsanspruch, Anspruch auf Durchführung, Vertragsstrafe. Nach der Rspr. des BAG steht dem BR auch unabhängig von einer groben Pflichtverletzung iSd. § 23 III ein sog. **„allgemeiner Unterlassungsanspruch"** als selbständiger, einklagbarer Nebenleistungsanspruch zu[13]. Bei der Mitbest. nach § 87 ergebe sich der Anspruch aus der besonderen Rechtsbeziehung, die zwischen ArbGeb und BR bestehe, die insb. in § 2 zum Ausdruck komme[14]. Der allg. Unterlassungs- **55**

---

1 BAG 13.9.1983 – 1 ABR 32/81, DB 1983, 2470. ||2 BAG 29.2.2000 – 1 ABR 4/99, AP Nr. 105 zu § 87 BetrVG 1972 Lohngestaltung. ||3 BAG 19.1.2010 – 1 ABR 55/08, NZA 2010, 659. ||4 BAG 18.4.1985 – 6 ABR 19/84, AP Nr. 5 zu § 23 BetrVG 1972; 27.11.1990 – 1 ABR 77/89, AP Nr. 41 zu § 87 BetrVG 1972 Arbeitszeit. ||5 BAG 22.10.1991 – 1 ABR 28/91, AP Nr. 48 zu § 87 BetrVG 1972 Arbeitszeit. ||6 BAG 8.8.1989 – 1 ABR 59/88, AP Nr. 11 zu § 23 BetrVG 1972; 7.2.2012 – 1 ABR 77/10, NZA-RR 2012, 359. ||7 BAG 8.8.1989 – 1 ABR 65/88, AP Nr. 15 zu § 87 *BetrVG 1972 Ordnung des Betriebes*. ||8 Vgl. Nachweise bei GK-BetrVG/*Oetker*, § 23 Rz. 176. ||9 BAG 29.2.2000 – 1 ABR 4/99, AP Nr. 105 zu § 87 BetrVG 1972 Lohngestaltung. ||10 WPK/*Kreft*, § 23 Rz. 62. ||11 BAG 5.10.2010 – 1 ABR 71/09, NZA 2011, 174. ||12 LAG Hamm 4.2.1977 – 3 TaBV 75/76, DB 1977, 1514; LAG Nds. 5.6.1987 – 12 TaBV 17/87, LAGE § 23 BetrVG 1972 Nr. 11; LAG Köln 22.4.1985 – 6 TaBV 5/85, NZA 1985, 634; ArbG Münster 8.9.1986 – 3 BVGa 7/86, AiB 1986, 236; LAG Schl.-Holst. 15.11.1984 – 2 TaBV 26/84, BB 1985, 997; aA LAG Köln 19.3.2004 – 8 TaBV 13/04, LAG Report 2004, 277; LAG Düss. 16.5.1990 – 12 TaBV 9/90, NZA 1991, 29; GK-BetrVG/*Oetker*, § 23 Rz. 189; Richardi/*Thüsing*, § 23 Rz. 103; aA *Fitting*, § 23 Rz. 76. ||13 BAG 3.5.1994 – 1 ABR 24/93, NZA 1995, 40 unter Aufgabe der entgegenstehenden Rspr. (BAG 22.2.1983 – 1 ABR 27/81, NJW 1984, 196). Bestätigt: BAG 23.7.1996 – 1 ABR 13/96, NZA 1997, 274; 7.2.2012 – 1 ABR 63/10, DB 2012, 1335. ||14 Krit. zum dogmatischen Ansatz Richardi/*Richardi*, § 87 Rz. 136; im Erg. aber zustimmend: ebd., Rz. 139ff.

anspruch ist nur begründet, wenn Wiederholungsgefahr besteht[1]. Erforderlich ist eine ernstliche, sich auf Tatsachen gründende Besorgnis weiterer Eingriffe zur Zeit der letzten mündlichen Verhandlung. Dafür besteht allerdings eine tatsächliche Vermutung, es sei denn, dass zB die tatsächliche Entwicklung einen neuen Eingriff unwahrscheinlich macht[2].

56 Wenn der ArbGeb das mitbestimmungswidrige Verhalten bereits vollzogen hat, kann der BR **Beseitigung des mitbestimmungswidrigen Zustands** verlangen. Dieser Beseitigungsanspruch ist das Gegenstück zum Unterlassungsanspruch[3]. Daneben besteht gem. § 77 I 1 ein Anspruch des BR gegen den ArbGeb auf Durchführung der im Rahmen einer BV getroffenen Regelungen[4].

56a Die **Vereinbarung einer Vertragsstrafe** für den Fall der Verletzung von MitbestR durch den ArbGeb ist dagegen unzulässig und unwirksam. Einer solchen Abrede steht regelmäßig bereits die fehlende Vermögensfähigkeit des BR entgegen[5]. Der BR ist gesetzlich gehalten, den betriebsverfassungsrechtlich rechtmäßigen Zustand – ggf. unter Inanspruchnahme gerichtlicher Hilfe – (wieder)herzustellen. Daher widerspricht eine Vertragsstrafenabrede zwingenden Grundsätzen des BetrVG[6].

57 Der BR muss die Unterlassungsansprüche ebenso wie Ansprüche auf Beseitigung oder Durchführung im **Beschlussverfahren** (§§ 2a, 80 ff. ArbGG) geltend machen. Der Antrag muss dem Bestimmtheitserfordernis (§ 253 II Nr. 2 ZPO) genügen. Nach st. Rspr. des BAG ist ein Globalantrag zulässig, mit dem für einen bestimmten Vorgang generell ein MitbestR (zB jede Änderung von Zulagen; jede Anordnung von Überstunden) geltend gemacht wird[7]. Dieser ist aber insg. unbegründet, wenn auch nur für eine erfasste Sachverhaltsvariante ein MitbestR ausscheidet[8]. Wiederholt der Antrag nur den Gesetzeswortlaut, ist er unzulässig[9]. Die Vollstreckung erfolgt nach § 85 I ArbGG iVm. §§ 888 ff. ZPO. Dabei ist zu beachten, dass die Durchsetzung dieser Ansprüche nur mit der Androhung eines Ordnungsgeldes in Höhe bis zu 10 000 Euro versehen werden kann. § 23 III ist nach Auffassung des BAG lex specialis und geht insoweit § 890 ZPO vor. Zudem ergäben sich Wertungswidersprüche, wenn etwa die Nichtbefolgung eines allg. Unterlassungsanspruchs oder des Anspruchs auf Durchführung einer BV härter sanktioniert würde als ein grober Verstoß gegen die betriebsverfassungsrechtl. Pflichten[10].

58 Der allg. Unterlassungsanspruch kann im Wege des **einstw. Rechtsschutzes** durchgesetzt werden[11] (§ 85 II ArbGG). Voraussetzung ist neben den Verfügungsanspruch ein Verfügungsgrund. Der BR ist auf den Erlass der einstw. Verfügung dringend angewiesen, wenn der ArbGeb immer wieder gegen das MitbestR des BR verstößt und zurzeit eine Regelung der umstrittenen Angelegenheit durch die Einigungsstelle nicht in Sicht ist[12].

59 3. **Sonstige Streitigkeiten.** Streiten die Betriebspartner darüber,

– ob bzw. in welchem Umfang ein MitbestR besteht,

– ob das MitbestR wirksam ausgeübt worden ist,

– ob eine BV/Regelungsabrede besteht, welchen Inhalt sie hat oder wie sie durchzuführen ist,

– ob die Voraussetzungen eines Notfalls gegeben waren,

können sie diese Frage im Beschlussverfahren (§ 2a I Nr. 1, II; §§ 80 ff. ArbGG) vom ArbG klären lassen[13]. Voraussetzung für den Erfolg eines solchen Feststellungsantrags ist gem. § 256 ZPO ein Rechtsschutzinteresse[14]. Daran fehlt es regelmäßig bei einer nur in die Vergangenheit gerichteten Feststellung (abgeschlossener Sachverhalt). Das BAG hält zu Recht daran fest, dass es nicht Aufgabe der Gerichte ist, den Betriebsparteien zu bescheinigen, ob und wer im Recht war und auch nicht, eine die Beteiligten interessierende Rechtsfrage gutachterlich zu klären[15].

60 VII. **Die einzelnen Mitbestimmungstatbestände des Abs. 1. 1. Fragen der Ordnung des Betriebs und des Verhaltens der ArbN im Betrieb (Abs. 1 Nr. 1). a) Zweck.** Nach Nr. 1 hat der BR mitzubestimmen über Fragen der Ordnung des Betriebes und des Verhaltens der ArbN im Betrieb. Zweck des MitbestR nach Nr. 1 ist es, die Belange der ArbN geltend zu machen und unter Einschränkung der Regelungs-

---

1 BAG 3.5.1994 – 1 ABR 24/93, NZA 1995, 40; 9.2.2000 – 1 ABR 4/99, NZA 2000, 1066. ‖ 2 BAG 9.2.2000 – 1 ABR 4/99, NZA 2000, 1066; LAG Hess. 19.4.2012 – 5 TaBV 192/11 (Rz.20). ‖ 3 BAG 16.6.1998 – 1 ABR 68/97, NZA 1999, 49. ‖ 4 BAG 29.4.2004 – 1 ABR 30/02, BAGReport 2004, 241. ‖ 5 BAG 29.9.2004 – 1 ABR 30/03, NZA 2005, 123; *Fitting*, § 87 Rz. 598. ‖ 6 BAG 19.1.2010 – 1 ABR 62/08, NZA 2010, 592. ‖ 7 BAG 10.3.2009 – 1 ABR 87/07, BB 2009, 661; 3.5.1994 – 1 ABR 24/93, NZA 1995, 40. ‖ 8 BAG 20.4.2010 – 1 ABR 78/08, NZA 2010, 902; 10.3.2009 – 1 ABR 87/07, BB 2009, 661; 3.5.1994 – 1 ABR 24/96, NZA 1995, 40; 28.5.2002 – 1 ABR 40/01, NZA 2003, 1352. ‖ 9 BAG 17.3.1987 – 1 ABR 65/85, NZA 1987, 786. ‖ 10 BAG 5.10.2010 – 1 ABR 71/09, NZA 2011, 174; 29.4.2004 – 1 ABR 30/02, BAGReport 2004, 241. ‖ 11 BAG 3.5.1994 – 1 ABR 24/93, NZA 1995, 40; LAG Hess. 19.4.1988 – 5 TaBVGa 52/88, LAGE § 99 BetrVG 1972 Nr. 17; *Fitting*, § 87 Rz. 610; DKKW/*Klebe*, § 87 Rz. 316; GK-BetrVG/*Wiese*, § 87 Rz. 1075. ‖ 12 LAG Hamm 6.2.2001 – 13 TaBV 132/00, AiB 2001, 488; aA LAG Bremen 25.7.1986 – 2 TaBV 50/86, LAGE § 23 BetrVG 1972 Nr. 7: Ein Verstoß des ArbGeb gegen die §§ 87 I Nr. 2 und 3 gibt *grds. einen Verfügungsgrund*. ‖ 13 BAG 16.8.1983 – 1 ABR 11/82, DB 1984, 408 und 13.10.1987 – 1 ABR 53/86, NZA 1988, 249. ‖ 14 BAG 8.2.1957 – 1 ABR 11/55, DB 1957, 263; 29.7.1982 – 6 ABR 51/79, DB 1983, 666. ‖ 15 BAG 9.2.2011 – 7 ABR 11/10, NZA 2011, 866; 14.12.2010 – 1 ABR 93/09, NZA 2011, 473; 28.5.2002 – 1 ABR 35/01, NZA 2003, 1101; 11.12.2001 – 1 ABR 9/01, PersR 2002, 351.

befugnis des ArbGeb beide Interessenlagen in einen gleichberechtigten Ausgleich zu bringen[1]. Zudem bezweckt das MitbestR den Schutz der Persönlichkeit des einzelnen ArbN und die gleichberechtigte Teilhabe der ArbN an der Gestaltung der betriebl. Ordnung[2].

b) Tendenzbetriebe. Was die Mitbest. in Tendenzbetrieben betrifft, so wird im Allg. bei Nr. 1 eine Einschränkung nicht in Betracht kommen, da es meist um den wertneutralen Arbeitsablauf des Betriebs geht. Nur ausnahmsw. kann bei Fragen der Ordnung des Betriebs und des Verhaltens der ArbN im Betrieb eine Einschränkung des MitbestR nach § 118 I in Betracht kommen, wenn nämlich eine Beteiligung des BR dazu führte, dass die durch Art. 5 I 2 GG geschützte geistig-ideelle Zielrichtung ernsthaft beeinträchtigt würde. Dies ist der Fall bei der Einführung von Regeln, die für Redakteure einer Wirtschaftszeitung den Besitz von Wertpapieren mit dem Ziel einschränken, die Unabhängigkeit der Berichterstattung zu gewährleisten. Hier schließt der Tendenzschutz eine Mitbest. nach Nr. 1 aus[3]. 61

c) Umfang des Mitbestimmungsrechts. Das BAG unterscheidet in st. Rspr.[4] zwischen dem mitbestimmungsfreien Arbeitsverhalten und dem mitbestimmungspflichtigen Ordnungsverhalten[5]. Das **Arbeitsverhalten** ist berührt, wenn der ArbGeb kraft seines Weisungsrechts näher bestimmt, welche Arbeiten wie auszuführen sind, also Anordnungen trifft, mit denen die Arbeitspflicht unmittelbar konkretisiert wird. Trifft er hingegen Anordnungen, um das sonstige Verhalten der ArbN zu koordinieren, ist das **Ordnungsverhalten** betroffen[6]. Entscheidend für die Abgrenzung ist der jeweilige objektive Regelungszweck[7]. Wirkt sich eine Maßnahme des ArbGeb sowohl auf das Arbeits- wie auch das Ordnungsverhalten aus, kommt es darauf an, welcher Regelungszweck überwiegt[8]. In jedem Fall berechtigt das MitbestR die Betriebspartner nicht, in die private Lebensführung der ArbN einzugreifen[9]. Verletzt eine Betriebsvereinbarung das Persönlichkeitsrecht der von ihr betroffenen Mitarbeiter, ist sie unwirksam und darf nicht angewandt werden[10]. Das BAG dehnt das MitbestR auch auf Maßnahmen in Kundenbetrieben aus. Weil der Begriff des Betriebes iSd. Abs. 1 Nr. 1 nicht räumlich zu verstehen sei, bestehe ein MitbestR auch für Anweisungen, wie sich ArbN in Kundenbetrieben zu verhalten haben (biometrisches Zugangskontrollsystem im Kundenbetrieb)[11]. 62

aa) Mitbestimmungspflichtiges Ordnungsverhalten. Nach den oben dargestellten Grundsätzen unterliegen der Mitbest. bspw.[12]: 63

- Alkohol- und Rauchverbote zum Zwecke der betriebl. Ordnung[13]; generelle Regelung von Alkoholtests[14];
- Anwesenheitskontrollen bei gleitender Arbeitszeit;
- Einführung eines Formulars, in dem die Notwendigkeit eines Arztbesuchs während der Arbeitszeit bescheinigt wird[15];
- Anordnungen über den Zeitpunkt der Vorlage einer Arbeitsunfähigkeitsbescheinigung[16];
- Benutzungsordnungen für Kantinen[17], Gemeinschaftsräume etc.;
- Betriebsausweise[18];
- Betriebsbußordnungen[19], Verhängen der Buße im Einzelfall als Durchsetzung der betriebl. Ordnung[20];
- Ethikrichtlinien, je nach konkretem Inhalt der und ggf. nur für die einzelnen Regelungen[21];
- Namensschilder auf Dienstkleidung[22]; einheitliche Arbeitskleidung[23]; Trageordnung für Dienstkleidung[24]; die Regelungskompetenz der Betriebspartner umfasst nicht (auch nicht als Annexkompetenz) die Regelung der durch eine Kleiderordnung entstehenden Kosten[25];
- formalisierte „Krankengespräche" (zur Aufklärung eines überdurchschnittlichen Krankenstandes), wenn sie mit einer nach abstrakten Kriterien ermittelten Zahl von ArbN erfolgen und Regelungsgegenstand das Verhalten der ArbN bei der Führung der Gespräche selbst ist[26] oder wenn Kranken-

---

1 BAG 24.3.1981 – 1 ABR 32/78, NJW 1982, 404. ||2 BAG 23.7.1996 – 1 ABR 17/96, NZA 1997, 216; 18.4.2000 – 1 ABR 22/99, NZA 2000, 1176; 13.2.2007 – 1 ABR 18/06, DB 2007, 1592. ||3 BAG 28.5.2002 – 1 ABR 32/01, NZA 2003, 166. ||4 Seit BAG 24.3.1981 – 1 ABR 32/78, NJW 1982, 404. ||5 Krit. dazu Fitting, § 87 Rz. 64ff. mwN. ||6 BAG 10.3.2009 – 1 ABR 87/07, DB 2009, 575; 25.1.2000 – 1 ABR 3/99, NZA 2000, 665. ||7 BAG 11.6.2002 – 1 ABR 46/01, BAGReport 2003, 52. ||8 BAG 13.2.2007 – 1 ABR 18/06, DB 2007, 1592. ||9 BAG 19.1.1999 – 1 AZR 499/98, NZA 1999, 546; 11.7.2000 – 1 AZR 551/99, NZA 2001, 462; 18.7.2006 – 1 AZR 578/05, NZA 2007, 462. ||10 LAG Köln 18.8.2010 – 3 TaBV 15/10, BB 2011, 244. ||11 BAG 27.1.2004 – 1 ABR 7/03, NZA 2004, 556. ||12 Umfangreiche Rspr.-Nachw. bei GK-BetrVG/Wiese, § 87 Rz. 227. ||13 BAG 19.1.1999 – 4 AZR 499/98, NZA 1999, 546. ||14 BAG 13.2.1990 – 1 ABR 11/89, AiB 1991, 272. ||15 BAG 21.1.1997 – 1 ABR 53/96, NZA 1997, 785. ||16 BAG 25.1.2000 – 1 ABR 3/99, NZA 2000, 665. ||17 BAG 11.7.2000 – 1 AZR 551/99, NZA 2001, 462. ||18 BAG 16.12.1986 – 1 ABR 35/85, NZA 1987, 355. ||19 BAG 17.10.1989 – 1 ABR 100/88, NZA 1990, 193. ||20 BAG 7.4.1992 – 1 AZR 322/91, NZA 1992, 1144. ||21 BAG 22.7.2008 – 1 ABR 40/07, NZA 2008, 1248; LAG Düss. 14.11.2005 – 10 TaBV 46/05, DB 2006, 162. ||22 BAG 11.6.2002 – 1 ABR 46/01, DB 2002, 2280. ||23 BAG 1.12.1992 – 1 AZR 260/92, BAGE 72, 40; 8.8.1989 – 1 ABR 65/88, NZA 1990, 320ff.; 13.2.2007 – 1 ABR 18/06, DB 2007, 1592. ||24 BAG 8.8.1989 – 1 ABR 65/88, NZA 1990, 320. ||25 BAG 13.2.2007 – 1 ABR 18/07, DB 2007, 1592. ||26 BAG 8.11.1994 – 1 ABR 22/94, NZA 1995, 857.

kontrollbesuche mit dem Ziel unternommen werden, die Gründe für die Fehlzeiten, insb. auch mit Blick auf etwaige betriebl. Ursachen zu erforschen[1];
- Mitarbeiterjahresgespräche nach einem formalisierten Beurteilungskatalog[2];
- standardisierte Verschwiegenheitserklärung nur in besonderen Fällen und soweit keine gesetzl. Regelung[3];
- allg. Anordnung, während der Pausen den Betrieb nicht zu verlassen[4];
- Parkplatzordnung[5];
- allg. Verbot, im Betrieb Radio zu hören[6];
- Einführung von Stechuhren und EDV-Anwesenheitslisten, Taschen- und Torkontrollen[7];
- Anordnungen über die Modalitäten der privaten Telefon-, E-Mail-, Internetnutzung im Betrieb, soweit vom ArbGeb gestattet[8];
- Behandlung von Werbegeschenken[9];
- Einführung und Ausgestaltung Beschwerdeverfahren nach § 13 AGG; aber nicht für die Frage, wo Beschwerdestelle eingerichtet wird und wie deren personelle Besetzung ausgestaltet werden soll[10];
- Untersagung der Mitnahme und Benutzung privater Kommunikationseinrichtungen (zB Mobiltelefone, MP3-Player)[11].

64 bb) Mitbestimmungsfreies Arbeitsverhalten. Mitbestimmungsfrei sind bspw. folgende Anordnungen:
- Abmahnungen oder sonstige individuelle Gestaltungsmittel wie Versetzung, Kündigung oder Vertragsstrafen[12];
- Arbeitsablaufstudien[13];
- Führen und Abliefern arbeitsbegleitender Papiere[14];
- Führen von Arbeitsbüchern (Betriebshandwerker)[15];
- Eintragen von Zeiten für die Ausführung bestimmter Arbeitsvorgänge in Lochkarten oder Arbeitsbogen zwecks Auswertung durch EDV für die Kalkulation[16];
- Verfahrensregelung für Vorgesetzte betr. Abmeldung der BR-Mitglieder im Rahmen ihrer Amtstätigkeit[17];
- Dienstreiseordnung, die Verfahrens- und Abrechnungsvorschriften enthält[18]; die Anordnung einer Dienstreise, die Reisezeiten außerhalb der normalen Arbeitszeit erforderlich macht[19];
- Ehrlichkeitskontrollen (heimliche Erhöhung des Wechselgeldbestandes)[20];
- Führungsrichtlinien[21];
- Angabe von Vor- und Nachnamen in Geschäftsbriefen[22];
- Überwachung des ArbN durch einen vom ArbGeb eingeschalteten Privatdetektiv[23];
- Rauchverbot, wenn die Arbeitsleistung selbst durch das Rauchen beeinträchtigt wird[24];
- Anordnung zum Führen von Tätigkeitsberichten für Außendienstmitarbeiter[25]; Ausfüllen von Tätigkeitslisten[26];

---

1 LAG Rh.-Pf. 29.6.2006 – 11 TaBV 43/05, NZA-RR 2007, 417. ||2 LAG Hess. 6.2.2012 – 16 Sa 1134/11, ArbR 2012, 294, wohl weil der Mitarbeiter zur Mitwirkung an seiner Beurteilung verpflichtet wird. Diese Auslegung geht über das Regelungsziel des § 87 I Nr. 1 hinaus und übersieht, dass jede Pflicht, auch wenn sie das Arbeitsverhalten betrifft, eine Mitwirkung und ein Verhalten des ArbN fordert. Die Entscheidung des LAG Hess. ist abzulehnen. ||3 BAG 10.3.2009 – 1 ABR 87/07, NZA 2010, 180. ||4 BAG 21.8.1990 – 1 AZR 567/89, NZA 1991, 154. ||5 BAG 7.2.2012 – 1 ABR 63/10, DB 2012, 1335; GK-BetrVG/*Wiese*, § 87 Rz. 219 ff. ||6 BAG 14.1.1986 – 1 ABR 75/83, NZA 1986, 435. ||7 BAG 26.5.1988 – 1 ABR 9/87, NZA 1988, 811. ||8 BAG Nürnberg 29.1.1987 – 5 TaBV 4/86, LAGE § 87 BetrVG 1972 Kontrolleinrichtung Nr. 9. ||9 LAG Köln 20.6.1984 – 5 TaBV 20/84, DB 1984, 2202. ||10 BAG 21.7.2009 – 1 ABR 42/08, BB 2009, 1693. ||11 LAG Köln 18.8.2010 – 3 TaBV 15/10, BB 2011, 244. ||12 BAG 7.11.1979 – 5 AZR 962/77, DB 1980, 550. ||13 BAG 8.11.1994 – 1 ABR 22/94, NZA 1995, 857. ||14 BAG 24.11.1981 – 1 ABR 108/79, BAGE 37, 112. ||15 LAG Hamm 12.11.1976 – 3 TaBV 56/76, LAGE § 87 BetrVG 1972 Betriebliche Ordnung Nr. 1. ||16 BAG 23.1.1979 – 1 ABR 101/76, DB 1981, 1144. ||17 BAG 23.6.1986 – 6 ABR 65/80, BAGE 43, 105; 13.5.1997 – 1 ABR 2/97, NZA 1997, 1062. ||18 BAG 8.12.1981 – 1 ABR 91/79, DB 1982, 960. ||19 BAG 8.12.1981 – 1 ABR 91/79, DB 1982, 960. ||20 BAG 26.3.1991 – 1 ABR 26/90, NZA 1991, 729; 18.11.1999 – 2 AZR 743/98, NJW 2000, 1211. ||21 BAG 23.10.1984 – 1 ABR 2/83, DB 1985, 495. ||22 BAG 8.6.1999 – 1 ABR 67/98, DB 1999, 2218f. ||23 BAG 26.3.1991 – 1 ABR 26/90, NZA 1991, 729. ||24 BAG 19.1.1999 – 1 AZR 499/98, NZA 1999, 546. ||25 LAG Düss. 17.1.1975 – 9 TaBV 115/74, BB 1975, 328. ||26 LAG Hamburg 23.9.1981 – 12 TaBV 90/81, DB 1982, 385.

- Ausfüllen von „Laufzetteln" über den Erhalt von Arbeitsmitteln und Zutrittsberechtigungen einschl. erforderlicher Belehrungen[1];
- anonyme, unangekündigte Tests an Bankschaltern zur Feststellung des tatsächlich vorhandenen Serviceniveaus[2];
- Ausfüllen von Überstundennachweisen[3];
- Zugangssicherungssystem ohne Speicherung der Ein- und Austrittsdaten[4];
- Abgabe standardisierter Verschwiegenheitserklärungen über Arbeitsinhalte[5].

d) Grenzen des Mitbestimmungsrechts. § 5 I 3 EFZG beschränkt das MitbestR des BR nicht[6]. Auch das Weisungsrecht des ArbGeb nach § 106 S. 2 GewO ist keine gesetzl. Bestimmung iSd. Einleitungssatzes[7]. Im Rahmen der Nr. 1 sind die Betriebspartner verpflichtet, Persönlichkeitsrechte der ArbN zu berücksichtigen (§ 75 II). Zwingende Regelungen, die das MitbestR nach Nr. 1 beschränken, können sich auch in VO oder Verwaltungsakten finden, die dem ArbGeb keinen Regelungsspielraum lassen[8].

e) Gesetzessystematik. Nr. 6 geht als Spezialvorschrift der Nr. 1 vor, soweit eine Verhaltens- oder Leistungskontrolle der ArbN durch technische Einrichtungen erfolgt[9]. Regelungen im Rahmen des gesetzl. Arbeits- und Gesundheitsschutzes können Teil der Ordnung des Betriebes iSd. Nr. 1 sein, soweit sie dem Arbeitsschutz dienende Verhaltenspflichten der ArbN begründen. Soweit es sich um die Schaffung dieses Teils der Ordnung des Betriebes handelt, geht das MitbestR nach Nr. 7 dem nach Nr. 1 vor[10].

2. Beginn und Ende der täglichen Arbeitszeit, Verteilung der Arbeitszeit auf die einzelnen Wochentage (Abs. 1 Nr. 2). a) Zweck. Der BR hat nach Nr. 2 mitzubestimmen über Beginn und Ende der täglichen Arbeitszeit, die Verteilung der Arbeitszeit auf die einzelnen Wochentage und die Pausen. Die Beteiligung des BR nach Nr. 2 soll die Interessen der ArbN an einer sinnvollen Arbeitszeit- und Freizeiteinteilung und -gestaltung schützen[11]. Einschränkungen der Freizeit durch ein Verhalten der ArbN, das keine Arbeitsleistung zum Gegenstand hat (bsw. Reisen), unterliegen nicht dem MitbestR[12]. Anders als Nr. 3 dient dieses MitbestR aber nicht dem Schutz des ArbN vor Überforderung[13].

b) Tendenzbetriebe. Die Eigenart eines Unternehmens oder eines Betriebes iSv. § 118 I steht einem Beteiligungsrecht des BR nur dann entgegen, wenn durch die Ausübung des Beteiligungsrechts die geistig-ideelle Zielsetzung des Tendenzträgers ernstlich beeinträchtigt werden kann. Das ist zB in karitativen Einrichtungen aus therapeutischen Gründen, in Presseunternehmen[14] wegen der Aktualität der Berichterstattung oder bei Theatern wegen der künstlerischen Qualität[15] denkbar[16].

c) Begriffsbestimmung. Der Begriff der Arbeitszeit iSd. Nr. 2 bestimmt sich nach dem Zweck des MitbestR. Dieser besteht darin, die Interessen der ArbN an der Lage ihrer Arbeitszeit und damit zugleich der freien Zeit für die private Lebensgestaltung zur Geltung zu bringen. Der Arbeitszeitbegriff ist daher weiter zu verstehen als der des ArbZG oder der Arbeitszeit im vergütungsrechtl. Sinn[17]. Arbeitszeit iSd Nr. 2 ist die Zeit, während der der ArbN die von ihm geschuldete Leistung (Hauptleistungspflicht) oder eine sonstige vom ArbG verlangte Leistung tatsächlich erbringen soll[18]. Demgemäß unterfallen dem MitbestR grds. auch Arbeitsbereitschaft (§ 7 Ia ArbZG), Bereitschaftsdienst[19], Teilnahme an einer vom ArbGeb angeordneten Schulungsmaßnahme[20] und Rufbereitschaft[21] sowie Reisezeit, wenn in dieser Zeit Arbeitsleistung erbracht wird[22]. Die für Reisen benötigte Zeit ist dann, wenn Reisen nicht zur vertragl. Hauptleistungspflicht gehört (wie etwa bei Außendiensttätigkeiten), keine Arbeitszeit iSd. Nr. 2[23]. Das Ankleiden mit vorgeschriebener Dienstkleidung gehört nicht zur Arbeitszeit, wenn dieses nicht ausschließlich fremdnützig erfolgt[24]. Das soll der Fall sein, wenn sie zu Hause angelegt und auf dem Weg zur Arbeit getragen werden kann; anders jedoch, wenn die Firmenkleidung besonders auffällig und eindeutig als solche zu erkennen ist. Ist das Tragen spezifischer Berufskleidung öffentlich-rechtl. vorgeschrieben, soll das Ankleiden ebenfalls zur Arbeitszeit zählen[25]. Ob bestimmte Tätigkeiten im Ein-

---

1 BAG 25.9.2012 – 1 ABR 50/11, ArbR 2013, 106. ||2 BAG 18.4.2000 – 1 ABR 22/99, DB 2000, 2227. ||3 BAG 4.8.1981 – 1 ABR 54/78, BAGE 36, 148. ||4 BAG 10.4.1984 – 1 ABR 69/82, DB 1984, 2097. ||5 BAG 10.3.2009 – 1 ABR 87/07, DB 2009, 2275. ||6 BAG 25.1.2000 – 1 ABR 3/99, DB 2000, 1128. ||7 *Bauer/Opolony*, BB 2002, 1590 (1591). ||8 BAG 26.5.1988 – 1 ABR 9/87, NZA 1988, 811; 9.7.1991 – 1 ABR 57/90, BAGE 68, 127. ||9 BAG 9.9.1975 – 1 ABR 20/74, BAGE 27, 256. ||10 BAG 24.3.1981 – 1 ABR 32/78, BAGE 35, 150. ||11 BAG 23.7.1996 – 1 ABR 17/96, DB 1997, 155. ||12 BAG 14.11.2006 – 1 ABR 5/06, NZA 2007, 458. ||13 BAG 28.5.2002 – 1 ABR 40/01, DB 2002, 2385 mwN. ||14 BAG 30.1.1990 – 1 ABR 101/88, BAGE 64, 103; 14.1.1992 – 1 ABR 35/91, BAGE 69, 187. ||15 BAG 4.8.1981 – 1 ABR 106/79, BAGE 36, 161. ||16 Zusammenfassend *Fitting*, § 118 Rz. 32. ||17 BAG 10.11.2009 – 1 ABR 54/08, DB 2010, 454. ||18 BAG 14.11.2006 – 1 ABR 5/06, NZA 2007, 458. ||19 BAG 29.2.2000 – 1 ABR 15/99, DB 2000, 1971. ||20 BAG 15.4.2008 – 1 ABR 44/07, NZA-RR 2009, 98. ||21 BAG 21.12.1982 – 1 ABR 14/81, DB 1983, 611; 29.2.2000 – 1 ABR 15/99, DB 2000, 1971; 23.1.2001 – 1 ABR 36/00, DB 2001, 1371; zu § 74 I Nr. 9 HePersVG unter Aufgabe seiner bisherigen Rspr. nun auch BVerwG 4.9.2012 – 6 P 10/11, PersR 2012, 464. ||22 BAG 23.7.1996 – 1 ABR 17/96, BB 1997, 155. ||23 BAG 14.11.2006 – 1 ABR 5/06, NZA 2007, 458. ||24 BAG 10.11.2009 – 1 ABR 54/08, NZA-RR 2010, 301. ||25 ArbG Berlin 17.10.2012 – 28 BV 14611/12.

zelfall der Arbeitszeit zuzurechnen sind, unterliegt nicht der Mitbest., sondern muss durch Auslegung des Arbeitsvertrags oder TV ermittelt werden[1].

70 **d) Umfang des Mitbestimmungsrechts. aa) Beginn und Ende der täglichen Arbeitszeit.** Der BR hat mitzubestimmen über Beginn und Ende der täglichen Arbeitszeit, nicht aber über die Dauer der wöchentlichen Arbeitszeit. Man unterscheidet zwischen der mitbestimmungspflichtigen Festlegung der Dauer der täglichen Arbeitszeit und der mitbestimmungsfreien Regelung der Dauer der wöchentlichen Arbeitszeit[2].

71 Das MitbestR bezieht sich – in dem durch Gesetze oder TV[3] vorgegebenen Rahmen – nur auf den Beginn und das Ende, also die Lage der täglichen Arbeitszeit. Es erfasst auch die nur einmalige Änderung der bisherigen Lage, soweit ein kollektiver Bezug besteht[4]. Nach st. Rspr. des BAG[5] erstreckt sich das MitbestR nach Nr. 2 nicht auf die Dauer der wöchentlichen Arbeitszeit oder den Umfang des Volumens der wöchentlichen Arbeitszeit[6]. Das ergibt schon der Umkehrschluss aus Nr. 3, der ausnahmsw. ein MitbestR über die Dauer der Arbeitszeit (Verkürzung/Verlängerung) vorsieht[7]. Auch die Dauer der Betriebsnutzungszeit, also der Zeit, in der die betriebl. Anlagen, Einrichtungen durch arbeitende ArbN tatsächlich genutzt werden, unterliegt nicht der Mitbest.[8].

72 Bei der Arbeitszeit von TeilzeitArbN gilt es zu differenzieren: Der BR hat in Bezug auf die Teilzeitbeschäftigten dieselben MitbestR wie ggü. den Vollzeitbeschäftigten[9]. Er hat also – wie bei den VollzeitArbN – kein MitbestR hinsichtlich der Dauer der wöchentlichen Arbeitszeit[10]. Aus diesem Grund ist die Einführung oder Beibehaltung der Teilzeitarbeit nicht nach Nr. 2 mitbestimmungspflichtig[11]. Besteht im Betrieb eine BV über die wöchentliche Arbeitszeit, können deren Regelungen dem Teilzeitbegehren des ArbN entgegenstehende „betriebliche Gründe" iSd. § 8 IV 1 TzBfG sein[12].

73 Das MitbestR über die **Lage der Arbeitszeit** greift ua. in folgenden Fällen ein:

– Einführung von Bereitschaftsdiensten[13];
– Verlegung der Arbeitszeit wegen einer Betriebsfeier[14];
– Aufstellung und Änderung von Dienstplänen[15], auch wenn das die gesetzl. Ladenöffnungszeiten tangiert[16];
– Einführung und Änderung von Gleitzeit; Modalitäten der Gleitzeit[17]; Überwachung der Gleitzeitkonten[18];
– Regelungen des ArbGeb über die Lage[19] der Arbeitszeit beim Job-Splitting[20] oder Job-Sharing (§ 13 I TzBfG)[21]; nicht aber Abschluss einzelner Verträge, es sei denn sie haben Auswirkung auf das kollektive System der Verteilung der Arbeitszeit[22];
– Einsatz von ArbN in KAPOVAZ[23] (kapazitätsorientierter variabler Arbeitszeit – Arbeit auf Abruf, § 12 TzBfG); nicht aber Abschluss von KAPOVAZ-Verträgen[24];
– Beginn und Ende der täglichen Arbeitszeit der LeihArbN (zuständig ist der EntleiherBR)[25];
– Festlegung der Probenzeit in einem Theater[26];
– Einrichtung einer Rufbereitschaft[27];
– Schichtarbeit[28]: Einführung; zeitliche Lage der einzelnen Schichten; Abgrenzung des Personenkreises, der Schichtarbeit zu leisten hat; Schichtplan und dessen nähere Ausgestaltung bzw. Grundsätze

---

1 BAG 29.10.2002 – 1 AZR 603/01, ArbRB 2003, 168. ‖2 BAG 13.10.1987 – 1 ABR 10/86, BAGE 56, 197. ‖3 Nach BAG 9.11.2010 – 1 ABR 75/09, BB 2011, 819 ist in diesem Fall auch die Einigungsstelle nach § 87 I Hs. 1 an den vorgegebenen Gestaltungsspielraum gebunden, andernfalls ist ihre Entscheidung ermessensfehlerhaft. ‖4 BAG 13.7.1977 – 1 AZR 336/75, DB 1977, 2235; 25.2.1997 – 1 ABR 69/96, BAGE 85, 185. ‖5 St. Rspr., vgl. nur BAG 21.11.1978 – 1 ABR 67/76, AP Nr. 2 zu § 87 BetrVG 1972 Arbeitszeit; 27.1.1998 – 1 ABR 35/97, BB 1998, 1419; aA DKKW/*Klebe*, § 87 Rz. 73 mwN. ‖6 BAG v.15.5.2007 – 1 ABR 32/06, NZA 2007, 1260; 24.1.2006 – 1 ABR 6/05, NZA 2006, 862; 22.7.2003 – 1 ABR 28/02, NZA 2004, 507. ‖7 BAG 27.1.1998 – 1 ABR 35/97, BB 1998, 1419. ‖8 BAG 18.12.1990 – 1 ABR 11/90, BAGE 66,338. ‖9 BAG 13.10.1987 – 1 ABR 10/86, DB 1988, 270. ‖10 BAG 13.10.1987 – 1 ABR 10/86, DB 1988, 270; 14.3.1989 – 1 ABR 77/87, nv. ‖11 GK-BetrVG/*Wiese*, § 87 Rz. 312 mwN. ‖12 BAG 24.6.2008 – 9 AZR 313/07, NZA 2008, 1309; LAG Berlin 18.1.2002 – 19 Sa 1982/01, NZA-RR 2002, 401. ‖13 BAG 29.2.2000 – 1 ABR 15/99, DB 2000, 1971; LAG Hamburg, 13.2.2002 – 8 TaBV 10/01, LAGE § 7 ArbZG Nr. 1. ‖14 Diff.: GK-BetrVG/*Wiese*, § 87 Rz. 288. ‖15 BAG 4.6.1969 – 3 AZR 180/68, AP Nr. 1 zu § 16 BMT-G II; 18.4.1989 – 1 ABR 2/88, NZA 1989, 807; 18.2.2003 – 1 ABR 2/02, FA 2003, 123 ff. ‖16 BAG 31.8.1982 – 1 ABR 27/80, BAGE 40, 107; 13.10.1987 – 1 ABR 10/86, BAGE 56, 197. ‖17 BAG 18.4.1989 – 1 ABR 3/88, DB 1989, 1978; 21.8.1990 – 1 AZR 567/89, NZA 1991, 154; LAG München 27.3.2012 – 6 TaBV 101/11. ‖18 LAG BW 21.2.1994 – 15 TaBV 11/93, BB 1994, 1352. ‖19 Nicht aber Absprachen der am Jobsharing beteiligten ArbN. ‖20 GK-BetrVG/*Wiese*, § 87 Rz. 315. ‖21 GK-BetrVG/*Wiese*, § 87 Rz. 316; *Fitting*, § 87 Rz. 125. ‖22 BAG 16.12.2008 – 9 AZR 893/97, NZA 2009, 565. ‖23 BAG 28.9.1988 – 1 ABR 41/87, DB 1989, 385. ‖24 Vgl. auch ausf. zum Streitstand GK-BetrVG/*Wiese*, § 87 Rz. 318 ff. ‖25 BAG 15.12.1992 – 1 ABR 38/92, BAGE 72, 107; 19.6.2001 – 1 ABR 43/00, BAGE 98, 60. ‖26 BAG 4.8.1981 – 1 ABR 106/79, BAGE 36, 161. ‖27 BAG 21.12.1982 – 1 ABR 14/81, DB 1983, 611. ‖28 BAG 1.7.2003 – 1 ABR 22/02, NZA 2003, 1209; 28.5.2002 – 1 ABR 40/01 und 27.6.1989 – 1 ABR 33/88, DB 2002, 2385; 3.5.2006 – 1 ABR 14/05, DB 2007, 60.

der Schichtplanerstellung; Zuordnung der ArbN zu den einzelnen Schichten; Abweichung vom Schichtplan; vorzeitige Rückkehr von befristeter Schichtarbeit zur Normalarbeitszeit[1];
- Einsatz von AushilfsArbN im einmaligen Sonntagsverkauf bei sonst nur werktäglicher Arbeitszeit[2];
- Vorgabe der Betriebszeit (Einschaltzeit) des Computers bei Telearbeit[3];
- zeitliche Dauer und Lage betrieblicher Schulungen[4].

Die **Einführung der Vertrauensarbeitszeit**, also der Verzicht auf (maschinelle) Zeiterfassung, Arbeitszeitkontrolle und geregelte Arbeitszeiten, unterliegt als Arbeitszeitmodell der Mitbest. des BR. Ist sie jedoch einmal eingeführt, kommt eine Mitbest. nach Nr. 2 nicht mehr in Betracht, weil der ArbGeb die Lage der Arbeitszeit gerade nicht mehr regelt[5]. Nach Auffassung des BAG kann der ArbGeb aber nicht auf die arbeitszeitrechtl. Dokumentationspflicht (§ 16 II ArbZG) verzichten, weshalb er den BR nach § 80 II 1 auch über die Arbeitszeit der ArbN mit Vertrauensarbeitszeit unterrichten muss[6]. 74

Ohne die Mitbest. des BR kann der ArbGeb die Lage der Arbeitszeit nicht wirksam neu festsetzen; die ArbN dürfen nach der bisherigen Arbeitsregelung weiter arbeiten und haben ggf. Verzugslohnansprüche (§ 615 BGB). 75

Keiner Beteiligung nach Nr. 2 unterliegt die Lage der Arbeitszeit der ArbN von Fremdfirmen[7]. Auch hier greift aber ggf. der Unterrichtsanspruch nach § 80 II 1 Hs. 2, zudem ist ggf. das MitbestR aus § 99 zu beachten. 76

bb) Verteilung der Arbeitszeit auf die einzelnen Wochentage. Das MitbestR nach Nr. 2 erfasst auch die Verteilung der Arbeitszeit auf die einzelnen Wochentage, also bspw.: 77
- Einführung der Vier-, Fünf- oder Sechs-Tage-Woche[8];
- Sonntagsarbeit[9];
- Einführung flexibler/rollierender Arbeitszeitmodelle[10];
- Lage des Ersatzruhetags für Feiertagsbeschäftigung[11];
- Einführung und Ausgestaltung eines rollierenden Arbeitszeitsystems, bei dem die arbeitsfreien Tage in verschiedenen Wochen auf verschiedene Wochentage verteilt werden[12];
- Erstellung von Studienplänen für angestellte Lehrer[13];
- Grundsätze über die Ableistung variabler Wochenarbeitszeit[14].

Besteht zwischen Betriebsnutzungszeit und regelmäßiger wöchentlicher Arbeitszeit der ArbN eine Differenz, so muss diese Differenz im Rahmen eines Arbeitszeitmodells durch freie Tage ausgeglichen werden. Ist also der Betrieb des ArbGeb an sechs Werktagen in der Woche geöffnet, die ArbN arbeiten aber in einer Fünf-Tage-Woche, ist die Regelung des Systems, mit dem die Fünf-Tage-Woche für Vollzeitbeschäftigte verwirklicht werden soll, in allen Details mitbestimmungspflichtig nach Nr. 2. In diesem Fall unterliegt der Mitbest. nach Auffassung des BAG nicht nur die Frage, nach welchem System (rollierend oder nicht) Freizeit gewährt werden soll. Der BR soll auch darüber mitbestimmen, in wie viele Rolliergruppen ggf. die Belegschaft aufzuteilen ist, welche ArbN den einzelnen Rolliergruppen zuzuordnen sind und ob für die einzelnen Rolliergruppen Freizeitkalender zu führen sind[15]. Dem MitbestR ist aber Genüge getan, wenn die Betriebspartner sich auf die Grundsätze der Regelung eines entsprechenden Systems beschränken und die Aufstellung von Einzelplänen nach diesen Vorgaben dem ArbGeb überlassen. Dies gilt auch dann, wenn in der Rahmenvereinbarung nicht alle im Interesse der ArbN liegenden Fragen abschließend geregelt sind[16]. 78

cc) Pausen iSd. Nr. 2 sind Ruhepausen (§ 4 ArbZG[17]), durch die die Arbeitszeit unterbrochen wird, die selbst nicht zur Arbeitszeit gehören und deshalb auch nicht vergütet werden müssen[18]. Das Fehlen einer Vergütungspflicht ist aber nicht zwingend für den Begriff der Pause. Entscheidend ist die Freistellung von jeder Arbeitsverpflichtung, so dass auch bezahlte (tarifl.) Kurzpausen vom MitbestR erfasst werden[19]. Erholungszeiten beim Akkord gehören zur Arbeitszeit und sind daher keine Pausen[20]. Lärm- 79

---

1 BAG 18.9.2002 – 1 AZR 668/01, BB 2003, 740. ||2 BAG 25.2.1997 – 1 ABR 69/96, BAGE 85, 185. ||3 *Fitting*, § 87 Rz. 127. ||4 BAG 15.4.2008 – 1 ABR 44/07, NZA-RR 2009, 98. ||5 Zur Wirksamkeit unter dem Gesichtspunkt des Verzichts auf MitbestR *Hamm*, AiB 2000, 152 (158); DKKW/*Klebe*, § 87 Rz. 80a. ||6 BAG 6.5.2003 – 1 ABR 13/02, NZA 2003, 1348. ||7 ArbG Passau 8.5.1990 – 4 BVGa 1/90, BB 1990, 2335. ||8 BAG 31.1.1989 – 1 ABR 69/87, DB 1989, 1631; 21.7.1997 – 1 AZR 52/96, NZA 1997, 1009 (1011). ||9 BAG 25.2.1997 – 1 ABR 69/96, BAGE 85, 185. ||10 BAG 18.8.1987 – 1 ABR 30/86, NZA 1987, 779; 25.7.1989 – 1 ABR 46/88, DB 1990, 791. ||11 LAG Köln 24.9.1998 – 10 TaBV 57/97, AiB 1999, 467. ||12 BAG 25.7.1989 – 1 ABR 46/88, DB 1990, 791. ||13 BAG 23.6.1992 – 1 ABR 53/91, NZA 1992, 1098. ||14 GK-BetrVG/*Wiese*, § 87 Rz. 298. ||15 BAG 25.7.1989 – 1 ABR 46/88, DB 1990, 791. ||16 BAG 3.5.2006 – 1 ABR 14/05, DB 2007, 60; 28.5.2002 – 1 ABR 40/01, DB 2002, 2385; 28.10.1986 – 1 ABR 11/85, DB 1987, 692. ||17 BAG 29.10.2002 – 1 AZR 603/01, ArbRB 2003, 168. ||18 BAG 28.7.1981 – 1 ABR 65/79, BAGE 36,138. ||19 BAG 1.7.2003 – 1 ABR 20/02, BAGReport 2004, 78. ||20 *Fitting*, § 87 Rz. 119 mwN.

und Bildschirmpausen[1] sind nicht mitbestimmungspflichtig nach Nr. 2, ggf. aber nach Nr. 7. Das MitbestR erstreckt sich auf die Dauer und Lage der Pausen[2]. Ob eine Pause als Arbeitszeit anzusehen und daher zu vergüten ist, unterliegt nicht der Mitbest. nach Nr. 2[3].

80 **e) Grenzen des Mitbestimmungsrechts.** Das MitbestR des BR wird neben vielfältigen tarifl. Vorgaben insb. durch die zwingenden Vorschriften des öffentl.-rechtl. Arbeitszeitrechts[4] beschränkt. In diesem Kontext ist aber zu beachten, dass der BR gerade nicht mitbestimmen kann, wie Zeiten von Arbeitsbereitschaft oder Bereitschaftsdienst arbeitszeitrechtlich zu qualifizieren sind. Dabei handelt es sich um eine von den Gerichten zu entscheidende Auslegung arbeitszeitrechtl. Vorschriften, nicht um eine der Mitbest. nach § 87 zugängliche Regelungsfrage[5].

81 **3. Vorübergehende Verkürzung oder Verlängerung der betriebsüblichen Arbeitszeit (Abs. 1 Nr. 3).**
a) Zweck. Nr. 3 regelt die Mitbest. des BR bei der vorübergehenden Verkürzung oder Verlängerung der betriebsüblichen Arbeitszeit und stellt eine Ausnahme von dem Grundsatz dar, dass die Dauer der Arbeitszeit mitbestimmungsfrei ist. Zweck des MitbestR bei der Verlängerung der betriebsüblichen Arbeitszeit ist es, die Interessen der ArbN an der Änderung zur Arbeitszeit zur Geltung zu bringen. Dazu gehört neben der Frage, ob die Arbeitszeit überhaupt verlängert bzw. verkürzt werden soll, vor allem auch eine gerechte Verteilung der mit Überstunden bzw. Kurzarbeit verbundenen Belastungen und Vorteile[6].

82 **b) Begriffsbestimmung.** Betriebsübliche Arbeitszeit iSd. Nr. 3 ist die regelmäßige betriebl. Arbeitszeit, die durch den regelmäßig geschuldeten zeitlichen Umfang der Arbeitsleistung und die für ihn erfolgte Verteilung auf einzelne Zeitabschnitte bestimmt wird[7]. In einem Betrieb kann es mehrere betriebsübliche Arbeitszeiten geben. Sie muss nicht für eine Mehrzahl der im Betrieb beschäftigten ArbN gelten, sondern kann auch für Gruppen von ArbN oder sogar einzelne ArbN unterschiedlich sein[8]. Wenn die Verteilung des für einen bestimmten Zeitraum regelmäßig geschuldeten Arbeitszeitumfangs bis auf einzelne Wochentage vorgenommen worden ist, so ist die betriebsübliche Arbeitszeit mit der Dauer der regelmäßigen täglichen Arbeitszeit gleichzusetzen[9]. Arbeitszeit ist die Zeit, innerhalb derer die ArbN ihrer Leistungspflicht nachkommen müssen[10]. Der Begriff der Arbeitszeit ist derselbe wie in Nr. 2[11].

83 Kurzarbeit ist die vorübergehende Herabsetzung der betriebsüblichen Arbeitszeit um Stunden, Tage oder Wochen[12]. Die Verringerung der Arbeitszeit nach § 8 TzBfG unterliegt nicht der Mitbest., weil sie nicht nur vorübergehend ist, keine abstrakt-generelle Regelung erfordert und auf Initiative des ArbN erfolgt. Überstunden nennt man die Arbeitszeit, die vorübergehend über die (tarif-)vertragl. geschuldete Arbeitszeit hinausgeht[13]. Mehrarbeit hingegen ist die Überschreitung der gesetzl. Höchstarbeitszeit, die im ArbZG geregelt ist. Eine vorübergehende Veränderung der Arbeitszeit liegt vor, wenn diese nur einen begrenzten Zeitraum betrifft, nicht auf Dauer gilt und anschließend zur normalen Arbeitszeit zurückgekehrt werden soll[14].

84 **c) Umfang der Mitbestimmung. aa) Kurzarbeit.** Ob, in welchem Umfang und mit welcher Ankündigungsfrist Kurzarbeit eingeführt wird, unterliegt der betriebl. Mitbest. ebenso wie die Frage, wie die verbleibende Arbeitszeit auf die Wochentage verteilt werden soll[15]. Die Rückkehr von der Kurzarbeit zur betriebsüblichen Arbeitszeit ist ebenso wenig mitbestimmungspflichtig[16] wie der Abbau von Überstunden[17]. Ob Kug (§§ 95 ff. SGB III) beansprucht werden kann, ist mitbestimmungsrechtlich ohne Bedeutung. Weder schließen die §§ 95 ff. SGB III das MitbestR aus[18], noch sind sie Voraussetzung für dessen Ausübung[19]. Entsprechendes gilt auch für die Entscheidung der BA nach § 19 KSchG[20] (Kurzarbeit bei beabsichtigter Massenentlassung). Umstritten ist aber, ob sich das MitbestR auch auf Fragen der Milderung der Folgen der Kurzarbeit bezieht. Die überwiegende Meinung lehnt insoweit ein Recht ein erzwingbares MitbestR ab[21]. Die Entgeltminderung ist nur Folge der mitbestimmten Entscheidung, nicht Teil derselben[22]. Das BAG hat sich zu dieser Frage noch nicht geäußert, geht aber davon aus, dass das MitbestR nach Nr. 3 den ArbN auch vor Entgelteinbußen schützen soll[23].

---

1 BAG 28.7.1981 – 1 ABR 65/79, BAGE 36, 138; 6.12.1983 – 1 ABR 43/81, BAGE 44, 285. ||2 BAG 13.10.1987 – 1 ABR 10/86, BAGE 56, 197. ||3 LAG Hamm 4.12.1985 – 12 TaBV 110/85, NZA Beil. 2/1986, 29. ||4 Insb. ArbZG, JArbSchG, MuSchG, LadSchlG. ||5 BAG 22.7.2003 – 1 ABR 28/02, BAGReport 2004, 75. ||6 BAG 13.3.2001 – 1 ABR 33/00, NZA 2001, 976; 23.7.1996 – 1 ABR 17/96, BB 1997, 206; vgl. auch Richardi/*Richardi*, § 87 Rz. 335. ||7 BAG 3.6.2003 – 1 AZR 349/02, NZA 2003, 1155; 11.12.2001 – 1 ABR 3/01, DB 2002, 2002; 16.7.1991 – 1 ABR 69/90, BB 1991, 2156. ||8 BAG 11.12.2001 – 1 ABR 3/01, DB 2002, 2002; 23.7.1996 – 1 ABR 13/96, DB 1997, 378. ||9 BAG 11.12.2001 – 1 ABR 3/01, DB 2002, 2002. ||10 BAG 14.11.2006 – 1 ABR 5/06, NZA 2007, 458; 13.3.2001 – 1 ABR 33/00, NZA 2001, 976. ||11 BAG 14.11.2006 – 1 ABR 5/06, NZA 2007, 458. ||12 BAG 25.10.1977 – 1 AZR 452/74, DB 1978, 403. ||13 *Fitting*, § 87 Rz. 140. ||14 BAG 3.6.2003 – 1 AZR 349/02, NZA 2003, 1155; 29.2.2000 – 1 ABR 15/99, DB 2000, 1971; 27.1.1998 – 1 ABR 35/97, NZA 1998, 835; 21.12.1982 – 1 ABR 14/81, DB 1983, 611. ||15 *Fitting*, § 87 Rz. 150. ||16 BAG 11.7.1990 – 5 AZR 557/89, NZA 1991, 67; 21.11.1978 – 1 ABR 67/76, AP Nr. 2 zu § 87 BetrVG 1972 Arbeitszeit; aA *Fitting*, § 87 Rz. 151. ||17 BAG 25.10.1977 – 1 AZR 452/74, DB 1978, 403. ||18 *Fitting*, § 87 Rz. 156. ||19 LAG Köln 14.6.1989 – 2 TaBV 17/89, NZA 1989, 939 mwN; LAG Sachs. 31.7.2002 – 2 Sa 910/01, NZA-RR 2003, 366. ||20 *Fitting*, § 87 Rz. 155. ||21 ErfK/*Kania*, § 87 BetrVG Rz. 37; *Fitting*, § 87 Rz. 153, 160; aA DKKW/*Klebe*, § 87 Rz. 102 mwN. ||22 LAG Köln 14.6.1989 – 2 TaBV 17/89, NZA 1989, 939. ||23 BAG 21.11.1978 – 1 ABR 67/76, AP Nr. 2 zu § 87 BetrVG 1972 Arbeitszeit.

bb) Überstunden. Der Mitbest. unterliegt die Anordnung, ob, von wem und in welchem Umfang und 85
zu welchen Zeiten Überstunden zu leisten sind. Es kommt nicht darauf an, wie viele ArbN von der Anordnung betroffen sind; auch die Anordnung für einen einzigen ArbN kann das MitbestR auslösen, wenn ein kollektiver Bezug gegeben ist[1]. Duldet der ArbGeb, dass Überstunden abgeleistet werden, indem er sie entgegennimmt und bezahlt, besteht Mitbestimmungspflicht[2].

Mitbestimmungspflichtig sind zB: 86

- Sonderschichten[3];
- Arbeitsbereitschaft, Bereitschaftsdienst[4] oder Rufbereitschaft[5] außerhalb der regelmäßigen Arbeitszeit;
- Dienstreisen nur, wenn währenddessen Arbeitsleistung erbracht wird[6];
- Betriebsversammlungen außerhalb der betriebsüblichen Arbeitszeit, wenn die ArbN zur Teilnahme verpflichtet sind[7];
- Verlegung von Arbeitstagen auf eine andere Woche bei wöchentlicher Arbeitszeit, auch wenn im Schnitt nicht mehr gearbeitet wurde[8];
- Anordnung von Mehrarbeit, ohne Rücksicht darauf, ob die Arbeit zulässig ist oder Ausnahmen bewilligt wurden[9];
- Vereinbarung vorübergehender Verlängerung der Arbeitszeit eines Teilzeitbeschäftigten unabhängig davon, ob der ArbGeb diese einseitig vornimmt oder sie mit dem ArbN vereinbart[10]; nicht jedoch die dauerhafte Erhöhung[11]. Sie stellt allerdings, wenn sie erheblich ist, eine Einstellung nach § 99 I dar[12].

Anders als die vorzeitige Rückkehr von Schichtarbeit zur Normalarbeitszeit bedarf das Nichtabrufen 87
bereits genehmigter Überstunden nicht der Zustimmung des BR[13]. Überstunden mit vollem Freizeitausgleich führen nur zu einer Veränderung der Lage der Arbeitszeit, unterliegen also dem MitbestR nach Nr. 2[14].

Hinsichtlich der LeihArbN hat der BR des Verleiherbetriebs nach Nr. 3 mitzubestimmen, wenn auf 88
Grund der Entsendeentscheidung des Verleihers feststeht, dass sich die vertragl. geschuldete Arbeitszeit wegen einer davon abweichenden betriebsüblichen Arbeitszeit im Entleiherbetrieb vorübergehend verlängert[15]. Die Arbeitszeit von Fremdfirmen-ArbN unterliegt nicht der Mitbest. des BR des Einsatzbetriebes[16].

cc) Sonderfall: Arbeitskampf. Umstritten ist, ob der ArbGeb im Arbeitskampf mitbestimmungsfrei 89
Kurzarbeit oder Überstunden anordnen darf. § 74 II verpflichtet den BR zur Neutralität. Will der ArbGeb während eines Streiks in seinem Betrieb die betriebsübliche Arbeitszeit der arbeitswilligen ArbN aus streikbedingten Gründen vorübergehend verlängern oder verkürzen, muss er nach der zutreffenden Auffassung des BAG den BR nicht beteiligen; dessen Rechte sind eingeschränkt[17]. Nach Auffassung des BAG soll der ArbGeb aber gleichwohl verpflichtet sein, bei Anordnung von Überstunden den BR im Voraus mitzuteilen, welche namentlich genannten ArbN wann wie viele Überstunden leisten sollen. Die bloße Möglichkeit der rechtswidrigen Verwendung oder Weitergabe der Informationen schließt den Unterrichtungsanspruch des BR nicht aus[18]. Will der ArbGeb auf Grund arbeitskampfbedingter Fernwirkungen Kurzarbeit anordnen und ist die Kampfparität beeinflusst, ist das MitbestR auf die Regelung der Modalitäten (Verteilung der Restarbeitszeit) beschränkt. Hingegen unterliegen die Voraussetzungen und der Umfang der Arbeitszeitverkürzung nicht der Zustimmung des BR[19].

d) Art und Form der Mitbestimmung. ArbGeb und BR können nach der Rspr. des BAG im Voraus 90
eine Rahmenregelung für diejenigen Fälle treffen, in denen Überstunden erforderlich werden, die zwar als solche vorhersehbar sind, von denen aber nicht bekannt ist, wann sie notwendig werden[20]. Der ArbGeb kann sogar vorläufig und kurzfristig zur einseitigen Anordnung von Überstunden ermächtigt werden, wenn es sich dabei um eine Verfahrensregelung für außergewöhnliche Fälle handelt und das MitbestR nicht in seiner Substanz beeinträchtigt wird[21]. Weder die Betriebspartner noch die TV-Parteien

---

1 BAG 11.11.1986 – 1 ABR 17/85, DB 1987, 336. ||2 BAG 24.4.2007 – 1 ABR 47/06, NZA 2007, 818; 27.11.1990 – 1 ABR 77/89, BB 1991, 548. ||3 *Fitting*, § 87 Rz. 133. ||4 BAG 29.2.2000 – 1 ABR 15/99, DB 2000, 1971. ||5 BAG 21.12.1982 – 1 ABR 14/81, BAGE 41, 200. ||6 BAG 23.7.1996 – 1 ABR 17/96, DB 1997, 380. ||7 BAG 13.3.2001 – 1 ABR 33/00, DB 2001, 2055. ||8 LAG Rh.-Pf. 24.10.2000 – 2 TaBV 693/00, NZA-RR 2001, 369 (370). ||9 *Fitting*, § 87 Rz. 146; DKKW/*Klebe*, § 87 Rz. 99. ||10 BAG 24.4.2007 – 1 ABR 47/06, NZA 2007, 818. ||11 BAG 15.5.2007 – 1 ABR 32/06, NZA 2007, 1240. ||12 BAG 9.12.2008 – 1 ABR 74/07, NZA-RR 2009, 260 (Erhöhung um zehn Std. pro Woche erheblich); 15.5.2007 – 1 ABR 32/06, NZA 2007, 1240 (Erhöhung um fünf Std. pro Woche unerheblich). ||13 BAG 18.9.2002 – 1 AZR 668/01, ArbRB 2003, 106; LAG Köln 17.1.2012 – 11 TaBV 80/10. ||14 Vgl. LAG Rh.-Pf. 24.10.2000 – 2 TaBV 693/00, AuR 2001, 197; GK-BetrVG/*Wiese*, § 87 Rz. 398. ||15 BAG 19.6.2001 – 1 ABR 43/00, BAGE 98, 60. ||16 BAG 22.10.1991 – 1 ABR 28/91, BAGE 68, 344 (Umgehung des MitbestR durch Einsetzung eines Strohmannes). ||17 BAG 24.4.1979 – 1 ABR 43/77, BAGE 31, 372; 22.12.1980 –1 ABR 2/79, BAGE 34, 331 und 1 ABR 76/79, BAGE 34, 355. ||18 BAG 10.12.2002 – 1 ABR 7/02, FA 2003, 57. ||19 BAG 22.12.1980 – 1 ABR 2/79, BAGE 34, 311 und 1 ABR 76/79, BAGE 34, 355; für uneingeschränkte Mitbest.: DKKW/*Klebe*, § 87 Rz. 94 mwN. ||20 BAG 12.1.1988 – 1 ABR 54/86, DB 1988, 1272. ||21 BAG 3.6.2003 – 1 AZR 349/02, DB 2004, 385; 26.7.1988 – 1 AZR 54/87, NZA 1989, 109.

sind aber nach Auffassung des 1. Senats befugt, den ArbGeb pauschal zur Anordnung von Überstunden zu berechtigen[1]. Eine solche „Freigabe" wäre gesetzwidrig. Der BR kann aber sein MitbestR zulässig in der Form ausüben, dass der ArbGeb berechtigt ist, unter bestimmten, im Einzelnen geregelten Voraussetzungen eine Maßnahme (insb. in sog. Eilfällen) allein zu treffen[2].

91 Mit wirksamer Beteiligung des BR durch BV[3] kann der ArbGeb auf den Inhalt der ArbVerh einwirken und die Arbeits- und Vergütungspflicht vorübergehend mindern[4] bzw. bei Überstunden die Arbeitszeit erhöhen – soweit sich das nicht bereits aus (tarif-)vertragl. Regelungen ergibt. Zu beachten ist, dass eine formlose Regelungsabrede zwischen BR und ArbGeb über die Einführung von Kurzarbeit zwar das MitbestR des BR wahrt, nicht aber zu einer entsprechenden Änderung der Arbeitsverträge der betroffenen ArbN führt. Hierzu bedarf es dann zusätzlich einer vertragl. Vereinbarung oder einer Änderungskündigung[5]. Soll eine BV über die Einführung von Kurzarbeit normative Wirkung auf die einzelnen ArbVerh entfalten, muss sie Beginn und Dauer der Kurzarbeit, die Lage und Verteilung der Arbeitszeit, die Auswahl der betroffenen ArbN oder Abteilungen und die Zeiträume, in denen die Arbeit ganz ausfallen soll, festlegen[6].

92 **e) Initiativrecht.** Nach der Rspr. des BAG[7] steht dem BR für die Einführung von Kurzarbeit oder Überstunden ein Initiativrecht zu. Dem wird zu Recht entgegengehalten[8], dass damit die unternehmerische Entscheidung selbst zum Gegenstand der Mitbest. wird[9].

93 **f) Grenzen des Mitbestimmungsrechts.** Bei der Ausübung des MitbestR sind die gesetzl. Höchstgrenzen des ArbZG zu beachten. Ihre Grenzen findet die Mitbest. nach Nr. 3 aber auch in § 242 BGB iVm. § 2 I. Koppelungsgeschäfte, bei denen der BR seine Zustimmung nur erteilt, wenn der ArbGeb im Gegenzug etwas anderes verspricht, sind nur wirksam, wenn die Gegenleistung im Zusammenhang mit dem Normzweck steht[10]. Macht der BR seine Zustimmung für die Anordnung von Überstunden von einem späteren Freizeitausgleich abhängig, ist das vom Normzweck der Nr. 3 gedeckt. Das gilt aber nicht, wenn er als Gegenleistung materielle Leistungen verlangt, die über die übliche Vergütung hinausgehen[11].

94 **g) Nichtbeachtung des Mitbestimmungsrechts.** Beteiligt der ArbGeb den BR bei der Einführung von Kurzarbeit nicht und gerät er in Annahmeverzug, kann der ArbN Verzugslohn nach § 615 BGB beanspruchen. Ordnet er mitbestimmungswidrig Überstunden an, kann der ArbN die Leistung sanktionslos verweigern[12].

95 **4. Zeit, Ort und Art der Auszahlung der Arbeitsentgelte (Abs. 1 Nr. 4). a) Zweck.** Der BR hat ein MitbestR über Zeit, Ort und Art der Auszahlung der Arbeitsentgelte. Das MitbestR soll sicherstellen, dass das Interesse des ArbGeb an einer einheitlichen Ordnung der Auszahlung der Arbeitsentgelte mit den Interessen der ArbN in Einklang gebracht wird[13].

96 **b) Begriffsbestimmung.** Arbeitsentgelte sind die dem ArbN vom ArbGeb geschuldete Vergütung (§ 611 I BGB) ohne Rücksicht auf ihre Bezeichnung sowie sämtliche Sozial- und Sachleistungen. Dazu gehören zB:

– Auslösungen;

– Gehalt;

– Gewinnbeteiligung;

– Kindergeld;

– Provisionen;

– Lohn;

– Reisekosten und Familienzulage;

– Sachleistungen (zB Deputate);

– Spesen;

– Teuerungszulage;

– Urlaubsgeld[14] und -entgelt;

– Wegegelder.

---

1 BAG 17.11.1998 – 1 ABR 12/98, NZA 1999, 662. ‖2 BAG 3.6.2003 – 1 AZR 349/02, DB 2004, 385; 26.7.1988 – 1 AZR 54/87, NZA 1989, 109. ‖3 Zum Inhalt solcher BV vgl. LAG Sachs. 31.7.2002 – 2 Sa 910/01, NZA-RR 2003, 366. ‖4 BAG 14.2.1991 – 2 AZR 415/90, NZA 1991, 607. ‖5 BAG 14.2.1991 – 2 AZR 415/90, NZA 1991, 607. ‖6 LAG Sachs. 31.7.2002 – 2 Sa 910/01, NZA-RR 2003, 366; LAG Hess. 14.3.1997 – 17/13 Sa 162/96, NZA-RR 1997, 479. ‖7 BAG 4.3.1986 – 1 ABR 15/84, BAGE 51, 187. ‖8 GK-BetrVG/*Wiese*, § 87 Rz. 367 ff. mwN. ‖9 GK-BetrVG/*Wiese*, § 87 Rz. 146 f. ‖10 GK-BetrVG/*Wiese*, § 87 Rz. 361. ‖11 Vgl. ArbG Bielefeld 29.10.1982 – 3 BV 10/82, DB 1983, 1880. ‖12 LAG Berlin 30.6.1982 – 5 TaBV 4/82, BetrR 1982, 418. ‖13 Richardi/*Richardi*, § 87 Rz. 412. ‖14 BAG 25.4.1989 – 1 ABR 91/87, NZA 1989, 976.

c) Umfang der Mitbestimmung. Vom MitbestR werden nur Zeit, Ort und Art der Entgeltleistung erfasst. 97

aa) Zeit der Entgeltleistung. Mitzubestimmen ist über die Frage, wann (an welchem Tag, zu welcher Stunde) und in welchen Zeitabschnitten[1] (wöchentlich, monatlich etc.) die Entgelte zu zahlen sind. Dazu gehören auch Regelungen über Vorschusszahlungen bzw. Abschlagszahlungen[2]; auch eine Regelung, wonach ein über die regelmäßige tarifl. Wochenarbeitszeit hinausgehendes Zeitguthaben erst am Ende eines einjährigen Verteilungszeitraums vergütet wird, ist vom MitbestR erfasst[3]. Ein Initiativrecht steht dem BR diesbezüglich aber ebenso wenig zu wie hinsichtlich der Vorverlagerung der Fälligkeit[4]. 98

Zwingende gesetzl. Sonderregelungen (zB §§ 64, 87c I HGB, § 18 BBiG, § 19 HAG) haben Vorrang. Ein sondergesetzl. MitbestR über den Zeitpunkt der Auszahlung von vermögenswirksamen Leistungen enthält § 11 IV 2 des 5. VermBG. 99

bb) Ort der Entgeltleistung. Auch die Entscheidung, wo der ArbN die Vergütung erhält, unterliegt der Mitbest. IdR hat die Zahlung im Betrieb zu erfolgen. Bei Sachbezügen ist zu regeln, ob eine Holschuld oder Schickschuld besteht. 100

cc) Art der Entgeltleistung. Soll die Vergütung – wie heute typisch – bargeldlos erfolgen, betrifft das die Art der Auszahlung und unterliegt ebenfalls der Mitbest. des BR. Der bargeldlose Zahlungsverkehr erfordert, dass der ArbN ein Konto einrichtet. Dadurch können weitere Aufwendungen (Buchungs-/Kontoführungsgebühren[5]; Wegekosten[6]) und Zeitaufwand für die Abhebung („Kontostunde") entstehen[7]. Ohne besondere kollektivrechtl. Vereinbarung ist der ArbGeb nicht verpflichtet, diese Kosten zu tragen bzw. den Zeitaufwand zu vergüten[8]. Das BAG billigt dem BR über eine Annexkompetenz das Recht zu, mitzubestimmen, wer diese weiteren Aufwendungen in welchem Umfang zu tragen hat. Bietet der ArbGeb die Barauszahlung der Löhne im Betrieb an, kann er nicht durch Einigungsstellenspruch verpflichtet werden, den ArbN die Kontoführungsgebühren mit einer Pauschale zu erstatten[9] oder sie monatlich eine Stunde unter Fortzahlung der Vergütung freizustellen[10]. Umgekehrt darf die Einigungsstelle den ArbGeb zur Zahlung von Kontoführungsgebühren verpflichten, wenn dieser die Barauszahlung der Vergütung nicht anbietet. 101

dd) Mitbestimmungsfreie Tatbestände. Nicht der Mitbest. nach Nr. 4 unterliegen folgende Fragen: 102
– Abtretungsverbote[11];
– die Aufrechnung oder Verrechnung[12];
– der Anspruch auf betrAV durch Entgeltumwandlung (§ 1a BetrAVG)[13];
– die Höhe der Arbeitsentgelte;
– die Lohngestaltungsregelungen[14] in § 107 GewO[15];
– die Währung, in der die Vergütung der ins Ausland entsandten Mitarbeiter zu zahlen ist (aber mitbestimmungspflichtig nach Nr. 10)[16].

d) Grenzen des Mitbestimmungsrechts. Zwingende gesetzl. Vorschriften, von denen nicht zu Lasten der ArbN abgewichen werden darf, sind § 64 HGB (Fälligkeitszeitpunkt der Gehaltszahlung für Handlungsgehilfen), §§ 65 iVm. 87c I 1 HGB (Abrechnung über Provisionszahlung), § 18 BBiG (Fälligkeit der Auszubildendenvergütung), § 19 HAG, §§ 38, 39 SeeArbG (Fälligkeit und Auszahlungsort der Heuer). 103

5. Aufstellung allgemeiner Urlaubsgrundsätze, des Urlaubsplans und Festsetzung der zeitlichen Lage des Urlaubs für einzelne Arbeitnehmer (Abs. 1 Nr. 5). a) Zweck. Nr. 5 gibt dem BR das Recht, bei der Aufstellung allg. Grundsätze über die Gewährung und Versagung von Urlaub, bei der Aufstellung des konkreten Urlaubsplans sowie bei Individualstreitigkeiten über die zeitliche Lage des Urlaubs mitzubestimmen. Der BR soll mitbestimmen bei der Harmonisierung der Urlaubswünsche der einzelnen ArbN untereinander und beim Ausgleich dieser Wünsche mit dem Interesse des ArbGeb an der Kontinuität des Betriebsablaufs[17]. Das Gestaltungsrecht des ArbGeb bei der Festlegung der Lage der Urlaubstage wird dadurch eingeschränkt. 104

---

[1] BAG 26.1.1983 – 4 AZR 206/80, BAGE 41, 297. ||[2] Fitting, § 87 Rz. 181, beschränkt auf die Fälle, in denen eine entsprechende vertragl. Verpflichtung des ArbGeb besteht. ||[3] BAG 15.1.2002 – 1 AZR 165/01, EzA § 614 BGB Nr. 1. ||[4] Richardi/Richardi, § 87 Rz. 415 mwN. ||[5] BAG 8.3.1977 – 1 ABR 33/75, BAGE 29, 40. ||[6] LAG Düss. 20.8.1973 – 10 TaBV 46/73, BB 1974, 556. ||[7] BAG 20.12.1988 – 1 ABR 57/87, BAGE 60, 323 und 10.8.1993 – 1 ABR 21/93, NZA 1994, 326. ||[8] Zur Sperrwirkung einer tarifl. Regelung vgl. BAG 31.8.1982 – 1 ABR 8/81, NJW 1983, 2284. ||[9] LAG Hamm 22.2.2000 – 13 TaBV 80/99, BuW 2001, 167. ||[10] BAG 10.8.1993 – 1 ABR 21/93, NZA 1994, 326. ||[11] Vgl. BAG 26.1.1983 – 4 AZR 206/80, BAGE 41, 297. ||[12] BAG 11.7.2000 – 1 AZR 551/99, NZA 2001, 462. ||[13] Richardi/Richardi, § 87 Rz. 424. ||[14] Richardi/Richardi, § 87 Rz. 423. ||[15] IdF v. 22.2.1999, BGBl. I S. 202; zuletzt geändert am 6.9.2013, BGBl. S. 3556. ||[16] GK-BetrVG/Wiese, § 87 Rz. 431; aA ArbG Herne 16.6.1977 – 3 BV 23/76, nv. ||[17] BAG 28.5.2002 – 1 ABR 37/01, BAGE 101, 203.

105 **b) Begriffsbestimmung.** Urlaub iSd. Nr. 5 ist nach der Rspr. des BAG weit zu verstehen, nämlich die Befreiung eines ArbN von seinen Arbeitspflichten in einem ArbVerh während einer bestimmten Anzahl von Arbeitstagen[1]. Dazu gehören

- der Bildungsurlaub nach den Weiterbildungsgesetzen der Länder[2];
- der Erholungsurlaub iSd. BUrlG;
- sonstige Formen der (un)bezahlten Freistellung[3];
- der unbezahlte Sonderurlaub in unmittelbarem Zusammenhang mit Erholungsurlaub[4];
- der Zusatzurlaub für schwerbehinderte Menschen (§ 125 SGB IX)[5].

Die Suspendierung aller ArbN von der Arbeitspflicht während der Kündigungsfrist im Rahmen einer Betriebsstilllegung ist kein Urlaub iSd. Nr. 5, weil hier keine unterschiedlichen Interessen gegeneinander abzuwägen sind und kein Regelungsspielraum verbleibt[6]. Die Vorschriften über die Freistellung von Mandatsträgern für Schulungs- und Bildungsveranstaltungen (§§ 37 VI und VII, 65 I) sind Sonderregelungen, die Nr. 5 vorgehen[7].

106 **c) Umfang der Mitbestimmung. aa) Urlaubsgrundsätze.** Erste Stufe der Mitbest. ist die Aufstellung der allg. Urlaubsgrundsätze. Darin werden generelle Richtlinien festgelegt, nach denen den ArbN im Einzelfall Urlaub zu gewähren ist. Dazu gehören folgende Regelungen[8]:

- Erteilung geteilten oder ungeteilten Urlaubs;
- Verteilung des Urlaubs innerhalb des Kalenderjahres;
- Urlaubssperre;
- Urlaubsvertretung;
- Ausgleich paralleler Urlaubswünsche;
- Kriterien für die Berücksichtigung bestimmter Personengruppen bei der Urlaubsverteilung (zB Eltern schulpflichtiger Kinder; ArbN mit berufstätigen Ehegatten);
- Anberaumung von Betriebsferien; Inanspruchnahme des Urlaubs während der Betriebsferien[9];
- Betriebsschließung an einem Brückentag unter Anrechnung auf den Urlaub[10];
- Verfahrensgrundsätze für Urlaubsantrag und -bewilligung.

107 **bb) Urlaubsplan.** Auf der zweiten Stufe wird mit Beteiligung des BR der Urlaubsplan aufgestellt, in dem unter Berücksichtigung der allg. Urlaubsgrundsätze für das Urlaubsjahr der konkrete Urlaub der einzelnen ArbN zu bestimmten Zeiten festgesetzt wird. Der Urlaub ist damit bewilligt, die ArbN dürfen ihn zu der darin festgelegten Zeit antreten[11]. Von dem einmal aufgestellten Urlaubsplan darf der ArbGeb nur mit Beteiligung des BR abweichen[12].

108 Abzugrenzen davon ist die sog. **Urlaubsliste**, in der die Urlaubswünsche der ArbN eingetragen werden. Wird eine solche Liste geführt, hat der BR ein MitbestR: Es handelt sich um ein Verfahrensschritt der Urlaubsgewährung[13]. Wenn kein Urlaubsplan aufgestellt wird, soll der Urlaub nach den Grundsätzen von Treu und Glauben als bewilligt gelten, wenn der ArbGeb dem Urlaubsbegehren nicht innerhalb angemessener Frist (binnen eines Monats nach Vorlage des Urlaubswunsches oder der Eintragung in die Urlaubsliste) widerspricht[14].

109 **cc) Streit über einzelne Urlaubswünsche.** Ausnahmsw. unterliegt mit der letzten Alternative der Nr. 5 ein Individualtatbestand der Mitbest. des BR: Können sich die Arbeitsvertragsparteien nicht einigen, wann der ArbN seinen Urlaub nimmt, ist der BR auch im Einzelfall zu beteiligen. Die Betriebspartner haben dann die widerstreitenden Interessen von ArbGeb und ArbN nach den in § 7 I 1 BUrlG aufgestellten Grundsätzen und nach billigem Ermessen abzuwägen[15]. Nach der hM greift der Mitbestimmungstatbestand bei jedem Streit zwischen ArbGeb und ArbN ein[16]; es ist also nicht notwendig, dass mindestens zwei ArbN betroffen sind[17].

110 Streitig ist, ob auch der **Widerruf eines einmal genehmigten Urlaubs** gegen den Willen des ArbN bzw. der **Rückruf des ArbN aus dem Urlaub** ohne seine Zustimmung mitbestimmungspflichtig sind[18]. Ist der

---

1 BAG 28.5.2002 – 1 ABR 37/01, BAGE 101, 203. || 2 BAG 28.5.2002 – 1 ABR 37/01, BAGE 101, 203. | 3 BAG 18.6.1974 – 1 ABR 25/73, BAGE 26, 193. || 4 BAG 18.6.1974 – 1 ABR 25/73, BAGE 26, 193. || 5 LAG Hess. 16.2.1987 – 11 Sa 609/86, BB 1987, 1461. || 6 LAG Köln 16.3.2000 – 10 (11) Sa 1280/99, BB 2000, 1627. || 7 GK-BetrVG/*Wiese*, § 87 Rz. 445. || 8 *Fitting*, § 87 Rz. 195, 199; BAG 28.5.2002 – 1 ABR 37/01, BAGE 101, 203. || 9 BAG 28.7.1981 – 1 ABR 79/79, NJW 1982, 959. || 10 GK-BetrVG/*Wiese*, § 87 Rz. 452. || 11 *Fitting*, § 87 Rz. 201. || 12 GK-BetrVG/*Wiese*, § 87 Rz. 467. || 13 Vgl. dazu GK-BetrVG/*Wiese*, § 87 Rz. 465. || 14 Abzulehnen: LAG Düss. 8.5.1970 – 3 Sa 89/70, DB 1970, 1136. || 15 BAG 4.12.1970 – 5 AZR 242/70, BB 1971, 220. || 16 LAG München 23.3.1988 – 8 Sa 1060/88, LAGE § 611 BGB Abmahnung Nr. 13; ArbG Frankfurt 28.4.1988 – 5 BV 7/88, AiB 1988, 288; *Fitting*, § 87 Rz. 206 mwN. || 17 Diff.: GK-BetrVG/*Wiese*, § 87 Rz. 471 f. || 18 Dafür: LAG München 23.3.1998 – 8 Sa 1060/88, LAGE § 611 BGB Abmahnung Nr. 13; dagegen: Hess ua./*Worzalla*, § 87 Rz. 279.

ArbN mit der von den Betriebspartnern festgelegten Urlaubszeit nicht einverstanden, kann er im Urteilsverfahren unter Berufung auf § 7 I BUrlG auf Erteilung des Urlaubs zur gewünschten Zeit klagen. Damit wird er allerdings nur dann Erfolg haben, wenn die Betriebspartner die Grundsätze des § 7 I BUrlG nicht beachtet haben[1].

dd) Mitbestimmungsfreie Tatbestände. Die Dauer des Urlaubs unterliegt ebenso wenig der Mitbest.[2] nach Nr. 5 wie die Höhe und Berechnung des Urlaubsentgelts bzw. des zusätzlichen Urlaubsgelds[3]. Hier gelten die gesetzl.[4] bzw. (tarif-)vertragl. Regelungen. Die Einigungsstelle überschreitet die Grenzen des MitbestR aus Nr. 5, wenn sie Regelungen über die Dauer des Bildungsurlaubs, den Kreis der Anspruchsberechtigten und sonstige Anspruchsvoraussetzungen trifft[5]. 111

d) Initiativrecht. Der BR hat ein Initiativrecht für die Aufstellung des Urlaubsplans[6]. Für die Einführung von Betriebsferien ist ein Initiativrecht abzulehnen, weil damit unmittelbar in die unternehmerische Entscheidung eingegriffen würde, ob der Betrieb überhaupt und in welcher Zeit stillgelegt wird[7]. 112

e) Grenzen des Mitbestimmungsrechts. Begrenzt wird das MitbestR durch die zwingenden urlaubsrechtl. Vorschriften, insb. § 7 BUrlG[8]. Dabei steht die Bindung an das Urlaubsjahr einer allg. Regelung über die Einführung von Betriebsferien für mehrere aufeinander folgende Urlaubsjahre im Rahmen einer BV oder durch Spruch einer Einigungsstelle nicht entgegen. Aus § 7 BUrlG folgt auch nicht, dass die Einführung von Betriebsferien nur dann zulässig wäre, wenn dringende betriebl. Belange dafür sprechen. Vielmehr begründet umgekehrt die rechtswirksame Einführung von Betriebsferien solche betriebl. Belange, die dann der Berücksichtigung der individuellen Urlaubswünsche der ArbN entgegenstehen können[9]. 113

f) Nichtbeachtung des Mitbestimmungsrechts. Bei der Nichtbeachtung des MitbestR gilt es zu differenzieren: Stellt der ArbGeb Urlaubsgrundsätze oder einen Urlaubsplan ohne Zustimmung des BR auf oder ändert sie, gelten die allg. Grundsätze. Die Maßnahme ist unwirksam. Gewährt er einzelnen ArbN in dieser Situation Urlaub, ist das individualarbeitsrechtlich wirksam[10]. 114

6. Einführung und Anwendung von technischen Einrichtungen (Abs. 1 Nr. 6). a) Zweck. Nach Nr. 6 hat der BR ein MitbestR bei der Einführung und Anwendung von technischen Einrichtungen, die dazu bestimmt sind, das Verhalten oder die Leistung der ArbN zu überwachen. Sinn dieser Vorschrift ist es, (zulässige[11]) Eingriffe in den Persönlichkeitsbereich der ArbN durch Verwendung anonymer technischer Kontrolleinrichtungen nur bei gleichberechtigter Mitbest. des BR zuzulassen[12]. Insoweit besteht ein Zusammenhang mit § 75 II[13]. 115

b) Begriffsbestimmung. aa) Technische Einrichtungen sind Geräte und Anlagen, die mit den Mitteln der Technik eine eigene Leistung im Zuge der Überwachung erbringen, indem sie selbst Tätigkeiten verrichten, die sonst der überwachende Mensch wahrnehmen müsste[14]. Auf die Art[15], den Ort[16] und die Bezeichnung[17] der technischen Einrichtung kommt es nicht an. Ein datenverarbeitendes System ist eine solche Einrichtung, wenn es individualisierte oder individualisierbare Verhaltens- oder Leistungsdaten selbst erhebt und aufzeichnet[18]. Davon abzugrenzen sind die bloßen technischen Hilfsmittel beim Überwachungsvorgang (zB Stoppuhr, Lupe), die keine eigene Überwachungsleistung erbringen[19]. Außerhalb des MitbestR liegt die Kontrolle durch Personen[20], seien es Vorgesetzte oder Dritte. 116

bb) Zur Überwachung bestimmt. Die technischen Einrichtungen müssen dazu bestimmt sein, das Verhalten oder die Leistung der ArbN zu überwachen. 117

(1) Überwachung erfolgt in drei verschiedenen Phasen[21]: Zunächst werden die Informationen gesammelt, anschließend werden sie verarbeitet und schließlich ausgewertet. Jede einzelne Phase ist bereits Überwachung iSd. Nr. 6[22]. Dafür reicht die reine Datenerfassung (zB durch Multimomentkameras[23]; Produktographen[24]; Fahrtenschreiber[25]) wie auch die bloße Auswertung anderweitig erhobener Daten (zB Techniker-Berichtsystem[26]; „PAISY"[27]) aus. Unerheblich ist die Dauer der Kontrolle[28]. 118

---

1 *Fitting*, § 87 Rz. 211, der dortige Hinweis auf § 76 VII geht aber fehl. ‖ 2 BAG 14.1.1992 – 9 AZR 148/91, NZA 1992, 759; *Fitting*, § 87 Rz. 212. ‖ 3 Vgl. GK-BetrVG/*Wiese*, § 87 Rz. 446, 447. ‖ 4 Urlaubsdauer: § 3 BUrlG, § 19 JArbSchG, § 125 SGB IX; Urlaubsentgelt: § 11 BUrlG. ‖ 5 BAG 28.5.2002 – 1 ABR 37/01, BAGE 101, 203. ‖ 6 GK-BetrVG/*Wiese*, § 87 Rz. 463 mwN. ‖ 7 So zu Recht GK-BetrVG/*Wiese*, § 87 Rz. 463; aA *Fitting*, § 87 Rz. 198. ‖ 8 Vgl. BAG 28.7.1981 – 1 ABR 79/79, NJW 1982, 959. ‖ 9 BAG 28.7.1981 – 1 ABR 79/79, DB 1981, 2621; LAG Düss. 20.6.2002 – 11 Sa 378/02, LAGE § 7 BUrlG Nr. 40. ‖ 10 GK-BetrVG/*Wiese*, § 87 Rz. 479. ‖ 11 Vgl. die Kritik von GK-BetrVG/*Wiese*, § 87 Rz. 488. ‖ 12 BAG 9.9.1975 – 1 ABR 20/74, NJW 1976, 261; 6.12.1983 – 1 ABR 43/81, NJW 1984, 1476. ‖ 13 Vgl. dazu auch *Fitting*, § 87 Rz. 216. ‖ 14 BVerwG 31.8.1988 – 6 P 35/85, NJW 1989, 848. ‖ 15 GK-BetrVG/*Wiese*, § 87 Rz. 500. ‖ 16 Vgl. *Fitting*, § 87 Rz. 225 mwN. ‖ 17 MünchArbR/*Matthes*, § 248 Rz. 7. ‖ 18 BAG 14.11.2006 – 1 ABR 4/06, NZA 2007, 399. ‖ 19 BAG 8.11. 1994 – 1 ABR 20/94, NZA 1995, 313; zur Hilfsfunktion von „Google-Maps": LAG Hamburg 2.5.2012 – H 6 TaBV 103/11, LAGE § 87 BetrVG 2001 Kontrolleinrichtung Nr 2. ‖ 20 BAG 26.3.1991 – 1 ABR 26/90, NZA 1991, 729 und 18.4.2000 – 1 ABR 22/99, NZA 2000, 1176. ‖ 21 Zur unterschiedlichen Terminologie vgl. einerseits *Fitting*, § 87 Rz. 217 und andererseits GK-BetrVG/*Wiese*, § 87 Rz. 520. ‖ 22 BAG 14.9.1984 – 1 ABR 23/82, NJW 1985, 450. ‖ 23 BAG 14.5.1974 – 1 ABR 45/73, NJW 1974, 2053. ‖ 24 BAG 9.9.1975 – 1 ABR 20/74, NJW 1976, 261. ‖ 25 BAG 10.7.1979 – 1 ABR 50/78, DB 1979, 2428. ‖ 26 BAG 14.9.1984 – 1 ABR 23/82, NJW 1985, 450 ff. ‖ 27 BAG 11 3.1986 – 1 ABR 12/84, NJW 1986, 2724. ‖ 28 BAG 10.7.1979 – 1 ABR 97/77, DB 1979, 2427.

Die erhobenen Daten müssen **einem einzelnen ArbN zugeordnet** werden können[1]. Wird nur eine Gruppe von ArbN von der Kontrolleinrichtung erfasst, ohne dass die einzelnen ArbN individualisiert werden können, greift der Mitbestimmungstatbestand nicht ein[2]. Das gilt nicht für überschaubare Gruppen[3], wie Akkordgruppen oder Gruppen iSd. Nr. 13, wenn der von der technischen Einrichtung ausgehende Überwachungsdruck auf die Gruppe, aber auch auf den einzelnen ArbN durchschlägt[4].

119 (2) **Verhalten oder Leistung.** Die Überwachung muss auf die Leistung oder das Verhalten des ArbN gerichtet sein. Verhalten ist jedes Tun oder Unterlassen im betriebl. und außerbetriebl. Bereich, das für das ArbVerh erheblich werden kann; Leistung wird von diesem Oberbegriff umfasst[5]. Statusdaten (Geschlecht, Familienstand, Kinderzahl, Steuerklasse, Anschrift, Tarifgruppe, schulische und sonstige Ausbildung, etwaige Sprachkenntnisse, usw.) dürfen ohne Mitbest. des BR gespeichert werden. Allein die Speicherung verletzt das MitbestR des BR nach Nr. 6 nicht, weil diese Daten nichts über Verhalten und Leistung des ArbN aussagen[6]. Können die Daten aber auf Grund eines Programms mit anderen Daten verknüpft werden und so Aussagen zum Verhalten der ArbN erlauben, greift das MitbestR ein[7].

120 (3) **Bestimmung zur Überwachung.** Eine technische Einrichtung ist dann dazu bestimmt, das Verhalten oder die Leistung der ArbN zu überwachen, wenn sie zur Überwachung objektiv geeignet ist[8]. Unerheblich ist, ob der ArbGeb die durch die technische Einrichtung erfassten und festgehaltenen Verhaltens- und Leistungsdaten auch auswerten oder für Reaktionen auf festgestellte Verhaltens- oder Leistungsweisen verwenden will[9], ob die Überwachung nur ein Nebeneffekt ist[10] oder die Bedienung der Einrichtung durch den ArbN selbst erfolgt[11]. Die reine Einführung einer Hardware, mit der allein die ArbN nicht überwacht werden können, reicht also nicht aus. Erforderlich ist, dass zusätzlich entsprechende Software eingesetzt wird, so dass das System objektiv zur Überwachung geeignet ist. Die reine Betriebsdatenerfassung, aus der objektiv keine Rückschlüsse auf Leistung oder Verhalten der ArbN gezogen werden können, ist mithin keine Kontrolle iSd. Nr. 6[12]. Das gilt auch für Anordnungen des ArbGeb, Tätigkeitsberichte zu erstellen, Arbeitsbücher zu führen[13] oder die Erlaubnis des ArbGeb, auf Wunsch des ArbN private Computer im Betrieb zu nutzen[14].

121 **c) Beispiele. aa) Mitbestimmungspflichtige Einrichtungen.** Ausgehend von diesen Grundsätzen sind technische Einrichtungen iSd. Nr. 6[15]:

– Arbeitswirtschaftsinformationssysteme („ARWIS")[16];
– Bildschirmgeräte[17], sofern sie derart mit einem Rechner verbunden sind, dass Verhaltens- und Leistungsdaten aufgezeichnet/ermittelt werden können;
– Überwachungstechnik im Zusammenhang mit dem Versand von E-Mails[18];
– IT-Anlagen[19], sofern leistungs- und verhaltensbezogene Datenerfassung auf Grund der Software möglich ist;
– Fahrtenschreiber, sofern nicht schon gesetzl. vorgeschrieben[20];
– Fernseh-, Film- und Videoanlagen[21], sofern sie aufzeichnen/übertragen und nicht der reinen Wiedergabe dienen (zB Fernseher für Schulungen);
– Fotokopiergeräte mit PIN-Code für einzelne Benutzer, sofern die Benutzungsdaten aufgezeichnet werden[22];
– Internetanschluss[23], soweit die aufgerufenen Verbindungen, deren Dauer und Inhalte gespeichert werden (Stichwort: Proxy-Server);
– Intranet, sofern die Kommunikationsdaten gespeichert werden;
– Multimoment-Filmkameras, die in regelmäßigen Abständen Aufnahmen von Arbeitsplätzen machen;
– Produktographen[24] (Aufzeichnung der Daten über Lauf, Stillstand und Ausnutzung von Maschinen);

---

1 BAG 6.12.1983 – 1 ABR 43/81, NJW 1984, 1476. || 2 BAG 6.12.1983 – 1 ABR 43/81, NJW 1984, 1476 ff. und 26.7.1994 – 1 ABR 6/94, NZA 1995, 185. || 3 BAG 18.2.1986 – 1 ABR 21/84, NZA 1986, 488 und 26.7.1994 – 1 ABR 6/94, NZA 1995, 185. || 4 BAG 18.2.1986 – 1 ABR 21/84, NZA 1986, 488. || 5 Zum Verhältnis vgl. BAG 11.3.1986 – 1 ABR 12/84, NZA 1986, 526. || 6 BAG 9.9.1975 – 1 ABR 20/74, NJW 1976, 261; 22.10.1986 – 5 AZR 660/85, NJW 1987, 2459. || 7 BAG 11.3.1986 – 1 ABR 12/84, NJW 1986, 2724. || 8 BAG 9.9.1975 – 1 ABR 20/74, NJW 1976, 261. || 9 BAG 14.11.2006 – 1 ABR 4/06, NZA 2007, 399; 9.9.1975 – 1 ABR 20/74, NJW 1976, 261. || 10 BAG 9.9.1975 – 1 ABR 20/74, NJW 1976, 261. || 11 BAG 14.5.1974 – 1 ABR 45/73, NJW 1974, 2053 und 9.9.1975 – 1 ABR 20/74, NJW 1976, 261. || 12 BAG 9.9.1975 – 1 ABR 20/74, NJW 1976, 261. || 13 BAG 24.11.1981 – 1 ABR 108/79, DB 1982, 1116. || 14 BVerwG 12.10.1989 – 6 P 9/88, NZA 1990, 451. || 15 Vgl. *Fitting*, § 87 Rz. 244 ff. und GK-BetrVG/*Wiese*, § 87 Rz. 551. || 16 BAG 26.7.1994 – 1 ABR 6/94, NZA 1995, 185. || 17 BAG 6.12.1983 – 1 ABR 43/81, NJW 1984, 1476. || 18 *Fitting*, § 87 Rz. 245. || 19 BAG 6.12.1983 – 1 ABR 43/81, NJW 1984, 1476. || 20 BAG 10.7.1979 – 1 ABR 50/78, DB 1979, 2428. || 21 BAG 10.7.1979 – 1 ABR 97/77, DB 1979, 2427; 7.10.1987 – 5 AZR 116/86, NZA 1988, 92; 26.8.2008 – 1 ABR 16/07, NZA 2008, 1187. || 22 OVG NRW 11.3.1992 – CL 38/89, CR 1993, 375. || 23 Vgl. Richardi/*Richardi*, § 87 Rz. 487; *Fitting*, § 87 Rz. 245 mwN. || 24 BAG 9.9.1975 – 1 ABR 20/74, NJW 1976, 261.

- Personalabrechnungs- und -informationssysteme (zB „PAISY"[1]);
- Tonbandgeräte;
- Zeiterfassungsgeräte[2] (Stech- und Stempeluhren, Zeitstempler).

Im Bereich der **Telekommunikationseinrichtungen** gilt Folgendes[3]: Ein Telefon bzw. ein Mobiltelefon ist an sich keine technische Einrichtung, weil es für sich allein – als Hardware – noch keine Überwachung des ArbN ermöglicht. In Verbindung mit entsprechender Software – zB in Telefonanlagen (Telefondatenerfassungsanlage[4]); ISDN-Nebenstellenanlage[5]; ACD (= „Automatic-Call-Distribution")-Telefonanlage[6]; unternehmenseinheitliche Telefonvermittlungsanlage („HICOM"[7]) – ist es aber zur Überwachung geeignet. Für Smartphones wird man im konkreten Fall prüfen müssen, was diese Geräte heute „leisten" (etwa mit Blick auf GPS-Ortung etc.).

Auch ohne derartige Anlagen ist eine Überwachung durch Abfrage der bei den Telefongesellschaften aufgezeichneten Einzelverbindungsdaten möglich. Es ist im Rahmen der Nr. 6 unerheblich, ob der ArbGeb den eigenen Gebührenrechner oder den des Teledienstunternehmens einsetzt[8].

Einzelverbindungsnachweise werden von den Telekommunikationsgesellschaften nur erteilt, wenn der ArbGeb in Textform. erklärt hat, dass die Mitarbeiter informiert worden sind und künftige Mitarbeiter unverzüglich informiert werden und dass der BR entsprechend den gesetzl. Vorschriften beteiligt worden oder eine solche Beteiligung nicht erforderlich ist (§ 99 I 4 TKG)[9].

bb) Mitbestimmungsfreie Einrichtungen. Keine Einrichtungen iSd. Nr. 6 sind zB[10]:
- Uhren (zB Stoppuhr[11]);
- Brillen, Lupen oder Längenmessgeräte;
- bloße Zugangssicherungssysteme, sofern sie keine Daten speichern, die Rückschlüsse auf das Verhalten/die Leistung zulassen[12];
- konventionelle Schreibgeräte, mit denen der ArbN seine Arbeitsleistung auf Papier aufschreibt[13].

d) Umfang des Mitbestimmungsrechts. Mitzubestimmen hat der BR bei der Einführung und Anwendung von technischen Überwachungseinrichtungen. Aber auch deren Änderung unterliegt seiner Mitbest. Die Rspr. des BAG erfasst praktisch jede Form der automatischen Erhebung, Speicherung und sonstigen Verarbeitung von Daten, wenn sie Rückschlüsse auf das Verhalten oder die Leistung zulassen[14]. In den 70er und 80er Jahren des 20. Jahrhunderts[15], in denen peu à peu technische Einrichtungen entwickelt und in den Betrieben eingeführt wurden, mag dies noch eine Berechtigung gehabt haben. Seinerzeit konnte man die Einführung eines bis dato nicht vorhandenen Personalinformationssystems problemlos der Mitbest. nach Nr. 6 unterwerfen und ggf. durch die Einigungsstelle klären lassen. Im Zeitalter der Globalisierung ist die heutige Arbeitswelt in einem zu früheren Zeiten nicht unvorstellbaren Ausmaß technisiert und – vielfach ohne dass der einzelne ArbGeb sich dem entziehen könnte – IT-lastig. In der Folge müssen immer aufwändigere IT-Systeme eingesetzt und vor allen Dingen gepflegt werden. Damit rückt insb. das MitbestR bei Änderung einer technischen Einrichtung in den Vordergrund. Nicht jedes Update und jeder Einsatz neuer Tools im Rahmen bereits eingeführter Systeme kann das MitbestR nach Nr. 6 erneut auslösen. Nur ausnahmsw., wenn durch entsprechende Programmerweiterungen grds. neue „Überwachungsrisiken" eröffnet werden, kommt ein erneutes MitbestR nach Nr. 6 in Betracht. Im Rahmen der Bestellung einer Einigungsstelle ist in diesen Fällen also zunächst davon auszugehen, dass ein MitbestR nicht besteht, die Einigungsstelle also offensichtlich unzuständig ist, wenn das ursprüngliche System/Instrument bereits zulässig mitbestimmt eingeführt wurde.

Ob das MitbestR auch für die **Abschaffung der technischen Einrichtung(en)** iSd. Nr. 6 gilt, ist umstritten[16]. Nach zutreffender Rspr. des BAG unterliegt sie[17] nicht der Mitbest., weil dem MitbestR des BR im Rahmen der Nr. 6 nur eine Abwehrfunktion zukomme und eine Mitbest. bei der Abschaffung der Zweckbestimmung des Mitbestimmungstatbestands widerspreche. Umgekehrt steht dem BR auch kein Initiativrecht für die Einführung einer technischen Einrichtung zu.

Die Vertrauensarbeitszeit geht in aller Regel mit der Abschaffung der technischen Zeiterfassung einher. Es wird daher vertreten, der BR habe bei der Abschaffung mitzubestimmen, weil die Zeiterfassung

---

1 BAG 11 3.1986 – 1 ABR 12/84, NJW 1986, 2724. ||2 LAG Düss. 21.11.1978 – 19 TaBV 39/78, DB 1979, 459. ||3 Vgl. ausf. GK-BetrVG/*Wiese*, § 87 Rz. 555. ||4 BAG 27.5.1986 – ABR 48/84, DB 1986, 2080. ||5 BVerwG 2.2.1990 – 6 PB 11/89, CR 1993, 507. ||6 BAG 30.8.1995 – 1 ABR 4/95, NZA 1996, 218. ||7 BAG 11.11.1998 – 7 ABR 47/97, DB 1999, 1457. ||8 *Fitting*, § 87 Rz. 245. ||9 Telekommunikationsgesetz v. 22.6.2004, BGBl. I S. 1190, zuletzt geändert am 7.8.2013, BGBl. I S. 3154. ||10 Vgl. die Übersicht bei GK-BetrVG/*Wiese*, § 87 Rz. 552. ||11 BAG 8.11.1994 – 1 ABR 20/94, NZA 1995, 313. ||12 GK-BetrVG/*Wiese*, § 87 Rz. 523. ||13 BAG 24.11.1981 – 1 ABR 108/79, DB 1982, 1116. ||14 So zutr. Richardi/*Richardi*, § 87 Rz. 476. ||15 In § 56 BetrVG 1952 war eine mit Nr. 6 vergleichbare Regelung nicht enthalten. ||16 Dafür: DKKW/*Klebe*, § 87 Rz. 135. ||17 BAG 28.11.1989 – 1 ABR 97/88, DB 1990, 743.

BetrVG § 87 Rz. 128 — Mitbestimmungsrechte

auch Schutz vor der „Selbstausbeutung" des ArbN sei[1]. Dies ist mit der zutreffenden Begründung des BAG abzulehnen.

128 **e) Grenzen des Mitbestimmungsrechts.** Die Mitbest. findet ihre Grenzen in den Fällen gesetzl. vorgeschriebener Überwachungseinrichtungen (Fahrtschreiber, § 57a StVZO[2], Videoüberwachung, § 10a SpBG[3]) bzw. in den zwingenden Vorschriften des BDSG[4]. Auch autonomes Satzungsrecht in Form einschlägiger Unfallverhütungsvorschriften (zB Unfallverhütungsvorschrift für Spielhallen und dgl., BGV C 3) sowie Verwaltungsakte, die den ArbGeb verpflichten, bestimmte Maßnahmen vorzunehmen oder zu unterlassen, beschränken die Entscheidungsfreiheit des ArbGeb. Wo für den ArbGeb nichts zu entscheiden ist, gibt es für den BR nichts mitzubestimmen[5]. Zunehmende Bedeutung als Grenze der Regelungsbefugnis der Betriebspartner im Rahmen des § 87 I Nr. 6 gewinnt § 75 II 1 iVm. dem allg. Persönlichkeitsrecht des ArbN. Nach Auffassung des BAG müssen die Betriebspartner bei Einführung von Überwachungseinrichtungen, mit denen unmittelbar in das Persönlichkeitsrecht eingegriffen wird (klassisch: die Videoüberwachung), den Grundsatz der Verhältnismäßigkeit beachten. Dies kann nicht abstrakt erfolgen, sondern erfordert eine Güterabwägung unter Berücksichtigung der Umstände des Einzelfalls[6]. Art. 10 GG (Fernmeldegeheimnis) steht dem MitbestR nicht entgegen[7].

129 **f) Individualrechtliche Folgen der Nichtbeachtung des Mitbestimmungsrechts.** Eine ohne Mitbest. des BR betriebene techn. Einrichtung iSd. Nr. 6 braucht der ArbN nicht zu benutzen; er hat insoweit ein Leistungsverweigerungsrecht. Sein Vergütungsanspruch bleibt bestehen (§§ 324, 615 BGB). Ggf. steht ihm auch ein Unterlassungs- bzw. Beseitigungsanspruch auf Löschung der erhobenen Daten zu[8].

130 **g) Gesetzessystematik.** Nr. 6 geht als Spezialvorschrift der Nr. 1 vor, soweit eine Verhaltens- oder Leistungskontrolle der ArbN durch technische Einrichtungen erfolgt[9]. Neben Nr. 6 können ggf. weitere Beteiligungsrechte[10] nach Nr. 2, Nr. 7, Nr. 10 u. Nr. 11 sowie nach §§ 90 u. 91 bzw. 111 S. 3 Nr. 5 relevant werden.

131 **7. Regelungen über die Verhütung von Arbeitsunfällen und Berufskrankheiten, Gesundheitsschutz (Abs. 1 Nr. 7). a) Zweck.** Nr. 7 gibt dem BR ein MitbestR über Regelungen über die Verhütung von Arbeitsunfällen und Berufskrankheiten sowie über den Gesundheitsschutz, soweit ausfüllungsbedürftige Rahmenvorschriften umgesetzt werden. Der Zweck dieses MitbestR folgt aus der gesetzl. Ausgestaltung des Tatbestands. Der BR soll an betriebl. Regelungen beteiligt werden, die der ArbGeb zwar auf Grund einer öffentl.-rechtl. Rahmenvorschrift zu treffen hat, bei deren Umsetzung ihm aber Handlungsspielräume verbleiben. Voraussetzung ist, dass der ArbGeb auf Grund einer gesetzl. Vorschrift zum Handeln verpflichtet ist, aber mangels zwingender Vorgaben betriebl. Regelungen notwendig sind, um das gesetzl. vorgeschriebene Ziel des Arbeits- und Gesundheitsschutzes zu erreichen[11]. Dabei hat der BR mitzubestimmen. Für das Eingreifen des MitbestR kommt es nicht darauf an, ob die gesetzl. Rahmenvorschrift, die ausgefüllt werden muss, unmittelbar oder mittelbar dem Gesundheitsschutz dient[12]. Dadurch soll im Interesse der betroffenen ArbN eine möglichst effiziente Umsetzung des gesetzl. Arbeitsschutzes im Betrieb erreicht werden[13]. Hinsichtlich des betriebl. Umweltschutzes gelten §§ 80 I Nr. 9, 88 Nr. 1a und 89, nicht aber Nr. 7[14].

132 **b) Begriffsbestimmungen. aa) Arbeitsunfälle und Berufskrankheiten.** Arbeitsunfälle sind Unfälle, die Versicherte infolge einer den Versicherungsschutz nach §§ 2, 3 oder 6 SGB VII begründenden Tätigkeit erleiden, § 8 I 1 SGB VII. Berufskrankheiten sind Krankheiten, die die BReg. durch RechtsVO[15] mit Zustimmung des Bundesrates als solche bezeichnet und die Versicherte infolge einer den Versicherungsschutz nach §§ 2, 3 oder 6 SGB VII begründenden Tätigkeit erleiden, § 9 I 1 SGB VII.

133 **bb) Gesundheitsschutz.** Der Begriff „Gesundheitsschutz" ist umfassend zu verstehen[16] und beinhaltet den gesamten Bereich der menschengerechten Gestaltung der Arbeit. Darunter sind aber nur die Vermeidung und Minimierung von Gesundheitsbeeinträchtigungen zu verstehen. Maßnahmen, die darüber hinausgehend der Vermeidung oder Minderung nicht gesundheitsbeeinträchtigender Belastungen oder Lästigkeiten dienen, fallen nicht unter Nr. 7, sondern allein unter § 91[17].

134 **cc) Ausfüllungsbedürftige Rahmenvorschriften** sind in einer Vielzahl von Gesetzen und VO enthalten, von denen die folgenden[18] besondere praktische Bedeutung haben:
– Gesetz über Betriebsärzte, Sicherheitsingenieure und andere Fachkräfte der Arbeitssicherheit[19] (Arbeitssicherheitsgesetz, ASiG);

---

1 DKKW/*Klebe*, § 87 Rz. 135 und 80a. ||2 BAG 10.7.1979 – 1 ABR 50/78, DB 1979, 2428. ||3 BAG 11.12.2012 – 1 ABR 78/11. ||4 Vgl. BAG 27.5.1986 – 1 ABR 48/84, NZA 1986, 643. ||5 BAG 11.12.2012 – 1 ABR 78/11. ||6 Grundl. zur Videoüberwachung BAG 29.6.2004 – 1 ABR 21/03, NZA 2004, 1278; bestätigt durch BAG 14.12. 2004 – 1 ABR 34/03, NZA 2005, 839. ||7 BAG 27.5.1986 – ABR 48/84, NZA 1986, 643. ||8 GK-BetrVG/*Wiese*, § 87 Rz. 580f. ||9 BAG 9.9.1975 – 1 ABR 20/74, NJW 1976, 261. ||10 Vgl. ausf. *Fitting*, § 87 Rz. 214. ||11 BAG 26.8.1997 – 1 ABR 16/97, NZA 1998, 441; 24.3.1981 – 1 ABR 32/78, NJW 1982, 404. ||12 BAG 26.4.2005 – 1 ABR 1/04, NZA 2005, 884; 8.6.2004 – 1 ABR 13/03, NZA 2004, 1175. ||13 BAG 8.6.2004 – 1 ABR 13/03, NZA 2004, 1175; 15.1.2002 – 1 ABR 13/01, BAGE 100, 173. ||14 Richardi/*Richardi*, § 87 Rz. 539. ||15 Berufskrankheiten-Verordnung v. 31.10.1997, BGBl. I S. 2623, zuletzt geändert am 11.6.2009, BGBl. I S. 1273. ||16 Richardi/*Richardi*, § 87 Rz. 541. ||17 *Fitting*, § 91 Rz. 3. ||18 Ausf. Katalog bei DKKW/*Klebe*, § 87 Rz. 204. ||19 V. 12.12.1973, BGBl. I S. 1885, zuletzt geändert am 20.4.2013, BGBl. I S. 868.

- §§ 62 HGB, 618 BGB (str.[1]);
- Arbeitsschutzgesetz[2], bspw. Gefährdungsbeurteilung gem. § 5 ArbSchG[3];
- § 84 II 1 SGB IX[4];
- LasthandhabungsV[5];
- VO über Sicherheit und Gesundheitsschutz bei der Benutzung persönlicher Schutzausrüstungen bei der Arbeit[6];
- § 3 I und § 3a ArbStättV[7];
- GefStoffV[8];
- BaustellV[9];
- StörfallV[10];
- BioStoffV[11];
- BildscharbV[12], insb. § 3 BildscharbV hinsichtlich der Ausgestaltung der Unterweisung nach § 12 ArbSchG[13];
- Unfallverhütungsvorschriften der Berufsgenossenschaften[14] (UVV).

dd) Regelungen iSd. Nr. 7 sind nicht nur innerbetriebl. Vorschriften, sondern auch technische und organisatorische Maßnahmen des ArbGeb[15]. **135**

c) Umfang des Mitbestimmungsrechts. aa) Mitbestimmungspflichtige Maßnahmen. Ausgehend von **136** den oben beschriebenen Grundsätzen unterliegen bspw. folgende Regelungen der Mitbest.:

- Anzahl der Betriebsbeauftragten[16] und Kriterien für ihre Bestellung;
- Übertragung von Unternehmerpflichten des Arbeits- und Umweltschutzes auf bestimmte Mitarbeiter[17]
- Einführung von Lärmpausen;
- Entscheidung über Art und Voraussetzungen der Ausgleichsmaßnahmen für Nachtarbeit (§ 6 V ArbZG); nicht aber der Umfang des Freizeitausgleichs bzw. die Höhe des Zuschlags[18];
- Rauchverbote (beachte auch § 5 ArbStättV)[19];
- Verpflichtung, Schutzausrüstungen zu tragen, soweit sich das nicht zwingend aus den UVV ergibt;
- ärztliche Untersuchungen;
- Gefährdungsbeurteilung gem. § 5 ArbSchG iVm. § 618 I BGB[20]; eine solche dient als Grundlage für eine konkrete und aufgabenbezogene Unterweisung nach § 12 ArbSchG, die entsprechenden Erkenntnisse sind daher auch von einer angerufenen Einigungsstelle zu berücksichtigen[21].

bb) Mitbestimmungsfreie Maßnahmen. Mitbestimmungsfrei sind Maßnahmen, die auf Grund zwin- **137** gender konkreter Regelungen erfolgen und die aus sich selbst heraus und unmittelbar die Schutzstandards festlegen[22]; also keine Entscheidungsspielräume mehr belassen. Das sind zB Beschäftigungsverbote nach § 4 MuSchG[23] oder das Betreiben einer Mobilfunkantenne auf dem Betriebsgelände[24]. Da Maßnahmen des betriebl. Eingliederungsmanagements (§ 84 II SGB IX) sich lediglich auf die individuelle Leistungsfähigkeit des einzelnen ArbN beziehen, scheidet ein MitbestR aus[25]. Im Rahmen von Gefährdungsbeurteilungen und Unterweisungen nach dem ArbSchG unterliegt die Auswahl externer Gutachter zu deren Durchführung ebenfalls keinem MitbestR[26].

---

1 Dafür: DKKW/*Klebe*, § 87 Rz. 177 ff.; dagegen: GK-BetrVG/*Wiese*, § 87 Rz. 591, jew. mwN. ||2 V. 7.8.1996, BGBl. I S. 1246, zuletzt geändert am 5.2.2009, BGBl. I S. 160. ||3 BAG 12.8.2008 – 9 AZR 1117/06, DB 2008, 2030; 8.6.2004 – 1 ABR 13/03, NZA 2004, 1175. ||4 BAG 13.3.2012 – 1 ABR 78/10, NZA 2012, 748. ||5 4.12.1996, BGBl. I S. 1842 ff., zuletzt geändert am 31.10.2006, BGBl. I S. 2407. ||6 4.12.1996, BGBl. I S. 1841. ||7 V. 12.8.2004, BGBl. I S. 2179, zuletzt geändert am 19.7.2010, BGBl. I S. 960. ||8 V. 26.11.2010, BGBl. I S. 1643, zuletzt geändert am 24.4.2013, BGBl. I S. 944. ||9 V. 10.6.1998, BGBl. I S. 1283, geändert am 23.12.2004, BGBl. I S. 3758. ||10 V. 26.4.2000, BGBl. I S. 603, zuletzt geändert am 26.11.2010, BGBl. I S. 1643. ||11 V. 15.7.2013, BGBl. I S. 2514. ||12 V. 4.12.1996, BGBl. I S. 1843, zuletzt geändert am 18.12.2008, BGBl. I S. 2768. ||13 BAG 8.6.2004 – 1 ABR 13/03, NZA 2004, 1175. ||14 Veröffentlicht in der Anlage zu den Unfallverhütungsberichten der BReg. (§ 25 I SGB VII). ||15 *Fitting*, § 87 Rz. 279; LAG Hamburg 11.9.2012 – 1 TaBV 5/12 – Rz. 26. ||16 Ausf. Übersicht bei GK-BetrVG/*Wiese*, § 87 Rz. 619. ||17 LAG Hamburg 11.9.2012 – 1 TaBV 5/12 – Rz. 26. ||18 BAG 17.1.2012 – 1 ABR 62/10, NZA 2012, 513; 26.8.1997 – 1 ABR 16/97, NZA 1998, 441. ||19 *Fitting*, § 87 BetrG Rz. 307. ||20 BAG 12.8.2008 – 9 AZR 1117/06, DB 2008, 2030; 8.6.2004 – 1 ABR 13/03, NZA 2004, 1175. ||21 BAG 11.1.2011 – 1 ABR 104/09, DB 2011, 1111. ||22 LAG Hamburg 21.9.2000 – 7 TaBV 3/98, NZA-RR 2001, 190; BAG 28.7.1981 – 1 ABR 65/79, BAGE 36, 138; LAG BW 9.8.2012 – 3 TaBV 1/12 – Rz. 32. ||23 BAG 6.12.1983 – 1 ABR 43/81, BAGE 44, 285. ||24 LAG Nürnberg 8.1.2003 – 6 (2) TaBV 39/01, nv. ||25 LAG Hamburg 21.5.2008 – H 3 TaBV 1/08, AuA 2009, 48 – Rechtsbeschwerde erfolglos, weil Anträge zu unbestimmt: BAG 18.8.2009 – 1 ABR 45/08, nv.; LAG Bln.-Bbg. 23.9.2010 – 25 TaBV, ArbR 2011, 178, wonach allerdings der Anwendungsbereich des § 87 I Nr. 1 eröffnet sein soll. ||26 BAG 18.8.2009 – 1 ABR 43/08, DB 2009, 2552.

138 **cc) Exkurs: Bildschirmarbeitsplätze.** Für Bildschirmarbeitsplätze gibt es eine Vielzahl von ausfüllungsbedürftigen Regelungen iSd. Nr. 7[1]:
- Gefährdungsbeurteilung[2] (§ 5 ArbSchG iVm. § 3 BildschArbV);
- Ausgestaltung der Dokumentation (§ 6 ArbSchG);
- Unterweisung der ArbN (§ 12 ArbSchG);
- Maßnahmen des Gesundheitsschutzes (§§ 3 I und IV ArbSchG; §§ 4 und 5 BildschArbV) einschl. einer Pausenregelung und präventiver Maßnahmen des Gesundheitsschutzes;
- Organisation des Gesundheitsschutzes (§ 13 II ArbSchG);
- angemessene[3] Augenuntersuchung (§ 11 ArbSchG; § 6 BildschArbV).

Darunter fällt allerdings nicht die Verpflichtung des ArbGeb, ggf. die Kosten für eine Sehhilfe zu übernehmen (§ 6 II BildschArbV)[4].

139 **d) Initiativrecht.** Macht der BR von seinem Initiativrecht Gebrauch, müssen die von ihm angestrebten Maßnahmen im Rahmen des Schutzbereichs der betreffenden Vorschrift liegen[5], dürfen nicht ihrerseits ausfüllungsbedürftige Regelungen sein[6] und dürfen nicht eigene Sicherheitsstandards schaffen[7].

140 **e) Gesetzessystematik, weitere Beteiligungsrechte.** Regelungen im Rahmen des gesetzl. Arbeits- und Gesundheitsschutzes können Teil der Ordnung des Betriebes iSd. Nr. 1 sein, soweit sie dem Arbeitsschutz dienende Verhaltenspflichten der ArbN begründen. Das MitbestR nach Nr. 7 geht in diesem Fall dem nach Nr. 1 vor[8]. § 91 tritt hinter Nr. 7 zurück, soweit es um gesetzl. Arbeitsschutz geht; § 90 gilt neben Nr. 7[9].

141 Im Rahmen des betriebl. Arbeits- und Gesundheitsschutz hat der BR noch eine Vielzahl weitere **Beteiligungsrechte**. Das betrifft zB:
- § 80 I Nr. 1 und II (Überwachungspflicht und Informationsrecht);
- § 89 (Zusammenarbeit mit Arbeitsschutzbehörden und Unfallversicherungsträgern);
- § 88 Nr. 1 (freiwillige BV zur Verhütung von Arbeitsunfällen und Gesundheitsschädigungen);
- §§ 90 f. (Gestaltung von Arbeitsplatz, -ablauf und -umgebung);
- § 9 III ASiG[10] (Bestellung und Abberufung von Betriebsärzten[11] und Fachkräften für Arbeitssicherheit; Erweiterung und Einschränkung von Aufgaben);
- § 11 ASiG (Mitgliedschaft von BR-Mitgliedern im Arbeitsschutzausschuss);
- § 22 I SGB VII (Bestellung von Sicherheitsbeauftragten);
- § 21 GefStoffV (Unterrichtung und Anhörung).

142 **8. Form, Ausgestaltung und Verwaltung von Sozialeinrichtungen (Abs. 1 Nr. 8). a) Zweck.** Der BR hat nach Nr. 8 mitzubestimmen bei der Form, der Ausgestaltung und der Verwaltung von Sozialeinrichtungen, deren Wirkungsbereich auf den Betrieb, das Unternehmen oder den Konzern beschränkt ist. Nr. 8 soll die innerbetriebl. Verteilungsgerechtigkeit und die Transparenz aller Maßnahmen im Zusammenhang mit Sozialeinrichtungen sicherstellen.

143 **b) Begriffsbestimmung. aa) Sozialeinrichtung.** Eine Sozialeinrichtung[12] iSd. Nr. 6 ist ein zweckgebundenes Sondervermögen mit abgrenzbarer[13] Organisation, das eine rechtl. und tatsächliche Verwaltung verlangt[14]. Die Einrichtung muss „sozialen" Zwecken dienen, dh. den ArbN über das unmittelbare Arbeitsentgelt für die Arbeitsleistung hinaus weitere Vorteile gewähren, um deren soziale Lage zu verbessern[15]. Wenn diese Vorteile gleichzeitig Entgeltcharakter haben, ist das unschädlich[16].

144 **bb) Beschränkter Wirkungsbereich.** Die Sozialeinrichtung muss den ArbN des Betriebes, des Unternehmens oder des Konzerns[17] zur Verfügung stehen, also unternehmerischen Einheiten, in denen auf unterschiedlichen Organisationsebenen eine einheitliche ArbN-Vertretung bestehen kann[18]. Die Nutzung durch Familienangehörige[19], Pensionäre[20] oder Dritte als Gäste ist unschädlich[21]. Steht die Ein-

---

1 LAG Hamburg 21.9.2000 – 7 TaBV 3/98, NZA-RR 2001, 190. ||2 ArbG Hamburg 2.7.1998 – 4 BV 2/98, AuR 1999, 115. ||3 Vgl. aber BAG 26.8.1997 – 1 ABR 16/97, NZA 1998, 441, das eine Mitbest. des BR wegen der Angemessenheit des Nachtarbeitsausgleichs ablehnt. ||4 BAG 2.4.1996 – 1 ABR 47/95, NZA 1996, 998 zum alten Recht vor Erlass der BildschArbV. ||5 *Fitting*, § 87 Rz. 287. ||6 BAG 6.12.1983 – 1 ABR 43/81, BAGE 44, 285. ||7 LAG Düss. 4.11.1988 – 17 (6) TaBV 114/88, NZA 1989, 146. ||8 BAG 24.3.1981 – 1 ABR 32/78, NJW 1982, 404. ||9 *Fitting*, § 90 Rz. 4. ||10 Ausf. Richardi/*Richardi*, § 87 Rz. 570 ff. ||11 BAG 10.4.1979 – 1 ABR 34/77, NJW 1979, 2362. ||12 Früher: „Wohlfahrtseinrichtungen", § 56 Ie BetrVG 1952. ||13 BAG 16.6.1998 – 1 ABR 67/97, NZA 1998, 1185 mwN. ||14 BAG 18.3.1976 – 3 ABR 32/75, BB 1976, 1175; 9.7.1985 – 1 AZR 631/80, DB 1986, 230; 24.4.1986 – 6 AZR 607/83, DB 1986, 2680. ||15 *Fitting*, § 87 Rz. 335. ||16 BAG 12.6.1975 – 3 ABR 13/74, BAGE 27, 194. ||17 Nur Unterordnungskonzern iSd. § 18 I AktG: GK-BetrVG/*Wiese*, § 87 Rz. 698; Richardi/*Richardi*, § 87 Rz. 613; abzulehnen: *Fitting*, § 87 Rz. 346. ||18 BAG 10.2.2009 – 1ABR 94/07, DB 2009, 1655; 22.4.1986 – 3 AZR 100/83, NZA 1986, 547. ||19 GK-BetrVG/*Wiese*, § 87 Rz. 697. ||20 BAG 21.6.1979 – 3 ABR 3/78, BAGE 32, 39. ||21 BAG 11.7.2000 – 1 AZR 551/99, BB 2001, 471.

richtung einem unbestimmten Nutzerkreis zur Verfügung (maßgeblich ist der vom ArbGeb festgelegte Zweck), scheidet ein MitbestR aus[1].

Mitbestimmungsfrei sind Einrichtungen, die ausschließlich zu Gunsten von **leitenden Angestellten** (§ 5 III und IV) bestehen, da diese nicht vom BR vertreten werden. Sind Sozialeinrichtungen sowohl für leitende Angestellte und sonstige ArbN bestimmt, greift das MitbestR ein[2]. 145

cc) Beispiele. Mitbestimmungspflichtige Sozialeinrichtungen sind danach zB[3]: 146
- Erholungsheime[4];
- Kantinen und Kasinos[5];
- Betriebskindergärten[6];
- Parkräume[7];
- Pensions- und Unterstützungskassen[8];
- Sportanlagen[9];
- Verkaufsstellen und Automaten zum Bezug verbilligter Getränke[10];
- Werksverkehr mit Bussen, soweit eine eigenständige Organisation besteht[11];
- Werkmietwohnungen (hier gilt aber der speziellere Tatbestand der Nr. 9).

Mitbestimmungsfrei nach Nr. 8 sind:
- Betriebsärztlicher und sicherheitstechnischer Dienst[12] (aber Mitbest. nach Nr. 7);
- Betriebsfeste und -ausflüge[13];
- Betriebskrankenkassen als gesetzl. Träger der SozV[14];
- Busverkehr durch Dritte[15];
- Gewährung von ArbGebDarlehen[16] (aber Mitbest. nach Nr. 10);
- einmalige finanzielle Zuwendungen des ArbGeb (Gratifikationen)[17];
- (Gruppen-)Unterstützungskassen, die für einen Gewerbezweig oder für eine Mehrzahl nichtkonzernverbundener ArbGeb errichtet worden sind[18] (aber Mitbest. nach Nr. 10);
- Liquidationspools für Chefärzte[19] (aber Mitbest. nach Nr. 10);
- Werkszeitungen[20].

c) Umfang der Mitbestimmung. Der Mitbest. unterliegen nur die Form, die Ausgestaltung und die Verwaltung der Sozialeinrichtungen, nicht deren Errichtung (arg. e § 88 Nr. 2). 147

aa) Mitbestimmungsfreie Entscheidungen. Mitbestimmungsfrei sind also die Entscheidungen, ob der ArbGeb eine Sozialeinrichtung errichten[21] oder schließen[22] will, die Höhe der Dotierung[23] und die Zweckbestimmung[24]. Sie gehören zur mitbestimmungsfreien „Errichtung" und nicht zur mitbestimmungspflichtigen „Ausgestaltung". Zur mitbestimmungsfreien „Zweckbestimmung" gehören auch die abstrakte[25] Festlegung des zu begünstigenden Personenkreises[26] und der Art der Leistungen[27]. Die Änderung der Zweckbestimmung ist ebenso mitbestimmungsfrei[28], wie der ArbGeb die Durchführungsform (zB Pensions- oder Unterstützungskasse) frei wählen kann[29]. 148

Beispiel betrAV: Wenn der ArbGeb Leistungen der betrAV freiwillig[30] erbringt, darf er mitbestimmungsfrei entscheiden, ob, zu welchem Zweck, an wen, in welcher Form und inwieweit er Leistungen an die Belegschaft erbringen will[31]. Der 3. Senat des BAG[32] hat die mitbestimmungsfreien Vorentscheidungen des ArbGeb im Rahmen der betrAV wie folgt herausgearbeitet: 149

---

1 BAG 10.2.2009 – 1 ABR 94/07, NZA 2009, 562. ||2 BAG 30.4.1974 – 1 ABR 36/73, NJW 1974, 1672. ||3 Vgl. die Übersicht bei GK-BetrVG/*Wiese*, § 87 Rz. 692. ||4 BAG 15.9.1987 – 1 ABR 31/86, NZA 1988, 104. ||5 BAG 15.9.1987 – 1 ABR 31/86, NZA 1988, 104. ||6 LAG Hamm 27.11.1975 – 8 TaBV 88/75, DB 1976, 201. ||7 ArbG Wuppertal 7.1.1975 – 1 BV 33/73, BB 1975, 56. ||8 BAG 12.6.1975 – 3 ABR 13/74, BAGE 27, 194 und 13.7.1978 – 3 ABR 108/77, BAGE 31, 11. ||9 *Fitting*, § 87 Rz. 347. ||10 *Fitting*, § 87 Rz. 347. ||11 BAG 9.7.1985 – 1 AZR 631/80, DB 1986, 230. ||12 Richardi/*Richardi*, § 87 Rz. 624. ||13 BAG 27.1.1998 – 1 ABR 35/97, NZA 1998, 835. ||14 *Fitting*, § 87 Rz. 348. ||15 LAG Schl.-Holst. 17.3.1983 – 2 (3) Sa 548/82, BB 1984, 140. ||16 BAG 9.12. 1980 – 1 ABR 80/77, BAGE 34, 297, das aber Mitbest. nach Nr. 10 annimmt. ||17 Hier kommt aber Mitbest. nach Nr. 10 in Betracht. ||18 BAG 22.4.1986 – 3 AZR 100/83, NZA 1986, 574. ||19 BAG 16.6.1998 – 1 ABR 67/97, NZA 1998, 1185. ||20 *Fitting*, § 87 Rz. 348. ||21 BAG 13.3.1973 – 1 ABR 16/72, BAGE 25, 93. ||22 BAG 13.3.1973 – 1 ABR 16/72, BAGE 25, 93. ||23 BAG 13.7.1978 – 3 ABR 108/77, BAGE 31, 11. ||24 BAG 26.10.1965 – 1 ABR 7/65, BAGE 17, 316. ||25 BAG 15.9.1987 – 1 ABR 31/86, NZA 1988, 104. ||26 BAG 14.2. 1967 – 1 ABR 6/66, BAGE 19, 229. ||27 Richardi/*Richardi*, § 87 Rz. 629 mwN. ||28 BAG 14.2.1967 – 1 ABR 6/66, BAGE 19, 229. ||29 BAG 12.6.1975 – 3 ABR 13/74, DB 1975, 1559. ||30 Ausnahme: Verpflichtung aus TV. ||31 BAG 9.12.2008 – 3 AZR 384/07, DB 2009, 1548. ||32 BAG 9.12.2008 – 3 AZR 384/07, DB 2009, 1548; so schon: BAG 12.6.1975 – 3 ABR 13/74, DB 1975, 1559.

- ob und zu welchem Zweck der ArbGeb finanzielle Mittel zur Verfügung stellt (Einführung; Einschränkung; Abschaffung);
- Festlegung des Umfangs des Dotierungsrahmens und dessen spätere Änderung/Einschränkung;
- Festlegung der Versorgungsform;
- die abstrakte Abgrenzung des Kreises der Begünstigten.

150 **bb) Form.** Die Mitbest. bei der Form betrifft die Rechtsform der Sozialeinrichtung, also ob sie mit oder ohne eigene Rechtsfähigkeit organisiert werden soll oder ob der Betrieb durch Dritte erfolgen soll[1]. Der BR selbst kann nicht Träger einer Sozialeinrichtung sein, da er nicht rechtsfähig ist[2]. Er kann aber mit deren Verwaltung beauftragt werden. Auch die Änderung der bisherigen Form unterliegt der Mitbest.[3]

151 **cc) Ausgestaltung.** Die Ausgestaltung betrifft die zeitliche Phase zwischen der Festlegung der Form und der laufenden Verwaltung[4]. **Mitbestimmungspflichtig** sind folgende Maßnahmen:
- die Organisation der Sozialeinrichtung;
- die Verabschiedung von Organisationsstatuten;
- die Verabschiedung einer Geschäftsordnung;
- die Verabschiedung von Benutzungsrichtlinien[5];
- das Aufstellen allg. Grundsätze über die Verwendung der vom ArbGeb vorgegebenen finanziellen Mittel[6], über die Ausstattung und die Konkretisierung der vom ArbGeb mitbestimmungsfrei vorgegebenen Zweckbestimmung[7];
- die Gestaltung des Leistungsplans, soweit nicht der Dotierungsrahmen, die Grundform der Altersversorgung, und die Abgrenzung des begünstigten Personenkreises berührt werden. Für eine Änderung des Leistungsplanes im Wege des Initiativrechts muss der BR konstruktiv darlegen, wie dabei der vom ArbGeb vorgegebene Dotierungsrahmen gewahrt werden kann[8];
- die Anpassung von Betriebsrenten, aber nur soweit sie über eine Sozialeinrichtung gewährt werden[9].

152 **dd) Verwaltung.** Unter Verwaltung iSd. Nr. 8 sind alle übrigen Entscheidung und Maßnahmen nach der Errichtung und Ausgestaltung zu verstehen[10]. Dazu gehört nach der Rspr. des BAG auch die Festsetzung von Nutzungsentgelten[11]. ArbN dürfen von den Betriebspartnern nicht zur Teilnahme an einer Sozialeinrichtung (zB Pflichtbeitrag für Kantinenessen) verpflichtet werden[12].

153 **d) Ausübung der Mitbestimmung.** Bei der Ausübung der Mitbest. gelten Besonderheiten:

154 **aa) Sozialeinrichtungen mit eigener Rechtspersönlichkeit.** Hat die Sozialeinrichtung eine eigene Rechtspersönlichkeit, kann die Mitbest. „zweistufig" ausgeübt werden, indem der BR mit dem ArbGeb die mitbestimmungspflichtigen Maßnahmen aushandelt und dieser dafür sorgt, dass die Sozialeinrichtung deren Ausführungen übernimmt. Daneben kommt die „organschaftliche" Mitbest. in Betracht, bei der BR-Mitglieder – nicht jedoch reine ArbN-Vertreter[13] – gleichberechtigt mit ArbGebVertretern in den Organen der juristischen Person vertreten sind[14] oder beide deren Organvertreter gleichberechtigt berufen[15].

155 **bb) Sozialeinrichtungen ohne eigene Rechtspersönlichkeit.** Bei Sozialeinrichtungen ohne eigene Rechtspersönlichkeit vollzieht sich die Mitbest. „klassisch" durch Verhandlungen zwischen ArbGeb und BR. Die Betriebspartner können aber einen gemeinsamen Ausschuss[16] (§ 28 II) oder ein anderes paritätisch besetztes Verwaltungsgremium mit der Verwaltung der Sozialeinrichtung betrauen. Die Verwaltung darf auch allein dem BR[17], nicht jedoch allein dem ArbGeb übertragen werden (str.[18]).

156 **cc) Sozialeinrichtung mit eigenem Betriebsrat.** Ist die Sozialeinrichtung selbst betriebsratsfähig (§ 1) und ist dort ein BR gewählt, so hat dieser alle betriebsverfassungsrechtl. Rechte und Pflichten in Bezug auf die Belegschaft der Sozialeinrichtung. Auf die Verwaltung der Sozialeinrichtung hat er keinen Einfluss[19].

157 **dd) Zuständigkeit des Gesamt- oder Konzernbetriebsrats.** Besteht die Sozialeinrichtung für das Unternehmen oder den Konzern, sind GBR bzw. KBR (§§ 50 ff. und 58 ff.) zuständig; die EinzelBR haben kein MitbestR[20].

---

1 *Fitting*, § 87 Rz. 357. ||2 BAG 24.4.1986 – 6 AZR 607/83, DB 1986, 2680. ||3 GK-BetrVG/*Wiese*, § 87 Rz. 722. ||4 BAG 13.3.1973 – 1 ABR 16/72, BAGE 25, 93. ||5 BAG 15.9.1987 – 1 ABR 31/86, NZA 1988, 104. ||6 BAG 13.3.1973 – 1 ABR 16/72, BAGE 25, 93; 26.4.1988 – 3 AZR 168/86, NZA 1989, 219. ||7 BAG 15.9.1987 – 1 ABR 31/86, NZA 1988, 104. ||8 BAG 12.6.1975 – 3 ABR 13/74, DB 1975, 1559. ||9 GK-BetrVG/*Wiese*, § 87 Rz. 730. ||10 *Fitting*, § 87 Rz. 366. ||11 BAG 22.1.1965 – 1 ABR 9/64, DB 1965, 709. ||12 BAG 11.7.2000 – 1 AZR 551/99, NZA 2001, 462. ||13 *Fitting*, § 87 Rz. 373. ||14 BAG 13.7.1978 – 3 ABR 108/77, BAGE 31, 11. ||15 GK-BetrVG/*Wiese*, § 87 Rz. 753. ||16 BAG 13.3.1973 – 1 ABR 16/72, BAGE 25, 93. ||17 BAG 24.4.1986 – 6 AZR 607/83, DB 1986, 2680. ||18 GK-BetrVG/*Wiese*, § 87 Rz. 745 mwN. ||19 GK-BetrVG/*Wiese*, § 87 Rz. 757. ||20 BAG 6.4.1976 – 1 ABR 27/74, DB 1976, 1290; 10.2.2009 – 1 ABR 94/07, DB 2009, 1655.

e) Grenzen des Mitbestimmungsrechts. Zwingende gesellschaftsrechtl. oder versicherungsaufsichts- 158
rechtl. Normen[1] begrenzen die Mitbest. ebenso wie § 3 Nr. 1 KWG[2], der Werksparkassen verbietet.

f) Nichtbeachtung des Mitbestimmungsrechts. Unterbleibt eine Mitbest. des BR, kann dies auch in- 159
dividualrechtl. Folgen haben. Maßnahmen zum Nachteil der ArbN, die unter Verstoß gegen das MitbestR zustande gekommen sind, sind individualrechtl. unwirksam. Dabei kann sich die Verletzung des
MitbestR auch auf die Betriebsrentner auswirken[3]. Dies soll auch dann gelten, wenn die Sozialeinrichtung rechtlich verselbständigt ist[4].

g) Gesetzessystematik. Nr. 8 kann neben Nr. 1 zur Anwendung kommen[5]. Nr. 10 regelt die Mitbest. 160
des BR bei Entgeltfragen; dazu gehören auch Sozialleistungen, soweit sie nicht bereits vom spezielleren
Tatbestand der Nr. 8 erfasst werden, weil sie durch eine Sozialeinrichtung gewährt werden[6]. Das MitbestR aus Nr. 9 geht dem aus Nr. 8 vor, soweit es um die Zuweisung, Kündigung und die allg. Festlegung
der Nutzungsbedingungen geht. Sind die Werkmietwohnungen gleichzeitig Sozialeinrichtung iSd.
Nr. 8, findet diese Katalognummer Anwendung, soweit nicht Nr. 9 konkretisierende Regelungen enthält[7].

9. Zuweisung und Kündigung von Wohnräumen sowie allgemeine Festlegung der Nutzungsbedin- 161
gungen (Abs. 1 Nr. 9). a) Zweck. Der BR hat nach Nr. 9 mitzubestimmen bei der Zuweisung und Kündigung von Wohnräumen, die mit Rücksicht auf das Bestehen eines ArbVerh vermietet werden, sowie der
allg. Festlegung der Nutzungsbedingungen. Durch die Mitbest. nach Nr. 9 soll zum einen eine gerechte
Verteilung des zur Verfügung gestellten Wohnraums und eine Gleichbehandlung bei den Mietbedin-
gungen sichergestellt werden. Zum anderen soll dem gesteigerten Schutzbedürfnis des Mieters Rechnung getragen werden, dessen gesetzl. Schutzrechte in einem Werkmietverhältnis schwächer als in
einem normalen sind und der auch bei der Gestaltung seines außerdienstlichen Lebensbereichs insoweit vom ArbGeb abhängig ist[8].

b) Begriffsbestimmung. Wohnräume iSd. Nr. 9 sind abgeschlossene Wohnungen und einzelne, zum 162
Wohnen geeignete und bestimmte Räume jeder Art[9]. Dazu gehören auch[10]:

- transportable Baracken;
- Behelfsheime;
- Schiffskajüten;
- Zweibettzimmer mit Nebenräumen in einem Wohnheim[11];
- Wohnwagen.

Weitere Voraussetzung ist, dass die Wohnräume den ArbN mit Rücksicht auf das Bestehen eines Arb-
Verh vermietet werden (sog. **Werkmietwohnungen**, §§ 576, 576a BGB). Es existieren zwei Vertragsverhältnisse, nämlich das ArbVerh und das Mietverhältnis, die derart miteinander verbunden sind, dass
der Arbeitsvertrag Anlass für den Mietvertrag war[12]. Ein zeitlicher Zusammenhang zwischen beiden
Vertragsabschlüssen ist nicht notwendig[13]. Unerheblich ist, für wie lange dem ArbN der Wohnraum vermietet wird[14].

Der ArbGeb muss nicht Eigentümer der Werkmietwohnungen sein. Es reicht aus, wenn ihm das Be- 163
stimmungsrecht ggü. dem Eigentümer zusteht. Das MitbestR reicht jedoch nur so weit wie die Rechte
des ArbGeb bei der Begründung oder Durchführung des Werkmietverhältnisses ggü. dem Eigentümer[15].
Die unentgeltliche Gebrauchsüberlassung unterfällt nach hM ebenfalls dem Mitbestimmungstatbestand[16]. Das ist abzulehnen, da ein Mietverhältnis ein Schuldverhältnis bezeichnet, das auf Ge-
brauchsgewährung gegen Entgelt[17], nämlich die Miete, gerichtet ist. Die unentgeltliche Gebrauchsüberlassung ist Leihe[18].

Wegen der Überlassung an leitende Angestellte kann auf die oben unter Nr. 8 dargestellten Grund- 164
sätze verwiesen werden (Rz. 145). Werkdienstwohnungen für Pförtner, Hausmeister, Ärzte etc., die der
ArbGeb dem ArbN zu dienstl. Zwecken im Rahmen des ArbVerh überlässt (§ 576b BGB), unterliegen
nicht der Mitbest.[19] Rechtsgrundlage dieses Mietverhältnisses ist allein der Arbeitsvertrag.

---

1 *Fitting*, § 87 Rz. 359. ||2 IdF v. 9.9.1998, BGBl. I S. 2776. ||3 BAG 18.11.2008 – 3 AZR 417/07, DB 2009,
1079. ||4 BAG 26.4.1988 – 3 AZR 168/86, NZA 1989, 219. ||5 BAG 11.7.2000 – 1 AZR 551/99, NZA 2001, 462.
||6 BAG 12.6.1975 – 3 ABR 137/73, BB 1975, 1064. ||7 Richardi/*Richardi*, § 87 Rz. 687 ff. mit berechtigter Kritik
an der Rspr. des BAG 13.3.1973 – 1 ABR 118/73, BB 1975, 1159. ||8 GK-BetrVG/*Wiese*, § 87 Rz. 761. ||9 BAG
3.6.1975 – 1 ABR 118/73, BB 1975, 1159. ||10 Vgl. *Fitting*, § 87 Rz. 381 und GK-BetrVG/*Wiese*, § 87 Rz. 772, 773.
||11 BAG 3.6.1975 – 1 ABR 118/73, BB 1975, 1159. ||12 Vgl. BAG 18.7.1978 – 1 ABR 20/75, BB 1978, 1668.
||13 In diese Richtung auch GK-BetrVG/*Wiese*, § 87 Rz. 765, der feststellt, dass es ohne Relevanz ist, ob die Ver-
träge zeitgleich oder der Mietvertrag vor dem Arbeitsvertrag abgeschlossen wurde, sich aber nicht zum Fall
des Abschlusses des Mietvertrags nach dem Arbeitsvertrag äußert. Auch diese Fallgestaltung steht der erfor-
derlichen Verbindung zwischen den Verträgen aber nicht entgegen. ||14 BAG 3.6.1975 – 1 ABR 118/73, BB
1975, 1159. ||15 BAG 18.7.1978 – 1 ABR 20/75, BB 1978, 1668. ||16 *Fitting*, § 87 Rz. 382 mwN. ||17 Vgl.
auch BAG 3.6.1975 – 1 ABR 118/73, BB 1975, 1159. ||18 Palandt/*Weidenkaff*, Einf. vor § 535 BGB Rz. 17; vgl.
auch GK-BetrVG/*Wiese*, § 87 Rz. 766. ||19 BAG 28.7.1992 – 1 ABR 22/92, NZA 1993, 272.

165 **c) Umfang der Mitbestimmung.** Ob der ArbGeb Werkmietwohnungen zu Verfügung stellt oder Mittel dafür bereit stellt, unterliegt ebenso wenig der Mitbest. des BR[1] wie die Entwidmung[2] oder Umwidmung vorhandener Werkmietwohnungen[3]. Mitbestimmungspflichtig ist nur das „Wie" der Überlassung. Dazu gehören folgende Tatbestände:

166 **aa) Zuweisung von Wohnraum.** Mit der Zuweisung von Wohnraum ist die Entscheidung über den Begünstigten, nicht aber der Abschluss des Mietvertrags gemeint[4].

167 **bb) Kündigung des Mietverhältnisses.** Nr. 9 erfasst nur die Kündigung des Mietverhältnisses (veranlasst) durch den ArbGeb, nicht jedoch die Eigenkündigung und den Aufhebungsvertrag[5]. Auch nach Beendigung des ArbVerh[6] unterliegt die Kündigung der Mitbest. Entschließt sich der ArbGeb – mitbestimmungsfrei – zur Entwidmung seiner Werkmietwohnungen und kündigt daher – soweit mietrechtlich zulässig – sämtliche Mietverhältnisse, unterliegen diese Kündigungen der Mitbest. Bei noch nicht frei gewordenen Wohnungen wirkt die Widmung nämlich bis zur Beendigung des Mietverhältnisses fort[7].

168 **cc) Exkurs: Veräußerung von Werkmietwohnungen.** Entwidmet der ArbGeb seine Mietwohnungen und veräußert diese an einen Dritten, tritt der Erwerber an Stelle des ArbGeb in die sich aus dem Mietvertrag ergebenden Rechte und Pflichten ein (§ 566 I BGB). Allerdings besteht die Besonderheit, dass die den Vermieter begünstigenden Sondervorschriften des Werkmietwohnungsrechts (§§ 576 f. BGB) keine Anwendung mehr finden. Zwischen Erwerber und ArbN/Mieter besteht bzw. bestand kein ArbVerh, so dass kein Bedürfnis für die Anwendung der §§ 576 f. BGB besteht. Erfüllt der Erwerber seine Pflichten nicht, haftet der ArbGeb für den vom Erwerber zu ersetzenden Schaden wie ein Bürge, der auf die Einrede der Vorausklage verzichtet hat (§ 566 II 1 BGB). Zur Haftungsbefreiung des ArbGeb vgl. § 566 II 2 BGB.

169 **dd) Allgemeine Festlegung der Nutzungsbedingungen.** Zur allg. Festlegung der Nutzungsbedingungen gehören

– der Inhalt der Mietverträge, der Hausordnungen, der Nebenkostenerhebung und ihrer Abrechnung;

– die Kriterien für die Grundsätze der Mietzinsbildung im Rahmen der vom ArbGeb vorgegebenen Dotierung[8];

– die Änderung der Nutzungsbedingungen[9].

170 **d) Ausübung des Mitbestimmungsrechts.** Wegen Besonderheiten bei der Ausübung des MitbestR – insb. bei Vermietungseinrichtungen mit eigener Rechtspersönlichkeit – kann auf die Ausführungen unter Nr. 8 verwiesen werden (Rz. 153 ff.).

171 **e) Grenzen des Mitbestimmungsrechts.** Die zwingenden Mietrechtsvorschriften des BGB, insb. das Werkmietwohnungsrecht (§§ 535 ff., 576 f. BGB), sind von den Betriebspartnern zu beachten, sie schließen die Mitbest. des BR aber nicht aus[10].

172 **f) Nichtbeachtung des Mitbestimmungsrechts.** Kündigt der ArbGeb das Werkmietverhältnis ohne Zustimmung des BR, ist die Kündigung nach §§ 182, 111 BGB nichtig. Wird hingegen der Werkmietvertrag ohne Mitbest. des BR abgeschlossen, ist dieser zivilrechtl. wirksam; der BR kann aber dessen Kündigung verlangen[11].

173 **g) Gesetzessystematik.** Das BAG bezeichnet den Mitbestimmungstatbestand der Nr. 9 als einen Unterfall des MitbestR nach Nr. 8[12]. Das ist missverständlich[13], weil auch Werkmietverhältnisse von Nr. 9 erfasst werden, die nicht die Voraussetzungen einer Sozialeinrichtung erfüllen. Sind die Werkmietwohnungen gleichzeitig Sozialeinrichtung iSd. Nr. 8, findet Nr. 9 Anwendung, soweit es um die Zuweisung, Kündigung und Nutzungsbedingungen geht; iÜ gilt Nr. 8[14].

174 **10. Fragen der betrieblichen Lohngestaltung (Abs. 1 Nr. 10). a) Zweck.** Der BR hat nach Nr. 10 ein umfassendes MitbestR in nahezu allen Fragen der betriebl. Lohngestaltung, insb. bei der Aufstellung von Entlohnungsgrundsätzen und bei der Einführung und Anwendung von neuen Entlohnungsmethoden sowie deren Änderung. Das MitbestR hat den Zweck, eine transparente Lohnordnung für den Betrieb zu schaffen und zur innerbetriebl. Lohngerechtigkeit beizutragen. Die ArbN sollen vor einer einseitigen, ausschließlich an den Interessen des Unternehmens ausgerichteten Lohnpolitik geschützt werden[15]. Es geht um die Angemessenheit und Durchsichtigkeit des innerbetriebl. Lohngefüges, die Festlegung der absoluten Lohnhöhe ist mitbestimmungsfrei[16].

---

1 BAG 13.3.1973 – 1 ABR 16/72, BAGE 25, 93; 23.3.1993 – 1 ABR 65/92, NZA 1993, 766 ff. ||2 BAG 23.3.1993 – 1 ABR 65/92, NZA 1993, 766. ||3 BAG 18.7.1978 – 1 ABR 20/75, B 1978, 1668; 23.3.1993 – 1 ABR 65/92, NZA 1993, 766. ||4 GK-BetrVG/*Wiese*, § 87 Rz. 779, 781. ||5 GK-BetrVG/*Wiese*, § 87 Rz. 786. ||6 BAG 28.7.1992 – 1 ABR 22/92, NZA 1993, 272. ||7 GK-BetrVG/*Wiese*, § 87 Rz. 778. ||8 BAG 13.3.1972 – 1 ABR 16/72, BAGE 25, 93; 28.7.1992 – 1 ABR 22/92, NZA 1993, 272. ||9 GK-BetrVG/*Wiese*, § 87 Rz. 791. ||10 Vgl. BAG 13.3.1972 – 1 ABR 16/72, BAGE 25, 93. ||11 GK-BetrVG/*Wiese*, § 87 Rz. 782. ||12 BAG 13.3.1973 – 1 ABR 16/72, BAGE 25, 93; 3.6.1975 – 1 ABR 118/73, BB 1975, 1159. ||13 Vgl. Richardi/*Richardi*, § 87 Rz. 688. ||14 Richardi/*Richardi*, § 87 Rz. 689 mwN. ||15 BAG 3.12.1991 – GS 2/90, NZA 1992, 749. ||16 BAG 28.3.2006 – 1 ABR 59/04, NZA 2006, 1367; 22.1.1980 – 1 ABR 48/77, NJW 1981, 75.

b) Tendenzbetriebe. Die Mitbest. ist durch § 118 I in Tendenzbetrieben ausgeschlossen, wenn die geistig-ideelle Zielsetzung eines Betriebs durch die Mitbest. ernstlich beeinträchtigt wird. Das ist zB der Fall, wenn die ArbN mit einem System besonderer Leistungszulagen zu besonderen Leistungen für die Tendenzverwirklichung angespornt werden sollen[1].

c) Lohn. Unter „Lohn" ist das Arbeitsentgelt im weitesten Sinne zu verstehen; also alle Leistungen des ArbGeb, die dieser als Gegenleistung für die von den ArbN erbrachten Leistungen gewährt, ohne Rücksicht auf ihre Bezeichnung[2]. Darunter fallen auch geldwerte Sach- oder Dienstleistungen[3]. Die Leistungen müssen nicht unmittelbar arbeitsleistungsbezogen sein. Es ist ebenfalls unerheblich, ob Leistungen auf Dauer oder nur einmalig erbracht werden (sollen)[4]. Auch freiwillige Leistungen gehören zum „Lohn"[5]; hier ergeben sich aber Beschränkungen des MitbestR (Rz. 188 ff.).

Folgende Leistungen sind neben Lohn und Gehalt nach der Rspr. „Lohn" iSd. Nr. 10:

– Aktienoptionen[6] und Belegschaftsaktien[7];
– zinsgünstige ArbGebDarlehen[8];
– Auslandszulagen[9];
– Leistungen der betrAV[10] (soweit sie nicht über Sozialeinrichtungen nach Nr. 8 erbracht werden);
– Boni[11];
– Gewinn- und Erfolgsbeteiligungen[12];
– Ausgabe von Essenszusatzmarken für die Kantine[13];
– Abgabe verbilligter Flugscheine[14]; Kosten für Familienheimflüge[15];
– Gratifikationen[16];
– Lieferung verbilligten Heizgases aus eigener Produktion[17];
– Jahresabschlussvergütungen[18];
– Jubiläumsgelder[19];
– Beteiligung am Liquidationspool der Chefärzte auf Veranlassung des Krankenhausträgers[20];
– Übernahme von Mietzuschüssen[21];
– Ausgleichszahlung für Nachtarbeit gem. § 6 V ArbZG[22];
– Personalrabatt[23];
– Treue-, Anwesenheits- oder Wettbewerbsprämien[24];
– Provision[25];
– Spesen, die nicht den Zweck haben, entstandene Unkosten in pauschalierter Form abzugelten[26];
– Sondervergütung[27];
– Tantieme[28];
– Urlaubsgeld[29];
– Werkdienstwohnung[30] (Anrechnung eines Nutzungsbeitrags auf den Lohn);
– unentgeltlicher Werksverkehr[31];
– Zulage[32].

Reiner Auslagenersatz für Kontoführungsgebühren, Reise- und Umzugskosten oder die dienstliche Nutzung eines privaten Pkw sind kein Lohn im vorstehenden Sinne. Auch Abfindungen fallen nicht da-

---

1 BAG 31.1.1984 – 1 AZR 174/81, NZA 1984, 167; 13.2.1990 – 1 ABR 13/89, NZA 1990, 575. ||2 BAG 28.3.2006 – 1 ABR 59/04, NZA 2006, 1367; 16.9.1986 – GS 1/82, NZA 1987, 168. ||3 BAG 30.3.1982 – 1 ABR 55/80, DB 1982, 1519. ||4 BAG 29.2.2000 – 1 ABR 4/99, NZA 2000, 1066. ||5 BAG 8.12.1981 – 1 ABR 55/79, DB 1982, 1276. ||6 LAG Nürnberg 22.1.2002 – 6 TaBV 19/01, LAGE § 87 BetrVG 1972 Betriebliche Lohngestaltung Nr. 17. ||7 BAG 28.11.1989 – 3 AZR 118/88, NZA 1990, 559. ||8 BAG 9.12.1980 – 1 ABR 80/77, NJW 1982, 253. ||9 BAG 30.1.1990 – 1 ABR 2/89, NZA 1990, 517. ||10 BAG 12.6.1975 – 3 ABR 13/74, DB 1975, 1559. ||11 BAG 14.6.1994 – 1 ABR 63/93, NZA 1995, 543. ||12 *Fitting*, § 87 Rz. 414. ||13 BAG 15.1.1987 – 6 AZR 589/84, DB 1987, 2315. ||14 BAG 22.10.1985 – 1 ABR 38/83, NZA 1986, 299. ||15 BAG 10.6.1986 – 1 ABR 65/84, NZA 1987, 30. ||16 *Fitting*, § 87 Rz. 414. ||17 BAG 22.10.1985 – 1 ABR 47/83, DB 1986, 704. ||18 BAG 14.6.1994 – 1 ABR 63/93, NZA 1995, 543. ||19 *Fitting*, § 87 Rz. 414. ||20 BAG 16.6.1998 – 1 ABR 67/97, NZA 1998, 1185. ||21 BAG 10.6.1986 – 1 ABR 65/84, NZA 1987, 30. ||22 BAG 26.8.1997 – 1 ABR 16/97, NZA 1998, 441. ||23 BAG 26.5.1993 – 5 AZR 219/92, NZA 1993, 1029. ||24 BAG 10.7.1979 – 1 ABR 88/77, DB 1979, 2497. ||25 BAG 26.7.1988 – 1 AZR 54/87, NZA 1989, 109. ||26 BAG 27.10.1998 – 1 ABR 3/98, NZA 1999, 381. ||27 BAG 14.6.1994 – 1 ABR 63/93, NZA 1995, 543. ||28 GK-BetrVG/*Wiese*, § 87 Rz. 823, 919. ||29 *Fitting*, § 87 Rz. 413. ||30 *Fitting*, § 87 Rz. 385. ||31 BAG 9.7.1985 – 1 AZR 631/80, DB 1986, 230. ||32 BAG 17.12.1980 – 1 ABR 80/77, NJW 1982, 253.

runter[1]. Das Verkaufs- oder Bearbeitungsgebiet eines Außendienstmitarbeiters ist kein Lohn iSd. Nr. 10[2].

178 **d) Fragen der betrieblichen Lohngestaltung.** Das MitbestR besteht in nahezu allen Bereichen der betriebl. Lohngestaltung.

179 **aa) Lohnpolitische Entscheidungen.** Die lohnpolitischen Entscheidungen gehören nicht zur Lohngestaltung[3] des ArbGeb; der BR kann also weder eine Lohnerhöhung, eine Lohnherabsetzung noch zusätzliche Leistungen verlangen[4]. Generell erstreckt sich das MitbestR nicht auf die Festlegung der Lohn- und Gehaltshöhe[5]. Auch die Anpassung der Ruhegehälter nach § 16 BetrAVG unterliegt nicht der Mitbest.[6].

180 **bb) Betriebliche Lohngestaltung.** Der Begriff der betriebl. Lohngestaltung ist der Oberbegriff für Entlohnungsgrundsatz und Entlohnungsmethode. Eine Differenzierung zwischen beiden ist nicht immer möglich, was aber letztlich keine praktische Bedeutung hat, da in jedem Fall ein MitbestR besteht. Unter Lohngestaltung ist die Festlegung abstrakt genereller Grundsätze zur Lohnfindung zu verstehen. Es geht um die Strukturformen des Entgelts einschl. der näheren Vollzugsformen[7]. Der Begriff „betriebliche" Lohngestaltung bedeutet, dass es sich um die Lohngestaltung durch die Betriebspartner handelt, und nicht um die individuelle oder tarifvertragl. Die Lohngestaltung muss nicht räumlich auf den Betrieb iSd. BetrVG beschränkt sein; sie kann auch im Unternehmen oder Konzern stattfinden.[8]. Die Frage, nach welchen Kriterien (Beförderungs-)Planstellen für Beamte aus dem dafür zur Verfügung stehenden Stellenpool der einzelnen Betrieben zugewiesen werden, ist keine Angelegenheit der betriebl. Lohngestaltung[9]. Es ist grds. zulässig, in einem Betrieb mehrere voneinander unabhängige Vergütungssysteme anzuwenden. Die einer solchen Differenzierung zugrundeliegende Bildung verschiedener Beschäftigtengruppen muss aber auf sachlichen Gründen beruhen. Ist dies der Fall, greift das MitbestR für jedes einzelne System, nicht aber für einen Systemvergleich[10].

181 Der Mitbest. unterliegen nur **kollektive Tatbestände**. Die Abgrenzung zu mitbestimmungsfreien Individualmaßnahmen erfolgt nach der st. Rspr. des BAG danach, ob es um „Strukturformen des Entgelts einschließlich ihrer näheren Vollzugsformen" geht[11]. Die Anzahl der betroffenen ArbN kann nur ein Indiz dafür sein, ob ein kollektiver Tatbestand vorliegt oder nicht[12]. Nach der Rspr. des BAG ist ein kollektiver Bezug nicht deshalb ausgeschlossen, weil der ArbGeb mit mehreren ArbN eine Vielzahl individueller Vereinbarungen trifft[13]. Entscheidend ist nicht die Form, sondern der Inhalt der maßgeblichen Regelung. Wenn mit Rücksicht auf besondere Umstände des einzelnen ArbN Regelungen getroffen werden, die in keinem inneren Zusammenhang zu ähnlichen Regelungen für andere ArbN stehen, handelt es sich um individelle (nicht kollektive) Lohngestaltung[14]. Es kommt darauf an, ob das vom ArbGeb bei Lohnentscheidungen verwendete Differenzierungskriterium nur den Einzelfall berücksichtigt oder abstrakt-generell bestimmt ist[15]. Von Letzterem geht das BAG bei folgenden Kriterien aus, weil dort jeweils ein innerer Zusammenhang zu ähnlichen Regelungen für andere ArbN bestand oder zumindest nicht auszuschließen war, oder weil bestimmte Bewertungskriterien zu einander in ein Verhältnis gesetzt wurden:

– krankheitsbedingte Leistungsminderung[16];

– Leistung[17], weil diese zu den vorgegebenen Mindestanforderungen und der Leistung der anderen ArbN in Beziehung gesetzt wird; auch wenn bei jedem einzelnen ArbN ein anderer Leistungsaspekt (großer Einsatz; gute Einarbeitung; betriebl. Doppelbelastung; Fehlerquote; Arbeitsqualität, Förderungswürdigkeit) zugrunde gelegt wird[18];

– Verhalten des ArbN[19];

– Dauer der Betriebszugehörigkeit bzw. absehbare Beendigung des ArbVerh[20];

– Tarifgruppenwechsel wegen höherer Zahl von Berufsjahren[21];

– kurz zuvor erfolgte Gehaltsanhebung[22];

---

1 GK-BetrVG/Wiese, § 87 Rz. 827. ||2 BAG 16.7.1991 – 1 ABR 66/90, NZA 1992, 178. ||3 St. Rspr.; vgl. nur BAG 29.3.1977 – 1 ABR 123/74, NJW 1977, 1654. ||4 Richardi/Richardi, § 87 Rz. 772. ||5 St. Rspr., BAG 22.1.1980 – 1 ABR 48/77, BAGE 32, 350; 21.1.2003 – 1 ABR 5/02, NZA 2003, 810; 28.3.2006 – 1 ABR 59/04, NZA 2006, 1367. ||6 GK-BetrVG/Wiese, § 87 Rz. 858. ||7 BAG 10.2.1988 – 1 ABR 56/86, NZA 1988, 479. ||8 GK-BetrVG/Wiese, § 87 Rz. 817. ||9 BAG 28.3.2006 – 1 ABR 59/04, NZA 2006, 1367. ||10 BAG 18.11.2003 – 1 AZR 604/02, BAGReport 2004, 271; LAG Düss. 31.7.2012 – 17 TaBV 38/11, BB 2013, 243 (anhängig beim BAG unter Az. 1 ABR 80/12). ||11 BAG 3.12.1991 – GS 2/90, NZA 1992, 749 mwN. ||12 BAG 3.12.1991 – GS 2/90, NZA 1992, 749; 23.3.1993 – 1 AZR 582/92, NZA 1993, 904. ||13 BAG 3.12.1991 – GS 2/90, NZA 1992, 749. ||14 BAG 24.1.2006 – 3 AZR 484/04, DB 2007, 471. ||15 BAG 22.9.1992 – 1 AZR 461/90, NZA 1993, 569. ||16 BAG 22.9.1992 – 1 AZR 460/90, NZA 1993, 568. ||17 BAG 22.9.1992 – 1 AZR 459/90, NZA 1993, 566 und 1 AZR 461/90, NZA 1993, 569; 27.10.1992 – 1 ABR 17/92, NZA 1993, 561; 29.2.2000 – 1 ABR 4/99, NZA 2000, 1066. ||18 BAG 14.6.1994 – 1 ABR 63/93, NZA 1995, 543. ||19 BAG 27.10.1992 – 1 ABR 17/92, NZA 1993, 561. ||20 BAG 27.10.1992 – 1 ABR 17/92, NZA 1993, 561. ||21 Offen gelassen von BAG 22.9.1992 – 1 AZR 235/90, NZA 1993, 232; bejaht von der Vorinstanz LAG Hamm 7.3.1990 – 15 (17) Sa 1421/89, nv. ||22 BAG 27.10.1992 – 1 ABR 17/92, NZA 1993, 561.

- Inanspruchnahme von tarifl. Alterssicherung[1];
- allg. Erwägungen sozialer Art[2];
- Mutterschutz, Elternzeit[3];
- Langzeiterkrankung[4];
- Arbeitsmarktlage[5], soweit allg. personalwirtschaftl. Erwägungen zugrunde liegen;
- kollektiver Bezug durch Verteilung eines bestimmten Budgets[6].

Mitbestimmungsfreie Individualtatbestände wurden vom BAG nur in eng begrenzten Ausnahmefällen angenommen, in denen es unter keinem Gesichtspunkt einen kollektiven Bezug herstellen konnte: 182

- unveränderte Vergütung trotz Umsetzung auf einen tarifl. niedriger bewerteten Arbeitsplatz[7];
- Wunsch eines ArbN zur Vermeidung steuerlicher Nachteile[8];
- Berücksichtigung ausschließlich der Besonderheiten des konkreten ArbVerh, ohne inneren Zusammenhang zu ähnlichen Maßnahmen ggü. anderen ArbN[9];
- arbeitsmarktpolitische Gründe[10], wenn ein bestimmter ArbN zum Eintritt in den Betrieb veranlasst werden soll.

Diese Rspr. engt „in geradezu beängstigender Weise die Möglichkeit individueller Lohn- und damit Personalpolitik des ArbGeb ein"[11], weil sich bis auf eng begrenzte Ausnahmefälle bei allen Lohnentscheidungen des ArbGeb irgendein kollektiver Bezug festmachen lässt. Zweck der Nr. 10 ist aber nur die abstrakte Lohngerechtigkeit im Betrieb. Auf individuell ausgehandelte oder gewährte Löhne soll der BR keinen Einfluss nehmen. Dieser Gesichtspunkt muss bei der Abgrenzung wieder in den Vordergrund gerückt werden. Die Katalognummer muss daher teleologisch ausgelegt werden[12]: Erst bei erkennbar abstrakt-generellen Regelungen des ArbGeb greift das MitbestR ein[13].

e) Aufstellen von Entlohnungsgrundsätzen und deren Änderung. Entlohnungsgrundsätze sind die 183
Systeme, nach denen das Arbeitsentgelt bemessen werden soll. Der Mitbest. unterliegen daher

- die Entscheidung für Zeitlohn (bspw. Stunden-, Schicht-, Wochen- oder Monatslohn);
- die Entscheidung für Leistungslohn (bspw. Akkord- oder Prämienlohn[14]);
- der Wechsel von Zeit- zu Leistungslohn und umgekehrt[15];
- Festlegung von Bezugsgröße und Bezugsbasis für den Prämienlohn; Verlauf der Prämienkurve (progressiv oder degressiv)[16];
- die Entscheidung für andere Systeme erfolgsabhängiger Vergütungen (Provisionen[17], Gewinn- und Ergebnisbeteiligungen)[18];
- das Aufstellen eines detaillierten Entgeltsystems; die Bildung von Entgeltgruppen nach abstrakten Kriterien; die abstrakte Festsetzung der Wertunterschiede einzelner Entgeltgruppen nach Prozentsätzen oder sonstigen Bezugsgrößen[19]; nicht aber die Festlegung der konkreten Höhe des Arbeitsentgelts und damit der für die Ermittlung der konkreten Entgelthöhe der Entgeltgruppe erforderliche Ausgangsgröße[20];
- die Entscheidung über eine bestimmte Stückelung des jährlichen Gesamtentgelts in Gestalt mehrerer gleich oder verschieden hoher Monatsbeträge[21];
- die Änderung bestehender Entlohnungsgrundsätze[22], zB eines Eingruppierungsschemas[23].

Die **Änderung von Entlohnungsgrundsätzen** ist mitbestimmungspflichtig. Es kommt nicht darauf an, auf welcher rechtl. Grundlage (TV, BV, Einzelvertrag, vom ArbGeb einseitig angewandte Vergütungsordnung) die Anwendung der bisherigen Entlohnungsgrundsätze basierte[24]. Die insg. gewährte Vergütung (zB zusammengesetzt aus Grundlohn, Leistungszulage und Weihnachtsgeld) bildet nach Auf-

---

1 BAG 23.3.1993 – 1 AZR 582/92, NZA 1993, 904. || 2 BAG 14.6.1994 – 1 ABR 63/93, NZA 1995, 543. || 3 BAG 27.10.1992 – 1 ABR 17/92, NZA 1993, 561. || 4 BAG 27.10.1992 – 1 ABR 17/92, NZA 1993, 561. || 5 BAG 14.6.1994 – 1 ABR 63/93, NZA 1995, 543. || 6 BAG 10.10.2006 – 1 ABR 68/05, DB 2007, 174. || 7 BAG 22.9.1992 – 1 AZR 461/90, NZA 1993, 569. || 8 BAG 27.10.1992 – 1 ABR 17/92, NZA 1993, 561. || 9 BAG 22.9.1992 – 1 AZR 461/90, NZA 1993, 569. || 10 BAG 14.6.1994 – 1 ABR 63/93, NZA 1995, 543. || 11 *Kraft*, FS Molitor, 1988, S. 207 (220). || 12 Vgl. *Reichold*, Entgeltmitbestimmung als Gleichbehandlungsgrundsatz, RdA 1995, 147 (156f.); Hess ua./*Worzalla*, § 87 Rz. 472. || 13 Vgl. *Reichold*, Entgeltmitbestimmung als Gleichbehandlungsgrundsatz, RdA 1995, 147 (157). || 14 BAG 23.6.2009 – 1 AZR 214/08, NZA 2009, 1159; ausf. Richardi/*Richardi*, § 87 Rz. 821 ff. || 15 BAG 17.12.1968 – 1 AZR 178/68, DB 1969, 576. || 16 BAG 16.12.1986 – 1 ABR 26/85, NZA 1987, 568. || 17 Ausf. Richardi/*Richardi*, § 87 Rz. 827 ff. || 18 BAG 29.3.1977 – 1 ABR 123/74, NJW 1977, 1654. || 19 St. Rspr., vgl. BAG 14.12.1993 – 1 ABR 31/93, NZA 1994, 809. || 20 BAG 28.4.2009 – 1 ABR 97/07, NZA 2009, 1102. || 21 BAG 28.4.2009 – 1 ABR 97/07, NZA 2009, 1102. || 22 BAG 3.12.1991 – GS 1/90, AuR 1993, 28; 11.6.2002 – 1 AZR 390/01, DB 2002, 2725 ff. || 23 BAG 13.3.2001 – 1 ABR 7/00, ArbRB 2001, 42. || 24 BAG 11.1.2011 – 1 AZR 310/09, nv.; 22.6.2010 – 1 AZR 853/08, NZA 2010, 1243.

fassung des BAG in ihrer Gesamtheit die Vergütungsordnung, bei deren Aufstellung und Veränderung der BR mitzubestimmen hat. Deshalb löst jede Veränderung, auch wenn nur ein Bestandteil der Gesamtvergütung betroffen ist, grds. das MitbestR aus[1]. Daher besteht auch dann das MitbestR, wenn eine Weihnachtsgratifikation vollständig gestrichen wird, andere Leistungen aber beibehalten bleiben, also ein Vergütungsvolumen verbleibt.[2]. In diesem Fall ist mit dem BR zu beraten, ob die durch den beabsichtigten Wegfall des einen Vergütungsbestandteils erreichte Einsparung nicht durch eine anders ausgestaltete Kürzung (zB leistungsabhängige statt lineare Kürzung oder Kürzung anderer/mehrerer Vergütungsbestandteile) erzielt werden kann. Eine Mitbest. scheidet aber aus, wenn der ArbGeb die Gewährung einer freiwilligen Leistung vollständig einstellen will[3]. Nach der neueren Rspr. des BAG muss hierfür der Vergütungsbestandteil, der vollständig beseitigt werden soll, alleiniger Gegenstand der gekündigten BV sein. Begründet wird dies damit, dass bei einer BV mit mehreren Bestandteilen das Verhandlungsergebnis ein Gesamtergebnis sei, bei dem es nicht unwahrscheinlich sei, dass ein Bestandteil zugunsten/zu Ungunsten eines anderen Teils verringert wurde. Ein einseitiger Eingriff des ArbGeb in dieses Gesamtgefüge sei nicht zu rechtfertigen[4]. In diesem Fall tritt auch keine Nachwirkung der „teilmitbestimmten" BV nach § 77 VI ein, wenn der ArbGeb seinen Willen zur Einstellung der Leistung ggü. dem BR oder den begünstigten ArbN eindeutig zum Ausdruck bringt. Anders ist dies jedoch, wenn die BV auch andere Vergütungsbestandteile regelt, für die eine vertragl. oder gesetzl. Vergütungspflicht des ArbGeb besteht. In diesem Fall sollen sämtliche Vergütungskomponenten Teil der Gesamtvergütung und daher die Verteilungsgrundsätze betroffen sein, was die Nachwirkung der gekündigten BV zur Folge hat[5].

Auch wenn die **Tarifbindung** des ArbGeb später **wegfällt**, gelten die Grundsätze der tarifl. Vergütungsordnung weiterhin als maßgebliches kollektives Vergütungsschema, weshalb ein Abweichen von diesen Grundsätzen – auch sofern es nur ggü. nach diesem Zeitpunkt eingestellten ArbN erfolgt – das MitbestR auslöst[6]. Die vollständige Streichung bisher gewährter Zulagen für alle ArbN, die den relativen Abstand der jeweiligen Gesamtvergütungen nicht ändert, ist trotzdem mitbestimmungspflichtig, wenn nicht wie bisher Zulagen/Einmalleistungen zusätzlich zur Gesamtvergütung zu bestimmten Terminen gezahlt, sondern die Gesamtvergütung auf monatlich gleich bleibende Beträge verteilt wird[7]. Der Grund dafür liegt darin, dass Teil des mitbestimmungspflichtigen Entlohnungssystems auch die Frage ist, ob mehrere Vergütungsbestandteile gezahlt werden. Eine Änderung diesbzgl. stellt also eine Änderung des Vergütungssystems dar[8].

184 **f) Einführung und Anwendung von Entlohnungsmethoden sowie deren Änderung.** Die Entlohnungsmethode ist die Art und Weise der Durchführung des gewählten Entlohnungssystems[9]. Der Mitbest. unterliegen die Einführung, die Anwendung und die Änderung der Entlohnungsmethode. Dazu zählt ua.[10]

- ob im Gruppen- oder Einzelakkord gearbeitet werden soll[11];
- ob die Akkordvorgabe konkret ausgehandelt oder geschätzt wird;
- ob sie nach arbeitswissenschaftl. Grundsätzen ermittelt wird und wenn ja, nach welcher Methode (zB REFA, Bedaux-System oder eine modifizierte Form[12] usw.);
- ob Wartezeiten in die Vorgabezeiten als Verteilzeit mit einbezogen oder daneben gesondert erfasst werden[13];
- ob die in der Vorgabezeit enthaltene Erholungszeit zu feststehenden Kurzpausen zusammengefasst werden soll[14] (die Dauer der Erholungszeit ist mitbestimmungspflichtig nach Nr. 11, vgl. Rz. 206);
- welche von mehreren Möglichkeiten für die Akkordermittlung gewählt wird[15];
- wie der Verlauf der Prämienkurve und die Prämienleistungsnorm ermittelt werden[16];
- wie die für die Provisionsart maßgeblichen Daten erhoben werden[17].

185 **g) Grenzen des Mitbestimmungsrechts.** Neben tarifvertragl. Regelungen findet das MitbestR aus Nr. 10 seine Grenze in § 75 I. Insb. im Rahmen der betrAV sind daher der Gleichbehandlungsgrundsatz und das Diskriminierungsverbot zu beachten. Eingeschränkt wird das MitbestR auch durch § 23 JArbSchG, § 4 III Nr. 1 MuSchG, Art. 157 AEUV und § 107 GewO[18].

---

1 BAG 23.6.2009 – 1 AZR 214/08, NZA 2009, 1159; 26.8.2008 – 1 AZR 354/07, NZA 2008, 1426; LAG Düss. 31.7.2012 – 17 TaBV 38/11. || 2 BAG 10.11.2009 – 1 AZR 511/08, NZA 2011, 475; 26.8.2008 – 1 AZR 354/08, NZA 2008, 1426. || 3 BAG 23.6.2009 – 1 AZR 214/08, NZA 2009, 1159; 26.8.2008 – 1 AZR 354/07, NZA 2008, 1426. || 4 BAG 5.10.2010 – 1 ABR 20/09, DB 2011, 1113; Fitting, § 87 Rz. 453a; krit. hinsichtlich der formalen Betrachtung des BAG (26.8.2008 – 1 AZR 354/07) Leuchten, MDR 2009, 95. || 5 BAG 5.10.2010 – 1 ABR 20/09, DB 2011, 1113. || 6 BAG 14.4.2010 – 7 ABR 91/08, DB 2010, 1536; 15.4.2008 – 1 AZR 65/07, NZA 2008, 888. || 7 BAG 28.2.2006 – 1 ABR 4/05, BB 2006, 2419. || 8 BAG 28.4.2009 – 1 ABR 97/07, MDR 2010, 353. || 9 St. Rspr., BAG 29.3.1977 – 1 ABR 123/74, DB 1977, 1415. || 10 Ausf. Richardi/Richardi, § 87 Rz. 809ff. || 11 DKKW/Klebe, § 87 Rz. 250. || 12 BAG 24.11.1987 – 1 ABR 12/86, NZA 1988, 320. || 13 BAG 14.2.1989 – 1 AZR 97/88, NZA 1989, 936. || 14 BAG 24.11.1987 – 1 ABR 12/86, NZA 1988, 320. || 15 BAG 22.1.1980 – 1 ABR 48/77, NJW 1981, 75; 16.4.2002 – 1 ABR 34/01, DB 2003, 56. || 16 Richardi/Richardi, § 87 Rz. 824. || 17 Richardi/Richardi, § 87 Rz. 830. || 18 IdF v. 22.2.1999, BGBl. I S. 202; zuletzt geändert am 6.9.2013, BGBl. I S. 3556.

h) Nichtbeachtung des Mitbestimmungsrechts. Hier gelten die allg. Grundsätze. Allerdings können Ansprüche des ArbN auf neue Leistungen durch die Verletzung des MitbestR grds. nicht begründet werden[1]. Wenn der ArbGeb allerdings eine ursprünglich kraft Tarifbindung geltende Vergütungsordnung nach Auslaufen der Tarifbindung ohne Beteiligung des BR ändert, führt die Unwirksamkeit dieser Maßnahme uU dazu, dass für neueingestellte Mitarbeiter ein Anspruch auf höhere (weil nach der alten Vergütungsordnung zu bemessende) Vergütung entsteht als vertragl. vereinbart wurde[2]. Der betroffene ArbN kann nach der Theorie der Wirksamkeitsvoraussetzung bei einer unter Verstoß gegen das MitbestR vorgenommenen Änderung der im Betrieb geltenden Entlohnungsgrundsätze eine Vergütung auf Grundlage der zuletzt mitbestimmten Regelung verlangen[3]. Zur besonderen Problematik der Änderungskündigung zur Änderung des Lohngestaltung s. Rz. 43. 186

i) Gesetzessystematik. Werden Entgeltleistungen durch eine Sozialeinrichtung erbracht, geht Nr. 8 als lex specialis vor. Die Art und Weise der Auszahlung des Arbeitsentgelts unterliegt nach Nr. 4 der Mitbest. Das Recht des BR, bei der Regelung von Fragen der betrAV mitzubestimmen, ergibt sich aus Nr. 10, wenn die Versorgungsleistungen durch Direktzusagen, über einen Pensionsfonds oder über eine Direktversicherung erbracht werden[4]. Werden die Versorgungsleistungen unter Einschaltung eines Versorgungsträgers, also insb. einer Pensions- oder Unterstützungskasse, erbracht, ist Nr. 8 einschlägig[5]. Betreiben mehrere Trägerunternehmen gemeinsam eine Gruppen-Unterstützungskasse, deren satzungsmäßige Organe über Form, Ausgestaltung und Verwaltung mehrheitlich entscheiden, so haben die BR der einzelnen Trägerunternehmen gem. Nr. 10 mitzubestimmen, soweit das Abstimmungsverhalten ihres Unternehmens bei Beschlüssen der satzungsmäßigen Unterstützungskassen-Organe über Fragen der Lohngestaltung (insb. des Leistungsplans) festzulegen ist[6]. 187

j) Besonderheiten. Besonderheiten, nämlich ein eingeschränktes MitbestR, ergeben sich bei der Mitbest. im Hinblick auf freiwillige Leistungen und die Anrechnung von Tariflohnerhöhungen auf Zulagen. 188

aa) Besonderheiten bei freiwilligen Leistungen, insbesondere der betrieblichen Altersversorgung. Dass der ArbGeb freiwillige Leistungen erbringt oder zu erbringen gedenkt, schließt das MitbestR nicht aus, begrenzt es aber in seinem Umfang auf die gerechte Ausgestaltung der zusätzlichen Leistungen[7]. Freiwillige Leistungen sind solche, die der ArbGeb auf Grund eigener lohnpolitischer Entschlüsse gewährt, ohne hierzu durch bindende tarifl., vertragliche oder gesetzl. Vorgaben verpflichtet zu sein[8]. 189

Ungeachtet sonstiger Beschränkungen auf Grund individualarbeits- oder tarifvertragl. Bestimmungen unterliegen Entscheidungen des ArbGeb über freiwillige Leistungen, insb. über die betrAV und Aktienoptionspläne[9], nur eingeschränkt dem MitbestR des BR aus Nr. 10. Dabei ist zwischen mitbestimmungsfreien unternehmerischen Grundentscheidungen und der mitbestimmungspflichtigen konkreten Ausgestaltung der Leistungsordnung zu unterscheiden[10]. Insoweit kann auf die heute noch geltende[11] Darstellung in der Leitentscheidung des BAG v. 12.6.1975 verwiesen werden. 190

(1) Mitbestimmungsfreie Entscheidungen. Mitbestimmungsfrei sind folgende Fragen: 191
- ob und in welchem Umfang die Leistungen erbracht werden sollen[12];
- welchen abstrakten Zweck der ArbGeb mit der Leistung verfolgen will[13];
- wer generell zum begünstigten Personenkreis[14] gehören soll[15];
- die Art bzw. (Durchführungs-)Form/Organisation der Leistungen und deren Änderung[16];
- die endgültige Abschaffung der Leistungen[17];
- die Kürzung/Erhöhung der Leistungen, wenn diese nicht zu einer Änderung der Verteilungsgrundsätze führt[18];
- Reduzierung des Dotierungsrahmens, wenn aus tatsächlichen oder rechtl. Gründen kein Verteilungsspielraum für die verbliebenen Versorgungsmittel bleibt, ein abweichender Leistungsplan also nicht aufgestellt werden kann[19];
- die Auswahl der „Versorgungseinrichtung"[20].

---

1 BAG 20.8.1991 – 1 AZR 326/90, NZA 1992, 225; 11.6.2002 – 1 AZR 390/01, DB 2002, 2725. ||2 BAG 11.6.2002 – 1 AZR 390/01, DB 2002, 2725. ||3 BAG 11.1.2011 – 1 AZR 310/09, nv.; 22.6.2010 – 1 AZR 853/08, NZA 2010, 1243. ||4 BAG 12.6.1975 – 3 ABR 13/74, DB 1975, 1559 und 3 ABR 137/73, BB 1975, 1064 und 3 ABR 66/74, AuR 1975, 248. ||5 BAG 6.9.2000 – 3 AZR 607/99, nv. mwN. ||6 BAG 22.4.1986 – 3 AZR 100/83, NZA 1986, 574; 9.5.1989 – 3 AZR 439/88, NZA 1989, 889. ||7 BAG 12.6.1975 – 3 ABR 13/74, DB 1975, 1559; 3.12.1991 – GS 2/90, NZA 1992, 749. ||8 BAG 16.9.1986 – GS 1/82, NZA 1987, 168. ||9 Ausführlich: *Gaul/Mückl*, DB 2009, 1594. ||10 BAG 26.9.2000 – 3 AZR 570/99, DB 2000, 2075. ||11 BAG 9.12.2008 – 3 AZR 384/07, DB 2009, 1548; 12.6.1975 – 3 ABR 13/74, DB 1975, 1559. ||12 BAG 13.7.1978 – 3 ABR 108/77, NJW 1979, 2534; 16.2.1993 – 3 ABR 29/92, NZA 1993, 953; 30.10.2012 – 1 ABR 61/11, NZA 2013, 522 (523). ||13 BAG 9.12.1980 – 1 ABR 80/77, NJW 1982, 253. ||14 In den rechtl. zulässigen Grenzen (Gleichbehandlungsgebot). ||15 BAG 8.12.1981 – 1 ABR 55/79, BAGE 37, 206. ||16 BAG 16.2.1993 – 3 ABR 29/92, NZA 1993, 453. ||17 BAG 5.10.2010 – 1 ABR 20/09, DB 2011, 1113; 28.2.2006 – 1 ABR 4/05, DB 2006, 2823; 13.1.1987 – 1 ABR 51/85, NZA 1987, 386. ||18 BAG 26.4.1988 – 3 AZR 277/87, NZA 1989, 305; 23.6.2009 – 1 AZR 214/08, NZA 2009, 1159 (1161). ||19 BAG 26.4.1988 – 3 AZR 168/86, NZA 1989, 219; 11.5.1999 – 3 AZR 21/98, NZA 2000, 322. ||20 BAG 29.7.2003 – 3 ABR 34/02, BAGE 107, 112 ff.

Im Rahmen der betrAV besteht kein MitbestR bei der Anpassung laufender Renten nach § 16 BetrAVG[1]. Hinsichtlich des Anspruchs auf betrAV durch Entgeltumwandlung (§ 1a BetrAVG[2]) scheitert das MitbestR bereits an der zwingenden gesetzl. Regelung.

192 **(2) Mitbestimmungspflichtige Entscheidungen.** Der Mitbest. unterliegen die Entscheidungen, die sich auf die Lohnverteilung auswirken[3] und bei denen dem ArbGeb ein Regelungsspielraum verbleibt, nämlich die Aufstellung und Änderung der betriebl. Regeln darüber, welcher Mitarbeiter unter welchen Voraussetzungen welche Leistungen erhalten oder versagt bekommen soll (Verteilungs-/Leistungsplan)[4]. Demnach ist auch die Gehaltserhöhung mitbestimmungspflichtig, egal, ob der ArbGeb eine lineare/einheitliche oder sonstige Verteilung beabsichtigt[5]. Das gilt auch für die Neuverteilung der Leistungen nach mitbestimmungsfreier Kürzung des Dotierungsrahmens[6] sowie für die Beendigung einer auf Basis einer Gesamtzusage gewährten Zulage (Samstagsarbeit) für neueingestellte ArbN[7].

193 **bb) Besonderheiten bei der Anrechnung einer Tariflohnerhöhung auf Zulagen.** Besonderheiten ergeben sich bei der Anrechnung einer Tariflohnerhöhung auf über-/außertarifl. Zulagen[8]. Damit sind solche Zulagen gemeint, die über den tarifl. Leistungskatalog in Art bzw. Höhe hinausgehen. Unerheblich ist, ob der über-/außertarifl. Bestandteil auch als Zulage neben dem Tariflohn ausgewiesen wird. Entscheidend ist, ob auf das ArbVerh ein Lohn- oder GehaltsTV anwendbar und die Gesamtvergütung daher in einen tarifl. und einen übertarifl. Bestandteil aufteilbar ist[9]. Es kommt auch nicht darauf an, wie sich die Anrechnung vollzieht: durch eine konstitutive Entscheidung des ArbGeb – Widerruf oder Anrechnung – oder automatisch[10].

194 Bei rechtswidrigen Maßnahmen des ArbGeb steht dem BR kein MitbestR zu: Ist eine Zulage „tariffest", also die Anrechnung nach dem jeweiligen Individualarbeitsvertrag oder einer BV unzulässig, rechnet der ArbGeb aber dennoch (rechtsunwirksam) an, besteht nach der zutreffenden Rspr. des BAG kein MitbestR des BR[11].

195 Ist die Anrechnung einer Tariflohnerhöhung auf bzw. der Widerruf solcher Zulagen aus Anlass und bis zur Höhe einer Tariflohnerhöhung individualrechtl. zulässig, unterliegt sie der Mitbest. nach Nr. 10, wenn folgende Voraussetzungen erfüllt sind[12]:

– wenn sich dadurch die Verteilungsgrundsätze ändern und
– wenn für eine anderweitige Regelung innerhalb des vom ArbGeb mitbestimmungsfrei vorgegebenen Dotierungsrahmens ein Regelungsspielraum verbleibt.

196 Von einer Änderung der Verteilungsgrundsätze ist immer dann auszugehen, wenn sich auf Grund der Anrechnung das Verhältnis der Zulagen verschiedener ArbN zueinander verändert[13]. Dafür gibt es folgende **Beispiele aus der Rspr. des BAG:**

– Die Tariflohnerhöhung wird unterschiedlich auf die einzelnen Zulagen angerechnet[14].
– Die Tariflohnerhöhung wird scheinbar vollständig angerechnet, dadurch wird aber erst die Grundlage für die Neugewährung übertarifl. Leistungen geschaffen[15].
– Werden alle übertarifl. Zulagen um den gleichen Prozentsatz gekürzt, ändern sich die Verteilungsgrundsätze, wenn ein vereinbarter Sockelbetrag unterschritten würde oder wenn unterschiedlich hohe Zulagen zum jeweiligen Tariflohn gezahlt werden oder wenn die Tarifentgelte für verschiedene Entgeltgruppen um einen unterschiedlichen Prozentsatz erhöht werden und für alle ArbN die unterschiedliche Tariflohnerhöhung voll oder mit dem gleichen Prozentsatz angerechnet wird[16].
– Sieht ein TV eine zweistufige Tariferhöhung vor und verrechnet der ArbGeb nur die eine, nicht aber die andere Stufe mit übertarifl. Zulagen, ändern sich die Verteilungsgrundsätze, wenn der ArbGeb damit ein einheitliches Regelungskonzept verfolgt (Sonderfall)[17]. Ob ein einheitliches Regelungskonzept vorliegt, ist anhand der Umstände des Einzelfalls zu ermitteln (zB zeitlicher Abstand zwischen den Anrechnungen)[18].

Die Verteilungsgrundsätze bleiben unberührt, wenn die Zulagen in einem einheitlichen und gleichen Verhältnis zum jeweiligen Tariflohn stehen, die Tariflöhne jeweils um den gleichen Prozentsatz erhöht

---

1 GK-BetrVG/*Wiese*, § 87 Rz. 858 mwN. ||2 *Blomeyer*, DB 2001, 1413 (1418); aA DKKW/*Klebe*, § 87 Rz. 264a. ||3 BAG 16.3.1993 – 3 ABR 29/92, NZA 1993, 953; 30.10.2012 – 1 ABR 61/11, NZA 2013, 522, 523; 5.10.2010 – 1 ABR 20/09, DB 2011, 1113; 28.4.2009 – 1 ABR 97/07, DB 2009, 2662 (2663). ||4 BAG 18.3.1976 – 3 ABR 32/75, DB 1976, 1631. ||5 LAG Düss. 31.7.2012 – 17 TaBV 38/11, anhängig beim BAG unter Az. 1 ABR 80/12. ||6 BAG 9.5.1989 – 3 AZR 439/88, NZA 1989, 889. ||7 LAG Köln 9.5.2012 – 8 TaBV 97/11. ||8 BAG 10.3.2008 – 1 AZR 55/08, DB 2009, 1471; ausf. *Schneider*, DB 2000, 922. ||9 BAG 22.9.1992 – 1 AZR 405/90, NZA 1993, 668. ||10 BAG 3.12.1991 – GS 2/90, NZA 1992, 749, mit Hinweis auf die bis dato divergierenden Auffassungen einzelner Senate. ||11 BAG 23.3.1993 – 1 AZR 520/92, NZA 1993, 806; 7.2.1996 – 1 AZR 657/95, NZA 1996, 832. ||12 BAG 10.3.2009 – 1 AZR 55/08, DB 2009, 1471, zur Mitbest. des PersR nach § 75 III BPersVG: BAG 22.5.2012 – 1 AZR 94/11, NZA 2012, 1234 ff. ||13 BAG 3.6.2003 – 1 AZR 314/02, BuW 2004, 260; 26.5.1998 – 1 AZR 704/97, NZA 1998, 1292. ||14 BAG 3.12.1991 – GS 2/90, NZA 1992, 749 und GS 1/90, AuR 1998, 28. ||15 BAG 17.1.1995 – 1 ABR 19/94, DB 1995, 1410. ||16 BAG 3.12.1991 – GS 2/90, NZA 1992, 749. ||17 BAG 10.3.2009 – 1 AZR 55/08, DB 2009, 1471; 14.2.1995 – 1 ABR 41/94, NZA 1995, 795. ||18 BAG 10.3.2009 – 1 AZR 55/08, DB 2009, 1471.

werden und die Anrechnung im Umfang eines bestimmten Prozentsatzes der Tariflohnerhöhung erfolgt[1].

Unterbleibt die vollständige Anrechnung versehentlich bei einem Teil der ArbN, greift das MitbestR nicht ein. Der ArbGeb ist dafür aber ggf. darlegungs- und beweispflichtig[2].

Weitere Voraussetzung für ein MitbestR ist, dass dem ArbGeb bei Kürzung oder Anrechnung ein **Regelungsspielraum für eine anderweitige Anrechnung** oder Kürzung der Zulagen verbleibt. Das ist nicht der Fall, wenn einer Änderung der Verteilungsgrundsätze tatsächliche oder rechtl. Hindernisse entgegenstehen. Ein tatsächliches Hindernis besteht, wenn die Anrechnung oder der Widerruf dazu führt, dass alle Zulagen wegfallen. Dann gibt es nämlich kein Zulagenvolumen mehr, das verteilt werden kann[3]. Ein rechtl. Hindernis besteht, wenn die Tariflohnerhöhung vollständig und gleichmäßig auf die Zulagen aller ArbN angerechnet wird oder alle Zulagen in Höhe der Tariflohnerhöhung auf Grund eines Widerrufsvorbehalts widerrufen werden[4]. 197

Erfolgt die Anrechnung von Zulagen im ersten und die Neufestsetzung im zweiten Schritt, verbleibt ein Regelungsspielraum, wenn der Entscheidung des ArbGeb ein einheitliches Konzept zugrunde liegt[5]. Werden übertarifl. Zulagen in unterschiedlicher Höhe gewährt und sollen diese voll auf eine neu geschaffene tarifl. Zulage angerechnet werden, bleibt dennoch ein Regelungsspielraum, wenn gleichzeitig mit der Einführung der neuen Tarifzulage auch die Tarifgehälter linear erhöht werden und der ArbGeb nicht nur die Tarifgehälter entsprechend anhebt, sondern auch – ohne Rechtspflicht – seine übertarifl. Zulagen[6]. 198

k) Entgeltfindung für AT-Angestellte. Die Vergütung außertarifl. (sog. AT-)Angestellter wird nicht durch TV geregelt, so dass §§ 77 III und 87 I Einleitungssatz einer betriebl. Mitbest. im Hinblick auf die AT-Vergütungsstruktur nicht entgegenstehen[7]. Soweit die AT-Angestellten nicht gleichzeitig leitende Angestellte iSd. § 5 III, IV sind[8], unterliegen folgende abstrakt-generellen Grundsätze der Gehaltsfindung der **Mitbest.** nach Nr. 10: 199

– Bildung und Umschreibung von Gehaltsgruppen sowie deren Abstufung[9] (zB Tätigkeitsmerkmale);
– isolierte Festsetzung der Wertunterschiede zwischen den einzelnen AT-Gruppen – zB nach abstrakten Kriterien, nach Prozentsätzen oder sonstigen Bezugsgrößen[10];
– Verteilung des vom ArbGeb festgelegten Gesamtvolumens für die Gehaltserhöhung[11];
– Kriterien für Gehaltserhöhung bzw. für die Ausnahme davon[12].

Mitbestimmungsfrei sind
– die Festsetzung der Gehaltshöhe[13];
– die Entscheidung, ob und in welchem Umfang die AT-Gehälter erhöht werden[14];
– die Festlegung der Wertunterschiede zwischen der letzten Tarif- und der ersten AT-Gruppe, weil damit gleichzeitig die Gehaltshöhe festgelegt wäre[15];
– die Festlegung eines Sockelbetrags, aus dem die Höhe der einzelnen AT-Gruppen zu errechnen ist[16].

11. Festsetzung der Akkord- und Prämiensätze und vergleichbarer leistungsbezogener Entgelte (Abs. 1 Nr. 11). a) Zweck. Das MitbestR nach Nr. 11 bezieht sich auf die Festsetzung der Akkord- und Prämiensätze sowie vergleichbarer leistungsbezogener Entgelte, einschl. der Geldfaktoren selbst, die als Teil der betriebl. Lohngestaltung hinsichtlich ihrer Einführung und näheren Ausgestaltung schon dem MitbestR nach Nr. 10 unterliegen. Die Vorschrift räumt dem BR zusätzliche MitbestR ein, die sich noch nicht aus Nr. 10 ergeben. Die Beteiligung des BR soll gewährleisten, dass die von den ArbN erwartete Zusatzleistung sachgerecht bewertet wird und in einem angemessenen Verhältnis zum erzielbaren Mehrverdienst steht. Darüber hinaus soll vermieden werden, dass Leistungsanreize geschaffen werden, die zu einer Überforderung der ArbN führen. Deshalb erstreckt sich das MitbestR auch auf den Geldfaktor[17]. 200

b) Begriffsbestimmung. Akkord- und Prämienlöhne sind nach der Rspr. des BAG dadurch gekennzeichnet, dass ihre Höhe proportional zur Leistung des ArbN ist und sich deshalb jede Änderung der 201

---

1 BAG 3.12.1991 – GS 2/90, NZA 1992, 749, mit Rechenbsp. ||2 BAG 31.10.1995 – 1 AZR 276/95, NZA 1996, 613. ||3 BAG 3.12.1991 – GS 2/90, NZA 1992, 749. ||4 BAG 3.12.1991 – GS 2/90, NZA 1992, 749. ||5 ZB BAG 17.1.1995 – 1 ABR 19/94, NZA 1995, 792. ||6 BAG 14.2.1995 – 1 AZR 565/94, NZA 1996, 328. ||7 BAG 22.1.1980 – 1 ABR 48/77, NJW 1981, 75; 28.9.1994 – 1 AZR 870/93, NZA 1995, 277. ||8 Vgl. BAG 27.10.1992 – 1 ABR 17/92, NZA 1993, 561. ||9 BAG 27.10.1992 – 1 ABR 17/92, NZA 1993, 561; 28.9.1994 – 1 AZR 870/93, NZA 1995, 277. ||10 BAG 22.12.1981 – 1 ABR 38/79, DB 1982, 1274; 27.10.1992 – 1 ABR 17/92, NZA 1993, 561. ||11 BAG 27.10.1992 – 1 ABR 17/92, NZA 1993, 561. ||12 BAG 27.10.1992 – 1 ABR 17/92, NZA 1993, 561. ||13 BAG 21.1.2003 – 1 ABR 5/02, NZA 2003, 810; 22.1.1980 – 1 ABR 48/77, NJW 1981, 75; 21.1.2003 – 1 ABR 5/02, NZA 2003, 810. ||14 BAG 27.10.1992 – 1 ABR 17/92, NZA 1993, 561; 21.1.2003 – 1 ABR 5/02, NZA 2003, 810. ||15 BAG 22.1.1980 – 1 ABR 48/77, NJW 1981, 75; 28.9.1994 – 1 AZR 870/93, NZA 1995, 277. ||16 GK-BetrVG/*Wiese*, § 87 Rz. 941. ||17 BAG 15.5.2001 – 1 ABR 39/00, NZA 2001, 1154; 13.9.1983 – 1 ABR 32/81, DB 1983, 2470.

Arbeitsleistung unmittelbar auf die Höhe des gezahlten Entgelts auswirkt. Dazu muss aber die Normalleistung ermittelt werden, die zur tatsächlichen Leistung in Bezug gesetzt wird[1].

202 **aa) Akkord.** Man unterscheidet zwischen Geld- und Zeitakkord. Beim Geldakkord wird die vom ArbN erbrachte Arbeitsmenge gemessen und jeder Mengeneinheit ein Geldbetrag (Geldfaktor) zugeordnet. Zur Berechnung des Akkordlohns bedarf es einer Akkordvorgabe. Das ist der pro Leistungseinheit festgesetzte Geldbetrag[2]. Beim Zeitakkord wird eine feste Vorgabezeit als Verrechnungsfaktor (Zeitfaktor) der zu erbringenden Arbeitsmenge zugeordnet. In Verbindung mit dem ebenfalls vorgegebenen Geldfaktor errechnet sich aus den erbrachten Leistungseinheiten der Verdienst[3].

203 Die Akkordvorgabe ist die vorgegebene Zeit, die auf Grund arbeitswissenschaftlicher Methoden[4] (Zeitstudien) ermittelt, geschätzt oder frei vereinbart wird. Maßstab dafür ist der Akkordrichtsatz, der festlegt, welcher Verdienst bei normaler Leistung pro Stunde erreicht werden soll. Die Vergütung erhöht oder verringert sich entsprechend der tatsächlich erbrachten Leistung. Der Akkordrichtsatz wird meist durch TV vorgegeben, so dass dann eine betriebl. Mitbest. ausscheidet. Teil der Vorgabezeiten sind auch die Erholungs- und Verteilzeiten.

204 **bb) Prämien.** Prämien sind eine besondere Form der Leistungsentlohnung. Die Höhe der Prämie ist proportional zur Leistung des ArbN. Das Ergebnis der Leistung muss für den ArbN beeinflussbar sein[5], die Leistung gemessen und mit einer Bezugsleistung verglichen werden. Als **Bezugsgrößen** kommen zB in Betracht[6]:

– Arbeitsmenge;
– Arbeitsausführung;
– Wirtschaftlichkeit;
– Reduzierung des Ausschusses.

Nicht der Mitbest. nach Nr. 11 (aber nach Nr. 10) unterliegen daher folgende Leistungen[7], weil diese nicht messbar sind:

– Treue-, Jubiläums-, Umsatz-, Jahresabschlussprämien;
– Anwesenheits- und Pünktlichkeitsprämien, weil die Leistung ohnehin geschuldet wird;
– Wettbewerbsprämien[8].

205 **cc) Vergleichbare leistungsbezogene Entgelte** sind solche, bei denen die Leistung des ArbN gemessen und mit einer Bezugsleistung verglichen wird. Die Höhe der Vergütung bestimmt sich unmittelbar nach dem Verhältnis beider Leistungen zueinander[9]. Darunter fallen Leistungszulagen (für Arbeitsergebnis, -ausführung, -einsatz, -sorgfalt, -sicherheit usw.), die in Prozenten oder nach Punkten insb. zum Zeitlohn der jeweiligen Lohngruppe als Grundlohn gewährt werden. Auch das Stückentgelt der Heimarbeiter (§ 20 HAG[10]) ist ein solches vergleichbares leistungsbezogenes Entgelt. Nicht dazu gehören Zulagen (zB für Überstunden oder Nachtarbeit), die ohne weitere Anforderungen gleich bleiben. Leistungen, die vom wirtschaftl. Erfolg des Unternehmens abhängen[11] (zB Gewinnbeteiligungen; Gratifikationen) oder die von der in einem vergangenen Beurteilungszeitraum erbrachten Leistung abhängen, fallen ebenfalls nicht unter Nr. 11[12], aber unter Nr. 10. Nach der Rspr. des BAG[13] sind auch Provisionen keine leistungsbezogenen Entgelte iSd. Nr. 11, weil es an der notwendigen Bezugsleistung fehlt[14]. Mithin fallen Abschluss-[15], Vermittlungs-, Anteils- und Leitungsprovisionen[16] nicht unter Nr. 11, aber unter Nr. 10.

206 **c) Umfang des Mitbestimmungsrechts.** Soweit nicht durch TV vorgegeben, gehören zur „Festsetzung" gem. Nr. 11 und damit zu den mitbestimmungspflichtigen Maßnahmen:

– Ermittlung des Geldfaktors[17];
– Entscheidung, nach welchen – ggf. abgeänderten – arbeitswissenschaftl. Systemen die Leistungsansätze erfolgen sollen[18];
– Vornahme von Zeitstudien und -aufnahmen[19];

---

1 BAG 28.7.1981 – 1 ABR 56/78, BAGE 36, 1. ‖ 2 Richardi/*Richardi*, § 87 Rz. 811 und DKKW/*Klebe*, § 87 Rz. 271. ‖ 3 Berechnungsbsp. bei Richardi/*Richardi*, § 87 Rz. 813 und DKKW/*Klebe*, § 87 Rz. 277. ‖ 4 REFA, Bedaux-System, MTN usw. ‖ 5 BAG 10.12.1965 – 4 AZR 411/64, BAGE 18, 22. ‖ 6 Vgl. DKKW/*Klebe*, § 87 Rz. 279. ‖ 7 Vgl. GK-BetrVG/*Wiese*, § 87 Rz. 987. ‖ 8 BAG 10.7.1979 – 1 ABR 88/77, DB 1979, 2497. ‖ 9 BAG 26.7.1988 – 1 AZR 54/87, DB 1989, 384; 15.5.2001 – 1 ABR 39/00, NZA 2001, 1154. ‖ 10 BAG 13.9.1983 – 3 AZR 343/81, NZA 1984, 41. ‖ 11 LAG Bremen 27.10.1978 – 1 TaBV 5/78, DB 1978, 2489. ‖ 12 BAG 15.5.2001 – 1 ABR 39/00, NZA 2001, 1154. ‖ 13 BAG 13.3.1984 – 1 ABR 57/82, NZA 1984, 296 (Aufgabe der bisherigen Rspr.); 26.7.1988 – 1 AZR 54/87, DB 1989, 384. ‖ 14 *Fitting*, § 87 Rz. 535 mwN. ‖ 15 BAG 13.3.1984 – 1 ABR 57/82, NZA 1984, 296. ‖ 16 BAG 28.7.1981 – 1 ABR 56/78, BAGE 36, 1. ‖ 17 BAG 13.9.1983 – 1 ABR 32/81, DB 1983, 2470; 16.12.1986 – 1 ABR 26/85, NZA 1987, 568. ‖ 18 BAG 24.2.1987 – 1 ABR 18/85, NZA 1987, 639. ‖ 19 BAG 24.2.1987 – 1 ABR 18/85, NZA 1987, 639; 24.11.1987 – 1 ABR 12/86, NZA 1988, 320.

- Dauer der Vorgabe-[1], Verteil-, Rüst-, Erholungs-[2] und Wartezeiten[3];
- Festsetzung der Prämienart, des Prämienausgangs- bzw. -grundlohns, des Prämienhöchstlohns, der Leistungsstufen, der einzelnen Prämien[4].

Durch das MitbestR für die Geldfaktoren erhält der BR durch Nr. 11 ausnahmsweise das Recht, auch über die Lohnhöhe mitzubestimmen[5].

d) Gesetzessystematik. Nr. 11 ist im Verhältnis zu Nr. 10 lex specialis und enthält zusätzliche MitbestR bei der Festsetzung von Akkord- und Prämiensätzen[6]. 207

12. Betriebliches Vorschlagswesen (Abs. 1 Nr. 12). a) Zweck. Grundsätze über das betriebl. Vorschlagswesen unterliegen nach Nr. 12 der Mitbest. des BR. Zweck des MitbestR ist, dass die Behandlung betriebl. Verbesserungsvorschläge für die ArbN durchschaubar wird. Es dient der Entfaltung der Persönlichkeit des ArbN, indem dieser zum Mitdenken und damit zur Teilnahme an der Gestaltung der Arbeit und der Entwicklung des Betriebes motiviert wird. Es dient seinem Schutz, indem es die Berücksichtigung seiner Initiative und seiner Leistung ordnet und durchschaubar macht und so dazu beiträgt, dass die ArbN des Betriebes insoweit gleichmäßig und nach den Grundsätzen von Recht und Billigkeit behandelt werden[7]. 208

b) Begriffsbestimmung. Der Begriff des betriebl. Vorschlagswesens umfasst Verbesserungsvorschläge, soweit sie nicht schon arbeitsvertragl. geschuldet sind[8]. Ob der BR im Hinblick auf Vorschläge von „Qualitätszirkeln" mitzubestimmen hat, ist umstritten[9]. Die Vorschläge müssen konstruktiv sein und können den technischen, sozialen, kaufmännischen oder organisatorischen Bereich betreffen; reine Kritik reicht nicht aus[10]. 209

Die qualifizierten technischen Verbesserungsvorschläge (§ 3 ArbnErfG) werden zT abschließend durch das ArbnErfG[11] geregelt und unterliegen damit nicht der Mitbest. Soweit sie dem ArbGeb eine ähnliche Vorzugsstellung gewähren wie ein gewerbl. Schutzrecht (§ 20 I ArbnErfG), gelten für die Vergütung §§ 9 und 12 ArbnErfG. Es bleibt damit nur Raum für die Mitbest. in organisatorischen Fragen. Für einfache technische Verbesserungsvorschläge besteht hingegen ein volles MitbestR, soweit keine tarifl. Regelung entgegensteht (vgl. § 20 II ArbnErfG). Patent- und gebrauchsmusterfähige Erfindungen[12] gehören nicht zum betriebl. Vorschlagswesen; hier gilt das ArbnErfG. 210

c) Umfang der Mitbestimmung. Der ArbGeb darf allein entscheiden, ob er Mittel für die Entlohnung betriebl. Verbesserungsvorschläge zur Verfügung stellt und wie hoch ggf. der Prämienetat sein soll[13]. Die Bewertung und Prämierung des einzelnen Verbesserungsvorschlags unterliegt ebenso wenig der Mitbest. des BR wie die Frage, ob ein Verbesserungsvorschlag verwendet werden[14] oder ob eine Anerkennungsprämie für nicht verwertete Vorschläge gezahlt werden soll. 211

Mitbestimmungspflichtig ist aber die Einführung und **Aufstellung allg. Grundsätze** für die Bearbeitung der Vorschläge und die Bemessung der Prämien, auch wenn dadurch Kosten entstehen[15]. Zu den Grundsätzen gehören folgende Regelungskreise[16]: 212

- Organe (Beauftragter oder Ausschuss) und ggf. ihre Zusammensetzung und Aufgaben;
- Festlegung des teilnahmeberechtigten Personenkreises[17];
- Verfahrensvorschriften (Vorschlagsberechtigung; Prüfungsvoraussetzungen; Bewertungsmethoden; Grundsätze der Prämienberechnung; Verteilung der Prämie bei Gruppenvorschlägen).

Die Bestellung eines Erfinderberaters ist mitbestimmungspflichtig, weil § 21 I ArbnErfG dies ausdrücklich vorsieht. Das gilt aber nicht für die Bestellung eines Beauftragten für das betriebl. Vorschlagswesen[18]. Die Betriebspartner können zur verbindlichen Beurteilung eingereichter Verbesserungsvorschläge paritätische Kommissionen einrichten. Die mit Mehrheit getroffenen tatsächlichen Feststellungen und Bewertungen dieser Kommissionen sind nur beschränkt gerichtlich überprüfbar[19].

d) Initiativrecht. Der BR hat ein Initiativrecht für die Einführung eines betriebl. Vorschlagswesen, sobald ein allg. Bedürfnis für eine Regelung besteht. Davon ist nach der Rspr. des BAG auszugehen, wenn im Betrieb Verbesserungsvorschläge gemacht, vom ArbGeb angenommen und verwertet wer- 213

---

1 BAG 16.4.2002 – 1 ABR 34/01, DB 2003, 212. || 2 BAG 24.2.1987 – 1 ABR 18/85, NZA 1987, 639; 24.11.1987 – 1 ABR 12/86, NZA 1988, 320. || 3 BAG 14.2.1989 – 1 AZR 97/88, NZA 1989, 648. || 4 BAG 13.9.1983 – 1 ABR 32/81, DB 1983, 2470; DKKW/*Klebe*, § 87 Rz. 286. || 5 BAG 29.3.1977 – 1 ABR 123/74, NJW 1977, 1654; aA Richardi/*Richardi*, § 87 Rz. 904ff. || 6 BAG 29.3.1977 – 1 ABR 123/74, NJW 1977, 1654. || 7 BAG 16.3.1983 – 1 ABR 63/80, DB 1982, 1468. || 8 ArbG Heilbronn 15.5.1986 – 4 Ca 136/85, DB 1987, 541; *Fitting*, § 87 Rz. 541 mwN. || 9 Einerseits: GK-BetrVG/*Wiese*, § 87 Rz. 1014; andererseits: *Fitting*, § 87 Rz. 547. || 10 GK-BetrVG/*Wiese*, § 87 Rz. 1012. || 11 IdF der Bekanntmachung v. 25.7.1957, BGBl. I S. 756, zuletzt geändert am 31.7.2009, BGBl. I S. 2521. || 12 *Fitting*, § 87 Rz. 542. || 13 BAG 16.3.1982 – 1 ABR 63/80, DB 1982, 1468. || 14 BAG 16.3.1982 – 1 ABR 63/80, DB 1982, 1468. || 15 BAG 28.4.1981 – 1 ABR 53/79, DB 1981, 1882. || 16 BAG 28.4. 1981 – 1 ABR 53/79, DB 1981, 1882; *Wollwert*, NZA 2012, 889 (892f.) mwN. || 17 *Fitting*, § 87 Rz. 553. || 18 BAG 16.3.1982 – 1 ABR 63/80, DB 1982, 1468. Zu beachten ist aber ggf. die Mitbest. nach § 99, falls eine Einstellung oder Versetzung erforderlich ist. || 19 BAG 20.1.2004 – 9 AZR 393/03, NZA 2004, 994.

den¹. IÜ setzt das BAG die Schwelle hoch: Nur wenn das Begehren des BR, ein betriebl. Vorschlagswesen einzuführen, rechtsmissbräuchlich wäre, soll ein Initiativrecht ausscheiden².

214 **13. Gruppenarbeit (Abs. 1 Nr. 13). a) Zweck.** Die Durchführung von Gruppenarbeit unterliegt erst seit der Reform des BetrVG³ der Mitbest. des BR nach § 87. Gesetzessystematisch ist Nr. 13 dort fehl am Platz, da nicht wie in den anderen Katalognummern nur einzelne Arbeitsbedingungen, sondern ein unternehmerisches Gesamtkonzept der Mitbest. unterworfen wird⁴. Teilautonome Gruppenarbeit fördert einerseits die Selbständigkeit und Eigeninitiative der Gruppe und der ArbN (vgl. auch § 75 II 2). Andererseits birgt sie – so die Gesetzesbegr. – auch Gefahren, nämlich die „Selbstausbeutung" der Gruppenmitglieder und die Ausgrenzung leistungsschwächerer Mitarbeiter. Diesen soll durch die Mitbest. des BR begegnet werden⁵.

215 **b) Begriffsbestimmung.** Der Begriff „Gruppenarbeit" ist im 2. Hs. der Nr. 13 legal definiert: Danach ist Gruppenarbeit iS dieser Vorschrift, wenn

– im Rahmen des betriebl. Arbeitsablaufs

– eine Gruppe von ArbN

– eine ihr übertragene Gesamtaufgabe

– im Wesentlichen eigenverantwortlich erledigt.

Die Gruppe muss in den betriebl. Ablauf integriert sein. Reine Arbeitsgruppen parallel zur üblichen Arbeitsorganisation, in denen nur mehrere ArbN zusammengefasst sind (zB Projekt- oder Steuerungsgruppen), werden nicht erfasst⁶. Eine Gruppe besteht aus mindestens drei ArbN⁷. Jobsharing-ArbVerh sind also keine Gruppe⁸.

Der Gruppe muss eine Gesamtaufgabe von gewisser Dauer übertragen werden⁹. Die **Eigenverantwortlichkeit** resultiert daraus, dass der ArbGeb der Gruppe die arbeitgebertypischen Weisungsrechte überträgt. Die Gruppe reguliert und verwaltet sich innerhalb vorgegebener Grenzen selbst¹⁰. Sie steuert weitgehend die Ausführung der Aufgabe selbständig und kontrolliert – ggf. im Rahmen der Vorgaben – das Ergebnis. Demnach sind Akkordkolonnen, denen keine Entscheidungskompetenz übertragen wird¹¹, keine Gruppen iSd. Nr. 13.

216 **c) Umfang des Mitbestimmungsrechts. aa) Mitbestimmungsfreie Angelegenheiten.** Mitbestimmungsfrei sind die Einführung¹² und Beendigung¹³ der Gruppenarbeit. Der ArbGeb hat es also selbst in der Hand, ob er die Aufgaben weisungsgebundenen Arbeitsgruppen überträgt oder nach Nr. 13 mitbestimmungspflichtige Gruppenarbeit verrichten lässt. Er entscheidet mitbestimmungsfrei¹⁴,

– in welchem Umfang,

– in welchen Bereichen,

– wie lange,

– mit welcher Größe,

– in welcher personellen Zusammensetzung der Gruppe¹⁵

er Gruppenarbeit verrichten lässt.

Auch die eigenverantwortlichen Entscheidungen der Gruppe, wie die Arbeit im Rahmen der ihr übertragenen Delegation zu erledigen ist¹⁶, unterliegen nicht der Mitbest.

217 **bb) Mitbestimmungspflichtige Angelegenheiten.** Ein MitbestR nach Nr. 13 steht dem BR erst dann zu, wenn sich der ArbGeb entschlossen hat, Gruppenarbeit verrichten zu lassen. Dann hat der BR das Recht, bei den Grundsätzen der Durchführung der Gruppenarbeit mitzubestimmen, also Verfahren und Organisation der Gruppenarbeit mit zu regeln. Dazu gehören zB¹⁷ folgende Themenkomplexe¹⁸:

– Wahl, Stellung und Aufgaben des Gruppensprechers;

– Abhalten von Gruppengesprächen zwecks Meinungsbildung und -austausch;

– Zusammenarbeit in der Gruppe und mit anderen Gruppen;

– Berücksichtigung leistungsschwächerer ArbN;

– Konfliktlösung in der Gruppe.

---

1 BAG 28.4.1981 – 1 ABR 53/79, DB 1981, 1882. ‖2 BAG 28.4.1981 – 1 ABR 53/79, DB 1981, 1882; krit. GK-BetrVG/*Wiese*, § 87 Rz. 1025. ‖3 Art. 1 Nr. 56 BetrVerf-Reformgesetz v. 27.7.2001, BGBl. I, 1852. ‖4 *Preis/Elert*, NZA 2001, 371 (373); Richardi/*Richardi*, § 87 Rz. 949. ‖5 BT-Drs. 14/5741, 47; krit. *Preis/Elert*, NZA 2001, 371 (373f.). ‖6 Begr. RegE, BT-Drs. 14/5741, 48. ‖7 *Löwisch*, BB 2001, 1790 (1792). ‖8 GK-BetrVG/*Wiese*, § 87 Rz. 1044. ‖9 *Preis/Elert*, NZA 2001, 371 (372f.). ‖10 *Preis/Elert*, NZA 2001, 371 (372); *Löwisch*, BB 2001, 1790 (1792). ‖11 *Preis/Elert*, NZA 2001, 371 (372f.). ‖12 *Fitting*, § 87 Rz. 561, 572. ‖13 *Fitting*, § 87 Rz. 572; *Annuß*, NZA 2001, 370. ‖14 Begr. RegE, BT-Drs. 14/5741, 47. ‖15 *Preis/Elert*, NZA 2001, 371 (374); *Löwisch*, BB 2001, 1790 (1792); GK-BetrVG/*Wiese*, § 87 Rz. 1055; aA *Fitting*, § 87 Rz. 575. ‖16 *Löwisch*, BB 2001, 1790 (1792). ‖17 Ausf. GK-BetrVG/*Wiese*, § 87 Rz. 1065. ‖18 Begr. RegE, BT-Drs. 14/5741, 47.

Freiwillige Betriebsvereinbarungen   Rz. 6 § 88 BetrVG

d) Delegation der Mitbestimmung. Der BR kann nach Maßgabe des § 28a (Rz. 31) Aufgaben nach   218
Nr. 13 auf die Gruppe delegieren, so dass die Gruppe mit dem ArbGeb Vereinbarungen treffen kann
(§ 28a II)[1]. Erzwingen kann der BR eine solche Delegation nicht, weil sie nicht mehr zu den Grundsätzen über die Durchführung der Gruppenarbeit gehört[2].

e) Sonstige Beteiligungsrechte. Auch im nach Nr. 13 mitbestimmungsfreien Bereich der Einführung   219
oder Beendigung der Gruppenarbeit sind ggf. sonstige Beteiligungsrechte, zB nach Nr. 6 und 10, §§ 80
II, 90, 91, 92, 95, 99, bzw. §§ 106 III Nr. 5, 111 S. 3 Nr. 5 zu beachten.

f) Übergangszeitraum. Schon vor Inkrafttreten des BetrVerf-Reformgesetzes wurde Gruppenarbeit   220
praktiziert. Sollen die Grundsätze nunmehr festgeschrieben oder geändert werden, können ArbGeb
und BR dieses auf Grund des Initiativrechts voneinander verlangen[3].

88 Freiwillige Betriebsvereinbarungen
Durch Betriebsvereinbarung können insbesondere geregelt werden

1. zusätzliche Maßnahmen zur Verhütung von Arbeitsunfällen und Gesundheitsschädigungen;
1a. Maßnahmen des betrieblichen Umweltschutzes;
2. die Errichtung von Sozialeinrichtungen, deren Wirkungsbereich auf den Betrieb, das Unternehmen oder den Konzern beschränkt ist;
3. Maßnahmen zur Förderung von Vermögensbildung;
4. Maßnahmen zur Integration ausländischer Arbeitnehmer sowie zur Bekämpfung von Rassismus und Fremdenfeindlichkeit im Betrieb.

I. Allgemeines. § 88 ergänzt die Vorschrift des § 87. Während § 87 erzwingbare MitbestR regelt, ermöglicht § 88 BV auch über Angelegenheiten, in denen kein erzwingbares MitbestR besteht.   1

Dabei nennt das Gesetz beispielhaft fünf mögliche Regelungsgegenstände. Von diesen sind die Regelungen der Nr. 1a und 4 durch das BetrVerf-Reformgesetz hinzugefügt wurden. Wie das Wort „insbesondere" im Gesetzeswortlaut zeigt, ist die Aufzählung nicht abschließend[4].   2

II. Umfang der Regelungsbefugnis. 1. Mögliche Regelungsgegenstände. Zu den sozialen Angelegenheiten, die durch freiwillige BV geregelt werden können, gehören alle Fragen, die auch Regelungsgegenstand des normativen Teils eines TV sein können[5].   3

Die Betriebspartner sind beim Abschluss freiwilliger BV nicht auf soziale Angelegenheiten beschränkt. Die Rspr. leitet diese umfassende Regelungskompetenz der Betriebspartner unmittelbar aus § 88 ab[6]. Begründet wird dies mit der Entstehungsgeschichte der Vorschrift und damit, dass die der aF des BetrVG zeitlich nachfolgende Regelung des § 28 SprAuG umfassende Kompetenzen über die Vereinbarung von Richtlinien zwischen SprAu und ArbGeb beinhalte. Es sei davon auszugehen, dass die Regelungskompetenz des SprAu nicht weitergehen sollte als die Regelungskompetenz des BR[7]. Nach Auffassung des BAG kommt den Betriebspartnern daher eine umfassende Regelungskompetenz für alle Fragen zu, die den Inhalt, den Abschluss und die Beendigung von ArbVerh betreffen, auch für die ArbN belastende Regelungen[8]. Sie erstreckt sich nicht auf den außerbetriebl., privaten Lebensbereich der ArbN[9].   4

Zutreffend verweist aber die in der Lit. wohl herrschende Gegenansicht auf die thematische Stellung der Vorschrift im Bereich der sozialen Angelegenheiten und nimmt an, eine über die sozialen Angelegenheiten hinausgehende Regelungskompetenz der Betriebspartner könne nicht aus § 88, sondern nur konkret aus ausdrücklichen gesetzl. Regelungen (zB aus §§ 102 VI und 112 I 3) und aus allg. Grundsätzen folgen[10].   5

2. Grenzen der Mitbestimmung. Das Recht, freiwillige BV abzuschließen, besteht nicht schrankenlos.   6
Anders als im Falle der mitbestimmungspflichtigen Angelegenheiten gem. § 87 fehlt eine dem Eingangssatz des § 87 entsprechende Spezialregelung. Damit ist der allg. Tarifvorrang des § 77 III zu beachten, dh. eine freiwillige BV ist schon bei bloßer Tarifüblichkeit der Regelung ausgeschlossen[11].

---

1 Vgl. GK-BetrVG/*Wiese*, § 87 Rz. 1068 mwN; krit. zu den damit verbundenen Gefahren: *Preis/Elert*, NZA 2001, 371 (374); ausf. *Blanke*, RdA 2003, 140. ||2 *Annuß*, NZA 2001, 367 (370); aA DKKW/*Klebe*, § 87 Rz. 302. ||3 GK-BetrVG/*Weitrauch*, § 87 Rz. 1070; *Löwisch*, BB 2001, 1790 (1791); abl. *Däubler*, DB 2001, 1669 (1671): Der BR könne die Fortführung der Gruppenarbeit untersagen. ||4 Einhellige Ansicht: BAG 7.11.1989 – GS 3/85, DB 1990, 1724; zuletzt: BAG 14.3.2012 – 7 AZR 147/11, DB 2012, 2052; Richardi/*Richardi*, § 88 Rz. 6; GK-BetrVG/*Wiese*, § 88 Rz. 7; ErfK/*Kania*, § 88 BetrVG Rz. 1; *Fitting*, § 88 Rz. 1 mwN. ||5 Ganz hM, vgl. mwN. ErfK/*Kania*, § 88 BetrVG Rz. 1; DKKW/*Berg*, § 88 Rz. 1. ||6 BAG 7.11.1989 – GS 3/85, DB 1990, 1724. ||7 BAG 7.11.1989 – GS 3/85, DB 1990, 1724. ||8 BAG 12.12.2006 – 1 AZR 96/06, NZA 2007, 453 mit ausdrücklichem Hinweis auf ein Festhalten an dieser bisherigen Rspr. ||9 BAG 12.12.2006 – 1 AZR 96/06, NZA 2007, 453. ||10 GK-BetrVG/*Wiese*, § 88 Rz. 10; GK-BetrVG/*Kreutz*, § 77 Rz. 83 ff. (86); Hess ua./*Worzalla*, § 88 Rz. 3; Richardi/*Richardi*, § 88 Rz. 3 ff. ||11 LAG BW 13.11.1999 – 17 TaBV 3/98, AuR 1999, 156.

7 Im Gegensatz zu § 87 gilt der Gesetzesvorrang nur allgemein. Ein Gesetz zum selben Regelungsgegenstand schließt eine freiwillige BV nicht automatisch aus. Da eine freiwillige BV aber nur im Rahmen der geltenden Gesetze zulässig ist, darf sie den gesetzl. Regelungen nicht widersprechen[1]. Die Vereinbarkeit mit höherrangigem Recht ist gerichtlich voll überprüfbar, insb. sind die Betriebspartner gem. § 75 I, II zur Wahrung der grundrechtl. geschützten Freiheitsrechte verpflichtet[2]. Das zulässige Maß einer Beschränkung der allg. Handlungsfreiheit bemisst sich nach dem Grundsatz der Verhältnismäßigkeit (mittelbare Grundrechtsbindung der Betriebspartner)[3].

8 BV, die **ausschließlich zu Lasten der ArbN** wirken, sind unzulässig. Zum einen sind die Binnenschranken mit Blick auf die Verhältnismäßigkeit zu beachten, zum anderen dient die Einschaltung des BR als Sachwalter der Interessen der ArbN dazu, die Vertragsimparität zwischen ArbGeb und ArbN auszugleichen[4]. Dieser Zweck wird verfehlt, wenn BV sich ausschließlich zuungunsten der ArbN auswirken. Entsprechende BV sind (soweit sie nicht ohnehin unverhältnismäßig sind) auch wegen des Missbrauchs der Regelungsbefugnis der Betriebspartner unwirksam[5]. Im Verhältnis von vertragl. Vereinbarungen zur BV gilt das Günstigkeitsprinzip als Regelungsschranke[6]. Ob eine Regelung belastend ist, ergibt sich aus dem Vergleich mit der Rechtslage, wie sie ohne BV bestünde. Eine Ausnahme besteht dann, wenn eine günstigere ältere durch eine für ArbN ungünstige neue BV abgelöst wird. Grds. ist nämlich jede Regelung durch einen actus contrarius aufhebbar[7].

9 BV, die für die ArbN Vertragsstrafen begründen, sind jedenfalls dann unwirksam, wenn sie einzelvertragl. Vertragsstrafenregelungen auch dann Vorrang einräumen, wenn sie für den ArbN ungünstiger sind[8]. Ebenso unzulässig sind Lohnverwendungsabreden, die den ArbN verpflichten, einheitliche Dienstkleidung zu tragen und sich an den Anschaffungskosten zu beteiligen[9] oder ihn dazu verpflichten, für Kantinenessen unabhängig von der tatsächlichen Inanspruchnahme anteilig die Kosten zu tragen[10]. Unzulässig ist auch eine BV, die die Stundung fälliger Lohnansprüche vorsieht[11]. Ein Anspruch auf Erstattung der mit der Bearbeitung von Lohn- oder Gehaltspfändungen verbundenen Kosten des ArbGeb kann nicht durch eine freiwillige BV begründet werden[12]. Eine Regelung, die von den ArbN verlangt, dass sie bereits während des Kündigungsschutzprozesses Annahmeverzugsansprüche einklagen müssen, ist unverhältnismäßig belastend und damit unwirksam[13].

10 **III. Zustandekommen/Wirkung/Kündbarkeit.** Für das Zustandekommen, die Wirkung und die Kündbarkeit freiwilliger BV gelten die allg. Vorschriften des § 77. Den ArbGeb trifft die allg. Durchführungspflicht gem. § 77 I[14]. Dies bedeutet insb., dass er auch freiwillige BV während ihrer Laufzeit nicht einseitig außer Kraft setzen, sondern nur kündigen kann. Das Recht zur Kündigung kann in der BV ausgeschlossen oder in seiner Wirkung beschränkt werden[15].

11 Freiwillige BV wirken nicht nach. Dies folgt aus § 77 VI, der eine Nachwirkung nur für solche BV, in denen der Spruch der Einigungsstelle die Einigung zwischen den Betriebspartnern ersetzen kann, also gerade nicht für freiwillige BV, vorsieht. Allerdings kann die Nachwirkung vereinbart werden[16]. Solche Vereinbarungen sind in der Regel so auszulegen, dass die Nachwirkung auch einseitig gegen den Willen der anderen Seite beendet werden kann. Im Zweifel geht das BAG davon aus, dass die Betriebspartner eine Konfliktlösung entsprechend der erzwingbaren Mitbest. wollen. Scheitern Verhandlungen über eine einvernehmliche Neuregelung, kann die Einigungsstelle angerufen werden, die verbindlich entscheidet[17].

12 **IV. Ausdrücklich erwähnte Angelegenheiten. 1. Verhütung von Arbeitsunfällen und Gesundheitsschädigungen.** § 88 Nr. 1 ergänzt § 87 I Nr. 7[18]. Während danach Maßnahmen innerhalb des Rahmens gesetzl. Vorschriften der erzwingbaren Mitbest. unterworfen sind, ermöglicht § 88 Nr. 1 zusätzliche Regelungen, die über diesen Rahmen hinausgehen, also Maßnahmen, zu denen der ArbGeb nicht ohnehin auf Grund gesetzl. oder tarifl. Vorschriften verpflichtet ist.

13 Möglich sind Regelungen im Bereich der Sicherheitstechnik wie bspw. die Festlegung von Höchstgeschwindigkeiten auf dem Werksgelände oder von Höchstdrehzahlen für Maschinen[19] oder organisatorische Maßnahmen, wie die Einführung von Reihenuntersuchungen[20], die Einführung gesetzl. nicht vorgeschriebener Feuerschutzeinrichtungen, Alarmvorrichtungen oder Einrichtung einer Unfallstation, die Verbesserung der Arbeitsumgebung (zB durch Verbesserung der Licht- und Luftverhältnisse oder durch Lärmreduktion) oder auch die Durchführung von Sicherheitswettbewerben[21].

---

1 BAG 7.11.1989 – GS 3/85, NZA 1990, 816 (821). ||2 BAG 12.12.2006 – 1 AZR 96/06, NZA 2007, 453; 18.7.2006 – 1 AZR 578/05, NZA 2007, 462. ||3 BAG 12.12.2006 – 1 AZR 96/06, NZA 2007, 453; 18.7.2006 – 1 AZR 578/05, NZA 2007, 462. ||4 GK-BetrVG/*Kreutz*, § 77 Rz. 236, 356f. ||5 BAG 12.8.1982 – 6 AZR 1117/79, BAGE 39, 295; 6.8.1991 – 1 AZR 3/90, BB 1992, 427; 1.12.1992 – 1 AZR 260/92, BB 1993, 939; *Stege/Weinspach/Schiefer*, § 88 Rz. 3a. ||6 BAG 1.12.1992 – 1 AZR 260/92, BB 1993, 939. ||7 GK-BetrVG/*Kreutz*, § 77 Rz. 316. ||8 BAG 6.8.1991 – 1 AZR 3/90, BB 1992, 427. ||9 BAG 1.12.1992 – 1 AZR 260/92, BB 1993, 939. ||10 BAG 11.7.2000 – 1 AZR 551/99, BB 2001, 471. ||11 LAG BW 27.4.1977 – 8 Sa 203/76, DB 1977, 1706. ||12 BAG 18.7.2006 – 1 AZR 578/05, NZA 2007, 462. ||13 BAG 12.12.2006 – 1 AZR 96/06, NZA 2007, 453. ||14 BAG 13.10.1987 – 1 ABR 51/86, NZA 1988, 253; DKKW/*Berg*, § 88 Rz. 3 mwN. ||15 *Fitting*, § 88 Rz. 13. ||16 BAG 28.4.1998 – 1 ABR 43/97, NZA 1998, 1348. ||17 BAG 28.4.1998 – 1 ABR 43/97, NZA 1998, 1348. ||18 Vgl. BAG 8.6.2004 – 1 ABR 13/03, NZA 2004, 1175. ||19 *Fitting*, § 88 Rz. 16. ||20 *Löwisch*, DB 1987, 936 (938f.). ||21 BAG 24.3.1981 – 1 ABR 32/78, DB 1981, 1674.

2. Maßnahmen des betrieblichen Umweltschutzes. Die ausdrückliche Nennung von Maßnahmen des 14
betriebl. Umweltschutzes als Gegenstand einer freiwilligen BV erfolgte durch das BetrVerf-Reformgesetz von 2001. Sie steht im Kontext mit der Änderung zahlreicher weiterer Vorschriften, die durch das Thema betriebl. Umweltschutz erweitert worden sind (vgl. zB §§ 43 II 2, 80 I Nr. 9, 89 Nr. 1).

Eine Legaldefinition des Begriffes „betrieblicher Umweltschutz" findet sich in § 89 III (zum Inhalt der 15
Definition und zu deren Kritik s. § 89 Rz. 23ff.). Weit gehende Einigkeit besteht darüber, dass unter betriebl. Umweltschutz nur solche Fragen zu fassen sind, die den Betrieb unmittelbar berühren; ein allg. umweltpolitisches Mandat der Betriebspartner besteht nicht. Die Abgrenzung gestaltet sich schwierig. Was bleibt, ist eine an Beispielen orientierte Näherung. So kann der ArbGeb nicht per BV zur Gewinnung von Solarstrom auf dem Dach des Firmengebäudes verpflichtet werden[1]. Wie fließend die Grenzen sind, zeigt sich aber daran, dass auf der anderen Seite die Vereinbarung von umweltfreundlichen Produktionstechniken für zulässig gehalten wird[2]. Es bleibt daher abzuwarten, welche Grenzen die Rspr. ziehen wird.

Weitere Beispiele für Maßnahmen des betriebl. Umweltschutzes sind die Reduzierung von Lärm- und 16
Schadstoffemissionen, Vereinbarungen über ein Öko-Controlling oder über die Fortbildung von ArbN in Umweltfragen[3]. Gerade zu Letzterem wird aber nach dem Inhalt der Fortbildung zu fragen sein. So dürften Vereinbarungen über Fortbildungen in allg. umweltpolitischen Fragen ohne jeglichen Betriebsbezug (zB über den Schutz der Meere in nicht küstennahen Betrieben) nicht von § 88 gedeckt sein. Der notwendige Betriebsbezug kann nämlich nicht allein dadurch vermittelt werden, dass es um die Weiterbildung von Betriebsangehörigen geht. So hat das BAG zumindest unter Geltung des früheren Rechts in einem Urteil, das sich mit der Geeignetheit einer Schulungsveranstaltung nach § 37 VII beschäftigte, festgestellt, dass der BR kein Mandat habe, sich mit umweltschutzrelevanten Fragestellungen zu befassen, die allein dem Interesse der Allgemeinheit dienen[4].

3. Errichtung von Sozialeinrichtungen. Nr. 2 ergänzt für Sozialeinrichtungen die den mitbestim- 17
mungspflichtigen Teil regelnde Vorschrift des § 87 I Nr. 7. ArbGeb und BR können in einer freiwilligen BV die Einrichtung, Auflösung und die finanzielle Ausstattung einer Sozialeinrichtung regeln. Die funktionale Zuständigkeit des BR, GBR oder KBR richtet sich dabei nach dem Wirkungskreis der Regelung.

Grds. ist es allein Sache des ArbGeb, die Entscheidung über das „ob" einer Sozialeinrichtung und ihre 18
finanzielle Ausstattung zu treffen. Gem. Nr. 2 kann er sich aber ggü. dem BR in einer freiwilligen BV zur Einrichtung oder einer bestimmten finanziellen Ausstattung verpflichten. Dabei ist zu beachten, dass dann, wenn durch BV die Verpflichtung zur Einrichtung besteht, der ArbGeb von einem ansonsten bestehenden Recht zur Auflösung nicht mehr ohne weiteres Gebrauch machen kann. Vielmehr ist er gezwungen, vor Auflösung der Sozialeinrichtung die die Einrichtung regelnde BV zu kündigen[5].

4. Förderung der Vermögensbildung. Die Vorschrift trägt der Bildung von Vermögen in Arbeitneh- 19
merhand Rechnung. Sie korrespondiert mit den Regelungen des Fünften Vermögensbildungsgesetzes idF v. 4.3.1994[6], das in seinem § 10 I die BV ausdrücklich als Rechtsgrundlage für zusätzlich zum Arbeitsentgelt gewährte vermögenswirksame Leistungen beschreibt.

ArbGeb und BR können auch andere Anlagearten vereinbaren, als sie im Vermögensbildungsgesetz 20
geregelt sind[7]. Der mögliche Maßnahmenkatalog wird durch die Erwähnung der BV nicht begrenzt.

Umstritten ist, ob § 77 III Anwendung findet, wenn vermögenswirksame Leistungen durch TV gere- 21
gelt sind oder üblicherweise geregelt werden. Unter Hinweis auf den gesetzgeberischen Zweck und die große Bedeutung von Vermögen in Arbeitnehmerhand wird dies zT verneint[8]. § 77 III sei in Bezug auf vermögenswirksame Leistungen restriktiv auszulegen. IÜ handele es sich bei vermögenswirksamen Leistungen nur um einen Randbereich der Lohnpolitik, in dem der Zweck des Sperrvorrangs im Hinblick auf die erkennbare Absicht des Gesetzes, BV über Fragen der Vermögensbildung zu begünstigen, nicht mehr durchschlage[9].

Diese Auffassung findet in der Gesetzesbegr. keine Stütze. Zutreffend verweist die Gegenansicht da- 22
rauf, dass das BetrVG in § 112 I 4 eine Einschränkung des § 77 III ausdrücklich kennt. Das Fehlen einer solchen Einschränkung in § 88 lässt nur den Schluss zu, dass § 77 III gerade nicht eingeschränkt wird und BV unzulässig sind, wenn vermögenswirksame Leistungen tarifvertragl. geregelt sind oder üblicherweise geregelt werden[10].

---

[1] *Stege/Weinspach/Schiefer*, § 88 Rz. 6a; *Reichold*, NZA 2001, 857 (863). ||[2] *Dachrodt/Engelbert*, § 88 Rz. 7. ||[3] Diese und weitere Bsp. bei *Fitting*, § 88 Rz. 18. ||[4] BAG 11.10.1995 – 7 ABR 42/94, BB 1996, 1440. ||[5] Einhellige Ansicht, vgl. nur Hess ua./*Worzalla*, § 88 Rz. 8; GK-BetrVG/*Wiese*, § 88 Rz. 28, jew. mwN. ||[6] BGBl. I S. 406, zuletzt geändert am 26.6.20136, BGBl. I S. 1809. ||[7] *Richardi/Richardi*, § 88 Rz. 28; *Löwisch/Kaiser*, § 88 Rz. 7. ||[8] *Fitting*, § 88 Rz. 25; *Richardi/Richardi*, § 88 Rz. 29; DKKW/*Berg*, § 88 Rz. 13; *Schimana/Frauenkron*, DB 1985, 531 (538). ||[9] *Löwisch*, AuR 1978, 97 (107). ||[10] So auch GK-BetrVG/*Wiese*, § 88 Rz. 33; Hess ua./*Worzalla*, § 88 Rz. 11; ErfK/*Kania*, § 88 BetrVG Rz. 6; *Stege/Weinspach/Schiefer*, § 88 Rz. 9; *Konzen*, BB 1977, 1307 (1312); im Erg. auch *Loritz*, DB 1985, 531 (538), der die Kompetenz der Betriebspartner nur für die Vereinbarung von betriebl. Beteiligungen bejaht, weil hier den Tarifparteien die Regelungskompetenz fehle, ansonsten aber verneint.

23 Schnittpunkte ergeben sich mit dem MitbestR aus § 87 I Nr. 10. Da vermögenswirksame Leistungen Bestandteil des Lohns und Gehalts sind, sind sie Teil der betriebl. Lohngestaltung, bei der dem BR ein MitbestR zusteht. Allerdings bezieht sich dieses Recht nicht auf die Einführung solcher Leistungen, sondern allein auf deren Verteilung.

24 **5. Maßnahmen zur Integration ausländischer Arbeitnehmer sowie zur Bekämpfung von Rassismus und Fremdenfeindlichkeit im Betrieb.** Die Maßnahmen zur Integration ausländischer ArbN sowie zur Bekämpfung von Rassismus und Fremdenfeindlichkeit im Betrieb sind durch das BetrVerf-Reformgesetz 2001 in das Gesetz eingefügt worden.

25 Was Inhalt einer solchen BV sein kann, bleibt den Betriebspartnern überlassen. Möglich sind zB Aufklärungsaktionen, besondere Veranstaltungen oder die Bestellung besonderer Ansprechpartner[1]. Ansonsten sollen „phantasievolle Regelungen" gefragt sein.

26 Mit der Novellierung hat sich die Regelungszuständigkeit des BR nicht erweitert, sondern nur konkretisiert. Insb. wird den Betriebsparteien kein von den sozialen Angelegenheiten abweichender neuer Regelungsgegenstand zugewiesen[2]. Die Bekämpfung von Rassismus und Fremdenfeindlichkeit als Handlungsauftrag ist aber eher allgemeinpolitisch angelegt[3]. So besteht durchaus die Gefahr, dass Nr. 4 als Einfallstor für gem. § 74 II 2 untersagte parteipolitische Aktivitäten genutzt wird[4].

27 **V. Streitigkeiten.** Da die Betriebspartner nicht zum Abschluss freiwilliger BV gezwungen werden können, ist die Anrufung der Einigungsstelle nur im beiderseitigen Einvernehmen möglich. Ihr Spruch ist nur bindend, wenn beide Parteien ihn annehmen oder sich ihm unterworfen haben.

28 Streitigkeiten über das Bestehen, den Inhalt und die Durchführung einer freiwilligen BV entscheidet das ArbG im Beschlussverfahren. Gleiches gilt für Streitigkeiten über die Frage, ob eine Angelegenheit im Wege einer freiwilligen BV geregelt werden kann[5].

29 Ansprüche einzelner ArbN aus einer BV sind im Urteilsverfahren geltend zu machen.

89 Arbeits- und betrieblicher Umweltschutz

(1) Der Betriebsrat hat sich dafür einzusetzen, dass die Vorschriften über den Arbeitsschutz und die Unfallverhütung im Betrieb sowie über den betrieblichen Umweltschutz durchgeführt werden. Er hat bei der Bekämpfung von Unfall- und Gesundheitsgefahren die für den Arbeitsschutz zuständigen Behörden, die Träger der gesetzlichen Unfallversicherung und die sonstigen in Betracht kommenden Stellen durch Anregung, Beratung und Auskunft zu unterstützen.

(2) Der Arbeitgeber und die in Absatz 1 Satz 2 genannten Stellen sind verpflichtet, den Betriebsrat oder die von ihm bestimmten Mitglieder des Betriebsrats bei allen im Zusammenhang mit dem Arbeitsschutz oder der Unfallverhütung stehenden Besichtigungen und Fragen und bei Unfalluntersuchungen hinzuzuziehen. Der Arbeitgeber hat den Betriebsrat auch bei allen im Zusammenhang mit dem betrieblichen Umweltschutz stehenden Besichtigungen und Fragen hinzuzuziehen und ihm unverzüglich die den Arbeitsschutz, die Unfallverhütung und den betrieblichen Umweltschutz betreffenden Auflagen und Anordnungen der zuständigen Stellen mitzuteilen.

(3) Als betrieblicher Umweltschutz im Sinne dieses Gesetzes sind alle personellen und organisatorischen Maßnahmen sowie alle die betrieblichen Bauten, Räume, technische Anlagen, Arbeitsverfahren, Arbeitsabläufe und Arbeitsplätze betreffenden Maßnahmen zu verstehen, die dem Umweltschutz dienen.

(4) An Besprechungen des Arbeitgebers mit den Sicherheitsbeauftragten im Rahmen des § 22 Abs. 2 des Siebten Buches Sozialgesetzbuch nehmen vom Betriebsrat beauftragte Betriebsratsmitglieder teil.

(5) Der Betriebsrat erhält vom Arbeitgeber die Niederschriften über Untersuchungen, Besichtigungen und Besprechungen, zu denen er nach den Absätzen 2 und 4 hinzuzuziehen ist.

(6) Der Arbeitgeber hat dem Betriebsrat eine Durchschrift der nach § 193 Abs. 5 des Siebten Buches Sozialgesetzbuch vom Betriebsrat zu unterschreibenden Unfallanzeige auszuhändigen.

1 **I. Allgemeines.** § 89 beschreibt die Rechtsstellung des BR im Bereich Arbeitsschutz und Umweltschutz. Die Aufnahme des Umweltschutzes durch das BetrVerf-Reformgesetz 2001 trägt der Tatsache Rechnung, dass beide Bereiche schon immer eng verwoben waren[6]. Ihre Wechselwirkung wird in der Gesetzesbegr. ausdrücklich hervorgehoben[7]. Sie ist inzwischen auch in mehreren anderen Gesetzen, zB im Chemikaliengesetz, in der GefStoffVO und in der StörfallVO anerkannt.

2 Die Vorschrift fügt sich ein in den Kontext der Aufnahme von Fragen des betriebl. Umweltschutzes in zahlreichen weiteren Vorschriften des BetrVG, so insb. in § 80 I Nr. 9, § 88 Nr. 1a, §§ 43, 45, 74 sowie in § 106 III Nr. 5a.

---

1 Fitting, § 88 Rz. 27. ||**2** Richardi/Richardi, § 88 Rz. 33; Annuß, NZA 2001, 367 (370). ||**3** Picker, RdA 2001, 257 (274). ||**4** Dies andeutend: Däubler, AuR 2001, 1 (7), der die Möglichkeit zu Vereinbarungen sieht, bei denen bisher immer die Gefahr parteipolitischer Betätigung bestanden habe. ||**5** Hess ua./Worzalla, § 88 Rz. 13. ||**6** Vgl. Kloepfer/Veit, NZA 1990, 121 (123); Richardi/Annuß, § 89 Rz. 1 mwN. ||**7** BT-Drs. 14/5741, 48.

II. Aufgaben des Betriebsrats. 1. Einsatz für die Durchführung der Vorschriften über den Arbeitsschutz und die Unfallverhütung im Betrieb (Abs. 1 S. 1). Der BR hat sich dafür einzusetzen, dass die Vorschriften über den Arbeitsschutz und die Unfallverhütung im Betrieb sowie über den betriebl. Umweltschutz durchgeführt werden.

a) Vorschriften über Arbeitsschutz, Unfallverhütung und betrieblichen Umweltschutz. Zu den Vorschriften über Arbeitsschutz und Unfallverhütung gehören allg. die staatl. Regelungen zu den genannten Materien inkl. konkretisierender Einzelanweisungen[1] sowie TV und BV, die Maßnahmen zur Verhütung von Unfällen, zum Arbeits- oder betriebl. Umweltschutz regeln[2].

aa) Vorschriften über Arbeitsschutz. Zu den Vorschriften über den Arbeitsschutz zählen dabei insb. alle bindenden Regeln, die der Verhütung von Arbeitsunfällen oder arbeitsbedingten Erkrankungen dienen (technischer Arbeitsschutz)[3].

In manchen Gesetzen wird dabei auf die allg. anerkannten Regeln der Technik Bezug genommen. Diese haben als solche zwar nicht die Qualität einer Rechtsnorm, verlangen aber nach Maßgabe der auf sie bezugnehmenden Normen Beachtung und sind in diesem Umfang verbindlich. Soweit dies der Fall ist, gehören auch die Regeln der Technik zu den Vorschriften iSd. § 89[4].

Der BR hat sich auch für die Durchführung der Bestimmungen des sozialen Arbeitsschutzes einzusetzen, die die Erhaltung der Arbeitskraft und den Schutz vor Überbeanspruchung zum Zweck haben. Dies betrifft arbeitszeitrechtl. Vorschriften ebenso wie die Vorschriften zum Schutz bestimmter ArbN-Gruppen, zB das MuschG, das JArbSchG oder das dem Schutz schwerbehinderter Menschen dienende SGB IX.

Zunehmende Bedeutung gewinnen die zahlreichen europarechtl. Arbeitsschutzvorschriften[5].

bb) Vorschriften über den betrieblichen Umweltschutz. Zu den Vorschriften über den betriebl. Umweltschutz zählen alle verbindlichen Vorgaben, die dem Schutz der im Betrieb vorhandenen Umweltgüter vor außerbetriebl. Einflüssen oder dem Schutz außerbetrieblicher Güter vor Beeinträchtigungen durch den Betrieb dienen.

Zu beachten sind insb. das Bundesbodenschutzgesetz, das BImSchG, das KrW/AbfG, das PflanzenschutzG und das TierschutzG. Dazu gehören aber auch alle zur Durchführung der o.a. Gesetze erlassenen VO, Anordnungen und Anweisungen, wie zB die TA Luft und die TA Lärm mit den darin enthaltenen Grenzwerten.

b) Durchführung der Vorschriften. Die Durchführung der o.a. Vorschriften ist gemeinsame Aufgabe der Betriebspartner. Der BR hat sich auch ggü. den ArbN für die Beachtung der Vorschriften einzusetzen und diese auf die Einhaltung aufmerksam zu machen[6].

Der BR hat das Recht, sich fortlaufend vom Vorhandensein und der Benutzung von Schutzvorrichtungen zu überzeugen. Dabei darf er auch Räume betreten, die mit dem Hinweis „Unbefugten ist der Zutritt verboten" gekennzeichnet sind. Umstritten ist, unter welchen Voraussetzungen das **Betreten** möglich ist. Ein Teil der Lit. hält ein Betreten auch ohne Voranmeldung beim ArbGeb für zulässig[7]. Richtigerweise ist eine **Voranmeldung** zu verlangen[8]. Ohne Anmeldung kann nämlich der Besuch des BR oder einzelner Mitglieder selbst zum Sicherheitsrisiko werden.

Die Entscheidung über die Einführung konkreter Arbeitsschutz- und Unfallverhütungsmaßnahmen liegt allein beim ArbGeb. Der BR kann Maßnahmen nicht selbständig vornehmen oder veranlassen[9]. Dementsprechend ist auch ein Anspruch des BR auf Einrichtung eines Arbeitsschutzausschusses nach § 11 S. 1 ASiG abzulehnen[10].

2. Unterstützung der für den Arbeitsschutz zuständigen Stellen (Abs. 1 S. 2). Der BR hat die für den Arbeitsschutz zuständigen Behörden, die Träger der gesetzl. Unfallversicherung und die ansonsten in Betracht kommenden Stellen durch Anregung, Beratung und Auskunft zu unterstützen.

Diese Mitwirkung ist aber nicht – wie es nach dem Wortlaut zunächst den Anschein hat – nur Pflicht, sondern auch das Recht des BR. Die Unterstützungspflicht nach Abs. 1 S. 2 ist daher im Zusammenhang mit dem Hinzuziehungsrecht nach Abs. 2 S. 1 zu sehen[11].

---

1 Richardi/Annuß, § 89 Rz. 4. ||2 Einhellige Ansicht, vgl. nur GK-BetrVG/Wiese, § 89 Rz. 9 ff.; Richardi/Annuß, § 89 Rz. 4 mwN. ||3 Bsp. finden sich ua. im ArbSchG, im ASiG, im BBergG, im GenTG sowie in den UVV der gesetzl. Unfallversicherung. ||4 GK-BetrVG/Wiese, § 89 Rz. 16 mwN. ||5 S. die zahlreichen Bsp. bei DKKW/Buschmann, § 89 Rz. 14 ff. ||6 Fitting, § 89 Rz. 13; GK-BetrVG/Wiese, § 89 Rz. 10; Hess ua./Worzalla, § 89 Rz. 10; Richardi/Annuß, § 89 Rz. 11. ||7 Fitting, § 89 Rz. 12; DKKW/Buschmann, § 89 Rz. 28. ||8 GK-BetrVG/Wiese, § 89 Rz. 11; Stege/Weinspach/Schiefer, § 89 Rz. 4; Richardi/Annuß, § 89 Rz. 12; LAG Hess. 4.2.1975 – 5 TaBV 3/71, DB 1972, 2214; Geyer, FA 2004, 296 (297). ||9 GK-BetrVG/Wiese, § 89 Rz. 59; Hess ua./Worzalla, § 89 Rz. 13; Richardi/Annuß, § 89 Rz. 14. ||10 LAG BW 9.8.2012 – 3 TaBV 1/12. ||11 Richardi/Annuß, § 89 Rz. 15.

16 Im Gegensatz zu Abs. 1 S. 1 nennt S. 2 den Umweltschutz nicht. Aus dem Wortlaut folgt also eindeutig, dass sich S. 2 nicht auf den betriebl. Umweltschutz bezieht[1]. Die Unterstützung von für den Umweltschutz zuständigen Stellen kommt daher nur in Betracht, wenn zugleich der Schutz vor Unfall- oder Gesundheitsgefahren berührt ist. Dies entspricht dem gesetzgeberischen Willen, den BR nicht zum Hilfsorgan staatl. Umweltbehörden aufzuwerten[2]. Die Rolle als „Umweltpolizei" im Dienste staatl. Behörden würde auch den BR vor unlösbare Interessenkonflikte stellen[3].

17 **a) Zu unterstützende Stellen.** Als für den Arbeitsschutz zuständige Behörden sind in erster Linie die Gewerbeaufsichtsämter, die Bergämter und die Gesundheitsämter zu nennen. Hinzu kommen die in § 114 SGB VII genannten Versicherungsträger. Gemeint sind auch die technischen Überwachungsvereine und insb. die betriebl. Sicherheitsbeauftragten und die nach anderen Arbeitsschutzgesetzen zu bestellenden Beauftragten (zB Störfallbeauftragte, Strahlenschutzbeauftragte), die Betriebsärzte, Fachkräfte für Arbeitssicherheit und auch der ArbGeb selbst[4].

18 **b) Art der Unterstützung.** Als Art der Unterstützung schreibt der Gesetzestext „Anregung, Beratung und Auskunft" vor. Der BR kann daher insb. Betriebskontrollen durch die zuständigen Stellen anregen. Dies gilt nach einhelliger Ansicht jedenfalls dann, wenn der ArbGeb gegen Vorschriften des Arbeitsschutzes verstößt und eine Einigung auf betriebl. Ebene gescheitert ist[5].

19 Aus § 2 I und § 74 I 2 folgt aber die Verpflichtung, zunächst eine Einigung mit dem ArbGeb zu versuchen, bevor außerbetriebl. Stellen eingeschaltet werden[6]. Noch nicht geklärt ist[7], ob die Arbeitsschutzrichtlinie[8] eine andere Auslegung des Abs. 1 S. 2 gebietet.

20 **3. Hinzuziehung des Betriebsrats in Fragen des Arbeits- und Umweltschutzes (Abs. 2).** Die Pflicht, den BR hinzuzuziehen, trifft in Fragen des Arbeitsschutzes nicht nur den ArbGeb, sondern auch die in Abs. 1 genannten Stellen. Dies gilt insb. für Betriebsbesichtigungen und Begehungen durch betriebsfremde Stellen und für alle Maßnahmen der Unfallaufklärung[9]. Letzteres unabhängig davon, ob der Unfall Folge des Verstoßes gegen Unfallverhütungsvorschriften war[10], ob bei dem Unfall ArbN zu Schaden gekommen sind[11] und unabhängig davon, ob sich der Unfall innerhalb des Betriebsgeländes ereignet hat[12].

21 Anders verhält es sich in Fragen des Umweltschutzes. Hier nennt das Gesetz allein den ArbGeb als Adressaten der Hinzuziehungspflicht. Dies bedeutet insb., dass andere Stellen nicht zur Hinzuziehung des BR verpflichtet sind[13]. Vielmehr fungiert der ArbGeb als Mittler zwischen staatl. Umweltbehörden und BR, indem er verpflichtet wird, behördliche Auflagen und Anordnungen mitzuteilen.

22 In beiden Fällen, Arbeits- und Umweltschutz ist es nicht notwendig, den gesamten BR hinzuzuziehen. Vielmehr reicht die **Hinzuziehung einzelner Mitglieder** aus. Während sich dies für den Arbeitsschutz unmittelbar aus dem Gesetzeswortlaut ergibt, ist in dem den Umweltschutz regelnden Abs. 2 S. 2 einzig vom „BR", nicht von einzelnen Mitgliedern die Rede. Die Diskrepanz im Gesetzeswortlaut beruht auf einem Versehen des Gesetzgebers[14]. Ein Grund, warum zwischen Arbeitsschutz und Umweltschutz zu differenzieren und in Umweltschutzfragen jeweils der gesamte BR hinzuzuziehen sein sollte, ist nicht ersichtlich.

23 **III. Legaldefinition „Betrieblicher Umweltschutz" (Abs. 3).** Die in Abs. 3 geregelte Legaldefinition des betriebl. Umweltschutzes ist handwerklich missglückt[15]. Sie definiert den Begriff des Umweltschutzes nämlich nicht, sondern setzt ihn voraus[16] und erklärt ihn mit sich selbst.

24 Problematisch ist insb. die Reichweite der Definition. Absicht des Gesetzgebers war, dem BR kein allg. umweltpolitisches Mandat zuzuweisen[17]. Der Gesetzeswortlaut trägt diese Einschränkung nicht. Zwar wird auf den ersten Blick durch die Verwendung des Begriffes „betrieblich" die vom Gesetzgeber gewünschte Einschränkung vorgenommen. Allerdings wird der Begriff nur im zweiten Hs. der Vorschrift in Bezug auf Bauten, Räume, technische Anlagen, Arbeitsverfahren, Arbeitsabläufe und Arbeitsplätze genannt, nicht jedoch im ersten Hs. Danach sind betriebl. Umweltschutz alle personellen und organisatorischen Maßnahmen, die der Umwelt dienen. Der Wortlaut des Gesetzes räumt dem BR also ein allg. umweltpolitisches Mandat ein[18].

---

1 Richardi/Annuß, § 89 Rz. 15. || 2 BT-Drs. 14/5741, 31. || 3 Kiper, AiB 2001, 438 (439 f.). || 4 Nahezu einhellige Ansicht: vgl. Richardi/Annuß, § 89 Rz. 16; GK-BetrVG/Wiese, § 89 Rz. 61 ff.; Fitting, § 89 Rz. 16 f.; teilw. aA mit beachtlichen Argumenten Hess ua./Worzalla, § 89 Rz. 6. || 5 BAG 6.12.1983 – 1 ABR 43/81, BAGE 44, 285; 7.8.1986 – 6 ABR 77/83, BAGE 52, 316; DKKW/Buschmann, § 89 Rz. 23; Fitting, § 89 Rz. 18. || 6 GK-BetrVG/Wiese, § 89 Rz. 58; Richardi/Annuß, § 89 Rz. 19; Denck, DB 1980, 2132 (2137). || 7 Offen gelassen von BAG 3.6.2003 – 1 ABR 19/02, BAGE 106, 188. || 8 Art. 11 Nr. 6 der RL 89/391/EWG v. 12.6.1989, ABl. 1989 L 183/1. || 9 Richardi/Annuß, § 89 Rz. 22. || 10 Richardi/Annuß, § 89 Rz. 22. || 11 GK-BetrVG/Wiese, § 89 Rz. 70; DKKW/Buschmann, § 89 Rz. 36. || 12 DKKW/Buschmann, § 89 Rz. 36; Fitting, § 89 Rz. 30. || 13 Fitting, § 89 Rz. 26; aA, aber ohne Begr. wohl Richardi/Annuß, § 89 Rz. 24. || 14 So auch Richardi/Annuß, § 89 Rz. 26. || 15 Konzen, RdA 2001, 76 (89) („unbeholfene" Definition); aA Dachrodt/Engelbert, § 89 Rz. 162 („ausreichend klar"). || 16 Fitting, § 89 Rz. 9; Konzen, RdA 2001, 76 (89). || 17 BT-Drs. 14/5741, 48. || 18 DKKW/Buschmann, § 89 Rz. 56; Hanau, RdA 2001, 76 (89).

Ein Teil der Lit. folgert hieraus, der Begriff „betrieblich" sei nur für die Kompetenzabgrenzung zwischen örtlichem BR und GBR oder KBR relevant[1]. Vor einer extensiven Auslegung kann nur gewarnt werden[2]. IÜ bleibt abzuwarten, ob sich ein einschränkendes Verständnis des betriebl. Umweltschutzes in der Praxis halten lassen wird[3]. Trotz des missglückten Wortlauts ist der Begriff des betriebl. Umweltschutzes eng zu verstehen. Dem BR steht kein allg. umweltpolitisches Mandat zu[4]. Hierfür sprechen neben dem eindeutigen Willen des Gesetzgebers insb. zwei Argumente:

Die Beteiligungsrechte des BR dienen dem Schutz der vertretenen ArbN. Die Kompetenz des BR ist auf die Wahrung von deren Interessen beschränkt. Eine darüber hinaus gehende Kompetenz in allg. Umweltfragen würde die Kompetenzordnung des BetrVG sprengen[5].

Einstweilen frei.

Der Gesetzgeber wollte für den Umweltschutz Regelungen schaffen, die denen zum Arbeitsschutz vergleichbar sind[6]. Dies zeigt auch die systematische Einordnung der Legaldefinition des betriebl. Umweltschutzes in § 89. Der Arbeitsschutz setzt einen Bezug zum ArbVerh aber begriffsnotwendig voraus. Für den betriebl. Umweltschutz kann daher nichts anderes gelten[7].

Folglich schließt der betriebl. Umweltschutz nur die Fragen des Umweltschutzes ein, die die ArbN in ihrer Eigenschaft als Betriebsangehörige (nicht in ihrer Eigenschaft als Staatsangehörige) unmittelbar betreffen. Der Begriff des Umweltschutzes erfasst alle Maßnahmen und Handlungen, die den Bestand der Umwelt sichern oder stärken. Zur Umwelt zählen sämtliche Natur-, Kultur- und Sachgüter, einschl. ihrer Wechselbeziehungen. Zu den Naturgütern gehören neben Boden, Wasser, Luft und Klima insb. sämtliche lebenden Organismen, einschl. des Menschen[8].

IV. Teilnahmerecht an Besprechungen mit Sicherheitsbeauftragten (Abs. 4). In Betrieben mit mehr als 20 Beschäftigten hat der ArbGeb unter Beteiligung des BR Sicherheitsbeauftragte zu bestellen (§ 22 I SGB VII).

An den Besprechungen mit diesen Beauftragten nehmen vom BR beauftragte Mitglieder teil. Das Teilnahmerecht besteht also nicht für den BR als Ganzes. Der ArbGeb kann verlangen, dass der BR einzelne Mitglieder delegiert, wenn und soweit nach Art und Umfang des Betriebes nicht eine Teilnahme aller Mitglieder erforderlich ist.

V. Aushändigung von Niederschriften über Untersuchungen, Besichtigungen und Besprechungen (Abs. 5). Der ArbGeb hat dem BR Niederschriften über die Untersuchungen, Besichtigungen und Besprechungen auszuhändigen, zu denen der BR nach Abs. 2 und 4 hinzuzuziehen ist. Die Aushändigungspflicht knüpft an das bloße Hinzuziehungsrecht an. Sie besteht daher unabhängig davon, ob BR-Mitglieder tatsächlich teilgenommen haben[9].

VI. Mitunterzeichnung und Aushändigung der Unfallanzeige. Gem. Abs. 6 ist der ArbGeb verpflichtet, dem BR eine Durchschrift der von ihm unterschriebenen Unfallanzeige nach § 193 SGB VII auszuhändigen. Dies soll die Unterrichtung des BR über Unfälle gewährleisten.

Durch seine Unterzeichnung übernimmt der BR keine Richtigkeitsgewähr für die Anzeige[10].

VII. Verstöße. Verstöße des ArbGeb gegen die Pflichten aus § 89 sind gem. § 119 I Nr. 2 strafbar. Die Tat wird nur auf Antrag verfolgt. Bei groben Verstößen kann der BR gem. § 23 III gegen den ArbGeb vorgehen. Bei Verstößen gegen Unfallverhütungsvorschriften kommt eine Geldbuße nach § 209 I Nr. 1, III SGB VII in Betracht.

Ein gröblicher Verstoß des BR oder einzelner Mitglieder gegen die Pflichten aus § 89 kann gem. § 23 I zum Ausschluss einzelner Mitglieder oder zur Auflösung des BR führen[11].

VIII. Streitigkeiten über die Mitwirkung nach § 89 werden im Beschlussverfahren entschieden. Dies gilt sowohl für Streitigkeiten zwischen ArbGeb und BR, als auch für Streitigkeiten zwischen BR und den für Arbeitsschutz zuständigen Stellen iSd. Abs. 1.

Ansprüche einzelner BR-Mitglieder auf Ersatz von Aufwendungen, die im Zuge von Tätigkeiten nach § 89 entstehen, werden ebenfalls im Beschlussverfahren entschieden. Über den Anspruch auf Fortzahlung des Arbeitsentgelts für die Zeit der Zeitversäumnis entscheiden die ArbG im Urteilsverfahren[12].

---

1 DKKW/*Buschmann*, § 89 Rz. 58; im Erg. auch *Picker*, RdA 2001, 259 (271), der allerdings rechtspolitische Bedenken erhebt. ‖ 2 *Schiefer/Korte*, NZA 2001, 71 (84). ‖ 3 *Gaul*, AktuellAR 2001, S. 24. ‖ 4 *Fitting*, § 89 Rz. 10; *Löwisch/Kaiser*, § 89 Rz. 16; *Stege/Weinspach/Schiefer*, § 89 Rz. 12; *Löwisch*, BB 2001, 1790 (1793); *Reichold*, NZA 2001, 857 (863); *Engels/Trebinger/Löhr-Steinhaus*, DB 2001, 532 (541). ‖ 5 *Fitting*, § 89 Rz. 10; *Löwisch/Kaiser*, § 89 Rz. 16 f.; *Löwisch*, BB 2001, 1790 (1793); *Reichold*, NZA 2001, 857 (863). ‖ 6 BT-Drs. 14/5741, 48. ‖ 7 *Stege/Weinspach/Schiefer*, § 89 Rz. 12. ‖ 8 Vgl. Definition des Umweltbegriffs bei Richardi/*Annuß*, § 89 Rz. 30 ff. ‖ 9 Richardi/*Annuß*, § 89 Rz. 27. ‖ 10 Richardi/*Annuß*, § 89 Rz. 28. ‖ 11 GK-BetrVG/*Wiese*, § 89 Rz. 87 mwN. ‖ 12 *Fitting*, § 89 Rz. 40 mwN.

Vierter Abschnitt. Gestaltung von Arbeitsplatz, Arbeitsablauf und Arbeitsumgebung

90 *Unterrichtungs- und Beratungsrechte*
(1) Der Arbeitgeber hat den Betriebsrat über die Planung

1. von Neu-, Um- und Erweiterungsbauten von Fabrikations-, Verwaltungs- und sonstigen betrieblichen Räumen,
2. von technischen Anlagen,
3. von Arbeitsverfahren und Arbeitsabläufen oder
4. der Arbeitsplätze

rechtzeitig unter Vorlage der erforderlichen Unterlagen zu unterrichten.

(2) Der Arbeitgeber hat mit dem Betriebsrat die vorgesehenen Maßnahmen und ihre Auswirkungen auf die Arbeitnehmer, insbesondere auf die Art ihrer Arbeit sowie die sich daraus ergebenden Anforderungen an die Arbeitnehmer so rechtzeitig zu beraten, dass Vorschläge und Bedenken des Betriebsrats bei der Planung berücksichtigt werden können. Arbeitgeber und Betriebsrat sollen dabei auch die gesicherten arbeitswissenschaftlichen Erkenntnisse über die menschengerechte Gestaltung der Arbeit berücksichtigen.

1   **I. Vorbemerkung.** § 90 regelt die Beteiligung des BR bei der Planung künftiger Änderungen, gewährt ihm also ein Recht auf Unterrichtung und Beratung im **Planungsstadium**[1]. Mit diesen Beteiligungsrechten soll ein Bereich erfasst werden, der noch nicht durch arbeitsschutzrechtl. Vorschriften geregelt ist, dem aber im Vorfeld des Arbeitsschutzes schon eine erhebliche Bedeutung zukommt[2]. Es geht um die **menschengerechte Gestaltung** der Arbeit. Die in § 90 genannten Planungsmaßnahmen können zugleich eine Betriebsänderung iSv. § 111 darstellen. Während aber nach § 111 der BR beteiligt wird, um **wirtschaftl. Nachteile** für die ArbN zu verhindern oder auszugleichen, geht es bei § 90 primär um die Einführung und Anwendung **neuer Techniken im Betrieb**, die sowohl positive als auch negative Folgen für die betroffenen ArbN haben (können)[3]. Insoweit hat die Bestimmung den Zweck, Vorbehalte ggü. neuen Techniken dadurch abzubauen, dass die ArbN über die Auswirkungen auf Gesundheit, Arbeitsplatz und berufl. Qualifikation rechtzeitig und möglichst genau unterrichtet werden.

2   Einstweilen frei.

3   **II. Unterrichtungspflicht (Abs. 1). 1. Gegenstand der Unterrichtung.** Der Gegenstand der Unterrichtung wird definiert durch die abschließende Aufzählung in Abs. 1.

4   **a) Baumaßnahmen (Abs. 1 Nr. 1).** Nach Abs. 1 Nr. 1 ist der BR über die Planung aller Baumaßnahmen an den aufgeführten Räumen zu unterrichten. Bauvorhaben idS sind alle Veränderungen der baulichen Substanz an Fabrikations-, Verwaltungs- und sonstigen betriebl. Räumen, in denen sich, wenn auch nur vorübergehend, ArbN aufhalten[4]. Daher unterfallen der Vorschrift nicht nur die eigentlichen Produktions-, Verkaufs-, Lager- und Büroräume, sondern auch sonstige betriebl. Räume, insb. Sozialräume wie Aufenthaltsräume, Kantinen, Dusch- und Baderäume bzw. Waschkauen, Toiletten etc.[5]. Nicht in den Anwendungsbereich fallen Park- oder Sportplätze und Grünanlagen[6]. **Reparatur- oder Renovierungsarbeiten** können vom Geltungsbereich der Vorschrift erfasst sein: Werden bspw. neue Türen eingebaut oder die Fenster durch andere Rahmen mit Thermopane-Verglasung ersetzt, so wird die Bausubstanz verändert. Es handelt sich um einen beteiligungspflichtigen Umbau, soweit dadurch im arbeitswissenschaftl. Sinne Änderungen der Licht-, Temperatur- und Lüftungsverhältnisse eintreten können[7]. Auch kann ein neuer Anstrich unter das Beteiligungsrecht fallen, da er der Gestaltung des Arbeitsplatzes dient. Reparatur- und Renovierungsarbeiten sind daher in jedem Einzelfall zu prüfen, um beurteilen zu können, ob ein Beteiligungsrecht besteht oder nicht. IdR werden sie nicht unter das Beteiligungsrecht fallen[8]. Nicht zu Abs. 1 Nr. 1 zählen reine **Abbrucharbeiten**[9].

5   **b) Technische Anlagen (Abs. 1 Nr. 2).** Zu den technischen Anlagen iSv. Abs. 1 Nr. 2 gehören **sämtliche technischen Einrichtungen im Fabrikations- und Verwaltungsbereich**. Dies sind bspw. Montagebänder, Maschinen, Produktionsanlagen, Kräne, Transportmittel, Silos, Tankanlagen, Geräte zum computergestützten Konstruieren (CAD) oder Fertigen (CAM), numerisch gesteuerte (NC), computergesteuerte (CNC) und zentralcomputergesteuerte Maschinen[10]. Technische Anlagen iSd. Vorschrift sind Computeranlagen und Computersysteme sowie Bildschirm- und Datensichtgeräte[11]. Die beabsichtigte Umstellung der Lohn- und Gehaltsabrechnung von Offline- auf Onlinebetrieb stellt die Pla-

---

[1] Vgl. GK-BetrVG/*Weber*, § 90 Rz. 1. ||[2] Vgl. MünchArbR/*Matthes*, § 255 Rz. 1. ||[3] Vgl. Richardi/*Annuß*, § 90 Rz. 3. ||[4] Vgl. *Fitting*, § 90 Rz. 18. ||[5] Vgl. *Fitting*, § 90 Rz. 18; DKKW/*Klebe*, § 90 Rz. 7. ||[6] Vgl. GK-BetrVG/*Weber*, § 90 Rz. 9. ||[7] Vgl. GK-BetrVG/*Weber*, § 90 Rz. 10; DKKW/*Klebe*, § 90 Rz. 7. ||[8] Vgl. DKKW/*Klebe*, § 90 Rz. 7; *Fitting*, § 90 Rz. 18. ||[9] Vgl. GK-BetrVG/*Weber*, § 90 Rz. 10. ||[10] Vgl. DKKW/*Klebe*, § 90 Rz. 8; GK-BetrVG/*Weber*, § 90 Rz. 12f. ||[11] Vgl. *Fitting*, § 90 Rz. 21; DKKW/*Klebe*, § 90 Rz. 9; zur Installation von Bildschirmarbeitsplätzen vgl. BAG 6.12.1983 – 1 ABR 43/81, AP Nr. 7 zu § 87 BetrVG 1972 Überwachung.

nung einer technischen Anlage iSv. Nr. 2 dar[1]. Bloßes Handwerkszeug und Büromöbel sind keine technischen Anlagen[2]. Auch die reine Reparatur oder Ersatzbeschaffung von technischen Anlagen fällt nicht in den Anwendungsbereich der Vorschrift, soweit es hierdurch nicht zu andersartigen Auswirkungen auf die Arbeitsbedingungen kommt[3].

c) **Arbeitsverfahren und Arbeitsabläufe (Abs. 1 Nr. 3).** Unter **Arbeitsverfahren** ist die Technologie zu verstehen, die zur Veränderung des Arbeitsgegenstands angewandt wird, um die Arbeitsaufgabe zu erfüllen[4]. Die Planung des Arbeitsverfahrens betrifft daher die **Fabrikationsmethode**, also die Frage, mit welchen Maschinen, Stoffen und Materialien die Arbeit zu bewältigen ist[5]. **Arbeitsablauf** ist die räumliche und zeitliche Folge des Zusammenwirkens von Mensch und Betriebsmitteln, betrifft also die **Gestaltung des Arbeitsprozesses** nach Ort, Zeit und Art[6].

- **Beispiele**[7]: Schichtarbeit, Gruppen- oder Einzelarbeit, Arbeit im Freien oder in geschlossenen Räumen, Einführung oder Abschaffung von Fließbandarbeit, Veränderung der Bandgeschwindigkeit; auch: die Einführung eines Qualitätsmanagements oder des Öko-Audit-Systems[8].

d) **Arbeitsplätze (Abs. 1 Nr. 4).** Die Planung der Arbeitsplätze betrifft die **Ausgestaltung der einzelnen Arbeitsplätze**, also die räumliche Unterbringung, die Ausstattung mit Geräten und Einrichtungsgegenständen, die Beleuchtung, Belüftung, Beheizung etc.[9]. Der Begriff des Arbeitsplatzes ist sowohl räumlich als auch funktional zu verstehen[10]. Die Planung von Baumaßnahmen, technischen Anlagen, Arbeitsverfahren und Arbeitsabläufen hat regelmäßig Einfluss auf die Gestaltung des Arbeitsplatzes, so dass die einzelnen Planungstatbestände vielfach **nebeneinander** vorliegen werden[11].

2. Zeitpunkt der Unterrichtung. Die Unterrichtung hat **rechtzeitig** zu erfolgen. Sie soll den BR in die Lage versetzen, sich über die Auswirkungen der Maßnahmen auf die ArbN ein eigenes Urteil zu bilden, diese mit dem ArbGeb zu beraten und damit auf dessen **Willensbildung** Einfluss zu nehmen. Frühestens wenn der ArbGeb eine Betriebsänderung iSv. § 111 **plant**, stellen sich für den BR die im Zusammenhang mit der geplanten Betriebsänderung stehenden Aufgaben, die Betriebsänderung mit dem ArbGeb zu beraten, über einen Interessenausgleich und Sozialplan zu verhandeln und ggf. einen Sozialplan zu erzwingen. Daraus folgt, dass in diesen Fällen der BR die Vorlage von Unterlagen, die für die Erfüllung seiner Aufgaben erforderl. sein können, **verlangen kann**, wenn der ArbGeb sich zu solchen, Aufgaben des BR **auslösenden Maßnahmen** entschließt[12]. Berichte über Rationalisierungs- und Personalreduzierungsmöglichkeiten sind nur dann vorzulegen, wenn die Überlegungen des ArbGeb das **Stadium der Planung** erreicht haben.[13]

3. Art der Unterrichtung. Im Rahmen der Unterrichtung sind dem BR die erforderlichen Unterlagen zur Verfügung zu stellen, wozu **schriftl.** Unterlagen und Zeichnungen gehören, soweit dies zur Darlegung der Planung notwendig ist[14]. „Vorlage" bedeutet nicht nur, dass der BR Einsicht nehmen kann, sondern ihm sind die Unterlagen zu **überlassen**. Unterlagen, an deren Geheimhaltung der ArbGeb ein größeres Interesse hat, braucht er nur zeitweise zu überlassen[15]. Daneben hat der ArbGeb den BR über Gegenstand, Ziel und Durchführung der geplanten Maßnahmen zu unterrichten, wobei ihre Auswirkungen auf die ArbN, insb. auf die Art der Arbeit sowie die sich ergebenden Anforderungen an die ArbN, im Mittelpunkt zu stehen haben[16]. Eine besondere Form für diese Unterrichtung ist nicht vorgeschrieben, sie kann daher auch mündlich erfolgen. Die erforderlichen Unterlagen iSv. Abs. 1 hat der ArbGeb nicht erst auf Verlangen des BR, sondern **von sich aus** herauszugeben[17]. Sowohl die Verpflichtung zur Unterrichtung wie zur Vorlage von Unterlagen kann nicht unterlassen oder inhaltlich eingeschränkt werden, indem der ArbGeb sich darauf beruft, dass Betriebs- oder Geschäftsgeheimnisse gefährdet werden könnten. Eine Einschränkung der Unterrichtungspflicht sieht § 90 nicht vor[18]. Der ArbGeb hat aber die Möglichkeit, bei Vorliegen von Betriebs- oder Geschäftsgeheimnissen die Unterlagen unter Verweis auf die Vertraulichkeit zu übergeben mit der Folge, dass eine Geheimhaltungspflicht nach § 79 besteht (vgl. § 79 Rz. 6 f.).

4. Unterrichtungsberechtigter und -verpflichteter. Zu unterrichten ist der örtliche BR, der von der Maßnahme iSv. Abs. 1 betroffen ist[19]. Bei der Unterrichtung nach Abs. 1 wie auch bei der Beratung nach

---

1 Vgl. LAG Hamburg 20.6.1985 – 7 TaBV 10/84, DB 1985, 2308; die gegen dieses Urt. ergangene Rechtsbeschwerdeentscheidung des BAG 17.3.1987 – 1 ABR 59/85, AP Nr. 29 zu § 80 BetrVG 1972, stützt den Anspruch des BR allerdings auf § 80 II 1. ||2 Vgl. GK-BetrVG/*Weber*, § 90 Rz. 13; Richardi/*Annuß*, § 90 Rz. 11. ||3 Vgl. DKKW/*Klebe*, § 90 Rz. 10; *Fitting*, § 90 Rz. 20. ||4 Vgl. DKKW/*Klebe*, § 90 Rz. 12; *Fitting*, § 90 Rz. 23. ||5 Vgl. *Clemenz* in Tschöpe, Arbeitsrecht, Teil 4 A Rz. 493. ||6 Vgl. DKKW/*Klebe*, § 90 Rz. 12; *Fitting*, § 90 Rz. 24. ||7 Vgl. zu weiteren Bsp. DKKW/*Klebe*, § 90 Rz. 13; *Fitting*, § 90 Rz. 25 ff. ||8 Vgl. DKKW/*Klebe*, § 90 Rz. 13. ||9 Vgl. DKKW/*Klebe*, § 90 Rz. 15; *Fitting*, § 90 Rz. 30. ||10 Vgl. DKKW/*Klebe*, § 90 Rz. 15; *Fitting*, § 90 Rz. 31. ||11 Vgl. DKKW/*Klebe*, § 90 Rz. 17. ||12 Vgl. BAG 27.6.1989 – 1 ABR 19/88, AP Nr. 37 zu § 80 BetrVG 1972. ||13 Vgl. BAG 19.6.1984 – 1 ABR 6/83, AP Nr. 2 zu § 92 BetrVG 1972. ||14 Vgl. DKKW/*Klebe*, § 90 Rz. 22; *Fitting*, § 90 Rz. 12. ||15 Vgl. BAG 20.11.1984 – 1 ABR 64/82, AP Nr. 3 zu § 106 BetrVG 1972 zur Vorlage von Unterlagen an den Wirtschaftsausschuss nach § 106 II 1. ||16 Vgl. DKKW/*Klebe*, § 90 Rz. 22; GK-BetrVG/*Weber*, § 90 Rz. 25. ||17 Vgl. DKKW/*Klebe*, § 90 Rz. 25; *Fitting*, § 90 Rz. 12. ||18 Vgl. MünchArbR/*Matthes*, § 255 Rz. 11; vgl. auch BAG 5.2.1991 – 1 ABR 24/90, AP Nr. 10 zu § 106 BetrVG 1972. ||19 Vgl. MünchArbR/*Matthes*, § 255 Rz. 13.

Abs. 2 kann der ArbGeb sich **vertreten** lassen. Der Vertreter muss aber über die **notwendige Fachkompetenz** verfügen [1].

12 Einstweilen frei.

13 **III. Beratung (Abs. 2). 1. Zeitpunkt der Beratung.** Die Beratung muss so **rechtzeitig** erfolgen, dass Vorschläge und Bedenken des BR bei der Planung berücksichtigt werden können und der BR nicht faktisch an der sinnvollen Wahrnehmung seiner Aufgaben gehindert wird, indem eine Änderung bestehender und als endgültig betrachteter Zustände nur schwer oder unter zusätzlichen Kosten möglich ist [2]. Es dürfen keine „vollendeten Tatsachen" geschaffen worden sein [3].

14 **2. Inhalt der Beratung. a) Auswirkungen auf die Arbeitnehmer (Abs. 2 S. 1).** Unter den Auswirkungen auf die ArbN sind insb. diejenigen auf die **Art der Arbeit** und die sich daraus ergebenden **Anforderungen an die Arbeitnehmer**, auch auf ihre Stellung im Betrieb, ihre Qualifikation und ihre künftigen materiellen Arbeitsbedingungen, gemeint [4].

15 • **Beispiele:** Höhere Anforderungen an Ausbildung, Erfahrung, Geschicklichkeit, Körpergewandtheit, Verantwortung etc.; erhöhte Belastungen durch Schmutz, Nässe, Gase, Öl, Blendung oder Lichtmangel, Erkältungsgefahr, Schutzkleidung [5].

16 **Nicht** nach Abs. 2 zu beraten sind Maßnahmen, die sich auf den Inhalt und den Bestand des ArbVerh selbst auswirken (Kündigungen, Umgruppierungen etc.). Darüber ist mit dem BR zum einen unter dem Gesichtspunkt der Personalplanung nach § 92 und zum anderen nach § 111 dann zu beraten, wenn die geplante Maßnahme gleichzeitig eine Betriebsänderung darstellt [6].

17 **b) Menschengerechte Gestaltung der Arbeit (Abs. 2 S. 2).** Bei der Beratung sind nach Abs. 2 S. 2 auch die gesicherten arbeitswissenschaftl. Erkenntnisse über die menschengerechte Gestaltung der Arbeit zu berücksichtigen. Damit soll erreicht werden, dass die Arbeit den Bedürfnissen und Möglichkeiten des arbeitenden Menschen entsprechend gestaltet wird [7]. Gemeint sind arbeitswissenschaftl. Erkenntnisse über die zweckmäßige Gestaltung von Arbeitsplatz, Arbeitsablauf, Arbeitsmedizin, Arbeitsphysiologie und -psychologie sowie Arbeitssoziologie und Arbeitspädagogik [8].

18 **3. Entscheidung des Arbeitgebers.** Der ArbGeb hat mit dem BR **nur** die geplante Maßnahme zu **beraten**. Ist der ArbGeb dieser Verpflichtung nachgekommen, muss er Anregungen und Vorschläge des BR hinsichtlich einer Modifizierung der geplanten Maßnahme **nicht** befolgen. Er bleibt vielmehr in seiner Entscheidung **frei**, ob und wie er die geplante Maßnahme durchführen will [9]. Damit gibt § 90 dem BR **keine rechtl. Möglichkeit**, eine menschengerechte Gestaltung der Arbeit vom ArbGeb zu erzwingen. Dem BR steht es aber frei, nach § 80 I Nr. 2 Änderungen zu Gunsten der ArbN zu beantragen, er hat jedoch keinen Anspruch darauf, dass der ArbGeb in entsprechende Planungen eintritt [10]. Insoweit steht dem BR ein Initiativrecht nicht zu [11].

19 **IV. Streitigkeiten** zwischen ArbGeb und BR über Voraussetzungen und Umfang der Beratungs- und Informationspflichten entscheidet das ArbG im **Beschlussverfahren** (§§ 2a I Nr. 1, II iVm. 80 ff. ArbGG). Im Wege der einstw. Verfügung kann der BR sein Recht auf Information und Beratung geltend machen. Es ist jedoch nicht möglich, dem ArbGeb im Wege der einstw. Verfügung zu untersagen, eine Maßnahme durchzuführen, da § 90 nur ein Unterrichtungs- und Beratungsrecht, aber kein MitbestR gewährt [12]. Soweit teilweise vertreten wird, die vom ArbGeb beabsichtigten Maßnahmen könnten durch einstw. Verfügung gestoppt werden [13], vermag dies nicht zu überzeugen, da eine solche einstw. Verfügung dem BR im vorläufigen Rechtsschutzverfahren mehr Rechte einräumen würde, als ihm in der Hauptsache zustehen. Hat aber der BR nach § 91 ein **korrigierendes MitbestR**, wenn die geplante Änderung den gesicherten arbeitswissenschaftl. Erkenntnissen über die menschengerechte Gestaltung der Arbeit **offensichtlich** widerspricht und deshalb die ArbN in besonderer Weise belastet, kann das ArbG durch einstw. Verfügung dem ArbGeb die Durchführung der geplanten Maßnahme untersagen [14]. Kommt der ArbGeb seiner Pflicht aus § 90 zur Unterrichtung und Beratung unvollständig, verspätet, überhaupt nicht oder mit wahrheitswidrigen Informationen nach, handelt es sich um eine Ordnungswidrigkeit iSv. § 121 I, die mit einer Geldbuße bis zu 10 000 Euro geahndet werden kann (§ 121 II). Darüber hinaus stellt ein Verstoß gegen Unterrichtungs- und Beratungspflichten iSv. § 90 uU eine grobe Verletzung der Pflichten des ArbGeb aus dem BetrVG dar [15]. Für diesen Fall kann der BR gegen den ArbGeb mit Anträgen nach § 23 III vorgehen, über die das ArbG ebenfalls im **Beschlussverfahren** zu entscheiden hat (§§ 2a I Nr. 1, II iVm. 80 ff. ArbGG).

---

1 Vgl. BAG 11.12.1991 – 7 ABR 16/91, AP Nr. 2 zu § 90 BetrVG 1972. ||2 Vgl. LAG Hess. 3.11.1992 – 5 TaBV 27/92, LAGE § 23 BetrVG Nr. 32. ||3 Vgl. *Fitting*, § 90 Rz. 34; DKKW/*Klebe*, § 90 Rz. 26. ||4 Vgl. MünchArbR/*Matthes*, § 255 Rz. 14. ||5 Vgl. GK-BetrVG/*Weber*, § 90 Rz. 30. ||6 Vgl. Richardi/*Annuß*, § 90 Rz. 26. ||7 Vgl. *Clemenz* in Tschöpe, Arbeitsrecht, Teil 4 A Rz. 496. ||8 Vgl. die Nachw. bei GK-BetrVG/*Weber*, § 90 Rz. 36 ff. ||9 Vgl. GK-BetrVG/*Weber*, § 90 Rz. 32. ||10 Vgl. MünchArbR/*Matthes*, § 255 Rz. 20. ||11 Vgl. BAG 6.12.1983 – 1 ABR 43/81, AP Nr. 7 zu § 87 BetrVG 1972 Überwachung. ||12 Vgl. *Fitting*, § 90 Rz. 48; vgl. auch LAG Nürnberg 4.2.2003 – 6 (2) TaBV 39/01, NZA-RR 2003, 588 (kein allg. Unterlassungs- und Beseitigungsanspruch). ||13 Vgl. DKKW/*Klebe*, § 90 Rz. 37 mwN. ||14 Vgl. Richardi/*Annuß*, § 90 Rz. 42; DKKW/*Klebe*, § 90 Rz. 37; *Fitting*, § 90 Rz. 49. ||15 Vgl. LAG Hess. 3.11.1992 – 5 TaBV 27/92, LAGE § 23 BetrVG 1972 Nr. 32.

91 Mitbestimmungsrecht

Werden die Arbeitnehmer durch Änderungen der Arbeitsplätze, des Arbeitsablaufs oder der Arbeitsumgebung, die den gesicherten arbeitswissenschaftlichen Erkenntnissen über die menschengerechte Gestaltung der Arbeit offensichtlich widersprechen, in besonderer Weise belastet, so kann der Betriebsrat angemessene Maßnahmen zur Abwendung, Milderung oder zum Ausgleich der Belastung verlangen. Kommt eine Einigung nicht zustande, so entscheidet die Einigungsstelle. Der Spruch der Einigungsstelle ersetzt die Einigung zwischen Arbeitgeber und Betriebsrat.

I. Vorbemerkung. Nach § 90 haben ArbGeb und BR bei der Einrichtung neuer oder Änderung bestehender Arbeitsplätze und bei der Einführung neuer Arbeitsverfahren und Arbeitsabläufe diese Maßnahmen gemeinsam zu beraten und insb. deren Auswirkungen auf die Art der Arbeit und die Anforderungen an die ArbN zu beachten. § 90 begründet für den ArbGeb jedoch keine Verpflichtung, Arbeitsplätze, Arbeitsverfahren und Arbeitsabläufe jeweils so zu gestalten, dass den gesicherten arbeitswissenschaftl. Erkenntnissen über die menschengerechte Gestaltung der Arbeit entsprochen wird. Welche Anforderungen Arbeitsplätze, Arbeitsverfahren und Arbeitsabläufe in Bezug auf Sicherheit und menschengerechte Gestaltung zwingend zu erfüllen haben, ist in anderen Rechtsvorschriften geregelt (zB ArbSchG, JArbSchG). Diese zu beachten ist der ArbGeb ohnehin verpflichtet. Ein Recht, entsprechende Regelungen zu erzwingen, räumt § 90 nicht ein. Erst § 91 gibt dem BR die Möglichkeit, tätig zu werden, wenn Arbeitsplätze, Arbeitsabläufe oder Arbeitsumgebung **gesicherten arbeitswissenschaftl. Erkenntnissen** nicht entsprechen. Davon, dass dies auch erlaubtermaßen der Fall sein kann, geht § 91 aus[1]. Das MitbestR nach § 91 ist ein **korrigierendes MitbestR**. Es geht um die arbeitstechnische Gestaltung von Arbeitsplatz, Arbeitsablauf oder Arbeitsumgebung.

Einstweilen frei.

II. Voraussetzungen des Mitbestimmungsrechts. 1. Änderung der Arbeitsplätze, des Arbeitsablaufs und der Arbeitsumgebung. Voraussetzung ist zunächst, dass eine Änderung der Arbeitsplätze, des Arbeitsablaufs oder der Arbeitsumgebung gegeben ist. Die Begriffe **Arbeitsplatz** und **Arbeitsablauf** sind identisch mit den Begriffen in § 90 I Nr. 3 und 4 (vgl. § 90 Rz. 6 ff.). Soweit § 91 ggü. § 90 bauliche Veränderungen und den Begriff „technische Anlagen" nicht anführt, liegt darin keine Einschränkung, da der Begriff **Arbeitsumgebung** umfassend ist. Es fallen darunter **alle Umwelteinflüsse** auf den Arbeitsplatz und seine Gestaltung und damit letztendlich auch solche Einflüsse, die von einer baulichen Maßnahme oder einer technischen Anlage ausgehen[2]. Das MitbestR des BR nach § 91 ist nur gegeben, wenn die besondere Belastung der ArbN auf einer **Änderung** von Arbeitsplätzen, des Arbeitsablaufs oder der Arbeitsumgebung beruht. Es erstreckt sich **nicht** auf Fälle, in denen **schon bestehende Verhältnisse** den gesicherten arbeitswissenschaftl. Erkenntnissen über die menschengerechte Gestaltung der Arbeit offensichtlich widersprechen[3]. Das bedeutet aber nicht, dass der BR nach § 91 erst einen Verstoß und das Eintreten besonderer Belastungen abwarten muss, bevor er tätig werden kann. Der BR kann vielmehr schon dann, wenn im Planungsstadium erkennbar ist, dass gegen gesicherte arbeitswissenschaftl. Erkenntnisse offensichtlich verstoßen wird und ArbN deswegen besonders belastet werden, Maßnahmen zur Abwendung, zur Milderung und zum Ausgleich dieser Belastungen verlangen[4]. In diesem Fall kann der BR **präventiv** tätig werden, ansonsten beschränkt sich das MitbestR nach § 91 auf die **Änderung** von Arbeitsplatz, Arbeitsablauf oder Arbeitsumgebung, so dass **bestehende Arbeitsplätze** vom MitbestR nicht umfasst werden.

2. Widerspruch zu gesicherten arbeitswissenschaftlichen Erkenntnissen. Die Änderung von Arbeitsplatz, Arbeitsablauf oder Arbeitsumgebung muss gesicherten arbeitswissenschaftl. Erkenntnissen (s. § 90 Rz. 17) widersprechen.

3. Offensichtlicher Widerspruch. Offensichtlichkeit ist anzunehmen, wenn der Widerspruch **eindeutig**, dh. ohne weiteres erkennbar ist[5]. Streitig ist, **für wen** er eindeutig erkennbar sein muss: Teilweise wird abgestellt auf einen **Fachmann**, der mit dem **konkreten Lebenssachverhalt** vertraut ist[6], teilweise auf einen einigermaßen **Fachkundigen**[7] und überwiegend auf einen **sachkundigen Betriebspraktiker**[8], was zutreffend sein dürfte, da es in § 91 um die Gestaltung von Arbeitsplatz, Arbeitsablauf und Arbeitsumgebung in dem **konkreten Betrieb** geht.

4. Besondere Belastung. Unter besonderen Belastungen iSv. § 91 S. 1 sind erhebliche typisiert-negative Belastungen zu verstehen, die das Maß zumutbarer Belastungen und Beanspruchungen von arbeitenden Menschen übersteigen[9].

● **Beispiele:** Lärm, Vibration, Nässe, Öl, Fette, Gase, Dämpfe, Hitze, Kälte, Lichtverhältnisse.

---

[1] Vgl. BAG 6.12.1983 – 1 ABR 43/81, AP Nr. 7 zu § 87 BetrVG 1972 Überwachung. || [2] Vgl. DKKW/*Klebe*, § 91 Rz. 3; *Fitting*, § 91 Rz. 10. || [3] Vgl. BAG 28.7.1981 – 1 ABR 65/79, AP Nr. 3 zu § 87 BetrVG 1972 Arbeitssicherheit. || [4] Vgl. BAG 6.12.1983 – 1 ABR 43/81, AP Nr. 7 zu § 87 BetrVG 1972 Überwachung. || [5] Vgl. DKKW/*Klebe*, § 91 Rz. 14; *Fitting*, § 91 Rz. 12. || [6] Vgl. DKKW/*Klebe*, § 91 Rz. 14. || [7] Vgl. *Fitting*, § 91 Rz. 12. || [8] Vgl. Richardi/*Annuß*, § 91 Rz. 9 mwN. || [9] Vgl. DKKW/*Klebe*, § 91 Rz. 17.

8   Abzustellen ist auf eine **objektive** besondere Belastung, nicht entscheidend ist ein **subjektiver Maßstab**[1]. Die besondere Belastung darf nicht nur vorübergehend sein[2].

9   **5. Darlegungslast.** Der BR muss **substanziiert darlegen**, weshalb seiner Ansicht nach eine Änderung offensichtlich den gesicherten arbeitswissenschaftl. Erkenntnissen über die menschengerechte Gestaltung der Arbeit widerspricht und besondere Belastungen eingetreten sind. Der BR kann insoweit nicht **generalpräventiv** tätig werden. Durch das MitbestR nach § 91 kann nur die Korrektur von Zuständen an **ganz konkreten Arbeitsplätzen** erreicht werden. Diese Voraussetzungen hat der BR im Einzelnen darzulegen[3].

10 **III. Inhalt des Mitbestimmungsrechts.** Der BR kann angemessene Maßnahmen zur Abwendung und Milderung der Belastung oder einen Ausgleich für den belasteten ArbN verlangen, die einerseits geeignet sind, eine Änderung zu bewirken, andererseits aber auch für den ArbGeb wirtschaftl. vertretbar sind[4].

11 **1. Abwendung.** S. 1 Hs. 2 sieht eine bestimmte **Rangfolge** vor, mit der die Beseitigung der besonderen Belastung erreicht werden soll. Diese geht von der Abwendung über die Milderung bis hin zum Ausgleich. Abwendung ist die Korrektur der Belastung, so dass der ArbN dieser nicht mehr ausgesetzt ist[5]. Dies kann zu einer Rückgängigmachung der Maßnahme führen, wenn es wirtschaftl. vertretbar ist, von einer Änderung der Arbeitsplatzgestaltung abzusehen[6]. Bspw. können neue Leuchtröhren gegen die früheren, alten wieder ausgewechselt werden[7]. Andererseits kann nicht der Abbau einer Maschine mit außergewöhnlicher Lärmentwicklung verlangt werden, sondern allenfalls deren konstruktive Änderung etwa durch den Einbau schalldämpfender Teile. Maßnahmen zur Abwendung können die Verbesserung der ergonomischen Gestaltung des Arbeitsplatzes nach Körpermaßen und -kräften, die Einführung technischer Hilfsmittel (zB bei Hebearbeit), die Einführung von Transportmitteln (zB bei Tragearbeit) und die Beseitigung von Umwelteinflüssen (Staub, Lärm, Gasen etc.) sein[8].

12 **2. Milderung.** Als Maßnahmen zur Milderung, also teilweiser Aufhebung der Belastung, kommen in Betracht die Einführung besonderer Schutzbekleidung oder Schutzbrillen, Gehörschutzmittel, schallisolierende Maßnahmen, zusätzliche ärztliche Vorsorge- und Überwachungsuntersuchungen, zusätzliche Pausen oder Erholungszeiten, Ausgleichstätigkeiten zur Verringerung von Unterbelastung oder Monotonie etc.[9].

13 **3. Ausgleich.** Erst wenn besondere Belastungen weder abzuwenden noch zu mildern sind, muss der BR sich auf einen Ausgleich der Belastung verweisen lassen[10]. Solche Ausgleichsmaßnahmen können die Herabsetzung der Arbeitszeit, zusätzliche Pausen, die Versorgung mit Getränken bei großer Hitze, Duschen und Bäder bei schmutziger Arbeit, die Einrichtung von Ruheräumen, das Aufstellen von Regenschutz bei Arbeit im Freien uÄ sein[11]. Die Ausgleichsmaßnahmen sollen **Kompensation** für die in Kauf zu nehmende Belastung sein, also primär darauf angelegt sein, dem gesteigerten Erholungsbedarf des ArbN gerecht zu werden. Das bedeutet, dass sie möglichst mit zusätzlicher Freizeit gekoppelt sein sollten (Sonderurlaub, längere Pausen etc.)[12]. Das schließt aber – auch wenn der Anspruch auf eine menschengerechte Gestaltung der Arbeit grds. **nicht abgekauft** werden sollte – zusätzliche **Geldleistungen** des ArbGeb nicht aus[13].

14 **IV. Durchführung der Mitbestimmung.** Können ArbGeb und BR sich nicht über angemessene Maßnahmen zur Abwendung, Milderung oder zum Ausgleich der Belastung einigen, so entscheidet auf Antrag des ArbGeb oder des BR nach S. 2 die **Einigungsstelle**. Gem. S. 3 ersetzt der Spruch der Einigungsstelle die Einigung zwischen ArbGeb und BR (zum Verfahren vor der Einigungsstelle vgl. § 76 Rz. 14 ff.)[14].

15 **V. Streitigkeiten.** Einigen ArbGeb und BR sich nicht über die Besetzung der Einigungsstelle, kann eine Einigungsstelle gerichtlich eingesetzt werden. Das ArbG entscheidet im **Beschlussverfahren** (§§ 2a I Nr. 1, II iVm. 80 ff., 98 ArbGG)[15]. Die Einigungsstelle entscheidet verbindlich durch Spruch[16], der vom ArbGeb oder BR angefochten werden kann (§ 76 V 4, vgl. dazu § 76 Rz. 100 ff.). Für die Anfechtung eines Spruchs der Einigungsstelle ist das ArbG zuständig, das im **Beschlussverfahren** entscheidet (§§ 2a I Nr. 1, II iVm. 80 ff. ArbGG). Ist zwischen ArbGeb und BR streitig, ob überhaupt die Voraussetzungen des § 91 erfüllt sind, kann dies unabhängig von einem Einigungsstellenverfahren im arbeitsgerichtl. Be-

---

1 Vgl. GK-BetrVG/*Weber*, § 91 Rz. 18; Richardi/*Annuß*, § 91 Rz. 13. ||2 Vgl. DKKW/*Klebe*, § 91 Rz. 17; GK-BetrVG/*Weber*, § 91 Rz. 18; weitergehend Richardi/*Annuß*, § 91 Rz. 12. ||3 Vgl. BAG 6.12.1983 – 1 ABR 43/81, AP Nr. 7 zu § 87 BetrVG 1972 Überwachung. ||4 Vgl. DKKW/*Klebe*, § 91 Rz. 19; *Fitting*, § 91 Rz. 17f. ||5 Vgl. DKKW/*Klebe*, § 91 Rz. 19. ||6 Vgl. DKKW/*Klebe*, § 91 Rz. 19. ||7 Vgl. Richardi/*Annuß*, § 91 Rz. 19. ||8 Vgl. die Bsp. bei *Fitting*, § 91 Rz. 19. ||9 Vgl. die Bsp. bei *Fitting*, § 91 Rz. 20. ||10 Vgl. DKKW/*Klebe*, § 91 Rz. 21; GK-BetrVG/*Weber*, § 91 Rz. 33. ||11 Vgl. die Bsp. bei *Fitting*, § 91 Rz. 21. ||12 Vgl. DKKW/*Klebe*, § 91 Rz. 21. ||13 Vgl. *Fitting*, § 91 Rz. 21; GK-BetrVG/*Weber*, § 91 Rz. 33 f.; aA DKKW/*Klebe*, § 91 Rz. 21; Richardi/*Annuß*, § 91 Rz. 23. ||14 Vgl. zur Anrufung der Einigungsstelle, zum Antrag an das ArbG auf Errichtung einer Einigungsstelle nach § 98 ArbGG sowie zu einem Einigungsstellenspruch die Muster bei Bauer/Lingemann/Diller/Haußmann/*Diller*, M 44.1, M 44.2 und M 44.3. ||15 Vgl. zum Antrag nach § 98 ArbGG das Muster bei Bauer/Lingemann/Diller/Haußmann/*Diller*, M 44.2. ||16 Vgl. zum Einigungsstellenspruch das Muster bei Bauer/Lingemann/Diller/Haußmann/*Diller*, M 44.3.

schlussverfahren geklärt werden (§§ 2a I Nr. 1, II iVm. 80ff. ArbGG). Wird durch den Spruch der Einigungsstelle festgelegt, welche Maßnahmen der ArbGeb zu treffen hat und führt dieser sie nicht durch, kann der BR durch das ArbG im **Beschlussverfahren** (§§ 2a I Nr. 1, II iVm. 80ff. ArbGG) die Durchsetzung des Spruchs verfolgen. Den ArbGeb trifft insoweit nach § 77 I eine **Durchführungspflicht**, die der BR ggf. auch mit einer einstw. Verfügung durchsetzen kann[1]. Werden durch einen Spruch der Einigungsstelle dem ArbN unmittelbar Individualansprüche eingeräumt, können diese im arbeitsgerichtl. **Urteilsverfahren** durchgesetzt werden (§§ 2 I Nr. 3a, V iVm. 46ff. ArbGG). Für den einzelnen ArbN kann sich uU ein Zurückbehaltungsrecht nach § 273 BGB ergeben, wenn der ArbGeb ihm obliegende Maßnahmen nicht vornimmt und dadurch die Arbeitsleistung unzumutbar wird[2].

Fünfter Abschnitt. Personelle Angelegenheiten

Erster Unterabschnitt. Allgemeine personelle Angelegenheiten

92 *Personalplanung*
(1) Der Arbeitgeber hat den Betriebsrat über die Personalplanung, insbesondere über den gegenwärtigen und künftigen Personalbedarf sowie über die sich daraus ergebenden personellen Maßnahmen und Maßnahmen der Berufsbildung anhand von Unterlagen rechtzeitig und umfassend zu unterrichten. Er hat mit dem Betriebsrat über Art und Umfang der erforderlichen Maßnahmen und über die Vermeidung von Härten zu beraten.
(2) Der Betriebsrat kann dem Arbeitgeber Vorschläge für die Einführung einer Personalplanung und ihre Durchführung machen.
(3) Die Absätze 1 und 2 gelten entsprechend für Maßnahmen im Sinne des § 80 Abs. 1 Nr. 2a und 2b, insbesondere für die Aufstellung und Durchführung von Maßnahmen zur Förderung der Gleichstellung von Frauen und Männern.

I. Regelungszweck. Mit der Generalklausel des § 92 berücksichtigt der Gesetzgeber, dass immer dort, wo eine Personalplanung besteht, vielfach schon im Planungsstadium Weichenstellungen erfolgen, die die Grundlage für personelle Einzelentscheidungen bilden. Speziell erwartete der Gesetzgeber von einer Beteiligung des BR im Rahmen der Personalplanung eine bessere **Objektivierung** und eine bessere **Durchschaubarkeit** sowohl der allg. Personalwirtschaft als auch der personellen Einzelentscheidung[3]. 1

II. Begriffsbestimmung. Eine Begriffsbestimmung für den Begriff „Personalplanung" fehlt im Gesetz. Deshalb haben Rechtswissenschaft und Praxis versucht, teilweise unter Rückgriff auf betriebswirtschaftl. Kenntnisse, einen **Begriff der Personalplanung** zu entwickeln. Der Begriff wird im Wesentlichen durch das Wort „Planung" geprägt. Insofern geht es um das gedankliche Erarbeiten verschiedener Wahlmöglichkeiten bei der Festlegung von personalpolitischen Zielen und den zu treffenden Maßnahmen[4]. Personalplanung idS umfasst nicht nur langfristige, mittelfristige und kurzfristige Personalplanung, sondern auch eine „**intuitive Planung**", bei der uU nur eine kurzfristige Maßnahmeplanung auf Grund schwer nachvollziehbarer Vorstellungen des ArbGeb betrieben wird[5]. Fehlt es dagegen überhaupt an einer Personalplanung, kann dem ArbGeb unter Rückgriff auf § 92 eine solche nicht auferlegt werden. Keine Planung liegt etwa vor bei bloßer Fixierung der **Personaldaten**[6]. Jedoch ist darauf hinzuweisen, dass eine völlig planlose Personalpolitik, die nur auf zufällige Änderungen des Personalbestandes reagiert, in der betriebl. Praxis nur schwer vorstellbar ist[7]. 2

Besondere Bedeutung gewinnt die Personalplanung gerade im Zusammenhang mit der Einführung neuer Produktions- und Fertigungsverfahren. Dies betrifft die im Rahmen eines Lean-Production-Konzeptes eingeführte verstärkte Gruppenarbeit, die Einführung flacher Hierarchien, die organisatorische Begleitung von Total-Quality-Management-Ansätzen sowie die Schaffung flexibler Vergütungs- und Arbeitszeitsysteme (etwa Cafeteria-Systeme)[8]. 3

Die Rechtswissenschaft hat versucht, auch unter Rückgriff auf betriebswirtschaftl. Schrifttum die **Elemente von Personalplanung** herauszuarbeiten[9]. Ausgangspunkt jeder Personalplanung bildet eine **Personalbedarfsplanung** und damit die Ermittlung des Personalbedarfs nach den Gegebenheiten des Betriebs unter Berücksichtigung der unternehmerischen Planziele. Hierzu zählen auch die **Stellenbeschreibungen**, die den konkreten Arbeitsplatz innerhalb des betriebl. Geschehens festlegen und damit die Anforderungsprofile definieren[10]. 4

---

1 Vgl. DKKW/*Klebe*, § 91 Rz. 25. || 2 Vgl. zur Arbeit in gefahrstoffbelasteten Räumen BAG 8.5.1996 – 5 AZR 315/95, AP Nr. 23 zu § 618 BGB. || 3 BT-Drs. VI/1786, 50. || 4 DKKW/*Schneider/Homburg*, § 92 Rz. 10; LAG Berlin 13.6.1988 – 9 TaBV 1/88, DB 1988, 1860. || 5 LAG Berlin 13.6.1988 – 9 TaBV 1/88, DB 1988, 1860. || 6 *Heinze*, Personalplanung, Rz. 42. || 7 Krit. zu den Defiziten in der Praxis *Fitting*, § 92 Rz. 8. || 8 Vgl. hierzu *Fitting*, § 92 Rz. 7. || 9 Ausf. *Scheriau*, AiB 2009, 3 (5). || 10 BAG 31.1.1984 – 1 ABR 63/81, NZA 1984, 51; 31.5.1983 – 1 ABR 6/80, NZA 1984, 49.

5 Aus der Personalbedarfsplanung folgt die **Personaldeckungsplanung**. Dafür ist dem ermittelten Personalbedarf der **Personalbestand** gegenüberzustellen. Dh., zur Personalplanung iSd. § 92 zählt auch die Erfassung des gegenwärtigen Personalpotenzials hinsichtlich seiner Zahl, Fähigkeiten und Kenntnisse[1].

6 Aus der Gegenüberstellung von Personalbedarf und Personalbestand folgt die Entscheidung, ob auf Grund dessen eine **Personalfreisetzung** und damit die Festlegung wegfallender Stellen einschl. der Planung von Verwendungsalternativen für das freigesetzte Personal erforderlich wird[2] oder ob eine **Personalbeschaffung** erfolgen muss. Damit untrennbar verknüpft ist die Frage, ob bestimmte Aufgaben durch **LeihArbN** oder ArbN von Fremdfirmen erledigt werden sollen. Auch diese Entscheidung zählt zur Personalplanung[3]. Das gilt auch, wenn der ArbGeb beabsichtigt, sog. **Ein-Euro-Jobber** zu beschäftigen[4]. Ferner zählt zur Personaldeckungsplanung die Entscheidung, freie Mitarbeiter zu beschäftigen[5]. Hierbei stellt sich auch die Frage nach möglichen Beschaffungsalternativen, etwa ob das notwendige Personal auf dem unternehmensinternen Arbeitsmarkt rekrutiert werden kann. Auch diese Entscheidung ist Personalplanung iSd. § 92[6]. Nach Auffassung der Rspr. kann uU auch für den Abschluss eines Werkvertrages der BR nach § 92 zu beteiligen sein[7].

7 Unmittelbar hiermit im Zusammenhang steht die **Personalentwicklungsplanung**. Hier hat der BR durch die Novellierung des BetrVG ganz erhebliche Möglichkeiten gewonnen (vgl. §§ 96 ff.). So liegt die Hauptaufgabe der Personalentwicklung in der Anpassung des qualitativen Arbeitskräftepotenzials an die Bedarfsziele des Unternehmens[8]. Von besonderer Bedeutung ist die Personalentwicklungsplanung nach der Novellierung des BetrVG insb. im Hinblick auf Maßnahmen zur Förderung der Gleichstellung von Frauen und Männern (Abs. 3). Insofern können sog. **Frauenförderpläne**[9] bereits Bestandteil der Personalentwicklungsplanung werden.

8 Diese einzelnen Teilplanungen münden dann in die **Personaleinsatzplanung**, bei der festgelegt wird, wie die durch Planung ermittelten personellen Kapazitäten im Unternehmen zur Verwirklichung der Planziele zeitlich und qualitativ einzuordnen sind[10]. In diesem Rahmen kommt insb. der Frage der Zuordnung von Mensch und Arbeit erhebliche Bedeutung zu. Dies führt zwangsläufig zu Überschneidungen mit dem Beteiligungsrecht des BR nach § 99. Jedoch kann der BR über § 92 keine Erweiterung seiner Beteiligungsrechte nach § 99 erreichen[11].

9 Ob auch die **Kontrollplanung** der Personalplanung zuzurechnen ist, ist bisher nicht abschließend geklärt[12]. Ebenfalls umstritten ist, ob die **Personalkostenplanung**, die betriebswirtschaftl. ebenfalls zur Personalplanung gehört[13], auch iSd. § 92 zur Personalplanung zu zählen ist. Da es sich hierbei um Folgen der Personalplanung selbst handelt, ist nicht einzusehen, dass Personalkostenplanung ein eigenständiges Element der Personalplanung ist. Insofern wird zu Recht darauf hingewiesen, dass Teilbereiche der so definierten Personalkostenplanung bereits bei anderen Elementen der Personalplanung zu berücksichtigen sind[14]. Ebenso wenig Bestandteil der Personalplanung ist die Planung eines **Personalinformationssystems** oder die Planung der Personalorganisation an sich[15]. Bei beidem geht es um die Vorhaltung von Ressourcen zur Durchführung der Personalplanung, nicht aber um die Personalplanung als solche[16].

10 **III. Unterrichtungsrechte.** Gem. Abs. 1 S. 1 hat der ArbGeb den BR über die Personalplanung, insb. über den gegenwärtigen und künftigen Personalbedarf, sowie über die sich daraus ergebenden personellen Maßnahmen und Maßnahmen der Berufsbildung anhand von Unterlagen rechtzeitig und umfassend zu unterrichten. Hierbei ist jedoch zu betonen, dass für die Personalplanung der **Unternehmer allein verantwortlich** ist[17]. Deshalb hat der BR auch **kein MitbestR** bei der Personalplanung, sondern Unterrichtungs- und Beratungsrechte in dem Umfang, in dem der ArbGeb Personalplanung durchführt[18].

11 **1. Zeitpunkt.** Voraussetzung für das Unterrichtungsrecht nach Abs. 1 S. 1 ist, dass überhaupt eine Personalplanung erfolgt. Ist dies der Fall, so hat nach ganz überwiegender Meinung die Unterrichtung so **rechtzeitig** zu erfolgen, dass eine Beratung über Art und Umfang der erforderlichen Maßnahmen zur Vermeidung von Härten noch in einem Stadium stattfinden kann, in dem die Planung noch nicht, auch nicht teilweise, verwirklicht ist[19]. In diesem Zusammenhang gilt es allerdings, die Rspr. des BAG zu be-

---

1 Richardi/Thüsing, § 92 Rz. 7. ‖ 2 Hierzu Kadel, BB 1993, 797 (798 f.). ‖ 3 Franzen, Freie Industriedienstleistung als Alternative zur regulierten Zeitarbeit, 2011, S. 85 (92); Fitting, § 92 Rz. 14; vgl. auch Plander, AiB 1990, 19 ff. ‖ 4 Engels, NZA 2007, 8 (9). ‖ 5 BAG 15.12.1998 – 1 ABR 9/98, NZA 1999, 722. ‖ 6 Hess ua./Rose, § 92 Rz. 49. ‖ 7 LAG Köln 9.8.1989 – 5 TaBV 3/89, LAGE § 99 BetrVG 1972 Nr. 28. ‖ 8 Richardi/Thüsing, § 92 Rz. 12. ‖ 9 Vgl. v. Friesen, AuR 1994, 405 ff.; Nebe, FS Bepler, 2012, S. 446. ‖ 10 Richardi/Thüsing, § 92 Rz. 13. ‖ 11 LAG Bln.-Bbg. 19.2.2009 – 25 TaBV 20/09, AE 2009, 340. ‖ 12 Vgl. Fitting, § 92 Rz. 10; aA GK-BetrVG/Raab, § 92 Rz. 17. ‖ 13 Drumm, Personalwirtschaft, 6. Aufl. 2008, S. 235 ff. ‖ 14 Vgl. Richardi/Thüsing, § 92 Rz. 15; GK-BetrVG/Raab, § 92 Rz. 18; aA Edenfeld, Betriebsverfassungsrecht, 3. Aufl. 2010, Rz. 254; Fitting, § 92 Rz. 20; DKKW/Schneider/Homburg, § 92 Rz. 33. ‖ 15 Vgl. Richardi/Thüsing, § 92 Rz. 16; GK-BetrVG/Raab, § 92 Rz. 19. ‖ 16 AA Fitting, § 92 Rz. 24 f. ‖ 17 So auch: Beckmann, Rechtsgrundlagen der beruflichen Weiterbildung von Arbeitnehmern, 2012, S. 114. ‖ 18 Fitting, § 92 Rz. 21. ‖ 19 Richardi/Thüsing, § 92 Rz. 26; DKKW/Schneider/Homburg, § 92 Rz. 36 ff.; Peltzer, DB 1972, 1164.

achten, wonach der BR gem. Abs. 1 S. 1 erst beteiligt zu werden braucht, wenn Überlegungen des ArbGeb das Stadium der Planung erreicht haben[1]. Jedenfalls aber ist der BR so **frühzeitig** vor Vollziehung der Planungsergebnisse zu unterrichten, dass er realistisch noch auf den ArbGeb im Hinblick auf eine Änderung der Planung einwirken kann[2].

2. Umfang der Unterrichtung. Der ArbGeb muss den BR **umfassend** über die Planung unterrichten. Er hat dem BR also alle **Tatsachen** bekannt zu geben, auf die er die jeweilige Personalplanung stützt[3]. Hierbei gilt es zu beachten, dass der ArbGeb über die aus anderen Planungsbereichen stammenden Ergebnisse im Rahmen des § 92 nur dann unterrichten muss, wenn er diese Planungsergebnisse zur Grundlage seiner Personalplanung macht, wobei zu betonen ist, dass das Unterrichtungsrecht sich nur auf die Ergebnisse, etwa der Investitionsplanung, bezieht. Nicht umfasst vom Unterrichtungsrecht ist der **Investitionsplanungsvorgang** als solcher. Ebenso wenig kann sich der ArbGeb dadurch seiner Unterrichtungspflicht entziehen, dass er eine **Unternehmensberatungsgesellschaft** mit der Durchführung der Personalplanung beauftragt. Auch kann er die Übermittlung personenbezogener Daten, soweit die Weitergabe für die Erfüllung der Unterrichtungspflicht über die Personalplanung notwendig ist, nicht unter Berufung auf **Datenschutzgründe** verweigern[4]. Die Unterrichtungspflicht des ArbGeb gilt für **alle Bereiche** der Personalplanung. Soweit das Gesetz in Abs. 1 S. 1 den „gegenwärtigen und künftigen Personalbedarf" hervorhebt, ist dies nur beispielhaft zu verstehen. Jedoch müssen Unterlagen zum Personalbestand der Vergangenheit nur zugänglich gemacht werden, soweit der ArbGeb sich hieran bei seiner Planung orientieren will[5]. Auch ist die Unterrichtung nicht von einem ausdrücklichen Verlangen des BR abhängig, sondern der ArbGeb hat stattdessen von sich aus den BR zu unterrichten, wenn er eine Personalplanung durchführt[6].

3. Vorlage von Unterlagen. Die Unterrichtung des BR hat anhand von Unterlagen zu erfolgen. Hierunter sind nicht nur **Schriftstücke** zu verstehen, sondern auch **Datenträger** bzw., wenn es nicht anders möglich ist, sind in diesem Zusammenhang dem BR auch die in Rechnern gespeicherten Daten zugänglich zu machen[7]. Die Unterrichtung anhand von Unterlagen bedeutet, dass den BR-Mitgliedern Einblick zu gewähren ist. Bei einem computergestützten Personalinformationssystem reicht auch ein Computerausdruck mit den maßgeblichen Daten, um der Unterrichtungspflicht nachzukommen[8].

Dagegen ist höchst umstritten, ob der ArbGeb auch verpflichtet ist, dem BR **Unterlagen zur Verfügung** zu stellen. Dies wird teilweise aus § 80 II 2 hergeleitet[9]. Angesichts der besonderen Regelungen in § 92 I kann eine Verpflichtung zur Aushändigung von Unterlagen nicht aus § 80 II für den Bereich der Personalplanung hergeleitet werden[10]. Etwas anderes lässt sich – abgesehen vom Sonderfall des § 7 III TzBfG – dem Gesetzeswortlaut des § 92 nicht entnehmen[11]. Schließlich sollen durch die Vorlage der Unterlagen lediglich die durch den ArbGeb vorgebrachten Informationen belegt werden[12]. Erst recht darf der BR von den Unterlagen keine **Abschriften** herstellen, sondern muss sich vielmehr mit einzelnen Notizen begnügen[13]. Zu den vorzulegenden Unterlagen können auch Arbeitsblätter zählen, die eine Unternehmensberatung für den ArbGeb als Ergebnis innerbetriebl. Planungsüberlegungen erstellt hat[14]. Nach der Rspr. können hierzu auch Listen gehören, aus denen sich die Einsatztage und Einsatzzeiten einzelner ArbN von Fremdfirmen ergeben[15]. Selbst Personalstatistiken sowie eine monatliche Vorlage eines **Stellenplans**, der die personellen Zielvorstellungen eines ArbGeb enthält, sowie des aktuellen Stellenbesetzungsplans kann nach Auffassung der Rspr. verlangt werden[16].

IV. Beratungsrechte. Die Verpflichtung des ArbGeb, sich mit dem BR zu beraten, erstreckt sich gem. Abs. 1 S. 2 nicht auf die gesamte Personalplanung, sondern nur auf die **Art und den Umfang** der erforderlichen Maßnahmen und auf die **Vermeidung von Härten**. Auch in diesem Zusammenhang braucht der BR die Beratung nicht einzufordern, sondern der ArbGeb hat von sich aus die Beratung zu veranlassen[17]. Teilweise wird die Einschränkung des **Beratungsrechts** ggü. einem weiter gehenden Unterrichtungsrecht für sinnwidrig erachtet[18]. Insofern sei das Beratungsrecht des BR weiter zu verstehen, als es in Abs. 1 S. 2 seinen Niederschlag gefunden habe[19]. Sicherlich kann der ArbGeb freiwillig über sonstige Teile einer Personalplanung mit dem BR beraten. Eine Verpflichtung hierzu besteht angesichts des klaren Wortlauts des Abs. 1 S. 2 indes nicht[20].

---

[1] BAG 19.6.1984 – 1 ABR 6/83, NZA 1984, 329. ‖ [2] *Karthaus/Klebe*, NZA 2012, 417 (419). ‖ [3] BAG 19.6.1984 – 1 ABR 6/83, NZA 1984, 329. ‖ [4] *Richardi/Thüsing*, § 92 Rz. 33. ‖ [5] LAG Sachs. 9.12.2011 – 3 TaBV 25/10. ‖ [6] *Fitting*, § 92 Rz. 23. ‖ [7] *Rumpff/Boewer*, Mitbestimmung in wirtschaftlichen Angelegenheiten, Rz. E 44. ‖ [8] *Richardi/Thüsing*, § 92 Rz. 30; *Heinze*, Personalplanung, Rz. 43. ‖ [9] DKKW/*Schneider/Homburg*, § 92 Rz. 43; vgl. auch LAG München 6.8.1986 – 8 TaBV 34/86, LAGE § 92 BetrVG 1972 Nr. 1. ‖ [10] GK-BetrVG/*Raab*, § 92 Rz. 27; *Richardi/Thüsing*, § 92 Rz. 31. ‖ [11] AA DKKW/*Homburg*, § 92 Rz. 43; soweit es sich nicht nur um einen einfach gelagerten Sachverhalt handelt: LAG Sachs. 9.12.2011 – 3 TaBV 25/10. ‖ [12] So die hM: GK-BetrVG/*Raab*, § 92 Rz. 27. ‖ [13] Vgl. LAG München 6.8.1986 – 8 TaBV 34/86, LAGE § 92 BetrVG 1972 Nr. 1. ‖ [14] LAG Schl.-Holst. 14.12.1993 – 1 TaBV 3/93, AuR 1994, 202. ‖ [15] BAG 31.1.1989 – 1 ABR 72/87, NZA 1989, 932 f. ‖ [16] LAG Bremen 18.3.1992 – 2 TaBV 25/91, AiB 1993, 185; LAG Nds. 4.6.2007 – 12 TaBV 56/06. ‖ [17] *Besgen*, BVR, § 19 Rz. 19; *Fitting*, § 92 Rz. 35; aA BAG 6.11.1990 – 1 ABR 60/89, NZA 1991, 358. ‖ [18] *Fitting*, § 92 Rz. 35. ‖ [19] *Fitting*, § 92 Rz. 35. ‖ [20] *Richardi/Thüsing*, § 92 Rz. 34.

16 Gegenstand der Beratung sind die Art und der Umfang der erforderlichen Maßnahmen sowie die Vermeidung von Härten. Die bloße Personalbedarfsplanung, aus der noch keine konkreten Maßnahmen folgen, unterfällt nicht dem Beratungsrecht[1]. Gleiches gilt schon nach dem Wortlaut für die Frage, ob Maßnahmen getroffen werden. Dies bedeutet aber auch, dass die aus der Personalplanung entwickelte Zielvorgabe nicht dem Beratungsrecht unterfällt. Über das jeweilige Anforderungsprofil eines Arbeitsplatzes entscheidet aber der ArbGeb allein[2]. Ebenso wenig sind Gegenstand der Beratung iSd. Abs. 1 S. 2 **Einzelmaßnahmen**. Diese werden vom Beteiligungsrecht des BR gem. §§ 99 ff. umfasst[3].

17 Beratung heißt nicht, dass der BR lediglich seine Vorstellung zu den Beratungsgegenständen äußern darf. Vielmehr muss die Beratung gem. dem Gedanken des § 2 von dem Grundsatz getragen sein, eine **Einigung** herbeizuführen[4]. Allerdings besteht für den ArbGeb keine Verpflichtung, den Stellungnahmen des BR zu folgen oder nur im gegenseitigen Einvernehmen die mithilfe der Personalplanung gefundenen Ergebnisse umzusetzen[5].

18 **V. Vorschlagsrechte.** Gem. Abs. 2 kann der BR dem ArbGeb **Vorschläge** für die Einführung einer Personalplanung und ihre Durchführung machen. Dieses Vorschlagsrecht ergänzt das Beratungsrecht des BR. Zwar ist der ArbGeb nicht verpflichtet, den Vorschlägen des BR nachzukommen. Aus § 2 I folgt aber, dass er sich zumindest ernsthaft mit den Vorschlägen zu befassen hat[6]. So kann der BR nach Auffassung der Rspr. vorschlagen, dass die gegenwärtig von ArbN von Fremdfirmen geleisteten Arbeiten durch ArbN des Betriebs, die ggf. auch neu einzustellen sind, verrichtet werden[7]. Allerdings darf das Vorschlagsrecht nicht dazu **missbraucht** werden, Beratungsgegenstände zu kreieren, mit deren Hilfe der BR die Offenlegung bestimmter Unterlagen durch den ArbGeb herbeiführen will. Vom Vorschlagsrecht des BR mit umfasst sieht die hM auch die Befugnis, dass, sofern bereits **Personaldaten** in EDV-Anlagen verarbeitet werden, auch ein Programm für ein Personalinformationssystem zu entwickeln sei[8]. Ebenso wenig ist der BR auf **Einzelvorschläge** festgelegt, sondern er kann auch Vorschläge zu einer **Gesamtpersonalplanung** machen[9].

19 **VI. Besondere Fördermaßnahmen.** Später in das Gesetz aufgenommen wurde Abs. 3. Danach gilt das Recht, umfassend unterrichtet zu werden, zu Beratungen hinzugezogen zu werden und Vorschläge zu machen, auch für Maßnahmen iSd. § 80 I Nr. 2a und 2b, insb. für die Aufstellung und Durchführung von Maßnahmen zur Förderung der Gleichstellung von Frauen und Männern[10]. Der Gesetzgeber wollte damit den ArbGeb verpflichten, bereits von sich aus bei der Personalplanung die **Frauenförderung** zu berücksichtigen, seine Vorstellungen hierzu, insb. die damit verbundenen personellen Maßnahmen und erforderlichen Bildungsmaßnahmen, dem BR anhand von Unterlagen zu unterbreiten und mit ihm zu beraten[11]. Auf Grund dieser Regelung finden die Abs. 1 und 2 auch auf Maßnahmen zur Durchsetzung der tatsächlichen Gleichstellung von Frauen und Männern, insb. bei der Einstellung, Beschäftigung, Aus-, Fort- und Weiterbildung und dem berufl. Aufstieg, sowie für Maßnahmen zur Förderung der Vereinbarkeit von Familie und Erwerbstätigkeit Anwendung. Angesichts des Wortlauts der Neufassung ist jedoch fraglich, ob der Gesetzgeber seiner Intention gerecht geworden ist. Dem Wortlaut des Abs. 3 ist nicht zu entnehmen, dass der ArbGeb tatsächlich auf entsprechende Maßnahmen verpflichtet wird. Hierzu ist auf § 12 AGG zu verweisen. Nur wenn der ArbGeb Maßnahmen durchführt oder durchführen will, hat er hiervon den BR zu unterrichten und mit diesem über Art und Umfang der entsprechenden Maßnahmen und über die Vermeidung von Härten zu beraten. Zwar besteht gem. Abs. 3 iVm. Abs. 2 ein Vorschlagsrecht des BR für entsprechende Maßnahmen, jedoch kann der BR nicht – entgegen der Andeutung in der Gesetzesbegründung – den ArbGeb auf solche Maßnahmen verpflichten.

20 **VII. Personenkreis/Tendenzcharakter.** Nicht von der Personalplanung iSd. § 92 erfasst ist die Personalplanung für **leitende Angestellte** iSd. § 5 III[12]. Jedoch muss sich die Personalplanung dabei ausschließlich auf leitende Angestellte beziehen. Dagegen ist der BR einzuschalten, wenn es darum geht, ArbN durch Qualifikationsmaßnahmen zu befähigen, zu leitenden Angestellten des Unternehmens aufzusteigen[13].

21 Seine Unterrichtungsverpflichtung sowie die Beratungsverpflichtung kann der ArbGeb auch nicht unter Hinweis auf den **Tendenzcharakter** des Unternehmens in Abrede stellen. § 118 I 2 schließt die Beteiligungsrechte des BR nach Abs. 1 nicht generell aus[14].

22 **VIII. Zuständigkeiten.** Zuständig für die Ausübung der Beteiligungsrechte nach § 92 ist in erster Linie der BR. Bei Unternehmen mit mehreren Betrieben, kann, falls die Personalplanung auf Unternehmensebene erfolgt, der **GBR** zuständig werden[15]. Ebenfalls denkbar ist eine Zuständigkeit des **KBR**[16].

---

1 So BAG 6.11.1990 – 1 ABR 60/89, NZA 1991, 358 (362). || 2 ArbG Hannover 13.1.2005 – 10 BV 7/04, DB 2005, 896. || 3 GK-BetrVG/*Raab*, § 92 Rz. 32. || 4 GK-BetrVG/*Raab*, § 92 Rz. 32. || 5 *Heinze*, Personalplanung, Rz. 46. || 6 GK-BetrVG/*Raab*, § 92 Rz. 37. || 7 BAG 15.12.1998 – 1 ABR 9/98, NZA 1999, 722 (725). || 8 *Fitting*, § 92 Rz. 36. || 9 ArbG Koblenz 18.2.1983 – 8 (4) BV 13/82. || 10 Vgl. hierzu *Wendeling-Schröder*, NZA Sonderheft 2001, 29 (30). || 11 BT-Drs. 14/5741, 48; *Worzalla/Will*, Das neue Betriebsverfassungsrecht, 2002, Rz. 424. || 12 GK-BetrVG/*Raab*, § 92 Rz. 5; Richardi/*Thüsing*, § 92 Rz. 20; aA DKKW/*Schneider/Homburg*, § 92 Rz. 45. || 13 Richardi/*Thüsing*, § 92 Rz. 21. || 14 BAG 6.11.1990 – 1 ABR 60/89, NZA 1991, 358 (361). || 15 *Heinze*, Personalplanung, Rz. 68; Richardi/*Thüsing*, § 92 Rz. 44. || 16 *Christoffer*, BB 2008, 951 (953).

Beschäftigungssicherung   Rz. 3 § 92a BetrVG

IX. Streitigkeiten. Verletzt der ArbGeb seine Verpflichtungen aus § 92, hat dies keine rechtl. Auswirkungen auf personelle Einzelmaßnahmen[1]. Jedoch kann die **Verletzung von Informations- und Unterrichtungspflichten** eine Ordnungswidrigkeit begründen (§ 121 II). Dies gilt auch für die Verletzung von Pflichten aus Abs. 3. Verstößt der ArbGeb in grober Weise gegen seine Verpflichtungen aus § 92, so kann er gem. § 23 III durch das ArbG angehalten werden, seinen Verpflichtungen nachzukommen. Insofern ist die Regelung des § 23 III abschließend; insb. kann der BR nicht im Wege einer einstw. Verfügung verlangen, dass die Ausführung der Personalplanung, die unter Verletzung der Beteiligungsrechte nach § 92 zustande gekommen ist, zeitlich hinauszuschieben ist[2]. Bei Streitigkeiten über das Bestehen und den Umfang der in § 92 vorgesehenen Rechte und Pflichten entscheidet das ArbG im **Beschlussverfahren**. 23

92a Beschäftigungssicherung

(1) Der Betriebsrat kann dem Arbeitgeber Vorschläge zur Sicherung und Förderung der Beschäftigung machen. Diese können insbesondere eine flexible Gestaltung der Arbeitszeit, die Förderung von Teilzeitarbeit und Altersteilzeit, neue Formen der Arbeitsorganisation, Änderungen der Arbeitsverfahren und Arbeitsabläufe, die Qualifizierung der Arbeitnehmer, Alternativen zur Ausgliederung von Arbeit oder ihrer Vergabe an andere Unternehmen sowie zum Produktions- und Investitionsprogramm zum Gegenstand haben.

(2) Der Arbeitgeber hat die Vorschläge mit dem Betriebsrat zu beraten. Hält der Arbeitgeber die Vorschläge des Betriebsrats für ungeeignet, hat er dies zu begründen; in Betrieben mit mehr als 100 Arbeitnehmern erfolgt die Begründung schriftlich. Zu den Beratungen kann der Arbeitgeber oder der Betriebsrat einen Vertreter der Bundesagentur für Arbeit hinzuziehen.

I. Vorbemerkung. Diese Vorschrift ist durch das BetrVG-ReformG v. 23.7.2001 in das BetrVG eingefügt worden. Nachdem bereits das Thema Beschäftigungssicherung in den **allgemeinen Aufgabenkatalog** für die BR-Arbeit eingefügt wurde, sollte dem BR mit § 92a ein Instrumentarium an die Hand gegeben werden, um die Initiative für eine Beschäftigungssicherung ergreifen zu können[3]. Mit dieser Regelung wollte der Gesetzgeber dazu beitragen, dass der Meinungsbildungsprozess im Betrieb zu Fragen der Sicherung und Förderung der Beschäftigung in Gang gehalten wird und der ArbGeb sich den Vorschlägen des BR stellen muss, auch wenn diese den Bereich der Unternehmensführung betreffen[4]. Jedoch räumt bereits § 80 I Nr. 2 dem BR das Recht ein, dem ArbGeb Maßnahmen vorzuschlagen, die dem Betrieb und der Belegschaft dienen. Insofern wird § 92a von großen Teilen der Lit. krit. betrachtet und als überflüssig bewertet[5]. 1

II. Vorschlagsrecht. Abs. 1 S. 1 enthält ein Vorschlagsrecht des BR zum Zwecke der **Beschäftigungssicherung** und der **Beschäftigungsförderung**. Beschäftigungssicherung meint den Erhalt bestehender Arbeitsplätze, während Beschäftigungsförderung Maßnahmen betrifft, die geeignet sind, die Arbeit im Betrieb attraktiver und arbeitnehmerfreundlicher zu gestalten[6]. Will der BR Vorschläge machen, so müssen diese auf zumindest eines dieser beiden Ziele ausgerichtet sein. Dabei setzt § 92a voraus, dass die entsprechenden Vorschläge einen **kollektiven Bezug** haben. Beschäftigungsförderung oder Beschäftigungssicherung in Bezug auf einen konkreten Arbeitsplatz oder einen konkreten ArbN sind auf Grund dieser Regelung nicht zulässig[7]. Als mögliche Inhalte von Vorschlägen des BR zur Beschäftigungssicherung und Beschäftigungsförderung zählt das Gesetz in Abs. 1 S. 2 einige Beispiele auf. Diese Aufzählung hat aber **keinen abschließenden Charakter**[8]. Hiermit konkretisiert der Gesetzgeber einmal mehr die Verpflichtung von ArbGeb und BR, zum Wohle der ArbN und des Betriebes zusammenzuarbeiten (§ 2). Insofern erweist sich eine Beschränkung der Regelungen auf **Gegenstände sozialer Angelegenheiten** iSd. § 88 als zu eng[9]. Das Vorschlagsrecht des BR ist vielmehr, wie sich aus der Gesetzesbegründung herauslesen lässt, weit gefasst und erlaubt deshalb auch Vorschläge zur Führung des Betriebes. Allerdings dürfen sich diese Vorschläge auf Grund des beschränkten Mandats des BR nur auf **belegschaftsbezogene Gegenstände** ausrichten[10]. Das bedeutet, dass der BR keine Vorschläge zur Unternehmensführung auf der Grundlage des § 92a machen kann, die weder einen Bezug zur Beschäftigungssicherung noch zur Beschäftigungsförderung der im Betrieb beschäftigten ArbN aufweisen[11]. 2

III. Beratungsrecht. Abs. 2 S. 1 verpflichtet den ArbGeb, die Vorschläge mit dem BR zu beraten. Dh., dass sich der ArbGeb zumindest inhaltlich mit dem entsprechenden Vorschlag auseinanderzusetzen hat. Eine **Beratungspflicht** besteht jedoch dann nicht, wenn der BR nach einer erfolgten Ablehnung des Vorschlags durch den ArbGeb denselben Vorschlag noch einmal macht, ohne dass sich an den Umständen etwas geändert hat[12]. 3

---

1 Richardi/*Thüsing*, § 92 Rz. 50.   ‖2 Vgl. *Heinze*, Personalplanung, Rz. 49 ff.; aA ArbG Bamberg 30.11.1984 – 3 BvGa 3/84, NZA 1985, 259.   ‖3 Vgl. *Boemke*, JuS 2002, 521 (527); LAG BW 27.9.2004 – 4 TaBV 3/04, NZA 2005, 195.   ‖4 BR-Drs. 140/01, 111 f.   ‖5 Vgl. *Reichold*, NZA 2001, 857 (863); *Annuß*, NZA 2001, 367 (368); *Wolf*, FS Wißmann, 2005, S. 489 (496).   ‖6 *Löwisch/Kaiser*, § 92a Rz. 5.   ‖7 *Löwisch/Kaiser*, § 92a Rz. 4.   ‖8 HaKo-BetrVG/*Kohte*, § 92a Rz. 7; *Körner*, NZA 2006, 573 (575); *Schiefer/Worzalla*, NZA 2011, 1396 (1401).   ‖9 So aber *Löwisch/Kaiser*, § 92a Rz. 8.   ‖10 *Besgen*, BVR, § 19 Rz. 22; *Fitting*, § 92a Rz. 5; *Konzen*, RdA 2001, 76 (90); ähnlich *Däubler*, NZA-Beil. 1/2011, 42.   ‖11 Vgl. auch *Rieble*, ZIP 2001, 133 (140).   ‖12 DKKW/*Däubler*, § 92a Rz. 14.

4 Der BR hat keinen Anspruch darauf, mit einer bestimmten Person, etwa dem ArbGeb in Person, zu beraten. Dieser kann vielmehr einen sachkundigen Verhandlungspartner beauftragen, der jedoch über das entsprechende Fachwissen verfügen und mit eigener Entscheidungskompetenz ausgestattet sein muss. Sowohl ArbGeb als auch BR können nach Abs. 2 S. 3 einen Vertreter der BA zu den Beratungen hinzuziehen. Damit wird sichergestellt, dass die spezifischen Kenntnisse der Arbeitsverwaltung, insb. was Fortbildungs- und Umschulungsmaßnahmen sowie Förderungsmöglichkeiten betrifft, den Betriebspartnern zur Verfügung stehen. Darüber hinaus kann der Vertreter der Arbeitsverwaltung bei Meinungsverschiedenheiten der Betriebsparteien vermittelnd tätig werden. Er hat das gleiche Rederecht wie die Betriebsparteien, unabhängig davon, auf wessen Antrag er hinzugezogen wurde[1].

5 Werden sich ArbGeb und BR über Maßnahmen zur Beschäftigungsförderung bzw. Beschäftigungssicherung einig, richtet sich das Weitere nach den entsprechenden Vorschriften des BetrVG. Eine bestimmte Form der Einigung schreibt § 92a nicht vor. Wollen aber die Parteien ihre Einigung in Form einer **BV** abschließen[2], gelten insofern die Vorgaben des § 77. Betrifft die Einigung über Beschäftigungssicherungs- bzw. Beschäftigungsförderungsmaßnahmen darüber hinaus Regelungsgegenstände des § 87, ist insoweit § 87 I Eingangssatz die rechtl. Grenze für ein Tätigwerden der Betriebspartner. Insofern bringt § 92a keine Ausweitung des Regelungsspielraumes der Betriebspartner.

6 **IV. Begründungspflicht des Arbeitgebers.** Hält der ArbGeb die Vorschläge des BR allerdings für ungeeignet, so hat er dies zu begründen. In Betrieben mit mehr als 100 ArbN hat diese Begründung **schriftl.** zu erfolgen. Ausweislich des Wortlautes des Abs. 2 S. 2 gilt dieses Begründungserfordernis jedoch nur dann, wenn der ArbGeb die vorgeschlagenen Maßnahmen für „**ungeeignet**" hält. Meint dagegen der ArbGeb, dass der Vorschlag des BR im Hinblick auf die Beschäftigungsförderung bzw. Beschäftigungssicherung geeignet sei, will er aber gleichwohl diesen Vorschlag nicht umsetzen, weil er ihn etwa für wirtschaftl. nicht tragbar hält, so braucht er dies angesichts des Wortlauts des Abs. 2 S. 2 nicht zu begründen[3]. Aus dem Grundsatz der vertrauensvollen Zusammenarbeit wird man aber den ArbGeb in solchen Fällen als verpflichtet ansehen, zumindest stichwortartig dem BR formlos mitzuteilen, warum der Vorschlag des BR nicht umgesetzt werden soll.

7 Der Zweck der Begründungspflicht ist sicherlich auch in der unterstützenden Funktion im Hinblick auf das Beratungsrecht zu sehen. Wenn die Betriebspartner zuvor über einen Vorschlag ausführlich beraten haben, so zwingt noch einmal die Begründungspflicht den ArbGeb dazu, sich mit den Argumenten des BR auseinanderzusetzen. Für den Inhalt der Begründung ist aber nur die **subjektive Einschätzung** des ArbGeb maßgeblich. Ob seine Argumente letztlich zutreffend sind oder nicht, ist insoweit unerheblich. Die Begründung muss jedoch **verständlich** sein, dh., aus ihr müssen die tragenden Gründe für die Zurückweisung des Vorschlages ersichtlich werden[4].

8 In Betrieben mit mehr als 100 ArbN muss die Begründung schriftl. erfolgen. Ob dieser **Schwellenwert** erfüllt ist, bestimmt sich nach dem **Zeitpunkt**, zu dem die Ablehnung mitgeteilt werden soll[5]. Die schriftl. Begründung setzt grds. voraus, dass die entsprechende Begründung eigenhändig durch Namensunterschrift unterzeichnet sein muss. Insofern erlangt die Vorschrift des § 92a indirekte Bedeutung im Kündigungsschutzprozess. Will etwa der ArbGeb Kündigungen aus personenbedingten oder betriebsbedingten Gründen aussprechen, wird er sich ggf. seine Ablehnung für einen Vorschlag des BR entgegenhalten lassen müssen, mit dem der BR versucht hat, durch beschäftigungssichernde Maßnahmen eben diesen Kündigungen entgegenzuwirken (zB durch Fortbildungsmaßnahmen oder Umstrukturierungen)[6].

9 **V. Streitigkeiten.** Weigert sich der ArbGeb, mit dem BR über dessen Vorschläge für beschäftigungssichernde bzw. beschäftigungsfördernde Maßnahmen zu beraten oder lehnt der ArbGeb die ihm unterbreiteten Vorschläge als ungeeignet ab, ohne sie zu begründen, kann er zur Einhaltung seiner betriebsverfassungsrechtl. Verpflichtung aus § 92a im arbeitsgerichtl. **Beschlussverfahren** auf Antrag des BR zur Beratung bzw. zur Begründung gezwungen werden[7]. Dagegen kann der BR nicht die Unterlassung solcher Maßnahmen durch den ArbGeb fordern, die die noch nicht erschöpfend diskutierten Vorschläge des BR gegenstandslos machen würden[8]. Bei groben Verletzungen der Pflichten aus § 92a kann jedoch ein Verfahren nach § 23 III eingeleitet werden. Für das Rechtsverhältnis zwischen ArbN und ArbGeb entfaltet ein Verstoß gegen § 92a dagegen keine unmittelbare Rechtswirkung[9].

93 Ausschreibung von Arbeitsplätzen

Der Betriebsrat kann verlangen, dass Arbeitsplätze, die besetzt werden sollen, allgemein oder für bestimmte Arten von Tätigkeiten vor ihrer Besetzung innerhalb des Betriebs ausgeschrieben werden.

---

1 Richardi/*Thüsing*, § 92a Rz. 14. ||2 Hierzu *Fischer*, DB 2002, 322 (323); *Löwisch*, DB 2005, 554 (556). ||3 *Fischer*, DB 2002, 322; aA *Fitting*, § 92a Rz. 11; GK-BetrVG/*Raab*, § 92a Rz. 29. ||4 Vgl. *Löwisch*, BB 2001, 1790 (1794). ||5 *Besgen*, BVR, § 19 Rz. 25; *Fitting*, § 92a Rz. 12. ||6 *Löwisch*, BB 2001, 1790 (1794); ähnlich auch DKKW/*Däubler*, § 92a Rz. 23 ff. ||7 *Löwisch/Kaiser*, § 92a Rz. 10; *Engels*, NZA 2007, 8 (10). ||8 So auch Richardi/*Thüsing*, § 92a Rz. 16; aA DKKW/*Däubler*, § 92a Rz. 26. ||9 BAG 18.10.2006 – 2 AZR 434/05, NZA 2007, 552 (554); WPK/*Preis*, § 92a Rz. 1.

I. Vorbemerkung. Mit dieser Vorschrift wollte der Gesetzgeber dem BR die Möglichkeit geben, im Interesse der Belegschaftsangehörigen den **innerbetrieblichen Arbeitsmarkt** zu aktivieren[1]. Auch sollten Irritationen der Belegschaft über die Hereinnahme Externer trotz eines möglicherweise im Betrieb vorhandenen qualifizierten Angebots vermieden werden[2].

II. Ausschreibung von Arbeitsplätzen. Durch § 93 hat der Gesetzgeber dem BR für einen bestimmten Bereich der Personalplanung ein als MitbestR ausgestaltetes **Initiativrecht** gegeben. Der BR kann verlangen, dass Arbeitsplätze, die besetzt werden sollen, allgemein oder für bestimmte Arten von Tätigkeiten vor ihrer Besetzung innerhalb des Betriebes ausgeschrieben werden[3]. Das gilt auch dann, wenn mit internen Bewerbungen höchstwahrscheinlich nicht zu rechnen ist[4]. „Allgemein" bedeutet, dass alle freien Stellen, auch solche, die keine Aufstiegs- und Qualifizierungschancen bieten, auszuschreiben sind. Bezieht sich das Verlangen des BR dagegen „auf bestimmte Arten von Tätigkeiten", heißt das, dass die Ausschreibungspflicht sich auf bestimmte Gruppen von Arbeitsplätzen beschränkt, die durch Aufgaben- oder Stellenbeschreibung definiert werden. Dies bedeutet im Umkehrschluss, dass sich das Verlangen des BR im Hinblick auf die Ausschreibung von Arbeitsplätzen nicht auf einzelne konkrete Arbeitsplätze beziehen darf[5]. Der BR kann also nicht von Fall zu Fall verlangen, dass ein bestimmter Arbeitsplatz allgemein ausgeschrieben wird[6].

Ein Initiativrecht steht dem BR nach ganz hM auch dann zu, wenn der ArbGeb den Arbeitsplatz mit einem **LeihArbN** besetzen will[7]. Das gilt nach der Rspr. des BAG zumindest dann, wenn die Besetzung dauerhaft erfolgen soll[8]. Nicht entschieden ist hingegen, ob das Beteiligungsrecht auch bei einer „kurzzeitigen" Besetzung mit LeihArbN besteht[9]. Die Frage, ob bei einer Fremdvergabe der Arbeit an ein **Drittunternehmen** das Initiativrecht ausgelöst wird, ist umstritten. Hier steht die Rspr. auf dem Standpunkt, dass auch dann der BR gem. § 93 die Ausschreibung von solchen Arbeitsplätzen verlangen kann, die der ArbGeb mit **freien Mitarbeitern** besetzen will, wenn es sich hierbei um eine gem. § 99 mitbestimmungspflichtige Einstellung handelt[10]. Wird dagegen die Aufgabe einem Drittunternehmen übertragen, ohne dass eine Einstellung nach § 99 vorliegt, so ist das Initiativrecht des BR nach § 93 nicht einschlägig[11].

Der BR kann die betriebsinterne Ausschreibung **zeitlich** nur vor der Besetzung der Arbeitsplätze verlangen. Hat der ArbGeb bereits das Verfahren nach § 99 eingeleitet, kann er sich nicht mehr auf sein Initiativrecht nach § 93 berufen[12]. Es kann zweckmäßig sein, für größere Betriebe über Umfang, Inhalt und Form von Ausschreibungen eine **freiwillige BV** abzuschließen.

Ausweislich des Wortlauts des § 93 kann der BR die Ausschreibung nur „innerhalb des Betriebs" verlangen. Eine **unternehmens- oder konzernbezogene Ausschreibung** ist daher durch den BR nicht erzwingbar[13]. Falls jedoch die Voraussetzungen für die Zuständigkeit des **GesamtBR** oder gar des **KonzernBR** vorliegen, so können diese Gremien im Ausnahmefall auch die unternehmensweite bzw. konzernweite Ausschreibung verlangen[14].

III. Tendenzbetriebe/Leitende Angestellte. Dem Verlangen des BR, Arbeitsplätze innerbetriebl. auszuschreiben, steht idR auch nicht die Eigenart eines **Tendenzunternehmens** entgegen, selbst wenn sich die Ausschreibung auf sog. Tendenzträger erstrecken soll. Hier stellt sich die Frage der Tendenzbeeinträchtigung erst, wenn der BR wegen einer unterbliebenen Ausschreibung seine Zustimmung zur personellen Einzelmaßnahme verweigern will[15]. Dagegen unterliegen die Arbeitsplätze **leitender Angestellter** iSd. § 5 III nicht dem Initiativrecht des BR[16].

IV. Art und Weise der Ausschreibung. Die gesetzl. Regelung definiert indes nicht, was sie unter einer innerbetriebl. Ausschreibung verstehen will. Hier dürfte weitgehend Einigkeit bestehen, dass aus einer Ausschreibung zumindest hervorgehen muss, um welchen Arbeitsplatz es sich handelt und welche **Anforderungen der Bewerber** erfüllen muss[17]. Die Angabe, ob eine befristete Einstellung erfolgen soll, ist hingegen nicht erforderlich[18]. Erforderlich ist regelmäßig eine Ausschreibung in der für die Bekanntgabe von Informationen üblichen **Form**, etwa durch Aushang, durch Aufnahme in die Betriebszeitung, durch Veröffentlichung im Internet oder durch Rundschreiben per E-Mail oder im Postweg[19]. Ausschließlich

---

1 BR-Drs. 715/70, 32 (50). ||2 BAG 27.7.1993 – 1 ABR 7/93, NZA 1994, 92 (94). ||3 *Laber/Schmidt*, ArbRB 2012, 276 (278). ||4 LAG Köln 19.9.2012 – 5 TaBV 18/12; LAG Bln.-Bbg. 14.1.2010 – 26 TaBV 1954/09, AuA 2010, 370. ||5 *Etzel*, Rz. 713. ||6 *Fitting*, § 93 Rz. 5; LAG Köln 1.4.1993 – 10 TaBV 97/92, LAGE § 93 BetrVG 1972 Nr. 2; aA DKKW/*Buschmann*, § 93 Rz. 9. ||7 LAG Bremen 5.11.2009 – 3 TaBV 16/09; Richardi/*Thüsing*, § 93 Rz. 3; *Fitting*, § 93 Rz. 5. ||8 BAG 1.2.2011 – 1 ABR 79/09, DB 2011, 1282; Richardi, AP BetrVG 1972 § 93 Nr. 9; aA *Seel*, MDR 2012, 813 (816). ||9 Vgl. für unbeschränkte Ausschreibungspflicht LAG Schl.-Holst. 29.2.2012 – 6 TaBV 43/11, ArbR 2012, 203; *Sieweke*, NZA 2012, 426 (428); ArbG Berlin 18.8.2011 – 33 BV 5005/11, AE 2012, 110, welches auch bei einer Dauer von sechs Monaten nicht von einer Kurzzeitigkeit ausgeht; gegen ein Beteiligungsrecht *Gussen*, NZA 2011, 830 (835). ||10 BAG 27.7.1993 – 1 ABR 7/93, NZA 1994, 92; GK-BetrVG/*Raab*, § 93 Rz. 6. ||11 BAG 27.7.1993 – 1 ABR 7/93, NZA 1994, 92 (93); krit. *Hromadka*, SAE 1994, 133 (135). ||12 Richardi/*Thüsing*, § 93 Rz. 13. ||13 Hess ua./*Rose*, § 93 Rz. 26; GK-BetrVG/*Raab*, § 93 Rz. 22. ||14 GK-BetrVG/*Raab*, § 93 Rz. 22 mwN. ||15 BAG 30.1.1979 – 1 ABR 78/76, DB 1979, 1608ff. ||16 GK-BetrVG/*Raab*, § 93 Rz. 8. ||17 BAG 10.3.2009 – 1 ABR 93/07, NZA 2009, 622 (626) mwN. ||18 LAG Sch.-Holst. 6.3.2012 – 2 TaBV 37/11, ArbR 2012, 331. ||19 BAG 6.10.2010 – 7 ABR 18/09, DB 2011, 658 (659).

elektronische Ausschreibungen wird man nur anerkennen können, wenn sichergestellt ist, dass sämtliche Mitarbeiter, die für die ausgeschriebene Stelle in Betracht kommen könnten, von der Ausschreibung Kenntnis erlangen. Des Weiteren muss die Ausschreibung eine bestimmte **Frist** für die Bewerbung vorsehen[1]. Diese darf nicht zu kurz bemessen sein, wobei idR eine zweiwöchige Frist als ausreichend anzusehen ist[2]. Allerdings hat der BR kein MitbestR nach § 93 hinsichtlich des **Inhalts und der Abfassung der internen Ausschreibung**[3]. Da das Ausschreibungsverlangen der Chancengleichheit innerbetriebl. und betriebsexterner Bewerber dient, genügt der ArbGeb dem vom BR geforderten innerbetriebl. Stellenausschreibungsverfahren nicht, wenn er eine bestimmte Stelle im Betrieb zwar ausschreibt, in einer Stellenanzeige in der Tagespresse dann aber geringere Anforderungen für eine Bewerbung um diese Stelle nennt[4]. Für die Ausschreibung hat der ArbGeb auch § 7 I TzBfG zu beachten.

8 Keinesfalls verlangt das Initiativrecht nach § 93, dass der ArbGeb zunächst verpflichtet ist, unter allen Umständen den betriebl. Arbeitsmarkt auszuschöpfen. Insofern genügt der ArbGeb seinen Verpflichtungen, wenn er eine Stelle, auf der ein LeihArbN-Einsatz vorgesehen ist, als solche, nämlich als LeihArbN-Stelle innerbetriebl. ausschreibt[5]. Ebenso wenig ist er verpflichtet, einem innerbetriebl. Bewerber den Vorrang einzuräumen[6]. Stattdessen obliegt es dem **Ermessen des ArbGeb**, die Stelle mit dem Bewerber seiner Wahl zu besetzen, selbst wenn dieser sich nicht rechtzeitig beworben haben sollte[7]. Auch eine zeitlich verzögerte Einstellung aufgrund der erfolgten Ausschreibung ist ohne erneute innerbetriebliche Ausschreibung möglich[8].

9 **V. Streitigkeiten.** Kommt der ArbGeb dem Initiativrecht des BR nicht nach und will er Arbeitsplätze mit ArbN besetzen, ohne zuvor die vom BR verlangte interne Ausschreibung vorzunehmen, kann der BR nach § 99 II Nr. 5 seine Zustimmung zu der Einstellung verweigern[9]. Dies gilt jedoch nur bei Unternehmen mit idR mehr als 20 wahlberechtigten ArbN. Verweigert der BR in einem solchen Fall seine Zustimmung zu einer Einstellung unter dem Hinweis, dass eine nach § 93 erforderliche Ausschreibung im Betrieb unterblieben ist, vermag diese fehlende Zustimmung des BR auch nicht durch das ArbG ersetzt zu werden. Dies wäre nur denkbar, wenn der ArbGeb die **interne Ausschreibung nachholt** und sich niemand auf diese betriebsinterne Ausschreibung bewirbt[10]. Bei groben und wiederholten Verstößen des ArbGeb gegen seine Ausschreibungsverpflichtung kommt darüber hinaus ein Antrag gem. § 23 III in Betracht[11].

94 *Personalfragebogen, Beurteilungsgrundsätze*

(1) Personalfragebogen bedürfen der Zustimmung des Betriebsrats. Kommt eine Einigung über ihren Inhalt nicht zustande, so entscheidet die Einigungsstelle. Der Spruch der Einigungsstelle ersetzt die Einigung zwischen Arbeitgeber und Betriebsrat.

(2) Absatz 1 gilt entsprechend für persönliche Angaben in schriftlichen Arbeitsverträgen, die allgemein für den Betrieb verwendet werden sollen, sowie für die Aufstellung allgemeiner Beurteilungsgrundsätze.

1 **I. Vorbemerkung.** Persönliche Daten in Personalfragebögen und Formulararbeitsverträgen sind zweifellos ein bedeutendes Mittel für den ArbGeb, die fachliche und persönliche **Eignung von ArbN** bzw. von Bewerbern um einen Arbeitsplatz festzustellen. Diesem Interesse der ArbGebSeite steht indes ein Interesse des ArbN am präventiven Schutz seines **Allg. Persönlichkeitsrechts** ggü[12]. Deshalb wollte der Gesetzgeber sicherstellen, dass die Fragen, denen sich ein ArbN ausgesetzt sieht, auf die Gegenstände und den Umfang beschränkt bleiben, für die ein berechtigtes Auskunftsbedürfnis des ArbGeb besteht[13]. Nicht so sehr um den Schutz informationeller Selbstbestimmung der ArbN geht es bei dem Beteiligungsrecht in Bezug auf die Aufstellung allg. Beurteilungsgrundsätze. Vielmehr soll durch die Einschaltung des BR erreicht werden, dass die Bewertung des ArbN und seiner Arbeitsleistung nach **objektiven und arbeitsbezogenen Kriterien** erfolgt[14].

2 **II. Personalfragebogen.** Anknüpfungspunkt für den Mitbestimmungstatbestand ist der Begriff des Personalfragebogens[15]. Unter Personalfragebogen versteht man im Allg. die formularmäßige Zusammenfassung von Fragen über die persönlichen Verhältnisse, Kenntnisse und Fähigkeiten einer Person[16].

---

1 *Heinze*, Personalplanung, Rz. 85. ‖2 BAG 6.10.2010 – 7 ABR 18/09, DB 2011, 658; LAG München 18.12.2008 – 4 TaBV 70/08. ‖3 BAG 27.5.1982 – 6 ABR 105/79, DB 1982, 2410f.; 23.2.1988 – 1 ABR 82/86, NZA 1988, 551 (552); *Stege/Weinspach/Schiefer*, § 93 Rz. 6; *Neubauer*, Einschaltung Dritter ins Stellenbesetzungsverfahren, 2011, S. 253. aA DKKW/*Buschmann*, § 93 Rz. 10. ‖4 BAG 23.2.1988 – 1 ABR 82/86, NZA 1988, 551 (552). ‖5 LAG Nds. 19.11.2008 – 15 TaBV 159/07; LAG BW 12.3.2008 – 16 TaBV 12/08; unklar *Hunold*, NZA-RR 2008, 281 (285). ‖6 *Kleinebrink*, ArbRB 2006, 217 (218). ‖7 Hess ua./*Rose*, § 93 Rz. 40; BAG 7.11.1977 – 1 ABR 55/75, NJW 1978, 848 (850); LAG Hamm 24.11.1978 – 3 TaBV 92/78, DB 1979, 1468. ‖8 LAG Nürnberg 14.2.2012 – 4 TaBV 40/11. ‖9 BAG 14.12.2004 – 1 ABR 54/03, NZA 2005, 424. ‖10 Richardi/*Thüsing*, § 93 Rz. 28. ‖11 LAG Bln.-Bbg. 23.3.2010 – 7 TaBV 2511/09; LAG München 6.10.2005 – 3 TaBV 24/05; *Heinze*, Personalplanung, Rz. 87. ‖12 BAG 9.7.1991 – 1 ABR 57/90, NZA 1992, 126. ‖13 BT-Drs. VI/1786, 50; BAG 9.7.1991 – 1 ABR 57/90, NZA 1992, 126 (129); krit. hierzu *Grunewald*, NZA 1996, 15 (16). ‖14 BT-Drs. VI/1786, 50. ‖15 Hierzu ausf. einschl. Formular *Zeller*, BB 1987, 1522. ‖16 BAG 21.9.1993 – 1 ABR 28/93, NZA 1994, 375 (376); LAG Bln.-Bbg. 19.4.2011 – 7 TaBV 556/11.

Für diese **Begriffsbestimmung** spielt es keine Rolle, ob die Daten schriftl. oder in elektronischer Form niedergelegt werden. So ist etwa auch eine Befragungsaktion per E-Mail oder Internet iSd. Abs. 1 mitbestimmungspflichtig[1]. Auch ist es unerheblich, ob die befragte Person selbst den Fragebogen ausfüllt oder ob ein Befrager die Personaldaten erhebt. Demnach ist Abs. 1 anwendbar, wenn die Fragen an Bewerber oder ArbN anhand eines standardisierten Fragenkataloges vom ArbGeb oder einem von ihm Beauftragten mündlich gestellt werden und die Antworten vom Fragenden oder von sonst einer Person schriftl. festgehalten werden[2]. Dies führt aber weder dazu, dass die Durchführung des Tests als solche dem MitbestR unterliegt oder gar der BR verlangen kann, an dem Vorstellungsgespräch beteiligt zu werden[3].

Der Personalfragebogen in Abs. 1 zielt auf persönliche Angaben des ArbN, also Angaben über persönliche Verhältnisse ab. Insb. psychologische Eignungstests gelten daher regelmäßig als Personalfragebögen gem. Abs. 1[4]. Bei **Assessmentcentern** muss jedoch differenziert werden. Soweit die dort gestellten Fragen sich auf den konkret zu besetzenden Arbeitsplatz beziehen, werden sie regelmäßig keine formularmäßige Informationserhebung über persönliche Angaben des ArbN darstellen. Erst wenn die Beobachter ihre Eindrücke festhalten und der ArbGeb diese Aufzeichnungen bei seiner Auswahl berücksichtigt, löst dies das MitbestR nach Abs. 1 aus[5]. Ebenso wenig zählen Fragen im Rahmen eines **Vorstellungsgespräches**, sofern es sich hierbei nicht um standardisierte Fragen handelt, zum Personalfragebogen iSd. Abs. 1[6]. Auch **ärztliche Fragebögen** für Einstellungsuntersuchungen obliegen nicht dem Beteiligungsrecht des BR, da die Formulierung solcher Fragebögen vom Weisungsrecht des ArbGeb unabhängig ist. Schließlich darf der Arzt wegen der ärztlichen Schweigepflicht einen solchen Fragebogen nicht an den ArbGeb weitergeben, so dass ausgeschlossen ist, dass auf diese Weise die Mitbest. des BR beim Personalfragebogen umgangen wird[7]. Kein MitbestR besteht, wenn keine persönlichen Verhältnisse abgefragt werden, so dass etwa die Einführung von Formularen zur Erfassung von Kassendifferenzen nicht der Zustimmung des BR bedarf[8].

Ebenfalls nicht von § 94 erfasst ist die Einholung von Auskünften über den ArbN bei Dritten[9]. Gleiches gilt erst recht etwa für die Befragung von Kunden über das Verhalten von Mitarbeitern ggü. den Kunden[10]. Dagegen findet § 94 Anwendung, wenn persönliche Angaben in Interviews, zB in sog. **Krankengesprächen**, erhoben werden und die Antworten des ArbN vom ArbGeb festgehalten werden[11]. Aber auch sog. persönliche Bestätigungsformulare hinsichtlich einzuführender Ethik- und Verhaltensrichtlinien können Personalfragebögen darstellen[12].

Das MitbestR hinsichtlich der Befragung in Personalfragebögen erstreckt sich, wie sich aus Abs. 2 ergibt, auf Angaben über persönliche Verhältnisse des ArbN, also auf seine Familienverhältnisse, Vermögensverhältnisse, Bekanntschaften, Beziehungen zu Personen und Organisationen[13], über persönliche Eigenschaften wie etwa seinen Gesundheitszustand, seine Neigungen und Vorlieben, sowie über seine Kenntnisse und Fähigkeiten, seine Ausbildung, seinen berufl. Werdegang oder sonstige Kenntnisse und Erfahrungen[14]. Hierbei gilt es zu beachten, dass neben der kollektivrechtl. Zulässigkeit einer Fragestellung auch stets die individualrechtl. Zulässigkeit einer Frage überprüft werden muss. Im Hinblick auf das **Fragerecht** des ArbGeb muss weiter danach differenziert werden, ob es sich um eine Frage vor oder nach der Einstellung handelt. Hierzu gibt es eine umfangreiche Judikatur, auf die hinsichtlich der Einzelheiten verwiesen wird[15]. Ob auch die Art und Weise der Verwendung der gewonnenen Daten der Mitbest. gem. § 94 unterliegt, ist höchst umstritten. Der Wortlaut jedenfalls spricht dagegen.[16]

Hinsichtlich der persönlichen Lebensverhältnisse des ArbN besteht nur ein Fragerecht, wenn der ArbGeb ein **betriebsbezogenes berechtigtes Interesse** an der Auskunft hat. Insb. die Ausforschung der Intimsphäre ist unzulässig, so dass also Fragen an einen Bewerber nach seinen sexuellen Neigungen oder ob er in einer nichtehelichen Lebensgemeinschaft lebt oder ob er geschieden ist, als unzulässig zu gelten haben[17]. Auch Fragen nach der persönlichen **Vermögenssituation** sind nur eingeschränkt zulässig, nämlich wenn der Bewerber eine besondere Vertrauensstellung einnehmen soll[18]. Umstritten ist jedoch, ob vor Einstellung eines ArbN nach **Lohn- und Gehaltspfändungen** gefragt werden darf[19]. Soweit sich Fragen auf die ethnische Herkunft, Rasse, Religion, Weltanschauung, sexuelle Identität, das Ge-

---

1 LAG Hess. 5.7.2001 – 5 TaBV 153/00, DB 2001, 2254 f. ‖ 2 BAG 21.9.1993 – 1 ABR 28/93, NZA 1994, 375 (376); *Fitting*, § 94 Rz. 8; *Grimm/Freh*, KSzW 2012, 88 (95); *Neubauer*, Einschaltung Dritter ins Stellenbesetzungsverfahren, 2011, S. 265. ‖ 3 BAG 18.7.1978 – 1 ABR 8/75, DB 1978, 2320 ff. ‖ 4 *Franzen*, NZA 2013, 1 (3). ‖ 5 *Wahlers*, ZTR 2005, 185 (187 f.). ‖ 6 GK-BetrVG/*Raab*, § 94 Rz. 17. ‖ 7 *Richardi/Thüsing*, § 94 Rz. 8; *Diller/Powietzka*, NZA 2001, 1227 (1229). ‖ 8 LAG Bln.-Bbg. 19.4.2011 – 7 TaBV 556/11. ‖ 9 MünchArbR/*Matthes*, § 258 Rz. 10. ‖ 10 AA *Däubler*, AiB 2001, 208 (219). ‖ 11 MünchArbR/*Matthes*, § 258 Rz. 7. ‖ 12 *Bachner/Lerch*, AiB 2005, 229 (232); *Wisskirchen/Jordan/Bissels*, DB 2005, 2190 (2192). ‖ 13 Zur Frage nach der Gewerkschaftszugehörigkeit: *Rieble*, GS Heinze, 2005, S. 687 (690 ff.). ‖ 14 MünchArbR/*Matthes*, § 258 Rz. 11. ‖ 15 BAG 18.10.2000 – 2 AZR 380/99, NZA 2001, 315 ff.; vgl. auch die ausf. Darstellung bei: ArbR-BGB/*Schliemann*, § 611 BGB Rz. 400 ff. ‖ 16 *Grimm/Freh*, ArbRB 2012, 241 (242); *Richardi/Thüsing*, § 94 Rz. 36; WPK/ *Preis*, § 94 Rz. 12; ErfK/*Kania*, § 94 BetrVG Rz. 3; aA *Fitting*, § 94 Rz. 9; DKKW/*Klebe*, § 94 Rz. 7. ‖ 17 *Richardi/Thüsing*, § 94 Rz. 23; *Fitting*, § 94 Rz. 20. ‖ 18 *Fitting*, § 94 Rz. 21. Besonderheiten können bei besonderen Berufsgruppen gelten, vgl. *Brogmann*, NZA 2003, 352 ff. ‖ 19 Dies verneinen *Fitting*, § 94 Rz. 21; GK-BetrVG/*Raab*, § 94 Rz. 34; für zulässig halten diese Frage jedoch *Richardi/Thüsing*, § 94 Rz. 26; Hess ua./*Rose*, § 94 Rz. 51.

schlecht und Alter sowie auf eine Behinderung beziehen (§ 1 AGG), bilden die Vorschriften des AGG eine Grenze des Fragerechts (vgl. § 7 AGG Rz. 2) und sind auch von den Betriebspartnern zu beachten)[1].

7 **III. Formulararbeitsverträge.** Der Verwendung von Personalfragebögen stehen nach Abs. 2 persönliche Angaben in Formulararbeitsverträgen gleich. Das MitbestR bezieht sich jedoch nur auf Formulararbeitsverträge, soweit diese persönliche Angaben enthalten. Erfasst wird also nicht der sonstige Inhalt von Formulararbeitsverträgen[2]. Ebenfalls nicht erfasst werden individuelle Arbeitsverträge, auch soweit diese persönliche Angaben enthalten, wie auch Arbeitsverträge für leitende Angestellte[3].

8 **IV. Allgemeine Beurteilungsgrundsätze.** Das Beteiligungsrecht des BR bezieht sich ferner auf sog. allg. Beurteilungsgrundsätze. Dies sind Regelungen, die die Bewertung des Verhaltens oder der Leistung des ArbN verobjektivieren und nach einheitlichen Kriterien ausrichten sollen, damit die Beurteilungserkenntnisse miteinander verglichen werden können[4]. Dabei ist unerheblich, ob diese Grundsätze schriftlich verkörpert sind[5]. Das Beteiligungsrecht im Hinblick auf allg. Beurteilungsgrundsätze erhält heute zunehmende Bedeutung infolge der verstärkten Nutzung von **Zielvereinbarungen**[6]. Nicht zu solchen allg. Beurteilungsgrundsätzen zählen hingegen sog. **Führungsrichtlinien**, die Regelungen darüber enthalten, in welcher Weise Mitarbeiter allgemein ihre Arbeitsaufgaben und Führungskräfte ihre Führungsaufgaben zu erledigen haben. Durch derartige Richtlinien wird lediglich das Arbeitsverhalten der Mitarbeiter geregelt[7]. Zu den allg. Beurteilungsgrundsätzen iSd. Abs. 2 gehören nicht nur die jeweilige Festlegung der materiellen Beurteilungsmerkmale, sondern vielmehr auch die Verfahren, die für deren Feststellung maßgeblich sein sollen.[8] Jedoch müssen sich die Beurteilungsgrundsätze immer auf die Person des ArbN beziehen. Demzufolge sind weder Testkäufe[9] noch bloße **Stellenbeschreibungen** oder Bewertungen des Arbeitsplatzes, sofern sie nicht personenbezogen sind, als Beurteilungsgrundsätze einzuordnen[10]. Dagegen können Richtlinien zur Führung von Mitarbeitergesprächen als allg. Beurteilungsgrundsätze eingeordnet werden[11], während es bei sog. **Assessmentcentern**[12] auf ihre jeweilige inhaltliche Ausgestaltung ankommt[13].

9 **V. Zustimmungsrecht des Betriebsrats.** § 94 gibt dem BR kein Initiativrecht, sondern nur ein Zustimmungsrecht. Der BR kann also nicht erzwingen, dass allg. Beurteilungsgrundsätze oder Personalfragebögen verwendet werden[14]. Zwar empfiehlt es sich, die Zustimmung des BR durch den Abschluss einer BV abzusichern. Jedoch genügt es, um dem Beteiligungsrecht des BR Genüge zu tun, dass dieser sich formlos etwa mit einem Personalfragebogen einverstanden erklärt. Liegt einmal eine Einverständniserklärung vor, kann er diese nicht einfach widerrufen.

10 Zu beachten ist, dass die **kollektivrechtl. Zulässigkeit** in keinem Fall die **individualrechtl. Zulässigkeit** ersetzt. Vielmehr kann selbst dann, wenn der BR einem Personalfragebogen mit einer unzulässigen Frage zugestimmt hat, der ArbN die Beantwortung der Frage verweigern. Fehlt dagegen die Zustimmung des BR und wird diese auch nicht durch einen Spruch der Einigungsstelle ersetzt, so ist die Datenerhebung als solche durch den Personalfragebogen unzulässig. In diesem Fall braucht der ArbN auf Grund der betriebsverfassungsrechtl. Unzulässigkeit der Fragestellung die Frage nicht zu beantworten. Beantwortet er hingegen die Frage, so hat dies **wahrheitsgemäß** zu geschehen[15].

11 Grds. steht das Beteiligungsrecht nach § 94 dem BR zu[16]. Besteht jedoch ein Unternehmen aus mehreren Betrieben und soll etwa ein Personalfragebogen einheitlich für mehrere Betriebe des Unternehmens verwendet werden, so ist gem. § 50 der **GBR** zuständig[17]. Eine Zuständigkeit des **KBR** wird dagegen nur in seltenen Ausnahmefällen begründbar sein[18].

12 **VI. Streitigkeiten und Sanktionen.** Wenn sich der ArbGeb und der BR nicht über den Inhalt eines Personalfragebogens oder der persönlichen Angaben in Formulararbeitsverträgen einigen können, so kann jede Seite gem. § 76 V iVm. Abs. 1 S. 2 die **Einigungsstelle** anrufen. In diesem Fall ersetzt der Spruch der Einigungsstelle die fehlende Einigung zwischen ArbGeb und BR. Dem MitbestR des BR unterliegt nur die inhaltliche Gestaltung des Personalfragebogens, nicht allerdings die Entscheidung, ob

---

1 HLS/*Imping*, § 94 Rz. 18. ‖ 2 LAG Nürnberg 21.12.2010 – 6 TaBVGa 12/10, NZA-RR 2011, 134; GK-BetrVG/*Raab*, § 94 Rz. 45; *Heinze*, Personalplanung, Rz. 95. ‖ 3 GK-BetrVG/*Raab*, § 94 Rz. 45. ‖ 4 BAG 23.10.1984 – 1 ABR 2/83, NZA 1985, 224 (227); LAG Düss. 6.3.2009 – 9 TaBV 347/08. ‖ 5 LAG Nds. 6.3.2007 – 11 TaBV 101/06, ArbRB 2007, 353; zu allg. Beurteilungsgrundsätzen in elektr. Personalakten *Herfs-Röttgen*, NZA 2013, 478 (481). ‖ 6 *Annuß*, NZA 2007, 290 (296); *Däubler*, NZA 2005, 793 (794f.); *Neufeld/Knitter*, BB 2013, 821 (825). ‖ 7 BAG 23.10.1984 – 1 ABR 2/83, NZA 1985, 224 (225). ‖ 8 LAG Hamm 11.1.2010 – 10 TaBV 99/09, LAGE § 98 ArbGG 1979 Nr. 57. ‖ 9 *Deckers/Deckers*, NZA 2004, 139 (142); *Laber/Goetzmann*, ArbRB 2007, 143 (145). ‖ 10 LAG Düss. 23.5.2012 – 5 TaBV 2/12, LAGE § 76 BetrVG 2001 Nr. 5; Richardi/*Thüsing*, § 94 Rz. 55. ‖ 11 LAG Rh.-Pf. 6.6.2008 – 6 TaBV 4/08, AE 2008, 314. ‖ 12 Zu systematischen Auswahlverfahren: *Krogull*, NZA-Beil. 4/2012, 129 (131). ‖ 13 Sehr weit gehend *Breisig*, AiB 2003, 138 (141); aA wohl *Köhler*, GWR 2013, 132 (133). ‖ 14 BAG 23.3.2010 – 1 ABR 81/08, AP Nr. 72 zu § 80 BetrVG 1972; Richardi/*Thüsing*, § 94 Rz. 63. ‖ 15 Vgl. hierzu *Heinze*, Personalplanung, Rz. 98; Richardi/*Thüsing*, § 94 Rz. 50. ‖ 16 LAG Rh.-Pf. 6.6.2008 – 6 TaBV 4/08, AE 2008, 314. ‖ 17 S. dazu LAG Düss. 6.3.2009 – 9 TaBV 347/08, LAGE § 94 BetrVG 2001 Nr. 1; LAG Nürnberg 21.12.2010 – 6 TaBVGa 12/10, NZA-RR 2011, 130; *Lunk*, NZA 2013, 233 (237). ‖ 18 Richardi/*Thüsing*, § 94 Rz. 44; GK-BetrVG/*Raab*, § 94 Rz. 7.

ein solcher tatsächlich eingesetzt wird. Diese Entscheidung kann auch nicht durch einen Einigungsstellenspruch ersetzt werden. Folgerichtig kann die Einigungsstelle nicht einseitig das MitbestR des BR erweitern[1]. Verwendet der ArbGeb aber Formulare wie Personalfragebögen oder Formulararbeitsverträge ohne die Zustimmung des BR, setzt er sich damit der Sanktion des § 23 III 1 aus. Daneben kann der BR auch die Einigungsstelle anrufen[2]. Dagegen ist die Auffassung, dass darüber hinaus dem BR ein allg. **Unterlassungs- und Beseitigungsanspruch** zusteht, abzulehnen. Insofern ist § 23 III die abschließende Regelung[3].

95 Auswahlrichtlinien

(1) Richtlinien über die personelle Auswahl bei Einstellungen, Versetzungen, Umgruppierungen und Kündigungen bedürfen der Zustimmung des Betriebsrats. Kommt eine Einigung über die Richtlinien oder ihren Inhalt nicht zustande, so entscheidet auf Antrag des Arbeitgebers die Einigungsstelle. Der Spruch der Einigungsstelle ersetzt die Einigung zwischen Arbeitgeber und Betriebsrat.

(2) In Betrieben mit mehr als 500 Arbeitnehmern kann der Betriebsrat die Aufstellung von Richtlinien über die bei Maßnahmen des Absatzes 1 Satz 1 zu beachtenden fachlichen und persönlichen Voraussetzungen und sozialen Gesichtspunkte verlangen. Kommt eine Einigung über die Richtlinien oder ihren Inhalt nicht zustande, so entscheidet die Einigungsstelle. Der Spruch der Einigungsstelle ersetzt die Einigung zwischen Arbeitgeber und Betriebsrat.

(3) Versetzung im Sinne dieses Gesetzes ist die Zuweisung eines anderen Arbeitsbereichs, die voraussichtlich die Dauer von einem Monat überschreitet, oder die mit einer erheblichen Änderung der Umstände verbunden ist, unter denen die Arbeit zu leisten ist. Werden Arbeitnehmer nach der Eigenart ihres Arbeitsverhältnisses üblicherweise nicht ständig an einem bestimmten Arbeitsplatz beschäftigt, so gilt die Bestimmung des jeweiligen Arbeitsplatzes nicht als Versetzung.

I. Vorbemerkung. Die Schaffung von Auswahlrichtlinien liegt vielfach sowohl im Interesse der ArbN als auch der ArbGeb. Sie tragen zum einen dazu bei, dass die Personalführung in den Betrieben allgemein durchschaubarer wird, zum anderen können sie Streitigkeiten über personelle Einzelmaßnahmen zwischen ArbGeb und BR sowie zwischen ArbGeb und ArbN vorbeugen. 1

II. Auswahlrichtlinien. Das Gesetz definiert den Begriff der Auswahlrichtlinie nicht. Man wird darunter zunächst allg. Grundsätze verstehen können, welche Gesichtspunkte der ArbGeb bei personellen Maßnahmen zu berücksichtigen hat[4]. Umstritten ist jedoch, mit welcher Verbindlichkeit solche Grundsätze gelten sollen, damit sie als Richtlinien anzusehen sind. Einigkeit herrscht insoweit, dass Richtlinien nur dann vorliegen, wenn dem ArbGeb bei seiner Auswahlentscheidung noch ein **Entscheidungsspielraum** bleibt[5]. Ob aber Auswahlrichtlinien nur dann vorliegen, wenn sie bestimmen, wen unter mehreren ArbN oder Bewerbern bei der personellen Einzelmaßnahme der Vorzug zu geben ist[6], oder es ausreicht, wenn die Auswahlrichtlinien lediglich Entscheidungshilfen für den ArbGeb enthalten[7], wird unterschiedlich beurteilt. Man wird aber alle diejenigen allg. Auswahlgrundsätze als Auswahlrichtlinie zu werten haben, die in **generell abstrakter Form** auf den ArbGeb bei der einzelnen Personalentscheidung einwirken sollen[8]. So können Auswahlrichtlinien auch aus bloßen „Negativkatalogen" bestehen, in denen festgelegt wird, welche Kriterien bei Durchführung personeller Einzelmaßnahmen nicht zu berücksichtigen sind[9]. Ebenso können etwa auch Punkteschemata Auswahlrichtlinien iSd. § 95 sein. Ob die Auswahlrichtlinien in **Schriftform** vorliegen oder formlos praktiziert werden, ist für ihre rechtl. Einordnung unerheblich. Dagegen zählen sog. **Stellen- oder Funktionsbeschreibungen** nicht zu den Auswahlrichtlinien[10]. Gleiches gilt für die arbeitgeberseitige Entscheidung, bestimmte Tätigkeiten durch LeihArbN ausführen zu lassen. Hierbei handelt es sich um eine personalwirtschaftl. Vorfrage[11]. Auch keine Auswahlrichtlinien sind Sicherheitsüberprüfungen, da diese keine Kriterien der Personalplanung festlegen[12]. 2

III. Regelungsinhalte der Richtlinien. Dem MitbestR des BR unterliegen Auswahlrichtlinien über die personelle Auswahl bei Einstellungen, Versetzungen, Umgruppierungen und Kündigungen. Dies gilt auch, wenn der ArbGeb Auswahlrichtlinien erstellt, die Auswahl selbst jedoch durch Dritte vorgenommen wird[13]. 3

1. Richtlinien für Einstellungen. Richtlinien über die personelle Auswahl bei Einstellungen legen die Auswahlkriterien fest, die für eine Einstellung maßgebend sein sollen, und regeln ggf. auch das Verfah- 4

---

1 LAG Düss. 23.5.2012 – 5 TaBV 2/12, LAGE § 76 BetrVG 2001 Nr. 5. ||2 *Heinze*, Personalplanung, Rz. 102. ||3 AA DKKW/*Klebe*, § 94 Rz. 55; ErfK/*Kania*, § 94 BetrVG Rz. 5; LAG Nds. 6.3.2007 – 11 TaBV 101/06, ArbRB 2007, 353. ||4 BAG 27.10.1992 – 1 ABR 4/92, NZA 1993, 607 (610); 28.3.2006 – 1 ABR 59/04, NZA 2006, 1367 (1369). ||5 BAG 27.10.1992 – 1 ABR 4/92, NZA 1993, 607 (610); 13.3.2007 – 9 AZR 417/06, NZA-RR 2007, 549. ||6 MünchArbR/*Matthes*, § 260 Rz. 3; *Zöllner*, FS G. Müller, 1981, S. 665 (675). ||7 *Fitting*, § 95 Rz. 7. ||8 Dazu *Gussen*, NZA 2011, 830 (831). ||9 *Fitting*, § 95 Rz. 12. ||10 BAG 31.1.1984 – 1 ABR 63/81, NZA 1984, 51f.; 14.1.1986 – 1 ABR 82/83, NZA 1986, 531f.; LAG Düss. 23.5.2012 – 5 TaBV 2/12, LAGE § 76 BetrVG 2001 Nr. 5. ||11 LAG Nds. 16.11.2011 – 17 TaBV 99/11. ||12 *Kaltenbach/Löw*, AuA, 2013, 153 (155). ||13 *Neubauer*, Einschaltung Dritter ins Stellenbesetzungsverfahren, 2011, S. 268.

ren, wie diese Kriterien ermittelt werden. Der Begriff der Einstellung ist hierbei deckungsgleich mit dem des § 99 (vgl. § 99 Rz. 17). Auswahlkriterien für Einstellungen können sich naturgemäß sowohl aus den fachlichen wie auch persönlichen Voraussetzungen für den zu besetzenden Arbeitsplatz ergeben. Neben den **fachlichen** und **persönlichen Voraussetzungen** können sich Auswahlrichtlinien auch auf **soziale Gesichtspunkte** beziehen. Strittig ist aber, ob es sich bei sozialen Gesichtspunkten wie etwa Alter, Gesundheitszustand, Familienstand usw. um nachrangig zu berücksichtigende Kriterien handelt oder ob diese Merkmale gleichberechtigt neben der fachlichen und persönlichen Eignung stehen. Da jedoch das Gesetz keine Beschränkung vorgenommen hat, wird man dazu kommen müssen, dass Auswahlrichtlinien auch einem Bewerber mit geringerer fachlicher oder persönlicher Eignung den Vorzug geben können[1]. Dabei sind allerdings die Vorgaben des AGG zu beachten, was insb. bei der Berücksichtigung des Alters gilt[2]. Darüber hinaus können Einstellungsrichtlinien **Verfahrensregelungen** enthalten, etwa die Vorgabe, die soziale Kompetenz der Bewerber im Rahmen eines Assessmentcenter-Verfahrens zu prüfen[3]. Aber auch sog. Ethik-Richtlinien können Auswahlrichtlinien enthalten[4].

5 2. **Richtlinien für Versetzungen.** Ähnliches wie für die Einstellungsrichtlinien gilt auch für die Versetzungsrichtlinien[5]. Was unter einer Versetzung zu verstehen ist, hat der Gesetzgeber in § 95 III definiert (vgl. § 99 Rz. 36ff.). Bei Versetzungen spielen soziale Gesichtspunkte bei der Auswahl des zu versetzenden ArbN eine weit größere Rolle. Dies gilt insb. dann, wenn mit der Versetzung eine tatsächliche oder vom ArbN so empfundene Verschlechterung der Arbeitssituation verknüpft ist. Da bei der Auswahl im Rahmen von Versetzungen nur Betriebsangehörige miteinander konkurrieren, kommt es bei Versetzungsrichtlinien weit mehr auf die objektivierbare Feststellung der Auswahlkriterien an. Hier werden sich die Betriebspartner im Sinne einer Verobjektivierbarkeit der Personalentscheidung auf Verfahren verständigen müssen, wie derartige Auswahlkriterien zu ermitteln sind. Wenn hierfür auf ein **Punktesystem** zurückgegriffen werden soll, ist zu beachten, dass nach der Rspr. des BAG sichergestellt sein muss, dass dem ArbGeb trotz dieses Punkteschemas noch ein Entscheidungsspielraum verbleibt[6]. Dieser muss umso größer sein, desto differenzierter das Punktesystem ausgestaltet ist[7].

6 3. **Richtlinien für Umgruppierungen.** Eine Besonderheit stellen in diesem Zusammenhang die in § 95 genannten Umgruppierungsrichtlinien dar. Unter Umgruppierung ist allgemein die Veränderung der Eingruppierung in ein tarifl. oder betriebl. Gehalts- bzw. Lohngruppenschema zu verstehen[8]. Bei einem solchen Vorgang bleibt jedoch für Ermessensentscheidungen des ArbGeb, die durch Umgruppierungsrichtlinien gesteuert werden sollen, kaum Raum. Wie die Eingruppierung ist auch die Umgruppierung im Regelfall dann bloße **Rechtsanwendung**. Das BAG meint dagegen, dass Abs. 1 nicht von Richtlinien für die Durchführung von Umgruppierungen spricht, sondern von Richtlinien über die personelle Auswahl bei Umgruppierungen[9]. Diese Richtlinien steuern die personelle Auswahl zum Zwecke einer sich anschließenden Umgruppierung. Mitbestimmungspflichtig nach Abs. 1 ist also nicht die Frage, wie umgruppiert wird, sondern wer umgruppiert wird. Dies betrifft etwa die Aufstellung allg. Kriterien durch den ArbGeb, anhand derer er die Voraussetzungen für Umgruppierungen festlegt. Gegenstand entsprechender Richtlinien können zB Kriterien darüber sein, welchen Beschäftigten unter welchen Bedingungen eine anders bewertete Tätigkeit übertragen wird[10].

7 4. **Richtlinien für Kündigungen.** Von wesentlich größerer Bedeutung sind jedoch – neben der Möglichkeit, einen Interessenausgleich mit Namensliste (§ 1 V KSchG) zu vereinbaren – Auswahlrichtlinien für Kündigungen. Hierzu wird ganz überwiegend zu Recht die Auffassung vertreten, dass Auswahlrichtlinien für Kündigungen nur bei **betriebsbedingten Kündigungen** in Betracht kommen können, da es letztlich nur bei betriebsbedingten Kündigungen zu einer Auswahlentscheidung kommen kann, die durch Richtlinien steuerbar wäre[11]. Besondere Bedeutung erlangen die Auswahlrichtlinien für Kündigungen durch § 1 IV KSchG. Danach kann die soziale Auswahl der ArbN kündigungsschutzrechtlich nur auf **grobe Fehlerhaftigkeit** überprüft werden, wenn etwa in einer BV nach § 95 festgelegt ist, wie die sozialen Gesichtspunkte nach § 1 III 1 KSchG im Verhältnis zueinander zu bewerten sind. Zu beachten ist dabei, dass ein vorsätzliches Abweichen von einer Auswahlrichtlinie nach Ansicht der Rspr. stets zu einer groben Fehlerhaftigkeit der Sozialauswahl führt[12]. Ausweislich des Gesetzeswortlauts kommen aber für § 1 IV KSchG nur solche Auswahlrichtlinien in Betracht, die in Form einer BV vereinbart wurden. Damit ist § 1 IV KSchG also nicht anwendbar bei Kündigungsrichtlinien, welche als Regelungsabrede geschlossen wurden[13].

8 Auswahlrichtlinien, mit denen zunächst lediglich der **Kreis der in die Sozialauswahl einzubeziehenden ArbN** bestimmt wird, haben dagegen nicht die Rechtswirkung des § 1 IV KSchG. Zwar können im

---

1 Wie hier MünchArbR/*Matthes*, § 260 Rz. 10. ‖ 2 Vgl. *Thüsing*, BB 2007, 1506 ff. ‖ 3 AA *Köhler*, GWR 2013, 132. ‖ 4 ArbG Wuppertal 15.6.2005 – 5 BU 20/05, NZA-RR 2005, 476. ‖ 5 Dazu: *Richardi*, FS Stahlhacke, 1996, S. 447 (453). ‖ 6 Vgl. aber zu einer Ermessensreduzierung auf Null im Ausnahmefall bei Versetzungsrichtlinien: *Henssler/Holletschek*, SAE 1994, 14 (19). ‖ 7 BAG 27.10.1992 – 1 ABR 4/92, NZA 1993, 607 (613). ‖ 8 GK-BetrVG/*Raab*, § 95 Rz. 36. ‖ 9 BAG 10.12.2002 – 1 ABR 27/01, AP Nr. 42 zu § 95 BetrVG 1972. ‖ 10 BAG 10.12.2002 – 1 ABR 27/01, AP Nr. 42 zu § 95 BetrVG 1972. ‖ 11 *Hess ua./Rose*, § 95 Rz. 53; *Richardi*, FS Stahlhacke, 1996, S. 447 (452); aA DKKW/*Klebe*, § 95 Rz. 29. ‖ 12 So zumindest LAG Hamm 6.4.2011 – 6 Sa 2023/10, LAGE § 102 BetrVG 2001 Nr.13. ‖ 13 *Fitting*, § 95 Rz. 30; aA GK-BetrVG/*Raab*, § 95 Rz. 44; *Hidalgo/Stubbe*, DB 2007, 914 (918).

Rahmen eines Beurteilungsspielraums Erfahrungen der Betriebspartner hinsichtlich der Vergleichbarkeit der ArbN einfließen, es können aber nicht von vornherein ArbN bestimmter Abteilungen oder Arbeitsgruppen ohne ausreichende sachliche Kriterien als nicht vergleichbar eingestuft werden[1]. Ebenso wenig können Auswahlrichtlinien mit der Wirkung des § 1 IV KSchG festlegen, welche berechtigten **betrieblichen Bedürfnisse** die Weiterbeschäftigung bestimmter ArbN bedingen[2]. Da kollektivarbeitsrechtlich dem ArbGeb nichts individualarbeitsrechtlich Unmögliches vorgeschrieben werden kann, haben die Auswahlrichtlinien zwingend die sozialen Gesichtspunkte nach § 1 III 1 KSchG zu berücksichtigen[3]. Allerdings können die Betriebspartner weitere soziale Kriterien heranziehen, um die sozialen Gesichtspunkte nach § 1 III 1 KSchG im Verhältnis zueinander zu bewerten[4].

9 Den Betriebspartnern steht es frei, die einzelnen sozialen Gesichtspunkte zueinander in ein **Bewertungsschema** zu bringen. Hierbei können sie sich auch eines **Punktesystems** bedienen[5]. Für die Einordnung eines solchen Punktesystems als Auswahlrichtlinie iSd. § 95 kommt es allerdings nicht darauf an, ob der ArbGeb das Schema generell auf alle künftigen Kündigungen oder nur auf konkret bevorstehende Kündigungen anwenden will[6]. Besteht eine Auswahlrichtlinie etwa in Form eines Punktesystems, so ist der ArbGeb hieran im Hinblick auf die Bewertung der Sozialdaten gebunden[7].

10 **IV. Mitbestimmungsrecht des Betriebsrats.** Abgesehen von den besonderen Rechtswirkungen der Auswahlrichtlinien für Kündigungen gem. § 1 IV KSchG besteht die Rechtswirkung von Auswahlrichtlinien im Allg. darin, die personelle Auswahlentscheidung des ArbGeb zu begrenzen. Jedoch ist zu beachten, dass das MitbestR des BR nur hinsichtlich der Aufstellung von Richtlinien besteht, nicht aber bei der Umsetzung der Richtlinien in Einzelmaßnahmen. Hierbei gilt es zudem zu berücksichtigen, dass ArbGeb und BR bei Ausübung ihrer Richtlinienkompetenz an das **zwingende Gesetzesrecht** gebunden sind, mit der Folge, dass ein gewisser Entscheidungsspielraum des ArbGeb unangetastet bleiben muss. Sein Auswahlermessen darf deshalb nicht beseitigt werden[8].

11 Hinsichtlich des MitbestR des BR ist nach der Betriebsgröße zu differenzieren. Während bei Betrieben mit 500 oder weniger ArbN der BR lediglich ein Zustimmungsrecht hat, besitzt er hinsichtlich der Einführung von Auswahlrichtlinien ein Initiativrecht, sofern mehr als 500 ArbN im Betrieb vorhanden sind[9]. Die Frage, ob LeihArbN bei den Schwellenwerten des BetrVG Berücksichtigung finden, hat sich noch einmal mit der Entscheidung des 1. Senats des BAG zum Schwellenwert nach § 111 zugespitzt[10]. Stellt man aber mit dem BAG auf den jeweiligen Regelungszweck der Norm ab, sind LeihArbN beim Schwellenwert des § 95 nicht zu berücksichtigen[11], da sie von den MitbestR des Entleiher-BR, bei denen Auswahlrichtlinien eine Bedeutung erlangen, regelmäßig nicht erfasst sind[12]. Erreicht ein Betrieb diesen **Schwellenwert** nicht, so obliegt es der Entscheidung des ArbGeb, ob er Auswahlrichtlinien überhaupt einführt und wie sie gestaltet sein sollen[13].

12 Das Zustimmungsrecht steht dem BR zwangsläufig ferner dann zu, wenn der ArbGeb vorhandene Auswahlrichtlinien abändern will. Das heißt aber auch, dass zustimmungspflichtig nicht nur die Einführung von Auswahlrichtlinien überhaupt ist, sondern ebenso deren inhaltliche Ausgestaltung[14]. Werden die Auswahlrichtlinien in Form einer BV geschlossen, so kann der BR bestehende Richtlinien aufkündigen; jedoch entfällt hier die Nachwirkung dieser Richtlinien, weil das Initiativrecht einseitig beim ArbGeb liegt[15]. Erteilt der BR seine Zustimmung nicht (das Gesetz spricht hier von Einigung), so kann nur der ArbGeb die **Einigungsstelle** anrufen, deren Spruch die Einigung zwischen ArbGeb und BR ersetzt.

13 Erreicht ein Betrieb einen **Schwellenwert** von mehr als 500 ArbN, so wandelt sich das Zustimmungsrecht des BR in ein **Initiativrecht** um. Obwohl nicht ausdrücklich geregelt, kommt es für den Schwellenwert auf den regelmäßigen Bestand an ArbN an, wobei die leitenden Angestellten iSd. § 5 III nicht mitzuzählen sind[16]. Maßgebend ist die Zahl der ArbN, die der Betrieb in dem **Zeitpunkt** regelmäßig hat, in dem der BR von seinem Initiativrecht nach Abs. 2 Gebrauch macht.

14 **V. Zuständigkeiten.** Der Gesetzgeber hat vom Grundsatz her dem BR die Zuständigkeit sowohl im Hinblick auf das Zustimmungs- als auch auf das Initiativrecht zugewiesen. Jedoch kann unter den allg. Voraussetzungen auch eine Zuständigkeit des **GBR** begründet sein[17], wenn etwa die Aufstellung einheitlicher Richtlinien für die Durchführung einer Betriebsänderung erforderlich ist[18]. Dabei kann sich die Zuständigkeit des GBR gem. § 50 I 1 auch auf Betriebe ohne BR erstrecken. Ein unternehmenswei-

---

1 BAG 5.6.2008 – 2 AZR 907/06, NZA 2008, 1221 f. ||2 Richardi/*Thüsing*, § 95 Rz. 41; aA *Zwanziger*, AiB 2004, 10 (12). ||3 Dazu BAG 18.10.2006 – 2 AZR 473/05, NZA 2007, 504 (506). ||4 Offengelassen von BAG 26.7.2005 – 1 ABR 29/04, NZA 2005, 1372 ff.; 9.11.2006 – 2 AZR 812/05, NZA 2007, 549. ||5 Vgl. hierzu: BAG 7.12.1995 – 2 AZR 1008/94, NZA 1996, 473; 18.1.1990 – 2 AZR 357/89, NZA 1990, 729 (732); LAG Hamm 3.8.2004 – 19 Sa 728/04. ||6 BAG 26.7.2005 – 1 ABR 29/04, NZA 2005, 1372. ||7 BAG 5.6.2008 – 2 AZR 907/06, NZA 2008, 1221 f. ||8 BAG 27.10.1992 – 1 ABR 4/92, NZA 1993, 607 (610); offengelassen: BAG 26.7.2005 – 1 ABR 29/04, NZA 2005, 1372 ff. ||9 Bis zum BetrVG-ReformG v. 23.7.2001 lag der Schwellenwert bei mehr als 1000 ArbN. ||10 Vgl. BAG 18.10.2011 – 1 AZR 335/10, NZA 2012, 221; *Seel*, MDR 2012, 813 (814). ||11 *Hamann*, jurisPR-ArbR 10/2012 Anm. 1. ||12 *Haas/Hoppe*, NZA 2013, 294 (298); vgl. auch *Fitting*, § 95 Rz. 15. ||13 *Gaul/Lunk*, NZA 2004, 184 (190). ||14 MünchArbR/*Matthes*, § 260 Rz. 20. ||15 *Fitting*, § 95 Rz. 6; Richardi/*Thüsing*, § 95 Rz. 55. ||16 GK-BetrVG/*Raab*, § 95 Rz. 23. ||17 BAG 31.1.1984 – 1 ABR 63/81, NZA 1984, 51; 31.5.1983 – 1 ABR 6/80, NZA 1984, 49. ||18 LAG Hamm 21.5.2008 – 10 TaBVGa 5/08.

15 **VI. Begriff der Versetzung.** Der Begriff der betriebsverfassungsrechtl. Versetzung ist in Abs. 3 legal definiert. Erläutert wird diese Legaldefinition aus Zweckmäßigkeitsgründen bei der Komm. zu § 99 (s. dort Rz. 36 ff.).

16 **VII. Streitigkeiten und Sanktionen.** Gem. Abs. 1 S. 3 und Abs. 2 S. 3 ersetzt der Spruch der **Einigungsstelle** die fehlende Einigung zwischen ArbGeb und BR. Hat der BR nur ein Zustimmungsrecht, so kann nur der ArbGeb die Einigungsstelle anrufen. Lehnt der BR eine vom ArbGeb geplante Richtlinie zur Sozialauswahl mit dem Hinweis auf eine von ihm angestrebte, weitere Regelungsbereiche umfassende Vereinbarung ab, kann der ArbGeb die Einigungsstelle anrufen, ohne über die weiterführenden Regelungen mit dem BR verhandelt zu haben[2]. Hat der ArbGeb die Einigungsstelle angerufen und nicht etwa die von ihm vorgeschlagene Auswahlrichtlinie wieder zurückgezogen, so hat er sich dadurch selbst gebunden mit der Folge, die dann von der Einigungsstelle festgelegte Auswahlrichtlinie akzeptieren zu müssen[3]. Im Fall einer vom ArbGeb als ungünstig empfundenen **Einigungsstellenentscheidung** bleibt ihm nur der Weg, wenn er seinen Antrag auf Entscheidung der Einigungsstelle nicht rechtzeitig zurückgezogen hat, die durch Spruch der Einigungsstelle ersetzte Einigung zwischen ArbGeb und BR durch **Kündigung** wieder zu beseitigen.

17 Hat dagegen der BR ein Initiativrecht, so hat auch dieser die Möglichkeit, die Einigungsstelle anzurufen. Der Spruch der Einigungsstelle hat sowohl im Falle der Mitbest. nach Abs. 1 wie auch der Mitbest. nach Abs. 2 die Rechtswirkungen einer BV[4].

18 Wendet jedoch ein ArbGeb Auswahlrichtlinien bei konkreten personellen Einzelmaßnahmen an, ohne das Verfahren nach § 95 eingehalten zu haben, so berührt das zwar nicht die Wirksamkeit der personellen Einzelmaßnahme[5]. Ebenso wenig ergibt sich aus § 95 eine Sanktionsmöglichkeit des BR[6]. Allenfalls ist der BR darauf beschränkt, seine Rechte im Wege des § 23 III geltend zu machen. Mittelbar gewährleisten indes die Beteiligungsrechte des BR bei **personellen Einzelmaßnahmen** (§§ 99 und 102), dass der ArbGeb das MitbestR nach § 95 anerkennt und die vereinbarten Auswahlrichtlinien durchführt. Dies sieht die Rspr. anders und gewährt dem BR bei Verletzung des MitbestR aus § 95 im Zusammenhang mit Auswahlrichtlinien für Kündigungen einen allg. **Unterlassungsanspruch**[7]. Allerdings soll sich in diesem Fall der ArbGeb so lange auf ein Punkteschema berufen können, wie der BR den Unterlassungsanspruch nicht geltend macht[8].

Zweiter Unterabschnitt. Berufsbildung

96 *Förderung der Berufsbildung*
(1) **Arbeitgeber und Betriebsrat haben im Rahmen der betrieblichen Personalplanung und in Zusammenarbeit mit den für die Berufsbildung und den für die Förderung der Berufsbildung zuständigen Stellen die Berufsbildung der Arbeitnehmer zu fördern. Der Arbeitgeber hat auf Verlangen des Betriebsrats den Berufsbildungsbedarf zu ermitteln und mit ihm Fragen der Berufsbildung der Arbeitnehmer des Betriebs zu beraten. Hierzu kann der Betriebsrat Vorschläge machen.**

(2) **Arbeitgeber und Betriebsrat haben darauf zu achten, dass unter Berücksichtigung der betrieblichen Notwendigkeiten den Arbeitnehmern die Teilnahme an betrieblichen oder außerbetrieblichen Maßnahmen der Berufsbildung ermöglicht wird. Sie haben dabei auch die Belange älterer Arbeitnehmer, Teilzeitbeschäftigter und von Arbeitnehmern mit Familienpflichten zu berücksichtigen.**

1 **I. Vorbemerkung.** Der Gesetzgeber des BetrVG hat bereits frühzeitig erkannt, dass der Berufsbildung wegen des technischen und wirtschaftl. Wandels eine überragende Bedeutung zukommt. Er widmete der Berufsbildung in den §§ 96–98 einen eigenen Unterabschnitt, um deren Bedeutung hervorzuheben[9]. Schließlich ist für die Unternehmen die **Qualifikation der Mitarbeiter** ein wesentliches Kriterium für die Wettbewerbsfähigkeit; für die ArbN ist sie Voraussetzung für den Erhalt des Arbeitsplatzes und den berufl. Aufstieg[10]. Dennoch bestehen in der betriebl. Praxis häufig Defizite, soweit es um die Umsetzung von Förderungsmöglichkeiten geht[11].

2 **II. Begriffsbildung.** Der Gesetzgeber hat es bisher unterlassen, den Begriff der Berufsbildung näher zu umschreiben. Eine **Legaldefinition** der Berufsbildung findet sich zwar in § 1 I BBiG. Diese Begriffs-

---

1 Dazu LAG München 5.5.2010 – 11 TaBV 93/09, AE 2010, 180 f.; GK-BetrVG/*Raab*, § 95 Rz. 26; Richardi/*Thüsing*, § 95 Rz. 58. ||2 LAG Rh.-Pf. 8.3.2012 – 11 TaBV 5/12. ||3 *Heinze*, Personalplanung, Rz. 65. ||4 BAG 11.3.1976 – 2 AZR 43/75, RdA 1976, 270 f. ||5 BAG 9.11.2006 – 2 AZR 812/05, NZA 2007, 549 (552); *Hidalgo/Stubbe*, DB 2007, 914 (915 f.). ||6 *Heinze*, Personalplanung, Rz. 78. ||7 BAG 26.7.2005 – 1 ABR 29/04, NZA 2005, 1372 (1374); hierzu *Jakobs/Burger*, SAE 2006, 256 ff. (III.). ||8 BAG 9.11.2006 – 2 AZR 812/05, NZA 2007, 549 (552); aA *Rossa/Salomon*, NJW 2008, 1991 (1994 f.). ||9 Richardi/*Thüsing*, § 96 Rz. 2. ||10 BR-Drs. 140/01, 113. ||11 S. dazu *Adamy*, AiB 2010, 753 ff.; *Ahlburg*, AiB 2010, 750 ff.

bestimmung bezieht sich jedoch nur auf die Berufsbildung iSd. BBiG und kann deshalb nicht ohne weiteres auf den betriebsverfassungsrechtl. Berufsbildungsbegriff übertragen werden[1]. Rspr. und hL haben aber seit jeher den Begriff der Berufsbildung iSd. BetrVG weit ausgelegt[2]. Hierbei umfasst der **betriebsverfassungsrechtl. Berufsbildungsbegriff** zumindest alle Maßnahmen der Berufsbildung iSv. § 1 I BBiG[3].

1. Bildungsbezug. Allgemein wird man sagen können, dass solche Maßnahmen zur Berufsbildung zählen, die sowohl einen Bezug zum Beruf haben als auch Bildungscharakter aufweisen. **Bildungscharakter** haben wiederum solche Maßnahmen, die methodisch Kenntnisse und Fähigkeiten vermitteln sollen[4]. Um aber von Berufsbildung iSd. BetrVG sprechen zu können, müssen die Maßnahmen ein gewisses **Gewicht** bzw. einen gewissen **Umfang** haben; dh., dass die zu vermittelnden Kenntnisse und Fähigkeiten von einem solchen Gewicht sind, dass sie für das berufl. Fortkommen des ArbN von Bedeutung sein können und deshalb den „Wert" des ArbN auf dem Arbeitsmarkt erhöhen[5].   3

Insofern ist es folgerichtig, wenn die Rspr. Berufsbildung ggü. der **mitbestimmungsfreien Unterrichtung** des ArbN über seine Aufgaben und Verantwortung sowie über die Art seiner Tätigkeit und ihre Einordnung in den Arbeitsablauf des Betriebes nach § 81 I 1 abgrenzt[6]. Jedoch wird das, was noch als Unterweisung am Arbeitsplatz angesehen werden kann, eng auszulegen sein. Dies können nur solche Maßnahmen sein, die aktuell einen ArbN in die Lage versetzen, die ihm zugewiesene Arbeitsaufgabe zu erledigen[7]. Sobald aber die Maßnahmen der Berufsbildung einen Zukunftsbezug aufweisen, unterfallen sie den §§ 96 ff. und damit dem Beteiligungsrecht des BR.   4

2. Berufsbezug. Aus ihrer Begrifflichkeit folgt, dass Berufsbildung berufsbezogen sein muss[8]. Demnach fallen solche Bildungsmaßnahmen nicht unter den Begriff der Berufsbildung, mit denen lediglich die Persönlichkeit des ArbN weiterentwickelt werden soll oder die Kenntnisse etwa in politischer, sozialer, kultureller oder wirtschaftl. Hinsicht vermitteln sollen, ohne dass hierfür ein Berufsbezug erkennbar wird.   5

3. Betriebsbezug. Jedoch müssen die Bildungsmaßnahmen neben dem Berufsbezug auch einen Betriebsbezug aufweisen. Andernfalls würde es wenig Sinn machen, den Betriebspartnern eine Verpflichtung zur Förderung der Berufsbildung gerade im Rahmen der betriebl. Personalplanung aufzuerlegen. Betriebsbezug bedeutet, dass die Bildungsmaßnahme einen gewissen Anknüpfungspunkt an das betriebl. Geschehen aufweist. Dies kann etwa darin bestehen, dass die mit der Berufsbildungsmaßnahme ins Auge gefasste Qualifikation eines ArbN dringend im Betrieb benötigt wird oder aber auch, dass die Berufsbildungsmaßnahme etwa im Zuge von Personalabbaumaßnahmen den ArbN in die Lage versetzen soll, angesichts seines gefährdeten Arbeitsplatzes eine andere Arbeitsstelle zu finden.   6

4. Einzelfälle. Dagegen unterfallen solche Berufsbildungsmaßnahmen nicht mit MitbestR des BR, welche Bestandteil des **arbeitsvertragl. Synallagmas** sind. Dies sind einmal Bildungsmaßnahmen, die als eine Art Entgelt dem ArbN zugesagt wurden, was mittlerweile etwa in Bereichen der IT-Branchen nicht unüblich ist. Hier geht es nicht mehr um betriebsbezogene Berufsbildung, sondern der ArbN sieht sich bewusst als Qualifikationsträger, der seine Arbeitskraft ua. dafür einsetzt, weitere Qualifikationen zu erlangen, ohne dass das in irgendeinem Bezug zum jeweiligen ArbGeb bzw. zu dem jeweiligen Betrieb steht[9].   7

Ebenso wenig sind sog. **Qualitätszirkel** als Bildungsmaßnahme anzusehen[10]. Hierbei handelt es sich um Arbeitskreise, bei denen sich ArbN zusammenfinden, um, häufig im Rahmen von Qualitätsmanagementsystemen, zu einer Verbesserung der Produkte bzw. Leistungen zu kommen. Dass sich durch solche Arbeitskreise auch die berufl. Qualifikation der beteiligten ArbN verbessern kann, ist indes nur mittelbare Folge der konkret geschuldeten Arbeitsleistung, die schließlich in der Teilnahme an solchen Arbeitskreisen besteht. Wenn also ein Unternehmen sich für derartige Qualitätsmanagementsysteme (zB **TQM**, **Kaizen** oder **KVP**) entschieden und hierauf auch seine ArbN – in welcher Form auch immer – verpflichtet hat, so sind dies Systeme, die nicht der Berufsbildung iSd. §§ 96 ff. zuzuordnen sind[11]. Schließlich wird durch die Einführung derartiger Qualitätsmanagementsysteme der Inhalt der konkreten Arbeitsleistung bestimmt, mit der Folge, dass diese schon nicht unter den Begriff der Berufsbildung iSd. §§ 96 ff. fallen können.   8

---

1 Richardi/*Thüsing*, § 96 Rz. 6; aA *Eich*, DB 1974, 2154 (2155).   ‖ **2** BAG 5.11.1985 – 1 ABR 49/83, NZA 1986, 535 f.; 23.4.1991 – 1 ABR 49/90, NZA 1991, 817; 10.2.1988 – 1 ABR 39/86, NZA 1988, 549; *Alexander*, NZA 1992, 1057 ff.; *Besgen*, BVR, § 20 Rz. 4.   ‖ **3** BAG 23.4.1991 – 1 ABR 49/90, NZA 1991, 817 (818).   ‖ **4** BAG 5.11.1985 – 1 ABR 49/83, NZA 1986, 535 f.; 23.4.1991 – 1 ABR 49/90, NZA 1991, 817; 4.12.1990 – 1 ABR 10/90, NZA 1991, 388 (390); *Fitting*, § 96 Rz. 9.   ‖ **5** So zu Recht MünchArbR/*Matthes*, § 262 Rz. 12; *Kraft*, NZA 1990, 459.   ‖ **6** Vgl. hierzu BAG 5.11.1985 – 1 ABR 49/83, NZA 1986, 535; 10.2.1988 – 1 ABR 39/86, NZA 1988, 549; krit. zu dieser Abgrenzung: Richardi/*Thüsing*, § 96 Rz. 14; vgl. auch *Birk*, FS Gnade, 1992, S. 311 (315).   ‖ **7** Vgl. LAG Hamburg 18.1.2012 – 5 TaBV 10/11.   ‖ **8** *Oetker*, Die Mitbestimmung der Betriebs- und Personalräte bei der Durchführung von Berufsbildungsmaßnahmen, 1986.   ‖ **9** Vgl. hierzu: *Heinze*, FS J. F. Kirchhoff, 2002, S. 167 ff.   ‖ **10** Vgl. bereits *Goos*, ZfA 1991, 61 (62); GK-BetrVG/*Raab*, § 96 Rz. 21.   ‖ **11** Ähnlich auch GK-BetrVG/*Raab*, § 96 Rz. 21; aA *Fitting*, § 96 Rz. 24; DKKW/*Buschmann*, § 96 Rz. 9.

9   **III. Pflicht zur Förderung.** Falls im Betrieb Berufsbildungsmaßnahmen durchgeführt werden sollen, so beinhaltet Abs. 1 S. 1 ein **Gebot der Zusammenarbeit** zwischen ArbGeb und BR[1]. Diese Zusammenarbeit hat mit den für die Berufsbildung und den für die Förderung der Berufsbildung zuständigen Stellen zu erfolgen. Dies sind etwa die Handwerkskammern, die Industrie- und Handelskammer aber auch die für die finanzielle Förderung der Berufsbildung zuständigen Stellen der BA[2].

10 Der Gesetzgeber hat sowohl ArbGeb als auch BR gem. Abs. 1 S. 1 verpflichtet, die Berufsbildung zu fördern. Hieraus ergibt sich jedoch keine Verpflichtung des ArbGeb, überhaupt Berufsbildung zu betreiben[3]. Aus der Förderungspflicht nach Abs. 1 S. 1 erwachsen keine **individuellen Ansprüche** der ArbN auf berufl. Förderung[4]. Erst recht wird durch die Vorschrift dem ArbGeb nicht die Verpflichtung zur Übernahme von **Fortbildungskosten** auferlegt[5].

11 Auf Verlangen des BR ist der ArbGeb verpflichtet, mit diesem Fragen der Berufsbildung der ArbN des Betriebs zu **beraten**. Dem BR steht darüber hinaus das Recht zu, **Vorschläge** zu dem Thema zu machen. Der BR hat also ein **Initiativ- und Beratungsrecht**[6]. Dabei können Gegenstände der Beratung bzw. der Vorschläge alle Themen sein, sofern sie sich mit der Berufsbildung beschäftigen. Insb. zählen dazu auch Fragen der Ausbildungsart, der Ausbildungsdauer sowie die Zahl der Teilnehmer. Strittig ist jedoch, ob die individualrechtl. Gestaltung der Berufsbildung, etwa die Vereinbarung von Rückzahlungsverpflichtungen bei vorzeitigen Kündigungen, unter das Beratungs- und Vorschlagsrecht des BR fallen. Dieses wird man verneinen müssen, da es sich hierbei letztlich um eine Frage des arbeitsrechtl. Austauschverhältnisses handelt, die vom Zweck des Beteiligungsrechtes nicht erfasst wird[7].

12 Aus dem Beratungsanspruch und dem Vorschlagsrecht des BR folgt, dass der ArbGeb verpflichtet ist, mit dem BR über das gewünschte Thema zu beraten und zu versuchen, zu einer **Einigung** zu kommen. Ein zwingendes MitbestR des BR besteht jedoch nicht[8].

13 Das Gesetz sieht mittlerweile auch das Recht des BR vor, im Vorfeld der Beratung von dem ArbGeb die Ermittlung des Berufsbildungsbedarfs zu verlangen. Nach der Gesetzesbegründung ergibt sich der Berufsbildungsbedarf aus der Durchführung einer Ist-Analyse, der Erstellung eines Soll-Konzepts und der Bildungsinteressen der ArbN[9]. Allerdings kann der BR nicht mehr vom ArbGeb verlangen, als dieser imstande ist zu leisten. Speziell bezieht sich das Recht des BR, die Ermittlung des Berufsbildungsbedarfs verlangen zu können, nicht darauf, auf welche Weise dies zu erfolgen hat. Er kann nur verlangen, dass überhaupt der Berufsbildungsbedarf ermittelt wird. Allerdings muss dieses korrekt erfolgen. Solange also der ArbGeb die Ermittlung des Berufsbildungsbedarfs nicht ordnungsgemäß vorgenommen hat, kann der BR auf einer **korrekten Analyse des Berufsbildungsbedarfes** bestehen[10]. Damit ist jedoch kein Recht des BR zur Selbstvornahme verbunden[11].

14 **IV. Überwachungspflicht.** Abs. 2 verpflichtet sowohl ArbGeb als auch BR, darauf zu achten, dass unter Berücksichtigung der betriebl. Notwendigkeiten den ArbN die Teilnahme an betriebl. oder außerbetriebl. Maßnahmen der Berufsbildung ermöglicht wird. Eine **betriebliche Berufsbildungsmaßnahme** liegt vor, wenn der ArbGeb der Träger oder Veranstalter der Maßnahme ist und sie für seine ArbN durchführt. Entscheidend ist nach der Rspr., ob der ArbGeb auf Inhalt und Organisation rechtl. einen beherrschenden Einfluss hat[12]. Unerheblich für eine betriebl. Bildungsmaßnahme ist, ob der ArbGeb diese von einem anderen Unternehmen durchführen lässt, solange er auf Inhalt und Gestaltung einen beherrschenden Einfluss hat. Ebenso unerheblich ist der Ort, an dem die Maßnahme durchgeführt wird. Außerbetriebl. Bildungsmaßnahmen sind dann alle solche Bildungsmaßnahmen, die nicht im og. Sinne zu den betriebl. zu zählen sind.

15 Die Teilnahme an Bildungsmaßnahmen ist unter Berücksichtigung der betriebl. Notwendigkeiten zu ermöglichen. Das heißt aber auch, dass nicht jedes betriebl. Interesse einer Förderung von Berufsbildungsmaßnahmen entgegensteht. Nur wenn betriebl. eine Notwendigkeit besteht, dass eine Bildungsmaßnahme zu einem bestimmten Zeitpunkt nicht durchgeführt wird, kann unter Berufung auf derartig schwerwiegende Gründe die Förderung einer solchen Bildungsmaßnahme verweigert werden.

16 In Abs. 2 S. 2 werden ArbGeb und BR weiter darauf verpflichtet, auch die Belange **älterer ArbN**[13], **Teilzeitbeschäftigter und von ArbN mit Familienpflichten** zu berücksichtigen. Diese Verpflichtung betrifft einmal den Inhalt der Bildungsveranstaltungen, aber auch gerade die zeitliche Ausgestaltung der jeweiligen Bildungsmaßnahme. Wenn der Gesetzeswortlaut von Familienpflichten spricht, so wird man darunter zB den Fall fassen können, in dem eine beschäftigte Person mindestens ein Kind unter 18 Jahren oder einen nach ärztlichem Gutachten pflegebedürftigen sonstigen Angehörigen tatsächlich betreut

---

1 *Sandmann*, NZA-Beil. 2008, 17 (24). ‖ 2 Mit den Fördermaßnahmen durch die BA beschäftigt sich *Ahlburg*, AiB 2010, 750 ff. ‖ 3 *Richardi/Thüsing*, § 96 Rz. 16; *Sandmann*, NZA-Beil. 2008, 17 (24). ‖ 4 So auch *Beckmann*, Rechtsgrundlagen der beruflichen Weiterbildung von Arbeitnehmern, 2012, S. 118. ‖ 5 *Fitting*, § 96 Rz. 27. ‖ 6 GTAW/*Woitaschek*, § 96 Rz. 8. ‖ 7 AA *Fitting*, § 96 Rz. 39. ‖ 8 GK-BetrVG/*Raab*, § 96 Rz. 33. ‖ 9 BR-Drs. 140/01, 113; vgl. hierzu *Wiesinger*, BuW 2003, 780. ‖ 10 Vgl. LAG Hamburg 31.10.2012 – 5 TaBV 6/12; ArbG Frankfurt 13.8.2008 – 7 BV 207/08, ArbuR 2009, 281. ‖ 11 AA *Welkoborsky*, AiB 2011, 45 (47). ‖ 12 BAG 4.12.1990 – 1 ABR 10/90, NZA 1991, 388 (391); 12.11.1991 – 1 ABR 21/91, NZA 1992, 657; 24.8.2004 – 1 ABR 28/03, NZA 2005, 371 (373). ‖ 13 Vgl. hierzu *Preis*, Gutachten zum 67. DJT, S. B 82 f.

oder pflegt[1]. Ferner kommen auch ArbN in Elternzeit für Berufsbildungsmaßnahmen in Betracht[2]. Aus Abs. 2 S. 2 folgt aber kein Rechtsanspruch der dort genannten Personenkreise, an Berufsbildungsmaßnahmen teilzunehmen[3].

V. Streitigkeiten und Sanktionen. Bei groben Verstößen gegen die Verpflichtung nach § 96 kann ein Verfahren nach § 23 III eingeleitet werden. Aber auch der BR kann seine Beratungspflichten verletzen, mit der Folge, dass ein Verfahren nach § 23 I eingeleitet werden kann[4].

17

§ 97 Einrichtungen und Maßnahmen der Berufsbildung

(1) Der Arbeitgeber hat mit dem Betriebsrat über die Errichtung und Ausstattung betrieblicher Einrichtungen zur Berufsbildung, die Einführung betrieblicher Berufsbildungsmaßnahmen und die Teilnahme an außerbetrieblichen Berufsbildungsmaßnahmen zu beraten.

(2) Hat der Arbeitgeber Maßnahmen geplant oder durchgeführt, die dazu führen, dass sich die Tätigkeit der betroffenen Arbeitnehmer ändert und ihre beruflichen Kenntnisse und Fähigkeiten zur Erfüllung ihrer Aufgaben nicht mehr ausreichen, so hat der Betriebsrat bei der Einführung von Maßnahmen der betrieblichen Berufsbildung mitzubestimmen. Kommt eine Einigung nicht zustande, so entscheidet die Einigungsstelle. Der Spruch der Einigungsstelle ersetzt die Einigung zwischen Arbeitgeber und Betriebsrat.

I. Vorbemerkungen. Im Gegensatz zur Regelung des § 96 schafft § 97 eine vom Verlangen des BR unabhängige **Beratungspflicht**, die dann eintritt, wenn der ArbGeb beabsichtigt, betriebl. Einrichtungen für die Berufsbildung zu schaffen, betriebl. Berufsbildungsmaßnahmen einzuführen oder sich an außerbetriebl. Berufsbildungsmaßnahmen zu beteiligen. Insofern ergänzt Abs. 1 die Regelungen des § 96. Abs. 1 betrifft aber nur die Beteiligung des BR bei der **Einführung** von Bildungsmaßnahmen, während für die **Durchführung** ein MitbestR nach § 98 besteht. Abs. 1 gewährt auch nur ein Beratungsrecht und kein MitbestR; ob ein ArbGeb also eine betriebl. Einrichtung zur Berufsbildung schafft oder berufl. Bildungsmaßnahmen durchführt, obliegt – abgesehen vom Sonderfall des Abs. 2 – allein seiner freien **unternehmerischen Entscheidung**[5].

1

II. Beratungsrecht gem. Abs. 1. Gegenstand des Beratungsrechts ist einmal die Errichtung und Ausstattung betriebl. Einrichtungen zur Berufsbildung. Hierbei wird man unter **Einrichtung** die Zusammenfassung sachlicher und/oder persönlicher Mittel zu sehen haben, deren Zweck die Berufsbildung zumindest auch betriebsangehöriger ArbN ist[6]. Der Begriff der Einrichtung setzt weiter voraus, dass die betreffenden Mittel auf **Dauer** angelegt sind. Demzufolge fallen unter betriebl. Einrichtungen zur Berufsbildung etwa Lehrwerkstätten und Schulungsräume. Das Beratungsrecht des BR bezieht sich nicht nur auf die Errichtung und die Ausstattung, sondern auch auf jede **Änderung** einer Einrichtung zur Berufsbildung[7]. Der Gesetzeswortlaut spricht aber ausdrücklich nur die Errichtung und Ausstattung **betrieblicher Einrichtungen** an. Folglich fallen sog. **Qualifizierungsgesellschaften** oder **Transfergesellschaften** nicht unter die Regelungen des Abs. 1[8]. Erfüllt eine betriebl. Berufsbildungseinrichtung die Voraussetzungen einer betriebl. Sozialeinrichtung, so steht dem BR unter den Voraussetzungen des § 87 I Nr. 8 auch ein MitbestR hinsichtlich ihrer Verwaltung zu[9]. Dagegen hat der BR regelmäßig kein erzwingbares MitbestR zur Schaffung derartiger Einrichtungen sowie der Bereitstellung der erforderlichen Mittel. Die jeweilige **Investitionsentscheidung** bleibt beim ArbGeb[10].

2

Eine Beratungsverpflichtung des ArbGeb besteht überdies bei der Einführung von **Fortbildungskursen, Trainee-Programmen**, also für sämtliche betriebl. Berufsbildungsmaßnahmen[11]. Hierbei kommt es nicht darauf an, ob die Maßnahmen innerhalb oder außerhalb der Arbeitszeit stattfinden[12]. Auch hier entscheidet der ArbGeb darüber, ob er derartige Maßnahmen einführen will. Wenn er sich dazu entschließt, so ist die gesamte Organisation derartiger Berufsbildungsmaßnahmen Gegenstand seiner Beratungspflicht.

3

Auch die Teilnahme an **außerbetrieblichen Berufsbildungsmaßnahmen** ist mit dem BR zu beraten[13]. Damit sind einmal solche Teile eines Ausbildungsganges gemeint, die in einem anderen Betrieb oder in einer überbetriebl. Einrichtung stattfinden, oder solche Bildungsmaßnahmen, die von außerbetriebl. Trägern, etwa den Kammern, veranstaltet werden. Vom Beratungsrecht umfasst sind insb. die **Art** der Maßnahme, die **Auswahl** der ArbN sowie der **Zeitpunkt** und die **Zeitdauer** der Teilnahme[14]. Dabei muss der ArbGeb in jedem Fall die Beratung durchführen, bevor Belegschaftsmitglieder an einer solchen Maßnahme teilnehmen[15].

4

---

1 *Fitting*, § 96 Rz. 32. ||2 Vgl. *Altunkas*, AiB 2011, 110 ff.; *Welkoborsky*, AiB 2011, 45 (47). ||3 GK-BetrVG/*Raab*, § 96 Rz. 34. ||4 GK-BetrVG/*Raab*, § 96 Rz. 37; *Fitting*, § 96 Rz. 42. ||5 GK-BetrVG/*Raab*, § 97 Rz. 5. ||6 GK-BetrVG/*Raab*, § 97 Rz. 6. ||7 HM Richardi/*Thüsing*, § 97 Rz. 4; *Fitting*, § 97 Rz. 4; aA wohl Hess ua./*Worzalla*, § 97 Rz. 3. ||8 GK-BetrVG/*Raab*, § 97 Rz. 7. ||9 GK-BetrVG/*Raab*, § 97 Rz. 8; Hess ua./*Worzalla*, § 97 Rz. 5. ||10 Vgl. *Heinze*, Personalplanung, Rz. 115; aA für die Schließung von Bildungseinrichtungen; GTAW/*Woitaschek*, § 97 Rz. 4. ||11 Vgl. die Aufzählung von Bsp. aus der Rspr. bei *Hammer*, ZRP 1998, 23 (25). ||12 Hess ua./*Worzalla*, § 97 Rz. 6. ||13 Zur Abgrenzung: *Raab*, NZA 2008, 270 (271 f.). ||14 *Fitting*, § 97 Rz. 6. ||15 Hess ua./*Worzalla*, § 97 Rz. 8.

5   **III. Mitbestimmungsrecht gem. Abs. 2.** Neu eingeführt hat der Gesetzgeber mit der Novellierung des BetrVG in Abs. 2 ein MitbestR des BR bei der Einführung von Maßnahmen der betriebl. Berufsbildung in besonderen Fällen. Plant der ArbGeb Maßnahmen, die dazu führen, dass sich die Tätigkeit der betroffenen ArbN ändert und ihre berufl. Kenntnisse und Fähigkeiten zur Erfüllung ihrer Aufgaben nicht mehr ausreichen, oder hat er solche bereits durchgeführt, so wird dieses **MitbestR** ausgelöst. Der Gesetzgeber hatte bei der Neuregelung der Vorschrift folgende Situation vor Augen: Ein ArbGeb hat technische Anlagen, Arbeitsverfahren und Arbeitsabläufe oder Arbeitsplätze geplant, die zur Folge haben, dass sich die Tätigkeit der betroffenen ArbN ändern wird. Wenn dann die damit verbundenen Änderungen so nachhaltig sind, dass die berufl. Kenntnisse und Fähigkeiten der betroffenen ArbN nicht mehr ausreichen, um ihre Aufgaben noch erfüllen zu können, soll nunmehr **frühzeitig** und **präventiv** der BR betriebl. Berufsbildungsmaßnahmen zu Gunsten der betroffenen ArbN durchsetzen können, um deren Beschäftigung zu sichern[1].

6   Das MitbestR des BR setzt **nicht** schon während der **Planungsphase** ein[2]. Erst in dem Moment, in dem der ArbGeb entschlossen ist, Maßnahmen durchzuführen, die die Tätigkeit der ArbN ändern, und ihre berufl. Kenntnisse und Fähigkeiten zur Erfüllung ihrer Aufgaben nicht mehr ausreichen, liegt der Tatbestand des Abs. 2 vor. Selbst wenn aber der ArbGeb die Maßnahme durchgeführt hat, kann der BR von seinem **Initiativrecht** Gebrauch machen.

7   Hier gilt es allerdings zu betonen, dass durch Abs. 2 die freie **Unternehmerentscheidung** nicht eingeschränkt wird[3]. Will also der ArbGeb, anstatt technische Anlagen, Arbeitsverfahren und Arbeitsabläufe im konkreten Betrieb zu ändern, lieber die Arbeitsaufgaben an einen anderen Produktionsstandort verlagern oder durch Dritte erbringen lassen, hat der BR keine Möglichkeit, vom ArbGeb gem. Abs. 2 die Durchführung von Berufsbildungsmaßnahmen zu verlangen. Nur wenn der ArbGeb sich entschließt, die Produktion am jeweiligen Standort zu belassen, aber die Produktionsabläufe so zu verändern, dass die Tätigkeit der ArbN sich ändert und ihre berufl. Kenntnisse und Fähigkeiten zur Erfüllung ihrer Aufgaben nicht mehr ausreichen, liegt ein Fall des Abs. 2 vor.

8   Ein Tätigwerden des BR setzt **kumulativ** voraus, dass sich die Tätigkeiten der Beschäftigten ändern und deren berufl. Kenntnisse und Fähigkeiten zur Erfüllung dieser Aufgaben nicht mehr ausreichen. Nur wenn beide Voraussetzungen vorliegen, kann sich der BR auf Abs. 2 berufen[4]. Dagegen ist nicht erforderlich, dass die vom ArbGeb geplanten Maßnahmen die Schwelle einer Betriebsänderung iSd. § 111 erreichen[5]. Vielmehr kann jede tätigkeitsändernde Maßnahme des ArbGeb der Anknüpfungspunkt sein[6]. Das MitbestR des BR bezieht sich nur auf die ArbN, die konkret von den Maßnahmen, insb. von der Änderung der Tätigkeiten, betroffen sind. Hinsichtlich dieses Personenkreises ist dann zu fragen, ob deren berufl. Kenntnisse und Fähigkeiten nicht ausreichen, um den neuen Anforderungen gerecht zu werden[7]. Der Wortlaut des Abs. 2 spricht ausdrücklich von **beruflichen Kenntnissen**. Insofern setzt die Vorschrift ein bestimmtes **Berufsbild** voraus. Gestützt auf Abs. 2 kann also nicht verlangt werden, dass ArbN, deren Tätigkeit sich ändert, in einen anderen Beruf umgeschult werden, selbst wenn die betroffenen ArbN nur durch eine Umschulung ihre Tätigkeit fortsetzen können[8].

9   Sofern die Voraussetzungen des Abs. 2 vorliegen, kann der BR vom ArbGeb die Einführung entsprechender betriebl. Berufsbildungsmaßnahmen verlangen. Diese Schulungsmaßnahmen dürfen sich nur auf solche Personen beziehen, bei denen die Voraussetzungen des Abs. 2 S. 1 vorliegen. Es besteht demgemäß kein allgemein auf die Weiterbildung ausgerichteter Mitbestimmungsanspruch. Grds. ist der ArbGeb auch bei der **Auswahl der Teilnehmer** an den berufl. Bildungsmaßnahmen frei[9]. Er hat jedoch gem. § 96 II die dortigen Belange zu berücksichtigen.

10 Nach dem Gesetzeszweck soll das MitbestR nach Abs. 2 dazu dienen, Kündigungen zu verhindern[10]. Deshalb kann der BR nur solche Bildungsmaßnahmen vom ArbGeb verlangen, die sich in den **Grenzen der Zumutbarkeit** iSd. § 1 II 3 KSchG halten[11]. In keinem Fall kann der BR den ArbGeb aber verpflichten, allgemein durch Qualifizierungsmaßnahmen die Chancen der ArbN auf dem Arbeitsmarkt zu erhöhen. Daher kommt ein MitbestR nach Abs. 2 für solche ArbN nicht in Betracht, denen bereits wirksam wegen mangelnder Qualifikation gekündigt wurde[12].

---

1 BR-Drs. 140/01, 113f.; *Rieble*, FS 50 Jahre BAG, 2004, S. 831 (836). ‖2 *Burkert*, Das neue Mitbestimmungsrecht des Betriebsrats gemäß § 97 Absatz 2 BetrVG, 2005, S. 145ff. Weiter gehend dagegen *Richardi/Annuß*, DB 2001, 41 (45), die ein Initiativrecht bereits während der Planungsphase anerkennen; ebenso *Besgen*, BVR. § 20 Rz. 18. ‖3 So auch *Beckmann*, Rechtsgrundlagen der beruflichen Weiterbildung von Arbeitnehmern, 2012, S. 124. ‖4 *Wiesinger*, BuW 2003, 780 (781); aA *Thannheiser*, AiB 2002, 25, (27). ‖5 So zu Recht *Schwarzbach*, AiB 2010, 746 (747); *Thannheiser*, AiB 2002, 25 (27). ‖6 Insofern soll der Begriff der Maßnahme weit zu verstehen sein: LAG Hamm 19.2.2009 – 10 TaBV 191/08, ArbuR 2009, 278f.; 8.11.2002 – 10 (13) TaBV 59/02, NZA-RR 2003, 543; *Besgen*, BVR. § 20 Rz. 18; DKKW/*Buschmann*, § 97 Rz. 10. ‖7 *Löwisch*, Sonderbeil. zu NZA Heft 24/2001, 40 (45). ‖8 WPK/*Preis*, § 97 Rz. 12. ‖9 AA *Franzen*, NZA 2001, 865 (868f.). ‖10 BR-Drs. 140/01, 114; so auch *Hanau*, NJW 2002, 1240 (1242). ‖11 Ähnlich *Franzen*, NZA 2001, 865 (867), der § 102 III Nr. 4 als Zumutbarkeitsmaßstab anwenden will. ‖12 Vgl. zur individualarbeitsrechtl. Wirkung des § 97 II *Franzen*, NZA 2001, 865 (871).

IV. Streitigkeiten. Kommt eine Einigung nicht zustande, so entscheidet die **Einigungsstelle** in einem verbindlichen Einigungsverfahren. Bei **Streitigkeiten** über den Umfang der Beteiligung des BR entscheiden die Gerichte für Arbeitssachen im Beschlussverfahren. IÜ kommt auch ein Antrag nach § 23 III in Betracht[1].

98 Durchführung betrieblicher Bildungsmaßnahmen

(1) Der Betriebsrat hat bei der Durchführung von Maßnahmen der betrieblichen Berufsbildung mitzubestimmen.

(2) Der Betriebsrat kann der Bestellung einer mit der Durchführung der betrieblichen Berufsbildung beauftragten Person widersprechen oder ihre Abberufung verlangen, wenn diese die persönliche oder fachliche, insbesondere die berufs- und arbeitspädagogische Eignung im Sinne des Berufsbildungsgesetzes nicht besitzt oder ihre Aufgaben vernachlässigt.

(3) Führt der Arbeitgeber betriebliche Maßnahmen der Berufsbildung durch oder stellt er für außerbetriebliche Maßnahmen der Berufsbildung Arbeitnehmer frei oder trägt er die durch die Teilnahme von Arbeitnehmern an solchen Maßnahmen entstehenden Kosten ganz oder teilweise, so kann der Betriebsrat Vorschläge für die Teilnahme von Arbeitnehmern oder Gruppen von Arbeitnehmern des Betriebs an diesen Maßnahmen der beruflichen Bildung machen.

(4) Kommt im Fall des Absatzes 1 oder über die nach Absatz 3 vom Betriebsrat vorgeschlagenen Teilnehmer eine Einigung nicht zustande, so entscheidet die Einigungsstelle. Der Spruch der Einigungsstelle ersetzt die Einigung zwischen Arbeitgeber und Betriebsrat.

(5) Kommt im Fall des Absatzes 2 eine Einigung nicht zustande, so kann der Betriebsrat beim Arbeitsgericht beantragen, dem Arbeitgeber aufzugeben, die Bestellung zu unterlassen oder die Abberufung durchzuführen. Führt der Arbeitgeber die Bestellung einer rechtskräftigen gerichtlichen Entscheidung zuwider durch, so ist er auf Antrag des Betriebsrats vom Arbeitsgericht wegen der Bestellung nach vorheriger Androhung zu einem Ordnungsgeld zu verurteilen; das Höchstmaß des Ordnungsgeldes beträgt 10 000 Euro. Führt der Arbeitgeber die Abberufung einer rechtskräftigen gerichtlichen Entscheidung zuwider nicht durch, so ist auf Antrag des Betriebsrats vom Arbeitsgericht zu erkennen, dass der Arbeitgeber zur Abberufung durch Zwangsgeld anzuhalten sei; das Höchstmaß des Zwangsgeldes beträgt für jeden Tag der Zuwiderhandlung 250 Euro. Die Vorschriften des Berufsbildungsgesetzes über die Ordnung der Berufsbildung bleiben unberührt.

(6) Die Absätze 1 bis 5 gelten entsprechend, wenn der Arbeitgeber sonstige Bildungsmaßnahmen im Betrieb durchführt.

I. Vorbemerkung. Im Gegensatz zur Beteiligung des BR bei der Einführung von Berufsbildungsmaßnahmen gibt § 98 dem BR bei der Durchführung von Berufsbildungsmaßnahmen ein **umfassendes MitbestR**. Hierbei hat der Gesetzgeber ganz bewusst durch Abs. 6 sonstige Bildungsmaßnahmen mit einbezogen, um auch eine Beteiligung des BR entsprechend den Regelungen zur Durchführung der Berufsbildung zu ermöglichen[2].

II. Reichweite des Mitbestimmungsrechts. Das MitbestR des BR kann sich aber nur auf solche ArbN beziehen, die vom BR vertreten werden. Demgemäß fallen Bildungsmaßnahmen für **leitende Angestellte** gem. § 5 III nicht unter den Anwendungsbereich[3]. Umstritten ist dagegen, ob und inwieweit Berufsbildungsmaßnahmen, durch die ArbN für die Position eines leitenden Angestellten qualifiziert werden sollen, dem MitbestR unterliegen. Hier kann nur ein eingeschränktes MitbestR bestehen. Die Mitbest. kann sich nicht auf solche Themen erstrecken, die zumindest mittelbar die Qualifikationsanforderungen der leitenden Angestellten umschreiben[4].

Eingeschränkt wird das MitbestR durch den relativen **Tendenzschutz** (§ 118 I 1); es ist ausgeschlossen, soweit es um die Berufsbildung und berufl. Fortbildung von Tendenzträgern geht[5]. Die Ausübung des MitbestR nach § 98 steht jedoch insoweit unter dem Vorbehalt, dass keine anderweitigen verbindlichen Regelungen zur Berufsbildung bestehen, so dass der ArbGeb bereits an derartige Vorgaben gebunden ist[6].

III. Durchführung von Berufsbildungsmaßnahmen. Gem. Abs. 1 hat der BR bei der Durchführung von Maßnahmen der betriebl. Berufsbildung mitzubestimmen. Dieser Begriff ist nicht räumlich, sondern funktional zu verstehen[7]. Eine betriebl. Berufsbildungsmaßnahme liegt dann vor, wenn der Arb-

---

1 *Fitting*, § 97 Rz. 38; *Wiesinger*, BuW 2003, 780 (781). ‖2 BT-Drs. VI/1786, 51. ‖3 DKKW/*Buschmann*, § 98 Rz. 31; *Fitting*, § 98 Rz. 10; aA im Hinblick auf Veranstaltungen mit gemischtem Teilnehmerkreis *Karthaus/Klebe*, NZA 2012, 417 (424). ‖4 So *Richardi/Thüsing*, § 98 Rz. 6; für ein uneingeschränktes MitbestR dagegen *Fitting*, § 98 Rz. 10; *Heinze*, Personalplanung, Rz. 145; gegen ein MitbestR: *Hess ua./Worzalla*, § 98 Rz. 3; *Kraft*, NZA 1990, 457 (458). ‖5 BAG 20.4.2010 – 1 ABR 78/08, NZA 2010, 902; 30.5.2006 – 1 ABR 17/05, NZA 2006, 1291 (1293); LAG Köln 24.6.2008 – 9 TaBV 74/07, AfP 2009, 292. ‖6 Vgl. sehr weitgehend *Frauenkron*, Betriebsverfassungsrecht, 1980, Rz. 784. ‖7 BAG 5.3.2013 – 1 ABR 11/12, DB 2013, 2157; LAG Nds. 21.5.2003 – 15 TaBV 2/03.

Geb auf Inhalt und Organisation der Maßnahme einen beherrschenden Einfluss hat[1]. Hierbei müssen dem ArbN über eine bloße arbeitsplatzbezogene Unterrichtung hinaus gezielt Kenntnisse und Erfahrungen vermittelt werden, die ihn zu einer bestimmten Tätigkeit befähigen oder es ermöglichen, gleichartige Kenntnisse und Fähigkeiten zu erhalten[2]. Eine Bildungsmaßnahme ist dabei dann als **Berufsbildungsmaßnahme** zu qualifizieren, wenn durch sie Kenntnisse und Erfahrungen vermittelt werden, die zur Ausfüllung des Arbeitsplatzes und der berufl. Tätigkeit der ArbN dienen[3]. Keine Berufsbildungsmaßnahmen sind reine Vergnügungs- oder Entspannungsangebote[4]. Hinsichtlich der Durchführung aller Maßnahmen der betriebl. Berufsbildung steht dem BR ein echtes MitbestR zu. Dieses existiert allerdings nur in dem Umfang, in welchem dem ArbGeb ein **Gestaltungsspielraum** zusteht[5]. Insofern besteht bei der Berufsausbildung, deren Durchführung durch gesetzl. Bestimmungen bzw. Ausbildungsordnungen geregelt ist, kaum ein Gestaltungsspielraum, so dass hier das MitbestR des BR nur eine geringe Bedeutung erlangt. Einen weit größeren Gestaltungsspielraum besitzt der ArbGeb aber bei der berufl. Fortbildung und bei der berufl. Umschulung. Dementsprechend erlangt hier das MitbestR eine weit größere Bedeutung. Der BR kann etwa über den Ausbildungsplan, die Dauer der Maßnahme[6] und die Dauer der Ausbildungsabschnitte sowie über den Ort, an dem die Ausbildung erfolgen soll, mitbestimmen[7]. Ist Bestandteil einer Berufsbildungsmaßnahme auch eine betriebl. Prüfung, so erstreckt sich das MitbestR des BR auch auf deren Ausgestaltung[8].

5   Über das MitbestR bei der Durchführung von Bildungsmaßnahmen kann der BR nicht zu einem generellen MitbestR über die Einführung solcher Bildungsmaßnahmen kommen[9]. Dies verbietet bereits die unterschiedliche Regelung in den §§ 97, 98. Demnach gehören alle Umstände, die die jeweilige Berufsbildungsmaßnahme in ihrer generellen Gestalt definieren, nicht zum MitbestR des BR nach § 98. Dies bezieht sich einmal nach nahezu einhelliger Auffassung auf die Höhe der vom ArbGeb hierfür bereitgestellten Mittel[10]. Strittig ist aber, ob auch der **Zweck der jeweiligen Maßnahme** sowie die Festlegung und zahlenmäßige **Umschreibung des Teilnehmerkreises** ebenfalls noch eine Frage der Einführung einer Berufsbildungsmaßnahme und insoweit dem MitbestR des BR nach § 98 entzogen sind[11]. Zumindest hat aber in Bezug auf den Teilnehmerkreis der BR einen Auskunftsanspruch gegen den ArbGeb, ob und welche Teilnehmer etwa Teilzeitbeschäftigte sind[12].

6   Da das MitbestR nach Abs. 1 dem BR lediglich Einflussmöglichkeiten im Hinblick auf die Durchführung von Berufsbildungsmaßnahmen geben soll, bedeutet dieses nicht, dass der BR auch über die **materiellen Arbeitsbedingungen** mitbestimmen soll. Insofern fallen etwa Vereinbarungen über die **Rückzahlung von Fortbildungskosten** in Arbeitsverträgen nicht unter das MitbestR des BR nach Abs. 1[13]. **Einzelunterweisungen** eines ArbN oder Auszubildenden, konkrete Arbeitsaufträge oder auch der einfache Erfahrungsaustausch der ArbN untereinander sind nicht dem MitbestR unterworfen[14].

7   Zur Wahrung des MitbestR genügt regelmäßig eine **formlose Absprache** zwischen ArbGeb und BR. Grds. ist aber im Interesse eines geordneten betriebl. Bildungssystems der Abschluss von BV empfehlenswert. Kommt es über Fragen der Durchführung der betriebl. Berufsbildung zu Meinungsverschiedenheiten zwischen BR und ArbGeb, so kann Letzterer zwar die komplette Maßnahme zurückziehen. Will er diese aber durchführen, so ist die **Einigungsstelle** anzurufen, die über die Streitigkeiten verbindlich entscheidet (Abs. 4).

8   **IV. Bestellung und Abberufung von Ausbildern. 1. Umfang des Mitbestimmungsrechts.** Hinsichtlich der mit der Durchführung von betriebl. Bildungsmaßnahmen beauftragten Personen steht dem BR ein **besonderes MitbestR** zu. Gem. Abs. 2 kann er der **Bestellung widersprechen** oder ihre **Abberufung** verlangen, wenn die beauftragte Person die persönliche oder fachliche Eignung iSd. BBiG nicht besitzt oder ihre Aufgaben vernachlässigt. Hierbei spielt es keine Rolle, ob es sich bei dem Beauftragten um einen ArbN des Betriebes handelt[15]. Ebenso wenig verliert der BR deshalb sein MitbestR nach Abs. 2, weil der Beauftragte leitender Angestellter ist[16].

9   Der Gesetzeswortlaut verweist hinsichtlich der **persönlichen und fachlichen Eignung** ausdrücklich auf das BBiG. So gilt als persönlich nicht geeignet, wer Kinder und Jugendliche nicht beschäftigen darf oder wiederholt oder schwer gegen das BBiG und die auf Grund dessen erlassenen Vorschriften und Bestimmungen verstoßen hat. Die fachliche Eignung fehlt bei demjenigen, der die erforderlichen berufl.

---

1 Zur Frage des beherrschenden Einflusses *Raab*, NZA 2008, 270 (274f.). ||2 BAG 24.8.2004 – 1 ABR 28/03, NZA 2005, 371 (373); 28.1.1992 – 1 ABR 41/91, NZA 1992, 707 (708); 4.12.1990 – 1 ABR 10/90, AP Nr. 1 zu § 97 BetrVG 1972; *Raab*, NZA 2008, 270 (271). ||3 BAG 4.12.1990 – 1 ABR 10/90, NZA 1991, 388 (390). ||4 Ausführlich *Hoppe/Fabritius*, ArbR 2012, 449. ||5 BAG 5.11.1985 – 1 ABR 49/83, NZA 1986, 535f. ||6 BAG 24.8.2004 – 1 ABR 28/03, NZA 2005, 371 (374); krit. *Natzel*, SAE 2005, 249ff. ||7 *Stege/Weinspach/Schiefer*, §§ 96–98 Rz. 18. ||8 BAG 5.11.1985 – 1 ABR 49/83, NZA 1986, 535f.; *Raab*, ZfA 1997, 183 (231); aA wohl *Stege/Weinspach/Schiefer*, §§ 96–98 Rz. 19f. ||9 *Raab*, NZA 2008, 270 (272). ||10 BAG 24.8.2004 – 1 ABR 28/03, NZA 2005, 371 (374); *Natzel*, SAE 2005, 249, 251. ||11 So etwa GK-BetrVG/*Raab*, § 98 Rz. 12; *Richardi/Thüsing*, § 98 Rz. 8; dagegen etwa *Fitting*, § 98 Rz. 2; *Hammer*, Berufsbildung und Betriebsverfassung, 1990, S. 136f. ||12 BAG 15.4.2008 – 1 ABR 44/07, NZA-RR 2009, 98. ||13 GK-BetrVG/*Raab*, § 98 Rz. 16. ||14 LAG Hess. 8.11.2005 – 4 TaBV 159/05, AuR 2006, 173; LAG Hamburg 10.1.2007 – 4 TaBV 3/05, ArbuR 2008, 155; *Mosch/Oelkers*, NJW-Spezial 2008, 594; *Richardi/Thüsing*, § 98 Rz. 14. ||15 DKKW/*Buschmann*, § 98 Rz. 16; *Fitting*, § 98 Rz. 13. ||16 *Richardi/Thüsing*, § 98 Rz. 24; DKKW/*Buschmann*, § 98 Rz. 20.

Fertigkeiten und Kenntnisse oder die erforderlichen berufs- und arbeitspädagogischen Kenntnisse nicht besitzt. Aber nicht nur, wenn dem Ausbilder die persönliche oder fachliche Eignung fehlt, sondern auch dann, wenn er seine Aufgaben vernachlässigt, kann der BR seine Abberufung verlangen. Eine **Vernachlässigung der Aufgaben** durch eine mit der Durchführung der betriebl. Berufsbildung beauftragten Person liegt vor, wenn der jeweilige Ausbilder seine Aufgaben verkennt oder so nachlässig wahrnimmt, dass der Erfolg der Berufsausbildung oder der sonstigen Bildungsmaßnahme gefährdet wird[1].

Zuständig für die Ausübung des MitbestR ist grds. der BR. Falls es um Personen geht, die mit der Berufsausbildung betraut sind, so steht den **Jugend- und Auszubildendenvertretern** gem. § 67 II ein Stimmrecht zu. 10

Wenn der ArbGeb eine mit der Durchführung der betriebl. Berufsbildung beauftragte Person bestellen will, so hat er hierüber zunächst den BR rechtzeitig und umfassend zu **informieren**. Will der ArbGeb dagegen einen Ausbilder von sich heraus abberufen, so kann dies der BR nicht verhindern. Ebenfalls steht dem BR kein MitbestR nach Abs. 2 zu, wenn der ArbGeb selbst die Ausbildung vornimmt. 11

2. Durchsetzung des Mitbestimmungsrechts. Können sich ArbGeb und BR über die Bestellung bzw. Abberufung eines Ausbilders nicht einigen, kann gem. Abs. 5 der BR beim **ArbG** beantragen, dem ArbGeb aufzugeben, die **Bestellung zu unterlassen oder die Abberufung durchzuführen**. Eine Bestellung kann also den Grundsatz nach so lange nicht erfolgen, wie der BR seinen Widerspruch gegen diese Bestellung nicht zurückgezogen hat oder das ArbG den Widerspruch des BR zurückweist[2]. Widerspricht der BR der Bestellung eines Ausbilders, stellt er aber dann nicht unverzüglich einen Antrag nach Abs. 5, wird die Bestellung des Ausbilders wirksam und der BR kann dann nur noch die Abberufung verlangen[3]. Zwar sieht der Wortlaut des Gesetzes ausschließlich ein **Antragsrecht** des BR vor. Jedoch ist es sachgerecht, auch dem ArbGeb das Recht zuzugestehen, im Fall eines Widerspruchs gegen die Bestellung eines Ausbilders die Wirksamkeit des Widerspruchs durch das ArbG überprüfen zu lassen. Der ArbGeb muss ebenfalls die Möglichkeit haben, eine Klärung der Rechtslage herbeizuführen[4]. 12

Liegt eine **rechtskräftige Entscheidung** einmal vor und führt der ArbGeb die Bestellung des Ausbilders dieser rechtskräftigen gerichtl. Entscheidung zuwider durch, so ist gem. Abs. 5 S. 2 das ArbG verpflichtet, auf Antrag des BR und nach vorheriger Androhung den ArbGeb zu einem **Ordnungsgeld** zu verurteilen. 13

Führt dagegen der ArbGeb die **Abberufung** einer Ausbildungsperson einer rechtskräftigen gerichtl. Entscheidung zuwider nicht durch, so kann das ArbG auf Antrag des BR erkennen, dass der ArbGeb zur **Abberufung** durch **Zwangsgeld** anzuhalten sei (Abs. 5 S. 3). Voraussetzung ist auch hier, dass eine rechtskräftige gerichtl. Entscheidung vorliegt und der BR einen Antrag auf Festsetzung eines Zwangsgeldes gestellt hat. Eine Androhung eines Zwangsgeldes ist nicht mehr erforderlich[5]. 14

V. Auswahl von Arbeitnehmern für eine Berufsbildungsmaßnahme. Auch auf die **Auswahl** der an einer Bildungsmaßnahme teilnehmenden ArbN soll gem. Abs. 3 der BR Einfluss nehmen können. Wenn also der ArbGeb betriebl. Maßnahmen der Berufsbildung durchführt oder er für außerbetriebl. Maßnahmen der Berufsbildung ArbN freistellt oder er die durch die Teilnahme von ArbN an solchen Maßnahmen entstehenden Kosten ganz oder teilweise trägt, so kann der BR **Vorschläge für die Teilnahme von ArbN** oder Gruppen von ArbN des Betriebes an diesen Maßnahmen der berufl. Bildung machen. Hierbei ist es gleichgültig, ob diese Freistellung mit oder ohne Fortzahlung des Entgelts erfolgt[6]. Darüber hinaus ist das MitbestR betroffen, wenn der ArbGeb die durch die Teilnahme an Berufsbildungsmaßnahmen den ArbN entstehenden Kosten zumindest teilweise übernimmt. Teilnahmekosten wären etwa Seminargebühren, Reisekosten, Aufenthaltskosten etc. Hierbei kommt es nicht darauf an, ob es sich um eine außerbetriebliche oder betriebl. Maßnahme handelt oder ob eine solche Maßnahme in der Arbeitszeit oder außerhalb der Arbeitszeit etwa am Wochenende stattfindet. 15

Dagegen ist die Entscheidung, ob der ArbGeb überhaupt ArbN für außerbetriebl. Maßnahmen von der Arbeit freistellt oder sich an Kosten beteiligt oder welche Maßnahmen er fördert, dem MitbestR des BR entzogen[7]. Der ArbGeb legt auch **autonom** die **Teilnehmeranzahl** sowie den **Zweck der Bildungsmaßnahme** fest. Ebenso entscheidet er über die sachl. gebotenen Zulassungsvoraussetzungen[8]. 16

Das MitbestR des BR bezieht sich allein auf die **Auswahl**[9]. Die Ausübung des MitbestR setzt allerdings voraus, dass der BR auch **Vorschläge** macht. Er kann sich nicht darauf zurückziehen, lediglich der vom ArbGeb getroffenen Auswahl zu widersprechen[10]. Macht der BR Vorschläge, so sind sowohl die von ihm vorgeschlagenen ArbN als auch die vom ArbGeb vorgeschlagenen ArbN in die Auswahl einzubeziehen. Hierbei fallen auf der ersten Ebene alle die ArbN aus der Auswahl heraus, die von ihren 17

---

1 WPK/*Preis*, § 98 Rz. 18; DKKW/*Buschmann*, § 98 Rz. 17. ||2 *Heinze*, Personalplanung, Rz. 124. ||3 *Heinze*, Personalplanung, Rz. 124; *Fitting*, § 98 Rz. 21. ||4 *Fitting*, § 98 Rz. 21; GK-BetrVG/*Raab*, § 98 Rz. 31. ||5 *Ehrich*, RdA 1993, 220 (225). ||6 GK-BetrVG/*Raab*, § 98 Rz. 25; *Fitting*, § 98 Rz. 30. ||7 GK-BetrVG/*Raab*, § 98 Rz. 26. ||8 *Fitting*, § 98 Rz. 31; BAG 8.12.1987 – 1 ABR 32/86, NZA 1988, 401. ||9 Richardi/*Thüsing*, § 98 Rz. 58; BAG 8.12.1987 – 1 ABR 32/86, NZA 1988, 401. ||10 BAG 20.4.2010 – 1 ABR 78/08, NZA 2010, 902; 8.12.1987 – 1 ABR 32/86, NZA 1988, 401.

fachlichen Voraussetzungen her die sachlich gebotenen Zulassungsvoraussetzungen für die jeweilige Bildungsmaßnahme nicht erfüllen. Sodann hat die Auswahl unter Berücksichtigung der betriebl. Interessen wie auch unter den Prämissen des Gleichbehandlungsgebots zu erfolgen. Jedoch gilt es zu beachten, dass eine Einigung iS eines Konsenses zwischen ArbGeb und BR nur hinsichtlich der vom BR vorgeschlagenen ArbN, nicht aber hinsichtlich der vom ArbGeb vorgeschlagenen ArbN erfolgen muss[1]. Dh., der BR kann also nicht verhindern, dass der ArbGeb bestimmten ArbN Berufsbildungschancen eröffnet. Dies wird in dem Fall problematisch, wenn nur eine begrenzte Anzahl von Plätzen für eine Bildungsmaßnahme zur Verfügung stehen. Schlagen in diesem Fall BR und ArbGeb zusammen mehr ArbN für diese Maßnahme vor, so darf dies nicht zu einer Grenze für das MitbestR des BR werden[2]. Vielmehr ist auch in diesem Fall die Verteilungsgerechtigkeit der Berufsbildungschancen zu wahren. Allerdings ist es dem ArbGeb dann unbenommen, die von ihm vorgeschlagenen ArbN, die aus der Auswahl herausgefallen sind, zusätzlich in die jeweilige Maßnahme oder eine Ersatzmaßnahme einzubeziehen, ohne dass hier ein MitbestR des BR nach Abs. 3 erneut entsteht.

18 Darüber hinaus hat der BR kein MitbestR hinsichtlich der **Teilnahme von leitenden Angestellten** an Fortbildungskursen. Ebenso wenig wird ein MitbestR ausgelöst, wenn ein ArbN seine Ansprüche nach den Gesetzen der Länder über Bildungsurlaub ggü. dem ArbGeb geltend macht und dieser dem gesetzl. **Bildungsurlaubsanspruch**[3] des ArbN nachkommt. Hierbei geht es um die Erfüllung eines individualarbeitsrechtl. Anspruches und nicht um die Auswahlentscheidung des ArbGeb. Das gilt auch in den Fällen, in denen ein ArbN sich Leistungen des ArbGeb zur Berufsbildung arbeitsvertragl. hat zusichern lassen (zB den Fachanwaltskurs für den Angestellten einer Rechtsabteilung). Da in diesen Fällen dem ArbGeb kein Auswahlermessen zusteht, sondern er lediglich den arbeitsvertragl. Anspruch des ArbN zu erfüllen hat, besteht auch kein Bedürfnis nach einem MitbestR nach Abs. 3.

19 Kommt über die vom BR vorgeschlagenen Teilnehmer eine Einigung mit dem ArbGeb nicht zustande, so ist jede der beiden Seiten gem. Abs. 4 berechtigt, die **Einigungsstelle** anzurufen. Diese ersetzt dann gem. Abs. 4 S. 2 die Einigung zwischen ArbGeb und BR. Hierbei ist die Einigungsstelle an die Grundentscheidung des ArbGeb gebunden, welche Berufsbildungsmaßnahmen er fördern will und welche Kosten er hierfür übernehmen will.

20 **VI. Durchführung sonstiger Bildungsmaßnahmen.** Die dargestellten MitbestR sind allerdings nicht beschränkt auf den Bereich der Berufsbildung. Ausdrücklich hat der Gesetzgeber in Abs. 6 bestimmt, dass die MitbestR entsprechend gelten, wenn der ArbGeb **sonstige Bildungsmaßnahmen** im Betrieb durchführt. Sonstige Bildungsmaßnahmen sind solche Veranstaltungen, die sich nicht auf ein konkretes Berufsbild beziehen. Hiervon erfasst werden alle Veranstaltungen, die zur Vermittlung von Kenntnissen führen, um einen Lernprozess herbeizuführen[4]. Denkbar sind hier auch Erste-Hilfe-Kurse, Sprachkurse sowie Computerkurse, die nicht ein berufsspezifisches Wissen vermitteln[5]. Hierzu zählen auch als sog. „Dialogforen" gestaltete Informationsveranstaltungen des ArbGeb für Teile seiner Belegschaft[6]. Das MitbestR bei solchen sonstigen Bildungsmaßnahmen besteht nur insoweit, als es sich um Bildungsmaßnahmen im Betrieb handelt. Dies ist nicht örtlich zu verstehen. Es genügt, dass der ArbGeb die Maßnahme für seine ArbN durchführt[7].

Dritter Unterabschnitt. Personelle Einzelmaßnahmen

99 *Mitbestimmung bei personellen Einzelmaßnahmen*
(1) In Unternehmen mit in der Regel mehr als zwanzig wahlberechtigten Arbeitnehmern hat der Arbeitgeber den Betriebsrat vor jeder Einstellung, Eingruppierung, Umgruppierung und Versetzung zu unterrichten, ihm die erforderlichen Bewerbungsunterlagen vorzulegen und Auskunft über die Person der Beteiligten zu geben; er hat dem Betriebsrat unter Vorlage der erforderlichen Unterlagen Auskunft über die Auswirkungen der geplanten Maßnahme zu geben und die Zustimmung des Betriebsrats zu der geplanten Maßnahme einzuholen. Bei Einstellungen und Versetzungen hat der Arbeitgeber insbesondere den in Aussicht genommenen Arbeitsplatz und die vorgesehene Eingruppierung mitzuteilen. Die Mitglieder des Betriebsrats sind verpflichtet, über die ihnen im Rahmen der personellen Maßnahmen nach den Sätzen 1 und 2 bekannt gewordenen persönlichen Verhältnisse und Angelegenheiten der Arbeitnehmer, die ihrer Bedeutung oder ihrem Inhalt nach einer vertraulichen Behandlung bedürfen, Stillschweigen zu bewahren; § 79 Abs. 1 Satz 2 bis 4 gilt entsprechend.

(2) Der Betriebsrat kann die Zustimmung verweigern, wenn

---

1 BAG 8.12.1987 – 1 ABR 32/86, NZA 1988, 401; GK-BetrVG/*Raab*, § 98 Rz. 28; *Raab*, ZfA 1997, 183 (233). ||2 AA GK-BetrVG/*Raab*, § 98 Rz. 28. ||3 Nach Ansicht des BAG erstreckt sich allerdings das MitbestR nach § 87 I Nr. 5 auf die Gewährung von Bildungsurlaub (BAG 28.5.2002 – 1 ABR 37/01, NZA 2003, 171). ||4 LAG Düss. 9.10.2008 – 15 TaBV 96/07, EzB § 98 BetrVG Nr. 7. ||5 *Kraft*, NZA 1990, 457 (460). ||6 Vgl. LAG Hess. 12.7.2012 – 5 TaBV 250/11. ||7 *Fitting*, § 98 Rz. 40; GK-BetrVG/*Raab*, § 98 Rz. 8; Richardi/*Thüsing*, § 98 Rz. 68.

1. die personelle Maßnahme gegen ein Gesetz, eine Verordnung, eine Unfallverhütungsvorschrift oder gegen eine Bestimmung in einem Tarifvertrag oder in einer Betriebsvereinbarung oder gegen eine gerichtliche Entscheidung oder eine behördliche Anordnung verstoßen würde,
2. die personelle Maßnahme gegen eine Richtlinie nach § 95 verstoßen würde,
3. die durch Tatsachen begründete Besorgnis besteht, dass infolge der personellen Maßnahme im Betrieb beschäftigte Arbeitnehmer gekündigt werden oder sonstige Nachteile erleiden, ohne dass dies aus betrieblichen oder persönlichen Gründen gerechtfertigt ist; als Nachteil gilt bei unbefristeter Einstellung auch die Nichtberücksichtigung eines gleich geeigneten befristet Beschäftigten,
4. der betroffene Arbeitnehmer durch die personelle Maßnahme benachteiligt wird, ohne dass dies aus betrieblichen oder in der Person des Arbeitnehmers liegenden Gründen gerechtfertigt ist,
5. eine nach § 93 erforderliche Ausschreibung im Betrieb unterblieben ist oder
6. die durch Tatsachen begründete Besorgnis besteht, dass der für die personelle Maßnahme in Aussicht genommene Bewerber oder Arbeitnehmer den Betriebsfrieden durch gesetzwidriges Verhalten oder durch grobe Verletzung der in § 75 Abs. 1 enthaltenen Grundsätze, insbesondere durch rassistische oder fremdenfeindliche Betätigung, stören werde.

(3) Verweigert der Betriebsrat seine Zustimmung, so hat er dies unter Angabe von Gründen innerhalb einer Woche nach Unterrichtung durch den Arbeitgeber diesem schriftlich mitzuteilen. Teilt der Betriebsrat dem Arbeitgeber die Verweigerung seiner Zustimmung nicht innerhalb der Frist schriftlich mit, so gilt die Zustimmung als erteilt.

(4) Verweigert der Betriebsrat seine Zustimmung, so kann der Arbeitgeber beim Arbeitsgericht beantragen, die Zustimmung zu ersetzen.

I. Vorbemerkungen	1	3. Umgruppierung	32
II. Anwendungsbereich	2	4. Versetzung	36
1. Schwellenwert	2	IV. Mitbestimmungsrecht des Betriebsrats	50
2. Vorhandensein eines Betriebsrats	8	1. Grundsätze	50
3. Betroffene Arbeitnehmer	9	2. Umfang des Unterrichtungsrechts	52
4. Mitbestimmung im Arbeitskampf	11	3. Schweigepflicht	60
5. Auslandsbeziehungen	14	4. Zustimmung des Betriebsrats	62
6. Tendenzunternehmen	15	5. Zustimmungsverweigerungsgründe	63
7. Erweiterung oder Einschränkung der Beteiligungsrechte	16	V. Zustimmungsverweigerungsverfahren	88
III. Gegenstand des Mitbestimmungsrechts	17	VI. Zustimmungsersetzungsverfahren	92
1. Einstellung	17	VII. Rechtsstellung des einzelnen Arbeitnehmers	94
2. Eingruppierung	24	VIII. Streitigkeiten	98

I. Vorbemerkungen. Mit dem BetrVG 1972 hat der Gesetzgeber das MitbestR des BR bei Einstellungen, Eingruppierungen, Umgruppierungen und Versetzungen im Sinne eines **positiven Konsensprinzips** gestaltet. Anders als noch im BetrVG 1952 muss der ArbGeb, wenn der BR die Zustimmung zu einer personellen Einzelmaßnahme iSd. § 99 verweigert, das Beschlussverfahren vor dem ArbG einleiten, um auf diesem Wege die Zustimmung ersetzen zu lassen. Damit verbunden ist ggü. dem BetrVG 1952 eine Veränderung der Darlegungslast, der zufolge nunmehr der ArbGeb die vom BR vorgetragenen Verweigerungsgründe zu widerlegen hat[1]. 1

II. Anwendungsbereich. 1. Schwellenwert. Dieses MitbestR bei Einstellungen, Eingruppierungen, Umgruppierungen und Versetzungen besteht nur in **Unternehmen** mit idR mehr als 20 wahlberechtigten ArbN. Vor dem BetrVG-ReformG von 2001 war maßgeblich für das Erreichen des Schwellenwertes, dass in den **Betrieben** idR mehr als 20 wahlberechtigte ArbN vorhanden waren. Zur Begründung dieser Änderung berief man sich ua. auf die Rspr. des BVerfG[2] zur Kleinbetriebsklausel des Kündigungsschutzgesetzes (§ 23 I KSchG)[3]. Damit hat der Gesetzgeber einer nahezu allg. Kritik Rechnung getragen, die es als unbillig empfunden hat, das MitbestR in personellen Angelegenheiten von einer durch den ArbGeb beeinflussbaren Zahl und Größe unternehmensangehöriger Betriebe abhängig zu machen[4]. 2

Auf Grund der Novellierung ist für die Bestimmung des Schwellenwertes allein das **Unternehmen** maßgeblich. *Jedoch findet sich keine gesetzl. Definition des Unternehmensbegriffs im BetrVG. Die Rspr. definiert seit jeher Unternehmen als eine organisatorische Einheit, innerhalb derer ein Unternehmer alleine oder in Zusammenarbeit mit seinen Mitarbeitern seine wirtschaftl. oder ideellen Zwecke verfolgt*[5]; weist aber stets darauf hin, dass es in der Rechtsordnung keinen allgemein verbindlichen Un- 3

---

[1] BT-Drs. VI/1786, 51. ||[2] BVerfG 27.1.1998 – 1 BvL 15/87, BVerfGE 97, 169 ff. ||[3] BR-Drs. 140/01, 115. ||[4] *Konzen*, RdA 2001, 76 (91); *Franzen*, ZfA 2000, 285 (293). ||[5] Vgl. LAG Köln 4.6.2003 – 3 TaBV 76/02; *Besgen*, BVR, § 1 Rz. 59; *Fitting*, § 1 Rz. 145.

ternehmensbegriff gibt[1]. Die Unternehmenseigenschaft setzt allerdings die Einheit des Rechtsträgers voraus[2]. Hat ein Unternehmen nur einen Betrieb, so sind Unternehmen und Betrieb identisch. Allerdings können Unternehmen auch aus mehreren Betrieben bestehen.

4   Für die Frage, ob der Schwellenwert des § 99 erreicht wird, sind alle **wahlberechtigten ArbN** eines Unternehmens zu berücksichtigen. Ob das Unternehmen konzerngebunden ist, spielt keine Rolle. Für die Ermittlung der wahlberechtigten ArbN kommt es darauf an, wie viele Personen regelmäßig beschäftigt werden. Dh., maßgeblich ist der Stand der Normalzahl der wahlberechtigten ArbN. Deshalb wird es regelmäßig auf die Zahl der im Betrieb vorhandenen Arbeitsplätze ankommen[3]. Stellt man auf die vorhandenen Arbeitsplätze ab, so zählen vorübergehend Beschäftigte nur mit, wenn diese Personengruppe regelmäßig im Betrieb beschäftigt wird, etwa wenn ein Unternehmen dauerhaft mit befristet eingestellten Kräften arbeitet. Bei der Feststellung der regelmäßigen Beschäftigtenzahl ist auf den **Zeitpunkt** der Durchführung der jeweiligen personellen Einzelmaßnahme abzustellen[4]. Demnach ist es also nicht erforderlich, dass gerade zum Zeitpunkt der personellen Maßnahme in einem Unternehmen mehr als 20 wahlberechtigte ArbN beschäftigt sind, wenn nur die Normalzahl der im Unternehmen Beschäftigten mehr als 20 wahlberechtigte ArbN beträgt[5].

5   Der Gesetzeswortlaut verweist ausdrücklich auf die wahlberechtigten ArbN und damit auf die Regelung des § 7. Maßgeblich sind damit für das Erreichen des Schwellenwerts alle ArbN des Unternehmens, die das **18. LJ** vollendet haben. Nach § 7 S. 2 zählen auch **LeihArbN** hierzu, wenn sie länger als drei Monate **im Betrieb** eingesetzt werden. Dies führt dazu, dass auch deren Arbeitsplätze zu den regelmäßig Beschäftigten des Unternehmens hinzugerechnet werden. Da mit § 7 S. 2 der Gesetzgeber den Begriff des „wahlberechtigten ArbN" ausdrücklich gesetzl. für den Bereich des BetrVG definiert hat, können LeihArbN nicht deshalb bei den Schwellenwerten unberücksichtigt bleiben, weil diese Personengruppe nicht auf Grund eines Arbeitsvertrages mit dem Betriebsinhaber tätig wird[6]. Auf Grund des Wortlauts des § 7 S. 2 kommt es für die Frage, inwieweit LeihArbN zu berücksichtigen sind, auf eine betriebsbezogene Sichtweise an. Das heißt aber auch, dass LeihArbN dann nicht berücksichtigt werden, wenn sie zwar im Unternehmen, nicht aber in einem Betrieb länger als drei Monate beschäftigt werden. Bei der Feststellung der wahlberechtigten ArbN eines Unternehmens gilt der **betriebsverfassungsrechtl. ArbN-Begriff** des § 5. Danach sind ArbN **Arbeiter** und **Angestellte** einschl. der **zu ihrer Berufsausbildung Beschäftigten**. Dies gilt unabhängig davon, ob sie im **Außendienst** oder mit **Telearbeit** beschäftigt werden. Als ArbN gelten auch die in **Heimarbeit** Beschäftigten, die in der Hauptsache für einen Betrieb des Unternehmens arbeiten. Insg. differenziert das Gesetz nicht danach, ob es sich bei dem ArbN um eine Vollzeit- oder um eine **Teilzeitkraft** handelt. Es wird also nicht nach Arbeitsstunden, sondern nach Kopfzahl gezählt[7].

6   Dass die Beschäftigtenzahl im Unternehmen maßgeblich für das Erreichen des Schwellenwerts sein soll, führt dazu, dass auf jeden Fall **Kleinbetriebe** größerer Unternehmen der Mitbest. nach § 99 **unterstellt** werden. Dies ändert aber nichts an dem Umstand, dass kleinere **Unternehmen** selbst dann dem MitbestR nach § 99 **nicht unterfallen**, wenn sie größeren Konzernen angehören. Insofern ist bereits zweifelhaft, ob mit der Änderung des Schwellenwerts der vom Gesetzgeber ins Auge gefasste Zweck der Vorschrift erreicht werden kann. Fraglich ist, ob das MitbestR des § 99 auch bei einem **gemeinsamen Betrieb** mehrerer Unternehmen einschlägig wird, wenn zwar die Unternehmen für sich genommen nicht mehr als 20 wahlberechtigte ArbN beschäftigen, jedoch im gemeinsamen Betrieb dieser Schwellenwert überschritten wird. Hier soll es, entgegen der Regelungsintention des Gesetzgebers, auf den Schwellenwert des Gemeinschaftsbetriebes ankommen. Führen etwa mehrere Unternehmen mit jeweils weniger als 20 wahlberechtigten ArbN gemeinsam einen Betrieb, in dem insg. mehr als 20 wahlberechtigte ArbN beschäftigt sind, soll die Vorschrift des § 99 auf Versetzungen in diesem Betrieb analog anwendbar sein[8].

7   **Leitende Angestellte** iSv. § 5 III u. IV bleiben hingegen für die Berechnung des Schwellenwerts unberücksichtigt. Dies ergibt sich daraus, dass § 99 ausdrücklich von wahlberechtigten ArbN spricht.

8   **2. Vorhandensein eines Betriebsrats.** Für das MitbestR nach § 99 ist weiterhin Voraussetzung, dass ein **BR** in dem Betrieb **vorhanden** ist. Maßgeblich ist hierfür der **Zeitpunkt** der Durchführung der personellen Einzelmaßnahme[9]. Konstituiert sich erst nach der Durchführung der personellen Einzelmaßnahme ein BR, so ist für die bereits durchgeführte Maßnahme keine nachträgliche Genehmigung durch diesen BR erforderlich[10]. Gibt es den BR, dessen Zustimmung der ArbGeb gerichtl. ersetzen lassen will, nicht mehr, so kann der ArbGeb die personelle Einzelmaßnahme endgültig durchführen, ohne gegen § 99 zu verstoßen[11].

---

1 BAG 5.3.1987 – 2 AZR 623/85, NZA 1988, 32. ||2 BAG 23.8.1989 – 7 ABR 39/88, NZA 1990, 863 (864); LAG Köln 4.6.2003 – 3 TaBV 76/02. ||3 GK-BetrVG/*Raab*, § 99 Rz. 7; *Fitting*, § 99 Rz. 11. ||4 Richardi/*Thüsing*, § 99 Rz. 14. ||5 *Heinze*, Personalplanung, Rz. 186. ||6 Wie hier *Lambrich/Schwab*, NZA-RR 2013, 169 (171); *Haas/Hoppe* NZA 2013, 294 (299); aA *Maschmann*, DB 2001, 2446 (2448); DFL/*Rieble*, § 99 Rz. 2. ||7 *Seifert*, RdA 2004, 200 (205); aA *Löwisch*, RdA 1984, 197 (207). ||8 BAG 29.9.2004 – 1 ABR 39/03, NZA 2005, 420 (422); 29.9.2004 – 1 ABR 473/03, AuR 2005, 164; *Feuerborn*, RdA 2005, 377ff.; krit. *Reichold*, NZA 2005, 622ff. ||9 Vgl. BAG 23.8.1984 – 6 AZR 520/82, NZA 1985, 566 (567). ||10 *Fitting*, § 99 Rz. 15; GK-BetrVG/*Raab*, § 99 Rz. 12. ||11 BAG 19.2.2008 – 1 ABR 65/05, NZA-RR 2008, 490f.

3. Betroffene Arbeitnehmer. Vom MitbestR des § 99 sind grds. nur die vom BR des jeweiligen Betriebes repräsentierten ArbN und Auszubildenen[1] erfasst. Werden Arbeiten im Betrieb durch **Fremdfirmen** ausgeführt, so hat der BR nicht mitzubestimmen, wenn ArbN dieser Fremdfirmen im Betrieb tätig werden. Hier fehlt es an der arbeitsrechtl. Weisungsgebundenheit ggü. dem Betriebsinhaber[2]. Etwas anderes gilt in Fällen, in denen eine Eingliederung in die Arbeitsorganisation des Betriebsinhabers vorliegt, um zusammen mit den im Betrieb schon beschäftigten ArbN den arbeitstechnischen Zweck des Betriebes durch weisungsgebundene Tätigkeit zu verwirklichen[3]. Hierbei gilt es allerdings zu beachten, dass FremdArbN nicht schon deswegen in den Betrieb des Auftraggebers und dessen Organisation iSv. § 99 eingegliedert sind, weil sie im Betrieb des Auftraggebers tätig werden und weil die von ihnen zu erbringenden Dienstleistungen oder das von ihnen zu erstellende Werk hinsichtlich Art, Umfang, Güte, Zeit und Ort in den betriebl. Arbeitsprozess eingeplant ist. Hinzukommen muss vielmehr, dass der ArbGeb hinsichtlich solcher FremdArbN die für ein ArbVerh typischen Entscheidungen über deren Arbeitseinsatz auch nach Zeit und Ort zu treffen hat[4]. Entsprechendes gilt auch für die Beschäftigung von freien Mitarbeitern (zB Taxifahrer, Dozenten etc.).

Beim Einsatz von **LeihArbN** gilt § 14 III AÜG als Sondervorschrift[5]. Danach ist der BR des Entleiherbetriebes vor der Übernahme eines LeihArbN zur Arbeitsleistung nach § 99 zu beteiligen[6]. Als **Ausnahmevorschrift** ist diese Regelung des AÜG eng auszulegen. Grds. gilt, dass sich bei Maßnahmen, die den LeihArbN betreffen, die Abgrenzung der Zuständigkeit des BR des Entsende- oder Entleiherbetriebes danach richtet, ob der Verleiher oder der Entleiher die mitbestimmungspflichtige Entscheidung trifft[7]. So entscheidet etwa über die Eingruppierung des LeihArbN nicht der Entleiher, da zu diesem kein ArbVerh besteht. Das Beteiligungsrecht kommt insofern dem BR zu, welcher für den Entsendebetrieb errichtet wurde[8].

4. Mitbestimmung im Arbeitskampf. Besonderheiten gelten für das MitbestR des § 99 im Fall des Arbeitskampfes. Das BAG vertritt hier in st. Rspr. die Auffassung, dass die Beteiligungsrechte des BR während eines Arbeitskampfes arbeitskampfkonform einzuschränken seien. Dies gelte insb. bei arbeitskampfbedingten Einstellungen und Versetzungen[9]. Es gilt also der **Grundsatz einer arbeitskampfkonformen Interpretation** der Beteiligungsrechte des BR unter besonderer Berücksichtigung des Prinzips der **Kampfparität**[10]. Vor diesem Hintergrund ist danach zu differenzieren, ob es sich um eine personelle Einzelmaßnahme handelt, mit der der ArbGeb arbeitskampfbezogen agieren oder reagieren will oder muss, oder ob es sich um eine Maßnahme handelt, die nicht **wegen des Arbeitskampfes**, sondern nur **während des Arbeitskampfes** durchgeführt werden soll. Bei letzteren Maßnahmen kommt eine Einschränkung des MitbestR nicht in Betracht, da bei solchen Maßnahmen eine Beeinträchtigung der Kampfparität nicht zu erwarten steht[11]. Maßstab ist, ob der BR bei uneingeschränktem MitbestR eine dem ArbGeb sonst mögliche Arbeitskampfmaßnahme verhindern und dadurch zwangsläufig in das Kampfgeschehen eingreifen könnte. Insofern wird das MitbestR des BR bei Eingruppierung und Umgruppierung regelmäßig nicht arbeitskampfbezogen einzuschränken sein. Dagegen erhält bei Einstellungen und Versetzungen die Frage einer **verfassungskonformen Einschränkung des MitbestR** erhebliche praktische Bedeutung. Es gilt jedoch der Grundsatz, dass eine Einschränkung nur insoweit zulässig ist, wie dieses zur Gewährleistung der Kampfparität erforderlich erscheint. Das bedeutet etwa, dass mangels Arbeitskampfrelevanz eine Einschränkung des Informationsrechts des BR regelmäßig ausgeschlossen ist[12]. Voraussetzung für die Einschränkung des MitbestR im Arbeitskampf ist aber grds., dass sich der ArbGeb selbst im Arbeitskampf befindet. Werden dagegen ArbN in den bestreikten Betrieb eines anderen Unternehmens versetzt, so soll eine Einschränkung des MitbestR nicht in Betracht kommen[13]. Dies gilt allerdings nur, wenn die Kampfparität nicht beeinträchtigt ist. Das wird man bei einer konzernmäßigen Verbindung beider Unternehmen nicht ohne Weiteres annehmen können. Keinesfalls steht aber einer Einschränkung des MitbestR entgegen, wenn der jeweilige Betrieb des bestreikten ArbGeb nicht am Arbeitskampf beteiligt ist. Dann genügt es auf jeden Fall, wenn irgendein Betrieb des ArbGeb in Arbeitskampfmaßnahmen verwickelt ist und die ins Auge gefasste personelle Maßnahme mit dem Arbeitskampf zusammenhängt. Demzufolge hat bei einer arbeitskampfbedingten Versetzung arbeitswilliger ArbN in einen bestreikten Betrieb des ArbGeb der BR des abgebenden Betriebs kein MitbestR gem. Abs. 1. Das gilt selbst dann, wenn der abgebende Betrieb in den Arbeitskampf nicht einbezogen ist[14]. Wird der ArbGeb mit einem Un-

---

1 Hierzu: BAG 30.9.2008 – 1 ABR 81/07, NZA 2009, 112. || 2 Richardi/*Thüsing*, § 99 Rz. 15. || 3 BAG 15.4.1986 – 1 ABR 44/84, NZA 1986, 688 (689); 12.12.2005 – 1 ABR 51/04, NZA 2006, 1369 (1370). || 4 BAG 5.3.1991 – 1 ABR 39/90, NZA 1991, 686 (687); 9.7.1991 – 1 ABR 45/90, NZA 1992, 275 (277). || 5 Vgl. BAG 19.6.2001 – 1 ABR 43/00, BB 2001, 2582 (2583). || 6 BAG 17.6.2008 – 1 ABR 39/07, DB, 2008, 2658f.; 12.11.2002 – 1 ABR 1/02, NZA 2003, 513 (514); *Melms/Lipinksi*, BB 2004, 2409 (2413); *Düwell/Dahl*, NZA-RR 2011, 1 ff. || 7 BAG 17.6.2008 – 1 ABR 39/07, DB 2008, 2658f.; 19.6.2001 – 1 ABR 43/00, NZA 2001, 1263; LAG Nds. 23.10.2009 – 12 TaBV 123/08, NZA-RR 2010, 144 (145). || 8 BAG 17.6.2008 – 1 ABR 39/07, DB 2008, 2658f.; LAG Nds. 23.10.2009 – 12 TaBV 123/08, NZA-RR 2010, 144 (145); ebenso *Düwell/Dahl*, NZA-RR 2011, 1 (3). || 9 BAG 26.10.1971 – 1 AZR 113/68, RdA 1972, 55; 10.2.1988 – 1 ABR 39/86, NZA 1988, 549f.; vgl. auch BVerfG 4.7.1997 – 1 BvL 11/96, NZA 1997, 773f. || 10 BAG 13.12.2011 – 1 ABR 2/10, NZA 2012, 571 ff. || 11 Vgl. BAG 6.3.1979 – 1 AZR 866/77, NJW 1979, 2635f. || 12 BAG 10.12.2002 – 1 ABR 7/02, NZA 2004, 223 (225); *Heinze*, Personalplanung, Rz. 435; krit. *Meyer*, ZTR 2013, 8 (1f.); *Meyer*, BB 2012, 2753 (2755). || 13 LAG Schl.-Holst. 29.5.2013 – 6 TaBV 30/12; 28.5.2013 – 1 TaBV 31/12. || 14 BAG 13.12.2011 – 1 ABR 2/10, NZA 2012, 571 ff.

terstützungsstreik konfrontiert, so gelten für das MitbestR die Grundsätze, die gelten würden, wenn sich der Arbeitskampf unmittelbar gegen den ArbGeb richtet und auch der ArbGeb, der durch Versetzung arbeitswilliger ArbN einem bestreikten anderen ArbGeb unterstützend beistehen will, übt seine Koalitionsfreiheit aus, die es erforderlich macht, auch das MitbestR des abgebenden BR einzuschränken, soweit die Kampfparität betroffen ist[1].

12 **Abzulehnen** ist dagegen die teilweise im Schrifttum vertretene Auffassung, wonach nach Ende des Arbeitskampfes das Beteiligungsrecht des BR, welches während des Arbeitskampfes eingeschränkt war, **wieder auflebt**. Danach soll eine personelle Einzelmaßnahme, die als kampfbedingte Maßnahme mitbestimmungsfrei war, nach Ende des Arbeitskampfes nur dann wirksam bleiben, wenn das MitbestR nachgeholt wird[2]. Wollte man dieser Auffassung folgen, so wäre hierdurch die Kampfparität gefährdet. Ein ArbGeb müsste arbeitskampfbezogene personelle Einzelmaßnahmen genau auf die Dauer des Arbeitskampfes terminieren, wenn er nicht später Gefahr laufen will, sich nach dem Arbeitskampf mit dem BR über die Zustimmung zu solchen arbeitskampfbezogenen Personalmaßnahmen streiten zu müssen. Darüber hinaus gibt § 99 dem BR nur ein MitbestR hinsichtlich geplanter Maßnahmen. Hat der ArbGeb aber die Maßnahmen bereits durchgeführt, was er auf Grund des Arbeitskampfbezuges mitbestimmungsfrei konnte, so fehlt es an der Rechtsgrundlage für ein nachträgliches MitbestR. Eine einmal zu Recht mitbestimmungsfrei durchgeführte personelle Einzelmaßnahme bleibt auch nach Beendigung des Arbeitskampfes mitbestimmungsfrei[3].

13 Diese aufgezeigten Grundsätze gelten auch bei einem **rechtswidrigen Streik**[4]. Die Verpflichtung des BR gem. § 2, auf die Beendigung eines rechtswidrigen Streiks hinzuwirken[5], bleibt hiervon unberührt.

14 **5. Auslandsbeziehungen.** Bei Fällen mit Auslandsberührung ist wie folgt zu differenzieren: Der BR eines in der Bundesrepublik Deutschland gelegenen Betriebs hat etwa bei der Einstellung eines ArbN, der für einen einmaligen befristeten Auslandseinsatz beschäftigt ist, kein MitbestR[6]. Wenn jedoch ein ArbN nur vorübergehend zur Beschäftigung **ins Ausland entsandt** wird und seine Betriebsangehörigkeit bestehen bleibt, so unterliegt diese Versetzung dem MitbestR des inländischen BR[7]. Nach der Rspr. des BAG richtet sich schließlich der räumliche Anwendungsbereich des BetrVG nach dem **Territorialitätsprinzip**. So gilt das BetrVG für alle in der Bundesrepublik Deutschland ansässigen Betriebe unabhängig vom Vertragsstatut. Deshalb werden vom BetrVG alle Mitarbeiter erfasst, bei deren Tätigkeit es sich um eine „**Ausstrahlung**" des Inlandsbetriebs handelt. Hierfür ist nach Auffassung des BAG erforderlich, dass eine solche Beziehung zum Inlandsbetrieb besteht, die es rechtfertigt, die Auslandstätigkeit der im Inland entfalteten Betriebstätigkeit zuzurechnen. Entscheidend ist also die Dauer der Auslandstätigkeit und inwieweit der ArbN im Ausland in eine betriebl. Struktur eingegliedert ist. Deshalb soll ein vom ArbGeb vorbehaltenes **Rückrufrecht** ein starkes Indiz für einen fortbestehenden Inlandsbezug darstellen[8]. Damit entfällt das MitbestR nach § 99 bei personellen Einzelmaßnahmen immer dann, wenn diese im Ausland getroffen werden und sich in ihren Rechtswirkungen auf die Auslandsbeschäftigung beschränken[9].

15 **6. Tendenzunternehmen.** Handelt es sich um ein Tendenzunternehmen (vgl. § 118), so schränkt der Tendenzcharakter des Unternehmens die Ausübung des Beteiligungsrechts nach § 99 insoweit ein, als es sich um Maßnahmen ggü. **Tendenzträgern** handelt[10]. Dabei wird die Ausübung von MitbestR dann ausgeschlossen, wenn sie die Tendenzverwirklichung ernstlich beeinträchtigen könnte. Hier reduziert sich das MitbestR des BR lediglich auf ein **Informationsrecht**[11].

16 **7. Erweiterung oder Einschränkung der Beteiligungsrechte.** Die Aufzählung der beteiligungspflichtigen Maßnahmen in § 99 ist abschließend[12]. Nach verbreiteter Auffassung im Schrifttum sowie nach Ansicht des BAG können die in § 99 vorgesehenen MitbestR durch **TV** oder durch **BV** erweitert werden[13]. Dieser hA ist entgegenzuhalten, dass es für eine Erweiterung des MitbestR des BR nach § 99 an einer gesetzl. Regelung fehlt. Die Novellierung des § 3 hat noch einmal deutlich gemacht, dass der Gesetzgeber des BetrVG dessen Dispositivität vom Bestehen einer gesetzl. Öffnungsklausel abhängig machen wollte. Soweit es allerdings um das Verfahren nach § 99 IV geht, fehlt den Betriebsparteien auch nach Ansicht der Rspr. die Regelungskompetenz[14]. Ferner überschreitet es die Regelungskompetenz der Betriebsparteien, wenn der ArbGeb für den Fall der Verletzung von MitbestR zur Zahlung einer **Vertragsstrafe** an den BR oder an einen Dritten verpflichtet werden soll[15]. Eine **Einschränkung** der Beteiligungs-

---

1 AA LAG Schl.-Holst. 28.5.2013 – 1 TaBV 31/12. ||2 Richardi/*Thüsing*, § 99 Rz. 22; *Fitting*, § 99 Rz. 28. ||3 GK-BetrVG/*Raab*, § 99 Rz. 18; *Heinze*, Personalplanung, Rz. 437. ||4 Richardi/*Thüsing*, § 99 Rz. 20; GK-BetrVG/*Raab*, § 99 Rz. 19. ||5 Hierzu Wiese, NZA 1984, 378 (383). ||6 Vgl. die Rspr. des BAG zu § 102: BAG 21.10.1980 – 6 AZR 640/79, NJW 1981, 1175. ||7 *Sendelbeck*, AiB 2012, 236 (238). ||8 Ausf. BAG 20.2.2001 – 1 ABR 30/00, NZA 2001, 1033 ff.; vgl. auch BAG 25.4.1978 – 6 ABR 2/77, DB 1978, 1840 f. ||9 Richardi/*Thüsing*, § 99 Rz. 24. ||10 BAG 14.5.2013 – 1 ABR 10/12. ||11 BAG 11.4.2006 – 9 AZR 557/05, NZA 2006, 1149 (1154); 27.7.1993 – 1 ABR 8/93, NZA 1994, 329. ||12 LAG München 11.10.2007 – 3 TaBV 47/07. ||13 BAG 10.2.1988 – 1 ABR 70/86, NZA 1988, 699; 18.8.1987 – 1 ABR 30/86, NZA 1987, 779 ff.; *Fitting*, § 99 Rz. 1; diff. *Giesen*, ZfA 2012, 143, (162 ff.); aA Richardi/*Thüsing*, § 99 Rz. 7; *Heinze*, Personalplanung, Rz. 440 f. ||14 BAG 18.8.2009 – 1 ABR 49/08, NZA 2010, 112 (114). ||15 Dazu BAG 19.1.2010 – 1 ABR 62/08, NZA 2010, 592 ff.; LAG Hess. 2.12.2010 – 5 TaBV 115/10, NZA-RR 2011, 302 f.; zust. *Weller*, BB 2010, 1286; ausf. Darstellung bei *Hexel/Lüders*, NZA 2010, 613 ff.

rechte nach § 99 kann nicht wirksam durch TV vereinbart werden[1]. Ebenso wenig darf eine BV das MitbestR substantiell beeinträchtigen[2].

III. Gegenstand des Mitbestimmungsrechts. 1. Einstellung. Anders als bei der Versetzung enthält das Gesetz keine Legaldefinition für den Begriff **Einstellung**. Nicht zuletzt deshalb besteht Uneinigkeit darüber, ob bereits die **Begründung eines Arbeitsverhältnisses** als Einstellung anzusehen ist oder erst die **tatsächliche Arbeitsaufnahme** in einem bestimmten Betrieb[3]. Auch das BAG hat hinsichtlich dieser Frage nicht immer einheitlich entschieden. Während das BAG in seinen früheren Entscheidungen davon ausgegangen ist, dass unter Einstellung sowohl die rechtl. Begründung des ArbVerh als auch die zeitlich damit zusammenfallende, vorhergehende, aber auch nachfolgende tatsächliche Arbeitsaufnahme im Betrieb zu verstehen sei (wobei das MitbestR jeweils beim zeitlich ersten Vorgang ansetzt), liegt nach der **neueren Rspr. des BAG** eine mitbestimmungspflichtige Einstellung immer dann vor, wenn Personen in den Betrieb eingegliedert werden, um zusammen mit den im Betrieb schon beschäftigten ArbN den arbeitstechnischen Zweck des Betriebs durch weisungsgebundene Tätigkeit zu verwirklichen[4]. Hierbei kommt es nicht darauf an, dass das Rechtsverhältnis, in dem die einzustellende Person zum Inhaber des Betriebes steht, als ArbVerh zu qualifizieren ist[5]. So kann die Tätigkeit auf vereinsrechtl. Grundlage[6] oder auch die Beschäftigung von zugewiesenen Beamten in einen privaten Betrieb eine Einstellung darstellen[7]. Vielmehr ist allein entscheidend, ob die von dieser Person zu verrichtende Tätigkeit ihrer Art nach eine weisungsgebundene Tätigkeit ist, die der Verwirklichung des arbeitstechnischen Zweckes des Betriebes zu dienen bestimmt ist und daher vom ArbGeb organisiert werden muss, nicht aber, ob diesen Personen tatsächlich Weisungen hinsichtlich dieser Tätigkeit gegeben werden[8]. Die Definition des BAG lässt jedoch viele Fragen unbeantwortet[9]. Richtungsweisend in diesem Zusammenhang ist aber der Verweis auf die Legaldefinition der Versetzung in § 95 III[10]. Wenn Versetzung nach § 95 III die Zuweisung eines anderen Arbeitsbereiches beinhaltet, ist unter **Einstellung die erstmalige Zuweisung eines Arbeitsbereiches** zu verstehen. Diese Zuweisung kann bereits gleichzeitig mit dem Arbeitsvertrag erfolgen, idR aber wird dies mit der Zuweisung eines konkreten Arbeitsplatzes geschehen. Damit ist es unerheblich, um eine Einstellung bejahen zu können, ob ein Beschäftigungsverhältnis **rechtswirksam** vereinbart wurde. Auch wenn kein Arbeitsvertrag abgeschlossen wird, kann eine Einstellung vorliegen. Allein diese Sichtweise entspricht auch der gesetzgeberischen Intention, die auf einen kollektiven, nicht aber auf einen Individualrechtsschutz ausgerichtet ist. Schließlich dient das MitbestR bei der Einstellung in erster Linie dem Schutz der übrigen ArbN im Betrieb. Diesem Schutzinteresse wird man nur dann gerecht, wenn man sich von der rechtswirksamen Vereinbarung eines ArbVerh löst und vielmehr die Frage stellt, ob eine Maßnahme dazu führt, dass ein bestimmter Arbeitsbereich im Betrieb von einer bisher betriebsexternen Person besetzt wird[11]. Jede Einstellung muss aber auf ein Verhalten des ArbGeb zurückführbar sein[12]. Das ist dann nicht der Fall, wenn Arbeitskräfte kraft Gesetzes dem Betrieb zugewiesen werden[13].

Die Rspr. hat sich mittlerweile mit einer Vielzahl von Einzelfällen beschäftigt. Hierbei gilt es darauf hinzuweisen, dass es für das MitbestR des BR unerheblich ist, ob eine Einstellung nur für kurze Zeit erfolgen soll. Auch Einstellungen für nur wenige Tage bedürfen der Zustimmung des BR[14]. Das MitbestR nach § 99 bezieht sich auf alle ArbN iSd. § 5 I, soweit ihnen ein Arbeitsbereich im Betrieb zugewiesen wurde. Damit unterfällt auch die Einstellung von **Auszubildenden** sowie von **Praktikanten** und **Volontären** der Zustimmung des BR. Lediglich sog. **Schülerpraktikanten** fallen nicht unter den Mitbestimmungstatbestand des § 99[15]. Auch die Einstellung von **studentischen Aushilfskräften**, die bei Bedarf eingesetzt werden, ist nach § 99 mitbestimmungspflichtig, da es sich bei dieser Tätigkeit um eine weisungsgebundene Tätigkeit handelt[16]. Ebenso liegt eine zustimmungsbedürftige Einstellung iSv. § 99 vor, wenn Personen für eine in Aussicht genommene Beschäftigung eine Ausbildung erhalten, ohne die eine solche Beschäftigung nicht möglich wäre. Dabei macht es nach der Rspr. des BAG keinen Unterschied, ob diese Personen nach der Ausbildung in einem ArbVerh oder als freie Mitarbeiter beschäftigt werden sollen[17].

Inwieweit die Ausgabe von Arbeit an in Heimarbeit Beschäftigte eine Einstellung iSd. § 99 darstellt[18], ist eine Frage des Einzelfalls. Zwar erwähnt nun die gesetzl. ArbN-Definition in § 5 ausdrücklich die in

---

1 BAG 12.1.2011 – 7 ABR 34/09, NZA 2011, 1297 ff.; *Schaub*, RdA 2011, 381.   ‖2 LAG Hess. 3.11.2011 – 5 TaBV 70/11.   ‖3 Für den Abschluss des Arbeitsvertrages plädieren etwa GK-BetrVG/*Raab*, § 99 Rz. 24; Hess ua./ *Schlochauer*, § 99 Rz. 22; für die tatsächliche Beschäftigung als maßgebliches Kriterium spricht sich etwa MünchArbR/*Matthes*, § 263 Rz. 9, aus.   ‖4 BAG 27.10.2010 – 7 ABR 86/09, NZA 2011, 418 (419); 23.6.2010 – 7 ABR 1/09, NZA 2010, 1302 (1303); 22.4.1997 – 1 ABR 74/96, NZA 1997, 1297 (1299); vgl. etwa für Rahmenverträge *Hanau*, GS Heinze, 2005, S. 321 (331 f.).   ‖5 BAG 27.10.2010 – 7 ABR 86/09, NZA 2011, 418 (419); 23.6.2010 – 7 ABR 1/09, NZA 2010, 1302 (1303); 19.6.2001 – 1 ABR 25/00, DB 2002, 1278 f.; 23.6.2009 – 1 ABR 30/08, NZA 2009, 1162 (1163).   ‖6 LAG Düss. 6.7.2012 – 6 TaBV 30/12, ZTR 2012, 650 ff.; krit. *Hamann*, AP Nr. 60 zu § 99 BetrVG 1972 Einstellung.   ‖7 BAG 23.6.2009 – 1 ABR 30/98, NZA 2009, 1162 ff.   ‖8 BAG 5.5.1992 – 1 ABR 78/91, NZA 1992, 1044 (1046).   ‖9 Krit. äußert sich etwa *Bengelsdorf*, FS Kreutz, 2010, S. 41 ff.   ‖10 Richardi/*Thüsing*, § 99 Rz. 26.   ‖11 Richardi/*Thüsing*, § 99 Rz. 29 ff.   ‖12 LAG Hess. 29.6.2007 – 4/5 Ta 170/07, AuR 2008, 77.   ‖13 BAG 23.6.2009 – 1 ABR 30/98, NZA 2009, 1162 ff.   ‖14 BAG 16.12.1986 – 1 ABR 52/85, NZA 1987, 424 (425).   ‖15 BAG 8.5.1990 – 1 ABR 7/89, NZA 1990, 896 f.   ‖16 BAG 15.12.1992 – 1 ABR 39/92, ZTR 1993, 256.   ‖17 BAG 20.4.1993 – 1 ABR 59/92, NZA 1993, 1096 f.   ‖18 So *Fitting*, § 99 Rz. 53.

Heimarbeit Beschäftigten. Jedoch führt dies nicht unweigerlich dazu, dass es sich bei der Vergabe von Heimarbeit an einen Beschäftigten um eine Einstellung iSd. § 99 handelt.

20 Immer wieder zu Streit führen die Fälle, in denen der Betreffende bereits seit Längerem in dem Betrieb tätig ist, sich aber die Arbeitsbedingungen auf Grund interner oder externer Umstände ändern. So wird von der überwiegenden Meinung in der **Übernahme eines Auszubildenden** in ein Beschäftigungsverhältnis nach Beendigung seiner Ausbildung eine mitbestimmungspflichtige Einstellung gesehen[1] und auch die Aufnahme einer Teilzeitbeschäftigung während der Elternzeit ist als Einstellung zu qualifizieren[2]. Gleiches gilt bei einem Wechsel des LeihArbGeb in Bezug auf die im Betrieb beschäftigten LeihArbN[3]. Auch die **Verlängerung eines befristeten ArbVerh** soll nach Auffassung der Rspr. eine Einstellung darstellen[4]. Dies gilt ebenso für den Fall, dass für das ArbVerh eine **Altersgrenze** besteht und die Beschäftigung über die Altersgrenze hinaus fortgesetzt werden soll[5]. Letzteres gilt nach der Rspr. sowohl für tarifl. als auch für einzelvertragl. Altersgrenzen. Wenn jedoch ein **befristetes Probearbeitsverhältnis** nach Ablauf der Probezeit in ein unbefristetes ArbVerh umgewandelt wird, so meint die Rspr. hierin keine erneute mitbestimmungspflichtige Einstellung sehen zu müssen, wenn dem BR vor der Einstellung zur Probe mitgeteilt worden ist, der ArbN solle bei Bewährung auf unbestimmte Zeit weiterbeschäftigt werden[6]. Bei dieser Rspr. ist das BAG aber nicht stehen geblieben. So soll auch schon die bloße nicht unerhebliche **Aufstockung der Arbeitszeit** eine Einstellung sein. Voraussetzung hierfür ist allerdings, dass diese Aufstockung in Anlehnung an § 95 III für länger als einen Monat geplant ist[7]. Die Aufstockung muss aber dann ein gewisses Mindestmaß haben, welches in Anlehnung an § 12 I 3 TzBfG bei einer Erhöhung um zehn Wochenstunden erreicht werden soll[8] und auch die Übernahme gestellter ArbN in ein ArbVerh wird als Einstellung bewertet[9]. Dagegen ist die **Verminderung der Arbeitszeit** keine Einstellung iSd. § 99[10].

21 Nach mittlerweile st. Rspr. des BAG kommt es für die Bejahung einer Einstellung nicht darauf an, dass ein Arbeitsvertrag mit dem Betriebsinhaber geschlossen wird[11]. Maßgebend sei allein die **Eingliederung** in den Betrieb in der Weise, dass die von einer Person zu verrichtende Tätigkeit ihrer Art nach eine **weisungsgebundene Tätigkeit** ist, die der **Verwirklichung des arbeitstechnischen Zwecks** des Betriebs zu dienen bestimmt ist und daher vom ArbGeb organisiert werden muss[12]. Entscheidend ist hierbei, ob die von diesen Personen zu verrichtende Tätigkeit ihrer Art nach eine über im Umfang des § 645 I BGB hinausgehende[13], in fachl. und zeitl. Hinsicht weisungsgebundene Tätigkeit ist[14]. Insofern liegt in der Beschäftigung von **ArbN einer Drittfirma** auf Grund eines echten Werkvertrages keine Einstellung iSv. § 99 vor, wenn die Drittfirma die für ein ArbVerh typischen Entscheidungen über den Arbeitseinsatz nach Zeit und Ort ihrer Mitarbeiter zu treffen hat[15] oder wenn sie allein entscheiden kann, welche ArbN sie einsetzt[16]. Von einer Einstellung iSd. § 99 beim Einsatz von Drittfirmen ist jedoch dann zu sprechen, wenn die im Betrieb des ArbGeb tätigen ArbN der Drittfirmen so in die Arbeitsorganisation des ArbGeb eingegliedert sind, dass dieser die für ein ArbVerh typischen Entscheidungen über deren Einsatz nach Zeit und Ort zu treffen hat[17]. Selbst bei Fallgestaltungen, bei denen dem ArbGeb nicht nur Räumlichkeiten, sondern auch Personal von einem Dritten zur Verfügung gestellt wird, damit zusammen mit eigenen ArbN der ArbGeb in diesen Räumen tätig wird, kann in Bezug auf das zur Verfügung gestellte Personal von einer Einstellung ausgegangen werden, wenn dieses Personal den Weisungen der StammArbN Folge zu leisten hat[18]. Dies gilt selbst dann, wenn die Tätigkeit des Fremdpersonals unverzichtbare Hilfsfunktion für den Betriebszweck ist und selbst der Einsatz des Fremdpersonals durch ArbN des Betriebs koordiniert werden muss[19]. Ist aber der Einsatz der ArbN von Drittfirmen mit einer Übertragung des Weisungsrechts verbunden, so wird idR von AÜ auszugehen sein. Selbst das Einschleusen von Detektiven in den Betrieb wird als „Einstellung" qualifiziert[20]. Dem BR kommt aber auch ein MitbestR im Zusammenhang mit der Besetzung von „Ein-Euro-Jobs" zu, obwohl es sich hierbei nicht um ArbVerh handelt[21].

---

1 LAG Hamm 14.7.1982 – 12 TaBV 27/82, DB 1982, 2303; GK-BetrVG/*Raab*, § 99 Rz. 29; aA Hess ua./*Schlochauer*, § 99 Rz. 37. ‖2 LAG Köln 18.4.2012 – 3 TaBV 92/11. ‖3 LAG Hamm 1.4.2011 – 10 TaBV 41/10; LAG Düss. 30.10.2008 – 15 TaBV 12/08, EzAÜG BetrVG Nr. 110. ‖4 BAG 23.6.2009 – 1 ABR 30/08, NZA 2009, 1162 (1164); 27.10.2010 – 7 ABR 86/09, NZA 2011, 418 (419); LAG BW 7.7.2011 – 21 TaBV 1/11. ‖5 BAG 7.8.1990 – 1 ABR 68/89, NZA 1991, 150f.; 12.7.1988 – 1 ABR 85/86, BB 1988, 2176. ‖6 BAG 7.8.1990 – 1 ABR 68/89, NZA 1991, 150f. ‖7 BAG 25.1.2005 – 1 ABR 59/03, NZA 2005, 945 (947); 15.5.2007 – 1 ABR 32/06, NZA 2007, 1240 (1244); krit. *Thüsing/Fuhlrott*, EzA § 99 BetrVG 2001 – Einstellung Nr. 3; *Junker*, NZA-Beil. 2012, 27 (30). ‖8 BAG 15.5.2007 – 1 ABR 32/06, NZA 2007, 1240ff.; 9.12.2008 – 1 ABR 74/07, NZA-RR 2009, 260. ‖9 LAG Nds. 23.4.2012 – 10 TaBV 34/11, LAGE § 99 BetrVG 2001 Nr. 14. ‖10 BAG 25.1.2005 – 1 ABR 59/03, NZA 2005, 945 (947). ‖11 Krit. hierzu *Walle*, NZA 1999, 518 (522). ‖12 BAG 1.8.1989 – 1 ABR 54/88, NZA 1990, 229 (231); 27.7.1993 – 1 ABR 7/93, NZA 1994, 92; 11.9.2001 – 1 ABR 14/01, EzA § 99 BetrVG 1972 – Einstellung Nr. 10; LAG Köln 7.6.2011 – 12 TaBV 96/10; krit. *Hunold*, NZA 1998, 1025 (1028f.). ‖13 LAG Schl.-Holst. 5.6.2013 – 3 TaBV 6/12, DB 2013, 2218. ‖14 BAG 9.7.1991 – 1 ABR 45/90, NZA 1992, 275 (276). ‖15 BAG 9.7.1991 – 1 ABR 45/90, NZA 1992, 275 (276); 5.3.1991 – 1 ABR 39/90, NZA 1991, 686 (687). ‖16 LAG Düss. 19.3.2009 – 11 TaBV 303/08, AuA 2009, 672; krit. *Karthaus/Klebe*, NZA 2012, 417 (420f.). ‖17 BAG 1.12.1992 – 1 ABR 30/92, AuR 1993, 338; 13.12.2005 – 1 ABR 51/04, NZA 2006, 1369ff.; LAG Köln 21.7.2010 – 9 TaBV 6/10; *Walle*, NZA 1999, 518 (521). ‖18 LAG Bln.-Bbg. 30.8.2013 – 6 TaBV 953/13. ‖19 BAG 18.10.1994 – 1 ABR 9/94, NZA 1995, 281 (283). ‖20 Vgl. die ausf. Darstellung bei *Maschmann*, NZA 2002, 13 (19). ‖21 BAG 2.10.2007 – 1 ABR 60/06, ArbRB 2007, 285; *Engels*, NZA 2007, 8, (11).

22 Allerdings ergeben sich beim Einsatz von Fremdpersonal ganz erhebliche Probleme in der Praxis. Regelmäßig besteht zwischen dem Werkunternehmer (Drittfirma) und dem Betriebsinhaber zumindest konkludent die Abrede, dass der Betriebsinhaber notwendige **Einzelanweisungen auch den FremdfirmenArbN** erteilen kann, während die Mehrzahl der Entscheidungen, auf die sich ein Direktionsrecht erstrecken könnte, bereits zwischen Betriebsinhaber und Werkunternehmer vertragl. festgelegt sind. In diesen Fällen fehlt es an einer Einstellung iSd. § 99[1]. Für die Praxis stellt sich dann die Frage, ab welcher Intensität des Direktionsrechts von einer mitbestimmungspflichtigen Einstellung iSd. § 99 gesprochen werden kann[2]. Spätestens aber wenn die Grenze zur **verdeckten AÜ** überschritten ist, muss hinsichtlich der FremdfirmenArbN von einer Einstellung ausgegangen werden. Die st. Rspr. des BAG geht davon aus, dass die Einstellung von **LeihArbN**, wozu auch die bloße Verlängerung des Einsatzzeitraumes zählen soll[3], entsprechend den Vorgaben des AÜG für den Entleiherbetrieb eine mitbestimmungspflichtige Maßnahme iSd. § 99 ist, die den ArbGeb etwa zur Mitteilung des Namens des LeihArbN verpflichtet[4]. Das gilt auch für die Verlängerung eines Einsatzes von LeihArbN[5]. Es kommt auch nicht darauf an, ob es sich um eine erlaubte AÜ handelt[6]. Hier ist auf § 14 III AÜG hinzuweisen, wonach vor der Übernahme eines LeihArbN zur Arbeitsleistung die BR des Entleiherbetriebs nach § 99 zu beteiligen ist[7]. Abzustellen ist aber auf den jeweiligen konkreten Einsatz der LeihArbN im Entleiherbetrieb und nicht auf die Zugehörigkeit zu einem Stellenpool[8].

23 Selbst wenn aber im Fall einer **konzerninternen AÜ** die Vorschriften des AÜG weitestgehend keine Anwendung finden (§ 1 III Nr. 2 AÜG), hat dies für die Frage, ob es sich um eine Einstellung handelt, keine Bedeutung. Überlässt ein konzernangehöriges Unternehmen einem anderen Unternehmen desselben Konzerns ArbN aushilfsweise, so stellt dies eine mitbestimmungspflichtige Einstellung dar[9]. Dementsprechend konsequent beurteilt die Rspr. auch den Personaleinsatz auf Grund von **Gestellungsverträgen**. Setzt also ein ArbGeb Personal ein, das von einem Dritten auf Grund eines mit dem ArbGeb geschlossenen Gestellungsvertrages entsandt wird, so liegt hierin eine mitbestimmungspflichtige Einstellung, wenn dieses Personal in den Betrieb eingegliedert ist. Dies will die Rspr. dann annehmen, wenn der ArbGeb auf Grund des Gestellungsvertrages auch ggü. dem gestellten Personal die für ein ArbVerh typischen Weisungsbefugnisse hinsichtlich des Arbeitseinsatzes hat[10]. Das gilt unabhängig davon, ob es sich bei der Personalgestellung um AÜ handelt.

24 **2. Eingruppierung.** Auch die Eingruppierung als Mitbestimmungstatbestand des § 99 ist gesetzl. nicht definiert. Das BetrVG 1952 kannte den Tatbestand der Eingruppierung nicht. Daher war ein Meinungsstreit über die Frage entstanden, ob der Tatbestand der Einstellung bereits den Tatbestand der Eingruppierung mit umfasse[11]. Diese Streitigkeit hat der Gesetzgeber des BetrVG 1972 dahin gehend aufgelöst, dass es sich bei der Eingruppierung um einen eigenständigen Mitbestimmungstatbestand handelt. Demzufolge kann der BR, der Bedenken gegen die Eingruppierung eines ArbN hat, nicht deshalb der Einstellung widersprechen, sondern hat seinen Widerspruch allein auf die Eingruppierung zu beschränken[12].

25 Bei der Eingruppierung handelt es sich stets um eine **personenbezogene** Einzelmaßnahme, die nicht mit der vom einzelnen ArbN unabhängigen Bewertung eines Arbeitsplatzes oder einer Tätigkeit gleichzusetzen ist[13]. Sie stellt grds. die **erstmalige Einordnung des ArbN** in ein für den Betrieb geltendes **kollektives Entgeltschema** dar[14]. Gleichwohl spricht das BAG auch nach einer Versetzung von einer „Eingruppierung"[15]. Ein Entgeltschema ist dadurch charakterisiert, dass es die einzelnen Tätigkeiten in verschiedene Kategorien einteilt und dabei eine Bewertung vornimmt, die sich in der Höhe des Arbeitsentgelts ausdrückt[16]. Hierbei muss das Entgeltschema mindestens zwei Vergütungsgruppen enthalten und die Zuordnung der ArbN zu einer der Vergütungsgruppen nach bestimmten generell beschriebenen Merkmalen vorsehen[17]. Es kommt nicht darauf an, auf welcher **Rechtsgrundlage dieses Vergütungsschema** in einem Betrieb gilt. Häufig wird das Vergütungsschema Bestandteil eines TV sein. Während früher die Rspr. des BAG den Standpunkt einnahm, dass eine betriebsverfassungsrechtl. Verpflichtung des ArbGeb zur Eingruppierung nur dann bestehe, wenn der betreffende ArbN selbst einen Anspruch auf Anwendung des TV habe, verzichtet nunmehr sowohl der 1. als auch der 7. Senat auf die-

---

1 Vgl. BAG 13.3.2001 – 1 ABR 34/00, BB 2001, 2586; *Dauner-Lieb*, NZA 1992, 817; *Henssler*, NZA 1994, 294 (303). ‖ 2 LAG Düss. 11.5.2012 – 10 TaBV 19/11, LAGE § 99 BetrVG 2001 Nr 15. ‖ 3 *Stück*, MDR 2013, 829. ‖ 4 BAG 9.3.2011 – 7 ABR 137/09, NZA 2011, 871; 10.7.2013 – 7 ABR 91/11. ‖ 5 BAG 23.1.2008 – 1 ABR 74/06, DB 2008, 822f.; 10.7.2013 – 7 ABR 91/11. ‖ 6 BAG 14.5.1974 – 1 ABR 40/73, NJW 1974, 1966; 6.6.1978 – 1 ABR 66/75, DB 1978, 1841f.; 18.4.1989 – 1 ABR 97/87, NZA 1989, 804 (806). ‖ 7 Hierzu BAG 12.11.2002 – 1 ABR 1/02, NZA 2003, 513; *Kraft*, FS Konzen, 2006, S. 439 (445ff.); zur Reichweite der Mitbest. s. *Düwell/Dahl*, NZA-RR 2011, 1 ff. ‖ 8 BAG 23.1.2008 – 1 ABR 74/06, DB 2008, 822f.; hierzu *Hamann*, NZA 2008, 1042 ff. ‖ 9 BAG 9.3.1976 – 1 ABR 53/74, AuR 1976, 152; hierzu umfassend: *Leuchten*, FS zum 25-jährigen Bestehen der Arbeitsgemeinschaft Arbeitsrecht im DAV, 2006, S. 927ff. ‖ 10 BAG 22.4.1997 – 1 ABR 74/96, NZA 1997, 1297 (1300); LAG Düss. 21.12.2011 – 6 TaBV 63/11, PflR 2012, 363. ‖ 11 Vgl. *Heinze*, Personalplanung, Rz. 218. ‖ 12 BAG 10.2.1976 – 1 ABR 49/74, DB 1976, 778f.; 20.12.1988 – 1 ABR 68/87, NZA 1989, 518f. ‖ 13 BAG 17.11.2010 – 7 ABR 123/09, DB 2011, 1000; 12.1.2011 – 7 ABR 34/09, NZA 2011, 1297ff.; 1.6.2011 – 7 ABR 138/09, AP Nr. 139 zu § 99 BetrVG 1972. ‖ 14 BAG 3.5.2006 – 1 ABR 2/05, NZA 2007, 47 (48); 28.4.2009 – 1 ABR 97/07, NZA 2009, 1102 (1104). ‖ 15 BAG 12.12.2006 – 1 ABR 13/06, NZA 2007, 348f. ‖ 16 BAG 2.4.1996 – 1 ABR 50/95, NZA 1996, 1105 (1106). ‖ 17 BAG 18.10.2011 – 1 ABR 25/10, NZA 2012, 392 (394); hierzu *Reichold*, RdA 2013, 108.

ses Erfordernis. Nach dieser Rspr. kommt es nur darauf an, ob die Vergütungsordnung im Betrieb gilt[1] und ohne den Tarifvorbehalt des § 87 dem Beteiligungsrecht des Betriebsrats nach § 87 I Nr. 10 unterliegen würde[2]. Ansonsten würden nach Auffassung der Rspr. bei Anwendung von § 87 I Nr. 10 Schutzlücken bestehen. Die Rspr. löst sich damit für die Frage der betriebsverfassungsrechtl. Tarifgeltung von den Vorgaben des TVG, ohne dass das in Bezug auf den einzelnen ArbN zu einem tarifl. Anspruch führt. Ein ArbGeb muss daher immer dann, wenn ein ArbN eingestellt oder versetzt wird und eine für den Betrieb maßgebende Vergütungsordnung besteht, diesen ArbN einer konkreten Vergütungs- oder Entgeltgruppe zuordnen und dabei den BR beteiligen. Die Tarifgebundenheit des ArbN iSd. TVG spielt danach keine Rolle mehr[3], so dass sich damit die tarifl. von der betriebsverfassungsrechtl. Eingruppierung unterscheidet. Damit legt die Rspr. in Bezug auf TV die Grundlagen für einen Systemwechsel, dessen Folgen bisher kaum abzusehen sind, denn es fragt sich, ob nicht folgerichtig im Hinblick auf andere tarifl. Fragen, wie etwa die Tarifeinheit, ebenfalls nach tarifl. und betriebsverfassungsrechtl. Sachverhalten differenziert werden müsste. Unabhängig davon kann die Frage, ob der ArbN die Voraussetzungen einer im kollektiven Vergütungsschema vorgesehenen **Zulage** erfüllt, Gegenstand einer Eingruppierung sein. Das ist dann der Fall, wenn die Zulage etwas über die Stellung des ArbN innerhalb des Vergütungsschemas aussagt, also etwa die Zulage die Funktion einer Zwischengruppe erfüllt[4]. Das MitbestR entfällt auch nicht immer deshalb, weil der ArbGeb bei seiner Prüfung zu dem Ergebnis gelangt, dass die zu bewertende Tätigkeit Anforderungen stellt, die die Qualifikationsmerkmale der obersten Vergütungsgruppe übersteigen[5]. Der Mitbestimmungstatbestand kann vielmehr auch dann vorliegen, wenn ein ArbN außertarifl. entlohnt werden soll. Besteht nämlich für **außertarifl. Angestellte** eine nach Gruppen geschaffene Vergütungsregelung, so ist die Einstufung in diese Regelung eine mitbestimmungspflichtige Eingruppierung, sofern der betreffende ArbN nicht zum Kreis der leitenden Angestellten zählt[6]. Existiert aber für außertarifl. Angestellte gerade keine solche Vergütungsordnung, kann es allein schon von der Wortbedeutung her kein MitbestR hinsichtlich einer nicht vornehmbaren Eingruppierung geben. Dies sieht die höchstrichterliche Rspr. allerdings anders. Danach beschränkt sich die betriebl. Vergütungsordnung nicht auf eine tarifl. Vergütungsordnung, sondern zu ihr gehört nach Ansicht des BAG auch der außertarifl. Bereich als Teil der betriebl. Vergütungsordnung[7].

26 Gerade in diesem Zusammenhang ist darauf hinzuweisen, dass das MitbestR nach § 99 insb. **kollektiven Interessen** zu dienen bestimmt ist. Speziell das MitbestR bei der Eingruppierung dient einer **Richtigkeitskontrolle** und nicht einer Angemessenheitskontrolle[8]. Es geht hierbei nicht um die Beurteilung individueller Ansprüche, mögen diese auch auf kollektivrechtl. Grundlage beruhen, sondern nur darum, wie die Zuordnung eines bestimmten ArbN auf einem bestimmten Arbeitsplatz in ein kollektives Vergütungsschema einzuordnen wäre. Dabei kommt es nach neuerer Rspr. des BAG[9] nicht auf die Geltung der kollektiven Vergütungsordnung für den einzelnen ArbN an. In Fällen einer einzelvertragl. individuell vereinbarten Vergütung kann das aber zu einem sinnentleerten MitbestR des BR führen.

27 Das MitbestR nach § 99 ist indes nicht nur auf tarifl. Vergütungsordnungen beschränkt. Vielmehr können sich Vergütungsordnungen auch aus BV ergeben. Besteht also etwa für außertarifl. Angestellte eine Vergütungsordnung in Form einer **BV**, so hat der BR über die Eingruppierung mitzubestimmen[10].

28 Auch ein einseitig vom ArbGeb **aufgestelltes und angewandtes Vergütungssystem**, welches weder auf einem TV noch auf einer BV beruht, führt dazu, dass der BR bei der Einordnung eines ArbN in dieses System mitzubestimmen hat. Hiervon abzugrenzen sind diejenigen Fälle, in denen Lohn oder Gehalt individuell vereinbart werden. Schließlich handelt es sich bei § 99 um einen kollektiven Schutztatbestand, der im Fall der Eingruppierung nicht dazu bestimmt ist, eine individuelle Angemessenheitskontrolle der vertragl. Arbeitsbedingungen durchzuführen[11].

29 Liegt aber eine Eingruppierung iSv. § 99 vor, so ist zu beachten, dass es sich dabei nicht um einen rechtsgestaltenden Vorgang handelt, sondern das MitbestR sich auf ein **Mitbeurteilungsrecht** beschränkt[12]. Dieses bezieht sich allein auf die notwendige Rechtsanwendung durch den ArbGeb, nämlich auf die Frage, ob der ArbN innerhalb des zutreffenden Vergütungssystems richtig eingeordnet ist[13]. Das BAG weist darauf hin, dass die Eingruppierung reinen Normenvollzug darstellt, der ArbN also nicht durch den ArbGeb eingruppiert wird, sondern schon aufgrund der Vergütungsordnung eingruppiert „ist"[14]. In diesem Sinne beinhaltet die Beteiligung des BR eine Richtigkeitskontrolle[15]. Sie bezweckt die Sicherstellung der **innerbetrieblichen Lohngerechtigkeit** und die Transparenz der im Betrieb vor-

---

1 BAG 4.5.2011 – 7 ABR 10/10, NZA 2011, 1239 (1241). || 2 BAG 18.10.2011 – 1 ABR 25/10, NZA 2012, 392; 18.10.2011 – 1 ABR 34/10, AP Nr. 142 zu § 87 BetrVG 1972 Lohngestaltung. || 3 BAG 18.10.2011 – 1 ABR 25/10, NZA 2012, 392; LAG Hamm 30.11.2012 – 13 TaBV 56/10. || 4 BAG 19.10.2011 – 4 ABR 119/09, ZTR 2012, 306 f. || 5 BAG 31.10.1995 – 1 ABR 5/95, NZA 1996, 890 ff. || 6 Richardi/*Thüsing*, § 99 Rz. 67. || 7 BAG 12.12.2006 – 1 ABR 13/06, NZA 2007, 348 f. || 8 BAG 30.10.2003 – 8 ABR 47/02, NZA 2005, 184. || 9 BAG 4.5.2011 – 7 ABR 10/10, NZA 2011, 1239. || 10 GK-BetrVG/*Raab*, § 99 Rz. 41. || 11 Richardi/*Thüsing*, § 99 Rz. 69. || 12 BAG 22.3.1983 – 1 ABR 49/81, DB 1983, 2313 f.; 6.8.2002 – 1 ABR 49/01, NZA 2003, 386 (389); 17.11.2010 – 7 ABR 123/09, DB 2011, 1000; LAG Bln.-Bbg. 24.6.2010 – 26 TaBV 174/10. || 13 BAG 12.1.2011 – 7 ABR 34/09, NZA 2011, 1297 f.; 6.10.2010 – 7 ABR 80/09, ZTR 2011, 254 f.; 15.12.2011 – 7 ABR 36/10, AP Nr. 57 zu § 99 BetrVG 1972 Eingruppierung; LAG BW 16.1.2009 – 5 TaBV 2/08. || 14 BAG 12.1.2011 – 7 ABR 34/09, NZA 2011, 1297 ff. || 15 BAG 30.10.2001 – 1 ABR 8/01, ZIP 2002, 634 (635).

genommenen Eingruppierungen vor dem Hintergrund einer vorhandenen kollektiven Vergütungsordnung[1]. Genauso wenig wie etwa tarifl. Vergütungsordnungen Raum für rechtsgestaltende ArbGebEntscheidungen lassen, ist der BR befugt, unter Ausübung seines Beteiligungsrechts nach § 99 im Rahmen von Eingruppierungen rechtsgestalterisch tätig zu werden[2]. Das Mitbeurteilungsrecht des BR reicht nicht weiter als die Notwendigkeit zur Rechtsanwendung durch den ArbGeb[3]. Problematisch ist aber, wenn in die Eingruppierungsentscheidung individuelle, über die Rechtsanwendung hinausgehende Leistungsbewertungselemente mit einfließen müssen[4].

Seiner Verpflichtung zur Beteiligung des BR ist der ArbGeb dann nachgekommen, wenn das Mitbestimmungsverfahren positiv abgeschlossen ist, dh., wenn eine Vergütungsgruppe mit Zustimmung des BR oder durch deren gerichtl. Ersetzung gefunden wurde[5]. Ist der ArbN jedoch einmal mit Zustimmung des BR bzw. mit ersetzter Zustimmung eingruppiert worden, besteht seitens des BR **kein Initiativrecht**, um eine von ihm als fehlerhaft eingeschätzte Eingruppierung im Mitbestimmungsverfahren zu korrigieren. 30

Jedoch hat weder die Zustimmung des BR noch die Ersetzung der Zustimmung des BR durch das ArbG **präjudizielle Wirkung** für einen etwaigen **Eingruppierungsrechtsstreit** des ArbN[6]. Die rechtl. Durchsetzung eines individualrechtl. Anspruchs des ArbN ist nämlich nicht das Ziel des Verfahrens nach § 99. Dessen Sinn und Zweck wird hier auf kollektivrechtl. Ebene begrenzt. 31

3. Umgruppierung. Auch bei der Umgruppierung geht es um die Einordnung des ArbN in ein **kollektives Entgeltschema**[7]. Insofern gelten dieselben Grundsätze wie bei der Eingruppierung. Grundlage der Umgruppierung ist die Feststellung des ArbGeb, dass eine Tätigkeit des ArbN nicht oder nicht mehr den Tätigkeitsmerkmalen derjenigen Vergütungsgruppe entspricht, in die er eingruppiert ist, sondern denen einer anderen[8]. Anlass für eine solche Feststellung kann eine Änderung der Tätigkeit sein, eine Änderung des Entgeltschemas oder aber eine veränderte Einschätzung der Rechtslage durch den ArbGeb[9]. 32

Eine **Änderung der Tätigkeit** des ArbN ist häufig mit einer Versetzung verbunden[10]. Ebenso wie bei Einstellung und Eingruppierung ist auch die Umgruppierung neben der Versetzung ein **selbständiger Mitbestimmungstatbestand**. Dh., die Zustimmung zu einer Versetzung des ArbN kann nicht davon abhängig gemacht werden, ob der ArbN bei der neuen Tätigkeit richtig eingruppiert ist. Indes braucht nicht jede andere Tätigkeit des ArbN gleichzeitig mit einer Versetzung verbunden sein. Hier sind die Voraussetzungen für eine Versetzung eigenständig zu prüfen. Aber auch wenn sich die Tätigkeit eines ArbN nicht ändert, kann eine Umgruppierung erforderlich werden, nämlich dann, wenn sich die **kollektive Vergütungsordnung ändert**[11]. So bedarf es einer Umgruppierung der ArbN, wenn eine tarifl. Vergütungsgruppenordnung in der Weise abgeändert wird, dass sich die Zahl der Vergütungsgruppen erhöht, die allg. Tätigkeitsmerkmale neu gefasst und die Tätigkeitsbeispiele vermehrt werden[12]. Auch die Gewährung oder der Wegfall einer Zulage kann eine Ein- oder Umgruppierung nach § 99 darstellen, wenn die Zulage eine Zwischenstufe zwischen Vergütungsgruppen darstellt. Ist die Zulage nur in „angemessener" Höhe für eine unspezifische Kombination von Tätigkeiten geschuldet, deren Wertigkeit in beliebiger Weise die Merkmale einer tarifl. Vergütungsgruppe übersteigt, so ist die Entscheidung über die Gewährung oder den Wegfall einer solchen Zulage nicht mitbestimmungspflichtig. Entscheidend ist also, ob die Zulage eine Art Zwischenstufe zwischen Vergütungsgruppen einer kollektiven Vergütungsordnung darstellt[13], also neben den für die Eingruppierung entscheidenden Merkmalen weitere Merkmale für eine solche Zulage vorliegen müssen[14]. Eine Umgruppierung kann auch auf Grund **fehlerhafter Rechtsanwendung** erforderlich werden. Hat nämlich ein ArbGeb irrtümlich einen ArbN in eine höhere Vergütungsgruppe eingruppiert, als dies den tarifl. Vergütungsmerkmalen entspricht, so unterliegt die Korrektur dieser **Falscheingruppierung** der Mitbest. des BR nach § 99[15]. 33

Existiert aber außerhalb einer zuvor maßgeblichen Vergütungsordnung kein weiter ausdifferenzierter außertarifl. Bereich, erschöpft sich die zu beurteilende Maßnahme in der „**Ausgruppierung**", dh. in der Beurteilung, für den bisher in die Vergütungsordnung eingruppierten ArbN sei nicht mehr die bisherige Vergütungsgruppe einschlägig, sondern er falle nun in den einheitlichen, außerhalb der bisherigen Ordnung liegenden außertarifl. Bereich. In diesem Fall handelt es sich um eine vollständige Umgruppie- 34

---

1 Vgl. BAG 17.6.2008 – 1 ABR 39/07, DB 2008, 2658; LAG Bln.-Bbg. 24.6.2010 – 26 TaBV 174/10. ||2 *Rolfs/Vorsmann*, SAE 2003, 243 (245f.). ||3 BAG 6.4.2011 – 7 ABR 136/09, DB 2011, 2207. ||4 *Litschen*, ZTR 2011, 635 (636); hierzu auch *v. Hoyningen-Huene/Kneip*, AP Nr. 135 zu § 99 BetrVG 1972. ||5 BAG 3.5.1994 – 1 ABR 58/93, NZA 1995, 484 (486). ||6 BAG 13.5.1981 – 4 AZR 1076/78, DB 1981, 2547 f.; 15.3.1989 – 4 AZR 627/88, ZTR 1989, 358; 9.2.1993 – 1 ABR 51/92, NZA 1993, 664 (666); *Raab*, ZfA 1995, 479 (493). ||7 BAG 17.6.2008 – 1 ABR 37/07, ZTR 2008, 638 f. ||8 BAG 26.10.2004 – 1 ABR 37/03, NZA 2005, 367 (369); 4.5.2011 – 7 ABR 11/09; LAG BW 16.1.2009 – 5 TaBV 2/08; LAG Nds. 9.12.2010 – 5 TaBV 25/10. ||9 BAG 20.3.1990 – 1 ABR 20/89, NZA 1990, 699 f.; 2.4.1996 – 1 ABR 50/95, NZA 1996, 1105 (1106). ||10 Zu den Besonderheiten bei LeihArbN *Besgen*, BVR, § 21 Rz. 51. ||11 BAG 12.1.2011 – 7 ABR 15/09, NZA-RR 2011, 574; 21.10.2009 – 4 ABR 40/08, ArbR 2010, 76; LAG Nds. 9.12.2010 – 5 TaBV 25/10. ||12 BAG 12.1.1993 – 1 ABR 42/92, DB 1993, 1094 ff. ||13 BAG 2.4.1996 – 1 ABR 50/95, NZA 1996, 1105 (1106). ||14 LAG Hamm 6.7.2007 – 10 TaBV 55/07. ||15 BAG 13.2.2003 – 8 ABR 53/01, NZA 2004, 943; 30.5.1990 – 4 AZR 74/90, NZA 1990, 899 ff.; 20.3.1990 – 1 ABR 20/89, NZA 1990, 699 f.

rung. Der BR kann die Einholung seiner Zustimmung hierzu verlangen. Besteht hingegen außerhalb der bisherigen tarifl. Vergütungsordnung eine weitere gestufte Vergütungsordnung, muss über die „Ausgruppierung" hinaus eine Eingruppierung in das neue System erfolgen[1].

35 Auch für die Umgruppierung gilt, dass sich das MitbestR des BR in einer **Richtigkeitskontrolle** erschöpft und dem BR kein Mitgestaltungsrecht zusteht[2]. Ein MitbestR nach § 99 entfällt darüber hinaus gänzlich, wenn kein kollektivrechtl. Tatbestand berührt ist, weil eine einzelvertragl. Abmachung über eine höhere oder übertarifl. Entlohnung zwischen ArbN und ArbGeb geschlossen wurde[3].

36 **4. Versetzung.** Nach der **Legaldefinition** des § 95 III ist eine Versetzung iSd. BetrVG die Zuweisung eines anderen Arbeitsbereichs, die voraussichtlich die Dauer von einem Monat überschreitet oder die mit einer erheblichen Änderung der Umstände verbunden ist, unter denen die Arbeit zu leisten ist. Werden ArbN nach der Eigenart ihres ArbVerh üblicherweise nicht ständig an einem bestimmten Arbeitsplatz beschäftigt, so gilt die Bestimmung des jeweiligen Arbeitsplatzes nicht als Versetzung. Hierbei ist hervorzuheben, dass es sich bei der Regelung des § 95 III um den **betriebsverfassungsrechtl. Versetzungsbegriff** handelt. Hiervon zu trennen ist die individualrechtl. Ebene[4]. Diese umschreibt die Befugnis des ArbGeb, einem ArbN eine andere Tätigkeit zuzuweisen. Diese Befugnis kann sich aus dem allg. Direktionsrecht oder aber aus einer einvernehmlichen bzw. durch Änderungskündigung erzwungenen Vertragsänderung ergeben.

37 **a) Änderung des Arbeitsbereiches. aa) Grundsätze.** Der betriebsverfassungsrechtl. Versetzungsbegriff setzt zunächst voraus, dass sich der **Arbeitsbereich** des betroffenen ArbN ändert. Erst in einem zweiten Schritt ist zu prüfen, ob diese Änderung voraussichtlich die Dauer von einem Monat überschreitet oder mit einer erheblichen Änderung der Umstände verbunden ist, unter denen die Arbeit zu leisten ist[5].

38 Der **Begriff des Arbeitsbereichs** wird in § 81 durch die Aufgabe und die Verantwortung sowie die Art der Tätigkeit und ihrer Einordnung in den Arbeitsablauf des Betriebes umschrieben. Arbeitsbereich ist demnach der konkrete Arbeitsplatz und seine Beziehung zur betriebl. Umgebung in räumlicher, technischer und organisatorischer Hinsicht[6]. Er umfasst neben dem Ort der Arbeitsleistung auch die Art der Tätigkeit und den gegebenen Platz in der betriebl. Organisation[7]. Dabei bestimmt die betriebl. Organisation, welche Arbeitsbereiche in einem Betrieb vorhanden sind.

39 Eine **Zuweisung eines anderen Arbeitsbereichs** liegt nach st. Rspr. des BAG immer dann vor, wenn dem ArbN ein neuer Tätigkeitsbereich zugewiesen wird, so dass der Gegenstand der geschuldeten Arbeitsleistung, der **Inhalt der Arbeitsaufgabe**, ein anderer wird und sich das **Gesamtbild der Tätigkeit des ArbN** ändert[8]. Hierbei ist maßgeblich, dass sich die Tätigkeiten des ArbN vor und nach der Maßnahme so voneinander unterscheiden, dass die neue Tätigkeit vom **Standpunkt eines mit den betrieblichen Verhältnissen vertrauten Beobachters** als eine andere angesehen werden muss[9]. Ob ein anderer Tätigkeitsbereich zugewiesen worden ist, bestimmt sich allein anhand der tatsächlichen Verhältnisse im Betrieb[10]. Unproblematisch als Änderung des Tätigkeitsbereiches lassen sich die Fälle einordnen, bei denen der Inhalt der Arbeitsaufgaben ein anderer wird, wobei unerheblich ist, ob dies für den Betroffenen vorteilhaft oder nachteilig ist[11]. Aus der Definition des Versetzungsbegriffs folgt aber auch, dass eine Änderung des Arbeitsbereichs vorliegen kann, wenn sich die Umstände, unter denen die Arbeit zu leisten ist, ändern. Trotz gleicher Arbeitsaufgaben liegt dann ein anderer Arbeitsbereich vor[12]. Problematisch sind jedoch die Fallgestaltungen, bei denen sich nicht der gesamte Tätigkeitsbereich eines ArbN verändert, sondern diese Änderungen nur **wesentliche Teilfunktionen** betreffen. Auch in diesen Fällen kann eine Änderung des Arbeitsbereiches vorliegen, wenn dem ArbN wesentliche Teilfunktionen seiner Tätigkeit neu übertragen oder entzogen werden, die der Gesamttätigkeit ein solches **Gepräge** geben, dass von einer anderen Tätigkeit ausgegangen werden muss[13]. Dabei muss es sich um eine erhebliche Änderung der Teilfunktionen handeln. Dieses ist nicht allein nach **quantitativen Gesichtspunkten** zu überprüfen, sondern auch **qualitative Elemente** haben hierbei Berücksichtigung zu finden[14]. Entscheidend ist, ob für den ArbN auf Grund des Wechsels ein in seinem konkreten Arbeitsalltag spürbares anderes „Arbeitsregime" gilt[15].

---

[1] BAG 26.10.2004 – 1 ABR 37/03, NZA 2005, 367 (370); 17.6.2008 – 1 ABR 37/07, ZTR 2008, 638f.; sehr weitgehend: BAG 12.12.2006 – 1 ABR 13/06, NZA 2007, 348f. ||[2] BAG 3.5.2006 – 1 ABR 2/05, NZA 2007, 47 (49). ||[3] *Fitting*, § 99 Rz. 117. ||[4] LAG Saarl. 19.11.2008 – 2 TaBV 2/08, ZTR 2009, 43. ||[5] BAG 19.2.1991 – 1 ABR 21/90, NZA 1991, 601; 21.9.1999 – 1 ABR 40/98, NZA 2000, 781ff.; 13.3.2007 – 1 ABR 22/06, NZA-RR 2007, 581 (583). ||[6] BAG 29.2.2000 – 1 ABR 5/99, NZA 2000, 1357f.; LAG Hamm 23.1.2004 – 10 TaBV 43/03, FA 2004, 151. ||[7] BAG 4.5.2011 – 7 ABR 3/10; 17.6.2008 – 1 ABR 38/07, DB 2008, 2771f.; 8.12.2009 – 1 ABR 41/09, NZA 2010, 665ff. ||[8] BAG 10.4.1984 – 1 ABR 67/82, NZA 1984, 233; 26.5.1988 – 1 ABR 18/87, NZA 1989, 438; 28.3.2000 – 1 ABR 17/99, NZA 2000, 1355 (1356). ||[9] BAG 23.11.1993 – 1 ABR 38/93, NZA 1994, 718; 17.6.2008 – 1 ABR 38/07, DB 2008, 2771f. ||[10] BAG 28.3.2000 – 1 ABR 17/99, NZA 2000, 1355 (1356). ||[11] Richardi/*Thüsing*, § 99 Rz. 100. ||[12] Vgl. BAG 26.5.1988 – 1 ABR 18/87, NZA 1989, 438f. ||[13] BAG 2.4.1996 – 1 AZR 743/95, NZA 1997, 112; LAG Hamm 14.9.2007 – 13 TaBV 62/07; LAG Düss. 17.2.2011 – 11 TaBV 80/10. ||[14] BAG 2.4.1996 – 1 AZR 743/95, NZA 1997, 112 (113). ||[15] BAG 17.6.2008 – 1 ABR 38/07, DB 2008, 2771f.; s. zu einer quantitativen Grenze von 20 %: LAG Düss. 17.2.2011 – 11 TaBV 80/10.

bb) Einzelfälle. So hat es das BAG ausreichen lassen, wenn eine Änderung des Arbeitsbereiches nur 25 % der Gesamtarbeitszeit betrifft. Jedoch kann auch eine noch kleinere Veränderung eine wesentliche Änderung des Arbeitsbereichs bedeuten, wenn diese kleine Änderung sich als Bestandteil einer mehraktigen Maßnahme erweist, die insg. zu einer erheblichen Änderung des Arbeitsbereiches führt[1]. Ob aber schon in der Zuweisung zu einer Fortbildungsmaßnahme eine Zuweisung eines neuen Arbeitsbereichs zu sehen ist, ist eine Frage des Einzelfalls[2].

Dagegen ist die bloße **Suspendierung** bzw. **Freistellung** eines ArbN von der Arbeit keine Versetzung iSd. § 99. Schließlich wird dem ArbN dabei gerade kein neuer Arbeitsbereich zugewiesen; ihm wird lediglich der alte Arbeitsbereich entzogen[3]. Gleiches gilt für die „Versetzung" in einen **Stellenpool**, da es hier an der Zuweisung eines neuen Arbeitsbereichs fehlt[4], es sei denn, die Arbeitsaufgabe hat sich gleichzeitig wesentlich verändert[5]. Der Arbeitsbereich bestimmt sich zwar nach **räumlichen** und **funktionalen Gesichtspunkten**; er hat aber **keine zeitliche Komponente**. Eine zeitliche Komponente in dem Sinne, dass der Arbeitsbereich auch durch die **Lage der Arbeitszeit** bestimmt wird, lässt sich dem Begriff Arbeitsbereich nicht entnehmen[6]. Daher ist weder die Verlängerung noch die **Verkürzung der Wochenarbeitszeit** eines ArbN eine Versetzung iSd. § 95 III (allerdings kann dann ausnahmsweise eine Einstellung vorliegen)[7]. Dies gilt auch hinsichtlich der Verlängerung oder Verkürzung der Mindestwochenarbeitszeit von Teilzeitkräften mit variabler Arbeitszeit[8]. Ebenso wenig stellt die **Umwandlung eines Vollzeitarbeitsplatzes in einen Teilzeitarbeitsplatz** eine Versetzung dar. Dies gilt auch für die **Umsetzung** eines ArbN von der **Tagschicht** in die **Nachtschicht**[9] oder für den Wechsel von einer **Dauernachtschicht in den Drei-Schicht-Betrieb**[10]. Immer dann, wenn sich nur die Lage der Arbeitszeit verändert, was auch bei der Umsetzung der ArbN von **Normalschicht** in **Wechselschicht** gilt, liegt eine zustimmungspflichtige Versetzung nicht vor[11].

Dagegen ist die Zuweisung eines anderen Arbeitsbereiches anzunehmen, wenn der **Arbeitsort** sich ändert, der ArbN aus einer betriebl. Einheit herausgenommen und einer anderen zugewiesen wird oder sich die Umstände ändern, unter denen die Arbeit zu leisten ist[12]. Das gilt etwa für die Zuweisung eines Arbeitsplatzes als **Springer** an einen Mitarbeiter, der bisher nur in einem bestimmten, eng definierten Arbeitsbereich tätig war[13]. Die ganz hA in der Rspr. sieht in der alleinigen Zuweisung eines anderen Arbeitsortes auch bei einer ihrer Art nach gleich bleibenden Tätigkeit eine Zuweisung eines anderen Arbeitsbereichs iSd. § 95 III[14]. Dies gilt aber nicht bei einer Verlagerung eines Betriebs um wenige Kilometer innerhalb einer politischen Gemeinde[15], wobei in Großstädten auf die Stadtbezirke als politische Einheit abgestellt werden soll[16]. Nach st. Rspr. des BAG erfasst der Versetzungsbegriff der §§ 95, 99 ferner die Zuweisung eines Arbeitsplatzes in einem anderen Betrieb desselben Unternehmens[17]; aber auch die konzernübergreifende Zuweisung in ein anderes Konzernunternehmen soll vom Versetzungsbegriff umfasst sein[18]. Inwieweit Auslandsdienstreisen oder vorübergehende Einsätze in einem anderen Unternehmen als Versetzungen zu qualifizieren sind, macht die Rspr. von den Umständen der jeweiligen Einzelfälle abhängig[19]. Keine Versetzung liegt vor, wenn der ArbGeb nur die organisatatorische Zuständigkeit für Außendienstmitarbeiter ändert und fortan ein anderer BR für diese zuständig ist[20].

Eine Zuweisung eines anderen Arbeitsbereichs liegt jedoch nur vor, wenn dies auf **Initiative des ArbGeb** geschieht[21]. Dagegen ist nicht Voraussetzung für die Zuweisung eines anderen Arbeitsbereiches, dass dies allein auf Grund des Direktionsrechts des ArbGeb einseitig dem ArbN ggü. erfolgt. Stattdessen ist eine Zuweisung auch dann gegeben, wenn diese auf Initiative des ArbGeb, aber im **Einverständnis mit dem ArbN** erfolgt[22].

b) Erheblichkeit der Zuweisung. Die Zuweisung eines anderen Arbeitsbereiches muss jedoch, um den Tatbestand der Versetzung zu erfüllen, von einer gewissen **Erheblichkeit** sein. § 95 III 1 verlangt, dass die Zuweisung des anderen Arbeitsbereichs entweder voraussichtlich die Dauer von einem Monat

---

1 Vgl. *Fitting*, § 99 Rz. 129. ||2 LAG Schl.-Holst. 18.8.2011 – 5 TaBV 10/11. ||3 BAG 28.3.2000 – 1 ABR 17/99, NZA 2000, 1355 (1356); LAG Hess. 4.9.2007 – 4/5 TaBV 88/07, AuR 2008, 77; *Trebeck*, NZA 2009, 513 (516); aA *Fischer*, AuR 2004, 253 (256). ||4 BAG 15.8.2006 – 9 AZR 571/05, NZA 2007, 1310. ||5 LAG Rh.-Pf. 17.1.2013 – 11 Sa 369/12. ||6 BAG 23.11.1993 – 1 ABR 38/93, NZA 1994, 718ff.; 16.7.1991 – 1 ABR 71/90, NZA 1992, 180ff. ||7 BAG 25.1.2005 – 1 ABR 59/03, AP Nr. 114 zu § 87 BetrVG 1972 Arbeitszeit m. krit. Anm. von *Kort*; *Thüsing/Fuhlrott*, EzA § 99 BetrVG 2001 Einstellung Nr. 3. ||8 BAG 16.7.1991 – 1 ABR 71/90, NZA 1992, 180f. ||9 LAG Hess. 14.6.1988 – 4 TaBV 167/87, DB 1989, 332; BAG 23.11.1993 – 1 ABR 38/93, NZA 1994, 718ff. ||10 LAG Hamm 26.3.2003 – 16 Sa 1455/02, NZA-RR 2004, 24. ||11 BAG 19.2.1991 – 1 ABR 21/90, NZA 1991, 601 (604); LAG Hamm 13.1.2012 – 10 Sa 1225/11. ||12 BAG 29.2.2000 – 1 ABR 5/99, NZA 2000, 1357f. ||13 LAG Köln 26.8.2010 – 7 TaBV 64/09. ||14 BAG 18.10.1988 – 1 ABR 26/87, NZA 1989, 402ff.; 23.7.1996 – 1 ABR 17/96, NZA 1997, 216 (218); 21.9.1999 – 1 ABR 40/98, NZA 2000, 781ff.; LAG Hamm 23.1.2004 – 10 TaBV 43/03, FA 2004, 151; aA GK-BetrVG/*Raab*, § 99 Rz. 64f. ||15 BAG 27.6.2006 – 1 ABR 35/05, NZA 2006, 1289ff. ||16 LAG MV 31.3.2009 – 5 TaBV 13/08. ||17 BAG 26.1.1993 – 1 AZR 303/92, NZA 1993, 714ff.; 11.7.2000 – 1 ABR 39/99, NZA 2001, 516ff.; 8.12.2009 – 1 ABR 41/09, NZA 2010, 605ff. ||18 LAG Schl.-Holst. 28.5.2013 – 1 TaBV 31/12. ||19 BAG 21.9.1999 – 1 ABR 40/98, BB 2000, 1036f.; LAG Schl.-Holst. 12.4.2007 – 4 TaBV 66/06; *Hunold*, BB, 2000, 1038. ||20 LAG BW 1.9.2010 – 13 TaBV 4/10. ||21 BAG 19.2.1991 – 1 ABR 36/90, NZA 1991, 565 (568). ||22 Richardi/*Thüsing*, § 99 Rz. 110.

überschreitet oder mit einer erheblichen Änderung der Umstände verbunden ist, unter denen die Arbeit zu leisten ist. Das Gesetz unterscheidet damit **längerfristige** von **kurzfristigen Zuweisungen**.

45 Bei längerfristigen Zuweisungen, also bei solchen Zuweisungen, die voraussichtlich die Dauer von einem Monat überschreiten, kommt es entscheidend auf die **geplante Dauer** der Zuweisung an. Damit verlangt das Gesetz also eine **Prognoseentscheidung**. Abzustellen ist auf eine objektive, sachliche Beurteilung der wahrscheinlichen Dauer im Zeitpunkt der Zuweisung des anderen Arbeitsbereichs[1]. Verlängert sich etwa eine Krankheitsvertretung unvorhersehbar über einen Monat hinaus, so ist auch für die länger andauernde Vertretung keine Zustimmung des BR erforderlich, es sei denn, dass die Überschreitung der Frist wiederum einen Monat beträgt[2]. Für die Fristberechnung ist der Tag der Versetzung maßgebend.

46 Erreicht die Zuweisung eines anderen Arbeitsbereiches nicht die voraussichtliche Dauer von einem Monat, so kann dies gleichwohl eine Versetzung iSd. BetrVG sein, wenn sie mit einer erheblichen Änderung der Umstände verbunden ist, unter denen die Arbeit zu leisten ist[3]. Die Umstände, unter denen die Arbeit zu leisten ist, meinen die **äußeren Arbeitsbedingungen**, unter denen die Arbeit geleistet wird. Dies können etwa die Gestaltung des Arbeitsplatzes, die Arbeitsumgebung, der Arbeitsablauf aber auch die Lage der Arbeitszeit sein[4]. Ebenso können Belastungen, Umwelteinflüsse sowie Veränderungen der fachlichen Anforderungen eine Änderung der äußeren Umstände, unter denen die Arbeit zu leisten ist, bedeuten[5].

47 Allerdings muss die Änderung der äußeren Umstände, unter denen die Arbeit zu leisten ist, **erheblich** sein. Dies richtet sich nicht nach den Anschauungen des betroffenen ArbN, sondern ist aus der **Sicht eines neutralen Beobachters** zu beurteilen[6]. Das BAG geht hierbei regelmäßig davon aus, dass eine erhebliche Änderung immer dann vorliegt, wenn der ArbN seine gleich bleibende Arbeit in einer **anderen organisatorischen Einheit** erbringen soll[7]. Gerade die Entsendung an einen anderen Arbeitsort mit einer erheblich längeren An- und Rückfahrt kann eine erhebliche Änderung der Umstände darstellen, unter denen die Arbeit zu leisten ist. Dies gilt insb. hinsichtlich der stärkeren physischen Belastungen, die aus einer längeren Anfahrt zu einem anderen Arbeitsort herrühren[8]. Bei größeren Betrieben kann auch ein **innerbetrieblicher Wechsel** von einer Abteilung in eine andere Abteilung eine erhebliche Änderung der äußeren Umstände darstellen[9]. Dagegen genügt es nicht, wenn lediglich ein **Wechsel des Vorgesetzten** stattfindet[10]. Problematisch sind in diesem Zusammenhang Tätigkeiten von ArbN im Rahmen von **Gruppenarbeit**. Hier kann je nach Ausgestaltung der Gruppenarbeit der arbeitgeberseitig veranlasste Gruppenwechsel eine Versetzung iSd. § 95 III darstellen[11]. Ähnlich sieht die Rspr. den Wechsel vom Einzel- in den Gruppenakkord. Wenn ein ArbN Tätigkeiten, die er bisher im **Einzelakkord** verrichtete, nunmehr im **Gruppenakkord** erbringt, kann hierin je nach Ausgestaltung der Arbeitsleistung ebenfalls eine mitbestimmungspflichtige Versetzung liegen. Dabei sind insb. die durch die Einbindung in die Gruppe entstehenden Abhängigkeiten und die Notwendigkeit der Zusammenarbeit mit den anderen Gruppenmitgliedern zu berücksichtigen[12].

48 Unerheblich ist in diesem Zusammenhang, ob durch eine erhebliche Änderung der Umstände, unter denen die Arbeit zu verrichten ist, eine **Verschlechterung** oder **Verbesserung** dieser Umstände eintritt. Der Wortlaut des Gesetzes spricht hier nur von einer erheblichen Änderung. Dass der Gesetzgeber nur eine Veränderung zum Negativen gemeint hat, ist nicht ersichtlich[13].

49 Gem. § 95 III 2 gilt die Bestimmung eines anderen Arbeitsplatzes nicht als Versetzung, wenn ArbN nach der Eigenart ihres ArbVerh üblicherweise nicht ständig an einem bestimmten Arbeitsplatz beschäftigt werden. Dies kann etwa bei Monteuren, ArbN im Baugewerbe oder auch bei Ausbildungsverhältnissen der Fall sein. Jedoch kommt es darauf an, dass die Beschäftigung nach der **Eigenart des Arbeitsverhältnisses** üblicherweise nicht an einem bestimmten Arbeitsplatz erfolgt. Die Eigenart des ArbVerh muss es also mit sich bringen, dass der ArbN nicht ständig an einem bestimmten Arbeitsplatz beschäftigt wird. Das BAG spricht davon, dass der Wechsel des Arbeitsplatzes für das ArbVerh typisch sein müsse[14]. Demnach ist es nicht ausreichend, dass lediglich arbeitsvertragl. vereinbart wurde, dass der ArbN auch an einem anderen Arbeitsplatz beschäftigt werden kann[15]. **Typisch** ist der Wechsel des Arbeitsplatzes etwa bei Vertretern und Propagandisten, ArbN im Baugewerbe, sog. „**Springern**", aber auch bei **LeihArbN**[16].

50 **IV. Mitbestimmungsrecht des Betriebsrats. 1. Grundsätze.** Das Mitbestimmungsverfahren beginnt, indem der ArbGeb vor der geplanten Einstellung, Eingruppierung, Umgruppierung oder Versetzung

---

1 *Fitting*, § 99 Rz. 154. ||2 *Heinze*, Personalplanung, Rz. 210. ||3 Vgl. BAG 19.1.2010 – 1 ABR 55/08, NZA 2010, 659 (661); 28.8.2007 – 1 ABR 70/06, DB 2008, 70. ||4 BAG 8.8.1989 – 1 ABR 63/88, NZA 1990, 198 (199). ||5 *Hunold*, FS Hromadka, 2008, S. 157 (165f.). ||6 Richardi/*Thüsing*, § 99 Rz. 115; GK-BetrVG/*Raab*, § 99 Rz. 81. ||7 BAG 10.4.1984 – 1 ABR 67/82, NZA 1984, 233ff.; 19.2.1991 – 1 ABR 36/90, NZA 1991, 565 (568). ||8 BAG 1.8.1989 – 1 ABR 51/88, NZA 1990, 196 (197). ||9 *Fitting*, § 99 Rz. 139. ||10 GK-BetrVG/*Kraft*, § 99 Rz. 73. ||11 LAG Köln 26.7.1996 – 12 TaBV 33/96, NZA 1997, 280. ||12 BAG 22.4.1997 – 1 ABR 84/96, NZA 1997, 1358ff. ||13 BAG 28.8.2007 – 1 ABR 70/06, DB 2008, 70. ||14 BAG 3.12.1985 – 1 ABR 58/83, NZA 1986, 532 (533); 8.8.1989 – 1 ABR 63/88, NZA 1990, 198 (199). ||15 MünchArbR/*Matthes*, § 264 Rz. 24. ||16 Vgl. *Fitting*, § 99 Rz. 156.

den BR unterrichtet (Abs. 1 S. 1 u. 2). Allerdings setzt dies voraus, dass im Betrieb ein **funktionsfähiger BR** vorhanden ist. Fehlt dieser, braucht der ArbGeb eine beteiligungspflichtige Maßnahme nicht hinauszuschieben, bis sich ein BR konstituiert hat[1]. Wenn aber ein BR besteht, so hat die **Unterrichtung** durch den ArbGeb **umfassend** und **rechtzeitig** zu erfolgen. Dabei gilt der Grundsatz, dass der ArbGeb nur nach seinem eigenen Informationsstand unterrichten kann. Hat er dieses getan, so läuft für den BR die **Anhörungsfrist**. Ist der BR im Einzelfall nicht erreichbar oder beschlussfähig, so schränkt dies seine Beteiligungsrechte nicht ein, sondern ermöglicht ggf. Maßnahmen nach § 100[2].

Der ArbGeb ist gehalten, dem BR ggü. klarzustellen, um welche konkrete personelle Maßnahme es sich handeln soll oder ob er gleich für mehrere Maßnahmen um Zustimmung nachsucht[3]. Allerdings gilt auch hier der Grundsatz „falsa demonstratio non nocet"[4]. Wurden zuvor längere Vorgespräche zwischen ArbGeb und BR geführt, hat der ArbGeb den BR darauf hinzuweisen, wenn das formelle Beteiligungsverfahren iSd. § 99 beginnen soll[5]. Die Unterrichtung muss insb. **rechtzeitig** erfolgen. Wie sich aus Abs. 3 ergibt, wird daher die Unterrichtung regelmäßig mindestens eine Woche vor dem Zeitpunkt erfolgen müssen, an dem die beteiligungspflichtige Maßnahme durchgeführt werden soll[6]. Nur in besonderen Ausnahmefällen, wenn auf Grund einer besonderen Eilbedürftigkeit vom BR eine Stellungnahme zu der personellen Maßnahme vor Ablauf einer Woche erwartet werden darf, kann die Wochenfrist unterschritten werden.

2. Umfang des Unterrichtungsrechts. Der Umfang des Unterrichtungsrechts richtet sich nach der jeweiligen personellen Maßnahme. Keinesfalls kann allerdings der BR verlangen, dass ihm die **Personalakten** der betroffenen ArbN vorgelegt werden[7]. Hier entfaltet § 83 Sperrwirkung. Das Einsichtsrecht in die Personalakte hat danach ausschließlich der ArbN, der jedoch ein BR-Mitglied bei der Einsichtnahme hinzuziehen kann[8]. **Maßstab** für den Umfang der Unterrichtungspflicht ist, dass der ArbGeb den BR so zu unterrichten hat, dass dieser auf Grund der mitgeteilten Tatsachen in die Lage versetzt wird, zu prüfen, ob einer der in Abs. 2 genannten Zustimmungsverweigerungsgründe geltend gemacht werden kann[9]. Demzufolge richtet sich der Umfang der Unterrichtungspflicht danach, welche personelle Einzelmaßnahme vorgenommen werden soll. Dabei kann der ArbGeb gleichzeitig den BR auch über mehrere Einzelmaßnahmen (zB Einstellung und Eingruppierung) unterrichten und die Zustimmung beantragen[10].

Bei Neueinstellungen bedeutet das nach st. Rspr., dass der ArbGeb die **Personalien aller vorgesehenen Bewerber** dem BR mitzuteilen hat. Bewerber ist danach nicht jeder ArbN, der geeignet ist, einen bestimmten Arbeitsplatz zu besetzen. Vielmehr muss sich dieser ArbN zusätzlich auch für den Einsatz auf diesem bestimmten Arbeitsplatz bereit erklärt haben. Weiter muss zumindest ein **Anbahnungsverhältnis** zum ArbGeb für einen konkreten Arbeitsplatz seitens des ArbN bestehen, um ihn als „Bewerber" zu qualifizieren[11]. Bewerber idS. ist auch ein ArbN eines anderen Betriebs des gleichen Unternehmens, der in den Betrieb „versetzt" werden soll, da auch in solchen Fällen der BR des neuen Betriebes nach § 99 zu beteiligen ist[12]. Hat der ArbGeb die Einstellung durch eine **Unternehmensberatungsgesellschaft** vorbereiten lassen, so hat er den BR über diejenigen Bewerber zu informieren, die ihm von der Beratungsgesellschaft benannt wurden[13].

Mitzuteilen sind jeweils die genauen **Personalien** des Bewerbers, alle Umstände über seine **fachliche** und **persönliche Eignung**, der vorgesehene Arbeitsplatz, der Zeitpunkt der Unterrichtung sowie die dem ArbGeb bekannten betriebl. Auswirkungen der Maßnahme[14]. Im Hinblick auf die Personalien ist das natürlich schwierig bei der Einstellung von LeihArbN, deren Namen dem ArbGeb erst spät bekannt werden[15]. Hier kann dem ArbGeb aber das Verfahren nach § 100 helfen[16]. Dieses Unterrichtungsrecht bezieht sich grds. auf alle vom Bewerber eingereichten als auch vom ArbGeb ermittelten Informationen[17]. Deren Herausgabe darf insb. vom ArbGeb nicht aus **Datenschutzgründen** verweigert werden. Indes steht es dem Bewerber frei, die Weiterleitung seiner Unterlagen an den BR zu untersagen. In diesem Fall ist der ArbGeb gehindert, die Informationen als auch die vom Bewerber erhaltenen Unterlagen an den BR weiterzugeben[18]. Es kann durchaus Konstellationen geben, bei denen Bewerber ein erhebliches Interesse daran haben, dass ihre Angaben nur im Rahmen eines sehr beschränkten Kreises bekannt werden. Wenn also Bewerber ihre Bewerbung mit einem diesbezüglichen Sperrvermerk versehen, soll dieser geäußerte **Individualwille** unbedingten Vorrang haben und ist auch vom ArbGeb zu beachten. Dass in diesem Fall eine Einstellung des Bewerbers nur mit ausdrückl. Zustimmung des BR erfolgen kann, ist vom Bewerber hinzunehmen[19]. Hierauf ist der Bewerber vom ArbGeb rechtzeitig hinzuweisen.

---

1 Vgl. BAG 28.10.1992 – 10 ABR 75/91, NZA 1993, 420 f. ||2 BAG 19.1.2010 – 1 ABR 55/08, NZA 2010, 659. ||3 LAG Hess. 16.12.2008 – 4 TaBV 166/08. ||4 LAG Nürnberg 24.4.2012 – 6 TaBV 60/11, NZA-RR 2012, 476 ff.; LAG Düss. 8.3.2012 – 5 TaBV 88/11. ||5 *Fitting*, § 99 Rz. 164. ||6 GK-BetrVG/*Raab*, § 99 Rz. 110. ||7 ErfK/ *Kania*, § 99 BetrVG Rz. 21. ||8 Vgl. GK-BetrVG/*Raab*, § 99 Rz. 86. ||9 BAG 3.10.1989 – 1 ABR 73/88, NZA 1990, 231 f.; 10.8.1993 – 1 ABR 22/93, NZA 1994, 187. ||10 *Wollwert*, DB 2012, 2518. ||11 BAG 10.11.1992 – 1 ABR 21/92, NZA 1993, 376 ff. ||12 BAG 26.1.1993 – 1 AZR 303/92, NZA 1993, 714 (715). ||13 LAG Köln 6.10. 1987 – 11 TaBV 50/87, LAGE § 99 BetrVG 1972 Nr. 20. ||14 BAG 10.11.1992 – ABR 21/92, NZA 1993, 376 ff. ||15 BAG 9.3.2011 – 7 ABR 137/09, NZA 2011, 871. ||16 *Boemke*, AP Nr. 63 zu § 99 BetrVG 1972 Einstellung. ||17 BAG 28.6.2005 – 1 ABR 26/04, NZA 2006, 111 (113). ||18 *Heinze*, Personalplanung, Rz. 239 ff.; Richardi/ Thüsing, § 99 Rz. 146; aA *Stege/Weinspach/Schiefer*, §§ 99–101 Rz. 37; *Fitting*, § 99 Rz. 175. ||19 Richardi/*Thüsing*, § 99 Rz. 146 mwN.

55 Bestehen derartige **Sperrvermerke** nicht, sind dem BR die **Bewerbungsunterlagen** vorzulegen[1]. Dies bedeutet, dass der ArbGeb die Bewerbungsunterlagen dem BR bis zur Beschlussfassung über die beantragte Zustimmung, längstens für eine Woche, zu überlassen hat[2]. Sind Bewerberdaten elektronisch erfasst, so hat der ArbGeb diese dem BR in Form eines Ausdrucks zur Verfügung zu stellen. Dagegen ist der BR nicht berechtigt, etwa unmittelbar beim Bewerber eigenständige Erkundigungen einzuziehen. Ebenso wenig hat der BR ein Recht, dass sich der Stellenbewerber bei BR-Mitgliedern **persönlich vorstellt**. Genauso wenig besteht für BR-Mitglieder ein Recht darauf, an **Einstellungsgesprächen** des ArbGeb mit den Stellenbewerbern teilzunehmen[3]. Allerdings ist der BR über den Inhalt der Einstellungsgespräche sowie über etwaige Test- oder Übungsergebnisse zu unterrichten[4]. Dazu gehört auch, dass Unterlagen, die der ArbGeb anlässlich der Bewerbung über die Person des Bewerbers erstellt hat, dem BR vorzulegen sind[5]. Der ArbGeb ist aber nicht verpflichtet, dem BR Auskunft über den **Inhalt des Arbeitsvertrages** zu geben, den er mit dem Bewerber abschließen will oder bereits abgeschlossen hat, soweit es sich nicht um Vereinbarungen über Art und Dauer der vorgesehenen Beschäftigung oder die beabsichtigte Eingruppierung handelt[6]. Für die Einstellung selbst bedarf es aber nicht einer Mitteilung über die vorgesehene Eingruppierung[7]. Bei einer **befristeten Einstellung** umfasst die Unterrichtungspflicht des ArbGeb ebenso wenig die Mitteilung von Befristungsgründen[8]. Im Fall eines LeihArbN iSd. § 1 I 1 AÜG ist dagegen durch Vorlage entsprechender Unterlagen zu belegen, dass der Verleiher über die erforderliche Erlaubnis verfügt[9].

56 In welcher **Form die Unterrichtung** erfolgt, ist dem ArbGeb nicht vorgegeben. Regelmäßig ist der Vorsitzende des BR oder in seinem Verhinderungsfall sein Stellvertreter der Ansprechpartner für den ArbGeb. Auch für den **Antrag auf Zustimmung** des BR zu der geplanten Einstellung sieht das Gesetz keine besondere Form vor. Es genügt auch eine konkludente Antragstellung, sofern zweifelsfrei ist, dass der Antrag auf Zustimmung des BR zu der geplanten Einstellung Sinn der Information über die geplante Einstellung durch den ArbGeb ist[10].

57 Diese Grundsätze gelten in gleicher Weise im Wesentlichen für die **Unterrichtung über Versetzungen**. Insb. hat der ArbGeb den in Aussicht genommenen Arbeitsplatz mitzuteilen sowie Auskunft darüber zu geben, welche Auswirkungen die geplante Versetzung hat. Dies kann etwa die Zuordnung des neuen Arbeitsplatzes zu einer anderen Lohn- oder Gehaltsgruppe betreffen[11]. Bei vorübergehender Versetzung ist zudem die Dauer der Maßnahme anzugeben. Besonderheiten ergeben sich dann, wenn ein ArbN von einem Betrieb in einen anderen Betrieb versetzt werden soll und dieser ArbN mit dieser Versetzung einverstanden ist[12]. Dann entfällt das MitbestR des BR im abgebenden Betrieb, wenn der ArbN die Versetzung selbst gewünscht hat oder diese seinen Wünschen und seiner freien Entscheidung entspricht. Schließlich kann in diesen Fällen der Zweck des MitbestR nach § 99 nicht mehr erreicht werden, weil der BR auch ein freiwilliges Ausscheiden des ArbN aus dem Betrieb letztlich nicht verhindern könnte. Allerdings ist der ArbGeb verpflichtet, den BR zumindest von dieser Versetzung zu unterrichten, wobei an den Umfang der Mitteilungspflicht keine großen Anforderungen gestellt werden können[13]. Anders ist allerdings die Rechtslage, wenn es sich um eine vorübergehende Versetzung handelt. Auch wenn diese im Einverständnis mit dem ArbN erfolgt, ist der BR hier gem. § 99 zu beteiligen. Erfolgt eine Versetzung in einen anderen Betrieb und wurde der ursprüngliche Betrieb vollständig stillgelegt, so muss der BR dieses Betriebes nicht im Rahmen seines Restmandats nach Abs. 1 beteiligt werden[14].

58 **Bei der Eingruppierung** hat der ArbGeb den BR über alle für die Eingruppierung maßgeblichen Umstände zu unterrichten. Dem BR muss mitgeteilt werden, in welche Gruppe des jeweils vorhandenen kollektiven Entgeltschemas der ArbN gehört. Wenn der ArbN unter den Geltungsbereich eines TV fällt, muss der ArbGeb dem BR erläutern, weshalb nach seiner Beurteilung der ArbN nicht mehr von einer tarifvertragl. Vergütungsgruppe erfasst wird[15]. Damit sind dem BR also die **Beurteilungskriterien** zu nennen, die der jeweiligen Entscheidung des ArbGeb zugrunde liegen. Dagegen brauchen **sonstige arbeitsvertragl. Abreden** dem BR nicht mitgeteilt zu werden[16]. Dies gilt auch für die **Höhe des jeweiligen Arbeitsentgelts**. Dementsprechend braucht der ArbGeb dem BR auch nicht die Bruttolohn- und -gehaltslisten vorzulegen. Er kommt seiner Informationspflicht nach, wenn der ArbGeb dem BR Einsicht in die Listen gibt, in denen die Arbeitsplätze und die für sie maßgeblichen Lohngruppen genannt sind[17].

59 Entsprechendes ergibt sich auch für die **Umgruppierung**. Mitzuteilen sind die bisherige und die vorgesehene Vergütungsgruppe und es ist zu erläutern, weshalb der ArbN in die vorgesehene Gruppe ein-

---

1 LAG Hamm 26.9.2003 – 10 TaBV 63/03, NZA-RR 2004, 305. ||2 BAG 3.12.1985 – 1 ABR 72/83, NZA 1986, 335. ||3 BAG 18.7.1978 – 1 ABR 8/75, DB 1978, 2320 ff. ||4 BAG 28.6.2005 – 1 ABR 26/04, NZA 2006, 111 (114); LAG Hamm 21.1.2008 – 13 TaBV 84/08; LAG Hess. 25.6.2013 – 4 TaBV 11/13. ||5 BAG 14.12.2004 – 1 ABR 55/03, NZA 2005, 827 (829); 17.6.2008 – 1 ABR 20/07, DB 2008, 2200. ||6 Vgl. BAG 27.10.2010 – 7 ABR 36/09, NZA 2011, 527 (529); 18.10.1988 – 1 ABR 33/87, NZA 1989, 355 (356); *Weller*, BB 2011, 1279. ||7 LAG Rh.-Pf. 10.5.2011 – 3 TaBV 55/10. ||8 BAG 27.10.2010 – 7 ABR 86/09, NZA 2011, 418; *v. Hoyningen-Huene*, AP Nr. 133 zu § 99 BetrVG 1972. ||9 Zu weitgehend LAG Hess. 29.1.2013 – 4 TaBV 202/12. ||10 BAG 10.11.2009 – 1 ABR 64/08, BB 2010, 308. ||11 ArbG Trier 29.4.2010 – 3 BV 36/09, AuR 2010, 485. ||12 BAG 8.12.2009 – 1 ABR 41/09, NZA 2010, 665 ff. ||13 GK-BetrVG/*Raab*, § 99 Rz. 103. ||14 BAG 8.12.2009 – 1 ABR 41/09, NZA 2010, 665; 22.6.2010 – 1 ABR 38/09, AP Nr. 6 zu § 21b BetrVG 1972; zust. *Junker*, EWiR 2010, 273. ||15 BAG 31.10.1995 – 1 ABR 5/95, NZA 1996, 890 ff. ||16 BAG 3.10.1989 – 1 ABR 73/88, NZA 1990, 231 f. ||17 Richardi/*Thüsing*, § 99 Rz. 168.

zureihen ist¹. Bei einer Massenumgruppierung reicht es auch aus, dass der ArbGeb dem BR die Arbeitsplätze nennt und angibt, in welche Vergütungsgruppe er sie einstufen will².

3. Schweigepflicht. Nach der besonderen Regelung in Abs. 1 S. 3 unterliegen die Mitglieder des BR über die ihnen im Rahmen der personellen Maßnahmen nach Abs. 1 S. 1 u. 2 bekannt gewordenen persönlichen Verhältnisse und Angelegenheiten der ArbN, die ihrer Bedeutung oder ihrem Inhalt nach einer vertraulichen Behandlung bedürfen, einer besonderen Schweigepflicht. Dies sollte sicherstellen, dass der Schutz der Intimsphäre der ArbN auch im Rahmen der Beteiligung des BR bei personellen Einzelmaßnahmen gewährleistet bleibt³. Die Verpflichtung zur Verschwiegenheit betrifft alle Mitglieder des BR. Dies gilt gem. Abs. 1 S. 3 iVm. § 79 I 2 auch nach dem Ausscheiden aus dem BR. Auf Grund der Verweisung in Abs. 1 S. 3 auf § 79 I 2–4 unterliegt die Verschwiegenheitsverpflichtung bestimmten **Einschränkungen**. Diese gilt nicht ggü. Mitgliedern des BR. Sie gilt ferner nicht ggü. dem GBR, dem KBR, der Bordvertretung, dem SeeBR und den ArbN-Vertretern im Aufsichtsrat sowie im Verfahren vor der Einigungsstelle, der tarifl. Schlichtungsstelle oder einer betriebl. Beschwerdestelle⁴. Von der Schweigepflicht umfasst sind insb. alle Einzelangaben über persönliche und sachliche Verhältnisse, sofern der ArbN ein schutzwürdiges Interesse an dem Ausschluss der Übermittlung hat. Es kommt nicht darauf an, dass der ArbGeb ausdrücklich auf die Geheimhaltungspflicht hingewiesen hat. Geschützt sind die Daten auch dann, wenn der BR von diesen auch außerhalb der Beteiligung des BR nach § 99 Kenntnis erlangt hat. **60**

Von der Verschwiegenheitsverpflichtung kann der ArbN den BR befreien. Verletzten dagegen der BR oder einzelne BR-Mitglieder ihre Schweigeverpflichtung, so kann der betroffene ArbN gegen diese einen **Schadensersatzanspruch** aus unerlaubter Handlung gem. § 823 II BGB geltend machen⁵. IÜ ist die Verletzung der Verschwiegenheitspflicht gem. § 120 II und III strafbewehrt. **61**

4. Zustimmung des Betriebsrats. Damit eine vom ArbGeb geplante personelle Maßnahme betriebsverfassungsrechtl. wirksam vorgenommen werden kann, bedarf dies der Zustimmung des BR. Seine Zustimmung kann der BR jedoch nach Abs. 2 nur aus den dort genannten und abschließend aufgezählten Gründen verweigern. Hierzu bedarf es eines wirksam gefassten BR-Beschlusses, was voraussetzt, dass dieser in einer ordnungsgemäß einberufenen Sitzung von einem beschlussfähigen Gremium gefasst wurde⁶. Ob ein **Zustimmungsverweigerungsgrund** vorliegt, ist eine Rechtsfrage, die der BR zu überprüfen hat und die ggf. durch das ArbG zu entscheiden ist. Stellt der BR fest, dass die tatbestandlichen Voraussetzungen eines Zustimmungsverweigerungsgrundes vorliegen, so ist er jedoch keinesfalls verpflichtet, von seinem Zustimmungsverweigerungsrecht Gebrauch zu machen. Vielmehr steht es in seinem **Ermessen**, ob er sein Beteiligungsrecht ausüben will. Allerdings kann der BR nur auf Maßnahmen des ArbGeb reagieren. Ihm steht **kein Initiativrecht** auf Durchführung bestimmter personeller Einzelmaßnahmen zu. **62**

5. Zustimmungsverweigerungsgründe. Bei der Aufzählung der Zustimmungsverweigerungsgründe in Abs. 2 differenziert der Gesetzgeber nicht nach der Art der geplanten personellen Einzelmaßnahme. Gleichwohl sind die einzelnen Zustimmungsverweigerungsgründe von unterschiedlicher Relevanz bei den möglichen personellen Einzelmaßnahmen. **63**

a) **Verstoß gegen Rechtsvorschriften (Nr. 1).** Gem. **Abs. 2 Nr. 1** kann der BR die Zustimmung verweigern, wenn die personelle Maßnahme gegen ein Gesetz, eine VO, eine Unfallverhütungsvorschrift oder gegen eine Bestimmung in einem TV oder in einer BV oder gegen eine gerichtl. Entscheidung oder eine behördl. Anordnung verstoßen würde. Bei Einstellungen und Versetzungen bedeutet dies, dass die Übernahme des Arbeitsbereichs nach Inhalt und vertragl. Gestaltungsform gegen zwingendes Recht verstößt. Nicht entscheidend ist dagegen, ob nur einzelne Vertragsbestimmungen gesetzeswidrig sind. Dh., der BR kann die Zustimmung zu einer Einstellung oder Versetzung nur dann nach Nr. 1 verweigern, wenn nach dem Zweck der verletzten Rechtsnorm die geplante Einstellung oder Versetzung ganz zu unterbleiben hat und sich das normative Hindernis auch nicht kurzfristig beseitigen lässt⁷. Der Zweck der jeweiligen Norm, die Einstellung selbst zu verhindern, muss allerdings hinreichend deutlich zum Ausdruck kommen⁸. Keinesfalls dient das MitbestR des BR nach § 99 einer umfassenden **Vertragskontrolle** und hat nicht die Aufgabe, normgemäße Vertragsbedingungen zu erzwingen⁹. Daher kann auch die Verletzung des Equal-pay-Grundsatzes, mag seine Einhaltung auch dem Kollektivinteresse der Belegschaft entsprechen, kein Zustimmungsverweigerungsrecht begründen¹⁰. Eine Gesetzesverletzung, die das Zustimmungsverweigerungsrecht des BR begründen kann, liegt vor, wenn die geplante personelle Maßnahme als solche nach dem Zweck der Norm untersagt ist¹¹. Derartige Vorschriften können sich aus verschiedenen **Rechtsquellen**, auch aus der Verfassung ergeben. So verbietet Art. 9 III 2 **64**

---

1 LAG Hess. 11.10.2012 – 5 TaBV 78/12. ‖ 2 BAG 5.2.1971 – 1 ABR 24/70, DB 1971, 1528. ‖ 3 BT-Drs. VI/2729, 31. ‖ 4 Krit. hierzu Richardi/*Thüsing*, § 99 Rz. 173. ‖ 5 Richardi/*Thüsing*, § 99 Rz. 174. ‖ 6 BAG 24.4.2013 – 7 ABR 82/11, NZA 2013, 857. ‖ 7 BAG 10.7.2013 – 7 ABR 91/11; LAG MV 31.3.2009 – 5 TaBV 13/08; LAG München 6.12.2011 – 6 TaBV 67/11. ‖ 8 BAG 10.7.2013 – 7 ABR 91/11. ‖ 9 BAG 28.6.1994 – 1 ABR 59/93, NZA 1995, 387 (388); 14.12.2004 – 1 ABR 54/03, NZA 2005, 424ff.; 25.1.2005 – 1 ABR 61/03, NZA 2005, 1199 (1202). ‖ 10 BAG 25.1.2005 – 1 ABR 61/03, NZA 2005, 1199 (1201); zu Recht *Besgen*, BVR, § 21 Rz. 64. ‖ 11 BAG 28.3.2000 – 1 ABR 16/99, NZA 2000, 1294.

GG jede nachteilige Behandlung wegen der Koalitionszugehörigkeit. Insofern sind alle Maßnahmen, die auf eine Behinderung der Koalitionsfreiheit hinauslaufen, rechtswidrig. Diese Regelung schlägt auch auf die Einstellungsentscheidung und ihre Vorbereitung durch. Insofern ist das mögliche Interesse des ArbGeb, der Tarifbindung durch Einstellung nicht organisierter ArbN auszuweichen, nicht geschützt. Er kann daher nicht die Einstellungsbewerber nach Zugehörigkeit oder Nichtzugehörigkeit zur Gewerkschaft trennen[1].

65 Insb. erlangt der Zustimmungsverweigerungsgrund des Abs. 2 Nr. 1 Bedeutung im Zusammenhang mit **Diskriminierungsverboten** (Art. 157 AEUV, §§ 75 I, § 78 S. 2 BetrVG, § 7 AGG)[2]. So verstößt die Einstellung eines nicht **schwerbehinderten ArbN** gegen eine gesetzl. Vorschrift iSd. Abs. 2 Nr. 1, wenn der ArbGeb vor der Einstellung nicht gem. § 81 I 1 SGB IX geprüft hat, ob der freie Arbeitsplatz mit einem schwerbehinderten ArbN besetzt werden kann[3]. Dies gilt entsprechend, wenn der ArbGeb den Einsatz von LeihArbN beabsichtigt[4]. Dagegen kann der BR der beabsichtigten Einstellung eines ArbN nicht mit der Begründung widersprechen, im Einstellungsbetrieb sei die **Pflichtzahl** an schwerbehinderten Menschen noch nicht erreicht, weshalb ein schwerbehinderter Bewerber vorzuziehen sei[5]. Anders als bei einer Einstellung kann der BR auch nicht einer Versetzung die Zustimmung verweigern, wenn diese unter Verstoß gegen § 81 I SGB IX erfolgt, da hierdurch gerade nicht ein Arbeitsplatz zu Lasten der Gruppe der schwerbehinderten Menschen entzogen wird[6]. Ob das auch bei einer betriebs- oder konzernübergreifenden Versetzung gelten kann, ist allerdings sehr fraglich[7]. Ein Verstoß gegen die in § 13a AÜG enthaltene Verpflichtung des Entleihers, **LeihArbN** über Arbeitsplätze zu informieren, die besetzt werden sollen, begründet dagegen kein Zustimmungsverweigerungsrecht des BR. Wie sich aus Abs. 2 Nr. 5 ergibt, ist eine unterlassene Ausschreibung bzw. unterlassene Information kein Gesetzesverstoß iSv. Abs. 2 Nr. 1, der einer personellen Maßnahme entgegensteht[8].

66 Ein Zustimmungsverweigerungsrecht nach Nr. 1 besteht auch dann, wenn **Ausländer** ohne die dafür erforderliche Arbeitserlaubnis beschäftigt werden oder **LeihArbN** unter Verstoß gegen die Vorschriften des AÜG eingesetzt werden sollen[9]. Im letzteren Fall muss es sich dann aber um ein echtes Beschäftigungsverbot handeln (zB § 1 I 1 AÜG)[10], es genügt also nicht die Verletzung des Equal-pay-Gebots[11]. Umstritten ist, ob sich aus § 1 I 2 AÜG ein Beschäftigungsverbot für die dauerhafte Beschäftigung von LeihArbN ergibt, das den BR zur Ausübung eines Zustimmungsverweigerungsrechts nach Nr. 1 berechtigen würde[12]. Der 7. Senat des BAG hat 2013 in § 1 I 2 AÜG ein gesetzl. Verbot gesehen, ohne sich aber festzulegen, welchen Inhalt dieses Verbot in zeitlicher Hinsicht haben soll. Aus dem Wortlaut der Vorschrift ist für ein entsprechendes Beschäftigungsverbot nichts zu entnehmen[13]. Der 7. Senat begründete jedoch seine Auffassung mit dem Sinn und Zweck der Regelung und unterstellte, dass der Gesetzgeber im Regelfall Normen mit einer Rechtsfolge ausstatte[14]. Von einem solchen Regelfall ging der Senat ohne Weiteres bei § 1 I 2 AÜG aus, obwohl der Gesetzgeber parallel zu den Beratungen über die Vorschrift des § 1 I 2 AÜG ein Gesetzesvorhaben abgelehnt hatte, das ausdrücklich an die dauerhafte Arbeitnehmerüberlassung Rechtsfolgen knüpfte[15]. Dass der Gesetzgeber die Vorschrift des § 1 I 2 AÜG versehentlich nicht mit einer Rechtsfolge versehen hat, kann daher ausgeschlossen werden. Auch der Ansatz, aus einer europarechtskonformen Auslegung ein Beschäftigungsverbot für dauerhafte Leiharbeit gewinnen zu wollen, ist nicht überzeugend, da die RL 2008/104 EG nach ihrem Wortlaut gerade nur die vorübergehende Leiharbeit erfasst[16]. Unabhängig davon würde ein Zustimmungsverweigerungsgrund voraussetzen, dass die jeweilige Maßnahme aufgrund des Verbots insg. zu unterbleiben hat, da die Einstellung die Eingliederung als solche zum Gegenstand hat[17]. Eine nur vorübergehende Arbeitnehmerüberlassung ist aber unstreitig nicht generell verboten, so dass § 1 I 2 AÜG der Einglie-

---

1 BAG 28.3.2000 – 1 ABR 16/99, NZA 2000, 1284. ‖ 2 So *Fitting*, § 99 Rz. 198; *Pallasch*, NZA 2007, 306; *Hayen*, JbArbR 44 (2007), 23 (40ff.); krit. *Nicolai*, FA 2006, 354 (356); zu Recht krit. bzgl. Einstellungen *Thüsing/Jamann*, AP Nr. 48 zu § 99 BetrVG 1972 Einstellung. ‖ 3 BAG 14.11.1989 – 1 ABR 88/88, NZA 1990, 368f.; 23.6.2010 – 7 ABR 3/09, NZA 2010, 1361 (1364). ‖ 4 BAG 23.6.2010 – 7 ABR 3/09, NZA 2010, 1361 (1364); LAG Rh.-Pf. 10.9.2010 – 6 TaBV 10/10, AiB 2011, 408; zust. *Denzel/Wolters*, AiB 2010, 149 sowie *Düwell/Dahl*, NZA-RR 2011, 1 (5); *Joussen*, AP Nr. 17 zu § 81 SGB IX; krit. *Fabritius*, BB 2011, 319f.; aA LAG Düss. 30.10.2008 – 15 TaBV 114/08, LAGE § 14 AÜG Nr. 4; *Gussen*, NZA 2011, 830 (832). ‖ 5 ArbG Lüneburg 27.5.1986 – 2 Bv 3/86, NZA 1987, 67. ‖ 6 BAG 17.6.2008 – 1 ABR 20/07, NZA 2008, 1139 (1141). ‖ 7 AA *Schwab/Weickler*, DB 2012, 976 (978); *Lambrich/Schwab*, DB 2012, 1928 (1929f.). ‖ 8 Vgl. auch *Lembke*, NZA 2011, 319 (322), der einen Verstoß gg. Abs. 2 Nr. 3 in Betracht zieht. ‖ 9 BAG 28.9.1988 – 1 ABR 85/87, NZA 1989, 358 (359); 22.1.1991 – 1 ABR 18/90, NZA 1991, 569; LAG Nds. 20.2.2007 – 9 TaBV 107/05, EzAÜG § 1 AÜG Konzerninterne Arbeitnehmerüberlassung Nr. 18; 19.1.2008 – 15 TaBV 159/07. ‖ 10 BAG 25.1.2005 – 1 ABR 61/03, NZA 2005, 1199ff.; LAG Köln 10.3.2010 – 3 TaBV 81/09. ‖ 11 BAG 21.7.2009 – 1 ABR 35/08, NZA 2009, 1156 (1158); *Mestwerdt*, FS Düwell, 2011, S. 96 (101). ‖ 12 Beschäftigungsverbot: LAG Hess. 21.5.2013 – 4 TaBV 298/12; LAG Bln.-Bbg. 9.1.2013 – 15 SA 1635/12, ZTR 2013, 78; 19.12.2012 – 4 TaBV 1163/12, BB 2013, 116; LAG Nds. 19.9.2012 – 17 TaBV 124/11, AiB 2013, 130; *Bartl/Romanowski*, NZA 2012, 845ff.; *Fitting*, § 99 Rz. 192a; *Hamann*, NZA 2011, 70 (75); *Schüren/Wank*, RdA 2011, 1 (3); *Ulber*, AiB 2012, 403; kein Beschäftigungsverbot: LAG Nds. 14.11.2012 – 12 TaBV 62/12; LAG Düss. 2.10.2012 – 17 TaBV 38/12, BB 2013, 64; *Giesen*, FA 2012, 66; *Teusch/Verstege*, NZA 2012, 1326 (1329f.); *Thüsing/Stiebert*, DB 2012, 632; *Seel*, MDR 2012, 813 (814); *Gussen*, FA 2013, 134 (136); *Rieble*, NZA 2013, 309 (310). ‖ 13 LAG Nds. 14.11.2012 – 12 TaBV 62/12; *Seel*, FA 2013, 132 (133). ‖ 14 BAG 10.7.2013 – 7 ABR 91/11. ‖ 15 BT-Drs. 17/3752, BT-Prot. 17/99, 11379C. ‖ 16 *Giesen*, FA 2012, 66; aA LAG Nds. 16.11.2011 – 17 TaBV 99/11. ‖ 17 BAG 1.6.2011 – 7 ABR 117/09, NZA 2011, 1435.

derung von LeihArbN in den Betrieb, auch wenn sie dauerhaft erfolgt, nicht entgegensteht. Hier will allerdings der 7. Senat des BAG im Fall, dass kollektive Interessen der Belegschaft berührt sind, anders verfahren und argumentiert funktions- und nicht kausalitätsbezogen[1], wie es der Wortlaut des Gesetzes nahe legt, wonach gerade die Einstellung das Beschäftigungsverbot auslöst und nicht eine hinter der Einstellung möglicherweise stehende, Kollektivinteressen gefährdende Organisationsentscheidung. Ein Beschäftigungsverbot erfordert eine Regelung, die sich gerade gegen die Eingliederung des ArbN wendet (zB §§ 22 ff. JArbSchG, § 284 SGB III, BeschV, § 42 IfSG). Die bloße Gefährdung von Kollektivinteressen genügt dafür nicht, da andernfalls damit der Weg zu einer allg. Vertragskontrolle durch den BR vorgezeichnet wäre, die das BetrVG gerade nicht vorsieht. Bei den Beschäftigungsverboten nach dem **MuSchG** besteht jedoch die Besonderheit, dass der BR seinerseits nicht der Einstellung widersprechen kann, wenn der ArbGeb nicht berechtigt ist, eine Bewerberin von der Einstellung auszuschließen, etwa eine Schwangere deshalb nicht auf eine unbefristete Stelle einzustellen, weil sie für die Dauer der Schwangerschaft wegen eines aus ihrem Zustand folgenden gesetzl. Beschäftigungsverbots auf dieser Stelle von Anfang an nicht beschäftigt werden darf. Die Vorschriften zur Anwendung des MuSchG dürfen für die werdende Mutter keine Nachteile beim Zugang zur Beschäftigung mit sich bringen[2].

Ein Gesetzesverstoß iSd. Nr. 1 liegt auch nicht bei einer vertragl. vorgesehenen **Befristung** eines ArbVerh ohne rechtfertigenden Grund vor[3]. Das Beteiligungsrecht des BR nach § 99 dient nicht einer **Inhaltskontrolle des Arbeitsvertrages.** Folgerichtig kann der BR auch nicht verlangen, über den Rechtsgrund für die Befristung informiert zu werden[4]. Ebenfalls kein Zustimmungsverweigerungsrecht kann der BR mit der Behauptung geltend machen, dass der ArbGeb ihn bei einer geplanten Einstellung oder Versetzung ihn nicht **ordnungsgemäß unterrichtet** habe. Mit diesem Einwand übt der BR gerade nicht sein MitbestR aus, sondern macht geltend, dass der ArbGeb ihn nicht ordnungsgemäß beteiligt habe[5]. Dementsprechend ist es mehr als fragwürdig, von einem Zustimmungsverweigerungsgrund schon allein deshalb zu sprechen, wenn der BR bei Aufstellung eines Entgeltschemas entgegen § 87 I Nr. 10 nicht beteiligt wurde[6]. Sehen dagegen die Vorschriften über ein Unterrichtungs- oder Beteiligungsrecht, wie das bei § 92 II 2 SGB IX der Fall ist[7], ausdrücklich vor, dass eine personelle Maßnahme zu unterbleiben hat, wenn der ArbGeb seiner Verpflichtung zur Unterrichtung oder Beteiligung nicht nachgekommen ist, kann der BR unter Hinweis auf die Vorschrift, die die Durchführung der personellen Maßnahme untersagt, seine Zustimmung gem. Abs. 2 Nr. 1 verweigern.

Der Verstoß gegen Rechtsvorschriften braucht sich nicht unbedingt aus Gesetzen und VO ergeben. Vielmehr stellt Nr. 1 diesen Rechtsquellen die **Unfallverhütungsvorschriften** der Berufsgenossenschaften gleich (vgl. § 15 SGB VII). So kann der BR der Versetzung eines ArbN in die Position einer Aufsichtsperson iSd. Unfallverhütungsvorschriften die Zustimmung versagen, wenn der zu versetzende ArbN nicht über die in der betreffenden Unfallverhütungsvorschrift vorgesehene Qualifikation verfügt[8].

Auch ein Verstoß gegen eine Bestimmung in einem **TV** oder in einer **BV** kann einen Zustimmungsverweigerungsgrund begründen. Voraussetzung hierfür ist, dass die Maßnahme selbst gegen die Tarifnorm bzw. BV verstoßen muss. Es genügt nicht, dass einzelne Vertragsbedingungen dem TV oder der BV zuwiderlaufen. Dies hat das BAG etwa für eine tarifwidrige Abrede zur Arbeitszeitverlängerung entschieden, welche gerade kein Beschäftigungsverbot darstellt[9]. Im Hinblick auf tarifvertragl. Normen ist erforderlich, dass diese für den betroffenen ArbN gelten. Dies kann unproblematisch bei für allgemeinverbindlich erklärten TV angenommen werden. Liegt eine AVE nicht vor, aber ist die betreffende Norm als Betriebsnorm zu qualifizieren, so genügt die Tarifbindung des ArbGeb. Handelt es sich dagegen um eine Inhaltsnorm, dann kommt ein Verstoß iSv. Nr. 1 nur in Frage, wenn eine beiderseitige Tarifbindung besteht. IÜ ist das Günstigkeitsprinzip zu beachten[10]. Dagegen liegt dem Grunde nach „nur" eine Verletzung des Gleichbehandlungsgrundsatzes vor, wenn bei einer Inhaltsnorm keine beiderseitige Tarifbindung besteht, aber der TV kraft betriebl. Übung für das konkrete ArbVerh zur Anwendung kommt. Voraussetzung ist aber, dass die auf Grund betriebl. Übung geltende Inhaltsnorm Vorrang vor der vertragl. Gestaltungsfreiheit im ArbVerh hat[11]. Als typische TV-Inhalte, die ein Zustimmungsverweigerungsrecht des BR auslösen können, werden tarifvertragl. Abschlussverbote und -gebote, Regelungen über die vorrangige Besetzung mit Betriebsangehörigen, älteren ArbN, LangzeitArbl., Regelungen zum Verbot der Beschäftigung von ArbN unter einer bestimmten Arbeitszeit usw. genannt[12].

Ein Verstoß gegen die Bestimmung einer **BV** kann unter ähnlichen Voraussetzungen in Betracht kommen, wie ein Verstoß gegen die Bestimmung aus einem TV[13]. Voraussetzung ist allerdings, dass eine BV

---

1 BAG 10.7.2013 – 7 ABR 91/11. || 2 EuGH 3.2.2000 – Rs. C-207/98, AP Nr. 18 zu § 611a BGB. || 3 BAG 28.6.1994 – 1 ABR 59/93, NZA 1995, 387 (390); 16.7.1985 – 1 ABR 35/83, NZA 1986, 163 (165); 20.6.1978 – 1 ABR 65/75, DB 1978, 2033 f. || 4 LAG Bln.-Bbg. 19.2.2009 – 25 TaBV 20/09, AE 2009, 340. || 5 Richardi/*Thüsing*, § 99 Rz. 196; vgl. auch BAG 28.1.1986 – 1 ABR 10/84, NZA 1986, 490 ff. || 6 LAG Bln.-Bbg. 17.10.2007 – 21 TaBV 1083/07. || 7 LAG Rh.-Pf. 5.10.2011 – 8 TaBV 9/11, BehR 2012, 203 || 8 Vgl. ArbG Berlin 15.3.1988 – 31 BV 4/87, AiB 1988, 292. || 9 BAG 27.10.2010 – 7 ABR 36/09, NZA 2011, 527 (530). || 10 BAG 14.12.2004 – 1 ABR 54/03, NZA 2005, 424 (426). || 11 So Richardi/*Thüsing*, § 99 Rz. 201; aA DKKW/*Bachner*, § 99 Rz. 200. || 12 Vgl. BAG 18.3.2008 – 1 ABR 81/06, MDR 2008, 1107 f.; DKKW/*Bachner*, § 99 Rz. 200 mwN. || 13 BAG 10.3.1992 – 1 ABR 67/91, NZA 1992, 992 f.

nach § 77 III oder § 87 I Eingangssatz zulässig ist. Liegen Auswahlrichtlinien in Form einer BV vor, so ist hierfür in Abs. 2 Nr. 2 ein selbständiger Zustimmungsverweigerungsgrund vorgesehen.

71 Neben den Verstößen gegen Rechtsvorschriften sieht das BetrVG als Zustimmungsverweigerungsgrund auch den Verstoß gegen eine **gerichtl. Entscheidung** oder eine behördl. Anordnung vor. Hierzu gehört einmal die rechtskräftige Entscheidung eines ArbG, dass bei einer bestimmten personellen Maßnahme die Zustimmungsverweigerung des BR begründet war. Ein Verstoß gegen eine gerichtl. Entscheidung kann ebenfalls vorliegen, wenn es um eine Einstellung eines ArbN geht, für den ein gerichtl. angeordnetes Berufsverbot besteht. Dagegen darf der BR die Zustimmung zu einer personellen Maßnahme nicht deshalb verweigern, weil diese angeblich einer gefestigten höchstrichterlichen Rspr. entgegensteht[1].

72 Als **behördliche Anordnungen**, die eine Zustimmungsverweigerung begründen können, kommen etwa folgende Maßnahmen in Betracht: Verbot der Beschäftigung Jugendlicher mit bestimmten Arbeiten gem. § 27 JArbSchG, Verbot des Einstellens und Ausbildens von Jugendlichen gem. § 33 BBiG, §§ 22, 24 HwO[2].

73 **b) Verstoß gegen Auswahlrichtlinien (Nr. 2).** Der BR kann ebenfalls gem. Abs. 2 Nr. 2 die Zustimmung verweigern, wenn die personelle Maßnahme gegen eine Auswahlrichtlinie iSd. § 95 verstoßen würde. Damit ist das Zustimmungsverweigerungsrecht des BR die Sanktion für den Fall, dass der ArbGeb Maßnahmen in Abweichung von einmal aufgestellten Auswahlrichtlinien vornehmen will. Hierbei kommt es nicht darauf an, ob der BR gem. § 95 II die Aufstellung von Auswahlrichtlinien verlangen konnte oder es sich um freiwillige Auswahlrichtlinien gem. § 95 I handelt. In allen Fällen ist aber Voraussetzung für eine Zustimmungsverweigerung gestützt auf Abs. 2 Nr. 2, dass die Auswahlrichtlinie wirksam zustande gekommen ist. Ein Zustimmungsverweigerungsrecht hat der BR aber nur bei Verstoß gegen die Auswahlrichtlinie. Zu beachten ist indes, dass auf Grund von Auswahlrichtlinien dem ArbGeb ein Ermessensspielraum verbleibt. Demzufolge liegt ein Verstoß gegen Auswahlrichtlinien erst dann vor, wenn der ArbGeb diesen Ermessensspielraum überschreitet. Ist dies der Fall, ist der BR berechtigt, von seinem Zustimmungsverweigerungsrecht Gebrauch zu machen. Dabei kommt es nicht darauf an, ob die Verweigerung der Zustimmung unangemessen ist[3].

74 **c) Benachteiligung anderer Arbeitnehmer (Nr. 3).** Zum Schutz der im Betrieb beschäftigten ArbN kann der BR gem. **Abs. 2 Nr. 3** seine Zustimmung zu einer personellen Einzelmaßnahme auch verweigern, wenn die durch Tatsachen begründete Besorgnis besteht, dass infolge der personellen Maßnahme im Betrieb beschäftigte ArbN gekündigt werden oder sonstige **Nachteile** erleiden, ohne dass dies aus betriebl. oder persönl. Gründen gerechtfertigt ist. Nach der Novellierung des BetrVG gilt bei unbefristeter Einstellung als Nachteil auch die Nichtberücksichtigung eines gleich geeigneten befristeten Beschäftigten. Dieses Zustimmungsverweigerungsrecht wird regelmäßig nur bei Einstellungen und Versetzungen in Betracht kommen. Bei Eingruppierungen und Umgruppierungen lassen sich regelmäßig keine nachteiligen Auswirkungen auf andere ArbN denken[4]. Nr. 3 setzt einen **ursächlichen Zusammenhang** zwischen einer mitbestimmungspflichtigen Maßnahme und einer befürchteten Kündigung bzw. dem sonstigen Nachteil voraus. Dies folgt aus dem Tatbestandsmerkmal „infolge". Ein ursächlicher Zusammenhang ist aber schon zu bejahen, wenn Kündigung und personelle Maßnahme Folge derselben Betriebsänderung sind und wenn diese eine Auswahlentscheidung nach § 1 III KSchG erforderlich macht[5]. Es genügt also, dass die ins Auge gefasste personelle Maßnahme mitursächlich für eine Kündigung oder einen sonstigen Nachteil wird. Das ist nicht mehr der Fall, wenn die ins Auge gefasste personelle Maßnahme selbst noch nicht zu einem Nachteil führt, dieser aber beim Hinzutreten einer weiteren, noch ungewissen Tatsache ausgelöst wird. In diesem Fall ist die Ursächlichkeit zu verneinen[6].

75 Der BR muss eine **durch Tatsachen begründete Besorgnis** von durch die Maßnahme ausgelösten Nachteilen vortragen. Es ist also nicht erforderlich, dass wegen der personellen Einzelmaßnahme tatsächlich einem im Betrieb beschäftigten ArbN gekündigt wird oder dieser sonstige Nachteile erleidet. Vielmehr lässt das Gesetz die Besorgnis genügen. Auf der anderen Seite reichen reine Vermutungen des BR nicht aus. Grundlage einer begründeten Verweigerung können daher nur greifbare, feststehende Umstände bilden, nicht aber vage Vorstellungen oder theoretisierende Mutmaßungen[7]. Dabei lässt sich als Tatsache alles Vorhandene, Geschehene oder Geschehende, das durch äußere oder innere Wahrnehmung erfasst wird, definieren[8].

76 Das Gesetz hebt als einen ausdrücklichen **Nachteil** die durch eine personelle Einzelmaßnahme verursachte **Kündigung** anderer im Betrieb beschäftigter ArbN besonders hervor. Damit dient das Zustimmungsverweigerungsrecht in Nr. 3 der Ergänzung des Kündigungsschutzes[9]. Mit Kündigung ist hier nicht nur die Beendigungskündigung gemeint. Vielmehr ist das Zustimmungsverweigerungsrecht auch

---

1 Richardi/*Thüsing*, § 99 Rz. 203. ||2 Vgl. DKKW/*Bachner*, § 99 Rz. 203. ||3 *Fitting*, § 99 Rz. 219; aA *Blomeyer*, GS Dietz, 1973, S. 147 (165f.). ||4 LAG Hamm 1.8.1979 – 12 TaBV 39/79, DB 1979, 2499 (2500). ||5 BAG 15.9.1987 – 1 ABR 29/86, NZA 1988, 624 (626). ||6 DKKW/*Bachner*, § 99 Rz. 208. ||7 LAG Schl.-Holst. 18.1.1993 – 4 TaBV 43/92, ARST 1993, 155; vgl. auch *Wulff*, AiB 2011, 185 (190). ||8 LAG Rh.-Pf. 10.12.1981 – 4 TaBV 27/81, DB 1982, 652. ||9 BAG 30.8.1995 – 1 ABR 11/95, NZA 1996, 496 (497).

dann einschlägig, wenn infolge der Einstellung oder Versetzung eine **Änderungskündigung** zu erwarten ist[1]. Regelmäßig wird der Zustimmungsverweigerungstatbestand dann einschlägig sein, wenn die Einstellung oder Versetzung auf einen Arbeitsplatz erfolgt, der noch von einem ArbN besetzt ist, dessen ArbVerh. nicht endet[2]. Der BR ist nach Auffassung des BAG indes nicht berechtigt, seine Zustimmung zu der Versetzung zu verweigern, wenn der versetzte oder eingestellte ArbN iSd. § 1 III KSchG sozial stärker schutzbedürftig ist als der Arbeitsplatzinhaber, mit der Folge, dass nach den Grundsätzen für eine **soziale Auswahl** des zu kündigenden ArbN die betriebsbedingte Kündigung gerade ggü. demjenigen ArbN auszusprechen sei, auf dessen Arbeitsplatz die Versetzung erfolgen soll[3]. Hat aber der ArbGeb einem Arbeitsplatzinhaber gekündigt, obwohl dieser sozial schutzbedürftiger ist als derjenige, der neu eingestellt oder auf diesen Arbeitsplatz versetzt werden soll, so hindert allein der Ausspruch der Kündigung den BR nicht, sich auf das Zustimmungsverweigerungsrecht gem. Nr. 3 zu berufen[4]. Andernfalls könnte der ArbGeb das MitbestR des BR nach § 99 unterlaufen. Das Zustimmungsverweigerungsrecht ist jedoch dann nicht mehr gegeben, wenn die bereits ausgesprochene Kündigung zur endgültigen Beendigung des ArbVerh geführt hat[5].

Das BAG zieht den Anwendungsbereich des Abs. 2 Nr. 3 sehr weit. Geraten etwa die Arbeitsplätze mehrerer vergleichbarer ArbN in Wegfall und stehen für einen Teil dieser ArbN andere Beschäftigungsmöglichkeiten zur Verfügung, mit der Folge, dass eine Sozialauswahl nach § 1 III KSchG erforderlich wird, so begründet etwa die Versetzung eines ArbN auf einen der freien Arbeitsplätze die Besorgnis, dass einem anderen ArbN infolge dieser Maßnahme gekündigt wird[6]. Hier verliert das Zustimmungsverweigerungsrecht nach Nr. 3 jede Kontur. Sinn der Regelung ist schließlich lediglich, den Arbeitsplatzinhaber davor zu schützen, dass durch eine personelle Maßnahme der Kreis der mit ihm vergleichbaren ArbN erweitert wird und sich für ihn so die Gefahr einer Kündigung erhöht[7]. Wenn damit das Zustimmungsverweigerungsrecht des BR auf die richtige Durchführung der Sozialauswahl ausgerichtet ist, bedeutet dies zwangsläufig, dass ein Zustimmungsverweigerungsrecht dann nicht besteht, wenn die auf Grund der personellen Einzelmaßnahme zu erwartende Kündigung sozial gerechtfertigt wäre. Nr. 3 dient letztlich der Absicherung des individualrechtl. Kündigungsschutzes, nicht aber soll durch diese Vorschrift der BR in die Lage versetzt werden, durch entsprechende Ausübung des Zustimmungsverweigerungsrechts den im Betrieb beschäftigten ArbN einen zusätzlichen Kündigungsschutz zu gewähren[8].

Gem. Nr. 3 ist der BR berechtigt, die Zustimmung zu einer personellen Einzelmaßnahme auch dann zu verweigern, wenn diese die durch Tatsachen begründete Besorgnis **sonstiger Nachteile** für die im Betrieb beschäftigten ArbN auslöst. Hierbei definiert das Gesetz nicht, um welche Art von Nachteilen es sich handeln muss. Man wird jedoch verlangen müssen, dass es sich zumindest um erhebliche und ins Gewicht fallende Nachteile handelt[9]. Ein Nachteil lässt sich als eine **Verschlechterung des bisherigen rechtl. oder tatsächlichen Status** definieren. Nachteile in diesem Sinne sind also nicht nur der Verlust einer Rechtsposition oder einer rechtserheblichen Anwartschaft. Vielmehr können auch die auf der Versetzung eines ArbN beruhenden **erheblichen Erschwerungen** der Arbeit für die in der Abteilung verbleibenden ArbN nachteilig sein[10]. Dabei ist der Umstand, dass andere ArbN infolge einer Einstellung oder Versetzung die Aussicht verlieren, den zu besetzenden, als besser empfundenen Arbeitsplatz zu bekommen (**Beförderung**), nicht als Nachteil, sondern nur als Verlust einer rechtl. nicht geschützten Chance zu werten[11]. Ebenso wenig als Nachteil anzusehen ist es, wenn auf Grund der personellen Einzelmaßnahme **Überstunden** abgebaut werden und damit der Verlust eines höheren Einkommens verbunden ist. Schließlich besteht für ArbN kein Anspruch auf Leistung von Überstunden. Anders ist es zu sehen, wenn auf Grund der personellen Einzelmaßnahme die Besorgnis besteht, dass zusätzliche Überstunden anfallen, sofern eine Verpflichtung zur Erbringung zusätzlicher Arbeit besteht. Ebenso ist bei einer durch die personelle Einzelmaßnahme hervorgerufenen deutlichen **Leistungsverdichtung** von einem erheblichen Nachteil iSv. Nr. 3 auszugehen[12]. Dasselbe gilt, wenn ein teilzeitbeschäftigter ArbN einen Anspruch auf Verlängerung der Arbeitszeit nach § 9 TzBfG geltend macht und der ArbGeb beabsichtigt, den freien Arbeitsplatz mit einem anderen ArbN zu besetzen[13]. Hingegen kann der BR nicht verlangen, dass der ArbGeb ihm alle ArbN mitteilt, die aufgrund ihres angezeigten Wunsches auf Aufstockung ihrer Arbeitszeit für die zu besetzende Stelle in Betracht gekommen wären[14].

---

1 BAG 30.8.1995 – 1 ABR 11/95, NZA 1996, 496 (497). ‖2 BAG 15.9.1987 – 1 ABR 29/86, NZA 1988, 624 (625). ‖3 BAG 15.9.1987 – 1 ABR 29/86, NZA 1988, 624 (625); *Kaiser*, FS Löwisch, 2007, S. 153 (157). ‖4 MünchArbR/*Matthes*, § 263 Rz. 58; Richardi/*Thüsing*, § 99 Rz. 213; aA Löwisch/*Kaiser*, § 99 Rz. 62; GK-BetrVG/*Raab*, § 99 Rz. 148. ‖5 Richardi/*Thüsing*, § 99 Rz. 213. ‖6 BAG 30.8.1995 – 1 ABR 11/95, NZA 1996, 496 (497). ‖7 So zu Recht *Löwisch/Kaiser*, § 99 Rz. 76. ‖8 Zu Recht krit. *Kaiser*, FS Löwisch, 2007, S. 153 (158 ff.). ‖9 MünchArbR/*Matthes*, § 263 Rz. 59. ‖10 BAG 6.10.1978 – 1 ABR 51/77, DB 1979, 311(?); 15.9.1987 – 1 ABR 44/86, NZA 1988, 101 (103). ‖11 Vgl. BAG 17.11.2010 – 7 ABR 120/09; 26.10.2004 – 1 ABR 45/03, NZA 2005, 535 (537); 18.9.2002 – 1 ABR 56/01, NZA 2003, 622 ff.; ähnlich LAG Köln 16.2.2011 – 9 TaBV 68/10. ‖12 DKKW/*Bachner*, § 99 Rz. 215; *Fitting*, § 99 Rz. 228; ArbG Bielefeld 15.1.2003 – 3 BV 78/02, NZA-RR 2004, 88 (90); krit. ErfK/*Kania*, § 99 BetrVG Rz. 30. ‖13 BAG 1.6.2011 – 7 ABR 117/09, NZA 2011, 1435; LAG BW 21.3.2013 – 6 TaBV 9/12, AuR 2013, 233. ‖14 BAG 1.6.2011 – 7 ABR 117/09, NZA 2011, 1435.

79 Unabhängig davon, ob ein Nachteil iSv. Nr. 3 vorliegt, besteht ein Zustimmungsverweigerungsgrund dann nicht, wenn die zu erwartenden Kündigungen oder sonstigen Nachteile aus **betrieblichen oder persönlichen Gründen gerechtfertigt** sind. Dies ist hypothetisch in Anlehnung an § 1 II und III KSchG zu prüfen[1]. Zwar trägt grds. der BR die **Darlegungs- und Beweislast** für das Vorliegen eines Widerspruchsgrundes; dafür, dass die Nachteile durch betriebl. oder persönl. Gründe des betroffenen ArbN gerechtfertigt sind, trägt allerdings der ArbGeb die Darlegungs- und Beweislast[2].

80 Mit dem BetrVG-ReformG hat der Gesetzgeber eine Ergänzung des Zustimmungsverweigerungstatbestandes der Nr. 3 vorgenommen. Danach gilt bei einer unbefristeten Einstellung als Nachteil auch die **Nichtberücksichtigung** eines gleich geeigneten **befristet Beschäftigten**. Der Regelungsumfang dieser Ergänzung beschränkt sich jedoch nur auf das Vorliegen eines Nachteils. Es sollte durch die Ergänzung in Nr. 3 dem BR ausdrücklich zur Aufgabe gemacht werden, im Rahmen der Personalpolitik des ArbGeb darauf zu achten und hinzuwirken, dass im Betrieb befristet beschäftigte ArbN eine Möglichkeit erhalten, in ein DauerArbVerh zu wechseln[3]. Das bedeutet aber nicht, dass der BR schon deshalb einer Versetzung widersprechen darf, weil durch sie ein befristet Beschäftigter die Chance einer Verlängerung oder Aufhebung der Befristung verlieren würde[4].

81 Die Vorschrift des Abs. 2 Nr. 3 letzter Hs. hat eine erhebliche Anzahl **offener Fragen** aufgeworfen. So wird vertreten, dass Nr. 3 lediglich verhindern wollte, dass ArbN zu Gunsten externer Bewerber benachteiligt werden, hingegen der interne Wettbewerb um Arbeitsplätze nicht beeinflusst werden soll[5]. Hintergrund dieser Auffassung ist, dass das Gesetz nur die Einstellung nennt und die Versetzung ausspart. Daraus wird der Schluss gezogen, dass die Vorschrift eben nicht den internen Wettbewerb um Arbeitsplätze betrifft. Insofern dürfe der BR nicht widersprechen, wenn eine unbefristete Stelle an einen bereits im Betrieb befristet beschäftigten ArbN vergeben wird und das zu Lasten eines anderen, ebenfalls befristet im Betrieb beschäftigten ArbN erfolgt. Einschlägig ist das Zustimmungsverweigerungsrecht jedoch nur bei unbefristeter Einstellung. Insofern besteht kein Zustimmungsverweigerungsrecht auf Grund des Abs. 2 Nr. 3, wenn der ArbGeb eine weitere befristete Einstellung vornimmt, obwohl er diese auch hätte unbefristet vornehmen können[6]. Der BR kann nämlich nicht verlangen, dass anstatt einer befristeten Einstellung eine **unbefristete Einstellung** vorgenommen wird. Dies bedeutet letztlich eine Gesetzeslücke. Wenn die Befristung des ArbVerh eines einzustellenden externen Bewerbers zeitlich weiter reicht als die eines Konkurrenten, löst sich die **Konkurrenzsituation** auf Grund Zeitablaufs auf, wenn der interne Konkurrent auf Grund Ablaufs der Befristung den Betrieb verlassen muss und dann der befristet neu eingestellte ArbN eine unbefristete Anstellung erhält[7]. Ebenso wenig kann der BR auf Grund von Nr. 3 letzter Hs. verlangen, dass ein bereits ausgeschiedener, ehemals befristet Beschäftigter bei einer geplanten unbefristeten Einstellung vorrangig zum Zuge kommt. Nr. 3 dient schließlich nur dem Schutz der aktiven Belegschaft, soweit diese befristet beschäftigt ist. Ohnehin kommt ein Zustimmungsverweigerungsrecht auf Grund der Novellierung der Nr. 3 nur dann in Betracht, wenn der befristet beschäftigte, betriebsinterne **Konkurrent** gleich **geeignet** ist. Das heißt aber auch, dass der BR befristeten beschäftigten ArbN auf der Grundlage von Nr. 3 keine Beförderungsstelle verschaffen kann, da andernfalls der befristete ArbN besser stünde als der gekündigte ArbN, bei dem eine Sozialauswahl vorzunehmen ist[8]. Ob ein befristet beschäftigter ArbN iSd. Nr. 3 als gleich geeignet anzusehen ist, obliegt dem **Beurteilungsspielraum des ArbGeb**[9]. Liegt im Rahmen dieses Beurteilungsspielraums keine gleiche Eignung vor, so steht dem BR auch kein Zustimmungsrecht zu[10]. Eine besondere Problematik liegt allerdings bei befristeten Probearbeitsverhältnissen vor. Hier soll es den Parteien, insb. dem ArbGeb, freistehen, ob er sich nach Ablauf eines befristeten Probearbeitsverhältnisses dauerhaft an den jeweiligen ArbN binden will. In diesen Fällen ergibt es keinen Sinn, dass der BR die Entscheidung des ArbGeb, sich von einem zur Probe beschäftigten ArbN nach Ablauf dessen Probezeit trennen zu wollen, konterkarieren kann, indem er von dem Zustimmungsverweigerungsrecht nach Nr. 3 Gebrauch macht. Insofern ist Nr. 3 letzter Hs. teleologisch zu reduzieren, mit der Folge, dass zu Gunsten von ArbN, die sich in der sechsmonatigen Probezeit befinden, der BR kein Zustimmungsverweigerungsrecht hat. Anderenfalls würden diese befristet beschäftigten ArbN besser gestellt als unbefristet Beschäftigte[11].

82 d) **Benachteiligung des betroffenen ArbN (Nr. 4).** Gem. Abs. 2 Nr. 4 kann der BR die Zustimmung zu einer personellen Einzelmaßnahme verweigern, wenn der **betroffene ArbN** durch die **personelle Maßnahme** benachteiligt wird, ohne dass dies aus betriebl. oder in der Person des ArbN liegenden Gründen gerechtfertigt ist. Nach mittlerweile st. Rspr. dient Nr. 4 allein der Wahrung der Interessen des betroffenen ArbN. Dies entspricht dem Willen des Gesetzgebers, dem BR ein Zustimmungsverweigerungsrecht bei Nichtbeachtung berechtigter Belange des unmittelbar von einer personellen Maßnahme betroffe-

---

1 BAG 30.8.1995 – 1 ABR 11/95, NZA 1996, 496 (498); Richardi/*Thüsing*, § 99 Rz. 225. || 2 *Fitting*, § 99 Rz. 238 mwN. || 3 BR-Drs. 140/01, 115. || 4 LAG Hamm 26.9.2008 – 10 TaBV 127/07; zur Konkurrenzsituation befristet Beschäftigter zu Leih-ArbN *Düwell/Dahl*, NZA 2007, 889 (893). || 5 *Löwisch/Kaiser*, § 99 Rz. 76; aA *Oetker*, NZA 2003, 937 (939). || 6 *Hanau*, ZIP 2001, 1981 (1987). || 7 *Rieble*, NZA-Sonderheft 2001, 48 (57). || 8 So zu Recht *Rieble*, NZA-Sonderheft 2001, 48 (57). || 9 *Hanau*, RdA 2001, 65 (73); *Löwisch/Kaiser*, § 99 Rz. 90. || 10 *Rieble*, NZA-Sonderheft 2001, 48 (57). || 11 Vgl. zu diesem Komplex *Hanau*, RdA 2001, 73; *Konzen*, RdA 2001, 76 (92); *Preis/Lindemann*, NZA Sonderheft 2001, 33 (47); *Rieble*, NZA-Sonderheft 2001, 48 (57).

nen ArbN einzuräumen[1]. Demzufolge ist betroffener ArbN iSd. Nr. 4 nur derjenige, auf den sich die personelle Maßnahme unmittelbar bezieht. Wirkt sich die personelle Maßnahme auf andere im Betrieb beschäftigte ArbN aus, kann insoweit Nr. 3 einschlägig sein[2]. Auf der Grundlage der hM kann daher der Zustimmungsverweigerungsgrund der Nr. 4 nicht auf den Fall der **Einstellung** Anwendung finden, da der **einzustellende Bewerber** durch seine Einstellung keinen Nachteil erleidet und ein etwa übergangener Bewerber aus Sicht der hM durch Nr. 4 nicht geschützt wird[3]. Auch das **Einverständnis** des betroffenen ArbN zur Benachteiligung schließt das Zustimmungsverweigerungsrecht des BR nicht aus[4]. Etwas anderes gilt dann, wenn die Regelung des § 99 durch die Privatautonomie des einzelnen ArbN überlagert wird. Dies wird man in den Fällen annehmen können, in denen der ArbN selbst eine personelle Einzelmaßnahme, wie etwa eine Versetzung, wünscht. Da der BR auch nicht verhindern kann, dass etwa ein ArbN das ArbVerh beendet, wird man dem BR ein Zustimmungsverweigerungsrecht in Bezug auf eine solche **gewünschte Versetzung** absprechen müssen[5]. Das BAG weist aber zutreffend darauf hin, dass allein der Verzicht auf die Erhebung einer Klage gegen eine entsprechende Änderungskündigung nicht genügt, um darauf schließen zu können, dass eine Versetzung dem Wunsch eines betroffenen ArbN entspricht[6].

Regelmäßig wird gerade bei **Versetzungen** die Frage auftauchen, ob die personelle Maßnahme für den betroffenen ArbN einen **Nachteil** bedeutet. Derartige Nachteile können vielfältig sein. Einmal können sich die materiellen Arbeitsbedingungen verschlechtern, wenn zB durch den neu zugewiesenen Tätigkeitsbereich der betroffene ArbN in eine geringer entlohnte Gehaltsgruppe eingruppiert werden muss oder etwa die bisherige Personalverantwortung wegfällt[7]. Aber auch aus den äußeren Umständen, die sich auf Grund der Versetzung ändern, kann ein Nachteil für den betroffenen ArbN erwachsen, wenn die neue Tätigkeit unter erschwerten Bedingungen zu erbringen ist, oder wenn für den ArbN längere **Wegezeiten** anfallen. Das Zustimmungsverweigerungsrecht des BR entfällt jedoch, wenn die jeweilige personelle Maßnahme, insb. eine Versetzung, und die mit ihr verbundenen Nachteile **durch betriebliche oder in der Person des ArbN** liegende Gründe **gerechtfertigt** sind. Ob ein solcher Rechtfertigungsgrund vorliegt, ist in Anlehnung an die Regelungen des § 1 KSchG zu prüfen[8]. Insb. darf in diesem Zusammenhang eine unternehmerische Entscheidung, Arbeitsplätze zu verlagern, nicht auf ihre Zweckmäßigkeit überprüft werden[9].

83

e) **Unterlassen einer Ausschreibung (Nr. 5).** Der BR kann die Zustimmung zu einer personellen Maßnahme darüber hinaus verweigern, wenn eine nach § 93 erforderliche **Ausschreibung** unterblieben ist. Dies gilt auch dann, wenn zwar ausgeschrieben wurde, die Ausschreibung jedoch unvollständig[10] ist oder eine mit dem BR vereinbarte Form nicht eingehalten wurde[11]. So genügt der ArbGeb nicht der vom BR geforderten innerbetriebl. Stellenausschreibung, wenn er eine bestimmte Stelle im Betrieb zwar ausschreibt, in einer Stellenanzeige in der Tagespresse dann aber geringere Anforderungen für die Bewerbung nennt[12]. Selbst der Einstellung von LeihArbN kann der BR nach Auffassung des BAG widersprechen, wenn eine Ausschreibung trotz eines entsprechenden Verlangens der BR nicht stattgefunden hat[13]. Dabei soll es auch nicht auf die Einsatzdauer der LeihArbN ankommen[14]. Umstritten ist die Frage, ob der BR unter Berufung auf **Abs. 2 Nr. 5** die Zustimmung zu einer Einstellung verweigern kann, wenn die freien Arbeitsplätze entgegen § 11 AGG nicht benachteiligungsfrei ausgeschrieben wurden[15]. Dasselbe gilt für den Fall, dass die Ausschreibung nicht entsprechend der Vorgabe des § 7 I TzBfG erfolgt[16]. Der Zustimmungsverweigerungsgrund in Nr. 5 hat jedoch nicht zur Aufgabe, die **allgemeine Rechtmäßigkeit von Ausschreibungen** sicherzustellen. Vielmehr soll das Recht des BR, personellen Einzelmaßnahmen seine Zustimmung auf Grund der Nr. 5 zu versagen, dazu dienen, das **MitbestR** nach § 93 **abzusichern**. Hierfür ist jedoch nicht erforderlich, dass der BR seine Zustimmung zu personellen Einzelmaßnahmen auch dann verweigern kann, wenn dem ArbGeb unabhängig vom Recht

84

---

1 So ausdrückl. BAG 6.10.1978 – 1 ABR 51/77, DB 1979, 311 f.; 20.9.1990 – 1 ABR 37/90, NZA 1991, 195 (197); 2.4. 1996 – 1 ABR 39/95, NZA 1997, 219 (220); aA *Heinze*, Personalplanung, Rz. 326.   ‖2 BAG 6.10.1978 – 1 ABR 51/77, DB 1979, 311 f.   ‖3 BAG 6.10.1978 – 1 ABR 51/77, DB 1979, 311 f.; Richardi/*Thüsing*, § 99 Rz. 228; aA *Heinze*, Personalplanung, S. 322, der zu Recht auf den Fall hinweist, dass ein ArbN zu schlechteren Arbeitsbedingungen, als sie für vergleichbare ArbN innerhalb der Belegschaft bisher gelten, eingestellt wird und hieraus eine Benachteiligung des einzustellenden ArbN folgt.   ‖4 *Fitting*, § 99 Rz. 246; *Heinze*, Personalplanung, Rz. 324; aA GK-BetrVG/*Raab*, § 99 Rz. 162.   ‖5 BAG 20.9.1990 – 1 ABR 37/90, NZA 1991, 195 (197); 2.4.1996 – 1 ABR 39/95, NZA 1997, 219 (220); aA *v. Hoyningen-Huene*, NZA 1993, 145 (148).   ‖6 BAG 2.4.1996 – 1 ABR 39/95, NZA 1997, 219 (221).   ‖7 LAG Köln 7.3.2012 – 3 TaBV 77/11.   ‖8 *Heinze*, Personalplanung, Rz. 323. ‖9 BAG 16.1.2007 – 1 ABR 16/06, NZA 2007, 1456; 10.10.2012 – 7 ABR 42/11, ZTR 2013, 285.   ‖10 BAG 6.10.2010 – 7 ABR 18/09, DB 2011, 658.   ‖11 BAG 18.12.1990 – 1 ABR 15/90, NZA 1991, 482 (484); DKKW/*Bachner*, § 99 Rz. 231.   ‖12 BAG 23.2.1988 – 1 ABR 82/86, NZA 1988, 551 f.   ‖13 BAG 1.2.2011 – 1 ABR 79/09, DB 2011, 1282. ‖14 LAG Schl.-Holst. 29.2.2012 – 6 TaBV 43/11, ArbRB 2012, 237 f.; zu Recht krit. *Sieweke*, NZA 2012, 426 (428). ‖15 Für ein Zustimmungsverweigerungsrecht: LAG Hess. 13.7.1999 – 4 TaBV 192/97, LAGE § 99 BetrVG 1972 Nr. 58; ErfK/*Kania*, § 99 BetrVG Rz. 34; *Fitting*, § 99 Rz. 250; gegen ein Zustimmungsverweigerungsrecht: Richardi/*Thüsing*, § 99 Rz. 235; MünchArbR/*Matthes*, § 263 Rz. 65.   ‖16 Für ein Zustimmungsverweigerungsrecht: *Fitting*, § 99 Rz. 249; Richardi/*Thüsing*, § 99 Rz. 239; dagegen ErfK/*Kania*, § 99 BetrVG Rz. 34; MünchArbR/*Matthes*, § 263 Rz. 65; Hess ua./*Schlochauer*, § 99 Rz. 183.

des BR nach § 93 Fehler unterlaufen (zB Angabe einer unzutreffenden Vergütungsgruppe[1]) oder etwa der BR überhaupt keine Ausschreibung verlangt hat[2].

85 Allerdings darf der BR sein Zustimmungsverweigerungsrecht nach Nr. 5 nicht **rechtsmissbräuchlich** ausüben, was zB der Fall wäre, wenn bereits vorher feststand, dass kein ArbN des Betriebs für den zu besetzenden Arbeitsplatz in Betracht kommt[3]. Ebenfalls fehlt es an einem Zustimmungsverweigerungsrecht, wenn der ArbGeb mittlerweile erkannt hat, dass er die Ausschreibung mangelhaft durchgeführt hat und die Ausschreibung dann korrekt nachholt, ohne dass weitere Bewerbungen eingehen[4].

86 **f) Störung des Betriebsfriedens (Nr. 6).** Gem. **Abs. 2 Nr. 6** kann der BR die Zustimmung auch verweigern, wenn die durch Tatsachen begründete Besorgnis besteht, dass der für die personelle Maßnahme in Aussicht genommene Bewerber oder ArbN den **Betriebsfrieden** durch gesetzeswidriges Verhalten oder durch grobe Verletzung der in § 75 I enthaltenen Grundsätze, insb. durch **rassistische** oder **fremdenfeindliche Betätigung**, stören werde. Dieser Zustimmungsverweigerungsgrund kommt nur bei der Einstellung und bei der Versetzung in Betracht. Hierdurch wird das in § 104 enthaltene Recht des BR ergänzt, vom ArbGeb die Entfernung betriebsstörender ArbN zu verlangen. Nr. 6 setzt insg. eine **Prognoseentscheidung** voraus, dh., es müssen Tatsachen vorliegen, die darauf schließen lassen, dass der von der personellen Maßnahme Betroffene bei Durchführung dieser Maßnahme den Betriebsfrieden durch gesetzeswidriges Verhalten oder durch eine grobe Verletzung der in § 75 I enthaltenen Grundsätze stören werde. Nicht das vergangene tatsächliche, sondern das künftig zu erwartende Verhalten muss gesetzwidrig sein oder gegen § 75 I verstoßen[5]. So kann der BR die Zustimmung zu einer Einstellung eines Bewerbers nicht etwa deshalb verweigern, weil die jeweilige **Einstellung** des Bewerbers zu religiösen, politischen oder gewerkschaftlichen Fragen zu einer Störung des Betriebsfriedens führen könnte. Erst wenn zu erwarten steht, dass der Bewerber durch sein **Verhalten** die in § 75 I genannten Grundsätze grob verletzen und dieses Verhalten zu einer Störung des Betriebsfriedens führen wird, kann der BR von seinem Zustimmungsverweigerungsrecht nach Nr. 6 Gebrauch machen[6]. Ein gesetzeswidriges Verhalten, welches zu einer Störung des Betriebsfriedens führen kann, wird bspw. anzunehmen sein bei Diebstählen zu Lasten der Arbeitskollegen, Beleidigungen, Mobbing, Verleumdungen, sexuellen Belästigungen am Arbeitsplatz, Körperverletzungsdelikten am Arbeitsplatz etc. Ein gesetzeswidriges Verhalten ist aber unerheblich, wenn es in keinerlei **Zusammenhang zum betrieblichen Geschehen** steht[7]. Besonders betont hat der Gesetzgeber nunmehr, dass der BR ein Zustimmungsverweigerungsrecht dann hat, wenn die durch Tatsachen begründete Besorgnis besteht, dass der für die personelle Maßnahme in Aussicht genommene Bewerber oder ArbN den Betriebsfrieden durch **rassistische oder fremdenfeindliche Betätigung** stören werde. Hiermit sollte dem BR eine ausdrückliche Handhabe eingeräumt werden, um zu gewährleisten, dass in Betrieben kein Raum für Rassismus und Fremdenfeindlichkeit ist. Dieser Zustimmungsverweigerungsgrund bezieht sich auf alle Nationalitäten. Gerade in Großbetrieben, in denen viele Nationalitäten in der Belegschaft zusammentreffen, hat nunmehr der BR die Aufgabe erhalten, sich präventiv zu bemühen, rassistischer und fremdenfeindlicher Tätigkeit in jedweder Form vorzubeugen.

87 Allerdings muss die Besorgnis der Störung des Betriebsfriedens durch Tatsachen begründet sein. Bloße **Vermutungen** des BR oder „allgemeine Erfahrungen" reichen hierfür nicht aus. Deshalb genügt auch nicht der Hinweis, dass der Bewerber nicht in die Belegschaft passe[8].

88 **V. Zustimmungsverweigerungsverfahren.** Wenn der BR seine Zustimmung zu einer personellen Einzelmaßnahme verweigern will, so hat er dies dem ArbGeb unter Angabe von Gründen gem. Abs. 3 S. 1 **innerhalb einer Woche schriftl.** mitzuteilen. Dagegen kann die Erteilung der Zustimmung ohne die Beachtung besonderer Formvorschriften erfolgen, also mündlich und ohne Begründung. Auch ist der BR bei Erteilung der Zustimmung nicht an die Wochenfrist gebunden. Er kann folglich, nachdem er zunächst frist- und formgerecht seine Zustimmungsverweigerung erklärt hat, später auch nach Ablauf der Wochenfrist seine Zustimmung erteilen. Wenn der BR einmal seine Zustimmung erteilt hat, so ist dies bindend. Er kann nicht nachträglich, etwa noch vor Ablauf der Wochenfrist, diese **Zustimmung zurücknehmen** und stattdessen noch ausdrücklich die Zustimmung verweigern[9]. Die Zustimmung bedarf dem Grundsatz nach eines wirksamen Beschlusses des BR oder eines Gremiums, dem der BR diese Aufgabe übertragen hat. Der ArbGeb darf zwar grds. auf die Wirksamkeit eines entsprechenden Beschlusses vertrauen, wenn ihm der BR-Vorsitzende oder sein Vertreter mitteilt, der BR habe die beantragte Zustimmung erteilt[10]. Dies gilt aber dann nicht, wenn der ArbGeb die Tatsachen kennt oder kennen muss, aus denen die Unwirksamkeit des Beschlusses folgt[11].

89 Will der BR die Zustimmung jedoch zu einer bestimmten personellen Maßnahme verweigern, so hat dies schriftl. zu erfolgen. Hierzu genügt es nicht, dass überhaupt schriftl. der Widerspruch eingelegt

---

1 BAG 10.3.2009 – 1 ABR 93/07, NZA 2009, 622 (626). || 2 BAG 14.12.2004 – 1 ABR 54/03, NZA 2005, 424 ff.; *Weller*, AuR 2005, 255 (257). || 3 Richardi/*Thüsing*, § 99 Rz. 238; aA LAG Köln 14.9.2012 – 5 TaBV 18/12. || 4 LAG Köln 14.9.2012 – 5 TaBV 18/12. || 5 BAG 16.11.2004 – 1 ABR 48/03, NZA 2005, 775 (778). || 6 So zu Recht: Richardi/*Thüsing*, § 99 Rz. 243. || 7 *Fitting*, § 99 Rz. 259. || 8 Richardi/*Thüsing*, § 99 Rz. 244. || 9 Richardi/*Thüsing*, § 99 Rz. 250; aA bei besonderen Fallgestaltungen Hueck/Nipperdey, Bd. II/2, S. 1427, Fn. 54a). || 10 Dies gilt auch dann, wenn die personelle Maßnahme den BR-Vorsitzenden betrifft, BAG 19.3.2003 – 7 ABR 15/02, NZA 2003, 870. || 11 Vgl. hierzu BAG 23.8.1984 – 2 AZR 391/83, NZA 1985, 254 (257).

wird. Vielmehr muss der **Widerspruch** des BR **mit Gründen versehen** sein. Eine Zustimmungsverweigerung ohne Gründe ist von der Rspr. bisher für unwirksam erklärt worden[1]. Allerdings bedarf es keiner eigenhändigen Namensunterschrift des BR-Vorsitzenden, sondern die Textform des § 126b BGB wird als ausreichend betrachtet[2]. Es genügt danach lediglich die Namensangabe. Zudem muss der inhaltliche Abschluss der Erklärung zB durch eine Grußformel deutlich werden. Legt man dies zugrunde, so kann – zumindest nach Ansicht der Rspr. – die Zustimmungsverweigerung auch mittels **Telefax**[3] oder per E-Mail erfolgen[4]. Dagegen reicht ein **Vorbehalt, die Begründung nachzureichen**, nicht aus, wenn die schriftl. Begründung nicht fristgemäß erfolgt. Ausgeschlossen ist ferner die Vereinbarung einer Fiktion der Zustimmungsverweigerung für den Fall, dass bis zum Ablauf der Äußerungsfrist kein Einvernehmen zwischen den Betriebsparteien erzielt wird[5].

Inhaltlich darf sich die **Begründung** nicht auf die Wiederholung des Wortlauts eines der Tatbestände des Abs. 2 beschränken. Ebenso wenig ist eine pauschale Ablehnung der jeweiligen Maßnahme, etwa in einem Massenverfahren, ausreichend[6]. Dagegen ist nicht erforderlich, dass der Zustimmungsverweigerungsgrund ziffernmäßig benannt wird. Es genügt, wenn die vom BR für die Verweigerung seiner Zustimmung vorgetragene Begründung es als möglich erscheinen lässt, dass einer der in Abs. 2 abschließend genannten Zustimmungsverweigerungsgründe geltend gemacht wird[7]. Die Begründung muss noch nicht einmal schlüssig sein. Konkrete Tatsachen und Gründe verlangt die Rspr. nur bei einer auf § 99 II Nr. 3 und Nr. 6 gestützten Verweigerung[8]. Damit ist nur eine Begründung, die offensichtlich auf keinen der Verweigerungsgründe Bezug nimmt, unbeachtlich, mit der Konsequenz, dass die Zustimmung des BR nach Fristablauf als erteilt gilt. Dagegen ist auch eine **unzutreffende Begründung** vom ArbGeb zu beachten, mit der Konsequenz, dass dieser das ArbG anrufen muss, um die Stichhaltigkeit der Gründe nachzuprüfen[9]. Dies bedeutet aber auch, dass es nicht zu den Wirksamkeitsvoraussetzungen einer Zustimmungsverweigerung gehört, dass die vom BR angegebenen Gründe tatsächlich existieren[10]. 90

Der BR hat sein Zustimmungsverweigerungsrecht innerhalb der Wochenfrist auszuüben. Die **Wochenfrist** beginnt gem. § 187 I BGB mit dem Tag nach der Unterrichtung und endet gem. § 188 II BGB mit dem Ablauf des Tages der nächsten Woche, der dem Tag der Unterrichtung entspricht. In Lauf gesetzt wird die Wochenfrist durch die **ordnungsgemäße Unterrichtung** des BR durch den ArbGeb[11]. Was für eine ordnungsgemäße Unterrichtung erforderlich ist, hängt im Einzelfall von der geplanten personellen Einzelmaßnahme ab. Der BR muss in die Lage versetzt werden zu prüfen, ob ein Zustimmungsverweigerungsgrund nach Abs. 2 vorliegt[12]. Hält der BR die Unterrichtung durch den ArbGeb nicht für ordnungsgemäß, so ist er aber aus dem Gebot einer vertrauensvollen Zusammenarbeit verpflichtet, innerhalb der Wochenfrist dies dem ArbGeb mitzuteilen[13]. Unterlässt er die Mitteilung trotz einer offenkundigen Unvollständigkeit, so wird grds. die Frist nach der Rspr. des BAG gleichwohl nicht in Gang gesetzt[14]. War die Unterrichtung zunächst nicht vollständig oder wurden die erforderlichen Unterlagen nicht vorgelegt und holt der ArbGeb dies später nach, so beginnt die Wochenfrist vom Tag des Zugangs der vollständigen Information[15]. Nach Ansicht der Rspr. kann die Wochenfrist durch Vereinbarung zwischen dem ArbGeb und BR[16], aber auch durch einen TV[17] **verlängert** werden. Die Abrede zwischen BR und ArbGeb muss dann allerdings vor Ablauf der gesetzl. Wochenfrist getroffen werden[18]. Wird die Frist, aus welchem Grund auch immer, vom BR versäumt, so gilt grds. gem. Abs. 3 S. 2 seine Zustimmung als erteilt. Allenfalls in den Fällen, in denen der BR durch höhere Gewalt daran gehindert ist, sich rechtzeitig zu äußern, ist ihm noch das Recht einzuräumen, seine Zustimmung alsbald nach Wegfall des Hindernisses zur Abgabe einer Erklärung noch nachträglich zu verweigern[19]. Ist der BR lediglich deshalb an einer Einhaltung der Wochenfrist gehindert, weil er eine Vielzahl von personellen Einzelmaßnahmen zu bearbeiten hat, so ist eine nachträgliche Verweigerung ausgeschlossen[20]. 91

---

1 BAG 18.7.1978 – 1 ABR 43/75, NJW 1979, 671 f.; 21.11.1978 – 1 ABR 91/76, DB 1979, 749 f. || 2 BAG 10.3.2009 – 1 ABR 93/07, NZA 2009, 622; LAG Rh.-Pf. 23.8.2012 – 8 TaBV 15/12. || 3 BAG 11.6.2002 – 1 ABR 43/01, NZA 2003, 226 (227); krit. hierzu Raab, FS Konzen, 2006, S. 719 (750). || 4 BAG 10.3.2009 – 1 ABR 93/07, NZA 2009, 622 (625); 9.12.2008 – 1 ABR 79/07, NZA 2009, 627 (628 f.); zust. *Müller*, AiB 2011, 130. || 5 BAG 29.6.2011 – 7 ABR 24/10, NZA-RR 2012, 18 ff.; *Lerch/Weinbrenner*, NZA 2011, 664 (667). || 6 LAG Bln. 14.7.2005 – 16 TaBV 593/05; LAG Hess. 15.5.2012 – 4 TaBV 219/11. || 7 BAG 20.11.1990 – 1 ABR 87/89, NZA 1991, 513 ff.; 26.1.1988 – 1 AZR 531/86, NZA 1988, 476 ff.; LAG Bremen 11.3.2010 – 3 TaBV 24/09. || 8 BAG 10.10.2012 – 7 ABR 42/11, ZTR 2013, 285. || 9 *Fitting*, § 99 Rz. 263. || 10 *Richardi/Thüsing*, § 99 Rz. 270. || 11 BAG 5.5.2010 – 7 ABR 70/08, NZA 2011, 175; 10.3.2009 – 1 ABR 93/07, NZA 2007, 622; 14.3.1989 – 1 ABR 80/87, NZA 1989, 639 ff. || 12 BAG 29.6.2011 – 7 ABR 24/10, NZA-RR 2012, 18 ff.; 18.8.2009 – 1 ABR 49/08, NZA 2010, 112 (113). || 13 BAG 14.3.1989 – 1 ABR 80/87, NZA 1989, 639 ff. || 14 BAG 13.3.2013 – 7 ABR 39/11; 29.6.2011 – 7 ABR 24/10 NZA-RR 2012, 18; 12.1.2011 – 7 ABR 25/09, NZA 2011, 1304; 5.5.2010 – 7 ABR 70/08, NJOZ 2010, 2612 (2615); LAG Hamm 27.4.2012 – 10 TaBV 3/12. || 15 BAG 13.3.2013 – 7 ABR 39/11; 1.6.2011 – 7 ABR 18/10; 9.3.2011 – 7 ABR 127/09, NZA 2011, 880; 29.6.2011 – 7 ABR 24/10 NZA-RR 2012, 18. || 16 BAG 17.5.1983 – 1 ABR 5/80, DB 1983, 2638 ff.; 22.4.2004 – 8 ABR 10/03, ZTR 2004, 582; 16.11.2004 – 1 ABR 48/03, NZA 2005, 775; 5.5.2010 – 7 ABR 70/08, NZA 2011, 175; 13.3.2013 – 7 ABR 39/11. || 17 BAG 22.10.1985 – 1 ABR 42/84, NZA 1986, 366; HaKo-BetrVG/*Kreuder*, § 99 Rz. 49; aA *Richardi/Thüsing*, § 99 Rz. 258 f. || 18 BAG 29.6.2011 – 7 ABR 24/10 NZA-RR 2012, 18. || 19 *Fitting*, § 99 Rz. 272; *Heinze*, Personalplanung, Rz. 291; aA MünchArbR/*Matthes*, § 263 Rz. 71. || 20 MünchArbR/*Matthes*, § 263 Rz. 71.

92 **VI. Zustimmungsersetzungsverfahren.** Hat der BR seine Zustimmung ordnungsgemäß verweigert, so kann der ArbGeb gem. Abs. 4 beim ArbG beantragen, die Zustimmung zu ersetzen. Er ist jedoch grds. nicht verpflichtet, diesen Weg zu gehen[1]. Vielmehr steht es ihm frei, ob er auf die Durchführung der personellen Maßnahme ganz verzichten oder erneut versuchen will, die Zustimmung des BR zu der Maßnahme zu erlangen[2]. Im letzteren Fall muss der ArbGeb erneut allen Unterrichtungspflichten nachkommen[3]. In seiner Entscheidung aber, wie der ArbGeb vorgehen will, darf dieser nicht eingeschränkt werden. Eine Vereinbarung zwischen den Betriebsparteien, welche den ArbGeb zur Durchführung des Verfahrens nach Abs. 4 verpflichtet, wenn der BR einer Umgruppierung nicht zustimmt, ist jedenfalls unwirksam[4]. Auch die Zusage des ArbGeb an einen ArbN, eine personelle Maßnahme durchzuführen, wenn der ArbN bestimmte fachliche und persönliche Voraussetzungen erfüllt, verpflichtet den ArbGeb nicht zur Durchführung des Verfahrens nach Abs. 4, wenn der BR seine erforderliche Zustimmung verweigert[5]. **Antragsberechtigt** ist nur der ArbGeb. Der ArbN, auf den sich die personelle Einzelmaßnahme bezieht, kann die Ersetzung des BR beim ArbG nicht beantragen[6]. Schließlich geht von dem Zustimmungsersetzungsverfahren keine präjudizielle Wirkung zu Lasten des betroffenen ArbN aus[7]. Der Antrag des ArbGeb für die Einleitung des Zustimmungsersetzungsverfahrens ist nicht fristgebunden[8]. Er setzt jedoch voraus, dass er den BR gem. Abs. 1 zuvor ausreichend unterrichtet hat[9]. Der ArbGeb ist berechtigt, im Laufe des Zustimmungsersetzungsverfahrens eine zuvor **unvollständige Unterrichtung des BR** zu **ergänzen** und damit den Antrag zulässig zu machen. Er setzt damit die Frist des Abs. 3 S. 2 in Lauf, sofern er ggü. dem BR deutlich macht, dass er seine Informationspflicht nun als erfüllt ansieht[10]. Der BR hat hingegen alle Gründe, aus denen er seine Zustimmung zu einer personellen Einzelmaßnahme verweigern will, innerhalb der Wochenfrist dem ArbGeb schriftl. mitzuteilen, so dass ein **Nachschieben von Zustimmungsverweigerungsgründen** durch den BR als unzulässig anzusehen ist[11]. Dies gilt nach der Rspr. des BAG allerdings nur für Gründe **tatsächlicher Art** sowie für die Einführung anderer Widerspruchsgründe des Abs. 2[12]. Daher ist der BR nicht gehindert, auch noch nach Ablauf der Wochenfrist seine Zustimmungsverweigerung ergänzend auf **rechtl.** Argumente zu stützen, wie etwa rechtsfehlerhaftes Verhalten des ArbGeb, sowie auf solche Gründe, die die Wirksamkeit einer Norm betreffen, auf der die vom ArbGeb beabsichtigte Maßnahme beruht[13]. Dafür, dass Tatsachen vorliegen, die einen Zustimmungsverweigerungsgrund begründen, ist der BR **darlegungs- und beweispflichtig**[14]. Dagegen ist der ArbGeb dafür darlegungs- und beweislastpflichtig, dass der BR rechtzeitig und vollständig unterrichtet worden ist[15], sowie dafür, dass im Fall von Abs. 2 Nr. 3 und 4 betriebl. oder persönl. Gründe die personelle Maßnahme rechtfertigen. Beabsichtigt der ArbGeb nicht mehr, die personelle Maßnahme durchzuführen, so entfällt sein **Rechtsschutzbedürfnis**[16].

93 Wird durch das **ArbG** rechtskräftig festgestellt, dass keine ausreichenden Gründe zur Verweigerung der Zustimmung vorgelegen haben, so hat es dem Antrag des ArbGeb stattzugeben mit der Folge, dass dieser die personelle Maßnahme durchführen kann. Die Zustimmung des BR wird aber erst mit dem Eintritt der Rechtskraft des Beschlusses ersetzt[17]. Wird der Antrag des ArbGeb dagegen rechtskräftig abgelehnt, so ist er grds. daran gehindert, die personelle Maßnahme durchzuführen, es sei denn, der Antrag wurde mit der Begründung abgewiesen, dass eine Zustimmung des BR nicht erforderlich gewesen sei. In diesem Fall nehmen auch die tragenden Gründe des Beschlusses an der inneren Rechtskraft teil[18]. Bereits vor Rechtshängigkeit des Verfahrens nach Abs. 4 können die Betriebsparteien vereinbaren, sich der Entscheidung des ArbG zu unterwerfen und hiergegen kein Rechtsmittel einzulegen[19].

94 **VII. Rechtsstellung des einzelnen Arbeitnehmers.** Die Mitbest. des BR nach § 99 beeinflusst auch mittelbar das **Rechtsverhältnis zwischen ArbGeb und dem einzelnen ArbN**[20]. Welche Rechtsfolgen aber die Missachtung der Mitbestimmungsregeln des § 99 haben, hängt von den jeweiligen personellen Maßnahmen ab.

95 So bleibt etwa der Arbeitsvertrag wirksam, wenn bei der **Einstellung** das MitbestR des BR verletzt wurde[21]. Trotz wirksamen Arbeitsvertrages darf aber der ArbGeb die personelle Maßnahme der Einstellung

---

1 LAG Rh.-Pf. 14.12.2007 – 6 TaBV 49/07, NZA-RR 2008, 248f.; zur Ausnahme: BAG 22.9.2005 – 2 AZR 519/04, NZA 2006, 486 (490) sowie *Otto*, ZfA 2011, 673 (685). ‖2 BAG 28.2.2006 – 1 ABR 1/05, NZA 2006, 1178 ff. ‖3 LAG München 24.2.2011 – 3 TaBV 60/10 ‖4 BAG 8.9.2010 – 7 ABR 73/09, NZA 2011, 934. ‖5 BAG 16.3.2010 – 3 AZR 31/09, NZA 2010, 1028 (1030). ‖6 BAG 3.12.2002 – 9 AZR 481/01, NZA 2003, 1215 (1217); GK-BetrVG/*Raab*, § 99 Rz. 184; aA *Hartmann*, ZfA 2008, 383 (408) unter Verweis auf § 285 BGB. ‖7 BAG 13.3.1997 – 9 AZR 433/06, DB 2007, 1985. ‖8 LAG Hess. 25.6.2013 – 4 TaBV 285/12. ‖9 BAG 15.4.1986 – 1 ABR 55/84, NZA 1986, 755 ff.; 28.6.2005 – 1 ABR 26/04, NZA 2006, 111 (113). ‖10 BAG 5.5.2010 – 7 ABR 70/08, NZA 2011, 175; 29.6.2011 – 7 ABR 24/10 NZA-RR 2012, 18; 13.3.2013 – 7 ABR 39/11; LAG Nds. 17.1.2012 – 3 TaBV 58/11. ‖11 BAG 3.7.1984 – 1 ABR 74/82, NZA 1985, 67f.; 10.8.1993 – 1 ABR 22/93, NZA 1994, 187ff.; 21.7.2009 – 1 ABR 35/08, NZA 2009, 1156 (1157); 18.8.2009 – 1 ABR 49/08, NZA 2010, 112 (115); 17.11.2010 – 7 ABR 120/09, DB 2011, 884; ebenso LAG Düss. 9.3.2011 – 12 TaBV 81/10, NZA-RR 2011, 474; LAG München 6.12.2011 – 6 TaBV 67/11. ‖12 BAG 18.8.2009 – 1 ABR 49/08, NZA 2010, 112 (115); 28.4.1998 – 1 ABR 50/97, BAGE 88, 309. ‖13 BAG 6.8.2002 – 1 ABR 49/01, NZA 2003, 386 (388). ‖14 Str., GK-BetrVG/*Raab*, § 99 Rz. 181; wie hier Richardi/*Thüsing*, § 99 Rz. 288; aA *Fitting*, § 99 Rz. 290. ‖15 BAG 28.1.1986 – 1 ABR 10/84, NZA 1986, 490ff. ‖16 BAG 8.12.2010 – 7 ABR 99/09, NZA-RR 2011, 315. ‖17 LAG Düss. 19.3.2008 – 2 TaBV 3/08, AuR 2008, 456. ‖18 BAG 21.9.1989 – 1 ABR 32/89, NZA 1990, 314. ‖19 BAG 8.9.2010 – 7 ABR 73/09, BB 2011, 500. ‖20 BAG 3.5.1994 – 1 ABR 58/93, NZA 1995, 484 (487). ‖21 BAG 2.7.1980 – 5 AZR 56/79, SAE 1982, 149ff.; 3.5.1994 – 1 ABR 58/93, NZA 1995, 484 (486).

nicht durchführen. Insofern besteht ein **betriebsverfassungsrechtl. Beschäftigungsverbot** für den betreffenden ArbN. Da sich regelmäßig der ArbN, der neu eingestellt wird, noch nicht im Geltungsbereich des KSchG befindet, weil die Wartezeit noch nicht erfüllt ist, steht es dem ArbGeb frei, die Kündigung des ArbVerh auszusprechen. Selbst wenn der ArbN unter den Schutz des KSchG fällt, so ist bei fortbestehendem betriebsverfassungsrechtl. Beschäftigungsverbot die Kündigung als sozial gerechtfertigt anzusehen[1].

Soll eine **Versetzung** ohne Zustimmung des BR vorgenommen werden und ist die Zustimmung auch nicht vom ArbG ersetzt worden, so ist die Zuweisung eines anderen Arbeitsbereichs grds. unwirksam (Theorie der Wirksamkeitsvoraussetzung)[2]. Der ArbN ist nicht verpflichtet, der Versetzungsanordnung nachzukommen, sondern hat vielmehr das Recht, die Arbeit zu den geänderten Bedingungen zu verweigern[3]. Hiervon ist dann eine Ausnahme zu machen, wenn die auf Dauer angelegte Versetzung des ArbN in einen anderen Betrieb gerade mit dem Einverständnis des ArbN erfolgt[4]. Darüber hinaus ist im Hinblick auf die rechtl. Bedeutung des Einverständnisses eines ArbN zu der ihn betreffenden Versetzungsmaßnahme danach zu differenzieren, welcher Zustimmungsverweigerungsgrund seitens des BR geltend gemacht wird[5]. Davon zu trennen ist allerdings die Frage, ob die jeweilige individualarbeitsrechtl. Grundlage für die Zuweisung eines anderen Arbeitsplatzes wirksam ist. Auf der Basis der Theorie der Wirksamkeitsvoraussetzungen wurde idR. von einer Kongruenz zwischen Individual- und Kollektivarbeitsrecht ausgegangen. Das gilt weiterhin für die den neuen Arbeitsbereich bestimmende Weisung. Nach neuerer Rspr. gilt das allerdings nicht mehr für die der Zuweisung zugrunde liegende Änderung der arbeitsvertragl. Grundlage, etwa auf Grund einer Änderungskündigung. Diese bleibt trotz fehlender Zustimmung des BR wirksam. Selbst wenn ein Gericht einen Antrag auf Ersetzung einer vom BR verweigerten Zustimmung zur Versetzung rechtskräftig abweist, wird die Ausführung der mit einer Änderungskündigung beabsichtigten Vertragsänderung nicht dauernd unmöglich iSv. **§ 275 I BGB**, so dass gerade nicht feststeht, dass der ArbGeb dauerhaft gehindert ist, die invidualarbeitsrechtl. erfolgte Änderung des Arbeitsvertrages zu vollziehen[6].

Dagegen geht es bei der **Ein- und Umgruppierung** lediglich um Fragen der Rechtsanwendung (Mitbeurteilungsrecht des BR). Nimmt der ArbGeb die Ein- oder Umgruppierung unter Verletzung des Beteiligungsrechts des BR vor, so bleibt es dem ArbN unbenommen, das ArbG anzurufen, um im Urteilsverfahren feststellen zu lassen, in welche Vergütungsgruppe er eingruppiert ist. Der BR kann nicht die Aufhebung einer unzutreffenden Eingruppierung verlangen. Er kann aber beantragen, dass dem im Zustimmungsersetzungsverfahren erfolglos gebliebenen ArbGeb aufgegeben wird, ein erneutes Beteiligungsverfahren einzuleiten, das die Eingruppierung in eine andere Vergütungsgruppe vorsieht[7]. Ist allerdings ein Zustimmungsersetzungsverfahren rechtskräftig abgeschlossen, so misst das BAG dem Ergebnis im Verhältnis ArbN–ArbGeb präjudizielle Wirkung bei[8].

VIII. Streitigkeiten. Bei Streitigkeiten, ob ein MitbestR nach § 99 einschlägig ist, entscheidet das ArbG im **Beschlussverfahren**. Antragsberechtigt sind sowohl der ArbGeb als auch der BR. Geht es lediglich darum, ob eine Zustimmungsverweigerung des BR berechtigt war, ist nur der ArbGeb antragsberechtigt. Dagegen kann der BR den ArbGeb nicht verpflichten, zu bereits vorgenommenen Einstellungen nachträglich die Zustimmung des BR einzuholen[9]. Für den Fall, dass die Frage der Zustimmung auf Grund der gesetzl. Fiktion des Abs. 3 S. 2 streitig ist, kann der ArbGeb die Feststellung beantragen, dass die Zustimmung als erteilt gilt[10]. Dagegen kann der BR mangels rechtl. Interesses nicht die Feststellung begehren, ihm habe für eine bestimmte Maßnahme ein MitbestR nach § 99 zugestanden[11]. Ebenso wenig steht angesichts der vorhandenen gesetzl. Sanktionsmöglichkeiten dem BR ein allg. Unterlassungsanspruch in Bezug auf mitbestimmungswidrige personelle Einzelmaßnahmen zu[12].

Ein Antrag auf Erlass einer **einstw. Verfügung**, mit der dem ArbGeb die vorläufige Aufhebung einer personellen Einzelmaßnahme iSd. § 99 aufgegeben werden soll, ist unzulässig, weil dadurch die in § 101 enthaltene gesetzl. Regelung unterlaufen würde[13]. Ebenso wenig kann der BR eine einstw. Verfügung zur Untersagung einer vorläufigen personellen Einzelmaßnahme nach § 100 verlangen[14]. Allenfalls in Extremfällen der Missachtung des Beteiligungsrechts des BR kann die Aufhebung einer vorläufigen personellen Maßnahme im Wege der einstw. Verfügung in Betracht kommen[15]. Im Falle einer grds. Weige-

---

1 *Raab*, ZfA 1995, 479 (482); aA Richardi/*Thüsing*, § 99 Rz. 296. ‖ 2 BAG 22.4.2010 – 2 AZR 491/09, NZA 2010, 1235 (1236); LAG Nürnberg 13.1.2009 – 6 Sa 712/07, AuR 2009, 229; *Raab*, ZfA 1995, 479 (497f.). ‖ 3 BAG 22.4.2010 – 2 AZR 491/09, NZA 2010, 1235 (1236). ‖ 4 Richardi/*Thüsing*, § 99 Rz. 301. ‖ 5 *Poletti*, Auswirkungen fehlender oder fehlerhafter Beteiligung des Betriebsrats bei der Versetzung auf das Einzelarbeitsverhältnis, 1996, S. 189ff. ‖ 6 BAG 22.4.2010 – 2 AZR 491/09, NZA 2010, 1235; krit. *Kania/Kania*, EzA § 2 KSchG Nr. 77. ‖ 7 BAG 3.5.1994 – 1 ABR 58/93, NZA 1995, 484 (486); 12.12.2006 – 1 ABR 38/05, DB 2007, 1361f. ‖ 8 BAG 28.8.2008 – 2 AZR 967/06, MDR 2009, 396; LAG Saarl. 31.3.2011 – 2 Ta 11/11. ‖ 9 BAG 2.3.2004 – 1 ABR 15/03, AP Nr. 87 zu § 256 ZPO 1977. ‖ 10 LAG München 4.4.2008 – 3 TaBV 139/07; LAG Hamm 27.1.2012 – 13 TaBV 68/11. ‖ 11 BAG 15.4.2008 – 1 ABR 14/07, NZA 2008, 1020f. ‖ 12 BAG 9.3.2011 – 7 ABR 137/09, NZA 2011, 871; 23.6.2009 – 1 ABR 23/08, NZA 2009, 1430 (1432); LAG Hess. 10.5.2010 – 5/9 TaBV 175/09; LAG Rh.-Pf. 10.2.2012 – 6 TaBV 17/11; *Schöne*, SAE 2010, 218ff.; *Kleinebrink*, FA 2011, 293, 295. ‖ 13 LAG Hamm 17.2.1998 – 13 TaBV 14/98, NZA-RR 1998, 421; 26.2.2007 – 10 TaBVGA 3/07, NZA-RR 2007, 489ff.; 25.9.2009 – 10 RABV 21/09; LAG Rh.-Pf. 26.1.2011 – 7 TaBVGa 4/10. ‖ 14 ArbG Münster 19.12.1990 – 4 BvGA 5/90, DB 1991, 103. ‖ 15 LAG Hess. 15.12.1987 – 4 TaBV GA 160/87, NZA 1989, 232.

rung des ArbGeb, den BR gem. § 99 zu beteiligen, kann ausnahmsweise im Wege der einstw. Verfügung gem. § 23 III die Unterlassung bestimmter Personalmaßnahmen verlangt werden[1]. Angesichts dieses gesetzl. Sanktionensystems und im Hinblick auf die Aufgabenstellung des BR bestehen erhebliche Bedenken, wenn Vereinbarungen zwischen ArbGeb und BR für zulässig angesehen werden, wonach sich ein ArbGeb verpflichtet, bei jedem Verstoß gegen § 99 einen bestimmten Geldbetrag an eine gemeinnützige Organisation zu zahlen[2]. Daher hat das BAG zu Recht Vereinbarungen, wonach der ArbGeb bei der Verletzung von MitbestR eine Vertragsstrafe zu zahlen hat, für unwirksam erachtet[3].

100 Vorläufige personelle Maßnahmen

(1) Der Arbeitgeber kann, wenn dies aus sachlichen Gründen dringend erforderlich ist, die personelle Maßnahme im Sinne des § 99 Abs. 1 Satz 1 vorläufig durchführen, bevor der Betriebsrat sich geäußert oder wenn er die Zustimmung verweigert hat. Der Arbeitgeber hat den Arbeitnehmer über die Sach- und Rechtslage aufzuklären.

(2) Der Arbeitgeber hat den Betriebsrat unverzüglich von der vorläufigen personellen Maßnahme zu unterrichten. Bestreitet der Betriebsrat, dass die Maßnahme aus sachlichen Gründen dringend erforderlich ist, so hat er dies dem Arbeitgeber unverzüglich mitzuteilen. In diesem Fall darf der Arbeitgeber die vorläufige personelle Maßnahme nur aufrechterhalten, wenn er innerhalb von drei Tagen beim Arbeitsgericht die Ersetzung der Zustimmung des Betriebsrats und die Feststellung beantragt, dass die Maßnahme aus sachlichen Gründen dringend erforderlich war.

(3) Lehnt das Gericht durch rechtskräftige Entscheidung die Ersetzung der Zustimmung des Betriebsrats ab oder stellt es rechtskräftig fest, dass offensichtlich die Maßnahme aus sachlichen Gründen nicht dringend erforderlich war, so endet die vorläufige personelle Maßnahme mit Ablauf von zwei Wochen nach Rechtskraft der Entscheidung. Von diesem Zeitpunkt an darf die personelle Maßnahme nicht aufrechterhalten werden.

1 **I. Vorbemerkung.** Der Gesetzgeber wollte einerseits durch § 100 die Auswirkungen des Zustimmungserfordernisses des BR bei personellen Einzelmaßnahmen für die betriebl. Praxis mildern[4]. Andererseits bedeutet die Existenz des § 100, dass ein ArbGeb nicht im Wege einer einstw. Verfügung die Umsetzung einer personellen Maßnahme im Beschlussverfahren durchsetzen kann[5]. Insofern ist durch § 100 ein besonderes einstw. Rechtsschutzverfahren normiert[6].

2 **II. Anwendungsbereich.** Vom Wortlaut her findet § 100 auf alle in § 99 genannten personellen Maßnahmen Anwendung. Jedoch setzt § 100 voraus, dass es sich um Maßnahmen handelt, die vorläufig durchführbar sind. Eingruppierungen und Umgruppierungen fallen jedoch nicht hierunter[7]. Nimmt der ArbGeb eine Ein- oder Umgruppierung vor, obwohl der BR dem widersprochen hat, so bleibt dem ArbGeb nur das Zustimmungsersetzungsverfahren.

3 Einschlägig ist § 100 in zwei Fällen. Eine vorläufige Maßnahme ist bereits zulässig, bevor der BR sich geäußert hat. Dies ist nicht nur dann der Fall, wenn die Maßnahme noch im Rahmen der Wochenfrist des § 99 durchgeführt werden soll. Vielmehr ist § 100 auch dann anzuwenden, wenn die Wochenfrist mangels Unterrichtung des BR noch nicht in Lauf gesetzt wurde[8]. Unabhängig davon, ob der ArbGeb bereits ein Zustimmungsersetzungsverfahren eingeleitet hat, kann er gem. § 100 eine personelle Maßnahme vorläufig durchführen, wenn der BR ordnungsgemäß seine Zustimmung bereits verweigert hat. Diese Möglichkeit steht dem ArbGeb allerdings nur so lange offen, wie über einen Zustimmungsersetzungsantrag noch nicht rechtskräftig entschieden wurde.

4 **III. Dringende Erforderlichkeit – sachlicher Grund.** Für die vorläufige Durchführung einer personellen Maßnahme kommt es entscheidend darauf an, dass diese aus sachlichen Gründen dringend erforderlich ist. Davon ist dann auszugehen, wenn ohne die sofortige Durchführung der Maßnahme spürbare Nachteile für den Betrieb eintreten oder ihm spürbare Vorteile entgehen würden, also die Maßnahme im Interesse des Betriebes keinen Aufschub duldet[9]. Sachliche Gründe sind also nur betriebl. Gründe[10]. Ob diese Voraussetzungen vorliegen, ist allein nach den Verhältnissen im Zeitpunkt der Durchführung der Maßnahme zu entscheiden[11]. Hierbei sind jeweils die Folgen gegeneinander abzuwägen, die eintreten würden, wenn einmal die vorläufige Maßnahme unterlassen bzw. einmal die vorläufige Maßnahme durchgeführt würde. Demnach kommt es nicht darauf an, dass die Folgen bei Unterbleiben einer vorläufigen Maßnahme durch ein anderweitiges Vorgehen kompensiert werden könnten[12]. Unerheblich ist

---

1 LAG Köln 19.3.2004 – 8 TaBV 13/04, AR-Blattei ES 530. 14. 3 Nr. 202; *Mittag/Junghans*, AiB 2009, 30 (32). ||2 LAG Hamm 25.4.2008 – 13 TaBV 132/07, EzA-SD 2008, Nr. 17, 11. ||3 BAG 19.1.2010 – 1 ABR 62/08, NZA 2010, 592. ||4 BT-Drs. VI/1786, 52. ||5 *Fitting*, § 100 Rz. 1; Richardi/*Thüsing*, § 100 Rz. 1; aA in besonderen Fällen LAG Köln 12.8.2002 – 12 TaBV 244/02, NZA-RR 2003, 249. ||6 *Heinze*, Personalplanung, Rz. 361. ||7 *BAG 27.1.1987 – 1 ABR 66/85*, NZA 1987, 489 (492); ausf. *Gillen/Vahle*, BB 2010, 761 (763); *Matthes*, BB 2010, 2109. ||8 BAG 6.4.1973 – 1 ABR 13/72, NJW 1973, 1630; *Stege/Weinspach/Schiefer*, §§ 99–101 Rz. 104f. ||9 *Gillen/Vahle*, BB 2010, 761; GK-BetrVG/*Raab*, § 100 Rz. 9. ||10 BAG 21.2.2013 – 8 AZR 877/11, DB 2013, 1178. ||11 *Gillen/Vahle*, BB 2010, 761. ||12 Zu weitgehend LAG Hamm 16.5.2008 – 10 TaBV 123/07.

mithin, ob etwa andere ArbN den zu besetzenden Arbeitsplatz vorläufig hätten ausfüllen können[1]. Ebenso wenig relevant sind auch die Gründe, die dazu führen, dass eine vorläufige personelle Maßnahme dringend erforderlich wird. Selbst wenn diese durch den ArbGeb nachlässig herbeigeführt wurden, schließt das eine vorläufige personelle Einzelmaßnahme nach § 100 nicht aus[2]. Eine Ursachenforschung, warum eine vorläufige Durchführung einer personellen Einzelmaßnahme notwendig wird, würde geradezu im Widerspruch zur Intention des § 100 als besonderes einstw. Rechtsschutzverfahren stehen. Hierbei geht es nicht um die Beurteilung vergangenen ArbGebVerhaltens, sondern vielmehr um die Sicherstellung betrieblicher Abläufe.

Auch deshalb wird einhellig die Auffassung vertreten, dass im Rahmen des § 100 soziale Gesichtspunkte in der Person des betroffenen ArbN nicht zu berücksichtigen sind[3]. Ob dagegen sachl. Gründe für die vorläufige Maßnahme vorliegen, ist aus der Sicht eines objektiven Betrachters unter verständiger Würdigung der Belange des Betriebes zu beurteilen. Entfallen diese Voraussetzungen später, so braucht die vorläufige personelle Maßnahme nicht deshalb wieder aufgehoben zu werden[4].

Entscheidend ist damit bei Einstellungen und Versetzungen die Frage, ob ohne die ins Auge gefasste Einzelmaßnahme der geregelte Ablauf des Betriebes gestört würde. Hierbei kann sich die betriebl. Notwendigkeit einer Maßnahme auch gerade deshalb ergeben, weil etwa ein Bewerber über bestimmte für den Betrieb notwendige Qualifikationen verfügt, die seine Einstellung als dringend erforderlich erscheinen lassen.

IV. Rechtsstellung des betroffenen Arbeitnehmers. Gem. Abs. 1 S. 2 ist der ArbGeb verpflichtet, wenn er eine personelle Maßnahme vorläufig durchführt, den ArbN über die Sach- und Rechtslage aufzuklären. Dies stellt eine Konkretisierung der arbeitsvertragl. Fürsorgepflicht dar. Der ArbGeb muss dem ArbN ggü. zum einen den Sachverhalt offenlegen, nämlich ob und inwieweit der BR über die personelle Maßnahme bereits unterrichtet wurde, ob und inwieweit sich der BR hierzu geäußert hat, welche Zustimmungsverweigerungsgründe geltend gemacht wurden und aus welchen Gründen eine vorläufige Einstellung sachlich geboten ist. Zum anderen obliegt dem ArbGeb die Pflicht, den ArbN über die Rechtslage aufzuklären, insb. ihn darauf hinzuweisen, dass etwa die endgültige Einstellung und damit auch letztlich der Bestand des ArbVerh von der Zustimmung des BR bzw. vom Ausgang des Zustimmungsersetzungsverfahrens abhängig ist. Außerdem hat der ArbGeb den ArbN über die Rechtsfolgen einer vorläufigen personellen Einzelmaßnahme aufzuklären. Nach allg. Auffassung stellt aber die Aufklärung des ArbGeb keine Wirksamkeitsvoraussetzung für die vorläufige Durchführung der personellen Maßnahme dar[5]. Unterlässt der ArbGeb die vorgeschriebene Aufklärung des ArbN, so ist er diesem nach Maßgabe der allg. Regeln zum Ersatz des Schadens verpflichtet, den der ArbN dadurch erleidet, dass er auf die Endgültigkeit der personellen Maßnahme vertraut hat. Insofern sollte in Fällen einer vorläufigen personellen Einstellung ein entsprechender Vorbehalt im Arbeitsvertrag aufgenommen werden[6].

V. Ablauf einer vorläufigen personelle Maßnahme. 1. Innerbetriebliches Verfahren. Gem. Abs. 2 S. 1 ist der ArbGeb verpflichtet, den BR unverzüglich von der vorläufigen personellen Maßnahme zu unterrichten. Zwar kann diese Unterrichtung auch noch unverzüglich sein, wenn die vorläufige personelle Maßnahme schon vorgenommen worden ist[7]. Jedoch hat die Unterrichtung ohne schuldhaftes Zögern zu erfolgen, dh., der ArbGeb hat den BR, sobald sich die Notwendigkeit einer vorläufigen personellen Einzelmaßnahme ergibt, im Rahmen eines ordnungsgemäßen Verfahrensganges zu unterrichten. Diese Unterrichtung hat hinreichend konkret zu erfolgen, so dass die bloße Wiedergabe des Gesetzestextes unzureichend ist[8]. Vielmehr muss die Information nach Abs. 2 S. 1 die Maßnahme und ihren genauen Zeitpunkt sowie Angaben darüber enthalten, warum aus sachlichen Gründen dringend erforderlich ist[9]. Diese Unterrichtung nach Abs. 2 unterscheidet sich von der des § 99 I, aber beide Unterrichtungen können zusammen vorgenommen werden[10].

Wenn der BR der vorläufigen personellen Einzelmaßnahme zustimmt, kann er dies ausdrücklich tun. Wenn er allerdings bestreiten will, dass die Maßnahme aus sachlichen Gründen dringend erforderlich ist, hat der BR dies dem ArbGeb unverzüglich mitzuteilen. Daraus folgt, dass, falls eine solche unverzügliche Mitteilung nicht erfolgt, das Schweigen des BR vom Gesetz als Zustimmung zur Durchführung der personellen Einzelmaßnahme gewertet wird[11]. Hat also der BR einer vorläufigen Durchführung der Maßnahme nicht widersprochen, ist der ArbGeb gem. Abs. 3 S. 1, 2 auch erst zwei Wochen nach Rechtskraft einer Zurückweisung des Zustimmungsersetzungsantrags gem. § 99 IV zur Aufhebung der personellen Maßnahme verpflichtet[12]. Bestreitet der BR das Vorliegen der Voraussetzungen für die

---

1 BAG 7.11.1977 – 1 ABR 55/75, NJW 1978, 848 ff. ‖ 2 *Stege/Weinspach/Schiefer*, § 99–101 Rz. 107; aA *Fitting*, § 100 Rz. 4; *Gillen/Vahle*, BB 2010, 761 (764), die bei einem groben Verstoß des ArbGeb gegen seine gesetzl. Pflichten ausnahmsweise einen Rechtsmissbrauch annehmen; LAG Hamm 26.3.2003 – 10 TaBV 63/03, NZA-RR 2004, 305 ff. ‖ 3 BAG 7.11.1977 – 1 ABR 55/75, NJW 1978, 848 ff. ‖ 4 BAG 7.11.1977 – 1 ABR 55/75, NJW 1978, 848 ff. ‖ 5 *Fitting*, § 100 Rz. 7a; DKKW/*Bachner*, § 100 Rz. 17. ‖ 6 *Lahusen*, NZA 1989, 869 (870). ‖ 7 BAG 7.11.1977 – 1 ABR 55/75, NJW 1978, 848 ff. ‖ 8 LAG Hess. 27.5.2008 – 4 TaBV 288/07, AuR 2008, 362. ‖ 9 LAG Bremen 5.11.2009 – 3 TaBV 16/09; DKKW/*Bachner*, § 100 Rz. 15. ‖ 10 *Fitting*, § 100 Rz. 8. ‖ 11 So im Erg. LAG Bln.-Bbg. 16.12.2010 – 25 TaBV 2017/10, AE 2011, 193. ‖ 12 LAG Hess. 25.6.2013 – 4 TaBV 285/12.

Durchführung einer vorläufigen personellen Einzelmaßnahme, so bedarf dies, anders als bei § 99, keiner Form und kann deshalb auch mündlich erfolgen. Auch für den Widerspruch des BR gilt, dass dieser ohne schuldhaftes Zögern erfolgen muss. Hierbei muss berücksichtigt werden, dass die Stellungnahme des BR zu einer vorläufigen personellen Maßnahme grds. einen Beschluss des BR voraussetzt, was wiederum bedeutet, dass die nächste Sitzung des BR abgewartet werden muss[1]. Will der BR die Erforderlichkeit der vorläufigen personellen Maßnahme bestreiten, so trägt er hierfür das Übermittlungsrisiko. Erfolgt etwa die Erklärung des BR ggü. einem unzuständigen Mitarbeiter des ArbGeb, der nicht von diesem bevollmächtigt wurde, derartige Erklärungen entgegenzunehmen, und gibt dieser Mitarbeiter die Erklärung des BR nur mit Verzögerungen weiter, so trifft dieses Übermittlungsrisiko den BR. Dies kann dazu führen, dass der Widerspruch des BR als verspätet zu werten ist[2]. Einer besonderen Begründung bedarf das Bestreiten der Erforderlichkeit für die vorläufige Durchführung der personellen Maßnahme nicht. Begründet der BR seine Ablehnung dennoch, so muss diese erkennen lassen, dass der BR die dringliche Erforderlichkeit bestreitet. Andernfalls gilt die Maßnahme nach Ansicht der Rspr. als gebilligt[3].

10 **2. Arbeitsgerichtliches Verfahren.** Hat der BR die Erforderlichkeit der vorläufigen personellen Einzelmaßnahme bestritten, so hat der ArbGeb, wenn er an der vorläufigen personellen Maßnahme festhalten will, innerhalb von drei Tagen beim ArbG die Ersetzung der Zustimmung des BR und die Feststellung zu beantragen, dass die Maßnahme aus sachlichen Gründen dringend erforderlich war. Bei dieser Frist handelt es sich um eine Ausschlussfrist. Selbst bei schuldloser Versäumung der Frist ist eine nachträgliche Zulassung der Anträge nicht möglich[4]. Voraussetzung für den Fristbeginn ist aber stets, dass eine vorläufige personelle Maßnahme bereits eingeleitet wurde[5]. Die Berechnung der Fristen folgt aus §§ 186 ff. BGB. Hierbei ist gem. § 187 BGB der Tag des Zugangs der Erklärung des BR nicht mitzurechnen. Fällt der letzte Tag der Drei-Tages-Frist auf einen Samstag, Sonntag oder einen gesetzl. Feiertag, so verlängert sich gem. § 193 BGB die Frist bis zum Ablauf des nächsten Werktages. Diese kurze Frist hat zur Konsequenz, dass, wenn die Erklärung des BR über ein Bestreiten der sachlichen Erforderlichkeit der vorläufigen personellen Maßnahme dem ArbGeb an einem Freitag zugeht, die Frist bereits am Montag, sofern es sich hierbei nicht um einen gesetzl. Feiertag handelt, abläuft. Die Drei-Tages-Frist wird also nicht dadurch verlängert, dass zwischen dem Fristbeginn und dem Fristende ein Samstag, Sonntag oder ein gesetzl. Feiertag liegt.

11 Abs. 2 zwingt den ArbGeb dazu, wenn er sich gegen den Widerspruch gegen die Dringlichkeit der personellen Maßnahme wehren will, innerhalb der Drei-Tages-Frist zwei Anträge zu stellen. Der Antrag des ArbGeb geht also sowohl auf Ersetzung der Zustimmung des BR zur endgültigen personellen Einzelmaßnahme und zudem auf Feststellung, dass die vorläufige personelle Einzelmaßnahme aus sachlichen Gründen dringend erforderlich war. Auf den Zustimmungsersetzungsantrag darf der ArbGeb nur dann verzichten, wenn der BR, obwohl er noch könnte, die Zustimmung zur endgültigen personellen Einzelmaßnahme noch nicht verweigert hat. Dies dürften aber vom zeitlichen Ablauf her Ausnahmefälle darstellen, zumal der ArbGeb, wenn dann der BR rechtzeitig die Zustimmung zur endgültigen personellen Einzelmaßnahme verweigert hat, den Feststellungsantrag nach Abs. 2 um den Zustimmungsersetzungsantrag nach § 99 zu erweitern hat. Beschränkt sich jedoch der ArbGeb darauf, lediglich den Feststellungsantrag nach Abs. 2 S. 3 zu stellen, ohne auch den Feststellungsantrag nach § 99 zu erheben, so ist der Feststellungsantrag wegen fehlenden Rechtsschutzbedürfnisses als unzulässig abzuweisen[6].

12 Beide Anträge müssen begründet werden. Teilweise wird auch vertreten, dass die Begründungen innerhalb der Drei-Tages-Frist erfolgen müssen[7]. Dem ist jedoch entgegenzuhalten, dass ein Begründungserfordernis aus Abs. 2 nicht zu ersehen ist. Zwar hat der ArbGeb im Rahmen seiner Unterrichtungspflicht gem. Abs. 2 S. 1 dem BR auch die sachlichen Gründe mitzuteilen, welche die vorläufige Einstellung oder Versetzung rechtfertigen[8]. Für die Anträge nach Abs. 2 S. 3, die im Rahmen des Beschlussverfahrens zu behandeln sind, gilt schließlich nicht der Beibringungsgrundsatz, so dass es genügt, wenn die Begründung dieser Anträge rechtzeitig zur Vorbereitung einer gerichtl. Entscheidung vorliegen[9]. Hierbei gilt zu beachten, dass gem. § 83 Ia ArbGG eine Frist für das Vorbringen gesetzt werden kann.

13 Hat der ArbGeb die Anträge nach Abs. 2 S. 3 gestellt, so kann der BR in diesem Verfahren seinen Abweisungsantrag mit dem Antrag verknüpfen, den ArbGeb zu verpflichten, falls das ArbG dem Antrag des ArbGeb nicht entspricht, die durchgeführte personelle Maßnahme gem. § 101 S. 1 aufzuheben[10]. Darüber hinaus kann der BR im Rahmen des Verfahrens nach § 100 keinen (weiteren) Sachantrag stellen[11].

---

[1] *Heinze*, Personalplanung, Rz. 375. ||[2] *Stege/Weinspach/Schiefer*, §§ 99–101 Rz. 111. ||[3] LAG Bln.-Bbg. 16.12.2010 – 25 TaBV 2017/10, AE 2011, 193. ||[4] DFL/*Rieble*, § 100 Rz. 7; aA *Schlicht*, BB 1980, 632 (633f.). ||[5] LAG Hess. 8.5.2009 – 4 Ta 139/08. ||[6] BAG 15.9.1987 – 1 ABR 44/86, NZA 1988, 101 (103). ||[7] LAG Hess. 13.9.1988 – 4 TaBV 43/88, DB 1989, 1092. ||[8] *Löwisch/Kaiser*, § 100 Rz. 5; LAG Hess. 7.11.2006 – 4 TaBV 108/06, AuR 2007, 185. ||[9] So Hess ua./*Schlochauer*, § 100 Rz. 30; *Stege/Weinspach/Schiefer*, §§ 99–101 Rz. 118a. ||[10] *Stege/Weinspach/Schiefer*, §§ 99–101 Rz. 122. ||[11] LAG Düss. 9.3.2011 – 12 TaBV 81/10, NZA-RR 2011, 474.

Über die beiden Anträge des ArbGeb entscheidet das ArbG im Beschlussverfahren. Hierbei können sich vier Entscheidungskombinationen ergeben. Ersetzt das ArbG die Zustimmung des BR und stellt fest, dass die vorläufige Maßnahme aus sachlichen Gründen dringend erforderlich war, so wird mit Rechtskraft die vorläufige Maßnahme zur endgültigen Maßnahme. Ersetzt das ArbG die Zustimmung des BR nicht und stellt fest, dass die vorläufige Maßnahme offensichtlich aus sachlichen Gründen nicht erforderlich war, so muss mit Rechtskraft die vorläufige Maßnahme binnen zweier Wochen aufgehoben werden. Dieses Ergebnis tritt auch ein, wenn das ArbG zwar feststellt, dass die vorläufige Maßnahme aus sachlichen Gründen dringend erforderlich war, jedoch die Zustimmung des BR zu der personellen Einzelmaßnahme nicht ersetzt[1]. Ersetzt das ArbG die Zustimmung des BR, stellt aber fest, dass die vorläufige Maßnahme offensichtlich aus sachlichen Gründen nicht erforderlich war, so wird die vorläufige Maßnahme mit Rechtskraft zur endgültigen Maßnahme[2]. Der ArbGeb kann sich daher auch dann durchsetzen, wenn die Dringlichkeit fehlte, der Widerspruch des BR jedoch in der Sache unberechtigt war. Daraus folgt, dass der Streit über die vorläufige personelle Maßnahme sich erledigt, sobald eine rechtskräftige Entscheidung über die Befugnis zur endgültigen Durchführung vorliegt[3].

Das Gericht ist dabei grds. frei, welche der beiden vom ArbGeb gestellten Anträge es zuerst behandeln will. Insb. kann das ArbG auch durch einen selbständig anfechtbaren Teilbeschluss über den Feststellungsantrag entscheiden, wenn in Bezug auf diesen Streitgegenstand die Sache bereits entscheidungsreif ist[4]. Streitgegenstand des Feststellungsantrags ist das Recht des ArbGeb, die personelle Maßnahme vorläufig durchzuführen. Die Formulierung des Antrags ergibt sich aus Abs. 2 S. 3. Falls das ArbG diesen Antrag lediglich abweisen würde, hieße das aber nach Abs. 3 noch nicht, dass der ArbGeb die vorläufige personelle Maßnahme nicht aufrechterhalten dürfte. Vielmehr verlangt Abs. 3 S. 1 die Feststellung, dass offensichtlich die Maßnahme aus sachlichen Gründen nicht dringend erforderlich war. Das bedeutet aber auch, dass das ArbG den Feststellungsantrag im Wege einer Vorabentscheidung nur zurückweisen kann, wenn offensichtlich ist, dass die vorläufige Durchführung der personellen Maßnahme aus sachlichen Gründen nicht dringend erforderlich war. Nur in diesem Fall endet die Berechtigung des ArbGeb zur Durchführung oder Aufrechterhaltung der vorläufigen Maßnahme[5]. Entscheidend ist also, ob die vorläufige Maßnahme offensichtlich nicht dringend erforderlich war. Für die Beurteilung hierfür kommt es allein auf die Verhältnisse zur Zeit der Durchführung der Maßnahme an[6]. Was unter Offensichtlichkeit verstanden wird, ist umstritten. In Anlehnung an eine ältere Entscheidung des BAG[7] ist auch nach der jüngeren Rspr. eine vorläufige Maßnahme offensichtlich aus dringenden Gründen nicht erforderlich, wenn der ArbGeb die Situation grob verkannt hat[8]. Richtigerweise verweist das Merkmal der Offensichtlichkeit darauf, dass das Gericht nur eine summarische Prüfung vorzunehmen hat. Offensichtlichkeit liegt also vor, wenn es keiner besonderen Aufklärung bedarf, dass eine Dringlichkeit für die Durchführung der personellen Maßnahme nicht vorgelegen hat. Allein diese Sichtweise entspricht dem Zweck des Verfahrens nach § 100 als eines besonderen einstw. Rechtsschutzverfahrens[9].

Wenn das ArbG feststellen will, dass eine vorläufige personelle Einzelmaßnahme nicht dringend erforderlich war, so muss es ausdrücklich im Tenor seiner Entscheidung feststellen, dass offensichtlich die vorläufige Maßnahme aus sachlichen Gründen nicht dringend erforderlich war. Sobald diese Entscheidung Rechtskraft erhält, beginnt gem. Abs. 3 S. 1 eine Zwei-Wochen-Frist zu laufen, mit deren Ablauf die vorläufige personelle Maßnahme endet. Dies bedeutet etwa bei einer vorläufigen Einstellung, dass der ArbGeb den betreffenden ArbN mit Ablauf der genannten zwei Wochen nicht mehr im Betrieb beschäftigen darf.

Nach wohl überwiegender Meinung soll diese Entscheidung rechtsgestaltend wirken, was zur Konsequenz hätte, dass mit Ablauf der Zwei-Wochen-Frist unabhängig davon, wie lange die Kündigungsfristen für das betreffende ArbVerh laufen, das ArbVerh mit dem betroffenen ArbN beendet wird[10]. Gegen diese Ansicht, wonach es sich bei Abs. 3 S. 1 um einen Auflösungstatbestand eigener Art handelt, spricht jedoch die Regelung des Abs. 3 S. 2. Danach darf mit Ablauf von zwei Wochen nach Rechtskraft der gerichtl. Entscheidung die personelle Maßnahme nicht aufrechterhalten werden. Eine solche Regelung wäre letztlich überflüssig, wenn die vorläufige personelle Maßnahme auch individualrechtl. von sich aus beendet wird[11]. Gerade die Vorschrift des Abs. 3 S. 2 verpflichtet den ArbGeb, dafür zu sorgen, dass die Folgen seiner vorläufigen personellen Maßnahme rückgängig gemacht werden. Bezieht sich etwa die vorläufige personelle Maßnahme auf eine Versetzung, hat er dafür zu sorgen, dass der ArbN an seinen alten Arbeitsplatz zurückkehren kann. Diese „Zurückversetzung" soll kein Beteiligungsrecht nach § 99 auslösen[12]. Ist der ArbGeb aber nicht mehr in der Lage, dem ArbN eine betriebsverfassungs-

---

1 BAG 26.10.2004 – 1 ABR 45/03, NZA 2005, 535 (536).   ‖2 Hess ua./*Schlochauer*, § 100 Rz. 36.   ‖3 BAG 16.11.2004 – 1 ABR 48/03, NZA 2005, 775 (779); 25.1.2005 – 1 ABR 61/03, NZA 2005, 1199.   ‖4 BAG 18.10.1988 – 1 ABR 36/87, NZA 1989, 183f.; *Matthes*, DB 1989, 1285 (1287f.).   ‖5 Vgl. hierzu MünchArbR/*Matthes*, § 263 Rz. 108; BAG 18.10.1988 – 1 ABR 36/87, NZA 1989, 183f.   ‖6 BAG 6.10.1978 – 1 ABR 51/77, BB 1979, 373f.   ‖7 BAG 7.11.1977 – 1 ABR 55/75, NJW 1978, 848.   ‖8 LAG Bremen 26.5.2010 – 2 TaBV 5/10; LAG MV 9.3.2010 – 5 TaBV 12/09.   ‖9 Vgl. *Heinze*, Personalplanung, Rz. 383; MünchArbR/*Matthes*, § 263 Rz. 109.   ‖10 *Fitting*, § 100 Rz. 18; Richardi/*Thüsing*, § 100 Rz. 50.   ‖11 Vgl. GK-BetrVG/*Raab*, § 100 Rz. 46f.; *Heinze*, Personalplanung, Rz. 391.   ‖12 LAG Hamm 26.10.2012 – 10 TaBV 35/12.

rechtl. erlaubte Tätigkeit zuzuweisen, so behält der ArbN seinen Anspruch auf das Arbeitsentgelt[1]. Daher empfiehlt es sich, bei entsprechenden Vereinbarungen über personelle Einzelmaßnahmen eine auflösende Bedingung für den Fall einer für den ArbGeb negativen Gerichtsentscheidung in die Vereinbarung mit aufzunehmen[2]. Wenn der ArbGeb aber die Maßnahme zwei Wochen nach Rechtskraft weiterhin aufrechterhält, kann der BR das Verfahren gem. § 101 betreiben.

101 Zwangsgeld

Führt der Arbeitgeber eine personelle Maßnahme im Sinne des § 99 Abs. 1 Satz 1 ohne Zustimmung des Betriebsrats durch oder hält er eine vorläufige personelle Maßnahme entgegen § 100 Abs. 2 Satz 3 oder Abs. 3 aufrecht, so kann der Betriebsrat beim Arbeitsgericht beantragen, dem Arbeitgeber aufzugeben, die personelle Maßnahme aufzuheben. Hebt der Arbeitgeber entgegen einer rechtskräftigen gerichtlichen Entscheidung die personelle Maßnahme nicht auf, so ist auf Antrag des Betriebsrats vom Arbeitsgericht zu erkennen, dass der Arbeitgeber zur Aufhebung der Maßnahme durch Zwangsgeld anzuhalten sei. Das Höchstmaß des Zwangsgelds beträgt für jeden Tag der Zuwiderhandlung 250 Euro.

1 **I. Vorbemerkung.** Mit dieser Vorschrift wollte der Gesetzgeber die Einhaltung der personellen MitbestR des Personalrats gem. §§ 99, 100 absichern. Die Norm gibt dem BR einen Anspruch auf Beseitigung des durch die einseitigen Handlungen des ArbGeb entstandenen betriebsverfassungswidrigen Zustands[3]. Von ihrer Struktur her sieht die Vorschrift ein **zweistufiges Verfahren** vor: Zunächst muss der ArbGeb rechtskräftig verpflichtet werden, die personelle Maßnahme aufzuheben. Erst dann kann ein Zwangsgeld festgesetzt werden, wenn er der gerichtl. Entscheidung nicht Folge leistet. Ggü. § 888 ZPO stellt das Verfahren nach § 101 eine abschließende **Sondervorschrift** dar[4]. Dagegen kann § 101 neben § 23 III Anwendung finden[5]. Allerdings hat das BAG zu Recht darauf hingewiesen, dass die Reichweite der §§ 100, 101 begrenzt ist. Schließlich kann der Aufhebungsanspruch nach § 101 nur im Nachhinein wirken und geht deshalb bei vorübergehenden Maßnahmen, die sich vor Rechtskraft erledigen, ins Leere[6].

2 **II. Anwendungsbereich.** Nach seinem Wortlaut betrifft § 101 alle personellen Einzelmaßnahmen. Jedoch macht die Rechtsfolge des § 101, nämlich die Verpflichtung, die personelle Maßnahme aufzuheben, grds. nur Sinn bei **Einstellungen** und **Versetzungen**. Dagegen handelt es sich bei **Ein- oder Umgruppierungen** um Akte der Rechtsanwendung. Insofern kann gestützt auf S. 1 diesbzgl. der BR allenfalls verlangen, dass der ArbGeb zu einer Ein- oder Umgruppierung die Zustimmung des BR einholt oder, falls die Zustimmung verweigert wird, das Zustimmungsersetzungsverfahren gem. § 99 IV einleitet[7]. Ist der ArbGeb im Zustimmungsersetzungsverfahren mit seinem Antrag gescheitert, kann der BR beantragen, dass dem ArbGeb aufgegeben wird, ein neues Beteiligungsverfahren einzuleiten[8].

3 Das Verfahren nach § 101 findet in **drei Konstellationen** Anwendung:

– Der ArbGeb hat eine endgültige personelle Maßnahme entgegen § 99 durchgeführt. Dies wäre dann der Fall, wenn der BR die Zustimmung weder ausdrücklich erteilt hat noch die Zustimmung wegen Ablaufs der Wochenfrist als erteilt gilt und die Zustimmung auch nicht durch das ArbG ersetzt wurde.

– Der ArbGeb hält eine vorläufige personelle Maßnahme aufrecht, obwohl der BR die dringende Erforderlichkeit bestritten hat und ohne dass der ArbGeb daraufhin das ArbG angerufen hat.

– Der ArbGeb hält eine vorläufige personelle Maßnahme aufrecht, obwohl das ArbG durch rechtskräftige Entscheidung festgestellt hat, dass die vorläufige Maßnahme offensichtlich aus sachlichen Gründen nicht erforderlich war, oder die Ersetzung der Zustimmung rechtskräftig durch das ArbG abgelehnt wird[9].

3a Nicht direkt erfasst von § 101 ist der Fall, dass ein ArbGeb eine gebotene Ein- oder Umgruppierung gänzlich unterlässt. Nach der Rspr. des BAG kann der BR in solchen Fällen in entsprechender Anwendung des § 101 zur Sicherung seines MitbeurteilungsR nach § 99 beim ArbG beantragen, dem ArbGeb aufzugeben, eine Ein- oder Umgruppierung vorzunehmen, ihn um Zustimmung zu ersuchen und im Falle der beachtlichen Zustimmungsverweigerung das arbeitsgerichtl. Zustimmungsersetzungsverfahren einzuleiten[10].

---

1 DKKW/*Bachner*, § 100 Rz. 40. || 2 Vgl. BAG 17.2.1983 – 2 AZR 208/81, BB 1984, 59f.; Hess ua./*Schlochauer*, § 100 Rz. 40. || 3 BAG 19.1.2010 – 1 ABR 62/08, NZA 2010, 592 (593). || 4 DKKW/*Bachner*, § 101 Rz. 1; *Fitting*, § 101 Rz. 1. || 5 BAG 17.3.1987 – 1 ABR 65/85, NZA 1987, 786 (787); LAG Rh.-Pf. 1.7.2010 – 5 TaBV 18/10; *Pohl*, FS 25 Jahre ARGE Arbeitsrecht im DAV, 2006, S. 987 (992). || 6 BAG 6.12.1994 – 1 ABR 30/94, NZA 1995, 488 (491); idS auch *Lipke*, DB 1980, 2239 ff.; demggü verweist *Walker*, ZfA 2005, 45 (72) auf § 121. || 7 BAG 18.6.1991 – 1 ABR 53/90, NZA 1991, 852 (853); 9.2.1993 – 1 ABR 51/92, NZA 1993, 664 (666); 23.9.2003 – 1 ABR 35/02, NZA 2004, 800 (802); 26.10.2004 – 1 ABR 37/03, NZA 2005, 367 (369); 18.10.2011 – 1 ABR 25/10, NZA 2012, 392; 15.12.2011 – 7 ABR 36/10, AP Nr. 57 zu § 99 BetrVG 1972 Eingruppierung; weitergehend LAG Sachs. 7.3.2012 – 2 TaBV 7/11. || 8 BAG 3.5.1994 – 1 ABR 58/93, NZA 1995, 484 (486). || 9 Vgl. zu den Fallgruppen *Fitting*, § 101 Rz. 3; *Löwisch/Kaiser*, § 101 Rz. 1. || 10 BAG 4.5.2011 – 7 ABR 10/10, NZA 2011, 1239 (1241); 14.4.2010 – 7 ABR 91/08, NZA-RR 2011, 83; *Kleinebrink*, FA 2011, 293.

III. Verfahrensfragen und Entscheidung des Arbeitsgerichts. Das Verfahren nach S. 1 setzt einen **Antrag des BR** voraus. Hierfür ist erforderlich, dass über die Einleitung des Verfahrens nach § 101 ein **ordnungsgemäßer Beschluss des BR** (§ 33) zustande gekommen ist. Beteiligter an diesem Verfahren ist sowohl der **BR als Antragsteller** wie auch der **ArbGeb als Antragsgegner**, jedoch nicht der von der personellen Maßnahme betroffene ArbN[1]. Wurde die personelle Maßnahme zwischenzeitlich beendet, entfällt für den Antrag des BR das Rechtsschutzbedürfnis[2]. Eine **Frist** für den Antrag des BR ist nicht vorgesehen. Jedoch kann sich der ArbGeb auf die Verwirkung berufen, wenn der BR trotz Kenntnis längere Zeit nichts gegen die betriebsverfassungswidrige personelle Einzelmaßnahme unternommen hat[3]. Der BR kann aber den Antrag nach S. 1 auch im Rahmen eines vom ArbGeb angestrengten Verfahrens auf Ersetzung der Zustimmung und Feststellung der Dringlichkeit nach § 100 II 3 stellen[4]. Da das Verfahren gem. § 101 dazu dienen soll, vor Abwicklung des Zustimmungsverfahrens nach § 99 und trotz fehlender Berechtigung zu vorläufigen Maßnahmen nach § 100 vollendete Tatsachen zu schaffen, ist es auf der anderen Seite dem ArbGeb verwehrt, auf den Antrag des BR gem. S. 1 mittels Hilfsantrages seinerseits die Ersetzung der fehlenden Zustimmung des BR zu verlangen[5]. Allerdings kann der ArbGeb im Verfahren gem. § 101 geltend machen, dass die Zustimmungsverweigerung durch den BR unbeachtlich ist oder dass etwa auf Grund Zeitablaufs die Zustimmung zu der personellen Maßnahme als erteilt gilt.

Schließt sich das Gericht dem Antrag des BR an, so gibt es dem ArbGeb auf, die **konkrete personelle Maßnahme aufzuheben**. Damit ist die Beseitigung des tatsächlichen betriebsverfassungswidrigen Zustandes durch ein aktives Tun gemeint[6]. Ein **bestimmtes Handeln kann allerdings dem ArbGeb nicht aufgegeben werden**. Die in diesem Verfahren ergehende Entscheidung hat iÜ keine rückwirkende Auswirkung auf das **Arbeitsverhältnis** des von der personellen Einzelmaßnahme betroffenen ArbN. Vielmehr gehen von diesem Verfahren nur Wirkungen für die Zukunft aus[7].

IV. Vollstreckungsverfahren. Hebt der ArbGeb die Maßnahme nicht auf, so kann der BR **nach rechtskräftiger Entscheidung** den Antrag stellen, den ArbGeb durch **Zwangsgeld** zur Befolgung der gerichtl. Anordnung anzuhalten. Insoweit ist in S. 2 eine **Sonderregelung** der Zwangsvollstreckung zu sehen, wobei das Zwangsgeldverfahren dem der Zwangsvollstreckung nach § 888 ZPO entspricht[8]. Auch das Zwangsgeldverfahren setzt einen **Antrag des BR** voraus. Allerdings wird nach nahezu einhelliger Auffassung angenommen, dass vor Verhängung des Zwangsgeldes analog § 100 III dem ArbGeb für die Rückgängigmachung der Maßnahme eine Frist von zwei Wochen einzuräumen ist[9]. Die gerichtl. **Androhung** des Zwangsgeldes ist nicht erforderlich[10]. Der entsprechende Beschluss des ArbG kann ohne mündliche Verhandlung ergehen; zuvor ist dem ArbGeb rechtl. Gehör zu gewähren. Das Höchstmaß des Zwangsgeldes beträgt gem. S. 3 für jeden Tag der Zuwiderhandlung 250 Euro. Der genaue Betrag steht im freien Ermessen des Gerichts und richtet sich nach Art, Umfang und Dauer des Verstoßes, dem Verschuldensgrad und dem Vorteil, den der Arbgeb aus der Nichtbeachtung der gerichtl. Entscheidung erzielt[11]. Insofern braucht der Antrag des BR gem. S. 2 nicht beziffert zu sein. Die **Vollstreckung** des Beschlusses erfolgt nach den §§ 803 ff. ZPO und setzt **kein Verschulden** des ArbGeb voraus. Das Zwangsgeld kann jedoch nur solange vollstreckt werden, wie der ArbGeb die personelle Maßnahme aufrechterhält[12].

102 Mitbestimmung bei Kündigungen

(1) Der Betriebsrat ist vor jeder Kündigung zu hören. Der Arbeitgeber hat ihm die Gründe für die Kündigung mitzuteilen. Eine ohne Anhörung des Betriebsrats ausgesprochene Kündigung ist unwirksam.

(2) Hat der Betriebsrat gegen eine ordentliche Kündigung Bedenken, so hat er diese unter Angabe der Gründe dem Arbeitgeber spätestens innerhalb einer Woche schriftlich mitzuteilen. Äußert er sich innerhalb dieser Frist nicht, gilt seine Zustimmung zur Kündigung als erteilt. Hat der Betriebsrat gegen eine außerordentliche Kündigung Bedenken, so hat er diese unter Angabe der Gründe dem Arbeitgeber unverzüglich, spätestens jedoch innerhalb von drei Tagen, schriftlich mitzuteilen. Der Betriebsrat soll, soweit dies erforderlich erscheint, vor seiner Stellungnahme den betroffenen Arbeitnehmer hören. § 99 Abs. 1 Satz 3 gilt entsprechend.

(3) Der Betriebsrat kann innerhalb der Frist des Absatzes 2 Satz 1 der ordentlichen Kündigung widersprechen, wenn

1. der Arbeitgeber bei der Auswahl des zu kündigenden Arbeitnehmers soziale Gesichtspunkte nicht oder nicht ausreichend berücksichtigt hat,

---

[1] BAG 22.3.1983 – 1 ABR 49/81, DB 1983, 2313 f. || [2] LAG Schl.-Holst. 9.8.2007 – 4 TaBVGa 2/07, NZA-RR 2007, 639. || [3] MünchArbR/*Matthes*, § 265 Rz. 7. || [4] Richardi/*Thüsing*, § 101 Rz. 13. || [5] BAG 18.7.1978 – 1 ABR 43/75, DB 1978, 2322 f.; 21.11.1978 – 1 ABR 91/76, DB 1979, 749 f.; LAG Nds. 28.1.2010 – 5 TaBV 65/09; *Besgen*, BVR, § 22 Rz. 28. || [6] MünchArbR/*Matthes*, § 265 Rz. 11; LAG Hess. 27.5.2008 – 4 TaBV 288/07, AuR 2008, 362. || [7] BAG 26.4.1990 – 1 ABR 79/89, DB 1990, 2378 f. || [8] LAG Hess. 25.6.2007 – 4 Ta 92/07, AuR 208, 78 f. || [9] *Fitting*, § 101 Rz. 7; Richardi/*Thüsing*, § 101 Rz. 23; aA *Matthes*, FS Richardi, 2007, S. 685 ff.; DKKW/*Bachner*, § 101 Rz. 13. || [10] *Fitting*, § 101 Rz. 10; Richardi/*Thüsing*, § 101 Rz. 25. || [11] BAG 19.1.2010 – 1 ABR 62/08, NZA 2010, 592 (593). || [12] *Matthes*, DB 1989, 1285 (1289).

2. die Kündigung gegen eine Richtlinie nach § 95 verstößt,
3. der zu kündigende Arbeitnehmer an einem anderen Arbeitsplatz im selben Betrieb oder in einem anderen Betrieb des Unternehmens weiterbeschäftigt werden kann,
4. die Weiterbeschäftigung des Arbeitnehmers nach zumutbaren Umschulungs- oder Fortbildungsmaßnahmen möglich ist oder
5. eine Weiterbeschäftigung des Arbeitnehmers unter geänderten Vertragsbedingungen möglich ist und der Arbeitnehmer sein Einverständnis hiermit erklärt hat.

(4) Kündigt der Arbeitgeber, obwohl der Betriebsrat nach Absatz 3 der Kündigung widersprochen hat, so hat er dem Arbeitnehmer mit der Kündigung eine Abschrift der Stellungnahme des Betriebsrats zuzuleiten.

(5) Hat der Betriebsrat einer ordentlichen Kündigung frist- und ordnungsgemäß widersprochen und hat der Arbeitnehmer nach dem Kündigungsschutzgesetz Klage auf Feststellung erhoben, dass das Arbeitsverhältnis durch die Kündigung nicht aufgelöst ist, so muss der Arbeitgeber auf Verlangen des Arbeitnehmers diesen nach Ablauf der Kündigungsfrist bis zum rechtskräftigen Abschluss des Rechtsstreits bei unveränderten Arbeitsbedingungen weiterbeschäftigen. Auf Antrag des Arbeitgebers kann das Gericht ihn durch einstweilige Verfügung von der Verpflichtung zur Weiterbeschäftigung nach Satz 1 entbinden, wenn

1. die Klage des Arbeitnehmers keine hinreichende Aussicht auf Erfolg bietet oder mutwillig erscheint oder
2. die Weiterbeschäftigung des Arbeitnehmers zu einer unzumutbaren wirtschaftlichen Belastung des Arbeitgebers führen würde oder
3. der Widerspruch des Betriebsrats offensichtlich unbegründet war.

(6) Arbeitgeber und Betriebsrat können vereinbaren, dass Kündigungen der Zustimmung des Betriebsrats bedürfen und dass bei Meinungsverschiedenheiten über die Berechtigung der Nichterteilung der Zustimmung die Einigungsstelle entscheidet.

(7) Die Vorschriften über die Beteiligung des Betriebsrats nach dem Kündigungsschutzgesetz bleiben unberührt.

I. Vorbemerkungen 1	4. Entscheidung des Betriebsrats 55
II. Geltungsbereich der Vorschrift 2	V. Informationsanspruch des Arbeitnehmers 80
1. Beendigungstatbestände 2	VI. Rechtsfolgen eines fehlerhaften Beteiligungsverfahrens 82
2. Kreis der geschützten Arbeitnehmer 7	VII. Der betriebsverfassungsrechtliche Weiterbeschäftigungsanspruch 83
III. Unterrichtungspflicht des Arbeitgebers ... 14	1. Voraussetzungen des Weiterbeschäftigungsanspruchs 84
1. Partner des Anhörungsverfahrens 14	2. Inhalt des Weiterbeschäftigungsanspruchs 89
2. Adressat der Informationen 17	3. Durchsetzung des Weiterbeschäftigungsanspruchs 91
3. Form und Umfang der Unterrichtung 18	4. Entbindung von der Weiterbeschäftigungspflicht 92
4. Zeitpunkt der Unterrichtung 20	VIII. Der allgemeine Weiterbeschäftigungsanspruch 97
5. Inhalt der Unterrichtung 25	IX. Erweiterung der Mitbestimmung (Abs. 6) . 98
6. Darlegungs- und Beweislastfragen 46	X. Beteiligung des Betriebsrats nach anderen Vorschriften 101
7. Rechtsfolgen bei fehlerhafter Einleitung des Anhörungsverfahrens 47	
IV. Beschlussfassung des Betriebsrats 48	
1. Allgemeines 48	
2. Zuständiges Gremium 50	
3. Ordnungsgemäße Beschlussfassung 53	

1 **I. Vorbemerkungen.** Mit der Einführung der besonderen Beteiligungsrechte des BR durch das BetrVG 1972 verfolgte der Gesetzgeber das Ziel, wegen der einschneidenden Bedeutung der Kündigung des ArbVerh durch den ArbGeb die Rechtsstellung sowohl des BR als auch des einzelnen ArbN erheblich zu verbessern[1]. Dieses Ziel wollte der Gesetzgeber erreichen, indem dem BR die Gelegenheit gegeben wird, aus seiner Sicht zur Kündigung des ArbN Stellung zu nehmen, um so auf den Willensbildungsprozess des ArbGeb vor Ausspruch der Kündigung einzuwirken, damit ggf. es gar nicht zu einer Kündigung kommt[2]. Bereits aus der Gesetzesbegründung zum BetrVG 1972 wird deutlich, dass § 102 nicht allein dem **Individualschutz** dient, sondern auch, wie sich aus Abs. 3 Nr. 2 ergibt, **kollektive Interessen** zu verwirklichen trachtet[3].

2 **II. Geltungsbereich der Vorschrift. 1. Beendigungstatbestände.** Anknüpfungstatbestand für das Beteiligungsrecht nach § 102 ist die Kündigung. Hierbei differenziert das Gesetz nicht danach, ob es sich

---
[1] RegE eines BetrVG, BT-Drs. VI/1786, 32. ||[2] Vgl. BAG 1.4.1981 – 7 AZR 1003/78, NJW 1981, 2772. ||[3] BAG 13.7.1978 – 2 AZR 717/76, NJW 1979, 1677.

um eine **ordentl. oder außerordentl. Kündigung** handelt. Demzufolge findet § 102 auch im Fall der außerordentl. Kündigung Anwendung[1]. Ob das **KSchG** auf das zu kündigende ArbVerh Anwendung findet, hat keine Bedeutung für den Beteiligungstatbestand. Selbst eine **Kündigung vor Arbeitsantritt** unterliegt dem Beteiligungsrecht des BR[2]. Hingegen besteht bei einer sog. **Teilkündigung** kein Beteiligungsrecht des BR gem. § 102. Nach der st. Rspr. des BAG ist die Teilkündigung, also das Aufkündigen einzelner Arbeitsvertragsbestimmungen unter Aufrechterhaltung des ArbVerh als solches, als grds. unzulässig anzusehen[3]. Wenn aber ausnahmsw. im Arbeitsvertrag dem ArbGeb das Recht eingeräumt wird, sich einseitig von bestimmten arbeitsvertragl. Nebenabreden zu lösen[4], so ist hierin keine Kündigung iSd. Beteiligungstatbestandes des § 102 zu sehen. Schließlich wird durch eine solche „Teilkündigung" die Stellung des ArbN in der Belegschaft nicht berührt[5]. Gleiches gilt auch für den **Widerruf einzelner Leistungen.**

Anders stellt sich dagegen die Rechtslage bei der sog. **Änderungskündigung** dar. Hierbei bezweckt der ArbGeb zwar nicht die Auflösung des ArbVerh, sondern will lediglich eine Änderung der Arbeitsbedingungen erreichen[6]. Wenn der ArbN sich aber nicht mit dem Änderungsangebot einverstanden erklärt, folgt auch aus der Änderungskündigung eine Beendigung des ArbVerh. Deshalb ist in jedem Fall der BR gem. § 102 zu beteiligen[7]. Bei der Anhörung nach § 102 im Rahmen einer Änderungskündigung ist dem BR nicht nur das Änderungsangebot in allen Einzelheiten mitzuteilen, sondern der ArbGeb muss auch eindeutig darauf **hinweisen**, dass er bei Ablehnung des Änderungsangebots eine Beendigungskündigung beabsichtigt[8]. Die Anhörung nach § 102 ist selbst dann erforderlich, wenn der ArbN das ArbVerh in jedem Fall weiterführen möchte und deshalb die geänderten Arbeitsbedingungen unter Vorbehalt annimmt[9]. 3

Bei einem befristeten ArbVerh ist die Erklärung des ArbGeb, dass dieses **befristete Arbeitsverhältnis** mit Ablauf der Frist ende bzw. dass es nicht verlängert werde, keine Kündigung iSd. § 102[10]. Anders kann sich die Rechtslage dann darstellen, wenn es sich um eine unzulässige Befristung des ArbVerh gehandelt hat, mit der Folge, dass die Befristung unwirksam war. In diesen Fällen kann das Verhalten des ArbGeb, der ausdrücklich eine weitere Fortsetzung des ArbVerh ablehnt, als **hilfsweise erklärte Kündigung** für den Fall angesehen werden, dass die Befristung unzulässig gewesen ist[11]. Dann unterliegt die Beurteilung der Wirksamkeit einer solchen Kündigungserklärung den Vorschriften des § 102[12]. 4

Ebenfalls besteht kein Anhörungsrecht des BR gem. § 102 im Fall der **Anfechtung des Arbeitsvertrages**. Hierbei geht es um die Frage der Geltung oder Nichtgeltung eines Rechtsgeschäfts[13]. 5

Nach ganz überwiegender Auffassung ist auch vor **Abschluss eines Aufhebungsvertrages** die Durchführung des Beteiligungsverfahrens nach § 102 nicht erforderlich[14]. Im Hinblick auf die Beteiligung des BR ist vom Aufhebungsvertrag der sog. **Abwicklungsvertrag** zu unterscheiden. Dieser beinhaltet im Wesentlichen die Modalitäten, wie ein bereits gekündigtes ArbVerh abgewickelt werden soll[15]. Für die dem Abwicklungsvertrag zugrunde liegende Kündigung ist die Beteiligung des BR gem. § 102 erforderlich[16]. 6

2. Kreis der geschützten Arbeitnehmer. a) Allgemeines. Das Beteiligungsrecht des BR bezieht sich auf alle ArbN des Betriebes iSv. § 5. Demnach findet § 102 Anwendung auf die Kündigung von **Berufsausbildungsverhältnissen**[17], Beschäftigungsverhältnissen von Außendienstmitarbeitern, auf **Tele-ArbVerh**, aber auch selbstredend auf ArbVerh zwischen LeihArbN und Verleiher[18]. Dagegen sind **Kündigungen leitender Angestellter** gem. § 5 III dem BR gem. § 105 lediglich mitzuteilen[19]. Hierbei gilt es zu beachten, dass die Mitteilung nach § 105 nicht eine **vorsorgliche Anhörung** des BR zu ersetzen vermag. Wenn also ArbGeb und BR einen zu kündigenden ArbN für einen leitenden Angestellten halten, muss sich aus der Mitteilung des ArbGeb an den BR eindeutig ergeben, ob er den BR nach § 105 nur unterrichten oder nach Abs. 1 zu der beabsichtigten Kündigung vorsorglich auch anhören will[20]. Es genügt 7

---

1 Vgl. bereits RegE eines BetrVG, BT-Drs. VI/1786, 52. ||2 LAG Hess. 18.4.1979 – 10/7 Sa 788/78, ARST 1980, 14. ||3 BAG 7.10.1982 – 2 AZR 455/80, BAGE 40, 199; 25.2.1988 – 2 AZR 346/87, BAGE 57, 344; 14.11.1990 – 5 AZR 509/89, BAGE 66, 214; 19.6.2001 – 1 AZR 463/00, BAGE 98, 76. ||4 Vgl. etwa hierzu BAG 14.11.1990 – 5 AZR 509/89, NZA 1991, 377. ||5 *Heinze*, Personalplanung, Rz. 466. ||6 Zur „überflüssigen" Änderungskündigung BAG 19.7.2012 – 2 AZR 25/11, NJW 2012, 3051. ||7 BAG 3.11.1977 – 2 AZR 277/76, DB 1978, 1135; 30.9.1993 – 2 AZR 283/93, NZA 1994, 615 (617); 8.6.1995 – 2 AZR 739/94, RzK I 7a Nr. 30. ||8 BAG 30.11.1989 – 2 AZR 197/89, NZA 1990, 529 (530). ||9 BAG 28.5.1998 – 2 AZR 615/97, NZA 1998, 1167 (1168); APS/*Künzl*, § 2 KSchG Rz. 126 f.; KR/*Etzel*, § 102 Rz. 30; aA *Fitting*, § 102 Rz. 11. ||10 HM, *Fitting*, § 102 Rz. 15; KR/*Etzel*, § 102 Rz. 39. ||11 AA wohl Richardi/*Thüsing*, § 102 Rz. 18; ebenfalls abl., jedenfalls für den Fall der bloßen Nichtverlängerungsmitteilung, BAG 24.10.1979 – 5 AZR 851/78, DB 1980, 455; 26.4.1979 – 2 AZR 431/77, BB 1979, 1557. ||12 *Heinze*, Personalplanung, Rz. 467; *Fitting*, § 102 Rz. 17. ||13 BAG 11.11.1993 – 2 AZR 467/93, NZA 1994, 407 (409); *Löwisch/Kaiser*, § 102 Rz. 6; *Picker*, ZfA 1981, 1 (43 ff.); krit. hierzu: DKKW/*Bachner*, § 102 Rz. 21. ||14 DFL/*Rieble*, § 102 Rz. 5; KR/*Etzel*, § 102 Rz. 42; aA *Keppeler*, AuR 1996, 263 (265 f.). ||15 Zum Abwicklungsvertrag *Hümmerich*, NZA 1994, 200 ff. ||16 BAG 28.6.2005 – 1 ABR 25/04, AP Nr. 146 zu § 102 BetrVG 1972; krit. *Maties*, AP Nr. 146 zu § 102 BetrVG 1972. ||17 Zur Frage der Zuständigkeit bei Berufsausbildungsverhältnissen BAG 12.5.2005 – 2 AZR 149/04, NZA 2005, 1358. ||18 KR/*Etzel*, § 102 Rz. 12; DKKW/*Bachner*, § 102 Rz. 7; *Seel*, MDR 2012, 813 (816). ||19 BAG 25.10.2007 – 6 AZR 1045/06, BB 2008, 228; *Sieg*, FS Etzel, 2011, S. 361 (364). ||20 BAG 26.5.1977 – 2 AZR 135/76, BB 1977, 1351; 7.12.1979 – 7 AZR 1063/77, DB 1980, 742.

aber, wenn der BR der Mitteilung des ArbGeb entnehmen kann, dass damit auch ein vorsorgliches Anhörungsverfahren nach Abs. 1 eingeleitet werden soll[1].

8   b) **Arbeitsverhältnisse mit Auslandsbezug.** Bei ArbVerh mit Auslandsbezug entfällt die Beteiligungspflicht nach § 102 nur dann, wenn der ArbN kein Betriebsangehöriger des im Inland gelegenen Betriebes ist. Stellt sich die Auslandstätigkeit als Ausstrahlung des Inlandbetriebes dar, so findet auch § 102 bei Kündigungen der im Ausland tätigen ArbN Anwendung. So ist der BR eines in der Bundesrepublik Deutschland gelegenen Betriebes auch bei der Kündigung eines nicht nur vorübergehend im Ausland eingesetzten ArbN jedenfalls dann zu beteiligen, wenn der im Ausland tätige ArbN wie vor dem Inlandsbetrieb zuzuordnen ist. Dies hängt insb. von den Umständen des Einzelfalls ab und hier insb. von der Dauer des Auslandseinsatzes, der Eingliederung in einen Auslandsbetrieb, dem Bestehen und den Voraussetzungen eines Rückrufrechts zu einem Inlandseinsatz sowie dem sonstigen Inhalt der Weisungsbefugnis des ArbGeb[2]. Die Kündigung im Rahmen eines Insolvenzverfahrens nach der EuInsVO ist nach Art. 10 EuInsVO nach dem Recht des Mitgliedstaates zu beurteilen, das auf den Arbeitsvertrag anwendbar ist. Handelt es sich dabei um deutsches Arbeitsrecht, so gelten auch die Regelungen des kollektiven Arbeitsrechts und damit auch § 102[3].

9   c) **Arbeitsverhältnisse in Tendenzunternehmen.** Einschränkungen beim Beteiligungsrecht nach § 102 ergeben sich aus dem Gesichtspunkt des **Tendenzschutzes**[4]. Allerdings steht nach st. Rspr. des BAG auch der Tendenzcharakter eines Unternehmens nicht der Anhörung des BR zur Kündigung eines Tendenzträgers nach Abs. 1 entgegen[5]. Insoweit sind dem BR bei Kündigung eines Tendenzträgers selbst etwaige tendenzbedingte Kündigungsgründe mitzuteilen. Hinsichtlich seiner Einwendungen gegen die Kündigung muss sich der BR jedoch auf soziale Gesichtspunkte beschränken[6].

10 d) **Arbeitsverhältnisse bei Insolvenz des Arbeitgebers.** Auch bei Insolvenz des ArbGeb bleiben die Beteiligungsrechte des BR gem. § 102 erhalten. Jedoch tritt grds. erst mit Insolvenzeröffnung der Insolvenzverwalter in die Stellung des ArbGeb ein[7]. Auch nach einer Betriebsstilllegung ist der BR auf Grund seines Restmandates (§ 21b) in diesen Fällen anzuhören[8].

11 e) **Arbeitsverhältnisse im Arbeitskampf.** Im Arbeitskampf findet eine Einschränkung des Beteiligungsrechts des BR nach § 102 nur in Ausnahmefällen statt. Grds. bleiben die Beteiligungsrechte des BR hier insoweit bestehen, wie die fraglichen **Maßnahmen keinen Arbeitskampfbezug** haben[9]. Daher bedarf auch eine während eines Streiks ausgesprochene arbeitgeberseitige Kündigung der vorherigen Anhörung des BR, wenn die Kündigung aus anderen als arbeitskampfbedingten Gründen erfolgt[10]. Insofern entfällt das Beteiligungsrecht des BR nur, wenn der ArbGeb als Reaktion auf Arbeitskampfmaßnahmen Kündigungen ausspricht[11]. Von einer solchen **Kampfkündigung** ist auch dann auszugehen, wenn der ArbGeb wegen Beteiligung an einem rechtswidrigen Arbeitskampf eine außerordentl. Kündigung ausspricht[12].

12 f) **Kündigungen auf Veranlassung des Betriebsrats oder des Arbeitnehmers.** Besonderheiten ergeben sich dann, wenn eine Kündigung auf Veranlassung des BR ausgesprochen wird. Verlangt etwa der BR vom ArbGeb, einen bestimmten ArbN zu kündigen, und entschließt sich der ArbGeb, dem Wunsch des BR aus den von diesem angegebenen Gründen zu entsprechen, so ist – selbst wenn kein Fall einer **Druckkündigung** iSd. § 104 vorliegt – eine Beteiligung des BR nach § 102 nicht erforderlich. In dem Kündigungsverlangen des BR liegt bereits dessen Zustimmung zur Kündigung[13].

13 Anders ist die Rechtslage jedoch zu beurteilen, wenn nicht der BR die Kündigung verlangt, sondern der ArbN selbst derjenige ist, der auf die Anhörung des BR gem. Abs. 1 verzichtet. Würde die Kündigung ohne Beteiligung des BR ausgesprochen, so wäre sie wegen Verstoßes gegen Abs. 1 unwirksam, weil das Beteiligungsrecht des BR nicht durch eine Vereinbarung zwischen dem ArbGeb und dem ArbN ausgeschlossen werden kann[14]. Uneinigkeit besteht allerdings darüber, ob sich der ArbN im Falle eines Verzichts auf die fehlende Anhörung als Unwirksamkeitsgrund für die Kündigung berufen kann[15].

14 **III. Unterrichtungspflicht des Arbeitgebers. 1. Partner des Anhörungsverfahrens.** Das Beteiligungsrecht nach § 102 setzt einen **handlungsfähigen BR** voraus. Die Anhörungspflicht besteht also erst dann, wenn die Amtszeit des BR begonnen und der BR sich gem. § 29 konstituiert hat[16]. Zur Konstituierung

---

1 BAG 7.12.1979 – 7 AZR 1063/77, DB 1980, 742. ||2 BAG 7.12.1989 – 2 AZR 228/89, NZA 1990, 658. ||3 Vgl. LAG Hess. 14.12.2010 – 13 Sa 969/10, NZI 2011, 203. ||4 Vgl. KR/*Etzel*, § 102 Rz. 13. ||5 BAG 7.11.1975 – 1 AZR 282/74, NJW 1976, 727; 6.12.1988 – 1 ABR 42/87. ||6 BVerfG 6.11.1979 – 1 BvR 81/76, NJW 1980, 1093. ||7 BAG 22.9.2005 – 6 AZR 526/04, NZA 2006, 658 (661). ||8 BAG 26.7.2007 – 8 AZR 769/06, NZA 2008, 112 (117); 25.10.2007 – 8 AZR 917/06, BB 2008, 1175; *Löwisch*, FS Bepler, 2012, S. 403 (406); zur Anwendung von § 21b: BAG 24.5.2012 – 2 AZR 62/11, NZA 2013, 277; LAG Nürnberg 9.8.2011 – 6 Sa 230/10, BB 2011, 2612. ||9 BAG 22.12.1980 – 1 ABR 2/79, NJW 1981, 937. Auswirkung hat der Arbeitskampf also nur auf die Beteiligungsrechte des BR, wenn durch die Ausübung der Beteiligungsrechte die Kampfparität zwischen den Arbeitskampfparteien beeinträchtigt werden könnte. ||10 BAG 6.3.1979 – 1 AZR 866/77, NJW 1979, 2635. ||11 Vgl. hierzu APS/*Koch*, § 102 Rz. 15. ||12 BAG 14.2.1978 – 1 AZR 76/76, NJW 1979, 236. ||13 BAG 15.5.1997 – 2 AZR 519/96, NZA 1997, 1106 (1107); LAG BW 31.5.1995 – 12 Sa 188/94. ||14 Richardi/*Thüsing*, § 102 Rz. 39; *Fitting*, § 102 Rz. 56. ||15 Dafür: Richardi/*Thüsing*, § 102, Rz. 39a; dagegen: GK-BetrVG/*Raab*, § 102 Rz. 85, jew. mwN. ||16 BAG 23.8.1984 – 6 AZR 520/82, NZA 1985, 566; LAG Hamm 20.5.1999 – 4 Sa 1989/98, ZInsO 1999, 362.

des BR hat der Wahlvorstand, nachdem die Namen der BR-Mitglieder endgültig feststehen, die Mitglieder des BR zu der nach § 26 vorgeschriebenen Wahl des Vorsitzenden und seines Stellvertreters einzuberufen. Die Wahl des BR-Vorsitzenden und seines Stellvertreters ist Voraussetzung für die Handlungsfähigkeit des BR nach Beginn der Amtszeit[1]. Der ArbGeb ist nicht verpflichtet, mit dem Ausspruch einer Kündigung zu warten, bis sich der BR konstituiert hat[2]. Bei einer fehlerhaften Wahl des BR muss unterschieden werden: Der aus einer nichtigen Wahl hervorgegangene BR erwirbt keinerlei betriebsverfassungsrechtl. Befugnisse[3]. Die Nichtbeachtung des Anhörungserfordernisses nach § 102 führt in einem solchen Fall nicht zur Unwirksamkeit der Kündigung. Anders ist dies zu beurteilen, wenn die Wahl des BR lediglich anfechtbar ist. Die erfolgreiche Anfechtung der Wahl gem. § 19 I wirkt nur für die Zukunft[4]. Der BR bleibt demnach bis zur Rechtskraft einer die Wahl für ungültig erklärenden gerichtl. Entscheidung mit allen betriebsverfassungsrechtl. Befugnissen im Amt[5]. Die etwaige Nichtbeachtung des § 102 führt demnach in diesen Fällen zur Unwirksamkeit der Kündigung.

Sind alle BR- und Ersatzmitglieder gleichzeitig und nicht nur kurzfristig an der **Amtsausübung gehindert**, so entfällt die Beteiligungspflicht des ArbGeb nach § 102[6]. Da das Anhörungsrecht auch dann besteht, wenn der BR lediglich aus einer Person gebildet ist, entfällt eine Anhörungsverpflichtung des ArbGeb nur dann, wenn der Betriebsobmann nicht nur kurzfristig verhindert ist und ein Ersatzmitglied fehlt. Wenn das einzige Mitglied des BR arbeitsunfähig erkrankt und ein Stellvertreter nicht vorhanden ist, besteht für den ArbGeb jedenfalls eine Verpflichtung zur Anhörung des erkrankten BR-Mitglieds, wenn er davon ausgehen kann, dass dieses bereit und in der Lage ist, derartige BR-Tätigkeiten auszuüben[7]. **Funktionsfähig** ist der BR so lange, wie auch nur ein einziges BR- bzw. Ersatzmitglied sein Amt ausüben kann[8]. Hierbei spielt es keine Rolle, ob der BR noch nach § 33 II beschlussfähig ist. Vielmehr nimmt, wenn ein BR für die Dauer der Äußerungsfristen des Abs. 2 beschlussunfähig ist, weil in dieser Zeit mehr als die Hälfte der BR-Mitglieder an der Amtsausübung verhindert ist und nicht durch Ersatzmitglieder vertreten werden kann, der **RestBR** in entsprechender Anwendung des § 22 die Beteiligungsrechte des § 102 wahr[9]. Umstritten hingegen ist, ob und inwieweit ein Beteiligungsrecht des BR nach § 102 während der **Betriebsferien** besteht[10]. Es ist allerdings nicht einzusehen, warum im Fall der urlaubsbedingten Abwesenheit aller BR-Mitglieder etwas anderes gelten soll, als wenn aus sonstigen Gründen alle BR-Mitglieder an der Amtsausübung vorübergehend verhindert sind. Auch in diesem Fall ist die Anhörung des BR entbehrlich, wenn er wegen urlaubsbedingter Abwesenheit seiner Mitglieder funktionsunfähig ist[11].

Die Anhörungsverpflichtung entfällt zudem, wenn die Amtszeit des BR abgelaufen und noch kein neuer gewählt worden ist, es sei denn, der frühere BR führt die BR-Geschäfte gem. § 22 weiter. Aber auch während des Restmandats gem. § 21b besteht die Anhörungspflicht[12]. In betriebsratslosen Betrieben besteht nach Auffassung eines Teils der Rspr. die Verpflichtung, den ArbN vor der Kündigung selbst anzuhören[13]. Hierfür fehlt aber jede gesetzliche Grundlage.

2. Adressat der Informationen. Für das Mitwirkungsverfahren bei Kündigungen ist grds. der BR des Betriebes **zuständig**, dem der ArbN angehört[14]. Widerspricht der ArbN dem Übergang seines Betriebes auf einen anderen Betriebsinhaber, so kann sich daraus eine Verschlechterung seines Schutzes nach § 102 ergeben[15]. Die Anhörung eines anderen BR des Unternehmens kommt jedenfalls auch dann nicht in Betracht, wenn dieses noch über mehrere weitere Betriebe verfügt und kein Anhaltspunkt dafür besteht, welchem der verbleibenden Betriebe der widersprechende ArbN zugeordnet werden könnte, ebenso wenig müssen dann alle BR der verbleibenden Unternehmen angehört werden[16]. Beteiligt der ArbGeb einen nicht zuständigen Betriebsrat an einer beabsichtigten Kündigung, so fehlt es an einer ordnungsgemäßen Anhörung iSv. Abs. 1 S. 3[17]. Eine Betriebsangehörigkeit iSd. BetrVG liegt vor bei ArbN, die in einem ArbVerh zum Inhaber des Betriebs stehen und innerhalb der Betriebsorganisation des ArbGeb abhängige Arbeitsleistungen erbringen[18]. Fehlt es dabei an einer tatsächlichen Eingliederung, so kommt es auf die Zuordnung an[19]. Im Fall einer Personalgestellung ist das Mitbestimmungsgremium des Betriebs zu beteiligen, bei dem im Hinblick auf den Gegenstand des MitbestR die Entscheidungsbefugnis verblieben[20]. Die Mitteilung der Gründe für die Kündigung hat ggü. dem BR zu erfolgen. Dh., zur Entgegennahme ist nur der **Vorsitzende des BR** oder im Fall seiner Verhinderung dessen Stellvertreter berechtigt[21]. Hat der BR die vom ArbGeb angekündigte Übergabe eines Anhörungs-

---

1 LAG Hamm 20.5.1999 – 4 Sa 1989/98, ZInsO 1999, 362. ‖ 2 BAG 23.8.1984 – 6 AZR 520/82, NZA 1985, 566 (567); Richardi/*Thüsing*, § 102 Rz. 30; aA APS/*Koch*, § 102 Rz. 45; KR/*Etzel*, § 102 Rz. 24b. ‖ 3 BAG 3.6.2004 – 2 AZR 577/03, NZA 2005, 175. ‖ 4 BAG 13.3.1991 – 7 ABR 5/90, NZA 1991, 946. ‖ 5 LAG Hess. 18.12.2009 – 19/3 Sa 323/09. ‖ 6 BAG 18.8.1982 – 7 AZR 437/80, NJW 1983, 2836. ‖ 7 BAG 15.11.1984 – 2 AZR 341/83, NZA 1985, 367. ‖ 8 Vgl. dazu auch LAG Düss. 15.4.2011 – 6 Sa 857/10, NZA-RR 2011, 531. ‖ 9 BAG 18.8.1992 – 7 AZR 437/80, NJW 1983, 2836. ‖ 10 Vgl. hierzu APS/*Koch*, § 102 Rz. 49 mwN. ‖ 11 Stege/Weinspach/*Schiefer*, § 102 Rz. 43c; ausdrücklich offengelassen: BAG 22.5.1980 – 2 AZR 619/78; aA KR/*Etzel*, § 102 Rz. 24d. ‖ 12 LAG Nds. 23.4.2007 – 9 Sa 815/06, AuR 2007, 444. ‖ 13 Vgl. dazu ausf. ArbG Gelsenkirchen 17.3.2010 – 2 Ca 319/10, NZA 2010, 1178. ‖ 14 BAG 7.11.1990 – 2 AZR 225/90, RzK III 1a Nr. 47. ‖ 15 Vgl. hierzu LAG Köln 17.8.2012 – 10 Sa 1347/11. ‖ 16 LAG Schl.-Holst. 10.11.2010 – 6 Sa 195/10. ‖ 17 BAG 12.5.2005 – 2 AZR 149/04, NZA 2005, 1358. ‖ 18 BAG 22.3.2000 – 7 ABR 34/98, NZA 2000, 1119 mwN. ‖ 19 Vgl. BAG 13.4.2010 – 9 AZR 36/09, DB 2010, 2805. ‖ 20 Vgl. BAG 9.6.2011 – 6 AZR 132, AP Nr. 164 zu § 102 BetrVG 1972; *Ricken*, ZfA 2012, 615 (751 f). ‖ 21 BAG 6.2.1997 – 2 AZR 265/96, NZA 1997, 656; 5.4.1990 – 2 AZR 337/89, RzK III 1a Nr. 44; 6.10.2005 – 2 AZR 316/04, NZA 2006, 990 (991).

schreibens außerhalb des Betriebes nicht abgelehnt, ist der stellvertretende Vorsitzende nach § 26 II 2 gleichwohl zur Entgegennahme berechtigt, wenn das Schreiben dem Vorsitzenden mangels Anwesenheit nicht ausgehändigt werden kann[1]. Hat aber der BR die Ausübung der Mitbest. einem **besonderen Ausschuss**, wie etwa einem Personalausschuss zur selbständigen Erledigung übertragen, so ist in diesem Fall der Vorsitzende dieses Ausschusses neben dem BR-Vorsitzenden ebenfalls berechtigt, die Erklärungen des ArbGeb entgegenzunehmen[2]. Wendet sich der ArbGeb dagegen an ein **BR-Mitglied**, welches nicht zur Entgegennahme von Erklärungen des ArbGeb berechtigt ist, so ist dieses BR-Mitglied lediglich **Erklärungsbote** des ArbGeb. Dies hat zur Konsequenz, dass die Mitteilung erst wirksam wird, wenn sie vom unzuständigen Mitglied als Erklärungsbote des ArbGeb dem Vorsitzenden oder einem zum Empfang ermächtigten Mitglied des BR oder einem zuständigen Ausschuss zugeht[3]. Die Funktion des Erklärungsboten setzt jedoch das Einverständnis des BR-Mitglieds und des ArbGeb voraus, für diesen die Wissensvermittlung an den BR vorzunehmen[4]. Der BR-Vorsitzende, bzw. im Falle seiner Verhinderung der stellvertretende BR-Vorsitzende, ist jedoch nicht verpflichtet, Mitteilungen des ArbGeb betreffend beabsichtigter Kündigungen **außerhalb seiner Arbeitszeit** entgegenzunehmen. In einem solchen Fall muss allerdings der ArbGeb darauf hingewiesen werden, dass der BR-Vorsitzende bzw. dessen Stellvertreter nicht bereit ist, außerhalb seiner Arbeitszeit und außerhalb der Betriebsräume derartige Mitteilungen entgegenzunehmen. Die widerspruchslose Entgegennahme einer Mitteilung des ArbGeb iSd. Abs. 1 durch den BR-Vorsitzenden, oder bei dessen Verhinderung durch den Stellvertreter, setzt selbst dann die Wochenfrist des Abs. 2 S. 1 in Lauf, wenn die Mitteilung außerhalb der Arbeitszeit und außerhalb der Betriebsräume erfolgt[5]. Bereits an dieser Stelle ist darauf hinzuweisen, dass eine Mitteilung der Kündigungsgründe entbehrlich sein kann, wenn der BR bei Einl. des Anhörungsverfahrens bereits über den erforderlichen Kenntnisstand verfügt, um über die konkret beabsichtigte Kündigung eine Stellungnahme abgeben zu können. Jedoch muss sich auch hierbei der BR grds. nur das Wissen seines zur Entgegennahme von Erklärungen gem. § 26 II 2 berechtigten oder hierzu ausdrücklich ermächtigten BR-Mitglieds zurechnen lassen[6]. Nicht ausreichend dagegen ist, wenn nur einzelne und nicht empfangsberechtigte BR-Mitglieder über einen ausreichenden Wissensstand verfügen[7].

18 3. **Form und Umfang der Unterrichtung.** Die Anhörung des BR stellt eine rechtsgeschäftsähnliche Handlung dar[8]. Für die Mitteilung der Kündigungsgründe an den BR sieht das Gesetz keine besondere **Form** vor. Dies bedeutet, dass die erforderlichen Informationen dem BR-Vorsitzenden auch mündlich übermittelt werden können[9]. In keinem Fall besteht aber für den ArbGeb die Verpflichtung, vorhandene **schriftl. Unterlagen** dem BR vorzulegen oder **Einsicht in die Personalakten** des betroffenen ArbN zu gewähren[10]. Für die Praxis ist es jedoch zu empfehlen, die Unterrichtung zumindest auch in schriftl. Form vorzunehmen. Die Vorschrift des § 174 BGB ist auch analog auf das Anhörungsverfahren nicht anwendbar[11]. Für das formfreie Verfahren nach § 102 geht der Gesetzgeber davon aus, dass das Gebot der vertrauensvollen Zusammenarbeit nach § 2 I den BR ausreichend schützt[12]. Der BR-Vorsitzende oder der sonstige Adressat des Anhörungsschreibens sollte auf einer Kopie des Anhörungsschreibens die Entgegennahme des Originals ausdrücklich mit Datumsangabe **quittieren**.

19 Mit der Mitteilung ist der BR aufzufordern, zu der beabsichtigten Kündigung Stellung zu nehmen. Diese **Aufforderung zur Stellungnahme** sollte, aber braucht nicht ausdrücklich zu erfolgen. Es muss sich jedoch aus den Gesamtumständen ergeben, dass der BR nicht nur § 105 unterrichtet werden soll, sondern dass mit der Mitteilung ein Anhörungsverfahren nach § 102 eingeleitet werden soll.

20 4. **Zeitpunkt der Unterrichtung.** Hinsichtlich des Zeitpunktes der Mitteilung regelt Abs. 1 S. 1 nur, dass der BR vor jeder Kündigung zu hören ist. Die Dauer der Anhörungsfrist ergibt sich dann aus Abs. 2 S. 1 und 3. Für den Fristbeginn ist unerheblich, ob der ArbGeb seinen Kündigungswillen zum Zeitpunkt der Einleitung des Anhörungsverfahrens schon abschließend gebildet hat[13]. Demzufolge spielt es keine Rolle, wenn der ArbGeb, als er das Anhörungsverfahren einleitete, das Original des Kündigungsschreibens bereits unterschrieben hatte. Vielmehr ist entscheidend, dass er seinen Kündigungswillen noch nicht verwirklicht hat, bevor das Anhörungsverfahren abgeschlossen ist. Dies wäre dann der Fall, wenn die schriftl. Kündigungserklärung den Machtbereich des ArbGeb verlassen hat, also etwa wenn das Kündigungsschreiben zur Post aufgegeben wurde[14]. Hier kann dann auch eine **nachträglich erteilte Zu-**

---

[1] BAG 7.7.2011 – 6 AZR 248/10, NZA 2011, 1108; krit. dazu *Wroblewski*, AuR 2012, 34f.. ||[2] BAG 4.8.1975 – 2 AZR 266/74, DB 1975, 2184. ||[3] BAG 26.9.1991 – 2 AZR 132/91, NZA 1992, 1073 (1074); 5.4.1990 – 2 AZR 337/89, RzK III 1a Nr. 44. ||[4] BAG 27.6.1985 – 2 AZR 412/84, NZA 1986, 426 (428); APS/*Koch*, § 102 Rz. 80; aA KR-*Etzel*, § 102 Rz. 85. ||[5] BAG 27.8.1992 – 7 AZR 30/80, NJW 1983, 2835. ||[6] BAG 27.6.1985 – 2 AZR 412/84, NZA 1986, 426 (427); 28.3.1974 – 2 AZR 472/73, NJW 1974, 1726; 23.10.2008 – 2 AZR 163/07, BB 2009, 1758. ||[7] BAG 2.11. 1983 – 7 AZR 65/82, DB 1984, 407. ||[8] BAG 13.12.2012 – 6 AZR 348/11, NZA 2013, 669; 25.4.2013 – 6 AZR 49/12, NZI 2013, 758. ||[9] BAG 6.2.1997 – 2 AZR 265/96, NZA 1997, 656 (658). ||[10] BAG 26.1.1995 – 2 AZR 386/94, NZA 1995, 672 (674); 6.2.1997 – 2 AZR 265/96, NZA 1997, 656 (658); 28.6.2007 – 6 AZR 750/06, NZA 2007, 1049. ||[11] BAG 13.12.2012 – 6 AZR 348/11, NZA 2013, 669; LAG Hess. 25.7.2011 – 17 Sa 116/11, aA LAG BW 11.3.2011 – 7 Sa 109/10, ArbR 2011, 283; LAG Bln.-Bgg. 29.6.2011 – 15 Sa 735/11; hierzu *Müller*, FA 2010, 37 (39); BAG 25.4.2013 – 6 AZR 49/12, NZI 2013, 758. ||[12] BAG 13.12.2012 – 6 AZR 348/11, NZA 2013, 669; 13.12.2013 – 6 AZR 608/11, BB 2013, 948; hierzu *Nungeßer*, NZI 2013, 384 (385f.). ||[13] BAG 28.9.1978 – 2 AZR 2/77, DB 1979, 1136. ||[14] Vgl. BAG 28.9.1978 – 2 AZR 2/77, DB 1979, 1136; 13.11.1975 – 2 AZR 610/74, NJW 1976, 1766. Anders jedoch für einen Sonderfall BAG 8.4.2003 – 2 AZR 515/02, NZA 2003, 961 (962).

stimmung des BR zur Kündigung keine nachträgliche Heilung des unwirksamen Rechtsgeschäfts herbeiführen. Auf der anderen Seite widerspricht es geradezu dem Sinn und Zweck des Anhörungsverfahrens, wenn es zu einem Zeitpunkt eingeleitet wird, in dem der ArbGeb seine Kündigungsabsicht noch gar nicht verwirklichen will oder kann. Wird etwa der BR zu einer Kündigung nach Abschluss eines Sozialplans angehört, kündigt aber der ArbGeb bereits vor dem Sozialplanabschluss, so ist zu dieser tatsächlich ausgesprochenen Kündigung der BR nicht ordnungsgemäß angehört worden[1].

Besonders problematisch sind die Fälle sog. **Wiederholungskündigungen**, in denen bereits eine Kündigung erklärt wurde, zu der der BR ordnungsgemäß angehört wurde, jedoch der ArbGeb eine weitere, auf denselben Sachverhalt gestützte Kündigung aussprechen will[2]. Hier differenziert die Rspr. nach dem Zugang der Kündigungserklärung. Wurde der BR bereits angehört, ist jedoch dem ArbN die Kündigungserklärung nicht zugegangen, so kann der ArbGeb, ohne noch einmal den BR beteiligen zu müssen, die Kündigung erneut aussprechen und den Zugang bewirken, wenn noch ein zeitlicher Zusammenhang zur Anhörung besteht und der Sachverhalt sich nicht geändert hat[3]. Ist jedoch die erste Kündigung beim ArbN zugegangen, löst dies nach Auffassung des BAG für eine weitere Kündigung eine erneute Beteiligungspflicht nach § 102 aus. Mit dem Zugang der Kündigungserklärung ist die erfolgte BR-Anhörung regelmäßig verbraucht[4]. Von einem solchen **„Verbrauch" des Kündigungsrechts** ist auszugehen, wenn ein Bevollmächtigter für den ArbGeb kündigt und dieser wegen nachträglich eintretender Zweifel an der Zurechenbarkeit dieser ersten Kündigung eine weitere (vorsorgliche) Kündigung ausspricht[5] oder eine erste Kündigung gem. § 174 BGB zurückgewiesen wird[6]. 21

Von dieser sog. Wiederholungskündigung ist die sog. **Vorratskündigung** zu unterscheiden. Hierbei erfolgt der Ausspruch der Kündigung nicht unmittelbar nach Kenntniserlangung vom Kündigungsgrund und anschließender Beendigung des Beteiligungsverfahrens nach § 102, sondern erst mit einem zeitlichen Abstand zur Anhörung des BR. In einem solchen Fall ist eine erneute Anhörung erforderlich, jedenfalls dann, wenn sich inzwischen der Kündigungssachverhalt geändert hat[7]. 22

Besonderheiten können sich bei der Kündigung von **schwerbehinderten Menschen** ergeben. Gem. §§ 85, 91 SGB IX bedarf die außerordentl. oder ordentl. Kündigung des ArbVerh eines schwerbehinderten Menschen durch den ArbGeb der vorherigen Zustimmung des **Integrationsamtes**. Im Hinblick auf das Anhörungsverfahren nach § 102 steht es dem ArbGeb frei, ob er dieses Verfahren vor dem Antrag auf Erteilung der Zustimmung gem. SGB IX oder noch während des Verwaltungsverfahrens stellt oder aber die Entscheidung des Integrationsamtes abwarten will, um anschließend das Anhörungsverfahren gem. § 102 einzuleiten[8]. Leitet der ArbGeb aber das Anhörungsverfahren vor Beteiligung des Integrationsamtes ein, so ist nach abschließender Entscheidung des Integrationsamtes eine erneute Anhörung des BR dann erforderlich, wenn wegen der Dauer des Zustimmungsverfahrens die ursprüngliche Einschätzung der Tragweite der beabsichtigten Kündigung nicht mehr zutreffend ist, dh. wenn sich inzwischen der Sachverhalt iÜ wesentlich geändert hat[9]. Die Unterrichtung ist aber nicht etwa fehlerhaft, wenn der ArbGeb im Rahmen der Anhörung einen unrichtigen Endtermin angegeben hat und der BR um das noch durchzuführende Verfahren beim Integrationsamt weiß[10]. Bei einer **außerordentl. Kündigung** eines schwerbehinderten Menschen ist jedoch zu beachten, dass gem. § 91 V SGB IX der ArbGeb, sofern die Zustimmung des Integrationsamtes zur außerordentl. Kündigung vorliegt, **unverzüglich** handeln muss. Ist bis dahin eine Anhörung gem. § 102 nicht erfolgt, so muss durch den ArbGeb **unverzüglich das Anhörungsverfahren eingeleitet werden**[11]. In diesem Zusammenhang ist zu beachten, dass der ArbGeb nicht auf die Zustimmung des Integrationsamtes zu warten braucht. Vielmehr bestimmt § 91 III 2 SGB IX, dass die Zustimmung als erteilt gilt, wenn das Integrationsamt nicht innerhalb einer Frist von zwei Wochen vom Tag des Eingangs des Antrages an eine Entscheidung getroffen hat. Spätestens nach Ablauf dieser zwei Wochen ist der ArbGeb gehalten, unverzüglich das Anhörungsverfahren nach § 102 einzuleiten. 23

Entsprechendes gilt bei behördl. Entscheidungen gem. § 9 III MuSchG. So hat bei einer außerordentl. Kündigung der ArbGeb nach Zugang der Zulässigkeitserklärung iSd. § 9 III MuSchG unverzüglich den BR gem. § 102 anzuhören, sofern dieses noch nicht geschehen ist, und bei Vorliegen der Stellungnahme des BR oder bei Ablauf der Stellungnahmefrist nach § 102 die Kündigung auszusprechen[12]. 24

5. Inhalt der Unterrichtung. a) Sozialdaten. Abs. 1 S. 2 verlangt, dass der ArbGeb dem BR die Gründe für die Kündigung mitzuteilen hat. Hierzu gehört, dass der ArbGeb den zu kündigenden **ArbN hinreichend individualisiert**[13]. Dafür genügt es jedoch nicht, dass der ArbGeb dem BR bei einer Massenentlassung die Anzahl der zu berücksichtigenden ArbN mitteilt, ohne die ArbN durch Benennung 25

|| 1 BAG 27.11.2003 – 2 AZR 654/02, AP Nr. 136 zu § 102 BetrVG 1972. || 2 Hierzu Lingemann/Beck, NZA-RR 2007, 225. || 3 BAG 6.2.1997 – 2 AZR 192/96, EzA § 102 BetrVG 1972 Nr. 95. || 4 BAG 16.9.1993 – 2 AZR 267/93, NZA 1994, 311 (313); 10.11.2005 – 2 AZR 623/04, NZA 2006, 491 (494); 3.4.2008 – 2 AZR 965/06, NZA 2008, 807; krit. Diller, SAE 2009, 1 (4 ff.). || 5 BAG 31.1.1996 – 2 AZR 273/95, NZA 1996, 649 (651). || 6 LAG Köln 30.3.2004 – 5 (13) Sa 1380/03, ZTR 2004, 606. || 7 BAG 26.5.1977 – 2 AZR 201/76, NJW 1978, 603; Heinze, Personalplanung, Rz. 503; APS/Koch, § 102 Rz. 64. || 8 BAG 18.5.1994 – 2 AZR 626/93, NZA 1995, 65; 11.3.1998 – 2 AZR 401/97, RzK IV 8a Nr. 45; LAG Hamm 17.12.2008 – 2 Sa 1020/08, EzA-SD 2009, Nr. 14, 7. || 9 BAG 11.3.1998 – 2 AZR 401/97, RzK IV 8a Nr. 45; KR/Etzel, § 102 Rz. 60. || 10 KR/Etzel, § 102 Rz. 60; LAG Köln 13.02.2012 – 5 Sa 303/11. || 11 BAG 3.7.1980 – 2 AZR 340/78, NJW 1981, 1332. || 12 LAG Hamm 3.10.1986 – 17 Sa 935/86, DB 1987, 282. || 13 LAG Bremen 19.10.2006 – 3 Sa 173/06, LAGE § 613a BGB 2002 Nr. 9c; LAG Hamm 5.10.2011 – 6 Sa 2/11.

ihrer Sozialdaten (**Alter, Unterhaltspflichten, Betriebszugehörigkeit** und evtl. die **Schwerbehinderteneigenschaft**) näher zu bezeichnen[1]. Ausnahmsw. führt die fehlende Mitteilung der genauen Sozialdaten der zu kündigenden ArbN nicht zur Unwirksamkeit der Kündigung gem. Abs. 1 S. 3, wenn eine Sozialauswahl nach der für den BR erkennbaren Auffassung des ArbGeb wegen der Stilllegung des gesamten Betriebes nicht vorzunehmen ist[2]. Gleiches gilt dann, wenn es dem ArbGeb wegen der Schwere der Kündigungsvorwürfe auf die genauen Daten ersichtlich nicht ankommt und der BR die ungefähren Daten kennt, so dass er die Kündigungsabsicht des ArbGeb ausreichend beurteilen kann[3]. Hinsichtlich der Einzelheiten zu den Unterhaltspflichten und zum Familienstand kann sich der ArbGeb auf die in den Personalunterlagen und LStKarten enthaltenen Angaben beschränken, er muss dies aber ggü. dem BR kennzeichnen[4]. Eine Verpflichtung, über die dort zu findenden Angaben hinaus weitere Nachforschungen anzustellen, besteht also nicht[5]. Zu den mitteilungspflichtigen Tatsachen gehören auch Angaben darüber, ob der ArbN besonderen Kündigungsschutz etwa nach dem MuSchG bzw. dem SGB IX oder auf Grund tarifvertragl. Bestimmungen genießt. Ist jedoch einem ArbGeb nicht bekannt, dass der ArbN einen Antrag auf Anerkennung als Schwerbehinderter gestellt hat, macht dies die Kündigung nicht wegen Verstoßes gegen Abs. 1 unwirksam[6].

26 b) **Art der Kündigung.** Zu den Mitteilungspflichten des ArbGeb zählt auch, dass dieser dem BR die Art der beabsichtigten Kündigung mitzuteilen hat, insb. ob der Ausspruch einer ordentl. oder außerordentl. Kündigung beabsichtigt ist. Im Fall einer außerordentl. Kündigung muss der ArbGeb ggf. deutlich machen, dass er den BR ebenfalls zu einer vorsorglichen ordentl. Kündigung anhören will[7]. Die Anhörung allein zur außerordentl. Kündigung ersetzt nicht die Anhörung zu einer ordentl. Kündigung. Eine Ausnahme von diesem Grundsatz lässt die Rspr. dann zu, wenn der BR, der lediglich zu einer beabsichtigten außerordentl. Kündigung angehört wurde, dieser ausdrücklich und vorbehaltlos zugestimmt hat und auch aus sonstigen Umständen nicht zu ersehen war, dass der BR für den Fall der Unwirksamkeit der außerordentl. Kündigung der dann verbleibenden ordentl. Kündigung entgegengetreten wäre[8]. Im Fall einer beabsichtigten Kündigung eines **unkündbaren ArbN** setzt eine ordnungsgemäße Anhörung des BR nach Abs. 1 voraus, dass der ArbGeb dem BR die Art der beabsichtigten Kündigung, insb. also mitteilt, ob eine ordentl. oder eine außerordentl. Kündigung ausgesprochen werden soll, selbst wenn der ArbGeb ohne jede Erläuterung eine nach der objektiven Rechtslage nur außerordentlich mögliche Kündigung unter Einhaltung einer Auslauffrist aussprechen will[9]. Will der ArbGeb im Wege der **Änderungskündigung** die Arbeitsbedingungen einseitig ändern, so hat er dem BR das Änderungsangebot und die Gründe für die beabsichtigte Änderung der Arbeitsbedingungen mitzuteilen[10] sowie dann, wenn er sich eine Beendigungskündigung vorbehält und sich eine erneute Anhörung dazu ersparen will, zugleich zu verdeutlichen, dass er im Fall der Ablehnung des Änderungsangebots durch den ArbN die Beendigungskündigung beabsichtigt[11]. Aber auch, wenn der ArbGeb den BR zu einer Beendigungskündigung angehört hat und er dann hiervon abweichend lediglich eine Änderungskündigung aussprechen will, hat er erneut das Anhörungsverfahren nach § 102 durchzuführen[12]. Der ArbGeb kann allerdings offenlassen, ob er eine Änderungs- oder eine Beendigungskündigung aussprechen wird, soweit der Kündigungssachverhalt für beide Alternativen feststeht und sein Entschluss, das ArbVerh nicht in seiner bisherigen Form fortzusetzen, vorbehaltlos ist, er also eine der beiden Kündigungen in jedem Falle aussprechen wird, weil die bisherige Beschäftigungsmöglichkeit entfallen ist und eine Weiterbeschäftigung zu anderen Bedingungen allein vom Willen des ArbN abhängt[13].

27 c) **Kündigungsfrist.** Will der ArbGeb eine ordentl. Kündigung aussprechen, so muss er in seiner Mitteilung an den BR ferner dem Grundsatz nach den **Kündigungstermin** und die **Kündigungsfrist** angeben. Hier sieht die Rspr. die Frist als einen wesentlichen Bestandteil für die Interessenabwägung an. Jedoch ist der ArbGeb nur gehalten, dem BR seine **subjektive Vorstellung** über die anwendbare Kündigungsfrist mitzuteilen. Dies hat zur Konsequenz, dass das Anhörungsverfahren nicht deshalb fehlerhaft ist, weil sich der ArbGeb hinsichtlich der anwendbaren Kündigungsfrist bzw. der Fristberechnung in einem Irrtum befindet[14]. Allerdings braucht der ArbGeb für eine ordnungsgemäße Anhörung nur das ungefähre Vertragsende und die zwischen Ausspruch der Kündigung und Entlassungstermin liegende Zeitdauer in etwa abzuschätzen. Die ganz exakte Kenntnis ist nach Auffassung des BAG schon deshalb nicht erforderlich, weil idR nicht sicher ist, zu welchem Zeitpunkt die Kündigung zugeht[15]. Ausnahmsw. muss der ArbGeb dann keine besonderen Ausführungen über die Dauer der ein-

---

1 BAG 16.9.1993 – 2 AZR 267/93, NZA 1994, 311 (313); umfassend hierzu *Oppertshäuser*, NZA 1997, 920 ff. ||2 Vgl. BAG 13.5.2004 – 2 AZR 329/03, NZA 2004, 1037. ||3 BAG 15.11.1995 – 2 AZR 974/94, NJW 1996, 1556; LAG Hamm 10.7.2012 – 14 Sa 1711/10, DuD 2013, 50. ||4 BAG 6.7.2006 – 2 AZR 520/05, NZA 2007, 266 (268); 5.11.2009 – 2 AZR 676/08, NZA 2010, 457. ||5 LAG Schl.-Holst. 10.8.2004 – 5 Sa 93/04, NZA-RR 2004, 582; LAG BW 9.11.1990 – 15 Sa 86/90, LAGE § 102 BetrVG 1972 Nr. 25; *Kleinebrink*, DB 2005, 2522 (2524 f.); aA LAG Düss. 4.11.2004 – 11 Sa 957/04, LAGE § 1 KSchG Soziale Auswahl Nr. 47. ||6 LAG Berlin 24.6.1991 – 9 Sa 20/81, LAGE § 1 KSchG Personenbedingte Kündigung Nr. 8. ||7 *Benecke*, AuR 2005, 48 (49). ||8 BAG 16.3.1978 – 2 AZR 424/76, NJW 1979, 76–79. ||9 BAG 29.8.1991 – 2 AZR 59/91, NZA 1992, 416 (417). ||10 BAG 12.8.2010 – 2 AZR 945/08, DB 2011,597; 27.9.2001 – 2 AZR 236/00, DB 2002, 2169. ||11 BAG 30.11.1989 – 2 AZR 197/89, NZA 1990, 529 (530); 20.3.1986 – 2 AZR 294/85, NZA 1986, 824 f. ||12 BAG 27.5.1982 – 2 AZR 96/80, DB 1984, 620. ||13 Vgl. BAG 22.4.2010 – 2 AZR 991/08, DB 2010, 2509. ||14 BAG 15.12.1994 – 2 AZR 327/94, NZA 1995, 521 (524). ||15 BAG 15.12.1994 – 2 AZR 327/94, NZA 1995, 521 (524); 29.1.1986 – 7 AZR 257/84, NZA 1987, 32 (33).

zuhaltenden Frist machen, wenn der BR über die tatsächlichen Umstände für die Berechnung der maßgeblichen Kündigungsfrist unterrichtet ist[1]. Ein solcher Fall liegt etwa vor, wenn sich aus der Anhörung entnehmen lässt, dass die beabsichtigte ordentl. Kündigung unter Einhaltung der tarifvertragl. vorgeschriebenen Kündigungsfrist zum nächstmöglichen Zeitpunkt ausgesprochen werden soll[2].

d) Kündigungsgründe. aa) Allgemeines. Abs. 1 verlangt ausdrücklich, dass der ArbGeb die Gründe für die Kündigung dem BR mitzuteilen hat. Hierbei hat er den für ihn maßgeblichen Kündigungssachverhalt so deutlich darzustellen, dass der BR in der Lage ist, sich ohne eigene Ermittlungen ein Bild zu machen, die Stichhaltigkeit der Kündigungsgründe zu prüfen und zu der beabsichtigten Kündigung aus der Sicht der ArbN-Seite Stellung zu nehmen[3]. Der ArbGeb ist aber nicht zur Vorlage von Unterlagen oder Beweismitteln verpflichtet[4]. Zwar reichen pauschale, schlagwortartige Bezeichnungen des Kündigungsgrunds für eine ordnungsgemäße Anhörung des BR nicht aus[5]. Vom ArbGeb können aber im Anhörungsverfahren keine Ausführungen verlangt werden, die seiner Darlegungspflicht im Kündigungsschutzprozess entsprechen[6]. Nur ausnahmsw. können auch schlagwortartige Begründungen des ArbGeb ausreichend sein, wenn der BR den zugrunde liegenden Sachverhalt bereits kennt und einen Bezug zu den Angaben des ArbGeb herstellen kann[7]. Bezüglich einer solchen Kenntnis des BR muss der ArbGeb im Kündigungsschutzprozess aber ggf. substantiiert vortragen, wann er über welche Kündigungsgründe im Einzelnen mit dem BR gesprochen hat[8]. Selbst wenn der BR alles weiß, was auch der ArbGeb weiß, muss dem BR mitgeteilt werden, auf welchen kündigungsrechtlich relevanten Tatsachenkomplex die Kündigung gestützt werden soll[9]. Für Inhalt und Umfang der Mitteilungspflicht ist auf die **subjektive Determination** der Kündigungsgründe abzustellen; dh., dass der ArbGeb nicht alle Gründe mitteilen muss, auf die er die Kündigung stützen kann, sondern **er braucht nur die Gründe zu nennen, die nach seiner subjektiven Sicht für seinen Kündigungsentschluss maßgebend sind**[10]. Gegenstand der subjektiven Determination ist also der Lebenssachverhalt, den der ArbGeb zur Grundlage seiner Kündigung machen will. Bezogen auf diesen Lebenssachverhalt hat der ArbGeb dem BR die ihm bekannten und seinen Kündigungsentschluss bestimmenden Tatsachen mitzuteilen, er darf sie nicht bewusst vorenthalten[11]. Im Falle eines einheitlichen Kündigungsgrundes muss dieser vollständig zum Gegenstand der Anhörung gemacht werden, eine insoweit unvollständige Unterrichtung kann nicht nach den Grundsätzen der subjektiven Determination „korrigiert" werden[12]. Ist das KSchG nicht anwendbar und wird der Kündigungswille des ArbGeb allein von subjektiven Vorstellungen getragen, sind auch nur diese dem BR mitzuteilen[13].

Dies hat zur Konsequenz, dass eine Anhörung des BR nicht deshalb fehlerhaft und insoweit unwirksam ist, weil der ArbGeb seinen Kündigungsentschluss ggü. dem BR mit Gründen zu belegen versucht, die objektiv gar nicht vorliegen. Es genügt, wenn der ArbGeb der Auffassung ist, die Gründe liegen vor, und er auf diese Gründe die Kündigung stützen will. Ob dies Gründe sind, die – unterstellt sie würden tatsächlich vorliegen – eine Kündigung rechtfertigen würden, ist dagegen unerheblich. In einem Kündigungsrechtsstreit ist der ArbGeb dann aber an die von ihm vorgetragenen Kündigungsgründe gebunden, er kann also keine Kündigungsgründe geltend machen, die er oder den BR nicht informiert hat, obwohl sie ihm bei Ausspruch der Kündigung bekannt waren[14]. Allerdings ist es dem ArbGeb erlaubt, eine weitere Erläuterung und Konkretisierung der dem BR rechtzeitig mitgeteilten Kündigungsgründe ohne wesentliche Veränderungen des Kündigungssachverhalts im Rahmen des Kündigungsschutzprozesses vorzunehmen[15], sofern dadurch nicht überhaupt erst ein kündigungsrechtlich erheblicher Sachverhalt vorgetragen wird[16]. Zum Nachschieben von Kündigungsgründen vgl. Rz. 40 ff.

bb) Unterrichtung bei einer außerordentlichen Kündigung. Was dem BR mitzuteilen ist, richtet sich zunächst danach, ob eine außerordentl. oder ordentl. Kündigung vom ArbGeb beabsichtigt ist. Gem. § 102 hat der ArbGeb dem BR die Tatsachen mitzuteilen, die aus seiner Sicht einen **wichtigen Grund für die Beendigung des Arbeitsverhältnisses** bilden. Hierzu zählt auch, zu welchem Zeitpunkt der Arb-

---

1 KR/*Etzel*, § 102 Rz. 59a; LAG Rh.-Pf. 24.10.2011 – 7 Sa 358/11; BAG 25.4.2013 – 6 AZR 49/12, NZI 2013, 758. ||2 BAG 15.12.1994 – 2 AZR 327/94, NZA 1995, 521 (524); 20.6.2013 – 6 AZR 805/11, NZA 2013, 1137. ||3 Vgl. BAG 22.4.2010 – 2 AZR 991/08, DB 2010, 2509; 17.2.2000 – 2 AZR 913/98, NZA 2000, 761. ||4 Vgl. BAG 10.11.2005 – 2 AZR 44/05, NZA 2006, 655; LAG Hess. 19.4.2011 – 12 Sa 1178/10. ||5 AA *Rinke*, NZA 1998, 77 (88) für solche ArbN, die nicht dem KSchG unterfallen. ||6 BAG 6.6.1991 – 2 AZR 540/90; LAG Rh.-Pf. 12.7.2005 – 5 Sa 1031/04; LAG Nds. 17.4.2013 – 2 Sa 179/12, NZA-RR 2013, 351; aA LAG BW 22.4.2008 – 22 Sa 66/07. ||7 BAG 13.7.1978 – 2 AZR 717/76, NJW 1979, 1677f.; pauschale schlagwortartig bezeichnende Angaben reichen nicht: BAG 30.11.1989 – 2 AZR 197/89, NZA 1990, 529. ||8 LAG Schl.-Holst. 27.4.2010 – 5 Sa 420/09, LAGE § 102 BetrVG 2001 Nr. 12. ||9 BAG 11.12.2003 – 2 AZR 536/02, AP Nr. 65 zu § 1 KSchG 1969 Soziale Auswahl; LAG Rh.-Pf. 30.6.2005 – 1 Sa 123/05, NZA-RR 2005, 629; LAG Köln 11.12.2009 – 11 Sa 96/09, ArbRAktuell 2010, 325. ||10 BAG 6.2.1997 – 2 AZR 265/96, NZA 1997, 656 (657); 7.11.2002 – 2 AZR 599/01, AP Nr. 40 zu § 1 KSchG 1969 Krankheit; 16.9.2004 – 2 AZR 511/03, AP Nr. 142 zu § 102 BetrVG 1972; 26.4.2007 – 8 AZR 695/05, DB 2007, 2379; 19.7.2012 – 2 AZR 352/11, NZA 2013, 86; ausf. *Kraft*, FS Kissel, 1994, S. 611 ff. ||11 BAG 18.5.1994 – 2 AZR 920/93, NZA 1995, 24 (25); 17.1.2008 – 2 AZR 405/06, DB 2008, 1688. ||12 LAG Hamm 18.11.2010 – 8 Sa 942/10. ||13 LAG Rh.-Pf. 30.11.2011 – 8 Sa 408/11. ||14 BAG 7.11.2002 – 2 AZR 599/01, AP Nr. 40 zu § 1 KSchG 1969 Krankheit; 15.7.2004 – 2 AZR 376/03, NJW 2004, 3795 (3796); 23.2.2010 – 2 AZR 804/08, AP Nr. 7 zu § 18 KSchG 1969. ||15 Vgl. BAG 12.8.2010 – 2 AZR 945/08, DB 2011, 597; 23.6.2009 – 2 AZR 474/07, NZA 2009, 1136. ||16 BAG 7.11.1996 – 2 AZR 720/95, RzK III 1b Nr. 26; 11.4.1985 – 2 AZR 239/84, NZA 1986, 674 (676); 27.2.1997 – 2 AZR 302/96, NZA 1997, 761 (762).

Geb von den Vorwürfen, die er der außerordentl. Kündigung zugrunde legen will, Kenntnis erlangt hat[1]. Gleichfalls mitzuteilen sind die tragenden Gründe der Interessenabwägung[2]. Die genauen Sozialdaten des zu kündigenden ArbN brauchen dagegen dann dem BR nicht mitgeteilt zu werden, wenn es dem ArbGeb wegen der Schwere der Kündigungsvorwürfe auf die genauen Daten ersichtlich nicht ankommt, der BR die ungefähren Daten kennt und er daher die Kündigungsabsicht des ArbGeb ausreichend beurteilen kann[3]. Im Gegensatz dazu muss der ArbGeb deutlich darauf hinweisen, wenn er die außerordentl. Kündigung auch darauf stützen will, dass er lediglich **wegen Verdachts der strafbaren Handlung** anstelle einer für nachgewiesen erachteten Straftat das ArbVerh aufkündigen will[4]. Selbst bei unverändertem Kündigungssachverhalt kann der Verdacht der strafbaren Handlung oder Pflichtverletzung anstelle einer für nachgewiesen erachteten Straftat ohne erneute Anhörung des BR nicht nachgeschoben werden[5]. Im umgekehrten Falle, also wenn der ArbGeb den BR zunächst lediglich zu einer beabsichtigten Verdachtskündigung angehört hat, schließt dies die Anerkennung einer nachgewiesenen Pflichtwidrigkeit als Kündigungsgrund dann nicht aus, wenn dem BR alle Tatsachen mitgeteilt worden sind, die – ggf. auch im Rahmen eines zulässigen Nachschiebens von Kündigungsgründen – nicht nur den Verdacht, sondern den Tatvorwurf selbst begründen[6]. Kündigt der ArbGeb das ArbVerh mit einem ordentlich unkündbaren ArbN außerordentlich unter Einhaltung einer **Auslauffrist**, so hat er auch die vorgesehene Auslauffrist dem BR ausdrücklich anzugeben[7].

31   cc) **Unterrichtung bei einer ordentlichen Kündigung. (1) Allgemeines.** Bei einer ordentl. Kündigung kommt es für die Mitteilungsverpflichtung des ArbGeb darauf an, auf welchen Kündigungsgrund er die geplante Kündigung des ArbN stützen will (subjektive Determination). Allerdings ist auch in der gesetzl. Wartezeit des § 1 I KSchG der BR vor einer beabsichtigten Kündigung zu hören[8]. Das führt zu einem differenzierten Umfang der Substantiierungspflicht im Hinblick auf die Kündigungsgründe[9] und kann selbst zur Entbehrlichkeit der Mitteilung von Sozialdaten führen[10]. Wird der Kündigungsentschluss des ArbGeb allein von subjektiven, durch Tatsachen nicht belegbaren Vorstellungen des Arb-Geb bestimmt, so reicht die Unterrichtung des BR über diese Vorstellungen aus[11]. Der ArbGeb muss nicht darlegen oder begründen, wie er zu einem bestimmten Werturteil über den ArbN gelangt ist. Das gilt selbst dann, wenn dem Werturteil des ArbGeb, das ArbVerh nicht fortsetzen zu wollen, konkretisierbare Tatsachenelemente zugrunde liegen. Auch diese Tatsachenelemente brauchen nicht mitgeteilt zu werden. Erforderlich ist aber, dass das Werturteil selbst mitgeteilt wird[12]. Etwas anders gilt allerdings dann, wenn der ArbGeb die Kündigung auf substantiierbare Tatsachen stützen will. Dann sind dem BR die zugrunde liegenden Tatsachen auch mitzuteilen[13]. Der bloße Hinweis auf eine **Wartezeitkündigung** kann in diesem Fall nicht die erforderliche Darlegung der (subjektiv) tragenden Kündigungsgründe ersetzen[14]. Auch wenn der ArbGeb aus seiner subjektiven Sicht dem BR bewusst unrichtige oder unvollständige Sachdarstellungen unterbreitet oder wenn er bewusst ihm bekannte, genau konkretisierbare Kündigungsgründe nur pauschal vorträgt, obwohl sein Kündigungsentschluss auf der Würdigung dieser konkreten Kündigungssachverhalte beruht, führt dies trotz der Unanwendbarkeit von § 1 KSchG zu einer Verletzung seiner Unterrichtungspflicht[15]. Das zeigt einmal mehr, dass das Anhörungsverfahren vor einer Kündigung **kein vorgezogener Kündigungsschutzprozess** ist[16]. Auch Wartezeitkündigungen sind von Abs. 1 S. 3 erfasst, so dass es einer einschränkenden Anwendung dieser Vorschrift nicht bedarf[17]. Auf der Grundlage der Theorie der subjektiven Determination der Kündigungsgründe besteht **kein Widerspruch** zwischen dem **individualrechtl. Kündigungsschutz** nach § 1 KSchG, der erst nach einer Wartezeit von sechs Monaten eintritt, und dem **kollektivrechtl. „Kündigungsschutz"** durch die Beteiligung des BR nach § 102.

32   Einstweilen frei.

33   (2) **Verhaltensbedingte Kündigung.** In diesen Fällen muss der ArbGeb das Verhalten, welches ihn zur Kündigung veranlasst, genau bezeichnen und ggf. ggü. dem BR darlegen, ob, wann, warum und ggf. wie oft der ArbN bereits abgemahnt wurde[18]. Zur ordnungsgemäßen Anhörung des BR gehört idR nicht nur die Information über eine erteilte **Abmahnung**, sondern auch über eine bereits vorliegende Gegendarstellung des ArbN[19]. Ebenso ist der ArbGeb gehalten, dem BR entlastende oder in sonstiger Weise gegen die Kündigung sprechende Umstände mitzuteilen, soweit diese nach Auffassung des ArbGeb für

---

1 LAG Hamm 19.5.2008 – 8 Sa 288/08. ||2 LAG Schl.-Hol. 10.1.2012 – 2 Sa 305/11, AuR 2012, 407. ||3 BAG 15.11.1995 – 2 AZR 974/94, NJW 1996, 1556; LAG Hamm 27.8.2007 – 8 Sa 1826/06. ||4 BAG 23.4.2008 – 2 ABR 71/07, NZA 2008, 1081. ||5 BAG 3.4.1986 – 2 AZR 324/85, NZA 1986, 677 (678); 23.4.2008 – 2 ABR 71/07, NZA 2008, 1081; LAG Köln 14.9.2007 – 11 Sa 259/07, AuR 2007, 444. ||6 BAG 23.6.2009 – 2 AZR 474/07, NZA 2009, 1136. ||7 APS/*Koch*, § 102 Rz. 129. ||8 BAG 13.7.1978 – 2 AZR 717/76, NJW 1979, 1677; 12.9.2013 – 6 AZR 1212/12. ||9 BAG 16.9.2004 – 2 AZR 511/03, AP Nr. 142 zu § 102 BetrVG 1972; *Kraft*, FS Kissel, 1994, S. 611 (620f.); *Isenhardt*, FS 50 Jahre BAG, 2004, S. 943 (960). ||10 BAG 23.4.2009 – 2 AZR 516/08, NZA 2009, 959 (961). ||11 BAG 22.4.2005 – 6 AZR 607/04, NZA 2006, 429 (430); 28.6.2007 – 6 AZR 750/06, NZA 2007, 1049; 22.9.2005 – 2 AZR 366/04, NZA 2006, 204 (206). ||12 BAG 12.9.2013 – 6 AZR 121/12. ||13 BAG 12.9.2013 – 6 AZR 121/12. ||14 Vgl. LAG Hess. 14.3.2011 – 16 Sa 1477/10, ArbRB 2011, 172. ||15 BAG 7.11.2002 – 2 AZR 599/01, AP Nr. 40 zu § 1 KSchG 1969 Krankheit; 3.12.1998 – 2 AZR 234/98, NZA 1999, 477 (478); 18.5.1994 – 2 AZR 920/93, NZA 1995, 24 (25). ||16 APS/*Koch*, § 102 Rz. 105. ||17 So aber: *Kraft*, Anm. zu BAG 18.5.1994 – 2 AZR 920/93, NZA 1995, 24 (24); *Raab*, ZfA 1995, 479 (528ff.). ||18 Vgl. LAG Rh.-Pf. 10.9.2010 – 9 Sa 237/10. ||19 BAG 31.8.1989 – 2 AZR 453/88, AP Nr. 1 zu § 77 LPVG Schl.-Holst.

den Kündigungssachverhalt erheblich sind[1]. Verschweigt der ArbGeb etwa im Anhörungsverfahren, dass die einzige in Betracht kommende Tatzeugin den von einer Zeugin vom Hörensagen erhobenen Vorwurf einer schweren Pflichtwidrigkeit nicht bestätigt hat, so führt dies nach Auffassung des BAG jedenfalls dann zur Unwirksamkeit der Kündigung, wenn die angeblichen Pflichtwidrigkeiten so erheblich sind, dass sie sich auf das berufl. Fortkommen des ArbN auswirken können[2]. War der BR-Vorsitzende aber bereits bei den Ermittlungen im Zusammenhang mit der der Kündigung zugrunde liegenden Pflichtverstößen beteiligt, und konnte er sich deshalb ein Bild vom Umfang des Pflichtverstoßes des ArbN machen, so genügt es, wenn der ArbGeb im Rahmen des Anhörungsverfahrens die Kündigungsgründe in aller Kürze angibt[3]. Es besteht keine Verpflichtung des ArbGeb, dem BR über die Mitteilung der erforderlichen Tatsachen hinaus Unterlagen oder Beweismittel vorzulegen[4]. Der ArbGeb braucht in aller Regel keine Ausführungen dazu zu machen, ob eine **Weiterbeschäftigung auf einem anderen Arbeitsplatz** möglich ist, da in einer mitgeteilten Kündigungsabsicht bereits die Verneinung einer solchen Weiterbeschäftigungsmöglichkeit liegt[5]. Besonderheiten ergeben sich bei einer **Verdachtskündigung**. Die Verdachtskündigung ist dadurch gekennzeichnet, dass gerade wegen des Verdachts eines vertragswidrigen Verhaltens das für die Fortsetzung des ArbVerh erforderliche Vertrauensverhältnis zerstört ist. Für das Anhörungsverfahren nach § 102 gilt, dass sich aus der Mitteilung des ArbGeb an den BR-Vorsitzenden ergeben muss, dass die Anhörung zumindest auch im Hinblick auf eine auszusprechende Verdachtskündigung erfolgen soll[6]. Damit hat der ArbGeb im Anhörungsverfahren alle Umstände offenzulegen, die nach seiner Auffassung den Verdacht eines vertragswidrigen Verhaltens des ArbN begründet haben. Zudem ist dem BR mitzuteilen, wie sich der ArbN zu dem Verdacht eingelassen hat[7]. Eine erkennbar bewusste Abweichung vom Ergebnis der Ermittlungen des ArbGeb zum Sachverhalt im Rahmen des Anhörungsverfahrens führt zur Fehlerhaftigkeit der Anhörung und damit zur Unwirksamkeit der Kündigung[8].

(3) Personenbedingte Kündigung. Will der ArbGeb eine personenbedingte Kündigung aussprechen, so hat er dem BR den Grund in der Person des ArbN konkret zu nennen, der den ArbGeb zur Kündigung veranlasst. Dies hat etwa bei einer Kündigung wegen **häufiger Kurzerkrankung** zur Folge, dass nicht nur die bisherigen **Fehlzeiten** mitzuteilen sind, sondern auch die **wirtschaftl. Belastungen und Betriebsbeeinträchtigungen**, die infolge der Fehlzeiten entstanden sind und mit denen noch gerechnet werden muss[9]. An die Mitteilungspflicht sind allerdings hinsichtlich der wirtschaftl. und betriebl. Belastungen keine so strengen Anforderungen zu stellen wie an eine **Darlegungspflicht im Kündigungsschutzprozess**. Die entsprechende Darlegung kann sogar entbehrlich sein, wenn der BR oder zumindest sein Vorsitzender die Folgen wiederholter Fehlzeiten genau kennt[10]. Als personenbedingte Kündigungsgründe kommen in diesem Zusammenhang auch die **dauernde Unmöglichkeit**, die geschuldete Arbeitsleistung zu erbringen, wie auch eine **Arbeitsunfähigkeit auf unabsehbare Zeit** oder eine **Langzeiterkrankung** in Betracht. Diese Kündigungsgründe sind für das Anhörungsverfahren nach § 102 strikt zu unterscheiden[11]. Hört der ArbGeb etwa den BR nur im Hinblick auf eine Langzeiterkrankung an, so ist er im Kündigungsschutzprozess mit dem Kündigungsgrund der dauernden Leistungsunmöglichkeit des ArbN ausgeschlossen, wenn er diesen Kündigungsgrund im Anhörungsverfahren nicht mitgeteilt hat[12]. Bei einer Kündigung wegen dauernder Unmöglichkeit, die geschuldete Arbeitsleistung zu erbringen, hat der ArbGeb dem BR die Tatsachen mitzuteilen, aus denen sich dieser Umstand ergibt[13]. Darüber hinaus ist dem BR auch die **Quelle** anzugeben, aus der der ArbGeb die Erkenntnis schöpft, dass der ArbN auf Dauer nicht mehr in der Lage ist, die geschuldete Arbeit zu erbringen. Dies können eigene Angaben des ArbN sein, aber auch ärztliche Atteste oder ein Bescheid eines RV-Trägers. Dagegen braucht der ArbGeb nicht darzulegen, dass die dauernde Arbeitsunfähigkeit zu **Betriebsablaufstörungen** geführt habe[14]. Dem dauernden Unvermögen zur Erbringung der geschuldeten Arbeitsleistung wird die **Ungewissheit über die Wiederherstellung der Arbeitsfähigkeit** des ArbN gleichgestellt. Auch hier ist keine Darlegung der Betriebsablaufstörungen im Anhörungsverfahren erforderlich[15]. Soll dagegen die Kündigung auf eine Arbeitsunfähigkeit für längere Zeit gestützt werden, hat der ArbGeb dem BR entweder die bekannte Krankheitsursache oder die der Negativprognose zugrunde liegenden Tatsachen anzugeben und darzustellen, inwieweit eine erhebliche Beeinträchtigung der betriebl. Interessen zu erwarten ist[16]. Grundsätzlich mitzuteilen sind auch bei einer personenbedingten Kündigung die Sozialdaten[17].

---

1 KR/*Etzel*, § 102 Rz. 64a; *Isenhardt*, FS 50 Jahre BAG, 2004, S. 943 (945f.); vgl. auch LAG Hamm 21.10.2011 – 7 Sa 912/11; BAG 3.11.2011 – 2 AZR 748/10, NZA 2012, 607; LAG Köln 21.2.2011 – 2 Sa 1345/10, AuR 2011, 312; LAG Nürnberg 22.6.2010 – 5 Sa 820/08, ZTR 2010, 544. ||2 BAG 2.11.1993 – 7 AZR 65/82, DB 1984, 407. ||3 BAG 26.1.1995 – 2 AZR 649/94, NZA 1995, 517 (518). ||4 LAG Hess. 19.4.2011 – 12 Sa 1178/10. ||5 BAG 26.1.1995 – 2 AZR 649/94, NZA 1995, 517 (518). ||6 BAG 23.6.2009 – 2 AZR 474/07, NZA 2009, 1136 (1143). ||7 APS/*Koch*, § 102 Rz. 128; GK-BetrVG/*Raab*, § 102 Rz. 69. ||8 LAG Köln 27.1.2010 – 8 Sa 698/09, LAGE § 102 BetrVG 2001 Nr. 11. ||9 BAG 12.4.1984 – 2 AZR 439/83; 24.11.1983 – 2 AZR 347/82, NZA 1984, 93. ||10 BAG 12.4.1984 – 2 AZR 439/83. ||11 LAG Hamm 21.10.2003 – 19 Sa 1113/03, LAGReport 2004, 255. ||12 BAG 21.5.1992 – 2 AZR 399/91, DB 1993, 1292. ||13 BAG 30.1.1986 – 2 AZR 668/84, NZA 1987, 555. ||14 BAG 30.1.1986 – 2 AZR 668/84, NZA 1987, 555. ||15 BAG 21.5.1992 – 2 AZR 399/91, NZA 1993, 497 (499). ||16 APS/*Koch*, § 102 Rz. 120; diff. KR/*Etzel*, § 102 Rz. 63f. ||17 LAG Bln.-Bbg. 8.12.2009 – 15 Sa 1769/09, BB 2010, 500 (Unterhaltspflichten).

35 **(4) Betriebsbedingte Kündigung.** Bei einer betriebsbedingten Kündigung muss der ArbGeb dem BR im Einzelnen mitteilen, aus welchen Gründen der Arbeitsplatz des zu kündigenden ArbN wegfällt. Hier genügen keinesfalls pauschale oder schlagwortartige Ausführungen. Begründet der ArbGeb die Kündigung mit **außerbetrieblichen Umständen**, etwa einem Umsatzrückgang, so hat er dessen Auswirkungen auf den gefährdeten Arbeitsplatz darzulegen. Er muss also erläutern, inwieweit der rückläufige Umsatz sich auf den Arbeitsbereich der von der Kündigung bedrohten ArbN auswirkt.

36 Will der ArbGeb die betriebsbedingte Kündigung auf **innerbetriebliche Gründe** stützen, etwa auf eine **gestaltende Unternehmerentscheidung**, so hat er dem BR die zukünftige Gestaltung der Arbeitsabläufe und die entsprechenden Auswirkungen auf die Arbeitsplätze darzulegen. Dieser muss durch die Unterrichtung des ArbGeb in die Lage versetzt werden, sich ein solches Bild von der geplanten Umorganisation zu machen, dass er hierzu eine qualifizierte Stellungnahme abgeben kann. Je genauer der ArbGeb in einer gestaltenden Unternehmerentscheidung ein Konzept entwickelt hat, desto sorgfältiger muss er den BR über die Umsetzung des Konzepts informieren, damit dieser in die Lage versetzt wird, zu einer beabsichtigten Kündigung eine qualifizierte Stellungnahme abzugeben[1]. Bei einer Umverteilungs- oder Personalverdichtungsmaßnahme sollen alle Arbeitsbereiche des ArbN und deren prozentuale Anteile an der Gesamtarbeitszeit sowie welche Mitarbeiter diese als reguläre Leistung übernehmen können, dem BR mitzuteilen sein[2]. Das kann nach dem Grundsatz der subjektiven Determination nur gelten, sofern ein derartiges Konzept dem Kündigungsentschluss des ArbGeb zugrunde lag. Allerdings besteht keine Verpflichtung für den ArbGeb, dem BR ein Gutachten einer Unternehmensberatung vorzulegen, auch wenn dieses Grundlage für die von ihm getroffene freie Unternehmerentscheidung ist[3]. Beabsichtigt der ArbGeb dagegen, den gesamten Betrieb stillzulegen, genügt es regelmäßig, dem BR lediglich das genaue Stilllegungsdatum anzugeben[4]. Begründet der ArbGeb ggü. dem BR die betriebsbedingte Kündigung zunächst mit wirtschaftl. Erwägungen, etwa Umsatzrückgängen, so ist er für den Kündigungsschutzprozess auf diese Begründung festgelegt. Er kann sich deshalb mangels Beteiligung des BR nicht zur Begründung der Kündigung auf eine gestaltende Unternehmerentscheidung berufen.

37 Gem. § 1 II KSchG liegen dringende betriebl. Erfordernisse für eine Kündigung nur dann vor, wenn der ArbN an einem anderen Arbeitsplatz in demselben Betrieb oder in einem anderen Betrieb des Unternehmens **nicht weiterbeschäftigt werden kann**. Insoweit wird vor Ausspruch einer jeden betriebsbedingten Kündigung der ArbGeb prüfen müssen, ob eine anderweitige Beschäftigungsmöglichkeit für den ArbN besteht. Leitet der ArbGeb dann das Anhörungsverfahren nach Abs. 1 ein, so liegt hierin regelmäßig die Erklärung, dass eine solche anderweitige Beschäftigungsmöglichkeit für den ArbN nicht besteht. Es genügt also der konkludente Hinweis auf die fehlende Weiterbeschäftigungsmöglichkeit[5]. Davon zu unterscheiden ist die bewusst defizitäre Unterrichtung des ArbGeb über in Betracht kommende Weiterbeschäftigungsmöglichkeiten; in diesem Fall liegt eine Verletzung der Anhörungspflicht vor[6]. Auf die konkludente Erklärung kann sich der ArbGeb dann nicht beschränken, wenn der BR den ArbGeb schon vor Einleitung des Anhörungsverfahrens darauf aufmerksam gemacht hat, dass ein konkreter Arbeitsplatz frei sei und dort eine **Weiterbeschäftigungsmöglichkeit für den von einer Kündigung bedrohten ArbN** bestehe. Gleiches muss auch dann gelten, wenn der zu kündigende ArbN bereits im Vorfeld des Anhörungsverfahrens auf konkrete Weiterbeschäftigungsmöglichkeiten für ihn hingewiesen hat. In diesen Fällen hat deshalb der ArbGeb dem BR im Einzelnen darzulegen, weshalb eine Weiterbeschäftigung des ArbN auf dem genannten Arbeitsplatz aus seiner Sicht nicht in Betracht kommt[7]. Auf diese erweiterte Darlegungsverpflichtung braucht sich nach Auffassung der Rspr. der ArbGeb nur dann nicht einzulassen, wenn das Verlangen des BR, über Weiterbeschäftigungsmöglichkeiten für den ArbN auf einem bestimmten anderen Arbeitsplatz informiert zu werden, von der Sache her nicht gerechtfertigt ist, etwa weil der BR bereits über entsprechende Kenntnisse verfügt[8]. Liegt ein solcher Ausnahmefall aber nicht vor und hat der BR im Vorfeld des Anhörungsverfahrens bereits Weiterbeschäftigungsmöglichkeiten für den ArbN aufgezeigt, ist die Kündigung nach Abs. 1 unwirksam, wenn der ArbGeb es unterlässt, Näheres zu den aus seiner Sicht fehlenden Weiterbeschäftigungsmöglichkeiten für den ArbN im Anhörungsverfahren vorzutragen[9]. Diese erweiterte Mitteilungspflicht gilt indes dann nicht, wenn der BR den ArbGeb erst während des Anhörungsverfahrens mit Kündigungsalternativen konfrontiert[10]. Von einer erweiterten Mitteilungspflicht zu möglichen Weiterbeschäftigungsmöglichkeiten ist allerdings dann auszugehen, wenn es sich um eine Kündigung gem. § 15 IV und V KSchG handelt[11].

38 Sind mehr vergleichbare ArbN vorhanden als Arbeitsmöglichkeiten weggefallen, so kann erst die **Sozialauswahl** entscheiden, welchen dieser ArbN die Kündigung trifft. Damit ist die Sozialauswahl ein ganz wesentlicher **Bestandteil** des im **Anhörungsverfahren** nach Abs. 1 mitzuteilenden Kündigungsgrunds.

---

1 LAG Hamm 30.9.1999 – 16 Sa 2598/98, LAGE § 102 BetrVG 1972 Nr. 73; LAG BW 22.4.2008 – 22 Sa 66/07. ||2 LAG Hess. 30.8.2012 – 14 Sa 683/11. ||3 BAG 6.2.1997 – 2 AZR 265/96, NZA 1997, 656 (658). ||4 Vgl. APS/*Koch*, § 102 Rz. 117. ||5 BAG 17.2.2000 – 2 AZR 913/98, NZA 2000, 761 (762); 29.3.1990 – 2 AZR 369/89, NZA 1991, 181. ||6 Vgl. OLG Düss. 29.4.2010 – I-24 U 190/09. ||7 BAG 17.2.2000 – 2 AZR 913/98, NZA 2000, 761. ||8 BAG 17.2.2000 – 2 AZR 913/98, NZA 2000, 761 (763). ||9 KR/*Etzel*, § 102 Rz. 62e. ||10 BAG 15.3.2001 – 2 AZR 141/00, NZA 2001, 1267. ||11 LAG Hamm 11.5.2007 – 10 Sa 1684/06.

Insoweit ist auch auf das Widerspruchsrecht des BR nach Abs. 3 Nr. 1 zu verweisen. Die BR-Anhörung setzt deshalb voraus, dass der ArbGeb angibt, ob er eine Sozialauswahl vorgenommen hat, und dass er dem BR die Sozialdaten nicht nur der zur Kündigung anstehenden, sondern auch die der in die Sozialauswahl einbezogenen ArbN sowie die Gesichtspunkte mitteilt, nach denen er bei der Sozialauswahl vorgegangen ist[1]. In diesem Zusammenhang ist der ArbGeb verpflichtet, dem BR ggf. mitzuteilen, warum er bestimmte ArbN gem. § 1 III 3 KSchG von der Sozialauswahl ausnehmen will[2]. Zu den mitteilungspflichtigen Sozialdaten wird man regelmäßig die Betriebszugehörigkeit, das Lebensalter, die Schwerbehinderteneigenschaft sowie die Unterhaltsverpflichtungen zählen müssen (vgl. § 1 III 1 KSchG)[3]. Weiter hat der ArbGeb nachvollziehbar darzulegen, wieso er gerade den zu kündigenden ArbN als sozial stärker als die im Betrieb verbleibenden ArbN ansieht. Hierzu genügt nicht der pauschale Hinweis auf vorliegenden Sozialdaten. Auch beim Vorliegen eines **Interessenausgleichs mit Namensliste** (vgl. § 1 V KSchG) unterliegt die BR-Anhörung nicht etwa erleichterten Anforderungen, jedoch kann es zur Darlegung einer ordnungsgemäßen Anhörung des BR ausreichen, wenn der ArbGeb zur BR-Anhörung weitgehend auf den dem BR aus den Verhandlungen über den Interessenausgleich und die Namensliste bekannten Sachverhalt Bezug nimmt, da sich hieraus regelmäßig der Kenntnisstand des BR ergibt[4]. Dies gilt zumindest, wenn zwischen den Verhandlungen über den Interessenausgleich und der Anhörung ein überschaubarer Zeitraum liegt[5]. Das Verfahren nach § 102 kann in die Verhandlungen über einen Interessenausgleich integriert werden[6]. So kann etwa die abschließende Stellungnahme des BR zu den Kündigungen im Interessenausgleich festgehalten werden[7]. Sieht der Interessenausgleich ein Recht des ArbGeb vor, bestimmten Vollzeitbeschäftigten bei besonderer Eignung eine Teilzeitstelle anzubieten, so muss der BR ergänzend über die Auswahlkriterien und die Person der von der Kündigung verschonten ArbN sowie die Auswahlgründe iSv. § 1 III 2 KSchG unterrichtet werden[8]. Existiert im Betrieb für die beabsichtigte Kündigungen eine allg. **Auswahlrichtlinie** nach § 95, kann es für die Anhörung des BR genügen, wenn der ArbGeb dem BR lediglich die Sozialdaten des kündigungsrelevanten Personenkreises mitteilt, sofern ausnahmsw. im konkreten Fall die Entscheidung, welche ArbN von den Kündigungen betroffen sind, sich bereits aus der Anwendung der Auswahlrichtlinie ergibt. Etwas anderes gilt dann, wenn dem ArbGeb eine Einzelfallbeurteilung vorbehalten ist. In diesem Fall umfasst seine Mitteilungspflicht auch die Gründe, warum einem bestimmten ArbN gekündigt werden soll[9]. Geht der ArbGeb aber davon aus, dass eine soziale Auswahl mangels Vergleichbarkeit des zu kündigenden ArbN mit anderen ArbN nicht vorzunehmen ist, so führt etwa die fehlerhafte Angabe der Zahl der Unterhaltspflichtigen nicht zur Unwirksamkeit der Kündigung[10]. Hat der ArbGeb keine Sozialauswahl vorgenommen, kann er auch dem BR Auswahlgesichtspunkte nicht mitteilen[11]. Aber auch in diesen Fällen hält es die Rspr. im Regelfall für unverzichtbar, das Lebensalter und die Betriebszugehörigkeit der ArbN mitzuteilen[12]. Der ArbGeb, der bei einer durchgeführten Sozialauswahl bestimmte Arbeitnehmer übersehen oder für nicht vergleichbar gehalten und deshalb dem BR die für die soziale Auswahl (objektiv) erheblichen Umstände nicht mitgeteilt hat, ist grds. berechtigt, seinen Vortrag auf entsprechende Rüge im Prozess zu ergänzen. Entsprechendes gilt, wenn der ArbGeb aus nachvollziehbaren Gründen bei Ausspruch der Kündigung davon ausgegangen ist, eine Sozialauswahl sei insgesamt entbehrlich[13].

(5) **Änderungskündigung.** Beabsichtigt der ArbGeb, eine Änderungskündigung auszusprechen, so hat er zuvor den BR über die **verhaltens-, personen- oder betriebsbedingten Gründe** für die Änderung der Arbeitsbedingungen zu informieren sowie auch das **Änderungsangebot** selbst mitzuteilen[14]. Dies gilt in Ausnahmefällen auch, wenn Arbeitsbedingungen geändert werden, die zwar nicht vertraglich fixiert, aber langjährig praktiziert worden sind[15]. Gehen mit der Änderungskündigung eines ArbN weitreichende Änderungen in Arbeitsbereichen anderer ArbN einher, sind auch diese dem BR mitzuteilen[16], sofern das im Rahmen einer Interessenabwägung für die Kündigung von Bedeutung ist. Wenn darüber hinaus für eine betriebsbedingte Änderungskündigung eine **Sozialauswahl** erforderlich ist, so richtet sich der Umfang der Mitteilung an den BR nach den für die betriebsbedingte Kündigung geltenden Grundsätzen[17]. Falls das Änderungsangebot eine personelle Einzelmaßnahme gem. § 99 beinhaltet, ist neben dem Verfahren nach § 102 der BR auch gem. § 99 zu beteiligen. Beide Verfahren sind **nebeneinander** durchzuführen[18]. Jedoch verlangt die Wirksamkeit einer Änderungskündigung nur eine ordnungs-

---

1 St. Rspr. BAG 29.3.1984 – 2 AZR 429/83 (A), NZA 1984, 159; 16.1.1987 – 7 AZR 495/85, BB 1987, 2302; 20.5.1999 – 2 AZR 532/98, NZA 1999, 1101 (1102). ||2 Richardi/*Thüsing*, § 102 Rz. 69. ||3 Vgl. BAG 18.1.1990 – 2 AZR 357/89, NZA 1990, 729 (732). ||4 BAG 20.5.1999 – 2 AZR 532/98, NZA 1999, 1101 (1102); 28.8.2003 – 2 AZR 377/02, DB 2004, 937; 21.2.2002 – 2 AZR 581/00, EzA § 1 KSchG Interessenausgleich Nr. 10; 26.4.2007 – 8 AZR 695/05, DB 2007, 2379. ||5 BAG 5.11.2009 – 2 AZR 676/08, NJW 2010, 1395. ||6 *Vossen*, FA 2007, 66 (69). ||7 LAG Hamm 1.4.2004 – 4 Sa 1340/03, LAGReport 2005, 21; 12.2.2003 – 2 Sa 826/02, ZInsO 2004, 566 ff. ||8 Vgl. LAG Hamm 25.11.2010 – 8 Sa 1054/10, EzA-SD 2011, Nr. 3, 3. ||9 Vgl. APS/*Koch*, § 102 Rz. 116. ||10 LAG Hamm 14.6.2005 – 19 Sa 287/05, NZA-RR 2005, 371. ||11 BAG 9.9.2010 – 2 AZR 936/08, ZTR 2011, 296; 12.5.2010 – 2 AZR 559/08. ||12 BAG 18.10.2006 – 2 AZR 676/05, NZA 2007, 798 (801); vgl. auch LAG Hamm 14.6.2005 – 19 Sa 287/05, NZA-RR 2005, 640. ||13 BAG 9.9.2010 – 2 AZR 936/08, ZTR 2011, 296. ||14 BAG 30.11.1989 – 2 AZR 197/89, NZA 1990, 529. ||15 Vgl. LAG Köln 19.7.2010 – 5 Sa 604/10, NZA-RR 2010, 642. ||16 Vgl. LAG Köln 16.11.2011 – 9 Sa 573/11, öAT 2012, 91 ||17 Vgl. BAG 13.6.1986 – 7 AZR 623/84, NZA 1987, 155. ||18 Vgl. BAG 3.11.1977 – 2 AZR 277/76, DB 1978, 1135; 30.9.1993 – 2 AZR 283/93, NZA 1994, 615 (616).

gemäße Anhörung des BR iSd. § 102, nicht aber die ordnungsgemäße Durchführung des Beteiligungsverfahrens nach § 99. Fehlt etwa die Zustimmung des BR zu einer personellen Einzelmaßnahme nach § 99, so ist nicht etwa die Änderungskündigung unwirksam, vielmehr ist der ArbGeb dann daran gehindert, die personelle Einzelmaßnahme, wie zB eine Versetzung, nach Ablauf der Kündigungsfrist tatsächlich durchzuführen[1]. Beide Beteiligungsverfahren unterscheiden sich jedoch sowohl von ihren Voraussetzungen als auch von ihren Rechtsfolgen. Selbst die Entscheidung des BR muss nicht notwendigerweise einheitlich sein[2].

40 dd) **Nachschieben von Gründen.** Im Rahmen eines Kündigungsschutzprozesses ist der ArbGeb **individualarbeitsrechtlich** grds. nicht daran gehindert, Kündigungsgründe, die im Zeitpunkt der Kündigung bereits bestanden, nachzuschieben. **Kollektivarbeitsrechtlich** ist der ArbGeb andererseits gehindert, dem BR nicht mitgeteilte Gründe im Kündigungsrechtsstreit nachzuschieben, da insoweit die Regelung des Abs. 1 entgegensteht[3]. Deshalb **differenziert** die Rspr. und hM wie folgt:

41 **Gründe**, die dem ArbGeb bereits **bei Einleitung des Anhörungsverfahrens bekannt** waren, die er aber dem BR nicht mitgeteilt hatte, können nicht mehr nachgeschoben werden. Dies gilt auch dann, wenn der BR der Kündigung zugestimmt hatte. Der ArbGeb kann den BR wegen dieser nachzuschiebenden Gründe auch nicht nachträglich wirksam beteiligen[4]. Der ArbGeb kann lediglich eine erneute Kündigung nach vorheriger Beteiligung des BR im Hinblick auf die bisher dem BR verschwiegenen Kündigungsgründe aussprechen.

42 Erhält der ArbGeb Kenntnis von weiteren kündigungsrelevanten Tatsachen, **bevor** die **Kündigung ausgesprochen** wurde, aber **nach Einl. des Anhörungsverfahrens**, so muss er diese Umstände dem BR **unverzüglich mitteilen**[5]. Nur dann sind diese Umstände in einem Kündigungsschutzprozess verwertbar. Allerdings können diese nachträglichen Informationen dazu führen, dass die Frist für die Stellungnahme des BR gem. Abs. 2 neu zu laufen beginnt, wenn es sich bei den neuen Kündigungsgründen um einen völlig neuen Sachverhalt handelt[6].

43 Dagegen können Kündigungsgründe, die **bei Ausspruch der Kündigung bereits entstanden** waren, dem ArbGeb aber erst **später bekannt** geworden sind, im Kündigungsschutzprozess **nur nachgeschoben** werden, wenn der ArbGeb zuvor den **BR hierzu erneut angehört** hat[7]. Die erneute Beteiligung muss dabei wiederum allen Anforderungen des § 102 entsprechen[8].

44 Von einem **Nachschieben** der dem BR nicht mitgeteilten Kündigungsgründe ist die zulässige **Substantiierung** der dem BR mitgeteilten Gründe im Kündigungsschutzprozess zu unterscheiden[9]. Dem ArbGeb ist es grds. nicht verwehrt, sein prozessuales Vorbringen zu präzisieren, zu ergänzen und zu berichtigen[10]. Da die Darlegungslast des ArbGeb im Prozess nach Auffassung der Rspr. idR weiter geht als die Informationspflicht ggü. dem BR, ist es dem ArbGeb erlaubt, im Prozess seinen Tatsachenvortrag weiter zu substantiieren[11]. Hierdurch darf aber das Beteiligungsrecht des BR nach § 102 nicht verkürzt werden. Der Prozessvortrag soll also nicht dazu führen, dass erst hierdurch ein kündigungsrechtlich relevanter Grund geschaffen wird oder dem Kündigungsgrund mehr Gewicht verliehen wird[12]. Auch in Eilfällen gelten diesbezüglich keine Besonderheiten[13]. Hat der **BR** der beabsichtigten Kündigung aber **ausdrücklich zugestimmt**, kann die Ordnungsgemäßheit der Anhörung nicht mit der Begründung in Frage gestellt werden, die Mitteilungen an den BR seien nicht substantiiert genug gewesen, solange durch weggelassene Einzelheiten kein verfälschtes Bild vom Kündigungstatbestand entsteht[14].

45 e) **Verzicht des Betriebsrats auf Beteiligung.** Die Verpflichtung zur Mitteilung der Kündigungsgründe ist eingeschränkt bzw. ganz aufgehoben, wenn der BR auf die Durchführung des Anhörungsverfahrens verzichtet[15]. Allerdings ist darauf hinzuweisen, dass ein solcher Verzicht nicht von einem einzelnen BR-Mitglied erklärt werden kann, sondern es hierfür eines ordnungsgemäßen Beschlusses des BR bedarf. Teilweise werden jedoch in Lit. und Rspr. Bedenken gegen die Auffassung geäußert, dass der BR auf das Anhörungsverfahren verzichten könne[16]. Indes macht es keinen Sinn, den BR auf ein Beteiligungsverfahren zu verpflichten, an dem dieser selbst kein Interesse hat. Für die Praxis sollte der ArbGeb gleichwohl eine vorsorgliche Anhörung des BR in Erwägung ziehen.

---

1 BAG 8.6.1995 – 2 AZR 739/94, RzK I 7a Nr. 30; 30.9.1993 – 2 AZR 283/93, NZA 1994, 615 (617); *Neef/Neef*, NZA 2006, 1241 (1243). ||2 BAG 30.9.1993 – 2 AZR 283/93, NZA 1994, 615 (616); *Fitting*, § 102 Rz. 9. ||3 BAG 22.9. 2005 – 2 AZR 365/04. ||4 BAG 26.9.1991 – 2 AZR 132/91, NZA 1992, 1073 (1074); 2.4.1987 – 2 AZR 418/86, NZA 1987, 808; *Lingemann/Beck*, NZA-RR, 2007, 225 (231). ||5 LAG Hamm 24.7.2008 – 8 Sa 632/08. ||6 BAG 4.3. 1987 – 7 AZR 66/86, NZA 1988, 37; 6.2.1997 – 2 AZR 265/96, NZA 1997, 656 (658). ||7 BAG 4.6.1997 – 2 AZR 362/96, NZA 1997, 1158 (1159); 11.4.1985 – 2 AZR 239/84, NZA 1986, 674. ||8 Vgl. *Ittmann*, ArbRAktuell 2011, 6. ||9 Krit. hierzu *Höland*, ZIP 1982, 147 ff. ||10 BAG 12.8.2010 – 2 AZR 104/09. ||11 KR/*Etzel*, § 102 Rz. 70 f. ||12 *BAG 18.12.1980 – 2 AZR 1006/78, NJW 1981, 2316.* ||13 Vgl. BAG 29.3.1977 – 1 AZR 46/75, NJW 1977, 2182 f. ||14 LAG Köln 7.8.1998 – 11 Sa 218/98, LAGE § 102 BetrVG 1972 Nr. 72. ||15 In diese Richtung wohl BAG 26.8.1997 – 1 ABR 12/97, NZA 1998, 216 (218). ||16 GK-BetrVG/*Raab*, § 102 Rz. 85 f. mwN; LAG Rh.-Pf. 17.5. 2010 – 11 Sa 663/08, ArbR 2010, 637.

6. Darlegungs- und Beweislastfragen. Der ArbN muss zunächst im Prozess die für ihn günstige Tatsache vortragen, dass überhaupt ein BR besteht und deshalb nach § 102 vor Ausspruch der Kündigung dessen Anhörung erforderlich war[1]. Der ArbGeb trägt im Kündigungsschutzprozess die Darlegungs- und Beweislast für eine ordnungsgemäße Anhörung des BR[2]. Er muss daher im Prozess substantiiert darlegen, wann und wer den BR auf welche Weise über welche Kündigungsgründe unterrichtet hat[3]. Er trägt ferner die Darlegungs- und Beweislast für eine nicht bewusste Irreführung des BR[4]. Insofern ist auch ein pauschales Bestreiten des ArbN mit Nichtwissen im Kündigungsschutzprozess bzgl. der Ordnungsgemäßheit der BR-Anhörung grds. zulässig, da die BR-Anhörung keine Handlung des ArbN und gewöhnlich auch nicht Gegenstand seiner Wahrnehmung ist. Damit ist der ArbN nicht gehalten, vor Bestreiten der Ordnungsgemäßheit der BR-Anhörung Erkundigungen über das Anhörungsverfahren beim BR einzuholen[5]. Das BAG erkennt jedoch eine **abgestufte Darlegungslast** bei der BR-Anhörung im Weiteren an[6]. Hat der ArbGeb eine ordnungsgemäße BR-Anhörung im Detail schlüssig dargelegt, so ist es Sache des ArbN, im Kündigungsschutzprozess konkret zu beanstanden, in welchen Punkten er die BR-Anhörung für fehlerhaft hält. In diesen Fällen kann sodann der ArbGeb gehalten sein, bestimmte Aspekte der Betriebsratsanhörung zu erläutern, zu vertiefen und bislang nur beiläufig Vorgetragenes zu präzisieren[7]. Ein völliges oder teilweises **Bestreiten mit Nichtwissen** durch den ArbN wegen fehlender eigener Wahrnehmung ist nur ausnahmsweise zulässig[8]. Bei komplexen Sachverhalten, wie einer BR-Anhörung, genügt deshalb ein undifferenziertes pauschales Bestreiten ohne jede Begründung nicht, vielmehr muss der ArbN sein Bestreiten insoweit substantiieren, dass für das Gericht erkennbar wird, über welche einzelne Behauptung des ArbGeb Beweis erhoben werden soll[9].

7. Rechtsfolgen bei fehlerhafter Einleitung des Anhörungsverfahrens. Verletzt der ArbGeb seine Verpflichtungen aus Abs. 1, so ist gem. Abs. 1 S. 3 die **Kündigung unwirksam.** Dieser Mangel wird auch dadurch nicht geheilt, dass der BR zur beabsichtigten Kündigung „abschließend" Stellung nimmt[10]. Eine wirksame Anhörung kann nicht mehr erfolgen, nachdem die Kündigung erklärt ist. Die gleichwohl nachträglich eingeholte Stellungnahme des BR verhindert die Unwirksamkeit der ohne vorherige Anhörung erklärten Kündigung also nicht. Die Kündigung bleibt infolge fehlender Anhörung unwirksam, selbst wenn der BR zu der ausgesprochenen Kündigung nachträglich seine Zustimmung erklärt[11]. Lässt der ArbGeb nach Abschluss des Anhörungsverfahrens geraume Zeit bis zum Ausspruch der Kündigung verstreichen (häufig bei einer sog. **Vorratskündigung**), ist eine erneute Anhörung des BR zumindest dann zu verlangen, wenn sich eine wesentliche Änderung des Sachverhalts ergeben hat, insb. beim Hinzutreten neuer Kündigungsgründe[12]. Das gilt auch, wenn der ArbGeb bei Einleitung des Anhörungsverfahrens noch keinen aktuellen Kündigungsentschluss gefasst hat oder den wiederholten Kündigungen ein neuer Kündigungsentschluss zugrunde liegt[13]. Der Verstoß gegen § 102 ist nach der Neufassung des § 4 S. 1 KSchG ebenfalls innerhalb der Drei-Wochen-Frist des § 4 KSchG geltend zu machen.

IV. Beschlussfassung des Betriebsrats. 1. Allgemeines. Hat der ArbGeb unter Beachtung der in Abs. 1 umschriebenen Erfordernisse das Anhörungsverfahren eingeleitet, so geht die Durchführung des Anhörungsverfahrens in den **Verantwortungsbereich des BR** über, der sich dann mit der beabsichtigten Kündigung zu befassen und darüber zu entscheiden hat, ob und in welchem Sinne er Stellung nehmen will. Diese Trennung der beiden Verantwortungsbereiche ist wesentlich für die Entscheidung der Frage, wann eine Kündigung iSd. Abs. 1 S. 3 ohne Anhörung des BR ausgesprochen und deswegen unwirksam ist. Nur wenn der ArbGeb bei der ihm obliegenden Einl. des Anhörungsverfahrens einen Fehler begeht, liegt darin eine Verletzung des Abs. 1, die zur Unwirksamkeit der Kündigung führt.

Eine Kündigung ist schon dann ohne Anhörung des BR iSd. Abs. 1 S. 3 ausgesprochen, wenn der ArbGeb seinen Kündigungswillen bereits vor der Stellungnahme des BR oder vor dem Ablauf der in Abs. 2 festgelegten Fristen verwirklicht[14]. Insofern ist der ArbGeb gehalten, dem BR Gelegenheit zu geben, zu der beabsichtigten Kündigung Stellung zu nehmen.

2. Zuständiges Gremium. Zuständig für die Stellungnahme ist grds. der BR. Existiert ein **Betriebsausschuss** und ist diesem die Wahrnehmung des Beteiligungsrechts nach § 102 als Aufgabe zur selb-

---

1 LAG Hess. 14.3.2011 – 16 Sa 1677/10, NZA-RR 2011, 419; LAG Nds. 7.2.2011 – 12 Sa 1574/10. ||2 Ausf. hierzu *Oetker*, BB 1989, 417 (418f.). ||3 BAG 29.3.1990 – 2 AZR 420/89, NZA 1990, 894; 27.6.1985 – 2 AZR 412/84, NZA 1986, 426. ||4 BAG 22.9.1994 – 2 AZR 31/94, NZA 1995, 363 (364); LAG Köln 29.3.2011 – 12 Sa 1395/10. ||5 BAG 16.3.2000 – 2 AZR 75/99, NZA 2000, 1332 (1333); *Griebeling*, NZA 2007, 540 (542); aA *Mühlhausen*, NZA 2006, 967 (969). ||6 BAG 23.6.2005 – 2 AZR 193/04, NZA 2005, 1233 (1234); ebenso bei der Anhörung des Personalrates, vgl. BAG 24.5.2012 – 2 AZR 206/11, NZA 2012, 137. ||7 BAG 12.8.2010 – 2 AZR 104/09. ||8 BAG 24.4.2008 – 8 AZR 268/07, NZA 2008, 1314 (1316). ||9 BAG 16.3.2000 – 2 AZR 75/99, NZA 2000, 1332 (1335); 23.6.2005 – 2 AZR 193/04, NZA 2005, 1233 (1234); 20.9.2006 – 6 AZR 219/06, AP Nr. 24 zu § 17 KSchG 1969, LAG Hamm 1.8.2007 – 6 Sa 694/07. ||10 BAG 28.9.1978 – 2 AZR 2/77, NJW 1979, 2421. ||11 So bereits BAG 28.2.1974 – 2 AZR 455/73, DB 1974, 1294. ||12 BAG 26.5.1977 – 2 AZR 201/76, NJW 1978, 1869; 603; LAG Hamburg 24.7.2008 – 7 Sa 33/08; aA *Diller*, SAE 2009, 1 (5). ||13 Vgl. LAG Hess. 19.8.2010 – 9 Sa 1817/09. ||14 BAG 13.11.1975 – 2 AZR 610/74, DB 1976, 969; s. aber auch den Sonderfall bei BAG 8.2.2003 – 2 AZR 515/02, NZA 2003, 961 (962), wenn der ArbGeb noch in der Lage ist, die Auslieferung eines Kündigungsschreibens durch einen Boten zu stoppen (krit. hierzu *Reiter*, NZA 2003, 954ff.).

ständigen Erledigung übertragen, so fällt die Stellungnahme zu einer Kündigung in seinen Zuständigkeitsbereich. Der BR kann aber auch das Beteiligungsrecht einem besonders gebildeten **Personalausschuss** zur selbständigen Erledigung übertragen. In diesem Fall ist neben dem BR-Vorsitzenden der Vorsitzende dieses Ausschusses berechtigt, die Erklärung des ArbGeb im Anhörungsverfahren gem. Abs. 1 entgegenzunehmen[1]. Eine Vertretung des BR allein durch den Vorsitzenden in der Willensbildung ist ausgeschlossen. Das MitbestR gem. § 102 ist nicht auf den **BR-Vorsitzenden** delegierbar. Insb. handelt es sich hierbei nicht um laufende Geschäfte iSd. § 27 III[2]. Ob in einem Einzelfall der BR durch Beschluss ein einzelnes BR-Mitglied, insb. den BR-Vorsitzenden, dazu ermächtigen kann, eine Stellungnahme im Rahmen eines Verfahrens nach § 102 abzugeben, ist umstritten[3]. Aus Gründen der Rechtssicherheit sollte jedoch davon ausgegangen werden, dass ein einzelnes BR-Mitglied auch in einem ganz bestimmten Einzelfall nicht ermächtigt werden kann, eine Stellungnahme abzugeben.

51   Nur ausnahmsw. kann der **GBR** eines Unternehmens zur Wahrnehmung des Beteiligungsrechts nach § 102 zuständig sein[4]. Allenfalls wenn der ArbN kraft seines Arbeitsvertrages mehreren Betrieben des Unternehmens gleichzeitig zugeordnet ist, kann sich gem. § 50 I eine solche Zuständigkeit des GBR ergeben. Es gibt im Rahmen des § 102 jedoch **keine Auffangzuständigkeit** des GBR oder eines KBR für betriebsratslose Betriebe des Unternehmens[5].

52   Auf Grund besonderen Kirchenrechts können bei **Religionsgemeinschaften** kirchl. Mitarbeitervertretungen für das Beteiligungsverfahren bei Kündigungen zuständig sein. Soweit die dort bestehenden Vorschriften § 102 entsprechen, können die hierfür maßgeblichen Grundsätze zur Auslegung herangezogen werden[6].

53   **3. Ordnungsgemäße Beschlussfassung.** Der BR hat als Organ darüber zu befinden, ob und ggf. welche Stellungnahme er zu der vom ArbGeb beabsichtigten Kündigung abzugeben gedenkt. Hierzu hat regelmäßig der BR-Vorsitzende den BR zu einer Sitzung einzuberufen und einen Beschluss über die Kündigung herbeizuführen (vgl. § 33)[7]. Wesentliche Voraussetzung für das ordnungsgemäße Zustandekommen eines BR-Beschlusses ist die gem. § 29 erfolgte ordnungsgemäße Ladung aller BR-Mitglieder einschl. etwaiger Ersatzmitglieder unter Mitteilung der Tagesordnung[8]. Die Tagesordnung muss hierbei erkennen lassen, dass eine Beschlussfassung zu einer bestimmten Kündigungsabsicht des ArbGeb erfolgen soll. Regelmäßig erfolgt eine Beschlussfassung nach einer Aussprache der BR-Mitglieder. Ggf. ist gem. Abs. 2 S. 4 der betroffene ArbN zu hören. Jedoch besteht für den ArbN kein Anspruch darauf, vom BR im Rahmen des Verfahrens nach § 102 angehört zu werden. Dem BR allein obliegt es nach **pflichtgemäßem Ermessen** zu entscheiden, ob er den ArbN anhört oder nicht. Ein etwaiger Ermessensfehlgebrauch und eine dadurch hervorgerufene Verhinderung des dem ArbN nach Abs. 2 S. 4 zugedachten Schutzes hat keine Auswirkungen auf die **Ordnungsgemäßheit des Anhörungsverfahrens**[9]. Allenfalls dann, wenn der ArbGeb durch ein unsachgemäßes Verhalten den Mangel bei der Beteiligung des BR veranlasst hat, kann hier etwas anderes gelten. Allein die Mitteilung einer falschen Anschrift des kündigenden ArbN genügt hierfür jedoch nicht, es sei denn, der ArbGeb hat dem BR bewusst eine unrichtige Anschrift mitgeteilt[10]. Grds. setzt eine Stellungnahme des BR die **Beschlussfähigkeit des BR-Gremiums** voraus[11]. Ist jedoch absehbar, dass der BR für die Dauer der Anhörungszeit beschlussunfähig bleibt, nimmt in entsprechender Anwendung des § 22 der RestBR das Beteiligungsrecht wahr[12]. Nach ganz überwiegender Auffassung wird allerdings eine **Beschlussfassung im Umlaufverfahren**, selbst wenn alle BR-Mitglieder mit einer solchen Beschlussfassung einverstanden sind, für unzulässig erachtet[13]. Gleiches gilt auch bei einer „Beschlussfassung" im „Rundrufverfahren", bei dem lediglich telefonisch durch den BR-Vorsitzenden die Stimmen der einzelnen BR-Mitglieder abgefragt werden[14]. Beschlussfassungen mittels Videokonferenz sind dagegen zulässig[15].

54   Gem. Abs. 2 S. 5 iVm. § 99 I 3 sind die Mitglieder des BR verpflichtet, über die ihnen im Rahmen der Anhörung vor einer Kündigung bekannt gewordenen persönlichen Verhältnisse und Angelegenheiten der ArbN, die ihrer Bedeutung oder ihrem Inhalt nach einer vertraulichen Behandlung bedürfen, **Stillschweigen** zu bewahren. Dies gilt insb. dann, wenn die Kündigung aus personenbedingten Gründen ausgesprochen werden soll. In solchen Fällen kann auch die Information als solche, dass eine Kündigung ausgesprochen werden soll, zu den geheimhaltungsbedürftigen Tatsachen zählen[16]. Ein Verstoß gegen die Verschwiegenheitspflicht ist gem. § 120 II strafbar.

---

1 Vgl. BAG 4.8.1975 – 2 AZR 266/74, DB 1975, 2184; 12.7.1984 – 2 AZR 320/83, NZA 1985, 96. || 2 Richardi/*Thüsing*, § 102 Rz. 89; ArbG Celle 28.6.1974 – 2 Ca 452/74, ARST 1975, 62. || 3 Dafür Richardi/*Thüsing*, § 102 Rz. 89; aA DKKW/*Bachner*, § 102 Rz. 146. || 4 Vgl. BAG 21.3.1996 – 2 AZR 559/95, NZA 1996, 974 (975). || 5 Vgl. LAG Schl.-Holst. 10.11.2010 – 6 Sa 195/10. || 6 Vgl. BAG 16.10.1991 – 2 AZR 156/91, EzA § 102 BetrVG 1972 Nr. 83. || 7 BAG 28.3.1974 – 2 AZR 472/73, NJW 1974, 1726. || 8 BAG 23.8.1984 – 2 AZR 391/83, NZA 1985, 254 (255); LAG Hamm 27.10.1994 – 4 Sa 79/94. || 9 BAG 2.4.1976 – 2 AZR 513/75, NJW 1976, 1519; LAG Hamm 27.2.1992 – 4 (9) Sa 1437/90, LAGE § 1 KSchG Personenbedingte Kündigung Nr. 10. || 10 Vgl. BAG 23.9.1992 – 2 AZR 150/92. || 11 LAG Düss. 7.3.1975 – 16 Sa 690/74, LAGE § 102 BetrVG 1972 Nr. 5. || 12 BAG 18.8.1982 – 7 AZR 437/80, NJW 1983, 2836; DKKW/*Bachner*, § 102 Rz. 169. || 13 BAG 4.8.1975 – 2 AZR 266/74, DB 1975, 2184; 19.5.1983 – 2 AZR 454/81; LAG Köln 9.2.1994 – 7 Sa 1080/93, ARST 1994, 182; aA APS/*Koch*, § 102 Rz. 142. || 14 Vgl. BAG 19.5.1983 – 2 AZR 454/81. || 15 Ausf. dazu Butz/*Pleul*, AuA 2011, 213. || 16 Vgl. Richardi/*Thüsing*, § 102 Rz. 109.

4. Entscheidung des Betriebsrats. a) Allgemeines. Welche Haltung der BR ggü. der beabsichtigten Kündigung einnehmen will, steht in seinem **Ermessen**. Insb. hat der ArbN keinen Rechtsanspruch auf ein bestimmtes Tätigwerden des BR. Erst recht kann er nicht die Einlegung eines Widerspruchs durch den BR verlangen[1]. Als Reaktionsmöglichkeiten stehen dem BR folgende Optionen offen:

– Nachfrage beim ArbGeb nach weiteren Informationen,
– Zustimmung zur Kündigung,
– Schweigen ggü. der Kündigungsabsicht,
– ausdrückliches Absehen von einer Stellungnahme,
– Äußerung von Bedenken,
– Einlegen eines Widerspruchs.

Welche **Optionsmöglichkeiten** der BR wählen will, ist durch BR-Beschluss zu entscheiden. Unterlässt der BR eine entsprechende Beschlussfassung, so liegt hierin zwar eine Amtspflichtverletzung; auf die Wirksamkeit der Kündigung hat dies jedoch keinen Einfluss.

b) Nachfrage beim Arbeitgeber nach weiteren Informationen. Der BR kann beschließen, vom ArbGeb ergänzende Informationen zur Person des ArbN oder zu den Kündigungen und deren Hintergründe einzuholen. Dies führt aber nicht ohne weiteres zu einer automatischen Verlängerung der Äußerungsfrist nach Abs. 2[2]. Jedoch ist es ArbGeb und BR unbenommen, eine Fristverlängerung zu vereinbaren. Erfüllt der ArbGeb erst seine Mitteilungspflicht, nachdem er auf Nachfrage des BR weitere Informationen zu den Kündigungsgründen dem BR mitteilt, so dass dieser erst jetzt in der Lage ist, sich qualifiziert mit der Kündigungsabsicht des ArbGeb auseinanderzusetzen, so führt das dazu, dass mit der nachträglichen Unterrichtung des BR die Frist für die Stellungnahme gem. Abs. 2 neu zu laufen beginnt[3]. Indes hat der BR ggü. dem ArbGeb keine Verpflichtung, die Vollständigkeit der ihm überlassenen Informationen zu prüfen. Deshalb kann sich der ArbGeb auch nicht darauf verlassen, dass er den BR ausreichend informiert hat, wenn dieser nicht die Unvollständigkeit der ihm gegebenen Informationen rügt[4].

c) Zustimmung zur Kündigung. Der BR kann das Anhörungsverfahren auch auf die Weise beenden, dass er vorbehaltlos der Kündigung zustimmt und dies ggü. dem ArbGeb auch erklärt. Für diese **Zustimmungserklärung** bedarf es keiner besonderen Form. Es handelt sich hierbei um eine unwiderrufliche Erklärung[5]. In dem Moment, in dem der ArbGeb die einmal beschlossene Zustimmung mitgeteilt wurde, kann der BR diese nicht nachträglich wieder aufheben. Auch durch eine telefonische Mitteilung der Zustimmung an den ArbGeb wird das Anhörungsverfahren abgeschlossen[6]. Ebenso wenig kann der BR seinen Beschluss anfechten. Denn der BR-Beschluss als solcher erfüllt schon nicht die Voraussetzungen einer Willenserklärung, so dass die §§ 119, 123 BGB keine Anwendung finden[7]. Nicht ausgeschlossen ist jedoch, dass die Erklärung des BR-Vorsitzenden ggü. dem ArbGeb angefochten wird, sofern hier ein Anfechtungsgrund vorliegt.

d) Schweigen ggü der Kündigungsabsicht. Dem BR ist es unbenommen, von einer Äußerung zur beabsichtigten Kündigung des ArbN ganz abzusehen. Dann endet das Anhörungsverfahren nach **Ablauf der Äußerungsfristen** des Abs. 2. Gem. Abs. 2 S. 2 gilt bei einer ordentl. Kündigung die Zustimmung als erteilt. Das bloße **Schweigen** kann aber in keinem Fall als Stellungnahme des BR gewertet werden[8]. Nach dem Gesetzeswortlaut bezieht sich die Fiktion der Zustimmung zur Kündigung durch Schweigen nur auf die ordentl. Kündigung. In Bezug auf eine außerordentl. Kündigung schweigt der Gesetzeswortlaut. Jedoch hat dieser Unterschied keine praktische Bedeutung[9].

e) Ausdrückliches Absehen von einer Stellungnahme. Vom bloßen Schweigen des BR zu unterscheiden ist der Beschluss des BR, von einer inhaltl. Stellungnahme zur Kündigungsabsicht des ArbGeb abzusehen[10]. Wird ein solcher Beschluss dem ArbGeb mitgeteilt, so wird dieser sehr sorgfältig zu prüfen haben, ob hierin eine abschließende Stellungnahme des BR, die zur Beendigung des Anhörungsverfahrens führen würde, liegt. Dies ist nur dann der Fall, wenn der nach §§ 133, 157 BGB unter Berücksichtigung der Betriebsüblichkeiten auszulegenden Erklärung des BR eindeutig zu entnehmen ist, dass er

---

1 DKKW/*Bachner*, § 102 Rz. 173; *Besgen*, BVR, § 23 Rz. 43. || 2 LAG Hess. 21.3.1973 – 7 Sa 667/72, DB 1973, 1806. || 3 Vgl. BAG 6.2.1997 – 2 AZR 265/96, NZA 1997, 656 (658). || 4 So APS/*Koch*, § 102 Rz. 144 mwN; *Felser*, AiB 2005, 409 (411). Zwar hat der 1. Senat des BAG in seiner Entscheidung v. 28.1.1986 (1 ABR 10/84, NZA 1986, 490) entschieden, dass im Rahmen des Beteiligungsverfahrens nach § 99 eine Verpflichtung des BR bestehe, den ArbGeb innerhalb der Wochenfrist auf bekannte Mängel bei der Unterrichtung hinzuweisen. Diese Entscheidung dürfte allerdings auf das Beteiligungsverfahren nach § 102 nicht übertragbar sein. Andernfalls wäre der BR gehalten, zu Lasten einer möglichen Rechtsposition des ArbN in einem Kündigungsrechtsstreit zu handeln. || 5 GK-BetrVG/*Raab*, § 102 Rz. 95. || 6 BAG 24.8.1983 – 7 AZR 475/81. || 7 So auch GK-BetrVG/*Raab*, § 102 Rz. 96; APS/*Koch*, § 102 Rz. 145; idS auch BAG 11.6.2002 – 1 ABR 43/01, NZA 2003, 226 (228) („die Zustimmungsverweigerung nach § 99 Abs. 3 S. 1 BetrVG ist keine Willenserklärung"); aA Hess ua./*Schlochauer*, § 102 Rz. 82. || 8 Vgl. BAG 12.3.1987 – 2 AZR 176/86, NZA 1988, 137; KR/*Etzel*, § 102 Rz. 103b. || 9 DKKW/*Bachner*, § 102 Rz. 188. || 10 Vgl. hierzu BAG 12.3.1987 – 2 AZR 176/86, NZA 1988, 137.

eine weitere Erörterung nicht mehr wünscht[1]. Dies kann der Fall sein, wenn der BR einen schriftlichen Anhörungsbogen dem ArbGeb zurückgibt, und zwar möglicherweise auch dann, wenn dort – außer der Unterschrift des BR-Vorsitzenden – keine weitere Erklärung enthalten ist[2]. Nicht letztverbindlich geklärt ist die Rechtslage, wenn der BR dem ArbGeb mitteilt, dass er beschlossen habe, die (Anhörungs-)Frist verstreichen zu lassen[3]. Erklärt der BR, dass er sich nicht äußern wolle und ist darin eine abschließende Stellungnahme zu sehen, kann der ArbGeb bereits vor Ablauf der Äußerungsfrist die Kündigung aussprechen[4]. Das gilt auch, wenn der BR erklärt, dass er den betroffenen ArbN für einen leitenden Angestellten hält und deshalb auf § 105 verweist[5].

61 **f) Äußerung von Bedenken.** Dem BR steht es aber auch frei, Bedenken gegen die geplante Kündigung aus allen ihm wichtig erscheinenden Gründen zu erheben. Die Äußerung von Bedenken wird dann regelmäßig in Betracht zu ziehen sein, wenn Widerspruchsgründe iSd. Abs. 3 nicht vorliegen und gleichwohl der BR Vorbehalte gegen die vom ArbGeb beabsichtigte Kündigung hat. Eine rechtl. Besserstellung des ArbN durch Äußerung von Bedenken des BR besteht zwar nicht, jedoch ist nicht zu verkennen, dass Bedenken des BR die prozessuale Situation des ArbN in einem Kündigungsschutzprozess erheblich verstärken können[6]. Zu beachten ist, dass die Erhebung von Bedenken **schriftl.** erfolgen muss. Lediglich mündlich geäußerte Bedenken bedeuten keine formgerechte abschließende Stellungnahme, so dass der ArbGeb in diesem Fall nicht vor Ablauf der Äußerungsfrist kündigen darf[7].

62 Sowohl für die Äußerung von Bedenken als auch für den Widerspruch haben die in Abs. 2 geregelten **Äußerungsfristen** besondere Bedeutung. Gem. Abs. 2 S. 1 hat der BR Bedenken gegen eine ordentl. Kündigung **innerhalb einer Woche** mitzuteilen. Bedenken gegen eine außerordentl. Kündigung hat der BR unverzüglich, spätestens jedoch **innerhalb von drei Tagen** dem ArbGeb mitzuteilen.

63 Die Frist beginnt mit dem Tag, an dem die Mitteilung des ArbGeb dem BR zugeht. Dieser Tag wird nicht mitgerechnet (§ 187 BGB). Auch sonst gelten für die **Fristberechnung** die Vorschriften der §§ 187 ff. BGB. Für die Bestimmung des Endes etwa der einwöchigen Anhörungsfrist gem. Abs. 2 ist § 188 II BGB heranzuziehen. Fristende ist damit der Ablauf des letzten Tages der Woche, welcher durch seine Benennung dem Tage entspricht, in den das Ereignis fällt, das den Fristbeginn bestimmt. Dieser Tag und damit auch die Frist läuft um 24 Uhr ab[8]. Dementsprechend endet die Frist nicht etwa bei Dienstschluss der Personalverwaltung[9]. (Beispiel für den Fall der ordentl. Kündigung: Wird der BR an einem Freitag unterrichtet, so endet die Frist am Freitag der darauf folgenden Woche um 24 Uhr. Ist dieser Freitag ein gesetzl. Feiertag, so endet die Frist wegen § 193 BGB am darauf folgenden Montag um 24 Uhr.) Jedoch ist bei einer schriftl. Stellungnahme des BR zu beachten, dass sich deren Zugang nach § 130 I BGB regelt. Dh., die schriftl. Stellungnahme ist erst zugegangen, sobald sie in verkehrsüblicher Weise in die tatsächliche Verfügungsgewalt des Empfängers bzw. eines empfangsberechtigten Dritten gelangt ist und für den Empfänger unter gewöhnlichen Verhältnissen die Möglichkeit besteht, von dem Inhalt des Schreibens Kenntnis zu nehmen[10]. Damit geht eine schriftl. Stellungnahme des BR erst am folgenden Tage zu, wenn sie vom BR-Vorsitzenden zu einer Zeit in ein für den ArbGeb bestehendes Postfach gelegt wird, zu der nicht mehr mit der Leerung dieses Postfachs am selben Tag gerechnet werden kann. In diesen Fällen muss also der BR sicherstellen, dass seine schriftl. Stellungnahme am letzten Tage der Frist so in den Machtbereich des ArbGeb gelangt, dass dieser bzw. ein von ihm Bevollmächtigter die Möglichkeit hat, von dem Inhalt der Stellungnahme Kenntnis zu nehmen. Der BR kann zwar die ihm gesetzte Frist voll ausschöpfen und also mit seiner Stellungnahme bis zum letzten Tag des Fristablaufs abwarten. Versäumt er jedoch die Frist, ist eine Wiedereinsetzung in den vorherigen Stand nicht möglich. Damit sind die Anhörungsfristen **Ausschlussfristen**. Diese verlängern sich auch dann nicht, wenn es sich um Massenentlassungen handelt[11].

64 Zwar können ArbGeb und BR die Anhörungsfrist durch **Vereinbarung** verlängern oder auch abkürzen[12]. Jedoch hat weder der BR einen Anspruch darauf, dass eine Frist verlängert wird, noch hat der ArbGeb einen Anspruch darauf, dass der BR einer Verkürzung der Frist zustimmt. Lediglich in extremen Ausnahmefällen kann die Berufung des ArbGeb auf die Einhaltung der Anhörungsfrist rechtsmissbräuchlich sein. Hierfür reichen jedoch objektive Umstände wie die Zahl der Kündigungen und die sich hieraus für die Bearbeitung im BR ergebenden Schwierigkeiten nicht aus[13].

---

1 Vgl. BAG 3.4.2008 – 2 AZR 965/06, NZA 2008, 807 f.; LAG Bln.-Bbg. 22.10.2009 – 2 Sa 1186/09, LAGE § 102 BetrVG 2001 Nr. 9; LAG Bln.-Bbg. 22.3.2012 – 26 Sa 2327/11. ||2 LAG Bln.-Bbg. 22.10.2009 – 2 Sa 1186/09, LAGE, § 102 BetrVG 2001 Nr. 9. ||3 Für Abschluss: LAG Hess. 18.6.1997 – 8 Sa 977/96, LAGE § 626 BGB Nr. 114, dagegen: LAG Hess. 21.11.1986 – 13 Sa 455/86, BB 1987, 1324; ausf. dazu: LAG Bln.-Bbg. 22.10.2009 – 2 Sa 1186/09, LAGE § 102 BetrVG 2001 Nr. 9 und zur gesamten Problematik: *Hunold*, NZA 2010, 797. ||4 BAG 21.5.2008 – 8 AZR 84/07, NZA 2008, 753 (756). ||5 LAG Rh.-Pf. 11.1.2008 – 9 Sa 489/07. ||6 *Heinze*, Personalplanung, Rz. 531. ||7 DKKW/*Bachner*, § 102 Rz. 183. ||8 LAG Berlin 21.6.1999 – 18 Sa 71/99. ||9 BAG 12.12.1996 – 2 AZR 803/95, RzK III 1e Nr. 21; 12.12.1996 – 2 AZR 809/95, AiB 1998, 113; vgl. aber zu einem Sonderfall BAG 8.4.2003 – 2 AZR 515/02, NZA 2003, 961 (962). ||10 Vgl. BAG 2.3.1989 – 2 AZR 275/88, NZA 1989, 635. ||11 BAG 14.8.1986 – 2 AZR 561/85, NZA 1987, 601 (603). ||12 BAG 14.8.1986 – 2 AZR 561/85, NZA 1987, 601 (604); dagegen verneint KR/*Etzel*, § 102 Rz. 89, die Möglichkeit einer Verkürzung der Frist. ||13 BAG 14.8.1986 – 2 AZR 561/85, NZA 1987, 601 (605).

Äußert sich der BR nicht innerhalb der Anhörungsfrist, so gilt gem. Abs. 2 S. 2 die Zustimmung zur Kündigung als erteilt. Dies bezieht sich ausdrücklich auf die ordentl. Kündigung, ist aber auch entsprechend auf die außerordentl. Kündigung anzuwenden. Dabei kommt es allein auf das Verstreichen der Frist bei ordnungsgemäßer Einleitung des Verfahrens an, die subjektive Vorstellung der BR-Mitglieder, es werde tatsächlich nicht zu einer Kündigung kommen, weil das Anhörungsverfahren unterbrochen sei oder ruhe, spielt keine Rolle[1]. Jedoch schreibt das Gesetz vor, dass eine **Stellungnahme schriftl.** zu erfolgen hat. Dies gilt auch für die fristlose Kündigung. Eine bloß mündliche Stellungnahme zur außerordentl. Kündigung ist daher nicht geeignet, das Anhörungsverfahren zu beenden. In diesem Fall muss der ArbGeb die Anhörungsfrist abwarten. Wird die **außerordentl.** Kündigung vorsorglich mit einer **ordentl.** Kündigung **verbunden**, so hat der ArbGeb für die ordentl. Kündigung die maßgebliche Anhörungsfrist abzuwarten, bevor er die Kündigung erklären kann[2]. Hier kann es sich deshalb empfehlen, die außerordentl. Kündigung und die vorsorgliche ordentl. Kündigung zu **zwei verschiedenen Zeitpunkten** auszusprechen, um zumindest so sicherzustellen, dass für die außerordentl. Kündigung in jedem Fall die Frist des § 626 II BGB eingehalten wird[3]. 65

g) **Einlegen eines Widerspruchs.** Die schärfste Reaktion des BR ist die Erhebung eines Widerspruchs gegen die Kündigung. In Abs. 3 wird ausdrücklich bestimmt, dass der BR innerhalb der Anhörungsfrist des Abs. 2 S. 1 aus bestimmten Gründen einer ordentl. Kündigung widersprechen kann. Das bedeutet, dass bei einer außerordentl. Kündigung ein Widerspruch des BR iSd. Abs. 3 und damit auch der Weiterbeschäftigungsanspruch nach Abs. 5 nicht in Betracht kommt. 66

Besonderheiten bestehen aber bei einer **außerordentl. Kündigung** ggü. einem **unkündbaren ArbN**. Hier will die Rspr. vermeiden, dass betriebsverfassungsrechtlich die Kündigung eines unkündbaren ArbN im Wege der außerordentl. Kündigung unter Beachtung einer entsprechenden Auslauffrist erleichterten Voraussetzungen unterliegt als die Kündigung eines ordentlich kündbaren ArbN. Deshalb gilt für solche Fälle, dass sich derartige außerordentl. Kündigungen im Hinblick auf die BR-Beteiligung an den Voraussetzungen des Beteiligungsverfahrens für ordentl. Kündigungen zu orientieren haben. Der BR ist deshalb bei derartigen außerordentl. Kündigungen mit einer Auslauffrist für seine Stellungnahme nicht an die Frist nach Abs. 2 S. 3, sondern vielmehr an die Wochenfrist des Abs. 2 S. 1 gebunden[4]. Zudem will die Rspr. auch auf solche außerordentl. Kündigungen das Widerspruchsrecht des BR nach Abs. 3 bis 5 entsprechend anwenden[5]. 67

Inhaltlich liegt ein **Widerspruch** nur vor, wenn der BR **eindeutig** und **unmissverständlich** zu erkennen gibt, dass er die Kündigung ablehnt. Zwar ist der BR nicht verpflichtet, ausdrücklich das Wort „Widerspruch" zu benutzen. Um jedoch Unklarheiten zu vermeiden, ist dringend zu empfehlen, von den gesetzl. Begrifflichkeiten Gebrauch zu machen. Der Widerspruch muss **schriftlich** erfolgen. Zur Wahrung der Schriftform reicht ein Telefax aus[6]. Ein nur mündlich erklärter Widerspruch ist unbeachtlich. Dies gilt auch, wenn der schriftl. erklärte Widerspruch nach Fristablauf nachgereicht wird. Für die Wahrung der Schriftform ist erforderlich, dass der Widerspruch die eigenhändige Unterschrift des zur Abgabe zuständigen bzw. ermächtigten BR-Mitglieds aufweist. Ordnungsgemäß erhoben ist der Widerspruch nur dann, wenn in der schriftl. Stellungnahme **Gründe** angegeben sind, die es möglich erscheinen lassen, dass ein Widerspruchsgrund vorliegt. Nicht erforderlich ist, dass der geltend gemachte Widerspruchsgrund tatsächlich vorliegt[7]. Für eine **Begründung des Widerspruchs** genügt allerdings nicht ein bloßes Wiederholen oder Abschreiben der abstrakten gesetzl. Widerspruchsgründe oder etwaige Bezugnahmen auf das Gesetz. Vielmehr müssen die Widerspruchsgründe unter Angabe **konkreter Tatsachen** erläutert werden[8]. Die Rspr. verlangt ausdrücklich dem BR ein Mindestmaß an konkreter Argumentation ab[9], wobei die Widerspruchsgründe zwar nicht schlüssig sein müssen, sich aber auch nicht auf reine Spekulation beschränken dürfen[10]. So hat der BR, wenn er eine Weiterbeschäftigung für möglich hält, den freien Arbeitsplatz in seinem Widerspruch in bestimmbarer Weise anzugeben[11]. Nach ganz herrschender Auffassung kann der BR den einmal eingelegten Widerspruch durch einen entsprechenden Beschluss rückgängig machen. Allerdings können dadurch nicht die individualrechtl. Folgen beseitigt werden, die ein einmal ordnungsgemäß erhobener Widerspruch ausgelöst hat. Insofern ist der gekündigte ArbN als schutzwürdig anzusehen[12]. 68

aa) **Widerspruchsgründe.** Die Widerspruchsgründe sind in Abs. 3 **abschließend** aufgeführt: 69

(1) **Fehlerhafte Sozialauswahl.** Gem. **Abs. 3 Nr. 1** kann der BR einer ordentl. Kündigung widersprechen, wenn der ArbGeb bei der Auswahl der zu kündigenden ArbN **soziale Gesichtspunkte** nicht oder nicht ausreichend berücksichtigt hat. Dieser Widerspruchsgrund kommt grds. nur bei betriebsbeding- 70

---

1 Vgl. LAG Nds. 7.2.2011 – 12 Sa 1574/10. || 2 Vgl. dazu auch LAG Rh.-Pf. 17.5.2010 – 11 Sa 663/08, ArbR 2010, 637. || 3 Richardi/*Thüsing*, § 102 Rz. 104. || 4 BAG 12.1.2006 – 2 AZR 242/05, AP Nr. 13 zu § 626 BGB Krankheit. || 5 BAG 5.2.1998 – 2 AZR 227/97, NZA 1998, 771 (775). || 6 KR/*Etzel*, § 102 Rz. 142. || 7 Vgl. etwa LAG Düss. 21.6.1974 – 15 Sa 633/74, DB 1974, 2112. || 8 LAG Düss. 5.11.1976 – 9 Sa 1604/75, DB 1976, 1065; LAG Nds. 22.8.1975 – 7 A (3) Sa 80/75, DB 1975, 1898; LAG München 2.3.1994 – 5 Sa 908/93, NZA 1994, 1000; LAG Schl.-Holst. 22.11.1999 – 4 Sa 514/99, BB 2000, 203. || 9 BAG 11.5.2000 – 2 AZR 54/99, NZA 2000, 1055 (1056). || 10 Vgl. LAG Bln.-Bbg. 25.11.2010 – 25 Sa 1672/10 mwN; ähnlich LAG Hess. 3.7.2012 – 15 SaGa 243/12. || 11 BAG 17.6.1999 – 2 AZR 608/98, NZA 1999, 1154 (1156). || 12 Vgl. APS/*Koch*, § 102 Rz. 150.

ten Kündigungen in Betracht[1]. Soziale Gesichtspunkte sind insb. das Lebensalter, die Dauer der Betriebszugehörigkeit, eine Schwerbehinderung sowie die Unterhaltspflichten des ArbN (vgl. § 1 III 1 KSchG). Ob darüber hinaus weitere soziale Gesichtspunkte berücksichtigt werden können, ist umstritten[2]. Dagegen kann der BR gestützt auf Abs. 3 Nr. 1 nicht der Betriebsbedingtheit der Kündigung als solcher widersprechen. Allerdings steht es ihm frei, auch wenn er die Betriebsbedingtheit der Kündigung bestreiten will, hilfsweise bereits die soziale Auswahl zu rügen und gestützt auf diese Eventual-Rüge der Kündigung zu widersprechen[3]. Ist nach Auffassung des ArbGeb eine soziale Auswahl entbehrlich, weil auf Grund einer **Betriebsstilllegung** allen ArbN des Betriebes gekündigt werden soll, so scheidet ein Widerspruch nach Abs. 3 Nr. 1 nur aus, wenn allen ArbN tatsächlich zum Stilllegungstermin gekündigt wird[4]. Nach dem ausdrücklichen Gesetzeswortlaut bezieht sich das Widerspruchsrecht des BR nach Abs. 3 Nr. 1 nur darauf, ob soziale Gesichtspunkte nicht oder nicht ausreichend berücksichtigt wurden. Das heißt aber auch, dass der BR nicht deshalb der Kündigung widersprechen kann, weil er meint, der ArbGeb habe den **Kreis der vergleichbaren ArbN** zu eng gezogen[5]. Vielmehr ist die Frage der Vergleichbarkeit der Sozialauswahl vorgeschaltet. Dass der BR auch bei dieser Vorfrage einen Widerspruchsgrund haben soll, kann dem Gesetzeswortlaut nicht entnommen werden. Miteinander zu vergleichen sind alle im Betrieb beschäftigten ArbN, die ihrer betriebl. Stellung nach vergleichbar sind und bei denen gem. § 1 III 2 KSchG berechtigte betriebl. Interessen der Kündigung nicht entgegenstehen[6]. Insofern kann der BR seinen Widerspruch nicht darauf stützen, dass der ArbGeb den Kreis der nach § 1 III 2 KSchG aus der Sozialauswahl herausgenommenen ArbN zu weit gezogen hat[7]. Eine ordnungsgemäße **Widerspruchsbegründung** des BR zu Abs. 3 Nr. 1 setzt voraus, dass dem ArbGeb ggü. die fehlende oder fehlerhafte Sozialauswahl beanstandet wird. Regelmäßig reicht es hierfür nicht aus, wenn lediglich pauschal auf sozial stärkere ArbN hingewiesen wird[8]. Jedoch kann der Umfang der Begründungspflicht nicht generell bestimmt werden, sondern ist abhängig von der jeweiligen Darstellung des ArbGeb[9]. Hat also der ArbGeb seine Auswahlüberlegungen dezidiert dem BR mitgeteilt, so verlangt Abs. 3 S. 1 eine konkrete Stellungnahme, warum die **Auswahlüberlegungen** des ArbGeb nicht ausreichend sein sollen. Dies gilt gerade, wenn der ArbGeb dem BR die Namen und Sozialdaten der seiner Ansicht nach vergleichbaren ArbN mitgeteilt hat. Hier wird regelmäßig die **Benennung** eines anderen zu kündigenden ArbN erforderlich werden[10]. In keinem Fall reicht aber eine pauschale Berufung auf den Wortlaut des Gesetzes für die Begründung des Widerspruchs aus[11].

71 **(2) Verstoß gegen Auswahlrichtlinien.** Der BR kann der ordentl. Kündigung auch widersprechen, wenn die Kündigung gegen eine Auswahlrichtlinie iSd. § 95 verstößt (vgl. § 95 Rz. 7 ff.). Auch dieser Widerspruchsgrund kommt nur bei einer betriebsbedingten Kündigung zum Tragen[12]. Der Widerspruchsgrund nach **Abs. 3 Nr. 2** hat auf Grund der Neuregelung in § 1 IV KSchG an Bedeutung gewonnen. Indes setzt die ordnungsgemäße Geltendmachung dieses Widerspruchsgrundes voraus, dass nicht nur die konkrete Auswahlrichtlinie, gegen die die Kündigung nach Meinung des BR verstößt, benannt wird, sondern der BR **Tatsachen** angibt, aus denen sich der Verstoß gegen die Auswahlrichtlinie ergibt[13]. Der BR kann aber nur bzgl. des ArbN einen Verstoß gegen eine Auswahlrichtlinie geltend machen, der bei korrekter Anwendung der Auswahlrichtlinie nicht zum Kreis der zu entlassenden ArbN gehören würde[14].

72 **(3) Weiterbeschäftigungsmöglichkeit auf anderem Arbeitsplatz.** Gem. Abs. 3 Nr. 3 kann der BR ebenfalls widersprechen, wenn der zu kündigende ArbN an einem anderen Arbeitsplatz im selben Betrieb oder in einem anderen Betrieb des Unternehmens weiterbeschäftigt werden kann. Dieser Widerspruchsgrund kommt auch bei einer verhaltens- oder personenbedingten Kündigung in Betracht[15], etwa dann, wenn bei verhaltensbedingter Kündigung damit zu rechnen ist, dass das Fehlverhalten auf dem anderen Arbeitsplatz entfällt, es sich also um einen arbeitsplatzbezogenen und nicht arbeitgeberbezogenen Pflichtverstoß handelt[16]. Die Rspr. des BAG verlangt hierfür ein Mindestmaß an konkreter Argumentation[17]. Ein rein spekulativer Widerspruch etwa in dem Sinne, es sei im Betrieb irgendeine anderweitige Beschäftigungsmöglichkeit vorhanden, reicht nicht aus. Der BR muss **konkret darlegen**, auf welchem (freien) Arbeitsplatz eine Weiterbeschäftigung des ArbN in Betracht kommt. Hierbei ist der Arbeitsplatz zumindest in bestimmbarer Weise anzugeben und der Bereich zu bezeichnen, in dem der

---

1 DKKW/*Bachner*, § 102 Rz. 209; KR/*Etzel*, § 102 Rz. 149. ||2 *Willemsen/Annuß*, NJW 2004, 177 f. ||3 LAG Düss. 23.5.1975 – 8 Sa 152/75, EzA § 102 BetrVG 1972 Beschäftigungspflicht Nr. 4. ||4 LAG Düss. 20.11.1980 – 25 Sa 412/80, EzA § 102 BetrVG 1972 Beschäftigungspflicht Nr. 8. ||5 AA wohl KR/*Etzel*, § 102, Rz. 151; LAG Hamburg 25.5.2010 – 1 SaGa 3/10, AuA 2011, 112. ||6 *Löwisch/Kaiser*, § 102 Rz. 54. ||7 AA *Fitting*, § 102 Rz. 78. ||8 Vgl. BAG 9.7.2003 – 5 AZR 305/02, NZA 2003, 1191. ||9 So zu Recht LAG München 2.8.1983 – 6 Sa 439/83, AMBl. BY 1985, C 9 ff.; LAG Schl.-Holst. 22.11.1999 – 4 Sa 514/99, BB 2000, 203; APS/*Koch*, § 102 Rz. 194; aA DKKW/*Bachner*, § 102 Rz. 213. ||10 Vgl. BAG 9.7.2003 – 5 AZR 305/02, NZA 2003, 1191; LAG Düss. 5.1.1976 – 9 Sa 1604/75, DB 1976, 1065; *Stege/Weinspach/Schiefer*, § 102 Rz. 126; aA LAG Rh.-Pf. 19.1.1982 – 3 Sa 883/81, AuR 1982, 323; LAG Hamburg 21.5.2008 – 4 SaGa 2/08, BB 2008, 2636; 25.5.2010 – 1 SaGa 3/10, AuA 2011, 112; einschr. auch KR/*Etzel*, § 102 Rz. 151. ||11 LAG Schl.-Holst. 22.11.1999 – 4 Sa 514/99, BB 2000, 203. ||12 APS/*Koch*, § 102 Rz. 195; KR/*Etzel*, § 102 Rz. 158; aA DKKW/*Bachner*, § 102 Rz. 215. ||13 *Heinze*, Personalplanung, Rz. 578. ||14 LAG Berlin 9.7.2004 – 6 Sa 591/04, LAGE § 1 KSchG Soziale Auswahl Nr. 45. ||15 Vgl. BAG 22.7.1982 – 2 AZR 30/81, DB 1983, 180. ||16 Vgl. LAG Schl.-Holst. 19.5.2010 – 6 SaGa 9/10 mwN. ||17 BAG 17.6.1999 – 2 AZR 608/98, NZA 1999, 1154 (1156).

ArbN anderweitig beschäftigt werden kann[1]. Der Widerspruch hat sich also darauf zu beziehen, dass gerade ein anderer Arbeitsplatz für den zu kündigenden ArbN vorhanden ist. Nicht ausreichend ist deshalb, dass der BR meint, es gebe eine **Weiterbeschäftigungsmöglichkeit auf dem bisherigen Arbeitsplatz**[2]. Die gegenteilige Ansicht[3] hätte letztlich zur Konsequenz, dass man das Widerspruchsrecht des BR auf die Frage der Sozialwidrigkeit der Kündigung als solche erstrecken würde[4]. Der Widerspruch des BR nach Abs. 3 Nr. 3 darf sich deshalb nur auf einen (anderen) freien Arbeitsplatz beziehen. Ein solcher ist dann vorhanden, wenn der Arbeitsplatz zum Zeitpunkt des voraussichtlichen Zugangs der Kündigung unbesetzt ist oder bis zum Ablauf der Kündigungsfrist nach der vom ArbGeb getroffenen Organisationsentscheidung zur Verfügung stehen wird[5]. Keinesfalls besteht aber die Verpflichtung für den ArbGeb, für den zu kündigenden ArbN einen neuen Arbeitsplatz zu schaffen oder besetzte Arbeitsplätze freizumachen[6]. Auch ist der ArbGeb nur zu einer Beschäftigung auf einem vergleichbaren, also gleichwertigen Arbeitsplatz, und nicht zum Angebot einer Beförderungsstelle verpflichtet[7]. In diesem Sinne „frei" ist auch ein solcher Arbeitsplatz, auf dem ein **LeihArbN** beschäftigt wird[8]. Die Arbeitsplätze, auf denen Leiharbeitskräfte beschäftigt sind, können in absehbarer Zeit freigemacht werden und gelten deshalb als freie Arbeitsplätze[9]. Allerdings darf das Widerspruchsrecht des BR nicht dazu führen, dass letztlich in die **unternehmerische Dispositionsfreiheit** des ArbGeb eingegriffen wird. Ein Arbeitsplatz, der erst durch eine neue unternehmerische Disposition geschaffen werden müsste, kann für die Beurteilung der Weiterbeschäftigungsmöglichkeit keine Berücksichtigung finden[10]. Folgerichtig kann der BR nicht unter Berufung auf Abs. 3 Nr. 3 verlangen, dass zur Vermeidung einer aus dringenden betriebl. Gründen beabsichtigten Kündigung **Kurzarbeit** für die gesamte Belegschaft eingeführt wird, um so einen freien Arbeitsplatz für den zu kündigenden ArbN zu schaffen[11]. Teilweise wird vertreten, dass freie Arbeitsplätze auch dann vorhanden sind, wenn in einer bestimmten Abteilung regelmäßig **Mehrarbeit** geleistet wird. Hier sei dann eine Beschäftigungsmöglichkeit für den zu kündigenden ArbN vorhanden[12]. Wollte man den ArbGeb verpflichten, anstatt der Mehrarbeit einen Arbeitsplatz einzurichten, so wäre dies ein Eingriff in die unternehmerische Dispositionsfreiheit. Insofern ist ein Verweis des BR auf regelmäßig geleistete Mehrarbeit in bestimmten Abteilungen des Betriebes nicht als Begründung für einen Widerspruch iSd. Abs. 3 Nr. 3 geeignet. Dagegen kann der BR der Kündigung nach Abs. 3 Nr. 3 mit der Begründung widersprechen, dass ein ArbN zwar räumlich auf demselben Arbeitsplatz, aber in einer anderen **Schicht** beschäftigt werden kann[13].

Der Gesetzeswortlaut beschränkt die Weiterbeschäftigungsmöglichkeit ausdrücklich auf den Betrieb und das Unternehmen. Hieraus folgt, dass der BR nicht auf eine **Weiterbeschäftigungsmöglichkeit im Konzern** verweisen kann[14]. Nur in Ausnahmefällen, etwa wenn arbeitsvertragl. der konzernweite Einsatz des ArbN vorbehalten oder eine entsprechende Zusage des ArbGeb vorliegt, könnte hier etwas anderes gelten[15]. Da also grds. der Bestandschutz nicht konzernbezogen ist, kann der BR einen Widerspruch auch nicht darauf stützen, dass seines Erachtens für den zu kündigenden ArbN eine Weiterbeschäftigungsmöglichkeit etwa in einer **Beschäftigungsgesellschaft** oder **Qualifizierungsgesellschaft** besteht[16]. 73

Die Geltendmachung des Widerspruchsgrundes nach Abs. 3 Nr. 3 ist nicht vom **Einverständnis des ArbN** abhängig[17]. Falls der ArbN allerdings ausdrücklich erklärt, eine bestimmte, vom BR ins Auge gefasste Weiterbeschäftigungsmöglichkeit komme für ihn nicht in Betracht, so ist ein gleichwohl hierauf gestützter Widerspruch des BR **rechtsmissbräuchlich**. Widerspricht der BR unter Hinweis auf eine Weiterbeschäftigungsmöglichkeit, dann liegt hierin zugleich auch die **Zustimmung zu einer ggf. erforderlichen Versetzung** gem. § 99[18]. Verweigert der BR des aufnehmenden Betriebes bei einer betriebsübergreifenden Versetzung innerhalb eines Unternehmens seine Zustimmung, so hindert das die Weiterbeschäftigung, mit der Folge, dass der **Widerspruch** des BR im abgebenden Betrieb gegen die Kündigung **unbeachtlich** ist[19]. Falls zur Realisierung einer Versetzung eine Änderungskündigung erforderlich ist, bedarf es eines erneuten Verfahrens nach § 102[20]. 74

(4) **Weiterbeschäftigungsmöglichkeit mit Umschulung oder Fortbildung.** Der BR kann einer Kündigung auch deshalb widersprechen, weil die Weiterbeschäftigung des ArbN nach zumutbaren **Umschulungs- und Fortbildungsmaßnahmen** möglich ist. Dieser Widerspruchsgrund bezieht sich sowohl auf betriebs- wie auch auf personenbedingte Kündigungen[21]. Wie beim Widerspruchsgrund des Abs. 3 Nr. 3 75

---

1 So ausdrücklich BAG 11.5.2000 – 2 AZR 54/99, NZA 2000, 1055 (1056); LAG Köln 23.3.2011 – 4 Ta 58/11. ||2 BAG 12.9.1985 – 2 AZR 324/84, NZA 1986, 424 (426); *Ramrath*, FS Leinemann, 2006, S. 347 (351f.). ||3 Vgl. *Fitting*, § 102 Rz. 90 mwN. ||4 So zutr. *Richardi/Thüsing*, § 102 Rz. 164 mwN. ||5 LAG Hamm 14.6.2004 – 8 Sa 956/04, LAGReport 2004, 351. ||6 BAG 29.3.1990 – 2 AZR 369/89, NZA 1991, 181; LAG München 8.9.2011 – 3 SaGa 21/11. ||7 BAG 15.12.1994 – 2 AZR 327/94, NZA 1995, 521 (525). ||8 KR/*Etzel*, § 102 Rz. 163a. ||9 ArbG Stuttgart 5.6.1996 – 6 GA 23/96, NZA-RR 1997, 260. ||10 ArbG Berlin 20.7.1977 – 7 GA 5/77, DB 1977, 2454. ||11 LAG Düss. 21.6.1974 – 15 Sa 633/74, LAGE § 102 BetrVG 1972 Beschäftigungspflicht Nr. 3. ||12 APS/*Koch*, § 102 Rz. 198; DKKW/*Bachner*, § 102 Rz. 224. ||13 *Löwisch/Kaiser*, § 102 Rz. 64. ||14 Vgl. BAG 14.10.1982 – 2 AZR 568/80, DB 1983, 2635; 27.11.1991 – 2 AZR 255/91, NZA 1992, 644 (645); vgl. auch *Haas*, FA 2008, 169 (172). ||15 *Richardi/Thüsing*, § 102 Rz. 168. ||16 APS/*Koch*, § 102 Rz. 197; aA DKKW/*Bachner*, § 102 Rz. 220. ||17 KR/*Etzel*, § 102 Rz. 167. ||18 Vgl. dazu auch *Fitting*, § 102 Rz. 84; *Heinze*, Personalplanung, Rz. 556. ||19 AA *Löwisch/Kaiser*, § 102 Rz. 63. ||20 *Heinze*, Personalplanung, Rz. 557; DKKW/*Bachner*, § 102 Rz. 230. ||21 *Löwisch/Kaiser*, § 102 Rz. 69.

muss der Widerspruch gem. Nr. 4 darauf gerichtet sein, dass der ArbN nach zumutbaren Umschulungs- oder Fortbildungsmaßnahmen auf einem Arbeitsplatz im selben Betrieb oder in einem anderen Betrieb des Unternehmens weiterbeschäftigt werden kann. Auch hier gilt kein konzernübergreifender Kündigungsschutz[1].

76 Notwendige Voraussetzung für einen Widerspruch gem. Abs. 3 Nr. 4 ist, dass es mit hinreichender Sicherheit vorauszusehen sein muss, dass nach Abschluss der Maßnahmen eine Beschäftigungsmöglichkeit auf Grund der durch die Umschulung oder Fortbildung erworbene Qualifikation für den ArbN besteht[2]. Hierbei dürfen die Schulungsmaßnahmen nicht auf irgendeine Beschäftigungsmöglichkeit für den ArbN ausgerichtet sein. Der BR kann allenfalls verlangen, dass der betreffende ArbN auf Grund der Umschulung eine gleichwertige Beschäftigungsmöglichkeit erlangt, nicht aber eine höherwertige. Ferner muss zu erwarten sein, dass nach Absolvierung der Schulungsmaßnahme ein entsprechender **freier Arbeitsplatz** im Unternehmen vorhanden ist[3]. Keinesfalls ist der ArbGeb verpflichtet, erst durch eine Kündigung einen Arbeitsplatz und damit eine Beschäftigungsmöglichkeit zu schaffen. Insofern ist ein Widerspruch des BR offensichtlich unbegründet, wenn er die Begründung enthält, dass der Arbeitsplatz, auf dem der zu kündigende ArbN nach den Vorstellungen des BR ggf. nach Umschulungsmaßnahmen weiterbeschäftigt werden kann, mit einem anderen ArbN besetzt ist[4]. Die Umschulungs- oder Fortbildungsmaßnahme muss dem ArbGeb allerdings **zumutbar** sein. Dies ist durch eine sorgfältige **Abwägung** der berechtigten Interessen von ArbGeb und ArbN zu ermitteln. Hierbei wird man etwa die Dauer der bisherigen Tätigkeit des ArbN sowie dessen Lebensalter zu berücksichtigen haben, aber auch die Frage, welche Kosten auf den ArbGeb auf Grund der Umschulungsmaßnahme zukommen, ob der Betrieb eigene Einrichtungen für die Umschulung vorhält und welche Bereitschaft der ArbN in der Vergangenheit gezeigt hat, sich berufl. weiterzuentwickeln. Ist der ArbN selbst angesichts einer drohenden Kündigung nicht bereit, eine Umschulungs- oder Fortbildungsmaßnahme durchzuführen, so ist dem ArbGeb die Umschulung oder Fortbildung dieses ArbN nicht zumutbar[5]. Auch ein Widerspruch gem. Abs. 3 Nr. 4 bedarf durch den BR einer **hinreichenden Begründung**. Hierbei ist regelmäßig nicht erforderlich, dass er eine ganz konkrete Bildungsmaßnahme benennt. Stattdessen ist es als ausreichend anzusehen, wenn er die Bildungsmaßnahme so umschreibt, dass für die Beteiligten klar ist, welchen Inhalt die Bildungsmaßnahme hat und auf welchen Abschluss diese gerichtet ist, welchen zeitlichen Umfang diese hat und welchen ungefähren Kosten zu rechnen ist. Darüber hinaus ist anzugeben, auf welchem **freien Arbeitsplatz** der ArbN nach Beendigung der Bildungsmaßnahme eingesetzt werden kann und dass der ArbN fortbildungswillig ist. Mit dem Widerspruch erklärt der BR gleichzeitig seine Bereitschaft, einer entsprechenden betriebl. Bildungsmaßnahme nach § 98 zuzustimmen[6]. Insofern flankiert der Widerspruchsgrund des Abs. 3 Nr. 4 die Beteiligungsrechte des BR nach § 97 II[7].

77 **(5) Weiterbeschäftigungsmöglichkeit unter geänderten Vertragsbedingungen.** Ist eine Weiterbeschäftigung des ArbN nur unter geänderten Vertragsbedingungen möglich und hat der ArbN sein Einverständnis hiermit erklärt, so kann gem. **Abs. 3 Nr. 5** der BR auch der deshalb beabsichtigten ordentl. Kündigung widersprechen. Dieser Widerspruchsgrund ergänzt die in Nr. 3 und Nr. 4 enthaltenen Widerspruchsgründe und ist insoweit als Auffangtatbestand anzusehen[8]. Aber auch auf Grund der Regelungen des Abs. 3 Nr. 5 kann der BR nicht die Beförderung eines ArbN verlangen[9]. Darüber hinaus bezieht sich die Widerspruchsmöglichkeit nach Abs. 3 Nr. 5 ausschließlich auf individuelle Maßnahmen. Gestützt auf diesen Widerspruchsgrund kann deshalb der BR keine Einführung von Kurzarbeit verlangen, um für den zur Kündigung anstehenden ArbN eine Beschäftigungsmöglichkeit zu schaffen[10].

78 Mögliche Vertragsänderungen können die Kürzung eines außertarifl. Gehaltes oder vertragl. zugesagter Zulagen, die Kürzung von Prämien, die Reduzierung der Arbeitszeit des einzelnen ArbN etc. sein[11]. Voraussetzung für den Widerspruchsgrund ist indes, dass der ArbN sein **Einverständnis** zur Änderung des Vertragsinhalts erklärt hat. Das bedeutet, dass ein Widerspruchsgrund ausscheidet, soweit die Arbeitsbedingungen für die Arbeitsvertragsparteien rechtsverbindlich etwa durch **TV** oder **BV** festgelegt sind[12]. Dieses Einverständnis des ArbN zur Vertragsänderung muss bereits bei Einlegung des Widerspruchs vorliegen[13]. Auf das vorliegende Einverständnis hat der Widerspruch des BR ausdrücklich hinzuweisen[14]. Dem ArbN steht es frei, dieses Einverständnis unter dem **Vorbehalt der sozialen Rechtfertigung** der geänderten Arbeitsbedingungen zu erklären[15]. Widerspricht der BR einer Kündigung unter Hinweis auf das unter Vorbehalt der sozialen Rechtfertigung abgegebene Einverständnis des ArbN, zu geänderten Arbeitsbedingungen in Zukunft tätig zu sein, braucht der BR für eine dann folgende **Ände-**

---

1 Richardi/*Thüsing*, § 102 Rz. 172. ‖ 2 BAG 7.2.1991 – 2 AZR 205/90, NZA 1991, 806 (807). ‖ 3 *Gaul*, BB 1995, 2422 (2427f.). ‖ 4 LAG BW 30.8.1993 – 15 Sa 36/93, AuR 1994, 200. ‖ 5 Richardi/*Thüsing*, § 102 Rz. 173; *Fitting*, § 102 Rz. 91. ‖ 6 APS/*Koch*, § 102 Rz. 202. ‖ 7 Vgl. *Schaub*, ZTR 2001, 437 (444). ‖ 8 DKKW/*Bachner*, § 102 Rz. 243. ‖ 9 Vgl. BAG 29.3.1990 – 2 AZR 369/89, NZA 1991, 181 (182). ‖ 10 Vgl. LAG Hamm 8.3.1983 – 7 (10) Sa 1237/82, BB 1983, 1349; LAG Düss. 21.6.1974 – 15 Sa 633/74, LAGE § 102 BetrVG 1972 Beschäftigungspflicht Nr. 3; aA DKKW/*Bachner*, § 102 Rz. 245. ‖ 11 *Löwisch/Kaiser*, § 102 Rz. 70. ‖ 12 KR/*Etzel*, § 102 Rz. 172a. ‖ 13 *Fitting*, § 102 Rz. 95. ‖ 14 Vgl. LAG Hess. 15.2.2013 – 14 SaGa 1700/12, LAGE § 102 BetrVG 2001 Beschäftigungspflicht Nr. 6. ‖ 15 HM, DKKW/*Bachner*, § 102 Rz. 247; *Heinze*, Personalplanung, Rz. 564.

rungskündigung des ArbGeb, soweit dieser dem Vorschlag des BR folgt, nicht gesondert gehört werden[1].

bb) Kündigungsrechtliche Bedeutung des Widerspruchs. Trotz Widerspruchs des BR kann der ArbGeb gleichwohl eine ordentl. Kündigung aussprechen. Dies gilt erst recht, wenn der BR lediglich Bedenken gegen die Kündigung geltend gemacht hat, ohne ihr ausdrücklich zu widersprechen. Umstritten ist in diesem Zusammenhang die Frage, ob der ArbGeb sich vor Ausspruch der Kündigung inhaltlich mit den **Bedenken oder Widerspruchsgründen des BR auseinanderzusetzen hat**[2]. Insofern wäre eine Kündigung unwirksam, wenn der ArbGeb die vom BR erhobenen Einwendungen überhaupt nicht zur Kenntnis nimmt. Hiergegen spricht aber die Struktur des Beteiligungsverfahrens nach § 102. Dieses ist nach st. Rspr. des BAG als zweistufiges Verfahren zu charakterisieren, wobei auf einer ersten Stufe der ArbGeb dem BR die Kündigungsgründe mitzuteilen hat, während auf einer zweiten Stufe eine Beschlussfassung durch den BR erfolgt[3]. Kollektivarbeitsrechtlich ist damit das Beteiligungsverfahren gem. § 102 beendet. Nimmt der ArbGeb die Einwendungen des BR nicht zur Kenntnis, so treffen ihn die Nachteile spätestens dann im Kündigungsschutzprozess, wenn der ArbGeb trotz berechtigten Widerspruchs gleichwohl eine Kündigung ausgesprochen hat.

V. Informationsanspruch des Arbeitnehmers. Der Gesetzgeber hat den ArbGeb gem. Abs. 4 verpflichtet, der Kündigung eine **Abschrift der Stellungnahme des BR** beizufügen, wenn der BR im Rahmen des Beteiligungsverfahrens der Kündigung widersprochen hat. Dadurch sollte der betroffene ArbN durch die Kenntnis der Widerspruchsgründe des BR in die Lage versetzt werden, die Aussichten eines Kündigungsschutzprozesses besser abzuschätzen und sich im Verfahren auf den Widerspruch des BR zu berufen[4]. Die Verpflichtung aus Abs. 4 gilt auch dann, wenn das ArbVerh noch nicht unter den Geltungsbereich des Kündigungsschutzgesetzes fällt[5].

Das Beifügen einer Abschrift der Stellungnahme des BR ist kein **Wirksamkeitserfordernis** für die Kündigung[6]. Jedoch kommen Schadensersatzansprüche des ArbN gegen den ArbGeb in Betracht, wenn Letzterer seine Verpflichtungen aus Abs. 4 nicht erfüllt hat[7]. Allerdings setzt die Verpflichtung nach Abs. 4 stets voraus, dass ein frist- und ordnungsgemäßer Widerspruch des BR vorliegt[8].

VI. Rechtsfolgen eines fehlerhaften Beteiligungsverfahrens. Hinsichtlich der Fehler im Beteiligungsverfahren nach § 102 differenziert die Rspr. des BAG nach **Verantwortungssphären**. So wird die erste Stufe des Beteiligungsverfahrens, nämlich die Mitteilung des ArbGeb über die Person des zu Kündigenden und die Kündigungsgründe, dem Verantwortungsbereich des ArbGeb zugeordnet. Fehler in diesem Bereich treffen den ArbGeb und führen regelmäßig zur Unwirksamkeit der Kündigung. Im Anschluss an die entsprechenden Mitteilungen des ArbGeb an den BR ist es Aufgabe des BR, sich mit der beabsichtigten Kündigung zu befassen und über eine mögliche Stellungnahme zu entscheiden[9]. Mängel, die in dem Bereich vorkommen, für den der BR zuständig und verantwortlich ist, also Fehler bei seiner Willensbildung oder bei der Mitteilung des BR-Beschlusses an den ArbGeb, berühren die Ordnungsmäßigkeit des Anhörungsverfahrens iSd. Abs. 1 nicht, dh., die Kündigung ist insoweit nicht wegen fehlerhafter Anhörung des BR unwirksam[10]. Das Risiko, dass der BR nicht ordnungsgemäß tätig geworden ist, liegt grds. beim ArbN[11]. Eine Unwirksamkeit der Kündigung ergibt sich selbst dann nicht, wenn der ArbGeb weiß oder nach den Umständen vermuten kann oder es gar offensichtlich ist, dass das Verfahren des BR nicht fehlerfrei gelaufen ist[12]. Nicht zur Sphäre des BR zählt es jedoch, wenn in Wahrheit keine Stellungnahme des BR als Gremium, sondern erkennbar nur eine persönliche Äußerung des BR-Vorsitzenden vorliegt oder der ArbGeb den Fehler des BR durch unsachgemäßes Verhalten selbst veranlasst hat[13].

VII. Der betriebsverfassungsrechtliche Weiterbeschäftigungsanspruch. Der Gesetzgeber hat in Abs. 5 S. 1 zum Schutz des ArbN einen besonderen betriebsverfassungsrechtl. Weiterbeschäftigungsanspruch geregelt. Dieser setzt voraus, dass der ArbGeb eine ordentl. Kündigung ausgesprochen hat, der BR der Kündigung frist- und ordnungsgemäß widersprochen hat, der ArbN rechtzeitig nach dem KSchG Klage auf Feststellung erhoben hat, dass das ArbVerh durch die Kündigung nicht aufgelöst ist, und der ArbN rechtzeitig vom ArbGeb verlangt, nach Ablauf der Kündigungsfrist bis zum rechtskräftigen Abschluss des Rechtsstreits bei unveränderten Arbeitsbedingungen weiterbeschäftigt zu werden.

---

1 *Löwisch/Kaiser*, § 102 Rz. 70. ||**2** APS/*Koch*, § 102 Rz. 158. ||**3** Vgl. BAG 2.11.1983 – 7 AZR 65/82, DB 1984, 407. ||**4** BT-Drs. VI/1786, 52. ||**5** GK-BetrVG/*Raab*, § 102 Rz. 143; APS/*Koch*, § 102 Rz. 159. ||**6** HM, vgl. *Fitting*, § 102 Rz. 100; aA *Düwell*, NZA 1988, 866; *Schütte*, NZA 2011, 263 (265ff.). ||**7** *Richardi/Thüsing*, § 102 Rz. 191 mwN; KR/*Etzel*, § 102 Rz. 180. ||**8** LAG Köln 19.10.2000 – 10 Sa 243/00, MDR 2001, 517. ||**9** Vgl. bereits BAG 4.8.1975 – 2 AZR 266/74, BB 1975, 1435. ||**10** BAG 6.10.2005 – 2 AZR 316/04, NZA 2006, 990 (991); LAG Hamm 5.3.2008 – 17 Sa 1998/07. ||**11** BAG 4.8.1975 – 2 AZR 266/74, JuS 1976, 126; 24.6.2004 – 2 AZR 461/03, NZA 2004, 1330; vgl. hierzu aber auch *Nause*, FS Etzel, 2011, S. 271 (275ff.). ||**12** BAG 24.6.2004 – 2 AZR 461/03, NZA 2004, 1330 (1333); 16.1.2003 – 2 AZR 707/01, NZA 2003, 927 (929); 2.4.1976 – 2 AZR 513/75, NJW 1976, 1519; 13.6.1996 – 2 AZR 745/95; 15.5.1997 – 2 AZR 519/96, NZA 1997, 1106 (1107); 22.11.2012 – 2 AZR 732/11, NZA 2013, 665. ||**13** BAG 16.1.2003 – 2 AZR 707/01, NZA 2003, 927 (929); 18.8.1982 – 7 AZR 437/80, BAGE 40, 42 (48); LAG Rh.-Pf. 13.2.2008 – 8 Sa 628/07; *Grosjean*, NZA-RR 2005, 113 (122).

BetrVG § 102 Rz. 84   Mitbestimmung bei Kündigungen

84   **1. Voraussetzungen des Weiterbeschäftigungsanspruchs. a) Ordentliche Kündigung.** Der Gesetzgeber hat in Abs. 5 ausdrücklich den Weiterbeschäftigungsanspruch auf ordentl. Kündigungen beschränkt. Bei einer außerordentl. Kündigung findet also der Weiterbeschäftigungsanspruch keine Anwendung. Er entsteht auch dann nicht, wenn der ArbGeb mit einer außerordentl. Kündigung vorsorglich eine ordentl. Kündigung verbindet[1]. Auch in diesem Fall ist eine außerordentl. Kündigung erklärt. Dass unter einer Rechtsbedingung gleichzeitig der ArbGeb eine ordentl. Kündigung ausgesprochen hat, ändert hieran nichts. Etwas anderes gilt dann, wenn rechtskräftig feststeht, dass die außerordentl. Kündigung unwirksam ist. In diesem Fall ist nur noch die ordentl. Kündigung in der Welt. Demzufolge muss sich dann der ArbN auf einen Weiterbeschäftigungsanspruch des Abs. 5 berufen können[2]. Auch bei einer **Änderungskündigung** kann ein Weiterbeschäftigungsanspruch in Betracht kommen. Lehnt etwa der ArbN ein Änderungsangebot ab, welches ihm im Rahmen einer Änderungskündigung unterbreitet wurde, wird die ordentl. Änderungskündigung zur ordentl. Beendigungskündigung mit der Folge, dass ein Weiterbeschäftigungsanspruch gem. Abs. 5 unter den dort genannten Voraussetzungen entstehen kann. Nimmt dagegen der ArbN das Änderungsangebot unter dem Vorbehalt der sozialen Rechtfertigung an, ist nicht mehr das Bestehen oder Nichtbestehen des ArbVerh im Streit, sondern lediglich die Frage, ob die Änderung der Arbeitsbedingungen sozial gerechtfertigt ist. Insofern kann hier kein Weiterbeschäftigungsanspruch des Abs. 5 entstehen[3]. Ebenfalls kein Weiterbeschäftigungsanspruch besteht bei einem Widerspruch des BR gegen die Kündigung eines Tendenzträgers[4], selbst dann nicht, wenn die Kündigung aus nicht tendenzbedingten Gründen ausgesprochen wurde[5].

85   **b) Widerspruch des Betriebsrats.** Die Weiterbeschäftigung nach Abs. 5 kann der ArbN jedoch nur beanspruchen, wenn der BR der Kündigung frist- und ordnungsgemäß widersprochen hat. Das ist nicht der Fall, wenn die Widerspruchsbegründung jegliche Mindestforderungen einer Begründung vermissen lässt[6]. Die bloße Zitierung des Gesetzestextes reicht nicht aus, vielmehr sind die Widerspruchsgründe durch Angabe von konkreten, individualisierten Tatsachen und unter Berücksichtigung der Situation im Betrieb zu erläutern[7] Dagegen ist es unerheblich, ob die vom BR geltend gemachten Widerspruchsgründe tatsächlich vorliegen. Dies kann allenfalls bei der Entbindung des ArbGeb von der einstw. Weiterbeschäftigung gem. Abs. 5 S. 2 geprüft werden. Keine Auswirkungen auf die Verpflichtung zur Weiterbeschäftigung hat eine Rücknahme des Widerspruchs durch den BR, nachdem die Kündigung dem ArbN zugegangen ist[8].

86   **c) Klageerhebung des Arbeitnehmers.** Weiter setzt der Weiterbeschäftigungsanspruch nach Abs. 5 voraus, dass der ArbN nach dem Kündigungsschutzgesetz **Klage auf Feststellung erhoben** hat, dass das ArbVerh durch die Kündigung nicht aufgelöst ist. Nach ganz überwiegender Auffassung entfällt der Weiterbeschäftigungsanspruch, wenn der ArbN für seine Klageerhebung die **Drei-Wochen-Frist** des § 4 KSchG versäumt hat[9]. Dementsprechend erlischt der Anspruch auf Weiterbeschäftigung, sobald der ArbN seine Klage zurücknimmt oder einen **Auflösungsantrag** nach § 9 KSchG stellt[10]. Gerade wenn der ArbN einen Auflösungsantrag gestellt hat, hat er damit deutlich gemacht, dass er eine Fortsetzung des ArbVerh nicht wünscht. Das weitere Aufrechterhalten eines Weiterbeschäftigungsanspruches wäre insofern widersprüchlich[11]. Besonders umstritten ist der Fall, dass der ArbN zwar die Kündigungsschutzklage nicht fristgerecht erhoben hat, gleichwohl rechtzeitig nach § 5 KSchG einen **Antrag auf nachträgliche Zulassung der Kündigungsschutzklage** stellt. Teilweise wird hier vertreten, dass allein die Schlüssigkeit des Antrags auf nachträgliche Klagezulassung ausreiche, um den Mangel der Fristversäumnis bei der Erhebung der Kündigungsschutzklage für die Begründung des Weiterbeschäftigungsanspruches zu heilen[12]. Dagegen sieht die hM zu Recht die Voraussetzung für den Weiterbeschäftigungsanspruch nach § 102 erst dann als erfüllt an, wenn über die nachträgliche Zulassung der Klage rechtskräftig gem. § 5 IV KSchG zu Gunsten des ArbN entschieden worden ist[13].

87   **d) Weiterbeschäftigungsverlangen des Arbeitnehmers.** Schließlich hängt die Verpflichtung zur Weiterbeschäftigung gem. Abs. 5 vom Weiterbeschäftigungsverlangen des ArbN ab, dh., der Weiterbeschäftigungsanspruch muss vom ArbN bei Vorliegen der übrigen Voraussetzungen ausdrücklich geltend gemacht werden. Einer bestimmten **Form** bedarf es nicht[14]. Zwar ist dem Gesetz keine ausdrückliche **zeitliche Begrenzung** für das Weiterbeschäftigungsverlangen zu entnehmen[15]. Von dieser formalen

---

1 HM, LAG Hamm 18.5.1982 – 11 Sa 311/82, DB 1982, 1679; LAG Köln 6.2.1985 – 5 Sa 1175/84; APS/*Koch*, § 102 Rz. 186; diff., wenn die außerordentliche Kündigung offensichtlich rechtsunwirksam oder rechtsmissbräuchlich ist, LAG Rh.-Pf. 9.6.2011 – 8 SaGa 7/10; aA DKKW/*Bachner*, § 102 Rz. 278. ||2 Vgl. Richardi/*Thüsing*, § 102 Rz. 210. ||3 Vgl. LAG Hess. 19.6.2012 – 15 SaGa 242/12; BAG 18.1.1990 – 2 AZR 183/89, NZA 1990, 734 (741); aA LAG Düss. 25.1.1993 – 19 Sa 1650/92, LAGE § 102 BetrVG 1972 Beschäftigungspflicht Nr. 12; *Haas*, NZA-RR 2008, 57 (60). ||4 LAG Hess. 2.6.2006 – 10 SaGa 565/06, AR-Blattei ES 1579 Nr. 71; Richardi/*Thüsing*, § 118 Rz. 166. ||5 LAG München 5.11.1980 – 7 Sa 315/80, ARST 1981, 116, aA DKKW/*Wedde*, § 118 Rz. 111. ||6 LAG Köln 30.5.2003 – 4 Sa 553/03. ||7 *Pietsch/Schlingmann* in Mittag ua., Aspekte der Beendigung von Arbeitsverhältnissen, Jahrbuch des Rechtsschutzes 2010, S. 199. ||8 LAG Berlin 20.3.1978 – 9 Sa 10/78, ARST 1978, 178. ||9 APS/*Koch*, § 102 Rz. 205. ||10 Richardi/*Thüsing*, § 102 Rz. 219; *Fitting*, § 102 Rz. 110. ||11 AA DKKW/*Bachner*, § 102 Rz. 285. ||12 So etwa DKKW/*Bachner*, § 102 Rz. 287. ||13 GK-BetrVG/*Raab*, § 102 Rz. 174; APS/*Koch*, § 102 Rz. 205. ||14 BAG 31.8.1978 – 3 AZR 989/77, BB 1979, 523. ||15 BAG 31.8.1978 – 3 AZR 989/77, BB 1979, 523.

Sichtweise ist das BAG inzwischen abgerückt[1]. Dies folgert das BAG zu Recht aus dem Inhalt des Weiterbeschäftigungsanspruches, der schließlich auf eine „Weiterbeschäftigung" gerichtet ist. Hiervon kann nicht mehr gesprochen werden, wenn der ArbN erst einige Monate nach Ablauf der Kündigungsfrist sich auf Abs. 5 beruft[2]. Das **Weiterbeschäftigungsverlangen** des ArbN **am ersten Arbeitstag nach Ablauf der Kündigungsfrist** ist aber noch als rechtzeitig anzusehen[3]. Jedoch muss der ArbN die Art und Weise und den Grund seines Anspruches **deutlich** benennen[4]. Erklärt der ArbN noch vor Ablauf der Kündigungsfrist, dass er in keinem Falle gem. Abs. 5 weiterbeschäftigt werden wolle, so ist er mit der späteren Geltendmachung des Weiterbeschäftigungsanspruches auf Grund **Verwirkung** ausgeschlossen[5]. Will der ArbN seine Weiterbeschäftigung geltend machen, so kann dies allein vom ArbN eingefordert werden. Es genügt nicht, wenn der BR die Weiterbeschäftigung verlangt. Der ArbN kann indes ausdrücklich den BR bevollmächtigen, das Weiterbeschäftigungsverlangen für ihn geltend zu machen[6].

Der Weiterbeschäftigungsanspruch entsteht nach dem Wortlaut der Norm erst nach Ablauf der Kündigungsfrist[7]. Er entfällt spätestens mit dem **rechtskräftigen Abschluss des Kündigungsschutzprozesses** oder wenn der ArbN die Kündigungsschutzklage zurücknimmt. Aber auch wenn der ArbGeb das ArbVerh **erneut kündigt**, endet mit Zugang einer außerordentl. Kündigung[8] bzw. Ablauf der Kündigungsfrist bei einer ordentl. Kündigung auch das Weiterbeschäftigungsverhältnis gem. Abs. 5[9]. Ein Weiterbeschäftigungsanspruch entfällt, wenn dem ArbGeb die Entgegennahme der Arbeitsleistung tatsächlich oder rechtlich unmöglich ist, etwa weil die Stelle im Unternehmen entfallen ist[10]. Entfallen aufgrund unternehmerischer Entscheidung eine oder mehrere Stellen, so müssen die verbleibenden Stellen an die sozial schwächsten ArbN vergeben werden. Der ArbGeb kann sich in diesen Fällen nicht auf die Unmöglichkeit der Weiterbeschäftigung dieser ArbN berufen[11]. 88

2. Inhalt des Weiterbeschäftigungsanspruchs. Inhaltlich ist der Weiterbeschäftigungsanspruch darauf gerichtet, dass der ArbN auf Grund einer gesetzl. Regelung[12] bis zum rechtskräftigen Abschluss des Kündigungsschutzrechtsstreits bei unveränderten Arbeitsbedingungen weiterzubeschäftigen ist. Bei einer Weiterbeschäftigung nach Ablauf der Kündigungsfrist ist aber zu differenzieren, ob diese Beschäftigung auf Grund eines Weiterbeschäftigungsurteils und insoweit der ArbGeb zur Abwendung der Zwangsvollstreckung erfolgt oder ob der ArbGeb sozusagen „freiwillig" den ArbN zur Weiterbeschäftigung auffordert. Im ersten Fall liegt regelmäßig keine vertragl. Vereinbarung über die Weiterbeschäftigung vor, weil der ArbN nicht auf Grund einer Vereinbarung beim ArbGeb tätig wird, sondern dieser gezwungenermaßen den ArbN beschäftigt. Fordert dagegen der ArbGeb den ArbN zur Weiterbeschäftigung auf, ohne dass bereits ein Weiterbeschäftigungstitel vorliegt, wird daraufhin die Beschäftigung durch den ArbN aufgenommen bzw. über den Ablauf der Kündigungsfrist hinaus fortgesetzt, liegt spätestens mit der Aufnahme der Beschäftigung durch den ArbN eine vertragl. Vereinbarung vor[13]. Aber auch mit der Geltendmachung des Weiterbeschäftigungsanspruches ist der ArbN zur Arbeitsleistung verpflichtet und kann dafür vom ArbGeb das entsprechende Arbeitsentgelt verlangen. Dies gilt unabhängig davon, ob die Kündigung wirksam war oder nicht[14]. 89

Der Weiterbeschäftigungsanspruch nach Abs. 5 ist darauf gerichtet, dass der ArbN auch tatsächlich mit seiner bisherigen Tätigkeit weiterzubeschäftigen ist[15]. Allerdings reicht der Weiterbeschäftigungsanspruch nicht weiter als der **Beschäftigungsanspruch eines ungekündigten ArbN**[16]. Dies hat zur Konsequenz, dass ein nach Abs. 5 weiterbeschäftigter ArbN Anspruch auf die gleichen Leistungen hat, wie sie einem ungekündigten ArbN zustehen würden. Auf der anderen Seite besteht auch der Beschäftigungsanspruch nur in den Grenzen, wie sie für ein nicht gekündigtes ArbVerh bestehen. Dh., dass auch ein vorläufig beschäftigter ArbN **suspendiert** werden kann, wenn der ArbGeb ggü. einem nicht gekündigten ArbN zur Suspendierung unter Fortzahlung der Bezüge berechtigt sein würde[17]. Auch kollektivarbeitsrechtlich entspricht die Stellung eines vorläufig weiterbeschäftigten ArbN der eines ungekündigten ArbN. So kann der nach Abs. 5 weiterbeschäftigte ArbN etwa an Arbeitskämpfen teilnehmen und ist bei BR-Wahlen aktiv und passiv wahlberechtigt[18]. 90

3. Durchsetzung des Weiterbeschäftigungsanspruchs. Verweigert der ArbGeb eine Weiterbeschäftigung des ArbN, obwohl dieser sie verlangt hat, kann der ArbN **gerichtlichen Rechtsschutz** in Anspruch nehmen. So besteht die Möglichkeit, dass der ArbN im Urteilsverfahren durch Klage versucht, den Wei- 91

---

1 BAG 17.6.1999 – 2 AZR 608/98, NZA 1999, 1154. ||2 BAG 17.6.1999 – 2 AZR 608/98, NZA 1999, 1154 (1155). ||3 BAG 11.5.2000 – 2 AZR 54/99, NZA 2000, 1055 (1056); aA *Fitting*, § 102 Rz. 106; LAG Hamm 2.3.2012 – 10 Sa 1086/11. ||4 BAG 17.6.1999 – 2 AZR 608/98, NZA 1999, 1154 (1156). ||5 DKKW/*Bachner*, § 102 Rz. 292. ||6 DKKW/*Bachner*, § 102 Rz. 289. ||7 Vgl. auch LAG Hess. 10.5.2010 – 16 SaGa 156/10. ||8 Vgl. LAG Schl.-Holst. 20.3.2012 – 1 Sa 283 d/11, EzA-SD 2012, Nr. 10, 3. ||9 LAG Düss. 19.8.1977 – 16 Sa 471/77, DB 1977, 1952; LAG Berlin 3.5.1978 – 6 Ta 1/78, ARST 1979, 30; LAG Nürnberg 25.6.2004 – 9 Sa 151/04, LAGE § 102 BetrVG 2001 Beschäftigungspflicht Nr. 1; aA *Brinkmeier*, AuR 2005, 46 (47). ||10 Vgl. BAG 27.2.2002 – 9 AZR 562/00, NZA 2002, 1099. ||11 LAG Bln.-Bbg. 25.3.2010 – 2 Ta 387/10, ArbR 2010, 349. ||12 LAG Köln 14.5.2004 – 4 Sa 829/03, LAGReport 2005, 30; LAG Nürnberg 18.9.2007 – 4 Sa 586/07, BB 2008, 217. ||13 LAG Nds. 17.2.2004 – 13 Sa 566/03, NZA-RR 2004, 472; *Ricken*, NZA 2005, 323 (328). ||14 BAG 10.3.1987 – 8 AZR 146/84, NZA 1987, 373 (374). ||15 BAG 10.3.1987 – 8 AZR 146/84, NZA 1987, 373 (374); 12.9.1985 – 2 AZR 324/84, NZA 1986, 424. ||16 LAG Berlin 27.6.1986 – 13 Sa 6/86, LAGE § 15 KSchG Nr. 4. ||17 LAG Nürnberg 18.9.2007 – 4 Sa 586/07, BB 2008, 217; aA LAG Hamburg 22.10.2008 – 5 SaGa 5/08. ||18 DKKW/*Bachner*, § 102 Rz. 305.

terbeschäftigungsanspruch geltend zu machen[1]. Regelmäßig ist jedoch die einzig sinnvolle Möglichkeit, den Weiterbeschäftigungsanspruch effektiv durchzusetzen, ein Antrag auf **Erlass einer einstw. Verfügung**[2]. Auch im einstw. Verfügungsverfahren hat der ArbN die anspruchsbegründenden Tatsachen und damit den **Verfügungsanspruch** glaubhaft zu machen. Insb. betrifft dies einen frist-, form- und ordnungsgemäßen Widerspruch des BR[3]. Dies dürfte idR nicht über die Vorlage der Abschrift der Stellungnahme nach Abs. 4 hinausgehen, da insoweit der „Gegenstand der Wahrnehmung" des ArbN nicht weiter reichen wird[4]. Umstritten ist dagegen, ob auch der **Verfügungsgrund** glaubhaft gemacht werden muss. Wegen des drohenden endgültigen Rechtsverlustes bei einer Nicht-Weiterbeschäftigung verzichtet die wohl hA auf eine besondere Glaubhaftmachung des Verfügungsgrundes[5]. Dagegen wird zu Recht der Einwand erhoben, dass Abs. 5 S. 1 im Gegensatz zu S. 2 keine spezielle Regelung enthält, die auf die Darlegung und Glaubhaftmachung eines Verfügungsgrundes verzichtet. Deshalb muss auch bei einer einstw. Verfügung auf Weiterbeschäftigung gem. Abs. 5 S. 1 ein Verfügungsgrund gegeben sein[6]. Ob allein schon der Verweis auf den drohenden Zeitablauf genügt[7], ist jedoch sehr fraglich. Weitgehend besteht aber dahin gehend Übereinstimmung, dass im Rahmen des einstw. Verfügungsverfahrens nach Abs. 5 S. 1 der ArbGeb zur Abwehr eines Weiterbeschäftigungsanspruchs nicht die Entbindungsgründe des Abs. 5 S. 2 entgegenhalten kann[8]. Die Vollstreckung des titulierten Weiterbeschäftigungsanspruchs erfolgt dann nach § 888 ZPO[9].

92 **4. Entbindung von der Weiterbeschäftigungspflicht.** Gem. Abs. 5 S. 2 kann der ArbGeb durch einstw. Verfügung des ArbG von der Verpflichtung zur Weiterbeschäftigung entbunden werden, wenn

(1) die Klage des ArbN keine hinreichende Aussicht auf Erfolg bietet oder mutwillig erscheint oder

(2) die Weiterbeschäftigung des ArbN zu einer unzumutbaren wirtschaftl. Belastung des ArbGeb führen würde oder

(3) der Widerspruch des BR offensichtlich unbegründet war.

93 Diesen **Antrag auf Entbindung von der Weiterbeschäftigungspflicht** kann der ArbGeb während der Dauer des gesamten Kündigungsrechtsstreits stellen[10]. Das Bestehen des Weiterbeschäftigungsanspruchs nach Abs. 5 S. 1 ist indes nicht Voraussetzung der Begründetheit einer Entbindungsverfügung[11]. Jedenfalls dann, wenn bereits die Parteien vom Bestehen ausgehen und ein Anspruch nicht offensichtlich ausscheidet, wird der Weiterbeschäftigungsanspruch von den Gerichten im Verfahren gem. Abs. 5 S. 2 nicht geprüft[12]. Voraussetzung für eine entsprechende einstw. Verfügung sind ein Verfügungsanspruch und ein Verfügungsgrund, wobei in aller Regel der Verfügungsgrund gegeben sein wird. Insofern vertritt die ganz überwiegende Meinung zu Recht die Auffassung, dass der Verfügungsgrund, mithin die Eilbedürftigkeit, durch den ArbGeb nicht glaubhaft gemacht zu werden braucht[13], da der Gesetzgeber in Abs. 5 S. 2 das Vorliegen dieser Voraussetzung regelhaft unterstellt[14]. Über den Antrag des ArbGeb auf Erlass einer einstw. Verfügung ist im **Urteilsverfahren** zu entscheiden[15]. Zuständig ist das Gericht der Hauptsache, also das ArbG, bei dem der Kündigungsschutzprozess anhängig ist. Das Rechtsschutzinteresse für einen solchen Antrag auf Erlass einer einstw. Verfügung fehlt aber nicht schon dann, wenn ein Weiterbeschäftigungsanspruch nach Abs. 5 S. 1 gar nicht besteht[16]. Zwar braucht der ArbGeb in diesem Fall sich von einer angeblichen Weiterbeschäftigungspflicht nicht durch eine einstw. Verfügung befreien zu lassen[17]. Wenn jedoch Streit über seine Weiterbeschäftigungsverpflichtung besteht, so sollte es ihm unbenommen sein, gleichwohl das Verfahren nach Abs. 5 S. 2 einzuleiten, um auf diese Weise Rechtssicherheit herzustellen[18].

94 Voraussetzung für die Entbindung von der Weiterbeschäftigungspflicht ist, dass ein entsprechender **Entbindungsgrund** vorliegt. Nach Abs. 5 S. 2 Nr. 1 ist der ArbGeb von der Weiterbeschäftigung zu ent-

---

1 LAG Hess. 28.11.1994 – 16 SaGa 1284/94; LAG Köln 18.1.1984 – 7 Sa 1156/83, NZA 1984, 57. ||2 LAG Berlin 16.9.2004 – 10 Sa 1763/04, LAGE § 102 BetrVG 2001 Beschäftigungspflicht Nr. 3; LAG München 16.8.1995 – 9 Sa 543/95, LAGE § 102 BetrVG 1972 Beschäftigungspflicht Nr. 22; LAG Hamm 24.1.1994 – 19 Sa 2029/93, AuR 1994, 310. ||3 LAG Düss. 26.6.1980 – 3 Sa 242/80, DB 1980, 2043; für eine abgestufte Darlegungslast LAG Berlin 16.9.2004 – 10 Sa 1763/04, LAGE § 102 BetrVG 2001 Beschäftigungspflicht Nr. 3. ||4 Vgl. ArbG Berlin 12.2.2010 – 28 Ga 1932/10. ||5 Vgl. etwa LAG Berlin 16.9.2004 – 10 Sa 1763/04, LAGE § 102 BetrVG 2001 Beschäftigungspflicht Nr. 3; LAG Hamburg 25.1.1994 – 3 Sa 113/93, § 102 BetrVG 1972 Nr. 21; 21.5.2008 – 4 SaGa 2/08, BB 2008, 2636; *Fröhlich*, ArBRB 2007, 89. ||6 LAG Nürnberg 17.8.2004 – 6 Sa 439/04, NZA-RR 2005, 255; LAG München 16.8.1995 – 9 Sa 543/95, LAGE § 102 BetrVG 1972 Nr. 22; LAG BW 30.8.1993 – 15 Sa 35/93, NZA 1995, 683; LAG Köln 18.1.1984 – 7 Sa 1156/83, NZA 1985, 47. ||7 So LAG Köln 26.11.2012 – 5 SaGa 14/12; KR/*Etzel*, § 102 Rz. 222 mwN; aA LAG Nürnberg 17.8.2004 – 6 Sa 439/04, NZA-RR 2005, 255. ||8 LAG Schl.-Holst. 5.3.1996 – 1 TA 16/96, LAGE § 102 BetrVG 1972 Beschäftigungspflicht Nr. 23; LAG München 16.8.1995 – 9 Sa 543/95, LAGE § 102 BetrVG 1972 Beschäftigungspflicht Nr. 22. ||9 APS/*Koch*, § 102 Rz. 215, ausf. dazu *Fleddermann*, ArBR 2010, 136; zu den möglichen Einwendungen im Zwangsvollstreckungsverfahren LAG Hess. 25.6.2013 – 12 Ta 418/12. ||10 *Löwisch/Kaiser*, § 102 Rz. 85. ||11 LAG München 13.7.1994 – 5 Sa 508/94, LAGE § 102 BetrVG 1972 Beschäftigungspflicht Nr. 17. ||12 LAG Düss. 24.4.2013 – 4 SaGa 6/13. ||13 Vgl. LAG München 13.7.1994 – 5 Sa 408/94, LAGE § 102 BetrVG 1972 Beschäftigungspflicht Nr. 17; DKKW/*Bachner*, § 102 Rz. 312. ||14 KR/*Etzel*, § 102 Rz. 235; LAG Schl.-Holst. 19.5.2010 – 6 SaGa 9/10. ||15 KR/*Etzel*, § 102 Rz. 223. ||16 Vgl. LAG Hess. 15.2.2013 – 14 SaGa 1700/12, LAGE § 102 BetrVG 2001 Beschäftigungspflicht Nr. 6. ||17 BAG 11.5.2000 – 2 AZR 54/99, NZA 2000, 1055 (1057). ||18 Vgl. im Erg. auch DKKW/*Bachner*, § 102 Rz. 308.

binden, wenn die Kündigungsschutzklage des ArbN **keine hinreichende Aussicht auf Erfolg** bietet oder mutwillig ist. Ein Fehlen der hinreichenden Erfolgsaussicht der Klage ist nur anzunehmen, wenn eine **summarische Prüfung** ergibt, dass die Klage offensichtlich oder doch mit hinreichender Wahrscheinlichkeit keinen Erfolg haben wird[1]. Nicht erforderlich ist also die Prognose, dass die Kündigungsschutzklage absolut aussichtslos ist[2]. Demggü erscheint die Klageerhebung als mutwillig, wenn eine verständige Partei ihr Recht nicht auf diese Weise verfolgen würde[3].

Eine Entbindungsmöglichkeit besteht auch dann, wenn die Weiterbeschäftigung des ArbN zu einer **unzumutbaren wirtschaftl. Belastung** des ArbGeb führen würde[4]. Hierbei wird es im Wesentlichen auf die Umstände des Einzelfalls ankommen. Jedenfalls müssen die wirtschaftl. Belastungen des ArbGeb so gravierend sein, dass Auswirkungen für die Liquidität oder Wettbewerbsfähigkeit des Unternehmens nicht von der Hand zu weisen sind[5]. Zur Darlegung einer unzumutbaren wirtschaftl. Belastung muss der ArbGeb die Tatsachen, die die vorläufige Weiterbeschäftigung des ArbN als wirtschaftl. unzumutbar erscheinen lassen, **glaubhaft** machen. So ist die Angabe konkreter und detaillierter Daten über die wirtschaftl. und finanzielle Lage des Betriebs und Unternehmens und eine Prognose der künftigen Entwicklung erforderlich[6].

Ein weiterer Entbindungsgrund liegt vor, wenn **offenkundig** ist, dass **kein Widerspruchsgrund** besteht. Können allerdings Tatsachen, auf welche sich der Widerspruch des BR gründet, nur im Wege der gerichtl. Beweisaufnahme geklärt werden, so ist der Widerspruch des BR regelmäßig nicht offensichtlich unbegründet[7]. Offensichtliche Unbegründetheit liegt generell vor, wenn sich die Grundlosigkeit des Widerspruchs bei unbefangener Beurteilung geradezu aufdrängt[8]. So ist ein Widerspruch des BR offensichtlich unbegründet, wenn der BR bei einer personenbedingten Kündigung einwendet, dass der ArbGeb bei der Auswahl des zu kündigenden ArbN soziale Gesichtspunkte nicht oder nicht ausreichend berücksichtigt habe[9]. Die Entbindungsmöglichkeit nach Abs. 5 S. 2 Nr. 3 ist entsprechend anzuwenden auf **formell nicht ordnungsgemäß erhobene Widersprüche des BR**. Zwar besteht hier schon kein Weiterbeschäftigungsanspruch nach Abs. 5 S. 1. Im Interesse einer effektiven Rechtsschutzgewährung sollte aber dem ArbGeb die Möglichkeit offen stehen, gem. Abs. 5 S. 2 das ArbG anzurufen[10].

VIII. Der allgemeine Weiterbeschäftigungsanspruch. Im Jahre 1985 hat der Große Senat des BAG entschieden, dass auch außerhalb der Regelungen des Abs. 5 ein gekündigter ArbN einen arbeitsvertragl. Anspruch auf vertragsgemäße Beschäftigung über den Ablauf der Kündigungsfrist oder bei einer fristlosen Kündigung über deren Zugang hinaus bis zum rechtskräftigen Abschluss des Kündigungsschutzprozesses hat, wenn die Kündigung unwirksam ist und überwiegende schutzwerte Interessen des ArbGeb einer solchen Beschäftigung nicht entgegenstehen[11]. Außer im Falle einer offensichtlich unwirksamen Kündigung begründet nach Auffassung des Großen Senats die Ungewissheit über den Ausgang des Kündigungsprozesses ein schutzwertes Interesse des ArbGeb an der Nichtbeschäftigung des gekündigten ArbN für die Dauer des Kündigungsprozesses. Dieses überwiegt idR das Beschäftigungsinteresse des ArbN bis zu dem Zeitpunkt, in dem ein Kündigungsprozess in die Unwirksamkeit der Kündigung feststellendes Urteil ergeht. Solange ein solches Urteil besteht, kann die Ungewissheit des Prozessausgangs für sich allein ein überwiegendes Gegeninteresse des ArbGeb nicht begründen. Hinzukommen müssten dann vielmehr zusätzliche Umstände, aus denen sich im Einzelfall ein überwiegendes Interesse des ArbGeb ergibt, den ArbN nicht zu beschäftigen[12]. Ein solches überwiegend schutzwürdiges Interesse kann angenommen werden, wenn der Vorwurf der Bestechlichkeit im Raum steht und damit durch die Weiterbeschäftigung greifbar eine mögliche wirtschaftl. Schädigung droht[13]. Wird das die Unwirksamkeit feststellende Urteil selbst durch ein nicht rechtskräftiges Urteil in einer späteren Instanz abgeändert, entfällt die Verpflichtung des ArbGeb zur Weiterbeschäftigung wieder[14]. Der allg. Weiterbeschäftigungsanspruch kann im Klagewege geltend gemacht werden. Ist die Wirksamkeit einer Kündigung nach den Vorschriften des KSchG zu beurteilen, so darf einer Beschäftigungsklage nur stattgegeben werden, wenn ein Gericht für Arbeitssachen auf eine entsprechende Kündigungsschutzklage des ArbN hin festgestellt hat oder gleichzeitig feststellt, dass das ArbVerh durch die Kündigung nicht aufgelöst worden ist[15].

IX. Erweiterung der Mitbestimmung (Abs. 6). Gem. Abs. 6 können ArbGeb und BR vereinbaren, dass **Kündigungen der Zustimmung des BR** bedürfen und bei nicht beizulegenden Meinungsverschiedenhei-

---

1 Vgl. etwa LAG Berlin 28.4.1975 – 5 Sa 30/75, AuR 1975, 347; DKKW/*Bachner*, § 102 Rz. 318. ‖2 LAG Hess. 21.8.1979 – 4 SaGa 654/79. ‖3 DKKW/*Bachner*, § 102 Rz. 319. ‖4 Ausf. dazu *Rieble*, BB 2003, 844 (845 ff.); *Willemsen/Hohenstatt*, DB 1995, 215 (218 ff.). ‖5 LAG Rh.-Pf. 10.7.2007 – 3 SaGa 9/07; LAG Hamburg 24.2.1993 – 4 Sa 13/93, AuR 1994, 424. ‖6 LAG Hamburg 16.5.2001 – 4 Sa 33/01, NZA-RR 2002, 25; ausf. *Haas*, NZA-RR 2008, 57 (61 ff.). ‖7 Richardi/*Thüsing*, § 102 Rz. 247; LAG Köln 8.1.2010 – 4 SaGa 22/09. ‖8 LAG München 5.10.1994 – 5 Sa 698/94, LAGE § 102 BetrVG 1972 Beschäftigungspflicht Nr. 19; LAG Hamburg 10.5.1993 – 4 Sa 20/93, LAGE § 102 BetrVG 1972 Beschäftigungspflicht Nr. 16. ‖9 LAG Düss. 2.9.1975 – 5 Sa 323/75, DB 1975, 1995. ‖10 Vgl. LAG Bbg. 15.12.1992 – 1 Ta 61/92, LAGE § 102 BetrVG 1972 Beschäftigungspflicht Nr. 13; LAG Schl.-Holst. 19.5.2010 – 6 SaGa 9/10; LAG Köln 8.1.2010 – 4 SaGa 22/09; APS/*Koch*, § 102 Rz. 224 mwN. ‖11 BAG (GS) 27.2.1985 – GS 1/84, NZA 1985, 702. ‖12 BAG (GS) 27.2.1985 – GS 1/84, NZA 1985, 702 (708). ‖13 ArbG Düss. 11.5.2011 – 14 Ca 8029/10, AuR 2011, 314. ‖14 Vgl. LAG Bln.-Bbg. 25.5.2010 – 11 Sa 887/10, EzB Nr. 69 zu § 22 II Nr. 1 BBiG. ‖15 BAG (GS) 27.2.1985 – GS 1/84, NZA 1985, 702 (709).

ten eine verbindliche Entscheidung der Einigungsstelle über die Berechtigung der nicht erteilten Zustimmung zu ergehen hat. Damit wollte der Gesetzgeber eine bisher schon in einzelnen Betrieben geübte Praxis, durch **freiwillige BV** dem BR ein volles MitbestR bei Kündigungen einzuräumen, ausdrücklich zulassen[1]. Jedoch ist die Vorschrift in ihrer Funktion rechtspolitisch umstritten[2]. Vereinbarungen nach Abs. 6, dass Kündigungen der Zustimmung des BR bedürfen, können nicht durch formlose Regelungsabsprache zwischen ArbGeb und BR abgeschlossen werden, sondern nur in der Form einer BV[3]. Aber auch durch **TV** kann die Zulässigkeit von Kündigungen an die Zustimmung des BR geknüpft werden[4]. Hier können die TV-Parteien regeln, dass die Zustimmung des BR als erteilt gilt, wenn er sich nicht innerhalb einer Stellungnahmefrist äußert. Ebenso können die TV-Parteien entgegen Abs. 6 nach der Rspr. des BAG vorsehen, dass im Konfliktfall nicht die Einigungsstelle zuständig ist, sondern der direkte Weg zum ArbG gewählt werden muss[5]. Dagegen kann nicht auf einzelvertragl. Weg ein Zustimmungserfordernis des BR zur Kündigung begründet werden[6].

99 Umstritten ist indessen, ob eine Vereinbarung, nach der eine Kündigung nur mit Zustimmung des BR zulässig ist, sich sowohl auf eine **ordentl.** als auch auf eine **außerordentl. Kündigung** erstrecken darf. Der Gesetzeswortlaut differenziert nicht zwischen ordentl. und außerordentl. Kündigung. Bedenken bestehen deshalb, weil durch die Festlegung eines Zustimmungserfordernisses bei einer außerordentl. Kündigung gegen die zwingende Natur des § 626 BGB verstoßen werden könnte. Soweit aber sichergestellt ist, dass ein die Zustimmung verweigernder Beschluss des BR oder der Einigungsstelle zu einer beabsichtigten außerordentl. Kündigung vom ArbG in vollem Umfang dahin gehend nachgeprüft werden kann, ob die Voraussetzungen des § 626 BGB verkannt wurden, handelt es sich bei einer (Betriebs-)Vereinbarung gem. Abs. 6 nur um eine Verfahrensregelung und nicht um eine Regelung des materiellen Kündigungsrechts[7]. Dementsprechend muss eine Vereinbarung nach Abs. 6 auf Verfahrensregelungen beschränkt werden und darf nicht den Kündigungsschutz einzelner ArbN erweitern oder beschränken[8].

100 Sieht die Vereinbarung vor, dass bei Verweigerung der **Zustimmung die Einigungsstelle** anzurufen ist, so kann der ArbGeb seine Informationen zu den Kündigungsgründen auch noch im Verfahren vor der Einigungsstelle vervollständigen[9]. Bei ihrer Entscheidung ist die Einigungsstelle an das materielle Kündigungsrecht, insb. an das KSchG, gebunden. Dh., die Einigungsstelle muss die Zustimmung des BR ersetzen, wenn die Kündigung nach materiellem Kündigungsrecht wirksam ist[10]. Die Zustimmung des BR bzw. der Beschluss der Einigungsstelle, mit der die Zustimmung des BR ersetzt wird, ist Wirksamkeitsvoraussetzung für die Kündigung[11]. Lehnt die Einigungsstelle die Zustimmungsersetzung ab, so unterliegt ihr Spruch in vollem Umfang der **arbeitsgerichtl. Rechtskontrolle**[12]. Dagegen kann der ArbN die Erteilung der Zustimmung des BR zur Kündigung nicht in einem entsprechenden Einigungsstellenverfahren anfechten[13].

101 **X. Beteiligung des Betriebsrats nach anderen Vorschriften.** In Abs. 7 wird klargestellt, dass die Vorschriften über die Beteiligung des BR nach dem KSchG unberührt bleiben. Dies bezieht sich in erster Linie auf die Beteiligung des BR bei anzeigepflichtigen Entlassungen nach dem KSchG (vgl. § 17 KSchG)[14].

102 Darüber hinaus ist der BR in den Kündigungsschutz gem. § 3 KSchG insoweit eingeschaltet, als ein ArbN, der eine Kündigung für sozial ungerechtfertigt hält, binnen einer Woche nach der Kündigung **Einspruch beim BR** einlegen kann (§ 3 S. 1 KSchG). Diese Möglichkeit wird dem ArbN selbstverständlich nicht deshalb genommen, weil der BR zuvor im Rahmen des Anhörungsverfahrens nach Abs. 1 beteiligt war. Unabhängig von der Verweisung in Abs. 7 ist der BR etwa bei der Kündigung eines schwerbehinderten Menschen (Verpflichtung des Integrationsamtes gem. § 87 II SGB IX, eine Stellungnahme des BR einzuholen) oder etwa bei der Abberufung eines Betriebsarztes bzw. einer Fachkraft für Arbeitssicherheit nach § 9 III ASiG beteiligt.

103 *Außerordentliche Kündigung und Versetzung in besonderen Fällen*
(1) Die außerordentliche Kündigung von Mitgliedern des Betriebsrats, der Jugend- und Auszubildendenvertretung, der Bordvertretung und des Seebetriebsrats, des Wahlvorstands sowie von Wahlbewerbern bedarf der Zustimmung des Betriebsrats.

---

1 BT-Drs. VI/1786, 52. ‖ 2 Vgl. *Henssler*, RdA 1991, 268 ff.; *Rieble*, AuR 1993, 39 ff. ‖ 3 BAG 14.2.1978 – 1 AZR 154/76, NJW 1979, 233. ‖ 4 BAG 21.6.2000 – 4 AZR 379/99, NZA 2001, 271; 10.2.1988 – 1 ABR 70/86, BAGE 57, 317; LAG Hess. 9.2.2005 – 2 Sa 1668/04, ArbN 2005, Nr. 5, 36; aA *Heinze*, Personalplanung, Rz. 734. ‖ 5 BAG 21.6.2000 – 4 AZR 379/99, NZA 2001, 271; diff. Richardi/*Thüsing*, § 102 Rz. 305. ‖ 6 BAG 23.4.2009 – 6 AZR 263/08, NZA 2009, 915 (916). ‖ 7 Hess ua./*Schlochauer*, § 102 Rz. 207; ErfK/*Kania*, § 102 BetrVG Rz. 43 ff. ‖ 8 *Löwisch/Kaiser*, § 102 Rz. 93 mwN; einschr. dagegen *Rieble*, AuR 1993, 39 (47). ‖ 9 BAG 7.12.2000 – 2 AZR 391/99, NZA 2001, 495. ‖ 10 *Löwisch/Kaiser*, § 102 Rz. 94. ‖ 11 Richardi/*Thüsing*, § 102 Rz. 297. ‖ 12 Vgl. *Mauer/Schüßler*, BB 2000, 2518 (2519 f.). ‖ 13 DKKW/*Bachner*, § 102 Rz. 349; *Rieble*, AuR 1993, 39 (46). ‖ 14 Ausführlich dazu *Krieger/Ludwig*, NZA 2010, 919.

(2) Verweigert der Betriebsrat seine Zustimmung, so kann das Arbeitsgericht sie auf Antrag des Arbeitgebers ersetzen, wenn die außerordentliche Kündigung unter Berücksichtigung aller Umstände gerechtfertigt ist. In dem Verfahren vor dem Arbeitsgericht ist der betroffene Arbeitnehmer Beteiligter.

(3) Die Versetzung der in Absatz 1 genannten Personen, die zu einem Verlust des Amtes oder der Wählbarkeit führen würde, bedarf der Zustimmung des Betriebsrats; dies gilt nicht, wenn der betroffene Arbeitnehmer mit der Versetzung einverstanden ist. Absatz 2 gilt entsprechend mit der Maßgabe, dass das Arbeitsgericht die Zustimmung zu der Versetzung ersetzen kann, wenn diese auch unter Berücksichtigung der betriebsverfassungsrechtlichen Stellung des betroffenen Arbeitnehmers aus dringenden betrieblichen Gründen notwendig ist.

I. Vorbemerkungen 1	V. Zustimmungsverfahren 11
II. Sonderkündigungsschutz von Funktionsträgern – Grundzüge 3	VI. Zustimmungsersetzungsverfahren 17
III. Geschützter Personenkreis 5	VII. Rechtsstellung des betroffenen Funktionsträgers 23
IV. Gegenstand des Zustimmungsrechts 10	VIII. Schutz bei Versetzungen 25

I. Vorbemerkungen. Im Hinblick auf die besondere Stellung der Mitglieder des BR, der Jugendvertretung und des Wahlvorstands sowie der Wahlbewerber ist eine **ordentl. Kündigung** gem. § 15 KSchG grds. unzulässig. Um diesen Personenkreis auch gegen eine **außerordentl. Kündigung** stärker abzusichern, sind derartige Kündigungen an die Zustimmung des BR gebunden. Hierdurch soll es unmöglich gemacht werden, BR-Mitglieder durch willkürliche außerordentl. Kündigungen aus dem Betrieb zu entfernen und durch Ausnutzung der Rechtsmittel das Verfahren so lange zu verschleppen, dass inzwischen das BR-Mitglied dem Betrieb entfremdet wird und keine Aussicht auf eine Wiederwahl hat[1]. Das BAG sieht die Schutzrichtung der Vorschrift dagegen nicht so sehr im Individualschutz des einzelnen BR-Mitglieds als vielmehr im Erhalt der Funktionsfähigkeit der betriebsverfassungsrechtl. Organe[2]. Darüber hinaus wollte der Gesetzgeber aber auch sicherstellen, dass bei einer groben Pflichtverletzung des BR-Mitglieds in seiner Eigenschaft als BR-Mitglied der ArbGeb sich der hierfür vorgesehenen Möglichkeit des Ausschlusses aus dem BR (§ 23) bedient und nicht etwa auf den Weg der außerordentl. Kündigung des ArbVerh ausweicht[3]. 1

Mit dem BetrVG-ReformG v. 23.7.2001 hat der Gesetzgeber den Schutz der Funktionsträger insoweit ergänzt, als grds. auch eine über die Grenzen des Betriebs hinausgehende **Versetzung** eines Funktionsträgers von der Zustimmung des BR abhängig gemacht wird. Der Gesetzgeber war der Auffassung, dass eine Einflussnahme auf Stellung und Unabhängigkeit der Amtsführung betriebsverfassungsrechtl. Funktionsträger auch dadurch erfolgen könne, dass ein ArbGeb andere arbeitsrechtl. Maßnahmen als Kündigungen ergreift, die ebenfalls dazu führen, dass ein Funktionsträger seine betriebsverfassungsrechtl. Stellung verliert[4]. 2

II. Sonderkündigungsschutz von Funktionsträgern – Grundzüge. Die Regelungen des § 103 sind Teil einer komplexen Gesamtregelung[5], mit der der Gesetzgeber versucht, einen besonderen Kündigungsschutz für Mandatsträger zu realisieren. Mit **§ 15 KSchG** hat der Gesetzgeber für den Regelfall der ordentl. Kündigung ggü. Funktionsträgern ausgeschlossen (vgl. zu den Einzelheiten die Komm. zu § 15 KSchG). Stattdessen verweist § 15 I 1 KSchG darauf, dass der ArbGeb dem Grundsatz nach nur zur Kündigung aus wichtigem Grund ohne Einhaltung der Kündigungsfrist berechtigt ist, sofern die entsprechenden Tatsachen vorliegen und die nach § 103 erforderliche Zustimmung vorliegt bzw. durch gerichtl. Entscheidung ersetzt ist. Dieser grds. Ausschluss der ordentl. Kündigungsmöglichkeit gilt nicht nur im Hinblick auf BR-Mitglieder etc. Vielmehr ist der durch § 15 KSchG **geschützte Personenkreis** noch einmal durch das BetrVG-ReformG **erweitert** worden. Danach ist die Kündigung eines ArbN, der zu einer Betriebs-, Wahl- oder Bordversammlung nach den Vorschriften des BetrVG einlädt oder die Bestellung eines Wahlvorstandes gem. den dafür vorgesehenen Vorschriften des BetrVG beantragt, vom Zeitpunkt der Einladung oder Antragstellung an bis zur Bekanntgabe des Wahlergebnisses unzulässig, es sei denn, dass Tatsachen vorliegen, die den ArbGeb zur Kündigung aus wichtigem Grund ohne Einhaltung einer Kündigungsfrist berechtigen (vgl. § 15 IIIa KSchG). Diese Ergänzung in § 15 IIIa KSchG hat keine Entsprechung in § 103 gefunden. Insofern ist zu beachten, dass der geschützte Personenkreis in § 15 KSchG sich von dem des § 103 unterscheidet. 3

Unabhängig davon müssen auch für eine außerordentl. Kündigung eines betriebsverfassungsrechtl. Funktionsträgers die Voraussetzungen des § 626 BGB erfüllt sein. Dagegen bedarf die Kündigung eines als Tendenzträger beschäftigten BR-Mitglieds aus tendenzbezogenen Gründen nicht der Zustimmung des BR nach § 103; vielmehr ist in diesen Fällen der BR nach § 102 anzuhören[6]. Auch für die beabsich-

---

1 *Belling*, NZA 1985, 481 (483). || 2 BAG 27.9.2012 – 2 AZR 955/11, NZA 2013, 425 (426). || 3 BT-Drs. VI/1786, 53. || 4 BAG 11.7.2000 – 1 ABR 39/99, NZA 2001, 516; zur Begr. der Gesetzesnovellierung: BR-Drs. 140/01, 116. || 5 DKKW/*Bachner*, § 103 Rz. 2. || 6 BAG 28.3.2003 – 2 ABR 48/02, NZA 2004, 501 (505); LAG München 2.9.2008 – 6 Sa 1153/07.

tigte außerordentliche Kündigung von Mitgliedern der Schwerbehindertenvertretung bedarf es der Zustimmung des BR nach § 103[1].

4 Nur ausnahmsw. sehen die Regelungen in § 15 IV und V KSchG die Möglichkeit vor, einem betriebsverfassungsrechtl. Mandatsträger ordentlich zu kündigen[2]. In diesen Fällen ist der BR vor Ausspruch der Kündigung gem. **§ 102 zu hören**[3]. Eine analoge Anwendung des § 103 auf derartige Fälle kommt nicht in Betracht[4]. Jedoch ist eine Kündigung eines BR-Mitglieds frühestens zum Zeitpunkt der **Betriebsstilllegung** gem. § 15 IV KSchG zulässig, es sei denn, die Kündigung ist zu einem früheren Zeitpunkt durch dringende betriebl. Erfordernisse bedingt[5]. Wird nur eine **Betriebsabteilung stillgelegt**, sind die geschützten Personen in eine andere Betriebsabteilung zu übernehmen. Sofern dies nicht möglich ist, dürfen sie erst als Letzte gekündigt werden. Dies bedeutet nach Auffassung des BAG, dass, wenn ein BR-Mitglied in einer Betriebsabteilung beschäftigt ist, die stillgelegt wird, der ArbGeb verpflichtet ist, der Übernahme des BR-Mitglieds in eine andere Betriebsabteilung notfalls durch **Freikündigen** eines geeigneten Arbeitsplatzes sicherzustellen[6]. Dabei muss jedoch im Einzelfall geprüft werden, ob nicht der Sonderkündigungsschutz des jeweiligen Mandatsträgers hinter den Belangen eines nicht geschützten ArbN zurücktreten muss, etwa wenn sich ein Mandatsträger, dessen Schutz mit Gewissheit bald ausläuft, und ein sozial deutlich schutzwürdigerer ordentlich kündbarer ArbN gegenüberstehen[7].

5 **III. Geschützter Personenkreis.** Der durch § 103 geschützte **Personenkreis** ist abschließend aufgezählt. Hierzu zählen die Mitglieder des BR selbst, der JAV, der Bordvertretung und des SeeBR, des Wahlvorstands sowie die Wahlbewerber. Folglich sind **Ersatzmitglieder** von Betriebsverfassungsorganen nicht geschützt, soweit sie nicht nachgerückt sind oder eine vorübergehende Vertretung übernommen haben[8]. Sind betriebsverfassungsrechtl. Organmitglieder aus einer nichtigen Wahl hervorgegangen, so unterfallen diese ebenso wenig dem geschützten Personenkreis des § 103[9]. In § 103 werden jedoch nicht erwähnt die Mitglieder der **Gremien, die auf Grund TV oder BV gem. § 3** gegründet werden sollen. Auch wenn diese Gremien zumindest zT (vgl. § 3 I Nr. 3) vorhandene BR-Strukturen ersetzen und somit die Funktionen des BR übernehmen sollen, fallen die Mitglieder derartiger Gremien mangels ausdrücklicher gesetzl. Regelung nicht unter den Schutzbereich des § 103. Diese Regelung ist auch durchaus konsequent. Durch § 3 I hat der Gesetzgeber den Tarifparteien bzw. den Betriebspartnern die Verantwortung für die Schaffung besonderer Vertretungsstrukturen übertragen. Davon umfasst ist auch die Kompetenz, für die Mitglieder der im Vereinbarungswege geschaffenen Gremien, sofern dies erforderlich ist, besondere Schutzvorschriften zu vereinbaren[10]. Zwar sind auch Mitglieder des Wahlvorstands und Wahlbewerber in § 103 ausdrücklich erwähnt. Nicht unter den Schutzbereich fallen aber **Bewerber für den Wahlvorstand**. Hierbei handelt es sich eben nicht um Wahlbewerber iSd. Abs. 1[11]. Kraft ausdrücklicher gesetzl. Regelung genießen die Vertrauenspersonen der schwerbehinderten Menschen ebenfalls den besonderen Kündigungsschutz wie BR-Mitglieder (§ 96 III SGB IX), was zur Folge hat, dass es für die beabsichtigte außerordentliche Kündigung von Mitgliedern der Schwerbehindertenvertretung der Zustimmung des BR nach § 103 bedarf[12].

6 Unter den Schutz des § 103 fallen BR-Mitglieder während ihrer gesamten **Amtszeit**. Dies gilt auch für Mitglieder der JAV und des SeeBR. Maßgeblich ist jeweils die Amtszeit und nicht etwa der Zeitpunkt, zu dem der jeweilige Funktionsträger sein Amt angetreten hat[13]. Entscheidend ist hier nach ganz hA der Zeitpunkt, zu dem die Kündigung ausgesprochen wurde[14]. Kein Schutz besteht für Mitglieder des BR im Falle der Nichtigkeit der Wahl, auch nicht für den Zeitraum bis zur Feststellung der Nichtigkeit[15].

7 Der **Kündigungsschutz** von ArbN nach **Ende ihrer betriebsverfassungsrechtl. Funktionen** bestimmt sich nach § 15 I 3 KSchG. Hierbei ist eine Einschaltung des BR gem. § 103 nicht vorgesehen. Auch außerordentl. Kündigungen von ehemaligen Funktionsträgern unterliegen daher dem Beteiligungsrecht des BR nach § 102 I. Hier genügt ein ArbGeb seinen Mitteilungspflichten nach § 102, wenn er zunächst (zutreffend oder irrtümlich) ein Verfahren nach § 103 einleitet und den BR entsprechend unterrichtet und im Kündigungszeitpunkt zweifelsfrei feststeht, dass ein Schutz nach § 103 nicht besteht[16].

---

1 BAG 23.8.1993 – 2 ABR 58/92, NZA 1993, 1052; 11.5.2000 – 2 AZR 276/99, NZA 2000, 1106; 19.7.2012 – 2 AZR 989/11, NZA 2013, 143 (144); aA LAG Hamm 21.1.2011 – 13 TaBV 72/10, ArbR 2011, 179 (Zuständigkeit der Schwerbehindertenvertretung). ‖ 2 Ausf. dazu *Maiß/Kluth*, ArbR 2010, 412. ‖ 3 BAG 29.3.1977 – 1 AZR 46/75, NJW 1977, 2182 ff.; LAG Düss. 20.11.1980 – 25 Sa 412/80, EzA Nr. 8 zu § 102 BetrVG 1972 Beschäftigungspflicht; *Besgen*, NZA 2011, 133. ‖ 4 LAG Sa.-Anh. 9.3.2010 – 2 Sa 369/09. ‖ 5 BAG 21.11.1985 – 2 AZR 33/85, RzK II 1g Nr. 4. ‖ 6 BAG 18.10.2000 – 2 AZR 494/99, NZA 2001, 321 ff. ‖ 7 Vgl. BAG 12.3.2009 – 2 AZR 47/08, NZA 2009, 1264; abl. dazu *Wulff*, AiB 2010, 335. ‖ 8 LAG Hess. 20.10.2004 – 2 TaBV 50/04. ‖ 9 BAG 7.5.1986 – 2 AZR 349/85, NZA 1986, 753 (754). ‖ 10 AA Richardi/*Thüsing*, § 103 Rz. 5; KR/*Etzel*, § 103 Rz. 10. ‖ 11 LAG BW 31.5.1974 – 7 Sa 680/74, ARST 1975, 38; LAG Hamm 15.3.2013 – 13 Sa 6/13. ‖ 12 BAG 19.7.2012 – 2 AZR 989/11, NZA 2013, 143 (144f.); DKKW/*Bachner*, § 103 Rz. 11; Richardi/*Thüsing*, § 103 Rz. 11f.; aA LAG Hamm 21.1.2011 – 13 TaBV 72/10, ArbR 2011, 179 (Zuständigkeit der Schwerbehindertenvertretung); Hess ua./*Schlochauer*, § 103 Rz. 14. ‖ 13 DKKW/*Bachner*, § 103 Rz. 15. ‖ 14 *Fitting*, § 103 Rz. 9 mwN. ‖ 15 Vgl. dazu *Mückl/Koehler*, NZA-RR 2009, 513; *Bonanni/Mückl*, BB 2010, 437. ‖ 16 BAG 17.3.2005 – 2 AZR 275/04, NZA 2005, 1064 (1068).

Ersatzmitglieder des BR genießen den besonderen Kündigungsschutz, solange sie stellvertretend für ein verhindertes ordentl. BR-Mitglied dem BR angehören[1]. Hier beginnt die Vertretung mit der Arbeitsaufnahme des Ersatzmitglieds an dem Tag, an dem das ordentl. Mitglied erstmals verhindert ist[2]. Eine förmliche Benachrichtigung des Ersatzmitglieds ist nicht erforderlich[3]. Die Ersatzmitglieder des BR genießen den besonderen Kündigungsschutz für die gesamte Dauer der Vertretung eines ordentl. BR-Mitglieds. Dies gilt selbst dann, wenn während der Vertretungszeit keine BR-Tätigkeit anfällt[4]. Allein weil das Ersatzmitglied etwa aufgrund der Verhinderung des ordentlichen Mitglieds nachrückt, wird das Zustimmungserfordernis ausgelöst. Maßgeblicher Zeitpunkt ist der Zugang der Kündigungserklärung[5]. Nach Beendigung des Vertretungsfalles besteht der nachwirkende Kündigungsschutz des § 15 I 2 KSchG, soweit das Ersatzmitglied während der Vertretungszeit tatsächlich konkrete BR-Aufgaben wahrgenommen hat. Ist dies nicht der Fall, bedarf es auch keiner „Abkühlungsphase" zwischen dem Ersatzmitglied und dem ArbGeb[6].

Für die **Mitglieder des Wahlvorstandes** beginnt der Kündigungsschutz nach § 103 vom Zeitpunkt ihrer Bestellung an und endet mit der Bekanntgabe des endgültigen Wahlergebnisses bzw. der gerichtl. Abberufung oder Niederlegung des Amtes[7]. Bei gerichtl. Bestellung nach § 17 IV 1 besteht der Schutz bereits mit der Verkündung des Einsetzungsbeschlusses. Auf die formelle Rechtskraft kommt es dagegen nicht an[8]. Der besondere Kündigungsschutz für **Wahlbewerber** beginnt, sobald ein Wahlvorstand für die Wahl bestellt ist und ein Wahlvorschlag vorliegt, der die erforderliche Mindestzahl von Stützunterschriften aufweist. Auf den Zeitpunkt der Einreichung dieses Wahlvorschlags beim Wahlvorstand kommt es dagegen nach Auffassung der Rspr. nicht an[9]. Ebenso wenig soll es auf die Kenntnis des ArbGeb von der Bewerbung ankommen[10]. Der besondere Kündigungsschutz des Wahlbewerbers setzt indes zumindest dessen Wählbarkeit voraus[11]. Der Schutz gem. § 103 endet bereits vor Bekanntgabe des Wahlergebnisses, wenn der Bewerber seine Kandidatur zurücknimmt[12].

IV. Gegenstand des Zustimmungsrechts. Der besondere Kündigungsschutz gem. § 103 gilt nur, wenn die Beendigung des ArbVerh durch eine (außerordentl.) **Kündigung** erfolgen soll. Dazu zählt auch eine außerordentl. Änderungskündigung[13]. Dies gilt trotz aller Bedenken hinsichtlich des Begünstigungsverbots des § 78 auch für Massenänderungskündigungen[14]. Dagegen ist von § 103 nicht erfasst eine **außerordentl. Kündigung**, die im Falle sog. tarifl. Unkündbarkeit des BR-Mitglieds mit einer **Auslauffrist** ausgesprochen werden soll[15]. Ebenso wenig findet der besondere Kündigungsschutz des § 103 Anwendung, wenn das BR-Mitglied oder ein sonstiger geschützter Funktionsträger seinerseits das ArbVerh kündigt, einen **Aufhebungsvertrag** abschließt oder das ArbVerh in anderer Weise, etwa durch **Zeitablauf, Zweckerreichung oder Anfechtung** endet[16]. Teilweise wird auch der Auflösungsantrag unter den Zustimmungsvorbehalt des § 103 gestellt[17]. Will der ArbGeb ggü. BR-Mitgliedern, Mitgliedern des Wahlvorstands oder Wahlbewerbern wegen Teilnahme an rechtswidrigen Arbeitsniederlegungen außerordentl. Kündigungen, sog. **Kampfkündigungen**, aussprechen, so bedürfen diese nicht der Zustimmung des BR nach Abs. 1. Der ArbGeb hat jedoch nach überwiegender Ansicht in entsprechender Anwendung des Abs. 2 alsbald die **Erteilung der Zustimmung** beim ArbG zu beantragen[18]. Gleiches gilt für den Fall, dass noch kein BR besteht, aber ein Mitglied des Wahlvorstands oder ein Wahlbewerber gekündigt werden soll, oder wenn nur noch ein BR-Mitglied amtiert, dem gekündigt werden soll und kein Ersatzmitglied mehr vorhanden ist. Auch in diesem Fall hat der ArbGeb in entsprechender Anwendung des Abs. 2 die Erteilung der Zustimmung zur Kündigung unmittelbar beim ArbG zu beantragen[19].

V. Zustimmungsverfahren. Für das Zustimmungsverfahren galt, dass dieses vor Ausspruch der außerordentl. Kündigung abgeschlossen sein muss[20]. Das BAG steht aber mittlerweile auf dem Standpunkt, dass der maßgebliche Zeitpunkt für das Entstehen des Zustimmungserfordernisses der Zugang der Kündigungserklärung ist[21]. Dann muss allerdings konsequenterweise der ArbGeb die Möglichkeit haben, eine bereits auf den Weg gebrachte Kündigung durch Einholung der Zustimmung rechtzeitig

---

[1] BAG 9.11.1977 – 5 AZR 175/76, NJW 1978, 909f.; 18.5.2006 – 6 AZR 627/05, NZA 2006, 1037. ||[2] Vgl. LAG Düss. 26.4.2010 – 16 Sa 59/10, NZA-RR 2010, 419. ||[3] BAG 17.1.1979 – 5 AZR 891/77, DB 1979, 1136ff. ||[4] BAG 8.9.2011 – 2 AZR 388/10, NZA 2012, 400 (402); aA Bader ua./*Dörner/Suckow*, § 15 KSchG Rz. 19; *Löwisch/Spinner*, § 15 KSchG Rz. 31. ||[5] BAG 27.9.2012 – 2 AZR 955/11, NZA 2013, 425 (426). ||[6] BAG 9.11.1977 – 5 AZR 175/76, DB 1978, 495f.; 6.9.1979 – 2 AZR 548/77, DB 1980, 451ff.; 19.4.2012 – 2 AZR 233/11, NJW 2012, 3740 (3742); 27.9.2012 – 2 AZR 955/11, NZA 2013, 425 (427). ||[7] Vgl. LAG Hamm 29.11.1973 – 3 Sa 663/73, DB 1974, 389. ||[8] BAG 26.11.2009 – 2 AZR 185/08, NZA 2010, 443. ||[9] BAG 4.3.1976 – 2 AZR 620/74, DB 1976, 1335ff.; 5.12.1980 – 7 AZR 781/78, DB 1981, 1142f.; *Fitting*, § 103 Rz. 10a; aA Richardi/*Thüsing*, § 103 Rz. 19; *Weinspach*, SAE 2005, 320ff. ||[10] LAG Bln.-Bbg. 2.3.2007 – 9 Sa 1866/06, LAGE § 15 KSchG Nr. 19. ||[11] BAG 26.9.1996 – 2 AZR 528/95, NZA 1997, 666 (667). ||[12] BAG 17.3.2005 – 2 AZR 275/04, NZA 2005, 1064 (1068). ||[13] Vgl. BAG 6.3.1986 – 2 ABR 15/85, NZA 1987, 102 (103). ||[14] LAG Rh.-Pf. 12.12.2003 – 8 Sa 930/03. ||[15] BAG 18.9.1997 – 2 ABR 15/97, NZA 1998, 189 (198). ||[16] *Kleinebrink*, FA 2009, 194 (196). ||[17] LAG Berlin 27.5.2004 – 13 Sa 313/04, LAGE § 9 KSchG Nr. 36; aA *Müller*, LAGE § 9 KSchG Nr. 36; hierzu auch *Nägele*, ArbRB 2005, 143ff.; *Lelley*, FA 2007, 74 (76f.). ||[18] BAG 14.2.1978 – 1 AZR 54/76, DB 1978, 1231f. ||[19] BAG 16.12.1982 – 2 AZR 76/81, DB 1983, 1049f.; 30.5.1978 – 2 AZR 637/76, DB 1979, 359ff. ||[20] BAG 20.3.1975 – 2 ABR 111/74, DB 1975, 1321; 9.7.1998 – 2 AZR 142/98, NZA 1998, 1273 (1274); krit. hierzu *Diller*, NZA 2004, 579 (580). ||[21] BAG 27.9.2012 – 2 AZR 955/11, NZA 2013, 425 (427f.).

vor Zugang wirksam werden zu lassen. Ist die Kündigung vor Erteilung der Zustimmung zugegangen, so ist die Kündigung von vornherein **unheilbar nichtig** und nicht nur schwebend unwirksam. Insb. heilt eine nachträgl. Zustimmung des BR die Unwirksamkeit einer bereits zugegangenen Kündigung nicht. Auf das Zustimmungsersuchen des ArbGeb an den BR, das keinen konkreten Zustimmungsantrag erfordert[1], bei dem aber deutlich werden muss, dass es nicht um eine Anhörung nach § 102 geht[2], finden die §§ 164 ff. BGB Anwendung. Insofern ist auch eine **Zurückweisung wegen fehlender Vollmacht** gem. § 174 BGB durch den BR möglich[3]. Das Zustimmungsersuchen hat der ArbGeb grds. an den **BR-Vorsitzenden**, bei dessen Verhinderung an den Stellvertreter oder an das vom BR zur Entgegennahme solcher Erklärungen des ArbGeb in Kündigungsangelegenheiten ermächtigte BR-Mitglied zu richten. Zuständig für die **Beschlussfassung** ist grds. der **BR** als solcher. Der BR kann aber die Ausübung seines Zustimmungsrechts dem Betriebsausschuss oder einem sonstigen Ausschuss zur selbständigen Erledigung übertragen[4]. Bei der Beratung und Beschlussfassung nimmt das betroffene Mitglied nicht teil, sondern an seine Stelle tritt ein Ersatzmitglied[5]. Dies betrifft indes ausschließlich das Verfahren über die Zustimmungserteilung nach § 103[6]. Ist bei einem einköpfigen BR kein Ersatzmitglied vorhanden, so hat der ArbGeb das Verfahren entsprechend Abs. 2 einzuleiten. Kann dagegen bei einem mehrköpfigen BR dieser auch mit Ersatzmitgliedern nicht mehr voll besetzt werden, so ist der RestBR zu beteiligen[7]. Beabsichtigt der ArbGeb, allen BR-Mitgliedern außerordentlich zu kündigen, so wird deshalb der BR für das Verfahren gem. § 103 nicht etwa unzuständig, selbst wenn keine Ersatzmitglieder vorhanden sind. Von der Abstimmung ist jeweils nur dasjenige Mitglied ausgeschlossen, das durch die ihm ggü. beabsichtigte Kündigung unmittelbar betroffen wird[8].

12 Ob der BR seine Zustimmung zu einer außerordentl. Kündigung einer der in § 103 genannten besonders geschützten Personen erteilen will, entscheidet er auf der Grundlage der ihm vom ArbGeb mitgeteilten Kündigungsgründe. Hat der ArbGeb den BR **unzureichend unterrichtet**, so führt dies selbst bei etwaiger Zustimmung des BR zur Unwirksamkeit der Kündigung[9]. Angesichts der Frist in § 626 II BGB ist der ArbGeb gehalten, die Unterrichtung so rechtzeitig vorzunehmen, dass er bei Nichterteilung der Zustimmung noch innerhalb dieser Zwei-Wochen-Frist die Ersetzung der Zustimmung beim ArbG beantragen kann[10]. Auch über die Einhaltung der Ausschlussfrist ist der BR zu unterrichten[11]. Der ArbGeb hat jedoch zu beachten, dass das **Schweigen** des BR nicht als Zustimmung gilt. **Zweckmäßigerweise** ist deshalb dem BR eine angemessene **Frist zu setzen**, die in entsprechender Anwendung des § 102 II 3 drei Tage betragen soll. Die Zustimmung gilt dann als verweigert, wenn der BR nicht binnen dieser drei Tage eine Erklärung abgibt[12]. Hat der ArbGeb einen Antrag auf Zustimmung gestellt und auf die spontane Zustimmungserklärung des BR-Vorsitzenden hin vor Ablauf von drei Tagen gekündigt, so muss er erneut die Zustimmung des BR beantragen, wenn er wegen Bedenken gegen die Wirksamkeit der ersten Kündigung eine weitere Kündigung aussprechen will[13]. Insg. gilt daher als Leitlinie, dass für einen ArbGeb der fristgerechte Ausspruch einer außerordentl. Kündigung unter Beachtung des § 103 nur dann möglich ist, wenn er spätestens zehn Tage nach Kenntnis der für die Kündigung maßgebenden Tatsachen beim BR die Zustimmung zur Kündigung beantragt hat[14].

13 Hat der BR einmal seine Zustimmung erklärt, so kann er diese nicht nachträglich wieder zurücknehmen[15]. Dagegen steht es dem BR frei, auch nach Ablauf der ihm durch den ArbGeb gesetzten Frist noch seine **Zustimmung nachträglich zu erteilen**. In diesem Fall wird ein etwaiges durch den ArbGeb eingeleitetes Beschlussverfahren nach Abs. 2 gegenstandslos[16]. Dann aber ist der ArbGeb gehalten, unverzüglich die Kündigung auszusprechen[17]. Dagegen bleibt eine zuvor bereits zugegangene Kündigung unwirksam. Diese wird nicht durch die nachträgliche Zustimmung des BR geheilt.

14 Ob der BR seine Zustimmung zur außerordentl. Kündigung erklären will oder nicht, entscheidet er durch **Beschluss**. Hierbei steht es allerdings nicht im **Ermessen** des BR, welche Entscheidung er treffen will. Vielmehr ist er verpflichtet, die Zustimmung zu erteilen, wenn nach seiner Beurteilung die außerordentl. Kündigung unter Berücksichtigung aller Umstände gerechtfertigt ist[18]. Maßstab für den BR muss also sein, ob die Kündigung aus wichtigem Grund nach § 626 BGB gerechtfertigt ist. Als Gründe für eine außerordentl. Kündigung kommen **Verstöße gegen arbeitsvertragl. Pflichten**, nicht dagegen die Verletzung betriebsverfassungsrechtl. Amtspflichten, für die das Amtsenthebungsverfahren nach

---

1 LAG Bln.-Bbg. 18.8.2008 – 10 TaBV 885/08, BB 2009, 661. ||2 LAG Hamm 8.6.2007 – 10 TaBV 29/07. ||3 LAG Hess. 29.1.1998 – 5 TaBV 122/97, NZA 1999, 878; *Müller*, FA 2013, 37 (39). ||4 BAG 17.3.2005 – 2 AZR 275/04, NZA 2005, 1064 (1066); Richardi/*Thüsing*, § 103 Rz. 43; aA wegen der besonderen Bedeutung der Angelegenheit *Heinze*, Personalplanung, Rz. 667; LAG Köln 28.8.2001 – 13 Sa 19/01, ZTR 2002, 46. ||5 BAG 26.8.1981 – 7 AZR 550/79, DB 1981, 2627 f.; 23.8.1984 – 2 AZR 391/83, NZA 1985, 254 (255). ||6 LAG Hamm 10.3.2006 – 10 TaBV 151/05, NZA-RR 2006, 581. ||7 Vgl. BAG 16.10.1986 – 2 ABR 71/85, DB 1987, 1304. ||8 BAG 25.3.1976 – 2 AZR 163/75, NJW 1976, 2180 ff. ||9 BAG 5.2.1981 – 2 AZR 1135/78, DB 1982, 1171 f. ||10 BAG 24.10.1996 – 2 AZR 3/96, NZA 1997, 371; *Werner*, Die Aufgabe des Untersuchungsgrundsatzes beim Zustimmungsersetzungsverfahren nach § 103 Abs. 2 BetrVG, 2013, S. 51 f. ||11 LAG Hess. 28.8.2008 – 20 TaBV 244/07, AuR 2009, 226; aA *Hertzfeld*, FA 2013, 107. ||12 BAG 18.8.1977 – 2 ABR 19/77, DB 1978, 109. ||13 BAG 24.10.1996 – 2 AZR 3/96, NZA 1997, 371. ||14 *Fitting*, § 103 Rz. 33. ||15 *Fitting*, § 103 Rz. 37. ||16 Vgl. BAG 23.6.1993 – 2 ABR 58/92, NZA 1993, 1052 (1054). ||17 Vgl. *Besgen*, NZA 2011, 133. ||18 BAG 25.3.1976 – 2 AZR 163/75, BB 1976, 932 f.; *Werner*, Die Aufgabe des Untersuchungsgrundsatzes beim Zustimmungsersetzungsverfahren nach § 103 Abs. 2 BetrVG, 2013, S. 55.

dem BetrVG vorgesehen ist, in Betracht[1]. Wenn aber eine Handlung sowohl gleichzeitig Amtspflichten als auch arbeitsvertragl. Pflichten verletzt oder die Vertragsverletzung nur deshalb eingetreten ist, weil der ArbN als BR-Mitglied tätig geworden ist, kann ebenfalls ein wichtiger Grund iSd. § 626 I BGB vorliegen. Voraussetzung ist allerdings, dass unter Anlegung eines besonders strengen Maßstabs und unter Berücksichtigung des Prognoseprinzips das pflichtwidrige Verhalten auch als schwerer Verstoß gegen die arbeitsvertragl. Pflichten zu werten ist[2]. Befindet sich ein ArbN in der besonderen Lage, neben seiner Funktion als ArbN-Vertreter im Aufsichtsrat zugleich dem BR anzugehören, ist dieser Situation bei der Bewertung des kündigungserheblichen Fehlverhaltens ebenfalls Rechnung zu tragen[3]. Auch hierbei gilt, dass einem BR-Mitglied nur fristlos gekündigt werden kann, wenn dem ArbGeb bei einem vergleichbaren Nichtbetriebsratsmitglied dessen Weiterbeschäftigung bis zum Ablauf der einschlägigen ordentl. Kündigungsfrist unzumutbar wäre. Abzustellen ist also stets auf die **fiktive Kündigungsfrist eines vergleichbaren Nichtbetriebsratsmitglieds**[4]. Würde man bei der Interessenabwägung demggü auf eine längere Bindungsdauer, wie etwa das Ende der Wahlperiode bzw. des nachwirkenden Kündigungsschutzes, abstellen, würde das BR-Mitglied allein wegen seiner BR-Tätigkeit benachteiligt werden[5]. Einer **Begründung** bedarf der **Beschluss** des BR nicht[6]. Für die Zustimmung besteht kein Schriftformzwang. Die §§ 182 III, 111 S. 2 BGB sind nach Auffassung des BAG nicht anwendbar[7].

Abs. 1 verlangt für eine Kündigung einen wirksamen Beschluss des BR, mit dem dieser seine Zustimmung zur Kündigung erklärt. Fraglich ist jedoch, wie im Falle von **Verfahrensfehlern** vorzugehen ist. Die Rspr. vertritt hierzu die Auffassung, dass die für das Anhörungsverfahren nach § 102 entwickelte **Sphärentheorie** auf das Zustimmungsverfahren nach § 103 nicht übertragbar sei[8]. Diese Auffassung ist abzulehnen. Ebenso wie im Verfahren nach § 102 kann auch im Verfahren nach Abs. 1 der ArbGeb grds. darauf vertrauen, dass die **Beschlussfassung** innerhalb des BR **ordnungsgemäß** erfolgt ist. Der ArbGeb genießt ebenso wie bei § 102 **Vertrauensschutz**, wenn ihm der BR-Vorsitzende oder sein Vertreter mitteilt, der BR habe die beantragte Zustimmung erteilt[9]. Daneben führt die strenge Rechtsprechung des BAG dazu, dass der ArbGeb Zweifeln an der ordnungsgemäßen Beschlussfassung zunächst nachgehen und ggf. vorsorglich das Zustimmungsersetzungsverfahren einleiten muss. Stellt das ArbG aber später fest, dass ein ordnungsgemäßer Beschluss vorlag, so wird idR die Kündigung nicht mehr unverzüglich erfolgen können. Einen Ausweg aus diesem Dilemma hat das BAG bislang nicht aufgezeigt[10].

Teilt der BR-Vorsitzende oder dessen Stellvertreter dem ArbGeb die Zustimmung des BR innerhalb der dreitägigen Äußerungsfrist mit, so ist die außerordentl. Kündigung bis zum Ablauf der Zwei-Wochen-Frist des § 626 II BGB auszusprechen. Verweigert der BR seine Zustimmung oder gilt sie als verweigert, so hat der ArbGeb unverzüglich das Verfahren nach Abs. 2 einzuleiten. Wird die Zustimmung durch Beschluss des ArbG ersetzt, so muss der ArbGeb dann die Kündigung **unverzüglich nach Rechtskraft der Zustimmungsersetzung** aussprechen. Für die Kündigung eines schwerbehinderten BR-Mitglieds gelten Besonderheiten. Hier braucht der ArbGeb nicht als ersten Schritt das Verfahren nach § 103 einzuleiten. Vielmehr wird regelmäßig ein ArbGeb zunächst gem. § 91 II SGB IX innerhalb von zwei Wochen, nachdem er von den für die Kündigung maßgebenden Tatsachen Kenntnis erlangt hat, die **Zustimmung des Integrationsamtes** zur Kündigung beantragen. Nach erteilter oder fingierter Zustimmung ist unverzüglich das Verfahren nach § 103 einzuleiten[11].

VI. Zustimmungsersetzungsverfahren. Verweigert der BR seine Zustimmung zu einer außerordentl. Kündigung, so kann gem. Abs. 2 das ArbG sie auf Antrag des ArbGeb ersetzen, wenn die außerordentl. Kündigung unter Berücksichtigung aller Umstände gerechtfertigt ist. Hierüber ist im **Beschlussverfahren** zu entscheiden. **Antragsgegner** ist der BR; der **betroffene ArbN** ist gem. Abs. 2 S. 2 **Beteiligter**. In dieser Funktion kann er ggf. nach § 87 I ArbGG Beschwerde einlegen, selbst wenn der BR die erstinstanzliche Entscheidung des ArbG hinnehmen sollte[12]. Der Ersetzungsantrag darf aber so lange erst bei Gericht gestellt werden, wie der BR die noch nicht endgültig die Zustimmung verweigert hat. Dies folgt aus dem Wortlaut von Abs. 2. Ein solcher **verfrühter Zustimmungsersetzungsantrag** wird auch nicht etwa dadurch wieder zulässig, dass der BR später die Zustimmung verweigert. Der Antrag bleibt vielmehr unheilbar unzulässig[13]. Dies kann der ArbGeb nicht dadurch umgehen, dass er den Zustimmungsantrag unter die Bedingung stellt, dass der BR die Zustimmung zu der beabsichtigten außerordentl. Kündigung verweigert. Auch ein solcher vor der Entscheidung des BR gestellter, bedingter Ersetzungsantrag ist unzulässig und wird nicht mit der Zustimmungsverweigerung zulässig[14]. Mit einem **Haupt-**

---

1 BAG 16.10.1986 – 2 ABR 71/85, DB 1987, 1304f.; 23.10.2008 – 2 ABR 59/07, NZA 2009, 855 (857). ||2 BAG 23.10.2008 – 2 ABR 59/07, NZA 2009, 855 (857); 5.11.2009 – 2 AZR 487/08, NZA-RR 2010, 236; 12.5.2010 – 2 AZR 587/08, NZA-RR 2011, 15; LAG Hamm 4.2.2011 – 10 Sa 1743/10. ||3 Ausf. dazu *Henssler/Beckmann*, SAE 2010, 60. ||4 BAG 12.5.2010 – 2 AZR 587/08, NZA-RR 2011, 15 (17); *Stahlhacke*, FS Hanau, 1999, S. 281 (292) – ausnahmsweise anders aber im Sonderfall der außerordentl. Änderungskündigung. ||5 BAG 27.9.2001 – 2 AZR 487/00, EzA § 15 KSchG Nr. 54; 10.2.1999 – 2 ABR 31/98, BAGE 91, 30. ||6 *Richardi/Thüsing*, § 103 Rz. 51. ||7 BAG 4.3.2004 – 2 AZR 147/03, NZA 2004, 717. ||8 BAG 23.8.1984 – 2 AZR 391/83, BB 1985, 335; *Fitting*, § 103 Rz. 38 mwN; *Zumkeller*, NZA 2001, 823 (825). ||9 So zutr. *Richardi/Thüsing*, § 103 Rz. 54; *Grosjean*, NZA-RR 2005, 113 (122); *Lelley*, FS Leinemann, 2006, S. 543 (548f.); *Nause*, FS Etzel, 2011, S. 271 (272). ||10 Vgl. auch *Besgen*, NZA 2011, 133. ||11 DKKW/*Bachner*, § 103 Rz. 34. ||12 BAG 10.12.1992 – 2 ABR 32/92, NZA 1993, 501 (502); 23.6.1993 – 2 ABR 58/92, NZA 1993, 1052 (1053). ||13 BAG 30.5.1978 – 2 AZR 637/76, DB 1979, 359ff. ||14 BAG 7.5.1986 – 2 ABR 27/85, NZA 1986, 719.

BetrVG § 103 Rz. 18   Außerordentliche Kündigung und Versetzung in besonderen Fällen

antrag, die Zustimmung des BR zur außerordentl. Kündigung des BR-Mitglieds zu ersetzen, kann **hilfsweise** der Antrag verbunden werden, das Mitglied aus dem BR wegen grober Verletzung seiner gesetzl. Pflichten auszuschließen (§ 23)[1]. Die Zulässigkeit des Antrags nach Abs. 2 setzt voraus, dass der ArbGeb seine Unterrichtungspflichten erfüllt hat[2]. Ob er innerhalb der Ausschlussfrist des § 626 II BGB den Antrag auf Ersetzung der Zustimmung beim ArbG gestellt hat, ist dagegen eine Frage der Begründetheit des Antrages[3]. Ist der ArbGeb mit einem Zustimmungsersetzungsantrag einmal rechtskräftig unterlegen, so ist ein neuer Antrag nur statthaft, wenn neue Tatsachen die Ersetzung der Zustimmung zulassen würden. Dies kann etwa dann der Fall sein, wenn das BR-Mitglied wegen der Tatvorwürfe, die bereits einem ersten, erfolglosen Zustimmungsersetzungsantrag zugrunde lagen, mittlerweile rechtskräftig strafrechtlich verurteilt wurde[4]. Unzulässig wird das Zustimmungsersetzungsantrag indes, wenn während des laufenden Verfahrens das ArbVerh mit dem BR-Mitglied beendet wird[5] oder das Amt des BR-Mitgliedes endet, es sei denn, dass sich ohne Unterbrechung eine neue Amtszeit anschließt[6]. In diesem Falle gilt die Zustimmungsverweigerung durch den BR fort. Auch das Zustimmungsersetzungsverfahren erledigt sich nicht, sondern kann fortgeführt werden[7]. Eine ggü dem ArbN im Laufe des Zustimmungsersetzungsverfahrens vorsorglich ausgesprochene Kündigung durch den ArbGeb lässt sowohl dessen Ersuchen um Zustimmung beim BR als auch den Fortgang des gerichtl. Verfahrens nach Abs. 2 unberührt[8].

18 Begründet ist der Zustimmungsersetzungsantrag dann, wenn die außerordentl. Kündigung unter Berücksichtigung aller Umstände gerechtfertigt ist[9]. Dies bedeutet, dass das ArbG nicht nur zu prüfen hat, ob ein **wichtiger Grund** iSd. § 626 I BGB vorliegt, sondern auch, ob durch die Einl. des Zustimmungsersetzungsverfahrens die **Ausschlussfrist** des § 626 II BGB gewahrt ist[10]. Ggf. hat das ArbG zudem zu prüfen, ob für den betreffenden ArbN **Sonderkündigungsschutztatbestände**, wie etwa § 9 MuSchG, einschlägig sind[11]. Das ArbG ist **von Amts wegen zur Aufklärung aller maßgebenden Umstände** verpflichtet, soweit der ArbGeb sich auf einen bestimmten Sachverhalt beruft. Insofern hat es im Zustimmungsersetzungsverfahren alle Gründe für die etwaige Unwirksamkeit der beabsichtigten Kündigung zu prüfen[12].

19 Noch während des Beschlussverfahrens kann der ArbGeb **Kündigungsgründe nachschieben**[13]. Anders als im Kündigungsrechtsstreit geht es in diesem Verfahrensabschnitt um die Zustimmung zu einer erst noch auszusprechenden Kündigung[14]. Voraussetzung für ein Nachschieben von Kündigungsgründen ist indes, dass der ArbGeb wegen dieser neuen Gründe zuvor erneut vergeblich die Zustimmung des BR nach § 103 beantragt hat, was sich daraus ergibt, dass das ArbG lediglich befugt ist, eine vom BR verweigerte Zustimmung zu ersetzen[15]. Inwieweit beim Nachschieben von Kündigungsgründen Fristen zu beachten sind, ist umstritten. Einigkeit dürfte noch insoweit bestehen, als für die Mitteilung der neuen Gründe an den BR die Zwei-Wochen-Frist nach § 626 II BGB unbedingt einzuhalten ist[16]. Insb. nach der Rspr. ist es nicht erforderlich, dass die nachzuschiebenden Gründe auch innerhalb der Zwei-Wochen-Frist in das Zustimmungsersetzungsverfahren eingeführt werden müssen[17]. Der zu kündigende ArbN kann schließlich bei einem anhängigen Beschlussverfahren zur Zustimmungsersetzung nicht mehr annehmen, der ArbGeb werde seine Kündigung nicht auf einen zunächst nicht genannten oder unbekannten Kündigungsgrund stützen[18]. Demggü wird teilweise in der Lit. darin ein Wertungswiderspruch gesehen[19]. Insofern ist dem ArbGeb **dringend anzuraten**, nachgeschobene Kündigungsgründe **innerhalb der Ausschlussfrist des § 626 II BGB in das Zustimmungsersetzungsverfahren einzubringen**.

20 **Ersetzt das ArbG die Zustimmung**, so kann der ArbGeb nach **formeller Rechtskraft** der Entscheidung die Kündigung **unverzüglich**, dh. ohne schuldhaftes Zögern, aussprechen[20]. Spricht der ArbGeb im Laufe eines Zustimmungsersetzungsverfahrens nach § 103 vor Eintritt der formellen Rechtskraft eines Beschlusses über die Ersetzung der Zustimmung zu einer außerordentl. Kündigung ggü. einem BR-Mitglied eine Kündigung aus, so ist diese Kündigung, sobald sie zugeht, nicht nur schwebend unwirksam, sondern unheilbar nichtig[21]. Durch den Ausspruch der vorzeitigen Kündigung, selbst wenn

---

1 BAG 21.2.1978 – 1 ABR 54/76, BB 1978, 1116; LAG Hamm 9.2.2007 – 10 TaBv 54/06, ArbuR 2007, 316. ||2 LAG Hess. 28.8.2008 – 20 TaBV 244/07, AuR 2009, 226. ||3 BAG 7.5.1986 – 2 ABR 27/85, NZA 1986, 719ff. ||4 BAG 16.9.1999 – 2 ABR 68/98, NZA 2000, 158 (159). ||5 BAG 27.6.2002 – 2 ABR 22/01, NZA 2003, 229 (230); LAG Hess. 20.10.2004 – 2 TaBV 50/04; LAG Bremen 5.10.2004 – 1 TaBV 11/04. ||6 BAG 12.3.2009 – 2 ABR 24/08, NZA-RR 2010, 180. ||7 BAG 27.1.2011 – 2 ABR 114/09, NZA-RR 2011, 348. ||8 BAG 12.3.2009 – 2 ABR 24/08, NZA-RR 2010, 180; 27.1.2011 – 2 ABR 114/09, NZA-RR 2011, 348; Diller, Anm. AP Nr. 68 zu § 15 KschG 1969; Kreft, NZA-Beil. 2012, 58 (65). ||9 BAG 16.12.2004 – 2 ABR 7/04, AP Nr. 191 zu § 626 BGB. ||10 LAG Hamm 23.10.2009 – 10 TaBV 39/09; Fitting, § 103 Rz. 41. ||11 Vgl. Richardi/Thüsing, § 103 Rz. 70. ||12 BAG 11.5.2000 – 2 AZR 276/99, NZA 2000, 1106. ||13 KR/Etzel, § 103 Rz. 118. ||14 BAG 22.8.1974 – 2 ABR 17/74, NJW 1975, 181; LAG Nürnberg 25.3.1999 – 8 TA BV 21/98, NZA-RR 1999, 413. ||15 BAG 27.1.1977 – 2 ABR 77/76, BB 1977, 544f.; 22.8.1974 – 2 ABR 17/74, NJW 1975, 181; teilweise soll auch die bloße Mitteilung der Kündigungsgründe zur Stellungnahme ausreichen (vgl. LAG Nürnberg 25.3.1999 – 8 TaBV 21/98, NZA-RR 1999, 413). ||16 APS/Linck, § 103 Rz. 26; Ittmann, ArbR 2011, 6. ||17 BAG 22.8.1974 – 2 ABR 17/74, NJW 1975, 181; aA KR/Etzel, § 103 Rz. 124f. ||18 Vgl. APS/Linck, § 103 Rz. 26. ||19 Richardi/Thüsing, § 103 Rz. 73 mwN. ||20 BAG 24.4.1975 – 2 AZR 118/74, BB 1975, 1014f.; Richardi/Thüsing, § 103 Rz. 86; für die Anwendung von § 626 II BGB: Fitting, § 103 Rz. 46. ||21 LAG Hamm 20.2.2009 – 13 Sa 1222/08; LAG Nds. 22.1.2010 – 10 Sa 424/09, EzA-SD 2010, Nr. 6, 16.

dieser versehentlich erfolgte, erledigt sich nämlich das Zustimmungsverfahren nach § 103 einschl. des Zustimmungsersetzungsverfahrens beim ArbG. Will der ArbGeb in einem derartigen Fall nach rechtskräftigem Abschluss des Zustimmungsersetzungsverfahrens erneut kündigen, bedarf es der Einleitung eines neuen Zustimmungsverfahrens beim BR und ggf. eines neuen Zustimmungsersetzungsverfahrens[1].

Gegen den Beschluss des ArbG im Verfahren auf Zustimmungsersetzung zu einer außerordentl. Kündigung findet gem. § 87 ArbGG die **Beschwerde** an das LAG statt. Beschwerdeberechtigt ist auch der betroffene ArbN als Beteiligter des Zustimmungsersetzungsverfahrens. Dies gilt selbst dann, wenn sich im BR, der im Zustimmungsersetzungsverfahren unterlegen ist, für die Beschwerdeeinlegung keine Mehrheit findet[2]. Gegen die Entscheidung des LAG ist bei ausdrücklicher Zulassung die Rechtsbeschwerde beim BAG zulässig, andernfalls kann innerhalb eines Monats Nichtzulassungsbeschwerde nach § 92a ArbGG eingelegt werden. Formelle Rechtskraft der Entscheidung tritt also erst mit dem Ablauf der Frist für die Einlegung der Nichtzulassungsbeschwerde oder mit deren Ablehnung durch das BAG ein[3]. Das bedeutet, dass der ArbGeb bis zu diesem Zeitpunkt mit der Kündigung warten muss, es sei denn, die Nichtzulassungsbeschwerde ist offensichtlich unstatthaft[4], was jedoch seit der Änderung des ArbGG zum 1.1.2005 praktisch nicht mehr vorkommen kann, da die Beschwerde auch darauf gestützt werden kann, dass die Rechtssache grds. Bedeutung habe (§ 92a iVm § 72a III Nr. 1 ArbGG) und damit in keinem Fall die sichere Prognose erstellt werden könne, die Nichtzulassungsbeschwerde sei unzulässig oder offensichtlich aussichtslos[5]. 21

Die Zustimmung des BR kann nicht im Wege der **einstw. Verfügung** ersetzt werden[6]. Auch eine einstw. Verfügung mit dem Ziel, einem BR-Mitglied die Ausübung des BR-Amtes zu verbieten, ist regelmäßig nicht statthaft[7]. Allenfalls in besonderen Ausnahmefällen will zT die Rspr. die Zulässigkeit einer derartigen Verfügung ausnahmsw. bejahen[8]. 22

VII. Rechtsstellung des betroffenen Funktionsträgers. Obsiegt der ArbGeb im Zustimmungsersetzungsverfahren, so ist der ArbN, obwohl er an diesem Beschlussverfahren Beteiligter war, nicht daran gehindert, im **Kündigungsschutzprozess** gegen seinen ArbGeb auf Feststellung zu klagen, dass die außerordentl. Kündigung unwirksam ist. Auf Grund der **Präklusionswirkung** der Entscheidung des Zustimmungsersetzungsverfahrens kann er sich aber nach ganz überwiegender Ansicht in dem späteren Kündigungsschutzprozess, welches die außerordentl. Kündigung zum Gegenstand hat, nur auf solche Tatsachen berufen, die er im Zustimmungsersetzungsverfahren nicht geltend gemacht hat und auch nicht hätte geltend machen können[9]. Dies gilt allerdings nicht für solche Kündigungshindernisse, die – wie die fehlende Zustimmung des Integrationsamtes zur Kündigung eines schwerbehinderten Menschen – noch nach Abschluss des betriebsverfassungsrechtl. Zustimmungsersetzungsverfahrens beseitigt werden können. Spricht der ArbGeb nach Ablauf des besonderen Schutzes gem. § 103 eine ordentl. Kündigung aus, so trifft den ArbN im entsprechenden Kündigungsschutzverfahren indes nicht die Präklusionswirkung, selbst wenn es um denselben Kündigungsgrund geht[10]. 23

Solange die Zustimmung des BR nicht erteilt oder rechtskräftig ersetzt ist, behält der ArbN seinen arbeitsvertragl. **Anspruch auf Beschäftigung** zu den bisherigen Bedingungen. Damit steht ihm zugleich die Möglichkeit offen, sein **betriebsverfassungsrechtl. Amt** auszuüben. Jedoch wird man im Allg. den ArbGeb für berechtigt halten dürfen, das BR-Mitglied, welches in seiner Person einen fristlosen Kündigungsgrund verwirkt hat, bis zum Abschluss des Zustimmungsersetzungsverfahrens unter Fortzahlung der Bezüge von der Arbeit zu suspendieren. Dies setzt voraus, dass die vom ArbGeb vorgebrachten Kündigungsgründe erhebliches Gewicht haben[11]. Für eine **Suspendierung** eines BR-Mitglieds während des Zustimmungsverfahrens wird man aber auch verlangen müssen, dass die Weiterbeschäftigung gerade überwiegende und schutzwürdige Interessen des ArbGeb beeinträchtigt[12]. Jedoch ist ein suspendiertes BR-Mitglied nicht daran gehindert, sein Amt als BR-Mitglied oder seine sonstigen betriebsverfassungsrechtl. Funktionen auszuüben. Das bedeutet, dass der ArbGeb dem betreffenden BR-Mitglied oder sonstigen Funktionsträgern nicht das Betreten des Betriebs zur Amtsausübung verbieten darf[13]. Das **Zutrittsrecht** des Funktionsträgers endet aber dort, wo seine Ausübung als Rechtsmissbrauch zu 24

---

1 Vgl. BAG 24.10.1996 – 2 AZR 3/96, NZA 1997, 371 f.; LAG Hamm 4.8.2000 – 10 TaBV 7/00, ZInsO 2001, 335. ||2 BAG 10.12.1992 – 2 ABR 32/92, NZA 1993, 501 ff. ||3 BAG 9.7.1998 – 2 AZR 142/98, NZA 1998, 1273, unter Aufgabe der bisherigen Rspr.: BAG 25.1.1979 – 2 AZR 983/77, DB 1979, 1704. ||4 BAG 9.7.1998 – 2 AZR 142/98, NZA 1998, 1273. ||5 LAG Nds. 22.1.2010 – 10 Sa 424/09, LAGE § 103 BetrVG 2001 Nr. 10. ||6 *Besgen*, NZA 2011, 133; Richardi/*Thüsing*, § 103 Rz. 82; DKKW/*Bachner*, § 103 Rz. 48. ||7 DKKW/*Bachner*, § 103 Rz. 49 mwN. ||8 Vgl. LAG München 26.8.1992 – 5 Ta BV 43/92, LAGE § 23 BetrVG 1972 Nr. 29. ||9 BAG 24.4.1975 – 2 AZR 118/74, BB 1975, 1014 f.; 10.12.1992 – 2 ABR 32/92, NZA 1993, 501 (504); 11.5.2000 – 2 AZR 276/99, NZA 2000, 1106 (1108); *Fischer*, RdA 2003, 269 (272); aA *Ascheid*, FS Hanau, 1999, S. 685 ff. ||10 BAG 15.8.2002 – 2 AZR 214/01, NZA 2003, 432; *Werner*, Die Aufgabe der Untersuchungsgrundsatzes im Zustimmungsersetzungsverfahren nach § 103 Abs. 2 BetrVG, 2013, S. 122. ||11 LAG Hamm 24.10.1974 – 8 TaBV 53/74, LAGE § 78 BetrVG 1972 Nr. 1. ||12 LAG Sachs. 14.4.2000 – 3 Sa 298/00, LAGE § 103 BetrVG 1972 Nr. 16; LAG Köln 2.8.2005 – 1 Sa 952/05, NZA-RR 2006, 28; LAG Hamburg 27.2.2008 – 5 SaGa 1/08; LAG Hess. 11.6.2008 – 18 SaGa 553/08, AuR 2008, 32. ||13 Vgl. LAG Hamm 27.4.1972 – 8 BV Ta 6/72, LAGE § 103 BetrVG 1972 Nr. 1; LAG München 26.8.1992 – 5 TA BV 43/92, LAGE § 23 BetrVG 1972 Nr. 29; *Korinth*, ArbRB 2007, 189 ff.

beurteilen ist[1]. Der Gesichtspunkt des Rechtsmissbrauchs kann sich etwa bei drohender Gefährdung des Betriebsfriedens ergeben, vorausgesetzt, dass es sich um eine unmittelbare und konkrete Gefährdung handelt[2]. Dagegen kann ein mit Zustimmung des BR fristlos entlassenes BR-Mitglied regelmäßig nicht, zB im Wege der einstw. Verfügung, sein Zutrittsrecht zum Betrieb während des laufenden Kündigungsrechtsstreites durchsetzen[3]. Nicht zumutbar soll es einem suspendierten BR-Mitglied sein, das vom ArbGeb während der Laufzeit eines Verfahrens gem. Abs. 2 von der Arbeitsleistung freigestellt ist, in diesem Zeitraum ein anderes vom ArbGeb vermitteltes ArbVerh einzugehen[4].

25 **VIII. Schutz bei Versetzungen.** Durch das BetrVG-ReformG ist § 103 durch einen Abs. 3 ergänzt worden. Damit hat der Gesetzgeber die Frage entschieden, inwieweit § 103 analog auf **Versetzung von BR-Mitgliedern** und **sonstigen Funktionsträgern** anzuwenden ist[5]. Nach der Neuregelung bedarf nunmehr die Versetzung einer der in Abs. 1 genannten Personen der Zustimmung des BR, sofern die Versetzung zu einem Verlust des Amtes oder der Wählbarkeit führen würde und der betroffene ArbN sich nicht mit der Versetzung einverstanden erklärt hat. Insofern zielt die Vorschrift in erster Linie auf Versetzungen, zu denen der ArbGeb kraft seines Direktionsrechts berechtigt ist. Können Versetzungen jedoch nur mittels Änderungskündigung durchgesetzt werden, so gilt der besondere Kündigungsschutz für BR-Mitglieder nach § 15 KSchG, Abs. 1[6]. Der Gesetzgeber wollte schließlich durch Abs. 3 den Schutz der Mandatsträger ergänzen, nicht aber sollte dies zu einer Kumulation der Schutzmechanismen führen[7]. Auch für Abs. 3 gilt der **allgemeine Versetzungsbegriff** iSd. § 95 III (vgl. § 99 Rz. 36 ff.).

26 Geschützt werden jeweils die in Abs. 1 genannten Funktionsträger (vgl. Rz. 5 ff.). Insofern sind alle **BR-Mitglieder** geschützt, sei es, dass sie ein **Vollmandat**, ein **Übergangsmandat** gem. § 21a oder ein **Restmandat** gem. § 21b ausüben. Ebenfalls geschützt sind die Mitglieder der Schwerbehindertenvertretung (§ 96 III SGB IX)[8]. Geschützt werden auch die **Mitglieder der JAV**. Hierbei gilt es allerdings zu beachten, dass es bei diesem Personenkreis gerade vorkommen kann, dass diese vorübergehend zu einer überbetriebl. Ausbildungsstätte versetzt werden und nach Absolvierung ihrer Ausbildung dort wieder in den ursprüngl. Betrieb zurückkehren. In diesem Fall lebt nach Rückkehr deren Mandat wieder auf, was zur Folge hat, dass Abs. 3 keine Anwendung findet[9].

27 Die Versetzung eines geschützten Mandatsträgers fällt nur dann unter den Anwendungsbereich des Abs. 3, wenn diese dazu führen würde, dass der Funktionsträger sein Amt verlieren oder bei einem Wahlbewerber es zu einem Verlust der Wählbarkeit kommen würde. Sofern also der Anwendungsbereich des Abs. 3 nicht durch eine Versetzungsmaßnahme berührt wird, bleibt es bei den allg. Regeln der §§ 95 III, 99[10]. Insofern bleiben von § 103 unberührt etwa betriebsinterne Versetzungen, aber auch kurzzeitige Abordnungen in andere Betriebe, soweit die **Betriebszugehörigkeit zum abordnenden Betrieb** erhalten bleibt[11]. § 103 greift auch in den Fällen nicht ein, in denen es an einem ursächlichen Zusammenhang zwischen der Versetzung und dem Amtsverlust fehlt, etwa bei Versetzungen, die durch die Verlegung des gesamten Betriebes zum Zwecke des Zusammenschlusses mit einem anderen Betrieb bedingt sind[12].

28 Aber auch die einen Amtsverlust begründende Versetzung macht nur dann die Zustimmung des BR erforderlich, wenn die **Versetzung gegen den Willen** des betroffenen ArbN erfolgen soll. Der Wille des ArbN, den Arbeitsplatz zu wechseln, soll eindeutig Vorrang haben. Das **Einverständnis** muss sich aber auf die konkrete Versetzungsmaßnahme beziehen. In keinem Fall kann also eine **allgemeine Versetzungsklausel**, etwa im Arbeitsvertrag, das Einverständnis des ArbN ersetzen[13]. Bei diesem Einverständnis handelt es sich um ein spezifisch betriebsverfassungsrechtl. Einverständnis. Es ist nicht identisch mit einem etwa individualarbeitsrechtlich erzwingbaren Einverständnis des ArbN. Insofern kann der ArbGeb die Vorschrift des § 103 nicht in der Weise umgehen, dass er etwa im Klagewege gestützt auf eine arbeitsvertragl. Versetzungsklausel vom ArbN eine Einverständniserklärung zu einer Versetzung verlangt. Die in Abs. 3 angesprochene Einverständniserklärung ist **nicht formbedürftig**. Sie kann auch konkludent erfolgen. Dies kann nicht schon bereits dann angenommen werden, wenn der betreffende Funktionsträger widerspruchslos der Versetzungsanordnung Folge leistet[14]. Der ArbGeb wird aber zu beachten haben, dass er bei einem Streit über die Berechtigung der Versetzung für das Vorliegen des Einverständnisses des betroffenen Amtsträgers darlegungs- und beweispflichtig ist.

29 Ist eine Versetzung zustimmungspflichtig, so gelten für das Verfahren bzw. die Erteilung der Zustimmung die auf eine außerordentl. Kündigung anwendbaren Regelungen.

---

1 KR/*Etzel*, § 103 Rz. 150. ||2 LAG Hamm 27.4.1972 – 8 BV TA 6/72, LAGE § 103 BetrVG 1972 Nr. 1. ||3 LAG Düss. 27.2.1975 – 3 TA BV 2/75, LAGE § 25 BetrVG 1972 Nr. 1. ||4 ArbG München 6.7.2010 – 26 Ca 2220/10, AiB 2010, 689. ||5 Für eine analoge Anwendung: LAG Hess. 8.5.1995 – 11 Sa GA 589/95, LAGE § 103 BetrVG 1972 Nr. 10; dagegen: BAG 11.7.2000 – 1 ABR 39/99, NZA 2001, 516; *Oetker*, RdA 1990, 343 (356). ||6 Auf die Ungereimtheiten, insb. im Hinblick auf § 15 IV u. V KSchG, weist zu Recht *Franzen*, SAE 2001, 269 (271 f.) hin. ||7 AA DKKW/*Bachner*, § 103 Rz. 72. ||8 KR/*Etzel*, § 103 Rz. 156, vgl. dazu aber auch oben Rz. 3. ||9 *Fitting*, § 103 Rz. 68. ||10 LAG Hess. 8.5.2007 – 4 TaBV 210/06, ArbuR 2008, 78. ||11 *Rieble*, NZA-Sonderheft 2001, 48 (59); *Fuhlrott/Fabritius*, ArbR 2012, 418 (419 f.). ||12 So auch *Wutschka*, BB 2010, 825. ||13 *Fitting*, § 103 Rz. 70. ||14 DKKW/*Bachner*, § 103 Rz. 75.

Bei seiner Entscheidung, ob er der Versetzung eines Funktionsträgers zustimmen will, trifft der BR **30**
eine **Rechtsentscheidung** und keine Ermessensentscheidung. Insoweit hat er die beabsichtigte Versetzungsanordnung des ArbGeb zu überprüfen. Der BR kann insb. rügen, dass der ArbGeb mit seiner Versetzungsentscheidung die Grenzen seines Direktionsrechts überschreiten würde oder dass arbeitsvertragl. die konkrete Versetzungsmaßnahme ausgeschlossen sei, so dass allenfalls im Wege der Änderungskündigung die Versetzung durchgesetzt werden könne[1]. Ist die beabsichtigte Versetzungsmaßnahme vom Direktionsrecht des ArbGeb umfasst, wird der BR prüfen müssen, ob der ArbGeb auch die Grenzen des billigen Ermessens iSv. § 106 GewO beachtet hat. Bei dieser Entscheidung sind die in Abs. 3 S. 2 genannten Gesichtspunkte, nämlich die **betriebsverfassungsrechtliche Stellung** des betroffenen ArbN sowie etwaige **dringende betriebliche Gründe**, die die Versetzungsmaßnahme notwendig machen, zu berücksichtigen. Hierbei können dringende betriebl. Gründe nicht mit betriebsbedingten Gründen iSd. Kündigungsschutzrechts gleichgesetzt werden. Vielmehr können auch personen- oder verhaltensbedingte Gründe dazu führen, dass dringende betriebl. Gründe für die Versetzung vorliegen (etwa wenn der betroffene ArbN massiv den Betriebsfrieden stört)[2]. Den dringenden betriebl. Gründen hat der Gesetzgeber die zwingende Berücksichtigung der betriebsverfassungsrechtl. Stellung des betroffenen ArbN gegenübergestellt (Abs. 3 S. 2). Damit ist zu prüfen, ob angesichts einer besonderen betriebsverfassungsrechtl. Stellung eines Funktionsträgers trotz dringender betriebl. Gründe eine Versetzung zu unterbleiben hat. Hier weist der Gesetzgeber auf eine Differenzierung zwischen den einzelnen Funktionsträgern hin[3]. Zu Recht wird deshalb in der Lit. darauf hingewiesen, dass etwa ein BR-Vorsitzender oder ein besonders qualifiziertes BR-Mitglied gegen eine Versetzung eher geschützt wird, als zB ein Wahlbewerber auf aussichtsloser Stelle in der Vorschlagsliste[4]. Unter Berücksichtigung dieser genannten Kriterien ist dann zu fragen, ob die Versetzungsmaßnahme notwendig ist. Notwendig ist die Maßnahme nicht, wenn sie lediglich nur sinnvoll oder zweckmäßig erscheint. Insofern verweist das Gesetz auf einen **strengen Prüfungsmaßstab**[5]. Aber auch bei Anlegung eines strengen Maßstabes wird man von einem ArbGeb nicht verlangen können, einen Funktionsträger auf einer Stelle zu beschäftigen, die dieser nicht mindestens kostendeckend ausfüllen kann. Andernfalls würde dies dazu führen, dass im Gegensatz zu den sonstigen Regelungen der Funktionsträger als ArbN anders behandelt werden würde, als sonstige ArbN. Insb. ist der ArbGeb nicht verpflichtet, zur Abwendung einer betriebsübergreifenden Versetzung einen Arbeitsplatz im bisherigen Betrieb für den betroffenen Funktionsträger einzurichten.

Verweigert der BR die Zustimmung zu der Versetzungsmaßnahme, kann der ArbGeb beim ArbG be- **31**
antragen, dass die Zustimmung ersetzt wird. Auf einen solchen Antrag kann das ArbG dann die Zustimmung ersetzen, wenn die Versetzung auch unter Berücksichtigung der betriebsverfassungsrechtl. Stellung des betroffenen ArbN aus dringenden betriebl. Gründen notwendig ist. Insofern sind durch das ArbG noch einmal dieselben Gesichtspunkte zu überprüfen, die bereits der Entscheidung des BR zugrunde liegen mussten. Hier gelten die gleichen verfahrensrechtl. Grundsätze wie bei dem Zustimmungsersetzungsverfahren zu einer außerordentl. Kündigung. Auch das ArbG kann nur überprüfen, ob der ArbGeb, sofern die Versetzung vom Direktionsrecht erfasst war, die Grenzen des billigen Ermessens unter Berücksichtigung der in Abs. 3 S. 2 genannten Kriterien nicht überschritten hat[6]. Liegt die Versetzungsanordnung innerhalb der Grenzen des billigen Ermessens, so hat das ArbG die Zustimmung zu ersetzen. Erst wenn die zustimmungsersetzende Entscheidung des ArbG rechtskräftig wird, kann der ArbGeb die Versetzung vornehmen. Eine ohne Zustimmung oder ohne die Zustimmung ersetzende arbeitsgerichtl. Entscheidung ausgesprochene Versetzung ist unwirksam. Gegen die unwirksame Versetzung ist ein Antrag des ArbN im Rahmen einer einstweiligen Verfügung nach §§ 935, 940 ZPO auf Rückgängigmachung der Versetzung statthaft. Dem steht auch § 101 nicht entgegen, da er in diesen Fällen weder unmittelbar noch analog anwendbar ist[7]. Für den Fall, dass kein BR oder ein sonstiges Gremium besteht, das das Zustimmungsrecht ausüben kann, muss der ArbGeb in entsprechender Anwendung des Abs. 2 das Zustimmungsverfahren vor dem ArbG erfolgreich durchführen, um den ArbN versetzen zu können[8].

Besondere Probleme bereitet aber das **Konkurrenzverhältnis zu § 99**. In diesem Zusammenhang wird **32**
zum Teil vertreten, dass das Verfahren nach Abs. 3 an die Stelle des Beteiligungsrechts nach § 99 tritt, wenn der ArbN mit der überbetriebl. Versetzung nicht einverstanden ist[9]. Jedoch haben die Beteiligungsverfahren nach § 99 und Abs. 3 unterschiedliche Schutzzwecke. Während das Beteiligungsverfahren nach § 99 von seinem Schutzzweck her kollektiv ausgerichtet ist, dient das Verfahren nach Abs. 3 „nur" der Absicherung der Funktionsfähigkeit betriebsverfassungsrechtl. Organe. Diese unterschiedlichen Schutzrichtungen bedingen, dass beide Verfahren zwar miteinander verknüpft werden können, aber nebeneinander Anwendung finden[10].

---

1 *Löwisch/Kaiser*, § 103 Rz. 33. || 2 *Richardi/Thüsing*, § 103 Rz. 35; mE zu eng *Franzen*, SAE 2001, 269 (272); aA KR/*Etzel*, § 103 Rz. 186. || 3 Dies soll nach KR/*Etzel*, § 103 Rz. 189 nur in Ausnahmefällen möglich sein.
|| 4 *Fitting*, § 103 Rz. 73; *Löwisch*, BB 2001, 1790 (1794); aA *Rieble*, NZA-Sonderheft 2001, 48 (60). || 5 *Fitting*, § 103 Rz. 74. || 6 *Fuhlrott/Fabritius*, ArbR 2012, 418 (420). || 7 ArbG Nürnberg 11.10.2010 – 7 TaBVGa 7/10, DB 2011, 883; Hess ua./*Schlochauer*, § 103 Rz. 32; aA *Fitting*, § 103 Rz. 71b. || 8 *Richardi/Thüsing*, § 103 Rz. 38.
|| 9 Vgl. etwa *Richardi/Thüsing*, § 103 Rz. 37; *Laber*, ArbRB 2005, 314 (316). || 10 DKKW/*Bachner*, § 103 Rz. 82.

33 Anderes gilt für den **nachwirkenden Versetzungsschutz**. Dieser ist nicht in Abs. 3 geregelt[1]. Der nachwirkende Versetzungsschutz von ehemaligen Funktionsträgern kann von Seiten des BR nur im Rahmen der Beteiligungsrechte nach §§ 99ff. gewährleistet werden. Dies gilt auch für Ersatzmitglieder, die ein zeitweilig verhindertes BR-Mitglied vertreten. Ihnen steht der Versetzungsschutz nach Abs. 3 nur während der jeweiligen Vertretungszeit zu[2].

104 *Entfernung betriebsstörender Arbeitnehmer*

Hat ein Arbeitnehmer durch gesetzwidriges Verhalten oder durch grobe Verletzung der in § 75 Abs. 1 enthaltenen Grundsätze, insbesondere durch rassistische oder fremdenfeindliche Betätigungen, den Betriebsfrieden wiederholt ernstlich gestört, so kann der Betriebsrat vom Arbeitgeber die Entlassung oder Versetzung verlangen. Gibt das Arbeitsgericht einem Antrag des Betriebsrats statt, dem Arbeitgeber aufzugeben, die Entlassung oder Versetzung durchzuführen, und führt der Arbeitgeber die Entlassung oder Versetzung einer rechtskräftigen gerichtlichen Entscheidung zuwider nicht durch, so ist auf Antrag des Betriebsrats vom Arbeitsgericht zu erkennen, dass er zur Vornahme der Entlassung oder Versetzung durch Zwangsgeld anzuhalten sei. Das Höchstmaß des Zwangsgeldes beträgt für jeden Tag der Zuwiderhandlung 250 Euro.

1 **I. Vorbemerkung.** Voraussetzung dafür, dass der BR personelle Maßnahmen in Bezug auf einen ArbN verlangen kann, ist, dass der ArbN den Betriebsfrieden wiederholt ernstlich gestört hat und dass diese Störungen auf einem gesetzwidrigen Verhalten beruhen oder durch grobe Verletzung der in § 75 enthaltenen Grundsätze verursacht sind. Die Regelung bezieht sich dabei auf alle **ArbN iSd. BetrVG** (vgl. § 5 I). Der BR kann also nicht etwa in Betrieben einer juristischen Person die Entlassung einzelner Mitglieder des Vertretungsorgans verlangen[3]. Ebenso wenig findet die Vorschrift Anwendung auf **leitende Angestellte** iSd. § 5 III[4]. Der BR kann also selbst dann nicht die Entfernung eines leitenden Angestellten verlangen, wenn der ArbN erst nach Schluss der mündlichen Verhandlung erster Instanz zum leitenden Angestellten bestellt wird[5].

2 **II. Störendes Arbeitnehmerverhalten.** Sofern § 104 von einem **gesetzwidrigen Verhalten** spricht, ist damit ein solches Verhalten gemeint, das gegen eine Rechtsvorschrift verstößt. In Betracht kommen hier insb. Strafvorschriften, Arbeitsschutzvorschriften oder auch gesetzl. Diskriminierungsverbote. Bei Straftaten kommt es nicht darauf an, dass sie im Betrieb begangen werden. Es reicht aus, wenn sie sich auf die Zusammenarbeit im Betrieb auswirken[6].

3 Neben einem gesetzwidrigen Verhalten kann auch eine **grobe Verletzung der in § 75 enthaltenen Grundsätze** geeignet sein, ein Entfernungsverlangen des BR zu begründen. Dies kann etwa dann vorliegen, wenn ein ArbN andere ArbN in besonders auffälliger Weise diskriminiert (Bsp.: Schikane ggü. älteren oder behinderten ArbN, Psychoterror, Tätlichkeiten, sexuelle Belästigungen, Betrügereien)[7]. Keinesfalls genügt hierfür aber oppositionelles Verhalten eines ArbN ggü. BR-Mitgliedern, Eigensinn oder Ungefälligkeiten. Ob in einem Einzelfall die grobe Verletzung der in § 75 I enthaltenen Grundsätze vorliegt, hängt auch davon ab, welche Stellung der betreffende ArbN im Betrieb einnimmt.

4 Besonders betont hat der Gesetzgeber, dass er rassistische und fremdenfeindliche Betätigungen in Betrieben nicht dulden will[8]. Hierunter werden regelmäßig Fälle offener **Ausländerfeindlichkeit** unter Belegschaftsangehörigen fallen, wobei der Tatbestand des § 104 keine bestimmte Staatsangehörigkeit des Störers voraussetzt. Jedoch müssen die Betätigungen einen gewissen **Bezug zum Betrieb** haben[9], sei es, dass der Störer auf dem Betriebsgelände rassistische oder fremdenfeindliche Betätigungen vornimmt, oder dass der Störer sich so in der Öffentlichkeit rassistisch und fremdenfeindlich betätigt, dass dies geeignet ist, den Betriebsfrieden zu stören. Es spielt iÜ keine Rolle, ob in die Belegschaft des Betriebes ausländische ArbN oder Angehörige von Minderheiten integriert sind. Ebenso wenig ist erforderlich, dass sich die fremdenfeindlichen oder rassistischen Betätigungen des Störers auf Belegschaftsmitglieder beziehen.

5 Das vom BR beanstandete Verhalten eines ArbN muss den Betriebsfrieden wiederholt ernstlich gestört haben. Insofern genügt die begründete Besorgnis, dass es in Zukunft zu erheblichen Betriebsstörungen kommen werde[10]. Es muss vielmehr durch das Verhalten des Störers eine so **erhebliche Beunruhigung** innerhalb der Belegschaft ausgelöst worden sein, dass das friedliche Zusammenarbeiten der ArbN untereinander und mit dem ArbGeb so beeinträchtigt ist, dass dadurch die reibungslose Zusammenarbeit und das notwendige gegenseitige Vertrauen gefährdet werden[11]. Dadurch, dass § 104 eine wiederholte Störung des Betriebsfriedens verlangt, ist zumindest eine **zweimalige Störung** erforderlich[12]. Entgegen der hM kommt es auf ein **Verschulden des ArbN** bei seinem gesetzwid-

---

1 *Fitting*, § 103 Rz. 76; *Fuhlrott/Fabritius*, ArbR 2012, 418 (420). ‖ 2 *Fitting*, § 103 Rz. 76. ‖ 3 Vgl. *Fitting*, § 104 Rz. 3. ‖ 4 *Richardi/Thüsing*, § 104 Rz. 12. ‖ 5 LAG Nürnberg 22.1.2002 – 6 TaBV 13/01, NZA-RR 2002, 524. ‖ 6 *APS/Linck*, § 104 Rz. 13. ‖ 7 *Löwisch/Kaiser*, § 104 Rz. 8. ‖ 8 Krit. zu dieser Aufgabenzuweisung an den BR *Rieble*, ZIP 2001, 133 (141f.). ‖ 9 *Zimmer*, AiB 2001, 256 (258). ‖ 10 LAG Köln 15.10.1993 – 13 TaBV 36/93, NZA 1994, 431. ‖ 11 *Löwisch/Kaiser*, § 104 Rz. 11. ‖ 12 BAG 16.11.2004 – 1 ABR 48/03, DB 2005, 1469; *Wendeling-Schröder*, NZA Sonderheft 2001, 29 (31); *Opolony*, AuA 2001, 456 (458).

rigen Verhalten oder im Rahmen der groben Verletzung der in § 75 I enthaltenen Grundsätze nicht an[1]. § 104 dient schließlich dazu, dass auch der BR gehalten ist, für die Sicherstellung des Betriebsfriedens Sorge zu tragen.

III. Entfernungsverlangen des Betriebsrats. Liegen die Voraussetzungen des S. 1 vor, kann der BR oder ein dazu ermächtigter Ausschuss verlangen, dass das ArbVerh des ArbN gekündigt wird oder dass dieser auf einen anderen Arbeitsplatz versetzt wird. Bei einer derartigen Entscheidung hat der BR oder ein hierzu ermächtigter Ausschuss den Grundsatz der **Verhältnismäßigkeit** zu beachten. Sofern es also ausreicht, dass zum Schutz des Betriebsfriedens der betroffene ArbN lediglich an einen anderen Arbeitsplatz versetzt wird, kann der BR nicht etwa die Kündigung verlangen, sondern „nur" die Versetzung des betreffenden ArbN[2].

Der BR darf aber vom ArbGeb nichts Unmögliches verlangen, so dass er nur dann die Kündigung oder Versetzung des ArbN fordern kann, wenn die **rechtl. Voraussetzungen einer solchen Kündigung**, speziell ein Kündigungsgrund, vorliegen, bzw. wenn dem ArbGeb überhaupt die Versetzung des ArbN rechtlich möglich ist. Auch der Ablauf der Kündigungserklärungsfrist nach § 626 II BGB hindert ein Entlassungsbegehren des BR[3]. Ebenso wenig enthält diese Vorschrift eine **Befugnis zur Versetzung** von ArbN, sondern setzt die Versetzungsmöglichkeit voraus[4]. Eine andere konkrete personelle Maßnahme kann der BR nicht verlangen[5].

Verlangt der BR die Kündigung eines ArbN oder dessen Versetzung und will der ArbGeb dem nachkommen, bedarf es für die Wirksamkeit einer solchen Maßnahme nicht noch einmal der Beteiligung des BR gem. § 99 bzw. §§ 102, 103[6]. Ausnahmsw. ist aber auch der abgebende BR bei einer Versetzung noch einmal zu beteiligen, wenn der ArbGeb zwar auf Verlangen des BR die Versetzung durchführen will, aber von einem konkreten Versetzungsvorschlag des BR abweichen möchte[7].

IV. Reaktionsmöglichkeiten des Arbeitgebers. Der ArbGeb hat aber, da § 104 keinen Kündigungs- oder Versetzungsgrund schafft, in eigener Verantwortung den **Sachverhalt zu prüfen** und von sich aus zu entscheiden, ob eine Kündigung bzw. Versetzung rechtlich möglich ist[8]. Stellt der ArbGeb bei der Prüfung des Sachverhaltes fest, dass für die vom BR geforderten personelle Maßnahme keine Grundlage besteht, so hat er sich vor seinen ArbN zu stellen. Nur dann, wenn trotz aller **Versuche zur Schlichtung** bei Weiterbeschäftigung des ArbN dem ArbGeb erhebliche Schäden drohen, wäre eine Kündigung des betroffenen ArbN unter dem Gesichtspunkt der sog. **Druckkündigung** sozial gerechtfertigt[9]. Verlangt der BR aber zu Recht die Kündigung eines ArbN, so muss der ArbGeb dem ArbN kündigen.

Spricht der ArbGeb eine Kündigung aus, kann der betroffene ArbN gegen die Kündigung **Kündigungsschutzklage** erheben. Darüber hinaus können dem ArbN, der seinen Arbeitsplatz auf Grund eines Verlangens des BR gem. § 104 verloren hat, obwohl die Voraussetzungen des § 104 nicht vorlagen, Schadensersatzansprüche zustehen. Diese Ansprüche richten sich gegen jedes BR-Mitglied, das sich an der Ausübung des rechtswidrigen Drucks auf den ArbGeb beteiligt hat[10].

V. Durchsetzung des Entfernungsverlangens. Kommt der ArbGeb dem Verlangen des BR auf Entlassung oder Versetzung nicht nach, kann gem. S. 2 der BR beim **ArbG** beantragen, dem ArbGeb aufzugeben, die Entlassung oder Versetzung durchzuführen. Das ArbG entscheidet dann im **Beschlussverfahren**, wobei der betroffene ArbN wegen der präjudiziellen Wirkung in Bezug auf den Kündigungsschutzprozess in diesem Verfahren nach hM die Stellung eines Beteiligten hat[11]. Jedoch unterliegt das Recht des BR, eine gerichtl. Entscheidung herbeizuführen, den **Grundsätzen der Verwirkung**. Nach ganz hA wird als Richtwert angenommen, dass die Anrufung des ArbG verwirkt ist, wenn eine Frist von drei Monaten vergangen ist, in der der ArbGeb nicht auf das Entlassungsverlangen oder das Versetzungsverlangen des BR eingegangen ist[12].

Kommt das ArbG zu dem Ergebnis, dass das **Verlangen des BR** auf **Entlassung** des ArbN begründet ist, so ist der ArbGeb verpflichtet, ohne schuldhaftes Zögern nach Eintritt der Rechtskraft des Beschlusses das ArbVerh des ArbN durch Kündigung zum nächstzulässigen Termin aufzulösen[13]. Auch hier darf vom ArbGeb nichts Unmögliches verlangt werden. Insoweit sind die Kündigungsfristen wie auch etwaige Sonderkündigungstatbestände zwingend zu beachten. Stellt das ArbG fest, dass das Verlangen des BR auf **Versetzung** begründet ist, so hat der ArbGeb den ArbN nach Eintritt der Rechtskraft des Beschlusses unverzüglich an einen anderen Arbeitsplatz zu versetzen. Besteht eine solche Möglich-

---

1 So auch *Heinze*, Personalplanung, Rz. 690; aA Richardi/*Thüsing*, § 104 Rz. 8 f.; *Fitting*, § 104 Rz. 8. ‖2 DKKW/*Bachner*, § 104 Rz. 10. ‖3 LAG Hamm 23.10.2009 – 10 TaBV 39/09. ‖4 *Löwisch/Kaiser*, § 104 Rz. 2. ‖5 LAG Hamm 23.10.2009 – 10 TaBV 39/09. ‖6 BAG 15.5.1997 – 2 AZR 519/96, NZA 1997, 1106 (1107). ‖7 DKKW/*Bachner*, § 104 Rz. 9; *Fitting*, § 104 Rz. 13. ‖8 Vgl. bereits BAG 21.2.1957 – 2 AZR 410/54, SAE 1957, 84; 10.10.1957 – 2 AZR 32/56, AP Nr. 1 zu § 626 BGB Druckkündigung. ‖9 Vgl. BAG 19.6.1986 – 2 AZR 563/85, NZA 1987, 21 (22); ausf. zur Druckkündigung: *Deinert*, RdA 2007, 275. ‖10 *Fitting*, § 104 Rz. 11; DKKW/*Bachner*, § 104 Rz. 12. ‖11 LAG BW 24.1.2002 – 4 TaBV 1/01, AuR 2002, 16; LAG Hamm 23.10.2009 – 10 TaBV 39/09; *Fitting*, § 104 Rz. 14. ‖12 DKKW/*Bachner*, § 104 Rz. 14. ‖13 *Fitting*, § 104 Rz. 17; krit. Richardi/*Thüsing*, § 104 Rz. 24.

keit kraft Direktionsrechts nicht, so ist der ArbGeb gehalten, eine Änderungskündigung auszusprechen.

13 Kommt der ArbGeb dem rechtskräftigen Beschluss des ArbG nicht nach, so kann der BR dann den Antrag an das ArbG stellen, den ArbGeb durch Verhängung von **Zwangsgeld** zur Befolgung der gerichtl. Anordnung anzuhalten.

105 Leitende Angestellte
Eine beabsichtigte Einstellung oder personelle Veränderung eines in § 5 Abs. 3 genannten leitenden Angestellten ist dem Betriebsrat rechtzeitig mitzuteilen.

1 Leitende Angestellte werden vom BR nicht repräsentiert. Daher finden die allg. Regelungen über die Mitwirkung und Mitbest. des BR in personellen Angelegenheiten auf leitende Angestellte iSd. § 5 III keine Anwendung. Um einem berechtigten **Informationsbedürfnis des BR** Rechnung zu tragen, sieht § 105 die Verpflichtung des ArbGeb vor, den BR über Einstellungen und personelle Veränderungen leitender Angestellter zu informieren. Zum Personenkreis der leitenden Angestellten iSd. § 5 III wird auf die dortigen Ausführungen verwiesen. Der Begriff der Einstellung ist im gleichen Sinn zu verstehen wie in § 99 (vgl. § 99 Rz. 17). Die Mitteilungspflicht des ArbGeb bezieht sich aber nicht nur auf Einstellungen, sondern auf **jede personelle Veränderung**. Hierunter fallen nicht nur die in §§ 99, 102 genannten personellen Einzelmaßnahmen. Vielmehr ist unter personellen Veränderungen jede Veränderung der Funktion zu verstehen, die dem betreffenden Angestellten innerhalb der betriebl. Organisation zukommt[1].

2 Die Mitteilungspflicht nach § 105 gilt allerdings nur, soweit **kollektive Belange** betroffen sind. Demzufolge bezieht sich die Mitteilungspflicht ausschließlich auf die Stellung des leitenden Angestellten innerhalb der betriebl. Organisation[2]. Keine personellen Veränderungen sind also **Änderungen des Anstellungsvertrages** oder auch **Änderungen im Entgeltbereich**; dagegen sind nach § 105 dem BR auch **einvernehmliche personelle Veränderungen** eines leitenden Angestellten mitzuteilen, die etwa die Stellung des leitenden Angestellten innerhalb der betriebl. Organisation betreffen, zB eine zwischen den Arbeitsvertragsparteien vereinbarte Versetzung oder das einvernehmliche Ausscheiden aus dem Betrieb auf Grund eines **Aufhebungsvertrages**[3]. Ebenso ist der BR darüber zu informieren, wenn der leitende Angestellte sein Anstellungsverhältnis durch **Eigenkündigung** beendet hat[4].

3 Die Mitteilung des ArbGeb über Einstellungen und personelle Veränderungen bei leitenden Angestellten hat **rechtzeitig** zu erfolgen. Dh., dass die Mitteilung regelmäßig vor der Durchführung der Einstellung oder personellen Veränderung zu erfolgen hat. Ist dies nicht möglich, etwa bei einer überraschenden Eigenkündigung eines leitenden Angestellten, so ist der BR im **Nachhinein zu unterrichten**. Bei einer Neueinstellung kann es ausreichen, wenn der BR erst nach Abschluss des Anstellungsvertrages informiert wird[5].

4 Mitzuteilen sind dem BR die **Personalien des leitenden Angestellten** sowie die zukünftige **Position** des Betreffenden. Keinesfalls kann der BR verlangen, dass ihm der **Inhalt des Anstellungsvertrages** offengelegt wird[6]. **Adressat** der Mitteilung ist grds. **der BR** des Betriebes, in dem der leitende Angestellte eingesetzt wird.

5 Dem BR steht es frei, zu der angekündigten Einstellung bzw. zu den angekündigten personellen Veränderungen **Bedenken** und **Anregungen** vorzutragen. In diesem Fall ist der ArbGeb aus dem Grundsatz der vertrauensvollen Zusammenarbeit verpflichtet, diese Bedenken in seine Überlegungen einzubeziehen[7].

6 Verletzt der ArbGeb seine Mitteilungspflicht ggü. dem BR, so hat dies keine Auswirkungen auf die Wirksamkeit der Einstellung oder personellen Einzelmaßnahme[8]. Die **Rechtsfolgen** der §§ 99–101 greifen beim leitenden Angestellten gerade nicht[9]. Die Verletzung der Informationspflicht stellt ebenso wenig eine Ordnungswidrigkeit iSd. § 121 dar. Bei groben Verstößen des ArbGeb gegen seine Mitteilungspflichten kommt ein Verfahren nach § 23 III in Betracht[10].

---

1 Vgl. *Richardi/Thüsing*, § 105 Rz. 5; *Hess ua./Schlochauer*, § 105 Rz. 11. || 2 So zutr. *Richardi/Thüsing*, § 105 Rz. 8. || 3 *Kaiser*, AR-Blattei SD 70.2, Rz. 120. || 4 *Löwisch/Kaiser*, § 105 Rz. 1; DKKW/*Bachner*, § 105 Rz. 5; aA GK-BetrVG/*Raab*, § 105 Rz. 8. || 5 *Richardi/Thüsing*, § 105 Rz. 14; GK-BetrVG/*Raab*, § 105 Rz. 11. || 6 *Fitting*, § 105 Rz. 5. || 7 DKKW/*Bachner*, § 105 Rz. 6 mwN. || 8 *Richardi/Thüsing*, § 105 Rz. 17; *Junker*, ZfA 2008, 265 (267); *Sieg*, FS Etzel, 2011, S. 361 (364). || 9 Vgl. BAG 16.4.2002 – 1 ABR 23/01, NZA 2003, 56f. ||10 Vgl. BAG 25.3.1976 – 1 AZR 192/75, BB 1976, 743; LAG Düss. 13.5.1976 – 3 TaBV 2/76, DB 1976, 1383ff.; *Richardi/Thüsing*, § 105 Rz. 18.

Sechster Abschnitt. Wirtschaftliche Angelegenheiten
Erster Unterabschnitt. Unterrichtung in wirtschaftlichen Angelegenheiten

106 *Wirtschaftsausschuss*
(1) In allen Unternehmen mit in der Regel mehr als einhundert ständig beschäftigten Arbeitnehmern ist ein Wirtschaftsausschuss zu bilden. Der Wirtschaftsausschuss hat die Aufgabe, wirtschaftliche Angelegenheiten mit dem Unternehmer zu beraten und den Betriebsrat zu unterrichten.

(2) Der Unternehmer hat den Wirtschaftsausschuss rechtzeitig und umfassend über die wirtschaftlichen Angelegenheiten des Unternehmens unter Vorlage der erforderlichen Unterlagen zu unterrichten, soweit dadurch nicht die Betriebs- und Geschäftsgeheimnisse des Unternehmens gefährdet werden, sowie die sich daraus ergebenden Auswirkungen auf die Personalplanung darzustellen. Zu den erforderlichen Unterlagen gehört in den Fällen des Absatzes 3 Nr. 9a insbesondere die Angabe über den potentiellen Erwerber und dessen Absichten im Hinblick auf die künftige Geschäftstätigkeit des Unternehmens sowie die sich daraus ergebenden Auswirkungen auf die Arbeitnehmer; Gleiches gilt, wenn im Vorfeld der Übernahme des Unternehmens ein Bieterverfahren durchgeführt wird.

(3) Zu den wirtschaftlichen Angelegenheiten im Sinne dieser Vorschrift gehören insbesondere

1. die wirtschaftliche und finanzielle Lage des Unternehmens;
2. die Produktions- und Absatzlage;
3. das Produktions- und Investitionsprogramm;
4. Rationalisierungsvorhaben;
5. Fabrikations- und Arbeitsmethoden, insbesondere die Einführung neuer Arbeitsmethoden;
5a. Fragen des betrieblichen Umweltschutzes;
6. die Einschränkung oder Stilllegung von Betrieben oder von Betriebsteilen;
7. die Verlegung von Betrieben oder Betriebsteilen;
8. der Zusammenschluss oder die Spaltung von Unternehmen oder Betrieben;
9. die Änderung der Betriebsorganisation oder des Betriebszwecks;
9a. die Übernahme des Unternehmens, wenn hiermit der Erwerb der Kontrolle verbunden ist, sowie
10. sonstige Vorgänge und Vorhaben, welche die Interessen der Arbeitnehmer des Unternehmens wesentlich berühren können.

I. Vorbemerkungen 1	1. Wirtschaftliche und finanzielle Lage des Unternehmens (Nr. 1) 57
1. Mitbestimmung in wirtschaftlichen Angelegenheiten 2	2. Produktions- und Absatzlage (Nr. 2) 60
2. Aufgabe und Funktion des Wirtschaftsausschusses (Abs. 1 S. 2) 8	3. Produktions- und Investitionsprogramm (Nr. 3) 63
3. Verhältnis zu anderen Unterrichtungsrechten 11	4. Rationalisierungsvorhaben (Nr. 4) 66
II. Bildung des Wirtschaftsausschusses (Abs. 1 S. 1) 15	5. Fabrikations- und Arbeitsmethoden (Nr. 5) . 68
1. Unternehmen 16	6. Fragen des betrieblichen Umweltschutzes (Nr. 5a) 69
2. Schwellenwert 19	7. Einschränkung oder Stilllegung von Betrieben oder Betriebsteilen (Nr. 6) 74
3. Bestehen eines BR 23	8. Verlegung von Betrieben oder Betriebsteilen (Nr. 7) 76
4. Sonderfälle 24	9. Zusammenschluss oder Spaltung von Unternehmen oder Betrieben (Nr. 8) 77
III. Unterrichtungspflicht des Unternehmers (Abs. 2) 31	10. Änderung der Betriebsorganisation oder des Betriebszwecks (Nr. 9) 81
1. Rechtzeitige und umfassende Unterrichtung 33	11. Unternehmensübernahme mit Kontrollerwerb (Nr. 9a) 81a
2. Vorlage der erforderlichen Unterlagen (Abs. 2 S. 1) 41	12. Sonstige Vorgänge und Vorhaben, welche Interessen der ArbN des Unternehmens wesentlich berühren können (Nr. 10) 82
3. Erforderliche Unterlagen bei Unternehmensübernahme (Abs. 2 S. 2) 47a	VI. Streitigkeiten 84
4. Grenze: Gefährdung von Betriebs- oder Geschäftsgeheimnissen 48	1. Beschlussverfahren 85
IV. Keine Beratungspflicht des Unternehmers . 54	2. Ordnungswidrigkeit (§ 121) 88
V. Wirtschaftliche Angelegenheiten (Abs. 3) . . 55	

I. Vorbemerkungen. Die Leitung des Unternehmens bzw. Betriebs fällt unter die grundrechtl. geschützte unternehmerische Handlungsfreiheit (Art. 12 I GG) und ist daher grds. Sache des Unternehmers bzw. ArbGeb (vgl. § 77 I 2). Kern der Unternehmensleitung sind die wirtschaftl. Angelegenheiten. Der 6. Abschnitt des BetrVG behandelt die Beteiligungsrechte des BR in diesem Bereich.

2   **1. Mitbestimmung in wirtschaftlichen Angelegenheiten.** Der 1. Unterabschnitt (§§ 106–110) regelt die Unterrichtung der ArbN bzw. ihrer Vertretungen über wirtschaftl. Angelegenheiten. Dies geschieht in Unternehmen mit regelmäßig mehr als 100 ArbN über den Wirtschaftsausschuss (§ 106). Dessen Bestellung und Zusammensetzung sind in § 107, die Sitzungen in § 108 und Streitigkeiten zwischen den Betriebspartnern über den Umfang der Unterrichtung des Wirtschaftsausschusses in § 109 näher geregelt. § 110 sieht die direkte Unterrichtung der ArbN vor und erlegt dem Unternehmer die Pflicht zur Erstattung eines Vierteljahresberichts auf.

3   Auf **Tendenzunternehmen** finden die §§ 106–110 **keine Anwendung** (§ 118 I, s. dort Rz. 25)[1]. Allerdings kann der Unternehmer/ArbGeb – etwa im Rahmen eines HausTV – auf den Tendenzschutz jedenfalls dann verzichten, wenn sich der Schutz aus einer karitativen oder erzieherischen Zwecksetzung ergibt[2].

4   Der 2. Unterabschnitt (§§ 111–113) behandelt die MitbestR des BR bei Betriebsänderungen. Sie sind auf Tendenzbetriebe bzw. -unternehmen nur eingeschränkt anzuwenden (vgl. § 118 I).

5   Neben den vorgenannten Regelungen findet die Beteiligung der ArbN in wirtschaftl. Angelegenheiten noch in zahlreichen **anderen gesetzl. Regelungen** ihren Niederschlag, wie etwa in § 32 I SprAuG, in den Gesetzen zur Unternehmensmitbest. (v.a. MitbestG, DrittelbG), in den Unterrichtungspflichten nach §§ 5 III, 126 III, 176, 177, 194 II UmwG, bei grenzüberschreitenden Verschmelzungen (vgl. § 122e UmwG, MgVG)[3] sowie nach §§ 10 V 2, 14 IV 2, 27 III 2 WpÜG[4] und für gemeinschaftsweit tätige Unternehmen oder Konzerne einer gewissen Größe im EBRG.

6   In diesem Zusammenhang zu erwähnen ist schließlich auch die – das Recht auf Unterrichtung und Anhörung der ArbN im Unternehmen gem. **Art. 27 EU-GrCh** konkretisierende – **RL 2002/14/EG v. 11.3. 2002 zur Festlegung eines allgemeinen Rahmens für die Unterrichtung und Anhörung der ArbN in der Europäischen Gemeinschaft**[5]. Sie sieht in Art. 4 II vor, dass die Mitgliedstaaten in Unternehmen mit mindestens 50 ArbN oder Betrieben mit mindestens 20 ArbN (Art. 3 I) die Unterrichtung und Anhörung der ArbN-Vertreter regeln, welche mindestens Folgendes umfassen muss:

- die Unterrichtung über die jüngste Entwicklung und die wahrscheinliche Entwicklung der Tätigkeit und der wirtschaftl. Situation des Unternehmens oder Betriebs;
- die Unterrichtung und Anhörung zu Beschäftigungssituation, Beschäftigungsstruktur und wahrscheinlicher Beschäftigungsentwicklung im Unternehmen oder Betrieb sowie zu ggf. geplanten antizipativen Maßnahmen, insb. bei einer Bedrohung für die Beschäftigung;
- die Unterrichtung und Anhörung zu Entscheidungen, die wesentliche Veränderungen der Arbeitsorganisation oder der Arbeitsverträge mit sich bringen können, einschl. solcher, die Gegenstand der RL 98/59/EG (MassenentlassungsRL[6]) und der RL 2001/23/EG (BetriebsübergangsRL[7]) sind.

7   Die RL war in den Mitgliedstaaten bis spätestens zum 23.3.2005 umzusetzen (Art. 11 I). Dieser Pflicht ist Deutschland bislang nicht nachgekommen. Es ist jedoch damit zu rechnen, dass die Umsetzung zu Veränderungen im BetrVG und namentlich in den §§ 106 ff. führen wird[8]. Nach Auffassung des GA beim EuGH kann **Art. 27 GrCh**, soweit er durch die RL 2002/14/EG wesentlich und unmittelbar konkretisiert wird, **in einem Rechtsstreit zwischen Privaten geltend** gemacht werden mit der möglichen Folge der **Nichtanwendung einer richtlinienwidrigen nationalen Rechtsnorm**[9].

8   **2. Aufgabe und Funktion des Wirtschaftsausschusses (Abs. 1 S. 2).** Der in §§ 106–109 näher geregelte Wirtschaftsausschuss ist ein besonderes betriebsverfassungsrechtl. Organ[10], das gem. Abs. 1 S. 2 die Aufgabe hat, nach Unterrichtung durch den Unternehmer (Abs. 2) **wirtschaftl. Angelegenheiten mit dem Unternehmer zu beraten** (vgl. Rz. 54) **und den BR zu unterrichten** (s.a. § 108 IV). Fällt eine wirtschaftl. Angelegenheit in die Zuständigkeit des **GBR** gem. § 50 I, so hat der Wirtschaftsausschuss den GBR zu unterrichten, andernfalls den BR (vgl. § 108 Rz. 34)[11]. Die Unterrichtung ist mündlich möglich und kann einem Mitglied des Wirtschaftsausschusses übertragen werden (vgl. § 108 Rz. 35)[12].

---

[1] BAG 22.5.2012 – 1 ABR 7/11, NZA-RR 2013, 78 (79); 15.3.2006 – 7 ABsrsrsrR 24/05, NZA 2006, 1422; LAG Düss. 29.8.2012 – 7 TaBV 4/12. || [2] BAG 5.10.2000 – 1 ABR 14/00, NZA 2001, 1325; DKKW/*Däubler*, § 106 Rz. 26. || [3] Dazu *Simon/Hinrichs*, NZA 2008, 391. || [4] Dazu *Grobys*, NZA 2002, 1; *Seibt*, DB 2002, 529. || [5] ABl. 2002 L 80/29; dazu *Bonin*, AuR 2004, 321; *Düwell*, FA 2002, 172 (174f.); *Fausert/Nacken*, NZA 2006, 1136 (1142); *Reichold*, NZA 2003, 289; *Weiler*, AiB 2002, 265; *Weiss*, NZA 2003, 177 (182f.). || [6] ABl. 1998 L 225/16. || [7] ABl. 2001 L 82/16. || [8] Vgl. *Bonin*, AuR 2004, 321 ff.; *Düwell*, FA 2002, 172 (175); vgl. zum gesetzgeberischen Handlungsbedarf hinsichtlich des RL-Entwurfs v. 17.11.1998, BR-Drs. 1002/98, *Deinert*, NZA 1999, 800 ff. || [9] Schlussanträge des GA *Cruz Villalón* v. 18.7.2013 in der Rs. C-176/12 („Association de médiation sociale"). || [10] BAG 16.3.1982 – 1 AZR 406/80, DB 1982, 1326; s.a. BAG 17.10.1990 – 7 ABR 69/89, NZA 1991, 432: „In Sitzungen des Wirtschaftsausschusses sind die Mitglieder des Gesamtbetriebsrats nur in ihrer Funktion als Mitglieder des Wirtschaftsausschusses tätig." || [11] *Fitting*, § 106 Rz. 27; aA *Löwisch/Kaiser*, § 106 Rz. 16, wonach das jeweilige Bestellungsorgan vom Wirtschaftsausschuss zu unterrichten ist. || [12] *Fitting*, § 106 Rz. 25.

Der Wirtschaftsausschuss erfüllt eine soziale Schutzfunktion. Seine Aufgaben sollen dazu dienen, Entscheidungen auf der Ebene des Unternehmens, die sich auf die Arbeitnehmerschaft nachteilig auswirken können, möglichst frühzeitig zu erkennen[1]. Nach **Sinn und Zweck** des § 106 soll der Wirtschaftsausschuss gleichgewichtig und gleichberechtigt mit dem Unternehmer über die wirtschaftl. Angelegenheiten des Unternehmens beraten[2]. 9

Dabei ist der Wirtschaftsausschuss nach der gesetzl. Konzeption ein mit fachkundigen Personen (vgl. § 107 I 3) besetzter **Ausschuss des BR bzw. – bei Vorhandensein mehrerer Betriebe – des GBR**[3]. Er ist weniger ein Repräsentationsorgan der Belegschaft als vielmehr ein **Hilfsorgan des BR bzw. GBR**, dh. des Organs, das ihn errichtet hat; seine Tätigkeit dient letztlich nur der Erfüllung der BR-Aufgaben[4]. 10

3. Verhältnis zu anderen Unterrichtungsrechten. Neben dem allg. Unterrichtungsanspruch des BR nach § 80 II enthält das BetrVG im Zusammenhang mit einzelnen Mitbest.-Gegenständen Unterrichtungsrechte des BR, wie etwa hinsichtlich der Gestaltung von Arbeitsablauf und -umgebung (§ 90 I), Personalplanung (§ 92 I) und Betriebsänderungen (§ 111 S. 1). Die Informationsrechte des Wirtschaftsausschusses nach Abs. 2 und die Unterrichtungsansprüche des BR nach anderen Vorschriften stehen **nebeneinander**. 11

Zeitlich gesehen setzt die **Unterrichtung des Wirtschaftsausschusses** über wirtschaftl. Angelegenheiten allerdings **früher als die Information des BR** an. Denn wirtschaftl. Angelegenheiten iSd. Abs. 3 sollen in einem frühen Stadium mit einem sachverst. Gremium beraten werden, bevor es in den Betrieben zu konkreten Planungen und Maßnahmen kommt, an denen der BR zu beteiligen ist[5]. Außerdem ergibt sich aus der Berichtspflicht des Wirtschaftsausschusses ggü. dem BR nach § 108 IV, dass nach der gesetzl. Konzeption die Unterrichtung des Wirtschaftsausschusses der Information des BR zeitlich vorgelagert ist[6] (zur Rechtzeitigkeit der Unterrichtung des Wirtschaftsausschusses vgl. Rz. 33 ff.). 12

Besteht mangels Erreichens des Schwellenwertes nach Abs. 1 in einem Unternehmen **kein Wirtschaftsausschuss**, kann der **BR** die **Unterrichtung über wirtschaftl. Angelegenheiten** unter Vorlage der erforderlichen Unterlagen zwar nicht nach Abs. 2, § 108 IV verlangen, aber uU gem. **§ 80 II**, wenn und soweit dies zur Durchführung konkreter Aufgaben erforderlich ist[7]. Der BR in Unternehmen bis 100 ArbN hat aber kein Einblicksrecht in die Jahresbilanz[8] oder den Wirtschaftsprüfungsbericht zum Jahresabschluss[9]. Im Falle von Unternehmensübernahmen mit Kontrollerwerb (Abs. 3 Nr. 9a) ist allerdings die Unterrichtungspflicht ggü. dem BR nach § 109a zu beachten. 13

Der Unternehmer kann die Unterrichtung des SprAu der leitenden Angestellten nach § 32 I SprAuG mit der des Wirtschaftsausschusses nach § 106 verbinden, wenn beide Organe damit einverstanden sind[10]. 14

II. Bildung des Wirtschaftsausschusses (Abs. 1 S. 1). Abs. 1 S. 1 schreibt die Errichtung eines Wirtschaftsausschusses durch BR oder GBR (vgl. § 107 II) in **Unternehmen mit idR mehr als 100 ständig beschäftigten ArbN** zwingend vor. Die Nichterrichtung des Wirtschaftsausschusses durch den BR bzw. den GBR stellt eine Pflichtverletzung dar[11]. Es besteht **keine Pflicht auf Seiten des Unternehmens**, auf die gesetzl. vorgeschriebene Bildung eines Wirtschaftsausschusses hinzuwirken. 15

1. Unternehmen. Der Gesetzeswortlaut knüpft hinsichtlich der Bildung des Wirtschaftsausschusses an das Unternehmen an. Funktional versteht man unter Unternehmen eine organisatorische Einheit, mit welcher der Unternehmer seine wirtschaftl. oder ideellen Zwecke verfolgt, also den geschäftlichen Tätigkeitsbereich des ArbGeb[12]. In rechtl. Hinsicht muss ein Unternehmen iSd. § 106 notwendigerweise einen einheitlichen Rechtsträger haben; mehrere rechtl. selbständige Unternehmen können nicht ihrerseits ein Unternehmen darstellen, sondern nur einen Konzern[13]. Vereinfacht gesagt kann man daher das „Unternehmen" mit der **natürlichen oder juristischen Person** des Unternehmers gleichsetzen. Mit dem „Unternehmer" iSd. §§ 106 ff. sind der **ArbGeb** bzw. bei einer juristischen Person die diese in ihrer ArbGebStellung vertretenden Personen gemeint[14]. 16

Anknüpfungspunkt für den Wirtschaftsausschuss ist das Unternehmen, nicht der Konzern. Daher kann der KBR **keinen Konzernwirtschaftsausschuss** bilden; eine analoge Anwendung von Abs. 1 scheidet aus[15]. Der im Rahmen der Reform des BetrVG im Referentenentwurf vorgesehene § 109a über den 17

---

1 BAG 1.10.1974 – 1 ABR 77/73, BB 1975, 327. || 2 BAG 11.7.2000 – 1 ABR 43/99, NZA 2001, 402. || 3 BAG 25.6.1987 – 6 ABR 45/85, NZA 1988, 167. || 4 BAG 23.8.1989 – 7 ABR 39/88, NZA 1990, 863; 1.8.1990 – 7 ABR 91/88, NZA 1991, 643; 18.11.1980 – 1 ABR 31/78, DB 1981, 1240; DKKW/*Däubler*, § 106 Rz. 2. || 5 BAG 5.2.1991 – 1 ABR 24/90, NZA 1991, 645; s.a. *Fitting*, § 106 Rz. 30; WHSS/*Schweibert*, Rz. C 401. || 6 Vgl. GK-BetrVG/*Oetker*, § 106 Rz. 81. || 7 BAG 5.2.1991 – 1 ABR 24/90, NZA 1991, 645; DKKW/*Däubler*, § 106 Rz. 21 f.; Richardi/*Annuß*, § 106 Rz. 16; WHSS/*Schweibert*, Rz. C 399. || 8 LAG Köln 8.9.1987 – 11 Ta BV 32/87, NZA 1988, 210 f. || 9 BAG 5.2.1991 – 1 ABR 24/90, NZA 1991, 645; *Fitting*, § 106 Rz. 22; ErfK/*Kania*, § 106 BetrVG Rz. 2. || 10 Löwisch/*Kaiser*, § 106 Rz. 10. || 11 DKKW/*Däubler*, § 106 Rz. 14; Richardi/*Annuß*, § 106 Rz. 17. || 12 Näher zum Unternehmensbegriff BAG 1.2.2007 – 1 AZR 184/06, DB 2007, 1419; *v. Hoyningen-Huene*, Betriebsverfassungsrecht, § 3 Rz. 15. || 13 BAG 23.8.1989 – 7 ABR 39/88, NZA 1990, 863; 1.8.1990 – 7 ABR 91/88, NZA 1991, 643. || 14 Ebenso Richardi/Richardi/*Annuß*, Vor § 106 Rz. 12. || 15 BAG 23.8.1989 – 7 ABR 39/88, NZA 1990, 863 unter III 2; Richardi/*Annuß*, § 106 Rz. 9.

Konzernwirtschaftsausschuss[1] wurde im BetrVerf-Reformgesetz v. 23.7.2001[2] nicht umgesetzt. Es besteht auch keine konzernbezogene Unterrichtungspflicht des ArbGeb ggü. dem Wirtschaftsausschuss (vgl. Rz. 31, 47c, 81)[3].

18 Der Wirtschaftsausschuss wird für das ganze Unternehmen gebildet unabhängig von der Anzahl der Betriebe[4] (zum Betriebsbegriff § 1 Rz. 1 ff.). Es gilt daher im Grundsatz, dass **pro Unternehmen nur ein Wirtschaftsausschuss** bestehen und für einzelne Betriebe kein Wirtschaftsausschuss errichtet werden kann (zu Sonderfällen Rz. 24 ff.).

19 **2. Schwellenwert.** Voraussetzung für die Errichtung des Wirtschaftsausschusses ist, dass in dem Unternehmen **idR mehr als 100 ArbN ständig beschäftigt werden**. Hat ein Unternehmen mehrere Betriebe, sind im Hinblick auf diesen Schwellenwert die ArbN aller Betriebe zusammenzuzählen, einschl. der ArbN, die in nicht betriebsratsfähigen oder sonst wie betriebsratslosen Betrieben beschäftigt sind[5]. Wird der Schwellenwert nicht überschritten, ist im Falle einer (geplanten) Unternehmensübernahme mit Kontrollerwerb (Abs. 3 Nr. 9a) die Unterrichtungspflicht ggü. dem zuständigen BR nach § 109a zu beachten.

20 Es gilt der **betriebsverfassungsrechtl. ArbN-Begriff** (§ 5 I, vgl. § 5 Rz. 2 ff.). Leitende Angestellte (§ 5 III) zählen daher nicht mit[6]. Hingegen zählen Teilzeitbeschäftigte voll mit[7]. Auf die Wahlberechtigung der ArbN kommt es im Rahmen des Abs. 1 angesichts des eindeutigen Wortlauts nicht an[8]. Nach dem neuen Ansatz des BAG sind LeihArbN beim Entleiher **zu berücksichtigen**, sofern sie zu den „idR Beschäftigten" gehören[9]. Werden ArbN nicht ständig, sondern lediglich zeitweilig beschäftigt (wie zB LeihArbN), kommt es für die Frage der regelmäßigen Beschäftigung darauf an, ob sie normalerweise während des größten Teils eines Jahres, dh. länger als sechs Monate beschäftigt werden[10]. Das BAG hat für die Fälle des drittbezogenen Personaleinsatzes die früher vertretene Zwei-Komponenten-Lehre[11] – wonach die ArbN-Eigenschaft iSd. BetrVG und der Schwellenwertnormen nicht nur die Eingliederung der jeweiligen Person in die Betriebsorganisation des ArbGeb, sondern auch das Vorliegen eines ArbVerh mit dem Betriebs- bzw. Unternehmensinhaber aufgrund eines mit diesem abgeschlossenen Arbeitsvertrags voraussetzt – mittlerweile aufgegeben[12] und zählt LeihArbN im Entleiherbetrieb mit, sofern Sinn und Zweck des jeweiligen gesetzl. Schwellenwerts dies gebieten[13]. Für die Berücksichtigung von idR beschäftigten LeihArbN im Entleiherunternehmen hinsichtlich des Schwellenwerts des § 106 I spricht, dass der Wirtschaftsausschuss Hilfsorgan des (G)BR ist (Rz. 10) und für den Wirtschaftsausschuss nichts anderes gelten kann als für die hinsichtlich des (G)BR geltenden Schwellenwerte. Die Tatsache, dass ArbN einen Arbeitsvertrag mit einem anderen Unternehmen abgeschlossen haben, ist nicht entscheidend (vgl. Rz. 27). Die in **ausländischen Betrieben beschäftigten ArbN** eines Unternehmens sind hinsichtlich des Schwellenwertes für den Wirtschaftsausschuss auf Grund des Territorialitätsprinzips (vgl. § 1 Rz. 3) **nicht** zu berücksichtigen[14].

21 Maßgeblich für die Zahl „**ständig" beschäftigter** ArbN ist die Zahl ständig zu besetzender Arbeitsplätze, unabhängig davon, ob die ArbN auf diesen Arbeitsplätzen befristet oder unbefristet beschäftigt werden[15] (s.a. § 1 Rz. 4). Hinsichtlich der „**in der Regel" beschäftigten** ArbN ist nicht auf die Zahl der ArbN an einem bestimmten Stichtag abzustellen, sondern es bedarf einer Einschätzung, wie viele ArbN ein Unternehmen in der Vergangenheit beschäftigt hat und in der Zukunft voraussichtlich beschäftigen wird; es kommt auf das gewöhnliche Erscheinungsbild bei normalem Gang der Geschäftstätigkeit an[16] (s.a. § 1 Rz. 4).

22 **Sinkt die Zahl** der ständig beschäftigten ArbN auf Grund einer Prognose **auf idR 100 oder weniger ArbN**, fallen die gesetzl. Voraussetzungen für den Wirtschaftsausschuss weg, so dass dessen Amt ohne Weiteres endet[17] (vgl. auch § 107 Rz. 24). Beruht das Absinken auf einer Spaltung des Rechtsträgers nach §§ 123 ff. UmwG, kann gem. § 325 II UmwG die Beibehaltung des Wirtschaftsausschusses vereinbart werden[18]. Für grenzüberschreitende Verschmelzungen s. § 29 iVm. § 2 VI MgVG[19].

---

1 Nachweis bei Schiefer/Korte, NZA 2001, 71 (87). ||2 BGBl. I S. 1852. ||3 AA *Lerch/Weinbrenner*, NZA 2013, 355. ||4 *Fitting*, § 106 Rz. 17; Richardi/*Annuß*, § 106 Rz. 6. ||5 *Löwisch/Kaiser*, § 106 Rz. 3. ||6 DKKW/*Däubler*, § 106 Rz. 5; HLS/*Gerhard*, § 106 Rz. 5; aA Schaub/*Koch*, ArbRHdb, § 243 Rz. 2. ||7 DKKW/*Däubler*, § 106 Rz. 13. ||8 Ebenso DKKW/*Däubler*, § 106 Rz. 5; *Fitting*, § 106 Rz. 15. ||9 Vgl. zur Berücksichtigung von LeihArbN im Entleiherbetrieb *Lembke*, NZA 2013, 815 (821) mwN. ||10 Vgl. BAG 18.10.2011 – 1 AZR 335/10, NZA 2012, 221 (222), Rz. 21; 24.1.2013 – 2 AZR 140/12, NZA 2013, 726 (729), Rz. 24. ||11 BAG 22.10.2003 – 7 ABR 3/03, NZA 2004, 1052 (1053f.); 16.4.2003 – 7 ABR 53/02, NZA 2003, 1345 (1346); vgl. auch Vorauf. Rz. 20. ||12 BAG 13.3.2013 – 7 ABR 69/11, NZA 2013, 789 (790f.); 5.12.2012 – 7 ABR 48/11, NZA 2013, 793. ||13 BAG 18.10.2011 – 1 AZR 335/10, NZA 2012, 221; 24.1.2013 – 2 AZR 140/12, NZA 2013, 726; 13.3.2013 – 7 ABR 69/11, NZA 2013, 789; vgl. auch LAG Hess. 11.4.2013 – 9 TaBV 308/12, ZIP 2013, 1740 zu § 9 MitbestG. ||14 *Fitting*, § 106 Rz. 19; Richardi/*Annuß*, § 106 Rz. 13; WHSS/*Schweibert*, Rz. C 398; aA DKKW/*Däubler*, § 106 Rz. 23. ||15 BAG 5.10.2000 – 1 ABR 14/00, NZA 2001, 1325. ||16 DKKW/*Däubler*, § 106 Rz. 8 ff.; WHSS/*Schweibert*, Rz. C 396. ||17 BAG 7.4.2004 – 7 ABR 41/03, NZA 2005, 311; Richardi/*Annuß*, § 106 Rz. 11; aA DKKW/*Däubler*, § 106 Rz. 13a; vgl. auch LAG Hess. 17.8.1993 – 4 TaBV 61/93, DB 1994, 1248 für den *Fall des Absinkens des Belegschaftsstärke* im Betrieb (§ 13 II Nr. 1), ohne dass erkennbar wäre, ob in dem zugrunde liegenden Fall auch der Schwellenwert nach § 106 I unterschritten wurde. ||18 *Gaul*, DB 1995, 2265; Kallmeyer/*Willemsen*, § 325 UmwG Rz. 12. ||19 Zum MgVG *Krause/Janko*, BB 2007, 2194; *Lunk/Hinrichs*, NZA 2007, 773; *Nagel*, NZG 2007, 57; *Schubert*, RdA 2007, 9.

3. Bestehen eines BR. Da die Mitglieder des Wirtschaftsausschusses gem. § 107 II vom BR oder vom GBR bestimmt werden, setzt die Errichtung eines Wirtschaftsausschusses die Existenz zumindest eines BR in einem Betrieb des Unternehmens voraus[1]. 23

4. Sonderfälle. Vom Grundsatz, dass pro Unternehmen mit BR und mehr als 100 ArbN ein Wirtschaftsausschuss zu bilden ist, gibt es Ausnahmen in folgenden Sonderfällen: 24

a) **Tendenzunternehmen (§ 118 I).** In Tendenzunternehmen finden die §§ 106–110 gem. § 118 I keine Anwendung (s. Rz. 3), so dass auch bei Erreichen des Schwellenwerts kein Wirtschaftsausschuss zu errichten ist. 25

b) **Ausländisches Unternehmen mit inländischen Betrieben.** Für die inländischen Betriebe oder Unternehmensteile eines ausländischen Unternehmens kann der BR bzw. GBR einen Wirtschaftsausschuss bilden, sofern die sonstigen gesetzl. Voraussetzungen vorliegen[2]. Insoweit erfährt der Grundsatz, dass für einzelne Betriebe eines Unternehmens kein Wirtschaftsausschuss gebildet werden kann, eine Durchbrechung. Erforderlich ist aber – neben dem **Erreichen des Schwellenwertes bei Berücksichtigung der in Deutschland beschäftigten ArbN** (s. Rz. 20) –, dass die inländischen Betriebe oder Unternehmensteile ein Unternehmen iSd. BetrVG bilden, dh., dass ein Zusammenschluss mehrerer Betriebe in einer ihnen übergeordneten Organisation vorliegt, deren Betätigung im wirtschaftl. Bereich liegt[3]. Ausreichend ist es insoweit, wenn das Unternehmen mit Hauptsitz im Ausland eine **zentrale Direktion in Deutschland** hat, die im Rahmen ihrer Befugnisse unternehmerische Aufgaben erfüllt, ArbGebFunktionen wahrnimmt und die bei der ausländischen Zentrale getroffenen Unternehmensentscheidungen in Deutschland durchführt. Unerheblich ist nach Auffassung des BAG, ob der Direktion selbst keine oder nur geringe Entscheidungsbefugnis eingeräumt ist[4]. 26

c) **Gemeinschaftsbetrieb mehrerer Unternehmen.** Betreiben mehrere Unternehmen einen gemeinsamen Betrieb (vgl. § 1 I 2 und II; näher zum Gemeinschaftsbetrieb § 1 Rz. 16 ff.) mit idR **mehr als 100 ständig beschäftigten ArbN**, so ist nach Auffassung des BAG und der hM für den Gemeinschaftsbetrieb ein Wirtschaftsausschuss nach § 106 (analog) auch dann zu bilden, wenn keines der am Gemeinschaftsbetrieb beteiligten Unternehmen für sich alleine diese Beschäftigtenzahl erreicht[5]. Hinsichtlich des Schwellenwertes von 100 ständig beschäftigten ArbN sind die im Gemeinschaftsbetrieb beschäftigten ArbN der beteiligten Unternehmen also zusammenzurechnen; die ggf. in anderen Betrieben vorhandenen ArbN außerhalb des Gemeinschaftsbetriebs sind nicht mitzuzählen[6]. Die Unterrichtungspflicht ggü. dem Wirtschaftsausschuss nach Abs. 2 trifft alle am Gemeinschaftsbetrieb beteiligten Unternehmen, wobei **jedes Unternehmen über seine wirtschaftl. Angelegenheiten zu berichten** hat[7]. Das BAG begründet die analoge Anwendung des § 106 mit dem Vorliegen einer planwidrigen Regelungslücke, da dem Gesetzgeber der Fall eines mehreren Unternehmen zuzuordnenden einheitlichen Betriebs bei Gesetzeserlass noch nicht bekannt gewesen sei[8]. Diese Begründung ist durch das BetrVerf-ReformG v. 23.7.2001[9] zweifelhaft geworden, da der Gesetzgeber die Fallkonstellation des gemeinsamen Betriebs mehrerer Unternehmen nunmehr ausdrücklich in §§ 1 I 2 und II sowie 47 IX regelt und von einer planwidrigen Regelungslücke daher kaum mehr gesprochen werden kann. In dogmatischer Hinsicht wird teilweise vertreten, den Gemeinschaftsbetrieb als eine selbständige Einheit (zB in Form der BGB-Gesellschaft, § 705 BGB[10]) zu erfassen, die einem Unternehmen iSd. Abs. 1 gleichzustellen ist[11]. Konsequenterweise dürften sich dann aber die Rechte des Wirtschaftsausschusses nur auf die wirtschaftl. Angelegenheiten des „Unternehmens Gemeinschaftsbetrieb" beziehen und nicht auf die der Unternehmen, welche den Gemeinschaftsbetrieb führen. Daher fiele zB die Erläuterung des Jahresabschlusses nach § 108 V weg, da der Gemeinschaftsbetrieb keinen eigenen Jahresabschluss erstellt. Dieser Ansatz überzeugt daher letztlich nicht. Insg. steht eine überzeugende dogmatische Lösung der hier aufgeworfenen Frage noch aus. Die Auffassung des BAG und der hM lässt sich heute am ehesten mit dem Charakter der Wirtschaftsausschusses als Hilfsorgan des BR (s. Rz. 10) begründen: Ist die Bildung eines BR im Gemeinschaftsbetrieb anerkannt, so liegt es nahe, auch die Bildung eines Wirtschaftsausschusses im Gemeinschaftsbetrieb bei Überschreiten des Schwellenwerts *in diesem* zuzulassen[12]. 27

Haben die am Gemeinschaftsbetrieb beteiligten Unternehmen **weitere Betriebe** und überschreiten sie den Schwellenwert, ist nicht im Gemeinschaftsbetrieb, sondern in den beteiligten Unternehmen 28

---

1 DKKW/*Däubler*, § 106 Rz. 16. ‖ 2 BAG 31.10.1975 – 1 ABR 4/74, DB 1976, 295; 1.10.1974 – 1 ABR 77/73, BB 1975, 327; GK-BetrVG/*Oetker*, § 106 Rz. 14 f.; *Fitting*, § 106 Rz. 20. ‖ 3 BAG 31.10.1975 – 1 ABR 4/74, DB 1976, 295; 1.10.1974 – 1 ABR 77/73, BB 1975, 327; weiter gehend WHSS/*Schweibert*, Rz. C 398. ‖ 4 BAG 31.10.1975 – 1 ABR 4/74, DB 1976, 295. ‖ 5 BAG 1.8.1990 – 7 ABR 91/88, NZA 1991, 643; DKKW/*Däubler*, § 106 Rz. 19 ff.; *Fitting*, § 106 Rz. 18; WHSS/*Schweibert*, Rz. C 397; aA Richardi/*Annuß*, § 106 Rz. 8, 12, wonach es im Hinblick auf §§ 1 I 2, 47 IX an einer Regelungslücke für die analoge Anwendung des § 106 fehle. ‖ 6 HLS/*Gerhard*, § 106 Rz. 6. ‖ 7 Vgl. BAG 1.8.1990 – 7 ABR 91/88, NZA 1991, 643; DKKW/*Däubler*, § 106 Rz. 20; wohl aA LAG Nds. 3.11.2009 – 1 TaBV 63/09, NZA-RR 2010, 142 (143): Informationsdurchgriff. ‖ 8 BAG 1.8.1990 – 7 ABR 91/88, NZA 1991, 643. ‖ 9 BGBl. I S. 1852. ‖ 10 Vgl. BAG 27.3.1981 – 7 AZR 523/78, DB 1982, 1569; LAG Hess. 17.7.2001 – 4 Sa 491/00, BB 2002, 1421 (1424). ‖ 11 IdS GK-BetrVG/*Oetker*, § 106 Rz. 12, 26. ‖ 12 IdS bereits BAG 1.8.1990 – 7 ABR 91/88, NZA 1991, 643; vgl. auch BAG 29.4.2004 – 1 ABR 39/03, NZA 2005, 420 (423); LAG Nds. 19.2.2013 – 1 TaBV 155/12.

selbst jeweils ein Wirtschaftsausschuss zu errichten (und zwar im Regelfall vom GBR, es sei denn, es existiert nur ein BR, vgl. § 107 Rz. 14f.)[1]. Dabei ist zu beachten, dass alle ArbN des Gemeinschaftsbetriebs bei jedem Unternehmen mitzählen[2].

29 **d) Abweichend vereinbarte Betriebsverfassungsstrukturen (§ 3 I Nr. 1–3).** Wenn gem. § 3 I Nr. 1 die Bildung eines unternehmenseinheitlichen BR (Buchst. a) oder eines einheitlichen BR für mehrere Betriebe (Buchst. b) vereinbart wird, bleibt die von Abs. 1 vorgesehene Anknüpfung des Wirtschaftsausschusses an das Unternehmen möglich, so dass hinsichtlich dessen Bildung keine Besonderheiten gelten.

30 Wird hingegen gem. § 3 I Nr. 2 oder 3 die Bildung unternehmensübergreifender BR vereinbart, so gelten die dadurch gebildeten Organisationseinheiten gem. § 3 V 1 als Betriebe iSd. Gesetzes. Die daran beteiligten Unternehmen dürften also so zu behandeln sein, als würden sie einen gemeinsamen Betrieb unterhalten. Hinsichtlich der Errichtung des Wirtschaftsausschusses finden daher wohl die zum Gemeinschaftsbetrieb mehrerer Unternehmen dargestellten Grundsätze entsprechende Anwendung (s. Rz. 27f.). Die in der vereinbarten Betriebsverfassungsstruktur beschäftigten ArbN der beteiligten Unternehmen sind zusammenzuzählen.

31 **III. Unterrichtungspflicht des Unternehmers (Abs. 2).** Nach Abs. 2 hat der Unternehmer (ArbGeb) den Wirtschaftsausschuss über die wirtschaftl. Angelegenheiten des Unternehmens und die sich daraus ergebenden Auswirkungen auf die Personalplanung unter Vorlage der erforderlichen Unterlagen zu unterrichten, es sei denn, Betriebs- oder Geschäftsgeheimnisse werden gefährdet. Träger der Pflicht ist der Unternehmer, also der ArbGeb (Rz. 16), nicht hingegen der Gesellschafter des Unternehmens. Unternehmer ist bei Einzelfirmen der Inhaber, bei juristischen Personen sind dies die Mitglieder des gesetzl. Vertretungsorgans und bei anderen Personengesamtheiten die zur Vertretung oder Geschäftsführung berufenen Personen (vgl. § 108 Rz. 11)[3].

32 **§§ 14, 15 WpHG** als solche **vermögen keine Ausnahme von der Unterrichtungspflicht** nach Abs. 2 **zu begründen**[4]. Das Verbot, einem anderen eine Insiderinformation (§ 13 I WpHG[5]) unbefugt mitzuteilen oder zugänglich zu machen (§ 14 I Nr. 2 WpHG), wird durch die Unterrichtung des Wirtschaftsausschusses über wirtschaftl. Angelegenheiten nicht verletzt, da die Informationsweitergabe gesetzl. vorgeschrieben (Abs. 2) und damit nicht „unbefugt" ist[6]. Ferner liegt in der Unterrichtung des Wirtschaftsausschusses kein Verstoß gegen das Verbot der anderweitigen (Vorab-)Veröffentlichung von Tatsachen, die der Ad-hoc-Publizitätspflicht unterliegen (§ 15 V WpHG)[7]. Für die Mitglieder des Wirtschaftsausschusses gilt es aber zu beachten, dass sie durch die Unterrichtung über Insiderinformationen selbst zu Insidern werden und dem sanktionsbewehrten (§§ 38 I Nr. 2, 39 I Nr. 3 WpHG) Verbot der unbefugten Weitergabe von Insiderinformationen gem. § 14 I Nr. 2 WpHG unterliegen[8].

33 **1. Rechtzeitige und umfassende Unterrichtung.** Die Verpflichtung, den Wirtschaftsausschuss rechtzeitig und umfassend zu unterrichten, soll sicherstellen, dass der Wirtschaftsausschuss und der von ihm unterrichtete BR (GBR) Einfluss auf die Gesamtplanung nehmen kann, weil sich die Gesamtplanung idR auch auf die Personalplanung auswirkt[9]. Die Pflicht zur rechtzeitigen und umfassenden Unterrichtung nach § 106 II ist eine „Bringschuld" des ArbGeb, deren grobe Verletzung mit einem Verfahren nach § 23 III geahndet werden kann[10] (vgl. auch Rz. 88f.).

34 **Rechtzeitig** ist die Unterrichtung, wenn der Unternehmer den Wirtschaftsausschuss vor geplanten unternehmerischen Entscheidungen und sonstigen Vorhaben so frühzeitig informiert, dass dieser und der von ihm unterrichtete BR bzw. GBR durch ihre Stellungnahmen und eigenen Vorschläge noch Einfluss auf die Gesamtplanung und die einzelnen Vorhaben nehmen können[11]. Der **Wirtschaftsausschuss muss vor dem BR unterrichtet werden** (vgl. Rz. 12). Daraus folgt für die Praxis, dass der Wirtschaftsausschuss im Falle von geplanten Betriebsänderungen iSd. § 111 auf keinen Fall erst nach dem BR unterrichtet werden kann. Dies wäre ein klarer Gesetzesverstoß, der ein Ordnungswidrigkeitenverfahren nach § 121 nach sich ziehen kann. Möglich ist es allerdings, die Beteiligung des BR vorzuziehen und ihn zeitgleich mit dem Wirtschaftsausschuss zu unterrichten (vgl. Rz. 84). Verspätet ist die Unterrichtung ferner, wenn das zuständige Unternehmensorgan (Geschäftsführung, Vorstand, Aufsichtsrat) die Entscheidung bereits beschlossen hat und der Wirtschaftsausschuss vor vollendete Tatsachen gestellt wird[12]. Bei der **Formulierung von Aufsichtsratsbeschlüssen** sollte hierauf besonders geachtet werden,

---

1 DKKW/*Däubler*, § 106 Rz. 19a; *Fitting*, § 106 Rz. 18; WHSS/*Schweibert*, Rz. C 397; so wohl auch BAG 1.8.1990 – 7 ABR 91/88, NZA 1991, 643. ||2 *Fitting*, § 106 Rz. 18; WHSS/*Schweibert*, Rz. C 397. ||3 GK-BetrVG/*Oetker*, § 106 Rz. 103. ||4 DKKW/*Däubler*, § 106 Rz. 55; *Fitting*, § 106 Rz. 35; *Kliemt*, NJW 1995, 2832; *Schleifer/Kliemt*, DB 1995, 2214ff. ||5 Näher zum Begriff der „Insiderinformation" Röder/Merten, NZA 2005, 268 (269ff.). ||6 GK-BetrVG/*Oetker*, § 106 Rz. 84; *Kappes*, NJW 1995, 2832; *Schleifer/Kliemt*, DB 1995, 2214 (2216f.); aA *Röder/Merten*, NZA 2005, 268 (271f.). ||7 *Schleifer/Kliemt*, DB 1995, 2214 (2217f.). ||8 DKKW/*Däubler*, § 106 Rz. 55; *Fischer*, DB 1998, 2606 (2607); *Kappes*, NJW 1995, 2832; *Richardi/Annuß*, § 106 Rz. 32; *Schleifer/Kliemt*, DB 1995, 2214 (2219). ||9 BAG 20.11.1984 – 1 ABR 64/82, NZA 1985, 432; LAG Köln 14.1.2004 – 8 TaBV 72/03, NZA-RR 2005, 32 (33). ||10 LAG Bln.-Bbg. 30.3.2012 – 10 TaBV 2362/11. ||11 BAG 22.1.1991 – 1 ABR 38/89, DB 1991, 1176; *Fitting*, § 106 Rz. 30; *Richardi/Annuß*, § 106 Rz. 24. ||12 DKKW/*Däubler*, § 106 Rz. 41; ErfK/*Kania*, § 106 BetrVG Rz. 4; WHSS/*Schweibert*, Rz. C 401.

da dem Vorstand ansonsten ein Ordnungswidrigkeitenverfahren nach § 121 droht. Die Unterrichtungspflicht besteht jedoch **nicht** im Stadium **bloßer Gedankenspiele und Vorüberlegungen** (zB Erarbeitung von Diskussionsmodellen), in dem sich noch keine gangbaren Handlungsalternativen herausgebildet haben[1]. Bereits aus den Begriffen „unterrichten" und „beraten" folgt, dass dem Wirtschaftsausschuss nur ein Vorgang zur Kenntnis zu geben ist, den der Unternehmer bereits reflektiert hat[2]. Der Übergang zwischen den Phasen ist allerdings fließend, was zu entsprechender **Rechtsunsicherheit** führt. Vor diesem Hintergrund kann es sich aus Unternehmersicht uU empfehlen, zunächst eine (kleine) Kommission einzusetzen, die alle in Betracht kommenden Lösungsmöglichkeiten **unverbindlich sondiert** und anschließend der Geschäftsführung Bericht erstattet. Zusammenfassend setzt die Unterrichtungspflicht des Unternehmers nach Abs. 2 ein, wenn der Unternehmer einen Entschluss über das „Ob" der wirtschaftl. Angelegenheit bzw. Maßnahme im Grundsatz (dh. noch nicht abschließend, sondern vorbehaltlich der Beratungen mit ArbN-Vertretungen und sonstigen zuständigen Organen, Gremien und Stellen) gefasst hat und sich die Willensbildung hinsichtlich des „Wie" zu konkreten Handlungsoptionen und -konzeptionen verdichtet, dh. eine Vorauswahl realistischer Handlungsalternativen getroffen wurde. Die Geschäftsleitung des Unternehmens kann daher zunächst für sich die Durchführbarkeit der ins Auge gefassten Maßnahme prüfen und den Wirtschaftsausschuss erst dann unterrichten, wenn die Vorüberlegungen abgeschlossen sind[3].

Die Unterrichtungspflicht nach Abs. 2 kann bereits **vor** der **Ad-hoc-Publizitätsverpflichtung** gem. § 15 WpHG bestehen, welche einsetzt, wenn eine neue nicht öffentl. bekannte Tatsache im Tätigkeitsbereich der Gesellschaft eingetreten ist, die wegen der Auswirkungen auf die Vermögens- oder Finanzlage oder auf den allg. Geschäftsverlauf der Gesellschaft geeignet ist, den Börsenpreis der Insiderpapiere erheblich zu beeinflussen[4].

35

Die Mitglieder des Wirtschaftsausschusses müssen die Möglichkeit haben, sich in gleicher Weise wie der Unternehmer auf die Sitzungen des Wirtschaftsausschusses, in denen die Beratungen mit dem Unternehmer stattfinden (vgl. § 108 II), vorzubereiten. Zu diesem Zweck kommen **vorbereitende „Informationssitzungen"** des Wirtschafsausschusses vor der eigentlichen Beratung der Angelegenheit in Betracht (vgl. § 108 Rz. 15).

36

Umfassend ist die Unterrichtung, wenn der Wirtschaftsausschuss alle Informationen über die wirtschaftl. Angelegenheit und die Darstellung der Auswirkungen auf die Personalplanung erhält, die für eine sinnvolle Beratung der wirtschaftl. Angelegenheit und eine Unterbreitung eigener Vorschläge erforderlich sind[5] (zum Begriff der Personalplanung § 92 Rz. 2 ff.). Gegenstand der Unterrichtung sind die Maßnahme, ihre Auswirkungen und ihre Gründe[6]. Abgesehen davon hat der Unternehmer dem Wirtschaftsausschuss gem. § 108 V den **Jahresabschluss** unter Beteiligung des BR zu erläutern. Die Informationen müssen verständlich sein[7]. In den Fällen der geplanten Unternehmensübernahme mit Kontrollerwerb (Abs. 3 Nr. 9a) hat der ArbGeb des Zielunternehmens dem Wirtschaftsausschuss nach Abs. 2 S. 2 Unterlagen über den potentiellen Erwerber, dessen Absichten im Hinblick auf die künftige Geschäftstätigkeit des (Ziel-) Unternehmens und die daraus ergebenden Auswirkungen auf die ArbN vorzulegen (Rz. 47 aff.). Liegen derartige Unterlagen – wie häufig in der Praxis – nicht vor, hat der ArbGeb den Wirtschaftsausschuss über diese Punkte aber zumindest mündlich zu unterrichten, soweit sie ihm bekannt sind[8].

37

Da die Leitung des Unternehmens und der Betriebe Sache des ArbGeb ist (§ 77 I 2) und in den Bereich der grundrechtl. geschützten Unternehmerfreiheit (Art. 12 I GG) fällt, kann sich der Umfang der Unterrichtungspflicht nicht auf alle **Bagatellangelegenheiten und ständig wiederkehrende Vorgänge** ohne wesentliche Bedeutung beziehen, sonst würde der Unternehmer unverhältnismäßig in der Unternehmensleitung beeinträchtigt. Daher hat der Unternehmer den Wirtschaftsausschuss nur über wirtschaftl. Angelegenheiten iSd. Abs. 3 zu unterrichten, die von einiger Erheblichkeit sind bzw. Vorgänge und Vorhaben darstellen, welche die Interessen der ArbN des Unternehmens wesentlich berühren können[9] (vgl. die Generalklausel des Abs. 3 Nr. 10; näher zu „wirtschaftl. Angelegenheiten" Rz. 55 ff.). Zur umfassenden Unterrichtung gehört also **nicht** die Information über jede Geschäftsführungstätigkeit und insb. über „Geschäfte der laufenden Verwaltung", dh. regelmäßig wiederkehrende Geschäfte ohne wesentliche Bedeutung[10]. Die Unterrichtungspflicht und ihr Umfang stehen unter dem Vorbehalt des Grundsatzes von Treu und Glauben (§ 242 BGB) sowie dessen betriebsverfassungsrechtl. Ausprägung, dem Grundsatz der vertrauensvollen Zusammenarbeit (§ 2 I). Der Pflicht zur umfassenden Unterrichtung ist also Rechnung getragen, wenn der ArbGeb in zumutbarer Weise Auskunft erteilt hat, so dass sich der Wirtschaftsausschuss ein eigenes Bild über die betreffende wirtschaftl. Angelegenheit machen und ggf. gezielt nachfragen kann.

38

---

1 Ebenso GK-BetrVG/*Oetker*, § 106 Rz. 82; *Röder/Göpfert*, BB 1997, 2105 (2107); *Keim*, BB 1980, 1330. ||2 Vgl. GK-BetrVG/*Oetker*, § 106 Rz. 82; *Keim*, BB 1980, 1330. ||3 *Röder/Göpfert*, BB 1997, 2105 (2107). ||4 *Fitting*, § 106 Rz. 32; *Schleifer/Kliemt*, DB 1995, 2214 (2218). ||5 *Fitting*, § 106 Rz. 23; ErfK/*Kania*, § 106 BetrVG Rz. 5. ||6 *Fitting*, § 106 Rz. 34; Richardi/*Annuß*, § 106 Rz. 25. ||7 GK-BetrVG/*Oetker*, § 106 Rz. 86; WHSS/*Schweibert*, Rz. C 402; vgl. auch BAG 17.3.1987 – 1 ABR 59/85, NZA 1987, 747 unter IV. ||8 Richardi/*Annuß*, § 106 Rz. 26a; ErfK/*Kania*, § 106 BetrVG Rz. 6a. ||9 Vgl. Richardi/*Annuß*, § 106 Rz. 21. ||10 Ebenso GK-BetrVG/ *Oetker*, § 106 Rz. 40; *Fitting*, § 106 Rz. 49; Richardi/*Annuß*, § 106 Rz. 38.

39 Mangels besonderer Formvorschrift ist die Unterrichtung nicht an eine bestimmte **Form** gebunden und kann daher mündlich, schriftl. oder in sonstiger Weise (zB per E-Mail) erfolgen[1]. Sofern Streit zwischen den Betriebsparteien über die Ordnungsmäßigkeit der Unterrichtung zu erwarten ist, kann es sich allerdings aus Beweisgründen empfehlen, die Unterrichtung schriftl. vorzunehmen.

40 Keine Aussage trifft das Gesetz, in welcher **Sprache** der Wirtschaftsausschuss zu unterrichten ist. Die Unterrichtungspflicht kann grds. in deutscher Sprache erfüllt werden (vgl. auch § 110 Rz. 14)[2]; denn Erklärungen im Rahmen von Rechtsverhältnissen, die deutschem Recht unterliegen, können generell in deutscher Sprache wirksam abgegeben werden, sofern nicht Ausnahmevorschriften bestehen (wie zB § 11 II 2 AÜG; § 2 V WO BetrVG; § 16 I 3 EBRG). Außerdem folgt dies aus § 184 GVG, wonach Gerichtssprache deutsch ist. Sofern alle Mitglieder des Wirtschaftsausschusses eine andere Sprache verstehen, kann die Unterrichtung auch in der anderen Sprache erfolgen[3]. Ausnahmsw. kann eine Pflicht zur Übersetzung in eine andere Sprache aus dem Grundsatz von Treu und Glauben (§ 242 BGB) bzw. seinem betriebsverfassungsrechtl. Pendant, dem Grundsatz der vertrauensvollen Zusammenarbeit (§ 2 I), folgen, etwa wenn in einem amerikanischen Unternehmen nur Englisch sprechende Wirtschaftsausschussmitglieder vorhanden sind[4].

41 **2. Vorlage der erforderlichen Unterlagen (Abs. 2 S. 1).** Der Unternehmer hat dem Wirtschaftsausschuss die erforderlichen Unterlagen **unaufgefordert** vorzulegen; anders als bei § 80 II bedarf es eines ausdrücklichen Verlangens des Wirtschaftsausschusses nicht. Allerdings wird die Vorlagepflicht im Hinblick auf die Primärzuständigkeit der Einigungsstelle hinsichtlich Streitigkeiten über den Umfang der Unterrichtungs- und Vorlagepflicht (s. Rz. 87; § 109 Rz. 1) praktisch erst virulent, wenn der Wirtschaftsausschuss die Vorlage bestimmter Unterlagen verlangt (vgl. § 109 S. 1).

42 Zu welchem **Zeitpunkt** der Unternehmer den Mitgliedern des Wirtschaftsausschusses die erforderlichen Unterlagen vorzulegen hat, hängt von den Angelegenheiten ab, die mit dem Unternehmer beraten werden sollen. Handelt es sich um Entwicklungen und Prognosen, die nur anhand umfangreicher Daten und Zahlen beurteilt werden können, sind die Unterlagen schon vor der Sitzung vorzulegen[5].

43 Die Vorlagepflicht bezieht sich nur auf **vorhandene oder jederzeit leicht erstellbare Unterlagen**[6] (vgl. § 80 Rz. 98). Der Wirtschaftsausschuss kann also verlangen, dass bereits in einem Datenspeicher vorhandene Daten abgerufen und ausgedruckt werden. Sofern es nicht auf die Authentizität der Unterlagen ankommt, kann der Unternehmer statt des Originals auch Kopien der Unterlagen überreichen bzw. die Unterlagen als Dateien auf einer Diskette oder als Anhang zu einer E-Mail zur Verfügung stellen.

44 Was mit Vorlage der **erforderlichen Unterlagen** gemeint ist, hängt ebenso wie der Zeitpunkt der Vorlage (dazu Rz. 42) von der **jeweiligen Fallgestaltung** und namentlich von der Komplexität des Beratungsthemas ab. Wie bei § 111 besteht keine Pflicht zur Vorlage von Dokumenten, die im Rahmen von Vorüberlegungen des ArbGeb erstellt worden sind, unabhängig davon, ob es sich um interne Überlegungen handelt oder ob ein externes Beratungsunternehmen eingeschaltet wurde (vgl. Rz. 34; § 111 Rz. 60). Um eine gründliche Vorbereitung zu ermöglichen, kann der Unternehmer verpflichtet sein, die Unterlagen den Mitgliedern des Wirtschaftsausschusses **zeitweise**, dh. soweit zur Vorbereitung auf die Sitzung erforderlich, zu überlassen. Geht es zB um schwer zu beurteilende Entwicklungen und Prognosen, um umfangreiches Zahlenmaterial oder um eine Vielzahl von Daten, ist es nach Auffassung des BAG den Wirtschaftsausschussmitgliedern nicht zuzumuten, die Unterlagen nur in Gegenwart des ArbGeb einsehen zu können; vielmehr muss der ArbGeb sie zeitweise aus der Hand geben[7].

45 Allerdings sind die Unterlagen nur **für die Dauer der Vorbereitung** zu überlassen. Das berechtigt die Mitglieder des Wirtschaftsausschusses **nicht**, von den überlassenen Unterlagen – über zur Vorbereitung erforderliche Notizen hinausgehende – Abschriften oder **Kopien** anzufertigen[8]. Nach Abschluss der Vorbereitung sind die überlassenen Unterlagen wieder zurückzugeben[9]. Falls sich die Sitzung des Wirtschaftsausschusses unmittelbar an die Vorbereitung anschließt, genügt die Rückgabe der Unterlagen am Ende der Sitzung[10].

---

1 LAG BW 22.11.1985 – 5 TaBV 6/85, DB 1986, 334; ArbG Hamburg 19.6.2002 – 23 BV 1/02, ZIP 2003, 132 (134); GK-BetrVG/*Oetker*, § 106 Rz. 85; *Rumpff/Boewer*, Mitbestimmung in wirtschaftlichen Angelegenheiten, G Rz. 25; aA DKKW/*Däubler*, § 106 Rz. 49: schriftlich. ||2 Zutr. *Diller/Powietzka*, DB 2000, 718 (719); vgl. auch *Fitting*, § 80 Rz. 56; Geibel/Süßmann/*Grobys*, § 10 WpÜG Rz. 95; aA DKKW/*Däubler*, § 106 Rz. 44. ||3 Vgl. für § 613a V BGB *Willemsen/Lembke*, NJW 2002, 1159 (1163 Fn. 58); generell zum „Sprachrisiko" Küttner/*Röller*, Ausländer Rz. 9 ff.; *Rieble*, FS Löwisch, 2007, S. 229 ff. ||4 Vgl. – wenn auch zu weitgehend – ArbG Frankfurt/M. 5.3.1997 – 14 BV 170/96, AiB 1998, 524 (525). ||5 BAG 20.11.1984 – 1 ABR 64/82, NZA 1985, 432. ||6 GK-BetrVG/*Oetker*, § 106 Rz. 89; ErfK/*Kania*, § 106 BetrVG Rz. 6 iVm. § 80 BetrVG Rz. 24; vgl. auch BAG 7.8.1986 – 6 ABR 77/83, NZA 1987, 134, LS 2; 6.5.2003 – 1 ABR 13/02, DB 2003, 2445 (2447); LAG Bln.-Bbg. 7.8.2008 – 14 TaBV 1212/08. ||7 Zum Ganzen BAG 20.11.1984 – 1 ABR 64/82, NZA 1985, 432; *Fitting*, § 106 Rz. 41; Richardi/*Annuß*, § 106 Rz. 30. ||8 BAG 20.11.1984 – 1 ABR 64/82, NZA 1985, 432; DKKW/*Däubler*, § 106 Rz. 46; HLS/*Gerhard*, § 106 Rz. 20. ||9 BAG 20.11.1984 – 1 ABR 64/82, NZA 1985, 432. ||10 Zutr. DKKW/*Däubler*, § 106 Rz. 47.

Gem. Abs. 2 vorzulegende Unterlagen müssen einen **Bezug zu den in Abs. 3 genannten wirtschaftl. Angelegenheiten** haben. Unerheblich ist, ob der Unternehmer selbst oder Dritte sie angefertigt haben[1]. Derartige Unterlagen sind zB der Jahresabschluss und der Wirtschaftsprüfungsbericht (s. Rz. 59) oder der vom Unternehmer genutzte Bericht einer Unternehmensberatung[2]. Nicht vorzulegen sind hingegen Dokumente, die einer Unternehmensberatung zur Erstellung eines Berichts zugänglich gemacht wurden, da sich dieser Vorgang noch im Vorfeldstadium zu etwaigen wirtschaftl. Angelegenheiten iSd. Abs. 3 bewegt (vgl. Rz. 34). Angesichts des weit gefassten und nicht abschließenden Katalogs wird es allerdings eher die Ausnahme darstellen, dass in Unternehmen erstellte, vorhandene und benutzte Unterlagen keinen Bezug zu wirtschaftl. Angelegenheiten iSd. Abs. 3 aufweisen[3]. Ob und inwieweit diese Unterlagen jeweils vorzulegen sind, ist eine Frage der Erforderlichkeit oder der Geheimhaltungsbedürftigkeit, über die im Streitfall die Einigungsstelle nach § 109 zu entscheiden hat[4].

An der **Erforderlichkeit** der Vorlage von (bestimmten) Unterlagen fehlt es, wenn der Wirtschaftsausschuss ausreichende Kenntnis von den in den Unterlagen enthaltenen Tatsachen hat oder wenn es „mildere Mittel" zur Informationsbeschaffung gibt, dh. wenn sich der Wirtschaftsausschuss die Informationen mit zumutbarem Aufwand auf andere Weise (zB aus allg. zugänglichen Quellen) beschaffen kann. Maßstab für die Erforderlichkeit ist der Standpunkt eines vernünftigen Dritten, der die Interessen des Betriebs, Unternehmens, des Wirtschaftsausschusses bzw. BR und der ArbN gegeneinander abwägt.

3. Erforderliche Unterlagen bei Unternehmensübernahme (Abs. 2 S. 2). MWv. 19.8.2008 wurden durch Art. 4 **Risikobegrenzungsgesetz** der neue Abs. 2 S. 2 - sowie die Regelungen des Abs. 3 Nr. 9a und des § 109a - für Fälle der mit einem Kontrollerwerb verbundenen Unternehmensübernahme eingeführt[5]. Ziel des Risikobegrenzungsgesetzes ist es, unerwünschten Aktivitäten von Finanzinvestoren[6] entgegenzuwirken, ohne Finanz- und Unternehmenstransaktionen zu beeinträchtigen. Dazu soll insb. die Transparenz verbessert und eine ausreichende Informationsbasis für alle Akteure hergestellt werden, damit diese unerwünschten Entwicklungen unmittelbar entgegentreten können[7]. Die übernahmerechtl. Vorschriften sehen für börsennotierte Unternehmen (AG, KGaA) eine Unterrichtung des BR bzw. der Belegschaft der Zielgesellschaft im Fall einer beabsichtigten Unternehmensübernahme vor (§§ 10 V 2, 14 IV 2, 27 III 2 WpÜG; vgl. auch § 27a WpHG). Für nicht börsennotierte Unternehmen ist eine derartige Informationspflicht nicht speziell vorgesehen. Die Belegschaft nicht börsennotierter Unternehmen soll nach dem gesetzgeberischen Willen jedoch in gleicher Weise darüber informiert werden, wenn sich die Kontrolle über das Unternehmen (dh. das **Zielunternehmen**) ändert. Die Unterrichtungspflicht nach Abs. 3 Nr. 9a iVm. Abs. 2 gilt gleichermaßen für börsennotierte wie für nicht börsennotierte Zielunternehmen. Die Betriebs- und Geschäftsgeheimnisse des Zielunternehmens sollen durch diese Informationspflicht jedoch nicht gefährdet werden[8].

Zu den erforderlichen Unterlagen, die der Unternehmer - dh. die die Zielgesellschaft vertretenden Personen (zB Geschäftsführer, Vorstand) - dem Wirtschaftsausschuss unaufgefordert vorzulegen hat, gehören nach Abs. 2 S. 2 im Falle der **Übernahme des Zielunternehmens**, die **mit einem Kontrollerwerb** verbunden ist (Abs. 3 Nr. 9a; dazu Rz. 81b ff.), insb. die **Angaben über den** bzw. die **potentiellen Erwerber**, dessen bzw. deren **Absichten** im Hinblick auf die **künftige Geschäftstätigkeit des Zielunternehmens** und die sich daraus ergebenden **Auswirkungen auf die ArbN des Zielunternehmens**. Dies gilt auch, wenn im Vorfeld der Übernahme des Unternehmens ein Bieterverfahren durchgeführt wird (Abs. 2 S. 2 Hs. 2). In einem **Bieterverfahren** sind „potentielle Erwerber" nur Bieter, die ein verbindliches und formwirksames Angebot abgegeben haben[9]. Aus Abs. 2 S. 2 folgt jedenfalls, dass im Falle der geplanten Übernahme des Zielunternehmens die Unterrichtung dessen Wirtschaftsausschusses nur **rechtzeitig** ist, wenn sie **vor Unterzeichnung des Kaufvertrags** stattfindet[10].

Die nun in Abs. 2 S. 2 geregelte Pflicht zur Vorlage von Unterlagen an den Wirtschaftsausschuss des Zielunternehmens bei - mit einem Kontrollerwerb verbundener - Übernahme des Zielunternehmens im Rahmen eines **Share Deals** (vgl. Rz. 81b) ergibt sich bereits aus allg. Grundsätzen. Der ArbGeb des Zielunternehmens hat seinen Wirtschaftsausschuss über den Namen des Erwerbers und eventuelle Planungen oder Absprachen über die künftige Geschäftsführung und Unternehmenspolitik zu informieren (Rz. 83). **Keine Vorlagepflicht** trifft die Geschäftsleitung des Zielunternehmens jedoch hinsichtlich des **Anteilskaufvertrags** zwischen Verkäufer und Käufer (Rz. 83)[11]. Die Pflicht zur Vorlage der in Abs. 2 S. 2 genannten Unterlagen besteht allerdings nur für **vorhandene oder jederzeit leicht darstellbare Unterlagen**[12] (Rz. 43). In der Praxis kann es insb. bei der Übernahme nicht börsennotierter Zielunternehmen

---

1 LAG Hess. 19.3.1996 – 4 TaBV 12/96, AiB 1996, 668; *Fitting*, § 106 Rz. 37. ‖ 2 DKKW/*Däubler*, § 106 Rz. 48; *Fitting*, § 106 Rz. 37. ‖ 3 BAG 17.9.1991 – 1 ABR 74/90, NZA 1992, 418. ‖ 4 BAG 17.9.1991 – 1 ABR 74/90, NZA 1992, 418. ‖ 5 BGBl. I S. 1666. ‖ 6 Dazu anschaulich *Schneider*, NZG 2007, 888 ff.; zu den Unterrichtungs- und Mitteilungspflichten von AIF-Kapitalverwaltungsgesellschaften ggü. ArbN-Vertretern/ArbN im Zusammenhang mit dem Erwerb der Kontrolle über nicht börsennotierte Unternehmen §§ 287 ff. KAGB, dazu *Düwell*, jurisPR-ArbR 31/2013, Anm. 1. ‖ 7 BT-Drs. 16/7438, 8. ‖ 8 BT-Drs. 16/7438, 9. ‖ 9 Vgl. BT-Drs. 16/9821, 8; Richardi/*Annuß*, § 106 Rz. 26b; Simon/*Dobel*, BB 2008, 1955 (1057). ‖ 10 Näher *Fitting*, § 106 Rz. 103 ff.; *Fleischer*, ZfA 2009, 787 (817 ff.); Liebers/Erren/*Weiß*, NZA 2009, 1063 (1066 ff.); *Schröder/Falter*, NZA 2008, 1097 (1099 f.). ‖ 11 AA *Fitting*, § 106 Rz. 125, vgl. auch ArbG Berlin 6.9.2010 – 48 BV 11747/10, AiB 2011, 260. ‖ 12 *Fleischer*, ZfA 2009, 787 (796 ff.); aA *Fitting*, § 106 Rz. 115.

vorkommen, dass dem Zielunternehmen keine Unterlagen über die Absichten des potentiellen Erwerbers im Hinblick auf die künftige Geschäftstätigkeit und die sich daraus ergebenden Auswirkungen auf die ArbN des Zielunternehmens vorliegen. Dann entfällt insoweit die Pflicht zur Vorlage der Unterlagen[1]. Ggf. sind derartige Informationen zwar in einem Letter of Intent enthalten, der typischerweise am Anfang einer M&A-Transaktionen steht. Allerdings wird der Letter of Intent zwischen dem Gesellschafter des Zielunternehmens (Verkäufer) und dem potentiellen Käufer abgeschlossen und ist daher ebenso wie der Anteilskaufvertrag keine vorlagepflichtige Unterlage des Zielunternehmens[2]. Ein „Informationsdurchgriff" auf den Gesellschafter oder potentiellen Erwerber des Zielunternehmens besteht **nicht**[3] (arg. e contr. § 17 IIIa KSchG; vgl. auch Rz. 31).

47d Die Pflicht zur Vorlage der vorgenannten Unterlagen besteht gem. Abs. 2 S. 1 **nicht, soweit** dadurch die **Betriebs- und Geschäftsgeheimnisse des Zielunternehmens gefährdet** werden (vgl. Rz. 48 ff.). Grds. ist es dem ArbGeb des Zielunternehmens jedoch verwehrt, dem Wirtschaftsausschuss vorlagepflichtige Unterlagen über die geplante Übernahme des Unternehmens durch einen Erwerber und über dessen Absichten sowie die daraus folgenden Auswirkungen für die ArbN unter Berufung auf die Gefährdung von Betriebs- und Geschäftsgeheimnissen des Zielunternehmens vorzuenthalten (vgl. Rz. 51). Dies kommt nur in **Ausnahmefällen** in Betracht, wenn die Tatsache der potentiellen Übernahme des Zielunternehmens ein Geschäftsgeheimnis von so überragender Bedeutung ist, dass auch schon die geringste Gefahr einer unbefugten Weitergabe vermieden werden muss[4] (vgl. Rz. 52). Das kann zB der Fall sein, wenn die Kunden des Zielunternehmens bei Kenntniserlangung hinsichtlich der geplanten Übernahme abspringen würden oder wenn das Zielunternehmen in einer wirtschaftl. Notlage ist und der potentielle Erwerber die der Rettung des Unternehmens dienende Übernahme absagt, falls der Übernahmeplan frühzeitig bekannt wird. Da sich die Regelung des Abs. 3 Nr. 9a auf die Unterrichtung des Wirtschaftsausschusses bzw. BR im Zielunternehmen bezieht (s. Rz. 81b), ist problematisch, ob insoweit im Wege des „Reflexes" auch Betriebs- und Geschäftsgeheimnisse des **Erwerbers** geschützt sind. Es sprechen gute, verfassungsrechtl. Gründe dafür, derartige „Drittgeheimnisse" als vom Schutz des Abs. 2 mit umfasst zu sehen[5]. Werden solche Geheimnisse des Erwerbers offengelegt, sind der Wirtschaftsausschuss bzw. BR auch insoweit zur Verschwiegenheit nach § 79 verpflichtet[6].

47e Ist die mit einem Kontrollerwerb verbundene Übernahme einer **börsennotierten Zielgesellschaft** (AG, KGaA, vgl. § 2 III WpÜG) geplant, so ist der Wirtschaftsausschuss der Zielgesellschaft umfassend über das Angebot, und die Angebotsunterlage des Bieters (vgl. §§ 10, 11 WpÜG) und die beabsichtigte Reaktion des Vorstandes der Zielgesellschaft (vgl. § 27 WpÜG) zu unterrichten. Insoweit ergänzt Abs. 2 S. 2 iVm. Abs. 3 Nr. 9a die allg. Unterrichtungspflichten des Vorstands der Zielgesellschaft ggü. dem BR bzw. der Belegschaft nach §§ 10 V 2, 14 IV 2, 27 III 2 WpÜG (vgl. Rz. 5, 83). Die **Angebotsunterlage** enthält die in Abs. 2 S. 2 angesprochenen Themen wie den Namen des Bieters und Angaben über die Absicht des Bieters im Hinblick auf die künftige Geschäftstätigkeit der Zielgesellschaft, die ArbN und deren Vertretungen, wesentliche Änderungen der Beschäftigungsbedingungen einschl. der insoweit vorgesehenen Maßnahmen (§ 11 II 2 Nr. 1, II 3 Nr. 2 WpÜG). Da die Entscheidung des Bieters zur Abgabe eines Angebots, die Angebotsunterlage des Bieters und die Stellungnahme des Vorstands der Zielgesellschaft zu veröffentlichen sind (vgl. §§ 10, 11, 14 III, 27 WpÜG), können diese Unterlagen dem Wirtschaftsausschuss nicht unter Berufung auf die Gefährdung von Betriebs- und Geschäftsgeheimnissen des Zielunternehmens nach Abs. 2 S. 1 aE vorenthalten werden.

47f Falls es zu einer **Unternehmensübernahme mit Kontrollerwerb im Rahmen einer Umwandlung nach dem UmwG** kommt (vgl. Rz. 81c) und das Zielunternehmen ein an der Umwandlung beteiligter Rechtsträger ist, kann die Pflicht zur Vorlage der erforderlichen Unterlagen iSd. Abs. 2 S. 2 ggf. dadurch erfüllt werden, dass der Entwurf des Verschmelzungs- bzw. Spaltungsvertrags nicht nur dem zuständigen BR des Zielunternehmens (vgl. §§ 5 III, 126 III UmwG), sondern auch dem Wirtschaftsausschuss zugeleitet wird. Ferner ist ggf. der Verschmelzungs- bzw. Spaltungsbericht (§§ 8, 125 UmwG) vorzulegen. In diesen Dokumenten finden sich u.a. Angaben zum Erwerber (dh. neuen Gesellschafter des Zielunternehmens) sowie zu den Folgen der Spaltung für die ArbN und ihre Vertretungen (§§ 5 I Nr. 9, 126 I Nr. 11 UmwG).

48 **4. Grenze: Gefährdung von Betriebs- oder Geschäftsgeheimnissen.** Die Pflicht des Unternehmers (ArbGeb) zur Unterrichtung und Vorlage von Unterlagen findet dort ihre Grenze, wo durch die Unterrichtung des Wirtschaftsausschusses Betriebs- und Geschäftsgeheimnisse gefährdet werden (Abs. 2). Trotz des Wortlauts („und") dürfte eine Gefährdung von Betriebsgeheimnissen *oder* Geschäftsgeheimnissen ausreichen, denn sonst würde der Schutzzweck der Schrankenregelung vereitelt (vgl. auch § 32 I SprAuG, § 43 II 2). Zur Verweigerung der Unterrichtung ist der Unternehmer auch berechtigt, soweit

---

[1] HLS/*Gerhard*, § 106 Rz. 19a; *Liebers/Erren/Weiß*, NZA 2009, 1063 (1065); *Simon/Dobel*, BB 2008, 1955 (1056). ||[2] *Simon/Dobel*, BB 2008, 1955 (1057f.). ||[3] *Fleischer*, ZfA 2009, 787 (800ff.); *Liebers/Erren/Weiß*, NZA 2009, 1063 (1066); *Schröder/Falter*, NZA 2008, 1097; *Simon/Dobel*, BB 2008, 1955 (1056); *Thüsing*, ZIP 2008, 106 (108); *Vogt/Bedkowski*, NZG 2008, 725 (727); aA *Fitting*, § 106 Rz. 100; näher zum Ganzen *Winstel*, Unterrichtung der Belegschaftsvertretung der Tochtergesellschaft im (grenzüberschreitenden) Aktienkonzern, 2011, S. 52 ff. ||[4] *Liebers/Erren/Weiß*, NZA 2009, 1063 (1067f.); *Schröder/Falter*, NZA 2008, 1097 (1098). ||[5] Ähnlich *Nagel/Hopfe*, ZIP 2010, 817 (821) mwN in Fn. 53. ||[6] Vgl. *Nagel/Hopfe*, ZIP 2010, 817 (821).

vertragl. geheim zu haltende Betriebs- oder Geschäftsgeheimnisse von Geschäftspartnern gefährdet sind[1].

Die Entscheidung, ob durch die Auskunft trotz der Verschwiegenheitspflicht nach § 79 II ein Betriebs- oder Geschäftsgeheimnis gefährdet wird, trifft der ArbGeb nach **pflichtgemäßem Ermessen**[2]. In Streitfällen entscheidet zunächst die Einigungsstelle (§ 109) und dann ggf. das ArbG (s. Rz. 87). Ggü. der Einigungsstelle genügt es, wenn der Unternehmer glaubhaft macht, dass eine Auskunft ein Betriebs- oder Geschäftsgeheimnis gefährden wird. 49

Betriebs- und Geschäftsgeheimnisse sind Tatsachen, Erkenntnisse und Unterlagen, die im Zusammenhang mit einem Geschäftsbetrieb stehen, nicht offenkundig sind, nur einem eng begrenzten Personenkreis bekannt sind, nach dem bekundeten Willen des Unternehmers (ArbGeb) geheim gehalten werden sollen und an deren Geheimhaltung der Unternehmer ein berechtigtes Interesse hat; Betriebsgeheimnisse beziehen sich auf den technischen Arbeitsablauf und Geschäftsgeheimnisse auf den kaufmännischen Bereich bzw. die wirtschaftl. Betätigung des Unternehmens[3] (vgl. § 79 Rz. 7 ff.). In der Praxis hat das Merkmal der Offenkundigkeit zentrale Bedeutung. Sie wird bereits bejaht, wenn es um Tatsachen geht, die ein Interessierter ohne besondere Schwierigkeiten und Mühen in Erfahrung bringen kann[4]. **Betriebsgeheimnisse** können beispielsw. sein: Erfindungen, Herstellungsverfahren, Versuchsprotokolle, Rezepturen. **Geschäftsgeheimnisse** können zB sein: Kalkulationsunterlagen, Kundenlisten, Bezugsquellen, Planungen, beabsichtigte, eingeleitete oder abgeschlossene Verhandlungen, Liquidität des Unternehmens, Auftragslage, Höhe des Umsatzes usw.[5]. Wirtschaftl. Angelegenheiten nach Abs. 3 betreffen daher oftmals Betriebs- oder Geschäftsgeheimnisse. 50

Die Unterrichtungspflicht des Unternehmers nach Abs. 2 ist jedoch nur ausgeschlossen, soweit durch die Unterrichtung bzw. Vorlage von Unterlagen eine **Gefährdung** von Betriebs- oder Geschäftsgeheimnissen eintritt. Eine derartige Gefährdung kommt nur in **Ausnahmefällen** in Betracht, etwa wenn die **konkrete Befürchtung** besteht, dass **Informationen** von Mitgliedern des Wirtschaftsausschusses trotz der auferlegten Verschwiegenheitspflicht (§§ 79, 107 III 4) **weitergegeben werden**[6], oder wenn es sonst an der Zuverlässigkeit eines oder mehrerer Mitglieder des Wirtschaftsausschusses, des von diesem unterrichteten BR oder des gem. § 31 zugezogenen Gewerkschaftsbeauftragten fehlt. Letzteres kann zB der Fall sein, wenn der hinzugezogene Gewerkschaftsbeauftragte zugleich Aufsichtsratsmitglied eines gewerkschaftseigenen oder mit der Gewerkschaft wirtschaftl. eng verflochtenen Wirtschaftsunternehmens ist, das mit dem unterrichtungspflichtigen Unternehmer in Konkurrenz steht[7]. IÜ wird diese Fallgruppe einschlägig sein, wenn eine der vorgenannten Personen bereits in der Vergangenheit einmal ein Betriebs- oder Geschäftsgeheimnis unbefugt weitergegeben hat[8]. 51

Eine Gefährdung liegt unabhängig von konkreten Verdachtsmomenten für einen drohenden Geheimnisbruch ferner vor, wenn **Betriebs- und Geschäftsgeheimnisse von so überragender Bedeutung** betroffen sind, dass auch schon die geringste Gefahr einer unbefugten Weitergabe vermieden werden muss, dh., wenn objektiv ein sachliches Interesse an der völligen Geheimhaltung bestimmter Tatsachen wegen der sonst zu befürchtenden Gefährdung des Bestandes oder der Entwicklung des Unternehmens besteht[9]. Dies kommt bspw. in Betracht im Hinblick auf ein Produktionsprojekt, an dem die Konkurrenz des Unternehmens ebenfalls arbeitet, oder bei Vertragsverhandlungen über einen Großauftrag, welche bei Bekanntwerden ggf. scheitern[10]. 52

Hingegen kann die Unterrichtung nicht mit der Begründung verweigert werden, gewerkschaftliche Mitglieder des Wirtschaftsausschusses könnten die erlangten Kenntnisse im Rahmen von Tarifverhandlungen verwerten[11]. 53

IV. Keine Beratungspflicht des Unternehmers. Obwohl es nach Abs. 1 S. 2 die Aufgabe des Wirtschaftsausschusses ist, wirtschaftl. Angelegenheiten mit dem Unternehmer zu beraten, folgt daraus nicht zwingend eine entsprechende Beratungspflicht des Unternehmers. Vielmehr folgt im Umkehrschluss aus den Normen, die explizit eine Unterrichtungs- und Beratungspflicht des ArbGeb vorsehen (zB §§ 90 II 1, 92 I 2, 111 S. 1), dass den Unternehmer (ArbGeb) im Rahmen des § 106 nur eine Unterrichtungspflicht ggü. dem Wirtschaftsausschuss trifft, nicht hingegen eine „aktive" Beratungspflicht. Für den Wirtschaftsausschuss bedeutet dies, dass er seiner Beratungsaufgabe nur nachkommen kann und muss, wenn der Unternehmer sich zu Beratungen bereit erklärt. Dennoch kann der Wirtschaftsausschuss freilich eigene Initiativen und Vorschläge ggü. dem Unternehmer einbringen[12]. Es ist iÜ davon auszugehen, dass der Unternehmer im Rahmen des betriebsverfassungsrechtl. Kooperationsgebots 54

---

1 *Fitting*, § 106 Rz. 43. ||2 OLG Karlsruhe 7.6.1985 – 1 Ss 68/85, DB 1986, 387; ErfK/*Kania*, § 106 BetrVG Rz. 6; Richardi/*Annuß*, § 106 Rz. 35. ||3 Küttner/*Kreitner*, Betriebsgeheimnis Rz. 2; GK-BetrVG/*Oetker*, § 79 Rz. 8, jew. mwN; *Richters/Wodtke*, NZA-RR 2003, 281. ||4 BAG 26.2.1987 – DB 1987, 2526 (2527); Küttner/*Kreitner*, Betriebsgeheimnis Rz. 3 mwN. ||5 GK-BetrVG/*Oetker*, § 79 Rz. 11. ||6 BAG 11.7.2000 – 1 ABR 43/99, NZA 2001, 402; *Fitting*, § 106 Rz. 30; Richardi/*Annuß*, § 106 Rz. 34. ||7 OLG Karlsruhe 7.6.1985 – 1 Ss 68/85, DB 1986, 387; aA DKKW/*Däubler*, § 106 Rz. 59. ||8 DKKW/*Däubler*, § 106 Rz. 60; GK-BetrVG/*Oetker*, § 106 Rz. 100. ||9 BAG 11.7.2000 – 1 ABR 43/99, NZA 2001, 402; OLG Karlsruhe 7.6.1985 – 1 Ss 68/85, DB 1986, 387 unter 2a; *Fitting*, § 106 Rz. 45; Richardi/*Annuß*, § 106 Rz. 34. ||10 Vgl. Löwisch/*Kaiser*, § 106 Rz. 13. ||11 BAG 11.7.2000 – 1 ABR 43/99, NZA 2001, 402. ||12 Vgl. ErfK/*Kania*, § 106 BetrVG Rz. 3.

(vgl. §§ 74 I 2, 2 I¹) verpflichtet ist, sich auf Erörterungsverlangen, Vorschläge und Initiativen des Wirtschaftsausschusses einzulassen und darauf zumindest substantiiert Stellung zu nehmen. Für die Praxis gilt ohnehin der Erfahrungssatz, dass ein kooperativer Umgang mit den ArbN-Vertretungen im Regelfall dem Unternehmen zugutekommt.

55 **V. Wirtschaftliche Angelegenheiten (Abs. 3).** Abs. 3 zählt die für die Unterrichtungs- und Vorlagepflicht des Unternehmers maßgeblichen wirtschaftl. Angelegenheiten auf. Nach dem Wortlaut („insbesondere") ist die Aufzählung nicht abschließend. In der Praxis bleibt angesichts der (beschränkten) Generalklausel der Nr. 10 allerdings kaum Platz für weitere relevante wirtschaftl. Angelegenheiten[2]. Insb. fallen Tätigkeiten der laufenden Geschäftsführung nicht unter die wirtschaftl. Angelegenheiten iSd. Abs. 3 (s. Rz. 38).

56 Die Nr. 5 und 6–9 überschneiden sich teilweise mit den in § 111 S. 3 genannten Tatbeständen der Betriebsänderung. Durch das BetrVerf-ReformG v. 23.7.2001[3] hinzugefügt wurden Fragen des betriebl. Umweltschutzes (Nr. 5a), welche insb. auch im Rahmen der allg. Aufgaben des BR (§ 80 I Nr. 9) relevant sind.

57 **1. Wirtschaftliche und finanzielle Lage des Unternehmens (Nr. 1).** Nr. 1 erfasst vor allem die Vermögens- und Kreditlage des Unternehmens, nicht hingegen die privaten finanziellen Verhältnisse des Unternehmers[4]. Zur wirtschaftl. und finanziellen Lage (Nr. 1) gehören alle auf das Unternehmen einwirkenden Gegebenheiten und Faktoren, die für die unternehmerische Planung und die wirtschaftl. Entwicklung des Unternehmens in Vergangenheit und Zukunft von Bedeutung waren und von Bedeutung sein können, insb. Verluste, Gewinne, Risikolage (dh. die Frage, ob die Geschäftstätigkeit mit besonderen kaufmännischen Risiken belastet ist, wie etwa Kreditschwierigkeiten), Versorgungslage mit Roh- und Betriebsstoffen, Preisgestaltung und deren Kalkulationsgrundlagen (str.)[5], Außenstände, die steuerliche Belastung, soziale Aufwendungen, Personalkosten[6], konjunkturelle Entwicklung, Konkurrenzsituation, wirtschaftl. Entwicklung der Branche, Situation der Exportmärkte und Wechselkurse, Auftragsbestand und Liquidität[7]. Da sich die Unterrichtungspflicht auf die Lage des Unternehmens im Ganzen bezieht, kann der Wirtschaftsausschuss grds. keine Informationen hinsichtlich einzelner Betriebe oder Betriebsabteilungen verlangen[8].

58 Im Rahmen der Nr. 1 hat der Unternehmer insb. auch über die Absicht des Unternehmers zu unterrichten, die **Eröffnung eines Insolvenzverfahrens** zu beantragen. Zu informieren ist ferner über die Stellung des Insolvenzantrags durch einen Dritten[9].

59 Zu den **erforderlichen Unterlagen** iSd. Abs. 2, die anlässlich der Unterrichtung über die wirtschaftl. und finanzielle Lage des Unternehmens (Abs. 3 Nr. 1) vorzulegen sind, gehören vor allem der – **Bilanz und Gewinn- und Verlustrechnung** umfassende (§ 242 III HGB) – **Jahresabschluss** (vgl. § 108 V[10]) sowie der bereits erstellte **Wirtschaftsprüfungsbericht** nach § 321 HGB, da er Umstände und Verhältnisse belegt, welche die wirtschaftl. und finanzielle Lage des Unternehmens beleuchten[11].

60 **2. Produktions- und Absatzlage (Nr. 2).** Die Unterrichtung über die **Produktionslage** umfasst eine Analyse der Kapazität (mögliche Erzeugnismenge) und ihr Verhältnis zur tatsächlichen Auslastung der Betriebe aufgegliedert nach Typen und Warenarten, des Bedarfs an Betriebsmitteln sowie Roh- und Hilfsstoffen, der Hemmnisse, die einer Steigerung der Produktion entgegenstehen, und der Möglichkeiten ihrer Beseitigungen sowie Informationen über Streik, höhere Gewalt, gewerbliche Auflagen uÄ[12]. Für **Dienstleistungsunternehmen** gilt dies mutatis mutandis.

61 Die **Absatzlage** bezieht sich auf die Gegebenheiten und Entwicklungen, die für den Vertrieb, Umsatz und Verkauf der Produkte oder Dienstleistungen des Unternehmens relevant sind[13].

62 Im Zusammenhang mit Nr. 2 vorzulegende **Unterlagen** können also zB Produktions-, Verkaufs- und Umsatzstatistiken, Marktforschungsanalysen oder wichtige Liefer- und Bezugsverträge sein.

63 **3. Produktions- und Investitionsprogramm (Nr. 3).** Unter Berücksichtigung des Absatzprogramms, der Beschaffungsmärkte und der Kapazität der Produktionsbereiche legt das **Produktionsprogramm** die arbeitstechnische Leistung der Betriebe fest, dh. welche Produkte in einem bestimmten Zeitraum erzeugt bzw. welche Dienstleistungen erbracht werden sollen[14].

---

1 Vgl. *Lembke*, Mediation im Arbeitsrecht, 2001, Rz. 182, 382. ||2 GK-BetrVG/*Oetker*, § 106 Rz. 41; Richardi/*Annuß*, § 106 Rz. 37. ||3 BGBl. I S. 1852. ||4 GK-BetrVG/*Oetker*, § 106 Rz. 50 f.; Richardi/*Annuß*, § 106 Rz. 40 mwN. ||5 Zu Recht krit. *Picot/Schnitker*, Arbeitsrecht bei Unternehmenskauf und Restrukturierung, 2001, Teil II Rz. 341 mwN; *Stück/Wein*, DB 2005, 334. ||6 LAG Hamm 14.9.2009 – 13 TaBV 74/09. ||7 BAG 8.8.1989 – 1 ABR 61/88, NZA 1990, 150; OLG Karlsruhe 7.6.1985 – 1 Ss 68/85, DB 1986, 387; *Fitting*, § 106 Rz. 53. ||8 *Löwisch/Kaiser*, § 106 Rz. 18. ||9 DKKW/*Däubler*, § 106 Rz. 64; *Fitting*, § 106 Rz. 54. ||10 BAG 8.8.1989 – 1 ABR 61/88, NZA 1990, 150. ||11 BAG 8.8.1989 – 1 ABR 61/88, NZA 1990, 150; Richardi/*Annuß*, § 106 Rz. 28; aA *Hommelhoff*, ZIP 1990, 218 ff. ||12 *Fitting*, § 106 Rz. 56; ErfK/*Kania*, § 106 BetrVG Rz. 9; Richardi/*Annuß*, § 106 Rz. 42. ||13 Vgl. DKKW/*Däubler*, § 106 Rz. 65; *Fitting*, § 106 Rz. 55; Richardi/*Annuß*, § 106 Rz. 42. ||14 Vgl. DKKW/*Däubler*, § 106 Rz. 66; *Fitting*, § 106 Rz. 57.

Das **Investitionsprogramm** bestimmt, welche Finanzmittel für welche Ausgaben und welche Investitionsprojekte eingesetzt werden sollen[1]. 64

Im Rahmen der Nr. 3 vorzulegende **Unterlagen** können zB der Businessplan, Haushaltsplan, Finanzierungspläne, Werbeaktionsplan usw. sein. 65

4. Rationalisierungsvorhaben (Nr. 4). Unter Rationalisierungsvorhaben fallen alle Maßnahmen, die der Steigerung der Wirtschaftlichkeit des Unternehmens durch Herabsenkung der mit dem Einsatz von ArbN, Zeit, Energie, Material und Kapital verbundenen Kosten dienen[2]. Dies kann durch Personalabbau, Kurzarbeit, Einführung neuer Arbeits- oder Fabrikationsmethoden, stärkere Automatisierung und Mechanisierung (zB Einsatz von Robotern oder EDV-Systemen), Normung der Produkte oder eine Straffung der Betriebsorganisation (zB Outsourcing, Stilllegung von Betriebsteilen) geschehen. Die Unterrichtung nach Nr. 4 ist insb. im Zusammenhang mit den Beteiligungsrechten des BR nach §§ 90, 92 und 111 zu sehen (zum Verhältnis der Bestimmungen zueinander vgl. Rz. 11). 66

Im Zusammenhang mit Rationalisierungsvorhaben nach Nr. 4 können insb. Gutachten und Berichte von Unternehmensberatungen vorzulegen sein. 67

5. Fabrikations- und Arbeitsmethoden (Nr. 5). Der Wirtschaftsausschuss ist auch über die Fabrikationsmethoden (Fertigungsverfahren), dh. den Ablauf der Gütererzeugung unter technischen Gesichtspunkten (zB Umfang des Maschineneinsatzes, Einzel- oder Massenfertigung, Sorten- oder Serienfertigung, Reihen-, Fließband- oder Roboterfertigung), und über Arbeitsmethoden, dh. die Gestaltung der menschlichen Arbeit bei der Gütererzeugung bzw. Ausführung von Dienstleistungen unter arbeitswissenschaftlichen Aspekten (zB Einzel- oder Gruppenarbeit, Einsatz von technischen Hilfsmitteln, Schichtarbeit, Gleitzeit, Telearbeit; Kontrolleinrichtungen[3]), zu unterrichten[4]. Die Regelung ist insb. im Zusammenhang mit den Beteiligungsrechten des BR nach §§ 90, 91, 87 I Nr. 2, 6, 13 und 111 Nr. 5 zu sehen. 68

6. Fragen des betrieblichen Umweltschutzes (Nr. 5a). Seit 2001 (s. Rz. 56) ist der Wirtschaftsausschuss vom Unternehmer auch über Fragen des betriebl. Umweltschutzes zu unterrichten. Nr. 5a erfasst nur Fragen des „betrieblichen" Umweltschutzes. Es geht also nicht um ein allgemeinpolitisches Mandat des Wirtschaftsausschusses bzw. BR[5]. Vielmehr ist ein konkreter Betriebsbezug der Umweltschutzangelegenheit erforderlich. Was darunter zu verstehen ist, soll sich aus der missglückten **Definition des betriebl. Umweltschutzes in § 89 III** ergeben. Sie beschreibt aber nur den Begriff „betrieblich", nicht hingegen den des Umweltschutzes. 69

Unter **Umweltschutz** dürfte jede Handlung zu verstehen sein, die den vorhandenen Bestand an Sachgütern, Naturgütern (Boden, Wasser, Luft, Klima, Tiere, Pflanzen, Menschen, sonstige lebende Organismen), Kulturgütern, an Landschaft und Naturhaushalt sowie das zwischen ihnen bestehende Wirkungsgefüge stärkt[6]. 70

Der Begriff „**betrieblich**" wird in § 89 III so weit gefasst wird, dass nicht nur Verhaltensweisen erfasst werden, die dem innerbetriebl. Umweltschutz dienen, sondern auch alle vom Betrieb ausgehenden Einwirkungen auf die Umwelt[7]. Damit können letztlich alle betriebl. Tätigkeiten mit Außenwirkung unter dem Gesichtspunkt des betriebl. Umweltschutzes erörtert werden (wie zB die Umweltverträglichkeit der hergestellten Produkte oder der eingesetzten Transportmittel). Eine einschränkende Funktion kommt dem Begriff „betrieblich" dann nur noch dahin gehend zu, dass die Umwelteinwirkung etwas mit dem Betrieb des ArbGeb zu tun haben muss. Zur Vermeidung eines – vom Gesetzgeber nicht intendierten – allg. umweltpolitischen Mandats des Wirtschaftsausschusses bzw. BR ist aber eine **einschränkende Auslegung** geboten. Zusammenfassend lässt sich der Begriff des betriebl. Umweltschutzes daher als die **Einflussnahme auf umweltgerechte und umweltschützende Arbeits- und Betriebsbedingungen** verstehen[8]. 71

Fest steht, dass weder der BR noch der Wirtschaftsausschuss umweltrelevante Investitionsentscheidungen des Unternehmens aufhalten können[9]. Die Unterrichtungspflicht in Fragen des betriebl. Umweltschutzes ist auch auf Grund der Bußgeldbewehrung in § 121 I und des verfassungsrechtl. Bestimmtheitsgebots (Art. 103 II GG) restriktiv auszulegen[10]. Die **Unterrichtungspflicht** erstreckt sich nicht auf Geschäfte der laufenden Verwaltung, selbst wenn sie für den betriebl. Umweltschutz relevant sein sollten (vgl. Rz. 38). Vielmehr geht es im Rahmen der Nr. 5a um konkrete Maßnahmen des Umweltschutzes im Betrieb (zB Mülltrennung; Wiederverwertung von Materialresten), deren Kosten und Auswirkungen auf die wirtschaftl. Situation des Unternehmens und die dortigen Arbeitsplätze[11], die Fest- 72

---

1 Vgl. DKKW/*Däubler*, § 106 Rz. 67; ErfK/*Kania*, § 106 BetrVG Rz. 10; Richardi/*Annuß*, § 106 Rz. 44. ||2 Vgl. DKKW/*Däubler*, § 106 Rz. 68; *Fitting*, § 106 Rz. 59. ||3 Str., vgl. DKKW/*Däubler*, § 106 Rz. 73 mwN. ||4 Vgl. DKKW/*Däubler*, § 106 Rz. 71 f.; *Fitting*, § 106 Rz. 61 f. ||5 Vgl. BT-Drs. 14/5741, 48; *Engels/Trebinger/Löhr-Steinhaus*, DB 2001, 532 (541); *Reichel/Meyer*, RdA 2003, 101 (102); *Wiese*, BB 2002, 674 (675). ||6 *Konzen*, RdA 2001, 76 (89); vgl. auch Wiese, BB 2002, 674 (677). ||7 *Hanau*, RdA 2001, 65 (73); *Konzen*, RdA 2001, 76 (89); vgl. auch DKKW/*Däubler*, § 106 Rz. 73a; *Reichel/Meyer*, RdA 2003, 101 (103). ||8 Näher *Wiese*, BB 2002, 674 (677). ||9 Vgl. BT-Drs. 14/5741, 26; *Wiese*, BB 2002, 674 (678). ||10 IdS auch *Konzen*, RdA 2001, 76 (90). ||11 BT-Drs. 14/5741, 51; Richardi/*Annuß*, § 106 Rz. 49.

legung umweltpolitischer Ziele des Unternehmens, die Einführung eines Umweltmanagementsystems[1], die Umweltvorsorge bei der Einführung neuer Produkte, die Verbesserung der Umweltverträglichkeit von Produktionsverfahren uÄ[2]. In Zweifelsfällen ist dem Unternehmer eine **Einschätzungsprärogative** zuzugestehen, welche Angelegenheiten sich für das Unternehmen als „Fragen" des betriebl. Umweltschutzes stellen.

73 Im Zusammenhang mit Nr. 5a vorzulegende **Unterlagen** können zB Gutachten von Umweltfachleuten, Analysen und Berichte im Rahmen eines Umwelt-Audits[3], für das Unternehmen oder die ArbN bedeutende Auflagen und Anordnungen der Umweltschutzbehörden etc. sein.

74 **7. Einschränkung oder Stilllegung von Betrieben oder Betriebsteilen (Nr. 6).** Der Tatbestand der „Einschränkung oder Stilllegung von Betrieben oder Betriebsteilen" (Nr. 6) entspricht im Wesentlichen dem der Betriebsänderung nach § **111 Nr. 1** (s. § 111 Rz. 22 ff.). Allerdings ist der Wirtschaftsausschuss auch über derartige Veränderungen bei **nicht wesentlichen** Betriebsteilen zu unterrichten[4]. Aus dem systematischen Zusammenspiel mit der beschränkten Generalklausel der Nr. 10 folgt aber, dass eine Beeinträchtigung der Interessen von ArbN des Unternehmens möglich sein muss. Dies dürfte beim Tatbestand der Nr. 6 regelmäßig der Fall sein[5].

75 Zu den wirtschaftl. Angelegenheiten iSd. Nr. 6 gehört auch die Stilllegung von Betrieben, in denen kein BR gebildet ist[6]. Dies gilt umso mehr, als mittlerweile der GBR – dessen Hilfsorgan der Wirtschaftsausschuss im Falle eines Unternehmens mit mehreren BR und mehr als 100 ArbN ist (s. Rz. 10) – im Rahmen des § 50 I auch für betriebsratslose Betriebe zuständig ist.

76 **8. Verlegung von Betrieben oder Betriebsteilen (Nr. 7).** Der Tatbestand der „Verlegung von Betrieben oder Betriebsteilen" (Nr. 7) entspricht § **111 Nr. 2** (vgl. § 111 Rz. 34 ff.), der allerdings eine Beschränkung auf „wesentliche" Betriebsteile enthält. Wie bei Nr. 6 ist der Wirtschaftsausschuss daher auch dann zu unterrichten, wenn sich die geplante Verlegung auf kleine, unwesentliche Betriebsteile bezieht oder wenn der Betrieb(steil) keinen BR besitzt (s. Rz. 74 f.)[7].

77 **9. Zusammenschluss oder Spaltung von Unternehmen oder Betrieben (Nr. 8).** Der Tatbestand der Nr. 8 beschränkte sich ursprünglich auf den „Zusammenschluss von Betrieben" und wurde mWv. 1.1. 1995 durch Art. 13 Nr. 1 UmwBerG[8] in die heutige Fassung gebracht.

78 Im Hinblick auf den **Zusammenschluss oder die Spaltung von Betrieben** entspricht Nr. 8 der Regelung des **§ 111 Nr. 3** (s. § 111 Rz. 37 ff.), wobei eine Unterrichtung auch dann erforderlich ist, wenn es um unwesentliche oder betriebsratslose Betrieb(steil)e geht (vgl. Rz. 74 f.).

79 Über § 111 Nr. 3 hinaus ist der Wirtschaftsausschuss über den Zusammenschluss oder die Spaltung von Unternehmen zu unterrichten[9]. Mit dem **Zusammenschluss von Unternehmen** ist die Verschmelzung (§§ 2 ff. UmwG), grenzüberschreitende Verschmelzung (§§ 122a ff. UmwG) und die Vermögensübertragung in Form der Vollübertragung (§ 174 I UmwG) nach dem UmwG gemeint. Unter die **Spaltung von Unternehmen** fallen die Aufspaltung, Abspaltung und Ausgliederung (§§ 123 ff. UmwG) sowie die Vermögensübertragung in Form der Teilübertragung (§ 174 II UmwG). Sonstige Änderungen der Unternehmensstruktur (zB Formwechsel nach §§ 190 ff. UmwG; Spaltung des Unternehmens im Wege der Einzelrechtsnachfolge) fallen nicht unter Nr. 8, aber regelmäßig unter Nr. 10[10].

80 Der Wirtschaftsausschuss ist schon **im Planungsstadium** über die genannten Vorhaben zu unterrichten, wenn sich die Planungen konkretisiert haben und das Stadium bloßer Vorüberlegungen überschritten ist (vgl. Rz. 34). Erforderlich ist also, dass das Unternehmen im Prinzip zur jeweiligen Maßnahme entschlossen ist, auch wenn noch nicht alle Modalitäten feststehen und/oder über **konkrete** Handlungsalternativen noch abschließend zu entscheiden ist. Soweit bei der Unterrichtung bereits erkennbar, ist **inhaltlich** zu unterrichten über die beteiligten Unternehmen, die in Aussicht genommenen Maßnahmen auf betriebl. und/oder gesellschaftsrechtl. Ebene, die übergehenden Betrieb(steil)e und ArbVerh, die individual-, tarif-, betriebsverfassungs- und mitbestimmungsrechtl. Folgen für die ArbN und deren Vertretungen sowie die insoweit vorgesehenen Maßnahmen (v.a. mögliche personelle Maßnahmen wie Versetzungen, Umschulungen, Entlassungen, Betriebsänderungen)[11]. Insoweit entfalten die umwandlungsrechtl. Vorschriften, wonach der Verschmelzungsbericht (§ 122e UmwG) bzw. der Umwandlungsvertrag Angaben über die Folgen der Umwandlung für die ArbN und ihre Vertretungen sowie die insoweit vorgesehenen Maßnahmen enthalten muss (vgl. §§ 5 I Nr. 9, 126 I Nr. 11, 176 f., 194 I Nr. 7 UmwG) und dem zuständigen BR der beteiligten Rechtsträger spätestens einen Monat vor der Beschlussfassung zuzuleiten ist (vgl. §§ 5 III, 126 III, 194 II UmwG), eine Art „Vorwirkung". Die Unterrichtung hat sich ferner auf das den Maßnahmen zugrunde liegende wirtschaftl. Konzept zu erstrecken.

---

[1] Vgl. *Wiese*, BB 2002, 674 (681). || [2] Vgl. *Fitting*, § 106 Rz. 66. || [3] Vgl. auch *Wiese*, BB 2002, 674 (680). || [4] DKKW/*Däubler*, § 106 Rz. 74. || [5] So auch Richardi/*Annuß*, § 106 Rz. 38, 50. || [6] BAG 9.5.1995 – 1 ABR 61/94, NZA 1996, 55; DKKW/*Däubler*, § 106 Rz. 74; ErfK/*Kania*, § 106 BetrVG Rz. 13; Richardi/*Annuß*, § 106 Rz. 50. || [7] ErfK/*Kania*, § 106 BetrVG Rz. 14. || [8] Gesetz zur Bereinigung des Umwandlungsrechts v. 28.10. 1994, BGBl. I S. 3210. || [9] Vgl. *Bauer/Lingemann*, NZA 1994, 1057 (1063); *Kreßel*, BB 1995, 925 (926 f.); *Wlotzke*, DB 1995, 40 (47). || [10] DKKW/*Däubler*, § 106 Rz. 76; Richardi/*Annuß*, § 106 Rz. 53; zum Ganzen s.a. *Gaul*, DB 1995, 2265. || [11] Vgl. *Fitting*, § 106 Rz. 72.

10. Änderung der Betriebsorganisation oder des Betriebszwecks (Nr. 9).

Nr. 9 erfasst wie § 111 Nr. 4 die Änderung der Betriebsorganisation oder des Betriebszwecks (s. § 111 Rz. 44ff.), nicht hingegen die Änderung der Betriebsanlagen, welche allerdings regelmäßig zumindest unter Nr. 10 fallen wird[1]. Allerdings ist der Wirtschaftsausschuss auch bei nicht „grundlegenden" Änderungen der Betriebsorganisation oder des Betriebszwecks zu unterrichten[2]. **81**

11. Unternehmensübernahme mit Kontrollerwerb (Nr. 9a).

Nr. 9a – durch das Risikobegrenzungsgesetz mWv. 19.8.2008 eingeführt (vgl. Rz. 47a) – definiert als wirtschaftl. Angelegenheit des Unternehmens nun auch die „Übernahme des Unternehmens, wenn hiermit der Erwerb der Kontrolle verbunden ist". Nr. 9a wird durch Abs. 2 S. 2 sowie § 109a flankiert. Die Norm „stellt" laut Gesetzesbegr. „klar", dass das Unternehmen den Wirtschaftsausschuss auch über eine Übernahme des Unternehmens informieren muss, wenn damit der Erwerb der Kontrolle über das Unternehmen verbunden ist[3]. Die für börsennotierte Unternehmen geltenden insiderrechtl. (§§ 14ff. WpHG, vgl. Rz. 32) und übernahmerechtl. (vgl. §§ 10 V 2, 14 IV 2, 27 III 2 WpÜG, vgl. Rz. 5) Vorschriften bleiben hiervon unberührt[4]. **81a**

Gegenstand der Regelungen ist das **Zielunternehmen**, dh. es geht um die Unterrichtung des Wirtschaftsausschusses bzw. BR (§ 109a) der Zielgesellschaft, deren Anteile übernommen werden sollen. Unter „**Übernahme des Unternehmens**" ist zu verstehen, dass die Zielgesellschaft einen neuen Eigentümer/Gesellschafter erhält. Dies gilt auch, wenn das Zielunternehmen eine Personengesellschaft ist[5]. Die Unternehmensübernahme kann durch einen Kauf der Gesellschaftsanteile (**Share Deal**) – ggf. im Bieterverfahren – geschehen, **nicht** hingegen durch einen **Asset Deal**[6]. Beim Asset Deal werden lediglich bestimmte Vermögensgegenstände vom Verkäuferunternehmen an den Käufer veräußert, der dadurch jedoch weder das Verkäuferunternehmen iSd. Gesetzes „übernimmt" noch die „Kontrolle über das Verkäuferunternehmen erwirbt"; vielmehr bleibt die Unabhängigkeit des Verkäuferunternehmens durch einen Asset Deal unberührt. **81b**

Abgesehen vom Share Deal kann eine Unternehmensübernahme mit Kontrollerwerb durch einen entsprechenden Gesellschafterwechsel beim Zielunternehmen auch im Falle einer **Umwandlung nach dem UmwG** vorliegen, zB wenn das „Zielunternehmen" die 100%ige Tochtergesellschaft des übertragenden Rechtsträgers ist, der auf eine andere Gesellschaft (den übernehmenden Rechtsträger) verschmolzen wird. Mit Wirksamwerden der Verschmelzung erlischt der übertragende Rechtsträger, und der übernehmende Rechtsträger wird neuer alleiniger Eigentümer/Gesellschafter des Zielunternehmens (vgl. § 20 I Nr. 1, 2 UmwG). Eine Unternehmensübernahme mit Kontrollerwerb ist auch bei der Verschmelzung eines Unternehmens auf das „Zielunternehmen" denkbar, zB wenn der Anteilsinhaber des übertragenden Rechtsträgers nach der Verschmelzung die Mehrheit der Anteile an dem (übernehmenden) Zielunternehmen hält (vgl. §§ 5 I Nr. 4, 20 I Nr. 3 UmwG). Ähnliche mit einem Kontrollerwerb verbundene Veränderungen in der Gesellschafterstruktur eines Zielunternehmens sind auch im Rahmen von Spaltungen (§§ 123ff. UmwG) denkbar. **81c**

Nr. 9a ist nur einschlägig, wenn mit der Unternehmensübernahme der **Erwerb der Kontrolle** verbunden ist. Bei einer **börsennotierten AG oder KGaA** als Zielgesellschaft (vgl. § 2 III WpÜG) liegt eine Kontrolle des Zielunternehmens nach dem Gesetzesbegr. insb. vor, wenn mindestens 30 % der Stimmrechte an der Zielgesellschaft gehalten werden (vgl. § 29 II WpÜG)[7]. Im Hinblick auf die übliche Präsenz der Aktionäre in Hauptversammlungen wird bei Erreichen des Schwellenwerts von 30 % oftmals eine Hauptversammlungsmehrheit erlangt und die Ausübung von Kontrolle tatsächlich möglich sein[8]. IÜ und insb. im Hinblick auf **nicht börsennotierte Zielunternehmen** (zB GmbH) ist unklar, was unter „Erwerb der Kontrolle" iSd. Nr. 9a zu verstehen ist. In Betracht kommt einerseits, auf die Grundsätze der §§ 15ff. AktG abzustellen, in denen es letztlich auch darum geht, wer die Kontrolle als herrschendes Unternehmen innehat, unter dessen einheitlicher Leitung die abhängigen Unternehmen stehen[9]. Andererseits enthält der – auch für bestimmte oHG und KG (v.a. GmbH & Co) geltende (§ 264a HGB) – § 290 HGB Bestimmungen, wann von einem „beherrschenden Einfluss" eines Mutterunternehmens auszugehen ist[10]. Da das in der Gesetzesbegr. erwähnte WpÜG in § 2 VI auf § 290 HGB Bezug nimmt, liegt es wohl näher, § 290 HGB für die Frage heranzuziehen, ob ein Kontrollerwerb vorliegt. Von einem Erwerb der Kontrolle iSd. Abs. 3 Nr. 9a ist also auszugehen, wenn der (potentielle) Erwerber einen beherrschenden Einfluss über das Zielunternehmen anstrebt. Beherrschender Einfluss eines Mutterunternehmens besteht nach **§ 290 II HGB** stets, wenn (i) ihm bei einem anderen Unternehmen die Mehrheit der Stimmrechte der Gesellschafter zusteht[11]; (ii) ihm bei einem anderen Unternehmen das Recht zusteht, die Mehrheit der Mitglieder des die Finanz- und Geschäftspolitik bestimmenden Verwaltungs-, Leitungs- oder Aufsichtsorgans zu bestellen oder abzuberufen, und es gleichzeitig Gesellschafter ist; (iii) **81d**

---

[1] Vgl. DKKW/*Däubler*, § 106 Rz. 77; Richardi/*Annuß*, § 106 Rz. 55. || [2] GK-BetrVG/*Oetker*, § 106 Rz. 69. || [3] BT-Drs. 16/7438, 15. || [4] BT-Drs. 16/7438, 15. || [5] AA DFL/*Rieble*, § 106 BetrVG Rz. 11. || [6] Richardi/*Annuß*, § 106 Rz. 55a; Liebers/Erren/*Weiß*, NZA 2009, 1063 (1064); Vogt/*Bedkowski*, NZG 2008, 725. || [7] BT-Drs. 16/7438, 15; *Fitting*, § 106 Rz. 82. || [8] *Simon/Dobel*, BB 2008, 1955 (1956). || [9] IdS *Fleischer*, ZfA 2009, 787 (815f.); aA *Fitting*, § 106 Rz. 86f.: 30 %-Schwelle gilt grds. auch bei nicht börsennotierten Unternehmen. || [10] Vgl. *Simon/Dobel*, BB 2008, 1955 (1956). || [11] Vgl. Liebers/Erren/*Weiß*, NZA 2009, 1063 (1065); *Schröder/Falter*, NZA 2008, 1097 (1099): Erforderlich ist der Erwerb von mehr als 50 % der Stimmrechte.

ihm das Recht zusteht, die Finanz- und Geschäftspolitik auf Grund eines mit einem anderen Unternehmen geschlossenen Beherrschungsvertrages oder auf Grund einer Bestimmung in der Satzung des anderen Unternehmens zu bestimmen oder (iv) es bei wirtschaftl. Betrachtung die Mehrheit der Risiken und Chancen eines Unternehmens trägt, das zur Erreichung eines eng begrenzten und genau definierten Ziels des Mutterunternehmens dient (Zweckgesellschaft). **Nicht** von Abs. 3 Nr. 9a **erfasst** wird der **mittelbare Kontrollerwerb** (zB durch den Erwerb der Mehrheitsanteile an der Konzernobergesellschaft)[1]. Denn die wirtschaftl. Angelegenheit, um die es geht, ist die „Übernahme des (Ziel-)Unternehmens", dessen Wirtschaftsausschuss zu unterrichten ist, nicht die Übernahme der Konzernobergesellschaft.

82 **12. Sonstige Vorgänge und Vorhaben, welche die Interessen der ArbN des Unternehmens wesentlich berühren können (Nr. 10).** Abs. 3 Nr. 10 ist eine **beschränkte Generalklausel**, welche alle nicht bereits in Nr. 1–9 aufgeführten Fragen erfasst, die das wirtschaftl. Leben des Unternehmens in entscheidenden Punkten betreffen, dies jedoch stets unter der Voraussetzung, dass die Interessen der ArbN des Unternehmens wesentlich berührt werden können; es muss also möglich sein, dass die Vorhaben bzw. Vorgänge von erheblicher sozialer Auswirkung sein können[2].

83 Daher sind zB Auskünfte zu erteilen über

- ein **Outsourcing-Pilotprojekt** und die damit verbundenen Kosten, wenn und weil das Pilotprojekt geeignet ist, erhebliche Auswirkungen auch auf die zukünftige Personalplanung des ArbGeb zu entfalten[3];

- die Zusammenarbeit mit anderen Unternehmen[4];

- den Übergang eines Betriebs oder Betriebsteils des Unternehmens auf einen anderen Inhaber nach § 613a BGB kraft **Asset Deal**[5] oder **Anwachsung**[6]. Die Unterrichtungspflicht ggü. dem jeweiligen Wirtschaftsausschuss trifft neben dem **Veräußerer** regelmäßig auch den **Erwerber**, da der Erwerb des Betriebs- oder Betriebsteils Auswirkungen auf die ArbN des Erwerbers haben kann, wenn – wie häufig in der Praxis – Synergieeffekte genutzt werden sollen;

- bestimmte Einzelheiten einer Veräußerung von Geschäftsanteilen („**Share Deal**"), wobei hinsichtlich des Adressaten der Unterrichtungspflicht zwischen dem Zielunternehmen einerseits sowie Anteilsveräußerer- und Anteilserwerberunternehmen andererseits zu **differenzieren** ist: Bei der Veräußerung sämtlicher Geschäftsanteile am Unternehmen an einen neuen Gesellschafter hat der ArbGeb des **Zielunternehmens** seinen Wirtschaftsausschuss über den **Namen des Erwerbers** und **eventuelle Planungen oder Absprachen über die künftige Geschäftsführung** und Unternehmenspolitik zu informieren[7]. **Keine Vorlagepflicht** trifft die Geschäftsleitung des Zielunternehmens hinsichtlich des **Vertrags über die Veräußerung** der Geschäftsanteile, weil der Vertrag das Innenverhältnis zwischen dem bisherigen und dem neuen Gesellschafter betrifft und nicht eine auf wirtschaftl. Angelegenheiten des Zielunternehmens bezogene Unterlage ist, jedenfalls solange darin nicht eine Absprache über die künftige Geschäftsführung oder -politik getroffen ist[8] (s.a. Rz. 47c).

- Ob den **Anteilsveräußerer** und der **Anteilserwerber** ihre jeweiligen Wirtschaftsausschüsse über den Share Deal unterrichten müssen, hängt davon ab, ob die Transaktion die Interessen der ArbN des Veräußerers bzw. des Erwerbers wesentlich berühren können. Beschränkt sich beispielsw. die Tätigkeit des veräußernden bzw. erwerbenden Unternehmens alleine auf die Verwaltung von Beteiligungen, kann dies zu verneinen sein. Sind allerdings im Zusammenhang mit der Anteilsveräußerung Umstrukturierungsmaßnahmen beim Veräußerer bzw. Erwerber geplant oder wird der Schwellenwert hinsichtlich der Unternehmensmitbest. nun unter- oder überschritten, so besteht die Möglichkeit, dass wesentliche ArbN-Interessen berührt sind, so dass der jeweilige Wirtschaftsausschuss zu unterrichten ist. Dasselbe gilt, wenn zwischen dem Veräußerer und dem Unternehmen, dessen Anteile veräußert werden, eine enge wirtschaftl. und/oder arbeitsorganisatorische Zusammenarbeit (zB Führung eines Gemeinschaftsbetriebs) besteht, die durch die Anteilsveräußerung beendet wird.

- Beabsichtigt ein Unternehmen (**Bieter**), ein **Angebot zum Erwerb von Wertpapieren einer börsennotierten Zielgesellschaft nach § 10 WpÜG** abzugeben, hat es seinen Wirtschaftsausschuss grds. vor der Entscheidung darüber zu unterrichten, wenn der Anteilserwerb die Interessen der ArbN des Bieterunternehmens, zB im Hinblick auf eine neue Geschäftspolitik, wesentlich beeinträchtigen können[9].

---

1 Richardi/*Annuß*, § 106 Rz. 55a; *Fleischer*, ZfA 2009, 787 (810f.); *Liebers/Erren/Weiß*, NZA 2009, 1063 (1065); *Simon/Dobel*, BB 2008, 1955 (1956); offen gelassen von *Düwell*, jurisPR-ArbR 40/2008, Anm. 6; aA DKKW/*Däubler*, § 106 Rz. 77c; vgl. dazu auch LAG Rh.-Pf. 28.2.2013 – 11 TaBV 42/12. ||2 BAG 11.7.2000 – 1 ABR 43/99, NZA 2001, 402; 22.1.1991 – 1 ABR 38/89, DB 1991, 1176. ||3 BAG 11.7.2000 – 1 ABR 43/99, NZA 2001, 402; LAG Köln 13.7.1999 – 13 (10) TaBV 5/99, AP Nr. 1 zu § 109 BetrVG 1972. ||4 BAG 22.1.1991 – 1 ABR 38/89, DB 1991, 1176; Richardi/*Annuß*, § 106 Rz. 56. ||5 BAG 22.1.1991 – 1 ABR 38/89, DB 1991, 1176; Richardi/*Annuß*, § 106 Rz. 56; WHSS/*Schweibert*, Rz. C 409. ||6 *Schnitker/Grau*, ZIP 2008, 394 (395). ||7 BAG 22.1.1991 – 1 ABR 38/89, DB 1991, 1176; *Fitting*, § 106 Rz. 54; *Röder/Göpfert*, BB 1997, 2105f.; WHSS/*Schweibert*, Rz. C 409. ||8 BAG 22.1.1991 – 1 ABR 38/89, DB 1991, 1176; vgl. auch ArbG Berlin 6.9.2010 – 48 BV 11747/10, AiB 2011, 260. ||9 Vgl. *Geibel/Süßmann/Grobys*, § 10 WpÜG Rz. 103.

Im Einzelfall kann die Vorlage der Angebotsunterlage (§ 11 WpÜG) ggü. dem Wirtschaftsausschuss des Bieters erforderlich sein. Grds. enthält die Angebotsunterlage aber nur Angaben über die Absichten des Bieters im Hinblick auf die Geschäftstätigkeit der Zielgesellschaft und deren ArbN (vgl. § 11 II 3 Nr. 2 WpÜG), so dass die Vorlage der Angebotsunterlage nicht erforderlich ist[1]. **Im Zielunternehmen** ist der Wirtschaftsausschuss hingegen umfassend über das Angebot, die Angebotsunterlage und die beabsichtigte Reaktion des Vorstands zu unterrichten. Insoweit ergänzt Abs. 3 Nr. 10 die allg. Unterrichtungspflichten des Vorstands der Zielgesellschaft ggü. dem BR nach §§ 10 V 2, 14 IV 2, 27 III 2 WpÜG (vgl. Rz. 5). Nunmehr werden die Pflichten des Zielunternehmens durch die Spezialvorschriften in Abs. 3 Nr. 9a, Abs. 2 S. 2 (Rz. 47a ff., 81a ff.) sowie § 109a konkretisiert;

– monatliche Erfolgsrechnungen (Betriebsabrechnungsbögen) für einzelne Filialen oder Betriebe im Rahmen der Erforderlichkeit[2];

– monatliche Benchmarkdaten, deren Auswertung Rückschlüsse auf die Personalkosten zulassen und Auswirkungen auf die Personalplanung des Unternehmens haben kann[3];

– Rechtsstreitigkeiten oder behördliche Entscheidungen (zB Erteilung oder Versagung einer Erlaubnis) mit grundlegender Bedeutung für das Unternehmen[4];

– politische Entscheidungen oder sonstige wirtschaftl. oder politische Vorgänge und Entwicklungen, die erhebliche Auswirkungen auf die wirtschaftl. Tätigkeit des Unternehmens haben[5];

– Kürzung von Sozialaufwendungen und freiwilligen Leistungen[6];

– Austritt aus dem ArbGebVerband bzw. Aufnahme einer OT-Mitgliedschaft[7];

– die Begründung einer umsatzsteuerrechtl. Organschaft, da diese nicht nur finanzielle, sondern auch arbeitsrechtl. Folgen nach sich ziehen kann[8];

– einen geplanten Börsengang[9].

VI. Streitigkeiten. In der Praxis geht es bei Streitigkeiten im Zusammenhang mit dem Wirtschaftsausschuss entweder um die Durchsetzung der Rechte des Wirtschaftsausschusses im Einigungsstellenverfahren bzw. im arbeitsgerichtl. Beschlussverfahren oder um die Sanktionierung der nicht ordnungsgemäßen Unterrichtung durch den Unternehmer als Ordnungswidrigkeit. Derartige Streitigkeiten sind oftmals überflüssig und lassen sich iSd. betriebsverfassungsrechtl. Kooperationsmaxime (vgl. §§ 2 I, 74 I 2) dadurch vermeiden, dass Wirtschaftsausschuss und (G)BR während des gesamten Prozesses der betreffenden wirtschaftl. Angelegenheit regelmäßig – eher zu viel als zu wenig – unterrichtet werden. Obwohl die Beteiligungsrechte des BR prinzipiell später ansetzen als die Unterrichtung des Wirtschaftsausschusses (Rz. 12), empfiehlt es sich in der Praxis oftmals, die Einbeziehung des BR vorzuziehen und ihn zeitgleich mit dem Wirtschaftsausschuss zu unterrichten (vgl. Rz. 34). 84

1. Beschlussverfahren. Streitigkeiten über die **Zulässigkeit der Bildung eines Wirtschaftsausschusses** werden im arbeitsgerichtl. Beschlussverfahren (§ 2a I Nr. 1 ArbGG) entschieden[10]. Zulässig ist dabei ein Antrag des BR bzw. in einem Unternehmen mit mehreren BR des GBR auf Feststellung, dass die Bildung des Wirtschaftsausschusses bei dem ArbGeb zulässig ist[11]. Antragsberechtigt ist ferner der Unternehmer[12]. Hingegen ist in einem solchen Beschlussverfahren der Wirtschaftsausschuss nicht Beteiligter[13]. 85

Auch über Streitigkeiten über die **Zuständigkeit des Wirtschaftsausschusses** (dh. über die Frage, ob es sich um wirtschaftl. Angelegenheiten iSd. Abs. 2 und 3 handelt oder nur um laufende Geschäftsführung oder die persönlichen Verhältnisse des Unternehmers) entscheidet das ArbG im Beschlussverfahren[14]. Insoweit besteht keine Primärzuständigkeit der Einigungsstelle[15]. Im Beschlussverfahren, in dem es in der Sache um Auskunftsansprüche des Wirtschaftsausschusses geht, sind der BR bzw. GBR antragsbefugt[16]. BR bzw. GBR haben nämlich einen eigenen betriebsverfassungsrechtl. Anspruch gegen den Unternehmer auf Erfüllung der dem Wirtschaftsausschuss ggü. obliegenden Auskunftspflichten. Dies folgt daraus, dass der Wirtschaftsausschuss lediglich Hilfsfunktionen für den (G)BR erfüllt[17] (vgl. Rz. 8 ff.). Der Wirtschaftsausschuss ist in dem Beschlussverfahren nicht Beteiligter[18]. Im Falle einer ge- 86

---

1 Vgl. auch *Geibel/Süßmann/Grobys*, § 10 WpÜG Rz. 103. ||2 BAG 17.9.1991 – 1 ABR 74/90, NZA 1992, 418. ||3 LAG Köln 5.10.2011 – 9 TaBV 94/10. ||4 Vgl. *Fitting*, § 106 Rz. 131; *Richardi/Annuß*, § 106 Rz. 56. ||5 Vgl. *DKKW/Däubler*, § 106 Rz. 78; *Fitting*, § 106 Rz. 131. ||6 Vgl. *Fitting*, § 106 Rz. 131. ||7 Vgl. *Gaumann/Schafft*, NZA 2001, 1125 (1128). ||8 Vgl. *Growe/Grüninger*, AiB 2001, 582 ff.; zur Organschaft *Rogge*, DB 2012, 2768. ||9 ErfK/*Kania*, § 106 BetrVG Rz. 17. ||10 BAG 15.3.2006 – 7 ABR 24/05, NZA 2006, 1422 (1423); LAG Nds. 19.2.2013 – 1 TaBV 155/12; DKKW/*Däubler*, § 106 Rz. 81; *Richardi/Annuß*, § 106 Rz. 58. ||11 Vgl. BAG 31.10.1975 – 1 ABR 4/74, DB 1976, 295. ||12 GK-BetrVG/*Oetker*, § 106 Rz. 105. ||13 BAG 15.3.2006 – 7 ABR 24/05, NZA 2006, 1422 (1424). ||14 DKKW/*Däubler*, § 106 Rz. 81; *Fitting*, § 106 Rz. 133; *Richardi/Annuß*, § 106 Rz. 58. ||15 BAG 9.5.1995 – 1 ABR 61/94, NZA 1996, 55; 22.1.1991 – 1 ABR 38/89, DB 1991, 1176. ||16 BAG 22.1.1991 – 1 ABR 38/89, DB 1991, 1176; 8.8.1989 – 1 ABR 61/88, NZA 1990, 150. ||17 St. Rspr., BAG 9.5.1995 – 1 ABR 61/94, NZA 1996, 55. ||18 BAG 22.1.1991 – 1 ABR 38/89, DB 1991, 1176; 8.8.1989 – 1 ABR 61/88, NZA 1990, 150; offenbar aA BAG 5.2.1991 – 1 ABR 24/90, NZA 1991, 645: „Inhaber des Anspruchs auf Information nach § 106 Abs. 2 BetrVG ist der Wirtschaftsausschuss".

planten Unternehmensübernahme mit Kontrollerwerb (Abs. 3 Nr. 9a) kann der (G)BR den Veräußerungsprozess nicht mit Hilfe einer einstweiligen Verfügung stoppen[1] (vgl. auch § 109 Rz. 17).

87 Bei Meinungsverschiedenheiten zwischen dem Wirtschaftsausschuss und dem Unternehmer über den Umfang der Unterrichtungspflicht, das Vorliegen einer Gefährdung von Betriebs- und Geschäftsgeheimnissen und den Zeitpunkt der Unterrichtung setzt das arbeitsgerichtl. Beschlussverfahren eine Entscheidung der Einigungsstelle nach § 109 voraus[2]. Insofern besteht eine Primärzuständigkeit der Einigungsstelle (s. § 109 Rz. 1).

88 **2. Ordnungswidrigkeit (§ 121).** Erfüllt der Unternehmer (ArbGeb) die Unterrichtungspflicht ggü. dem Wirtschaftsausschuss nach Abs. 2 nicht, wahrheitswidrig, unvollständig oder verspätet, begeht er – im Falle **vorsätzlichen** Handelns (§ 10 OWiG[3]) – eine Ordnungswidrigkeit gem. § 121, die mit einer Geldbuße von bis zu 10 000 Euro geahndet werden kann[4]. Daneben kommt ein Verfahren nach § 23 III in Betracht (vgl. Rz. 33).

89 Besteht Streit über den Umfang der Unterrichtungspflicht oder den Zeitpunkt der Unterrichtung, kann ein ordnungswidriges Verhalten des Unternehmers hinsichtlich der Nichtunterrichtung, der unvollständigen oder verspäteten Unterrichtung aufgrund der Primärzuständigkeit der Einigungsstelle (vgl. Rz. 87) allerdings **erst** vorliegen, wenn aufgrund einer **Entscheidung der Einigungsstelle** der zwischen Unternehmer und Wirtschaftsausschuss streitige Umfang der Unterrichtungspflicht konkretisiert worden ist[5]. Etwas anderes gilt für die bewusst wahrheitswidrige Unterrichtung, die unabhängig von der Einigungsstelle eine Ordnungswidrigkeit darstellt.

107 *Bestellung und Zusammensetzung des Wirtschaftsausschusses*

(1) Der Wirtschaftsausschuss besteht aus mindestens drei und höchstens sieben Mitgliedern, die dem Unternehmen angehören müssen, darunter mindestens einem Betriebsratsmitglied. Zu Mitgliedern des Wirtschaftsausschusses können auch die in § 5 Abs. 3 genannten Angestellten bestimmt werden. Die Mitglieder sollen die zur Erfüllung ihrer Aufgaben erforderliche fachliche und persönliche Eignung besitzen.

(2) Die Mitglieder des Wirtschaftsausschusses werden vom Betriebsrat für die Dauer seiner Amtszeit bestimmt. Besteht ein Gesamtbetriebsrat, so bestimmt dieser die Mitglieder des Wirtschaftsausschusses; die Amtszeit der Mitglieder endet in diesem Fall in dem Zeitpunkt, in dem die Amtszeit der Mehrheit der Mitglieder des Gesamtbetriebsrats, die an der Bestimmung mitzuwirken berechtigt waren, abgelaufen ist. Die Mitglieder des Wirtschaftsausschusses können jederzeit abberufen werden; auf die Abberufung sind die Sätze 1 und 2 entsprechend anzuwenden.

(3) Der Betriebsrat kann mit der Mehrheit der Stimmen seiner Mitglieder beschließen, die Aufgaben des Wirtschaftsausschusses einem Ausschuss des Betriebsrats zu übertragen. Die Zahl der Mitglieder des Ausschusses darf die Zahl der Mitglieder des Betriebsausschusses nicht überschreiten. Der Betriebsrat kann jedoch weitere Arbeitnehmer einschließlich der in § 5 Abs. 3 genannten leitenden Angestellten bis zur selben Zahl, wie der Ausschuss Mitglieder hat, in den Ausschuss berufen; für die Beschlussfassung gilt Satz 1. Für die Verschwiegenheitspflicht der in Satz 3 bezeichneten weiteren Arbeitnehmer gilt § 79 entsprechend. Für die Abänderung und den Widerruf der Beschlüsse nach den Sätzen 1 bis 3 sind die gleichen Stimmenmehrheiten erforderlich wie für die Beschlüsse nach den Sätzen 1 bis 3. Ist in einem Unternehmen ein Gesamtbetriebsrat errichtet, so beschließt dieser über die anderweitige Wahrnehmung der Aufgaben des Wirtschaftsausschusses; die Sätze 1 bis 5 gelten entsprechend.

1 **I. Vorbemerkungen.** § 107 regelt die Bestellung und Zusammensetzung des Wirtschaftsausschusses durch den BR bzw. GBR (Abs. 1 und 2) sowie die Möglichkeit zur Übertragung der Aufgaben auf einen Ausschuss des (G)BR (Abs. 3). Die Amtszeit des Wirtschaftsausschusses hängt von der Amtszeit des Bestellungsorgans ab. Auch darin zeigt sich der „dienende Charakter" des Wirtschaftsausschusses (vgl. § 106 Rz. 8 ff.).

2 **II. Zusammensetzung des Wirtschaftsausschusses (Abs. 1).** Abs. 1 regelt die Größe des Wirtschaftsausschusses sowie die erforderlichen Eigenschaften von dessen Mitgliedern.

3 **1. Zahl und persönliche Voraussetzungen der Mitglieder (Abs. 1 S. 1 und 2).** Der Wirtschaftsausschuss muss aus **mindestens drei** und darf aus **maximal sieben** Mitgliedern bestehen (Abs. 1 S. 1). Eine abweichende Regelung der Mitgliederzahl durch BV oder TV ist nicht möglich (arg. e contr. § 47 IV). Innerhalb des gesetzl. Rahmens bestimmt in Unternehmen mit nur einem BR der BR und in Unternehmen mit mehreren BR der GBR die Größe des Wirtschaftsausschusses[6]. An die Stelle des BR kann freilich eine nach § 3 I Nr. 1–3 gebildete ArbN-Vertretung treten (vgl. § 3 V).

---

1 *Löw*, DB 2008, 758 (760); *Simon/Dobel*, BB 2008, 1955 (1959). || 2 OLG Karlsruhe 7.6.1985 – 1 Ss 68/85, DB 1986, 387 mwN. || 3 Dazu OLG Hamm 7.12.1977 – 4 Ss OWi 1407/77, DB 1978, 748 (749). || 4 Dazu näher *Picot/Schnitker*, Teil II Rz. 382 ff.; *Röder/Göpfert*, BB 1997, 2105. || 5 OLG Karlsruhe 7.6.1985 – 1 Ss 68/85, DB 1986, 387; GK-BetrVG/*Oetker*, § 106 Rz. 104, § 109 Rz. 4; aA DKKW/*Däubler*, § 106 Rz. 52. || 6 *Fitting*, § 107 Rz. 3.

Eine bestimmte Zusammensetzung nach Beschäftigungsarten und Geschlechtern (vgl. § 15) ist nicht vorgesehen.

Mindestens ein Mitglied des Wirtschaftsausschusses muss dem **BR** eines Betriebs des Unternehmens angehören (Abs. 1 S. 1 aE). Existiert ein GBR, ist die minimale BR-Beteiligung durch das Mitglied eines BR erfüllt; die Beteiligung eines GBR-Mitglieds ist nicht erforderlich[1].

Alle Mitglieder des Wirtschaftsausschusses müssen nach S. 1 dem Unternehmen angehören. Das Gesetz verlangt hingegen nicht, dass sie ArbN (§ 5 I) des Unternehmens sind. Für die **Unternehmenszugehörigkeit** ist kein arbeitsvertragl. Grundverhältnis erforderlich. Allerdings setzt die Zugehörigkeit zum Unternehmen voraus, dass die Person in die personelle Organisation des Unternehmens eingegliedert ist und sich an der wirtschaftl. und betriebl. Tätigkeit des Unternehmens nicht nur vorübergehend beteiligt[2]. Erfasst werden daher auch Heimarbeiter, arbeitnehmerähnliche Personen oder auf Grund eines Dienst- oder Werkvertrags tätige freie Mitarbeiter[3].

Nicht erfasst werden mangels dauerhafter Eingliederung in das Unternehmen LeihArbN oder vorübergehend von anderen Konzernunternehmen überlassene ArbN, selbst wenn sie nach § 7 S. 2 aktiv wahlberechtigt bei der BR-Wahl sind[4]. Nicht in das Unternehmen eingegliedert sind auch Aktionäre einer AG, Mitglieder des Aufsichtsrats, Gesellschafter einer GmbH und Mitglieder einer Genossenschaft[5].

ArbN aus ausländischen Betrieben des Unternehmens können nur dann in den Wirtschaftsausschuss bestellt werden, wenn sie dauerhaft in einen inländischen Betrieb entsandt und eingegliedert werden[6]. Dies folgt daraus, dass das BetrVG im Rahmen des Territorialitätsprinzips nur für das Inland gilt. Umgekehrt bleiben ArbN, die von einem inländischen Betrieb des Unternehmens vorübergehend in einen ausländischen Betrieb entsandt werden, im Anwendungsbereich des Gesetzes und können in den Wirtschaftsausschuss bestellt werden[7] (vgl. § 1 Rz. 3).

Abs. 1 S. 2 bestimmt ausdrücklich, dass **leitende Angestellte** iSd. § 5 III zu Mitgliedern des Wirtschaftsausschusses bestimmt werden können. Dadurch soll die Nutzbarmachung ihres Sachverstands ermöglicht werden. Allerdings kann ein leitender Angestellter nicht zur Mitgliedschaft gezwungen werden[8]. Nicht in den Wirtschaftsausschuss bestellt werden können hingegen der Unternehmer (ArbGeb) und Personen, die ArbGebFunktionen wahrnehmen (dh. der Personenkreis des § 5 II Nr. 1 und 2)[9].

2. Eignung der Mitglieder (S. 3). Nach Abs. 1 S. 3 sollen die Wirtschaftsausschussmitglieder die zur Erfüllung ihrer Aufgaben erforderliche fachliche und persönliche Eignung besitzen. Die **fachliche Eignung** ist gegeben, wenn die Person in der Lage ist, die Unterrichtung durch den Unternehmer über wirtschaftl. Angelegenheiten im Allg. und die Erläuterung des Jahresabschlusses (§ 108 V) im Besonderen zu verstehen, Nachfragen dazu zu stellen und ggf. mit dem Unternehmer darüber zu beraten. Dazu bedarf es gewisser betriebswirtschaftl. Grundkenntnisse, ohne dass die Fähigkeit verlangt wird, dass die Mitglieder ohne weiteres eine Bilanz richtig lesen können[10].

Persönliche Eignung setzt Sachlichkeit, Loyalität und Diskretion voraus[11].

Abs. 1 S. 3 ist eine **Sollvorschrift** ohne zwingenden Charakter, um klarzustellen, dass der Unternehmer die ordnungsgemäße Zusammensetzung des Wirtschaftsausschusses nicht deshalb in Frage stellen kann, weil nach seiner Meinung ein Mitglied nicht die erforderliche fachliche und persönliche Eignung besitzt[12]. Besitzen Wirtschaftsausschussmitglieder die erforderlichen Fachkenntnisse nicht, können sie auf Kosten des Unternehmers (§§ 40 I, 37 VI) die erforderlichen Schulungen besuchen, sofern sie **zugleich BR-Mitglieder** sind (vgl. Rz. 33)[13]. Die Berufung nicht geeigneter Mitglieder kann aber nicht durch Heranziehung von Sachverst. kompensiert werden (vgl. § 108 Rz. 19)[14].

III. Bestellung, Abberufung und Amtszeit der Wirtschaftsausschussmitglieder (Abs. 2). Der Wirtschaftsausschuss ist ein „Hilfsorgan" der ArbN-Vertretung, die ihn bestellt (§ 106 Rz. 10). Die Einzelheiten der Bestellung, Abberufung und Amtszeit der Wirtschaftsausschussmitglieder werden in Abs. 2 geregelt.

1. Bestellung. Bestellungsorgan für die Mitglieder des Wirtschaftsausschusses ist in Unternehmen mit nur einem BR der BR (Abs. 2 S. 1), und zwar unabhängig davon, ob noch weitere betriebsratsfähige Betriebe im Unternehmen existieren[15]. Die Bestellung erfolgt für jedes Mitglied des Wirtschaftsausschusses einzeln durch Beschluss mit einfacher Stimmenmehrheit der anwesenden BR-Mitglieder

---

1 DKKW/*Däubler*, § 107 Rz. 11; *Fitting*, § 107 Rz. 8; Richardi/*Annuß*, § 107 Rz. 7. ||**2** DKKW/*Däubler*, § 107 Rz. 7f.; *Fitting*, § 107 Rz. 6. ||**3** DKKW/*Däubler*, § 107 Rz. 7; GK-BetrVG/*Oetker*, § 107 Rz. 5. ||**4** DKKW/*Däubler*, § 107 Rz. 7; HLS/*Gerhard*, § 107 Rz. 4. ||**5** DKKW/*Däubler*, § 107 Rz. 8; *Fitting*, § 107 Rz. 6. ||**6** Ähnlich GK-BetrVG/*Oetker*, § 107 Rz. 8; Richardi/*Annuß*, § 107 Rz. 6; aA DKKW/*Däubler*, § 107 Rz. 10; *Fitting*, § 107 Rz. 7. ||**7** Ebenso Richardi/*Annuß*, § 107 Rz. 6. ||**8** *Fitting*, § 107 Rz. 5. ||**9** *Fitting*, § 107 Rz. 5; Richardi/*Annuß*, § 107 Rz. 5. ||**10** BAG 18.7.1978 – 1 ABR 34/75, DB 1978, 2223; vgl. auch GK-BetrVG/*Oetker*, § 107 Rz. 17. ||**11** Vgl. DKKW/*Däubler*, § 107 Rz. 13; *Fitting*, § 107 Rz. 11; Richardi/*Annuß*, § 107 Rz. 8. ||**12** BAG 18.7.1978 – 1 ABR 34/75, DB 1978, 2223; *Fitting*, § 107 Rz. 10, 12; Richardi/*Annuß*, § 107 Rz. 9. ||**13** LAG Hamm 13.10.1999 – 3 TaBV 44/99, NZA-RR 2000, 641 f. ||**14** Zutr. GK-BetrVG/*Oetker*, § 107 Rz. 20. ||**15** DKKW/*Däubler*, § 107 Rz. 15, 17; *Fitting*, § 107 Rz. 21.

(§ 33)[1]. Möglich und zweckmäßig ist die Bestellung von Ersatzmitgliedern, die im Falle der Verhinderung von ordentl. Wirtschaftsausschussmitgliedern nachrücken können. Werden mehrere Ersatzmitglieder bestellt, ist die Reihenfolge des Nachrückens festzulegen[2].

15 Bestehen in einem Unternehmen mehrere BR, werden die Mitglieder des Wirtschaftsausschusses hingegen vom **GBR** bestimmt (**Abs. 2 S. 2**), sofern ein GBR besteht. Existiert hingegen kein GBR, obwohl die Voraussetzungen für dessen Bildung gegeben sind, **kann der Wirtschaftsausschuss nicht errichtet werden**[3]. Die Bestellung erfolgt für jedes Mitglied des Wirtschaftsausschusses einzeln durch Beschluss des GBR mit der einfachen Mehrheit der anwesenden, gem. § 47 VII–IX zu gewichtenden Stimmen (§§ 51 IV, 33 I u. II)[4].

16 In den Fällen des § 3 I Nr. 1–3 gelten die vereinbarten betriebsverfassungsrechtl. Organisationseinheiten als Betriebe, und die darin gebildeten ArbN-Vertretungen (zB unternehmenseinheitlicher BR, SpartenBR) nehmen die Stellung des BR ein (§ 3 V). Dies gilt auch im Hinblick auf § 107.

17 **2. Dauer der Amtszeit.** Die Amtszeit des Wirtschaftsausschusses ist gem. Abs. 2 S. 1 und 2 mit der des bestellenden Organs verknüpft.

18 Ist der **BR** Bestellungsorgan, beträgt die Amtszeit des Wirtschaftsausschusses so lange, wie der bestellende BR als Organ im Amt ist. Die Einzelheiten zur Amtszeit des BR ergeben sich aus §§ 21 ff.

19 Ist das Mitglied des Wirtschaftsausschusses gleichzeitig BR-Mitglied und erlischt seine BR-Mitgliedschaft (§ 24), so verliert er sein Amt als Wirtschaftsausschussmitglied nur, wenn er bisher das einzige, von Abs. 1 S. 1 als Minimum geforderte BR-Mitglied war[5].

20 Ist der **GBR** Bestellungsorgan, richtet sich die Amtszeit der Wirtschaftsausschussmitglieder nach der Mehrheit der Mitglieder des GBR (ohne Rücksicht auf deren Stimmengewichtung gem. § 47 VII–IX). Der GBR selbst hat als „Dauereinrichtung" keine Amtszeit. Der Wortlaut des Abs. 2 S. 2, wonach es auf den Ablauf der „Amtszeit der Mehrheit der Mitglieder des Gesamtbetriebsrats" ankommen soll, ist missverständlich. Zu beachten ist, dass im Falle des Erlöschens der Mitgliedschaft im GBR aus persönlichen Gründen (zB Amtsniederlegung, Beendigung des ArbVerh, Verlust der Wählbarkeit, Ausschluss durch das ArbG, Tod) gem. § 47 III ein Ersatzmitglied an die Stelle des ausgeschiedenen GBR-Mitglieds tritt[6]. Daher wird es hinsichtlich der Amtszeit des Wirtschaftsausschusses regelmäßig nicht auf alle in § 49 genannten Gründe für das Erlöschen der GBR-Mitgliedschaft ankommen, sondern auf den Ablauf der Amtszeit des BR (als Organ), dem das GBR-Mitglied angehört. Mit dem Ablauf der Amtszeit des BR erlischt die Mitgliedschaft im BR (§ 24 Nr. 1) und im GBR (§ 49). Besteht also zB der den Wirtschaftsausschuss bestellende GBR aus sechs Mitgliedern (je zwei Vertretern von drei BR) und läuft die Amtszeit von zwei BR, dh. von vier GBR ab, so endet auch die Amtszeit der Wirtschaftsausschussmitglieder. Hinsichtlich der Beendigung der Amtszeit im Wirtschaftsausschuss ist mithin auf das Ende der Amtszeit der Mehrheit der GBR-Mitglieder abzustellen und nicht auf die Mehrheit der gem. § 47 VII–IX zu gewichtenden Stimmen[7].

21 **3. Abberufung und sonstiges Amtsende.** Vor Ablauf der Amtszeit des Wirtschaftsausschusses erlischt die Mitgliedschaft des einzelnen Mitglieds im Wirtschaftsausschuss außer im Fall der Abberufung durch **Amtsniederlegung** oder **Ende der Unternehmenszugehörigkeit** (vgl. Rz. 6 f.)[8].

22 Abs. 2 S. 3 regelt ferner, dass die Mitglieder des Wirtschaftsausschusses jederzeit **abberufen** werden können. Zuständig ist das für die Bestellung zuständige Organ. Insoweit gelten die Ausführungen zur Bestellung entsprechend (Rz. 14 ff.). Ein besonderer Grund für die Abberufung ist nicht erforderlich[9].

23 **4. Auswirkungen von Umstrukturierungen.** Umstrukturierungen von Unternehmen auf betriebl. oder gesellschaftsrechtl. Ebene können Auswirkungen auf den Bestand oder die Bildung des Wirtschaftsausschusses haben. So kommen aufgrund des Übergangs eines Betriebs von einem Unternehmen auf das andere etwa folgende Konsequenzen in Betracht:

24 Beim veräußernden Unternehmen kann der **Schwellenwert** des § 106 I von idR mehr als 100 ständig beschäftigten ArbN **dauerhaft unterschritten** werden, was anhand einer Prognose festzustellen ist. Nach verbreiteter Auffassung soll der Wirtschaftsausschuss so lange im Amt bleiben, wie der ihn bestellende BR bzw. die Mehrheit der Mitglieder des ihn bestellenden GBR im Amt sind (vgl. Abs. 2 S. 1 und 2)[10].

---

1 *Fitting*, § 107 Rz. 13; Richardi/*Annuß*, § 107 Rz. 13. ||2 DKKW/*Däubler*, § 107 Rz. 5; *Fitting*, § 107 Rz. 16; Richardi/*Annuß*, § 107 Rz. 14. ||3 DKKW/*Däubler*, § 107 Rz. 16; *Fitting*, § 107 Rz. 20; HLS/*Gerhard*, § 107 Rz. 9. ||4 *Fitting*, § 107 Rz. 18; Richardi/*Annuß*, § 107 Rz. 13. ||5 DKKW/*Däubler*, § 107 Rz. 28; Richardi/*Annuß*, § 107 Rz. 23; aA *Fitting*, § 107 Rz. 9. ||6 Vgl. *Fitting*, § 107 Rz. 22; Richardi/*Annuß*, § 107 Rz. 18. ||7 *Fitting*, § 107 Rz. 19. ||8 DKKW/*Däubler*, § 107 Rz. 25 f.; *Fitting*, § 107 Rz. 14; ErfK/*Kania*, § 107 BetrVG Rz. 8 ff. ||9 DKKW/*Däubler*, § 107 Rz. 24; ErfK/*Kania*, § 107 BetrVG Rz. 10; Richardi/*Annuß*, § 107 Rz. 21; aA ArbG Hamburg 11.9.1975 – 12 BV 26/75, DB 1975, 2331: Fehlen oder Wegfall der persönlichen oder fachlichen Eignung erforderlich. ||10 DKKW/*Däubler*, § 106 Rz. 13a; vgl. auch LAG Hess. 17.8.1993 – 4 TaBV 61/93, DB 1994, 1248 für den Fall des Absinkens der Belegschaftsstärke im Betrieb (§ 13 II Nr. 1), ohne dass erkennbar wäre, ob in dem zugrunde liegenden Fall auch der Schwellenwert nach § 106 I unterschritten wurde; aA WHSS/*Hohenstatt*, Rz. D 228; Richardi/*Annuß*, § 106 Rz. 11.

Diese Ansicht überzeugt jedoch nicht. Vielmehr fehlt es bei einem Unterschreiten des Schwellenwertes auf Dauer an einer gesetzl. Voraussetzung für die Bildung des Wirtschaftsausschusses (§ 106 I), so dass das Amt des Wirtschaftsausschusses ohne Weiteres endet[1] (vgl. § 106 Rz. 22).

Beim erwerbenden/aufnehmenden Rechtsträger kann es hingegen dazu kommen, dass der **Schwellenwert** durch Hinzukommen der neuen ArbN (§ 613a I 1 BGB) **erstmals dauerhaft überschritten** wird. In diesem Fall ist der Wirtschaftsausschuss neu vom BR oder vom GBR zu bestellen.

Denkbar ist ferner, dass bei einem Betriebsübergang im übertragenden Unternehmen nur noch ein Betrieb mit BR verbleibt, so dass der **bisherige GBR als Bestellungsorgan für den Wirtschaftsausschuss wegfällt**. In diesem Fall endet die Amtszeit der Mitglieder des Wirtschaftsausschusses mit dem Wegfall des GBR gem. Abs. 2 S. 2[2]. Der im übertragenden Unternehmen verbleibende BR bestellt die Mitglieder des Wirtschaftsausschusses neu (Abs. 2 S. 1), wenn der Schwellenwert immer noch überschritten ist.

In Betracht kommt außerdem, dass beim aufnehmenden Unternehmen mit dem hinzukommenden Betrieb samt BR **erstmals** mehrere BR bestehen, so dass nach § 47 I ein **GBR zu errichten** ist. Für diesen bislang kaum diskutierten Fall wird vertreten, dass der Wirtschaftsausschuss bis zum Abschluss der Amtszeit des ihn bestellenden BR bestehen bleibe; vorher komme nur die kollektive Amtsniederlegung der Mitglieder des bestellenden BR oder die Abberufung der Wirtschaftsausschussmitglieder in Betracht[3]. Überzeugender erscheint es jedoch, davon auszugehen, dass der Wirtschaftsausschuss mit Hinzutreten des neuen BR im (aufnehmenden) Unternehmen wegfällt. Das folgt aus der Hilfsfunktion des Wirtschaftsausschusses für das Organ, das ihn gem. Abs. 2 zu bestellen hat (vgl. § 106 Rz. 10). Außerdem kann nach ganz hM der Wirtschaftsausschuss nicht errichtet werden, wenn kein GBR existiert, obwohl die Voraussetzungen für dessen Bildung gegeben sind (Rz. 15). Entsprechendes muss hier gelten. Es ist also zunächst von der erstmals bestehenden Möglichkeit der Errichtung des GBR Gebrauch zu machen. Sodann bestellt der neue GBR die Mitglieder des Wirtschaftsausschusses (Abs. 2 S. 2)[4].

Besteht bei einem Betriebsübergang im aufnehmenden Unternehmen **bereits** ein vom dortigen GBR bestellter **Wirtschaftsausschuss**, bleibt dieser Wirtschaftsausschuss im Amt[5]. Das Hinzukommen neuer ArbN im Unternehmen und ggf. die Entsendung neuer BR-Mitglieder in den GBR lässt die Amtszeit des Wirtschaftsausschusses, die sich nach der Amtszeit der Mehrheit der Mitglieder des GBR richtet, unberührt.

Die vorherigen Ausführungen gelten entsprechend, wenn im Rahmen einer Umwandlung nach dem UmwG Betriebe übergehen. Zusätzlich ist bei **Umwandlungen** noch festzuhalten, dass der Wirtschaftsausschuss im übertragenden Unternehmen wegfällt, wenn der **übertragende Rechtsträger erlischt**, wie es bei der **Verschmelzung und** bei der **Aufspaltung** der Fall ist (§§ 20 I Nr. 2, 131 I Nr. 2 UmwG)[6]. Denn der Wirtschaftsausschuss ist mit dem Bestand des Unternehmens verknüpft.

IV. Rechtsstellung der Wirtschaftsausschussmitglieder. Nicht in § 107 geregelt ist die Stellung der Wirtschaftsausschussmitglieder im Hinblick auf Entgeltschutz, Schulungsteilnahme, Kündigungsschutz etc. Insoweit gilt Folgendes:

1. Ehrenamt; Arbeitsversäumnis; Benachteiligungsverbot; Tätigkeitsschutz. Mangels Anordnung eines besonderen Vergütungsanspruchs ist die Tätigkeit als Mitglied des Wirtschaftsausschusses **unentgeltlich**. Insoweit kann man § 37 I analog heranziehen[7].

Einigkeit besteht darin, dass die Mitglieder des Wirtschaftsausschusses von ihrer berufl. Tätigkeit **ohne Minderung des Arbeitsentgelts zu befreien** sind, wenn und soweit es zur ordnungsgemäßen Durchführung ihrer Aufgaben erforderlich ist. Das BAG wendet für Wirtschaftsausschussmitglieder, die zugleich BR-Mitglieder sind, § 37 II und III direkt an[8] und zieht für die übrigen Ausschussmitglieder das Benachteiligungsverbot des § 78 S. 2 heran[9], während die Lit. überwiegend § 37 II und III analog anwendet[10].

Streitig ist, ob hinsichtlich der **Schulung** von Wirtschaftsausschussmitgliedern § 37 VI grds. nur auf **BR-Mitglieder** Anwendung findet (so das BAG[11]) oder analog auch auf die übrigen Ausschussmitglieder[12]. Für die Auffassung des BAG spricht, dass es an einer planwidrigen Regelungslücke fehlt. Gem. Abs. 1 S. 3 geht das Gesetz davon aus, dass das Bestellungsorgan auf ausreichende Fachkunde bei den Ausschussmitgliedern achtet. Liegt diese ausnahmsw. nicht vor, kann ein Sachverst. gem. § 108 II 3 iVm. § 80 III hinzugezogen werden (s. § 108 Rz. 18 f.).

---

1 Ebenso BAG 7.4.2004 – 7 ABR 41/03, NZA 2005, 311; Richardi/*Annuß*, § 106 Rz. 11; HLS/*Gerhard*, § 107 Rz. 11. ‖2 Ebenso GK-BetrVG/*Oetker*, § 107 Rz. 23. ‖3 Vgl. WHSS/*Hohenstatt*, Rz. D 216. ‖4 Ebenso WHSS/*Hohenstatt*, Rz. D 216. ‖5 Ebenso WHSS/*Hohenstatt*, Rz. D 214. ‖6 Ebenso *Ziegler/Wolff* in Jaeger/Röder/Heckelmann, Kap. 27 Rz. 12. ‖7 *Fitting*, § 107 Rz. 24; HLS/*Gerhard*, § 107 Rz. 15. ‖8 Vgl. BAG 16.3.1982 – 1 AZR 406/80, DB 1982, 1326. ‖9 BAG 11.11.1998 – 7 AZR 491/97, NZA 1999, 1119. ‖10 DKKW/*Däubler*, § 107 Rz. 30; *Fitting*, § 107 Rz. 24. ‖11 BAG 11.11.1998 – 7 AZR 491/97, NZA 1999, 1119; 28.4.1988 – 6 AZR 39/86, NZA 1989, 221 f.; st. Rspr. ‖12 *Fitting*, § 107 Rz. 25; Richardi/*Annuß*, § 107 Rz. 28.

34 Ein Anspruch auf Freistellung zur Teilnahme an Schulungs- und Bildungsveranstaltungen nach § 37 VII (analog) scheidet für Mitglieder des Wirtschaftsausschusses aus[1].

35 Ebenso nicht anwendbar sind die Vorschriften über die wirtschaftl. und berufl. Absicherung (§ 37 IV und V)[2]. Allerdings dürfen die Wirtschaftsausschussmitglieder gem. § 78 S. 2 wegen ihrer Tätigkeit nicht benachteiligt oder begünstigt werden, insb. auch nicht hinsichtlich ihrer berufl. Entwicklung. Die Verletzung des **Benachteiligungsverbots** wird – ebenso wie das Begünstigungsverbot – als Straftat sanktioniert (§ 119 I Nr. 3). Ergänzend zum Benachteiligungsverbot bestimmt § 78 S. 1, dass die Mitglieder des Wirtschaftsausschusses nicht in der Ausübung ihrer Tätigkeit gestört oder behindert werden dürfen. Die Verletzung dieses **Tätigkeitsschutzes** kann ebenfalls als Straftat geahndet werden (§ 119 I Nr. 2).

36 **2. Kündigungsrechtliche Stellung.** Mitglieder des Wirtschaftsausschusses genießen nicht den besonderen Kündigungsschutz nach § 15 III KSchG, soweit sie nicht BR-Mitglieder sind[3]. Allerdings besteht ein relativer Schutz gegen Kündigungen wegen der Tätigkeit im Wirtschaftsausschuss über das **Benachteiligungsverbot** des § 78 S. 2 (vgl. § 78 Rz. 9).

37 **3. Geheimhaltungspflicht (§ 79).** Mitglieder des Wirtschaftsausschusses sind gem. § 79 II verpflichtet, **Betriebs- oder Geschäftsgeheimnisse**, die ihnen wegen ihrer Zugehörigkeit zum Wirtschaftsausschuss bekannt geworden sind und vom Unternehmer (ArbGeb) ausdrücklich als geheimhaltungsbedürftig bezeichnet worden sind, nicht zu offenbaren und nicht zu verwerten, auch nicht nach dem Ausscheiden aus dem Wirtschaftsausschuss (näher § 79 Rz. 4 ff.). Die Verpflichtung gilt nicht ggü. anderen Wirtschaftsausschussmitgliedern oder ggü. den ebenfalls der Geheimhaltungspflicht unterliegenden Organen iSd. § 79 I 3 und 4, also insb. BR- und GBR-Mitgliedern. Eine Verletzung der Geheimhaltungspflicht kann nach § 120 I Nr. 1 als Straftat verfolgt werden.

38 Daneben kann ein Wirtschaftsausschussmitglied theoretisch auch nach § 120 II bestraft werden, wenn es unbefugt ein fremdes **Geheimnis eines ArbN**, namentlich ein zu dessen persönlichem Lebensbereich gehörendes Geheimnis, offenbart, das ihm in seiner Eigenschaft als Ausschussmitglied bekannt geworden ist und über das Stillschweigen nach dem BetrVG zu bewahren ist. Diese Vorschrift dürfte in der Praxis für den Wirtschaftsausschuss kaum eine Rolle spielen.

39 **4. Kosten des Wirtschaftsausschusses.** Die durch die Tätigkeit des Wirtschaftsausschusses entstehenden Kosten hat der Unternehmer (ArbGeb) im Rahmen der Erforderlichkeit zu tragen. § 40 gilt insoweit entsprechend (s.a. § 108 Rz. 9)[4]. Der Unternehmer hat daher zB Reisekosten der Mitglieder des Wirtschaftsausschusses zu den Sitzungen oder die Kosten für die Sitzung und deren Protokollierung zu tragen.

40 **V. Ersetzung des Wirtschaftsausschusses (Abs. 3).** Zur Anpassung an etwaige besondere Verhältnisse in dem Unternehmen sieht Abs. 3 unter bestimmten Voraussetzungen die Möglichkeit vor, die Aufgaben des Wirtschaftsausschusses auf einen Ausschuss des BR zu übertragen. Dadurch soll der Tatsache Rechnung getragen werden, dass in zahlreichen Unternehmen eine enge unmittelbare Zusammenarbeit zwischen Unternehmensleitung und BR auch in wirtschaftl. Angelegenheiten besteht und sich daher die Bildung eines Wirtschaftsausschusses häufig erübrigt[5]. Während der Wirtschaftsausschuss nach Abs. 1 überwiegend mit Nicht-BR-Mitgliedern besetzt werden kann (s. Rz. 3 ff.), besteht ein BR-Ausschuss grds. nur aus BR-Mitgliedern (vgl. §§ 28 I 2 iVm. § 27 I 3). Letzteres wird durch Abs. 3 dahin gehend modifiziert, dass weitere ArbN, die nicht dem BR angehören müssen, in den BR-Ausschuss berufen werden können, der den Wirtschaftsausschuss ersetzt.

41 **1. Aufgabenübertragung auf einen Ausschuss des BR (Abs. 3 S. 1–5).** Besteht in einem Unternehmen nur ein BR, ist der **BR** zuständig für die Aufgabenübertragung – ebenso wie für die Bestimmung der Mitglieder des Wirtschaftsausschusses. Erforderlich ist ein mit der Mehrheit der Stimmen der BR-Mitglieder, dh. **mit absoluter Mehrheit**, gefasster **Beschluss** (Abs. 3 S. 1).

42 Eine Aufgabenübertragung nach Abs. 3 kommt allerdings **nur** in Betracht, wenn der **BR mindestens neun Mitglieder** hat und ein Betriebsausschuss gem. § 27 I zu bilden ist. Das folgt daraus, dass **Abs. 3 S. 2** hinsichtlich der Höchstzahl der Ausschussmitglieder auf den Betriebsausschuss abstellt[6]. Abs. 3 spielt also nur in **Betrieben mit idR 201 und mehr ArbN** eine Rolle (vgl. § 9). Die Zahl der Ausschussmitglieder darf bis zur Zahl des Betriebsausschusses in beliebiger Höhe festgesetzt werden. Der Betriebsausschuss hat gem. § 27 I 2 je nach Größe des BR zwischen fünf und elf Mitgliedern.

43 Für die Zusammensetzung und Bestellung des BR-Ausschusses gilt § 28 entsprechend[7].

44 Der BR kann durch Beschluss **weitere ArbN** bis zur selben Zahl, wie der BR-Ausschuss Mitglieder hat, in den Ausschuss **berufen (Abs. 3 S. 3)**. Die Höchstzahl der Ausschussmitglieder beträgt theoretisch

---

[1] GK-BetrVG/*Oetker*, § 107 Rz. 39; Richardi/*Annuß*, § 107 Rz. 28. ||[2] *Fitting*, § 107 Rz. 26; Richardi/*Annuß*, § 107 Rz. 30; aA DKKW/*Däubler*, § 107 Rz. 30. ||[3] ErfK/*Kania*, § 107 BetrVG Rz. 14; Richardi/*Annuß*, § 107 Rz. 29. ||[4] So ausdr. für § 40 II BAG 17.10.1990 – 7 ABR 69/89, NZA 1991, 432; allg. *Fitting*, § 107 Rz. 27; HLS/*Gerhard*, § 107 Rz. 17. ||[5] Richardi/*Annuß*, § 107 Rz. 34 mwN. ||[6] *Fitting*, § 107 Rz. 31; Richardi/*Annuß*, § 107 Rz. 36. ||[7] *Fitting*, § 107 Rz. 30; Richardi/*Annuß*, § 107 Rz. 38.

also 22. Für den Beschluss ist wiederum die absolute Mehrheit erforderlich (Abs. 3 S. 3 Hs. 2 iVm. S. 1). Als solche sog. „kooptierten ArbN" können leitende Angestellte (§ 5 III) oder andere ArbN des Unternehmens hinzugezogen werden, die nicht dem BR angehören müssen, aber können[1]. Auch die hinzugewählten ArbN unterliegen der **Verschwiegenheitspflicht** des § 79 (**Abs. 3 S. 4**), deren Verletzung gem. § 120 I Nr. 4 als Straftat sanktioniert wird.

Durch einen mit absoluter Mehrheit der BR-Mitglieder gefassten Beschluss kann der BR jederzeit frühere Beschlüsse zur Übertragung der Aufgaben des Wirtschaftsausschusses auf den Betriebsausschuss oder einen anderen Ausschuss des BR bzw. zur Berufung weiterer ArbN in den Ausschuss **abändern oder widerrufen (Abs. 3 S. 5)**[2]. 45

2. Aufgabenübertragung auf einen Ausschuss des GBR (Abs. 3 S. 6). Besteht in einem Unternehmen mit mehreren BR ein **GBR**, ist der GBR nicht nur Bestellungsorgan für die Mitglieder des Wirtschaftsausschusses, sondern beschließt auch über die anderweitige Wahrnehmung der Aufgaben des Wirtschaftsausschusses (**Abs. 3 S. 6 Hs. 1**). 46

Die S. 1–5 gelten entsprechend (Abs. 3 S. 6 Hs. 2). Das bedeutet zunächst, dass der GBR durch Beschluss mit der Mehrheit der – nach § 47 VII–IX zu gewichtenden – Stimmen seiner Mitglieder die Aufgaben des Wirtschaftsausschusses einem **Ausschuss des GBR** (§ 51 iVm. § 28 I 1 und 3, II) übertragen kann (**Abs. 3 S. 6 iVm. S. 1**). Dies kann auch der Gesamtbetriebsausschuss (§ 51 iVm. § 27) sein[3]. Eine Aufgabenübertragung an einzelne BR oder Ausschüsse des BR ist nicht möglich[4]. 47

Eine Aufgabenübertragung durch den GBR kommt **nur** in Betracht, **wenn** der **GBR mindestens neun Mitglieder hat** und ein Gesamtbetriebsausschuss gem. § 51 iVm. § 27 zu bilden ist (arg. e. Abs. 3 S. 6 iVm. S. 2)[5]. 48

Die **Zahl der Ausschussmitglieder** darf die Zahl der Mitglieder des Gesamtbetriebsausschusses nicht überschreiten, welche sich nach § 51 I 2 bemisst und je nach Größe des GBR bis zu elf Ausschussmitglieder beträgt (**Abs. 3 S. 6 iVm. S. 2**). 49

Der GBR kann durch mit absoluter Mehrheit gefassten Beschluss **weitere ArbN** – einschl. leitender Angestellter (§ 5 III) – bis zur selben Zahl, wie der Ausschuss Mitglieder hat, in den Ausschuss **berufen** (**Abs. 3 S. 6 iVm. S. 3**), so dass die Höchstzahl danach 22 Ausschussmitglieder nicht übersteigt. 50

Durch mit absoluter Mehrheit gefassten Beschluss kann der GBR den Beschluss über die Aufgabenübertragung jederzeit **abändern oder widerrufen** (**Abs. 3 S. 6 iVm. S. 5**). 51

VI. Streitigkeiten. Über alle Streitigkeiten bzgl. der **Errichtung, Zusammensetzung und Amtszeit** des Wirtschaftsausschusses sowie die Aufgabenübertragung auf einen Ausschuss (Abs. 3) wird im arbeitsgerichtl. **Beschlussverfahren** (§ 2a I Nr. 1, II iVm. §§ 80 ff. ArbGG) entschieden. Der Wirtschaftsausschuss selbst ist weder antragsbefugt noch Beteiligter, da er nur „Hilfsorgan" des bestellenden BR bzw. GBR ist (s.a. § 106 Rz. 85 f.)[6]. Antragsbefugt ist neben dem Unternehmer (ArbGeb) der BR bzw. GBR. 52

Ebenfalls im Beschlussverfahren zu entscheiden sind Streitigkeiten über die **Kostentragungspflicht** des Unternehmers hinsichtlich der durch die Tätigkeit des Wirtschaftsausschusses entstandenen Kosten. Das gilt auch, wenn ein Wirtschaftsausschussmitglied einen Anspruch auf Freistellung bzw. Erstattung bzgl. der im Rahmen der Wirtschaftsausschusstätigkeit entstandenen Aufwendungen geltend macht[7]. 53

Hingegen ist das **Urteilsverfahren** (§ 2 I Nr. 3a, V iVm. §§ 46 ff. ArbGG) die richtige Verfahrensart für Streitigkeiten über **Lohn- und Gehaltsansprüche** bzw. **Freizeitausgleichsansprüche** der Wirtschaftsausschussmitglieder[8]. 54

108 *Sitzungen*

(1) Der Wirtschaftsausschuss soll monatlich einmal zusammentreten.

(2) An den Sitzungen des Wirtschaftsausschusses hat der Unternehmer oder sein Vertreter teilzunehmen. Er kann sachkundige Arbeitnehmer des Unternehmens einschließlich der in § 5 Abs. 3 genannten Angestellten hinzuziehen. Für die Hinzuziehung und die Verschwiegenheitspflicht von Sachverständigen gilt § 80 Abs. 3 und 4 entsprechend.

(3) Die Mitglieder des Wirtschaftsausschusses sind berechtigt, in die nach § 106 Abs. 2 vorzulegenden *Unterlagen Einsicht zu nehmen*.

(4) Der Wirtschaftsausschuss hat über jede Sitzung dem Betriebsrat unverzüglich und vollständig zu berichten.

---

[1] *Fitting*, § 107 Rz. 35. ||[2] *Fitting*, § 107 Rz. 37; Richardi/*Annuß*, § 107 Rz. 46. ||[3] *Fitting*, § 107 Rz. 33.
||[4] *Fitting*, § 107 Rz. 33; Richardi/*Annuß*, § 107 Rz. 43. ||[5] Richardi/*Annuß*, § 107 Rz. 42. ||[6] *Fitting*, § 107 Rz. 38; Richardi/*Annuß*, § 107 Rz. 49. ||[7] DKKW/*Däubler*, § 107 Rz. 44; Richardi/*Annuß*, § 107 Rz. 52.
||[8] DKKW/*Däubler*, § 107 Rz. 44; *Fitting*, § 107 Rz. 39; Richardi/*Annuß*, § 107 Rz. 51.

(5) Der Jahresabschluss ist dem Wirtschaftsausschuss unter Beteiligung des Betriebsrats zu erläutern.

(6) Hat der Betriebsrat oder der Gesamtbetriebsrat eine anderweitige Wahrnehmung der Aufgaben des Wirtschaftsausschusses beschlossen, so gelten die Absätze 1 bis 5 entsprechend.

1 **I. Vorbemerkungen.** Die Vorschrift enthält neben organisatorischen Bestimmungen zu den Sitzungen des Wirtschaftsausschusses (§ 106) ergänzende Regelungen über die Berichtspflicht des Wirtschaftsausschusses ggü. dem (G)BR und über die Pflicht des Unternehmers zur Erläuterung des Jahresabschlusses.

2 **II. Sitzungen.** Die Bedeutung des Wirtschaftsausschusses als Hilfsorgan des (G)BR liegt in der sachlichen, aber zwanglosen Aussprache, im Austausch von Unterrichtungen, Erfahrungen und Ratschlägen[1]. Daher regelt § 108 die Organisation des Wirtschaftsausschusses und den Ablauf seiner Sitzungen nur sehr kursorisch.

3 **1. Häufigkeit (Abs. 1).** Gem. Abs. 1 soll der Wirtschaftsausschuss monatlich einmal zu einer Sitzung zusammentreten. Abs. 1 ist eine bloße **Sollvorschrift**, von der nach unten abgewichen werden kann, wenn es an Unterrichtungs- und Beratungsgegenständen fehlt, und nach oben, wenn dringende wirtschaftl. Angelegenheiten eine weitere Sitzung erforderlich machen[2]. In der Praxis finden regelmäßig ca. vier Sitzungen pro Jahr statt[3].

4 **2. Anwendbare Vorschriften.** Da der Wirtschaftsausschuss nach der gesetzl. Konzeption ein Ausschuss des ihn bestellenden BR bzw. GBR ist und gleichsam an die Stelle des (G)BR tritt (§ 106 Rz. 10), gelten die Grundregeln über Organisation, Geschäftsführung und Sitzungen des (G)BR für den Wirtschaftsausschuss – soweit erforderlich – sinngemäß[4].

5 So findet etwa § 29 II und III hinsichtlich der **Einberufung und Leitung der Sitzungen** entsprechende Anwendung[5]. Zweckmäßigerweise wählt der Wirtschaftsausschuss aus seiner Mitte den **Vorsitzenden**, der dann die zwischen den Sitzungen anfallenden Geschäfte erledigt (zB Entgegennahme von Erklärungen des Unternehmers) und die Sitzungen einberuft und leitet. Da der Unternehmer (ArbGeb) zur Teilnahme an den Sitzungen des Wirtschaftsausschusses verpflichtet ist, ist der **Zeitpunkt** der Sitzungen mit dem Unternehmer abzustimmen. Die **Tagesordnung** orientiert sich weitgehend an den wirtschaftl. Angelegenheiten, über die der Unternehmer unterrichten wird. Wirtschaftsausschuss und Unternehmer haben ihrerseits das Erforderliche zu unternehmen, damit sich die andere Seite jeweils angemessen auf die Sitzung vorbereiten kann. Dazu hat der Unternehmer über den Unterrichtungsgegenstand zu informieren und ggf. die erforderlichen Unterlagen vorzulegen (vgl. § 106 Rz. 31 ff.); der Wirtschaftsausschuss hat dem Unternehmer vorher anstehende Fragen mitzuteilen[6].

6 Die Sitzungen finden idR **während der Arbeitszeit** statt und sind **nicht öffentlich**. § 30 gilt entsprechend[7]; ebenso § 31 (s. Rz. 23). Personen, die kein Teilnahmerecht haben, dürfen also grds. nicht anwesend sein. Die Wirtschaftsausschussmitglieder haben für die Zeiten zur Vorbereitung der und Teilnahme an Wirtschaftsausschusssitzungen Anspruch auf Arbeitsbefreiung ohne Minderung des Arbeitsentgelts (§ 107 Rz. 32).

7 Der Wirtschaftsausschuss hat angesichts seines Hilfscharakters (Rz. 4) grds. keine **Beschlüsse** zu fassen, so dass es der entsprechenden Anwendung des § 35 an sich nicht bedarf[8]. In Betracht kommt ein Beschluss des Wirtschaftsausschusses allerdings zB, wenn der Unternehmer eine eigentlich nicht teilnahmeberechtigte Person (zB Rechtsanwalt) zur Sitzung hinzuziehen will und der Wirtschaftsausschuss auf die Einhaltung der Nichtöffentlichkeit der Sitzung insoweit verzichtet[9] (vgl. Rz. 12, 20), oder wenn der Wirtschaftsausschuss ein Verlangen auf konkrete Auskunft oder Vorlage bestimmter Unterlagen an den Unternehmer richtet (vgl. § 109 Rz. 6).

8 Die Anfertigung einer Sitzungsniederschrift ist nicht notwendig[10]; § 34 findet keine entsprechende Anwendung[11].

9 § 40 II ist auf den Wirtschaftsausschuss entsprechend anzuwenden, dh. der ArbGeb hat im erforderlichen Umfang **sachliche und personelle Hilfsmittel** für die Tätigkeit des Wirtschaftsausschusses zur Verfügung zu stellen (vgl. § 107 Rz. 39)[12]. Notwendige Aufwendungen eines Mitglieds (zB Reisekosten) sind vom Unternehmer zu erstatten.

---

1 *Fitting*, § 108 Rz. 3. ||**2** *Fitting*, § 108 Rz. 2. ||**3** ErfK/*Kania*, § 108 BetrVG Rz. 1. ||**4** BAG 18.11.1980 – 1 ABR 31/78, DB 1981, 1240; *Fitting*, § 108 Rz. 3. ||**5** BAG 18.11.1980 – 1 ABR 31/78, DB 1981, 1240; Richardi/*Annuß*, § 108 Rz. 5. ||**6** Zum Ganzen vgl. *Fitting*, § 108 Rz. 4; ErfK/*Kania*, § 108 BetrVG Rz. 4 f. ||**7** BAG 18.11.1980 – 1 ABR 31/78, DB 1981, 1240; DKKW/*Däubler*, § 108 Rz. 5, 7; *Fitting*, § 108 Rz. 7. ||**8** Vgl. *Fitting*, § 108 Rz. 11; Richardi/*Annuß*, § 108 Rz. 10. ||**9** GK-BetrVG/*Oetker*, § 108 Rz. 11 hält einen solchen Beschluss wegen der Unabdingbarkeit des Grundsatzes der Nichtöffentlichkeit für unzulässig; wie hier für die Möglichkeit der Hinzuziehung betriebsfremder Auskunftspersonen bzw. Sachverständiger DKKW/*Däubler*, § 108 Rz. 21; *Fitting*, § 30 Rz. 17 und § 108 Rz. 18. ||**10** *Fitting*, § 108 Rz. 8; Richardi/*Annuß*, § 108 Rz. 10; aA GK-BetrVG/*Oetker*, § 108 Rz. 13. ||**11** Offen gelassen von BAG 17.10.1990 – 7 ABR 69/89, NZA 1991, 432. ||**12** BAG 17.10.1990 – 7 ABR 69/89, NZA 1991, 432; *Fitting*, § 108 Rz. 10; Richardi/*Annuß*, § 108 Rz. 11.

III. Sitzungsteilnehmer (Abs. 2). Abs. 2 bestimmt den Kreis der Teilnehmer an den Sitzungen des Wirtschaftsausschusses näher.

1. Unternehmer oder dessen Vertreter (Abs. 2 S. 1). Nach Abs. 2 S. 1 besteht für den Unternehmer eine **Teilnahmepflicht**. Er muss entweder selbst an der Sitzung teilnehmen oder nach seiner Wahl[1] einen **Vertreter** entsenden. **Unternehmer** iSd. Norm sind bei Einzelfirmen der Inhaber, bei juristischen Personen und anderen Personengesamtheiten mindestens ein Mitglied des gesetzl. Vertretungsorgans bzw. eine zur Vertretung oder Geschäftsführung berufene Person, auch wenn nur Gesamtvertretungs- bzw. Gesamtgeschäftsführungsbefugnis besteht[2].

Vertreter iSd. Abs. 2 S. 1 ist nach allg. Ansicht nicht jeder vom Unternehmer Bevollmächtigte, der die für die Unterrichtung erforderliche Sachkunde besitzt, da ansonsten Abs. 2 S. 2 weitgehend überflüssig wäre. Vielmehr ist Vertreter nur die sachkundige Person, die den Unternehmer entweder allgemein oder mindestens in dem relevanten Bereich allgemein und verbindlich vertritt, insb. also ein gesetzl. Vertreter oder ein **leitender Angestellter**, der **Generalvollmacht** oder **Prokura** (nicht nur Titularprokura) hat[3]. Allerdings dürfen leitende Angestellte, die Wirtschaftsausschussmitglieder geworden sind (vgl. § 107 I 2), vom Unternehmer nicht als seine Vertreter in Besprechungen mit dem Wirtschaftsausschuss geschickt werden[4]. Nicht als Vertreter in Betracht kommt etwa auch der Rechtsanwalt, der den Unternehmer im Rahmen einer Verschmelzung oder Spaltung von Unternehmen berät. Er kann wegen der Nichtöffentlichkeit der Sitzung nur mit dem Einverständnis des Wirtschaftsausschusses hinzugezogen werden (vgl. Rz. 7).

Der Wirtschaftsausschuss kann weder das persönliche Erscheinen des Unternehmers noch die Entsendung eines bestimmten Mitglieds des Vertretungsorgans, eines bestimmten Gesellschafters oder Vertreters verlangen[5]. Allerdings gebietet es der Grundsatz der vertrauensvollen Zusammenarbeit (§ 2 I), dass der Unternehmer eine Person in die Sitzung entsendet, die innerhalb der Unternehmensleitung die maßgebliche Funktion ausübt oder zumindest die erforderliche Sachkunde besitzt.

Im mitbestimmten Unternehmen besteht keine originäre Alleinzuständigkeit des **Arbeitsdirektors** (§ 33 MitbestG, § 13 MontanMitbestG), den Vorstand ggü. dem Wirtschaftsausschuss zu vertreten[6].

Die Teilnahme des Unternehmers (Abs. 2) ist nicht zwingende Voraussetzung für das Vorliegen einer Wirtschaftsausschusssitzung im Rechtssinne. Der Wirtschaftsausschuss kann auch **ohne den Unternehmer** eine **Sitzung** abhalten, etwa um die Unterrichtung und Beratung mit dem Unternehmer vorzubereiten und das Vorgehen abzustimmen[7]. Die Teilnahme des Wirtschaftsausschussmitglieds an einer solchen Sitzung stellt also keine Verletzung der arbeitsvertragl. Pflichten dar.

2. Sachkundige Arbeitnehmer (Abs. 2 S. 2). Gem. Abs. 2 S. 2 kann der **Unternehmer** sachkundige ArbN des Unternehmens einschl. der leitenden Angestellten (§ 5 III) hinzuziehen. Die Hinzuziehung hat den **Zweck**, dass der Unternehmer sich bei der Unterrichtung des Wirtschaftsausschusses und anschließender Beratung des Sachverstands seiner Mitarbeiter bedient. Der Unternehmer entscheidet, welche und wie viele ArbN er zu welchen Unterrichtungs- und Beratungsgegenständen hinzuzieht[8]. Externe ArbN, die dem Unternehmen nicht angehören, können nicht nach Abs. 2 S. 2 hinzugezogen werden.

Die hinzugezogenen ArbN unterliegen zwar nicht der **Geheimhaltungspflicht** des § 79, sind aber aufgrund ihres Anstellungsverhältnisses zum Unternehmer (ArbGeb) zur Verschwiegenheit der Betriebs- und Geschäftsgeheimnisse verpflichtet, die sie auch im Rahmen der Teilnahme an der Wirtschaftsausschusssitzung erfahren[9]. Außerdem wird gem. **§ 120 I Nr. 4** mit Freiheitsstrafe bis zu einem Jahr oder mit Geldstrafe bestraft, wer unbefugt ein fremdes Betriebs- oder Geschäftsgeheimnis offenbart, das ihm in dieser Eigenschaft als nach Abs. 2 S. 2 hinzugezogener ArbN bekannt geworden ist und das vom ArbGeb ausdrücklich als geheimhaltungsbedürftig bezeichnet worden ist.

3. Sachverständiger (Abs. 2 S. 3). Gem. Abs. 2 S. 3 iVm. § 80 III kann der Wirtschaftsausschuss bei der Durchführung seiner Aufgaben nach näherer Vereinbarung mit dem Unternehmer **Sachverst.** hinzuziehen, soweit dies zur ordnungsgemäßen Erfüllung seiner Aufgaben erforderlich ist. Die Tätigkeit des Sachverst. muss sich auf die Aufgaben des Wirtschaftsausschusses beziehen und erforderlich sein. Außerdem ist eine **Vereinbarung zwischen Wirtschaftsausschuss und Unternehmer** über Thema, Person des Sachverst., Kosten und Zeitpunkt erforderlich[10]. Es gelten die Grundsätze zu § 80 III (näher § 80 Rz. 135 ff.). Das Bestellungsorgan (dh. BR bzw. GBR) ist berechtigt, den Anspruch des Wirtschaftsausschusses im arbeitsgerichtl. Beschlussverfahren durchzusetzen (s. Rz. 47).

---

1 *Fitting*, § 108 Rz. 15; Richardi/*Annuß*, § 108 Rz. 16. ||2 DKKW/*Däubler*, § 108 Rz. 10; *Fitting*, § 108 Rz. 12; Richardi/*Annuß*, § 108 Rz. 14. ||3 DKKW/*Däubler*, § 108 Rz. 11; *Fitting*, § 108 Rz. 14; Richardi/*Annuß*, § 108 Rz. 15. ||4 DKKW/*Däubler*, § 107 Rz. 11. ||5 *Fitting*, § 108 Rz. 15; Richardi/*Annuß*, § 108 Rz. 17. ||6 *Fitting*, § 108 Rz. 16; Richardi/*Annuß*, § 108 Rz. 16. ||7 BAG 16.3.1982 – 1 AZR 406/80, DB 1982, 1326; DKKW/*Däubler*, § 108 Rz. 9; *Fitting*, § 108 Rz. 13; Richardi/*Annuß*, § 108 Rz. 12 f. ||8 DKKW/*Däubler*, § 108 Rz. 20; *Fitting*, § 108 Rz. 17; Richardi/*Annuß*, § 108 Rz. 18. ||9 Vgl. *Fitting*, § 108 Rz. 17. ||10 Vgl. DKKW/*Däubler*, § 108 Rz. 24; *Fitting*, § 108 Rz. 19; Richardi/*Annuß*, § 108 Rz. 21; aA offenbar GK-BetrVG/*Oetker*, § 108 Rz. 33; *Löwisch/Kaiser*, § 108 Rz. 7, wonach eine Vereinbarung mit dem BR bzw. GBR erforderlich sein soll.

19 Die Frage der **Erforderlichkeit** ist eine im arbeitsgerichtl. Beschlussverfahren zu klärende Rechtsfrage, bei der vom objektiven Standpunkt eines vernünftigen Dritten auszugehen ist, der die Interessen des Unternehmens einerseits und die des Wirtschaftsausschusses, des BR und der Belegschaft andererseits gegeneinander abwägt[1]. Die Zuziehung eines Sachverst. ist nur dann notwendig, wenn der Wirtschaftsausschuss im Einzelfall bestimmte seiner gesetzl. Aufgaben ohne sachverst. Beratung nicht ordnungsgemäß erfüllen kann[2]. Bei der Beurteilung der Erforderlichkeit ist nach der gesetzl. Konzeption jedoch im Regelfall davon auszugehen, dass die Mitglieder des Wirtschafsausschusses die zur ordnungsgemäßen Erfüllung ihrer normalerweise anfallenden Aufgaben notwendige fachliche Eignung besitzen[3]. Denn der (G)BR soll bei der Bestellung der Wirtschaftsausschussmitglieder gem. § 107 I 3 geeignete Personen auswählen und kann sich dabei speziell geschulter (§ 37 VI) BR-Mitglieder und sogar leitender Angestellter (§ 5 III) bedienen (§ 107 I 2 und III 3). Tut er dies nicht, kann er nicht zulasten des Unternehmers für den Wirtschaftsausschuss einen Sachverst. verlangen. Die Hinzuziehung eines Sachverst. für den Wirtschaftsausschuss ist daher **nur in Ausnahmefällen** erforderlich, etwa wegen der Schwierigkeit der Materie im konkreten Fall. Mangels besonderer Gründe ist sachverst. Hilfe zB nicht erforderlich zum Verständnis des vom ArbGeb zu erläuternden Jahresabschlusses (Abs. 5) oder zur Erarbeitung eines Musterdatenblattes, anhand dessen die regelmäßige Unterrichtung des Wirtschaftsausschusses erfolgen soll[4].

20 Der Unternehmer kann ebenfalls einen Sachverst. hinzuziehen. Abs. 2 S. 3 regelt jedoch nicht diesen Fall[5]. Allerdings bedarf die Hinzuziehung dennoch der Zustimmung des Wirtschaftsausschusses, da die Sitzungen nichtöffentl. sind und der externe Sachverst. nicht in den Kreis der Teilnahmeberechtigten fällt, so dass der Wirtschaftsausschuss insoweit auf die Einhaltung der Nichtöffentlichkeit verzichten müsste (s. Rz. 12).

21 Für den Sachverst. gilt die **Geheimhaltungspflicht** des § 79 entsprechend (Abs. 2 S. 3 iVm. § 80 IV). Allerdings kann die Verletzung der Geheimhaltungspflicht wegen der (unzureichenden) Gesetzesformulierung **nicht** nach § 120 I Nr. 3 als Straftat verfolgt werden. Der vom Wirtschaftsausschuss nach Abs. 2 S. 3 hinzugezogene Sachverst. ist vom Wortlaut des § 120 I Nr. 3 nicht erfasst. Eine analoge Anwendung der Strafvorschrift scheidet wegen des Bestimmtheitsgrundsatzes (Art. 103 II GG) aus.

22 Da Abs. 2 S. 3 nicht auf § 80 II 3 verweist, kann der Wirtschaftsausschuss nicht vom Unternehmer verlangen, dass ihm sachkundige ArbN als **Auskunftspersonen** zur Verfügung gestellt werden[6]. Vielmehr hat das Bestellungsorgan (BR oder GBR) bei der Bestimmung der Mitglieder des Wirtschaftsausschusses auf deren fachliche und persönliche Eignung zu achten (§ 107 I 3).

23 4. **Gewerkschaftsbeauftragter.** Ein Beauftragter einer im BR vertretenen Gewerkschaft kann analog § 31 auf Antrag eines Viertels der Mitglieder des (G)BR oder auf Beschluss des (G)BR an den Sitzungen des Wirtschaftsausschusses beratend teilnehmen[7]. Der Wirtschaftsausschuss kann die Zuziehung jedenfalls dann selbst beschließen, wenn ihm der (G)BR eine entsprechende Ermächtigung erteilt hat[8].

24 Die Teilnahme eines Gewerkschaftsbeauftragten kann jeweils **nur für** eine konkret **bestimmte Wirtschaftsausschusssitzung** beschlossen werden; eine generelle Einladung zu allen künftigen Sitzungen des Wirtschaftsausschusses ist hingegen unzulässig[9]. Die Gewerkschaft muss in einem BR vertreten sein. Dies gilt auch, wenn Bestellungsorgan für den Wirtschaftsausschuss der GBR ist[10].

25 Der Gewerkschaftsbeauftragte unterliegt der **Geheimhaltungspflicht** nach § 79 II, deren Verletzung nach § 120 I Nr. 2 als Straftat geahndet werden kann. Die Pflicht gilt auch ggü. der Gewerkschaft. Dies wird insb. relevant, wenn in der Sitzung vom Unternehmen erteilte Informationen für laufende oder künftige **Tarifauseinandersetzungen** von Bedeutung sind.

26 5. **Vertreter der ArbGebVereinigung.** Der Unternehmer (ArbGeb) kann **analog § 29 IV 2** einen Vertreter der ArbGebVereinigung, der er angehört, hinzuziehen[11].

27 Der Vertreter des ArbGebVerbands unterliegt der strafbewehrten (§ 120 I Nr. 2) **Geheimhaltungspflicht** des § 79 II.

28 6. **Schwerbehindertenvertretung.** Die Vertrauensperson der Schwerbehinderten (§ 94 SGB IX) ist berechtigt, an Sitzungen des Wirtschaftsausschusses beratend teilzunehmen[12]. §§ 95 IV, 97 VII SGB IX, § 32 gelten entsprechend.

---

1 BAG 18.7.1978 – 1 ABR 34/75, DB 1978, 2223. ||2 BAG 18.7.1978 – 1 ABR 34/75, DB 1978, 2223. ||3 BAG 18.7.1978 – 1 ABR 34/75, DB 1978, 2223; GK-BetrVG/*Oetker*, § 108 Rz. 32 mwN. ||5 Ebenso DKKW/*Däubler*, § 108 Rz. 21; Richardi/*Annuß*, § 108 Rz. 21; aA *Fitting*, § 108 Rz. 18. ||6 AA DKKW/*Däubler*, § 108 Rz. 22. ||7 BAG 18.11.1980 – 1 ABR 31/78, DB 1981, 1240; DKKW/*Däubler*, § 108 Rz. 15 ff.; *Fitting*, § 108 Rz. 21 f. ||8 BAG 18.11.1980 – 1 ABR 31/78, DB 1981, 1240. ||9 BAG 25.6.1987 – 6 ABR 45/85, NZA 1988, 167; *Fitting*, § 108 Rz. 22; Richardi/*Annuß*, § 108 Rz. 26; offen gelassen von BAG 28.2.1990 – 7 ABR 22/89, NZA 1990, 660; abl. DKKW/*Däubler*, § 108 Rz. 18. ||10 DKKW/*Däubler*, § 108 Rz. 17, 19; *Fitting*, § 108 Rz. 21; Richardi/*Annuß*, § 108 Rz. 25. ||11 DKKW/*Däubler*, § 108 Rz. 10, 19; *Fitting*, § 108 Rz. 24. ||12 BAG 4.6.1987 – 6 ABR 70/85, NZA 1987, 861; DKKW/*Däubler*, § 108 Rz. 14; *Fitting*, § 108 Rz. 23; Richardi/*Annuß*, § 108 Rz. 31.

Die Vertrauenspersonen unterliegen der strafbewehrten (§ 155 SGB IX) **Geheimhaltungspflicht** des 29
§ 96 VII SGB IX.

7. Sonstige Personen. Der Wirtschaftsausschuss oder der (G)BR haben **nicht** das Recht, zu den Sit- 30
zungen des Wirtschaftsausschusses zusätzlich zu dessen Mitgliedern ein (freigestelltes) **Mitglied des
(G)BR als Protokollführer** hinzuzuziehen[1].

In Sitzungen des Wirtschaftsausschusses, in denen der Unternehmer den **Jahresabschluss** erläutert, 31
sind auch die **Mitglieder des BR bzw. GBR** teilnahmeberechtigt (Abs. 5).

IV. Einsichtnahme in die Unterlagen (Abs. 3). Abs. 3 ergänzt die Pflicht zur Vorlage der erforderlichen 32
Unterlagen nach § 106 II (dazu § 106 Rz. 41 ff.). Er bezieht sich nach seinem sachlichen Zusammenhang
nur auf Sitzungen. Normzweck ist es, sicherzustellen, dass jedenfalls in der Sitzung des Wirtschaftsausschusses die Unterlagen vorhanden sind, damit die Mitglieder des Wirtschaftsausschusses in diesem
Zeitpunkt die Möglichkeit haben, in die Unterlagen tatsächlich Einsicht nehmen zu können[2]. Das Einsichtsrecht umfasst die Befugnis, sich schriftl. Notizen zu machen[3].

V. Berichtpflicht des Wirtschaftsausschusses (Abs. 4). Abs. 4 konkretisiert die in § 106 I 2 angespro- 33
chene Aufgabe des Wirtschaftsausschusses, den BR über die Unterrichtung durch und Beratung mit
dem Unternehmer zu informieren. Nach Abs. 4 hat der Wirtschaftsausschuss dem BR bzw. GBR über
jede Sitzung des Wirtschaftsausschusses **unverzüglich**, dh. ohne schuldhaftes Zögern (§ 121 I BGB),
und **vollständig** zu berichten. Dies geschieht zweckmäßigerweise mündlich in einer Sitzung des BR
bzw. GBR.

Fällt eine wirtschaftl. Angelegenheit in die **Zuständigkeit des GBR** nach § 50 I, ist dem GBR Bericht 34
zu erstatten, ansonsten dem BR bzw. den Betriebsräten (§ 106 Rz. 8)[4].

Die Übersendung eines Sitzungsprotokolls reicht nicht aus[5]. Vielmehr ist im Einzelnen mitzuteilen, 35
welche Auskünfte der Unternehmer gegeben hat und worüber mit welchem Ergebnis beraten wurde.
Wird über Betriebs- oder Geschäftsgeheimnisse berichtet, ist ggf. auf die Geheimhaltungsbedürftigkeit
hinzuweisen, damit sich die Mitglieder des (G)BR entsprechend verhalten können[6]. Die Unterrichtung
des (G)BR kann einem Mitglied des Wirtschaftsausschusses übertragen werden. Die Zustimmung des
(G)BR ist dazu nicht erforderlich[7].

VI. Pflicht des Unternehmers zur Erläuterung des Jahresabschlusses (Abs. 5). Abs. 5 ergänzt die allg. 36
Unterrichtungs- und Vorlagepflicht des Unternehmers ggü. dem Wirtschaftsausschuss nach § 106 II. Im
Zusammenhang mit der Unterrichtung über die wirtschaftl. und finanzielle Lage des Unternehmens
(§ 106 III Nr. 1) hat der Unternehmer den Jahresabschluss sowie – falls vorhanden – den Wirtschaftsprü-
ferbericht vorzulegen (§ 106 Rz. 59). Abs. 5 schränkt die Verpflichtung zur Vorlage des Jahresberichts
aus § 106 II nicht ein, sondern erweitert sie zu einer Erläuterungspflicht ggü. dem Wirtschaftsausschuss
unter **Beteiligung des BR bzw. des** – in das Gesamtunternehmen betreffenden Fragen zuständigen (§ 50
I) – **GBR**[8], wenn im Unternehmen ein GBR besteht[9].

Bei der **Erläuterung des Jahresabschlusses** hat der Unternehmer bzw. sein Vertreter (zum Begriff 37
Rz. 12) – ggf. unter Zuziehung sachkundiger Mitarbeiter des Unternehmens (Abs. 2 S. 2) – die Bedeutung der einzelnen Bilanzposten zu erklären und ihre Zusammenhänge darzustellen[10]. Dabei muss er
auch auf entsprechende Fragen der Wirtschaftsausschussmitglieder und des BR eingehen und sie beantworten[11]. Soweit Betriebs- oder Geschäftsgeheimnisse gefährdet werden, braucht der Unternehmer
analog § 106 II über die betreffenden Punkte keine Auskünfte zu geben[12].

Die Erläuterungspflicht nach Abs. 5 erstreckt sich nur auf den **Jahresabschluss**. Dieser umfasst nach 38
der Legaldefinition des § 242 III HGB die **Bilanz** sowie die **Gewinn- und Verlustrechnung**. Für Kapitalgesellschaften (AG, KGaA, GmbH) sehen die §§ 264 ff. HGB ergänzende Vorschriften vor, für Genossenschaften gelten die §§ 336 ff. HGB. Nach § 264 I 1 HGB ist der Jahresabschluss um einen **Anhang**
(§§ 284 ff. HGB) zu erweitern, der mit der Bilanz und der Gewinn- und Verlustrechnung eine Einheit bildet und daher Teil des gem. Abs. 5 vom Unternehmer zu erläuternden Jahresabschlusses ist[13].

---

1 BAG 17.10.1990 – 7 ABR 69/89, NZA 1991, 432. ‖2 BAG 20.11.1984 – 1 ABR 64/82, NZA 1985, 432; *Fitting*,
§ 108 Rz. 25; Richardi/*Annuß*, § 108 Rz. 33. ‖3 LAG Hamm 9.2.1983 – 12 Ta BV 65/82, DB 1983, 1311; DKKW/
Däubler, § 108 Rz. 26. ‖4 *Fitting*, § 106 Rz. 20; aA DKKW/*Däubler*, § 108 Rz. 29; GK-BetrVG/*Oetker*, § 108
Rz. 54, wonach dem GBR zu berichten sei, falls er besteht. ‖5 DKKW/*Däubler*, § 108 Rz. 29; *Fitting*, § 108
Rz. 26. ‖6 DKKW/*Däubler*, § 108 Rz. 30. ‖7 GK-BetrVG/*Oetker*, § 108 Rz. 55; Richardi/*Annuß*, § 108 Rz. 35;
aA DKKW/*Däubler*, § 108 Rz. 29; *Fitting*, § 108 Rz. 27; ErfK/*Kania*, § 108 BetrVG Rz. 11. ‖8 BAG 8.8.1989 – 1
ABR 61/88, NZA 1990, 150. ‖9 GK-BetrVG/*Oetker*, § 108 Rz. 66; *Fitting*, § 108 Rz. 37; *Oetker*, NZA 2001, 689
(696). ‖10 BAG 18.7.1978 – 1 ABR 34/75, DB 1978, 2223. ‖11 BAG 18.7.1978 – 1 ABR 34/75, DB 1978, 2223;
Oetker, NZA 2001, 689 (693). ‖12 *Oetker*, NZA 2001, 689 (693 f.). ‖13 *Fitting*, § 108 Rz. 28; *Martens*, DB
1988, 1229 f. *Oetker*, NZA 2001, 689 (691). Zum Jahresabschluss und anderen wirtschaftl. Grundbegriffen *Eis-
bach/Rothkegel*, AiB 2003, 17 ff.; *Eisbach/Rothkegel*, AiB 2003, 305 ff., 480 ff., 687 ff.; AiB 2004, 172 ff.; *Disselkamp*,
AiB 2003, 303 f.

39 Nicht zum Jahresabschluss gehört dagegen der gem. § 264 I 1 HGB aufzustellende **Lagebericht** (§ 289 HGB). Daher erstreckt sich die Erläuterungspflicht nicht auf den Lagebericht[1]. Die darin aufzunehmenden Gegenstände werden aber jedenfalls teilweise von der allg. Unterrichtungspflicht hinsichtlich der wirtschaftl. Angelegenheiten (§ 106 II) erfasst. Dasselbe gilt für den **Wirtschaftsprüfungsbericht** (§ 321 HGB)[2], den **Konzernabschluss** (§§ 290 ff. HGB)[3], die **Steuerbilanz**[4] und Abschlüsse nach intern. Rechnungslegungsvorschriften[5].

40 Die Mitglieder des Wirtschaftsausschusses können in der „Bilanzsitzung" während der Erläuterung des Jahresabschlusses Einsicht in die zum Jahresabschluss gehörenden Unterlagen nehmen (Abs. 3). Da die Erläuterung des Jahresabschlusses nach Abs. 5 aber unter vollständiger „Beteiligung" des BR bzw. GBR vorzunehmen ist, haben die Mitglieder des (G)BR während der Sitzung ebenfalls ein **Einsichtsrecht**[6]. Alle Sitzungsteilnehmer können sich auch **Notizen und Aufzeichnungen** machen sowie **Fragen** an den Unternehmer stellen[7].

41 Sofern eine **Pflicht zur Offenlegung** des Jahresabschlusses besteht (§§ 325 ff., 339 HGB), hat der Unternehmer den Teilnehmern der „Jahresabschlusserörterungssitzung" ein Exemplar des Jahresabschlusses auszuhändigen; dies folgt aus dem Kooperationsgebot des § 2 I[8].

42 Hinsichtlich des **Zeitpunktes** der geschuldeten Erläuterung enthält Abs. 5 keine nähere Bestimmung. Aus dem Gebot der vertrauensvollen Zusammenarbeit (§ 2 I) folgt aber, dass der Unternehmer den Jahresabschluss erläutern muss, **sobald er fertig gestellt ist**[9]. Bei Kapitalgesellschaften ist der Jahresabschluss von den gesetzl. Vertretern innerhalb der ersten drei Monate des Geschäftsjahres für das vergangene Geschäftsjahr aufzustellen (§ 264 I 3 HGB). Kleine Kapitalgesellschaften (§ 267 I HGB) haben den Jahresabschluss im Rahmen eines ordnungsgemäßen Geschäftsgangs innerhalb der ersten sechs Monate des Geschäftsjahres aufzustellen (§ 264 I 4 HGB). Soweit bei Kapitalgesellschaften eine Pflicht zur Prüfung besteht (§ 316 HGB), ist der Jahresabschluss erst mit Erteilung des Bestätigungsvermerks des Abschlussprüfers (§ 322 HGB) fertig gestellt[10]. Für den Jahresabschluss von Einzelkaufleuten und Personengesellschaften enthält das HGB keine Fristen[11].

43 **VII. Aufgabenübertragung auf einen (Gesamt-)Betriebsratsausschuss (Abs. 6).** Abs. 6 ordnet die entsprechende Anwendung der Abs. 1–5 an, wenn der BR oder der GBR die Aufgaben des Wirtschaftsausschusses auf einen Ausschuss des BR bzw. GBR gem. § 107 III übertragen hat (dazu § 107 Rz. 40 ff.). Insoweit gelten die obigen Ausführungen entsprechend.

44 **VIII. Streitigkeiten.** Erfüllt der Unternehmer (ArbGeb) die Pflicht zur Erläuterung des Jahresabschlusses nach Abs. 5 nicht, wahrheitswidrig, unvollständig oder verspätet, kann dies bei Vorsatz (§ 10 OWiG) als **Ordnungswidrigkeit** mit einer Geldbuße bis zu 10 000 Euro geahndet werden (**§ 121**). IÜ gelten für Streitigkeiten hinsichtlich der Erläuterungspflicht des Unternehmers die Ausführungen zu Streitigkeiten über die Unterrichtungspflicht (§ 106 Rz. 85 ff.) entsprechend.

45 Streitigkeiten über die Geschäftsführung des Wirtschaftsausschusses (oder eines nach § 107 III gebildeten Ausschusses) und hinsichtlich der Sitzungen (insb. des Teilnahmerechts) werden vor dem ArbG im **Beschlussverfahren** (§ 2a I Nr. 1, II iVm. §§ 80 ff. ArbGG) entschieden. Dasselbe gilt, wenn der ArbGeb seine Teilnahmepflicht nach Abs. 2 S. 1 nicht erfüllt[12]. Antragsberechtigt sind der Unternehmer und der BR bzw. GBR; der Wirtschaftsausschuss ist hingegen nicht Beteiligter[13].

46 Hinsichtlich der Streitigkeiten über das Einsichtnahmerecht nach Abs. 3 und den Umfang der Erläuterungspflicht des Unternehmers gem. Abs. 5 besteht die **Primärzuständigkeit** der Einigungsstelle nach § 109 (s. dort Rz. 1).

47 Das arbeitsgerichtl. Beschlussverfahren ist hingegen die statthafte Verfahrensart für Streitigkeiten über die Hinzuziehung eines **Sachverst.** BR bzw. GBR haben ein unmittelbares Recht ggü. dem Unternehmer, den Abschluss einer Vereinbarung über die Bestellung eines Sachverst. zu verlangen, soweit dies zur Erfüllung der Aufgaben des Wirtschaftsausschusses erforderlich ist[14].

---

1 GK-BetrVG/*Oetker*, § 108 Rz. 59; *Martens*, DB 1988, 1229 (1230); *Oetker*, NZA 2001, 689 (691 f.); aA *Fitting*, § 108 Rz. 29; *Richardi/Annuß*, § 108 Rz. 37. ||2 GK-BetrVG/*Oetker*, § 108 Rz. 61; *Martens*, DB 1988, 1229 (1231); *Oetker*, NZA 2001, 689 (692); ebenso, aber eine Erläuterungspflicht annehmend, *Richardi/Annuß*, § 108 Rz. 39. ||3 GK-BetrVG/*Oetker*, § 108 Rz. 60; *Martens*, DB 1988, 1229 (1230 f.); *Oetker*, NZA 2001, 689 (693); aA *Fitting*, § 108 Rz. 31; *Richardi/Annuß*, § 108 Rz. 38. ||4 GK-BetrVG/*Oetker*, § 108 Rz. 62; *Oetker*, NZA 2001, 689 (692); aA *Fitting*, § 108 Rz. 30; *Richardi/Annuß*, § 108 Rz. 40. ||5 *Sigle*, BC 2006, 219. ||6 *Fitting*, § 108 Rz. 36; *Richardi/Annuß*, § 108 Rz. 45. ||7 LAG Hamm 9.2.1983 – 12 Ta BV 65/82, DB 1983, 1311; DKKW/*Däubler*, § 108 Rz. 39; *Fitting*, § 108 Rz. 36. ||8 *Fitting*, § 108 Rz. 36; *Richardi/Annuß*, § 108 Rz. 42. ||9 GK-BetrVG/*Oetker*, § 108 Rz. 65; *Fitting*, § 108 Rz. 33; *Richardi/Annuß*, § 108 Rz. 43. ||10 DKKW/*Däubler*, § 108 Rz. 38; *Fitting*, § 108 Rz. 33; ErfK/*Kania*, § 108 BetrVG Rz. 13; *Oetker*, NZA 2001, 689 (695); *Richardi/Annuß*, § 108 Rz. 43; aA *Rumpff/Boewer*, Mitbestimmung in wirtschaftlichen Angelegenheiten, G Rz. 67, wonach die Feststellung des Jahresabschlusses gem. §§ 172 f. AktG bzw. §§ 46 Nr. 1, 42a II, 52 I GmbHG maßgeblich sein soll. ||11 Zum Ganzen *Fitting*, § 108 Rz. 33; *Richardi/Annuß*, § 108 Rz. 43. ||12 LAG Hess. 1.8.2006 – 4 TaBV 111/06, NZA-RR 2007, 199 (201). ||13 DKKW/*Däubler*, § 108 Rz. 42; *Fitting*, § 108 Rz. 40; *Richardi/Annuß*, § 108 Rz. 49. ||14 BAG 18.7.1978 – 1 ABR 34/75, DB 1978, 2223.

Dasselbe gilt für den Fall, dass der Unternehmer die Teilnahme eines **Gewerkschaftsbeauftragten** an den Wirtschaftsausschusssitzungen dulden soll[1]. In diesem Fall hat auch die im (G)BR vertretene Gewerkschaft eine eigenständige Antragsbefugnis[2]. 48

Befolgen Kapitalgesellschaften die in § 335 HGB aufgelisteten Pflichten über den Jahresabschluss nicht, werden sie vom Bundesamt für Justiz durch ein **Ordnungsgeldverfahren** zur Einhaltung der Vorschriften angehalten. Der Betreiber des Bundesanzeigers prüft von Amts wegen, ob die einzureichenden Unterlagen fristgemäß und vollständig sind; ist dies nicht der Fall, wird das Bundesamt unterrichtet (§§ 329 I, IV HGB)[3]. 49

109 Beilegung von Meinungsverschiedenheiten

Wird eine Auskunft über wirtschaftliche Angelegenheiten des Unternehmens im Sinn des § 106 entgegen dem Verlangen des Wirtschaftsausschusses nicht, nicht rechtzeitig oder nur ungenügend erteilt und kommt hierüber zwischen Unternehmer und Betriebsrat eine Einigung nicht zustande, so entscheidet die Einigungsstelle. Der Spruch der Einigungsstelle ersetzt die Einigung zwischen Arbeitgeber und Betriebsrat. Die Einigungsstelle kann, wenn dies für ihre Entscheidung erforderlich ist, Sachverständige anhören; § 80 Abs. 4 gilt entsprechend. Hat der Betriebsrat oder der Gesamtbetriebsrat eine anderweitige Wahrnehmung der Aufgaben des Wirtschaftsausschusses beschlossen, so gilt Satz 1 entsprechend.

I. Vorbemerkungen. Soweit es um (Rechts-)Streitigkeiten über den Umfang und Zeitpunkt der Unterrichtung in wirtschaftl. Angelegenheiten und die Vorlage der erforderlichen Unterlagen geht, hat die **Einigungsstelle** gem. § 109 eine **Primärzuständigkeit**, dh. die Einleitung des Beschlussverfahrens vor dem ArbG ist bis zum Abschluss des Einigungsstellenverfahrens (vorübergehend) unzulässig (s.a. § 106 Rz. 87)[4]. **Sinn** ist es, die internsten Angelegenheiten der Unternehmensleitung zunächst einer betriebs- oder unternehmensinternen Regelung zuzuführen[5]. Das gilt insb. auch hinsichtlich der Frage, ob eine verlangte Auskunft mit Rücksicht auf die Gefährdung von Betriebs- oder Geschäftsgeheimnissen verweigert werden kann[6]. § 109 bezieht sich auch auf Streitigkeiten über das Einsichtsrecht nach § 108 III[7] und den Umfang der Erläuterungspflicht des Unternehmers nach § 108 V[8], nicht hingegen in Bezug auf die individuelle Unterrichtung der ArbN nach § 110[9]. Das Einigungsstellenverfahren nach § 109 ist nicht vorrangig ggü. demjenigen nach § 112 II–V[10]. 1

Einigungsstellenverfahren nach § 109 kommen in der Praxis selten vor. 2

Der Spruch der Einigungsstelle ergeht im Fall des § 109 über eine **Rechtsfrage** und unterliegt daher der vollen Rechtskontrolle der ArbG (s. Rz. 14, 19). 3

II. Voraussetzungen für das Einigungsstellenverfahren (S. 1). Wird die Auskunft des Unternehmens über wirtschaftl. Angelegenheiten entgegen einem Verlangen des Wirtschaftsausschusses nicht, nicht rechtzeitig oder nur ungenügend erteilt, so haben nach S. 1 BR bzw. – in Unternehmen mit mehreren BR – GBR und Unternehmer eine Einigung zu versuchen, und es entscheidet die Einigungsstelle, wenn eine solche Einigung nicht zustande kommt[11]. Dies gilt auch, wenn der Unternehmer – nach Auffassung des Wirtschaftsausschusses – erforderliche Unterlagen nicht vorlegt[12]. Hingegen ist die Einigungsstelle offensichtlich unzuständig für die Frage, ob ein Wirtschaftsausschuss – etwa im Hinblick auf § 118 I – überhaupt zu bestellen ist oder ob der ArbGeb seine Pflicht zur Teilnahme an Sitzungen des Wirtschaftsausschusses (§ 108 II 1) verletzt hat[13]. 4

1. Zuständigkeit der Einigungsstelle. Die Zuständigkeit der Einigungsstelle setzt voraus, dass es sich bei der Streitfrage zwischen Unternehmer und (G)BR um eine wirtschaftl. Angelegenheit iSd. § 106 handelt[14]. Diese Frage hat die Einigungsstelle als Vorfrage zu prüfen[15]. Der Streit, ob eine Frage zu den wirtschaftl. Angelegenheiten iSv. § 106 III gehört und in die Zuständigkeit der Einigungsstelle fällt, ist im arbeitsgerichtl. Beschlussverfahren auszutragen, in dem die Einigungsstelle und der Wirtschaftsausschuss nicht zu beteiligen sind (s.a. § 106 Rz. 86)[16]. Insoweit besteht keine Primärzuständigkeit der Einigungsstelle[17]. Vielmehr können Beschlussverfahren und Einigungsstellenverfahren in diesen Fällen gleichzeitig betrieben werden[18]. 5

---

1 BAG 18.11.1980 – 1 ABR 31/78, DB 1981, 1240. ||2 BAG 18.11.1980 – 1 ABR 31/78, DB 1981, 1240. ||3 Baumbach/Hopt/*Merkt*, § 335 HGB Rz. 3. ||4 DKKW/*Däubler*, § 109 Rz. 1. ||5 LAG Hess. 1.8.2006 – 4 TaBV 111/06, NZA-RR 2007, 199 (201). ||6 Vgl. BAG 8.8.1989 – 1 ABR 61/88, NZA 1990, 150 mit Bedenken hinsichtlich des Verzögerungspotenzials dieser Auffassung, da es bis zu vier oder sechs Instanzen bis zu einer vollstreckbaren Entscheidung dauern kann; DKKW/*Däubler*, § 109 Rz. 4; ErfK/*Kania*, § 109 BetrVG Rz. 1; Richardi/*Annuß*, § 109 Rz. 6 f. ||7 DKKW/*Däubler*, § 109 Rz. 5; ErfK/*Kania*, § 109 BetrVG Rz. 1; aA *Fitting*, § 108 Rz. 41. ||8 Ebenso LAG Düss. 13.3.1978 – 21 Ta BV 3/78, DB 1978, 1696 ff.; DKKW/*Däubler*, § 109 Rz. 5; Richardi/*Annuß*, § 109 Rz. 3. ||9 AA Richardi/*Annuß*, § 109 Rz. 3. ||10 LAG Schl.-Holst. 25.4.2013 – 4 TaBV 14/13. ||11 BAG 8.8.1989 – 1 ABR 61/88, NZA 1990, 150. ||12 BAG 8.8.1989 – 1 ABR 61/88, NZA 1990, 150. ||13 LAG Hessen 1.8.2006 – 4 TaBV 111/06, NZA-RR 2007, 199 (201). ||14 BAG 11.7.2000 – 1 ABR 43/99, NZA 2001, 402. ||15 LAG Rh.-Pf. 28.2.2013 – 11 TaBV 42/12; DKKW/*Däubler*, § 109 Rz. 3; *Fitting*, § 109 Rz. 1. ||16 BAG 11.7. 2000 – 1 ABR 43/99, NZA 2001, 402; Richardi/*Annuß*, § 109 Rz. 5. ||17 BAG 9.5.1995 – 1 ABR 61/94, NZA 1996, 55; 22.1.1991 – 1 ABR 38/89, DB 1991, 1176. ||18 BAG 17.9.1991 – 1 ABR 74/90, NZA 1992, 418.

BetrVG § 109 Rz. 6   Beilegung von Meinungsverschiedenheiten

6 **2. Auskunfts- oder Vorlageverlangen des Wirtschaftsausschusses.** Zunächst hat allerdings der Wirtschaftsausschuss als besonderes betriebsverfassungsrechtl. Organ zu entscheiden, ob er vom Unternehmer weitere Auskünfte oder die Vorlage weiterer Unterlagen verlangen will. Verneint er dies, kann der (Gesamt-)BR nicht eine weiter gehende Unterrichtung verlangen[1]. Voraussetzung für das Einigungsstellenverfahren ist also, dass der Wirtschaftsausschuss aufgrund eines Beschlusses an den Unternehmer oder seinen Vertreter ein Verlangen richtet, das auf eine konkrete Auskunft oder Vorlage bestimmter Unterlagen gerichtet ist[2]. Diesem Auskunfts- und/oder Vorlageverlangen muss der Unternehmer sodann nicht, unvollständig oder verspätet nachgekommen sein. Die Zuständigkeit der Einigungsstelle umfasst nur konkret-individuelle Auskunftsverlangen. Die Einigungsstelle ist nicht für dauerhafte generell-abstrakte Regelungen zur Auskunftserteilung ggü. dem Wirtschaftsausschuss zuständig[3]. Die Einigungsstelle nach § 109 ist dann offensichtlich unzuständig iSd. § 98 I 2 ArbGG, wenn mangels konkreten Auskunftsverlangens des Wirtschaftsausschusses nicht feststellbar ist, ob überhaupt eine Meinungsverschiedenheit über die Auskunftsverpflichtung gegeben ist; sie ist auch offensichtlich unzuständig für einen feststellenden Beschluss darüber, dass eine in der Vergangenheit gegebene Auskunft des ArbGeb ungenügend war[4].

7 Tritt ein nach § 107 III gebildeter Ausschuss des (G)BR an die Stelle des Wirtschaftsausschusses, gilt Entsprechendes (S. 4).

8 **3. Einigungsversuch zwischen Unternehmer und (G)BR.** Kommt der Unternehmer dem Verlangen des Wirtschaftsausschusses nicht nach, „beschwert sich" der Wirtschaftsausschuss beim BR bzw. GBR (je nachdem, wer nach § 107 II den Wirtschaftsausschuss gebildet hat), der dann beim Unternehmer (ArbGeb) auf Abhilfe hinwirkt, falls er das Verlangen für berechtigt hält[5]. Kommt es trotz Verhandlungen mit ernstem Einigungswillen (§ 74 I 2 analog) **nicht** zur einer **Einigung** zwischen den Betriebspartnern, kann jede Seite die Einigungsstelle anrufen, welche dann eine bindende Entscheidung fällen kann. Haben die Betriebspartner am Schluss der Anhörung im gerichtl. Einigungsstellenbesetzungsverfahren miteinander unvereinbare Ansichten, kann selbst bei zunächst nicht ausreichenden innerbetriebl. Verhandlungen nicht noch ein erneuter innerbetriebl. Einigungsversuch verlangt werden[6].

9 **Einigen** sich Unternehmer und (G)BR hingegen darauf, dass eine bestimmte Auskunft an den Wirtschaftsausschuss zu erteilen bzw. Unterlagen vorzulegen sind, hat der Unternehmer dies vereinbarungsgem. zu erfüllen. Die Einigung stellt eine Regelungsabrede dar[7] und begründet einen Anspruch des (G)BR, den dieser im Beschlussverfahren vor dem ArbG durchsetzen kann[8]. Wird Einvernehmen unter den Betriebsparteien hergestellt, dass die verlangte Auskunft nicht erteilt werden muss, bindet diese Vereinbarung auch den Wirtschaftsausschuss, da dieser nur Hilfsorgan des (G)BR ist (vgl. § 106 Rz. 10)[9].

10 Auch wenn anstatt des Wirtschaftsausschusses ein besonderer Ausschuss gem. § 107 III besteht, hat der BR bzw. GBR eine Einigung mit dem Unternehmer über das Auskunftsverlangen des besonderen Ausschusses zu versuchen (S. 4), es sei denn, an die Stelle des (G)BR tritt kraft entsprechender Aufgabenübertragung gem. § 28 I der Ausschuss selbst[10].

11 **4. Bildung der Einigungsstelle.** Scheitert der Einigungsversuch zwischen Unternehmer (ArbGeb) und (G)BR über die Berechtigung des Auskunftsverlangens des Wirtschaftsausschusses, kann der Unternehmer oder der (G)BR die Einigungsstelle anrufen (vgl. § 76 V 1). Die Bildung der Einigungsstelle richtet sich nach den allg. Vorschriften des § 76 I, II und VIII iVm. § 98 ArbGG[11]. Erfahrungsgemäß lehnen die ArbG eine Bildung der Einigungsstelle wegen deren „offensichtlicher Unzuständigkeit" iSd. § 98 I 2 ArbGG nur selten ab, weil es daran fehlt, wenn die für die Zuständigkeit maßgeblichen Rechtsfragen umstritten sind (zB die Frage des Informationsdurchgriffs auf andere Unternehmen[12], vgl. auch § 106 Rz. 47c).

12 **III. Entscheidung der Einigungsstelle (S. 2 und 3).** Die Einigungsstelle wird als innerbetriebl. Konfliktlösungsinstitution mit Zwangsschlichtungsbefugnissen tätig. Nach S. 2 ersetzt der Spruch der Einigungsstelle die Einigung zwischen ArbGeb (Unternehmer) und BR. Das in § 109 vorgesehene Einigungsstellenverfahren stellt ein vorgeschaltetes Schiedsverfahren dar, das die Möglichkeit einer raschen Einigung auf betriebl. Ebene eröffnet, ohne die Anrufung des Gerichts auszuschließen[13]. Genauer gesagt hat das Einigungsstellenverfahren den Charakter eines sog. **„Med-Arb-Verfahrens"** (zuerst Mediation, dann Schiedsverfahren/Arbitration)[14].

---

1 BAG 5.2.1991 – 1 ABR 24/90, NZA 1991, 645. ‖ 2 GK-BetrVG/*Oetker*, § 109 Rz. 12 f.; Richardi/*Annuß*, § 109 Rz. 11 mwN. ‖ 3 ArbG Hamburg 19.6.2002 – 23 BV 1/02, ZIP 2003, 132 ff. m. zust. Anm. Zeising. ‖ 4 LAG Köln 2.3.2009 – 2 TaBV 111/08, LAGE § 98 ArbGG 1979 Nr. 52; LAG Hamm 30.4.2010 – 13 TaBV 94/09. ‖ 5 Vgl. systematisch ähnlich das (kollektive) Beschwerdeverfahren nach § 85 I. ‖ 6 LAG Bln.-Bbg. 7.8.2008 – 14 TaBV 1212/08. ‖ 7 Ebenso GK-BetrVG/*Oetker*, § 109 Rz. 16. ‖ 8 BAG 8.8.1989 – 1 ABR 61/88, NZA 1990, 150; *Fitting*, § 109 Rz. 8. ‖ 9 *Fitting*, § 109 Rz. 8; Richardi/*Annuß*, § 109 Rz. 13. ‖ 10 *Fitting*, § 109 Rz. 7. ‖ 11 S. etwa LAG Bln.-Bbg. 7.8.2008 – 14 TaBV 1212/08; LAG Hamm 14.9.2009 – 13 TaBV 74/09; 3.11.2009 – 1 TaBV 63/09, NZA-RR 2010, 142; LAG Köln 14.1.2004 – 8 TaBV 72/03, NZA-RR 2005, 32 (33). ‖ 12 LAG Nds. 3.11.2009 – 1 TaBV 63/09, NZA-RR 2010, 142 (143). ‖ 13 BAG 11.7.2000 – 1 ABR 43/99, NZA 2001, 402. ‖ 14 Näher dazu *Lembke*, Mediation im Arbeitsrecht, 2001, Rz. 392 ff.

1. Verfahren. Hinsichtlich des Verfahrens vor der Einigungsstelle gelten die allg. Vorschriften (§ 76 III bis V 2). Zusätzlich regelt S. 3, dass die Einigungsstelle im Rahmen der Erforderlichkeit **Sachverst.** anhören kann. Aus der Formulierung der Norm (Nichtnennung des § 80 III) folgt, dass es hier keiner Vereinbarung zwischen BR und/oder Einigungsstelle mit dem ArbGeb über die Hinzuziehung des Sachverst. bedarf (anders §§ 80 III, 108 II 3)[1]. Der Sachverst. unterliegt gem. S. 3 Hs. 2 iVm. § 80 IV der strafbewehrten (§ 120 I Nr. 3) Geheimhaltungspflicht des § 79. 13

2. Bindender Spruch der Einigungsstelle. Der Spruch der Einigungsstelle ersetzt nach S. 2 die Einigung zwischen Unternehmer und (G)BR und bindet die Betriebsparteien sowie den Wirtschaftsausschuss. Allerdings kann der Einigungsstellenspruch im Beschlussverfahren vom ArbGeb oder vom (G)BR angefochten werden (s. Rz. 19). Die Einigungsstelle nach § 109 entscheidet über Rechtsfragen[2]. Ihre Entscheidung darüber, ob, wann, in welcher Weise und in welchem Umfang der Unternehmer den Wirtschaftsausschuss zu unterrichten hat, unterliegt der vollen Rechtskontrolle der ArbG[3]. Dies gilt auch für die Frage, ob eine Gefährdung von Betriebs- oder Geschäftsgeheimnissen der Auskunft entgegensteht[4]. 14

3. Durchsetzung des Einigungsstellenspruchs. Spricht die Entscheidung der Einigungsstelle die Verpflichtung des ArbGeb zu einer bestimmten Auskunft oder Vorlage bestimmter Unterlagen aus, stellt der Spruch der Einigungsstelle eine **Anspruchsgrundlage** dar, wenn er wirksam ist[5]. Kommt der Unternehmer der Verpflichtung aus dem Einigungsstellenspruch nicht nach, kann der (G)BR (nicht der Wirtschaftsausschuss) diesen Anspruch im Beschlussverfahren verfolgen[6]. Dabei ist als Vorfrage die Rechtmäßigkeit des Spruchs in vollem Umfang nachzuprüfen[7]. 15

Wird der Unternehmer aufgrund des Einigungsstellenspruchs vom ArbG durch rechtskräftigen Beschluss zur Auskunftserteilung verurteilt, kann die Auskunftserteilung als unvertretbare Handlung durch Zwangsgeld oder ersatzweise Zwangshaft **vollstreckt** werden (§ 85 I ArbGG iVm. § 888 I ZPO)[8]. Daneben kommt (subsidiär) ein Verfahren gegen den Unternehmer nach § 23 III in Betracht[9]. IÜ droht bei Nichterfüllung des Einigungsstellenspruchs auch ein Ordnungswidrigkeitenverfahren nach § 121 (vgl. § 106 Rz. 88f.). 16

Vor Abschluss des Hauptsacheverfahrens kommt in dringenden Fällen eine **einstw. Leistungsverfügung** auf die im Spruch der Einigungsstelle festgelegte Auskunft in Betracht[10]. Hingegen scheidet eine einstw. Verfügung (zB auf Einsicht in Unterlagen) *vor* Abschluss des Einigungsstellenverfahrens aus, da sie den Gesetzeszweck des § 109 vereiteln würden[11]. 17

IV. Streitigkeiten. Streitigkeiten über den **Umfang und Zeitpunkt der Unterrichtung** des Wirtschaftsausschusses sowie über die **Gefährdung von Betriebs- oder Geschäftsgeheimnissen** können so lange nicht vor die ArbG gebracht werden, bis das Einigungsstellenverfahren abgeschlossen ist (s. Rz. 1). 18

Die Frage der **Zuständigkeit der Einigungsstelle** (s. Rz. 4f.) sowie die **Rechtmäßigkeit des Verfahrens und des Spruchs der Einigungsstelle** unterliegen aber der vollen arbeitsgerichtl. Rechtskontrolle. Meinungsverschiedenheiten über diese Fragen werden zwischen ArbGeb und (G)BR im arbeitsgerichtl. Beschlussverfahren ausgetragen, in dem die Einigungsstelle und der Wirtschaftsausschuss nicht zu beteiligen sind[12]. Da es um eine Rechtskontrolle geht, findet die zweiwöchige Ausschlussfrist des § 76 V 4 keine Anwendung[13]. 19

Streitigkeiten über die Erforderlichkeit der Anhörung des **Sachverst.** und die insoweit entstehenden **Kosten** werden im arbeitsgerichtl. Beschlussverfahren unter Beteiligung von Unternehmer, (G)BR und Einigungsstelle entschieden[14]. 20

Ansprüche aus einer Einigung der Beteiligten über die streitigen Fragen können im arbeitsgerichtl. Beschlussverfahren durchgesetzt werden (s. Rz. 9). 21

109a *Unternehmensübernahme*
In Unternehmen, in denen kein Wirtschaftsausschuss besteht, ist im Fall des § 106 Abs. 3 Nr. 9a der Betriebsrat entsprechend § 106 Abs. 1 und 2 zu beteiligen; § 109 gilt entsprechend.

---

1 DKKW/*Däubler*, § 109 Rz. 10; *Fitting*, § 109 Rz. 10. ||2 Zutr. ArbG Hamburg 19.6.2002 – 23 BV 1/02, ZIP 2003, 132; zweifelnd BAG 8.8.1989 – 1 ABR 61/88, NZA 1990, 150. ||3 BAG 11.7.2000 – 1 ABR 43/99, NZA 2001, 402 (unter Aufgabe von BAG 8.8.1989 – 1 ABR 61/88, NZA 1990, 150); ArbG Hamburg 19.6.2002 – 23 BV 1/02, ZIP 2003, 132; Richardi/*Annuß*, § 109 Rz. 19; WHSS/*Schweibert*, Rz. C 413; aA LAG Köln 13.7.1999 – 13 (10) TaBV 5/99, AP Nr. 1 zu § 109 BetrVG 1972. ||4 BAG 11.7.2000 – 1 ABR 43/99, NZA 2001, 402. ||5 BAG 8.8.1989 – 1 ABR 61/88, NZA 1990, 150. ||6 BAG 8.8.1989 – 1 ABR 61/88, NZA 1990, 150; Richardi/*Annuß*, § 109 Rz. 21. ||7 *Fitting*, § 109 Rz. 12. ||8 DKKW/*Däubler*, § 109 Rz. 13; Richardi/*Annuß*, § 109 Rz. 22 mwN. ||9 AA *Fitting*, § 109 Rz. 13. ||10 DKKW/*Däubler*, § 109 Rz. 16; ErfK/*Kania*, § 109 BetrVG Rz. 8. ||11 ArbG Wetzlar 28.2.1989 – 1 BVGa 4/89, NZA 1989, 443f.; GK-BetrVG/*Oetker*, § 109 Rz. 4; *Fitting*, § 109 Rz. 5; aA DKKW/*Däubler*, § 109 Rz. 16; ErfK/*Kania*, § 109 BetrVG Rz. 8, falls die Einigungsstelle verzögerlich handelt. ||12 BAG 15.3.2006 – 7 ABR 24/05, NZA 2006, 1422 (1424); 11.7.2000 – 1 ABR 43/99, NZA 2001, 402; *Fitting*, § 109 Rz. 2. ||13 *Fitting*, § 76 Rz. 102; Richardi/*Annuß*, § 109 Rz. 19. ||14 *Fitting*, § 109 Rz. 10; Richardi/*Annuß*, § 109 Rz. 16.

1 I. Vorbemerkungen. § 109a wurde durch das Risikobegrenzungsgesetz mWv. 19.8.2008 eingefügt (§ 106 Rz. 47a). Er ist **Komplementärnorm** zur Unterrichtungspflicht des Zielunternehmens ggü. dem Wirtschaftsausschuss nach § 106 I, II 2, III Nr. 9a sowie zur für börsennotierte Zielunternehmen geltenden Unterrichtungspflicht ggü. BR bzw. Belegschaft nach §§ 10 V 2, 14 IV 2, 27 III 2 WpÜG im Falle einer geplanten Unternehmensübernahme. Regelungszweck ist, in Zielunternehmen ohne Wirtschaftsausschuss dem schützenswerten Interesse der Belegschaft, über den Erwerb wesentlicher Anteile durch Investoren informiert zu werden, Rechnung zu tragen, wie dies aufgrund der vorgenannten Unterrichtungspflichten ggü. BR bzw. Belegschaft bei börsennotierten Zielunternehmen der Fall ist[1]. Die Regelung ist systematisch falsch verortet und gehört eigentlich zu § 80.

2 II. Tatbestandsvoraussetzungen. Im Falle einer geplanten **Übernahme des Zielunternehmens**, die mit dem **Erwerb der Kontrolle** verbunden ist (dazu § 106 Rz. 81a ff.), hat der ArbGeb des Zielunternehmens den zuständigen BR nach § 109a iVm. 106 I, II unter Vorlage der erforderlichen Unterlagen rechtzeitig und umfassend über die Unternehmensübernahme zu unterrichten, sofern **mangels Überschreitens des Schwellenwerts** von mehr als 100 regelmäßig beschäftigten ArbN (§ 106 I 1) **kein Wirtschaftsausschuss besteht**[2]. Hat der (G)BR in einem Unternehmen mit idR mehr als 100 ständig beschäftigten ArbN entgegen § 106 I 1 (pflichtwidrig) keinen Wirtschaftsausschuss gebildet, greift § 109a nicht ein[3]. Denn die Pflichtverletzung des BR kann nicht zulasten des ArbGeb gehen (vgl. § 106 Rz. 15). Besteht kein BR, entfällt die Unterrichtungspflicht nach § 109a. Die Belegschaft ist allerdings gem. § 110 zu informieren. Ist das Zielunternehmen ein Tendenzunternehmen, findet § 109a keine Anwendung (§ 118 I 2).

3 III. Rechtsfolgen. Sind die Tatbestandsvoraussetzungen erfüllt, hat der ArbGeb des Zielunternehmens den zuständigen BR entsprechend § 106 I und II rechtzeitig und umfassend über die geplante Unternehmensübernahme zu unterrichten. Zu den ohne Aufforderung vorzulegenden Unterlagen gehören insb. auch die Angaben zu dem potentiellen Erwerber, dessen Absichten im Hinblick auf die künftige Geschäftstätigkeit des Zielunternehmens sowie die sich daraus ergebenden Auswirkungen auf die ArbN (§ 106 II 2). Die Informationspflicht gilt auch in diesem Fall nur, soweit die Betriebs- und Geschäftsgeheimnisse des Unternehmens nicht gefährdet werden[4]. Daraus ergeben sich im Regelfall aber keine Beschränkungen der Unterrichtungspflicht (vgl. § 106 Rz. 47d, e). § 109a verweist nur auf die §§ 106 I, II und 109. Daher finden die §§ 107, 108 keine entsprechende Anwendung. **Adressat der Unterrichtung** ist grds. der GBR, weil die Unternehmensübernahme in seinen Zuständigkeitsbereich (§ 50 I) fällt[5]. Existiert kein GBR, ist der örtliche BR zu unterrichten. Die ggü. dem BR bestehenden Unterrichtungspflichten für börsennotierte Zielgesellschaften nach §§ 10 V 2, 14 IV 2, 27 III 2 WpÜG bleiben von § 109a unberührt[6].

4 IV. Streitigkeiten. Bei Meinungsverschiedenheiten zwischen (G)BR und Unternehmer über den Umfang der Unterrichtungspflicht, das Vorliegen einer Gefährdung von Betriebs- und Geschäftsgeheimnissen und den Zeitpunkt der Unterrichtung ist nach § 109 die **Einigungsstelle** (primär) zuständig. Wird hingegen über das Vorliegen der Tatbestandsvoraussetzungen gestritten (zB über die Frage, ob die Unternehmensübernahme mit einem Kontrollerwerb verbunden ist), entscheidet das **ArbG** im Beschlussverfahren (vgl. § 106 Rz. 86f.). Da § 121 I nicht geändert wurde und § 109a nicht erwähnt, stellt die Verletzung der Unterrichtungspflicht nach § 109a keine Ordnungswidrigkeit dar[7].

110 Unterrichtung der Arbeitnehmer

(1) In Unternehmen mit in der Regel mehr als 1000 ständig beschäftigten Arbeitnehmern hat der Unternehmer mindestens einmal in jedem Kalendervierteljahr nach vorheriger Abstimmung mit dem Wirtschaftsausschuss oder den in § 107 Abs. 3 genannten Stellen und dem Betriebsrat die Arbeitnehmer schriftlich über die wirtschaftliche Lage und Entwicklung des Unternehmens zu unterrichten.

(2) In Unternehmen, die die Voraussetzungen des Absatzes 1 nicht erfüllen, aber in der Regel mehr als zwanzig wahlberechtigte ständige Arbeitnehmer beschäftigen, gilt Absatz 1 mit der Maßgabe, dass die Unterrichtung der Arbeitnehmer mündlich erfolgen kann. Ist in diesen Unternehmen ein Wirtschaftsausschuss nicht zu errichten, so erfolgt die Unterrichtung nach vorheriger Abstimmung mit dem Betriebsrat.

1 I. Vorbemerkungen. § 110 regelt die Pflicht des Unternehmers zur Unterrichtung der ArbN eines Unternehmens mit idR mehr als 20 ArbN über die wirtschaftl. Lage und Entwicklung des Unternehmens. Diese Unterrichtungspflicht besteht unabhängig von der Existenz eines BR oder Wirtschaftsausschusses. Sie ist ihrer Art nach nicht betriebsverfassungsrechtl. Natur, sondern begründet einen **individuellen Auskunftsanspruch jedes einzelnen unternehmenszugehörigen ArbN**[8]. Insoweit ist § 110 vergleichbar mit den Individualrechten der §§ 81 ff.

---

1 BT-Drs. 16/7438, 15. ||2 Richardi/*Annuß*, § 109a Rz. 2; *Löw*, DB 2008, 758. ||3 ErfK/*Kania*, § 109a BetrVG Rz. 1; aA DKKW/*Däubler*, § 109a Rz. 1; *Fitting*, § 109a Rz. 5; *Liebers/Erren/Weiß*, NZA 2009, 1063 (1064); *Löwisch*, DB 2008, 2834 f.; DFL/*Rieble*, § 109a BetrVG Rz. 1. ||4 BT-Drs. 16/7438, 15. ||5 DKKW/*Däubler*, § 109a Rz. 2; ErfK/*Kania*, § 109a BetrVG Rz. 1; *Löw*, DB 2008, 758 (759). ||6 BT-Drs. 16/7438, 15; Richardi/*Annuß*, § 109a Rz. 2; aA DKKW/*Däubler*, § 109a Rz. 3. ||7 AA *Fitting*, § 109a Rz. 12. ||8 Ebenso DKKW/*Däubler*, § 110 Rz. 2; Schaub/*Koch*, ArbRHdb, § 234 Rz. 27; aA offenbar die hM, *Fitting*, § 110 Rz. 10; Richardi/*Annuß*, § 110 Rz. 2.

Sinn und Zweck der Regelung ist es, die ArbN allgemein über die wirtschaftl. Lage und Entwicklung des Unternehmens zu informieren, um die Identifikation der ArbN mit dem Unternehmen durch regelmäßige Information über das Resultat ihres Einsatzes und die zukünftigen Erwartungen zu stärken. § 110 stellt ein demokratisches Element in der Betriebsverfassung dar; daher wird gelegentlich auch von einem „Vierteljahresbericht" gesprochen[1]. Die ArbN werden durch die Informationen des Unternehmers in die Lage versetzt, dem BR Themen zur Beratung gem. § 86a vorzuschlagen[2] oder auf der Betriebsversammlung sachgerechte Fragen zu stellen[3]. 2

Neben der Unterrichtungspflicht nach § 110 obliegen dem ArbGeb noch weitere, davon unabhängige Informationspflichten. So hat der ArbGeb auf einer der vierteljährlich stattfindenden **Betriebsversammlungen** gem. § 43 II 3 mindestens einmal in jedem Kalenderjahr u.a. über die wirtschaftl. Lage und Entwicklung des Betriebs zu berichten, soweit dadurch nicht Betriebs- oder Geschäftsgeheimnisse gefährdet werden. 3

Nach § 613a V BGB sind der alte und der neue ArbGeb verpflichtet, die von einem **Betriebsübergang** betroffenen ArbN in Textform über den Zeitpunkt und Grund des Übergangs, die rechtl., wirtschaftl. und sozialen Folgen für die ArbN und die hinsichtlich der ArbN in Aussicht genommenen Maßnahmen zu unterrichten[4]. 4

Nicht auszuschließen ist, dass § 110 im Zusammenhang mit der Umsetzung der RL 2002/14/EG v. 11.3. 2002 zur Festlegung eines allg. Rahmens für die Unterrichtung und Anhörung der ArbN in der Europäischen Gemeinschaft künftig verändert wird (vgl. auch § 106 Rz. 6f.). 5

II. Unterrichtungspflicht in Unternehmen mit mehr als 1000 Arbeitnehmern (Abs. 1). Die Unterrichtungspflicht nach § 110 trifft den Unternehmer (ArbGeb), der sich zur Erfüllung der Pflicht selbstverständlich eines Vertreters bedienen kann. Anspruchsinhaber sind die zum Unternehmen gehörenden ArbN (zur Unternehmenszugehörigkeit § 107 Rz. 6f.). 6

1. Schwellenwert. Die Pflicht zur schriftl. Unterrichtung gilt nach Abs. 1 nur in Unternehmen mit idR mehr als 1000 ständig beschäftigten ArbN. Unterhalten mehrere Unternehmen einen Gemeinschaftsbetrieb, sind die im Gemeinschaftsbetrieb beschäftigten ArbN der beteiligten Unternehmen zusammenzurechnen (vgl. zur Berechnung des Schwellenwertes § 106 Rz. 19ff.). 7

2. Zeitpunkt der Unterrichtung. Die Unterrichtung der ArbN hat **mindestens einmal in jedem Kalendervierteljahr** stattzufinden. Den genauen Zeitpunkt legt der Unternehmer fest[5]. In der Praxis dürfte es sich anbieten, die ArbN im Zusammenhang mit den quartalsmäßigen Betriebsversammlungen – über § 43 II 3 hinaus – über die wirtschaftl. Lage und Entwicklung des Betriebs *und* Unternehmens zu unterrichten. Sind wesentliche Veränderungen in der wirtschaftl. Lage des Unternehmens eingetreten oder zu erwarten, ist auch öfter zu unterrichten[6]. 8

Über Tatsachen, die der Ad-hoc-Publizitätsverpflichtung nach § 15 WpHG unterliegen, dürfen die ArbN nach § 110 wegen des Verbots der vorausgehenden anderweitigen Veröffentlichung (§ 15 V 1 WpHG) erst **nach der Ad-hoc-Veröffentlichung** unterrichtet werden[7]. 9

3. Vorherige Abstimmung. Der Unternehmer hat sich vor der Unterrichtung mit dem **Wirtschaftsausschuss** oder dem an seiner Stelle gebildeten Ausschuss (§ 107 III) und mit dem **BR bzw. GBR**, wenn ein solcher besteht[8], abzustimmen. Besteht kein Wirtschaftsausschuss, ist dennoch der (G)BR vorab zu beteiligen. Sinn der Vorschrift ist es, dass Inhalt und Umfang der Unterrichtung mit diesen Organen erörtert werden[9]. Die vorherige Abstimmung verlangt nur die Gelegenheit zur Stellungnahme vorab und den ernsten Willen zur Einigung, nicht hingegen eine Einigung[10]. Die Letztverantwortlichkeit für die Unterrichtung trägt der Unternehmer. 10

Kommt eine Einigung über den Inhalt der Unterrichtung nicht zustande, haben (G)BR und Wirtschaftsausschuss weder das Recht, in das Unterrichtungsschreiben ihre Sicht der Dinge aufzunehmen noch die Verteilung eines „**Alternativberichts**" zu verlangen[11]. Dafür gibt es im Wortlaut des § 110 keinerlei Anhaltspunkt. Außerdem würde es der Rechtsnatur des § 110 als individuellem Auskunftsanspruch widersprechen. Aus praktischer Sicht sollte der Unternehmer allerdings einem derartigen Vorbringen des BR nicht von vornherein ablehnend ggü. stehen. Denn erstens kann der BR auf der Betriebsversammlung zur Unterrichtung nach § 110 Stellung nehmen (vgl. §§ 43, 45). Zweitens besteht die 11

---

1 DKKW/*Däubler*, § 110 Rz. 5. ||2 Näher zu § 86a *Lembke* in Das neue Betriebsverfassungsgesetz, Die Reform, 2001, S. 244ff.; *Wiese*, BB 2001, 2267ff. ||3 ErfK/*Kania*, § 110 BetrVG Rz. 1. ||4 Dazu ausf. *Willemsen/Lembke*, NJW 2002, 1159 (1160ff.); *Lembke/Oberwinter*, ZIP 2007, 310ff.; *Grau*, Unterrichtung und Widerspruchsrecht der Arbeitnehmer bei Betriebsübergang gem. § 613a Abs. 5 und 6 BGB, 2005. ||5 DKKW/*Däubler*, § 110 Rz. 8; Richardi/*Annuß*, § 110 Rz. 3 mwN. ||6 ErfK/*Kania*, § 110 BetrVG Rz. 1. ||7 *Schleifer/Kliemt*, DB 1995, 2214 (2218). ||8 DKKW/*Däubler*, § 110 Rz. 11; Richardi/*Annuß*, § 110 Rz. 4. ||9 *Fitting*, § 110 Rz. 3. ||10 Vgl. GK-BetrVG/*Oetker*, § 110 Rz. 14; Richardi/*Annuß*, § 110 Rz. 5. ||11 BAG 14.5.2013 – 1 ABR 4/12, NZA 2013, 1223 (1224f.); so auch Richardi/*Annuß*, § 110 Rz. 5; *Rumpff/Boewer*, Mitbestimmung in wirtschaftlichen Angelegenheiten, G Rz. 150; diff. ErfK/*Kania*, § 110 BetrVG Rz. 6; aA DKKW/*Däubler*, § 110 Rz. 12; *Fitting*, § 110 Rz. 4.

BetrVG § 110 Rz. 12

Möglichkeit, dass die ArbN sich einzeln in der Sprechstunde des BR (§ 39) über die Meinung des BR informieren.

12 **4. Sprache, Form und Zugang der Unterrichtung.** In Unternehmen, die den Schwellenwert des Abs. 1 überschreiten, hat die Unterrichtung der **Schriftform (§§ 126, 126a BGB)** zu genügen[1]. De lege ferenda sollte bei derartigen Massenvorgängen – wie in § 613a V BGB – die Textform (§ 126b BGB) zugelassen werden[2].

13 Die Erklärung hat zur Erfüllung des individuellen Auskunftsanspruchs (s. Rz. 1) nach § 110 **jedem einzelnen ArbN zuzugehen**. Ein Aushang am schwarzen Brett reicht daher nicht[3]. Aufgrund des Unterschriftserfordernisses der Schriftform (§ 126 I BGB) scheidet praktisch auch die Veröffentlichung der Unterrichtung in der Werkszeitung aus[4].

14 Werden im Unternehmen nicht nur vereinzelt ausländische ArbN beschäftigt, die keine hinreichenden Deutschkenntnisse haben, ist zu **empfehlen**, das Unterrichtungsschreiben **übersetzen** zu lassen. Nach hM besteht sogar eine Pflicht dazu[5]. Dem kann in dieser Allgemeinheit nicht gefolgt werden. Erklärungspflichten im Rahmen von Rechtsverhältnissen, die deutschem Recht unterliegen, können mangels anderer gesetzl. Regelung (zB § 11 II 2 AÜG; § 2 V WO BetrVG) oder anderweitiger Parteivereinbarung stets in deutscher Sprache erfüllt werden. Dies folgt auch daraus, dass Deutsch Gerichts- (§ 184 GVG) und Amtssprache (§ 23 VwVfG) ist[6] (vgl. auch § 106 Rz. 40).

15 **5. Inhalt der Unterrichtung.** Inhaltlich hat der Unternehmer über die wirtschaftl. Lage und Entwicklung des Unternehmens zu unterrichten (zum Begriff „wirtschaftl. Lage des Unternehmens" s. § 106 Rz. 57; zur „wirtschaftl. Lage und Entwicklung des Betriebs" s. § 43 Rz. 17). Der Gegenstand der Unterrichtung ist weit gefasst. Der Unternehmer ist aber nur im Rahmen des nach Treu und Glauben Zumutbaren zur Unterrichtung verpflichtet (§ 242 BGB). Insb. kann im Rahmen des § 110 nichts anderes gelten als bei § 43 II 3, so dass keine Unterrichtungspflicht besteht, soweit Betriebs- oder Geschäftsgeheimnisse gefährdet werden. Da die Unterrichtungsadressaten, dh. die ArbN, abgesehen von etwaigen individualarbeitsrechtl. Vertraulichkeitspflichten keiner sanktionsbewehrten Verschwiegenheitspflicht (vgl. §§ 79, 120) unterliegen und der Adressatenkreis groß ist, genügt die **zusammenfassende, überblicksartige Darstellung der wirtschaftl. Lage und Entwicklung des Unternehmens in groben Zügen**. Angaben, deren Bekanntwerden die Wettbewerbsfähigkeit des Unternehmens beeinträchtigen kann, müssen nicht in die Unterrichtung aufgenommen werden[7].

16 Insofern ist das Bild des „**vierteljährlichen Lageberichts**" auch unter Berücksichtigung des Normzwecks (s. Rz. 2) hilfreich. Die Unterrichtung hat also darüber zu informieren, wie sich die wirtschaftl. Lage etwa bzgl. des Vermögens, der Absatzlage, Investitionen, sozialen Leistungen und Konkurrenzsituation seit dem letzten Bericht geändert hat und welche Entwicklungen sich insb. bis zum Bericht im nächsten Quartal abzeichnen[8]. Hinsichtlich des Inhalts ist dem Unternehmer ein **unternehmerischer Beurteilungsspielraum** zuzugestehen. Anhaltpunkt über den Umfang kann die Mitteilung an die Aktionäre sein[9]. Maßgeblich für die Richtigkeit und Vollständigkeit der Unterrichtung ist der Zeitpunkt des Zugangs der Unterrichtung beim ArbN. Aus einem Umkehrschluss zu § 106 III Nr. 1 folgt, dass über die finanzielle Lage nicht detailliert zu informieren ist; insb. ist auch nicht der Jahresabschluss (§ 242 III HGB) vorzulegen oder zu erläutern.

17 **III. Unterrichtungspflicht in Unternehmen mit mehr als 20 Arbeitnehmern (Abs. 2).** In Unternehmen mit idR mehr als 20 **wahlberechtigten** (§ 7) ständigen ArbN genügt eine **mündliche** Unterrichtung zur Erfüllung des individuellen Auskunftsanspruchs. Diese erfolgt zweckmäßigerweise auf der Betriebsversammlung (§ 43). Die Grundsätze der Zugangsvereitelung finden Anwendung, wenn ein ArbN die Versammlung trotz der angekündigten Unterrichtung verlässt. In Betracht kommt ferner die Unterrichtung in Textform (§ 126b BGB).

18 Existiert im Unternehmen kein Wirtschaftsausschuss (§ 106), erfolgt die Unterrichtung nach **vorheriger Abstimmung mit dem BR bzw. GBR**. Dies gilt auch, wenn die Voraussetzungen für die Errichtung eines Wirtschaftsausschuss an sich gegeben sind[10].

19 IÜ gelten die obigen Ausführungen zu Abs. 1 entsprechend (Rz. 6 ff.).

20 **IV. Streitigkeiten.** Erfüllt der Unternehmer die Unterrichtungspflicht nach § 110 nicht, wahrheitswidrig, unvollständig oder verspätet, begeht er bei vorsätzlichem Handeln (§ 10 OWiG) eine **Ordnungswidrigkeit**, die mit einer Geldbuße bis zu 10 000 Euro geahndet werden kann (**§ 121**)[11].

---

1 AA DFL/*Rieble*, § 110 BetrVG Rz. 5. ‖2 Zu Zweck und Voraussetzungen der Textform *Willemsen/Lembke*, NJW 2002, 1159 (1164). ‖3 Im Erg. ebenso DKKW/*Däubler*, § 110 Rz. 9; ErfK/*Kania*, § 110 BetrVG Rz. 3; Richardi/*Annuß*, § 110 Rz. 6; aA *Fitting*, § 110 Rz. 5. ‖4 AA DKKW/*Däubler*, § 110 Rz. 9; *Fitting*, § 110 Rz. 5. ‖5 DKKW/*Däubler*, § 110 Rz. 10; *Fitting*, § 110 Rz. 6; aA HLS/*Gerhard*, § 110 Rz. 4. ‖6 So bereits *Willemsen/Lembke*, NJW 2002, 1159 (1163 Fn. 58). ‖7 *Fitting*, § 110 Rz. 7; Richardi/*Annuß*, § 110 Rz. 9; DFL/*Rieble*, § 110 BetrVG Rz. 6; aA DKKW/*Däubler*, § 110 Rz. 7; GK-BetrVG/*Oetker*, § 110 Rz. 7, wonach nur bei einer Gefährdung von Betriebs- und Geschäftsgeheimnissen keine Unterrichtungspflicht besteht. ‖8 Vgl. *Fitting*, § 110 Rz. 7. ‖9 DKKW/*Däubler*, § 110 Rz. 6; *Fitting*, § 110 Rz. 7. ‖10 *Fitting*, § 110 Rz. 9. ‖11 Vgl. OLG Hamm 7.12.1977 – 4 Ss OWi 1407/77, DB 1978, 748.

Streitigkeiten über die ordnungsgemäße Unterrichtung nach § 110 sind aufgrund des individualrechtl. Charakters der Norm zwischen dem betroffenen ArbN und dem Unternehmer im **Urteilsverfahren** auszutragen[1]. Demggü. hält die **hM** ein **Beschlussverfahren** für einschlägig, in dem der ArbGeb, der BR oder der GBR antragsberechtigt sein sollen[2]. Das Beschlussverfahren kann aber allenfalls statthaft sein, soweit es um die Einbeziehung von BR bzw. GBR und Wirtschaftsausschuss zum Zwecke der Abstimmung vor der Unterrichtung geht[3]. 21

Zweiter Unterabschnitt. Betriebsänderungen

111 *Betriebsänderungen*
In Unternehmen mit in der Regel mehr als zwanzig wahlberechtigten Arbeitnehmern hat der Unternehmer den Betriebsrat über geplante Betriebsänderungen, die wesentliche Nachteile für die Belegschaft oder erhebliche Teile der Belegschaft zur Folge haben können, rechtzeitig und umfassend zu unterrichten und die geplanten Betriebsänderungen mit dem Betriebsrat zu beraten. Der Betriebsrat kann in Unternehmen mit mehr als 300 Arbeitnehmern zu seiner Unterstützung einen Berater hinzuziehen; § 80 Abs. 4 gilt entsprechend; im Übrigen bleibt § 80 Abs. 3 unberührt. Als Betriebsänderung im Sinne des Satzes 1 gelten
1. Einschränkung und Stilllegung des ganzen Betriebs oder von wesentlichen Betriebsteilen,
2. Verlegung des ganzen Betriebs oder von wesentlichen Betriebsteilen,
3. Zusammenschluss mit anderen Betrieben oder die Spaltung von Betrieben,
4. grundlegende Änderungen der Betriebsorganisation, des Betriebszwecks oder der Betriebsanlagen,
5. Einführung grundlegend neuer Arbeitsmethoden und Fertigungsverfahren.

I. Allgemeines 1	2. Wesentliche Nachteile für (erhebliche Teile der) Belegschaft 21
1. Überblick über die §§ 111–113 1	3. Die einzelnen Fälle der Betriebsänderung . 22
2. Gesetzesentwicklung; rechtspolitischer Ausblick 6	IV. Planung, Unterrichtung und Beratung . . . 58
II. Anwendungsvoraussetzungen 9	1. Planung, Zeitpunkt der Unterrichtung . . 59
1. Bestehen eines Betriebsrats 9	2. Form, Inhalt und Umfang der Unterrichtung 62
2. Unternehmensgröße 12	3. Beratung. 65
3. Sonderregelungen für Tendenzunternehmen 17	V. Hinzuziehung eines Beraters (S. 2) 66
4. Sonderregelungen in der Insolvenz 18	VI. Zuständigkeit für die Mitwirkungsrechte . . 72
III. Vorliegen einer Betriebsänderung 19	VII. Sicherung der Beteiligungsrechte 78
1. Grundsätzliches 19	

I. Allgemeines. 1. Überblick über die §§ 111–113. Die Beteiligung des BR bei Betriebsänderungen ist das **Kernelement der wirtschaftl. Mitbest.** Wegen ihrer zentralen Bedeutung für die unternehmerische Handlungsfreiheit stand und steht dieser Teil der Mitbestimmungsordnung im Zentrum der rechtspolitischen Diskussion. Der **Kompromisscharakter** der Vorschriften ist unübersehbar. Das Gesetz bringt zwar klar zum Ausdruck, dass die Beteiligung des BR nicht die **unternehmerische Entscheidungsfreiheit** aufhebt und der Unternehmer letztlich bindend über die Durchführung von Betriebsänderungen entscheiden kann. Im Unterschied zu § 72 BetrVG 1952, der dem BR unter der amtl. Überschrift „Wirtschaftliches Mitbestimmungsrecht" im Hinblick auf die Durchführung von Betriebsänderungen die Möglichkeit einräumte, eine Vermittlungsstelle anzurufen, die von sich aus einen Einigungsvorschlag zur Beilegung der Meinungsverschiedenheiten machen konnte (§ 73 BetrVG 1952), stellt heute § 112 IV klar, dass die **Einigungsstelle verbindlich nur** über die Aufstellung eines **Sozialplans** entscheiden kann und der Spruch der Einigungsstelle nur insofern die Einigung zwischen ArbGeb und BR ersetzt. Der Unternehmer ist demnach nur verpflichtet, den BR rechtzeitig und umfassend zu unterrichten und die geplanten Maßnahmen mit ihm zu beraten. Darüber hinaus muss er allerdings einen **Interessenausgleich versuchen** (so der Wortlaut in § 113 III). Nach Abschluss des insoweit vorgesehenen Verfahrens, das allerdings sehr **zeitaufwändig** ausfallen kann (vgl. § 112 Rz. 10), ist der Unternehmer frei in seiner Entscheidung, ob er die anfänglich geplante Betriebsänderung implementiert oder die Alternativvorschläge des BR aufgreift. Mithin wahrt das Verfahren zwar die unternehmerische Entscheidungsfreiheit, engt sie jedoch faktisch durch verfahrensmäßige Vorgaben sowie durch die Auferlegung finanzieller Verpflichtungen erheblich ein. 1

---

1 Ebenso DKKW/*Däubler*, § 110 Rz. 18; ErfK/*Kania*, § 110 BetrVG Rz. 8. ||2 *Fitting*, § 110 Rz. 10; Richardi/*Annuß*, § 110 Rz. 12; diff. ErfK/*Kania*, § 110 BetrVG Rz. 8. ||3 So wohl auch DKKW/*Däubler*, § 110 Rz. 17.

2 Soweit nicht § 112a eingreift (Privilegierung von reinen Personalabbaumaßnahmen unterhalb einer bestimmten Schwelle bzw. von Betriebsänderungen in neu gegründeten Unternehmen) steht dem BR ein **volles MitbestR** im Hinblick auf den **Sozialplan** zu, der die wirtschaftl. Nachteile, die die Betriebsänderung für die ArbN mit sich bringt, mildern oder ausgleichen soll (§ 112 I 2). Während dem BR somit im Hinblick auf den Interessenausgleich nur ein Mitwirkungsrecht zusteht[1], besteht im Hinblick auf die Aufstellung eines Sozialplans ein volles MitbestR. Kommt über ihn keine Einigung zustande, entscheidet die Einigungsstelle mit bindender Wirkung (§ 112 IV).

3 § 113 regelt die **Sanktion** für den Fall, dass der Unternehmer von einem Interessenausgleich über die geplante Betriebsänderung abweicht oder wenn er eine geplante Betriebsänderung durchführt, ohne den Versuch unternommen zu haben, hierüber einen Interessenausgleich mit dem BR abzuschließen. In beiden Fällen trifft den ArbGeb eine finanzielle Sanktion in Form des an die betroffenen ArbN zu zahlenden **Nachteilsausgleichs**.

4, 5 Einstweilen frei.

6 **2. Gesetzesentwicklung; rechtspolitischer Ausblick.** Rechtspolitisch besonders umstritten waren die – zeitweiligen – Änderungen, die das **arbeitsrechtliche BeschäftigungsförderungsG** v. 25.9.1996[2] mit sich brachte. Seinerzeit wurde in § 113 III die Verpflichtung des ArbGeb zum Versuch eines Interessenausgleichs auf einen Zeitraum von drei Monaten begrenzt. Zusätzlich war in § 1 V KSchG vorgesehen, dass die Rechtfertigung einer Kündigung durch dringende betriebl. Erfordernisse gesetzl. vermutet wurde und dass die soziale Auswahl nur auf grobe Fehlerhaftigkeit hin überprüft werden konnte, sofern die ArbN, denen gekündigt werden sollte, in einem Interessenausgleich namentlich bezeichnet waren[3]. Diese Änderungen sind durch das **arbeitsrechtliche KorrekturG** v. 19.12.1998[4] mWz. 31.12.1998 wieder rückgängig gemacht worden. Zum 1.1.2004 ist als Bestandteil der „Agenda 2010" die Regelung zur Namensliste im Interessenausgleich wieder eingeführt worden (vgl. § 1 KSchG Rz. 418 ff.).

7 Durch das **BetrVerf-ReformG** v. 23.7.2001[5] wurde in S. 1 der Bezugspunkt des **Schwellenwerts** für die Anwendbarkeit von § 111 vom „**Betrieb**" auf das „**Unternehmen**" umgestellt (vgl. Rz. 12 ff.). Ein neuer **S. 2** (Hinzuziehung eines **Beraters** für den BR) wurde eingefügt (vgl. Rz. 66 ff.). Die **Ermessensrichtlinien für die Einigungsstelle** in § 112 V wurden um Nr. 2a ergänzt (Berücksichtigung von Förderungsmöglichkeiten zur Vermeidung von Arbeitslosigkeit). § 112a I wurde redaktionell angepasst.

8 Insb. der Streit um das arbeitsrechtl. BeschäftigungsförderungsG 1996 hat deutlich werden lassen, dass der Zweck der BR-Beteiligung bei Betriebsänderungen und insb. die Austarierung der unternehmerischen Handlungsfreiheit einerseits und der Beteiligungsrechte andererseits außerordentlich umstritten ist. Trotz des Nichtbestehens eines echten MitbestR im Hinblick auf das „Ob" geplanter Betriebsänderungen soll dem in §§ 111, 112 geregelten Verfahren zum Versuch eines Interessenausgleichs sowie der Erzwingbarkeit des Sozialplans eine „**Steuerungsfunktion**" zukommen[6]. Bei dieser Sicht der Dinge steht im Vordergrund, dass der ArbGeb durch die Belastungen des Sozialplans von „leichtfertigen" Maßnahmen ohne Rücksicht auf die sozialen Interessen der Belegschaft abgehalten werden soll. Der Sozialplan erfüllt diese Funktion sicherlich ohne weiteres. Das in §§ 111, 112 vorgesehene Verfahren – flankiert durch den nach wie vor umständlichen Weg bis zur Etablierung einer Einigungsstelle, vgl. § 98 ArbGG – lässt jedoch weithin unberücksichtigt, dass es nicht nur im „Kapitalinteresse", sondern auch im Interesse der Wettbewerbsfähigkeit der Unternehmen und der Sicherung der Arbeitsplätze liegt, wenn im Hinblick auf die Durchführung von Betriebsänderungen eine gewisse **Planungssicherheit** besteht und sichergestellt ist, dass vom Unternehmer als notwendig erkannte Maßnahmen **zeitnah** durchgeführt werden können. Eine das Verfahren begrenzende **Fristenregelung** wäre im Zusammenspiel mit den Sanktionsmöglichkeiten des § 113 geeignet und erforderlich, um diesem volkswirtschaftl. erwünschten Ziel näher zu kommen.

9 **II. Anwendungsvoraussetzungen. 1. Bestehen eines Betriebsrats.** Die Beteiligungsrechte gem. §§ 111, 112 bestehen nur, wenn in dem Zeitpunkt, in dem sich der ArbGeb zur Durchführung einer Betriebsänderung entschließt, ein BR besteht (anders bei originärer Zuständigkeit des GBR oder KBR; vgl. Rz. 75). In **betriebsratslosen Betrieben** können demnach umfangreiche und einschneidende Betriebsänderungen durchgeführt werden, ohne dass der ArbGeb kollektivrechtlich im Hinblick auf das „ob" der Maßnahme und im Hinblick auf die wirtschaftl. Folgen gebunden wäre[7]. Wird ein **BR** erst nach dem Beschluss des ArbGeb über die Durchführung einer Betriebsänderung **gewählt**, kann er nicht mehr Beratungen über einen Interessenausgleich und den Abschluss eines Sozialplans verlangen[8]. Der ArbGeb ist nicht verpflichtet, mit der Durchführung einer Betriebsänderung so lange zu warten, bis im Betrieb ein funktionsfähiger BR vorhanden ist, selbst dann nicht, wenn mit der Wahl eines BR zu rechnen bzw.

---

1 Richardi/*Annuß*, § 112 Rz. 3. ‖ 2 BGBl. 1996 I S. 1476. ‖ 3 Zu diesen Regelungen ausf. *Hohenstatt*, NZA 1998, 846 ff. ‖ 4 BGBl. 1998 I S. 3843, 3850. ‖ 5 BGBl. 2001 I S. 1852. ‖ 6 BAG 22.5.1979 – 1 ABR 17/77, NJW 1980, 83; 20.4.1982 – 1 ABR 3/80, ZIP 1982, 982; DKKW/*Däubler*, § 111 Rz. 4; Richardi/*Annuß*, § 111 Rz. 16. ‖ 7 ErfK/*Kania*, § 111 BetrVG Rz. 6; *Fitting*, § 111 Rz. 33. ‖ 8 BAG 20.4.1982 – 1 ABR 3/80, ZIP 1982, 982; 28.10.1992 – 10 ABR 75/91, NZA 1993, 420; WHSS/*Schweibert*, Rz. C 15 f.; Hess ua./*Hess*, § 111 Rz. 2; ErfK/*Kania*, § 111 BetrVG Rz. 6; aA LAG Köln 5.3.2007 – 2 TaBV 10/07, ArbuR 2007, 395; DKKW/*Däubler*, § 111 Rz. 154.

die Zeit bis zu dessen Konstituierung absehbar ist[1]. Teilweise wird in der Lit. darauf abgestellt, ob jedenfalls zum Zeitpunkt der Umsetzung der Betriebsänderung ein ordnungsgemäß gewählter BR besteht. Sei dies der Fall, könne dieser sowohl im Hinblick auf den Interessenausgleich als auch auf den Sozialplan noch ordnungsgemäß beteiligt werden[2]. Der Leitsatz der BAG-Entscheidung v. 28.10.1992[3] („... und mit der Stilllegung begonnen hat...") könnte in diesem Sinne verstanden werden. Der Zehnte Senat hat jedoch in derselben Entscheidung klargestellt, dass es allein darauf ankomme, ob zum **Zeitpunkt der Entscheidung des ArbGeb** ein BR bestehe. Führt der Insolvenzverwalter eine Betriebsänderung durch, entfallen die Verpflichtungen gem. §§ 111, 112 nicht allein deshalb, weil zum Zeitpunkt der Eröffnung des Insolvenzverfahrens noch kein BR bestand[4].

Ausnahmsw. kann für die Beteiligungsrechte bei Betriebsänderungen der GBR bzw. der KBR zuständig sein (vgl. Rz. 72 ff.). 10

Erlischt das BR-Amt mit dem Ablauf der Amtszeit (§ 21 S. 3) oder auf Grund Verlustes der Betriebsidentität (vgl. § 21a Rz. 4), enden die Beteiligungsrechte. Bei der Spaltung oder beim Zusammenschluss von Betrieben entsteht allerdings ein **Übergangsmandat** (§ 21a), das die weitere Ausübung der Beteiligungsrechte gem. §§ 111, 112 beinhaltet. IÜ kann ein **Restmandat** gem. § 21b entstehen, das die Mitwirkungsrechte des durch Stilllegung, Spaltung oder Zusammenlegung untergegangenen BR im Hinblick auf seinen bisherigen Zuständigkeitsbereich betrifft (vgl. § 21a Rz. 4 ff. sowie § 21b Rz. 1 ff.). 11

2. Unternehmensgröße. Die Beteiligungsrechte gem. §§ 111, 112 bestehen nur in **Unternehmen** mit **mehr als 20 regelmäßig beschäftigten wahlberechtigten ArbN.** Bis zum BetrVerf-ReformG stellte § 111 S. 1 hingegen auf die im jeweiligen *Betrieb* vorhandene Zahl von ArbN ab. Dies hatte zur Folge, dass Betriebsänderungen in kleineren Betrieben beteiligungsfrei durchgeführt werden konnten, selbst wenn diese zu weitaus größeren Unternehmen gehörten, was weithin als Verstoß gegen Art. 3 I GG angesehen wurde[5]. Das BAG hat 1999 infolge der Entscheidung des BVerfG zum Schwellenwert in § 23 KSchG[6] entschieden, die Anwendung des Schwellenwertes in § 111 „betriebsübergreifend entsprechend der repräsentierten Belegschaft" vorzunehmen, soweit bei einer betriebsübergreifenden Regelung der GBR für die Ausübung des MitbestR zuständig war[7]. Nunmehr stellt das Gesetz einheitlich für alle Betriebsänderungen auf einen unternehmensbezogenen Schwellenwert ab. 12

„**In der Regel**" werden mehr als 20 **wahlberechtigte** ArbN beschäftigt, wenn das Unternehmen durch eine entsprechende Zahl von Arbeitsplätzen iS einer **regelmäßigen Größe** geprägt wird[8]. Auf die Größe des einzelnen Betriebes kommt es daher nur noch für die Frage an, ob die konkret zu beurteilende Maßnahme die Schwelle zur Betriebsänderung iSv. S. 1 überschreitet (s. Rz. 28 ff.). **Teilzeit- und Vollzeit-ArbN** zählen gleich, da die Berechnung nach Kopfzahlen erfolgt[9]. Das Bestehen eines Arbeitsvertrages ist nicht erforderlich; es muss sich nur materiellrechtlich um wahlberechtigte ArbN handeln[10]. Bei nur zeitweise beschäftigten Mitarbeitern kommt es darauf an, ob diese „normalerweise während des größten Teil des Jahres beschäftigt"[11] werden; nur bei Saison- und Kampagnebetrieben ist auf den Zeitpunkt der Saison bzw. Kampagne abzustellen. 13

Bei **schwankender Belegschaftsstärke** ist eine **wertende Gesamtwürdigung** unter Einbeziehung einer **Prognose** für die weitere Entwicklung erforderlich, wobei unbeachtet bleibt, dass sich die ArbN-Zahl durch die geplante Betriebsänderung reduziert[12]. Entscheidender Zeitpunkt ist der Abschluss der Planungen des ArbGeb, da hierdurch zugleich die Beteiligungsrechte des BR entstehen[13]. Wurde zuvor bereits ein Personalabbau durchgeführt, ist von der hierdurch reduzierten Belegschaftszahl auszugehen, sofern sich der Personalstand auf diesem Niveau stabilisiert hatte[14] und nicht ohnehin eine einheitliche 14

---

1 BAG 28.10.1992 – 10 ABR 75/91, NZA 1993, 420; Richardi/*Annuß*, § 111 Rz. 27; ErfK/*Kania*, § 111 BetrVG Rz. 6; aA DKKW/*Däubler*, § 111 Rz. 155, wonach jedenfalls dann volle Mitwirkungsrechte bestehen, wenn Bekanntmachung des Wahlausschreibens vor Umsetzung der Betriebsänderung erfolgt; ebenso *Kraushaar*, AiB 1994, 289 (293); vgl. auch LAG Saarl. 14.5.2003 – 2 TaBV 7/03, NZA-RR 2003, 639. ||**2** *Bauer*, DB 1994, 2177; *Fuchs*, Der Sozialplan nach dem BetrVG 1972, 1977, S. 25, der das unmittelbare Einleiten einer BR-Wahl durch die ArbN nach Bekanntgabe der Änderungspläne für die Beteiligung in der Folgezeit gewählten BR ausreichen lässt. ||**3** BAG 28.10.1992 – 10 ABR 75/91, NZA 1993, 420. ||**4** BAG 18.11.2003 – 1 AZR 30/03, NZA 2004, 161. ||**5** Offen gelassen BAG 17.10.1989 – 1 ABR 80/88, NZA 1990, 443; Verfassungswidrigkeit bejahend LAG Bremen 31.10.1986 – 4 Sa 75/86, LAGE § 111 BetrVG 1972 Nr. 5; DKKW/*Däubler*, 7. Aufl. 2000, § 111 Rz. 29; MünchArbR/ *Matthes*, 2. Aufl. 2000, § 360 Rz. 7; *Richardi*, 7. Aufl. 1998, § 111 Rz. 17 f. ||**6** BVerfG 27.1.1998 – 1 BvL 15/87, NZA 1998, 470. ||**7** BAG 8.6.1999 – 1 AZR 831/98, NZA 1999, 1168. ||**8** Richardi/*Annuß*, § 111 Rz. 24; *Stege/ Weinspach/Schiefer*, §§ 111–113 Rz. 9; DKKW/*Däubler*, § 111 Rz. 32 iVm. § 99 Rz. 7; *Löwisch/Kaiser*, § 111 Rz. 9 f.; GK-BetrVG/*Oetker*, § 111 Rz. 27; *Fitting*, § 111 Rz. 27 stellt versehentlich noch auf den Betrieb als Bezugsgröße ab. ||**9** GK-BetrVG/*Oetker*, § 111 Rz. 23. ||**10** Richardi/*Annuß*, § 111 Rz. 23. ||**11** BAG 16.11.2004 – 1 AZR 642/03, ZIP 2005, 500; 24.2.2005 – 2 AZR 207/04, ZIP 2005, 1330. ||**12** BAG 9.5.1995 – 1 ABR 51/94, ZIP 1995, 1762; 10.12.1996 – 1 ABR 43/96, NZA 1997, 733. ||**13** BAG 9.5.1995 – 1 ABR 51/94, ZIP 1995, 1762; 16.11.2004 – 1 AZR 642/03, ZIP 2005, 500; vgl. GK-BetrVG/*Oetker*, § 111 Rz. 30. ||**14** BAG 16.11.2004 – 1 AZR 642/03, ZIP 2005, 500; 24.2.2005 – 2 AZR 207/04, ZIP 2005, 1330; *Etzel*, Betriebsverfassungsrecht, Rz. 970; so jetzt wohl auch DKKW/ *Däubler*, § 111 Rz. 38.

– in mehreren Schritten durchgeführte – Maßnahme vorliegt[1]. **LeihArbN** sind nur zu berücksichtigen, wenn sie länger als drei Monate beschäftigt werden[2].

15   Gem. **§ 325 II UmwG** kann durch TV oder BV die Fortgeltung der Beteiligungsrechte bei Betriebsänderungen vereinbart werden, wenn eine **Spaltung oder Teilübertragung** eines Rechtsträgers mit der Folge verbunden ist, dass die aus der Spaltung hervorgegangenen Betriebe nicht mehr die erforderliche ArbN-Zahl aufweisen. Dem Wortlaut nach gilt die Regelung nur für *betriebs*bezogene Schwellenwerte. Die durch den veränderten Bezugspunkt des Schwellenwerts in § 111 entstandene Gesetzeslücke ist jedoch durch eine analoge Anwendung von § 325 II 1 UmwG zu schließen[3]. § 325 II UmwG kann jedoch nicht auf Umstrukturierungsmaßnahmen außerhalb des Umwandlungsrechts ausgedehnt werden[4].

16   Streitig ist die Handhabung des Schwellenwerts bei **Gemeinschaftsbetrieben**. Hier kann insb. der Fall auftreten, dass der Gemeinschaftsbetrieb selbst mehr als 20 wahlberechtigte ArbN beschäftigt, die beiden **Trägerunternehmen** oder eines davon jedoch **unterhalb des Schwellenwerts** liegen. Angesichts des Gesetzeswortlauts kann nicht ohne weiteres der Gemeinschaftsbetrieb als Unternehmen iSv. S. 1 angesehen werden mit der Folge, dass die Beteiligungsrechte schon dann entstehen, wenn der gemeinsame Betrieb mehr als 20 ArbN beschäftigt (vgl. zu der parallelen, aber nicht zwingend gleich zu entscheidenden Problematik beim Wirtschaftsausschuss § 106 Rz. 27)[5]. Dem steht entgegen, dass dem Reformgesetzgeber sowohl die Abgrenzung zwischen Betrieb und Unternehmen als auch die Figur des Gemeinschaftsbetriebs (s. § 1 nF) bekannt war, wie gerade die Änderung des Bezugspunktes des Schwellenwertes in § 111 deutlich zeigt[6]. Haben beide Trägerunternehmen weniger als 20 ArbN, scheidet daher eine Anwendung von §§ 111, 112 auf den Gemeinschaftsbetrieb aus. Verfügt eines der Trägerunternehmen über mehr als 20 ArbN, kommt allerdings nicht in Betracht, die Beteiligungsrechte des BR auf denjenigen Teil des Gemeinschaftsbetriebs zu beschränken, der dem entsprechenden Trägerunternehmen zugehört[7]. Die Einheitlichkeit des Betriebs und die regelmäßig gegebene Untrennbarkeit der Betriebsänderung sprechen gegen eine solche Lösung. Die Mitwirkungsrechte im Hinblick auf den Interessenausgleich bestehen uE vielmehr ohne Einschränkung, soweit eines der Trägerunternehmen mehr als 20 ArbN beschäftigt[8]. Ein Sozialplan kann hingegen nur für die ArbN desjenigen Trägerunternehmens abgeschlossen werden, das den Schwellenwert überschreitet. Ansonsten würde der vom Gesetzgeber intendierte Schutz kleiner Unternehmen vor den Belastungen des Sozialplans leer laufen[9].

17   **3. Sonderregelungen für Tendenzunternehmen.** Die §§ 111 ff. finden auf Tendenzunternehmen nur eingeschränkt Anwendung (§ 118 I 2). Der Versuch eines Interessenausgleichs ist nicht erforderlich. Der Sozialplan ist jedoch auch in Tendenzunternehmen erzwingbar (s. § 118 Rz. 26 ff.).

18   **4. Sonderregelungen in der Insolvenz.** Die Beteiligungsrechte gem. § 111 bestehen auch in der Insolvenz. Die Tatsache, dass in der Insolvenz häufig eine Zwangslage zur Durchführung von Sanierungs- oder Schließungsmaßnahmen besteht, ändert nichts am Vorliegen einer „geplanten" Betriebsänderung[10]. Allerdings sehen die **§§ 121 ff. InsO** wesentliche Besonderheiten für das Beteiligungsverfahren und für den Inhalt von Interessenausgleich und Sozialplan vor (s. die Komm. zu §§ 121 ff. InsO). Die **Stellung des Insolvenzantrags** stellt keine Betriebsänderung dar[11], da durch diese Maßnahme unmittelbar keine betrieblich wirksamen Maßnahmen eingeleitet werden. Mit Sinn und Zweck des Insolvenzverfahrens wäre auch jede zeitliche Verzögerung, die mit einer vorherigen Beteiligung des BR verbunden wäre, nicht zu vereinbaren.

19   **III. Vorliegen einer Betriebsänderung. 1. Grundsätzliches.** Der BR ist im Hinblick auf „geplante Betriebsänderungen, die wesentliche Nachteile für die Belegschaft oder erhebliche Teile der Belegschaft zur Folge haben können" zu beteiligen. Das Gesetz stellt mithin auf die Veränderungen bezogen auf den *Betrieb* ab, wobei S. 3 einen Katalog der Maßnahmen enthält, die als Betriebsänderung iSv. S. 1 anzusehen sind.

20   Die Aufzählung in S. 3 ist erschöpfend[12]. Hierfür spricht, dass in S. 3 nicht von Maßnahmen die Rede ist, die *insbesondere* als Betriebsänderungen gelten. Der Gesichtspunkt der Rechtssicherheit spricht

---

1 Richardi/*Annuß*, § 111 Rz. 24. ‖ 2 BAG 18.10.2011 – 1 AZR 335/10, NZA 2012, 221; zust. *Haas/Hoppe*, NZA 2013, 294; krit. *Tschöpe*, NJW 2012, 2161 unter Verweis auf Wortlaut und Zweck des § 111; iS einer grds. Berücksichtigung von LeihArbN nach drei Monaten *Fitting*, § 111 Rz. 25; DKKW/*Däubler*, § 111 Rz. 36; GK-BetrVG/*Oetker*, § 111 Rz. 26. ‖ 3 Richardi/*Annuß*, § 111 Rz. 25; offenbar auch GK-BetrVG/*Oetker*, § 111 Rz. 32. ‖ 4 Richardi/*Annuß*, § 111 Rz. 25; KölnKommUmwG/*Hohenstatt/Schramm*, § 325 Rz. 28 f.; Kallmeyer/*Willemsen*, § 325 UmwG Rz. 13. ‖ 5 So aber LAG Berlin 23.1.2003 – 18 TaBV 2141/02, NZA-RR 2003, 477; DKKW/*Däubler*, § 111 Rz. 33 unter Hinweis auf die Entscheidung des BAG zur Bildung eines Wirtschaftsausschusses – BAG 1.8.1990 – 7 ABR 91/88, NZA 1991, 643; ähnlich WHSS/*Schweibert*, Rz. C 11, soweit die Trägerunternehmen eine GbR bilden. ‖ 6 *Annuß*, NZA Sonderheft 2001, 12 (21); im Erg. so auch *Löwisch/Kaiser*, § 111 Rz. 4 f.; ErfK/*Kania*, § 111 BetrVG Rz. 5. ‖ 7 So aber *Löwisch*, BB 2001, 1790 (1797); *Annuß*, NZA Sonderheft 2001, 12 (21); Richardi/*Annuß*, § 111 Rz. 26; ErfK/*Kania*, § 111 BetrVG Rz. 5; hiergegen *Hanau*, ZIP 2001, 1981 (1985 f.). ‖ 8 *Fitting*, § 111 Rz. 23. ‖ 9 *Fitting*, § 111 Rz. 23. ‖ 10 BAG (GS) 13.12.1978 – GS 1/77, DB 1979, 261; BAG 22.7.2003 – 1 AZR 541/02, NZA 2004, 93; *Fitting*, § 111 Rz. 37 f. ‖ 11 *Fitting*, § 111 Rz. 39; MünchArbR/*Matthes*, § 271 Rz. 2; auch GK-BetrVG/*Oetker*, § 111 Rz. 66. ‖ 12 LAG Düss. 29.3.1978 – 2 Sa 701/77, DB 1979, 114; Galperin/Löwisch/*Löwisch*, § 111 Rz. 19; Hess ua./*Hess*, § 111 Rz. 44; *Stege/Weinspach/Schiefer*, §§ 111–113 Rz. 27; *Matthes*, DB 1972, 286; *Bauer*, DB 1994, 217 (218); *Hanau*, ZfA 1974, 89 (93); WHSS/*Schweibert*, Rz. C 20; offen gelassen BAG 17.2.1981 – 1 ABR 101/78, DB 1981, 1190; 17.8.1982 – 1 ABR 40/80, DB 1983, 344; 6.12.1988 – 1 ABR 47/87, DB 1989, 883.

ebenfalls dafür, das Gesetz in dieser Weise zu verstehen. Die Gegenauffassung betrachtet S. 1 hingegen als Generalklausel und S. 3 lediglich als beispielhafte Aufzählung[1]. Diese Auffassung würde allerdings dazu führen, dass es für das Vorliegen einer Betriebsänderung letztlich nur auf das Vorliegen wesentlicher Nachteile gem. S. 1 ankäme und der Begriff jede Kontur verlöre, was im Hinblick auf die vom Gesetzgeber angestrebte Rechtssicherheit und angesichts der Entstehungsgeschichte (vgl. § 72 BetrVG 1952) ausgeschlossen erscheint.

2. Wesentliche Nachteile für (erhebliche Teile der) Belegschaft. S. 1 bestimmt, dass beteiligungspflichtige Betriebsänderungen nur vorliegen, wenn sie mit wesentlichen Nachteilen für die Belegschaft oder für erhebliche Teile der Belegschaft verbunden sein können. Indem der Gesetzgeber jedoch in S. 3 die Formen der Betriebsänderung erschöpfend katalogisiert hat (vgl. Rz. 20), ist für diese Fälle stets davon auszugehen, dass sie diese Anforderung erfüllen[2]. Jede andere Auffassung würde die mit dem Katalog gem. S. 3 angestrebte Rechtssicherheit beseitigen. Für die in S. 3 aufgeführten Fälle gilt demnach eine **unwiderlegliche Vermutung** dafür, dass die dort genannten Betriebsänderungen wesentliche Nachteile für die Belegschaft oder erhebliche Teile der Belegschaft mit sich bringen[3]. Der Relativsatz in S. 1 ist dennoch nicht ohne Bedeutung. Er ist vielmehr für die **Auslegung** der in S. 3 geregelten Betriebsänderungen heranzuziehen, um in Zweifelsfällen zu bestimmen, ob die konkret beabsichtigte Maßnahme unter den Katalog der beteiligungspflichtigen Betriebsänderungen fällt[4]. Relevant wird dies insb. bei der Anwendung der Begriffe „wesentlich" (S. 3 Nrn. 1 und 2) bzw. „grundlegend" in Nrn. 4 und 5[5].

3. Die einzelnen Fälle der Betriebsänderung. a) Einschränkung und Stilllegung des ganzen Betriebs oder von wesentlichen Betriebsteilen (S. 3 Nr. 1). S. 3 Nr. 1 umfasst bei genauer Betrachtung vier unterschiedliche Fälle: Die Stilllegung des gesamten Betriebs, die Einschränkung des gesamten Betriebs, die Stilllegung eines wesentlichen Betriebsteils und die Einschränkung eines wesentlichen Betriebsteils. Bei abteilungsübergreifenden Abbaumaßnahmen können sich die Tatbestände der Einschränkung des ganzen Betriebs und der Einschränkung wesentlicher Betriebsteile überschneiden.

Unter der **Stilllegung des Betriebs** wird die Aufgabe des Betriebszwecks unter Auflösung der Betriebsorganisation verstanden; hierfür ist ein ernsthafter und endgültiger Willensentschluss des Unternehmers erforderlich[6]. Entscheidend ist nicht die Produktionseinstellung. Hinzukommen muss vielmehr die Auflösung der dem Betriebszweck dienenden konkreten Organisation[7]. Hiervon zu unterscheiden ist die bloße Ruhepause bzw. Betriebsunterbrechung für eine wirtschaftl. nicht erhebliche Zeitspanne[8]. Auch die Freistellung der ArbN von der Arbeitspflicht stellt noch keinen Beginn einer Betriebsstilllegung dar[9]. Die Weiterbeschäftigung von ArbN mit **Abwicklungsarbeiten** steht jedoch der Annahme einer Betriebsstilllegung nicht entgegen[10]. Soweit wegen technischer Besonderheiten hierfür eine größere Zahl an Mitarbeitern oder ein längerer Zeitraum erforderlich sind (zB wegen einer notwendigen Bodensanierung oder komplizierter Abbauarbeiten), steht auch dies einer Betriebsstilllegung nicht entgegen; die üblichen Definitionen sind hier zu eng gefasst. Eine Einstellung der betriebl. Tätigkeit infolge einer von vornherein zeitlich begrenzten Arbeitsaufgabe (zB zeitweilige Baustelle, gastronomischer Betrieb auf Messen/Volksfesten; Auffanggesellschaften) stellt keine Betriebsänderung dar[11]. Die **Veräußerung oder Verpachtung eines Betriebes** stellt keine Betriebsstilllegung dar, da durch diese Maßnahmen die betriebl. Organisation nicht berührt wird[12].

---

1 Vgl. für viele LAG BW 16.6.1987 – 8 (14) TaBV 21/86, LAGE § 111 BetrVG 1972 Nr. 6; GK-BetrVG/*Oetker*, § 111 Rz. 50f.; *Fitting*, § 111 Rz. 44, gehen von einer nicht erschöpfenden Aufzählung aus, die aber alle praktisch wichtigen Fälle enthalte; DKKW/*Däubler*, § 111 Rz. 45f.; *Zöllner/Loritz/Hergenröder*, Arbeitsrecht, § 49 II 1d; v. Hoyningen-Huene, Betriebsverfassungsrecht, § 15 II 1; *Engels*, DB 1979, 2227ff.; zu den (wenigen) Fällen, in denen sich dieser Meinungsstreit auswirken könnte, s. DKKW/*Däubler*, § 111 Rz. 115ff. ||2 BAG 17.8.1982 – 1 ABR 40/80, DB 1983, 344; 26.10.1982 – 1 ABR 11/81, DB 1983, 1766; 16.6.1987 – 1 ABR 41/85, NZA 1987, 671; 7.8.1990 – 1 AZR 445/89, NZA 1991, 113; GK-BetrVG/*Oetker*, § 111 Rz. 55; *Fitting*, § 111 Rz. 42; DKKW/*Däubler*, § 111 Rz. 44; aA iS einer widerleglichen Vermutung LAG Rh.-Pf. 10.9.2009 – 11 TaBV 13/09, ArbR 2010, 24; Hess ua./*Hess*, § 111 Rz. 46. ||3 GK-BetrVG/*Oetker*, § 111 Rz. 57; Hess ua./*Hess*, § 111 Rz. 46 (widerlegbare Vermutung); in diesem Zusammenhang ist auch von einer gesetzl. „Fiktion" die Rede, BAG 17.8.1982 – 1 ABR 40/80, DB 1983, 344; ErfK/*Kania*, § 111 BetrVG Rz. 7; *Etzel*, Betriebsverfassungsrecht, Rz. 973; ähnlich *Fitting*, § 111 Rz. 43f.; Richardi/*Annuß*, § 111 Rz. 47. ||4 BAG 22.5.1979 – 1 ABR 17/77, BB 1979, 1501; 17.8.1982 – 1 ABR 40/80, DB 1983, 344; Richardi/*Annuß*, § 111 Rz. 47; GK-BetrVG/*Oetker*, § 111 Rz. 58. ||5 GK-BetrVG/*Oetker*, § 111 Rz. 58; Richardi/*Annuß*, § 111 Rz. 47f. ||6 BAG 17.9.1957 – 1 AZR 352/56, BB 1957, 1111; 12.2.1987 – 2 AZR 247/86, DB 1988, 126; 19.6.1991 – 2 AZR 127/91, NZA 1991, 891; 27.6.1995 – 1 ABR 62/94, DB 1996, 147. ||7 BAG 3.7.1986 – 2 AZR 68/85, DB 1987, 99; 12.2.1987 – 2 AZR 247/86, DB 1988, 126; Richardi/*Annuß*, § 111 Rz. 60; *Fitting*, § 111 Rz. 65. ||8 BAG 17.9.1957 – 1 AZR 352/56, BB 1957, 1111; 14.10.1982 – 2 AZR 568/80, NJW 1984, 381; 27.9.1984 – 2 AZR 309/83, NZA 1985, 493; 16.6.1987 – 1 AZR 528/85, NZA 1987, 858. ||9 BAG 30.5.2006 – 1 AZR 25/05, NZA 2006, 1123 Rz. 21; 22.11.2005 – 1 AZR 407/04, NZA 2006, 736 Rz. 35; LAG Hamm 26.2.2007 – 10 TaBVGa 3/07, NZA-RR 2008, 469; aA LAG Bln.-Bbg. 2.3.2012 – 13 Sa 2187/11, ZIP 2012, 1729 für eine Stilllegung des Betriebes durch unwiderrufliche Freistellung sämtlicher ArbN. ||10 BAG 23.4.1980 – 5 AZR 49/78, DB 1980, 1601; 14.10.1982 – 2 AZR 568/80, ZIP 1983, 1492; *Fitting*, § 111 Rz. 66. ||11 *Fitting*, § 111 Rz. 66; Richardi/*Annuß*, § 111 Rz. 62; GK-BetrVG/*Oetker*, § 111 Rz. 73; *Stege/Weinspach/Schiefer*, §§ 111–113 Rz. 30. ||12 BAG 28.4.1988 – 2 AZR 623/87, NZA 1989, 265; 16.5.2002 – 8 AZR 319/01, NZA 2003, 93; 26.4.2007 – 8 AZR 612/06, NZA 2007, 1319; *Fitting*, § 111 Rz. 50; Richardi/*Annuß*, § 111 Rz. 67; MünchArbR/*Matthes*, § 268 Rz. 15.

24 Auch die **Stilllegung eines wesentlichen Betriebsteils** stellt eine Betriebsänderung gem. S. 3 Nr. 1 dar. An den Begriff des Betriebsteils werden keine strengen Anforderungen gestellt, abweichend etwa von § 15 V KSchG, so dass kein abgeschlossener und relativ selbständig organisierter Bereich vorliegen muss[1]. Es ist lediglich erforderlich, dass der Betriebsteil Teilfunktionen des Betriebes erfüllt, die trotz der Eingliederung in die Gesamtorganisation dieser ggü. räumlich oder organisatorisch abgrenzbar sind[2].

25 Ob ein **wesentlicher Betriebsteil** vorliegt, bestimmt sich primär nach quantitativen Kriterien[3], ausnahmsw. auch im Hinblick auf die Bedeutung des Betriebsteils für den Gesamtbetrieb (qualitative Betrachtung). Für die **quantitative Betrachtung** ist ausschlaggebend, ob in dem Betriebsteil ein erheblicher Teil der ArbN des Gesamtbetriebs beschäftigt ist. Hierfür zieht das BAG – ebenso wie bei dem Merkmal der Einschränkung des ganzen Betriebs (vgl. Rz. 28) – die **Schwellenwerte in § 17 I KSchG** als Maßstab heran[4]. Bei größeren Betrieben müssen aber mindestens 5 % der ArbN in dem betreffenden Betriebsteil beschäftigt sein[5] (s.a. die Übersicht bei Rz. 29). Allerdings kann die Heranziehung der Schwellenwerte in § 17 I KSchG stets nur eine Richtschnur bilden, so dass geringfügige Abweichungen insb. dann nicht ins Gewicht fallen, wenn bei qualitativer Betrachtung die Annahme eines wesentlichen Betriebsteils nahe liegt[6]. Im Hinblick auf die **qualitative Betrachtung** soll es darauf ankommen, ob der Betriebsteil „wirtschaftlich gesehen für den Gesamtbetrieb von erheblicher Bedeutung ist"[7]. In der Praxis spielt dieses Merkmal keine wesentliche Rolle; es soll dann erfüllt sein, wenn die Schließung des Betriebsteils bedeutsame Auswirkungen auf andere Betriebsteile und andere ArbN mit sich bringt[8]. Bislang sind allerdings nur Fälle bekannt, in denen das Vorliegen eines wesentlichen Betriebsteils allein auf Grund qualitativer Kriterien verneint worden ist[9].

26 Die **Ausgliederung** einzelner Betriebsteile ist nicht mit deren Stilllegung gleichzusetzen, da der mit dem Betriebsteil verfolgte arbeitstechnische Zweck nicht aufgegeben und die Teilorganisation nicht aufgelöst wird[10]. Allerdings kann die organisatorische Abtrennung eines Betriebsteils – unabhängig davon, ob sie mit einer rechtl. Verselbständigung einhergeht – mit der Spaltung eines Betriebs iSv. Nr. 3 einhergehen (vgl. Rz. 39 ff.).

27 Die **Einschränkung des ganzen Betriebs** kann mit einer **Verringerung der Betriebsmittel** einhergehen, ebenso jedoch in einem **reinen Personalabbau** bestehen[11]. Nicht unter S. 3 Nr. 1 fallen hingegen Maßnahmen, die die Auslastung der Betriebsanlagen verringern, zB die Einschränkung der betrieblichen Arbeitszeit durch Wegfall von Schichten, Arbeitszeitverkürzung oder Kurzarbeit; diese Änderungen können aber nach § 87 mitbestimmungspflichtig sein[12].

28 Da nicht bereits die Entlassung einzelner ArbN eine Betriebsänderung mit wesentlichen Nachteilen für die Belegschaft oder erhebliche Teile der Belegschaft darstellen kann (vgl. Relativsatz in S. 1), besteht weitgehende Einigkeit, dass nur wesentliche Personalabbaumaßnahmen eine Einschränkung des Betriebs iSv. S. 3 Nr. 1 darstellen. Nach gefestigter Rspr. werden hierfür die **Schwellenwerte in § 17 I KSchG** zugrunde gelegt, allerdings *ohne* die in § 17 I KSchG normierte Voraussetzung, dass der Personalabbau innerhalb von 30 Kalendertagen erfolgen muss[13]. Ein sich über längere Zeit hinziehender Personalabbau, wie er schon angesichts der unterschiedlichen Kündigungsfristen häufig zwangsläufig ist, ist daher als Betriebsänderung anzusehen, soweit die einzelnen Schritte auf einer **einheitlichen Planung** des ArbGeb beruhen[14]. Erfolgen Personalabbaumaßnahmen in mehreren Schritten, die zeitlich nur Wochen oder wenige Monate auseinanderliegen, spricht eine **tatsächliche Vermutung** für eine einheitliche unternehmerische Planung[15]. Sofern trotz zeitlicher Nähe unterschiedliche Maßnahmen vorliegen, die auf voneinander unabhängige unternehmerische Gestaltungsmaßnahmen zurückgehen, sollten die jeweiligen Entscheidungsprozesse besonders sorgfältig dokumentiert werden[16].

29 Die **Schwellenwerte** dienen lediglich als „Richtschnur", so dass geringfügige Abweichungen nicht ins Gewicht fallen[17]. Im Hinblick auf Großbetriebe hat das BAG angenommen, dass eine Betriebsein-

---

1 *Fitting*, § 111 Rz. 69; Richardi/*Annuß*, § 111 Rz. 82; GK-BetrVG/*Oetker*, § 111 Rz. 103. ||2 BAG 6.12.1988 – 1 ABR 47/87, DB 1989, 883; GK-BetrVG/*Oetker*, § 111 Rz. 102; Richardi/*Annuß*, § 111 Rz. 82. ||3 ErfK/*Kania*, § 111 BetrVG Rz. 10; WHSS/*Schweibert*, Rz. C 37. ||4 BAG 21.10.1980 – 1 AZR 145/79, DB 1981, 698; 2.8.1983 – 1 AZR 516/81, ZIP 1984, 359; 6.12.1988 – 1 ABR 47/87, DB 1989, 883; 7.8.1990 – 1 AZR 445/89, NZA 1991, 113. ||5 Vgl. GK-BetrVG/*Oetker*, § 111 Rz. 106; *Fitting*, § 111 Rz. 69. ||6 BAG 7.8.1990 – 1 AZR 445/89, NZA 1991, 113; LAG Berlin 7.9.1995 – 10 TaBV 5/95, NZA 1996, 1284; *Fitting*, § 111 Rz. 70. ||7 BAG 6.12.1988 – 1 ABR 47/87, DB 1989, 883; 7.8.1990 – 1 AZR 445/89, NZA 1991, 113. ||8 *Etzel*, Betriebsverfassungsrecht, Rz. 983. ||9 Vgl. die Nachw. bei DKKW/*Däubler*, § 111 Rz. 63. ||10 Richardi/*Annuß*, § 111 Rz. 88. ||11 BAG 22.5.1979 – 1 ABR 17/77, BB 1979, 1501; 6.12.1988 – 1 ABR 47/87, NZA 1989, 557; 10.12.1996 – 1 ABR 43/96, NZA 1997, 733; 31.5. 2007 – 2 AZR 254/06, NZA 2007, 1307; DKKW/*Däubler*, § 111 Rz. 58; *Etzel*, Betriebsverfassungsrecht, Rz. 979 f.; GK-BetrVG/*Oetker*, § 111 Rz. 83 ff. ||12 LAG Nds. 2.11.2006 – 1 TaBV 83/06, NZA-RR 2007, 134; GK-BetrVG/*Oetker*, § 111 Rz. 80 f.; Richardi/*Annuß*, § 111 Rz. 69; widersprüchlich DKKW/*Däubler*, § 111 Rz. 59, der die „Abschaffung einer Schicht (...) ohne eine relevante Anzahl von Entlassungen" als Betriebsänderung iSv. Nr. 1 ansehen will. ||13 BAG 23.2.2012 – 2 AZR 773/10, NZA 2012, 992; 22.5.1979 – 1 AZR 848/76, DB 1979, 1897; ErfK/*Kania*, § 111 BetrVG Rz. 8. ||14 Vgl. die umfangreichen Nachw. bei GK-BetrVG/*Oetker*, § 111 Rz. 95; instruktiv mit Praxisbsp. WHSS/*Schweibert*, Rz. C 22 ff. ||15 BAG 28.3.2006 – 1 ABR 5/05, NZA 2006, 932 Rz. 19; Röder/*Baeck*, S. 46 f.; *Fitting*, § 111 Rz. 76; ErfK/*Kania*, § 111 BetrVG Rz. 8. ||16 Röder/*Baeck*, S. 47. ||17 BAG 7.8.1990 – 1 AZR 445/89, NZA 1991, 113; LAG Berlin 7.9.1995 – 10 TaBV 5/95, NZA 1996, 1284; DKKW/*Däubler*, § 111 Rz. 69; offen gelassen bei *Fitting*, § 111 Rz. 75 a.

schränkung erst bei der Entlassung von mindestens 5 % der Belegschaft anzunehmen ist[1]. Danach ergeben sich für die Einschränkung des ganzen Betriebs folgende Schwellenwerte:

Betriebsgröße	Schwellenwert
21–59 ArbN	mindestens 6 ArbN
60–499 ArbN	10 % oder mehr als 25 ArbN
500–599 ArbN	mindestens 30 ArbN
Betriebe ab 600 ArbN	mindestens 5 %

Unklar ist der Schwellenwert allerdings im Hinblick auf Betriebe, die nur 20 oder weniger ArbN beschäftigen, da jene bis zur BetrVG-Reform 2001 nicht unter den Anwendungsbereich von § 111 fielen, was sich durch den nunmehr *unternehmens*bezogenen Schwellenwert in S. 1 geändert hat. Das BAG[2] nimmt eine Betriebsänderung im **Kleinbetrieb** nur dann an, wenn hiervon die Mindestzahl gem. § 112a I 1 Nr. 1, also sechs ArbN, betroffen werden[3] (zu den Schwellenwerten bei betriebsübergreifenden Betriebsänderungen und Zuständigkeit des GBR s. Rz. 74). 30

Bei der **Berechnung** der Zahl der ausscheidenden ArbN sind nur die Fälle zu berücksichtigen, die im Zusammenhang mit der maßgeblichen Betriebsänderung stehen und vom ArbGeb veranlasst[4] sind. Hierzu gehören insb. **betriebsbedingte Kündigungen** durch den ArbGeb und **vom ArbGeb veranlasste Eigenkündigungen**. Eine Eigenkündigung ist vom ArbGeb veranlasst, wenn mit ihr einer ansonsten notwendig gewordenen ArbGebKündigung im Zuge der geplanten Betriebsänderung vorgegriffen wird[5]. Auch **Aufhebungsverträge** sind zu berücksichtigen[6], soweit sie im Zusammenhang mit der Betriebsänderung stehen (vgl. auch § 112a I 2[7]). Werden ArbN im Zuge der Betriebsänderung in **anderen Betrieben** des Unternehmens oder in anderen Konzernunternehmen **weiterbeschäftigt**, sind sie ebenfalls vom Personalabbau betroffen[8], nicht hingegen ArbN, die innerhalb des Betriebs versetzt werden[9]. Betriebsbedingte Kündigungen infolge eines **Widerspruchs von ArbN gegen den Übergang ihrer Arbeitsverhältnisse** auf einen anderen ArbGeb werden nach Auffassung des BAG mitgezählt[10], allerdings nur insoweit, als zusätzlich zu einem geplanten Betriebs(teil)übergang (der eine Betriebsänderung nach Nr. 3 oder/und Nr. 4 darstellen kann) eine Betriebseinschränkung gem. S. 3 Nr. 1 in Rede steht[11]. Der **Sozialplan** kann ohne sachlichen Grund widersprechende ArbN allerdings **von Abfindungen ausnehmen**[12] (vgl. § 112 Rz. 37, 50). Ob **Änderungskündigungen** bei der Anwendung der Schwellenwerte gem. § 17 I KSchG mitzählen, hängt nach der hM davon ab, ob die betroffene ArbN die geänderten Arbeitsbedingungen mindestens unter Vorbehalt annimmt oder diese ablehnt; nur im letzteren Falle soll die Änderungskündigung im Hinblick auf die Schwellenwerte Berücksichtigung finden[13]. Die abweichende Auffassung, wonach sämtliche Änderungskündigungen mitzählen sollen[14], hat zwar für sich, dass Planungssicherheit besteht und von vornherein beurteilt werden kann, ob eine Betriebsänderung gegeben ist. Nach dieser Auffassung wäre jedoch jede Massenänderungskündigung mit dem Ziel einer – noch so geringfügigen – Änderung der Arbeitsbedingungen zugleich eine Betriebsänderung iSd. Stilllegung bzw. Einschränkung des Betriebs, was über den Sinn des Beteiligungsrechts hinausgehen würde. 31

Verringert sich infolge der Interessenausgleichsverhandlungen oder aus anderen Gründen die Zahl der von der Maßnahme betroffenen ArbN auf Größenordnungen unterhalb der Schwellenwerte, ändert dies zwar rückwirkend nichts mehr daran, dass wegen der ursprünglichen Planungen des ArbGeb der Versuch eines Interessenausgleichs zu unternehmen war[15]. Wenn allerdings nach dem **abgeschlossenen Interessenausgleich** feststeht, dass die **Schwellenwerte zum Vorliegen einer Betriebsänderung** bzw. für die Maßgeblichkeit eines Personalabbaus iSv. § 112a I nicht erreicht werden, kann ein Sozialplan **nicht mehr verlangt** werden[16]. Es wäre kontraproduktiv und vom Schutzzweck her gesetzl. Bestimmungen nicht umfasst, wenn ein Sozialplan erzwingbar wäre, obwohl der ArbGeb seine Planung im Interesse des Erhalts von Arbeitsplätzen so weit „abgeschwächt" hat, dass die Schwelle zur Betriebsände- 32

---

1 BAG 6.12.1988 – 1 ABR 47/87, NZA 1989, 557; 2.8.1983 – 1 AZR 516/81, BB 1984, 274. || 2 BAG 9.11.2010 – 1 AZR 708/09, ZIP 2011 730. || 3 Ebenso *Fitting*, § 111 Rz. 48, 75a. || 4 Vgl. Richardi/*Annuß*, § 111 Rz. 76; *Stege/Weinspach/Schiefer*, §§ 111–113 Rz. 33a. || 5 BAG 20.4.1994 – 10 AZR 323/93, NZA 1995, 489; 19.7.1995 – 10 AZR 885/94, NZA 1996, 271; Richardi/*Annuß*, § 111 Rz. 76. || 6 BAG 4.7.1989 – 1 ABR 35/88, NZA 1990, 280; Richardi/*Annuß*, § 111 Rz. 76; ErfK/*Kania*, § 111 BetrVG Rz. 10; *Röder/Baeck*, S. 47. || 7 Aus dieser Vorschrift ziehen *Stege/Weinspach/Schiefer*, §§ 111–113 Rz. 33a, den – nicht recht einleuchtenden – Schluss, dass Aufhebungsverträge bei § 111 nicht zu berücksichtigen seien. || 8 DKKW/*Däubler*, § 111 Rz. 79; *Fitting*, § 111 Rz. 78. || 9 LAG Nürnberg 6.12.2004 – 9 TaBV 9/04, NZA-RR 2005, 375. || 10 BAG 10.12.1996 – 1 AZR 290/96, NZA 1997, 787; wie BAG *Fitting*, § 111 Rz. 78; Richardi/*Annuß*, § 111 Rz. 137 f.; *Baeck/Diller*, NZA 1997, 689 (693 f.); *Matthes*, NZA 2000, 1073 (1075 f.); aA *Henssler*, NZA 1994, 913 (922); *Bauer*, DB 1994, 217 (220 f.). || 11 Vgl. LAG Bremen 21.10.2004 – 3 Sa 77/04, NZA-RR 2005, 140. || 12 Vgl. BAG 5.2.1997 – 10 AZR 553/96, NZA 1998, 158; 15.12.1998 – 1 AZR 332/98, NZA 1999, 667; Richardi/*Annuß*, § 112 Rz. 104. || 13 *Fitting*, § 111 Rz. 79; aA DKKW/*Däubler*, § 111 Rz. 79, der auch die Fälle einer Annahme unter Vorbehalt mitzählen möchte. || 14 Richardi/*Annuß*, § 111 Rz. 77; *Röder/Baeck*, S. 48. || 15 DKKW/*Däubler*, § 111 Rz. 86. || 16 *Röder/Baeck*, S. 12; aA ohne Begr. DKKW/*Däubler*, § 111 Rz. 63.

rung nicht mehr erreicht wird. IÜ zeigt § 112a, dass nicht stets dann, wenn ein Interessenausgleich abgeschlossen wurde, auch ein Sozialplan erzwungen werden kann.

33   Auch die **Einschränkung eines wesentlichen Betriebsteils** (zum Begriff Rz. 25) fällt nach dem Wortlaut der Vorschrift unter S. 3 Nr. 1. Es würde allerdings zu Wertungswidersprüchen führen, wenn in dieser Konstellation bei Anwendung der Schwellenwerte lediglich die Belegschaft des Betriebsteils ins Verhältnis mit der Zahl der betroffenen ArbN gesetzt würde. Für die Frage, ob eine beteiligungspflichtige Einschränkung eines wesentlichen Betriebsteils gegeben ist, kommt es daher ebenfalls auf das **Verhältnis der Gesamtbelegschaft zur Anzahl der von Nachteilen betroffenen ArbN** an[1].

34   **b) Verlegung des ganzen Betriebs oder von wesentlichen Betriebsteilen (S. 3 Nr. 2).** Unter Verlegung eines Betriebs bzw. eines wesentlichen Betriebsteils (zum Begriff Rz. 25) versteht man die Veränderung der **örtlichen Lage** der entsprechenden Einheit. Die **Abgrenzung von der Betriebsstilllegung** ist mitunter schwierig, da insb. die Verlegung über eine erhebliche Entfernung hinweg regelmäßig mit der Auflösung der alten Betriebsgemeinschaft und der betriebl. Organisation verbunden ist, womit die Voraussetzungen einer Betriebsstilllegung erfüllt sind. Entscheidend ist, ob der Großteil der Belegschaft die Tätigkeit in der neuen Betriebsstätte fortsetzt[2].

35   Es muss eine **nicht nur geringfügige räumliche Veränderung** erfolgen, da ansonsten die Schwelle zur Betriebsänderung nicht überschritten wird[3]. Ein Umzug in ein Nachbargebäude oder auf die gegenüberliegende Straßenseite reicht daher keinesfalls aus. Bei geringeren oder mittleren Entfernungen innerhalb einer Stadt kommt es entscheidend auf die **Verkehrsanbindung** bzw. die Anfahrtswege für die Belegschaft an; maßgeblich ist der Interpretationsmaßstab gem. S. 1 (wesentliche Nachteile für die Belegschaft oder erhebliche Teile der Belegschaft). Die örtliche Verlegung eines wesentlichen Betriebsteils innerhalb des Betriebs kann keine Betriebsänderung darstellen[4].

36   Eine Verlegung ins **Ausland** kann eine Betriebsänderung iSd. S. 3 Nr. 2 darstellen, auch wenn das BetrVG nur in Deutschland Anwendung findet[5]. Ausschlaggebend ist, dass der Betrieb, auf den sich die Planungen des ArbGeb beziehen, sich (noch) im Geltungsbereich des Gesetzes befindet.

37   **c) Zusammenschluss mit anderen Betrieben oder die Spaltung von Betrieben (S. 3 Nr. 3).** Dieser Tatbestand bezieht sich – wie alle anderen in § 111 – auf die betriebl. Ebene und betrifft nicht die Unternehmensebene[6]. Der Zusammenschluss von Unternehmen oder die Spaltung von Unternehmen (§§ 2 ff., 123 ff. UmwG) stellen daher für sich genommen keine Betriebsänderungen gem. S. 3 Nr. 3 dar[7]. Notwendig sind vielmehr Maßnahmen, die sich auf die betriebl. Organisation und auf die **Betriebsidentität**[8] auswirken.

38   Der **Zusammenschluss von Betrieben** bedeutet, dass zwei bislang getrennte organisatorische Einheiten dergestalt zusammengefügt werden, dass sie nunmehr einer **einheitlichen Leitung** unterstellt sind, insb. in personellen und sozialen Angelegenheiten. Diese von der Rspr. für den Gemeinschaftsbetrieb mehrerer Unternehmen (vgl. § 1 II) herausgearbeiteten Kriterien gelten ebenso für die Betriebsabgrenzung innerhalb ein und desselben Unternehmens[9]. Der Zusammenschluss von Betrieben kann so erfolgen, dass einer der Betriebe der aufnehmende Betrieb ist und demgemäß in seiner Betriebsidentität fortbesteht oder dass die Betriebe zu einem neuen Betrieb zusammengeschlossen werden, mit der Folge, dass der neue Betrieb mit keinem der bisherigen Betriebe identisch ist[10] (vgl. zu den Auswirkungen dieser unterschiedlichen Formen des Zusammenschlusses auf das BR-Amt § 21a Rz. 9 sowie auf das Schicksal bestehender BV § 77 Rz. 83, 69 ff.). Für die Beteiligungsrechte gem. §§ 111, 112 ist beim Zusammenschluss von Betrieben regelmäßig der **GBR** oder – falls die Betriebe verschiedenen Unternehmen desselben Konzern angehören – der **KBR** zuständig (vgl. Rz. 72 f.).

39   Die **Spaltung eines Betriebs** führt zum **Verlust der Betriebsidentität** (s. § 21a Rz. 5). Aus einer einheitlichen organisatorischen Einheit entstehen mehrere betriebl. Einheiten[11]. Die Stilllegung eines Betriebsteils stellt daher keine Spaltung dar[12]. Erfasst werden sowohl Betriebsspaltungen innerhalb eines Unternehmens (Bsp.: Produktion und Verwaltung werden in unterschiedliche betriebl. Einheiten getrennt), als auch Konstellationen, bei denen der „abgespaltene" Betriebsteil einem anderen Rechtsträ-

---

1 Richardi/*Annuß*, § 111 Rz. 86; MünchArbR/*Matthes*, § 268 Rz. 31 f.; nach BAG 19.7.2012 – 2 AZR 386/11, NZA 2013, 333 ist maßgeblich für die Frage, ob eine Betriebsänderung durch Personalabbau vorliegt, die Anzahl der im einzelnen Betrieb beschäftigten ArbN. ||2 BAG 12.2.1987 – 2 AZR 247/86, NZA 1988, 170; GK-BetrVG/*Oetker*, § 111 Rz. 122 f.; *Fitting*, § 111 Rz. 82; WHSS/*Schweibert*, Rz. C 31. ||3 BAG 17.8.1982 – 1 ABR 40/80, NJW 1983, 1870; *Fitting*, § 111 Rz. 81; Richardi/*Annuß*, § 111 Rz. 92; GK-BetrVG/*Oetker*, § 111 Rz. 120 f. ||4 ErfK/*Kania*, § 111 BetrVG Rz. 12; aA noch DKKW/*Däubler*, 12. Aufl. 2010, § 111 Rz. 65; in solchen Fällen sind wesentliche Nachteile für die Belegschaft von der Dimension, wie sie § 111 voraussetzt, nicht erkennbar; so jetzt auch DKKW/*Däubler*, § 111 Rz. 87. ||5 DKKW/*Däubler*, § 111 Rz. 92; aA Richardi/*Annuß*, § 111 Rz. 95, der diesen Fall als Stilllegung betrachtet. ||6 *Fitting*, § 111 Rz. 83; ausf. WHSS/*Hohenstatt*, § 111 Rz. 2 f. ||7 *Gaul*, Betriebs- und Unternehmensspaltung, § 28 Rz. 48. ||8 Vgl. zu diesem für das Betriebsverfassungsrecht zentralen Begriff ausf. WHSS/*Hohenstatt*, Rz. D 68 ff. ||9 WHSS/*Hohenstatt*, Rz. D 42 f. ||10 Ausf. WHSS/*Hohenstatt*, Rz. D 68 ff.; Richardi/*Annuß*, § 111 Rz. 97; *Fitting*, § 111 Rz. 84; GK-BetrVG/*Oetker*, § 111 Rz. 122 f. ||11 Vgl. ausf. WHSS/*Hohenstatt*, Rz. D 14 ff. ||12 BAG 18.3.2008 – 1 ABR 77/06, NZA 2008, 957.

ger zugeordnet wird[1]. **Unerheblich** ist, ob die Betriebsspaltung mit einer **Spaltung des Rechtsträgers** (§§ 123 ff. UmwG) einhergeht oder ob die Übertragung von Betriebsteilen auf einen anderen Rechtsträger mittels **Übertragung von Betriebsmitteln (Asset Deal)** erfolgt; **entscheidend** ist die insofern identische **Auswirkung auf die Betriebsidentität**[2]. Im Fall der Unternehmensspaltung sind allerdings die arbeitsrechtl. Mindestangaben im Spaltungsvertrag (§ 126 I Nr. 11 UmwG) und die diesbezüglichen Informationsrechte des BR (§ 126 III UmwG) zu beachten[3].

Auch die **Auflösung eines gemeinsamen Betriebs mehrerer ArbGeb** in dem Sinne, dass die gemeinsame Organisation aufgehoben wird, beinhaltet eine Betriebsspaltung iSv. S. 3 Nr. 3[4]. Umgekehrt kann trotz der Durchführung einer Unternehmensspaltung das Vorliegen einer Betriebsänderung iSv. S. 3 Nr. 3 vermieden werden, wenn die beteiligten Rechtsträger (zunächst) einen Gemeinschaftsbetrieb mehrerer ArbGeb bilden. Diese Vorgehensweise kann sich zur „Entzerrung" der Unternehmensspaltung und der Durchführung der Betriebsänderung empfehlen[5]. Gem. § 1 II Nr. 2 wird ein gemeinsamer Betrieb mehrerer Unternehmen nach Durchführung einer Unternehmensspaltung vermutet, soweit sich die Organisation des betroffenen Betriebs nicht wesentlich geändert hat. Wird hingegen eine Betriebsspaltung durchgeführt, steht dem BR im Ursprungsbetrieb unter bestimmten Voraussetzungen ein **Übergangsmandat** im Hinblick auf die abgespaltene Einheit zu (vgl. § 21a). 40

Allein durch den **Abschluss oder die Vereinbarung von besonderen BR-Strukturen** iSv. § 3 kommt es nicht zu einer Betriebsänderung iSv. S. 3 Nr. 3[6]. Werden also zB bislang betriebsverfassungsrechtl. eigenständige Einheiten durch einen unternehmenseinheitlichen BR (§ 3 I Nr. 1a) oder durch einen SpartenBR (§ 3 I Nr. 2) vertreten, stellt der Abschluss einer entsprechenden Vereinbarung keine Betriebsänderung dar. Wird indessen im Zuge der Entstehung solcher zusammengefasster Einheiten eine einheitliche Leitung in personellen und sozialen Angelegenheiten geschaffen, liegt in der späteren Veräußerung einzelner „Betriebe", die ansonsten keine Betriebsänderung darstellt (vgl. Rz. 53), eine Betriebsspaltung[7]. 41

Streitig ist, ob „**Bagatellausgliederungen**", also die Abspaltung zahlenmäßig nicht ins Gewicht fallender Betriebsteile, eine Betriebsänderung iSv. S. 3 Nr. 3 darstellen können. Das BAG[8] hat dies offen gelassen, will aber jedenfalls die Schwellenwerte gem. § 17 KSchG nicht anwenden, da Nr. 3 nicht nur die Abspaltung „wesentlicher" Betriebsteile regle[9]. Auch ein Erfordernis dahingehend, dass der abgespaltene Teil die Zahlengrenze des § 1 überschreitet, lässt sich dem Gesetz nicht entnehmen[10]. Das ArbG Karlsruhe[11] nimmt eine qualitative Bewertung vor und hat entschieden, dass die Abspaltung einer Cafeteria mit Kantinenfunktion unabhängig von der Anzahl der dort Beschäftigten wegen der Bedeutung der Einrichtung für die Belegschaft jedenfalls keine Bagatellausgliederung darstelle. Nach LAG Bremen[12] ist S. 3 Nr. 3 anwendbar bei der Ausgliederung einer Cafeteria mit acht Mitarbeitern bei einer Gesamtbelegschaft von 188. Es genüge die Abspaltung/Ausgliederung einer „**veräußerungsfähigen Einheit**", wovon nur auszugehen sein wird, wenn eine „wirtschaftlich relevante Größenordnung und eine abgrenzbare, eigenständige Struktur"[13] gegeben sei. In der Lit. wird hingegen im Hinblick auf den Relativsatz in S. 1 teilweise vertreten, dass die Schwellenwerte gem. § 17 KSchG jedenfalls als Anhaltspunkt dienen müssten[14]. 42

S. 3 Nr. 3 erfasst nur Zusammenschlüsse und Spaltungen solcher Einheiten, die betriebsverfassungsrechtl. einen eigenständigen Betrieb darstellen, was sich aus dem Wortlaut der Vorschrift unzweifelhaft ergibt[15]. Der Zusammenschluss bzw. die Spaltung von Betriebsteilen fällt daher nicht unter S. 3 Nr. 3, es sei denn, dass sie die Voraussetzungen von § 4 I erfüllen (räumlich weite Entfernung vom Hauptbetrieb oder Eigenständigkeit im Hinblick auf Aufgabenbereich und Organisation)[16]. Ein Zusammenschluss oder die Spaltung von Betriebsteilen können jedoch unter S. 3 Nr. 4 fallen[17]. 43

---

1 BAG 10.12.1996 – 1 ABR 32/96, NZA 1997, 898; GK-BetrVG/*Oetker*, § 111 Rz. 131; *Fitting*, § 111 Rz. 86; *Etzel*, Betriebsverfassungsrecht Rz. 989; *Gaul*, Betriebs- und Unternehmensspaltung, § 2 Rz. 5; § 28 Rz. 47. ||2 BAG 10.12.1996 – 1 ABR 32/96, NZA 1997, 898; GK-BetrVG/*Oetker*, § 111 Rz. 132; Richardi/*Annuß*, § 111 Rz. 105. ||3 Vgl. hierzu ausf. Kallmeyer/*Willemsen*, § 126 UmwG Rz. 43 ff. und Rz. 68 sowie KölnKommUmwG/*Simon*, § 126 Rz. 79 und 91. ||4 Richardi/*Annuß*, § 111 Rz. 101; WHSS/*Hohenstatt*, Rz. D 192; *Gaul*, Betriebs- und Unternehmensspaltung, § 28 Rz. 50. ||5 *Willemsen*, RdA 1998, 23 (30); *Rieble*, FS Wiese, 1998, S. 453 (464); WHSS/*Hohenstatt*, Rz. D 12 f. (17). ||6 DKKW/*Trümner*, § 3 Rz. 196; WHSS/*Hohenstatt*, Rz. D 192. ||7 WHSS/*Hohenstatt*, Rz. D 192; *Gaul*, Betriebs- und Unternehmensspaltung, § 28 Rz. 93. ||8 BAG 10.12.1996 – 1 ABR 32/96, NZA 1997, 898. ||9 So aber LAG Rh.-Pf. 10.9.2009 – 11 TaBV 13/09, ArbR 2010, 24. ||10 Richardi/*Annuß*, § 111 Rz. 102. ||11 ArbG Karlsruhe 22.7.2003 – 6 BVGa 2/03, NZA-RR 2004, 482. ||12 LAG Bremen 21.10.2004 – 3 Sa 77/04, NZA-RR 2005, 140; so auch DKKW/*Däubler*, § 111 Rz. 100. ||13 LAG Bremen 21.10.2004 – 3 Sa 77/04, NZA-RR 2005, 140; so auch BAG 10.12.1996 – 1 ABR 32/96, NZA 1997, 898. ||14 WHSS/*Schweibert*, Rz. C 61; *Stege*/*Weinspach*/Schiefer, §§ 111-113 Rz. 52 f.; hiergegen Richardi/*Annuß*, § 111 Rz. 102; DKKW/*Däubler*, § 111 Rz. 100; *Kleinebrink*/*Commandeur*, NZA 2007, 113 (117), stellen auf den Schwellenwert gem. § 1 ab. ||15 Richardi/*Annuß*, § 111 Rz. 105; GK-BetrVG/*Oetker*, § 111 Rz. 126; *Fitting*, § 111 Rz. 85. ||16 WHSS/*Schweibert*, Rz. C 55. *Gaul*, Betriebs- und Unternehmensspaltung, § 28 Rz. 51. ||17 Richardi/*Annuß*, § 111 Rz. 106; *Fitting*, § 111 Rz. 85.

44 **d) Grundlegende Änderungen der Betriebsorganisation, des Betriebszwecks oder der Betriebsanlagen (S. 3 Nr. 4).** S. 3 Nr. 4 umfasst lediglich grundlegende Änderungen, wobei der Tatbestand den Charakter einer beschränkten Generalklausel hat[1].

45 Unter der **Betriebsorganisation** versteht man den Betriebsaufbau, dh. die Organisation des Leitungsapparats und die organisatorische Untergliederung des Betriebes[2], sowie die Betriebsabläufe.

46 ● **Beispiele** für grundlegende Änderungen der Betriebsorganisation: Einführung einer Spartenorganisation oder eines Profitcenter-Systems, soweit diese Organisationsprinzipien grundlegend vom bisherigen Betriebsaufbau abweichen[3]; Maßnahmen der Zentralisierung oder Dezentralisierung, soweit sie sich einschneidend auswirken[4]; Wegfall einer Hierarchieebene (zB im Außendienst Wegfall der Regionalleiter, Schaffung direkter Berichtswege von Außendienstmitarbeitern zur zentralen Außendienstleitung)[5]; Entlassung aller Anzeigenberater in einem Presseunternehmen gegen Einstellung freier Handelsvertreter auf Provisionsbasis[6]; Einführung von Gruppenarbeit in wesentlichen Teilen des Unternehmens[7].

47 Die Organisationsänderung muss „grundlegend" sein und damit **erhebliche Auswirkungen auf den Betriebsablauf** haben; es ist daher verfehlt, bestimmte Maßnahmen ohne Bewertung im Einzelfall als beteiligungspflichtige Organisationsänderung anzusehen (Bsp.: Einführung „flacher Hierarchien", Vergabe von Leistungen an Dritte etc.). Maßgeblich ist immer, ob derlei Veränderungen von ihrer Bedeutung für die Gesamtorganisation und für die Arbeitsabläufe ein hinreichendes Gewicht haben, um als Betriebsänderung angesehen werden zu können[8]. Maßnahmen zur Verbesserung der Unternehmenskommunikation sowie Einsatz moderner Technik im Vertrieb (**Bsp.:** Einrichtung eines Intranets, Umstellung auf E-Commerce) fallen nicht unter die Fälle der Änderungen der Betriebsorganisation, da sie den Leitungsapparat und die organisatorische Untergliederung des Betriebs sowie die Arbeitsabläufe nicht notwendigerweise wesentlich beeinflussen[9] (s. aber möglicherweise Nr. 5). Auch die Freistellung der ArbN von der Arbeitspflicht und die Vergabe von Abwicklungsarbeiten an eine Leiharbeitsfirma durch den Insolvenzverwalter stellen keine Betriebsänderung iSv. S. 3 Nr. 4 dar[10].

48 Unter dem **Betriebszweck** versteht man die verfolgte **arbeitstechnische Zwecksetzung**[11]. Denkbar ist das Hinzukommen eines weiteren Zwecks – also die Erweiterung der betriebl. Tätigkeiten – oder deren Einschränkung, also das Wegfallen eines arbeitstechnischen Zwecks. **Bsp.:** Einführung von Automatenspielen in einem klassischen Spielcasino[12]; Herstellung von Geländewagen oder Motorrädern anstelle bzw. zusätzlich zur Produktion von Personenwagen[13]; Umstellung des eigenen Vertriebs auf künftig nur noch freie Handelsvertreter[14]. Die Änderungen müssen jedoch von grundlegender Bedeutung sein, so dass bloße Weiterentwicklungen des Produkt- bzw. Dienstleistungsportfolios in aller Regel nicht unter S. 3 Nr. 4 fallen[15]. Für einen Schlachthof hat das BAG entschieden, dass die Umstellung des Schlachtprogramms keine grundlegende Änderung des Betriebszwecks darstelle[16].

49 **Betriebsanlagen** sind diejenigen Einrichtungen, mittels derer der **Produktions- und Leistungsprozess** innerhalb des Betriebs erfolgt[17]. Beteiligungspflichtig ist nicht jede Änderung *von* Betriebsanlagen, sondern lediglich die grundlegende Änderung *der* Betriebsanlagen. Zwar muss die Änderung nicht die Gesamtheit der Produktionsmittel erfassen; die geänderten Betriebsmittel müssen jedoch im Verhältnis zu den Produktionsmitteln des gesamten Betriebs für das betriebl. Gesamtgeschehen von erheblicher Bedeutung sein[18]. Es ist daher missverständlich, wenn pauschal die Einführung neuer Maschinen, der Einsatz von Mikroprozessoren, Datensichtgeräten oder Bildschirmarbeitsplätzen als beteiligungspflichtige Maßnahme genannt werden[19]. Entscheidend ist stets, ob die Änderung für sich selbst hinreichend **substanziell** ist[20] und dass der Umfang der Maßnahme in Anbetracht der gesamten Betriebsgröße erhebliches Gewicht hat.

50 Für sämtliche Formen der Betriebsänderung gem. S. 3 Nr. 4 ist erforderlich, dass die Änderung „**grundlegend**" ist. Dabei ist wiederum iS einer Interpretationshilfe von Bedeutung, dass durch § 111 nur Betriebsänderungen erfasst werden sollen, die **wesentliche Nachteile** für die Belegschaft oder erhebliche Teile der Belegschaft zur Folge haben können. Der Relativsatz in S. 1 dient hier als Interpretationsmaßstab für die Auslegung der unbestimmten Rechtsbegriffe in S. 3 Nr. 4[21]. Dabei ist es nicht aus-

---

1 Richardi/*Annuß*, § 111 Rz. 107; DKKW/*Däubler*, § 111 Rz. 108. || 2 Richardi/*Annuß*, § 111 Rz. 108; GK-BetrVG/*Oetker*, § 111 Rz. 137. || 3 Richardi/*Annuß*, § 111 Rz. 109. || 4 *Fitting*, § 111 Rz. 92. || 5 BAG 26.10.2004 – 1 AZR 493/03, ZIP 2005, 272. || 6 BAG 18.11.2003 – 1 AZR 637/02, NZA 2004, 741. || 7 DKKW/*Däubler*, § 111 Rz. 105; *Fitting*, § 111 Rz. 92. || 8 BAG 26.10.2004 – 1 AZR 493/03, ZIP 2005, 272. || 9 AA DKKW/*Däubler*, § 111 Rz. 105. || 10 LAG Hamm 26.2.2007 – 10 TaBVGa 3/07, NZA-RR 2007, 469. || 11 BAG 17.12.1985 – 1 ABR 78/83, NZA 1986, 804; 16.6.1987 – 1 ABR 41/85, NZA 1987, 671. || 12 BAG 17.12.1985 – 1 ABR 78/83, NZA 1986, 804. || 13 Richardi/*Annuß*, § 111 Rz. 111. || 14 *Fitting*, § 111 Rz. 93. || 15 Richardi/*Annuß*, § 111 Rz. 111. || 16 BAG 28.4.1993 – 10 AZR 38/92, NZA 1993, 1142. || 17 BAG 26.10.1982 – 1 ABR 11/81, NJW 1983, 2838; Richardi/*Annuß*, § 111 Rz. 114. || 18 BAG 26.10.1982 – 1 ABR 11/81, NJW 1983, 2838; Richardi/*Annuß*, § 111 Rz. 115; GK-BetrVG/*Oetker*, § 111 Rz. 146. || 19 Vgl. die ausf. Nachw. der Rspr. und Lit. bei GK-BetrVG/*Oetker*, § 111 Rz. 145; *Fitting*, § 111 Rz. 94; DKKW/*Däubler*, § 111 Rz. 105 („nicht nur gelegentliche Nutzung des Internets (sic)"). || 20 Was etwa nicht gegeben ist bei Änderungen der Software oder Einsatz größerer Lkws mit anderen Bedienungsanforderungen; so aber DKKW/*Däubler*, § 111 Rz. 107. || 21 BAG 26.10.1982 – 1 ABR 11/81, NJW 1983, 2838.

reichend, wenn von einer Maßnahme eine erhebliche Zahl von Mitarbeitern betroffen ist, wenn die Maßnahme selbst nicht von hinreichendem Gewicht ist (zB bei der Ersatzbeschaffung abgenutzter Maschinen)[1]. Soweit die Maßnahmen qualitativ jedoch unter S. 3 Nr. 4 fallen können, kommt es im Hinblick auf die Frage, ob erhebliche Teile der Belegschaft betroffen sind, auf die Schwellenwerte gem. § 17 KSchG an[2].

e) **Einführung grundlegend neuer Arbeitsmethoden und Fertigungsverfahren (S. 3 Nr. 5).** Dieser Tatbestand hat bislang kaum praktische Bedeutung erlangt, da sich inhaltlich erhebliche Überschneidungen mit S. 3 Nr. 4 ergeben[3]. In Nr. 4 geht es im Wesentlichen um die technischen Arbeitsmittel, während bei Nr. 5 der **Einsatz der menschlichen Arbeitskraft** zur Erledigung bestimmter Aufgaben im Vordergrund steht[4]. Die hierfür genannten **Beispiele** betreffen jedoch immer auch grundlegende Organisationsänderungen oder den Einsatz neuer technischer Hilfsmittel: Einführung von Gruppenarbeit[5], erstmaliger oder vermehrter Übergang zur EDV-gestützten Arbeit[6], Drittbezug eines bislang selbst hergestellten Vorprodukts[7], Einführung von Qualitätsmanagement[8]. Nicht unter S. 3 Nr. 5 fallen allerdings Änderungen im Hinblick auf das Arbeitszeitregime[9].

Unbestritten ist, dass die neuen Arbeitsmethoden und Fertigungsverfahren für den Betrieb neu sein müssen, während – im Unterschied zur früheren Gesetzesfassung (§ 77 I 2e BetrVG 1952) – unerheblich ist, ob die Methoden bzw. Verfahren dem technischen Fortschritt entsprechen oder ihm dienen. **Grundlegend neu** sind die Methoden und Verfahren, wenn sie über die kontinuierliche Weiterentwicklung der Fertigungsverfahren hinausgehen[10]. Zusätzlich ist für die Feststellung, ob es sich um eine grundlegende Änderung handelt, interpretatorisch der Relativsatz in S. 1 heranzuziehen (vgl. Rz. 21)[11]. Es kommt daher auch auf die Zahl der von ihrer Einführung betroffenen ArbN an[12].

f) **Exkurs: Betriebsinhaberwechsel und Betriebsänderung.** Es ist mittlerweile nahezu einhellige Auffassung, dass der bloße Betriebsinhaberwechsel keine Betriebsänderung darstellt und somit nicht der Mitbest. gem. §§ 111 ff. unterliegt[13]. Die Gegenauffassung[14] ist nicht haltbar, da der Begriff Betriebsänderung erkennen lässt, dass sich konkrete Änderungen der betrieblichen Arbeitsorganisation bzw. Eingriffe in die Betriebsidentität ergeben, während der Wechsel des ArbGeb die Betriebsorganisation gerade unverändert lässt[15]. Auch unter Hinweis auf Art. 4 Abs. 2c RL 2002/14/EG kann man sich über den eindeutigen Wortlaut („Betriebsänderung") nicht hinwegsetzen[16]. Die ArbVerh werden mit dem neuen Betriebsinhaber zu unveränderten Bedingungen fortgesetzt (§ 613a BGB), der BR bleibt im Amt (§ 21 Rz. 13) und die BV gelten kollektivrechtlich weiter (vgl. § 613a BGB Rz. 255ff.)[17]. Dabei ist unerheblich, ob sich der Betriebsübergang im Zuge einer Betriebsveräußerung, einer Betriebsverpachtung[18], oder im Zuge der Aufspaltung in eine Besitz- und Produktionsgesellschaft[19] vollzieht. § 613a BGB findet bei Unternehmensumwandlungen über § 324 UmwG Anwendung; auch in diesen Fällen liegt keine Betriebsänderung vor, soweit sich ein Betriebsinhaberwechsel auf den gesamten Betrieb bezieht.

Indessen *kann* ein **Betriebsübergang mit einer Betriebsänderung verbunden** werden, zB wenn eine Betriebsveräußerung mit einem Personalabbau einhergeht; nur *insofern* ist der BR dann gem. §§ 111 ff. zu beteiligen[20]. In diesen Fällen kann fraglich sein, ob die Beteiligungsrechte ggü. dem Veräußerer oder ggü. dem neuen ArbGeb bestehen. Das Beteiligungsrecht gem. § 111 besteht ggü. dem Unternehmer, der die Betriebsänderung plant[21]. Plant der Veräußerer eine Betriebsänderung, um den Betrieb nach deren Durchführung zu veräußern oder zu verpachten, besteht das Beteiligungsrecht ihm ggü., und zwar auch dann, wenn die Betriebsänderung bereits nach den Wünschen des zukünftigen ArbGeb erfolgt[22]. Erfolgt

---

1 Vgl. BAG 26.10.1982 – 1 ABR 11/81, NJW 1983, 2838; 6.12.1983 – 1 ABR 43/81, NZA 1984, 47; 28.4.1993 – 10 AZR 38/92, NZA 1993, 1142. ‖ 2 BAG 26.10.1982 – 1 ABR 11/81, NJW 1983, 2838; 6.12.1983 – 1 ABR 43/81, NZA 1984, 47; DKKW/*Däubler*, § 111 Rz. 107, 109. ‖ 3 DKKW/*Däubler*, § 111 Rz. 112. ‖ 4 DKKW/*Däubler*, § 111 Rz. 112; Richardi/*Annuß*, § 111 Rz. 120; GK-BetrVG/*Oetker*, § 111 Rz. 155; *Rumpff/Boewer*, Mitbestimmung in wirtschaftlichen Angelegenheiten, 3. Aufl. 1990, H Rz. 146. ‖ 5 Richardi/*Annuß*, § 111 Rz. 120; DKKW/*Däubler*, § 111 Rz. 113. ‖ 6 DKKW/*Däubler*, § 111 Rz. 113; *Etzel*, Betriebsverfassungsrecht Rz. 998; BAG 6.12.1983 – 1 ABR 43/81, NZA 1984, 47. ‖ 7 BAG 7.8.1990 – 1 AZR 445/89, NZA 1991, 113. ‖ 8 DKKW/*Däubler*, § 111 Rz. 113. ‖ 9 Richardi/*Annuß*, § 111 Rz. 122; MünchArbR/*Matthes*, § 268 Rz. 47; aA im Hinblick auf den Einsatz von Teilzeitkräften mit flexibler Arbeitszeit DKKW/*Däubler*, § 111 Rz. 113; GK-BetrVG/*Oetker*, § 111 Rz. 156. ‖ 10 Richardi/*Annuß*, § 111 Rz. 123. ‖ 11 BAG 6.12.1983 – 1 ABR 43/81, NZA 1984, 47; Richardi/*Annuß*, § 111 Rz. 123. ‖ 12 S.a. BAG 7.8.1990 – 1 AZR 445/89, NZA 1991, 113; *Bauer*, DB 1994, 217 (220). ‖ 13 BAG 4.12.1979 – 1 AZR 843/76, DB 1980, 743; 21.10.1980 – 1 AZR 145/79, NJW 1981, 2599; 17.3.1987 – 1 ABR 47/85, NZA 1987, 523; 10.12.1996 – 1 ABR 32/96, NZA 1997, 898; 25.1.2000 – 1 ABR 1/99, NZA 2000, 1069; *Matthes*, NZA 2000, 1073; *Moll*, RdA 2003, 129ff.; Richardi/*Annuß*, § 111 Rz. 124; *Fitting*, § 111 Rz. 50. ‖ 14 DKKW/*Däubler*, § 111 Rz. 125 mwN. ‖ 15 *Fitting*, § 111 Rz. 50; Richardi/*Annuß*, § 111 Rz. 124f. ‖ 16 Für Unternehmen ohne Wirtschaftsausschuss wird eine „richtlinienkonforme Auslegung" von § 111 erwogen bei *Fitting*, § 111 Rz. 50a; *Karthaus*, ArbuR 2007, 114 (118); noch weitergehend DKKW/*Däubler*, § 111 Rz. 126. ‖ 17 Vgl. zum Schicksal des BR und der BV beim Betriebsübergang ausf. WHSS/*Hohenstatt*, Rz. D 1 ff. und Rz. E 1 ff.; zur Fortgeltung von Interessenausgleich und Sozialplan *Meyer*, NZA-RR 2013, 225 (230f.). ‖ 18 Vgl. BAG 15.11.1978 – 5 AZR 199/77, NJW 1979, 2634; 25.2.1981 – 5 AZR 991/78, NJW 1981, 2212; 26.2.1987 – 2 AZR 768/85, NZA 1987, 419; Richardi/*Annuß*, § 111 Rz. 126. ‖ 19 BAG 17.2.1981 – 1 ABR 101/78, NJW 1981, 2716. ‖ 20 BAG 4.12.1979 – 1 AZR 843/76, DB 1980, 743; 10.12.1996 – 1 ABR 32/96, NZA 1997, 898; *Fitting*, § 111 Rz. 51. ‖ 21 Richardi/*Annuß*, § 111 Rz. 129. ‖ 22 WHSS/*Schweibert*, Rz. C 82; Richardi/*Annuß*, § 111 Rz. 130.

der Übergang des Betriebs während der Beteiligung nach § 111, übernimmt der neue ArbGeb das Verfahren zum jeweiligen Stand[1]. Führt indessen erst der Betriebserwerber Betriebsänderungen durch, treffen nur ihn die Beteiligungsrechte gem. § 111. In allen Fällen bedarf es für den Betriebsübergang selbst nicht des Versuchs eines Interessenausgleichs; die entsprechenden Verpflichtungen beziehen sich lediglich auf die reinen Betriebsänderungen. Der Betrieb kann daher auf den Erwerber übertragen werden, auch wenn die Beratungen über die Betriebsänderung noch nicht abgeschlossen sind.

55 Wird lediglich ein **Betriebsteil auf einen anderen Rechtsträger übertragen**, liegt eine Betriebsänderung nur dann vor, wenn sich hierdurch zugleich die Organisation des betroffenen Betriebs ändert, der neue Inhaber den ihm übertragenen Betriebsteil also selbst führt, was zugleich mit einer Spaltung des bisherigen Betriebs iSv. Nr. 3 verbunden ist (vgl. Rz. 39)[2]. Auch kann darin eine grundlegende Änderung der Betriebsorganisation iSv. Nr. 4 liegen[3]. Bleibt die Organisation des betreffenden Betriebs hingegen unverändert, wird gem. § 1 II Nr. 2 das Vorliegen eines gemeinsamen Betriebs der beteiligten Rechtsträger vermutet[4]. Die Beibehaltung eines Gemeinschaftsbetriebs kann sich daher dazu eignen, den Übergang eines Betriebsteils auf einen anderen Rechtsträger zunächst mitbestimmungsfrei zu gestalten (vgl. Rz. 40).

56 Die an sich mitbestimmungsfreie Übertragung eines Betriebs auf einen anderen Rechtsträger kann in eine Betriebsänderung münden, wenn in größerer Zahl **ArbN dem Übergang ihrer ArbVerh widersprechen** und der bisherige ArbGeb gezwungen ist, in entsprechender Zahl betriebsbedingte Kündigungen auszusprechen (vgl. Rz. 31)[5].

57 Probleme werfen die Fälle auf, in denen der bisherige ArbGeb zunächst eine **Stilllegung plant** und hierüber ein Interessenausgleich und Sozialplan zustande kommt, sich dann jedoch überraschend noch ein **Käufer findet, der den Betrieb übernimmt**. In diesem Fall kommt es nicht zu der vereinbarten Betriebsänderung; der Interessenausgleich verpflichtet nicht zur Durchführung der Stilllegung (vgl. zur umstrittenen Bindungswirkung des Interessenausgleichs § 112 Rz. 25 f.). Der Abfindungsanspruch bereits gekündigter ArbN ist allerdings bereits entstanden[6]. Diese Mitarbeiter können daher die vereinbarte Abfindung verlangen, es sei denn, dass im Hinblick auf den bereits abgeschlossenen Sozialplan ein **Wegfall der Geschäftsgrundlage** gegeben ist[7].

58 **IV. Planung, Unterrichtung und Beratung.** S. 1 verpflichtet den Unternehmer, den BR über geplante Betriebsänderungen „rechtzeitig und umfassend zu unterrichten und die geplanten Betriebsänderungen mit dem BR zu beraten".

59 **1. Planung, Zeitpunkt der Unterrichtung.** S. 1 enthält in doppelter Hinsicht eine zeitliche Komponente. Zu unterrichten ist lediglich über „geplante" Betriebsänderungen, so dass sich häufig die Frage stellt, zu welchem Zeitpunkt die Überlegungen des Unternehmens in das Planungsstadium vorgerückt sind. Zum anderen hat die Unterrichtung „rechtzeitig" zu erfolgen.

60 Von einer **„geplanten" Betriebsänderung** kann erst die Rede sein, wenn die Vorüberlegungen des ArbGeb abgeschlossen[8] sind. Die Überlegungen des ArbGeb müssen demnach bereits zu „einer gewissen Reife gediehen" sein. Der Unternehmer muss „im Prinzip entschlossen" sein, eine bestimmte Betriebsänderung durchzuführen[9]. § 111 bietet daher keine Grundlage für eine Unterrichtung oder eine Vorlagepflicht im Hinblick auf Dokumente, die im Rahmen der Vorüberlegungen des ArbGeb erstellt worden sind, unabhängig davon ob es sich um interne Überlegungen handelt oder ein externes **Beratungsunternehmen** eingeschaltet wurde[10]. Der ArbGeb muss über bloße **Planspiele** nicht unterrichten[11]. Allerdings soll der BR bereits zu beteiligen sein, wenn mehrere Alternativlösungen beleuchtet werden, und zwar bevor sich der Unternehmer endgültig für eine dieser Lösungen entscheidet[12]. Investitionen im Ausland, die möglicherweise zu einem späteren Zeitpunkt Auswirkungen auf die inländischen Arbeitsplätze haben können, sind nicht mit einer „geplanten" Betriebsänderung im Inland gleichzusetzen[13].

61 „**Rechtzeitig**" erfolgt die Unterrichtung nur, wenn der Unternehmer mit der Verwirklichung der von ihm geplanten Betriebsänderung noch nicht begonnen hat[14]. Das Ziel der Unterrichtungs- und Bera-

---

1 Richardi/*Annuß*, § 111 Rz. 130; DKKW/*Däubler*, § 111 Rz. 128. ||2 WHSS/*Hohenstatt*, Rz. D 15 ff.; Richardi/*Annuß*, § 111 Rz. 133. ||3 BAG 16.6.1987 – 1 ABR 41/85, NZA 1987, 671; Richardi/*Annuß*, § 111 Rz. 133. ||4 Vgl. zur Vermutungsregelung ausf. *Annuß*, NZA Sonderheft 2001, 12 (16 f.); WHSS/*Hohenstatt*, Rz. D 30 ff. ||5 BAG 10.12.1996 – 1 AZR 290/96, NZA 1997, 787; vgl. die weiteren Nachw. bei Richardi/*Annuß*, § 111 Rz. 138. ||6 BAG 13.12.1994 – 3 AZR 357/94, NZA 1996, 139; 28.8.1996 – 10 AZR 886/95, NZA 1997, 109. ||7 BAG 10.8. 1994 – 10 ABR 61/93, NZA 1995, 314; 28.8.1996 – 10 AZR 886/95, NZA 1997, 109; vgl. zum Ganzen auch WHSS/*Schweibert*, Rz. C 83. ||8 BAG 28.10.1992 – 10 ABR 75/91, NZA 1993, 420. ||9 Richardi/*Annuß*, § 111 Rz. 145; DKKW/*Däubler*, § 111 Rz. 140; *Stege/Weinspach/Schiefer*, §§ 111–113 Rz. 19; *Bauer*, DB 1994, 217 (222); vgl. auch BAG 28.10.1992 – 10 ABR 75/91, NZA 1993, 420. ||10 *Picot/Schnitker*, II D Rz. 104. ||11 Vgl. LAG Düss. 27.8. 1985 – 16 Ta BV 52/85, NZA 1986, 371; ArbG Mannheim/Heidelberg 2.7.1987 – 5 BV 4/87, NZA 1987, 682; BAG 27.6. 1989 – 1 ABR 19/88, NZA 1989, 929; *Stege/Weinspach/Schiefer*, §§ 111–113 Rz. 19. ||12 BAG 18.7.1972 – 1 AZR 189/72, NJW 1972, 2328; *Stege/Weinspach/Schiefer*, §§ 111–113 Rz. 19. ||13 So aber ArbG Stuttgart 15.7.2004 – 21 BV 175/04, NZA-RR 2004, 537; hiergegen *Rieble*, NZA 2004, 1029 sowie LAG BW 27.9.2004 – 4 Ta BV 3/04, NZA-RR 2004, 195. ||14 BAG 14.9.1976 – 1 AZR 784/75, NJW 1977, 727; DKKW/*Däubler*, § 111 Rz. 162; GK-BetrVG/*Oetker*, § 111 Rz. 183; *Bauer*, DB 1994, 217 (222); *Fitting*, § 111 Rz. 109 f.

tungsrechte gem. §§ 111, 112 erfordert, dass zum Zeitpunkt der Unterrichtung noch die Möglichkeit besteht, über das Ob und Wie der Betriebsänderung zu beraten und auf ihre Durchführung Einfluss zu nehmen[1]. Von dieser Zwecksetzung her ist es jedoch unschädlich, wenn vor dem BR zunächst die **Gesellschafterversammlung** oder die Aufsichtsgremien des Unternehmens (insb. **Beirat/Aufsichtsrat**) informiert werden oder wenn diese bereits ihre Zustimmung (vorbehaltlich der sich anschließenden Konsultation des BR) erteilt haben. Die frühere Auffassung des BAG, wonach der BR vor diesen Gremien zu beteiligen ist, konnte sich nicht auf den Gesetzeswortlaut stützen und ist auch nicht plausibel, da der Unternehmer auch nach Beteiligung der Gesellschaftsorgane substanzielle Verhandlungen mit dem BR führen kann, die zu Abweichungen im Hinblick auf die Planung führen können[2]. Inzwischen hat das BAG[3] immerhin klargestellt, dass ein Stilllegungsbeschluss der Gesellschafterversammlung vor Beteiligung des BR als „Teil des Meinungsbildungsprozesses auf ArbGebSeite" angesehen sei und nicht notwendigerweise eine Verletzung der Beteiligungsrechte des BR darstelle. Umgekehrt ist eine Beteiligung des BR wenig sinnvoll, wenn noch gar nicht feststeht, ob das gesellschaftsrechtlich zuständige Gremium seine Zustimmung geben würde. Umstritten ist die Rechtslage, wenn die Planung der Betriebsänderung nicht durch den ArbGeb, sondern durch eine **Konzernobergesellschaft** erfolgt. Eine unmittelbare Verpflichtung der Obergesellschaft lässt sich aus dem Gesetz nicht herleiten[4]. Dennoch kann sich das abhängige Unternehmen nicht hinter dem herrschenden Unternehmen „verstecken"; die Sanktionen gem. § 113 treffen das abhängige Unternehmen auch dann, wenn die Nichterfüllung der Verpflichtungen gem. §§ 111, 112 darauf beruht, dass das herrschende Unternehmen das abhängige nicht in die Lage versetzt hat, seine gesetzl. Verpflichtungen zu erfüllen[5]. Eine parallele Wertung enthält § 17 IIIa KSchG im Hinblick auf die Verpflichtungen des ArbGeb bei Massenentlassungen (vgl. § 17 KSchG Rz. 37). Gem. § 1 VII EBRG ist der **Europäische Betriebsrat** „spätestens gleichzeitig" mit dem BR zu beteiligen[6]. Die Beteiligung des BR kann auch noch rechtzeitig sein, wenn der ArbGeb eine geplante Maßnahme zunächst im Rahmen der **Ad-hoc-Publizitätspflicht (§ 15 WpHG)** veröffentlicht hat, solange der BR noch Einfluss nehmen kann[7].

2. Form, Inhalt und Umfang der Unterrichtung. Für die Unterrichtung gem. S. 1 ist keine bestimmte Form vorgeschrieben[8], so dass sie auch mündlich erfolgen kann[9]. Schon aus Gründen der besseren Verständlichkeit, jedoch auch aus Gründen der Beweissicherung im Hinblick auf eine rechtzeitige und umfassende Unterrichtung dürfte es empfehlenswert sein, dem BR eine schriftl. Darstellung zu übergeben. Ergänzend kann sich aus § 80 II 2 die Verpflichtung zur **Vorlage von Unterlagen** ergeben, wenn diese für das Verständnis der Planungen des ArbGeb erforderlich sind. Hierzu können intern erstellte Ausarbeitungen, Berichte von Unternehmensberatern oder Wirtschaftsprüfern, technische Unterlagen oder andere Dokumente gehören[10]. Die Erforderlichkeit der Vorlage bezieht sich aber stets nur auf die konkret geplante Betriebsänderung, so dass nicht wahllos sämtliche in den vergangenen Jahren erstellten Prüfberichte, Gutachten und Bilanzen vorzulegen sind[11]. Der ArbGeb ist nur verpflichtet, vorhandene Unterlagen vorzulegen; hingegen muss er nicht Gutachten oder Studien herstellen, weil der BR dies wünscht[12]. 62

Im Hinblick auf die Unterrichtung besteht **kein Geheimnisvorbehalt**, abweichend von § 106 II[13]. Zur Erläuterung der Betriebsänderung sind daher auch Betriebs- und Geschäftsgeheimnisse mitzuteilen, wenn dies zum Verständnis oder zum Zwecke der Beratungen erforderlich ist. Selbstverständlich gilt aber die Geheimhaltungspflicht gem. §§ 79, 120[14]. In diesem Zusammenhang ist es besonders wichtig, dass der ArbGeb ausdrücklich auf die Geheimhaltungsbedürftigkeit hinweist. 63

Die Unterrichtung muss **umfassend** sein. Aus ihr müssen sich die Gründe für die Planungen des ArbGeb und die zu erwartenden Auswirkungen auf die Belegschaft ergeben[15]. Die Unterrichtung durch den ArbGeb ist aber nicht erst dann vollständig und umfassend erfolgt, wenn sämtliche Fragen des BR be- 64

---

1 BAG 14.9.1976 – 1 AZR 784/75, NJW 1977, 727; *Fitting*, § 111 Rz. 109; ErfK/*Kania*, § 111 BetrVG Rz. 20. ||2 Wie hier für den Fall, dass die Zustimmung des Aufsichtsgremiums unter dem Vorbehalt der Beteiligung des BR erteilt wird, WHSS/*Schweibert*, Rz. C 140; Richardi/*Annuß*, § 111 Rz. 147; Hess ua./*Hess*, § 111 Rz. 66; wie hier *Fitting*, § 111 Rz. 109; aA ErfK/*Kania*, § 111 BetrVG Rz. 21; GK-BetrVG/*Oetker*, § 111 Rz. 186, die allerdings die Befolgung der gesetzl. Berichtspflicht gem. § 90 AktG als unschädlich ansehen; ähnlich DKKW/*Däubler*, § 111 Rz. 132. ||3 BAG 20.11.2001 – 1 AZR 97/01, NZA 2002, 992. ||4 So aber bei „besonders enger Anbindung" DKKW/*Däubler*, § 111 Rz. 160; wie hier: BAG 15.1.1991 – 1 AZR 94/90, NZA 1991, 681; WHSS/*Schweibert*, Rz. C 142; *Fitting*, § 111 Rz. 104; Richardi/*Annuß*, § 111 Rz. 146; Diller/Powietzka, DB 2001, 1034 (1036); zur fehlenden Bindung der Konzernobergesellschaft an arbeitsrechtl. Verpflichtungen der Tochterunternehmen allg. *Willemsen*, FS H. Wiedemann, 2002, S. 645ff. ||5 Röder/Baeck, S. 7; WHSS/*Schweibert*, Rz. C 142. ||6 Vgl. Hohenstatt/Kröpelin/Bertke, NZA 2011, 1313 (1315). ||7 Vgl. Röder/Merten, NZA 2005, 268. ||8 *Fitting*, § 111 Rz. 112. ||9 Richardi/*Annuß*, § 111 Rz. 149. ||10 *Fitting*, § 111 Rz. 113; Röder/Baeck, S. 8; Richardi/*Annuß*, § 111 Rz. 151; sehr weitgehend DKKW/*Däubler*, § 111 Rz. 163 f. ||11 Instruktiv Picot/Schnitker, II D Rz. 130ff.; WHSS/*Schweibert*, Rz. C 147f.; Bauer/Göpfert, DB 1997, 1464 (1469); pauschale Vorlagepflichten befürwortet hingegen DKKW/*Däubler*, § 111 Rz. 163 f. mwN. ||12 WHSS/*Schweibert*, Rz. C 148; ErfK/*Kania*, § 111 BetrVG Rz. 23. ||13 BAG 20.11.1970 – 1 AZR 409/69, NJW 1971, 774; vgl. Richardi/*Annuß*, § 111 Rz. 152; GK-BetrVG/*Oetker*, § 111 Rz. 179; ErfK/*Kania*, § 111 BetrVG Rz. 23. ||14 Vgl. GK-BetrVG/*Oetker*, § 111 Rz. 179. ||15 *Fitting*, § 111 Rz. 111; Stege/Weinspach/Schiefer, §§ 111–113 Rz. 23; GK-BetrVG/*Oetker*, § 111 Rz. 177.

antwortet und sämtliche von diesem verlangten Unterlagen vorgelegt sind. Maßgeblich ist vielmehr, ob der Unternehmer die **für seine Überlegungen und Planungen wesentlichen Informationen** mitgeteilt hat. Der Unternehmer muss daher nicht über Alternativen unterrichten, die er selbst nicht in Betracht gezogen hat.

65   3. **Beratung.** Der Unternehmer hat die geplante Betriebsänderung mit dem BR zu beraten (S. 1). Der ArbGeb kann nicht auf die bereits erfolgten Beratungen mit dem Wirtschaftsausschuss verweisen. **Ziel der Beratungen ist der Abschluss eines Interessenausgleichs und eines Sozialplans** (vgl. §§ 112, 112a)[1]. Die Beratungsgespräche sind mit dem Ziel einer Einigung mit dem BR zu führen[2]. Kommt eine solche Einigung im Hinblick auf das Ob und Wie der Betriebsänderung zustande, wird ein Interessenausgleich abgeschlossen (§ 112 II). Den Ausgleich der wirtschaftl. Nachteile, die den ArbN durch die Betriebsänderung entstehen, regelt der erzwingbare Sozialplan (§ 112 I 2, IV). Die Beratungen über **Interessenausgleich und Sozialplan** können **miteinander verbunden** werden, was in der Praxis häufig geschieht[3]. Der BR kann seine Zustimmung zu einer Betriebsänderung vom Abschluss eines bestimmten Sozialplans abhängig machen (vgl. § 112 Rz. 11). Kommt eine Einigung über das Ob und Wie der Betriebsänderung nicht zustande, muss die **Einigungsstelle** angerufen werden (§ 112 II BetrVG). Obwohl dies im Hinblick auf den Interessenausgleich in § 112 II nur als Möglichkeit („können") vorgesehen ist, soll der Unternehmer nach der BAG-Rspr. verpflichtet sein, auch im Hinblick auf den Interessenausgleich die Einigungsstelle anzurufen und das Verfahren abzuwarten, bevor im Fall der Nichteinigung mit der Umsetzung der Betriebsänderung begonnen wird (vgl. § 112 Rz. 20).

66   **V. Hinzuziehung eines Beraters (S. 2).** S. 2 wurde durch das BetrVerf-ReformG eingefügt und gewährt dem BR in Unternehmen mit mehr als 300 ArbN die Unterstützung durch einen Berater. Dieser soll den BR in die Lage versetzen, die Pläne des ArbGeb im Einzelnen nachzuvollziehen, die Auswirkungen für die Beschäftigten zu analysieren und Alternativvorschläge zu erarbeiten[4]. Grund für die Neuregelung waren die teilweise zeitaufwändigen Verfahren zur Hinzuziehung eines Sachverst. gem. § 80 III. Ob der **Wegfall des Erfordernisses einer vorherigen Vereinbarung mit dem ArbGeb** jedoch die erhoffte Zeitersparnis bedeutet, muss bezweifelt werden, da es in Zukunft voraussichtlich noch häufiger zur Einschaltung externer Berater kommen wird, deren Einarbeitung und deren Tätigkeit nicht selten mit einem erheblichen Zeitverzug verbunden ist[5], ohne dass stets der „Mehrwert" für den BR bzw. für das Unterrichtungs- und Beratungsverfahren erkennbar wäre. Der Anspruch besteht nur im Hinblick auf den Interessenausgleich, nicht bzgl. Sozialplan; insofern gilt § 80 III[6].

67   Der Anspruch besteht nur in Unternehmen mit **mehr als 300 ArbN**. Das Gesetz stellt – möglicherweise als Resultat eines Redaktionsversehens – nicht auf die *regelmäßige* ArbN-Zahl ab, so dass eigentlich die ArbN-Zahl zum Zeitpunkt der Hinzuziehung des Beraters maßgeblich ist[7]. Hiergegen spricht jedoch, dass es systemwidrig wäre, bei der Anwendung der Schwellenwerte des § 111 unterschiedliche Ansatzpunkte für die Feststellung der ArbN-Zahl zu wählen (vgl. zum Schwellenwert „20 wahlberechtigte ArbN" Rz. 13 f.). Es ist daher zutreffend, wenn dennoch auf die **regelmäßige ArbN-Zahl** abgestellt[8] oder mindestens eine **gewisse dauerhafte Größe**[9] verlangt wird.

68   Der Berater kann hinzugezogen werden, **sobald der BR über eine geplante Betriebsänderung unterrichtet worden ist**[10], hingegen *nicht*, wenn der BR lediglich eine bevorstehende Betriebsänderung vermutet oder wenn der Unternehmer seinen Beteiligungsverpflichtungen gem. § 111 nicht nachkommt[11]. Ein Berater ist nicht das geeignete Instrument, um den ArbGeb zur Befolgung seiner betriebsverfassungsrechtl. Verpflichtungen anzuhalten. Hierfür stehen insb. die Sanktionen gem. § 113 zur Verfügung. Bestehen Meinungsverschiedenheiten darüber, ob eine bestimmte Maßnahme eine Betriebsänderung darstellt, kann der BR im Rahmen von § 80 III, der gem. dem letzten Hs. in S. 2 unberührt bleibt, einen Sachverst. mit der rechtl. Prüfung beauftragen.

69   Als **Berater** kommen Personen in Betracht, die auf Grund ihrer **besonderen Qualifikation**[12] geeignet sind, den BR im Hinblick auf das Verständnis bzw. die Auswirkungen einer Betriebsänderung und im Hinblick auf Alternativvorschläge zu beraten. In Betracht kommen daher insb. Personen mit betriebswirtschaftl. oder technischen Spezialkenntnissen[13]. Auch rechtl. Berater, insb. Rechtsanwälte können hinzugezogen werden[14].

70   S. 2 Hs. 1 entbindet den BR lediglich von der Verpflichtung, vor Einschaltung eines Beraters eine Vereinbarung mit dem ArbGeb zu treffen. Hingegen bleibt es dabei, dass den ArbGeb eine **Verpflichtung**

---

1 ErfK/*Kania*, § 111 BetrVG Rz. 24; *Fitting*, § 111 Rz. 115. ||2 *Rumpff/Boewer*, Mitbestimmung in wirtschaftlichen Angelegenheiten, H Rz. 214; GK-BetrVG/*Oetker*, § 111 Rz. 175; Richardi/*Annuß*, § 111 Rz. 156. ||3 *Röder/Baeck*, S. 15; *Fitting*, § 112a Rz. 2. ||4 Gesetzesbegr. BT-Drs. 14/5741, 52; GK-BetrVG/*Oetker*, § 111 Rz. 187; Richardi/*Annuß*, § 111 Rz. 52. ||5 Krit. insb. *Bauer*, NZA 2001, 375 (376f.); GK-BetrVG/*Oetker*, § 111 Rz. 188; WHSS/*Schweibert*, Rz. C 164a. ||6 *Fitting*, § 111 Rz. 119; *Oetker*, NZA 2002, 465 (469). ||7 Richardi/*Annuß*, § 111 Rz. 53; *Oetker*, NZA 2002, 465 (467). ||8 DKKW/*Däubler*, § 111 Rz. 167; *Fitting*, § 111 Rz. 118. ||9 *Bauer*, NZA Sonderheft 2001, 64; ihm folgend *Stege/Weinspach/Schiefer*, §§ 111–113 Rz. 26b. ||10 *Stege/Weinspach/Schiefer*, §§ 111–113 Rz. 26b; Richardi/*Annuß*, § 111 Rz. 53. ||11 AA DKKW/*Däubler*, § 111 Rz. 175. ||12 Zum Erfordernis der besonderen Sachkunde ausf. *Oetker*, NZA 2002, 465 (467). ||13 GK-BetrVG/*Oetker*, § 111 Rz. 189; DKKW/*Däubler*, § 111 Rz. 176. ||14 *Fitting*, § 111 Rz. 120; *Stege/Weinspach/Schiefer*, §§ 111–113 Rz. 26f.; DKKW/*Däubler*, § 111 Rz. 176; aA GK-BetrVG/*Oetker*, § 111 Rz. 189; *Oetker*, NZA 2002, 465 (467).

zur **Kostentragung** nur dann trifft, wenn die Voraussetzungen von § 40 I vorliegen, also die Hinzuziehung eines externen Beraters notwendig war und die entstandenen Kosten verhältnismäßig sind[1]. Soweit vertreten wird, die Erforderlichkeit der Hinzuziehung werde auch im Hinblick auf die Kostentragungspflicht des ArbGeb stets vermutet[2], kann sich diese Auffassung nicht auf S. 2 stützen, da diese Vorschrift die Kostentragungspflicht des ArbGeb nicht regelt. Es bestehen keine Anhaltspunkte dafür, dass der Gesetzgeber von dem Grundprinzip, dass der ArbGeb nur im Hinblick auf erforderliche und verhältnismäßige Maßnahmen mit Kosten belastet werden darf, abweichen wollte. Der BR hat daher in jedem Einzelfall zu prüfen, ob die geplante Betriebsänderung tatsächlich Fragen aufwirft, die ohne einen Berater nicht effektiv geklärt werden können; im Zweifelsfall sind **zunächst betriebsinterne Erkenntnisquellen** zu **nutzen** (vgl. auch die Möglichkeit der Befragung einer betriebsinternen Auskunftsperson, § 80 II 3)[3]. Ist eine Beratung durch ein Beratungsunternehmen zur Erfüllung der Aufgaben des BR gem. § 111 nicht erforderlich, können auch BR-Mitglieder, wenn sie als Vertreter des BR handeln, ggü. dem Beratungsunternehmen entspr. § 179 BGB haften[4]. BR-Mitglieder können ihre Haftung durch entsprechende vertragl. Regelungen mit dem Berater ausschließen[5]. Die Heranziehung mehrerer Berater ähnlicher oder unterschiedlicher Qualifikation ist angesichts des eindeutigen Gesetzeswortlauts nicht möglich[6]. Im Falle der Hinzuziehung eines anwaltl. Beraters sind die gesetzl. Gebührensätze zugrunde zu legen; eine Vereinbarung des BR über Stundensätze bindet den ArbGeb nicht[7]. In Parallele zu einer Entscheidung des BAG zur Hinzuziehung von Anwälten im Beschlussverfahren[8] soll die Vereinbarung eines Zeithonorars dann zulässig sein, wenn sich nur auf dieser Grundlage Berater finden lassen[9]. Keinesfalls ist für die Frage der Verhältnismäßigkeit maßgebend, welche Beratungskosten auf ArbGebSeite entstehen[10], zumal der Gegenstand und der Umfang der jeweiligen Beratung keineswegs identisch sind.

Nicht ausgeschlossen – auch nicht in Unternehmen mit weniger als 300 ArbN – bleibt die Möglichkeit, externe Sachverst. nach § 80 III heranzuziehen (S. 2 Hs. 3). Für einen Berater nach S. 2 gilt § 80 IV, so dass er der in § 79 geregelten **Verpflichtung zur Geheimhaltung** unterliegt (vgl. auch § 120 I Nr. 3a; Straftatbestand)[11]. 71

VI. Zuständigkeit für die Mitwirkungsrechte. Für die Mitwirkungsrechte gem. §§ 111, 112 ist idR der (örtliche) BR zuständig. UU ist jedoch der GBR oder der KBR zu beteiligen. Der „Versuch" eines Interessenausgleichs gem. § 113 III setzt voraus, dass der ArbGeb den zuständigen BR beteiligt hat[12]. Die Beteiligung des unzuständigen Gremiums kann daher mit erheblichem Zeitverzug verbunden sein, wenn das Verfahren wiederholt werden muss. Es drohen die Unwirksamkeit abgeschlossener Vereinbarungen (Interessenausgleich/Sozialplan) sowie Nachteilsausgleichsansprüche gem. § 113 III. Die Zuständigkeit für das Interessenausgleichsverfahren impliziert zugleich die Zuständigkeit für das Beteiligungsverfahren für **Massenentlassungen** (§ 17 II KSchG)[13]. 72

IdR – insb. wenn die Betriebsänderung nur einen Betrieb umfasst – ist entsprechend den allg. Grundsätzen der **örtliche BR** für die Beteiligungsrechte gem. § 111 zuständig[14]. Der **GBR** ist gem. § 50 I für die Beratung über die Betriebsänderung und für den Versuch eines Interessenausgleichs nur dann zuständig, wenn die Betriebsänderung mehrere Betriebe betrifft bzw. sich auf mehrere Betriebe auswirkt und eine die Interessen der ArbN wahrende Regelung sinnvollerweise nur überbetrieblich getroffen werden kann (vgl. § 50 Rz. 13)[15]. Dabei kommt es *nicht* auf den Inhalt des schließlich abgeschlossenen Interessenausgleichs an, sondern auf die vom ArbGeb *geplante* Betriebsänderung[16]. Bei einem **unternehmenseinheitlichen** oder jedenfalls **betriebsübergreifenden Konzept** ist folglich der GBR für den Interessenausgleich zuständig. Dies ist etwa der Fall bei der Stilllegung mehrerer oder aller Betriebe des Unternehmens[17] und 73

---

1 *Hinrichs/Plitt*, NZA 2011, 1006; *Bauer*, NZA 2001, 375 (376f.); *Hanau*, RdA 2001, 65 (72); GK-BetrVG/*Oetker*, § 111 Rz. 207; *Fitting*, § 111 Rz. 124; DKKW/*Däubler*, § 111 Rz. 182; ErfK/*Kania*, § 111 BetrVG Rz. 22a. ‖2 *Däubler*, AuR 2001, 285, 286; DKKW/*Däubler*, § 111 Rz. 135g. ‖3 *Oetker*, NZA 2002, 465 (470). ‖4 BGH 25.10.2012 – III ZR 266/11, NZA 2012, 1382. ‖5 Vgl. *Dzida*, NJW 2013, 433. ‖6 Wie hier: *Stege/Weinspach/Schiefer*, §§ 111–113 Rz. 26e; ErfK/*Kania*, § 111 BetrVG Rz. 22a; *Rose/Grimmer*, DB 2003, 1790; *Bauer*, NZA 2001, 375 (376); Jaeger/Röder/Heckelmann/*Röder/Baeck*, § 28 Rz. 126; aA *Däubler*, AuR 2001, 286; *Fitting*, § 111 Rz. 121; Richardi/*Annuß*, § 111 Rz. 54. ‖7 *Löwisch*, BB 2001, 1790 (1798); *Fitting*, § 111 Rz. 125; *Bauer*, NZA 2001, 375 (376); *Stege/Weinspach*/Schiefer, §§ 111–113 Rz. 26f.; aA DKKW/*Däubler*, § 111 Rz. 179 ff. ‖8 BAG 20.10.1999 – 7 ABR 25/98, NZA 2000, 556. ‖9 *Fitting*, § 111 Rz. 125; weitergehend DKKW/*Däubler*, § 111 Rz. 181, der Stunden- oder Tagessätze für üblich und idR gerechtfertigt hält. ‖10 So aber DKKW/*Däubler*, § 111 Rz. 182. ‖11 Richardi/*Annuß*, § 111 Rz. 55; *Stege/Weinspach/Schiefer*, §§ 111–113 Rz. 126g. ‖12 BAG 24.1.1996 – 1 AZR 542/95, NZA 1996, 1107; *Fitting*, § 113 Rz. 20. ‖13 BAG 7.7.2011, NJW 2011, 3180; hierzu *Dzida/Hohenstatt*, NJW 2012, 27; *Schramm/Kuhnke*, NZA 2011, 1071; der ArbGeb kann seine Pflichten ggü. dem BR aus § 111, § 17 II 1 KSchG und § 102 I zudem gleichzeitig bzw. zusammenhängend erfüllen; die verschiedenen Verfahren müssen nicht zwingend getrennt durchgeführt werden; vgl. BAG 20.9.2012 – 6 AZR 155/11, NZA 2013, 32; 18.1.2012 – 6 AZR 407/10, NZA 2012, 817. ‖14 BAG 11.12.2001 – 1 AZR 193/01, NZA 2002, 688; 23.10.2002 – 7 ABR 55/01, ZIP 2003, 1514; DKKW/*Däubler*, § 111 Rz. 143; GK-BetrVG/*Oetker*, § 111 Rz. 222; Richardi/*Annuß*, § 111 Rz. 158. ‖15 BAG 11.12.2001 – 1 AZR 193/01, NZA 2002, 688; 23.10.2002 – 7 ABR 55/01, ZIP 2003, 1514; 3.5.2006 – 1 ABR 15/05, ZIP 2006, 1596 (1599). ‖16 BAG 20.4.1994 – 10 AZR 186/93, NZA 1995, 89; 11.12. 2001 – 1 AZR 193/01, NZA 2002, 688; Richardi/*Annuß*, § 50 Rz. 37; *Röder/Baeck*, S. 3 f. ‖17 BAG 17.2.1981 – 1 AZR 290/78, NJW 1982, 69.

beim Zusammenschluss[1] mehrerer Betriebe eines Unternehmens[2]. Gleiches gilt bei einem unternehmenseinheitlichen Konzept, auf Grund dessen mehrere Betriebe geschlossen und das Personal iÜ reduziert werden soll[3]. Weitere Beispiele: Entlassung aller Außendienstmitarbeiter (betriebsübergreifend) zu Gunsten freier Handelsvertreter[4], Entlassung aller ArbN (betriebsübergreifend) auf Grund einheitlicher Kriterien (Altersgrenze)[5], Einführung eines **unternehmenseinheitlichen EDV-Systems**, soweit die Maßnahme eine Betriebsänderung iSv. S. 3 Nr. 4 und/oder 5 darstellt[6]. Besteht das Ziel des Unternehmens in einer Kapazitätsreduzierung und kommen für ein Personalabbauprogramm oder für eine Betriebsschließung **alternativ mehrere Betriebe** in Betracht, ist für die Unterrichtung und die Beratung des Interessenausgleichs der GBR zuständig, auch wenn die Betriebsänderung letztlich nur einen Betrieb betrifft[7]. Über Alternativen kann nur im betriebsübergreifenden Gremium sinnvoll gesprochen werden. Hingegen ist der örtliche BR zuständig, wenn der ArbGeb von vornherein nur Maßnahmen im Hinblick auf einen bestimmten Betrieb ins Auge fasst. Dass eine Maßnahme im Zusammenhang mit einer "**Unternehmenssanierung**" steht, die auch Gegenstand eines mit dem GBR abgeschlossenen Interessenausgleichs und Sozialplans ist, begründet *keine* Zuständigkeit des GBR zur sparmotivierten Änderung oder Aufhebung von sonstigen BV (zB über Sozialleistungen), sofern nicht auch diese einen betriebsübergreifenden Charakter aufweisen[8].

74 Für die Frage, ob überhaupt eine Betriebsänderung vorliegt, kommt es auch bei einer Zuständigkeit des GBR auf das Erreichen der Schwellenwerte gem. § 17 I KSchG im einzelnen **Betrieb** an[9]. Liegt eine betriebsübergreifende Maßnahme vor, ist sie nach §§ 111, 112 beteiligungspflichtig, wenn die Schwellenwerte wenigstens in einem Betrieb überschritten werden. Liegt tatsächlich eine betriebsübergreifende Betriebsänderung vor, in der die Zuständigkeit des GBR gegeben ist, wäre es sinnwidrig, einzelne Betriebe, in denen die Schwellenwerte nicht überschritten werden, vom (Versuch eines) Interessenausgleich(s) auszunehmen. **Besteht** trotz des Vorliegens einer betriebsübergreifenden Maßnahme **kein GBR**, sind nicht etwa die EinzelBR zuständig[10]. Kommen die BR ihrer Rechtspflicht zur Bildung eines GBR nicht nach, kann dies vielmehr dazu führen, dass bei Zuständigkeit des GBR keine betriebsverfassungsrechtl. Beteiligung erfolgt.

75 Soweit der **GBR** im Rahmen seiner **originären Kompetenz** Vereinbarungen (Interessenausgleich/Sozialplan) abschließt, gelten diese auch für **betriebsratslose Betriebe** (§ 50 Rz. 16)[11]. Die Zuständigkeit des GBR für den Interessenausgleich **präjudiziert nicht die Zuständigkeit für den Sozialplan**[12]; die Zuständigkeiten können auseinander fallen (zu den Zuständigkeitsfragen beim Sozialplan vgl. § 112 Rz. 32a). Soweit der GBR zuständig ist, begrenzt sich seine Aufgabe nicht darin, einen „Rahmeninteressenausgleich" und/oder „Rahmensozialplan" abzuschließen, deren Ausfüllung dann den örtlichen BR obläge[13]. Derlei Konstruktionen sind im Gesetz nicht vorgesehen[14].

76 Für die Abgrenzung der Zuständigkeit des **KBR** gelten entsprechende Grundsätze[15]. Bsp. für die Zuständigkeit des KBR: Zusammenschluss mehrerer Konzernbetriebe zu einem einheitlichen Betrieb[16], Schließung einzelner Konzernbetriebe mit der Folge der Übernahme von (Teil-)Belegschaften durch andere Konzernunternehmen[17], Einführung konzernweiter Informations- oder Kommunikationssysteme[18], soweit darin überhaupt eine Betriebsänderung liegt.

77 Bei Meinungsverschiedenheiten oder **unklarer Zuständigkeit** kann der ArbGeb die für die Mitwirkungsrechte gem. § 111 in Betracht kommenden Gremien auffordern, die Zuständigkeitsfrage zu klären. Beteiligt der ArbGeb das von BR-Seite benannte Gremium, trifft ihn bei unterlassener Beteiligung des rechtlich zuständigen BR keine Pflicht zum Nachteilsausgleich gem. § 113 III[19]. Erfolgt keine Klärung, kann der ArbGeb eine Wahl treffen, soweit diese nachvollziehbar ist. In diesen Fällen kann der rechtlich zuständige BR nicht zu einem späteren Zeitpunkt die Unterlassung der mit dem anderen Gremium geregelten Betriebsänderung oder die Wiederholung des gesamten Verfahrens gem. §§ 111, 112 verlangen. Dies scheidet unter dem Gesichtspunkt des widersprüchlichen Verhaltens aus.

---

1 BAG 24.1.1996 – 1 AZR 542/95, NZA 1996, 1107. ‖ 2 Ebenso Richardi/*Annuß*, § 50 Rz. 37; DKKW/*Däubler*, § 111 Rz. 144; s.a. BAG 3.5.2006 – 1 ABR 15/05, ZIP 2006, 1596 Rz. 30. ‖ 3 BAG 11.12.2001 – 1 AZR 193/01, NZA 2002, 688; vgl. auch BAG 19.6.2007 – 2 AZR 304/06, NZA 2008, 103 Rz. 28. ‖ 4 BAG 8.6.1999 – 1 AZR 831/98, NZA 1999, 1168. ‖ 5 BAG 20.4.1994 – 10 AZR 186/93, NZA 1995, 89. ‖ 6 Im Zusammenhang mit § 87 LAG Köln 3.7.1987 – 5 Ta BV 11/87, CR 1988, 315 (316); LAG Düss. 21.8.1987 – 9 Ta BV 132/86, CR 1988, 1016 (1018); DKKW/*Däubler*, § 111 Rz. 144. ‖ 7 GK-BetrVG/*Oetker*, § 111 Rz. 225. ‖ 8 BAG 15.1.2002 – 1 ABR 10/01, NZA 2002, 988. ‖ 9 Richardi/*Annuß*, § 111 Rz. 159; DKKW/*Däubler*, § 111 Rz. 149. ‖ 10 So jedoch DKKW/*Däubler*, § 111 Rz. 150; wie hier GK-BetrVG/*Oetker*, § 111 Rz. 226. ‖ 11 GK-BetrVG/*Oetker*, § 111 Rz. 226; DKKW/*Däubler*, § 111 Rz. 148. ‖ 12 BAG 11.12.2001 – 1 AZR 193/01, NZA 2002, 688; 23.10.2002 – 7 ABR 55/01, ZIP 2003, 1514, 1516; 3.5.2006 – 1 ABR 15/05, ZIP 2006, 1596 Rz. 27f.; DKKW/*Däubler*, § 111 Rz. 145; *Fitting*, § 50 Rz. 60. ‖ 13 So aber DKKW/*Trittin*, § 50 Rz. 59ff.; vgl. auch DKKW/*Däubler*, § 111 Rz. 146. ‖ 14 Zur Zuständigkeitsabgrenzung bei Vereinbarung einer Namensliste *Ohlendorf/Salomon*, NZA 2006, 131. ‖ 15 Vgl. ausf. zur Zuständigkeit des KBR für den Interessenausgleich: *Rieble*, FS Bauer, 2010, S. 867. ‖ 16 Richardi/*Annuß*, § 58 Rz. 15; DKKW/*Däubler*, § 111 Rz. 151; *Dross*, Besonderheiten des Sozialplans im Konzern, 1999, S. 72f. ‖ 17 Ähnlich *Dross*, Besonderheiten des Sozialplans im Konzern, 1999, S. 73; DKKW/*Däubler*, § 111 Rz. 151. ‖ 18 DKKW/*Däubler*, § 111 Rz. 151. ‖ 19 BAG 24.1.1996 – 1 AZR 542/95, NZA 1996, 1107.

VII. Sicherung der Beteiligungsrechte. Verletzt der Unternehmer die Beteiligungsrechte des BR gem. § 111, trifft ihn unter den dort geregelten Voraussetzungen die Verpflichtung zum **Nachteilsausgleich** gem. § 113. IÜ kann eine **Ordnungswidrigkeit** gem. § 121 (Geldbuße bis 10 000 Euro) vorliegen[1]. 78

Der BR kann seinen **Unterrichtungsanspruch** im arbeitsgerichtl. Beschlussverfahren geltend machen[2], auch im Wege des **einstw. Rechtsschutzes**[3], wenn hierfür die allg. Voraussetzungen vorliegen. In schwerwiegenden Fällen kann der BR nach § 23 III vorgehen[4]. 79

Von jeher umstritten war die Frage, ob dem BR zur Sicherung seiner Beteiligungsrechte ein **Anspruch auf die zeitlich befristete Unterlassung betriebsändernder Maßnahmen** zusteht. Das BAG hat zwar klargestellt, dass das Verfahren gem. § 23 III einen betriebsverfassungsrechtl. Unterlassungsanspruch nicht generell ausschließt und hat einen Unterlassungsanspruch im Zusammenhang mit der Sicherung der Mitbest. in sozialen Angelegenheiten anerkannt (vgl. § 87 Rz. 55 ff.). Im Zusammenhang mit Betriebsänderungen liegen die Dinge rechtlich anders und es fehlt an einer höchstrichterlichen Klärung. Insofern ist entscheidend, dass mit **§ 113** bereits eine – bewusst individualrechtl. wirkende – Regelung besteht, die, um schwerwiegende Wertungswidersprüche zu vermeiden, als abschließend angesehen werden muss. Ein kollektivrechtl. wirkender Unterlassungsanspruch wäre daher systemwidrig[5]. Aus denselben Gründen muss auch eine einstw. Verfügung gegen den Ausspruch von Kündigungen oder gegen andere betriebsändernde Maßnahmen gem. § 85 II ArbGG iVm. § 935 ZPO zur „effektiven Durchsetzung der Unterrichtungs- und Beratungsrechte des BR"[6] ausscheiden. Seit Ablauf der Umsetzungsfrist der RL des Europäischen Parlaments und des Rates über die Unterrichtung und Anhörung der Arbeitnehmer in der Europäischen Gemeinschaft (RL 2002/14/EG v. 23.3.2002) am 23.3.2005 wird jedoch zunehmend auch von Autoren, die einem Unterlassungsanspruch bislang ablehnend gegenüberstanden, im Rahmen einer richtlinienkonformen Auslegung ein Unterlassungsanspruch anerkannt (s.a. § 85 ArbGG Rz. 11)[7]. Dieser Auffassung haben sich auch das LAG München und das LAG Schleswig-Holstein angeschlossen[8]. Die **Praxis** wird sich an der Rspr. in der maßgeblichen Region orientieren müssen, bis eine Klarstellung durch den Gesetzgeber erfolgt ist. 80

112 *Interessenausgleich über die Betriebsänderung, Sozialplan*

(1) Kommt zwischen Unternehmer und Betriebsrat ein Interessenausgleich über die geplante Betriebsänderung zustande, so ist dieser schriftlich niederzulegen und vom Unternehmer und Betriebsrat zu unterschreiben. Das Gleiche gilt für eine Einigung über den Ausgleich oder die Milderung der wirtschaftlichen Nachteile, die den Arbeitnehmern infolge der geplanten Betriebsänderung entstehen (Sozialplan). Der Sozialplan hat die Wirkung einer Betriebsvereinbarung. § 77 Abs. 3 ist auf den Sozialplan nicht anzuwenden.

(2) Kommt ein Interessenausgleich über die geplante Betriebsänderung oder eine Einigung über den Sozialplan nicht zustande, so können der Unternehmer oder der Betriebsrat den Vorstand der Bundesagentur für Arbeit um Vermittlung ersuchen, der Vorstand kann die Aufgabe auf andere Bedienstete der Bundesagentur für Arbeit übertragen. Erfolgt kein Vermittlungsersuchen oder bleibt der Vermittlungsversuch ergebnislos, so können der Unternehmer oder der Betriebsrat die Einigungsstelle

---

1 Vgl. OLG Hamm 7.12.1977 – 4 Ss OWi 1407/77, DB 1978, 748. ||2 Eingehend GK-BetrVG/*Oetker*, § 111 Rz. 234. ||3 ErfK/*Kania*, § 111 BetrVG Rz. 23; DKKW/*Däubler*, § 111 Rz. 190. ||4 *Fitting*, § 111 Rz. 139; DKKW/*Däubler*, § 111 Rz. 190. ||5 Im Erg. ebenso (gegen Unterlassungsanspruch): LAG Düss. 14.11.1983 – 12 Ta BV 88/83, DB 1984, 511 f.; 19.11.1996 – 8 TaBV 80/96, LAGE § 111 BetrVG 1972 Nr. 14; LAG Rh.-Pf. 28.3.1989 – 3 TaBV 6/89, LAGE § 111 BetrVG 1972 Nr. 10; LAG Köln 30.8.2004 – 5 Ta 166/04, ZIP 2004, 2155; LAG Schl.-Holst. 13.1.1992 – 4 Ta BV 54/91, LAGE § 111 BetrVG 1972 Nr. 11; LAG BW 28.8.1985 – 2 Ta BV 8/85, DB 1986, 805 f.; LAG München 24.9.2003 – 5 TaBV 48/03, NZA-RR 2004, 536; *Bauer/Krieger*, BB 2010, 53; *Wutschka*, BB 2010, 825 (828 f.); *Bauer/Göpfert*, DB 1997, 1464 (1470 f.); GK-BetrVG/*Oetker*, § 111 Rz. 250; Hess ua./*Hess*, § 111 Rz. 168 ff.; *Hohenstatt*, NZA 1998, 846 (850); *Löwisch*, NZA 1996, 1009 (1016); ErfK/*Kania*, § 111 BetrVG Rz. 24; *Neef*, NZA 1997, 68; *Raab*, ZfA 1997, 183 (246 ff.); *Röder/Baeck*, S. 28 f.; *Stege/Weinspach/Schiefer*, §§ 111–113 Rz. 104; WHSS/*Schweibert*, Rz. C 309; *Löwisch/Kaiser*, § 111 Rz. 56; *Lipinski/Melms*, BB 2002, 2226; im Erg. für Unterlassungsanspruch: LAG Nds. 4.5.2007 – 17 TaBVGa 57/07, AiB 2008, 348; LAG Schl.-Holst. 20.7.2007 – 3 TaBVGa 1/07, NZA-RR 2008, 244; LAG Hamm 30.7.2007 – 10 TaBVGa 17/07, BB 2008, 171; LAG Berlin 7.9.1995 – 10 TaBV 5/95 und 9/95, LAGE § 111 BetrVG 1972 Nr. 13; LAG Hess. 21.9.1982 – 4 Ta BV Ga 94/82, DB 1983, 462; LAG Hess. 19.1.2010 – 4 TaBVGa 3/10, NZA-RR 2010, 187; LAG Hamburg 13.11.1981 – 6 TaBV 9/81, DB 1982, 1522 f.; 27.6.1997 – 5 TaBV 5/97, LAGE § 111 BetrVG 1972 Nr. 15; LAG Hamm 23.3.1983 – 12 TaBV 15/83, AuR 1984, 54; 28.8.2003 – 13 TaBV 127/03, NZA-RR 2004, 80; 26.2.2007 – 10 TaBVGa 3/07, NZA-RR 2007, 469; LAG Thür. 18.8.2003 – 1 Ta 104/03, ZIP 2004, 1118; DKKW/*Däubler*, §§ 112, 112a Rz. 52 ff.; mit anderer Begr. *Fitting*, § 111 Rz. 138; *Heither*, FS Däubler, 1999, S. 338 (340 ff.); *Matthes*, FS Wlotzke, 1996, S. 393 (405 f.); MünchArbR/*Matthes*, § 269 Rz. 49 f.; *Zwanziger*, BB 1998, 477 (480). Für die Zulässigkeit einer sog. Beratungsverfügung *Eisemann*, FS Bepler, 2012, S. 131. ||6 So etwa *Fitting*, § 111 Rz. 138; s. die weiteren Nachw. bei Hess ua./*Hess*, § 111 Rz. 170 ff. ||7 *Richardi/Annuß*, § 111 Rz. 168; *Fauser/Nacken*, NZA 2006, 1136 (1142 f.); *Gruber*, NZA 2011, 1011; aA WHSS/*Schweibert*, Rz. C 309a unter Hinweis auf LAG Rh.-Pf. 24.11.2004 – 9 TaBV 29/04; *Bauer/Krieger*, BB 2010, 53 (54 f.); *Lipinski/Reinhardt*, NZA 2009, 1184 (1186 ff.); *Völksen*, RdA 2010, 354 (361 ff). ||8 LAG Schl.-Holst. 15.12.2010 – 3 TaBVGa 12/10, DB 2011, 714; LAG München 22.12.2008 – 6 TaBVGa 6/08, BB 2010, 896; vgl. auch LAG Hess. 18.1.2011 – 4 Ta 487/10.

anrufen. Auf Ersuchen des Vorsitzenden der Einigungsstelle nimmt ein Mitglied des Vorstands der Bundesagentur für Arbeit oder ein vom Vorstand der Bundesagentur für Arbeit benannter Bediensteter der Bundesagentur für Arbeit an der Verhandlung teil.

(3) Unternehmer und Betriebsrat sollen der Einigungsstelle Vorschläge zur Beilegung der Meinungsverschiedenheiten über den Interessenausgleich und den Sozialplan machen. Die Einigungsstelle hat eine Einigung der Parteien zu versuchen. Kommt eine Einigung zustande, so ist sie schriftlich niederzulegen und von den Parteien und vom Vorsitzenden zu unterschreiben.

(4) Kommt eine Einigung über den Sozialplan nicht zustande, so entscheidet die Einigungsstelle über die Aufstellung eines Sozialplans. Der Spruch der Einigungsstelle ersetzt die Einigung zwischen Arbeitgeber und Betriebsrat.

(5) Die Einigungsstelle hat bei ihrer Entscheidung nach Absatz 4 sowohl die sozialen Belange der betroffenen Arbeitnehmer zu berücksichtigen als auch auf die wirtschaftliche Vertretbarkeit ihrer Entscheidung für das Unternehmen zu achten. Dabei hat die Einigungsstelle sich im Rahmen billigen Ermessens insbesondere von folgenden Grundsätzen leiten zu lassen:

1. Sie soll beim Ausgleich oder bei der Milderung wirtschaftlicher Nachteile, insbesondere durch Einkommensminderung, Wegfall von Sonderleistungen oder Verlust von Anwartschaften auf betriebliche Altersversorgung, Umzugskosten oder erhöhte Fahrtkosten, Leistungen vorsehen, die in der Regel den Gegebenheiten des Einzelfalles Rechnung tragen.
2. Sie hat die Aussichten der betroffenen Arbeitnehmer auf dem Arbeitsmarkt zu berücksichtigen. Sie soll Arbeitnehmer von Leistungen ausschließen, die in einem zumutbaren Arbeitsverhältnis im selben Betrieb oder in einem anderen Betrieb des Unternehmens oder eines zum Konzern gehörenden Unternehmens weiterbeschäftigt werden können und die Weiterbeschäftigung ablehnen; die mögliche Weiterbeschäftigung an einem anderen Ort begründet für sich allein nicht die Unzumutbarkeit.
2a. Sie soll insbesondere die im Dritten Buch des Sozialgesetzbuches vorgesehenen Förderungsmöglichkeiten zur Vermeidung von Arbeitslosigkeit berücksichtigen.
3. Sie hat bei der Bemessung des Gesamtbetrages der Sozialplanleistungen darauf zu achten, dass der Fortbestand des Unternehmens oder die nach Durchführung der Betriebsänderung verbleibenden Arbeitsplätze nicht gefährdet werden.

I. Allgemeines 1	2. Erzwingbarkeit des Sozialplans 30
1. Gesetzessystematik 1	3. Personeller Geltungsbereich 32
2. Änderungen des Gesetzes 2	4. Zuständigkeit für den Sozialplan 32a
3. Verfassungsrechtliche Bewertung 3	5. Einvernehmlicher Sozialplan 33
II. Interessenausgleich über die Betriebsänderung 4	6. Sozialplan durch Spruch der Einigungsstelle 58
1. Inhalt und Bedeutung des Interessenausgleichs 4	7. Rechtswirkungen des Sozialplans; Verhältnis zum Tarifvertrag 78
2. Zustandekommen eines Interessenausgleichs 10	8. Kündigung und Änderung von Sozialplänen 83
3. Wirkungen des Interessenausgleichs .. 25	9. Der individualrechtliche Sozialplananspruch 89
III. Sozialplan 27	10. Anfechtung des Sozialplans 94
1. Allgemeines; Zweck des Sozialplans .. 27	

I. Allgemeines. 1. Gesetzessystematik. § 112 regelt das Beteiligungsverfahren im Hinblick auf geplante Betriebsänderungen. Die Vorschrift setzt voraus, dass ein Beteiligungstatbestand nach § 111 vorliegt. Während § 111 lediglich die Verpflichtung des Unternehmers regelt, den BR rechtzeitig und umfassend zu unterrichten und die geplante Betriebsänderung mit ihm zu beraten, detailliert § 112 den Gang des Beteiligungsverfahrens und seine Zielrichtung. In den Abs. 1–3 geht es im Wesentlichen um den **Interessenausgleich.** Was man unter diesem zu verstehen hat, lässt sich dem Gesetz jedoch nicht unmittelbar entnehmen. Aus der Abgrenzung zu dem ebenfalls in § 112 geregelten Sozialplan ergibt sich, dass Inhalt des Interessenausgleichs die Einigung darüber sein soll, ob, wann und wie die geplante Betriebsänderung durchgeführt wird. Kommt diese Einigung mit dem ArbGeb nicht zustande (vgl. zu dem Erfordernis des Versuchs des Interessenausgleichs unter Rz. 20 und § 113 Rz. 10), besteht keine Möglichkeit für den BR, die Durchführung einer geplanten Betriebsänderung zu verhindern. Der Unternehmer kann die Maßnahme vielmehr wie geplant durchführen. Hingegen besteht im Hinblick auf den **Sozialplan** ein volles MitbestR. Der Sozialplan betrifft den Ausgleich der wirtschaftl. Nachteile, die den ArbN durch die Betriebsänderung entstehen (Abs. 1 S. 2). Über den Sozialplan entscheidet notfalls die Einigungsstelle, sofern sich Unternehmer und BR nicht einvernehmlich auf seinen Inhalt verständigen können. § 112a enthält für Fälle des „reinen" Personalabbaus unterhalb einer bestimmten Schwelle sowie für neu gegründete Unternehmen **Ausnahmen von der Erzwingbarkeit des Sozialplans.**

2. Änderungen des Gesetzes. Das **BeschäftigungsförderungsG** v. 26.4.1985[1] hat insb. die Vorgaben in Abs. 5 für die Entscheidung der Einigungsstelle über den Sozialplan in das Gesetz eingefügt. IÜ sind durch diese Änderung die Ausnahmen von der Erzwingbarkeit des Sozialplans gem. § 112a statuiert worden. Das **BetrVerf-ReformG** v. 23.7.2001[2] hat in Abs. 5 die Nr. 2a eingefügt, wonach die Einigungsstelle Maßnahmen gem. SGB III zur Vermeidung von Arbeitslosigkeit berücksichtigen soll.

3. Verfassungsrechtliche Bewertung. Gegen die Verfassungsmäßigkeit der **Erzwingbarkeit eines Sozialplans** sind im Rahmen der Betriebsverfassungsreform 1972 unter dem Aspekt der unternehmerischen Entscheidungsfreiheit und der Eigentumsgarantie gem. Art. 14 GG grundlegende Zweifel laut geworden[3]. Unter Zugrundelegung der Rspr. des BVerfG bewertet man § 112 indes als verfassungsrechtlich zulässige Inhalts- und Schrankenbestimmung iSd. Art. 14 I 2 GG, ebenso wie die Einschränkungen der Eigentumsgarantie durch das MitbestG 1976[4]. Problematischer ist eher, dass die Belastungen, die von einem Sozialplan ausgehen, nicht im Gesetz konkretisiert sind, so dass für den Unternehmer **keine Planungssicherheit** besteht und er die finanziellen Folgen einer Betriebsänderung im Voraus nicht abschätzen kann[5]. Die Leitlinien für die Ermessensentscheidung der Einigungsstelle gem. Abs. 5 ändern daran nichts, da offen bleibt, in welchem Umfang die vielfältigen wirtschaftl. Nachteile der ArbN ausgeglichen werden müssen, insb., für welche Dauer ein wirtschaftl. Ausgleich erfolgen soll (vgl. Rz. 35 ff.). Dennoch geht die ganz hM davon aus, dass die Bestimmung dem Erfordernis der Vorhersehbarkeit gerecht wird[6]. Dem wird man allenfalls insofern zustimmen können, als die Sozialplanpraxis durch eine Vielzahl von Erfahrungswerten und durch die BAG-Rspr. gewisse Leitlinien gezeichnet hat, die zu einem etwas höheren Maß an Vorhersehbarkeit führen. Problematisch bleibt jedoch weiterhin, dass im Rahmen einer gerichtl. Überprüfung kaum konkrete Maßstäbe zur Verfügung stehen.

II. Interessenausgleich über die Betriebsänderung. 1. Inhalt und Bedeutung des Interessenausgleichs. Der Begriff Interessenausgleich wird durch das Gesetz nicht definiert; er ist irreführend, da sein Inhalt durchaus nicht auf einen Ausgleich der Interessen hinauslaufen muss, etwa dann, wenn die vom ArbGeb geplante Betriebsänderung vollen Umfangs realisiert wird. In diesen Fällen erfolgt der eigentliche Interessenausgleich ausschließlich im Sozialplan, der den Ausgleich der wirtschaftl. Nachteile regelt. Entsprechend missverständlich ist auch die gebräuchliche Übersetzung ins Englische (balance of interests). Richtigerweise geht es beim Interessenausgleich um eine **Vereinbarung über das Ob, Wann und Wie einer Betriebsänderung**. Im Englischen würde man sinnvollerweise von einem „reorganization plan" oder einem „implementation plan" im Kontrast zum „collective severance plan" (Sozialplan) sprechen. Im Interessenausgleich wird im Einzelnen geregelt, in welchem Umfang, zu welchem Zeitpunkt bzw. in welcher Abfolge und mit welchem Inhalt die vom Unternehmer geplante Betriebsänderung durchgeführt werden soll[7]. Bei größeren und von ihrem Gesamtumfang umstrittenen Rationalisierungen bietet sich der Abschluss von Teilvereinbarungen an („**Teil-Interessenausgleich**"), so dass schnell wirkende und im Konsenswege durchführbare Maßnahmen bereits eingeleitet werden können und hinreichend Zeit für die Beratung weiterführender Maßnahmen zur Verfügung steht[8].

Wenn die vom ArbGeb geplanten Maßnahmen nicht auf Grund einer Zwangslage unvermeidlich sind, einigen sich die Parteien im Interessenausgleich häufig auf eine modifizierte (abgeschwächte) Form der ursprünglich geplanten Betriebsänderung[9]. Zu unterscheiden sind **Organisationsregelungen** und **Folgeregelungen**[10]. Organisationsregelungen betreffen allein die Durchführung einer **organisatorischen Maßnahme**, also etwa die Stilllegung eines Betriebsteils oder einer Maschine. Folgeregelungen gehen darüber hinaus, indem die geplante **Betriebsänderung eingegrenzt oder zeitlich gestreckt** wird oder eine **Absicherung der verbleibenden Arbeitsplätze** erfolgt (Bsp.: zeitweiser **Ausschluss betriebsbedingter Kündigungen** über das Maß eines vereinbarten Personalabbaus hinaus)[11]. Einzelnen Bestimmungen kann auch ein Doppelcharakter („janusköpfige Regelungen"[12]) zukommen, wenn sie zwar organisatorische Maßnahmen betreffen, indirekt jedoch eine Schutzwirkung zu Gunsten der betroffenen ArbN entfalten (Bsp.: Verpflichtung des Unternehmers, einen bestimmten Produktionszweig nicht ins Ausland zu verlagern, eine bestimmte Aufgabe nicht fremd zu vergeben oder eine Abteilung nicht zu schließen).

Ein Interessenausgleich kann nur dann den mit ihm verknüpften Sinn erfüllen, wenn der Unternehmer die **Betriebsänderung nicht bereits durchgeführt** hat, da in diesem Fall eine Einflussnahme auf die

---

1 BGBl. 1985 I S. 710. ||2 BGBl. 2001 I S. 1852. ||3 *Herbert Krüger*, Der Regierungsentwurf eines Betriebsverfassungsgesetzes vom 29.1.1971 und das Grundgesetz, 1971, S. 44 f. (66); *Galperin*, Der Regierungsentwurf eines neuen Betriebsverfassungsgesetzes, 1971, S. 45 f. ||4 BVerfG 1.3.1979 – 1 BvR 532/77, NJW 1979, 699, ebenso *Richardi/Annuß*, § 112 Rz. 10. ||5 Vgl. *Hohenstatt/Stamer*, DB 2005, 2410. ||6 *Richardi/Annuß*, § 112 Rz. 11; *Teubner*, BB 1974, 982 (987). ||7 BAG 9.7.1985 – 1 AZR 323/83, NZA 1986, 100; 27.10.1987 – 1 ABR 9/86, NZA 1988, 203; 17.9.1991 – 1 ABR 23/91, NZA 1992, 227; *Fitting*, §§ 112, 112a Rz. 13; *Richardi/Annuß*, § 112 Rz. 18; *Hess ua./Hess*, § 112 Rz. 2. ||8 Vgl. BAG 20.4.1994 – 10 AZR 186/93, NZA 1995, 89. ||9 Vgl. *Richardi/Annuß*, § 112 Rz. 21; *Fitting*, §§ 112, 112a Rz. 18 ff. ||10 Ausf. *Willemsen/Hohenstatt*, NZA 1997, 345 (346 f.); vgl. auch *Richardi/Annuß*, § 112 Rz. 22. ||11 Folgeregelungen betreffen nicht die nachteiligen Wirkungen der Betriebsänderung, sondern Vereinbarungen über die künftige Personalplanung oder die Besetzung neugeschaffener Arbeitsplätze und das entsprechende Auswahlverfahren. Ein Verstoß des ArbGeb gegen solche Regelungen löst keine Ansprüche auf Nachteilsausgleich (§ 113 II iVm. I; s. § 113 Rz. 7) aus; BAG 22.1.2013 – 1 AZR 873/11, DB 2013, 1500, Rz. 18 ff. ||12 *Willemsen/Hohenstatt*, NZA 1997, 345 (346 f.).

Planungen des ArbGeb nicht mehr möglich ist[1]. Bei einseitiger Durchführung einer Betriebsänderung können jedoch Ansprüche auf Nachteilsausgleich entstehen (§ 113 III). Das Recht zum Abschluss eines Sozialplans besteht hingegen auch nach Durchführung der Betriebsänderung (vgl. Rz. 30).

7 Gegenstand des Interessenausgleichs sind nur Regelungen über das Ob, Wie und Wann der Betriebsänderung, während Regelungen zum Ausgleich der wirtschaftl. Nachteile vom Sozialplan erfasst werden. In der Praxis ist es dennoch üblich, **Interessenausgleich und Sozialplan im Zusammenhang und in einer Urkunde abzuschließen**. Von einer „Vermischung" von Interessenausgleich und Sozialplan ist indes aus praktischer Sicht **abzuraten**, weil beide Institute im Hinblick auf ihren Inhalt und ihre Rechtswirkungen unterschiedlich sind (s. Rz. 25 f.). Auch ohne ausdrücklichen Hinweis kann in der Vereinbarung eines Sozialplans im Zusammenhang mit einer konkreten Betriebsänderung zugleich konkludent ein Interessenausgleich über die entsprechende Maßnahme liegen[2]. Die Unterscheidung ist jedoch erforderlich für die Festlegung, welche Regelungen Gegenstand des Spruchs der Einigungsstelle sein können[3]. Ein von der Einigungsstelle beschlossener Sozialplan, der Regelungen zur Modifizierung der vom Unternehmer geplanten Maßnahme enthält, ist unwirksam[4].

8 Der Interessenausgleich muss eine **konkrete Betriebsänderung** betreffen. Allein der Abschluss eines „**Rahmeninteressenausgleichs**", der dem Unternehmer freie Hand für die Durchführung von Betriebsänderungen während eines bestimmten Zeitraums ließe, wäre **nicht zulässig**[5]. Steht allerdings fest, dass in einem Betrieb fortlaufende Anstrengungen zur Reduzierung der Arbeitsplätze unternommen werden müssen, kann ein langfristig wirkender Interessenausgleich in der Weise abgeschlossen werden, dass **Personalabbaumaßnahmen** innerhalb der Laufzeit **bis zu einer bestimmten Belegschaftsstärke** zugelassen werden; idR wird dem Abschluss eines entsprechend langfristigen Sozialplans verbunden (vgl. demggü. zum „Rahmensozialplan" Rz. 31).

9 Seit dem 1.1.2004 sieht § 1 V KSchG wieder vor, dass bei Kündigungen auf Grund einer Betriebsänderung eine Vermutung der Betriebsbedingtheit der Kündigung greift und die soziale Auswahl nur auf grobe Fehlerhaftigkeit überprüft werden kann, sofern die zur Kündigung vorgesehenen ArbN im Interessenausgleich namentlich bezeichnet sind (sog. **Namensliste**)[6]. Die Anwendung der Bestimmung setzt voraus, dass eine geplante Betriebsänderung vorliegt, so dass ein freiwilliger Interessenausgleich nicht genügt[7]. Das Schriftformerfordernis gem. Abs. 1 S. 1 gilt auch für die Namensliste[8]. Namensliste und Interessenausgleich müssen eine einheitliche Urkunde bilden. Werden sie getrennt erstellt, muss die Namensliste unterschrieben sein und im Interessenausgleich muss ausdrücklich darauf Bezug genommen werden, wobei die Namensliste dem Interessenausgleich zeitlich durchaus nachfolgen kann[9]. Fehlt die Unterschrift auf der Namensliste, muss diese mit dem auf sie bezugnehmenden Interessenausgleich mittels Heftmaschine fest verbunden sein[10]. Ein erst nachträgliches Zusammenheften genügt dem Schriftformerfordernis in diesem Fall jedoch nicht[11]. Besonderheiten bestehen für den Interessenausgleich im **Insolvenzverfahren** (§ 125 InsO)[12]. Im Interessenausgleich anlässlich einer **Unternehmensumwandlung** ist eine namentliche Zuordnung von ArbN zu einem bestimmten Betrieb oder Betriebsteil möglich (§ 323 II UmwG); die Zuordnung kann durch das ArbG nur auf grobe Fehlerhaftigkeit überprüft werden.

10 **2. Zustandekommen eines Interessenausgleichs. a) Grundsatz der Freiwilligkeit.** Der Interessenausgleich kann nur freiwillig zustande kommen. Die **Einigungsstelle** kann – im Unterschied zum Sozialplan (Abs. 4) – **nicht verbindlich über den Interessenausgleich entscheiden**. Allerdings wirken sich die Anforderungen an das Verfahren zum Versuch eines Interessenausgleichs praktisch dergestalt aus, dass Unternehmer häufig gezwungen sind, auch im Hinblick auf die geplante Maßnahme Kompromisse einzugehen. Insb. entstehen durch die Einschaltung der BA (Abs. 2 S. 1) sowie durch das Erfordernis, die Einigungsstelle anzurufen (Abs. 2 S. 2; vgl. hierzu Rz. 20), erhebliche **zeitliche Verzögerungen**, die finanziell so einschneidend wirken können, dass die unternehmerische Freiheit weitgehend eingeschränkt

---

1 Richardi/*Annuß*, § 112 Rz. 16. ‖ 2 BAG 20.4.1994 – 10 AZR 186/93, NZA 1995, 89. ‖ 3 BAG 17.9.1991 – 1 ABR 23/91, NZA 1992, 227. ‖ 4 BAG 17.9.1991 – 1 ABR 23/91, NZA 1992, 227; Richardi/*Annuß*, § 112 Rz. 21. ‖ 5 BAG 29.11.1983 – 1 AZR 523/82, NJW 1984, 1650; 19.1.1999 – 1 AZR 342/98, NZA 1999, 949; GK-BetrVG/*Oetker*, §§ 112, 112a Rz. 12; *Fitting*, §§ 112, 112a Rz. 10. ‖ 6 Zur Anwendbarkeit des § 1 V KSchG bei Teil-Namenslisten *Richter/Riem*, NZA 2011, 1254. ‖ 7 *Hohenstatt*, NZA 1998, 846 (851); *Oetker/Friese*, DZWIR 2001, 177; *Willemsen*/*Annuß*, NJW 2004, 177 (180); Richardi/*Annuß*, § 112 Rz. 22a; aA *Kopenhagen*, NZA 1998, 968 ff. ‖ 8 BAG 7.5.1998 – 2 AZR 55/98, NZA 1998, 1110; 12.5.2010 – 2 AZR 551/08, NZA 2011, 114; vgl. ErfK/*Ascheid/Oetker*, § 1 KSchG Rz. 516 mwN. ‖ 9 BAG 19.6.2007 – 2 AZR 304/06, NZA 2008, 103 Rz. 32 f.; vgl. zur Möglichkeit bei Massenentlassungen, die Stellungnahme des BR nach § 17 III 2 KSchG in einen Interessenausgleich zu integrieren, BAG 21.3.2012 – 6 AZR 596/10, NZA 2012, 1058. ‖ 10 BAG 7.5.1998 – 2 AZR 55/98, NZA 1998, 1110; 6.12.2001 – 2 AZR 422/00, NZA 2002, 999; 26.4.2007 – 8 AZR 612/06, NZA 2007, 1319 Rz. 33. ‖ 11 BAG 6.7.2006 – 2 AZR 520/05, ZIP 2006, 2329 Rz. 37. ‖ 12 BAG 7.7.2011 – 6 AZR 248/10, NZA 2011, 1108: Ein vom Insolvenzverwalter mit GBR abgeschlossener Interessenausgleich mit Namensliste ersetzt die Stellungnahmen der örtlichen BR nach § 17 III 2 KSchG zu den beabsichtigten Massenentlassungen, wenn er der Anzeige einer Massenentlassung *beigefügt wird;* zur Zuständigkeitsverteilung bei Massenentlassungen *Dzida/Hohenstatt*, NJW 2012, 27; ebenso *Schramm/Kuhnke*, NZA 2011, 1071; durch den Interessenausgleich mit Namensliste wird die schriftl. Unterrichtung des BR nach § 17 II 1 KSchG jedoch nicht entbehrlich, BAG 18.1.2012 – 6 AZR 407/10, NZA 2012, 817 (818).

ist und der Unternehmer faktisch gezwungen ist, zur Vermeidung eines solchen Zeitverzugs erhebliche Zugeständnisse zu machen. Es ist daher nicht praxisgerecht, bei der verfassungsrechtl. Bewertung von § 112 von einer reinen Freiwilligkeit des Interessenausgleichs auszugehen. Aus einer Vielzahl von Gründen wäre eine Verkürzung und zeitliche Begrenzung des Verfahrens von großem Nutzen (vgl. zur früheren Fristenregelung in § 113 unter § 111 Rz. 6).

b) Innerbetrieblich vereinbarter Interessenausgleich. Der Unternehmer muss selbst die Initiative zu Verhandlungen über einen Interessenausgleich ergreifen[1]. Ohne den Versuch eines Interessenausgleichs (vgl. zu den Anforderungen Rz. 20) darf der Unternehmer die Betriebsänderung nicht durchführen[2]. 11

Der BR kann die Zustimmung zu einer Betriebsänderung vom Inhalt und Abschluss eines Sozialplans abhängig machen, auch wenn das Gesetz das Beteiligungsverfahren im Hinblick auf den Interessenausgleich und den Sozialplan trennt[3].

Der Interessenausgleich ist **schriftlich** niederzulegen und vom Unternehmer oder bei juristischen Personen vom zur Vertretung befugten Organ und dem Vorsitzenden des BR zu **unterschreiben** (Abs. 1 S. 1). Die Wahrung der Schriftform ist **Wirksamkeitsvoraussetzung**[4]. Eine im Rahmen mündlicher Verhandlungen erzielte Einigung ist daher noch keine hinreichende Grundlage für die Durchführung einer geplanten Betriebsänderung. 12

Für die Schriftform genügt eine Urkunde, die zugleich einen Sozialplan und andere mitbestimmte Regelungen enthält[5]. Eine falsche Bezeichnung der in ihr getroffenen Vereinbarungen berührt die Wirksamkeit der Einigung nicht[6]. Für die Urkunde ist keine dauernde äußere körperliche Verbindung der einzelnen Blätter erforderlich. Nach der Rspr. des BGH genügt es, wenn die Einheit der Urkunde zweifelsfrei festgestellt werden kann, etwa auf Grund fortlaufender Nummerierung der Bestimmungen oder der Blätter, oder auf Grund einheitlicher grafischer Gestaltung[7]. 13

c) Zuständigkeit für den Interessenausgleich. IdR ist der Interessenausgleich mit dem BR zu versuchen, der für den Betrieb zuständig ist, auf den sich die geplante Maßnahme bezieht. Nur wenn die **Betriebsänderung betriebsübergreifend geplant** ist, ist der **GBR** zuständig. In die Zuständigkeit des GBR fällt dann auch die Vereinbarung einer Namensliste iSv. § 1 V KSchG[8]. Bei einer **unternehmensübergreifenden Planung** innerhalb eines Konzerns kann auch die Zuständigkeit des **KBR** gegeben sein (vgl. § 111 Rz. 72ff.). 14

Der BR ist als **Gesamtorgan** für den Interessenausgleich zuständig, so dass dessen Abschluss nicht dem Betriebsausschuss oder einem sonstigen Ausschuss zur selbstständigen Erledigung übertragen werden kann[9]. Ob die Zuständigkeit auf eine Arbeitsgruppe nach § 28a übertragen werden kann, wenn sich die Betriebsänderung auf den Zuständigkeitsbereich einer solchen Arbeitsgruppe beschränkt, ist umstritten[10]. Auf der ArbGebSeite ist der **Rechtsträger des Betriebs**, in dem die geplante Betriebsänderung durchgeführt werden soll, zur Durchführung des Verfahrens verpflichtet[11]. Dies gilt auch bei abhängigen Konzerngesellschaften[12]. Die Begriffe „Unternehmer" und „Arbeitgeber" sind in den §§ 111f. identisch, bezeichnen lediglich unterschiedliche Funktionen und Rechtsbeziehungen derselben Person. Wird über das Unternehmen ein Insolvenzverfahren eröffnet, tritt gem. § 80 I InsO der Insolvenzverwalter an die Stelle des Unternehmers[13]. Vor Eröffnung des Insolvenzverfahrens ist der Insolvenzverwalter im Fall des § 22 I InsO zuständig. Der sog. „schwache" Insolvenzverwalter ist nur zuständig, wenn dies das Insolvenzgericht angeordnet hat (§ 22 II InsO)[14]. 15

d) Vermittlung durch die Bundesagentur für Arbeit. Gem. Abs. 2 S. 1 können, soweit eine Einigung über den Interessenausgleich (oder eine Einigung über den Sozialplan) nicht zustande kommt, sowohl der Unternehmer als auch der BR den Vorstand der BA um Vermittlung ersuchen. In der Praxis wird hiervon gelegentlich dann Gebrauch gemacht, wenn die ArbN-Seite den **Einigungsprozess verzögern** 16

---

1 ErfK/*Kania*, § 112a BetrVG Rz. 6; Richardi/*Annuß*, § 113 Rz. 30. ||2 BAG 24.1.1996 – 1 AZR 542/95, NZA 1996, 1107; *Fitting*, §§ 112, 112a Rz. 22. ||3 BAG 20.11.1970 – 1 AZR 408/69, NJW 1971, 771; 17.9.1974 – 1 AZR 16/74, NJW 1975, 182; *Fitting*, §§ 112, 112a Rz. 23; GK-BetrVG/*Oetker*, §§ 112, 112a Rz. 40; WHSS/*Schweibert*, Rz. C 155; Richardi/*Annuß*, § 112 Rz. 24; MünchArbR/*Matthes*, § 269 Rz. 9; Hess ua./*Hess*, § 112 Rz. 45; aA *Stege/Weinspach/Schiefer*, §§ 111–113 Rz. 110. ||4 BAG 9.7.1985 – 1 AZR 323/83, NZA 1986, 100; 20.4.1994 – 10 AZR 186/93, NZA 1995, 89; 26.10.2004 – 1 AZR 493/03, NZA 2005, 237; *Fitting*, §§ 112, 112a Rz. 24; Richardi/*Annuß*, § 112 Rz. 28. ||5 BAG 20.4.1994 – 10 AZR 186/93, NZA 1995, 89; Richardi/*Annuß*, § 112 Rz. 30; *Fitting*, §§ 112, 112a Rz. 24. ||6 BAG 20.4.1994 – 10 AZR 186/93, NZA 1995, 89; 17.9.1991 – 1 ABR 23/91, NZA 1992, 227. ||7 BGH 24.9.1997 – XII ZR 234/95, NJW 1998, 58, 61; Richardi/*Annuß*, § 112 Rz. 29; zur Schriftform bei Vereinbarung einer Namensliste BAG 26.4.2007 – 8 AZR 612/06, NZA 2007, 1319 Rz. 33. ||8 BAG 19.7.2012 – 2 AZR 386/11, NZA 2013, 333; s. § 1 KSchG Rz. 418ff. ||9 DKKW/*Däubler*, §§ 112, 112a Rz. 19; Richardi/*Annuß*, § 112 Rz. 32. ||10 Die Begr. zum RegE (BT-Drs. 14/5741, 40) und die hM gehen nicht von dieser Möglichkeit aus; aA mwN Richardi/*Annuß*, § 112 Rz. 33. ||11 GK-BetrVG/*Oetker*, §§ 112, 112a Rz. 46. ||12 BAG 15.1.1991 – 1 AZR 94/90, NZA 1991, 681; *Tomicic*, Interessenausgleich und Sozialplan im Konzern, 1981, S. 35ff. ||13 Richardi/*Annuß*, § 112 Rz. 34; GK-BetrVG/*Oetker*, §§ 112, 112a Rz. 66; vgl. zur (unzulässigen) Leistungsklage gegen den Insolvenzverwalter auf Zahlungen aus einem Sozialplan: BAG 21.1.2010 – 6 AZR 785/08, NZA 2010, 413. ||14 Vgl. im Einzelnen GK-BetrVG/*Oetker*, §§ 112, 112a Rz. 66.

möchte. Die Möglichkeit der Vermittlung durch die BA ist daher krit. zu sehen, zumal nach der gesetzl. Konzeption ohnehin ein Einigungsversuch in der Einigungsstelle (vgl. Abs. 2 S. 2) unternommen werden muss (vgl. zu dieser Obliegenheit Rz. 20). Im Insolvenzverfahren muss denn auch – sinnvollerweise – ein Vermittlungsversuch nur durchgeführt werden, wenn der Insolvenzverwalter und der BR gemeinsam um eine solche Vermittlung ersuchen (§ 121 InsO).

17 Anzurufen ist der Vorstand der BA, der sich gem. dem geänderten Gesetzeswortlaut vertreten lassen kann. Die Einschaltung der BA ist **freiwillig**. Sie ist daher keine Voraussetzung für die Anrufung der Einigungsstelle[1]. Einigkeit besteht dahin gehend, dass kein rechtl. Einlassungszwang im Rahmen des Vermittlungsverfahrens besteht[2]. Allerdings soll sich aus dem **Gebot der vertrauensvollen Zusammenarbeit** (§ 2 I) eine Verpflichtung ergeben, sich an dem Vermittlungsversuch zu beteiligen[3]. Daraus ergibt sich, dass der Unternehmer die Einigungsstelle nach der Einl. des Vermittlungsverfahrens erst anrufen kann, wenn das Vermittlungsverfahren abgeschlossen ist[4]. Hierfür ist allerdings nicht erforderlich, dass der Vorstand der BA das Scheitern des Vermittlungsversuchs feststellt[5]. Durch die Anrufung der Einigungsstelle bringt die jeweilige Partei vielmehr zugleich zum Ausdruck, dass der Vermittlungsversuch ergebnislos geblieben ist. Die **Anrufung der Einigungsstelle** ist daher mit dem Abbruch der Verhandlungen gleichzusetzen[6]. Soweit eine Seite bereits die Einigungsstelle angerufen hat (vgl. zum Begriff der Anrufung § 76 Rz. 16) muss nicht etwa das Einigungsstellenverfahren unterbrochen werden, bis das Vermittlungsverfahren durchgeführt ist. Aus der Freiwilligkeit des Vermittlungsverfahrens folgt vielmehr, dass es nicht mehr durchzuführen ist, wenn eine Seite bereits die Einigungsstelle angerufen hat[7].

18 Der Vermittler gestaltet das **Verfahren** nach eigenem Ermessen[8]. IdR wird er die Parteien auffordern, ihren Standpunkt vorzutragen und wird den Versuch unternehmen, zwischen den Parteien zu vermitteln und Einigungsvorschläge vorzulegen. Der Vermittler hat jedoch nicht die Möglichkeit, eine verbindliche Regelung herbeizuführen[9]. Ob die Parteien einvernehmlich den Vermittler ermächtigen können, eine für sie verbindliche Entscheidung zu treffen, ist umstr.[10], wobei es sich hierbei eher um eine theoretische Streitfrage handeln dürfte, da sich die Parteien idR nicht der Entscheidung eines Dritten unterwerfen wollen.

19 Kommt durch die Vermittlung ein Interessenausgleich zustande, ist er schriftl. niederzulegen und vom Unternehmer sowie vom BR zu unterschreiben (Abs. 1 S. 1). Es gelten hier also dieselben Formvorschriften wie für den innerbetriebl. vereinbarten Interessenausgleich (vgl. Rz. 12 f.). Eine Unterzeichnung des Interessenausgleichs durch den Vorstand der BA oder einen Vertreter ist nicht erforderlich, jedoch unschädlich.

20 **e) Anrufung der Einigungsstelle.** Sind die innerbetriebl. Einigungsversuche über den Interessenausgleich erfolglos geblieben[11], kann jede Seite die Einigungsstelle anrufen (Abs. 2 S. 2). Obwohl das Gesetz keine ausdrückliche Verpflichtung zur Anrufung der Einigungsstelle vorsieht, soll die Anrufung der Einigungsstelle durch den Unternehmer, der die Betriebsänderung durchführen will, rechtlich geboten sein. Nach der BAG-Rspr. soll der Unternehmer mit der Durchführung der Betriebsänderung so lange warten, bis alle Einigungsmöglichkeiten – einschl. das Verfahren in der Einigungsstelle – ausgeschöpft sind. Ansonsten liegt nach der Rspr. des BAG kein hinreichender Versuch eines Interessenausgleichs iSv. § 113 III vor[12]. Diese Verpflichtung soll den ArbGeb selbst dann treffen, wenn der BR von vornherein mitgeteilt hat, mit dem ArbGeb keinen Interessenausgleich abschließen zu wollen[13] bzw. wenn der BR-Vorsitzende mitgeteilt hat, dass ein Interessenausgleich nicht erforderlich sei[14]. Dies muss man wohl als überzogen ansehen, wenn das Verfahren angesichts des Standpunkts des BR als reine Förmelei erscheint[15]. Immerhin hat es das BAG für möglich angesehen, dass die Verpflichtung zur Anrufung der Einigungsstelle entfallen kann, wenn der BR die Verhandlungen rechtsmissbräuchlich hinauszögert[16].

21 Ebenso wie der Vermittlungsversuch der BA (vgl. Rz. 16 ff.) kann sich auch das **Einigungsstellenverfahren** entweder **ausschließlich auf den Interessenausgleich oder zugleich auf den Sozialplan** bezie-

---

1 Fitting, §§ 112, 112a Rz. 29; Richardi/Annuß, § 112 Rz. 219; Hess ua./Hess, § 112 Rz. 152; GK-BetrVG/Oetker, §§ 112, 112a Rz. 278; WHSS/Schweibert, Rz. C 166. ‖ 2 Richardi/Annuß, § 112 Rz. 220; GK-BetrVG/Oetker, §§ 112, 112a Rz. 271 f. ‖ 3 Bauer, DB 1994, 217 (224); DKKW/Däubler, §§ 112, 112a Rz. 4; Fitting, §§ 112, 112a Rz. 31; Richardi/Annuß, § 112 Rz. 220. ‖ 4 Fitting, §§ 112, 112a Rz. 31; aA Richardi/Annuß, § 112 Rz. 220. ‖ 5 Wie hier GK-BetrVG/Oetker, §§ 112, 112a Rz. 279. ‖ 6 GK-BetrVG/Oetker, §§ 112, 112a Rz. 279; Richardi/Annuß, § 112 Rz. 220; Fitting, §§ 112, 112a Rz. 31; Rumpff/Boewer, Mitbestimmung in wirtschaftlichen Angelegenheiten, I Rz. 38. ‖ 7 So ausdrücklich GK-BetrVG/Oetker, §§ 112, 112a Rz. 278; Friedemann, Das Verfahren der Einigungsstelle für Interessenausgleich und Sozialplan, 1997, Rz. 36 Fn. 62; wohl auch Etzel, Betriebsverfassungsrecht, Rz. 1009. ‖ 8 GK-BetrVG/Oetker, §§ 112, 112a Rz. 270. ‖ 9 Vgl. die Nachw. bei Richardi/Annuß, § 112 Rz. 222; GK-BetrVG/Oetker, §§ 112, 112a Rz. 270; Rumpff/Boewer, Mitbestimmung in wirtschaftlichen Angelegenheiten, I. Rz. 37. ‖ 10 Vgl. die Nachw. bei GK-BetrVG/Oetker, §§ 112, 112a Rz. 270. ‖ 11 S. zu diesem Erfordernis instruktiv LAG Hess. 17.4.2007 – 4 TaBV 59/07; Göpfert/Krieger, NZA 2005, 254. ‖ 12 BAG 18.12.1984 – 1 AZR 176/82, NZA 1985, 400; 9.7.1985 – 1 AZR 323/83, NJW 1986, 2454; 20.11.2001 – 1 AZR 97/01, BB 2002, 1862 (1863); ebenso Richardi/Annuß, § 113 Rz. 29; Fitting, §§ 112, 112a Rz. 33; DKKW/Däubler, §§ 112, 112a Rz. 5. ‖ 13 Richardi/Annuß, § 113 Rz. 30. ‖ 14 BAG 26.10.2004 – 1 AZR 493/03, NZA 2005, 237. ‖ 15 Vgl. GK-BetrVG/Oetker, § 113 Rz. 53; Matthes, FS Wlotzke, 1996, S. 393 (403). ‖ 16 BAG 20.11.2001 – 1 AZR 97/01, NZA 2002, 992.

hen[1]. Der Gegenstand des Einigungsstellenverfahrens unterliegt der Disposition des Antragstellers. Der ArbGeb kann sich daher aus Gründen der Beschleunigung des Verfahrens zunächst darauf beschränken, die Einigungsstelle nur im Hinblick auf den Interessenausgleich anzurufen[2]. Hat der BR seine Zustimmung zur geplanten Betriebsänderung jedoch von der Aufstellung eines Sozialplans abhängig gemacht (vgl. Rz. 11), muss sich auch die Einigungsstelle mit dem Sozialplan befassen. Bezieht sich der Antrag des ArbGeb dennoch nur auf den Interessenausgleich, kann der BR die Zuständigkeit der Einigungsstelle durch einen eigenen Antrag auf den Sozialplan erweitern.

Die **Anrufung der Einigungsstelle** erfolgt durch die Aufforderung der anderen Partei, sich an der Bildung einer Einigungsstelle zu beteiligen; dies geschieht idR, indem konkrete Vorschläge über die Zahl der Beisitzer und die Person des Vorsitzenden unterbreitet werden (vgl. zur Bildung einer Einigungsstelle § 76 Rz. 16). 22

Das **Verfahren der Einigungsstelle** richtet sich nach § 76. Nach § 112 III sollen Unternehmer und BR der Einigungsstelle Vorschläge zur Beilegung der Meinungsverschiedenheiten unterbreiten. Die Einigungsstelle hat sodann eine Einigung der Parteien zu versuchen. Zu diesem Zweck kann der Vorsitzende der Einigungsstelle Informationen und Unterlagen von den Parteien anfordern und eine Seite auffordern, konkrete Vorschläge vorzulegen, soweit dies nicht bereits geschehen ist. Die Einigungsstelle kann selbst einen Einigungsvorschlag unterbreiten, über den nach § 76 III zu entscheiden ist. Gelingt es, eine Einigung über den Interessenausgleich herbeizuführen, ist der Interessenausgleich schriftl. niederzulegen und vom Unternehmer, BR-Vorsitzenden und vom Vorsitzenden der Einigungsstelle zu unterzeichnen. Nur unter dieser Voraussetzung liegt ein wirksamer Interessenausgleich vor (vgl. Abs. 3 S. 3). Fehlt nur die Unterschrift des Vorsitzenden der Einigungsstelle, liegt aber dennoch eine wirksame Vereinbarung vor[3]. Da die Einigungsstelle nicht verbindlich über den Interessenausgleich entscheidet, liegt darin eine Kollektivvereinbarung zwischen den Betriebsparteien, deren Wirksamkeit einen **Beschluss des BR** gem. § 33 erforderlich macht[4]. In eiligen Fällen ist deshalb darauf zu achten, dass der BR als Gremium verfügbar ist oder wenigstens zeitnah ordnungsgemäß zusammentreten kann, um das Verhandlungsergebnis der Einigungsstelle ggf. zu genehmigen. 23

Kommt auch in der Einigungsstelle kein Interessenausgleich zustande, kann der Unternehmer die von ihm geplante Betriebsänderung wie geplant durchführen. Vereinzelt wird vertreten, dass hierfür eine **Feststellung der Einigungsstelle** bzw. des Vorsitzenden der Einigungsstelle dahin gehend vorliegen muss, **dass die Verhandlungen um einen Interessenausgleich gescheitert sind**[5]. Eine so weit gehende Verpflichtung lässt sich aus dem Gesetz jedoch nicht herleiten. Sobald die geplante Betriebsänderung in der Einigungsstelle ausführlich beraten und Einigungsmöglichkeiten ausgelotet worden sind, muss es jeder Seite freistehen, weitere Bemühungen der Einigungsstelle für aussichtslos anzusehen und die Verhandlungen für gescheitert zu erklären. In einem solchen Fall setzt sich der Unternehmer Nachteilsausgleichsansprüchen gem. § 113 III uE nur dann aus, wenn der **Abbruch der Verhandlungen willkürlich** war. Es ist nicht erforderlich, dass die Einigungsstelle das Scheitern der Interessenausgleichsverhandlungen förmlich durch Beschluss feststellt[6]. 24

3. **Wirkungen des Interessenausgleichs.** Abs. 1 S. 3 bestimmt lediglich für den Sozialplan, dass er die Wirkung einer BV hat, während im Hinblick auf den Interessenausgleich eine Regelung fehlt. Im Umkehrschluss kann dies nur bedeuten, dass der Interessenausgleich weder die Wirkungen einer BV hat noch eine BV darstellt[7]. Der Interessenausgleich wird daher überwiegend als Kollektivvereinbarung besonderer Art bezeichnet, auch wenn diese Charakterisierung keine wesentliche Klärung mit sich bringt[8]. Eine normative Wirkung des Interessenausgleichs, also eine unmittelbare und zwingende Wirkung auf die EinzelArbVerh, wird ganz überwiegend abgelehnt[9]. Aus den typischen Organisationsregelungen (vgl. Rz. 5) eines Interessenausgleichs ergeben sich ohnehin zumeist keine direkten Auswirkungen auf die einzelne ArbVerh[10]. Ein Bedürfnis für eine normative Wirkung könnte sich allerdings im Hinblick auf sog. **Folgeregelungen** (oder bei Regelungen mit Doppelcharakter; vgl. Rz. 5) stellen, zB wenn in einem Interessenausgleich ein Personalabbau, zugleich jedoch über die vereinbarten Grenzen 25

---

1 *Fitting*, §§ 112, 112a Rz. 34, 39. || 2 Vgl. *Richardi/Annuß*, § 112 Rz. 226 f.; GK-BetrVG/*Oetker*, §§ 112, 112a Rz. 268; *Etzel*, Betriebsverfassungsrecht, Rz. 1008. || 3 GK-BetrVG/*Oetker*, §§ 112, 112a Rz. 293; *Richardi/Annuß*, § 112 Rz. 237. || 4 Vgl. BAG 24.2.2000 – 8 AZR 180/99, NZA 2000, 785; *Fitting*, §§ 112, 112a Rz. 41; GK-BetrVG/*Oetker*, §§ 112, 112a Rz. 49, 293; *Stege/Weinspach/Schiefer*, §§ 111–113 Rz. 122. || 5 *Fitting*, §§ 112, 112a Rz. 42; *Röder/Baeck*, S. 21 f. beide unter Hinweis auf LAG Düss. 14.11.1983 – 12 TaBV 88/83, DB 1984, 511, der Entscheidung ist aber die Erforderlichkeit einer solchen Feststellung durch den Vorsitzenden nicht zu entnehmen; DKKW/*Däubler*, §§ 112, 112a Rz. 9; ErfK/*Kania*, § 112a BetrVG Rz. 8; *Friedemann*, Das Verfahren der Einigungsstelle für Interessenausgleich und Sozialplan, 1997, Rz. 441. || 6 BAG 16.8.2011 – 1 AZR 44/10, NZA 2012, 640. || 7 ErfK/*Kania*, § 112a BetrVG Rz. 9; GK-BetrVG/*Oetker*, §§ 112, 112a Rz. 69; Hess ua./*Hess*, § 112 Rz. 14; *Willemsen/Hohenstatt*, NZA 1997, 345 (347 f.); aA *Ohl*, Der Sozialplan, 1976, S. 68; *Matthes*, FS Wlotzke, 1996, S. 393 (396 f.). || 8 BAG 20.4.1994 – 10 AZR 186/93, NZA 1995, 89; *Röder/Baeck*, S. 72 und dortige Fn. 411; MünchArbR/*Matthes*, § 269 Rz. 34. || 9 BAG 20.4.1994 – 10 AZR 186/93, NZA 1995, 89; ebenso LAG Düss. 16.12.1996 – 18 TaBV 75/96, LAGE § 112 BetrVG 1972 Nr. 41; BGH 15.11.2000 – XII ZR 197/98, NJW 2001, 439 (440); *Willemsen/Hohenstatt*, NZA 1997, 345 (347 f.); WHSS/*Schweibert*, Rz. C 194; *Fitting*, §§ 112, 112a Rz. 46; ErfK/*Kania*, § 112a BetrVG Rz. 9. || 10 Vgl. *Willemsen/Hohenstatt*, NZA 1997, 345 (346 f.).

hinaus ein **Ausschluss betriebsbedingter Kündigungen** für einen bestimmten Zeitraum vereinbart worden ist. Im Hinblick auf solche Regelungen wird in Rspr. und Schrifttum teilweise angenommen, dass sich aus dem Interessenausgleich unmittelbare normative Rechte und Ansprüche der ArbN ableiten[1]. Diese Auffassung wird jedoch dem besonderen Charakter des Interessenausgleichs nicht gerecht. Insb. wird übersehen, dass der Gesetzgeber ausdrücklich ausgeschlossen hat, dass der Interessenausgleich eine BV darstellt. IÜ verstößt diese Auffassung gegen den Vorrang der Sanktionsregelung in § 113 I und II[2]. Da es den Betriebsparteien jedoch unbenommen bleibt, freiwillige BV abzuschließen, die entsprechende Rechtsansprüche für die ArbN begründen, oder aber den Interessenausgleich ausdrücklich als BV abzuschließen[3], sollte in der Praxis darauf geachtet werden, dass im Interessenausgleich ausdrücklich festgelegt wird, welche Regelungen ggf. unmittelbare Wirkung auf die einzelnen ArbVerh entfalten sollen[4]. Unterbleibt dies, verbleibt es bei den Sanktionsmöglichkeiten gem. § 113, ohne dass eine normative Wirkung auf das ArbVerh erfolgen kann.

26 Eine davon gesondert zu sehende Fragestellung betrifft die **kollektivrechtl. Bindungswirkung** des Interessenausgleichs. Dass eine solche bestehen muss, zeigt § 113 I, da ansonsten an die Nichtbeachtung des Interessenausgleichs keine Sanktionen geknüpft werden könnten[5]. Daraus kann jedoch nach zutreffender Ansicht nicht auf einen kollektivrechtl. Erfüllungsanspruch des BR und ebenso wenig auf das Bestehen von Unterlassungsansprüchen bei Abweichungen vom Interessenausgleich geschlossen werden[6], da ansonsten systematische und wertungsmäßige Widersprüche mit der Sanktionsregelung in § 113 entstünden. Die den §§ 111–113 zugrunde liegende Konzeption geht insg. von einem Freiraum unternehmerischer Betätigung aus, mit dem es nicht vereinbar wäre, wenn der Unternehmer im Rahmen arbeitsgerichtl. Verfahren zur Durchführung von organisatorischen Maßnahmen oder zu deren Unterlassung gezwungen werden könnte[7]. Eine hiervon abweichende Auffassung in der Lit. erkennt hingegen einen kollektivrechtl. Erfüllungsanspruch an[8].

27 **III. Sozialplan. 1. Allgemeines; Zweck des Sozialplans.** Der Sozialplan ist gem. Abs. 1 S. 2 eine Vereinbarung über den Ausgleich oder die Milderung der wirtschaftl. Nachteile, die den ArbN infolge der geplanten Betriebsänderung entstehen. Gem. S. 3 hat der Sozialplan die Wirkung einer BV (§ 77), wobei der Tarifvorrang, wie er in § 77 III geregelt ist, keine Anwendung finden soll (vgl. Rz. 80 f.).

28 Im Hinblick auf die Wirksamkeit der in ihm geregelten Bestimmungen ist zwischen dem **frei vereinbarten** Sozialplan und dem **erzwungenen Sozialplan**, der von der Einigungsstelle verabschiedet wird, zu unterscheiden. Bei einem vereinbarten Sozialplan bestehen erhebliche Regelungsspielräume, während der von der Einigungsstelle aufgestellte Sozialplan die Richtlinien nach Abs. 5 beachten muss[9]. Maßnahmen, die die Betriebsänderung selbst betreffen und verhindern sollen, dass wirtschaftl. Nachteile überhaupt entstehen, können nicht Bestandteil des (erzwingbaren) Sozialplans sein (vgl. Rz. 7).

29 Der Zweck des Sozialplans besteht in erster Linie darin, den von einer Entlassung betroffenen ArbN eine **Überbrückungshilfe** bis zu einem neuen ArbVerh oder bis zum Bezug von Altersrenten zu gewähren[10]. Daraus hat das BAG den Schluss gezogen, dass sich die zu zahlenden Abfindungen **nicht ausschließlich an der bisherigen Betriebszugehörigkeit orientieren** dürfen, es sei denn, dass sich die anderen Sozialdaten der ArbN nur marginal unterscheiden[11]. Nach heute klar hM hat die **Überbrückungs- und Vorsorgefunktion** des Sozialplans[12] Vorrang vor der Entschädigungsfunktion im Hinblick auf den Verlust des Arbeitsplatzes[13]. Mögen die praktischen Auswirkungen des „Theorienstreits" zwischen der Überbrückungstheorie und der „Entschädigungstheorie" bislang noch nicht immer in aller Deutlichkeit zutage getreten sein, stellt sich zunehmend heraus, dass sich die deutsche Sozialplanpraxis europa- und insb. diskriminierungsrechtlich nur verteidigen lässt, wenn man den ausschlaggebenden Regelungszweck des Sozialplans in seinem Zukunftsbezug erblickt, nämlich in der Festsetzung von Leistungen, die zur finanziellen Überbrückung der Zeit nach Verlust des Arbeitsplatzes bis zu einer anderweiti-

---

1 GK-BetrVG/*Oetker*, §§ 112, 112a Rz. 70; DKKW/*Däubler*, §§ 112, 112a Rz. 20 f.; MünchArbR/*Matthes*, § 269 Rz. 36; *Fitting*, §§ 112, 112a Rz. 47. || 2 *Willemsen/Hohenstatt*, NZA 1997, 345 (347). || 3 Vgl. *Willemsen/Hohenstatt*, NZA 1997, 345 (347); GK-BetrVG/*Oetker*, §§ 112, 112a Rz. 70 f.; DKKW/*Däubler*, §§ 112, 112a Rz. 19; *Fitting*, §§ 112, 112a Rz. 47. || 4 Vgl. *Picot/Schnitker*, II Rz. 144. || 5 Vgl. GK-BetrVG/*Oetker*, §§ 112, 112a Rz. 73 f. || 6 BAG 28.8.1991 – 7 ABR 72/90, NZA 1992, 41; *Willemsen/Hohenstatt*, NZA 1997, 346 (348 f.); ErfK/*Kania*, § 112a BetrVG Rz. 9; *Bauer* DB 1994, 271 (273); *Löwisch*, RdA 1989, 216 (217); Richardi/*Annuß*, § 112 Rz. 46. || 7 Richardi/*Annuß*, § 112 Rz. 45; GK-BetrVG/*Oetker*, §§ 112, 112a Rz. 84. || 8 MünchArbR/*Matthes*, § 269 Rz. 34; *Zwanziger*, BB 1998, 477 (479); *Meyer*, BB 2001, 882 (885); DKKW/*Däubler*, §§ 112, 112a Rz. 23 ff.; für kollektivrechtl. Durchsetzbarkeit ausnahmsweise bei entsprechender Auslegung des Interessenausgleichs *Fitting*, §§ 112, 112a Rz. 45; GK-BetrVG/*Oetker*, §§ 112, 112a Rz. 85; ähnlich WHSS/*Schweibert*, Rz. C 198 ff. || 9 Vgl. BAG 9.11.1994 – 10 AZR 281/94, NZA 1995, 644; Richardi/*Annuß*, § 112 Rz. 50; *Fitting*, §§ 112, 112a Rz. 97. || 10 BAG 28.10.1992 – 10 AZR 129/92, NZA 1993, 717; 16.3.1994 – 10 AZR 606/93, NZA 1994, 1147; 30.11.1994 – 10 AZR 578/93, NZA 1995, 492; 9.11.1994 – 10 AZR 281/94, NZA 1995, 644; 5.10.2000 – 1 AZR 48/00, NZA 2001, 849; 30.10.2001 – 1 AZR 65/01, NZA 2002, 449; vgl. ausf. schon *Willemsen*, ZIP 1981, 1058; *Willemsen*, FS Bauer, 2010, S. 1119. || 11 BAG 9.11.1994 – 10 AZR 281/94, NZA 1995, 644; 30.3.1994 – 10 AZR 352/93, NZA 1995, 88; 12.11.2002 – 1 AZR 58/02, NZA 2003, 1287. || 12 IdS bereits *Galperin/Löwisch*, § 112 Rz. 3; *Willemsen*, Arbeitnehmerschutz bei Betriebsänderungen im Konkurs, 1980, S. 212. || 13 So bereits BAG 13.12.1978 – GS 1/77, NJW 1979, 774; vgl. auch *Fuchs*, Der Sozialplan nach dem BetrVG 1972, 1977, S. 28 ff.; *Ohl*, Der Sozialplan, 1976, S. 6 ff.; aA *Temming*, RdA 2008, 205 ff.

gen Absicherung dienen[1]. So ist etwa die Kürzung der Abfindung für sog. rentennahe Jahrgänge (s. hierzu Rz. 52 f.) gem. der „Odar"-Entscheidung des EuGH[2] diskriminierungsrechtlich nur zu rechtfertigen, weil die Sozialplanabfindung gerade nicht die bisherige Betriebstreue abgilt, sondern bedarfs- und zukunftsbezogen zu bemessen ist. Der EuGH bestätigt damit ausdrücklich die „Überbrückungstheorie"[3]. Über den Diskriminierungsaspekt hinaus ist die Besinnung auf den Überbrückungszweck der Sozialplanabfindung auch für die Fragen der materiellen Ausstattung des Sozialplans von ganz entscheidender Bedeutung. Dies geht so weit, dass ein von der Einigungsstelle beschlossener Sozialplan, der sich erkennbar vom Überbrückungszweck löst und stattdessen Entschädigungen für „Besitzstände" definiert, unwirksam sein kann, weil er sich außerhalb dessen bewegt, was zulässiger Inhalt eines Sozialplans sein kann[4]. Dennoch ist anerkannt, dass auch zu Zwecken der Bemessung der Überbrückungshilfe ua. auf das Lebensalter und auf die Betriebszugehörigkeit abgestellt werden darf, da ältere ArbN, die zumeist auch über längere Betriebsgehörigkeiten verfügen, schwerer zu vermitteln sind und deshalb in besonderem Maße der Überbrückungshilfe bedürfen[5]. Unbestritten ist, dass im Rahmen des erzwingbaren Sozialplans ausschließlich wirtschaftl. Nachteile gemildert oder ausgeglichen werden können, nicht hingegen immaterielle Nachteile[6] oder rechtl. Nachteile[7].

2. Erzwingbarkeit des Sozialplans. Die Aufstellung eines Sozialplans ist – im Gegensatz zum Interessenausgleich – erzwingbar. Kommt keine Einigung zustande, entscheidet die **Einigungsstelle** mit bindender Wirkung (Abs. 4). Die Mitbest. über den Sozialplan ist unabhängig vom Interessenausgleich[8]. Zwar setzt die Erzwingbarkeit des Sozialplans das Vorliegen einer Betriebsänderung voraus, wobei § 112a Ausnahmen regelt, bei denen trotz des Vorliegens einer Betriebsänderung kein Sozialplan erzwungen werden kann; der Anspruch auf Aufstellung eines Sozialplans besteht jedoch auch dann, wenn der Unternehmer keinen Interessenausgleich versucht bzw. erreicht hat. Auch **nach Durchführung der Betriebsänderung** kann noch der Abschluss eines Sozialplans verlangt werden[9]. Auch bei Vorliegen einer Verpflichtung zum Nachteilsausgleich kann der Abschluss eines Sozialplans verlangt werden, auch wenn die Ansprüche gegeneinander verrechnet werden können (vgl. § 113 Rz. 17).

Ohne Vorliegen einer **konkret geplanten Betriebsänderung** kann die Aufstellung von Sozialplänen nicht verlangt werden. Ein **vorsorglicher Sozialplan** bzw. ein **Rahmensozialplan** für noch nicht feststehende Betriebsänderungen kann **freiwillig** vereinbart werden, ist jedoch **nicht erzwingbar**[10]. Besteht eine rechtl. Unsicherheit dahin gehend, ob ein Betriebsübergang auf einen Erwerber möglich ist oder ob es zur Stilllegung kommt, kann vorsorglich für den Fall einer Betriebsstilllegung ein Sozialplan abgeschlossen werden[11]. Hingegen darf der Sozialplan keine Ausschlussklausel dahin gehend enthalten, dass ein Anspruch eine erfolglose Feststellungsklage gegen den potenziellen Betriebserwerber voraussetzt. Eine solche Regelung ist unzumutbar[12]. Nach Auffassung des BAG **verzichtet** der BR bei Aufstellung eines vorsorglichen Sozialplans zugleich auf seine Beteiligungsrechte im Hinblick auf den wirtschaftl. Ausgleich der Nachteile, die aus zukünftigen Betriebsänderungen resultieren. Dieser Verzicht sei zulässig, da der Ausgleich wirtschaftl. Nachteile abstrakt generell geregelt werden könne und nicht unbedingt von der einzelnen Betriebsänderung abhängig sei[13]. Allerdings könne sich der BR nicht beliebig für die Zukunft binden; die bevorstehenden Betriebsänderungen dürften nicht „völlig ungewiss", sondern müssten im Groben absehbar sein[14]. In der Lit. wird hingegen vertreten, dass der BR ohne Kenntnis der konkreten Betriebsänderung nicht auf sein MitbestR im Hinblick auf den Sozialplan verzichten könne, so dass die Regelungen eines Rahmensozialplans oder eines vorsorglichen Sozialplans nur **Mindestbestimmungen** darstellten, die durch den Abschluss eines ergänzenden Sozialplans noch „aufgebessert" werden könnten[15]. Vor diesem Hintergrund läuft die ArbGebSeite bei langfristigen Sozialplänen ein erhebliches Risiko dahin gehend, dass diese Regelungen das MitbestR des BR nicht verbrauchen und lediglich den Mindeststandard für zukünftige Sozialpläne definieren. Ein mit dem GBR vorsorglich abgeschlossener Sozialplan beschränkt nicht die betriebsverfassungsrechtl. Handlungsmöglichkeiten des örtlichen BR. Als Ausgleichsregelung beansprucht ein vorsorglicher Sozialplan wegen seiner Auffangfunktion idR nur Geltung, wenn die Betriebsparteien bei einer konkreten Betriebs-

---

[1] Vgl. hierzu eingehend *Willemsen*, RdA 2013, 166 (169). ‖ [2] EuGH 6.12.2012 – Rs. C-152/11, NZA 2012, 1435 Rz. 41 ff. – Odar. ‖ [3] Vgl. hierzu eingehend *Willemsen*, RdA 2013, 166 (168); *Grünberger/Sagan*, EuZA 2013, 324 ff. ‖ [4] Vgl. *Willemsen*, RdA 2013, 166 (171 f.). ‖ [5] *Fitting*, §§ 112, 112a Rz. 120 f.; *Willemsen*, FS Bauer, 2010, S. 1119 (1127 f.); vgl. auch DKKW/*Däubler*, §§ 112 112a Rz. 82; ErfK/*Kania*, § 112a BetrVG Rz. 12. ‖ [6] *Fitting*, §§ 112, 112a Rz. 118; DKKW/*Däubler*, §§ 112, 112a Rz. 80; ErfK/*Kania*, § 112a BetrVG Rz. 12. ‖ [7] *Richardi/Annuß*, § 112 Rz. 53. ‖ [8] *Richardi/Annuß*, § 112 Rz. 60; *Röder/Baeck*, S. 134. ‖ [9] BAG 15.10.1979 – 1 ABR 49/77, BB 1980, 524. ‖ [10] BAG 17.4.2012 – 1 AZR 119/11, NZA 2012, 1240, Rz. 23; 26.8.1997 – 1 ABR 12/97, NZA 1998, 216; *Fitting*, §§ 112, 112a Rz. 99; DKKW/*Däubler*, §§ 112, 112a Rz. 194; *Röder/Baeck*, S. 134; WHSS/*Schweibert*, Rz. C 208 ff. ‖ [11] BAG 1.4.1998 – 10 ABR 17/97, NZA 1998, 768; 22.7.2003 – 1 AZR 575/02, DB 2003, 2658; *Löwisch*, FS Dieterich, 1999, S. 345 (346); *Richardi/Annuß*, § 112 Rz. 66; DKKW/*Däubler*, §§ 112, 112a Rz. 198. ‖ [12] BAG 22.7.2003 – 1 AZR 575/02, BB 2004, 2022. ‖ [13] BAG 26.8.1997 – 1 ABR 12/97, NZA 1998, 216; vgl. auch BAG 19.1.1999 – 1 AZR 342/98, NZA 1999, 949. ‖ [14] BAG 26.8.1997 – 1 ABR 12/97, NZA 1998, 216. ‖ [15] DKKW/*Däubler*, §§ 112, 112a Rz. 195 bzgl. Rahmensozialplan, Rz. 198 bzgl. vorsorgl. Sozialplan; *Löwisch*, FS Dieterich, 1999, S. 345 (347 ff.); *C. Meyer*, Anm. zu AP Nr. 117 zu § 112 BetrVG 1972; vgl. auch *Fitting*, §§ 112, 112a Rz. 99 für den Fall, dass die Betriebsänderung nicht bereits in Umrissen feststand; aA ErfK/*Kania*, § 112a BetrVG Rz. 15; *Röder/Baeck*, S. 135; WHSS/*Schweibert*, Rz. C 212; *Picot/Schnitker*, II E. Rz. 168.

änderung von einer eigenen Ausgleichsregelung absehen¹. Eine Kumulation von Ansprüchen aufgrund eines vorsorglichen und eines konkreten lokalen Sozialplans ist ausgeschlossen².

32 **3. Personeller Geltungsbereich.** Der Sozialplan gilt nur für die ArbN des Betriebs (§ 5 I; vgl. § 5 Rz. 2 ff.), soweit sie von dem vereinbarten personellen Anwendungsbereich umfasst sind. Für **leitende Angestellte** (§ 5 III) gilt der Sozialplan nicht, auch wenn er sich ausdrücklich auf diesen Personenkreis bezieht. Der BR hat für leitende Angestellte **kein Mandat**³. Allerdings soll in einem die leitenden Angestellten einbeziehenden Sozialplan ein Vertrag zu Gunsten Dritter iSv. § 328 BGB liegen können⁴. Auf Grund des arbeitsrechtl. Gleichbehandlungsgrundsatzes ist der ArbGeb aber nicht verpflichtet, auch den leitenden Angestellten Abfindungen für den Verlust des Arbeitsplatzes zu zahlen⁵. Mit dem SprAu für leitende Angestellte kann jedoch eine dem Sozialplan vergleichbare Regelung vereinbart werden, wobei der SprAu einen Sozialplan nicht erzwingen kann (vgl. § 32 II SprAuG).

32a **4. Zuständigkeit für den Sozialplan.** Ob für den Sozialplan der örtliche BR oder der GBR bzw. KBR zuständig ist, beurteilt sich nach §§ 50, 58 (s. zur Zuständigkeit im Rahmen von § 111 und für den Interessenausgleich § 111 Rz. 73 und § 112 Rz. 14). Aus der Zuständigkeit (zB des GBR) für den Interessenausgleich folgt nach der Rspr. des BAG⁶ nicht ohne Weiteres die Zuständigkeit für den Abschluss des Sozialplans; im Hinblick auf den Sozialplan sei gesondert zu überprüfen, ob – wie im Regelfall – der örtliche BR zuständig oder ob eine **zwingende Notwendigkeit einer betriebs- bzw. unternehmensübergreifenden Regelung** gegeben ist. In der Praxis wird sich aber idR eine einheitliche Zuständigkeit für den Interessenausgleich und den Sozialplan ergeben. Betrifft nämlich der Interessenausgleich eine betriebs- oder unternehmensübergreifend angelegte Betriebsänderung, muss der Sozialplan diesem Umstand Rechnung tragen⁷; steht für die Abfindungen insg. nur ein **begrenztes finanzielles Volumen** zur Verfügung (Bsp.: insolvenznahe Situation), kann dessen Verteilung nur unternehmenseinheitlich geregelt werden, woraus sich die Zuständigkeit des GBR ergibt⁸. Dies gilt insb. für Fälle, in denen ein das gesamte Unternehmen betreffendes Sanierungskonzept vereinbart wurde und dieses nur auf Grundlage eines auf das gesamte Unternehmen bezogenen Sozialplanvolumens realisiert werden kann⁹. Sieht der Interessenausgleich **betriebs- bzw. unternehmensübergreifende Versetzungen und Umsetzungen** vor, können die in diesem Zusammenhang erforderlichen Ausgleichsregelungen ebenfalls nur einheitlich geregelt werden, was zur Zuständigkeit des GBR bzw. KBR führt¹⁰. Hingegen kann bei übergreifenden Maßnahmen die Zuständigkeit der örtlichen BR nicht allein damit begründet werden, dass sich die Bemessung und Ausgestaltung der Sozialplanleistungen nach den örtlichen Gegebenheiten richten müsse, die für jeden Betrieb gesondert zu beurteilen seien. Derlei lokale Unterschiede können auch vom GBR oder KBR berücksichtigt werden¹¹.

33 **5. Einvernehmlicher Sozialplan. a) Zustandekommen.** Das Verfahren zur Vereinbarung eines Sozialplans läuft zunächst parallel mit den Bemühungen um einen Interessenausgleich. Aus Abs. 2 und Abs. 3 ergibt sich, dass das Verfahren insoweit in einem systematischen Zusammenhang steht¹².

34 Der Sozialplan bedarf der **Schriftform**. Er ist vom Unternehmer und vom BR-Vorsitzenden oder seinem Vertreter zu **unterschreiben** (Abs. 1 S. 1 und 2). Dem Abschluss des Sozialplans muss ein wirksamer **Beschluss des BR** zugrunde liegen (§ 33). Die Wahrung der Schriftform ist Wirksamkeitsvoraussetzung¹³.

35 **b) Ausgleich der wirtschaftlichen Nachteile.** Die Betriebspartner sind bei der Aufstellung eines Sozialplans im Wesentlichen frei in ihrer Entscheidung, welche Nachteile in welchem Umfang ausgeglichen oder gemindert werden sollen¹⁴. Die in Abs. 5 normierten Ermessensgrenzen finden auf den einvernehmlichen Sozialplan keine Anwendung (vgl. Rz. 28).

---

1 BAG 17.4.2012 – 1 AZR 119/11, NZA 2012, 1240, Rz. 23. ||2 BAG 17.4.2012 – 1 AZR 119/11, NZA 2012, 1240, Rz. 27. ||3 BAG 31.1.1979 – 5 AZR 454/77, NJW 1979, 1621; 16.7.1985 – 1 AZR 206/81, NZA 1985, 713; Richardi/Annuß, § 112 Rz. 74; GK-BetrVG//Oetker, §§ 112, 112a Rz. 141. ||4 BAG 31.1.1979 – 5 AZR 454/77, NJW 1979, 1621; DKKW/Däubler, §§ 112, 112a Rz. 92; Stege/Weinspach/Schiefer, §§ 111–113 Rz. 90; Hanau, RdA 1979, 324 (329) sieht den BR als Vertreter ohne Vertretungsmacht; gegen jegliche Erweiterung der Regelungskompetenz des BR: MünchArbR/Matthes, § 270 Rz. 14; Fitting, §§ 112, 112a Rz. 119; Röder/Baeck, S. 136; Richardi/Annuß spricht von Erklärungen des ArbGeb im Sozialplan als einem Vertragsangebot an die leitenden Angestellten, das diese konkludent annehmen könnten, § 112 Rz. 74. ||5 BAG 16.7.1985 – 1 AZR 206/81, NZA 1985, 713 unter Aufgabe der noch in BAG 31.1.1979 – 5 AZR 454/77, NJW 1979, 1621, vertretenen Rechtsansicht; DKKW/Däubler, §§ 112, 112a Rz. 92; Hess ua./Hess, § 112 Rz. 77b ff.; Knorr, Sozialplan im Widerstreit der Interessen, 1995, § 6 Rz. 33; aA Stege/Weinspach/Schiefer, §§ 111–113 Rz. 90. ||6 BAG 11.12.2001 – 1 AZR 193/01, NZA 2002, 688; 23.10.2002 – 7 ABR 55/01, ZIP 2003, 1514; 3.5.2006 – 1 ABR 15/05, NZA 2007, 1245; ErfK/Koch, § 50 BetrVG Rz. 6; WHSS/Schweibert, Rz. C 315; abl. Jaeger/Röder/Heckelmann, Praxishandbuch 28/109. ||7 BAG 23.10.2002 – 7 ABR 55/01, NZA 2003, 1360; Richardi/Annuß, § 50 Rz. 37. ||8 BAG 11.12.2001 – 1 AZR 193/01, NZA 2002, 688; so auch Siebert, Die Zuständigkeit des Gesamtbetriebsrats, 1999, S. 154, der ansonsten stets von der Zuständigkeit des örtlichen BR ausgeht; zurückhaltend idS DKKW/Trittin, § 50 Rz. 153 ff. ||9 BAG 3.5.2006 – 1 ABR 15/05, NZA 2007, 1245. ||10 BAG 23.10.2002 – 7 ABR 55/01, NZA 2003, 1360. ||11 WHSS/Schweibert, Rz. C 317; Richardi/Annuß, § 50 Rz. 37; aA DKKW/Trittin, § 50 Rz. 154. ||12 Fitting, §§ 112, 112a Rz. 126. ||13 Richardi/Annuß, § 112 Rz. 78; Fitting, §§ 112, 112a Rz. 129. ||14 BAG 19.10.1999 – 1 AZR 838/98, NZA 2000, 732; ErfK/Kania, § 112a BetrVG Rz. 27; Fitting, §§ 112, 112a Rz. 138.

Die **Nachteile** müssen konkret durch die geplante Betriebsänderung verursacht worden sein. Wird ein 36
Betrieb gespalten (§ 111 S. 3 Nr. 3) und ein Betriebsteil auf einen anderen Rechtsträger übertragen,
können die Nachteile, die sich aus dem Rechtsträgerwechsel ergeben (Verringerung der Haftungsmasse; befristete Befreiung von der Sozialplanpflicht gem. § 112a II) daher nicht Gegenstand erzwingbarer
Regelungen des Sozialplans sein[1]. Gleiches gilt, wenn der neue ArbGeb weniger ArbN beschäftigt und
hierdurch bestimmte Schwellenwerte (zB § 111) nicht mehr überschritten werden. Sofern durch § 613a
I 3 BGB eine Änderung im Hinblick auf die anzuwendenden TV eintritt (vgl. § 613a BGB Rz. 267) sind
auch hieraus entstehende Nachteile dem Rechtsträgerwechsel geschuldet und gelten *nicht* als Nachteile, die durch die Betriebsänderung selbst eintreten[2].

Widersprechen ArbN dem **Übergang ihres ArbVerh** im Zuge einer Betriebsänderung (§ 613a VI BGB) 37
und müssen deshalb entlassen werden, können diese Entlassungen Bestandteil oder Gegenstand einer
Betriebsänderung sein (vgl. § 111 Rz. 31). Der abzuschließende Sozialplan kann von vornherein widersprechende ArbN einbeziehen. Ebenso kommt in Betracht, dass Regelungen für widersprechende
ArbN später vereinbart werden, sobald feststeht, in welcher Zahl es zu Widersprüchen gekommen ist
und welche wirtschaftl. Nachteile den betreffenden Mitarbeitern entstehen[3]. Die Einigungsstelle kann
die **Abfindungen** für dem Übergang von ArbVerh widersprechende ArbN kürzen, insb. dann, wenn keine
plausiblen Gründe für den Widerspruch geltend gemacht werden können. Dies ergibt sich aus der Wertung, die Abs. 5 S. 2 Nr. 2 S. 2 beinhaltet (vgl. näher Rz. 50).

Es entspricht nach wie vor der Praxis, dass Abfindungen für entlassene ArbN **pauschaliert in Abhän-** 38
gigkeit von der Betriebszugehörigkeit, dem Lebensalter und anderen Faktoren festgelegt werden. Dies
soll trotz der im Vordergrund stehenden Überbrückungsfunktion des Sozialplans zulässig sein (vgl.
Rz. 29)[4]. Auch unter Geltung des AGG sind solche Differenzierungen weiterhin zulässig (vgl. § 10 S. 3
Nr. 6 AGG und dort Rz. 12)[5]. Dies gilt allerdings nur unter der Prämisse, dass der Sozialplan nicht vergangenheitsbezogene Entschädigungen, sondern zukunftsgerichtete Überbrückungshilfe leistet – ansonsten wären die üblichen Sozialplanregelungen, die in vielfacher Weise direkt oder indirekt an das
Lebensalter anknüpfen, diskriminierungsrechtlich nicht zu halten (vgl. ausführlich Rz. 29). Die Betriebsparteien werden zukünftig allerdings mehr Mühe auf die Prüfung der Arbeitsmarktlage im konkreten Fall und auf die darauf auszurichtende Bildung adäquater Altersgruppen verwenden müssen[6].
Im Hinblick auf die zukünftig eintretenden Nachteile sind insb. die **Unterhaltspflichten** des ArbN zu berücksichtigen. Sofern Zuschläge von der Zahl unterhaltsberechtigter Kinder abhängig gemacht werden, ist es zulässig, auf die entsprechende Eintragung auf der LStKarte abzustellen[7]. Dabei kann auch
ein Stichtag für den entsprechenden Nachweis vereinbart werden. Fehlt es im Sozialplan an einer solchen Abrede, muss die Eintragung spätestens zum Zeitpunkt der Fälligkeit der Sozialplanabfindung
vorliegen[8]. Auch im Hinblick auf die Eigenschaft als Schwerbehinderter sind Stichtagsregelungen zulässig[9]. Dies folgt daraus, dass die finanziellen Belastungen aus einem Sozialplan voraussehbar sein
müssen[10].

Statt pauschaler Abfindungen können auch **Überbrückungsgelder** oder ähnliche Leistungen vorgese- 39
hen werden, die sich nach den **konkret eintretenden Nachteilen** richten[11]. Derlei Leistungen sind auch
in Ergänzung zu pauschalierten Sozialplanabfindungen denkbar. Auch die **vorzeitige Zahlung von Ru-**
hegeldern kommt als Ausgleichsmaßnahme in Betracht. Ähnliches gilt für die Zahlung von Sonderleistungen, die ohne den Sozialplan verfallen oder nicht entstehen würden **(Jubiläumszahlungen, Gratifi-**
kationen etc.), wenngleich sich derlei Regelungen eher an der nicht im Vordergrund stehenden
Ausgleichsfunktion des Sozialplans für den Verlust des Arbeitsplatzes und weniger an der Überbrückungsfunktion orientieren (vgl. Rz. 29)[12].

Der Sozialplan kann auch Leistungen zum Ausgleich von **Gehaltseinbußen** oder anderen Nachteilen 40
vorsehen, die aus einer **Versetzung** resultieren[13]. In Betracht kommen zeitlich begrenzte oder einmalige
Ausgleichszahlungen, Übernahme von Umzugs- oder Fahrtkosten, Zahlung von Trennungsentschädigungen und Umschulungskosten etc. Dabei dürfen die Betriebsparteien allerdings nicht auf die jewei-

---

1 BAG 10.12.1996 – 1 ABR 32/96, NZA 1997, 898; 5.2.1997 – 10 AZR 553/96, NZA 1998, 158; 25.1.2000 – 1 ABR 1/99,
NZA 2000, 1069; Richardi/*Annuß*, § 112 Rz. 87; aA DKKW/*Däubler*, §§ 112, 112a Rz. 177; Hanau, FS Gaul, 1992,
S. 287 (295). ||2 BAG 5.2.1997 – 10 AZR 553/96, NZA 1998, 158. ||3 Vgl. zum Ganzen Richardi/*Annuß*, § 112
Rz. 88. ||4 BAG 5.10.2000 – 1 AZR 48/00, NZA 2001, 849; MünchArbR/*Matthes*, § 270 Rz. 7; *Röder/Baeck*,
S. 144f. u. dortige Fn. 588; *Fitting*, §§ 112, 112a Rz. 135ff.; WHSS/*Schweibert*, C Rz. 239ff. Zu Zulässigkeit und
Grenzen der Pauschalisierung von Sozialplananspruchen *Willemsen*, ZIP 1981, 1058ff. ||5 Vgl. hierzu *Willemsen*/*Schweibert*, NJW 2006, 2583; *Oelkers*, NJW 2008, 614. ||6 Vgl. *Lingemann/Gotham*, NZA 2007, 663 (664);
Annuß, BB 2006, 1629 (1634); die anspruchsmindernde Berücksichtigung eines Anspruchs auf Altersrente – ggf.
nach vorübergehender Arbeitslosigkeit – ist AGG-konform; vgl. LAG Köln 4.6.2007 – 14 Sa 201/07, ZIP 2008,
194ff.; vgl. Rz. 52. ||7 BAG 12.3.1997 – 10 AZR 648/96, NZA 1997, 1058. ||8 LAG Hamm 15.3.2006 – 18 Sa
14/06, NZA-RR 2006, 572 (574). ||9 BAG 19.4.1983 – 1 AZR 498/81, DB 1983, 2372; Richardi/*Annuß*, § 112 Rz. 91;
aA DKKW/*Däubler*, 12. Aufl., §§ 112, 112a Rz. 49i. ||10 Vgl. BAG 12.3.1997 – 10 AZR 648/96, NZA 1997, 1058.
||11 Vgl. BAG 12.2.1985 – 1 AZR 40/84, NZA 1985, 717; *Röder/Baeck*, S. 159; Richardi/*Annuß*, § 112 Rz. 94f.
||12 Richardi/*Annuß*, § 112 Rz. 95; *Ohl*, Der Sozialplan, 1977, S. 93ff. ||13 *Fitting*, §§ 112, 112a Rz. 142; Richardi/*Annuß*, § 112 Rz. 96f.

lige Fassung der vom ArbGeb erlassenen Regelungen verweisen (unzulässige dynamische Blankettverweisung), sondern müssen eine eigenständige Regelung treffen[1]. Auch die Nachteile im Hinblick auf den **Verlust verfallbarer Anwartschaften** können im Sozialplan ganz oder teilweise ausgeglichen werden[2]. Angesichts der Verkürzung der Unverfallbarkeitsfristen gem. § 1b I 1 BetrAVG dürfte es aber keineswegs zwingend sein, dass der Sozialplan derlei Regelungen beinhaltet.

41 Das Risiko der **Verhängung einer Sperrzeit (§ 159 SGB III)** kann im Sozialplan dem ArbGeb auferlegt werden. Dies gilt insb. dann, wenn der Sozialplan Anreize für Mitarbeiter enthält, die auf Grund eines Aufhebungsvertrages ausscheiden[3].

42 Der Anspruch auf **bevorzugte Wiedereinstellung** ist streng genommen nicht Gegenstand des Sozialplans, da diese Regelung nicht unmittelbar dem Ausgleich wirtschaftl. Nachteile dient, sondern sachlich eine Einschränkung der vom ArbGeb geplanten Betriebsänderung darstellt. Eine solche Regelung gehört daher zum nicht erzwingbaren Interessenausgleich[4]. Ist sie jedoch im Sozialplan enthalten, ist sie verbindlicher Gegenstand dieser BV[5].

43 Im Sozialplan kann ein **Härtefonds** gebildet werden, um besondere Nachteile, die zum Zeitpunkt des Abschlusses des Sozialplans noch nicht voraussehbar sind, ausgleichen zu können. Der Sache nach liegt hier eine Sozialeinrichtung des ArbGeb vor (§ 87 I Nr. 8)[6]. Es sind daher Regelungen über die Verteilung der Mittel zu treffen. Nicht verbrauchte Mittel des Härtefonds fallen an den ArbGeb zurück[7].

44 Verbindliche Höchstgrenzen für das Volumen eines einvernehmlichen Sozialplans bestehen nur im Zusammenhang mit Insolvenzverfahren (vgl. § 123 InsO). Der Sozialplan kann Abfindungen, die sich nach pauschalierenden Formeln berechnen, mit einer **Höchstbegrenzung** versehen, zB entsprechend § 10 KSchG (s.a. Rz. 75)[8]. Ein Verstoß gegen § 75 I oder eine Diskriminierung älterer ArbN sind bei einer Höchstbetragsklausel, die nicht an das Alter anknüpft, nicht gegeben[9].

45 Abfindungen gem. § 1a KSchG können auf einen Sozialplanabfindungsanspruch angerechnet werden, da die Ansprüche nach § 1a KSchG ebenfalls die mit dem betriebsbedingten Verlust des Arbeitsplatzes einhergehenden wirtschaftl. Nachteile ausgleichen oder mildern sollen[10].

46 **c) Rechtliche Schranken der Regelungsbefugnis.** Zwar sind Unternehmer und BR bei der einvernehmlichen Aufstellung eines Sozialplans im Grundsatz frei in ihrer Entscheidung, welche wirtschaftl. Nachteile sie in welchem Umfang ausgleichen oder mindern wollen[11]. Jedoch besteht diese Freiheit nur in den **Grenzen von Recht und Billigkeit (§ 75)** und insb. unter Wahrung des **Gleichbehandlungsgrundsatzes**[12]. Dies bedeutet jedoch nicht, dass die Betriebsparteien verpflichtet wären, jeden wirtschaftl. Nachteil auszugleichen oder zu mildern[13]. Auch wenn Abs. 5 auf den einvernehmlichen Sozialplan keine Anwendung findet, können aus der gesetzl. Regelung die Wertungsmaßstäbe entnommen werden, die sinngemäß auch für einvernehmlich getroffene Regelungen Anwendung finden sollen[14].

47 Die wesentlichsten Einschränkungen für die Regelungsfreiheit der Betriebspartner ergeben sich aus dem **Gleichbehandlungsgrundsatz**. Dies bedeutet einerseits, dass im Wesentlichen gleich gelagerte Fälle gleich zu behandeln sind. Andererseits sind jedoch dann Differenzierungen geboten, wenn unterschiedlich schwere wirtschaftl. Nachteile vorliegen oder Unterschiede im Hinblick auf deren Vermeidbarkeit bestehen[15]. So können insb. Mitarbeiter, die einen ihnen angebotenen anderen **zumutbaren Arbeitsplatz ablehnen,** von Abfindungen ausgeschlossen werden[16] (vgl. auch Rz. 67f.). Auch eine Herabsetzung der Abfindung in solchen Fällen ist zulässig[17]. Die Festlegung, welche im Unternehmen oder Konzern zur Verfügung stehenden Arbeitsplätze **zumutbar** sind, obliegt den Betriebspartnern[18]. Sofern nichts Abweichendes geregelt, ist von einem zumutbaren Arbeitsplatz auszugehen, wenn die neue Posi-

---

1 BAG 28.3.2007 – 10 AZR 719/05, NZA 2007, 1066, Rz. 34. || 2 BAG 27.10.1987 – 1 ABR 9/86, NZA 1988, 203; 29.11.1978 – 5 AZR 553/77, DB 1979, 795. || 3 BAG 27.10.1987 – 1 ABR 9/86, NZA 1988, 203. || 4 AA *Fitting*, §§ 112, 112a Rz. 141; *Knorr*, Sozialplan im Widerstreit der Interessen, 1995, § 6 Rz. 52. || 5 BAG 18.12.1990 – 1 ABR 15/90, NZA 1991, 482. || 6 DKKW/*Däubler*, §§ 112, 112a Rz. 179; Richardi/*Annuß*, § 112 Rz. 100; *Knorr*, Sozialplan im Widerstreit der Interessen, 1995, § 6 Rz. 50. || 7 LAG Bremen 15.6.1990 – 4 Sa 353/89, LAGE § 112 BetrVG 1972 Nr. 17; Richardi/*Annuß*, § 112 Rz. 100; DKKW/*Däubler*, §§ 112, 112a Rz. 182. || 8 BAG 23.8.1988 – 1 AZR 284/87, NZA 1989, 28; vgl. auch BAG 19.10.1999 – 1 AZR 838/98, NZA 2000, 732; Richardi/*Annuß*, § 112 Rz. 115. || 9 BAG 2.10.2007 – 1 AZN 793/07, NZA 2008, 848; vgl. zu Höchstbetragsklauseln ausf. *Temming*, RdA 2008, 205 (213ff.). || 10 BAG 19.6.2007 – 1 AZR 340/06, NJW 2008, 169ff. || 11 BAG 28.9.1988 – 1 ABR 23/87, NZA 1989, 186; 30.11.1994 – 10 AZR 578/93, NZA 1995, 492; 13.11.1996 – 10 AZR 340/96, NZA 1997, 390; 15.12.1998 – 1 AZR 332/98, NZA 1999, 667; 19.10.1999 – 1 AZR 838/98, NZA 2000, 732; 5.10.2000 – 1 AZR 48/00, NZA 2001, 849. || 12 BAG 15.1.1991 – 1 AZR 80/90, NZA 1991, 692; 30.11.1994 – 10 AZR 578/93, NZA 1995, 492; 11.2.1998 – 10 AZR 22/97, NZA 1998, 895; *Fitting*, §§ 112, 112a Rz. 144; Richardi/*Annuß*, § 112 Rz. 102; *Knorr*, Sozialplan im Widerstreit der Interessen, 1995, § 6 Rz. 60; *Schmidt*, FS Kreutz, 2010, S. 451 (458ff.). || 13 BAG 20.4.1994 – 10 AZR 323/93, NZA 1995, 489; 9.11.1994 – 10 AZR 281/94, NZA 1995, 644. || 14 Vgl. Richardi/*Annuß*, § 112 Rz. 101. || 15 BAG 15.1.1991 – 1 AZR 80/90, NZA 1991, 692. || 16 BAG 28.9.1988 – 1 ABR 23/87, NZA 1989, 186; 19.6.1996 – 10 AZR 23/96, NZA 1997, 562; vgl. auch BAG 20.4.2010 – 1 AZR 988/08, NZA 2010, 1018. || 17 BAG 25.10.1983 – 1 AZR 260/82, DB 1984, 725; 27.10.1987 – 1 ABR 9/86, NZA 1988, 203 (50 % Abschlag); 6.11.2007 – 1 AZR 960/06, BB 2008, 356ff. || 18 BAG 28.9.1988 – 1 ABR 23/87, NZA 1989, 186; 19.6.1996 – 10 AZR 23/96, NZA 1997, 562; *Fitting*, §§ 112, 112a Rz. 159; Richardi/*Annuß*, § 112 Rz. 104.

tion im Wesentlichen den Fähigkeiten und Kenntnissen des ArbN entspricht[1]. Ein erforderlicher **Ortswechsel** (vgl. Abs. 5 Nr. 2) und mit der neuen Position verbundene Gehaltseinbußen sprechen nicht in jedem Fall gegen die Zumutbarkeit[2], auch wenn seitens des BR in den Verhandlungen zumeist ein gegenteiliger Standpunkt vertreten wird. Auch das Angebot einer **Teilzeitbeschäftigung**[3] kann zumutbar sein. Der Ausschluss von einer Abfindung oder deren Reduzierung kommt auch in Betracht, wenn Mitarbeiter auf **Vermittlung des ArbGeb** einen neuen **Arbeitsplatz außerhalb des Konzerns** gefunden haben[4]. Allerdings können in diesen Fällen Differenzierungen erforderlich sein, je nachdem, welche Qualität der neue Arbeitsplatz aufweist und wie es um die Sicherheit dieses Arbeitsplatzes bestellt ist (Anerkennung der bisherigen Betriebszugehörigkeit; Verzicht auf eine Probezeit etc.)[5].

ArbN, die ihr ArbVerh auf Grund der Betriebsänderung **selbst kündigen**, können finanziell schlechter gestellt werden als diejenigen, die auf Grund einer ArbGebKündigung oder durch Aufhebungsvertrag ausscheiden[6]. Insb. ArbN, die vor einem bestimmten **Stichtag** selbst kündigen, haben idR bessere Chancen auf dem Arbeitsmarkt, so dass die Kürzung der Abfindung gerechtfertigt erscheint[7]. Die Festlegung des Stichtags muss indessen sachlich berechtigt sein[8]. So kann auf den Zeitpunkt abgestellt werden, zu dem die Bemühungen um einen Interessenausgleich gescheitert sind[9] bzw. auf den Zeitpunkt des Zustandekommens des Interessenausgleichs. Auch die Bekanntgabe des Stilllegungsbeschlusses an den BR kommt als Anknüpfungspunkt in Betracht[10], ebenso der Zeitpunkt, in dem die Art und Weise der durchzuführenden Betriebsänderung für den betroffenen ArbN feststeht[11]. Insb. hat das BAG anerkannt, dass die Stichtagsregelung das Interesse eines ArbGeb an einer geordneten Durchführung der Betriebsänderung berücksichtigen darf[12]. Allerdings ist das betriebl. Interesse, die personelle Zusammensetzung der Belegschaft bis zu einem bestimmten Zeitpunkt zu sichern, nicht geeignet, Differenzierungen bei der Höhe von Sozialplanabfindungen zu rechtfertigen[13]. Will der ArbGeb bis zu einem bestimmten Zeitpunkt die **Produktionssicherheit** sicherstellen, muss er hierfür außerhalb des Sozialplans entsprechende Anreize setzen, zB durch Zahlung einer Bleibeprämie, die ggf. gem. § 87 I Nr. 10 mitbestimmungspflichtig wäre. Auch darf nicht ohne sachlichen Grund rein formal danach unterschieden werden, ob der ArbGeb oder der ArbN die Kündigung ausgesprochen hat[14]. Insb. dann, wenn die Eigenkündigung oder der Aufhebungsvertrag nach einem bestimmten Stichtag im Zusammenhang mit einer Betriebsänderung **vom ArbGeb veranlasst** worden ist, darf ein Ausschluss vom Abfindungsanspruch nicht erfolgen[15]. Der Sozialplan darf aber den Abfindungsanspruch bei Eigenkündigung davon abhängig machen, dass dem ArbN zuvor ein unzumutbares oder kein Arbeitsplatzangebot unterbreitet wurde[16].

Ob eine Eigenkündigung oder ein Aufhebungsvertrag **vom ArbGeb veranlasst** sind, ist mitunter schwierig festzustellen. Nicht ausreichend ist es, wenn der ArbGeb den Mitarbeitern empfohlen hat, sich angesichts der wirtschaftl. Lage des Unternehmens um eine neue Arbeitsstelle zu bemühen[17]. Vielmehr muss der ArbGeb den ArbN **im Zusammenhang mit einer konkret geplanten Betriebsänderung dazu bestimmt** haben, selbst zu kündigen oder einen Aufhebungsvertrag zu schließen, um hierdurch eine Kündigung zu vermeiden[18]. Im Rahmen der Umstrukturierung einer Unternehmensgruppe ist von einer vom ArbGeb veranlassten Eigenkündigung nicht auszugehen, wenn zwar der Arbeitsplatz beim

---

1 Vgl. BAG 26.10.1995 – 6 AZR 928/94, NZA 1996, 547; 18.4.1996 – 6 AZR 607/95, NZA 1997, 553; LAG Hamm 18.1. 2006 – 18 Sa 907/05, NZA-RR 2006, 304 (306). ||2 Vgl. die umfangreiche Darstellung bei *Küttner*, FS Stahlhacke, 1996, S. 289 (301 f.); zur sehr begrenzten Bedeutung von Art. 6 GG in diesem Zusammenhang BAG 6.11. 2007 – 1 AZR 960/06, BB 2008, 356 ff. ||3 Vgl. BAG 18.4.1996 – 6 AZR 607/95, NZA 1997, 553, bezogen auf eine 3/4-Stelle; vgl. zu einem AbsicherungsTV auch BAG 28.2.2002 – 6 AZR 525/01, DB 2002, 1946. ||4 BAG 19.6. 1996 – 10 AZR 23/96, NZA 1997, 562; 22.3.2005 – 1 AZR 3/04, NZA 2005, 831; vgl. auch BAG 8.12.2009 – 1 AZR 801/08, NZA 2010, 351; DKKW/*Däubler*, §§ 112, 112a Rz. 110; WHSS/*Schweibert*, Rz. C 260. ||5 BAG 22.3.2005 – 1 AZR 3/04, NZA 2005, 831: Abfindungsausschluss auch ohne Anerkennung der Betriebszugehörigkeit zulässig; *Fitting*, §§ 112, 112a Rz. 160; restriktiver DKKW/*Däubler*, §§ 112, 112a Rz. 111. ||6 BAG 1.2.2011 – 1 AZR 417/09, NZA 2011, 880; *Fitting*, §§ 112, 112a Rz. 162; *Picot/Schnitker*, II E. Rz. 199; vgl. ausf. *Cohnen*, FS Bauer, 2010, S. 241. ||7 BAG 24.11.1993 – 1 AZR 311/93, NZA 1994, 716 (50 % Abschlag); 6.8.1997 – 10 AZR 66/97, NZA 1998, 155; 13.2.2007 – 1 AZR 163/06, DB 2007, 1315; 15.5.2007 – 1 AZR 370/06, ZIP 2007, 1575 Rz. 16; Richardi/*Annuß*, § 112 Rz. 107; *Fitting*, §§ 112, 112a Rz. 164; vgl. zu Eigenkündigungen und Stichtagsklauseln *Annuß*, FS Kreutz, 2010, S. 13 (20 ff.). ||8 BAG 24.1.1996 – 10 AZR 155/95, NZA 1996, 834; 19.2.2008 – 1 AZR 1004/06, NZA 2008, 719. ||9 BAG 30.11.1994 – 10 AZR 578/93, NZA 1995, 492; vgl. GK-BetrVG/*Oetker*, §§ 112, 112a Rz. 356. ||10 BAG 13.11.1996 – 10 AZR 340/96, NZA 1997, 390. ||11 BAG 12.4.2011 – 1 AZR 505/09, NZA 2011, 1302. ||12 BAG 9.11.1994 – 10 AZR 281/94, NZA 1995, 644; 19.7.1995 – 10 AZR 885/94, NZA 1996, 271; vgl. auch WHSS/*Schweibert*, Rz. C 262. ||13 BAG 19.2.2008 – 1 AZR 1004/06, NZA 2008, 719. ||14 BAG 15.1.1991 – 1 AZR 80/90, NZA 1991, 692. ||15 Vgl. BAG 28.4.1993 – 10 AZR 222/92, BB 1993, 1807; 20.4.1994 – 10 AZR 323/93, NZA 1995, 489; 19.7.1995 – 10 AZR 885/94, NZA 1996, 271; ErfK/*Kania*, § 112a BetrVG Rz. 25; *Fitting*, §§ 112, 112a Rz. 163. ||16 BAG 13.2.2007 – 1 AZR 163/06, DB 2007, 1315; zur Zulässigkeit des Ausschlusses aus dem Sozialplan von ArbN, die zum Zeitpunkt seines Inkrafttretens auf eigene Veranlassung nicht mehr in einem ArbVerh zum ArbGeb stehen, BAG 14.12.2010 – 1 AZR 279/09, NZA-RR 2011, 182. ||17 BAG 20.4.1994 – 10 AZR 323/93, NZA 1995, 489; Richardi/*Annuß*, § 112 Rz. 109; *Fitting*, §§ 112, 112a Rz. 163. ||18 BAG 19.7.1995 – 10 AZR 885/94, NZA 1996, 271; s.a. BAG 25.3.2003 – 1 AZR 170/02, NZA 2004, 64; 26.10.2004 – 1 AZR 503/03, NZA 2005, 1264; 13.2.2007 – 1 AZR 184/06, NZA 2007, 825 Rz. 30; 20.5.2008 – 1 AZR 203/07, NZA-RR 2008, 636; 10.2.2009 – 1 AZR 767/07, NZA 2009, 970; Richardi/*Annuß*, § 112 Rz. 109; *Fitting*, §§ 112, 112a Rz. 163.

bisherigen ArbGeb nicht fortbestehen soll, die entsprechenden Aufgaben jedoch auf andere Unternehmen der Gruppe übertragen werden[1].

50   ArbN, die dem **Übergang ihrer Arbverh auf einen neuen ArbGeb (§ 613a Abs. 6 BGB)** widersprechen, können von Abfindungen ausgeschlossen werden oder müssen zumindest eine Minderung der Zahlung hinnehmen, da die Fortsetzung der Tätigkeit beim Betriebserwerber im Regelfall zumutbar ist[2]. Andererseits *darf* der Sozialplan durchaus für ArbN Abfindungen vorsehen, die ohne triftigen Grund widersprechen; Abs. 5 S. 2 gilt nicht für einvernehmlich herbeigeführte Sozialpläne[3] (s. dazu auch Erl. § 613a BGB Rz. 361). Eine Sozialplanbestimmung, wonach Mitarbeiter, die einen zumutbaren Arbeitsplatz ausschlagen, von Abfindungen ausgenommen werden, ist auch auf ohne sachlichen Grund widersprechende ArbN anwendbar, auch wenn sich die Bestimmung nicht ausdrücklich auf diese Konstellation bezieht[4]. Fehlt es hingegen an einer solchen Vorschrift und wird die Abfindung ausschließlich an eine vom ArbGeb veranlasste Beendigung des ArbVerh geknüpft, soll dies nicht gelten[5]. Es empfiehlt sich daher, in Sozialplänen vorsorglich eine Regelung aufzunehmen, die widersprechende ArbN ausdrücklich von einem Abfindungsanspruch ausnimmt, auch wenn im Rahmen der geplanten Betriebsänderung noch gar nicht feststeht, ob es überhaupt zu einem Betriebs(teil)übergang kommt. Umgekehrt müssen idR auch diejenigen Mitarbeiter von Abfindungsansprüchen ausgenommen werden, deren ArbVerh auf den Betriebserwerber übergehen, da sie keine wirtschaftl. Nachteile erleiden, die ausgleichspflichtig wären[6] (s. zu den ausgleichungspflichtigen Nachteilen beim Betriebsübergang Rz. 36). Nicht zulässig ist es, die Zahlung einer Abfindung davon abhängig zu machen, dass der ArbN zuvor erfolglos den Erwerber eines Betriebsteils auf Feststellung des Übergangs seines ArbVerh verklagt[7].

51   Sozialpläne müssen § 75 beachten. Nach dessen Abs. 1 Hs. 1 sind alle im Betrieb beschäftigten Personen nach den Grundsätzen von Recht und Billigkeit zu behandeln; damit wird der **Grundsatz der Gleichbehandlung** ausdrücklich in das BetrVR integriert[8]. Entspr. § 1 **AGG** sieht § 75 **I** darüber hinaus das ausdrückliche Verbot der Diskriminierung ua. wegen des **Geschlechts** und wegen des **Alters** vor. Es würde deshalb eine rechtswidrige Benachteiligung von Frauen darstellen, wenn in Anspruch genommene **Elternzeit** nicht als Betriebszugehörigkeit im Zusammenhang mit der Berechnung der Abfindung berücksichtigt würde[9]; diese Wertung ergibt sich auch aus Art. 6 I, II GG[10]. Jegliche Benachteiligung von Ausländern, Gewerkschaftsmitgliedern, Behinderten oder Minderheiten ist verboten. Eine Bevorzugung von Gewerkschaftsmitgliedern im Sozialplan ist ebenfalls in aller Regel gleichheitswidrig und deshalb unzulässig[11].

52   Sozialpläne müssen die Bestimmungen des AGG beachten; aus § 10 S. 3 Nr. 6 AGG[12] ergibt sich, dass Sozialpläne in den Anwendungsbereich des AGG fallen[13]. Nach § 10 S. 1 AGG sind Differenzierungen nach dem **Alter** zulässig, wenn sie objektiv und angemessen und durch ein legitimes Ziel gerechtfertigt sind. Die Mittel zur Erreichung dieses Ziels müssen angemessen und erforderlich sein. Nach Nr. 6 der Vorschrift sind nach **Alter** oder[14] **Betriebszugehörigkeit gestaffelte Abfindungsregelungen** zulässig, wenn darin „die wesentlich vom Alter abhängenden Chancen auf dem Arbeitsmarkt durch eine verhältnismäßig starke Betonung des Lebensalters erkennbar berücksichtigt worden sind, oder Beschäftigte von den Leistungen des Sozialplans ausgeschlossen haben, die wirtschaftlich abgesichert sind, weil sie, ggf. nach Bezug von Arbeitslosengeld, rentenberechtigt sind." Auf Grund dieser Vorschrift hatte das AGG im Hinblick auf die Sozialplanpraxis bislang kaum konkrete Auswirkungen, was in der Lit. zuweilen kritisiert wird[15]. Nach hM dürfen Sozialpläne eine nach **Lebensalter oder Betriebszugehörigkeit gestaffelte** Abfindung vorsehen[16]. Sie dürfen Sozialplanleistungen für **rentennahe ArbN**, die nach einem relativ kurzen, vollständig oder überwiegend durch den Bezug von Alg überbrückbaren Zeitraum

---

1 BAG 16.4.2002 – 1 AZR 368/01, ZIP 2002, 2055. ||2 BAG 5.2.1997 – 10 AZR 553/96, NZA 1998, 158; 12.7.2007 – 2 AZR 448/05, NZA 2008, 425 Rz. 42 ff.; Richardi/*Annuß*, § 112 Rz. 104; Picot/*Schnitker*, II E. Rz. 201; Neef/*Schrader*, NZA 1998, 804, 807 f.; wohl auch *Fitting*, §§ 112, 112a Rz. 161; aA DKKW/*Däubler*, §§ 112, 112a Rz. 138, wonach die Vermutung, dass die Fortsetzung des ArbVerh zumutbar ist, nicht gerechtfertigt sei. Die Zumutbarkeit soll in jedem Einzelfall zu überprüfen sein. ||3 BAG 15.12.1998 – 1 AZR 332/98, NZA 1999, 667; *Fitting*, §§ 112, 112a Rz. 161. ||4 BAG 5.2.1997 – 10 AZR 553/96, NZA 1998, 158; Richardi/*Annuß*, § 112 Rz. 104. ||5 BAG 15.12.1998 – 1 AZR 332/98, NZA 1999, 667; WHSS/*Schweibert*, Rz. C 261; Richardi/*Annuß*, § 112 Rz. 104. ||6 Neef/*Schrader*, NZA 1998, 804 (806); WHSS/*Schweibert*, Rz. C 261. ||7 BAG 22.7.2003 – 1 AZR 575/02, BB 2004, 2022. ||8 WPK/*Preis*, § 75 BetrVG Rz. 27 ff. ||9 WPK/*Preis*, § 112, 112a BetrVG Rz. 52. ||10 BAG 12.11.2002 – 1 AZR 58/02, NZA 2003, 1287; 21.10.2003 – 1 AZR 407/02, NZA 2004, 559; *Fitting*, §§ 112, 112a Rz. 166; aA LAG Berlin 18.1.1999 – 9 Sa 107/98, NZA-RR 1999, 179. ||11 Gem. ArbG München 20.12.2012 – 3 Ca 8900/12, NZA-RR 2013, 125 müsste sich für einen höheren Abfindungsanspruch der Nachweis führen lassen, dass Gewerkschaftsmitglieder eine längere Überbrückungszeit benötigen. Diese Annahme dürfte indes durchgehend abwegig sein. ||12 S. zur Frage nach dessen Gemeinschaftsrechtskonformität (im Erg. bejahend): BAG 26.5.2009 – 1 AZR 198/08, NZA 2009, 849; Krieger/*Arnold*, NZA 2008, 1153 (1155). ||13 *Fitting*, §§ 112, 112a Rz. 145 ff.; vgl. auch § 112 Rz. 38. ||14 Für ein Verständnis iSv. „und/oder": Bauer/Göpfert/*Krieger*, § 10 AGG Rz. 52; ErfK/*Kania*, § 112a BetrVG Rz. 24; *Besgen*, BB 2007, 213 (217). ||15 Vgl. *Temming*, RdA 2008, 205 ff.; WPK/Preis/*Bender*, §§ 112, 112a BetrVG Rz. 50. ||16 BAG 12.4.2011 – 1 AZR 764/09, NZA 2011, 988; 26.5.2009 – 1 AZR 198/08, NZA 2009, 849; vgl. zu Altersdifferenzierungen in Sozialplänen ausf. *Mohr*, RdA 2010. 44; *Willemsen*, FS Bauer, 2010, S. 1119 (1127 ff.).

Anspruch auf eine gesetzl. Altersrente haben, reduzieren[1] und für **(vorzeitig) rentenberechtigte ArbN** sogar ganz ausschließen[2]. Hierin liegt weder ein Verstoß gegen den betriebsverfassungsrechtl. Gleichbehandlungsgrundsatz noch gegen das AGG[3]. Auch Abfindungshöchstgrenzen (Kappungsgrenzen) sind idR weder gleichheitswidrig noch altersdiskriminierend, auch wenn von ihnen überproportional häufig Ältere betroffen sind[4]. Zudem können ArbN von Sozialplanleistungen ausgenommen werden, wenn sie wegen des Bezugs einer befristeten vollen Erwerbsminderungsrente nicht beschäftigt sind und mit der Wiederherstellung ihrer Arbeitsfähigkeit auch nicht zu rechnen ist[5]. Nach einer Entscheidung des **EuGH** ist eine Regelung wegen **Altersdiskriminierung europarechtswidrig**, nach der die Zahlung einer gesetzl. Entlassungsabfindung, die einen Anreiz zur Aufnahme einer anderweitigen Berufstätigkeit bilden soll, an solche ArbN ausgeschlossen ist, die zwar die Möglichkeit besitzen, eine Altersrente zu beziehen, vorübergehend jedoch darauf verzichten möchten, um ihre berufliche Laufbahn weiter zu verfolgen[6]. Ebenso ist eine Regelung europarechtswidrig, die anspruchsmindernd bzgl. der Sozialplanleistungen berücksichtigt, dass schwerbehinderte Menschen vorzeitig Altersrente beantragen können[7].

Weiterhin zulässig sind Regelungen, nach denen die Abfindungshöhe mit zunehmender Betriebszugehörigkeit ansteigt. Die darin liegende mittelbare Benachteiligung jüngerer ArbN ist durch § 10 S. 3 Nr. 6 AGG gedeckt[8]. Gleiches gilt für der Höhe nach gestaffelte Alterszuschläge[9]. Obwohl es sich um eine Benachteiligung von älteren ArbN handeln kann, sind auch unter der Geltung des AGG sog. „Deckelungen", dh. Höchstbeträge für mögliche Sozialplanabfindungen, zulässig[10].

TeilzeitArbN müssen Abfindungen mindestens im Verhältnis ihrer jeweiligen persönlichen Arbeitszeit zur Vollarbeitszeit erhalten[11]. Dies folgt auch aus § 4 I TzBfG. Da Sozialplanformeln üblicherweise auch auf die Vergütung abstellen, wird der Aspekt der Teilzeit dabei bereits automatisch berücksichtigt. Problematisch sind die Fälle, in denen Mitarbeiter jahrelang in Teilzeit tätig waren und erst kürzlich in eine Vollzeittätigkeit wechselten. Hier soll es zulässig (aber keinesfalls rechtl. geboten) sein, bei der Bemessung der Betriebszugehörigkeit die Phasen der Teilzeittätigkeit nur anteilig zu zählen[12]. Ob es im Umkehrschluss auch im Ermessen der Betriebsparteien läge, bei Teilzeitmitarbeitern frühere Vollzeittätigkeiten anspruchserhöhend zu berücksichtigen, ist im Hinblick auf die Überbrückungsfunktion des Sozialplans (Rz. 29) zumindest fraglich. Nach einer Entscheidung des EuGH[13] soll es unzulässig sein, bei einem in Teilzeit tätigen ArbN, der sich zum Zeitpunkt der Kündigung in Elternzeit befindet, das entspr. reduzierte Gehalt für die Bemessung der Abfindung zugrunde zu legen. **Befristet beschäftigte ArbN** erleiden nur einen wirtschaftl. Nachteil, wenn es durch die Betriebsänderung zu einer frühzeitigen Vertragsbeendigung gekommen ist; in aller Regel werden die eintretenden Nachteile wesentlich geringer als bei unbefristet beschäftigten Mitarbeitern sein, so dass ein entsprechend zurückhaltender Ausgleich erfolgen muss[14].

Auch **sachwidrige Bevorzugungen** sind unwirksam; für Mitglieder des BR folgt dies schon aus § 78 S. 2[15]. Die Erhebung einer **Kündigungsschutzklage** darf nicht zur Minderung oder zum Ausschluss des

---

1 BAG 23.3.2010 – 1 AZR 832/08, NZA 2010, 774; 26.5.2009 – 1 AZR 198/08, NZA 2009, 849; 20.1.2009 – 1 AZR 740/07, NZA 2009, 495; 31.7.1996 – 10 AZR 45/96, NZA 1997, 165; 26.7.1988 – 1 AZR 156/87, NZA 1989, 25; *Bauer/Göpfert/Krieger*, § 10 AGG Rz. 54; WPK/*Preis/Bender*, §§ 112, 112a Rz. 50; *Krieger/Arnold*, NZA 2008, 1153; *Oelkers*, NJW 2008, 614; dabei besteht auch unter Beachtung des Unionsrechts keine Pflicht, in einem Sozialplan für rentennahe ArbN einen wirtschaftl. Ausgleich vorzusehen, der min. 50 % der Abfindung rentenferner ArbN beträgt, BAG 26.3.2013 – 1 AZR 813/11, ZIP 2013, 1349; aA iS eines obiter dictums wohl EuGH 6.12.2012 – Rs. C-152/11, NZA 2012, 1435 – Odar (min. 50 %).   ‖2 BAG 26.5.2009 – 1 AZR 198/08, NZA 2009, 849; 11.11.2008 – 1 AZR 475/07, NZA 2009, 210; 30.9.2008 – 1 AZR 684/07, NZA 2009, 386; WPK/*Preis/Bender*, §§ 112, 112a Rz. 50; *Krieger/Arnold*, NZA 2008, 1153; *Oelkers*, NJW 2008, 614; *Willemsen*, FS Bauer, 2010, S. 1119 (1126, 1130); aA für den Fall eines großzügig dotierten Sozialplans und der mit einer vorgezogenen Altersrente verbundenen Rentenabschläge LAG Hamm 29.8.2012 – 4 Sa 668/11, n.rkr.   ‖3 EuGH 6.12.2012 – Rs. C-152/11, NZA 2012, 1435 – Odar.   ‖4 BAG 21.7.2009 – 1 AZR 566/08, NZA 2009, 1107; ebenso liegt keine Diskriminierung vor, wenn ein schwerbehinderter ArbN aufgrund des Erreichens des im Sozialplan vorgegebenen Höchstbetrags einen zusätzlich vorgesehenen Abfindungserhöhungsbetrag für Schwerbehinderte nicht erhält und der Kappungsbetrag nicht nach der Schwerbehinderung differenziert, LAG Kiel 28.2.2012 – 3 Sa 473/11.   ‖5 BAG 7.6.2011 – 1 AZR 34/10, NZA 2011, 1370.   ‖6 EuGH 12.10.2010 – Rs. C-499/08, NZA 2010, 1341; zu den möglichen Folgen dieses Urteils auf die deutsche Sozialplanpraxis *Bayreuther*, NJW 2011, 19 (21f.); s.a. *Preis*, NZA 2010, 1323; *Wißmann*, RdA 2011, 181. Die Entscheidung betraf einen Sonderfall und steht nicht im Widerspruch zu „Odar"; *Willemsen*, RdA 2013, 166 (168).   ‖7 EuGH 6.12.2012 – Rs. C-152/11, NZA 2012, 1435f. – Odar; entsprechendes gilt für die vorzeitige Rente für Frauen (§ 237a SGB VI), *Willemsen*, RdA 2013, 166 (170); *Zange*, NZA 2013, 601.   ‖8 BAG 26.5.2009 – 1 AZR 198/08, NZA 2009, 849.   ‖9 BAG 12.4.2011 – 1 AZR 743/09, NZA 2011, 985.   ‖10 *Bauer/Göpfert/Krieger*, § 10 AGG Rz. 54; ErfK/*Kania*, § 112a BetrVG Rz. 24; vgl. auch BAG 21.7.2009 – 1 AZR 566/08, ZIP 2009, 1834, allerdings nur bezogen auf einen möglichen Verstoß gegen § 75; s.a. § 112 Rz. 44.   ‖11 BAG 28.10.1992 – 10 AZR 129/92, NZA 1993, 717; *Fitting*, §§ 112, 112a Rz. 157; Richardi/*Annuß*, § 112 Rz. 106.   ‖12 BAG 14.8.2001 – 1 AZR 760/00, NZA 2002, 451, ua. unter Hinweis auf die „Befriedungsfunktion" des Sozialplans; zust. *Fitting*, §§ 112, 112a Rz. 157; vgl. zu einer Übergangsregelung BAG 22.9.2009 – 1 AZR 316/08, BB 2010, 640.   ‖13 EuGH 22.10.2009 – Rs. C-116/08, NZA 2010, 29.   ‖14 Annuß/*Thüsing*/*Thüsing*, § 4 TzBfG Rz. 73.   ‖15 Vgl. WHSS/*Schweibert*, Rz. C 264; LAG Düss. 13.9.2001 – 11 (4) Sa 906/01, BB 2002, 306 (307).

Abfindungsanspruchs führen[1]; auch ein Teil der Abfindung darf nicht von einem Klageverzicht abhängig gemacht werden[2], hingegen ist es zulässig und angezeigt, die **Fälligkeit** der Abfindung für den Zeitpunkt vorzusehen, zu dem rkr. feststeht, dass die Kündigung das ArbVerh beendet hat. Auch ist es zulässig, im Zusammenhang mit einer Betriebsänderung eine freiwillige BV abzuschließen, in der zusätzl. zum Sozialplan Leistungen vorgesehen sind, deren Erbringung einen Klageverzicht des ArbN voraussetzen („**Turboprämie**"). Darin sieht das BAG keinen Verstoß gegen § 612a BGB bzw. § 75 I 1, wobei der Grundsatz, dass die Sozialplanabfindung selbst nicht von einem Klageverzicht abhängig gemacht werden dürfe, nicht umgangen werden darf[3]. Insofern wird es entscheidend darauf ankommen, dass der Sozialplan selbst eine hinreichende Milderung der wirtschaftl. Nachteile vorsieht und dass das Sozialplanvolumen die Mittel für die „Turboprämie" deutlich übersteigt[4].

55 Soweit für die Berechnung von Abfindungen auch die Länge der Betriebszugehörigkeit maßgeblich ist, müssen gem. **§ 613a BGB** anzuerkennende **Betriebszugehörigkeiten** berücksichtigt werden[5]. Dies gilt nicht zwingend für Betriebszugehörigkeiten bei einem früheren ArbGeb, die lediglich in einer einzelvertragl. Vereinbarung anerkannt wurden[6]. Regelmäßig ist daher für die Berechnung der Abfindung nur die im letzten rechtlich ununterbrochenen ArbVerh zurückgelegte Dienstzeit maßgeblich. Frühere Dienstzeiten bei demselben ArbGeb können zu berücksichtigen sein, wenn zwischen den ArbVerh ein enger sachlicher Zusammenhang besteht[7].

56 Einstweilen frei.

57 Die **Folgen eines Verstoßes gegen den Gleichbehandlungsgrundsatz** oder das Diskriminierungsverbot bestehen nicht etwa darin, dass der gesamte Sozialplan unwirksam ist. Vielmehr können die benachteiligten ArbN Gleichbehandlung mit den begünstigten ArbN verlangen[8]. Hierdurch wird nachträglich das Volumen des Sozialplans erhöht; das BAG hat dies für unproblematisch angesehen, soweit es um relativ wenige Personen bzw. um ein verhältnismäßig geringes Volumen geht. In besonders einschneidenden Fällen kann die Anwendung der Grundsätze über den Wegfall der Geschäftsgrundlage (vgl. Rz. 87) in Betracht kommen[9]. Dies steht im Einklang mit der Rspr. des BAG, wonach eine **Teilunwirksamkeit** einer Sozialplanregelung nicht automatisch zur Unwirksamkeit des gesamten Sozialplans führt, unabhängig davon, ob es sich um eine freiwillige Regelung oder um den Spruch einer Einigungsstelle handelt[10].

58 **6. Sozialplan durch Spruch der Einigungsstelle.** Kommt in der Einigungsstelle keine Einigung über den Sozialplan zustande, entscheidet die Einigungsstelle verbindlich über dessen Aufstellung (Abs. 4 S. 1). Der Spruch der Einigungsstelle ersetzt die Einigung zwischen ArbGeb und BR (Abs. 4 S. 2). Ausnahmen hiervon regelt § 112a.

59 Die **Zuständigkeit der Einigungsstelle** besteht allerdings nur im Hinblick auf **erzwingbare Sozialplanregelungen**. Da der Interessenausgleich gerade nicht erzwingbar ist (vgl. Rz. 1), darf der von der Einigungsstelle beschlossene Sozialplan keine Regelungen enthalten, die den Eintritt wirtschaftl. Nachteile verhindern sollen, also etwa Einschränkungen von Kündigungs- oder Versetzungsmöglichkeiten und die Durchführung von Fortbildungsmaßnahmen[11].

60 Die **Regelungsbefugnis der Einigungsstelle** geht nicht weiter als die der Betriebspartner, so dass selbstverständlich auch die Einigungsstelle die rechtl. Grenzen zu beachten hat, die sich durch § 75 und insb. durch den Gleichbehandlungsgrundsatz ergeben[12]. Die Ermessensspielräume der Einigungsstelle sind im Gegenteil enger als beim einvernehmlich abgeschlossenen Sozialplan[13]. Die Einigungsstelle muss den Sozialplan so beschließen, dass seine Regelungen dem **rechtsstaatlichen Bestimmtheitsgebot** entsprechen. Er darf nicht lediglich die Prinzipien der Sozialplanregelung in Abhängigkeit von dem sich erst noch zu bestimmenden Sozialplanvolumen festlegen. Falls dieses Volumen noch nicht feststeht, z.B. weil es von Verwertungserlösen abhängt, muss die Entscheidung der Einigungsstelle zurückgestellt werden[14]. Zusätzlich zu den allg. rechtl. Grenzen für Sozialpläne hat die Einigungsstelle die allg. Regel des Abs. 5 S. 1 und insb. die **Ermessensrichtlinien gem. Abs. 5 S. 2** zu beachten.

61 **a) Abwägungsgrundsatz gem. Abs. 5 S. 1.** Vom Grundsatz her entscheidet auch die Einigungsstelle innerhalb der Grenzen billigen Ermessens frei darüber, welche mit dem Verlust eines Arbeitsplatzes verbundenen Nachteile ausgeglichen werden[15]. Abs. 5 S. 1 präzisiert dies dahin gehend, dass sie sowohl die

---

1 BAG 20.6.1985 – 2 AZR 427/84, NZA 1986, 258; 31.5.2005 – 1 AZR 254/04, NZA 2005, 997; 3.5.2006 – 4 AZR 189/05, NZA 2006, 1420; 19.6.2007 – 1 AZR 541/06, nv., Rz. 22; *Fitting*, §§ 112, 112a Rz. 168; Richardi/*Annuß*, § 112 Rz. 112; WHSS/*Schweibert*, Rz. C 264. ||2 LAG Schl.-Holst. 20.4.2004 – 5 Sa 539/03, NZA-RR 2005, 144. ||3 BAG 31.5.2005 – 1 AZR 254/04, NZA 2005, 997; 3.5.2006 – 4 AZR 189/05, NZA 2006, 1420. ||4 *Fitting*, §§ 111, 112 Rz. 169; zu restriktiv DKKW/*Däubler*, §§ 112, 112a Rz. 86. ||5 Richardi/*Annuß*, § 112 Rz. 106. ||6 BAG 16.3.1994 – 10 AZR 606/93, NZA 1994, 1147. ||7 BAG 13.3.2007 – 1 AZR 262/06, NZA 2008, 190. ||8 BAG 15.1.1991 – 1 AZR 80/90, NZA 1991, 692; DKKW/*Däubler*, §§ 112, 112a Rz. 112; *Fitting*, §§ 112, 112a Rz. 173. ||9 Vgl. *Fitting*, §§ 112, 112a Rz. 173; DKKW/*Däubler*, §§ 112, 112a Rz. 112. ||10 BAG 20.12.1983 – 1 AZR 442/82, NZA 1984, 53; 25.1.2000 – 1 ABR 1/99, NZA 2000, 1069. ||11 BAG 17.9.1991 – 1 ABR 23/91, NZA 1992, 227; *Fitting*, §§ 112, 112a Rz. 253. ||12 Richardi/*Annuß*, § 112 Rz. 137. ||13 Vgl. die Nachw. bei DKKW/*Däubler*, §§ 112, 112a Rz. 130. ||14 BAG 26.5.2009 – 1 ABR 12/08, NZA-RR 2009, 588. ||15 BAG 29.11.1978 – 5 AZR 553/77, BB 1979, 474; 27.10.1987 – 1 ABR 9/86, NZA 1988, 203; 28.9.1988 – 1 ABR 23/87, NZA 1989, 186.

sozialen Belange der betroffenen ArbN zu berücksichtigen als auch auf die wirtschaftl. Vertretbarkeit ihrer Entscheidung für das Unternehmen zu achten hat. Die beiden genannten Kriterien bilden die beiden Pole, zwischen denen sich die Einigungsstelle orientieren muss. Der „Sozialplanbedarf"[1] wird durch die wirtschaftl. Nachteile vorgegeben, die die ArbN erleiden. Die wirtschaftl. Grenzen werden durch die Vertretbarkeit für das Unternehmen begrenzt. Insofern wird Abs. 5 S. 1 durch S. 2 Nr. 3 konkretisiert (Sicherung des Fortbestands des Unternehmens bzw. der nach Durchführung der Betriebsänderung verbleibenden Arbeitsplätze).

b) Ermessensrichtlinien gem. Abs. 5 S. 2. aa) Belange der betroffenen Arbeitnehmer (Einzelfallbetrachtung). Abs. 5 S. 2 Nr. 1 konkretisiert die in S. 1 geregelte Anforderung, dass die sozialen Belange der betroffenen ArbN zu berücksichtigen sind. Insb. werden einzelne wirtschaftl. Nachteile genannt, wie sie typischerweise auftreten. IÜ wird vorgeschrieben, dass den „Gegebenheiten des Einzelfalles Rechnung" zu tragen ist. **62**

Im Rahmen der beispielhaften Aufzählung unter Nr. 1 fehlt der **Wegfall des Arbeitsplatzes** als typischer wirtschaftl. Nachteil; offenbar hat der Gesetzgeber es als selbstverständlich angesehen, dass dieser einschneidendste wirtschaftl. Nachteil gemildert oder ausgeglichen werden muss. Nr. 1 ist daher auch auf diesen Fall anzuwenden[2]. **63**

Die Vorgabe, dass den **Gegebenheiten des Einzelfalles Rechnung** zu tragen ist (s. schon Rz. 29, 35 ff.), schließt es aus, für sämtliche ArbN Abfindungen vorzusehen, die sich allein an der Dauer der Betriebszugehörigkeit und an der Höhe des Gehalts orientieren[3]. Dies würde auch dem zukunftsbezogenen Sinn und Zweck des Sozialplans widersprechen (Überbrückungshilfe). Ausschlaggebend ist der voraussichtliche Überbrückungsbedarf der betroffenen ArbN (vgl. Rz. 29)[4]. Dies bedeutet jedoch *nicht,* dass die Einigungsstelle auf jegliche **Pauschalierungen** verzichten müsste. Dies wäre auch gar nicht möglich, da die wirtschaftl. Nachteile, die im Einzelfall eintreten, zum Zeitpunkt der Entscheidung der Einigungsstelle zumeist noch nicht konkret feststehen; dies gilt insb. für die Frage, wie rasch es den entlassenen ArbN voraussichtlich gelingen wird, eine anderweitige Beschäftigung zu finden[5]. Es werden daher allg. Regelungen für zulässig gehalten, die typisierend an bestimmte Umstände anknüpfen, die aller Erfahrung nach für die individuelle Situation der betroffenen ArbN maßgeblich sind[6]; dies sind nach wie vor die Dauer der Betriebszugehörigkeit, die Höhe der Vergütung und das Lebensalter. Ergänzend werden insb. Unterhaltsverpflichtungen und eine etwaige Schwerbehinderung berücksichtigt. Auch sind **Punktesysteme**, die schlüssig und logisch nachvollziehbar an diese Parameter anknüpfen, zulässig und praktikabel[7]. **64**

Bestehen erhebliche Unsicherheiten im Hinblick auf zukünftig eintretende wirtschaftl. Nachteile, bietet es sich an, einen **Härtefonds** (vgl. Rz. 43) einzurichten, der zu einem späteren Zeitpunkt anhand der konkret eingetretenen Nachteile auf die besonders betroffenen ArbN verteilt wird[8]. Die Einigungsstelle muss allerdings Verfahrensregelungen über die zu treffenden Entscheidungen festlegen. Nicht verwandte Mittel fallen an den ArbGeb zurück[9]. **65**

bb) Aussichten auf dem Arbeitsmarkt; Weiterbeschäftigungsmöglichkeiten. Die Einigungsstelle muss die Aussichten der betroffenen ArbN auf dem Arbeitsmarkt berücksichtigen. Dies betrifft Betriebsänderungen, die zum Wegfall von Arbeitsplätzen führen. Die Einigungsstelle tut daher gut daran, sich nicht mit pauschalen Prognosen zu begnügen, sondern konkrete Erkundigungen über den spezifischen Arbeitsmarkt für den betroffenen ArbN-Kreis einzuholen. Entscheidend ist die Situation zum Zeitpunkt der Beschlussfassung[10]. **66**

Nach Nr. 2 S. 2 soll die Einigungsstelle solche ArbN von den Sozialplanleistungen **ausschließen**, die in einem zumutbaren ArbVerh im selben Betrieb oder in einem anderen Betrieb des **Unternehmens** oder eines zum **Konzern** gehörenden Unternehmens **weiterbeschäftigt** werden können und die Weiterbeschäftigung ablehnen (vgl. bereits Rz. 47), wobei die Weiterbeschäftigung an einem **anderen Ort** für sich allein nicht die Unzumutbarkeit der Weiterbeschäftigung begründen soll. Nehmen ArbN entsprechende Angebote an, erleiden sie keine oder nur eingeschränkte wirtschaftl. Nachteile, so dass der Ausschluss von Sozialplanleistungen oder deren Kürzung ebenfalls gerechtfertigt ist. Hingegen betrifft Nr. 2 S. 2 lediglich den Fall, dass Mitarbeiter zumutbare Weiterbeschäftigungsangebote ablehnen. Unter welchen Voraussetzungen ein **Arbeitsplatzangebot zumutbar** ist, wird von der Einigungsstelle fest- **67**

---

1 Richardi/*Annuß*, § 112 Rz. 141. || 2 Vgl. BAG 14.9.1994 – 10 ABR 7/94, NZA 1995, 440; GK-BetrVG/*Oetker*, §§ 112, 112a Rz. 421; ErfK/*Kania*, § 112a BetrVG Rz. 32. || 3 BAG 14.9.1994 – 10 ABR 7/94, NZA 1995, 440; WHSS/*Schweibert*, Rz. C 267b. || 4 *Willemsen*, RdA 2013, 166 (169 ff.). || 5 Vgl. WHSS/*Schweibert*, Rz. C 267. || 6 GK-BetrVG/*Oetker*, §§ 112, 112a Rz. 422; Richardi/*Annuß*, § 112 Rz. 151; *Fitting*, §§ 112, 112a Rz. 263; ErfK/*Kania*, § 112a BetrVG Rz. 32; MünchArbR/*Matthes*, § 270 Rz. 18; *Etzel*, Betriebsverfassungsrecht, Rz. 1049, *Willemsen*, ZIP 1981, 1058 ff. || 7 *Etzel*, Betriebsverfassungsrecht, Rz. 1032; GK-BetrVG/*Oetker*, §§ 112, 112a Rz. 419; *Fitting*, §§ 112, 112a Rz. 263; ErfK/*Kania*, § 112a BetrVG Rz. 32; Stege/Weinspach/Schiefer, §§ 111–113 Rz. 131. || 8 DKKW/*Däubler*, §§ 112, 112a Rz. 178; *Etzel*, Betriebsverfassungsrecht, Rz. 1035; *Fitting*, §§ 112, 112a Rz. 143. || 9 LAG Bremen 15.6.1990 – 4 Sa 353/89, LAGE § 112 BetrVG 1972 Nr. 17. || 10 *Etzel*, Betriebsverfassungsrecht, Rz. 1052; *Knorr*, Sozialplan im Widerstreit der Interessen, 1995, § 6 Rz. 99 f.

gelegt[1]. Es ist zulässig, wenn die Einigungsstelle den ArbN im Hinblick auf Arbeitsplatzangebote im Konzern eine Erprobungszeit einräumt[2]; für diesen Fall darf eine Mindestdauer der Beschäftigung geregelt werden, bei deren Nichteinhaltung die Abfindung gekürzt wird oder entfallen kann. Wegen der weit reichenden Folgen eines Ausschlusses von jeglicher Sozialplanleistung besteht jedoch Einigkeit dahin gehend, dass an die **Zumutbarkeit des Angebots strenge Anforderungen** zu stellen sind[3]. Die Ermessensrichtlinie in Nr. 2 S. 2 schließt es jedoch andererseits nicht aus, dass die Einigungsstelle im Rahmen billigen Ermessens über Abs. 5 S. 2 Nr. 2 hinausgeht und Sozialplanleistungen auch dann streicht oder kürzt, wenn den ArbN nur unzumutbare Arbeitsplätze angeboten werden konnten und sie diese ablehnen[4].

68 Der **zwingende Ausschluss von Sozialplanleistungen** gilt nur für das Angebot eines **im Wesentlichen gleichwertigen Arbeitsplatzes**[5]. Die Arbeitsbedingungen müssen nicht völlig gleichartig sein, sondern in rechtl., finanzieller und beruflicher Hinsicht (Anforderungsprofil) nahezu gleichwertig[6]. Das Angebot einer Teiltätigkeit bei bisheriger Vollarbeitszeit wäre idR nicht gleichwertig[7]. Die Zumutbarkeit bezieht sich jedoch nur auf das ArbVerh selbst, so dass der Ort der Arbeitsleistung außer Betracht bleibt (Nr. 2 S. 2 Hs. 2). Der Wegfall von Überstunden und entsprechender Zuschläge führt nicht zur Unzumutbarkeit[8]. Die **Zumutbarkeitskriterien der Arbeitsverwaltung (§ 140 SGB III)** sind wegen der unterschiedlichen Normziele **nicht maßgeblich**[9]. Dies schließt aber selbstverständlich nicht aus, dass die Einigungsstelle ungeachtet der Ermessensrichtlinie in Nr. 2 nach billigem Ermessen ähnliche Zumutbarkeitskriterien aufstellt.

69 Zumutbarkeit iSv. Nr. 2 S. 2 setzt im Hinblick auf die Beschäftigung in einem anderen Konzernunternehmen voraus, dass die bisherige **Betriebszugehörigkeit** und der damit verbundene Kündigungsschutz **anerkannt** werden[10]. Der Ablehnung eines Angebots zur Weiterbeschäftigung steht es gleich, wenn ein ArbN dem Übergang seines ArbVerh bei einem Betriebs(teil)übergang auf einen neuen ArbGeb ohne sachlichen Grund widerspricht[11] (vgl. Rz. 50), was aber ggf. ausdrücklich im Sozialplan geregelt sein muss[12].

70 Die **Verfassungsmäßigkeit** von Abs. 5 S. 2 Nr. 2 kann nicht ernsthaft in Zweifel gezogen werden[13]. Zwar schützt Art. 12 I GG in der Tat auch die Freiheit, einen angebotenen Arbeitsplatz ausschlagen zu können. Daraus ergibt sich jedoch – entgegen *Däubler*[14] – keine Verpflichtung des ArbGeb, wirtschaftl. Nachteile auszugleichen, die im Wesentlichen auf der Entscheidung des ArbN gegen eine angebotene Weiterbeschäftigung beruhen. Die Inanspruchnahme von Freiheitsrechten kann im Regelfall nicht auf Kosten anderer Grundrechtsträger erfolgen.

71 cc) **Förderungsmöglichkeiten gem. SGB III.** Durch das BetrVerf-ReformG 2001 ist die Reihe der Ermessensrichtlinien um Nr. 2a ergänzt worden, wonach die Einigungsstelle die im SGB III vorgesehenen Förderungsmöglichkeiten zur Vermeidung von Arbeitslosigkeit berücksichtigen soll. Die Eingliederung der von einer Entlassung betroffenen ArbN in den Arbeitsmarkt soll nach dem 3. Gesetz für moderne Dienstleistungen am Arbeitsmarkt (sog. Hartz III[15]) vor allem durch Transfermaßnahmen (§ 110 SGB III) und Transferkurzarbeit (§ 111 SGB III) erreicht werden[16]. Die einzelnen Förderungsbedingungen ergeben sich aus §§ 110 und 111 SGB III. Im Gegensatz zu den früheren Zuschüssen zu Sozialplanmaßnahmen sind die Förderleistungen keine Ermessensleistungen, sondern eine **Pflichtleistung**. Dies soll die Planungssicherheit der Betriebsparteien bei der Gestaltung von Restrukturierungsprozessen erhöhen[17]. Die Förderleistungen nach §§ 110 und 111 SGB III sind davon abhängig, dass sich die Betriebsparteien vor Abschluss von Interessenausgleich und Sozialplan durch die AA beraten lassen[18].

---

1 BAG 28.9.1988 – 1 ABR 23/87, NZA 1989, 186; *Röder/Baeck*, S. 159; DKKW/*Däubler*, §§ 112, 112a Rz. 134 ff.; Hess ua./*Hess*, § 112 Rz. 291. ‖2 BAG 20.4.2010 – 1 AZR 988/08, NZA 2010, 1018. ‖3 *Etzel*, Betriebsverfassungsrecht, Rz. 1054; iE auch DKKW/*Däubler*, §§ 112, 112a Rz. 137 ff.; Richardi/*Annuß*, § 112 Rz. 156 f.; *Fitting*, §§ 112, 112a Rz. 268 ff. ‖4 BAG 28.9.1988 – 1 ABR 23/87, NZA 1989, 186; Richardi/*Annuß*, § 112 Rz. 160; *Etzel*, Betriebsverfassungsrecht, Rz. 1054; einschr. DKKW/*Däubler*, §§ 112, 112a Rz. 79. ‖5 *Fitting*, §§ 112, 112a Rz. 268; ErfK/*Kania*, § 112a BetrVG Rz. 35; Richardi/*Annuß*, § 112a Rz. 156. ‖6 BAG 28.9.1988 – 1 ABR 23/87, NZA 1989, 186; Richardi/*Annuß*, § 112 Rz. 157; *Fitting*, §§ 112, 112a Rz. 268 f.; GK-BetrVG/*Oetker*, §§ 112, 112a Rz. 430; WHSS/*Schweibert*, Rz. C 269a; Hess ua./*Hess*, § 112 Rz. 288a; *Stege/Weinspach/Schiefer*, §§ 111–113 Rz. 138c. ‖7 Die scheinbar entgegenstehende Entscheidung BAG 28.2.2002 – 6 AZR 525/01, NJOZ 2003, 1323 (1325 f.) bezieht sich auf einen tarifl. Abfindungsanspruch; vgl. ErfK/*Kania*, § 112a BetrVG Rz. 35. ‖8 *Fitting*, §§ 112, 112a Rz. 271; ErfK/*Kania*, § 112a BetrVG Rz. 35. ‖9 Richardi/*Annuß*, § 112 Rz. 157; *Fitting*, §§ 112, 112a Rz. 270; DKKW/*Däubler*, §§ 112, 112a Rz. 136; WHSS/*Schweibert*, Rz. C 269a; GK-BetrVG/*Oetker*, §§ 112, 112a Rz. 432; aA Hess ua./*Hess*, § 112 Rz. 291; *Löwisch*, BB 1985, 1200 (1205); LAG Düss. 23.10.1986 – 17 TaBV 98/86, DB 1987, 1254 (1255). ‖10 Vgl. BT-Drs. 10/2102, 27; GK-BetrVG/*Oetker*, §§ 112, 112a Rz. 430; *Etzel*, Betriebsverfassungsrecht, Rz. 1055; ErfK/*Kania*, § 112a BetrVG Rz. 35; *Knorr*, Sozialplan im Widerstreit der Interessen, 1995, § 6 Rz. 108; Richardi/*Annuß*, § 112 Rz. 156. ‖11 BAG 5.2.1997 – 10 AZR 553/96, NZA 1998, 158; 19.2.1998 – 6 AZR 367/96, NZA 1998, 1239; DKKW/*Däubler*, §§ 112, 112a Rz. 135; ErfK/*Kania*, § 112a BetrVG Rz. 37; WHSS/*Schweibert*, Rz. C 270; *Picot/Schnitker*, II E. Rz. 228. ‖12 DKKW/*Däubler*, §§ 112, 112a Rz. 135. ‖13 S.a. BAG 8.12.1976 – 5 AZR 613/75, AP Nr. 3 zu § 112 BetrVG 1972 m. zust. Anm. von *Wiedemann/Willemsen*. ‖14 DKKW/*Däubler*, §§ 112, 112a Rz. 142, der allerdings nicht ernsthaft einen Verfassungsverstoß behauptet. ‖15 BGBl. 2003 I S. 2848. ‖16 BT-Drs. 15/1515, 91. ‖17 BT-Drs. 15/1515, 91. ‖18 *Diller*, FA 2011, 135 zu den Vorgängernormen §§ 216a und 216b SGB III.

Für den Bezug von **TransferKug** gem. § 111 SGB III wird im Gegensatz zur früheren Regelung in § 175 SGB III aF eine Erheblichkeit des Arbeitsausfalls nicht mehr verlangt. Erforderlich ist nur ein „dauerhafter und nicht vermeidbarer Arbeitsausfall mit Entgeltausfall", § 111 I 1 Nr. 1 SGB III. Außerdem wurde in der Neuregelung auf das Merkmal der Strukturkrise, die eine Betriebsänderung nach sich ziehen musste, verzichtet. Damit soll allein auf die betriebl. Ebene abgestellt werden und das TransferKug bei sämtlichen betriebl. Restrukturierungsmaßnahmen genutzt werden können[1].

Aus Nr. 2a ergibt sich, dass die Einigungsstelle **ermessensfehlerhaft** handelt, wenn sie nicht zumindest prüft, ob Förderungsmöglichkeiten für Maßnahmen gem. SGB III bestehen und ob diese zum Bestandteil des Sozialplans gemacht werden können[2]. Auf die Wirksamkeit des Sozialplans kann sich dies jedoch nur auswirken, wenn eine Förderung durch die AA überhaupt sinnvollerweise in Betracht gekommen und vermutlich zugesagt worden wäre. Hingegen ist die Einigungsstelle keineswegs verpflichtet, solche Maßnahmen zur Vermeidung von Arbeitslosigkeit in den Sozialplan aufzunehmen[3]. Es wird jedoch empfohlen, im Einzelnen zu dokumentieren, dass Informationen über Förderungsmöglichkeiten eingeholt und in die Beratungen einbezogen wurden[4]. 72

Str. ist, in welchem Umfang die Einigungsstelle durch **Spruch** die Durchführung geförderter **Maßnahmen** vorsehen kann, die direkt oder indirekt die geplante **Betriebsänderung modifizieren** bzw. in die **unternehmerische Entscheidungsfreiheit eingreifen**. Nach zutreffender Auffassung ändert Abs. 5 S. 2 Nr. 2a nichts daran, dass im erzwungenen Sozialplan ausschließlich die Milderung bzw. der Ausgleich wirtschaftl. Nachteile geregelt werden kann, während der Unternehmer letztlich frei darin ist, ob und welche Betriebsänderungen er durchführen will. Im Zusammenhang mit von der Arbeitsverwaltung geförderten Maßnahmen können daher **keine Projekte erzwungen** werden, die zu einer (vorübergehenden) **Verlängerung der ArbVerh zu Qualifizierungszwecken** führen; auch ist die Schaffung „**betriebsorganisatorisch eigenständiger Einheiten**" (§ 111 III Nr. 2 SGB III) nicht erzwingbar, da auch hierdurch in die **betrieblichen Strukturen** eingegriffen wird[5]. Hiergegen wird eingewandt, dass der Gesetzgeber bewusst die Förderungsmöglichkeiten und ihre Berücksichtigung beim erzwingbaren Sozialplan geregelt habe[6]. Dies ist jedoch nicht überzeugend, da nicht angenommen werden kann, dass durch die Ermessensrichtlinie gem. Nr. 2a die Mitbestimmungsstruktur der §§ 111, 112 BetrVG, die von erheblicher Tragweite ist, in Frage gestellt werden sollte. Auch der ebenfalls durch die BetrVG-Novelle 2001 eingefügte § 92a spricht für diese Sicht der Dinge, da dem BR in dieser Vorschrift im Hinblick auf die Förderung der Beschäftigung lediglich ein Vorschlags- und Beratungsrecht eingeräumt worden ist. Es wäre daher widersprüchlich, Abs. 5 S. 2 Nr. 2a im Zusammenhang mit Betriebsänderungen als zwingendes MitbestR anzusehen[7]. 73

dd) Wirtschaftliche Vertretbarkeit; Sicherung des Fortbestands des Unternehmens und der Arbeitsplätze. Abs. 5 S. 1 (Abwägungsgrundsatz; vgl. Rz. 61) und S. 2 Nr. 3 sind im Zusammenhang zu sehen. Nach S. 1 hat die Einigungsstelle auf die wirtschaftl. Vertretbarkeit ihrer Entscheidung für das Unternehmen zu achten. Nach Nr. 3 ist bei der Bemessung der Gesamtbetrags der Sozialplanleistungen (**Sozialplanvolumen**) darauf zu achten, dass der Fortbestand des Unternehmens oder die nach Durchführung der Betriebsänderung verbleibenden Arbeitsplätze nicht gefährdet werden. Anknüpfungspunkt für die Vertretbarkeit des Sozialplans ist das Unternehmen, also der Rechtsträger des Betriebs[8]. Im **Gemeinschaftsbetrieb** ist die wirtschaftl. Vertretbarkeit im Hinblick auf die Trägerunternehmen jeweils gesondert zu bewerten[9]. Die gesetzl. Vorgaben für die wirtschaftl. Vertretbarkeit sind so rudimentär, dass wenig Rechtssicherheit besteht; sie kann **nicht abstrakt** ohne Berücksichtigung der konkret eintretenden wirtschaftl. Nachteile der ArbN beurteilt werden[10], die den primären Bemessungsfaktor bilden, während die wirtschaftl. Vertretbarkeit lediglich eine Obergrenze bildet. Ebenso wie der „Sozialplanbedarf" (vgl. Rz. 61) kaum bestimmbar ist, fehlt es an jeglicher gesetzl. Präzisierung, wie die wirtschaftl. Vertretbarkeit ermittelt werden soll. Das BAG räumt der Einigungsstelle insoweit ein nur im Extremfall begrenztes Ermessen ein[11]. Die zulässige „Untergrenze" ist nur unterschritten, wenn die Leistungen für eine „Milderung" der Nachteile nicht ausreichen und eine „spürbare" Entlastung der ArbN nicht eintritt[12]. Die Überbrückung von ca. neun Monaten Arbeitslosigkeit hat das BAG[13] auch bei 74

---

1 BT-Drs. 15/1515, 92. ‖ 2 *Fitting*, §§ 112, 112a Rz. 273f.; GK-BetrVG/*Oetker*, §§ 112, 112a Rz. 439; *Löwisch*, BB 2001, 1790 (1798). ‖ 3 *Gaul/Bonanni/Otto*, DB 2003, 2386 (2390); GK-BetrVG/*Oetker*, §§ 112, 112a Rz. 439; *Hanau*, ZIP 2001, 1981 (1986). ‖ 4 *Löwisch*, BB 2001, 1790 (1798); GK-BetrVG/*Oetker*, §§ 112, 112a Rz. 439; WHSS/*Schweibert*, Rz. C 271a. ‖ 5 *Bauer*, NZA 2001, 375 (378); *Fitting*, §§ 112, 112a Rz. 278; Richardi/*Annuß*, § 112 Rz. 163; WHSS/*Schweibert*, Rz. C 271a; *Gaul/Bonanni/Otto*, DB 2003, 2386 (2390); *Meyer*, DB 2003, 206 (209). ‖ 6 DKKW/*Däubler*, §§ 112, 112a Rz. 256; *Bepler*, AuR 1999, 219 (226); *Wendeling-Schröder/Welkoborsky*, NZA 2002, 1370 (1377). ‖ 7 WHSS/*Schweibert*, Rz. C 271a; teilw. abw. *Gaul/Bonanni/Otto*, DB 2003, 2386 (2390). ‖ 8 GK-BetrVG/*Oetker*, §§ 112, 112a Rz. 442, 407; *Fitting*, §§ 112, 112a Rz. 257; DKKW/*Däubler*, §§ 112, 112a Rz. 152; abweichend: Richardi/*Annuß*, § 112 Rz. 144, der auf den Inhaber des Unternehmens abstellen will; ausschlaggebend ist jedoch die finanzielle Situation des Unternehmens und nicht die Frage, ob die Gesellschafter weiteres Geld hinzuschießen wollen. ‖ 9 Richardi/*Annuß*, § 112 Rz. 144, 168; aA DKKW/*Däubler*, §§ 112, 112a Rz. 152; offen gelassen in BAG 12.11.2002 – 1 AZR 632/01, NZA 2003, 676 (678). ‖ 10 BAG 14.9.1994 – 10 ABR 7/94, NZA 1995, 440; ErfK/*Kania*, § 112 BetrVG Rz. 38. Zur Systematik der Sozialplaninnen- und -außenschranken ausführlich *Willemsen*, RdA 2013, 166 (171ff.). ‖ 11 *Hohenstatt/Stamer*, DB 2005, 2410 (2411f.); vgl. auch *Gaul*, DB 2004, 1418. ‖ 12 BAG 24.8.2004 – 1 ABR 23/03, DB 2005, 397ff. ‖ 13 BAG 24.8.2004 – 1 ABR 23/03, DB 2005, 397ff.

älteren ArbN für einen hinreichenden Ausgleich angesehen. Die „Obergrenze" sei hingegen nicht schon deshalb erreicht, weil dem Unternehmen „einschneidende Belastungen (...) bis an den Rand der Bestandsgefährdung" zugemutet werden[1]. Allein die Tatsache, dass der Sozialplan die durch die Betriebsänderung eintretenden Einsparungen für einen Zeitraum von ein oder zwei Jahren aufzehrt, lässt den Sozialplan nach Auffassung des BAG nicht als wirtschaftl. unvertretbar erscheinen[2]. Das BAG hat aber richtigerweise nicht die These aufgestellt, dass sich das Sozialplanvolumen an den Einsparungen orientieren solle. Dieser Maßstab ist nämlich unbrauchbar, da die durch Betriebsänderungen möglicherweise eintretenden Einsparungseffekte zur **Erhaltung der Wettbewerbsfähigkeit** erforderlich sein können und daher nicht ohne Weiteres zur Finanzierung des Sozialplans zur Verfügung stehen. Ebenso unbrauchbar ist die Orientierung an der Höhe gebildeter Rückstellungen, die in der Steuerbilanz erst möglich sind, nachdem der BR von der geplanten Betriebsänderung unterrichtet wurde[3]. Die Rückstellungen spiegeln eine möglichst realistische Prognose des Unternehmers über den Ausgang der Sozialplanverhandlungen wider; über die Angemessenheit bzw. Vertretbarkeit des Sozialplans sagen sie nichts aus.

75 Ist ein im Kern gesundes und liquides Unternehmen betroffen, so dass die finanzielle Leistungsfähigkeit des Unternehmens nicht von vornherein Grenzen für den Sozialplan setzt, bietet allein § 113 I iVm. § 10 KSchG einen Anhaltspunkt dafür, in welchem Umfang die wirtschaftl. Nachteile der Mitarbeiter regelmäßig als angemessen ausgeglichen anzusehen sind[4], auch wenn nach der Rspr. des BAG andererseits feststeht, dass die Abfindungsgrenzen gem. § 10 KSchG im Rahmen des Sozialplans keine absolute Höchstgrenze darstellen (vgl. Rz. 44). IÜ ist darauf zu achten, dass sich das erzwingbare MitbestR und damit auch die Zuständigkeit der Einigungsstelle nur auf Regelungen zur Überbrückungshilfe für die betroffenen ArbN beziehen. Dies lässt die Wirksamkeit exorbitanter Sozialpläne, die sich nicht an diesen Nachteilen orientieren, sondern offenbar überwiegend nachträgliche Belohnungen für erwiesene Betriebstreue vorsehen, als höchst zweifelhaft erscheinen[5].

76 In Unternehmen mit begrenzter finanzieller Leistungskraft sind die in Nr. 3 genannten **Ermessensgrenzen** von besonderer Bedeutung. Insb. dürfen durch das Sozialplanvolumen für die Zukunft und die Arbeitsplätze **wichtige Investitionen nicht verhindert oder verzögert** werden[6]. Befindet sich das Unternehmen bereits in der Verlustzone, bestehen erhebliche Markt- und Absatzschwierigkeiten[7] oder ist eine fortschreitende Aufzehrung des Eigenkapitals zu verzeichnen, befindet sich das Unternehmen in einer **Krisensituation**, die es rechtfertigt, den Ausgleich der wirtschaftl. Nachteile der ArbN außerordentlich zurückhaltend vorzunehmen[8]. Diejenigen Auffassungen, die selbst in einer nachhaltigen Krisensituation noch Kreditaufnahmen für den Sozialplan fordern, setzen sich über die Ermessensgrenze von Abs. 5 Nr. 3 hinweg[9]. In der Unternehmenskrise müssen die zur Verfügung stehenden Investitionsmittel für die Absicherung des Unternehmens und der Arbeitsplätze genutzt werden. Konsumtive Ausgaben, wozu der Sozialplan gehört, müssen in dieser Situation in den Hintergrund treten. Ein Sozialplan, der die zur Verfügung stehenden finanziellen Mittel überschreitet, ist in jedem Falle ermessensfehlerhaft. Dies gilt erst recht, wenn das Unternehmen nachweisen kann, dass Fremdmittel für die Finanzierung des Sozialplans nicht zur Verfügung stehen. Soweit die **Aufzehrung des Eigenkapitals** bereits fortgeschritten ist, dürfte es angemessen sein, die **Begrenzungen des Sozialplanvolumens für Sozialpläne in der Insolvenz als Orientierungsmaßstab** heranzuziehen (vgl. §§ 123, 124 InsO). Bei Zweifeln über die wirtschaftl. Vertretbarkeit des Sozialplans muss die Einigungsstelle einen **betriebswirtschaftl. Sachverst.** hinzuziehen[10].

77 Bei **Konzernunternehmen** kann zweifelhaft sein, auf wessen Belastbarkeit abzustellen ist. Bei Betriebsänderungen, die ein wirtschaftl. wenig leistungsfähiges Unternehmen betreffen, kann es bei der Bemessung der Abfindungen uU gerechtfertigt sein, die möglicherweise wesentlich höhere Belastbarkeit der Muttergesellschaft zu berücksichtigen – und umgekehrt (sog. **Bemessungsdurchgriff**[11]). Eine Anfechtung des Sozialplans mit dem Argument, es habe ein Bemessungsdurchgriff auf ein finanziell

---

1 BAG 6.5.2003 – 1 ABR 11/02, DB 2004, 193 f.; vgl. idS bereits BAG 17.10.1989 – 1 ABR 80/88, NZA 1990, 443; 6.5.2003 – 1 ABR 11/02, NZA 2004, 108; zust. DKKW/*Däubler*, §§ 112, 112a Rz. 153 mHa die „Steuerungsfunktion" des Sozialplans. ‖2 BAG 6.5.2003 – 1 ABR 11/02, DB 2004, 193 f.; s.a. bereits BAG 27.10.1987 – 1 ABR 9/86, NZA 1988, 203; 6.5.2003 – 1 ABR 11/02, NZA 2004, 108; zust.: DKKW/*Däubler*, §§ 112, 112a Rz. 153 f.; ErfK/*Kania*, § 112a BetrVG Rz. 38. ‖3 EStR Abschn. 31a Abs. 9; vgl. DKKW/*Däubler*, §§ 112, 112a Rz. 155. ‖4 So GK-BetrVG/*Oetker*, §§ 112, 112a Rz. 444; Richardi/*Annuß*, § 112 Rz. 165; *Stege/Weinspach/Schiefer*, §§ 111-113 Rz. 142; *Hohenstatt/Stamer*, DB 2005, 2410 (2414); gegen § 10 als verbindliche Höchstgrenze auch BAG 6.5.2003 – 1 ABR 11/02, DB 2004, 193; *Fitting*, §§ 112, 112a Rz. 282. Für ein Abstandsgebot zur Kündigungsschutzabfindung iSv. § 10 KSchG *Willemsen*, RdA 2013, 166 (172). ‖5 Vgl. zB den Sozialplan in der Rs. Odar, EuGH 6.12.2012 – Rs. C-152/11, NJW 2013, 587; s. zu diesem rechtl. Aspekt ausf. *Willemsen*, RdA 2013, 166 (174). ‖6 *v. Hoyningen-Huene*, RdA 1986, 102 (108); ErfK/*Kania*, § 112a BetrVG Rz. 38; *Picot/Schnitker*, II Rz. 232. ‖7 Vgl. hierzu BAG 14.9.1994 – 10 ABR 7/94, NZA 1995, 440. ‖8 Ähnlich GK-BetrVG/*Oetker*, §§ 112, 112a Rz. 409; WHSS/*Schweibert*, Rz. C 273. ‖9 S. insb. DKKW/*Däubler*, §§ 112, 112a Rz. 157. ‖10 *Fitting*, §§ 112, 112a Rz. 284; ErfK/*Kania*, § 112a BetrVG Rz. 38; Richardi/*Annuß*, § 112 Rz. 157; DKKW/*Däubler*, §§ 112, 112a Rz. 158; *Rumpff/Boewer*, Mitbestimmung in wirtschaftlichen Angelegenheiten, S. 395. ‖11 Dazu krit. *Uhl/Polloczek*, DStR 2010, 1481. Vgl. zu der parallelen Problematik bei der Anpassungspflicht nach § 16 BetrAVG die dortige Kommentierung (Rz. 34) sowie *Diller/Beck*, DB 2011, 1052.

besser ausgestattetes Unternehmen erfolgen müssen, ist nach zutreffender Auffassung des BAG[1] nur erfolgversprechend, wenn der Sozialplan ohne Bemessungsdurchgriff die „Untergrenze" der Sozialplanbemessung (vgl. Rz. 74) unterschreitet. Im Grundsatz herrschte bislang Einigkeit darüber, dass der Bemessungsdurchgriff mit dem **Haftungsdurchgriff** korrespondiert[2]. Ein Bemessungsdurchgriff kommt insb. in Betracht, wenn ein **Beherrschungs- oder Gewinnabführungsvertrag** iSv. § 302 I AktG besteht[3]. Wird ein Unternehmen nach dem UmwG in eine **Betriebs- und eine Anlagegesellschaft gespalten**, soll entspr. der Haftungsregelung in § 134 UmwG auch bei der Bestimmung des Sozialplanvolumens im Wege eines Bemessungsdurchgriffs die finanzielle Leistungsfähigkeit der Anlagegesellschaft zu berücksichtigen sein; dies soll jedoch nur gelten, wenn dem ArbGeb im Zuge der Spaltung „wesentliche Vermögensteile entzogen werden"[4]. Darüber hinaus kommt ein Bemessungsdurchgriff in Betracht, wenn die Gesellschafterstellung durch einen „**existenzvernichtenden Eingriff**"[5] missbraucht worden ist. Ein solcher Eingriff liegt nach Auffassung des BGH (nur noch) vor, wenn die Gesellschafter unter Außerachtlassung der gebotenen Rücksichtnahme auf die Zweckbindung des Gesellschaftsvermögens durch offene oder verdeckte Entnahmen Vermögenswerte entziehen und sie dadurch in einem ins Gewicht fallenden Ausmaß die Fähigkeit der Gesellschaft zur Erfüllung ihrer Verbindlichkeiten beeinträchtigen[6]; letzteres setzt ein Insolvenzszenario voraus. Hingegen führt das bloße Unterlassen einer hinreichenden Kapitalausstattung nicht zum Berechnungsdurchgriff. Die Gesellschafter sind nicht verpflichtet, der Gesellschaft ein „mitwachsendes Finanzpolster" zur Verfügung zu stellen[7]. Auch eine sog. **harte Patronatserklärung** der Konzernmutter ggü. einem Gläubiger des Unternehmens begründet keinen Berechnungsdurchgriff[8]. Soweit vereinzelt generell eine Berücksichtigung der Leistungsfähigkeit des Konzerns insg. verlangt wird[9], steht dies im Widerspruch zum eindeutigen Gesetzeswortlaut in Abs. 5 S. 1, wonach es für die Vertretbarkeit des Sozialplans auf das Unternehmen ankommt. Auch in Nr. 3 ist der Bezug eindeutig[10].

7. Rechtswirkungen des Sozialplans; Verhältnis zum Tarifvertrag. Der Sozialplan hat gem. Abs. 1 S. 3 die **Wirkung einer BV**. Der Sozialplan wird daher entweder unmittelbar als BV[11] bzw. als BV besonderer Art[12] angesehen. Der ArbGeb ist kollektivrechtlich verpflichtet, die im Sozialplan vereinbarten Maßnahmen vorzunehmen und hat sozialplanwidrige Maßnahmen zu unterlassen[13], während es dem BR andererseits nicht obliegt, anstelle der einzelnen ArbN individualrechtl. Ansprüche durchzusetzen[14]. 78

Der Sozialplan begründet Ansprüche der einzelnen ArbN. Abweichungen sind nur zu Gunsten der ArbN möglich. Ein **Verzicht auf Ansprüche** aus dem Sozialplan bedarf ebenso wie bei allen BV gem. § 77 IV 2 der Zustimmung des BR (vgl. § 77 Rz. 3)[15]. Ob mit einzelnen ArbN getroffene Regelungen in Abweichung vom Sozialplan einen Verzicht beinhalten, richtet sich nach dem Günstigkeitsprinzip[16]. 79

Die **Auslegung** von Sozialplänen erfolgt wie bei BV nach den Regeln für die Tarifauslegung[17]. Ein allg. Grundsatz dahin gehend, dass Sozialpläne im Zweifel zu Gunsten der ArbN auszulegen seien, besteht nicht[18]. Der **Tarifvorbehalt des § 77 III** ist auf den Sozialplan nicht anzuwenden (Abs. 1 S. 4), so dass in ihm auch Arbeitsentgelte und sonstige Arbeitsbedingungen geregelt werden können, die bereits Gegenstand einer bestehenden oder üblichen Tarifregelung sind. Dies gilt allerdings nur für einen erzwingbaren Sozialplan, nicht für freiwillige vorsorgliche Sozialpläne[19]. Insb. hindert ein **RationalisierungsTV** nicht den Abschluss eines Sozialplans[20]. Besteht ein RationalisierungsTV, ist im Verhältnis zum Sozial- 80

---

1 BAG 24.8.2004 – 1 ABR 23/03, DB 2005, 397. ||2 Richardi/*Annuß*, § 112 Rz. 146; GK-BetrVG/*Oetker*, §§ 112, 112a Rz. 414; MünchArbR/*Matthes*, § 270 Rz. 20. ||3 Richardi/*Annuß*, § 112 Rz. 146; DKKW/*Däubler*, §§ 112, 112a Rz. 188; *Fitting*, §§ 112, 112a Rz. 258; GK-BetrVG/*Oetker*, §§ 112, 112a Rz. 321; *Ahrendt*, RdA 2012, 340 (342); offen gelassen in BAG 15.3.2011 – 1 ABR 97/09, ZIP 2011, 1433 Rz. 38; ebenso offen gelassen in BAG 15.1.2013 –3 AZR 638/10, ZIP 2013, 1041, Rz. 28. Zur parallelen Problematik bei § 16 BetrAVG vgl. *Diller/Beck*, DB 2011, 1052. ||4 BAG 15.3.2011 – 1 ABR 97/09, ZIP 2011, 1433 Rz. 31, 32; aA KK-UmwG/*Hohenstatt/Schramm*, § 134 UmwG Rz. 23; Kallmeyer/*Willemsen*, § 134 UmwG Rz. 19; wie BAG jedoch *Ahrendt*, RdA 2012, 340 (341f.); *Fitting*, §§ 112, 112a Rz. 257; ErfK/*Kania*, §§ 112, 112a Rz. 38; *Röger/Tholuck*, NZA 2012, 294. ||5 BGH 24.6.2002 – II ZR 300/00, NJW 2002, 3024 (3025); 16.7.2007 – II ZR 3/04, ZIP 2007, 1552; dieser Rspr. folgend BAG 15.3.2011 – 1 ABR 97/09, ZIP 2011, 1433 Rz. 35; 15.1.2013 – 3 AZR 638/10, ZIP 2013, 1041, Rz. 35 ff. S. zum Ganzen auch *Ahrendt*, RdA 2012, 340 (344f.). ||6 BGH 24.6.2002 – II ZR 300/00, NJW 2002, 3024 (3025). ||7 BAG 15.3.2011 – 3 AZR 638/10, ZIP 2013, 1041, Rz. 35. ||8 BAG 29.9.2010 – 3 AZR 427/08, ZIP 2011, 191. ||9 Vgl. die Nachw. bei DKKW/*Däubler*, 12. Aufl., §§ 112, 112a Rz. 120. ||10 Ausdrücklich BAG 22.1.2013 – 1 ABR 85/11, DB 2013, 1182f.; 15.3.2011 – 1 ABR 97/09, ZIP 2011, 1433 Rz. 20; GK-BetrVG/*Oetker*, §§ 112, 112a Rz. 412; WHSS/*Schweibert*, Rz. C 276; Richardi/*Annuß*, § 112 Rz. 145; *Windbichler*, Arbeitsrecht im Konzern, S. 411 ff. ||11 So insb.: Richardi/*Annuß*, § 112 Rz. 171 mwN. ||12 Vgl. insb. GK-BetrVG/*Oetker*, §§ 112, 112a Rz. 148ff. mwN. ||13 Richardi/*Annuß*, § 112 Rz. 173. ||14 BAG 17.10.1989 – 1 ABR 75/88, NZA 1990, 441; vgl. *Willemsen*/*Hohenstatt*, NZA 1997, 345 (346). ||15 GK-BetrVG/*Oetker*, §§ 112, 112a Rz. 159; Richardi/*Annuß*, § 112 Rz. 177; ErfK/*Kania*, § 112a BetrVG Rz. 13. ||16 BAG 27.1.2004 – 1 AZR 148/03, NZA 2004, 667. ||17 BAG 8.11.1988 – 1 AZR 721/87, NZA 1989, 401; 5.2.1997 – 10 AZR 553/96, NZA 1998, 158; 15.12.1998 – 1 AZR 332/98, NZA 1999, 667; 19.6.2007 – 1 AZR 541/06, nv.; 15.5.2007 – 1 AZR 370/06, ZIP 2007, 1575; *Fitting*, §§ 112, 112a Rz. 175; Richardi/*Annuß*, § 112 Rz. 174. ||18 BAG 29.11.1978 – 5 AZR 553/77, BB 1979, 474; Richardi/*Annuß*, § 112 Rz. 174; vgl. dazu auch BAG 21.7.2009 – 1 AZR 167/08, NZA 2009, 1213. ||19 BAG 14.11.2006 – 1 AZR 40/06, ZIP 2006, 197 Rz. 18. ||20 Vgl. hierzu *Fitting*, §§ 112, 112a Rz. 182; Richardi/*Annuß*, § 112 Rz. 179; Hess ua./*Hess*, § 112 Rz. 136; *Ohl*, Sozialplan, 1976, S. 69f.

plan das **Günstigkeitsprinzip** anzuwenden[1]. Besteht ein TV, der den von einer Betriebsänderung betroffenen Mitarbeitern finanzielle Leistungen zuwendet, ist dies bei der Bemessung des Sozialplans und insb. bei der wirtschaftl. Vertretbarkeit desselben zu berücksichtigen, da sich die Belastungen für das Unternehmen addieren. Im Regelfall wird im Sozialplan vorzusehen sein, dass finanzielle Ansprüche aus TV auf die im Sozialplan vorgesehenen Abfindungen **angerechnet** werden[2].

81 Streitig beurteilt wird die Frage, ob tarifl. Forderungen zum Abschluss eines „**Sozialplantarifvertrages**", also eines TV, der vergleichbar einem Sozialplan die wirtschaftl. Folgen einer betriebl. Maßnahme abmildert (Abfindungen, Verlängerung von Kündigungsfristen, Qualifizierungsmaßnahmen über das ArbVerh hinaus), mittels **Arbeitskampf** durchgesetzt werden dürfen, und zwar insb. dann, wenn dies im Zusammenhang mit einer sozialplanpflichtigen Betriebsänderung geschieht[3]. Naturgemäß besteht in dieser Konstellation die Gefahr, dass die Grenzen, die der Durchsetzung der ArbN-Interessen durch § 112, insb. durch die Zuständigkeit der Einigungsstelle, gesetzt werden, durch einen Arbeitskampf gezielt umgangen werden. Die Entscheidung des BAG 24.4.2007[4] hat insofern richtigerweise klargestellt, dass die in §§ 111, 112 geregelten Verfahren nicht per se Vorrang vor einer Regelung durch TV genießen, zumal die durch Art. 9 III GG gewährleisteten Freiheiten höherrangig sind[5]. Auch aus den Grundsätzen der Kampfparität und der Verhältnismäßigkeit ergibt sich nicht von vornherein eine Einschränkung der Kampffreiheit im Zusammenhang mit sozialplanpflichtigen Betriebsänderungen. Gänzlich unverständlich und verfassungsrechtlich nicht haltbar ist der Standpunkt des BAG jedoch insofern, als es das Gericht unbeanstandet ließ, dass die Durchsetzung der tarifl. Streikforderungen die geplante Betriebsänderung verhindert hätte oder jedenfalls hätte wirtschaftlich sinnlos werden lassen[6]. Damit wird der Gewerkschaft mit dem lapidaren Argument, dass eine „Übermaßkontrolle von bloßen Streikforderungen" ausscheiden müsse, faktisch die Möglichkeit eingeräumt, betriebl. Umstrukturierungen oder (Teil-)Schließungen, die dem Kernbereich der Unternehmerfreiheit zuzurechnen sind, zu verhindern und den Unternehmer zB zur Weiterführung unrentabler Betriebe zu zwingen. Richtigerweise muss aber die kampfweise Durchsetzung tariflich regelbarer Ziele dann ausscheiden, wenn hierdurch in den **Kernbereich der Unternehmensautonomie** eingegriffen würde[7]. Es sind dieselben Erwägungen, die den Gesetzgeber dazu veranlasst haben, im Bereich des Interessenausgleichs eine nur abgeschwächte Mitbestimmung vorzusehen, die im gleichen Zusammenhang nach den Regeln der **praktischen Konkordanz** eine Einschränkung der Arbeitskampffreiheit gebieten[8]. Nach Auffassung des BAG soll die Grenze des Zulässigen hingegen erst dann überschritten sein, wenn „die Streikforderung gezielt auf die wirtschaftliche Existenzvernichtung des Gegners gerichtet" sei[9]. Ob eine ausdrückliche Streikforderung dahingehend, die angekündigte Betriebsänderung zu unterlassen, als Eingriff in die Unternehmensautonomie unzulässig wäre, hat das BAG offen gelassen[10]. Aus der Rspr. des BAG ergibt sich die Notwendigkeit, nunmehr über eine **arbeitskampfbedingte Einschränkung der Beteiligungsrechte** des BR sicherzustellen, dass durch den „Zweifrontenkrieg", dem sich der ArbGeb ansonsten ausgesetzt sähe, die Arbeitskampfparität erhalten bleibt (Ruhen des MitbestR, Suspendierung der Spruchkompetenz der Einigungsstelle, Wegfall eines etwaigen Unterlassungsanspruchs gegen die vorzeitige Durchführung der Betriebsänderung)[11]. Ein bestehendes Rationalisierungsschutzabkommen begründet eine Friedenspflicht und schließt die Erstreikbarkeit von Tarifsozialplänen aus[12].

82 Sozialpläne können im Hinblick auf Sozialplanansprüche **Ausschlussfristen** vorsehen. TV, die allg. für Ansprüche aus dem ArbVerh Ausschlussfristen vorsehen, gelten auch für die Zahlung einer Sozialplanabfindung[13].

---

1 BAG 27.8.1975 – 4 AZR 454/74, DB 1975, 2188; 6.12.2006 – 4 AZR 798/05 – DB 2007, 1362 Rz. 30; *Fitting*, §§ 112, 112a Rz. 183; DKKW/*Däubler*, §§ 112, 112a Rz. 114; *Fuchs*, Der Sozialplan nach dem BetrVG 1972, 1977, S. 35 (100). ‖2 DKKW/*Däubler*, §§ 112, 112a Rz. 116, der allerdings fälschlicherweise bei sowohl im TV als auch im Sozialplan enthaltenen Anrechnungsklauseln davon ausgeht, dass sich diese wechselseitig aufheben. Hingegen ist klar, dass sich die Ansprüche aus beiden Rechtsgrundlagen nicht addieren sollen, so auch BAG 14.11.2006 – 1 AZR 40/06, ZIP 2007, 197 Rz. m. Anm. *Oetker*, RdA 2007, 241. ‖3 S. insb. LAG Schl.-Holst. 27.3.2003 – 5 Sa 137/03, NZA-RR 2003, 592; LAG Nds. 2.6.2004 – 7 Sa 819/04, NZA-RR 2005, 200; Lit.-übersicht bei *Fitting*, §§ 112, 112a Rz. 184; zur Frage, ob der Streik um einen Tarifsozialplan auch mit einem Unterstützungsstreik kombiniert werden kann, s. *Lipinski/Reinhardt*, BB 2008, 2234; zum erweiterten Gestaltungsspielraum bei Tarifsozialplänen am Bsp. abfindungsbezogener Stichtagsklauseln *Kuhn/A. Willemsen*, NZA 2012, 593. ‖4 BAG 24.4.2007 – 1 AZR 252/06, NZA 2007, 987 ff., Rz. 82 f. ‖5 So bereits BAG 6.12.2006 – 4 AZR 798/05, BB 2007, 1362, Rz. 28 (30). ‖6 BAG 24.4.2007 – 1 AZR 252/06, NZA 2007, 987 ff., Rz. 112. ‖7 Zum Schutz der unternehmerischen Entscheidung bei Tarifsozialplänen in Tendenzunternehmen s. *Grimm/Pelzer*, NZA 2008, 1321 ff. ‖8 Eingehend *Hohenstatt/Schramm*, DB 2004, 2214 (2216 ff.); ähnlich auch *Wank*, RdA 2009, 1 (4 ff.), der eine praktische Konkordanz gar nicht für nötig hält, sondern einen Streik um einen Tarifsozialplan als rechtswidrig erachtet, wenn er faktisch darauf zielt, die unternehmerische Entscheidung zu verhindern; teilweise zust. *Fitting*, §§ 112, 112a Rz. 191; wie BAG offenbar *Richardi/Annuß*, § 112 Rz. 179. ‖9 BAG 24.4.2007 – 1 AZR 252/06, NZA 2007, 987 ff., Rz. 100. ‖10 BAG 24.4.2007 – 1 AZR 252/06, NZA 2007, 987 ff., Rz. 111; für Unzulässigkeit LAG Schl.-Holst. 27.3.2003 – 5 Sa 137/03, NZA-RR 2003, 592; wohl auch *Fitting*, §§ 112, 112a Rz. 191; aA *Brecht-Heitzmann*, NJW 2007, 3617 (3619). ‖11 *Willemsen/Stamer*, NZA 2007, 413; zustimmend *Lipinski/Ferme*, DB 2007, 1250; vgl. *Gaul*, RdA 2008, 13 (21 f.); s. generell zu den möglichen Folgeproblemen der Rspr. des BAG *Bayreuther*, NZA 2007, 1017 ff. ‖12 LAG Bln.-Bbg. 28.9.2007 – 8 Sa 916/07, DB 2008, 415; *Lindemann/Dannhorn*, BB 2008, 1226 ff. ‖13 BAG 30.11.1994 – 10 AZR 79/94, NZA 1995, 643; 27.3.1996 – 10 AZR 668/95, NZA 1996, 986; einschr. für Ansprüche, die erst nach Beendigung des ArbVerh fällig werden, BAG 19.12.2006 – 9 AZR 343/06, NZA 2007, 759.

8. Kündigung und Änderung von Sozialplänen.

Eine **einvernehmliche Beendigung** eines Sozialplans kommt jederzeit in Betracht, ebenso seine **Änderung**[1]. Führt die vorzeitige Beendigung des Sozialplans jedoch dazu, dass nicht die wirtschaftl. Nachteile aller betroffenen Mitarbeiter ausgeglichen oder gemildert werden, ist das Beteiligungsverfahren insofern wieder aufzunehmen[2]. Im Verhältnis der Sozialpläne zueinander gilt das **Ablösungsprinzip**[3]. Der nachfolgende Sozialplan kann ungünstiger für die ArbN sein, muss jedoch Recht und Billigkeit beachten[4]. In bereits entstandene Ansprüche aus dem Sozialplan kann der neue Sozialplan nicht mehr eingreifen[5]. Abweichendes kann gelten, wenn mit einer rückwirkenden Änderung zu rechnen war oder die Geschäftsgrundlage für den Sozialplan entfallen ist (vgl. Rz. 87).

Soweit nicht abweichend geregelt, soll der Sozialplan für die Abwicklung der gesamten Betriebsänderung gelten, so dass eine **ordentl. Kündigung** nicht in Betracht kommt[6]. Hingegen besteht bei **vorsorglichen Sozialplänen und Rahmensozialplänen**, die von vornherein auf eine dauerhafte Regelung hin angelegt sind, stets ein Bedürfnis für ein ordentl. Kündigungsrecht[7].

Die Kündigung eines Sozialplans führt zur **Nachwirkung gem. § 77 VI**, soweit nicht ein freiwilliger Sozialplan vorliegt, sondern der Spruch der Einigungsstelle die Einigung der Betriebspartner ersetzen kann[8]. Eine **Teilkündigung** eines Sozialplans kommt von vornherein nur unter den engen Grenzen in Betracht, die allg. für die Teilkündigung von BV gelten[9] (vgl. § 77 Rz. 38). Bei Sozialplänen wird dies nur ganz ausnahmsw. der Fall sein, da der funktionale Zusammenhang mit dem abgeschlossenen Interessenausgleich und der Kompromisscharakter des Sozialplans idR gegen die Möglichkeit einer Teilkündigung sprechen[10].

Eine **außerordentl. Kündigung** des Sozialplans ist insb. dann denkbar, wenn dieser **Dauerregelungen** enthält[11]. Das Fehlen der finanziellen Mittel zur Bedienung der Sozialplanverpflichtungen begründet für sich allein jedoch nicht das Recht zur außerordentl. Kündigung des Sozialplans[12]. Sonst denkbare Gründe für eine außerordentl. Kündigung werden regelmäßig unter die Anwendungsfälle des Wegfalls der Geschäftsgrundlage fallen (s. Rz. 87), so dass der außerordentl. Kündigung von Sozialplänen keine größere Praxisrelevanz zukommt. In jedem Fall würde bei erzwingbaren Sozialplänen wiederum eine **Nachwirkung gem. § 77 VI** eintreten[13]. Die außerordentl. Kündigung könnte lediglich dazu führen, dass die Verhandlungen in der Einigungsstelle wieder aufgenommen werden müssen, um ggf. eine andere Regelung für die Zukunft durchzusetzen. Eine Auflösungswirkung kommt der außerordentl. Kündigung nicht zu[14].

Größere Bedeutung hat der **Wegfall der Geschäftsgrundlage**, der dazu führen kann, dass einer Partei das Festhalten am Sozialplan nicht mehr zuzumuten ist. In diesem Fall besteht ein Anspruch der Partei, dass Verhandlungen über die Anpassung des Sozialplans an die veränderten tatsächlichen Umstände aufgenommen werden. Verweigert die andere Partei entsprechende Verhandlungen oder führen diese nicht zum Ergebnis, ist die **Einigungsstelle** zuständig[15]. Anwendungsfälle: **Fehlvorstellungen** der Parteien oder der Einigungsstelle über die zur Verfügung stehende **Finanzmasse**, zB wenn angenommen wurde, dass eine dritte Partei den Sozialplan finanzieren werde[16]. Dies gilt auch bei **Ausbleiben erwarteter Zuschüsse** gem. SGB III[17]. Die Geschäftsgrundlage kommt auch in Wegfall, wenn die Betriebsänderung nicht wie von der Einigungsstelle angenommen durchgeführt wird, zB wenn es statt einer Betriebsstilllegung zu einer **Fortführung des Betriebs durch einen Dritten** kommt und der Sozialplan die Existenz zumutbarer Weiterbeschäftigungsangebote nicht berücksichtigt[18]. Ein **Betriebsübergang** allein lässt allerdings die Wirksamkeit eines Sozialplans unberührt; dieser gilt bei fortbestehender Be-

---

1 BAG 24.3.1981 – 1 AZR 805/78, NJW 1982, 70; 5.10.2000 – 1 AZR 48/00, NZA 2001, 849; DKKW/*Däubler*, §§ 112, 112a Rz. 202; ErfK/*Kania*, § 112a BetrVG Rz. 39. ||2 GK-BetrVG/*Oetker*, §§ 112, 112a Rz. 216. ||3 GK-BetrVG/*Oetker*, § 112, 112a Rz. 218; Richardi/*Annuß*, § 112 Rz. 183. ||4 BAG 24.3.1981 – 1 AZR 805/78, NJW 1982, 70; 5.10.2000 – 1 AZR 48/00, NZA 2001, 849. ||5 BAG 10.8.1994 – 10 ABR 61/93, NZA 1995, 314; 2.10.2007 – 1 AZR 815/06, NZA-RR 2008, 242 sowie v. 19.6.2007 – 1 AZR 340/06, NJW 2008, 169; krit. hierzu *Gehlhaar*, BB 2007, 2805; GK-BetrVG/*Oetker*, §§ 112, 112a Rz. 219; DKKW/*Däubler*, §§ 112, 112a Rz. 202. ||6 BAG 10.8.1994 – 10 ABR 61/93, NZA 1995, 314; *Fitting*, §§ 112, 112a Rz. 216; ErfK/*Kania*, § 112a BetrVG Rz. 40; Richardi/*Annuß*, § 112 Rz. 185; GK-BetrVG/*Oetker*, §§ 112, 112a Rz. 222f.; MünchArbR/*Matthes*, § 270 Rz. 30. ||7 GK-BetrVG/*Oetker*, §§ 112, 112a Rz. 222; m. Einschränkungen auch *Däubler*, NZA 1985, 545 (549). ||8 BAG 24.3.1981 – 1 AZR 805/78, NJW 1982, 70; DKKW/*Däubler*, §§ 112, 112a Rz. 203; GK-BetrVG/*Oetker*, §§ 112, 112a Rz. 173; Richardi/*Annuß*, § 112 Rz. 184 unter Hinw. auf BAG 10.8.1994 – 10 ABR 61/93, NZA 1995, 314. ||9 GK-BetrVG/*Oetker*, §§ 112, 112a Rz. 226. ||10 *Däubler*, NZA 1985, 545 (549); GK-BetrVG/*Oetker*, §§ 112, 112a Rz. 226. ||11 GK-BetrVG/*Oetker*, §§ 112, 112a Rz. 229; *Fitting*, §§ 112, 112a Rz. 217; *Hess* ua/*Hess*, § 112 Rz. 230a f.; *Stege/Weinspach/Schiefer*, § 111–113 Rz. 98c. ||12 BAG 10.8.1994 – 10 ABR 61/93, NZA 1995, 314. ||13 BAG 10.8.1994 – 10 ABR 61/93, NZA 1995, 314; GK-BetrVG/*Oetker*, §§ 112, 112a Rz. 231; Richardi/*Annuß*, § 112 Rz. 186; MünchArbR/*Matthes*, § 270 Rz. 30. ||14 Richardi/*Annuß*, § 112 Rz. 186; *Fitting*, §§ 112, 112a Rz. 217. ||15 BAG 10.8.1994 – 10 ABR 61/93, NZA 1995, 314; Richardi/*Annuß*, § 112 Rz. 187; GK-BetrVG/*Oetker*, §§ 112, 112a Rz. 239; DKKW/*Däubler*, §§ 112, 112a Rz. 204; ErfK/*Kania*, § 112a BetrVG Rz. 42; WHSS/*Schweibert*, Rz. C 284. ||16 Vgl. BAG 17.2.1981 – 1 AZR 290/78, NJW 1982, 69; 10.8.1994 – 10 ABR 61/93, NZA 1995, 314; Richardi/*Annuß*, § 112 Rz. 188; WHSS/*Schweibert*, Rz. C 284. ||17 *Matthes*, RdA 1999, 178 (182); GK-BetrVG/*Oetker*, §§ 112, 112a Rz. 235. ||18 BAG 28.8.1996 – 10 AZR 886/95, NZA 1997, 109; Richardi/*Annuß*, § 112 Rz. 188; GK-BetrVG/*Oetker*, §§ 112, 112a Rz. 235; WHSS/*Schweibert*, Rz. C 283; DKKW/*Däubler*, §§ 112, 112a Rz. 204.

triebsidentität ebenso kollektivrechtlich fort wie eine BV[1]. Wenn das **Sanierungskonzept**, das dem Sozialplan zugrunde liegt, **fehlschlägt** und nunmehr eine Betriebsstilllegung durchgeführt werden muss, entfällt für den ersten Sanierungssozialplan, der möglicherweise geringere Abfindungen vorsieht, um finanzielle Mittel zur Weiterführung des Betriebs zu schonen, die Geschäftsgrundlage[2].

88 Die Anpassung wegen Wegfalls der Geschäftsgrundlage kann grds. auch Ansprüche von ArbN, die **bereits entstanden** sind, zu deren Ungunsten verändern. Nach Auffassung des BAG besteht insofern **kein Vertrauensschutz**, da Sozialplanansprüche unter dem Vorbehalt stehen, dass die von den Beteiligten zugrunde gelegte Geschäftsgrundlage nicht wegfällt[3]. Allerdings besteht mittlerweile Einigkeit, dass die Eingriffe nur im Rahmen der **Verhältnismäßigkeit** vorgenommen werden dürfen[4].

89 **9. Der individualrechtliche Sozialplananspruch.** Der Sozialplananspruch des ArbN entsteht, wenn die in dem Sozialplan festgelegten tatbestandlichen Voraussetzungen erfüllt sind[5]. Zumeist wird sich aus dem Sozialplan ergeben, dass der Anspruch erst entstehen soll, wenn das ArbVerh auf Grund der Betriebsänderung beendet worden ist[6]. Das Entstehen des Sozialplananspruchs ist insb. deshalb wesentlich, weil eine **Vererblichkeit** des Anspruchs erst besteht, sobald er entstanden (wenn auch noch nicht notwendigerweise fällig geworden) ist[7]. Setzt der Sozialplan für Leistungen voraus, dass das ArbVerh durch die Betriebsänderung beendet worden ist, tritt auch die Vererblichkeit der Abfindung erst mit dem rechtl. Ende des ArbVerh ein[8], soweit nicht im Sozialplan etwa Abweichendes vereinbart ist. Ist der Sozialplananspruch von einer „betriebsbedingten" Beendigung des ArbVerh abhängig, entsteht dieser erst durch den tatsächlichen Wegfall des Arbeitsplatzes. Daran fehlt es, wenn der ArbN im Gemeinschaftsbetrieb von einem zum anderen ArbGeb wechselt[9].

90 Streitigkeiten des einzelnen ArbN mit dem ArbGeb aus dem Sozialplan werden im Urteilsverfahren entschieden (§ 2 II Nr. 3 ArbGG)[10]. Der BR kann nicht aus eigenem Recht Ansprüche des Mitarbeiters geltend machen[11]. Der ArbN kann nur seine eigenen Ansprüche geltend machen, während es dem BR vorbehalten bleibt, das **finanzielle Gesamtvolumen** einer gerichtl. Überprüfung zu unterziehen[12]. Unproblematisch ist dagegen die Einsetzung einer **paritätisch besetzten Kommission** zur Beilegung von Auslegungsstreitigkeiten, soweit dadurch der Rechtsweg nicht abgeschnitten wird.

91 Eine Vereinbarung dahingehend, dass Streitigkeiten zwischen ArbN und dem ArbGeb aus der Anwendung des Sozialplans durch die Einigungsstelle verbindlich entschieden werden, ist unzulässig, soweit sie den Rechtsweg ausschließt (vgl. § 101 II ArbGG)[13].

92 Ist der **Spruch der Einigungsstelle** über einen Sozialplan im Rahmen eines Beschlussverfahrens **angefochten** worden (vgl. Rz. 94), wird die **Klage des einzelnen ArbN** im Hinblick auf Sozialplanansprüche in aller Regel bis zur Entscheidung über die Rechtswirksamkeit des Sozialplans **auszusetzen** sein[14].

93 Sozialplanabfindungen fallen nicht unter die Beitragspflicht zur **SozV** iSv. § 14 I SGB IV[15]. Abfindungen stellen Entschädigungen iSv. § 24 Nr. 1a EStG für entgangene oder entgehende Einnahmen dar, die gem. § 34 EStG im Hinblick auf die Progressionswirkung bevorzugt behandelt werden; der frühere „halbe Steuersatz" gem. §§ 24, 34 EStG ist jedoch entfallen[16].

94 **10. Anfechtung des Sozialplans.** Ob die Einigungsstelle die Ermessensgrenzen des Abs. 5 eingehalten und eine vertretbare Interessenabwägung vorgenommen hat, wird im **Beschlussverfahren** (§ 2a ArbGG) entschieden. Die Anfechtung wegen **Ermessensfehlern** kann nur binnen zwei Wochen seit der Zustellung des Spruchs der Einigungsstelle erfolgen (§ 76 IV 4; s. dort Rz. 107 ff.). Sonstige **Rechtsfehler**, zB die Unzuständigkeit der Einigungsstelle, können auch außerhalb dieses Verfahrens geltend gemacht werden. Im Rahmen des (normalen) Beschlussverfahrens kann also insb. geklärt werden, ob überhaupt

---

1 BAG 15.1.2002 – 1 AZR 58/01, NZA 2002, 1034; s. zum Wechsel einer Gruppe von ArbN in einen anderen Betrieb desselben ArbGeb BAG 28.6.2005 – 1 AZR 213/04, NZA 2005, 1431; 28.3.2007 – 10 AZR 719/05, NZA 2007, 1066 ff. ||2 Das BAG stützt dies allerdings auf § 75, BAG 9.12.1981 – 5 AZR 549/79, NJW 1982, 1718; GK-BetrVG/*Oetker*, §§ 112, 112a Rz. 235; Richardi/*Annuß*, § 112 Rz. 188. ||3 BAG 10.8.1994 – 10 ABR 61/93, AP Nr. 86 zu § 112 BetrVG 1972 (abl. Anm. *v. Hoyningen-Huene*). ||4 BAG 5.10.2000 – 1 AZR 48/00, NZA 2001, 849; *Fitting*, §§ 112, 112a Rz. 221; GK-BetrVG/*Oetker*, §§ 112, 112a Rz. 241 f.; eingehend *C. Meyer*, NZA 1995, 974 (983); DKKW/*Däubler*, §§ 112, 112a Rz. 204. ||5 Richardi/*Annuß*, § 112 Rz. 189; GK-BetrVG/*Oetker*, § 112, 112a Rz. 173. ||6 Vgl. BAG 22.5.1996 – 10 AZR 907/95, NZA 1997, 386; 2.10.2007 – 1 AZR 815/06, NZA-RR 2008, 242. ||7 BAG 27.6.2006 – 1 AZR 322/05, NZA 2006, 1238; LAG Hess. 1.6.1984 – 14/4 Sa 1614/83, DB 1985, 876; Richardi/*Annuß*, § 112 Rz. 199; DKKW/*Däubler*, §§ 112, 112a Rz. 221. ||8 BAG 25.9.1996 – 10 AZR 311/96, NZA 1997, 163; 27.6.2006 – 1 AZR 322/05, NZA 2006, 1238 Rz. 15; ähnlich bei einzelvertragl. vereinbarten Abfindungen BAG 26.8.1997 – 9 AZR 227/96, NZA 1998, 643; vgl. auch Richardi/*Annuß*, § 112 Rz. 199; *Fitting*, §§ 112, 112a Rz. 202. ||9 BAG 26.8.2008 – 1 AZR 346/07, NZA 2009, 161. ||10 BAG 17.10.1989 – 1 ABR 75/88, NZA 1990, 441. ||11 BAG 17.10.1989 – 1 ABR 75/88, NZA 1990, 441; *Willemsen/Hohenstatt*, NZA 1997, 346 (346). ||12 BAG 17.2.1981 – 1 AZR 290/78, NJW 1982, 69; 9.12.1981 – 5 AZR 549/79, NJW 1982, 1718. ||13 BAG 27.10.1987 – 1 AZR 80/86, NZA 1988, 207. ||14 LAG Hamm 22.6.1978 – 8 Ta 85/78, DB 1978, 1699. ||15 Für Abfindungen gem. §§ 9, 10 KSchG: BAG 9.11.1988 – 4 AZR 433/88, NZA 1989, 270; BSG 21.2.1990 – 12 RK 20/88, NZA 1990, 751 f.; für Sozialplanansprüche: *Ohl*, Sozialplan, 1976, S. 193; *Fitting*, §§ 112, 112a Rz. 207; Richardi/*Annuß*, § 112 Rz. 197. ||16 Vgl. ausf. zur steuerlichen Behandlung von Sozialplanleistungen GK-BetrVG/*Oetker*, §§ 112, 112a Rz. 446 ff.; *Fitting*, §§ 112, 112a Rz. 203 ff.; Richardi/*Annuß*, § 112 Rz. 195 f.

eine mitbestimmungspflichtige Betriebsänderung iSv. § 111 vorlag und ob die zuständigen Parteien am Verfahren beteiligt wurden.

112a Erzwingbarer Sozialplan bei Personalabbau, Neugründungen

(1) Besteht eine geplante Betriebsänderung im Sinne des § 111 Satz 3 Nr. 1 allein in der Entlassung von Arbeitnehmern, so findet § 112 Abs. 4 und 5 nur Anwendung, wenn

1. in Betrieben mit in der Regel weniger als 60 Arbeitnehmern 20 vom Hundert der regelmäßig beschäftigten Arbeitnehmer, aber mindestens 6 Arbeitnehmer,
2. in Betrieben mit in der Regel mindestens 60 und weniger als 250 Arbeitnehmern 20 vom Hundert der regelmäßig beschäftigten Arbeitnehmer oder mindestens 37 Arbeitnehmer,
3. in Betrieben mit in der Regel mindestens 250 und weniger als 500 Arbeitnehmern 15 vom Hundert der regelmäßig beschäftigten Arbeitnehmer oder mindestens 60 Arbeitnehmer,
4. in Betrieben mit in der Regel mindestens 500 Arbeitnehmern 10 vom Hundert der regelmäßig beschäftigten Arbeitnehmer, aber mindestens 60 Arbeitnehmer

aus betriebsbedingten Gründen entlassen werden sollen. Als Entlassung gilt auch das vom Arbeitgeber aus Gründen der Betriebsänderung veranlasste Ausscheiden von Arbeitnehmern auf Grund von Aufhebungsverträgen.

(2) § 112 Abs. 4 und 5 findet keine Anwendung auf Betriebe eines Unternehmens in den ersten vier Jahren nach seiner Gründung. Dies gilt nicht für Neugründungen im Zusammenhang mit der rechtlichen Umstrukturierung von Unternehmen und Konzernen. Maßgebend für den Zeitpunkt der Gründung ist die Aufnahme einer Erwerbstätigkeit, die nach § 138 der Abgabenordnung dem Finanzamt mitzuteilen ist.

I. Allgemeines. § 112a wurde durch das BeschäftigungsförderungsG 1985[1] in das BetrVG eingefügt, um **Anreize zur Schaffung neuer Arbeitsplätze** zu schaffen. Durch das BetrVerf-ReformG 2001[2] wurde Abs. 1 Nr. 1 dahin gehend geändert, dass die Mindestschwelle von mehr als 20 ArbN entfiel.

§ 112a beseitigt lediglich die **Möglichkeit der Einigungsstelle**, in den privilegierten Fällen über den **Sozialplan durch Spruch** zu entscheiden. Unberührt bleiben hingegen die sonstigen Beteiligungsrechte bei Betriebsänderungen iÜ[3]. Insb. muss der Unternehmer den **Versuch eines Interessenausgleichs** unternehmen, wenn er **Nachteilsausgleichsansprüche** gem. § 113 III vermeiden will[4]. Nach bestrittener Auffassung soll sogar eine Verpflichtung des Unternehmers bestehen, sich auf **Verhandlungen in der Einigungsstelle über den Sozialplan** einzulassen[5]. Die Einigungsstelle ist jedoch ein von vornherein ungeeignetes Instrument, wenn allenfalls auf freiwilliger Grundlage ein Sozialplan zustande kommen kann. § 112 II und III sind in den Fällen des § 112a daher **teleologisch zu reduzieren** in dem Sinne, dass die Einigungsstelle nur im Hinblick auf den Interessenausgleich angerufen werden kann[6].

II. Privilegierung bei reinem Personalabbau. 1. Schwellenwerte. Abs. 1 beinhaltet eine Staffel von Schwellenwerten, bei deren Unterschreitung im Fall reiner Personalabbaumaßnahmen kein Sozialplan erzwungen werden kann:

Betriebsgröße	Entlassungen
1–59 ArbN	20 %, **aber** mindestens 6 ArbN
60–249 ArbN	20 % **oder** mindestens 37 ArbN
250–499 ArbN	15 % **oder** mindestens 60 ArbN
ab 500 ArbN	10 %, **aber** mindestens 60 ArbN

Aus der Staffel wird deutlich, dass Betriebsänderungen nach § 111 S. 3 Nr. 1 vorliegen können (hierfür sind die Schwellenwerte gem. § 17 KSchG einschlägig; vgl. § 111 Rz. 28 f.), die die Beteiligungsrechte des BR gem. §§ 111 ff. auslösen, jedoch nicht sozialplanpflichtig sind[7].

Der Begriff der **Entlassung** ist identisch mit dem in § 113 I (s. § 113 Rz. 11)[8]. Gezählt werden nur Mitarbeiter, die infolge der geplanten Betriebsänderung **betriebsbedingt ausscheiden**, wie Abs. 1 S. 1 aE klarstellt. Hierunter fallen vom ArbGeb ausgesprochene betriebsbedingte Kündigungen sowie vom

---

[1] BGBl. 1985 I S. 710. ||[2] BGBl. 2001 I S. 1852. ||[3] Begr. RegE BT-Drs. 10/2102, 27. ||[4] BAG 8.11.1988 – 1 AZR 687/87, NZA 1989, 278; Richardi/*Annuß*, § 112a Rz. 2; GK-BetrVG/*Oetker*, §§ 112, 112a Rz. 301; WHSS/*Schweibert*, Rz. C 218. ||[5] DKKW/*Däubler*, §§ 112, 112a Rz. 38; *Heinze*, NZA 1987, 41 (50); Richardi/*Annuß*, § 112a Rz. 2; GK-BetrVG/*Oetker*, §§ 112, 112a Rz. 299 f.; *Löwisch/Kaiser*, § 112a Rz. 4. ||[6] Für teleologische Reduktion der Vorschrift: *Willemsen*, DB 1990, 1405 (1413); WHSS/*Schweibert*, Rz. C 219; ErfK/*Kania*, § 112a BetrVG Rz. 16; nach LAG Nürnberg 9.5.2001 und 21.8.2001, AuR 2002, 37 (zit. nach ErfK/*Kania*, § 112a BetrVG Rz. 16) soll die Einigungsstelle für den Sozialplan nur zuständig sein, wenn die Anwendung des § 112a streitig ist. ||[7] Vgl. ErfK/*Kania*, § 112a BetrVG Rz. 16; Richardi/*Annuß*, § 112a Rz. 11. ||[8] Richardi/*Annuß*, § 112a Rz. 7.

ArbGeb veranlasste Eigenkündigungen und Aufhebungsverträge[1] (vgl. zur Veranlassung durch den ArbGeb § 111 Rz. 31), nicht hingegen Änderungskündigungen, es sei denn, dass sie zur Entlassung führen[2] (s. schon § 111 Rz. 31).

5 **2. Reiner Personalabbau.** Abs. 1 gilt nur für Betriebsänderungen, die allein in der Entlassung von ArbN bestehen. Es muss sich also um einen „besonders modifizierten Unterfall des § 111 S. 3 Nr. 1" handeln[3]. Während § 111 S. 3 Nr. 1 Maßnahmen der technischen Kapazitätseinschränkung und der personellen Leistungsfähigkeit umfasst, gilt Abs. 1 nur für reine Personalabbaumaßnahmen, die nicht mit einer Reduzierung der sächlichen Betriebsmittel einhergehen[4]. Die Stilllegung des Betriebs insg. oder die Stilllegung eines wesentlichen Betriebsteils fällt daher nicht unter Abs. 1[5]. Indessen werden kleinste Eingriffe in die betriebl. Substanz sicherlich nicht den Gesamtcharakter eines größeren Personalabbaus in Frage stellen können. Entscheidend ist immer, welche Maßnahmen der Betriebsänderung ihr **Gepräge** geben. Stets ist vorsorglich außerdem zu prüfen, ob uU ein anderer Tatbestand gem. des Katalogs des § 111 S. 3, Nr. 2 bis 4 (zB grundlegende Änderung der Betriebsorganisation, Nr. 4) eingreift, bei dem die „normalen" Schwellenwerte gelten.

6 **III. Privilegierung neu gegründeter Unternehmen.** Zur Förderung von Unternehmensneugründungen bestimmt Abs. 2, dass sozialplanpflichtige Betriebsänderungen nicht vorliegen, wenn diese in Betrieben eines Unternehmens stattfinden, welches sich noch im Zeitraum von vier Jahren nach seiner Gründung befindet. Dies gilt für alle Arten der Betriebsänderung[6].

7 Maßgeblich ist allein das **Alter des Unternehmens**, nicht das Alter eines Betriebs. Das Sozialplanprivileg gilt demnach *nicht* für ältere Unternehmen, wenn diese Betriebsänderungen in einem neuen Betrieb durchführen[7]. Es ist zu Recht darauf hingewiesen worden, dass dies iSd. Schaffung neuer Arbeitsplätze, die mit der Gründung neuer Betriebe stets verbunden ist, eine unglückliche gesetzl. Regelung darstellt[8]. Hingegen findet das Sozialplanprivileg Anwendung, wenn das **neu gegründete** Unternehmen einen **älteren Betrieb übernimmt**, also auch wenn dieser länger als vier Jahre besteht[9]. Dies steht nicht im Widerspruch zu § 613a I BGB bzw. zu Art. 3 und 6 RL 2001/23/EG. Die Aussicht auf einen erzwingbaren Sozialplan ist kein Recht, welches beim Erwerber fortbesteht[10]. Im Falle des **Rechtsmissbrauchs**, wenn Betriebe also nur zum Zwecke der Vermeidung eines Sozialplans auf neu gegründete Unternehmen übertragen werden, soll Abs. 2 hingegen nicht anwendbar sein[11]. Der **Wegfall der Sozialplanpflicht** bei Übertragung eines Betriebs auf einen anderen ArbGeb stellt keinen wirtschaftl. Nachteil dar, der im Rahmen eines beim bisherigen ArbGeb abzuschließenden Sozialplans ausgeglichen werden müsste. Im Sozialplan können nur die wirtschaftl. Nachteile ausgeglichen werden, die direkt aus der Betriebsänderung resultieren. Hierzu gehören die Folgen des Rechtsträgerwechsels nicht[12].

8 Das Sozialplanprivileg greift nach Abs. 2 S. 2 dann nicht ein, wenn die Neugründung im Zusammenhang mit der **rechtl. Umstrukturierung von Unternehmen und Konzernen**[13] steht. Damit soll sichergestellt werden, dass es sich bei der Neugründung tatsächlich um eine **neue unternehmerische Betätigung** handelt[14]. Ein **Formwechsel** ist identitätswahrend und scheidet daher als Grundlage für das Sozialplanprivileg aus[15]. Gleiches gilt für alle Neugründungen, die aus einer **Umwandlung zur Neugründung** hervorgehen (Verschmelzung, Spaltung, Vermögensübertragung)[16]. Hingegen greift das Sozialplanprivileg ein, wenn im Wege einer Spaltung oder Verschmelzung Betriebe auf ein bereits bestehendes – aber noch nicht vier Jahre altes – Unternehmen, das nicht zum selben Konzern gehört, übergehen. Die **Übertragung eines Betriebs** durch Einzelrechtsnachfolge oder Umwandlung **innerhalb desselben Konzerns** führt nicht zum Sozialplanprivileg[17]. Ebenso fallen nicht unter Abs. 2: Übertragung der Geschäfts-

---

1 ErfK/*Kania*, § 112a BetrVG Rz. 16; Richardi/*Annuß*, § 112a Rz. 7; *Löwisch*/*Kaiser*, § 112a Rz. 3.   ‖ 2 AA Richardi/*Annuß*, § 112a Rz. 8.   ‖ 3 Richardi/*Annuß*, § 112a Rz. 3.   ‖ 4 *Bauer*, DB 1994, 217 (227); GK-BetrVG/*Oetker*, §§ 112, 112a Rz. 303; Richardi/*Annuß*, § 112a Rz. 3 ff.; *Fitting*, §§ 112, 112a Rz. 101; *Löwisch*/*Kaiser*, § 112a Rz. 5.   ‖ 5 Richardi/*Annuß*, § 112a Rz. 4, 6; WHSS/*Schweibert*, Rz. C 215 f.; *Fitting*, §§ 112, 112a Rz. 101; MünchArbR/*Matthes*, § 270 Rz. 35; *Löwisch*/*Kaiser*, § 112a Rz. 5.   ‖ 6 GK-BetrVG/*Oetker*, §§ 112, 112a Rz. 307; DKKW/*Däubler*, §§ 112, 112a Rz. 73; MünchArbR/*Matthes*, § 270 Rz. 37.   ‖ 7 Richardi/*Annuß*, § 112a Rz. 13; GK-BetrVG/*Oetker*, § 112, 112a Rz. 307 ff.; ausf. zum Ganzen *Willemsen*, DB 1990, 1405.   ‖ 8 *Willemsen*, DB 1990, 1405 (1406); WPK/*Preis*/*Bender*, §§ 112, 112a Rz. 33.   ‖ 9 BAG 13.6.1989 – 1 ABR 14/88, AP Nr. 3 zu § 112a BetrVG 1972 m. zust. Anm. *Willemsen*; 22.1.1995 – 10 ABR 21/94 und 10 ABR 23/94, AP Nrn. 7 und 8 zu § 112a BetrVG 1972; 10.12.1996 – 1 ABR 32/96, NZA 1997, 898; *Bauer*, Betriebsänderungen, 1992, S. 88 f.; MünchArbR/*Matthes*, § 270 Rz. 37; WHSS/*Schweibert*, Rz. C 223; GK-BetrVG/*Oetker*, §§ 112, 112a Rz. 310; *Fitting*, §§ 112, 112a Rz. 109; aA DKKW/*Däubler*, §§ 112, 112a Rz. 75, der dies als Verstoß gegen die Betriebsübergangs-RL ansieht; hiergegen ausdrücklich *Fitting*, §§ 112, 112a Rz. 111.   ‖ 10 BAG 27.6.2006 – 1 ABR 18/05, NZA 2007, 106, Rz. 20 ff.   ‖ 11 BAG 13.6.1989 – 1 ABR 14/88, NZA 1989, 974; 10.12.1996 – 1 ABR 32/96, NZA 1997, 898; 27.6.2006 – 1 ABR 18/05, NZA 2007, 106 Rz. 45; GK-BetrVG/*Oetker*, §§ 112, 112a Rz. 311; WHSS/*Schweibert*, Rz. C 223.   ‖ 12 BAG 10.12.1996 – 1 ABR 32/96, NZA 1997, 898; vgl. bereits § 112 Rz. 36.   ‖ 13 Gemeint sind Unterordnungskonzerne (§ 18 I AktG); aA *Trümmer*/*Weinbrenner*, AuR 2010, 248 („auch Gleichordnungskonzerne").   ‖ 14 Begr. RegE, BT-Drs. 10/2102, 28; vgl. auch *Willemsen*, DB 1990, 1405 (1407); GK-BetrVG/*Oetker*, §§ 112, 112a Rz. 314; Richardi/*Annuß*, § 112a Rz. 18; vgl. auch BAG 22.2.1995 – 10 ABR 23/94, NZA 1995, 697.   ‖ 15 *Löwisch*/*Kaiser*, § 112a Rz. 9.   ‖ 16 Vgl. schon BT-Drs. 10/2102, 28; Richardi/*Annuß*, § 112a Rz. 18; GK-BetrVG/*Oetker*, §§ 112, 112a Rz. 314; *Fitting*, §§ 112, 112a Rz. 112.   ‖ 17 BAG 27.6.2006 – 1 ABR 18/05, NZA 2007, 106, Rz. 43.

tätigkeit einer KG auf eine vom Komplementär-Geschäftsführer gegründete GmbH[1]; Übertragung der Betriebe zweier Unternehmen auf ein gemeinsam errichtetes **Gemeinschaftsunternehmen**[2]. Entsteht zwar das neue Unternehmen infolge einer Konzernumstrukturierung (zB Umwandlung), wird auf dieses jedoch ein **konzernfremder Betrieb** übertragen, findet das Sozialplanprivileg Anwendung[3].

Für den **Beginn des Vierjahreszeitraums** kommt es auf den **Zeitpunkt des meldepflichtigen Ereignisses iSv. § 138 AO** an[4]. Da es nach der Gesetzeskonzeption auf die Dauer der unternehmerischen Tätigkeit ankommt, greift das Sozialplanprivileg auch für bislang nicht unternehmerisch tätige „**Vorratsgesellschaften**"[5]. Umstritten ist, wie weit die Betriebsänderung fortgeschritten sein muss, um noch in den Vierjahreszeitraum zu fallen. Teilweise wird auf den Ablauf der Kündigungsfristen abgestellt (Entlassungstermin)[6]. Andere Stimmen stellen auf die endgültige Unternehmerentscheidung ab[7] bzw. auf den Beginn der Durchführung[8]. Schließlich wird teilweise darauf abgestellt, wann bei Sozialplanpflicht der Spruch der Einigungsstelle ergehen würde[9]. Nach Ablauf von vier Jahren könnte die Einigungsstelle also durch Spruch einen Sozialplan verabschieden. Dies würde jedoch zu ungewollten Anreizen für die Verzögerung des Verfahrens führen. Zutreffend ist deshalb allein, auf den **Zeitpunkt der unternehmerischen Entscheidung und deren Mitteilung an den BR** abzustellen. Der weitere zeitliche Verlauf hängt wesentlich von den Verhandlungen mit dem BR ab, so dass es nicht mehr allein in den Verantwortungsbereich des ArbGeb fällt, wie lange sich der weitere Prozess hinzieht. Von dessen Dauer kann daher nicht abhängen, ob Abs. 2 noch zur Anwendung kommt. 9

113 *Nachteilsausgleich*

(1) Weicht der Unternehmer von einem Interessenausgleich über die geplante Betriebsänderung ohne zwingenden Grund ab, so können Arbeitnehmer, die infolge dieser Abweichung entlassen werden, beim Arbeitsgericht Klage erheben mit dem Antrag, den Arbeitgeber zur Zahlung von Abfindungen zu verurteilen; § 10 des Kündigungsschutzgesetzes gilt entsprechend.

(2) Erleiden Arbeitnehmer infolge einer Abweichung nach Absatz 1 andere wirtschaftliche Nachteile, so hat der Unternehmer diese Nachteile bis zu einem Zeitraum von zwölf Monaten auszugleichen.

(3) Die Absätze 1 und 2 gelten entsprechend, wenn der Unternehmer eine geplante Betriebsänderung nach § 111 durchführt, ohne über sie einen Interessenausgleich mit dem Betriebsrat versucht zu haben, und infolge der Maßnahme Arbeitnehmer entlassen werden oder andere wirtschaftliche Nachteile erleiden.

I. Allgemeines. Bereits § 74 **BetrVG 1952** sah Sanktionen bei Kündigungen vor, die einer Einigung bzw. einem Vermittlungsvorschlag (§ 73 II BetrVG 1952) widersprachen. Schon seinerzeit entsprach es der hM, dass die Vorschrift auch für den Fall anzuwenden ist, dass der Unternehmer den BR gar nicht beteiligt hat. Diese Rechtsfolge ist jetzt ausdrücklich in § 113 III geregelt[10]. Die durch das arbeitsrechtl. BeschäftigungsförderungsG 1996[11] in § 113 III vorübergehend eingeführte **Fristenregelung**, die den Versuch eines Interessenausgleichs für zwei bzw. drei Monate begrenzte[12], wurde 1998 durch das Korrekturgesetz[13] wieder außer Kraft gesetzt. Damit wurde ein schon überwundener Wettbewerbsnachteil, nämlich die Unvorhersehbarkeit der Dauer einer Umstrukturierung, wieder reaktiviert. 1

§ 113 verfolgt nach wohl hM einen **doppelten Zweck**, nämlich die **Sanktionierung eines mitbestimmungswidrigen Verhaltens** und damit die Absicherung der Beteiligungsrechte des BR sowie die **Kompensation von individuellen Nachteilen**, die durch die Missachtung der Beteiligungsrechte entstehen[14]. Indessen steht bei genauerer Betrachtung der Ausgleich der wirtschaftl. Nachteile ganz im Vordergrund. Die Vorschrift ist „keine bußgeldähnliche Verpflichtung mit Strafcharakter"[15], sondern gewährt eine „gewisse Entschädigung dafür (...), dass eine im Gesetz vorgesehene Beteiligung unterblieben" ist. Dementsprechend ist es auch folgerichtig, dass Nachteilsausgleichsansprüche mit Sozialplananprüchen verrechnet werden (s. Rz. 17). 2

Abs. 3 kann nicht analog für den Fall angewandt werden, dass der Unternehmer bei nicht sozialplanpflichtigen Betriebsänderungen (§ 112a) **Sozialplanverhandlungen** unterlässt[16]. Dagegen spricht die 3

---

1 BAG 22.2.1995 – 10 ABR 21/94, NZA 1995, 699. ‖ 2 BAG 22.2.1995 – 10 ABR 23/94, NZA 1995, 697. ‖ 3 *Willemsen*, DB 1990, 1405 (1408); *Loritz*, NZA 1993, 1105 (1111); *Richardi/Annuß*, § 112a Rz. 18; *Stege/Weinspach/Schiefer*, §§ 111–113 Rz. 72a. ‖ 4 GK-BetrVG/*Oetker*, §§ 112, 112a Rz. 312; MünchArbR/*Matthes*, § 270 Rz. 37. ‖ 5 *Richardi/Annuß*, § 112a Rz. 14. ‖ 6 *Etzel*, Betriebsverfassungsrecht, Rz. 1069. ‖ 7 *Rumpff/Boewer*, Mitbestimmung in wirtschaftlichen Angelegenheiten, I Rz. 61. ‖ 8 DKKW/*Däubler*, §§ 112, 112a Rz. 74. ‖ 9 GK-BetrVG/*Oetker*, §§ 112, 112a Rz. 313. ‖ 10 Vgl. m. Nachw. *Richardi/Annuß*, § 113 Rz. 1; GK-BetrVG/*Oetker*, § 113 Rz. 1. ‖ 11 BGBl. 1996 I S. 1476. ‖ 12 Vgl. hierzu *Bauer/Göpfert*, DB 1997, 1464ff.; *Eisemann*, FS Hanau, 1999, S. 387ff.; *Hohenstatt*, NZA 1998, 846 (847); *Löwisch*, RdA 1997, 80 (82ff.); *Röder/Baeck*, BB-Beil. 17/1996, 23ff. ‖ 13 BGBl. 1998 I S. 3843, 3850. ‖ 14 BAG 13.6.1989 – 1 AZR 819/87, NZA 1989, 894; GK-BetrVG/*Oetker*, § 113 Rz. 3; *Richardi/Annuß*, § 113 Rz. 2; DKKW/*Däubler*, § 113 Rz. 1; den Sanktionszweck stellen in den Vordergrund *Fitting*, § 113 Rz. 2; ErfK/*Kania*, § 113 BetrVG Rz. 1; WPK/*Preis/Bender*, § 113 Rz. 3. ‖ 15 BAG 20.11.2001 – 1 AZR 97/01, NZA 2002, 992. ‖ 16 So aber DKKW/*Däubler*, § 113 Rz. 11; *Ohl*, Sozialplan, 1976, S. 51 bei Tendenzbetrieben; aA GK-BetrVG/*Oetker*, § 113 Rz. 8; ErfK/*Kania*, § 113 BetrVG Rz. 3; *Gajewski*, FS D. Gaul, 1992, S. 189 (193).

vom Gesetzgeber bewusst angeordnete Beschränkung des Nachteilsausgleichs auf den unterbliebenen Versuch eines Interessenausgleichs[1]. Auch kann § 113 auf **Tendenzbetriebe keine Anwendung** finden, da auf diese die §§ 111–113 nur insoweit anzuwenden sind, als sie den Ausgleich oder die Milderung wirtschaftl. Nachteile für die ArbN infolge von Betriebsänderungen regeln (§ 118 I 2; s. dort Rz. 30)[2]. Das **BAG** beurteilt dies allerdings **abweichend**; ein Nachteilsausgleich komme in Betracht, wenn der BR nicht so informiert werde, dass er von der Durchführung der Betriebsänderungen „sachangemessene Überlegungen zum Inhalt eines zukünftigen Sozialplans anstellen" könne[3].

4 **II. Abweichen vom Interessenausgleich (Abs. 1).** Der Abfindungsanspruch gem. Abs. 1 setzt voraus, dass überhaupt eine beteiligungspflichtige Betriebsänderung vorliegt[4] (so dass die Abweichung von einem freiwilligen Interessenausgleich nicht durch Abs. 1 sanktioniert wird[5]) *und* dass ein Interessenausgleich über eine Betriebsänderung abgeschlossen[6] wurde. Der Interessenausgleich muss wirksam, insb. muss die Schriftform gewahrt sein[7] und es muss der zuständige BR gehandelt haben[8].

5 Führt der ArbGeb eine völlig **andere Betriebsänderung** durch, als im Interessenausgleich vereinbart, liegt keine „Abweichung" vor, sondern ein Fall des Abs. 3[9].

6 Will der ArbGeb **rechtmäßig und ohne Verpflichtung zum Nachteilsausgleich** von einem Interessenausgleich abweichen, muss er das **Beteiligungsverfahren gem. §§ 111, 112 erneut einleiten** und auf einen entsprechend geänderten Interessenausgleich hinwirken[10]. Hierzu ist der ArbGeb generell und nicht nur dann verpflichtet, wenn die Abweichung selbst eine eigenständige Betriebsänderung beinhaltet[11].

7 Abs. 1 normiert Nachteilsausgleichsansprüche, ohne zugleich eine kollektivrechtl. Rechtfertigung dafür zu schaffen, dass der ArbGeb von **Organisationsregelungen** (vgl. § 112 Rz. 5) abweicht. Seine Verpflichtung zur erneuten Durchführung des Beteiligungsverfahrens bleibt trotz eventueller Nachteilsausgleichspflicht bestehen. Hingegen sind Abweichungen von **Folgeregelungen** eines Interessenausgleichs (vgl. § 112 Rz. 5) – da diese nicht die Betriebsänderung selbst betreffen – auch ohne erneutes Beteiligungsverfahren möglich[12]. Eine solche Abweichung begründet keinen Nachteilsausgleichsanspruch[13].

8 Eine Abweichung vom Interessenausgleich bleibt **sanktionslos**, wenn sie auf einem **zwingenden Grund** beruht. Dieses Erfordernis geht über das Vorliegen eines wichtigen Grundes hinaus[14]. Der Unternehmer muss sich daher in einer Lage befunden haben, die ihm praktisch keine andere Wahl ließ, als vom Interessenausgleich abzuweichen, wobei hier ein strenger Maßstab anzulegen ist[15]. Hierfür kommen im Wesentlichen nur Gründe in Betracht, die im Nachhinein entstanden sind[16]. Es liegt also ein besonderer Fall des nachträglichen Wegfalls der Geschäftsgrundlage vor[17]. **Beispiele:** Plötzlich auftretender Rohstoffmangel, unerwartete drastische Preiserhöhungen, Kreditschwierigkeiten, gesetzgeberische Maßnahmen, technische Störungen, drastische Veränderungen der Marktlage[18]. Beurteilungsmaßstab für den zwingenden Grund ist der Zeitpunkt der Abweichung vom Interessenausgleich, so dass nicht entscheidend ist, ob sich die Maßnahme retrospektiv als sinnvoll oder erforderlich erwiesen hat[19].

9 Abs. 1 regelt einen **individualrechtl. Abfindungsanspruch**, so dass eine Entscheidung über das Vorliegen eines zwingenden Grundes im Beschlussverfahren ausgeschlossen ist[20]. Das Vorliegen eines zwingenden Grundes ist demnach als Vorfrage im Rechtsstreit gegen den einzelnen ArbN zu klären, wobei den Unternehmer die Beweislast für das Vorliegen eines solchen Umstands trifft[21].

10 **III. Unterlassener Versuch eines Interessenausgleichs (Abs. 3).** Abs. 3 bildet heute den Hauptanwendungsfall des Nachteilsausgleichs, während die Sanktion gem. Abs. 1 in der Praxis in den Hintergrund tritt[22]. Der Tatbestand setzt wiederum das Vorliegen einer interessenausgleichspflichtigen Maßnahme voraus. Es muss demnach eine **Betriebsänderung** geplant und durchgeführt worden sein, die unter § 111 S. 3 fällt (vgl. Rz. 4). Hierzu gehören auch die Betriebsänderungen, die unter das Sozialplanprivileg

---

1 GK-BetrVG/*Oetker*, § 113 Rz. 8. ||2 Richardi/*Annuß*, § 113 Rz. 34; Hess ua./*Hess*, § 118 Rz. 55a; *Bauer/Lingemann*, NZA 1995, 813 (816); GK-BetrVG/*Oetker*, § 113 Rz. 13ff.; *Gillen/Hörle*, NZA 2003, 1225 (1230ff.). ||3 BAG 18.11.2003 – 1 AZR 637/02, NZA 2004, 741. ||4 GK-BetrVG/*Oetker*, § 113 Rz. 11. ||5 GK-BetrVG/*Oetker*, § 113 Rz. 19. ||6 *Löwisch/Kaiser*, § 113 Rz. 2; GK-BetrVG/*Oetker*, § 113 Rz. 17. ||7 BAG 9.7.1985 – 1 AZR 323/83, NZA 1986, 100; weitere Nachw. bei GK-BetrVG/*Oetker*, § 113 Rz. 21. ||8 GK-BetrVG/*Oetker*, § 113 Rz. 21. ||9 Richardi/*Annuß*, § 113 Rz. 9; vgl. GK-BetrVG/*Oetker*, § 113 Rz. 27. ||10 Richardi/*Annuß*, § 113 Rz. 10; im Grundsatz auch GK-BetrVG/*Oetker*, § 113 Rz. 26. ||11 So auch GK-BetrVG/*Oetker*, § 113 Rz. 25. ||12 Richardi/*Annuß*, § 113 Rz. 10. ||13 BAG 22.1.2013 – 1 AZR 873/11, DB 2013, 1500, Rz. 18ff. ||14 *Fitting*, § 113 Rz. 8; Richardi/*Annuß*, § 113 Rz. 13. ||15 BAG 17.9.1974 – 1 AZR 16/74, NJW 1975, 182; 10.6.1969 – 1 AZR 2/69, NJW 1969, 2221; *Fitting*, § 113 Rz. 8; Richardi/*Annuß*, § 113 Rz. 13; ErfK/*Kania*, § 113 BetrVG Rz. 4; GK-BetrVG/*Oetker*, § 113 Rz. 31; DKKW/*Däubler*, § 113 Rz. 5; *Rumpff/Boewer*, Mitbestimmung in wirtschaftlichen Angelegenheiten, K Rz. 6; *Etzel*, Betriebsverfassungsrecht, Rz. 1017. ||16 ErfK/*Kania*, § 113 BetrVG Rz. 4; Richardi/*Annuß*, § 113 Rz. 15; *Fitting*, § 113 Rz. 7; MünchArbR/*Matthes*, § 269 Rz. 42. ||17 So auch GK-BetrVG/*Oetker*, § 113 Rz. 30. ||18 *Fitting*, § 113 Rz. 8; Richardi/*Annuß*, § 113 Rz. 16; ErfK/*Kania*, § 113 BetrVG Rz. 4. ||19 *Fitting*, § 113 Rz. 11; Richardi/*Annuß*, § 113 Rz. 17; GK-BetrVG/*Oetker*, § 113 Rz. 34. ||20 BAG 18.3.1975 – 1 ABR 102/73, BB 1975, 884. ||21 GK-BetrVG/*Oetker*, § 113 Rz. 35; *Fitting*, § 113 Rz. 9; Richardi/*Annuß*, § 113 Rz. 18. ||22 Vgl. Richardi/*Annuß*, § 113 Rz. 4.

gem. § 112a fallen. Auch bei diesen Betriebsänderungen ist der ArbGeb zum Versuch eines Interessenausgleichs verpflichtet[1]. Die Vorschrift gilt sowohl für den Fall, dass der Unternehmer den BR **überhaupt nicht beteiligt**, als auch dann, wenn die Beteiligung **nicht im betriebsverfassungsrechtlich erforderlichen Maß** erfolgte[2] (zum Fall der Beteiligung des unzuständigen BR s. § 111 Rz. 72). Die Verletzung der Anzeigepflichten bei Massenentlassungen (§ 17 III KSchG) begründet nicht – im Wege der richtlinienkonformen Auslegung – Ansprüche gem. Abs. 3[3]. **„Zwingende Gründe"** für die Nichtbeteiligung des BR (vgl. Abs. 1) entschuldigen den ArbGeb nicht, da Abs. 3 lediglich im Hinblick auf die Rechtsfolgen auf Abs. 1 verweise, hingegen nicht hinsichtlich der Anspruchsvoraussetzungen[4]. Jedoch soll die Sanktion des Abs. 3 nicht eintreten, wenn sich die sofortige Vornahme der Betriebsänderung als „die einzig mögliche und auch im Interesse der ArbN dringend gebotene Reaktion" des Unternehmers darstellte und sich der Versuch eines Interessenausgleichs als „offensichtlich sinnlos" erwiesen hätte[5]. Dies bedeutet allerdings, dass es von vornherein ausgeschlossen gewesen sein muss, dass die Interessen der ArbN im weiteren Einigungsverfahren berücksichtigt werden können[6]. Die Betriebsänderung muss also **unausweichlich** sein; zusätzlich muss hinzukommen, dass auch im Hinblick auf den **Zeitpunkt** und die **Art der Durchführung** keinerlei Spielraum mehr besteht[7]. Hiervon ist im Fall der Insolvenz nicht ohne weiteres auszugehen[8]. Trotz der Theorie von der Rechtsfolgenverweisung hält indessen auch das BAG den Abfindungsanspruch gem. Abs. 3 in besonders eindeutig gelagerten Situationen, in denen dem Unternehmer kein Handlungsspielraum verblieben ist, für unangebracht[9]. Abs. 3 greift auch ein, wenn der BR zwar beteiligt wurde, jedoch kein **hinreichender Versuch eines Interessenausgleichs** (s.a. § 112 Rz. 20) unternommen wurde. Diese Sanktion knüpft an die Verpflichtung des ArbGeb gem. §§ 111, 112 II, III an, bei einer geplanten Betriebsänderung den Versuch eines Interessenausgleichs zu unternehmen. Nach Auffassung des BAG ist dieser Versuch nur dann ausreichend unternommen, wenn der Unternehmer das in § 112 II vorgesehene **Verfahren voll ausschöpft** und insb. wegen des Interessenausgleichs die **Einigungsstelle angerufen** hat (vgl. schon § 112 Rz. 20)[10]. Dies ist problematisch, da § 112 II nur die Möglichkeit eröffnet, die Einigungsstelle anzurufen, nicht hingegen eine entsprechende ausdrückliche Verpflichtung vorsieht[11]. Durch die Sanktionsnorm in Abs. 3 soll der Umfang der unternehmerischen Verpflichtungen nicht erweitert werden. Die **Praxis** hat sich jedoch darauf einzustellen, dass Nachteilsausgleichsansprüche drohen, wenn die Betriebsänderung durchgeführt wird, bevor der **Versuch eines Interessenausgleichs bis in die Einigungsstelle** hinein unternommen worden ist[12]. Der Versuch eines Interessenausgleichs setzt aber nicht voraus, dass die Einigungsstelle das Scheitern der Interessenausgleichverhandlung förmlich durch Beschluss feststellt[13]. Hingegen soll der Unternehmer nicht verpflichtet sein, die BA um Vermittlung zu ersuchen[14].

IV. Entlassung und andere wirtschaftliche Nachteile; Abfindungshöhe; Verrechnung mit Sozialplananspruch. Die Abweichung von einem Interessenausgleich ist gem. **Abs. 1** nur von Belang, soweit sie zur **Entlassung von ArbN** führt. Unter Entlassung werden alle Formen der Beendigung des ArbVerh auf Veranlassung des ArbGeb verstanden (einschl. Aufhebungsverträge und Eigenkündigungen; vgl. § 111 Rz. 31)[15]. Auch bei Ablehnung eines Änderungsangebots iSv. § 2 KSchG und Ausscheidens auf Grund der Änderungskündigung soll eine Entlassung vorliegen, unabhängig davon, ob das Angebot zumutbar war[16]. Zwischen der Abweichung und der Entlassung muss eine **Kausalität** bestehen. Dabei ist eine individuelle Betrachtung erforderlich. Abfindungen erhalten nur ArbN, deren Entlassung deshalb erforderlich geworden ist, weil der Unternehmer gegen den Interessenausgleich verstoßen hat[17]. Hierfür ist der **ArbN beweispflichtig**[18]. Demnach erhalten ArbN, die auch bei ordnungsgemäßer Durchführung der Betriebsänderung entlassen worden wären, keine Abfindung[19]. Widersprechen Mitarbeiter dem Übergang ihrer ArbVerh, beruht eine Kündigung des bisherigen ArbGeb hierauf und nicht auf der betriebsverfassungswidrigen Betriebsänderung[20].

Für den Anspruch gem. **Abs. 3** muss die mitbestimmungswidrig durchgeführte **Betriebsänderung kausal** für die Entlassung gewesen sein[21]. Ob die Nachteile auch bei gesetzesgemäßem Vorgehen eingetreten wären, spielt hier keine Rolle[22].

---

1 BAG 8.11.1988 – 1 AZR 687/87, NZA 1989, 278; *Etzel*, Betriebsverfassungsrecht, Rz. 1047; *Fitting*, § 113 Rz. 3; vgl. GK-BetrVG/*Oetker*, § 113 Rz. 36. ||2 *Richardi/Annuß*, § 113 Rz. 24; *Fitting*, § 113 Rz. 13. ||3 BAG 30.3.2004 – 1 AZR 7/03, ZIP 2004, 1823. ||4 BAG 17.9.1974 – 1 AZR 16/74, NJW 1975, 182; 18.12.1984 – 1 AZR 176/82, NZA 1985, 400; *Fitting*, § 113 Rz. 13, 15; *Matthes*, DB 1972, 286 (289); krit. *Richardi/Annuß*, § 113 Rz. 26 f. mit allerdings der hM entsprechenden praktischen Ergebnissen. ||5 BAG 23.1.1979 – 1 AZR 64/76, BB 1979, 782. ||6 BAG 18.12.1984 – 1 AZR 176/82, NZA 1985, 400. ||7 BAG 31.10.1995 – 1 AZR 372/95, NZA 1996, 499. ||8 BAG 22.7.2003 – 1 AZR 541/02, DB 2003, 2708. ||9 Vgl. hierzu *Richardi/Annuß*, § 113 Rz. 25; vgl. auch GK-BetrVG/*Löwisch*, § 113 Rz. 57, die in besonderen Situationen eine „teleologische Reduktion" befürworten. ||10 BAG 18.12.1984 – 1 AZR 176/82, NZA 1985, 400; 9.7.1985 – 1 AZR 323/83, NZA 1986, 100; 20.4.1994 – 10 AZR 186/93, NZA 1995, 89; 20.11.2001 – 1 AZR 97/01, BB 2002, 1862. ||11 Krit. auch *Löwisch/Kaiser*, § 113 Rz. 12. ||12 So auch *Fitting*, § 113 Rz. 18; ErfK/*Kania*, § 113 BetrVG Rz. 8; GK-BetrVG/*Oetker*, § 113 Rz. 49 f.; aA *Galperin/Löwisch*, § 113 Rz. 46; *Hanau*, ZfA 1974, 89 (111); *Löwisch*, RdA 1989, 216 (218 f.). ||13 BAG 16.8. 2011 – AZR 44/10, NZA 2012, 640. ||14 *Richardi/Annuß*, § 113 Rz. 29. ||15 ErfK/*Kania*, § 113 BetrVG Rz. 5; DKKW/*Däubler*, § 113 Rz. 17; *Fitting*, § 113 Rz. 22. ||16 LAG Hamm 14.9.2004 – 19 Sa 1236/04, LAGE § 113 BetrVG 2001 Nr. 2. ||17 *Fitting*, § 113 Rz. 26; GK-BetrVG/*Oetker*, §§ 113 Rz. 71; *Richardi/Annuß*, § 113 Rz. 19. ||18 *Fitting*, § 113 Rz. 28; *Hess* ua./*Hess*, § 113 Rz. 12. ||19 GK-BetrVG/*Oetker*, § 113 Rz. 75; ErfK/*Kania* § 113 BetrVG Rz. 5. ||20 LAG Bremen 21.10.2004 – 3 Sa 77/04, DB 2005, 167. ||21 *Löwisch/Kaiser*, § 113 Rz. 15; ErfK/*Kania*, § 113 BetrVG Rz. 9. ||22 ErfK/*Kania*, § 113 BetrVG Rz. 9.

BetrVG § 113 Rz. 13

13 Die Beendigung des ArbVerh (Entlassung) muss **rechtswirksam** sein; insb. muss eine **Kündigung sozial gerechtfertigt** sein. Ist dies nicht der Fall, bedarf es keines Abfindungsanspruchs, da der ArbN gem. dem KSchG gegen die Kündigung vorgehen kann[1]. Richtigerweise wird allerdings hervorgehoben, dass die Wirksamkeit der Kündigung nicht zuvor in einem gerichtl. Verfahren geprüft und festgestellt zu werden braucht. Es genügt vielmehr, wenn der ArbN die Kündigung hinnimmt und diese gem. § 7 KSchG als von Anfang an rechtswirksam angesehen wird[2]. Darüber hinausgehend wird sogar geltend gemacht, die Wirksamkeit der Kündigung sei generell nicht Anspruchsvoraussetzung[3]. Solange allerdings ein gerichtl. Verfahren über die Wirksamkeit einer Kündigung anhängig ist, kann nicht zugleich eine Abfindung für den Verlust des Arbeitsplatzes verlangt werden. Vielmehr kommt in diesem Fall ein Abfindungsanspruch nur in Betracht, wenn die Wirksamkeit der Kündigung zuvor rechtskräftig festgestellt worden ist[4]. Der ArbN wird daher idR den Abfindungsantrag **hilfsweise** zum Feststellungsantrag im Hinblick auf die Unwirksamkeit der Kündigung stellen[5].

14 Die **Höhe der Abfindung** bemisst sich gem. § 10 KSchG (Abs. 1 Hs. 2). Im gerichtl. Antrag braucht keine konkrete Abfindungssumme angegeben zu werden, da sie von Amts wegen festzusetzen ist[6]. Bei der Bemessung sind einerseits das Lebensalter, die Betriebszugehörigkeit und Arbeitsmarktaussichten des ArbN und andererseits der Grad der Zuwiderhandlung gegen betriebsverfassungsrechtl. Pflichten zu gewichten[7]. Hingegen spielt die wirtschaftl. Vertretbarkeit iSv. § 112 V 1 (vgl. § 112 Rz. 74 ff.) für die Höhe der Abfindung gem. Abs. 1 keine Rolle[8]. Auch § 112 V 2 Nr. 2 ist nicht heranzuziehen[9]; das Gericht kann die Abfindung jedoch bei Bestehen einer vom ArbN ausgeschlagenen Weiterbeschäftigungsmöglichkeit mindern[10].

15 Abs. 2 regelt den Ausgleich „**anderer wirtschaftl. Nachteile**" (neben Entlassungen), der bis zu einem Zeitraum von zwölf Monaten zu erfolgen hat. Gemeint sind insb. **Gehaltsnachteile** infolge einer Versetzung, die Übernahme von **Umschulungskosten** sowie die Erstattung von **Fahrtkosten**[11].

16 **Tarifliche Ausschlussfristen** für Ansprüche aus dem ArbVerh gelten auch für Ansprüche gem. § 113[12]. Die Ausschlussfrist beginnt mit der Beendigung des ArbVerh[13]. Dies gilt auch dann, wenn ein Kündigungsschutzprozess anhängig ist[14]. Ein **Verzicht** auf einen bereits entstandenen Nachteilsausgleichsanspruch ist möglich, auch im Rahmen der allg. Ausgleichsklausel[15]. Es entstanden ist der Anspruch mit dem Beginn der betriebsverfassungswidrigen Betriebsänderung[15]. Es finden die **Steuererleichterungen** für Abfindungen Anwendung (§§ 24, 34 EStG)[16]. **SozV-Abgaben** fallen nicht an (vgl. § 112 Rz. 93).

17 Abfindungsansprüche gem. Abs. 1 und 3 sind **mit Abfindungsansprüchen aus Sozialplänen zu verrechnen**[17], da sich der Zweck der Leistungen (s. Rz. 2) weitgehend deckt. Dies gilt dann, wenn ein Sozialplan bereits abgeschlossen ist; bei späterem Sozialplan obliegt es zunächst der Entscheidung der Betriebspartner, in welchem Umfang sie Nachteilsausgleiche anrechnen[18]. Auch ohne ausdrückliche Vereinbarung im später abgeschlossenen Sozialplan sind Sozialplanansprüche auf Nachteilsausgleichsansprüche anzurechnen. Dies gilt jedenfalls dann, wenn der ArbGeb den Konsultationspflichten der MassenentlassungsRL nachgekommen ist[19]. Diejenigen Autoren, die den Sanktionscharakter des Nachteilsausgleichs hervorheben, halten die Anrechnung für unrichtig[20]. Das BAG hat aber zu Recht hervorgehoben, dass die Sanktionswirkung des Nachteilsausgleichs auch bei einer gegenseitigen Verrechnung häufig bestehen bleibt, nämlich insofern, als der Anspruch gem. § 113 erheblich über dem Sozialplananspruch liegen kann und auch Mitarbeitern zusteht, die gem. dem Sozialplan von einem Abfindungsanspruche ausgenommen wären[21]. IÜ haben die Betriebspartner die Möglichkeit, die Verrechnung im Sozialplan auszuschließen, wenn sie dies in Anbetracht der konkreten Umstände für angemessen halten[22]. Hingegen wäre es nicht zulässig, wenn ein Sozialplan bereits entstandene Nachteilsausgleichsansprüche beseitigte oder begrenzte[23].

---

1 BAG 31.10.1995 – 1 AZR 372/95, NZA 1996, 499; ErfK/*Kania*, § 113 BetrVG Rz. 5; Hess ua./*Hess*, § 113 Rz. 11. ||2 GK-BetrVG/*Oetker*, § 113 Rz. 62 f.; *Fitting*, § 113 Rz. 23. ||3 Richardi/*Annuß*, § 113 Rz. 37; DKKW/*Däubler*, § 113 Rz. 17; *Fitting*, § 113 Rz. 23; GK-BetrVG/*Oetker*, § 113 Rz. 63. ||4 BAG 31.10.1995 – 1 AZR 372/95, NZA 1996, 499. ||5 Richardi/*Annuß*, § 113 Rz. 38; ErfK/*Kania*, § 113 BetrVG Rz. 5; DKKW/*Däubler*, § 113 Rz. 22. ||6 Hess ua./*Hess*, § 113 Rz. 20; Richardi/*Annuß*, § 113 Rz. 49. ||7 BAG 29.2.1972 – 1 AZR 176/71, NJW 1972, 1342; ErfK/*Kania*, § 113 BetrVG Rz. 6; *Fitting*, § 113 Rz. 30; BAG 13.6.1989 – 1 AZR 819/87, NZA 1989, 894. ||8 *Fitting*, § 113 Rz. 30; ErfK/*Kania*, § 113 BetrVG Rz. 6; *Berenz*, NZA 1993, 538 (543); DKKW/*Däubler*, § 113 Rz. 20; Richardi/*Annuß*, § 113 Rz. 49. ||9 BAG 10.12.1996 – 1 AZR 290/96, NZA 1997, 787; s.a. BAG 19.1.1999 – AZR 342/98, NZA 1999, 950; ähnlich Richardi/*Annuß*, § 113 Rz. 49. ||10 BAG 10.12.1996 – 1 AZR 290/96, NZA 1997, 787. ||11 Richardi/*Annuß*, § 113 Rz. 52; ErfK/*Kania*, § 113 BetrVG Rz. 7; *Fitting*, § 113 Rz. 25, 34. ||12 BAG 22.2.1983 – 1 AZR 260/81, NJW 1984, 323; *Löwisch/Kaiser*, § 113 Rz. 18. ||13 BAG 18.12.1984 – 1 AZR 176/82, NZA 1985, 400. ||14 BAG 3.8.1982 – 1 AZR 77/81, NJW 1983, 192. ||15 BAG 23.9.2003 – 1 AZR 576/02, NZA 2004, 440. ||16 Richardi/*Annuß*, § 113 Rz. 57. ||17 St. Rspr. BAG; so zuletzt BAG 16.5.2007 – 8 AZR 693/06, NZA 2007, 1296; 20.11.2001 – 1 AZR 97/01, NZA 2002, 992; unter Berücksichtigung der RL 98/59/EG *Leuchten/Lipinski*, NZA 2003, 1361; MünchArbR/*Matthes*, § 269 Rz. 44; *Stege/Weinspach/Schiefer*, §§ 111–113 Rz. 177; Richardi/*Annuß*, § 112 Rz. 203 f.; *Fitting*, § 113 Rz. 32 mit krit. Hinw. auf die MassenentlassungsRL; *Rumpff/Boewer*, Mitbestimmung in wirtschaftlichen Angelegenheiten, K Rz. 38; aA WPK/*Preis/Bender*, § 113 Rz. 3. ||18 *Fitting*, § 113 Rz. 33. ||19 BAG 16.5.2007 – 8 AZR 693/06, NZA 2007, 1296. ||20 ErfK/*Kania*, § 113 BetrVG Rz. 2; DKKW/*Däubler*, §§ 112, 112a Rz. 123 ff.; WPK/*Preis/Bender*, § 113 Rz. 3. ||21 BAG 20.11.2001 – 1 AZR 97/01, BB 2002, 1862. ||22 BAG 20.11.2001 – 1 AZR 97/01, BB 2002, 1862. ||23 BAG 14.9.1976 – 1 AZR 784/75, BB 1977, 142.

Fünfter Teil. Besondere Vorschriften für einzelne Betriebsarten

Erster Abschnitt. Seeschifffahrt

114–116 *(nicht kommentiert)*

Zweiter Abschnitt. Luftfahrt

117 *(nicht kommentiert)*

Dritter Abschnitt. Tendenzbetriebe und Religionsgemeinschaften

118 *Geltung für Tendenzbetriebe und Religionsgemeinschaften*

(1) Auf Unternehmen und Betriebe, die unmittelbar und überwiegend
1. politischen, koalitionspolitischen, konfessionellen, karitativen, erzieherischen, wissenschaftlichen oder künstlerischen Bestimmungen oder
2. Zwecken der Berichterstattung oder Meinungsäußerung, auf die Artikel 5 Abs. 1 Satz 2 des Grundgesetzes Anwendung findet,

dienen, finden die Vorschriften dieses Gesetzes keine Anwendung, soweit die Eigenart des Unternehmens oder des Betriebs dem entgegensteht. Die §§ 106 bis 110 sind nicht, die §§ 111 bis 113 nur insoweit anzuwenden, als sie den Ausgleich oder die Milderung wirtschaftlicher Nachteile für die Arbeitnehmer infolge von Betriebsänderungen regeln.

(2) Dieses Gesetz findet keine Anwendung auf Religionsgemeinschaften und ihre karitativen und erzieherischen Einrichtungen unbeschadet deren Rechtsform.

I. Allgemeines	1	3. Unmittelbar und überwiegend	11
II. Tendenzunternehmen gemäß Abs. 1	2	4. Einschränkung der Beteiligungsrechte	20
1. Geistig-ideelle Bestimmungen (Abs. 1 S. 1 Nr. 1)	3	III. Religionsgemeinschaften und ihre karitativen und erzieherischen Einrichtungen	32
2. Berichterstattung und Meinungsäußerung (Abs. 1 S. 1 Nr. 2)	10	IV. Streitigkeiten	39

I. Allgemeines. § 118 schirmt Tendenzunternehmen und Religionsgemeinschaften vor einer Beeinträchtigung ihrer Rechte durch betriebl. Mitbest. ab[1]. Die Anwendung von betriebl. MitbestR auf die in Abs. 1 genannten Tendenzunternehmen und -betriebe ist ausgeschlossen, soweit eine Beteiligung des BR die geistig-ideelle Zielsetzung eines solchen Unternehmens und deren Verwirklichung verhindern oder ernstlich beeinträchtigen kann[2]. Die Vorschriften über die Bildung eines Wirtschaftsausschusses und über die Unterrichtung in wirtschaftl. Angelegenheiten sind nicht anzuwenden, die Anwendung der §§ 111–113 wird eingeschränkt. Während **Abs. 1** die Anwendbarkeit des BetrVG somit lediglich **einschränkt** bzw. teilweise ausschließt, findet das BetrVG gem. **Abs. 2** auf **Religionsgemeinschaften und ihre karitativen und erzieherischen Einrichtungen** insg. **keine Anwendung**. Dies beruht auf dem durch Art. 140 GG iVm. Art. 137 III WRV gewährleisteten Recht der Religionsgemeinschaften, ihre Angelegenheiten selbst zu ordnen und zu verwalten[3].

II. Tendenzunternehmen gemäß Abs. 1. Die Anwendung des Abs. 1 setzt voraus, dass ein Unternehmen eines der in Abs. 1 S. 1 genannten Tendenzmerkmale erfüllt. Unterhält ein Tendenzunternehmen tendenzgeschützte und tendenzfreie Betriebe, kommt eine Einschränkung von Beteiligungsrechten in den tendenzfreien Betrieben nicht in Betracht[4]. Für **Tendenzgemeinschaftsbetriebe** besteht Tendenzschutz auch dann, wenn nicht alle an dem Gemeinschaftsbetrieb beteiligten Unternehmen ihrerseits Tendenzunternehmen sind; hinsichtlich der Reichweite des Tendenzschutzes ist nach den verschiedenen Beteiligungsrechten zu differenzieren[5]. S. 1 enthält eine **abschließende Aufzählung der geschützten Tendenzen**[6]. Ähnliche geistig-ideelle Bestimmungen, etwa die Förderung des Breitensports, werden

---

1 Vgl. BVerfG 15.12.1999 – 1 BvR 729/92, NZA 2000, 217. || 2 BAG 30.1.1990 – 1 ABR 101/88, NZA 1990, 693. || 3 BAG 30.4.1997 – 7 ABR 60/95, NZA 1997, 1240. || 4 Hess ua./*Hess*, § 118 Rz. 6; WPK/*Bender*, § 118 Rz. 8; AnwK-ArbR/*Lunk*, § 118 BetrVG Rz. 5. || 5 *Lunk*, NZA 2005, 841. || 6 BAG 23.3.1999 – 1 ABR 28/98, NZA 1999, 1347.

von Abs. 1 nicht erfasst, da es sich bei dieser Norm im Unterschied zum früheren § 81 I BetrVG 1952 nicht um eine Generalklausel handelt, die für weitere Zwecke und Bestimmungen offen wäre[1]. Dies bedeutet allerdings nicht, dass Abs. 1 S. 1 nicht analogiefähig ist, soweit die allg. Voraussetzungen für eine analoge Anwendung vorliegen[2]. Ein **Verzicht auf den Tendenzschutz** ist nach Ansicht des BAG jedenfalls dann zulässig, wenn dieser sich aus einer karitativen oder erzieherischen Bestimmung ergibt[3].

3 **1. Geistig-ideelle Bestimmungen (Abs. 1 S. 1 Nr. 1).** Von dem Tendenzschutz erfasst werden zunächst Unternehmen und Betriebe, die **politischen Bestimmungen** dienen. Das Vorliegen einer politischen Tendenz setzt nicht voraus, dass die Bestimmung parteipolitischer Natur ist, vielmehr ist der Begriff der „politischen Bestimmungen" in einem weiten Sinne zu verstehen. Eine politische Bestimmung liegt vor, wenn das Ziel verfolgt wird, zum Zweck der Gestaltung öffentl. Aufgaben im Interesse der Allgemeinheit auf die Willensbildung des demokratisch verfassten Staates Einfluss zu nehmen (**Einflussnahme im politischen Meinungskampf**)[4]. Dies ist etwa bei den Betrieben der politischen Parteien (Parteibüros, Parteizeitung, Parteijugendorganisation)[5], den von den Parteien getragenen Stiftungen[6], bei Bundestagsfraktionen[7], wirtschafts- oder sozialpolitischen Vereinigungen, Umweltschutzverbänden und Menschenrechtsorganisationen der Fall[8]. Demggü. dienen Organisationen, deren Zweck sich auf die **Wahrnehmung von Mitgliederinteressen** ggü. Dritten beschränkt, zB Mieter- oder Hauseigentümervereine, **keiner politischen Bestimmung**[9], es sei denn, dass sie neben der Wahrnehmung der Mitgliederinteressen auch auf den politischen Meinungskampf Einfluss nehmen. Die Erfüllung öffentl. Aufgaben im Auftrag und nach Vorgabe staatlicher Stellen ist ebenfalls keine von Abs. 1 S. 1 geschützte politische Bestimmung, da es sich dabei nicht um die Einflussnahme im politischen Meinungskampf, sondern um die Umsetzung getroffener Entscheidungen des Staates handelt[10].

4 **Koalitionspolitischen Bestimmungen** dienen die Gewerkschaften[11] und die Vereinigungen der ArbGeb[12]. Dies gilt ebenso für die von ihnen betriebenen Institute und Schulungseinrichtungen, deren Zweck auf das Gestalten von Arbeits- und Wirtschaftsbedingungen gerichtet ist; nach Ansicht des BAG dienen Schulungseinrichtungen, die darüber hinausgehende Ziele verfolgen, keiner koalitionspolitischen Bestimmung, auch wenn sie von einer Koalition getragen werden[13]. Tendenzschutz genießt auch die DGB Rechtsschutz GmbH[14]. Keinen koalitionspolitischen Bestimmungen dienen die von Koalitionen abhängigen Wirtschaftsunternehmen[15].

5 Unternehmen mit **konfessionellen Bestimmungen** sind solche, deren Wertstreben auf das Einstehen für einen Glauben gerichtet ist. Darunter fallen bspw. kirchlich orientierte Männer-, Frauen- und Jugendverbände, Missionsvereine, kirchliche Pressedienste und Nachrichtenagenturen[16]. Unternehmen mit konfessionellen Bestimmungen werden nur dann von Abs. 1 Nr. 1 erfasst, wenn sie nicht unter Abs. 2 fallen (s. Rz. 32 ff.), also nicht selbst Religionsgemeinschaft oder karitative oder erzieherische Einrichtung einer Religionsgemeinschaft sind. Ist ein Unternehmen dagegen konfessionellen Zwecken verpflichtet, ohne dass die Ausübung eines Bekenntnisses im Vordergrund steht, handelt es sich nicht um einen Tendenzbetrieb. Dies kann etwa bei einem konfessionell orientierten Krankenhaus der Fall sein, soweit es in erster Linie um die Heilung Kranker und nicht die Ausübung eines Bekenntnisses geht[17]. Auch die Herstellung von Gegenständen, die religiösen Zwecken dienen, fällt nicht unter den Tendenzschutz[18].

6 **Karitativen Bestimmungen** dienen solche Unternehmen, die sich den Dienst am körperlich oder seelisch leidenden Menschen zum Ziel gesetzt haben, wobei gleichgültig ist, ob diese Hilfe heilend, lindernd oder vorbeugend geleistet wird[19] und ob sie auf innere oder äußere Nöte gerichtet ist[20]. In Betracht kommen bspw. Krankenhäuser oder Berufsförderungswerke zur Rehabilitation Behinderter[21], ferner Heime für Drogengefährdete und Familienberatungsstellen[22], Betriebe des Roten Kreuzes[23], der Arbeiterwohlfahrt und privater Fürsorgevereine[24]. Karitative Tätigkeit setzt bereits begrifflich voraus, dass sie **ohne Absicht der Gewinnerzielung** erfolgt[25]. Kostendeckende Tätigkeit oder die Bildung von Rücklagen aus Gewinnen steht einer karitativen Bestimmung jedoch nicht entgegen[26]. Die karitative Tätigkeit muss freiwillig und ohne gesetzl. Verpflichtung geleistet werden[27]. Der **Freiwilligkeit** steht jedoch nicht ent-

---

1 MünchArbR/*Matthes*, § 272 Rz. 1. ||2 BAG 23.3.1999 – 1 ABR 28/98, NZA 1999, 1347. ||3 BAG 5.10.2000 – 1 ABR 14/00, NZA 2001, 1325. ||4 BAG 21.7.1998 – 1 ABR 2/98, NZA 1999, 277; 23.3.1999 – 1 ABR 28/98, NZA 1999, 1347. ||5 Richardi/*Thüsing*, § 118 Rz. 49; WPK/*Bender*, § 118 Rz. 15. ||6 DKKW/*Wedde*, § 118 Rz. 25; AnwK-ArbR/*Lunk*, § 118 BetrVG Rz. 13. ||7 ArbG Bonn 16.9.1987 – 4 Ca 1398/87, NJW 1988, 510. ||8 Ausschussbericht BT-Drs. VI/2729, 17. ||9 Richardi/*Thüsing*, § 118 Rz. 51b; GK-BetrVG/*Weber*, § 118 Rz. 78. ||10 BAG 21.7.1998 – 1 ABR 2/98, NZA 1999, 277. ||11 BAG 6.12.1979 – 2 AZR 1055/77, DB 1980, 547. ||12 Ausschussbericht BT-Drs. VI/2729, 17. ||13 BAG 3.7.1990 – 1 ABR 36/89, NZA 1990, 903. ||14 LAG BW 10.10.2005 – 6 TaBV 11/04. ||15 WPK/*Bender*, § 118 Rz. 17. ||16 LAG Hamm 14.3.2000 – 13 TaBV 116/99, NZA-RR 2000, 532 (533). ||17 LAG Hamm 14.3.2000 – 13 TaBV 116/99, NZA-RR 2000, 532 (533). ||18 MünchArbR/*Matthes*, § 272 Rz. 11. ||19 BAG 22.11.1995 – 7 ABR 12/95, NZA 1996, 1056; 8.11.1988 – 1 ABR 17/87, NZA 1989, 429; 7.4.1981 – 1 ABR 83/78, NJW 1982, 254. ||20 BAG 15.3.2006 – 7 ABR 24/05, NZA 2006, 1424; *Thüsing/Pötters*, RdA 2011, 280. ||21 BAG 24.5.1995 – 7 ABR 48/94, NZA 1996, 444; 29.6.1988 – 7 ABR 15/87, NZA 1989, 431. ||22 WPK/*Bender*, § 118 Rz. 21; Hess ua./*Hess*, § 118 Rz. 25. ||23 LAG Düss. 18.11.2010 – 15 TaBV 46/10. ||24 AnwK-ArbR/*Lunk*, § 118 BetrVG Rz. 18; Richardi/*Thüsing*, § 118 Rz. 61. ||25 BAG 31.1.1995 – 1 ABR 35/94, NZA 1995, 1059. ||26 BAG 22.11.1995 – 7 ABR 12/95, NZA 1996, 1056. ||27 BAG 14.9.2010 – 1 ABR 29/09, NZA 2011, 225 (226).

gegen, wenn die Anteile an einem in privatrechtl. Form betriebenen Krankenhaus von einer Gebietskörperschaft gehalten werden, die zur Sicherstellung der Versorgung der Bevölkerung mit Krankenhäusern verpflichtet ist; die Krankenhausgesellschaft selbst ist nämlich nicht von Gesetzes wegen zur Krankenversorgung verpflichtet und erbringt ihre karitative Tätigkeit damit freiwillig[1]. Für andere Einrichtungen gilt dies entsprechend: Ist eine juristische Person des öffentl. Rechts, die ihrerseits nach Maßgabe gesetzl. Vorschriften verpflichtet ist, Hilfeleistungen zu erbringen oder die Kosten dafür zu tragen, an einer karitativen Einrichtung beteiligt, steht dies der Tendenzeigenschaft dieser Einrichtung nicht entgegen[2]. Auch die Aufnahme eines durch private Rechtsträger betriebenen Krankenhauses in den staatl. Krankenhausplan führt nicht dazu, dass der Krankenhausträger nunmehr zum Betrieb des Krankenhauses gesetzl. verpflichtet ist und die karitative Bestimmung entfällt[3].

Ein Unternehmen dient **erzieherischen Bestimmungen**, wenn durch planmäßige und methodische Unterweisung in einer Mehrzahl allgemeinbildender oder berufsbildender Fächer die **Persönlichkeit des Menschen geformt** und seine Entwicklung zu einem Glied der menschlichen Gesellschaft gefördert werden soll[4]. Dagegen genügt es nicht, wenn die Tätigkeit eines Unternehmens lediglich auf die Vermittlung bestimmter Kenntnisse und Fähigkeiten gerichtet ist, wie zB bei einer Sprachschule[5] oder Fahrschule. Unerheblich ist, ob die erzieherische Tätigkeit ggü. **Kindern und Jugendlichen** oder ggü. **Erwachsenen** ausgeübt wird[6]. Erziehung erfordert eine gewisse Nachhaltigkeit, die einmalige Vermittlung von Eindrücken reicht insoweit nicht[7]. Erzieherische Bestimmungen sind daher stets bei allgemeinbildenden privaten Ersatzschulen und Internaten gegeben[8]. Berufsförderungswerke zur berufl. Rehabilitation Behinderter dienen ebenfalls erzieherischen Bestimmungen, wenn sie über die Vermittlung einzelner beruflicher Fertigkeiten hinausgehend auch der Formung der Persönlichkeit der Umschüler dienen; dies ist insb. der Fall, wenn die Umschüler bei ihrer Ausbildung durch soziale Dienste betreut werden, denen etwa Sozialarbeiter, Ärzte oder Psychologen angehören[9]. Auch bei **Institutionen der Erwachsenenbildung** ist entscheidend, ob auch die Persönlichkeit des Menschen und seine Entwicklung zu einem Glied der menschlichen Gesellschaft gefördert werden soll, oder ob lediglich bestimmter Kenntnisse vermittelt werden[10]. Erzieherische Bestimmungen sind bspw. bei Einrichtungen denkbar, die Lehrgänge für Spätaussiedler anbieten, welche sich nicht auf die Vermittlung sprachlicher Fähigkeiten beschränken, sondern die Teilnehmer auch zum Tragen von Mitverantwortung im öffentl. Leben befähigen sollen[11]. Entsprechendes gilt für Institute, die Langzeitarbeitslosen nicht nur berufl. Kenntnisse vermitteln, sondern auch die Persönlichkeitsentwicklung fördern[12], sowie private Rehabilitationseinrichtungen, die in der Form der Ersatzschule nach den Landesschulgesetzen betrieben werden[13].

Geschützt sind des Weiteren Unternehmen, die **wissenschaftlichen Bestimmungen** dienen. Dabei ist von einem weiten Wissenschaftsbegriff auszugehen. Danach ist Wissenschaft jede Tätigkeit, die nach Inhalt und Form als ernsthafter Versuch zur Ermittlung der Wahrheit anzusehen ist. Erforderlich ist, dass gerade darin der eigentliche Unternehmenszweck liegen muss, während die bloße Instrumentalisierung wissenschaftlicher Methoden zur Verfolgung anderer Unternehmensziele nicht ausreicht[14]. Erfasst werden sowohl **Grundlagen- als auch anwendungsorientierte Forschung**; nicht ausreichend ist hingegen die bloße Anwendung erreichter wissenschaftlicher Erkenntnisse ohne eigenes Streben nach neuen Erkenntnissen[15]. Auch Lehrtätigkeit, zB wissenschaftliche Kolloquien, Vortragsreihen, Betreuung von Doktoranden oder Vorlesungen, sind bei der Feststellung einer wissenschaftlichen Bestimmung zu berücksichtigen[16]. Wissenschaftlichen Bestimmungen dienen daher bspw. die Fraunhofer-Gesellschaft, die Max-Planck-Institute[17] und die Großforschungseinrichtungen des Bundes und der Länder[18], wissenschaftliche Buch- und Zeitschriftenverlage[19] sowie privatrechtlich organisierte Hochschulen[20]. Auch **Unternehmen der pharmazeutischen Industrie**, der biotechnischen oder chemischen Industrie können wissenschaftlichen Bestimmungen dienen[21]. Insoweit ist allerdings zu differenzieren: Ein Unternehmen, das pharmazeutische Produkte herstellt oder vertreibt, dient wissenschaftlichen Bestimmungen auch dann nicht, wenn es eine eigene Forschungsabteilung unterhält; nach Ansicht des BAG fehlt es insoweit an der **Unmittelbarkeit** der wissenschaftlichen Bestimmung, die Forschungsabteilung diene allein dazu, einen anderen nicht tendenzgeschützten Unternehmenszweck zu fördern[22].

---

1 BAG 24.5.1995 – 7 ABR 48/94, NZA 1996, 444. ||2 BAG 29.6.1988 – 7 ABR 15/87, NZA 1989, 431; 31.1.1995 – 1 ABR 35/94, NZA 1995, 1059. ||3 BAG 22.11.1995 – 7 ABR 12/95, NZA 1996, 1056. ||4 BAG 14.9.2010 – 1 ABR 29/09, NZA 2011, 225 (226); 23.3.1999 – 1 ABR 28/98, NZA 1999, 1347. ||5 BAG 7.4.1981 – 1 ABR 62/78, AP Nr. 17 zu § 118 BetrVG 1972. ||6 BAG 3.7.1990 – 1 ABR 36/89, NZA 1990, 903; 3.12.1987 – 6 ABR 38/86, NZA 1988, 507 (508). ||7 BAG 21.6.1989 – 7 ABR 58/87, NZA 1990, 402. ||8 BAG 13.6.1989 – 1 ABR 15/88, NZA 1990, 235; 13.1.1987 – 1 ABR 49/85, AP Nr. 33 zu § 118 BetrVG 1972. ||9 BAG 31.1.1995 – 1 ABR 35/94, NZA 1995, 1059. ||10 BAG 3.12.1987 – 6 ABR 38/86, NZA 1988, 507 (508). ||11 BAG 3.7.1990 – 1 ABR 36/89, NZA 1990, 903. ||12 Anders *Mayer-Maly/Löwisch*, BB 1983, 913 (914). ||13 BAG 3.12.1987 – 6 ABR 38/86, NZA 1988, 507 (508). ||14 BAG 21.7.1998 – 1 ABR 2/98, NZA 1999, 277. ||15 BAG 21.6.1989 – 7 ABR 58/87, NZA 1990, 402. ||16 BAG 20.11.1990 – 1 ABR 87/89, NZA 1991, 513. ||17 *Fitting*, § 118 Rz. 21; DKKW/*Wedde*, § 118 Rz. 43. ||18 *Löwisch/Kaiser*, § 118 Rz. 13; Richardi/*Thüsing*, § 118 Rz. 67. ||19 WPK/*Bender*, § 118 Rz. 26; AnwK-ArbR/*Lunk*, § 118 BetrVG Rz. 20. ||20 AnwK-ArbR/*Lunk*, § 118 BetrVG Rz. 20; Richardi/*Thüsing*, § 118 Rz. 69. ||21 AA DKKW/*Wedde*, § 118 Rz. 43. ||22 BAG 21.6.1989 – 7 ABR 58/87, NZA 1990, 402; krit. dazu ErfK/*Kania*, § 118 BetrVG Rz. 6.

Gehört einem Konzern hingegen eine rechtl. selbständige Gesellschaft an, die sich mit Forschung und Entwicklung befasst, dient diese Gesellschaft wissenschaftlichen Bestimmungen, auch wenn die Forschungsergebnisse von anderen Konzernunternehmen wirtschaftl. genutzt werden. Maßgeblich ist allein, dass das Forschungsunternehmen selbst **unmittelbar und überwiegend** wissenschaftlichen Bestimmungen dient.

9 Ob ein Unternehmen **künstlerische Bestimmungen** verfolgt, ist unter Berücksichtigung des Grundrechts der Kunstfreiheit gem. Art. 5 III 1 GG zu beurteilen, da § 118 I 1 Nr. 1 auch dem Schutz der verfassungsrechtl. garantierten Kunstfreiheit dient. Nach der Rspr. des BVerfG schützt die Kunstfreiheit den **Werkbereich** und den **Wirkbereich** künstlerischen Schaffens, also die künstlerische Betätigung sowie ihre Darbietung und Verbreitung[1]. Da ein Werk ohne Veröffentlichung durch einen Verleger seine Wirkung in der Öffentlichkeit entfalten kann, erstreckt sich die Freiheitsgarantie auch auf seine Tätigkeit[2]. Entsprechendes gilt für die **Veröffentlichung** von Musikwerken. Damit dient zwar nicht bereits der **bloße Handel** mit Kunstwerken, Büchern oder Tonträgern künstlerischen Bestimmungen, wohl aber die **Herstellung und Vervielfältigung von Werken** etwa der Wort-, Ton- und bildenden Kunst; deshalb dienen belletristische Buchverlage sowie Buchclubs, die sich nicht auf den Buchhandel beschränken, künstlerischen Bestimmungen[3]. Ebenfalls in den Anwendungsbereich des Abs. 1 S. 1 fallen Theater[4], Musicaltheater[5], Symphonieorchester[6], Filmhersteller und -verleiher, Konzertagenturen, Tonträgerverlage und Museen[7]. Hingegen dienen Gesellschaften zur wirtschaftl. Verwertung von Urheberrechten keinen künstlerischen Bestimmungen, da sie keine Mittlerfunktion zwischen Künstler und Publikum wahrnehmen[8]. Ebenfalls nicht vom Tendenzschutz erfasst werden Kinos sowie Tanz- und Unterhaltungsstätten[9].

10 **2. Berichterstattung und Meinungsäußerung (Abs. 1 S. 1 Nr. 2).** Abs. 1 S. 1 Nr. 2 erfasst Unternehmen und Betriebe, die Zwecken der **Berichterstattung und Meinungsäußerung** dienen, auf die Art. 5 I 2 GG Anwendung findet. Erfasst werden Presseunternehmen (Zeitungen und Zeitschriften)[10], Buchverlage[11], private Rundfunk- und Fernsehsender[12], Neue Medienunternehmen (soweit sie bspw. im Internet der Berichterstattung und Meinungsäußerung nachgehen[13]) und Nachrichtenagenturen[14]. Nach zutreffender Ansicht des BAG dient ein privater Radiosender auch dann überwiegend Zwecken der Berichterstattung und Meinungsäußerung, wenn der Anteil der Wortbeiträge lediglich 10 % beträgt und das übrige Programm aus moderierten oder reinen Musikbeiträgen besteht, da es für die Einordnung als Tendenzunternehmen nicht darauf ankommt, wie hoch der **Anteil der Berichterstattung** und Meinungsäußerung im Radioprogramm ist[15]. Dies gilt entsprechend auch für andere Medienunternehmen. So ist es unerheblich, ob eine Zeitschrift überwiegend aus Werbung, eine Internet-Veröffentlichung überwiegend aus interaktiven Elementen oder das Angebot eines privaten Fernsehsenders überwiegend aus Filmen oder Musikvideos besteht, solange auch Elemente der Berichterstattung und Meinungsäußerung enthalten sind. Demggü. werden reine Anzeigenblätter[16], Adress- und Telefonbuchverlage[17], Internetanbieter ohne eigene redaktionelle Beiträge[18] oder Radiosender, die ausschließlich „Musikkonserven" abspielen[19], nicht von Abs. 1 S. 1 Nr. 2 erfasst.

11 **3. Unmittelbar und überwiegend.** Ein Tendenzunternehmen muss einer oder mehrerer der in Abs. 1 S. 1 genannten Bestimmungen **unmittelbar** dienen. Dies ist der Fall, wenn es selbst dazu bestimmt ist, die dort genannten Zielsetzungen zu verwirklichen. Die tendenzgeschützten Ziele müssen Hauptzweck, nicht bloßer Nebeneffekt sein[20]. Unterstützen tendenzgeschützte Aufgaben hingegen lediglich einen anderen, nicht tendenzgeschützten Unternehmenszweck, liegt keine Unmittelbarkeit vor. Nach Ansicht des BAG soll das Merkmal der Unmittelbarkeit auch dann zu verneinen sein, wenn ein Unternehmen eine „nur wirtschaftliche Zielsetzung" verfolgt[21]. Dies ist missverständlich. Für die Unmittelbarkeit und für den Tendenzcharakter eines Unternehmens kommt es nicht auf die Motivation des Unternehmers an; nicht seine persönliche Einstellung, sondern die Art des Unternehmens ist für die Tendenzeigenschaft maßgeblich[22]. Ein privater Nachrichtensender dient auch dann unmittelbar der Berichterstattung, wenn seine Anteilseigner allein wirtschaftl. Ziele verfolgen. Ebenso dient die rechtlich verselbständigte Forschungsabteilung eines Biotechnologie-Konzerns unmittelbar wissenschaftl.

---

1 BVerfG 24.2.1971 – 1 BvR 435/68, BVerfGE 30, 173. ‖2 BVerfG 24.2.1971 – 1 BvR 435/68, BVerfGE 30, 191. ‖3 BAG 15.2.1989 – 7 ABR 12/87, NZA 1990, 240; 14.11.1975 – 1 ABR 107/74, BB 1976, 183. ‖4 BAG 28.10.1986 – 1 ABR 16/85, NZA 1987, 530. ‖5 LAG Bln.-Bbg. 17.12.2008 – 15 TaBV 1213/08; LAG BW 28.1.2010 – 21 TaBV 5/09. ‖6 BAG 3.11.1982 – 7 AZR 5/81, NJW 1983, 1221. ‖7 *Mayer-Maly/Löwisch*, BB 1983, 913 (915); MünchArbR/*Matthes*, § 272 Rz. 21. ‖8 BAG 8.3.1983 – 1 ABR 44/81, NJW 1984, 1144. ‖9 Richardi/*Thüsing*, § 118 Rz. 73. ‖10 BAG 19.5.1981 – 1 ABR 39/79, NJW 1982, 846. ‖11 BAG 15.2.1989 – 7 ABR 12/87, NZA 1990, 240. ‖12 BAG 27.7.1993 – 1 ABR 8/93, NZA 1994, 329; 11.2.1992 – 1 ABR 49/91, NZA 1992, 705. ‖13 *Bauer/Mengel*, NZA 2001, 307 (308). ‖14 Richardi/*Thüsing*, § 118 Rz. 88. ‖15 BAG 27.7.1993 – 1 ABR 8/93, NZA 1994, 329. ‖16 DKKW/*Wedde*, § 118 Rz. 55; AnwK-ArbR/*Lunk*, § 118 BetrVG Rz. 22. ‖17 MünchArbR/*Matthes*, § 272 Rz. 24; ErfK/*Kania*, § 118 BetrVG Rz. 15. ‖18 Vgl. *Bauer/Mengel*, NZA 2001, 307 (310). ‖19 Offen gelassen von BAG 27.7.1993 – 1 ABR 8/93, NZA 1994, 329. ‖20 BAG 22.5.2012 – 1 ABR 7/11, NZA-RR 2013, 78; 7.4.1981 – 1 ABR 62/78, AP Nr. 17 zu § 118 BetrVG 1972; aA *Thüsing/Pötters*, RdA 2011, 280 (287). ‖21 BAG 21.6.1989 – 7 ABR 58/87, NZA 1990, 402; ebenso DKKW/*Wedde*, § 118 Rz. 22. ‖22 BAG 14.11.1975 – 1 ABR 107/74, BB 1976, 183.

Bestimmungen, auch wenn die Obergesellschaft die Forschungsergebnisse wirtschaftl. nutzt. Inwieweit ein Unternehmen wirtschaftl. Ziele verfolgt, ist daher für die Frage der Unmittelbarkeit irrelevant.

Im Hinblick auf die Verfolgung wirtschaftl. Ziele ist iÜ auch in der Rspr. des BAG anerkannt, dass eine **Gewinnerzielungsabsicht** für den Tendenzcharakter eines Unternehmens unerheblich ist[1]. Anders ist dies lediglich bei Unternehmen, die karitativen Bestimmungen dienen. Eine karitative Bestimmung wird allein dann verfolgt, wenn sich das Ziel des Unternehmens auf die Hilfe an bedürftigen Menschen beschränkt und die zu leistende Hilfe nicht Mittel zum Zweck der Gewinnerzielung ist[2].

Wann ein Unternehmen **überwiegend** tendenzgeschützten Bestimmungen dient, soll nach der Rspr. des BAG nach rein quantitativen Gesichtspunkten beurteilt werden[3]. Maßgeblich ist demnach, in welcher Größenordnung ein Unternehmen seine **personellen und sonstigen Mittel** zur Verwirklichung seiner tendenzgeschützten und nicht tendenzgeschützten Ziele regelmäßig einsetzt. Bei personalintensiven Tätigkeiten kommt es nach Ansicht des BAG in erster Linie auf den Personaleinsatz an. Maßgeblich ist jedoch nicht die Zahl der Mitarbeiter, sondern die **Arbeitszeitmenge**, die regelmäßig zur Erreichung der verschiedenen Unternehmensziele eingesetzt wird. Dabei kommt es nicht nur auf die sog. Tendenzträger an, also die ArbN, die selbst inhaltlich auf die Tendenzverwirklichung Einfluss nehmen, sondern auch auf alle übrigen Mitarbeiter, die die Tendenzverwirklichung indirekt unterstützen[4], zB die Schreibkräfte einer Redaktion, wissenschaftliche Hilfskräfte, Maskenbildner, Techniker einer Online-Redaktion oder die Marketingabteilung eines Radiosenders. Werden einzelne Mitarbeiter sowohl für tendenzgeschützte als auch für nicht tendenzgeschützte Zwecke tätig, ist ihre Arbeitszeitmenge entsprechend aufzuteilen[5]. Demggü. sieht das BAG Umsatz- und Gewinnzahlen als ungeeignetes Kriterium an, um zu beurteilen, ob ein Unternehmen überwiegend tendenzgeschützten Bestimmungen dient[6]. Dem ist zuzustimmen, soweit es sich um gemeinnützige und nicht auf Gewinnerzielung ausgerichtete Unternehmen handelt.

Dem quantitativen Ansatz des BAG ist im Grundsatz zu folgen. Jedoch darf die Rspr. des BAG nicht darauf verkürzt werden, die für die verschiedenen Zwecke eingesetzten Arbeitszeitvolumina miteinander zu vergleichen um festzustellen, welcher Zweck überwiegt. Demggü. bedarf der **Ausgangspunkt des BAG**, bei personalintensiven Tätigkeiten komme es in erster Linie auf den Personaleinsatz an, der **Korrektur**. Dieser Ansatz ist nämlich ungeeignet, wenn in einem Unternehmen nur die tendenzfreie Tätigkeit personalintensiv ist, die tendenzgeschützte Tätigkeit hingegen nicht. Betreibt ein wissenschaftliches Unternehmen Grundlagenforschung und Beratung von Anwendern, greift es zu kurz, die Arbeitszeitmengen der zahlenmäßig kleineren Wissenschaftsabteilung mit den Arbeitszeitmengen der zahlenmäßig größeren Consulting-Abteilung zu vergleichen. Denn Beratungstätigkeit ist in aller Regel personalintensiver als Grundlagenforschung. Die jeweilige Arbeitszeitmenge kann also nur dann ein aussagekräftiges Indiz sein, wenn sowohl die tendenzfreie als auch die tendenzgeschützte Tätigkeit personalintensiv sind. Ist dies nicht der Fall, kann diesem Kriterium keine entscheidende Bedeutung zukommen.

Unabhängig davon, welches Gewicht das Kriterium der Arbeitszeitmenge im jeweiligen Einzelfall hat, ist – auch nach der Rspr. des BAG – des Weiteren stets zu berücksichtigen, in welcher Größenordnung das Unternehmen oder der Betrieb seine **sonstigen Mittel** zur Verwirklichung seiner tendenzgeschützten und tendenzfreien Ziele einsetzt. Diesen Kriterien kommt nach hier vertretener Auffassung bei Unternehmen mit unterschiedlich personalintensiven oder mit wenig personalintensiven Bereichen ausschlaggebendes Gewicht zu, ist aber auch bei Unternehmen mit gleichermaßen personalintensiven Bereichen als wichtiges Indiz stets zu prüfen. Zu berücksichtigen ist in diesem Zusammenhang bspw.: Die Verteilung der zur Verfügung stehenden **finanziellen Mittel** für tendenzgeschützte bzw. tendenzfreie Bereiche, die Höhe der **Investitionen** in den jeweiligen Bereichen, die **Auslastung der Produktionsanlagen** oder der Einsatz der technischen Einrichtungen, die Nutzung der zur Verfügung stehenden **Räumlichkeiten**.

Betreibt ein Unternehmen entsprechend dem obigen Beispiel wissenschaftliche Grundlagenforschung und Anwenderberatung, spricht es für das Vorliegen eines Tendenzunternehmens, wenn der überwiegende Teil der Mittel und Investitionen in die Grundlagenforschung fließt; da tendenzgeschützte und tendenzfreie Tätigkeit unterschiedlich personalintensiv sind, ist in einem solchen Fall die Verteilung der Arbeitszeitvolumina nicht aussagekräftig. Aber auch bei gleichermaßen personalintensiven Tätigkeiten ist die bloße Betrachtung der Arbeitszeitvolumina zu eindimensional. Wenn die von einer Koalition getragene Bildungseinrichtung koalitionsbezogene Kurse für Mitglieder und all-*gemeinbildende Kurse für Nichtmitglieder* anbietet, spricht es für das Vorliegen eines Tendenzunter-

---

[1] BAG 14.11.1975 – 1 ABR 107/74, BB 1976, 183. ||[2] BAG 22.11.1995 – 7 ABR 12/95, NZA 1996, 1056; 24.5.1995 – 7 ABR 48/94, NZA 1996, 444. ||[3] BAG 27.7.1993 – 1 ABR 8/93, NZA 1994, 329; vgl. demggü. zu der in der Lit. teilw. vertretenen „Geprägetheorie": Richardi/*Thüsing*, § 118 Rz. 29ff. mwN. ||[4] BAG 20.11.1990 – 1 ABR 87/89, NZA 1991, 513; 3.7.1990 – 1 ABR 36/89, NZA 1990, 903; 9.12.1975 – 1 ABR 37/74, DB 1976, 584, wo allerdings noch – insoweit inzwischen überholt – auf die ArbNZahl statt auf die Arbeitszeitmenge abgestellt wird. ||[5] BAG 21.6.1989 – 7 ABR 58/87, NZA 1990, 402. ||[6] BAG 20.11.1990 – 1 ABR 87/89, NZA 1991, 513; 21.6.1989 – 7 ABR 58/87, NZA 1990, 402.

17 Maßgeblich ist, in welchem Umfang die Personal- und Betriebsmittel **regelmäßig** eingesetzt werden[1]. Es kommt somit weder auf einen bestimmten Stichtag, noch auf Durchschnittswerte, noch auf einen bestimmten zurückliegenden Zeitraum[2] an. Grds. erfordert die Feststellung des regelmäßigen Einsatzes eine **Rückschau** und eine **Prognose**. So verliert ein Verlags- und Druckereibetrieb seinen Tendenzschutz nicht dadurch, dass der Druckbereich infolge einer vorübergehenden Krise auf dem Zeitungsmarkt verstärkt nicht-tendenzbezogene Druckaufträge annehmen muss. Von dem Grundsatz der Rückschau und Prognose sind jedoch Ausnahmen zu machen. So ist bei einem neu gegründeten Unternehmen mit Mischcharakter in der Anfangsphase auf die Verteilung der Personal- und Betriebsmittel gem. dem **Business-Plan** abzustellen[3]. Eine Rückschau entfällt auch, wenn ein bisher tendenzfreien Zwecken dienendes Unternehmen nunmehr tendenzgeschützten Zwecken gewidmet wird, etwa im Falle der Übernahme einer bisher der Allgemeinheit zugänglichen Schulungseinrichtung durch eine Koalition.

18 Auf der Grundlage dieser Erwägungen sind auch die viel diskutierten Fälle zu lösen, in denen es um den Tendenzschutz von **Druckereibetrieben und Druckereiunternehmen** geht. Ein reines Druckereiunternehmen genießt grds. auch dann keinen Tendenzschutz, wenn es abhängiges Unternehmen in einem Tendenzkonzern ist, da der Druck von Zeitungen oder Zeitschriften nicht unmittelbar der Berichterstattung oder Meinungsäußerung dient[4]. Dies gilt auch dann, wenn einem reinen Druckereiunternehmen überwiegend der Druck einer einzigen Tageszeitung obliegt[5]. Gleiches gilt für einen reinen Druckereibetrieb. Bilden Verlag und Druckerei hingegen einen einheitlichen Betrieb, ist wie folgt zu differenzieren: Ist die Druckereiabteilung überwiegend mit dem Druck der Presseerzeugnisse des Verlags befasst, so ist es irrelevant, dass die Drucker nicht direkt der Tendenzverwirklichung dienen, es reicht aus, dass sie die Tendenzverwirklichung unterstützen; es handelt sich dann um einen Tendenzbetrieb. Ist die Druckereiabteilung überwiegend mit anderen Druckaufträgen ausgelastet, handelt es sich in folgenden Fällen gleichwohl um einen Tendenzbetrieb: Der Verlagsbereich überwiegt im Hinblick auf den Einsatz von Personal- oder Betriebsmitteln[6] oder die überwiegende Auslastung des Druckereibereichs mit anderen Druckaufträgen ist nur vorübergehend.

19 Presseunternehmen bieten sich jedoch **Gestaltungsmöglichkeiten**, um auch ihre rechtlich selbstständigen reinen Druckereiunternehmen, die ganz oder überwiegend die Zeitungen oder Zeitschriften des Verlagsunternehmens drucken, an dem Tendenzschutz teilhaben zu lassen. Zu denken ist an die Bildung eines Gemeinschaftsbetriebs (s. § 1 Rz. 16 ff.) zwischen dem Verlags- und dem Druckereiunternehmen, die – um Unsicherheiten zu vermeiden – mittels ausdrücklicher Führungsvereinbarung einer einheitlichen Leitung unterstellt werden. Die gezielte Herbeiführung eines **Gemeinschaftsbetriebs** zwischen dem Verlags- und dem Druckunternehmen kann aus ArbGebSicht insb. erwünscht sein, wenn dem Druckunternehmen ermöglicht werden soll, Betriebsänderungen durchzuführen, ohne einen Interessenausgleich verhandeln zu müssen oder wenn die Bildung eines Wirtschaftsausschusses vermieden werden soll.

20 **4. Einschränkung der Beteiligungsrechte.** Dient ein Unternehmen oder Betrieb unmittelbar und überwiegend tendenzgeschützten Zwecken, finden die Vorschriften des BetrVG keine Anwendung, soweit die Eigenart des Unternehmens oder Betriebs dem entgegensteht. Die Vorschriften über die Bildung eines Wirtschaftsausschusses und die Unterrichtung in wirtschaftl. Angelegenheiten finden keine Anwendung, die §§ 111–113 sind nur eingeschränkt anzuwenden.

21 a) **Tendenzträger.** Durch Abs. 1 S. 1 werden vor allem die Beteiligungsrechte des BR in personellen und sozialen Angelegenheiten eingeschränkt. Nach der Rspr. des BAG setzt die Einschränkung der Beteiligungsrechte voraus, dass es sich um eine **tendenzbezogene Maßnahme** handelt[7] und die geistig-ideelle Zielsetzung des Unternehmens und deren Verwirklichung durch die Beteiligung des BR verhindert oder jedenfalls ernstlich beeinträchtigt werden kann[8]. Eine ernstliche Beeinträchtigung kommt nach Ansicht des BAG nur in Betracht, wenn die Maßnahme ArbN betrifft, für deren Tätigkeit die Tendenz des Unternehmens prägend ist (sog. **Tendenzträger**); zusammenfassend muss es sich demnach um eine tendenzbezogene Maßnahme handeln, die einen Tendenzträger betrifft[9].

22 Tendenzträger ist nach der Rspr. des BAG, wem Tätigkeiten übertragen sind, bei deren Ausführung er maßgebend **Einfluss** nimmt auf die **Verwirklichung der geistig-ideellen Zielsetzung**[10]. Die in Abs. 1 S. 1 genannten Bestimmungen und Zwecke müssen für die Tätigkeit des ArbN prägend sein, was bei

---

[1] BAG 21.6.1989 – 7 ABR 58/87, NZA 1990, 402. ||[2] Vgl. aber DKKW/*Wedde*, § 118 Rz. 11. ||[3] *Bauer/Mengel*, NZA 2001, 307 (310). ||[4] BAG 30.6.1981 – 1 ABR 30/79, NJW 1982, 125; vgl. auch BVerfG 29.4.2003 – 1 BvR 62/99, NZA 2003, 864. ||[5] BAG 31.10.1975 – 1 ABR 64/74, BB 1976, 136. ||[6] Vgl. BAG 9.12.1975 – 1 ABR 37/74, DB 1976, 584. ||[7] Eine mitbestimmungspflichtige Maßnahme, die nicht tendenzbezogen ist, reicht nach Ansicht des BAG nicht aus: BAG 1.9.1987 – 1 ABR 22/86, NZA 1988, 99. ||[8] BAG 14.1.1992 – 1 ABR 35/91, NZA 1992, 512; 30.1.1990 – 1 ABR 101/88, NZA 1990, 693; 22.5.1979 – 1 ABR 45/77, DB 1979, 2183. ||[9] BAG 30.1.1990 – 1 ABR 101/88, NZA 1990, 693; 3.11.1982 – 7 AZR 5/81, NJW 1983, 1221; 13.6.1989 – 1 ABR 15/88, NZA 1990, 235. ||[10] BAG 27.7.1993 – 1 ABR 8/93, NZA 1994, 329.

verantwortlichem und maßgeblichem Einfluss auf die Tendenzverwirklichung der Fall sein soll[1]. Andererseits macht die Wahrnehmung tendenzbezogener Aufgaben einen ArbN nicht erst dann zum Tendenzträger, wenn er mehr als die Hälfte seiner Gesamtarbeitszeit auf tendenzbezogene Tätigkeiten verwendet; ein nicht völlig unbedeutender Anteil, bspw. 30 %, reichen aus[2]. Der ArbN muss **unmittelbar** an der Tendenzverwirklichung teilnehmen[3]. Nicht zu den Tendenzträgern zählen demnach ArbN in einem Tendenzunternehmen, die keine tendenzbezogenen Aufgaben wahrzunehmen haben oder deren Einfluss auf die Tendenzverwirklichung zu gering ist[4]. Das BAG hat als Tendenzträger bspw. anerkannt: Lehrkräfte in einem Berufsförderungswerk[5]; ArbN, die selbst wissenschaftliche Tätigkeiten ausüben, dh. selbst forschen oder lehren[6]; Redakteure eines Radiosenders[7] oder einer Tageszeitung[8], auch Sportredakteure[9], Anzeigenredakteure[10] und Redaktionsvolontäre[11], nicht dagegen sog. Schlussredakteure[12]; Lehrer und Erzieher einer privaten Ersatzschule[13]; Psychologen eines Berufsförderungswerks[14]; Rechtssekretäre eines Gewerkschaftsbundes[15], Solisten eines Symphonieorchesters[16]. Demgü. hat das BAG die Tendenzträgereigenschaft von Maskenbildnern verneint, da deren Einfluss und Gestaltungsmöglichkeiten nicht weit genug reichten[17]. Der Leiter der Kostümabteilung eines Theaters ist nach Ansicht des BAG idR ebenfalls kein Tendenzträger[18]. Auch die auf Rettungswagen des Deutschen Roten Kreuzes eingesetzten Mitarbeiter sollen nach Ansicht des BAG keine Tendenzträger sein[19].

b) Beteiligung insbesondere in personellen und sozialen Angelegenheiten. Ausgehend von der Prämisse, dass die Einschränkung von Beteiligungsrechten des BR eine tendenzbezogene Maßnahme voraussetzt, die einen Tendenzträger betrifft, hat das BAG die Beteiligungsrechte des BR in personellen und sozialen Angelegenheiten sowie bei der Gestaltung von Arbeitsplatz, Arbeitsablauf und Arbeitsumgebung in Tendenzunternehmen und -betrieben wie folgt beurteilt: 23

- **Arbeitszeit:** Eine Einschränkung des MitbestR gem. § 87 I Nr. 2 hinsichtlich Beginn und Ende der täglichen Arbeitszeit von Tendenzträgern soll nur in Ausnahmefällen in Betracht kommen, da es sich normalerweise um eine wertneutrale Entscheidung im Hinblick auf die Organisation des Arbeitsablaufs handele[20]. Das MitbestR ist dagegen einzuschränken, wenn dessen Ausübung die Tendenzverwirklichung, etwa die Aktualität der Berichterstattung ernsthaft gefährdet oder unmöglich macht. Aus diesem Grund bleibt es bspw. dem Verleger vorbehalten, ohne Mitbest. des BR die Redaktionszeiten festzulegen, Zeitvorgaben für den Redaktionsschluss zu machen, Lage und Umfang von Redaktionskonferenzen zu bestimmen, Wochenendarbeit anzuordnen oder Arbeitszeitregelungen zu treffen, die die Gestaltung einzelner Themen gewährleisten[21]. Arbeitszeitentscheidungen, die mit Rücksicht auf die Qualität der Tendenzverwirklichung erfolgen, sind mitbestimmungsfrei[22]. Demgü. soll die Vorverlegung des Spätdienstes in einem Tageszeitungsverlag, der die Einführung des Nachthandels ermöglichen soll, mitbestimmungspflichtig sein, wenn davon Sekretärinnen und andere Nicht-Tendenzträger betroffen sind[23]; dem kann nicht gefolgt werden (s. Rz. 24).
- **Ausschreibung von Arbeitsplätzen:** Eine Einschränkung des Rechts des BR gem. § 93 lehnt das BAG ab. Der BR kann demnach die innerbetriebl. Ausschreibung zu besetzender Arbeitsplätze auch dann verlangen, wenn es sich um Positionen handelt, deren Inhaber Tendenzträger sind[24].
- **Auswahlrichtlinien:** Die Aufstellung von Auswahlrichtlinien gem. § 95 ist mitbestimmungsfrei, jedenfalls soweit sich die Auswahlrichtlinien auf Tendenzträger beziehen, da Einstellungen von Tendenzträgern grds. tendenzbezogene Maßnahmen darstellen[25].
- **Berufsbildungsmaßnahmen:** Die Beratungsrechte gem. § 97 werden nicht eingeschränkt, weil der ArbGeb im Anschluss an die Beratung allein über die Berufsbildungsmaßnahmen entscheidet. Die MitbestR bei der Durchführung betriebl. Bildungsmaßnahmen gem. § 98 entfallen, soweit Tendenzträger von der Bildungsmaßnahme betroffen sind[26].
- **Beurteilungsgrundsätze:** Die Aufstellung allg. Beurteilungsgrundsätze gem. § 94 II ist auf Grund ihres engen Bezugs zu der tendenzbezogenen Tätigkeit jedenfalls im Hinblick auf Tendenzträger mitbestimmungsfrei[27].

---

1 BAG 30.1.1990 – 1 ABR 101/88, NZA 1990, 693; 28.10.1986 – 1 ABR 16/85, NZA 1987, 530. ‖ 2 BAG 20.11.1990 – 1 ABR 87/89, NZA 1991, 513. ‖ 3 BAG 22.5.1979 – 1 ABR 100/77, BB 1979, 1555; 7.11.1975 – 1 ABR 78/74, BB 1976, 134. ‖ 4 BAG 28.10.1986 – 1 ABR 16/85, NZA 1987, 530. ‖ 5 BAG 31.1.1995 – 1 ABR 35/94, NZA 1995, 1059. ‖ 6 BAG 20.11.1990 – 1 ABR 87/89, NZA 1991, 513. ‖ 7 BAG 27.7.1993 – 1 ABR 8/93, NZA 1994, 329. ‖ 8 BAG 8.5.1990 – 1 ABR 33/89, NZA 1990, 901; 31.5.1983 – 1 ABR 57/80, NJW 1984, 1143. ‖ 9 BAG 9.12.1975 – 1 ABR 37/74, DB 1976, 584. ‖ 10 BAG 20.4.2010 – 1 ABR 78/08, BB 2010, 2766 m. Anm. *Naber/Kiehn*. ‖ 11 BAG 19.5.1981 – 1 ABR 39/79, NJW 1982, 846. ‖ 12 LAG Hamburg 22.10.2008 – 5 SaGa 5/08. ‖ 13 BAG 22.5.1979 – 1 ABR 45/77, DB 1979, 2183. ‖ 14 BAG 8.11.1988 – 1 ABR 17/87, NZA 1989, 429. ‖ 15 BAG 6.12.1979 – 2 AZR 1055/77, DB 1980, 547. ‖ 16 BAG 3.11.1982 – 7 AZR 5/81, NJW 1983, 1221. ‖ 17 BAG 28.10.1986 – 1 ABR 16/85, NZA 1987, 530. ‖ 18 BAG 13.2.2007 – 1 ABR 14/06, BB 2007, 1680. ‖ 19 BAG 12.11.2002 – 1 ABR 60/01, NZA 2004, 1289. ‖ 20 BAG 14.1.1992 – 1 ABR 35/91, AP Nr. 49 zu § 118 BetrVG 1972; 30.1.1990 – 1 ABR 101/88, AP Nr. 44 zu § 118 BetrVG 1972. ‖ 21 BAG 11.2.1992 – 1 ABR 49/91, NZA 1992, 705. ‖ 22 BVerfG 15.12.1999 – 1 BvR 729/92, NZA 2000, 217. ‖ 23 BVerfG 15.12.1999 – 1 BvR 505/95, NZA 2000, 264. ‖ 24 BAG 30.1.1979 – 1 ABR 78/76, DB 1979, 1608. ‖ 25 Richardi/*Thüsing*, § 118 Rz. 157; AnwK-ArbR/*Lunk*, § 118 BetrVG Rz. 46; aA DKKW/*Wedde*, § 118 Rz. 99. ‖ 26 BAG 30.5.2006 – 1 ABR 17/05, NZA 2006, 1291; 4.12.1990 – 1 ABR 10/90, NZA 1991, 388. ‖ 27 WPK/*Bender*, § 118 Rz. 61.

- **Bewerbungsunterlagen:** Die Pflicht zur Vorlage von Bewerbungsunterlagen gem. § 99 I entfällt nach Ansicht des BAG auch dann nicht, wenn diese die Einstellung eines Tendenzträgers betreffen[1].
- **Einblicksrecht in Gehaltslisten:** Der Tendenzcharakter eines Unternehmens oder Betriebs steht dem Einblickrecht des BR gem. § 80 II 2 auch nicht entgegen, soweit es sich um die Gehaltslisten von Tendenzträgern handelt[2]. Im Hinblick auf Gehaltslisten von Nicht-Tendenzträgern im Tendenzunternehmen besteht das Einblicksrecht ohnehin[3].
- **Eingruppierung:** Das MitbestR des BR bei der Eingruppierung gem. § 99 I gilt auch bei der tarifl. Eingruppierung von Tendenzträgern. Durch die Eingruppierung wird die tendenzbezogene Handlungs- und Entscheidungsfreiheit des ArbGeb nicht beeinträchtigt, da es lediglich um Normenvollzug geht[4]. Dies gilt entsprechend für Umgruppierungen.
- **Einstellung:** Vor der Einstellung von Tendenzträgern ist der BR abweichend von § 99 I nur zu unterrichten[5], so dass er binnen einer Woche Stellung nehmen kann. Der BR hat jedoch kein Zustimmungsverweigerungsrecht[6], da bereits die Einstellung eines Mitarbeiters, der an der Tendenzverwirklichung teilnehmen soll, zur tendenzgeschützten Freiheit des Tendenzunternehmens gehört.
- **Ethikregeln:** Der BR hat kein MitbestR, soweit eine Wirtschaftszeitung von ihren Wirtschaftsredakteuren zur Wahrung publizistischer Unabhängigkeit verlangt, keine Aktien von Unternehmen zu halten, deren Branche Gegenstand ihrer kontinuierlichen Berichterstattung ist. Solche Ethikregeln haben Tendenzbezug, so dass ein MitbestR des BR ausscheidet. Demggü. soll der BR, soweit der ArbGeb für die Mitteilung des Aktienbesitzes ein Formblatt einsetzt, im Hinblick auf die Verwendung des Formblattes mitbestimmen dürfen[7].
- **Kündigung:** Die Pflicht zur Anhörung vor Kündigung eines Tendenzträgers gem. § 102 I wird durch Abs. 1 auch dann nicht ausgeschlossen, wenn die Kündigung aus tendenzbezogenen Gründen erfolgt. Dem BR sind auch tendenzbezogene Kündigungsgründe mitzuteilen. Der BR hat seine Einwendungen gegen tendenzbezogene Gründe auf soziale Gesichtspunkte zu beschränken[8]. Ein Weiterbeschäftigungsanspruch des gekündigten ArbN gem. § 102 V ist ausgeschlossen, wobei unerheblich ist, aus welchen Gründen die Kündigung erfolgte und aus welchen Gründen der BR widersprochen hat[9]. Für einen Auflösungsantrag nach § 9 I 2 KSchG können im TendenzArbVerh Sachverhalte für eine Auflösung ausreichen, die im normalen ArbVerh nicht hinreichend wären[10].
- **Kündigung eines BR-Mitgliedes:** Die außerordentl. Kündigung eines BR-Mitglieds, das Tendenzträger ist, bedarf nicht der Zustimmung des BR gem. § 103, sondern lediglich der Anhörung nach § 102[11].
- **Leitende Angestellte:** Das Informationsrecht gem. § 105 über die beabsichtigte Einstellung oder personelle Veränderung eines leitenden Angestellten besteht auch im Tendenzunternehmen[12].
- **Lohngestaltung:** In einem Tendenzbetrieb sind Fragen der betriebl. Lohngestaltung iSv. § 87 I Nr. 10 dem MitbestR des BR entzogen, wenn die Gestaltung der Arbeitsentgelte Tendenzbezug hat. Dies ist bspw. der Fall, wenn Entlohnungsgrundsätze oder Vergütungsmethoden den ArbN zu besonderen Leistungen für die Tendenzverwirklichung anspornen sollen[13]. Zu denken ist etwa an Zulagen für besondere wissenschaftliche Leistungen[14].
- **Personalfragebogen:** Das Zustimmungserfordernis im Hinblick auf Personalfragebögen gem. § 94 I entfällt in einem Tendenzunternehmen, soweit Tendenzträgern tendenzbezogene Fragen gestellt werden[15].
- **Personalplanung:** Die Pflicht des ArbGeb gem. § 92 I, den BR über die Personalplanung zu unterrichten, besteht nach Ansicht des BAG auch soweit die Personalplanung hinsichtlich der Tendenzträger betroffen ist, da dem ArbGeb seine Entschließungsfreiheit über seine Planung erhalten bleibe[16]. Dem ist nicht zu folgen, da das Gesetz die Anwendbarkeit des § 106, der zur Darstellung der Auswirkung auf die Personalplanung verpflichtet, ausdrücklich ausschließt. Ein Unterrichtungs- und Beratungsrecht im Hinblick auf die Personalplanung kann daher nicht auf dem Umweg des § 92 wieder eingeführt werden[17].
- **Umgruppierung:** Hier gelten die o.g. Grundsätze zur Eingruppierung entsprechend.

---

1 BAG 19.5.1981 – 1 ABR 109/78, NJW 1982, 124. ‖ 2 BAG 22.5.1979 – 1 ABR 45/77, DB 1979, 2183. ‖ 3 BAG 30.4.1974 – 1 ABR 33/73, DB 1974, 1776. ‖ 4 BAG 15.12.2011 – 7 ABR 36/10, AP Nr. 57 zu § 99 Eingruppierung; 31.5.1983 – 1 ABR 57/80, NJW 1984, 1143. ‖ 5 BAG 18.4.1989 – 1 ABR 97/87, NZA 1989, 804. ‖ 6 BAG 19.5.1981 – 1 ABR 39/79, NJW 1982, 846. ‖ 7 BAG 28.5.2002 – 1 ABR 32/01, NZA 2003, 166; vgl. auch *Dzida*, NZA 2008, 1265 (1269). ‖ 8 BAG 7.11.1975 – 1 AZR 282/74, NJW 1976, 727; Verfassungsmäßigkeit bejaht BVerfG 6.11.1979 – 1 BvR 81/76, DB 1980, 259. ‖ 9 LAG Hess. 2.6.2006 – 10 SaGa 565/06; Richardi/*Thüsing*, § 118 Rz. 166; AnwK-ArbR/*Lunk*, § 118 BetrVG Rz. 54; aA DKKW/*Wedde*, § 118 Rz. 111. ‖ 10 BAG 23.10.2008 – 2 AZR 483/07, BB 2009, 1186 m. Anm. *Dzida*. ‖ 11 BAG 28.8.2003 – 2 ABR 48/02, NZA 2004, 501; dazu *Dzida/Hohenstatt*, NZA 2004, 1084; aA LAG Hamm 1.7.1992 – 3 TaBV 30/92, BB 1992, 2507; DKKW/*Wedde*, § 118 Rz. 116. ‖ 12 *Hess* ua./*Hess*, § 118 Rz. 98; DKKW/*Wedde*, § 118 Rz. 118. ‖ 13 BAG 31.1.1984 – 1 AZR 174/81, NZA 1984, 167. ‖ 14 Vgl. BAG 13.2.1990 – 1 ABR 13/89, NZA 1990, 575. ‖ 15 BAG 21.9.1993 – 1 ABR 28/93, NZA 1994, 375. ‖ 16 BAG 6.11.1990 – 1 ABR 60/89, NZA 1991, 358. ‖ 17 Richardi/*Thüsing*, § 118 Rz. 153; anders MünchArbR/*Matthes*, § 273 Rz. 10.

– **Versetzung:** Vor der Versetzung von Tendenzträgern ist der BR abweichend von § 99 I nur zu unterrichten[1], so dass er binnen einer Woche Stellung nehmen kann. Der BR hat jedoch ebenso wie bei der Einstellung kein Zustimmungsverweigerungsrecht[2]. Dies gilt unabhängig davon, ob von dem BR tendenzneutrale oder tendenzbezogene Zustimmungsverweigerungsgründe geltend gemacht werden[3].

Der vorstehend dargestellten **Rspr. des BAG ist nur teilweise zu folgen.** Entgegen der Ansicht des BAG ist es nicht Grundvoraussetzung für die Einschränkung der Beteiligungsrechte des BR, dass eine Maßnahme einen Tendenzträger betrifft[4]. Eine ernstliche Beeinträchtigung oder Vereitelung der geistig-ideellen Zielsetzung des Unternehmens und deren Verwirklichung kann entgegen der Ansicht des BAG auch in Betracht kommen, wenn eine Maßnahme ArbN betrifft, die **keine Tendenzträger** sind. In solchen Fällen müssen die Beteiligungsrechte des BR auch dann zurücktreten, wenn die betroffenen ArbN **keine tendenzbezogenen Aufgaben** wahrnehmen. Dies soll anhand folgender **Beispiele** verdeutlicht werden: Die Aktualität der Berichterstattung – die zum Kernbestand der Tendenzverwirklichung eines Presseunternehmens gehört – kann nicht nur durch die Arbeitszeitregelung der Redakteure ernstlich beeinträchtigt werden, sondern in gleichem Maße durch die Arbeitszeitregelung der Fahrer, die die Zeitungen ausliefern[5]. Entsprechendes gilt für die Arbeitszeitregelung der Sekretärinnen, Redaktionsassistenten und Korrektoren[6]. Es nutzt dem Verleger nichts, wenn ihm die Rspr. zugesteht, zur Sicherstellung aktueller Berichterstattung die zeitliche Lage der Redaktionskonferenz mitbestimmungsfrei festzulegen[7]; die aktuelle Berichterstattung wird ernsthaft beeinträchtigt, wenn am Ende der Redaktionskonferenz keine Sekretärinnen und Korrektoren mehr zur Verfügung stehen. In gleicher Weise wird die Tendenzverwirklichung einer karitativen Einrichtung nicht nur dann gefährdet, wenn der Krankenhausträger die Arbeitszeiten der Ärzte mit dem BR abstimmen müsste. Die gleiche Gefahr droht, wenn der BR bei den Arbeitszeiten der Pflegehelfer, die keine Tendenzträger sind, mitbestimmen darf[8]. Im Erg. ist damit fest zu halten, dass tendenzbezogene Maßnahmen, die einen Tendenzträger betreffen, in aller Regel zu einer Beschränkung der Beteiligungsrechte des BR führen. Die **Tendenzträgereigenschaft** der betroffenen ArbN ist jedoch **nicht Voraussetzung für eine Einschränkung der Beteiligungsrechte**. Auch eine Beteiligung bei Maßnahmen ggü. Nicht-Tendenzträgern kann zu einer ernstl. Beeinträchtigung oder Vereitelung der geistig-ideellen Zielsetzung des Unternehmens und deren Verwirklichung führen; auch in solchen Fällen sind die Beteiligungsrechte des BR zu beschränken.

c) **Beteiligung in wirtschaftlichen Angelegenheiten.** Abs. 1 S. 2 schränkt die Mitbest. des BR in wirtschaftl. Angelegenheiten ein. Die Regelungen über die Unterrichtung in wirtschaftl. Angelegenheiten **gem. §§ 106–110 sind nicht anzuwenden**, ein Wirtschaftsausschuss nicht zu bilden (s. § 106 Rz. 3). Hat ein Unternehmen tendenzgeschützte und tendenzfreie Betriebe, ist ein Wirtschaftsausschuss nicht zu bilden, wenn es sich überwiegend um ein Tendenzunternehmen handelt. Ob die tendenzgeschützten Betriebe überwiegen, kann entsprechend den unter Rz. 13 ff. dargestellten Grundsätzen beurteilt werden. Des Weiteren sind insoweit die Umsatzzahlen von Bedeutung. Beschäftigen die tendenzfreien Betriebe zwar mehr ArbN, während die tendenzgeschützten Betriebe in höherem Maße zum Umsatz beitragen, ist von der Bildung eines Wirtschaftsausschusses für das Unternehmen abzusehen[9]. Überwiegen hingegen die tendenzfreien Betriebe, ist ein zu bildender Wirtschaftsausschuss nicht auch für die Tendenzbetriebe zuständig[10]. In diesen Fällen gilt: Der Wirtschaftsausschuss braucht nicht über wirtschaftl. Angelegenheiten der tendenzgeschützten, sondern nur der tendenzfreien Betrieben informiert zu werden; befassen sich Unterlagen, die dem Wirtschaftsausschuss vorzulegen sind, mit Angelegenheiten der tendenzgeschützten und tendenzfreien Betrieben, brauchen diese nur auszugsweise vorgelegt werden, nämlich soweit sie Angelegenheiten der tendenzfreien Betrieben behandeln; ist eine auszugsweise Vorlage nicht möglich, weil die Darstellung von Angelegenheiten der tendenzgeschützten Betriebe von denen der tendenzfreien Betriebe nicht sinnvoll voneinander getrennt werden kann, hat der Wirtschaftsausschuss keinen Anspruch auf Vorlage der Unterlage.

Die **§§ 111–113 werden eingeschränkt** und sind nur insoweit anzuwenden, als sie den Ausgleich oder die Milderung wirtschaftl. Nachteile für die ArbN infolge der Betriebsänderung regeln. Die Unterrichtungs- und Beratungspflichten bleiben demnach – allerdings inhaltlich eingeschränkt – bestehen, ein Interessenausgleichsverfahren ist nicht durchzuführen. Die Regelungen über den Sozialplan einschl. der Möglichkeit der Erzwingung eines Sozialplans bleiben ohne Einschränkung anwendbar und auch die Möglichkeit eines Nachteilsausgleichs soll nach Ansicht des BAG bestehen (s. § 113 Rz. 3).

Die **Unterrichtungspflichten** gem. § 111 gelten nach der Rspr. des BAG auch im Tendenzunternehmen insoweit, als der Unternehmer verpflichtet bleibt, den BR rechtzeitig über die geplante Betriebsänderung zu unterrichten und im Hinblick auf die sozialen Folgen mit ihm zu beraten[11]. Die Unterrich-

---

1 BAG 20.11.1990 – 1 ABR 87/89, NZA 1991, 513; 18.4.1989 – 1 ABR 97/87, NZA 1989, 804. || 2 BAG 8.5.1990 – 1 ABR 33/89, NZA 1990, 901; 1.9.1987 – 1 ABR 22/86, NZA 1988, 99. || 3 BAG 27.7.1993 – 1 ABR 8/93, NZA 1994, 329. || 4 So bereits *Rüthers/Franke*, DB 1992, 374 (375f.); *Dzida/Hohenstatt*, NZA 2004, 1084; *Gamillscheg*, Kollektives Arbeitsrecht II, S. 1168. || 5 *Rüthers/Franke*, DB 1992, 374, 376; *Dzida/Hohenstatt*, NZA 2004, 1086. || 6 Aus diesem Grund ist die Entscheidung des LAG Berlin, die BVerfG 15.12.1999 – 1 BvR 505/95, NZA 2000, 264 zugrunde liegt, abzulehnen. || 7 BAG 14.1.1992 – 1 ABR 35/91, NZA 1992, 512. || 8 *Rüthers/Franke*, DB 1992, 374 (376); weitere Bsp. bei *Dzida/Hohenstatt*, NZA 2004, 1086. || 9 *Fitting*, § 118 Rz. 44. || 10 *Fitting*, § 118 Rz. 44. || 11 BAG 27.10.1998 – 1 AZR 766/97, NZA 1999, 328.

tung soll dann **rechtzeitig** sein, wenn der BR vor Durchführung der Betriebsänderung eigene Vorstellungen für den Sozialplan entwickeln und an den ArbGeb herantragen kann; in einem vom BAG entschiedenen Fall wurde ein Zeitraum von zwei Monaten vor Ausspruch von Kündigungen für ausreichend gehalten[1]. Dem zutreffenden Einwand, die Unterrichtungspflicht werde in Tendenzunternehmen auch noch nach Durchführung der Betriebsänderung rechtzeitig erfüllt, da die Unterrichtung nur im Hinblick auf den Abschluss eines Sozialplans erfolge und dieser auch noch nach der Betriebsänderung durchgesetzt werden kann[2], folgt das BAG nicht. Zur Risikominimierung empfiehlt es sich daher, auch in Tendenzunternehmen eine rechtzeitige Unterrichtung vorzunehmen (s. § 113 Rz. 3).

28   **Umfang und Inhalt der Unterrichtungspflichten** sind jedoch in Tendenzunternehmen eingeschränkt, da die Information den BR nur in die Lage versetzen soll, erforderlichenfalls mit Hilfe seines Initiativrechts auch gegen den Willen des ArbGeb das Verfahren zur Aufstellung eines Sozialplans in Gang zu setzen[3]. Dem BR stehen deshalb in einem Tendenzbetrieb keine Informationen im Hinblick auf das „ob" der Maßnahme zu, da diese nur für die Beratung eines Interessenausgleichs relevant sind, die der BR jedoch gerade nicht verlangen kann[4]. Dem BR sind somit nur solche Informationen zu erteilen, die er gerade im Hinblick auf einen Sozialplan benötigt.

29   Demggü. ist in Tendenzunternehmen **kein Interessenausgleichsverfahren** durchzuführen[5]. Auch in Tendenzbetrieben hat der BR nach zutreffender Ansicht keinen Unterlassungsanspruch zur Verhinderung einer geplanten Betriebsänderung[6]. Der ArbGeb kann jedoch freiwillig einen Interessenausgleich abschließen. § 1 V KSchG ist bei Abschluss eines solchen Interessenausgleichs anwendbar[7]. Die Verpflichtung, mit dem BR einen Sozialplan zu verhandeln, bleibt jedoch ebenso bestehen wie die Möglichkeit des BR, diesen gegen den Willen des ArbGeb zu erzwingen.

30   Nach Ansicht des BAG kommt auch in Tendenzbetrieben ein **Nachteilsausgleich** nach § 113 III in Betracht, wenn der ArbGeb eine Betriebsänderung durchführt, ohne den BR rechtzeitig unterrichtet und sachangemessene Überlegungen zum Inhalt eines künftigen Sozialplans ermöglicht zu haben[8]. Der zutreffenden Auffassung, § 113 sei in Tendenzbetrieben nicht anwendbar[9], hat sich das BAG nicht angeschlossen. § 113 III soll demnach mit der Modifikation gelten, dass ein Anspruch auf Nachteilsausgleich nur auf einen Verstoß gegen Unterrichtungs- und Beratungspflichten gestützt werden kann, nicht hingegen auf ein Unterlassen des Versuchs, eine Einigung über die Betriebsänderung herbeizuführen. Ob § 113 I und II anwendbar sind, falls der ArbGeb einen Interessenausgleich freiwillig abschließt, hat das BAG offen gelassen[10].

31   d) **Sonstige Einschränkungen.** Die Berichtspflicht des ArbGeb in **Betriebs- und Abteilungsversammlungen** ist im Tendenzunternehmen eingeschränkt. Da § 110 im Tendenzunternehmen keine Anwendung findet, besteht auch keine Verpflichtung, über die wirtschaftl. Lage und Entwicklung des Unternehmens anlässlich einer Betriebs- oder Abteilungsversammlung zu berichten[11]. Entsprechendes gilt hinsichtlich der Berichtspflicht ggü. der **Betriebsräteversammlung**, die sich im Tendenzunternehmen nicht auf die in § 106 III genannten Gegenstände erstreckt (s. § 53 Rz. 10).

32   **III. Religionsgemeinschaften und ihre karitativen und erzieherischen Einrichtungen.** Das BetrVG **findet gem. Abs. 2 keine Anwendung** auf Religionsgemeinschaften und ihre karitativen und erzieherischen Einrichtungen. Grund dafür ist das durch Art. 140 GG iVm. Art. 137 III WRV gewährleistete Recht der Religionsgemeinschaften, ihre Angelegenheiten innerhalb der Schranken der für alle geltenden Gesetze selbst zu ordnen und zu verwalten[12]. Dieses verfassungsrechtlich verbürgte Selbstbestimmungsrecht erstreckt sich auch auf rechtl. verselbständigte Einrichtungen, soweit sie nach kirchlichem Selbstverständnis entsprechend ihrem Zweck oder ihrer Aufgabenstellung dazu berufen sind, den „weltbezogenen" Auftrag der Kirchen wahrzunehmen und zu erfüllen[13]. Ist eine Religionsgemeinschaft eine Körperschaft des öffentl. Rechts, findet das BetrVG schon gem. § 130 keine Anwendung[14]. Körperschaften des öffentl. Rechts sind bspw. die röm.-kath. Bistümer und der Verband der Diözesen Deutschlands, die ev. Landeskirchen, die Evangelische Kirche in Deutschland (EKD), die Evangelische Kirche der Union, die Vereinigung Evangelisch-lutherische Kirche Deutschlands (VELKD), die jüdischen Kultusgemeinden und der Zentralrat der Juden in Deutschland[15]. Ist ein Unternehmen keine Religionsgemeinschaft oder karitative oder erzieherische Einrichtung einer solchen, dient das Unternehmen aber einer konfessionellen Bestimmung, findet Abs. 1 Nr. 1 Anwendung (s. Rz. 5).

---

1 BAG 27.10.1998 – 1 AZR 766/97, NZA 1999, 328. ||2 So *Bauer/Lingemann*, NZA 1995, 813 (815). ||3 BAG 27.10.1998 – 1 AZR 766/97, NZA 1999, 328. ||4 ArbG Frankfurt/O. 22.3.2001 – 2 BVGa 2/01, NZA-RR 2001, 646 (647). ||5 *Picot/Schnitker*, II B Rz. 34. ||6 LAG Nds. 29.11.2002 – 12 TaBV 111/02, BB 2003, 1337; aA ArbG Frankfurt/M. 26.9.1995 – 8 BVGa 60/95, NZA-RR 1996, 295. ||7 LAG Köln 13.2.2012 – 5 Sa 303/11; aA *Fitting*, §§ 112, 112a Rz. 53. ||8 BAG 18.11.2003 – 1 AZR 637/02, NZA 2004, 741; 27.10.1998 – 1 AZR 766/97, NZA 1999, 328. ||9 So zutr. Hess ua./*Hess*, § 118 Rz. 103; Richardi/*Thüsing*, § 118 Rz. 172; AnwK-ArbR/*Lunk*, § 118 BetrVG Rz. 65. ||10 BAG 27.10.1998 – 1 AZR 766/97, NZA 1999, 328. ||11 Richardi/*Thüsing*, § 118 Rz. 136. ||12 *BVerfG* 11.10.1977 – 2 BvR 209/76, NJW 1978, 581; BAG 30.4.1997 – 7 ABR 60/95, NZA 1997, 1240; 31.7.2002 – 7 ABR 12/01, NZA 2002, 1409. ||13 BVerfG 25.3.1980 – 2 BvR 208/76, NJW 1980, 1895; BAG 24.7.1991 – 7 ABR 34/90, NZA 1991, 977. ||14 BAG 30.7.1987 – 6 ABR 78/85, NZA 1988, 402. ||15 Richardi/*Thüsing*, § 118 Rz. 193.

Der **Begriff der Religionsgemeinschaft** in Abs. 2 entspricht dem Begriff der Religionsgesellschaft in Art. 137 III WRV[1]. Auf **Weltanschauungsgemeinschaften**, die nach Art. 137 VII WRV den Religionsgesellschaften gleichzustellen sind, ist Abs. 2 ebenfalls anzuwenden[2]. Sind religiöse oder weltanschauliche Lehren nur ein Vorwand für die Verfolgung wirtschaftl. Ziele, handelt es sich dagegen nicht um eine Religionsgemeinschaft, so etwa bei der Scientology-Organisation[3]. 33

Da die als **Körperschaft des öffentl. Rechts** organisierten Religionsgemeinschaften schon nach § 130 nicht in den Geltungsbereich des BetrVG fallen, ist Abs. 2 vor allem von Bedeutung für privatrechtl. organisierte Religionsgemeinschaften sowie die privatrechtl. selbständig organisierten karitativen und erzieherischen Einrichtungen (und zwar insb. auch die privatrechtl. Einrichtungen der als Körperschaft des öffentl. Rechts organisierten Religionsgemeinschaften)[4]. Hinzuweisen ist allerdings auf das kirchliche Mitarbeitervertretungsrecht auf kirchengesetzl. Grundlage[5]. Ausweislich des Gesetzestextes ist die Rechtsform der karitativen oder erzieherischen Einrichtung unerheblich für die Anwendbarkeit des Abs. 2[6]. 34

Um eine **Einrichtung einer Religionsgemeinschaft** handelt es sich, wenn die Einrichtung der Religionsgemeinschaft so zugeordnet ist, dass sie an der Verwirklichung des Auftrags der Religionsgemeinschaft teilhat, und zwar im Einklang mit dem Bekenntnis der Religionsgemeinschaft und in Verbindung mit den Amtsträgern der Religionsgemeinschaft[7]. Um eine Einrichtung einer Religionsgemeinschaft handelt es sich also nicht schon dann, wenn die Einrichtung ihrem Zweck nach auf die Verwirklichung des Auftrags der Religionsgemeinschaft gerichtet ist, hinzukommen muss ein **Mindestmaß an Einflussmöglichkeit** der Religionsgemeinschaft, um auf Dauer eine Übereinstimmung der religiösen Betätigung der Einrichtung mit den Vorstellungen der Religionsgemeinschaft gewährleisten zu können[8]. Nach der Rspr. des BAG bedarf der Einfluss der Religionsgemeinschaft **keiner satzungsmäßigen Absicherung**, die Religionsgemeinschaft muss jedoch in der Lage sein, einen etwaigen Dissens zwischen ihr und der Einrichtung unterbinden zu können[9]. Entgegen älterer Rspr. ist insoweit zwar nicht zwingend erforderlich – bei Vorliegen dieser Kriterien aber jedenfalls ausreichend – wenn eine Religionsgemeinschaft einen entscheidenden Einfluss auf die Verwaltung einer Stiftung hat[10], die Mehrheit der Aufsichtsratsmitglieder einer GmbH nach deren Satzung von der Religionsgemeinschaft entsandt werden[11] oder der Vorsitzende eines Vereins und sein Stellvertreter nach der Vereinssatzung von der Religionsgemeinschaft bestätigt werden müssen[12]. Ist eine Einrichtung Mitglied des Diakonischen Werks, ist dadurch ein ausreichendes Maß an inhaltlicher und personeller Einflussnahme der Amtskirche ebenfalls gesichert[13]. Ist eine Religionsgemeinschaft auch ohne solche formalen Rechte in der Lage, Einfluss zu nehmen und sich in religiösen Angelegenheiten erforderlichenfalls durchzusetzen, handelt es sich gleichwohl um eine Einrichtung einer Religionsgemeinschaft. 35

Die Ausnahme vom Geltungsbereich des BetrVG beschränkt sich auf solche Einrichtungen von Religionsgemeinschaften, die **karitativen oder erzieherischen Zwecken** dienen. Der Begriff der „karitativen Einrichtung" ist nach dem Selbstverständnis der Kirche zu bestimmen; die ArbG prüfen lediglich, welchen Inhalt die Religionsgemeinschaft dem Begriff „karitativ" gibt und ob die Einrichtung diese Vorgaben bei ihrer Tätigkeit erfüllt[14]. Als karitative Einrichtungen kommen bspw. in Betracht: Krankenhäuser[15], Pflegeheime[16], Waisenhäuser[17] oder Einrichtungen zur Rehabilitation Behinderter. Erzieherische Einrichtungen von Religionsgemeinschaften können bspw. sein: Berufsbildungswerke[18], Jugenddörfer[19], Kinderheime[20] und Kindergärten[21], Schulen[22] und Internate. 36

Verfolgt eine Einrichtung einer Religionsgemeinschaft andere als karitative oder erzieherische Zwecke, ist Abs. 2 nicht anwendbar (bei Verfolgung konfessioneller Ziele kommt jedoch Abs. 1 in Betracht). Gleichwohl hält das BAG es für möglich, auch privatrechtl. Organisationen, die bspw. der kirchlichen Öffentlichkeitsarbeit dienen, in den Anwendungsbereich des Abs. 2 einzubeziehen[23]. Dies wird dadurch erreicht, dass solche Organisationen, die eine enge Bindung zu einer Religionsgemeinschaft aufweisen, als **„Teil der Religionsgemeinschaft"** angesehen werden und nicht als „Einrichtung einer Religionsgemeinschaft". Das dürfte allenfalls vertretbar sein, wenn eine solche Organisation eine ausgegliederte Einheit einer Religionsgemeinschaft ist[24] oder rechtlich und tatsächlich der vollständigen Kontrolle 37

---

1 BAG 24.7.1991 – 7 ABR 34/90, NZA 1991, 977. || 2 Fitting, § 118 Rz. 54; aA LAG Hamm 17.5.2002 – 10 TaBV 140/01, NZA-RR 2002, 625; Richardi/*Thüsing*, § 118 Rz. 210. || 3 BAG 22.3.1995 – 5 AZB 21/94, NZA 1995, 823. || 4 Richardi/*Thüsing*, § 118 Rz. 196. || 5 v. Tiling, Die Rechtsfolgen des Betriebsübergangs im Spannungsfeld von Kirchenfreiheit und staatlicher Arbeitsrechtsordnung, 2004, S. 179 ff. || 6 BAG 31.7.2002 – 7 ABR 12/01, NZA 2002, 1409. || 7 BVerfG 11.10.1977 – 2 BvR 209/76, NJW 1978, 581; BAG 31.7.2002 – 7 ABR 12/01, NZA 2002, 1409. || 8 BAG 30.4.1997 – 7 ABR 60/95, NZA 1997, 1240; Richardi/*Thüsing*, § 118 Rz. 200. || 9 BAG 30.4.1997 – 7 ABR 60/95, NZA 1997, 1240; 31.7.2002 – 7 ABR 12/01, NZA 2002, 1409; aA DKKW/*Wedde*, § 118 Rz. 126. || 10 BAG 21.11.1975 – 1 ABR 12/75, NJW 1976, 1165. || 11 BAG 9.2.1982 – 1 ABR 36/80, NJW 1982, 1894. || 12 BAG 24.7.1991 – 7 ABR 34/90, NZA 1991, 977. || 13 BAG 31.7.2002 – 7 ABR 12/01, NZA 2002, 1409. || 14 BAG 23.10.2002 – 7 ABR 59/01, NZA 2004, 334. || 15 BVerfG 11.10.1977 – 2 BvR 209/76, NJW 1978, 581. || 16 BAG 6.12.1977 – 1 ABR 28/77, DB 1978, 943. || 17 WPK/*Bender*, § 118 Rz. 79. || 18 BAG 14.4.1988 – 6 ABR 36/86, NJW 1988, 3283. || 19 BAG 30.4.1997 – 7 ABR 60/95, NZA 1997, 1240. || 20 BAG 11.3.1986 – 1 ABR 26/84, NZA 1986, 685. || 21 BAG 25.4.1978 – 1 AZR 70/76, NJW 1978, 2116. || 22 Richardi/*Thüsing*, § 118 Rz. 205; AnwK-ArbR/*Lunk*, § 118 BetrVG Rz. 67. || 23 BAG 24.7.1991 – 7 ABR 34/90, NZA 1991, 977. || 24 Bspw. Orden, vgl. DKKW/*Wedde*, § 118 Rz. 124.

einer Religionsgemeinschaft untersteht, nicht jedoch schon bei Vorliegen einer „hinreichenden kirchlichen Zuordnung"[1]. Eine solche Lockerung der Zuordnung ist nämlich für eine „Einrichtung" einer Religionsgemeinschaft charakteristisch, Einrichtungen einer Religionsgemeinschaft müssen aber den gesetzl. vorgesehenen erzieherischen oder karitativen Zwecken dienen. Der Kunstgriff, Einrichtungen als „Teil der Religionsgemeinschaft" zu begreifen, darf die abschließende gesetzl. Aufzählung der in Abs. 2 genannten Bestimmungen nicht erweitern.

38 Abs. 2 kann dazu führen, dass bei der **Übertragung von Unternehmen oder Betrieben** die Anwendbarkeit des BetrVG entfällt. Übernimmt bspw. ein kirchlicher Träger ein bisher von einem nichtkirchlichen Träger betriebenes Krankenhaus, um dort – in Wahrnehmung des weltbezogenen Auftrags der Kirche – karitativ tätig zu werden, so führt diese Übertragung des Krankenhauses auf den kirchlichen Träger dazu, dass das BetrVG keine Anwendung mehr findet[2]. Die Amtszeit des BR endet. Kommt es auf Grund der Übertragung zu einem Betriebsübergang, erfolgt eine individualrechtl. Fortgeltung[3]. Erfolgt die Veräußerung des Unternehmens durch eine Übertragung von Anteilen (share deal), treten BV außer Kraft. Auch in diesem Fall dürfte aber in entsprechender Anwendung von § 613a I BGB eine individualrechtl. Fortgeltung anzunehmen sein: Im Regelfall lässt der share deal die Geltung von BV unberührt, während bei einem Betriebsübergang eine Transformation oder Ablösung erfolgt (§ 613a I 2 oder 3 BGB). Verglichen mit diesem Regelfall ist es nicht sachgerecht, bei einer Übertragung auf einen kirchlichen Träger im Wege des share deal einen vollständigen Wegfall der BV anzunehmen, während es im Falle des Betriebsübergangs bei einer individualrechtl. Fortgeltung bleibt. Hier ist ausnahmsw. eine entsprechende Anwendung des § 613a I BGB gerechtfertigt.

39 **IV. Streitigkeiten.** Über Streitigkeiten hinsichtlich der Einschränkung der Beteiligungsrechte im Tendenzunternehmen entscheidet das ArbG im Beschlussverfahren (§§ 2a, 80 ff. ArbGG). Ein auf die Feststellung des Bestehens oder Nichtbestehens der Tendenzeigenschaft eines Unternehmens gerichteter Feststellungsantrag ist nach neuerer Rspr. des BAG unzulässig[4].

Sechster Teil. Straf- und Bußgeldvorschriften

119 *Straftaten gegen Betriebsverfassungsorgane und ihre Mitglieder*
(1) Mit Freiheitsstrafe bis zu einem Jahr oder mit Geldstrafe wird bestraft, wer

1. eine Wahl des Betriebsrats, der Jugend- und Auszubildendenvertretung, der Bordvertretung, des Seebetriebsrats oder der in § 3 Abs. 1 Nr. 1 bis 3 oder 5 bezeichneten Vertretungen der Arbeitnehmer behindert oder durch Zufügung oder Androhung von Nachteilen oder durch Gewährung oder Versprechen von Vorteilen beeinflusst,

2. die Tätigkeit des Betriebsrats, des Gesamtbetriebsrats, des Konzernbetriebsrats, der Jugend- und Auszubildendenvertretung, der Gesamt-Jugend- und Auszubildendenvertretung, der Konzern-Jugend- und Auszubildendenvertretung, der Bordvertretung, des Seebetriebsrats, der in § 3 Abs. 1 bezeichneten Vertretungen der Arbeitnehmer, der Einigungsstelle, der in § 76 Abs. 8 bezeichneten tariflichen Schlichtungsstelle, der in § 86 bezeichneten betrieblichen Beschwerdestelle oder des Wirtschaftsausschusses behindert oder stört, oder

3. ein Mitglied oder ein Ersatzmitglied des Betriebsrats, des Gesamtbetriebsrats, des Konzernbetriebsrats, der Jugend- und Auszubildendenvertretung, der Gesamt-Jugend- und Auszubildendenvertretung, der Konzern-Jugend- und Auszubildendenvertretung, der Bordvertretung, des Seebetriebsrats, der in § 3 Abs. 1 bezeichneten Vertretungen der Arbeitnehmer, der Einigungsstelle, der in § 76 Abs. 8 bezeichneten Schlichtungsstelle, der in § 86 bezeichneten betrieblichen Beschwerdestelle oder des Wirtschaftsausschusses um seiner Tätigkeit willen oder eine Auskunftsperson nach § 80 Abs. 2 Satz 3 um ihrer Tätigkeit willen benachteiligt oder begünstigt.

(2) Die Tat wird nur auf Antrag des Betriebsrats, des Gesamtbetriebsrats, des Konzernbetriebsrats, der Bordvertretung, des Seebetriebsrats, einer der in § 3 Abs. 1 bezeichneten Vertretungen der Arbeitnehmer, des Wahlvorstands, des Unternehmers oder einer im Betrieb vertretenen Gewerkschaft verfolgt.

1 § 119 stellt bestimmte Formen der Wahlbehinderung oder -beeinflussung, der Störung oder Behinderung der Amtstätigkeit sowie der Benachteiligung oder Begünstigung von Amtsträgern der jeweils in Abs. 1 Nr. 1–3 genannten ArbN-Vertretungen bzw. Einrichtung oder Personen unter Strafe. Die Strafvorschriften richten sich nicht nur gegen den ArbGeb oder seinen Vertreter, sondern gegen **jedermann**, also bspw. auch gegen ArbN oder außenstehende Dritte[5]. Strafbar ist nur die vorsätzliche Begehung. Der Versuch ist nicht strafbar. Es kommen alle Tatformen (Täterschaft, Anstiftung, Beihilfe) in Betracht.

---

1 So aber BAG 24.7.1991 – 7 ABR 34/90, NZA 1991, 977. ||2 BAG 9.2.1982 – 1 ABR 36/80, NJW 1982, 1894. ||3 WHSS/*Hohenstatt*, Rz. E 11. ||4 BAG 14.12.2010 – 1 ABR 93/09, NZA 2011, 473. ||5 LG Braunschweig 22.2.2008 – 6 KLs 20/07; WPK/*Preis*, § 119 Rz. 3.

Abs. 1 Nr. 1 schützt die unbeeinflusste und unbehinderte Wahl der dort genannten ArbN-Vertretungen[1]. Unter Wahl iS dieser Vorschrift ist nicht nur der eigentliche Abstimmungsvorgang zu verstehen; auch vorbereitende Maßnahmen, die die BR-Wahl unmittelbar mitgestalten[2], werden erfasst, also bspw. die Durchführung einer Betriebsversammlung zur Wahl des Wahlvorstands. Geschützt wird des Weiteren die Auszählung der Stimmen[3]. Eine **Behinderung** liegt nur dann vor, wenn eine Wahl iSd. vorstehend dargelegten Wahlbegriffs durch zielgerichtetes Verhalten erschwert oder unmöglich gemacht wird[4]. Auf der subjektiven Seite muss sich der Vorsatz auf die Behinderung erstrecken[5]. In Betracht kommen bspw. die Erteilung von Hausverbot gegen die Mitglieder des Wahlvorstands oder das Auswechseln des Schlosses des Wahlraums unter Vorenthaltung des Schlüssels sowie die Androhung einer Kündigung[6] oder Versetzung[7]. Verboten ist des Weiteren die **Beeinflussung** der Wahl durch Zufügung oder Androhung von Nachteilen oder Gewährung oder Versprechung von Vorteilen[8]. Eine Strafbarkeit kommt also nur dann in Betracht, wenn eine Beeinflussung unter Anwendung der im Tatbestand genannten verbotenen Mittel erfolgt. Dies kann bspw. der Fall sein, wenn die Wahl einer gewerkschaftsnahen Liste durch das Versprechen von Sonderzuwendungen für den Fall des Siegs der konkurrierenden Liste verhindert werden soll. Eine Strafbarkeit kommt demgü. nicht in Betracht, wenn eine Beeinflussung der Wahl ohne Zuhilfenahme der in Abs. 1 Nr. 1 genannten unzulässigen Mittel erfolgt[9]. Versucht ein ArbGeb durch gezielte Wahlpropaganda zu Gunsten einer bestimmten Liste Einfluss auf den Ausgang der Wahl zu nehmen, mag dies pflichtwidrig sein, jedoch nicht strafbar; hier kommen die Rechtsschutz- und Sanktionsmöglichkeiten gem. § 23 III in Betracht.

Gem. Abs. 1 Nr. 2 ist die **Behinderung oder Störung der Tätigkeit des BR** sowie der in dieser Vorschrift genannten ArbN-Vertretungen und Einrichtungen strafbar. Strafbar sind somit Maßnahmen, die gezielt in Rechte der erfassten ArbN-Vertretungen und Einrichtungen eingreifen, um deren Tätigkeit erheblich zu erschweren oder vorübergehend oder endgültig zu verhindern. Eine Behinderung oder Störung liegt aber nicht bereits dann vor, wenn der ArbGeb Mitbestimmungs- oder Mitwirkungsrechte des BR missachtet. Für eine Strafbarkeit erforderlich ist vielmehr, dass der ArbGeb durch die Missachtung der Rechte des BR vorsätzlich eine Behinderung oder Störung herbeiführen will[10]. Dies kommt in Betracht bei einer Rücktrittsaufforderung an den BR, welche mit der Drohung verbunden wird, andernfalls Zulagen zu streichen[11]; der beharrlichen Weigerung, die Kosten der BR-Arbeit gem. § 40 zu tragen[12]; der Verhinderung bzw. Störung von Telefonaten des BR[13]. Entgegen der Ansicht des OLG Stuttgart verstößt die Empfehlung des ArbGeb, eine BV nicht zu besuchen, nicht gegen Abs. 1 Nr. 2[14]. Nicht strafbar sind des Weiteren das Vorenthalten von Unterlagen gem. § 80 II[15], soweit dies nicht gezielt und beharrlich zum Zwecke der Behinderung oder Störung der BR-Tätigkeit erfolgt, sondern etwa wegen unterschiedlicher Rechtsauffassungen über die Erforderlichkeit der Vorlage der von dem BR erbetenen Unterlagen.

Schließlich ist es gem. Abs. 1 Nr. 3 strafbar, Mitglieder der dort genannten ArbN-Vertretungen bzw. Einrichtungen oder eine Auskunftsperson nach § 80 II wegen ihrer Tätigkeit zu **benachteiligen**[16] **oder zu begünstigen**[17]. Zwischen der Benachteiligung oder Begünstigung und der Amtstätigkeit des Mitglieds der ArbN-Vertretung muss ein ursächlicher Zusammenhang bestehen[18]. Der Nachteil oder die Begünstigung muss sich auf die persönliche Rechtsstellung des Mitglieds beziehen[19]. In Betracht kommen etwa die Herabsetzung des Einkommens eines BR-Mitglieds wegen seiner BR-Tätigkeit oder der Ausschluss eines BR-Mitglieds von allen anderen ArbN gewährten Zuwendungen[20]. Wird das Mitglied einer der in Abs. 1 Nr. 3 genannten ArbN-Vertretungen begünstigt, steht es selbst wegen der Annahme der Begünstigung nicht unter Strafandrohung, jedoch kommt eine Amtsenthebung gem. § 23 I in Betracht[21].

Gem. Abs. 2 wird die Tat nur auf **Antrag** einer der in dieser Vorschrift als antragsberechtigt genannten Vertretungen verfolgt. Dies ist rechtspolitisch verfehlt, weil auf diese Weise eine Strafbarkeitslücke entsteht, wenn Unternehmensleitung, Gewerkschaften und ArbN-Vertretungen etwa bei der Begünstigung von BR-Mitgliedern kollusiv zusammenwirken[22]. Im Hinblick auf die antragsberechtigten betriebsverfassungsrechtl. Organe kann der Antrag nur von dem Organ, nicht hingegen von einzelnen Mitgliedern gestellt werden[23]. Die Frist zur Antragstellung beträgt drei Monate ab Kenntnis des An-

---

1 *Pasewaldt*, ZiS 2007, 75. ||2 BayObLG 29.7.1980 – RReg 4 St. 173/80, BB 1980, 1638; *Rieble/Klebeck*, NZA 2006, 767. ||3 Richardi/*Annuß*, § 119 Rz. 12. ||4 BayObLG 29.7.1980 – RReg 4 St. 173/80, BB 1980, 1638. ||5 Richardi/*Annuß*, § 119 Rz. 16. ||6 AG Emmendingen 24.7.2008 – 5 Cs 440 Js 26354. ||7 LG Marburg 10.5. 2007 – 2 Ns 2 Js 18719/05. ||8 Vgl. LG Nürnberg-Fürth 24.11.2008 – 3 KLs 501 Js 1777/2008; dazu *Rieble*, ZIP 2009, 1593; BGH 13.9.2010 – 1 StR 220/09, NJW 2011, 88. ||9 Diff. *Brand/Lotz*, RdA 2012, 73. ||10 DKKW/ *Trümner*, § 119 Rz. 15. ||11 Vgl. BayObLG 29.7.1980 – RReg 4 St. 173/80, BB 1980, 1638. ||12 *Fitting*, § 119 Rz. 7. ||13 AG Passau 5.6.1985 – 9 Js 1262/85, AiB 1992, 42. ||14 OLG Stuttgart 9.9.1988 – 1 Ws 237/88, BB 1988, 2245; krit. Richardi/*Annuß*, § 119 Rz. 23. ||15 So aber *Fitting*, § 119 Rz. 7. ||16 OLG Düss. 27.3.2008 – III-2 Ss 110/07, wistra 2008, 356. ||17 *Rieble*, BB 2009, 1016 (1021); *Rieble*, NZA 2008, 276 (278); *Rieble*, CCZ 2008, 121 (125f.); *Schemmel/Slowinski*, BB 2009, 830 (831f.); *Frahm/Koch*, ArbRAktuell 2010, 468. ||18 DKKW/*Trümner*, § 119 Rz. 20. ||19 LG Braunschweig 25.1.2007 – 6 KLs 48/06; Richardi/*Annuß*, § 119 Rz. 25. ||20 DKKW/*Trümner*, § 119 Rz. 18. ||21 *Schweibert/Buse*, NZA 2007, 1080 (1084ff.); *Moll/Roebers*, NZA 2012, 57 (61). ||22 *Rüthers*, NJW 2007, 195 (197); *Schweibert/Buse*, NZA 2007, 1080 (1085f.). ||23 DKKW/*Trümner*, § 119 Rz. 23.

tragstellers von der Tat sowie der Person des Täters, eine Rücknahme des Antrags ist jederzeit bis zur rechtskräftigen Verurteilung möglich.

6 Der Strafantrag eines betriebsverfassungsrechtl. Organs stellt einen Grund zur **außerordentl. Kündigung** der Mitglieder des Organs dar, wenn er rechtsmissbräuchlich oder bewusst unberechtigt erfolgt[1]. Unter den gleichen Voraussetzungen liegt auch eine grobe Verletzung gesetzl. Pflichten iSd. § 23 I vor.

120 *Verletzung von Geheimnissen*

(1) Wer unbefugt ein fremdes Betriebs- oder Geschäftsgeheimnis offenbart, das ihm in seiner Eigenschaft als

1. Mitglied oder Ersatzmitglied des Betriebsrats oder einer der in § 79 Abs. 2 bezeichneten Stellen,
2. Vertreter einer Gewerkschaft oder Arbeitgebervereinigung,
3. Sachverständiger, der vom Betriebsrat nach § 80 Abs. 3 hinzugezogen oder von der Einigungsstelle nach § 109 Satz 3 angehört worden ist,
3a. Berater, der vom Betriebsrat nach § 111 Satz 2 hinzugezogen worden ist,
3b. Auskunftsperson, die dem Betriebsrat nach § 80 Abs. 2 Satz 3 zur Verfügung gestellt worden ist, oder
4. Arbeitnehmer, der vom Betriebsrat nach § 107 Abs. 3 Satz 3 oder vom Wirtschaftsausschuss nach § 108 Abs. 2 Satz 2 hinzugezogen worden ist,

bekannt geworden und das vom Arbeitgeber ausdrücklich als geheimhaltungsbedürftig bezeichnet worden ist, wird mit Freiheitsstrafe bis zu einem Jahr oder mit Geldstrafe bestraft.

(2) Ebenso wird bestraft, wer unbefugt ein fremdes Geheimnis eines Arbeitnehmers, namentlich ein zu dessen persönlichen Lebensbereich gehörendes Geheimnis, offenbart, das ihm in seiner Eigenschaft als Mitglied oder Ersatzmitglied des Betriebsrats oder einer der in § 79 Abs. 2 bezeichneten Stellen bekannt geworden ist und über das nach den Vorschriften dieses Gesetzes Stillschweigen zu bewahren ist.

(3) Handelt der Täter gegen Entgelt oder in der Absicht, sich oder einen anderen zu bereichern oder einen anderen zu schädigen, so ist die Strafe Freiheitsstrafe bis zu zwei Jahren oder Geldstrafe. Ebenso wird bestraft, wer unbefugt ein fremdes Geheimnis, namentlich ein Betriebs- oder Geschäftsgeheimnis, zu dessen Geheimhaltung er nach den Absätzen 1 oder 2 verpflichtet ist, verwertet.

(4) Die Absätze 1 bis 3 sind auch anzuwenden, wenn der Täter das fremde Geheimnis nach dem Tode des Betroffenen unbefugt offenbart oder verwertet.

(5) Die Tat wird nur auf Antrag des Verletzten verfolgt. Stirbt der Verletzte, so geht das Antragsrecht nach § 77 Abs. 2 des Strafgesetzbuches auf die Angehörigen über, wenn das Geheimnis zum persönlichen Lebensbereich des Verletzten gehört; in anderen Fällen geht es auf die Erben über. Offenbart der Täter das Geheimnis nach dem Tode des Betroffenen, so gilt Satz 2 sinngemäß.

1 § 120 stellt bestimmte Formen des unbefugten Offenbarens eines Betriebs- oder Geschäftsgeheimnisses sowie eines persönlichen Geheimnisses eines ArbN unter Strafe. Strafbar ist nur die vorsätzliche Begehung. Der Versuch ist nicht strafbar. Es kommen alle Tatformen (Täterschaft, Anstiftung, Beihilfe) in Betracht.

2 Abs. 1 schützt das Interesse an der **Geheimhaltung von Betriebs- oder Geschäftsgeheimnissen**, die den in Abs. 1 Nr. 1–4 genannten Personen in ihrer Eigenschaft als Mitglied des BR, Vertreter einer Gewerkschaft usw. bekannt geworden sind. Der Begriff des Betriebs- oder Geschäftsgeheimnisses entspricht dem des § 79 (s. dort Rz. 4 f.). Ebenso wie für das Bestehen einer Geheimhaltungspflicht gem. § 79 ist auch für die Strafbarkeit gem. Abs. 1 erforderlich, dass der ArbGeb das Betriebs- oder Geschäftsgeheimnis **ausdrücklich als geheimhaltungsbedürftig bezeichnet** hat (s. § 79 Rz. 6). Tathandlung ist das unbefugte Offenbaren des Betriebs- oder Geschäftsgeheimnisses. Das Tatbestandsmerkmal des Offenbarens ist erfüllt, wenn das Betriebs- oder Geschäftsgeheimnis einem Dritten mitgeteilt wird, der nicht einem der in § 79 genannten Betriebsverfassungsorgane angehört[2]. **Unbefugt** ist das Offenbaren, wenn es ohne Erlaubnis des ArbGeb erfolgt und ein Recht zur Mitteilung nicht besteht[3]. Gem. Abs. 3 S. 2 wird das Weiteren die Verwertung eines Betriebs- oder Geschäftsgeheimnisses, also die wirtschaftl. Ausnutzung zum Zwecke der Gewinnerzielung[4], bestraft.

3 Gem. Abs. 2 wird das unbefugte Offenbaren **fremder Geheimnisse eines ArbN** – insb. eines zu seinem persönlichen Lebensbereich gehörenden Geheimnisses – bestraft. Zu den Geheimnissen iS dieser Vorschrift gehören bspw. Familienverhältnisse, Krankheiten, Vorstrafen[5] sowie Leistungsbeurteilungen[6]. Voraussetzung ist, dass ein solches Geheimnis in der Eigenschaft als Mitglied oder Ersatzmitglied des

---

[1] Hess ua./*Hess*, § 119 Rz. 17; Richardi/*Annuß*, § 119 Rz. 35; DKKW/*Trümner*, § 119 Rz. 32. ||[2] WPK/*Preis*, § 120 Rz. 10. ||[3] Richardi/*Annuß*, § 120 Rz. 13. ||[4] Richardi/*Annuß*, § 120 Rz. 12. ||[5] *Rieble/Klebeck*, NZA 2006, 766. ||[6] *Tag*, BB 2001, 1578 (1582); DKKW/*Trümner*, § 120 Rz. 15.

BR oder einer der in § 79 bezeichneten Stellen bekannt geworden ist und dass darüber nach den Vorschriften des BetrVG Stillschweigen zu bewahren ist. Nach den Vorschriften des BetrVG besteht eine ausdrückliche Verschwiegenheitspflicht in § 82 II 3 (Hinzuziehung eines Mitglieds des BR bei der Erörterung der Berechnung und Zusammensetzung des Arbeitsentgelts), § 83 I 3 (Hinzuziehung eines Mitglieds des BR bei der Einsicht in die Personalakten), § 99 I 3 (persönliche Verhältnisse und Angelegenheiten der ArbN im Zusammenhang mit personellen Einzelmaßnahmen iSd. § 99 I 1) sowie § 102 II 5 (persönliche Verhältnisse und Angelegenheiten der ArbN im Zusammenhang mit Kündigungen). Der strafrechtl. Schutz der Geheimnisse von ArbN ist damit nur punktuell und weist erhebliche Strafbarkeitslücken auf[1].

Eine **Strafverschärfung** tritt gem. Abs. 3 S. 1 ein, wenn der Täter gegen Entgelt oder in der Absicht handelt, sich oder einen anderen zu bereichern oder einen anderen zu schädigen. Gem. Abs. 3 S. 2 gilt Entsprechendes für die unbefugte Verwertung von Betriebs- oder Geschäftsgeheimnissen.   4

Die Tat wird gem. Abs. 5 nur auf **Antrag** verfolgt. Die Frist zur Antragstellung beträgt drei Monate ab Kenntnis des Antragstellers von der Tat sowie der Person des Täters; eine Rücknahme des Antrags ist jederzeit bis zur rechtskräftigen Verurteilung möglich.   5

121 *Bußgeldvorschriften*

(1) Ordnungswidrig handelt, wer eine der in § 90 Abs. 1, 2 Satz 1, § 92 Abs. 1 Satz 1 auch in Verbindung mit Abs. 3, § 99 Abs. 1, § 106 Abs. 2, § 108 Abs. 5, § 110 oder § 111 bezeichneten Aufklärungs- oder Auskunftspflichten nicht, wahrheitswidrig, unvollständig oder verspätet erfüllt.
(2) Die Ordnungswidrigkeit kann mit einer Geldbuße bis zu zehntausend Euro geahndet werden.

Nach § 121 ist die Verletzung bestimmter, **abschließend**[2] aufgezählter Informationspflichten ordnungswidrig. Nur vorsätzliches Verhalten ist ordnungswidrig. Bei fehlendem Unrechtsbewusstsein handelt der Täter nicht ordnungswidrig, wenn der Irrtum nicht vorwerfbar ist.   1

Abs. 1 erfasst folgende **Informationspflichten:** die Unterrichtung gem. § 90 I und II 1 hinsichtlich der Planung von Neu-, Um- und Erweiterungsbauten von Fabrikations-, Verwaltungs- und sonstigen betriebl. Räumen, von technischen Anlagen, Arbeitsverfahren und Arbeitsabläufen oder Arbeitsplätzen[3]; die Unterrichtung gem. § 92 I 1 über die Personalplanung[4]; die Unterrichtung gem. § 92 III über Maßnahmen iSd. § 80 I Nr. 2a und 2b, insb. im Hinblick auf die Aufstellung und Durchführung von Maßnahmen zur Förderung der Gleichstellung von Frauen und Männern; die Unterrichtung gem. § 99 I über Einstellung, Eingruppierung, Umgruppierung und Versetzung; die Unterrichtung des Wirtschaftsausschusses gem. § 106 II über die wirtschaftl. Angelegenheiten des Unternehmens[5]; die Erläuterung des Jahresabschlusses ggü. dem Wirtschaftsausschuss gem. § 108 V; die Unterrichtung der ArbN gem. § 110 über die wirtschaftl. Lage und Entwicklung des Unternehmens; die Unterrichtung des BR gem. § 111 über eine geplante Betriebsänderung[6].   2

Tathandlung ist das Unterlassen der Information sowie die wahrheitswidrige, unvollständige oder verspätete Erfüllung von Unterrichtungspflichten. Eine Informationspflicht wird **unterlassen,** wenn sie gänzlich unterbleibt. Eine Information ist **wahrheitswidrig,** wenn sie den Tatsachen nicht entspricht; eine fehlerhafte Prognose fällt hingegen nicht unter dieses Tatbestandsmerkmal[7]. Soweit auch die **unvollständige** oder **verspätete** Information ordnungswidrig sein sollen, genügt die Vorschrift nicht dem verfassungsrechtl. Bestimmtheitsgrundsatz (Art. 103 Abs. 2 GG)[8]. Der Gesetzgeber hat insoweit die Voraussetzungen des Ordnungswidrigkeitstatbestands nicht konkret genug umschrieben, da für den Normadressaten nicht klar vorhersehbar ist, in welchem Umfang bzw. in welchem Zeitpunkt er seine Informationspflicht erfüllen muss, um dem Vorwurf der Ordnungswidrigkeit zu entgehen.   3

Normadressat ist jeder, der die ihn treffende **Informationspflicht** verletzt[9], also der ArbGeb oder eine von ihm beauftragte Person[10]. Bei juristischen Personen sind die Mitglieder des vertretungsberechtigten Organs Träger der gesetzl. Informationspflicht.   4

Rechtsmissbräuchliche oder bewusst unrichtige Anzeigen gegen den ArbGeb berechtigen zur **außerordentl. Kündigung** des ArbVerh (s.a. § 119 Rz. 6)[11].   5

---

1 Vgl. Richardi/*Annuß*, § 120 Rz. 6. ||2 GK-BetrVG/*Oetker*, § 121 Rz. 10. ||3 OLG Düss. 8.4.1982 – 5 Ss OWi 136/82, BB 1982, 1113. ||4 OLG Hamm 7.12.1977 – 4 Ss OWi 1407/77, DB 1978, 748. ||5 OLG Karlsruhe 7.6.1985 – 1 Ss 68/85, NZA 1985, 570; OLG Hamburg 4.6.1985 – 2 Ss OWi 5/85, DB 1985, 1846. ||6 OLG Hamm 7.12.1977 – 4 Ss OWi 1407/77, DB 1978, 748. ||7 GK-BetrVG/*Oetker*, § 121 Rz. 15. ||8 Vgl. auch die Bedenken bei Richardi/*Annuß*, § 121 Rz. 7f.; vgl. ferner GK-BetrVG/*Oetker*, § 121 Rz. 18, der für eine einschr. Auslegung eintritt. ||9 DKKW/*Trümner*, § 121 Rz. 6. ||10 WPK/*Preis*, § 121 Rz. 9. ||11 LAG Hess. 12.2.1987 – 12 Sa 1249/86, LAGE § 626 BGB Nr. 28.

Siebenter Teil. Änderung von Gesetzen

122–124 *(gegenstandslos)*

Achter Teil. Übergangs- und Schlussvorschriften

125 *Erstmalige Wahlen nach diesem Gesetz*
(1) Die erstmaligen Betriebsratswahlen nach § 13 Abs. 1 finden im Jahre 1972 statt.

(2) Die erstmaligen Wahlen der Jugend- und Auszubildendenvertretung nach § 64 Abs. 1 Satz 1 finden im Jahre 1988 statt. Die Amtszeit der Jugendvertretung endet mit der Bekanntgabe des Wahlergebnisses der neu gewählten Jugend- und Auszubildendenvertretung, spätestens am 30. November 1988.

(3) Auf Wahlen des Betriebsrats, der Bordvertretung, des Seebetriebsrats und der Jugend- und Auszubildendenvertretung, die nach dem 28. Juli 2001 eingeleitet werden, finden die Erste Verordnung zur Durchführung des Betriebsverfassungsgesetzes vom 16. Januar 1972 (BGBl. I S. 49), zuletzt geändert durch die Verordnung vom 16. Januar 1995 (BGBl. I S. 43), die Zweite Verordnung zur Durchführung des Betriebsverfassungsgesetzes vom 24. Oktober 1972 (BGBl. I S. 2029), zuletzt geändert durch die Verordnung vom 28. September 1989 (BGBl. I S. 1795) und die Verordnung zur Durchführung der Betriebsratswahlen bei den Postunternehmen vom 26. Juni 1995 (BGBl. I S. 871) bis zu deren Änderung entsprechende Anwendung.

(4) Ergänzend findet für das vereinfachte Wahlverfahren nach § 14a die Erste Verordnung zur Durchführung des Betriebsverfassungsgesetzes bis zu deren Änderung mit folgenden Maßgaben entsprechende Anwendung:

1. Die Frist für die Einladung zur Wahlversammlung zur Wahl des Wahlvorstands nach § 14a Abs. 1 des Gesetzes beträgt mindestens sieben Tage. Die Einladung muss Ort, Tag und Zeit der Wahlversammlung sowie den Hinweis enthalten, dass bis zum Ende dieser Wahlversammlung Wahlvorschläge zur Wahl des Betriebsrats gemacht werden können (§ 14a Abs. 2 des Gesetzes).

2. § 3 findet wie folgt Anwendung:
   a) Im Fall des § 14a Abs. 1 des Gesetzes erlässt der Wahlvorstand auf der Wahlversammlung das Wahlausschreiben. Die Einspruchsfrist nach § 3 Abs. 2 Nr. 3 verkürzt sich auf drei Tage. Die Angabe nach § 3 Abs. 2 Nr. 4 muss die Zahl der Mindestsitze des Geschlechts in der Minderheit (§ 15 Abs. 2 des Gesetzes) enthalten. Die Wahlvorschläge sind abweichend von § 3 Abs. 2 Nr. 7 bis zum Abschluss der Wahlversammlung zur Wahl des Wahlvorstands bei diesem einzureichen. Ergänzend zu § 3 Abs. 2 Nr. 10 gibt der Wahlvorstand den Ort, Tag und Zeit der nachträglichen Stimmabgabe an (§ 14a Abs. 4 des Gesetzes).
   b) Im Fall des § 14a Abs. 3 des Gesetzes erlässt der Wahlvorstand unverzüglich das Wahlausschreiben mit den unter Buchstabe a genannten Maßgaben zu § 3 Abs. 2 Nr. 3, 4 und 10. Abweichend von § 3 Abs. 2 Nr. 7 sind die Wahlvorschläge spätestens eine Woche vor der Wahlversammlung zur Wahl des Betriebsrats (§ 14a Abs. 3 Satz 2 des Gesetzes) beim Wahlvorstand einzureichen.

3. Die Einspruchsfrist des § 4 Abs. 1 verkürzt sich auf drei Tage.

4. Die §§ 6 bis 8 und § 10 Abs. 2 finden entsprechende Anwendung mit der Maßgabe, dass die Wahl auf Grund von Wahlvorschlägen erfolgt. Im Fall des § 14a Abs. 1 des Gesetzes sind die Wahlvorschläge bis zum Abschluss der Wahlversammlung zur Wahl des Wahlvorstands bei diesem einzureichen; im Fall des § 14a Abs. 3 des Gesetzes sind die Wahlvorschläge spätestens eine Woche vor der Wahlversammlung zur Wahl des Betriebsrats (§ 14a Abs. 3 Satz 2 des Gesetzes) beim Wahlvorstand einzureichen.

5. § 9 findet keine Anwendung.

6. Auf das Wahlverfahren finden die §§ 21ff. entsprechende Anwendung. Auf den Stimmzetteln sind die Bewerber in alphabetischer Reihenfolge unter Angabe von Familienname, Vorname und Art der Beschäftigung im Betrieb aufzuführen.

7. § 25 Abs. 5 bis 8 findet keine Anwendung.

8. § 26 Abs. 1 findet mit der Maßgabe Anwendung, dass der Wahlberechtigte sein Verlangen auf schriftliche Stimmabgabe spätestens drei Tage vor dem Tag der Wahlversammlung zur Wahl des Betriebsrats dem Wahlvorstand mitgeteilt haben muss.

9. § 31 findet entsprechende Anwendung mit der Maßgabe, dass die Wahl der Jugend- und Auszubildendenvertretung auf Grund von Wahlvorschlägen erfolgt.

Abs. 1 ist bedeutsam für die Festlegung des Jahres, in dem die regelmäßigen BR-Wahlen stattfinden (vgl. § 13 zum Zeitpunkt der BR-Wahlen in dem jeweiligen Wahljahr). Die nächsten regelmäßigen BR-Wahlen finden in den Jahren 2014, 2018, 2022 usw. statt. Abs. 2 ist für die Festlegung des Jahres der regelmäßigen Wahlen zur JAV maßgeblich. Die nächsten regelmäßigen Wahlen zur JAV finden in den Jahren 2014, 2016, 2018 usw. statt.

126 *Ermächtigung zum Erlass von Wahlordnungen*
Das Bundesministerium für Arbeit und Soziales wird ermächtigt, mit Zustimmung des Bundesrates Rechtsverordnungen zu erlassen zur Regelung der in den §§ 7 bis 20, 60 bis 63, 115 und 116 bezeichneten Wahlen über

1. die Vorbereitung der Wahl, insbesondere die Aufstellung der Wählerlisten und die Errechnung der Vertreterzahl;
2. die Frist für die Einsichtnahme in die Wählerlisten und die Erhebung von Einsprüchen gegen sie;
3. die Vorschlagslisten und die Frist für ihre Einreichung;
4. das Wahlausschreiben und die Fristen für seine Bekanntmachung;
5. die Stimmabgabe;
5a. die Verteilung der Sitze im Betriebsrat, in der Bordvertretung, im Seebetriebsrat sowie in der Jugend- und Auszubildendenvertretung auf die Geschlechter, auch soweit die Sitze nicht gemäß § 15 Abs. 2 und § 62 Abs. 3 besetzt werden können;
6. die Feststellung des Wahlergebnisses und die Fristen für seine Bekanntmachung;
7. die Aufbewahrung der Wahlakten.

Die Vorschrift ermächtigt das Bundesministerium für Arbeit und Soziales, RechtsVO zur Wahl des BR, der JAV, der Bordvertretung und des SeeBR zu erlassen. Zum Erlass dieser RechtsVO bedarf das BMAS der Zustimmung des Bundesrats. Die erste VO zur Durchführung des BetrVG (WO für die Wahl der BR und der JAV) ist nach der Reform des BetrVG neu gefasst worden[1]. Auch die zweite VO zur Durchführung des BetrVG (WO Seeschifffahrt) ist inzwischen neu gefasst worden[2].

127 *Verweisungen*
Soweit in anderen Vorschriften auf Vorschriften verwiesen wird oder Bezeichnungen verwendet werden, die durch dieses Gesetz aufgehoben oder geändert werden, treten an ihre Stelle die entsprechenden Vorschriften oder Bezeichnungen dieses Gesetzes.

§ 127 stellt klar, dass in anderen Vorschriften (Gesetze und sonstige Vorschriften, zB RechtsVO), die auf die außer Kraft getretenen Bestimmungen des BetrVG 1952 verweisen, die entsprechenden Vorschriften des BetrVG 1972 an die Stelle der außer Kraft getretenen Vorschriften treten.

128 *Bestehende abweichende Tarifverträge*
Die im Zeitpunkt des Inkrafttretens dieses Gesetzes nach § 20 Abs. 3 des Betriebsverfassungsgesetzes vom 11. Oktober 1952 geltenden Tarifverträge über die Errichtung einer anderen Vertretung der Arbeitnehmer für Betriebe, in denen wegen ihrer Eigenart der Errichtung von Betriebsräten besondere Schwierigkeiten entgegenstehen, werden durch dieses Gesetz nicht berührt.

§ 20 III BetrVG 1952 sah vor, dass durch TV für Betriebe, in denen wegen ihrer Eigenart der Errichtung von BR besondere Schwierigkeiten entgegenstanden, andere Vertretungen der ArbN errichtet werden konnten. Solche am 19.1.1972 bestehenden TV blieben durch das BetrVG 1972 unberührt. Aus der Sicht der Praxis ist diese Vorschrift überholt[3].

129 *(weggefallen)*

130 *Öffentlicher Dienst*
Dieses Gesetz findet keine Anwendung auf Verwaltungen und Betriebe des Bundes, der Länder, der Gemeinden und sonstiger Körperschaften, Anstalten und Stiftungen des öffentlichen Rechts.

I. Abgrenzung Betriebsverfassungsrecht/Personalvertretungsrecht. § 130 grenzt den Anwendungsbereich des BetrVG zum Personalvertretungsrecht ab. **Das BetrVG gilt nicht für den öffentl. Dienst.** Das BetrVG gilt auch dann nicht, wenn im Einzelfall Personalvertretungsrecht auf eine Körperschaft

---

[1] BGBl. 2001 I S. 3494. ||[2] BGBl. 2002 I S. 594. ||[3] DKKW/*Trümner*, § 128.

BetrVG § 130 Rz. 2 Öffentlicher Dienst

des öffentl. Rechts keine Anwendung findet; das BetrVG hat keinen Auffangcharakter, um in jedem Fall staatl. Mitbestimmungsregeln auf betriebl. Ebene zur Anwendung zu bringen[1].

2   Maßgeblich für die Abgrenzung der Geltungsbereiche des BetrVG und der Personalvertretungsgesetze ist allein die **formale Rechtsform** des Rechtsträgers[2]. Während auf die öffentl. Verwaltungen und ihre Eigenbetriebe das Personalvertretungsrecht des Bundes und der Länder Anwendung findet, ist der Geltungsbereich des BetrVG eröffnet, wenn sich der Inhaber eines Betriebs einer Rechtsform des Privatrechts bedient. Dies gilt auch für Unternehmen der öffentl. Hand, die privatrechtlich organisiert sind[3]. Irrelevant ist, ob auf einen Betrieb ein TV des öffentl. Dienstes Anwendung findet[4]. § 130 regelt nicht den Fall eines öffentl.-privatrechtl. Mischkonzerns. In einem solchen Mischkonzern kann trotz der öffentl.-rechtl. Organisation des herrschenden Unternehmens für die privatrechtl. organisierten beherrschten Unternehmen ein KBR errichtet werden[5].

3   Verwaltungen oder Betriebe internationaler oder zwischenstaatl. Organisationen werden von § 130 nicht aus dem Anwendungsbereich des BetrVG ausgenommen[6]. Auf Betriebe und Verwaltungen der EU findet das BetrVG hingegen keine Anwendung. Die Verwaltungen und Betriebe der in Deutschland stationierten NATO-Streitkräfte fallen ebenfalls nicht unter den Anwendungsbereich des BetrVG[7].

4   **II. Übergangsmandat bei Privatisierungen?** Bei **Privatisierungen** – und dem damit verbundenen Wechsel vom Personalvertretungsrecht in das Betriebsverfassungsrecht – stellt sich ua. die Frage nach einem **Übergangsmandat des Personalrats**. Eine allg. Regelung eines Übergangsmandats des PersR besteht nicht[8]. Insb. § 21a ist jedenfalls nicht direkt anwendbar, da diese Norm lediglich auf Umstrukturierungen innerhalb des Geltungsbereichs des BetrVG anwendbar ist, nicht aber den Übergang von dem Personalvertretungsrecht in das Betriebsverfassungsrecht regelt. Bei der Privatisierung von Post und Bahn hat der Bundesgesetzgeber dann auch ein Übergangsmandat der Personalräte ausdrücklich gesetzl. geregelt (§ 25 PostpersonalrechtsG). Bei der Bahnprivatisierung erfolgte eine gesetzl. Regelung durch § 15 DBGrG.

5   Nach der überwiegenden Ansicht in der Lit. ist ein generelles Übergangsmandat bei allen Privatisierungen im Wege eines Analogieschlusses anzuerkennen. Der Gesetzgeber habe bei den vorgenannten Privatisierungen nach einem einheitlichen Muster ein gesetzl. Übergangsmandat anerkannt. Für eine Schutzlücke (vertretungslose Zeit) gebe es keine sachliche Rechtfertigung. Auf Grund der Betriebsübergangsrichtlinie (RL 2001/23/EG), die in allen Fällen unternehmensrechtl. Umstrukturierungen ein Übergangsmandat fordere, sei die Anerkennung eines Übergangsmandats auch europarechtlich geboten[9].

6   Demggü. hat das LAG Köln in einer Entscheidung aus dem Jahr 2000 ein **Übergangsmandat des früheren Personalrats bei einer privatisierenden Umwandlung verneint**[10].

Dieser Ansicht ist zu folgen. Nachdem der Gesetzgeber § 321 UmwG aF aufgehoben und § 21a geschaffen hat – wiederum ohne das Übergangsmandat des PersR zu regeln – ist heute noch viel weniger vom Vorliegen einer planwidrigen Lücke auszugehen. Es handelt sich nicht um eine Regelungslücke, sondern um eine Rechtslücke, deren Schließung dem Gesetzgeber vorbehalten ist[11].

7   **III. Fortgeltung von Dienstvereinbarungen bei Privatisierungen.** Während bei Umstrukturierungen innerhalb des Geltungsbereichs des BetrVG BV beim Erwerber kollektivrechtlich fortgelten, soweit der übertragene Betrieb seine Identität wahrt[12], kommt die kollektivrechtl. Fortgeltung einer Dienstvereinbarung als BV bei einer Privatisierung nicht in Betracht[13]. Eine kollektivrechtl. Fortgeltung verbietet sich schon deshalb, weil die Strukturunterschiede zwischen Personalvertretungsrecht und Betriebsverfassungsrecht einer derartigen Kontinuität entgegenstehen. Personalvertretungsrecht und Betriebsverfassungsrecht unterscheiden sich bereits in ihren Grundbegriffen und Grundlagen (Dienststelle/Betrieb, Beschäftigter/ArbN, MitbestR, Mitbestimmungsverfahren) und erst recht in ihren Einzelheiten so erheblich, dass die kollektivrechtl. Fortgeltung einer Vereinbarung, die im Geltungsbereich des Personalvertretungsrechts begründet worden ist, bei einem Übergang in das Betriebsverfassungsrecht ausgeschlossen ist. Rechte aus Dienstvereinbarungen gelten somit im Falle der Privatisierung lediglich individualvertragl. fort (§ 613a I 2 BGB), sofern nicht eine Ablösung erfolgt (§ 613a I 3 BGB). Eine gesetzl. Regelung zur Fortgeltung der Rechte aus Dienstvereinbarungen ist möglich[14].

---

1 BAG 30.7.1987 – 6 ABR 78/85, NZA 1988, 402. ||2 BAG 7.11.1975 – 1 AZR 74/74, BB 1976, 270. ||3 *Fitting*, § 130 Rz. 4; WPK/*Preis*, § 130 Rz. 3. ||4 BAG 3.12.1985 – 4 ABR 60/85, NZA 1986, 337. ||5 BAG 27.10.2010 – 7 ABR 85/09, NZA 2011, 524. ||6 Richardi/*Annuß*, § 130 Rz. 6; DKKW/*Trümner*, § 130 Rz. 17. ||7 Richardi/*Annuß*, § 130 Rz. 8 ff. ||8 Wollenschläger/v. Harbou, NZA 2005, 1091. ||9 *Fitting*, § 130 Rz. 15 ff.; DKKW/*Trümner*, § 130 Rz. 14; GK-BetrVG/*Weber*, § 130 Rz. 8 ff. ||10 LAG Köln 10.3.2000 – 13 TaBV 9/00, NZA-RR 2001, 423. ||11 WHSS/*Hohenstatt*, Rz. D 96; *Willemsen*, FS 50 Jahre BAG, 2004, S. 287 (306 f.); Richardi/*Annuß*, § 130 Rz. 13; *Balze/Rebel/Schuck*, Outsourcing und Arbeitsrecht, 3. Aufl. 2007, Rz. 1211 ff. ||12 BAG 27.7.1994 – 7 ABR 37/93, NZA 1995, 222; WHSS/*Hohenstatt*, Rz. E 8. ||13 *Balze/Rebel/Schuck*, Outsourcing und Arbeitsrecht, 3. Aufl. 2007, Rz. 1215 f. ||14 Vgl. § 13 des Gesetzes zur Neuregelung der Rechtsverhältnisse der öffentl.-rechtl. Kreditinstitute in NRW, GVBl. NRW 2002, S. 286.

131 *(gegenstandslos)*

132 *Inkrafttreten*

Das BetrVG ist in seiner ursprünglichen Fassung am 19.1.1972 in Kraft getreten. Die im BetrVG-ReformG v. 23.7.2001 enthaltenen Änderungen sind am 28.7.2001 in Kraft getreten. 1

Bürgerliches Gesetzbuch (BGB)

in der Fassung der Bekanntmachung vom 2.1.2002 (BGBl. I S. 42, 2909), zuletzt geändert durch Gesetz vom 1.10.2013 (BGBl. I S. 3719)

– Auszug –

Buch 1. Allgemeiner Teil

Abschnitt 3. Rechtsgeschäfte

Titel 2. Willenserklärung

119 *Anfechtbarkeit wegen Irrtums*
(1) **Wer bei Abgabe einer Willenserklärung über deren Inhalt im Irrtum war oder eine Erklärung dieses Inhalts überhaupt nicht abgeben wollte, kann die Erklärung anfechten, wenn anzunehmen ist, dass er sie bei Kenntnis der Sachlage und bei verständiger Würdigung des Falles nicht abgegeben haben würde.**

(2) **Als Irrtum über den Inhalt der Erklärung gilt auch der Irrtum über solche Eigenschaften der Person oder der Sache, die im Verkehr als wesentlich angesehen werden.**

1   **I. Allgemeines.** Die zum Abschluss des Arbeitsvertrages abgegebene Willenserklärung jeder Partei kann unter den Voraussetzungen der §§ 119 ff. angefochten werden. Die Anfechtung wird insb. nicht durch die Kündigungsregeln verdrängt[1]. Kündigungsverbote sind für die Wirksamkeit einer Anfechtung nicht zu beachten, da Kündigung und Anfechtung verschiedene Gestaltungsrechte sind[2]. Nach der hM muss der ArbGeb vor einer Anfechtung **nicht gem. § 102 BetrVG** den **BR anhören**[3]. Für die Anfechtung ist eben kein zukunftsbezogener Kündigungsgrund erforderlich. Bei einer Anfechtung ist auch keine Zustimmung des BR gem. § 103 BetrVG erforderlich, wenn ein ArbVerh mit einem BR-Mitglied aufgelöst werden soll. Hinsichtlich des Vorliegens der Anfechtungsgründe trägt der Anfechtende die Darlegungs- und Beweislast[4]. Anfechtbar ist auch der Widerspruch gegen einen Betriebsübergang, da mit dem Widerspruch ein Gestaltungsrecht durch eine einseitige empfangsbedürftige Willenserklärung ausgeübt wird[5].

2   **II. Anfechtungsgründe. 1. Inhalts- und Erklärungsirrtum (Abs. 1).** Die auf den Abschluss des Arbeitsvertrags gerichteten Willenserklärungen können wie jede andere Willenserklärung gem. Abs. 1 angefochten werden, wenn bei ihrer Abgabe ein **Inhalts- oder Erklärungsirrtum** vorlag. Ein Erklärungsirrtum liegt dann vor, wenn der Erklärende eine Erklärung dieses Inhalts überhaupt nicht abgeben wollte. Bei einem Inhaltsirrtum irrt der Erklärende über die rechtl. Bedeutung seiner Willenserklärung[6]. Für eine Anfechtung gem. Abs. 1 gelten keine arbeitsrechtl. Besonderheiten[7]. Ein Irrtum über die sozialrechtl. Folgen einer ATZ-Vereinbarung nebst Freistellungsvereinbarung stellt als bloßer Irrtum über die Rechtsfolgen einer Erklärung ebenfalls keinen zur Anfechtung nach Abs. 1 berechtigenden Inhaltsirrtum dar[8]. Ebenfalls kein Anfechtungsrecht hat idR der ArbN, der eine Erklärung über den Fortbestand des ArbVerh ungelesen oder als der deutschen Sprache nicht mächtiger Ausländer unverstanden unterschreibt[9]. Wer alles unterschreibt, der ist mit allem einverstanden. Wer keine Vorstellung hat von dem, was er unterschreibt, der hat auch keine bewusste Fehlvorstellung.

3   **2. Eigenschaftsirrtum (Abs. 2).** Von größerer arbeitsrechtl. Bedeutung ist hingegen die Anfechtung von Arbeitsverträgen wegen eines **Irrtums über eine verkehrswesentliche Eigenschaft des ArbN** gem. Abs. 2[10]. Verkehrswesentliche Eigenschaften einer Person bestehen neben ihren körperlichen Merkmalen auch in ihren tatsächlichen oder rechtl. Verhältnissen und Beziehungen zur Umwelt, soweit sie nach der Verkehrsanschauung für die Wertschätzung und die zu leistende Arbeit von Bedeutung und

---

1 So die ganz hM: BAG 5.12.1957 – 1 AZR 594/56, BAGE 5, 159 (161); *Picker*, ZfA 1981, 1 ff.; Staudinger/*Richardi*, § 611 Rz. 204 ff.; aA erklärt die BGB-Vorschriften über die Anfechtung nach Aufnahme der Arbeit als unanwendbar. An ihre Stelle sollen die Vorschriften über die ordentliche und außerordentliche Kündigung treten. S. hierzu LAG BW 10.10.1956 – 5 Sa 52/56, DB 1956, 1326; vgl. auch *Gamillscheg*, AcP 176 (1976), 197 (216 ff.); *Hönn*, ZfA 1987, 61 ff. ||2 MünchArbR/*Buchner*, § 30 Rz. 369. ||3 BAG 11.11.1993 – 2 AZR 467/93, AP Nr. 38 zu § 123 BGB; Richardi/*Thüsing*, § 102 BetrVG Rz. 27; aA *Gamillscheg*, AcP 176 (1976), 197 (218); *Hönn*, ZfA 1987, 61 (89); *Wolf/Gangel*, ArbuR 1982, 271 (276): Hiernach muss § 102 BetrVG auch für die Anfechtung gelten, da die Anhörung des BR den Zweck habe, dass der ArbGeb nochmals über seine Entscheidung nachdenke. ||4 LAG Berlin 19.11.1984 – 9 Sa 83/84, LAGE § 12 BGB Nr. 5. ||5 BAG 15.2.2007 – 8 AZR 310/06, AP Nr. 2 zu § 613a BGB Widerspruch. ||6 MünchArbR/*Richardi/Buchner*, § 34 Rz. 22. ||7 ErfK/*Preis*, § 611 BGB Rz. 349; MünchArbR/*Richardi/Buchner*, § 34 Rz. 21. ||8 BAG 10.2.2004 – 9 AZR 401/02, AP Nr. 15 zu § 119 BGB. ||9 LAG Köln 2.9.2004 – 6 Sa 274/04, nv.; zur Anfechtung einer Ausgleichsquittung LAG Hess. 1.4.2003 – 13 Sa 1240/02, nv. ||10 Vgl. BAG 26.7.1989 – 5 AZR 491/88, AP Nr. 87 zu § 1 LohnFG.

nicht nur vorübergehender Natur sind[1]. Der Irrtum des ArbGeb muss sich auf solche Eigenschaften des ArbN beziehen, die im Verkehr als wesentlich angesehen werden. Eine weitere Voraussetzung für eine Anfechtung ist, dass der ArbGeb seine Willenserklärung „bei Kenntnis der Sachlage und bei verständiger Würdigung des Falles nicht abgegeben hätte" (Abs. 1)[2]. Hinsichtlich der Frage, wann eine Eigenschaft verkehrswesentlich ist, kann grds. das **Fragerecht des ArbGeb** herangezogen werden. Besteht ein Fragerecht und stellt der ArbGeb die Frage, dann wird er bei falscher Beantwortung regelmäßig auch zu einer Anfechtung gem. Abs. 2 berechtigt sein. Durch seine Frage zeigt der ArbGeb, dass die Eigenschaft für ihn wesentlich ist.

Der ArbGeb muss sich über eine **konkrete verkehrswesentliche Eigenschaft** des ArbN irren. Die Voraussetzungen dieser Vorschrift sind nicht bereits dann erfüllt, wenn die **Leistung** des ArbN nicht den Erwartungen des ArbGeb entspricht. Eine Anfechtung ist mithin nicht bei einer reinen Fehlbeurteilung des ArbGeb hinsichtlich der allg. Fähigkeiten des ArbN möglich. Geschützt ist das Nichtwissen von konkreten Eigenschaften als Voraussetzung für die Beurteilung, ob der ArbN für die vorgesehene Arbeitsleistung geeignet ist. Einen Anfechtungsgrund iSv. Abs. 2 können allerdings **Mängel an fachlicher Vorbildung** als notwendige Voraussetzung für die Erbringung einer Arbeitsleistung darstellen. Das Fehlen einer ersichtlich nach dem Vertrag zugrunde gelegten, fachlichen Qualifikation kann ebenso zu einer Anfechtung nach Abs. 2 berechtigen[3]. Der ArbGeb wird auch bei **gesundheitlichen Mängeln** des ArbN zu einer Anfechtung berechtigt sein, wenn der ArbN durch sie an der Erbringung der Arbeitsleistung gehindert oder seine Eignung für die vertragl. vereinbarte Tätigkeit wesentlich eingeschränkt ist[4]. 4

Keine verkehrswesentliche Eigenschaft ist die **Schwangerschaft** einer Bewerberin, da diese keinen Dauerzustand darstellt[5]. Das BAG nahm ferner auch das Vorliegen eines Anfechtungsgrundes an, wenn bei befristeten Verträgen die ArbNin auf Grund von Beschäftigungsverboten oder Beschäftigungsbeschränkungen für eine im Hinblick auf die Gesamtdauer des ArbVerh erhebliche Zeit ausfällt[6]. Diese Rspr. ist jedoch als unvereinbar mit dem AGG abzulehnen. Ebenfalls unvereinbar mit dem AGG und den zugrunde liegenden europarechtl. Vorschriften ist die Anfechtung der Erklärung des ArbGeb, die ArbNin könne an ihren Arbeitsplatz vor dem Ende der Elternzeit zurückkehren, sofern Anfechtungsgrund der Irrtum über das Bestehen einer erneuten Schwangerschaft der ArbNin ist. Art. 2 I der RL 76/207/EWG verbietet in einem solchen Fall die Anfechtung der Erklärung[7]. 5

Ist ein ArbN auf Grund seiner **Behinderung** nicht in der Lage, die vertragl. vereinbarte Leistung zu erbringen, ist die fehlende Behinderung also wesentliche und entscheidende berufliche Anforderung für die Tätigkeit (§ 81 II 2 SGB IX iVm. § 8 AGG), kann der ArbN auch hier gem. Abs. 2 anfechten. Auch hier kommt es für die Beurteilung über das Vorliegen eines Anfechtungsgrunds auf das Bestehen einer **Offenbarungspflicht** des ArbN an (s. § 123 Rz. 33)[8]. 6

Vorstrafen stellen keine verkehrswesentlichen Eigenschaften dar und berechtigen den ArbGeb somit grds. nicht zu einer Irrtumsanfechtung. Die Kenntnis von Vorstrafen kann jedoch im Einzelfall einen Rückschluss auf persönliche Eigenschaften (Zuverlässigkeit, Charakterfestigkeit) des ArbN gewähren, so dass die diesbezügliche Unkenntnis den ArbGeb zu einer Anfechtung berechtigen[9]. Für ein Anfechtungsrecht ist der Zusammenhang von Vorstrafe und Art der angestrebten Tätigkeit wesentlich. So sind für die Besetzung einer Tätigkeit als Kraftfahrer nur verkehrsrechtl. Vorstrafen, nicht aber solche im Zusammenhang mit Vermögensdelikten von Bedeutung. Vorstrafen berechtigen auch dann nicht zu einer Anfechtung, wenn sich der Bewerber gem. § 53 BZRG als unbestraft bezeichnen kann (zur Problematik s. § 123 Rz. 12)[10]. 7

Der **MfS-Mitarbeiterstatus** soll zumindest den öffentl. ArbGeb – allerdings nach Abwägung der Umstände des Einzelfalls – zu einer Anfechtung berechtigen, da eine MfS-Mitgliedschaft im Bereich des öffentl. Rechts eine verkehrswesentliche Eigenschaft begründet[11] (s. § 123 Rz. 28). 8

3. Falsche Übermittlung als Anfechtungsgrund. Der Arbeitsvertrag kann auch wegen falscher Übermittlung gem. § 120 angefochten werden. Es gelten insoweit keine arbeitsrechtl. Besonderheiten. 9

III. Beschränkung der Anfechtungsmöglichkeit durch den Grundsatz von Treu und Glauben. Da sich die Anfechtung auf in der Vergangenheit liegende Willenserklärungen bezieht, ist in Ausnahmefällen eine Beschränkung des Anfechtungsrechts geboten. Probleme entstehen etwa, wenn sich nach erklärter Anfechtung herausstellt, dass ein Anfechtungsgrund in Wirklichkeit von Anfang an nicht bestanden hat oder später weggefallen oder bedeutungslos geworden ist. Hierdurch kann ein Verstoß 10

---

1 BAG 21.2.1991 – 2 AZR 449/90, AP Nr. 35 zu § 123 BGB; MünchArbR/*Richardi/Buchner*, § 34 Rz. 22. || 2 Vgl. BAG 21.2.1991 – 2 AZR 449/90, AP Nr. 35 zu § 123 BGB, unter II 4f d.Gr. || 3 BAG 19.4.2012 – 2 AZR 233/11, NJW 2012, 3740. || 4 BAG 28.3.1974 – 2 AZR 92/73, AP Nr. 3 zu 119 BGB. || 5 BAG 22.9.1961 – 1 AZR 241/60, AP Nr. 15 zu § 123 BGB; 24.6.1960 – 1 AZR 96/58, AP Nr. 1 zu § 8 MuSchG 1968; krit. zur Begründung der Rspr. Staudinger/*Richardi*, § 611 Rz. 152ff. || 6 BAG 6.10.1962 – 2 AZR 360/61, AP Nr. 24 zu § 9 MuSchG; 24.6.1960 – 1 AZR 96/58, AP Nr. 1 zu § 8 MuSchG. || 7 EuGH 27.2.2003 – Rs. C-320/01, AP Nr. 31 zu EWG Richtlinie Nr. 76/207. || 8 BAG 25.3.1976 – 2 AZR 136/75, AP Nr. 19 zu § 123 BGB. || 9 LAG BW 22.3.2011 – 15 Sa 64/10; LAG Hamm 10.3.2011 – 11 Sa 2266/10. || 10 So auch Staudinger/*Richardi*, § 611 Rz. 158. || 11 *Heidsiek*, BB 1994, 2495 (2496).

BGB § 119 Rz. 11　　　　　　　　　　　　　　　　　　　　　　　　　　　　Anfechtbarkeit wegen Irrtums

gegen den **Grundsatz von Treu und Glauben** in Betracht kommen, weil der Anfechtungsgrund im Zeitpunkt der Anfechtung seine Bedeutung für das ArbVerh verloren hat, da das ArbVerh jahrelang beanstandungsfrei durchgeführt wurde[1].

11　**IV. Kausalität.** Der Irrtum muss für die Begründung des ArbVerh **ursächlich** gewesen sein. Das bedeutet, dass der Anfechtungsberechtigte ohne seinen Irrtum seine Willenserklärung nicht oder nicht mit diesem Inhalt abgegeben hätte, wobei eine Mitursächlichkeit ausreicht[2].

12　**V. Erklärung der Anfechtung.** Die Anfechtungserklärung ist eine **formlose Willenserklärung**, die ggü. dem anderen Teil erfolgt. Sie ist unwiderruflich und bedingungsfeindlich[3]. Eine Anfechtung kann auch neben einer außerordentl. Kündigung ausgesprochen werden, wenn der Anfechtungsgrund nicht inzwischen seine Bedeutung verloren hat und im Zeitpunkt der Anfechtungserklärung so stark nachwirkt, dass eine weitere Fortsetzung des ArbVerh nicht zumutbar ist[4].

13　Wurde eine ordentl. Kündigung erklärt, kann diese allerdings nicht in eine Anfechtung **umgedeutet** werden. Eine Unzulässigkeit der Umdeutung ist aus dem Grund gegeben, dass das ersatzweise Rechtsgeschäft nicht weiter reichende Folgen haben darf als das ursprüngliche Rechtsgeschäft. Die wirksame Anfechtung führt jedoch im Gegensatz zur ordentl. Kündigung zu einer sofortigen Beendigung des ArbVerh[5]. Grds. zulässig ist dagegen eine Umdeutung einer außerordentl. Kündigung in eine Anfechtung[6], wobei das BAG jedoch eine Umdeutung dann für unzulässig erachtet hat, wenn der Anfechtungsberechtigte seine Wahl ausdrücklich und klar bezeichnet hat[7].

14　**VI. Anfechtungsfrist.** Die Anfechtung einer Willenserklärung wegen eines Irrtums hat gem. § 121 I **unverzüglich**, dh. ohne schuldhaftes Zögern, zu erfolgen. Nach der Rspr. des BAG wird der Begriff der Unverzüglichkeit durch die Ausschlussfrist des § 626 II konkretisiert. Folglich muss die Anfechtung spätestens **binnen zwei Wochen nach Kenntniserlangung** des Anfechtungsgrunds erfolgt sein. Die Anpassung der Anfechtungsfrist an die Frist zur außerordentl. Kündigung erfolgt aus dem Grund, dass dem Berechtigten wahlweise das Recht zur außerordentl. Kündigung oder zur Anfechtung zugebilligt wird[8]. Zur Vermeidung einer Umgehung der strengeren Anforderungen des § 626 II muss bei einem Wahlrecht eine Anpassung der Frist erfolgen. Nach Ablauf der Frist können auch keine weiteren Anfechtungsgründe nachgeschoben werden, wenn eine selbständige Anfechtung mit diesen Gründen verspätet wäre[9]. Die Anfechtungserklärung eines Prozessvergleichs, die an das Gericht gerichtet ist und erst durch dieses an den Prozessgegner weitergeleitet wird, ist nicht unverzüglich, da der Anfechtende durch unmittelbare Zustellung einen schnelleren Zugangsweg hätte wählen können[10].

15　**VII. Rechtsfolgen.** Grds. bewirkt die wirksame Anfechtung gem. § 142 die **Nichtigkeit** des Vertrags. Bereits erbrachte Leistungen werden nach den Regeln des Bereicherungsrechts rückabgewickelt. Im Gegensatz zur allg. bürgerl.-rechtl. Regelung ist beim Arbeitsvertrag hinsichtlich der Rechtsfolgen einer wirksamen Anfechtung eine Sonderentwicklung vollzogen. Diese beruht insb. auf der Tatsache, dass eine Rückabwicklung nach den Regeln des Bereicherungsrechts nicht den zwingend festgelegten Sozialschutz infrage stellen darf[11]. Erbrachte Arbeitsleistungen können nur schwer zurückerstattet werden, so dass im Arbeitsrecht hinsichtlich der Rechtsfolgen einer Anfechtung danach unterschieden werden muss, ob das ArbVerh **in Vollzug** gesetzt war, ob also bereits ein Leistungsaustausch stattgefunden hat. Ein ArbVerh ist dann in Vollzug oder Funktion gesetzt, wenn der ArbN beim ArbGeb erschienen ist, seinen Arbeitsplatz zugewiesen bekommen und die Arbeit aufgenommen hat. Es soll sogar bereits der Erhalt von Informationen über seine künftige Tätigkeit ausreichen[12]. Ist das ArbVerh im Zeitpunkt der Anfechtung **noch nicht in Vollzug gesetzt**, gilt die gesetzl. Regelung des § 142[13] ohne Modifikation. Nach Beschäftigungsbeginn wird das **fehlerhaft begründete Arbeitsverhältnis** so behandelt, als läge ein fehlerfrei begründetes vor. Das Vertragsverhältnis kann allerdings jederzeit beendet werden. Daher kann in diesem Fall bei einer Anfechtung durch den ArbGeb **die Nichtigkeit des Arbeitsvertrags nicht mehr mit rückwirkender Kraft** geltend gemacht werden. Die Anfechtung

---

1 BAG 12.2.1970 – 2 AZR 184/69, AP Nr. 17 zu § 123 BGB; 18.9.1987 – 7 AZR 507/86, AP Nr. 32 zu § 123 BGB; 11.11.1993 – 2 AZR 467/93, AP Nr. 38 zu § 123 BGB; 28.5.1998 – 2 AZR 549/97, AP Nr. 46 zu § 123 BGB; ausf. zu dieser Problematik: Staudinger/*Richardi*, § 611 Rz. 219 ff.; s.a. ErfK/*Preis*, § 611 BGB Rz. 347.　||2 BAG 7.7.2011 – 2 AZR 396/10; 12.5.2010 – 2 AZR 544/08, NZA 2010, 1250; 11.11.1993 – 2 AZR 467/93, AP Nr. 38 zu § 123 BGB; LAG Köln 13.11.1995 – 3 Sa 832/95, NZA-RR 1996, 403.　||3 Palandt/*Ellenberger*, § 143 Rz. 2.　||4 BAG 5.12.1957 – 1 AZR 594/56, AP Nr. 2 zu § 123 BGB; 22.9.1961 – 1 AZR 241/60, AP Nr. 15 zu § 123 BGB; 28.3.1974 – 2 AZR 92/73, AP Nr. 3 zu § 119 BGB; 21.2.1991 – 2 AZR 449/90, AP Nr. 35 zu § 123 BGB.　||5 BAG 3.11.1982 – 7 AZR 5/81, AP Nr. 12 zu § 15 KSchG 1969.　||6 *Dörner*, AR-Blattei, SD 60, Rz. 106.　||7 BAG 14.12.1979 – 7 AZR 38/78, AP Nr. 4 zu § 119 BGB; aA *Herschel*, ArbuR 1982, 255.　||8 BAG 14.12.1979 – 7 AZR 38/78, AP Nr. 4 zu § 119 BGB; 19.5.1983 – 2 AZR 171/81, AP Nr. 25 zu § 123 BGB; 21.2.1991 – 2 AZR 449/90, AP Nr. 35 zu § 123 BGB; ErfK/*Preis*, § 611 BGB Rz. 357; *Hönn*, ZfA 1987, 61 (67 ff.); MünchArbR/*Richardi/Buchner*, § 34 Rz. 34; aA Staudinger/*Richardi*, § 611 Rz. 223 f.; *Picker*, ZfA 1981, 1; *Picker*, SAE 1981, 82.　||9 BAG 21.1.1981 – 7 AZR 1093/78, AP Nr. 5 zu § 119 BGB; 7.11.2007 – 5 AZR 1007/06, AP Nr. 329 zu § 613a BGB; LAG Berlin 19.11.1984 – 9 Sa 83/84, LAGE § 123 BGB Nr. 5.　||10 So recht streng LAG Köln 17.5.2004 – 2 (12) Sa 459/03, LAGReport 2005, 92.　||11 Umfassend Staudinger/*Richardi*, § 611 ff. Rz. 228 ff., insb. Rz. 232.　||12 BAG 18.4.1968 – 2 AZR 145/67, AP Nr. 32 zu § 63 HGB.　||13 KassHdb/*Leinemann*, 1.1 Rz. 603.

entfaltet **regelmäßig nur für die Zukunft** Wirkung (ex nunc)[1]. Die erbrachten Leistungen sind so abzuwickeln, als sei das ArbVerh in der Vergangenheit gültig gewesen. Jede Vertragspartei kann sich jedoch für die Zukunft jederzeit **einseitig vom Vertrag** lossagen[2]. Das ArbVerh bei fehlerhaftem Arbeitsvertrag wird häufig als **faktisches Arbeitsverhältnis** bezeichnet[3].

Die allg. Regeln greifen auch, wenn das ArbVerh **zwischenzeitlich wieder außer Funktion gesetzt** wurde und der ArbN ab diesem Zeitpunkt keine Arbeitsleistung mehr erbringt. Die Anfechtung wirkt hier auf den Zeitpunkt der Außerfunktionssetzung zurück. Ein ArbVerh wird bspw. dadurch außer Funktion gesetzt, dass der ArbGeb zunächst eine Kündigung ausspricht und hierdurch eine Suspendierung der vertragl. Hauptleistungspflichten (Dienstleistung und Lohnzahlung) bewirkt wurde. Zum Zeitpunkt der Anfechtung bestehen dann keine bereicherungsrechtl. Rückabwicklungsprobleme mehr. Ob Gesichtspunkte des Vertrauensschutzes bei einer Irrtumsanfechtung die Rückabwicklung des ArbVerh bis zum Zeitpunkt der Außerfunktionssetzung des ArbVerh erfordern, ist noch nicht entschieden. Eine Beschränkung auf die Fälle der Täuschungsanfechtung könnte nur mit der geringeren Schutzwürdigkeit des Anfechtungsgegners begründet werden[4].

16

Ist ein ArbN schon vor der Anfechtung krank geworden, wird das ArbVerh nicht außer Funktion gesetzt. Dies zeigen schon die gesetzl. Regeln über die Lohnfortzahlung. Somit wirkt die Anfechtung auch hier ex nunc[5].

17

Klagefrist. Nach erklärter Anfechtung durch den ArbGeb kann der ArbN durch Feststellungsklage geltend machen, dass kein Anfechtungsgrund besteht. Hierbei muss er grds. keine Klagefrist beachten, da § 13 I 2 KSchG iVm. §§ 3, 4 S. 1, 7 KSchG aufgrund der fehlenden Gleichstellung von Anfechtung und außerordentl. Kündigung keine entsprechende Anwendung finden[6]. Jedoch ist auch in diesem Fall aufgrund der Verschiedenheit von Kündigung und Anfechtung eine entsprechende Anwendung der kündigungsrechtl. Ausschlussfristen abzulehnen. Nach einem gewissen Zeitablauf kann allerdings das Berufen auf die Unwirksamkeit einer Anfechtung wegen Verwirkung unzulässig sein. Erforderlich ist somit eine Interessenabwägung.

18

§ 123 Anfechtbarkeit wegen Täuschung oder Drohung

(1) Wer zur Abgabe einer Willenserklärung durch arglistige Täuschung oder widerrechtlich durch Drohung bestimmt worden ist, kann die Erklärung anfechten.

(2) Hat ein Dritter die Täuschung verübt, so ist eine Erklärung, die einem anderen gegenüber abzugeben war, nur dann anfechtbar, wenn dieser die Täuschung kannte oder kennen musste. Soweit ein anderer als derjenige, welchem gegenüber die Erklärung abzugeben war, aus der Erklärung unmittelbar ein Recht erworben hat, ist die Erklärung ihm gegenüber anfechtbar, wenn er die Täuschung kannte oder kennen musste.

I. Allgemeines 1	V. Anfechtungsfrist 37
II. **Arglistige Täuschung als Anfechtungsgrund** 2	VI. **Rechtsfolgen** 38
1. Grundsätzliches 2	VII. **Klagefrist** 39
2. Fragerecht des Arbeitgebers 3	VIII. **Anfechtung eines Aufhebungsvertrags** ... 40
3. Offenbarungspflichten des Arbeitnehmers . 32	1. Kein Widerrufsrecht nach § 312 – Keine Inhaltskontrolle 40
4. Berücksichtigung von nicht erfragtem Wissen 34a	2. Anfechtung 42
III. **Widerrechtliche Drohung als Anfechtungsgrund** 35	3. Verletzung von Verhandlungspflichten . . 45
IV. Kausalität und Anfechtungserklärung 36	

---

[1] Grundl. BAG 15.11.1957 – 1 AZR 189/57, AP Nr. 2 zu § 125 BGB; 19.6.1959 – 1 AZR 565/57, AP Nr. 1 zu § 611 BGB Doppelarbeitsverhältnis; 5.12.1957 – 1 AZR 594/56, AP Nr. 2 zu § 123 BGB; 16.9.1982 – 2 AZR 228/80, AP Nr. 24 zu § 123 BGB; 29.8.1984 – 7 AZR 34/83, AP Nr. 27 zu § 123 BGB; 20.2.1986 – 2 AZR 244/85, AP Nr. 31 zu § 123 BGB; *Hueck/Nipperdey*, I 123 ff., 183 ff.; *Nikisch*, I 173 f., 215 ff.; aA *Beuthien*, RdA 1969, 161 ff. mit der Begründung, dass diese Auffassung nicht gesetzestreu sei. Vielmehr müsse im Grundsatz auch für die Vergangenheit von der Nichtigkeit des Vertrages ausgegangen und daher das fehlerhafte ArbVerh als bürgerl.-rechtl. Abwicklungsproblem behandelt werden. S.a. *Ramm*, ArbuR 1963, 97 (106 f.); *Picker*, ZfA 1981, 1 (61), die diese Ausführungen zumindest für die Anfechtung wegen arglistiger Täuschung gelten lassen wollen; einschr. BAG 3.12.1998 – 2 AZR 754/97, AP Nr. 49 zu § 123 BGB. || [2] BAG 7.12.1961 – 2 AZR 12/61, AP Nr. 1 zu § 611 BGB Faktisches Arbeitsverhältnis. || [3] *Lehmann*, NJW 1958, 1; Staudinger/*Lorenz*, § 812 Rz. 90; aA Staudinger/*Richardi*, § 611 Rz. 235. || [4] *Walker*, JA 1985, 164 (165). || [5] BAG 18.4.1968 – 2 AZR 145/67, AP Nr. 32 zu § 63 HGB; 20.2.1986 – 2 AZR 244/85, AP Nr. 31 zu § 123 BGB; krit. *Dörner*, AR-Blattei SD 60, Rz. 98. || [6] Vgl. BAG 27.1.1955 – 2 AZR 418/54, AP Nr. 5 zu § 11 KSchG; 15.9.1955 – 2 AZR 475/54, AP Nr. 7 zu § 11 KSchG; 17.8.1972 – 2 AZR 415/71, AP Nr. 65 zu § 626 BGB; Staudinger/*Richardi*, § 611 Rz. 227; *Wolf/Gangel*, ArbuR 1982, 271 (277); *Dörner*, AR-Blattei SD 60, Rz. 100; *Picker*, ZfA 1981, 105 ff. (insb. 107); aA *Hönn*, ZfA 1987, 61 (90 f.). Offen gelassen in BAG 14.12.1979 – 7 AZR 38/78, AP Nr. 4 zu § 119 BGB.

1 I. Allgemeines. Zu den allg. Voraussetzungen der Anfechtung s. § 119 Rz. 1.

2 II. Arglistige Täuschung als Anfechtungsgrund. 1. Grundsätzliches. Unter einer Täuschung ist jedes Verhalten zu verstehen, durch das ein Irrtum bzgl. objektiv nachprüfbarer Umstände erregt, bestärkt oder aufrechterhalten wird, durch die der Getäuschte zur Abgabe einer Willenserklärung veranlasst wird[1]. Die Täuschung kann ebenfalls durch **Vorspiegeln** oder **Entstellen von Tatsachen** erfolgen[2], etwa durch das Anfertigenlassen eines handgeschriebenen Lebenslaufs, um bei einem graphologischen Gutachten bessere Werte zu erzielen[3]. Ist der ArbN zur Offenbarung von Tatsachen verpflichtet, kann eine Täuschung auch **durch Verschweigen von Tatsachen** erfolgen[4]. Von Bedeutung ist in diesem Zusammenhang vor allem die **falsche Beantwortung einer zulässigen Frage des ArbGeb** (zum Fragerecht Rz. 6 ff.). Auch ohne vorangegangene Frage des ArbGeb liegt eine Täuschung des Bewerbers durch Verschweigen vor, wenn ihm eine Offenbarungspflicht obliegt und er diese bewusst missachtet (umfassend hierzu Rz. 32 ff.). Für die Annahme einer **Arglist** ist ausreichend, dass der Täuschende in dem Bewusstsein handelt, der Getäuschte werde durch die Täuschung zur Abgabe einer Willenserklärung veranlasst, die er ohne seinen Irrtum nicht oder zumindest nicht zu diesen Konditionen abgegeben hätte[5]. Nicht jede Erregung eines Irrtums begründet das Recht zur Anfechtung wegen arglistiger Täuschung. Vielmehr muss die Täuschung **rechtswidrig** sein, da § 123 die freie Willensentschließung vor Eingriffen anderer schützen soll[6]. Somit stellt die Falschbeantwortung einer vom ArbGeb gestellten Frage nur eine Täuschung iSd. § 123 dar, wenn dem ArbGeb ein Fragerecht zustand. Soll durch das Einreichen eines nicht selbst geschriebenen Lebenslaufs ein graphologisches Gutachten verfälscht werden, fällt dies ebenfalls nur unter den Tatbestand des § 123, wenn der ArbGeb zur Einholung des Gutachtens berechtigt war[7]. Die Täuschung muss auch **ursächlich** für die Entscheidung des ArbGeb gewesen sein[8]. Wird eine zulässige Frage etwa wahrheitswidrig beantwortet, hätte der ArbGeb dieselbe Entscheidung aber auch bei wahrheitsgemäßer Beantwortung getroffen, besteht kein Anfechtungsgrund[9].

3 2. Fragerecht des Arbeitgebers. a) Personalfragebogen und Einstellungsgespräch. Um sich vor einer Einstellung Kenntnisse über die persönlichen Verhältnisse des Bewerbers zu verschaffen, kann der ArbGeb ihn im Rahmen des Einstellungsgesprächs mündlich befragen. Häufig muss der Bewerber auch bereits zur Vorbereitung eines Einstellungsgesprächs einen Personalfragebogen des ArbGeb ausfüllen. Der Personalfragebogen ist die formularmäßige Zusammenfassung von Fragen, die Aufschluss über die persönlichen Verhältnisse, Kenntnisse und Fähigkeiten einer Person geben sollen[10]. Diese Voraussetzungen sind jedoch auch gegeben, wenn der ArbGeb im Vorstellungsgespräch dem Bewerber Fragen anhand einer „Checkliste" vorhält und die darauf erteilten Antworten in die Liste einträgt. Ein eigenhändiges Ausfüllen des Bewerbers ist mithin nicht erforderlich.

4 Gem. § 94 BetrVG unterliegt der Personalfragebogen der erzwingbaren **Mitbest.** des BR (Einzelheiten s. § 94 BetrVG Rz. 2 ff.).

5 Missachtet der ArbGeb, dass der BR einer Frage nicht zugestimmt hat, berührt dies nicht sein Anfechtungsrecht gem. § 123 bei Falschbeantwortung der Frage durch den Bewerber. Dies gilt auch dann, wenn die Zulässigkeit der Frage zweifelhaft ist (vgl. zur Zulässigkeit des Fragerechts Rz. 6 ff.). Der BR hat hier nur **betriebsverfassungsrechtl. Sanktionen.** Die betriebsverfassungsrechtl. Pflichtwidrigkeit – von der der Bewerber im Zweifel nichts weiß – gibt keinen Freibrief, durch arglistige Täuschung in ein ArbVerh zu gelangen[11]. Die mit dem Personalbogen verbundene Datenerhebung des ArbGeb unterliegt den Begrenzungen des BDSG (s. Rz. 30 f.).

6 b) Grenzen und Umfang des Fragerechts. aa) Grundsätzliches. Die allg. **Vertragsfreiheit** umfasst auch das Recht des ArbGeb, sich durch Fragen – für den Vertragsabschluss relevante – Informationen über den ArbN zu verschaffen[12]. Diese **Informationsfreiheit** gilt jedoch nicht uneingeschränkt[13]. Für den öffentl. Dienst begrenzt Art. 33 GG das Fragerecht des ArbGeb dahingehend, dass bei der Einstellungsentscheidung nur Eignung, Befähigung und fachliche Leistung der Bewerber berücksichtigt werden dürfen. Durch das in Art. 9 III GG enthaltene Benachteiligungsverbot wegen Gewerkschaftszugehörigkeit ergibt sich, dass dem ArbGeb auch eine diesbezügliche Frage im Rahmen der Vertragsanbahnung nicht gestattet ist. Über diese gesetzl. Grenzen hinaus muss die Informationsfreiheit vor allem im Hinblick auf das verfassungsrechtl. geschützte **Persönlichkeitsrecht des ArbN** (Art. 2 I iVm. Art. 1 I GG) beschränkt werden[14]. Auch die **Benachteiligungsverbote des AGG** haben unmittelbare Auswirkungen auf die Reichweite des Fragerechts des ArbGeb ggü. Bewerbern, die vom Schutz des AGG erfasst sind

---

1 BAG 5.10.1995 – 2 AZR 923/94, AP Nr. 40 zu § 123 BGB. ||2 BAG 11.7.2012 – 2 AZR 42/11, NJW 2012, 3390. ||3 BAG 16.9.1982 – 2 AZR 288/80, AP Nr. 24 zu § 123 BGB. ||4 BAG 11.7.2012 – 2 AZR 42/11, NJW 2012, 3390. ||5 Staudinger/*Singer/Finckenstein*, § 123 Rz. 27. ||6 BAG 21.2.1991 – 2 AZR 449/90, AP Nr. 35 zu § 123 BGB. ||7 *Brox*, Anm. zu BAG 16.9.1982 – 2 AZR 288/80, AP Nr. 24 zu § 123 BGB. ||8 BAG 6.9.2012 – 2 AZR 270/11, NJW 2013, 1115. ||9 BAG 7.7.2011 – 2 AZR 396/10, BB 2011, 1779. ||10 BAG 21.9.1993 – 1 ABR 28/93, AP Nr. 4 zu § 94 BetrVG 1972; ebenso Richardi/*Thüsing*, § 94 BetrVG Rz. 5. ||11 BAG 2.12.1999 – 2 AZR 724/98, AP Nr. 16 zu § 79 BPersVG; Richardi/*Thüsing*, § 94 BetrVG Rz. 47; aA ErfK/*Preis*, § 611 BGB Rz. 286. ||12 Soergel/*Kraft*, § 611 Rz. 28; Staudinger/*Richardi*, § 611 Rz. 135. ||13 BAG 5.12.1957 – 1 AZR 594/56, AP Nr. 2 zu § 123 BGB; 5.10.1995 – 2 AZR 923/94, AP Nr. 40 zu § 123 BGB. ||14 BAG 6.9.2012 – 2 AZR 270/11, NJW 2013, 1115; Staudinger/*Richardi*, § 611 Rz. 140; Schaub/*Linck*, ArbRHdb, § 26 Rz. 11; vgl. *Buchner*, NZA 1991, 577 (579).

(§ 6 I 2 AGG)[1]. Generell gilt: Wo eine Unterscheidung nicht gerechtfertigt wäre, darf der ArbGeb auch nicht die dafür erforderlichen Informationen erfragen. Ebenso wie das Diskriminierungsverbot schon im Vorfeld auf die Ausschreibung wirkt (§ 11 AGG), wirkt es auf die Informationsrechte des ArbGeb bei Begründung des ArbVerh ein.

Die st. Rspr. des BAG hat dem Informationswunsch des ArbGeb zu Recht Grenzen gesetzt. Ein Fragerecht des ArbGeb bei Einstellungsverhandlungen ist nur insoweit anerkannt, als der ArbGeb ein „berechtigtes, billigenswertes und schutzwürdiges Interesse an der Beantwortung seiner Fragen im Hinblick auf das ArbVerh" hat[2]. Ein solches berechtigtes Interesse ist nur dann gegeben, wenn das Interesse des ArbGeb so gewichtig ist, dass dahinter das Interesse des ArbN zurückzutreten hat, seine persönlichen Lebensumstände zum Schutz seines Persönlichkeitsrechts und zur Sicherung der Unverletzlichkeit seiner Individualsphäre geheim zu halten[3]. Aus diesem die gegenseitigen Interessen abwägenden Ansatz haben sich zwei Begrenzungen des Fragerechts herausgebildet[4]: Zum einen muss die Antwort auf die Frage erheblich für die Beurteilung der Fähigkeit sein, die Arbeit zu verrichten; zum anderen darf auch Arbeitsplatzrelevantes nicht gefragt werden, soweit dies mit einem unverhältnismäßigen Eingriff in die Privatsphäre verbunden ist. Die Fallgruppen, die hieraus entwickelt wurden, sind begrenzt: Vorstrafen, Stasi-Mitarbeit und Behinderung sind die Fragen, welche die Rspr. am häufigsten beschäftigt haben[5]. Daneben können in einem zweiten Begründungsstrang Begrenzungen des Fragerechts daraus hergeleitet werden, dass die Antwort auf eine Frage einzig dem Zweck dienen kann, Grundlage einer durch das Gesetz verbotenen Differenzierung in der ArbGebEntscheidung zu sein.

Die Unzulässigkeit einer Frage führt dazu, dass der ArbN diese nicht beantworten muss. Darüber hinaus wird ihm von der Rspr. und der ganz überwiegenden Ansicht in der Lit. zugebilligt, die unzulässige Frage falsch zu beantworten, um durch ein bloßes Schweigen den Vertragsabschluss nicht zu gefährden. Wird eine unzulässige Frage mit der Unwahrheit beantwortet, kann der ArbGeb seine Willenserklärung nicht wegen arglistiger Täuschung gem. § 123 anfechten, da eine Rechtswidrigkeit der Täuschung fehlt[6]. Der ArbN hat hierdurch faktisch ein **„Recht zur Lüge"**[7].

bb) Einzelne Fragen. Fragen zum **beruflichen Werdegang**, zu **Ausbildungs- und Weiterbildungszeiten** und den entsprechenden **Zeugnissen** sind regelmäßig uneingeschränkt zulässig[8]. Das Gleiche gilt für **berufliche und fachliche Fähigkeiten und Erfahrungen** des ArbN, soweit sie für den zukünftigen Arbeitsplatz Bedeutung haben[9]. Der ArbGeb darf sich ebenfalls nach **Wettbewerbsverboten** erkundigen, die wirksam mit früheren ArbGeb vereinbart wurden. Allerdings muss sich das Wettbewerbsverbot auf die auszuübende Tätigkeit beziehen[10]. In diesem Fall besteht für den ArbGeb die Gefahr, dass der Bewerber nach einer Einstellung seine Tätigkeit nicht aufnimmt oder aber unterlässt, wenn sein alter ArbGeb auf Grund eines wirksam vereinbarten Wettbewerbsverbots gegen ihn vorgeht[11].

Fragen zu **Vermögensverhältnissen** des ArbN betreffen seine Privatsphäre und sind daher nur zulässig, sofern der konkret zu besetzende Arbeitsplatz sie erfordert. Eine solche Ausnahme besteht regelmäßig bei **leitenden Angestellten** und dann, wenn die angestrebte Tätigkeit ein **besonderes Vertrauensverhältnis** voraussetzt, der ArbN bei seiner Tätigkeit also etwa mit Geld umgehen muss oder die Gefahr der Bestechung oder des Geheimnisverrats besteht. Bei Angestellten und Arbeitern, denen keine besondere Vertrauensposition zukommt, ist die Nachfrage nach den Vermögensverhältnissen des Bewerbers hingegen unzulässig[12]. Ob Fragen nach dem derzeitigen Vorliegen von **Lohnpfändungen oder Lohnabtretungen** gestellt werden dürfen, wird uneinheitlich beurteilt. Teilweise soll ein Fragerecht grds. unzulässig sein, eine Ausnahme soll aber dann gelten, wenn die Abtretungen oder Pfändungen im Einzelfall einen derart großen Arbeitsaufwand des ArbGeb verursachen, dass betriebl. Abläufe nachhal-

---

1 S. dazu *Kania/Merten*, ZIP 2007, 8 (11 ff.); *Wisskirchen*, NZA 2007, 169. ‖ 2 BAG 20.2.1986 – 2 AZR 244/85, AP Nr. 31 zu 123 BGB. ‖ 3 BAG 5.10.1995 – 2 AZR 923/94, AP Nr. 40 zu § 123 BGB; 11.11.1993 – 2 AZR 467/93, AP Nr. 38 zu § 123 BGB; enger (und im Erg. verfehlt) *Däubler*, CR 1994, 101 (104), der ein billigenswertes und schutzwürdiges ArbGebInteresse nur bei Beeinträchtigung der Funktionsfähigkeit des Unternehmens annimmt. ‖ 4 Sehr anschaulich *Rieble*, Anm. zu BAG 11.11.1993 – 2 AZR 467/93, AP Nr. 38 zu § 123 BGB. ‖ 5 S. den Überblick bei ErfK/*Preis*, § 611 BGB Rz. 271ff.; MünchArbR/*Buchner*, § 30 Rz. 261ff.; Schaub/*Linck*, ArbRHdb, § 26 Rz. 17ff.; Kittner/Zwanziger/Deinert/*Becker*, § 21 Rz. 36ff. ‖ 6 St. Rspr., BAG 5.12.1957 – 1 AZR 594/56, AP Nr. 2 zu § 123 BGB; 5.10.1995 – 2 AZR 923/94, AP Nr. 40 zu § 123 BGB; *Thüsing/Lambrich*, BB 2002, 1146; ErfK/*Preis*, § 611 BGB Rz. 286. ‖ 7 Dieser Begriff tauchte in der Rspr. erstmals in BAG 22.9.1961 – 1 AZR 241/60, AP Nr. 15 zu § 123 BGB auf; grundlegend *Nikisch*, Arbeitsrecht, 1961, Bd. 1, S. 815; krit. zur Terminologie MünchArbR/*Buchner*, § 41 Rz. 176, der zu Recht darauf hinweist, dass es nur darum geht, dass eine *unrichtige Auskunft auf eine unzulässige Frage* nicht eine arglistige Täuschung gem. § 123 darstellt, ebenso ErfK/*Preis*, § 611 BGB Rz. 271, 286, dagegen *Moritz*, NZA 1987, 329 (336); zu den mit der Anfechtung des Arbeitsvertrags verbundenen Rechtsproblemen *Strick*, NZA 2000, 695. ‖ 8 BAG 7.9.1995 – 8 AZR 828/93, AP Nr. 24 zu § 242 Auskunftspflicht; 12.2.1970 – 2 AZR 184/69, AP Nr. 17 zu § 123 BGB; LAG Köln 13.11.1995 – 3 Sa 832/95, LAGE § 123 BGB Nr. 23; LAG Hamm 8.2.1995 – 18 Sa 2136/93, LAGE § 123 BGB Nr. 21; Richardi/*Thüsing*, § 94 BetrVG Rz. 12; ErfK/*Preis*, § 611 BGB Rz. 273; Schaub/*Linck*, ArbRHdb, § 26 Rz. 30. ‖ 9 Richardi/*Thüsing*, § 94 BetrVG Rz. 12; Staudinger/*Richardi*, § 611 Rz. 143. ‖ 10 Richardi/*Thüsing*, § 94 BetrVG Rz. 12; ErfK/*Preis*, § 611 BGB Rz. 280; Staudinger/*Richardi*, § 611 Rz. 144; MünchArbR/*Buchner*, § 30 Rz. 317; Schaub/*Linck*, ArbRHdb, § 26 Rz. 37. ‖ 11 Vgl. auch MünchArbR/*Buchner*, § 30 Rz. 317. ‖ 12 Vgl. Kittner/Zwanziger/Deinert/*Becker*, § 19 Rz. 38; Schaub/*Linck*, ArbRHdb, § 26 Rz. 34; ErfK/*Preis*, § 611 BGB Rz. 279f.

tig gestört werden[1]. Somit könne grds. ohne das Vorliegen von stichhaltigen Gründen ein berechtigtes Interesse des ArbGeb an der Kenntnis von Lohnpfändungen bzw. -abtretungen nicht angenommen werden[2]. Nach vorzugswürdiger Auffassung ist eine Frage nach Lohnabtretungen oder Lohnpfändungen immer zulässig, da vor allem in kleineren Betrieben idR ein beträchtlicher Verwaltungsaufwand und haftungsrechtl. Risiken für den ArbGeb entstehen[3].

11 Bei einer Angabe der Höhe des **bisherigen Entgelts** verschlechtert sich die Verhandlungsposition des Bewerbers ggü. der Position des ArbGeb erheblich. Außerdem sind die bisherigen Einkommensverhältnisse grds. der geschützten Individualsphäre des ArbN zuzurechnen. Daher sind Fragen, die den **bisherigen Lohn bzw. das bisherige Gehalt** betreffen, unzulässig, soweit sie ohne Zusammenhang mit dem neuen Arbeitsplatz stehen[4]. Ein Fragerecht besteht hingegen, wenn der ArbN von sich aus sein bisheriges Gehalt als Mindestarbeitsvergütung fordert oder – ausnahmsweise – das Gehalt Rückschlüsse auf seine Eignung zulässt[5]. Aus dem bisherigen Einkommen ist die Eignung eines Bewerbers zB bei einer leistungsbezogenen Vergütung ersichtlich[6]. Rückschlüsse vom bisherigen Gehalt auf eine Eignung sind jedoch nur dann möglich, wenn die angestrebte Tätigkeit zumindest vergleichbare Kenntnisse und Fähigkeiten erfordert[7].

12 Die Frage nach **Vorstrafen** stellt einen erheblichen Eingriff in die Individualsphäre des ArbN dar. Unter Berücksichtigung des Resozialisierungsgedankens sind diesbezügliche Fragen nur unter der Voraussetzung zulässig, dass die Vorstrafe auf Eigenschaften schließen lässt, welche für die Vertragsdurchführung unerlässlich sind und damit im unmittelbaren Zusammenhang mit dem **konkret zu besetzenden Arbeitsplatz** stehen[8]. Bei der Beurteilung ist ein objektiver Maßstab anzuwenden[9]. So darf je nach konkretem Arbeitsplatz etwa entweder nach vermögensrechtl. (zB Bankangestellter), nach politischen (bei der Besetzung einer Stelle des Verfassungsschutzamtes) oder nach verkehrsrechtl. (zB Kraftfahrzeugführer) Vorstrafen gefragt werden[10]. Hiervon unabhängig ergibt sich eine weitere Beschränkung des Fragerechts aus den Wertungen des BZRG, wonach sich der Bewerber als nicht vorbestraft bezeichnen darf, wenn die Verurteilung nicht in das Führungszeugnis aufzunehmen oder zu tilgen ist (vgl. §§ 51, 53 BZRG)[11]. Der ArbGeb darf einen Bewerber iSv. § 51 BZRG nicht nach im Bundeszentralregister getilgten Vorstrafen fragen, wohingegen der Bewerber nicht zur Offenbarung hierüber verpflichtet ist[12]. Hinsichtlich dieser Wertungen bestehen keine Unterschiede zwischen dem Fragerecht des öffentl. oder des privaten ArbGeb[13].

13 Fragen nach **laufenden Ermittlungs- bzw. anhängigen Strafverfahren** wurden früher unter Hinweis auf den in Art. 6 EMRK verankerten Grundsatz, wonach jeder Mensch bis zu seiner rechtskräftigen Verurteilung als unschuldig zu gelten hat, als unzulässig abgelehnt. Nur im Bereich der **Führungskräfte** sollte ausnahmsweise eine Offenbarungspflicht des Bewerbers bestehen, da in Vertrauenspositionen bereits der bloße Verdacht einer Straftat zu einem Verlust der für solche Tätigkeiten unabdingbaren Integrität innerhalb des Unternehmens bzw. der Öffentlichkeit und damit zu einem fehlenden Eignung des Bewerbers führen könne[14]. Das BAG geht jedoch zu Recht davon aus, **dass uU ein Fragerecht anzuerkennen ist, wenn durch das anhängige Ermittlungsverfahren Rückschlüsse auf eine mangelnde persönliche Eignung und Zuverlässigkeit des Bewerbers für den konkreten Arbeitsplatz gezogen werden können**[15] (so bei einem Erzieher, gegen den ein Ermittlungsverfahren wegen sexuellen Missbrauchs von Kindern in dem vorhergehenden ArbVerh läuft). Nach Auffassung der Rspr. steht dieser Bewertung des Fragerechts die strafrechtl. Unschuldsvermutung nicht entgegen, weil sich hieraus nicht der Schluss ziehen lasse, dass dem Betroffenen aus dem laufenden Ermittlungsverfahren überhaupt kein Nachteil entstehen dürfe[16]. Der An-

---

1 Vgl. BAG 4.11.1982 – 7 AZR 264/79, DB 1982, 498; Kittner/Zwanziger/Deinert/*Becker*, § 19 Rz. 38; beachte auch ErfK/*Preis*, § 611 BGB Rz. 280, der sich für eine generelle Unzulässigkeit der Frage ausspricht, da eine schematische Betrachtung der Fälle nicht möglich sei und das Interesse des ArbN an einer Einstellung trotz Lohnpfändung als vorrangig zu bewerten sei. ‖2 Vgl. auch Kittner/Zwanziger/Deinert/*Becker*, § 19 Rz. 38. ‖3 S.a. Richardi/*Thüsing*, § 94 BetrVG Rz. 22; Staudinger/*Richardi*, § 611 Rz. 147. ‖4 BAG 19.5.1983 – 2 AZR 171/81, AP Nr. 25 zu § 123 BGB; LAG BW 23.12.1980 – 6 Sa 64/80, AR-Blattei ES 640 Nr. 11; Richardi/*Thüsing*, § 94 BetrVG Rz. 22; Moritz, NZA 1987, 329. ‖5 BAG 19.5.1983 – 2 AZR 171/81, AP Nr. 25 zu § 123 BGB; Erman/*Edenfeld*, § 611 Rz. 263; ErfK/*Preis*, § 611 BGB Rz. 279; Staudinger/*Richardi*, § 611 Rz. 148; *Wohlgemuth*, ArbuR 1992, 46 (48); Schaub/*Linck*, ArbRHdb, § 26 Rz. 33. ‖6 BAG 19.5.1983 – 2 AZR 171/81, AP Nr. 25 zu § 123 BGB. ‖7 BAG 5.12.1957 – 1 AZR 594/56, AP Nr. 2 zu § 123 BGB. ‖8 BAG 5.12.1957 – 1 AZR 594/56, AP Nr. 2 zu § 123 BGB; 28.8.1958 – 3 AZR 601/57, AP Nr. 1 zu § 1 KSchG Verhaltensbedingte Kündigung; 15.1.1970 – 2 AZR 64/69, AP Nr. 7 zu § 1 KSchG Verhaltensbedingte Kündigung; ArbG Münster 28.7.1988 – 2 Ca 142/88, DB 1988, 2209; Richardi/*Thüsing*, § 94 BetrVG Rz. 18; aA Erman/*Edenfeld*, § 611 Rz. 264, der nicht auf das Kriterium der Arbeitsplatzbezogenheit abstellt, sondern das BZRG als abschließende Grenze begreift, mit der Konsequenz, dass nach ungetilgten Vorstrafen uneingeschränkt gefragt werden darf; so auch *Moritz*, NZA 1987, 329. ‖9 Vgl. BAG 5.12.1957 – 1 AZR 594/56, AP Nr. 2 zu § 123 BGB; 15.1.1970 – 2 AZR 64/69, AP Nr. 7 zu § 1 KSchG Verhaltensbedingte Kündigung; 20.5.1999 – 2 AZR 320/98, AP Nr. 50 zu § 123 BGB. ‖10 Schaub/*Linck*, ArbRHdb, § 26 Rz. 35. ‖11 Vgl. BAG 5.12.1957 – 1 AZR 594/56, AP Nr. 2 zu § 123 BGB; Schaub/*Linck*, ArbRHdb, § 26 Rz. 35. ‖12 LAG Köln 10.10.2012 – 5 Sa 389/12, ArbuR 2013, 413. ‖13 BAG 15.1.1970 – 2 AZR 64/69, AP Nr. 7 zu § 1 KSchG Verhaltensbedingte Kündigung; 20.5.1999 – 2 AZR 320/98, NZA 1999, 975. ‖14 Vgl. ArbG Münster 20.11.1992 – 3 Ca 1459/92, NZA 1993, 461; so auch *Moritz*, NZA 1987, 329 (334). ‖15 BAG 6.9.2012 – 2 AZR 270/11; 20.5.1999 – 2 AZR 320/98, AP Nr. 50 zu § 123 BGB; ArbG Münster 20.11.1992 – 3 Ca 1459/92, NZA 1993, 421. ‖16 BAG 20.5.1999 – 2 AZR 320/98, AP Nr. 50 zu § 123 BGB.

sicht des BAG ist zu folgen, da dem ArbGeb in Einzelfällen je nach Ausgestaltung des konkret zu besetzenden Arbeitsplatzes ein billigenswertes Interesse zugestanden werden muss, von einem laufenden Ermittlungsverfahren, welches Zweifel an seiner persönlichen Eignung für die zu verrichtende Tätigkeit begründet, Kenntnis zu erlangen[1]. Die Zulässigkeit eines Fragerechts muss vor allem dann bejaht werden, wenn durch die Ausgestaltung der angestrebten Tätigkeit für den ArbGeb, für Kollegen oder für Dritte eine erhöhte **Gefahr der Begehung weiterer Straftaten** besteht[2]. Zu weitgehend und daher abzulehnen ist die Annahme einer grundsätzlichen Zulässigkeit von Fragen nach laufenden Ermittlungs- oder Strafverfahren. Nach allg. Auffassung sind Fragen zu **abgeschlossenen Ermittlungsverfahren**, die zu keiner Verurteilung geführt haben, nicht erlaubt[3]; Ausnahmen im Hinblick auf Verfahren, die nach § 153 und insb. § 153a StPO eingestellt wurden, sind denkbar, werden in der Rspr. abgelehnt[4]. Fragen nach einer **erfolgten Verurteilung zu einer Freiheitsstrafe** sind nach den dargestellten Grundsätzen hingegen uneingeschränkt zulässig. Hier kann der Bewerber nach Haftantritt einen gewissen Zeitraum seine Arbeitsleistung nicht in der vertragl. vereinbarten Weise erbringen[5].

Die Frage des ArbGeb nach der **Gewerkschaftszugehörigkeit** des ArbN im Rahmen eines Bewerbungsgesprächs ist unzulässig, da hierin ein Verstoß gegen die in Art. 9 III 2 GG verankerte Koalitionsfreiheit liegt. Nach der Einstellung des ArbN besteht hingegen ein berechtigtes Interesse des ArbGeb zu erfahren, ob ein geltender TV dadurch auf das ArbVerh Anwendung findet, dass der ArbN der tarifschließenden Gewerkschaft angehört (vgl. §§ 1, 3 I, 4 I TVG). Die Frage nach der Gewerkschaftszugehörigkeit ist somit nach Entscheidung über die Einstellung zulässig[6]. Soll der Bewerber für einen Arbeitsplatz in einer Gewerkschaft oder in einem ArbGebVerband eingestellt werden, kann ausnahmsweise bereits im Rahmen des Bewerbungsgesprächs nach der Mitgliedschaft in einer Gewerkschaft gefragt werden[7]. 14

Allg. anerkannt ist die grds. zulässige Frage des öffentl. ArbGeb nach der Zugehörigkeit zu **Organisationen mit verfassungsfeindlichen Zielen**[8]. Das Fragerecht besteht unabhängig davon, ob die Verfassungswidrigkeit[9] der Organisation bereits festgestellt ist oder nicht, da zur Eignung eines Bewerbers für den öffentl. Dienst iSd. Art. 33 II GG auch seine Verfassungstreue gehört[10]. 15

Die Frage nach der **Religion, Weltanschauung und sexuellen Identität** war bereits bisher regelmäßig unzulässig als ungerechtfertigter Eingriff in die Privatsphäre des ArbN[11]. Nur wo sie eine wesentliche und entscheidende berufl. Anforderung darstellt, ist sie weiterhin zulässig; die Fälle sind freilich selten[12]. Das Verbot der **mittelbaren Benachteiligung** kann auch hier Auswirkungen haben: Die Frage an den frommen Juden gestellt: „Stehen Sie auch samstags zur Verfügung, wenn Not am Mann ist?" darf nur dann erfolgen, wenn dies sachlich gerechtfertigt ist, also tatsächlich Samstagsarbeit für diese Stelle zu erwarten ist und für andere – etwa ältere ArbN – ebenso keine Ausnahmen gemacht werden[13]. Die Rspr. kommt zu diesem Ergebnis bereits ohne Bezugnahme auf das AGG[14]. 16

Problematisch ist, ob ein berechtigtes, billigenswertes Interesse des ArbGeb an der Beantwortung einer Frage nach der Mitgliedschaft des Bewerbers in der **Scientology-Kirche** besteht. Hinsichtlich der Zulässigkeit eines Fragerechts vor einer Einstellung liegt bislang keine richterliche Entscheidung vor. Die Rspr. befasste sich lediglich mit der Möglichkeit einer Kündigung von ArbN, die am Arbeitsplatz Tätigkeiten für Scientology entfalteten[15]. Die Kernproblematik eines Fragerechts liegt darin, ob sich die Mitglieder der Scientology-Kirche auf das Grundrecht der **Religions- oder Weltanschauungsfreiheit** des Art. 4 I u. II GG berufen können. Mit seinem Beschluss v. 22.3.1995 hat das BAG zutreffend entschieden, dass die „Scientology Kirche Hamburg e.V." keine Religions- oder Weltanschauungsgemeinschaft iSv. Art. 4 I GG sei, da die primäre Zielsetzung der Vereinigung nicht in der Verbreitung von religiösen Lehren, sondern in wirtschaftl. Aktivitäten liege[16]. Vor diesem Hintergrund muss auch die 17

---

1 So auch Richardi/*Thüsing*, § 94 BetrVG Rz. 18; Staudinger/*Richardi*, § 611 Rz. 159; Linnekohl, ArbuR 1983, 129 (140); *Ehrich*, DB 2000, 421 (423).   ‖ 2 Weiter gehend *Raab*, RdA 1995, 36 (42ff.), der die Frage unter dem Aspekt der fehlenden oder eingeschränkten Verfügbarkeit über die Arbeitskraft des ArbN auch dann zulassen will, wenn mit umfangreichen Ermittlungen, einer umfangreichen Hauptverhandlung, dem Bevorstehen einer Untersuchungshaft oder Verurteilung zu einer Freiheitsstrafe zu rechnen ist.   ‖ 3 Vgl. BAG 15.11.2012 – 6 AZR 339/11, NZA 2013, 429; *Linnekohl*, ArbuR 1983, 129 (140).   ‖ 4 Ausdrücklich aA BAG 15.11.2012 – 6 AZR 339/11, NZA 2013, 429.   ‖ 5 Kittner/Zwanziger/Deinert/*Becker*, § 19 Rz. 43.   ‖ 6 Staudinger/*Richardi*, § 611 Rz. 150; weiter gehend *Falkenberg*, BB 1970, 1013 (1016), der die Frage nach der Gewerkschaftszugehörigkeit schon bei der Einstellungsverhandlung dann zulassen will, wenn ein Arbeitskampf zu erwarten oder im Gange ist.   ‖ 7 Staudinger/*Richardi*, § 611 Rz. 150; vgl. Richardi/*Thüsing*, § 94 BetrVG Rz. 21; *Fitting*, § 94 BetrVG Rz. 17; ErfK/*Preis*, § 611 BGB Rz. 278.   ‖ 8 Vgl. st. Rspr. BAG 1.10.1986 – 7 AZR 383/85, AP Nr. 26 zu Art. 33 II GG; 12.3.1986 – 7 AZR 20/83, AP Nr. 23 zu Art. 33 II GG; 16.12.1982 – 2 AZR 144/81, AP Nr. 19 zu Art. 33 II GG.   ‖ 9 BVerfG 22.5.1975 – 2 BvL 13/73, AP Nr. 2 zu Art. 33 V GG (LS 8).   ‖ 10 Vgl. Richardi/*Thüsing*, § 94 BetrVG Rz. 12.   ‖ 11 S.a. MüKoBGB/*Thüsing*, § 11 AGG Rz. 22, § 1 AGG Rz. 58ff.   ‖ 12 MüKoBGB/*Thüsing*, § 8 AGG Rz. 31ff.   ‖ 13 Hierauf stellt aber die niederländische Gleichbehandlungskommission in der Entscheidung 147/2006 v. 12.7.2006 ab, ähnlich bereits Urt. v. 1.6.1999 – 49/1999, www.cgb.nl.   ‖ 14 LAG Schl.-Holst. 22.7.2005 – 4 Sa 120/05, AuA 2005, 617 (Kurzwiedergabe); s.a. MüKoBGB/*Thüsing*, § 11 AGG Rz. 22.   ‖ 15 Vgl. LAG Berlin 11.6.1997 – 13 Sa 19/97, DB 1997, 2542; ArbG Ludwigshafen 12.5.1993 – 3 Ca 3165/92, BB 1994, 861.   ‖ 16 BAG 22.3.1995 – 5 AZB 21/94, BAGE 79, 3 (9); s. aber auch 26.9.2002 – 5 AZB 19/01, AP Nr. 83 zu § 2 ArbGG 1979.

Beurteilung eines Fragerechts gesehen werden. Fragen nach einer Mitgliedschaft in Scientology-Organisationen können demnach außerhalb von Tendenzbetrieben und dem öffentl. Dienst zumindest dann gestellt werden, wenn **Vertrauensstellungen** zu besetzen sind[1]. Diese Bewertung der Zulässigkeit des Fragerechts hat sich jedoch dadurch überholt, dass das AGG ein Benachteiligungsverbot wegen der Religion und Weltanschauung geschaffen hat. Die ehemals allg. für zulässig gehaltene Frage nach der Scientology-Mitgliedschaft im öffentl. Dienst könnte somit unzulässig geworden sein, wenn es sich denn bei Scientology um eine Religion oder Weltanschauung handelt[2]. Die weitere Entwicklung bleibt vorerst abzuwarten.

18 Nach **persönlichen Lebensverhältnissen** darf nur gefragt werden, wenn der ArbGeb ein betriebsbezogenes berechtigtes Interesse an der Auskunft hat; bspw. im Hinblick auf Verwandtschaftsbeziehungen mit anderen Betriebsangehörigen[3]. Fragen zum Bestehen einer **nichtehelichen Lebensgemeinschaft** oder einer **gleichgeschlechtlichen Lebenspartnerschaft, einer Scheidung** oder der **Absicht einer Eheschließung** sind regelmäßig nicht zulässig, da diese eine nicht vertretbare Ausforschung des Intimbereichs des Bewerbers darstellen. Auf Grund ihrer verfassungsrechtl. geschützten Autonomie sind hinsichtlich der Zulässigkeit eines Fragerechts bei einer Einstellung in kirchlichen Einrichtungen Ausnahmen zu machen[4].

19 Bereits vor Inkrafttreten des AGG war die Frage nach **Vorerkrankungen** des Bewerbers wegen des damit verbundenen Eingriffs in seine Intimsphäre engen Grenzen unterworfen. Ein unbeschränktes Fragerecht nach dem **Gesundheitszustand** existierte damit auch vor dem Inkrafttreten des AGG nicht. Die Rspr. sah das Fragerecht des ArbGeb vielmehr im Wesentlichen darauf beschränkt, ob eine Krankheit bzw. eine Beeinträchtigung des Gesundheitszustandes vorliegt, durch die die Eignung für die vorgesehene Tätigkeit auf Dauer oder in periodisch wiederkehrenden Abständen eingeschränkt ist oder die wegen der mit ihr verbundenen Ansteckungsgefahr zukünftige Kollegen oder Kunden gefährden könnte. Zulässig sollte überdies die Frage danach sein, ob zum Zeitpunkt des Dienstantritts bzw. in absehbarer Zeit mit einer Arbeitsunfähigkeit zu rechnen ist, zB durch eine geplante Operation, eine bewilligte Kur oder auch durch eine zurzeit bestehende akute Erkrankung[5]. Es ist zu beachten, dass bestimmte, in der Vergangenheit ausschließlich unter dem Gesichtspunkt der Krankheit thematisierte Erscheinungen wie bspw. die Neigung zu epileptischen Anfällen[6] nunmehr dem **Behinderungsbegriff** des § 1 AGG unterfallen können[7]. Damit steigen regelmäßig die an die Zulässigkeit einer entsprechenden Frage zu stellenden Anforderungen. Sofern sie dem Diskriminierungsschutz behinderter Beschäftigter unterfällt, ist sie nur zulässig, wenn der ArbGeb nach einer Einschränkung fragt, deren Fehlen eine wesentliche und entscheidende berufl. Anforderung für die Tätigkeit ist[8]. Die Feststellung eben jener Prämisse kann im Einzelfall allerdings mit nicht unwesentlichen praktischen Schwierigkeiten verbunden sein, weil der ArbGeb gerade nicht nach einer Behinderung fragt, sondern sich über das – prinzipiell in weiterem Rahmen zulässige – Vorliegen einer Krankheit erkundigt. Krankheit und Behinderung sind wiederum nicht deckungsgleich, und Fragen nach ihnen folgen jeweils eigenen Regeln; sie können sich aber im Einzelfall überschneiden. In diesem Fall gelten die strengeren Anforderungen an Fragen nach einer Behinderung[9]. Fragt der ArbGeb dementsprechend nach einer Krankheit, die ausschließlich bei Menschen mit einer bestimmten Behinderung auftritt, diskriminiert er verdeckt unmittelbar wegen einer Behinderung[10] mit der Folge, dass die Frage unzulässig ist. Schwieriger sind die Sachverhalte zu beurteilen, in denen die Krankheit zwar behinderte wie nicht behinderte Menschen betrifft, Erstere allerdings überproportional häufig. Die Frage nach entsprechenden Vorerkrankungen ist immer dann unzulässig, wenn sie zugleich als mittelbare Diskriminierung wegen einer Behinderung zu qualifizieren ist[11]. Unterstellt man Fälle der materiellen Benachteiligung wegen einer Behinderung dem mittelbaren Diskriminierungsbegriff, würde dies die bisherige Rspr. des BAG zur Reichweite des Fragerechts nach Vorerkrankungen in weiten Bereichen obsolet machen. Nach vielen Krankheiten könnte nur dort gefragt werden, wo sich der ArbGeb zugleich nach dem Vorliegen einer Behinderung erkundigen dürfte.

20 Unzulässig können auch **Drogentests** als Bedingung zur Einstellung sein. Dies gilt insb. dann, wenn durch den Drogentest auch ein lange zurückliegender Drogenkonsum überprüft werden kann, der keine Auswirkungen mehr auf die Fähigkeit der Arbeitsleistung aktuell hat. Auch ein **Gesundheitstest** als Voraussetzung für die Einstellungszusage kann ein Indiz iSd. § 22 AGG sein, wenn er dazu geeignet ist, auch Vorerkrankungen, die als Behinderungen einzustufen sind, dem ArbGeb zur Kenntnis zu bringen, der sie seinerseits als Kriterium der Einstellungsentscheidung nutzen könnte. Wie weit hier die Indizwirkung reicht, wird vor allem davon abhängen, wann der Drogenkonsum oder eine Krankheit als Behinderung einzuordnen sind[12]. Wenn man das zu Recht ablehnt, dann ist die Frage nach einer beste-

---

1 Hierzu *Bauer/Baeck/Merten*, DB 1997, 2534 (2536). || 2 Was es nicht ist, s. MüKoBGB/*Thüsing*, § 1 AGG Rz. 58 mwN; BAG 22.3.1995 – 5 AZB 21/94, NZA 1995, 823. || 3 Ebenso *Moritz*, NZA 1987, 329 (333). || 4 Richardi/*Thüsing*, § 94 BetrVG Rz. 18; Staudinger/*Richardi*, § 611 Rz. 149. || 5 BAG 7.6.1984 – 2 AZR 270/83, AP Nr. 26 zu § 123 BGB. || 6 LAG Hamm 22.1.1999 – 5 Sa 702/98, BehR 1999, 170. || 7 S.a. MüKoBGB/*Thüsing*, § 1 AGG Rz. 74ff. || 8 MüKoBGB/*Thüsing*, § 8 AGG Rz. 40f. || 9 Vgl. MüKoBGB/*Thüsing*, § 11 AGG Rz. 21. || 10 Vgl. MüKoBGB/*Thüsing*, § 3 AGG Rz. 47f. || 11 MüKoBGB/*Thüsing*, § 1 AGG Rz. 74ff. || 12 MüKoBGB/*Thüsing*, § 1 AGG Rz. 81ff.

henden **Alkohol- oder Drogenabhängigkeit** regelmäßig zulässig. Der hierdurch hervorgerufene pathologische Zustand führt regelmäßig zu einer Beeinträchtigung der erforderlichen Eignung des Bewerbers. Es sind Auswirkungen auf seine körperliche und/oder geistige Leistungsfähigkeit zu erwarten[1]. Ferner kann es zu einer Gefährdung des Bewerbers selbst oder seiner Kollegen bzw. Dritter kommen, wenn gefährliche Tätigkeiten auszuführen sind. In diesem Fall gebietet bereits die Fürsorgepflicht dem ArbGeb, ein Sicherheitsrisiko von Anfang an nicht aufkommen zu lassen[2]. Einen unzulässigen Eingriff in das Persönlichkeitsrecht des ArbN stellt hingegen die Frage nach bloßem **Alkoholgenuss** dar. Ein in der Freizeit stattfindender Alkoholgenuss unterfällt der Privatsphäre des ArbN[3]. Auch hinsichtlich der Möglichkeit eines **freizeitlichen Drogenkonsums** ist ein berechtigtes Informationsinteresse des ArbGeb mit der gleichen Begründung abzulehnen[4].

Ebenfalls sachlich nicht gerechtfertigt ist die Frage nach der **Nichtrauchereigenschaft** des Bewerbers, wenn sie nicht vom Behindertenbegriff des AGG erfasst ist und damit nur unter den Schutzbereich der persönlichen Handlungsfreiheit fällt[5]. Grds. kann der ArbGeb durch Abschluss einer BV oder Ausübung seines Direktionsrechts steuern, inwieweit in seinem Betrieb geraucht wird. Die bloße Möglichkeit, dass ein Raucher gegen ein im Betrieb geltendes Rauchverbot verstoßen könnte, rechtfertigt jedoch nicht, dass generell die gesamte Gruppe der Raucher bereits bei der Einstellung durch ein Fragerecht ggü. Nichtrauchern benachteiligt wird. Grds. ist davon auszugehen, dass sich jeder ArbN an die betriebl. Ordnung hält. Zudem ist zu beachten, dass Rauchen am Arbeitsplatz zunächst so lange zulässig ist, wie die Erbringung der Arbeitsleistung nicht gefährdet ist und Kollegen nicht gestört werden[6]. 21

Fragen hinsichtlich **genetischer Veranlagungen** oder entsprechende Tests stellen einen unzulässigen Eingriff in die Intimsphäre des Bewerbers dar und sind daher stets rechtswidrig. Mit dem **Gendiagnostikgesetz**, das am 1.2.2010 in Kraft getreten ist, hat der Gesetzgeber für diesen Bereich eindeutige Regelungen geschaffen[7]. Der ArbGeb darf danach von Beschäftigten weder vor noch nach Begründung des Beschäftigungsverhältnisses die Vornahme genetischer Untersuchungen oder Analysen fordern oder die Mitteilung von Ergebnissen bereits vorgenommener genetischer Untersuchungen oder Analysen verlangen, solche Ergebnisse entgegennehmen oder verwenden (§ 19 GenDG). Lediglich im Rahmen arbeitsmedizinischer Vorsorgeuntersuchungen sind diagnostische genetische Untersuchungen in Ausnahmefällen zulässig (§ 20 II und III GenDG). Gesichert werden die Verbote mit einem umfassenden Benachteiligungsverbot und der entsprechenden Geltung der §§ 15 und 22 AGG (§ 21 GenDG). 22

Die oben aufgeführten Grundsätze sind auch hinsichtlich eines Fragerechts nach einer Aids-Erkrankung bzw. HIV-Infizierung zu beachten. Die Frage nach einer **Aids-Erkrankung** ist aus dem Grund, dass sie nach dem bisherigen medizinischen Kenntnisstand unweigerlich ohne Heilungschancen zum Tod des ArbN führt und damit eine Arbeitsunfähigkeit absehbar macht, zulässig[8]. Unterschiedliche Auffassungen bestehen hinsichtlich der Frage nach einer **HIV-Infizierung**. Teilweise wird vertreten, auch diesbezüglich ein unbeschränktes Fragerecht des ArbGeb zuzulassen[9]. Dies geht jedoch zu weit, da ein ArbN nur Krankheiten offenbaren muss, die zu einer absehbaren Arbeitsunfähigkeit führen oder durch die bei der Ausführung der Tätigkeit eine **Ansteckungsgefahr** besteht. Andernfalls ist eine dahingehende Frage regelmäßig unzulässig[10]. Etwas anderes kann auch nicht für die HIV-Infizierung gelten. Anders als bei der Aids-Erkrankung ist eine Arbeitsunfähigkeit des Bewerbers zum Zeitpunkt des Einstellungsgesprächs noch nicht absehbar. Der Ausbruch der Krankheit kann durchaus erst nach Beendigung des ArbVerh erfolgen. Soweit die Krankheit jedoch nicht ausbricht, besteht regelmäßig keine Beeinträchtigung der Leistungsfähigkeit des Infizierten. Ein Informationsrecht des ArbGeb muss daher auf die Fälle begrenzt werden, in denen durch die Infizierung die Eignung des ArbN zur Erbringung der Arbeitsleistung ausgeschlossen oder eingeschränkt ist; insb. wenn bei Erbringung der Arbeitsleistung Kollegen oder Dritte der Gefahr einer Ansteckung ausgesetzt sind[11]. Ein **erhöhtes Ansteckungsrisiko** ist bei Tätigkeiten gegeben, bei denen die Gefahr besteht, dass ein Austausch von Blut oder an- 23

---

1 MünchArbR/*Buchner*, § 30 Rz. 314; *Künzl*, BB 1993, 1581 (1582); vgl. ErfK/*Preis*, § 611 BGB Rz. 274; strenger *Fitting*, § 94 BetrVG Rz. 25.   ‖2 Vgl. RGRK/*Schliemann*, § 611 Rz. 1195.   ‖3 MünchArbR/*Buchner*, § 30 Rz. 314.   ‖4 MünchArbR/*Buchner*, § 30 Rz. 314; zur strikteren US-Rspr. s. *Thüsing*, NZA 1999, 393 (HIV-Infektion als Behinderung).   ‖5 MünchArbR/*Buchner*, § 30 Rz. 313.   ‖6 MünchArbR/*Buchner*, § 30 Rz. 313.   ‖7 Ausführlich zum GenDG *Wiese*, BB 2009, 2198 ff. und bereits RdA 1988, 218 (219).   ‖8 MünchArbR/*Buchner*, § 30 Rz. 287; *Knipp*, AR-Blattei (SD) 640 Einstellung, Rz. 75; *Richardi*, NZA 1988, 73 (74); *Heilmann*, BB 1989, 1413 (1414).   ‖9 *Eich*, NZA-Beil. 2/1987, 10 (12), der zur Begründung anführt, das Interesse der bereits eingestellten Mitarbeiter an ihrer körperlichen Unversehrtheit sei trotz einer extrem unwahrscheinlichen Infektionsübertragung höher zu bewerten als das Interesse des Bewerbers an dem Schutz seines Persönlichkeitsrechts; mit gleicher Begründung *Klak*, BB 1987, 1382 (1383 f.).   ‖10 ErfK/*Preis*, § 611 BGB Rz. 274; Staudinger/*Richardi*, § 611 Rz. 146; zum US-Recht *Thüsing*, ZfA 2001, 397.   ‖11 *Richardi*/*Thüsing*, § 94 BetrVG Rz. 14; *Richardi*, NZA 1988, 73 (75); GK-BetrVG/*Kraft*/*Raab*, § 94 Rz. 25; MünchArbR/*Buchner*, § 30 Rz. 288; vgl. auch ErfK/*Preis*, § 611 BGB Rz. 283; anders *Lichtenberg*/*Schücking*, NZA 1990, 41 (44) die auch bei diesen Berufsfeldern ein zulässiges Fragerecht ablehnen, da nach heutiger Erkenntnis bei Einhaltung der üblichen und vorgeschriebenen Hygienevorschriften auch bei diesen Tätigkeiten kein besonderes Ansteckungsrisiko bestehe; vgl. auch *Heilmann*, BB 1989, 1413 (1415), der auch in sog. kontaminierungsgefährdeten Arbeitsbereichen die Zulässigkeit der ArbGebFrage mit der Begründung ablehnt, dass diese Frage auf Grund einer häufig bestehenden Nichtkenntnis der Betroffenen von ihrer HIV-Infizierung idR nicht zutr. beantwortet werden könne.

deren Körperflüssigkeiten zwischen dem ArbN und Kollegen sowie Dritten stattfindet. Diese Gefahr besteht typischerweise bei Berufen im Gesundheitswesen und begründet ein Fragerecht des ArbGeb bei einer geplanten Anstellung in diesen Berufszweigen[1]. Führt der Krankheitsausbruch beim ArbN zu erheblichen unzumutbaren Beeinträchtigungen des ArbGeb, etwa durch dauerhafte Arbeitsunfähigkeit und damit verbundenen erheblichen Betriebskosten, wird für den ArbGeb häufig die Möglichkeit bestehen, sich durch eine personenbedingte Kündigung vom ArbVerh zu lösen.

24 Lange Zeit umstritten war die Frage nach der **Schwangerschaft**[2]. Auf Grund des in § 9 MuSchG geregelten Beschäftigungsverbots für Schwangere und Wöchnerinnen bleibt dem ArbGeb oftmals nur die Anfechtung des Arbeitsvertrags, um ein Beschäftigungsverhältnis gegen den Willen der ArbNin aufzulösen. Somit erlangt die Zulässigkeit dieses Fragerechts erhebliche praktische Bedeutung. Es ist davon auszugehen, dass die Frage nach der Schwangerschaft nach der neueren Rspr. des EuGH ohne Ausnahme verboten ist. Eine Schranke für das in Einzelfällen sehr unbefriedigende Ergebnis könnte jedoch in dem Institut des Rechtsmissbrauchs oder dem Verbot des venire contra factum proprium gefunden werden, um eine Korrektur der unbilligen Härte herbeizuführen[3].

25 Enge Grenzen sind auch der Frage nach einer **Behinderung und der Schwerbehinderteneigenschaft** gezogen. Allerdings ist anders als bei der Frage nach der Schwangerschaft die Rspr. in der Vergangenheit stets davon ausgegangen, dass die Frage nach der Schwerbehinderteneigenschaft zulässig sei[4]. Ausschlaggebend dafür war die Erwägung, dass sich an die Schwerbehinderteneigenschaft des ArbN für den ArbGeb während der gesamten Dauer des ArbVerh zahlreiche gesetzl. Pflichten knüpfen. Diese begründeten ein berechtigtes Interesse. Zwischenzeitlich schien das BAG einschränken zu wollen, dass es an seiner bisherigen Rspr. nicht festhalte, wenn die Schwerbehinderteneigenschaft für die auszuübende Tätigkeit von keiner Bedeutung sei, jedoch gab es diesen nur als obiter dictum formulierten Vorbehalt in Folgeentscheidungen wieder auf[5]. Die Frage nach der Schwerbehinderteneigenschaft war damit – lässt man das Diskriminierungsrecht außen vor – auch zulässig, wenn die Behinderung, auf der die Anerkennung beruht, tätigkeitsneutral ist. In diesem Fall sollte allein die Frage nach der Behinderung selbst verboten sein[6]. Dies ist neu zu überdenken vor dem Hintergrund, dass mit § 81 II SGB IX und § 3 AGG ein Diskriminierungsverbot geschaffen wurde, auf dessen Fehlen sich die Rspr. in ihrem letzten Judikat stützte[7]. Eine Ungleichbehandlung behinderter Menschen ist damit nur zulässig, wenn die Differenzierung durch ähnlich schwer wiegende Erwägungen gerechtfertigt ist, die auch die Ungleichbehandlung nach dem Geschlecht legitimieren. Überträgt man die zur Frage nach der Schwangerschaft herausgearbeiteten Kriterien des EuGH auf das Diskriminierungsverbot wegen der Behinderung, dann scheint das Fragerecht deutlich eingeschränkt. Die Frage nach der Schwerbehinderteneigenschaft während des laufenden ArbVerh ist zulässig, wenn es dem ArbGeb nur darum geht, sich im Hinblick auf eine bevorstehende Kündigung über das Eingreifen der Schutzvorschrift des § 85 SGB IX zu Gunsten des schwerbehinderten ArbN zu informieren – jedenfalls nach Ablauf von sechs Monaten, dh. ggf. nach Erwerb der Behindertenschutzes[8]. Das BAG[9] hat zudem zurecht entschieden, dass es demjenigen ArbN, der auf entsprechende Nachfrage des ArbGeb lügt, wegen widersprüchlichen Verhaltens verwehrt sei, sich bei einer iÜ wirksam ausgesprochenen Kündigung auf die fehlende Zustimmung des Integrationsamtes zu berufen. Es fehle bei einer entsprechenden Frage bereits an einer Benachteiligung des ArbN, wenn die Frage allein dem Zweck diene, dem ArbN das Nachkommen seiner Verpflichtungen gem. §§ 85 ff. SGB IX zu ermöglichen.

26 Uneingeschränkt erlaubt bleibt die Frage nach einer Behinderung nur dann, wenn ihr Fehlen eine **wesentliche und entscheidende berufliche Anforderung** für die Tätigkeit ist[10]. Gefragt werden darf dann nach dieser speziellen Behinderung, nicht nach der Feststellung der Eigenschaft als schwerbehinderter Mensch (§ 69 SGB IX) – etwa: „Haben Sie eine Behinderung, die es Ihnen unmöglich machen wird, die erwarteten Aufgaben zu erfüllen?". Insofern wird die bisherige Rspr., die es für die Frage nach der Behinderung ausreichen ließ, dass die Behinderung erfahrungsgemäß die Eignung des Stellenbewerbers für die vorgesehene Tätigkeit beeinträchtigt[11], deutlich eingeschränkt. Eine bloße Beeinträchtigung ist nach der Wertung des Gesetzes kein hinreichender Grund zur Benachteiligung behinderter Menschen.

---

1 *Löwisch*, DB 1987, 936 (939 f.); ErfK/*Preis*, § 611 BGB Rz. 283; weiter gehend *Richardi*, NZA 1988, 73 (74), der sich für eine Zulässigkeit der Frage für Berufsgruppen in besonderen Vertrauenspositionen ausspricht. ‖2 Vgl. mit einer umfassenden Darstellung *Thüsing/Lambrich*, BB 2002, 1146 ff.; *Feldhoff*, ZTR 2004, 58; *Koppenfels-Spies*, AuR 2004, 43; *Pallasch*, NZA 2007, 306. ‖3 Ausf. dazu s. *Thüsing/Lambrich*, BB 2002, 1146, (1147 f.). ‖4 BAG 3.12.1998 – 2 AZR 754/97, AP Nr. 49 zu § 123 BGB; 5.10.1995 – 2 AZR 923/94, AP Nr. 40 zu § 123 BGB; 11.11.1993 – 2 AZR 467/93, AP Nr. 38 zu § 123 BGB; 1.8.1985 – 2 AZR 101/83, AP Nr. 30 zu § 123 BGB; s. *Kittner/Zwanziger/Deinert/Becker*, § 19 Rz. 49; für die Notwendigkeit eines Tätigkeitsbezugs *Großmann*, NZA 1989, 702; ähnlich Schaub/*Linck*, ArbRHdb, § 26 Rz. 21. ‖5 BAG 5.10.1995 – 2 AZR 923/94, AP Nr. 40 zu § 123 BGB; 3.12.1998 – 2 AZR 754/97, AP Nr. 49 zu § 123 BGB; ggü. BAG 11.11.1993 – 2 AZR 467/93, AP Nr. 38 zu § 123 BGB. ‖6 BAG 5.10.1995 – 2 AZR 923/94, AP Nr. 40 zu § 123 BGB. ‖7 So auch *Düwell*, BB 2001, 1527 (1530), allerdings ohne nähere Ausführungen zu den konkreten Auswirkungen für die Reichweite des Fragerechts; vgl. auch *Joussen*, NZA 2007, 174; jetzt auch ausdrücklich offen gelassen vom BAG 7.7.2011 – 2 AZR 396/10, BB 2011, 1779. ‖8 BAG v. 16.2.2012 – 6 AZR 553/10, NZA 2012, 555. ‖9 BAG 7.7.2011 – 2 AZR 396/10, NZA 2012, 34. ‖10 *Wisskirchen*, DB 2006, 1491 (1494); *Düwell*, BB 2006, 1741 (1743). ‖11 BAG 7.6.1984 – 2 AZR 270/83, AP Nr. 26 zu § 123 BGB; 5.10.1995 – 2 AZR 923/94, AP Nr. 40 zu § 123 BGB.

Die Frage muss daher genauso unterbleiben wie die Frage nach der Schwangerschaft, mag beides auch mit finanziellen Belastungen für den ArbGeb verbunden sein. Die Frage nach der Eigenschaft als schwerbehinderter Mensch als solche ist gänzlich ausgeschlossen, denn die damit verbundenen Pflichten des ArbGeb können zwar nicht unerhebliche Belastungen für ihn bedeuten, das AGG sieht hierin jedoch keinen legitimen Grund zur Ungleichbehandlung. Also ist auch eine auf die Vermeidung dieser Kosten gerichtete Frage unzulässig. Allerdings ist anzuerkennen, dass damit der ArbGeb, der nicht um die Eigenschaft seines ArbN als schwerbehinderter Mensch weiß, Gefahr läuft, seine gesetzl. Pflichten nicht zu erfüllen. Hierbei verhält es sich aber nicht anders als beim gewerkschaftlich organisierten ArbN, der vor Einstellung seine Gewerkschaftszugehörigkeit nicht offenbaren muss, nach Einstellung aber sehr wohl, fragt ihn der ArbGeb dies, weil er hiervon seine Entlohnung nach Tarif abhängig machen will[1]. **Nach Einstellung** besteht also eine Offenbarungspflicht des schwerbehinderten Beschäftigten. Sonst mag es sein, dass der ArbGeb, der eine ausreichende Zahl schwerbehinderter Menschen iSd. § 71 SGB IX beschäftigt, zusätzlich noch einmal Ausgleichsabgabe gem. § 77 SGB IX zahlt. Offenbart sich der schwerbehinderte ArbN nicht, macht er sich schadensersatzpflichtig aus § 280 I BGB. Eine Möglichkeit freilich verbleibt: Weil das Interesse des ArbGeb anzuerkennen ist, die Quote nach § 71 SGB IX zu erfüllen, muss es ihm möglich sein, gerade mit diesem Ziel einzustellen. Er darf daher in diesem Fall fragen, muss dem Bewerber jedoch seine Absicht, die Schwerbehinderung als positives Kriterium verwenden zu wollen, mitteilen. Auch dann bleibt es beim Recht des schwerbehinderten Bewerbers, der dem ArbGeb nicht zu trauen braucht, wahrheitswidrig zu antworten[2]. Auf dieses Recht hat der ArbGeb ihn hinzuweisen – ansonsten wäre dem Missbrauch Tür und Tor geöffnet.

Die Frage nach einem **künftigen Wehr- oder Ersatzdienst** ist zwar nicht mehr aktuell, die nach einem bereits **abgeleisteten Wehr- oder Ersatzdienst** dagegen schon. Fragen nach einem geleisteten Wehr- oder Ersatzdienst betreffen ausschließlich Männer und knüpfen damit unmittelbar an das Geschlecht an, so dass sie eine geschlechtsspezifische Ungleichbehandlung darstellen, die als Diskriminierung unzulässig ist[3]. Im Hinblick auf die restriktive Rspr. des EuGH zu Schwangerschaftsfragen und auf das Benachteiligungsverbot des AGG ist es jedoch nicht möglich, die vormaligen Ansichten[4] zu künftigem Wehr- oder Ersatzdienst zu übertragen. Allerdings wird es zuweilen als zulässig bewertet, da dem ArbGeb grds. ein billigenswertes Interesse an einem vollständigen, lückenlosen Lebenslauf zugestanden wird[5]. Folgt man dem, darf der ArbGeb allerdings dann auf Grund der Gewissensfreiheit des Bewerbers nur nach der Ableistung der Dienstverpflichtung an sich, nicht nach der Form (Wehrdienst oder Ersatzdienst) fragen[6].

27

Die Zulässigkeit von Fragen zu einer **früheren Mitarbeit im ehemaligen Ministerium für Staatssicherheit** war vor allem hinsichtlich der Übernahme von Mitarbeitern in den **öffentl. Dienst** der neuen Bundesländer relevant. Das **BVerfG** hat mit seinem Beschluss v. **8.7.1997** entschieden, dass Fragen nach Vorgängen, die **vor 1970** abgeschlossen waren, einen Eingriff in das allg. Persönlichkeitsrecht des ArbN darstellen und folglich unzulässig seien[7]. Ein berechtigtes ArbGebInteresse sei hier auf Grund des langen Zeitraums abzulehnen. Bei Vorgängen jüngeren Datums hingegen sind Fragen hinsichtlich Funktionen und Tätigkeiten in SED und MfS zulässig, zumindest im Hinblick auf Führungs- und Vertrauenspositionen. Auch das Unterzeichnen von Verpflichtungserklärungen ist durch das berechtigte Interesse des ArbGeb gedeckt und führt bei falschen Angaben des ArbN zu einer arglistigen Täuschung. Falsche Auskünfte des ArbN zu einer MfS-Tätigkeit begründen sowohl das Recht zu einer Kündigung als auch zu einer Anfechtung des ArbVerh. Hierbei sind allerdings die Grundrechte des ArbN zu beachten. Nach der Entscheidung des BVerfG soll vor allem bei nachträglichen Eignungsprüfungen allein eine rein formale Prüfung der Falschbeantwortung ohne eine Einzelfallprüfung diese verletzen und daher unzulässig sein. Gefordert wird vielmehr eine Orientierung an den Grundsätzen zum Kündigungsrecht[8]. Öffentl. ArbVerh, die erst nach dem **3.10.1990** begründet wurden, können ebenfalls durch eine **Anfechtung** des ArbGeb bei falscher Beantwortung einer Frage nach der MfS-Tätigkeit aufgelöst werden. Die kündigungsrechtl. Besonderheiten des Einigungsvertrages gehen den Anfechtungsregeln nicht vor[9].

28

Eine andere Beurteilung ist für das Fragerecht des **privaten ArbGeb** geboten. Es bietet sich der Vergleich mit einem Fragerecht des ArbGeb hinsichtlich bestehender Vorstrafen an. Somit könnte eine Zulässigkeit der Frage nach einer ehemaligen MfS-Tätigkeit dann zulässig sein, wenn eine Relevanz für die künftig auszuübende Tätigkeit besteht, etwa aufgrund enger Verbindungen mit öffentlich-rechtlichen Aufgaben[10].

29

---

1 MünchArbR/*Buchner*, § 30 Rz. 326; ErfK/*Preis*, § 611 BGB Rz. 278; *Ehrich*, DB 2000, 421 (426); *Wohlgemuth*, AuR 1992, 46 (47); s.a. MüKoBGB/*Thüsing*, § 11 AGG Rz. 25. ‖2 Ebenso *Düwell*, BB 2006, 1741 (1743). ‖3 Richardi/*Thüsing*, § 94 BetrVG Rz. 19; *Ehrich*, DB 2000, 421 (426); *Moritz*, NZA 1987, 329 (335); *Coester*, Anm. zu BAG 2.8.1986 – 2 AZR 244/85, AP Nr. 31 zu § 123 BGB; vgl. auch MünchArbR/*Buchner*, § 30 Rz. 315; *Schierbaum*, AiB 1995, 586 (591); vgl. auch ErfK/*Preis*, § 611 BGB Rz. 273. ‖4 *Wohlgemuth*, ArbuR 1992, 46 (48); RGRK/*Schliemann*, § 611 Rz. 18; MünchArbR/*Buchner*, § 30 Rz. 315. ‖5 So Erman/*Edenfeld*, § 611 Rz. 263. ‖6 *Schierbaum*, AiB 1995, 586 (591); s.a. MünchArbR/*Buchner*, § 30 Rz. 315. ‖7 BVerfG 8.7.1997 – 1 BvR 2111/94, 1 BvR 195/95 und 1 BvR 2189/95, NJW 1997, 2307. ‖8 BVerfG 8.7.1997 – 1 BvR 2111/94, 1 BvR 195/95 und 1 BvR 2189/95, NJW 1997, 2307 (2309). ‖9 LAG Köln 26.8.1993 – 6 (4) Sa 82/93, NZA 1995, 79; vgl. BAG 13.6.1996 – 2 AZR 483/95, AP Nr. 33 zu § 1 KSchG 1969. ‖10 BAG 25.10.2001 – 2 AZR 559/00, EzA § 626 nF BGB Nr. 191.

Hierbei ist allerdings zu beachten, dass ein billigenswertes Interesse des ArbGeb an der Beantwortung der Frage regelmäßig fehlen wird. Durch den Wegfall der DDR ist eine Wiederholung der MfS-Tätigkeit ausgeschlossen, so dass, anders als im Falle einer Vorstrafe, auch nicht mit dem Rückfall des ArbN zu rechnen ist. Eine andere Bewertung kann im Hinblick auf **sabotagegefährdete Unternehmen** und **Tätigkeiten im sicherheitsrelevanten Bereich** vorzunehmen sein. Auch für **Tendenzbetriebe** muss ein Fragerecht gelten[1]. Das Bekanntwerden einer ehemaligen MfS-Mitgliedschaft kann zu einem Vertrauensverlust führen, wenn der ArbN für den Betrieb nach außen in Erscheinung tritt[2].

30 **cc) Begrenzung des Fragerechts durch Datenschutzbestimmungen.** Durch das Ausfüllen der von ArbGeb idR verwendeten Personalfragebögen werden **personenbezogene Daten** erhoben[3]. Nach § 4 I BDSG ist auch die Erhebung von personenbezogenen Daten wie auch deren Verarbeitung und Nutzung nur zulässig, soweit das BDSG oder eine andere Rechtsnorm dies erlaubt oder anordnet oder der Betroffene eingewilligt hat. Die Erhebung arbeitnehmerbezogener Daten ist im ArbVerh nach dem **Erlaubnistatbestand** des § 32 BDSG dann zulässig, wenn dies für die Entscheidung über die Begründung eines Beschäftigungsverhältnisses oder nach Begründung des Beschäftigungsverhältnisses für dessen Durchführung oder Beendigung **erforderlich** ist[4]. Zur Aufdeckung von Straftaten dürfen personenbezogene Daten eines Beschäftigten nur dann erhoben, verarbeitet oder genutzt werden, wenn zu dokumentierende tatsächliche Anhaltspunkte den Verdacht begründen, dass der Betroffene im Beschäftigungsverhältnis eine Straftat begangen hat, die Erhebung, Verarbeitung oder Nutzung zur Aufdeckung erforderlich ist und das schutzwürdige Interesse des Beschäftigten an dem Ausschluss der Erhebung, Verarbeitung oder Nutzung nicht überwiegt, insb. Art und Ausmaß im Hinblick auf den Anlass nicht unverhältnismäßig sind. § 28 I Nr. 2 BDSG erlaubt zudem die Erhebung personenbezogener Daten, soweit es zur Wahrung berechtigter Interessen der verantwortlichen Stelle (= ArbGeb) erforderlich ist und kein Grund zu der Annahme besteht, dass das schutzwürdige Interesse des Betroffenen an dem Ausschluss der Verarbeitung oder Nutzung überwiegt. Einzelheiten s. Komm. zur § 32 BDSG.

31 Durch den **Personalfragebogen** kommt es zu einer Sammlung personenbezogener Daten, die gleichartig aufgebaut ist und die nach bestimmten Merkmalen geordnet, umgeordnet und ausgewertet werden kann (nicht automatisierte Sammlung iSd. § 3 II BDSG, so dass er auch dann dem Anwendungsbereich des BDSG unterfällt, wenn er nicht durch automatisierte Verfahren ausgewertet werden kann. Häufig geht mit der Datenerhebung auch eine Datenspeicherung einher; wobei jedoch die Erhebung und Speicherung begrifflich zu differenzieren sind (§ 3 III u. IV BDSG). Während die Speicherung unzulässig erhobener Daten verboten ist, ist das Speichern zulässig erhobener Daten im Rahmen der Zweckbestimmung des ArbVerh erlaubt (§§ 32 I 1 BDSG). Hierbei sind jedoch die durch das informationelle Selbstbestimmungsrecht des Bewerbers begründeten Einschränkungen zu beachten[5].

32 **3. Offenbarungspflichten des Arbeitnehmers.** Unabhängig vom Fragerecht des ArbGeb (Rz. 3ff.) kann der Bewerber auch ohne vorheriges Fragen des ArbGeb zur Offenbarung bestimmter Tatsachen verpflichtet sein. Grds. muss eine Vertragspartei bei Vertragsverhandlungen – auch im Rahmen der Begründung eines ArbVerh – nicht von sich aus auf Umstände hinweisen, die die andere Vertragspartei vom Vertragsschluss abhalten können[6]. Ausnahmen von diesem Prinzip können sich allerdings dann ergeben, wenn der ArbGeb nach dem Grundsatz von Treu und Glauben eine Aufklärung durch den ArbN erwarten darf. Eine Aufklärungspflicht des ArbN ist vor allem dann anzunehmen, wenn er die Arbeitsleistung im vertragl. vereinbarten Umfang nicht oder nur eingeschränkt vornehmen kann. Dies gilt insb., wenn dem Bewerber auf Grund von Krankheiten oder anderen körperlichen oder persönlichen Umständen die Erfüllung seiner arbeitsvertragl. Pflichten über einen nicht unerheblichen Zeitraum unmöglich ist. Ferner darf der ArbGeb freiwillige Auskünfte erwarten, wenn der Bewerber erkennt, dass er auf Grund fehlender Qualifikation für die Arbeit völlig ungeeignet ist[7]. Es ist allerdings zu beachten, dass eine Offenbarungspflicht dann nicht besteht, wenn bereits eine Frage des ArbGeb über denselben Umstand unzulässig wäre.

33 Dem ArbN obliegt nach diesen Grundsätzen eine Offenbarungspflicht hinsichtlich seiner **Vorstrafen**, wenn er sich für eine Führungsposition oder besondere Vertrauensstellung beworben hat[8]. Der **bevorstehende Antritt einer Strafhaft** muss auf Grund der durch die Nichtverfügbarkeit über den ArbN entstehenden Kosten und der produktions- und betriebstechnischen Belastungen des ArbGeb zumindest dann vom Bewerber offen gelegt werden, wenn hierdurch ein mehrmonatiger Arbeitsausfall bevor-

---

1 BAG 13.6.2002 – 2 AZR 234/01, NZA 2003, 265. || 2 Vgl. BAG 21.9.1993 – 1 ABR 28/93, AP Nr. 4 zu § 94 BetrVG 1972; hierzu auch Kittner/Zwanziger/Deinert/*Becker*, § 19 Rz. 44; ErfK/*Preis*, § 611 BGB Rz. 285; *Fitting*, § 94 BetrVG Rz. 17. || 3 So auch BAG 22.10.1986 – 5 AZR 660/85, AP Nr. 2 zu § 23 BDSG. || 4 BAG v. 6.9.2012 – 2 AZR 270/11, NZA 2013, 1087; 15.11.2012 – 6 AZR 339/11, NZA 2013, 429. || 5 BAG 22.10.1986 – 5 AZR 660/85, BAGE 53, 226 (230). || 6 Staudinger/*Richardi*, § 611 Rz. 161; *Hoffmann*, ZfA 1975, 1 (48). || 7 BAG 21.2.1991 – 2 AZR 449/90, AP Nr. 35 zu § 123 BGB; *Moritz*, NZA 1987, 329 (331); Staudinger/*Richardi*, § 611 Rz. 162; ErfK/*Preis*, § 611 BGB Rz. 288; Soergel/*Kraft*, § 611 Rz. 31; *Wiedemann*, FS Herschel, 1982, S. 463 (468); zurückhaltend MünchArbR/*Buchner*, § 30 Rz. 362. || 8 Zurückhaltend BAG v. 6.9.2012 – 2 AZR 270/11, NZA 2013, 1087, aber grds. bei einschlägigen Vorstrafen eine Offenbarungspflicht nicht ausschließend.

steht[1]. Ist zu Beginn des Dienstantritts oder in absehbarer Zeit mit einer Arbeitsunfähigkeit durch eine zum Zeitpunkt der Verhandlungen bestehende **Krankheit** zu rechnen, muss der Bewerber den ArbGeb freiwillig hierüber aufklären[2]. Eine Offenbarungspflicht besteht ebenfalls im Falle einer **Alkoholabhängigkeit** des Bewerbers, wenn sich dieser für eine **Stelle als Kraftfahrer** bewirbt. Die Eignung des Bewerbers für diese Stelle entfällt bereits durch die abstrakte Gefahr des Führens von Kraftfahrzeugen unter Alkoholgenuss und den damit verbundenen Risiken[3]. Bei **befristeten** ArbVerh hat der Bewerber auch ein unmittelbar **bevorstehendes Heilverfahren** dem ArbGeb zu offenbaren, wenn es ihn hindert, seine befristete Tätigkeit auszuüben[4]. Eine Offenbarungspflicht muss auch dann bestehen, wenn der Bewerber dauerhaft an einer **ansteckenden Krankheit** leidet, durch die Dritte auf Grund der Art der Arbeitsleistung konkret gefährdet würden[5]. Der ArbN muss ohne eine vorangegangene Frage des ArbGeb seine **Behinderung** nur offenbaren, wenn sie ihn daran hindert, die vorgesehene Arbeit überhaupt zu übernehmen[6]. Eine lediglich beschränkte Leistungsfähigkeit ruft im Hinblick auf § 81 II SGB IX keine Offenbarungspflicht hervor[7]. Auf Grund der Unzulässigkeit diesbezüglicher Fragen durch den ArbGeb besteht eine generelle Offenbarungspflicht der Bewerberin hinsichtlich einer bestehenden **Schwangerschaft** nicht. Das BAG hatte eine Aufklärungspflicht für den Fall angenommen, dass der Bewerberin etwa durch Eingreifen eines Beschäftigungsverbots die Erfüllung der arbeitsvertragl. geschuldeten Leistungspflicht unmöglich ist[8]. Diese Bewertung ist jedoch vor dem Hintergrund der restriktiven Rspr. des EuGH zur Schwangerschaftsfrage (§ 123 Rz. 24) nicht aufrechtzuerhalten und eine Offenbarungspflicht mithin abzulehnen[9]. Ein ArbN muss allerdings ungefragt offenbaren, wenn er einem **Wettbewerbsverbot** unterliegt, da die Möglichkeit besteht, dass er die Tätigkeit gar nicht erst annimmt oder wieder abbricht, wenn sein alter ArbGeb gegen ihn vorgeht[10]. Unter dem Gesichtspunkt der fehlenden Verfügbarkeit muss auch von der Offenbarungspflicht eines ausländischen Bewerbers ausgegangen werden, wenn dieser keine **Aufenthalts- oder Arbeitserlaubnis besitzt**[11].

Eine **Verletzung** der Offenbarungspflichten kann neben einer Anfechtung des Arbeitsvertrages gem. § 123 auch zu einem Schadensersatzanspruch aus §§ 311 II, 280 führen (§ 611 Rz. 26). **34**

4. Berücksichtigung von nicht erfragtem Wissen. Auch Wissen, das der ArbGeb nicht vom ArbN hat, darf er nicht in jedem Fall berücksichtigen. § 32 I 1 BDSG erlaubt seine Verwendung nur, soweit es für die Entscheidung des ArbGeb über die Einstellung erforderlich ist. Der ArbGeb wird damit zu einer Entscheidung über die **Einstellung** gezwungen allein **auf Grund sachlicher Erwägungen**. Denn anderes Wissen zu berücksichtigen ist nicht „erforderlich" für die Entscheidung über die Einstellung[12]. Dies bedeutet eine erhebliche Einschränkung der Vertragsfreiheit des ArbGeb, der bislang – außerhalb des Diskriminierungsrechts - frei war in seiner Entscheidung, wen er einstellt und wen nicht. Die **Grauzone** ist dabei nicht unerheblich: Ist es erforderlich zu berücksichtigen, ob der Bewerber früher einmal gehascht hat, ob er als Jugendlicher dümmliche Fotos in das Internet gestellt hat oder ob er noch mit 50 bei seiner Mutter wohnt? All das mag den ein oder anderen ArbGeb in seiner Entscheidung beeinflussen, erforderlich für die Entscheidung über die Einstellung ist die Nutzung jedoch nur, wenn sich aus diesen Fakten zumindest mittelbar eine Aussage über die Eignung für den Beruf herausbildet. Dies hat der ArbGeb im Streitfall ggf. darzulegen, freilich erst dann, wenn der Bewerber darlegt, dass hier bestimmte Informationen genutzt werden, die zu nutzen dem ArbGeb nicht erlaubt war. **34a**

III. Widerrechtliche Drohung als Anfechtungsgrund. Gem. § 123 ist auch derjenige zur Anfechtung berechtigt, der durch eine widerrechtl. Drohung zur Abgabe seiner Willenserklärung veranlasst wurde. Eine Drohung ist das Inaussichtstellen eines künftigen Übels[13], dessen Eintritt – zumindest nach der Vorstellung des Bedrohten – vom Willen des Drohenden abhängt[14]. Übel ist jeder objektive oder subjektiv empfundene Nachteil für den Bedrohten oder einen Dritten[15]. Eine Anfechtung der Willenserklärung ist nur dann zulässig, wenn die Drohung auch rechtswidrig ist. Dies ist auch dann der Fall, wenn sowohl der Zweck als auch die Mittel des Drohenden an sich erlaubt sind, aber nicht in einem angemessenen Verhältnis zueinander stehen[16]. Eine Drohung iS dieser Vorschrift kann in der **Ankündigung einer fristlosen Entlassung**[17] lie- **35**

---

1 LAG Hess. 7.8.1986 – 12 Sa 361/86, NZA 1987, 352, wobei es für diese Bewertung nach dem LAG keine Rolle spielte, dass der Einstellungsbewerber eine Strafverbüßung im offenen Vollzug beantragt und die Chance hatte, diese bewilligt zu bekommen; zust. Anm. v. *Conze* zu BAG 18.9.1987 – 7 AZR 507/86, AP Nr. 32 zu § 123 BGB, ebenso schon *Hoffmann*, ZfA 1975, 49 Fn. 217; *Knipp*, AR-Blattei, Einstellung Rz. 102; Staudinger/*Richardi*, § 611 Rz. 159; abl. *Moritz*, NZA 1987, 335. ||2 BAG 7.2.1964 – 1 AZR 251/63, AP Nr. 6 zu § 276 BGB Verschulden bei Vertragsschluss; *Wiedemann*, FS Herschel, 1982, S. 463 (468). ||3 ArbG Kiel 21.1.1982 – 2c Ca 2062/81, BB 1982, 804; *Gola*, BB 1987, 538 (539). ||4 LAG Berlin 18.4.1978 – 3 Sa 115/77, BB 1979, 1145. ||5 MünchArbR/*Buchner*, § 30 Rz. 359. ||6 AA noch BAG 1.8.1985 – 2 AZR 101/83, AP Nr. 30 zu § 123 BGB; MünchArbR/*Buchner*, § 30 Rz. 357; ähnlich Staudinger/*Richardi*, § 611 Rz. 155. ||7 BAG 25.3.1976 – 2 AZR 136/75, AP Nr. 19 zu § 123 BGB; 8.8.1985 – 2 AZR 101/83, AP Nr. 30 zu § 123 BGB; LAG Düss. 6.3.1991 – 4 Sa 1615/90, NZA 1991, 674. ||8 BAG 8.6.1955 – 2 AZR 14/54, AP Nr. 2 zu § 9 MuSchG; 8.9.1988 – 2 AZR 102/88, BAGE 59/285. ||9 Ähnl. ErfK/*Preis*, § 611 BGB Rz. 290. ||10 ErfK/*Preis*, § 611 BGB Rz. 289. ||11 Vgl. hierzu LAG Nürnberg 21.9.1994 – 3 Sa 1170/94, NZA 1995, 228. ||12 S.a. *Düwell*, FA 2009, 268; v. *Steinau-Steinrück/Mosch*, NJW Spezial 2009, 450. ||13 BGH 7.6.1988 – IX AZR 245/86, NJW 1988, 2599. ||14 Vgl. BGH 23.9.1957 – VII ZR 403/56, BGHZ 25, 217; MüKoBGB/*Kramer*, § 123 Rz. 40. ||15 Vgl. BGH 23.9.1957 – VII ZR 403/56, BGHZ 25, 217; Staudinger/*Dilcher*, § 123 Rz. 62. ||16 BAG 2.5.1957 – 2 AZR 469/55, AP Nr. 1 zu § 180 BGB. ||17 BAG 8.12.1955 – 2 AZR 13/54, AP Nr. 4 zu § 9 MuSchG.

gen, vor allem dann, wenn der ArbGeb hierdurch eine Eigenkündigung des ArbN veranlassen will[1]. Es fehlt jedoch an ihrer Widerrechtlichkeit, wenn ein verständiger ArbGeb in der gleichen Lage eine fristlose Kündigung ausgesprochen hätte[2] oder wenn der ArbGeb dem ArbN wegen seines Verhaltens eine fristlose Entlassung angekündigt hat, später aber aus sozialen Erwägungen das Angebot der Weiterbeschäftigung auf einem anderen Arbeitsplatz gegen verminderte Vergütung gemacht hat[3]. Hinsichtlich der Beurteilung der Widerrechtlichkeit einer Kündigung ist der objektiv mögliche und damit hypothetische Wissensstand des ArbGeb maßgeblich. Das bedeutet, dass nicht nur die dem ArbGeb zum Zeitpunkt der Drohung bekannten, sondern auch die im Prozess gewonnenen Ergebnisse weiterer Ermittlungen, die ein verständiger ArbGeb zur Aufklärung des Sachverhalts angestellt hätte, zu berücksichtigen sind[4]. Das BAG hat auch eine Anfechtung gem. § 123 für zulässig gehalten, wenn der ArbGeb einen Auszubildenden am Ende der Ausbildung zu einer für ihn nachteiligen vertragl. Abrede über die Fortsetzung des ArbVerh veranlasst hat, indem er ihm gedroht hat, sonst gar keine vertragl. Regelung zu treffen und außerdem die Ausbildungskosten zurückzuverlangen[5]. Nicht widerrechtl. ist hingegen eine Drohung mit der Anrufung der ordentl. Gerichte oder der Einleitung eines Verfahrens beim BR; dies ist legitimes Mittel der Rechtsdurchsetzung[6]. In der Ankündigung, das ArbVerh durch Fristablauf enden zu lassen, wenn die ArbNin nicht zu einer befristeten Fortsetzung zu den vorgeschlagenen Bedingungen bereit ist, liegt ebenfalls keine rechtswidrige Drohung[7].

Für die Anfechtbarkeit wegen Drohung ist es unerheblich, von welcher Person die Drohung ausgeht. Diese kann auch von einem vom Geschäftspartner zu unterscheidenden Dritten ausgehen. Das BAG hat die Anfechtung eines gerichtl. Vergleichs nach Abs. 1 in einem Fall bejaht, in dem ein Richter den ArbN im Rahmen von Vergleichsverhandlungen bedroht hatte und dieser nur aufgrund der Drohkulisse dem Abschluss eines gerichtl. Vergleichs zugestimmt hat[8].

36 **IV. Kausalität und Anfechtungserklärung.** Im Hinblick auf das Erfordernis der Kausalität zwischen Täuschung bzw. Drohung der Abgabe der Willenserklärung vgl. § 119 Rz. 11. Zu den Voraussetzungen der Anfechtungserklärung s. § 119 Rz. 12 f.

37 **V. Anfechtungsfrist.** Die Anfechtung muss gem. § 124 I binnen Jahresfrist erfolgen. Eine Konkretisierung entsprechend § 626 II ist hier nicht erforderlich. Ist eine Anfechtung wegen arglistiger Täuschung erklärt worden, können andere Anfechtungsgründe nicht nachgeschoben werden[9] (vgl. § 119 Rz. 14).

38 **VI. Rechtsfolgen.** (eingehender hierzu § 119 Rz. 15) Grds. entfaltet auch die Anfechtung gem. § 123 regelmäßig nur für die Zukunft Wirkung (ex nunc)[10], so dass die erbrachten Leistungen auch hier so abzuwickeln sind, als sei das ArbVerh in der Vergangenheit gültig gewesen. Wurde das ArbVerh zwischenzeitlich wieder außer Funktion gesetzt und hat der ArbN ab diesem Zeitpunkt keine Arbeitsleistung mehr erbracht, wirkt die Anfechtung auch hier auf den Zeitpunkt der Außerfunktionssetzung zurück. Dem stehen bei einer Täuschungsanfechtung keine Gesichtspunkte des Vertrauensschutzes entgegen[11].

39 **VII. Klagefrist.** Zur Klagefrist vgl. § 119 Rz. 18.

40 **VIII. Anfechtung eines Aufhebungsvertrags. 1. Kein Widerrufsrecht nach § 312 – Keine Inhaltskontrolle.** Nach der Rspr. des BAG besteht – obwohl der ArbN Verbraucher ist – kein Widerrufsrecht bei Aufhebungsverträgen nach § 312[12]. Offen ist jedoch, ob dies auch gilt, wenn der Vertrag zu Hause beim ArbN abgeschlossen wird[13].

41 **Keine** Möglichkeit zur Korrektur des übereilten Ja bietet auch die **Inhaltskontrolle nach §§ 305 ff.** Das BAG verweist zu Recht darauf, dass nach § 307 III nur solche AGB kontrollfähig sind, die von Rechtsvorschriften abweichen oder diese ergänzende Regelungen enthalten[14]. Abreden über den unmittelbaren Gegenstand der Hauptleistung unterliegen regelmäßig keiner Inhaltskontrolle, s. § 307 Rz. 4. Um solche Hauptleistungspflichten geht es aber bei der Beendigung des Arbeitsvertrags gegen oder ohne

---

1 BAG 15.12.2005 – 6 AZR 197/05, AP Nr. 66 zu § 123 BGB; 30.9.1993 – 2 AZR 268/93, EzA § 611 BGB Aufhebungsvertrag Nr. 13. ‖2 BAG 30.3.1960 – 3 AZR 201/58, AP Nr. 8 zu § 123 BGB. ‖3 BAG 5.4.1978 – 4 AZR 621/76, AP Nr. 20 zu § 123 BGB. ‖4 KassHdb/*Leinemann*, 1.1 Rz. 598; krit. *Kaiser*, EzA § 611 BGB Aufhebungsvertrag Nr. 13. ‖5 BAG 28.1.1987 – 5 AZR 323/86, EzA § 4 TVG Nachwirkung Nr. 8. ‖6 Schaub/*Linck*, ArbRHdb, § 34 Rz. 46. ‖7 BAG 13.12.2007 – 6 AZR 200/07, EzA § 123 BGB 2002 Nr. 8. ‖8 BAG 12.5.2010 – 2 AZR 544/08, EzA § 123 BGB 2002 Nr. 9. ‖9 BAG 7.11.2007 – 5 AZR 1007/06, AP Nr. 329 zu § 613a BGB. ‖10 Grundl. BAG 15.11.1957 – 1 AZR 189/57, AP Nr. 2 zu § 125 BGB; 19.6.1959 – 1 AZR 565/57, AP Nr. 1 zu § 611 BGB Doppelarbeitsverhältnis; 5.12.1957 – 1 AZR 594/56, AP Nr. 2 zu § 123 BGB; 16.9.1982 – 2 AZR 228/80, AP Nr. 24 zu § 123 BGB; 29.8.1984 – 7 AZR 34/83, AP Nr. 27 zu § 123 BGB; 20.2.1986 – 2 AZR 244/85, AP Nr. 31 zu § 123 BGB; *Hueck/Nipperdey*, I 123 ff., 183 ff.; *Nikisch*, I 173 f., 215 ff.; aA *Beuthien*, RdA 1969, 161 ff. mit der Begründung, dass diese Auffassung nicht gesetzestreu sei. Vielmehr müsse im Grundsatz auch für die Vergangenheit von der Nichtigkeit des Vertrages ausgegangen und daher das fehlerhafte ArbVerh als bürgerl.-rechtl. Abwicklungsproblem behandelt werden. S.a. *Ramm*, ArbuR 1963, 97 (106 f.); *Picker*, ZfA 1981, 1 (61), die diese Ausführungen zumindest für die Anfechtung wegen arglistiger Täuschung gelten lassen wollen; einschr. BAG 3.12.1998 – 2 AZR 754/97, AP Nr. 49 zu § 123 BGB. ‖11 BAG 29.8.1984 – 7 AZR 34/83, AP Nr. 27 zu § 123 BGB. ‖12 BAG 27.11.2003 – 2 AZR 177/03, BB 2004, 1858. ‖13 S. hierzu LAG Berlin 5.4.2004 – 18 Sa 2204/03 sowie *Thüsing*, RdA 2005, 257 (266). Unzutreffend abl. ArbG Hamburg v. 13.3.2008 – 2 Ca 454/07. ‖14 BAG 22.4.2004 – 2 AZR 281/03, NZA 2004, 1295; 27.11.2003 – 2 AZR 135/03, NJW 2004, 2401; 3.6.2004 – 2 AZR 427/03, nv.

Abfindung: Der Bestandsschutz wird gegen eine mehr oder weniger hohe Gegenleistung getauscht, und ob diese Gegenleistung angemessen ist, sagt nicht das Gesetz, das einen iustum pretium nicht kennt.

2. Anfechtung. Möglich ist die Anfechtung wegen rechtswidriger Drohung oder aber wegen Verletzung von Aufklärungspflichten, die eine Täuschung durch Unterlassen darstellen können. **42**

a) Rechtswidrige Drohung. Eine Anfechtung wegen rechtswidriger Drohung gesteht das BAG regelmäßig nur zu, wenn ein verständiger ArbGeb nicht mit Kündigung gedroht hätte. Auf die **Rechtmäßigkeit der in Aussicht gestellten Kündigungen kommt es demgegenüber nicht an**[1]. Diesen Ansatz will das Schrifttum erweitern und schlägt vor, die Drohung mit einer Kündigung zum Zweck der Beendigung des ArbVerh dann als widerrechtl. zu werten, wenn der ArbN dadurch zu einer überstürzten Entscheidung gezwungen wird[2]. Das fügt sich kaum in die anerkannten Regeln des § 123 ein. Die Drohung ist nach allg. Auffassung widerrechtl., wenn das Mittel, dh. das angedrohte Verhalten, oder der Zweck, dh. die abgenötigte Willenserklärung, oder jedenfalls die Verknüpfung von beidem widerrechtlich ist[3]. Wird aber eine Kündigung, die der verständige ArbGeb erwägen durfte, angedroht, dann ist das Mittel nicht widerrechtl. Gleiches gilt für das abgenötigte Verhalten. Ansatzpunkt wäre allein die Verwerflichkeit der Zweck-Mittel-Relation. Die aber kann aus dem bloßen Zeitdruck, der Überrumpelung oder der fehlenden Möglichkeit zum Widerruf nicht hergeleitet werden. Der Zweck, nämlich der Abschluss eines Aufhebungsvertrags, und das Mittel, nämlich die Drohung selbst, bleiben hier die gleichen wie für den Fall ausführlicher Erörterung mit rechtsanwaltlichem Beistand. Wenn sich aber der Zweck nicht ändert und nicht das Mittel, dann kann sich auch nicht die Relation zwischen diesen ändern. Die Einbeziehung der äußeren Umstände des Vertragsschlusses sieht die Systematik des § 123 schlichtweg nicht vor, wenn sie nicht von Einfluss auf den Inhalt und das Gewicht des Mittels sind – und gerade dies ist hier nicht der Fall. Das BAG ist dem Ansatz des Schrifttums also zu Recht nicht gefolgt. Die Widerrechtlichkeit der Drohung mit einer fristlosen Kündigung, die ein verständiger ArbGeb nicht in Betracht gezogen hätte, um den ArbN zum Abschluss eines Aufhebungsvertrags zu veranlassen, wird somit nicht durch eine dem ArbN vom ArbGeb eingeräumte Bedenkzeit beseitigt[4]. Allerdings ist die Ursächlichkeit der Drohung für den späteren Abschluss des Aufhebungsvertrags zu verneinen, wenn der Anfechtende die Bedenkzeit dazu genutzt hat, die Vereinbarung durch aktives Verhandeln erheblich zu seinen Gunsten zu beeinflussen[5]. **43**

Täuscht der ArbGeb den ArbN darüber, dass ein Betriebsübergang geplant ist, indem er ihm wahrheitswidrig vorspiegelt, der Betrieb solle stillgelegt werden, kann der Aufhebungsvertrag angefochten werden. Dies gilt jedoch nur, wenn der ArbN darlegen und beweisen kann, dass ArbGeb und Betriebserwerber sich über die Veräußerung des Betriebes geeinigt haben[6]. Ob die Anfechtung eines Aufhebungsvertrags wegen widerrechtl. Drohung möglich ist, wenn der ArbGeb auf die Fremdvergabe der Arbeiten mit der Folge des Wegfalles der Arbeitsplätze hinweist, hat das BAG offen gelassen[7]. Im Rahmen der Unterrichtung über einen Betriebsübergang ist eine arglistige Täuschung des ArbGeb iSv. Abs. 1 auch dann gegeben, wenn dieser Tatsachen wider besseres Wissen verschweigt, um erkennbar in der Absicht zu handeln, den ArbN zum Widerspruch gegen den Übergang seines ArbVerh zu bewegen[8].

b) Unterlassene Aufklärung. Der Wortwahl nach großzügiger formuliert das BAG bei der unterlassenen Aufklärung, die eine Täuschung durch Unterlassen sein kann. Eine **Aufklärungspflicht** besteht insb. dann, wenn die Abwägung der beiderseitigen Interessen unter Billigkeitsgesichtspunkten und unter Berücksichtigung aller Umstände des Einzelfalles ergibt, dass der ArbN durch eine sachgerechte und vom ArbGeb redlicherweise zu erwartende Aufklärung vor der Aufhebung des ArbVerh bewahrt werden muss, weil er sich durch sie aus Unkenntnis selbst schädigen würde[9]. Zwar müsse sich der ArbN vor Abschluss eines Aufhebungsvertrags regelmäßig selbst über die Folgen der Beendigung seines ArbVerh Klarheit verschaffen. Den ArbGeb treffen aber jedenfalls dann erhöhte Hinweis- und Aufklärungspflichten, wenn er im betriebl. Interesse den Abschluss eines Aufhebungsvertrags vorschlägt und dabei **44**

---

1 BAG 27.11.2003 – 2 AZR 135/03, NJW 2004, 2401; 3.7.2003 – 2 AZR 327/02, AuA 2004, 46; 6.12.2001 – 2 AZR 396/00, DB 2002, 1328; 22.12.1982 – 2 AZR 282/82, AP Nr. 23 zu § 123 BGB; 30.9.1993 – 2 AZR 268/93, BAGE 74, 281 (285). ||**2** Benecke, RdA 2003, 147 (151). Ältere Versuche, am Fehlen einer Bedenkzeit anzuknüpfen, finden sich bei Flume, Das Rechtsgeschäft, 4. Aufl. 1992, § 28 Nr. 2, S. 537f.; MüKoBGB/Kramer, 2. Aufl., § 123 Rz. 36; ähnlich MüKoBGB/Schwerdtner, 3. Aufl. 1997, Vor § 620 Rz. 14. ||**3** Vgl. Palandt/Ellenberger, § 123 Rz. 19ff.; früher bereits Soergel/Hefermehl, § 123 Rz. 44ff., jew. mwN; auch die Drohung mit einer Strafanzeige kann zulässig sein, wenn sie dazu dient, den Täter zur Wiedergutmachung eines Schadens zu veranlassen. In diesem Fall ist die Zweck-Mittel-Relation als nicht verwerflich zu betrachten; für die Frage der Anfechtbarkeit eines materiellen Schuldanerkenntnisses s. BAG 22.7.2010 – 8 AZR 144/09, NJW 2011, 630. ||**4** BAG 28.11.2007 – 6 AZR 1108/06, AP Nr. 36 zu § 620 BGB Aufhebungsvertrag; 30.9.1993 – 2 AZR 268/93, BAGE 74, 281; 16.2.1983 – 7 AZR 134/81, AP Nr. 22 zu § 123 BGB; offen gelassen 30.1.1986 – 2 AZR 196/85, NZA 1988, 91; 16.1.1992 – 2 AZR 412/91, NZA 1992, 1023. ||**5** BAG 28.11.2007 – 6 AZR 1108/06, AP Nr. 36 zu § 620 BGB Aufhebungsvertrag. ||**6** BAG 23.11.2006 – 8 AZR 349/06, AP Nr. 1 zu § 613a BGB Wiedereinstellung. ||**7** BAG 21.5.2008 – 8 AZR 481/07, AP Nr. 354 zu § 613a BGB; bejahend LAG München 26.7.2007 – 6 Sa 870/05, EzAÜG § 613a BGB Nr. 14. ||**8** BAG 15.12.2011 – 8 AZR 220/11, NJW 2012, 1677. ||**9** BAG 22.4.2004 – 2 AZR 281/03, EzA § 312 BGB 2002 Nr. 2 im Hinweis auf BAG 13.11.1996 – 10 AZR 340/96, AP Nr. 4 zu § 620 BGB Aufhebungsvertrag; zur Aufklärungspflicht in Bezug auf die Altersversorgung: BAG 11.5.1999 – 3 AZR 106/98, AP Nr. 8 zu Einigungsvertrag Anl. II Kap. VIII und 10.3.1988 – 8 AZR 420/85, BB 1988, 1962.

BGB § 123 Rz. 45   Anfechtbarkeit wegen Täuschung oder Drohung

den Eindruck erweckt, er werde bei der vorzeitigen Beendigung des ArbVerh auch die Interessen des ArbN wahren[1].

45   **3. Verletzung von Verhandlungspflichten.** Einen möglichen Weg zur Lösung vom Aufhebungsvertrag weist das BAG über das **Gebot fairen Verhandelns**[2]. Entscheidend ist hier stets, dass Einfluss auf den anderen ausgeübt wird, der verhindert, dass dieser in Übereinstimmung mit seinen eigenen Wünschen und Präferenzen handelt, dass eine Bereitschaft zur Zustimmung geschaffen wird, von der der andere Vertragspartner weiß, dass sie wahrscheinlich nur sehr vorübergehend ist. Eben dies ist auch der Grund, warum hier der Vertragsmechanismus versagt, und es nicht nur ethisch gewünscht, sondern am Maßstab der Bürgschaftsentscheidung auch verfassungsrechtl. vertretbar und unter Effizienzgesichtspunkten zu begrüßen ist[3], wenn ein solcher Vertrag widerrufen werden könnte.

46   **Kriterien einer Einflussnahme**, die ein solches Einverständnis ohne dauernde innerliche Zustimmung schaffen kann, sind Verhandlungen zu einer ungewöhnlichen Zeit oder an einem ungewöhnlichen Ort, insoweit vertypt auch in § 312 und hier nicht unmittelbar einschlägig in den meisten Fällen; das wiederholte Verlangen, dass der Vertragsschluss sofort erfolgen müsse, besondere Betonung möglicher Folgen der Verzögerung, der Gebrauch mehrerer Überzeuger gegen eine einzelne Vertragspartei, Fehlen eines neutralen Beistands oder anwaltlicher Beratung, keine Zulassung eines solchen, selbst wenn der Wunsch danach geäußert wurde. Andere können sich hinzugesellen. Entscheidend ist jedoch, dass hier nicht der Inhalt des Vertrags maßgeblich ist, sondern der Weg hierhin.

47   Allerdings bildet sich dadurch **kein subsumtionsfähiger Begriff**; die unfaire Überzeugung ist ein Typus, der nur durch das ein oder andere Merkmal beschrieben werden kann; es gibt jedoch weder hinreichende noch notwendige Bedingungen, die diese Situationen charakterisieren können. Eine solche Unschärfe mag jedoch durch Fallgruppen gemildert werden, die sich in zukünftiger Rspr. herausbilden können.

Buch 2. Recht der Schuldverhältnisse

Abschnitt 2. Gestaltung rechtsgeschäftlicher Schuldverhältnisse durch Allgemeine Geschäftsbedingungen[4]

Vorbemerkungen vor §§ 305–310

1   • **Checkliste zur Überprüfung der Wirksamkeit Allgemeiner Geschäftsbedingungen im Arbeitsrecht**

1. Anwendungsbereich
   a) Einzelarbeitsverträge
   b) Keine Anwendung auf TV, BV und Dienstvereinbarungen (§ 310 IV 1) bei normativer Geltung
   c) Anwendungsbereich jedoch eröffnet bei einzelvertragl. Einbeziehung kollektivrechtl. Regelungen
2. Vorliegen Allgemeiner Arbeitsbedingungen
   a) § 305 I
   b) Erweiterung in § 310 III Nr. 1, 2, Verbraucherverträge
3. Wirksame Einbeziehung in den Vertrag
   a) Keine Anwendung von § 305 II (§ 310 IV 2 Hs. 2)
   b) Stattdessen allg. Grundsätze
   c) Keine überraschende Klausel (§ 305c I)
4. Keine Verdrängung durch vorrangige Individualabrede (§ 305b)
5. Auslegung der einbezogenen Arbeitsbedingungen (§ 305c II)
   Rückwirkung auf die Inhaltskontrolle – Grundsatz der kundenfeindlichen Auslegung (§ 305c Rz. 9)

---

1 BAG 22.4.2004 – 2 AZR 281/03, EzA § 312 BGB 2002 Nr. 2 im Hinweis auf BAG 21.2.2002 – 2 AZR 749/00, EzA § 1 KSchG Wiedereinstellungsanspruch Nr. 7; 17.10.2000 – 3 AZR 605/99, AP Nr. 116 zu § 611 BGB Fürsorgepflicht; 3.7.1990 – 3 AZR 382/89, AP Nr. 24 zu § 1 BetrAVG. ‖ 2 BAG 27.11.2003 – 2 AZR 177/03, BB 2004, 1858; bestätigt in BAG 22.4.2004 – 2 AZR 281/03, EzA § 312 BGB 2002 Nr. 2; 3.6.2004 – 2 AZR 427/03, nv.; 15.3.2005 – 9 AZR 502/03, AP Nr. 7 zu § 781 BGB; s.a. *Lorenz*, JZ 1997, 277 (281 f.); aufgegriffen bereits durch *Däubler*, NZA 2001, 1329 (1334); *Henssler*, RdA 2002, 129 (135); *Reinecke*, NZA 2004, Beil. zu Heft 18, 27; s.a. *Thüsing*, FS Wiedemann, 2002, S. 559 (572). Zurückhaltender LAG Rh.-Pf. 12.7.2006 – 9 Sa 324/06, nv. ‖ 3 Ausf. dargelegt durch *Eisenberg*, The Bargain Principle and Its Limits, 95 Harv. L. Rev. 741 (1982). ‖ 4 **Amtlicher Hinweis:** Dieser Abschnitt dient auch der Umsetzung der Richtlinie 93/13/EWG des Rates v. 5.4.1993 über missbräuchliche Klauseln in Verbraucherverträgen (ABl. L 95/29).

6. **Inhaltskontrolle (§§ 307 ff.)**
   a) Anwendungsbereich (§ 307 III)
      aa) Ausgeschlossen bei gesetzeswiederholenden Klauseln; Problem: Einbeziehung von TV
      bb) Keine Preiskontrolle (str.), ausgenommen Preisnebenabreden
      cc) Transparenzgebot (§ 307 I 2) auch bei gesetzeswiederholenden Klauseln und Preisabreden
   b) Klauselverbote ohne Wertungsmöglichkeit (§ 309)
   c) Klauselverbote mit Wertungsmöglichkeit (§ 308)
   d) Unangemessene Benachteiligung gem. § 307 I
      aa) Verstoß gegen das Transparenzgebot (307 I 2)
      bb) Im Zweifel bei Abweichung von wesentlichen Grundgedanken der gesetzl. Regelung (§ 307 II Nr. 1)
      cc) Im Zweifel bei Einschränkung von Rechten und Pflichten, so dass der Vertragszweck gefährdet wird (§ 307 II Nr. 2)
7. **Rechtsfolgen**
   a) Unwirksamkeit oder Nichteinbeziehung einer Vertragsklausel bei Aufrechterhaltung des Vertrages iÜ (§ 306 I)
   b) Ersetzung der unwirksamen Klausel durch gesetzl. Regelung (§ 306 II); keine geltungserhaltende Reduktion (str.)
8. **Kontrollüberlegung bei allen Prüfungsschritten:** Abweichung von den allg. Grundsätzen auf Grund der im Arbeitsrecht geltenden Besonderheiten gerechtfertigt?

305 Einbeziehung Allgemeiner Geschäftsbedingungen in den Vertrag

(1) Allgemeine Geschäftsbedingungen sind alle für eine Vielzahl von Verträgen vorformulierten Vertragsbedingungen, die eine Vertragspartei (Verwender) der anderen Vertragspartei bei Abschluss eines Vertrags stellt. Gleichgültig ist, ob die Bestimmungen einen äußerlich gesonderten Bestandteil des Vertrags bilden oder in die Vertragsurkunde selbst aufgenommen werden, welchen Umfang sie haben, in welcher Schriftart sie verfasst sind und welche Form der Vertrag hat. Allgemeine Geschäftsbedingungen liegen nicht vor, soweit die Vertragsbedingungen zwischen den Vertragsparteien im Einzelnen ausgehandelt sind.

(2) Allgemeine Geschäftsbedingungen werden nur dann Bestandteil eines Vertrags, wenn der Verwender bei Vertragsschluss
1. die andere Vertragspartei ausdrücklich oder, wenn ein ausdrücklicher Hinweis wegen der Art des Vertragsschlusses nur unter unverhältnismäßigen Schwierigkeiten möglich ist, durch deutlich sichtbaren Aushang am Orte des Vertragsschlusses auf sie hinweist und
2. der anderen Vertragspartei die Möglichkeit verschafft, in zumutbarer Weise, die auch eine für den Verwender erkennbare körperliche Behinderung der anderen Vertragspartei angemessen berücksichtigt, von ihrem Inhalt Kenntnis zu nehmen,

und wenn die andere Vertragspartei mit ihrer Geltung einverstanden ist.

(3) Die Vertragsparteien können für eine bestimmte Art von Rechtsgeschäften die Geltung bestimmter Allgemeiner Geschäftsbedingungen unter Beachtung der in Absatz 2 bezeichneten Erfordernisse im Voraus vereinbaren.

I. Allgemeine Arbeitsvertragsbedingungen. Die §§ 305 ff. finden nur Anwendung zur Kontrolle allg. Arbeitsvertragsbedingungen iSv. Abs. 1, wobei in der Praxis die Verwendung von vorformulierten Arbeitsverträgen durch den ArbGeb der **Regelfall** ist[1]. Im Einzelnen setzt dies Folgendes voraus:

Es muss sich um **Vertragsbedingungen** handeln. Gemeint sind damit Regelungen, die Vertragsinhalt sind, aber auch Klauseln für vorvertragl. Beziehungen[2]. Auf der Ebene der Definition der grds. kontrollfähigen Vertragsbedingungen sind alle Vertragsbedingungen erfasst. Dies gilt zB auch für Vereinbarungen über die Hauptleistungspflichten des Arbeitsvertrags[3]. In welchem Umfang sie einer Inhaltskontrolle unterliegen, ergibt sich erst aus den nachfolgenden Vorschriften, wie für die Hauptleistungspflichten zB aus § 307 I, III. Erfasst werden alle Vertragsbedingungen, zB auch **Regelungen über prozessuale Fragen**[4], womit der Verzicht auf die Erhebung der Kündigungsschutzklage kontrollfähig ist (dazu Anh. §§ 305–310 Rz. 58). Erfasst sind **einseitige Rechtsgeschäfte** des Vertragspartners des Verwenders, mithin regelmäßig einseitige Rechtsgeschäfte des ArbN, die auf einer vorformulierten Erklärung des ArbGeb beruhen. Dies ergibt sich bereits aus § 308 Nr. 1 und § 309 Nr. 12b. Dafür spricht auch der Schutzzweck, weil der ArbGeb in einem solchen Fall noch stärker als bei vertragl. Regelungen in die Rechtsgestaltungsfreiheit des ArbN eingreift[5]. Kontrollfähig ist damit auch die Ausgleichsquittung,

---

1 Vgl. *Preis*, Vertragsgestaltung, S. 58. ‖ 2 BGH 23.9.2010 – III ZR 246/09, NJW 2011, 139. ‖ 3 Vgl. BGH 30.10.1991 – VIII ZR 51/91, BGHZ 115, 39. ‖ 4 BGH 27.9.2001 – VII ZR 388/00, NJW 2002, 137. ‖ 5 BGH 19.11.2009 – III ZR 108/08, DB 2009, 2778.

und zwar auch im Hinblick auf die Empfangsquittung. Die ebenfalls enthaltene Ausgleichsklausel stellt eine vertragl. Regelung dar[1]. Nicht erfasst sind hingegen einseitige Rechtsgeschäfte des Verwenders[2], mithin regelmäßig des ArbGeb.

3   Gem. § 310 IV 1 finden die §§ 305 ff. auf **TV, BV und Dienstvereinbarungen** keine Anwendung. Es muss jedoch nach dem Geltungsgrund der genannten Regelungen unterschieden werden. Gilt ein TV bereits kraft beiderseitiger Tarifbindung, finden die §§ 305 ff. wegen § 310 IV 1 keine Anwendung[3]. Anders ist dies, wenn eine kollektive Regelung nur kraft einzelvertragl. Bezugnahme gilt. Dann handelt es sich um eine Vertragsbedingung und die §§ 305 ff. sind anzuwenden, wobei sich ein differenzierter Prüfungsmaßstab ergibt, je nachdem, ob es sich um eine Global-, Teil-, oder Einzelverweisung handelt (dazu § 307 Rz. 13 f.). Auch Vertragsbedingungen, die vor ihrer Verwendung kollektivrechtl. ausgehandelt worden sind, wie zB Mustervereinbarungen, die von den ArbN noch zu unterzeichnen sind, sind AGB[4]. Bei den Leistungsbestimmungen in dem **Statut einer Zusatzversorgungskasse** (zB der VBL) handelt es sich um AGB in Form Allgemeiner Versicherungsbedingungen[5].

4   Die Vertragsbedingungen müssen für eine **Vielzahl von Fällen** vorformuliert sein. Dies ist der Fall, wenn der Text für eine **unbestimmte Vielzahl** von Fällen Verwendung finden soll. Darauf, wie oft der Text tatsächlich verwendet worden ist, kommt es nicht an, wenn zB eine Partei selbst eine mehrfache Verwendung nicht plant[6]. Es reicht, wenn der ArbGeb einmalig ein Vertragsmuster seines ArbGebVerbandes verwendet, weil dieses von einem Dritten für eine Vielzahl von Verträgen vorformuliert ist[7]. Eine Vorformulierung ist auch dann anzunehmen, wenn ein ArbGeb für eine **bestimmte Anzahl** von Fällen selbst Vertragsbedingungen vorformuliert. Es ist unerheblich, dass der in Betracht kommende Kreis von Vertragspartnern von vornherein feststeht. Hierzu reicht es aus, wenn die dreimalige Verwendung der Vertragsbedingungen beabsichtigt ist[8], weil ab dieser Größenordnung davon auszugehen ist, dass der Verwender ein Interesse an einheitlicher Vertragsgestaltung hat. Für die Annahme von AGB ist es dabei unschädlich, wenn der ArbGeb die Klausel dreimal mit demselben Vertragspartner vereinbart[9]. Die Rspr. hat eine Vorformulierung für eine Vielzahl von Fällen auch angenommen, wenn es sich um einen Vertrag für den Einzelfall handelte, dieser aber aus Textbausteinen zusammengesetzt war, die für sich gesehen mehrfach verwendet wurden[10]. Da ArbN Verbraucher iSv. § 13 sind, findet eine Inhaltskontrolle von Arbeitsvertragsbedingungen auch statt, wenn diese nur **zur einmaligen Verwendung** bestimmt sind und der ArbN auf Grund der Vorformulierung keinen Einfluss auf ihren Inhalt nehmen konnte (§ 310 III Nr. 2, s. dazu § 310 Rz. 2 ff.).

5   Erforderlich ist darüber hinaus – auch im Falle des § 310 III Nr. 2 – die **Vorformulierung** der Vertragsbedingungen. Vorformuliert sind Vertragsbedingungen, wenn sie für eine mehrfache Verwendung schriftl. aufgezeichnet oder in sonstiger Weise fixiert sind[11]. Wie sich aus Abs. 1 S. 2 ergibt, ist eine schriftl. Fixierung nicht erforderlich, so dass es ausreicht, wenn der ArbGeb eine Klausel im „Kopf gespeichert hat" und erst bei Vertragsabschluss schriftl. niederlegt[12]. Praktisch bedeutsam wird dies, wenn der ArbGeb in von ihm verwendeten Arbeitsvertragsmustern immer wieder handschriftl. oder maschinenschriftl. bestimmte Textpassagen einfügt oder den Vertrag um diese ergänzt[13].

6   Der Verwender, regelmäßig der ArbGeb, muss die Vertragsbedingungen der anderen Vertragspartei, regelmäßig dem ArbN, **stellen**. Erforderlich ist, dass der ArbGeb oder der von ihm mit dem Vertragsschluss beauftragte Abschlussgehilfe[14] die Vertragsbedingungen fertig in die Verhandlungen einbringt, um sie dem ArbN einseitig aufzuerlegen[15]. Eine Prüfung im Einzelfall, ob der ArbGeb wirtschaftl. oder intellektuell überlegen ist, ist nicht erforderlich[16]. Das Merkmal des Stellens ist auch erfüllt, wenn der ArbGeb ein Vertragsmuster verwendet, in dem der ArbN zwischen verschiedenen vorformulierten Regelungsmöglichkeiten wählen kann[17], zB zwischen einer vorformulierten Gratifikationsregelung oder einer vorformulierten leistungsbezogenen Prämie. Anders ist es, wenn der ArbN einen Leerraum, ohne dass ein Vorschlag des ArbGeb vorhanden ist, ausfüllen kann[18]. Verlangen beide Parteien die Einbeziehung bestimmter Vertragsklauseln, finden die §§ 305 ff. keine Anwendung[19]. Ein Stellen von Vertragsbedingungen liegt ebenfalls nicht vor, wenn die Einbeziehung vorformulierter Vertragsbedingungen in einen Vertrag auf einer freien Entscheidung desjenigen beruht, der vom anderen Vertragsteil mit dem Verwendungsvorschlag konfrontiert wird. Dazu ist es erforderlich, dass er in der Auswahl der in Betracht kommenden Vertragstexte frei ist und insb. Gelegenheit erhält, alternativ eigene Textvorschläge mit der effektiven Möglichkeit ihrer Durchsetzung in die Verhandlungen einzubringen[20]. Es dürfte der

---

1 Küttner/*Eisemann*, Ausgleichsquittung, Rz. 3. ||2 BGH 23.9.2010 – III ZR 246/09, NJW 2011, 139. ||3 *Gotthardt*, Rz. 335. ||4 BAG 19.3.2009 – 6 AZR 557/07, NZA 2009, 896; 19.10.2011 – 7 AZR 672/10, AP Nr. 58 zu § 307 BGB. ||5 BAG 27.3.2007 – 3 AZR 299/06, AP Nr. 68 zu § 1 BetrAVG Zusatzversorgungskassen; BGH 4.11.2009 – IV ZR 57/07, nv. ||6 BAG 15.9.2009 – 3 AZR 173/08, NZA 2010, 342. ||7 BGH 17.2.2010 – VIII ZR 67/09, DB 2010, 664. ||8 BAG 6.9.2007 – 2 AZR 722/06, NZA 2008, 219; 23.9.2010 – 8 AZR 897/08, NJW 2011, 408. ||9 BAG 1.3.2006 – 5 AZR 363/05, AP Nr. 3 zu § 308 BGB. ||10 OLG Frankfurt 22.11.1990 – 6 U 161/89, NJW 1991, 1489. ||11 Palandt/*Grüneberg*, § 305 Rz. 8. ||12 BGH 10.3.1999 – VIII ZR 204/98, NJW 1999, 2180. ||13 Vgl. hierzu BGH 10.3.1999 – VIII ZR 204/98, NJW 1999, 2180. ||14 Vgl. BGH 14.12.2010 – VIII ZR 143/10, WuM 2011, 96. ||15 Erman/*S. Roloff*, § 305 Rz. 12. ||16 BGH 17.2.2010 – VIII ZR 67/09, DB 2010, 664. ||17 BGH 7.2.1996 – IV ZR 16/95, NJW 1996, 1676. ||18 Vgl. BGH 13.11.1997 – X ZR 135/95, NJW 1998, 1066. ||19 UBH/*Ulmer/Habersack*, § 305 Rz. 29. ||20 BGH 17.2.2010 – VIII ZR 67/09, DB 2010, 664.

praktische Ausnahmefall sein, dass der ArbN mit einem Formulararbeitsvertrag zum ArbGeb kommt und um dessen Vereinbarung bittet und der ArbGeb dies gleichzeitig verlangt. Anders kann dies bei qualifizierten, rechtl. beratenen Mitarbeitern sein, die selbst einen Vertragsentwurf vorlegen. Dann wird oft bereits ein Aushandeln der Vertragsbedingungen anzunehmen sein (Rz. 8). Hinzu kommt, dass Arbeitsverträge auch Verbraucherverträge sind und deshalb AGB als vom ArbGeb gestellt gelten (dazu § 310 Rz. 4).

Folgende Umstände sind zur Beurteilung der Frage, ob allg., kontrollfähige Arbeitsvertragsbedingungen vorliegen, **unbeachtlich:** Die äußerliche Gestaltung ist nicht bedeutsam, ebenso, ob die Vertragsbedingungen **Bestandteil der Vertragsurkunde** sind. So ist zB ein auf den Gehaltsmitteilungen aufgebrachter[1] Freiwilligkeits- und Widerrufsvorbehalt, der sich nach drei Jahren gegen eine betriebl. Übung durchsetzt[2], der Inhaltskontrolle zugänglich. Da die Schriftart nicht maßgeblich ist, kann auch in einer handschriftl. Einfügung eine AGB liegen[3]. Weil es auf die **Form** nicht ankommt, können auch mündliche oder stillschweigende Abreden, wenn sie die Voraussetzungen des Abs. 1 S. 1 erfüllen, kontrollfähige AGB sein[4]. Vertragsbestandteile, die im Wege der **betrieblichen Übung** Bestandteil des Arb-Verh werden[5], sind deshalb kontrollfähig, auch wenn sie nie schriftl. fixiert worden sind[6].

Aus Abs. 1 S. 3 folgt, dass AGB dann nicht vorliegen, wenn die Vertragsbedingungen zwischen den Parteien im Einzelnen ausgehandelt sind; sog. **Individualabreden**. Ein Aushandeln auf kollektiver Ebene führt nicht zur Anwendung des Abs. 1 S. 3, ist aber bei der Angemessenheitsprüfung zu beachten[7]. Dies bedeutet, dass eine Kontrollfreiheit einzelvertragl. – ganz oder teilweise – einbezogener tarifvertragl. Regelungen nicht aus Abs. 1 S. 3 folgt. Aushandeln erfordert Folgendes: Der Verwender muss **verhandlungsbereit** sein[8], und es muss ein **wirkliches Aushandeln** vorliegen, dh. der ArbGeb muss den gesetzesfremden Kern der Klausel **ernsthaft zur Disposition des ArbN gestellt** und diesem die Möglichkeit eingeräumt haben, den Inhalt der fraglichen Klauseln beeinflussen zu können[9]. Das setzt voraus, dass sich der ArbGeb deutlich und ernsthaft zu gewünschten Änderungen der zu treffenden Vereinbarung bereit erklärt[10]. Es genügt nicht, dass der Vertragsinhalt erläutert oder erörtert wird[11]. So reicht es zB nicht aus, wenn die befristete Aufstockung der Arbeitszeit zwar in Einzelgesprächen erläutert und vereinbart wird, der ArbGeb aber nicht zur Änderung der Befristungsabrede bereit war und dies dem ArbN ggü. bekundet hat[12]. Bei umfangreichen, nicht leicht verständlichen Klauseln muss der Arb-Geb als Verwender den ArbN zudem über Inhalt und Tragweite der Klausel belehren oder sonst erkennbar sein, dass dieser den Sinn erfasst hat, um zu gewährleisten, dass der ArbN die Klausel in seinen rechtsgeschäftl. Gestaltungswillen aufgenommen hat[13]. IdR findet sich das Ergebnis echter Verhandlungen auch im Vertragstext wieder. Zwingend erforderlich ist dies nicht. Abs. 1 S. 3 ist ausnahmsweise anwendbar, wenn der andere Teil nach gründlicher Erörterung von der Sachgerechtigkeit der Regelung überzeugt wird[14]. Das Aushandeln kann sich auf einzelne Vertragsklauseln, aber auch auf einzelne Teile einer Klausel beziehen. Davon unberührt bleibt der restliche Vertragsteil AGB[15]. Haben die Parteien eine Rückzahlungsklausel bzgl. einer vom ArbGeb finanzierten Weiterbildung im Einzelnen ausgehandelt, so kann doch der Rest der arbeitsvertragl. Abreden AGB bleiben. Eine AGB verliert ihren Rechtscharakter nicht allein dadurch, dass sie von den Parteien nachträglich geändert wird. Vielmehr muss die **nachträgliche Änderung** in einer Weise erfolgen, die es rechtfertigt, sie wie eine von vornherein getroffene Individualvereinbarung zu behandeln[16].

Bereits diese Anforderungen zeigen, dass echte Individualabreden im Arbeitsrecht selten sind. So kann sogar der Arbeitsvertrag des Cheftrainers eines Profifußballvereins der AGB-Kontrolle unterliegen[17]. Liegen sie aber vor, findet keine **Inhaltskontrolle** nach den Maßstäben der §§ 307 ff. statt[18]. Mit den Wertungen der §§ 305 ff. stimmt es nicht überein, wie zuvor vertreten[19], eine allg. Inhaltskontrolle von Individualvereinbarungen vorzunehmen. Nimmt man § 305b ernst und ordnet den Arbeitsvertrag als Verbrauchervertrag ein, kommt man vielmehr dort zu Kontrollfreiheit, wo es tatsächlich um echte ausgehandelte Verträge geht und ein Kontrollbedürfnis nicht besteht[20]. Davon unberührt bleibt, dass auch Individualvereinbarungen zB am Maßstab der **Sittenwidrigkeit** (§ 138 I) scheitern können, wie zB Abreden über ein sittenwidrig niedriges Entgelt[21].

---

1 Vgl. zB BAG 1.3.2006 – 5 AZR 363/05, AP Nr. 3 zu § 308 BGB. || 2 BAG 4.5.1999 – 10 AZR 290/98, AP Nr. 55 zu § 242 BGB Betriebliche Übung. || 3 BGH 6.4.2005 – VIII ZR 27/04, NJW 2005, 155. || 4 BAG 16.5.2012 – 5 AZR 331/11, DB 2012, 1990. || 5 Überblick über mögliche Vertragsbestandteile bei ErfK/*Preis*, § 611 BGB Rz. 228. || 6 BAG 5.8.2009 – 10 AZR 483/08, NZA 2009, 1105; ebenso *Ulrici*, BB 2005, 1902 (1904). || 7 BGH 9.10.1981 – I ZR 188/79, NJW 1982, 1820. || 8 Dazu Palandt/*Grüneberg*, § 305 Rz. 20. || 9 BGH 20.11.2012 – VIII ZR 137/12, WuM 2013, 293; BAG 19.5.2010 – 5 AZR 253/09, NZA 2010, 939. || 10 BAG 19.5.2010 – 5 AZR 363/05, AP Nr. 3 zu § 308 BGB; 15.9.2009 – 3 AZR 173/08, NZA 2010, 342. || 11 BAG 19.5.2010 – 5 AZR 253/09, NZA 2010, 939. || 12 BAG 27.7.2005 – 7 AZR 486/04, AP Nr. 6 zu § 307 BGB. || 13 Vgl. BGH 19.5.2005 – III ZR 437/04, NJW 2005, 2543. || 14 BGH 3.11.1999 – VIII ZR 269/98, NJW 2000, 1110; BAG 19.5.2010 – 5 AZR 253/09, NZA 2010, 939. || 15 BAG 6.3.1986 – III ZR 195/84, BGHZ 97, 212; BAG 19.5.2010 – 5 AZR 253/09, NZA 2010, 939. || 16 BGH 7.3.2013 – VII ZR 162/12, MDR 2013, 508. || 17 LAG Köln 11.10.2011 – 14 Sa 543/11, SpuRt 2012, 163. || 18 *Preis*, NZA-Beil. 3/2006, 115 (116); *Thüsing*, FS Wiedemann, 2002, S. 578. || 19 ZB *Dieterich*, RdA 1995, 129 (135). || 20 BAG 25.5.2005 – 5 AZR 572/04, AP Nr. 1 zu § 310 BGB. || 21 Hierzu ErfK/*Preis*, § 612 BGB Rz. 3 f.

10   **II. Einbeziehung der Arbeitsvertragsbedingungen. Abs. 2 und 3 finden**, wie sich aus § 310 IV 2 eindeutig ergibt, im Arbeitsrecht **keine Anwendung**. Nach dieser klaren gesetzgeberischen Entscheidung scheidet eine Anwendung der Abs. 2 und 3 für die Einbeziehungskontrolle im Arbeitsrecht aus. Auch eine entsprechende Anwendung kommt nicht in Betracht[1]. Dies gilt, obwohl der Gesetzgeber bei seinem Hinweis darauf, dass eine Einbeziehungskontrolle wegen der Regelungen des NachwG nicht erforderlich sei, verkannt hat, dass die Einhaltung des NachwG anders als Abs. 2, 3 keine Wirksamkeitsvoraussetzung bzgl. der nachzuweisenden Vertragsbedingung ist[2]. Auch durch diesen Hinweis in den Vorarbeiten zum Schuldrechtsmodernisierungsgesetz ist die Einhaltung des **NachwG keine Wirksamkeitsvoraussetzung** für die Einbeziehung arbeitsvertragl. Bedingungen geworden[3].

11   Die Wirksamkeit der Einbeziehung von AGB in den Arbeitsvertrag richtet sich **nach allgemeinen Grundsätzen**, so dass auch eine stillschweigende Einbeziehung möglich bleibt. Verlangt wird bei einer konkludenten Einbeziehung, dass der Verwender erkennbar auf seine AGB hinweist und der Vertragspartner ihrer Geltung nicht widerspricht[4]. Die konkludente Einbeziehung zB von TV, aber auch von sonstigen allg. Vertragsbedingungen in Einzelarbeitsverträge ist möglich[5]. Ausreichend ist eine stillschweigende Willensübereinkunft iSd. §§ 145 ff.[6]. Sieht der ArbGeb als Verwender eine **Ankreuzoption** vor, füllt diese aber nicht aus, ist diese Bedingung vorbehaltlich besonderer Umstände nicht in den Vertrag eingebracht worden (§ 305 I 1)[7]. Aus der fehlenden Anwendbarkeit der Abs. 2, 3 folgt, dass **Jeweiligkeitsklauseln** im Arbeitsrecht zulässig bleiben[8]. Dies belegen schon die arbeitsrechtl. Gesetze, die solche Klauseln zulassen (zB § 622 IV 2, § 13 I 2 BUrlG, § 7 III ArbZG)[9]. Sinn und Zweck einer solchen Klausel ist die dynamische Bezugnahme auf die jeweils geltenden tarifl. Vorschriften. Dies gilt sowohl für die zukünftigen als auch für die aktuell geltenden Tarifbestimmungen. Die zukünftige Änderung der tarifl. Bestimmungen bewirkt – auch unter der Geltung der §§ 305 ff. – eine Änderung der Arbeitsvertragsbedingungen, ohne dass es der Zusendung oder auch nur einer Kenntnisnahme der geltenden TV bedarf. Die Jeweiligkeitsklausel schließt aus, dass ein bestimmter TV unabhängig von seiner aktuellen Geltung Vertragsbestandteil wird[10]. Es genügt, wenn zum Zeitpunkt der jeweiligen Anwendung der Klausel die in Bezug genommenen Regelungen hinreichend bestimmbar sind[11]. Ebenfalls grds. zulässig sind dynamische **Verweisungen auf Vorschriften eines Gesetzes oder eines anderen Regelungswerkes**. So hat das BAG die Bestimmung der Arbeitszeit für ArbN durch einen Verweis auf die durch Rechtsverordnung geregelte Arbeitszeit der Beamten für zulässig erachtet[12]. Im Rahmen der Inhaltskontrolle ist aber zu beachten, dass durch die Bezugnahmeklausel dem ArbGeb kein einseitiges Leistungsbestimmungsrecht eingeräumt werden darf[13]. Verweist eine Klausel auf verschiedene TV, bedarf es einer Kollisionsregel, damit klar ist, welcher TV bei sich widersprechenden Regelungen zur Anwendung kommt[14].

12   Die Nichtanwendung der Abs. 2, 3 führt aber nicht dazu, dass bei einzelvertragl. Inbezugnahme von kollektiven Regelungen diese nicht auf **überraschende Klauseln** hin (§ 305c I) oder im Hinblick auf das **Transparenzgebot** (§ 307 I 2) überprüft werden könnten. Diese Normen finden im Arbeitsrecht Anwendung.

13   Für **arbeitnehmerähnliche Personen** gilt der Ausschluss der Abs. 2, 3 nicht. Dies folgt daraus, dass sich § 310 IV 2 nur auf Arbeitsverträge bezieht und der Gesetzgeber zur Begründung auf das NachwG verwiesen hat, das aber für arbeitnehmerähnliche Personen nicht gilt[15]. Für sie gelten die Abs. 2, 3. Dies bedeutet: Es gelten grds. die Einbeziehungsvoraussetzungen des Abs. 2, dh. Hinweispflicht (Abs. 2 Nr. 1), Kenntnisnahmemöglichkeit (Abs. 2 Nr. 2) und Einverständnis mit der Geltung. Dabei ist aber zu beachten, dass der BGH auf Formularverträge, die bei arbeitnehmerähnlichen Personen die Regel sein dürften, die Abs. 2 Nr. 1, 2 nicht anwenden will[16]. Die Möglichkeit der Kenntnisnahme folgt bei Formularverträgen bereits aus dem Abdruck der AGB[17].

14   **III. Darlegungs- und Beweislast.** Die Beweislast dafür, dass der Vertrag oder Teile von diesem die Voraussetzungen der **Definition der AGB** gem. Abs. 1 S. 1 erfüllen, liegt nach ganz hM bei demjenigen, der sich auf das Eingreifen der §§ 305 ff. beruft[18], dh. idR beim **ArbN**. Regelmäßig spricht aber der **Beweis des ersten Anscheins** für das Vorliegen von AGB, wenn die äußere Form des Vertragsformulars auf deren vorformulierte und standardisierte Verwendung schließen lässt[19]. Allein die maschinenschriftl.

---

1 BAG 15.4.2008 – 9 AZR 159/07, NZA-RR 2008, 586; 14.11.2012 – 5 AZR 107/11. ||2 BAG 21.8.1997 – 5 AZR 713/96, AP Nr. 1 zu § 4 BBiG; s.a. EuGH 8.2.2001 – Rs. C-350/99, EAS RL 91/533/EWG, Art. 2 Nr. 2 m. Anm. *Preis/Lindemann*. ||3 LAG Nds. 18.3.2005 – 10 Sa 1990/04, LAGE § 307 BGB 2002 Nr. 6; *Gotthardt*, Rz. 248. ||4 BGH 12.2.1992 – VIII ZR 84/91, BGHZ 117, 190. ||5 ErfK/*Preis*, §§ 305–310 BGB Rz. 26. ||6 BAG 29.8.2012 – 10 AZR 385/11, DB 2012, 2942. ||7 BGH 20.6.2013 – VII ZR 82/12, MDR 2013, 957. ||8 BAG 10.12.2008 – 4 AZR 801/07, ZTR 2009, 375. ||9 BAG 28.5.2009 – 6 AZR 144/08, DB 2009, 1769. ||10 BAG 26.9.2007 – 5 AZR 808/06, NZA 2008, 179. ||11 BAG 14.3.2007 – 5 AZR 630/06, MDR 2007, 960; 3.4.2007 – 9 AZR 283/06, AP Nr. 21 zu § 2 BAT SR 2l. ||12 BAG 12.9.2006 – 9 AZR 675/05, AP Nr. 176 zu § 611 BGB Lehrer, Dozenten; 14.3.2007 – 5 AZR 630/06, MDR 2007, 960. ||13 BAG 22.7.2010 – 6 AZR 847/07, NZA 2011, 634; s.a. *Gaul/Ludwig*, BB 2010, 55; *Preis*, NZA 2010, 361 (362). ||14 BAG 13.3.2013 – 5 AZR 954/11, DB 2013, 1361. ||15 ErfK/*Preis*, § 1 NachwG Rz. 2. ||16 BGH 27.10.1994 – IX ZR 168/93, NJW 1995, 190. ||17 BGH 15.6.1988 – VIII ZR 316/87, NJW 1988, 2465. ||18 BGH 14.5.1992 – VII ZR 204/90, BGHZ 118, 229; 17.2.2010 – VIII ZR 67/09, DB 2010, 664. ||19 BAG 26.1.2005 – 10 AZR 215/04, AP Nr. 260 zu § 611 BGB Gratifikation; 6.5.2009 – 10 AZR 390/08, NZA-RR 2009, 593; BGH 20.11.2012 – VIII ZR 137/12, WuM 2013, 293.

Vorrang der Individualabrede

Form führt jedoch noch nicht zu dieser Vermutung; in einem solchen Fall muss der ArbN weitere Umstände vortragen, aus denen sich der Massencharakter ergibt[1]. Dies kann zB dann der Fall sein, wenn der Vertrag zahlreiche formelhafte Klauseln enthält und nicht auf die individuelle Vertragssituation abgestimmt ist[2]. Der Anschein eines zur Mehrfachverwendung entwickelten Vertrages wird dabei nicht dadurch widerlegt, dass er in Teilen individuelle Vereinbarungen enthält[3]. Dafür, dass die Vertragsbedingungen **im Einzelnen ausgehandelt** sind (Abs. 1 S. 3), trifft den **ArbGeb** die Darlegungs- und Beweislast[4]. Wegen des Schutzzweckes der §§ 305 ff. ist hierbei ein strenger Maßstab anzulegen und es ist nicht die schriftl., vorformulierte Bestätigung des ArbN ausreichend, die Klauseln seien im Einzelnen ausgehandelt[5]. Nachträgliche Änderungen am Vertragstext können ein Indiz für ein Aushandeln sein[6].

305a *(nicht kommentiert)*

Die Norm hat keine Bedeutung für das Arbeitsrecht. 1

305b *Vorrang der Individualabrede*
Individuelle Vertragsabreden haben Vorrang vor Allgemeinen Geschäftsbedingungen.

I. Begriff. Der Begriff der individuellen Vertragsabreden entspricht **im Grundsatz** demjenigen der 1
gem. § 305 I 3 **individuell ausgehandelten Vertragsbedingungen**[7]. Letztlich geht es auch hier um die Unterscheidung zwischen vertragl. Regelungen auf Grund einseitiger Vorformulierung und solchen auf Grund individueller Vereinbarung[8]. Die vorrangige Individualabrede kann auch stillschweigend getroffen werden[9]. In einer betriebl. Übung liegt keine Individualabrede[10].

II. Vorrang vor den Allgemeinen Geschäftsbedingungen. Erforderlich für den Vorrang der individuellen Vertragsabreden ist, dass diese von den AGB abweichen. Dies ist dann der Fall, wenn sie zu den 2
AGB in **unmittelbarem** oder direktem **Widerspruch** stehen[11]. Ausreichend ist jedoch auch ein **mittelbarer Widerspruch**, dh. dass bei Anwendung der AGB die individuelle Vertragsabrede entgegen der ihr von den Parteien beigelegten Geltung nicht voll zur Geltung käme[12]. Ob der Widerspruch bereits bei Vertragsschluss oder erst auf Grund **zeitlich nachfolgender Individualabrede** eintritt, ist für die Anwendung des § 305b unerheblich[13]. Im Arbeitsrecht wird der Vorrang der Individualabrede oftmals bereits durch das **Günstigkeitsprinzip** herbeigeführt. Bedeutung hat die Regel deshalb vor allem für das Verhältnis von Einzelarbeitsvertrag zu allg. Arbeitsbedingungen[14]. Besonderheiten des Arbeitsrechts rechtfertigen keine Abweichung von diesem Grundsatz, den das BAG zudem schon bisher als allg. Rechtsgrundsatz angewandt hat[15].

III. Schriftformabreden. In der arbeitsvertragl. Praxis häufig verwendet werden sog. Schriftformklau- 3
seln, wonach Änderungen oder Ergänzungen des Arbeitsvertrages der Schriftform bedürfen. Im auf dem Gebiet des Arbeitsrechts allein anwendbaren Individualprozess (vgl. § 15 UKlaG) hat eine mündliche Einzelabrede gem. § 305b Vorrang. **Formularmäßige Klauseln können die höherrangige individuelle Abrede nicht außer Kraft setzen**[16]. Dies gilt auch für eine sog. qualifizierte Schriftformklausel, welche die Aufhebung der Schriftform selbst an die Schriftform bindet[17]. Das Prinzip des Vorrangs individueller Vertragsabreden nach § 305b setzt sich ggü. wirksamen konstitutiven Schriftformklauseln durch[18]. Durch eine doppelte Schriftformklausel kann allerdings nach der Rspr. des BAG verhindert werden, dass eine betriebl. Übung entsteht, weil es sich bei der betriebl. Übung nicht um eine Individualabrede handelt[19]. Allerdings ist eine zu **weit gefasste doppelte Schriftformklausel nach § 307 rechtsunwirksam**, weil sie den ArbN über die Rechtslage täuscht. Auch der Umstand, dass sie in Bezug auf die betriebl.

---

1 UBH/*Ulmer*/*Habersack*, § 305 Rz. 61. ||2 BAG 1.3.2006 – 5 AZR 363/05, AP Nr. 3 zu § 308 BGB; 14.8.2007 – 8 AZR 973/06, DB 2008, 66. ||3 BAG 19.8.2010 – 8 AZR 645/09, AP Nr. 49 zu § 307 BGB. ||4 BGH 3.4.1998 – V ZR 6/97, NJW 1998, 2600; BAG 26.1.2005 – 10 AZR 215/04 – AP Nr. 260 zu § 611 BGB Gratifikation. ||5 Palandt/*Grüneberg*, § 305 Rz. 23; vgl. aber für die individuelle Bestätigung UBH/*Ulmer*/*Habersack*, § 305 Rz. 65. ||6 Dazu UBH/*Ulmer*/*Habersack*, § 305 Rz. 63f. ||7 Erman/*S. Roloff*, § 305b Rz. 4; offen gelassen von BGH 10.10.1991 – VII ZR 289/90, NJW 1992, 1107. ||8 UBH/*Ulmer*/*Schäfer*, § 305b Rz. 10. ||9 BGH 6.2.1996 – XI ZR 121/95, NJW-RR 1996, 673. ||10 BAG 24.6.2003 – 9 AZR 302/02, NZA 2003, 1145; 20.5.2008 – 9 AZR 382/07, MDR 2008, 1344. ||11 Palandt/*Grüneberg*, § 305b Rz. 3. ||12 UBH/*Ulmer*/*Schäfer*, § 305b Rz. 12. ||13 BGH 20.10.1994 – III ZR 76/94, NJW-RR 1995, 179; *Stoffels*, Rz. 347. ||14 *Gotthardt*, Rz. 252; *Preis*, Vertragsgestaltung, S. 265. ||15 BAG 30.11.1994 – 5 AZR 702/93, AP Nr. 16 zu § 4 TVG; ebenso *Hromadka*, NJW 2002, 2523 (2525); *Lingemann*, NZA 2002, 181 (185f.); *Richardi*, NZA 2002, 1057 (1059). ||16 BGH 20.10.1994 – III ZR 76/94, NJW-RR 1995, 179; 21.9.2005 – XII ZR 312/02, WM 2005, 2406; Palandt/*Grüneberg*, § 305b Rz. 5; *Fenn*, FS Söllner, 2000, S. 359; aA aber BGH 24.10.1979 – VIII ZR 235/78, NJW 1980, 234. ||17 LAG MV 2.3.2005 – 2 Sa 460/04; DBD/*Däubler*, § 305b Rz. 12; *Gotthardt*, Rz. 253; *Lakies*, Kap. 1 Rz. 110; *Roloff*, NZA 2004, 1191 (1196); aA Palandt/*Ellenberger*, § 125 Rz. 19; BGH 6.2.1976 – VIII ZR 97/74, BGHZ 66, 378. ||18 BAG 25.4.2007 – 5 AZR 504/06, NZA 2007, 801; 14.9.2011 – 10 AZR 526/10, DB 2012, 179. ||19 BAG 24.6.2003 – 9 AZR 302/02, NZA 2003, 1145; 20.5.2008 – 9 AZR 382/07, MDR 2008, 1344; zust. *Hromadka*, DB 2004, 1262 (1262); *Ulrici*, BB 2005, 1902 (1903); abl. *Roloff*, NZA 2004, 1191 (1197).

Übung zulässig ist, führt nicht zu ihrer teilweisen Wirksamkeit. Die Klausel ist insg. unwirksam[1]. Wirksame Schriftformklauseln bedürfen deshalb nach der Rspr. des BAG einer ausdifferenzierten Formulierung[2]. Der ArbGeb als Verwender einer doppelten Schriftformklausel kann sich allerdings nicht auf deren Unwirksamkeit berufen, so dass der ArbN diese gegen eine mündliche Abrede einwenden kann[3].

4 **IV. Rechtsfolgen; Darlegungs- und Beweislast.** Da § 305b eine Frage der Einbeziehung von AGB regelt, werden diese nicht Bestandteil des Vertrags, soweit sie mit der individuellen Abrede kollidieren. Dies erlangt dann Bedeutung, wenn die **einzelvertragl. Abrede** aus anderen Gründen **unwirksam** ist oder später wegfällt. Richtig dürfte dann sein, dass an die Stelle nicht die abweichende Klausel aus den AGB tritt, sondern das dispositive Gesetzesrecht[4].

5 Die Darlegungs- und Beweislast für eine abweichende Individualvereinbarung trifft nach allg. Grundsätzen denjenigen, der sich darauf beruft[5]. Hinzu kommt, dass auch im Bereich der AGB die **Vermutung der Vollständigkeit und Richtigkeit** einer Vertragsurkunde gilt, soweit die Parteien eine Vertragsurkunde, zB in Form eines Formularvertrages, errichtet haben[6]. Bei Abschluss eines Formulararbeitsvertrages greift diese Vermutung ein. Dies gilt aber nur dann, wenn der Arbeitsvertrag von beiden Seiten unterzeichnet worden ist[7].

305c *Überraschende und mehrdeutige Klauseln*

(1) Bestimmungen in Allgemeinen Geschäftsbedingungen, die nach den Umständen, insbesondere nach dem äußeren Erscheinungsbild des Vertrags, so ungewöhnlich sind, dass der Vertragspartner des Verwenders mit ihnen nicht zu rechnen braucht, werden nicht Vertragsbestandteil.

(2) Zweifel bei der Auslegung Allgemeiner Geschäftsbedingungen gehen zu Lasten des Verwenders.

1 **I. Überraschungsverbot. 1. Zweck der Vorschrift und Rechtsfolgen.** Abs. 1 enthält eine **negative Einbeziehungsvoraussetzung**. Vertragsklauseln, die gegen das Überraschungsverbot verstoßen, werden von der Einbeziehung nicht erfasst und deshalb kein wirksamer Vertragsbestandteil[8]. Soweit dadurch eine Lücke im Vertrag entsteht, wird sie durch dispositive Gesetzesrecht, hilfsweise durch ergänzende Vertragsauslegung geschlossen[9]. Es bestehen keine Besonderheiten des Arbeitsrechts, welche die Anwendung des Abs. 1 ausschließen[10]. Die arbeitsrechtl. Rspr. hat diesen Grundsatz bereits bislang angewandt[11].

2 **2. Voraussetzungen.** Die verwendete Klausel muss zum einen ungewöhnlich sein und zum anderen für den Vertragspartner des Verwenders überraschend.

3 **a) Ungewöhnlichkeit der Klausel.** Voraussetzung ist zunächst, dass die Klausel **objektiv ungewöhnlich** ist. Maßgeblich sind das Gesamtbild des konkreten Vertrages und die Erwartungen, welche der redliche Verkehr typischerweise oder auf Grund des Verhaltens des Verwenders bei Vertragsschluss an den typischen Inhalt des Vertrags knüpft[12]. Der Klausel muss ein Überrumpelungs- oder Übertölpelungseffekt innewohnen[13]. Gesamtumstände, welche die objektive Ungewöhnlichkeit begründen können, sind der Grad der Abweichung vom dispositiven Gesetzesrecht und die für den Geschäftskreis übliche Gestaltung einerseits, Gang und Inhalt der Vertragsverhandlungen sowie der äußere Zuschnitt des Vertrags andererseits[14]. Die objektive Ungewöhnlichkeit kann sich aus **formalen Gesichtspunkten** ergeben, zB weil die Klausel an ungewöhnlicher Stelle erscheint, worauf Abs. 1 ausdrücklich hinweist[15], sie im Vertragstext falsch eingeordnet und dadurch geradezu „versteckt" wird[16]. Entscheidend ist der systematische Zusammenhang. Aus der Stellung der Klausel kann sich ein Überraschungseffekt ergeben, wenn diese in einem systematischen Zusammenhang steht, in dem der Vertragspartner sie nicht zu erwarten braucht[17]. Anders ist es, wenn die Klausel im Vertragstext in dem Sachkomplex geregelt ist, mit dem sie inhaltlich im Zusammenhang steht[18]. Richtigerweise wird man zwischen Unangemessenheit und Ungewöhnlichkeit einer Klausel unterscheiden müssen und beide Merkmale nicht gleichsetzen können[19]. Allerdings ist das Überraschungsmoment umso eher zu bejahen, je belastender die Bestimmung ist[20].

---

1 BAG 20.5.2008 – 9 AZR 382/07, MDR 2008, 1344, LAG Schl.-Holst. 23.5.2013 – 5 Sa 375/12, LAGE § 307 BGB 2002 Nr. 35. ||2 Formulierungsbsp. bei *Bauer*, BB 2009, 1588 (1591); *Leder/Scheuermann*, NZA 2008, 1222 (1226); *Lingemann/Gotham*, NJW 2009, 268 ff. ||3 LAG Köln 21.8.2013 – 11 Sa 171/13. ||4 Str., wie hier *Stoffels*, Rz. 346; aA UBH/*Ulmer/Schäfer*, § 305b Rz. 11, 46. ||5 Vgl. BGH 21.9.2005 – XII ZR 312/02, WM 2005, 2406; WLP/*Lindacher/Hau*, § 305b Rz. 49. ||6 WLP/*Lindacher/Hau*, § 305b Rz. 49; vgl. auch BAG 9.2.1995 – 9 AZR 660/94, NZA 1996, 249 (250). ||7 ErfK/*Preis*, Einf. NachwG Rz. 18. ||8 BAG 27.4.2000 – 8 AZR 286/99, NJW 2000, 3299. ||9 UBH/*Ulmer/Schäfer*, § 305c Rz. 32. ||10 *Gotthardt*, Rz. 255; *Reinecke*, DB 2002, 583 (584). ||11 BAG 29.11.1995 – 5 AZR 447/94, AP Nr. 1 zu § 3 AGBG; 13.12.2000 – 10 AZR 168/00, NZA 2001, 723. ||12 BGH 30.9.2009 – IV ZR 47/09, MDR 2010, 28. ||13 BAG 16.4.2008 – 7 AZR 132/07, NJW 2008, 2279; 29.8.2013 – 10 AZR 385/11, DB 2012, 2942. ||14 BAG 27.4.2000 – 8 AZR 286/99, NJW 2000, 3299; 8.8.2007 – 7 AZR 605/06, DB 2008, 133. ||15 BAG 16.4.2008 – 7 AZR 132/07, NJW 2008, 2279; 14.12.2010 – 9 AZR 642/09, NZA 2011, 509. ||16 BGH 21.7.2011 – IV ZR 42/10, ZIP 2011, 1671. ||17 BGH 21.7.2010 – XII ZR 189/08, NJW 2010, 3152. ||18 BAG 6.8.2003 – 7 AZR 9/03, AP Nr. 51 zu § 133 BGB; 13.7.2005 – 10 AZR 532/04, AP Nr. 78 zu § 74 HGB; 19.1.2011 – 10 AZR 738/09, DB 2011, 1056. ||19 BAG 15.2.2007 – 6 AZR 286/06, MDR 2007, 961; 6.9.2007 – 2 AZR 722/06, NZA 2008, 218. ||20 BAG 29.8.2012 – 10 AZR 385/11, DB 2012, 2942.

b) Überraschungsmoment. Überraschenden Charakter hat eine Regelung dann, wenn sie von den Erwartungen des Vertragspartners deutlich abweicht und dieser mit ihr den Umständen nach vernünftigerweise nicht zu rechnen braucht. Die Erwartungen des Vertragspartners werden von allg. und individuellen Begleitumständen des Vertragsschlusses bestimmt[1]. Das Überraschungsmoment ist dabei desto eher zu bejahen, je belastender die Bestimmung ist[2]. Der überraschende Charakter einer Klausel bemisst sich nach einem in **Grundsatz generellen Maßstab**, der von den konkreten Umständen überlagert wird[3]. Aus den **subjektiven Merkmalen** kann sich aber ergeben, dass eine objektiv ungewöhnliche Klausel dann nicht überraschend ist, wenn der ArbN sie kennt oder mit ihr rechnen muss[4]. Im Einzelfall kann der Verwender gehalten sein, auf die Klausel besonders hinzuweisen oder diese drucktechnisch hervorzuheben[5]. Andererseits kann eine objektiv nicht ungewöhnliche Klausel dann überraschend werden, wenn sie im Vertragstext falsch eingeordnet und dadurch geradezu versteckt wird[6]. Alleine der Umstand, dass die Klausel nicht verschriftlicht ist, begründet das Überraschungsmoment nicht[7].

3. ABC der überraschenden Klauseln. a) Eine in einer Versorgungszusage enthaltene **Altersgrenze** innerhalb des Regelungskomplexes Altersrente der Versorgungszusage ist nicht überraschend[8]. **b)** Eine **Aufhebungsvereinbarung** in einer „Ergänzung zu einem Arbeitsvertrag", die nach Ausspruch einer Kündigung und vor Ablauf der Klagefrist geschlossen wird und den Übertritt in eine betriebsorganisatorisch selbständige Einheit gem. § 101 SGB III vorsieht, kann je nach den Umständen eine objektiv ungewöhnliche Klausel sein, die nicht Vertragsinhalt wird[9]. **c) Auflösende Bedingung** bei einem ATZ-ArbVerh[10] oder bei sonstiger falscher textlicher Einordnung[11]. **d) Ausschlussfristen** sind nach der Rspr. des BAG in Arbeitsverträgen nicht generell objektiv ungewöhnlich und nicht generell überraschend[12]. Dies folgt daraus, dass Ausschlussfristen im Arbeitsrecht weit verbreitet sind und jeder ArbN damit rechnet, dass ein vom ArbGeb vorformuliertes Vertragswerk eine derartige Klausel enthält[13]. Eine Ausschlussfrist ist jedoch überraschend, wenn diese ohne besonderen Hinweis und ohne drucktechnische Hervorhebung unter falscher oder missverständlicher Überschrift eingeordnet worden[14], zB unter den Regeln zur Beendigung des ArbVerh eingeordnet[15] oder in den Schlussbestimmungen eines Arbeitsvertrags versteckt ist[16]. Eine solche formale Überraschung hat das BAG auf Grund der Unterstreichung des Wortes Ausschlussfrist im Arbeitsvertrag verneint und dies auch darauf bezogen, dass bei einer zweistufigen Ausschlussfrist die Fristen auf der ersten und zweiten Stufe nicht übereinstimmten[17]. **e) Ausgleichsquittungen.** Ein negatives Schuldanerkenntnis, mit dem der ArbN sich aller Ansprüche aus dem ArbVerh begibt, das in einem Schreiben „Rückgabe ihrer Unterlagen" in einem einheitlichen Text ohne drucktechnische Hervorhebung enthalten ist und vom ArbN bei einem Termin zur Übergabe seiner Arbeitspapiere unterzeichnet wurde, ist überraschend[18]. Anders ist dies dann, wenn der Verzicht auf die Kündigungsschutzklage vom übrigen Text deutlich abgesetzt ist und erkennbar eine eigenständige Regelung enthält[19]. Anders zu beurteilen sind **Ausgleichs- und Abgeltungsklauseln in Aufhebungsvereinbarungen**. Sie sind nicht überraschend oder ungewöhnlich iSd. § 305c, sondern die Regel[20]; insb. in Prozessvergleichen[21]. **f) Befristung.** Neben einer drucktechnisch hervorgehobenen Befristung für die Dauer eines Jahres ist eine weitere Befristung nach Ablauf der sechsmonatigen Probezeit im nachfolgenden Vertragstext ohne besondere Hervorhebung als überraschende Klausel nicht Vertragsbestandteil[22]. Vertragl. Abreden über die Kündbarkeit eines befristeten ArbVerh sind in § 15 III TzBfG vorgesehen und deshalb nicht ungewöhnlich[23]. **g) Betriebliche Altersversorgung.** Unbestimmter Reduzierungsvorbehalt zu Gunsten des ArbGeb in einer Versorgungszusage als Nebenabrede zum Arbeitsvertrag ohne drucktechnische Hervorhebung an unerwarteter Stelle bei unübersichtlicher Gliederung der Nebenabrede und undeutlichem Schriftbild ist überraschende Klausel[24]. Richtet sich die Vergütung nach beamtenrechtl. Vorschriften, ist der Verweis auf das Beamtenversorgungsrecht für die BetrAV nicht überraschend[25]. **h) Kündigungsfristen.** Weder die Verlängerung der Fristen für eine ordentliche ArbN-Kündigung noch die Festlegung eines Kündigungstermins sind überraschend[26]. **i) Kurzarbeit.** Kurz-

---

1 BAG 27.4.2000 – 8 AZR 286/99, NJW 2000, 3299. ||2 BAG 9.5.2007 – 4 AZR 319/06, nv.; 14.8.2007 – 8 AZR 973/06, DB 2008, 66. ||3 UBH/*Ulmer*/*Schäfer*, § 305c Rz. 13 f. ||4 Erman/*S. Roloff*, § 305c Rz. 12; s.a. BAG 14.12.2010 – 9 AZR 642/09, NZA 2011, 509. ||5 BAG 9.5.2007 – 4 AZR 319/06, nv.; 14.8.2007 – 8 AZR 973/06, DB 2008, 66. ||6 BAG 23.9.2003 – 3 AZR 551/02, AP Nr. 93 zu § 77 BetrVG 1972. ||7 BAG 16.5.2012 – 5 AZR 331/11, DB 2012, 1990. ||8 BAG 6.8.2003 – 7 AZR 9/03, AP Nr. 51 zu § 133 BGB; s.a. BAG 27.7.2005 – 7 AZR 443/04, AP Nr. 27 zu § 620 BGB Altersgrenze. ||9 BAG 15.2.2007 – 6 AZR 286/06, MDR 2007, 961; s.a. LAG Düss. 29.6.2007 – 9 Sa 447/07, LAGE § 611 BGB 2002 Aufhebungsvertrag Nr. 4. ||10 BAG 8.8.2007 – 7 AZR 605/06, DB 2008, 133. ||11 LAG München 31.1.2012 – 9 Sa 950/11, ArbuR 2012, 223. ||12 BAG 25.5.2005 – 5 AZR 572/04, AP Nr. 1 zu § 310 BGB; 12.3.2008 – 10 AZR 152/07, NZA 2008, 699. ||13 ErfK/*Preis*, §§ 305-310 BGB Rz. 29. ||14 BGH 8.5.1987 – V ZR 89/86, BGHZ 101, 29. ||15 LAG Köln 22.6.2012 – 10 Sa 88/12. ||16 BAG 31.8.2005 – 5 AZR 545/04, AP Nr. 8 zu § 6 ArbZG. ||17 BAG 27.2.2002 – 9 AZR 543/00, DB 2002, 1720. ||18 BAG 23.2.2005 – 4 AZR 139/04, AP Nr. 42 zu § 1 TVG Tarifverträge: Druckindustrie; s.a. LAG Düss. 13.4.2005 – 12 Sa 154/05, LAGE § 307 BGB 2002 Nr. 7. ||19 BAG 6.9.2007 – 2 AZR 722/06, NZA 2008, 218. ||20 BAG 19.4.2008 – 10 AZR 671/07, DB 2009, 686. ||21 LAG Bln.-Bbg. 6.12.2011 – 3 Sa 1300/11, DB 2012, 412. ||22 BAG 16.4.2008 – 7 AZR 132/07, NZA 2008, 2279; weitere Bsp. für überraschende Befristungen: LAG Hamm 13.12.2012 – 11 Sa 1206/12; LAG Hess. 4.2.2013 – 709/12, LAGE § 305c BGB 2002 Nr. 7. ||23 BAG 4.8.2011 – 6 AZR 436/10, DB 2011, 2552. ||24 BAG 23.9.2003 – 3 AZR 551/02, AP Nr. 93 zu § 77 BetrVG 1972. ||25 BAG 30.11.2010 – 3 AZR 798/08, DB 2011, 826. ||26 BAG 25.9.2008 – 8 AZR 717/07, DB 2009, 569; 28.5.2009 – 8 AZR 896/07.

arbeitsklauseln stellen im Rahmen eines ArbVerh keine ungewöhnlichen Klauseln dar[1]. **j)** Abreden zur **Pauschalabgeltung von Überstunden** sind nicht objektiv ungewöhnlich[2]. **k)** Ein **Selbstbehalt in der Haftpflichtversicherung** zu Lasten des angestellten Berufskraftfahrers kann überraschend sein[3]. **l)** **TeilzeitArbVerh im Blockmodell**[4]. **m) Verweisungen.** Abs. 1 betrifft auch Verweisungsklauseln[5], insb. auf kollektive Regelungen, wie zB TV. Diese sind – auch in dynamischer Ausgestaltung – grds. nicht überraschend[6]. Dies gilt auch, wenn nur auf einen Teil des TV, zB die Entgeltbestimmungen oder die Dauer der Arbeitszeit, verwiesen wird[7] und im Grds. auch bei einer Tarifwechselklausel[8]. Die einzelvertragl. Verweisung auf einen branchen- oder ortsfremden TV ist dagegen regelmäßig überraschend[9]. Anders ist dies, wenn der ArbN auf Grund konkreter Umstände mit der Einbeziehung rechnen musste. Wird auf einen bis auf die Tarifbindung anwendbaren TV verwiesen, ist der darin möglicherweise enthaltene Verweis auf eine Ausschlussfrist nicht überraschend[10]. Überraschungsklausel auf Grund der Umstände des Einzelfalls, wenn in einer Bezugnahmeklausel die Anwendbarkeit zweier gekündigter TV ausgeschlossen wird[11]. Keine überaschende Verweisung, wenn bei bloßer Vertragsverlängerung die Bezugnahmeklausel des Ausgangsvertrags in der Vereinbarung über die Verlängerung nicht wiederholt wird[12]. **n) Vertragsstrafen** sind in Arbeitsverträgen nicht generell ungewöhnlich[13]. Eine Vertragsstrafe, die ein Wettbewerbsverbot sanktionieren soll, ist bei Regelung in Zusammenhang mit diesem nicht an unerwarteter Stelle im Vertrag untergebracht[14]. **o)** Ein **Versetzungsvorbehalt** ist grds. nicht ungewöhnlich, wobei aber die konkrete Gestaltung des Arbeitsvertrags zu berücksichtigen ist. Keine Ungewöhnlichkeit bei „drucktechnisch übersichtlich aufgebautem" Arbeitsvertrag[15]. **p) Wettbewerbsverbote** sind in Arbeitsverträgen mit Führungskräften nicht überraschend[16]; allerdings kann auch hier der Aspekt der formalen Überraschung greifen. Die Vereinbarung einer aufschiebenden Bedingung für das Inkrafttreten eines nachvertragl. Wettbewerbsverbots ist nicht objektiv ungewöhnlich[17]. **q) Zielvereinbarungen.** Die Regelung in einem Bonusplan, welche die Ausschüttung einer variablen Vergütung von dem Erreichen von Unternehmenszielen abhängig macht, stellt keine überraschende Klausel dar[18].

6   **4. Darlegungs- und Beweislast.** Die Darlegungs- und Beweislast für die **objektiven und subjektiven Anwendungsvoraussetzungen** des § 305c hat derjenige, der sich darauf beruft[19], mithin regelmäßig der ArbN. Macht der Verwender, dh. regelmäßig der ArbGeb, jedoch geltend, trotz der objektiven Ungewöhnlichkeit habe der ArbN mit der Klausel rechnen müssen, zB weil er auf die Klausel hingewiesen hat, ist der ArbGeb für diesen Umstand darlegungs- und beweisbelastet[20].

7   **II. Unklarheitenregel. 1. Normzweck.** Zweck der Vorschrift ist es, bei objektiv mehrdeutigen Klauseln eine **Auslegungshilfe** zu geben und in diesem Fall die Interessen des Verwenders hinter denjenigen der anderen Partei zurücktreten zu lassen. Die Norm beruht auf dem Gedanken, dass es Sache derjenigen Partei ist, welche die Vertragsgestaltungsfreiheit für sich in Anspruch nimmt, sich klar und unmissverständlich auszudrücken. Unklarheiten gehen zu ihren Lasten[21]. Abs. 2 findet im Arbeitsrecht Anwendung[22].

8   **2. Auslegung Allgemeiner Geschäftsbedingungen.** AGB sind gem. ihrem objektiven Inhalt und typischen Sinn einheitlich so auszulegen, wie sie von verständigen und redlichen Vertragspartnern unter Abwägung der Interessen der normalerweise beteiligten Kreise verstanden werden, wobei die Verständnismöglichkeiten des durchschnittlichen Vertragspartners des Verwenders zugrunde zu legen sind[23]. Ansatzpunkt für die Auslegung von AGB ist in erster Linie der Vertragswortlaut. Von Bedeutung für das Auslegungsergebnis ist ferner der von den Vertragsparteien verfolgte Regelungszweck sowie die der jeweils anderen Seite erkennbare Interessenlage der Beteiligten[24]. Bei der objektiven Auslegung nicht zu berücksichtigen sind die konkret-individuellen Umstände. Zur Auslegung heranzuziehen sind aber Begleitumstände, die nicht ausschließlich die konkrete Vertragsabschlusssituation betreffen, sondern den Abschluss einer jeden vergleichbaren vertragl. Abrede begleiten[25]. Tragender Grund für die **objektive Auslegung** ist die Besonderheit vorformulierter Vertragstexte, deren Massencharakter und die fehlende Einflussmöglichkeit des Vertragspartners des Verwenders auf deren Inhalt[26]. Dies gilt auch für Klauseln in arbeitsvertragl. Vereinbarungen, die auf kollektivrechtl. ausgehandelte Vertragsbedin-

---

1 LAG Bln.-Bbg. 7.10.2010 – 2 Sa 1230/10, NZA-RR 2011, 65.   ‖2 BAG 16.5.2012 – 5 AZR 331/11, DB 2012, 1990.   ‖3 BAG 13.12.2012 – 8 AZR 432/11, NZA 2013, 622.   ‖4 BAG 14.12.2010 – 9 AZR 642/09, NZA 2011, 509.   ‖5 Vgl. ErfK/*Preis*, §§ 305–310 BGB Rz. 30.   ‖6 BAG 6.5.2009 – 10 AZR 390/08, NZA-RR 2009, 593; 21.11.2012 – 4 AZR 85/11, NZA 2013, 512.   ‖7 BAG 23.3.2011 – 10 AZR 831/09, NZA 2012, 396; 21.11.2012 – 4 AZR 85/11, NZA 2013, 512.   ‖8 BAG 21.11.2012 – 4 AZR 85/11, NZA 2013, 512.   ‖9 *Gotthardt*, Rz. 258; zur Zulässigkeit der Verweisung auf einen fremden TV BAG 22.1.2002 – 9 AZR 601/00, AP Nr. 55 zu § 11 BUrlG.   ‖10 BAG 11.1.1995 – 10 AZR 5/94, ZTR 1995, 277; 22.1.2002 – 9 AZR 601/00, AP Nr. 55 zu § 11 BUrlG.   ‖11 BAG 9.5.2007 – 4 AZR 319/06, nv.   ‖12 BAG 28.6.2007 – 6 AZR 750/06, AP Nr. 27 zu § 307 BGB.   ‖13 BAG 14.8.2007 – 8 AZR 973/06, DB 2008, 66 bzgl. Wettbewerbsverbot; 28.5.2009 – 8 AZR 896/07.   ‖14 BAG 14.8.2007 – 8 AZR 973/06, DB 2008, 66.   ‖15 BAG 19.1.2011 – 10 AZR 738/98, DB 2011, 1056.   ‖16 *Bauer/Diller*, NJW 2002, 1609 (1614); *Henssler*, RdA 2002, 129 (139).   ‖17 BAG 13.7.2005 – 10 AZR 532/04, AP Nr. 78 zu § 74 HGB.   ‖18 LAG Hess. 14.8.2008 – 20 Sa 1172/07, nv.   ‖19 UBH/*Ulmer/Schäfer*, § 305c Rz. 25.   ‖20 Vgl. BGH 10.11.1989 – V ZR 201/88, BGHZ 109, 197.   ‖21 UBH/*Ulmer/Schäfer*, § 305c Rz. 61.   ‖22 BAG 9.11.2005 – 5 AZR 128/05, AP Nr. 4 zu § 305c BGB; 26.9.2007 – 5 AZR 808/06, NZA 2008, 179.   ‖23 BAG 15.5.2013 – 10 AZR 325/12, DB 2013, 2215; BGH 23.9.2009 – VIII ZR 344/08, MDR 2010, 20.   ‖24 BAG 10.7.2013 – 10 AZR 898/11, ZTR 2013, 625.   ‖25 BAG 15.2.2011 – 3 AZR 196/09.   ‖26 BGH 14.6.2006 – IV ZR 54/05, VersR 2006, 1246.

gungen Bezug nehmen oder inhaltlich mit ihnen übereinstimmen, wie zB eine von den ArbN noch zu unterzeichnende Mustervereinbarung. Für die Auslegung solcher Klauseln kommt es nicht auf das Verständnis der an den Verhandlungen über die Kollektivregelung Beteiligten, sondern gem. § 157 auf die Verständnismöglichkeiten der ArbN, mit denen später die darauf Bezug nehmende arbeitsvertragl. Regelung vereinbart wird[1]. Erhalten alle ArbN bei ihrer Einstellung ein gleiches Informationsschreiben zur betrAV, ist dieses bei der Auslegung der Versorgungszusage im Rahmen der objektiven Auslegung zu berücksichtigen[2]. Eine Grenze hat die objektive Auslegung dort, wo die Parteien einer Klausel übereinstimmend – auch durch schlüssiges Verhalten – eine von ihrem objektiven Sinn abweichende Bedeutung beigemessen haben[3]. Die Auslegungsregel des Abs. 2 bezieht sich zudem nur auf das Verständnis der AGB und nicht auf die Bedeutung **unklarer Begleitumstände**. Diese sind aus der Sicht eines redlichen und verständigen Empfängers der Erklärung zu würdigen[4]. Die objektive Auslegung lässt eine **ergänzende Vertragsauslegung** zu[5]. Diese hat nach einem objektiv-generalisierenden Maßstab zu erfolgen, der am Willen und Interesse der typischerweise beteiligten Verkehrskreise (und nicht nur der konkret beteiligten Parteien) ausgerichtet sein muss[6].

3. Anwendungsvoraussetzungen und Folgen der Unklarheitenregel. Erforderlich ist, dass mit den Mitteln der Auslegung nicht zu einem eindeutigen Ergebnis gelangt werden kann[7]. Die objektive Auslegung muss zu dem Ergebnis geführt haben, dass die Klausel nach ihrem Wortlaut und typischen Verständnis der beteiligten Kreise **mehrdeutig** ist[8]. Die Auslegung muss dabei zwei Ergebnisse als vertretbar erscheinen lassen, von denen keines den klaren Vorzug verdient. Es müssen erhebliche Zweifel an der richtigen Auslegung bestehen. Die entfernte Möglichkeit, zu einem anderen Ergebnis zu kommen, genügt nicht[9]. Es darf zudem kein übereinstimmender Wille der konkreten Vertragsparteien festzustellen sein[10]. Bleibt die Klausel mehrdeutig, gilt die für den ArbN günstigere Auslegung. Diese ist auf folgende Weise zu ermitteln. Da im AGB-Recht mittlerweile auch im Individualprozess der Grundsatz der kundenfeindlichen Auslegung Anwendung findet[11], ist bei mehreren Auslegungsalternativen zunächst die **arbeitnehmerfeindlichste Möglichkeit** zugrunde zu legen, mit der Folge der Unwirksamkeit der Klausel[12]. Bleibt die Klausel in dieser Variante wirksam, ist die Unklarheitsregel direkt anzuwenden, dh. es ist die arbeitnehmerfreundlichste Auslegung der Klausel zu wählen[13]. Die Anwendung des Abs. 2 setzt allerdings voraus, dass die Auslegung einer einzelnen AGB-Bestimmung mindestens zwei Ergebnisse als vertretbar erscheinen lässt. Abs. 2 ist unanwendbar, wenn sich zwei Klauseln inhaltlich widersprechen und deshalb unwirksam sind[14]. Auf einzelvertragl. einbezogene TV ist Abs. 2 grds. anzuwenden[15]. Der ArbGeb als Verwender kann sich nicht auf die Unklarheitenregel berufen[16].

4. Einzelfälle von A–Z. Die arbeitsgerichtl. Rspr. hat die Unklarheitenregel ua. in folgenden Fällen berücksichtigt: **a) Altersversorgung.** Anpassungsbeschluss des Bochumer Verbands[17]. Auslegung von Versorgungszusagen[18]. Ausschluss einer betrAV[19]. Verweise in Formulararbeitsverträgen auf die für die betrAV beim ArbGeb geltenden Bestimmungen sind im Regelfall dynamisch auszulegen. Abs. 2 steht dem nicht entgegen, da diese Auslegung vor dem Hintergrund des Zweckes derartiger Vereinbarungen eindeutig[20]. **b) ArbGebDarlehen**[21]. **c)** Vorformulierte **Aufhebungsverträge**[22]. Mit Abschluss eines Geschäftsführerdienstvertrags stellen die Parteien ihre vertragl. Beziehungen ausschließlich auf diese neue vertragl. Grundlage und beenden damit – soweit nichts anderes vereinbart ist – zugleich das zuvor bestehende ArbVerh. Ein vernünftiger Zweifel an der Beendigung des ArbVerh, der die Anwendung des Abs. 2 rechtfertigen könnte, besteht nicht[23]. **d) Befristung:** „Für die Kündigung des ArbVerh – nach Ablauf der Probezeit – gilt die gesetzl. Kündigungsfrist" = klare Vereinbarung der Kündbarkeit (§ 15 III TzBfG)[24]. **e) Bezugnahmeklauseln**[25]. Im Zweifel soll eine zeitdynamische und keine statische Verweisung anzunehmen sein, weil idR die Vergütung in EntgeltTV für ArbN verbessert und nicht verschlechtert werde[26]. Es ist regelmäßig eine zeitdynamische Bezugnahme auf den TV anzunehmen, wenn die Angabe einer konkret nach Datum festgelegten Fassung des in Bezug genommenen TV fehlt. Abs. 2 steht dem nicht entgegen, denn diese Auslegung ist eindeutig[27]. IÜ scheitert die Anwendung der Unklar-

---

1 BAG 19.3.2009 – 6 AZR 557/07, NZA 2009, 896; 9.2.2011 – 7 AZR 91/10, NZA-RR 2012, 232.   ‖ **2** BAG 15.2.2011 – 3 AZR 196/09.   ‖ **3** BGH 14.6.2006 – IV ZR 54/05, VersR 2006, 1246; BAG 19.3.2009 – 6 AZR 557/07, NZA 2009, 896.   ‖ **4** BAG 26.9.2007 – 5 AZR 808/06, NZA 2008, 179; s.a. BAG 13.6.2007 – 5 AZR 564/06, DB 2007, 2035.   ‖ **5** BGH 19.9.1990 – XI ZR 150/88, NJW 1990, 324; BAG 23.3.2011 – 10 AZR 831/09.   ‖ **6** BAG 9.6.2010 – 5 AZR 498/09, AP Nr. 82 zu § 1 TVG Bezugnahme auf TV.   ‖ **7** BAG 15.9.2009 – 9 AZR 757/08, DB 2009, 2551.   ‖ **8** BAG 26.9.2002 – 6 AZR 434/00, AP Nr. 10 zu § 10 BBiG.   ‖ **9** BAG 10.7.2013 – 10 AZR 898/11; BGH 3.5.2011 – XI ZR 373/08, WM 2011, 1465.   ‖ **10** BGH 22.3.2002 – V ZR 405/00, ZIP 2002, 1534; BAG 10.1.2007 – 5 AZR 84/06, NZA 2007, 384.   ‖ **11** BGH 9.6.2010 – VIII ZR 294/09, MDR 2010, 916.   ‖ **12** BAG 18.3.2008 – 9 AZR 186/07, MDR 2008, 1167.   ‖ **13** DBD/*Däubler*, § 305c Rz. 35; *Reinecke*, BB 2005, 378 (382).   ‖ **14** BAG 24.10.2007 – 10 AZR 825/07, NZA 2008, 40.   ‖ **15** *Gotthardt*, Rz. 262.   ‖ **16** BAG 24.11.2004 – 10 AZR 202/04, AP Nr. 70 zu § 242 BGB Betriebliche Übung.   ‖ **17** BAG 21.8.2007 – 3 AZR 330/06, DB 2007, 2720.   ‖ **18** BAG 24.6.1986 – 3 AZR 630/84, AP Nr. 12 zu § 6 BetrAVG; 27.1.1998 – 3 AZR 444/96, AP Nr. 38 zu § 1 BetrAVG.   ‖ **19** BAG 12.12.2006 – 3 AZR 388/05, ZTR 2007, 573.   ‖ **20** BAG 27.6.2006 – 3 AZR 255/05, AP Nr. 49 zu § 1 BetrAVG Ablösung.   ‖ **21** BAG 16.10.1991 – 5 AZR 35/91, AP Nr. 1 zu § 19 BErzGG.   ‖ **22** ArbG Hanau 26.9.1996 – 3 Ca 90/96, NZA-RR 1997, 333.   ‖ **23** BAG 19.7.2007 – 6 AZR 774/06, AP Nr. 18 zu § 35 GmbHG.   ‖ **24** BAG 4.8.2011 – 6 AZR 436/10, DB 2011, 2552.   ‖ **25** BAG 19.3.2003 – 4 AZR 331/02, DB 2003, 2126; 28.6.2007 – 6 AZR 750/06, AP Nr. 27 zu § 307 BGB.   ‖ **26** BAG 9.11.2005 – 5 AZR 128/05, AP Nr. 4 zu § 305c BGB; 24.9.2008 – 6 AZR 76/07, NZA 2009, 154.   ‖ **27** BAG 17.1.2006 – 9 AZR 41/05, NZA 2006, 923.

heitenregelung auf arbeitsvertragl. Klauseln, die auf ein Tarifwerk Bezug nehmen, idR daran, dass die Frage der Günstigkeit für den ArbN nicht abstrakt und unabhängig von der jeweiligen Fallkonstellation beantwortet werden kann. Die Frage, welcher TV in Bezug genommen ist, kann nicht jeweils abhängig vom Zeitpunkt der Geltendmachung unterschiedlich bestimmt werden. Ansonsten käme man von Fall zu Fall zu unterschiedlichen Auslegungsergebnissen hinsichtlich ein und derselben vertragl. Bezugnahmeregelung, je nachdem, welcher TV gerade eine für den ArbN günstigere Regelung (zB betr. die Vergütung) vorsieht[1]. Die ergänzende Vertragsauslegung kann ohne Verstoß gegen §§ 305 ff. dazu führen, dass die zeitdynamische Verweisung auf den BAT nach dessen Ablösung durch den TVöD auf Letzteren verweist[2]. Keine konstitutive Festlegung der Arbeitszeit bei Kombination von zeitdynamischer Bezugnahmeklausel auf TV und Reglung über die zum Zeitpunkt des Vertragsschlusses gültige tarifl. Wochenarbeitszeit[3]. Bezugnahmeklauseln auf die Bestimmungen des kirchlichen Arbeitsrechts sind grds. dahin auszulegen, dass sie dem kirchlichen Arbeitsrecht im privatrechtl. ArbVerh umfassend Geltung verschaffen[4]. **f) Pflichtstundenzahl** im Arbeitsvertrag eines Lehrers[5]. **g) Vergütungsvereinbarung.** Die Verwendung der Begriffe „Nettobetrag" und „Bruttobetrag" ist idR nicht unklar[6]. Die Verknüpfung von einem festen Euro-Betrag mit der Bezeichnung „Tarifentgelt" darf der durchschnittliche ArbN bei ausdrücklicher Anlehnung an den TV so verstehen, dass sich sein Gehalt dynamisch entsprechend dem Tarifentgelt entwickelt[7]. **h) Vertragsstrafenabreden**[8]. **i) Wettbewerbsverbote**[9]. **j) Zielvereinbarung.** Die unklare Formulierung des zu erreichenden Ziels geht zu Lasten des ArbGeb[10].

306 Rechtsfolgen bei Nichteinbeziehung und Unwirksamkeit

(1) Sind Allgemeine Geschäftsbedingungen ganz oder teilweise nicht Vertragsbestandteil geworden oder unwirksam, so bleibt der Vertrag im Übrigen wirksam.

(2) Soweit die Bestimmungen nicht Vertragsbestandteil geworden oder unwirksam sind, richtet sich der Inhalt des Vertrags nach den gesetzlichen Vorschriften.

(3) Der Vertrag ist unwirksam, wenn das Festhalten an ihm auch unter Berücksichtigung der nach Absatz 2 vorgesehenen Änderung eine unzumutbare Härte für eine Vertragspartei darstellen würde.

1 **I. Normzweck.** Nach der Grundregel des § 139 ist bei Nichtigkeit eines Teils des Rechtsgeschäftes dieses im Zweifel insg. unwirksam. Diese Regel berücksichtigt im Recht der AGB nicht das **Interesse des Kunden an der Aufrechterhaltung des Vertrages**, der ansonsten bei Unwirksamkeit nur einer Klausel die Rückgängigmachung des gesamten Vertrages befürchten müsste[11]. Dieser Grundsatz gilt für Arbeitsverträge, für die schon früher von der Grundregel des § 139 abgewichen wurde[12].

2 **II. Wirksamkeit des Arbeitsvertrags.** Die AGB dürfen **nicht Vertragsbestandteil geworden** sein. Dies ist dann der Fall, wenn die Einbeziehung an dem Überraschungsverbot des § 305c I scheitert. An § 305 II kann die Einbeziehung nicht scheitern, weil diese Norm im Arbeitsrecht nicht anwendbar ist (§ 305 Rz. 10). Abs. 1 findet zudem Anwendung, wenn die AGB **unwirksam** sind, was zunächst einen Verstoß gegen die §§ 307 ff. meint. Darauf ist Abs. 1 aber nicht beschränkt, sondern erfasst auch die Fälle der Nichtigkeit gem. § 134, den Verstoß gegen ein Formerfordernis oder gegen ein anderes Wirksamkeitserfordernis[13]. Nichts anderes gilt allg. für vorformulierte Arbeitsverträge.

3 **Arbeitsvertragsklauseln** können **teilbar** sein. In einem solchen Fall kann sich die Unwirksamkeit auf einen Teil der Klausel beziehen. Voraussetzung ist, dass die Formularklausel sich nach ihrem Wortlaut aus sich heraus verständlich und sinnvoll in einen inhaltlich zulässigen und in einen unzulässigen Regelungsteil trennen lässt. In diesem Fall ist die Aufrechterhaltung des zulässigen Teils rechtl. unbedenklich und verstößt nicht gegen das Verbot der geltungserhaltenden Reduktion aus Abs. 2[14]. Voraussetzung für die Zerlegung ist, dass die unwirksame Bestimmung sich einfach wegstreichen lässt, sog. „blue-pencil-test"[15]. Der verbleibende Teil muss nach seinem Regelungsgehalt sinnvoll bleiben[16]. Die Frage, ob mehrere Teile einer Klausel einer gesonderten Wirksamkeitsprüfung unterzogen werden können, hat **praktische Folgen:** Die Klausel „jederzeit widerrufliche und anrechenbare betriebliche Ausgleichszulage" regelt zwei Sachverhalte und ist nach der Rspr. teilbar[17]. Die Zulage soll widerruflich und anrechenbar sein, wobei **Anrechnungs- und Widerrufsvorbehalt** unterschiedlichen Voraussetzungen (vgl. Anh. §§ 305–310 Rz. 33, 40) unterliegen. Dh. der Anrechnungsvorbehalt kann wirksam und der Widerrufsvorbehalt unwirksam sein. Eine solche Teilbarkeit kann nicht angenommen werden, wenn eine

---

1 BAG 9.6.2010 – 5 AZR 637/09, AP Nr. 80 zu § 1 TVG Bezugnahme auf TV. ‖2 BAG 23.3.2011 – 10 AZR 831/09, NZA 2012, 396. ‖3 BAG 10.7.2013 – 10 AZR 898/11, ZTR 2013, 625. ‖4 BAG 16.2.2012 – 6 AZR 573/10, ZTR 2012, 346; 28.6.2012 – 6 AZR 217/11, MDR 2012, 1233. ‖5 BAG 12.9.2006 – 9 AZR 675/05, AP Nr. 176 zu § 611 BGB Lehrer, Dozenten. ‖6 Vgl. BAG 24.1.2013 – 8 AZR 965/11, NJW 2013, 2138. ‖7 BAG 13.2.2013 – 5 AZR 2/12, NZA 2013, 1024 ‖8 BAG 18.9.1991 – 5 AZR 650/90, AP Nr. 14 zu § 339 BGB. ‖9 BAG 5.9.1995 – 9 AZR 718/93, AP Nr. 67 zu § 74 HGB. ‖10 LAG Hess. 29.1.2002 – 7 Sa 836/01, AiB 2002, 575; s.a. Riesenhuber/v. Steinau-Steinrück, NZA 2005, 785 (791). ‖11 Palandt/Grüneberg, § 306 Rz. 1. ‖12 BAG 9.9.1981 – 5 AZR 1182/79, AP Nr. 117 zu Art. 3 GG. ‖13 BGH 3.5.1995 – XII ZR 29/94, BGHZ 129, 297; Palandt/Grüneberg, § 306 Rz. 5. ‖14 BGH 15.11.2006 – VII ZR 3/06, ZIP 2007, 131; BAG 18.12.2008 – 8 AZR 81/08, DB 2009, 2269. ‖15 BAG 13.4.2010 – 9 AZR 36/09, DB 2010, 2805; BGH 10.10.2013 – III ZR 325/12; krit. Thüsing, BB 2006, 661. ‖16 BAG 23.9.2010 – 8 AZR 897/08, NJW 2011, 408. ‖17 BAG 1.3.2006 – 5 AZR 363/05, AP Nr. 3 zu § 308 BGB.

intransparente Kombination von Freiwilligkeits- und Widerrufsvorbehalt (vgl. Anh. §§ 305–310 Rz. 38) vorliegt[1]. Eine aufeinander abgestimmte Fristenregel ist bei Unangemessenheit einer Frist insg. unwirksam[2]. Ist bei einer zweistufigen **Ausschlussfrist** die Frist auf der ersten Stufe unwirksam, so wird idR die gesamte Ausschlussfristenregelung unwirksam sein. Ist hingegen die zweite Stufe unwirksam, verbleibt idR die erste Stufe als eigenständige sinnvolle Regelung[3]. Enthält eine Klausel keine zweistufige, aufeinander aufbauende Ausschlussfrist, sondern zwei voneinander gelöste Fristen für die schriftliche und gerichtl. Geltendmachung als jeweils eigenständige sachliche Regelungen, ist die Teilbarkeit insg. zu bejahen[4]. Zur Teilbarkeit der Klausel einer Ausschlussfrist, die „alle Ansprüche aus dem Arbeitsverhältnis" erfasst, vgl. Anh. §§ 305–310 Rz. 8, 12. Die Unwirksamkeit einer arbeitsvertragl. Regelung über die (unzulässig kurze) Kündigungsfrist während der **Probezeit** kann die Wirksamkeit der Probezeitvereinbarung an sich unberührt lassen[5]. Teilbar und einer getrennten Betrachtung zugänglich sind auch **Vertragsstrafen** für den Fall des Nichtantritts der Arbeit sowie für den Fall, dass der ArbN Anlass zu einer berechtigten fristlosen Kündigung durch den ArbGeb gibt[6]. Dies gilt auch für einen Einwendungsverzicht und ein selbständiges Schuldversprechen[7]. Zur Teilbarkeit einer Versetzungsklausel Anh. §§ 305–310 Rz. 27. Die Vereinbarungen des Ausschlusses eines **Wiedereinstellungsanspruchs** und über die Beendigung eines ArbVerh sind teilbar[8].

III. Arbeitsvertragsinhalt bei Unwirksamkeit einzelner Vertragsbestimmungen. Ist eine Vertragsbestimmung unwirksam, richtet sich gem. Abs. 2 der Inhalt des Vertrags insoweit nach den gesetzl. Vorschriften. Eine Rückführung des Vertrags auf das gerade noch zulässige Maß (**geltungserhaltende Reduktion**) ist unzulässig[9]. Dieser Grundsatz gilt im Arbeitsrecht[10]. Besonderheiten des Arbeitsrechts (§ 310 IV 2) stehen dem nicht entgegen[11]. Der BGH hat den Grundsatz schon früher im Arbeitsrecht angewandt[12]. Er ist anzuwenden, weil der ArbGeb als Verwender des vorformulierten Vertragswerks, der die Gestaltungsmacht hat, durch die richterliche Reduktion für die unangemessene Klausel weder die Verantwortung noch das Risiko abgenommen werden darf[13]. Dies gilt im Arbeitsrecht umso mehr, weil es wegen § 15 UKlaG die Verbandsklage nicht gibt, sondern der einzelne ArbN auf den Individualprozess verwiesen ist. Eine generelle Ausnahme von der Anwendbarkeit des Verbots der geltungserhaltenden Reduktion auf Dauerschuldverhältnisse ist nicht anzuerkennen[14]. Einen **gesetzl. Spezialfall** der geltungserhaltenden Reduktion enthält § 74a I 1, 2 HGB[15].

Allerdings fehlt es im Arbeitsrecht oft an einer dispositiven Norm, welche die unwirksame Klausel ersetzen kann. Dies lässt sich weitgehend systemimmanent lösen. Zu den gesetzl. Vorschriften zählen nämlich auch ungeschriebene Rechtsgrundsätze, die durch Richterrecht entwickelt worden sind[16]. Existiert kein Richterrecht, kann auf die ergänzende Vertragsauslegung zurückgegriffen werden, wenn das Unterbleiben der Ergänzung des Vertrags keine angemessene, den typischen Interessen der Vertragsparteien Rechnung tragende Lösung bietet[17]. Die **ergänzende Vertragsauslegung** hat nach einem objektiv-generalisierenden Maßstab zu erfolgen (hierzu § 305c Rz. 8). Der Streit über die Frage der Geltung des Verbots der geltungserhaltenden Reduktion ist so entschärft, weil entweder die Lücke im Vertrag im Wege der ergänzenden Vertragsauslegung durch die „angemessene" Regelung ersetzt wird oder aber durch Rückführung der Klausel auf das Angemessene im Wege geltungserhaltender Reduktion[18]. Bei einer derart normativ vorgenommenen Vertragsergänzung handelt es sich nicht mehr um eine lückenfüllende Vertragsergänzung, sondern um die Anwendung allg. Rechtsregeln, mithin dispositiven Rechts[19]. Dies ist ausreichend, um den Besonderheiten des Arbeitsrechts Rechnung zu tragen, ohne dass der Grundsatz des Verbots der geltungserhaltenden Reduktion aufgegeben werden müsste.

IV. Unzumutbarkeit. Ist das Festhalten an dem Arbeitsvertrag auch unter Berücksichtigung der aus Abs. 2 folgenden Änderung für eine Vertragspartei eine unzumutbare Härte, ist der Vertrag insg. unwirksam. Die Norm dürfte im Arbeitsrecht nur sehr selten Anwendung finden[20]. Der 3. und 9. Senat des BAG gehen davon aus, dass erst bei Vorliegen einer unzumutbaren Härte eine ergänzende Vertragsauslegung in Betracht kommt[21].

---

1 BAG 14.9.2011 – 10 AZR 526/10, DB 2012, 179 ||2 BayObLG 9.7.1987 – ReMiet 1/87, NJW-RR 1987, 1298. ||3 BAG 13.3.2013 – 5 AZR 954/11, DB 2013, 1361; *Reinecke*, BB 2005, 378 (382). ||4 LAG Hamm 17.12.2008 – 10 Sa 1113/08. ||5 LAG Rh.-Pf. 30.4.2010 – 9 Sa 776/09, NZA-RR 2010, 464. ||6 BAG 21.4.2005 – 8 AZR 425/04, AP Nr. 3 zu § 307 BGB; 18.12.2008 – 8 AZR 81/08, DB 2009, 2269. ||7 BAG 15.3.2005 – 9 AZR 502/03, AP Nr. 7 zu § 781 BGB. ||8 LAG Düss. 29.6.2007 – 9 Sa 447/07, LAGE § 611 BGB 2002 Aufhebungsvertrag Nr. 4. ||9 BGH 23.9.2010 – III ZR 246/09, NJW 2011, 139. ||10 BAG 25.5.2005 – 5 AZR 572/04, AP Nr. 1 zu § 310 BGB; 30.7.2008 – 10 AZR 606/07, DB 2008, 2194; 23.9.2010 – 8 AZR 897/08, NJW 2011, 408; aA *Zöllner*, NZA-Beil. 3/2006, 99 (102); diff. *Bayreuther*, NZA 2004, 953 ff. ||11 BAG 25.5.2005 – 5 AZR 572/04, AP Nr. 1 zu § 310 BGB. ||12 BGH 30.9.1998 – IV ZR 262/97, BGHZ 139, 333. ||13 *Preis*, Vertragsgestaltung, S. 367. ||14 Vgl. BGH 7.6.1989 – VIII ZR 91/88, BGHZ 108, 1; 10.9.1997 – VIII ARZ 1/97, BGHZ 136, 314. ||15 LAG Hamm 14.4.2003 – 7 Sa 1881/02, NZA-RR 2003, 513; Preis/*Stoffels*, Der Arbeitsvertrag, II W 10 Rz. 29; s.a. *Koch*, RdA 2006, 28 ff. ||16 BGH 14.5.1996 – XI ZR 257/94, NJW 1996, 2092. ||17 BAG 25.5.2005 – 5 AZR 572/04, AP Nr. 1 zu § 310 BGB; ausf. zum Verhältnis geltungserhaltender Reduktion zu ergänzender Vertragsauslegung *Schlewing*, RdA 2011, 92. ||18 WLP/*Lindacher/Hau*, § 306 Rz. 29. ||19 LAG Köln 1.2.2001 – 10 Sa 625/00, NZA-RR 2001, 461; *Gotthardt*, Rz. 330; aA *Henssler*, RdA 2002, 129 (137); *Thüsing*, NZA 2002, 591 (594); s.a. *Willemsen/Grau*, RdA 2003, 321 (325). ||20 Vgl. auch *Gotthardt*, Rz. 332. ||21 BAG 19.12.2006 – 9 AZR 294/06, DB 2007, 1253; 14.1.2009 – 3 AZR 900/07, NZA 2009, 666.

306a *Umgehungsverbot*
Die Vorschriften dieses Abschnitts finden auch Anwendung, wenn sie durch anderweitige Gestaltungen umgangen werden.

1   Eine Umgehung ist zu bejahen, wenn eine vom Gesetz verbotene Regelung bei gleicher Interessenlage durch eine andere rechtl. Gestaltung erreicht werden kann, die objektiv nur den Sinn haben kann, dem gesetzl. Verbot zu entgehen[1]. Eine **Umgehungsabsicht** der beteiligten Arbeitsvertragsparteien ist nicht erforderlich[2]. Die Norm hat bisher nur geringe praktische Bedeutung erlangt[3]. Für das Arbeitsrecht ist nichts anderes zu erwarten. Auf Grund der weiten Formulierung der §§ 305 ff. kann Umgehungsversuchen idR mit dem vorrangigen Mittel der Auslegung begegnet werden[4]. Der BGH hat die Vorschrift auf bankinterne Anweisungen angewandt, die keine Vertragsbedingungen waren, wenn mit diesen die Absicht verfolgt wird, AGB zu vermeiden[5]. Auch ein ArbGeb wird so durch interne Anweisungen, zB an die Personalabteilung, die §§ 305 ff. nicht umgehen können.

307 *Inhaltskontrolle*
(1) Bestimmungen in Allgemeinen Geschäftsbedingungen sind unwirksam, wenn sie den Vertragspartner des Verwenders entgegen den Geboten von Treu und Glauben unangemessen benachteiligen. Eine unangemessene Benachteiligung kann sich auch daraus ergeben, dass die Bestimmung nicht klar und verständlich ist.

(2) Eine unangemessene Benachteiligung ist im Zweifel anzunehmen, wenn eine Bestimmung

1. mit wesentlichen Grundgedanken der gesetzlichen Regelung, von der abgewichen wird, nicht zu vereinbaren ist oder

2. wesentliche Rechte oder Pflichten, die sich aus der Natur des Vertrags ergeben, so einschränkt, dass die Erreichung des Vertragszwecks gefährdet ist.

(3) Die Absätze 1 und 2 sowie die §§ 308 und 309 gelten nur für Bestimmungen in Allgemeinen Geschäftsbedingungen, durch die von Rechtsvorschriften abweichende oder diese ergänzende Regelungen vereinbart werden. Andere Bestimmungen können nach Absatz 1 Satz 2 in Verbindung mit Absatz 1 Satz 1 unwirksam sein.

I.	Allgemeines	1	III. Durchführung der Inhaltskontrolle	15
II.	Schranken der Inhaltskontrolle	4	1. Abweichung von der gesetzlichen Regelung	16
	1. Leistungsbeschreibungen und Preisvereinbarungen	6	2. Gefährdung des Vertragszwecks	18
			3. Transparenzgebot	19
	2. Gesetzeswiederholende Klauseln	9	4. Unangemessene Benachteiligung	22
			IV. Rechtsfolgen; Darlegungs- und Beweislast	24

1   **I. Allgemeines.** § 307 enthält das **Kernstück der Inhaltskontrolle** allg. Arbeitsvertragsbedingungen. Es handelt sich um eine Generalklausel mit Auffangcharakter. Allg. Arbeitsvertragsbedingungen sind zunächst an § 309, sodann an § 308, sodann an Abs. 2 und erst zuletzt an der allg. Generalklausel des Abs. 1 zu messen. Anwendungsvoraussetzung des § 307, aber auch der §§ 308, 309 ist, dass die allg. Arbeitsvertragsbedingungen Vertragsbestandteil geworden sind. Allerdings kann der Richter diese Fragen offen lassen und die Klausel gem. §§ 307 ff. für unwirksam erklären[6]. Die Inhaltskontrolle bewirkt **keinen Schutz für den Klauselverwender**. Ist dies der ArbGeb, kann er sich nicht auf eine Unwirksamkeit von ihm selbst eingeführter Formularbestimmungen gem. §§ 307 ff. berufen[7]. Geschützt sind durch § 307 aber die **Interessen Dritter**, die Rechte aus dem Vertrag herleiten können oder durch diesen unmittelbar berechtigt sind, wie zB die rentenberechtigten ArbN einer Zusatzversorgungskasse[8].

2   **Beurteilungszeitpunkt** für die Umstände und Interessen, die zur Unwirksamkeit einer Klausel wegen Verstoßes gegen § 307 führen, ist der **Zeitpunkt des Vertragsschlusses**[9]. Ob eine grundlegende Änderung der höchstrichterlichen Rspr. zu Lasten des Verwenders geht, dh. eine Klausel, obwohl diese im Zeitpunkt des Vertragsschlusses für wirksam erachtet wurde, auf Grund nachträglich geänderter Rspr. unwirksam wird, ist noch nicht abschließend geklärt[10]. Diese Frage dürfte für das Arbeitsrecht jedenfalls vorerst eine nur geringe Rolle spielen. Durch die Übergangsregelung in Art. 229 § 5 EGBGB hat der Gesetzgeber festgelegt, dass ab dem 1.1.2003 auch für Altarbeitsverträge, dh. solche, die vor dem 1.1. 2002 geschlossen wurden, die §§ 305 ff. anzuwenden sind. Die sich im Arbeitsrecht entwickelnde Rspr. zum Recht der AGB ist deshalb auf diese Verträge anwendbar. Da der Gesetzgeber aber übersehen hat,

---

1 BGH 8.3.2005 – XI ZR 154/04, NJW 2005, 1645. ‖ **2** UBH/*Schmidt*, § 306a Rz. 4; offen gelassen v. BGH 8.3. 2005 – XI ZR 154/04, NJW 2005, 1645. ‖ **3** UBH/*Schmidt*, § 306a Rz. 1. ‖ **4** Palandt/*Grüneberg*, § 306a Rz. 2. ‖ **5** BGH 8.3.2005 – XI ZR 154/04, NJW 2005, 1645. ‖ **6** Palandt/*Grüneberg*, § 307 Rz. 2. ‖ **7** BAG 27.10.2005 – 8 AZR 3/05, AP Nr. 5 zu § 310 BGB; 28.3.2007 – 10 AZR 261/06, AP Nr. 265 zu § 611 BGB Gratifikation; einschr. *Tiedemann/Triebel*, BB 2011, 1723. ‖ **8** BAG 27.3.2007 – 3 AZR 299/06, AP Nr. 68 zu § 1 BetrAVG Zusatzversorgungskassen. ‖ **9** BAG 23.9.2010 – 8 AZR 897/08, NJW 2011, 408. ‖ **10** Hierzu BGH 18.1.1996 – IX ZR 69/95, BGHZ 132, 6; UBH/*Fuchs*, § 307 Rz. 118.

dass ein praktikables Element zur Vertragsanpassung für den ArbGeb fehlt, wird bzgl. der Altverträge – entgegen § 306 – eine geltungserhaltende Reduktion auf das noch zulässige Maß in Betracht kommen (§ 310 Rz. 14).

Die Inhaltskontrolle von AGB vollzieht sich anhand eines **generellen Prüfungsmaßstabs**. Anzulegen ist eine überindividuelle, generalisierende Betrachtungsweise[1]. Abzustellen ist auf eine Interessenabwägung, bei der die typischen Belange der beteiligten Kreise zu würdigen sind und zu prüfen ist, ob die Regelung für diese im Allg. eine billige und gerechte ist[2]. Weil Arbeitsverträge regelmäßig **Verbraucherverträge** iSv. § 310 III sind, werden auch die konkreten den Vertragsschluss begleitenden Umstände bei der Inhaltskontrolle mit berücksichtigt.

II. Schranken der Inhaltskontrolle. Abs. 3 knüpft an den früheren § 8 AGBG an und normiert die **Gegenstände von AGB, die der Inhaltskontrolle unterliegen**. Die §§ 307 I, II, 308, 309 gelten nur für Bestimmungen in AGB, die von Rechtsvorschriften abweichende oder diese ergänzende Regelungen enthalten. Die Norm ist in ihrer Formulierung unklar[3]. In Übereinstimmung mit der hM ist davon auszugehen, dass Klauseln, die nur den Gesetzeswortlaut wiederholen, Leistungsbeschreibungen und Preisvereinbarungen nicht der Inhaltskontrolle unterliegen[4].

Abs. 3 hat einen **doppelten Zweck**. Zum einen geht es um die **Wahrung marktwirtschaftl. Prinzipien**. Kern der Privatautonomie ist das Aushandeln und die Festlegung des Verhältnisses von Leistung und Gegenleistung. Dieses Prinzip wäre gefährdet, wenn den Gerichten die Kompetenz zufiele, hier eine Angemessenheitskontrolle vorzunehmen. Darüber hinaus sichert Abs. 3 die Bindung des Richters an Recht und Gesetz. Da eine gesetzeswiederholende Klausel ohnehin mit dem objektiven Recht übereinstimmt, liefe eine Inhaltskontrolle darauf hinaus, dem Richter eine Angemessenheitskontrolle von Gesetzen zu ermöglichen[5]. Die genannten Schranken der Inhaltskontrolle gelten jedoch gem. Abs. 3 S. 2 nicht für die Transparenzkontrolle.

1. Leistungsbeschreibungen und Preisvereinbarungen. Diese, dh. Abreden über den unmittelbaren Gegenstand der Hauptleistung, unterliegen keiner Inhaltskontrolle[6]. Dies betrifft zB das Arbeitsentgelt[7] und die Arbeitsleistung, dh. die Arbeitszeit[8]. Eine Abrede, die nur die Mitvergütung von Überstunden, nicht aber die Anordnungsbefugnis zu Überstunden betrifft, betrifft die Hauptleistungspflicht des ArbGeb[9]. Dies gilt auch für die Vereinbarung der Abwälzung der Pauschalsteuer[10]. Die Vergütung eines freien Versicherungsvertreters nur auf der von § 92 III HGB vorgesehenen Provisionsbasis ohne Gewährung eines Garantieeinkommens betrifft die Hauptleistungspflicht und ist nur auf Transparenz zu prüfen[11]. Ist ein Wettbewerbsverbot Gegenstand einer eigenständigen Abrede, definiert die Festlegung des sachlichen, geografischen und zeitlichen Umfanges des Wettbewerbsverbotes die Hauptleistungspflicht des ArbN und unterliegt keiner Inhaltskontrolle[12]. In der betrAV ist die Höhe der zugesagten Versorgung kontrollfrei. Dies gilt nicht nur dann, wenn die Höhe der Versorgung beziffert wird, sondern auch, wenn vertragl. nur die für die Ermittlung der Höhe maßgeblichen Bewertungsfaktoren vereinbart werden[13]. AGB unterliegen dann der Inhaltskontrolle, wenn eine gesetzl. Vergütungsregelung besteht[14]. Keine gesetzl. Regelung idS ist § 1a KSchG. Diese Norm legt keine gesetzl. vorgeschriebene Abfindungshöhe für den Fall betriebsbedingter Kündigungen fest. Dies folgt schon daraus, dass ein gesetzl. Zwang fehlt und die Abfindungslösung das Einverständnis beider Parteien voraussetzt, was zugleich bedeutet, dass sie sich auch auf eine andere Abfindungshöhe einigen können[15]. Weil in § 6 V ArbZG eine gesetzl. Regelung des Nachtarbeitszuschlags besteht, kontrollieren die Gerichte auch dessen Höhe[16].

Es findet **keine Angemessenheitskontrolle** der Vergütung **am Maßstab des Tariflohns** statt. Die Ansicht, welche eine Unterschreitung des Tariflohns um 20 % als unangemessene Benachteiligung betrachtet[17], ist abzulehnen. Dies folgt daraus, dass TV nicht Maßstab der Angemessenheitskontrolle sind (Rz. 11). Auch § 612 II hat keine normative Richtlinienfunktion, selbst wenn idR die tarifl. Entlohnung die Übliche ist[18]. Dies folgt daraus, dass § 612 II das Fehlen einer Vergütungsvereinbarung voraussetzt und deshalb als Maßstab der Inhaltskontrolle nicht eingreifen kann, wenn eine Vereinbarung über das Arbeitsentgelt vorliegt[19].

---

1 BGH 9.5.1996 – VII ZR 259/94, NJW 1996, 2155. || 2 BGH 4.7.1997 – V ZR 405/96, NJW 1997, 3022. || 3 Krit. deshalb *Stoffels*, JZ 2001, 843 (849). || 4 BAG 24.9.1998 – III ZR 219/97, NJW 1999, 864; BAG 27.11.2003 – 2 AZR 135/03, AP Nr. 1 zu § 312 BGB; 22.4.2004 – 2 AZR 281/03, AP Nr. 27 zu § 620 BGB Aufhebungsvertrag. || 5 Ausf. und dezidiert *Stoffels*, Rz. 423f. mwN. || 6 BAG 27.11.2003 – 2 AZR 135/03, AP Nr. 1 zu § 312 BGB; 23.3.2011 – 10 AZR 831/09. || 7 BAG 30.11.2010 – 3 AZR 798/08, DB 2011, 826; 17.10.2012 – 5 AZR 792/11, ZIP 2013, 474. || 8 BAG 31.8.2005 – 5 AZR 545/04, AP Nr. 8 zu § 6 ArbZG; 17.10.2012 – 5 AZR 792/11, ZIP 2013, 474. || 9 BAG 16.5.2012 – 5 AZR 331/11, DB 2012, 1990. || 10 BAG 1.2.2006 – 5 AZR 628/04, DB 2006, 1059. || 11 BAG 9.6.2010 – 5 AZR 332/09, DB 2010, 2455. || 12 LAG BW 30.1.2008 – 10 Sa 60/07, NZA-RR 2008, 508. || 13 BAG 30.11.2010 – 3 AZR 798/08, DB 2011, 826; s.a. BAG 14.12.2010 – 3 AZR 898/08, NZA 2011, 576. || 14 BAG 17.9. 1998 – IX ZR 237/97, NJW 1998, 3567; BAG 30.11.2010 – 3 AZR 798/08, DB 2011, 826. || 15 *Grobys*, DB 2003, 2174 (2176f.); *Thüsing/Stelljes*, BB 2003, 1673 (1677); aA *Meinel*, DB 2003, 1438 (1439); iS einer Zweifelsregelung ähnlich *Preis*, DB 2004, 70 (74). || 16 BAG 31.8.2005 – 5 AZR 545/04, AP Nr. 8 zu § 6 ArbZG. || 17 DBD/*Däubler*, § 307 Rz. 272ff. mwN. || 18 BAG 26.5.1993 – 4 AZR 461/92, AP Nr. 2 zu § 612 BGB Diskriminierung; 28.9.1994 – 4 AZR 619/93, AP Nr. 38 zu § 2 BeschFG 1985. || 19 *Gotthardt*, Rz. 270; *Stoffels*, Rz. 458; vgl. auch BGH 19.11.1991 – X ZR 63/90, NJW 1992, 688 für § 632 II.

8 Der Inhaltskontrolle unterliegen sog. **Preisnebenabreden**. Sie wirken sich nur mittelbar auf den Preis aus. An ihre Stelle kann bei Unwirksamkeit eine dispositive gesetzl. Regelung treten[1]. Es handelt sich um Klauseln, die nicht nur die Höhe der Vergütung, sondern in abstrakter Weise zugleich die Voraussetzungen ihres Entstehens regeln[2]. Einer Inhaltskontrolle zugänglich sind Arbeitsvertragsabreden über Verzugszinsen (§ 288 I; zur Anwendbarkeit des § 288 I im Arbeitsrecht § 614 Rz. 12)[3]. Nichts anderes gilt für Fälligkeitsklauseln (§ 614). Kontrollfähig sind zudem einseitige Leistungsbestimmungsrechte im Bereich der Hauptleistungspflichten[4]. Dies folgt schon aus Abs. 2 Nr. 2[5]. Auch Klauseln, die das Hauptleistungsversprechen einschränken, verändern, ausgestalten oder modifizieren, sind inhaltlich zu überprüfen[6]. Dies gilt zB für Regelungen über die Höhe der Versorgungsleistungen bei vorzeitigem Ausscheiden und Beitragsfreistellung[7] oder die Modifizierung der Verpflichtung des ArbGeb zur Zahlung der vereinbarten **Provision** bei einer Beendigung des ArbVerh[8].

9 **2. Gesetzeswiederholende Klauseln.** Klauseln, die den Gesetzestext wiederholen (**deklaratorische Klauseln**) unterliegen keiner Inhaltskontrolle, weil an die Stelle der unwirksamen Klausel ohnehin die gesetzl. Regelung treten würde und der Richter nicht dazu berufen ist, die Angemessenheit einer gesetzl. Regelung zu beurteilen (Rz. 5). Unter den Begriff der Rechtsvorschriften fasst die Rspr. nicht nur materielle Gesetze, sondern auch ungeschriebene Rechtsgrundsätze und Richterrecht[9]. Auch das BAG geht davon aus, dass damit nicht nur Rechtsvorschriften im materiellen Sinn, sondern auch allg. anerkannte Rechtsgrundsätze sowie die Gesamtheit der wesentlichen Rechte und Pflichten, die sich aus der Natur des Vertrags ergeben, gemeint sind[10]. Die Kontrollfreiheit gilt aber nur dann, wenn die für den Vertrag typische Regelung wiederholt wird, nicht, wenn eine vertragsfremde Regelung zur Anwendung gebracht werden soll[11].

10 Die Vereinbarung einer **Probezeit** von drei Monaten in einem Berufsausbildungsverhältnis weicht nicht von § 20 S. 2 BBiG ab, wonach die Probezeit mindestens einen Monat und höchstens drei Monate betragen darf[12]. Die Vereinbarung einer sechsmonatigen Probezeit (§ 622 III) in AGB ist ebenfalls zulässig. Die Parteien nutzen lediglich den ihnen in § 622 III zur Verfügung gestellten Rahmen aus. Eine Abweichung von Rechtsvorschriften, die gem. Abs. 3 S. 1 Voraussetzung für eine Inhaltskontrolle nach Abs. 1 S. 1 ist, liegt nicht vor[13]. Dies gilt auch in einem auf ein Jahr befristeten ArbVerh[14]. Keine Abweichung von gesetzl. Vorschriften ist auch die Vereinbarung der Kündbarkeit eines befristeten ArbVerh, denn sie ist in § 15 III TzBfG vorgesehen[15]. Die Wiederholung der Grundsätze des BAG zur **ArbN-Haftung** (dazu § 619a Rz. 11 ff.) in einem Formulararbeitsvertrag unterliegt keiner Inhaltskontrolle.

11 **Tarifliche Regelungen** enthalten keine Vorschriften, welche Maßstab der Inhaltskontrolle sind. Formularklauseln in Arbeitsverträgen sind keiner Inhaltskontrolle in Bezug auf die Abweichung vom Tarifniveau zu unterziehen. Dies gilt, obwohl TV gem. § 310 IV 3 Rechtsvorschriften iSv. Abs. 3 gleichstehen[16]. Dies gilt im Hinblick auf alle tarifl. Arbeitsbedingungen einschl. des Arbeitsentgelts. Dies ergibt sich aus dem Sinn und Zweck der Verweisung in § 310 IV 3. Der Gesetzgeber hat nur sicherstellen wollen, dass so TV bei einzelvertragl. Bezugnahme keiner Inhaltskontrolle unterliegen[17], nicht aber umgekehrt, TV, und dann auch Betriebs- und Dienstvereinbarungen selbst zum Maßstab der Inhaltskontrolle zu machen. Dies belegt die Verweisung in § 310 IV 3 nur auf Abs. 3, nicht aber auf Abs. 1 S. 1, Abs. 2, welche die Inhaltskontrolle regeln. Diese Begrenztheit der Verweisung stimmt mit der Intention des Gesetzgebers überein. Gesetzl. Regelung iSv. Abs. 2 Nr. 1 sind TV, Betriebs- und Dienstvereinbarungen nicht. Die Verweisung in § 310 IV 3 wäre sonst überflüssig[18]. Offenbar nimmt das BAG nunmehr aber eine grundsätzliche Leitbildfunktion des TV, vergleichbar einem dispositiven Gesetz an, die dieser allerdings dann verliert, wenn er nur noch nachwirkt[19].

12 Anders ist dies nach der **Allgemeinverbindlicherklärung** eines TV. Dadurch wird der TV aus sich heraus zur gesetzl. Vorschrift iSv. Abs. 3 S. 1. Ohne AVE hat ein TV normative Richtlinienfunktion nur für Tarifgebundene. Für Außenseiter fehlt den Tarifparteien die Verbandskompetenz. Insoweit bleibt es bei den Prinzipien des freien Marktes. Mit der AVE eines TV nimmt der Gesetzgeber die Tarifnormen in seinen Willen auf. Es handelt sich um einen Normsetzungsakt eigener Art[20]. Dies hat praktische Folgen. An die Stelle der unwirksamen Vertragsregel tritt die allgemeinverbindliche tarifl. Regelung. ZB verstößt die einzelvertragl. Vereinbarung einer Ausschlussfrist von einem Monat gegen Abs. 1 (Anh.

---

[1] ZB BGH 30.11.1993 – XI ZR 80/93, BGHZ 124, 254; 13.12.2006 – VIII ZR 25/06, MDR 2007, 386; aus arbeitsrechtl. Sicht bereits *Preis*, Vertragsgestaltung, S. 294 ff. ‖ [2] BGH 15.5.2013 – IV ZR 33/11, VersR 2013, 888. ‖ [3] BGH 31.1.1985 – III ZR 105/83, NJW 1986, 376 f. ‖ [4] *Preis*, Vertragsgestaltung, S. 297. ‖ [5] BGH 24.3.1999 – IV ZR 90/98, NJW 1999, 2279. ‖ [6] BAG 23.3.2011 – 10 AZR 831/09. ‖ [7] BAG 15.9.2009 – 3 AZR 17/09, DB 2010, 61. ‖ [8] BAG 20.2.2008 – 10 AZR 125/07, MDR 2008, 630; vgl. auch BGH 21.10.2009 – VIII ZR 286/07, DB 2009, 2652. ‖ [9] BGH 10.12.1992 – I ZR 186/90, BGHZ 121, 13. ‖ [10] BAG 24.10.2002 – 6 AZR 632/00, NZA 2003, 668. ‖ [11] DBD/*Däubler*, § 307 Rz. 258. ‖ [12] BAG 16.12.2004 – 6 AZR 127/04, AP Nr. 13 zu § 15 BBiG. ‖ [13] BAG 24.1.2008 – 6 AZR 519/07, NZA 2008, 521. ‖ [14] LAG Köln 21.7.2004 – 3 Sa 411/04, LAGE § 307 BGB Nr. 4a. ‖ [15] LAG Rh.-Pf. 24.10.2008 – 9 Ta 185/08; s.a. BAG 4.8.2011 – 6 AZR 436/10, DB 2011, 2552. ‖ [16] Henssler, RdA 2002, 129 (136); *Hromadka*, NJW 2002, 2523 (2527); *Oetker*, FS Wiedemann, 2002, S. 394; *Thüsing/Lambrich*, RdA 2002, 193 (196); aA *Däubler*, NZA 2001, 1329 (1335); *Lakies*, NZA-RR 2002, 337 (344). ‖ [17] BT-Drs. 14/6857, 54. ‖ [18] *Gotthardt*, Rz. 269. ‖ [19] BAG 3.4.2007 – 9 AZR 867/06, AP Nr. 46 zu § 4 TVG Nachwirkung. ‖ [20] BVerfG 24.5.1977 – 2 BvL 11/74, AP Nr. 15 zu § 5 TVG.

§§ 305–310 Rz. 10). Dies führt, weil eine geltungserhaltende Reduktion ausscheidet (§ 306 Rz. 4), mangels gesetzl. Normierung einer Ausschlussfrist im Arbeitsrecht zu deren völligem Wegfall. Enthält jedoch im persönlichen, fachlichen und sachlichen Anwendungsbereich eines für allgemeinverbindlich erklärten TV dieser eine Ausschlussfrist von zwei Monaten, so tritt diese Regelung an die Stelle der unwirksamen einmonatigen Vertragsklausel, weil es sich insoweit um die angemessene gesetzl. Regelung handelt. Dies folgt allerdings bereits aus § 5 IV TVG iVm. § 4 I 1 TVG.

Zu differenzieren ist bei **Verweisungen auf TV** zwischen Global-, Einzel- und Teilverweisung. **13**

Aus der Verweisung in § 310 IV 3 auf Abs. 3 folgt, dass bei einzelvertragl. Einbeziehung einer kollektiven Regelung bei fehlender normativer Geltung[1] in den Einzelarbeitsvertrag die einbezogene kollektive Regelung keiner Inhaltskontrolle unterliegt. Dies gilt jedenfalls, wenn ein bestimmter TV insg. in Bezug genommen wird (**Globalverweisung**)[2]. Die Kündigung des TV, dh. dessen Geltung nur noch kraft Nachwirkung, ändert daran nichts[3]. Gemeint ist damit aber nicht die Bezugnahme auf jede tarifl. Regelung. Weil der Verzicht auf die Inhaltskontrolle darin begründet ist, dass der Gesetzgeber davon ausgeht, dass der TV eine angemessene Regelung enthält, ist die Bezugnahme auf jeden TV, der abgesehen von der Frage der Tarifbindung potenziell anwendbar wäre, erforderlich, aber auch ausreichend[4]. Weil diese Vermutung der Angemessenheit nicht mehr gilt, wenn ein **branchenfremder TV** in Bezug genommen wird, entfällt in diesem Fall die Inhaltskontrolle nicht von vornherein[5]. Nichts anderes gilt für die Einbeziehung eines ortsfremden TV[6]. Bezieht der Arbeitsvertrag nur eine einzelne Regelung des TV ein (**Einzelverweisung**), gilt die Vermutung der Angemessenheit des TV nicht mehr, weil die einzelnen Teile desselben ihre ausgleichende Wirkung nicht mehr entfalten; eine Angemessenheitskontrolle entfällt nicht[7]. Bezieht der Arbeitsvertrag einen Regelungskomplex des TV ein, liegt eine **Teilverweisung** vor. Wie aus der Gesetzesbegr.[8] folgt, gilt auch in diesem Falle die Vermutung der Angemessenheit im Grundsatz nicht[9]. Soweit der Gesetzgeber eine Teilverweisung zulässt (vgl. zB § 622 IV 2, § 13 I 2 BUrlG, 7 III ArbZG), gilt dies auch für Formulararbeitsverträge; eine unangemessene Benachteiligung liegt insoweit nicht vor[10]. Das **BAG**[11] hingegen geht inzwischen – entgegen der Gesetzesbegr. – davon aus, dass bei einer vollständigen Übernahme abgrenzbarer Sachbereiche keine Inhaltskontrolle stattfindet. **14**

III. **Durchführung der Inhaltskontrolle.** § 307 enthält in Abs. 2 Nr. 1, 2 und in Abs. 1 S. 2 **drei Konkretisierungen** des Verbots der unangemessenen Benachteiligung. **15**

1. **Abweichung von der gesetzlichen Regelung.** Eine unangemessene Benachteiligung liegt im Zweifel vor, wenn die Bestimmung im Formulararbeitsvertrag mit wesentlichen Grundgedanken der gesetzl. Regelung, von der abgewichen wird, nicht zu vereinbaren ist. Hinter dieser Regelung steht die Idee der **Leitbildfunktion des dispositiven Rechts**. Gesetzl. Regelung iSd. Abs. 2 Nr. 1 sind deshalb die Vorschriften des dispositiven Rechts. Ob auch zwingende Regelungen in den Anwendungsbereich fallen, ist umstritten[12]. In diesen Fällen ergibt sich allerdings die Unwirksamkeit der entsprechenden Vereinbarung bereits aus § 134. Dies ist im Arbeitsrecht oft der Fall. Der verbleibende Anwendungsbereich dispositiver Normen ist gering. Die §§ 611 ff. fallen grds. darunter[13], wie zB § 615[14] sowie § 87 I 1 HGB[15]. Gerade für das Arbeitsrecht ist wichtig, dass die Rspr. unter gesetzl. Regelungen auch die von ihr entwickelten ungeschriebenen Rechtsgrundsätze versteht[16]. Davon geht auch das BAG aus[17]. **16**

Erforderlich ist die Abweichung von **wesentlichen Grundgedanken** der gesetzl. Regelung. Die Rspr. grenzt zwischen frei abänderbaren Zweckmäßigkeitserwägungen und nicht abdingbaren Gerechtigkeitsgeboten ab[18]. Die Lit. stellt die Frage, ob die Norm des dispositiven Rechts einem wesentlichen Schutzbedürfnis des Vertragspartners dient[19]. Erforderlich ist weiter eine Abweichung vom dispositiven Recht, dh. der materielle Regelungsgehalt des gesetzl. Leitbildes muss zu Lasten des ArbN verändert worden sein[20]. Weil es sich bei Abs. 2 Nr. 1 nur um eine Vermutungsregelung handelt, entfällt die Unwirksamkeit, wenn die Gesamtwürdigung aller Umstände ergibt, dass die Klausel den ArbN nicht unangemessen benachteiligt[21]. So kann zB berücksichtigt werden, ob für die Überwälzung des Betriebs- **17**

---

1 BAG 25.4.2007 – 10 AZR 634/06, NZA 2007, 875; 6.5.2009 – 10 AZR 390/08, NZA-RR 2009, 593; aA *Löwisch*, FS Wiedemann, 2002, S. 320 f. ǀǀ 2 BAG 28.6.2007 – 6 AZR 750/06, AP Nr. 27 zu § 307 BGB; 6.5.2009 – 10 AZR 390/08, NZA-RR 2009, 593; 13.7.2010 – 9 AZR 264/09. ǀǀ 3 BAG 18.9.2012 – 9 AZR 1/11, NZA 2013, 216. ǀǀ 4 BAG 1.12.2004 – 7 AZR 135/04, AP Nr. 13 zu § 59 BAT; *Gotthardt*, Rz. 266. ǀǀ 5 *Gaul*, ZfA 2003, 74 (89); *Richardi*, NZA 2002, 1057 (1062); s.a. BAG 25.4.2007 – 10 AZR 634/06, NZA 2007, 875. ǀǀ 6 *Gotthardt*, Rz. 266. ǀǀ 7 BAG 6.5.2009 – 10 AZR 390/08, NZA-RR 2009, 593; 15.7.2009 – 5 AZR 867/08, PflR 2009, 602; *Reinecke*, NZA-Beil. 3/2000, 23 (29). ǀǀ 8 BT-Drs. 14/6857, 54. ǀǀ 9 DBD/*Däubler*, § 310 Rz. 52; *Lakies*, Kap. 1 Rz. 219; *Thüsing/Lambrich*, NZA 2002, 1361 (1363); *Reinecke*, BB 2005, 378. ǀǀ 10 ErfK/*Preis*, §§ 305–310 BGB Rz. 18; *Richardi*, NZA 2002, 1057 (1062); aA *Thüsing/Lambrich*, NZA 2002, 1361 (1363 f.). ǀǀ 11 BAG 6.5.2009 – 10 AZR 390/08, NZA-RR 2009, 593 (Überhangprovision); 15.7.2009 – 5 AZR 867/08, PflR 2009, 602; ebenso zB *Gaul*, ZfA 2003, 74 (89). ǀǀ 12 Dafür BGH 26.1.1983 – VIII ZR 342/81, NJW 1983, 1321; dagegen *Stoffels*, Rz. 507. ǀǀ 13 *Gotthardt*, Rz. 299. ǀǀ 14 BAG 7.12.2005 – 5 AZR 535/04, AP Nr. 4 zu § 12 TzBfG. ǀǀ 15 BAG 20.2.2008 – 10 AZR 125/07, MDR 2008, 630; vgl. auch BGH 21.10.2009 – VIII ZR 286/07, DB 2009, 2652. ǀǀ 16 BGH 10.12.1992 – I ZR 186/90, BGHZ 121, 14; UBH/*Fuchs*, § 307 Rz. 211 ff. ǀǀ 17 BAG 24.10.2002 – 6 AZR 632/00, NZA 2003, 668; 7.12.2005 – 5 AZR 535/04, AP Nr. 4 zu § 12 TzBfG. ǀǀ 18 BGH 5.11.1998 – III ZR 95/97, NJW 1999, 635; 7.12.2005 – 5 AZR 535/04, AP Nr. 4 zu § 12 TzBfG. ǀǀ 19 Palandt/*Grüneberg*, § 307 Rz. 30. ǀǀ 20 Vgl. *Stoffels*, Rz. 516. ǀǀ 21 Vgl. Palandt/*Grüneberg*, § 307 Rz. 28.

risikos (§ 615 S. 3) ein angemessener Ausgleich gewährt wird[1]. Auch wenn für einen Gebäudereiniger in Schulen für die Zeit der Schulferien das **Ruhen des Arbeitsverhältnisses** vereinbart ist und hierdurch von § 611, der das ArbVerh als Dauerschuldverhältnis mit fortlaufenden beiderseitigen Hauptpflichten sieht, abgewichen wird, begründet dies keine unangemessene Benachteiligung. Der ArbGeb wälzt mit dieser Klausel kein unabsehbares oder speziell ihm übertragenes Risiko auf den ArbN ab. Das Reinigungsobjekt war während der Ferienzeit geschlossen. Reinigungsarbeiten fielen nicht an. Deshalb bestand keine realistische Beschäftigungsmöglichkeit[2].

18 2. **Gefährdung des Vertragszwecks.** Das Aushöhlungsverbot des Abs. 2 Nr. 2 ist vom Gesetzgeber hauptsächlich für Verträge vorgesehen worden, für die ein dispositives gesetzl. Leitbild fehlt. Die AGB sollen dem Vertragspartner keine wesentlichen Rechtspositionen wegnehmen oder einschränken, die ihm der Vertrag nach seinem Inhalt und Zweck zu gewähren hat[3]. Allerdings erstreckt sich das Aushöhlungsverbot auch auf die im dispositiven Recht normierte Rechte und Pflichten eines Vertrages[4]. Mit den Rechten und Pflichten des Vertrages sind primär die Hauptleistungspflichten des Vertrages gemeint[5]. Darauf beschränkt sich der Anwendungsbereich allerdings nicht. Wesentlich kann auch die Aushöhlung eines Gestaltungsrechts sein, sowie von Neben- oder Schutzpflichten, weil die sinnvolle Vertragserfüllung auch gerade dann eingeschränkt sein kann, wenn der Verwender von AGB seine Nebenpflichten einschränkt[6]. Für das **Arbeitsrecht** zeigt Abs. 2 Nr. 2, dass gerade einseitige Leistungsbestimmungsrechte, welche der ArbGeb sich im vorformulierten Arbeitsvertrag vorbehält, einer Inhaltskontrolle unterliegen und zu einer unangemessenen Benachteiligung des ArbN führen können (dazu Anh. §§ 305–310 Rz. 19 ff.)[7].

19 3. **Transparenzgebot.** Abs. 1 S. 2 stellt klar, dass eine unangemessene Benachteiligung auch dann vorliegt, wenn die Bestimmung nicht klar und verständlich ist (Transparenzgebot). Die Kodifikation dieses Prinzips beruht auf europäischen Vorgaben, nämlich der Umsetzung von Art. 5 S. 1 der RL 93/13/EWG über missbräuchliche Klauseln in Verbraucherverträgen[8]. Sachlich knüpft der Gesetzgeber an das von der Rspr. §§ 5, 9 AGBG entnommene Transparenzgebot an[9]. Es handelt sich um ein tragendes Prinzip des AGB-Rechts[10]. Das Transparenzgebot gilt gem. Abs. 1 S. 2 unmittelbar im Arbeitsrecht; Besonderheiten des Arbeitsrechts stehen dem nicht entgegen. Erfasst werden vom Transparenzgebot **auch preisbestimmende, leistungsbeschreibende Vertragsklauseln**[11]. Auch dies gilt im Arbeitsrecht[12]. Ob allein die Intransparenz zum Unwirksamkeitsverdikt führt oder aber daneben die Intransparenz die Gefahr einer inhaltl. Benachteiligung begründen muss, ist umstritten[13]. Die praktischen Auswirkungen dieses Streits dürften gering sein, weil die zweite Ansicht davon ausgeht, dass bei Intransparenz eine unwiderlegliche Vermutung für die unangemessene Benachteiligung besteht[14].

20 Die **Anforderungen** an die Einhaltung des Transparenzgebots dürfen **nicht überspannt** werden. Auslegungsbedürftigkeit bedeutet nicht zugleich Intransparenz[15]. Der ArbGeb darf aus der Gesetzessprache grds. unbestimmte Rechtsbegriffe übernehmen[16]. Das Transparenzgebot schließt das **Bestimmtheitsgebot** ein. Tatbestandliche Voraussetzungen und Rechtsfolgen müssen so beschrieben sein, dass für den Verwender keine ungerechtfertigten Beurteilungsspielräume entstehen. Eine Klausel muss die Rechte und Pflichten des Vertragspartners des Verwenders im Rahmen des rechtl. und tatsächlich Zumutbaren – weil der Verwender nicht überfordert werden darf – so klar und präzise wie möglich umschreiben[17]. Dazu gehört auch, dass AGB wirtschaftliche Nachteile und Belastungen soweit erkennen lassen, wie dies nach den Umständen gefordert werden kann[18]. Das Transparenzgebot begründet allerdings **keine allg. Rechtsbelehrungspflicht** des Verwenders[19]. Eine Belehrung über die Rechte, die aus einer Bruttolohnabrede folgen, ist nicht erforderlich[20]. Für die Bewertung der Transparenz sind die Erwartungen und Erkenntnismöglichkeiten eines durchschnittlichen Vertragspartners des Verwenders im Zeitpunkt des Vertragsschlusses maßgeblich[21].

21 Die Rspr. hat das Transparenzgebot im Arbeitsrecht bisher ua. in folgenden **Fallgruppen** angewandt: Eine **Arbeitszeitregelung** in einem Formulararbeitsvertrag, die den ArbN „verpflichtet, im monatlichen Durchschnitt 150 Stunden zu arbeiten" ist infolge Intransparenz rechtsunwirksam, weil der für die Ermittlung des Durchschnitts maßgebliche Zeitraum nicht angegeben ist[22]. Rechtsfolge soll ein Vollzeit-ArbVerh sein, das sich insoweit nach Tarifrecht bestimmt[23]. **Aufhebungsvertrag**[24]; Vereinbarung einer

---

1 Vgl. Gotthardt, Rz. 321. ||2 BAG 10.1.2007 – 5 AZR 84/06, NZA 2007, 384. ||3 UBH/*Fuchs*, § 307 Rz. 240. ||4 Palandt/*Grüneberg*, § 307 Rz. 33. ||5 BGH 24.10.2001 – VIII ARZ 1/01, NJW 2002, 673. ||6 *Stoffels*, Rz. 531. ||7 *Gotthardt*, Rz. 271. ||8 EuGH 10.5.2001 – Rs. C-144/99, NJW 2001, 2244. ||9 BGH 24.11.1988 – III ZR 188/87, BGHZ 106, 42; 6.10.1999 – VIII ZR 125/98, NJW 2000, 515. ||10 *Stoffels*, Rz. 560. ||11 *Stoffels*, Rz. 561. ||12 BAG 31.8.2005 – 5 AZR 545/04, AP Nr. 8 zu § 6 ArbZG; 14.3.2007 – 5 AZR 630/06, MDR 2007, 960; *Gotthardt*, Rz. 303. ||13 Offen gelassen v. BAG 24.9.2008 – 6 AZR 76/07, NZA 2009, 154 mwN. ||14 *Stoffels*, Rz. 564. ||15 BGH 17.12.1999 – VII ZR 243/97, NJW 1999, 942. ||16 Palandt/*Grüneberg*, § 307 Rz. 22. ||17 BAG 14.8.2007 – 8 AZR 973/06, DB 2008, 66; 21.8.2012 – 3 AZR 698/10, DB 2012, 2894. ||18 BGH 16.5.2007 – XII ZR 13/05, NJW 2007, 2176; BAG 14.8.2007 – 8 AZR 973/06, DB 2008, 66. ||19 BGH 5.11.1998 – III ZR 226/97, NJW 1999, 276; *Gotthardt*, Rz. 302. ||20 BAG 1.2.2006 – 5 AZR 628/04, DB 2006, 1059. ||21 BGH 16.5.2007 – XII ZR 13/05, NJW 2007, 2176; BAG 8.8.2007 – 7 AZR 605/06, DB 2008, 133. ||22 BAG 21.6.2011 – 9 AZR 236/10, DB 2011, 2441; 19.6.2012 – 9 AZR 736/10. ||23 BAG 21.6.2011 – 9 AZR 236/10, DB 2011, 2441; 19.6.2012 – 9 AZR 736/10; zu Recht krit. Preis, RdA 2012, 101 (102) für durchschnittliche tatsächliche Arbeitszeit. ||24 LAG Düss. 29.6.2007 – 9 Sa 447/07, LAGE § 611 BGB 2002 Aufhebungsvertrag Nr. 4.

auflösenden Bedingung[1]. Eine **Ausschlussfrist** muss die Folge ihrer Nichtbeachtung hinreichend klar zum Ausdruck bringen. Enthält die Klausel selbst keine Rechtsfolgenanordnung, kann diese sich hinreichend transparent aus der Überschrift „Ausschlussfrist" ergeben[2]. Fehlt es selbst an der Überschrift, ist die Ausschlussfrist intransparent[3]. **Bezugnahmeklauseln.** Arbeitsvertragl. Bezugnahmen auf das Gesetzes-, Verordnungs- oder Kollektivrecht entsprechen einer im Arbeitsrecht gebräuchlichen Regelungstechnik[4]. Es ist ausreichend, wenn die im Zeitpunkt der jeweiligen Anwendung in Bezug genommenen Regelungen bestimmbar sind[5]. Die Verweisungen auf beamtenrechtl. Regelungen, zB betr. die Arbeitszeit, das Urlaubsgeld[6] oder die Beamtenversorgung[7], sind nicht unklar. Eine Dynamik der Verweisung führt nicht zur Unklarheit[8]. Es bedarf auch keines Hinweises auf die zulässigen Regelungsformen, mit denen der Inhalt des in Bezug genommenen Regelwerks abgeändert werden kann[9]. **Rückzahlung von Aus- und Fortbildungsklauseln**[10] und **Gratifikationen**[11]. Vereinbarung über das **Ruhen des Arbeitsverhältnisses**[12]. Ein **Selbstbehalt im Rahmen der ArbN-Haftung** muss klar und verständlich sein[13]. Eine Verknüpfung der **Urlaubsgutschrift** mit einem Arbeitszeitkonto muss hinreichend transparent sein[14]. **Vergütung:** Die Kombination eines Fixums als Vorauszahlung verbunden mit einer Provisionsvereinbarung ist intransparent[15]. Zu **Vertragsstrafen** Anh. §§ 305–310 Rz. 50 ff. Eine Vereinbarung über einen gewinn- und leistungsabhängigen Bonus iVm. einem Freiwilligkeitsvorbehalt ist intransparent[16].

4. Unangemessene Benachteiligung. Abschließend, wenn weder besondere Klauselverbote eingreifen noch die Tatbestände des Abs. 2, Abs. 1 S. 2 verwirklicht sind, ist zu prüfen, ob gem. Abs. 1 S. 1 die Bestimmung in den allg. Arbeitsvertragsbedingungen den Vertragspartner des Verwenders, dh. regelmäßig den ArbN, entgegen den Geboten von Treu und Glauben unangemessen benachteiligt. Im Anschluss an die zivilrechtl. Rspr. geht das **BAG** davon aus, dass eine formularmäßige Vertragsbedingung unwirksam ist, wenn der Verwender missbräuchlich eigene Interessen auf Kosten des Vertragspartners durchzusetzen versucht, ohne dessen Interessen zu berücksichtigen und ihm einen angemessenen Ausgleich zu gewähren. Dies setzt eine **wechselseitige Berücksichtigung** und **Bewertung rechtl. anzuerkennender Interessen der Vertragspartner** voraus[17]. Maßgeblich ist ein genereller, typisierender, vom Einzelfall losgelöster Maßstab. Abzuwägen sind die Interessen des Verwenders ggü. den Interessen der typischerweise beteiligten Vertragspartner unter Berücksichtigung der Art, des Gegenstandes, des Zwecks und der besonderen Eigenart des jeweiligen Geschäfts[18]. Die Interessenabwägung kann zu gruppentypisch unterschiedlichen Ergebnissen führen. Sie ist innerhalb der Fallgruppen vorzunehmen, die nach der am Sachgegenstand orientierten typischen Interessenlage gebildet werden[19].

Bei dieser Interessenabwägung sind **verschiedene Kriterien** zu berücksichtigen. Dies sind ua.[20]: (1) Die **Art des Arbeitsvertrages** sowie der **Status des ArbN** in der betriebl. Hierarchie. (2) Der **gesamte Vertragsinhalt** einschl. der Individualvereinbarungen ist bei der Angemessenheitskontrolle zu beachten[21]. Eine Kompensation von Vor- und Nachteilen ist zulässig, soweit es sich dabei um zusammengehörige Regelungen handelt, die zueinander in einem Wechselverhältnis oder inneren Zusammenhang stehen[22]. Dies kann zB bei Mankoabreden (Anh. §§ 305–310 Rz. 2) der Fall sein. Andererseits sind summierende Effekte innerhalb desselben Regelungskomplexes zu berücksichtigen und können eine an sich wirksame AGB-Klausel unangemessen werden lassen[23]. (3) Bei dem Abwägungsvorgang können auch **grundrechtl. geschützte Rechtspositionen** zu beachten sein[24]. (4) Der Aspekt einer **gerechten Risikoverteilung** ist zu berücksichtigen. So kommt zB in § 615 S. 3 zum Ausdruck, dass der ArbGeb das Betriebsrisiko trägt[25]. (5) Zu beachten sind auch einseitige **Kündigungserschwerungen.** Diese können zu unzumutbaren Beschränkungen der Vertrags- und Kündigungsfreiheit des ArbN führen. Dies hat das BAG zB im Zusammenhang mit Rückzahlungsklauseln für Ausbildungskosten geprüft[26]. (6) Zu beachten ist auch die **Verkehrssitte**, wobei aber eine missbräuchliche Übung die unangemessene Benachteiligung nicht ausschließt[27]. (7) Bei der angemessenen Risikoverteilung ist zu beachten, welche der Vertragsparteien das Risiko **versichern kann**[28].

---

1 BAG 27.10.1988 – 2 AZR 109/88, NZA 1989, 643; 8.8.2007 – 7 AZR 605/06, DB 2008, 133. ‖2 BAG 25.5.2005 – 5 AZR 572/04, AP Nr. 1 zu § 310 BGB. ‖3 BAG 31.8.2005 – 5 AZR 545/04, AP Nr. 8 zu § 6 ArbZG. ‖4 BAG 18.8.2009 – 9 AZR 482/08, nv. ‖5 BAG 21.11.2012 – 4 AZR 85/11, NZA 2013, 512. ‖6 BAG 14.3.2007 – 5 AZR 630/06, MDR 2007, 960; 3.4.2007 – 9 AZR 867/06, AP Nr. 46 zu § 4 TVG Nachwirkung; s.a. § 305 Rz. 11. ‖7 BAG 30.11.2010 – 3 AZR 798/08, DB 2011, 826. ‖8 BAG 10.12.2008 – 4 AZR 801/07, ZTR 2009, 375; 14.11.2012 – 5 AZR 107/11. ‖9 BAG 17.7.2012 – 1 AZR 476/11, DB 2012, 2873 für betriebsvereinbarungsoffenen TV; s.a. Preis, NZA 2010, 361 (366). ‖10 BAG 15.9.2009 – 3 AZR 173/08, NZA 2010, 342; 21.8.2012 – 3 AZR 698/10, DB 2012, 2894. ‖11 BAG 21.5.2003 – 10 AZR 390/02, AP Nr. 250 zu § 611 BGB Gratifikation. ‖12 BAG 10.1.2007 – 5 AZR 84/06, NZA 2007, 384. ‖13 BAG 13.12.2012 – 8 AZR 432/11, NZA 2013, 622. ‖14 BAG 19.6.2012 – 9 AZR 712/10, DB 2012, 2346. ‖15 LAG Nds. 5.6.2012 – 1 Sa 5/12. ‖16 BAG 24.10.2007 – 10 AZR 825/06, NZA 2008, 40. ‖17 BAG 18.12.2008 – 8 AZR 81/08, DB 2009, 2269; 9.2.2011 – 7 AZR 91/10, NZA-RR 2012, 232. ‖18 BAG 19.1.2011 – 3 AZR 621/08, DB 2011, 1338. ‖19 BAG 27.7.2005 – 7 AZR 486/04, AP Nr. 6 zu § 307 BGB; 2.9.2009 – 7 AZR 233/08, DB 2009, 1253. ‖20 ErfK/Preis, §§ 305–310 BGB Rz. 45 ff. ‖21 BGH 5.11.1991 – XI ZR 246/90, NJW 1992, 180. ‖22 BAG 18.12.2008 – 8 AZR 81/08, DB 2009, 2269; 23.8.2012 – 3 AZR 804/11, NZA 2013, 268. ‖23 BGH 5.4.2006 – VIII ZR 163/05, NJW 2006, 2116; BAG 10.1.2007 – 5 AZR 84/06, NZA 2007, 384. ‖24 BGH 15.2.2006 – IV ZR 255/02, VersR 2006, 639; BAG 11.4.2006 – 9 AZR 557/05, NZA 2006, 1149. ‖25 Gotthardt, Rz. 300. ‖26 ZB BAG 24.10.2002 – 6 AZR 632/00, NZA 2003, 668. ‖27 BGH 17.1.1989 – XI ZR 54/88, BGHZ 106, 259. ‖28 Erman/S. Roloff, § 307 Rz. 13.

24 **IV. Rechtsfolgen; Darlegungs- und Beweislast.** Verstößt eine Klausel in AGB gegen § 307, ist sie unwirksam (§ 306, vgl. dazu die Komm. zu § 306). Auf einen Verstoß gegen § 307, aber auch auf die Verletzung der §§ 308, 309 muss eine Partei sich nicht berufen. Es handelt sich um einen Unwirksamkeitsgrund, der **von Amts wegen** zu beachten ist[1]. Die Darlegungs- und Beweislast spielt regelmäßig nur eine geringe Rolle, weil die Tatsachen zur Beurteilung der Frage der unangemessenen Benachteiligung oder eines Klauselverbots regelmäßig unstreitig sind, sich aus dem vorformulierten Vertragstext ergeben. Kommt es darauf an, richten sie sich nach allg. Grundsätzen. Diejenige Partei, welche sich auf die Unwirksamkeit einer Klausel beruft, trägt für die dafür maßgeblichen Tatsachen die Darlegungs- und Beweislast[2]. **Abs. 2** regelt allerdings die **Vermutung einer unangemessenen Benachteiligung**. Beruft sich der ArbN auf diese Vermutung, zB das Abweichen vom gesetzl. Leitbild, muss er dessen Voraussetzungen beweisen. Sodann muss der ArbGeb diese Vermutung entkräften, dh. ausreichende Gründe darlegen, dass die Benachteiligung des ArbN unter Berücksichtigung von Treu und Glauben nicht unangemessen ist[3].

308 *Klauselverbote mit Wertungsmöglichkeit*
In Allgemeinen Geschäftsbedingungen ist insbesondere unwirksam

1. (Annahme- und Leistungsfrist) eine Bestimmung, durch die sich der Verwender unangemessen lange oder nicht hinreichend bestimmte Fristen für die Annahme oder Ablehnung eines Angebots oder die Erbringung einer Leistung vorbehält; ausgenommen hiervon ist der Vorbehalt, erst nach Ablauf der Widerrufs- oder Rückgabefrist nach § 355 Abs. 1 bis 3 und § 356 [*ab 13.6.2014: Widerrufsfrist nach § 355 Absatz 1 und 2*] zu leisten;
2. (Nachfrist) eine Bestimmung, durch die sich der Verwender für die von ihm zu bewirkende Leistung abweichend von Rechtsvorschriften eine unangemessen lange oder nicht hinreichend bestimmte Nachfrist vorbehält;
3. (Rücktrittsvorbehalt) die Vereinbarung eines Rechts des Verwenders, sich ohne sachlich gerechtfertigten und im Vertrag angegebenen Grund von seiner Leistungspflicht zu lösen; dies gilt nicht für Dauerschuldverhältnisse.
4. (Änderungsvorbehalt) die Vereinbarung eines Rechts des Verwenders, die versprochene Leistung zu ändern oder von ihr abzuweichen, wenn nicht die Vereinbarung der Änderung oder Abweichung unter Berücksichtigung der Interessen des Verwenders für den anderen Vertragsteil zumutbar ist;
5. (Fingierte Erklärungen) eine Bestimmung, wonach eine Erklärung des Vertragspartners des Verwenders bei Vornahme oder Unterlassung einer bestimmten Handlung als von ihm abgegeben oder nicht abgegeben gilt, es sei denn, dass
    a) dem Vertragspartner eine angemessene Frist zur Abgabe einer ausdrücklichen Erklärung eingeräumt ist und
    b) der Verwender sich verpflichtet, den Vertragspartner bei Beginn der Frist auf die vorgesehene Bedeutung seines Verhaltens besonders hinzuweisen;
6. (Fiktion des Zugangs) eine Bestimmung, die vorsieht, dass eine Erklärung des Verwenders von besonderer Bedeutung dem anderen Vertragsteil als zugegangen gilt;
7. (Abwicklung von Verträgen) eine Bestimmung, nach der der Verwender für den Fall, dass eine Vertragspartei vom Vertrag zurücktritt oder den Vertrag kündigt,
    a) eine unangemessen hohe Vergütung für die Nutzung oder den Gebrauch einer Sache oder eines Rechts oder für erbrachte Leistungen oder
    b) einen unangemessen hohen Ersatz von Aufwendungen verlangen kann;
8. (Nichtverfügbarkeit der Leistung) die nach Nummer 3 zulässige Vereinbarung eines Vorbehalts des Verwenders, sich von der Verpflichtung zur Erfüllung des Vertrags bei Nichtverfügbarkeit der Leistung zu lösen, wenn sich der Verwender nicht verpflichtet,
    a) den Vertragspartner unverzüglich über die Nichtverfügbarkeit zu informieren und
    b) Gegenleistungen des Vertragspartners unverzüglich zu erstatten.

1 **I. Bedeutung.** Kennzeichnend für die speziellen Klauselverbote mit Wertungsmöglichkeit ist, dass sie durchgängig **unbestimmte Rechtsbegriffe** verwenden, welche dem Rechtsanwender einen Wertungsspielraum eröffnen. Es ist deshalb unter Abwägung der Umstände im Einzelfall abzuwägen, ob die betreffende AGB unangemessen benachteiligend ist oder nicht[4]. Kommentiert werden hier nur die für das Arbeitsrecht praktisch relevanten Klauselverbote[5].

---

1 EuGH 27.6.2000 – verb. Rs. C-240/98 bis C-244/98, NJW 2000, 2571; UBH/*Fuchs*, Vorb. v. § 307 Rz. 106. ||2 BGH 21.11.1995 – XI ZR 255/94, NJW 1996, 388. ||3 UBH/*Fuchs*, § 307 Rz. 195. ||4 Vgl. dazu *Stoffels*, Rz. 576. ||5 Vgl. insoweit auch *Gotthardt*, Rz. 290.

II. Annahme- und Leistungsfrist (Nr. 1). Im Arbeitsrecht dürften nur die von Nr. 1 erfassten Leistungsfristen eine Rolle spielen. Die Leistungsfrist muss die dem Verwender obliegende Leistung betreffen, mithin im Arbeitsrecht regelmäßig die Pflicht des ArbGeb zur Zahlung der Vergütung. Diese Frist darf nicht **unangemessen lang** oder **nicht hinreichend bestimmt** sein. Aus den sozialrechtl. Wertungen (zB § 7 Ia SGB IV) folgt, dass die Vereinbarung auch von Langzeitarbeitskonten im Arbeitsrecht nicht an Nr. 1 scheitert[1]. Es liegt auch keine unangemessene Benachteiligung wegen Abweichung von § 614 vor. Auch bei Langzeitarbeitskonten muss aber hinreichend bestimmt sein, wann der ArbGeb zur Vergütungszahlung verpflichtet ist, was neben Nr. 1 ohnehin aus § 307 I 2 folgt.

III. Rücktrittsvorbehalt (Nr. 3). Dieses Klauselverbot gilt nicht für Dauerschuldverhältnisse, dh. nicht für ArbVerh. Ein **Vorvertrag** gerichtet auf den Abschluss eines Arbeitsvertrags ist kein Dauerschuldverhältnis[2]. Das Klauselverbot ist weit auszulegen und erfasst alle Lösungsmöglichkeiten des Verwenders von den vertragl. vereinbarten Hauptleistungspflichten[3], wie zB die dem ArbGeb einseitig vorbehaltene Lösungsmöglichkeit von einem Vorvertrag[4]. Für die Wirksamkeit eines Lösungsrechts erfordert Nr. 3, dass der Grund für die Lösungsmöglichkeit im Vertrag hinreichend konkret angegeben ist. Der Grund muss zudem durch ein überwiegendes oder anerkennenswertes Interesse auf Seiten des Verwenders gerechtfertigt sein[5].

IV. Änderungsvorbehalte (Nr. 4) haben im Arbeitsrecht in verschiedenen Variationen eine große Bedeutung, zB in Form von Versetzungsklauseln oder Widerrufs- und Anrechnungsvorbehalten. Nr. 4 begrenzt die Möglichkeit des Verwenders, dh. des ArbGeb, die von ihm versprochene Leistung einseitig zu ändern. Diese Norm ist auch im Arbeitsrecht anzuwenden[6]. Sie zeigt insb., dass einseitige Leistungsbestimmungsrechte der Inhaltskontrolle unterliegen. Nr. 4 gilt nicht für Änderungsvorbehalte des ArbGeb, die sich auf die Leistung des ArbN beziehen, dh. zB für Erweiterungen des Direktionsrechts[7]. Anwendung findet Nr. 4 zB auf Änderungsvorbehalte bzgl. des Arbeitsentgelts. Einen solchen Widerrufsvorbehalt kontrolliert das BAG nach Nr. 4 als der spezielleren Norm, zieht aber die Wertungen des § 307 mit heran[8]. Ein Änderungsvorbehalt ist unwirksam, wenn die Vereinbarung der Änderung oder ihre Abweichung unter Berücksichtigung der Interessen des Verwenders für den anderen Vertragsteil nicht zumutbar ist. Nicht in den Schutzbereich von Nr. 4 fällt der Vorbehalt des ArbGeb, die eigene Leistung zu erhöhen[9], sowie eine Klausel, die dem ArbGeb die erstmalige Festlegung der Leistung ermöglicht[10]. Die Änderungsvorbehalte werden im Anh. §§ 305–310 Rz. 19 dargestellt. In der Sache ergibt sich für Änderungsvorbehalte, welche die Leistung des ArbGeb und für solche, welche Leistungspflichten des ArbN betreffen und die an § 307 zu messen sind, kein Unterschied[11].

V. Erklärungsfiktion (Nr. 5). Nr. 5 beruht auf dem Grundsatz, dass Schweigen idR keine Willenserklärung darstellt[12], und gestattet Abweichungen nur unter bestimmten Grenzen. Erfasst sind Bestimmungen, nach denen eine **Erklärung des** Vertragspartners des Verwenders, regelmäßig des **ArbN, fingiert** wird. Typischer Fall einer erfassten Erklärung ist die Annahme von Vertragsänderungen[13]. Das Klauselverbot findet im Arbeitsrecht Anwendung[14]. Ohne dass die Voraussetzungen der Nr. 5 vorliegen, kann deshalb eine betriebl. Übung nicht durch eine gegenläufige Übung beendet werden. Dies gilt jedenfalls, wenn die gegenläufige betriebl. Übung sich nicht unmittelbar auf das ArbVerh auswirkt[15].

Es bietet sich für Arbeitsverträge an, generell **Klauseln zur Vertragsanpassung** vorzusehen. Es kommt dann nicht mehr auf die Frage an, ob durch Weiterarbeit die neuen Arbeitsbedingungen konkludent angenommen werden, was das BAG bislang bejaht hat, wenn der ArbN von der Änderung sofort betroffen wird[16]. Eine Klausel zur Vertragsanpassung bietet mehr Rechtssicherheit, wenn die erforderlichen Voraussetzungen eingehalten sind. Der ArbGeb wird, da es typischerweise um Massengeschäfte geht, auch ein berechtigtes Interesse an einer solchen Änderungsklausel haben.

Mindestvoraussetzungen sind: (1) Dem ArbN muss **eine angemessene Frist** zur Abgabe einer Erklärung eingeräumt werden (Nr. 5a). Die Länge der Frist richtet sich nach einer generalisierenden Interessenabwägung unter Berücksichtigung der bei den entsprechenden Geschäften typischen Umstände. Maßgeblich ist ua. die Art des Geschäfts und wie lange dem ArbN zur Entscheidungsfindung zuzubilligen ist[17]. Da der ArbGeb ein Interesse am Wirksamwerden der Vertragsänderung hat, sollte diese großzügig gewählt werden. Die Frist muss bereits im Arbeitsvertrag enthalten sein[18]. (2) **Hinweispflicht:** Bereits im Vertrag muss der ArbGeb sich verpflichten, den ArbN bei Beginn der Frist auf die Bedeutung

---

1 DBD/*Bonin*, § 308 Nr. 1 Rz. 4; *Gotthardt*, Rz. 291. ‖2 BAG 27.7.2005 – 7 AZR 488/04, AP Nr. 2 zu § 308 BGB. ‖3 Bsp. bei WLP/*Dammann*, § 308 Nr. 3 Rz. 14ff. ‖4 BAG 27.7.2005 – 7 AZR 488/04, AP Nr. 2 zu § 308 BGB. ‖5 BAG 27.7.2005 – 7 AZR 488/04, AP Nr. 2 zu § 308 BGB. ‖6 BAG 12.1.2005 – 5 AZR 354/04, AP Nr. 1 zu § 308 BGB. ‖7 BAG 13.3.2007 – 9 AZR 433/06, AP Nr. 26 zu § 307 BGB; 13.6.2007 – 5 AZR 564/06, AP Nr. 11 zu § 611 BGB Film. ‖8 BAG 12.1.2005 – 5 AZR 354/04, AP Nr. 1 zu § 308 BGB; 19.12.2006 – 9 AZR 294/06, DB 2007, 1253. ‖9 BAG 9.11.2005 – 5 AZR 351/05, AP Nr. 5 zu § 305c BGB. ‖10 BGH 17.2.2004 – XI ZR 140/03, DB 2004, 1360; BAG 29.8.2012 – 10 AZR 385/11, DB 2012, 2942; 16.1.2013 – 10 AZR 26/12, DB 2013, 819. ‖11 Vgl. *Gotthardt*, Rz. 293. ‖12 Erman/*S. Roloff*, § 308 Rz. 39. ‖13 Vgl. UBH/*Schmidt*, § 308 Nr. 5 Rz. 6a mwN. ‖14 *Gotthardt*, Rz. 294. ‖15 BAG 18.3.2009 – 10 AZR 281/08, ZIP 2009, 1178; 25.11.2009 – 10 AZR 779/08, NZA 2010, 283. ‖16 Dazu zB BAG 1.8.2001 – 4 AZR 129/00, DB 2001, 2557. ‖17 UBH/*Schmidt*, § 308 Nr. 5 Rz. 11. ‖18 Hierzu UBH/*Schmidt*, § 308 Nr. 5 Rz. 11.

BGB § 308 Rz. 8 — Klauselverbote mit Wertungsmöglichkeit

seines Verhaltens hinzuweisen (Nr. 5b). Darüber hinaus muss der ArbGeb den Hinweis dann auch tatsächlich erteilen, wobei er den Zugang beweisen muss[1].

8 **VI. Zugangsfiktionen (Nr. 6).** Nr. 6 verbietet die vorformulierte Vereinbarung von Zugangsfiktionen für bestimmte Erklärungen. Die Norm findet im Arbeitsrecht Anwendung[2]. Erfasst sind alle **Erklärungen von besonderer Bedeutung**. Gemeint sind Erklärungen, die für den Empfänger, dh. regelmäßig den ArbN, mit nachteiligen Rechtsfolgen verbunden sind, wie zB Kündigungen oder Mahnungen[3]. Nr. 6 gilt, auch wenn vereinbart ist, dass die Erklärung als zugegangen gilt, wenn sie an die letzte bekannte Adresse des Empfängers versandt wurde[4], bzw. wenn als Zugangszeitpunkt derjenige festgelegt wird, der bei nicht geänderter Adresse gegolten hätte[5]. Auf das Zugangserfordernis kann auch nicht ganz verzichtet werden, zB der Zugang durch Aushang am schwarzen Brett ersetzt werden[6]. Für die praktisch wichtigste Erklärung, die Kündigung, folgt dies bereits aus § 623[7].

9 **VII. Abwicklung von Verträgen (Nr. 7).** Die Verbotsnorm der Nr. 7 wendet sich gegen Bestimmungen in AGB, nach denen der Verwender für die Fälle des Rücktritts oder der Kündigung des Vertreters eine **unangemessen hohe Leistung in Form einer Vergütung oder eines Aufwendungsersatzes** verlangen kann[8]. Durch die Angemessenheitskontrolle soll nicht nur verhindert werden, dass sich die Rückabwicklung des Vertrages für den Verwender als die wirtschaftlich günstigere Alternative darstellt und so für diesen ein Anreiz geschaffen wird, sich vom Vertrag zu lösen. Vielmehr soll auch der andere Vertragspartner infolge der Ausübung der ihm zustehenden Rücktritts- oder Kündigungsrechte keine wirtschaftlichen Nachteile erleiden, die de facto zu einer empfindlichen Einschränkung der Beendigungsfreiheit bei Dauerschuldverhältnissen führen würden[9]. Dem anderen Vertragsteil muss dabei ausdrücklich der Nachweis gestattet sein, dass der im konkreten Fall angemessene Betrag wesentlich niedriger ist als der pauschalierte Betrag (§ 309 Nr. 5 analog)[10].

309 *Klauselverbote ohne Wertungsmöglichkeit*
Auch soweit eine Abweichung von den gesetzlichen Vorschriften zulässig ist, ist in Allgemeinen Geschäftsbedingungen unwirksam

1. **(Kurzfristige Preiserhöhungen)** eine Bestimmung, welche die Erhöhung des Entgelts für Waren oder Leistungen vorsieht, die innerhalb von vier Monaten nach Vertragsschluss geliefert oder erbracht werden sollen; dies gilt nicht bei Waren oder Leistungen, die im Rahmen von Dauerschuldverhältnissen geliefert oder erbracht werden;

2. **(Leistungsverweigerungsrechte)** eine Bestimmung, durch die
   a) das Leistungsverweigerungsrecht, das dem Vertragspartner des Verwenders nach § 320 zusteht, ausgeschlossen oder eingeschränkt wird oder
   b) ein dem Vertragspartner des Verwenders zustehendes Zurückbehaltungsrecht, soweit es auf demselben Vertragsverhältnis beruht, ausgeschlossen oder eingeschränkt, insbesondere von der Anerkennung von Mängeln durch den Verwender abhängig gemacht wird;

3. **(Aufrechnungsverbot)** eine Bestimmung, durch die dem Vertragspartner des Verwenders die Befugnis genommen wird, mit einer unbestrittenen oder rechtskräftig festgestellten Forderung aufzurechnen;

4. **(Mahnung, Fristsetzung)** eine Bestimmung, durch die der Verwender von der gesetzlichen Obliegenheit freigestellt wird, den anderen Vertragsteil zu mahnen oder ihm eine Frist für die Leistung oder Nacherfüllung zu setzen;

5. **(Pauschalierung von Schadensersatzansprüchen)** die Vereinbarung eines pauschalierten Anspruchs des Verwenders auf Schadensersatz oder Ersatz einer Wertminderung, wenn
   a) die Pauschale den in den geregelten Fällen nach dem gewöhnlichen Lauf der Dinge zu erwartenden Schaden oder die gewöhnlich eintretende Wertminderung übersteigt oder
   b) dem anderen Vertragsteil nicht ausdrücklich der Nachweis gestattet wird, ein Schaden oder eine Wertminderung sei überhaupt nicht entstanden oder wesentlich niedriger als die Pauschale;

6. **(Vertragsstrafe)** eine Bestimmung, durch die dem Verwender für den Fall der Nichtabnahme oder verspäteten Abnahme der Leistung, des Zahlungsverzugs oder für den Fall, dass der andere Vertragsteil sich vom Vertrag löst, Zahlung einer Vertragsstrafe versprochen wird;

7. **(Haftungsausschluss bei Verletzung von Leben, Körper, Gesundheit und bei grobem Verschulden)**

---

1 BAG 18.3.2009 – 10 AZR 281/08, ZIP 2009, 1178. || 2 *Fenn*, FS Söllner, 2000, S. 360; *Reinecke*, NZA-Beil. 3/2000, 23 (27). || 3 *Erman/S. Roloff*, § 308 Rz. 53. || 4 OLG Stuttgart 29.9.1978 – 2 U 81/78, BB 1979, 908; DBD/*Bonin*, § 308 Nr. 6 Rz. 4. || 5 BayObLG 18.12.1979 – BReg. 2 Z 11/79, NJW 1980, 2818; MüKoBGB/*Kieninger*, § 308 Nr. 6 Rz. 3. Zu Empfangsvollmachten *Mauer*, DB 2002, 1442 (1447). || 6 Dazu *Gotthardt*, Rz. 294. || 7 *Schaub*, NZA 2000, 344 (347). || 8 *Stoffels*, Rz. 995. || 9 BAG 27.7.2010 – 3 AZR 777/08, DB 2010, 2452. || 10 Palandt/*Grüneberg*, § 308 Rz. 42.

a) **(Verletzung von Leben, Körper, Gesundheit)** ein Ausschluss oder eine Begrenzung der Haftung für Schäden aus der Verletzung des Lebens, des Körpers oder der Gesundheit, die auf einer fahrlässigen Pflichtverletzung des Verwenders oder einer vorsätzlichen oder fahrlässigen Pflichtverletzung eines gesetzlichen Vertreters oder Erfüllungsgehilfen des Verwenders beruhen;

b) **(Grobes Verschulden)** ein Ausschluss oder eine Begrenzung der Haftung für sonstige Schäden, die auf einer grob fahrlässigen Pflichtverletzung des Verwenders oder auf einer vorsätzlichen oder grob fahrlässigen Pflichtverletzung eines gesetzlichen Vertreters oder Erfüllungsgehilfen des Verwenders beruhen;

die Buchstaben a und b gelten nicht für Haftungsbeschränkungen in den nach Maßgabe des Personenbeförderungsgesetzes genehmigten Beförderungsbedingungen und Tarifvorschriften der Straßenbahnen, Obusse und Kraftfahrzeuge im Linienverkehr, soweit sie nicht zum Nachteil des Fahrgasts von der Verordnung über die Allgemeinen Beförderungsbedingungen für den Straßenbahn- und Obusverkehr sowie den Linienverkehr mit Kraftfahrzeugen vom 27. Februar 1970 abweichen; Buchstabe b gilt nicht für Haftungsbeschränkungen für staatlich genehmigte Lotterie- oder Ausspielverträge;

8. **(Sonstige Haftungsausschlüsse bei Pflichtverletzung)**

   a) **(Ausschluss des Rechts, sich vom Vertrag zu lösen)** eine Bestimmung, die bei einer vom Verwender zu vertretenden, nicht in einem Mangel der Kaufsache oder des Werkes bestehenden Pflichtverletzung das Recht des anderen Vertragsteils, sich vom Vertrag zu lösen, ausschließt oder einschränkt; dies gilt nicht für die in der Nummer 7 bezeichneten Beförderungsbedingungen und Tarifvorschriften unter den dort genannten Voraussetzungen;

   b) **(Mängel)** eine Bestimmung, durch die bei Verträgen über Lieferungen neu hergestellter Sachen und über Werkleistungen

   aa) **(Ausschluss und Verweisung auf Dritte)** die Ansprüche gegen den Verwender wegen eines Mangels insgesamt oder bezüglich einzelner Teile ausgeschlossen, auf die Einräumung von Ansprüchen gegen Dritte beschränkt oder von der vorherigen gerichtlichen Inanspruchnahme Dritter abhängig gemacht werden;

   bb) **(Beschränkung auf Nacherfüllung)** die Ansprüche gegen den Verwender insgesamt oder bezüglich einzelner Teile auf ein Recht auf Nacherfüllung beschränkt werden, sofern dem anderen Vertragsteil nicht ausdrücklich das Recht vorbehalten wird, bei Fehlschlagen der Nacherfüllung zu mindern oder, wenn nicht eine Bauleistung Gegenstand der Mängelhaftung ist, nach seiner Wahl vom Vertrag zurückzutreten;

   cc) **(Aufwendungen bei Nacherfüllung)** die Verpflichtung des Verwenders ausgeschlossen oder beschränkt wird, die zum Zwecke der Nacherfüllung erforderlichen Aufwendungen, insbesondere Transport-, Wege-, Arbeits- und Materialkosten, zu tragen;

   dd) **(Vorenthalten der Nacherfüllung)** der Verwender die Nacherfüllung von der vorherigen Zahlung des vollständigen Entgelts oder eines unter Berücksichtigung des Mangels unverhältnismäßig hohen Teils des Entgelts abhängig macht;

   ee) **(Ausschlussfrist für Mängelanzeige)** der Verwender dem anderen Vertragsteil für die Anzeige nicht offensichtlicher Mängel eine Ausschlussfrist setzt, die kürzer ist als die nach dem Doppelbuchstaben ff zulässige Frist;

   ff) **(Erleichterung der Verjährung)** die Verjährung von Ansprüchen gegen den Verwender wegen eines Mangels in den Fällen des § 438 Abs. 1 Nr. 2 und des § 634a Abs. 1 Nr. 2 erleichtert oder in den sonstigen Fällen eine weniger als ein Jahr betragende Verjährungsfrist ab dem gesetzlichen Verjährungsbeginn erreicht wird;

9. **(Laufzeit bei Dauerschuldverhältnissen)** bei einem Vertragsverhältnis, das die regelmäßige Lieferung von Waren oder die regelmäßige Erbringung von Dienst- oder Werkleistungen durch den Verwender zum Gegenstand hat,

   a) eine den anderen Vertragsteil länger als zwei Jahre bindende Laufzeit des Vertrags,

   b) eine den anderen Vertragsteil bindende stillschweigende Verlängerung des Vertragsverhältnisses um jeweils mehr als ein Jahr oder

   c) zu Lasten des anderen Vertragsteils eine längere Kündigungsfrist als drei Monate vor Ablauf der zunächst vorgesehenen oder stillschweigend verlängerten Vertragsdauer;

   dies gilt nicht für Verträge über die Lieferung als zusammengehörig verkaufter Sachen, für Versicherungsverträge sowie für Verträge zwischen den Inhabern urheberrechtlicher Rechte und Ansprüche und Verwertungsgesellschaften im Sinne des Gesetzes über die Wahrnehmung von Urheberrechten und verwandten Schutzrechten;

10. **(Wechsel des Vertragspartners)** eine Bestimmung, wonach bei Kauf-, Darlehens-, Dienst- oder Werkverträgen ein Dritter an Stelle des Verwenders in die sich aus dem Vertrag ergebenden Rechte und Pflichten eintritt oder eintreten kann, es sei denn, in der Bestimmung wird

a) der Dritte namentlich bezeichnet oder

b) dem anderen Vertragsteil das Recht eingeräumt, sich vom Vertrag zu lösen;

11. **(Haftung des Abschlussvertreters)** eine Bestimmung, durch die der Verwender einem Vertreter, der den Vertrag für den anderen Vertragsteil abschließt,

    a) ohne hierauf gerichtete ausdrückliche und gesonderte Erklärung eine eigene Haftung oder Einstandspflicht oder

    b) im Falle vollmachtsloser Vertretung eine über § 179 hinausgehende Haftung

    auferlegt;

12. **(Beweislast)** eine Bestimmung, durch die der Verwender die Beweislast zum Nachteil des anderen Vertragsteils ändert, insbesondere indem er,

    a) diesem die Beweislast für Umstände auferlegt, die im Verantwortungsbereich des Verwenders liegen, oder

    b) den anderen Vertragsteil bestimmte Tatsachen bestätigen lässt;

    Buchstabe b gilt nicht für Empfangsbekenntnisse, die gesondert unterschrieben oder mit einer gesonderten qualifizierten elektronischen Signatur versehen sind;

13. **(Form von Anzeigen und Erklärungen)** eine Bestimmung, durch die Anzeigen oder Erklärungen, die dem Verwender oder einem Dritten gegenüber abzugeben sind, an eine strengere Form als die Schriftform oder an besondere Zugangserfordernisse gebunden werden.

I. Allgemeines. Im Unterschied zu § 308 enthält § 309 Klauselverbote ohne Wertungsmöglichkeit. Diese Klauselverbote sind **strikter Natur**, weil die Unangemessenheit kraft gesetzgeberischer Wertung eintritt, so dass im Einzelfall eine weitere inhaltliche Prüfung nicht erforderlich ist, dh. eine zusätzliche Wertungsinstanz ist nicht eröffnet[1]. Zu beachten ist aber, dass sich Abweichungen auf Grund der **Besonderheiten des Arbeitsrechts** ergeben können (dazu § 310 Rz. 21 f.). Dem steht nicht entgegen, dass es sich nach der Überschrift um Klauselverbote ohne Wertungsmöglichkeit handelt[2]. Kommentiert sind nur die Klauselverbote mit praktischer Relevanz für das Arbeitsrecht[3].

II. Leistungsverweigerungsrechte (Nr. 2). Das Klauselverbot in Nr. 2 schützt den Vertragspartner des Verwenders davor, dass die Zurückbehaltungsrechte aus §§ 273, 320 ausgeschlossen oder eingeschränkt werden. Der Gesetzgeber sieht in § 320 ein grundlegendes **Gebot vertragl. Abwicklungsgerechtigkeit** verwirklicht; auch § 273 beruht auf einem Gerechtigkeitsgebot[4]. Der Anwendungsbereich im Arbeitsrecht ist eingeschränkt, weil die Begründung einer **Vorleistungspflicht** bereits nicht unter das Klauselverbot fällt[5]. Die Vorleistungspflicht des ArbN mit seiner Arbeitsleistung ist das gesetzl. Leitbild (§ 614), so dass darin nach dem Maßstab des § 307 I keine unangemessene Benachteiligung liegt.

Das Klauselverbot findet im Arbeitsrecht Anwendung. Arbeitsrechtl. Besonderheiten stehen nicht entgegen[6]. Der ArbGeb kann in einem Formulararbeitsvertrag das **Zurückbehaltungsrecht des ArbN** an der Arbeitsleistung **bei Lohnrückständen** nicht ausschließen[7]. Verboten ist nicht nur der **Ausschluss**, sondern auch die **Einschränkung** der Zurückbehaltungsrechte, was zB dann der Fall ist, wenn die Ausübung des Zurückbehaltungsrechts an bestimmte, die gesetzl. Regeln verschärfende Anforderungen geknüpft wird[8]. So darf der ArbGeb das Zurückbehaltungsrecht des ArbN wegen Lohnrückständen nicht davon abhängig machen, dass diese Lohnrückstände vom ArbGeb anerkannt oder bereits abgerechnet sind.

III. Aufrechnungsverbot (Nr. 3). Das Klauselverbot der Nr. 3 gilt im Arbeitsrecht und kann zB bei zum Inkasso berechtigten Vertretern relevant werden[9]. Anders als das Zurückbehaltungsrecht ist die Abbedingung des Aufrechnungsrechts des ArbN nicht generell untersagt. Das Aufrechnungsverbot gilt nur für **unbestrittene** und **rechtskräftig festgestellte Forderungen**. Unbestritten ist eine Forderung, wenn ihrer Schlüssigkeit kein erhebliches Gegenvorbringen entgegensteht, also auch, wenn sie ihrerseits mit einer unschlüssigen Gegenaufrechnung bekämpft wird[10]. Überwiegend wird angenommen, dass entscheidungsreife Forderungen unbestrittenen Forderungen gleichzustellen sind[11]. Unzulässig ist allerdings ein formularmäßiges Aufrechnungsverbot ggü. einem ArbN mit Forderungen, die entweder rechtskräftig festgestellt sind oder zu denen der ArbGeb im Einzelfall jeweils seine Zustimmung erklärt, denn dann wird dem ArbN entgegen Nr. 3 die Befugnis genommen, mit einer unbestrittenen Forderung ohne Zustimmung des ArbGeb aufzurechnen[12]. Wird die Aufrechnung mit verjährten Forderungen, die gem. § 215 zulässig ist, ausgeschlossen, liegt kein Verstoß gegen Nr. 3 vor[13], wohl aber gegen § 307 vor[13]. **Rechtsfolge** des Verstoßes gegen Nr. 3 ist grds. die Gesamtnichtigkeit des Aufrechnungsverbotes[14]. Allerdings hat die

---

1 *Stoffels*, Rz. 580. ||2 BAG 4.3.2004 – 8 AZR 196/03, AP Nr. 3 zu § 309 BGB. ||3 Vgl. *Gotthardt*, Rz. 273. ||4 *Stoffels*, Rz. 829 f. ||5 BGH 12.3.1987 – VII ZR 37/86, BGHZ 100, 158. ||6 DBD/*Däubler*, § 309 Nr. 2 Rz. 9. ||7 *Gotthardt*, Rz. 274; Preis/*Preis*, Der Arbeitsvertrag, II Z 20 Rz. 34. ||8 *Stoffels*, Rz. 834. ||9 Vgl. *Gotthardt*, Rz. 275; Preis/*Stoffels*, Der Arbeitsvertrag, II A 110 Rz. 13. ||10 BGH 26.11.1984 – VIII ZR 217/83, NJW 1985, 1556. ||11 *Stoffels*, Rz. 851. ||12 Vgl. BGH 27.6.2007 – XII ZR 54/05, NJW 2007, 3421. ||13 OLG Hamm 17.5.1993 – 17 U 7/92, NJW-RR 1993, 1082; Palandt/*Grüneberg*, § 309 Rz. 17. ||14 BGH 16.10.1984 – X ZR 97/83, NJW 1985, 319.

Rspr. durch restriktive Auslegung des Klauselinhalts diese in mehreren Fällen vor der Gesamtnichtigkeit bewahrt[1].

IV. Mahnung und Fristsetzung (Nr. 4). Nr. 4 führt dazu, dass der Grundsatz, dass Verzug erst nach Mahnung eintritt (§ 286 I), sowie das Erfordernis einer Nachfrist durch AGB nicht abbedungen werden können. Die gesetzl. Ausnahmen vom Erfordernis einer Mahnung (§ 286 II, III) dürfen wiederholt, aber nicht erweitert werden[2]. Das Klauselverbot erfasst Vertragsgestaltungen, mit denen der Verwender, dh. der ArbGeb, eine **Rechtsfolge für sich in Anspruch nimmt, die nach dem Gesetz erst auf Grund einer Mahnung eintritt**[3]. Dies bedeutet zB, dass der ArbGeb sich in den Arbeitsvertragsbedingungen nicht wirksam versprechen lassen kann, dass der ArbN die Kosten der ersten Mahnung trägt[4]. Dies kann zB bei Rückzahlungsverpflichtungen in Folge einer Überzahlung des ArbN relevant werden.

V. Pauschalierung von Schadensersatzansprüchen (Nr. 5). Aus Nr. 5 folgt, dass die Pauschalierung von Schadensersatzansprüchen in AGB grds. **zulässig** ist, aber bestimmten Grenzen unterliegt. Die Schadenspauschalierung ist von der **Vertragsstrafe abzugrenzen**. Erstere dient lediglich dazu, den Schadensnachweis zu ersparen. Die Vertragsstrafe hingegen hat eine Doppelfunktion. Sie soll ebenfalls den Schadensnachweis entbehrlich machen, andererseits aber die Erfüllung der Hauptleistungspflicht sichern. Für die Abgrenzung ist entscheidend, ob es ausschließlich darum geht, den Schadensnachweis entbehrlich zu machen, oder aber, ob es auch und vor allem darum geht, den Schuldner zur Erfüllung seiner Verbindlichkeit anzuhalten[5]. Zwar werden Klauseln in Arbeitsverträgen für den Fall des Vertragsbruchs des ArbN regelmäßig als Vertragsstrafen angesehen[6], doch kommen in Arbeitsverträgen durchaus schadenspauschalierende Klauseln vor. Auf diese ist Nr. 5 anwendbar[7].

Nr. 5 stellt inhaltliche Anforderungen an eine zulässige Schadenspauschalierung. Die **Höhe der Pauschale** darf den nach dem gewöhnlichen Lauf der Dinge zu erwartenden Schaden nicht überschreiten. Abzustellen ist dabei in generalisierender Betrachtungsweise auf den branchentypischen Durchschnittsschaden[8]. Der Verwender darf sich den Nachweis eines höheren Schadens vorbehalten, muss dies aber unzweideutig zum Ausdruck bringen[9]. Nach Nr. 5b ist zudem erforderlich, dass dem Vertragspartner der **Nachweis** gestattet wird, dass **kein Schaden** entstanden oder dieser wesentlich niedriger als die Pauschale ist[10]. Die Darlegungs- und Beweislast für einen geringeren Schaden trifft – bei wirksamer Schadenspauschalierung – den Vertragspartner des Verwenders, dh. den ArbN[11].

VI. Vertragsstrafe (Nr. 6). Das Klauselverbot der Nr. 6 normiert verschiedene Verbotstatbestände. Praktisch relevant dürfte im Arbeitsrecht nur der Tatbestand werden, der Bestimmungen für unwirksam erklärt, mit denen der Verwender sich für den Fall, dass sich der andere Vertragsteil vom Vertrag löst, die Zahlung einer Vertragsstrafe versprechen lässt. Eine **Lösung vom Vertrag** liegt immer dann vor, wenn der Kunde zu erkennen gibt, dass er sich an den Vertrag nicht mehr gebunden fühlt[12]. Der Wortlaut erfasst deshalb Vertragsstrafenklauseln, welche der ArbGeb für den Fall des Vertragsbruchs des ArbN vorsieht.

Die Rspr. hat dieses Klauselverbot auf Arbeitsverträge bisher nicht angewandt[13]. Zu Recht geht das BAG[14] davon aus, dass **Nr. 6** auch nach der Erstreckung des Anwendungsbereichs der §§ 305 ff. auf ArbVerh **Vertragsstrafen für den Fall der Vertragsaufsage des ArbN nicht verbietet**. Dem stehen Besonderheiten des Arbeitsrechts entgegen. Das Klauselverbot passt von seiner Intention her nicht, denn es ist primär am Erscheinungsbild des zahlungspflichtigen Kunden orientiert[15]. Auch aus § 888 III ZPO ergibt sich eine arbeitsrechtl. Besonderheit[16]. Zudem zeigen § 75c HGB und § 12 II Nr. 2 BBiG, dass Vertragsstrafen im Arbeitsrecht grds. für zulässig erachtet werden[17]. Die Nichtanwendung der Nr. 6 im Arbeitsrecht stimmt damit überein, dass die Norm auf Situationen zugeschnitten ist, in denen dem Verwender der Nachweis eines Schadens regelmäßig nicht schwer fällt und ein Schadensersatzanspruch deshalb als Sanktion für die Vertragsverletzung zur Verfügung steht. Bei einem Vertragsbruch des ArbN ist dies nicht der Fall, vielmehr hat der ArbGeb zumeist erhebliche Beweisschwierigkeiten in Bezug auf einen Schaden[18]. Zudem werden **Wertungswidersprüche** vermieden. Aus dem eng begrenzten Tatbestand folgt **kein generelles Verbot von Vertragsstrafen im Arbeitsrecht**[19]. Es ist jedoch nicht einzusehen, warum der praktisch wichtigste Fall, nämlich die Lösung des ArbN vom Vertrag, nicht vertragsstrafenbewehrt sein darf, dies jedoch in anderen Konstellationen zulässig ist, zB wenn der ArbN einen wichtigen

---

1 Bsp. bei *Stoffels*, Rz. 853. ‖ 2 Palandt/*Grüneberg*, § 309 Rz. 22. ‖ 3 BGH 8.10.1987 – VII ZR 185/86, NJW 1988, 258. ‖ 4 Vgl. *Stoffels*, Rz. 881. ‖ 5 BGH 6.11.1967 – VIII ZR 81/65, BGHZ 49, 84; *Stoffels*, Rz. 886; zur Druckfunktion auch BGH 12.3.2003 – XII ZR 18/00, NJW 2003, 2158. ‖ 6 MüKoBGB/*Gottwald*, vor § 339 Rz. 35. ‖ 7 Schaub/*Linck*, ArbRHdb, § 51 Rz. 22. ‖ 8 BGH 16.1.1984 – II ZR 100/83, NJW 1984, 2093. ‖ 9 Erman/*S. Roloff*, § 309 Rz. 49. ‖ 10 Zu den Klauselanforderungen BGH 14.4.2010 – VIII ZR 123/09, MDR 2010, 803. ‖ 11 Palandt/*Grüneberg*, § 309 Rz. 31. ‖ 12 *Stoffels*, Rz. 907. ‖ 13 BAG 23.5.1984 – 4 AZR 129/82, AP Nr. 9 zu § 339 BGB; 27.5.1992 – 5 AZR 324/91, EzA § 339 BGB Nr. 8. ‖ 14 BAG 4.3.2004 – 8 AZR 196/03, AP Nr. 3 zu § 309 BGB; 23.9.2010 – 8 AZR 897/08, NJW 2011, 408. ‖ 15 Preis/*Stoffels*, Der Arbeitsvertrag, II V 30 Rz. 29. ‖ 16 BAG 4.3.2004 – 8 AZR 196/03, AP Nr. 3 zu § 309 BGB; *Thüsing*, NZA 2002, 591 (592). ‖ 17 BAG 4.3.2004 – 8 AZR 196/03, AP Nr. 3 zu § 309 BGB. ‖ 18 BAG 23.5.1984 – 4 AZR 129/82, AP Nr. 9 zu § 339 BGB; Preis/*Stoffels*, Der Arbeitsvertrag, II V 30 Rz. 29. ‖ 19 BAG 21.4.2005 – 8 AZR 425/04, AP Nr. 3 zu § 307 BGB; 14.8.2007 – 8 AZR 973/06, DB 2008,66; aA *v.* Koppenfels, NZA 2002, 598 (602).

10 **VII. Haftungsausschluss bei Verletzung von Leben, Körper, Gesundheit und bei grobem Verschulden (Nr. 7).** Das Klauselverbot der Nr. 7 erfasst in seinem **Anwendungsbereich** Schadensersatzansprüche auf vertragl., aber auch auf deliktischer Grundlage[2].

11 Nr. 7a normiert zunächst ein Klauselverbot für die Haftung des Verwenders, dh. des ArbGeb, für Schäden aus der **Verletzung des Lebens, des Körpers oder der Gesundheit** des ArbN. Die Haftung ist bei keiner Art von Fahrlässigkeit mehr einschränkbar, nicht einmal bei leichtester Fahrlässigkeit[3]. Unzulässig ist der Ausschluss und die Begrenzung der Haftung. Unzulässig sind daher zB Beschränkungen der Höhe des Anspruchs oder aber der Ausschluss bestimmter Schäden[4], ebenso wie die Verkürzung der Verjährungsfristen[5]. Das BAG sieht in der Obliegenheit der klageweisen Geltendmachung eines Anspruchs in einer Ausschlussfrist keinen Anwendungsfall von Nr. 7, denn der Anspruch entstehe uneingeschränkt und werde lediglich für den Fall fehlender Geltendmachung befristet[6]. Dem hat der BGH widersprochen[7]. Unwirksam ist ein mittelbarer Haftungsausschluss, wenn bereits die Sorgfaltspflicht des ArbGeb, welche Grundlage für die Haftung ist, abbedungen wird oder ein bestimmtes Risiko allein dem ArbN auferlegt wird[8]. Unzulässig ist es, unter Umgehung des Klauselverbotes den ArbN auf ihm ansonsten zustehende Schadensersatzansprüche verzichten zu lassen[9]. Der praktische Anwendungsbereich dieses Verbotes ist wegen der Haftungsfreistellung des ArbGeb in § 104 SGB VII gering.

12 Nr. 7b verbietet den Ausschluss oder die Begrenzung der Haftung für sonstige Schäden, die auf einer **grob fahrlässigen Pflichtverletzung** des Verwenders, dh. des ArbGeb, beruhen. Erfasst ist damit die **Haftung des ArbGeb für Sachschäden des ArbN.** Dieses Klauselverbot ist im Arbeitsrecht anzuwenden[10]. Letztlich wird damit nur die frühere Rspr. des BAG kodifiziert, das bereits eine Haftungsbegrenzung des ArbGeb bei grober Fahrlässigkeit verneint hatte[11]. Wie bereits ausgeführt, gilt dies sowohl für die vertragl. als auch für die deliktische Haftung (Rz. 10). Maßstab für den Ausschluss der Haftung für einfache Fahrlässigkeit ist § 307[12]. Bzgl. der **verschuldensunabhängigen Haftung des ArbGeb für arbeitsbedingte Eigenschäden** des ArbN gilt Folgendes: Die Rspr. leitet die Haftung aus einer analogen Anwendung des § 670 ab[13]. Ob diese Haftung dispositiv ist, ist bislang nicht abschließend geklärt (vgl. dazu § 619a Rz. 22). Es spricht viel dafür, auch hier eine Inhaltskontrolle gem. § 307 vorzunehmen[14]. So ergeben sich angemessene Ergebnisse. Es lässt sich begründen, warum Regelungen, welche dem ArbN eine Pauschalabgeltung einräumen, zulässig sind[15], eine völlige Haftungsfreizeichnung des ArbGeb jedoch nicht[16].

13 **VIII. Wechsel des Vertragspartners (Nr. 10).** Nr. 10 stellt für Vertragsklauseln in AGB, die zu einem Wechsel des Vertragspartners führen können, besondere Voraussetzungen auf. Zulässig ist eine solche Bestimmung, wenn der Dritte namentlich besonders bezeichnet ist oder aber wenn dem anderen Teil das Recht eingeräumt ist, sich vom Vertrag zu lösen. Der Anwendung dieser Norm stehen **arbeitsrechtl. Besonderheiten** entgegen[17]. Insb. sind Konzernversetzungsklauseln nicht an Nr. 10 zu prüfen. Die in Nr. 10 aufgestellten Voraussetzungen vertragen sich nicht mit arbeitsrechtl. Wertungen. Allein die namentliche Nennung des Vertragsübernehmers kann nicht das zwingende Kündigungsrecht bzgl. des ursprünglichen Vertrags abbedingen[18]. Die Einräumung eines Lösungsrechts vom Vertrag passt nicht zum Bestandsschutzbedürfnis des ArbN, weil auch § 613a VI ein Widerspruchsrecht normiert[19].

14 **IX. Beweislast (Nr. 12).** Nr. 12, 12a verbietet **Beweislastveränderungen** in AGB. Der Gesetzgeber geht davon aus, dass Beweislastregeln Ausdruck materieller Gerechtigkeitsgebote sind. Die Änderung dieser Grundsätze ist geeignet, dem ArbN die Rechtsverfolgung unzumutbar zu erschweren oder diese gar gänzlich zu verhindern[20]. Erfasst ist die Änderung gesetzl., aber auch richterrechtl. Beweislastgrundsätze, wobei Nr. 12a keine eigenständige Bedeutung hat[21]. Die Bestimmung verbietet jede Veränderung der Beweisposition. Unzulässig ist es, den ArbN mit bestimmten Beweismitteln auszuschließen oder aber die Anforderungen des Anscheinsbeweises zu ändern, zB zu formulieren, dass unter bestimmten Voraussetzungen der erste Anschein einer für den ArbN nachteiligen Tatsache gilt[22]. Abstrakte Schuld-

---

1 Für eine Anwendung des § 309 Nr. 6 aber, wenn Erfüllungsverweigerung des ArbN Grund für die fristlose Kündigung ist, LAG Hess. 25.4.2003 – 17 Sa 1723/02, nv. || 2 BGH 15.2.1995 – VIII ZR 93/94, NJW 1995, 1488. || 3 *Thüsing*, AGB-Kontrolle, Rz. 309. || 4 Erman/*S. Roloff*, § 309 Rz. 68. || 5 BGH 15.11.2006 – VIII ZR 3/06, ZIP 2007, 131. || 6 BAG 25.5.2005 – 5 AZR 572/04, AP Nr. 1 zu § 310 BGB. || 7 BGH 15.11.2006 – VIII ZR 3/06, ZIP 2007, 131; 26.2.2009 – Xa ZR 141/07, MDR 2009, 674; ebenso für das Arbeitsrecht *Matthiesen*, NZA 2007, 361 (364). || 8 Vgl. BGH 12.12.2000 – XI ZR 138/00, NJW 2001, 751; Palandt/*Grüneberg*, § 309 Rz. 45. || 9 *Thüsing*, AGB-Kontrolle, Rz. 310. || 10 *Thüsing*, AGB-Kontrolle, Rz. 312. || 11 BAG 5.3.1959 – 2 AZR 268/56, AP Nr. 26 zu § 611 BGB Fürsorgepflicht. || 12 Dazu Palandt/*Grüneberg*, § 307 Rz. 96. || 13 BAG 25.5.2000 – 8 AZR 518/99, NJW 2000, 3369. || 14 AA *Thüsing*, AGB-Kontrolle, Rz. 313 für zwingendes Recht. || 15 BAG 30.4.1992 – 8 AZR 409/91, AP Nr. 11 zu § 611 BGB Gefährdungshaftung des Arbeitgebers. || 16 Ebenso ErfK/*Preis*, § 619a BGB Rz. 94; s.a. LAG Nds. 11.6.2002 – 13 Sa 53/02. || 17 *Gotthardt*, Rz. 285; aA *Hümmerich*, NZA 2003, 753 (758). || 18 Hierzu *Preis*, Der Arbeitsvertrag, II D 30 Rz. 211 ff. || 19 *Gotthardt*, Rz. 285; aA *Löwisch*, FS Wiedemann, 2002, S. 319 für nicht gewerbl. AÜ. || 20 *Stoffels*, Rz. 1034. || 21 Palandt/*Grüneberg*, § 309 Rz. 106. || 22 UBH/*Habersack*, § 309 Nr. 12 Rz. 12.

Anwendungsbereich § 310 BGB

anerkenntnisse werden von Nr. 12 nicht erfasst[1]. Das Klauselverbot ist im Arbeitsrecht anwendbar[2]. Im Bereich der ArbN-Haftung hat die Norm nur dann einen Anwendungsbereich, wenn man § 619a nicht als zwingendes Recht ansieht (Anh. §§ 305–310 Rz. 1).

Nr. 12b untersagt Bestimmungen, mit denen der ArbGeb sich bestimmte **Tatsachen bestätigen** lässt. **15** Die Beweislast darf nicht dadurch verändert werden, dass der Verwender sich bestimmte Tatsachen bestätigen lässt. Erfasst sind Erklärungen über die Bestätigung rechtl. relevanter Umstände, Wissenserklärungen und Erklärungen über rein tatsächliche Vorgänge[3]. Unwirksam ist deshalb zB die Klausel, die AGB seien im Einzelnen ausgehandelt[4]. Unwirksam sind auch Klauseln, die sich über den Umfang oder die tatsächliche Vornahme einer Aufklärung oder Beratung verhalten[5]. Dies kann Bedeutung erlangen, wenn in einem Aufhebungsvertrag eine entsprechende Klausel bzgl. der Aufklärung des ArbN über die sozialversicherungsrechtl. Folgen enthalten ist. Umstritten ist, wie sog. **Vollständigkeitsklauseln** zu behandeln sind, wie zB die Klausel „Mündliche Nebenabreden sind nicht getroffen", die auch in Arbeitsverträgen vorkommen. Eine strenge Betrachtungsweise sieht hierin nicht nur die Wiederholung der Vermutung der Vollständigkeit und Richtigkeit einer Vertragsurkunde, sondern sieht die Gefahr der Klausel darin, dass der ArbN davon abgehalten werden könne, sich überhaupt auf mündliche Nebenabreden zu berufen[6].

Empfangsbekenntnisse in AGB sind grds. unwirksam. Dies gilt zB für die in einem Arbeitsvertrag enthaltene Formulierung, der ArbN habe das Arbeitsentgelt für einen bestimmten Zeitraum bereits erhalten[7]. Nichts anderes gilt für die Klausel, der ArbN habe eine Wettbewerbsabrede bereits erhalten[8]. **16** **Wirksam** sind Empfangsbekenntnisse nur, wenn sie **gesondert unterschrieben** oder **mit einer gesonderten qualifizierten elektronischen Signatur versehen** sind. Nicht erforderlich ist dazu eine eigene Urkunde. Der Erklärungstext muss jedoch vom übrigen Vertragstext deutlich abgesetzt sein[9]. Die gesonderte Unterschrift muss sich zudem nur auf das Empfangskenntnis beziehen und darf keinerlei weitere Erklärung umfassen[10].

X. Form von Anzeigen und Erklärungen (Nr. 13). Nr. 13 will – als Gegenstück zu § 308 Nr. 6 – verhindern, dass dem ArbN durch die Vereinbarung besonderer Form- oder Zugangserfordernisse die **Wahrnehmung seiner Rechte erschwert** wird[11]. Erfasst sind nur Anzeigen und Erklärungen des ArbN, nicht **17** solche des ArbGeb. Nicht erfasst sind vertragl. Abreden[12]. Arbeitsrechtl. Besonderheiten stehen dem Klauselverbot nicht entgegen[13].

Eine strengere Form als die **Schriftform** (§§ 126, 127) darf nicht vorgeschrieben werden. Der Umkehrschluss ergibt, dass die Einhaltung der Schriftform stets verlangt werden kann[14]. Jede darüber hinausgehende Erschwerung ist unzulässig, wie zB die Vereinbarung, dass Erklärungen des ArbN eigenhändig verfasst sein müssen[15]. Die Kündigung darf nicht an ein über § 623 hinausgehendes Formerfordernis gebunden werden[16]. **18**

Besondere **Zugangserfordernisse** können nicht wirksam vereinbart werden. Die Klausel darf nicht von der gesetzl. Regelung des Zugangs iSv. § 130 abweichen. Unwirksam ist zB die Vereinbarung, wonach die Kündigung durch eingeschriebenen Brief zu erfolgen hat[17]. **Zweistufige Ausschlussfristen** verstoßen nicht gegen Nr. 13[18], weil bei einer Ausschlussfrist, die an die gerichtl. Geltendmachung anknüpft, nur für die gerichtl. Geltendmachung eine Frist, nicht aber eine besondere Form **19** vorgeschrieben wird. Zudem will Nr. 13 verhindern, dass der ArbN durch Form- und Zugangserfordernisse in den AGB überrascht wird. Im Arbeitsrecht sind zweistufige Ausschlussfristen nicht objektiv ungewöhnlich[19]. Dies zeigt auch § 61b I ArbGG.

310 *Anwendungsbereich*
(1) § 305 Abs. 2 und 3 und die §§ 308 und 309 finden keine Anwendung auf Allgemeine Geschäftsbedingungen, die gegenüber einem Unternehmer, einer juristischen Person des öffentlichen Rechts oder einem öffentlich-rechtlichen Sondervermögen verwendet werden. § 307 Abs. 1 und 2 findet in den Fällen des Satzes 1 auch insoweit Anwendung, als dies zur Unwirksamkeit von in den §§ 308 und 309 genannten Vertragsbestimmungen führt; auf die im Handelsverkehr geltenden Gewohnheiten und

---

1 HM, BGH 5.3.1991 – XI ZR 75/90, BGHZ 114, 9; UBH/*Habersack*, § 309 Nr. 12 Rz. 13.   ‖ 2 *Henssler*, RdA 2002, 129 (133); *Gotthardt*, Rz. 286; bisher BAG 16.3.1994 – 5 AZR 339/92, AP Nr. 18 zu § 611 BGB Ausbildungsbeihilfe.   ‖ 3 UBH/*Habersack*, § 309 Nr. 12 Rz. 18ff.   ‖ 4 Vgl. BGH 28.1.1987 – IVa ZR 173/85, BGHZ 99, 374.   ‖ 5 UBH/*Habersack*, § 309 Nr. 12 Rz. 21.   ‖ 6 So UBH/*Habersack*, § 309 Nr. 12 Rz. 23 mwN.   ‖ 7 ArbG Düss. 14.5.2003 – 10 Ca 11163/02, nv.   ‖ 8 *Gotthardt*, Rz. 287.   ‖ 9 Erman/*S. Roloff*, § 309 Rz. 152.   ‖ 10 BGH 30.9.1992 – VIII ZR 196/91, NJW 1993, 64.   ‖ 11 Vgl. *Stoffels*, Rz. 672.   ‖ 12 *Stoffels*, Rz. 673.   ‖ 13 *Preis/Gotthardt*, NZA 2000, 348f.; *Reinecke*, NZA-Beil. 3/2000, 23 (27).   ‖ 14 BGH 18.1.1989 – VIII ZR 142/88, NJW-RR 1989, 625.   ‖ 15 Staudinger/*Coester-Waltjen*, § 309 Nr. 13 Rz. 5.   ‖ 16 Zur Frage, ob dann nicht bereits § 623 entgegensteht, *Preis/Gotthardt*, NZA 2000, 348f.   ‖ 17 BGH 28.2.1985 – IX ZR 92/84, NJW 1985, 2585.   ‖ 18 BAG 25.5.2005 – 5 AZR 572/04, AP Nr. 1 zu § 310 BGB; *Gotthardt*, Rz. 289; *Preis/Roloff*, RdA 2005, 144 (149); aA *Annuß*, BB 2002, 458 (463); DBD/*Däubler*, § 309 Nr. 13 Rz. 6.   ‖ 19 *Gotthardt*, Rz. 289; ähnlich unter Rückgriff auf die arbeitsrechtl. Besonderheiten BAG 25.5.2005 – 5 AZR 572/04, AP Nr. 1 zu § 310 BGB.

Gebräuche ist angemessen Rücksicht zu nehmen. In den Fällen des Satzes 1 findet § 307 Abs. 1 und 2 auf Verträge, in die die Vergabe- und Vertragsordnung für Bauleistungen Teil B (VOB/B) in der jeweils zum Zeitpunkt des Vertragsschlusses geltenden Fassung ohne inhaltliche Abweichungen insgesamt einbezogen ist, in Bezug auf eine Inhaltskontrolle einzelner Bestimmungen keine Anwendung.

(2) Die §§ 308 und 309 finden keine Anwendung auf Verträge der Elektrizitäts-, Gas-, Fernwärme- und Wasserversorgungsunternehmen über die Versorgung von Sonderabnehmern mit elektrischer Energie, Gas, Fernwärme und Wasser aus dem Versorgungsnetz, soweit die Versorgungsbedingungen nicht zum Nachteil der Abnehmer von Verordnungen über Allgemeine Bedingungen für die Versorgung von Tarifkunden mit elektrischer Energie, Gas, Fernwärme und Wasser abweichen. Satz 1 gilt entsprechend für Verträge über die Entsorgung von Abwasser.

(3) Bei Verträgen zwischen einem Unternehmer und einem Verbraucher (Verbraucherverträge) finden die Vorschriften dieses Abschnitts mit folgenden Maßgaben Anwendung:
1. Allgemeine Geschäftsbedingungen gelten als vom Unternehmer gestellt, es sei denn, dass sie durch den Verbraucher in den Vertrag eingeführt wurden;
2. § 305c Abs. 2 und die §§ 306 und 307 bis 309 dieses Gesetzes sowie Artikel 46b des Einführungsgesetzes zum Bürgerlichen Gesetzbuche finden auf vorformulierte Vertragsbedingungen auch dann Anwendung, wenn diese nur zur einmaligen Verwendung bestimmt sind und soweit der Verbraucher auf Grund der Vorformulierung auf ihren Inhalt keinen Einfluss nehmen konnte;
3. bei der Beurteilung der unangemessenen Benachteiligung nach § 307 Abs. 1 und 2 sind auch die den Vertragsschluss begleitenden Umstände zu berücksichtigen.

(4) Dieser Abschnitt findet keine Anwendung bei Verträgen auf dem Gebiet des Erb-, Familien- und Gesellschaftsrechts sowie auf Tarifverträge, Betriebs- und Dienstvereinbarungen. Bei der Anwendung auf Arbeitsverträge sind die im Arbeitsrecht geltenden Besonderheiten angemessen zu berücksichtigen; § 305 Abs. 2 und 3 ist nicht anzuwenden. Tarifverträge, Betriebs- und Dienstvereinbarungen stehen Rechtsvorschriften im Sinne von § 307 Abs. 3 gleich.

1 **I. Verbraucherverträge (Abs. 3).** Für Verträge zwischen Verbrauchern und Unternehmern normiert Abs. 3 eine **modifizierte Anwendung der §§ 305 ff.**

2 **1. Einordnung von Arbeitsverträgen.** Abs. 3 berührt die grundlegende Fragestellung, ob ArbN **Verbraucher** iSv. § 13 sind, weil der ArbGeb idR Unternehmer iSv. § 14 ist. Diese Frage ist zu bejahen[1]. Die Neufassung des § 13 BGB ab dem 13.6.2014[2], die klarstellt, dass es bei Verträgen, die sowohl zu gewerblichen als auch zu nicht-gewerblichen Zwecken geschlossen werden (sog. Dual-use-Verträge), auf den überwiegenden Zweck ankommt[3], ändert an diesem Ergebnis nichts. Von der Einordnung des ArbN als Verbraucher geht auch das BVerfG aus[4]. Bereits der **Wortlaut** des § 13 erfasst den Arbeitsvertrag[5]. Ein konsumtiver Zweck ist nicht erforderlich[6]. **Systematisch** ließe sich die Begrifflichkeit darauf eingrenzen, dass nur Rechtsgeschäfte erfasst sind, auf die in den gesetzl. Regelungen über den Verbraucherbegriff Bezug genommen wird. Jedoch zeigt Abs. 3, dass der Verbrauchervertrag regelt, dass Arbeitsverträge damit nicht mehr auszuschließen sind, weil der Anwendungsbereich der §§ 305 ff. auf Arbeitsverträge erstreckt worden ist und Abs. 3 in Abs. 4 S. 2 – anders als zB § 305 II – nicht in seiner Anwendung ausgeschlossen ist. Es ist nicht davon auszugehen, dass in Abs. 3 Verbraucherverträge und in Abs. 4 Arbeitsverträge erfasst sind[7], weil es sich zB auch bei Verträgen nach Abs. 2 um Verträge mit Verbrauchern nach § 13 handeln kann[8]. Die **Entstehungsgeschichte** spricht zudem dafür, ArbN als Verbraucher einzuordnen[9]. Maßgeblich ist letztlich der **Zweck des § 13**, der eine Einordnung des ArbN als Verbraucher gebietet. Der ArbN ist der klassisch unselbständig Handelnde und genauso, wenn nicht noch schutzwürdiger als der Verbraucher von Dienstleistungen oder Waren, auf die dieser auch verzichten könnte. Der Verbraucherbegriff ist nicht für bestimmte Vertragstypen reserviert[10]. Man gelangt so zu einer in sich schlüssigen Lösung. Beim Verzugszinssatz des § 288 kann auf das Mittel der teleologischen Reduktion verzichtet werden[11]. Trotz Verneinung der Verbrauchereigenschaft muss Abs. 3 nicht für nur entsprechend anwendbar gehalten werden[12]. Ein relativer Verbraucherbegriff[13] ist abzulehnen. Nach der Rspr. des BAG ist der Geschäftsführer einer GmbH Verbraucher iSd. § 13, wenn er nicht zugleich als Gesellschafter über zumindest eine Sperrminorität verfügt und Leitungsmacht über die Gesellschaft ausüben kann[14].

---

[1] BAG 25.5.2005 – 5 AZR 572/04, AP Nr. 1 zu § 310 BGB; 23.9.2010 – 8 AZR 897/08, NJW 2011, 408; 19.1.2011 – 3 AZR 621/08, DB 2011, 1338; aA *Henssler*, RdA 2002, 129 (133). ∥ [2] BGBl. 2013 I S. 3642. ∥ [3] BT-Drs. 17/13951, 61. ∥ [4] BVerfG 23.11.2006 – 1 BvR 1909/06, NZA 2007, 85. ∥ [5] *Henssler*, RdA 2002, 129 (133); aA *Joussen*, NZA 2001, 745 (749). ∥ [6] BAG 25.5.2005 – 5 AZR 572/04, AP Nr. 1 zu § 310 BGB. ∥ [7] So aber *Bauer/Kock*, DB 2002, 42 (43); *Fiebig*, DB 2002, 1608 (1609). ∥ [8] *Gotthardt*, Rz. 12. ∥ [9] BAG 25.5.2005 – 5 AZR 572/04, AP Nr. 1 zu § 310 BGB. ∥ [10] ErfK/*Preis*, § 611 BGB Rz. 182. ∥ [11] Hierzu *Gotthardt*, Rz. 18; s.a. BAG 23.2.2005 – 10 AZR 602/03, NZA 2005, 694. ∥ [12] *Henssler*, RdA 2002, 129 (135); *Hromadka*, NJW 2002, 2523 (2525). ∥ [13] ZB *Henssler*, RdA 2002, 129 (134). ∥ [14] BAG 19.5.2010 – 5 AZR 253/09, NZA 2010, 939.

Folge ist, dass **Abs. 3 auf Arbeitsverträge als Verbraucherverträge Anwendung** findet[1]. **Arbeitnehmerähnliche Personen** sind keine Verbraucher gem. § 13, weil sie in Ausübung ihrer selbständigen Tätigkeit handeln[2].

2. Folgen der Anwendbarkeit des Abs. 3. a) Gestellte Arbeitsvertragsbedingungen. Bei Verbraucherverträgen, dh. auch bei Arbeitsverträgen, gelten AGB als vom ArbGeb gestellt, es sei denn, sie sind durch den ArbN in den Vertrag eingeführt worden. Dies bedeutet, dass das in § 305 I 1 enthaltene **Merkmal des „Stellens"** der Vertragsbedingungen durch den ArbGeb **fingiert** wird. Dem ArbGeb ist der Einwand abgeschnitten, die Arbeitsvertragsbedingungen seien ohne sein Zutun in den Vertrag einbezogen worden[3]. IÜ wird auf die Merkmale des § 305 I 1 nicht verzichtet; es muss sich weiter um vorformulierte Bedingungen handeln[4]. Das Merkmal des „Stellens" ist nur dann zu verneinen, wenn der ArbN die AGB in den Vertrag eingeführt hat. Dies wird in der Praxis selten vorkommen, weil zB kaum ein ArbN vom ArbGeb die Verwendung eines bestimmten Arbeitsvertragsformulars verlangen wird. Aus der Formulierung „es sei denn" folgt weiter, dass der ArbGeb für diese Ausnahme darlegungs- und beweisbelastet ist[5]. Unberührt hiervon bleibt der Vortrag des ArbGeb, die Klausel sei im Einzelnen ausgehandelt (dazu § 305 Rz. 8). **Rechtsfolge** ist, dass unter Abs. 3 Nr. 1 fallende AGB diesen in jeder Hinsicht gleichstehen[6].

b) Arbeitsvertragsbedingungen bei einmaliger Verwendung. Abs. 3 Nr. 2 bringt einige Regelungen der §§ 305 ff. zur Anwendung, auch wenn die Vertragsbedingungen nur zur einmaligen Verwendung bestimmt sind.

Erforderlich ist, dass es sich um **vorformulierte Vertragsbedingungen** (§ 305 Rz. 5) handelt. Unschädlich ist, wenn diese nur zur einmaligen Verwendung bestimmt sind. Weitere Voraussetzung ist, dass der ArbN auf Grund der Vorformulierung auf den Inhalt der Vertragsbedingungen **keinen Einfluss** nehmen konnte. Das Merkmal des „Einflussnehmens" entspricht dem „Aushandeln" in § 305 I 3 (dazu § 305 Rz. 8)[7]. Aus der Formulierung des Abs. 3 Nr. 2 ergibt sich, dass die **Beweislast** dafür, dass der ArbN nicht die Möglichkeit der Einflussnahme hatte, diesen trifft[8]. Es besteht eine abgestufte Darlegungslast[9]. Ggf. kann dem ArbN der Beweis des ersten Anscheins zu Gute kommen[10]. Aus Abs. 3 Nr. 2 folgt, dass regelmäßig jeder vom ArbGeb, auch nur für den Einzelfall, vorformulierte Vertrag der Inhaltskontrolle unterliegt[11].

Rechtsfolge des Abs. 3 Nr. 2 ist die Anwendung der §§ 305c II, 306, 307 bis 309. Nicht genannt ist das **Verbot überraschender Klauseln** (§ 305c I). Weil die fehlende Nennung dieser Norm im Verständnis des Gesetzgebers vom Anwendungsbereich der RL 93/13/EWG über missbräuchliche Klauseln in Verbraucherverträgen bestimmt ist und diese auf Arbeitsverträge nicht anzuwenden ist, kommt eine entsprechende Anwendung des § 305c I in Betracht[12]. Der Grundsatz des Vorrangs der Individualabrede ist ein allg. Grundsatz der Rechtsgeschäftslehre, der trotz fehlender Nennung anzuwenden ist[13].

c) Inhaltskontrolle. Für die Inhaltskontrolle der § 307 I, II legt Abs. 3 Nr. 3 fest, dass bei der Beurteilung der unangemessenen Benachteiligung auch die den Vertragsschluss begleitenden Umstände zu berücksichtigen sind. Dies gilt auch für Arbeitsverträge[14]. Aus der Formulierung „auch" folgt, dass vom Gesetzgeber eine **Kombinationslösung** gewollt ist. Der generalisierende Maßstab wird durch die Beachtung konkret individueller Umstände ergänzt[15]. Dies führt zu einer **zweistufigen Prüfung**[16]. Auf der ersten Stufe ist die Angemessenheit der vertragl. Regelungen anhand der überindividuellen, generalisierenden Betrachtungsweise zu prüfen. Auf einer zweiten Stufe ist das gefundene Ergebnis daraufhin zu untersuchen, ob es bei konkret individueller Betrachtungsweise einer Korrektur bedarf.

Für die konkret-individuelle Bewertung können folgende **Umstände, welche den Vertragsschluss begleiten**, relevant sein. Es lassen sich dabei drei Kategorien unterscheiden: Persönliche Eigenschaften der Vertragspartner (zB Geschäftserfahrenheit), die konkrete Vertragsabschlusssituation (zB Überrumpelungsmoment) und untypische Sonderinteressen des Verbrauchers[17].

Die konkret-individuelle Betrachtung kann das **Ergebnis in beide Richtungen verändern**. Die unangemessene Benachteiligung kann sich erst auf Grund der konkreten Überrumpelungssituation ergeben. Andererseits kann die bei einem ArbN vorhandene Geschäftserfahrung dazu führen, dass eine unangemessene Benachteiligung zu verneinen ist[18]. Hiermit lassen sich im Arbeitsrecht typische Begleitumstände in konkreten Vertragsabschlusssituationen angemessen berücksichtigen.

---

1 BAG 25.5.2005 – 5 AZR 572/04, AP Nr. 1 zu § 310 BGB; 8.8.2007 – 7 AZR 855/06, NZA 2008, 229; aA *Bauer/Kock*, DB 2002, 42 (45). ||2 *Thüsing*, AGB-Kontrolle, Rz. 56. ||3 UBH/*Ulmer/Schäfer*, § 310 Rz. 71. ||4 Erman/*S. Roloff*, § 310 Rz. 19. ||5 *Stoffels*, Rz. 141. ||6 Palandt/*Grüneberg*, § 310 Rz. 14. ||7 BAG 19.5.2010 – 5 AZR 253/09, NZA 2010, 939; aA UBH/*Ulmer/Schäfer*, § 310 Rz. 85. ||8 BGH 15.4.2008 – X ZR 126/06, WM 2008, 2250. ||9 BAG 25.5.2005 – 5 AZR 572/04, AP Nr. 1 zu § 310 BGB; 19.5.2010 – 5 AZR 253/09, NZA 2010, 939. ||10 UBH/*Ulmer/Schäfer*, § 310 Rz. 89. ||11 ErfK/*Preis*, §§ 305–310 BGB Rz. 23. ||12 *Gotthardt*, Rz. 259. ||13 Palandt/*Grüneberg*, § 310 Rz. 18. ||14 BAG 31.8.2005 – 5 AZR 545/04, AP Nr. 8 zu § 6 ArbZG; 15.2.2011 – 3 AZR 196/09. ||15 BT-Drs. 13/2713, 7 f.; MüKoBGB/*Basedow*, § 310 Rz. 75. ||16 *Stoffels*, Rz. 479 ff. ||17 BAG 31.8.2005 – 5 AZR 545/04, AP Nr. 8 zu § 6 ArbZG; 21.8.2012 – 3 AZR 698/10, DB 2012, 2894. ||18 BAG 31.8.2005 – 5 AZR 545/04, AP Nr. 8 zu § 6 ArbZG; 19.8.2010 – 8 AZR 645/09, AP Nr. 49 zu § 307 BGB.

11 **II. Anwendbarkeit der §§ 305 ff. im Arbeitsrecht (Abs. 4). 1. Entstehungsgeschichte und Normzweck.** Durch das **SchuldrechtsmodernisierungsG**[1] sind die §§ 305 ff. auf eine Prüfbitte des Bundesrates hin[2] in ihrem Anwendungsbereich auf Arbeitsverträge erstreckt worden, nicht jedoch auf TV, Betriebs- und Dienstvereinbarungen[3]. Dies bedeutet, dass für die §§ 305 ff. zwischen einzelvertragl. und kollektiven Regelungen unterschieden werden muss[4]. Eine Inhaltskontrolle hatte die **arbeitsgerichtl. Rspr.** schon zuvor, allerdings ohne feste dogmatische Grundlage vorgenommen[5]. Teilweise wandte zudem das BAG Grundgedanken des AGBG an[6], lehnte teilweise die Übertragung der Rechtsinstitute des AGBG jedoch klar ab[7].

12 Zu Recht ging der Gesetzgeber davon aus, dass das **Schutzniveau** der Inhaltskontrolle im Arbeitsrecht nicht hinter demjenigen des Zivilrechts zurückbleiben soll[8]. Gerade angesichts des existenziellen Angewiesenseins des ArbN auf einen Arbeitsplatz ist das Bedürfnis nach gerichtl. Kontrolle von besonderer Bedeutung. Oft ist zudem die Vertragsparität gestört[9]. Zweck der AGB-rechtl. Inhaltskontrolle ist es, ungleiche Verhandlungspositionen auszugleichen und damit zur Sicherung der Vertragsfreiheit beizutragen[10]. Arbeitsrecht und allg. Zivilrecht werden so ein Stück näher aneinander herangeführt. Zwar führen die §§ 305 ff. einerseits zu einer Beschränkung der Vertragsfreiheit (§ 105 S. 1 GewO), doch folgt in Fällen echter Individualabreden auch ein Mehr an Vertragsfreiheit, weil die §§ 305 ff. hier keine Anwendung finden und diese Wertung nicht durch die Annahme einer allg. Billigkeits- oder Inhaltskontrolle unterlaufen werden darf[11].

13 **2. Zeitlicher Anwendungsbereich.** Die §§ 305 ff. gelten seit dem **1.1.2002**. Uneingeschränkt gilt dies nur für Neuverträge, die seit dem 1.1.2002 abgeschlossen worden sind, wobei der Zeitpunkt des Vertragsschlusses, nicht derjenige der Arbeitsaufnahme maßgeblich ist[12]. Für **Altverträge** enthält Art. 229 § 5 EGBGB eine Überleitungsvorschrift. Für Dauerschuldverhältnisse, die vor dem 1.1.2002 entstanden sind, galt bis zum 31.12.2002 das vorherige Recht, dh. das AGBG[13], welches gem. § 23 I AGBG auf dem Gebiet des Arbeitsrechts keine Anwendung fand. Zweck der Übergangsregelung war die Ermöglichung der Vertragsanpassung an das neue Recht[14]. Dauerschuldverhältnis idS sind auch Weiterbildungsverträge mit Rückzahlungsverpflichtung[15]. Seit dem 1.1.2003 gelten die §§ 305 ff. für Dauerschuldverhältnisse (Art. 229 § 5 S. 2 EGBGB), dh. für alle Arbeitsverträge[16]. Dies gilt seit diesem Zeitpunkt auch für vor dem 1.1.2002 abgeschlossene Rückzahlungsklauseln[17].

14 Übersehen hatte der Gesetzgeber die Frage, wie im Jahre 2002 bei Arbeitsverträgen die **Vertragsanpassung** vorgenommen werden sollte. Ein Verweis auf die Änderungskündigung war unpraktikabel. Man wird wegen dieses gesetzgeberischen Versehens bei **Altverträgen** durchaus noch mit dem Mittel der **geltungserhaltenden Reduktion** arbeiten können[18]. Der 5. Senat des BAG löst dieses Problem durch eine ergänzende Vertragsauslegung, um so die unverhältnismäßige Rückwirkung des § 306 II verfassungskonform abzumildern[19]. Nicht erforderlich ist es – entgegen der Rspr. des 9. Senats[20] –, dass der ArbGeb sich bis zum 31.12.2002 um eine Anpassung des Vertrags bemüht hatte[21]. Diese Grundsätze gelten nur für **Altverträge**. Für neue Arbeitsverträge empfiehlt es sich, Vertragsanpassungsklauseln, welche den Anforderungen des § 308 Nr. 5 genügen, aufzunehmen (dazu § 308 Rz. 5 ff.).

15 **3. Verfahrensrechtliches.** Die Möglichkeit der Verbandsklage (§ 1 UKlaG), zB für Gewerkschaften, ist für das Arbeitsrecht ausgeschlossen (§ 15 UKlaG). Allerdings hat der BR nach § 80 I Nr. 1 BetrVG darüber zu wachen, dass die zu Gunsten der ArbN geltenden Gesetze durchgeführt werden. Hierzu gehören die §§ 305c–310[22].

16 **4. Die Regelungen des Abs. 4 im Einzelnen. a) Kollektive Regelungen.** Die §§ 305 ff. finden nach wie vor auf TV, Betriebs- und Dienstvereinbarungen keine Anwendung. Abs. 4 S. 1 erfasst nur den Fall, dass

---

1 BGBl. 2001 I S. 3138; Bekanntmachung der Neufassung des BGB BGBl. 2002 I S. 42. ||2 BT-Drs. 14/6857, 17. ||3 BT-Drs. 14/6957, 53f.; BT-Drs. 14/7052, 189. ||4 *Gotthardt*, Rz. 237. ||5 ZB BAG 21.11.2001 – 5 AZR 158/00, DB 2002, 744 unter Nennung von §§ 138, 242, 315. ||6 ZB BAG 16.3.1994 – 5 AZR 339/92, AP Nr. 18 zu § 611 BGB Ausbildungsbeihilfe. 18.8.1998 – 1 AZR 589/97, NZA 1999, 659. ||7 BAG 13.12.2000 – 10 AZR 168/00, NZA 2001, 723; abl. *Preis*, RdA 2002, 42. ||8 BT-Drs. 14/6857, 53f.; BT-Drs. 14/7052, 189. ||9 BVerfG 23.11. 2006 – 1 BvR 1909/06, NZA 2007, 85; *Gotthardt*, Rz. 231, 234; aA *Zöllner*, NZA-Beil. 3/2006, 99 (102). ||10 BGH 19.11.2009 – III ZR 108/08, ZIP 2009, 2446. ||11 BAG 25.5.2005 – 5 AZR 572/04, AP Nr. 1 zu § 310 BGB; *Hanau*, NJW 2002, 1240 (1242); aA *Hromadka*, NJW 2002, 2523 (2525 Fn. 25). ||12 *Gotthardt*, Rz. 352; *Däubler*, NZA 2001, 1329 (1330). ||13 Vgl. für den Arbeitsvertrag BAG 27.2.2002 – 9 AZR 543/00, DB 2002, 1720; für eine Versorgungszusage BAG 6.8.2003 – 7 AZR 9/03, AP Nr. 51 zu § 133 BGB. ||14 BAG 11.4.2006 – 9 AZR 610/05, AP Nr. 16 zu § 307 BGB. ||15 BAG 17.11.2005 – 6 AZR 160/05, AP Nr. 45 zu § 611 BGB Kirchendienst. ||16 Vgl. nur BAG 11.4.2006 – 9 AZR 610/05, AP Nr. 16 zu § 307 BGB. ||17 BAG 11.4.2006 – 9 AZR 610/05, AP Nr. 16 zu § 307 BGB; aA BAG 21.7.2005 – 6 AZR 452/04, AP Nr. 37 zu § 611 BGB Ausbildungsbeihilfe. ||18 *Preis*, NZA-Beil 16/2003, 19 (28f.); *Hanau/Hromadka*, NZA 2005, 73 (78); *Stoffels*, NZA 2005, 726ff. ||19 BAG 12.1.2005 – 5 AZR 364/04, AP Nr. 1 zu § 308 BGB; 4.10.2006 – 5 AZR 721/05, AP Nr. 6 zu § 308 BGB, offen lassend BAG 23.9.2010 – 8 AZR 897/08, NJW 2011, 408. ||20 *BAG 11.4.2006 – 9 AZR 610/05, AP Nr. 16 zu § 307 BGB*; BAG 19.12.2006 – 9 AZR 294/06, DB 2007, 1253; ebenso BAG 11.2.2009 – 10 AZR 222/08, NZA 2009, 428. ||21 BAG 20.4.2011 – 5 AZR 191/10, NJW 2011, 2153; *Stoffels*, ZfA 2009, 861 (893f.); *Gaul/Mückl*, NZA 2009, 1233 (1238). ||22 BAG 16.11. 2005 – 7 ABR 12/05, AP Nr. 64 zu § 80 BetrVG 1972.

die genannten kollektiven Regelungen **unmittelbar und zwingend** gelten[1]. In diesen Fällen finden die §§ 305 ff. überhaupt keine Anwendung, weshalb auch keine Inhaltskontrolle vorzunehmen ist.

Die Herausnahme von TV aus dem Anwendungsbereich der §§ 305 ff. beruht auf der den TVParteien grundgesetzlich gewährleisteten Tarifautonomie (Art. 9 III GG)[2]. Für **TV** wird damit nicht Neues normiert. Sie waren schon früher nur daraufhin zu prüfen, ob sie gegen die Verfassung, höherrangiges Recht oder gegen die guten Sitten verstoßen[3]. [17]

Verfehlt ist es, wenn der Gesetzgeber unter Bezugnahme auf die Tarifautonomie[4] **Betriebs- und Dienstvereinbarungen** mit TV in Abs. 4 S. 1 gleichstellt. Trotz der verfehlten Begründung ist der eindeutige Gesetzestext maßgeblich. Auf Betriebs- und Dienstvereinbarungen finden die §§ 305 ff. keine Anwendung[5]. Vor diesem Hintergrund wird man bei BV eine allg. Billigkeitskontrolle – wie bisher vom BAG angenommen[6] – nicht mehr befürworten können[7]. Allerdings ist die bisherige Rspr. in der Sache oft über eine Rechtskontrolle nicht hinausgegangen[8]. Diese Grundsätze sind auf Dienstvereinbarungen zu übertragen. **Kirchliche Arbeitsvertragsrichtlinien** stehen TV, Betriebs- und Dienstvereinbarungen iSv. Abs. 4 S. 1 nicht gleich[9]. Hiergegen sprechen Wortlaut und Gesetzesbegründung. Sie sind als arbeitsrechtl. Besonderheiten (Abs. 4 S. 2) erst bei der Anwendung der §§ 305 ff. zu berücksichtigen[10]. Allerdings ergibt sich nach der Rspr. des BAG die Richtigkeitsgewähr der kirchl. Arbeitsvertragsrichtlinien mittelbar, soweit diese einschlägige tarifvertragl. Regelungen ganz oder mit im Wesentlichen gleichen Inhalten übernehmen[11]. Wenn der 3. und 4. Senat des BAG[12] die Anwendung der §§ 305 ff. deshalb ablehnen, weil die kirchl. Richtlinien von einem Dritten verfasst werden, überzeugt dies mit der Rspr. des 6. Senats des BAG nicht[13]. Es kommt nicht darauf an, von wem die AGB verfasst bzw. gestaltet werden. Dies muss nicht der ArbGeb sein (§ 305 Rz. 3, 6). Allenfalls lässt sich dies im Rahmen der arbeitsrechtl. Besonderheiten berücksichtigen[14]. [18]

Zu betonen ist, dass der vollständige Ausschluss der Anwendung der §§ 305 ff. sich nur auf die unmittelbar und zwingend geltenden TV erstreckt. Dies belegt schon Abs. 4 S. 3, der gerade für die **einzelvertragl. Bezugnahme** auf kollektive Regelungen eine Sondernorm vorsieht. Für die Frage der Inhaltskontrolle ist bei einzelvertragl. Bezugnahme zwischen Global-, Teil- und Einzelverweisung zu unterscheiden (§ 307 Rz. 14). [19]

b) Arbeitsverträge und Besonderheiten des Arbeitsrechts. Auf einzelvertragl. arbeitsvertragl. Abreden finden die §§ 305 ff. **grds. uneingeschränkt Anwendung** (Abs. 3 S. 2). Davon sind **zwei Ausnahmen** zu machen. Zum einen findet gem. Abs. 3 S. 2 Hs. 2 § 305 II und III über die **Einbeziehung von AGB** auf Arbeitsverträge keine Anwendung. Diese Ausnahme gilt ausdrücklich nur für Arbeitsverträge, nicht für arbeitnehmerähnliche Personen (zum Ganzen § 305 Rz. 10ff.). [20]

Darüber hinaus steht die Anwendung der §§ 305 ff. unter dem Vorbehalt der **im Arbeitsrecht geltenden Besonderheiten**, die angemessen zu berücksichtigen sind (Abs. 3 S. 2 Hs. 1). Aus der Sicht der praktischen Rechtsanwendung ist diese Ausnahme nicht zu begrüßen, weil sie zu **Rechtsunsicherheit** führt. Der Gesetzgeber hat, wie die Frage der Vertragsstrafe (§ 309 Rz. 8) zeigt, normative Entscheidungen der Rspr. überlassen. Aus der Gesetzesbegr. ergibt sich nur, dass insb. die besonderen Klauselverbote ohne Wertungsmöglichkeit im Arbeitsrecht nicht uneingeschränkt zur Geltung kommen sollen[15], und zum anderen die Besonderheiten des kirchl. Arbeitsrechts zu berücksichtigen sind[16]. Dies ist immerhin ein sehr **begrenztes Verständnis der Besonderheiten des Arbeitsrechts**. Einerseits können deshalb nicht durch Verweis auf die Besonderheiten des Arbeitsrechts bisher im Arbeitsrecht vertretene Lösungen einfach fortgeschrieben und der Rechtsanwendungsbefehl der §§ 305 ff. geleugnet werden[17]. Andererseits wird das Arbeitsrecht als eigenständiges Rechtsgebiet charakterisiert, dessen Eigenheiten Abweichungen von den §§ 305 ff. zulassen, weshalb arbeitsrechtl. Besonderheiten auch nicht mit Missbräuchen gleichzusetzen sind[18]. [21]

Im Arbeitsrecht geltende Besonderheiten wird man mit der **Berücksichtigung der dem ArbVerh als Rechtsverhältnis innewohnenden Besonderheiten** beschreiben können[19]. Damit ist keine Beschrän- [22]

---

1 *Gotthardt*, Rz. 335. ‖ 2 BAG 21.11.2006 – 9 AZR 138/06, DB 2007, 2155. ‖ 3 ZB BAG 6.9.1995 – 5 AZR 174/94, AP Nr. 22 zu § 611 BGB Ausbildungsbeihilfe. ‖ 4 BT-Drs. 14/6857, 54. ‖ 5 BAG 12.4.2011 – 1 AZR 412/09, NZA 2011, 9899. ‖ 6 Bisher zB BAG 1.12.1992 – 1 AZR 234/92, AP Nr. 3 zu § 77 BetrVG 1972 Tarifvorbehalt. ‖ 7 *Gotthardt*, Rz. 337; ErfK/*Preis*, §§ 305–310 BGB Rz. 9; *Fitting*, § 77 BetrVG Rz. 233; *Rolfs*, RdA 2006, 349 (354 ff.); aA *Däubler*, NZA 2001, 1329 (1334). Für Inhaltskontrolle gem. § 75 BetrVG BAG 1.2.2006 – 5 AZR 187/05, NZA 2006, 563. ‖ 8 *Fitting*, § 77 BetrVG Rz. 233; *Richardi*, § 77 BetrVG Rz. 118. ‖ 9 BAG 17.11.2005 – 6 AZR 160/05, AP Nr. 45 zu § 611 BGB Kirchendienst; 22.7.2010 – 6 AZR 847/07, NZA 2011, 634; DBD/*Däubler*, § 310 Rz. 39 f.; aA *Thüsing*, Anm. EzA § 611 BGB Kirchliche Arbeitnehmer Nr. 48. ‖ 10 Vgl. BT-Drs. 14/7052, 189. ‖ 11 BAG 17.11.2005 – 6 AZR 160/05, AP Nr. 45 zu § 611 BGB Kirchendienst. ‖ 12 BAG 19.8.2008 – 3 AZR 383/06, NZA 2009, 1275; 10.12.2008 – 4 AZR 801/07, NZA-RR 2010, 7; 18.11.2009 – 4 AZR 493/08, AP Nr. 54 zu § 611 BGB Kirchendienst. ‖ 13 BAG 22.7.2010 – 6 AZR 383/06, NZA 2011, 634; ebenso *Reichold*, NZA 2009, 1377 (1381). ‖ 14 S.a. BAG 19.4.2012 – 6 AZR 677/10, ZTR 2012, 468. ‖ 15 BT-Drs. 14/6857, 54. ‖ 16 BT-Drs. 14/7052, 189. ‖ 17 *Lingemann*, NZA 2002, 181 (183). ‖ 18 *v. Westphalen* in Henssler/v. Westphalen, § 310 BGB Rz. 7. ‖ 19 Vgl. auch BAG 11.4.2006 – 9 AZR 557/05, NZA 2006, 1149; zusammenfassend *Hanau*, FS Konzen, 2006, S. 249 ff.

kung auf rechtl. Besonderheiten gemeint[1], sondern zB auch die Rechtsnatur des ArbVerh als langfristiges Dauerschuldverhältnis[2]. Es muss sich dabei nicht um Besonderheiten handeln, die für das ArbVerh einzigartig sind[3]. Wie sich schon daraus ergibt, dass Abs. 4 S. 2 anders als Abs. 1 S. 2 für den Handelsverkehr Gewohnheiten und Gebräuche nicht nennt, vermögen die bisher im Arbeitsrecht gepflegten Usancen allein arbeitsrechtl. Besonderheiten nicht zu begründen[4]. Weder wollte der Gesetzgeber die §§ 305 ff. völlig entwerten, noch eine Umsetzung der Anwendung der §§ 305 ff. 1:1 wie im Zivilrecht[5]. Dies zeigt sich zB am Fall der Vertragsstrafe (§ 309 Rz. 8). Zu beachten ist zudem, dass der Gesetzgeber nur verlangt, dass die Besonderheiten des Arbeitsrechts angemessen zu berücksichtigen sind, was für eine **zweistufige Prüfung** spricht. Auf der ersten Stufe sind die Besonderheiten des Arbeitsrechts zu definieren, die sodann in einem zweiten Schritt angemessen zu berücksichtigen sind[6].

23   c) **Gleichstellung von Tarifverträgen, Betriebs- und Dienstvereinbarungen mit Rechtsvorschriften iSv. § 307 Abs. 3.** Abs. 4 S. 3 stellt TV, BV und Dienstvereinbarungen Rechtsvorschriften iSv. § 307 III gleich. Diese Norm regelt die **Inhaltskontrolle** der genannten kollektivrechtl. Vorschriften **bei einzelvertragl. Bezugnahme**, weil bei normativer Geltung eine Inhaltskontrolle bereits auf Grund von Abs. 4 S. 1 ausscheidet[7]. Der Gesetzgeber wollte vermeiden, dass kollektive Regelungen, nur weil ihr Geltungsgrund eine einzelvertragl. Einbeziehung ist, der Inhaltskontrolle unterliegen[8]. Die arbeitsvertragl. Bezugnahmeklausel selbst, durch die auf TV, BV oder Dienstvereinbarungen verwiesen wird, unterliegt hingegen der Inhaltskontrolle[9]. Rechtstechnisch ist die Ausnahme der Freistellung der einzelvertragl. einbezogenen kollektiven Regelwerke durch die Gleichstellung mit Rechtsvorschriften iSv. § 307 III erfolgt, weil nur Bestimmungen in AGB, die von Rechtsvorschriften abweichen, einer Inhaltskontrolle unterliegen. Zu unterscheiden ist hierbei zwischen Global-, Teil- und Einzelverweisung (s. zum Ganzen § 307 Rz. 13 f.). Die Gleichstellung bezieht sich ausdrücklich nur auf § 307 III. Deshalb folgt aus ihr nicht, dass die genannten kollektivrechtl. Regelungen zum Maßstab der Inhaltskontrolle werden (dazu § 307 Rz. 11). Aus Abs. 4 S. 3 ergibt sich zB, dass eine Abwicklungsvereinbarung, die zwingend in einem Interessenausgleich und Sozialplan vorgegeben ist, keiner Inhaltskontrolle mehr unterliegt[10]. Die bloße Beteiligung des BR an mit dem ArbN abgeschlossenen AGB reicht für eine Anwendung des Abs. 4 S. 3 hingegen nicht[11]. **Allgemeine Versicherungsbedingungen einer Zusatzversorgungskasse** (vgl. dazu § 305 Rz. 3), welche eine maßgebliche Grundentscheidung der TV-Parteien ausführen, unterliegen keiner Inhaltskontrolle[12]. Aus der Wertung des Abs. 4 S. 3 folgt weiter gehend, dass dann, wenn die tarifl. Regelung insg. übernommen wird, eine Inhaltskontrolle ausscheidet[13]. Soweit keine tarifl. Grundentscheidung vorliegt, zB für die Höhe der Sanierungsgelder, gilt die Kontrollfreiheit nicht[14].

24   TV, BV und Dienstvereinbarungen werden lediglich Rechtsvorschriften iSv. § 307 III gleichgestellt. Dies bedeutet, wie § 307 III 2 zeigt, dass das **Transparenzgebot** des § 307 I 2 auch auf die einzelvertragl. in Bezug genommenen Regelungen Anwendung findet[15]. Ein Verstoß gegen das Transparenzgebot wird allerdings nur in Ausnahmefällen anzunehmen sein. Dies kann zB dann der Fall sein, wenn zwar auf das gesamte Regelungswerk Bezug genommen wird und sich die Intransparenz einer einbezogenen Bestimmung iVm. einer sonstigen Bestimmung des vorformulierten Arbeitsvertrags ergibt. Das **BAG** hingegen lehnt eine Transparenzkontrolle generell ab, wenn es um einen TV geht, der auf der Seite des ArbGeb auf Grund Tarifbindung gilt. Es will so unterschiedliche Rechtsfolgen bei tarifgebundenen und nicht tarifgebundenen ArbN vermeiden[16].

Anhang §§ 305–310: ABC der Klauseltypen

Arbeitnehmerhaftung	1	– Fristbeginn	9
Aufhebungsverträge	3	– Fristlänge	10
Ausgleichsquittung	6	– Zweiseitigkeit	11
Ausschlussfristen	7	– Rechtsfolge	12
– Grundsätze	7	Bezugnahmeklauseln	13

---

1 Sehr weitgehend allerdings BAG 25.5.2005 – 5 AZR 572/04, AP Nr. 1 zu § 310 BGB; s.a. BAG 11.4.2006 – 9 AZR 557/04, NZA 2006, 1149; 23.9.2010 – 8 AZR 897/08, NJW 2011, 408. ‖2 *Gaul*, AktuellAR 2/2001, S. 352. ‖3 BAG 4.3.2004 – 8 AZR 196/03, AP Nr. 3 zu § 309 BGB für § 888 III ZPO; *Joost*, FS 50 Jahre BAG, 2004, S. 49 (56). ‖4 LAG Hamm 24.1.2003 – 10 Sa 1158/02, NZA 2003, 499; *Gotthardt*, Rz. 236; *Thüsing*, NZA 2002, 591 (593); dahingehend aber BAG 25.5.2005 – 5 AZR 572/04, AP Nr. 1 zu § 310 BGB; wohl auch BAG 23.8.2012 – 8 AZR 804/11, NZA 2013, 268. ‖5 *Gotthardt*, Rz. 236. ‖6 *Preis*, NZA 2004, 1014 (1015). ‖7 *Henssler*, RdA 2002, 129 (136); *Lindemann*, ArbuR 2002, 81 (86); *Oetker*, FS Wiedemann, 2002, S. 399; aA *Löwisch*, FS Wiedemann, 2002, S. 320 f. ‖8 BT-Drs. 14/6957, 54. ‖9 BAG 15.4.2008 – 9 AZR 159/07, NZA-RR 2008, 586; 24.9.2008 – 6 AZR 76/07, NZA 2009, 154. ‖10 BAG 25.4.2007 – 6 AZR 622/06, ZIP 2007, 1875. ‖11 Vgl. LAG Köln 16.10.2006 – 14 (13) Sa 9/06, NZA-RR 2007, 120. ‖12 BGH 20.9.2006 – IV ZR 304/04, NJW 2006, 3439; 20.7.2011 – IV ZR 46/09, ZTR 2011, 483. ‖13 *BAG 20.8.2013 – 3 AZR 959/11*; BGH 4.11.2009 – IV ZR 57/07, nv. ‖14 BGH 5.12.2012 – IV ZR 110/10, NZA-RR 2013, 237. ‖15 *Lakies*, Kap. 1 Rz. 205 ff.; ErfK/*Preis*, §§ 305–310 BGB Rz. 15; UBH/*Fuchs*, § 310 Rz. 162; *Stoffels*, ZfA 2009, 861 (889). ‖16 BAG 25.4.2007 – 6 AZR 622/06, ZIP 2007, 1875; 15.3.2011 – 9 AZR 799/09, DB 2011, 1814.

Dienstwagenüberlassung	14	Pauschalierung von Mehr- und Überarbeit	41
Fälligkeitsklauseln und Entgeltrisiko	16	Rückkehrrecht	42
Freistellungsklauseln	18	Rückzahlung von überzahltem Arbeitsentgelt	43
Einseitige Leistungsbestimmung durch den Arbeitgeber	19	Rückzahlung von Ausbildungs- und Fortbildungskosten	44
– Allgemeine Anforderungen	20	Rückzahlung von Sondervergütungen	47
– Erweiterungen des Direktionsrechts	24	Salvatorische Klausel	48
– Widerrufsvorbehalte	33	Schriftformklauseln	49
– Befristung von Einzelarbeitsbedingungen	34	Vertragsstrafen	50
– Freiwilligkeitsvorbehalte	36	Verzichtsvereinbarungen	57
– Anrechnungsvorbehalte	40	Zielvereinbarungen	60

– **Arbeitnehmerhaftung.** Die Rspr. betrachtet die Grundsätze der privilegierten ArbN-Haftung (hierzu § 619a Rz. 11 ff.) als zwingendes Recht[1]. Zutreffend ist, dass es sich bei diesen Grundsätzen um die vom Gesetzgeber anerkannte **Fortbildung des dispositiven Haftungsrechts** handelt[2]. Letztlich handelt es sich bei den Grundsätzen der ArbN-Haftung aber um das – richterrechtl. entwickelte – gesetzl. Leitbild, so dass jede Abweichung davon in Formularverträgen eine unangemessene Benachteiligung darstellt. Allerdings ergeben sich durchaus von der Rspr. abweichende Ergebnisse, weil über eine Gesamtbetrachtung des Vertrages eine Kompensation von Nachteilen möglich ist. Zulässig ist bei einer solchen Betrachtungsweise eine Klausel, die eine angemessene summenmäßige Haftungsbegrenzung unabhängig vom Verschulden des ArbN vorsieht[3]. Eine Selbstbeteiligung von 5000 Euro in der Haftpflichtversicherung zu Lasten eines angestellten Berufskraftfahrers ist allerdings unangemessen[4]. 1

Dies kann auf die **Mankohaftung** (hierzu § 619a Rz. 47 ff.) übertragen werden. Es kann hier bei Gewährung eines angemessenen Mankogeldes eine verschuldensunabhängige Haftung begründet werden, wobei es ausreicht, dass sich die Höhe des Mankogeldes an dem durchschnittl. Fehlbetrag orientiert[5]. Es ist dann nicht erforderlich, so strikt wie das BAG zu verlangen, dass die Haftung auf Grund der vertragl. Abrede die Summe der gezahlten Mankogelder nicht übersteigen darf[6]. Betrachtet man § 619a als dispositives Recht[7], so sind vertragl. Abreden in AGB, welche die Beweislast davon abweichend zuungunsten des ArbN verändern, und zwar auch in Mankoabreden gem. § 309 Nr. 12, unzulässig[8]. 2

– **Aufhebungsverträge.** Umstritten ist die Frage, in welchem Umfang Aufhebungsverträge einer Inhaltskontrolle gem. §§ 305 ff. unterliegen. Man wird dies nicht generell damit verneinen können, dass § 310 IV 2 sich auf Arbeitsverträge bezieht. Es ist kein Grund ersichtlich, warum das vertragsbegründende Rechtsgeschäft, nicht aber das vertragsbeendende Rechtsgeschäft einer Inhaltskontrolle unterliegen kann. 3

Ist die Beendigungsvereinbarung ein selbständiges Rechtsgeschäft, unterliegen deren **Hauptleistungen**, die Vertragsbeendigung als solche und eine oder auch keine dafür versprochene Gegenleistung, **keiner Inhaltskontrolle** (§ 307 III)[9]. Es ist für den Aufhebungsvertrag kein sachlicher Grund erforderlich[10]. Dies stimmt damit überein, dass eine Inhaltskontrolle des Verhältnisses von Leistung und Gegenleistung ausscheidet (§ 307 III 1). Dafür spricht bereits, dass es keinen Maßstab dafür gibt, was eine angemessene Gegenleistung für den Verzicht auf den Arbeitsplatz bzw. den Bestandsschutz sein soll[11]. Etwas anderes folgt auch nicht aus § 1a KSchG für die betriebsbedingte Kündigung, weil es sich dabei nur um ein unverbindliches Angebot an die Vertragsparteien handelt, nicht aber um ein gesetzl. Leitbild (vgl. § 307 Rz. 6). Parallelen zur Rspr. des BGH ergeben sich zudem dadurch, dass dieser bei einem selbständigen Schuldanerkenntnis in der Begründung der selbständigen Verpflichtung die kontrollfreie Hauptleistung gesehen hat[12]. Hinzu kommt, dass es sich bei dem Aufhebungsvertrag oftmals um eine **Individualvereinbarung** handeln wird, weil die Parteien jedenfalls die Aufhebung als solche im Einzelnen ausgehandelt haben[13]. In diesen Fällen findet keine Inhaltskontrolle statt (§ 305b). Die Kontrollfreiheit gilt nur für die Hauptleistungspflichten. Eine Transparenzkontrolle ist damit ebenso wenig ausgeschlossen wie die Prüfung, ob es sich um eine überraschende Klausel handelt (vgl. § 305c Rz. 5 und § 307 Rz. 21). Die **Nebenabreden** des Aufhebungsvertrages unterliegen vollständig der Inhaltskontrolle. 4

---

[1] ZB BAG 17.9.1998 – 8 AZR 175/97, NJW 1999, 1049. ‖ [2] *Stoffels*, ZfA 2009, 861 (874); *Thüsing/Leder*, BB 2005, 1563 (1569) jew. mwN. ‖ [3] Vgl. LAG Düss. 24.11.1965 – 3 Sa 346/65, BB 1966, 80 (250 DM); zust. *Schwirtzek*, NZA 2005, 437 (443); aA LAG Köln 25.1.2011 – 5 Sa 1291/10. ‖ [4] BAG 13.12.2012 – 8 AZR 432/11, NZA 2013, 622. ‖ [5] ErfK/*Preis*, §§ 305–310 BGB Rz. 89. ‖ [6] BAG 17.9.1998 – 8 AZR 175/97; 2.12.1999 – 8 AZR 386/98, AP Nr. 2, 3 zu § 611 BGB Mankohaftung. ‖ [7] *Gotthardt*, Rz. 200; *Henssler*, RdA 2002, 129 (133); aA *Däubler*, NZA 2001, 1329 (1332). ‖ [8] ErfK/*Preis*, §§ 305–310 BGB Rz. 90; *Gotthardt*, Rz. 286, 320. ‖ [9] BAG 27.11.2003 – 2 AZR 135/03, AP Nr. 1 zu § 312 BGB; 8.5.2008 – 6 AZR 517/07, NZA 2008, 1148; *Preis*, NZA-Beil. 16/2003, 19 (31). ‖ [10] BAG 7.3.2002 – 2 AZR 93/01, BB 2002, 2070. ‖ [11] *Stoffels*, ZfA 2009, 861 (868). ‖ [12] BGH 15.1.1987 – III ZR 153/85, NJW 1987, 2014; abl. UBH/*Fuchs*, § 307 Rz. 70. ‖ [13] Vgl. BAG 27.11.2003 – 2 AZR 135/03, AP Nr. 1 zu § 312 BGB.

5 Allerdings wird vertreten, dass über § 310 III Nr. 3 und die Berücksichtigung der konkreten Vertragsabschlusssituation, zB des Aspekts **der Überrumpelung**, die Unwirksamkeit des Aufhebungsvertrages begründet werden kann[1]. Zu bedenken ist aber, dass sich die konkret-individuelle Betrachtungsweise nur im Rahmen der Inhaltskontrolle einschl. des Transparenzgebots vollziehen kann, weil § 310 III Nr. 3 auf § 307 I, II verweist. Man wird deshalb bei verständlicher und klarer Formulierung der Aufhebung als solcher über die Berücksichtigung der vertragsbegleitenden Umstände allein, die nur „auch" zu berücksichtigen sind, nicht zu einer Unwirksamkeit des Aufhebungsvertrages kommen können[2].

6 – **Ausgleichsquittung.** Dazu Rz. 57f.

7 – **Ausschlussfristen. 1. Grundsätze.** Ausschlussfristen sind im Arbeitsrecht grds. **zulässig**[3]. Daran hat sich – auch soweit vorformulierte Arbeitsvertragsbedingungen betroffen sind – durch die §§ 305ff. nichts geändert[4]. Allerdings folgt aus § 310 IV 1, dass, soweit eine Ausschlussfrist in einem normativ geltenden **TV** enthalten ist, keine Inhaltskontrolle stattfindet. Soweit es sich um eine einzelvertragl. Globalverweisung auf einen TV handelt, gilt wegen § 310 IV 4 nichts anderes.

8 Soweit die Ausschlussfrist in einem **Einzelarbeitsvertrag** enthalten ist, findet eine Inhaltskontrolle statt; ebenso wenn nur eine Einzelverweisung auf die Ausschlussfristen des TV vorliegt. Eine Ausschlussfrist kann unter dem Aspekt der **formalen Überraschung** unwirksam sein (§ 305c Rz. 5). Ausschlussfristen sind, was die von ihnen betroffenen Rechte betrifft, schon nach altem Recht eng auszulegen gewesen[5]. Dies wird durch die **Auslegungsregel** des § 305c II bestärkt[6]. Sie müssen dem Transparenzgebot (§ 307 I 2 BGB) genügen (§ 307 Rz. 21). **Zweistufige Ausschlussfristen** verstoßen nicht gegen § 309 Nr. 13 (§ 309 Rz. 19). Eine Regelung allerdings, die vom ArbN bereits während eines laufenden Kündigungsschutzprozesses in der zweiten Stufe die gerichtl. Geltendmachung von **Annahmeverzugsansprüchen** verlangt, die vom Ausgang des Kündigungsschutzprozesses abhängen, ist nach der Rspr. des 1. Senats des BAG nicht angemessen, unverhältnismäßig und deshalb unwirksam[7]. Folgt man diesem für eine BV gefundenen Ergebnis, wird man im Rahmen der Inhaltskontrolle von AGB nach den §§ 305ff. zu keinem anderen Ergebnis gelangen können. Dies hat weitreichende Folgen. Ausschlussfristen beziehen sich – wie auch in dem vom 1. Senat entschiedenen Fall – oft auf „Ansprüche aus dem Arbeitsverhältnis". Hierzu zählen schon nach dem Wortlaut Ansprüche auf Annahmeverzugslohn[8], was nach der genannten Rspr. unangemessen ist. Da die Klausel nicht teilbar ist, wären derartige Ausschlussfristen auf der zweiten Stufe insg. unwirksam (vgl. § 306 Rz. 3). Der 5. Senat des BAG vermeidet[9] diese Folge, indem er in Anwendung der Auslegungsgrundsätze für AGB (§ 305c Rz. 8), davon ausgeht, dass eine Klausel, nach der „von der Gegenseite abgelehnte Ansprüche binnen einer Frist von drei Monaten einzuklagen" bzw. „gerichtlich geltend zu machen" sind, lediglich verlangt, dass Kündigungsschutzklage erhoben wird. Dadurch wird auch das Erlöschen der vom Ausgang des Kündigungsrechtsstreits abhängigen Annahmeverzugsansprüche des ArbN verhindert[10]. Ausdrücklich offen lässt der 5. Senat des BAG, ob zweistufige Ausschlussklauseln, die dem ArbN die Pflicht auferlegen, vor rechtskräftigem Abschluss eines Kündigungsschutzprozesses die davon abhängigen Annahmeverzugsansprüche jeweils binnen einer mit Fälligkeit beginnenden Frist mittels einer bezifferten Leistungsklage geltend zu machen, zu einer unangemessenen Benachteiligung führen[11]. Dies ist in Anwendung der Rspr. des 1. Senats des BAG zu bejahen.

9 **2. Fristbeginn.** Das BAG sieht keine unangemessene Benachteiligung iSv. § 307 darin, dass eine Ausschlussfrist an die **Fälligkeit** anknüpft. Es legt den Begriff der Fälligkeit so wie bisher aus, wonach ein Anspruch regelmäßig erst fällig iSd. Ausschlussfrist ist, wenn der Gläubiger ihn annähernd beziffern kann. Dies entspreche dem Zweck der Ausschlussfrist, rasch Rechtsklarheit zu schaffen und entspreche der Wertung des § 199 I Nr. 2[12]. Bedenken bestehen auf Grund des Transparenzgebots nicht, weil der ArbGeb auch von der Rspr. bereits ausgefüllte Begriffe idS verwenden darf[13]. Wenn die Rspr. im Bereich des Equal pay nunmehr aber eine Geltendmachung „dem Grunde nach" ausreichen lässt (§ 10 AÜG Rz. 31), lässt sich die Transparenz nur noch durch eine bereichsspezifische Auslegung bejahen. Eine Klausel, die für den Beginn der Ausschlussfrist nicht die Fälligkeit der Ansprüche berücksichtigt, sondern allein auf die Beendigung des ArbVerh abstellt, benachteiligt den ArbN unangemessen und ist deshalb gem. § 307 I 1 unwirksam[14]. Ist nicht geregelt, ab wann die Ausschlussfrist laufen soll, kann die Ausschlussfrist nach der Instanzrspr. unklar (§ 305c II) und intransparent sein[15].

---

1 *Reinecke*, DB 2002, 583 (587); Staudinger/*Neumann*, Vorb. zu §§ 620ff. Rz. 14; dahingehend auch LAG MV 29.1.2003 – 2 Sa 492/02, EzA-SD 2003, Nr. 9, 8; aA *Henssler*, RdA 2002, 129 (139). ‖ 2 BAG 27.11.2003 – 2 AZR 135/03, AP Nr. 1 zu § 312 BGB; 22.4.2004 – 2 AZR 281/03, AP Nr. 27 zu § 620 BGB Aufhebungsvertrag; *Gotthardt*, Rz. 308; *Preis*, NZA-Beil. 16/2003, 19 (31). ‖ 3 S. nur BAG 17.6.1997 – 9 AZR 801/95, AP Nr. 2 zu § 74b HGB; 13.12.2000 – 10 AZR 168/00, NZA 2001, 723. ‖ 4 BAG 25.5.2005 – 5 AZR 572/04, AP Nr. 1 zu § 310 BGB; v. 12.3.2008 – 10 AZR 152/07, NZA 2008, 699. ‖ 5 BAG 3.4.1990 – 1 AZR 131/89, EzA § 4 TVG Ausschlussfristen Nr. 94. ‖ 6 ErfK/*Preis*, §§ 194–218 BGB Rz. 48. ‖ 7 BAG 12.12.2006 – 1 AZR 96/06, AP Nr. 94 zu § 77 BetrVG 1972. ‖ 8 S.a. BAG 26.4.2006 – 5 AZR 403/05, MDR 2006, 1297. ‖ 9 Vgl. ErfK/*Preis*, §§ 194–218 BGB Rz. 64a; krit. *Matthiessen*, NZA 2008, 1165 (1168). ‖ 10 BAG 19.3.2008 – 5 AZR 429/07, NZA 2008, 757; 19.5.2010 – 5 AZR 253/09, NZA 2010, 939; jetzt ebenso für TV BAG 19.9.2012 – 5 AZR 628/11, NZA 2013, 330. ‖ 11 BAG 19.3.2008 – 5 AZR 429/07, NZA 2008, 757. ‖ 12 BAG 28.9.2005 – 5 AZR 52/05, AP Nr. 7 zu § 307 BGB. ‖ 13 AA *Thüsing*/*Leder*, BB 2005, 1563 (1564); s.a. *Preis*/*Roloff*, RdA 2005, 144 (155); *Reinecke*, BB 2005, 378 (381). ‖ 14 BAG 1.3.2006 – 5 AZR 511/05, AP Nr. 10 zu § 307 BGB. ‖ 15 LAG Hamm 1.6.2012 – 13 Sa 1850/11.

3. Fristlänge. Eine unangemessene Benachteiligung des ArbN kann sich aus der **Länge der Ausschlussfrist** ergeben. Nach der Geltung der §§ 305 ff. kann die frühere Rspr.[1], welche Ausschlussfristen von einem Monat in einem Einzelarbeitsvertrag für zulässig hielt, nicht aufrecht erhalten werden[2]. Tarifvertragl. Regelungen sind kein Maßstab für die angemessene Länge von Ausschlussfristen (vgl. § 307 Rz. 11). Die Suche nach einem angemessenen Leitbild muss sich an den gesetzl. Regelungen orientieren. Orientierung bieten dabei die Verjährungsfristen[3], die für Vergütungsansprüche eine dreijährige Regelverjährung vorsehen (§ 195). Zu bedenken ist aber, dass der Gesetzgeber für das Arbeitsrecht kurze Ausschlussfristen durchaus anerkennt. Dies kam für den Spezialfall der geschlechtsbedingten Benachteiligung in § 611a IV 2, 3 BGB aF zum Ausdruck, der für die dortigen Entschädigungsansprüche trotz kürzerer tarifvertragl. Ausschlussfrist eine Mindestfrist von zwei Monaten normierte; bei Fehlen einer solchen eine Ausschlussfrist von sechs Monaten[4]. § 15 IV 1 AGG sieht nunmehr allg. – vorbehaltlich anderweitiger tarifl. Regelung – eine Ausschlussfrist von zwei Monaten für die Ansprüche auf Schadensersatz bzw. Entschädigung gem. § 15 I, II AGG vor. Für die zweite Stufe der gerichtl. Geltendmachung sieht § 61b I ArbGG eine Frist von drei Monaten – jetzt allg. für eine Klage auf Entschädigung gem. § 15 AGG – vor. Der BGH hat die Verkürzung von Verjährungsfristen auf drei Monate bisher in verschiedenen Fällen als unangemessene Benachteiligung angesehen, sechsmonatige Verjährungsfristen dagegen zumeist nicht[5]. Wegen der genannten Bestimmungen der § 611a IV 2, 3 BGB aF, § 61b I ArbGG aF geht das BAG zu Recht davon aus, dass für die erste[6] und für die zweite Stufe[7] Ausschlussfristen von weniger als drei Monaten nicht mehr als angemessene Regelung betrachtet werden können[8]. Daran hat sich durch die jetzigen §§ 15 IV 1 AGG bzw. § 61b ArbGG und durch § 9 S. 3 AEntG oder § 8 III 3 MiArbG[9] nichts geändert. Maßgeblich ist auch hier die vom BAG verwendete Formel für die Frage der unangemessenen Benachteiligung, wonach eine Vertragsbedingung unwirksam ist, wenn der Verwender missbräuchlich eigene Interessen auf Kosten des Vertragspartners durchzusetzen versucht, ohne dessen Interessen zu berücksichtigen und ihm einen angemessenen Ausgleich zu gewähren (§ 307 Rz. 22). Zwar haben grds. beide Teile ein Interesse an Rechtssicherheit und Rechtsfrieden im ArbVerh. Doch wird im ArbVerh der ArbN als Gläubiger des Vergütungsanspruchs durch eine Ausschlussfrist stärker benachteiligt als der ArbGeb[10]. Zu kurz bemessene Fristen beinhalten die Gefahr einer nicht zu rechtfertigenden Beschneidung wohl erworbener Rechte und stellen deshalb eine unangemessene Benachteiligung dar. Daran ändert die Geltung der Frist für beide Teile nichts[11].

4. Zweiseitigkeit. Das BAG hat in TV einseitige Ausschlussfristen für wirksam erachtet[12]. Einseitige Ausschlussfristen in Formulararbeitsverträgen, die nur für den ArbN gelten, sind jedoch gem. § 307 I 1 unwirksam. Die einseitig den ArbN treffende Erschwerung der Durchsetzung von Ansprüchen und der bei Fristversäumnis nur für den ArbN vorgesehene Anspruchsverlust widersprechen einer ausgewogenen Vertragsgestaltung[13].

5. Rechtsfolge. Eine zu kurz bemessene Ausschlussfrist ist unwirksam. Eine geltungserhaltende Reduktion (§ 306) findet nicht statt. Die Ausschlussfrist ist insg. unwirksam. An die Stelle der unwirksamen Ausschlussfrist tritt das gesetzl. **Verjährungsrecht**[14]. Eine Ausschlussfrist, die für „alle Ansprüche aus dem Arbeitsverhältnis" gilt, sieht das BAG als **teilbar** an. Sie soll keine Ansprüche aus vorsätzlichen Vertragsverletzungen und vorsätzlicher unerlaubter Handlung erfassen. Gleiches gelte für die besonderen Ansprüche des § 309 Nr. 7. Dies ergebe eine ergänzende Vertragsauslegung. Ein Verstoß gegen §§ 202, 134, 309 Nr. 7 führe so nicht zur Gesamtnichtigkeit der Klausel[15]. Dies ist angesichts des Verbots der geltungserhaltenden Reduktion abzulehnen[16]. Der BGH hat aus diesen Gründen entgegen der Rspr. des BAG eine Klausel, welche die Verjährungsfrist für die Gewährleistungsrechte des Käufers verkürzt, für unwirksam erachtet, weil sie auch die besonderen Ansprüche des § 309 Nr. 7 erfasse. Die Klausel enthielt nur eine einzige homogene Regelung ohne Ausnahme betr. die Gewährleistungsrechte des Käufers. Um zu einem inhaltlich zulässigen Klauselinhalt zu gelangen, hat der BGH verlangt, dass die Klausel um eine Ausnahmeregelung für die Verjährung der in

---

1 BAG 13.12.2000 – 10 AZR 168/00, NZA 2001, 723; aA zB LAG Hamm 10.12.1999 – 10 Sa 1045/99, LAGE § 611 BGB Inhaltskontrolle Nr. 4. ||2 BAG 25.5.2005 – 5 AZR 572/04, AP Nr. 1 zu § 310 BGB. ||3 LAG Hamm 10.12.1999 – 10 Sa 1045/99, LAGE § 611 BGB Inhaltskontrolle Nr. 4. ||4 Vgl. auch *Gotthardt*, Rz. 310. ||5 S. zB BGH 19.5.1988 – I ZR 147/86, BGHZ 104, 292 einerseits und BGH 4.5.1995 – I ZR 90/93, BGHZ 129, 323 andererseits. ||6 BAG 28.9.2005 – 5 AZR 52/05, AP Nr. 7 zu § 307 BGB; 12.3.2008 – 10 AZR 152/07, NZA 2008, 699. ||7 BAG 25.5.2005 – 5 AZR 572/04, AP Nr. 1 zu § 310 BGB; 12.3.2008 – 10 AZR 152/07, NZA 2008, 699. ||8 *Ebenso Henssler*, RdA 2002, 129 (138); *Krause*, RdA 2004, 106 (111); aA *Löwisch*, FS Wiedemann, 2002, S. 317; *Reichold*, ZTR 2002, 202 (207). ||9 BAG 13.3.2013 – 5 AZR 954/11, DB 2013, 1361; *Kortstock*, NZA 2010, 311. ||10 *Thüsing*, AGB-Kontrolle, Rz. 170. ||11 BAG 25.5.2005 – 5 AZR 572/04, AP Nr. 1 zu § 310 BGB. ||12 BAG 4.12.1997 – 2 AZR 809/96, AP Nr. 143 zu § 4 TVG Ausschlussfristen; offen gelassen von BAG 18.3.2003 – 9 AZR 44/02, AP Nr. 28 zu § 157 BGB unter dem Aspekt der Sittenwidrigkeit. ||13 BAG 31.8.2005 – 5 AZR 545/04, AP Nr. 8 zu § 6 ArbZG; im Grds. BAG 2.3.2004 – 1 AZR 271/03, AP Nr. 31 zu § 3 TVG; *Krause*, RdA 2004, 36 (47). ||14 BAG 25.5.2005 – 5 AZR 572/04, AP Nr. 1 zu § 310 BGB; 1.3.2006 – 5 AZR 511/05, AP Nr. 10 zu § 307 BGB. ||15 BAG 25.5.2005 – 5 AZR 572/04, AP Nr. 1 zu § 310 BGB; 28.9.2005 – 5 AZR 52/05, AP Nr. 7 zu § 307 BGB. ||16 LAG Hamm 25.9.2012 – 14 Sa 280/12; *Preis/Roloff*, RdA 2005, 144 (147); *Reinecke*, BB 2005, 378 (379); *Matthiesen*, NZA 2007, 361 (366).

§ 309 Nr. 7a und b aufgeführten Schadensersatzansprüche hätte ergänzt werden müssen. An einer einschränkenden Auslegung sah er sich gehindert, weil dies der Sache nach eine geltungserhaltende Reduktion durch inhaltliche Veränderung einer unzulässigen Klausel gewesen wäre[1]. Zur Frage der Teilbarkeit zweistufiger Ausschlussfristen s. § 306 Rz. 3.

13 – **Bezugnahmeklauseln.** S. hierzu § 305 Rz. 11, § 307 Rz. 13f. und § 3 TVG Rz. 15ff. (auch zur Frage der Gleichstellungsabrede).

14 – **Dienstwagenüberlassung.** Die Überlassung eines Firmenwagens auch zur privaten Nutzung durch den ArbN stellt einen geldwerten Vorteil und einen Sachbezug dar, der Teil des gem. § 611 geschuldeten Arbeitsentgeltes ist[2]. Daraus folgt, dass für eine Klausel, mit welcher der ArbGeb sich den **Widerruf der Überlassung** vorbehält, die allg. Grundsätze für Widerrufsklauseln (Rz. 33) gelten. Eine Klausel, die den ArbGeb berechtigt, die Dienstwagenüberlassung jederzeit und aus jedem Anlass zu widerrufen, ist unwirksam. Die Klausel ist so zu fassen, dass der ArbN weiß, in welchen Fällen er mit der Ausübung des Widerrufs rechnen muss[3]. Zudem muss der geldwerte Vorteil weniger als 25 % des regelmäßigen Verdienstes betreffen, weil ansonsten durch den Wegfall der privaten Nutzungsmöglichkeit des Firmenwagens das Verhältnis von Leistung und Gegenleistung im ArbVerh grundlegend gestört wird und der Widerrufsvorbehalt dann materiell unwirksam ist[4]. Ohne Angabe eines Widerrufsgrundes in der Klausel ist diese insg. unwirksam. Es kommt dann nicht darauf an, ob objektiv ein Widerrufsgrund vorliegt oder weniger als 25 % des regelmäßigen Verdienstes betroffen sind[5]. Ist aber der Grund angegeben, wie zB die wirksame Freistellung des ArbN, und die genannte Verdienstgrenze von 25 % nicht erreicht, ist die Klausel wirksam. Der ArbN ist zur Rückgabe des Wagens ohne Entschädigung verpflichtet. In Betracht kommt nur eine Ausübungskontrolle (§ 315)[6]. Nur in diesem Zusammenhang ist eine Ankündigungs- bzw. Auslauffrist insb. im Hinblick auf die steuerlichen Folgen zu berücksichtigen[7]. Wird der Dienstwagen nicht auch zur privaten Nutzung überlassen, gelten diese Grundsätze nicht, weil dann kein Widerruf von Arbeitsentgelt vorliegt. Die Änderung der überlassenen Arbeitsmittel obliegt dann dem ArbGeb[8].

15 Unwirksam ist eine Klausel, die aus Anlass der Überlassung eines Dienstwagens – auch zur privaten Nutzung – vereinbart war und die den **ArbN verpflichtete, sich trotz der Beendigung des ArbVerh an den Kosten des beim ArbGeb verbleibenden Fahrzeugs zu beteiligen.** Eine solche Klausel ist nicht mit den Grundsätzen des Arbeitsrechts zu vereinbaren, weil der ArbN bei Beendigung des ArbVerh zu finanziellen Leistungen an den ArbGeb verpflichtet wird, ohne hierfür eine Gegenleistung zu erhalten oder erhalten zu haben[9]. Unwirksam ist auch eine Klausel, nach der der ArbN sich alternativ verpflichtet, bei Ende des Arbeitsvertrages den Leasingvertrag über einen Firmenwagen bei seinem neuen ArbGeb einzubringen, einen Mitarbeiter zu finden, der firmenwagenberechtigt ist und sein Fahrzeug übernehmen möchte, oder den Vertrag auf eigene Kosten aufzulösen[10].

16 – **Fälligkeitsklauseln und Entgeltrisiko.** In Arbeitsverträgen kommen Klauseln vor, welche die Fälligkeit der dem ArbN zustehenden Vergütung abweichend von **§ 614** regeln. § 614 ist eine Norm des dispositiven Rechts, deren Abbedingung durch § 307 eingeschränkt ist[11]. Schutzwürdige Interessen des ArbGeb können eine Abweichung jedoch rechtfertigen. Dies ist zB dann der Fall, wenn im Monatslohn Vergütungsbestandteile enthält, die der Berechnung bedürfen, so dass eine Zahlung erst zum 15. des Folgemonats möglich ist. Hier wird man aber darüber nachdenken müssen, ob nicht ein Abschlag zum Zeitpunkt des § 614 zu zahlen ist. Eine vertragl. Bestimmung, welche die Fälligkeit eines festen Monatslohns entgegen § 614 S. 2 nicht auf das Monatsende, sondern auf das Ende des Folgemonats verlegt, ist unwirksam. Unwirksam ist es auch, bei einer Vergütung, die zu 80 % aus Provision besteht, die Provisionszahlung an den ArbN erst fällig werden zu lassen, wenn der Kunde zahlt. Dies weicht außerdem unzulässig von der Wertung des § 615 ab[12].

17 Abweichungen vom dispositiven[13] § 615 stellen sich als unangemessene Benachteiligung des ArbN dar, weil dieser mit dem Betriebsrisiko belastet wird[14]. Im Rahmen der Gesamtbetrachtung des Vertrages ist zu beachten, ob dem ArbN für diese Belastung ein angemessener Ausgleich gewährt wird[15]. Die vollständige Abbedingung des **§ 616** ohne einen dafür gegebenen sachlichen Rechtfertigungsgrund ist unwirksam[16].

18 – **Freistellungsklauseln.** Die in AGB vereinbarte Befugnis des ArbGeb, den ArbN einseitig von seinen Arbeitspflichten zu entbinden, unterliegt der Inhaltskontrolle. Sie weicht im Grundsatz von dem allg.

---

1 BGH 15.11.2006 – VIII ZR 3/06, ZIP 2007, 131. ||2 St. Rspr., BAG 5.9.2002 – 8 AZR 702/01, AP Nr. 1 zu § 280 BGB mwN. ||3 BAG 19.12.2006 – 9 AZR 294/06, DB 2007, 1253; 13.4.2010 – 9 AZR 113/09, DB 2010, 1942. ||4 BAG 19.12.2006 – 9 AZR 294/06, DB 2007, 1253. ||5 BAG 13.4.2010 – 9 AZR 113/09, DB 2010, 1943. ||6 BAG 21.3.2012 – 5 AZR 651/10, NJW 2012, 1756. ||7 BAG 21.3.2012 – 5 AZR 651/10, NJW 2012, 1756. ||8 *Thüsing*, AGB-Kontrolle, Rz. 227. ||9 Vgl. BAG 9.9.2003 – 9 AZR 574/02, NZA 2004, 484. ||10 LAG Köln 19.6.2009 – 4 Sa 901/08, nv. ||11 Erman/*Belling*, § 614 Rz. 3. ||12 LAG Schl.-Holst. 16.4.2013 – 1 Sa 290/12. ||13 Schaub/*Linck*, ArbRHdb, § 95 Rz. 5. ||14 BAG 7.12.2005 – 5 AZR 535/04, AP Nr. 4 zu § 12 TzBfG; aA *Löwisch*, FS Wiedemann, 2002, S. 331. ||15 Vgl. BAG 10.10.1990 – 5 AZR 404/89, AP Nr. 47 zu § 138 BGB. ||16 ErfK/*Preis*, §§ 305–310 BGB Rz. 82; Staudinger/*Oetker*, § 616 Rz. 144; offen gelassen in BAG 20.6.1979 – 5 AZR 479/77, AP Nr. 49 zu § 616 BGB.

Beschäftigungsanspruch als Leitbild gem. § 307 II Nr. 1 ab[1]. Sie ist jedoch aus sachlichen Gründen, die im Grundsatz in der Vertragsklausel anzugeben sind, zulässig[2]. So kann vereinbart werden, den ArbN für die Zeit der Kündigung bis zum Kündigungstermin freizustellen[3]. Erforderlich ist dazu aber ein weiteres Interesse des ArbGeb, weil ansonsten auch die grundlose Kündigung zur Suspendierung berechtigte[4]. Maßgeblich muss eine Angemessenheitskontrolle unter generalisierender Betrachtung der Umstände sein[5]. Mit der Freistellung kann nicht ohne weiteres eine Entgeltreduzierung verbunden werden[6].

- **Einseitige Leistungsbestimmung durch den Arbeitgeber.** Vertragl. Abreden, mit welchen der ArbGeb sich die einseitige Bestimmung von Leistungspflichten vorbehält, kommen im Arbeitsrecht oft vor. Dies betrifft zunächst die **Leistungspflicht des ArbN**, zB in Form von Vorbehaltsklauseln bzgl. der Arbeitszeit und des Arbeitsortes. Sie betreffen auch die **Pflichten des ArbGeb**, insb. dessen Vergütungspflicht in Form von Widerrufs- und Anrechnungsvorbehalten.   19

1. Allgemeine Anforderungen. Die arbeitsrechtl. Rspr. hat Änderungsvorbehalte bisher einer Umgehungskontrolle anhand von § 2 KSchG unterzogen und dann eine Ausübungskontrolle gem. § 315 vorgenommen; wobei der Schwerpunkt auf dem zweiten Kontrollschritt lag[7]. Mit der Anwendung der §§ 305 ff. auf Arbeitsverträge ist ebenfalls von einer **zweistufigen Prüfungsfolge** auszugehen, die sich jedoch an der Rspr. des **BGH**[8] zu orientieren hat[9]. Für die Frage der Angemessenheit der Klausel statuiert der BGH zwei wesentliche Anforderungen. Zum einen verlangt er, dass die Klausel hinreichend transparent ist. Zum anderen geht er davon aus, dass vorformulierte Leistungsbestimmungsrechte nur hingenommen werden können, soweit sie bei unsicherer Entwicklung der Schuldverhältnisse als Instrument der Anpassung notwendig sind und der Anlass, aus dem das Bestimmungsrecht entsteht, sowie die Richtlinien und Grenzen seiner Ausübung so konkret wie möglich angeben[10]. Besonderheiten des Arbeitsrechts stehen dem nicht entgegen; insb. gibt es keinen Grund, das Transparenzgebot als grundlegendes Prinzip nicht anzuwenden[11] (zur einseitigen Leistungsbestimmung s.a. § 611 Rz. 502 ff.). Dies gilt auch dann, wenn es um Ansprüche aus **betrieblicher Übung** (zum Charakter als AGB vgl. § 305 Rz. 7) geht. Will der ArbGeb eine solche Übung betriebsvereinbarungsoffen gestalten, muss er das Transparenzgebot beachten. Ein durch betriebl. Übung begründeter Vergütungsanspruch ist nicht ohne weiteres betriebsvereinbarungsoffen[12].   20

Von dieser zweistufigen Prüfung geht inzwischen auch das **BAG** aus. Auf der ersten Stufe verlangt es, aus dem Transparenzgebot und den Grundsätzen der Inhaltskontrolle abgeleitet, **formelle Anforderungen**. Das Leistungsbestimmungsrecht muss nicht nur klar und verständlich sein. Es darf auch als solches nicht unangemessen benachteiligen. Die Bestimmung muss die Angemessenheit und Zumutbarkeit erkennen lassen. Nach dem Maßstab der § 308 Nr. 4 bzw. § 307 (vgl. zum jeweiligen Anwendungsbereich § 308 Rz. 4) ist es erforderlich, dass dies im Text der Klausel zum Ausdruck kommt[13]. Aus dem Transparenzgebot folgt, dass Klauseln, aus denen nicht einmal ersichtlich wird, welche Leistung überhaupt vorbehalten ist oder der Anrechnung unterliegt, unwirksam sind[14]. Werden letztlich alle Bestandteile eines Arbeitsvertrags ohne nähere Voraussetzungen einem Änderungsvorbehalt unterworfen, verstößt dieser gegen § 307 I[15].   21

Auf der zweiten Stufe ist zu prüfen, ob das einseitige **Leistungsbestimmungsrecht** für den ArbN **zumutbar** ist bzw. ihn **nicht unangemessen benachteiligt**. Im Grundsatz ist davon auszugehen, dass einseitige Leistungsbestimmungsrechte, die dem Verwender das Recht einräumen, die Hauptleistungspflichten einzuschränken, zu verändern, auszugestalten oder zu modifizieren, von dem allg. Grundsatz „pacta sunt servanda" abweichen. Der Vertrag und die sich aus ihm ergebenden Verpflichtungen sind für jede Seite bindend[16]. Bei dieser Prüfung sind einerseits das Interesse des ArbGeb an einer flexiblen Ausgestaltung des ArbVerh als Dauerschuldverhältnis sowie andererseits das Interesse des ArbN am Vertragsinhaltsschutz zu berücksichtigen. Eingriffe in den Kernbereich von Leistung und Gegenleistung sind unzumutbar bzw. unangemessen[17]. Bei Änderungsvorbehalten ist ein   22

---

1 LAG München 7.5.2003 – 5 Sa 297/03, LAGE § 307 BGB 2002 Nr. 2; LAG Hess. 20.3.2013 – 18 SaGa 175/13; *Bauer*, NZA 2007, 409 (412). ||2 *Thüsing*, AGB-Kontrolle, Rz. 307; *Ohlendorf/Salamon*, NZA 2008, 856 (860). ||3 *Bauer*, NZA 2007, 409 (412); ErfK/*Müller-Glöge*, § 620 BGB Rz. 43. ||4 LAG München 7.5.2003 – 5 Sa 297/03, LAGE § 307 BGB 2002 Nr. 2; *Worzalla*, NZA-Beil. 3/2006, 122 (129). ||5 Vgl. diff. LAG München 7.5. 2003 – 5 Sa 297/03, LAGE § 307 BGB 2002 Nr. 2; *Hunold*, NZA-RR 2006, 113 (118); *Worzalla*, NZA-Beil. 3/2006, 122 (129); strenger ArbG Berlin 4.2.2005 – 9 Ga 1155/05. ||6 Vgl. LAG Köln 11.10.2011 – 14 Sa 543/11, SpuRt 2012, 163 zur Freistellung des Cheftrainers eines Profifußballvereins. Dazu auch *Richter/Lange*, NZA-RR 2012, 57. ||7 ZB BAG 7.10.1982 – 2 AZR 455/80, AP Nr. 5 zu § 620 BGB Teilkündigung; 12.12.1984 – 7 AZR 509/83, AP Nr. 6 zu § 2 KSchG. ||8 BGH 26.11.1984 – VIII ZR 214/83, BGHZ 93, 29; 30.6.2009 – XI ZR 364/08, MDR 2009, 1122. ||9 DBD/*Bonin*, § 308 Nr. 9 ff. Rz. 8 ff.; *Hromadka*, FS Dieterich, 1999, S. 265 ff.; *Reinecke*, NZA 2005, 953 (956). ||10 BGH 17.2.2004 – VIII ZR 284/04, NJW 2004, 1588; 21.9.2005 – VIII ZR 284/04, NJW 2005, 3567. ||11 *Gotthardt*, Rz. 313. ||12 BAG 5.8.2009 – 10 AZR 483/08, NZA 2009, 1105. ||13 BAG 4.10.2006 – 5 AZR 721/05, AP Nr. 6 zu § 308 BGB; 13.4.2010 – 9 AZR 113/09, DB 2010, 1943. ||14 *Schnitker/Grau*, BB 2002, 2120 (2124); *Gotthardt*, Rz. 314. ||15 BAG 11.2.2009 – 10 AZR 222/08, NZA 2009, 428. ||16 BAG 12.1.2005 – 5 AZR 364/04, AP Nr. 1 zu § 308 BGB; 4.10.2006 – 5 AZR 721/05, AP Nr. 6 zu § 308 BGB. ||17 BAG 12.1.2005 – 5 AZR 364/04, AP Nr. 1 zu § 308 BGB; 4.10.2006 – 5 AZR 721/05, AP Nr. 6 zu § 308 BGB.

differenzierter Prüfungsmaßstab anzulegen. Bei Leistungen, die im Gegenseitigkeitsverhältnis stehen, ist ein konkreter Widerrufsgrund erforderlich, der vor dem Hintergrund der §§ 1, 2 KSchG bestehen können muss. Bei nicht synallagmatischen Leistungen dagegen sind geringere Anforderungen zu stellen[1]. Auch das **BAG** geht insoweit von einer differenzierenden Betrachtungsweise aus[2]. Dies entspricht iÜ der aktuellen Rspr. des **BGH**. Dieser geht nämlich davon aus, dass ein Änderungsvorbehalt, der sich nicht nur auf die Umstände der Leistungserbringung oder auf Nebenpflichten bezieht, sondern auch Inhalt und Umfang der Hauptleistung betrifft, als besonders nachteilig für den anderen Vertragsteil darstellt. Insb. eine Änderung des Äquivalenzverhältnisses zwischen den beiderseitigen Leistungen kann ein Indiz für die Unzumutbarkeit des Änderungsvorbehalts sein[3]. Zudem sind gem. § 310 IV 2 die im Arbeitsrecht geltenden Besonderheiten angemessen zu berücksichtigen[4].

23 Weil sich die Inhaltskontrolle nunmehr aus den §§ 305 ff. ergibt und nicht mehr auf einer Umgehung von § 2 KSchG fußt, ist sie auf **alle Arbeitsverträge** zu erstrecken. Auf den Anwendungsbereich des KSchG kommt es nicht mehr an[5]. Das BVerfG hat diesen geänderten Prüfungsmaßstab gebilligt[6]. Neben der Inhaltskontrolle steht, wenn das Leistungsbestimmungsrecht den Anforderungen der §§ 305 ff. genügt, weiterhin die **Ausübungskontrolle im Einzelfall gem. § 315**. Daran hat die generelle Regelung der §§ 305 ff. nichts geändert[7].

24 **2. Erweiterungen des Direktionsrechts. a) Änderungen des Inhalts der Arbeit, Versetzungsklauseln**. In AGB vereinbarte Versetzungsvorbehalte sind an den §§ 305 ff. zu messen. § 308 Nr. 4 findet auf sie keine Anwendung. Die Kontrolle erfolgt gem. § 307 (§ 308 Rz. 4). Hierbei ist die gesetzl. Regelung des **§ 106 S. 1 GewO** zu berücksichtigen. Danach kann der ArbGeb den Inhalt, Ort und Zeit der Arbeitsleistung nach billigem Ermessen näher bestimmen, soweit diese Arbeitsbedingungen nicht durch den Arbeitsvertrag, Bestimmungen einer BV, eines anwendbaren TV oder gesetzl. Vorschriften festgelegt sind. Versetzungsklauseln tragen dem im Arbeitsrecht bestehenden spezifischen Anpassungs- und Flexibilisierungsbedürfnis Rechnung. Der Arbeitsvertrag bedarf als Dauerschuldverhältnis einer ständigen, bei Vertragsschluss gedanklich nicht vorwegnehmbaren Anpassung[8]. Der ArbN erhält zudem für die von ihm abverlangte Flexibilität eine entsprechend stärkere Sicherung seines ArbVerh im Fall betriebsbedingter Kündigungen[9]. Diese Umstände sind als **Besonderheiten des Arbeitsrechts** bei der Angemessenheitskontrolle zu beachten[10].

25 Zunächst bedarf es der **Auslegung** der vertragl. Regelung[11]. Nach der Rspr. des BAG verhindert die Bestimmung eines Orts der Arbeitsleistung in Kombination mit einer im Arbeitsvertrag durch Versetzungsvorbehalt geregelten Einsatzmöglichkeit im gesamten Unternehmen regelmäßig die vertragl. Beschränkung auf den im Vertrag genannten Ort der Arbeitsleistung. In diesem Fall wird lediglich klargestellt, dass § 106 S. 1 GewO gelten und eine Versetzungsbefugnis an andere Arbeitsorte bestehen soll[12]. Ergibt die Auslegung, dass der Vertrag eine nähere Festlegung hinsichtlich Art und/oder Ort der Tätigkeit enthält, so unterliegt diese keiner Angemessenheitskontrolle, weil es sich um die Bestimmung des Inhalts der Hauptpflicht handelt[13]. Dabei ist es unerheblich, wie eng oder weit die Leistungsbestimmung gefasst ist. Vorzunehmen ist lediglich eine Transparenzkontrolle nach § 307 I 2[14]. Fehlt es an einer Festlegung des Inhalts oder des Orts der Leistungspflicht im Arbeitsvertrag, ergibt sich der Umfang der Weisungsrechte des ArbGeb aus § 106 GewO. Dies gilt auch, wenn kein Arbeitsort festgelegt und zusätzlich ein Versetzungsvorbehalt aufgenommen ist[15]. Bei einer engen Bestimmung der Tätigkeit oder Festlegung des Orts der Leistungspflicht wird das Direktionsrecht hingegen eingeschränkt; der ArbGeb kann dem ArbN nur die betreffenden Aufgaben zuweisen[16]. Ungewöhnliche, insb. überraschende Klauseln iSv. § 305c I (zB „versteckte" Versetzungsvorbehalte) werden nicht Vertragsbestandteil[17].

26 Im Rahmen der Angemessenheitskontrolle eines Versetzungsvorbehalts gilt Folgendes: Weil bereits die gesetzl. Grundlage in § 106 S. 1 GewO dem ArbGeb ein sehr weit gehendes Bestimmungsrecht einräumt, ist es nicht in jedem Fall erforderlich, **Gründe** in die Klausel aufzunehmen, bei deren Eintreten Ort oder Inhalt der Arbeit durch den ArbGeb geändert werden können. Eine formularmäßige Versetzungsklausel, die materiell der Regelung in § 106 S. 1 GewO nachgebildet ist, verstößt nicht

---

1 *Preis/Lindemann*, NZA 2006, 632 (634). ||2 BAG 4.10.2006 – 5 AZR 721/05, AP Nr. 6 zu § 308 BGB; 25.4.2007 – 5 AZR 627/06, AP Nr. 7 zu § 308 BGB; aA aber BAG 30.7.2008 – 10 AZR 606/07, DB 2008, 2194. ||3 BGH 30.6.2009 – IX ZR 364/08, MDR 2009, 1122. ||4 BAG 27.7.2005 – 7 AZR 488/04, AP Nr. 2 zu § 308 BGB; 19.12.2006 – 9 AZR 294/06, AP Nr. 21 zu § 611 BGB Sachbezüge. ||5 BAG 7.12.2005 – 5 AZR 535/04, AP Nr. 4 zu § 12 TzBfG; 4.10.2006 – 5 AZR 721/05, AP Nr. 6 zu § 308 BGB. ||6 BVerfG 23.11.2006 – 1 BvR 1909/06, NZA 2007, 85. ||7 BAG 4.10.2006 – 5 AZR 721/05, AP Nr. 6 zu § 308 BGB. ||8 *Schnitker/Grau*, BB 2002, 2120 (2125). ||9 *Hromadka*, FS Dieterich, 1999, S. 270; *Lingemann*, NZA 2002, (181, 191). ||10 BAG 11.4.2006 – 9 AZR 557/05, AP Nr. 17 zu § 307 BGB; 13.3.2007 – 9 AZR 433/06, AP Nr. 26 zu § 307 BGB. ||11 BAG 26.1.2012 – 2 AZR 102/11, NZA 2012, 856; zsfd. *Reinecke*, NZA-RR 2013, 393 ff. ||12 BAG 19.1.2011 – 10 AZR 738/09, DB 2011, 1056; *Preis/Geneger*, NZA 2008, 969 (970); aA *Hromadka*, NZA 2012, 233 (238). ||13 BAG 25.8.2010 – 10 AZR 275/09, NZA 2010, 1355. ||14 BAG 19.2.1011 – 10 AZR 738/09, DB 2011, 1056. ||15 BAG 13.6.2012 – 10 AZR 296/11, NZA 2012, 1154. ||16 BAG 19.2.2011 – 10 AZR 738/09, DB 2011, 1056. ||17 BAG 25.8.2010 – 10 AZR 275/09, DB 2010, 2564.

deshalb gegen das **Transparenzgebot des § 307 I 2**, weil keine Gründe für eine Konkretisierung des Arbeitsinhalts oder des Arbeitsorts genannt sind[1]. Dies gilt zB für eine Änderungsmöglichkeit im Hinblick auf das Fachgebiet des ArbN, wenn es sich dabei nicht um einen geringerwertigen Arbeitsplatz handelt[2]. Nichts anderes gilt für eine Klausel, nach der der ArbGeb die ArbN „entsprechend ihren Leistungen und Fähigkeiten mit einer anderen im Interesse [des ArbGeb] liegenden Aufgabe betrauen, sie an einem anderen Ort sowie vorübergehend auch bei einem anderen Unternehmen einsetzen" darf. Diese Klausel ermöglicht es dem ArbGeb, den dem ArbN zunächst zugewiesenen und im Arbeitsvertrag genannten **Arbeitsort** zu ändern. Es ist nicht notwendig, die Gründe für eine Änderung des Beschäftigungsortes in die Vertragsklausel aufzunehmen[3]. Es ist weiter nicht erforderlich, Ankündigungsfristen oder den zulässigen Entfernungsradius in die Vertragsklausel aufzunehmen[4]. Eine andere Beurteilung im Hinblick auf das Transparenzgebot ergibt sich, wenn es nicht um die Frage geht, ob im Rahmen der vertragl. geschuldeten Tätigkeit der ArbGeb eine Konkretisierung der Arbeitspflichten vornehmen darf, sondern er sich eine Änderung der vertragl. vereinbarten Tätigkeit als solche und damit einen Eingriff in den Inhalt des Arbeitsvertrags vorbehalten hat. Die Einschränkung, dass die Änderung nur „falls erforderlich" und in Abstimmung mit dem ArbN erfolgen soll, reicht in diesem Fall nicht[5].

Eine formularmäßige Versetzungsklausel, die materiell der Regelung in § 106 S. 1 GewO nachgebildet ist, stellt auch inhaltlich keine **unangemessene Benachteiligung des ArbN nach § 307 I 1** dar. Dies folgt aus den genannten Besonderheiten des Arbeitsrechts (§ 310 Rz. 24). Die Vertragsklausel muss dabei die Beschränkung auf den materiellen Gehalt des § 106 GewO unter Berücksichtigung der Grundsätze der objektiven Auslegung aus sich heraus erkennen lassen[6]. Dies ist zu bejahen, wenn die Klausel selbst - wie auch § 106 S. 1 GewO (billiges Ermessen) - zum Ausdruck bringt, dass die Ausübung des Direktionsrechts unter der Wahrung der Interessen des ArbN erfolgt[7]. Ausreichend ist es auch, wenn die Zuweisung nur entsprechend den „Leistungen und Fähigkeiten" des ArbN erfolgen darf[8]. Eine unangemessene Benachteiligung liegt aber dann vor, wenn der ArbGeb es sich mit der Klausel ohne Grund vorbehält, auch eine **geringerwertige Tätigkeit** zuzuweisen, weil dies als Eingriff in den gesetzl. gewährleisteten Inhaltsschutz anzusehen ist[9]. Eine zu weit gefasste Änderungsklausel, die sich auch auf die Zuweisung geringerwertiger Tätigkeiten einbezieht, kann nicht einschränkend ausgelegt werden, weil dies gegen das Verbot der geltungserhaltenden Reduktion verstößt[10]. Zulässig ist eine Klausel, nach der auch geringerwertige Tätigkeiten zugewiesen werden dürfen, nur, wenn die Änderungen an den strengen Maßstab der §§ 1, 2 KSchG gebunden sind oder wenn der ArbN angemessenen Einfluss auf Eintritt und Umfang der Änderung hat[11]. **Rechtsfolge eines unwirksamen Versetzungsvorbehaltes** ist, dass die gesetzl. Regelung (§ 106 GewO) Anwendung findet. Diese Vorschrift überlässt dem ArbGeb das Weisungsrecht aber nur insoweit, als nicht durch den Arbeitsvertrag der Leistungsinhalt festgelegt ist. Ergibt die Auslegung des Vertrags, dass ein bestimmter Leistungsinhalt vereinbart wurde, ist der ArbGeb an diesen gebunden, wenn ein zusätzlich vereinbarter Versetzungsvorbehalt der Angemessenheitskontrolle nicht standhält[12]. Zu prüfen ist aber auch insoweit, ob die **Klausel teilbar**, dh. in ihrer Wirksamkeit getrennt zu beurteilen ist (vgl. § 306 Rz. 3). Teilbar ist eine Klausel, die neben einer Konzernversetzungsklausel auch die Zuweisung eines anderen Arbeitsortes vorsieht[13].

b) Arbeitszeit. Arbeitsvertragl. Vereinbarungen, die bei arbeitszeitabhängiger Vergütung den ArbGeb berechtigen, die festgelegte Arbeitszeit später einseitig nach Bedarf zu reduzieren, sind als einseitige Leistungsbestimmungsrechte des ArbGeb nach den §§ 305 ff. zu kontrollieren[14]. Eine entsprechende Klausel in AGB weicht von wesentlichen Grundgedanken der in § 615 geregelten Verteilung des **Wirtschaftsrisikos** ab (§ 307 II Nr. 1). Soweit es sich dabei um Abrufarbeit handelt, steht dem nicht entgegen, dass § 12 I TzBfG die Arbeit auf Abruf erlaubt. § 12 TzBfG regelt die Abrufarbeit nur dem Grunde nach. Zum Umfang der einseitig vom ArbGeb abrufbaren Arbeitszeit verhält sich diese Vorschrift nicht[15]. Die Abweichung von dem gesetzl. Leitbild führt aber nicht ohne weiteres zur Unwirksamkeit der Klausel. Eine Klausel ist gem. § 307 I 1 nur dann unwirksam, wenn es sich um eine Abweichung handelt, die den Vertragspartner des Verwenders entgegen den Geboten von Treu und Glauben unangemessen benachteiligt[16].

---

1 BAG 11.4.2006 - 9 AZR 557/05, AP Nr. 17 zu § 307 BGB; 13.6.2007 - 5 AZR 564/06, AP Nr. 11 zu § 611 BGB Film. ||2 BAG 11.4.2006 - 9 AZR 557/05, AP Nr. 17 zu § 307 BGB. ||3 BAG 13.3.2007 - 9 AZR 433/06, AP Nr. 26 zu § 307 BGB. ||4 BAG 13.4.2010 - 9 AZR 36/09, DB 2010, 2805. ||5 BAG 9.5.2006 - 9 AZR 424/05, AP Nr. 21 zu § 307 BGB, aber letztlich offen lassend. ||6 BAG 25.8.2010 - 10 AZR 275/09, DB 2010, 2564. ||7 BAG 11.4.2006 - 9 AZR 557/05, AP Nr. 17 zu § 307 BGB; 3.12.2008 - 5 AZR 62/08, AP Nr. 42 zu § 307 BGB. ||8 BAG 13.3.2007 - 9 AZR 433/06, AP Nr. 26 zu § 307 BGB. ||9 BAG 9.5.2006 - 9 AZR 424/05, AP Nr. 21 zu § 307 BGB; 3.12.2008 - 5 AZR 62/08, AP Nr. 42 zu § 307 BGB; *Preis/Genenger*, NZA 2008, 969 (974). ||10 BAG 9.5.2006 - 9 AZR 424/05, AP Nr. 21 zu § 307 BGB. ||11 ErfK/*Preis*, §§ 305-310 Rz. 55a; diff. DBD/*Bonin*, § 307 Rz. 187a ff. ||12 BAG 25.8.2010 - 10 AZR 275/09, DB 2010, 2564. ||13 BAG 13.4.2010 - 9 AZR 36/09, DB 2010, 2805. ||14 BAG 7.12.2005 - 5 AZR 535/04, AP Nr. 4 zu § 12 TzBfG. ||15 BAG 7.12.2005 - 5 AZR 535/04, AP Nr. 4 zu § 12 TzBfG. ||16 BGH 28.1.2003 - XI ZR 156/02, BGHZ 153, 344.

29 Bei der **Interessenabwägung** sind folgende Aspekte zu berücksichtigen. Der ArbGeb hat ein berechtigtes Interesse an einer gewissen Flexibilität der Arbeitsbedingungen. Bei einem Dauerschuldverhältnis wie dem ArbVerh muss er die Möglichkeit haben, auf unterschiedlichen Arbeitsanfall rasch und angemessen reagieren zu können. Andererseits ist zu berücksichtigen, dass der ArbN ein berechtigtes Interesse an einer fest vereinbarten Dauer der Arbeitszeit hat. Hiervon hängt regelmäßig die Höhe des von ihm erzielten Einkommens ab. Beide Interessen sind angemessen zum Ausgleich zu bringen. Eine Vereinbarung über Arbeit auf Abruf betrifft allein den Umfang der im unmittelbaren Gegenseitigkeitsverhältnis stehenden Arbeitspflicht. Das schließt einen über 25 % hinausgehenden Anteil abrufbarer Arbeitsleistung aus. Die vom ArbGeb abrufbare über die vereinbarte Mindestarbeitszeit hinausgehende Arbeitsleistung des ArbN darf **nicht mehr als 25 % der vereinbarten wöchentlichen Mindestarbeitszeit** betragen. Bei einer Vereinbarung über die Verringerung der vereinbarten Arbeitszeit beträgt demzufolge das Volumen 20 % der Arbeitszeit[1]. Unter Berücksichtigung der Besonderheiten des Arbeitsrechts (§ 310 IV 2) ist das BAG sogar noch weiter gegangen. Es hat die Erweiterung des Direktionsrechts gebilligt, mit dem dem ArbGeb die Befugnis zur Aufstockung von 16 auf 28 Unterrichtsstunden eingeräumt wurde, dh. dass 42,85 % der Höchstarbeitszeit und sogar 75 % der Mindestarbeitszeit variabel ausgestaltet sind. Tragender Grund war, dass diese Änderungsbefugnis in ein mit den Lehrerverbänden ausgehandeltes Lehrerpersonalkonzept eingebunden war und dieses sicherstellte, dass die Interessen der ArbN trotz des Leistungsbestimmungsrechts des ArbGeb ausreichende Berücksichtigung fanden. So war insb. ein Ausschluss betriebsbedingter Kündigungen vereinbart[2].

30 Ob es bei Klauseln, die es dem ArbGeb erlauben, die Arbeitszeit einseitig zu bestimmen, aus dem Transparenzgebot (§ 307 I 2) folgend der **Angabe eines Grundes für den Arbeitsabruf** bedarf, ist umstritten[3]. Dagegen spricht, dass § 12 TzBfG, der die Abrufarbeit zwar nur dem Grunde nach regelt, selbst bestimmte Formalitäten wie eine Ankündigungsfrist (§ 12 II TzBfG) und eine Vereinbarung, die einen Abruf nach dem Arbeitsanfall vorsieht (§ 12 I TzBfG), voraussetzt, nicht aber die Angabe weiterer Abrufgründe. Dies kann man durchaus als Besonderheit des Arbeitsrechts (§ 310 IV 2) ansehen. Das BAG hat es ausreichen lassen, dass die Klausel „bedarfsbedingte Gründe" nennt. Eine weiter gehende Konkretisierungsverpflichtung würde dem Bedürfnis des ArbGeb, auf im Zeitpunkt des Vertragsschlusses nicht vorhersehbare Veränderungen reagieren zu können, nicht gerecht. Die Zusammenfassung aller in Zukunft denkbaren Gründe stieße auf Schwierigkeiten und führe zu Leerformeln[4]. Ist eine in AGB vereinbarte Arbeitszeitregelung unwirksam, ist die im Arbeitsvertrag entstandene Lücke mangels gesetzl. Regelung im Wege der **ergänzenden Vertragsauslegung** zu schließen[5].

31 Eine AGB-Klausel, welche dem ArbGeb ohne weitere Voraussetzungen das Recht gibt, einseitig **Kurzarbeit** anzuordnen, benachteiligt den ArbN unangemessen iSv. § 307. Sie ist unwirksam[6]. Aus dem Transparenzgebot folgt, dass erforderlich ist, dass die Klausel Regelungen über Umfang und Ausmaß der Kurzarbeit, Festlegung des betroffenen Personenkreises sowie Art und Weise der Einbeziehung des Personenkreises enthält[7]. Notwendig ist zudem eine Ankündigungsfrist[8]. Im Rahmen der Angemessenheitskontrolle ist der Bezug von Kug (§§ 95 ff. SGB III) zu berücksichtigen, so dass auch die Absenkung der Arbeitszeit um mehr als 20 % zulässig ist[9].

32 **Kein einseitiges Leistungsbestimmungsrecht** des ArbGeb liegt vor, wenn er für die Arbeitszeit dynamisch auf die durch Rechtsverordnung normierte Arbeitszeit der Beamten Bezug nimmt. Der Umfang der Arbeitszeit steht nicht zur freien Disposition des ArbGeb, sondern dieser ist an Regelungen des Verordnungsgebers gebunden[10].

33 **3. Widerrufsvorbehalte.** Auch bei der Prüfung von Widerrufsvorbehalten geht das BAG von den genannten Grundsätzen (Rz. 20 ff.) aus[11]. **Formal** muss sich der Grund für den Widerruf aus der Vereinbarung über den Widerruf selbst ergeben. Zumindest muss die Richtung angegeben sein, aus der der Widerruf möglich sein soll (wirtschaftl. Gründe; Leistung oder Verhalten des ArbN)[12]. Der Grad der Störung muss nur konkretisiert werden, wenn der ArbGeb hierauf abstellen will. Eine Klausel, nach der ein Widerruf bei wirtschaftl. Verlusten möglich ist, hält das BAG für wirksam[13]. Dies ist ein durchaus großzügiger Maßstab[14]. **Materiell** geht das BAG im Anschluss an seine frühere Rspr.[15] zur Zuläs-

---

[1] BAG 7.12.2005 – 5 AZR 535/04, AP Nr. 4 zu § 12 TzBfG; bestätigt durch BVerfG 23.11.2006 – 1 BvR 1909/06, NZA 2007, 85.   [2] BAG 14.8.2007 – 9 AZR 18/07, AP Nr. 2 zu § 6 ATG.   [3] Dafür DBD/*Bonin*, § 307 Rz. 180a; *Stamm*, RdA 2006, 288 (295); dagegen *Hohenstatt/Schramm*, NZA 2007, 238 (239 f.); *Hunold*, NZA 2007, 19 (21).   [4] BAG 14.8.2007 – 9 AZR 18/07, AP Nr. 2 zu § 6 ATG.   [5] BAG 7.12.2005 – 5 AZR 535/04, AP Nr. 4 zu § 12 TzBfG.   [6] *Bauer/Günther*, BB 2009, 662 (664); Preis/*Preis/Lindemann*, Der Arbeitsvertrag, II A 90 Rz. 79; vgl. bereits BAG 18.10.1994 – 1 AZR 503/93, NZA 1995, 1064.   [7] LAG Bln.-Bbg. 7.10.2010 – 2 Sa 1230/10, NZA-RR 2011, 65; s.a. LAG Bln.-Bbg. 9.7.2010 – 13 Sa 650/10.   [8] LAG Bln.-Bbg. 7.10.2010 – 2 Sa 1230/10, NZA-RR 2011, 65.   [9] *Bauer/Günther*, BB 2009, 662 (664)   [10] BAG 14.3.2007 – 5 AZR 630/06, MDR 2007, 960; 12.9.2006 – 9 AZR 675/05, AP Nr. 176 zu § 611 BGB Lehrer, Dozenten.   [11] BAG 12.1.2005 – 5 AZR 364/04, AP Nr. 1 zu § 308 BGB; 4.10.2006 – 5 AZR 721/05, AP Nr. 6 zu § 308 BGB; 19.12.2006 – 9 AZR 294/06, AP Nr. 21 zu § 611 BGB Sachbezüge.   [12] BAG 20.4.2011 – 5 AZR 191/10, NJW 2011, 2153.   [13] BAG 12.1.2005 – 5 AZR 364/04, AP Nr. 1 zu § 308 BGB.   [14] *Hanau*, ZIP 2005, 1661 (1664); zweifelnd *Willemsen/Grau*, NZA 2005, 1137 (1139 f.).   [15] BAG 7.8.2002 – 10 AZR 282/01, AP Nr. 81 zu § 315 BGB; 28.5.1997 – 5 AZR 125/96, BAGE 86, 61 (71).

sigkeit von Widerrufsvorbehalten davon aus, dass die Vereinbarung eines Widerrufsvorbehalts zulässig ist, soweit der widerrufliche Anteil am Gesamtverdienst unter 25 % liegt und der Tariflohn nicht unterschritten wird (**widerrufsfester Kernbereich**)[1]. Sind darüber hinaus Zahlungen des ArbGeb widerruflich, die nicht eine unmittelbare Gegenleistung für die Arbeitsleistung darstellen, sondern Ersatz für Aufwendungen, die an sich der ArbN selbst tragen muss, erhöht sich der widerrufliche Teil der Arbeitsvergütung auf bis zu 30 % des Gesamtverdienstes[2]. Der ArbGeb sei dann bis zur Grenze der Willkür frei, die Voraussetzungen des Anspruchs festzulegen und dementsprechend auch den Widerruf zu erklären. Auf der Grundlage der Rspr. des BAG wird man zur Bestimmung des **Gesamtverdienstes** iSd. Kernbereichs auf sämtliche Vergütungsbestandteile des ArbN abzustellen haben[3]. Eine **Frist** muss für den Widerruf nicht vereinbart werden. Hierfür gibt es keinen Ansatz im Gesetz. Allenfalls bei der Ausübungskontrolle kommt die Einräumung einer Auslauffrist in Betracht[4].

4. Die **Befristung von Einzelarbeitsbedingungen** unterzieht das BAG nunmehr einer Kontrolle anhand der §§ 305 ff.[5]. Dieser Kontrollmaßstab gilt auch für die auflösende Bedingung von Einzelarbeitsbedingungen[6]. Die frühere Rspr., wonach die Befristung einer Arbeitsbedingung eines sachlichen Grundes bedurfte, wenn der Inhaltsschutz des § 2 KSchG umgangen wird[7], wendet das BAG nicht mehr an. Es geht von folgenden Grundsätzen aus: Die befristete Änderung der synallagmatischen Pflichten aus dem ArbVerh stellt eine **Änderung des Hauptleistungsversprechens** dar, die einer Kontrolle nach den §§ 305 ff. unterliegt[8]. Es wird nicht der Umfang der Hauptleistungspflicht kontrolliert, sondern die Befristung. Im Falle der Unwirksamkeit der Klausel ist der Umfang der Hauptleistungspflicht unbefristet vereinbart. Bezogen auf die Arbeitszeit geht das BAG davon aus, dass ein ArbN ein schutzwertes Interesse an der unbefristeten Vereinbarung der Arbeitszeit besitzt, das durch eine nur befristete Erhöhung beeinträchtigt wird. Allein die Ungewissheit über den künftigen Arbeitskräftebedarf ist grds. kein anerkanntwertes Interesse des ArbGeb, die Befristung zu rechtfertigen, weil diese Ungewissheit zum unternehmerischen Risiko gehört[9]. Unter Berücksichtigung gruppenspezifischer Besonderheiten im Lehrerbereich und von kollektiven Vereinbarungen der betroffenen Gewerkschaften und ArbGebVerbände kann sich hiervon eine Ausnahme ergeben[10]. Anders als bei der Vereinbarung eines Widerrufsvorbehalts bedarf der Grund für die kalendermäßige Befristung keiner Vereinbarung oder Angabe in den AGB[11]. Anders ist dies bei einer Zweckbefristung oder einer auflösenden Bedingung[12].

Die zur Inhaltskontrolle einer Vereinbarung von Arbeit auf Abruf (§ 12 TzBfG) entwickelten Grundsätze (Rz. 28 ff.) sind auf die Inhaltskontrolle der Befristung einer Arbeitszeiterhöhung nach der Rspr. des BAG nicht anwendbar. Zulässig ist – ohne dass es eines Rückgriffs auf Besonderheiten des Arbeitsrechts bedarf – auch eine in AGB enthaltene Vereinbarung, mit der die wöchentliche Arbeitszeit befristet um mehr als 25 % der unbefristet vereinbarten Wochenarbeitszeit erhöht wird. Gegenstand der Inhaltskontrolle ist bei der Befristung einer Arbeitszeiterhöhung nicht – wie bei der Arbeit auf Abruf – die einseitige Festlegung des Umfangs der Arbeitsleistung des ArbN durch den ArbGeb, sondern ausschließlich die Befristung des vertragl. vereinbarten zusätzlichen Arbeitsumfangs. Die unangemessene Benachteiligung des ArbN muss sich gerade aus der vertragl. vereinbarten Befristung der Arbeitszeiterhöhung ergeben. Trotz des unterschiedlichen Prüfungsmaßstabs sind bei der nach § 307 I vorzunehmenden Inhaltskontrolle der Befristung einzelner Vertragsbedingungen Umstände, die die Befristung eines Arbeitsvertrags insg. nach § 14 I TzBfG rechtfertigen könnten, nicht ohne Bedeutung. Diese Umstände sind bei der Interessenabwägung nach § 307 I zu Gunsten des ArbGeb zu berücksichtigen. Liegt der Befristung einer Arbeitszeiterhöhung ein Sachverhalt zugrunde, der die Befristung eines Arbeitsvertrags insg. nach § 14 I 2 Nr. 3 TzBfG rechtfertigt, überwiegt in aller Regel das Interesse des ArbGeb an der nur befristeten Erhöhung der Arbeitszeit das Interesse des ArbN an der unbefristeten Vereinbarung des Umfangs seiner Arbeitszeit. Dies ergibt sich aus den im TzBfG zum Ausdruck kommenden gesetzl. Wertungsmaßstäben[13]. Dies wird man zumindest auf die Befristungstatbestände des § 14 I 2 TzBfG übertragen können. So ist zB eine befristete Aufstockung der Arbeitszeit zur Erprobung einer gänzlich neuen Tätigkeit denkbar (§ 14 I 2 Nr. 5 TzBfG). Ebenfalls zulässig ist die befristete Aufstockung der Arbeit, wenn sie auf haushaltsrechtl. Gründe iSv. § 14 I 2 Nr. 7 TzBfG gestützt werden kann[14]. Bei einer **befristeten Arbeitszeiterhöhung in einem erhebli-**

---

[1] BAG 4.10.2006 – 5 AZR 721/05, AP Nr. 6 zu § 308 BGB; 19.12.2006 – 9 AZR 294/06, AP Nr. 21 zu § 611 BGB Sachbezüge. ||[2] BAG 4.10.2006 – 5 AZR 721/05, AP Nr. 6 zu § 308 BGB. ||[3] AA *Willemsen/Grau*, NZA 2005, 1137 (1138f.). ||[4] BAG 12.1.2005 – 5 AZR 364/04, AP Nr. 1 zu § 308 BGB; 4.10.2005 – 5 AZR 721/05, AP Nr. 6 zu § 308 BGB. ||[5] BAG 27.7.2005 – 7 AZR 486/04, AP Nr. 6 zu § 307 BGB; 18.1.2006 – 7 AZR 191/05, AP Nr. 8 zu § 305 BGB; 3.4.2007 – 9 AZR 283/06, AP Nr. 21 zu § 2 BAT SR 2l. ||[6] BAG 16.5.2012 – 10 AZR 252/11, ZTR 2012, 513. ||[7] ZB BAG 14.1.2004 – 7 AZR 213/03, AP Nr. 10 zu § 14 TzBfG. ||[8] BAG 27.7.2005 – 7 AZR 486/04, AP Nr. 6 zu § 307 BGB; 18.1.2006 – 7 AZR 191/05, AP Nr. 8 zu § 305 BGB; 14.8.2007 – 9 AZR 18/07, AP Nr. 2 zu § 6 ATG; aA *Thüsing*, AGB-Kontrolle, Rz. 280. ||[9] BAG 27.7.2005 – 7 AZR 486/04, AP Nr. 6 zu § 307 BGB; 3.4.2007 – 9 AZR 283/06, AP Nr. 21 zu § 2 BAT SR 2l. ||[10] BAG 27.7.2005 – 7 AZR 486/04, AP Nr. 6 zu § 307 BGB; 14.8.2007 – 9 AZR 18/07, AP Nr. 2 zu § 6 ATG. ||[11] BAG 2.9.2009 – 7 AZR 233/08, DB 2009, 1253; *Hanau*, ZIP 2005, 1661 (1665); aA *Preis/Bender*, NZA-RR 2005, 337 (340). ||[12] Offen gelassen von BAG 18.5.2011 – 10 AZR 206/10. ||[13] BAG 8.8.2007 – 7 AZR 855/06, NZA 2008, 229; 2.9.2009 – 7 AZR 233/08, DB 2009, 1253. ||[14] LAG Düss. 20.2.2007 – 3 Sa 1180/06, NZA-RR 2008, 96 zu § 7 III HG 2004/2005; im Grds. ebenso BAG 15.12.2011 – 7 AZR 394/10, DB 2012, 1442, vorbehaltlich der Vereinbarkeit von § 14 I 2 Nr. 7 TzBfG mit europäischem Recht.

chen Umfang bedarf es trotz der Unanwendbarkeit des TzBfG nach der Rspr. des BAG sogar solcher Umstände, die die Befristung des gesamten – über das erhöhte Arbeitszeitvolumen gesondert geschlossenen – Vertrags rechtfertigen würden[1]. Liegt ein Sachgrund vor, kann gleichwohl eine unangemessene Benachteiligung gegeben sein, wenn auf Seiten des ArbN außergewöhnliche Umstände vorliegen[2]. Diese können zB darin liegen, dass der ArbN den Wunsch nach einer Verlängerung seiner vertragl. vereinbarten Arbeitszeit angezeigt hat und ein freier Arbeitsplatz vorhanden war, den er nach Maßgabe des § 9 TzBfG hätte einnehmen können[3]. Ob für § 307 die Grundsätze der sachgrundlosen Befristung herangezogen werden können, ist offen[4]. Dagegen spricht, dass sich die Inhaltskontrolle auf §§ 305 ff. stützt, die § 14 II–III TzBfG entsprechende Ausnahmetatbestände nicht kennen. Andererseits ist nicht ersichtlich, warum es zulässig sein soll, in Fällen echter Neueinstellungen einen auf ein Jahr befristeten Arbeitsvertrag abzuschließen, es aber unzulässig sein soll, einen unbefristeten Arbeitsvertrag mit 20 Wochenstunden und eine auf ein Jahr befristete Aufstockung um weitere 20 Stunden zu vereinbaren (vgl. auch § 14 TzBfG Rz. 101 aE).

36 **5. Freiwilligkeitsvorbehalte.** Für die Beurteilung, ob ein Freiwilligkeitsvorbehalt wirksam ist, muss danach unterschieden werden, ob er sich auf Leistungen, die im Gegenseitigkeitsverhältnis stehen, bezieht oder auf nicht synallagmatische Leistungen (Rz. 22).

37 Ein in AGB enthaltener Ausschluss jeden Rechtsanspruchs bei **laufendem Arbeitsentgelt** benachteiligt den ArbN entgegen den Geboten von Treu und Glauben unangemessen und ist gem. § 307 I 1 unwirksam[5]. Nach § 611 I begründet das ArbVerh als Dauerschuldverhältnis regelmäßige beiderseitige Hauptleistungspflichten[6]. Ein vertragl. Vorbehalt, der dem ArbGeb die allmonatlich zu wiederholende Entscheidung über die Leistung einer Zulage zuweist, weicht hiervon ab. Dies widerspricht dem Zweck des Arbeitsvertrags. Der Ausschluss des Rechtsanspruchs verhindert die Verwirklichung des Prinzips der Vertragsbindung und löst die synallagmatische Verknüpfung der Leistungen beider Vertragsparteien. Das Interesse des ArbGeb an einer Flexibilisierung kann dieser in hinreichender Weise mit der Vereinbarung von Widerrufs- oder Anrechnungsvorbehalten (Rz. 33, 40) verwirklichen. Die Grundsätze zu deren Voraussetzungen können nicht durch Freiwilligkeitsvorbehalte umgangen werden[7]. Besonderheiten des Arbeitsrechts stehen dem nicht entgegen[8]. An die Stelle eines unwirksamen Freiwilligkeitsvorbehalts tritt bei Leistungszulagen kein Widerrufsvorbehalt[9].

38 Freiwilligkeitsvorbehalte, die nicht das laufende Arbeitsentgelt betreffen, sind grds. zulässig. Dies betrifft insb. die Gewährung von **Gratifikationen** wie zB Urlaubs- oder Weihnachtsgeld. Der ArbGeb kann einen Rechtsanspruch auf Weitergewährung in den folgenden Kalenderjahren ausschließen und sich vorbehalten, jedes Jahr neu zu entscheiden, ob und in welcher Höhe eine Sonderzahlung gewährt wird. Dann entsteht kein vertragl. Anspruch. Daran hält das BAG auch unter der Geltung der §§ 305 ff. fest[10]. Erforderlich ist, dass insoweit das **Transparenzgebot** (§ 307 I 2) gewahrt ist. Der bloße Hinweis, dass es sich um eine „freiwillige" Leistung „ohne jede rechtliche Verpflichtung" handelt, ist nicht ausreichend[11]. Es muss deutlich werden, dass ein Rechtsanspruch für die Zukunft nicht entstehen soll[12]. Die Klausel „jederzeit widerrufliche, freiwillige Leistung" ist unangemessen und intransparent[13], weil sie den Unterschied zwischen freiwilliger Leistung und Widerrufsvorbehalt nicht beachtet[14] und in sich widersprüchlich ist[15]. Auch eine sonstige **Kombination von Freiwilligkeits- und Widerrufsvorbehalt** ist unklar und missverständlich[16]: Der ArbGeb sagt einem ArbN in AGB zB ausdrücklich zu, jedes Jahr ein Weihnachtsgeld zu zahlen, und die Zahlung des Weihnachtsgeldes wird in derselben oder in einer anderen Vertragsklausel an einen Freiwilligkeitsvorbehalt gebunden[17]. Eine im Arbeitsvertrag vorformulierte Regelung, die dem Wortlaut nach eindeutig einen Anspruch des ArbN auf eine Sonderzahlung begründet, indem sie festlegt, dass der ArbN Anspruch auf eine bestimmte Sonderleistung hat, oder bestimmt, dass der ArbN eine bestimmte Sonderzahlung erhält, oder regelt, dass der ArbN an einem Bonussystem teilnimmt, verpflichtet den ArbGeb zu einer Leistung iSv. § 308 Nr. 4. Es ist widersprüchlich, wenn er zugleich entgegen diesem Versprechen mit einer Freiwilligkeitsklausel den Rechtsanspruch auf die versprochene Sonderzahlung ausschließt[18]. Unklar und anspruchsbegründend ist es weiter, wenn Sonderzahlungen freiwillige Zuwendungen sein sollen, auf die kein Rechtsanspruch besteht, diese sich aber zugleich nach dem BAT (jetzt: TVöD oder TVL) richten[19]. Zudem ist

---

1 BAG 15.12.2011 – 7 AZR 394/10, DB 2012, 1442; bereits zuvor ErfK/*Preis*, §§ 305–310 BGB Rz. 76; anders noch BAG 8.8.2007 – 7 AZR 855/06, NZA 2008, 229. || 2 BAG 18.6.2008 – 7 AZR 245/07, nv.; 2.9.2009 – 7 AZR 233/08, DB 2009, 1253. || 3 BAG 2.9.2009 – 7 AZR 233/08, DB 2009, 1253. || 4 Dafür *Hanau/Hromadka*, NZA 2005, 73 (77); *Thüsing*, AGB-Kontrolle, Rz. 281. || 5 BAG 25.4.2007 – 5 AZR 627/06, AP Nr. 7 zu § 308 BGB; 8.12.2010 – 10 AZR 671/09, DB 2011, 1279; aA wohl *Hanau/Hromadka*, NZA 2005, 73 (75). || 6 BAG 10.1.2007 – 5 AZR 84/06, NZA 2007, 384. || 7 Zu Recht *Preis/Lindemann*, NZA 2006, 632 (636); *Schramm*, NZA 2007, 1325 (1326). || 8 BAG 25.4.2007 – 5 AZR 627/06, AP Nr. 7 zu § 308 BGB. || 9 BAG 25.4.2007 – 5 AZR 627/06, AP Nr. 7 zu § 308 BGB. || 10 BAG 18.3.2009 – 10 AZR 289/08, BB 2009, 1366; 8.12.2010 – 10 AZR 671/09, DB 2011, 1279. || 11 BAG 8.12.2010 – 10 AZR 671/09, DB 2011, 1279. || 12 ErfK/*Preis*, §§ 305–310 Rz. 70. || 13 LAG Berlin 19.8. 2005 – 6 Sa 1106/05, NZA-RR 2006, 68; aA LAG Düss. 30.11.2005 – 12 Sa 1210/05, LAGE § 305c BGB 2002 Nr. 4; offen gelassen von BAG 8.12.2010 – 10 AZR 671/09, DB 2011, 1279. || 14 *Reiserer*, NZA 2007, 1249 (1251). || 15 BAG 24.10.2007 – 10 AZR 825/06, NZA 2008, 40. || 16 BAG 8.12.2010 – 10 AZR 671/09, DB 2011, 1279. || 17 BAG 10.12.2008 – 10 AZR 1/08, DB 2009, 684. || 18 BAG 30.7.2008 – 10 AZR 606/07, DB 2008, 2194. || 19 BAG 20.1.2010 – 10 AZR 914/08, NZA 2010, 455.

ein Freiwilligkeitsvorbehalt, der so ausgelegt werden kann, dass er Rechtsansprüche aus späteren Individualabreden ausschließt, nicht mit § 305b vereinbar[1]. Die Transparenzanforderungen des 10. Senats des BAG schränken Freiwilligkeitsvorbehalte bei Sonderzahlungen inzwischen erheblich ein[2]. In den genannten Fällen entfällt der Freiwilligkeitsvorbehalt ersatzlos[3].

Entscheidend ist die **Abgrenzung**. Laufende Leistungen sind zB eine monatliche Leistungszulage, auch wenn sie zusätzlich zur Grundvergütung gezahlt wird[4], oder eine Ministerialzulage[5]. Freiwillige Leistungen sind tendenziell nur solche, für die der ArbGeb keine Leistung des ArbN erwartet, wie zB Jubiläums- oder Geburtstagsgelder[6]. Soweit Gratifikationen wie Urlaubs- oder Weihnachtsgeld betroffen sind, wird man für solche Leistungen am Rande des Synallagmas, soweit mit ihnen auch die Betriebstreue abgegolten wird und dies in der Klausel zum Ausdruck kommt (zu den verschiedenen Zwecken von Gratifikationen § 611 Rz. 101 ff.)[7], als Mittelweg einen Freiwilligkeitsvorbehalt für zulässig erachten können, wenn sie zusammen mit allen anderen Gehaltsbestandteilen nicht mehr als 25 % des Gesamtverdienstes ausmachen[8]. Diese Abgrenzungskriterien wendet der zuständige 10. Senat des **BAG** nicht an. Weder stellt er auf den Zweck der Leistung, noch auf deren Höhe ab[9]. Eine rechtssichere Abgrenzung ist so nicht möglich. **39**

Abzugrenzen von den Freiwilligkeitsvorbehalten sind Klauseln, die dem ArbN einen **Anspruch auf die Entscheidung nach billigem Ermessen** über die Gratifikation gewähren. Anders als beim Freiwilligkeitsvorbehalt wird damit ein vertragl. Anspruch nicht vollständig ausgeschlossen. Der Anspruch besteht, ist inhaltlich aber nur auf eine Entscheidung nach billigem Ermessen gerichtet, die der Kontrolle gem. § 315 unterliegt. Eine solche Klausel verstößt nicht gegen § 308 Nr. 4 (§ 308 Rz. 4). Genügt die Klausel dem Transparenzgebot (§ 307 I 2), verstößt sie nicht gegen wesentliche Grundgedanken einer gesetzl. Regelung, denn das Gesetz sieht diese Möglichkeit selbst vor[10]. Um nicht den Grundgedanken des § 611 I zu verletzen und nicht in das Äquivalenzverhältnis einzugreifen, wird man diese Möglichkeit für laufende Leistungen nicht zulassen können[11] oder aber – besser – wie bei dem Freiwilligkeitsvorbehalt für Bestandteile am Rande des Synallagmas, die auch Betriebstreue oder Leistung abgelten, eine Begrenzung der Höhe nach vornehmen, die im Hinblick auf den vertragl. gewährten Anspruch im Verhältnis zum Gesamtverdienst höher ausfallen kann[12]. Das BAG geht davon aus, dass der Kernbereich des Austauschverhältnisses zwischen Leistung und Gegenleistung durch die Leistungsbestimmung nach § 315 nicht berührt werden darf[13]. Eine Abschlussvergütung an AT-Mitarbeiter, die nach billigem Ermessen gewährt wird, darf daran geknüpft werden, dass die Aktionäre eine Dividende erhalten, weil an dem Unternehmens angeknüpft wird[14]. Im Rahmen der **betriebl. Altersversorgung** wird der Verweis auf eine vom ArbGeb einseitig abänderbare Versorgungsordnung allerdings regelmäßig dahingehend zu verstehen sein, dass sich der ArbGeb keine Änderungsmöglichkeit nach freiem Belieben, sondern nur in den Grenzen der Verhältnismäßigkeit und des Vertrauensschutzes vorbehalten hat[15]. **39a**

6. Anrechnungsvorbehalte. Der Anrechnungsvorbehalt gibt dem ArbGeb das Recht, eine übertarifl. Leistung bei einer Erhöhung des Tarifentgelts zu kürzen[16]. Ein in AGB vertragl. vereinbarter Anrechnungsvorbehalt unterliegt der Kontrolle nach den §§ 305 ff. Zu unterscheiden ist nach dem **Zweck der Leistung**, auf die angerechnet werden soll. Wird mit ihr kein besonderer Leistungszwecke verfolgt, liegt nur eine Bruttolohnabrede vor, denn die Anrechnung führt nicht zu einer Änderung des Gesamtbruttoverdienstes. Insoweit erfolgt nur eine Kontrolle am Transparenzgebot (§ 307 III 2 iVm. § 307 I 2)[17]. Wird der Vergütungsbestandteil dagegen für besondere Leistungen gewährt, weicht ein Anrechnungsvorbehalt von dem Grundsatz ab, dass die im Gegenseitigkeitsverhältnis stehenden Leistungspflichten nicht einseitig geändert werden dürfen (vgl. Rz. 22). Gleichwohl stellt auch in diesem Falle ein Anrechnungsvorbehalt keine unangemessene Benachteiligung (§ 307 I 1) dar. Für einen durchschnittlichen ArbN ist erkennbar, dass im Falle einer Erhöhung des tarifl. geschuldeten Arbeitsentgelts die Zulage bis zur Höhe der Tarifsteigerung gekürzt werden kann. Die Änderung der Zulagenhöhe ist dem ArbN zumutbar, denn die vertragl. zugesagte Gesamtgegenleistung für die erbrachte Arbeitsleistung verringert sich durch die Anrechnung nicht[18]. Auch die Möglichkeit der rückwirkenden Anrechnung hält der AGB-Kontrolle stand[19]. **Der Angabe eines Grundes für die Anrech-** **40**

---

1 BAG 14.9.2011 – 10 AZR 526/10, DB 2012, 179. ||2 Vgl. *Preis*, NZA 2009, 281 ff.; *Preis/Sagan*, NZA 2012, 697 ff. ||3 BAG 30.7.2008 – 10 AZR 606/07, DB 2008, 2194; 10.12.2008 – 1/08, DB 2009, 684. ||4 BAG 25.4.2007 – 5 AZR 627/06, AP Nr. 7 zu § 308 BGB. ||5 BAG 1.11.2005 – 1 AZR 355/04, AP Nr. 16 zu § 33 BAT. ||6 *Schramm*, NZA 2007, 1325 (1328). ||7 Vgl. *Thüsing*, AGB-Kontrolle, Rz. 270; *Schramm*, NZA 2007, 1325 (1328). ||8 *Bayreuther*, ZIP 2007, 2009 (2012 f.); s.a. *Thüsing*, AGB-Kontrolle, Rz. 271; aA *Lingemann/Gotham*, DB 2007, 1754 (1756). ||9 BAG 18.3.2009 – 10 AZR 289/08, BB 2009, 1366. ||10 BAG 29.8.2012 – 10 AZR 385/11, DB 2012, 2942; 16.1.2013 – 10 AZR 26/12, DB 2013, 819. ||11 Vgl. auch BAG 16.1.2013 – 10 AZR 26/12, DB 2013, 819. ||12 Vgl. BAG 14.11.2012 – 10 AZR 783/11, DB 2013, 346: „Höhe der Festvergütung und Anteil der variablen Vergütung" und BAG 18.1.2012 – 10 AZR 667/10, DB 2012, 1332 zu Stichtagsklauseln: „wesentlicher Anteil an der Gesamtvergütung". ||13 BAG 15.5.2013 – 10 AZR 679/12. ||14 BAG 18.1.2012 – 10 AZR 170/10, DB 2012, 749. ||15 BAG 18.9.2012 – 3 AZR 415/10, MDR 2013, 230. ||16 DBD/*Bonin*, § 308 Rz. 47. ||17 BAG 1.3.2006 – 5 AZR 363/05, AP Nr. 3 zu § 308 BGB; 27.8.2008 – 5 AZR 820/07, MDR 2009, 93. ||18 BAG 1.3.2006 – 5 AZR 363/05, AP Nr. 3 zu § 308 BGB; 27.8.2008 – 5 AZR 820/07, MDR 2009, 93. ||19 BAG 27.8.2008 – 5 AZR 820/07, MDR 2009, 93.

nung bedarf es nicht. Ausreichend ist die Formulierung „anrechenbare betriebliche Ausgleichszulage"[1]. Nicht ausreichend ist aber die bloße Kennzeichnung als übertarifl. Zulage, denn daraus ergibt sich nicht hinreichend deutlich die Befugnis zur Anrechnung[2]. Zudem muss sich aus der Klausel ergeben, auf welche Leistung sich die Anrechnung beziehen muss (Rz. 21).

41 – **Pauschalierung von Mehr- und Überarbeit.** Vereint eine formularmäßige Abrede die Befugnis des ArbGeb, Überstunden anzuordnen, mit einer pauschalierten Vergütung, so handelt es sich um eine **kontrollfähige Preisnebenabrede**[3]. Diese muss zunächst transparent sein[4]. In Formulararbeitsverträgen unterliegen derartige Regelungen einer Inhaltskontrolle am Maßstab des § 307. Durch eine derartige Regelung kann, wenn es sich nicht lediglich um die Anordnung eines geringfügigen Überstundendeputats (ca. 10 % der vereinbarten Wochenarbeitszeit) handelt, in das Äquivalenzgefüge eingegriffen werden, so dass die Pauschalabgeltung und geleistete Überstunden nicht mehr in einem angemessenen Verhältnis zueinander stehen[5]. AGB, nach denen durch den (arbeitsvertragl. vereinbarten) Wochen-/Monatslohn alle anfallende Mehrarbeit abgegolten ist, sind unwirksam, weil der ArbN nicht erkennen kann, in welcher Höhe er Anspruch auf Mehrarbeitsvergütung hat[6]. Erforderlich ist es, die Zahl der anzuordnenden Überstunden zu definieren, die pauschal mit abgegolten sind[7]. IÜ kann es bei einer Spitzabrechnung bleiben[8]. Handelt es sich nicht nur um ein geringfügiges Überstundendeputat, muss zudem aus Transparenzgesichtspunkten klargestellt werden, mit welchem Anteil der Vergütung Überstunden abgegolten sind[9]. Bei leitenden Angestellten dürften im Hinblick auf § 18 I Nr. 1 ArbZG großzügigere Regelungen zulässig sein[10]. Ist die Pauschalierungsabrede unwirksam, fehlt es an einer Vereinbarung zur Vergütung der Überstunden. Insoweit ist § 612 I entsprechend anzuwenden[11], was jedoch nicht zwangsläufig – gerade bei Diensten höherer Art – zu einer Vergütung für die Überstunden führt[12]. Die Vergütungserwartung für Überstunden fehlt auch, wenn insg. eine deutlich herausgehobene, die Beitragsbemessungsgrenze der gesetzl. RV überschreitende Vergütung gezahlt wird[13]. Gleiches gilt, wenn in erheblichem Umfang Provisionen anfallen[14]. Eine die pauschale Vergütung von **Reisezeiten** regelnde Klausel ist nur dann klar und verständlich, wenn sich aus dem Arbeitsvertrag selbst ergibt, welche „Reisetätigkeit" von ihr in welchem Umfang erfasst werden soll[15].

42 – **Rückkehrrecht.** Vereinbaren die Parteien in einem Auflösungsvertrag ein Rückkehrrecht, wird der ArbN unangemessen benachteiligt, wenn Voraussetzung für dieses nicht nur eine wirksame Kündigung durch den neuen ArbGeb, sondern darüber hinaus eine unter Einhaltung der Voraussetzungen des § 1 II KSchG ausgesprochene Kündigung ist. Die dadurch zu Lasten des ArbN begründete Obliegenheit, eine Kündigungsschutzklage nicht nur anzustrengen, sondern sie durch streitiges, klageabweisendes und rechtskräftiges Urteil zu beenden, ist eine unzumutbare Belastung[16].

43 – **Rückzahlung von überzahltem Arbeitsentgelt.** Vertragsklauseln, die das Risiko der falschen Entgeltberechnung und der Rückzahlung einer damit verbundenen Überzahlung allein auf den ArbN überwälzen, sind in Formularverträgen unwirksam. Sie stellen vor dem Hintergrund des dispositiven Leitbilds des § 818 III eine unangemessene Benachteiligung dar[17].

44 – **Rückzahlung von Ausbildungs- und Fortbildungskosten.** Vertragsabreden, welche in Arbeitsverträgen die Rückzahlung von Fort- und Ausbildungskosten durch den ArbN vorsahen, hat das BAG schon früher einer **Inhaltskontrolle** anhand von § 242 unterzogen und sie grds. für zulässig erachtet[18]. An der grds. Zulässigkeit hat sich nichts geändert[19]. Die Rückzahlungsabreden unterliegen jetzt einer Inhaltskontrolle am Maßstab des § 307. Eine Rückzahlungsklausel ist nicht zu beanstanden, wenn die Rückzahlungsverpflichtung bei verständiger Betrachtung einem billigenswerten Interesse des ArbGeb entspricht und der ArbN mit der Fortbildungsmaßnahme eine angemessene Gegenleistung für die Rückzahlungsverpflichtung erhalten hat. Das Interesse des ArbGeb geht dahin, die vom ArbN erworbene Qualifikation möglichst langfristig für seinen Betrieb nutzen zu können. Dieses grds. berechtigte Interesse gestattet es ihm, als Ausgleich für seine finanziellen Aufwendungen von einem sich vorzeitig abkehrenden ArbN die Kosten der Ausbildung ganz oder zeitanteilig zurückzuverlangen. Die berechtigten Belange des ArbGeb sind gegen das Interesse des ArbN abzuwägen, seinen Arbeitsplatz ohne Belastung mit der Erstattungspflicht wählen zu können. Dabei sind ua. die **Dauer**

---

1 BAG 1.3.2006 – 5 AZR 363/05, AP Nr. 3 zu § 308 BGB. || 2 *Preis/Lindemann*, NZA 2006, 632 (637). || 3 *Gotthardt*, Rz. 322; *Schrader/Schubert*, NZA-RR 2005, 225 (226); offen lassend BAG 16.5.2012 – 5 AZR 331/11, DB 2012, 1990. || 4 BAG 31.8.2005 – 5 AZR 545/04, AP Nr. 8 zu § 6 ArbZG. || 5 LAG Köln 20.12.2001 – 6 Sa 965/01, ArbuR 2002, 193; großzügiger *Hohenstatt/Schramm*, NZA 2007, 238 (243). || 6 BAG 1.9.2010 – 5 AZR 517/09, MDR 2011, 371; 27.6.2012 – 5 AZR 530/11, NZA 2012, 1147. || 7 BAG 16.5.2012 – 5 AZR 331/11, DB 2012, 1990. || 8 *Hohenstatt/Schramm*, NZA 2007, 238 (243); *Worzalla*, NZA-Beil. 3/2006, 122 (129). || 9 Vgl. DBD/*Däubler*, § 307 Rz. 290. || 10 *Worzalla*, NZA-Beil. 3/2006, 122 (129); s.a. LAG München 1.8.2007 – 10 Sa 93/07, allerdings für den von § 18 I Nr. 1 ArbZG nicht erfassten Oberarzt. || 11 BAG 1.9.2010 – 5 AZR 517/09, MDR 2011, 371. || 12 BAG 17.8.2011 – 5 AZR 406/10, DB 2011, 2550. || 13 BAG 22.2.2012 – 5 AZR 765/10, DB 2012, 1932; 27.6.2012 – 5 AZR 530/11, NZA 2012, 1147. || 14 BAG 27.6.2012 – 5 AZR 530/11, NZA 2012, 1147. || 15 BAG 20.4.2011 – 5 AZR 200/10, DB 2011, 1639. || 16 BAG 9.2.2011 – 7 AZR 91/10, NZA-RR 2012, 232; 13.6.2012 – 7 AZR 669/10. || 17 ErfK/*Preis*, §§ 305–310 BGB Rz. 93. || 18 ZB BAG 21.11.2001 – 5 AZR 158/00, BAGE 100, 13. || 19 BAG 11.4.2006 – 9 AZR 610/05, AP Nr. 16 zu § 307 BGB; 19.1.2011 – 3 AZR 621/08, DB 2011, 1338; zum Ganzen auch *Schönhöft*, NZA-RR 2009, 625.

der **Ausbildung** und die **Wertigkeit der erlangten Befähigung** zu vergleichen, ohne dass es hierbei auf starre Grenzen ankäme. Die Abwägung hat sich insb. daran zu orientieren, ob und inwieweit der ArbN mit der Aus- oder Fortbildung einen geldwerten Vorteil erlangt[1]. Handelt es sich bei den vom ArbGeb vorgeschossenen Aus- oder Fortbildungskosten der Sache nach um eine Investition im Interesse des arbeitgeberischen Unternehmens, ist eine Rückzahlungsklausel nur interessengerecht, wenn dem ArbN die Möglichkeit eingeräumt wird, der Rückzahlungspflicht durch Betriebstreue zu entgehen[2].

Für die Frage der Angemessenheit der Abrede in Bezug auf die **Bindungsdauer** gilt anknüpfend an die frühere Rspr. unter Geltung des § 307 grds. Folgendes: Bei einer Fortbildungsdauer bis zu einem Monat ohne Verpflichtung zur Arbeitsleistung unter Fortzahlung der Bezüge ist eine Bindungsdauer bis zu sechs Monaten zulässig, bei einer Fortbildungsdauer bis zu zwei Monaten eine einjährige Bindung, bei einer Fortbildungsdauer von drei bis vier Monaten eine zweijährige Bindung, bei einer Fortbildungsdauer von sechs Monaten bis zu einem Jahr keine längere Bindung als drei Jahre und bei einer mehr als zweijährigen Dauer eine Bindung von fünf Jahren. Abweichungen hiervon sind jedoch möglich. Eine verhältnismäßig lange Bindung kann auch bei kürzerer Ausbildung gerechtfertigt sein, wenn der ArbGeb ganz erhebliche Mittel aufwendet oder die Teilnahme an der Fortbildung dem ArbN überdurchschnittlich große Vorteile bringt. Es geht dabei nicht um rechnerische Gesetzmäßigkeiten, sondern um richterrechtlich entwickelte Richtwerte, die einzelfallbezogene Abweichungen zugänglich sind[3]. Im Rahmen der nach § 307 anzustellenden Interessenabwägung ist auch der **die Rückzahlungspflicht auslösende Tatbestand** zu berücksichtigen[4]. Dieser muss zunächst hinreichend klar und bestimmt sein[5]. Es ist zudem nicht zulässig, die Rückzahlungspflicht schlechthin an jedes Ausscheiden des ArbN zu knüpfen, das innerhalb der in der Klausel vorgesehenen Bleibefrist stattfindet. Vielmehr muss nach dem Grund des vorzeitigen Ausscheidens unterschieden werden[6]. Eine Rückzahlungsklausel stellt nur dann eine ausgewogene Gesamtregelung dar, wenn es der ArbN in der Hand hat, durch eigene Betriebstreue der Rückzahlungspflicht zu entgehen. Zulässig ist es, an das Ausscheiden des ArbN aus dem ArbVerh „auf eigenen Wunsch" oder „aus seinem Verschulden" anzuknüpfen[7]. Unzulässig ist eine Rückzahlungsklausel, die auch für die Fälle der betriebsbedingten Kündigung durch den ArbGeb oder die durch Fehlverhalten des ArbGeb berechtigte Eigenkündigung des ArbN gelten soll[8]. Das BAG legt hier strenge Maßstäbe an. Die nicht abschließende, beispielhafte Aufzählung erfasster Lösungstatbestände reicht nicht aus[9]. Die **Rückzahlungsklausel muss insgesamt verständlich und klar** sein. Dazu sind zumindest Art und Berechnungsgrundlagen der ggf. zu erstattenden Kosten anzugeben[10]. Finanziert der ArbGeb ein Studium und sollen die Kosten nach dem Studium durch eine Berufstätigkeit des ArbN bei dem ArbGeb monatlich abgebaut werden, muss bei Vereinbarung der Rückzahlungsverpflichtung zumindest rahmenmäßig bestimmt sein, zu welchen Bedingungen die Berufstätigkeit erfolgen soll. Dazu gehören Angaben zum Beginn des Vertragsverhältnisses, zu Art und zeitlichem Umfang der Beschäftigung und zur Gehaltsfindung der Anfangsvergütung[11].

Hatte die frühere Rspr. unwirksame Rückzahlungsabreden noch auf das noch wirksame Maß im Wege der geltungserhaltenden Reduktion zurückgeführt[12], gilt dies nicht mehr. Im Rahmen des AGB-Rechts ist eine geltungserhaltende Reduktion nicht vorgesehen (§ 306 Rz. 4)[13]. Gibt der ArbGeb eine zu lange Bindungsdauer vor, ist die daran geknüpfte Rückzahlungsklausel grds. insg. unwirksam. Ein Rückzahlungsanspruch besteht nicht[14]. Lediglich dann, wenn Teile einer Rückzahlungsklausel sprachlich und inhaltlich eindeutig abtrennbar sind, kommt die Teilung in einen zulässigen und einen unzulässigen Teil in Betracht (vgl. hierzu § 306 Rz. 3). Jedoch kann im Wege der ergänzenden Vertragsauslegung die unzulässige Bindungsdauer auf eine zulässige zurückgeführt werden, wenn es wegen der einzelfallbezogenen Betrachtung für den ArbGeb objektiv schwierig war, die zulässige Bindungsdauer im Einzelfall zu bestimmen. Verwirklicht sich dieses Prognoserisiko, ist die Bindungsdauer durch ergänzende Vertragsauslegung zu bestimmen[15]. Keinen Vertrauensschutz gewährt das BAG, wenn die Klausel unwirksam ist, weil der Beendigungstatbestand (auch) an Umstände aus der Sphäre des ArbN anknüpft, weil diese Differenzierung bereits seit der Entscheidung des BAG v. 6.5.1998[16] bekannt ist[17]. Zu Rückzahlungsklauseln iÜ § 611 Rz. 460ff.

---

1 BAG 14.1.2009 – 3 AZR 900/07, NZA 2009, 666; 19.1.2011 – 3 AZR 621/08, DB 2011, 1338; umfassend *Dorth*, RdA 2013, 287. ‖2 BAG 18.11.2008 – 3 AZR 192/07, DB 2009, 853. ‖3 BAG 14.1.2009 – 3 AZR 900/07, NZA 2009, 666; 19.1.2011 – 3 AZR 621/08, DB 2011, 1338. ‖4 *Thüsing*, AGB-Kontrolle, Rz. 151. ‖5 BAG 15.9.2009 – 3 AZR 173/08, NZA 2010, 342. ‖6 BAG 13.12.2011 – 3 AZR 791/09, NZA 2012, 738; 28.5.2013 – 3 AZR 103/12, DB 2013, 2152. ‖7 BAG 19.1.2011 – 3 AZR 621/08, DB 2011, 1338 ‖8 BAG 11.4.2006 – 9 AZR 610/05, AP Nr. 16 zu § 307 BGB;28.5.2013 – 3 AZR 103/12; ebenso BGH 17.9.2009 – III ZR 207/08, NZA 2010, 37. ‖9 BAG 23.1.2007 – 9 AZR 482/06, NZA 2007, 748. ‖10 BAG 21.8.2012 – 3 AZR 698/10, DB 2012, 2894. ‖11 BAG 18.3.2008 – 9 AZR 186/07, MDR 2008, 1167. ‖12 BAG 6.3.1994 – 5 AZR 339/92, DB 1994, 1726. ‖13 BAG 15.9.2009 – 3 AZR 173/08, NZA 2010, 342; 28.5.2013 – 3 AZR 103/12, DB 2013, 2152. ‖14 BAG 14.1.2009 – 3 AZR 900/07, NZA 2009, 666. ‖15 BAG 14.1.2009 – 3 AZR 900/07, NZA 2009, 666; 15.9.2009 – 3 AZR 173/08, NZA 2010, 342. ‖16 BAG 6.5.1998 – 5 AZR 535/97, DB 1999, 156. ‖17 BAG 28.5.2013 – 3 AZR 103/12, DB 2013, 2152.

47 – **Rückzahlung von Sondervergütungen.** Gewährt der ArbGeb zusätzlich zum laufenden Arbeitsentgelt Sonderzahlungen, so verknüpft er diese oftmals mit Bindungs- und Rückzahlungsklauseln (vgl. § 611 Rz. 110ff.). Soweit es sich dabei um AGB handelt, unterliegen sie der Inhaltskontrolle. Aus dem **Transparenzgebot** (§ 307 I 2) folgt, dass die Klausel eindeutige und damit für den ArbN überschaubare und klare Regelungen enthalten muss, dh. die Bindungsdauer klar festgelegt ist[1]. Als AGB sind die Klauseln zudem eng auszulegen (§ 611 Rz. 112). Die **Bindungsdauer** darf den ArbN zudem nicht unangemessen benachteiligen (§ 307). Die Dauer der zulässigen Bindung hängt von der Höhe der Sonderzahlung ab. In Relation hierzu darf der ArbN durch die Bindung nicht in unzulässiger Weise in seiner durch Art. 12 GG garantierten Berufsfreiheit behindert werden. Das BAG greift hierbei im Rahmen der Inhaltskontrolle gem. § 307 auf seine schon bisher entwickelten Grenzwerte (dazu § 611 Rz. 113) zurück[2]. Für Bindungs- und Verfallsklauseln betr. **Aktienoptionspläne** können die zu anderen Sondervergütungen entwickelten Grundsätze nicht uneingeschränkt herangezogen werden[3]. Bei einer unwirksamen Klausel kommt eine geltungserhaltende Reduktion nicht in Betracht[4].

48 – **Salvatorische Klausel.** Eine salvatorische Klausel soll die Unwirksamkeit einer Bestimmung insg. verhindern und sie auf das wirksame Maß zurückführen. Sie ist unwirksam, denn § 306 II ist nicht dispositiv. Sie ist zudem intransparent (§ 307 I 2), weil sich die noch wirksame Regelung nicht aus ihr ergibt[5].

49 – **Schriftformklauseln.** S. dazu § 305b Rz. 3.

49a – Eine arbeitsvertragl. Vereinbarung, der zufolge der ArbN seine **Steuererklärung** durch eine vom ArbGeb beauftragte Steuerberatungsgesellschaft erstellen lassen muss, verstößt gegen § 307 I 1[6].

50 – **Vertragsstrafen.** Vertragsstrafenvereinbarungen sind in Einzelarbeitsverträgen grds. zulässig. Soweit der Tatbestand der Lösung vom Vertrag durch den ArbN betroffen ist, findet das Klauselverbot des § 309 Nr. 6 wegen der Besonderheiten des Arbeitsrechts keine Anwendung. Außerhalb dieses Anwendungsbereichs verbietet es Vertragsstrafenabreden nicht (§ 309 Rz. 9).

51 Auf der Ebene der Einbeziehung in den Arbeitsvertrag ist zu beachten, dass eine Vertragsstrafe unter dem Aspekt der **formalen Überraschung** (§ 305c I) unwirksam sein kann (vgl. § 305c Rz. 3)[7].

52 Vertragsstrafenabreden sind einer **Inhaltskontrolle gem. § 307** zu unterziehen[8]. Eine unangemessene Benachteiligung liegt vor, wenn der ArbGeb als Verwender kein **berechtigtes Interesse** an einer Vertragsstrafenregelung hat. Ein solches Interesse besteht für den ArbGeb jedoch deshalb, weil das allg. Schuldrecht das Erfüllungsinteresse des ArbGeb nur unzureichend sichert. Dies gilt für den Vertragsbruch durch den ArbN, die Veranlassung der außerordentl. Kündigung durch den ArbGeb sowie für die Sicherung langer Kündigungsfristen[9]. In allen Fällen kann durch das strafbewehrte Verhalten regelmäßig ein Schaden entstehen, dessen Nachweis typischerweise nicht oder nur schwer zu erbringen ist[10]. Auch Vertragsstrafen für **nachvertragl. Wettbewerbsverbote** bleiben zulässig, wobei § 74a HGB einen gesetzl. Fall der Inhaltskontrolle bildet[11].

53 Erforderlich ist, dass der **Tatbestand**, welcher die Vertragsstrafe auslösen soll, **klar gekennzeichnet** ist. Dies folgt aus dem Transparenzgebot (§ 307 I 2)[12]. Nur dann ist der ArbN in der Lage, sein Verhalten entsprechend auszurichten. In der Zivilrspr. sind Klauseln, die an den globalen Tatbestand des „Vertragsbruchs" anknüpfen, für unwirksam erachtet worden[13]. Nach der Rspr. des BAG ist eine Vertragsstrafe, die an das schuldhafte vertragswidrige Verhalten des ArbN, das den ArbGeb zur fristlosen Kündigung berechtigt, anknüpft, nicht hinreichend bestimmt. Die Regelung muss klar erkennen lassen, welche konkreten Pflichten durch sie gesichert werden sollen[14], zB durch konkrete Aufzählung derselben[15]. Dem steht entgegen, dass der ArbGeb auch unbestimmte Begriffe der Gesetzessprache verwenden darf. Dies gilt zB für den Begriff des „wichtigen Grundes" (s.a. § 307 Rz. 20)[16]. Eine Klausel, die bei einem Wettbewerbsverbot für eine dauerhafte Verletzung vertragl. Pflichten und für einen einmaligen Vertragsverstoß unterschiedliche Sanktionen vorsieht, muss klar regeln, in welchen Situationen die unterschiedlichen Rechtsfolgen eintreten[17].

---

1 Vgl. bereits bisher BAG 24.2.1999 – 10 AZR 245/98, nv.; *Thüsing*, AGB-Kontrolle, Rz. 391. ||2 BAG 28.3.2007 – 10 AZR 261/06, NZA 2007, 687; 24.10.2007 – 10 AZR 825/06, NZA 2008, 40; 28.5.2008 – 10 AZR 351/07, NZA 2008, 1066. ||3 BAG 28.5.2008 – 10 AZR 351/07, NZA 2008, 1066. ||4 BAG 24.10.2007 – 10 AZR 825/06, NZA 2008, 40. ||5 BAG 25.5.2005 – 5 AZR 572/04, AP Nr. 1 zu § 310 BGB; 28.5.2013 – 5 AZR 535/97; BGH 20.11.2012 – VIII ZR 137/12, WuM 2013, 293. ||6 BAG 23.8.2012 – 8 AZR 804/11, NZA 2013, 268. ||7 *Thüsing*, AGB-Kontrolle, Rz. 426. ||8 Dazu *Niemann*, RdA 2013, 92 (94ff.). ||9 BAG 4.3.2004 – 8 AZR 196/03, AP Nr. 3 zu § 309 BGB. ||10 *Leder/Morgenroth*, NZA 2002, 952 (956); Preis/*Stoffels*, Der Arbeitsvertrag, II V 30 Rz. 31; aA im Hinblick auf die Typik des Schadens ArbG Bochum 8.7.2002 – 3 Ca 1287/02, NZA 2002, 978 (980). ||11 LAG Hamm 14.4.2003 – 7 Sa 1881/02, NZA-RR 2003, 513 (515). ||12 BAG 21.4.2005 – 8 AZR 425/04, AP Nr. 3 zu § 307 BGB; 28.5.2009 – 8 AZR 896/07, nv. ||13 ZB OLG Düss. 18.10.1992 – 16 U 173/90, DB 1992, 86. ||14 BAG 21.4.2005 – 8 AZR 425/04, *AP Nr. 3 zu § 307 BGB*. ||15 BAG 18.8.2005 – 8 AZR 65/05; 28.5.2009 – 8 AZR 896/07, nv. ||16 Palandt/*Grüneberg*, § 307 Rz. 22; *Stoffels*, ZfA 2009, 861 (884). ||17 BAG 14.8.2007 – 8 AZR 973/06, DB 2008, 66; hierzu *Diller*, NZA 2008, 574 (576) mit Formulierungsbsp.

Die **Höhe der Vertragsstrafe** muss angemessen sein. Die Rspr. geht bisher von einem Bruttomonatsverdienst als Obergrenze aus[1], wobei das BAG dies nur als „Faustregel" bezeichnet hat[2]. Es können sich im Einzelfall Abweichungen nach oben oder unten ergeben[3]. Zur Feststellung der Angemessenheit einer Vertragsstrafenabrede ist die **maßgebliche Kündigungsfrist** von erheblicher Bedeutung[4]. Auch längere als in § 622 I vorgesehene, für beide Vertragsparteien gleiche Kündigungsfristen können durch Strafversprechen gesichert werden[5]. Eine kürzere Kündigungsfrist bedingt eine geringere Höhe als angemessen[6]. Die Festsetzung einer Vertragsstrafe von einem Monatsgehalt, wenn der ArbN sich innerhalb der Probezeit mit einer Frist von zwei Wochen rechtmäßig vom Vertrag lösen kann, ist unangemessen. Eine das für den Zeitraum der Kündigungsfrist geschuldete Gehalt übersteigende Vertragsstrafe ist gerechtfertigt, wenn das Sanktionsinteresse des ArbGeb den Wert der Arbeitsleistung auf Grund besonderer Umstände typischerweise und generell übersteigt[7], zB (zwei Bruttomonatsgehälter bei Kündigungsfrist 30 Tage zum Monatsende) bei einem Vertriebsleiter eines kleinen (24 ArbN) Dienstleistungsunternehmens im Bereich der Logistik[8]. Eine Mindestvertragsstrafe, die dem Mehrfachen eines Bruttogehalts eines Monats entspricht, ist ohne Vorliegen besonderer Umstände unangemessen[9]. Erfasst ein nicht teilbares Strafversprechen Zeiträume mit kürzeren Kündigungsfristen, so ist es insg. unwirksam, wenn die Höhe der Vertragsstrafe für diese Zeiträume nicht angemessen ist, auch wenn sie es für andere, ebenfalls erfasste Zeiträume ist[10]. Dies ist zB der Fall, wenn für die vertragswidrige, vorzeitige Vertragsbeendigung durch den ArbN eine Vertragsstrafe von einem Bruttomonatsgehalt vorgesehen ist, und dieser in der Probezeit mit einer Frist von zwei Wochen kündigen kann. Es ist unerheblich, dass die Vertragsbeendigung selbst nach Ablauf der Probezeit erfolgte[11]

Die Vertragsstrafe darf keine unangemessene **Übersicherung** beinhalten, ansonsten ist sie inhaltlich unangemessen. Im Falle schuldhaften vertragswidrigen Verhaltens, das den ArbGeb zur fristlosen Kündigung berechtigt, wird nach der Rspr. des BAG der Interessenausgleich in erster Linie durch die Möglichkeit der fristlosen Kündigung sichergestellt. Eine darüber hinausgehende Bestrafung des ArbN kann nur durch Verletzung weiterer schutzwürdiger Interessen des ArbGeb, wie zB bei Eigentums- oder Vermögensverletzungen, gerechtfertigt sein[12]. Eine Übersicherung enthält eine Vertragsstrafe, die für jeden Fall des Verstoßes gegen das **Wettbewerbsverbot** eine Vertragsstrafe des ein- bis dreifachen Monatsgehalts vorsieht, wobei der ArbGeb die genaue Höhe festlegt. Es fehlt bereits an einem angemessenen Rahmen[13]. Ein **verschuldensunabhängiges Vertragsstrafenversprechen** hält einer Inhaltskontrolle nicht stand[14].

Überschreitet die Höhe der Vertragsstrafe die Grenze des Angemessenen, ist sie unwirksam und kann wegen § 306 nicht auf das noch zulässige Maß im Wege der geltungserhaltenden Reduktion (§ 306 Rz. 4) zurückgeführt werden[15]. Eine Herabsetzung gem. § 343 kommt zudem nur dann in Betracht, wenn die Vertragsstrafe unter Beachtung der §§ 305 ff. wirksam vereinbart ist, weil die §§ 343 ff. ein wirksames Strafversprechen voraussetzen[16].

– **Verzichtsvereinbarungen.** Verzichtsvereinbarungen kommen oft in **Ausgleichsquittungen** vor. Diese können unter dem Aspekt der **formalen Überraschung** unwirksam sein (§ 305c Rz. 5). Auch das Transparenzgebot (§ 307 I 2) findet Anwendung. Dies entspricht früherer Rspr., die von dem pauschalen Verzicht, dass aus dem ArbVerh keine Ansprüche mehr bestehen, den Verzicht auf die Kündigungsschutzklage nicht erfasst sah[17]. Es muss aus der Formulierung deutlich werden, welche Ansprüche erfasst sind[18]. Zudem sind an die Annahme eines Verzichtswillens hohe Anforderungen zu stellen. Selbst bei eindeutiger Erklärung darf ein Verzicht nicht angenommen werden, ohne sämtliche Begleitumstände zu berücksichtigen[19].

Liegt eine echte Verzichtsabrede vor, ist diese nicht bereits deshalb **unangemessen benachteiligend**, weil der Verzichtende sich für seinen Verzicht keine Gegenleistung versprechen lässt[20]. Ein wirksam vereinbarter Verzicht stellt einen Erlassvertrag iSd. § 397 I dar. Dieser betrifft Forderungen aus dem

---

1 ErfK/*Müller-Glöge*, §§ 339–345 BGB Rz. 14; vgl. LAG Hamm 14.2.2001 – 14 Sa 1829/00, NZA-RR 2001, 524; s. jetzt BAG 4.3.2004 – 8 AZR 196/03, AP Nr. 3 zu § 309 BGB. || 2 BAG 6.10.1993 – 5 AZR 636/92; vgl. auch BAG 27.4.2000 – 8 AZR 301/99, nv. || 3 Vgl. zB ArbG Frankfurt 20.4.1999 – 4 Ca 8495/97, NZA-RR 2000, 82. || 4 BAG 4.3.2004 – 8 AZR 196/03, AP Nr. 3 zu § 309 BGB; 18.12.2008 – 8 AZR 81/08, DB 2009, 2269. || 5 BAG 25.9.2008 – 8 AZR 717/07, DB 2009, 569. || 6 Hierzu LAG Hamm 24.1.2003 – 10 Sa 1158/02, NZA 2003, 499; LAG BW 10.4.2003 – 11 Sa 17/03, DB 2003, 2551. || 7 BAG 4.3.2004 – 8 AZR 196/03, AP Nr. 3 zu § 309 BGB; 18.12.2008 – 8 AZR 81/08, DB 2009, 2269. || 8 LAG Schl.-Holst. 28.2.2012 – 1 Sa 235b/11, LAGE § 307 BGB 2002 Nr. 29. || 9 BAG 4.3. 2004 – 8 AZR 344/03, nv. || 10 BAG 25.9.2008 – 8 AZR 717/07, DB 2009, 569. || 11 BAG 23.9.2010 – 8 AZR 897/08, NJW 2011, 408. || 12 BAG 23.9.2010 – 8 AZR 897/08, NJW 2011, 408. || 13 BAG 18.8.2005 – 8 AZR 65/05, NZA 2006, 34. || 14 BGH 21.3.2013 – VII ZR 224/12, MDR 2013, 728. || 15 BAG 4.3.2004 – 8 AZR – 196/03, AP Nr. 3 zu § 309 BGB; 14.8.2007 – 8 AZR 973/06, DB 2008, 66. || 16 BGH 18.11.1982 – VII ZR 305/81, BGHZ 85, 305; LAG Hamm 24.1.2003 – 10 Sa 1158/02, NZA 2003, 499; LAG BW 10.4.2003 – 11 Sa 17/03, DB 2003, 2551. || 17 BAG 3.5.1979 – 2 AZR 679/77, EzA § 4 KSchG nF Nr. 15; ausf. *Stahlhacke/Preis/Vossen*, Rz. 1285 ff. mwN. || 18 *Gotthardt*, Rz. 305; ErfK/*Preis*, §§ 305–310 BGB Rz. 100. || 19 BAG 7.11.2007 – 5 AZR 880/05, DB 2008, 185. || 20 *Preis/Bleser/Rauf*, DB 2006, 2812 (2818); *Reuter*, FS 50 Jahre BAG, 2004, S. 177 (190); *Stoffels*, ZfA 2009, 861 (868); aA *Reinecke*, DB 2002, 583 (586).

ArbVerh und den unmittelbaren Gegenstand selbständiger Hauptleistungspflichten und unterliegt deshalb keiner Inhaltskontrolle[1]. Dies muss auch für den Verzicht auf die Erhebung einer Kündigungsschutzklage gelten. Es fehlt jeder Maßstab, was ein solcher Verzicht wert ist (vgl. insoweit zu Aufhebungsverträgen und § 1a KSchG oben Rz. 4)[2]. Aus diesem Grunde ist auch eine unentgeltliche Verzichtserklärung des ArbN ohne kompensatorische Gegenleistung des ArbGeb in einer Ausgleichsquittung nicht wegen des Fehlens der Gegenleistung unangemessen benachteiligend gem. § 307 I[3]. Eine Inhaltskontrolle von Verzichtsklauseln ist jedoch dann zu bejahen, wenn ein vorgedruckter Verzicht mit anderen Erklärungen untrennbar verbunden ist und dem anderen Teil eine Ablehnung nicht zugemutet werden kann, weil er sonst von anderen Rechten oder Vorteilen ausgeschlossen wäre[4]. Allein die Vertragsabschlusssituation, zB eine Überrumpelung, führt im Rahmen der Inhaltskontrolle nicht zu einer anderen Bewertung (vgl. Rz. 5Das BAG geht allerdings inzwischen davon aus, dass der formularmäßige **Verzicht auf die Erhebung einer Kündigungsschutzklage ohne Gegenleistung** eine **unangemessene Benachteiligung** iSv. § 307 I 1 darstellt und deshalb unwirksam ist[5]. Hierauf wird sich die Praxis einstellen müssen. Die volle Überprüfbarkeit begründet es damit, dass es sich bei dem Klageverzicht nicht um die Hauptabrede eines selbständigen Vertrags (zB eines Aufhebungsvertrags) handele, der nur auf Transparenz kontrollierbar wäre (vgl. Rz. 4), sondern lediglich um eine Nebenabrede zu dem ursprünglichen Arbeitsvertrag. Ein Klageverzicht nach Zugang einer Kündigung ist aber nicht als solcher mit wesentlichen Grundgedanken des KSchG unvereinbar, weil ein Verzicht auf die Erhebung einer Kündigungsschutzklage gerade auch während des Ablaufs der Drei-Wochen-Frist des § 4 S. 1 KSchG zulässig ist[6]. Die unangemessene Benachteiligung des ArbN, der formularmäßig auf die Erhebung einer Kündigungsschutzklage verzichtet, liege aber in dem Versuch des ArbGeb, seine Rechtsposition ohne Rücksicht auf die Interessen des ArbN zu verbessern, indem er dem ArbN ohne Ausgleich die Möglichkeit einer gerichtl. Überprüfung der Kündigung entzieht. Eine solche Kompensation sei – so das BAG – etwa in Bezug auf den Beendigungszeitpunkt, die Beendigungsart, Zahlung einer Entlassungsentschädigung, Verzicht auf eigene Ersatzansprüche etc. erforderlich[7]. Dies überzeugt nicht, weil – wie ausgeführt – jeder Maßstab dafür fehlt, welche Kompensation angemessen ist. Zudem geht das BAG für einen Klageverzicht im Rahmen von § 623 davon aus, dass „die Lage im Wesentlichen dieselbe ist wie im Fall eines Vertrages, mit dem nicht der Verzicht auf die Klage gegen eine ausgesprochene Kündigung erklärt wird, sondern nach Kündigung ein Aufhebungsvertrag geschlossen wird"[8]. Für das Schriftformerfordernis wird der Klageverzicht dem Aufhebungsvertrag gleichgestellt – dessen Hauptabreden auch nach der Rspr. des BAG (Rz. 4) keiner Inhaltskontrolle unterliegen –, für die Inhaltskontrolle aber wiederum als davon abzugrenzende unselbständige Nebenabrede zum Arbeitsvertrag qualifiziert. Die Instanzrspr. hat teilweise sogar verlangt, dass bei einem wechselseitigen Verzicht das Risiko des Anspruchsverlusts in etwa gleich hoch sein muss, damit der Verzicht keine unangemessene Benachteiligung darstellt, wobei zu berücksichtigen sei, dass der ArbN vorleistungspflichtig ist[9].

59 Nach der Rspr. des BAG ist ein bestätigendes **Schuldanerkenntnis** bei nur einseitigem Nachgeben des ArbN nicht mit dem Grundgedanken der gesetzl. Regelung des § 779 vereinbar ist, die ein gegenseitiges Nachgeben verlangt. Die einseitige Umgestaltung eines bestehenden Schuldverhältnisses widerspreche dem Modell des § 779[10]. Ein selbständiges Schuldversprechen, mit dem der ArbN sich zur Zahlung verpflichtet, unterliegt gem. § 307 III 1 nicht der Inhaltskontrolle. Ein darin enthaltener Verzicht auf Einwendungen jeder Art ist jedoch unwirksam, weil dieser von den Regeln des Rechts der ungerechtfertigten Bereicherung (§§ 812 II, 821) abweicht[11].

60 – **Zielvereinbarungen**. Soweit es sich bei der Zielvereinbarung nicht um eine Individualvereinbarung handelt, liegen AGB vor, auf welche die §§ 305 ff. Anwendung finden[12]. Insb. die vereinbarten Ziele können individuell ausgehandelt sein[13]. Dies ist allerdings nicht zwangsläufig so, denn sie können auch vom ArbGeb vorgegeben werden[14]. Als AGB müssen auch Zielvereinbarungen **transparent** sein (§ 307 I 2). Ein Verstoß gegen das Transparenzgebot liegt vor, wenn der ArbGeb in einem von ihm vorformulierten Arbeitsvertrag sich zu einer leistungs- und gewinnbezogenen Bonuszahlung verpflichtet und im Widerspruch dazu in einer anderen Vertragsklausel einen Rechtsanspruch des ArbN auf eine Bonuszahlung ausschließt. Die Bonusregelung ist dann nicht insg. unwirksam, sondern nur insoweit,

---

1 BAG 19.3.2009 – 8 AZR 722/07, MDR 2009, 1398. ||2 LAG Hamm 9.10.2003 – 11 Sa 515/03; *Stoffels*, ZfA 2009, 861 (868); *Müller*, BB 2011, 1653 (1654). ||3 So aber LAG Schl.-Holst. 24.9.2003 – 3 Sa 6/03, NZA-RR 2004, 74 (75); LAG Hamburg 29.4.2004 – 1 Sa 47/03, NZA-RR 2005, 151 (153); LAG Düss. 13.4.2005 – 12 Sa 154/05, LAGE § 307 BGB 2002 Nr. 7; *Preis/Bleser/Rauf*, DB 2006, 2812 (2818). ||4 WLP/*Stoffels*, Klauseln Rz. V 391; BGH 25.10.1984 – VII ZR 95/83, NJW 1985, 970 f. für die Einbeziehung der Ansprüche gegen Dritte, nicht am Vertrag Beteiligter, in eine Verzichtsklausel. ||5 BAG 6.9.2007 – 2 AZR 722/06, NZA 2008, 218. ||6 Vgl. nur BAG 19.4.2007 – 2 AZR 208/06, AP Nr. 9 zu § 623 BGB. ||7 BAG 6.9.2007 – 2 AZR 722/06, NZA 2008, 218. ||8 BAG 19.4.2007 – 2 AZR 208/06, AP Nr. 9 zu § 623 BGB. ||9 LAG Bln.-Bbg. 24.11.2011 – 5 Sa 1524/11; LAG Schl.-Holst. 24.9.2013 – 1 Sa 61/13. ||10 BAG 15.3.2005 – 9 AZR 502/03, AP Nr. 7 zu § 781 BGB; s.a. zum Ganzen *Fornasier/Werner*, RdA 2007, 235 ff. ||11 BAG 15.3.2005 – 9 AZR 502/03, AP Nr. 7 zu § 781 BGB. ||12 *Riesenhuber/v. Steinau-Steinrück*, NZA 2005, 791; *Schrader/Müller*, RdA 2007, 145 (152); *Thüsing*, AGB-Kontrolle, Rz. 459 ff.; umfassend *Horcher*, BB 2007, 2065. ||13 *Lindemann*, Flexible Gestaltung von Arbeitsbedingungen, 2003, S. 321. ||14 *Thüsing*, AGB-Kontrolle, Rz. 461.

als der ArbN durch den Ausschluss eines Rechtsanspruchs auf die Bonuszahlung benachteiligt wird[1]. Es empfiehlt sich, die zu erreichenden Ziele möglichst präzise zu formulieren. Die unklare Formulierung des zu erreichenden Ziels geht zu Lasten des ArbGeb (§ 305c Rz. 10). In welchem **Umfang** Bestandteile des Arbeitsentgelts einer Zielvereinbarung unterworfen sind, unterliegt keinen festen Maßstäben. Allerdings darf das Wirtschaftsrisiko nicht in unangemessener Weise auf den ArbN verlagert werden (§ 307 I 1). Unzulässig ist deshalb eine **Malusregelung**, bei welcher der ArbN bei Nichterreichen der Ziele nicht nur keinen Bonus erhält, sondern zudem ein Zwölftel seines Jahreseinkommens an den ArbGeb zahlen muss[2]. Eine in AGB vereinbarte rein leistungsbezogene Vergütungsabrede, bei der dem ArbGeb das Recht zusteht, einseitig die zu erbringende Arbeitsleistung auszugestalten und auf diese Weise den vergütungsrelevanten Erfolg der erbrachten Leistung ohne Begrenzung zu beeinflussen und ohne dass eine Mindestsicherung vereinbart ist, ist ebenfalls unwirksam[3]. Bei der Angemessenheitskontrolle ist zu beachten, woran die Zielerreichung anknüpft (Erfolg des Unternehmens oder Erreichen vom ArbN zu beeinflussender Ziele) und in welchem Umfang der ArbN eine feste Vergütung erhält[4]. Zulässig und nicht unangemessen benachteiligend ist es nach Ansicht des 10. Senats des BAG, den Bonusanspruch an den **Bestand eines ArbVerh im gesamten Geschäftsjahr** zu knüpfen. Dies gelte auch, wenn der Bonusanspruch leistungs- und erfolgsbezogene Komponenten enthält[5]. Entschieden hat der 10. Senat des BAG dies für eine Fallgestaltung, in der Jahresziele vereinbart waren, mit der Begründung, dass dann in aller Regel auch erst nach Ablauf der Zielperiode festgestellt werden kann, ob und in welcher Höhe dem ArbN der ihm für den Fall der Zielerreichung zugesagte Bonus zusteht[6]. Zu einer BV hat der 1. Senat des BAG aber zu Recht ausgeführt, dass die Betriebsparteien den Anspruch auf eine im Synallagma stehende variable Erfolgsvergütung nicht davon abhängig machen können, dass das ArbVerh zu einem Auszahlungstag außerhalb des Bezugszeitraums vom ArbN nicht gekündigt wird. Die Vorenthaltung einer bereits verdienten Arbeitsvergütung ist stets ein unangemessenes Mittel, die selbstbestimmte Arbeitsplatzaufgabe zu verzögern oder zu verhindern, was auch aus Art. 12 I GG folgt[7]. Dass die Erfolgsvergütung von den persönlichen Zielen und vom Unternehmenserfolg abhängt, ändert nichts daran, dass sie unmittelbare Gegenleistung für die vom ArbN erbrachte Arbeitsleistung ist[8]. Im Rahmen der Inhaltskontrolle nach § 307 kann nichts anderes gelten. Durch eine Bindungsklausel darf die zusätzliche Leistung in ihrer Zwecksetzung nicht entwertet werden. Bezweckt die erfolgsabhängige Vergütung die Leistungssteigerung des ArbN[9], darf sie in diesem Zweck nicht durch die Bindungsklausel entwertet werden. Von der Abgrenzung danach, ob die Leistung im Synallagma steht oder nicht, geht jetzt auch der 10. Senat aus[10]. In jedem Fall unzulässig ist es, den auch leistungsbezogenen Bonus an den Bestand des ArbVerh zu einem Zeitpunkt außerhalb des Bezugszeitraums zu knüpfen[11]. Unzulässig ist es, den Bonus pauschal an den ungekündigten Bestand des ArbVerh anzuknüpfen, weil insoweit auch Fallgestaltungen erfasst sind, in denen der ArbN nichts zur Kündigung beiträgt[12].

Abschnitt 8. Einzelne Schuldverhältnisse

Titel 8. Dienstvertrag

Vor § 611

I. Das Arbeitsrecht als Arbeitnehmerschutzrecht ... 1
1. Der Konflikt zwischen Vertragsfreiheit und Arbeitsrecht ... 1
2. Die verfassungsrechtlichen Vorgaben ... 2
3. Folgerung ... 4
4. Fallgruppen ... 6

II. §§ 611 ff. im Gesamtsystem des BGB ... 7
1. Abgrenzung zu anderen Vertragstypen ... 7
2. Freier Dienstvertrag und unselbständiger Arbeitsvertrag ... 18

III. Geltungsbereich des Arbeitsrechts: Der Arbeitnehmerbegriff ... 19
1. Arbeits-, sozial- und steuerrechtlicher Arbeitnehmerbegriff ... 19
2. Einheitlicher Arbeitnehmerbegriff im Arbeitsrecht ... 21
3. Merkmale des Arbeitsvertrags ... 24
4. Abgrenzung nach der persönlichen Weisungsgebundenheit ... 42
5. Abweichende Ansätze im Schrifttum ... 56
6. Stellungnahme ... 59

---

[1] BAG 24.10.2007 – 10 AZR 825/06, NZA 2008, 40; ebenso *Freihube*, DB 2008, 124. || [2] LAG Hamm 25.11.2010 – 17 Sa 1185/10. || [3] LAG Sa.-Anh. 18.9.2007 – 11 Sa 236/07. || [4] Zum Ganzen DBD/*Däubler*, Anh. Zu § 307 Rz. 76 ff.; *Riesenhuber/v. Steinau-Steinrück*, NZA 2005, 791; *Thüsing*, AGB-Kontrolle, Rz. 469. || [5] BAG 6.5. 2009 – 10 AZR 443/08, DB 2009, 1601. || [6] In diese Richtung BAG 6.5.2009 – 10 AZR 443/08, DB 2009, 1601. || [7] BAG 12.4.2011 – 1 AZR 412/09, NZA 2011, 989. || [8] BAG 12.4.2011 – 1 AZR 412/09, NZA 2011, 989. || [9] Vgl. BAG 12.4.2011 – 1 AZR 412/09, NZA 2011, 989. || [10] BAG 18.1.2012 – 10 AZR 667/10, DB 2012, 1332; 18.1.2012 – 10 AZR 612/10, ZIP 2012, 938; 3.11.2013 – 10 AZR 848/12. || [11] BAG 14.11.2012 – 10 AZR 783/11, DB 2013, 346. || [12] In diese Richtung BAG 6.5.2009 – 10 AZR 443/08, DB 2009, 1601.

7. Problematische Fallgruppen	61	VI. **Rechtsquellen des Arbeitsrechts**	132
8. Weitere Einzelfälle von A–Z	103	1. Arbeitsvölkerrecht	132
IV. Einzelne Gruppen von Arbeitnehmern	105	2. Europäisches Unionsrecht	135
1. Arbeiter und Angestellte	105	3. Verfassungsrecht	142
2. Leitende Angestellte	108	4. Arbeitsrechtliche Gesetze	143
3. Arbeitnehmerähnliche Personen	111	5. Rechtsverordnungen	144
V. Besondere Formen des Arbeitsverhältnisses	115	6. Satzungsrecht	145
1. Prekäre Arbeitsverhältnisse	115	7. Tarifverträge	146
2. Mittelbares Arbeitsverhältnis	116	8. Betriebs- und Dienstvereinbarungen	147
3. Gruppenarbeitsverhältnis	121	9. Arbeitsverträge	148
4. Arbeitsverhältnis mit einer Mehrzahl von Arbeitgebern	125	10. Weisungsrecht des Arbeitgebers	151
		11. Richterrecht	152
5. Kirchliche Arbeitnehmer	127	12. Rangfolge arbeitsrechtlicher Rechtsquellen	154

1 I. Das Arbeitsrecht als Arbeitnehmerschutzrecht. 1. Der Konflikt zwischen Vertragsfreiheit und Arbeitsrecht. Die §§ 611 ff. bilden – nach der zeitl. Entwicklung wie auch der inhaltl. Regelung – die Grundnormen des Arbeitsrechts. Sie sind die Keimzelle und erste Saat eines Rechtsgebiets, das bis heute weitgehend außerhalb des BGB gewachsen ist. Nach den Worten *Otto v. Gierkes* blieb das BGB „von dem Versuch einer Kodifikation des modernen Arbeitsvertragsrechts weit entfernt"[1], und es ist seitdem diesem Ziel nur wenige Schritte näher gekommen. Die Väter des BGB sahen es als wesentl. an, in das Dienstvertragsrecht „nur Bestimmungen allgemeiner Art [aufzunehmen], die sich für die Dienstverhältnisse verschiedener Art eignen, während solche Dienstverhältnisse, die mit Rücksicht auf ihre soziale Bedeutung und andere Besonderheiten einer besonderen eingehenden Regelung bedürfen, der Spezialgesetzgebung zu überlassen seien"[2]. Das Arbeitsrecht und sein spezifisches Anliegen mussten also außerhalb des kodifikatorischen Rahmens entwickelt werden: der Schutz des ArbN vor der Fremdbestimmung durch den ArbGeb[3]. Die Möglichkeit, durch Vertrag den Inhalt des ArbVerh festzulegen, wird begrenzt, um den ArbN vor der einseitigen Fremdbestimmung des ArbGeb zu schützen. Auch im Arbeitsrecht gilt freilich grds. die Vertragsfreiheit. Dies hat in § 105 S. 1 GewO ausdrückl. gesetzgeberische Anerkennung erfahren. Die Grenzen dieser Freiheit lässt der Gesetzgeber offen; sie zu bestimmen gehört zu den entscheidenden Weichenstellungen der weiteren Entwicklung des Arbeitsrechts.

2 2. Die verfassungsrechtlichen Vorgaben. Nach der st. Rspr. des BVerfG ist die **Privatautonomie** ein Teil der allg. Handlungsfreiheit. Art. 2 I GG gewährleistet damit das Selbstbestimmungsrecht des Einzelnen im Rechtsleben[4]. Diese Selbstbestimmung versteht das Gericht jedoch nicht iS einer bloß formalen Freiheit, die den Vertragsschluss unabhängig vom Inhalt des Vertrages und den Umständen seines Zustandekommens schützen will. Entscheidend ist die materielle, tatsächliche Freiheit, eine rechtsgeschäftliche Bindung eingehen zu können oder auch nicht[5]. Sie allein ist geschützt, und nur an ihrer Beschränkung oder Sicherung muss sich das Arbeitsrecht messen lassen. Grundlegend in der Entwicklung dieses Ansatzes war die Bürgschaftsentscheidung von 1993, vorbereitet durch die Handelsvertreterentscheidung drei Jahre zuvor[6]. Die Vertragsautonomie ist vom Gesetzgeber auszugestalten und insb. muss er die Freiheit der einen Seite mit der der anderen Seite versöhnen. Hat einer der Vertragsteile ein so starkes Übergewicht, dass er den Vertragsinhalt faktisch allein bestimmen kann, bewirkt dies für den anderen Teil Fremdbestimmung. Deren Folgen sind ggf. zu berichtigen: Handelt es sich um eine typisierbare Fallgestaltung, die eine **strukturelle Unterlegenheit** des einen Vertragsteils erkennen lässt, und sind die **Folgen** des Vertrags für den unterlegenen Vertragsteil **ungewöhnlich belastend**, dann muss die Zivilrechtsordnung hierauf reagieren und Korrekturen ermöglichen. Diese Korrekturen beschränken dann nicht die Vertragsfreiheit des schwächeren Partners, sondern sie entfalten sie, obwohl sie ja gerade einen Vertrag unwirksam machen.

3 Für das Arbeitsrecht war dies nicht der erste Schritt in diese Richtung und auch ist es hierbei nicht stehen geblieben. Moderne Habilitationsschriften legten bereits vorher dar, dass das Grundgesetz eine **Inhaltskontrolle der Arbeitsverträge** zulässt und sie in bestimmten Konstellationen gebietet[7]. Das

---

[1] *v. Gierke*, Deutsches Privatrecht III, 1917, S. 600. ‖ [2] *Struckmann* als Kommissar des Bundesrats in Stenographische Berichte, S. 326. ‖ [3] *Hueck/Nipperdey*, Arbeitsrecht, Bd. 1, 6. Aufl., S. 25. „Das Arbeitsrecht ist also zunächst einmal Arbeitnehmerschutzrecht, wobei dieser Begriff im weitesten Sinn zu verstehen ist". ‖ [4] BVerfG 2.5.1996 – BvR 696/96, NJW 1996, 2021; 19.10.1993 – 1 BvR 567/89, BVerfGE 89, 214 (231); 23.4.1986 – 2 BvR 487/80, BVerfGE 73, 261 (270); 12.11.1958 – 2 BvL 4/56, BVerfGE 8, 274, (328); BAG 15.1.1955 – 1 AZR 305/54, BAGE 1, 258 (270); *Erichsen* in Isensee/Kirchhof, Handbuch des Staatsrechts, Bd. VI, 2003, S. 1210 Rz. 58; *Zöllner*, AcP 1996, 1 (25). *Kirchhof*, FS Ulmer, 2003, S. 1211. ‖ [5] S.a. *Canaris*, AcP 200 (2000), 273 (300). ‖ [6] BVerfG 7.2.1990 – 1 BvR 26/84, BVerfGE 81, 242; 19.10.1993 – 1 BvR 567/89, BVerfGE 89, 214 (229 ff.) = JZ 1994, 408 m. Anm. *Wiedemann*; bestätigt durch BVerfG 5.8.1994 – 1 BvR 1402/89, NJW 1994, 2749. Aus der umfangreichen Diskussion s. *Wiedemann*, JZ 1994, 411 (412); *Honsell*, NJW 1994, 565 f.; *Preis/Rolfs*, DB 1994, 261 (264); *v. Westphalen*, MDR 1994, 5 (8); abl. *Adomeit*, NJW 1994, 2467 ff. ‖ [7] *Fastrich*, Richterliche Inhaltskontrolle im Privatrecht, 1992; *Preis*, Grundfragen der Vertragsgestaltung im Arbeitsrecht, 1993.

BVerfG hat diesen Ansatz leicht modifiziert auf ein anderes Grundrecht übertragen: die Berufsfreiheit des ArbN. An ihr misst es den Kündigungsschutz und die Kleinbetriebsklausel des KSchG[1]. Seine Entscheidung von 1998 war bedeutsam nicht nur, weil sie den Schwellenwert des § 23 KSchG korrigierend auf das Unternehmen, nicht den Betrieb bezog (s. § 23 KSchG Rz. 9). Sie ist vielmehr deshalb wichtig, weil auch hier wiederum die Freiheit sich zu binden eingeschränkt wurde, um ein Grundrecht zu entfalten. Denn das Gericht führte aus, auch in Unternehmen außerhalb des KSchG müsse es ein Mindestmaß an Kündigungsschutz geben – anderenfalls sei der Berufsfreiheit des ArbN nicht hinreichend Rechnung getragen, der ungeschützt vor der Disposition des ArbGeb damit rechnen müsste, seinen Arbeitsplatz jederzeit verlieren zu können. Dass die Berufsfreiheit auch darin liegen könnte, weniger sichere Arbeitsplätze zu besetzen, dafür aber zu einem höheren Lohn, erwog das Gericht nicht. Daher ging es auch hier davon aus, dass seine Entscheidung die Freiheit des ArbN entfaltet, nicht dass sie sie beschränkt.

3. Folgerung. Der richtige Ansatzpunkt zur Legitimation arbeitsrechtl. Schutzvorschriften ist in der Tat nicht die Begrenzung der Vertragsfreiheit des ArbN zu Gunsten eines anderen Rechtsguts, das es zu schützen gilt, sondern die Entfaltung seiner Vertragsfreiheit. Der Wille, den ArbN vor den Folgen eines – vielleicht nur in den Augen des Richters – unvernünftigen, aber frei gewollten Handelns zu schützen, kann daher grds. keine Rechtfertigung sein. Weil dem so ist, kann die bloße Unangemessenheit einer Vereinbarung allein noch kein Grund zur Korrektur sein; entscheidend ist, ob sie Ergebnis eines freien Willens war oder nicht, ob es das tatsächlich Gewollte war. Voraussetzung auch für die Kontrolle von Arbeitsverträgen ist also stets die gestörte Vertragsparität, bei der die Einigung beider Vertragspartner nur für eine Seite Ausübung der Vertragsautonomie bedeutet.

Die arbeitsrechtl. Schutzgesetzgebung erhält durch das Gesagte eine grundlegende Bewertung: Wo sie eine Regel aufstellt, die der einzelne ArbN anders vereinbaren will und über die er frei entscheiden kann, darf der Gesetzgeber nicht zu dessen Schutz in die Vertragsautonomie des ArbN eingreifen, auch wenn dies im Einzelfall zu unangemessenen Ergebnissen führt. Eine Rechtfertigung zum Eingriff, sei er direkt durch Gesetz oder mittelbar durch eine entsprechende Befugnis der TV-Parteien oder Betriebspartner, mag der Schutz von Drittinteressen sein, grds. aber nicht der **Schutz des ArbN vor sich selbst**.

4. Fallgruppen. Das Gesagte muss die Leitlinie sein für die Beurteilung der gesetzgeberischen Schranken im Individual- und im Kollektivarbeitsrecht. Bricht man diese Perspektiven auf die einzelnen Fallgruppen des Arbeitsrechts herunter, dann können hieraus Impulse hergeleitet werden insb. **zur Vertrags- und Inhaltskontrolle** (s. § 305 Rz. 1 ff.). Ein umfassendes Mandat des Richters zur Vertragskorrektur etwa entsprechend dem Modell der Arbeitsgesetzbuchkommission von 1977, die in § 3a ihres Entwurfs eine richterliche Billigkeitskontrolle bei jeder arbeitsvertragl. Vereinbarung vorsah, die die Belange des ArbN nicht in angemessener Weise wahrt[2], kann dem Gebot der Entfaltung der Vertragsautonomie nicht entnommen werden, denn eine gestörte Vertragsparität kann nicht bei allen ArbN und in jeder Situation angenommen werden. Die AGB-Kontrolle folgt vielmehr grds. den allg. Bahnen der §§ 305 ff., modifiziert nur durch die angemessene Berücksichtigung der arbeitsrechtl. Besonderheiten (s. § 310 IV 2). Für die evtl. verbleibenden Fälle der Vertragskontrolle unfreier Individualentscheidung bleibt str., wieweit die Grenze gehen wird. Hier dürfte die Entwicklung den Unterschiedlichkeiten der verschiedenen ArbVerh verstärkt Rechnung tragen und sich für eine stärkere Differenzierung öffnen[3]. Auch die Frage, inwieweit es einen **BR ohne oder gegen den Willen der Belegschaft** geben kann (§ 17 BetrVG Rz. 1) und wieweit der BR durch BV in den Vertrag des ArbN eingreifen kann (s. § 77 BetrVG Rz. 59 ff.), ist unter dem Gesichtspunkt der Grenzen der Vertragsfreiheit zu erörtern, ebenso wie das **Günstigkeitsprinzip im TV-Recht** (s. § 4 TVG Rz. 51) sowie die fehlende Möglichkeit des LeihArbN, sich für den ArbGeb dadurch interessant zu machen, dass er für weniger als **Equal pay** arbeitet (§ 9 AÜG Rz. 12). Für Einzelheiten, die der bisherigen Rspr. entnommen werden können, s. § 105 GewO Rz. 1 ff.

II. §§ 611 ff. im Gesamtsystem des BGB. 1. Abgrenzung zu anderen Vertragstypen. Das Privatrecht stellt eine Mehrzahl von Vertragsarten zur Verfügung, auf Grund derer sich eine Partei verpflichten kann, im Dienst oder im Interesse der anderen Partei tätig zu werden. Der Dienstvertrag gem. §§ 611 ff. bildet den **Grund- und Auffangtatbestand** der auf eine Dienstleistung gerichteten Vertragstypen; nach § 611 II können Gegenstand des Dienstvertrags Dienste jeder Art sein. Daneben sind als gesetzl. geregelte Vertragstypen der Auftrag gem. §§ 662 ff. (Rz. 10), der Geschäftsbesorgungsvertrag gem. § 675 (Rz. 11) sowie die Erbringung von Dienstleistungen auf gesellschafts- oder vereinsrechtl. Grundlage zu verzeichnen (Rz. 12). Dazu tritt der nicht gesetzl. normierte Dienstverschaffungsvertrag (Rz. 15) sowie gemischte Vertragstypen, die zumindest Dienstleistungselemente enthalten; in der Praxis am bedeutsamsten sind unter diesen der Vertragshändlervertrag und das Franchising (Rz. 16). Sie alle sind voneinander zu unterscheiden und abzugrenzen.

---

[1] BVerfG 27.1.1998 – 1 BvL 15/87, BVerfGE 97, 169; s. hierzu auch BAG 21.2.2001 – 2 AZR 15/00, NZA 2001, 833. || [2] BMAS (Hrsg.), Arbeitsgesetzbuchkommission, Entwurf eines Arbeitsgesetzbuches – Allgemeines Arbeitsvertragsrecht, 1977. || [3] S.a. *Thüsing*, FS Wiedemann, 2002, S. 592; *Thüsing*, RdA 2005, 257.

8 a) **Werkvertrag (§§ 631ff.).** Zu unterscheiden sind der Dienstvertrag und die mit ihm verwandten, auf die Erbringung von Dienstleistungen gerichteten Vertragstypen vom Werkvertrag gem. §§ 631ff. In einem Werkvertrag verspricht der Schuldner, einen bestimmten Erfolg herbeizuführen; der Gläubiger ist berechtigt, auf Grund des Werkvertrags den Eintritt des versprochenen Erfolgs zu fordern. Das Risiko dafür, dass der Erfolg nicht eintritt, trägt der Schuldner. Entsprechend sehen die §§ 633ff. Gewährleistungsansprüche des Gläubigers gegen den Schuldner im Falle von Rechts- und Sachmängeln vor. Das Dienstvertragsrecht kennt hingegen keine Gewährleistungsrechte. In einem Dienstvertrag wird lediglich die Leistung der Arbeit versprochen und folglich vom Dienstnehmer geschuldet[1]. In aller Regel bezweckt der Gläubiger eines Dienstvertrags mit dessen Abschluss allerdings auch den Eintritt eines bestimmten **Erfolgs**; dennoch schuldet der Schuldner nur die **Arbeitsleistung** und erfüllt seine Verpflichtung demnach allein durch die Verrichtung seiner Arbeit. Das Risiko, dass der erhoffte Erfolg nicht eintritt, liegt aufseiten des Gläubigers.

9 In der Praxis ist die Abgrenzung von Dienst- und Werkvertrag trotz des theoretisch klaren Abgrenzungskriteriums nicht einfach, da alle Tätigkeiten, über die ein Werkvertrag abgeschlossen werden kann, auch Gegenstand eines Dienstvertrags sein können (zB Architektenvertrag, Arztvertrag)[2]. Umgekehrt gilt dies nicht, da es Tätigkeiten gibt, bei denen es aus tatsächl. oder rechtl. Gründen nicht möglich ist, einen Erfolg zu garantieren (zB Partnerschaftsvermittlung)[3]. In Zweifelsfällen ist der Wille der Vertragsparteien durch Auslegung (§§ 133, 157) zu ermitteln. Hierbei kommt es insb. darauf an, ob die Vergütung nur für den Fall des Erfolgseintritts vereinbart wurde (= Werkvertrag) oder der Schuldner bereits allein durch Erbringung seiner Dienste einen Vergütungsanspruch erhalten soll (= Dienstvertrag)[4]. Zu beachten ist, dass die **Vergütung beim Dienstvertrag** entweder nach der Zeitdauer bemessen werden kann ohne Rücksicht darauf, welchen Erfolg das Tätigwerden des Dienstnehmers in dieser Zeit hat (Zeitlohn), oder nach dem quantitativen oder qualitativen Erfolg des Tätigwerdens (zB Akkordlohn, Stücklohn); s.a. § 611 Rz. 301. Auch eine solche erfolgsabhängige Vergütung macht den Dienstvertrag nicht zum Werkvertrag[5]. Die Unterscheidung zwischen beiden Vertragstypen ist anhand des Inhalts der Leistungspflicht des Schuldners vorzunehmen, nicht aber in Abhängigkeit von der Bemessung der ihm zu zahlenden Vergütung. Auch bei einer **erfolgsabhängigen Vergütungsregelung** ist der Schuldner des Dienstvertrags lediglich zur Erbringung der versprochenen Dienstleistungen verpflichtet, muss allerdings nicht für den Eintritt des mit diesen seitens seines Vertragspartners letztlich bezweckten Erfolgs einstehen. In letzter Zeit stellt sich die Abgrenzungsfrage zunehmend weniger im individuellen Verhältnis, sondern zwischen Unternehmen. Dort ist dann abzugrenzen, ob ein Werkvertrag oder Arbeitnehmerüberlassung vorliegt. Im Wesentlichen sind dabei auf die gleichen Kriterien heranzuziehen. Entscheidend ist hier zudem, wer das Weisungsrecht (s. hierzu ausführlich Rz. 42ff.) ausüben kann. Liegt dies beim Werkunternehmer/Verleiher, handelt es sich um einen Werkvertrag, liegt es beim Besteller/Entleiher, handelt es sich um Arbeitnehmerüberlassung[6]. Dabei ist maßgeblich auf die tatsächliche Vertragsdurchführung, und nicht die vertragl. Verpflichtung abzustellen[7]. Fehlt es an einem vertragl. festgelegten abgrenzbaren, dem Auftragnehmer als eigene Leistung zurechenbaren und abnahmefähigen Werk, kommt ein Werkvertrag kaum in Betracht; denn der „Auftraggeber" muss dann den Gegenstand der vom „Auftragnehmer" zu erbringenden Leistung durch weitere Weisungen erst noch bestimmen und damit Arbeit und Einsatz bindend organisieren. Richten sich die vom Auftragnehmer zu erbringenden Leistungen nach dem jeweiligen Bedarf des Auftraggebers, kann darin ein Indiz gegen eine werk- und für eine arbeitsvertragl. Beziehung liegen, etwa wenn mit der Bestimmung von Leistungen auch über Inhalt, Durchführung, Zeit, Dauer und Ort der Tätigkeit entschieden wird. Wesentlich ist, inwiefern Weisungsrechte ausgeübt werden und in welchem Maß der Auftragnehmer in einen bestellerseitig organisierten Produktionsprozess eingegliedert ist[8].

10 b) **Auftrag (§§ 662ff.).** Der Auftrag ist nach § 662 dadurch gekennzeichnet, dass der Beauftragte das ihm vom Auftraggeber übertragene Geschäft **unentgeltlich** übernimmt. Der Dienstvertrag unterscheidet sich daher vom Auftrag durch die Entgeltlichkeit der zu erbringenden Dienstleistung[9]. Zwar legt die Formulierung des § 612 den Schluss nahe, dass der Gesetzgeber auch unentgeltliche Dienstverträge für möglich gehalten hat. Auf dieser Prämisse wäre eine Abgrenzung von Dienstvertrag und Auftrag jedoch nicht möglich; insb. scheidet dann eine Differenzierung nach der Art der erbrachten Dienstleistung aus, da sich der Dienstvertrag nach § 611 II auf Dienste jeder Art beziehen kann; s.a. § 612 Rz. 8.

---

1 HM: s. nur BGH 22.10.1981 – VII ZR 310/79, BGHZ 82, 100; Staudinger/*Richardi*, § 611 Rz. 1ff.; Soergel/*Kraft* Vor § 611 Rz. 37. ||2 Erman/*Edenfeld*, § 611 Rz. 14. ||3 BGH 1.2.1989 – IVa ZR 354/87, BGHZ 106, 341; OLG Karlsruhe 21.2.1985 – 4 U 207/83, NJW 1985, 2035; aA OLG Bamberg 21.11.1983 – 4 U 91/83, NJW 1984, 1466. ||4 Ausf. mit einzelnen Bsp. Soergel/*Kraft* Vor § 611 Rz. 40ff.; MüKoBGB/*Busche*, § 631 Rz. 8ff. ||5 Staudinger/*Richardi* Vor § 611 Rz. 40; MüKoBGB/*Müller-Glöge*, § 611 Rz. 26. ||6 BAG 18.01.2012 – 7 AZR 723/10, NZA-RR 2012, 455. ||7 BAG 25.9.2013 – 10 AZR 282/12; LAG BW 1.8.2013 – 2 Sa 6/13, NZA 2013, 1017. ||8 BAG 25.9.2013 – 10 AZR 282/12. ||9 Staudinger/*Richardi* Vor § 611 Rz. 65f.; Soergel/*Kraft* Vor § 611 Rz. 47; Erman/*Edenfeld*, § 611 Rz. 18; ErfK/*Preis*, § 611 Rz. 20; aA MüKoBGB/*Müller-Glöge*, § 611 Rz. 34 und § 662 Rz. 10; auch das BAG geht davon aus, dass im Arbeitsvertrag zumindest „typischerweise" die Erwartung eines Entgelts besteht: BAG 29.8.2012 – 10 AZR 499/11, NZA 2012, 1433.

c) **Geschäftsbesorgung (§ 675).** Gem. § 675 finden auf einen Dienst- oder Werkvertrag, der eine Geschäftsbesorgung zum Gegenstand hat, grds. die dem Auftragsrecht entstammenden Vorschriften der §§ 663, 664–670 und 672–674 entsprechende Anwendung. Die hM sieht im Geschäftsbesorgungsvertrag einen eigenständigen Vertragstyp, unter den eine Vielzahl verschiedener, praktisch äußerst wichtiger Vertragsformen gefasst wird (zB Bankverträge und Finanzierungsverträge wie Factoring oder Leasing; Beratungs-, Betreuungs- und Verwaltungsverträge wie Verträge mit Rechtsanwälten, Steuerberatern oder Architekten; Vertriebs- und Zulieferverträge)[1]. Vom Auftrag soll sich die Geschäftsbesorgung durch die Entgeltlichkeit der erbrachten Dienstleistung unterscheiden, vom Dienst- oder Werkvertrag durch das in § 675 genannte Tatbestandsmerkmal, dass der Vertrag eine **Geschäftsbesorgung zum Gegenstand** hat. Der Begriff der Geschäftsbesorgung in § 675 sei von demjenigen in § 662 verschieden (sog. Trennungstheorie)[2]. Geschäftsbesorgung iSd. § 675 sei jede selbständige Tätigkeit wirtschaftl. Art, die nicht in einer bloßen Leistung an einen anderen, sondern in der Wahrnehmung seiner Vermögensinteressen bestehe[3]. Die Position der hM ist allerdings nicht unbestritten. Nach der sog. Einheitstheorie[4], der auch die frühere Rspr. des BAG zuneigte[5], hat jeder Dienst- oder Werkvertrag eine Geschäftsbesorgung zum Gegenstand, so dass die Unterscheidung zwischen Dienst- oder Werkverträgen mit und ohne Geschäftsbesorgungsnatur obsolet ist. Der dogmatische Streit hat insofern praktische Auswirkungen, als die Einheitstheorie zu einer weiter reichenden Anwendbarkeit auftragsrechtl. Vorschriften führt. Konkret im Bereich des Arbeitsrechts ist die Praxisrelevanz der Auseinandersetzung indessen gering, da die analoge Anwendbarkeit sämtlicher in § 675 genannten Vorschriften im Rahmen des ArbVerh in der Rspr. anerkannt ist[6].

d) **Dienstleistungen auf gesellschafts- oder vereinsrechtlicher Grundlage.** Wird ein Gesellschafter für die Gesellschaft oder ein Mitglied für den Verein tätig, kann dies entweder auf einem (gesonderten) Dienst- oder ArbVerh oder aber auf dem Gesellschafts- bzw. Mitgliedschaftsverhältnis als solchem beruhen. Nach § 705 verpflichten sich die Gesellschafter durch Abschluss des Gesellschaftsvertrags gegenseitig, die Erreichung des gemeinsamen Zwecks in der durch den Vertrag bestimmten Weise zu fördern, insb. die vereinbarten Beiträge zu leisten. § 706 III sieht vor, dass der Beitrag eines Gesellschafters auch in der Leistung von Diensten bestehen kann[7]; die für die BGB-Gesellschaft geltende Vorschrift greift ebenso für die OHG (§ 105 II HGB), die KG (§§ 105 II, 161 II HGB) sowie für die stille Gesellschaft[8]. Bei der GmbH besteht die Besonderheit, dass Dienstleistungen nach hM nur als gesellschaftsrechtl. Nebenleistungen, nicht aber als Einlagen vereinbart werden können[9]. Neben der Erbringung des Gesellschafterbeitrags in Form von Dienstleistungen kommt in Betracht, dass der Gesellschaftsvertrag den Rechtsgrund für die Leistung von Diensten bildet, die im Rahmen der den Gesellschafter nach § 705 treffenden allg. Pflicht zur Förderung der Gesellschaft erbracht werden[10]. Ein Verein kann in seiner Satzung die Leistung von Diensten in persönlicher Abhängigkeit als Mitgliedsbeitrag vorsehen. Vereinsrechtl. Arbeitspflichten dürfen aber nicht gegen §§ 134, 138 verstoßen und damit zwingende arbeitsrechtl. Schutzbestimmungen umgehen (s.a. Rz. 36)[11].

Ob Grundlage für die erbrachten Dienste der Gesellschaftsvertrag oder ein Dienst- oder Arbeitsvertrag ist, muss durch Auslegung der vertragl. Abreden zwischen den Parteien ermittelt werden. Entscheidend für die Abgrenzung ist die **unterschiedliche Zwecksetzung** von Gesellschaftsvertrag und Dienstvertrag[12]: Wird die Erbringung von Diensten im Gesellschaftsvertrag zugesagt, erfolgt dies als Beitrag zur Förderung des gemeinsamen Gesellschaftszwecks, ohne dass für die Dienstleistung ein Entgelt vereinbart wird. Dem Gesellschafter, der die Dienste erbringt, wird stattdessen ebenfalls ein Beitrag zugesagt, der gleichermaßen in einer Leistung besteht, die allerdings nicht für ihn selbst bestimmt ist, sondern der Förderung des Gesellschaftszwecks dienen soll. Beide Leistungen sind also auf das gleiche Ziel gerichtet. Es ist typisch für die Gesellschaft, dass durch die gemeinsame Zweckverfolgung eine Vermögensgemeinschaft unter den Gesellschaftern entsteht (Gesamthand); eine Ausnahme bildet insoweit die stille Gesellschaft gem. §§ 230 ff. HGB als reine Innengesellschaft. Demggü. stellt der Dienstvertrag einen gegenseitigen **Austauschvertrag** dar, auf Grund dessen sich eine Partei zur Erbringung der Dienste, die andere zur Zahlung eines Entgelts verpflichtet. Bei der Gesellschaft tritt an die Stelle dieses Entgeltverhältnisses ein durch die gegenseitige Verpflichtung der Gesellschafter, den Gesellschaftszweck zu erreichen, begründetes Abhängigkeitsverhältnis, welches den Gesellschaftsvertrag zu einem schuldrechtl. Vertrag mit personenrechtl. Einschlag macht.

---

[1] Einzelne Bsp. bei Staudinger/*Martinek*, § 675 Rz. B 1 ff. ||[2] Staudinger/*Martinek*, § 675 Rz. A 6 ff. mwN. ||[3] BGH 11.11.1958 – I ZR 152/57, DB 1959, 167 (168); 25.4.1966 – VII ZR 120/65, BGHZ 45, 223 (228); Staudinger/*Martinek*, § 675 Rz. A 9; Staudinger/*Richardi*, Vor §§ 611 ff. Rz. 68. ||[4] Ausf. MüKoBGB/*Heermann*, § 675 Rz. 2 ff.; MüKoBGB/*Müller-Glöge*, § 611 Rz. 32; grundl. *Isele*, Geschäftsbesorgung, 1936, insb. S. 95. ||[5] BAG 10.5.1957 – 2 AZR 55/56, BAGE 9, 105 (110); 10.11.1961 – GS 1/60, BAGE 12, 15 (27). ||[6] MüKoBGB/*Müller-Glöge*, § 611 Rz. 33; Soergel/*Kraft* Vor § 611 Rz. 47; ErfK/*Preis*, § 611 Rz. 22 f.; *Reichold*, NZA 1994, 488 ff. ||[7] Ausf. *Diller*, Gesellschafter und Gesellschaftsorgane als Arbeitnehmer, 1994, S. 274 ff. ||[8] Dazu *Loritz*, Die Mitarbeit Unternehmensbeteiligter, 1984, S. 62 mwN. ||[9] Erman/*Edenfeld*, § 611 Rz. 20 mwN; *Diller*, Gesellschafter und Gesellschaftsorgane als Arbeitnehmer, 1994, S. 277; s.a. *v. Hoyningen-Huene*, NJW 2000, 3233. ||[10] MüKoBGB/*Müller-Glöge*, § 611 Rz. 27; ErfK/*Preis*, § 611 Rz. 17. ||[11] BAG 26.9.2002 – 5 AZB 19/01, AP Nr. 83 zu § 2 ArbGG 1979. ||[12] Dazu Staudinger/*Richardi*, Vor §§ 611 ff. Rz. 72 ff.; Soergel/*Kraft* Vor § 611 Rz. 48.

14 Durch die Gesellschafterstellung wird allerdings nicht ausgeschlossen, dass ein Gesellschafter **zusätzlich in ein Dienst- oder ArbeitsVerh zur Gesellschaft tritt**; das gilt unabhängig davon, ob es sich um eine Kapital- oder Personengesellschaft handelt. In der Entscheidung, ob Dienste allein auf gesellschaftsrechtl. Grundlage erbracht werden oder zusätzlich ein Dienst- oder ArbVerh begründet wird, sind die Parteien weitgehend frei[1]. Liegt ein separates ArbVerh vor, finden auf dieses die allg. arbeitsrechtl. Schutzvorschriften Anwendung; sie greifen hingegen nicht, wenn Dienstleistungen auf Grund des Gesellschaftsvertrags erbracht werden. Ob zwischen Gesellschafter und Gesellschaft ein separates Dienst- oder ArbVerh geschlossen wurde, ist in jedem Einzelfall unter Beachtung seiner tatsächlichen Besonderheiten zu ermitteln[2], wobei die Abgrenzung zwischen Dienst- oder Arbeitsvertrag und Gesellschaftsvertrag anhand der allg., die ArbN-Eigenschaft charakterisierenden Kriterien vorzunehmen ist (Rz. 19 ff.). Für die Annahme eines separaten Dienst- oder ArbVerh spricht, wenn der Gesellschafter auf Grund des Gesellschaftsvertrags nicht zur Erbringung von Dienstleistungen verpflichtet ist, wie dies bei einem Kommanditisten der Fall ist[3]. Wer an Gewinn und stillen Reserven beteiligt ist, gesellschaftsrechtl. Bestandsschutz genießt und Mitsprache- sowie Informationsrechte hat, ist Gesellschafter und – vorbehaltlich einer gesonderten Vereinbarung – nicht ArbN[4]. Wird ein separater Dienst- oder Arbeitsvertrag geschlossen, führt dies nicht zum Erlöschen der gesellschaftsrechtl. Dienstverpflichtung und Dienstberechtigung[5]. **Einzelheiten** der Rspr. s. Rz. 95 f., 114.

15 **e) Dienstverschaffungsvertrag.** Der Dienstverschaffungsvertrag ist im BGB nicht gesondert geregelt; er unterfällt ebenso nicht § 611. In ihm verpflichtet sich der Schuldner nicht wie beim Dienstvertrag zur persönlichen (§ 613) Erbringung einer Dienstleistung, sondern dazu, seinem Vertragspartner Dienste eines anderen oder mehrerer anderer Personen zu beschaffen[6]. Die Dienste, die verschafft werden sollen, können sowohl im Rahmen eines freien Dienstvertrags oder auf Grund eines Arbeitsvertrags erbracht werden[7]. Zu unterscheiden ist der Dienstverschaffungsvertrag von der Arbeitsvermittlung oder dem Abschluss eines Dienstvertrages durch einen Vertreter des Dienstberechtigten[8]. Die Abgrenzung zwischen einem Dienstvertrag und einem Dienstverschaffungsvertrag erfolgt letztlich danach, von welcher Person das Weisungsrecht denjenigen Personen ggü. ausgeübt wird, welche die Dienste erbringen[9]: Wenn der Unternehmer die zur Erbringung der Leistungen notwendigen Handlungen selbst organisiert und, sofern er sich dabei Erfüllungsgehilfen bedient, diesen ggü. Weisungen erteilt, liegt ein Dienstvertrag vor. In diesem Fall ist der Unternehmer dem Vertragspartner ggü. für die Erfüllung der vertragl. vereinbarten Dienstleistungen verantwortlich[10]. Werden dem Vertragspartner hingegen lediglich geeignete Arbeitskräfte gestellt, die dieser sodann nach seinen Bedürfnissen und betriebl. Erfordernissen in seinem Betrieb einsetzen und denen ggü. er Weisungen erteilen kann, handelt es sich um einen Dienstverschaffungsvertrag. Auf Grund eines solchen ist der Schuldner nicht dafür verantwortlich, dass die überlassenen Arbeitskräfte ordentl. Arbeit leisten; er hat vielmehr lediglich für die Eignung der Arbeitskräfte für die im Vertrag vorgesehenen Dienstleistungen einzustehen[11]. **Die in der Praxis häufigsten Fälle** von Dienstverschaffungsverträgen sind Verträge über die Überlassung von Maschinen mit dazugehörigem Bedienungs- oder Wartungspersonal[12], die Vermietung bemannter Fahrzeuge[13], Verträge mit einer Eigengruppe (zB Musikkapelle)[14], Schwestergestellungsverträge[15] und allg. alle Verträge zwischen Verleiher und Entleiher im Rahmen der gewerblichen AÜ nach dem AÜG („Zeitarbeit")[16]. Von der sog. „unechten" Leiharbeit nach dem AÜG zu unterscheiden ist die sog. „echte" Leiharbeit, dh. die bloß gelegentliche Überlassung eines ArbN an einen anderen ArbGeb. Die Unterscheidung hat anhand des Kriteriums der Gewerbsmäßigkeit zu erfolgen (§ 1 I 1 AÜG); dieses setzt eine nicht nur gelegentliche, sondern auf eine gewisse Dauer angelegte und auf die Erzielung unmittelbarer oder mittelbarer wirtschaftl. Vorteile gerichtete selbständige Tätigkeit voraus (dazu näher § 1 AÜG Rz. 12)[17]. Für die

---

1 BAG 22.3.1995 – 5 AZB 21/94, EzA Art. 140 GG Nr. 26; 6.7.1995 – 5 AZB 9/93, EzA § 5 ArbGG 1979 Nr. 11; 11.5.1978 – 3 AZR 21/77, AP Nr. 2 zu § 161 HGB; 18.2.1956 – 2 AZR 294/54, AP Nr. 1 zu § 5 ArbGG 1953; 3.6.1975 – 1 ABR 98/74, AP Nr. 1 zu § 5 BetrVG 1972 Rotes Kreuz; 10.5.1990 – 2 AZR 607/89, EzA § 611 BGB Arbeitnehmerbegriff Nr. 36. ||2 LAG Bremen 29.3.1957 – II Sa 5/57, AP Nr. 1 zu § 611 BGB Arbeits- und Gesellschaftsverhältnis; Soergel/*Kraft* Vor § 611 Rz. 48; ErfK/*Preis*, § 611 Rz. 18. ||3 LAG Berlin 26.3.2003 – 5 Ta 1306/01, LAGReport 2003, 191; Staudinger/*Richardi*, Vor §§ 611 ff. Rz. 76; MüKoBGB/*Müller-Glöge*, § 611 Rz. 28; G. *Hueck*, DB 1962, 1363 ff. ||4 Erman/*Edenfeld*, § 611 Rz. 20; ErfK/*Preis*, § 611 Rz. 18; *Loritz*, Die Mitarbeit Unternehmensbeteiligter, 1984, S. 405. ||5 BAG 11.5.1978 – 3 AZR 21/77, AP Nr. 2 zu § 161 HGB; ErfK/*Preis*, § 611 Rz. 19. ||6 BAG 1.2.1973 – 5 AZR 382/72, AP Nr. 29 zu § 615 BGB Betriebsrisiko; MüKoBGB/*Müller-Glöge*, § 611 Rz. 35; Schaub/*Vogelsang*, ArbRHdb, § 9 Rz. 30. ||7 ErfK/*Preis*, § 611 Rz. 25. ||8 Soergel/*Kraft* Vor § 611 Rz. 49. ||9 MüKoBGB/*Müller-Glöge*, § 611 Rz. 36. ||10 BAG 8.11.1978 – 5 AZR 261/77, NJW 1979, 2636; 30.1.1991 – 7 AZR 497/89, AP Nr. 8 zu § 10 AÜG; 31.3.1993 – 7 AZR 338/92, AP Nr. 2 zu § 9 AÜG. ||11 BGH 9.3.1971 – VI ZR 138/69, NJW 1971, 1129; 13.5.1975 – VI ZR 247/73, NJW 1975, 1695; BAG 31.3.1993 – 7 AZR 338/92, AP Nr. 2 zu § 9 AÜG; dazu auch Soergel/*Kraft* Vor § 611 Rz. 50; ErfK/*Preis*, § 611 Rz. 26; *Walker*, AcP 194 (195), 295 (298); *Becker*, NJW 1976, 1827. ||12 BAG 17.2.1993 – 7 AZR 167/92, AP Nr. 9 zu § 19 AÜG; OLG Frankfurt 9.5.2003 – 2 U 122/02, IBR 2004, 133; OLG Düss. 29.10.1993 – 22 U 83/93, NJW-RR 1995, 160. ||13 RG 1.7.1908 – Rep. I 463/07, RGZ 69, 127 (129). ||14 LAG Hess. 18.6.1952 – IV/II LA 324/50, BB 1952, 691. ||15 LAG Hamm 9.10.1972 – 8 Sa 448/71, DB 1972, 295; MüKoBGB/*Müller-Glöge*, § 611 Rz. 38; Soergel/*Kraft* Vor § 611 Rz. 49; Schaub/*Vogelsang*, ArbRHdb, § 9 Rz. 30. ||16 MüKoBGB/*Müller-Glöge*, § 611 Rz. 38; Soergel/*Kraft* Vor § 611 Rz. 49; ErfK/*Preis*, § 611 Rz. 25; aA Schaub/*Vogelsang*, ArbRHdb, § 9 Rz. 30. ||17 ErfK/*Wank*, § 1 AÜG Rz. 35 f.

f) **Vertragshändlervertrag und Franchising.** Durch einen Vertragshändlervertrag verpflichten sich Kaufleute, von dem Vertragspartner (meist ein Hersteller oder Importeur) bezogene Waren im eigenen Namen und für eigene Rechnung zu vertreiben. Die Rspr. kategorisiert den Vertragshändlervertrag als **Rahmenvertrag sui generis**[1]; er wird allerdings durch viele Elemente eines auf eine Geschäftsbesorgung gerichteten Dienstvertrages gekennzeichnet[2].

Das **Franchising** ist eine besondere Variante des Vertragshändlervertrags[3], bei der, jedenfalls idR, dienstvertragl. Elemente mit dem Recht zur Führung bestimmter Marken kombiniert werden. Art. 1 Nr. 3a EG-VO 4087/88 v. 30.11.1988[4] definierte als Franchise eine Gesamtheit von Rechten an gewerblichem oder geistigem Eigentum wie Warenzeichen, Handelsnamen, Ladenschilder, Gebrauchsmuster, Geschmacksmuster, Urheberrechte, Know-how oder Patente, die zum Zwecke des Weiterverkaufs von Waren und Dienstleistungen oder der Erbringung von Dienstleistungen an Endverbraucher genutzt werden. Auf Grund des Franchisevertrags, durch den zwischen den Vertragsparteien ein Dauerschuldverhältnis begründet wird, erhält der Franchisenehmer die Erlaubnis, die eingeräumten Rechte zum Zweck der Vermarktung bestimmter Waren oder Dienstleistungen zu nutzen. Als Gegenleistung lässt sich der Franchisegeber idR eine Festgebühr bei Vertragsschluss sowie eine laufende umsatzabhängige Franchisegebühr versprechen. Abhängig von der näheren Ausgestaltung des Vertragsverhältnisses im Hinblick auf die Kontrolle des Franchisegebers über den Franchisenehmer sind zwei verschiedene Formen des Franchising zu unterscheiden[5]: Beim sog. **Subordinations-Franchising** verpflichtet sich der Franchisenehmer zur Absatzförderung nach Vorgaben und Anweisungen des Franchisegebers; dies ist die in der Praxis am häufigsten vorkommende Form des Franchising. Die Kontrollrechte des Franchisegebers dienen dazu, die Einheitlichkeit des Waren- oder Dienstleistungsvertriebs sicherzustellen. Das sog. **Partnerschafts-Franchising** stellt hingegen eine kooperative, nicht durch einseitige Kontrollrechte geprägte Form der Zusammenarbeit mit gemeinsamer Interessenverfolgung dar. Insb. beim Subordinations-Franchising stellt sich die Frage, ob der Franchisenehmer als ArbN einzuordnen ist. Dies ist im Einzelfall anhand der allg., die ArbN-Eigenschaft begründenden Kriterien zu beurteilen; allein die auf die Wahrung der Einheitlichkeit des Waren- oder Dienstleistungsvertriebs gerichteten, Franchising-typischen Kontrollrechte reichen zur Begründung der ArbN-Stellung nicht aus[6]. Zur **Rspr.** s. Rz. 114.

2. **Freier Dienstvertrag und unselbständiger Arbeitsvertrag.** Die Vorschriften in §§ 611ff. gelten sowohl für den freien Dienstvertrag (in der Terminologie der Praxis zumeist „Freier Mitarbeiter Vertrag") als auch für den unselbständigen Arbeitsvertrag. Der Arbeitsvertrag hat im BGB keine besondere Regelung gefunden; es handelt sich um einen Unterfall des Dienstvertrags[7]. Auch fehlt bis heute – trotz einiger Entwürfe[8] – ein einheitliches Arbeitsgesetzbuch. Die Besonderheiten des ArbVerh werden durch eine Vielzahl verschiedener arbeitsrechtl. Kodifikationen geregelt. Neben diesen kann, soweit sie keine oder keine abweichenden Regelungen enthalten, stets auf die allg. Normen der §§ 611ff. zurückgegriffen werden. In den §§ 611ff. finden sich auch einige Vorschriften, die explizit den Begriff des ArbN verwenden und deren Anwendbarkeit damit das Bestehen eines ArbVerh voraussetzt; für den freien Dienstvertrag mit einem Selbständigen greifen sie hingegen nicht ein. Hierbei handelt es sich um die §§ 612a, 613a, 619a, 622, 623. Der Geltungsbereich der genannten Normen des BGB sowie der weiteren arbeitsrechtl. Spezialregelungen hängt davon ab, wie der Begriff des ArbN zu definieren ist. Eine gesetzl. Definition fehlt. Das BGB benutzt den Terminus, ohne ihn zu erläutern. In anderen Gesetzen wird der ArbN-Begriff teilweise mit der Formulierung „Arbeiter und Angestellte einschl. der zu ihrer Berufsausbildung Beschäftigten" umschrieben (so § 5 I BetrVG, § 17 I 1 BetrAVG; vgl. auch § 2 S. 1 BUrlG, § 5 I 1 ArbGG); eine Begriffsbestimmung wird hierdurch jedoch ebenfalls nicht ermöglicht. Sie ist Rspr. und Wissenschaft überlassen.

III. **Geltungsbereich des Arbeitsrechts: Der Arbeitnehmerbegriff. 1. Arbeits-, sozial- und steuerrechtlicher Arbeitnehmerbegriff.** Das Problem, den Begriff des ArbN zu definieren, stellt sich nicht nur im Arbeitsrecht, sondern in ähnlicher Form auch im SozV-Recht und Steuerrecht. Es stellt sich nicht nur in Deutschland, sondern international[9]. Grundnorm des **SozV-Rechts** ist § 7 SGB IV. In dessen Abs. 1 ist als sozialversicherungspflichtige Beschäftigung die nichtselbständige Arbeit insb. in einem ArbVerh umschrieben. Die Formulierung der Vorschrift („insbesondere") zeigt, dass die arbeitsrechtl. Bestimmung der ArbN-Eigenschaft nicht zwingend mit derjenigen eines sozialversicherungsrechtl. Beschäftigungsverhältnisses übereinstimmt[10]. Dies gilt insb. in Ansehung der durch das sog. Scheinselb-

---

1 Grundl. BGH 11.12.1958 – II ZR 73/57, BGHZ 29, 83; 9.10.2002 – VIII ZR 95/01, BB 2002, 2520. ||2 Erman/Edenfeld, § 611 Rz. 41; Ulmer, Der Vertragshändler, 1969, S. 315ff.; v. Westphalen, NJW 1982, 2465. ||3 Erman/Edenfeld, § 611 Rz. 44; ErfK/Preis, § 611 Rz. 29. ||4 ABl. 1988 L 359/46. ||5 Dazu Staudinger/Richardi, Vor § 611ff. Rz. 93; Ekkenga, Die Inhaltskontrolle von Franchise-Verträgen, 1990, S. 28ff. ||6 Staudinger/Richardi, Vor § 611ff. Rz. 94. ||7 MünchArbR/Richardi, § 3 Rz. 2ff.; ErfK/Preis, § 611 Rz. 1; Preis, Vertragsgestaltung, S. 11. ||8 So zuletzt der von den Professoren Preis und Henssler im Auftrag der Bertelsmann Stiftung erarbeitete Entwurf für ein Arbeitsvertragsgesetz, abgedr. in der NZA-Beil. zu Heft 23/2006. ||9 Ausführlich: Thüsing, Scheinselbständigkeit im internationalen Kontext, 2011. ||10 Brand, NZS 1997, 552; Kretschmer, RdA 1997, 327.

ständigkeitsG v. 19.12.1998 eingefügten Vermutungsregel in § 7 IV SGB IV, die mWv. 1.1.2003 wieder abgeschafft wurde. Dort war angeordnet, dass bei Vorliegen von mindestens drei der genannten fünf Merkmale eine sozialversicherungsrechtl. Beschäftigung vermutet wird; wie in § 7 IV 3 SGB IV aF klargestellt wurde, konnte die Vermutung widerlegt werden. Für die arbeitsrechtl. Bestimmung der ArbN-Eigenschaft war die Regelung jedoch argumentativ nicht heranzuziehen[1]. Die genannten Kriterien waren nicht mit dem in der arbeitsgerichtl. Rspr. in Jahrzehnten herausgearbeiteten Prüfprogramm, mithilfe dessen der personelle Geltungsbereich des Arbeitsrechts zu bestimmen ist, identisch. In diese Abgrenzung wollte der Gesetzgeber, wie allein der sozialversicherungsrechtl. Standort der Vorschrift zeigt, auch gar nicht eingreifen; er hat sich zur Bewältigung des Problems der sog. Scheinselbständigkeit vielmehr auf eine kleine, dh. bloß sozialversicherungsrechtl. Lösung beschränkt.

20 Im **Steuerrecht** wird zwischen Einkünften aus selbständiger und nichtselbständiger Arbeit (vgl. § 19 EStG) unterschieden; bei Letzterer ist der ArbGeb verpflichtet, die LSt des ArbN einzubehalten und an die zuständige Finanzbehörde abzuführen (sog. LStAbzugsverfahren). Der Begriff der unselbständigen Tätigkeit ist in § 1 I LStDV inhaltlich in Anlehnung an den arbeitsrechtl. ArbN-Begriff definiert, wobei jedoch anerkannt ist, dass die Vorschrift eine eigenständige ArbN-Definition statuiert, die sich nicht durch die Aufzählung bestimmter Merkmale festlegen lässt, sondern im Einzelfall durch eine Gesamtwürdigung der Verhältnisse bestimmt wird[2] und nicht mit dem arbeits- und sozialversicherungsrechtl. ArbN-Begriff übereinstimmen muss[3]. Dies zeigt sich insb. darin, dass freie Mitarbeiter grds. als nichtselbständig iSd. Steuerrechts erachtet werden, es sei denn, die Tätigkeit sei nur für einzelne Produktionen tätig werden; eine von vornherein auf Dauer angelegte Tätigkeit sei in jedem Fall als nichtselbständig zu erachten[4]. Nach arbeitsrechtl. Kategorisierung werden sie, sofern die Voraussetzungen des ArbN-Begriffs nicht vorliegen (Rz. 29 ff.), hingegen trotz des Dauercharakters des Vertragsverhältnisses als freie Dienstnehmer iSd. § 611 angesehen und unterfallen nicht dem arbeitsrechtl. Schutz.

21 **2. Einheitlicher Arbeitnehmerbegriff im Arbeitsrecht.** Innerhalb des Arbeitsrechts geht die hM von einem einheitlichen ArbN-Begriff aus[5]. Bei seiner Bestimmung im Einzelfall wird also nicht in Abhängigkeit vom jeweiligen Gesetz, dessen Anwendbarkeit infrage steht, differenziert, es sei denn, der persönliche Anwendungsbereich der jeweiligen Kodifikation ist vom Gesetzgeber durch eine gesonderte Regelung speziell zugeschnitten worden (zB § 5 II und III BetrVG). Selbstverständlich ist dies allerdings nicht. Den jeweiligen arbeitsrechtl. Gesetzen liegen, wenngleich das Arbeitsrecht allg. und generalisierend als Schutzrecht der abhängig Beschäftigten bezeichnet wird (s. Rz. 1 f.), der ArbN-Schutz also als allumspannender Zweck des Arbeitsrechts angesehen werden kann, im Detail durchaus unterschiedliche Schutzrichtungen zugrunde. Die Zielsetzung vieler arbeitsrechtl. Gesetzgebungswerke und richterrechtl. ausgeformter Institute lässt sich zusammenfassend dahingehend umschreiben, dass sie dem Schutz der Persönlichkeit der ArbN dienen; das Arbeitsrecht kann also umgekehrt weitgehend als **Konkretisierung des Persönlichkeitsschutzes der ArbN** charakterisiert werden[6]. Bei anderen Gesetzen steht hingegen mehr die Erhaltung der wirtschaftl. Existenz der ArbN im Vordergrund. Das gilt zB für das EFZG, nach überwiegender Meinung auch mit Blick auf das KSchG[7].

22 Im Hinblick auf das **kollektive Arbeitsrecht** wird der Gedanke des ArbN-Schutzes ebenso generalisierend als ein prägendes Grundprinzip bezeichnet[8], wenngleich auch insoweit im Detail hinsichtlich der Zwecksetzung von TV- und Betriebsverfassungsrechts differenziert werden muss. Die beiden Spielarten kollektiver Interessenvertretung der ArbN verdanken ihr Entstehen historisch betrachtet der mangelnden Eignung des Individualvertrags als Gestaltungsmittel des Arbeitslebens, die sich in einer doppelten Unterlegenheit des ArbN im Verhältnis zum ArbGeb manifestiert hat. Obwohl der Inhalt des Arbeitsvertrags Gegenstand freier Übereinkunft sein soll, war es dem ArbGeb auf Grund seiner wirtschaftl. Machtposition faktisch möglich, die Lohn- und Arbeitsbedingungen einseitig zu diktieren. Um diese wirtschaftl. Abhängigkeit aufseiten des ArbN zu kompensieren, mussten sich Gewerkschaften bilden, ihre Rechte in blutigen Streiks erkämpfen und ist am Ende der geschichtlichen Entwicklung die Tarifautonomie entstanden, durch welche die fehlende materielle Vertragsgerechtigkeit des Individualarbeitsvertrags zu Gunsten der ArbN auf kollektiver Ebene wiederhergestellt wurde[9]. Das TV-Recht dient daher mit anderen Worten einem wirtschaftl. geprägten Schutzauftrag[10]. Historisches Ziel der be-

---

1 *Buchner*, DB 1999, 146 (151). ‖ 2 BFH 20.12.2004 – VI B 137/03, BFH/NV 2005, 552. ‖ 3 BFH 9.11.2004 – VI B 150/03, BFH/NV 2005, 347; 2.12.1998 – X R 83/96, BStBl II 1999, 534; 2.12.1998 – X R 83/96, DStR 1999, 711; 14.12.1978 – I R 121/76, BStBl II 1979, 188; ErfK/*Preis*, § 611 Rz. 103. ‖ 4 Vgl. Erlass des Bundesministers der Finanzen über den Steuerabzug und Arbeitslohn bei unbeschränkt einkommensteuerpflichtigen Künstlern und verwandten Berufen, BStBl. 1990, 638. ‖ 5 BAG 25.3.1992 – ABR 52/91, AP Nr. 48 zu § 5 BetrVG 1972; ErfK/*Preis*, § 611 Rz. 34 f. Anders das Ausland, s. für das US-amerikanische Recht *Thüsing*, NZA 1999, 636. ‖ 6 Dazu *Ehmann*, FS Wiese, 1998, S. 99 ff.; umfassend *Thees*, Das Arbeitnehmer-Persönlichkeitsrecht als Leitidee des Arbeitsrechts – Persönlichkeitsschutz und Persönlichkeitsentfaltung im Arbeitsverhältnis, 1995; dagegen *Wiese*, ZfA 1996, 439 (472). ‖ 7 S. zum KSchG *Löwisch* Vor § 1 KSchG Rz. 2; APS/*Preis*, Grundlagen B Rz. 14; zum EFZG vgl. *Pallasch*, JA 1995, 897. ‖ 8 Grundl. *Hueck/Nipperdey*, Arbeitsrecht, Bd. I, 7. Aufl., S. 26; *Nikisch*, Arbeitsrecht, Bd. 1, S. 30; MünchArbR/*Richardi*, § 152 Rz. 24. ‖ 9 BVerfG 26.6.1991 – 1 BvR 779/85, BVerfGE 84, 212 (229); MünchArbR/*Richardi*, § 152 Rz. 28; *Konzen*, NZA 1995, 913 (914); *Fabricius*, FS Fechner, 1973, S. 171 (190); *Jahnke*, Tarifautonomie und Mitbestimmung, 1984, S. 126, *Lambrich*, Tarif- und Betriebsautonomie, 1999, S. 127. ‖ 10 *Jahnke*, Tarifautonomie und Mitbestimmung, 1984, S. 127.

triebl. Mitbest. war hingegen, das im Hinblick auf formelle Arbeitsbedingungen, dh. solche Regelungsgegenstände, die aus organisatorischen Gründen innerhalb eines arbeitsteiligen Produktionsverbands einer einheitlichen Reglementierung bedürfen, dem ArbGeb von der Rechtsordnung zuerkannte Direktionsrecht zu beschränken. Durch die betriebl. Mitbest. werden einseitig vom ArbGeb erlassene Regelungen durch einvernehmlich-zweiseitige Vereinbarungen mit dem BR als Vertreter der ArbN-Interessen ersetzt[1]. Der Betriebsautonomie wird daher zu Recht neben oder anstelle ihrer Schutzfunktion ein eigenständiger Teilhabe-[2] oder Integrationszweck[3] attestiert.

Die beispielhaft dargestellten Unterschiede in der Zielsetzung arbeitsrechtl. Kodifikationen und Institute könnten in der Tat dafür sprechen, mit der namentlich von *Richardi* vertretenen Literaturmeinung von einem unterschiedlichen, der jeweiligen Teleologie angepassten ArbN-Begriff auszugehen (s. Diskussion und Nachw. Rz. 25 ff.)[4]. Ob und inwieweit der gesetzl. Zweck eine **differenzierende Begriffsbestimmung** gebietet und wie diese auszusehen hat, müsste dann für jedes arbeitsrechtl. Gesetz oder Institut gesondert beurteilt werden. Unabhängig von den großen praktischen Schwierigkeiten einer solchen variierenden Festlegung des ArbN-Begriffs und der damit einhergehenden Rechtsunsicherheit spricht entscheidend gegen diese Vorgehensweise, dass der Arbeitsvertrag, auch wenn es an einer einheitlichen Kodifizierung fehlt, einen eigenständigen, einheitlichen Vertragstyp darstellt[5]. Diesen gilt es daher auch anhand einer einheitlichen Definition des ArbN-Begriffs zu charakterisieren, woran die Rechtsordnung sodann eine Vielzahl von unterschiedlichen, in zahlreichen Gesetzen verstreuten Rechtsregeln knüpft. Mit der hM ist davon auszugehen, dass der arbeitsrechtl. ArbN-Begriff durch alle gesetzl. Anwendungsbereiche hindurch identisch zu bestimmen ist. 23

3. Merkmale des Arbeitsvertrags. a) Fehlende Legaldefinition – Ausgangspunkt von Rechtsprechung und Schrifttum. Maßgebend für die Rspr. und das herrschende Schrifttum ist im Ausgangspunkt immer noch die erstmals von *Alfred Hueck* geprägte Begrifflichkeit, dass ArbN ist, „wer auf Grund eines privatrechtl. Vertrages zur Arbeit im Dienst eines anderen verpflichtet ist"[6]. Die Definition ist weitgehend anerkannt, jedoch unvollkommen, denn sie deckt nicht die Maßstäbe auf, nach denen der Arbeitsvertrag vom sonstigen Dienstvertrag zu sondern ist, in welchem Maße die Arbeitsleistung selbständig oder unselbständig sein soll, damit davon gesprochen werden kann, der Arbeitsleistende stehe im Dienst eines anderen. Erforderlich sind ergänzende Überlegungen. Diese gehen in Rspr. und Schrifttum auseinander (s. Rz. 40 ff.). 24

b) Arbeitnehmerbegriff als zwingende gesetzliche Vorgabe – Folgen der Falschzuordnung. Wer ArbN ist, steht damit grds. **nicht zur Disposition der Arbeitsvertrags- oder TV-Parteien**[7]. Eine von den arbeitsrechtl. Vorgaben abweichende Vereinbarung und Zuordnung des Rechtsverhältnisses ist unwirksam. Haben die Vertragsparteien allerdings das Dienstverhältnis eines freien Mitarbeiters ausdrücklich als ArbVerh gewollt, so ist das Rechtsverhältnis als Arbeitsvertrag zu behandeln, auch wenn es sich um einen freien Dienstvertrag handelt[8]. Das Arbeitsrecht ist ArbN-Schutzrecht und darf dem ArbN nicht durch Vereinbarung genommen, wohl aber dem NichtArbN gegeben werden. Für den umgekehrten Fall, dass die Parteien ein ArbVerh als freies Dienstverhältnis gewollt haben, führt jedoch die Fehlanordnung dazu, dass der bisher zu Unrecht nicht als ArbN Behandelte rückwirkend wie ein ArbN zu behandeln ist. In diesem Irrtum liegt für sich allein **kein Lösungsrecht** des ArbGeb begründet[9]. Eine **Anfechtung wegen Irrtums** scheidet als bloßer Rechtsfolgenirrtum aus[10]. Bei beidseitigem Irrtum mag im Einzelfall eine Kontrolle nach den Regeln des Wegfalls der Geschäftsgrundlage gem. § 313 möglich sein[11]. Auch hier sind die Möglichkeiten jedoch begrenzt. Allerdings ist die Möglichkeit der fristlosen Kündigung nicht das vorrangige Rechtsinstitut[12], weil diese nur zur Beendigung, nicht zur Vertragsanpassung führt. Diese ist als milderes und flexibleres Mittel vorzuziehen. Nach der Rspr. des BAG 25

---

1 *Kreutz*, Grenzen der Betriebsautonomie, 1979, S. 192 f.; *Hönn*, Kompensation gestörter Vertragsparität, 1982, S. 209; *Joost*, ZfA 1993, 257 (264). || **2** GK-BetrVG/*Wiese*, Einl. Rz. 78; *Wiese*, Das Initiativrecht nach dem Betriebsverfassungsgesetz, 1977, S. 11; *Rieble*, Arbeitsmarkt und Wettbewerb, 1996, Rz. 1412. || **3** *Richardi*, Kollektivgewalt und Individualwille bei der Gestaltung des Arbeitsverhältnisses, 1968, S. 292; *Adomeit*, Die Regelungsabrede als die neben der Betriebsvereinbarung zulässige Ausübungsform der Mitbestimmung in sozialen Angelegenheiten (§ 56 BetrVG, § 67 PersVG), 1961, S. 54 ff.; dagegen *Kreutz*, Grenzen der Betriebsautonomie, 1979, S. 239. || **4** Staudinger/*Richardi* Vor § 611 Rz. 158 ff., insb. Rz. 163; MünchArbR/*Richardi*, § 16 Rz. 42; *Heinze*, NZA 1997, 1 (3). || **5** So ErfK/*Preis*, § 611 Rz. 35. || **6** *Hueck/Nipperdey*, Arbeitsrecht I, 1. Aufl. 1928, § 8 II, S. 33. Ebenso BAG 15.3.1978 – 5 AZR 819/76, AP Nr. 26 zu § 611 BGB Arbeitsvertrag; 24.3.1992 – 9 AZR 76/91, DB 1992, 2352. Etwas anders damals *Kaskel*: Arbeitsrecht, S. 30: „Arbeitnehmer ist, wer auf Grund eines Vertrages unselbständig und für Rechnung eines anderen berufsmäßig Lohnarbeit verrichtet". Zum ArbN-Begriff in rechtsvergleichender Perspektive *Rebhahn*, RdA 2009, 154. || **7** BAG 22.3.1995 – 5 AZR 21/94, BAGE 79, 319; s.a. für den Begriff des Arbeitnehmerähnlichen BAG 2.10.1990 – 4 AZR 106/90, AP Nr. 1 zu § 12a TVG; 15.3.1978 – 5 AZR 819/76, BAGE 30, 163. || **8** BAG 13.3.1987 – 7 AZR 724/85, AP Nr. 37 zu § 1 KSchG 1969 Betriebsbedingte Kündigung; 21.4.2005 – 2 AZR 125/04, AP Nr. 134 zu § 1 KSchG 1969 Betriebsbedingte Kündigung; LAG Thür. 6.2.1998 – 8 Ta 205/97, NZA-RR 1998, 296. || **9** BAG 3.10.1975 – 5 AZR 445/74, AP Nr. 17 zu § 611 BGB Abhängigkeit. || **10** MünchArbR/*Richardi*, § 17 Rz. 7; ErfK/*Preis*, § 611 Rz. 101. || **11** BAG 9.7.1986 – 5 AZR 44/85, AP Nr. 7 zu § 242 BGB Gleichbehandlung; 14.1.1988 – 8 AZR 238/85, NZA 1988, 803; abl. LAG Berlin 8.6.1993 – 15 Sa 31/92, NZA 1994, 512. || **12** BAG 9.7.1986 – 5 AZR 44/85, AP Nr. 7 zu § 242 BGB Gleichbehandlung.

kann ein **Wegfall der Geschäftsgrundlage** bei einem beiderseitigen Irrtum in der Beurteilung der Rechtslage bei Abschluss des Vertrags vorliegen, wenn ohne diesen beiderseitigen Irrtum der Vertrag nicht, wie geschehen, geschlossen worden wäre. Eine Vertragspartei, die nach Aufklärung des Irrtums den Vorteil behalten will, der ihr im Widerspruch zu der wirklichen Rechtslage zufließen würde, handelt danach regelmäßig gegen Treu und Glauben[1].

26 Kommt es nach diesen Regeln zu einer **Vertragsanpassung**, wird diese regelmäßig nur auf die Zukunft ausgerichtet sein; für die Vergangenheit sind Rückforderungsansprüche gegen den ArbN ausgeschlossen. Ein ArbN, der als vermeintlich freier Mitarbeiter ein höheres Gehalt bekam als seine als ArbN beschäftigten und nach TV entlohnten Kollegen, hat ebenfalls nur einen Anspruch auf Tariflohn[2]. Die Veränderung des rechtl. Status eines Mitarbeiters vom Selbständigen zum ArbN führt jedoch nicht ohne weiteres zur Unwirksamkeit einer bestehenden Vergütungsvereinbarung. Dies gilt regelmäßig nur dann, wenn der ArbGeb – wie insb. im öffentl. Dienst – Selbständige und freie Mitarbeiter in unterschiedlicher Form (Stundenpauschale bzw. Tarifpunkt) vergütet. Die für ein Dienstverhältnis getroffene Vergütungsabrede ist nicht allein deshalb unwirksam oder aus anderen Gründen unbeachtlich, weil das Rechtsverhältnis in Wahrheit ein ArbVerh ist[3].

27 **c) Nebeneinander und Übergang von arbeitsrechtlicher und nicht-arbeitsrechtlicher Beziehung.** Die Rspr. hat verschiedentlich anerkannt, dass neben einem nicht-arbeitsrechtl. Verhältnis, auf Grund dessen Arbeit erbracht wird, auch ein ArbVerh bestehen kann. Im Verhältnis freier Dienstvertrag/Arbeitsvertrag ist man zurückhaltend[4], umfassende Rspr. liegt aber zu den **Nebentätigkeiten von Beamten** vor. Die Gleichzeitigkeit von Beamten- und ArbVerh ist nicht ausgeschlossen. Die Begründung eines ArbVerh neben dem fortbestehenden Beamtenverhältnis darf nicht zu einer Pflichtenkollision führen. Dies ist insb. bei Beurlaubung des Beamten sichergestellt[5]. Wird ein Beamter von seinem öffentl. Dienstherrn unter Fortzahlung des Gehalts „zur Dienstleistung" bei einer privaten Einrichtung beurlaubt, kann – je nach den Umständen des Einzelfalls – neben dem Beamtenverhältnis ein ArbVerh mit der privaten Einrichtung zustande kommen[6]. § 10 III BBG, nach dem ein privatrechtl. ArbVerh zum Dienstherrn mit der Ernennung zum Beamten erlischt, hindert die Neubegründung eines ArbVerh zwischen Beamten und Dienstherrn dann nicht, wenn es sich um einen Beamten auf Widerruf handelt und dieser bei Vertragsabschluss aus dem ArbVerh bis zur Beendigung des Beamtenverhältnisses auf Widerruf beurlaubt wird[7]. Das ArbVerh fällt dann unter die allg. arbeitsrechtl. Regeln, auch unter das KSchG[8].

28 Ist einmal ein ArbVerh durch Arbeitsvertrag zustande gekommen, endet dies auch nicht dadurch, dass der ArbGeb von seinen Rechten keinen oder nur spärlichen Gebrauch macht[9]. Ein ArbN wird also nicht allein dadurch zum freien Mitarbeiter, dass der ArbGeb sein Weisungsrecht längere Zeit nicht ausübt. Soll ein **ArbVerh in ein freies Mitarbeiterverhältnis umgewandelt** werden, muss das unzweideutig vereinbart werden; eine bloße andere Bezeichnung des Rechtsverhältnisses reicht nicht aus. Die Bedingungen, unter denen die Dienste erbracht werden, müssen so gestaltet werden, dass eine Eingliederung in die fremde Arbeitsorganisation nicht mehr stattfindet, der Mitarbeiter also tatsächlich kein ArbN mehr ist[10].

29 **d) Privatrechtlicher Vertrag.** Erste Voraussetzung der ArbN-Eigenschaft ist, dass die Verpflichtung zur Arbeitsleistung durch einen privatrechtl. Vertrag begründet wird. Es ist für die Annahme der ArbN-Eigenschaft jedoch nicht entscheidend, ob der Arbeitsvertrag fehlerhaft zustande gekommen und daher nichtig ist oder angefochten wird (zum fehlerhaften bzw. faktischen Arbeitsvertrag s. § 119 BGB Rz. 15ff.). Auf einen Vertragsschluss kann allein dann verzichtet werden, wenn ArbVerh durch Gesetz oder auf Grund eines Gesetzes begründet worden sind. Vorgesehen ist dies etwa in Art. 12a III 1 GG iVm. § 10 ArbeitssicherstellungsG v. 9.7.1968[11] oder in § 10 AÜG. Hier wird der Vertragsschluss unter engen, verfassungsrechtl. zulässigen und gerichtl. überprüfbaren Voraussetzungen (§ 27 I ASiG) durch Hoheitsakt oder vom Gesetz selbst ersetzt. Die dadurch entstehende Privatrechtsbeziehung wird gesetzl. ausdrücklich als ArbVerh bezeichnet. Im Vertrag selbst muss schon die Verpflichtung zur Arbeitsleistung enthalten sein. Eine Rahmenvereinbarung, die nur Bedingungen möglicher zukünftiger ArbVerh enthält, ist daher noch kein Arbeitsvertrag.[12]

---

1 BAG 9.7.1986 – 5 AZR 44/85, BAGE 52, 273. ‖2 LAG Köln 17.10.1996 – 5 Sa 58/96, ARST 1997, 94. ‖3 BAG 12.12.2001 – 5 AZR 257/00, AP Nr. 65 zu § 612 BGB in Abgrenzung zu BAG 21.11.2001 – 5 AZR 87/00, AP Nr. 63 zu § 612 BGB; s.a. BAG 12.1.2005 – 5 AZR 144/04, AP Nr. 69 zu § 612 BGB. ‖4 S. aber LAG Köln 7.10.1998 – 2 Sa 623/98, ARST 1999, 111: Ist ein Mitarbeiter einer Rundfunkanstalt als Sprecher und Übersetzer tätig und verfasst er daneben Beiträge für Rundfunksendungen, so kann er als Sprecher und Übersetzer in einem ArbVerh stehen und die Autorenleistungen in freier Mitarbeit bringen. Beide Rechtsverhältnisse können gleichzeitig und nebeneinander bestehen. ‖5 BAG 9.12.1992 – 5 AZR 143/92, nv., unter II.3 d.Gr.; 4.12.1991 – 7 AZR 44/90, EzA § 620 BGB Bedingung Nr. 10; *Lücke*, ZfPR 1999, 137 (139f.); *Bolck*, ZTR 1994, 14 (15). ‖6 BAG 27.6.2001 – 5 AZR 424/99, AP Nr. 20 zu § 611 BGB Faktisches Arbeitsverhältnis (*Blanke*). ‖7 BAG 27.7.1994 – 4 AZR 534/93, NZA 1995, 901. ‖8 BAG 13.3.1987 – 7 AZR 724/85, NZA 1987, 629. ‖9 BAG 12.9.1996 – 5 AZR 1066/94, *BAGE 84, 108*; LAG Köln 7.7.1998 – 11 Ta 322/97, ARST 1999, 17. ‖10 BAG 12.9.1996 – 5 AZR 1066/94, BAGE 84, 108; LAG Thür. 6.2.1998 – 8 Ta 205/97, NZA-RR 1998, 296. ‖11 BGBl. 1968 I S. 787. ‖12 BAG 15.2.2012 – 10 AZR 111/11, NZA 2012, 733.

aa) Öffentl.-rechtl. Dienstverhältnisse. Nicht zu den ArbN gehören damit die **Beamten, Richter** und **Soldaten**, deren Grundlage ein öffentl.-rechtl. Sonderstatusverhältnis ist[1]. Mit der Ernennung zum Beamten erlischt ein privatrechtl. ArbVerh zum Dienstherrn (s. zB § 10 III BBG), es lebt auch im Falle der Rücknahme der Ernennung nicht wieder auf[2]. Auf der gleichen Linie liegt es, dass das BAG es abgelehnt hat, ein nichtiges Beamtenverhältnis gem. § 140 in ein ArbVerh umzudeuten[3]. Kein ArbN ist auch derjenige, der Dienst im Rahmen des **freiwilligen sozialen Jahres** leistet; für ihn gelten arbeitsrechtl. Bestimmungen nur insoweit, als das Gesetz zur Förderung eines freiwilligen sozialen Jahres v. 17.8.1964[4] ihre Anwendung anordnet[5]. Keine ArbN sind auch **Strafgefangene**[6] und in Sicherungsverwahrung Genommene. Gehen Strafgefangene als Freigänger jedoch ein Beschäftigungsverhältnis außerhalb der Anstalt ein, kann dies auch ein ArbVerh sein[7]. **Asylbewerber**, die Tätigkeiten nach § 5 AsylbLG ausüben, sind keine ArbN. Dies gilt auch für Personen, die verfolgungsbedingt Zwangsarbeit im Nationalsozialismus geleistet haben, denn eine auf Zwang und der Androhung von Gewalt beruhende Leistung fremdnütziger Arbeit begründet keinen ArbN-Status iSd. ArbGG und des materiellen Arbeitsrechts. Das BAG hat deshalb die ordentl. Gerichte für deren Lohn- und Entschädigungsklage für zuständig erachtet[8]. Ob freilich hier die Vorteile des arbeitsgerichtl. Verfahrens nicht erst recht einzuräumen sind, bleibt fraglich.

Nach st. Rspr. des BAG stehen **Lehrbeauftragte an Hochschulen**, die mit bestimmten Lehrverpflichtungen im Semester betraut werden, in einem öffentl.-rechtl. Dienstverhältnis besonderer Art, wenn der Lehrauftrag durch eine einseitige Maßnahme der Hochschule erteilt wird[9]. Zu den Hochschulen idS gehören auch die Fachhochschulen (vgl. § 1 HRG). Sofern die zugrunde liegenden Vorschriften der Hochschulgesetze dies zulassen, können allerdings die Rechtsverhältnisse mit Lehrbeauftragten auch privatrechtl. ausgestaltet werden[10]. Dies gilt auch für Professorenvertreter[11]. Auch **Privatdozenten** stehen in einem öffentl.-rechtl. Dienstverhältnis zur Hochschule[12].

Der Entwicklungsdienstvertrag nach § 4 EhfG ist kein Arbeitsvertrag, sondern begründet ein Rechtsverhältnis eigener Art. Das Rechtsverhältnis zwischen den **Entwicklungshelfer** und dem ausländischen Projektträger kann allerdings ein ArbVerh sein. Entscheidend ist die Auslegung im Einzelfall[13]. Erwerbsfähige Hilfebedürftige iSv. § 16d SGB II – sog. **Ein-Euro-Jobber** – sind keine ArbN[14]. Bewilligt ein zuständiger Träger einem Hilfebedürftigen als Eingliederungsleistung nach § 16 SGB II eine betriebl. Praxiserprobung bei einem privaten Unternehmen, so wird hierdurch ein von Rechtssätzen des öffentl. Rechts geprägtes Rechtsverhältnis und kein ArbVerh begründet[15].

bb) Familiäre Mitarbeit. An einem privatrechtl. Vertrag fehlt es auch, wenn die Arbeitsleistung auf Grund familiärer Verbundenheit erbracht wird oder der gesetzl. Unterhaltspflicht Genüge getan wird (§§ 1360, 1619). Die Pflege von Familienangehörigen führt daher regelmäßig nicht zu einem ArbVerh, jedenfalls wenn sie sich in den Grenzen hält, die durch familienrechtl. Beziehungen geprägt sind. Geht es darüber hinaus, kann ein ArbVerh vorliegen, auch wenn eine Einigung über die Vergütung nicht vorliegt. Zur Höhe des Entgeltanspruchs in diesem Fall s. § 612 Rz. 17ff. Die Grenze ist unter Berücksichtigung der gesamten Umstände des Einzelfalls zu ziehen[16].

Ein ArbVerh kann auch unter Ehegatten vereinbart werden. Hierfür ist nicht entscheidend, wie die Parteien nach außen hin auftreten. Es ist bei einem **Ehegattenarbeitsvertrag** geradezu üblich, dass nicht das ein ArbVerh kennzeichnende Weisungsrecht im Vordergrund steht, sondern dieses durch die enge persönliche Lebensgemeinschaft überlagert wird[17]. Ein ArbVerh besteht jedoch nicht, wenn dieser Vertrag zum Schein abgeschlossen worden wäre (§ 117 I). Dies ist freilich nur dann gegeben, wenn überhaupt keine Dienstleistungen des EhegattenArbN erbracht wurden. Ein entgeltliches Beschäftigungs-

---

1 BAG 25.2.1998 – 7 ABR 11/97, AP Nr. 8 zu § 8 BetrVG 1972; 31.7.1965 – 5 AZR 85/65, AP Nr. 29 zu § 2 ArbGG 1953 Zuständigkeitsprüfung. ‖2 BAG 24.4.1997 – 2 AZR 241/96, AP Nr. 2 zu § 611 BGB Ruhen des Arbeitsverhältnisses. ‖3 BAG 8.12.1959 – 3 AZR 323/56, AP Nr. 18 zu § 2 ArbGG Zuständigkeitsprüfung, zu 4 d.Gr. ‖4 BGBl. 1964 I S. 640. ‖5 S.a. BAG 12.2.1992 – 7 ABR 42/91, AP Nr. 52 zu § 5 BetrVG 1972 zur Frage der Belegschaftszugehörigkeit. ‖6 BAG 3.10.1978 – 6 ABR 46/76, AP Nr. 18 zu § 5 BetrVG 1972; zu deren Entgeltanspruch s. BVerfG 1.7.1998 – 2 BvR 441/90, BVerfGE 98, 169; s.a. *Pontath*, BlStSozArbR 1982, 117. ‖7 LAG BW 15.9.1988 – 4b Sa 41/88, NZA 1989, 886. ‖8 BAG 16.1.2000 – 5 AZB 71/99, NZA 2000, 385; s.a. *Weber*, AuR 2001, 12; *Pawlita*, AuR 1999, 426. ‖9 BAG 18.7.2007 – 5 AZR 854/06, NZA-RR 2008, 103; 22.9.1995 – 5 AZB 19/95, nv.; 15.4.1982 – 2 AZR 1111/79, BAGE 38, 259; 27.6.1984 – 5 AZR 567/82, AP Nr. 42 zu § 611 BGB Lehrer, Dozenten, sowie BAG 5.2.1986 – 5 AZR 422/84, nv.; 11.2.1987 – 5 AZR 18/86, nv. und 23.6.1993 – 5 AZR 248/92, NZA 1994, 381. Zum Verwalter einer Professorenstelle ebenso BAG 30.11.1984 – 7 AZR 511/83, AP Nr. 43 zu § 611 BGB Lehrer, Dozenten; 13.7.2005 – 5 AZR 435/04, ZTR 2006, 46. ‖10 BAG 27.7.1988 – 5 AZR 244/87, AP Nr. 3 zu § 242 BGB Gleichbehandlung; 30.8.1993 – 2 AZB 6/93, AP Nr. 6 zu § 17a GVG; 1.11.1995 – 5 AZR 84/94, AP Nr. 45 zu § 2 BeschFG 1985. S.a. *Reinicke*, ZTR 1996, 337. ‖11 BAG 25.2.2004 – 5 AZR 62/03, AP Nr. 1 zu § 36 HRG; 13.3.1985 – 7 AZR 12/84, nv. ‖12 BAG 27.6.1984 – 5 AZR 567/82, BAGE 46, 218 (223) (zum Berliner Hochschulgesetz). ‖13 Abgelehnt in BAG 27.4.1977 – 5 AZR 129/76, AP Nr. 1 zu § 611 BGB Entwicklungshelfer (*Herschel*). S. *Echterhölter*, AR-Blattei: Entwicklungshelfer, SD 660, 1994, Rz. 51. ‖14 BAG 26.9.2007 – 5 AZR 857/06, AP Nr. 3 zu § 16 SGB II; 2.10.2007 – 1 ABR 60/06, AP Nr. 54 zu § 99 BetrVG 1972 Einstellung; 20.2.2008 – 5 AZR 290/07, AP Nr. 4 zu § 16 SGB II; s.a. Richardi/*Thüsing*, § 7 BetrVG Rz. 4. ‖15 BAG 19.3.2008 – 5 AZR 435/07, AP Nr. 5 zu § 16 SGB II. ‖16 Vgl. ua. BSG 21.4.1993 – 11 RAr 67/92, SozR 3–4100 § 168 Nr. 11. ‖17 LAG BW 24.6.1975 – 7 Sa 22/75, ARST 1976, 65–66.

verhältnis, das Grundlage einer Versicherungspflicht sein kann, setzt neben der Eingliederung des Beschäftigten in den Betrieb und dem ggf. abgeschwächten Weisungsrecht des ArbGeb voraus, dass der Beschäftigte ein Entgelt erhält, das einen angemessenen Gegenwert für die geleistete Arbeit darstellt, mithin über einen freien Unterhalt, ein Taschengeld oder eine Anerkennung für Gefälligkeiten hinausgeht. Weitere Abgrenzungskriterien sind nach dieser Rspr., ob ein schriftl. Arbeitsvertrag abgeschlossen worden ist, ob das gezahlte Entgelt der LStPflicht unterliegt, als Betriebsausgabe verbucht und dem Angehörigen zur freien Verfügung ausgezahlt wird, und schließlich, ob der Angehörige eine fremde Arbeitskraft ersetzt[1]. Dies gilt entsprechend für ArbVerh mit anderen nahen Verwandten[2].

35 **cc) Vereinsmitgliedschaft, Gesellschafter.** Als Rechtsgrundlage für die Leistung von Diensten in persönlicher Abhängigkeit kommt auch die Mitgliedschaft in einem Verein in Betracht. Der Mitgliedsbeitrag (§ 58 Nr. 2) kann in der Leistung von Diensten bestehen[3]. Es gibt keinen Rechtssatz des Inhalts, dass Dienste in persönlicher Abhängigkeit ausschließlich auf Grund eines ArbVerh und nicht auf Grund vereinsrechtl. Mitgliedschaft erbracht werden können[4]. Die mit ihrem Beitritt zu einer Schwesternschaft übernommene Pflicht der **Rote-Kreuz-Schwester**, in der karitativen Krankenpflege tätig zu werden, gründet sich deshalb allein auf ihre Zugehörigkeit zu der Schwesternschaft. Neben dieser alle maßgeblichen Rechte und Pflichten umfassenden Mitgliedschaft wird ein besonderes ArbVerh regelmäßig nicht begründet. Das gilt jedenfalls dann, wenn die Rote-Kreuz-Schwester in einem von ihrer Schwesternschaft selbst betriebenen Krankenhaus tätig ist[5]. Wird sie dagegen in anderen Einrichtungen tätig, so mag sie mit dem Rechtsträger der Einrichtung einen Arbeitsvertrag abschließen. Auch hier aber bedarf die Annahme arbeitsrechtl. Beziehungen zum Krankenhausträger besonderer Anhaltspunkte[6].

36 Die Begründung vereinsrechtl. Arbeitspflichten darf nicht zur **Umgehung** zwingender arbeitsrechtl. Schutzbestimmungen führen. Dies kann insb. der Fall sein, wenn den mitgliedschaftlichen Pflichten keine entsprechenden Rechte gegenüberstehen[7]. Bei Vereinen mit wirtschaftl. Zwecksetzung kommt die Begründung einer vereinsrechtl. Verpflichtung zur Leistung von Arbeit in persönlicher Abhängigkeit in aller Regel nicht in Betracht[8]. Das BAG zeigt sich hier jedoch unverständlich großzügig[9].

Gesellschafter, die auf Grund ihrer sich aus dem Gesellschaftsvertrag ergebenden Verpflichtung tätig werden, sind ebenfalls keine ArbN. Jedoch ist es nicht auszuschließen, dass zwischen der Gesellschaft und einem Gesellschafter ein ArbVerh besteht. Vor allem ein Kommanditist kann zugleich ArbN der KG sein[10]. Grds. kann ein Gesellschafter einer BGB-Gesellschaft oder einer GmbH, indem sie Dienstleistungen als Beitrag für die Gesellschaft erbringen, zugleich ein ArbN in einem persönlichen Abhängigkeitsverhältnis sein. Voraussetzung ist jedoch, dass der Geschäftsführer der GmbH ihnen ggü. weisungsbefugt ist[11]. Der Gesellschafter einer GmbH, dem mehr als 50 % der Stimmen zustehen, kann auch kein ArbN dieser Gesellschaft sein, wenn er nicht Geschäftsführer ist. Ob der Gesellschafter seine Leitungsmacht tatsächlich ausübt, ist unerheblich[12]. Ein GmbH-Gesellschafter mit einem Gesellschaftsanteil von 15 % kann hingegen gleichwohl ArbN der Gesellschaft sein. Mit einem solchen Anteil verfügt er nicht über eine gesetzl. Sperrminorität und damit nicht über ein solches Maß an Selbstbestimmung, das jedwede arbeitsrechtl. Beziehung von vornherein ausschließt[13]. Auch ein Rechtsanwalt, der auf Grund eines der Vorschrift des § 705 entsprechenden Gesellschaftsvertrages Partner einer Anwaltssozietät ist, die auch den berufsrechtl. Anforderungen entspricht, ist kein ArbN[14]. Zu den Personen, die allein auf Grund gesellschaftsvertragl. Verpflichtung tätig werden, s.a. Rz. 12.

37 Die dargelegten Grundsätze gelten entsprechend für Arbeitsleistung auf Grund Mitgliedschaft in einer **Genossenschaft**. Für die Frage der Einordnung des Beschäftigungsverhältnisses kommt es darauf an, ob der Beschäftigte seine Arbeitsleistung auf Grund einer Verpflichtung aus dem Genossenschaftsmitgliedschaftsverhältnis erbringt oder nicht[15]. Ergibt sich die Pflicht zur Arbeitsleistung ausschließlich

---

1 BSG 23.6.1994 – 12 RK 50/93, SozR Nr. 4 zu § 611 BGB Ehegatten-Arbeitsverhältnis. ‖ 2 BSG 5.4.1956 – 3 RK 65/55, BSGE 3, 30 (40); 18.5.1960 – 3 RK 21/56, BSGE 12, 153 (156). ‖ 3 Soergel/*Hadding*, § 58 Rz. 3; RGRK/*Steffen*, § 58 Rz. 2; *Sauter/Schweyer/Waldner*, Der eingetragene Verein, 19. Aufl. 2010, Rz. 17. ‖ 4 BAG 18.2.1956 – 2 AZR 294/54, AP Nr. 1 zu § 5 ArbGG 1953; 3.6.1975 – 1 ABR 98/74, AP Nr. 1 zu § 5 BetrVG 1972 Rotes Kreuz; 10.5.1990 – 2 AZR 607/89, AP Nr. 51 zu § 611 BGB Abhängigkeit; 29.3.1995 – 5 AZB 21/94, NZA 1995, 823, zu B.II.3 d.Gr.; 18.2.1956 – 2 AZR 294/54, BAGE 2, 289; 3.6.1975 – 1 ABR 98/74, BAGE 27, 163; 10.5.1990 – 2 AZR 607/89, AP Nr. 51 zu § 611 BGB Abhängigkeit; 22.3.1995 – 5 AZB 21/94, BAGE 79, 319 (357); 6.7.1995 – 5 AZB 9/93, BAGE 80, 256. ‖ 5 BAG 6.7.1995 – 5 AZB 9/93, DB 1995, 2612; 22.3.1995 – 5 AZB 21/94, BAGE 79, 319; 3.6.1975 – 1 ABR 98/74, AP Nr. 1 zu § 5 BetrVG 1972 Rotes Kreuz, zu III.3 d.Gr.; aA LAG Schl.-Holst. 5.4.1993 – 1 Ta 38/93, LAGE § 5 ArbGG 1979 Nr. 2. ‖ 6 BAG 20.2.1986 – 6 ABR 5/85, AP Nr. 2 zu § 5 BetrVG 1972 Rotes Kreuz; vgl. auch LSG Rh.-Pf. 29.1.2004 – L 1 AL 113/01, nv. ‖ 7 BAG 22.3.1995 – 5 AZB 21/94, NZA 1995, 823; 6.7.1995 – 5 AZB 9/93, DB 1995, 2612; LAG Hess. 11.11.1991 – Sa 745/91, BB 1992, 2291. ‖ 8 BAG 22.3.1995 – 5 AZB 21/94, NZA 1995, 823 (Scientology). ‖ 9 BAG 26.9.2002 – 5 AZB 19/01, NJW 2003, 161 (wiederum Mitglied der Scientology Church) – kein ArbN. ‖ 10 LAG Berlin 26.3.2003 – 5 Ta 1306/01, LAGReport 2003, 191. ‖ 11 BAG 1.9.1990 – 3 AZR 617/88, AP Nr. 6 zu § 35 GmbHG; 28.11.1990 – 4 AZR 198/90, AP Nr. 137 zu § 1 TVG Tarifverträge: Bau. ‖ 12 BAG 6.5.1998 – 5 AZR 612/97, NZA 1998, 839 mwN. ‖ 13 LAG Köln 29.9.2003 – 13 Ta 77/03, NZA-RR 2004, 553; vgl. auch BAG 20.4.2004 – 3 AZR 297/03, AP Nr. 33 zu § 17 BetrAVG. ‖ 14 BAG 15.4.1993 – 2 AZB 32/92, AP Nr. 2 zu § 5 ArbGG weitergehend noch die Arbeitnehmerähnlichkeit verneinend; ArbG Berlin 9.10.2003 – 1 Ca 4598/03, NZA-RR 2004, 328. ‖ 15 BAG 16.2.1995 – 8 AZR 714/93, DB 1995, 1519; s. bereits *Hueck/Nipperdey*, Arbeitsrecht, Bd. I, 7. Aufl., S. 47.

und unmittelbar aus der Mitgliedschaft, ist der Beschäftigte kein ArbN. Dies gilt selbst dann, wenn er bei Erfüllung seiner Arbeitsleistung, ähnlich einem ArbN, einem Weisungsrecht Folge zu leisten hat[1].

dd) Kleriker und Kirchenbeamte. Auch Kleriker werden grds. nicht auf Grund eines Arbeitsvertrags, sondern auf Grund kirchenrechtl. Beziehung zu ihrer Kirche tätig. Soweit dem katholischen Priester seine Tätigkeit entgolten wird, geschieht dies auf Grund kirchlicher Regelung, can. 281 §§ 1 und 2 CIC 1983. Nach diesen Bestimmungen verdienen Kleriker, die sich dem kirchlichen Dienst widmen, eine Vergütung, die ihrer Stellung angemessen ist. Dabei ist Vorsorge zu treffen, dass sie jene soziale Hilfe erfahren, durch die für ihre Erfordernisse bei Krankheit, Arbeitsunfähigkeit oder im Alter angemessen gesorgt ist[2]. Die Kirchen haben als Körperschaften des öffentl. Rechts die Möglichkeit, Beamte zu ernennen. Dementsprechend stellt § 135 S. 2 BRRG fest, dass es den Kirchen überlassen bleibt, die Rechtsverhältnisse ihrer Beamten und Seelsorger zu regeln. Ihre Dienstherrenfähigkeit ist auf Grund ihres Status nach Art. 137 IV WRV unbeschränkt. Deshalb können die Kirchen, soweit sie Körperschaften des öffentl. Rechts sind, auch zur Bewältigung von Aufgaben, die nicht eine Zugehörigkeit zum geistlichen Stand voraussetzen, Beamtenverhältnisse begründen und für sie kirchengesetzl. Regelungen geben. Machen sie von diesem Recht Gebrauch, dann hat dies die gleichen Konsequenzen wie im staatl. Bereich: Das Dienstverhältnis wird nicht durch Vertrag, sondern einseitig durch Hoheitsakt begründet (s. Rz. 29). 38

e) Verpflichtung zur Arbeitsleistung. ArbN ist nur, wer zur **Arbeit** verpflichtet ist, nicht dagegen, wer einen Arbeitserfolg schuldet; denn im letzteren Fall liegt ein Werkvertrag vor. Ein Werkunternehmer ist aber niemals ArbN[3], sondern kann lediglich zum Kreis der arbeitnehmerähnlichen Personen gehören (s. Rz. 111). Der Annahme der ArbN-Eigenschaft steht es nicht entgegen, wenn das Arbeitsentgelt sich nach dem Arbeitserfolg bemisst; denn in diesem Fall wird nicht der Arbeitserfolg geschuldet, sondern es wird für die Arbeitsleistung ein leistungsbezogenes Arbeitsentgelt erbracht. 39

f) Unselbständigkeit der Arbeitsleistung – Typologische Bestimmung. Da nicht jeder, der auf Grund eines Dienstvertrags Arbeitsleistungen zu erbringen hat, ArbN ist, sondern selbständig sein kann, ist für die Begriffsbestimmung des ArbN entsprechend obiger Definition (Rz. 24) wesentlich, dass die Arbeit **im Dienst eines anderen** geleistet werden muss[4]. Dieses Merkmal bezeichnet den Unterschied zum freien Dienstvertrag. Es geht also um die **Abgrenzung von den Selbständigen**, auf die Arbeitsrecht keine Anwendung findet. Wie diese Unselbständigkeit zu bestimmen ist, ist streitig. Ansatzpunkte der st. Rspr. sind die persönliche Abhängigkeit und Weisungsgebundenheit (Rz. 42), ein an Anhängern wachsender Teil des Schrifttums stellt auf das Maß eigenen unternehmerischen Auftretens am Markt ab (Rz. 56). In beiden Fällen ist eine typologische Bestimmung des Begriffs erforderlich, was insb. auch vom BAG praktiziert wird. Für die Abgrenzung von ArbN und „freien Mitarbeitern" gibt es kein Einzelmerkmal, das aus der Vielzahl möglicher Merkmale unverzichtbar vorliegen muss, damit man von persönlicher Abhängigkeit sprechen kann. Damit ist dogmatischer Ausgangspunkt nicht der tatbestandlich scharf umrissene Begriff, der eine einfache Subsumtion ermöglicht, sondern die Rechtsfigur des Typus, der ArbN nicht im Detail definiert, sondern ausgehend vom Normalfall beschreibt. Den jeweiligen Typus und dessen Kenntnis setzt das Gesetz stillschweigend voraus; es übernimmt ihn so, wie ihn der Gesetzgeber in der sozialen Wirklichkeit idealtypisch, dh. im Normal- oder Durchschnittsfall vorfindet. Es ist nicht erforderlich, dass stets sämtliche den Typus kennzeichnenden Merkmale vorliegen. Diese können vielmehr in unterschiedlichem Maße und verschiedener Intensität gegeben sein; je für sich genommen haben sie nur die Bedeutung von Anzeichen oder Indizien. Entscheidend ist jeweils ihre Verbindung, die Intensität und die Häufigkeit ihres Auftretens im konkreten Einzelfall. Maßgeblich ist das Gesamtbild, das in wertender Betrachtung zu beurteilen ist[5]. 40

Dieses Vorgehen stößt auf starken **Widerspruch im Schrifttum**. Im Rahmen der typologischen Methode würden selbst klar handhabbare normative Kriterien zu irrelevanten Topoi. Das Vorgehen des BAG habe nachvollziehbare Erkenntnisse nicht zutage gefördert[6]. Diesen Stimmen ist zumeist Recht zu geben, dass eine typologische Auslegung des Gesetzes oftmals zu einer größeren Rechtsunsicherheit führt. Der Vorteil liegt jedoch in der näheren Anlehnung an die Wirklichkeit – und damit einer größeren Gerechtigkeit im Einzelfall. Das Vorgehen des BAG hat Vorbilder und Parallelen in der Ausdeutung anderer Begriffe. Was eine Religion iSd. Staatskirchenrechts oder Kunst iSd. Art. 5 III GG ist, wird hM nach typologisch bestimmt. Dort wie hier werden die Schwierigkeiten der Abgrenzung im Einzelfall durch eine lange Reihe von Judikaten gemildert, die beispielhaft die Gewichtung der Indizien für die verschiedenen ArbN-Gruppen veranschaulichen. Gerade der Verwendung der Rechtsfigur des Typus ist es zu verdanken, dass die Vorschriften über die Versicherungspflicht und die Beitragspflicht trotz ih- 41

---

1 BAG 8.1.1970 – 3 AZR 436/67, AP Nr. 14 zu § 528 ZPO; BSG 27.7.1972 – 2 RU 122/70, AP Nr. 4 zu § 539 RVO; BAG 3.6.1975 – 1 ABR 98/74, AP Nr. 1 zu § 5 BetrVG 1972 Rotes Kreuz. || 2 S.a. BAG 7.2.1990 – 5 AZR 84/89, BAGE 64, 131; LAG Hamm 9.9.1971 – 8 Sa 448/71, DB 1972, 295. || 3 BAG 23.4.1980 – 5 AZR 426/79, AP Nr. 34 zu § 611 BGB Abhängigkeit; RAG Bensh. Slg. 10, 419, (423); 12, 271 (273); 15, 130 (132). || 4 BAG 20.1.2010 – 5 AZR 106/09, AP Nr. 120 zu § 611 BGB Abhängigkeit. || 5 BVerfG 20.5.1996 – 1 BvR 21/96, AP Nr. 82 zu § 611 BGB Abhängigkeit. || 6 ErfK/*Preis*, § 611 Rz. 54; MünchArbR/*Richardi*, § 16 Rz. 45: „Muster ohne Wert". S. hierzu auch *Wank*, Arbeitnehmer und Selbständige, S. 23 ff.

res Festhaltens an Begriffen wie Angestellte, Arbeiter, ArbVerh oder Beschäftigungsverhältnis in Verbindung mit ihrer Konkretisierung durch Rspr. und Lit. über Jahrzehnte hinweg auch bei geänderten sozialen Strukturen ihren Regelungszweck erfüllen konnten. Nicht beantwortet ist damit die Frage, welches der Typus ist, der beschrieben werden muss, was also die entscheidende Perspektive ist, den ArbN zu charakterisieren, s. hierzu Rz. 56, 59.

42 **4. Abgrenzung nach der persönlichen Weisungsgebundenheit. a) Allgemeines.** Kriterium der ArbN-Eigenschaft ist nach st. Rspr. des BAG und hM die **persönliche Abhängigkeit** des zur Dienstleistung Verpflichteten vom Dienstberechtigten[1]. In leichter Akzentverschiebung definiert das BAG den ArbN auch als denjenigen Mitarbeiter, der seine Dienstleistung „im Rahmen einer von Dritten bestimmten Arbeitsorganisation erbringt"[2]. Insoweit enthalte § 84 I 2 HGB ein typisches Abgrenzungsmerkmal. Nach dieser Bestimmung ist selbständig, wer im Wesentlichen frei seine Tätigkeit gestalten und seine Arbeitszeit bestimmen kann. Unselbständig und deshalb persönlich abhängig ist dagegen der Mitarbeiter, dem dies nicht möglich ist. Zwar gilt diese Regelung unmittelbar nur für die Abgrenzung des selbständigen Handelsvertreters vom abhängig beschäftigten kaufmännischen Angestellten[3]. Über ihren unmittelbaren Anwendungsbereich hinaus enthalte diese Bestimmung jedoch eine allg. gesetzgeberische Wertung, die bei der Abgrenzung des Dienstvertrages vom Arbeitsvertrag zu beachten ist, zumal dies die einzige Norm darstellt, die Kriterien dafür enthält. Die Eingliederung in die fremde Arbeitsorganisation zeigt sich insb. darin, dass der Beschäftigte einem Weisungsrecht des ArbGeb unterliegt. Dieses Weisungsrecht kann Inhalt, Durchführung, Zeit, Dauer und Ort der Tätigkeit betreffen[4]. Für die Abgrenzung von Bedeutung sind in erster Linie die tatsächlichen Umstände, unter denen die Dienstleistung zu erbringen ist, nicht die Bezeichnung, die die Parteien ihrem Rechtsverhältnis gegeben haben[5]. Nach der Rspr. des BAG sind damit vor allem **drei Merkmale mögliche Indizien der persönlichen Abhängigkeit:** die Weisungsgebundenheit in zeitlicher, örtlicher und fachlicher Hinsicht, die organisatorische Abhängigkeit für die Erbringung der Arbeitsleistung und – wenn auch weniger deutlich – die Fremdnützigkeit der Arbeitsleistung. Die dadurch vermittelte Fremdbestimmung muss über die eines freien Dienstvertrags hinausgehen. Entscheidend ist der **Grad der persönlichen Abhängigkeit**, in der sich der zur Dienstleistung Verpflichtete jeweils befindet. Das Merkmal ist also ein relatives, vergleichendes Kriterium[6].

43 Bei der Frage, in welchem Maße der Mitarbeiter persönlich abhängig ist, sei vor allem die **Eigenart der jeweiligen Tätigkeit** zu berücksichtigen[7]. Denn abstrakte, für alle ArbVerh geltende Kriterien ließen sich nicht aufstellen. Eine Anzahl von Tätigkeiten kann sowohl im Rahmen eines ArbVerh als auch im Rahmen eines freien Dienstverhältnisses (freien Mitarbeiterverhältnisses) erbracht werden[8]. Umgekehrt gibt es Tätigkeiten, die für andere regelmäßig nur im Rahmen eines ArbVerh ausgeübt werden können. Das Bestehen eines ArbVerh kann also auch aus Art oder Organisation der zu verrichtenden Tätigkeiten folgen. Das BAG hat diesem Gedanken in mehreren Entscheidungen maßgebliche Bedeutung beigemessen, etwa für Orchestermusiker[9], für Lehrkräfte, die an allg. bildenden Schulen und in schulischen Lehrgängen unterrichten[10], für (studentische) Hilfspfleger im Krankenhaus[11] und für die Tätigkeit von Mitarbeitern fremdsprachlicher Dienste von Rundfunkanstalten mit routinemäßig anfallender Tätigkeit als Sprecher, Aufnahmeleiter und Übersetzer[12]. Zeitliche Vorgaben und die Verpflichtung, bestimmte Termine für die Erledigung der übertragenen Aufgaben einzuhalten, sind kein ausreichendes Merkmal für ein ArbVerh. Das Versprechen, eine Leistung zu einem bestimmten Zeitpunkt zu erbringen oder zu einem bestimmten Zeitpunkt fertig zu stellen, macht den Leistenden im arbeitsrechtl. Sinne nicht weisungsabhängig[13]. Widersprechen sich schriftl. Vereinbarung und tatsächliche

---

1 BAG 26.9.2002 – 5 AZB 19/01, NJW 2003, 161; 29.5.2002 – 5 AZR 161/01, NZA 2002, 1232; 16.2.2000 – 5 AZB 71/99, BAGE 93, 310; 16.10.1987 – 7 AZR 519/86, AP Nr. 69 zu § 613a BGB; 27.3.1991 – 5 AZR 194/90, AP Nr. 53 zu § 611 BGB Abhängigkeit und 30.10.1991 – 7 ABR 19/91, AP Nr. 59 zu § 611 BGB Abhängigkeit; 20.7.1994 – 5 AZR 627/93, AP Nr. 73 zu § 611 BGB Abhängigkeit; 12.9.1996 – 5 AZR 104/95, BAGE 84, 124 (133). ||2 BAG 9.7.2003 – 5 AZR 595/02, AP Nr. 158 zu § 611 BGB Lehrer, Dozenten; 20.7.1994 – 5 AZR 627/93, BAGE 77, 226; 16.3.1994 – 5 AZR 447/92, AP Nr. 68 zu § 611 BGB Abhängigkeit; 9.6.1993 – 5 AZR 123/92, AP Nr. 66 zu § 611 BGB Abhängigkeit; 24.6.1992 – 5 AZR 384/91, AP Nr. 61 zu § 611 BGB Abhängigkeit. ||3 Vgl. dazu BAG 20.8.2003 – 5 AZR 610/02, NZA 2004, 39. ||4 St. Rspr. BAG 20.9.2000 – 5 AZR 61/99, NZA 2001, 551; vgl. BAG 22.4.1998 – 5 AZR 342/97, BAGE 88, 263. ||5 BAG 20.1.2010 – 5 AZR 106/09, AP Nr. 120 zu § 611 BGB Abhängigkeit; 22.8.2001 – 5 AZR 502/99, AP Nr. 109 zu § 611 BGB Abhängigkeit; 19.1.2000 – 5 AZR 644/98, BAGE 93, 218, (222); st. Rspr., vgl. BAG 19.1.2000 – 5 AZR 644/98, AP Nr. 108 zu § 611 BGB Abhängigkeit; 22.4.1998 – 5 AZR 342/97, BAGE 88, 263 mwN. ||6 Vgl. BAG 15.2.1965 – 5 AZR 358/63, AP Nr. 7 zu § 611 BGB; 16.3.1972 – 5 AZR 460/71, AP Nr. 10 zu § 611 BGB Lehrer, Dozenten; 8.6.1967 – 5 AZR 461/66, AP Nr. 6 zu § 611 BGB Abhängigkeit; 14.2.1974 – 5 AZR 298/73, AP Nr. 12 zu § 611 BGB Abhängigkeit; 29.5.1991 – 7 ABR 67/90, AP Nr. 2 zu § 9 BetrVG 1972. ||7 BAG 15.3.1978 – 5 AZR 819/76, AP Nr. 26 zu § 611 BGB Abhängigkeit. ||8 BAG 30.10.1991 – 7 ABR 19/91, AP Nr. 59 zu § 611 BGB. ||9 BAG 14.2.1974 – 5 AZR 298/73, AP Nr. 12 zu § 611 BGB Abhängigkeit und 3.10.1975 – 5 AZR 427/74, AP Nr. 16 zu § 611 BGB Abhängigkeit; ebenso BAG 29.7.1976 – 3 AZR 7/75, AP Nr. 41 zu § 620 BGB Befristeter Arbeitsvertrag. ||10 BAG 20.1.2010 – 5 AZR 106/09, AP Nr. 120 zu § 611 BGB Abhängigkeit; 24.6.1992 – 5 AZR 384/91, AP Nr. 61 zu § 611 BGB Abhängigkeit. ||11 BAG 13.2.1985 – 7 AZR 345/82, nv. ||12 BAG 3.10.1975 – 5 AZR 162/74, AP Nr. 15 zu § 611 BGB Abhängigkeit; 16.2.1994 – 5 AZR 402/93, BAGE 76, 21; vgl. auch BAG 9.3.1977 – 5 AZR 110/76, AP Nr. 21 zu § 611 BGB Abhängigkeit. ||13 BAG 22.8.2001 – 5 AZR 502/99, ZTR 2002, 290; 19.1.2000 – 5 AZR 644/98, BAGE 93, 218; 29.5.1991 – 7 ABR 67/90, BAGE 68, 74.

Durchführung des Vertrages, ist die Letztere maßgebend. Aus der **praktischen Handhabung** lassen sich Rückschlüsse darauf ziehen, von welchen Rechten und Pflichten die Parteien ausgegangen sind[1].

b) Fachliche, zeitliche und örtliche Weisungsgebundenheit. Das Merkmal der persönlichen Abhängigkeit wird vielfach durch die **fachliche Weisungsgebundenheit** bei Erbringung der Arbeitsleistung konkretisiert[2]. Dass der Dienstverpflichtete hinsichtlich seiner **Arbeitsleistung** dem Weisungsrecht des ArbGeb unterliegt, ist aber nur ein, wenn auch besonders wichtiges **Indiz** für die Feststellung eines ArbVerh. Für sich allein vermag es eine ArbN-Eigenschaft nicht belegen, denn auch ein durch freien Dienstvertrag Verpflichteter kann den Weisungen des Dienstgebers verpflichtet sein. Dies gilt selbst beim Werkvertrag, wie § 645 I belegt. Damit die fachliche Weisungsgebundenheit ein Indiz bilden kann, müssen daher regelmäßig die Weisungen umfassend oder doch von einer gewissen Erheblichkeit sein und nicht nur den groben Rahmen vorgeben oder untergeordnete Teile der Tätigkeit betreffen[3]. **Fehlt** andererseits die fachliche Weisungsgebundenheit, so spricht auch dies nicht notwendigerweise gegen die ArbN-Eigenschaft. Das gilt insb. bei Diensten höherer Art[4]. Die Art der Tätigkeit kann es mit sich bringen, dass dem Dienstverpflichteten ein hohes Maß an Gestaltungsfreiheit, Eigeninitiative und fachlicher Selbständigkeit verbleibt. Daher kann ein Chefarzt ArbN sein[5]. Das Gleiche gilt für Honorarlehrkräfte[6]. Die Besonderheit der zu leistenden Arbeit hat hier zur Folge, dass eine fachliche Weisungsgebundenheit nicht in Betracht kommt[7]. Ein Ausdruck fachlicher Weisungsgebundenheit sind Berichtspflichten oder sonstige Anzeigepflichten. Einer umfassenden Kontrolle unterliegt nur der ArbN; der Selbständige braucht sich Kontrollen nicht in gleichem Maße gefallen zu lassen[8].

Neben der fachlichen Weisungsgebundenheit hat die Rspr. sehr früh auch auf eine **Weisungsgebundenheit nach Ort und Zeit der Arbeitsleistung** abgestellt[9]. Auch hierbei konnte sie unmittelbar an das Vorbild des § 84 I 2 HGB anknüpfen. Das BAG verneint deshalb bei **freier Einteilung der Arbeitszeit** häufig eine ArbN-Eigenschaft[10]. Wie die fachliche ist aber auch die Weisungsgebundenheit nach Ort und Zeit der Arbeitsleistung nur ein Indiz, kein bindendes Kriterium für die Anerkennung der ArbN-Eigenschaft. Der Annahme einer persönlichen Abhängigkeit steht es daher nicht entgegen, dass sich die Tätigkeit eines Mitarbeiters nach Zeit und Ort festlegen lässt; es genüge, dass sie „aus anderen Gründen fremdbestimmte Arbeit leisten"[11]. Eine zeitliche Weisungsgebundenheit kann auch aus der Festlegung eines in einer bestimmten Zeitspanne zu erledigenden **Mindestsolls** folgen. Dies ist jedoch dann nicht anzunehmen, wenn die Grenzen so gesetzt sind, dass den Mitarbeitern ein erheblicher Spielraum verbleibt[12], denn auch im Rahmen von Dienst- und Werkverträgen können davon dem Dienstberechtigten oder dem Besteller Termine für die Erledigung der Arbeit bestimmt werden, ohne dass daraus eine zeitliche Weisungsabhängigkeit folgt, wie sie für ein ArbVerh regelmäßig kennzeichnend ist[13].

---

1 BAG 15.3.1978 – 5 AZR 819/76, AP Nr. 26 zu § 611 BGB Abhängigkeit. || 2 So BAG 13.12.1962 – 2 AZR 128/62, AP Nr. 3 zu § 611 BGB Abhängigkeit; 16.3.1972 – 5 AZR 460/71, AP Nr. 10 zu § 611 BGB Lehrer, Dozenten. || 3 S.a. BAG 9.7.2003 – 5 AZR 595/02, AP Nr. 158 zu § 611 BGB Lehrer, Dozenten (Lehrkraft an einer privaten Berufsschule); 24.10.2001 – 5 AZR 33/00, NZA 2002, 527 (Programmlehrkraft an einem Fremdsprachengymnasium). || 4 St. Rspr. seit BAG 13.1.1983 – 5 AZR 149/82, AP Nr. 42 zu § 611 BGB Abhängigkeit, zuletzt BAG 26.6. 1991 – 5 AZR 453/90, nv. zu I d.Gr.; 20.7.1994 – 5 AZR 627/93, BAGE 77, 226; 30.10.1991 – 7 ABR 19/91, AP Nr. 59 zu § 611 BGB Abhängigkeit. || 5 Vgl. BAG 10.11.1955 – 2 AZR 59/54, AP Nr. 2 zu § 611 BGB Beschäftigungspflicht; 8.12.1959 – 3 AZR 348/56, AP Nr. 1 zur Art. 38 GemeindeO Bayern; 27.7.1961 – 2 AZR 255/60, AP Nr. 24 zu § 611 BGB Ärzte, Gehaltsansprüche; 3.8.1961 – 2 AZR 117/60, AP Nr. 19 zu § 620 BGB Befristeter Arbeitsvertrag; 24.10.1963 – 2 AZR 396/62, AP Nr. 26 zu § 611 BGB Ärzte, Gehaltsansprüche. || 6 BAG 30.10.1991 – 7 ABR 19/91, NZA 1992, 407 mwN. || 7 Vgl. auch BAG 16.3.1972 – 5 AZR 460/71, AP Nr. 10 zu § 611 BGB Lehrer, Dozenten; 3.10.1975 – 5 AZR 427/74, AP Nr. 16 zu § 611 BGB Abhängigkeit: Orchestermusiker; 2.6.1976 – 5 AZR 131/75, AP Nr. 20 zu § 611 BGB Lehrer, Dozenten: Außenrequisiteur; 9.3.1977 – 5 AZR 110/76, AP Nr. 21 zu § 611 BGB Abhängigkeit: Journalist; 30.10.1991 – 7 ABR 19/91, AP Nr. 59 zu § 611 BGB Abhängigkeit: Honorarlehrkraft. || 8 BAG 15.12.1999 – 5 AZR 770/98, NZA 2000, 481. || 9 Vgl. BAG 27.10.1956 – 2 AZR 297/54, AP Nr. 3 zu § 554 ZPO; 7.2.1957 – 2 AZR 440/54, AP Nr. 18 zu § 611 BGB Urlaubsrecht; 19.5.1960 – 2 AZR 197/58, AP Nr. 7 zu § 5 ArbGG 1953; 27.7.1961 – 2 AZR 255/60, AP Nr. 24 zu § 611 BGB Ärzte, Gehaltsansprüche; 28.2.1962 – 4 AZR 141/61, AP Nr. 1 zu § 611 BGB Abhängigkeit; 13.12.1962 – 2 AZR 128/62, AP Nr. 3 zu § 611 BGB Abhängigkeit; 16.3.1972 – 5 AZR 460/71, AP Nr. 10 zu § 611 BGB Lehrer, Dozenten; 21.9.1977 – 5 AZR 373/76, AP Nr. 24 zu § 611 BGB Abhängigkeit und 15.3.1978 – 5 AZR 819/76, AP Nr. 26 zu § 611 BGB Abhängigkeit. || 10 Vgl. BAG 19.5. 1960 – 2 AZR 197/58, AP Nr. 7 zu § 5 ArbGG 1953 (Kürschnermeister); 28.2.1962 – 4 AZR 141/61, AP Nr. 1 zu § 611 BGB Abhängigkeit (Messtätigkeit für Wettervorhersage in einer vom Vertragspartner gemieteten Berghütte); 15.3.1978 – 5 AZR 818/76, AP Nr. 25 zu § 611 BGB Abhängigkeit (Musikbearbeiter); 26.1.1977 – 5 AZR 796/75, AP Nr. 13 zu § 611 BGB Lehrer, Dozenten (Volkshochschuldozent); 9.9.1981 – 5 AZR 477/79, AP Nr. 38 zu § 611 BGB Abhängigkeit (Psychologe mit zeitlicher Rahmenvereinbarung); 27.4.1991 – 5 AZR 194/90, AP Nr. 53 zu § 611 BGB Abhängigkeit (Lektor); 29.5.1991 – 7 ABR 67/90, AP Nr. 2 zu § 9 BetrVG 1972 Aushilfs-Taxifahrer. || 11 BAG 15.3.1978 – 5 AZR 819/76, AP Nr. 26 zu § 611 BGB Abhängigkeit. || 12 BAG 15.12.1999 – 5 AZR 770/98, NZA 2000, 481; 26.5.1999 – 5 AZR 469/98, AP Nr. 104 zu § 611 BGB Abhängigkeit; s.a. *Hanau/Strick*, AuA 1998, 185 (187) in Bezug auf den Versicherungsvertreter. || 13 BAG 27.3.1991 – 5 AZR 194/90, AP Nr. 53 zu § 611 BGB Abhängigkeit; ständige Dienstbereitschaft ist nach der Rspr. (vgl. BAG 30.11.1994 – 5 AZR 704/93, BAGE 78, 343 (353), AP Nr. 74 zu § 611 BGB Abhängigkeit, unter B.II.2.b (3) d.Gr.; 19.11.1997 – 5 AZR 653/96, NZA 1998, 364) ein starkes Indiz für die ArbN-Eigenschaft.

46 Die Aufnahme in **Dienstpläne** ist ein gewichtiges Indiz für eine zeitliche Weisungsgebundenheit, lässt jedoch nicht zwingend auf die ArbN-Eigenschaft schließen[1]. Die Weisungsgebundenheit braucht nicht rechtl. begründet zu sein, sondern kann auch **faktisch** sein. Wer eine Zuteilung oder eine zeitliche Anfrage des Dienstgebers nicht ablehnen kann, ohne den Bestand der Vertragsbeziehungen zu riskieren, der ist zeitlich weisungsbedungen[2]. Dies ist dann der Fall, wenn die ständige Dienstbereitschaft erwartet wird oder wenn der Mitarbeiter in nicht unerheblichem Umfang auch ohne entsprechende Vereinbarung herangezogen wird, ihm die Arbeiten letztlich also zugewiesen werden[3]. **Missverständlich** ist daher die Formulierung des BAG, ein lediglich faktischer Zwang berühre die Möglichkeit der freien Bestimmung der Arbeitszeit gem. § 84 I 2 HGB nicht, denn mit freier Bestimmung der Arbeitszeit sei nur die (rechtl.) Freiheit ggü. dem Unternehmer gemeint[4]. Entscheidend ist allein, ob der Dienstverpflichtete substantiellen Freiraum zur Gestaltung seiner Arbeitszeit hat. Werden Dienstpläne zwar vorgegeben, haben die Mitarbeiter aber die Möglichkeit, die geplanten Einsätze jederzeit untereinander zu tauschen oder ersatzlos abzugeben, so spricht dies gegen das Vorliegen eines ArbVerh[5]. Ein Mitarbeiter ist auch nicht bereits deshalb ArbN, weil er auf technische Einrichtungen und Personal des Vertragspartners angewiesen ist und aus diesem Grunde etwa in Dispositions- und Raumbelegungspläne aufgenommen wird[6]. Das Gleiche gilt, wenn sich ein Vertreter in der Zeiteinteilung nach den Kundenwünschen richten muss[7].

47 Die örtliche Weisungsgebundenheit wird in der Rspr. des BAG stets im Zusammenhang mit der fachlichen und zeitlichen Weisungsgebundenheit genannt (s. Rz. 44f.), ist aber soweit ersichtlich nie als entscheidendes Indiz herangezogen worden. Oftmals ergibt sich der Ort schon zwingend aus der Art der Tätigkeit. Das Kriterium der örtlichen Weisungsgebundenheit geht dann auf in dem Kriterium der Eingliederung in die betriebl. Organisation des ArbGeb, s. Rz. 48. Bei anderen Mitarbeitern (Außendienst, Telearbeitsplätze, Journalist, Bildberichterstatter) entfällt die örtliche Weisungsgebundenheit gänzlich, ohne dass dies gegen den ArbN-Status sprechen würde[8]. Oft wird eine zeitliche Weisungsgebundenheit mit einer örtlichen zusammenfallen und damit ein gemeinsames, regelmäßig gewichtiges Indiz für die ArbN-Eigenschaft bilden.

48 c) **Eingliederung in die Organisation des Arbeitgebers.** In einigen Entscheidungen verwendet die Rspr. das Merkmal nur als Zusammenfassung der Weisungsgebundenheit hinsichtlich Inhalt, Durchführung, Zeit, Dauer und Ort der Tätigkeit[9]. Ihm kommt insoweit **keine eigenständige Bedeutung** zu. Gewichtiges Indiz für die ArbN-Eigenschaft kann es aber sein, dass eine Tätigkeit regelmäßig nur im Rahmen eines ArbVerh ausgeübt wird. Das Bestehen eines ArbVerh kann dann aus der Art der zu verrichtenden Tätigkeiten folgen: Die Tätigkeit ist so in eine vom ArbGeb vorgegebene Organisation eingefügt, dass sie *per se* eine Fremdbestimmtheit mit sich bringt. Das BAG hat diesem Gedanken in mehreren Entscheidungen entscheidende Bedeutung beigemessen[10]. Maßgebend ist hier die personelle und organisatorische Abhängigkeit für die Erbringung der Arbeitsleistung[11]. Nach Ansicht des BAG sind deshalb **Lehrer an allg. bildenden Schulen** regelmäßig ArbN, auch wenn sie ihren Unterricht nebenberuflich erteilen[12], während die geringere Einbindung in ein Schul- oder Ausbildungssystem bei **Volkshochschuldozenten** und **Lehrkräften an Musikschulen** für den Regelfall zur Folge hat, dass sie nicht auf Grund eines ArbVerh tätig werden[13] (s. ausführlicher Rz. 69).

49 d) **Fremdnützigkeit der Arbeitsleistung.** Ein in seiner Bedeutung nur unscharfes Indiz ist die Fremdnützigkeit der Arbeitsleistung. Seinen Ursprung hat das Kriterium bei der Suche nach der ArbN-Eigen-

---

1 BAG 19.1.2000 – 5 AZR 644/98, BAGE 93, 218 (Rundfunk); 20.9.2000 – 5 AZR 61/99, NZA 2001, 551 (abl. in Bezug auf Rundfunkmitarbeiter); 16.6.1998 – 5 AZN 154/98, NZA 1998, 839 (Rundfunk); 22.4.1998 – 5 AZR 2/97, NZA 1998, 1277 (Kameraassistent); 16.3.1994 – 5 AZR 447/92, DB 1994, 2504 (Copilot); 30.11.1994 – 5 AZR 704/93, BAGE 78, 343. ||2 BAG 19.1.2000 – 5 AZR 644/98, NZA 1998, 839; in Abgrenzung zu BAG 29.1.1992 – 7 ABR 25/91, AP Nr. 47 zu § 5 BetrVG 1972 (m. Anm. *Wank*). ||3 BAG 20.5.2009 – 5 AZR 31/08, AP Nr. 16 zu § 611 BGB Arbeitnehmerähnlichkeit. ||4 BAG 15.12.1999 – 5 AZR 770/98, NZA 2000, 481 in Anknüpfung an BAG 26.5.1999 – 5 AZR 469/98, AP Nr. 104 zu § 611 BGB. ||5 BAG 26.8.2009 – 5 AZN 503/09, AP Nr. 65 zu § 72a ArbGG 1979. ||6 BAG 19.1.2000 – 5 AZR 644/98, AP Nr. 108 zu § 611 BGB Abhängigkeit; *Rüthers*, RdA 2000, 360. ||7 BAG 15.12.1999 – 5 AZR 770/98, NZA 2000, 481; LAG Hamm 20.9.2004 – 2 Ta 644/03, nv. ||8 S.a. ErfK/*Preis*, § 611 Rz. 65; ArbR-BGB/*Schliemann*, § 611 Rz. 208. ||9 BAG 29.5.2002 – 5 AZR 161/01, NZA 2002, 1232; 22.8.2001 – 5 AZR 502/99, ZTR 2002, 290; 27.6.2001 – 5 AZR 561/99, BB 2001, 2220. ||10 Etwa für Orchestermusiker (BAG 14.2.1974 – 5 AZR 298/73, AP Nr. 12 zu § 611 BGB Abhängigkeit und 3.10.1975 – 5 AZR 427/74, AP Nr. 16 zu § 611 BGB Abhängigkeit; ebenso BAG 29.7.1976 – 3 AZR 7/75, AP Nr. 41 zu § 620 BGB Befristeter Arbeitsvertrag, für Lehrkräfte an allgemein bildenden Schulen (BAG 24.6.1992 – 5 AZR 384/91, AP Nr. 61 zu § 611 BGB Abhängigkeit), für (studentische) Hilfspfleger (BAG 13.2.1985 – 7 AZR 345/82, nv.) und für die Tätigkeit eines Mitarbeiters des fremdsprachlichen Dienstes einer Rundfunkanstalt mit täglich routinemäßig anfallender Sprecher- und Übersetzertätigkeit (BAG 3.10.1975 – 5 AZR 162/74, AP Nr. 15 zu § 611 BGB Abhängigkeit; vgl. auch BAG 9.3.1977 – 5 AZR 110/76, AP Nr. 21 zu § 611 BGB Abhängigkeit) sowie die Tätigkeit eines Copiloten (v. 16.3.1994 – 5 AZR 447/92, AP Nr. 68 zu § 611 BGB Abhängigkeit) oder der der Tankwartaushilfe (v. 12.6. 1996 – 5 AZR 960/94, AP Nr. 4 zu § 611 BGB Werkstudent). ||11 BAG 23.4.1980 – 5 AZR 426/79, AP Nr. 34 zu § 611 BGB Abhängigkeit. ||12 So für Lehrer an Abendgymnasien BAG 20.1.2010 – 5 AZR 106/09, AP Nr. 120 zu *§ 611 BGB Abhängigkeit*; 12.9.1996 – 5 AZR 104/95, AP Nr. 122 zu § 611 BGB Lehrer, Dozenten; vgl. auch BAG 9.7.2003 – 5 AZR 595/02, AP Nr. 156 zu § 611 BGB Lehrer, Dozenten. ||13 BAG 24.6.1992 – 5 AZR 384/91, AP Nr. 61 zu § 611 BGB Abhängigkeit.

schaft von Mitarbeitern von Rundfunk und Fernsehen. Neben dem Merkmal, dass ein ArbN fremdbestimmte Arbeit zu leisten hat, stellt das BAG auch darauf ab, dass ArbN „ihre Arbeitskraft nicht – wie ein Unternehmer – nach selbstgesetzten Zielen unter eigener Verantwortung und mit eigenem Risiko am Markt verwerten können, sondern dass sie darauf angewiesen sind, ihre Arbeitsleistung fremdnützig der Anstalt zur Verwertung nach deren Programmplanung zu überlassen"[1]. Dies hat Berührungspunkte mit der insb. von *Wank* vertretenen Abgrenzung nach der Übernahme von unternehmerischem Risiko und Chancen (s. Rz. 56). Der Formulierung wird aber zu Recht entgegengehalten, dass hiermit **Ursache und Wirkung** miteinander **vertauscht** werden: Wer keinen durch Arbeit herbeizuführenden Erfolg verspricht, sondern eine Dienstleistung als solche, überlässt die Verwertung stets dem Empfänger der Dienstleistung[2]. Das BAG ist deshalb wohl zu Recht soweit ersichtlich nicht mehr auf das Merkmal der Fremdnützigkeit zurückgekommen, um die ArbN-Eigenschaft zu bestimmen[3]. Wohl aber orientiert sich die Rspr. weiterhin in einigen Entscheidungen am unternehmerischen Risiko und marktbezogenen Gestaltungsmöglichkeiten. Für die Selbständigkeit spreche etwa die Berechtigung, andere berufliche und gewerbliche Aktivitäten zu entfalten[4]. Dafür spreche es auch, wenn die Arbeitsleistung nicht in eigener Person erbracht werden muss, sondern ergänzend fremde Hilfe hinzugenommen werden kann. Das eigene Personal auszuwählen, einzuweisen und zu kontrollieren, seien wesentliche Merkmale selbständigen Tätigwerdens[5].

e) **Hilfskriterien.** Um die dargelegten Maßstäbe zu konkretisieren und zu belegen, schlägt das Schrifttum zahlreiche Hilfskriterien vor. Sie alle haben die formale Ausgestaltung des ArbVerh zum Gegenstand, der – nach der st. Rspr. des BAG (s. Rz. 40) – aber gerade keine ausschlaggebende Bedeutung zukommt. Dennoch werden genannt: die Modalitäten in der Entgeltzahlung (Festvergütung), insb. das (über einen längeren Zeitraum) erfolgte Ausweisen von Mehrwertsteuer durch den Beschäftigten, das Abführen von LSt und SozV-Beiträgen, die Führung von Personalakten, die Weiterbezahlung des Entgelts im Krankheitsfall, antragsgemäße Gewährung von Urlaub und Weiterbezahlung des Entgelts im Urlaubsfall, die Anmeldung eines Gewerbes[6]. Das BAG hat auf diese Merkmale zwar in einer älteren Entscheidung abgestellt[7], später jedoch diese formellen Merkmale als nicht oder nur sehr eingeschränkt tragfähig angesehen[8]. Sie dürften daher eher geeignet sein, einen Arbeitsvertrag zu belegen als ihn zu verwerfen, da ein ArbVerh auch mit einem Dienstnehmer vereinbart werden kann, der kein ArbN ist, s. Rz. 42. Aber auch das kann nur mit Zurückhaltung zu bejahen sein, zumindest soweit diese Kriterien nicht die Pflichten des Dienstnehmers, sondern ein Verhalten des Dienstgebers betreffen; Letztere können die Fremdbestimmung wenn überhaupt, dann nur mittelbar charakterisieren.

f) **Untaugliche Kriterien.** Daneben gibt es zahlreiche Kriterien, die von der Rspr. ausdrücklich als untauglich gewertet wurden. Ein im Anstellungsvertrag **vereinbartes Wettbewerbsverbot** stellt kein Indiz für oder gegen die Selbständigkeit eines Mitarbeiters dar[9]. Eine **wirtschaftl. Abhängigkeit** – die den Arbeitnehmerähnlichen kennzeichnet, s. Rz. 111 – ist weder erforderlich noch ausreichend[10]. Die **Art der Vergütung** spielt schon deshalb keine nennenswerte Rolle, weil sich die persönliche Abhängigkeit danach bestimmt, inwieweit die Ausführung der versprochenen Dienste weisungsgebunden und damit fremdbestimmt erfolgt. Entscheidend sind die Umstände der Dienstleistung, nicht aber die Modalitäten der Entgeltzahlung[11].

Selbst wenn eine hauptberufliche Vollzeitbeschäftigung auf eine für ArbVerh typische persönliche Abhängigkeit hindeuten sollte[12], bedeutet dies nicht, dass eine Nebenbeschäftigung mit geringer Arbeitszeit gegen ein ArbVerh spricht[13]. Die rechtl. Einordnung eines Mitarbeiterverhältnisses hängt auch nicht davon ab, ob es **projektbezogen oder auf Dauer** angelegt ist. Die Annahme eines Dauerrechtsverhältnisses allein hat keinen arbeitsrechtl. Aussagewert[14]. Sowohl bei einer dauerhaften als auch bei einer befristeten Vertragsbeziehung sind beide Rechtsformen (ArbVerh oder freies Mitarbeiterverhältnis) denkbar.

---

1 BAG 15.3.1978 – 5 AZR 819/76, AP Nr. 26 zu § 611 BGB Abhängigkeit. || 2 MünchArbR/*Richardi*, § 16 Rz. 39 ff. || 3 Vgl. BAG 20.7.1994 – 5 AZR 627/93, AP Nr. 73 zu § 611 BGB Abhängigkeit und 30.11.1994 – 5 AZR 704/93, AP Nr. 74 zu § 611 BGB Abhängigkeit. || 4 S. BAG 12.12.2001 – 5 AZR 253/00, NZA 2002, 787. || 5 S. BAG 12.12.2001 – 5 AZR 253/00, NZA 2002, 787; 16.7.1997 – 5 AZR 312/96, BAGE 86, 170; BGH 21.10.1998 – VIII ZB 54/97, NZA 1999, 11. || 6 ZB *Reiserer/Freckmann*, NJW 2003, 180. || 7 BAG 8.6.1967 – 5 AZR 461/66, BAGE 19, 324 (330), AP Nr. 6 zu § 611 BGB Abhängigkeit. || 8 Vgl. BAG 28.6.1973 – 5 AZR 19/73, AP Nr. 10 zu § 611 BGB Abhängigkeit; 3.10.1975 – 5 AZR 427/74, AP Nr. 16 zu § 611 BGB Abhängigkeit; 9.3.1977 – 5 AZR 110/76, AP Nr. 21 zu § 611 BGB Abhängigkeit; s.a. BAG 30.10.1991 – 7 ABR 19/91, NZA 1992, 407. || 9 BAG 15.12.1999 – 5 AZR 770/98, AP Nr. 6 zu § 92 HGB. || 10 Vgl. BAG 8.6.1967 – 5 AZR 461/66, AP Nr. 6 zu § 611 BGB Abhängigkeit; 14.2.1974 – 5 AZR 298/73, AP Nr. 12 zu § 611 BGB Abhängigkeit, 14.12.1983 – 7 AZR 290/82, EzBAT Nr. 8 zu § 1 BAT Arbeitnehmerbegriff und 15.2.2012 – 10 AZR 111/11, NZA 2012, 733. || 11 Vgl. BAG 14.12.1983 – 7 AZR 290/82, EzBAT Nr. 8 zu § 1 BAT Arbeitnehmerbegriff. || 12 Vgl. BAG 17.5.1978 – 5 AZR 580/77, AP Nr. 28 zu § 611 BGB Abhängigkeit. || 13 BAG 19.1.2000 – 5 AZR 644/98, NZA 2000, 1102 (freies Mitarbeiterverhältnis von 42 h die Woche); 28.6.1973 – 5 AZR 19/73, AP Nr. 10 zu § 611 BGB Abhängigkeit; 8.10.1975 – 5 AZR 430/74, AP Nr. 18 zu § 611 BGB Abhängigkeit; 30.10.1991 – 7 ABR 19/91, AP Nr. 59 zu § 611 BGB Abhängigkeit. || 14 BAG 19.1.2000 – 5 AZR 644/98, NZA 2000, 1102 (freies Mitarbeiterverhältnis von über 10 Jahren); 30.10.1991 – 7 ABR 19/91, NZA 1992, 407; 15.3.1978 – 5 AZR 819/76, AP Nr. 26 zu § 611 BGB Abhängigkeit und 27.3.1991 – 5 AZR 194/90, AP Nr. 53 zu § 611 BGB Abhängigkeit, unter Hinweis auf BAG 24.10.1984 – 5 AZR 346/83, nv., und BAG 11.12.1985 – 5 AZR 435/84, nv.

53 g) Feststellung und Geltendmachung der Arbeitnehmereigenschaft. Klagt ein Dienstverpflichteter einen arbeitsrechtl. Anspruch vor dem ArbG ein, hängt der Klageerfolg von Tatsachen ab, die zugleich für die Bestimmung des Rechtswegs entscheidend sind. Wegen dieser **Doppelrelevanz** sind die Gerichte für Arbeitssachen zur Entscheidung zuständig, ohne dass es dazu eines Rückgriffs auf § 2 III ArbGG bedürfte[1]. In diesem Fall reicht die bloße Rechtsansicht des Klägers aus, er sei ArbN, um die Zuständigkeit der ArbG zu begründen. Ist er kein ArbN, wird die Klage als unbegründet, nicht als unzulässig abgewiesen. Um einen solchen **Sic-non-Fall** handelt es sich auch, wenn sich ein als freier Mitarbeiter eingestellter Beschäftigter gegen eine Kündigung wehrt mit dem Antrag festzustellen, dass durch diese sein „Arbeitsverhältnis" nicht aufgelöst worden sei[2]. Der Klageantrag kann zulässigerweise auf die Statusfrage beschränkt werden[3]. Für ein in der Vergangenheit bereits beendetes Rechtsverhältnis kann der Klage freilich das Feststellungs- und das Rechtsschutzinteresse fehlen[4]. Grds. gilt, dass die **Klage auf Feststellung eines beendeten ArbVerh** eines besonderen, vom Kläger darzulegenden Feststellungsinteresses bedarf, das nur gegeben ist, wenn sich gerade aus dieser Feststellung Folgen für Gegenwart oder Zukunft ergeben. Die Feststellung des ArbVerh muss zur Folge haben, dass noch Ansprüche zumindest dem Grunde nach bestehen[5]. Erhebt ein Mitarbeiter Klage und macht die Einordnung des Rechtsverhältnisses als ArbVerh geltend, muss er abschließend erklären, für welche Zeit er von einem ArbVerh ausgeht. Nur insoweit braucht er mit einer Rückabwicklung zu rechnen. Mit der zwingend gebotenen Festlegung ist der Verzicht auf eine Geltendmachung der ArbN-Eigenschaft für weiter zurückliegende Zeiträume verbunden[6].

54 Dass das Recht, sich auf den ArbN-Status zu berufen, verwirken oder eine **unzulässige Rechtsausübung** darstellen kann, ist anerkannt[7]. Nimmt etwa ein Mitarbeiter eine Statusklage zurück, so stellt es idR eine unzulässige Rechtsausübung dar, wenn er sich später zur Begründung der Voraussetzungen tarifl. Unkündbarkeit darauf beruft, er sei durchgehend ArbN gewesen[8]. Ebenso geht die Rspr. davon aus, ein ArbN handele rechtsmissbräuchlich, wenn er zunächst ein rechtskräftiges Urteil auf die Feststellung seines ArbN-Status erstreite, dann aber ohne Änderung des Zusammenarbeit in tatsächlicher Hinsicht den ArbGeb zu einer Aufhebung des Arbeitsvertrags und zur Fortsetzung der Zusammenarbeit „auf der Basis freier Mitarbeit" veranlasse, hieraus über viele Jahre Vorteile zieht und erst später erneut die Feststellung verlangt, es habe ein ArbVerh bestanden[9]. Ob eine Verwirkung aber bereits angenommen werden kann, wenn seit der Beendigung des als freie Mitarbeiterschaft behandelten Dauerschuldverhältnisses bis zur Erhebung der Statusklage über acht Monate vergangen sind, ist eine Frage des Einzelfalls[10]. Durch die Vereinbarung und Behandlung des Rechtsverhältnisses als freie Mitarbeit wird beim Mitarbeiter ein grds. schützenswerter Vertrauenstatbestand geschaffen. Versucht der ArbGeb dem Mitarbeiter die erhaltenen Vorteile wieder zu entziehen, handelt er rechtsmissbräuchlich. Etwas anderes gilt nur, wenn der Mitarbeiter selbst Klage erhebt und für einen bestimmten Zeitraum die Einordnung des Rechtsverhältnisses als ArbVerh geltend macht, denn dann gibt er zu erkennen, dass er das Rechtsverhältnis nicht nach den Regeln der freien Mitarbeit, sondern nach denen des Arbeitsrechts behandelt wissen will. Verfährt der ArbGeb diesem Anliegen entsprechend und behandelt das Rechtsverhältnis auch vergütungsrechtl. als ArbVerh, kann der ArbN insoweit keinen Vertrauensschutz geltend machen[11].

55 Zur Frage, welcher **Entgeltanspruch** besteht, wenn der ArbN-Status eines bisher als freier Mitarbeiter Beschäftigten gerichtl. festgestellt wird, s. Rz. 26.

56 5. Abweichende Ansätze im Schrifttum. Der Ansatz der Rspr. zur Definition des ArbN wird nicht von allen geteilt. Der prominenteste Gegenentwurf entstammt der Feder *Wanks*[12]. In seiner Habilitationsschrift[13] beschrieb er als maßgebliches Kriterium zur Unterscheidung Selbständiger und ArbN, ob eine Erwerbsperson selbständig am Markt auftritt oder nicht. Er verzichtet auf das Merkmal der persönlichen Abhängigkeit und wertet es als typische ArbN-Eigenschaft, wenn eine auf Dauer angelegte Arbeit nur für einen Auftraggeber und in eigener Person zu erbringen ist und dies im Wesentlichen ohne eigenes Kapital und ohne eigene Organisation erfolgt. Wer hingegen zwar wirtschaftl. abhängig ist, aber auf Grund eigener Organisation mit eigenem Kapital und eigenen Mitarbeitern selbständig am Markt auftritt, sei demggü. Unternehmer. Er begründet diese neue Definition des ArbN im Wesentlichen mit einer von der Rspr. abweichenden methodischen Überlegung: Der ArbN-Begriff müsse nach dem Zweck

---

1 BAG 19.12.2000 – 5 AZB 16/00, AP Nr. 9 zu § 2 ArbGG 1979. ||**2** BAG 19.12.2001 – 5 AZB 16/00, NZA 2001, 285; 17.1.2001 – 5 AZB 18/00, NZA 2001, 341. ||**3** BAG 20.7.1994 – 5 AZR 169/93, NZA 1995, 190. ||**4** BAG 21.6.2000 – 5 AZR 782/98, NZA 2002, 164; 24.9.1997 – 4 AZR 429/95, AP Nr. 1 zu § 1 TVG Tarifverträge: Reichsbund; 17.4.2002 – 5 AZR 458/00, EzA § 256 ZPO Nr. 63; 23.4.1997 – 5 AZR 727/95, DB 1997, 936; s.a. *Hochrathner*, NZA 1999, 1016. ||**5** BAG 15.12.1999 – 5 AZR 457/98, NZA 2000, 775. ||**6** BAG 8.11.2006 – 5 AZR 706/05, AP Nr. 118 zu § 611 BGB Abhängigkeit. ||**7** *Reinecke*, DB 1998, 1282 (1284); LAG Nds. 9.2.2001 – 10 Sa 1155/00, LAGE § 611 BGB Arbeitnehmerbegriff Nr. 42. ||**8** BAG 12.8.1999 – 2 AZR 632/98, AP Nr. 41 zu § 242 BGB Unzulässige Rechtsausübung. ||**9** BAG 11.12.1996 – 5 AZR 855/95, NZA 1997, 818. ||**10** LAG Köln 6.8.1999 – 11 Sa 336/99, DB 2000, 98. ||**11** BAG 8.11.2006 – 5 AZR 706/05, AP Nr. 118 zu § 611 BGB Abhängigkeit. ||**12** Zu anderen, weniger durchsetzungsstarken Versuchen s. MünchArbR/*Richardi*, § 16 Rz. 35 ff.; vgl. auch *Schwarze*, ZfA 2005, 81. ||**13** *Wank*, Arbeitnehmer und Selbständiger, 1987; *Wank*, DB 1992, 90; *Wank*, RdA 1999, 271; ihm folgend LAG Köln 30.6.1995 – 4 Sa 63/95, LAGE § 611 BGB Arbeitnehmerbegriff Nr. 29 (*Thüsing*); ergänzend zur Bestimmung der persönlichen Abhängigkeit zieht heran LG München 15.5.1997 – 17 HKO 759/97, NZA 1997, 943.

der Gesetze ausgelegt werden, für deren Anwendung die ArbN-Eigenschaft Voraussetzung ist. Ein solcher teleologischer Bezug zwischen Auslegung fehle der bisherigen Definition. Er weist darauf hin, dass zwischen der persönlichen Weisungsbindung auf der Tatbestandsseite und bspw. der Frage der Lohnfortzahlung im Krankheitsfalle, der Urlaubsgewährung und dem Kündigungsschutz kein unmittelbarer Zusammenhang besteht. Kern der Frage der Schutzbedürftigkeit sei es, ob die jeweilige Erwerbsperson ihre Existenzgrundlage aus dem Vertragsverhältnis bezieht und – so *Wank* – nicht selbständig mit allen **Chancen und Risiken eines Unternehmers am Markt** auftritt.

Diese Überlegungen haben **Vorläufer**. So sah *Wiedemann* bereits 1966 den tragenden Gedanken des ArbN-Begriffs im Verlust einer freien wirtschaftl. Dispositionsmöglichkeit, der „Unmöglichkeit eigener Teilnahme am Marktgeschehen"[1]. *Lieb* entwickelte den Gedanken fort. Für ihn ist entscheidend, ob die Dienstverpflichteten „noch die Möglichkeit der eigenen unternehmerischen Disposition über ihre Arbeitskraft haben, oder ob diese Möglichkeit auf den Auftraggeber, der dadurch zum Arbeitgeber wird, übergeht"[2]. **57**

Ein konzeptionell eigenständiger Abgrenzungsversuch zwischen ArbN und Selbständigem kommt von *Maschmann*[3]. Er sieht als entscheidendes Merkmal die **Verfügbarkeit über die Arbeitskraft des Mitarbeiters**, das Recht, ihm jederzeit einseitig Arbeit zuweisen zu dürfen. Dieses Weisungsrecht sei aber nicht wie das Direktionsrecht im traditionellen Sinne als bloße „Konkretisierungskompetenz" zur näheren Bestimmung der im Arbeitsvertrag offen gebliebenen Einzelheiten der Leistungspflicht zu verstehen, sondern es sei Ausprägung der dem ArbGeb im Arbeitsvertrag – zumindest im gedanklichen Ausgangspunkt – umfassend eingeräumten Leitungsbefugnis. Der Ansatz ist ebenso wie der *Wanks* konsequent teleologisch und ist daher grds. zu begrüßen. Ob freilich damit sehr viel anderes gesagt ist als mit der persönlichen Abhängigkeit, erscheint – zumindest heruntergebrochen auf den einzelnen Fall – offen. **58**

6. Stellungnahme. Der grundlegende Ansatz *Wanks* erscheint schlüssig: Wie jedes Gesetz teleologisch ausgelegt werden soll, muss auch der ArbN-Begriff teleologisch definiert werden, dh., es muss einen Sinnzusammenhang zwischen der Rechtsfolge „Anwendbarkeit des Arbeitsrechts" und der Voraussetzung „Wertung eines Erwerbstätigen als ArbN" geben. Zuzustimmen ist ihm auch, dass der ArbN-Begriff des BAG seine Entstehung einem anderen Denken verdankt. Abzustellen auf die persönliche Abhängigkeit hat seinen Ursprung nicht in einer teleologischen, sondern einer ontologischen Begriffsbildung: Ein Merkmal, das sich bei der Beschreibung der Wirklichkeit als regelmäßig geeignet herausgebildet hat, wird zum Tatbestandsmerkmal. Dies führt dazu, dass der Regelfall nach dem Ziel des Gesetzes zutreffend entschieden wird, Grenzfälle von der Definition jedoch nicht oder nicht klar erfasst werden. Diese Grenzfälle sind aber die zumeist streitigen. Indes kann nicht übersehen werden, dass die persönliche Abhängigkeit und ihre Konkretisierung der Weisungsgebundenheit in Teilbereichen des Arbeitsrechts durchaus als teleologische Kriterien interpretierbar sind. Wenn derjenige, der seine Arbeitszeit nicht frei bestimmen kann, den Grenzen des ArbZG unterliegen soll, bedeutet dies eine im Interesse des Gesundheitsschutzes erfolgende Einschränkung der Fremdbestimmung. Soll auch derjenige erfasst werden, der grds. in eigener Verantwortung über seine Arbeitszeit entscheiden kann, so bedeutet dies Fremdbestimmung. Ähnliches ließe sich zum Urlaubsrecht sagen. In diesen Fällen ist die Weisungsgebundenheit bzw. persönliche Abhängigkeit weder ein rein ontologisch gebildetes Kriterium noch ein bloßes anhand äußerer Merkmale feststellbares Indiz eines teleologischen Tatbestandsmerkmals, sondern teleologisch begründetes Tatbestandsmerkmal selbst. Freilich zeigt schon die Frage *Wanks*, was die Entgeltfortzahlung mit der Anordnung zu tun hat, heute in Halle 8 zu arbeiten – also die fachliche Weisungsgebundenheit mit der Schutzbedürftigkeit des ArbN[4] –, dass allein die persönliche Abhängigkeit weder hinreichendes noch ausreichendes Merkmal der ArbN-Eigenschaft sein kann. Die sehr deutliche Ablehnung des herrschenden Schrifttums vermag daher nicht ohne weiteres zu überzeugen[5]. Mag auch eine Prüfung in Einzelfällen zeigen, dass auch die Kriterien *Wanks* nicht absolut zu setzen sind, als **Indizien eines Typus** können sie allemal Verwendung finden. **59**

Ob die Ziele des Arbeitsrechts durch die alleinige Abgrenzung nach dem unternehmerischen Risiko besser realisiert werden können, ist mangels Rspr., deren Gesamtschau dies belegen könnte, derzeit noch offen. Die Antwort ist sicherlich nicht einfach. Der **Abschied vom Merkmal der persönlichen Abhängigkeit** wäre ein ganz und gar grundlegender Wandel der Rspr.; jede Neuerung brächte eine Rechtsunsicherheit, deren Nachteile den Gewinn präziserer Begrifflichkeit überwiegen könnten. Allerdings spricht dies nicht dagegen, dass sie sich weiter und verstärkt in diese Richtung öffnen könnte. Bereits das Reichsgericht und später dann das Reichsarbeitsgericht stellte zwar auf die persönliche Abhängigkeit ab[6], schon *Alfred Hueck*, auf den die heute allg. anerkannte Definition des ArbN zurückgeht (s. **60**

---

1 *Wiedemann*, Das Arbeitsverhältnis als Austausch- und Gemeinschaftsverhältnis, 1966, S. 15. ||2 *Lieb*, RdA 1977, 210. ||3 *Maschmann*, Arbeitsverträge und Verträge mit Selbständigen, 2001. ||4 *Wank*, Arbeitnehmer und Selbständige, S. 149. ||5 S. etwa MünchArbR/*Richardi*, § 16 Rz. 40; *Hromadka*, NZA 1997, 569 ff.; *Boemke*, ZfA 1998, 285 (321 f.); *Buchner*, NZA 1998, 1144 (1147 ff.); *Griebeling*, RdA 1998, 208 (214 ff.); *Griebeling*, NZA 1998, 1137 ff.; *Reineke*, ZIP 1998, 581 ff.; *Rieble*, ZfA 1998, 327 (334 ff.); eingehend auch ErfK/*Preis*, § 611 Rz. 57; aus der Rspr. LAG Nds. 23.1.1995 – 3 Ta 159/94, LAGE § 48 ArbGG Nr. 10. ||6 RG 7.1.1916 – Rep. III. 246/15, RGZ 87, 440 (442); RAG 14.3.1928, Bensh. Slg. 7, 452.

Rz. 24), – bemerkte aber, es sei zuzugeben, „dass dieses Merkmal nicht ein ganz scharfes ist" und an ihm fest zu halten sei, lediglich weil „ein besseres Kriterium bisher nicht nachgewiesen ist"[1]. Die Diskussion kann daher noch nicht als beendet betrachtet werden. Die Forderung wird unterstützt in einem **rechtsvergleichenden Seitenblick** etwa ins britische Recht. In den zwanziger Jahren betonte die dortige Rspr. noch das dem ArbVerh typischerweise innewohnende Element der Abhängigkeit und definierte den Arbeitsvertrag als einen Vertrag, in dem der ArbGeb nicht nur bestimmen könnte, was zu tun ist, sondern auch, wie es zu tun ist[2]. Spätere Entscheidungen stellten jedoch fest, dass je größer die Geschicklichkeit und das Fachwissen des ArbN ist, desto weniger aussagekräftig ist eine Definition, die sich an der Kontrolle des Arbeitsablaufs orientiert[3]. Es wurde von Anfang an daher teilweise auch danach unterschieden, ob der ArbN und seine Arbeit als integraler Bestandteil des Unternehmens anzusehen ist oder dem nur akzessorisch beigeordnet ist[4]. Beginnend in den späten sechziger Jahren pendelte die Rspr. auf den sog. „mixed" oder „multiple test" ein, in dem eine Reihe von Kriterien berücksichtigt werden, ohne dass der eine oder andere Faktor für sich allein genommen entscheidend ist. Dabei wird gefragt, ob eine hinreichende Fremdbestimmtheit des Erwerbstätigen vorliegt, um sagen zu können, es handelt sich um einen ArbN. In einem zweiten Schritt wird dann geprüft, ob die Vertragsbedingungen einem ArbVerh entsprechen. Als deutlichstes Indiz gegen eine Wertung als ArbVerh wird es angesehen, wenn der Vertrag einen „entrepreneurial character of self-employment" hat; entscheidend ist dafür die Beantwortung der Frage: „Is the person in business on his or her own behalf?" Als Kriterium wird dabei das Ausmaß berücksichtigt, in dem jemand die Chance auf Profit oder das Risiko auf Verlust trägt[5]. Dies entspricht nun genau der Abgrenzung, die *Wank* vorgenommen hat. Auch international stünde das BAG bei geänderter Rspr. also durchaus nicht allein da.

61 **7. Problematische Fallgruppen.** Bricht man das Gesagte auf einzelne Fallgruppen hinunter, so haben sich einige als besonders rechtsprechungsreich und umstritten herauskristallisiert. Den Zuordnungen kommt freilich keine eigenständige Indizbedeutung zu; maßgeblich sind die jeweiligen Umstände der Arbeitsleistung.

62 **a) Medienmitarbeiter.** Die Rundfunk- und Fernsehanstalten beschäftigen traditionell nicht nur fest angestellte ArbN, sondern in großem Umfang auch freie Mitarbeiter. Nach der st. Rspr. des BAG sind die dargelegten Grundsätze auch in diesem Bereich maßgebend[6]. In diesem Bereich ist jedoch im Hinblick auf Art. 5 I 2 GG zu unterscheiden zwischen programmgestaltenden Tätigkeiten und solchen, denen der Zusammenhang mit der Programmgestaltung fehlt.[7] Zu den **programmgestaltenden Mitarbeitern** gehören diejenigen, die „typischerweise ihre eigene Auffassung zu politischen, wirtschaftlichen, künstlerischen oder anderen Sachfragen, ihre Fachkenntnisse und Informationen, ihre individuelle künstlerische Befähigung und Aussagekraft in die Sendung einbringen, wie dies bei Regisseuren, Moderatoren, Kommentatoren, Wissenschaftlern und Künstlern der Fall ist". Nicht zu den programmgestaltenden Mitarbeitern gehören das betriebstechnische und das Verwaltungspersonal sowie diejenigen, die zwar bei der Verwirklichung des Programms mitwirken, aber keinen inhaltlichen Einfluss darauf haben[8].

63 Ausgehend von der allg. Regel, wonach sich ein ArbVerh von dem Rechtsverhältnis eines freien Mitarbeiters durch den Grad der persönlichen Abhängigkeit unterscheidet, hat das BAG in einem Grundsatzurteil v. 15.3.1978 entschieden, dass Mitarbeiter von Rundfunk- und Fernsehanstalten, die unmittelbar an der Herstellung einzelner Beiträge beteiligt sind, einer fachlichen Weisungsgebundenheit zwar weitgehend entzogen seien, sie aber aus anderen Gründen Arbeit in persönlicher Abhängigkeit erbringen[9]. Dem ist das BVerfG[10] entgegengetreten und hat in einer Entscheidung von 1982 die heute maßgeblichen Maßstäbe gesetzt. Das Gericht war der Ansicht, dass das BAG durch eine Überbetonung der sozialen Belange der ArbN die Belange der Rundfunkanstalten nicht ausreichend berücksichtigt habe. Ausgehend von der Überlegung, dass die Rundfunkanstalten ihrer Aufgabe einer umfassenden Information und der Wiedergabe eines breiten Meinungsspektrums nur dann gerecht werden können, wenn sie über einen der angestrebten Programmvielfalt entsprechenden Mitarbeiterkreis verfügen, hat das BVerfG ausgeführt, dass sich der Schutz von Art. 5 II 1 GG auch auf die Personalauswahl erstrecke. Hänge die den Rundfunkanstalten aufgegebene Vielfalt des Programms wesentlich von den personellen Voraussetzungen ab, so könnten sich die Anstalten ggü. Maßnahmen, die diese personellen Voraussetzungen beeinträchtigen, auf die Rundfunkfreiheit in ihrer Bedeutung als Programmfreiheit berufen. Die

---

1 *Hueck/Nipperdey*, Arbeitsrecht I, 1. Aufl. 1928, 37. || 2 Performing Rights Society Ltd. v. Mitchel and Baker Ltd. (1925) KB 762; s.a. Collins v. Hertfordshire Country Council (1947) KB 598 at 615. || 3 Beloff v. Pressdram Ltd. (1973), 1 All ER 241 at 250. || 4 Vgl. Stevensen, Jordan and Harrison Ltd v. MacDonald and Evens (1925) 1 TLR 101. || 5 „The extent to which the person takes the chance of profit or risk of loss", Market Investigations Ltd. v. Minister of Social Security (1968) 3 All ER 732; Ready-Mixed Concrete (SE) Ltd. v. Minister of Pensions (1968) 2 QB 497; vgl. *Lewis*, Law of Employment, 1998, S. 76 ff. || 6 *Rüthers*, RdA 2000, 360 = NZA 2000, 1120; BAG 30.11.1994 – 5 AZR 704/93, BAGE 78, 343; 16.2.1994 – 5 AZR 402/92, BAGE 76, 21. || 7 BAG 17.4.2013 – 10 AZR 272/12, NZA 2013, 903. || 8 BVerfG 28.6.1983 – 1 BvR 525/82, BVerfGE 64, 256 (260); 13.1.1982 – 1 BvR 848/77, BVerfGE 59, 231 (260 ff.). || 9 BAG 15.3.1978 – 5 AZR 819/76, AP Nr. 26 zu § 611 BGB Abhängigkeit. || 10 BVerfG 13.1.1982 – 1 BvR 848/77, BVerfGE 59, 321.

Flexibilität im Einsatz von Mitarbeitern ist zumindest bei programmgestaltenden Mitarbeitern in Grenzen verfassungsrechtl. geboten[1].

Programmgestaltende Tätigkeit ist jedoch nicht nur im Rahmen freier Mitarbeit, sondern ebenso auf der Grundlage eines ArbVerh möglich. Wie das BVerfG entschieden hat, erstreckt sich der durch Art. 5 I 2 GG in den Schranken der allg. Gesetze (Art. 5 II GG) gewährleistete verfassungsrechtl. Schutz der Freiheit des Rundfunks auf das Recht der Rundfunkanstalten, dem Gebot der Vielfalt der zu vermittelnden Programminhalte auch bei der Auswahl, Einstellung und Beschäftigung derjenigen Mitarbeiter Rechnung zu tragen, die bei der Gestaltung der Programme mitwirken sollen. Dies haben die Fachgerichte bei der Entscheidung darüber zu beachten, ob die Rechtsbeziehungen zwischen den Rundfunkanstalten und ihren in der Programmgestaltung tätigen Mitarbeitern als unbefristete ArbVerh einzuordnen sind[2]. Wenn die für das Arbeitsrecht allg. entwickelten Merkmale abhängiger Arbeit dafür sprechen, dass ein ArbVerh vorliegt, so kann es ausreichen, dem Einfluss der Rundfunkfreiheit dadurch Rechnung zu tragen, dass Einzelne gegen eine Befristung sprechende Merkmale zurückzutreten haben. Die **Rundfunkfreiheit** verlangt nicht den Verzicht auf jeden Sozialschutz programmgestaltender Mitarbeiter. Sie steht nur arbeitsrechtl. Regelungen und einer Rspr. entgegen, welche den Rundfunkanstalten die zur Erfüllung ihres Programmauftrags notwendige Freiheit und Flexibilität nehmen würden[3]. Rundfunk- und Fernsehanstalten können demnach ihr Programm durch freie Mitarbeiter, befristet beschäftigte ArbN oder ArbN in unbefristeten ArbVerh gestalten lassen[4].

Bei programmgestaltenden Mitarbeitern kann danach ein ArbVerh vorliegen, wenn der Mitarbeiter zwar an dem Programm gestalterisch mitwirkt, dabei jedoch **weit gehenden inhaltlichen Weisungen** unterliegt, ihm also nur ein geringes Maß an Gestaltungsfreiheit, Eigeninitiative und Selbständigkeit verbleibt. Eine solche Weisungsgebundenheit ist nicht schon dann gegeben, wenn der Mitarbeiter weiß, was von ihm, auch in zeitlicher Hinsicht, erwartet wird[5]. Ein ArbVerh kann dagegen zu bejahen sein, wenn der Sender innerhalb eines bestimmten zeitlichen Rahmens über die Arbeitsleistung verfügen kann. Das ist dann der Fall, wenn ständige **Dienstbereitschaft** erwartet wird oder wenn der Mitarbeiter in nicht unerheblichem Umfang auch ohne entsprechende Vereinbarung herangezogen wird, ihm also die Arbeiten letztlich „zugewiesen" werden. Ausreichend ist dabei allerdings, wenn ein Dienstplan besteht, unabhängig davon, ob dieser nach den Vorgaben der Mitarbeiter erstellt wird und jederzeit die Zeiten getauscht oder ersatzlos abgegeben werden können[6]. Die ständige Dienstbereitschaft kann sich sowohl aus den ausdrücklich getroffenen Vereinbarungen der Parteien als auch aus der praktischen Durchführung der Vertragsbeziehungen ergeben. Es ist ein starkes Indiz für die ArbN-Eigenschaft, wenn der Mitarbeiter in Dienstplänen aufgeführt wird, ohne dass die einzelnen Einsätze im Voraus abgesprochen werden[7]. Ein programmgestaltender Mitarbeiter ist jedoch nicht deshalb in den Betrieb eingegliedert und damit persönlich abhängig, weil er zur Herstellung seiner Sendung auf technische Einrichtungen und andere Mitarbeiter angewiesen ist[8] oder eine Sendung zu einer täglich wiederkehrenden Sendezeit fertig stellen und begleiten muss[9]. Auch die Anwesenheit zu jeweils feststehenden Zeiten vor und nach der Sendung begründet jedenfalls bei einem programmgestaltenden Mitarbeiter nicht zwingend die ArbN-Eigenschaft. Gleiches gilt für die notwendige Teilnahme an zeitlich festgelegten Abstimmungskonferenzen[10].

Einzelfälle: Bislang sind unter den programmgestaltenden Mitarbeitern arbeitsgerichtl. als ArbN oder freier Mitarbeiter anerkannt worden: **Regisseur** und **Realisator** (BAG 9.6.1993 – 5 AZR 123/92, AP Nr. 66 zu § 611 BGB Abhängigkeit: *offen gelassen*; BAG 20.7.1994 – 5 AZR 628/93, nv.: *ArbN*); **Autor** (BAG 23.4.1980 – 5 AZR 426/79, AP Nr. 34 zu § 611 BGB Abhängigkeit: *ArbN*); **Redakteur** und **Chef vom Dienst** (BAG 20.7.1994 – 5 AZR 627/93, AP Nr. 73 zu § 611 BGB Abhängigkeit: *ArbN*); **Sportreporter im öffentl.-rechtl. Rundfunk** (BAG 22.4.1998 – 5 AZR 191/97, NZA 1998, 1275 und BAG 14.3.2007 – 5 AZR 499/06, NZA-RR 2007, 424: *freier Mitarbeiter*; BAG 22.2.1995 – 5 AZR 757/93, AfP 1995, 693: *offen gelassen*); **Reporter** und **Moderator im Hörfunk** (BAG 11.12.1996 – 5 AZR 592/95, nv.: *offen gelassen*); **Reporter** und **Produzent von Beiträgen im Fernsehen** (BAG 20.7.1994 – 5 AZR 170/93, nv.: *ArbN*); **Lokalreporter einer Landesrundfunkanstalt mit Redaktionsaufgaben im Bereich Fernseh-Landesprogramm** (BAG 22.4.1998 – 5 AZR 342/97, NZA 1998, 1336: *ArbN*); **Schauspieler** (LAG Saarbrücken 22.9.1965 – 2 Sa 45/64, AP Nr. 10 zu § 611 BGB Film: *ArbN*); **Fernsehmitarbeiter im Bereich Politik**, der redaktionelle Vorarbeiten, Drehbücher und Vorschläge für Themen und Personen zu politischen Diskussionsrunden leistet (BAG 14.10.1992 – 5 AZR 114/92, nv.: *freier Mitarbeiter*); **Nachrichtenredakteure im Fernsehen**

---

1 Zu der Diskussion im Anschluss s. *Rüthers*, DB 1982, 1869 mwN; *Küchenhoff*, Anm. AP Nr. 34 zu § 611 BGB Abhängigkeit; *Otto*, gemeins. Anm. zu AP Nr. 35 zu § 611 BGB Abhängigkeit. ‖2 BVerfG 28.6.1983 – 1 BvR 525/82, BVerfGE 64, 256 (260); 13.1.1982 – 1 BvR 848/77, BVerfGE 59, 231 (256f.); BAG 22.4.1998 – 5 AZR 342/97, BAGE 88, 263. ‖3 BVerfG 13.1.1982 – 1 BvR 848/77, BVerfGE 59, 231 (267f.). ‖4 BAG 22.4.1998 – 5 AZR 342/97, BAGE 88, 263. ‖5 BAG 20.5.2009 – 5 AZR 31/08, AP Nr. 16 zu § 611 BGB Arbeitnehmerähnlichkeit. ‖6 BAG 26.8.2009 – 5 AZN 503/09, AP Nr. 65 zu § 72a ArbGG 1979. ‖7 BAG 19.1.2000 – 5 AZR 644/98, RdA 2000, 360; 22.4.1998 – 5 AZR 191/97, AP Nr. 96 zu § 611 BGB Abhängigkeit; 30.11.1994 – 5 AZR 704/93, BAGE 78, 343; LAG Köln 4.3.2005 – 4 (10) Sa 1116/04, nv. ‖8 BAG 19.1.2000 – 5 AZR 644/98, RdA 2000, 360. ‖9 LSG Berlin 18.2.2004 – L 9 KR 650/01, NZA 2004, 479. ‖10 BAG 20.5.2009 – 5 AZR 31/08, AP Nr. 16 zu § 611 BGB Arbeitnehmerähnlichkeit.

(BAG 5.7.1995 – 5 AZR 755/93; 756/93; 758/93; 234/94, nv.: *ArbN*); **Reporter mit überwiegenden Redaktionsaufgaben** (BAG 22.4.1998 – 5 AZR 342/97, NZA 1998, 1336: *ArbN*); **Filmkritiker mit eigener Sendung** (BAG 19.1.2000 – 5 AZR 644/98, AP Nr. 33 zu § 611 BGB Rundfunk: *freier Mitarbeiter*); **Fotoreporter** (BAG 16.6.1998 – 5 AZN 154/98, AP Nr. 44 zu § 5 ArbGG 1979: *ArbN*; LAG Rh.-Pf. 16.5.2001 – 10 Sa 6/01: *ArbN*); **Redakteur/Reporter** (BAG 20.9.2000 – 5 AZR 61/99, AP Nr. 37 zu § 611 BGB Rundfunk: *freier Mitarbeiter*); **redaktioneller Mitarbeiter** (BAG 20.5.2009 – 5 AZR 31/08, ArbRB 2009, 262: *offen gelassen*); **nebenberuflicher Sportreporter** (BAG 22.4.1998 – 5 AZR 191/97, AP Nr. 96 zu § 611 BGB Abhängigkeit; LAG Köln 30.1.1997 – 5 Sa 1233/96, NZA-RR 1997, 283: *freier Mitarbeiter*).

67 Nicht ausdrücklich erfolgte die Einordnung als **programmgestaltender oder nicht programmgestaltender Mitarbeiter bei einem Musikredakteur und Musikmoderator** (BAG 11.12.1985 – 5 AZR 435/84, nv.: *freier Mitarbeiter*; BAG 22.2.1995 – 5 AZR 416/94, nv.: *ArbN*); bei einem **Fernsehansager**, der zu einem anderen Sender in einem VollzeitArbVerh stand (BAG 14.6.1989 – 5 AZR 346/88, nv.: *freier Mitarbeiter*); bei einem **Rundfunksprecher** und **Übersetzer** (BAG 13.6.1990 – 5 AZR 419/89, nv.: *freier Mitarbeiter*); bei **pauschal bezahlten Bildberichterstattern** (BAG 29.1.1992 – 7 ABR 25/91, AP Nr. 47 zu § 5 BetrVG 1972: *freier ArbN*); **Fernsehreporter** (BAG 27.2.1991 – 5 AZR 107/90, EzA § 611 BGB ArbN-Begriff Nr. 43; 13.5.1992 – 5 AZR 434/91, nv.: *freier Mitarbeiter*); **Rundfunkreporter** und **Moderator** (BAG 13.5.1992 – 5 AZR 434/91, nv.: *freier Mitarbeiter*).

68 Hinsichtlich der **nicht programmgestaltenden**, aber rundfunk- und fernsehtypischen **Mitarbeit** an Sendungen hat das BAG demggü. mehrfach festgehalten, dass diese sich idR nur im Rahmen von ArbVerh durchführen lässt[1]. Nur in Ausnahmefällen kann auch hinsichtlich solcher Tätigkeiten ein freies Mitarbeiterverhältnis vereinbart werden[2]. Insb. betriebstechnisches Personal kann idR als ArbN angesehen werden, da dieses Weisungen nicht nur von den betriebstechnischen Vorgesetzten, sondern auch von Redakteuren und Regisseuren erhält. Der Stab, bestehend aus Bühnentechnikern, Kostümschneidern, Regieassistenten, Ton-[3] und Bildtechnikern[4] und vielen anderen mehr, steht regelmäßig in einem ArbVerh zu seinem Vertragspartner[5]. Ebenso besteht das Verwaltungspersonal regelmäßig aus ArbN[6]. Eine Tätigkeit, bei der vorgegebene Texte verlesen werden, ist für sich nicht programmgestaltend, so dass der Mitarbeiter regelmäßig ArbN ist[7]. Das Gleiche gilt für einen Mitarbeiter der Pressestelle einer Rundfunk- und Fernsehanstalt, wenn er in der Pressearbeit mit Verwaltung und Marketing betraut ist, jedoch keinen Zugriff auf redaktionelle Inhalte von Programmen hat[8]. Als nicht programmgestaltend erkannt wurden die Tätigkeiten der Nachrichtensprecher und -übersetzer[9], Kameraassistenten und Fotoreporter[10] sowie des Musikarchivars[11].

69 **b) Lehrer und Dozenten.** Die allg. Grundsätze gelten auch für Unterrichtstätigkeiten[12]. Entscheidend ist, wie intensiv die Lehrkraft in den Unterrichtsbetrieb eingebunden ist und in welchem Umfang sie den Unterrichtsinhalt, die Art und Weise seiner Erteilung, ihre Arbeitszeit und die sonstigen Umstände der Dienstleistung mitgestalten kann und inwieweit sie zu Nebenarbeiten herangezogen werden kann. Diejenigen, die an **allg. bildenden Schulen** unterrichten, sind danach idR ArbN, auch wenn sie ihren Beruf nebenberuflich ausüben. Dagegen können **Volkshochschuldozenten und Musikschullehrer**, die außerhalb schulischer Lehrgänge unterrichten, auch als freie Mitarbeiter beschäftigt werden, und zwar selbst dann, wenn es sich bei ihrem Unterricht um aufeinander abgestimmte Kurse mit vorher festgelegtem Programm handelt[13]. Lehrkräfte, die an Volkshochschulen Kurse zur Erlangung des Haupt- oder Realschulabschlusses leiten, sind jedenfalls dann ArbN, wenn sie in den Schulbetrieb eingegliedert werden und nicht nur stundenweise Unterricht erteilen[14]. Gleiches gilt auch für Lehrtätigkeiten in anderen Bereichen (bspw. Justizvollzugsanstalten[15]) – entscheidendes Kriterium bleiben hier die zeitlichen Vorgaben durch den ArbGeb. Lehrer, die im Rahmen von schulischen Kursen des zweiten Bil-

---

1 BAG 22.2.1995 – 5 AZR 416/94, nv.; 30.11.1994 – 5 AZR 704/93, AP Nr. 74 zu § 611 BGB Abhängigkeit; 20.7.1994 – 5 AZR 627/93, AP Nr. 73 zu § 611 BGB Abhängigkeit; 16.2.1994 – 5 AZR 402/93, AP Nr. 15 zu § 611 BGB Rundfunk. ‖ 2 BAG 14.6.1989 – 5 AZR 346/88, nv.; 20.7.1994 – 5 AZR 628/93, nv. ‖ 3 LAG München 11.6.2010 – 5 Sa 587/09, nv. ‖ 4 LAG München 11.6.2010 – 5 Sa 582/09, nv. ‖ 5 Wrede, NZA 1999, 1019 (1025); so auch *Meiser/Theelen*, NZA 1998, 1041 (1045); BAG 3.10.1975 – 5 AZR 445/74, DB 1976, 392; LAG Berlin 16.8.1983 – 9 Sa 23/82, AP Nr. 44 zu § 611 BGB Abhängigkeit. ‖ 6 BAG 30.11.1994 – 5 AZR 704/93, AP Nr. 74 zu § 611 BGB Abhängigkeit. ‖ 7 BAG 22.2.1995 – 5 AZR 416/94 und 419/94, beide nv. ‖ 8 LAG BW 2.8.2005 – 14 Sa 24/05, AR-Blattei ES 110 Nr. 90; ArbG Karlsruhe 1.2.2005 – 4 Ca 191/04, ArbuR 2005, 162, n.rkr. ‖ 9 BAG 11.3.1998 – 5 AZR 522/96, NZA 1998, 705; 22.2.1995 – 5 AZR 416/94, nv.; 30.11.1994 – 5 AZR 704/93, AP Nr. 74 zu § 611 BGB Abhängigkeit; LAG Köln 27.2.2004 – 12 (13) Sa 945/03, nv. ‖ 10 BAG 22.4.1998 – 5 AZR 2/97, NZA 1998, 1277; 16.6.1998 – 5 AZN 154/98, NZA 1998, 839; weitere Einzelfälle: Bühnenbildner (BAG 3.10.1975 – 5 AZR 445/74, AP Nr. 17 zu § 611 BGB Abhängigkeit); Musikbearbeiter mit freier Arbeitszeiteinteilung (BAG 21.9.1977 – 5 AZR 373/76, AP Nr. 24 zu § 611 BGB Abhängigkeit freier Mitarbeiter); Orchesteraushilfe (BAG 22.8.2001 – 5 AZR 502/99, AP Nr. 109 zu § 611 BGB Abhängigkeit). ‖ 11 BAG 8.11.2006 – 5 AZR 706/05, AP Nr. 118 zu § 611 BGB Abhängigkeit. ‖ 12 BAG 17.1.2006 – 9 AZR 61/05, EzA § 2 BUrlG Nr. 6; 9.7.2003 – 5 AZR 595/02, AP Nr. 158 zu § 611 BGB Lehrer, Dozenten; 29.5.2002 – 5 AZR 161/01, NZA 2002, 1232; vgl. BAG 12.9.1996 – 5 AZR 104/95, BAGE 84, 124; 11.10.2000 – 5 AZR 289/99, nv.; LAG Köln 13.1.1994 – 6/14 Sa 747/91, EzA § 611 BGB Arbeitnehmerbegriff Nr. 27; LAG Rh.-Pf. 14.7.1997 – 9 Sa 353/97, nv. ‖ 13 BAG 9.3.2005 – 5 AZR 493/04, AP Nr. 167 zu § 611 BGB Lehrer, Dozenten; 24.6.1992 – 5 AZR 384/91, AP Nr. 61 zu § 611 BGB Abhängigkeit. ‖ 14 BAG 26.7.1995 – 5 AZR 22/94, AP Nr. 79 zu § 611 BGB Abhängigkeit. ‖ 15 BAG 15.02.2012 – 10 AZR 301/10, NZA 2012, 731.

dungswegs unterrichten, stehen entsprechend dieser typisierenden Betrachtungsweise des BAG Lehrern an allg. bildenden Schulen gleich[1], allerdings unter der Maßgabe, dass die entsprechenden Kriterien zu modifizieren sind[2].

Im Einzelfall festzustellende Umstände, aus denen sich ergibt, dass der für das Bestehen eines ArbVerh erforderliche Grad der persönlichen Abhängigkeit eines Dozenten gegeben ist, können etwa das vom Schulträger beanspruchte Recht sein, die zeitliche Lage der Unterrichtsstunden einseitig zu bestimmen oder das Rechtsverhältnis umfassend durch (einseitig erlassene) „Dienstanweisung" zu regeln[3]. Wenn der Inhalt der Dienstleistung und die Unterrichtszeiten im Einzelnen vertragl. geregelt und damit einem Weisungsrecht der Volkshochschule entzogen wurden, ist dies ein wichtiger Hinweis auf ein freies Dienstverhältnis[4]. Die stärkere Einbindung von Schülern in ein Schul- oder Ausbildungssystem bedeutet auch eine stärkere persönliche Abhängigkeit der Lehrkräfte vom Unterrichtsträger[5]. Ist es einer Lehrerin zwar nicht gestattet, vollständig von dem durch die Schulleitung einer Ergänzungsschule aufgestellten Curriculum für das Fach „Deutsch als Fremdsprache" abzuweichen, hat sie aber im Hinblick auf Unterrichtsinhalt und Art und Weise der Erteilung des Unterrichts einen nicht unerheblichen Gestaltungsspielraum, so liegt kein ArbVerh vor[6]. **Lehrer an Abendgymnasien und Abendrealschulen** sind regelmäßig ArbN des Schulträgers[7], auch wenn Nebenarbeiten (Schulausflüge und Elternabende) und ein Erziehungsauftrag notwendigerweise nicht bestehen[8]. Die **an einer beruflichen Weiterbildungseinrichtung tätige Lehrkraft** ist in einen fremdbestimmten Unterrichtsbetrieb eingegliedert und daher ArbN, wenn sie wie ein fest angestellter Dozent nach vorgegebenen Stundenplänen regelmäßig 30 Stunden Unterricht pro Woche erteilt. Der Annahme eines ArbVerh steht nicht entgegen, dass der Dozent den Unterricht im Wesentlichen frei gestalten und bei der Aufstellung der Stundenpläne Wünsche hinsichtlich Lage und Umfang der Unterrichtsstunden äußern kann[9]. Eine auf Honorarbasis angestellte Lehrkraft, die Fach- oder Förderunterricht in Schulabschlusslehrgängen für den Hauptschulabschluss erteilt, ist regelmäßig als ArbN anzusehen[10]. Ein Lehrbeauftragter an einer **Berufsakademie** ist ArbN, wenn er bei der Unterrichtsgestaltung in zeitlicher Hinsicht weisungsgebunden ist[11]. Ein **Gastdozent an einer Hochschule**, der hinsichtlich Ort, Zeit und Einzelheiten der Unterrichtserteilung frei ist und dessen Tätigkeit lediglich ein zusätzliches Lehrangebot darstellt, ist kein ArbN, sondern freier Mitarbeiter. Eine langjährige Vertragsbeziehung der Parteien steht einer freien Mitarbeit nicht entgegen[12]. Dozenten in der beruflichen Bildung sind ArbN, wenn der Schulträger einseitig den Unterrichtsgegenstand sowie Zeit und Ort der Tätigkeit vorgibt[13]; ein Dozent in einem privaten Lehrinstitut kann ArbN-Ähnlicher sein[14]. **Sprachlehrer an einer privaten Sprachschule** sind regelmäßig keine ArbN[15].

c) Freie Berufe (Rechtsanwälte, Ärzte, Steuerberater, Architekten, Musiker). Besteht die Dienstverpflichtung in der Ausübung eines freien Berufs, tritt die fachliche Weisungsgebundenheit regelmäßig als Maßstab zur Bestimmung der persönlichen Abhängigkeit hinter andere Kriterien zurück. Größere Bedeutung gewinnt hier die organisatorische Eingliederung, die sich durch zeitliche und örtliche Vorgaben bedingen.

Ein **Rechtsanwalt**, der auf Grund eines § 705 entsprechenden Gesellschaftsvertrages Partner einer Anwaltssozietät ist, die auch den berufsrechtl. Anforderungen entspricht, ist keine arbeitnehmerähnliche Person iSd. § 5 I 2 ArbGG, auch wenn er von der Sozietät wirtschaftl. abhängig ist[16]. Ein Assessor, der in einer Rechtsanwaltskanzlei innerhalb des Büropersonals mit juristischer Sachbearbeitung betraut wird, ist jedoch nach verbreiteter Rspr. der LAG grds. ArbN[17]. Dies gilt erst recht für einen Rechtsanwalt, der auf der Grundlage eines Anstellungsvertrags tätig wird, der ausdrücklich als „Arbeitsvertrag" bezeichnet wird und der einzelne für die persönliche Abhängigkeit und Weisungsgebundenheit des Dienstleistenden typische Regelungen enthält[18]. Dies gilt aber nicht, wenn der Rechtsanwalt in einem freien Mandatsverhältnis zur Kanzlei steht[19]. Auch ein Rechtsanwalt, der sich vertragl. einem anderen

---

1 BAG 29.5.2002 – 5 AZR 161/01, NZA 2002, 1232; 12.9.1996 – 5 AZR 104/95, AP Nr. 122 zu § 611 BGB Lehrer, Dozenten, in Weiterführung von BAG 24.6.1992 – 5 AZR 384/91, AP Nr. 61 zu § 611 BGB Abhängigkeit, und Abweichung von BAG 13.11.1991 – 7 AZR 31/91, AP Nr. 60 zu § 611 BGB Abhängigkeit. ||2 BAG 20.1.2010 – 5 AZR 106/09, AP Nr. 120 zu § 611 BGB Abhängigkeit. ||3 BAG 24.6.1992 – 5 AZR 384/91, AP Nr. 61 zu § 611 BGB Abhängigkeit. ||4 BAG 13.11.1991 – 7 AZR 31/91, BAGE 69, 62. ||5 BAG 9.7.2003 – 5 AZR 595/02, AP Nr. 158 zu § 611 BGB Lehrer, Dozenten; 11.10.2000 – 5 AZR 289/99, nv. ||6 BAG 9.3.2005 – 5 AZR 493/04, EzA § 611 BGB 2002 Arbeitnehmerbegriff Nr. 3. ||7 BAG 20.1.2010 – 5 AZR 106/09, AP Nr. 120 zu § 611 BGB Abhängigkeit; Weiterführung von BAG 24.6.1992 – 5 AZR 384/91, AP Nr. 61 zu § 611 BGB Abhängigkeit; Abweichung von BAG 13.11.1991 – 7 AZR 31/91, BAGE 69, 62; 12.9.1996 – 5 AZR 104/95, BAGE 84, 124. ||8 BAG 20.1.2010 – 5 AZR 106/09, AP Nr. 120 zu § 611 BGB Abhängigkeit. ||9 LAG Hamm 18.7.2001 – 2 Sa 1836/00, nv. ||10 LAG Köln 3.8.2000 – 5 Sa 390/00, BB 2001, 49. ||11 LAG BW 4.7.1996 – 14 Sa 112/95, BB 1997, 684. ||12 LAG Berlin 11.7.2000 – 11 Sa 333/00, FuL 2002, 95: 14 Jahre. ||13 BAG 11.4.1997 – 5 AZB 33/96, AP Nr. 30 zu § 5 ArbGG; 19.11.1997 – 5 AZR 21/97, AP Nr. 133 zu § 611 BGB Lehrer, Dozenten. ||14 LAG Hess. 11.7.1996 – 12 Ta 240/96, ZTR 1996, 518. ||15 BAG 26.6.1996 – 7 ABR 52/95, nv. ||16 BAG 15.4.1993 – 2 AZR 32/92, AP Nr. 1 zu § 5 ArbGG 1979. ||17 BSG 30.11.1978 – 12 RK 32/77, AP Nr. 31 zu § 611 BGB Abhängigkeit; LAG BW 14.3.1985 – 7 Sa 107/84, NZA 1985, 739; LAG Berlin 16.12.1986 – 11 Sa 93/86, NZA 1987, 488; LAG Hamm 20.7.1989 – 16 Sa 33/89, NZA 1990, 228; LAG Hess. 16.3.1990 – 13 Sa 151/89, BB 1990, 2492; LAG Köln 3.2.2011 – 6 Ta 409/10, nv. ||18 LAG Thür. 6.2.1998 – 8 Ta 205/97, NZA-RR 1998, 296. ||19 LAG Köln 3.2.2011 – 6 Ta 409/10, nv.

Rechtsanwalt verpflichtet, diesem seine gesamte Arbeitskraft zur Verfügung zu stellen und andere Mandate nicht anzunehmen, dem weiter durch Vertrag ein bestimmtes Arbeitsgebiet zugewiesen ist, dem aber der andere Rechtsanwalt unabhängig davon bestimmte Mandate zuweisen oder entziehen kann, von dem ferner vertragl. erwartet wird, dass er während der üblichen Bürostunden in der Kanzlei anwesend ist, ist ArbN[1]. Ein Rechtsanwalt, der im Auftrag seines Vertragspartners Beratungsleistungen ggü. einem Dritten erbringt, ist nicht allein deshalb ArbN, weil seine erbrachten Leistungen kontrolliert werden und er ggü. seinem Vertragspartner zur Dokumentation seiner Leistungen innerhalb einer vorgegebenen Frist verpflichtet ist. Verbleibt es innerhalb der Rahmenbedingungen bei freier Arbeitszeit und freiem Arbeitsort und dient die Weisungsbefugnis lediglich der Erfolgskontrolle, handelt es sich idR nicht um ein ArbVerh[2]. Die Stellung eines Rechtsanwalts als unabhängiges Organ der Rechtspflege (§ 1 BRAO) hindert nicht die Eingehung eines weisungsgebundenen Abhängigkeitsverhältnisses und den Abschluss eines Arbeitsvertrages mit einem anderen Rechtsanwalt[3]. Auch die Option einer Umsatzbeteiligung und darüber hinaus einer Sozietät mit Gewinnbeteiligung im Anstellungsvertrag eines Rechtsanwalts spricht nicht für eine freie Mitarbeit[4]. Für den **Gerichtsreferendar** findet sich ältere Rspr., die ihn idR als ArbN einstuft[5]. Jedenfalls wer den Rechtsanwalt vertritt, Aufgaben des Bürovorstehers wahrnimmt, ein Dezernat übernimmt, bestimmte Stunden einhalten und in der Kanzlei verbringen muss, ist in tatsächlicher Hinsicht in den Geschäftsbetrieb des Rechtsanwalts eingegliedert und persönlich abhängig. Der zeitlich, örtlich nicht gebundene Referendar, der sich von Fall zu Fall die seiner Ausbildung förderliche Arbeit aussuchen kann, ist unabhängig[6]. Gegen eine Weisungsgebundenheit eines in einer Rechtsanwaltskanzlei zur Bearbeitung von Steuer- und Buchhaltungsangelegenheiten beschäftigten **Betriebswirts** spricht nicht eine Selbständigkeit bei fachbezogenen Entscheidungen im Rahmen der Fallbearbeitung und gegen eine Eingliederung in die Arbeitsorganisation, dass restliche Arbeiten abends und an Wochenenden zu Hause erledigt werden[7]. Der Mitarbeiter eines **Steuerberaters**, der Vorbereitungsarbeiten für Steuererklärungen und Jahresabschlüsse an selbstgewählten Tagen zu Hause und außerhalb der Kanzlei erledigt, ist regelmäßig freier Mitarbeiter[8]. Eine persönliche Abhängigkeit folgt nicht allein daraus, dass der Mitarbeiter seiner Tätigkeit nur in den Räumlichkeiten des Steuerberaters nachgehen konnte[9]. Ebenso entschied die Rspr. für einen nur gelegentlich in einer Anwaltskanzlei tätigen **Dolmetscher**[10].

73 Dass der **Chefarzt** eines Krankenhauses oder einer Abteilung eines Krankenhauses bei seiner rein ärztlichen Tätigkeit, dh. bei der Behandlung der Patienten, eigenverantwortlich und an Weisungen des Krankenhausträgers nicht gebunden ist, schließt nicht aus, dass sein Beschäftigungsverhältnis dennoch ein ArbVerh sein kann. Ein ArbVerh ist es dann, wenn der Chefarzt iÜ im Wesentlichen weisungsgebunden und damit vom Krankenhausträger persönlich abhängig ist[11]. Ein **Betriebsarzt** ist nicht allein deshalb ArbN, weil er im Betrieb in Räumen, die der ArbGeb zur Verfügung stellt, regelmäßig und im Voraus festgelegte Sprechstunden abhält und verpflichtet ist, für den ArbGeb bei Bedarf auch arbeitsmedizinische Fragen zu begutachten[12]. Die Anweisung des Landes an eine Zahnärztin, Gefangene in einer JVA unter Vorgabe des Arbeitsortes und der zu benutzenden Geräte zahnärztlich zu behandeln, reicht für sich allein nicht zur Begründung eines ArbVerh aus[13]. Auch die Erbringung von Bereitschaftsdiensten durch einen niedergelassenen Arzt auf Honorarbasis führt weder zur Annahme eines ArbVerh, noch zur Einstufung als arbeitnehmerähnliche Person[14]. Obliegen einem Arzt Aufgaben, die außerhalb der eigentlichen Verwaltungseinrichtung des Gesundheitsamtes erledigt werden, und kann er diese Leistungen in ausreichendem Maße selbst bestimmen, so hat er den Status eines freien Mitarbeiters[15]. Eine Ärztin, für die nach der Vereinbarung der Parteien keine SozV-Beiträge abgeführt werden sollen, weil sie als freie Mitarbeiterin angesehen wird, hat idR den Status eines ArbN, wenn sie durch Schichtpläne von Montag bis Freitag durchgängig in den Schichtbetrieb eingegliedert ist und sie auch sonst im gleichen Umfang wie die anderen angestellten Ärzte die Bereitschaftsdienste inkl. Wochenenddienste versieht[16]. Eine **Hebamme**, die die Einrichtungen eines Krankenhauses zur Geburtshilfe auf Grund eines sog. „Belegehebammenvertrages" in eigener Verantwortung nutzen sowie ihre Arbeitszeit in Absprache mit ihren Kolleginnen ohne Einflussnahme des Krankenhausträgers frei regeln kann, ist mangels einer zeit- und weisungsgebundenen Tätigkeit als freie Mitarbeiterin anzusehen[17]. Ein in der Behindertenfürsorge tätiger **Psychologe**, der innerhalb eines mit dem Träger der Sozialhilfe

---

1 LAG BW 14.3.1985 – 7 Sa 107/84, NZA 1985, 739. || 2 LAG Köln 7.10.2003 – 2 Ta 304/03, nv. || 3 LAG Düss. 23.7.2002 – 16 Sa 162/02, NZA-RR 2002, 567; ErfK/*Preis*, § 611 Rz. 83. || 4 BayLSG 14.12.2001 – L 4 KR 147/99, HVBG-INFO 2002, 3324. || 5 AG Berlin 16.9.1966 – 5 Ca 65/66, BB 1967, 538; zweifelnd ErfK/*Preis*, § 611 Rz. 83. || 6 LSG Berlin 16.9.1955 – 9/7 LSG 91/54, NJW 1955, 1894. || 7 OLG Köln 15.9.1993 – 2 W 149/93, NJW-RR 1993, 1526. || 8 LAG Berlin 29.5.1989 – 9 Sa 17/89, LAGE § 611 BGB Arbeitnehmerbegriff Nr. 9; LAG Köln 23.3.1988 – 7 Sa 137/87, LAGE § 611 BGB Arbeitnehmerbegriff Nr. 7; aA LAG Rh.-Pf. 18.1.2006 – 6 Ta 291/05, nv. || 9 BAG 5.4.1989 – 5 AZR 289/88, nv.; Vorinstanz: LAG Köln 23.3.1988 – 7 Sa 137/87, LAGE § 611 BGB Arbeitnehmerbegriff Nr. 7. || 10 LAG Berlin 11.4.1988 – 9 Sa 2/88, LAGE § 611 BGB Arbeitnehmerbegriff Nr. 6. || 11 BAG 27.7.1961 – 2 AZR 255/60, AP Nr. 24 zu § 611 BGB Ärzte, Gehaltsansprüche. || 12 BAG 15.12.1999 – 5 AZR 169/99, DB 1999, 2648; s.a. LAG München 2.8.1984 – 7 Sa 632/83, NJW 1985, 696. || 13 BAG 26.8.1998 – 4 AZR 471/97, NZA 1999, 154. || 14 LAG Rh.-Pf. 3.5.2010 – 11 Ta 163/09, nv.; 14.9.2009 – 5 Sa 198/09, nv. || 15 BAG 2.2.1983 – 5 AZR 202/80, nv. || 16 LAG Rh.-Pf. 12.5.2004 – 2 Ta 81/04, nv. || 17 BAG 26.6.1991 – 5 AZR 453/90, nv; LAG Düss. 3.9.2009 – 11 Sa 608/09, ZTR 2010, 158.

vereinbarten zeitlichen Rahmens Zeit und Ort seiner Tätigkeit frei bestimmen kann, ist freier Mitarbeiter[1]. Bei maßgeblicher Einflussnahme des Mitarbeiters auf den Zeitpunkt der Therapiestunden und deren im Wesentlichen freie inhaltliche Ausgestaltung ist ein **Sprach- und Spieltherapeut** eher als freier Mitarbeiter einzuordnen[2].

Für den ArbN-Status eines zur Aushilfe engagierten **Orchestermusikers** ist entscheidend, ob der Mitarbeiter auch im Rahmen des übernommenen Engagements seine Arbeitszeit noch im Wesentlichen frei gestalten kann oder insoweit einem umfassenden Weisungsrecht der Orchesterleitung unterliegt[3]. Letzteres ist insb. dann der Fall, wenn der Musiker zur Mitarbeit an bei Vertragsschluss noch nicht festgelegten Produktionen verpflichtet ist[4]. Kein ArbN ist ein frei agierender **Theaterintendant**[5]. Gleiches gilt auch für den Dirigenten eines Orchesters, wenn er gleichfalls noch als Organisator auftritt und damit die Durchführung von Veranstaltungen als solche schuldet[6]. Verrichtet ein **Lektor** eines Verlages den wesentlichen Teil seiner Aufgaben in selbst bestimmter Arbeitszeit und an selbst gewähltem Arbeitsort, so fehlt die für ein ArbVerh erforderliche persönliche Abhängigkeit. Daran ändert sich nichts, wenn der Mitarbeiter auf Grund gelegentlich notwendiger Zusammenarbeit auf die Arbeitszeit der Verlagsangestellten Rücksicht nehmen[7] und Abgabetermine beachten muss, eine sachliche Eingrenzung der Stoffrecherche besteht und Tätigkeitsberichte zu erstellen sind[8]. Ein punktuell im Unternehmen auftretender **Künstler**[9] oder **Sänger**[10], ein für mehrere Chöre arbeitender **Chorleiter**[11], ein für zwei Konzerte verpflichteter Gastmoderator für Kinderkonzerte[12] und ein Künstler, der auf der Jubiläumsveranstaltung eines Unternehmens einmalig eine von ihm selbst gestaltete Zaubershow darbietet[13], wurden als freie Mitarbeiter eingestuft; andere Entscheidungen gingen freilich in die andere Richtung[14]. Dass ein **Wissenschaftler** bei seiner ausschließl. erfinderischen Tätigkeit weisungsfrei ist, schließt deren Koordinierung durch den Dienstberechtigten mit dem sonstigen Geschehensablauf in seinem Betrieb nicht aus[15].

d) **Sportler.** Die Erbringung sportlicher Leistungen kann Arbeit im Rahmen eines ArbVerh sein. Es spricht für ein ArbVerh, wenn der Sportler hinsichtlich Art und Umfang seiner sportlichen Leistung weitgehend weisungsgebunden ist, sich zB an regelmäßige Trainingszeiten halten muss. Weitere Indizien für ein solches ArbVerh können sein, dass der Sportler für eine bestimmte, nicht unerhebliche Zeit an einen Verein gebunden ist und nur bei diesem einen Verein tätig werden darf. Dementsprechend kann auch ein Amateurspieler in einem ArbVerh beschäftigt sein, wenn er an bestimmten Zeiten an Spielen oder am Training teilzunehmen hat. Eine **Bundesligahandballspielerin** kann daher ArbNin sein[16]. **Vertragsamateure iSd. § 15 der Spielordnung DFB** sind dann ArbN, wenn sie auf Grund der jeweiligen Vertragsgestaltung und -abwicklung ihre Leistungen für den Verein in einer für ein ArbVerh typischen persönlichen Abhängigkeit erbringen, die über die bereits durch die Vereinsmitgliedschaft begründete Weisungsgebundenheit hinausgeht. Macht ein Fußballverein bei der praktischen Handhabung des Sportbetriebes keinen Unterschied zwischen Amateuren und den Vertragsamateuren, so kann dies Grund für eine einheitliche Statusbeurteilung sein mit der Folge, dass allen Spielern die ArbN-Eigenschaft fehlt[17]. Wird ein nach der DFB-Spielordnung tätiger Vertragsamateur parallel hierzu im Rahmen eines Werbevertrages für die Werbegesellschaft tätig, die der Sponsor des Vereins ist, so handelt es sich hierbei nicht um einen Arbeitsvertrag[18]. **Nebenberufliche Übungsleiter** von Amateurvereinen sind im Allg. als freie Dienstnehmer anzusehen. Dass sie sich an die vom Verein zugeteilten Trainingsstätten und Trainingsstunden zu halten haben, begründet allein keine für ein ArbVerh erforderliche persönliche Abhängigkeit[19]. Ein **Eishockeyspieler**, der sich vertragl. verpflichtet, für einen Verein zu spielen, und dafür lediglich eine Pauschale zur Abdeckung der anfallenden Fahrtkosten zwischen Wohnort und Vereinssitz erhält, ist regelmäßig weder ArbN des Vereins noch arbeitnehmerähnl. Person[20]. Ein **Tennisspieler**, der vertragl. verpflichtet ist, für den Verein Vorbereitungs- und Meisterschafts-

---

1 BAG 9.9.1981 – 5 AZR 477/79, BAGE 36, 77. ||2 LAG Hess. 26.9.1991 – 12 Sa 220/91, ZTR 1992, 123. ||3 BAG 9.1.2002 – 5 AZR 405/01, AP Nr. 114 zu § 611 BGB Abhängigkeit; 22.8.2001 – 5 AZR 502/99, AP Nr. 109 zu § 611 BGB Abhängigkeit; 7.5.1980 – 5 AZR 593/78, AP Nr. 36 zu § 611 BGB Abhängigkeit; 3.10.1975 – 5 AZR 445/74, AP Nr. 16 zu § 611 BGB Abhängigkeit. ||4 S.a. für den Opernsänger BAG 7.2.2007 – 5 AZR 270/06, ZTR 2007, 391. ||5 BAG 16.8.1977 – 5 AZR 290/76, AP Nr. 23 zu § 611 BGB Abhängigkeit; s. aber BAG 17.12.1968 – 5 AZR 86/68, DB 1969, 1420. ||6 BAG 20.1.2010 – 5 AZR 99/09, AP Nr. 119 zu § 611 BGB Abhängigkeit. ||7 BAG 27.3.1991 – 5 AZR 194/90, BB 1991, 1414. ||8 ArbG Berlin 8.1.2004 – 78 Ca 26918/03, NZA-RR 2004, 546. ||9 BAG 6.12.1974 – 5 AZR 418/74, AP Nr. 14 zu § 611 BGB Abhängigkeit. ||10 BGH 13.3.1984 – VI ZR 204/82, NJW 1985, 2133. ||11 ArbG Hanau 2.1.1997 – 2 Ca 570/96, ARST 1997, 141. ||12 LAG Berlin 16.7.2001 – 6 Ta 1178/01, nv. ||13 BAG 6.12.1974 – 5 AZR 418/74, DB 1975, 844. ||14 LAG Berlin 29.12.1989 – 9 Sa 83/89, AP Nr. 50 zu § 611 BGB Abhängigkeit; BAG 20.10.1966 – 5 AZR 28/66, DB 1967, 386; BGH 28.10.1982 – I ZR 134/80, AP Nr. 1 zu § 611 BGB Künstlerbetreuer. ||15 BAG 8.2.1962 – 2 AZR 252/60, DB 1962, 843. ||16 LAG Sa.-Anh. 30.9.1997 – 4 Ta 167/97, AuR 1998, 489. ||17 BAG 10.5.1990 – 2 AZR 607/89, AP Nr. 51 zu § 611 BGB Abhängigkeit; s.a. BAG 28.6.1973 – 5 AZR 19/73, AP Nr. 10 zu § 611 BGB Abhängigkeit und 3.10.1975 – 5 AZR 427/74, AP Nr. 16 zu § 611 BGB Abhängigkeit; s.a. ArbG Bocholt 7.12.1988 – 4 Ca 1058/88, DB 1989, 1423; LAG Hamm 30.8.1989 – 15 Sa 327/89, DB 1990, 739. ||18 ArbG Oberhausen 15.5.1996 – 2 Ca 34/96, SpuRt 1996, 213. ||19 LAG Düss. 26.3.1992 – 7 Ta 20/92, LAGE § 611 BGB Arbeitnehmerbegriff Nr. 25. ||20 LAG Nürnberg 27.1.1995 – 7 Ta 187/94, NZA-RR 1996, 1.

spiele zu bestreiten und für diese Tätigkeit geldwerte Gegenleistungen erhält, kann ArbN sein[1]. Ein **Motorradrennfahrer** kann zumindest arbeitnehmerähnl. Mitarbeiter sein[2].

76 e) **Versicherungsvermittler, Handelsvertreter. aa) Allgemeines.** Die Entscheidungen zur ArbN-Eigenschaft des Handelsvertreters, insb. des Versicherungsvertreters, sind Legion[3]. Ausgangspunkt der Rspr. ist hier unmittelbar § 84 I 2 HGB. Die persönliche Weisungsabhängigkeit ist wie allg. durch Einzelkriterien zu belegen, deren Gesamtwürdigung entscheidet. Wegen der notwendigen Einzelfallbetrachtung erscheint es problematisch, wenn gesagt wird, dass Mitarbeiter im Versicherungsaußendienst idR ArbN seien[4]. Es ist ebenfalls nicht erheblich, dass Arbeitskollegen die gleichen Aufträge erhalten, jedoch auf der Grundlage von Arbeitsverträgen ihre Arbeit verrichten[5]. Nicht unumstritten – aber im Erg. zutreffend – ist demggü. die instanzgerichtl. Rspr., wonach auch dann, wenn die einzelnen Regelungen in dem Vertrag für sich genommen in einem Handelsvertretervertrag zulässig und mit der Rechtsstellung eines Handelsvertreters vereinbar sein mögen, dies nicht mehr gelten kann, wenn zu viele Einschränkungen der handelsvertretertypischen Selbständigkeit zusammenkommen und dem Vertragspartner gleichsam sämtliche Vorteile genommen sind, welche mit der Stellung eines selbständigen Handelsvertreters verbunden sind und ihm letztlich nur die Nachteile bleiben, nämlich die Übernahme des wirtschaftl. Risikos[6]. Schließen sich mehrere selbständige Versicherungsvertreter zur gemeinsamen Berufsausübung in einer Agentur zusammen, begründet die in dem Gesellschaftsvertrag vereinbarte wechselseitige Verpflichtung der Partner zur Einbringung ihrer vollen Arbeitskraft regelmäßig keine entsprechende Verpflichtung im Verhältnis zu dem Versicherungsunternehmen, mit dem alle Partner individuelle Agenturverträge geschlossen haben[7]. Möglich ist damit, je nach Ausgestaltung der vereinbarten Tätigkeit, sowohl eine Eingruppierung als ArbVerh als auch als Selbständiger. Entscheidungsrelevant kann in diesem Zusammenhang auch der vereinbarte Vertragstypus sein, dies aber nur dann, wenn die tatsächliche Handhabung des Vertrages kein gegensätzliches Ergebnis begründet[8]. Prinzipiell kann sich allein aus der vertragl. Vereinbarung weiterhin nicht die Eingruppierung ergeben.

77 bb) **Fachliche, örtliche und zeitliche Weisungsgebundenheit.** Eine Vertragsklausel, nach der ein Vertreter verpflichtet ist, sich an die ihm erteilten fachlichen Weisungen zu halten, führt noch nicht zwingend zu einer persönlichen Abhängigkeit, denn auch der Handelsvertreter unterliegt in gewissem Umfang den Weisungen des Prinzipals. Dies resultiert bereits aus § 86 I HGB. Es liegt in der Natur der Sache, dass ein kompliziertes Produkt wie die Lebensversicherung oder RV für den Versicherungsnehmer und die Versicherungsgesellschaft erhebliche finanzielle Risiken birgt und deshalb zur Absicherung ein erhebliches Maß an Direktiven für die fachliche Arbeit des selbständigen wie des unselbständigen Mitarbeiters möglich sein muss, um diese Risiken zu beherrschen. Für die Abgrenzung ist es daher nicht ausreichend, allein auf **fachliche Weisungsrechte** abzustellen, es muss vielmehr entsprechend der Rspr. des BAG[9] nach Umfang und Bezugspunkt der Weisungsrechte differenziert werden: Weisungen, die sich auf das Produkt beziehen, deuten nicht auf die Selbständigkeit des Vertreters hin, weil die Tätigkeit des Versicherungsvertreters gem. § 92 I Alt. 1 HGB bzw. des Bausparkassenvertreters gem. § 92 V iVm. § 92 I Alt. 1 HGB lediglich darin besteht, Verträge zu vermitteln. Der Vertreter vertreibt also nicht ein eigenes Produkt, sondern vermittelt das Produkt eines anderen. Daher ist es mit dem Status als selbständiger Vertreter vereinbar, wenn dieser nur vorformulierte Versicherungsantragsvordrucke verwenden darf und bestimmte Zusicherungen und Aussagen bei der Kundenwerbung zu unterlassen hat[10]. Vertragl. Pflichten des Versicherungsvertreters, die lediglich Konkretisierungen der Vorgaben aus § 86 HGB oder aufsichts- und wettbewerbsrechtl. Vorschriften sind, begründen keine Weisungsabhängigkeit als ArbN[11]. Bei der Beurteilung der Freiheiten iSd. § 84 I 2 HGB sind von vornherein auszuklammern diejenigen Beschränkungen, die dem **gesetzl. Leitbild des Handelsvertreters** dem Grunde und dem Ausmaß nach entsprechen, zB notwendige besondere Mitwirkungshandlungen des Vertreters zum Zustandekommen besonderer Verträge, wie zB das Einholen von Zuwendungserklärungen im Verbandsgruppengeschäft, und auch nicht verhandelbare Beschränkungen, die für die Tätigkeitsausübung vorgegeben sind, zB von kooperierenden Partnern (zB im Gruppenversicherungsgeschäft), von Verbänden und berufsständischen Organisationen (zB Wettbewerbsrichtlinien der Deutschen Versicherungswirtschaft) und von Behörden (zB Weisung zur Erreichung einer von der Aufsichtsbehörde vorgegebenen Mindestproduktion). Diese Beschränkungen können nicht gegen die Selbständigkeit sprechen[12]. Auch der **Umfang der Vertretungsbefugnis** hat auf den Status eines fremde Leistungen nur

---

1 ArbG Bielefeld 12.7.1989 – 2 Ca 2132/88, NZA 1989, 966. || 2 BAG 17.6.1999 – 5 AZB 23/98, DB 1999, 2172. || 3 Aus der neueren Rspr. BGH 27.10.2009 – VIII ZB 42/08, BGHZ 183, 49-59; LAG Bln.-Bbg. 3.6.2009 – 15 Sa 310/09, LAGE § 305c BGB 2002 Nr. 6. || 4 So LAG Nds. 7.9.1990 – 3 (2) Sa 1791/89, LAGE § 611 BGB Arbeitnehmerbegriff Nr. 24. Zweifelnd wie hier LAG Köln 23.10.1998 – 12 (2) Sa 779/98, nv. || 5 LAG Hamburg 21.11.2001 – 8 Sa 15/01, nv. || 6 OLG Düss. 5.12.1997 – 16 U 220/96, NZA-RR 1998, 145; aA *Oberthür/Löhr*, NZA 2001, 132. || 7 BAG 20.9.2000 – 5 AZR 271/99, NZA 2001, 210. || 8 BAG 9.6.2010 – 5 AZR 332/09, NZA 2010, 877; in Abgrenzung zu BAG 30.9.1998 – 5 AZR 563/97, BAGE 90, 36 und 25.5.2005 – 5 AZR 347/04, BAGE 115, 1. || 9 BAG 20.9.2000 – 5 AZR 271/99, NZA 2001, 210; 15.12.1999 – 5 AZR 770/98, AP Nr. 6 zu § 92 HGB. || 10 So zutr. bereits die Vorinstanzen der BAG-Entscheidungen v. 15.12.1999 (s. Rz. 104): LAG Nürnberg 25.2.1998 – sA 670/97, LAGE § *611 BGB* Arbeitnehmerbegriff Nr. 34; LAG Köln 23.10.1998 – 12 (2) Sa 779/98, nv. || 11 BAG 15.12.1999 – 5 AZR 169/99, DB 2000, 1618. || 12 LAG Nürnberg 26.1.1999 – 7 Sa 657/98, AuA 1999, 380. S.a. in anderem Zusammenhang BAG 25.5.2005 – 5 AZR 347/04, AP Nr. 117 zu § 611 BGB Abhängigkeit.

vermittelnden Handels- und Versicherungsvertreters keinen Einfluss[1]. Davon zu unterscheiden sind Weisungen, die sich auf **Berichtspflichten** oder sonstige Anzeigepflichten beziehen. Der Grad zulässiger Kontrolle ist überschritten, wenn der Betroffene verpflichtet wird, umfangreich über seine Tätigkeit Bericht zu erstatten und das Versicherungsunternehmen damit die Möglichkeit hat, ihn umfassend zu überprüfen[2]; der Mitarbeiter ist dann ArbN.

Die **örtliche Weisungsgebundenheit** spielt demggü. eine nur untergeordnete Rolle. Die Berechtigung eines Versicherungsvertreters, Telefon- und EDV-Anlagen des Versicherungsunternehmens zu nutzen, ist kein Indiz für eine abhängige Beschäftigung[3]. Anders mag es liegen, wenn der Handelsvertreter verpflichtet ist, die Leistungen in den Räumlichkeiten des Unternehmens unter Nutzung der Betriebsmittel zu erbringen[4]. 78

Bestimmt das Unternehmen die **Arbeitszeit** des Handelsvertreters, so ist dies eine nicht produktbezogene Weisung, die auf eine abhängige Beschäftigung hindeutet. Eine solche Weisung kann sich auch aus den Umständen des Einzelfalls ergeben. Ein Mitarbeiter, der verpflichtet ist, das von ihm im Rahmen der Handelsvertretung betriebene Ladenlokal „während der in der Branche üblichen **Geschäftszeiten** und während des gesamten Jahres offen und besetzt zu halten", hierfür aber andere Mitarbeiter nur „unter seiner Aufsicht" beschäftigen durfte, für den sind faktisch die Arbeitszeiten festgelegt ohne substantiellen eigenen Spielraum. Ist ein Auftragnehmer zur pünktlichen **Anbringung von Plakaten** an fest installierten Objekten nach Vorgabe des Auftraggebers so verpflichtet, wie es sog. Tourenlisten vorsehen, bekommt er aber nur einen Wochentag vorgegeben und ist er außerdem ausdrücklich berechtigt, sich der Hilfe Dritter zu bedienen und wird ihm ausdrücklich eine Konkurrenztätigkeit zugestanden, verneint das BAG die ArbN-Eigenschaft[5]. Bei Pensumsvorgaben durch das Unternehmen bleibt der Selbständigenstatus des Versicherungsvertreters unberührt, wenn diesem im Hinblick auf die notwendige Arbeitszeit ein erheblicher Spielraum verbleibt[6]. Die **Leiterin eines Fachgeschäfts**, die nicht verpflichtet ist, selbst Dienste zu erbringen, und Hilfskräfte einsetzt, ist keine ArbNin, auch wenn sie ansonsten keinen unternehmerischen Spielraum hat[7]. 79

cc) **Ergänzende Erwägungen – Beurteilung einzelner Vertragsklauseln.** IÜ hat das BAG seine Vorgaben **in Grundsatzentscheidungen v. 15.12.1999**[8] konkretisiert und verschiedene Einzelkriterien genannt, die für oder gegen eine Selbständigkeit sprechen und die überwiegend auch außerhalb des Bereichs der Handelsvertreter zufinden sind: 80

Gegen die ArbN-Eigenschaft des Mitarbeiters spricht es, wenn er vertragl. nicht gehindert ist, **eigene ArbN** in die Leistungserbringung einzuschalten, und es ihm daher tatsächlich und rechtl. möglich ist, seine Provisionseinkünfte dadurch zu steigern, dass er neue Nebenvertreter anwirbt und damit das Vertriebsnetz ausbaut. Dies entspricht auch dem Leitbild des Gesetzes: Der Handelsvertreter kann sich Hilfspersonen (Untervertreter iSd. § 84 III HGB oder angestellter Vertriebsmitarbeiter) bedienen, um seine Vertragspflichten zu erfüllen. Wenn ein Vertrag den Einsatz von Hilfspersonen verbietet, so ist dies daher ein Indiz für eine abhängige Beschäftigung. Die Verpflichtung, den Einsatz von Hilfspersonen anzuzeigen, steht der Selbständigkeit nicht entgegen. Ein allg. Zustimmungsvorbehalt ist hingegen mit der Selbständigkeit des Handelsvertreters unvereinbar. 81

Ein Versicherungsvertreter ist auch nicht deswegen als ArbN anzusehen, weil ihm eine **Konkurrenztätigkeit** für andere Versicherungsunternehmen untersagt ist. Wie sich aus § 92a HGB ergibt, ist es von Gesetzes wegen zulässig, Handelsvertreter vertragl. allein an ein Unternehmen zu binden. Wie weit dies für das Verbot jeder Nebentätigkeit gilt, mag allerdings zweifelhaft sein[9]. 82

Auch aus dem tatsächlichen Fehlen einer vom Mitarbeiter geschaffenen **Innen- und Außenorganisation** seiner Generalvertretung kann nicht auf seine ArbN-Eigenschaft geschlossen werden, solange diese aufzubauen ihm vertragl. nicht verboten ist. Wie sich aus § 84 IV HGB ergibt, finden die Vorschriften des 7. Abschnitts des HGB auch Anwendung, wenn das Unternehmen des Handelsvertreters nach Art oder Umfang einen in kaufmännischer Weise eingerichteten Geschäftsbetrieb nicht erfordert. Wenn der Mitarbeiter jedoch über eigene Geschäftsräume und eigene Buchführung verfügt[10], spricht das ebenso für seine Selbständigkeit wie das Auftreten unter eigener Firma[11]. 83

Die **Möglichkeit**, sich bei urlaubs- oder krankheitsbedingter Abwesenheit **vertreten zu lassen**, hindert weder vom Tatsächlichen noch aus Rechtsgründen die Feststellung, dass der Mitarbeiter die bei Fehlen von Hinderungsgründen von ihm selbst zu leistenden Dienste als (unselbständige) Arbeitsleistung 84

---

1 So auch *Hanau/Strick*, DB-Beil. 14/1998, 9. ||2 *Hanau/Strick*, DB-Beil. 14/1998, 9 (10). ||3 LAG Nürnberg 25.2.1998 – 4 Sa 670/97, LAGE § 611 BGB Arbeitnehmerbegriff Nr. 34. ||4 *Hanau/Strick*, DB-Beil. 14/1998, 15; *Oberthür/Lohr*, NZA 2001, 133. ||5 BAG 13.3.2008 – 2 AZR 1037/06, AP Nr. 176 zu § 1 KSchG 1969 Betriebsbedingte Kündigung. ||6 BAG 15.12.1999 – 5 AZR 169/99, NZA 2000, 1162; LAG München 22.7.2004 – 2 Sa 1323/03, VersR 2004, 1175. ||7 LAG Hess. 30.11.2005 – 8 Sa 898/05, nv. ||8 BAG 15.12.1999 – 5 AZR 566/98, ZIP 2000, 630; 15.12.1999 – 5 AZR 770/98, NZA 2000, 481; 15.12.1999 – 5 AZR 3/99, BAGE 93, 112; 15.12.1999 – 5 AZR 169/99, BAGE 93, 132. ||9 BAG 20.9.2000 – 5 AZR 271/99, NZA 2001, 210; 15.12.1999 – 5 AZR 3/99, BAGE 93, 112; 15.12.1999 – 5 AZR 770/98, NZA 2000, 481. ||10 OLG München 8.8.1957 – 6 U 997/57, NJW 1957, 1767. ||11 BAG 24.4.1980 – 3 AZR 911/77, AP Nr. 1 zu § 84 HGB.

zu erbringen hatte. Enthält der Handelsvertretervertrag die Klausel, dass das Unternehmen dem Handelsvertreter **bezahlten Urlaub** gewährt, ist dies allerdings nach der Rspr. wohl kein Indiz für eine persönliche Abhängigkeit, denn die Klausel deutet nicht notwendig auf eine alg. Anwesenheitspflicht hin, die mit der Autonomie eines Selbständigen unvereinbar ist[1]. Unschädlich ist daher erst recht eine Verpflichtung, Urlaubszeiten und Krankheit vorab mitzuteilen; hierfür streitet ein legitimes Interesse des Unternehmens[2]. Mit dem Selbständigenstatus ist auch eine Urlaubssperre während sog. Beitragsanpassungszeiten vereinbar, da während dieser Zeit eine deutlich erhöhte Wahrscheinlichkeit besteht, dass Kunden ihre Verträge kündigen oder zumindest eine Kündigung erwägen. Es liegt daher im berechtigten Interesse des Versicherungsunternehmens, dass während dieser Zeiten ein Kontakt zwischen den Kunden und ihren Versicherungsvertretern stattfinden kann, so dass eine solche Einschränkung als von § 86 I HGB gedeckt angesehen werden muss[3].

85   Auch die **Zuweisung eines bestimmten Bezirks** oder eines bestimmten Kundenkreises ist mit dem Status als selbständiger Handelsvertreter vereinbar. Dies ergibt sich schon aus § 87 II HGB, wo eine solche Abrede vorausgesetzt wird. Damit hat der Gesetzgeber des VVG die Beschränkung auf einen Bezirk erkennbar auch bei Selbständigen für zulässig gehalten. Die Zuweisung eines bestimmten Arbeitsgebiets ist deshalb schon von Gesetzes wegen mit dem Status eines selbständigen Versicherungsvertreters vereinbar[4]. Im Erg. gilt nichts anderes für den Umstand, dass dem Mitarbeiter bei Beginn seiner Tätigkeit ein bestimmter Kundenstamm zur Betreuung zugewiesen wird[5].

86   Auch steht es der Annahme einer freien Handelsvertretertätigkeit nicht entgegen, dass der Unternehmer **Informationen und Hilfestellungen** zur Verfügung stellt. Das entspricht schon dem selbstverständlichen Eigeninteresse des Unternehmers und ist bei Handelsvertretern üblich. Der Unternehmer ist sogar verpflichtet, Handelsvertreter bei ihrer Arbeit zu unterstützen[6]. Dazu kann auch die Weitergabe von Kundendaten gehören. Von den Umständen des Einzelfalls hängt es dann ab, ob der Handelsvertreter – faktisch etwa durch die Pflicht, nachgewiesene Kunden auch tatsächlich aufzusuchen – dennoch so eingebunden wird, dass von einer Selbständigkeit seiner Tätigkeit nicht auszugehen ist[7].

87   Bei **Sollvorgaben** kommt es darauf an, ob dem Mitarbeiter trotz der Vorgaben ein ausreichender Handlungsspielraum verbleibt. Ist dieser gegeben, dann ist es unerheblich, ob das Unternehmen die Einhaltung der Vorgaben durch massiven Druck auf den Handelsvertreter erzwingt – denn dies stellt dann nur die Sanktionierung der Verletzung eines freien Dienstvertrags dar[8]. Stellt das Unternehmen dem Handelsvertreter eine Erhöhung seines Provisionssatzes in Aussicht, wenn die Anzahl der vermittelten Verträge steigt, ist dies daher erst recht zulässig[9]. Andere sehen auch hierin eine unzulässige Sanktionsregel. Je geringer freilich der prozentuale Anstieg des Provisionssatzes sei, desto stärker trete der Sanktionscharakter zurück[10].

88   f) **Subunternehmer, insb. Frachtführer und Kurierfahrer.** Zur Vermeidung arbeitsrechtl. Bindung wird oftmals versucht, Tätigkeiten, die früher stets durch ArbN erbracht wurden, durch freie Mitarbeiter verrichten zu lassen. Die Rspr. begegnet diesen „**Ein-Mann-Unternehmen**" zu Recht mit Zurückhaltung[11]. Es gelten hier grds. die allg. Regeln zur Beurteilung der persönlichen Abhängigkeit.

89   Zahlreiche Judikate liegen insb. zum **Frachtführer** vor (s. Rz. 103), die als *pars pro toto* exemplarisch auch für andere Fallgestaltungen herangezogen werden dürften. Der Frachtführer iSd. § 425 HGB übt ein selbständiges Gewerbe aus. Das gilt auch dann, wenn er als Einzelperson ohne weitere Mitarbeiter nur für einen Spediteur tätig ist und beim Transport ein mit den Farben und dem Firmenzeichen des Spediteurs ausgestattetes, eigenes Fahrzeug einsetzt[12]. Wird die Tätigkeit des Transporteurs stärker eingeschränkt, als es auf Grund gesetzl. Regelungen oder wegen versicherungsrechtl. Obliegenheiten geboten ist, so kann jedoch das Rechtsverhältnis als ein ArbVerh anzusehen sein[13].

90   Eine solche weiter gehende Beschränkung kann in **zeitlichen Vorgaben** bestehen. Ein Frachtführer jedoch, der nur für einen Auftraggeber fährt, wurde von der Rspr. nicht als ArbN gewertet, wenn weder Dauer noch Beginn und Ende der täglichen Arbeitszeit vorgeschrieben sind und er die Möglichkeit hat, auch Transporte für eigene Kunden auf eigene Rechnung durchzuführen[14]. Unerheblich ist auch die

---

1 AA *Oberthür/Lohr*, NZA 2001, 133.   ‖2 LAG Köln 23.10.1998 – 12 (2) Sa 779/98, nv.   ‖3 LAG München 22.7.2004 – 2 Sa 1323/03, VersR 2004, 1175.   ‖4 BAG 20.9.2000 – 5 AZR 271/99, NZA 2001, 210; vgl. BAG 17.5.1978 – 5 AZR 580/77, AP Nr. 28 zu § 611 BGB Abhängigkeit; 15.12.1999 – 5 AZR 3/99, AP Nr. 5 zu § 92 HGB; 15.12.1999 – 5 AZR 566/98, ZIP 2000, 630.   ‖5 BAG 20.9.2000 – 5 AZR 271/99, BAGE 95, 324.   ‖6 *Baumbach/Hopt*, § 86a HGB Rz. 1; *Heymann/Sonnenschein*, § 86a HGB Rz. 2 u. 3.   ‖7 BAG 30.8.1994 – 1 ABR 3/94, NZA 1995, 649.   ‖8 AA *Küstner/v. Manteuffel*, Handbuch des gesamten Außendienstrechts, Bd. I, S. 213; *Oberthür/Lohr*, NZA 2001, 132.   ‖9 *Oberthür/Lohr*, NZA 2001, 132.   ‖10 *Hanau/Strick*, DB-Beil. 16/1998, 8.   ‖11 S. LAG Köln 30.6.1995 – 4 Sa 63/95, LAGE § 611 BGB Arbeitnehmerbegriff Nr. 29: Sog. „Propagandistinnen" in Kaufhäusern sind ArbN; LSG Berlin 14.8.1995 – L 15 Kv 16/95, AP Nr. 83 zu § 611 BGB Abhängigkeit: Propagandistin steht in einem versicherungs- und beitragspflichtigen Beschäftigungsverhältnis; LAG Hess. 16.1.1990 – 4 TaBV 76/89, AuR 1991, 187: Restaurantbedienungen in Kaufhäusern sind ArbN; 11.7.1989 – 4 TaBV 211/88, AiB 1990, 77: Regaleinrichter als ArbN; LAG Düss. 9.9.1997 – 8 Sa 756/97, DB 1998, 207: Sargträger ist ArbN; ArbG Passau 13.3.1998 – 4e Ca 906/97 E, BB 1998, 1266: Fleischzerleger ist ArbN.   ‖12 LAG Rh.-Pf. 5.3.2010 – 10 Ta 10/10, nv.   ‖13 BAG 19.11.1997 – 5 AZR 653/96, NZA 1998, 364; BSG 11.3.2009 – B 12 KR 21/07 R, SGb 2009, 283.   ‖14 BAG 30.9.1998 – 5 AZR 563/97, BAGE 90, 36; 19.11.1997 – 5 AZR 653/96, NZA 1998, 364.

Verpflichtung, bei der Auslieferung der Frachtsendungen bestimmte Terminvorgaben einzuhalten, denn auch im Rahmen von Dienst- und Werkverträgen können vom Dienstberechtigten oder dem Besteller Termine für die Erledigung der Arbeit bestimmt werden, ohne dass daraus eine zeitliche Weisungsabhängigkeit folgt[1].

Fachliche Weisungen, die einen freien Mitarbeiter zum ArbN werden lassen können, bedürfen in Übereinstimmung mit der Rspr. zum Handelsvertreter (s. Rz. 76 ff.) einer **gewissen Erheblichkeit**. Bezieht sich bei einem Frachtführer die Weisungsgebundenheit nur auf das Fahrzeug und den jeweiligen Fahrer und ist es dem Frachtführer nach dem Vertrag gestattet und nach den tatsächlichen Umständen auch möglich, als Fahrer einen Dritten einzusetzen, dann steht dem Frachtführer ein eigener Gestaltungsspielraum zu, der mit dem Status eines ArbN nicht zu vereinbaren ist[2]. Auch ein **Subunternehmer eines Paketdienst-Systems**, der mit selbst ausgewähltem ArbN und eigenen Fahrzeugen in einem ihm überlassenen Bezirk den Zustellungsdienst organisiert und durchführt, ist nicht ArbN[3]. Wenn ein sog. „Subunternehmer" in Bezug auf Preisgestaltung, Fristen und Auftragsabwicklung vertragl. so eng verbunden ist, dass auf ihn ein wirtschaftl. Zwang ausgeübt wird, hat die Rspr. eine ArbN-Eigenschaft – recht zweifelhaft – bejaht[4]. 91

Entscheidendes Kriterium gegen eine ArbN-Stellung kann auch hier das Recht sein, die Arbeit durch **eigene Beschäftigte** zu erbringen[5]. Ebenso kann das Recht, über die jeweilige Leistungserbringung jeweils frei zu entscheiden, ein Hinweis auf die Selbständigkeit sein. Ein Kurierdienstfahrer, der allein entscheidet, ob, wann und in welchem Umfang er tätig werden will, und für ausgeführte Frachtaufträge das volle vom Auftraggeber zu leistende Entgelt erhält, ist kein ArbN des Unternehmens, das die Frachtaufträge annimmt und an die Kurierdienstfahrer weitergibt[6]. Unerheblich für die Frage der ArbN-Eigenschaft eines Kraftfahrers ist hingegen, ob dieser ein eigenes Gewerbe angemeldet hat oder dem Auftraggeber Rechnungen zu stellen und dabei die Mehrwertsteuer anzugeben hat[7]. Ebenso führt die Nutzung des eigenen Fahrzeugs nicht automatisch zur Annahme einer Selbständigkeit[8]. Auch die Vereinbarung einer Vertragsstrafe kann zwar ein Indiz für das Bestehen einer selbständigen Beschäftigung sein[9], gleichfalls sind sie aber auch im Rahmen eines ArbVerh möglich. Demnach kann hieraus kein Indiz für den einen oder anderen Status gezogen werden[10]. 92

g) Telebeschäftigte. Bei der Telearbeit hängt es von der konkreten Ausgestaltung der Tätigkeit ab, ob die Telebeschäftigten als ArbN, als selbständige Dienstnehmer oder als Heimarbeiter anzusehen sind. Alle Alternativen sind möglich[11]. Es wird vorgeschlagen, die ArbN-Eigenschaft dann zu bejahen, wenn der ausgelagerte Arbeitsplatz mit dem Zentralrechner im Online-Betrieb verbunden ist, denn in diesen Fällen unterliegt der Telebeschäftigte einer ständigen Kontrolle auf Mitarbeiter des Beschäftigungsunternehmens[12]. Bei einem Offline-Betrieb (Speicherung der Texte auf besonderen Datenträgern) hänge dagegen die ArbN-Eigenschaft von den Umständen des Einzelfalles ab. 93

h) Organmitglieder. aa) Bestellung und Anstellung. Von der Bestellung des Organmitglieds (insb. GmbH-Geschäftsführer, Vorstandsmitglied einer AG) ist die **Anstellung** zu unterscheiden. Sie bildet **keine Rechtseinheit mit der Bestellung**, auch wenn sie in vielerlei Hinsicht mit ihr verknüpft ist. Der Anstellungsvertrag regelt die schuldrechtl. Beziehungen zwischen dem Organmitglied und der Gesellschaft; idR ist es ein Dienstvertrag in der Gestalt eines Geschäftsbesorgungsvertrags gem. §§ 611 ff., 675. Wird das Organmitglied unentgeltlich tätig, so ist das der Organtätigkeit zugrunde liegende schuldrechtl. Rechtsverhältnis ein Auftrag gem. §§ 662 ff.[13]. Der Anstellungsvertrag regelt die dem Organmitglied nicht als Organ, sondern als Dienstverpflichtetem der Gesellschaft obliegenden Pflichten, wie insb. die Vereinbarung über die Vergütung und Versorgung, Gewährung von Tantiemen und Nebenleistungen, des Urlaubs, nachvertragl. Wettbewerbsverbote oder die Spezifizierung spezieller Leistungspflichten[14]. 94

bb) Organmitglied als Arbeitnehmer. Es existiert umfangreiche Rspr. zu der Frage, ob ein **GmbH-Geschäftsführer** ArbN der Gesellschaft sein kann, deren Organ er ist[15]. Dies wird im Grundsatz verneint[16]. Zwar ist es nicht ausgeschlossen, dass der der Organstellung eines GmbH-Geschäftsführers zugrunde 95

---

1 ArbG Freiburg 28.10.1998 – 2 Ca 335/98, nv. ‖2 BGH 24.2.1999 – 5 AZB 10/98, EzA § 5 ArbGG Nr. 30. ‖3 LAG Köln 5.3.1997 – 4 Ta 253/96, MDR 1997, 752. ‖4 ArbG Düss. 20.5.1988 – 4 Ca 5858/87, AiB 1989, 128. ‖5 BAG 30.9.1998 – 5 AZR 563/97, AP Nr. 103 zu § 611 BGB Abhängigkeit, sowie Vorinstanz LAG Düss. 4.9.1996 – 12 (6) (5) Sa 909/96, LAGE § 611 BGB Arbeitnehmerbegriff Nr. 33; aA BSG 11.3.2009 – B 12 KR 21/07 R, SGb 2009, 283. ‖6 BAG 27.6.2001 – 5 AZR 561/99, AP Nr. 6 zu § 611 BGB: Arbeitnehmerähnlichkeit stellt zusätzlich darauf ab, dass der Fahrer das volle vom Auftraggeber zu leistende Entgelt erhält. ‖7 LAG Köln 6.3.2003 – 4 Ta 404/02, AR-Blattei ES 260 Nr. 22. ‖8 BSG 11.3.2009 – B 12 KR 21/07 R, SGb 2009, 283. ‖9 BSG 28.5.2008 – B 12 KR 13/07 R, SGb 2008, 401. ‖10 BSG 11.3.2009 – B 12 KR 21/07 R, SGb 2009, 283 ‖11 Vgl. hierzu Herb, DB 1986, 1823; *Kappus*, NJW 1984, 2385; *Kappus*, Rechtsfragen der Telearbeit, 1986, S. 68 ff.; *Kappus*, NZA 1987, 408; *Kilian*, NZA 1987, 401; *Simon/Kuhne*, BB 1987, 201; *Ulber*, AiB 1985, 22; *Wedde*, AuR 1987, 325. ‖12 KR/*Rost*, Rz. 4a zu Arbeitnehmerähnliche Personen. ‖13 S. bereits *Schlegelberger/Quassowski*, § 75 AktG Rz. 6; MünchGesR/*Wiesner*, § 21 Rz. 1; KölnKommAktG/*Mertens*, § 84 AktG Rz. 34; BGH 11.7.1953 – II ZR 126/52, BGHZ 10, 181 (187). ‖14 S. MünchGesR/*Wiesner*, § 20 Rz. 12; *Lutter/Krieger*, Rechte und Pflichten des Aufsichtsrats, § 7 Rz. 383; KölnKommAktG/*Mertens*, § 84 AktG Rz. 34; *Hüffer*, § 84 AktG Rz. 11. ‖15 S.a. ausf. *Goette*, FS Wiedemann, 2002, S. 873 und *Wank*, FS Wiedemann, 2002, S. 587. ‖16 BGH 23.1.2003 – IX ZR 39/02, NZA 2003, 439.

liegende Anstellungsvertrag ein Arbeitsvertrag ist. Das ist aber nur dann der Fall, wenn der Geschäftsführer einem arbeitsrechtl. Weisungsrecht unterliegt. Dieses ist vom gesellschaftlichen Weisungsrecht iSd. § 37 I GmbHG zu unterscheiden. Der Umfang des Letzteren ist für den ArbN-Status nicht entscheidend. Auch wenn aber das Anstellungsverhältnis als ArbVerh klassifiziert würde, gilt in arbeitsgerichtl. Hinsicht grds. die Fiktion des § 5 I 3 ArbGG, so dass für Streitigkeiten nicht die ArbG zuständig sind[1]. Die ArbN-Stellung wird vom BAG bejaht für den Fall, dass ein Fremdgeschäftsführer derart in den Betrieb eingegliedert wird, dass er regelmäßig einem Zeitdauer, Ort und Art der Ausführung umfassenden Direktionsrecht der Gesellschafter unterliegt[2]. So kann der Geschäftsführer einer konzernabhängigen GmbH ArbN der Konzernmutter sein, wenn er bei dieser angestellt und ihr ggü. weisungsgebunden ist[3]. Dagegen verneint der 5. Senat des BAG in Abkehr zu seiner früheren Rspr. die ArbN-Eigenschaft des Geschäftsführers der Komplementär-GmbH einer KG, da dieser kraft Gesetzes zur Vertretung der Personengesamtheit berufen sei und daher nicht als ArbN iSd. § 5 I 3 ArbGG gelten könne[4]. Irrelevant ist insoweit, dass der Anstellungsvertrag nicht unmittelbar mit derjenigen Gesellschaft geschlossen worden ist, deren Vertretungsorgan der Betroffene ist[5]. Der BGH wertet strenger als das BAG und vertritt die Auffassung, das Anstellungsverhältnis des GmbH-Geschäftsführers zur GmbH sei notwendig ein freies Dienstverhältnis, da mit der Organstellung die ArbN-Eigenschaft stets unvereinbar sei[6]. Auch der BFH vertritt die Ansicht, ein ArbVerh sei möglich und will dieses aus den Umständen des Einzelfalls ermitteln[7]. Bislang kam es noch nicht zu entscheidungserheblichen Abweichungen der Rspr.

Gleiche Grundsätze wie für den GmbH-Geschäftsführer gelten auch für den **Director einer Limited**[8].

96 Das **Vorstandsmitglied einer AG ist demggü. nie ArbN**. Die Rspr. zum GmbH-Geschäftsführer kann auf das Organmitglied der AG nicht übertragen werden, denn die dem Vorstand nach § 76 I AktG eingeräumte autonome Leitungsbefugnis schließt eine persönliche Weisungsabhängigkeit aus, die konstituierendes Merkmal des ArbN-Begriffs ist[9]. **Ausnahmen** hierzu werden einzig erwogen für den Fall der Organmitglieder **konzernabhängiger AG**, insb. wenn sie einen Anstellungsvertrag allein mit der Muttergesellschaft haben[10]. Auch hier wird man jedoch der hM folgen müssen, denn die Kriterien, die die Rspr. zur Weisungsgebundenheit des ArbN entwickelt haben, deuten auf eine sehr viel größere Drittbestimmtheit hin. Das aktienrechtl. austarierte Verhältnis zwischen Geschäftsführungsbefugnis des Vorstandes, Satzungskompetenzen und Entscheidungen des Aufsichtsrats bildet einen hinreichenden Garanten persönlicher, wenn auch nicht wirtschaftl. Unabhängigkeit. Dass zudem in Tochtergesellschaften eine größere Abhängigkeit des Vorstands besteht als in AG, die von einem Mehrheitsgesellschafter bestimmt werden (und wo besonderer arbeitsrechtl. Schutz nicht erwogen wird), ist nicht ersichtlich. Dort wie hier ist Arbeitsrecht grds. nicht anzuwenden. Konsequenz dieser Ansicht ist, dass dort, wo der Anstellungsvertrag bei Beendigung der Organstellung eine automatische Überleitung des Anstellungsverhältnisses in ein ArbVerh vorsieht, eine solche Regelung wegen der Umgehung des Gesetzes (§ 84 I AktG) unzulässig ist[11].

97 **cc) Analoge Anwendung des Arbeitsrechts.** Die fehlende ArbN-Eigenschaft des Organmitglieds schließt freilich nicht aus, **einzelne arbeitsrechtl. Normen auch auf sein Anstellungsverhältnis anzuwenden**. Die Bereitschaft, arbeitsrechtl. Schutz auch hier zu gewähren, ist unterschiedlich; eine anerkannte Leitlinie hat sich bislang weder in Rspr. noch Lit. herausgebildet – zumeist wird eine Unterscheidung zwischen dem GmbH-Geschäftsführer und dem Organmitglied der AG nicht getroffen. Tendenziell wird man zurückhaltender sein, jedoch eine Analogie zu einzelnen Vorschriften nicht gänzlich ausschließen können. Ausdrücklich ausgenommen aus dem Schutz arbeitsrechtl. Vorschriften sind die Organmitglieder in § 5 I ArbGG, § 5 II Nr. 1 BetrVG, § 14 I Nr. 1, § 17 V Nr. 1 KSchG, § 3 I 2 MitbestG und § 1 IIIa 5. VermBG. Darüber hinaus hat die Rspr. entschieden, dass der besondere Kündigungsschutz, etwa des SGB IX, nicht auf das Organmitglied anwendbar ist[12]. Ebenso nicht anwendbar sind die Bestimmungen zum Wettbewerbsverbot mit Entschädigungsregelung in §§ 74ff. HGB[13]. Wie die Rspr. die Haftungsbeschränkung bei gefahrgeneigter Arbeit schon für leitende Angestellte ausschließt[14], so muss sie sie erst

---

1 BAG 3.2.2009 – 5 AZB 100/08, AP Nr. 66 zu § 5 ArbGG 1979; LAG Rh.-Pf. 2.3.2010 – 5 Ta 282/09, nv.   ‖2 BAG 26.5.1999 – 5 AZR 664/98, NZA 1999, 987; 15.4.1982 – 2 AZR 1101/79, BAGE 39, 16: Der Geschäftsführer unterstand vertraglich dem Hauptgesellschafter so „disziplinarischem Vorgesetzten mit Einspruchsrecht in Sachfragen".   ‖3 LAG Hamburg 1.8.2005 – 5 Ta 9/05, nv.   ‖4 BAG 20.8.2003 – 5 AZB 79/02, NZA 2003, 1108; anders noch BAG 13.7.1995 – 5 AZB 37/94, AP ArbGG 1979 § 5 Nr. 23.   ‖5 LAG Hamm 18.8.2004 – 2 Ta 172/04, ZIP 2004, 2251.   ‖6 BGH 9.2.1978 – II ZR 189/76, NJW 1978, 1435; 29.1.1981 – II ZR 92/80, BGHZ 79, 291; ausf. s.a. Staudinger/*Richardi* Vor § 611 Rz. 233 mwN; *Henssler*, RdA 1992, 289ff.; *Boemke*, ZfA 1998, 209 (213/214) mwN.   ‖7 BFH 20.10.2010 – VIII R 34/08, StBW 2011, 244.   ‖8 LAG Bln.-Bbg. 20.4.2010 – 12 Sa 2744/09, nv.   ‖9 BGH 11.7.1953 – II ZR 126/52, BGHZ 10, 187; 16.12.1953 – II ZR 41/53, BGHZ 12, 1 (8); 7.12.1961 – II ZR 117/60, BGHZ 36, 142; aus der Lit. KölnKommAktG/*Mertens*, § 84 AktG Rz. 33; MünchGesR/*Wiesner*, § 21 Rz. 5; ausf. *Henssler*, RdA 1992, 289 (297). Aus sozialrechtl. Sicht LSG BW 18.7.2006 – L 13 AL 1766/06, nv.   ‖10 S. *Säcker*, BB 1979, 1321 (1324); ähnl. *Martens*, FS Hilger und Stumpf, 1983, S. 437 (441f.).   ‖11 BAG 26.8.2009 – 5 AZR 522/08, AP Nr. 2 zu § 84 AktG.   ‖12 S. BGH 9.2.1978 – II ZR 189/76, NJW 1978, 1435; OLG Hamm 2.6.1986 – 8 U 298/85, ZIP 1987, 121; s. bereits BGH 16.12.1953 – II ZR 41/53, BGHZ 12, 1 (Kündigung eines Organmitglieds nach dem Angestellten KSchG).   ‖13 S. BGH 26.3.1984 – II ZR 229/83, BGHZ 91, 1 (3); *Hüffer*, § 88 AktG Rz. 10; KölnKommAktG/*Mertens*, § 88 AktG Rz. 37; MünchGesR/*Wiesner*, § 21 Rz. 9.   ‖14 S. BGH 14.2.1985 – IX ZR 145/83, BGHZ 94, 18.

recht für Organmitglieder ausscheiden[1]. Anwendbar ist demggü. der Pfändungsschutz der §§ 850 ff. ZPO[2] und auch hat das Organmitglied einen Anspruch auf Erteilung eines qualifizierten Zeugnisses nach § 630 analog[3]. Die gesetzl. Öffnung der Regelungen des BetrAVG auf Personen, die nicht ArbN sind, denen Leistungen der Alters-, Invaliditäts- oder Hinterbliebenenversorgung aus Anlass ihrer Tätigkeit für ein Unternehmen zugesagt worden sind (§ 13 I 2 BetrAVG), versteht die Rspr. grds. auch unter Einschluss der Organmitglieder, jedoch nicht einem solchen, das sowohl vermögens- als auch einflussmäßig mit dem Unternehmen, für das es arbeitet, so sehr verbunden ist, dass es es als sein eigenes betrachten kann[4]. Das Anstellungsverhältnis geht nicht nach § 613a auf den Erwerber eines Betriebs über, schon weil der Geschäftsführer dort, wo nicht das ganze Unternehmen übergeht, oftmals nicht einem bestimmten Betrieb zugeordnet werden kann[5]. Einzig wenn der Betriebsübergang im Wege der Universalsukzession nach dem UmwG übergeht, geht auch das Anstellungsverhältnis gem. den Regelungen des UmwG unabhängig vom Schicksal der Organstellung mit über[6].

Zulässig ist es aber, die Anwendung arbeitsrechtl. Vorschriften (bspw. des KSchG) auf den Anstellungsvertrag durch privatautonome Vereinbarungen vorzunehmen[7]. Diese Vereinbarungen dürfen aber nicht dazu führen, dass gesetzl. Vorgaben ausgeschlossen werden. Vielmehr muss im Einzelfall ermittelt werden, inwiefern die vereinbarte Regelung gesetzl. Vorgaben widerspricht. Vereinbar mit den gesellschaftsrechtl. Besonderheiten ist aber insb. die Anwendung der Regelungen des KSchG auf das Anstellungsverhältnis. Zwar kann damit die Gesellschafterversammlung in ihrer Abberufungsentscheidung beeinflusst werden, dies wird aber vom Gesetz hingenommen (vgl. § 38 I GmbHG)[8]. 97a

Generell wird man sagen müssen, dass eine Übertragbarkeit arbeitsrechtl. Schutzvorschriften umso eher in Betracht kommt, als sie nicht spezifisch auf die persönliche Abhängigkeit des Dienstverpflichteten abstellen, sondern **Ausdruck einer Minimalsicherung der wirtschaftl. Existenz im Rahmen eines langfristigen entgeltlichen Beschäftigungsverhältnisses** sind[9]. Dies kann dazu führen, dass arbeitsrechtl. Vorschriften nur in einer modifizierten Form Anwendung finden können. So kann sich das Organmitglied nach hM nicht auf die Grundsätze der betriebl. Übung berufen, jedoch ist sie bei der Auslegung seines Anstellungsvertrags durchaus zu berücksichtigen[10]. Auf Grund des arbeitsrechtl. Gleichbehandlungsgrundsatzes kann es nicht Gleichbehandlung mit ArbN und insb. nicht mit leitenden Angestellten verlangen, jedoch ist als allg. Ausprägung des Grundsatzes von Treu und Glauben eine abgeschwächte Gleichbehandlungspflicht unter Organmitgliedern anzuerkennen, nach der es möglich sein kann, ein Ruhegehalt, das bislang sämtlichen Vorstandskollegen zugesprochen wurde, nun zwingend auf alle zu erstrecken[11]. Das ArbNErfG ist auf Organmitglieder nicht direkt anwendbar, jedoch können seine Regelungen ausdrücklich oder konkludent als Bestandteil des Anstellungsvertrages vereinbart worden sein[12]. Für eine ordentl. Kündigung des Anstellungsverhältnisses hat die Rspr. bislang nur beim GmbH-Geschäftsführer eine analoge Anwendbarkeit des § 622 I 1 statt der allg. für Dienstverträge geltenden Regelung des § 621 Nr. 3 angenommen[13]. Zum Teil wird erwogen, dies auch auf das Vorstandsmitglied der AG auszudehnen[14]. Dem dürfte nicht zu folgen sein. Trotz der mehr oder weniger starken wirtschaftl. Abhängigkeit des Vorstandsmitglieds und der Tatsache, dass das Organmitglied der Gesellschaft ebenso wie ein ArbN seine Arbeitskraft zumeist hauptberuflich zur Verfügung stellt, scheint doch hier die Gleichbehandlung mit den lediglich wirtschaftl., nicht aber persönlich abhängigen freien Mitarbeitern nahe liegender als mit dem ArbN, und zwar auch dann, wenn er nicht maßgeblich am Kapital der Gesellschaft beteiligt ist. Dementsprechend hat der BGH in einem älteren Urteil die Fristen des Angestelltenkündigungsschutzgesetzes auf Vorstandsmitglieder in AG für unanwendbar erklärt[15]. 98

---

1 S.a. BGH 27.2.1975 – II ZR 112/72, VersR 1975, 612 (Organmitglied einer Genossenschaftsbank); *Fleck*, WM 1985, 677 (679); KölnKommAktG/*Mertens*, § 84 AktG Rz. 39 und ausf. § 93 Rz. 8. Zu Recht anders in einem besonders gelagerten Fall BGH 5.12.1983 – II ZR 252/82, BGHZ 89, 153 ff. (ehrenamtlich tätige Jugendleiter eines Pfadfindervereins).   ‖2 BGH 8.12.1977 – II ZR 219/75, NJW 1978, 756; 24.11.1980 – II ZR 183/80, NJW 1981, 2465 (2466); *Hüffer*, § 84 AktG Rz. 18; KölnKommAktG/*Mertens*, § 84 AktG Rz. 38; MünchGesR/*Wiesner*, § 21 Rz. 7; *Fleck*, FS Hilger und Stumpf, 1983, S. 197 (209).   ‖3 *Hüffer*, § 84 AktG Rz. 17. Die Rspr. hat bislang nur für den GmbH-Geschäftsführer entschieden, der nicht Gesellschafter ist. Die dortige Argumentation scheint jedoch übertragbar, s. BGH 9.11.1967 – II ZR 64/67, BGHZ 49, 30.   ‖4 So BGH 28.4.1980 – II ZR 254/78, BGHZ 77, 94 (101); s.a. BGH 6.9.1980 – II ZR 255/78, BGHZ 77, 233 (236); KölnKommAktG/*Mertens*, § 84 AktG Rz. 38; *Hüffer*, § 84 AktG Rz. 18.   ‖5 BAG 13.2.2003 – 8 AZR 654/01, AP Nr. 24 zu § 611 BGB Organvertreter.   ‖6 Gegen eine Analogie im Ergebnis auch OLG Hamm 18.6.1990 – 8 U 146/89, GmbHR 1991, 466; *Henssler*, RdA 1992, 296; MünchGesR/*Wiesner*, § 21 Rz. 9; zweifelnd *Fleck*, WM 1981, 14.   ‖7 BGH 10.5.2010 – II ZR 70/09, NZG 2010, 827.   ‖8 BGH 10.5.2010 – II ZR 70/09, NZG 2010, 827.   ‖9 S. ähnlich auch *Fleck*, FS Hilger und Stumpf, 1983, S. 205; *Henssler*, RdA 1992, 297; KölnKommAktG/*Mertens*, § 84 AktG Rz. 37.   ‖10 BGH 19.12.1994 – II ZR 244/93, NJW-RR 1995, 796; s.a. *Nebendahl*, NZA 1992, 289.   ‖11 BGH 14.5.1990 – II ZR 122/89, NJW-RR 1990, 1313. S.a. BGH 19.12.1994 – II ZR 244/93, NJW-RR 1995, 796; s. ähnl. auch MünchGesR/*Wiesner*, § 21 Rz. 10, 43.   ‖12 S. bereits BGH 24.2.1965 – IV ZR 81/64, GRUR 1965, 377; KölnKommAktG/*Mertens*, § 84 AktG Rz. 39; *Gaul*, GmbHR 1982, 101; *Fleck*, FS Hilger und Stumpf, 1983, S. 197.   ‖13 BGH 26.3.1984 – II ZR 120/83, BGHZ 91, 217 (auch bei Kapitalbeteiligung des Geschäftsführers); vorher bereits BGH 29.1.1981 – II ZR 92/80, BGHZ 79, 291; später für den Geschäftsführer einer Komplementär-GmbH, der einen Anstellungsvertrag unmittelbar mit der KG hatte: BGH 9.3.1987 – II ZR 132/86, NJW 1987, 2073; s.a. MünchGesR/*Wiesner*, § 21 Rz. 11.   ‖14 S. *Henssler*, RdA 1992, 297; MünchGesR/*Wiesner*, § 21 Rz. 11.   ‖15 BGH 16.12.1953 – II ZR 41/53, BGHZ 12, 1 (5); ebenso KölnKommAktG/*Mertens*, § 84 AktG Rz. 39; aA *Henssler*, RdA 1992, 297; *Fleck*, FS Hilger und Stumpf, 1983, S. 221.

99 Bei der Übertragung arbeitsrechtl. Vorschriften auf das Anstellungsverhältnis des Organmitglieds wird also so lange Zurückhaltung zu üben sein, als allg. das Arbeitsrecht von einem **einheitlichen ArbN-Begriff** ausgeht. Dies mag im Einzelfall zu unbefriedigenden Ergebnissen führen, denn die wirtschaftl. Stellung und soziale Schutzbedürftigkeit eines Profi-Fußballers ist eine andere als die einer Reinemachfrau. So lange bleibt aber zu beachten, dass der Gesetzgeber für das Organmitglied grundlegend andere Wertungen als das Arbeitsrecht vorgenommen hat: Während das ArbVerh eines ArbN nicht auf mehr als zwei Jahre ohne sachlichen Grund befristet werden kann (§ 14 TzBfG), kann der Anstellungsvertrag eines AG-Vorstands auch mit sachlichem Grund nicht unbefristet über fünf Jahre hinaus abgeschlossen werden, s. § 84 I AktG. Die hierin zum Ausdruck kommende grundlegende Unterscheidung auf Grund bloßer im Einzelfall schwer zu bestimmender wirtschaftl. Abhängigkeit zu überspringen, brächte eine erhebliche Rechtsunsicherheit, ohne dass der Gewinn an sachlicher Richtigkeit dies rechtfertigen würde.

100 **dd) Übergang vom ArbVerh zum Anstellungsverhältnis.** Wird ein leitender ArbN zum Geschäftsführer bestellt oder in den Vorstand berufen, so ist mitunter fraglich, ob sein bisheriges ArbVerh mit der Bestellung zum Organmitglied endet. Nach der älteren Rspr. des BAG sollte im Zweifel das bisherige ArbVerh lediglich ruhen, wenn sich an den Vertragsbedingungen des Beförderten iÜ nichts ändere. Im Fall der Abberufung des Organmitglieds lebe das ArbVerh wieder in seinem ursprünglichen Inhalt auf[1]. In späterer Rspr. ist das BAG hiervon abgerückt[2] und geht nunmehr davon aus, dass ein ArbVerh im Zweifel mit Abschluss des Geschäftsführer-Anstellungsvertrags als beendet anzusehen ist. Das folge aus dem Willen der vertragschließenden Parteien, wonach neben dem Dienstverhältnis nicht auch ein ArbVerh ruhend fortbestehen solle[3]. Eine andere Beurteilung sei nur dann geboten, wenn hierfür konkrete Anhaltspunkte bestehen. Dies kann etwa der Fall sein, wenn der ArbN nicht im eigenen Unternehmen, sondern in einem anderen (Konzern-)Unternehmen zum Geschäftsführer berufen wird[4]. Im **Normalfall** sei dagegen von einer **Vertragsumwandlung** auszugehen[5]. Diese für den GmbH-Geschäftsführer entwickelte Rspr. dürfte auf andere Organmitglieder übertragbar sein. Für die Praxis ist es im Hinblick auf diese Rspr. zu empfehlen, im Zusammenhang mit der Bestellung zum Organmitglied eine ausdrückliche Regelung darüber zu treffen, ob das ursprüngliche ArbVerh beendet werden oder fortbestehen soll. Dies gilt insb. deshalb, weil seit dem 1.1.2000 § 623 zwingend die Schriftlichkeit einer Kündigung oder Auflösungsvereinbarung eines Arbeitsvertrags vorschreibt. Eine konkludente Aufhebung ist damit nicht möglich; in einem schriftl. Anstellungsvertrag müssen entsprechend der Andeutungstheorie zumindest Anzeichen für einen solchen Willen der Vertragspartner enthalten sein[6]. Fehlen diese, dann können nur die allg. Regeln der treuwidrigen Berufung auf die fehlende Schriftform als Korrektiv gelten[7]. Selbst wenn eine Aufhebungsklausel im Anstellungsvertrag des Vorstandsmitglieds/Geschäftsführers enthalten ist, mag man Zweifel haben, ob das zuständige Organ gehandelt hat. Für den Anstellungsvertrag sind der Aufsichtsrat/die Gesellschafter zuständig, für den Arbeitsvertrag der Vorstand/die Geschäftsführung. Man wird hier wohl eine Annexkompetenz annehmen müssen. Das BAG sieht dieses Problem nicht und erwähnt es in seiner Rspr. mit keinem Wort: Schließt ein ArbN mit seinem ArbGeb einen schriftl. Geschäftsführerdienstvertrag, wird vermutet, dass das bis dahin bestehende ArbVerh mit Beginn des Geschäftsführerdienstverhältnisses einvernehmlich beendet wird, soweit nicht klar und eindeutig etwas anderes vertragl. vereinbart worden ist. Durch einen schriftl. Geschäftsführerdienstvertrag wird in diesen Fällen das Schriftformerfordernis des § 623 für den Auflösungsvertrag gewahrt[8]. Sieht der Anstellungsvertrag des Vorstands einer AG für den Fall der Beendigung der Organstellung die unveränderte Weiterführung des Anstellungsverhältnisses als ArbVerh über die Fristen des § 84 I AktG hinaus vor, liegt eine objektive Gesetzesumgehung vor. Insoweit kommt ein ArbVerh nicht zustande[9].

101 Wird die **Bestellung widerrufen**, ohne dass gleichzeitig der Anstellungsvertrag auf Grund auflösender Bedingung oder Kündigung endet, so wandelt sich das bisherige Anstellungsverhältnis in ein ArbVerh, wenn eine Einigung besteht, dass der Vertrag unter den geänderten Bedingungen fortgesetzt werden soll, das ehemalige Organmitglied also zukünftig als (leitender) ArbN für die Gesellschaft tätig werden soll. Fehlt es an einer solchen Einigung, kann der Anstellungsvertrag eines Organmitglieds eine persön-

---

1 So BAG 9.5.1985 – 2 AZR 330/84, AP Nr. 3 zu § 5 ArbGG 1979. || 2 BAG 15.3.2011 – 10 AZB 32/10, DB 2011, 1400; 7.10.1993 – 2 AZR 260/93, AP Nr. 16 zu § 5 ArbGG 1979. || 3 BAG 3.2.2009 – 5 AZB 100/08, AP Nr. 66 zu § 5 ArbGG 1979. || 4 LAG Düss. 12.1.2011 – 12 Sa 1411/10. || 5 BAG 14.6.2006 – 5 AZR 592/05, AP Nr. 62 zu § 5 ArbGG 1979; 7.10.1993 – 2 AZR 260/93, AP Nr. 16 zu § 5 ArbGG 1979; 8.6.2000 – 2 AZR 207/99, AP Nr. 49 zu § 5 ArbGG. || 6 So LAG BW 16.11.2006 – 5 Sa 142/05, BB 2007, 333 (336); *Bauer*, GmbHR 2000, 769; *Krause*, ZIP 2000, 2289; *Dollmann*, BB 2003, 1838; s. aber zur jüngeren Rspr. des BAG BAG 19.7.2007 – 6 AZR 774/06, AP Nr. 18 zu § 35 GmbHG. || 7 S. hierzu BAG 16.9.2004 – 2 AZR 659/03, AP Nr. 1 zu § 623 BGB; KR/*Spilger*, § 623 BGB Rz. 200f.; v. Hoyningen-Huene/Linck/*v. Hoyningen-Huene*, § 14 KSchG Rz. 13. S.a. *Baeck/Hopfner*, DB 2000, 1914. || 8 BAG 15.3.2011 – 10 AZB 32/10, DB 2011, 1400; 19.7.2007 – 6 AZR 774/06, AP Nr. 18 zu § 35 GmbHG; 3.2.2009 – 5 AZB 100/08, AP Nr. 66 zu § 5 ArbGG 1979. || 9 BAG 26.8.2009 – 5 AZR 522/08, AP Nr. 2 zu § 84 AktG.

liche Weisungsgebundenheit grds. nicht begründen[1]. Ein Anspruch auf Fortbeschäftigung in einer dem Geschäftsführer vergleichbaren Position besteht damit nicht, abweichendes kann nur dann gelten, wenn der Anstellungsvertrag eine entsprechende Regelung beinhaltet[2]. Hat das Organmitglied allerdings den Widerruf seiner Bestellung aus wichtigem Grund verschuldet, so kann es verpflichtet sein, in eine Änderung des Anstellungsverhältnisses in einen Arbeitsvertrag einzuwilligen. Lehnt es eine zumutbare Position als ArbN ab, so kann dies ein wichtiger Grund sein, nun auch den Anstellungsvertrag fristlos zu kündigen. Wird nach Beendigung der Organstellung das Dienstverhältnis als ArbVerh fortgeführt, greift das KSchG ein, und zwar auch dann, wenn die Kündigung auf Vorfälle während der Amtszeit als Organmitglied gestützt wird[3]. Beendigt seinerseits das Organmitglied durch **Rücktritt** die Organmitgliedschaft, so muss auch damit nicht unbedingt die Kündigung des Anstellungsverhältnisses verbunden sein. Das Organmitglied kann am Anstellungsverhältnis festhalten und behält so den Anspruch auf seine Bezüge, bis die Gesellschaft ihrerseits den Anstellungsvertrag kündigt. Die Kündigung kann ordentl. ausgesprochen werden, soweit eine solche Kündigung im Anstellungsvertrag vorgesehen war, für eine außerordentl. Kündigung bedarf es eines wichtigen Grundes gem. § 626. Der aber wird zumindest dann nicht vorliegen, wenn die Gründe für die Amtsniederlegung im pflichtwidrigen Verhalten der Gesellschaft liegen; hier kann das ehemalige Organmitglied am Anstellungsvertrag festhalten[4]. In diesem Fall kann die Gesellschaft nach Treu und Glauben verpflichtet sein, über einen Fortbestand des Anstellungsverhältnisses als ArbVerh zu verhandeln. Weigert sie sich, so kann das ehemalige Organmitglied entsprechend dem Rechtsgedanken des § 628 II Schadensersatz gem. § 280 verlangen. Legt ein Organmitglied sein Amt nieder, ohne eine Erklärung hinsichtlich des Anstellungsvertrags abzugeben, so ist im Zweifel davon auszugehen, dass beide Rechtsverhältnisse enden sollen[5]. Sieht der Anstellungsvertrag des Vorstands einer AG für den Fall der Beendigung der Organstellung die unveränderte Weiterführung des Anstellungsverhältnisses als ArbVerh über die Fristen des § 84 I AktG hinaus vor, liegt eine objektive Gesetzesumgehung vor. Das ArbVerh ist nach § 134 nichtig[6].

i) Praktikanten sind keine ArbN. Praktikant ist, wer sich in einem Betrieb für eine vorübergehende Dauer einer bestimmten Tätigkeit und Ausbildung zwecks Erwerbs praktischer Kenntnisse und Erfahrungen unterzieht, weil er diese im Rahmen einer Gesamtausbildung bspw. für die Zulassung zum Studium oder Beruf benötigt[7]. In Abgrenzung zum Ausbildungsverhältnis findet in einem Praktikantenverhältnis keine systematische Berufsausbildung statt[8]. Ferner muss der Zweck eines Praktikantenverhältnisses die Ausbildung im Rahmen einer anderweitigen Gesamtausbildung sein[9]. Auch wenn das Lernen vorrangig ist, dürfte die Beschreibung, dass ein Praktikant lediglich zuschaut und zuhört, mitläuft, selbst etwas ausprobiert, aber mit seiner Tätigkeit nicht in die tägliche Arbeitsplanung des Betriebs eingebunden ist, in vielen Fällen zu eng sein[10]. Ein Praktikant kann und soll verwertbare Arbeit erbringen und ist entsprechend den arbeitsrechtl. Weisungen des Vertrags auch verpflichtet, die ihm übertragenen Aufgaben zu verrichten[11]. Steht nicht der Erwerb von praktischen Kenntnissen und Fähigkeiten im Vordergrund, sondern der Austausch von Arbeitsleistung gegen Entgelt, liegt ein ArbVerh vor[12]. Der Bezeichnung eines ArbVerh als Praktikantenverhältnis kommt – wie auch in anderen Abgrenzungsfragen – nur eine untergeordnete Rolle zu[13].

102

Das Praktikantenverhältnis kann rechtl. unterschiedlich ausgestaltet sein. Grds. werden Praktikantenverhältnisse als „andere Vertragsverhältnisse" iSd. § 26 BBiG angesehen, die berufliche Fertigkeiten, Kenntnisse, Fähigkeiten oder berufliche Erfahrungen vermitteln, so dass die §§ 10–23 und 25 BBiG Anwendung finden. Der Praktikant hat so zB gem. §§ 26, 17 I BBiG Anspruch auf eine angemessene Vergütung und über § 10 II BBiG gelten die arbeitsrechtl. Vorschriften und Rechtsgrundsätze wie das

102a

---

1 BAG 25.6.1997 – 5 AZR 41/96, AP Nr. 36 zu § 5 ArbGG 1979: Ein Dienstnehmer, der zum Geschäftsführer einer GmbH bestellt werden soll, wird nicht dadurch zum ArbN, dass die Bestellung zum Geschäftsführer unterbleibt; BGH 13.2.1984 – II ZR 2/83, WM 1984, 532 (533): Außerordentliche Kündigung des Anstellungsverhältnisses eines Organmitglieds einer Genossenschaft nach Amtsniederlegung; s.a. BAG 20.8.1999 – 2 AZR 12/98, nv.; BGH 10.1.2000 – II ZR 251/98, NJW 2000, 1864: Das als freies Dienstverhältnis begründete Anstellungsverhältnis des Organmitglieds einer Sparkasse wandelt sich nicht ohne Weiteres mit dem Verlust der Organstellung infolge einer Sparkassenfusion in ein ArbVerh um. Aus dem Schrifttum: *Fleck*, FS Hilger und Stumpf, 1983, S. 197, 210; MünchGesR/*Wiesner*, § 21 Rz. 4 mwN. ‖2 BGH 11.10.2010 – II ZR 266/08, NZG 2011, 112. ‖3 BAG 22.2.1974 – 2 AZR 289/73, AP Nr. 19 zu § 5 ArbGG 1953; s.a. *Bauer*, DB 1992, 1413 (1415). ‖4 S. etwa BGH 9.2.1978 – II ZR 189/76, NJW 1978, 1435 für die Amtsniederlegung eines GmbH-Geschäftsführers, von dem die Gesellschaft gesetzeswidrige Maßnahmen verlangte. ‖5 S.a. *Bauer*, DB 1992, 1422. ‖6 BAG 26.8.2009 – 5 AZR 522/08, AP Nr. 2 zu § 84 AktG. ‖7 BAG 19.6.1974 – 4 AZR 436/73, AP Nr. 3 zu § 3 BAT, m. Anm. *Weber*; LAG Düss. 17.8.2001 – 18 Sa 774/01, ZTR 2002, 184; *Knigge*, AR-Blattei SD 1740 Rz. 31ff.; Schaub/*Vogelsang*, ArbRHdb, § 15 Rz. 9; ErfK/*Schlachter*, § 26 BBiG Rz. 3; Küttner/*Röller*, Praktikant Rz. 1. ‖8 BAG 13.3.2003 – 6 AZR 564/01, EzB-VjA Nr. 33a zu § 19 BBiG; Staudinger/*Richardi*, § 611 Rz. 324. ‖9 ErfK/*Schlachter*, § 26 BBiG Rz. 3; *Knigge*, AR-Blattei SD 1740 Rz. 30; *Maties*, RdA 2007, 139. ‖10 So aber *Horstmeier*, AiB 2006, 231. ‖11 *Knigge*, AR-Blattei SD 1740 Rz. 124ff.; *Maties*, RdA 2007, 138. ‖12 BAG 5.8.1965 – 2 AZR 439/64, AP Nr. 2 zu § 21 KSchG; ArbG Berlin 8.1.2003 – 36 Ca 19390/02, ArbuR 2004, 74; MünchArbR/*Natzel*, § 322 Rz. 205; Küttner/*Röller*, Praktikant Rz. 1; *Orlowski*, RdA 2009, 38; *Schmidt*, NJW-Spezial 12/2006, 562; *Scherer*, NZA 1986, 280. ‖13 BAG 13.3.2003 – 6 AZR 564/01, EzB-VjA Nr. 33a zu § 19 BBiG; LAG BW 8.2.2008 – 5 Sa 45/07, NZA 2008, 768; ArbG Berlin 8.1.2003 – 36 Ca 19390/02, ArbuR 2004, 74; LAG Hess. 25.1.2001 – 3 Sa 1818/99, EzB-VjA Nr. 28a zu § 19 BBiG; LAG Rh.-Pf. 8.6.1984 – 6 Sa 51/84, NZA 1986, 293.

BUrlG, BetrVG, JArbSchG, ArbZG[1]. Etwas anderes gilt jedoch, wenn das Praktikum von einem Schüler oder Studenten im Rahmen der Schul-, Fachhochschul- bzw. Hochschulausbildung absolviert wird. In diesem Fall unterfällt die Beschäftigung nicht § 26 BBiG und das Arbeitsrecht ist nicht anwendbar[2].

102b Die häufig vorkommende Praxis, dass der ArbGeb einem Bewerber einen Ausbildungsplatz in Aussicht stellt, dieser aber vorab ein unentgeltliches Praktikum ableisten muss, um den ArbGeb von seiner Tauglichkeit zu überzeugen, ist unzulässig. § 20 BBiG schreibt für ein Ausbildungsverhältnis zwingend eine Probezeit vor, in der der ArbGeb sich von der Eignung des Bewerbers überzeugen kann. Des Weiteren ist die Unentgeltlichkeitsabrede zumindest dann sittenwidrig, wenn das Praktikum für den ArbGeb erkennbar nur deshalb absolviert wird, weil der Praktikant sich einen Ausbildungsplatz erhofft, denn ein Ausbildungsplatz darf weder er- noch verkauft werden[3]. Der Annahme eines ArbVerh steht auch nicht entgegen, dass anschließend ein Vertrag über eine Einstiegsqualifizierung (§ 253b SGB III aF) abgeschlossen werden soll[4].

102c Neben dem Arbeits- und dem Berufsausbildungsverhältnis ist das Praktikantenverhältnis noch von weiteren Vertragsverhältnissen abzugrenzen: Bei einem **Anlernverhältnis** steht die Arbeitsleistung gegen Entgelt im Vordergrund, auch wenn der ArbN erst noch die erforderlichen Kenntnisse sammeln soll[5]. **Berufsanwärterverträge** (Aspirantenverträge) sehen eine Vorausbildung für einen Ausbildungsberuf vor. Bspw. sollen ausländische Jugendliche durch Sprachunterricht oder sonstige Anpassungsmaßnahmen in die gleiche Ausgangsposition wie deutsche Jugendliche gebracht werden[6]. Während der Praktikant idR im Rahmen eines bestimmten Berufsbildes tätig wird, kann sich der **Volontär** darüber hinaus einen Überblick über Zusammenhänge von betriebl. Vorgängen, der Koordinierung von betriebl. Abteilungen etc. verschaffen. Ein weiterer Unterschied ist, dass der Volontär das Verhältnis freiwillig auf Grund seines Interesses eingeht, der Praktikant dagegen in der Regel ein erfolgreich absolviertes Praktikum für seine Ausbildung vorweisen muss[7]. Ferner ist das Praktikantenverhältnis von **Trainingsmaßnahmen gem. § 48 SGB III aF** abzugrenzen, die Arbeitslosen und von Arbeitslosigkeit bedrohten Arbeitssuchenden zur Verfügung stehen.

103 **8. Weitere Einzelfälle von A–Z.** Die ArbN-Eigenschaft wurde **bejaht** für: **Au-pair-Verhältnis** bei detaillierten Regelungen bzgl. Mithilfe im Haushalt und bei Kinderbetreuung, der Dienstzeiten, der Freizeit und des Urlaubs (ArbG Bamberg 27.10.2003 – 1 Ca 1162/03, AR-Blattei ES 160.5.2 Nr. 110); **Außenrequisiteur** (BAG 2.6.1976 – 5 AZR 131/75, AP Nr. 20 zu § 611 BGB Abhängigkeit); **Beigeordnete** (ehrenamtlich) in der Gemeindeverwaltung (BSG 22.2.1996 – 12 RK 6/95, NVwZ 1999, 453); **Büffetier** (LAG Hamm 20.10.1999 – 2 Sa 248/99, NZA-RR 2000, 318); **Bürogehilfin** (LAG Köln 10.11.2006 – 10 Ta 371/06, nv.; LAG Hess. 27.10.1998 – 9 Sa 1068/98, NZA-RR 1999, 435); **Co-Piloten** von Verkehrsflugzeugen (BAG 16.3.1994 – 5 AZR 447/92, AP Nr. 68 zu § 611 BGB Abhängigkeit); **Croupier** (BAG 30.6.1966 – 5 AZR 256/65, AP Nr. 1 zu § 611 BGB Croupier); **Detektiv** (BGH 22.5.1990 – IX ZR 208/89, WM 1990, 1552); **DRK-Geschäftsführer** eines Kreisverbandes, dessen Vertretungsbefugnis nicht auf Satzung beruht (BAG 5.5.1997 – 5 AZB 35/96, AP Nr. 31 zu § 5 ArbGG 1979); **Fahrlehrer** (BAG 20.4.1961 – 5 AZR 167/60, AP Nr. 8 zu §§ 133 f. GewO); **Fernsehreporter** (BAG 13.5.1992 – 5 AZR 434/91); **Fleischbeschau-Tierarzt** (BSG 24.11.1967 – 3 RK 3/65, AP Nr. 11 zu § 611 BGB Fleischbeschau-Dienstverhältnis, anders FG MV 23.4.2009 – 2 K 298/09, nv.); **Fotomodell** (BSG 12.12.1990 – 11 Rar 73/90, NZA 1991, 907; OLG Düss. 18.9.1987 – 5 Ss (OWi) 306/87 – 229/87 I, NZA 1988, 59 [es kommt auf die Umstände des Einzelfalls an]; BFG 14.6.2007 – VI R 5/06, BB 2007, 1997); **Franchisenehmer** kann nach den Umständen des Einzelfalls ArbN sein (LAG Düss. 20.10.1987 – 16 TaBV 83/87, DB 1988, 293; BAG 16.7.1997 – 5 AZB 29/96, AP Nr. 37 zu § 5 ArbGG 1979; LAG Bremen 21.2.2007 – 2 Sa 206/05); **Gebührenbeauftragter** des Rundfunks, nach den Umständen des Einzelfalls zu beurteilen (BAG 26.5.1999 – 5 AZR 469/98, AP Nr. 104 zu § 611 BGB Abhängigkeit; 30.8.2000 – 5 AZB 12/00, AP Nr. 75 zu § 2 ArbGG 1979); **Hilfsrestaurator** (BAG 9.12.1959 – 4 AZR 253/57, AP Nr. 16 zu § 1 TOA); **Justizaushelfer** (BAG 29.11.1961 – 4 AZR 359/60, AP Nr. 30 zu § 1 TOA); **Kommissionär**, der eingeschränkt arbeitet (BAG 8.9.1997 – 5 AZB 3/97, AP Nr. 38 zu § 5 ArbGG 1979); **Kraftfahrer** (LAG Köln 6.3.2003 – 4 Ta 404/02, AR-Blattei ES 260 Nr. 22); **Küchenchef** (ArbG Bamberg 18.10.1974 – 3 Ca 373/74, ARST 1976, 14); **Kundenberater** (BAG 6.5.1998 – 5 AZR 247/97, AP Nr. 102 zu § 611 BGB Abhängigkeit); **Liquidator** von Treuhand bestellt (BAG 29.12.1997 – 5 AZB 38/97, AP Nr. 40 zu § 5 ArbGG 1979); **Makler** (LAG Köln 18.12.2000 – 7 Ta 184/00, AuR 2001, 154); **Menü-Bringer** mit eigenem Pkw und festen Arbeitszeiten (BSG 19.8.2003 – B 2 U 38/02, SozR 4–2700 § 2 Nr. 1); **Orchesterpraktikantin** (BAG 13.3.2003 – 6 AZR 564/01, nv.); **Pharmaberater** im Außendienst (LAG Hamm 5.10.1989 – 16 Sa 762/89, DB 1990, 2027; dagegen ArbG München 29.5.1990 – 14 Ca 11935/89, DB 1990, 2028); **Piloten** (BAG 16.3.1994 – 5 AZR 447/92, AP Nr. 68 zu § 611 BGB Abhängigkeit); **Programmierer**, der Teilarbeiten eines Gesamt-

---

[1] BAG 30.10.1991 – 7 ABR 11/91, NZA 1992, 808; LAG Schl.-Holst. 25.3.2003 – 2 TaBV 39/02, NZA-RR 2004, 251; ArbG Berlin 7.2.1992 – 31 Ca 10662/91, NZA 1992, 842; *Wohlgemut/Piper*, § 26 BBiG Rz. 2. || [2] BAG 19.6.1974 – 4 AZR 436/73, AP Nr. 3 zu § 3 BAT; 24.3.1981 – 5 AZR 353/79, AP Nr. 1 zu § 19 BBiG; *Knigge*, AR-Blattei SD 1740 Rz. 38 ff.; einschr. LAG Sa.-Anh. 7.12.2006 – 9 Sa 304/06, nv.; krit.: *Fangmann*, AuR 1977, 201; *Roscher*, BB 1978, 1119. || [3] LAG Rh.-Pf. 8.6.1984 – 6 Sa 51/84, NZA 1986, 293; *Maties*, RdA 2007, 139; *Horstmeier*, AiB 2006, 232; *Hunold*, NZA-RR 2002, 228. || [4] LAG Rh.-Pf. 18.6.2009 – 10 Sa 137/09, ArbuR 2010, 110. || [5] LAG Düss. 22.4.1971 – 3 Sa 85/71, DB 1971, 1068; Schaub/*Vogelsang*, ArbRHdb, § 15 Rz. 9. || [6] Schaub/*Vogelsang*, ArbRHdb, § 15 Rz. 9; *Scherer*, NZA 1986, 280. || [7] *Knigge*, AR-Blattei SD 1740 Rz. 19 ff.; *Maties*, RdA 2007, 139.

auftrags arbeitsteilig mit anderen Beschäftigten verrichtet (LAG Schl.-Holst. 8.4.2005 – 2 Ta 56/05, NZA-RR 2005, 656) **Promoter** für bestimmte Produktgruppe in Warenhäusern (LAG Köln 23.6.2004 – 5 Ta 187/04, nv.); **Propagandisten** im Kaufhaus (BAG 23.4.1997 – 5 AZR 727/95, AP Nr. 40 zu § 256 ZPO 1977; BGH 11.3.1982 – I ZR 27/80, AP Nr. 3 zu § 84 HGB; LSG Berlin 14.8.1996 – L 15 Kr 16/95, AP Nr. 83 zu § 611 BGB Abhängigkeit; LAG Köln 30.6.1995 – 4 Sa 63/95, AP Nr. 80 zu § 611 BGB Abhängigkeit); **Prostituierte** (BFH 18.2.2005 – VI B 86/04, DStRE 2005, 566 – das Steuerrecht schaut hier nicht auf die Sittenwidrigkeit der Tätigkeit); **Reinigungskräfte** (LAG Düss. 3.5.1957 – 3 Sa 27/57, BB 1957, 1072 [Hilfskraft Reinigung]); **Rentenauszahlhilfe** (BAG 21.10.1965 – 5 AZR 146/65, AP Nr. 1 zu § 1 BUrlG); **Repetitor** (LAG Hamm 22.8.1989 – 11 Sa 24/89, AP Nr. 7 zu § 5 ArbGG 1979); **Sargträger** in Dienstkleidung und täglicher Meldepflicht (LAG Düss. 9.9.1997 – 8 Sa 756/97, NZA-RR 1998, 193); **Schaufensterdekorateur** (LAG Düss. 6.11.1959 – 4 Sa 448/59, AP Nr. 15 zu § 59 HGB); **Schornsteinfeger** (BAG 30.11.1961 – 5 AZR 497/60, AP Nr. 1 zu § 611 BGB Schornsteinfeger; 3.4.1958 – 2 RU 44/54, AP Nr. 6 zu § 537 RVO); **Stromableser** mit festem Ablesebezirk und Anweisung bzgl. der Arbeitsmodalitäten (BFH 24.7.1992 – VI R 126/88, AP Nr. 63 zu § 611 BGB Abhängigkeit); **Subdirektor** einer Versicherung (BAG 19.6.1963 – 5 AZR 314/62, AP Nr. 1 zu § 92 HGB); **Systemadministrator** (LAG Hess. 16.6.2008 – 20 Ta 71/08, nv.); **Telefonberater** eines Versandunternehmens (LAG Berlin 2.12.1998 – 13 Sa 106/98, NZA 2000, 431); **Telefonist** (BAG 7.11.1958 – 2 AZR 465/55, AP Nr. 1 zu § 616 BGB Angestellter; 29.11.1958 – 2 AZR 245/58, AP Nr. 12 zu § 59 HGB; 20.5.1969 – 1 ABR 20/68, AP Nr. 1 zu § 5 BetrVG); **Verkäufer** (ArbG Leipzig 26.9.2006 – 16 Ca 2541/06, AE 2007, 140); **Vermögensberater** (BAG 15.2.2005 – 5 AZB 13/04, DB 2005, 728: *offen gelassen*); **Vereinsgeschäftsführer** (LAG Nürnberg 5.3.2000 – 1 Ta 47/01, AuR 2001, 19: *offen gelassen*); **Werbesprecher** (ArbG Bochum 6.8.1969 – 1 Ca 404/69, DB 1970, 1087); **Werkleiter** (BGH 23.2.1989 – IX ZR 236/86, AP Nr. 9 zu § 611 BGB Treuepflicht); **Zeitungsausträger** (BAG 29.3.1974 – 1 ABR 27/73, AP Nr. 2 zu § 19 BetrVG 1972; LAG München 26.6.1953 – I 6/53, RdA 1953, 438; LAG Hamm 8.9.1977 – 8 Sa 468/77, DB 1978, 798; BAG 29.3.1974 – 1 ABR 27/73, AP Nr. 2 zu § 19 BetrVG 1972; ArbG Hanau 16.8.1990 – 1 BV 2/90, NZA 1991, 178; LAG Düss. 5.3.1996 – 16 Sa 1532/95, DB 1996, 1285; BSG 15.2.1989 – 12 RK 34/87, AP Nr. 1 zu § 611 BGB Zeitungsausträger; dagegen BAG 16.7.1997 – 5 AZR 312/96, AP Nr. 4 zu § 611 BGB Zeitungsausträger); bei Einstellung von Hilfskräften spricht dies gegen ArbN-Eigenschaft (BAG 16.7.1997 – 5 AZR 312/96, AP Nr. 4 zu § 611 BGB Zeitungsausträger; ArbG Oldenburg 7.6.1996 – 3 Ca 819/95, NZA-RR 1997, 162).

ArbN-Eigenschaft wurde **verneint** bei: **Alleingesellschafter einer GmbH** (LAG Köln 3.11.2008 – 5 Sa 624/08, ZInsO 2009, 792); **Architekt** (LAG Hamm 18.8.2003 – 2 Ta 185/03, nv.); **Backwarenverkäufer**, der mit gezahlter Umsatzprovision auch das von ihm in eigenem Namen angestellte Verkaufspersonal vergüten muss (LAG Hamm 23.11.2004 – 19 (5) Sa 334/04, nv., n.rkr. im Anschluss an BAG 4.12.2002 – 5 AZR 667/01, AP Nr. 115 zu § 611 BGB); **Barpianist** (LAG Berlin 6.8.1997 – 17 TA 6/97, FA 1998, 91); **Berater**, der Auftraggeber in sozialen Fragen beraten, Marketingstrategien entwickeln, Veranstaltungen verschiedenster Art organisieren und Öffentlichkeitsarbeit leisten soll (BAG 13.2.2003 – 8 AZR 59/02, AP Nr. 249 zu § 613a BGB); **Chefdirigent** (VGH Bay. 9.7.2009 – 21 BV 07 405, nv.); **Doktoranden-Stipendiat** (ArbG Bonn 27.11.2008 – 1 Ca 4192/03, nv.; (unentgeltliche) **ehrenamtliche** Tätigkeit (BAG 29.8.2012 – 10 AZR 499/11, NZA 2012, 1433); **Familienhelferin** (BAG 25.5.2005 – 5 AZR 347/04, AP Nr. 117 zu § 611 BGB Abhängigkeit: Weisungsrecht aus § 79 I SGB VIII reicht nicht aus; anders noch BAG 6.5.1998 – 5 AZR 347/97, AP Nr. 94 zu § 611 BGB Abhängigkeit); **Fernseh-Producer** (BAG 11.6.2003 – 5 AZB 43/02, AP Nr. 85 zu § 2 ArbGG 1979); **Geschäftsführer einer Kreishandwerkerschaft**, der diese kraft Satzung vertritt (BAG 11.4.1997 – 5 AZB 32/96, AP Nr. 47 zu § 2 ArbGG 1979); **Golftrainer** (LAG Köln 18.5.2009 – 4 Ta 72/09, nv.); **Handicapper** im Pferderennsport (BAG 13.12.1962 – 2 AZR 128/62, AP Nr. 3 zu § 611 BGB Abhängigkeit); **Hausmeister**, der anfallende Arbeiten auch von Dritten ausführen lassen kann und auf die Tätigkeit nicht zur Sicherung seiner Existenz angewiesen ist (OLG Köln 13.8.1993 – 11 W 38/93, AP Nr. 5 zu § 12a TVG); **Ingenieur** (LSG Rh.-Pf. 1.7.2004 – L 5 KR 120/03, nv.); **IT-Freiberufler** für Unternehmensberatung (LG Wuppertal 15.6.1999 – 5 O 274/98, CR 2000, 358); **Jugendbetreuer** in Jugendfreizeitstätte (BAG 20.10.1993 – 7 AZR 234/93, nv.; 9.5.1984 – 5 AZR 195/82, AP Nr. 45 zu § 611 BGB Abhängigkeit [nebenberuflich]); **Kantinenpächter** (LAG Schl.-Holst. 18.12.2003 – 1 Ta 210/03, nv.); **Kioskbetreiber** im Nebenberuf (OLG Karlsruhe 22.7.1998 – 19 W 55/98, NZA-RR 1998, 463); **Leiterin einer Außenwohngruppe** (BAG 25.5.2005 – 5 AZR 347/04, AP Nr. 117 zu § 611 BGB Abhängigkeit); **Leiter eines Zeitschriftenstandes und einer Lottoannahmestelle**, der nach dem Geschäftsbesorgungsvertrag nicht zur persönlichen Arbeitsleistung verpflichtet ist, sondern Personal einstellen und entlassen darf, das nach seinen Weisungen tätig wird (LAG Köln 17.1.2006 – 9 (11) Sa 891/05, nv.); **Lotsen** (BGH 28.9.1972 – II ZR 6/71, AP Nr. 1 zu § 611 BGB Lotse); **Nachrichtensprecher** (LAG Hamburg 1.4.2009 – 3 Sa 58/08); **Notenkomponist** (LAG Köln 14.5.2003 – 7 Sa 863/02, ZTR 2004, 93); **Opernsänger** (BAG 7.2.2007 – 5 AZR 270/06, ZTR 2007, 391); **Plakatanschläger** (BAG 13.3.2008 – 2 AZR 1037/06, AP Nr. 176 zu § 1 KSchG 1969 Betriebsbedingte Kündigung); **Postagentur-Verwalter** (OLG Karlsruhe 22.7.1998 – 19 W 55/98, NZA-RR 1998, 463); **Promoter** in Lebensmittelmarkt (LAG Hamm 11.7.2005 – 2 Ta 576/04, nv.); **Rechtsanwalt** als Partner einer Anwalts-GmbH (ArbG Berlin 9.10.2003 – 1 Ca 4598/03, NZA-RR 2004, 328); **Rundfunkgebührenermittler** (Hess. VGH 17.3.1998 – 11 UE 957/96, ZTR 1998, 422; BAG 26.5.1999 – 5 AZR 469/98, AP Nr. 104 zu § 611 BGB Abhängigkeit); **Schauspieler** bei Funk und Fernsehen (LAG Bremen 25.10.1989 – 2 Sa 32/89, AuR 1990, 295; dagegen LAG Saarbrücken 22.9.1965 – 2 Sa 45/64, AP Nr. 10

zu § 611 BGB Film); **Subunternehmer** im Paketdienst mit 18 Angestellten (LAG Köln 5.3.1997 – 4 Ta 253/96, NZA-RR 1998, 373); für Regalumbauten im Einzelhandel mit drei Angestellten (LAG Rh.-Pf. 25.4.2005 – 7 Sa 941/04, nv.); **Synchronsprecher** des Rundfunks (SG Hamburg 6.12.1991 – 21 KR 306/90, BB 1992, 715; vgl. aber BAG 30.11.1994 – 5 AZR 704/93, AP Nr. 74 zu § 611 BGB Abhängigkeit); **Tankstellenbetreiber/-verwalter** (BSG 11.8.1966 – 3 RK 57/63, AP Nr. 5 zu § 611 BGB Abhängigkeit; BGH 6.8.1997 – VIII ZR 150/96, BB 1997, 2607; 25.10.2000 – VIII ZB 30/00); als **Geschäftsführer** einer GmbH (ArbG Mönchengladbach 19.1.2000 – 2 Ca 3647/99, NZA-RR 2000, 412); **Telefonistin** (LAG München 22.1.2004 – 3 Ta 440/03, NZA-RR 2004, 365); anderes gilt, wenn sie in den Arbeitsablauf eingegliedert ist und die Übernahme von einer bestimmten Zahl von Schichten pro Woche erwartet wird (LAG Hamm 3.4.2007 – 19 Sa 2003/06, nv.); **Toilettenpächter** (LAG Düss. 21.3.1957 – 2 Sa 22/57, AP Nr. 6 zu § 5 ArbGG 1953 [auf Rheindampfer]; BSG 4.7.1962 – 3 RK 23/58, AP Nr. 4 zu § 165 RVO); **Trainer** (BAG 24.3.2004 – 5 AZR 233/03, EzA § 134 BGB 2002 Nr. 2) [Fußballtrainer im Verein und Sportinternat]; LAG Düss. 26.3.1992 – 7 Ta 20/92, LAGE § 611 BGB Arbeitnehmerbegriff Nr. 25 [nebenberuflich im Amateurverein]; LAG Hess. 27.10.1964 – 5 Sa 136/64, AP Nr. 4 zu § 611 BGB Abhängigkeit [nebenberuflicher Fußballtrainer in kleinerem Verein]; ArbG Kempen 5.11.1997 – 3 Ca 1317/97, BB 1998, 1007 [Tennistrainer]); **Versicherungsmitarbeiter** ohne Rechenschaftspflichten (BAG 15.12.1999 – 5 AZR 566/98, 5 AZR 770/98, 5 AZR 169/99, AuR 2000, 23; LAG Düss. 6.3.1991 – 4 TaBV 119/90, AuR 1991, 379); **Vertriebsmitarbeiter** (Vertragshändler) für Softwareprodukte (LAG Nds. 5.5.2003 – 13 Ta 79/03, NZA-RR 2004, 324); **Werbezettelverteiler** (BFH 9.9.2003 – VI B 53/03, DStRE 2004, 28: *offen gelassen*).

105 **IV. Einzelne Gruppen von Arbeitnehmern. 1. Arbeiter und Angestellte.** Die **Unterscheidung** zwischen Arbeitern und Angestellten hat eine lange Tradition, im deutschen Arbeitsrecht jedoch heute **nur noch geringe Bedeutung.** Arbeiter ist derjenige ArbN, der nicht Angestellter ist. Die ursprüngliche Unterscheidung zwischen Arbeiter- (LVA) und Angestellten- (BfA) Rentenversicherung ist im Zuge der Organisationsreform in der gesetzl. Rentenversicherung entfallen[1]. Das maßgebliche **Abgrenzungskriterium** setzt nach überkommener Definition an der Tätigkeit des ArbN an: Ist sie **überwiegend geistig**, ist er Angestellter, ist sie **überwiegend körperlich**, ist er Arbeiter[2]. Der im Schrifttum verschiedentlich vertretenen Auffassung, diese Unterscheidung sei nicht mehr möglich, ist das BVerfG nicht gefolgt[3]. Dennoch ist angesichts der gestiegenen intellektuellen Anforderungen auch an früher allein durch die körperliche Belastung geprägte Arbeiten die Unterscheidung mehr und mehr verwischt. Judikate, die eine Zuordnung umstrittener Grenzfälle vornehmen, sind dementsprechend zumeist älteren Datums[4].

106 Nach Aufhebung des § 133 II SGB IV durch das RVOrgG, der eine nicht abschließende Liste typischer Angestelltenberufe vorsah, entscheidet nunmehr allein die Verkehrsauffassung. Ein wesentliches Indiz hierfür ist die Einordnung durch die TV-Praxis[5]. Wo sie fehlt und eine Verkehrsauffassung nicht festzustellen ist, ist Angestellter der, der überwiegend kaufmännische oder Büroarbeit leistet oder eine leitende Tätigkeit ausübt[6]. Bei der Verrichtung von gemischten Tätigkeiten entscheidet der Schwerpunkt der Tätigkeit[7].

107 Das BVerfG hat die ehemalige Unterscheidung der Länge der gesetzl. Kündigungsfristen gem. § 622 aF als verfassungswidrig erkannt[8]. Im **BetrVG** wurde die Unterscheidung zwischen Arbeitern und Angestellten mit dem BetrVerf-ReformG v. 23.7.2001[9] abgeschafft. Auch die ehemals allein Angestellte repräsentierende DAG ist in ver. di aufgegangen.

108 **2. Leitende Angestellte.** In verschiedenen arbeitsrechtl. Gesetzen finden sich Vorschriften, die besondere Regelungen für leitende Angestellte vorsehen. Gem. § 5 III BetrVG unterfällt der leitende Angestellte nicht dem Geltungsbereich des BetrVG, sondern ihn repräsentieren die SprAu nach dem SprAuG. Auch das ArbZG klammert ihn aus seinem Anwendungsbereich aus (s. § 18 I Nr. 1 ArbZG), vom KSchG wird er erfasst, jedoch kann der ArbGeb auch dann einen Auflösungsantrag stellen, wenn ihm die Fortsetzung des ArbVerh zuzumuten ist, § 14 II, § 9 I 2 KSchG. Seine Entlassung ist nicht anzeigepflichtig nach § 17 V Nr. 2 KSchG, als ehrenamtlicher Richter kann er die ArbGebSeite repräsentieren (§ 22 II ArbGG) und das MitbestG enthält Sonderregelungen zur Wahl des Aufsichtsrats, s. § 15 II

---

[1] BGBl. 2004 I S. 3242. || [2] BAG 23.1.1980 – 5 AZR 780/78, BB 1980, 977; 1.9.1982 – 4 AZR 951/79, AP Nr. 65 zu §§ 22, 23 BAT 1975. || [3] BVerfG 16.11.1982 – 1 BvL 16/75 ua., BVerfGE 62, 256 (275); 30.5.1990 – 1 BvL 2/83, AP Nr. 28 zu § 622 BGB. || [4] So ist ArbN der Koch, auch wenn er die Speisen mitkalkuliert, LAG Köln 24.5.1989 – 2 Sa 321/89, DB 1989, 2283, und der Schulhausmeister, sofern der nicht überwiegend überwachende und beaufsichtigende Tätigkeit zu verrichten hat (BAG 1.9.1982 – 4 AZR 951/79, AP Nr. 65 zu §§ 22, 23 BAT 1975). Der Portier eines Tanzcafés gehört dazu (LAG Bremen 19.8.1960 – 2 Sa 74/60, DB 1960, 1506), die Striptease-Tänzerin (LAG Düss. 19.4.1972 – 12 Sa 726/71, AuR 1972, 254), Hilfskräfte bei der chemischen Reinigung (LAG Düss. 3.5.1957 – 3 Sa 43/57, BB 1957, 1072), die Verkäuferin in einem Kiosk ebenso – heute wohl fraglich – der Werksfeuerwehrmann und Werksschutzangehörige (BSG 29.4.1971 – 3 RK 84/70, BB 1971, 1105; 21.1.1969 – 3 RK 40/66, AP Nr. 8 zu § 3 AVG nF) und der Zahntechniker im Zahnlabor (LAG Hess. 9.3.1984 – 13 Sa 1046/83, DB 1984, 1530). Weitere Bsp. s. *Küttner/Röller*, Arbeitnehmer Rz. 6. || [5] BAG 29.11.1958 – 2 AZR 245/58, DB 1959, 290; 4.8.1993 – 4 AZR 515/92, NZA 1994, 39. || [6] BAG 21.8.2003 – 8 AZR 430/02, AP Nr. 185 zu § 1 TVG Tarifverträge: Metallindustrie; 24.7.1957 – 4 AZR 445/54, DB 1957, 457. || [7] BAG 29.11.1958 – 2 AZR 245/58, DB 1959, 290. || [8] BVerfG 30.5.1990 – 1 BvL 2/83, BVerfGE 82, 126 (148). || [9] BGBl. 2001 I S. 1852.

MitbestG. Die Rspr. hat einige weitere Regelungen dazugenommen. So gelten die Haftungserleichterungen des innerbetriebl. Schadensausgleichs zumindest für bestimmte leitende Angestellte nicht. Hierzu und zur aktuellen Rspr. s. § 619a Rz. 20.

Einen einheitlichen **Begriff des leitenden Angestellten** gibt es nicht. Das BetrVG definiert ihn in § 5 III, IV BetrVG nur für seinen Anwendungsbereich und qua Verweis für den des MitbestG und den des SprAuG. Die Rspr. macht zwar Anleihen auch in Judikaten zum jeweils anderen Gesetz, grds. ist jedoch nach dem abweichenden Wortlaut der jeweiligen Vorschriften zu differenzieren. Kennzeichnend für alle Regelungen ist die Vorstellung von einem ArbN, der für das Unternehmen oder einen Betrieb des Unternehmens unter eigener Verantwortung typische Unternehmensfunktionen mit einem gewissen erheblichen Entscheidungsspielraum wahrnimmt[1]. Diese Nähe zum ArbGeb rechtfertigt die teilweise Rücknahme arbeitsrechtl. Schutzes. Hieraus ergeben sich auf der anderen Seite erhöhte Treuepflichten. Die Rspr. spiegelt dies in den Entscheidungen zur erleichterten, abmahnungsfreien Kündigung bei ArbN mit besonderer Vertrauensstellung (s. zur aktuellen Rspr. § 1 KSchG Rz. 186 f.). 109

Vom leitenden Angestellten iSd. Gesetze zu unterscheiden ist der **außertarifl. Angestellte**, jene Gruppe von ArbN also, die nicht mehr vom personellen Anwendungsbereich eines TV erfasst werden, weil ihr Entgelt über der höchsten Tarifgruppe liegt[2]. Dieser Personenkreis ist regelmäßig größer als der der leitenden Angestellten. 110

3. Arbeitnehmerähnliche Personen. Arbeitnehmerähnliche Personen sind keine ArbN, werden aber von einigen arbeitsrechtl. Gesetzen als dem ArbN vergleichbar eingestuft und daher vom arbeitsrechtl. Schutz erfasst. Für die Klage arbeitnehmerähnlicher Personen sind gem. § 5 I 2 ArbGG die ArbG zuständig, sie haben einen gesetzl. Urlaubsanspruch nach § 2 S. 2 BUrlG, für sie greift der Schutz des AGG gem. § 6 I Nr. 3 AGG, die Unfallverhütung des ArbGeb kommt nach § 2 II Nr. 3 ArbSchG auch ihnen zugute, gem. § 12a TVG können die TV-Parteien auch zu ihren Gunsten TV vereinbaren. Auch gibt es landergesetzl. Bestimmungen, wonach arbeitnehmerähnliche Personen einen Anspruch auf Bildungsurlaub haben, z.B § 2 Arbeitnehmerweiterbildungsgesetz NW, nicht aber § 2 Hamburgisches Bildungsurlaubsgesetz. Ansonsten sind arbeitsrechtl. Vorschriften grds. nicht anwendbar. § 613a etwa ist bei Betriebsübergang nicht analog heranzuziehen[3]. Auch die Haftungserleichterungen des betriebl. Schadensausgleichs kommen nach hM nur dem ArbN zugute[4]. Ebenfalls nur auf ArbVerh anwendbar ist nach der Rspr. des BAG das Maßregelungsverbot des § 612a[5]. Besondere Regelungen gelten bei der Beendigung eines Dienstvertrags mit arbeitnehmerähnlichen Personen: Der allg. und besondere arbeitsrechtl. Kündigungsschutz ist nicht anwendbar, jedoch kann das arbeitnehmerähnliche Dauerrechtsverhältnis des freien Mitarbeiters mangels Vorliegens eines wichtigen Grundes von der Rundfunkanstalt nur mit einer Ankündigungsfrist von zwei Wochen rechtswirksam gelöst werden[6]. Das „arbeitnehmerähnliche Dauerrechtsverhältnis" schaffe ein schuldrechtl. Band zwischen den Vertragspartnern; daraus folgt für den Dienstherrn die Pflicht, auf die Belange eines von ihm wirtschaftl. völlig abhängigen freien Mitarbeiters gebührend Rücksicht zu nehmen, dh. insb., diesen nicht plötzlich seiner Existenzgrundlage zu berauben. Ansonsten kann der Auftraggeber das Vertragsverhältnis einer arbeitnehmerähnlichen Person aus allen ihm als richtig erscheinenden Gründen beenden. Ausgeschlossen sind lediglich sittenwidrige Motive, wie die Vergeltung für die Geltendmachung von Ansprüchen[7]. Dagegen reicht es nicht, wenn die Geltendmachung von Ansprüchen lediglich zum Anlass für die Beendigung genommen wird[8]. Eine analoge Anwendung von § 622 BGB und § 29 III, IV HAG auf die Kündigung von Beschäftigungsverhältnissen arbeitnehmerähnlicher Personen ist weder aus Art. 3 I GG noch Art. 12 I GG geboten[9]. Die TV-Parteien können die Rechtsverhältnisse arbeitnehmerähnlicher Personen in der Weise regeln, dass eine Beendigung durch Zugang einer Beendigungsmitteilung bewirkt wird[10]. Einige Stimmen im Schrifttum fordern mit überzeugenden Gründen im Hinblick auf die Rspr. des BVerfG zum Kündigungsschutz in Kleinbetrieben[11] weiter gehend noch einen Mindestkündigungsschutz auch hier[12]. 111

Kennzeichnend für die Gruppe der arbeitnehmerähnlichen Personen ist ihre **wirtschaftl. Abhängigkeit**[13]. Sie sind wegen ihrer fehlenden Eingliederung in die betriebl. Organisation und der Möglichkeit, 112

---

1 BAG 11.1.1995 – 7 ABR 33/94, AP Nr. 55 zu § 5 BetrVG 1972 im Hinblick auf § 5 III BetrVG; s. zur gewandelten Ansicht von der Eigenverantwortlichkeit von Chefärzten im Hinblick auf die Einordnung als leitende Angestellte *Diringer*, NZA 2003, 890 ff. ||2 S. BAG 18.9.1973 – 1 ABR 7/73, AP Nr. 3 zu § 80 BetrVG; 28.5.1974 – 1 ABR 22/73, AP Nr. 6 zu § 80 BetrVG 1972. ||3 BAG 3.7.1980 – 3 AZR 1077/78, BB 1981, 1466 in Bezug auf Heim-ArbVerh. ||4 BGH 7.10.1969 – VI ZR 223/67, AP Nr. 51 zu § 611 BGB Haftung des Arbeitnehmers; LAG Berlin 11.4.2003 – 6 Sa 2262/02, AR-Blattei ES 160.10.2 (1979) Nr. 70; 29.10.1990 – 9 Sa 67/90, LAGE § 611 BGB Arbeitnehmerhaftung Nr. 15; MünchArbR/*Reichold*, § 51 Rz. 64 mwN. S.a. *Hromadka*, NZA 1997, 569 (579). ||5 BAG 14.12.2004 – 9 AZR 23/04, AP Nr. 62 zu § 138 BGB. ||6 BAG 7.1.1971 – 5 AZR 221/70, AP Nr. 8 zu § 611 BGB Abhängigkeit; Bestätigung von BAG 8.7.1967 – 5 AZR 461/66, AP Nr. 6 zu § 611 BGB Abhängigkeit. ||7 BAG 14.12.2004 – 9 AZR 23/04, AP Nr. 62 zu § 138 BGB. ||8 So für § 612a BAG 22.5.2003 – 2 AZR 426/02, AP KSchG 1969 § 1 Wartezeit Nr. 18. ||9 BAG 8.5.2007 – 9 AZR 777/06, AP Nr. 15 zu § 611 BGB Arbeitnehmerähnlichkeit. ||10 BAG 20.1.2004 – 9 AZR 291/02, AP Nr. 1 zu § 112 LPVG Rh.-Pf. ||11 BVerfG 27.1.1998, BVerfGE 97, 169. ||12 *Pfarr*, FS Kehrmann, 1997, S. 75 (92); *Appel/Frantzioch*, AuR 1998, 93 (97); *Oetker*, FS LAG Rh.-Pf., 1999, S. 311 ff. ||13 BAG 17.6.1999 – 5 AZB 23/98, NZA 1999, 1175; Schaub/*Vogelsang*, ArbRHdb, § 10 Rz. 1; ErfK/*Preis*, § 611 Rz. 111.

über ihre Arbeitszeit im Wesentlichen frei zu bestimmen, in geringerem Maße persönlich abhängig als ArbN. Arbeitnehmerähnliche Personen sind daher Selbständige[1].

113 Einen **einheitlichen Begriff** der arbeitnehmerähnlichen Person gibt es freilich nicht. § 5 I 2 ArbGG definiert sie als „Personen, die wegen ihrer wirtschaftl. Unselbständigkeit als arbeitnehmerähnliche Personen anzusehen sind", sprachlich leicht abweichend nennt sie § 2 S. 2 BUrlG „Personen, die wegen ihrer wirtschaftl. Unselbständigkeit als arbeitnehmerähnliche Personen anzusehen sind". Eine verbreitet zur näheren Bestimmung des Begriffs der arbeitnehmerähnlichen Person herangezogene Legaldefinition findet sich in § 12a I TVG[2]. Eine arbeitnehmerähnliche Person ist danach eine Person, die wirtschaftl. abhängig und vergleichbar einem ArbN sozial schutzbedürftig ist. Diese Definition macht sich auch die Rspr. außerhalb des Tarifrechts zu eigen[3]. Für das Kriterium der sozialen Schutzbedürftigkeit sind die gesamten Umstände des Einzelfalls unter Berücksichtigung der Verkehrsanschauung maßgeblich; entscheidend sind die gesamten Umstände des Einzelfalles[4]. Soziale Schutzbedürftigkeit ist anzunehmen, wenn das Maß der Abhängigkeit nach der Verkehrsanschauung einen solchen Grad erreicht, wie er im Allg. nur in einem ArbVerh vorkommt und die geleisteten Dienste nach ihrer sozialen Typik mit denen eines ArbN vergleichbar sind[5]. Die TV-Parteien können den Begriff der sozialen Schutzbedürftigkeit nicht über den gesetzl. Begriff hinaus erweitern und damit weitere Personenkreise in den Geltungsbereich eines TV einbeziehen. Ein derartiger TV ist teilweise unwirksam[6]. Wirtschaftliche Abhängigkeit setzt grds. voraus, dass das Verhältnis nur zu einem Vertragspartner besteht; eine Ausnahme ist aber dann zuzubilligen, wenn die Vertragspartner einem Konzern angehören und der eine Vertragspartner 100 %-iger Inhaber des anderen ist[7]. Einzelheiten s. § 12a TVG Rz. 6 ff.; § 5 BetrVG Rz. 11.

114 Unter den **Einzelfällen (von A–Z)**, die zur Entscheidung der Gerichte standen, wurden als arbeitnehmerähnliche Personen eingeordnet oder nicht eingeordnet: **Au-Pair** (ArbG Hanau 8.2.1996 – 2 Ca 772/95, DB 1996, 2446: *arbeitnehmerähnlich*, wenn in nicht unerheblichem zeitlichem Umfang tätig und als Gegenleistung Unterhalt und Taschengeld, sofern sie auf diese zur Sicherung ihrer wirtschaftl. Existenz angewiesen ist); **Beleghebamme** im Verhältnis zum Krankenhausträger (BAG 21.2.2007 – 5 AZB 52/06, AP Nr. 64 zu § 5 ArbGG 1979: *nicht arbeitnehmerähnlich*); **Betriebsprüfer** (LAG Bremen 26.10.1956 – Sa 113/55, AP Nr. 3 zu § 5 ArbGG 1953: *arbeitnehmerähnlich*, wenn er sich dadurch in wirtschaftl. Abhängigkeit begibt, dass er ohne jede Möglichkeit zur Übernahme sonstiger Aufgaben für ein Unternehmen tätig wird); **Bühnenbildnerin** im Medienbereich (LAG Berlin 16.8.1983 – 9 Sa 23/82, EzA § 611 BGB ArbN-Begriff Nr. 29: *nicht arbeitnehmerähnlich*); **Callcenter-Agentin** (LAG Berlin 6.5.2003 – 13 Ta 726/03, LAGE § 2 ArbGG 1979 Nr. 42: *arbeitnehmerähnlich*, wenn sie ihr Entgelt im Auftragszeitraum ausschließlich von der Auftraggeberin erhält); **Dozent am Weiterbildungsinstitut** (BAG 11.4.1997 – 5 AZB 33/96, NZA 1998, 499: *arbeitnehmerähnlich*); LAG Hess. 11.7.1996 – 12 Ta 240/96, ZTR 1996, 518: *arbeitnehmerähnlich*, wenn ihm entweder eine wirtschaftl.-rechtl. oder sozialrechtl. Kompensation gewährt wird oder der Vertrag wie bei ArbN-Tätigkeit typisch durchgeführt wird); **Erfinder** (BAG 13.9. 1956 – 2 AZR 605/54, AP Nr. 2 zu § 5 ArbGG 1953: *arbeitnehmerähnlich*); **Fernseh-Producer** (BAG 11.6. 2003 – 5 AZB 43/02, NZA 2003, 1163: *nicht arbeitnehmerähnlich*); **Frachtführer** (BGH 21.10.1998 – VIII ZB 54/97, NZA 1999, 110: *nicht arbeitnehmerähnlich*; LAG Düss. 28.8.1995 – 14 Ta 330/94, BB 1995, 2275: *zumindest arbeitnehmerähnlich*; LAG Köln 29.5.2006 –14 (5) Sa 1343/05: *arbeitnehmerähnlich*, wenn bei nur einem Auftraggeber, dessen Aufträge über Jahre eine ganztägige Beschäftigung sichern und die erzielten Einkünfte die Existenzgrundlage bilden); **Franchisenehmer** (BAG 16.7.1997 – 5 AZB 29/96, AP Nr. 37 zu § 5 ArbGG 1979: *arbeitnehmerähnlich*; BGH 4.11.1998 – VIII ZB 12/98, NZA 1999, 53: *arbeitnehmerähnlich*); **Freie Mitarbeiter von Rundfunk- und Fernsehanstalten** (BAG 14.12.2004 – 9 AZR 673/03, AP Nr. 43 zu § 1 TVG Tarifverträge: Rundfunk: *nicht arbeitnehmerähnlich*; 19.10.2004 – 9 AZR 411/03, AP Nr. 42 zu § 1 TVG Tarifverträge: Rundfunk: *arbeitnehmerähnlich*; 17.10.1990 – 5 AZR 639/89, NZA 91, 402: *arbeitnehmerähnlich*; 23.9.1992 – 4 AZR 566/91, AP Nr. 21 zu § 1 TVG TV Rundfunk: *arbeitnehmerähnlich*); **Geschäftsführer einer BKK** (BAG 25.7.1996 – 5 AZB 5/96, NZA 1997, 62: *arbeitnehmerähnlich*); **GmbH-Geschäftsführer** (BAG 10.7.1980 – 3 AZR 68/79, AP Nr. 1 zu § 5 ArbGG 1979: *arbeitnehmerähnlich*); **GmbH-Gesellschafter** (designiert) (LAG Köln 29.9.2003 – 13 Ta 77/03, NZA-RR 2004, 553: *arbeitnehmerähnlich*); vollschichtig tätiger **Hausmeister** (LAG Rh.-Pf. 23.6.2005 – 12 Ta 78/05, nv.); im Rahmen einer **Beschäftigung mit Mehraufwandsentschädigung tätige Hilfebedürftige** (ArbG Berlin 25.8.2005 – 75 Ca 10146/05, DB 2005, 2357: *arbeitnehmerähnlich*); **Heimdienstfahrer** (LAG BW 31.10.1969 – 4 Sa 96/68, DB 1969, 2282: *arbeitnehmerähnlich*); **Kamera-Assistent** (BAG 20.1.2004 – 9 AZR 291/02, AP Nr. 1 zu § 112 LPVG Rh.-Pf: *arbeitnehmerähnlich*); **Kameramann** (BAG 8.6.1967 – 5 AZR 461/66, AP

---

1 BAG 30.8.2000 – 5 AZB 12/00, NZA 2000, 1359. ‖ 2 Vgl. auch Schaub/*Vogelsang*, ArbRHdb, § 9 Rz. 1. ‖ 3 BAG 16.7.1997 – 5 AZB 29/96, NZA 1997, 1126; s.a. BAG 30.8.2000 – 5 AZB 12/00, NZA 2000, 1359; 17.6.1999 – 5 AZB 23/98, NZA 1999, 1175. ‖ 4 St. Rspr. des BAG; vgl. BAG 17.10.1990 – 5 AZR 639/89, BAGE 66, 113 (116); 28.6.1973 – 5 AZR 568/72, AP Nr. 2 zu § 2 BUrlG 1982; 23.12.1961 – 5 AZR 53/61, AP Nr. 2 zu § 717 ZPO; ebenso BGH 23.2.1977 – VIII ZR 222/75, AP Nr. 15 zu § 850h ZPO. ‖ 5 BAG 17.12.1968 – 5 AZR 86/68, AP Nr. 17 zu § 5 *ArbGG 1953*; 2.10.1990 – 4 AZR 106/90, BAGE 66, 95; 23.12.1961 – 5 AZR 53/61, AP Nr. 2 zu § 717 ZPO; 13.12.1962 – 2 AZR 128/62, AP Nr. 3 zu § 611 BGB Abhängigkeit; 17.12.1968 – 5 AZR 86/68, AP Nr. 17 zu § 5 ArbGG 1953. ‖ 6 BAG 2.10.1990 – 4 AZR 106/90, BAGE 66, 95. ‖ 7 LAG Bln.-Bbg. 31.8.2010 – 6 Ta 1011/10, NZA-RR 2010, 657.

Nr. 6 zu § 611 BGB Abhängigkeit: *Im Einzelfall arbeitnehmerähnlich*, wenn er wirtschaftl. völlig von einem ArbGeb abhängig ist, der ihm jahrelang ständig Einzelaufträge erteilt hat, s.a. BAG 7.1.1971 – 5 AZR 221/70, AP Nr. 6 und 8 zu § 611 BGB Abhängigkeit: *arbeitnehmerähnlich*); **Kommissionär** (BAG 8.9.1997 – 5 AZB 3/97, NZA 1997, 1302: *arbeitnehmerähnlich*); **Künstler für einmaliges Engagement** (BAG 6.12.1974 – 5 AZR 418/74, AP Nr. 14 zu § 611 BGB Abhängigkeit: *nicht arbeitnehmerähnlich*); **Kürschnermeister** (BAG 19.5.1960 – 2 AZR 197/58, AP Nr. 7 zu § 5 ArbGG 1953: *arbeitnehmerähnlich*); **Lehrbeauftragter an Hochschule** (BAG 16.12.1957 – 3 AZR 92/55, AP Nr. 3 zu § 611 BGB: *arbeitnehmerähnlich*, wenn ein Lehrauftrag nur für ein Semester erteilt wird); **Lehrer, Dozenten** (BAG 28.6.1973 – 5 AZR 568/72, AP Nr. 2 zu § 2 BUrlG); Lehrer für Geigenunterricht (LAG Rh.-Pf. 21.3.2005 – 8 Ta 47/05, nv.: *nicht arbeitnehmerähnlich*); **Nachrichtensprecher** (LAG Hamburg 1.4.2005 – 3 Sa 58/08, nv.: *nicht arbeitnehmerähnlich*); **Nachtwache** (BAG 15.11.2005 – 9 AZR 626/04, AP Nr. 12 zu § 611 BGB Arbeitnehmerähnlichkeit: *arbeitnehmerähnlich*; **Programmierer** (LAG Köln 23.1.2004 – 4 Sa 988/03, ArbuR 2004, 397: *arbeitnehmerähnlich*); **Promoter** in Lebensmittelmarkt (LAG Hamm 11.7.2005 – 2 Ta 576/04, nv.: *nicht arbeitnehmerähnlich*); zum Dozenten für ein gewerbliches Weiterbildungsinstitut **Rechtsanwalt (Scheinsozius)** (LAG Hess. 1.6.1995 – 12 Ta 447/94, NZA-RR 1996, 64: *arbeitnehmerähnlich*, wenn seinem vollen Unternehmerrisiko nach außen kein angemessener Ausgleich gegenübersteht, wie ihn typischerweise ein selbständiger Anwalt erhält; OLG München 24.11.1998 – 29 W 3071/98, EzA § 5 ArbGG Nr. 31: *arbeitnehmerähnlich*, sofern die Rechtsanwälte weitgehend abhängig sind und ihr sozialer Status nach dem Gesamtbild der vertragl. Gestaltung und der praktischen Handhabung dem von ArbN vergleichbar war; LAG Köln 6.5.2005 – 4 Ta 40/05, AnwBl. 2005, 719: *arbeitnehmerähnlich*); **Rechtsanwalt**, der Partner einer Anwaltssozietät ist (BAG 15.4.1993 – 2 AZB 32/92, AP Nr. 12 zu § 5 ArbGG 1979: *nicht arbeitnehmerähnlich*); **Redakteur** (BAG 23.9.1992 – 4 AZR 566/91, AP Nr. 21 zu § 1 TVG TV: Rundfunk: *arbeitnehmerähnlich*); **Reinigungsarbeiter** im Bürohaus (LAG Hamburg 25.4.1967 – 1 Sa 5/67, DB 1967, 1816: *arbeitnehmerähnlich*); **Repetitor** (LAG Hamm 22.8.1989 – 11 Sa 24/89, AP Nr. 7 zu § 5 ArbGG 1979: *arbeitnehmerähnlich*, wenn er mit dem wesentlichen Teil seiner Arbeitskraft [gegen ein monatliches Bruttogehalt von 1950 DM] tätig ist); **Reporter** (BAG 30.6.1975 – 5 AZR 342/74, AP Nr. 12 zu § 11 BUrlG: *arbeitnehmerähnlich*); **Rote-Kreuz-Schwestern** (BAG 6.7.1995 – 5 AZB 9/93, NZA 1996, 33: *nicht arbeitnehmerähnlich*); **Rundfunkgebührenbeauftragter** (BAG 30.8.2000 – 5 AZB 12/00, AP Nr. 75 zu § 2 ArbGG 1979: *arbeitnehmerähnlich*; 15.2.2005 – 9 AZR 51/04, AP Nr. 6 zu § 12a TVG: *arbeitnehmerähnlich* unter Aufgabe von BAG 2.10.1990 – 4 AZR 106/90, AP Nr. 1 zu § 12a TVG: *nicht arbeitnehmerähnlich*; LAG Hamburg 3.11.2003 – 4 Sa 112/02, nv.: *arbeitnehmerähnlich*); **Servicebeauftragter für Fotokopiergeräte** (BAG 28.9.1995 – 5 AZB 32/94, RzK I 10a Nr. 19: *arbeitnehmerähnlich*); **Strahlenphysiker**, der von der Bundespost mit Messungen beauftragt war (BAG 28.2.1962 – 4 AZR 141/61, AP Nr. 1 zu § 611 BGB Abhängigkeit: *arbeitnehmerähnlich*); **Student**, der neben einer Teilzeitbeschäftigung als ArbN als „freiberuflicher" Mitarbeiter in einem Amt für Familien- und Heimpflege tätig war (BAG 13.2.1979 – 6 AZR 246/77, EzA § 2 BUrlG Nr. 4: *arbeitnehmerähnlich*); **Testfahrerin im Motorradwerk** (BAG 17.6.1999 – 5 AZB 23/98, NZA 1999, 1175: *arbeitnehmerähnlich*); **Theaterintendant** (BAG 17.12.1968 – 5 AZR 86/68, AP Nr. 17 zu § 5 ArbGG 1953: *arbeitnehmerähnlich*; BAG 16.8.1977 – 5 AZR 290/76, AP Nr. 23 zu § 611 BGB Abhängigkeit: *nicht arbeitnehmerähnlich*, wenn er mehrere Jahre hindurch nebenberuflich während jeweils vier Wochen eine Freilichtaufführung leitet und den weitaus überwiegenden Teil seiner Einkünfte aus seiner hauptberuflichen Tätigkeit als Theaterintendant bezieht); **Umschüler** (soweit das Rechtsverhältnis auf einem privatrechtl. Vertrag beruht, BAG 21.5.1997 – 5 AZB 30/96, NZA 1997, 1013: *arbeitnehmerähnlich*); **Vertriebsmitarbeiter (Vertragshändler)** für Softwareprodukte (LAG Nds. 5.5.2003 – 13 Ta 79/03, LAGE § 5 ArbGG 1979 Nr. 8: *nicht arbeitnehmerähnlich*); **Volkshochschuldozenten** (BAG 17.1.2006 – 9 AZR 61/05, EzA § 2 BUrlG Nr. 6: *arbeitnehmerähnlich*, wenn wirtschaftlich abhängig[1]; LAG Nürnberg 28.4.2010 – 4 Sa 566/09, nv.: *nicht arbeitnehmerähnlich*, wenn gleichzeitig Dienstunfähigkeitsrente iHv. 1 900 Euro).

V. Besondere Formen des Arbeitsverhältnisses. 1. Prekäre Arbeitsverhältnisse. Das ArbVerh, das Ausgangspunkt zur Entwicklung des Arbeitsrechts war, beinhaltet unbefristete Vollzeittätigkeit bei nur einem ArbGeb in räumlicher und zeitlicher Einbindung in einen Betrieb. Neben diesem heute wohl immer noch den Regelfall bildenden **Normalarbeitsverhältnis** haben andere Formen des ArbVerh mehr und mehr an Bedeutung gewonnen. Entstanden sind sog. prekäre ArbVerh, die der nationale und der europäische Gesetzgeber unter einen besonderen Schutz gestellt haben, nicht weil die zu leistende Arbeit zu einer besonderen Schutzbedürftigkeit führt, sondern wegen der besonderen, vom Regelfall abweichenden arbeitsvertragl. Gestaltung. Für viele Bereiche waren die europarechtl. Regelungen Vorbild, teilweise hat aber auch der deutsche Gesetzgeber selbst ein Schutzkonzept entwickelt. Zum Schutz von TeilzeitArbN wurde die RL 97/81/EG geschaffen, zum Schutz von befristet beschäftigten ArbN die RL 1999/70/EG; beide sind durch das TzBfG in nationales Recht umgesetzt. Zum Schutz von TeleArbN liegt seit 2002 eine Rahmenvereinbarung der europäischen Sozialpartner vor[2]. LeihArbN werden insb. durch das AÜG bereits seit 1972 geschützt; hier existieren seit wenigen Jahren auch europäische Vorgaben – s. RL 2008/104/EG – welche bis zum 5.12.2011 umzusetzen waren. Die Umsetzung er-

---

[1] Vgl. zu den Fallbsp.: KR/*Rost*, Rz. 28 zu arbeitnehmerähnlichen Personen; Küttner/*Röller*, Arbeitnehmer Rz. 84. ||[2] Dazu *Prinz*, NZA 2002, 1268.

folgte durch das Erste Gesetz zur Änderung des Arbeitnehmerüberlassungsgesetzes (AÜGÄndG[1]). Rein national motiviert ist hingegen der Schutz der Heimarbeiter durch das HAG von 1951. Zu den Einzelheiten s. jeweils die Kommentierungen der einschlägigen Gesetze.

116 **2. Mittelbares Arbeitsverhältnis.** Ein mittelbares ArbVerh liegt vor, wenn ein ArbN von einem Mittelsmann beschäftigt wird, der seinerseits selbst ArbN eines Dritten ist und die Arbeit mit Wissen des Dritten unmittelbar für diesen geleistet wird[2]. Vom LeihArbVerh unterscheidet es sich dadurch, dass die Zwischenperson in einem ArbVerh zum Betriebsinhaber steht, also selbst dessen ArbN ist. Zwischenperson kann daher nur eine natürliche, nicht eine juristische Person sein[3]. Auch ein sozialversicherungspflichtiges Beschäftigungsverhältnis kann auf diese Weise begründet werden[4]. Erforderlich ist dazu, dass die Zwischenperson die Arbeitskräfte nach dem Willen oder doch zumindest mit Wissen ihres ArbGeb eingestellt hat und dass die geleistete Arbeit dem ArbGeb wirtschaftlich zugutekommt. Ausdrückliche Abreden zwischen den Beteiligten über das Bestehen des Beschäftigungsverhältnisses zwischen ArbGeb und mittelbar Beschäftigten bedarf es nicht[5]. Praktische Bedeutung hat dieses Rechtsinstitut noch heute bei der Einstellung von Hilfspersonal durch einen Krankenhausarzt in leitender Stellung[6], wissenschaftlichen Mitarbeitern, die im Rahmen eines Forschungsprojekts vom Projektleiter selbst eingestellt werden[7], und bei Musikkapellen[8]. Die Vergabe von Drittmitteln an juristische Personen des Privatrechts führt, auch wenn sie mit der Privatisierung öffentl. Dienstleistungen verbunden ist, demggü. nicht notwendig zu einem mittelbaren ArbVerh des Drittmittelgebers[9].

117 Das BAG hat angenommen, dem ArbN könnten Rechte gegen den HauptArbGeb zustehen, wenn die **Einschaltung des Mittelsmannes rechtsmissbräuchlich** ist[10]. Bieten sich dem ArbGeb verschiedene arbeitsvertragl. Gestaltungsformen an, die für den ArbN zu einem unterschiedlichen arbeitsrechtl. Schutz führen, dürfe er nicht willkürlich die ihm günstigere auswählen. Ein sachlicher Grund muss die Wahl der Vertragsform rechtfertigen, weil sonst Schutzvorschriften umgangen werden könnten[11]. Ob dies tatsächlich richtig ist, mag zweifelhaft erscheinen: Wählt der ArbGeb die ihm günstigere Vertragsgestaltung, dann ist dies nicht willkürlich, sondern vom legitimen Ziel der Gewinnmaximierung getragen. Richtiger Ansatzpunkt ist vielmehr das Verbot der Gesetzesumgehung, das vom Rechtsmissbrauch zu unterscheiden ist. Maßgebend ist danach, ob der Zweck einer Rechtsnorm objektiv vereitelt wird, indem ausweichende Formen der Vertragsgestaltung gewählt werden. Eine solche Rechtsnorm kann der Kündigungsschutz sein[12], aber auch das Tarifrecht[13]. Eine gesonderte Umgehungsabsicht ist nicht erforderlich.

118 Eine **objektive Gesetzesumgehung** wurde etwa als möglich für den Fall angesehen, dass eine Stadt die bei ihr beschäftigten Schulhausmeister anweist, das für die Reinigung der Schule benötigte Personal im eigenen Namen und auf eigene Rechnung anzustellen, ohne dass die Hausmeister unternehmerische Entscheidungen treffen und Gewinn erzielen können[14]. Die Zwischenperson muss ggü. dem von ihm eingestellten ArbN unternehmerische Verantwortung tragen und die damit verbundenen unternehmerischen Risiken tragen[15]. Fingiert wird anderenfalls ein unmittelbares ArbVerh unter Ausklammerung der Mittelsperson. Das Ergebnis ist dann das Gleiche wie bei rechtswidriger gewerblicher AÜ. Liegt kein Rechtsmissbrauch vor, bleibt es jedoch bei den gestaffelten vertragl. Beziehungen. Eine Kündigungsschutzklage ist dann gegen den Mittelsmann, nicht gegen den mittelbaren ArbGeb zu richten[16]. Nur im Fall des Rechtsmissbrauchs hat der ArbN ein Wahlrecht[17]. Auch kann der mittelbare ArbGeb nur den Arbeitsvertrag mit seinem eigenen ArbN, nicht mit dessen ArbN kündigen, sofern er nicht vom unmittelbaren ArbGeb hierzu in seinem Namen ermächtigt wird.

119 Auch wo eine Gesetzesumgehung nicht vorliegt, kann ein **direkter Anspruch gegen den mittelbaren ArbGeb** gegeben sein, wenn der ArbN gegen den unmittelbaren ArbGeb obsiegt hat und dieser zur Erfüllung seiner Verpflichtungen nicht in der Lage ist oder sich ihr entzieht[18]. Es handelt sich damit um eine lediglich subsidiäre Haftung ähnlich der des Bürgen gem. § 765. Sie umfasst insb. Entgelt- und Urlaubsansprüche[19]. Wenn der unmittelbare ArbGeb sich seinen Verpflichtungen zur weiteren Beschäfti-

---

1 BGBl. 2011 I S. 642. ||2 BAG 9.4.1957 – 3 AZR 435/54, AP Nr. 2 zu § 611 BGB Mittelbares Arbeitsverhältnis. Ausf. und krit. zur Rechtsfigur des mittelbaren ArbVerh *Waas*, RdA 1993, 153. Zu den Ursprüngen der Rechtsfigur *Herschel*, JW 1937, 1115; *Kaufmann*, RdA 1951, 176; s.a. *Hueck/Nipperdey*, Arbeitsrecht Bd. II, 6. Aufl. 1959, § 78, S. 723 ff. ||3 BAG 24.6.2004 – 2 AZR 208/03, ZTR 2005, 160; 24.6.2004 – 2 AZR 215/03, EzA § 626 BGB 2002 Unkündbarkeit Nr. 5. ||4 BSG 4.12.1958 – 3 RK 3/56, BB 1959, 601. ||5 Küttner/*Voelzke*, Mittelbares Arbeitsverhältnis, Rz. 26. ||6 Vgl. BAG 18.4.1989 – 1 ABR 97/87, AP Nr. 65 zu § 99 BetrVG 1972. ||7 BAG 29.6.1988 – 7 AZR 552/86, AP Nr. 1 zu § 25 HRG. ||8 Vgl. BAG 9.4.1957 – 3 AZR 435/54, AP Nr. 2 zu § 611 BGB Mittelbares Arbeitsverhältnis; 8.8.1958 – 4 AZR 173/55, AP Nr. 3 zu § 611 BGB Mittelbares Arbeitsverhältnis; 26.11.1975 – 5 AZR 337/74, AP Nr. 19 zu § 611 BGB Abhängigkeit. ||9 BAG 11.4.2000 – 9 AZR 94/99, nv. ||10 BAG 21.2.1990 – 5 AZR 162/89, BB 1990, 1064. ||11 BAG 20.7.1982 – 3 AZR 446/80, NJW 1983, 645 unter Anknüpfung an die Rspr. zur Befristung. ||12 BAG 22.7.1982 – 2 AZR 57/81, EzAÜG Nr. 116. ||13 BAG 20.7.1982 – 3 AZR 446/80, NJW 1983, 645. ||14 BAG 20.7.1982 – 3 AZR 446/80, NJW 1983, 645. ||15 BAG 20.7.1982 – 3 AZR 446/80, NJW 1983, 645. ||16 BAG 21.2.1990 – 5 AZR 182/89, EzA § 611 BGB Arbeitnehmerbegriff Nr. 32; 9.4.1957 – 3 AZR 435/54, AP Nr. 2 zu § 611 BGB Mittelbares Arbeitsverhältnis. ||17 BAG 8.12.1988 – 2 AZR 294/88, EzAÜG Nr. 309. ||18 BAG 22.7.1982 – 2 AZR 57/81, EzAÜG Nr. 116. ||19 BAG 8.8.1958 – 4 AZR 173/55, DB 1959, 234.

gung oder Zahlung der festgesetzten Abfindung entzieht oder zu ihrer Erfüllung unfähig ist, umfasst es auch den Weiterbeschäftigungsanspruch[1]. Für diesen Haftungsdurchgriff gibt es Vorbilder auch im Arbeitsrecht, s. § 21 II HAG. Der Sache nach scheint er angemessen.

Die **Unterscheidung zwischen unmittelbaren und mittelbaren ArbN** wurde in älterer Rspr. als nicht willkürlich iSd. arbeitsrechtl. Gleichbehandlungsgrundsatzes gewertet, im Hinblick darauf, dass die arbeitsvertragl. Beziehungen hier lockerer sind[2]. Es ist fraglich, ob dies heute noch gelten kann. Seit den Änderungen des AÜG durch das Erste Gesetz für moderne Dienstleistungen am Arbeitsmarkt hat der LeihArbN einen Anspruch auf die im Betrieb des Entleihers für einen vergleichbaren ArbN geltenden wesentlichen Arbeitsbedingungen einschl. des Arbeitsentgelts, s. § 9 Nr. 2 AÜG. Was für LeihArbN gilt, dürfte auch für mittelbare ArbN gelten, denn der bloße Umstand, dass es sich beim unmittelbaren ArbGeb einmal um einen ArbN oder einen Selbständigen handelt, rechtfertigt keine unterschiedliche Betrachtung. Der gesetzl. Neuerung ist der weiter gehende Wille zu entnehmen, dass gleiche Arbeit im Betrieb gleich entlohnt werden soll[3]. Damit dürfte das Rechtsinstitut des mittelbaren ArbVerh in Zukunft weiter an Bedeutung verlieren.

3. Gruppenarbeitsverhältnis[4]. Der Begriff „Gruppenarbeitsverhältnis" wird recht verschieden gebraucht und kann sehr unterschiedliche Sachverhalte bezeichnen. Sie alle haben gemeinsam, dass eine Mehrzahl von ArbN in enger Zusammenarbeit ihre Arbeit verrichten und vom Dienstberechtigten – wenn auch in unterschiedlichen Graden – als Einheit behandelt werden. Unter GruppenArbVerh im eigentlichen Sinne versteht man zum einen die ArbVerh mit einer sog. **Eigengruppe**. Kennzeichnendes Merkmal für die Eigengruppe ist, dass sie schon vor Abschluss eines Arbeitsvertrages selbständig gebildet wird und nun gebündelt ihre Dienste dem ArbGeb zur Verfügung stellt. Als solche Eigengruppen kommen etwa Musikkapellen, Artistengruppen oder auch Akkordlohnkolonnen in Betracht. Ein nach den Regeln des GruppenArbVerh zu behandelndes Rechtsverhältnis bilden die durch **Ehegattenverträge** begründeten ArbVerh, bei denen sich Ehegatten gemeinsam zur Arbeitsleistung für einen gemeinsamen Zweck verpflichten, wie zB das Heimleiterehepaar oder das Hausmeisterehepaar.

Von der Eigengruppe zu unterscheiden ist die **Betriebsgruppe**, die durch den ArbGeb gebildet wird[5]. ArbN, deren Arbeitsverträge unabhängig voneinander abgeschlossen wurden, werden von ihm zu Gruppen mit bestimmtem Arbeitsziel zusammengefasst (Akkordgruppen, Maurerkolonne uÄ). Gruppeninterne Rechtsbeziehungen zwischen den einzelnen Gruppenmitgliedern bestehen hier idR nicht. Ihre arbeitsvertragl. Pflichten und Haftungen im Fall der Pflichtverletzung sind jeweils auf das eigene ArbVerh beschränkt. Die aus dem Arbeitsvertrag erwachsenden Pflichten gehen hier auf Mitarbeit in der Arbeitsgruppe. Entscheidend für einen Schadensersatzanspruch ist die eigene Pflichtverletzung; eine gesamtschuldnerische Haftung besteht regelmäßig nicht[6]. Zu den betriebsverfassungsrechtl. Folgen der Gruppenarbeit s. Text und Komm. § 28a BetrVG, § 87 I Nr. 13 BetrVG.

Wer bei der Eigengruppe **Vertragspartner des ArbGeb** ist, ist nicht zwingend vorgegeben. Zum einen können es die einzelnen ArbN sein, mit denen der ArbGeb jeweils einen eigenen Arbeitsvertrag abschließt. Damit unterscheidet sich das ArbVerh grds. nicht von sonstigen ArbVerh. Weil aber in Fällen der Eigengruppe die Leistung des Einzelnen für den ArbGeb nur dann wirtschaftl. verwertbar und sinnvoll ist, wenn zugleich die Leistung des anderen Gruppenmitglieds angeboten wird, hat dies Auswirkungen auf die **Bestandskraft der ArbVerh**. Kündigungsgründe bei einem Gruppenmitglied berechtigen daher zur Kündigung sämtlicher Gruppenmitglieder. Diese Berechtigung zur einheitlichen Kündigung dürfte im Regelfall auch eine Verpflichtung zur Einheitlichkeit sein, so dass der ArbGeb bei der Eigengruppe grds. nicht einem einzelnen ArbN, sondern nur der ganzen Gruppe kündigen kann, weil er sonst die Gruppe sprengen würde[7]. Ebenso kann grds. nicht ein einzelner ArbN sein ArbVerh kündigen, sondern allein alle ArbN gemeinsam kündigen. Durch ausdrückliche Vereinbarung oder durch Auslegung unter Berücksichtigung der Interessenlage kann sich jedoch ergeben, dass einzelne Gruppenmitglieder kündigen können und ihnen gekündigt werden darf[8]. Bislang ungeklärt ist freilich, ob nicht auch besondere für den einen ArbN bestehende Kündigungsverbote oder Kündigungsbeschränkungen dem anderen ArbN zugutekommen; die Rspr. beim EhegattenArbVerh ist uneinheitlich[9].

---

[1] BAG 9.4.1957 – 3 AZR 435/54, RdA 1958, 396; LAG Berlin 1.9.1989 – 6 Sa 48/89, EzAÜG Nr. 336; KR/*Friedrich*, § 4 KSchG Rz. 88. ||[2] BAG 20.7.1982 – 3 AZR 446/80, NJW 1983, 645. ||[3] BT-Drs. 15/25, 38. S. hierzu auch *Thüsing*, DB 2003, 446. ||[4] S. hierzu *Elert*, Gruppenarbeit – Individual- und kollektivarbeitsrechtliche Folgen moderner Arbeitsformen, 2001; s.a. *Rüthers*, ZfA 1977, 1. Grundl. und für alle jüngeren Kommentierungen prägend *Hueck/Nipperdey*, Arbeitsrecht Bd. II, 6. Aufl. 1959, § 78, S. 723 ff. ||[5] Zur Abgrenzung s. BAG 23.2.1961 – 5 AZR 110/60, AP Nr. 2 zu § 611 BGB Akkordkolonne. ||[6] BAG 18.5.1983 – 4 AZR 456/80, AP Nr. 51 zu § 1 TVG Tarifverträge: Bau; LAG Sa.-Anh. 26.2.2004 – 6 Sa 474/03, nv.; LAG Bremen 12.11.1969 – 1 Sa 61/69, DB 1970, 1696. ||[7] BAG 21.10.1971 – 2 AZR 17/71, EzA § 1 KSchG Nr. 23; 9.2.1960 – 2 AZR 585/57, AP Nr. 39 zu § 626 BGB; *Rüthers*, ZfA 1977, 1 ff.; Soergel/*Kraft* Vor § 611 Rz. 61. ||[8] Ausdrücklich KR/*Griebeling*, § 1 KSchG Rz. 53. ||[9] Hierzu BAG 17.5.1962 – 2 AZR 354/60, EzA § 9 MuSchG Nr. 2 aF einerseits und BAG 21.10.1971 – 2 AZR 17/71, EzA § 1 KSchG Nr. 23, LAG Düss. 15.12.1964 – 8 Sa 462/64, BB 1965, 495 andererseits.

BGB Vor § 611 Rz. 124   Besondere Formen des Arbeitsverhältnisses

124   Daneben kann die **Eigengruppe selbst Vertragspartner** sein. Inwieweit arbeitsrechtl. (Kündigungs-)Schutz auch hier eingreift, ist unklar und durch die Rspr. nicht geklärt. Ist die Eigengruppe als juristische Person organisiert, deren ArbN die Mitglieder der Eigengruppe sind, und sollen diese ArbN dem Weisungsrecht des Vertragspartners unterstehen, dann handelt es sich hier um einen Dienstverschaffungsvertrag iSd. § 675 mit der Folge der AÜ, deren Zulässigkeit sich nach den Regeln des AÜG beurteilt. Bilden die Mitglieder der Eigengruppe jedoch einen rechtsfähigen Verein oder handeln sie als Gesellschafter der GmbH, dann handelt es sich regelmäßig nicht um ArbN der durch sie gebildeten juristischen Person (s. Rz. 36). Dies gilt auch für die durch die Eigengruppe gebildete BGB-Gesellschaft, was regelmäßig als Mindestband zwischen den einzelnen ArbN der Eigengruppe anzunehmen ist[1]. AÜ iSd. AÜG liegt dann nicht vor. Ob in diesem Fall zumindest ein mittelbares ArbVerh zum Vertragspartner der Arbeitsgruppe entsteht, mag zweifelhaft erscheinen[2], weil es hier an zwei hintereinander geschalteten Arbeitsverträgen fehlt (s. Rz. 116). Eine Parallele scheint ebenso möglich zu den Rote-Kreuz-Schwestern, die auf Grund von Gestellungsverträgen unter den Weisungen eines Dritten tätig werden und dadurch dennoch nicht zu ArbN werden (s. Rz. 114). Weil aber hier sich sämtliche Gesellschafter/Vereinsmitglieder zusammen in den Dienst eines ArbGeb stellen, und das bloße Dazwischentreten einer juristischen Person nicht zu einer Verminderung des arbeitsrechtl. Schutzes führen darf, scheint die Annahme eines mittelbaren ArbVerh ein angemessener Kompromiss zwischen unmittelbarem ArbVerh[3] und dem Verzicht auf jede rechtl. Beziehung zu sein. Die Regeln des Rechtsmissbrauchs, die die Rspr. zum mittelbaren ArbVerh entwickelt hat, gelten auch hier: Wegen der unterschiedlichen Risikoverteilung bei der Betriebsgruppe und der Eigengruppe kann es aber nicht dem freien Belieben des ArbGeb überlassen werden, ob er ein GruppenArbVerh als Betriebsgruppe oder Eigengruppe organisiert.

125   **4. Arbeitsverhältnis mit einer Mehrzahl von Arbeitgebern.** Das Gegenstück zum GruppenArbVerh ist das ArbVerh mit einer Mehrzahl von ArbGeb, also wenn ein **einheitliches ArbVerh** zwischen einem ArbN und mehreren ArbGeb abgeschlossen wird. Das ArbVerh kann dann nur von und ggü. allen ArbGeb einheitlich gekündigt werden. Voraussetzung nach der Rspr. des BAG ist ein rechtl. Zusammenhang zwischen den arbeitsvertragl. Beziehungen des ArbN zu den einzelnen ArbGeb, der es verbietet, diese Beziehungen rechtl. getrennt zu behandeln[4] – entscheidend soll sein, dass die Vereinbarungen miteinander „stehen und fallen"[5]. Praktisch sind solche Fälle etwa bei ArbVerh innerhalb eines gemeinsamen Betriebs oder bei der Arbeitsgemeinschaft (ARGE). Auch kommen solche Fälle bei Auslandsentsendung von ArbN zu Tochterunternehmen vor[6]. Folge einer solchen rechtl. Beziehung ist, dass die Kündigung nur durch alle Vertragspartner erfolgen kann[7]. Eine betriebsbedingte Kündigung könnte zudem nur dann erfolgen, wenn bei keinem ArbGeb eine Weiterbeschäftigung möglich wäre[8]. Zudem sind alle Vertragspartner Gesamtschuldner[9]. Davon zu unterscheiden sind Doppelarbeitsverhältnisse, bei denen ein (jeweils teilzeitbeschäftigter) ArbN eigenständige, voneinander unabhängige ArbVerh mit verschiedenen ArbGeb eingeht. Verstöße gegen die gesetzl. Höchstarbeitszeit führen nach instanzgerichtl. Rspr. grds. nicht zur Nichtigkeit beider, sondern allein des zweiten ArbVerh[10].

126   Eine besondere Form der Arbeit für mehrere ArbGeb liegt bei den ArbN eines **Gesamthafenbetriebs** vor. Auf Grund des Gesetzes über die Schaffung eines besonderen ArbGeb für Hafenarbeiter (Gesamthafenbetrieb) v. 3.8.1950 (BGBl. 352) kann durch Vereinbarung zwischen ArbGeb(verband) und Gewerkschaften ein besonderer ArbGeb, der Gesamthafenbetrieb, gebildet werden, mit dem die Hafenarbeiter, die nicht Stammpersonal der Einzelhafenbetriebe sind, sondern wechselnd in den einzelnen Hafenbetrieben vor allem beim Laden und Löschen von Schiffen eingesetzt werden, ein fortdauerndes ArbVerh begründen[11].

127   **5. Kirchliche Arbeitnehmer. a) Die Besonderheiten des kirchlichen Dienstes und das säkulare Arbeitsrecht.** Die Kirchen sind nach dem Staat der größte ArbGeb in Deutschland. Schon diese Feststellung umreißt die Bedeutung des Arbeitsrechts auch für die Kirchen. Ihnen ist mit Art. 137 III WRV, Art. 140 GG ein Selbstbestimmungsrecht zugewiesen, das auch auf die Beurteilung der arbeitsrechtl. Beziehungen zu den durch sie Beschäftigten durchschlägt: Kirchliche ArbVerh sind „eigene Angelegenheiten" iSd. Art. 137 III 1 WRV; damit das Kündigungsschutzrecht, das TV-Recht oder das Betriebsverfassungsrecht ein „für alle geltendes Gesetz" iSd. Vorschrift ist, muss bei der Wertung, ob ein wichtiger, zur Kündigung berechtigender Grund vorliegt, ob ein Streik erlaubt ist oder in welcher Form betriebl. Mitbest. möglich ist, der Besonderheit eines ArbVerh zur Kirche Rechnung getragen werden. Denn was

---

1 Ebenso Staudinger/*Richardi* Vor § 611 Rz. 380; Küttner/*Kreitner*, Gruppenarbeitsverhältnis Rz. 23. ||2 Küttner/*Kreitner*, Gruppenarbeitsverhältnis Rz. 25; ErfK/*Preis*, § 611 Rz. 170. ||3 Hierfür mit eingehender Begründung *Hueck/Nipperdey*, Arbeitsrecht Bd. II, 6. Aufl. 1959, § 78, S. 729 f. ||4 BAG 27.3.1981 – 7 AZR 523/78, BAGE 37, 1. ||5 BAG 9.9.1982 – 2 AZR 253/80, BAGE 40, 145. ||6 S. BAG 19.4.2012 – 2 AZR 186/11, NZA 2013, 27; 21.1.1999 – 2 AZR 648/97, AP Nr. 9 zu § 1 KSchG 1969 Konzern; ausf. hierzu *Thüsing*, NZA 2003, 1303. ||7 BAG 27.3.1981 – 7 AZR 523/78, BAGE 37, 1; LAG Hess. 3.1.2007 – 8 Sa 689/06, nv. ||8 APS/*Kiel*, § 1 KSchG Rz. 593. ||9 ErfK/*Preis*, § 611 Rz. 192; BAG 27.3.1981 – 7 AZR 523/78, BAGE 37, 1; so wohl auch LAG Düss. 3.7.1998 – 11 (15) Sa 1839/97, ARST 1998, 262. ||10 LAG Nürnberg 19.9.1995 – 2 Sa 429/94, LAGE § 611 BGB Doppelarbeitsverhältnis Nr. 1; ebenso ErfK/*Preis*, § 611 Rz. 175. ||11 S.a. BAG 19.7.1957 – 1 AZR 161/56, AP Nr. 1 zu § 1 GesamthafenbetriebsG; 25.11.1992 – 7 ABR 7/92, AP Nr. 8 zu § 1 GesamthafenbetriebsG.

auch immer letztlich unter einem „für alle geltenden Gesetz" zu verstehen ist: Einigkeit besteht wohl darin, dass nicht nur ein Gesetz, das sich freiheitsverkürzend zielgerichtet gerade gegen die Kirchen wendet, kein solches Gesetz ist, sondern unzulässig auch Gesetze sind, die zwar nicht beabsichtigt gegen die Kirchen gerichtet sind, deren faktische Auswirkung aber die Kirchen bei und trotz Berücksichtigung ihrer Besonderheiten schlechter stellen bzw. härter treffen als die übrigen Gesetzesunterworfenen[1]. Das **Kündigungsrecht** würde die Kirchen ungleich härter treffen, könnten nicht sie selbst, sondern das weltliche Gericht bestimmen, welche Loyalitätspflichten ihre ArbN haben, so dass das Gesetz den Kirchen zubilligt, selbst festzulegen, welches Verhalten ihrer Mitarbeiter sie als so sehr im Widerspruch zu ihrer Lehre empfinden, dass eine sofortige Lösung des ArbVerh zur Wahrung der eigenen Glaubwürdigkeit erforderlich ist. Das **Streikrecht** und daran anknüpfend das **TV-Recht** würde sie ungleich härter treffen, weil das Ideal der Dienstgemeinschaft die gegenseitige Druckausübung zur Veränderung der Arbeitsbedingungen ausschließt, und die Kirchen daher nach eigenem Selbstverständnis nicht aussperren können. Dessen ungeachtet hat das BAG in jüngster Zeit entschieden, dass ein Streikrecht auch im kirchlichen Arbeitsrecht nicht generell ausgeschlossen ist[2]. Ein gänzlicher Ausschluss des Einflusses von Gewerkschaften auf die Setzung von Arbeitsbedingungen sei nicht mit Art. 9 III GG vereinbar. Streiks seien daher nur ausgeschlossen, wenn die Gewerkschaften angemessen beteiligt würden, wobei dies auch innerhalb des Dritten Wegs möglich sei. Da unter diesen Voraussetzungen Streiks weiterhin ausgeschlossen werden können, ist die Entscheidung iS einer vernünftigen Interessenabwägung zu begrüßen. Auch das **BetrVG** trägt diesem kirchlichen Selbstverständnis und Selbstverwaltungsrecht Rechnung und spart sie daher in § 118 II BetrVG aus seinem Geltungsbereich aus; Folge sind die Mitarbeitervertretungsordnungen. Eine Kirchenklausel sieht auch das AGG vor. Gem. § 9 I AGG ist den Religionsgemeinschaften, den ihnen zugeordneten Einrichtungen sowie Vereinigungen, die sich die gemeinschaftliche Pflege einer Religion oder Weltanschauung zur Aufgabe machen unter bestimmten Voraussetzungen eine Ungleichbehandlung wegen der Religion oder Weltanschauung gestattet. Welche Auswirkungen das Gesetz auf das kirchliche Arbeitsrecht, insb. auf den Bestand der von den verfassten Kirchen von ihren Mitarbeitern geforderten Loyalitätsobliegenheiten, haben wird, bleibt abzuwarten[3].

b) Konsequenzen. aa) Kündigungsschutz. Beim Kündigungsschutz wird dieser staatskirchenrechtl. Rahmen insb. durch eine Entscheidung des BVerfG konkretisiert, mit der es eine Rspr. des BAG beendete, die bei der Kündigung von ArbN im kirchlichen Dienst nur gestufte Loyalitätspflichten anerkennen wollte, je nach der Nähe der Tätigkeit des ArbN zum Verkündigungsauftrag der Kirche. Das BVerfG führte aus, dass es „gundsätzlich den verfassten Kirchen überlassen [ist], verbindlich zu bestimmen, was ,die Glaubwürdigkeit der Kirche und ihrer Verkündigung erfordert', was ,spezifisch kircheneigene Aufgaben' sind, was ,Nähe' zu ihnen bedeutet, welches die ,wesentlichen Grundsätze der Glaubens- und Sittenlehre' sind und was als – ggf. schwerer – Verstoß gegen diese anzusehen ist'"[4]. Denn zu all dem bedarf es des *sentire cum ecclesia*; das kann von einem weltlichen Gericht nicht verlangt werden. Die Autonomie und die aus ihr resultierenden kirchlichen Vorgaben dürfen sich allerdings nicht in Widerspruch zu den Grundprinzipien der Rechtsordnung stellen, wie dem allg. Willkürverbot, der Wahrung der guten Sitten und dem *ordre public*[5]. Diese Begrenzung findet sich nicht ausdrücklich im Wortlaut der Verfassung, die als Schranke nur die allg. Gesetze benennt, entspricht jedoch gewohntem Muster zur Abgrenzung und Akzeptanz anderer Rechtskreise: Auch das ausländische Recht ist anzuerkennen, soweit es dem *ordre public* widerspricht, was bei einem Verstoß gegen das Willkürverbot regelmäßig gegeben ist. Der *ordre public* umfasst eben alle „wesentlichen Grundsätze des deutschen Rechts" und diese sind dann zwingend auch für die Kirchen.

Die Loyalitätspflichten finden sich niedergelegt in der Grundordnung für den kirchlichen Dienst im Rahmen kirchlicher ArbVerh (kath. Kirche) bzw. in der Richtlinie des Rates der Evangelischen Kirche in Deutschland nach Art. 9 Buchst. b Grundordnung über die Anforderungen der privatrechtl. beruflichen Mitarbeit in der Evangelischen Kirche in Deutschland und des Diakonischen Werkes der EKD[6]. Bei **Einzelfällen**, die in der Folge zu entscheiden waren, hat die Rspr. dieser Freiheit der Kirchen dann lange Zeit bereitwillig Rechnung getragen: BVerfG 4.6.1985 – 2 BvR 1703/83, BVerfGE 70, 138 (öffentl. Eintreten für die Abtreibung/Katholische Kirche); BAG 7.10.1993 – 2 AZR 226/93, BAGE 74, 325 (Homologe Insemination/Katholische Kirche); BAG 12.12.1984 – 7 AZR 418/83, DB 1985, 1647 (Kirchenaustritt/Katholische Kirche); BAG 4.3.1980 – 1 AZR 1151/78, DB 1980, 2529 (Kirchenaustritt/Katholische Kirche); LAG Mainz 9.1.1997 – 11 Sa 428/96, MDR 1997, 949 (Kirchenaustritt/Evangelische Kirche); LAG Bbg. 13.11.2003 – 2 Sa 410/03, LAGE § 611 BGB 2002 kirchliche ArbN Nr. 7 (Kirchenaustritt/Evangelische Kirche); BVerwG 19.8.2004 – 5 B 90/03, nv. (Zustimmung Integrationsamt bei Kirchenaustritt/Katholische Kirche); BVerfG 5.6.1981 – 2 BvR 288/81, NJW 1983, 2570 (Wiederverheiratung nach Scheidung/Katholische Kirche); BAG 16.9.2004 – 2 AZR 447/03, AP Nr. 44 zu § 611 BGB Kirchendienst

---

1 Vgl. ausf. *Hesse* in Listl/Pirson, Handbuch des Staatskirchenrecht der Bundesrepublik Deutschland, Bd. I, 2. Aufl. 1994, S. 521 ff., insb. 544 ff. || 2 BAG 20.11.2012 – 1 AZR 179/11. || 3 Vgl. zu dieser Fragestellung in Bezug auf die RL 2000/78/EG *Hanau/Thüsing* in Europarecht und kirchliches Arbeitsrecht, 2001, S. 27 ff., insb. 33 ff. || 4 BVerfG 4.6.1985 – 2 BvR 1703/83, BVerfGE 70, 138 (168). || 5 BVerfG 4.6.1985 – 2 BvR 1703/83, BVerfGE 70, 138 (168). || 6 Beide abgedr. bei *Thüsing*, Kirchliches Arbeitsrecht, 2006, S. 301 ff.

(Wiederverheiratung nach russisch-orthodoxem Ritus/Katholische Kirche); BAG 25.4.1978 – 1 AZR 70/76, DB 1978, 2175 (Heirat eines geschiedenen Mannes/Katholische Kirche); BAG 30.6.1983 – 2 AZR 524/81, NJW 1984, 1917 (Homosexuelle Praxis im außerdienstlichen Bereich/Evangelische Kirche); BAG 16.9.1999 – 2 AZR 712/98, AP Nr. 1 zu Art. 4 GrO kath. Kirche (Trennung und neue nichteheliche Lebensgemeinschaft/Katholische Kirche); BAG 17.4.1996 – 10 AZR 558/95, AP Nr. 24 zu § 611 BGB Kirchendienst (Ehebruch/Mormonen); BVerfG 31.1.2001 – 1 BvR 619/92, NZA 2001, 717 (öffentl. bekannt gemachtes uneheliches Verhältnis zu Kleriker/Katholische Kirche). Neuere Entscheidungen deuten jedoch darauf hin, dass die Rspr. inzwischen wieder die Einschätzungen der Kirchen hinterfragt[1]. Vorgeblich wird in diesen Fällen zwar die Entscheidung der Kirche hingenommen und „nur" danach noch eine Abwägung der gegenläufigen Interessen vorgenommen[2]. Tatsächlich wird dann aber doch eine eigene Wertung an die Stelle der kirchlichen Wertung gesetzt[3]. Eine solche Einmischung in die Belange der Kirche ist mit dem BVerfG (s.o.) abzulehnen. Eine Wiedereinführung der Unterscheidung von verkündungsnahen und -fernen Tätigkeiten steht zudem durch die Rspr. des EGMR zu befürchten[4].

130　**bb) Dritter Weg.** Überwiegend werden die ArbVerh im kirchlichen Dienst weder durch einseitige Regelungen der Kirchenleitung noch durch TV, sondern durch einen „Dritten Weg" in Form eines spezifisch kircheneigenen Regelungsverfahrens bestimmt. Danach erfolgt auf Grundlage der Arbeitsrechtsregelungsgesetze der einzelnen evangelischen Landeskirchen bzw. der „Ordnungen zur Mitwirkung bei der Gestaltung des Arbeitsrechts durch eine Kommission" (KODA) der einzelnen katholischen (Erz-)Bistümer die Festlegung der Arbeitsbedingungen durch eine paritätisch besetzte Kommission; im Nichteinigungsfall wird ein Schlichtungs- bzw. Vermittlungsverfahren eingeleitet. Klassischerweise bestand ein Letztentscheidungsrecht bei der Synode oder der ebenfalls paritätisch besetzten Schlichtungskommission (so für die evangelischen Kirchen) bzw. beim Bischof (so für die katholische Kirche). Dessen Existenz wird jedoch durch die Betonung der paritätischen Besetzung (als Voraussetzung für den Ausschluss der AGB-Kontrolle) durch das BAG infrage gestellt[5], so dass dieses teilweise bereits abgeschafft oder auf ein (dann nur negativ wirkendes) Veto-Recht beschränkt wurde. Daneben kommen TV vereinzelt vor, etwa bei der Nordelbischen Evangelisch-lutherischen Kirche, sie bilden jedoch die Ausnahme. Die katholische Kirche schließt in Deutschland keine TV ab; im Ausland ist dies anders[6]. Die Regelungen des Dritten Wegs wirken nach der bestätigten Rspr. des BAG nicht normativ[7]. Nach der Rspr. des BAG erstreckt sich eine vertragl. Verweisung auf den BAT-KF als kirchliche Arbeitsrechtsregelung auf die ihn ergänzenden Arbeitsrechtsregelungen[8]. Auf dem Dritten Weg ordnungsgemäß zustande gekommene Arbeitsvertragsregelungen unterliegen wie TV keiner AGB-Kontrolle[9]. Beim Betriebsübergang richtet sich ihr Schicksal nach § 613a I 1, nicht S. 2[10].

131　**cc) Mitarbeitervertretungsrecht.** Die beiden großen christlichen Kirchen haben auf die Freistellung von Betriebsverfassungsrecht und Personalvertretungsrecht durch die Schaffung eigener Regelungen reagiert, um insoweit keinen rechtsfreien Raum für ihre ArbN entstehen zu lassen und eine Konkordanz mit der staatlichen arbeitsrechtl. Ordnung herzustellen: die Katholische Kirche bereits 1971 mit der Rahmenordnung für Mitarbeitervertretungen, seit 1985 abgelöst durch die Mitarbeitervertretungsordnung (MAVO); die evangelische Kirche erst seit 1992 mit dem Mitarbeitervertretungsgesetz (MVG), welches nach Anerkennung durch die einzelnen Gliedkirchen der EKD zahlreiche, teilweise schon seit den fünfziger Jahren regional geltende Mitbestimmungsordnungen vereinheitlicht. Es ist dabei allg. Auffassung, dass die Kirchen bei der Ausgestaltung ihrer Mitarbeitervertretungsregelungen sich nicht an dem durch den staatlichen Gesetzgeber geschaffenen Modell orientieren oder dieses gar in Details übernehmen müssen; vielmehr ist es den Kirchen überlassen, darüber zu entscheiden, „ob und in welcher Weise die ArbN und ihre Vertretungsorgane in Angelegenheiten des Betriebs, die ihre Interessen berühren, mitwirken und mitbestimmen"[11]. Entscheidungen staatlicher Gerichte hierzu gibt es nicht; als Kirchenrecht sind für seine Ausdeutung allein die kirchlichen Gerichte und Schlichtungsstellen zuständig[12].

132　**VI. Rechtsquellen des Arbeitsrechts. 1. Arbeitsvölkerrecht.** Obwohl das Arbeitsvölkerrecht in Bedeutung und Umfang in den letzten Jahrzehnten ständig gewachsen ist, tritt es erst nach und nach in das Blickfeld nationaler Rechtsanwendung. Anders als das Internationale Arbeitsrecht, das Kollisionsrecht zur Anwendung der verschiedenen nationalen Arbeitsrechte darstellt, bildet sich das Arbeitsvölkerrecht aus supranationalem materiellem Arbeitsrecht, das ohne einen internationalen oder auslandsrechtl. Bezug Anwendung neben den einzelnen nationalen arbeitsrechtl. Vorschriften finden kann.

---

1 BAG 8.9.2011 – 2 AZR 543/10, NZA 2012, 443; 25.4.2013 – 2 AZR 579/12, NZA 2013, 1131.　||2 S. insb. BAG 8.9.2011 – 2 AZR 543/10, NZA 2012, 443 (LS).　||3 S. insb. BAG 8.9.2011 – 2 AZR 543/10, NZA 2012, 443, Rz. 43 zur Frage der Gleichwertigkeit der Loyalitätsverstöße des ehelosen Zusammenlebens und der Wiederverheiratung.　||4 EGMR 23.9.2010 – 1620/03, NZA 2011, 279 – Schüth; 23.9.2010 – 425/03, NZA 2011, 277 – Obst.　||5 BAG 22.7.2010 – 6 AZR 847/07, NZA 2011, 634.　||6 Für die Rechtslage in den USA vgl. *Thüsing*, NZA 1999, 635 (642). Zu Neuerungen der KODA ab 1.1.1999 vgl. *Richardi*, NZA 1998, 1305 ff.　||7 BAG 20.3.2002 – 4 AZR 101/01, AP Nr. 53 zu Art. 140 GG.　||8 BAG 19.2.2003 – 4 AZR 11/02, AP Nr. 36 zu § 611 BGB Kirchendienst.　||9 BAG 22.7.2010 – 6 AZR 847/07, NZA 2011, 634.　||10 BAG 20.3.2002 – 4 AZR 101/01, AP Nr. 53 zu Art. 140 GG.　||11 BVerfG 11.10.1977 – 2 BvR 209/76, BVerfGE 46, 73 (94).　||12 Grob unzutreffend BAG 11.11.2008 – 1 AZR 646/07, AP Nr. 51 zu § 611 BGB Kirchendienst: Entscheidung zum Freizeitausgleich eines MAV-Mitglieds durch weltliches Gericht.

Der Großteil des Arbeitsvölkerrechts ist Völkervertragsrecht und beruht auf **multinationalen Vereinbarungen**, insb. im Rahmen der UNO und ihrer Unterorganisationen. Der ganz überwiegende Teil seiner Regelungen richtet sich nur an die vertragschließenden Parteien, hat also keine unmittelbare Bindung für den einzelnen ArbGeb und ArbN. Verbindlichkeit für diese erlangen sie erst durch einen Umsetzungsakt durch den nationalen Gesetzgeber, oder aber auch verstärkt durch Selbstverpflichtung der Unternehmen, etwa in *International Framework Agreements*[1]. Dies gilt nur dann nicht, wenn es sich um *self-executing treaties* handelt, die von Anfang an oder nach Ablauf einer bestimmten Umsetzungszeit unmittelbare Geltung innerhalb des nationalen Rechtsraums beanspruchen. Um eine solche Regelung handelt es sich nach zum Teil geäußerter Ansicht bei Art. 6 Nr. 4 der Europäischen Sozialcharta v. 18.10.1961, der das Streikrecht garantiert[2]. Zumindest hat sich die Bundesrepublik Deutschland zur Durchführung der Sozialcharta verpflichtet, so dass sie bei der Auslegung von Gesetzen und zur Lückenfüllung durch Rechtsfortbildung Bedeutung gewinnt[3]. Daneben findet sich die Europäische Menschenrechtskonvention von 1950 (in Deutschland in Kraft getreten am 3.9.1953, BGBl. 1954 II S. 114) und der internationale Pakt über bürgerliche und politische Rechte v. 19.12.1966, dem die Bundesrepublik Deutschland 1973 zugestimmt hat (BGBl. 1973 II S. 1534) und der am 3.1.1976 in Kraft getreten ist. Letzterer ist nach nicht unbestrittener, aber wohl hM *self-executing*[4].

Größere Bedeutung im Arbeitsvölkerrecht haben die Regelungen, die auf Grundlage der Internationalen Arbeitsorganisation, der ältesten Unterorganisation der UNO, entstanden sind (IAO oder **ILO** = International Labour Organisation). Internationale arbeitsrechtl. Normen kann sie zum einen in der Form von Übereinkommen, zum anderen in der Form von Empfehlungen schaffen (Art. 19 IAO-Verfassung). Erstere sind multilaterale Verträge, die für die Mitgliedstaaten nach Ratifikation völkerrechtl. verbindlich werden, Letztere sind nicht ratifizierbare arbeits- und sozialrechtl. Leitlinien ohne verbindlichen Charakter. Von den bis zum Jahr 2010 insg. 188 Übereinkommen der IAO hat die Bundesrepublik Deutschland bislang erst 83 ratifiziert[5]. Die **wichtigsten IAO-Abkommen** umfassen die Bereiche Mutterschutz (Übereinkommen Nr. 3), Gefangenenarbeit (Übereinkommen Nr. 29), Vereinigungsfreiheit (Übereinkommen Nr. 87), Urlaubsrecht (Übereinkommen Nr. 132) und Kinderarbeit (Übereinkommen Nr. 182). Rspr. existiert jedoch hier nur wenig[6]. Auch aus den Übereinkommen der IAO kann der einzelne ArbN und ArbGeb keine unmittelbaren Rechte herleiten[7].

2. Europäisches Unionsrecht. a) Allgemeines. Das Europäische Arbeitsrecht umfasst die arbeitsrechtl. Regeln, die die Europäische Gemeinschaft als Teil der EU erlassen hat. Es bildet kein geschlossenes Regelwerk, sondern beschränkt sich auf einzelne Teilbereiche, da es die Existenz des nationalen Arbeitsrechts in den einzelnen Mitgliedstaaten voraussetzen kann. Es gilt das **Prinzip der begrenzten Ermächtigung:** Die Zuständigkeit des Europäischen Gesetzgebers ist nur dort gegeben, wo ihn die konstituierenden Verträge ausdrücklich hierzu ermächtigen. Grundlage für die arbeitsrechtl. Gesetzgebung ist Art. 151 ff. AEUV. Ziel der Gesetzgebung ist „die Förderung der Beschäftigung, die Verbesserung der Lebens- und Arbeitsbedingungen, um dadurch auf dem Wege des Fortschritts ihre Angleichung zu ermöglichen, einen angemessenen sozialen Schutz, den sozialen Dialog, die Entwicklung des Arbeitskräftepotenzials im Hinblick auf ein dauerhaftes hohes Beschäftigungsniveau und die Bekämpfung von Ausgrenzungen" (Art. 151 I AEUV). Die in Art. 153 AEUV formulierten arbeitsrechtl. Zuständigkeiten sind sehr weit gefasst; keine Zuständigkeit besteht jedoch für das Arbeitsentgelt, die Koalitionsfreiheit, das Streikrecht sowie das Aussperrungsrecht (Art. 153 V AEUV).

Die EG-rechtl. Normen unterteilen sich in **Primärrecht** und **Sekundärrecht**. Das Primärrecht umfasst den Vertrag selbst und die ungeschriebenen Grundsätze des Gemeinschaftsrechts, das Sekundärrecht umfasst alles aus dem Primärrecht abgeleitete Recht, insb. VO und Richtlinien. Beides hat arbeitsrechtl. Bedeutung. Art. 45 AEUV regelt die Freizügigkeit der ArbN, Art. 157 AEUV die Lohngleichheit für Mann und Frau. Diese Vorschriften sind unmittelbar und zwingend anzuwenden, ebenso wie EG-VO. Arbeitsrechtl. relevant ist hier vor allem die VO EWG Nr. 1612/68 (jetzt VO Nr. 492/2011) zur Freizügigkeit der ArbN. **Richtlinien** sind demggü. unter Privaten nicht unmittelbar anzuwenden. Sie richten sich allein an den Mitgliedstaat und überlassen ihm hinsichtlich des zu erreichenden Ziels die Wahl der Form und der Mittel zur Umsetzung, Art. 288 III AEUV. Versäumt der nationale Gesetzgeber die in der jeweiligen Richtlinie bestimmte Umsetzungsfrist, so können sie ggü. staatlichen Stellen eine unmittelbare Wirkung entfalten, sofern ihr Inhalt hinreichend präzise ist, um dem einzelnen ArbN Rechte zu begründen. Diese unmittelbare Wirkung entsteht auch ggü. dem öffentl.-rechtl. ArbGeb[8]. Ob sie auch

---

1 Ausführlich *Thüsing*, RdA 2010, 78. ‖ 2 Für eine unmittelbare Verpflichtung *Däubler*, Arbeitskampfrecht § 10 Rz. 20 ff.; *Hanau/Adomeit*, Arbeitsrecht (12. Aufl.), Rz. 115; aA *Bepler*, FS Wißmann, 2005, S. 97 (106); *Konzen*, JZ 1986, 157. ‖ 3 S. *Thüsing*, Der Außenseiter im Arbeitskampf, 1996, S. 34 ff.; ErfK/*Preis*, § 611 Rz. 200; offen lassend BVerfG 20.10.1981 – 1 BvR 404/78, BVerfGE 58, 233 (257). ‖ 4 S. *Hanau/Steinmeyer/Wank*, § 34 Rz. 25 mwN. ‖ 5 S. www.ilo.org/public/german/region/eurpro/bonn/ilogermany/index.htm. ‖ 6 S. aber BAG 28.11.1990 – 8 AZR 570/89, AP Nr. 18 zu § 7 BUrlG (zu IAO-Übereinkommen Nr. 132); s.a. *Lörcher*, RdA 1994, 288; *Hanau/Steinmeyer/Wank*, § 34 Rz. 99 f. ‖ 7 S. BAG 25.3.1998 – 4 AZR 128/97, AP Nr. 42 zu § 23a BAT; MünchArbR/*Kohte*, § 288 Rz. 44; ErfK/*Preis*, § 611 Rz. 201. ‖ 8 S. EuGH 12.7.1990 – Rs. C-188/89, Slg. 1990, 3313 (3347).

ggü. den Kirchen gilt, soweit sie als Körperschaft des öffentl. Rechts nach Art. 140 GG, Art. 137 IV WRV organisiert sind, ist strittig[1]. Eine unmittelbare Wirkung unter Privaten scheidet auch dann aus[2].

136a Die **Definitionen der europäischen Vorgaben** unterscheiden sich teilweise von denen der nationalen Rechtsordnung; insb. stimmt die ArbN-Definition iSd. Europarechts nicht zwingend mit der nationalen Definition überein; der ArbN-Begriff im Rahmen des Freizügigkeitsgebots (Art. 45 AEUV) ist europarechtl. auszulegen[3]. Überließe man hier die Definition den jeweiligen nationalen Rechtsordnungen, hätten es die Mitgliedstaaten in der Hand, beliebigen Personengruppen den Schutz der ArbN-Freizügigkeit zu entziehen. Auch Beamte, Richter und Soldaten unterliegen damit (im Unterschied zum deutschen Recht[4]) dieser ArbN-Definition[5]. Bei den arbeitsrechtl. Richtlinien zeigt sich hingegen teilweise ein abweichendes Bild. Verwiesen wird hier zumeist auf den nationalen ArbN-Begriff (zB Art. 2 I lit. d RL 2001/23/EG – Betriebsübergang; Art. 2 I RL 94/33/EG – Jugendarbeitsschutz; Art. 2d RL 2002/14/EG – Betriebsrat; Art. 3 I lit. a RL 2008/104/EG; Art. 2 II RL 96/71/EG – Arbeitnehmerentsendung oder auch Erwägungsgrund 87 zu RL 2006/13/EG – Dienstleistung). Teilweise liegt aber auch kein Verweis auf die nationalen ArbGebDefinitionen vor (vgl. RL 2003/88/EG – Arbeitszeit). Auch wenn auf die nationalen ArbN-Begriffe verwiesen werden, sind die Mitgliedstaaten in ihrer Defiition aber nicht gänzlich frei. Diese obliegt dann zwar grds. den Mitgliedstaaten, wird vom EuGH aber darauf überprüft, ob sie einzelne Beschäftigungsgruppen willkürlich vom Schutz durch das Europarecht ausschließen.[6]

137 Auf Grund des Anwendungsvorrangs des EG-Rechts vor nationalem Recht sind nationale Rechtsvorschriften so weit wie möglich im Lichte der einschlägigen europäischen Rechtsnormen auszulegen[7]. Dieses Gebot zur **europarechtskonformen Auslegung** gilt nach Auffassung des EuGH bereits vor Ablauf der Umsetzungsfrist[8]. Der erkennbare Wille des Gesetzgebers darf hierbei allerdings nicht verändert werden. Wo Wortlaut, Systematik und Telos der Norm prohibitiv sind, kann eine Europarechtskonformität nicht im Wege der Auslegung erreicht werden[9]. Daran hat sich auch nichts durch die Entscheidungen Pfeiffer[10] und Mangold[11] geändert.

137a Umstritten ist allerdings die Rechtsfolge einer solchen Europarechtswidrigkeit der nationalen Regelungen. Aus der dann bestehenden Europarechtswidrigkeit könnte, als Konsequenz der Entscheidungen Mangold[12] und Kücükdeveci[13], eine Unanwendbarkeit der nationalen Regelungen auch Privaten ggü. eintreten. Die daraus resultierenden Folgen für die gerichtl. Praxis sind wiederum nicht eindeutig zu bestimmen. Ob solche Anwendung tatsächlich für das nationale Recht geboten ist, ist umstritten. Die Rspr. hat sich weitestgehend den Vorgaben des EuGH angeschlossen und lässt eine entsprechende Regelung bei nicht möglicher europarechtskonformer Auslegbarkeit unangewendet[14]. Dies ist allerdings nicht die Folge einer horizontalen Wirksamkeit der Richtlinien, sondern ergibt sich aus dem Primärrecht selbst. In der Lit. hingegen ist die Entscheidung nicht unumstritten geblieben[15]. Kritisiert wird insb., die Entscheidung sei ein ausbrechender Rechtsakt und nicht mehr von den Verträgen gedeckt[16] und die Unionsgrundrechte würden zu weit in die nationalen Rechte ausgeweitet[17]. Zuletzt durch die Rechtssache Honeywell hat aber auch das BVerfG die Praxis der Unanwendbarkeit der Regelungen bestätigt[18]. Eine Ultra-vires-Kontrolle komme nur bei hinreichend qualifiziertem Kompetenzverstoß in Betracht, dazu muss das Handeln offensichtlich kompetenzwidrig sein. Ein solcher Verstoß liegt nach der Ansicht des BVerfG in der Nichtanwendung der Norm nicht vor.

138 b) **Einzelregelungen.** Neben den arbeitsrechtl. Regelungen des EG-Primärrechts (s. Rz. 136) sind es insb. die Richtlinien, die das europäische Arbeitsrecht prägen. Zu nennen sind die RL 91/533/EWG über die Pflicht des ArbGeb zur Unterrichtung des ArbN über die für seinen Arbeitsvertrag oder sein ArbVerh geltenden Arbeitsbedingungen (**NachweisRL** v. 14.10.1991, ABl. L 288/32), die durch das NachwG umgesetzt wurde; RL 1999/70/EG zu der EGB-UNICE-CEEP-Rahmenvereinbarung über befristete Arbeitsverträge (v. 28.6.1999, ABl. L 125/43) und die RL 97/81/EG zu der von UNICE-CEEP mit EGB ge-

---

1 Hierfür *Reichold*, ZTR 2000, 57 (61); dagegen *Hanau/Thüsing*, Europarecht und kirchliches Arbeitsrecht, 2001, S. 52. ‖ 2 S.a. BAG 18.2.2003 – 1 ABR 17/02, AP Nr. 11 zu § 77 BetrVG 1972 Betriebsvereinbarung. Zuletzt bestätigt in EuGH 19.1.2010 – Rs. C-555/07, NJW 2010, 427 – Kücükdeveci. AA für das Diskriminierungsrecht der GA *Bot* in seinen Schlussanträgen v. 7.7.2009, ZIP 2009, 1483. ‖ 3 St. Rspr. des EuGH seit EuGH 19.3.1964 – Rs. 75/63, Slg. 1964, 379 – Unger. ‖ 4 ErfK/*Preis*, § 611 Rz. 128. ‖ 5 EuGH 12.2.1974 – Rs. 152/73, Slg. 1974, 153 – Sotgiu. ‖ 6 EuGH 1.3.2012 – Rs. C-393/10, NZA 2012, 313 – O'Brien. ‖ 7 EuGH 14.7.1994 – Rs. C-91/92, Slg. 1994 I, 3347 (3356); BAG 5.3.1996 – 1 AZR 590/92, AP Nr. 226 zu Art. 3 GG. ‖ 8 EuGH 8.10.1987 – Rs. 80/86, Slg. 1987, 3969 (3987); dem folgend BAG 2.4.1996 – 1 ABR 47/95, AP Nr. 5 zu § 87 BetrVG Gesundheitsschutz; ausf. darlegend und entschieden befürwortend die Schlussanträge von GAin *Kokott* in der Rs. C-212/04 v. 27.10.2005; ebenso GA *Tizzano* in der Rs. C-144/04 v. 30.6.2005; abl. BGH 5.2.1998 – I ZR 211/95, NJW 1998, 2208 (2210). ‖ 9 BVerfG 24.5.1995 – 2 BvF 1/92, BVerfGE 93, 37 (79). ‖ 10 EuGH 5.10.2004 – Rs. C-397 bis C-403/01, NZA 2004, 1145 – Pfeiffer ua.; s. dazu die Anm. v. *Schlachter*, RdA 2005, 115; *Thüsing*, ZIP 2004, 2301; *Riesenhuber/Domröse*, RiW 2005, 47. ‖ 11 EuGH 22.11.2005 – Rs. C-144/04, NJW 2005, 3695; hierzu *Thüsing*, ZIP 2005, 2149; *Strybny*, BB 2005, 2753. ‖ 12 EuGH 22.11.2005 – Rs. C-144/04, Slg 2005, I-9981 – Mangold. ‖ 13 EuGH 19.1. 2010 – Rs. C-555/07, AP Nr. 14 zu Richtlinie 2000/78/EG – Kücükdeveci. ‖ 14 LAG Düss. 30.4.2010 – 9 Sa 354/09; LAG Hess. 23.4.2010 – 19 Sa 1309/09; LAG Düss. 17.2.2011 – 12 Sa 1311/07, NZA-RR 2010, 240. ‖ 15 Zusammenfassend zu Mangold und Kücükdeveci: *Pötters/Traut* ZESAR 2010, 267. ‖ 16 *Gerken/Rieble/Roth/Stein/Streinz*, „Mangold" als ausbrechender Rechtsakt, 2009, S. VII, LS 2; S. 17 ff. ‖ 17 *Heilbronner*, NZA 2006, 811; *Kuras*, RdA 2007, 169. ‖ 18 BVerfG 6.7.2010 – 2 BvR 2661/06, NZA 2010, 995.

schlossenen Rahmenvereinbarung über Teilzeitarbeit (**TeilzeitarbeitsRL** v. 15.12.1997, ABl. 1998 L 14/9, geändert durch RL 98/23/EG v. 7.4.1998, ABl. L 131/10), beide umgesetzt durch das TzBfG; RL 96/71/EG über die Entsendung von ArbN im Rahmen der Erbringung von Dienstleistungen (**EntsendeRL** v. 16.12.1996, ABl. 1997 L 18/1), umgesetzt durch das AEntG; RL 2001/23/EG zur Angleichung der Rechtsvorschriften der Mitgliedstaaten über die Wahrung von Ansprüchen der ArbN beim Übergang von Unternehmen, Betrieben oder Unternehmens- oder Betriebsteilen (**BetriebsübergangsRL** v. 12.3.2001, ABl. L 82/16, umgesetzt durch § 613a BGB); RL 98/59/EG zur Angleichung der Rechtsvorschriften der Mitgliedstaaten über Massenentlassungen (**MassenentlassungsRL** v. 20.7.1998, ABl. L 225/16, umgesetzt durch §§ 17 bis 22 KSchG); RL 96/34/EG zu der von UNICE-CEEP und EGB geschlossenen Rahmenvereinbarung über Elternurlaub (**ElternurlaubsRL** v. 3.6.1996, ABl. L 145/4), deren Vorgaben vom BEEG erfüllt werden; RL 2008/104/EG über Leiharbeit (**LeiharbeitsRL** v. 19.11.2008, ABl. L 327/9[1]).

Daneben nimmt insb. der **Diskriminierungsschutz** einen breiten Raum innerhalb der europäischen Gesetzgebung ein. Ursprung war hier der Schutz vor Ungleichbehandlung der Geschlechter durch die RL 76/207/EWG zur Verwirklichung des Grundsatzes der Gleichbehandlung von Männern und Frauen hinsichtlich des Zugangs zur Beschäftigung, zur Berufsbildung und zum beruflichen Aufstieg sowie in Bezug auf die Arbeitsbedingungen (GleichbehandlungsRL v. 9.2.1976, ABl. L 39/40, heute ersetzt durch RL 2006/54/EG v. 5.7.2006, ABl. L 204/23) sowie die RL 75/117/EWG zur Angleichung der Rechtsvorschriften der Mitgliedstaaten über die Anwendung des Grundsatzes des gleichen Entgelts für Männer und Frauen (EntgeltgleichheitsRL v. 10.2.1975, ABl. L 45/19, geändert durch das Abkommen über den EWR, ABl. L 1/489 v. 3.1.1994). Die RL 87/80/EG über die Beweislast bei Diskriminierung auf Grund des Geschlechts (BeweislastRL v. 15.12.1997, ABl. L 14/6, geändert durch RL 98/52/EG v. 13.7.1998, ABl. 205/66) trat ergänzend hinzu; diese Vorgaben wurden zunächst durch die §§ 611a, 612 III umgesetzt, die nunmehr im AGG enthalten sind. Zu diesem geschlechtsbezogenen Diskriminierungsschutz sind **weitere Gleichbehandlungsgebote** hinzugetreten. Die RL 2000/43/EG zur Anwendung des Gleichbehandlungsgrundsatzes ohne Unterschied der Rasse oder der ethnischen Herkunft v. 29.6.2000 (ABl. L 180/22) gibt dem nationalen Gesetzgeber auf, die Ungleichbehandlung wegen der Rasse und der ethnischen Herkunft zu verbieten; RL 2000/78/EG zur Festigung eines allg. Rahmens über die Verwirklichung der Gleichbehandlung in Beschäftigung und Beruf v. 27.11.2000 (ABl. L 303/16) gibt dem nationalen Gesetzgeber auf, die Diskriminierung wegen der Religion oder der Weltanschauung, des Alters oder der sexuellen Ausrichtung in Beschäftigung und Beruf zu verbieten[2]. Diese Vorgaben wurden durch das AGG umgesetzt. Zu unterscheiden von diesen besonderen Gleichbehandlungsgeboten ist der **allg. Gleichbehandlungsgrundsatz als ungeschriebener Bestandteil des europäischen Primärrechts**. Nach st. Rspr. ist der Gleichbehandlungsgrundsatz ein Grundprinzip des Gemeinschaftsrechts. Diesem Grundsatz zufolge dürfen gleiche Sachverhalte nicht ungleich behandelt werden, es sei denn, dass eine Differenzierung objektiv gerechtfertigt wäre. Demnach ist der Gleichheitsgrundsatz verletzt, wenn zwei Personengruppen, deren tatsächliche und rechtl. Lage sich nicht wesentlich unterscheidet, ungleich behandelt werden oder wenn unterschiedliche Sachverhalte gleich behandelt werden[3]. Er gilt jedoch nur ggü. dem europäischen Gesetzgeber zur Überprüfung europäischen Rechts oder solcher nationaler Vorschriften, die – weil sie europäisches Recht umsetzen – in den Anwendungsbereich des Gemeinschaftsrechts fallen[4].

139

Eine wichtige Rolle spielen auch die europäischen Rechtssetzungen zum **technischen und sozialen Arbeitsschutz**. Zu nennen sind hier die RL 80/1107/EWG (aufgehoben durch RL 98/24/EG) zum Schutz der ArbN vor der Gefährdung durch chemische, physikalische und biologische Stoffe bei der Arbeit (GefahrstoffRL v. 27.11.1980, ABl. L 327/8, zuletzt geändert durch Beitrittsvertrag v. 24.6.1994, BGBl. II S. 2024 idF des Beschlusses v. 1.1.1995, ABl. L 1/1); die RL 89/391/EWG über die Durchführung von Maßnahmen zur Verbesserung der Sicherheit und des Gesundheitsschutzes der ArbN bei der Arbeit (Arbeitsschutz-RahmenRL v. 12.6.1989, ABl. L 183/1); die RL 91/393/EWG zur Ergänzung der Maßnahmen zur Verbesserung der Sicherheit und des Gesundheitsschutzes von ArbN bei befristeten ArbVerh oder LeihArbVerh (Arbeitsschutz-LeiharbeitnehmerRL v. 25.6.1991, ABl. L 206/19); die RL 92/85/EWG über die Durchführung von Maßnahmen zur Verbesserung der Sicherheit und des Gesundheitsschutzes von schwangeren ArbNinnen, Wöchnerinnen und stillenden ArbNinnen am Arbeitsplatz (MutterschutzRL v. 19.10.1992, ABl. L 348/1); RL 94/33/EG über den Jugendarbeitsschutz (JugendarbeitsschutzRL v. 22.6. 1994, ABl. L 216/12) sowie die RL 93/104/EG über bestimmte Aspekte der Arbeitszeitgestaltung (ArbeitszeitRL v. 23.11.1993, ABl. L 307/18, geändert durch RL 2000/34/EG v. 22.6.2000, ABl. L 195/41 und RL 2003/88/EG v. 4.11.2003, ABl. L 299/9). Die Vorgaben werden umgesetzt durch das ArbSchG, AÜG, MuSchG, JArbSchG und GefStoffV.

140

Zurückhaltender ist die Rechtsetzung im Bereich des **Kollektivarbeitsrechts**. Das Koalitionsrecht und das Arbeitskampfrecht sind gem. Art. 153 V AEUV der Rechtsetzungsmacht der EU entzogen. Die Betriebsverfassung betrifft die RL 94/45/EG über die Einsetzung eines EBR oder die Schaffung eines Verfahrens zur Unterrichtung und Anhörung der ArbN in gemeinschaftsweit operierenden Unterneh-

141

---

1 Vgl. hierzu *Thüsing*, RdA 2009, 118. ||2 S. hierzu *Thüsing*, ZfA 2001, 397; *Thüsing*, NZA 2001, 1061. ||3 EuG v. 25.10.2005 – Rs. T-298/02, ABl. C 330/17. ||4 S.a. EuG v. 8.7.2004 – Rs. T-48/00, ABl. C 239/12; EuGH 22.11.2005 – Rs. C-144/04, NJW 2005, 3695; hierzu *Thüsing*, ZIP 2005, 2149.

men und Unternehmensgruppen (Europäische BetriebsräteRL v. 22.9.1994, ABl. L 254/64, geändert durch RL 97/74/EG v. 15.12.1997, ABl. 1998 10/22 sowie RL 2009/38 v. 6.5.2009, ABl. 2009 122/28). Die RL wurde umgesetzt durch das EBRG. Die RL 2002/14/EG v. 11.3.2002 zur Festlegung eines allg. Rahmens für die Unterrichtung und Anhörung der ArbN in der Europäischen Gemeinschaft (ABl. L 80/29) wurde von der Bundesrepublik Deutschland nicht fristgerecht als Gesetz umgesetzt, da die BReg. der Auffassung war, dass ihre geltenden Rechtsvorschriften bereits den Anforderungen der RL entsprachen. Die Kommission stimmte dem zu, da ein Vertragsverletzungsverfahren – anders als bei anderen Ländern – nicht eingeleitet wurde[1].

142 **3. Verfassungsrecht.** Das GG gibt den Rahmen zur Geltung einfachgesetzl. Arbeitsrechts vor. Insb. der **Einfluss der Grundrechte** des ArbN auf Kündigungsschutz, TV und Betriebsverfassung ist eine zentrale Fragestellung in der Dogmatik des Arbeitsrechts. Die Entwicklung war recht wechselhaft. Am Anfang stand die insb. von *Nipperdey* vertretene Auffassung, es könne im Arbeitsrecht auch über die Koalitionsfreiheit nach Art. 9 III 2 GG hinaus eine unmittelbare Wirkung der Grundrechte unter Privaten geben[2]. Davon hat man sich früh verabschiedet. Heute wird dies allein noch im Ausschnitt des TV und des Betriebsverfassungsrechts diskutiert. Das BAG bestätigte über viele Jahre hinweg, dass die TV-Parteien in ihrer Rechtsetzung an die Vorgaben der Grundrechte gebunden sind, und auch einige neuere *obiter dicta*, die dies anzweifeln, haben nicht eine grundlegende Wende einleiten können[3]. Für die BV lehnte das BVerfG die unmittelbare Grundrechtsbindung ab[4]. IÜ wirken die Grundrechte wie allg. im Privatrecht als **Auslegungshilfe zur Konkretisierung von Generalklauseln**. Einem Drucker, der sich weigerte, kriegsverherrlichendes Material zu drucken, musste der ArbGeb gem. § 315 BGB iVm. Art. 4 GG eine andere Arbeit zuweisen; bei der außerordentl. Kündigung eines ArbN, der den BR beleidigt hatte, betonte das BAG im Rahmen des § 626 die Meinungsfreiheit ebenso wie beim BR, der eine Werkzeitung verteilte und dabei allerlei Übles behauptete[5]. Gleiche Grundsätze gelten auch für einen Ladenhilfe, die sich aus religiösen Gründen weigert (Art. 4 GG), mit Alkoholika umzugehen. Auch hier ist zunächst eine anderweitige Beschäftigungsmöglichkeit zu prüfen[6]. Ist dies aber nicht möglich und ergibt sich die Pflicht zur Erfüllung der konkreten Tätigkeit aus dem Arbeitsvertrag, tritt nach Ansicht des BAG eine Unmöglichkeit gem. § 275 III ein. Damit verbunden würde eine personenbedingte Kündigung möglich werden.

143 **4. Arbeitsrechtliche Gesetze.** Gem. Art. 72, 74 Nr. 12 GG ist das Arbeitsrecht Gegenstand der konkurrierenden Gesetzgebung von Bund und Ländern. Der Bundesgesetzgeber hat von dieser Kompetenz umfassend Gebrauch gemacht; Arbeitsgesetze der Länder sind daher selten. Sie beschränken sich im Wesentlichen auf den Sonderurlaub für Mitarbeiter in der Jugendhilfe und zur Weiterbildung des ArbN. Daneben gibt es noch Landesgesetze über das Schlichtungswesen, die in der Praxis aber nur eine untergeordnete Bedeutung haben. Arbeitsrechtl. Gesetzesvorschriften sind ganz überwiegend zum Schutz des ArbN **einseitig zwingend** ausgestaltet. Zum Teil ist dies ausdrücklich angeordnet (vgl. § 619 BGB, § 62 IV HGB, § 13 I 3 BUrlG, § 12 EFZG, § 17 III BetrAVG). Bei den anderen ergibt es sich durch Auslegung vor allem im Hinblick auf den Normzweck. Verbesserungen zu Gunsten des ArbN sind also möglich, nicht jedoch Verschlechterungen. Daneben gibt es, wenn auch weitaus seltener, **zweiseitig zwingende** Gesetze, die auch nicht zu Gunsten des ArbN geändert werden können. Sie dienen Dritt- oder Allgemeininteressen wie zB § 8 I MuSchG. Daneben gibt es dispositive Normen, die sowohl zu Lasten als auch zu Gunsten des ArbN abgeändert werden können. Hierzu zählen die §§ 613, 614, 615. Teilweise gilt diese Dispositivität nicht für die arbeitsvertragl., sondern nur für die tarifvertragl. Regelung. Zu diesen **tarifdispositiven Gesetzen** gehören die Kündigungsfristen (§ 622 IV), Regelungen der Lohnfortzahlung (§ 4 IV EFZG), des Befristungsrechts (§ 14 II 2 TzBfG), des Teilzeitarbeitsrechts (§ 12 III, § 13 IV TzBfG), der BetrAV (§ 17 III BetrVG), des Arbeitszeitschutzes (§ 7 ArbZG, § 21a JArbSchG), das Gleichbehandlungsgebot in der AÜ (§ 3 Nr. 3, § 9 Nr. 2 AÜG), das Urlaubsrecht (§ 13 BUrlG), einige Vorschriften im Arbeitsrecht der Seeleute (§ 49 SeeArbG) sowie Zuständigkeitsregelungen im ArbG-Prozess (§ 48 II und § 101 I, II ArbGG). Grund hierfür ist die Angemessenheitsvermutung des TV. Weil mit den Gewerkschaften der ArbGebSeite ein gleichgewichtiger Verhandlungspartner gegenübertritt, besteht eine größere Gewähr als beim Arbeitsvertrag dafür, dass die Interessen des ArbN hinreichend berücksichtigt werden und die Bestimmungen keine einseitige Verschlechterung zu Lasten des ArbN, sondern eine einzelfallgerechte, ausgewogene Konkretisierung darstellen. Daher sieht das Gesetz in zahlreichen Bestimmungen vor, dass auch nicht tarifgebundene Parteien im Anwendungsbereich eines

---

1 S. dazu KOM (2008) 146 endg. || 2 *Nipperdey*, Grundrecht und Privatrecht, 1961; s.a. BAG 3.12.1954 – 1 AZR 150/54, BAGE 1, 185 (191 f.). || 3 S. BAG 25.8.2004 – 7 AZR 39/04, ZTR 2005, 197 (mittelbare Grundrechtsbindung); 24.6.2004 – 6 AZR 389/03, AP Nr. 10 zu § 34 BAT (mittelbare Grundrechtsbindung); offen gelassen v. BAG 12.10.2004 – 3 AZR 571/03, EzA Art. 3 GG Nr. 102; 25.5.2004 – 3 AZR 123/03, ZTR 2005, 263; 27.5.2004 – 6 AZR 129/03, AP Nr. 5 zu § 1 TVG Gleichbehandlung; 18.3.2004 – 6 AZR 670/02, nv.; 30.8.2000 – 4 AZR 563/99, SAE 2001, 289 (*Löwisch*); 24.4.2001 – 4 AZR 329/00, AP Nr. 243 zu § 1 TVG Tarifverträge: Bau; 29.8.2001 – 4 AZR 352/00, AuR 2002, 351; hierzu auch *Zachert*, AuR 2002, 330. || 4 S. BVerfG 23.4.1986 – 2 BvR 487/80, BVerfGE 73, 261 (268 f.); s.a. BAG 7.11.1989 – GS 3/85, BAGE 63, 211. || 5 BAG 20.12.1984 – 2 AZR 436/83, AP Nr. 27 zu § 611 BGB Direktionsrecht; 13.10.1977 – 2 AZR 387/76, AP Nr. 1 zu § 1 KSchG 1969 Verhaltensbedingte Kündigung; BVerfG 8.10.1996 – 1 BvR 1183/90, EWiR 1997, 169 m. Anm. *Wiedemann*. || 6 BAG 24.2.2011 – 2 AZR 636/09, NZA 2011, 1087.

TV die tarifl. Regelungen vereinbaren können, s. § 17 III 2 BetrAVG, § 622 IV 2 BGB, § 13 I 2 BUrlG, § 12 III 2, § 13 IV 2, § 14 IV 2 TzBfG. Inwieweit tarifdispositive Normen auch dispositiv hinsichtlich **kirchlicher Arbeitsvertragsregelungen** sein müssen, ist umstritten. Teilweise ordnet dies der Gesetzgeber ausdrücklich an (s. zB § 7 IV ArbZG). Wo eine solche Regelung fehlt, ist sie iSd. Selbstbestimmungsrechts der Kirchen gem. Art. 140 GG, Art. 137 III WRV und der im gleichen Maße für die kirchliche Arbeitsvertragsregelung bestehenden Richtigkeitsgewähr in lückenfüllender Rechtsfortbildung anzunehmen[1]. Das BAG freilich verfolgt eine differenziertere Sicht: Die Rechtsfrage sei nicht für alle tarifdispositiven Vorschriften einheitlich, sondern nur normbezogen zu beantworten, und auch das nur in Ansehung der konkreten kirchlichen Regelung[2]. Es bleibt zukünftigen Judikaten überlassen, die Dispositivität Einzelner kirchlicher Arbeitsrechtsregelungen zu präzisieren.

5. Rechtsverordnungen. Nur geringe Bedeutung im Arbeitsrecht haben die RechtsVO, die als Gesetz im formellen Sinn auf Grund Ermächtigung durch ein parlamentarischen Gesetzgeber entsprechend den Vorgaben des Art. 80 GG erlassen werden können. Die Wahlordnungen zum BetrVG fallen hierunter sowie einige VO im Arbeitsschutz.

6. Satzungsrecht ist das autonome Eigenrecht einer Körperschaft des öffentl. Rechts. Auch diese Rechtsquelle hat im Arbeitsrecht nur untergeordnete Bedeutung. Sie kommt vor bei den Berufsgenossenschaften als Träger der gesetzl. Unfallversicherung. Deren Unfallverhütungsvorschriften enthalten bindende Regeln für ArbGeb und ArbN, s. § 15 SGB VII.

7. Tarifverträge. Der normative Teil eines TV (§ 1 I Hs. 2 TVG) gilt gesetzesgleich, dh. unmittelbar und zwingend (§ 4 I TVG) zwischen den tarifgebundenen ArbN und ArbGeb, § 3 TVG. Abweichende Vereinbarungen sind nur insoweit wirksam, als sie im TV gestattet wurden oder Änderungen zu Gunsten des ArbN enthalten, § 4 III TVG. Durch Allgemeinverbindlicherklärung gem. § 5 TVG kann die normative Wirkung auf alle ArbN und ArbGeb innerhalb seines Geltungsbereichs erstreckt werden. Durch Bezugnahmeklausel können Nichtorganisierte die Geltung des TV vereinbaren, s. § 611 Rz. 439.

8. Betriebs- und Dienstvereinbarungen. Die BV zwischen ArbGeb und BR (§ 77 BetrVG) ist das Parallelinstrument zum TV auf Betriebsebene. Auch sie wirkt gem. § 77 IV 1 BetrVG unmittelbar und zwingend auf die ArbVerh des Betriebs ein. Ohne ausdrückliche Regelung gilt dies auch für die Dienstvereinbarung nach dem BPersVG oder den Landesvertretungsgesetzen. Auch die Dienstvereinbarungen im Mitarbeitervertretungsrecht der Kirchen (MAVO, MVG-EKD) haben nach hM normative Wirkung[3].

9. Arbeitsverträge. Durch den Arbeitsvertrag wird nicht nur das ArbVerh begründet, sondern er bildet auch – insb. wo er nicht tarifvertragl. Bindung nicht besteht – das wesentliche Mittel zur Inhaltsgestaltung des ArbVerh. Er kann als individuell ausgehandelter Einzelarbeitsvertrag zustande kommen, zumeist beruht er jedoch auf vorformulierten, vom ArbGeb gestellten Vertragsbedingungen. Diese unterliegen der Inhaltskontrolle gem. § 310 IV, §§ 305 ff. (s. Komm. dort). Die Grenze der Vertragsfreiheit zwischen ArbGeb und ArbN gehört zu den grundlegenden Fragen in der Fortentwicklung des Arbeitsrechts, s. Rz. 1.

Eine arbeitsvertragl. Regelung bildet auch die **Gesamtzusage**. Hiermit bezeichnet man die den ArbN begünstigende Zusage des ArbGeb, die dieser der gesamten Belegschaft oder doch zumindest einem Teil durch allg. Bekanntgabe gemacht hat[4]. Diese Zusage ist bindend, wenn auch die dogmatische Begründung hierzu strittig ist. Teilweise wird die Bindungswirkung auf gewohnheitsrechtl. Anerkennung gestützt[5], jedoch scheint der richtigere Weg zu sein, in der allg. Bekanntgabe ein Angebot nach § 145 zu sehen, das der einzelne ArbN konkludent unter Verzicht des ArbGeb auf den Zugang der Annahmeerklärung (§ 151) annimmt[6]; dies entspricht auch der Wertung im US-amerikanischen Recht[7]. Der ArbGeb kann, soweit die Gesamtzusage nicht mit einem Freiwilligkeits- oder Widerrufsvorbehalt[8] verbunden wurde (s. § 611 Rz. 508), sich von der Zusage nur durch Änderungskündigung lösen[9] oder durch einvernehmliche Ablösung in einen Änderungsvertrag. Das bloße verschlechternde Änderungsangebot des ArbGeb wird jedoch nicht entsprechend den Regeln der Gesamtzusage zu einer bindenden Vereinbarung, denn hier kann nicht von der konkludenten Annahme des abändernden Angebots ausgegangen werden[10]. Ob und inwieweit auch auf Grund ihres kollektiven Gehalts eine verschlechternde Kollektivvereinbarung möglich ist (BV, TV), ist im Einzelnen str., s. Rz. 143. Zur Umdeutung einer unwirksamen BV in eine Gesamtzusage s. § 611 Rz. 536. Ist eine BV wirksam geschlossen, entsteht regelmäßig kein selbständiger Anspruch aus einer Gesamtzusage daneben[11].

Auf der Ebene arbeitsvertragl. Vereinbarung steht auch die **Betriebsübung:** Durch regelmäßiges Wiederholen bestimmter Verhaltensweisen, aus denen auf einen inhaltlich hinreichend konkreten Ver-

---

1 S. *Thüsing*, RdA 1997, 163 mwN auch zur Gegenmeinung. || 2 BAG 25.3.2009 – 7 AZR 710/07, BB 2009, 1928 m. Anm. *Thüsing*. || 3 *Richardi*, Arbeitsrecht in der Kirche, S. 56. S.a. § 38 IIIa MAVO. || 4 Sie kann auch durch Verwendung moderner Kommunikationsmittel wie das Internet erfolgen. Vgl. BAG 22.1.2003 – 10 AZR 395/02, AP Nr. 246 zu § 611 BGB Gratifikation. || 5 S. BAG 12.3.1963 – 3 AZR 266/62, DB 1963, 1191. || 6 BAG 17.5.1966 – 3 AZR 477/65, DB 1966, 1277; 13.3.1975 – 3 AZR 446/74, DB 1975, 1563; s.a. BAG 12.12.1995 – 1 ABR 23/95, AP Nr. 8 zu § 99 BetrVG 1972 Versetzung; LAG Hamm 11.3.2005 – 13 Sa 1948/04, nv.; vgl. auch LAG München 18.5.2005 – 10 Sa 1291/04, nv., n.rkr. || 7 S. *Thüsing*, NZA 1999, 638. || 8 S. zB BAG 4.6.2008 – 4 AZR 421/07, AP Nr. 4 zu § 151 BGB. || 9 BAG 14.6.1995 – 5 AZR 126/94, AP Nr. 1 zu § 611 BGB Personalrabatt. || 10 S. LAG Berlin 9.3.2001 – 19 Sa 2596/00, NZA-RR 2001, 491. || 11 LAG Köln 12.6.1998 – 11 Sa 110/97, NZA-RR 1999, 30.

pflichtungswillen geschlossen werden kann, entsteht eine rechtl. Bindung des ArbGeb[1]. Das Rechtsinstitut ist in gefestigter Rspr. seit den Tagen des Reichsarbeitsgerichts anerkannt, seine dogmatische Einordnung ist allerdings umstritten, hierzu und zu Einzelfällen s. § 611 Rz. 228 ff.

151 **10. Weisungsrecht des Arbeitgebers.** Die arbeitsvertragl. Pflichten des ArbN werden durch das Weisungsrecht des ArbGeb konkretisiert. Seit dem 1.1.2003 hat dieses Recht in § 106 GewO eine eigene Grundlage. Die Norm ist nicht konstitutiv, sondern deklaratorisch, ergibt sich das Direktionsrecht doch bereits aus dem Arbeitsvertrag selbst, Einzelheiten s. Komm. dort.

152 **11. Richterrecht.** Wo das arbeitsrechtl. Normgefüge unvollständig ist, hat sich Richterrecht herausgebildet, das die gesetzgeberischen Lücken systemkonform schließt. Damit ist das Richterrecht **eigenständige Rechtsquelle**, es ist jedoch jederzeit durch Gesetzesrecht ablösbar. Inwieweit es seinerseits durch erneute richterrechtl. Rechtsfortbildung abgelöst werden kann und insb. wo die Grenzen des Vertrauensschutzes liegen, ist eine allg. rechtsdogmatische Frage, die im Einzelnen streitig geblieben ist.

153 Richterrecht ist im Arbeitsrecht sehr verbreitet. Insb. die **vertragl. Inhaltskontrolle** vor Einfügung in den Anwendungsbereich der allg. AGB-Kontrolle nach § 305 ff., das **Arbeitskampfrecht**, die **Betriebsrisikolehre**, der **innerbetriebliche Schadensausgleich** und der allg. **Weiterbeschäftigungsanspruch** sind Richterrecht reinsten Wassers. Die Abdingbarkeit dieser Regelungen durch die Arbeitsvertragsparteien beurteilt sich nicht einheitlich, sondern jeweils in Ansehung des einzelnen richterrechtl. gebildeten Rechtsinstituts. Eine Besonderheit bildet das sog. tarifdispositive Richterrecht. Die Grundsätze für Rückzahlungsklauseln bei Gratifikationen[2] sowie von Ausbildungskosten[3] wurden vom BAG ausdrücklich als dispositiv allein für die TV-Parteien anerkannt[4].

154 **12. Rangfolge arbeitsrechtlicher Rechtsquellen.** Im Verhältnis der verschiedenen Rechtsquellen zueinander können verschiedene Prinzipien herangezogen werden. Nach dem Rangprinzip geht die ranghöhere Norm der rangniedrigeren vor. Daher sind verfassungswidrige Gesetze und gesetzeswidrige VO nicht anzuwenden, ebenso wie gesetzeswidrige TV unzulässig sind. Neben das Rangprinzip tritt in Durchbrechung des Rangprinzips als arbeitsrechtl. Besonderheit das Günstigkeitsprinzip. Weil Arbeitsrecht ArbN-Schutzrecht ist, geht der günstigere Arbeitsvertrag ggü. dem TV vor (§ 4 III TVG) und grds. auch ggü. der BV, Einzelheiten s. § 611 Rz. 519 ff. Das Spezialitätsprinzip und das Ordnungsprinzip betreffen demggü. das Verhältnis gleichrangiger Normquellen. Lex specialis derogat legi generale und auch der speziellere TV geht dem allgemeineren vor, unabhängig davon, welcher von beiden früher abgeschlossen wurde (zur Tarifkonkurrenz und Tarifpluralität s. ausführlich § 4 TVG Rz. 40 ff.). Ist eine speziellere Regelung nicht auszumachen, verdrängt nach dem Ordnungsprinzip die spätere Regelung die frühere: lex posterior derogat legi priori. Ein TV kann daher sowohl zu Gunsten als auch zu Lasten des ArbN durch einen nachfolgenden TV verdrängt werden[5]; das Gleiche gilt für die BV. Zu den Grenzen dort s. § 611 Rz. 53 f.

155 **Ausgangspunkt** für die Ermittlung der anzuwendenden Regelung ist zunächst der Arbeitsvertrag, denn aus ihm ergeben sich idR die entscheidenden Weichenstellungen. Europarecht steht ihm nur entgegen, soweit es unmittelbare Wirkung unter den Bürgern entfaltet und nicht lediglich die Mitgliedstaaten bindet, s. Rz. 136. Abweichendes Gesetzesrecht kann zur Unwirksamkeit führen, je nachdem, ob es eine Abweichung zu Gunsten oder zu Lasten des ArbN formuliert und ob es sich um zweiseitig oder einseitig zwingendes Gesetzesrecht handelt, s. § 611 Rz. 519 ff. Zum Verhältnis TV/BV s. § 77 BetrVG Rz. 48 f.

611 Vertragstypische Pflichten beim Dienstvertrag

(1) Durch den Dienstvertrag wird derjenige, welcher Dienste zusagt, zur Leistung der versprochenen Dienste, der andere Teil zur Gewährung der vereinbarten Vergütung verpflichtet.

(2) Gegenstand des Dienstvertrags können Dienste jeder Art sein.

I. Vertragsanbahnung 1	b) Fragerecht des Arbeitgebers 11
1. Grundsatz 1	c) Einstellungsuntersuchungen und Eignungstests 12
2. Anwerbung von Arbeitnehmern 2	d) Informationserhebung bei Dritten 23
a) Anwerbungsmöglichkeiten 2	e) Mitteilungspflichten des Arbeitgebers .. 25
b) Ersatz der Vorstellungs- und Umzugskosten 7	4. Das Anbahnungsverhältnis 26
3. Bewerberauswahl 10	II. Vertragsschluss 30
a) Personalplanung 10	1. Grundsatz 30

---

1 BAG 4.9.1985 – 7 AZR 262/83, DB 1986, 1627. ||2 BAG 31.3.1966 – 5 AZR 516/65, AP Nr. 54 zu § 611 BGB Gratifikation; 23.2.1967 – 5 AZR 234/66, AP Nr. 57 zu § 611 BGB Gratifikation. ||3 BAG 6.9.1995 – 5 AZR 174/94, AP Nr. 22 zu § 611 BGB Ausbildungsbeihilfe. ||4 Ausf. *Lieb*, RdA 1972, 129 ff.; *Preis*, Vertragsgestaltung, S. 209 ff.; *Käppler*, Voraussetzung und Grenzen tarifdispositiven Richterrechts, 1977; *Vossen*, Tarifdispositives Richterrecht, 1974. ||5 BAG 16.5.1995 – 3 AZR 535/94, AP Nr. 15 zu § 4 TVG Ordnungsprinzip.

Vertragstypische Pflichten beim Dienstvertrag § 611 BGB

2. Wirksamkeitsvoraussetzungen des Arbeitsvertrags 31
   a) Vertragsparteien 32
   b) Inhaltliche Bestimmtheit 33
   c) Geschäftsfähigkeit 34
   d) Formvorschriften 37
   e) Stellvertretung 46
3. Abschlussfreiheit und Auswahlfreiheit ... 47
   a) Grundsatz 47
   b) Beschränkung der Abschlussfreiheit ... 48
   c) Beschränkung der Auswahlfreiheit 49
4. Begründungsformen eines Arbeitsverhältnisses 63
   a) Begründung durch Arbeitsvertrag 63
   b) Begründung durch einseitiges Rechtsgeschäft 64
   c) Begründung kraft Gesetzes 66
5. Beteiligung des Betriebsrats bei Einstellungen 67
III. **Fehlerhaftigkeit des Arbeitsvertrags** 68
1. Wirksame Anfechtung 69
2. Nichtigkeit 70
   a) Nichtigkeitsgründe 71
   b) Rechtsfolgen 80
IV. **Vergütungspflicht** 85
1. Begriff und Rechtsnatur des Arbeitsentgelts 85
2. Geldschuld, Naturallohn, Sachbezüge 87
   a) Grundsatz 87
   b) Dienstwagen 88
   c) Werkswohnung 91
   d) Personalrabatt 92
3. Modalitäten der Vergütungszahlung 93
4. Nettolohnvereinbarungen 96
   a) Allgemeines 96
   b) Inhalt 97
   c) Auslegung 98
   d) Änderung der maßgeblichen Umstände . 99
   e) Fehlbeträge 100
5. Besondere Arten der Vergütung 101
   a) Sondervergütungen, Gratifikationen ... 101
   b) Zulagen 115
   c) Zielvereinbarungen 116
   d) Tantiemen 117
   e) Aktienoptionen 125
   f) Überstundenvergütung 134
   g) Trinkgeld, Bedienungsgeld 142
6. Zahlungen ohne Entgeltcharakter 149
   a) Auslösung 149
   b) Darlehen 153
7. Rückzahlung von Vergütung 158
   a) Grundlagen des Bereicherungsrechts ... 158
   b) Entreicherungseinwand 159
   c) Schadensersatzanspruch des Arbeitnehmers 164
   d) Schadensersatzanspruch des Arbeitgebers 165
   e) Fälligkeit/Geltendmachung 166
   f) Brutto/Netto 167
V. **Beschäftigungspflicht** 168
1. Grundsatz 168
2. Befreiung des Arbeitgebers von der Beschäftigungspflicht 172
   a) Allgemeines 172
   b) Einseitige Suspendierung ohne vertragliche Vereinbarung 173
   c) Suspendierung durch vertragliche Vereinbarung 175
VI. **Gleichbehandlung** 181
1. Allgemeines 181
   a) Herkunft und Geltung 181
   b) Abgrenzung 183
2. Geltungsbereich 185
   a) Maßnahmen mit kollektivem Bezug ... 186
   b) Bestehendes Rechtsverhältnis zwischen ArbGeb und ArbN 192
   c) Tarifvertrag und Betriebsvereinbarung . 194
3. Vergleichsgruppe 196
4. Rechtfertigungsgründe einer Ungleichbehandlung 202
5. Beweislast 209
6. Rechtsfolgen des Verstoßes 211
7. Einzelfragen 219
   a) Ungleichbehandlung verschiedener Arbeitnehmergruppen 219
   b) Arbeitsentgelt 223
VII. **Betriebliche Übung** 228
1. Begriff und Herleitung 228
2. Voraussetzungen und Verhinderung einer betrieblichen Übung 229
3. Beendigung einer betrieblichen Übung .. 233
4. Ablösung des durch betriebliche Übung begründeten Anspruchs 234
5. Fallgruppen 237
6. Einzelfälle 238
VIII. **Sonstige Arbeitgeberpflichten** 239
1. Grundlagen 239
2. Sanktionen 240
3. Einzelne Nebenpflichten 241
   a) Fürsorgepflicht des Arbeitgebers 241
   b) Auskunftspflichten 242
   c) Aufklärungs- bzw. Informationspflichten 244
   d) Schutzpflichten 252
   e) Aufwendungsersatz 270
   f) Sonstige Nebenpflichten 280
IX. **Pflichten des Arbeitnehmers** 283
1. Arbeitsleistung als Hauptpflicht 283
   a) Allgemeine Grundlagen der Arbeitspflicht 283
   b) Inhalt der Arbeitspflicht 286
   c) Arbeitszeit 303
   d) Arbeitsort 332
   e) Prozessuale Durchsetzung der Arbeitspflicht 344
2. Nebenpflichten 347
   a) Grundsätze 347
   b) Besondere Nebenpflichten 349
X. **Leistungsstörungen** 387
1. Einführung 387
2. Befreiung des ArbN von der Primärleistungspflicht wegen Nichterfüllung 389
   a) Gesetzlicher Ausschluss bei Unmöglichkeit der Leistung (§ 275 I) 390
   b) Leistungsverweigerungsrecht wegen sog. faktischer und praktischer Unmöglichkeit (§ 275 II) 391
   c) Leistungsverweigerungsrecht wegen persönlicher Unzumutbarkeit (§ 275 III) . 392
   d) Abgrenzung zur Störung der Geschäftsgrundlage (§ 313) 398

Thüsing | 1463

3. Rechtsfolge: Wegfall des Gegenleistungsanspruchs (§ 326 I 1) 399
4. Arbeitgeberhaftung 404
5. Arbeitnehmerhaftung 407
   a) Nichtleistung 408
   b) Verzögerung der Leistung 410
   c) Schlechtleistung 411
   d) Haftungsbegrenzung und Beweislastumkehr 413
6. Kündigungsrecht des Arbeitgebers 414
XI. Inhaltskontrolle – Vertragsgestaltung ... 415
1. Ansatzpunkte der Inhaltskontrolle 415
2. Einbeziehung des Arbeitsvertrags in den Anwendungsbereich der §§ 305 ff. 417
3. Einzelne Klauseln 419
   a) Ausgleichsquittung – Verzichtserklärung 420
   b) Ausschlussfristen 425
   c) Beweislastmodifikationen 436
   d) Bezugnahmeklauseln auf Tarifverträge 439
   e) Bezugnahmeklauseln auf sonstige Arbeitsbedingungen – Öffnungsklauseln . 452
   f) Haftungsausschlüsse und -erweiterungen 454
   g) Rückzahlung von Fort- und Ausbildungskosten 460
   h) Umzugskosten 475
   i) Schadenspauschalierung 484
   j) Vertragsstrafen 486
XII. Anpassung von Arbeitsbedingungen 496
1. Einvernehmliche Änderungen eines Arbeitsvertrags 497
   a) Allgemeines 497
   b) Grenzen des Verzichts 499
   c) Schriftformerfordernis 500
2. Einseitige Änderung des Arbeitsvertrags – Anpassungsvorbehalte des ArbGeb 502
   a) Ehemals gemeinsame Grenze: Keine Umgehung des KSchG und des TzBfG – heute: Inhaltskontrolle nach §§ 307 ff. 503
   b) Freiwilligkeitsvorbehalt 508
   c) Widerrufsvorbehalt 511
   d) Teilbefristung 516
3. Ablösung des Arbeitsvertrags durch Betriebsvereinbarung und Tarifvertrag .. 519
   a) Grundsatz: Günstigkeitsprinzip 519
   b) Ausnahme: Ablösung nach dem kollektiven Günstigkeitsprinzip 522
   c) Betriebsverfassungswidrige Einheitsregelung und betriebsvereinbarungsoffener Arbeitsvertrag – Ablöseprinzip 528
   d) Geltung des kollektiven Günstigkeitsprinzips auch für Tarifverträge? 531
4. Änderung einer Betriebsvereinbarung ... 532
   a) Änderung zulässiger Betriebsvereinbarungen 533
   b) Umdeutung unzulässiger Betriebsvereinbarungen 536
5. Änderung eines Tarifvertrags 538
   a) Anrechnung übertariflicher Entgelte . 539
   b) Entgeltreduzierung 544
   c) Änderung der Vergütungsgruppen ... 547

1 **I. Vertragsanbahnung. 1. Grundsatz.** Für die Anbahnung eines ArbVerh sind die Vorschriften des allg. Schuldrechts maßgebend. Es entsteht ein Vertragsanbahnungsverhältnis als Rechtsverhältnis iSd. § 241 II, das zu Aufklärungs-, Verschwiegenheits-, Mitwirkungs- und Obhutspflichten führen kann. Ggf. sind Rechte des BR zu beachten; Fragerechte stehen dem ArbGeb nur beschränkt zu (s. § 123 Rz. 3 ff.).

2 **2. Anwerbung von Arbeitnehmern. a) Anwerbungsmöglichkeiten.** Der ArbGeb kann im Rahmen der Anwerbung eines ArbN die zu besetzende Stelle öffentl. oder betriebsintern ausschreiben, in Zeitungen inserieren, AA einschalten usw. Unter einer **Stellenausschreibung** ist die allg. Aufforderung an alle oder an eine bestimmte Gruppe von ArbN zu verstehen, sich für einen bestimmten Arbeitsplatz im Betrieb zu bewerben[1]. Gem. § 93 BetrVG kann der **BR** vom ArbGeb **vor der Besetzung einer Stelle** eine betriebsinterne Ausschreibung der Arbeitsplätze (möglich in Form von Rundschreiben, Aushang oder Annonce in der Werkszeitung) verlangen. Stellt die vorgesehene Besetzung des Arbeitsplatzes eine Einstellung iSv. § 99 BetrVG dar, hat der BR gem. § 99 II Nr. 5 BetrVG die Möglichkeit, seine Zustimmung zur Einstellung zu verweigern, wenn das Ausschreibungsverlangen vom ArbGeb missachtet wurde. Auf das Unterbleiben einer Ausschreibung kann der BR die Zustimmungsverweigerung nur stützen, wenn er die Ausschreibung vor dem Antrag des ArbGeb auf Zustimmung zur Einstellung eines ArbN auf einen bestimmten Arbeitsplatz verlangt hat. Ein späteres Ausschreibungsverlangen genügt nicht[2]. Das Mitwirkungsrecht des BR gem. § 93 BetrVG besteht auch, wenn der Arbeitsplatz mit einem **LeihArbN** besetzt werden soll, da die Begründung eines Arbeitsverhältnisses ausreicht[3]. Ferner kann der BR nach der Rspr. des BAG ebenfalls die Ausschreibung der Arbeitsplätze verlangen, die der ArbGeb mit **freien Mitarbeitern** besetzen will[4]. Die Ausschreibungspflicht besteht selbst dann, wenn die zu besetzende Stelle für einen bestimmten ArbN geschaffen wurde[5], da der Zweck einer Stellenausschreibung in der Transparenz innerbetrieblicher personeller Vorgänge und damit verbunden der Vermeidung von Missstimmung im Betrieb liegt[6]. Somit muss der ArbGeb auch dann nach § 93 BetrVG die Stelle ausschreiben, wenn nicht mit der Bewerbung anderer Mitarbeiter zu rechnen ist.[7]

---

[1] Vgl. BAG 23.2.1988 – 1 ABR 82/86, AP Nr. 2 zu § 93 BetrVG 1972; ErfK/*Preis*, § 611 Rz. 241; Kittner/Zwanziger/Deinert/*Becker*, ArbR, § 18 Rz. 7. ||[2] BAG 14.12.2004 – 1 ABR 54/03, DB 2005, 729. ||[3] LAG Schl.-Holst. 29.2.2012 – 6 TaBV 43/11, ArbR 2012, 203; Richardi/*Thüsing*, § 93 BetrVG Rz. 3; *Fitting*, § 93 BetrVG Rz. 5. ||[4] Hierbei muss allerdings ebenfalls wieder eine Einstellung iSv. § 99 BetrVG vorliegen; BAG 27.7.1993 – 1 ABR 7/93, AP Nr. 3 zu § 93 BetrVG 1972; zust. Richardi/*Thüsing*, § 93 BetrVG Rz. 3; *Fitting*, § 93 BetrVG Rz. 5; GK-BetrVG/*Kraft/Raab*, § 93 Rz. 6; abl. *Hromadka*, SAE 1994, 133 (135 f.). ||[5] LAG Sachs. 13.8.1993 – 3 Ta BV 2/93, AuA 1994, 26. ||[6] BAG 27.7.1993 – 1 ABR 7/93, AP Nr. 3 zu § 93 BetrVG 1972. ||[7] LAG Köln 14.9.2012 – 5 TaBV 18/12, nv.

Der ArbGeb ist durch ein Ausschreibungsverlangen jedoch nicht daran gehindert, die Arbeitsplätze **3** gleichzeitig auch **außerhalb des Betriebes** durch Stellenausschreibung oder Mitteilung an die AA auszuschreiben. Hierbei darf er jedoch keine geringeren Anforderungen an die Qualifikation des Bewerbers stellen als in der betriebl. Ausschreibung[1]. Ferner muss nach der betriebsinternen Ausschreibung genügend Zeit für die Bewerbung von Betriebsangehörigen bleiben, bevor ein externer Bewerber eingestellt wird[2]. Der ArbGeb kann vom BR allerdings nicht dazu verpflichtet werden, den Arbeitsplatz nur mit ArbN, die sich auf die Ausschreibung hin gemeldet haben, zu besetzen oder ihnen Vorrang einzuräumen[3]. Durch eine freiwillige BV kann jedoch eine dahingehende Verpflichtung des ArbGeb begründet werden[4]. Eine erneute innerbetriebliche Ausschreibung gem. § 93 BetrVG ist aber nicht erforderlich, wenn sich ein Stellenbesetzungsverfahren bloß verzögert und die personelle Maßnahme erst Monate später als ursprünglich beabsichtigt durchgeführt wird.[5]

Ein bestimmter **Inhalt** der Ausschreibung ist gesetzl. nicht festgelegt, jedoch muss nach dem Sinn **4** und Zweck der Ausschreibung aus ihr hervorgehen, um welchen Arbeitsplatz es sich handelt und welche Anforderungen der Bewerber zu erfüllen hat[6]. Ob die Stelle befristet oder unbefristet besetzt werden soll, ist nicht notwendiger Bestandteil der Ausschreibung.[7] Hinsichtlich des Inhalts einer Ausschreibung steht dem BR kein MitbestR zu, es sei denn, dieses wurde durch eine freiwillige BV festgelegt. Will der ArbGeb jedoch mit den in der Ausschreibung beschriebenen besonders hohen Anforderungen an eine Qualifikation des Bewerbers bewirken, dass an sich geeignete Bewerber auf eine Bewerbung verzichten, kann hierin ein Verstoß gegen etwaige mit dem BR aufgestellte Auswahlrichtlinien iSv. § 95 BetrVG vorliegen. In diesem Fall unterliegt der ArbGeb auch hier dem MitbestR des BR[8]. Ob und inwieweit sich dessen MitbestR auf die **Form** der Ausschreibung bezieht, ist streitig[9]. Der BR kann jedenfalls vom ArbGeb nur eine Ausschreibung innerhalb des Betriebes verlangen. Hierbei kann er einen Aushang am schwarzen Brett oder eine Veröffentlichung in der Werkszeitung verlangen[10]. Eine **Frist** muss der ArbGeb bei der Veröffentlichung der internen Ausschreibung grds. nicht beachten. Für die ArbN muss die Möglichkeit bestehen, von der Stellenausschreibung Kenntnis zu nehmen und eine Bewerbung einzureichen. Ein Ausschreibungszeitraum von zwei Wochen ist im Regelfall nicht als unangemessen kurz anzusehen[11].

Schreibt der ArbGeb eine Stelle öffentl. oder innerhalb seines Betriebs aus, muss er die Regelungen **5** der §§ 1, 7, 11 AGG beachten, die sicherstellen sollen, dass schon der erste Schritt eines Bewerbungsverfahrens diskriminierungsfrei erfolgt[12].

Eine Ausschreibung ist **geschlechtsneutral** formuliert, wenn sie „sich in ihrer gesamten Ausdrucksweise sowohl an Frauen als auch Männer richtet"[13]. Dem ist zumindest dann Rechnung getragen, wenn die Berufsbezeichnung in männlicher und weiblicher Form (Bauleiter/Bauleiterin) oder aber ein geschlechtsunabhängiger Oberbegriff verwendet wird (Bauleitung). Aber auch wenn allein die prima facie männliche Bezeichnung verwandt wird, kann der Gesamtkontext der Ausschreibung ergeben, dass eine Geschlechtsdiskriminierung nicht beabsichtigt wird. Es entspricht dem allg. Sprachgebrauch, dass eine männliche Bezeichnung verwendet werden kann, ohne allein auf männliche ArbN hinzuweisen, ebenso wie die Vorgängervorschrift des § 611b nur vom ArbN, nicht aber auch der ArbNin sprach[14].

Altersneutral ist eine Ausschreibung formuliert, wenn sie kein bestimmtes Alter des Bewerbers („Fernfahrer bis 40 Jahre"; „Flugbegleiter/Flugbegleiterin bis 40 Jahre"; „Das ideale Alter des Bewerbers liegt zwischen 30 und 35 Jahren") oder keine bestimmte Bandbreite des Alters („Junger, engagierter Volljurist"[15]; „Senioren für Teilzeit gesucht") fordert oder wünscht, wenn nicht ein Rechtfertigungsgrund nach § 10 AGG oder § 8 AGG greift. Die Altersneutralität kann zweifelhaft sein, wenn zwar nicht explizit nur ein junger Bewerber angesprochen werden soll, jedoch der Gesamtkontext der Anzeige eine solche Erwartung des ArbGeb vermuten lässt: Wer einen Mitarbeiter für sein „junges und dynamisches Team" sucht, der wird bewusst eher jugendliche Bewerber ansprechen. Die Ausschreibung für „Berufsanfänger" muss deutlich machen, dass ggf. auch berufserfahrene Bewerber eingestellt werden, die sich bereit erklären, Arbeit eines Berufsanfängers zu den Konditionen eines Berufsanfängers zu machen. Eine (mittelbare) Benachteiligung wegen des Alters liegt somit vor, wenn ein ArbGeb einen höchstens ein Jahr zurückliegenden Hochschulabschluss verlangt.[16]

---

1 BAG 23.2.1988 – 1 ABR 82/86, AP Nr. 2 zu § 93 BetrVG 1972. ‖ 2 LAG Reutlingen 9.9.1993 – 1 BV 20/93, AiB 1994, 122; Richardi/*Thüsing*, § 93 BetrVG Rz. 25. ‖ 3 BAG 7.11.1977 – 1 ABR 55/75, AP Nr. 1 zu § 100 BetrVG 1972; 30.1.1979 – 1 ABR 78/76, AP Nr. 11 zu § 118 BetrVG 1972; 18.11.1980 – 1 ABR 63/78, AP Nr. 1 zu § 93 BetrVG 1972; Staudinger/*Richardi* Vor § 611 Rz. 1191; Richardi/*Thüsing*, § 93 BetrVG Rz. 25. ‖ 4 Richardi/*Thüsing*, § 93 BetrVG Rz. 25; *Hanau*, BB 1972, 451 (453). ‖ 5 LAG Nürnberg 14.3.2012 – 4 TaBV 40/11. ‖ 6 BAG 23.2.1988 – 1 ABR 82/86, AP Nr. 2 zu § 93 BetrVG 1972; Richardi/*Thüsing*, § 93 BetrVG Rz. 9. ‖ 7 LAG Schl.-Holst. 6.3.2012 – 2 TaBV 37/11, ArbR 2012, 331. ‖ 8 *Fitting*, § 93 BetrVG Rz. 7; *Hunold*, DB 1976, 98 (100f.). ‖ 9 Generell bejahend Schaub/*Koch*, ArbRHdb, § 238 Rz. 15; verneinend BAG 23.2.1988 – 1 ABR 82/86, AP Nr. 2 zu § 93 BetrVG 1972 11; MünchArbR/*Matthes*, § 261 Rz. 9; *Fitting*, § 93 BetrVG Rz. 6. ‖ 10 Richardi/*Thüsing*, § 93 BetrVG Rz. 12. ‖ 11 BAG 6.10.2010 – 7 ABR 18/09, DB 2011, 658. ‖ 12 S. dazu ausführlich MüKoBGB/*Thüsing*, § 1 AGG; *Kania/Merten*, ZIP 2007, 8 (9ff.). ‖ 13 BT-Drs. 8/4259, 9. ‖ 14 *Thüsing*, NJW 1996, 2634; ähnlich Staudinger/*Annuß*, § 611 Rz. 6. ‖ 15 BAG 19.8. 2010 – 8 AZR 530/09, NZA 2010, 1412. ‖ 16 LAG Hess. 18.3.2013 – 7 Sa 1257/12, nv., anhängig beim BAG unter 8 AZR 848/13.

Ausschreibungen differenzierend nach der **Religion** kommen in der Praxis wohl nur bei kirchlichen oder diakonischen/karitativen ArbGeb vor. Sie sind regelmäßig zulässig, da gerechtfertigt nach § 9 AGG.

6 **Inseriert der ArbGeb in einer Zeitung**, um ArbN anzuwerben, so liegt hierin noch kein Angebot auf Abschluss eines Arbeitsvertrages. Vielmehr stellt das Inserat eine Aufforderung zur Abgabe eines Arbeitsangebots (*invitatio ad offerendum*) dar[1]. Macht der ArbGeb in dem Inserat unzutreffende Angaben und weist den Bewerber nicht im Rahmen des Bewerbungsgesprächs ausdrücklich darauf hin, kann dieses Verhalten eine Haftung aus Verschulden bei Vertragsschluss gem. **§§ 311 II, 280** begründen[2].

7 **b) Ersatz der Vorstellungs- und Umzugskosten.** Fordert der ArbGeb den Bewerber auf, sich persönlich vorzustellen, ist er gem. §§ 662 ff. zum **Ersatz der Vorstellungskosten** verpflichtet. Der Ersatzanspruch besteht unabhängig von einem späteren Zustandekommen des Arbeitsvertrages[3]. Zum Entstehen eines Anspruchs auf Kostenerstattung soll neben der ausdrücklichen Aufforderung auch ausreichen, wenn der ArbGeb dem Bewerber eine persönliche Vorstellung anheim- oder freistellt[4]. Grds. sind dem Bewerber alle Kosten zu ersetzen, die er den Umständen nach oder den er **für erforderlich halten** durfte[5]. Zu den ersatzfähigen Ausgaben des Bewerbers gehören demnach etwa Fahrt-, Übernachtungs- und Verpflegungskosten; nicht aber die Abgeltung für einen vom Bewerber genommenen Urlaubstag oder Verdienstausfall[6]. Durfte der ArbN davon ausgehen, dass der ArbGeb nicht nur die Kosten öffentl. Verkehrsmittel, sondern auch die Kraftfahrzeugkosten ersetzt, hat er auch einen diesbezüglichen Ersatzanspruch entsprechend § 670[7]. Die Berechnung der Kosten ist nach den steuerrechtl. Vorschriften über die Abgeltung der Benutzung eines Dienstfahrzeugs zu berechnen[8]. Eine andere Beurteilung bzgl. der Erstattungsfähigkeit von Fahrkosten kann im Einzelfall geboten sein, wenn es sich um Bewerber für Führungspositionen handelt[9]. Hier kann der Bewerber grds. auch eine Benutzung der 1. Wagenklasse für erforderlich halten[10]. Dies dürfte insb. dann gelten, wenn der Bewerber als späterer ArbN dienstlich zur Nutzung der 1. Wagenklasse berechtigt wäre. Zum Ersatz von Flugkosten, die deutlich über den Bahnkosten liegen, bedarf es jedoch regelmäßig einer vorherigen Absprache mit dem ArbGeb[11]. Übernachtungskosten sind zu erstatten, wenn dem Bewerber die Hin- und Rückfahrt noch am selben Tag nicht zugemutet werden kann[12]. Grds. hat im Rahmen der Erstattung von Vorstellungskosten eine **Einzelabwägung** zu erfolgen; je höher dotiert die angestrebte Position ist, desto eher wird der Bewerber höhere Kosten für erstattungsfähig halten dürfen[13].

8 Um den **Erstattungsanspruch auszuschließen** muss der ArbGeb dies bei der Aufforderung zur Vorstellung ausdrücklich bekannt geben[14]. Stellt sich ein Bewerber hingegen unaufgefordert persönlich auf Grund eines Zeitungsinserats oder nach Vorschlag durch die AA vor, kann er keine Kostenerstattung verlangen[15]. Dies soll auch gelten, wenn der ArbGeb lediglich seine Zustimmung zum Erscheinen des Bewerbers gibt oder wenn der Bewerber zu einem Vorstellungsgespräch erscheint, auch wenn er für die Stelle offensichtlich nicht in Betracht kommt[16]. Eine Ausgleichsklausel in einem gerichtl. Vergleich, die eine Erledigung „aller eventueller finanzieller Ansprüche aus dem ArbVerh und seiner Beendigung" vorsieht, erfasst, wenn sich aus den Umständen nichts anderes ergibt, auch die dem ArbN entstandenen Vorstellungskosten aus Anlass der Eingehung eines ArbVerh[17]. Der Erstattungsanspruch **verjährt** nach § 195 in **drei Jahren**[18].

9 **Umzugskosten nach erfolgreicher Bewerbung** sind demggü. vom ArbGeb grds. nur nach gesonderter Vereinbarung oder bei Bestehen entsprechender tarifvertragl. Regelungen bzw. BV auszugleichen[19].

---

1 Soergel/*Kraft*, § 611 Rz. 5; KassHdb/*Leinemann*, 1.1 Rz. 420. ‖ 2 So das LAG Hess. 13.1.1993 – 2 Sa 522/92, NZA 1994, 884, wonach ein ArbGeb, der in einer Stellenanzeige unzutreffende Angaben über die Höhe eines zu erzielenden Mindesteinkommens macht und im Vorstellungsgespräch den ArbN nicht darauf hinweist, dass das angegebene, nur durch Provision erzielbare Mindesteinkommen lediglich von wenigen Mitarbeitern erreicht wird, aus cic haftet; s. Schaub/*Linck*, ArbRHdb, § 25 Rz. 4. ‖ 3 BAG 14.2.1977 – 5 AZR 171/76, AP Nr. 8 zu § 196 BGB; ArbG Berlin 25.6.1975 – 10 Ca 681/74, DB 1975, 1609; BAG 29.6.1988 – 5 AZR 433/87, EzA § 670 BGB Nr. 21; krit. zur Anspruchsgrundlage MüKoBGB/*Henssler*, § 629 Rz. 26. ‖ 4 *Becker/Schaffner*, BlStSozArbR 1985, 161; aA *Müller*, ZTR 1990, 237. ‖ 5 BAG 14.2.1977 – 5 AZR 171/76, AP Nr. 8 zu § 196 BGB; 29.6.1988 – 5 AZR 433/87, EzA § 670 BGB Nr. 21; zur Erstattungsfähigkeit einer Taxifahrt vom Bahnhof zum Firmensitz s. ArbG Köln 20.5.2005 – 2 Ca 10220/04, NZA-RR 2005, 577; zu Flugkosten ArbG Düss. 15.5.2012 – 2 Ca 2404/12, NZA-RR 2012, 488. ‖ 6 BAG 29.6.1988 – 5 AZR 433/87, EzA § 670 BGB Nr. 21; LAG Düss. 5.1.1956 – 3 Sa 213/55, BB 1956, 817 (einschr. zu Aufenthaltskosten); ArbG Marburg 5.2.1969 – Ca 600/68, DB 1969, 2041 (keine Erstattungspflicht bei Einreise aus Algerien); ArbG Wuppertal 28.4.1983 – 2 Ca 926/83, BB 1983, 1473; ArbG Hamburg 2.11.1994 – 13 Ca 24/94, NZA 1995, 428. ‖ 7 ArbG Berlin 25.6.1975 – 10 Ca 681/74, DB 1975, 1690; aA LAG München 30.5.1985 – 9 Sa 986/84, LAGE § 670 BGB Nr. 4, das den ArbGeb grds. nur dazu verpflichtet hält, die Kosten zu ersetzen, die bei der Benutzung der Bundesbahn, 2. Wagenklasse, entstehen. ‖ 8 ArbG Berlin 25.6.1975 – 10 Ca 681/74, DB 1975, 1205; LAG Hess. 6.8.1980 – 10 Sa 849/79, DB 1981, 1000. ‖ 9 LAG Hess. 6.8.1980 – 10 Sa 849/79, DB 1981, 1000. ‖ 10 *Knipp*, AR-Blattei SD 1770, Rz. 8. ‖ 11 KassHdb/*Leinemann*, 1.1 Rz. 439; ArbG Hamburg 2.11.1994 – 13 Ca 24/94, NZA 1995, 428; ArbG Düss. 15.5.2012 – 2 Ca 2404/12, NZA-RR 2012, 488. ‖ 12 S.a. ErfK/*Preis*, § 611 Rz. 246. ‖ 13 So auch ErfK/*Preis*, § 611 Rz. 244. ‖ 14 ArbG Kempten 12.4.1994 – 4 Ca 720/94, BB 1994, 1504. ‖ 15 Schaub/*Linck*, ArbRHdb, § 25 Rz. 26; *Rothe*, DB 1968, 1906 (1907). ‖ 16 MüKoBGB/*Henssler*, § 629 Rz. 27; aA LAG Nürnberg 25.7.1995 – 2 Sa 73/94, LAGE § 670 BGB Nr. 12. ‖ 17 LAG Nürnberg 29.9.2003 – 6 Sa 882/02, NZA-RR 2004, 290. ‖ 18 BAG 14.2.1977 – 5 AZR 171/76, AP Nr. 8 zu § 196 BGB. ‖ 19 So auch Schaub/*Koch*, ArbRHdb, § 82 Rz. 13.

3. Bewerberauswahl. a) Personalplanung. Grundlage der Bewerberauswahl ist die Personalplanung. Sie umfasst jede Methode zur möglichst weit gehenden Übereinstimmung zwischen den künftigen Arbeitsanforderungen und dem einsetzbaren Personal nach Qualifikation und Zahl. Dazu gehören insb. Planungen im Hinblick auf den gegenwärtigen oder künftigen quantitativen und qualitativen Personalbedarf sowie die sich daraus ergebenden personellen Maßnahmen (Einstellungen und Entlassungen) und Maßnahmen zur Bildung der ArbN[1]. Gem. **§ 92 BetrVG** steht dem BR bei der Personalplanung des ArbGeb ein Informations- (Abs. 1) und Initiativrecht (Abs. 2) zu. Weitere personalplanerische Mitwirkungsrechte des BR sind in § 96 I (Förderung der Berufsbildung im Rahmen der betriebl. Personalplanung) und § 106 II BetrVG (Unterrichtungspflicht des Unternehmers über Auswirkungen der wirtschaftl. Angelegenheiten des Unternehmens auf die Personalplanung) enthalten. Im Rahmen des **Bundespersonalvertretungsgesetzes** ist die Personalplanung nicht als eigenständiges Mitwirkungsrecht konzipiert, sondern wird im Zusammenhang mit Personalanforderungen zum Haushaltsvorschlag aufgeführt (§ 78 III 1 BPersVG). Der Personalrat soll jedoch auf Grundlage von **§ 78 III 3 BPersVG** für Personalplanungen insg. zu beteiligen sein.

b) Fragerecht des Arbeitgebers. S. § 123 Rz. 3 ff.

c) Einstellungsuntersuchungen und Eignungstests. aa) Einstellungsuntersuchungen werden zu dem Zweck durchgeführt, die physische Eignung des ArbN für die künftig zu erbringende Arbeitsleistung zu prüfen. Die Leistungsfähigkeit muss mit der Leistungsanforderung vereinbar sein[2]. Die ärztlichen Untersuchungen stellen eine Beeinträchtigung des allg. Persönlichkeitsrechts des Bewerbers dar. Da eine allg. gesetzl. Grundlage für die Anordnung von Einstellungsuntersuchungen fehlt, werden für die Prüfung ihrer Zulässigkeit die für das Fragerecht des ArbGeb nach einer Krankheit oder Behinderung entwickelten Maßstäbe angewandt. Die ärztliche Untersuchung ist somit nur zulässig, wenn der ArbGeb an ihrer Durchführung ein berechtigtes, billigenswertes Interesse hat. Daher darf sich die Einstellungsuntersuchung nur auf die Eignung für den konkret zu besetzenden Arbeitsplatz beziehen. Eine Untersuchung weist dann den erforderlichen Bezug zum Arbeitsplatz auf, wenn hierdurch festgestellt werden soll, ob die Eignung des Bewerbers für die angestrebte Tätigkeit auf Dauer oder in periodisch wiederkehrenden Abständen erheblich beeinträchtigt oder aufgehoben wird[3]. Ob der Bewerber die erforderliche Eignung aufweist, liegt im Beurteilungsspielraum des Arztes. Durch die fehlende gesetzl. Normierung besteht grds. keine rechtl. Verpflichtung des Bewerbers, sich einer ärztlichen Untersuchung zu unterziehen, so dass eine solche nur auf **freiwilliger Basis** erfolgen kann. Durch eine Verweigerung des Bewerbers setzt er sich jedoch der Gefahr aus, eine sofortige Ablehnung zu erhalten[4]. Gegen die ablehnende Entscheidung des ArbGeb wird der Bewerber nur schwer einen Schadensersatzanspruch durchsetzen können; auf Grund der Vertragsfreiheit müssen die Gründe für die Ablehnung von Stellenbewerbern nicht offen gelegt werden. Besteht ausnahmsweise eine **gesetzl.** (zB §§ 32 ff. JArbSchG) oder **tarifvertragl.** (vgl. § 3 IV TVöD, früher weitergehend § 7 BAT) Anordnung der Untersuchung, muss der Bewerber eine solche zulassen. Unterlässt der ArbGeb trotz gesetzl. Anordnung eine Einstellungsuntersuchung, begründet dies keinen Anspruch des ArbN auf Ersatz von Vermögensschäden wie Verdienstausfall oder Vergütungsdifferenz wegen unterbliebener beruflicher Neuorientierung. Die Vorschriften über medizinische Erst- und Folgeuntersuchungen dienen allein dem Gesundheitsschutz des ArbN bzw. Dritter und nicht dazu, den Bewerber vor beruflichen Fehlentscheidungen zu bewahren[5]. Die Durchführung der Untersuchung obliegt regelmäßig einem nach § 2 ASiG berufenen **Werksarzt**. Ist kein Werksarzt vorhanden, kann auch ein Vertrauens-, Amts- oder frei praktizierender Arzt beauftragt werden. Der untersuchende Arzt unterliegt grds. der allg. ärztlichen Schweigepflicht. Diese wird auch nicht durch die Tatsache beseitigt, dass der Arzt im Interesse des ArbGeb tätig ist. Die Weitergabe der Untersuchungsergebnisse an den ArbGeb darf somit nur mit Einwilligung des Bewerbers erfolgen. Liegt eine wirksame Einwilligung vor, ist der Arzt nur insoweit von seiner Schweigepflicht entbunden, als das Untersuchungsergebnis die Tauglichkeit des Bewerbers als solche betrifft. Die Weitergabe einzelner Befunde ist nicht zulässig; das legitime Interesse des ArbGeb erstreckt sich nur auf das Ergebnis[6]. In der Bereitschaft zur Durchführung der Untersuchung liegt eine stillschweigende Einwilligung zur Weitergabe der Ergebnisse. Sowohl bei der vorherigen als auch bei der nachträglichen Einstellungsuntersuchung hat der ArbGeb – soweit keine anderweitige vertragl. Vereinbarung vorliegt – für die Kosten der ärztlichen Untersuchung gem. § 670 aufzukommen[7].

Rechtl. Grenzen bestehen für **Aids-Tests** im Rahmen von Einstellungsuntersuchungen. Allerdings hat der ArbGeb die Pflicht, die von ihm beschäftigten ArbN vor Gesundheitsgefahren zu schützen, also auch vor einer Infizierung mit dem HI-Virus. Da – von Ausnahmefällen abgesehen – bei Verrichtung normaler Tätigkeiten nach medizinischen Kenntnissen aber keine Ansteckungsgefahr für Kollegen eines HIV-Infizierten besteht, sind Aids-Tests innerhalb von Einstellungsuntersuchungen regelmäßig unzu-

---

1 Schaub/*Koch*, ArbRHdb, § 238 Rz. 2. ||2 ErfK/*Preis*, § 611 Rz. 292. ||3 Vgl. BAG 7.6.1984 – 2 AZR 270/83, AP Nr. 26 zu § 123 BGB. ||4 EuGH 5.10.1994 – Rs. C-404/92, NJW 1994, 3005; ArbG Stuttgart 21.1.1983 – 7 Ca 381/82, BB 1983, 1162; *Eich*, NZA Beil. 2/1987, 10; Schaub/*Linck*, ArbRHdb, § 26 Rz. 14; *Fitting*, § 94 BetrVG Rz. 25. ||5 LAG Berlin 9.7.2004 – 6 Sa 486/04, MDR 2005, 99. ||6 *Eich*, NZA Beil. 2/1987, 10; ErfK/*Preis*, § 611 Rz. 296; *Fitting*, § 94 BetrVG Rz. 25; Schaub/*Linck*, ArbRHdb, § 26 Rz. 14; *Keller*, NZA 1988, 561 (563). ||7 Schaub/*Linck*, ArbRHdb, § 26 Rz. 14.

lässig[1]. Wird die Einstellungsuntersuchung im Rahmen der Besetzung eines Arbeitsplatzes mit Infektionsgefahren verbundenen Tätigkeiten vorgenommen, muss man einen Aids-Test im Hinblick auf die zum Fragerecht entwickelten Grundsätze für zulässig erachten[2].

14 Zur Beurteilung der Zulässigkeit von **Drogentests** müssen ebenfalls die für das Fragerecht entwickelten Grundsätze angewandt werden. An diese Voraussetzungen sind auf Grund des Eingriffs in das Persönlichkeitsrecht des Bewerbers (Art. 1 I, 2 I GG) als auch in sein Recht auf körperliche Unversehrtheit (Art. 2 II GG) strenge Anforderungen zu stellen. Die Durchführung eines Drogentests ist mit der Frage nach einer Alkoholerkrankung zu vergleichen. Drogentests können somit nur zulässig sein, wenn durch eine Abhängigkeit die Eignung des Bewerbers für die angestrebte Tätigkeit beeinträchtigt wird. Die fehlende Eignung muss konkret für den jeweils zu besetzenden Arbeitsplatz nachgewiesen werden. Nicht ausreichend ist das bloße Risiko einer Schlechtleistung des ArbN. Vielmehr muss eine **besondere Gefahrenlage** für die Interessen des ArbGeb bestehen, so etwa bei der Einstellung von Kassenpersonal in Banken oder einer Bedienungsmannschaft von teuren Spezialmaschinen. Die Durchführung von Drogentests muss jedenfalls immer dann als zulässig erachtet werden, wenn durch die Tätigkeit eine besondere Risikolage für Leib und Leben Dritter geschaffen wird. Dies ist insb. bei Piloten, Chirurgen, Waffenträgern etc. der Fall[3]. Nach den Grundsätzen zur allg. Einstellungsuntersuchung kann die Durchführung eines Drogentests ebenfalls nur mit Zustimmung des ArbN auf freiwilliger Basis erfolgen. Nach **erfolgter Einstellung** kann der ArbN auf Grund seiner Treuepflicht bei bestehendem Verdacht der Eignungseinschränkung etwa durch Drogenkonsum während der Arbeitszeit zur Einwilligung in einen Drogentest verpflichtet sein. Routinemäßige Kontrollen hingegen sind nur auf Grundlage gesetzl. Regelungen oder in engen Grenzen durch Vereinbarungen in TV oder BV möglich[4]. Die zukünftige Entwicklung bleibt abzuwarten. Betrachtet man die Strenge ausländischer Rechtsordnungen[5] dürfte die Tendenz eher zu einer Verschärfung als zu einer Abschwächung der Regeln gehen. Hierfür spricht auch das künftige Verbot der Diskriminierung wegen der Behinderung, wenn denn die Drogensucht eine Behinderung ist[6].

15 Bei der Durchführung **genetischer Analysen**, insb. der **Genomanalyse**[7], ist die Gefahr eines schwerwiegenden Eingriffs in das Persönlichkeitsrecht des ArbN besonders hoch, da sie Untersuchungsmethoden umfassen, die Rückschlüsse auf Funktionen und Strukturen der Gene zulassen. Die Untersuchungen dienen dem Ziel, die Erbanlagen für Krankheiten oder genetisch bedingte Empfindlichkeiten ggü. Umwelteinflüssen aufzudecken. Durch diese Erkenntnisse besteht für den ArbGeb die Möglichkeit, Einstellungsentscheidungen zu vermeiden, die zukünftig zu erhöhten wirtschaftl. Belastungen, etwa durch das Entstehen von Krankenkosten führen können. Für den ArbN hingegen könnten Arbeitsplatzchancen ausgeschlossen sein, auch wenn die Krankheit uU lange gar nicht oder erst viel später zum Ausbruch kommen kann. Höchst umstritten war, ob die Genomanalyse auch ohne gesetzl. Regelung im Rahmen von Einstellungsuntersuchungen vorgenommen werden durfte: Die hM bejahte die Zulässigkeit ohne gesetzl. Regelung in Einzelfällen allenfalls dann, wenn sie sich ausschließlich auf arbeitsvertragl. relevante Ermittlungen beschränkte, der ArbN über Grenzen und Umfang der Analyse aufgeklärt worden ist und ihr ausdrücklich zugestimmt hat und eine Geheimhaltung der Ergebnisse gewährleistet war[8].

16 Mit dem **Gesetz über genetische Untersuchungen bei Menschen**[9] hat der Gesetzgeber der Diskussion ein Ende bereitet. Nach § 19 Nr. 1 GenDG darf der ArbGeb von den Beschäftigten weder vor noch nach der Begründung des Beschäftigungsverhältnisses die Vornahme genetischer Untersuchungen oder Analysen verlangen. Ausnahmen sind nach § 20 GenDG nur zum Arbeitsschutz zulässig[10].

17 bb) **Einstellungstests.** Der ArbGeb kann die Bewerberauswahl auch durch Einstellungstests erleichtern. Zu den Testverfahren gehören **Assessment-Center, psychologische Tests** und **graphologische Gutachten.** Auch für Einstellungstests gelten die zum Fragerecht dargestellten Grundsätze, so dass ein berechtigtes Interesse des ArbGeb an ihrer Durchführung bestehen muss.

18 Unter einem **Assessment-Center** wird ein systematisches Verfahren zur Feststellung von Verhaltensleistungen und Verhaltensdefiziten verstanden, das von mehreren Beobachtern gleichzeitig für mehrere Teilnehmer angewandt wird[11]. Es kann sich zusammensetzen aus Prüfungen – auch in Form von psychologischen Tests, Intelligenztests, Potenzialanalyse – und Arbeitsproben, wie zB Aktenprobe, *case study*, Gruppendiskussion, Dialogführung, Rollenspiel und Präsentation als miteinander verknüpfbare Aufgabentypen. Assessment-Center können nur mit Zustimmung der Bewerber durchgeführt werden und müssen einen Bezug zum konkret zu besetzenden Arbeitsplatz aufweisen. Ferner besteht ein MitbestR des BR gem. §§ 94, 95 BetrVG[12].

---

1 Vgl. Schaub/*Linck*, ArbRHdb, § 26 Rz. 23. || 2 *Löwisch*, DB 1987, 936 (940); *Eich*, NZA Beil. 2/1987, 10 (11); *Lichtenberg/Schücking*, NZA 1990, 41 (45). || 3 S.a. umfassend *Diller/Powietzka*, NZA 2001, 1227 (1228). ||4 Vgl. *Diller/Powietzka*, NZA, 2001, 1227 (1229 ff.). || 5 S. *Thüsing*, NZA 1999, 641. || 6 Hierfür BAG 14.1. 2004 – 10 AZR 188/03, AP Nr. 3 zu AVR Caritasverband Anlage 1; s.a. *Thüsing/Wege*, NZA 2006, 136 ff. || 7 Ausf. zum Begriff der Genanalyse und Genomanalyse s. *Deutsch*, NZA 1989, 657. || 8 *Knipp*, AR-Blattei SD 640 Einstellung, Rz. 83; Kittner/Zwanziger/Deinert/*Becker*, § 18 Rz. 35. || 9 Gendiagnostikgesetz v. 31.7.2009, BGBl. I S. 2529. || 10 Vgl. dazu ausführlich *Wiese*, BB 2011, 313 (316) und BB 2009, 2198 ff. || 11 *Schönfeld/Gennen*, NZA 1989, 543. || 12 Richardi/*Thüsing*, § 94 BetrVG Rz. 59, § 95 BetrVG Rz. 26; ErfK/*Preis*, § 611 Rz. 308; ausf. zur Problematik der Mitbest. bei Assessment-Centern: *Schönfeld/Gennen*, NZA 1989, 543.

Stress-Interviews dienen dazu, geistige Fähigkeiten von Bewerbern für Führungspositionen zu erforschen. Im Rahmen der Durchführung des Interviews soll geprüft werden, wie der Bewerber auf emotionale und intellektuelle Belastungen reagiert. Hierzu werden ihm unangenehme, unerwartete und belastende Fragen gestellt[1]. Ihre Zulässigkeit ist umstritten[2], dürfte jedoch bei Berufen, in denen es eben auf emotionale und intellektuelle Belastbarkeit nicht per se ankommt, zu verneinen sein, da sie zu einer vollständigen Persönlichkeitsdurchleuchtung führen können und somit das Persönlichkeitsrecht des Bewerbers verletzen. Es gilt der allg. Maßstab des legitimen ArbGebInteresses. **19**

Aus ähnlichen Gründen, aus denen ärztliche Untersuchungen nur von approbierten Ärzten durchgeführt werden dürfen, sind **psychologische Tests** grds. von diplomierten Psychologen oder im Fall standardisierter Tests nach deren Anweisungen und Vorgaben durchzuführen[3]. Ihre Zulässigkeit ist auch nach erfolgter Zustimmung durch den Bewerber bedenklich, da sich dieser häufig unter dem Druck der Gefahr einer Ablehnung seiner Bewerbung gezwungen sieht, in den Test einzuwilligen. Psychologische Tests können daher nur als zulässig angesehen werden, wenn sie dem Verhältnismäßigkeitsgrundsatz genügen; also etwa bei der Besetzung einer besonderen Vertrauensstellung angefordert werden. Weiterhin muss der ArbN über die Funktionsweise des Tests aufgeklärt werden und dem ArbGeb andere Erkenntnisquellen verschlossen sein[4]. Auch der Psychologe unterliegt der Schweigepflicht iSv. § 203 StGB. Er darf dem ArbGeb wie bei der Einstellungsuntersuchung nur das Ergebnis hinsichtlich einer Eignung mitteilen, nicht jedoch einzelne Meinungen etc. des Bewerbers[5]. Reine **IQ-Tests**, die idR keinen Arbeitsplatzbezug aufweisen, sind unzulässig[6]. **20**

Häufig werden bei Bewerbungen – insb. von Führungskräften – handgeschriebene (eigenhändige[7]) Lebensläufe verlangt, die oftmals Grundlage für **graphologische Gutachten** sind. Graphologische Gutachten dienen dazu, die aus der Einstellungsverhandlung gewonnenen Eindrücke noch einmal zu erweitern und zu vertiefen und somit eine bessere Beurteilung der Persönlichkeit für den ArbGeb zu ermöglichen. Die Anfertigung eines solchen Gutachtens stellt einen Eingriff in das Persönlichkeitsrecht des Bewerbers dar und ist nur mit dessen Einwilligung zulässig. Der Bewerber soll frei darüber entscheiden können, ob und inwieweit er ein Ausleuchten seiner Persönlichkeit mit Mitteln, die über jedermann zur Verfügung stehende Erkenntnismöglichkeiten hinausgehen, gestatten will[8]. Nach umstrittener Auffassung[9] soll jedoch eine konkludente Einwilligung in die Anfertigung eines graphologischen Gutachtens bereits dann vorliegen, wenn der ArbN auf Verlangen des ArbGeb einen handschriftl. Lebenslauf abgibt. Dieser Ansicht ist jedenfalls dann zuzustimmen, wenn der Anforderung eines handschriftl. Lebenslaufs der Hinweis auf die Anfertigung eines graphologischen Gutachtens beigefügt ist oder leitende Angestellte oder Führungspersonen einen Lebenslauf ihrer Bewerbung beifügen[10]. Grds. deckt die Einwilligung die Begutachtung nur, insoweit sie verhältnismäßig und erforderlich ist. Begründet wird diese Einschränkung mit der Drucksituation, in welcher sich der ArbN bei der Bewerbung befindet. Die Anfertigung eines Gutachtens ist dann unverhältnismäßig, wenn die künftige Tätigkeit in der Verrichtung einfacher Arbeiten besteht. Nach dem Grundsatz der Erforderlichkeit darf nur nach Eigenschaften gefragt werden, die mit dem Arbeitsplatz in Verbindung stehen; eine allg. Charakterstudie ist somit nicht zulässig[11]. **21**

cc) Beachtung des Bundesdatenschutzgesetzes. Im Rahmen von Einstellungsuntersuchungen und Einstellungstests werden ebenfalls personenbezogene Daten erhoben, so dass das **BDSG** auch hier vom ArbGeb zu beachten ist. Es gelten insofern die gleichen Grundsätze wie bei der Erstellung von Personalfragebögen durch den ArbGeb. Durch Einführung des § 32 BDSG sind diese Grenzen nun schwieriger zu bestimmen (s. ausf. die Komm. zu § 32 BDSG und § 123 Rz. 3). **22**

d) Informationserhebung bei Dritten. Häufig hat der ArbGeb insb. bei der Einstellung von Führungskräften ein Interesse daran, über die Bewerbungsunterlagen hinaus vom **früheren ArbGeb Informationen** über die Leistung und das Verhalten des Bewerbers einzuholen. Der Bewerber muss jedoch das Recht haben, dem zukünftigen ArbGeb zu untersagen, bei seinem **derzeitigen ArbGeb** Auskünfte über seine Person einzuholen. Wird dieser Wunsch missachtet und entstehen hierdurch Nachteile für den Bewerber, kann der ArbGeb nach §§ 311 II, 280 schadensersatzpflichtig sein[12]. Auf Wunsch des ArbN ist der frühere ArbGeb hingegen selbst dann zur Erteilung einer Auskunft verpflichtet, wenn er bereits ein **23**

---

1 *Schmid*, DB 1980, 2442 (2443). ||2 Abl. *Däubler*, CR 1994, 101 (105); ihm folgend ErfK/*Preis*, § 611 Rz. 310; LAG Sachs. 20.8.2004 – 2 Sa 872/03, nv. ||3 Ähnl. Kittner/Zwanziger/Deinert/*Becker*, ArbR, § 18 Rz. 37; ErfK/*Preis*, § 611 Rz. 309. ||4 LAG Sachs. 20.8.2004 – 2 Sa 872/03, nv.; *Grunewald*, NZA 1996, 15; KassHdb/*Leinemann*, 1.1 Rz. 455; Schaub/*Linck*, ArbRHdb, § 26 Rz. 13; weiter gehend: KassHdb/*Leinemann*, 1.1. Rz. 455; *Knipp*, AR-Blattei SD 640 Einstellung, Rz. 82. ||5 ErfK/*Preis*, § 611 Rz. 309. ||6 AA Schaub/*Linck*, ArbRHdb, § 26 Rz. 13, der auch hier auf den Grundsatz der Verhältnismäßigkeit abstellt. ||7 BAG 16.9.1982 – 2 AZR 228/80, AP Nr. 24 zu § 123 BGB. ||8 BAG 16.9.1982 – 2 AZR 228/80, AP Nr. 24 zu § 123 BGB; LAG BW 26.1.1972 – 8 Sa 10/71, NJW 1976, 310. ||9 ArbG München 14.4.1975 – 26 Ca 1674/75, BB 1975, 1657; *Schmid*, NJW 1969, 1655 (1656); aA *Wiese*, NZA 1986, 505; *Bepler*, NJW 1976, 1872 (1873); Schaub/*Linck*, ArbRHdb, § 26 Rz. 12; MüKoBGB/*Müller-Glöge*, § 611 Rz. 626; *Grunewald*, NZA 1996, 15. ||10 Vgl. BAG 16.9.1982 – 2 AZR 228/80, DB 1983, 2780; LAG BW 26.1.1972 – 8 Sa 10/71, NJW 1976, 310; *Brox*, Anm. zu BAG 16.9.1982 – 2 AZR 228/80, AP Nr. 24 zu § 123 BGB; KassHdb/*Leinemann*, 1.1 Rz. 451; Kittner/Zwanziger/Deinert/*Becker*, ArbR, § 18 Rz. 20, aA *Wiese*, NZA 1986, 505 (506). ||11 *Brox*, Anm. zu BAG 16.9.1982 – 2 AZR 228/80, AP Nr. 24 zu § 123 BGB; s.a. *Kaehler*, DB 2006, 277 (279 f.). ||12 Vgl. auch *Schmid*, DB 1983, 769.

Zeugnis erstellt hat; andernfalls könnte der potenzielle neue ArbGeb aus einer Weigerung für den Bewerber nachteilige Schlüsse ziehen[1]. Zur Auskunftserteilung **verpflichtet** werden kann der frühere ArbGeb allerdings nur durch ein diesbezügliches Verlangen des Bewerbers, nicht aber durch den potenziellen neuen ArbGeb[2]. Nach Ansicht des BAG ist der bisherige ArbGeb darüber hinaus **berechtigt**, auch gegen den Willen des ArbN Auskünfte an Personen zu erteilen, mit denen dieser in Verhandlungen zum Abschluss eines Arbeitsvertrags steht[3]. Der ArbN kann die Auskunftserteilung jedoch unterbinden, sofern ein entsprechendes Verbot zwischen ihm und seinem bisherigen ArbGeb vereinbart worden ist[4]. Der Bewerber muss bei einem Verbot der Auskunftseinholung allerdings damit rechnen, aus der Bewerberauswahl für die zu besetzende Stelle unmittelbar ausgeschlossen zu werden. Der frühere ArbGeb ist grds. **nicht** ggü. Dritten zur **Auskunftserteilung verpflichtet**. Von diesem Grundsatz können allerdings nach der Rspr. des BAG **Ausnahmen** für ArbN im **öffentl. Dienst** zulässig sein. Nach einer Entscheidung des BAG[5] soll der frühere ArbGeb hier selbst dann zur Auskunftserteilung ggü. einem Dritten verpflichtet und in der Lage sein, wenn er sich ggü. dem ArbN verpflichtet hat, über den Zeugnisinhalt hinaus keine weiteren Auskünfte zu erteilen.

24 Der frühere ArbGeb darf auch **nachteilige Auskünfte** an Dritte weitergeben, sofern diese wahr sind und der Dritte ein berechtigtes Interesse an ihrer Kenntnis hat, wobei dieses berechtigte Interesse stets bei Personen zu bejahen ist, die beabsichtigen, den ArbN bei sich einzustellen[6]. Bei **fehlerhaften oder unvollständigen Auskünften** kann der ArbN ggf. gem. § 1004 eine Berichtigung der Auskunft verlangen[7]. Darüber hinaus haftet der frühere ArbGeb ggü. seinem ArbN wegen Verletzung der nachträglichen Fürsorgepflicht auf Schadensersatz **aus § 280** und uU gem. §§ 823, 826[8]. Zur Sicherstellung dieser Ansprüche kann der ArbN bei einer schriftl. Auskunftserteilung die Aushändigung einer entsprechenden Kopie verlangen[9]. Ggü. dem **Dritten** haftet der frühere ArbGeb bei falscher bzw. unrichtiger Auskunftserteilung nur unter den Voraussetzungen des § 826[10]. Das Auskunftserteilungsrecht kann jedoch auf Grund des Persönlichkeitsschutzes des Bewerbers nicht uneingeschränkt gelten, sondern muss seine Grenze im Fragerecht des ArbGeb beim Einstellungsgespräch finden[11] (s. § 123 Rz. 3 ff.), da andernfalls die hierzu entwickelten Grundsätze durch ein Nachfragen beim alten ArbGeb unterlaufen werden könnten[12]. Die Auskunft muss sich vor allem auf Leistung und Verhalten des Bewerbers beschränken[13]. Ferner darf der ArbGeb den Zeugnisinhalt nicht unterlaufen[14] und muss Vorschriften zum Datenschutz beachten (vgl. Rz. 258 ff.; § 123 Rz. 30 ff.).

25 **e) Mitteilungspflichten des Arbeitgebers.** Dem anwerbenden ArbGeb obliegen gem. § 81 BetrVG bereits im Rahmen der Vorverhandlungen **Mitteilungspflichten** ggü. dem Bewerber als Konkretisierung seiner Treue- und Fürsorgepflicht. Der ArbGeb muss „den ArbN über dessen Aufgabe und Verantwortung sowie die Art seiner Tätigkeit und ihrer Einordnung in den Arbeitsablauf des Betriebes" (§ 81 I 1 BetrVG) unterrichten, wobei das Bestehen eines BR keine Voraussetzung für die Anwendung der Norm ist. Diese gesetzl. normierte Verpflichtung ist allerdings dadurch eingeschränkt, dass eine unmittelbare Anwendung der Bestimmung nur im Rahmen des Geltungsbereichs des BetrVG (§ 130 BetrVG) erfolgen kann. Der ArbGeb muss ferner die Mitteilungspflichten nicht beachten, sofern er die Stelle eines leitenden Angestellten besetzen will (§ 5 III 1 BetrVG)[15].

26 **4. Das Anbahnungsverhältnis.** Einem Arbeitsvertrag vorausgehende tatsächliche **Vorverhandlungen** sind grds. für die Vertragsparteien nicht dahingehend bindend, dass hierdurch primäre Leistungspflichten erwachsen. Durch die Aufnahme der Verhandlungen entsteht jedoch ein **vorvertragl. Schuldverhältnis**, aus dem sog. Sekundärpflichten, also Sorgfaltspflichten resultieren. Eine Verletzung dieser Pflichten kann Schadensersatzansprüche aus §§ 311 II, 280 begründen[16]. Hierbei ist zu beachten, dass die speziell arbeitsvertragl. Schutzpflichten und die arbeitsrechtl. Haftungsgrundsätze bereits anwendbar sind[17]. Zu diesen Haftungsgrundsätzen s. § 619a Rz. 25. Ferner können die Vorverhandlungen zur Auslegung des späteren Vertragsinhalts herangezogen werden[18].

27 Bei **Abbruch der Vertragsverhandlungen** wird idR kein Schadensersatzanspruch ggü. der abbrechenden Partei begründet. Das gilt selbst dann, wenn diese weiß, dass der Vertragspartner im Hinblick auf

---

1 BAG 25.10.1957 – 1 AZR 434/55, AP Nr. 1 zu § 630 BGB. ||2 LAG Berlin 8.5.1989 – 9 Sa 21/89, NZA 1989, 965; Staudinger/*Richardi*, § 611 Rz. 964 f. ||3 BAG 25.10.1957 – 1 AZR 434/55, AP Nr. 1 zu § 630 BGB; 5.8.1976 – 3 AZR 491/75, AP Nr. 10 zu § 630 BGB; 18.12.1984 – 3 AZR 389/83, AP Nr. 8 zu § 611 BGB Persönlichkeitsrecht; krit. Staudinger/*Preis*, § 630 Rz. 84; aA: MüKoBGB/*Henssler*, § 630 Rz. 80; LAG Hamburg 16.9.1984 – 2 Sa 144/83, DB 1985, 284. ||4 BAG 15.7.1960 – 1 AZR 496/58, AP Nr. 1 zu Art. 35 GG. ||5 BAG 15.7.1960 – 1 AZR 496/58, AP Nr. 1 zu Art. 35 GG; aA Schaub/*Linck*, ArbRHdb, § 147 Rz. 2; MüKoBGB/*Henssler*, § 630 Rz. 81 unter Hinweis auf § 90d II 3 BBG; § 56d II 3 BRRG. ||6 BAG 5.8.1976 – 3 AZR 491/75, AP Nr. 10 zu § 630 BGB; krit. hierzu Schulz, NZA 1990, 717 (719). ||7 BAG 5.8.1976 – 3 AZR 491/75, AP Nr. 10 zu § 630 BGB. ||8 BGH 10.7.1959 – VI ZR 149/58, AP Nr. 2 zu § 630 BGB. ||9 BGH 10.7.1959 – VI ZR 149/58, AP Nr. 2 zu § 630 BGB. ||10 BGH 15.5.1979 – VI ZR 230/76, AP Nr. 13 zu § 630 BGB. ||11 Staudinger/*Preis*, § 630 Rz. 84. ||12 So auch *Wiedemann*, FS Herschel, 1982, S. 463 (473 f.); ErfK/*Preis*, § 611 Rz. 291. ||13 BAG 18.12.1984 – 3 AZR 389/83, AP Nr. 8 zu § 611 Persönlichkeitsschutz; *Schulz*, NZA 1989, 717 (719). ||14 LAG Berlin 8.5.1989 – 9 Sa 21/89, NZA 1989, 965. ||15 Staudinger/*Richardi*, § 611 Rz. 172. ||16 Schaub/*Linck*, ArbRHdb, § 26 Rz. 1; ErfK/*Preis*, § 611 Rz. 251. ||17 BAG 24.1.1974 – 3 AZR 488/72, AP Nr. 74 zu § 611 BGB Haftung des Arbeitnehmers; Erman/*Edenfeld*, § 611 Rz. 261. ||18 BAG 27.1.1988 – 7 AZR 53/87, AP Nr. 6 zu § 620 Hochschule.

den künftigen Vertragsschluss Aufwendungen getätigt hat[1]. Es entsteht jedoch dann ein Anspruch auf **Ersatz des Vertrauensschadens (= negatives Interesse)**, wenn die Partei, welche die Vertragsverhandlungen abbricht, zuvor bei ihrem Verhandlungspartner schuldhaft das Vertrauen auf das Zustandekommen des Vertrages hervorgerufen hat[2]. Ein solches schuldhaftes Handeln ist etwa dann anzunehmen, wenn der ArbGeb den Bewerber veranlasst, seine sichere Arbeitsstelle zu kündigen oder wenn sich beide Parteien über den Inhalt des Vertrages einig sind, so dass der Abschluss nur noch eine reine Formsache ist[3]. Ein Verschulden bei Vertragsschluss kann den ArbGeb auch noch nach Abschluss des Vertrages zum Schadensersatz verpflichten, wenn das ArbVerh aus Gründen vorzeitig endet oder seinen Sinn verliert, die der ArbGeb vor Abschluss des Vertrages unrichtig mitteilt oder unter Verletzung seiner Aufklärungspflicht verschwiegen hat[4]. Hinsichtlich des Schadensersatzanspruchsumfangs ist der Bewerber so zu stellen, wie er gestanden hätte, wenn er nicht auf den sicheren Vertragsabschluss vertraut hätte. Ersetzt wird das negative Interesse, wobei keine Begrenzung durch das positive Erfüllungsinteresse stattfindet[5]. Es ist allerdings geboten, eine zeitliche Begrenzung vorzunehmen; so ist für Schadensersatzansprüche des ArbGeb die normale Kündigungsfrist maßgeblich. Schäden, die nach Ablauf dieser Zeitspanne entstehen, sind nicht mehr zu ersetzen, da sie auch bei einer ordnungsgemäßem Vertragsabschluss erfolgten Kündigung durch den ArbN entstanden wären. Da für den ArbN hingegen häufig der Kündigungsschutz gem. § 1 KSchG einschlägig sein wird, muss für eine Begrenzung seiner Ansprüche eine längere Frist bemessen werden[6].

Ein **Vorvertrag** hingegen ist schuldrechtl. bindend und verpflichtet die Parteien, einen Hauptvertrag mit dem festgelegten Inhalt abzuschließen. Der Vorvertrag kann einseitig oder zweiseitig verbindlich sein, je nachdem, ob sich jede Partei dazu verpflichtet, den Hauptvertrag abzuschließen, oder nur eine Partei das Recht erwirbt, den Abschluss des Hauptvertrages verlangen zu können[7]. Die Wirksamkeit des Vorvertrags setzt voraus, dass die übereinstimmenden Willenserklärungen der Vertragsparteien noch ausstehen[8]. Die wesentlichen Vertragsbestandteile des späteren Arbeitsvertrags müssen allerdings bereits bestimmt oder bestimmbar sein[9]. Da regelmäßig eine rechtsgeschäftliche Bindung erst mit der wirksamen Einigung über die wesentlichen Vertragsbestandteile entsteht, müssen besondere Umstände vorliegen, die darauf hinweisen, dass die Parteien sich ausnahmsweise schon vor der endgültigen Einigung über alle Vertragspunkte binden wollten[10]. Eine solche vorzeitige Bindung kommt vor allem dann in Betracht, wenn dem Abschluss des Hauptvertrages rechtl. oder tatsächliche Hindernisse entgegenstehen, sich die Parteien aber schon frühzeitig binden wollen. Der Vorvertrag kann in diesem Fall nicht nur einen Anspruch auf Abschluss eines Hauptvertrags, sondern auch einen Anspruch auf Beseitigung der Hindernisse begründen[11]. Wirksam ist auch der Abschluss eines Vorvertrags zu Regelung **einzelner Vertragsbestandteile**, die später ergänzt oder verändert werden sollen. So kann ein ArbN verpflichtet werden, zu einem späteren Zeitpunkt ein Wettbewerbsverbot zu vereinbaren. Eine diesbezügliche vertragl. Regelung ist allerdings dann gem. 134 nichtig, wenn sie dazu dient, die Verpflichtung des ArbGeb zur Zahlung einer Karenzentschädigung zu umgehen[12]. Der Vorvertrag ist selbst dann **formlos** wirksam, wenn der Hauptvertrag der Schriftform unterliegt. Voraussetzung hierfür ist allerdings, dass dem Schriftformerfordernis keine Warn-, sondern lediglich eine Klarstellungs- oder Beweisfunktion zukommen soll[13].

Der Vorvertrag begründet einen Anspruch auf die **Abgabe bzw. die Annahme des Angebots zum Abschluss eines Arbeitsvertrags**. Dieser Anspruch ist grds. einklagbar und somit **Verurteilung** auf Abschluss eines Arbeitsvertrages möglich. Der Anspruch des ArbGeb gegen den ArbN auf Arbeitsleistung kann allerdings gem. § 888 III ZPO nicht vollstreckt werden[14]. Wird der Abschluss des Hauptvertrags schuldhaft verhindert, kann dies eine **Schadensersatzpflicht** wegen Verletzung vorvertragl. Verpflichtungen auslösen[15]. Das Interesse an der Einhaltung eines Vorvertrages kann grds. durch eine Vertragsstrafenklausel gesichert werden[16]. Die Vertragsparteien können sich durch eine **Anfechtung** oder durch

---

1 Vgl. BGH 14.7.1967 – V ZR 120/64, NJW 1967, 2199; 18.10.1974 – V ZR 17/73, NJW 1975, 43; 29.3.1996 – V ZR 332/94 (Köln), NJW 1996, 1884. ||2 LAG BW 21.12.1956 – VII Sa 59/56, AP Nr. 3 zu § 276 BGB Verschulden bei Vertragsschluss; BAG 15.4.1974 – 5 AZR 393/73, AP Nr. 9 zu § 276 BGB Verschulden bei Vertragsschluss; 14.9.1984 – 7 AZR 11/82, AP Nr. 10 zu § 276 BGB Vertragsbruch; zusammenfassend BGH 10.7.1975 – II ZR 154/72, NJW 1975, 1774; 28.3.1977 – VIII ZR 242/75, DB 1977, 1548. ||3 BAG 7.6.1963 – 1 AZR 276/62, AP Nr. 4 zu § 276 BGB Verschulden bei Vertragsschluss; 15.5.1974 – 5 AZR 393/73, AP Nr. 9 zu § 276 BGB Verschulden bei Vertragsschluss. ||4 BAG 2.12.1976 – 3 AZR 401/75, AP Nr. 10 zu § 276 BGB Verschulden bei Vertragsschluss; LAG Hess. 27.3.2003 – 9 Sa 1211/01, nv. ||5 BAG 15.5.1974 – 5 AZR 393/73, AP Nr. 9 zu § 276 BGB Verschulden bei Vertragsschluss; Staudinger/*Bork* Vor § 145 Rz. 48ff. ||6 *Schaub/Linck*, ArbRHdb, 11. Aufl., § 25 Rz. 13. ||7 BAG 27.7.2005 – 7 AZR 488/04, DB 2005, 2823. ||8 *Zöllner*, FS Floretta, 1983, S. 455 (456); Schaub/*Linck*, ArbRHdb, § 34 Rz. 27. ||9 BAG 27.7.1977 – 5 AZR 337/76, AP Nr. 2 zu § 611 BGB Entwicklungshelfer; LAG Hamm 29.7.2003 – 5 Sa 828/03, NZA 2004, 210; *Zöllner*, FS Floretta, 1983, S. 455 (460 f.). ||10 BGH 26.3.1980 – VIII ZR 150/79, NJW 1980, 1577 (1578); Vorverträge sind für Berufsgruppen wie Künstler, Wissenschaftler, leitende Angestellte ua. typisch, vgl. *Zöllner*, FS Floretta, 1983, S. 455 (458); ErfK/*Preis*, § 611 Rz. 252. ||11 BAG 6.9.1962 – 5 AZR 272/61, AP Nr. 3 zu § 611 BGB Film. ||12 BAG 18.4.1969 – 13 AZR 154/68, AP Nr. 22 zu § 133 f. GewO; Schaub/*Linck*, ArbRHdb, § 57 Rz. 12 bzgl. eines Wettbewerbsverbots, welches auch noch nach der Kündigung des Arbeitsvertrags vereinbar sein sollte. ||13 BGH 7.6.1973 – III ZR 71/71, BGHZ 61, 48; LAG München 3.3.2009 – 6 Sa 110/08, EzA-SD 2009, Nr. 17, 9; *Zöllner*, FS Floretta, 1983, S. 455 (459). ||14 *Zöllner*, FS Floretta, 1983, S. 455 (465 f.). ||15 ErfK/*Preis*, § 611 Rz. 255. ||16 BAG 27.7.1977 – 5 AZR 337/76, AP Nr. 2 zu § 611 BGB Entwicklungshelfer; LAG Hamm 29.7.2003 – 5 Sa 828/03, NZA 2004, 210.

Rücktritt vom Vorvertrag lösen. Eine **Kündigung** kommt auf Grund eines fehlenden Dauerschuldverhältnisses nicht in Betracht. Bei der vertragl. Verpflichtung der Parteien handelt es sich um eine einmalige Leistungspflicht, gerichtet auf den Abschluss des Arbeitsvertrags[1]. Durch die synallagmatische Verknüpfung der Hauptleistungspflichten, können auch die Rechte des § 326 geltend gemacht werden[2].

30 **II. Vertragsschluss. 1. Grundsatz.** Nach der im Arbeitsrecht vorherrschenden Ansicht wird das ArbVerh regelmäßig bereits mit Abschluss des Arbeitsvertrages begründet (**Vertragstheorie**)[3]. Die sog. Eingliederungstheorie, wonach das ArbVerh erst oder bereits mit der tatsächlichen Eingliederung in den Betrieb begründet wird, hat nur noch Bedeutung für das Verständnis der Einstellung iSd. § 99 BetrVG[4].

31 **2. Wirksamkeitsvoraussetzungen des Arbeitsvertrags.** Ein Arbeitsvertrag kommt durch die übereinstimmenden Willenserklärungen iSv. §§ 145ff. von ArbGeb und ArbN zustande; wobei sich die Wirksamkeit der Willenserklärungen nach den allg. Regeln des BGB richtet[5]. Hierbei ist zu beachten, dass etwa ein Zeitungsinserat[6] oder ein Anfordern bei der AA[7] noch kein Angebot des ArbGeb auf Abschluss des Arbeitsvertrages darstellen. Ein Angebot des ArbN auf Abschluss eines Arbeitsvertrages liegt hingegen vor, wenn ein über drei Monate andauerndes, der Wiedereingliederung in den Arbeitsprozess dienendes, befristetes Praktikumsverhältnis ohne konkrete Absprache über den Befristungstermin hinaus fortgesetzt wird; die konkludente Annahme dieses Angebotes ist in der Entgegennahme der Arbeitsleistung durch den ArbGeb zu erblicken[8].

32 **a) Vertragsparteien.** Auf der ArbN-Seite kann grds. nur eine **natürliche Person** oder im Falle eines GruppenArbVerh (s. vor § 611 Rz. 121) eine **Personenmehrheit** Vertragspartei sein (ausführlich zur Problematik des ArbN-Begriffs s. vor § 611 Rz. 19ff.). Als Vertragspartner auf der ArbGebSeite kann jede natürliche oder juristische Person des privaten oder öffentl. Rechts sowie jede Personengesellschaft einen Arbeitsvertrag abschließen.

33 **b) Inhaltliche Bestimmtheit.** Wie bei anderen schuldrechtl. Verträgen müssen sich die Vertragsparteien über die **essentialia negotii** geeinigt haben, so dass eine inhaltliche Bestimmtheit des Vertragsverhältnisses gegeben ist. Zu den wesentlichen Vertragsbestandteilen gehören die zu **leistende Arbeit** und die entsprechende **Vergütung**. Unschädlich hinsichtlich der inhaltlichen Bestimmbarkeit ist das Fehlen einer Vereinbarung über die **Höhe der Vergütung**. Diese gilt gem. § 612 I als stillschweigend vereinbart, wenn die Dienstleistung nach den Umständen nur gegen eine solche zu erwarten war, s. § 612 Rz. 26ff. Die nähere Ausgestaltung der Arbeitspflichten erfolgt idR durch den ArbGeb in Ausübung seines **Direktionsrechts, § 106 GewO.**

34 **c) Geschäftsfähigkeit.** Der Wirksamkeit des Arbeitsvertrags kann die Geschäftsunfähigkeit bzw. beschränkte Geschäftsfähigkeit des ArbGeb bzw. des ArbN entgegenstehen. Die Gültigkeit der Willenserklärungen der vertragschließenden Parteien richtet sich nach **§§ 104ff.** Der Vertragsschluss mit einem geschäftsunfähigen ArbGeb ist nichtig. Es erfolgt auch keine Heilung, wenn das ArbVerh durch Arbeitsaufnahme des ArbN in Vollzug gesetzt wurde[9]. Etwas anderes gilt bei einem Vertragsschluss mit einem beschränkt geschäftsfähigen ArbN; hier sind bei einer tatsächlichen Arbeitsaufnahme die Lohnansprüche nach den Grundsätzen des **fehlerhaften ArbVerh** abzuwickeln (s. § 119 Rz. 15). Für die Begründung von ArbVerh enthält das BGB in den §§ 112, 113 zwei **arbeitsrechtl. Besonderheiten** für die Geschäftsfähigkeit des ArbGeb einerseits und die des ArbN andererseits.

35 **aa) Erweiterte Geschäftsfähigkeit des Arbeitnehmers.** Gem. § 113 besteht die Möglichkeit, dass ein Minderjähriger durch seinen gesetzl. Vertreter zur Begründung eines ArbVerh ermächtigt wird. Hierdurch ist der beschränkt Geschäftsfähige für solche Rechtsgeschäfte unbeschränkt geschäftsfähig, die die Eingehung oder Aufhebung des Dienst- oder ArbVerh der gestatteten Art oder die Erfüllung der sich aus einem solchen Verhältnis ergebenden Pflichten betreffen (Teilrechtsfähigkeit). Der Minderjährige wird allerdings nur für solche Geschäfte uneingeschränkt geschäftsfähig, die als verkehrsüblich gelten[10]. Verkehrsübliche Geschäfte sind ua. Abreden über Vertragsstrafen, Vergleiche über Schadensersatzansprüche, Erteilung von Ausgleichsquittungen und die Anerkennung von Schadensersatzansprüchen[11]. Wettbewerbsverbote, die mit Minderjährigen vereinbart wurden, sind nichtig (§ 74a II HGB)[12]. Von § 113 mit umfasst ist auch der Gewerkschaftsbeitritt[13], nicht jedoch die Darlehensaufnahme bei der Gewerkschaft[14]. Die Ermächtigung gilt ebenfalls für den Abschluss von Beförderungsver-

---

1 LAG Hamm 29.10.1985 – 10 Sa 937/81, BB 1986, 667 (668). || 2 ErfK/*Preis*, § 611 Rz. 259. || 3 Staudinger/*Richardi*, § 611 Rz. 22ff.; Soergel/*Kraft*, § 611 Rz. 1; MüKoBGB/*Müller-Glöge*, § 611 Rz. 163; MünchArbR/*Richardi*/*Buchner*, § 32 Rz. 1ff. || 4 Vertreten insb. von *Nikisch*, ArbR I, S. 168 (175); zu § 99 BetrVG s. Richardi/*Thüsing*, § 99 BetrVG Rz. 26ff. || 5 S.a. Schaub/*Linck*, ArbRHdb, § 34 Rz. 15; Soergel/*Kraft*, § 611 Rz. 5; zum Zustandekommen eines Arbeitsvertrages nach einem befristeten Praktikum s. LAG Rostock 1.4.2004 – 1 Sa 355/03, nv. || 6 S. Soergel/*Kraft*, § 611 Rz. 5. || 7 Vgl. BGH 10.7.1975 – II ZR 154/72, AP Nr. 1 zu § 611 Vertragsschluss. || 8 LAG Hamm 12.11.2004 – 13 Sa 891/04, nv. || 9 Schaub/*Linck*, ArbRHdb, § 34 Rz. 32. || 10 So die hM, LAG Berlin 28.3.1963 – 4 Sa 51/62, AP Nr. 1 zu § 113 BGB; *Brill*, BB 1975, 287; BGH 9.3.1990 – V ZR 244/88, NJW 1990, 1721; Schaub/*Linck*, ArbRHdb, § 34 Rz. 40. || 11 LAG Nds. 6.3.1964 – 2 Sa 26/64; DB 1964, 115; LAG Hamm 8.9.1970 – 3 Sa 481/70, DB 1971, 779; *Brill*, BB 1975, 284ff. || 12 Vgl. BAG 20.4.1964 – 5 AZR 278/63; AP Nr. 1 zu § 90a HGB. || 13 HM: LG Essen 18.3.1965 – 11 T 633/64, AP Nr. 3 zu § 113 BGB; LG Düss. 10.3.1966 – 15 T 24/66, DB 1966, 587; Staudinger/*Richardi*, § 611 Rz. 20; aA LG Frankfurt/M. 3.5.1963 – 2/12 S 332/62, AP Nr. 2 zu § 113 BGB. || 14 LG Münster 10.10.1967 – 5 T 500/67, MDR 1968, 146.

tragen, um zur Arbeitsstelle zu gelangen, Verträge über die entgeltliche Gewährung von Kost und Logis, wenn der Minderjährige erst hierdurch in die Lage versetzt wird, die Arbeitsleistung zu erbringen, den Kauf erforderlicher Berufsbekleidung[1], die Eröffnung eines Gehaltskontos bei einem Kreditinstitut und wohl auch Barabhebungen, da diese Rechtsgeschäfte mit dem Arbeitsleben in Zusammenhang stehen[2]. Der Umfang der Ermächtigung kann durch den gesetzl. Vertreter frei bestimmt werden. Er kann sie auf die Eingehung eines ArbVerh begrenzen. Im Zweifel ist aber anzunehmen, dass eine für einen Einzelfall erteilte Ermächtigung als Ermächtigung zur Eingehung von Verhältnissen derselben Art gilt (§ 113 IV). Die Bedeutung dieser gesetzl. Erweiterung der allg. Grundsätze zur Geschäftsfähigkeit hat jedoch kaum mehr praktische Bedeutung, da sie nicht auf Berufsausbildungsverträge anzuwenden ist[3]. § 113 ist aber auch auf Volljährige unter gesetzl. Betreuung anwendbar, wenn das Vormundschaftsgericht einen Einwilligungsvorbehalt angeordnet hat, der sich auf die Eingehung eines ArbVerh bezieht (§ 1903 I 2).

bb) Erweiterte Geschäftsfähigkeit des Arbeitgebers. Ermächtigt der gesetzl. Vertreter mit Genehmigung des Vormundschaftsgerichts einen beschränkt Geschäftsfähigen zum selbständigen Betrieb eines Erwerbsgeschäfts, so ist der beschränkt Geschäftsfähige für alle Geschäfte, die der Geschäftsbetrieb mit sich bringt, unbeschränkt geschäftsfähig (§ 112 I 1). Somit kann der Minderjährige insb. wirksam ein ArbVerh begründen[4]. Ausgenommen von der Ermächtigung durch den gesetzl. Vertreter sind solche Rechtsgeschäfte, zu denen der gesetzl. Vertreter der **Ermächtigung des Vormundschaftsgerichts** bedarf (§§ 112 I 2, 1643, 1821, 1822 Nr. 1, 3, 5, 8–11). Die Genehmigung des Vormundschaftsgerichts ist für solche Verträge notwendig, durch die sich der Minderjährige zu Lohnzahlungen verpflichtet, wenn das Vertragsverhältnis länger als ein Jahr nach Eintritt der Volljährigkeit fortdauern soll (§ 1822 Nr. 5). Wird ein solcher Vertrag durch den ArbN ohne Genehmigung des Vormundschaftsgerichts geschlossen, wird man diesen jedoch für die kürzere Zeit als wirksam erhalten können[5]. Soweit der **Umfang** der Ermächtigung zum selbständigen Betrieb eines Erwerbsgeschäfts reicht, ist der gesetzl. Vertreter von der Vertretung ausgeschlossen. Er kann zB dann nicht in den Geschäftsbetrieb des Minderjährigen eingreifen, wenn er die Geschäftsvorgänge für unpraktisch hält[6]. Zur Rücknahme seiner Ermächtigung bedarf der gesetzl. Vertreter der Genehmigung des Vormundschaftsgerichts (§ 112 II). § 112 ist ebenfalls bei der **Bestellung eines Betreuers** gem. § 1896 I 1 und der Anordnung eines **Einwilligungsvorbehaltes** zu Gunsten eines Betreuers (§ 1896) durch das Vormundschaftsgericht (§ 1903 I 2) anwendbar.

d) Formvorschriften. Grds. bedarf der Abschluss eines wirksamen Arbeitsvertrags mangels gesetzl. Regelung nicht der Einhaltung einer bestimmten Form (**Grundsatz der Formfreiheit**). Somit können die Vertragsparteien das ArbVerh auch mündlich oder konkludent etwa durch die Aufnahme der Tätigkeit begründen[7]. Ausnahmsweise können sich **Formerfordernisse aus gesetzl., tarifvertragl. oder einzelvertragl.** Regelungen ergeben[8]. Hierbei ist zu beachten, dass nur **konstitutive**, nicht aber rein deklaratorische Formerfordernisse, die Wirksamkeit des Vertragsschlusses beeinflussen können. Die Nichtbeachtung eines konstitutiven gesetzl. Formerfordernisses führt gem. § 125 zur Nichtigkeit des Vertrages, wohingegen der Verstoß gegen ein deklaratorisches Formerfordernis lediglich einen Anspruch auf schriftl. Fixierung des geschlossenen Vertrages begründet.

aa) Nachweisgesetz. Im Zuge der Umsetzung der **Nachweisrichtlinie**[9] hat der deutsche Gesetzgeber am 20.7.1995 das Gesetz über den Nachweis der für ein ArbVerh geltenden wesentlichen Bedingungen (sog. **Nachweisgesetz**) erlassen. Das im NachwG enthaltene Formerfordernis ist allerdings nur deklaratorischer Natur, so dass die Wirksamkeit des Arbeitsvertrags von der Beachtung der gesetzl. Verpflichtung durch den ArbGeb unabhängig ist. Zu den Einzelheiten s. Komm. NachwG.

bb) Gesetzliche Formvorschriften. Zivilrechtl. Formvorschriften für den Abschluss eines Arbeitsvertrages existieren zurzeit nicht[10]. Verpflichtungen der **Gemeinden und Kreise** bedürfen nach den **Gemeinde- und Kreisordnungen** (vgl. § 54 I 1 GO BW, Art. 38 II 1 GO Bay., § 71 II 1 GO Hess., § 8663 III 2 KomVGGO Nds, § 64 I 1 GO NW, § 49 I 1 GO RP, § 51 II 1, 56 II 1 GO SH) der einzelnen Bundesländer grds. der Schriftform. Bei Nichtbeachtung dieser Vorschriften tritt die Nichtigkeitsfolge des § 125 ein. Diese gesetzl. vorgeschriebene Schriftform für Verpflichtungserklärungen gilt mithin auch für den **Abschluss eines Dienst- oder Arbeitsvertrags**. Ausgenommen von den Formerfordernissen sind nach den meisten Ländergesetzen nur die Geschäfte der laufenden Verwaltung. Hierbei ist jedoch teilweise festgelegt, dass diese Ausnahme nicht für Arbeitsverträge mit Angestellten und Arbeitern der höheren Tarifgruppen gilt (vgl. zB § 547 III Nr. 2, III GO NWRP, § 41 IV KO NW). Bedenken gegen eine Nichtigkeit von Arbeitsverträgen auf Grund eines Formverstoßes bestehen allerdings aus dem Grund, dass die kommunalen Formvorschriften dem Zweck dienen, die Kreise und Gemeinden gegen eine missbräuchliche

---

1 ErfK/*Preis*, § 113 Rz. 9; vgl. LG Mannheim 30.10.1968 – 6 S 66/68, NJW 1969, 239. ||2 ErfK/*Preis*, § 113 Rz. 9. ||3 Staudinger/*Richardi*, § 611 Rz. 20; MünchArbR/*Richardi*/*Buchner*, § 32 Rz. 20, 22. ||4 So auch Staudinger/*Richardi*, § 611 Rz. 16; ErfK/*Preis*, § 113 Rz. 7. ||5 S.a. Schaub/*Linck*, ArbRHdb, § 34 Rz. 34. ||6 Schaub/*Linck*, ArbRHdb, § 34 Rz. 34. ||7 Staudinger/*Richardi*, § 611 Rz. 25; *Hennige*, NZA 1999, 281; *Scheffer*, NJW 1995, 3166; KassHdb/*Leinemann*, 1.1 Rz. 486. ||8 Ausf. *Kliemt*, Formerfordernisse im Arbeitsverhältnis, 1995. ||9 RL 91/533/EWG v. 14.10.1991, ABl. L 288/32; hierzu *Thüsing*, Europäisches Arbeitsrecht, 2. Aufl. 2011, § 8. ||10 Staudinger/*Richardi*, § 611 Rz. 25; KassHdb/*Leinemann*, 1.1 Rz. 350; gem. § 4 BBiG und § 11 AÜG bestehen jedoch Formvorschriften für den Abschluss eines Ausbildungs- und Leiharbeitsvertrags.

Vertretung durch nicht berechtigte Vertreter zu schützen[1]. Somit handelt es sich bei diesen Vorschriften nicht um „echte" Formvorschriften, sondern um Regelungen der Vertretungsmacht. Hinsichtlich des Erlasses von „echten" Formvorschriften fehlt den Ländern hingegen die Regelungskompetenz (vgl. Art. 2, 55 EGBGB)[2]. Ein Verstoß gegen die landesrechtl. Vorschriften kann somit nicht unter dem Gesichtspunkt des fehlenden Formerfordernisses zur Nichtigkeit führen, sondern es geht ausschließlich darum, dass wird die Regelung der Vertretungsmacht nicht beachtet wurde[3]. Eine Körperschaft kann sich nicht auf die fehlende Schriftform eines Einstellungsvertrages oder einer Arbeitsvertragsänderung berufen, wenn die Einstellung oder Vertragsänderung mit einem von der Vertretungskörperschaft gefassten Beschluss übereinstimmt und dieser durch eine hierfür zuständige Person dem Berechtigten mitgeteilt worden ist. Eine Berufung auf die fehlende Schriftform verstößt in diesem Fall gegen Treu und Glauben[4].

40   cc) **Tarifvertragliche und betriebsverfassungsrechtliche Formvorschriften.** Häufig werden Schriftform- oder sonstige Formerfordernisse für den Abschluss und die Änderung eines Arbeitsvertrags auch in **TV** geregelt. Hier ist in jedem Einzelfall zu prüfen, ob die Tarifparteien **konstitutive** oder **deklaratorische** Schriftformerfordernisse vereinbaren wollten[5]. Eine deklaratorische Formvorschrift ist dann anzunehmen, wenn nach dem Willen der Tarifpartner auch ohne Einhaltung der Formvorschrift die arbeitsvertragl. Vereinbarung wirksam zustande kommen soll, den Parteien aber zum Zwecke der Beweiserleichterung ein Anspruch auf die schriftl. Niederlegung der Vertragsbedingungen eingeräumt worden ist. IdR wird von einer rein deklaratorischen Bedeutung der Formvorschriften auszugehen sein, da durch die Vereinbarungen kein Nachteil für die ArbN entstehen soll[6]. Hat die tarifl. Formvorschrift konstitutive Bedeutung, ist der Abschluss des Arbeitsvertrages gem. § 125 nichtig[7].

41   Formzwänge für alle oder auch nur einzelne Arbeitsbedingungen können auch durch **BV** eingeführt werden. Wie bei tarifvertragl. Formvorschriften muss zwischen der deklaratorischen und der konstitutiven Bedeutung einer solchen Vereinbarung unterschieden werden. Die Rechtsfolgen bei Nichtbeachtung der Formerfordernisse entsprechen dem tarifl. Formzwang. BV sehen idR nur den Formzwang für bestimmte Vertragsgestaltungen vor, wie zB für den Abschluss von AushilfsArbVerh oder befristeten ArbVerh. In diesen Fällen soll der ArbN geschützt werden, so dass der Formvorschrift regelmäßig eine konstitutive Bedeutung zukommen wird[8].

42   dd) **Einzelvertragliche Formvorschriften.** Die Vertragsparteien können durch den **Arbeitsvertrag** ebenfalls die Wahrung von Formvorschriften vereinbaren. Ob der Schriftformklausel eine konstitutive oder deklaratorische Bedeutung zukommt, ist im Wege der Vertragsauslegung zu ermitteln. Liegt eine konstitutive Regelung vor, ist die Vereinbarung nichtig (vgl. § 125 S. 2), während eine deklaratorische Klausel auch hier die Wirksamkeit des Arbeitsvertrages unbeeinträchtigt lässt[9]. IdR kann dann von einem deklaratorischen Schriftformerfordernis ausgegangen werden, wenn das ArbVerh bereits vor der Einhaltung der vereinbarten Form in Vollzug gesetzt wurde[10]. **Schriftl. abgeschlossene Arbeitsverträge** enthalten häufig Vereinbarungen darüber, dass auch Vertragsänderungen der Schriftform bedürfen (s. Rz. 497 ff.).

43   ee) **Anforderungen an die Schriftform.** Die mit dem Formerfordernis verbundenen Anforderungen an einen wirksamen Vertragsschluss unterscheiden sich danach, ob ein gesetzl. bzw. kollektiver Formzwang[11] oder eine gewillkürte Schriftform vorliegt. Besteht ein durch **Gesetz, TV oder BV** begründetes Formerfordernis, so sind die Arbeitsbedingungen, auf die sich der Formzwang bezieht, in **einer Urkunde** niederzulegen. Mehrere einzelne Blätter müssen räumlich zu einer Gesamturkunde, etwa durch Zusammenheften der Bestandteile, zusammengefasst werden, so dass ein Sinnzusammenhang besteht. Die Urkunde ist von den Vertragsparteien **eigenhändig** oder mittels **notariell beglaubigten Handzeichens** so zu **unterschreiben**, dass der gesamte Vertragstext durch die Unterschrift gedeckt ist (§ 126 I, III). Das Schriftformerfordernis wird auch gewahrt, wenn über den Vertragsinhalt mehrere gleich lautende Urkunden erstellt werden und jede Partei die für die andere Partei bestimmte Urkunde unterzeichnet (§ 126 II 2). Schreibfehler innerhalb der einzelnen Urkunden sind für deren Wirksamkeit unbeachtlich. Zur Wahrung des Formerfordernisses ist es allerdings nicht ausreichend, wenn zwischen den Vertragsparteien ein bloßer Briefwechsel oder Austausch von Bestätigungsschreiben stattgefunden hat. Ob ein durch **Telefax** übermittelter Arbeitsvertrag den Formvorschriften genügt, ist strittig und zu verneinen[12]. Ist auch die Unterschrift eines **Bevollmächtigten** zulässig, so kann dieser mit dem Namen

---

1 BGH 15.6.1960 – V ZR 151/58, BGHZ 32, 375; 13.10.1983 – III ZR 158/82, NJW 1984, 606; 20.1.1994 – VII ZR 174/92, NJW 1994, 1528; BAG 6.8.1970 – 2 AZR 427/69, AP Nr. 7 zu § 125 BGB; 26.3.1986 – 7 AZR 585/84, NJW 1987, 1038. ||2 So die hM, vgl. BGH 15.6.1960 – VZR 191/58, BGHZ 32, 375 (379 ff.). ||3 Vgl. BGH 15.6.1960 – V ZR 191/58, BGHZ 32, 375 (380). ||4 BGH 20.1.1954 – II ZR 167/54, NJW 1956, 1355; BAG 15.7.1992 – 7 AZR 337/91, nv. ||5 BAG 26.7.1972 – 4 AZR 365/71, AP Nr. 1 zu § 4 MTB II; 18.5.1977 – 4 AZR 47/76, AP Nr. 4 zu § 4 BAT. ||6 Vgl. BAG 10.6.1988 – 2 AZR 7/88, AP Nr. 5 zu § 1 BeschFG 1985. ||7 Vgl. BAG 15.11.1957 – 1 AZR 189/57, AP Nr. 2 zu § 125 BGB. ||8 S.a. Schaub/*Linck*, ArbRHdb, § 34 Rz. 57. ||9 BAG 4.6.1963 – 5 AZR 16/63, AP Nr. 1 zu § 127 BGB. ||10 Schaub/*Linck*, ArbRHdb, 11. Aufl., § 32 Rz. 57. ||11 Ein durch TV oder BV vereinbarter Formzwang gilt auch als gesetzl. Formzwang, s. LAG Berlin 17.4.1978 – 9 Sa 130/77, AP Nr. 1 zu § 4 TVG; BAG 9.2.1972 – 4 AZR 149/71, AP Nr. 1 zu § 4 BAT; 6.9.1972 – 4 AZR 422/71, AP Nr. 2 zu § 4 BAT; 24.6.1981 – 7 AZR 198/79, AP Nr. 2 zu § 4 TVG Formvorschriften. ||12 Dafür Schaub/*Linck*, ArbRHdb, § 32 Rz. 48 mwN; abl. BGH 28.1.1993 – IX ZR 259/91, NJW 1993, 1126; bestätigt von BGH 30.7.1997 – VIII ZR 244/96, NJW 1997, 3169.

des Vollmachtgebers unterschreiben. Unterzeichnet er mit eigenem Namen, muss das Vertretungsverhältnis in der Urkunde zum Ausdruck kommen[1]. Dies ist insb. beim schriftl. Arbeitsvertrag mit der BGB-Gesellschaft zu beachten[2].

Für die **gewillkürte Schriftform** richtet sich der Inhalt nach der konkreten Vereinbarung des Schriftformerfordernisses, wobei zu unterscheiden ist, ob das Formerfordernis deklaratorische oder konstitutive Bedeutung haben soll. Bei einem vereinbarten konstitutiven Formerfordernis sind gem. § 127 I die für den gesetzl. Formzwang aufgeführten Grundsätze entsprechend anwendbar. Nach § 127 II ist zur Wahrung des Formerfordernisses die telekommunikative Übermittlung und bei einem Vertrag der Briefwechsel ausreichend, sofern kein anderer Wille der Vertragsparteien anzunehmen ist. 44

ff) Ausschluss des Einwands der Formnichtigkeit. Im Einzelfall kann das Sichberufen einer Partei auf die Nichtigkeit des Vertrages wegen Formmangels gegen den Grundsatz von Treu und Glauben verstoßen[3]. Bei tarifvertragl. Schriftformklausel ist zu beachten, dass sie eine gesetzl. Ausnahme vom Grundsatz der Formfreiheit darstellt, die nur bei beiderseitiger Tarifgebundenheit Anwendung findet (§§ 3 I und II, 4 I 1 TVG). Um der herausgehobenen Schutzfunktion des TV für den ArbN gerecht zu werden, muss auch hier eine Berufung auf einen Formmangel als treuwidrig bewertet werden, wenn das ArbVerh bereits für eine nicht unerheblich lange Zeit durchgeführt wurde[4]. Dies gilt entsprechend für Formerfordernisse auf Grund BV. 45

e) Stellvertretung. ArbGeb und ArbN können sich bei der Einstellung gem. §§ 164ff. von einem Bevollmächtigten vertreten lassen. Es gelten die allg. Regeln. Neben den Vorschriften des BGB sind für die Stellvertretung des ArbGeb auch die handelsrechtl. Regeln über die Prokura (§§ 48ff. HGB) von Bedeutung. Für die Wirksamkeit der Stellvertretung ist die genaue Bezeichnung des vertretenen ArbGeb unerheblich[5]. Ist nicht eindeutig erkennbar, ob der den Vertrag Unterzeichnende ArbGeb oder Vertreter ist, wird regelmäßig der wirkliche ArbGeb verpflichtet[6]. Die Zulässigkeit eines tarifvertragl. Ausschlusses der Stellvertretung ist zweifelhaft[7]. Für den Abschluss eines Arbeitsvertrags mit kommunalen Gebietskörperschaften sehen die Gemeinde- und Kreisordnungen der Länder häufig besondere Formvorschriften für eine Stellvertretung der Körperschaft vor (s. Rz. 39). 46

3. Abschlussfreiheit und Auswahlfreiheit. a) Grundsatz. Auch im Arbeitsrecht gilt der Grundsatz der **Vertragsfreiheit**. Sowohl der ArbGeb als auch der ArbN können demnach frei entscheiden, ob und mit wem sie ein Vertragsverhältnis eingehen (Abschlussfreiheit und Auswahlfreiheit)[8], wie in § 105 S. 1 GewO bekräftigt wird. Insb. die Abschluss- und Auswahlfreiheit des ArbGeb wird jedoch durch Abschlussgebote oder Abschlussverbote eingeschränkt, die häufig zum Schutz bestimmter ArbN-Gruppen kraft Gesetzes oder TV dem ArbGeb auferlegt werden. 47

b) Beschränkung der Abschlussfreiheit. Ein echter Kontrahierungszwang besteht für ArbN durch das Gesetz zur Sicherstellung von Arbeitsleistungen für Zwecke der Verteidigung einschl. des Schutzes der Zivilbevölkerung (Arbeitssicherstellungsgesetz) v. 9.7.1968 (BGBl. I S. 787). Unter den in diesem Gesetz geregelten Voraussetzungen entsteht das ArbVerh durch den Verpflichtungsbescheid. Auch der ArbGeb unterliegt grds. keinen Abschlusszwängen. Eine Ausnahme von diesem Grundsatz ist zB in § 78a BetrVG bzw. §§ 9, 107 BPersVG geregelt. Es gibt jedoch insb. kein Recht auf Arbeit, von dem sich privatrechtl. Ansprüche einzelner ArbN auf Begründung eines ArbVerh ableiten lassen[9]. 48

c) Beschränkung der Auswahlfreiheit. aa) Abschlussgebote. Ein verfassungsrechtl. Abschlussgebot ist für den Bereich des **öffentl. Dienstes** in Art. 33 II GG begründet. Hiernach hat jeder Deutsche nach seiner Eignung, Befähigung und fachlichen Leistung gleichen Zugang zu jedem öffentl. Amt. Diese Verfassungsnorm ist unmittelbar geltendes Recht, das nicht nur die Einstellung in ein **Beamtenverhältnis**, sondern auch die Einstellung von **Arbeitern und Angestellten im öffentl. Dienst** erfasst[10]. Der Bewerber kann hierdurch verlangen, dass seine Bewerbung allein nach Eignung, Befähigung und fachlicher Leistung geprüft wird. Zu diesem Zweck ist der ArbGeb verpflichtet, vor der Auswahlentscheidung ein schriftl. Anforderungsprofil für die zu besetzende Stelle festzulegen und den Leistungsvergleich zwischen den Bewerbern zeitnah zur Auswahlentscheidung vorzunehmen[11]. Liegt ein Verstoß der Einstellungsbehörde gegen diese verfassungsrechtl. Grundsätze vor, kann der Bewerber regelmäßig jedoch nur die Aufhebung des auf verfassungswidrige Gesichtspunkte gestützten Ablehnungsbescheids verlangen[12]. Ein Einstellungsanspruch für den einzelnen Bewerber entsteht nur im Ausnahmefall. Unab- 49

---

1 Schaub/*Linck*, ArbRHdb, § 32 Rz. 20; *Dietrich*, DB 1974, 2141. || 2 Zur schriftl. Kündigung BAG 21.4.2005 – 2 AZR 162/04, AP Nr. 4 zu § 623 BGB. || 3 Vgl. BAG 9.12.1981 – 4 AZR 312/79, AP Nr. 8 zu § 4 BAT; 7.9.1982 – 3 AZR 5/80, AP Nr. 9 zu § 4 BAT; LAG Rh.-Pf. 1.4.2004 – 6 Sa 1214/03, nv., n.rkr. || 4 Staudinger/*Richardi*, § 611 Rz. 57. || 5 BAG 21.12.1972 – 5 AZR 310/72, AP Nr. 1 zu § 24 SeemG. || 6 BGH 3.2.1975 – II ZR 128/73, NJW 1975, 1166; vgl. auch BGH 13.11.1998 – V ZR 216/97, ZIP 1999, 112. || 7 BAG 15.11.1957 – 1 AZR 189/57, AP Nr. 2 zu § 125 BGB. || 8 Vgl. hierzu BAG 5.4.1982 – 2 AZR 513/82, EzA § 17 BBiG Nr. 1; Staudinger/*Richardi*, § 611 Rz. 23. || 9 Ausf. Staudinger/*Richardi*, § 611 Rz. 58ff. || 10 St. Rspr., vgl. BAG 2.12.1970 – 4 AZR 59/70, AP Nr. 1 zu Art. 33 Abs. 2 GG; 31.3.1976 – 5 AZR 104/74, AP Nr. 2 zu Art. 33 Abs. 2 GG; 5.8.1982 – 2 AZR 1136/79, AP Nr. 18 zu Art. 33 Abs. 2 GG; 15.1.2013 – 9 AZR 358/11, NZA-RR 2013, 439. || 11 BAG 21.1.2003 – 9 AZR 72/02, AP Nr. 59 zu Art. 33 Abs. 2 GG; vgl. auch BAG 15.3.2005 – 9 AZR 142/04, AP Nr. 62 zu Art. 33 Abs. 2 GG; s.a. LAG Düss. 7.5.2004 – 18 (14) Sa 164/04, NZA-RR 2005, 107. || 12 BAG 31.3.1976 – 5 AZR 104/74, BAGE 28, 62 (67); s.a. BAG 12.11.2008 – 7 AZR 499/07.

dingbare Voraussetzung hierfür ist, dass im Einzelfall „jede andere Entscheidung als die Einstellung dieses Bewerbers als rechtswidrig oder ermessensfehlerhaft und mithin die einzige rechtmäßige Entscheidung der Behörde darstellt"[1]. Der Einstellungsanspruch des Bewerbers ergibt sich folglich aus einer Ermessensreduzierung „auf null" und damit mittelbar aus Art. 33 II GG[2]. Aus dem arbeitsrechtl. Gleichbehandlungsgrundsatz lässt sich bei Verstoß gegen das Prinzip des Art. 33 II GG hingegen kein entsprechender Anspruch des ArbN ableiten, da dieser keinen Anspruch auf Wiederholung eines unrechtmäßigen Verwaltungshandelns gewährt[3]. Ein weiteres Abschlussgebot enthält **Art. 9 III GG**, wonach die Einstellung eines ArbN nicht auf Grund einer **Gewerkschaftszugehörigkeit** verweigert werden darf, eine Beschränkung der Auswahlfreiheit des ArbGeb[4]. Macht der ArbGeb den Abschluss des Arbeitsvertrags vom Gewerkschaftsaustritt des ArbN abhängig, liegt ein Eingriff in die grundgesetzl. geschützte Bestands- und Betätigungsfreiheit der Koalitionen vor[5]. Da Art. 9 III GG auch den Einzelnen schützt und ein Schutzgesetz iSv. § 823 II darstellt, kann eine Verletzung im Wege der Naturalrestitution einen Anspruch auf Einstellung begründen[6].

50 Zum Schutz bestimmter Personengruppen hat der Gesetzgeber auch gesetzl. Abschlussgebote konzipiert. Diese begründen **jedoch keinen Einstellungsanspruch für den einzelnen Stellenbewerber**, sondern enthalten jeweils eigene Sanktionsregeln. Das wichtigste Abschlussgebot ist in § 71 SGB IX enthalten, wonach ArbGeb, die über mindestens 20 Arbeitsplätze verfügen, verpflichtet werden, auf wenigstens 5 % der Arbeitsplätze Schwerbehinderte iSv. § 72 SGB IX zu beschäftigen. Die Nichtbeachtung dieses Abschlussgebotes wird mit **Ausgleichszahlung und Bußgeldern** sanktioniert (s. §§ 77, 156 I Nr. 1 SGB IX). Die Beschäftigungspflicht ist allerdings eine rein **öffentl.-rechtl. Pflicht**, einen Einstellungsanspruch gewährt diese Regelung somit nicht. Lediglich im Falle einer außerordentl. Kündigung auf Grund eines Streiks oder einer Aussperrung begründet § 91 VI SGB IX einen **gesetzl. Wiedereinstellungsanspruch**. Das Landesrecht in Nds., NW und im Saarl. sieht unter verschiedenen Voraussetzungen die Erteilung von **Bergmannversorgungsscheinen** vor. Zugunsten der Inhaber dieser Versorgungsscheine besteht ein **gesetzl. Abschlussgebot**. In Nds. erfolgt eine Gleichstellung des Inhabers eines Versorgungsscheins mit Schwerbehinderten (§ 1 des Gesetzes über einen Bergmannversorgungsschein im Lande Nds. v. 6.1.1949)[7], während in NW der ArbGeb unter den Voraussetzungen der §§ 4, 5 Bergmannversorgungsgesetz[8] auf einem Prozent der Arbeitsplätze Inhaber der Versorgungsscheine beschäftigen muss. Bei Nichtbeachtung der Verpflichtung muss der ArbGeb eine Ausgleichsabgabe leisten (§ 8). Im Saarl. ermächtigt das Gesetz über einen Bergmannversorgungsschein[9] hingegen die Landesregierung, durch RechtsVO ArbGeb unter den Voraussetzungen der §§ 5–8 zur Besetzung von 2 % ihrer Arbeitsplätze mit Inhabern der Versorgungsscheine zu verpflichten. Macht die Landesregierung von der Ermächtigung Gebrauch, so besteht die Möglichkeit, das ArbVerh durch Verwaltungsakt zu begründen (§ 8 III 3).

51 Häufig enthalten auch **TV Abschlussgebote** zu Gunsten bestimmter ArbN-Gruppen (zB ältere ArbN oder ArbN-Gruppen mit besonderen Qualifikationen). Die Abschlussgebote gehören wie die Abschlussverbote gem. § 1 TVG zum normativen Teil des TV. Sie begründen jedoch idR keine Einstellungsansprüche des ArbN ggü. dem ArbGeb[10]. Zahlreiche TV enthalten allerdings **Wiedereinstellungsklauseln** im Anschluss an Arbeitskämpfe. Hieraus kann ein unmittelbarer Anspruch des ArbN auf **Einstellung** folgen[11]. Die Bedeutung dieser Klauseln ist eher gering, da die Aussperrung die arbeitsvertragl. Pflichten meistens nur suspendiert. Lösende Aussperrungen hingegen, die das ArbVerh beenden, sind rechtl. umstritten und kommen in der Praxis nicht vor. Tarifvertragl. Wiedereinstellungsklauseln können auch im Hinblick auf die Beendigung eines ArbVerh bei längeren Betriebsstörungen vereinbart sein[12]. Ebenfalls denkbar sind Wiedereinstellungsklauseln für den Fall der festgestellten Wiederherstellung der Berufs- bzw. Erwerbsfähigkeit[13].

52 Bei den in BV festgelegten Abschlussgeboten handelt es sich regelmäßig nur um Auswahlrichtlinien iSv. § 95 BetrVG, über deren Aufstellung der BR mitzubestimmen hat und bei einem Verstoß des ArbGeb seine Zustimmung zur Einstellung verweigern kann (§ 99 II Nr. 2 BetrVG; für die Personalvertretung des Bundes § 77 II Nr. 1 BPersVG). Da die normative Wirkung der BV sich nur auf ArbN erstreckt, die dem Betrieb angehören, kann ein Einstellungsanspruch eines Nichtbetriebsangehörigen gegen den ArbGeb nur bestehen, wenn die entsprechende betriebl. Abschlussnorm einen **Vertrag zu Gunsten Dritter** darstellt. Dies ist dann möglich, wenn der Anspruchsinhaber genau bezeichnet ist, zB wenn aus

---

1 BAG 31.3.1976 – 5 AZR 104/74, BAGE, 28, 62 (67); s.a. BAG 27.7.2005 – 7 AZR 508/04, AP Nr. 63 zu Art. 33 Abs. 2 GG, zum Einstellungsanspruch während eines anhängigen Strafverfahrens. || 2 Vgl. BAG 5.8.1982 – 2 AZR 1136/79, AP Nr. 18 zu Art. 33 Abs. 2 GG. || 3 BAG 19.2.2003 – 7 AZR 67/02, AP Nr. 58 zu Art. 33 Abs. 2 GG bzgl. befristeter Arbeitsverträge; LAG Hamm 25.9.2003 – 11 Sa 265/03, nv. bzgl. Höhergruppierung; vgl. auch BAG 6.7.2005 – 4 AZR 42/04, ZTR 2005, 526. || 4 BAG 28.3.2000 – 1 ABR 16/99, BAGE 94, 169. || 5 Vgl. BAG 2.6.1987 – 1 AZR 651/85, AP Nr. 49 zu Art. 9 GG. || 6 Kittner/Zwanziger/Deinert/*Becker*, ArbR, § 20 Abs. 3 Rz. 45. || 7 GVBl. Sb I 741. || 8 Bergmannversorgungsscheingesetz v. 20.12.1983, GV NW 635. || 9 Gesetz über einen Bergmannversorgungsschein idF v. 16.10.1981 (ABl. Saarl. 825). || 10 Vgl. BAG 29.4.1998 – 7 AZR 540/97, nv.; *Einstellungsanspruch hingegen bejaht* BAG 2.7.2003 – 7 AZR 529/02, AP Nr. 254 zu § 620 BGB Befristeter Arbeitsvertrag. || 11 Vgl. BAG 21.4.1971 – 6 S 1/68, AP Nr. 43 zu Art. 9 GG Arbeitskampf. || 12 Vgl. BAG 16.6.1987 – 1 AZR 258/85, AP Nr. 20 zu § 111 BetrVG 1972. || 13 BAG 24.1.1996 – 7 AZR 602/95, AP Nr. 7 zu § 59 BAT.

bestimmten Anlässen ein Wiedereinstellungsanspruch für gekündigte ArbN bestehen soll[1]. Nicht ausreichend ist die bloße Bezeichnung bestimmter ArbN-Gruppen durch die Einstellungsregelungen.

Einstellungsansprüche können sich auch aus einzelvertragl. Vereinbarungen ergeben. So können ArbGeb und ArbN im Rahmen des Vorvertrages eine ggf. einklagbare Verpflichtung zum Abschluss eines Arbeitsvertrages vereinbaren, s. Rz. 28. Erforderlich ist jedoch, dass diese Verpflichtung hinreichend konkretisiert ist und sich der Inhalt des späteren ArbVerh bereits im Zeitpunkt des Abschlusses des Vorvertrags bestimmen lässt[2]. Ferner wird von der Rspr. auch ein Wiedereinstellungsanspruch bei betriebsbedingten Kündigungen anerkannt, wenn die Kündigung des ArbGeb auf der Prognose beruht, nach Ablauf der Kündigungsfrist könne er ihn nicht mehr beschäftigen und sich diese Einschätzung noch während des Laufs der Kündigungsfrist als falsch erweist[3]. Ebenfalls anerkannt ist auch ein Wiedereinstellungsanspruch im Falle einer Verdachtskündigung, wenn sich später die Unschuld des ArbN herausstellt[4]. Bei Vorliegen eines Betriebsübergangs gem. § 613a und vorausgegangener wirksamer betriebsbedingter Kündigung bejaht das BAG einen Einstellungsanspruch ggü. dem Betriebsübernehmer, wenn der Kündigungsgrund innerhalb der Kündigungsfrist wegfällt[5]; ausführlich § 613a Rz. 229 ff. Ferner können sich Einstellungsansprüche auch aus vertrauenserzeugenden Zusagen des ArbGeb ergeben. Solche Zusagen sind zB dann zu bejahen, wenn der ArbGeb einem befristet eingestellten ArbN bei Bewährung die unbefristete Fortsetzung des ArbVerh zusagt[6]. Ebenso besteht ein Einstellungsanspruch von Saisonarbeitern, wenn der ArbGeb Jahr für Jahr alle ArbN, die er erneut beschäftigen will, wiedereinstellt und den Beginn der Saison ohne Vorbehalt am Schwarzen Brett bekannt gibt[7]. Nicht ohne weiteres ergibt sich ein Einstellungsanspruch dann, wenn das ArbVerh auf Grund der Teilnahme an einem Umschulungs- oder Fortbildungslehrgang beendet wurde. Ein Einstellungsanspruch kann sich jedoch ggf. aus dem Gleichbehandlungsgrundsatz ergeben, wenn der ArbGeb bisher alle ArbN nach der Absolvierung eines Lehrgangs wieder eingestellt hat[8]. Kein Einstellungsanspruch folgt aus einer im Arbeitsvertrag geregelten Rückerstattung von Ausbildungskosten im Falle der Festanstellung. Aus einer solchen Regelung lässt sich lediglich ein Interesse des ArbGeb ableiten, Ausgebildete nach der Prüfung fest einzustellen, damit die Ausbildungskosten verrechnet werden können[9].

bb) Abschluss- und Beschäftigungsverbote. Nicht nur Abschlussgebote, sondern auch Abschluss- und Beschäftigungsverbote schränken die Abschlussfreiheit der Arbeitsvertragsparteien ein. Ein Abschlussverbot richtet sich bereits **gegen den bloßen Abschluss** eines Arbeitsvertrages und führt zu dessen Nichtigkeit gem. § 134. Beschäftigungsverbote hingegen lassen die Wirksamkeit des Arbeitsvertrages unberührt, untersagen dem ArbGeb jedoch die **tatsächliche Beschäftigung** des ArbN[10]. Diese differenzierende Terminologie wird auch vom Gesetzgeber nicht konsequent eingehalten. Ob nun ein Abschluss- oder ein Beschäftigungsverbot vorliegt, ist nach dem Sinn und Zweck der Norm zu ermitteln. Es ist jedoch davon auszugehen, dass sich die arbeitsrechtl. Schutznormen idR nur gegen eine Beschäftigung, nicht aber gegen den Bestand des ArbVerh als solchen richten werden.

(1) Abschlussverbote. Als gesetzl. **Abschlussverbot** ist das **Verbot der Beschäftigung von Kindern** (§ 5 I JArbSchG) anerkannt. Ferner ist gem. § 7 JArbSchG auch **die Beschäftigung für Jugendliche unter 15 Jahren verboten**. Für **Jugendliche über 15 Jahre** (bis zur Vollendung des 18. LJ) wird gem. §§ 22 ff. JArbSchG eine Beschäftigung bei bestimmten gefährlichen Tätigkeiten, bei Akkordarbeit, bei Arbeiten unter Tage verboten. Als Abschlussverbote galten bisher auch die **§§ 4, 8 MuSchG** (Verbot der Beschäftigung von Müttern mit gefährlichen Tätigkeiten und Nachtarbeitsverbot). Der Arbeitsvertrag sei nur dann nichtig gem. § 134, wenn bei Vertragsschluss noch mit einer Ausnahmegenehmigung nach § 4 III 2 iVm. § 8 VI MuSchG zu rechnen war[11]. Vor dem Hintergrund der neuesten Rspr. des EuGH zur geschlechtsspezifischen Diskriminierung ist diese Bewertung jedoch nicht aufrechtzuerhalten. Nach dem EuGH stellt das Abschlussverbot eine unmittelbare Diskriminierung dar, da die Verweigerung der Einstellung auf Grund einer bestehenden Schwangerschaft nur Frauen betrifft. Der Erlass von Schutzvorschriften für Frauen sei zwar durch europarechtl. Vorgaben nicht verhindert, doch müsse der Arbeitsvertrag wirksam bleiben. Die Schwangere dürfe (unter Beibehaltung ihres Lohnanspruchs § 11 MuSchG) bis zum Wegfall des Beschäftigungsverbots und etwaiger Mutterschutzfristen nur nicht beschäftigt werden[12].

---

1 *Schaub/Linck*, ArbRHdb, 11. Aufl., § 32 Rz. 79. ||2 BGH 26.3.1980 – VIII ZR 150/79, NJW 1980, 1577 (1578). ||3 BAG 27.2.1997 – 2 AZR 160/96, AP Nr. 1 zu § 1 KSchG 1969 Wiedereinstellung. ||4 BAG 4.6.1964 – 2 AZR 310/63, AP Nr. 13 zu § 626 BGB Verdacht strafbarer Handlung; 20.8.1997 – 2 AZR 620/96, AP Nr. 27 zu § 626 BGB Verdacht strafbarer Handlung. ||5 BAG 13.11.1997 – 8 AZR 295/95, AP Nr. 69 zu § 613a BGB. ||6 BAG 16.3.1989 – 2 AZR 325/88, AP Nr. 8 zu § 1 BeschFG 1985. ||7 BAG 29.1.1987 – 2 AZR 109/86, AP Nr. 1 zu § 620 Saisonarbeit. ||8 BAG 10.11.1977 – 3 AZR 329/76, AP Nr. 1 zu § 611 BGB Einstellungsanspruch. ||9 BAG 20.11.2003 – 8 AZR 439/02, AP Nr. 28 zu § 611 BGB Haftung des Arbeitgebers. ||10 *Soergel/Kraft*, § 611 Rz. 16; die aA will bei einem Verstoß gegen in der Person des ArbGeb begründeten Abschlussverboten nicht ohne Weiteres eine Nichtigkeit des Vertrages sehen, sondern es sollen beide Parteien nur das Recht zur fristlosen Kündigung haben, vgl. LAG Stuttgart 28.2.1955 – II Sa 165/54, BB 1955, 383; LAG Mannheim 25.5.1955 – II Sa 59/55, BB 1955, 803; *Hueck/Nipperdey*, Arbeitsrecht Bd. I, 7. Aufl., S. 177. ||11 So noch BAG 8.9.1988 – 2 AZR 102/88, AP Nr. 1 zu § 8 MuSchG; Staudinger/*Richardi*, § 611 Rz. 125. ||12 Vgl. EuGH 3.2.2000 – Rs. C-207/98, NZA 2000, 255.

56 Ausländische ArbN, die nicht unter die Regelungen der FreizügigkeitsVO Nr. 492/2011 fallen und keine zur Beschäftigung notwendige Erlaubnis der BA aufweisen können (s. §§ 284 ff. SGB III), dürfen nicht beschäftigt werden. Hierdurch ist jedoch nicht der Abschluss des Arbeitsvertrages unwirksam, so dass das **Erfordernis einer Arbeitserlaubnis kein Abschlussverbot** begründet[1]. Hinsichtlich der Begründung eines **Berufsausbildungsverhältnisses** gilt gem. §§ 27, 28, 29 BBiG, §§ 21, 22, 22a, 22b HwO, dass nur derjenige Auszubildende einstellen darf, der über eine geeignete Ausbildungsstätte verfügt und persönlich geeignet ist. Wer fachlich nicht geeignet ist oder nicht selbst ausbildet, muss einen Ausbilder bestellen, der seinerseits die notwendige Eignung aufweist.

57 Abschlussverbote können auch **kollektivrechtl.** vereinbart werden. **Tarifvertragl.** festgesetzte Abschlussverbote sind **Abschlussnormen**, so dass sie normativ nur ggü. beiderseitig tarifvertragl. gebundenen ArbGeb und ArbN gelten (§ 4 I 1 TVG). Liegen lediglich Betriebsnormen (§ 3 II TVG) vor, die auch bei einseitiger Tarifbindung durch den ArbGeb Rechtswirkungen entfalten, wird die Wirksamkeit des Arbeitsvertrages hierdurch nicht berührt[2]. Auf Grund fehlender Kompetenz des BR zur Mitgestaltung von Arbeitsverträgen können **BV kein Abschlussverbot** enthalten, das der Begründung des ArbVerh entgegensteht. Durch entsprechende Vereinbarungen kann dem BR lediglich die Möglichkeit eingeräumt werden, seine Zustimmung zur Eingliederung des ArbN in den Betrieb zu verweigern. Hierdurch wird die Wirksamkeit des Arbeitsvertrages nicht berührt; der ArbGeb darf den ArbN lediglich nicht beschäftigen[3].

58 **Einzelvertragl. vereinbarte Abschlussverbote sind unzulässig.** Der ArbN kann nicht in seinem Recht beeinträchtigt werden, einen anderen Arbeitsvertrag abzuschließen[4]. Insb. die Vereinbarung eines Wettbewerbsverbots lässt die Wirksamkeit des verbotswidrig abgeschlossenen Vertrags unberührt.

59 **(2) Beschäftigungsverbote.** Beschäftigungsverbote richten sich nur gegen eine **tatsächliche Beschäftigung**, lassen aber die Wirksamkeit des Arbeitsvertrags unberührt. Ausnahmen hiervon hat die Rspr. bislang nur im Bereich des Mutterschutzes erwogen[5]. Diese sind wegen des Verbots der Geschlechtsdiskriminierung nicht mehr anzuerkennen, s. Rz. 55. Welche Rechtsfolgen die Nichterbringung der Arbeitsleistung nach sich führt, richtet sich nach den Grundsätzen des Allgemeinen Schuldrechts: Darf der ArbN von seinen persönlichen Umständen her die Arbeitsleistung erbringen und fallen die Gründe des Beschäftigungsverbots somit in die Sphäre des ArbGeb, gerät Letzterer gem. § 615 in Annahmeverzug und muss weiterhin den Arbeitslohn bezahlen; insb. kann die Freistellung nicht als Urlaubsgewährung verstanden werden[6]. Ansonsten scheidet ein Annahmeverzugsanspruch aus[7]. Hat der ArbN hingegen die Nichterbringung seiner Leistung zu vertreten, entsteht ein Schadensersatzanspruch des ArbGeb gem. § 281. Bei einer Beschäftigung trotz bestehenden Beschäftigungsverbots kann der ArbGeb schadensersatzpflichtig nach § 280 sein. Die Zuwiderhandlung gegen einzelne Beschäftigungsverbote ahndet der Gesetzgeber mit **Ordnungsgeldern oder Kriminalstrafen**, s. zB § 21 MuSchG, §§ 22, 23 ArbZG.

60 **Anerkannte Beschäftigungsverbote sind ua.:** Das Verbot der Beschäftigung von Nicht-EU-Ausländern ohne Erlaubnis der BA, Verbot der Überschreitung der regelmäßigen werktäglichen Arbeitszeit von acht Stunden (§ 3 ArbZG), Verbot der Beschäftigung von Personen, die bestimmte, in § 42 I IfSG bezeichnete Tätigkeiten erstmalig ausüben, ohne eine nicht mehr als drei Monate alte Bescheinigung des Gesundheitsamtes vorgelegt zu haben (§ 43 IfSG), Verbot der Einstellung von ArbN ohne Zustimmung des BR (§ 99 BetrVG), Verbot für Personen, die wegen einer der in § 25 I 1 Nr. 1–5 JArbSchG genannten Straftaten rechtskräftig verurteilt worden sind (§ 25 JArbSchG), das Verbot der Beschäftigung von Frauen mit schweren Tätigkeiten im Bereich des Bergbaus (§ 64a BBergG), individuelle und allg. Beschäftigungsverbote nach dem MuSchG[8].

61 **(3) Sonstige Beschränkungen der Auswahlfreiheit.** Eine Beschränkung der Auswahlfreiheit ergibt sich aus den §§ 7, 1 AGG, die dem ArbGeb verbieten, bei der Begründung des ArbVerh Bewerber zu benachteiligen. Ein Verstoß gegen das Benachteiligungsverbot begründet allerdings keinen Einstellungsanspruch des diskriminierten Bewerbers (vgl. § 15 VI AGG), sondern lediglich einen **Schadensersatz- bzw. Entschädigungsanspruch** gem. § 15 I, II AGG. Das Gleiche gilt im Hinblick auf eine Benachteiligung wegen einer Behinderung gem. **§ 81 II SGB IX**[9].

62 Tarifvertragl. oder betriebsverfassungsrechtl. festgelegte **Auswahlrichtlinien** haben zwar keinen Einfluss auf die Wirksamkeit eines Arbeitsvertrags, aber sie können die Auswahlentscheidung des ArbGeb einschränken (s. Rz. 10). Wird bei Bestehen der Auswahlrichtlinien der BR nicht beteiligt oder verweigert dieser seine Zustimmung zur Einstellung und wird die Zustimmung auch nicht auf Antrag des ArbGeb durch Beschluss des ArbG ersetzt (§ 99 IV BetrVG), so ist auch die Auswahlfreiheit des ArbN eingeschränkt, da dieser den Arbeitsplatz nicht erhalten kann.

---

1 BAG 16.12.1976 – 3 AZR 716/75, AP Nr. 4 zu § 19 AFG. ||2 Staudinger/*Richardi*, § 611 Rz. 128. ||3 S.a. Staudinger/*Richardi*, § 611 Rz. 129; aA ErfK/*Preis*, § 611 Rz. 330. ||4 ErfK/*Preis*, § 611 Rz. 331. ||5 BAG 27.11.1956 – 1 AZR 540/55, AP Nr. 2 zu § 4 MuSchG; offen gelassen BAG 8.9.1988 – 2 AZR 102/88, DB 1989, 585. ||6 BAG 25.1.1994 – 9 AZR 31/92, AP Nr. 16 zu 7 BUrlG. ||7 BAG 6.3.1974 – 5 AZR 313/73, DB 1974, 1168; 18.12. 1986 – 2 AZR 34/86, DB 1987, 1359. ||8 Ausf. hierzu Küttner/*Reinecke*, Mutterschutz Rz. 12 ff. ||9 S. dazu BAG 16.9.2008 – 9 AZR 791/07, AP Nr. 15 zu § 81 SGB IX.

4. Begründungsformen eines Arbeitsverhältnisses. a) Begründung durch Arbeitsvertrag. Das ArbVerh kommt idR durch den Abschluss des Arbeitsvertrages zustande (s. Rz. 30ff.). Dies ist selbst dann der Fall, wenn für den ArbGeb ein Kontrahierungszwang[1] besteht (Rz. 48). Der Kontrahierungszwang begründet einen Anspruch des ArbN ggü. dem ArbGeb auf Abgabe einer Willenserklärung zum Abschluss eines Arbeitsvertrages. Hierdurch entsteht zwar bereits ein Schuldverhältnis; dieses ist aber noch nicht auf den Austausch der letztlich angestrebten Leistungspflichten (Arbeitsleistung und Lohn) gerichtet, so dass das ArbVerh durch den Abschluss des Arbeitsvertrages zustande kommt. 63

b) Begründung durch einseitiges Rechtsgeschäft. In Sonderfällen kann ein ArbVerh unter bestimmten gesetzl. normierten Umständen auch auf Grund **einseitiger rechtsgeschäftlicher Erklärung** des ArbN zustande kommen. Der Begründungstatbestand des ArbVerh ist in diesem Fall das **Gestaltungsrecht des ArbN**. Gestaltungsrechte dieser Art sind zB in den §§ 78a II 1 BetrVG und § 9 II BPersVG geregelt, wonach ein Auszubildender, der Mitglied der JAV, des BR, des Bordvertretung, des SeeBR oder der Personalvertretung ist und vom ArbGeb nach Beendigung der Ausbildung nicht in ein unbefristetes ArbVerh übernommen werden soll, innerhalb der letzten drei Monate vor Beendigung des Ausbildungsverhältnisses schriftl. vom ArbGeb die Weiterbeschäftigung verlangen kann. Das ArbVerh wird nach der gesetzl. Normierung auf das Weiterbeschäftigungsverlangen hin auf **unbestimmte Zeit** geschlossen. 64

§ 102 V BetrVG normiert ein weiteres Gestaltungsrecht. Widerspricht der BR einer ordentl. Kündigung frist- und ordnungsgemäß (s. § 102 II u. III BetrVG) und hat der ArbN gem. § 4 KSchG eine Kündigungsschutzklage erhoben, muss der ArbGeb den ArbN auf dessen Verlangen bis zum rechtskräftigen Abschluss des Kündigungsrechtsstreits zu unveränderten Arbeitsbedingungen **weiterbeschäftigen**. Durch die auf **Weiterbeschäftigung** gerichtete Erklärung wird die Wirkung der Kündigung suspendiert und das alte ArbVerh auflösend bedingt durch die rechtskräftige Abweisung der Kündigungsschutzklage fortgesetzt[2]. 65

c) Begründung kraft Gesetzes. In besonderen Fällen kann das ArbVerh auch **durch Gesetz** begründet werden. Ein ArbVerh wird gem. § 10 I AÜG im Falle nicht erlaubter AÜ zwischen Beschäftigungs-ArbGeb (Entleiher) und (Leih-)ArbN begründet. Die tatbestandlichen Voraussetzungen sind die tatsächliche Beschäftigung des ArbN und die fehlende Erlaubnis des Verleihers gem. § 1 AÜG. Hierbei ist zu beachten, dass diese Rechtsfolge nicht nur bei einer gewerbsmäßigen Arbeitsvermittlung (ob mit oder ohne Erlaubnis), sondern ebenfalls bei nicht gewerbsmäßiger und damit echter AÜ eintritt[3]. Grundlage eines ArbVerh kann auch statutarisches Recht sein[4]. Im Rahmen eines **Betriebsübergangs** gem. § 613a tritt der Erwerber des Betriebs durch das Rechtsgeschäft in die Rechte und Pflichten aus den im Zeitpunkt der Übergabe mit dem bisherigen Inhaber bestehenden ArbVerh ein. Das ArbVerh geht damit unabhängig vom Willen der Beteiligten im Wege der Sonderrechtsnachfolge auf den Betriebserwerber über[5]; der ArbN kann freilich nach § 613a VI dem Übergang widersprechen. Damit wird kein neues ArbVerh begründet, es erfolgt aber ein Austausch der Vertragspartei auf der ArbGebSeite[6]. Ein Wechsel der Vertragsparteien findet auch beim **Tod des ArbGeb** statt. Das ArbVerh geht im Wege der **Universalsukzession** gem. § 1922 auf den Erben über. Beim Tod des ArbN wird dagegen das ArbVerh nicht mit dem Erben fortgesetzt, die Pflicht zur Arbeitsleistung geht als höchstpersönliche Leistung (§ 613 S. 1) nicht auf den Erben über.[7] 66

5. Beteiligung des Betriebsrats bei Einstellungen. Auch beim Abschluss des Arbeitsvertrages muss der ArbGeb die Rechte des BR beachten. Will der ArbGeb eine mitbestimmungspflichtige Einstellung gem. § 99 BetrVG vornehmen, muss er den BR gem. § 99 I BetrVG von seinen Plänen rechtzeitig unterrichten. Das Informationsrecht des BR erstreckt sich vor allem auf den in Aussicht genommenen Arbeitsplatz, den vorgesehenen Einstellungstermin und die vorgesehene Eingruppierung. Ferner muss der ArbGeb Auskunft über die Person des ArbN erteilen und die erforderlichen Bewerbungsunterlagen vorlegen. Der BR kann aus den in § 99 II BetrVG festgelegten Gründen einer Einstellung die Zustimmung verweigern und damit ein Beschäftigungsverbot auslösen (vgl. Rz. 59f.). 67

III. Fehlerhaftigkeit des Arbeitsvertrags. Da für den Arbeitsvertrag die allg. Regeln des BGB gelten, kann er wie jedes andere Rechtsgeschäft nichtig oder anfechtbar sein. Die aus einem fehlerhaften Rechtsverhältnis resultierenden **Rechtsfolgen** müssen jedoch auf Grund der Besonderheiten des ArbVerh modifiziert werden. 68

1. Wirksame Anfechtung. S. ausf. §§ 119, 123 und Komm. dort. 69

2. Nichtigkeit. Die Nichtigkeit von Arbeitsverträgen kann aus allg. Nichtigkeitsgründen, wie etwa §§ 105ff., 116 II 1, 117 I, 118, 125, 134, 138, 177ff. resultieren. 70

---

1 Zum Kontrahierungszwang im Arbeitsrecht s.a. MüKoBGB/*Müller-Glöge*, § 611 Rz. 607ff.; Staudinger/*Richardi*, § 611 Rz. 61ff.   ‖ 2 Vgl. BAG 12.9.1985 – 2 AZR 324/84, AP Nr. 7 zu § 102 BetrVG 1972 Weiterbeschäftigung; 10.3.1987 – 8 AZR 146/84, AP Nr. 1 zu § 611 BGB Weiterbeschäftigung.   ‖ 3 Vgl. LAG Hamburg 18.1.1991 – 3 Sa 51/90, LAGE § 9 AÜG Nr. 3.   ‖ 4 S. zB die Satzung für den Gesamthafenbetrieb Hamburg v. 30.4.1969, hierzu BAG 25.11.1992 – 7 ABR 7/92, BB 1993, 1087.   ‖ 5 Vgl. *Schreiber*, RdA 1982, 137 (139).   ‖ 6 BAG 18.8.1976 – 5 AZR 95/75, AP Nr. 4 zu § 613a BGB; 22.2.1978 – 5 AZR 800/76, AP Nr. 11 zu § 613a BGB; 22.6.1978 – 3 AZR 832/76, AP Nr. 12 zu § 613a BGB.   ‖ 7 ErfK/*Preis*, § 611 Rz. 316.

71 **a) Nichtigkeitsgründe. aa) Verstoß gegen ein gesetzliches Verbot.** Der Arbeitsvertrag kann **in seiner Gesamtheit oder in Teilen** gegen ein gesetzl. Verbot iSv. § 134 verstoßen und damit insg. oder teilweise nichtig sein. Der Anwendungsbereich des § 134 ist im Arbeitsrecht groß, da zahlreiche Arbeitsschutznormen Verbotsgesetze iSd. Vorschrift enthalten. Verbotsgesetze sind insb. ArbN-Schutzvorschriften wie der allg. Kündigungsschutz, Arbeitszeit-, Sonn- und Feiertagsschutz, sowie der Frauen-, Jugendarbeits- und BR-Schutz. Ob der Arbeitsvertrag bei Verstoß gegen ein Verbotsgesetz insg. nichtig ist, hängt von dem Zweck der entsprechenden Norm ab. Eine Abrede etwa, die Arbeitsvergütung „schwarz" auszuzahlen, führt nach der bisherigen Rspr. des BAG regelmäßig nicht zur Nichtigkeit des Arbeitsvertrages[1]. Für Werkverträge, die gegen § 1 II Nr. 2 SchwarzArbG verstoßen, sieht der BGH dies inzwischen anders und nimmt im Regelfall die Gesamtnichtigkeit des Vertrages an.[2] Da der Verstoß durch die klassische „arbeitsrechtliche" Schwarzarbeit unter **§ 1 II Nr. 2 SchwarzArbG** fällt, scheint es nicht ausgeschlossen, dass das BAG in Anlehnung an den BGH ebenfalls zur Gesamtnichtigkeit kommen wird. Bisher hat es allerdings die Übernahme der Rspr. des BGH zum SchwarzArbG a.F. abgelehnt.[3] Daran sollte und wird vermutlich das BAG – zumindest im Anwendungsbereich des KSchG – auch weiterhin festhalten, denn mit der Nichtigkeitsfolge wäre dem ArbN jeder Bestandsschutz genommen. Die Berufung auf die Nichtigkeit durch den ArbGeb im Einzelfall nach Treu und Glauben zu beschränken (§ 242) oder aus c. i. c. (§§ 280 I, 241 II, 311 II) einen Anspruch auf Abschluss eines regulären Arbeitsvertrages zu begründen, erscheint nicht ausreichend. Es bleibt also dabei, dass lediglich dann, wenn die Verletzung einer arbeitnehmerschutzrechtl. Norm jegliche erlaubte Beschäftigung ausschließt, der gesamte Vertrag der Nichtigkeitsfolge unterliegt. Nichtig ist der Arbeitsvertrag auch dann, wenn die vertragl. zugesagte Arbeitsleistung auf einen Verstoß gegen ein gesetzl. Verbot gerichtet ist, wie etwa die Herstellung verfassungsfeindlichen Schrifttums im Auftrag einer verbotenen Partei oder die Einstellung eines Bürovorstehers durch einen Rechtsanwalt, um die Veruntreuung von Mandantengeldern einzuleiten, vorzunehmen und zu verschleiern[4]. Ein Arbeitsvertrag ist ebenfalls nichtig, wenn er die Ausübung des ärztlichen Berufs zum Gegenstand hat und die erforderliche Approbation oder Erlaubnis nicht vorliegt und auch nicht erteilt werden kann[5].

72 Auch die **Gesetzesumgehung** kann zur Nichtigkeit führen[6]. Diese liegt immer dann vor, wenn der Zweck einer zwingenden Rechtsnorm dadurch vereitelt wird, dass andere rechtl. Gestaltungsmöglichkeiten missbräuchlich verwendet werden. Maßgeblich ist die objektive Funktionswidrigkeit des Rechtsgeschäfts. Die Rspr. hat hierauf die Unwirksamkeit von Gratifikations- oder Prämienrückzahlungsklauseln[7] oder aber mit den Wertungen des KSchG unvereinbare auflösende Bedingungen[8] gestützt. Heute wird man oftmals durch eine Inhaltskontrolle nach § 307 zum gleichen Ergebnis kommen, s. Rz. 154. Eine sog. Bandbreitenregelung, wonach einerseits eine regelmäßige wöchentliche Arbeitszeit vereinbart ist, der ArbN aber andererseits verpflichtet ist, auf freie Anforderung des ArbGeb auch darüber hinaus zu arbeiten, ist nach strenger instanzgerichtl. Rspr. wegen Umgehung zwingender gesetzl. Kündigungsschutzvorschriften gem. § 134 ebenfalls unwirksam[9].

73 **bb) Verstoß gegen die guten Sitten.** Der Abschluss eines Arbeitsvertrags kann ferner gegen die guten Sitten verstoßen und somit gem. **§ 138 I** nichtig sein. Verträge sind unwirksam, wenn sie gegen die Grundprinzipien der Rechts- und Sittenordnung verstoßen; sittenwidrig ist, was dem Anstandsgefühl aller billig und gerecht Denkenden widerspricht[10]. Hierbei ist zu unterscheiden, ob der Vertragsinhalt insb. durch den Gegenstand der versprochenen Dienste gegen die guten Sitten verstößt (**Inhaltssittenwidrigkeit**) oder ob sich der Verstoß aus einer Zusammenfassung von Inhalt, Begründung und Zweck des Vertrages ergibt (**Umstandssittenwidrigkeit**). Eine Umstandssittenwidrigkeit kann sich zB aus der Art der Ausübung der Arbeit oder den Verhältnissen, unter denen die Arbeitsleistung erbracht werden soll, ergeben[11]. Zu beachten ist, dass die ArbG im Rahmen der Prüfung des § 138 gehalten sind, die Vertragsautonomie der strukturell schwächeren Partei zu beachten, s. vor § 611 Rz. 1 ff.[12]. Im allg. Zivilrecht entwickelt sich die Dogmatik dahingehend, dass es für die Beurteilung, ob ein Sittenverstoß iSv. § 138 vorliegt, überwiegend darauf ankommt, ob das Rechtsgeschäft selbst einen objektiv sittenwidrigen Inhalt hat. Subjektive Merkmale können zwar hinzutreten, sind aber nicht mehr unabdingbare Voraussetzung für einen Sittenverstoß[13]. Unbeachtlich ist vor allem das Bewusstsein der Vertragsparteien von einer Sittenwidrigkeit. Die Bedeutung der subjektiven Komponente ist auch im klassischen Anwendungsbereich, dem Missverhältnis von Leistung und Gegenleistung, nur noch gering, dazu Rz. 78a. Bei

---

1 BAG 26.2.2003 – 5 AZR 690/01, AP Nr. 24 zu § 134 BGB; 24.3.2004 – 5 AZR 233/03, EzA § 134 BGB 2002 Nr. 2; 17.3.2010 – 5 AZR 301/09, BAGE 133, 332.   ‖2 BGH 1.8.2013 – VII ZR 6/13, DB 2013, 2023.   ‖3 BAG 26.2.2003 – 5 AZR 690/01, NZA 2004, 313 (315).   ‖4 BAG 25.4.1963 – 5 AZR 398/62, AP Nr. 2 zu § 611 BGB Faktisches Arbeitsverhältnis.   ‖5 BAG 3.11.2004 – 5 AZR 592/03, BB 2005, 782.   ‖6 Vgl. BAG 10.2.1999 – 2 AZR 422/98, AP Nr. 52 zu § 2 KSchG 1969; 10.12.1998 – 8 AZR 327/94, NZA 1999, 422.   ‖7 BAG 12.10.1972 – 5 AZR 227/72, DB 1973, 285; 27.7.1972 – 5 AZR 141/72, DB 1972, 2114; 6.12.1963 – 5 AZR 169/63, DB 1964, 226; 10.5.1962 – 5 AZR 452/61, NJW 1962, 1537.   ‖8 BAG 13.12.1984 – 2 AZR 294/83, NJW 1985, 1918; 9.12.1974 – 2 AZR 565/73, NJW 1975, 1531.   ‖9 LAG Düss. 17.9.2004 – 18 Sa 224/04, LAGE § 315 BGB 2002 Nr. 1, Verfahrensfortgang: BAG 7.12.2005 – 5 AZR 535/04, AP Nr. 4 zu § 12 TzBfG, nachgehend BVerfG 23.11.2006 – 1 BvR 1909/06, AP Nr. 22 zu § 307 BGB.   ‖10 Vgl. BAG 21.3.1963 – 5 AZR 100/62, AP Nr. 29 zu Art. 12 GG; ErfK/*Preis*, § 611 Rz. 336.   ‖11 Staudinger/*Richardi*, § 611 Rz. 196.   ‖12 BVerfG 10.10.1993 – 1 BvR 567/89, AP Nr. 35 zu Art. 2 GG.   ‖13 BGH 8.5.1989 – IVa ZR 138/83, BGHZ 94, 268 (272); Palandt/*Ellenberger*, § 138 Rz. 7.

einem objektiven Missverhältnis von Leistung und Gegenleistung werden die subjektiven Voraussetzungen des § 138 vermutet[1]. Das BAG hingegen verlangte in seiner früheren Rspr. noch, dass das Verhalten der begünstigten Partei auf einer verwerflichen Gesinnung beruhen musste[2]. In neueren Entscheidungen wurde allerdings ebenfalls der Wandel zur Objektivierung des Sorgfaltsmaßstabs vollzogen[3].

Einzelfälle: Besteht die zugesagte Dienstleistung in der **Vorführung des Geschlechtsverkehrs** auf einer Bühne, liegt bereits nach älterer Rspr. eine Sittenwidrigkeit iSv. § 138 vor[4]. Ebenfalls sittenwidrig ist nach klassischer Lesart die **Zusage geschlechtlicher Hingabe**[5]. Hieran hat auch sich – entgegen der hM[6] – auch mit dem Inkrafttreten des **ProstG** nichts geändert. Dieses verdrängt den § 138 I lediglich hinsichtlich der Rechtsfolge. Es erklärt die Entgeltforderung für rechtswirksam (§ 1 ProstG). Der Gesamtvertrag bleibt jedoch sittenwidrig. Andere Ansprüche – insb. auf Erbringung der Prostitutionsleistung – bestehen daher nicht[7]. Das Verdikt der Sittenwidrigkeit kann das Gesetz dagegen nicht ändern, da der Begriff der Sitten ein vorrechtlicher und damit der Bestimmung durch den Gesetzgeber entzogen ist[8]. Maßgeblich ist vielmehr allein das Anstandsgefühl aller billig und gerecht Denkenden. Dass danach die Prostitution ihren sittlichen Makel verloren hätte, ist keinesfalls nachgewiesen[9] und kann sicherlich nicht durch die Begründung des ProstG[10] oder spätere Äußerungen des Bundestages oder des Bundesrates[11] verbindlich festgestellt werden. Entsprechend ist auch bei der Beschäftigung einer **Striptease-Tänzerin** zu unterscheiden: Geht es tatsächlich hauptsächlich um die Schaustellung, ist eine Sittenwidrigkeit abzulehnen[12]. Geht es jedoch ohne die Erhebung eines Anspruchs auf künstlerische Darbietung ausschließlich um sexuelle Stimulanz, ist der Arbeitsvertrag sittenwidrig[13]. Diese Rspr. dürfte auch nach dem – rechtspolitisch und dogmatisch verfehlten – Inkrafttreten des ProstG[14] weiterhin gültig sein. 74

Ein sittenwidriger Vertragsschluss liegt auch dann vor, wenn der ArbN hierdurch in seiner **wirtschaftl. Freiheit**, insb. in seinem Fortkommen, unbillig oder unangemessen beschränkt wird. Hierbei ist allerdings zu beachten, dass § 138 als Generalklausel nur dann eingreift, wenn keine speziellere Norm vorrangig ist. So enthalten bspw. die GewO und das HGB Spezialnormen im Hinblick auf die Vereinbarung von **Wettbewerbsklauseln**. Für die dort aufgeführten Nichtigkeitsgründe ist ein Rückgriff auf die Generalklausel des § 138 nicht zulässig[15]. Soll durch arbeitsrechtl. Vergütungsregelungen der ArbN mit dem **Betriebs- oder Wirtschaftsrisiko des ArbGeb** belastet werden, liegt hierin ebenfalls ein Verstoß gegen die guten Sitten gem. § 138[16]. Der ArbN darf nicht dazu verpflichtet werden, die während seiner Tätigkeit eintretenden Verluste auszugleichen oder seine Weiterbeschäftigung selbst zu finanzieren. Entscheidend soll hier nach dem BAG sein, dass der ArbGeb aus der schwächeren Lage des ArbN übermäßige Vorteile zieht, wobei subjektiv nur die Kenntnis der Umstände, aus denen sich die Sittenwidrigkeit ergibt, gefordert wird. Zulässig ist die alleinige Zusage einer **Provision ohne Fixum** (vgl. § 65 HGB), wenn nicht der ArbN im Einzelfall auch durch vollen Einsatz seiner Arbeitskraft kein ausreichendes Einkommen erzielen kann. Das ist dann anzunehmen, wenn ein auffälliges Missverhältnis von Leistung und Gegenleistung iSd. § 138 II (dazu Rz. 78a) besteht.[17] dagegen eine Vereinbarung, wonach es grundsätzlich zulässig ist sogar, wenn ein Reisender weder festes Gehalt noch Reisespesen, sondern nur **Provision** erhalten soll, es sei denn, die zugesagte Provision steht im auffälligen Missverhältnis zur Gegenleistung[18]. Eine **Provisionsvereinbarung** kann jedoch auch dann sittenwidrig sein, wenn durch die Vorschusszahlungen eine unzulässige Bindung des ArbN herbeigeführt wird und die Provisionsabrede so getroffen ist, dass der ArbN die geforderten Umsätze nicht erbringen kann[19]. Eine 75

---

1 BGH 24.3.1988 – III ZR 30/87, BGHZ 104, 102ff.; 13.3.1990 – XI ZR 252/89, BGHZ 110, 336ff. ||2 Vgl. BAG 10.9.1959 – 2 AZR 228/57, AP Nr. 1 zu § 138 BGB; 10.5.1957 – 3 AZR 249/56, AP Nr. 1 zu Art. 6 GG Ehe und Familie; hierbei ist allerdings zu beachten, dass das BAG zum Zeitpunkt der letzten Entscheidung noch die Lehre von der unmittelbaren Drittwirkung der Grundrechte vertrat, also keine Subsumtion unter § 138 I BGB vornahm. ||3 BAG 10.10.1990 – 5 AZR 404/89, AP Nr. 47 zu § 138 BGB; 11.9.1984 – 3 AZR 184/82, AP Nr. 37 zu § 138 BGB. ||4 BAG 1.4.1976 – AZR 96/75, AP Nr. 34 zu § 138 BGB. ||5 BGH 31.3.1970 – III ZB 23/68, BGHZ 53, 369. ||6 Insb. BGH 8.11.2007 – III ZR 102/07, NJW 2008, 140 (141) Rz. 13; BVerwG 6.11.2002 – 6 C 16/02, NVwZ 2003, 603; BayObLG 8.9.2004 –2 ZBR 137/04, NZM 2004, 949 (950); vgl. auch BGH 7.5.2003 – 5 StR 536/02, NStZ 2003, 533; BGH 13.7.2006 – I ZR 241/03, BGHZ 168, 314 = NJW 2006, 3490 (3491) Rz. 24; *Armbrüster*, NJW 2002, 2763 (2764); MüKoBGB/*Armbrüster*, § 1 ProstG Rz. 19; Bamberger/Roth/*Wendlandt* Rz. 4; *Dehner*, NJW 2002, 3747 (3748). ||7 OLG Schleswig 13.5.2004 – 16 U 11/04, NJW 2005, 225 (227); Erman/*Palm/Arnold*, § 138 Rz. 158f.; Palandt/*Ellenberger*, § 138 Rz. 52; Staudinger/*Sack*, § 138 Rz. 454f.; Staudinger/*Schiemann*, Eckpfeiler, 2008, S. 101f.; *Larenz/Wolf*, AT, 9. Aufl. 2004, § 41 Rz. 47; *Kurz*, GewA 2002, 142 (143f.); *Majer*, NJW 2008, 1926 (1927f.); *Medicus*, AT, Rz. 701; offen auch BSG 6.5.2009 – B 11 AL 11/08 R, NJW 2010, 1627, Rz. 18; aA etwa ErfK/*Preis*, § 611 Rz. 342; BeckOK-ArbR/*Joussen*, § 611 Rz. 124. ||8 So das immer noch zutreffende historische Verständnis, etwa *v. Thur*, AT, 1918, 2. Band, 2. Halbband, § 70 S. 21ff.; zum historischen Verständnis nur *Mohr*, WuW 2011, 112 (115f.); *T. Bezzenberger*, AcP 196 (1996), 395 (398f.). ||9 Ebenso etwa *Majer*, NJW 2008, 1926 (1927). ||10 BT-Drs. 14/5958, 4; BT-Drs. 14/7174, 2, 6ff. ||11 Beschl. v. 19.10.2001, BR-Drs. 817/01 (s. auch BT-Drs. 14/7174 Nr. 2). ||12 Offengelassen von BAG 7.6.1972 – 5 AZR 512/71, AP Nr. 18 zu § 611 BGB Faktisches Arbeitsverhältnis. ||13 Staudinger/*Richardi*, § 611 Rz. 197; MüKoBGB/*Armbrüster*, § 138 Rz. 58. ||14 V. 20.12.2001, BGBl. I S. 3983. ||15 Vgl. BAG 13.9.1969 – 3 AZR 138/68, BAGE 22, 125. ||16 BAG 10.10.1990 – 5 AZR 404/89, AP Nr. 47 zu § 138 BGB. ||17 BAG 16.2.2012 – 8 AZR 242/11, NZA 2012, 1307. ||18 LAG Stuttgart 23.1.1952 – 2 Sa 186/51, DB 1952, 231; in jüngerer Zeit etwa LAG Hamm 27.9.2012 – 15 Sa 938/12. ||19 BAG 20.6.1989 – 3 AZR 504/87, AP Nr. 8 zu § 87 HGB; LAG Berlin 3.11.1986 – 9 Sa 65/86, AP Nr. 14 zu § 65 HGB.

76 Sittenwidrigkeit kann auch bei der Vereinbarung einer **Mankohaftung** vorliegen. Ein Verstoß gegen die guten Sitten ist dann zu bejahen, wenn das erhöhte Risiko des ArbN nicht durch Vergütungsabsprachen etc. wirtschaftl. ausgeglichen wird[1], ausführlicher Rz. 85ff. Unangemessen hohe **Vertragsstrafen** – insb. wenn sie zu einer Beseitigung der Begrenzung der ArbN-Haftung führen – sind ebenfalls sittenwidrig, s. hierzu auch Rz. 486[2].

76 Sittenwidrigkeit wurde von der Rspr. ferner **bejaht** bei: einer vertragl. Pauschalierung einer **Mehrarbeitsvergütung**, wenn der Vergleich mit der üblichen Vergütung ein erhebliches Missverhältnis darstellt[3]; einer mit Betrugsabsicht geschlossenen Vereinbarung zur **Täuschung des FA**[4]; einem **außergerichtl. Vergleich**, wenn ein auffälliges Missverhältnis des beiderseitigen Nachgebens besteht, das auf eine verwerfliche Gesinnung des ArbGeb schließen lässt[5]; gleiches gilt für ein **Schuldanerkenntnis**, mit dem der ArbN Ansprüche des ArbGeb auf Schadensersatz wegen einer von ihm begangenen unerlaubten Handlung anerkennt, wobei für die Beurteilung des Wertes der Leistung die Einschätzung durch die Parteien maßgeblich ist[6]; im Einzelfall bei einer vertragl. Regelung, wonach eine **Hinterbliebenenversorgung** nicht an die ursprünglich begünstigte Ehefrau, sondern an eine Lebensgefährtin des ArbN ausgezahlt werden soll[7]; einer **Verlustbeteiligung** des ArbN ohne angemessenen Ausgleich[8]; einem im **Voraus erklärten Gehaltsverzicht**[9]; einer **Vergütungsvereinbarung auf reiner Provisionsbasis**[10]; einer Vereinbarung mit einer Servieren, wonach **vereinbarte Umsatzprozente** erst nach Zahlung des Gastes fällig werden[11]; einer Kündigung einer ArbNähnlichen Person allein wegen der Geltendmachung vermeintlicher Rechtsansprüche[12]; einer Abrede über die Rückzahlung von Ausbildungskosten, die eine Erstattung auch für den Fall einer betriebsbedingten Kündigung oder der Kündigung mangels bestehender, vertragsgerechter Einsatzmöglichkeit für den ArbN vorsieht[13]; einer nach Eintritt der Zahlungsunfähigkeit des ArbGeb geschlossenen BV, die den Fälligkeitszeitpunkt einer Jahressonderzahlung in den Insolvenzgeldzeitraum vorverlegt[14].

77 Sittenwidrigkeit wurde **abgelehnt** bei einem **Aufhebungsvertrag**, bei dem der ArbGeb dem ArbN weder eine Bedenkzeit noch ein Rücktritts- bzw. Widerrufsrecht eingeräumt und das Thema des beabsichtigten Gesprächs vorher nicht mitgeteilt hat[15]; einer **Verschwiegenheitsverpflichtung** des ArbN während des ArbVerh, insoweit die Geheimhaltung durch betriebl. Interessen gerechtfertigt ist[16]; bei einer Vereinbarung, die Arbeitsvergütung ohne Berücksichtigung von Steuern und SozV-Beiträgen („schwarz") auszuzahlen, wenn der Hauptzweck der Abrede nicht auf die Steuerhinterziehung gerichtet ist[17], dazu jedoch auch oben Rz. 19ff.; bei einem Arbeitsvertrag auf Lebenszeit des ArbGeb, wenn längere Krankenhaus- und Heimaufenthalte des ArbGeb wahrscheinlich sind, während deren die Arbeitskräfte des ArbN nicht benötigt werden[18]; bei einer **Erhöhung der wöchentlichen Arbeitszeit** von 35 auf 40 Stunden ohne Lohnerhöhung, soweit der Lohn insgesamt in einem auffälligen Missverhältnis zur Arbeitsleistung steht[19].

78 **cc) Wucher und wucherähnliches Rechtsgeschäft.** Der wichtigste Anwendungsfall des § 138 liegt jedoch für das Arbeitsrecht im Bereich des Lohnwuchers. Der **speziellere Wuchertatbestand** (§ 138 II) setzt objektiv voraus, dass der vom Wucherer gewonnene Vorteil aus dem Rechtsgeschäft in einem auffälligen Missverhältnis zur Gegenleistung steht. Ferner muss auf Seite des Bewucherten eine Zwangslage, Unerfahrenheit, ein Mangel an Urteilsvermögen oder eine erhebliche Willensschwäche – kurzum: ein die rationale ökonomische Disposition behindernder Faktor[20] – gegeben sein. Diesen muss der Wucherer subjektiv ausbeuten. Ausbeutung bedeutet dabei, dass der Wucherer um die konkrete Schwäche des anderen Teils weiß, sich diese bei Abschluss des Geschäfts bewusst zunutze macht und dabei Kenntnis von dem zu seinen Gunsten bestehenden Leistungsmissverhältnis hat.[21] Diese strenge subjektive Voraussetzung ist wegen der mit ihr verbundenen Beweisschwierigkeiten in der Praxis kaum zu führen. Deshalb hat die Rspr. in Anlehnung an den Tatbestand des § 138 II das „**wucherähnliche**

---

1 BAG 27.2.1970 – 1 AZR 150/69, AP Nr. 54 zu § 611 BGB Haftung des Arbeitnehmers; 12.8.1959 – 2 AZR 75/59, AP Nr. 1 zu § 305 BGB. ‖2 RG 7.4.1908 – Rep. III 315/07, RGZ 68, 229; BAG 17.1.1980 – 3 AZR 716/77, nv.; vgl. auch LAG Köln 9.4.1998 – 10 Sa 1483/97, NZA-RR 1999, 350 ff. zur sittenwidrigen Vertragsstrafenvereinbarung bei Vereinswechsel eines Berufssportlers. ‖3 ArbG Berlin 31.10.1988 – 30 Ca 214/88, DB 1989, 1423. ‖4 BGH 23.1.1992 – I ZR 265/90, AP Nr. 48 zu § 138 BGB. ‖5 BAG 11.9.1984 – 3 AZR 184/82, AP Nr. 37 zu § 138 BGB; vgl. auch BAG 25.4.2013 – 8 AZR 453/12, noch nv. ‖6 BAG 22.7.2010 – 8 AZR 144/09, AP BGB § 611 Haftung des Arbeitnehmers Nr. 134. ‖7 BAG 16.8.1983 – AZR 34/81, AP Nr. 2 zu § 1 BetrAVG Hinterbliebenenversorgung. ‖8 BAG 10.10.1990 – 5 AZR 404/89, AP Nr. 47 zu § 138 BGB; LAG Hamm 5.12.2003 – 7 (8) Sa 1083/03, LAGReport 2004, 254. ‖9 LAG Berlin 17.2.1997 – 9 Sa 124/96, NZA-RR 1997, 371 (372). ‖10 LAG Hamm 16.10.1989 – 19 (13) Sa 1510/88, ZIP 1990, 880 (886 f.) m. zust. Anm. v. *Gaul*, ZIP 1990, 889 ff. ‖11 LAG Hamm 3.10.1979 – 1 Sa 946/79, DB 1980, 597. ‖12 BAG 14.12.2004 – 9 AZR 23/04, AP Nr. 62 zu § 138 BGB. ‖13 LAG Rh.-Pf. 17.2.2003 – 7 Sa 1141/02, nv., n.rkr.; im Erg. ebenso BAG 24.6.2004 – 6 AZR 320/03, EzA § 611 BGB 2002 Ausbildungsbeihilfe Nr. 7. ‖14 BSG 18.3.2004 – B 11 AL 57/03 R, BSGE 92, 254. ‖15 BAG 30.9.1993 – 2 AZR 268/93, AP Nr. 37 zu § 123 BGB. ‖16 LAG Hamm 5.10.1988 – 15 Sa 1403/88, DB 1989, 783. ‖17 BAG 26.2.2003 – 5 AZR 690/01, AP Nr. 24 zu § 134 BGB. ‖18 BAG 25.3.2004 – 2 AZR 153/03, AP Nr. 60 zu § 138 BGB. ‖19 BAG 17.10.2012 – 5 AZR 792/11, NZA 2013, 266, Rz. 22. ‖20 So MüKoBGB/*Armbrüster*, § 138 Rz. 143. ‖21 BGH 24.5.1985 – V ZR 47/84, NJW 1985, 3006 (3007); 8.7.1982 – III ZR 1/81, NJW 1982, 2767 (2768); 19.6.1990 – XI ZR 280/89, NJW-RR 1990, 1199; st. Rspr.; MüKoBGB/*Armbrüster*, § 138 Rz. 154; BeckOKArbR/*Wendtland*, § 138 Rz. 55; Jauernig/*Jauernig*, § 138 Rz. 23.

Rechtsgeschäft" als eine Fallgruppe des § 138 I entwickelt.¹ Objektiv erfordert es wie der Wucher das Vorliegen eines auffälligen Missverhältnisses von Leistung und Gegenleistung. Dies alleine kann allerdings eine Sittenwidrigkeit noch nicht begründen, denn die Gerichte dürfen aus Respekt vor der Privatautonomie keine allg. Äquivalenzkontrolle durchführen². Es müssen also **weitere Umstände** neben dem bloßen Missverhältnis hinzutreten, um eine Sittenwidrigkeit zu begründen.³ Das kann insbesondere die verwerfliche Gesinnung des Bevorteilten sein, die zudem nach der Rspr. bei einem besonders groben Missverhältnis zwischen Leistung und Gegenleistung vermutet wird.⁴

Das in § 138 II geregelte Wuchergeschäft setzt ebenso wie das als Fallgruppe der Sittenwidrigkeit nach § 138 I entwickelte wucherähnliche Rechtsgeschäft zunächst objektiv ein **auffälliges Missverhältnis von Leistung und Gegenleistung** voraus. Bei der Prüfung, ob ein objektives Missverhältnis zwischen Leistung und Gegenleistung vorliegt, ist der Wert der Leistung des ArbN nach ihrem objektiven Wert zu beurteilen. Ausgangswert zur Feststellung des Wertes der Arbeitsleistung sind dabei jedenfalls dann die Tariflöhne des jeweiligen Wirtschaftszweiges, wenn in einem Wirtschaftsgebiet üblicherweise der Tariflohn gezahlt wird. Entspricht der Tariflohn nicht der verkehrsüblichen Vergütung, sondern liegt diese unterhalb des Tariflohns, ist vom allg. Lohnniveau im Wirtschaftsgebiet auszugehen⁵. Nach der neueren Rspr. des BAG ist von einem auffälligen Missverhältnis von Arbeitsleistung und Lohn auszugehen, wenn weniger als ⅔ **des üblichen Lohns** gezahlt wird.⁶ Eine Orientierung an einen bestimmten Abstand zwischen Arbeitsentgelt und Sozialhilfesatz oder an der Pfändungsfreigrenze des § 850c ZPO hat das BAG ausdrücklich abgelehnt⁷. Lange Zeit wurde in der Literatur und vereinzelt auch in der Rspr. eine Konkretisierung anhand fester Grenzwerte versucht, bei deren Unterschreiten eine Sittenwidrigkeit regelmäßig zu bejahen sein sollte. Das BAG hat sich damit an dem oberen Rand der Vorschläge in der Lit. orientiert. *Reinecke* schlug vor, die später gewählte Grenze bei von ⅔ des ortsüblichen Lohns zu ziehen⁸, *Hanau* setzte bei 50 bis 70 % des Vergleichswertes an⁹. Für die Sittenwidrigkeit bei Unterschreiten der Schwelle vom 50 % sprach sich auch *Mohr* aus¹⁰. Auch in der Rspr. der Instanzgerichte wird Sittenwidrigkeit bei Unterschreiten des Vergleichswertes um ⅔ bejaht¹¹. Die Rspr. des BAG war lange Zeit uneinheitlich, ein feststehender Richtwert fehlte gänzlich. So verneinte das BAG ein grobes Missverhältnis bei 73 %¹² bzw. 70 %¹³ des Vergleichswertes. Um noch einige Pegelstriche strenger ist die Rspr. Eine gefestigte Rspr. bestand allein im Bereich des **§ 17 BBiG**, wo das BAG eine Sittenwidrigkeit bei einer Unterschreitung des Tariflohns um 20 % bejaht¹⁴. Der BGH hat demggü. die tatrichterliche Würdigung des Landgerichts in einem Fall des Lohnwuchers gem. § 302a I 1 Nr. 3 StGB aF, ein grobes Missverhältnis liege bei einem Lohn in Höhe von ⅔ des Tariflohns vor, revisionsrechtl. gebilligt¹⁵. In einer Entscheidung v. 22.4.2009 geht das BAG nun ebenfalls von einer Grenze von ⅔ des üblichen Lohns aus, bei deren Unterschreiten ein Fall des Lohnwuchers anzunehmen sei¹⁶.

Der Wuchertatbestand erfordert subjektiv, dass der Wucherer die Zwangslage, die Unerfahrenheit, den Mangel an Urteilsvermögen oder die erhebliche Willensschwäche eines anderen **ausbeutet**¹⁷. Eine **Zwangslage** ist gegeben, wenn wegen einer erheblichen Bedrängnis ein zwingendes Bedürfnis nach einer Geld- oder Sachleistung besteht. Erforderlich, aber auch ausreichend ist, dass dem Betroffenen schwere Nachteile drohen¹⁸. **Unerfahrenheit** ist gegeben bei einem Mangel an Lebens- oder Geschäftserfahrung¹⁹. **Mangelndes Urteilsvermögen** liegt vor, wenn der Betroffene nicht in der Lage ist, die beiderseitigen Leistungen richtig zu bewerten und die Vor- und Nachteile des Geschäfts sachgerecht gegeneinander abzuwägen²⁰. Eine **erhebliche Willensschwäche** ist gegeben, wenn der Betroffene zwar Inhalt und Folgen des Geschäfts durchschaut, sich aber wegen verminderter psychischer Widerstandsfähigkeit nicht sachgerecht zu verhalten vermag²¹. Bei Abschluss eines Arbeitsvertrages wird vor allem die Annahme einer **Zwangslage** nahe liegen, weil der ArbN gerade in Zeiten hoher Arbeitslosigkeit bereit sein wird, zu einem zu geringen Lohn tätig zu sein²². Eine Zwangslage soll sich auch daraus ergeben können, dass ein Arbeitsloser keine Arbeitslosenhilfe erhält²³. Dem ist allenfalls zuzustimmen, soweit nicht zwingende Vorgaben des Sozialrechts umgangen werden²⁴. Die **Ausbeutung** ist zu bejahen, wenn

---

1 Vgl. nur MüKoBGB/*Armbrüster*, § 611 Rz. 112, 142. ‖ 2 Vgl. dazu *Pötters/Traut*, JURA 2011, 401 (404). ‖ 3 Ansonsten würde auch ein Umgehung des § 138 II drohen, vgl. auch MüKoBGB/*Armbrüster*, § 138 Rz. 142. ‖ 4 BGH 24.3.1988 – III ZR 30/87, BGHZ 104, 102 ff.; 13.3.1990 – XI ZR 252/89, BGHZ 110, 336 ff. ‖ 5 BAG 24.3. 2004 – 5 AZR 303/03, AP Nr. 59 zu § 138 BGB; 22.4.2009 – 5 AZR 436/08, AP BGB § 138 Nr. 64 Rz. 14. ‖ 6 BAG 22.4.2009 – 5 AZR 436/08, AP Nr. 64 zu § 138 BGB; 18.4.2012 – 5 AZR 630/10, AP Nr. 65 zu § 138 BGB, Rz. 11; 16.5. 2012 – 5 AZR 268/11, NZA 2012, 974, Rz. 34. ‖ 7 BAG 24.3.2004 – 5 AZR 303/03, AP Nr. 59 zu § 138 BGB. ‖ 8 *Reinecke*, Sonderbeil. zu NZA 3/2000, 23 (32). ‖ 9 *Hanau*, EWiR 2002, 419 (420). ‖ 10 *Mohr*, BB 2008, 1065 (1067). ‖ 11 LAG Berlin 20.2.1998 – 6 Sa 145/97, NZA-RR 1998, 392; LAG Bremen 17.6.2008 – 1 Sa 29/08, *LAGE* § 138 BGB 2002 Nr. 1; LAG Rh.-Pf. 19.5.2008 – 5 Sa 6/08. ‖ 12 BAG 11.1.1973 – 5 AZR 322/72, DB 1973, 727. ‖ 13 BAG 4.2.1981 – 4 AZR 967/78, BAGE 35, 43 (48 f.); 23.5.2001 – 5 AZR 527/99, AuR 2001, 509. ‖ 14 BAG 8.5.2003 – 6 AZR 191/02, NZA 2003, 1343. Anders aber BAG 22.1.2008 – 9 AZR 999/06, AP Nr. 7 zu § 17 BBiG. ‖ 15 BGH 24.2.1997 – 1 StR 701/96, BGHSt 43, 53. ‖ 16 BAG 22.4.2009 – 5 AZR 436/08, AP Nr. 64 zu § 138 BGB. ‖ 17 BAG 22.3.1989 – 5 AZR 151/88. ‖ 18 BGH 8.2.1994 – XI ZR 77/93, NJW 1994, 1276. ‖ 19 BGH 27.3.1958 – II ZR 327/56, DB 1958, 1241. ‖ 20 BGH 23.6.2006 – V ZR 147/05, NJW 2006, 3054 (3056). ‖ 21 MüKoBGB/*Armbrüster*, § 138 Rz. 152. ‖ 22 Zurückhaltend aber BAG 24.3.2004 – 5 AZR 303/03, NZA 2004, 971; *Mohr*; BB 2008, 1065 (1066); wie hier ArbG Bremen 30.8.2000 – 5 Ca 5152, 5198/00, NZA-RR 2001, 27 (31). ‖ 23 Staudinger/*Sack*, § 138 Rz. 388. ‖ 24 Restriktiv auch MüKoBGB/*Armbrüster*, § 138 Rz. 90 zu ArbG Dresden 12.4.2006 – 7 Ca 5437/05, EWiR 2007, 707.

der Wucherer sich die Zwangslage etc. bewusst zunutze macht und dabei Kenntnis von dem Missverhältnis der beiderseitigen Leistungen hat, einer Ausbeutungsabsicht bedarf es nicht[1]. Wucher nach § 138 II wurde **bejaht**: Bei einem Praktikanten mit abgeschlossenem Studium und betriebsüblicher Arbeitszeit bei einer Vergütung von 375 Euro/Monat[2]; bei einem Stundenlohn von 5 Euro für eine Auspackhilfe im Einzelhandel[3]; bei einem als Praktikum deklarierten, unentgeltlichen ArbVerh[4]; bei Vergütung für eine Mitarbeiterin in der Gastronomie, die die Hälfte des in der Region Üblichen beträgt[5]; bei einer Vergütung von 1500 DM für eine arbeitslose, gering qualifizierten Schwesternhelferin[6]; bei einem Entgelt, das 66 % des Tariflohns und nur 60 % des beim ArbGeb üblichen Lohns erreicht[7]; bei einer Stundenvergütung von weniger als 10 DM brutto für einen Heizungsmonteur im Jahr 1996[8]; bei einer Abrede, nach der ein Außendienstmitarbeiter in der Versicherungsbranche bei Erfolglosigkeit die empfangenen Leistungen zurückzahlen muss und nur die Provision behalten darf[9]. Wucher wurde **verneint**: Bei einem Stundenlohn von 8,50 DM für eine Hilfskraft im Jahr 1989, selbst wenn der Nettolohn mit 966 DM unter dem Sozialhilfesatz liegt[10]; wohl zu Unrecht auch für eine Friseurin im nördlichen Brandenburg bei einem Stundenlohn von 3 Euro netto[11]. Das Gericht stellte hier darauf ab, dass in Deutschland kein Mindestlohn existiere.

78c Das **wucherähnliche Rechtsgeschäft** (§ 138) erfordert demggü. für die Annahme der Sittenwidrigkeit lediglich, dass zu dem objektiv gegebenen Missverhältnis von Leistung und Gegenleistung **weitere Umstände** hinzutreten. Insbesondere kommt in Betracht, dass der Bevorteilte subjektiv aus einer **verwerflichen Gesinnung** heraus handelte[12]. Diese Gesinnung oder sonstigen weiteren Umstände sind nach allg. Grundsätzen von demjenigen, der sich auf die Sittenwidrigkeit beruft, darzulegen und im Bestreitensfalle zu beweisen[13]. Lediglich dann, wenn ein **besonders grobes Missverhältnis** zwischen Leistung und Gegenleistung besteht, weil der Wert der Leistung (mindestens) doppelt so hoch ist wie der Wert der Gegenleistung, gestattet dies den tatsächlichen Schluss auf eine verwerfliche Gesinnung des Begünstigten[14]. Dann bedarf es zwar noch der Behauptung der verwerflichen Gesinnung, wofür jedoch genügt, dass die benachteiligte Vertragspartei sich auf die tatsächliche Vermutung einer verwerflichen Gesinnung der anderen Vertragspartei beruft. Die mit einem besonders groben Missverhältnis von Leistung und Gegenleistung begründete tatsächliche Vermutung der verwerflichen Gesinnung des begünstigten Vertragsteils kann im Einzelfall durch besondere Umstände erschüttert werden. Insoweit trägt die begünstigte Vertragspartei die Darlegungs- und Beweislast[15].

79 dd) **Sonstige Nichtigkeitsgründe.** Ein Arbeitsvertrag kann auch auf Grund eines Verstoßes gegen ein konstitutives Schriftformerfordernis nichtig sein, § 125 S. 1 (s. Rz. 37). Zur Geschäftsunfähigkeit oder beschränkten Geschäftsfähigkeit vgl. Rz. 34 ff.

80 b) **Rechtsfolgen.** Auch bei der Nichtigkeit eines Arbeitsvertrags aus den oben aufgeführten Gründen können sich bereicherungsrechtl. Abwicklungsprobleme ergeben. Grds. greifen die **Regeln zum fehlerhaften ArbVerh**, wenn bereits Arbeitsleistungen erbracht wurden (zum fehlerhaften ArbVerh § 119 Rz. 15 ff.). Ferner ist es auch möglich, dass nur einzelne Vertragsabreden nichtig sind, die dann durch gesetzl. oder tarifvertragl. Vorschriften ersetzt werden können. Eine Gesamtnichtigkeit des Vertrages ist grds. nur dann der Fall, wenn sich die Wirksamkeitsmängel auf den tatsächlichen Vollzug des ArbVerh beziehen[16]. Somit ist hinsichtlich der Nichtigkeitsrechtsfolgen nach den einzelnen Nichtigkeitsgründen zu differenzieren.

81 Ein Verstoß gegen ein gesetzl. Verbot erfolgt regelmäßig nicht durch den gesamten Arbeitsvertrag, sondern nur durch einzelne Vertragsabreden. Während nach § 139 im Zweifel eine Gesamtnichtigkeit anzunehmen ist, wurde diese Grundregel im Arbeitsrecht weitgehend umgekehrt. Hier gilt somit der Grundsatz der Aufrechterhaltung des Vertrages. Nach st. Rspr. des BAG ist die Vorschrift des **§ 139 unanwendbar**, wenn der Verstoß auf ArbN-Schutzvorschriften beruht[17]. Der Fortbestand des ArbVerh bei bloßer Teilnichtigkeit des Vertrages ist somit der arbeitsrechtl. Regelfall. In Ausnahmefällen zB bei Verstößen gegen zumeist öffentl.-rechtl. Schutznormen[18] oder bei extremen Verstößen gegen § 138[19] wird

---

1 BGH 19.6.1990 – XI ZR 280/89, NJW-RR 1990, 1199; Jauernig/*Jauernig*, § 138 Rz. 23.   ‖2 LAG BW 8.2.2008 – 5 Sa 45/07, NZA 2008, 768.   ‖3 ArbG Bremen 12.12.2007 – 9 Ca 9331/07, AuR 2008, 275.   ‖4 LAG Rh.-Pf. 8.6.1984 – 6 Sa 51/84, NZA 1986, 293; ArbG Berlin 8.1.2003 – 36 Ca 19390/02, AuR 2004, 74.   ‖5 ArbG Cottbus 14.12.2005 – 7 Ca 1930/05.   ‖6 ArbG Herne 5.8.1998 – 5 Ca 4010/97, PersR 2000, 87.   ‖7 BGH 22.4.1997 – 1 StR 701/96, NJW 1997, 2689.   ‖8 LAG Berlin 20.2.1998 – 6 Sa 145/97, NZA-RR 1998, 392.   ‖9 ArbG Rheine 22.5.1992 – 2 Ca 34/92, NZA 1993, 366.   ‖10 BAG 22.3.1989 – 5 AZR 151/88.   ‖11 ArbG Eberswalde 15.11.2005 – 5 Ca 1234/05; wie hier wohl *Bayreuther*, NJW 2007, 2022 (2023).   ‖12 BAG 22.4.2009 – 5 AZR 436/08, BAGE 130, 338, Rz. 9; 16.5.2012 – 5 AZR 268/11, NZA 2012, 974, Rz. 30; vgl. auch BAG 26.4.2006 – 5 AZR 549/05, BAGE 118, 66.   ‖13 BAG 16.5.2012 – 5 AZR 268/11, NZA 2012, 974, Rz. 38; 27.6.2012 – 5 AZR 496/11, nv., Rz. 13.   ‖14 BAG 16.5.2012 – 5 AZR 268/11, NZA 2012, 974, Rz. 36; vgl. auch BAG 22.4.2009 – 5 AZR 436/08, BAGE 130, 338, Rz. 27; 27.6.2012 – 5 AZR 496/11, nv., Rz. 13.   ‖15 BAG 16.5.2012 – 5 AZR 268/11, NZA 2012, 974, Rz. 37.   ‖16 Kittner/Zwanziger/Deinert/*Becker*, ArbR, § 21 Rz. 11.   ‖17 S. BAG 4.10.1978 – 5 AZR 886/77, AP Nr. 11 zu § 611 BGB Anwesenheitsprämie; 28.3.1963 – 5 AZR 472/62, AP Nr. 24 zu § 1 Hausarbeitsgesetz; 9.9.1981 – 5 AZR 1182/79, AP Nr. 117 zu Art. 3 GG.   ‖18 Bei Einstellung einer Schwangeren für Arbeiten, die nach dem MuSchG verboten sind: vgl. BAG 27.11.1956 – 1 AZR 540/55, AP Nr. 2 zu § 4 MuSchG; Überschreitung der arbeitszeitlichen Grenzen: LAG Nürnberg 29.8.1995 – 2 Sa 429/94, AP Nr. 9 zu § 134 BGB.   ‖19 Vgl. BGH 18.7.1980 – 2 StR 348/80, AP Nr. 35 zu § 138 BGB.

allerdings eine Totalnichtigkeit angenommen. Verstoßen Teile des Vertrages gegen § 138 (zB Manko-abreden), so greift die Nichtigkeitsfolge von Anfang an ein. An ihre Stelle tritt rückwirkend die gesetzl. Regelung. Schließt der ArbN-Schutz eines Verbotsgesetzes eine erlaubte Beschäftigung überhaupt aus, ist der Arbeitsvertrag insg. nichtig. Der Schutzzweck der Verbotsnorm kann allerdings eine Beschränkung der Nichtigkeitsfolge auf eine Ex-nunc-Wirkung erfordern[1]. Ferner können sich im Allg. weder ArbN noch ArbGeb auf die Nichtigkeit des Arbeitsvertrags für die Zeit berufen, solange die Nichtigkeit dem anderen Vertragsteil unbekannt war[2]. Nach diesem Grundsatz findet keine Beschränkung der Ex-tunc-Wirkung statt, wenn die Nichtigkeit des Arbeitsvertrages auf einem vorsätzlichen Verstoß gegen allg., für jedermann gültige Strafgesetze und damit auf einem Verbot des Bestehens eines derartigen ArbVerh überhaupt beruht[3].

Bei der Sittenwidrigkeit eines ArbVerh muss ebenfalls differenziert werden. Eine Nichtigkeit des gesamten Vertrags ist nur anzunehmen, wenn entweder die zugesagte Tätigkeit sittenwidrig ist oder wenn es sich um die sittenwidrige Bindung einer Vertragspartei handelt. Liegt der erstgenannte Fall vor, würde eine Beschränkung der Vergangenheitsfolgen der Nichtigkeit gegen die **Grundauffassungen der Rechtsordnung** verstoßen, so dass eine Wirkung ex tunc gelten muss[4]. Im letzteren Fall darf sich die Nichtigkeit nicht zu Lasten desjenigen auswirken, der durch § 138 geschützt werden soll. Insb. beim **Lohnwucher** ist somit der Vertrag nicht nichtig. An die Stelle der sittenwidrigen Entgeltvereinbarung tritt vielmehr die gesetzl. Regelung des § 612[5]. Ist der Arbeitsvertrag als von Anfang an nichtig zu bewerten, besteht zumindest eine deliktische Haftung gem. §§ 823 ff., wenn es im Rahmen des Vollzugs der unzulässigen Tätigkeit zu einer Verletzung von Rechtsgütern der anderen Vertragspartei kommt. Ferner besteht zwischen ArbGeb und ArbN eine gesetzl. Sonderbeziehung, so dass Ansprüche aus § 280 oder sonstige quasi-vertragl. Ansprüche entstehen[6]. 82

Bei einem Verstoß gegen **Formvorschriften** hat die Geltendmachung der Nichtigkeit **regelmäßig keine Wirkung für die Vergangenheit**, wenn der ArbN die ihm vertragsmäßig obliegende Leistung bereits vollbracht hat oder sich auf die Forderung des ArbGeb hin zur Verfügung hielt[7]. Entscheidend hierfür ist allerdings, dass sich die Formvorschrift auf die Vertragsbindung, nicht aber auch auf die Zulässigkeit der zu erbringenden Arbeitsleistung bezieht[8]. 83

Ist an der Begründung des ArbVerh ein **beschränkt Geschäftsfähiger** beteiligt, so ist für den Umfang der Nichtigkeitsfolge der Schutz des Personenkreises maßgebend (s.a. Rz. 34 ff.). Der Schutzzweck der §§ 104 ff. gebietet danach zu unterscheiden, ob ein Mangel der Geschäftsfähigkeit beim ArbGeb oder beim ArbN vorliegt. Ist der **ArbN** nicht oder nur beschränkt geschäftsfähig und hat im letzteren Fall der gesetzl. Vertreter einem Vertragsschluss nicht zugestimmt, damit die Voraussetzungen des § 113 nicht vorliegen, ist eine rechtsgeschäftl. Verpflichtung durch den Minderjährigenschutz ausgeschlossen. Somit obliegen dem Minderjährigen keine vertragl. Pflichten. Nach den Grundsätzen des **fehlerhaften ArbVerh** sind ihm jedoch alle Rechte aus dem ArbVerh (insb. ein Lohnanspruch) zuzubilligen, soweit er tatsächlich gearbeitet hat[9]. Bei einer mangelhaften Geschäftsfähigkeit des **ArbGeb** obliegt diesem keine Lohnzahlungspflicht. Der ArbN, der seine Arbeitsleistung bereits erbracht hat, muss seinen Lohnanspruch im Wege von Bereicherungsansprüchen geltend machen. Er kann sich für die Zukunft allerdings einseitig vom Vertrag lossagen, so dass er auch keiner weiteren arbeitsvertragl. Verpflichtung unterliegt[10]. Im Rahmen einer fehlerhaften Geschäftsfähigkeit des ArbGeb ist jedoch stets zu prüfen, ob der gesetzl. Vertreter nicht durch eine Duldung der Beschäftigung des ArbN dem Vertrag zugestimmt und hierdurch ein ArbVerh wirksam begründet wurde[11]. Arbeitsverträge, die mit **Geschäftsunfähigen** abgeschlossen wurden, sind nichtig, ohne dass die Grundsätze des fehlerhaften ArbVerh auf sie angewandt werden könnten (s. Rz. 34). 84

IV. Vergütungspflicht. 1. Begriff und Rechtsnatur des Arbeitsentgelts. Der ArbGeb ist gem. § 611 I verpflichtet, dem ArbN die vereinbarte Vergütung zu gewähren. Unter dem **Begriff der Vergütung** versteht das BGB das **Arbeitsentgelt**. Die Arbeitsentgeltpflicht ist die Hauptpflicht des ArbGeb. Sie ist die Gegenleistung für die von ihm bereits empfangene oder noch zu empfangende Leistung des ArbN und steht daher im **Gegenseitigkeitsverhältnis** zur Arbeitspflicht. Gebräuchliche Bezeichnungen für das Arbeitsentgelt sind die Begriffe Lohn, Arbeitslohn, Gehalt, Bezüge, Preis, Gage, Honorar oder Salär[12]. Während die Vergütung von Arbeitern herkömmlich als Lohn bezeichnet wird, bezieht sich der Begriff Gehalt auf die Vergütung von Angestellten. Künstler erhalten eine Gage. Es ist auch gebräuchlich, den Begriff Lohn als Oberbegriff der verschiedenen Entgeltleistungen des ArbGeb zu verwenden. Die Verwendung solcher unterschiedlichen Begriffe ist jedoch rechtl. unerheblich, soweit das Arbeitsentgelt bezeichnet werden soll. 85

---

1 *Sack*, RdA 1975, 171 (176). ||2 Staudinger/*Richardi*, § 611 Rz. 254. ||3 Vgl. BAG 25.4.1963 – 5 AZR 398/62, AP Nr. 2 zu § 611 BGB Faktisches Arbeitsverhältnis. ||4 Vgl. BAG 1.4.1976 – 4 AZR 96/75, BAGE 28, 83 (92). ||5 BAG 10.3.1960 – 5 AZR 426/58, AP Nr. 2 zu § 138 BGB; LAG Bremen 27.9.1974 – 1 Sa 60–61/74, AP Nr. 33 zu § 138 BGB. ||6 Kittner/Zwanziger/Deinert/*Becker*, ArbR, § 21 Rz. 18. ||7 BAG 15.11.1957 – 1 AZR 189/57, BAGE 5, 58 (65 ff.). ||8 Staudinger/*Richardi*, § 611 Rz. 249. ||9 MüKoBGB/*J. Schmitt*, § 105 Rz. 52 ff.; Beck-OK-BGB/*Wendtlandt*, § 105 Rz. 15; *Walker*, JA 1985, 138 (149); MünchArbR/*Buchner*, § 34 Rz. 47; *Franzen*, JuS 1995, 232 (233 f.). ||10 Staudinger/*Richardi*, § 611 Rz. 200. ||11 Staudinger/*Richardi*, § 611 Rz. 252. ||12 Staudinger/*Richardi*, § 611 Rz. 630.

86 Die Vergütung gilt gem. § 612 I als stillschweigend vereinbart, wenn die Arbeitsleistung den Umständen nach nur gegen eine Vergütung zu erwarten war. Grds. unterliegt die Vereinbarung der **Vergütungshöhe** der Vertragsfreiheit der Parteien (ausf. zur Vergütungshöhe § 612 Rz. 36ff.). Besteht jedoch eine beiderseitige tarifvertragl. Bindung, darf der tarifl. festgelegte Mindestlohn nicht durch die Arbeitsentgeltvereinbarung unterschritten werden (vgl. § 4 III TVG). Das Arbeitsentgelt betreffende tarifl. Vereinbarungen sind auch bei einer fehlenden beiderseitigen Tarifgebundenheit im Falle von einzelvertragl. Bezugnahmeklauseln und AVE (vgl. § 5 TVG) zu beachten. Legen die Parteien ihrer Vergütungsvereinbarung eine unrichtige rechtl. Beurteilung darüber zugrunde, ob die Dienste abhängig oder selbständig erbracht werden, bedarf es einer ergänzenden Auslegung. Die Vergütung kann unabhängig von der rechtl. Einordnung des bestehenden Vertrages gewollt oder gerade an diese geknüpft sein. Maßgebend ist der erklärte Parteiwille, wie er nach den Umständen des konkreten Falles aus der Sicht des Erklärungsempfängers zum Ausdruck kommt[1].

87 **2. Geldschuld, Naturallohn, Sachbezüge. a) Grundsatz.** Die Vergütung ist grds. eine **Geldschuld**: Gem. § 107 I GewO ist das Arbeitsentgelt in Euro zu berechnen und auszuzahlen. Aus § 107 II GewO folgt das prinzipielle **Verbot des Trucksystems**, doch wird durch diese Vorschriften die Vereinbarung einer Naturalvergütung nicht gänzlich ausgeschlossen. Es ist jedoch unzulässig, eine als Geldschuld eingegangene Vergütungspflicht durch eine Naturalleistung zu tilgen[2], es sei denn, es greift eine der Ausnahmen des § 107 II 1, 3, 5 GewO ein[3]. Eine vereinbarte Barzahlung bedeutet jedoch nicht, dass eine **bargeldlose Zahlung** ausgeschlossen ist, sofern der ArbN auf Grund der Zahlungsart über den Lohnbetrag verfügen kann. Freiwillige zusätzliche Leistungen im Rahmen von ArbVerh werden von den Vorschriften nicht erfasst, s. zum ArbN-Darlehen Rz. 156.

88 **b) Dienstwagen.** Die Möglichkeit, einen Dienstwagen im Rahmen eines ArbVerh auch für Privatfahrten nutzen zu können, ist eine zusätzliche Gegenleistung für die geschuldete Arbeitsleistung[4]. Dabei ist es unerheblich, ob das Fahrzeug vornehmlich zur Privatnutzung oder zur gemischt privat-dienstlichen Nutzung überlassen wird und ob die Privatnutzung Beschränkungen unterliegt. Nur wenn das Fahrzeug ausschließlich zur dienstlichen Nutzung überlassen wird, hat die Überlassung keinen Vergütungscharakter[5]. Wird dem ArbN rechtswidrig die Privatnutzung des Dienstwagens entzogen, ist der ArbGeb gem. §§ 280 I, III, 283 zum Schadensersatz verpflichtet[6]. Die Überlassung eines Dienstwagens auch zu privaten Zwecken ist als im Synallagma zur Arbeitspflicht stehender Vergütungsbestandteil im Rahmen nachvertragl. Wettbewerbsverbote bei der **Berechnung der Karenzentschädigung** zu berücksichtigen[7] und auch auf das Tarifentgelt anzurechnen. Bei der Bemessung des Ruhegehalts[8] sowie der Berechnung einer Betriebsrente[9] entscheidet die Auslegung der Versorgungsordnung. Eine Anrechnung des Sachbezugs auf das Arbeitseinkommen verstößt gegen § 107 II 5 GewO, wenn die in Geld geleistete Nettovergütung und der Sachbezug aus der Überlassung eines Dienstwagens zur privaten Nutzung in ihrer Summe nach §§ 850c I, 850e Nr. 3 ZPO unpfändbar sind[10].

89 Soweit keine andere Vereinbarung vorliegt, ist dem ArbN auch für die Zeit, in der er an der Erbringung der **Arbeitsleistung** wegen Krankheit oder aus anderen persönlichen Gründen **verhindert** ist, der Firmenwagen zu überlassen[11]. Die Überlassung des Dienstwagens zur privaten Nutzung ist aber nur so lange weiter geschuldet, wie der ArbGeb überhaupt Arbeitsentgelt leisten muss[12]. Bei einem unwiderruflich überlassenen Dienstwagen gilt dies auch während der Mutterschutzfristen des § 3 II, § 6 I MuSchG[13]. Auf Grund des Entgeltcharakters der Dienstwagenüberlassung, hat auch ein BR-Mitglied, das von seiner beruflichen Tätigkeit befreit ist, während der Zeit seiner Freistellung weiterhin gem. § 37 II BetrVG einen Anspruch auf private Nutzung eines Dienstwagens[14]. Am **Ende des ArbVerh** ist der Wagen an den ArbGeb **herauszugeben**. Der Widerruf der Nutzungsmöglichkeit seitens des ArbGeb unterliegt der **Ausübungskontrolle** gem. § 315. Die danach erforderliche Interessenabwägung im Einzelfall kann nach dem BAG dazu führen, dass der ArbGeb einen Dienstwagen nur unter Einräumung einer Auslauffrist zurückfordern darf[15]. In die gebotene Interessenabwägung sind das Interesse des ArbGeb an einer unverzüglichen Rückgabe und das Interesse des ArbN an einer weiteren privaten Nutzung einzustellen. Ein in AGB vereinbarter Widerrufsvorbehalt, nach dem ein ArbN einen auch privat nutzbaren

---

1 BAG 12.1.2005 – 5 AZR 144/04, AP Nr. 69 zu § 612 BGB. ||2 Staudinger/*Richardi*, § 611 Rz. 667; Schaub/Linck, ArbRHdb, § 68 Rz. 1a; MüKoBGB/*Müller-Glöge*, § 611 Rz. 521; BGH 12.5.1975 – III ZR 39/73, AP Nr. 3 zu § 115 GewO. ||3 MüKoBGB/*Müller-Glöge*, § 611 Rz. 521. ||4 BAG 14.12.2010 – 9 AZR 631/09, NZA 2011, 569; 16.11.1995 – 8 AZR 240/95, AP Nr. 4 zu § 611 BGB Sachbezüge. ||5 BAG 23.6.2004 – 7 AZR 514/03, AP Nr. 139 zu § 37 BetrVG 1972; 25.2.2009 – 7 AZR 954/07. ||6 BAG 21.3.2012 – 5 AZR 651/10, NZA 2012, 616; *Polloczek/Pruksch*, DStR 2011, 1764 (1767). ||7 BAG 8.11.1994 – 9 AZR 4/93, AP Nr. 17 zu § 74c HGB. ||8 BAG 14.8.1990 – 3 AZR 321/89, AP Nr. 12 zu § 1 BetrAVG Berechnung. ||9 BAG 21.8.2001 – 3 AZR 746/00, AP Nr. 10 zu § 77 BetrVG 1972 Auslegung; LAG Hess. 8.9.2004 – 8 Sa 2110/03, nv. ||10 BAG 24.3.2009 – 9 AZR 733/07, AP Nr. 22 zu § 611 BGB Sachbezüge; dazu ausführlich *Reifelsberger/Kopp*, NZA 2013, 641. ||11 BAG 14.12.2010 – 9 AZR 631/09, NZA 2011, 569; LAG Köln 29.11.1995 – 2 Sa 843/95, LAGE § 616 BGB Nr. 8; 22.6.2001 – 11 (6) Sa 391/01, NZA-RR 2001, 523. ||12 BAG 14.12.2010 – 9 AZR 631/09, NZA 2011, 569; *Höser*, BB 2012, 573. ||13 BAG 11.10.2000 – 5 AZR 240/99, AP Nr. 13 zu § 611 BGB Sachbezüge. ||14 Aus dem Dienstwagen wird damit ein Privatwagen: BAG 23.6.2004 – 7 AZR 514/03, AP Nr. 139 zu § 37 BetrVG 1972. Nicht, wenn eine Privatnutzung nicht gestattet war: BAG 25.2.2009 – 7 AZR 954/07. ||15 BAG 21.3.2012 – 5 AZR 651/10, NZA 2012, 616.

Dienstwagen im Falle der Freistellung an den ArbGeb zurückgeben muss, ist wirksam[1]. Eine Vertragsklausel, die den ArbN verpflichtet, bei Beendigung des ArbVerh einen ihm zur Privatnutzung überlassenen Dienstwagen zurückzugeben und dennoch für die restliche Laufzeit des Leasingvertrages die anfallenden Raten in einem Einmalbetrag zu zahlen, ist hingegen unwirksam[2]. Wenn nach dem Willen der Parteien erkennbar die dienstliche Nutzung eines Firmenfahrzeugs im Vordergrund steht, kann nach vertragl. Vereinbarung dem ArbN bereits vorher die private Nutzungsmöglichkeit entzogen werden, wenn die Voraussetzungen für die Nutzung des Firmenfahrzeugs für Dienstreisen entfallen sind[3]. Nach den Umständen des Einzelfalls kann sich die Verpflichtung des ArbN aus arbeitsvertragl. Nebenverpflichtung ergeben, den Wagen während der Arbeitsverhinderung an den ArbGeb **zurückzugeben**, wenn er zur Dienstverrichtung einer Ersatzkraft gebraucht wird[4]. Ob dann bei rechtmäßigem Fernbleiben von der Arbeit ein Anspruch auf Wertersatz besteht, ist streitig[5]. Wird ein ArbN während der Kündigungsfrist von der Verpflichtung zur Arbeitsleistung bei Fortzahlung der Vergütung befreit, hat er für die während der Dauer seiner Freistellung entzogene Möglichkeit der Privatnutzung des Firmenwagens einen Anspruch auf Nutzungsausfallentschädigung[6]. Weil die private Nutzbarkeit Entgelt darstellt, ist der Wagen allerdings während eines Kündigungsschutzstreits zur Verfügung zu stellen, wenn und soweit der ArbN weiter arbeitet, sei es auf Grund § 102 BetrVG, sei es auf Grund des allg. Weiterbeschäftigungsanspruchs[7]. Die bloße Kündigungsschutzklage verpflichtet den ArbGeb noch nicht zur Weitergewähr[8].

Wird einem ArbN, dem ein Firmenfahrzeug auch zur privaten Nutzung überlassen worden war, das Fahrzeug durch den ArbGeb **unberechtigt entzogen**, besteht ein Schadensersatzanspruch wegen Nutzungsausfalls gem. §§ 280 I, III, 283. Der Höhe nach kann der ArbN grds. einen Geldbetrag entsprechend der steuerlichen Bewertung der privaten Nutzungsmöglichkeit (vgl. § 6 I Nr. 4 EStG) verlangen, sodass man den Wert der privaten Nutzung eines Kraftfahrzeugs für jeden Kalendermonat mit 1 % des inländischen Listenpreises im Zeitpunkt der Erstzulassung zuzüglich der Kosten für Sonderausstattungen einschl. Umsatzsteuer ansetzen kann[9]. 90

c) Werkswohnung. Eine andere Form der Sachleistung kann die Überlassung einer Werkswohnung sein. Soweit Gegenleistung der Überlassung die Arbeitsleistung ist, liegt kein Mietvertrag vor[10]. Möglich – und in der Praxis verbreiteter – ist jedoch die Überlassung im Rahmen eines Mietvertrags, dessen Grundlage das ArbVerh ist. Für die Kündigung dieses Mietraums gilt § 576b. 91

d) Personalrabatt. Eine weitere Form des Arbeitsentgelts ist das Einräumen von **Personalrabatten**[11]. Die frühere Rspr., die Personalrabatte auch Rentnern zugestand[12], wurde mit der Aufhebung des RabattG[13] seit dem 25.7.2001 gegenstandslos. Die in AGB über den Verkauf von Autos an **Werksangehörige** enthaltene Klausel, die den ArbN zur Zahlung des ihm eingeräumten Preisnachlasses verpflichtet, wenn er binnen eines Jahres nach Auslieferung fristlos entlassen wird, ist wegen Verstoßes gegen das Transparenzverbot (§ 307 I 2) unwirksam, wenn die Höhe des Preisnachlasses im Vertrag nicht angegeben ist[14]. Ob und inwieweit darüber hinaus eine weitere Inhaltskontrolle solcher Vereinbarungen geboten ist, ist umstritten[15]. Bei Betriebsübergang kann der Personalrabatt wegfallen, wenn der Produktionsbetrieb, dessen Produkte mit Rabatt erworben werden sollten, nicht mit übergeht[16] oder aber die Produktion eingestellt wird. Allg. ist zu prüfen, ob es sich dabei – wie in der Regel – um eine auflösend bedingte Verpflichtung des ArbGeb handelt, die vom Fortbestand der tatsächlichen Möglichkeit der Vorteilsgewährung abhängig ist. 92

3. Modalitäten der Vergütungszahlung. Üblicherweise ist der Erfüllungsort für die Lohnzahlungsverpflichtung des ArbGeb der Ort, an dem sich der Betrieb befindet, in dem der ArbN seine Dienste ständig verrichtet (Betriebssitz)[17]. Der Betriebssitz bleibt auch dann der Erfüllungsort, wenn der ArbN außerhalb der Betriebsstätte eingesetzt wird[18]. Der ArbN hat die Vergütung grds. im Betrieb abzuholen (**Holschuld**). Der Anspruch des Seeleute auf Auszahlung ihrer Heuer richtet sich nach § 37 SeeArbG. 93

Gem. § 614 S. 1 ist die Vergütung **nach der Leistung der Dienste** zu erbringen. Die Norm ist abdingbar, so dass TV, BV oder Arbeitsvertrag eine abweichende Regelung enthalten können. Für einzelne ArbN-Gruppen bestehen besondere Vorschriften über die Zahlungszeit, insb. für Handlungsgehilfen nach § 64 HGB, s. § 614 Rz. 8. 94

---

1 BAG 21.3.2012 – 5 AZR 651/10, NZA 2012, 616.   ‖ 2 BAG 9.9.2003 – 9 AZR 574/02, AP Nr. 15 zu § 611 BGB Sachbezüge; ArbG München 10.5.2007 – 30 Ca 16717/06, nv.   ‖ 3 BAG 17.9.1998 – 8 AZR 791/96, AuR 1999, 11; LAG Hess. 27.11.2003 – 11 Sa 648/03, nv.   ‖ 4 MüKoBGB/*Müller-Glöge*, § 611 Rz. 705.   ‖ 5 Dafür ErfK/*Preis*, § 611 Rz. 523; MünchArbR/*Krause*, § 60 Rz. 7; aA noch MünchArbR/*Hanau*, 2. Aufl. 2000, § 70 Rz. 12.   ‖ 6 BAG 19.12.2006 – 9 AZR 294/06, AP Nr. 21 zu § 611 BGB Sachbezüge.   ‖ 7 Ähnlich ErfK/*Preis*, § 611 Rz. 523. ‖ 8 ArbG Wetzlar 1.8.1986 – 2 Ga 1/86, NZA 1987, 163.   ‖ 9 BAG 21.3.2012 – 5 AZR 651/10, NZA 2012, 616; 27.5.1999 – 8 AZR 415/98, AP Nr. 12 zu § 611 BGB Sachbezüge.   ‖ 10 Staudinger/*Richardi*, § 611 Rz. 671. ‖ 11 MünchArbR/*Krause*, § 60 Rz. 12; MüKoBGB/*Müller-Glöge*, § 611 Rz. 708; Schaub/*Linck*, ArbRHdb, § 68 Rz. 8; aA LAG Bremen 28.7.1987 – 1 Sa 155/86, NZA 1987, 815.   ‖ 12 BAG 11.12.1996 – 5 AZR 336/95, AP Nr. 5 zu § 611 BGB Sachbezüge.   ‖ 13 IdF v. 24.7.2001, BGBl. I S. 1663.   ‖ 14 S. bereits BAG 26.5.1993 – 5 AZR 219/92, AP Nr. 3, zu § 23 AGB-Gesetz.   ‖ 15 Dafür ErfK/*Preis*, § 611 Rz. 520; Schaub/*Linck*, ArbRHdb, § 68 Rz. 8c; LAG Bremen 28.7.1987 – 1 Sa 155/86, NZA 1987, 815; dagegen MünchArbR/*Krause*, § 60 Rz. 13.   ‖ 16 BAG 7.9.2004 – 9 AZR 631/03, NZA 2005, 1223; 13.12.2006 – 10 AZR 792/05, NZA 2007, 325; 19.9.2007 – 4 AZR 711/06, BAGE 124, 123.   ‖ 17 LAG Berlin 19.5.1960 – 2 Sa 14/60, AP Nr. 3 zu § 269 BGB.   ‖ 18 Staudinger/*Richardi*, § 611 Rz. 646.

BGB § 611 Rz. 95   Vergütungspflicht

95   Ist es dem ArbN nicht möglich oder nicht zumutbar, den Lohn abzuholen oder abholen zu lassen, muss der ArbGeb gem. § 270 I die Vergütung auf seine Kosten an den Wohnsitz des ArbN übermitteln. Es handelt sich in diesem Fall um eine **qualifizierte Schickschuld**. Eine qualifizierte Schickschuld des ArbGeb ist auch dann gegeben, wenn nach heutzutage üblicher Weise eine **bargeldlose Lohnzahlung** per Überweisung erfolgt. Mit der Gutschrift der Überweisung auf dem Konto des ArbN tritt die Erfüllungswirkung ein, wobei der ArbGeb das Risiko des Fehlgehens der Überweisung trägt[1].

96   **4. Nettolohnvereinbarungen. a) Allgemeines.** Ist im Arbeitsvertrag eine Bruttovergütung vereinbart, hat der ArbN die anfallende LSt im Verhältnis zum ArbGeb zu tragen. Der ArbGeb kann die abzuführende LSt von dem vereinbarten Lohn abziehen. Das gilt auch bei einer geringfügigen Beschäftigung hinsichtlich der pauschalierten LSt[2]. Nettolohn wird vom ArbGeb nur kraft besonderer Vereinbarung geschuldet. Der ArbN trägt daher die Beweislast, dass die vom ArbGeb entrichtete Vergütung bereits den Nettolohn, also das um die Abzüge bereits verminderte Entgelt darstellen soll[3]. Eine solche sog. Nettolohnvereinbarung kann ausdrücklich oder konkludent getroffen werden[4]. Bei AGB sind die Maßstäbe der §§ 305 ff. zu beachten[5]. Nettolohnvereinbarungen sind zulässig, es sei denn, ArbGeb und ArbN arbeiten einvernehmlich zur Hinterziehung der LSt und der GesamtSozV-Beiträge zusammen[6]. Liegt eine Bruttolohnvereinbarung vor, kann der ArbGeb, dem bei geringfügiger Beschäftigung steuerrechtl. das Wahlrecht zwischen einer Pauschalbesteuerung und einer Besteuerung nach individuellen Merkmalen zusteht, den ArbN intern mit der Pauschalsteuer belasten; denn auch die Pauschalbesteuerung geht auf einen Steuertatbestand zurück, der sich in der Person des ArbN in Form des Zuflusses von Arbeitslohn verwirklicht. Einer besonderen Vereinbarung hierzu bedarf es nicht. Die Abwälzungsbefugnis des ArbGeb besteht so lange, wie dem ArbN das Recht vorbehalten bleibt, unter Vorlage der Lohnsteuerkarte eine Besteuerung nach seiner individuellen Steuerklasse zu verlangen. Kommt der ArbGeb einem solchen Wunsch des ArbN nicht nach, hat er die Pauschalbesteuerung auch im Innenverhältnis zu tragen[7].

97   **b) Inhalt.** Wurde eine Nettolohnvereinbarung getroffen, dann kann der ArbN keinen Bruttolohn fordern, weil er damit etwas beansprucht, was ihm nicht zusteht. Eine Nettolohnvereinbarung beschränkt sich im Grundsatz von vornherein auf das um die gesetzl. Lohnabzüge verminderte Arbeitsentgelt[8]. Der ArbGeb wird hierdurch verpflichtet, sämtliche Steuern und SozV-Beiträge zu übernehmen[9]. Wenn der ArbN der Meinung ist, er habe weniger Nettolohn erhalten, als vereinbart wurde, dann muss er die **Nettolohndifferenz** einklagen und kann nicht einen entsprechend hochgerechneten Bruttoverdienst beanspruchen[10]. Ist ein Bruttoentgelt vereinbart, ist demggü. die Lohnzahlungsklage grds. auf den Bruttobetrag zu richten und das Urteil hat ebenfalls auf diesen Betrag zu lauten[11]. Der ArbN kann dann auch die Verzugszinsen nach § 288 I 1 aus der in Geld geschuldeten Bruttovergütung verlangen. Die arbeitsrechtl. Vergütungspflicht beinhaltet nicht nur die Nettoauszahlung, sondern umfasst auch die Leistungen, die nicht in einer unmittelbaren Auszahlung an den ArbN bestehen[12]. In dem Fall, in dem der ArbGeb bereits **Teilzahlungen** erbracht hat, kann der Klageantrag auf den Bruttobetrag abzüglich des bereits erhaltenen Nettobetrags lauten[13].

98   **c) Auslegung.** Schwierigkeiten kann es bereiten zu ermitteln, ob eine Nettolohnvereinbarung vorliegt. Sagt ein ArbGeb in einer Vorruhestandsvereinbarung die Erstattung der vom Vorruheständler zu leistenden Krankenversicherungsbeiträge zu, so liegt hierin noch keine Netto(lohn)vereinbarung[14]. Mit einer Lohnabrechnung des ArbGeb kann nicht bewiesen werden, dass eine Nettolohnvereinbarung getroffen wurde[15]. Wird eine Abfindung „brutto für netto" vereinbart, ergibt sich daraus kein Hinweis auf eine „echte" Nettolohnvereinbarung, bei der der ArbGeb die Steuerlast als zusätzliche Abfindung schulden würde[16]. Aus der Nachentrichtung von LSt durch den ArbGeb kann ebenfalls nicht ohne weiteres auf eine Nettolohnvereinbarung geschlossen werden[17]. Eine **Schwarzgeldabrede** enthält keine Nettolohnvereinbarung. Mit ihr bezwecken die Parteien, Steuern und SozV-Beiträge zu hinterziehen, und nicht deren Übernahme durch den ArbGeb. Eine Nettolohnabrede kann in diesem Fall auch nicht § 14 II 2 SGB IV entnommen werden. Aus der Gesetzessystematik ergibt sich, dass sich der Anwendungsbereich der Vorschrift auf das Sozialversicherungsrecht beschränkt. Die hier geregelte Fiktion dient ausschließlich der Festlegung der Berechnungsgrundlage für die nachzufordernden Gesamtsicherungsbeiträge und hat keine Auswirkungen auf den Arbeitsvertrag[18]. Bei einer Nettolohnverein-

---

1 Schaub/*Linck*, ArbRHdb, § 70 Rz. 8; ErfK/*Preis*, § 611 Rz. 398. ‖ 2 BAG 1.2.2006 – 5 AZR 628/04, AP Nr. 4 zu § 40a EStG. ‖ 3 BAG 19.12.1963 – 5 AZR 174/63, AP Nr. 15 zu § 670 BGB; 18.1.1974 – 3 AZR 183/73, AP Nr. 19 zu § 670 BGB. ‖ 4 LAG Köln 1.8.1997 – 11 (7) Sa 152/97, NZA-RR 1998, 393. ‖ 5 S. BAG 1.2.2006 – 5 AZR 628/04, AP Nr. 4 zu § 40a EStG. ‖ 6 BFH 21.2.1992 – VI R 41/88, BB 1992, 1911; 28.2.1992 – VI R 146/87, BB 1992, 1482. ‖ 7 BAG 1.2.2006 – 5 AZR 628/04, AP Nr. 4 zu § 40a EStG; 22.6.1978 – 3 AZR 156/77, AP Nr. 1 zu § 40a EStG. ‖ 8 BAG 8.4.1987 – 5 AZR 60/86, nv.; aA MünchArbR/*Krause*, § 63 Rz. 26; ErfK/*Preis*, § 611 Rz. 474f. ‖ 9 BAG 19.12.1963 – 5 AZR 174/63, AP Nr. 10 zu § 611 BGB Nettolohn; 18.1.1974 – 3 AZR 183/73, AP Nr. 19 zu § 670 BGB, zu I 2 d.Gr.; 26.8.2009 – 5 AZR 616/08. ‖ 10 BAG 6.7.1970 – 5 AZR 523/69, AP Nr. 1 zu § 611 BGB Nettolohn, zu 4 d.Gr. ‖ 11 BGH 21.4.1966 – VII ZR 3/66, AP Nr. 13 zu § 611 BGB; BAG 29.8.1984 – 7 AZR 34/83, AP Nr. 27 zu § 123 BGB. ‖ 12 BAG 7.3.2001 – GS 1/00, AP Nr. 4 zu § 288 BGB. ‖ 13 Schaub/Linck, ArbRHdb, § 71 Rz. 4. ‖ 14 LAG Hamm 1.3.2000 – 14 Sa 2144/99, NZA-RR 2001, 46. ‖ 15 LAG Rh.-Pf. 18.9.1997 – 5 Sa 695/96, ZTR 1998, 94. ‖ 16 LAG Köln 13.2.1997 – 10 Sa 918/96, FA 1998, 54. ‖ 17 BAG 16.6.2004 – 5 AZR 521/03, AP Nr. 9 zu § 611 BGB Lohnrückzahlung. ‖ 18 BAG 17.3.2010 – 5 AZR 301/09, AP Nr. 1 zu § 14 SGB IV.

barung besteht nach instanzgerichtl. Rspr. kein Anspruch auf **Erteilung einer Lohn-/Gehaltsabrechnung**[1].

d) Änderung der maßgeblichen Umstände. Haben die Parteien eines ArbVerh ohne nähere Erläuterung die Zahlung eines bestimmten Nettolohnes vereinbart, so ist nach der **Rspr. des BAG** im Zweifel davon auszugehen, dass die Vertragsparteien von den die Höhe der gesetzl. Abzüge beeinflussenden persönlichen Verhältnissen des ArbN (zB Steuerklasse, Freibeträge) ausgingen, wie sie bei Abschluss der Vereinbarung bestanden. Der ArbGeb muss auch bei Vereinbarung eines Nettolohnes, schon um die gesetzl. Abzüge berechnen zu können, den dem Nettolohn entsprechenden Bruttolohn feststellen. In der Sphäre des ArbN liegende, die Abzüge an LSt und SozV-Beiträgen beeinflussende Umstände sind daher auch bei Vereinbarung eines Nettolohnes nicht bedeutungslos, sondern maßgebende Rechnungsfaktoren. Ändern sich im Laufe des ArbVerh die bei Abschluss der Nettolohnvereinbarung bestehenden persönlichen Verhältnisse, so dass sich erhebliche Änderungen der Abzüge des ArbN ergeben, so muss die Lohnabrede neuen Verhältnissen angepasst werden. Nur wenn der ArbGeb beweisen könne, dass schon bei Abschluss der Nettolohnvereinbarung eine zukünftige Änderung der persönlichen Verhältnisse des ArbN einkalkuliert worden sei, kann etwas anderes gelten[2]. Das Gleiche muss auch gelten, wenn eine für die Vertragsparteien zum Zeitpunkt des Vertragsschlusses nicht voraussehbare Gesetzesänderung erfolgt[3]. Nach aA[4] sind Änderungen der Grundlagen der LStBerechnung für die Höhe des dem ArbN zustehenden Nettolohns ohne Bedeutung, da dieser als konstante Größe geschuldet werde. Dem ArbGeb kommen hiernach Entlastungen zugute; er hat aber auch die Mehrbelastungen zu tragen. Von diesem Grundsatz soll nur dann eine Ausnahme gemacht werden, wenn der ArbN die Besteuerungsgrundlagen willkürlich ändert (zB durch Verzicht auf Wiedereintragung von Freibeträgen oder Wechsel in der Steuerklasse). In diesem Fall soll eine Anpassung der Vergütung gem. § 242 erfolgen, da die Grundlage der Vereinbarung entfallen sei[5].

e) Fehlbeträge. Die durch den ArbGeb irrtümlich **zu viel gezahlten LSt** und Sozialabgaben stellen keine wirksame Erfüllung der Forderungen des ArbN dar, so dass dieser die zu viel einbehaltenen Vergütungsbestandteile vom ArbGeb ausbezahlt verlangen kann[6]. Führt ein ArbGeb bei der Lohnabrechnung **zu wenig LSt** an das FA ab, so bleibt der ArbGeb dem FA auf Zahlung verpflichtet. Er hat aber ggü. dem betroffenen ArbN einen Anspruch auf Freistellung von drohenden Steuernachforderungen, wenn das ausgezahlte Nettoentgelt zu hoch war. Hat er die fehlende LSt nachentrichtet, so verwandelt sich dieser Freistellungsanspruch in einen Erstattungsanspruch[7]. Die Abwälzung einer – grds. vom ArbGeb zu zahlenden – pauschalen LSt auf den ArbN ist zulässig[8]. Unterbleibt der Abzug der **SozV-Beiträge**, hat aber der Beschäftigte seine Auskunfts- und Vorlagepflichten nach § 280 SGB IV erfüllt, so darf der Betrag nur bei den nächsten drei Gehaltszahlungen einbehalten werden, danach nur dann, wenn der Abzug ohne Verschulden des ArbGeb unterblieben ist, § 280 S. 3 SGB IV[9].

5. Besondere Arten der Vergütung. a) Sondervergütungen, Gratifikationen. Zu den Sondervergütungen gehören **Gratifikation, 13. Monatsgehalt, Jahresabschlussvergütung, Weihnachtsgeld, Urlaubsgeld, Jubiläumszuwendung**[10]. Sie alle haben gemeinsam, dass sie nicht regelmäßig mit dem Arbeitsentgelt ausgezahlt, sondern aus bestimmten Anlässen oder zu bestimmten Terminen gewährt werden. Die Sondervergütungen haben grds. Entgeltcharakter, so dass Schenkungen des ArbGeb nur im Einzelfall bei persönlichen unentgeltlichen Zuwendungen anzunehmen sind[11]. Da es eine gesetzl. Verpflichtung zur Gewährung von Jahressonderzahlungen nicht gibt, bedürfen sie einer besonderen Rechtsgrundlage. Sondervergütungen werden typischerweise durch TV, (freiwillige) BV, arbeitsvertragl. Einzelabreden oder Gesamtzusagen geregelt. Aus den regelmäßigen Zahlungen eines Bonus iVm. dem tatsächlichen Verhalten des ArbGeb kann sich eine konkludente Einzelabrede ergeben. Eine solche ist nicht schon deshalb zu verneinen, weil die Zahlung nicht in bestimmter Höhe zugesagt wurde. Eine variable Höhe ist gerade typisch für Sondervergütungen[12]. Zum Anspruch aus Gleichbehandlung s. Rz. 181 ff.; zur betriebl. Übung s. Rz. 228 ff.

aa) Kürzung wegen Fehlzeiten[13]. **(1) Zweck der Sonderzahlung.** Eine **grundlegende Weichenstellung** im Prüfungsraster bildet stets die Frage, ob die Sonderzahlung allein in der Vergangenheit geleistete Dienste entlohnen will (Entgelt ieS) oder aber zusätzliche Zwecke verfolgt, wie die Entgeltung von Be-

---

1 LAG Hamm 24.2.2000 – 4 Sa 1609/99, nv. || 2 BAG 6.7.1970 – 5 AZR 523/69, AP Nr. 1 zu § 611 BGB Nettolohn. || 3 AA jedoch LAG Köln 6.9.1990 – 10 Sa 574/90, LAGE § 611 BGB Nettolohn, Lohnsteuer Nr. 2: Tritt durch eine Gesetzesänderung – hier: Steuerreform 1988 – eine Entlastung des ArbGeb ein, dann ist dieser grds. weiterhin nur zur Zahlung des vereinbarten Nettolohnes verpflichtet; die Weitergabe der Entlastung an den ArbN bedarf einer Änderung der Lohnabrede. || 4 ErfK/*Preis*, § 611 Rz. 475. || 5 MünchArbR/*Krause*, § 55 Rz. 55; Schaub/*Linck*, ArbRHdb, § 71 Rz. 96 f. || 6 LAG Hamm 4.6.1980 – 12 Sa 217/80, DB 1980, 2196. || 7 BAG 14.6.1974 – 3 AZR 456/73, AP Nr. 20 zu § 670 BGB; 19.1.1979 – 3 AZR 330/77, AP Nr. 21 zu § 670 BGB; 20.3.1984 – 3 AZR 124/82, AP Nr. 22 zu § 670 BGB; 16.6.2004 – 5 AZR 521/03, AP Nr. 9 zu § 611 BGB Lohnrückzahlung; s.a. ErfK/*Preis*, § 611 Rz. 478; umfassend bei *Müller*, DB 1981, 2172. || 8 LAG Nds. 19.6.1992 – 3 Sa 141/91, LAGE § 611 BGB Nettolohn, Lohnsteuer Nr. 5. || 9 S.a. ErfK/*Preis*, § 611 Rz. 479. || 10 ErfK/*Preis*, § 611 Rz. 527. || 11 So auch ErfK/*Preis*, § 611 Rz. 527. || 12 BAG 21.4. 2010 – 10 AZR 163/09, AP Nr. 5 zu § 151 BGB. || 13 Vgl *Gerauer*, ZTR 1995, 442 ff.; ausf. auch *Hanau/Vossen*, BB 1992, 213 ff.; jedoch vor allem unter dem Gesichtspunkt der krankheitsbedingten Fehlzeiten: *Gaul*, BB 1994, 565.

triebstreue. Die Rspr. gibt hier keine sicheren Vorgaben. Nicht entscheidend für die Abgrenzung ist die Bezeichnung. Es ist vielmehr der Rechtscharakter der Leistung anhand der zu erfüllenden Anspruchsvoraussetzungen zu bestimmen[1]. Eindeutig gegen einen Entgeltcharakter ieS und damit gegen eine Kürzung ohne Kürzungsabrede sprechen Rückzahlungs- oder Ausschlussklauseln für den Fall der Beendigung des ArbVerh oder ausdrückliche Kürzungsregeln für nur einzelne Fehlzeiten, nicht aber auch für Streik oder Aussperrung. Ist eine Zahlung demgggü. ausdrücklich zeitanteilig zu gewähren für den Fall, dass der ArbN während des Jahres ausscheidet, spricht dies für einen Entgeltcharakter ieS. Anders zu beurteilen ist dies nur, wenn der Anspruch auf anteilige Sonderzahlung im Austrittsjahr bei fristloser Kündigung entfällt, denn die Leistung verfolgt dann zumindest auch den Zweck, den ArbN zu einem vertragsgerechten Verhalten zu veranlassen[2]. Ob die Bezeichnung allein als Weihnachtsgeld bereits auf einen zusätzlichen Entlohnungszweck schließen lässt, wird unterschiedlich beurteilt. Richtigerweise dürfte es sich hier – fehlen gegenteilige Hinweise – um Entgelt ieS handeln, denn der bloße Name Weihnachtsgeld bezieht sich allein auf den besonderen Zeitpunkt der Auszahlung[3].

103 **(2) Sonderzahlung als Entgelt im engeren Sinne.** Bezweckt eine Jahressonderzahlung, allein in der Vergangenheit geleistete Arbeit zu vergüten, stellt sie Entgelt ieS dar: Die Entgeltpflicht entfällt in Höhe des Anteils, der zeitanteilig auf die ausgefallene Arbeitsleistung bezogen ist. Einer besonderen **Kürzungsabrede** in der Vereinbarung, die der Jahressonderzahlung zugrunde liegt, **bedarf es** dann **nicht**. Die Kürzung erfolgt vielmehr aus der Natur der Zahlung: Sie stellt Entgelt dar, das der ausgefallenen Arbeit zugeordnet werden kann und entfällt unabhängig davon, ob es jeden Monat mit dem regulären Gehalt ausgezahlt wird oder am Ende des Jahres zusammengefasst für das ganze Jahr.

104 In der Rspr. wird diese Unterscheidung nicht in gleicher Deutlichkeit getroffen. Das Schrifttum erkennt sie insb. an bei der Kürzung einer Sonderzahlung wegen krankheitsbedingter Fehlzeiten. Wird eine Sondervergütung als arbeitsleistungsbezogene Sonderzahlung vereinbart, so entsteht für Zeiten, in denen **keine Arbeitsleistung** erbracht wird und auch **kein Entgeltfortzahlungsanspruch mehr besteht** (zB gem. § 3 I EFZG bei Krankheit), auch kein Anspruch auf die Sondervergütung[4]. Ein solcher Fall liegt vor, wenn eine ArbNin im gesamten Kalenderjahr auf Grund ihrer Elternzeit keine Arbeitsleistung erbracht hat. Auch wenn davon ausgegangen werden kann, dass Elternzeit weit überwiegend von Frauen und nicht von Männern in Anspruch genommen wird, verneint das BAG zu Recht einen Verstoß gegen das geschlechtsspezifische Diskriminierungsverbot[5].

105 Für **streikbedingte Fehlzeiten** kann im Grundsatz nichts anderes gelten. Das sieht in der Sache wohl auch das BAG so: Ohne von „Entgelt im engeren Sinne" zu reden, erkannte das Gericht die Kürzung einer „Monatspauschale" an, die einheitlich für alle Lohngruppen anstelle einer prozentualen Tariflohnerhöhung für die ersten vier Monate der Geltung des neuen TV gezahlt wurde. Obwohl eine ausdrückliche Kürzungsabrede fehlte, stellte es fest, eine Zahlung komme „nur für Zeiten in Betracht ..., für die ein Lohnanspruch besteht"[6]. Das gilt dann auch für jährliche Zahlungen. Kürzt der ArbGeb dementsprechend die Sonderzahlung für Zeiten der Streikteilnahme, dann liegt hierin keine unzulässige **Maßnahme nach Art. 9 III 2 GG** und auch keine gesetzl. verbotene Maßregelung, denn die Unterscheidung ist durch die Rechtsordnung selbst vorgegeben. Der Verlust des Lohnanspruchs für die Zeit der Streikbeteiligung oder der Aussperrung ergibt sich daraus, dass der Arbeitskampf die Hauptpflichten aus dem ArbVerh zum Ruhen bringt; einer gesonderten Abrede zur Kürzung bedarf es nicht, und daher fehlt es an einer Maßnahme oder Maßregelung durch den ArbGeb, die ihm verboten sein könnte. Er vollzieht durch die Kürzung schlicht die gesetzl. Vorgaben; das kann ihm nicht verwehrt werden.

106 **(3) Sonderzahlung als Entgelt auch für Betriebstreue.** Bezweckt die Sonderzahlung auch die Vergütung von Betriebstreue oder einen anderen Nebenzweck, so ist sie mehr als eine angesparte Vergütung pro rata temporis und kann daher nicht der ausgefallenen Zeit anteilig zugeordnet werden. Ohne ausdrückliche Kürzungsvereinbarung ist daher eine Minderung wegen ausgefallener Arbeitszeit nicht möglich.

107 **Proportionale und überproportionale Kürzung.** Mit Kürzungsklausel ist aber auch – anders als beim Entgelt ieS – eine überproportionale Kündigung möglich: Mehrfach stellte das BAG fest, die TV-Parteien könnten allg. bestimmen, in welchem Umfang eine tarifl. Sonderzahlung durch Zeiten ohne tatsächliche Arbeitsleistung ausgeschlossen oder gemindert werden soll[7] und hat eine zeitanteilige, pro-

---

1 LAG Hamm 27.1.2011 – 8 Sa 2010/10, nv.; BAG 19.4.1995 – 10 AZR 49/94, AP Nr. 173 zu § 611 BGB. ||2 LAG Hamm 27.1.2011 – 8 Sa 2010/10. ||3 Ebenso BAG 21.12.1994 – 10 AZR 832/93, EzA § 611 BGB Gratifikation, Prämie Nr. 119; 21.5.2003 – 10 AZR 408/02, EzA § 611 BGB 2002 Gratifikation, Prämie Nr. 8; MünchArbR/*Krause*, § 59 Rz. 8; tendenziell aA BAG 30.3.1994 – 10 AZR 134/93, AP Nr. 161 zu § 611 BGB Gratifikation; nach LAG Hamm 13.9.2004 – 8 Sa 721/04, NZA-RR 2005, 237: Begriff ohne Aussagekraft. ||4 BAG 21.3.2001 – 10 AZR 28/00, AP Nr. 1 zu § 4b EFZG; 19.4.1995 – 10 AZR 49/94, AP Nr. 173 zu § 611 BGB Gratifikation; 10.5.1995 – 10 AZR 648/94, AP Nr. 174 zu § 611 BGB Gratifikation; 14.12.1995 – 6 AZR 297/95, NZA 1996, 996. ||5 BAG 28.9.1994 – 10 AZR 697/93, AP Nr. 175 zu § 611 BGB Gratifikation. ||6 BAG 17.6.1997 – 1 AZR 674/96, AP Nr. 150 zu Art. 9 GG *Arbeitskampf*; s. zum Lohnanspruch bei Streikteilnahme während Gleitzeit BAG 26.7.2005 – 1 AZR 133/04, AP Nr. 170 zu Art. 9 GG Arbeitskampf; dazu *Wolff/Degenhardt*, BB 2006, 1965; *Bengelsdorf*, NZA 2006, 825. ||7 BAG 5.8.1992 – 10 AZR 88/90, AP Nr. 143 zu § 611 BGB Gratifikation; 20.12.1995 – 10 AZR 742/94, AP Nr. 141 zu Art. 9 GG Arbeitskampf; 3.8.1999 – 1 AZR 735/98, AP Nr. 156 zu Art. 9 GG Arbeitskampf.

portionale Kürzung** ausdrücklich gebilligt[1]. Es ist kein Grund ersichtlich, warum dies nicht auch für eine Kürzungsvereinbarung in einer BV oder einem Arbeitsvertrag gelten soll. Problematisch erscheint freilich die **überproportionale Kürzung**. Zu finden sind solche Regelungen vor allem als **Anwesenheitsprämien**, die einen Anspruch generell an die tatsächliche Arbeitsleistung knüpfen und eine überproportionale Kürzung für Fehlzeiten vorsehen. Die Zulässigkeit solcher Vereinbarungen ist insb. im Hinblick auf krankheitsbedingte Fehlzeiten intensiv diskutiert worden; der neu geschaffene § 4a EFZG hat die ehemals hM bestätigt und erklärt die Kürzung in Grenzen für zulässig, s. Komm. dort[2]. Für andere Gründe der Fehlzeit und insb. für das Arbeitskampfrecht fehlt weiterhin eine Regelung. Eine analoge Anwendung des § 4a EFZG dürfte ausscheiden. Eine Gesetzeslücke existiert zwar, aber die Sachverhalte sind nicht vergleichbar: Hier versucht der Gesetzgeber eine Balance zwischen dem Gesundheitsschutz des ArbN und dem Interesse des ArbGeb am Schutz vor unberechtigtem Krankfeiern[3]. Damit hat das Streikrecht des ArbN nichts gemein, denn ein „unberechtigtes" Streiken soll durch solche Regelungen nicht verhindert werden. Bedenken gegen die rechtl. Zulässigkeit solcher Regeln nähren das Maßregelungsverbot des § 612a und die Koalitionsbetätigungsfreiheit des Art. 9 III GG. Auch die Folgen eines tarifvertragl. Maßregelungsverbots werden unterschiedlich beurteilt: Teilweise geht man davon aus, dass auch die überproportionale Kürzung möglich sein kann. Dass der Streikende nicht anwesend ist, sei nicht zu leugnen, und mit einer – rechtl. problematischen, s. § 612a Rz. 15 ff. – Streikbruchprämie habe dies nichts zu tun. Die Kürzung dürfe nur nicht unverhältnismäßig sein, was aber durchaus nicht bei jeder überproportionalen Kürzung der Fall sei[4]. Dem folgte das BAG, das es für zulässig hielt, eine monatliche Anwesenheitsprämie nicht zu zahlen, weil ein ArbN streikbedingt die in der Prämienregelung geforderte volle monatliche Betriebsanwesenheit nicht erfüllt hat[5].

Eine **strengere Sicht** und das Verbot jeglicher überportionaler Kürzung erscheinen **vorzugswürdig**: Nicht erheblich kann es sein, dass die Kürzungsregelung der Anwesenheitsprämie sich nicht nur auf arbeitskampfbedingte Ausfallzeiten bezieht, sondern andere Abwesenheitsgründe mit einbezieht. Jeder Kürzungsgrund muss für sich betrachtet werden, wie dies auch die Rspr. stets so gehandhabt hat und Kürzungen wegen Fehlzeiten beim Mutterschutz anders behandelt hat als bei Krankheit[6]. Betrachtet man nun die Kürzung bei Streikteilnahme für sich, scheint ein legitimes Interesse des ArbGeb für eine überporportionale Kürzung nicht ersichtlich: § 612a verbietet jede Maßregelung eines ArbN, weil er in zulässiger Weise seine Rechte ausübt. Die Streikteilnahme ist eine zulässige Rechtsausübung, und die überproportionale Kürzung ist mehr als bloß der automatisch eintretende Nachteil, der notwendige und gesetzl. vorgesehene Konsequenz der Rechtsausübung ist. Vielmehr macht der ArbGeb dadurch die Streikteilnahme „teurer", der ArbN verliert mehr ein seinen zeitanteiligen Lohn. Auch im Blick auf Art. 9 III GG legt dies nahe: Eine überproportionale Kürzung wäre eine gegen die Koalitionsbetätigung des ArbN gerichtete Maßnahme. Diese kann zwar zulässig sein im Arbeitskampf, denn auch die Aussperrung richtet sich ja gegen die Koalitionsbetätigung des ArbN. Die Kürzung einer Jahressonderzahlung ist jedoch kein Arbeitskampfmittel. Mag man zusätzliche Zahlungen zur Beeinflussung der Streikbereitschaft für zulässig halten, so ist eine Minderung des ohnehin geschuldeten Entgelts nicht hinzunehmen.

(4) Auslegung einer Kürzungsklausel. Problematisch ist oftmals die Auslegung der verschiedenen Kürzungsklauseln. Sieht ein TV die anteilige Kürzung einer Jahressonderzahlung für alle Zeiten vor, in denen das ArbVerh „kraft Gesetzes oder Vereinbarung oder aus sonstigen Gründen ruht", erfasst eine solche Regelung mangels anderer Hinweise auch das Ruhen während des Streiks. Das BAG ist zutreffend davon ausgegangen, dass das Ruhen des ArbVerh eine Kurzbezeichnung ist für das Ruhen der Hauptleistungspflichten aus dem ArbVerh, wie es bei der Streikteilnahme erfolgt[7]. Dies gilt jedoch nicht bei krankheitsbedingten Fehlzeiten[8], da die Arbeitsunfähigkeit noch nicht zu einem Ruhen des ArbVerh führt[9]. Ein Ruhen des ArbVerh kraft Gesetzes liegt allerdings auch bei Fehlzeiten durch die Beanspruchung von Elternzeit vor[10]. Der Anspruch auf eine Sonderzuwendung bleibt bestehen, wenn während der Elternzeit bei demselben ArbGeb die bisherige Tätigkeit im Umfang einer geringfügigen

---

1 BAG 3.8.1999 – 1 AZR 735/98, AP Nr. 156 zu Art. 9 GG Arbeitskampf. || 2 Zur Rechtslage vor Gesetzesänderung vgl. BAG 26.10.1994 – 4 AZR 482/93, AP Nr. 18 zu § 611 BGB Anwesenheitsprämie m. Anm. *Thüsing*; *Thüsing*, NZA 1994, 728 f. || 3 Vgl. die Gesetzgebungsmaterialien BT-Drs. 13/4612, 16; s.a. *Thüsing*, NZA 1997, 728. || 4 *Gamillscheg*, Kollektives Arbeitsrecht Bd. I, S. 1027 (1192) unter Hinweis auf LAG Rh.-Pf. 10.4.1987 – 6 Sa 1098/86, NZA 1987, 599, wonach die Verweigerung einer allg. gewährten Zulage von 5 % des Monatsgehalts wegen einer zweistündigen Demonstration gegen Art. 3 GG verstoße. Ähnlich wohl *Löwisch/Krauß*, Arbeitskampf- und Schlichtungsrecht, 170.3.1 Rz. 29 im – nicht so recht verständlichen – Hinweis auf BAG 21.4.1971 – GS 1/68, AP Nr. 43 zu Art. 9 GG Arbeitskampf. || 5 BAG 20.12.1995 – 10 AZR 742/94, NZA 1996, 491; LAG Köln 18.12.1986 – 8 Sa 880/86, LAGE Art. 9 GG Arbeitskampf Nr. 30; LAG Nürnberg 6.2.1995 – 7 (5) Sa 785/93, LAGE Art. 9 GG Arbeitskampf Nr. 56; zust. *Löwisch/Krauß*, Arbeitskampf- und Schlichtungsrecht, 170.3.1 Rz. 71. || 6 Vgl. EuGH 21.10.1999 – Rs. C-333/97, DB 2000, 223. Zur abweichenden französischen Rspr., die eben auf die Gleichbehandlung der streikbedingten Fehlzeit mit anderen Fehlzeiten abstellt, vgl. Cour de cassation, chambre soc. v. 13.2.1996, D. 1996, inf. rap., 80 sowie *Lyon-Caen/Pélissier/Supiot*, Droit du travail, Rz. 1146 und die Nachw. *Gamillscheg*, Kollektives Arbeitsrecht Bd. I, S. 1028 Fn. 305. || 7 BAG 3.8.1999 – 1 AZR 735/98, AP Nr. 156 zu Art. 9 GG Arbeitskampf. || 8 BAG 23.8.1990 – 6 AZR 93 zu § 1 TVG Tarifverträge: Metallindustrie; 11.10.1995 – 10 AZR 985/94, AP Nr. 133 zu § 1 TVG Tarifverträge: Metallindustrie. || 9 LAG Köln 14.8.1998 – 11 Sa 1256/97, MDR 1999, 166. || 10 Noch dagegen: BAG 7.12.1989 – 6 AZR 322/88, AP Nr. 3 zu § 15 BErzGG; dafür: BAG 10.2.1993 – 10 AZR 450/91, AP Nr. 7 zu § 15 BErzGG.

Beschäftigung weiterhin ausgeübt wird[1]. Macht eine arbeitsvertragl. oder tarifl. Regelung den Anspruch auf eine Jahressonderzahlung allein vom **rechtl. Bestand des ArbVerh** abhängig, dann ist die Sonderzahlung auch für Zeiten der Erkrankung zu gewähren oder für Zeiten, in denen das ArbVerh wegen eines Arbeitskampfs geruht hat. Das gilt auch, wenn bestimmte Sachverhalte, auf Grund derer das ArbVerh ruht oder nicht gearbeitet wird (Elternschaft, Arbeitsunfähigkeit usw.), ausdrücklich zu einer Kürzung berechtigen; eine Analogie ist hier nicht möglich[2]. Eine ältere Entscheidung[3], wonach der Anspruch auf eine Jahressonderzahlung entfällt, wenn die Zeit ihrer Auszahlung in einen Streik fällt, ist abzulehnen. Der **Auszahlungszeitpunkt** ist von den Anspruchsvoraussetzungen zu unterscheiden. Richtig allein ist, dass nicht während, sondern erst nach dem Arbeitskampf die Zahlung verlangt werden kann[4]. Auch wenn die Zahlung einer Sondervergütung „im freien Ermessen" des ArbGeb liegt, ist eine Kürzung wegen krankheitsbedingter Fehlzeiten nur im Rahmen des § 4a EFZG zulässig[5]; knüpft eine tarifvertragl. Regelung über Urlaubsgeld ausschließlich an die ArbN-Eigenschaft an, kann bei krankheitsbedingter Arbeitsunfähigkeit oder bei Inanspruchnahme von Elternzeit keine anteilige Kürzung erfolgen[6]; schließt eine tarifl. Regelung den Anspruch auf eine Sonderzahlung aus, wenn im Kalenderjahr aus „sonstigen Gründen" nicht gearbeitet wurde, so gilt dies auch bei ganzjähriger Kurzarbeit mit „Null-Stunden"-Arbeitszeit[7]; sieht ein Arbeitsvertrag den Ausschluss des Gratifikationsanspruchs vor, wenn das ArbVerh vor dem Auszahlungszeitpunkt endet oder wenn es sich im gekündigten Zustand befindet, steht das Ruhen des ArbVerh auf Grund der Inanspruchnahme von Elternzeit dem Anspruch auf Zahlung der Gratifikation nicht entgegen; die Arbeitsvertragsparteien sind jedoch nicht daran gehindert, Ruhenszeiten anspruchsmindernd zu berücksichtigen[8]; ist laut tarifvertragl. Regelung das Bestehen eines „Vertragsverhältnisses" Voraussetzung für die Gewährung der Sonderzahlung, so vermag ein bloß „formales Arbeitsverhältnis" keinen Anspruch des ArbN zu begründen. „Formal" in diesem Sinne ist ein ArbVerh, wenn ein lang anhaltend erkrankter ArbN im Zusammenhang mit der Aussteuerung durch die Krankenkasse sich arbeitslos meldet und die Zahlung von Alg beantragt und der ArbGeb auf Anfrage der AA auf seine Verfügungsgewalt ggü. dem ArbN verzichtet, um diesem den Bezug von Alg zu ermöglichen[9].

110 **bb) Kürzung oder Entfallen wegen vorzeitigen Ausscheidens des ArbN.** Eine Sonderleistung des ArbGeb die ausschließlich die Entlohnung erbrachter Arbeitsleistung zum Gegenstand hat, entfällt bei einem **vorzeitigen Ausscheiden** des ArbN nicht insg. Der ArbN hat die zu vergütende Leistung anteilig erbracht und somit beim Ausscheiden aus dem ArbVerh vor dem vertragl. bestimmten Auszahlungstag einen Anspruch auf die **anteilige Sonderzahlung** entsprechend dem Wert der von ihm erbrachten Teilleistung[10]. Für die Auslegung einer Arbeitsvertragsklausel dahingehend, dass die Sonderzahlung als Gegenleistung für die Arbeitsleistung geschuldet ist, spricht zB, wenn sie sich systematisch unmittelbar im Anschluss an die Vergütungsregelung befindet[11]. Bei einer Zuwendung, mit der allein die **Betriebstreue** (Betriebszugehörigkeit) belohnt werden soll, scheidet ein Anspruch des ArbN bei vorzeitigem Ausscheiden hingegen aus, da die Sondervergütung nur denjenigen ArbN zustehen soll, die im Zeitpunkt des Versprechens oder der Auszahlung der Gratifikation in ungekündigtem ArbVerh stehen[12]. Das gilt – trotz § 161 – idR auch im Falle einer sozial gerechtfertigten betriebsbedingten Kündigung[13]. Ein Aufhebungsvertrag steht einer Kündigung des ArbVerh jedoch nicht gleich, so dass hier eine ausdrückliche Regelung bestehen muss[14]. Ist ein Gratifikationsanspruch des ArbN nur für den Fall vorgesehen, dass das ArbVerh am Auszahlungstag ungekündigt ist, so hat der gekündigte ArbN auch dann keinen Anspruch auf die Sonderzahlung, wenn ihm zwar zunächst ein Aufhebungsvertrag angeboten worden ist, aber auf dessen Abschluss auf Initiative des ArbN zwecks Vermeidung von Problemen mit der AA verzichtet wurde[15]. Auch hier ist es aber möglich, Abweichendes zu vereinbaren. Möglich ist es, dass dem ArbN trotz seines vorzeitigen Ausscheidens ein anteiliger Anspruch auf die Sondervergütung zustehen soll, insb. kann der ratierte Anspruch vereinbart werden bei **bestimmten Beendigungstatbeständen** zB einvernehmliche Aufhebung des ArbVerh[16] oder Ausscheiden wegen Erreichens der Altersgrenze[17]. Auf Grund der Vertragsfreiheit ist es den Parteien des Arbeitsvertrages auch unbenom-

---

1 BAG 24.2.1999 – 10 AZR 5/98, AP Nr. 21 zu §§ 22, 23 BAT Zuwendungs-TV. || 2 BAG 20.12.1995 – 10 AZR 742/94, AP Nr. 141 zu Art. 9 GG Arbeitskampf. || 3 BAG 27.6.1958 – 1 AZR 589/57, AP Nr. 7 zu § 611 BGB Gratifikation. || 4 Ebenso *Gamillscheg*, Kollektives Arbeitsrecht Bd. I, S. 1191. || 5 LAG München 12.3.2003 – 9 Sa 980/02, nv. || 6 BAG 6.9.1994 – 9 AZR 92/93, AP Nr. 50 zu § 1 TVG Tarifverträge: Einzelhandel; 19.1.1999 – 9 AZR 158/98, AP Nr. 67 zu § 1 TVG Tarifverträge: Einzelhandel; 19.1.1999 – 9 AZR 204/98, AP Nr. 68 zu § 1 TVG Tarifverträge: Einzelhandel. || 7 BAG 19.4.1995 – 10 AZR 259/94, AP Nr. 170 zu § 611 BGB Gratifikation. || 8 BAG 10.12.2008 – 10 AZR 35/08, AP Nr. 281 zu § 611 BGB Gratifikation; s.a. LAG Hamm 8.5.2003 – 8 Sa 875/02, nv. || 9 LAG Rh.-Pf. 7.9.2004 – 5 Sa 444/04, nv. || 10 BAG 13.6.1991 – 6 AZR 421/89, EzA § 611 BGB Gratifikation Nr. 86, Prämie; 8.11.1978 – 5 AZR 358/77, AP Nr. 100 zu § 611 BGB Gratifikation. || 11 BAG 21.5. 2003 – 10 AZR 408/02, EzA § 611 BGB 2002 Gratifikation, Prämie Nr. 8. || 12 BAG 7.11.1991 – 6 AZR 489/91, EzA § 611 BGB Gratifikation Nr. 8, Prämie Nr. 87; zur Frage, ob die unter Überschreitung der Mindestfristen ausgesprochene vorfristige Kündigung zu einer treuwidrigen Vereitelung des Anspruchs durch den ArbGeb führt, s. BAG 4.5.1999 – 10 AZR 417/98, AP Nr. 214 zu § 611 BGB Gratifikation. || 13 BAG 19.11.1992 – 10 AZR 264/91, AP Nr. 147 zu § 611 BGB Gratifikation in Abkehr von älterer Rspr.; s.a. BAG 14.11.2001 – 10 AZR 238/01, AP Nr. 235 zu § 611 BGB Gratifikation. || 14 BAG 7.10.1992 – 10 AZR 186/91, AP Nr. 146 zu § 611 BGB Gratifikation. || 15 LAG Hamm 8.7.2004 – 8 Sa 455/04, nv. || 16 BAG 24.11.1988 – 6 AZR 243/87, AP Nr. 127 zu § 611 BGB Gratifikation. || 17 BAG 20.4.1989 – 6 AZR 198/86, AP Nr. 128 zu § 611 BGB Gratifikation.

men, die Zahlung einer Sondervergütung selbst für den Fall vorzusehen, dass der ArbN dauerhaft arbeitsunfähig erkrankt ist und Erwerbsunfähigkeitsrente ohne zeitliche Begrenzung bezieht[1]. Eine Bestandsklausel, die den Anspruch auf Bonuszahlung an das Bestehen eines ArbVerh im Geschäftsjahr anknüpft, stellt allerdings auch dann keine unangemessene Benachteiligung des ArbN dar, wenn das ArbVerh vor Ablauf des Geschäftsjahres aus Gründen geendet hat, die der ArbN nicht beeinflussen kann (etwa Tod des ArbN)[2]. Enthält ein TV über eine Sonderzahlung eine Stichtagsregelung und einen Auszahlungszeitpunkt, so ist zwar deren Vorverlegung durch vertragl. Vereinbarung gem. § 4 III TVG möglich, aus einer bloßen – auch langjährigen – vorfälligen Zahlung kann jedoch nicht auf den Willen des ArbGeb geschlossen werden, den für die Entstehung des Anspruchs maßgeblichen Stichtag vorzuziehen[3]. Bei Gratifikationen wie bspw. Weihnachtsgeld, die sowohl die Entlohnung für im Bezugszeitraum geleistete Arbeit als auch die Belohnung für erwiesene Betriebstreue bezwecken (**Mischcharakter**), besteht nach der Rspr. grds. kein Anspruch auf anteilige Zahlung[4]. Ob und inwieweit dem ArbN auch bei einem **Wechsel des ArbGeb** Sondervergütungen zustehen, ist von den Umständen im Einzelfall abhängig; einschlägig sind hier insb. §§ 22, 23 BAT iVm. §§ 12, 13 TVöD und der Wechsel von einem öffentl. ArbGeb zum anderen[5].

cc) Rückzahlung bei späterem Ausscheiden. Der ArbGeb kann eine Sondervergütung nicht nur an den Bestand des ArbVerh knüpfen zum Zeitpunkt der Auszahlung, sondern auch mit einer Rückzahlungsklausel versehen für den Fall, dass das ArbVerh zu einem späteren Zeitpunkt endet. In der Praxis verbreitet ist die Vereinbarung der Rückzahlung der Weihnachtsgratifikation, wenn das ArbVerh vor Ablauf des 31.3. des Folgejahres endet[6]. 111

Eine **ausdrückliche und eindeutige** Vereinbarung über die Rückzahlungsklausel von Sondervergütungen ist wirksam, wenn sie die Voraussetzungen für die Rückzahlungspflicht und einen eindeutig bestimmten Zeitraum für die Bindung des ArbN **ausdrücklich festlegt**. Sind keine entsprechenden Anhaltspunkte gegeben, kommt die ergänzende Auslegung einer solchen allg. Rückzahlungsklausel dahin, dass die Rückforderung im Rahmen der von der Rspr. entwickelten Grenzen erfolgen könne, nicht in Betracht[7]. Rückzahlungsklauseln müssen also **eindeutig und klar formuliert** sein[8]. Eine Rückzahlungsklausel, die besagt, dass Urlaubsgeld gezahlt wird, das unter dem gleichen Rückzahlungsvorbehalt steht „wie Weihnachtsgeldzahlungen nach der derzeitigen Rechtsprechung", entspricht nach instanzgerichtl. Entscheidung diesem Bestimmtheitserfordernis[9]. Rückzahlungsklauseln sind als vorformulierte Vereinbarung **eng auszulegen:** Sieht demnach eine einzelvertragl. Rückzahlungsklausel die Rückzahlung einer Gratifikation bei vorzeitigem Ausscheiden auf Grund einer eigenen Kündigung des ArbN oder einer Kündigung des ArbGeb vor, die durch einen in der Person des Mitarbeiters liegenden Grund ausgesprochen wurde, entsteht eine Rückzahlungsverpflichtung nicht beim Abschluss eines Aufhebungsvertrages, auch wenn dieser auf Veranlassung des ArbN abgeschlossen worden ist[10]. 112

Bei Sondervergütungen mit **reinem Entgeltcharakter** sind Rückzahlungsklauseln ausgeschlossen, weil der ArbN die von der Arbeitsleistung abhängige Sonderzuwendung bereits durch die erbrachte Arbeitsleistung verdient hat und somit nur die Fälligkeit aufgeschoben ist[11]. Liegt eine Rückzahlungsvereinbarung vor, dann handelt es sich jedoch nicht mehr um eine Leistung mit reinem Entgeltcharakter, sondern durch die Vereinbarung wird als zusätzlicher Zweck die Entlohnung von Betriebstreue hinzugetreten. Verpflichtet sich ein ArbN **einzelvertragl.** zur Rückzahlung der entgegengenommenen Sondervergütung für den Fall, dass er im darauf folgenden Jahr vor einem bestimmten Termin auf Grund eigener Kündigung ausscheidet, so ist eine solche Absprache nach der Rspr. des BAG nach den Grundsätzen der Vertragsfreiheit an sich statthaft[12]. Derartige Rückzahlungsklauseln dürfen jedoch nicht für eine unbestimmte oder unangemessen lange Zeit vereinbart werden. Die Einhaltung der Zeit, über die sich die Rückzahlungsklausel verhält, muss für den ArbN zumutbar, insb. überschaubar sein. Anderenfalls sind sie wegen Verstoßes gegen die Fürsorgepflicht der ArbGeb und aus dem Gesichtspunkt der Gesetzesumgehung nichtig[13]. Beide Maßstäbe gehen heute bei vorformulierten Vereinbarungen in einer Inhaltskontrolle gem. § 307 auf. Im Einzelnen ist ihre Zulässigkeit nach der Dauer der Betriebsbindung und der Höhe der Zahlung gemessen an dem Monatsgehalt im Zeitpunkt der Auszahlung zu beurteilen[14]. Bei Gratifikationen, die über einem Betrag von 100 Euro, aber unter einem **Bruttomonatsbezug** liegen, 113

---

1 BAG 26.1.2005 – 10 AZR 215/04, AP Nr. 260 zu § 611 BGB Gratifikation. || 2 BAG 6.5.2009 – 10 AZR 443/08, AP Nr. 43 zu § 307 BGB. || 3 BAG 13.5.2004 – 10 AZR 525/03, AP Nr. 256 zu § 611 BGB Gratifikation. || 4 BAG 10.12.2008 – 10 AZR 15/08, AP Nr. 280 zu § 611 BGB Gratifikation; 24.10.1990 – 6 AZR 341/89, AP Nr. 2 zu § 1 TVG Tarifverträge Glasindustrie; LAG Köln 21.1.2005 – 4 Sa 1436/04, MDR 2005, 1060. || 5 S. hierzu BAG 20.12.1995 – 10 AZR 968/94, AP Nr. 13 zu §§ 22, 23 BAT Zuwendungs-TV; 7.2.1996 – 10 AZR 445/95, AP Nr. 23 zu § 611 BGB Kirchendienst; 6.11.1996 – 10 AZR 287/96, AP Nr. 17 zu §§ 22, 23 BAT-Zuwendungs-TV. || 6 Vgl. BAG 28.3.2007 – 10 AZR 261/06, AP Nr. 265 zu § 611 BGB Gratifikation; LAG Thür. 23.1.2003 – 1 Sa 133/02, LAGE § 611 BGB Gratifikation Nr. 71; ErfK/*Preis*, § 611 Rz. 547. || 7 BAG 14.6.1995 – 10 AZR 25/94, AP Nr. 176 zu § 611 BGB Gratifikation. || 8 BAG 24.10.2007 – 10 AZR 825/06, BAGE 124, 259; 24.2.1999 – 10 AZR 245/98, nv.; LAG Rh.-Pf. 19.4.1996 – 3 Sa 63/96, NZA-RR 1997, 46; LAG Hamm 25.2.2000 – 10 Sa 2061/99, NZA-RR 2000, 541. || 9 ArbG Wetzlar 26.6.2001 – 1 Ca 18/01, NZA-RR 2002, 237. || 10 BAG 12.2.1999 – 10 Sa 1621/98, NZA-RR 1999, 514. || 11 BAG 13.9.1974 – 5 AZR 48/74, AP Nr. 84 zu § 611 BGB Gratifikation. || 12 BAG 10.5.1962 – 5 AZR 452/61, AP Nr. 22 zu § 611 BGB Gratifikation; 8.12.1960 – 5 AZR 535/59, AP Nr. 20 zu § 611 BGB Gratifikation. || 13 BAG 10.5.1962 – 5 AZR 452/61, AP Nr. 22 zu § 611 BGB Gratifikation. || 14 Umfassend BAG 9.6.1993 – 10 AZR 529/92, AP Nr. 150 zu § 611 BGB Gratifikation.

kann dem ArbN danach zugemutet werden, eine Rückzahlungsklausel einzuhalten, die bis zum 31.3. des darauf folgenden Jahres reicht¹. Wenn der ArbN bis dahin **nur eine Kündigungsmöglichkeit** hat, so ist es ihm zuzumuten, diese verstreichen zu lassen. Es ist allerdings umstritten, ob in diesem Fall eine Kündigung zum 31.3. zulässig ist. Teilweise wird vertreten, dass der Bindungszeitraum bis 31.3. nicht eingehalten werde, wenn der ArbN zum 31.3. kündigt und mit Ablauf dieses Tages aus dem ArbVerh ausscheidet, da der Zeitpunkt des Ablaufs eines Tages („24.00 Uhr") noch zu diesem Tag gehöre und damit zu der Frist, in die der Tag falle². Nach richtiger Auffassung ist aus einem Bindungszeitraum bis zum 31.3. aber gerade nicht abzuleiten, dass damit vereinbart sei, der ArbN müsse über diesen Termin hinaus betriebstreu bleiben³. Eine Kündigung zum 31.3. löst mithin keine Rückzahlungspflicht des ArbN aus. **Übersteigt** die Sondervergütung **ein Monatsgehalt**, erreicht jedoch **nicht ein zweifaches Monatsgehalt**, so ist eine Rückzahlungsverpflichtung unzulässig, wenn der ArbN bis dahin mehrere Kündigungsmöglichkeiten hatte. Eine hierüber hinausgehende Bindung ist nur in Ausnahmefällen zulässig; so etwa für den Fall, dass die Sonderzuwendung ein Monatsgehalt **erheblich übersteigt** und eine eindrucksvolle und beachtliche Zuwendung darstellt⁴. Wird eine vereinbarte Sondervergütung in Teilbeträgen ausgezahlt (zB zur Hälfte jeweils am 30.6. und 30.11.), kommt es für die Zulässigkeit einer Rückzahlungsklausel nicht auf die Höhe der jährlichen Gesamtsumme, sondern auf die des jeweiligen Teilbetrags an⁵. Gleiches gilt, wenn die Parteien im Nachhinein einvernehmlich eine Gratifikation (hier: Weihnachtsgeld) in zwei Teilbeträge (hier: Urlaubs- und Weihnachtsgeld) aufsplitten, die jeweils zu unterschiedlichen Zeitpunkten fällig werden, wobei es insoweit nicht darauf ankommt, ob die Änderung der Zahlungsmodalitäten auf Wunsch des ArbN erfolgte⁶. Werden Sonderzuwendungen bis zu 100 Euro brutto gewährt, ist eine Rückzahlungsverpflichtung grds. unzulässig⁷.

114 Diese in richterlicher Rechtsfortbildung entwickelten **Grenzwerte** gelten nach der bisherigen Rspr. auch für Rückzahlungsklauseln in **BV**⁸. Sie sind allerdings nicht ohne weiteres auf **tarifvertragl.** Regelungen anwendbar⁹. Es bleibt ferner abzuwarten, ob die durch das Kündigungsfristengesetz v. 7.10.1993 geänderten Kündigungsfristen des § 622 eine Änderung der Rechtsprechungsgrundsätze über die Zulässigkeit von zeitlichen Bindungsgrenzen von Rückzahlungsklauseln erforderlich machen¹⁰ und auch, ob die Freistellung der BV von der Inhaltskontrolle nach § 310 IV hier zu großzügigeren Grenzen führt.

115 **b) Zulagen.** Ansprüche des ArbN auf Zulagen ergeben sich häufig aus **TV** oder **dem Einzelarbeitsvertrag**, sie können aber Gegenstand aller Rechtsquellen des Arbeitsrechts sein. Der ArbN kann in Anerkennung einer besonderen Leistung oder Leistungsfähigkeit eine höhere Entlohnung durch Einstufung in eine höhere Vergütungsgruppe oder durch die Zahlung einer Zulage zum bisherigen Entgelt vom ArbGeb erhalten¹¹. Neben solchen Leistungszulagen können **Erschwerniszulagen** für Arbeiten unter besonders schweren oder gesundheitsgefährdenden Umständen gezahlt werden (zB Schmutzzulage, Kälte- oder Hitzezulage, Lärmzulage, Zulagen für eine weite Entfernung zum Arbeitsplatz)¹². Hiervon zu unterscheiden ist die **Aufwandsentschädigung**. Diese stellt keinen Vergütungsbestandteil dar, sondern einen Ersatz für Mehraufwand¹³. Eine besondere Form der Erschwerniszulage ist die **Nachtschicht- und Wechselschichtzulage**. Nach § 2 III, VI ArbZG ist **Nachtarbeit** die Arbeit von mindestens zwei Stunden in der Zeit von 23 bis 6 Uhr, wobei in TV häufig die Zeit zwischen 20 bzw. 22 und 6 Uhr gemeint ist. Der ArbGeb ist gem. § 6 ArbZG verpflichtet, dem ArbN für die Nachtarbeit eine angemessene Zahl bezahlter freier Tage oder einen angemessenen Zuschlag auf das ihm hierfür zustehende Bruttoeinkommen zu zahlen, wenn keine tarifvertragl. Ausgleichsregelungen bestehen¹⁴. Die tarifvertragl. Regelung ist mithin vorrangig maßgebend. Zur Angemessenheit des Ausgleichs kann auf die Branchenüblichkeit verwiesen werden. Für Nachtarbeit werden in der Praxis Zuschläge von durchschnittlich 25 % gezahlt¹⁵. Der ArbN muss wie bei jeder Erschwerniszulage den Wegfall der Zulage hinnehmen, wenn die **Erschwernis wegfällt**, also auch wenn ihn der ArbGeb durch eine wirksame Ausübung seines Direktionsrechts von der Nacht- in die Tagschicht oder aus der Wechselschicht heraus versetzt¹⁶. Der

---

1 S.a. BAG 28.4.2004 – 10 AZR 356/03, AP Nr. 255 zu § 611 BGB Gratifikation; 28.1.1981 – 5 AZR 846/78, AP Nr. 106 zu § 611 BGB Gratifikation; 10.5.1962 – 5 AZR 452/61, AP Nr. 22 zu § 611 BGB Gratifikation; 10.5.1962 – 5 AZR 353/61, AP Nr. 23 zu § 611 BGB Gratifikation. ||2 LAG Düss. 25.3.1997 – 16 Sa 1724/96, NZA-RR 1997, 457. ||3 So LAG Düss. 28.1.1998 – 17 Sa 1715/97, LAGE § 611 BGB Gratifikation Nr. 40; BAG 21.5.2003 – 10 AZR 390/02, NZA 2003, 1032 (1034). ||4 BAG 12.12.1962 – 5 AZR 324/62, AP Nr. 25 zu § 611 BGB Gratifikation. S. 2B LAG Hess. 24.10.2000 – 7 Sa 2130/99, nv.: Eine Bindungsdauer von 17 Monaten ist bei einem Bonus, der das doppelte Jahresgehalt überschreitet und an eine Führungskraft gezahlt wird, zulässig, insb. dann, wenn die Bindungsdauer aus einer vertragl. Kündigungsfrist von einem halben Jahr zum Halbjahresende resultiert und der ArbGeb nur das Auslassen einer Kündigungsmöglichkeit verlangt. ||5 BAG 21.5.2003 – 10 AZR 390/02, NZA 2003, 1032 (1034). ||6 LAG Schl.-Holst. 8.2.2005 – 5 Sa 435/04, NZA-RR 2005, 290. ||7 BAG 17.3.1982 – 5 AZR 1250/79, AP Nr. 110 zu § 611 BGB Gratifikation. ||8 BAG 16.11.1967 – 5 AZR 157/67, AP Nr. 63 zu § 611 BGB Gratifikation. ||9 BAG 31.3.1966 – 5 AZR 516/65, AP Nr. 54 zu § 611 BGB Gratifikation; 23.2.1967 – 5 AZR 234/66, AP Nr. 57 zu § 611 BGB Gratifikation. ||10 So auch ErfK/*Preis*, § 611 Rz. 550; gegen eine Änderungspflicht LAG Hamm 14.8. 1998 – 10 Sa 153/98, AP Nr. 208 zu § 611 BGB Gratifikation. ||11 ErfK/*Preis*, § 611 Rz. 483. ||12 ErfK/*Preis*, § 611 Rz. 481. ||13 BAG 23.11.1960 – 4 AZR 257/59, AP Nr. 6 zu § 12 AZO; 18.9.1991 – 7 AZR 41/90, AP Nr. 82 zu § 37 BetrVG 1972; 14.10.2003 – 9 AZR 657/02, AP Nr. 32 zu § 670 BGB. ||14 S. hierzu BAG 24.2.1999 – 4 AZR 62/98, AP Nr. 17 zu § 3 TVG Verbandszugehörigkeit. ||15 ErfK/*Preis*, § 611 Rz. 485. ||16 LAG Hamm 30.6.1994 – 4 Sa 2017/93, LAGE § 611 BGB Direktionsrecht Nr. 17; LAG Berlin 24.9.2004 – 6 Sa 1116/04, NZA-RR 2005, 197.

Anspruch des ArbN auf eine Nachtschicht- oder Wechselschichtzulage entfällt allerdings nicht bereits dann, wenn er auf Grund Urlaub oder Krankheit keine Arbeitsleistung erbringen kann[1]. Unter dem Begriff der **Sozialzulagen** sind Zulagen zu verstehen, die an die besondere **soziale Situation des ArbN** anknüpfen. Sie werden als Verheirateten-, Kinder-, Alters- und Ortszulagen gezahlt[2]. Im Hinblick auf die Gewährung von Sozialzulagen kommt dem **Gleichbehandlungsgrundsatz** besondere Bedeutung zu (s. ausf. zur Gleichbehandlung Rz. 181 ff.). – Dazu, ob Zulagen zum **fortzuzahlenden Entgelt** gehören, s. Komm. zu § 37 BetrVG.

c) Zielvereinbarungen. Dies sind Abreden, in denen der ArbGeb mit dem ArbN bestimmte Ziele vereinbart, die innerhalb eines bestimmten Zeitraums erreicht werden sollen. Für die Zielerreichung wird regelmäßig ein Entgelt versprochen[3]. Dieses Konzept rührt aus der Theorie des „**Management by Objectives**" (MBO)[4] her. Es bezweckt zum einen Leistungssteigerungen des ArbN durch eine verbesserte Identifikation des ArbN mit seiner Aufgabe und durch variable monetäre Leistungsanreize[5]. Zum anderen birgt sie für den ArbN den Vorteil, unmittelbar auf die Höhe seiner Vergütung Einfluss nehmen zu können[6]. In ihrer rechtl. Struktur sind Zielvereinbarungen **typischerweise zweigeteilt:** In einer **Rahmenvereinbarung** werden allg. Regelungen festgehalten, wie das Verfahren der Zielvereinbarung, die Ermittlung der Prämienhöhe oder die Verpflichtung zum Abschluss einer solchen Vereinbarung in bestimmten Intervallen[7]. Diese Rahmenvereinbarung kann entweder individuell als Teil des Arbeitsvertrages vereinbart sein, aber auch kollektiv in einer BV oder einem TV geschlossen werden[8]. Auch eine betriebl. Übung ist bei wiederholtem Abschluss von einzelnen Zielvereinbarungen denkbar[9]. Auf der Grundlage dieser Rahmenvereinbarung wird dann im jeweiligen Zeitabstand eine **Einzelvereinbarung** geschlossen, in der die konkreten Ziele und etwaige besondere Regelungen zur Zielerreichung und Vergütung festgelegt werden[10]. Haben die Vertragsparteien durch eine Zielvereinbarung die Voraussetzungen für die Zahlung einer zusätzlichen Vergütung abschließend festgelegt, so kann sich der ArbGeb von der Zahlungspflicht im Nachhinein nicht mehr einseitig durch anderweitige Leistungsbestimmung befreien[11]. Von der Vereinbarung kann allerdings in Ausnahmefällen abgewichen werden. Dafür müssen jedoch besonders gewichtige Gründe gegeben sein, die außerhalb der durch die Zielvereinbarung abgedeckten Umstände liegen. Solche Gründe sind nach der Rspr. des BAG zB dann vorhanden, wenn die Existenz eines durch desaströse Verluste geschwächten ArbGeb ua. mit massiven staatlichen Finanzhilfen gewährleistet wird, die allein dem öffentl. Interesse an der Abwehr schwerer Gefahren für die Volkswirtschaft dienen[12]. Abzugrenzen sind Zielvereinbarungen von bloßen **Zielvorgaben**, mit denen der ArbGeb einseitig die Ziele in Ausübung seines Direktionsrechts bestimmt[13]. Soweit es sich bei Zielvereinbarungen nicht um Individualvereinbarungen handelt, liegen AGB vor, auf welche die §§ 305 ff. Anwendung finden (s. Komm. Anh. §§ 305–310 BGB)[14].

Das Fehlen einer Zielvorgabe oder Zielvereinbarung führt nicht dazu, dass der Bonus nicht beansprucht werden kann. Während bei einer unterbliebenen Aufstellung von Zielen die Festlegung der Ziele bei Zielvorgaben gem. § 315 III 2 erfolgen kann, ist dies bei Zielvereinbarungen nicht möglich. Auch eine Bestimmung der Ziele im Wege einer ergänzenden Vertragsauslegung scheidet aus[15]. Haben ArbGeb und ArbN entgegen einer Abrede im Arbeitsvertrag für eine Zielperiode nicht gemeinsam Ziele festgelegt, steht dem ArbN wegen der ihm entgangenen erfolgsabhängigen Vergütung ein **Schadensersatzanspruch** zu[16]. Bestimmt der Arbeitsvertrag, dass eine Zielvereinbarung bis zum Abschluss einer Folgevereinbarung fortgelten soll, heißt das nicht zwingend, dass Schadensersatzansprüche des ArbN nicht entstehen können. Die Verpflichtung des ArbGeb, für das Folgejahr dem ArbN ein neues Angebot zu unterbreiten und über eine neue Zielvereinbarung zu verhandeln, bleibt regelmäßig bestehen[17]. Ein vom ArbN nicht angenommenes Angebot des ArbGeb zur Fortführung einer abgelaufenen Zielverein-

---

1 Vgl. BAG 9.12.1998 – 10 AZR 207/98, AP Nr. 15 zu § 33a BAT zur Wechselschichtzulage. ‖ 2 Schaub/*Linck*, ArbRHdb, § 69 Rz. 39; ErfK/*Preis*, § 611 Rz. 484. ‖ 3 ErfK/*Preis*, § 611 Rz. 504; Küttner/*Griese*, Zielvereinbarung, Rz. 2 ff.; *Däubler*, ZIP 2004, 2209; *Deich*, Die rechtliche Beurteilung von Zielvereinbarungen im Arbeitsrecht, 2006, §§ 3–5; zum Ganzen ausführlich *Mohnke*, Zielvereinbarungen im Arbeitsverhältnis, 2006. ‖ 4 Ursprung bei *Drucker*, The Practice of Management, 1954, S. 62 ff.; *Odiorne*, Management by Objective, 1965; *Morrisey*, Management by Objectives and Results, Addison-Wesley, Reading, Massachusetts, 1970; vgl. aus Sicht der *economic analysis of law*: *Orts*, 16 Yale Law And Policy Review, 265; *Sorensen*, in Smelser/Swedberg, Handbook of Economic Sociology, 1994, S. 504. ‖ 5 *Hergenröder*, Zielvereinbarungen, AR-Blattei, SD 1855, 2004, Rz. 13; *Däubler*, ZIP 2004, 2209; *Lindemann/Simon*, BB 2002, 1807; *Plander*, ZTR 2002, 158. ‖ 6 *Preis/Preis/Lindemann*, Der Arbeitsvertrag, II Z 5 Rz. 1; *Brors*, RdA 2004, 273. ‖ 7 Vgl. Formulierungsvorschlag bei *Preis/Preis/Lindemann*, Der Arbeitsvertrag, II Z 5 Rz. 4. ‖ 8 *Däubler*, ZIP 2004, 2210; *Hergenröder*, Zielvereinbarungen, AR-Blattei, SD 1855, 2004, Rz. 15 ff.; *Bauer/Diller/Göpfert*, BB 2002, 882. ‖ 9 *Mauer*, NZA 2002, 543; *Preis/Preis/Lindemann*, Der Arbeitsvertrag, II Z 5 Rz. 4. ‖ 10 *Däubler*, ZIP 2004, 2210; Küttner/*Griese*, Zielvereinbarung, Rz. 4. ‖ 11 BAG 29.8.2012 – 10 AZR 385/11, NZA 2013, 148. ‖ 12 BAG 29.8.2012 – 10 AZR 385/11, NZA 2013, 148. ‖ 13 BAG 12.12.2007 – 10 AZR 97/07, AP Nr. 7 zu § 280 BGB; ausführlich zur Abgrenzung *Deich*, Die rechtliche Beurteilung von Zielvereinbarungen im Arbeitsrecht, 2006, S. 56 ff.; *Berwanger*, BB 2004, 552; *Riesenhuber/v. Steinau-Steinrück*, NZA 2005, 786. ‖ 14 Ausführlich zur Anwendbarkeit der §§ 305 ff. sowie zu sog. „überfordernden" und „weichen" Zielen vgl. auch *Thüsing*, AGB-Kontrolle, Rz. 464 ff. ‖ 15 BAG 12.12.2007 – 10 AZR 97/07, AP Nr. 7 zu § 280 BGB. ‖ 16 BAG 12.12.2007 – 10 AZR 97/07, AP Nr. 7 zu § 280 BGB; 10.12.2008 – 10 AZR 889/07, NZA 2009, 256; s.a. BSG 23.3.2006 – B 11a AL 29/05 R, NZA-RR 2007, 101. ‖ 17 BAG 12.5.2010 – 10 AZR 390/09, NZA 2010, 1009.

barung kann geeignet sein, ein Verschulden des ArbGeb am Nichtzustandekommen einer Zielvereinbarung auszuschließen. Dies setzt allerdings voraus, dass sich die für den Abschluss der abgelaufenen Zielvereinbarung maßgebenden Umstände nicht wesentlich geändert haben und dem ArbN das Erreichen der für den abgelaufenen Zeitraum gemeinsam festgelegten Ziele nach wie vor möglich ist. Macht der ArbGeb den Abschluss einer Zielvereinbarung davon abhängig, dass der ArbN einer Änderung des Arbeitsvertrags zustimmt, und lehnt der ArbN die ihm angetragene Änderung der Arbeitsvertragsbedingungen ab, hat der ArbGeb das Nichtzustandekommen der Zielvereinbarung zu vertreten[1]. Trifft auch den ArbN ein Verschulden am Nichtzustandekommen der Zielvereinbarung, ist dieses Mitverschulden angemessen zu berücksichtigen[2].

117   **d) Tantiemen. aa) Allgemeines.** Unter dem Begriff Tantieme ist eine **Gewinnbeteiligung** zu verstehen, die als zusätzliche Vergütung prozentual nach einer den Erfolg des Konzerns, des Unternehmens oder eines Unternehmensteils kennzeichnenden Kennziffer berechnet wird[3]. Die Tantieme ist – soweit nicht anders vereinbart – keine widerrufbare Sonderleistung (Gratifikation), sondern Teil des Entgelts für die vertragl. geschuldete Arbeitsleistung[4]. Sie gehört zu den Vergütungsbestandteilen, die in das Austauschverhältnis „Arbeit gegen Lohn" einbezogen sind[5]. Üblich ist sie insb. bei Vorstands- und Aufsichtsratsmitgliedern in Kapitalgesellschaften (vgl. §§ 86, 113 III AktG) und bei leitenden Angestellten zur Schaffung eines Anreizes[6].

118   Von der Tantieme ist die an die Gesamtheit oder große Teile der Belegschaft gezahlte **Jahresabschlussvergütung (Abschlussgratifikation)** zu unterscheiden. Die Jahresabschlussvergütung wird ohne Rücksicht auf Gewinne oder Verluste des Unternehmens in Anerkennung der geleisteten Dienste sowie für erwiesene und künftige Betriebstreue gezahlt[7]. Sie stellt regelmäßig eine Sondervergütung zusätzlich zum laufenden Entgelt dar, es sei denn, ihr kommt Provisionscharakter zu, weil sie allein nach den individuellen Leistungen des ArbN in der Vergangenheit bemessen ist[8]. Von der Tantieme zu unterscheiden ist ferner die **Ergebnisbeteiligung**, durch die eine stärkere Verbundenheit der ArbN mit dem Unternehmen erzielt werden soll. Für die Ergebnisbeteiligung gelten idR eigene Grundsätze[9]. Als Gewinnbeteiligung kann den ArbN auch eine Beteiligung am Unternehmen, etwa durch die Ausgabe von Belegschaftsaktien, zugestanden werden[10].

119   **bb) Formen der Tantieme.** Es lassen sich von der gewinnabhängigen Tantieme die umsatzabhängige Tantiemen unterscheiden, die dem ArbN eine prozentuale Beteiligung am Umsatz insg. oder am Mehrumsatz im Verhältnis zu einem Vergleichszeitraum oder einer anderen Zielvorgabe gewähren. Sie unterscheiden sich von der Provision dadurch, dass sie nicht auf den persönlichen Umsatz, sondern den Umsatz des Unternehmens abstellen. Daneben gibt es dividendenabhängige Tantiemen, die auf die Dividendensumme oder den Dividendenertrag je Aktie abstellen, sowie weniger verbreitet die bilanzabhängige Tantieme, wie sie für den Aufsichtsrat in § 113 III 1 AktG vorgesehen ist. Die konzernerfolgsabhängige Tantieme stellt nicht auf den Erfolg des Einzelunternehmens, etwa der Konzernmutter, sondern des gesamten Konzernverbundes ab und wird typischerweise Vorstandsmitgliedern einer Konzernmuttergesellschaft gewährt. Tantiemen, die vom Rohgewinn oder vom Bruttogewinn oder allg. vom „Ergebnis der gewöhnlichen Geschäftstätigkeit" iSd. § 275 II Nr. 14, III Nr. 13 HGB abhängig gemacht werden, haben den Vorteil, dass die Änderungen der Besteuerung hierauf keinen Einfluss haben. Die sog. **Stock Appreciation Rights (SAR)** oder **phantom stocks** sind eine Form der börsenwertorientierten Tantiemen[11]. Die Ermessenstantieme benennt keine Berechnungsgrundlage, sondern stellt an deren Stelle das billige Ermessen des Aufsichtsrats, innerhalb dessen die Sondervergütung frei festgesetzt werden kann[12]. Eine garantierte Mindesttantieme ist demggü. keine Gewinnbeteiligung, sondern ein Teil der festen Vergütung und bemisst sich nach den hierfür geltenden Regeln[13].

120   **cc) Berechnung.** Für die Berechnung der Tantieme kann einzelvertragl. die entsprechende Anwendung des ehemals für Vorstandsmitglieder einer AG geltenden § 86 II AktG vereinbart werden[14]. Diese Norm gab zwingend vor, dass sich die Tantieme, die sich auf einen Anteil am Jahresgewinn bezieht, nach dem Anteil des Jahresüberschusses berechnet, vermindert um einen Verlustvortrag aus dem Vorjahr und um die Beträge, die nach Gesetz oder Satzung aus dem Jahresüberschuss in Gewinnrücklagen einzustellen sind. Werden diese Maßstäbe weiterhin als etabliertes Berechnungsmodell auch für den ArbN gewählt, ist maßgeblich der Jahresüberschuss (Bilanz: § 266 IIIa V HGB, GuV: § 275 II Nr. 20 bzw.

---

1 BAG 10.12.2008 – 10 AZR 889/07, AP Nr. 8 zu § 280 BGB. ||2 BAG 12.12.2007 – 10 AZR 97/07, AP Nr. 7 zu § 280 BGB; 10.12.2008 – 10 AZR 889/07, AP Nr. 8 zu § 280 BGB. ||3 Enger BAG 3.5.2006 – 10 AZR 310/05, DB 2006, 1499 (allein abstellend auf das Jahresgewinn und das Unternehmen). ||4 BAG 8.9.1998 – 9 AZR 223/97, AP Nr. 6 zu § 87a HGB. ||5 BAG 3.5.2006 – 10 AZR 310/05, DB 2006, 1499. ||6 S. hierzu ausf. *Thüsing*, ZGR 2003, 457 (500ff.). ||7 ErfK/*Preis*, § 611 Rz. 495. ||8 BAG 24.11.2004 – 10 AZR 221/04, EzA § 4 TVG Bankgewerbe Nr. 4. ||9 MünchArbR/*Krause*, § 58 Rz. 42ff.; Schaub/*Vogelsang*, ArbRHdb, § 76 Rz. 1. ||10 BAG 28.11.1989 – 3 AZR 118/88, AP Nr. 6 zu § 88 BetrVG 1972; vgl. zur sog. Carried-interest-Vereinbarung LAG Hess. 18.4.2005 – 7/6 Sa 1048/04, nv., anders BAG 3.5.2006 – 10 AZR 310/05; MüKoBGB/*Müller-Glöge*, § 611 Rz. 758; MünchArbR/*Krause*, § 58 Rz. 43. ||11 S. *Hoffmann-Becking*, NZG 1999, 797. ||12 S. KölnKommAktG/*Mertens*, 2. Aufl., § 86 AktG (aF) Rz. 5; *Semler*, FS Budde, 1995, S. 606; *Hoffmann-Becking*, NZG 1999, 797 (801). ||13 *Hefermehl* in Geßler/Hefermehl, § 86 AktG Rz. 6; LAG Nds. 3.1.1983 – 24 O 181/82, ZIP 1983, 448f. ||14 S. hierzu *Thüsing*, ZGR 2003, 457, 500ff.

III Nr. 19 HGB) vermehrt um den Betrag, der sich aus der Kürzung durch die Tantieme ergibt[1]. Allg. geht man davon aus, dass die Beträge, die vom Jahresüberschuss abzuziehen sind, in § 86 II AktG abschließend aufgezählt sind[2]. Daher werden freiwillige Rücklagen nach § 58 II, III AktG nicht abgezogen[3]. Man mag allerdings darüber nachdenken, ob nicht Gewinne, die durch den Verkauf von Unternehmensteilen entstanden sind, aus der Berechnung der Gewinntantieme entgegen dem Wortlaut herausgenommen werden können, um eine Angemessenheit zu gewährleisten. Eine solche Forderung stünde im bisherigen Schrifttum freilich recht einsam da. Die hM geht davon aus, dass der Gewinn aus aufgelösten stillen Reserven tantiemenpflichtig ist[4] und dürfte hier nicht anders entschieden. Eine abweichende Vertragsgestaltung scheint jedoch allemal sinnvoll.

Auf die **dividendenabhängige Tantieme** war die Berechnungsvorschrift des § 86 II AktG nicht anzuwenden, weil nicht unmittelbar an den Jahresgewinn angeknüpft wird[5]. Dividenden, die aus aufgelösten Gewinnrücklagen oder aus Gewinnvorträgen stammen, dürfen allerdings beim Vorstandsmitglied nicht berücksichtigt werden[6]; Gleiches gilt wohl für den ArbN. Schließt die Gesellschaft einen Gewinnabführungsvertrag, so ist der abgeführte Gewinn für die Tantieme zu berücksichtigen[7]. Richtet sich die Erfolgsbeteiligung nach der Höhe der Dividende, die pro Aktie ausgeschüttet wird, so ist – je nach Auslegung der Vereinbarung – ein durch eine Kapitalerhöhung aus Gesellschaftsmitteln entstehender Nachteil auszugleichen[8]. **121**

Soweit nichts anderes vereinbart ist, hat es keinen Einfluss auf den Tantiemenanspruch, wenn der **ArbN ohne Entgeltfortzahlung erkrankt oder freigestellt** ist. Das BAG wertet strenger: Der Angestellte hat grds. keinen Anspruch auf Tantieme, wenn er während des gesamten Geschäftsjahres arbeitsunfähig erkrankt war und keine Entgeltfortzahlung beanspruchen konnte; anderes muss vereinbart werden[9]. Erfasst das ArbVerh nur einen Teil des Geschäftsjahres, so ist er regelmäßig nur im Verhältnis seiner Amtszeit beteiligt[10]. Auch hier ist für die Berechnung der Jahresüberschuss des gesamten Jahres und nicht der sich zum Zeitpunkt des Ausscheidens des ArbN ergebende (anteilige) Überschuss maßgeblich, mag er auch erst später nach Ausscheiden des ArbN mit der Feststellung des Jahresabschlusses durch den Aufsichtsrat (§ 172 AktG) oder der Hauptversammlung (§ 173 AktG), bei der dividendenabhängigen Tantieme mit dem Gewinnverwendungsbeschluss der Hauptversammlung (§ 174 AktG[11]) bestimmt werden[12]. **122**

dd) Auskunftsrechte. Dem ArbGeb, der einem ArbN eine prozentuale Gewinnbeteiligung am Jahresgewinn des Unternehmens zusagt, obliegt damit als **vertragl. Nebenverpflichtung**, dem ArbN auch die **Auskünfte** zu erteilen und ihm die Nachprüfungen zu gestatten, die dieser benötigt, um beurteilen zu können, ob und in welchem Umfang ihm ein Gewinnbeteiligungsanspruch zusteht. Der Umfang einer solchen Auskunftspflicht des ArbGeb und eines solchen Überprüfungsrechts des ArbN bestimmt sich nach den Umständen des einzelnen Falles unter Berücksichtigung der Auslegungsmaßstäbe der §§ 133, 157 und der Leistungsmaßstäbe des § 242[13]. Der ArbN hat jedoch grds. keinen Anspruch auf die Vorlage einzelner Belege zu den Bilanzposten. Ferner muss der ArbGeb über die Berechnung der Gewinne im Einzelnen keine Auskunft erteilen[14]. Ist dem ArbGeb die Vorlage der Bilanz nicht zumutbar, hat er sie einem unparteiischen Wirtschaftsprüfer oder Buchsachverst. vorzulegen. Er trägt in diesem Fall allerdings die Kosten[15]. **123**

ee) Ausscheiden und fehlende Arbeitsleistung des Arbeitnehmers. Nach dem BAG folgt aus dem Rechtscharakter der Tantieme als Erfolgsvergütung, dass ein Anspruch des ArbN erlischt, wenn er während des gesamten Geschäftsjahres **arbeitsunfähig** erkrankt ist und mithin keine Arbeitsleistung erbracht hat[16]. Da die Erfolgsbeteiligung verdienter Lohn ist, darf sie nicht davon abhängig gemacht **124**

---

1 Ganz hM; s. *Hefermehl* in Geßler/Hefermehl, § 86 AktG Rz. 28 mwN; aA KölnKommAktG/*Mertens*, 2. Aufl., § 86 AktG (aF) Rz. 17, der dem Wortlaut größeres Gewicht zumisst. ‖ 2 S. KölnKommAktG/*Mertens*, 2. Aufl., § 86 AktG (aF) Rz. 16; *Hefermehl* in Geßler/Hefermehl, § 86 AktG Rz. 25. ‖ 3 KölnKommAktG/*Mertens*, 2. Aufl., § 86 AktG (aF) Rz. 16. ‖ 4 KölnKommAktG/*Mertens*, 2. Aufl., § 86 AktG (aF) Rz. 16; *Semler*, FS Budde, 1995, S. 599 (601); aA *Peltzer*, FS Lutter, 2000, S. 571 (577). ‖ 5 Ganz hM; s. *Hüffer*, § 86 AktG Rz. 2; aA *Tegtmeier*, Die Vergütung von Vorstandsmitgliedern, 1998, S. 294. ‖ 6 OLG Düss. 18.12.1998 – 17 U 33/98, AG 1999, 468 (469); *Hoffmann/Becking*, NZG 1999, 787; *Semler*, FS Budde, 1995, S. 599; MünchGesR/*Wiesner*, § 21 Rz. 38; aA *Vonck*, NZG 1999, 1110; *Rottnauer*, NZG 2001, 1009. ‖ 7 BGH 8.2.1960 – II ZR 102/58, NJW 1960, 721 (722); ebenso KölnKommAktG/*Mertens*, 2. Aufl. § 86 AktG (aF) Rz. 8. ‖ 8 LAG Nürnberg 26.7.2004 – 9 (7) Sa 154/03, NZA-RR 2005, 204, n.rkr.; BAG 12.10.2005 – 10 AZR 210/04; hierzu auch *Grosjean/Schmidt*, DB 2005, 1518. ‖ 9 BAG 8.9.1998 – 9 AZR 273/97, AP Nr. 214 zu § 611 Gratifikation; 3.5.2006 – 10 AZR 310/05, DB 2006, 1499. ‖ 10 So bereits RG Recht 1921, Nr. 865; dem folgend KölnKommAktG/*Mertens*, 2. Aufl., § 86 AktG (aF) Rz. 12; *Hefermehl* in Geßler/Hefermehl, § 86 AktG Rz. 12; ebenso MünchGesR/*Wiesner*, FS Budde, Rz. 41; LAG München 26.1.2005 – 10 Sa 752/04, nv.; für den GmbH-Geschäftsführer BGH 9.5.1994 – II ZR 128/93, GmbHR 1994, 546 (547); OLG Hamm 8.10.1984 – 8 U 265/83, GmbHR 1985, 155 (157); LAG Düss. 23.7.2003 – 12 Sa 260/03, nv. ‖ 11 Ebenso KölnKommAktG/*Mertens*, 2. Aufl., § 86 AktG (aF) Rz. 12. ‖ 12 LAG Sa.-Anh. 6.5.2003 – 11 Sa 560/02, nv. ‖ 13 BAG 30.1.1960 – 5 AZR 603/57, AP Nr. 1 zu § 242 BGB Auskunftspflicht; 7.7.1960 – 5 AZR 61/59, AP Nr. 2 zu § 242 BGB Auskunftspflicht; 28.10.1986 – 3 AZR 323/85, nv. ‖ 14 BAG 30.1.1960 – 5 AZR 603/57, AP Nr. 1 zu § 242 BGB Auskunftspflicht; 7.7.1960 – 5 AZR 61/59, AP Nr. 2 zu § 242 BGB Auskunftspflicht; LAG Hamm 26.11.2004 – 10 Sa 2236/03, AuA 2005, 240. ‖ 15 BAG 7.7.1960 – 5 AZR 61/59, AP Nr. 2 zu § 242 BGB Auskunftspflicht; weiter gehend LAG Bremen 29.10.1971 – 1 Sa 64/71, DB 1971, 2265, wonach der ArbGeb stets ein Wahlrecht hat. ‖ 16 BAG 8.9.1998 – 9 AZR 273/97, AP Nr. 2 zu § 611 BGB Tantieme.

werden, dass das ArbVerh eine bestimmte Zeit bestanden haben muss. Ein **Ausschluss** von ArbN im Falle des **Ausscheidens** stellt – zumindest bei betriebsbedingter Kündigung[1] – eine unzulässige Kündigungserschwerung dar[2].

125   e) **Aktienoptionen. aa) Allgemeines.** Insb. seit der zweiten Hälfte der 1990er Jahre sind in Anlehnung an die US-amerikanischen Vergütungspraktiken auch Aktienoptionen zum üblichen Bestandteil der Vergütung von Vorstandsmitgliedern geworden[3]. In der jüngsten Diskussion stoßen sie auf Kritik. Insb. weil mit ihnen bisher ungeahnte Höhen der Vorstandsgehälter erreicht werden können, fordert man ihre Begrenzung[4] (zB empfohlen in 4.2.3 DCGK). Rspr. zu Aktienoptionsplänen findet sich bislang allerdings nur vereinzelt; höchstrichterliche Judikate sind selten. Dies gilt erst recht für Aktienoptionen, die leitenden Mitarbeitern gewährt werden. Fraglich ist auch, inwieweit einem ArbN nach der Wahl in den BR weiterhin Aktienoptionen der Muttergesellschaft zustehen[5].

125a   bb) **Begünstigter Personenkreis.** Werden im Rahmen des Aktienoptionsprogramms ArbN Bezugsrechte nach einem bestimmten erkennbaren und generalisierenden Prinzip eingeräumt, so ist der **arbeitsrechtl. Gleichbehandlungsgrundsatz** (s.a. Rz. 181ff.) zu wahren. Dies gilt auch, wenn die begünstigte Gruppe zahlenmäßig sehr klein ist. Dem Gleichbehandlungsgrundsatz widerspricht nicht nur eine willkürliche Schlechterstellung einzelner ArbN innerhalb einer Gruppe, sondern auch eine sachfremde Gruppenbildung. ArbN in einer vergleichbaren Lage sind solche, deren Tätigkeit im Hinblick auf Qualifikation, erworbene Fertigkeiten, Verantwortung und Belastbarkeit vergleichbar ist[6].

126   cc) **Verschiedene Varianten.** Der Aktienoptionsplan berechtigt den Begünstigten, gegen Zahlung eines vorab festgelegten Optionspreises (= Ausübungs- oder Basispreis) innerhalb einer bestimmten Frist (Mindestwartezeit: zwei Jahre, s. § 193 II Nr. 4 AktG) unter bestimmten ebenfalls vorab festgelegten Bedingungen Aktien der Gesellschaft zu erwerben[7].

127   Von den Aktienoptionen sind **andere marktindexierte Anreizsysteme** zu unterscheiden. Gebräuchlich sind die sog. SARs (*Stock Appreciation Rights*). Sie verlangen keine Ausgabe von Aktien; dem Begünstigten wird stattdessen das Recht gewährt, zu einem gewissen Zeitpunkt in einem zuvor definierten Umfang an der Wertentwicklung der Aktie des Unternehmens teilzunehmen. Anders als der Aktienoptionsplan, dessen Kosten, soweit sie durch Ausgabe neuer Aktien bedient werden, direkt von den Anteilseignern durch eine verminderte Kursentwicklung getragen werden, führt ein SAR-Plan uU zu einem erheblichen Liquiditätsabfluss, muss doch der Wertzuwachs für die fiktive Anzahl von Aktien ausgezahlt werden. Nah verwandt dem SAR-Plan ist der *Phantom-Stock*-Plan oder *Phantom-Stock-Options*-Plan[8]. Auch diese sind zwar ohne Kapitalverwässerungseffekte, dafür jedoch mit dem Abgang an liquiden Mitteln verbunden. Der Unterschied zum SAR-Plan liegt im *Phantom-Stock*-Plan darin, dass je nach Ausgestaltung der Optionsinhaber auch an den in der maßgeblichen Referenzperiode eingetretenen Kursverlusten beteiligt werden kann, ggü. dem *Phantom-Stock-Options*-Plan darin, dass die größere Hebelwirkung einer Option ggü. einer Aktie genutzt wird. Der *Performance-Share*-Plan und ähnlich auch der *Performance-Contingent-Stock-Option*-Plan verbindet marktbezogene Anreize mit vorweg bestimmten operativen Zielgrößen: Während die vorgenannten Grundmodelle allein auf die Entwicklung des Aktienkurses abstellen, sind hier die Ausübungen der imaginären Optionen oder Zuteilungen imaginärer Aktien an die Erfüllung anderer Unternehmensziele gebunden. Die aus dem anglo-amerikanischen Bereich übernommene **Bezeichnung** dieser verschiedenen Gruppen von nicht mit der Austeilung realer Aktien verbundenen Anreizsystemen **schwankt**, eine präzisere Bezeichnung scheint, da ohne juristischen Aussagegehalt, jedoch entbehrlich[9].

128   dd) **Aktienrechtliche Anforderungen.** Die Auflage eines Aktienoptionsplanes ist keine Grundlagenentscheidung nach § 119 I AktG[10]. Es handelt sich vielmehr um eine Leitungsentscheidung, die der Vorstand zu treffen hat[11]. Die Hauptversammlung, die über die Modalitäten der Beschaffung der auszuteilenden Aktien zu beschließen hat, hat damit nicht bereits Einfluss auf die Entscheidung, ob überhaupt ein Aktienoptionsplan aufgelegt werden soll.

129   (1) **Wege zur Bereitstellung von Aktien zur Bedienung der Optionen.** Nachdem die Änderungen des KonTraG die Ausgabe von nackten Aktienoptionen für ArbN und Mitglieder der Geschäftsführung der

---

1 BAG 13.9.1974 – 5 AZR 48/74, AP Nr. 84 zu § 611 BGB Gratifikation; anders für tarifvertragl. Klauseln BAG 4.9.1985 – 5 AZR 655/84, AP Nr. 123 zu § 611 BGB Gratifikation. ||2 BAG 12.1.1973 – 3 AZR 211/72, AP Nr. 4 zu § 87a HGB; 27.4.1982 – 3 AZR 814/79, AP Nr. 16 zu § 620 BGB Probearbeitsverhältnis; Schaub/*Vogelsang*, ArbRHdb, § 76 Rz. 7. ||3 *Stiegel*, Aktienoptionen als Vergütungselement aus arbeitsrechtlicher Sicht, 2007, S. 51ff.; *Lützeler*, Aktienoptionen bei einem Betriebsübergang, 2007, S. 1ff. ||4 S. *Adams*, ZIP 2002, 1325; krit. auch *Peltzer*, FS Lutter, 2000, S. 571; s.a. *Thüsing*, ZGR 2003, 457 (492ff.). ||5 Vgl. BAG 16.1.2008 – 7 AZR 887/06, AP Nr. 144 zu § 37 BetrVG 1972. ||6 BAG 21.10.2009 – 10 AZR 664/08, AP Nr. 210 zu § 242 BGB. ||7 S. dazu *Lützeler*, Aktienoptionen bei einem Betriebsübergang, 2007, S. 63ff. ||8 S. hierzu *Schüller*, Vorstandsvergütung, 2002, S. 64; *Spenner*, Aktienoptionen als Bestandteil der Vergütung von Vorstandsmitgliedern, 1999, S. 42; *Feddersen*, ZHR 161 (1997), 269 (285). ||9 S.a. *Weber* in Achleitner/Wollmert, Stock Options, 2. Aufl. 2002, S. 25 (28f.); *Schüller*, Vorstandsvergütung, 2002, S. 63f.; *Spenner*, Aktienoptionen als Bestandteil der Vergütung von Vorstandsmitgliedern, 1999, S. 32f. ||10 S. BT-Drs. 13/9712, 24 li. Sp. aE; ebenso *Schüller*, Vorstandsvergütung, 2002, S. 177; missverständlich *Baums*, FS Claussen, 1997, S. 28f. Fn. 130, der von Grundlagenentscheidungen, aber wohl nicht iSd. § 119 AktG spricht. ||11 *Hüffer*, ZHR 161 (1997), S. 224.

Gesellschaft oder eines verbundenen Unternehmens erlaubt haben[1], hat es neben der Bereitstellung genehmigten Kapitals zwei neue Wege geschaffen, Aktien zur Bedienung der Aktienoptionen zu beschaffen: zum einen den Rückkauf eigener Aktien nach § 71 Nr. 8 AktG, zum anderen die bedingte Kapitalerhöhung nach § 192 II Nr. 3 AktG.

Als das bevorzugte Mittel der Praxis hat sich die **bedingte Kapitalerhöhung nach § 192 II Nr. 3 AktG** etabliert. Danach kann die Hauptversammlung eine bedingte Kapitalerhöhung beschließen zur Gewährung von Bezugsrechten an ArbN und Mitglieder der Geschäftsführung der Gesellschaft oder eines verbundenen Unternehmens im Wege des Zustimmungs- oder Ermächtigungsbeschlusses. Weil hiermit ein Verwässerungseffekt der bereits vergebenen Aktien verbunden ist, darf gem. § 192 III AktG das so beschlossene Kapital 10 % des Grundkapitals zum Zeitpunkt der Beschlussfassung nicht übersteigen. Der Rückkauf eigener Aktien führt im Gegensatz zur Schaffung bedingten Kapitals nicht zu einer Verwässerung der Rechte der Altaktionäre. Dennoch sind die Voraussetzungen für den Rückkauf dieselben wie bei bedingtem Kapital. Gem. § 71 I Nr. 8 S. 1 AktG darf der Anteil am Grundkapital 10 % nicht übersteigen. Diese Grenze berechnet sich auch bei Beschränkungen auf eine Gattung vom ganzen Grundkapital, nicht vom Grundkapital, das auf die Gattung entfällt[2]. Zudem kann die Ermächtigung durch die Hauptversammlung für höchstens 18 Monate beschlossen werden und muss den niedrigsten und den höchsten Gegenwert festlegen. 130

Zulässig erscheint es, beide **Möglichkeiten** der Aktienbeschaffung miteinander zu **kombinieren**, denn der primäre Schutzzweck der Normen ist verschieden: zum einen Verhinderung missbräuchlicher Kursbeeinflussung, zum anderen Beschränkung des Verwässerungseffekts. Dies kann insb. für junge Wachstumsunternehmen mit niedrigem Kapital interessant sein, die die 10 %-Grenze uU nur schwer einhalten können. Weil die Ermächtigung jeweils nur für die Dauer von höchstens 18 Monaten ab dem Tag der Beschlussfassung gültig ist, gem. § 193 II Nr. 4 AktG die Mindestausübungssperre jedoch zwei Jahre beträgt, ist eine zeitgleiche Ermächtigung zum Rückkauf von Aktien mit Beschluss des Aktienoptionsplans nicht möglich. 131

(2) **Ausgestaltung der Konditionen des Aktienoptionsplans.** Gem. § 193 II Nr. 4 AktG müssen in Beschlüssen für das bedingte Kapital nach § 192 II Nr. 3 AktG neben dem Ausgabebetrag oder den Grundlagen, nach denen dieser Betrag errechnet wird, auch die Aufteilung der Bezugsrechte auf Mitglieder der Geschäftsführung und ArbN, Erfolgsziele, Erwerbs- und Ausübungszeiträume und Wartezeiten für die erstmalige Ausübung festgestellt werden. Die Regelung ist gem. § 71 I Nr. 8 S. 5 AktG entsprechend beim Erwerb eigener Aktien auf Grund Ermächtigung durch die Hauptversammlung anzuwenden. Der Hauptversammlungsbeschluss kann weitere Einzelheiten enthalten, muss es jedoch nicht. Vorstand und Aufsichtsrat müssen gem. § 124 III Nr. 1 AktG einen detaillierten Beschlussvorschlag machen. Dieser muss nach hM jedoch nicht den Barwert der Optionen enthalten. Ob der Aktionär hierüber ein Auskunftsrecht nach § 131 I AktG hat, ist streitig[3]. Die Pflicht zur Maßgabe der gruppenmäßigen Aufteilungen beinhaltet nicht die Nennung einzelner Personen, sondern nur die Verteilung unter Vorstandsmitgliedern, Geschäftsführungen verbundener Unternehmen und ArbN. Der Begriff des Erfolgsziels[4] ist weit zu verstehen und umfasst den Ausübungs- bzw. Basispreis und andere Unternehmensziele, soweit die Ausübung an deren Erfüllung gebunden ist. Die zweijährige Mindestfrist zwischen Begründung des Bezugsrechts und erstmaliger Ausübungsmöglichkeit wurde vom Gesetzgeber bewusst knapp bemessen; verbreitet wird eine Drei-Jahres-Frist als eher angemessen gewertet[5]. 132

Ein **Erhöhungsbeschluss unter Verletzung des § 193 II Nr. 4 AktG** führt nicht zur Nichtigkeit, sondern ist bloß Anfechtungsgrund[6]. Die allgM argumentiert für Verstöße gegen § 193 II Nr. 1–3 AktG anders, jedoch verfolgt Nr. 4 kein Schutzanliegen, das ähnliches Gewicht hat wie die bereits vor dem KonTraG bestehenden Vorgaben für bedingte Kapitalerhöhungen. Wird das Bezugsrecht auch nach Ablauf der in § 193 II Nr. 4 AktG vorgeschriebenen Wartezeit an das Bestehen eines ungekündigten ArbVerh geknüpft, benachteiligt diese Regelung den ArbN idR nicht unangemessen[7]. 133

f) **Überstundenvergütung.** Die Vergütung von Über- oder Mehrarbeit ist durch das ArbZG nicht gesondert geregelt. Unter **Überarbeit** wird das Überschreiten der regelmäßigen betriebl. Arbeitszeit, unter **Mehrarbeit** das Überschreiten der gesetzl. Arbeitszeit verstanden[8]. Ob und in welchem Umfang Mehrarbeit zulässig ist, bestimmt sich nach den einschlägigen ArbN-Schutzvorschriften, insb. nach dem ArbZG. 134

Für den vertragl. Anspruch des ArbN auf Überstundenvergütung reicht die bloße Kenntnis des ArbGeb von der Überstundenleistung nicht aus. Erforderlich ist vielmehr eine **rechtsgeschäftliche**, ggf. 135

---

1 Zur allg. Zulässigkeit solcher Optionen s. *Hüffer*, § 221 AktG Rz. 75; *Steiner*, WM 1990, 1776; *Fuchs*, AG 1995, 433; abl. KölnKommAktG/*Lutter*, § 221 AktG Rz. 185; *Martens*, AG 1989, 69 (71). ‖ 2 S. *Hüffer*, § 71 AktG Rz. 19e; Spindler/Stilz/*Cahn*, § 71 AktG Rz. 100; MüKoAktG/*Oechsler*, § 71 Rz. 182. ‖ 3 Hierfür *Adams*, ZIP 2002, 1325. ‖ 4 Zurückgehend auf die Beschlussempfehlung des Rechtsausschusses Ausschuss B BT-Drs. 13/138, 9, 26. ‖ 5 S. bereits Regierungsbegr. BT-Drs. 13/9712, 24; *Hüffer*, § 193 AktG Rz. 9; *Klahold*, Aktienoptionen als Vergütungselement, 1999, S. 245. ‖ 6 *Hirte* in K. Schmidt/Rigger (Hrsg.), Gesellschaftsrecht 1999, 2000, S. 211 (226ff.); *Vogel*, BB 2000, 937 (939); *Hüffer*, § 193 AktG Rz. 10 mwN. ‖ 7 BAG 28.5.2008 – 10 AZR 351/07, AP Nr. 12 zu § 305 BGB. ‖ 8 ErfK/*Preis*, § 611 Rz. 486.

konkludent getroffene **Vereinbarung** über die Leistung von Mehrarbeit, wobei unter den Voraussetzungen des § 612 I allein die Abrede über die Vergütung entbehrlich ist[1]. Eine solche Vergütungserwartung wird regelmäßig gegeben sein, kann jedoch bei leitenden oder sehr hoch bezahlten Mitarbeitern fehlen, s. ausf. § 612 Rz. 29[2]. Hat der ArbN Stundennachweise ohne entsprechende Weisung des ArbGeb vorgelegt, so kann aus diesem Umstand allein jedoch ein rechtl. Schluss auf eine ggf. konkludent getroffene Vereinbarung über die Leistung von Mehrarbeit entsprechend den Eintragungen des ArbN in den Stundennachweisen nicht gezogen werden[3].

136 Bestimmt der ArbGeb, dass die Arbeit im unmittelbaren Anschluss an die Beendigung der regelmäßigen Arbeitszeit fortzusetzen ist, so liegt darin die **Anordnung von Überstunden**[4] und auch, wenn der ArbGeb dem ArbN die vorgeschriebenen Ruhepausen nicht gewährt[5], werden Überstunden angeordnet. Eine solche Weisung kann sich auch aus den Umständen ergeben[6]; so etwa, wenn der ArbGeb die vom ArbN geleistete Überstundenarbeit kennt und sie duldet[7] oder wenn der ArbGeb dem ArbN eine Arbeit zuweist, die in der regelmäßigen Arbeitszeit nicht erbracht werden kann[8]. Ein Anspruch auf Überstundenvergütung besteht auch dann, wenn die angefallenen Überstunden zwar nicht angeordnet waren, jedoch als nicht aufschiebbare Tätigkeiten zur Erledigung der geschuldeten Arbeit notwendig waren[9]. Verlangt ein TV eine schriftl. Anordnung von Überstunden, so besteht ein Anspruch des ArbN auf Überstundenvergütung selbst dann, wenn der ArbGeb die schriftl. Anordnung unterlassen hat[10]. Hierbei macht es keinen Unterschied, ob dem Schriftformerfordernis deklaratorische oder konstitutive Bedeutung zukommt[11].

137 Eine einzelvertragl. Vereinbarung, wonach etwaige Überstunden mit dem Gehalt oder mit einer Pauschale abgegolten sind, kann nur zulässig sein, wenn und soweit die Parteien damit nur die gesetzl. zulässigen Überstunden erfassen wollen[12]. Inwieweit eine Überstundenvergütung in Form einer gleich bleibenden **Pauschale** allg. zulässig ist, ist durch die Rspr. noch nicht ausgelotet[13]. Aus der vertragl. Vereinbarung muss jedoch eindeutig hervorgehen, dass mit der vereinbarten Vergütung auch etwa anfallende Mehrarbeit abgegolten ist[14], so dass das **Bestimmtheitsgebot** gewahrt ist. Eine Vereinbarung über die Pauschalabgeltung von Überstunden findet zudem ihre Grenzen in der Vorschrift des § 138[15]. Eine einzelvertragl. Pauschalierung der Mehrarbeitsvergütung ist danach unzulässig, wenn sich im Vergleich mit der üblichen Vergütung ein erhebliches Missverhältnis ergibt[16]. Das wird bei leitenden Mitarbeitern regelmäßig nicht der Fall sein. Ohne ausdrückliche vertragl. Vereinbarung gilt die **Grundvergütung** für die Überstunden gem. § 612 als stillschweigend vereinbart, ein **Überstundenzuschlag** aber nicht (ausführlicher hierzu § 612 Rz. 23). Handelt es sich bei der Pauschalierung von Überstunden um **AGB**, gelten engere Regeln: Für den ArbN muss klar erkennbar sein, welche Anzahl von Überstunden ohne zusätzliche Vergütung zu erbringen ist, andernfalls genügt die Klausel nicht dem **Transparenzgebot** (§ 307 I 2)[17]. Ist dies aber gegeben (sei es, dass auf eine übliche Zahl von Überstunden im Vertrag hingewiesen wird, sei es, dass die Anforderungen an die Anordnung von Überstunden genau konkretisiert sind), kommt es nicht darauf an, wie viele Überstunden mit abgegolten werden, denn dies ist eine Frage des Leistungs-/Gegenleistungsverhältnisses, das nach § 307 III 1 keiner AGB-Kontrolle unterliegt.

138 Der ArbN, der die Vergütung von Überstunden fordert, muss im Einzelnen darlegen, an welchen Tagen und zu welchen Tageszeiten er über die übliche Arbeitszeit hinaus gearbeitet hat. Dem ArbGeb obliegt es, dem Vortrag substantiiert entgegenzutreten. Erst anhand des konkreten Sachvortrags des ArbGeb kann das Gericht feststellen, welche Tatsachen streitig sind. Anschließend ist es Sache des

---

1 LAG Hamm 10.6.1999 – 8 Sa 94/99, LAGE § 612 BGB Nr. 6; LAG München 14.4.2005 – 4 Sa 1258/04, nv. ||2 S. etwa BAG 17.3.1982 – 5 AZR 1047/79, AP Nr. 33 zu § 612 BGB: Der leitende Arzt einer Fachabteilung kann vom Krankenhausträger neben der vereinbarten Vergütung nach § 612 I nicht ohne Weiteres eine zusätzliche Vergütung beanspruchen, wenn er in erheblichem Umfang Rufbereitschaft leisten muss, weil ihm Oberarzt fehlt.
||3 LAG Hamm 9.6.2005 – 15 Sa 554/05, nv. ||4 BAG 26.11.1992 – 6 AZR 455/91, AP Nr. 20 zu § 17 BAT.
||5 BAG 27.2.1992 – 6 AZR 478/90, AP Nr. 5 zu § 3 AZO Kr. ||6 BAG 28.11.1973 – 4 AZR 62/73, AP Nr. 2 zu § 17 BAT. ||7 BAG 20.7.1989 – 6 AZR 774/87, ZTR 1990, 155. ||8 BAG 4.5.1994 – 4 AZR 445/93, AP Nr. 1 zu § 1 TVG Tarifverträge Arbeiterwohlfahrt. ||9 BAG 29.1.2003 – 5 AZR 85/02, nv.; LAG Köln 30.7.2003 – 8 (3) Sa 220/03, PflR 2004, 366 ff. ||10 BAG 15.10.1992 – 6 AZR 349/91, AP Nr. 19 zu § 17 BAT; LAG Hess. 29.10.1992 – 13 Sa 1365/91, DB 1994, 382. ||11 BAG 15.10.1992 – 6 AZR 349/91, AP Nr. 19 zu § 17 BAT; gegen die Möglichkeit einer konstitutiven Wirkung derartiger Tarifregelungen BAG 17.4.1957 – 4 AZR 315/54, AP Nr. 1 zu § 2 TOA. ||12 LAG Hamm 16.11.2004 – 19 Sa 1424/04, LAGReport 2005, 138, mHa eine eventuelle Unwirksamkeit einer solchen Vereinbarung in einem Formulararbeitsvertrag nach § 307; s.a. nachfolgend BAG 28.9.2005 – 5 AZR 52/05, BAGE 116, 66 (offen gelassen). ||13 Solche Vereinbarungen wurden nicht infrage gestellt durch BAG 29.1.2003 – 5 AZR 85/02, nv.; 29.5.2002 – 5 AZR 370/01, EzA § 611 BGB Mehrarbeit Nr. 10; LAG Köln 5.3.1999 – 4 Sa 1395/98, nv.; LAG Hess. 11.11.1963 – 1 Sa 432/63, nv.; LAG München 30.5.1956 – N 108/56 V, nv.; LAG Rh.-Pf. 23.9.2004 – 1 Sa 316/04, MDR 2005, 458 für Bereitschaftszeiten; ArbG Berlin 31.10.1988 – 30 Ca 214/88, EzA § 15 AZO Nr. 12. Offen gelassen aber BAG 17.4.2002 – 5 AZR 644/00, AP Nr. 40 zu § 611 BGB – Mehrarbeitsvergütung; s.a. *Hümmerich/Rech*, NZA 1999, 1132 (1135). ||14 Vgl. BAG 21.11.1991 – 5 AZR 483/60, AP Nr. 5 zu § 611 BGB Mehrarbeitsvergütung. ||15 LAG München 30.5.1956 – N 108/56 V, nv. ||16 ArbG Berlin 31.10.1988 – 30 Ca 214/88, EzA § 15 AZO Nr. 12. Zum erheblichen Missverhältnis s. Rz. 78. ||17 BAG 1.9.2010 – 5 AZR 517/09, DB 2011, 61; s.a. *Thüsing/Leder*, BB 2005, 1563 (1570); zur Pauschalierung von Nachtzuschlägen vergleichbar argumentierend BAG 31.8.2005 – 5 AZR 545/04, AP Nr. 8 zu § 6 ArbZG. Zur Regelung durch TV Wiedemann/*Thüsing*, § 1 TVG Rz. 466.

ArbN, im Einzelnen Beweis für die geleisteten Stunden anzutreten[1]. Diese gestufte **Darlegungs- und Beweislast** besteht auch dann, wenn der ArbGeb seinen Unternehmenssitz nicht am Ort der Betriebsstätte hat[2]. Kann der ArbGeb die vom ArbN behaupteten Überstundenguthaben auf einem Arbeitszeitkonto nicht durch Erklärung über den gewährten Ausgleich widerlegen, steht dem ArbN die Überstundenvergütung zu[3]. Die pauschale Behauptung, in einem voll ausgebuchten Fremdverkehrsbetrieb fielen naturgemäß Überstunden an, ist keine substantiierte Darlegung der Anordnung oder Duldung von Überstunden durch den ArbGeb[4].

139 Zwischen einem ArbGeb und einem ArbN in Leitungsposition, dem keine festen Arbeitszeiten vorgegeben sind, kann statt einer Mehrarbeitsvergütung vereinbart werden, dass der ArbN durch entsprechende Gestaltung seines Arbeitsablaufes Überstunden abfeiert. Eine derartige Vereinbarung ist grds. zulässig. Es besteht kein allg. Rechtsgrundsatz, dass Überstunden stets zu vergüten sind, wenn die Möglichkeit des Abfeierns besteht[5]. Sieht eine tarifl. Regelung einen Ausgleich von Überstunden grds. durch Arbeitsbefreiungen vor, so hat der ArbGeb die Möglichkeit, zwischen Vergütung und Freizeitausgleich zu wählen. Dem ArbN steht dabei weder ein Rechtsanspruch auf Freizeitausgleich noch einer auf Vergütung zu. Es ist vielmehr ausschließlich Sache des ArbGeb, sein Wahlrecht in der einen oder anderen Richtung auszuüben. Hat der ArbGeb keine Arbeitsbefreiung gewährt, so ist Vergütung für die geleisteten Überstunden zu zahlen[6]. Abweichend von dem entsprechenden TV können die Arbeitsvertragsparteien jedoch vereinbaren, dass dem ArbN selbst der **Ausgleich von Überstunden durch Freizeit** obliegt. Eine solche Abmachung muss allerdings als unzulässig angesehen werden, wenn der ArbGeb einen finanziellen Ausgleich auch für die Fälle ausschließt, in denen der Freizeitausgleich aus Gründen, die in seiner Sphäre liegen, nicht möglich ist, oder wenn das zugewiesene Arbeitsvolumen in der vertragl. vorgesehenen Zeit nicht zu bewältigen ist und trotzdem eine Vergütung für Überstunden ausgeschlossen ist. Kommt der ArbN seiner diesbezüglichen Verpflichtung nicht nach, so ist sein Anspruch auf Überstundenvergütung ausgeschlossen[7]. Ein bereits **entstandener Anspruch auf Überstundenvergütung** kann nicht durch einseitige Freistellung von der Arbeit erfüllt werden, wenn keine Ersetzungsbefugnis vereinbart ist[8]. Entschließt sich der ArbGeb, Mehrarbeit verstärkt durch Freizeitausgleich abzugelten, so kann dies je nach den Umständen eine **Änderungskündigung** mit dem Ziel sozial rechtfertigen, von der vereinbarten pauschalierten Mehrarbeitsvergütung zur „Spitzabrechnung" der tatsächlich geleisteten Mehrarbeit überzugehen[9].

140 Folgt aus einer an sich zulässigen **Bezugnahme auf beamtenrechtl. Bestimmungen**, dass ein ArbN des öffentl. Dienstes bei Beendigung des ArbVerh einen Anspruch auf Mehrarbeitsvergütung verliert, so ist die entsprechende vom ArbGeb des öffentl. Dienstes einseitig vorformulierte und daher der richterlichen Inhaltskontrolle unterliegende Vertragsklausel unbillig und damit unwirksam, weil sie zu einer unangemessenen und sachlich nicht gerechtfertigten Benachteiligung des ArbN führt[10].

141 Zur Frage der **Überstundenzuschläge für Teilzeitbeschäftigte** und ob Teilzeitbeschäftigte überhaupt zu Überstunden herangezogen werden dürfen, s. § 4 TzBfG Rz. 7, 9.

142 g) **Trinkgeld, Bedienungsgeld.** Das **Trinkgeld** ist ein Geldbetrag, den ein Dritter ohne rechtl. Verpflichtung dem ArbN zusätzlich zu einer dem ArbGeb geschuldeten Leistung zahlt (Legaldefinition § 107 III GewO). Das **Bedienungsgeld** ist demggü. ein vom ArbGeb ggü. Dritten erhobener prozentualer Aufschlag, der als solcher bezeichnet ist oder sonst als den ArbN zukommend gekennzeichnet ist[11]. Die Höhe des Aufschlags kann frei festgesetzt werden. Mangels näherer Vereinbarung kommt es auf die Verkehrssitte bei der Beantwortung der Frage an, ob zum „Umsatz", von dem das Bedienungsgeld zu berechnen ist, auch die Mehrwertsteuer gehört[12].

143 Die **Ausgestaltung des Bedienungsgelds** unterliegt der arbeitsgerichtl. Inhaltskontrolle und den Grenzen des § 138. Eine Vereinbarung zwischen einem Gastwirt und einer angestellten Serviererin mit dem Inhalt, dass der Anspruch auf wesentliche Lohnteile (Umsatzprozente) von der Zahlungswilligkeit bzw. Zahlungsfähigkeit der Gäste abhängig ist, widerspricht dem auf Austausch von Dienstleistung und Vergütung gerichteten ArbVerh und ist deshalb wegen Verstoßes gegen die guten Sitten gem. § 138 I nichtig[13].

---

1 BAG 25.11.1993 – 2 AZR 517/93, BAGE 75, 153 (164); 3.11.2004 – 5 AZR 648/03, AP Nr. 49 zu § 611 BGB Mehrarbeitsvergütung; 25.5.2005 – 5 AZR 319/04, AP Nr. 17 zu § 1 TVG Tarifverträge: Gebäudereinigung; LAG Schl.-Holst. 31.5.2005 – 5 Sa 38/05, LAGE § 3 ArbZG Nr. 2; LAG Nds. 10.5.2005 – 13 Sa 842/04, NZA-RR 2005, 461 zum Anspruch eines Lkw-Fahrers auf Kopien der Fahrtenschreiberdiagramme zum Zwecke der Substantiierung eines Anspruchs auf Überstundenvergütung; LAG Hamm 10.8.2004 – 6 Sa 1182/04, LAGReport 2005, 2ff.; 30.6.2004 – 18 Sa 327/04, nv.; LAG Hess. 1.2.2006 – 6 Sa 1172/05, nv.   ‖2 BAG 17.4.2002 – 5 AZR 644/00, AP Nr. 40 zu § 611 BGB Mehrarbeitsvergütung.   ‖3 ArbG Senftenberg 31.8.2004 – 5 Ca 602/04, nv.   ‖4 LAG MV 29.11.2004 – 1 Sa 208/04, nv.   ‖5 BAG 4.5.1994 – 4 AZR 445/93, AP Nr. 1 zu § 1 TVG Tarifverträge Arbeiterwohlfahrt.   ‖6 BAG 16.2.1989 – 6 AZR 325/87, ZTR 1989, 320; 20.7.1989 – 6 AZR 774/87, ZTR 1990, 155 (156); 4.5.1994 – 4 AZR 445/93, AP Nr. 1 zu § 1 TVG Tarifverträge Arbeiterwohlfahrt.   ‖7 BAG 4.5.1994 – 4 AZR 445/93, AP Nr. 1 zu § 1 TVG Tarifverträge Arbeiterwohlfahrt.   ‖8 BAG 18.9.2001 – 9 AZR 307/00, AP Nr. 37 zu § 611 BGB Mehrarbeitsvergütung.   ‖9 BAG 23.11.2000 – 2 AZR 547/99, NZA 2001, 492.   ‖10 BAG 24.11.1993 – 5 AZR 153/93, NZA 1994, 759.   ‖11 ErfK/*Preis*, § 611 Rz. 507.   ‖12 BAG 7.10.1971 – 5 AZR 195/71, AP Nr. 6 zu § 611 BGB Kellner.   ‖13 LAG Hamm 3.10.1979 – 1 Sa 946/79, BB 1980, 105.

Gem. § 107 III 1 GewO kann die Zahlung eines regelmäßigen Arbeitsentgelts nicht wegen des **Trinkgelds** ausgeschlossen werden, s. Komm. dort. Eine Beschäftigung nur gegen Trinkgeld ist daher regelmäßig ebenso unwirksam[1]. Garantiert der ArbGeb keine Mindestsumme, dann wird die Grenze des § 138 leicht überschritten sein, garantiert er sie, so ist dies in der Sache nichts anderes als die nach § 107 III GewO verbotene Anrechnung von Trinkgeldern auf ein Festgehalt.

144 Der ArbN erhebt das Bedienungsgeld für den ArbGeb, der durch die Übergabe an den ArbN gem. §§ 929, 868 **Eigentümer** wird. Der ArbN hat allerdings seinerseits gegen den Wirt einen Lohnanspruch, der in der Höhe des Bedienungsgelds besteht. Der ArbN ist berechtigt, das von ihm entgegengenommene Bedienungsgeld unmittelbar mit diesem Lohnanspruch zu verrechnen. Es liegt dann Erfüllung durch Aufrechnung vor[2]. Demggü. wird der ArbN unmittelbar Eigentümer des Trinkgelds, das er erhält.

145 Bei der Beschäftigung von mehreren ArbN gibt es insb. zwei **Verteilungssysteme** beim Bedienungsgeld und auch beim Trinkgeld, soweit es nicht unmittelbar einem bestimmten ArbN zugewendet wurde, sondern der Belegschaft insg. Während beim **Serviersystem** jedem ArbN das bei ihm aufkommende Bedienungsgeld zusteht, wird beim **Troncsystem** das gesamte eingenommene Bedienungsgeld in eine gemeinsame Kasse gegeben und dann nach einem im Voraus festgelegten Schlüssel auf die einzelnen ArbN verteilt[3]. Letzteres gilt insb. für ArbN der **Spielbanken**, die individuelle Trinkgelder nicht annehmen dürfen (s. zB § 7 SpielbankG NW, § 9 SpielbankG BW). Der Spielbankunternehmer ist berechtigt, dem Tronc vorab die ArbGebAnteile zur SozV einschl. der ArbGebAnteile zur Pflegeversicherung und die Beiträge zur gesetzl. Unfallversicherung zu entnehmen[4], nicht aber Mittel aus dem bei ihm gebildeten Tronc zur Anschaffung von Gegenständen zu verwenden, die er dem BR gem. § 40 II BetrVG zur Verfügung zu stellen hat; dies verstößt gegen das Umlageverbot des § 41 BetrVG[5]. Ebenso darf er nicht das vorzuzahlende Entgelt während des Urlaubs oder im Krankheitsfall dem Tronc entnehmen, da es in einem solchen Fall zu Lasten der übrigen Arbeitskollegen und nicht des ArbGeb ginge[6].

146 Besteht ein Anspruch auf tarifl. Vergütung, so bleibt das Trinkgeld als freiwillige Zuwendung unberücksichtigt[7]. Trinkgelder, die dem Bedienungspersonal in Gaststätten von den Gästen freiwillig gegeben werden, gehören jedenfalls bei Fehlen einer besonderen arbeitsvertragl. Vereinbarung für Zeiten des Urlaubs, der Arbeitsunfähigkeit und der BR-Tätigkeit nicht zum vom ArbGeb **fortzuzahlenden Arbeitsentgelt**[8]. Dementsprechend sind sie auch bei der Höhe einer Abfindung nach § 10 KSchG zum Monatsverdienst eines Kellners nicht hinzuzurechnen[9].

147 Die Möglichkeit, von den Gästen Trinkgelder zu erhalten, ist grds. nicht als **Naturalvergütung** anzusehen. Allerdings kann Naturalbezug eines ArbN auch die Verschaffung einer Verdienstmöglichkeit sein. Wird Trinkgeld ausnahmsweise vom ArbGeb als Naturalbezug geschuldet, wird die Lohnzahlungspflicht des ArbGeb (teilweise) durch die Pflicht ersetzt, Einnahmen aus Trinkgeldern zu ermöglichen. Dies setzt indessen zumindest eine entsprechende Vereinbarung der Arbeitsvertragsparteien voraus. Das Vorliegen einer derartigen – auch konkludent abgeschlossenen – Vereinbarung kann anzunehmen sein, wenn sich der ArbGeb bei Abschluss des Arbeitsvertrages erkennbar dazu verpflichtet, dem ArbN als Teil seiner Vergütung die Erwerbschance zu geben, etwaige Trinkgelder in Empfang zu nehmen. Hiervon kann insb. auszugehen sein, wenn ein so geringes Festgehalt vereinbart wird, dass der ArbN ein für derartige Arbeitsleistung übliches Arbeitsentgelt erst unter Einrechnung der von den Arbeitsvertragsparteien erwarteten Trinkgelder erreichen kann[10]. Da das Trinkgeld dann vertragl. Vergütungsbestandteil ist, besteht eine **Auskunftspflicht** des ArbGeb ggü. dem ArbN über die Höhe der eingenommenen Trinkgelder[11].

148 Da der Wirt zunächst Eigentum an den Bedienungsgeldern erwirbt (s. Rz. 144), können seine Gläubiger seinen Herausgabeanspruch gegen den ArbN **pfänden** und sich überweisen lassen[12]. Bei Trinkgeldern handelt es sich nicht um **Arbeitseinkommen iSd. § 850e Nr. 3 ZPO**[13]. Sie sind daher nicht bei der Berechnung des pfändbaren Arbeitseinkommens hinzuzurechnen. Solche Mehreinnahmen können nur im Wege der Taschenpfändung durch den Gerichtsvollzieher gepfändet werden[14].

149 **6. Zahlungen ohne Entgeltcharakter. a) Auslösung.** Unter der Auslösung ist ein **pauschalierter Aufwendungsersatz** zu verstehen, der Fahrt-, Übernachtungs- und Verpflegungskosten insb. im Montanbereich abdecken soll[15]. Die Aufwendungspauschale wird nicht von § 670 erfasst, da dieser nur einen An-

---

1 Noch auf die Preußische Durchführungsverordnung zum Gaststättengesetz v. 18.6.1930 abstellend BAG 24.6.1968 – 5 AZR 446/67, DB 1968, 1587. ‖ 2 BAG 22.5.1965 – 3 AZR 306/64, AP Nr. 4 zu § 611 BGB Kellner. ‖ 3 BAG 22.5.1965 – 3 AZR 306/64, AP Nr. 4 zu § 611 BGB Kellner; *Salje*, DB 1989, 321. ‖ 4 BAG 11.3.1998 – 5 AZR 567/96, AP Nr. 20 zu § 611 BGB Croupier. ‖ 5 BAG 14.8.2002 – 7 ABR 29/01, AuR 2002, 349; ebenso Vorinstanz LAG Kiel 17.5.2001 – 4 TaBV 45/00, ARST 2001, 211. ‖ 6 LAG Berlin 13.10.1964 – 5 Sa 68/64, AuR 1965, 283; aA Küttner/*Griese*, Trinkgeld Rz. 4. ‖ 7 Schaub/*Linck*, ArbRHdb, § 68 Rz. 9; Küttner/*Griese*, Trinkgeld Rz. 2. ‖ 8 BAG 28.6.1995 – 7 AZR 1001/94, AP Nr. 112 zu § 37 BetrVG 1972. ‖ 9 AA noch vor der o.g. Entscheidung des BAG: LAG Düss. 18.2.1981 – 12 Sa 1534/80, nv.; dem folgend ErfK/*Preis*, § 611 Rz. 511. ‖ 10 BAG 28.6.1995 – 7 AZR 1001/94, AP Nr. 112 zu § 37 BetrVG 1972. ‖ 11 Küttner/*Griese*, Trinkgeld Rz. 5; ErfK/*Preis*, § 611 Rz. 512. ‖ 12 Zu Aufrechnungsmöglichkeiten des ArbN s. BAG 22.5.1965 – 3 AZR 306/64, AP Nr. 4 zu § 611 BGB Kellner. ‖ 13 LG Hamburg 30.7.2001 – 330 T 36/01, JAmt 2002, 44; aA LG Osnabrück 6.12.1998 – 7 T 72/98, NZA-RR 1999, 430. ‖ 14 OLG Stuttgart 3.7.2001 – 8 W 569/00, MDR 2002, 294. ‖ 15 ErfK/*Preis*, § 611 Rz. 517.

spruch auf konkret angefallene und im Einzelnen nachgewiesene Einzelaufwendungen gewährt. Eine **Rechtsgrundlage** für die Pauschalierung von Aufwendungen in Form von Auslösungssätzen findet sich vor allem im BundesmontageTV der Eisen-, Metall- und Elektroindustrie (BMTV) v. 20.6.2001[1] und im BundesrahmenTV für das Baugewerbe; Letzterer ist für allgemeinverbindlich erklärt. Ist der Aufwendungsersatz durch eine tarifvertragl. Klausel abschließend geregelt, findet § 670 keine Anwendung[2].

Die **Fernauslösung** ist der Ersatz der Mehraufwendungen für Übernachtung, Verpflegung und sonstige Bedürfnisse, die dem ArbN durch eine auswärtige Beschäftigung entstehen, bei der er auswärts übernachten muss, weil ihm die tägliche Rückkehr von seiner Arbeitsstelle zu seinem Wohnsitz nicht zumutbar ist[3]. Sie ist höher als die **Nahauslösung**, die die Mehraufwendungen auswärtiger Beschäftigung bei täglicher Heimfahrt abgelten will. Für die Unzumutbarkeit der Heimfahrt wird entweder auf die Entfernung zwischen Arbeitsstelle und Betriebssitz oder auf den Zeitaufwand für die Hin- und Rückfahrt von der Wohnung bei Benutzung öffentl. Verkehrsmittel abgestellt[4]. Diese Unzumutbarkeit wird teilweise durch tarifvertragl. Regelungen präzisiert. Unzumutbarkeit liegt ua. vor, wenn bei Benutzung öffentl. Verkehrsmittel der Zeitaufwand für Hin- und Rückweg 3 1/2 Stunden übersteigt. Bei der Berechnung dieses Zeitaufwandes sind notwendige Wartezeiten an der Montagestelle bis zum Schichtbeginn und nach Schichtende bis zum Antritt des Rückweges nur mit zu berücksichtigen, wenn sie jeweils 30 Minuten übersteigen[5]. Weil die Auslösung einer Pauschalierung zugrunde liegt, berührt es den Anspruch des ArbN nicht, wenn dieser trotz Unzumutbarkeit dennoch täglich nach Hause fährt[6] oder er auswärts oder daheim kostenlos bei Verwandten übernachten kann, ihm also keine doppelten Übernachtungskosten entstehen[7]. 150

Die **Fernauslösung** gehört als pauschalierte Aufwandsentschädigung weder zum fortzuzahlenden Entgelt iSd. § 37 II BetrVG[8], noch iSd. EFZG[9]. Die **Nahauslösung** hat in ihrem steuerpflichtigen Teil jedoch Entgeltcharakter, so dass sie insoweit auch im Krankheitsfall[10], an Feiertagen[11] und im Urlaub[12] zu zahlen ist. 151

Gem. § 850a Nr. 3 ZPO sind Auslösungen, die den Rahmen des Üblichen nicht übersteigen, nicht **pfändbar.** 152

b) **Darlehen. aa) Allgemeines.** Im Unterschied zu der Entgeltzahlung ieS liegt ein **ArbGebDarlehen** dann vor, wenn der ArbGeb mit Rücksicht auf das ArbVerh einem ArbN Kapital zur vorübergehenden Nutzung, typischerweise zu günstigeren Bedingungen als auf dem Kapitalmarkt überlässt[13]. Kein ArbGebDarlehen sind Vorschuss und die Abschlagszahlung. Während Vorschüsse Geldleistungen auf noch nicht verdientes Arbeitsentgelt darstellen[14], werden bei Abschlagszahlungen Geldzahlungen auf verdientes, aber noch nicht abgerechnetes Entgelt geleistet[15]. 153

bb) **Grenzen der Vertragsgestaltung.** Schließt der ArbGeb mit seinem ArbN Kreditverträge ab, die unter den marktüblichen Zinsen liegen, finden die Vorschriften über den Verbraucherdarlehensvertrag (§§ 491 ff.) gem. § 491 II 1 Nr. 2 keine Anwendung. Verwendet der ArbGeb jedoch vorformulierte Klauseln, so unterliegen diese einer Inhaltskontrolle gem. §§ 305 ff.[16]. **Fälligkeitsklauseln** und **Zinsanpassungsklauseln**, die das Schicksal des Darlehensvertrags an den Bestand des ArbVerh koppeln, unterliegen ebenfalls einer Inhaltskontrolle[17]. Räumt der ArbGeb dem ArbN für ein Darlehen einen Sonderzinssatz ein, so stellt die vertragl. Bedingung, dass nach Beendigung des ArbVerh ein höherer Zinssatz zur Anwendung kommt, im Rahmen einer Inhaltskontrolle keine unangemessene Benachteiligung dar[18]. Eine **tarifl. Ausschlussklausel**, nach der vertragl. Ansprüche aus dem ArbVerh innerhalb bestimmter Fristen schriftl. geltend zu machen sind, erfasst nicht Zinsforderungen aus ArbGebDarlehen[19]. Ansprüche auf Rückzahlung von Darlehen, die mit Rücksicht auf das ArbVerh niedriger als marktüblich zu verzinsen und an den Bestand des ArbVerh geknüpft sind, werden jedoch von einer Ausschlussklausel erfasst, die auch „solche Ansprüche, die mit dem ArbVerh in Verbindung stehen", einbezieht[20]. 154

---

1 Zu dessen Geltungsbereich BAG 11.11.1997 – 3 AZR 187/96, AP Nr. 156 zu § 1 TVG Tarifverträge: Metallindustrie; 11.11.1997 – 3 AZR 162/96, AP Nr. 157 zu § 1 TVG Tarifverträge: Metallindustrie. ||2 BAG 4.12.1974 – 4 AZR 138/74, AP Nr. 20 zu § 1 TVG Tarifverträge: Bau; 29.7.1992 – 4 AZR 512/91, AP Nr. 155 zu § 1 TVG Tarifverträge: Bau; 14.2.1996 – 5 AZR 978/94, AP Nr. 5 zu § 611 BGB Aufwandsentschädigung. ||3 ErfK/*Preis*, § 611 Rz. 517. ||4 BAG 27.2.1996 – 3 AZR 163/95, AP Nr. 28 zu § 1 TVG Auslösung. ||5 BAG 13.12.1994 – 3 AZR 188/94, DB 1995, 1180 unter teilweiser Aufgabe von BAG 25.8.1982 – 4 AZR 1072/79, BAGE 40, 86. ||6 BAG 23.10.1991 – 4 AZR 139/91, NZA 1992, 420; 28.6.1989 – 4 AZR 226/89, AP Nr. 22 zu § 1 TVG Auslösung. ||7 BAG 13.5.1974 – 5 AZR 374/73, AP Nr. 3 zu § 1 TVG Auslösung. ||8 BAG 18.9.1991 – 7 AZR 41/90, BAGE 68, 292. ||9 BAG 28.1.1982 – 6 AZR 911/78, DB 1982, 1331; zum tarifvertragl. Entgeltfortzahlungsanspruch BAG 15.6. 1983 – 5 AZR 598/80, BAGE 43, 87. ||10 BAG 14.8.1975 – 5 AZR 76/85, AP Nr. 14 zu § 2 LohnFG; 2.10.1974 – 5 AZR 555/73, AP Nr. 5 zu § 2 LohnFG. ||11 BAG 24.9.1986 – 4 AZR 543/85, NZA 1987, 315. ||12 BAG 10.3.1987 – 8 AZR 494/84, DB 1987, 1741. ||13 ErfK/*Preis*, § 611 Rz. 426. ||14 Schaub/*Linck*, ArbRHdb, § 70 Rz. 12. ||15 Schaub/*Linck*, ArbRHdb, § 70 Rz. 11. ||16 Unter Geltung des AGB-Gesetz wegen dessen Bereichsausnahme für den Arbeitsvertrag noch vorsichtig: BAG 23.9.1999 – 9 AZR 569/91, AP Nr. 1 zu § 611 BGB Arbeitnehmerdarlehen; s.a. BAG 26.5.1993 – 5 AZR 219/92, AP Nr. 3 zu § 23 AGBG; s.a. ErfK/*Preis*, § 611 Rz. 426. ||17 *Kania*, AR-Blattei SD 570 Rz. 62 ff.; ErfK/*Preis*, § 611 Rz. 426. ||18 BAG 23.2.1999 – 9 AZR 737/97, AP Nr. 4 zu § 611 BGB Arbeitnehmerdarlehen. ||19 BAG 23.2.1999 – 9 AZR 737/97, AP Nr. 4 zu § 611 BGB Arbeitnehmerdarlehen. ||20 BAG 20.2.2001 – 9 AZR 11/00, BAGE 97, 65.

155 **cc) Betriebsübergang/Ausscheiden des Arbeitnehmers.** Ein ArbGebDarlehen kann gem. § 613a auf den Betriebserwerber übergehen, wenn das Darlehen zu den Rechten und Pflichten aus dem ArbVerh gehört. Dies ist nach der missverständlichen Formulierung des BAG dann der Fall, wenn der ArbGeb dem ArbN ein Darlehen als Lohn- oder Gehaltsvorschuss gegeben hat[1] – dann ist es aber kein Darlehen, s. Rz. 153 ff. Entscheidend ist, ob die Arbeitsvertragsparteien neben dem Arbeitsvertrag einen vom ArbVerh unabhängigen eigenständigen Darlehensvertrag geschlossen haben. Dieser wird durch den Betriebsübergang nicht berührt[2].

156 **dd) Arbeitnehmerdarlehen** sind seltener. Sie liegen vor, wenn der ArbN seinem ArbGeb mit Rücksicht auf das ArbVerh Kapital zur vorübergehenden Nutzung überlässt, etwa bei wirtschaftl. Schwierigkeiten des ArbGeb[3]. Sie sind grds. zulässig, jedoch unterliegen auch deren vorformulierte Bedingungen einer **Inhaltskontrolle** gem. §§ 305 ff.[4]. Das BAG hatte erhebliche Bedenken gegen die Wirksamkeit der Bestimmungen des Darlehensvertrages, wonach sich das Darlehen jeweils um fünf Jahre verlängert, wenn es nicht rechtzeitig gekündigt worden ist, dass die Zinsen, wenn im Zeitpunkt ihrer Fälligkeit keine Lohn- und Gehaltszahlung anfällt, nur auf Antrag des Mitarbeiters überwiesen werden und dass 50 % der Darlehenssumme erst ein Jahr später ausbezahlt und in dieser Zeit auch nicht verzinst werden. Eine Klausel, die für ein mit 4 % p. a. verzinstes Darlehen eine Laufzeit von 15 Jahren unabhängig von der Laufzeit des ArbVerh vorsieht, ist nach der Rspr. nicht als unangemessene Benachteiligung iSv. § 9 I AGBG (jetzt § 307 I 1) zu beanstanden[5]. Ggf. kann ein ArbN-Darlehen sittenwidrig sein[6].

157 Verzichtet der ArbN allerdings auf die Auszahlung bestimmter, bereits vereinbarter Vergütungsbestandteile und stellt dem ArbGeb die entsprechenden Beträge als Darlehen zur Verfügung, handelt es sich hierbei um eine sog. **Lohnverwendungsabrede**, die im Hinblick auf **§ 117 II GewO** unzulässig ist[7]. Gewährt der ArbGeb dem ArbN hingegen freiwillige Zuwendungen unter der Bedingung, dass dieser Betrag dem ArbGeb als Darlehen zur Verfügung gestellt wird, liegt kein Verstoß gegen das Prinzip der Lohnsicherung vor. Freiwillige zusätzliche Leistungen im Rahmen von ArbVerh haben zwar Entgeltcharakter. Sie werden aber von den Verboten der §§ 115 ff. GewO nicht erfasst. Diese Vorschriften verbieten dem ArbGeb nicht, dem ArbN freiwillige Leistungen in anderer Form als in der der Barauszahlung oder -überweisung zukommen zu lassen[8].

158 **7. Rückzahlung von Vergütung. a) Grundlagen des Bereicherungsrechts.** Erhält der ArbN durch ein Versehen des ArbGeb eine zu hohe Vergütung, hat der ArbGeb einen Rückzahlungsanspruch gem. § 812 I 1 Alt. 1. Der Beweis der tatsächlichen Auszahlung der Vergütung obliegt im Prozess um die Vergütungsrückforderung dem ArbGeb[9]. Weiß der ArbGeb um das Fehlen einer Rechtspflicht, greift § 814. Dieses Erfordernis der positiven Kenntnis des Leistenden von der Nichtschuld kann nicht durch die Zurechnung des Wissens anderer entsprechend § 166 I ersetzt werden[10]. Der Rückzahlungsanspruch ist allerdings nach § 818 III ebenso ausgeschlossen, soweit der Empfänger nicht mehr bereichert ist. Eine Entreicherung ist anzunehmen, wenn das Erlangte ersatzlos weggefallen ist und kein Überschuss zwischen dem vorhandenen Vermögen und dem Vermögen mehr besteht, das ohne den bereichernden Vorgang vorhanden wäre. Von dem Fortbestehen einer Bereicherung ist aber dann auszugehen, wenn der Bereicherungsschuldner mit der Ausgabe des Erlangten anderweitige Aufwendungen erspart hat. Ein Wegfall der Bereicherung ist dagegen anzunehmen, wenn der Empfänger die rechtsgrundlose Leistung ersatzlos für (Luxus-) Ausgaben verwendet hat, die er sonst nicht gemacht hätte. Diese allg. Regeln gelten auch bei überzahltem Lohn oder Gehalt[11].

159 **b) Entreicherungseinwand.** Ein ArbN, der gegen den Anspruch des ArbGeb auf Rückzahlung zu viel gezahlter Arbeitsvergütung (§ 812 I) den Wegfall der Bereicherung geltend macht (§ 818 III), hat im Einzelnen Tatsachen darzulegen, aus denen sich ergibt, dass die Bereicherung weggefallen ist. Ihm können allerdings die Erleichterungen des **Anscheinsbeweises** zugutekommen[12].

160 Bei kleineren und mittleren Arbeitseinkommen und einer gleich bleibend geringen Überzahlung des laufenden Arbeitsentgelts besteht die Möglichkeit des Beweises des ersten Anscheins für den Wegfall der Bereicherung[13]. Ein konkreter Nachweis, um solche Überzahlungen nicht mehr bereichert zu sein, ist danach entbehrlich. Diese **Erleichterung der Darlegungs- und Beweislast** kommt für den ArbN aber nur dann in Betracht, wenn erfahrungsgemäß und typischerweise anzunehmen ist, dass die Zuvielzahlung für den laufenden Lebensunterhalt, insb. für konsumtive Ausgaben verbraucht wurde. Eine solche Annahme setzt voraus, dass es sich um Überzahlungen in relativ geringer Höhe handelt. Je höher die

---

1 BAG 21.1.1999 – 8 AZR 373/97, nv. ||2 S.a. *Willemsen*, FS Wiedemann, 2002, S. 645. ||3 ErfK/*Preis*, § 611 Rz. 427. ||4 Vgl. BAG 23.9.1992 – 5 AZR 569/91, AP Nr. 1 zu § 611 BGB Arbeitnehmerdarlehen zur alten Rechtslage. ||5 BAG 23.9.1992 – 5 AZR 569/91, AP Nr. 1 zu § 611 BGB Arbeitnehmerdarlehen. ||6 BGH 14.10.2003 – XI ZR 134/02, FA 2004, 45. ||7 ErfK/*Preis*, § 611 Rz. 427. ||8 BAG 23.9.1992 – 5 AZR 569/91, AP Nr. 1 zu § 611 BGB Arbeitnehmerdarlehen. ||9 LAG Hamm 26.5.2004 – 18 Sa 154/04. ||10 BAG 13.10. 2010 – 5 AZR 648/09, NZA 2011, 219. ||11 BAG 18.1.1995 – 5 AZR 817/93, AP Nr. 13 zu § 812 BGB; 18.9.1986 – 6 AZR 517/83, AP Nr. 5 zu § 812 BGB; LAG Hamm 3.12.1999 – 5 Sa 97/99, NZA-RR 2000, 181. ||12 BAG 9.2.2005 – 5 AZR 175/04, *AP Nr. 12 zu § 611 BGB Lohnrückzahlung;* 25.4.2001 – 5 AZR 497/99, DB 2001, 1833; 23.5.2001 – 5 AZR 374/99, AP Nr. 25 zu § 812 BGB; 12.1.1994 – 5 AZR 597/92, AP Nr. 3 zu § 818 BGB; 30.4.1997 – 7 AZR 122/96, NZA 1998, 199 (201), unter III d.Gr. mwN; LAG Hamm 3.12.1999 – 5 Sa 97/99, AP Nr. 3 zu § 818 BGB. ||13 BAG 18.1.1995 – 5 AZR 817/93, BAGE 79, 115 (119).

Überzahlung im Verhältnis zum Realeinkommen ist, umso weniger lässt sich annehmen, die zusätzlichen Mittel seien für den Lebensunterhalt verbraucht worden. Außerdem muss die Lebenssituation des ArbN, insb. seine wirtschaftl. Lage, so sein, dass die Verwendung der Überzahlung für die laufende Lebensführung nahe liegt. Das ist regelmäßig dann der Fall, wenn ArbN mit geringem oder mittlerem Einkommen über keine weiteren Einkünfte verfügen, so dass sie die Nettobezüge aus ihrem ArbVerh verwenden, um den laufenden Lebensunterhalt für sich und evtl. ihre Familie zu bestreiten. Sind dagegen nennenswerte andere Einkünfte vorhanden, so kann auf eine typische Lebenssituation, die zum Verbrauch der zusätzlichen Mittel führt, nicht geschlossen werden[1].

Zur Beantwortung der Frage, wann eine **Überzahlung geringfügig** ist, werden die zum Beamtenrecht geltenden Richtlinien von der Rspr. auf die ArbVerh übertragen. Hiernach sind Überzahlungen, die nicht mehr als 10 % der dem Beamten an sich zustehenden Bezüge betragen, als geringfügig anzusehen. Ein offenbarer Wegfall der Bereicherung wird hier unterstellt[2]. **161**

Für ArbN, die zum Kreis der **besser Verdienenden** gehören, gilt die Beweiserleichterung idR nicht, da bei ihnen regelmäßig nicht davon ausgegangen werden kann, dass höhere Einkünfte auch ausgegeben werden; das BAG hat freilich offen gelassen, wer lediglich gut verdient und wer ein besser Verdienender ist[3]. Der Beweis des ersten Anscheins für den Wegfall einer durch Gehaltsüberzahlungen eingetretenen Bereicherung ist im Falle einer mehrere Monate betreffenden einmaligen Überzahlung, die das richtige Gehalt um ein Vielfaches übersteigt, regelmäßig nicht anzunehmen[4]. Gelingt dem ArbGeb der Nachweis, dass beim ArbN **noch weitere nennenswerte Einkünfte** vorhanden sind, so kann sich der ArbN nicht mehr auf eine Beweiserleichterung berufen, sondern muss nun seinerseits der ihn treffenden Darlegungs- und Beweislast vollen Umfangs nachkommen und darstellen, welche anderen Einkünfte vorhanden sind und inwieweit noch der Schluss auf einen typischen Ablauf, den Verbrauch zum Lebensunterhalt, möglich ist. Seiner Darlegungs- und Beweislast genügt der ArbN nicht, wenn er zu den nach Art oder dem Grund nach plausibel behaupteten anderweitigen Einkünften nicht substantiiert Stellung nimmt[5]. **162**

Wird in einem **Arbeits- oder einem Kollektivvertrag** ausdrücklich die **Verpflichtung** des ArbN festgelegt, **Lohnüberzahlungen zurückzuerstatten**, so kann sich der ArbN nicht auf den Wegfall der Bereicherung berufen[6]. Das Verlangen des ArbGeb auf Rückzahlung irrtümlich überzahlter Lohnbeträge kann jedoch auch dann ausgeschlossen sein wegen Verstoßes gegen Treu und Glauben durch unzulässige Rechtsausübung, wenn er dem ArbN die Richtigkeit der Lohnberechnung ausdrücklich zugesagt oder es ihm unmöglich gemacht hat, die Richtigkeit der Abrechnung selbst zu überprüfen[7]. Auch kann der Anspruch verwirkt sein, jedoch setzt die Verwirkung voraus, dass neben das Zeitmoment das Umstandsmoment tritt[8]. In der einseitigen Erklärung des ArbN auf einem vom ArbGeb vorgelegten vorgedruckten Formular, ihm sei bekannt, dass er alle Bezüge zurückzahlen müsse, die er infolge unterlassener, verspäteter oder fehlerhafter Meldung zu viel erhalten habe, liegt allerdings keine Vereinbarung der Parteien über den Ausschluss des Entreicherungseinwands nach § 818 III[9]. **163**

c) **Schadensersatzanspruch des Arbeitnehmers.** Erfolgt eine **schuldhaft falsche Lohnberechnung** des ArbGeb, liegt hierin eine Verletzung seiner Fürsorgepflicht, die einen Schadensersatzanspruch des ArbN nach § 280 zur Folge haben kann, mit dem er gegen den Erstattungsanspruch des ArbGeb aufrechnen kann, so dass eine Rückzahlung in diesem Fall ausgeschlossen ist, auch wenn der ArbN nicht entreichert ist[10]. Ein Schaden muss freilich vorliegen. Der kann aber nicht schon darin bestehen, dass der ArbN die LSt später bezahlen muss, als er sie eigentlich hätte bezahlen müssen. Nur soweit aus dieser verspäteten Zahlung der LSt dem ArbN ein besonderer Nachteil entsteht, ist der ArbGeb zum Ersatz des Schadens verpflichtet. Hinsichtlich des besonderen Nachteils ist der ArbN beweispflichtig[11]. Liegt lediglich eine fahrlässige Falschberechnung des ArbGeb vor, sind Schadensersatzansprüche des ArbN dann ausgeschlossen, wenn durch den Arbeitsvertrag ausdrücklich die Rückzahlung zu viel gezahlten Lohnes vereinbart wird[12]. **164**

d) **Schadensersatzanspruch des Arbeitgebers.** Auch der ArbGeb kann einen Anspruch auf Schadensersatz gem. §§ 280 I, 241 II haben. Ein solcher Anspruch ist anzunehmen, wenn die Überzahlung auf einer Verletzung der Informations- oder Auskunftspflicht des ArbN beruht[13]. Eine solche Pflichtverlet- **165**

---

1 BAG 9.2.2005 – 5 AZR 175/04, AP Nr. 12 zu § 611 BGB Lohnrückzahlung; 23.5.2001 – 5 AZR 374/99, AP Nr. 25 zu § 812 BGB; 18.1.1995 – 5 AZR 817/93, BAGE 79, 115. ‖ 2 BAG 18.9.1986 – 6 AZR 517/83, AP Nr. 5 zu § 812 BGB; LAG Köln 10.5.2010 – 5 Sa 284/10, ArbuR 2010, 527; LAG Hamm 27.3.1974 – 3 Sa 51/74, BB 1975, 230. ‖ 3 BAG 12.1.1994 – 5 AZR 597/92, AP Nr. 3 zu § 818 BGB; LAG Hamm 3.12.1999 – 5 Sa 97/99, AP Nr. 3 zu § 818 BGB; gegen die Differenzierung nach Einkommensgruppen Grunsky, AuR 1987, 312 (316). ‖ 4 BAG 23.5.2001 – 5 AZR 374/99, AP Nr. 25 zu § 812 BGB. ‖ 5 BAG 18.1.1995 – 5 AZR 817/93, AP Nr. 13 zu § 812 BGB. ‖ 6 BAG 8.2.1964 – 5 AZR 371/63, AP Nr. 2 zu § 611 BGB Lohnrückzahlung; 20.6.1989 – 3 AZR 554/87, AP Nr. 8 zu § 87 HGB. ‖ 7 BAG 8.2.1964 – 5 AZR 371/63, AP Nr. 2 zu § 611 BGB Lohnrückzahlung. ‖ 8 BAG 25.4.2001 – 5 AZR 497/99, BAGE 97, 326. ‖ 9 BAG 18.9.1986 – 6 AZR 517/83, AP Nr. 5 zu § 812 BGB. ‖ 10 BAG 8.2.1964 – 5 AZR 371/63, AP Nr. 2 zu § 611 BGB Lohnrückzahlung; 27.3.1958 – 2 AZR 188/56, AP Nr. 1 zu § 670 BGB m. zust. Anm. v. Dersch; 27.3.1958 – 2 AZR 291/57, AP Nr. 2 zu § 670 BGB. ‖ 11 BAG 27.3.1958 – 2 AZR 188/56, AP Nr. 1 zu § 670 BGB; 27.3.1958 – 2 AZR 291/57, AP Nr. 2 zu § 670 BGB; 27.3.1958 – 2 AZR 367/57, AP Nr. 4 zu § 670 BGB; 27.3.1958 – 2 AZR 221/56, AP Nr. 5 zu § 670 BGB. ‖ 12 BAG 8.2.1964 – 5 AZR 371/63, AP Nr. 2 zu § 611 BGB Lohnrückzahlung. ‖ 13 BAG 13.10.2010 – 5 AZR 648/09, NZA 2011, 219.

zung des ArbN liegt etwa dann vor, wenn er im Falle eines Annahmeverzugs des ArbGeb die Mitteilung eines anderweitigen Verdienstes unterlässt. Ferner macht er sich ebenfalls dann schadensersatzpflichtig, wenn er den ArbGeb nicht über Änderungen informiert. Kommt ein Ruhegeldberechtigter schuldhaft seiner Auskunftsverpflichtung über den Bezug anderweitiger öffentl. Renten nicht nach, die der Versorgungsträger anrechnen darf, so ist er ebenfalls zum Schadensersatz verpflichtet, der der Ruhegeldüberzahlung entspricht. Der Entreicherungseinwand ist – weil es sich um einen vertragl. Schadensersatzanspruch handelt – ausgeschlossen[1].

166 **e) Fälligkeit/Geltendmachung.** Der Anspruch des ArbGeb auf Rückzahlung überzahlter Vergütung entsteht und wird gem. § 271 I idR im Zeitpunkt der Überzahlung **fällig**, wenn die Vergütung fehlerhaft berechnet worden ist, obwohl die maßgebenden Umstände bekannt waren oder hätten bekannt sein müssen. Auf die Kenntnis des ArbGeb von seinem Rückzahlungsanspruch kommt es regelmäßig nicht an[2]. Bei einer Gehaltsüberzahlung können jedoch besondere Umstände dazu führen, dass Entstehungs- und Fälligkeitszeitpunkt des Rückzahlungsanspruchs nicht übereinstimmen. Solche liegen vor, wenn es dem Gläubiger des Rückzahlungsanspruchs praktisch unmöglich ist, den Anspruch mit seinem Entstehen geltend zu machen, wovon insb. dann auszugehen ist, wenn die rechtsbegründenden Tatsachen in der Sphäre des Schuldners liegen und der Gläubiger es nicht durch schuldhaftes Zögern versäumt hat, sich Kenntnis von den Voraussetzungen zu verschaffen, die er für die Geltendmachung benötigt[3]. Konnte der ArbGeb die Überzahlung nicht erkennen, etwa weil der ArbN für die Berechnung maßgebliche Mitteilungen treuwidrig unterlassen hatte, so kann die durch **tarifl. Ausschlussfristen** bestimmte Fälligkeit des Rückzahlungsanspruchs ausnahmsweise später eintreten. Der ArbGeb kann in diesem Fall dem Fristablauf mit dem **Einwand unzulässiger Rechtsausübung** gem. § 242 begegnen[4]. Der Einwand des Rechtsmissbrauchs entfällt jedoch, wenn der ArbGeb anderweitig vom Überzahlungstatbestand Kenntnis erhält[5]. Ab diesem Zeitpunkt muss er seinerseits ohne schuldhaftes Zögern Schritte zur Rückforderung einleiten und den Sachverhalt zügig, jedoch ohne Hast aufklären[6]. Die Berufung auf die **tarifl. Ausschlussfrist** kann treuwidrig sein, wenn eine Vertragspartei den Vertragspartner durch aktives Handeln von der Einhaltung der Ausschlussfrist abhält oder wenn sie es pflichtwidrig unterlässt, dem Vertragspartner Umstände mitzuteilen, die diesen zur Einhaltung der Ausschlussfrist veranlassen können[7]. Ein treuwidriges Verhalten des ArbN ist dementsprechend auch anzunehmen, wenn er erkennt, dass seinem ArbGeb bei der Überweisung der Vergütung ein Irrtum unterlaufen ist, der zu einer erheblichen Überzahlung geführt hat, und er die Überzahlung dennoch nicht anzeigt[8]. Auch wenn eine allg. Verpflichtung des ArbN, die durch den ArbGeb erstellte Vergütungsabrechnung zu überprüfen, im Arbeitsrecht nicht besteht[9], soll ein pflichtwidriges Unterlassen des ArbN bereits dann vorliegen, wenn er bemerkt, dass er eine ggü. sonst ungewöhnlich hohe Zahlung erhalten hat, deren Grund er nicht klären kann[10]. Die einseitige Erklärung des ArbGeb der „Zahlung unter Vorbehalt" schließt die Anwendung tarifl. Ausschlussfristen nicht aus[11].

167 **f) Brutto/Netto.** Ob der ArbN den zu viel erhaltenen **Nettobetrag** oder den **Bruttobetrag** zurückzahlen muss, ist noch nicht höchstrichterlich entschieden und in der Lit. umstritten. Nach der sog. „Nettolösung" ist eine Bereicherung des ArbN iSv. §§ 812 ff. iHd. ausbezahlten Nettobetrags gegeben. Wegen der Erstattung der auf die Überzahlung entrichteten Steuer- bzw. SozV-Abzüge habe sich der ArbGeb direkt an das FA bzw. die Einzugsstelle zu halten[12]. Nach der sog. „Bruttolösung" hat der ArbN den Bruttobetrag, also einschl. Steuern und Sozialabgaben, zurückzuzahlen[13]. Damit obliegt die Rückabwicklung der zu viel entrichteten Steuer- und SozV-Abzüge mit dem FA dem ArbN[14]. Namentlich umfasst der Anspruch einer GmbH gegen ihren Geschäftsführer auf Rückzahlung einer nicht geschuldeten Vergütung auch die abgeführte LSt[15].

168 **V. Beschäftigungspflicht. 1. Grundsatz.** Ein Beschäftigungsanspruch des ArbN und damit korrespondierend die Beschäftigungspflicht des ArbGeb ist im Dienstvertragsrecht nicht ausdrücklich geregelt. Allg. Anerkennung wurde dem Anspruch auf Beschäftigung erst seit Inkrafttreten des GG durch die grundlegende Entscheidung des BAG v. 10.11.1955 zuteil[16]. Seither bejaht das BAG in st. Rspr. mit Zustimmung der Lit. einen Anspruch des ArbN auf tatsächliche Beschäftigung während des ArbVerh.

---

1 BAG 27.3.1990 – 3 AZR 187/88, NZA 1990, 776. ‖ 2 St. Rspr. BAG 1.6.1995 – 6 AZR 912/94, AP Nr. 16 zu § 812 BGB; 16.11.1989 – 3 AZR 114/88, AP Nr. 8 zu § 29 BAT; 14.9.1994 – 5 AZR 407/93, AP Nr. 127 zu § 4 TVG Ausschlussfristen. ‖ 3 BAG 16.10.2007 – 9 AZR 144/07, NZA-RR 2008, 214; 19.2.2004 – 6 AZR 664/02, AP Nr. 3 zu § 70 BAT-O. ‖ 4 BAG 13.10.2010 – 5 AZR 648/09, NZA 2011, 219; 14.9.1994 – 5 AZR 407/93, AP Nr. 127 zu § 4 TVG Ausschlussfristen; 19.3.1986 – 5 AZR 86/85, AP Nr. 67 zu § 1 LohnFG. ‖ 5 BAG 13.10.2010 – 5 AZR 648/09, NZA 2011, 219; 10.3.2005 – 6 AZR 217/04, AP Nr. 38 zu § 70 BAT. ‖ 6 BAG 13.10.2010 – 5 AZR 648/09, NZA 2011, 219. ‖ 7 BAG 11.6.1980 – 4 AZR 443/78, AP Nr. 7 zu § 70 BAT. ‖ 8 BAG 29.4.1982 – 5 AZR 1229/79, nv.; 19.6.1985 – 5 AZR 569/82, nv. ‖ 9 BAG 29.4.1982 – 5 AZR 1229/79, nv.; 19.6.1985 – 5 AZR 569/82, nv. ‖ 10 BAG 1.6.1995 – 6 AZR 912/94, AP Nr. 16 zu § 812 BGB; ebenso ErfK/*Preis*, § 611 Rz. 417; aA LAG Düss. 11.6.1997 – 12 (13) Sa 421/97, LAGE § 4 TVG Ausschlussfristen Nr. 44. ‖ 11 BAG 27.3.1996 – 5 AZR 336/94, NZA 1997, 45. ‖ 12 Mit ausf. Begründung *Groß*, ZIP 1987, 5 ff. (insb. 18). ‖ 13 Palandt/*Weidenkaff*, § 611 Rz. 89; MüKoBGB/*Müller-Glöge*, § 611 Rz. 866; vgl. MünchArbR/*Reichold*, § 84 Rz. 4 ff. mwN. ‖ 14 Erlass des Finanzministers von Nds. v. 12.3.1986, DB 1986, 725. ‖ 15 BGH 26.11.2007 – II ZR 161/06, NJW-RR 2008, 484. ‖ 16 BAG 10.11.1955 – 2 AZR 591/54, AP Nr. 2 zu § 611 BGB Beschäftigungspflicht. Zur Rechtsentwicklung s. ausf. MünchArbR/*Blomeyer*, § 95 Rz. 6 ff. mwN.

Rechtsdogmatisch wird dieser Anspruch mit dem allg. Persönlichkeitsrecht des ArbN gem. Art. 2 I iVm. Art. 1 GG begründet. Der Anerkennung der Beschäftigungspflicht liegt die Erkenntnis zugrunde, dass die Achtung und Wertschätzung des ArbN wesentlich von der von ihm geleisteten Arbeit abhängt und die Tätigkeit im ArbVerh eine wesentliche Möglichkeit zur Entfaltung seiner geistigen und körperlichen Fähigkeiten und damit zur Entfaltung seiner Persönlichkeit darstellt[1].

169 Vom allg. Beschäftigungsanspruch des ArbN im ungekündigten ArbVerh ist der sog. **Weiterbeschäftigungsanspruch während des Kündigungsschutzprozesses** zu unterscheiden, der aus §§ 611, 613 iVm. § 242 abgeleitet wird. Nach Auffassung des BAG beruht der Anspruch des gekündigten ArbN unmittelbar auf der sich aus § 242 unter Berücksichtigung der verfassungsrechtl. Wertentscheidung der Art. 1 und 2 GG über den Persönlichkeitsschutz für den ArbGeb ergebenden arbeitsvertragl. Förderungspflicht der Beschäftigungsinteressen des ArbN. Stehen dem Beschäftigungsanspruch **schutzwerte Interessen des ArbGeb** (bspw. Wegfall der Vertrauensgrundlage, fehlende Einsatzmöglichkeit, Gefahr des Geheimnisverrats, unzumutbare wirtschaftl. Belastung, sowie alle Gründe, die eine außerordentl. Kündigung rechtfertigen würden) entgegen, muss dieser allerdings zurücktreten[2]. Zum **betriebsverfassungsrechtl. Weiterbeschäftigungsanspruch** s. die Komm. zu § 102 V BetrVG.

170 Die Beschäftigungspflicht ist nach umstrittener Auffassung der **arbeitsvertragl. Hauptpflicht** des ArbGeb zuzurechnen[3]. So kann der ArbN im ungekündigten ArbVerh gegen eine unwirksame Versetzung auf einen geringer bewerteten Arbeitsplatz eine Verletzung des Beschäftigungsanspruchs durch den ArbGeb geltend machen. Bei einer offensichtlich unwirksamen Versetzung kann der ArbN seinen Anspruch auf Beschäftigung zu den bisherigen Bedingungen auch im Wege einer **einstw. Verfügung** einbringen. Hierbei können die zum Weiterbeschäftigungsanspruch nach erfolgter Kündigung entwickelten Grundsätze herangezogen werden[4]. Aus dem Beschäftigungsanspruch des ArbN lässt sich allerdings ein Unterlassungsanspruch, durch den eine drohende Änderung des Aufgabenbereichs untersagt werden könnte, nicht herleiten[5]. Der Beschäftigungsanspruch des ArbN entfällt, wenn dem ArbGeb eine tatsächliche Beschäftigung unmöglich oder unzumutbar ist, § 275[6].

171 Da der Beschäftigungsanspruch keinem ArbN aufgezwungen werden kann, hängt er grds. von seiner Geltendmachung ab[7]. Durch eine **Klage** auf tatsächliche Beschäftigung kann der ArbN seinen Anspruch gerichtl. geltend machen. Erstreitet der ArbN ein instanzabschließendes Urteil, das ihm einen Anspruch auf Verringerung der Arbeitszeit nach dem TzBfG zuspricht, dann steht dem ArbN bis zum rechtskräftigen Abschluss des Verfahrens grds. auch ein Beschäftigungsanspruch in der begehrten reduzierten Stundenbasis gem. §§ 611, 613, 242 iVm. Art. 1 I iVm. 2 I GG zu[8]. Die Zwangsvollstreckung des Beschäftigungsanspruchs richtet sich nach § 888 I ZPO, so dass eine Durchsetzung des Anspruchs durch die Androhung von Zwangsgeld oder Zwangshaft erfolgt[9]. Materiell-rechtl. Einwendungen (zB weitere Kündigung, Auflösungsantrag des ArbGeb) können der Vollstreckung eines Weiterbeschäftigungsanspruchs nicht entgegengehalten werden. Solche Einwendungen können nur im Wege der Vollstreckungsgegenklage gem. § 767 ZPO geltend gemacht werden[10]. Die Zwangsvollstreckung aus einem auf Weiterbeschäftigung gerichteten Titel kommt wegen Unmöglichkeit der Leistung nicht in Betracht, wenn der entsprechende Arbeitsplatz ersatzlos weggefallen ist, wobei es idR als rechtsmissbräuchlich anzusehen ist, wenn der ArbGeb sich einer Ausführung der titulierten Weiterbeschäftigungsverpflichtung dadurch entzieht, dass er die Vollstreckung durch eine Umorganisation unmöglich macht[11]. Der Vollstreckungsschuldner kann sich gegen die Zwangsvollstreckung aus einem Weiterbeschäftigungsanspruch jedoch nicht mit der Begründung wehren, die Beschäftigung sei unmöglich, wenn die dafür maßgeblichen Gründe bereits vor Erlass des zu vollstreckenden Urteils Gegenstand des Erkenntnisverfahrens waren[12]. Möglich ist auch eine vorzeitige Geltendmachung des Anspruchs im Wege einer **einstw. Verfügung**[13] (s. bereits Rz. 170). Aus der Zweckrichtung des einstw. Verfügungsverfahren folgt allerdings, dass idR nur Sicherungsverfügungen gem. § 935 ZPO und Regelungsverfügungen gem. § 940 ZPO zulässig sind. Da die einmal erfolgte Beschäftigung naturgemäß nicht mehr rückabwickelbar ist, eine einstw. Verfügung zu einer umfassenden Befriedigung des vermeintlichen Anspruchs des ArbN führt, sind an den Verfügungsgrund hohe Anforderungen zu stellen[14]. Ein Verfügungsgrund für eine Beschäftigungsverfügung ist nicht an den Eintritt eines nicht bzw. schwer

---

1 BAG 10.11.1955 – 2 AZR 591/54, AP Nr. 2 zu § 611 BGB Beschäftigungspflicht, im Hinblick auf die Weiterbeschäftigung im gekündigten ArbVerh bestätigt durch BAG 27.2.1985 – GS 1/84, AP Nr. 14 zu § 611 BGB Beschäftigungspflicht; Küttner/*Kania*, Beschäftigungsanspruch Rz. 2. ||2 Umfassend BAG 27.2.1985 – GS 1/84, AP Nr. 14 zu § 611 BGB Beschäftigungspflicht. ||3 So auch ErfK/*Preis*, § 611 Rz. 564; für Nebenpflicht im Regelfall MünchArbR/*Reichold*, § 84 Rz. 8. ||4 LAG Sachs. 8.3.1996 – 3 Sa 77/96, NZA-RR 1997, 4. ||5 LAG Düss. 28.2.1995 – 6 Sa 1986/94, LAGE § 1004 BGB Nr. 3; LAG München 1.12.2004 – 5 Sa 913/04, NZA-RR 2005, 354. ||6 LAG Hamm 20.8.2004 – 7 Sa 889/04, LAGE § 611 BGB 2002 Beschäftigungspflicht Nr. 3 im Anschluss an BAG 13.6.1990 – 5 AZR 350/89, EzA § 611 BGB Beschäftigungspflicht Nr. 44; LAG Berlin 24.9.2004 – 6 Sa 685/04, EzBAT § 54 BAT Unkündbare Angestellte Nr. 18. ||7 BAG 27.2.1985 – GS 1/84, AP Nr. 14 zu § 611 BGB Beschäftigungspflicht. ||8 ArbG Nürnberg 5.8.2003 – 9 Ca 4096/03, LAGE § 8 TzBfG Nr. 13. ||9 BAG 15.4.2009 – 3 AZB 93/08, NZA 2009, 917; LAG Berlin 19.1.1978 – 9 Ta 1/78, AP Nr. 9 zu § 888 ZPO. ||10 LAG Thür. 5.1.2005 – 1 Ta 148/04, nv. ||11 LAG Schl.-Holst. 11.12.2003 – 2 Ta 257/03, NZA-RR 2004, 408. ||12 BAG 15.4.2009 – 3 AZB 93/08, NZA 2009, 917. ||13 Vgl. LAG Berlin 4.1.2005 – 17 Sa 2664/04, nv.; s.a. MünchArbR/*Reichold*, § 24 Rz. 13. ||14 ArbG Köln 9.5 1996 – 8 Ga 80/96, NZA-RR 1997, 186; LAG Düss. 1.6.2005 – 12 Sa 352/05, MDR 2005, 1419.

BGB § 611 Rz. 172   Beschäftigungspflicht

reparablen Nachteils für den ArbN gebunden, sondern reglmäßig gegeben, wenn der Beschäftigungsanspruch zweifelsfrei besteht und daher auch im Hauptsacheverfahren erkannt werden müsste[1].

172 **2. Befreiung des Arbeitgebers von der Beschäftigungspflicht. a) Allgemeines.** Der Beschäftigungsanspruch des ArbN entfällt, wenn der ArbGeb von seiner Beschäftigungspflicht befreit ist (sog. **Suspendierung**). Im Unterschied zu einer Kündigung besteht das ArbVerh im Falle eine Suspendierung grds. fort. Die Rechte und Pflichten aus dem ArbVerh ruhen bei einer Suspendierung nur ganz oder teilweise[2]. **Sonstige Nebenpflichten** aus dem ArbVerh, wie Wettbewerbsverbote oder Geheimhaltungspflichten werden von der Suspendierung nicht betroffen[3]. Relevante Probleme bestehen vor allem im Hinblick darauf, ob und in welchem Umfang eine Suspendierung wirksam einseitig durch den ArbGeb erklärt werden bzw. inwieweit die Beschäftigungspflicht durch eine vertragl. Vereinbarung zwischen ArbGeb und ArbN aufgehoben werden kann. Mit der Frage nach der Zulässigkeit einer Suspendierung ist auch das damit verbundene Schicksal der Vergütungspflicht von Bedeutung.

173 **b) Einseitige Suspendierung ohne vertragliche Vereinbarung.** Bei fehlender vertragl. Vereinbarung ist die einseitige Suspendierung des ArbN regelmäßig nur zulässig, wenn dem ArbGeb eine Weiterbeschäftigung des ArbN unzumutbar ist[4]. Die besonderen Umstände, die eine sofortige Suspendierung des ArbN rechtfertigen, müssen von dem ArbGeb bewiesen werden[5]. Eine einseitige Suspendierung ist regelmäßig nur dann zulässig, wenn eine erhebliche Gefährdung des Ordnung des Betriebes oder die Gefahr einer schwerwiegenden Vertragsverletzung (bspw. Verrat von Geheimnissen, Wettbewerbsverstoß) besteht[6]. Kündigt etwa ein wegen Nichtbestehens eines nachvertragl. Wettbewerbsverbots an künftiger Konkurrenztätigkeit nicht gehinderter ArbN in exponierter Stellung, um nach Beendigung des ArbVerh in die Dienste eines Konkurrenzunternehmens zu treten, so ist der ArbGeb zu einer Suspendierung berechtigt, selbst wenn eine längere Kündigungsfrist besteht[7]. Ferner wird eine außerordentl. Kündigung wegen Loyalitätsverstoßes ggü. einem Angestellten in einer Führungsposition nicht deshalb unwirksam, weil für den ArbGeb die Möglichkeit besteht, den ArbN unter Fortzahlung der Bezüge bis zum Ablauf einer ordentl. Kündigungsfrist freizustellen[8].

174 Wird der ArbN suspendiert, so behält er dennoch idR seinen **Vergütungsanspruch**. Nach dem BAG kann die einseitig durch den ArbGeb angeordnete Suspendierung des ArbN selbst in dem Fall, dass der ArbN einer strafbaren Handlung oder einer sonstigen Verfehlung verdächtig ist, den Anspruch des ArbN auf die vereinbarte Vergütung für die Zeit der Suspendierung weder beseitigen noch mindern[9]. Nur in eng begrenzten Ausnahmefällen, in denen das vertragswidrige Verhalten des ArbN so schwerwiegend ist, dass dem ArbGeb die Annahme der Arbeitsleistung nicht zumutbar ist, kann die Vergütungspflicht entfallen[10]. Solche Ausnahmefälle kommen insb. dann in Betracht, wenn eine sofortige Beendigung des ArbVerh durch eine fristlose Kündigung nicht möglich ist[11]. Eine unberechtigte Suspendierung löst hingegen die Rechtsfolgen des Annahmeverzugs gem. § 615 aus[12]. In jedem Fall hat der ArbN bei einer unberechtigten Freistellung einen Anspruch auf Beschäftigung.[13]

175 **c) Suspendierung durch vertragliche Vereinbarung.** Grds. steht es den Arbeitsvertragsparteien frei, eine Suspendierung der Beschäftigungspflicht und damit regelmäßig verbunden der Vergütungspflicht zu vereinbaren. Bei diesem sog. Freistellungsvertrag handelt es sich um eine Sondervereinbarung, die im Rahmen der auch im Arbeitsrecht geltenden Vertragsfreiheit (§ 305) so lange unbedenklich ist, wie der für das zugrunde liegende ArbVerh bestehende Kündigungsschutz nicht tangiert wird[14]. Eine ausdrückliche Suspendierungsvereinbarung ist nicht erforderlich, jedoch kann auch allein aus dem zeitweisen Nichtgeltendmachen des Beschäftigungsanspruchs nicht auf einen dauerhaften Verzicht auf den Beschäftigungsanspruch geschlossen werden. Vielmehr ist bei einer fehlenden eindeutigen Vereinbarung davon auszugehen, dass der ArbN im Zweifel gerade nicht auf seinen Vergütungsanspruch verzichten will[15].

176 Eine für den konkreten Einzelfall ausgehandelte Vereinbarung ist grds. unbedenklich. Problematisch ist aber die Zulässigkeit von arbeitsvertragl. Klauseln, nach denen der ArbGeb grds. zur einseitigen

---

1 LAG München 7.5.2003 – 5 Sa 344/03, LAGE § 611 BGB 2002 Beschäftigungspflicht Nr. 1; zum Erlass einer einstweiligen Verfügung zur Durchsetzung des Beschäftigungsanspruchs eines Außendienstlers LAG Hamm 8.11.2004 – 8 Sa 1798/04, nv.; 18.9.2003 – 17 Sa 1275/03, NZA-RR 2004, 244; zuletzt LAG Düss. 17.11.2010 – 12 SaGa 19/10; aA noch LAG Hamm 18.2.1998 – 3 Sa 287/98, LAGE § 611 BGB Beschäftigungspflicht Nr. 41. ||2 Küttner/Kania, Beschäftigungsanspruch Rz. 4. ||3 BAG 30.5.1978 – 2 AZR 598/76, AP Nr. 9 zu § 60 HGB. ||4 BAG 15.6.1972 – 2 AZR 345/71, AP Nr. 7 zu § 628 BGB; LAG Hamm 8.11.2004 – 8 Sa 1798/04, nv.; LAG Köln 20.3.2001 – 6 Ta 46/01, AuR 2001, 237; zur Suspendierung im gekündigten ArbVerh: LAG Hamm 3.11.1993 – 15 Sa 1592/93, LAGE § 611 BGB Beschäftigungspflicht Nr. 36. ||5 LAG München 7.5.2003 – 5 Sa 344/03, LAGE § 611 BGB 2002 Beschäftigungspflicht Nr. 1; 19.8.1992 – 5 Ta 185/92, NZA 1993, 1130. ||6 Küttner/Kania, Beschäftigungsanspruch Rz. 7. ||7 LAG Hamm 3.11.1993 – 15 Sa 1592/93, LAGE § 611 BGB Beschäftigungspflicht Nr. 36, zur zukünftigen Konkurrenztätigkeit eines ArbN bei einer Kündigungsfrist von rd. neun Monaten. ||8 BAG 11.3.1999 – 2 AZR 507/98, AP Nr. 149 zu § 626 BGB; aA LAG Düss. 5.6.1998 – 11 Sa 2062/97, LAGE § 626 BGB Nr. 120. ||9 BAG 4.6.1964 – 2 AZR 310/63, AP Nr. 13 zu § 626 BGB Verdacht strafbarer Handlung; 10.11.1955 – 2 AZR 591/54, AP Nr. 2 zu § 611 BGB. ||10 BAG 26.4.1956 – GS 1/56, AP Nr. 5 zu § 9 MuSchG; 29.10.1987 – 2 AZR 144/87, AP Nr. 42 zu § 615 BGB; LAG Bremen 24.8.2000 – 4 Sa 68/00, NZA-RR 2000, 632. ||11 LAG Hess. 26.4.2000 – 13 SaGa 3/00, NZA-RR 2000, 633. ||12 MünchArbR/Boewer, § 69 Rz. 17. ||13 BAG 16.07.2013 – 9 AZR 50/12. ||14 LAG Köln 20.8.1998 – 6 Sa 241/98, RzK I 2a Nr. 20. ||15 Erman/Edenfeld, § 611 Rz. 19.

Suspendierung der arbeitsvertragl. Beschäftigungspflicht berechtigt ist. Eine solche Klausel kann nur bei Vorliegen eines sachlichen Grundes Bestand haben und unterliegt daher einer richterlichen Inhaltskontrolle[1], die im Rahmen der Angemessenheitskontrolle gem. § 307 I 1 den allg. Beschäftigungsanspruch als Leitbild iSv. § 307 II Nr. 1 berücksichtigen und einen generellen Prüfungsmaßstab anlegen muss[2]. Sofern der Beschäftigungsanspruch des ArbN gegen den ArbGeb durch ein im Arbeitsvertrag vereinbartes Recht des ArbGeb zur Freistellung des ArbN für den Fall der Kündigung ausgeschlossen wird, muss die Ausübung des Freistellungsrechtes des ArbGeb billigem Ermessen iSd. § 315 III entsprechen[3]. Dies ist jedenfalls dann der Fall, wenn der ArbGeb darlegt, dass der Arbeitsplatz des ArbN auf Grund von Stilllegung weggefallen ist[4]. Problematisch hingegen sind insb. in einem **vorformulierten Arbeitsvertrag** enthaltene Klauseln, durch die der ArbN im Voraus zum Verzicht auf seinen Beschäftigungsanspruch verpflichtet wird. Diese vorformulierten Vertragsklauseln können nur im eng begrenzten Umfang als zulässig erachtet werden[5].

Eine grds. andere Interessenslage besteht im **gekündigten ArbVerh**. Nach der Rspr. des BAG hat der ArbN nur unter der Voraussetzung der offensichtlichen Unwirksamkeit der Kündigung bzw. nach Obsiegen in erster Instanz einen Anspruch auf Weiterbeschäftigung[6]. Nach überwiegender Auffassung besteht bei einem gekündigten ArbVerh ein berechtigtes Interesse des ArbGeb zur sofortigen Freistellung des ArbN bis zum Ablauf der Kündigungsfrist[7]. Somit ist auch eine arbeitsvertragl. Klausel, die für den Fall einer Kündigung die Suspendierung der Arbeitspflicht durch den ArbGeb vorsieht, zulässig[8]. Ist die Freistellung wirksam, so müssen die Bezüge fortgezahlt werden. Bei entsprechender vertragl. Vereinbarung kann die Freistellung allerdings auf den Resturlaub angerechnet werden. Beim Fehlen einer entsprechenden Klausel kann nach Beendigung des ArbVerh ein Anspruch auf Urlaubsabgeltung gem. § 7 IV BUrlG bestehen. Ist durch die Arbeitsvertragsparteien die Freistellung des ArbN von der Arbeitsleistung und Fortzahlung der Vergütung vereinbart, muss sich der ArbN einen anderen Verdienst nicht während des Freistellungszeitraums anrechnen lassen gem. § 615 S. 2[9]. Bei unberechtigter Suspendierung wird ein Annahmeverzug des ArbGeb begründet, so dass § 615 S. 2 unmittelbare Anwendung findet. Hingegen wird eine Klausel, die eine jederzeitige Freistellungsmöglichkeit beinhaltet, nur bei leitenden Angestellten in Vertrauenspositionen als zulässig erachtet werden können[10]. Der im Rahmen eines Kündigungsschutzprozesses zur Weiterbeschäftigung verurteilte ArbGeb kann sich allerdings, sofern keine dahingehende Regelung im Arbeitsvertrag besteht oder sich aus den Umständen ergibt, seiner Beschäftigungspflicht nicht dadurch entziehen, dass er den ArbN unter Fortzahlung der Vergütung von der Arbeit freistellt[11]. Zu beachten gilt weiterhin, dass eine arbeitsvertragl. Vereinbarung über die Weiterbeschäftigung des ArbN nach Ablauf der Kündigungsfrist bis zum erstinstanzlichen oder rechtskräftigen Abschluss des Kündigungsschutzprozesses eine Zweckbefristung darstellt, die dem Anwendungsbereich des TzBfG unterfällt, also auch dem Schriftlichkeitserfordernis des § 14 IV TzBfG[12].

Einstweilen frei. **178–180**

VI. Gleichbehandlung. 1. Allgemeines. a) Herkunft und Geltung. Der allg. arbeitsrechtl. Gleichbehandlungsanspruch ist ein richterrechtl. Grundprinzip des deutschen Arbeitsrechts und weitgehend unbestritten[13]. Die dogmatische Herleitung ist jedoch unsicher. Seinen Ursprung hat dieses Rechtsmittel in der Rspr. der ausgehenden dreißiger Jahre – angefangen mit einem Urt. v. 19.1.1938, als das RAG zum ersten Mal eine aus der Fürsorgepflicht des ArbGeb abgeleitete Verpflichtung annahm, zwischen einzelnen ArbN(gruppe)n nicht willkürlich zu differenzieren[14]. Da diese Annahme nicht spezifisch nationalsozialistisches Gedankengut enthält, blieb der Gleichbehandlungsanspruch auch nach Gründung der Bundesrepublik anerkannt und wurde vom ursprünglichen Anwendungsbereich der Gratifi-

---

1 Küttner/*Kania*, Beschäftigungsanspruch Rz. 5; generell bejahend: ArbG Düss. 3.6.1993 – 9 Ga 28/93, NZA 1994, 559 allerdings für den Fall einer Freistellung nach erfolgter Kündigung des ArbN; LAG München 7.5.2003 – 5 Sa 297/03, LAGE § 307 BGB 2002 Nr. 2. ‖2 LAG München 7.5.2003 – 5 Sa 297/03, LAGE § 307 BGB 2002 Nr. 2; s. hierzu auch *Thüsing/Leder*, BB 2005, 1563 (1569). ‖3 LAG Hamm 3.2.2004 – 19 Sa 120/04, NZA-RR 2005, 358; LAG München 7.5.2003 – 5 Sa 297/03, LAGE § 307 BGB 2002 Nr. 2; LAG Sachs. 12.6.2003 – 2 Sa 715/02, nv. ‖4 ArbG Stralsund 11.8.2004 – 3 Ga 7/04, NZA-RR 2005, 23. ‖5 Hierzu auch *Thüsing/Leder*, BB 2005, 1563 (1569); s.a. Schaub/*Koch*, ArbRHdb, § 109 Rz. 9. ‖6 BAG 27.2.1985 – GS 1/84, AP Nr. 14 zu § 611 BGB. ‖7 ArbG Düss. 3.6.1993 – 9 Ga 28/93, NZA 1994, 55; Schaub/*Koch*, ArbRHdb, § 109 Rz. 11; Leßmann, RdA 1988, 149 (151); aA LAG München 7.5.2003 – 5 Sa 344/03, LAGE § 611 BGB 2002 Beschäftigungspflicht Nr. 1; 19.8.1992 – 5 Ta 185/92, NZA 1993, 1130; ArbG Leipzig 8.8.1996 – 18 Ga 37/96, BB 1997, 366; ErfK/*Preis*, § 611 Rz. 570 mit der Begründung, dass während des Laufs der Kündigungsfrist noch das reguläre ArbVerh und damit der Beschäftigungsanspruch des ArbN bestehe; diff. Küttner/*Kreitner*, Freistellung von der Arbeit Rz. 18f. ‖8 ArbG Köln 9.5.1996 – 8 Ga 80/96, NZA-RR 1997, 186; Schaub/*Koch*, ArbRHdB, § 109 Rz. 11; aA ArbG Berlin 4.2.2005 – 9 Ga 1155/05, nv. ‖9 LAG Hamm 11.10.1996 – 10 Sa 104/96, NZA-RR 1997, 287; 27.2.1991 – 2 Sa 1289/90, LAGE § 615 BGB Nr. 26; LAG Köln 21.8.1991 – 7/5 Sa 385/91, NZA 1992, 123; BAG 30.9.1982 – 6 AZR 802/79, nv.; aA BAG 6.2. 1964 – 5 AZR 93/63, AP Nr. 24 zu § 615 BGB; LAG Schl.-Holst. 20.2.1997 – 4 Sa 567/96, NZA-RR 1997, 286. ‖10 Küttner/*Kania*, Beschäftigungsanspruch Rz. 6. ‖11 LAG Berlin 13.10.2003 – 6 Ta 1968/03, LAGE § 611 BGB 2002 Beschäftigungspflicht Nr. 2. ‖12 BAG 19.1.2005 – 7 AZR 113/04, EzBAT § 53 BAT Beschäftigung Nr. 13; 2.10.2003 – 7 AZR 113/03, AP Nr. 6 zu § 14 TzBfG. ‖13 BAG 11.4.2006 – 9 AZR 528/05, NZA 2006, 1217. ‖14 RAG 19.1.1938, RAS 33, 172; hierzu *Wiedemann*, Die Gleichbehandlungsgebote im Arbeitsrecht, S. 9; *G. Hueck*, Der Grundsatz der gleichmäßigen Behandlung im Privatrecht, S. 60f.

kationen und Sonderleistungen langsam auf weitere Arbeitsbedingungen ausgedehnt[1]. Seitdem variiert die Herleitung dieser Pflicht. Verbreitet wird auf **Art. 3 I GG** Bezug genommen[2]. Andere Begründungsansätze sehen im allg. arbeitsrechtl. Gleichbehandlungsgrundsatz eine **Ausprägung der Verteilungsgerechtigkeit**, die überall da gesichert werden müsse, wo ein Gemeinschaftsverhältnis besteht, das nach einheitlichen Grundsätzen behandelt wird[3]. Auch gibt es eine gedankliche Anlehnung an **§ 315 I**, wonach die arbeitsrechtl. Gleichbehandlungspflicht als ein Unterfall der allg. Billigkeits- und Inhaltskontrolle von arbeitsrechtl. Einheitsregelungen gewertet wird[4]. Ein weiterer Ansatz, der sich insb. im Schrifttum durchgesetzt hat, sieht den Grund der Gleichbehandlungspflicht des ArbGeb im **Vollzug einer selbst gesetzten Norm**; maßgeblich ist die Freiwilligkeit der Leistung und des darin liegenden Normenvollzugs, der einheitlich zu erfolgen habe[5]. In den Instanzgerichten wird der Gleichbehandlungsgrundsatz vor allem als **Ausdruck der Fürsorgepflicht des ArbGeb**, des **Grundsatzes von Treu und Glauben** bzw. allg. sozialer Gerechtigkeitserwägungen angesehen[6]. Die verschiedenen Begründungen ergänzen sich gegenseitig und münden im allg. Rechtsbewusstsein, wonach Diskriminierung durch den ArbGeb verhindert werden soll. Einige gehen daher bereits von einer **gewohnheitsrechtl. Anerkennung** des Gleichbehandlungsgrundsatzes aus[7].

182 Worin auch der Ursprung des Gleichbehandlungsgrundsatzes gesehen werden mag, Einigkeit besteht über seinen **Inhalt** und seine **Voraussetzungen**. Nach st. Rspr. gebietet es dieser Grundsatz dem ArbGeb, seine ArbN oder Gruppen von ArbN gleich zu behandeln, soweit sie sich in gleicher oder vergleichbarer Lage befinden. Verboten ist nicht nur die willkürliche Schlechterstellung einzelner ArbN innerhalb einer Gruppe, sondern auch eine sachfremde Gruppenbildung[8]. Unterschiedliche Ergebnisse zwischen den verschiedenen Herleitungen im jeweils zu entscheidenden Einzelfall beruhen darauf, dass im Einzelnen unterschiedliche Auffassungen dazu vertreten werden, was eine willkürliche Schlechterstellung ist bzw. was als sachfremder Grund iS dieser Formel zu werten ist.

183 b) **Abgrenzung.** Der allg. arbeitsrechtl. Gleichbehandlungsgrundsatz ist abzugrenzen vom besonderen Diskriminierungsschutz, durch den – wie etwa bei §§ 7, 1 AGG[9], § 81 II SGB IX sowie in der Grundkonzeption auch § 4 I TzBfG und § 4 II TzBfG und § 9 Nr. 2 AÜG – die Unterscheidung nur nach bestimmten Merkmalen verboten wird. Es handelt sich dabei um Differenzierungsverbote, die einen **eigenständigen Maßstab der Rechtfertigung** haben. Bei den LeihArbN ist eine Ungleichbehandlung wohl – von gesetzlich vorgesehenen Ausnahmen abgesehen – gänzlich ausgeschlossen, beim Geschlecht kommt es auf die Unverzichtbarkeit der Unterscheidung an, bei der Behinderung darauf, ob sie eine wesentliche und entscheidende berufliche Anforderung betrifft, einzig bei der Teilzeit- und bei der befristeten Beschäftigung genügt der sachliche Grund.

184 Allg. Gleichbehandlungsgrundsatz und besondere Diskriminierungsverbote haben jeweils ihre **eigene Geschichte, Aufgabe und Rechtsfolge**. Der allg. Gleichheitssatz spricht die Verteilungsgerechtigkeit bei der Zuweisung von Gütern und Lasten an. Die besonderen Diskriminierungsverbote haben ihre Wurzel in der Anerkennung der Menschenwürde; sie verbieten es, bestimmte Merkmale zum Unterscheidungskriterium und einer Regelung oder einseitigen Maßnahme zu nutzen, wenn dadurch Personen herabgesetzt, ausgegrenzt oder sonst benachteiligt werden[10]. Letztlich sind aber auch die speziellen Diskriminierungsgebote (zumindest § 4 II 1 TzBfG) Ausprägungen des allg. Gleichbehandlungsgrundsatzes.[11]

185 **2. Geltungsbereich.** Voraussetzung der Anwendbarkeit des allg. Gleichbehandlungsgrundsatzes ist es mithin, dass der ArbGeb innerhalb eines bestehenden ArbVerh eine allg. gültige (= kollektive) Regelung trifft. Er muss diese Regelung auch selbst treffen, der bloße Vollzug normativer oder vertragl. Verpflichtungen genügt nicht[12].

186 a) **Maßnahmen mit kollektivem Bezug.** Dem Gleichbehandlungsgrundsatz unterfallen alle Maßnahmen und Entscheidungen des ArbGeb, die einen kollektiven Bezug haben, die sich also nicht allein in der einzelfall- und einzelpersonbezogenen Regelung erschöpfen. Erfasst werden vertragl. Vereinbarungen, insb. arbeitsrechtl. Einheitsregelungen und Gesamtzusagen, aber auch die Ausübung des Direktionsrechts[13]. Der Gleichbehandlungsgrundsatz ist damit nicht nur Anspruchsgrundlage, sondern auch Schranke zur Ausübung arbeitsvertragl. Rechte durch den ArbGeb.

---

1 Zu dieser Entwicklung *Hueck/Nipperdey*, Arbeitsrecht I, 6. Aufl., S. 425. ‖ 2 BAG 23.1.2007 – 3 AZR 398/05, BAGE 121, 36; 17.11.1998 – 1 AZR 147/98, AP Nr. 162 zu § 242 BGB Gleichbehandlung (*Richardi*) mwN. ‖ 3 Vgl. bereits G. *Hueck*, Der Grundsatz der gleichmäßigen Behandlung im Privatrecht, 1958, S. 127 ff., 169 ff. ‖ 4 *Söllner/Waltermann*, Arbeitsrecht, § 29 Rz. 772. ‖ 5 Grundl. *Bötticher*, RdA 1953, 161; heute MünchArbR/*Richardi*, § 9 Rz. 9 f.; *Löwisch*, FS G. Müller, 1981, S. 301 (303). ‖ 6 Beispielhaft LAG Düss. 11.11.1981 – 22 Sa 421/81, DB 1982, 2715; s.a. MüKoBGB/*Müller-Glöge*, § 611 Rz. 1121. ‖ 7 MüKoBGB/*Müller-Glöge*, § 611 Rz. 1122; *Boemke*, NZA 1993, 532 (535). ‖ 8 So die ständige Formulierung der Rspr.: BAG 3.4.1957 – 4 AZR 644/54, AP Nr. 4 zu § 242 BGB Gleichbehandlung; 6.12.1995 – 10 AZR 198/95, AP Nr. 187 zu § 611 BGB Gratifikation; 17.11.1998 – 1 AZR 147/98, AP Nr. 162 zu § 242 BGB Gleichbehandlung; 21.6.2000 – 5 AZR 806/98, AP Nr. 60 zu § 612 BGB; 25.10.2001 – 6 AZR 560/00, NZA 2002, 872; 24.10.2006 – 9 AZR 681/05, AP Nr. 263 zu § 611 BGB Gratifikation; 22.1.2009 – 8 AZR 808/07, NZA 2009, 547 (550). ‖ 9 Zweifelnd *Maier/Mehlich*, DB 2007, 110. ‖ 10 Vgl. hierzu auch *Wiedemann*, RdA 2005, 193. ‖ 11 BAG 2.3.2004 – 1 AZR 271/03, BAGE 109, 369; 21.2.2013 – 8 AZR 68/12, NJW 2013, 2699. ‖ 12 BAG 21.9.2011 – 5 AZR 520/10, BAGE 139, 190. ‖ 13 S. LAG Köln 22.6.1994 – 2 Sa 1087/93, LAGE § 611 BGB Direktionsrecht Nr. 19.

Ob die Maßnahme kollektiven Bezug hat, kann nicht allein durch die Verhältniszahlen der jeweils begünstigten und benachteiligten ArbN ermittelt werden[1], sondern entscheidet sich danach, ob der ArbGeb nach einem bestimmten erkennbaren und **generalisierenden Prinzip** auf Grund einer abstrakten Regelung handelt und dazu bestimmte Voraussetzungen oder Zwecke festlegt[2]. Einer Maßnahme fehlt der kollektive Bezug, wenn sie **individuell mit dem ArbN ausgehandelt** wurde. Der Gleichbehandlungsgrundsatz tritt dann hinter die Vertragsfreiheit zurück[3]; der Gleichbehandlungsgrundsatz dient nicht dazu, die Ergebnisse individueller Verhandlungen zu korrigieren und ein unzureichendes Verhandlungsgeschick auszugleichen[4]. Eine Individualvereinbarung liegt freilich nicht vor, wenn einseitig gestellte Vertragsbedingungen des ArbGeb akzeptiert werden. Es gilt hier nichts anderes als bei der Abgrenzung von AGB und ausgehandelter Vereinbarung (s. § 305 Rz. 9). Die Tatsache allein, dass der ArbGeb eine Ungleichbehandlung durchsetzen kann, führt nicht dazu, dass er zu ihr berechtigt ist. Eine individuelle Vereinbarung, die die Anwendung des Gleichbehandlungsgrundsatzes ausschließt, liegt nicht schon dann vor, wenn der Arbeitsvertrag eine übertarifl. Vergütung vorsieht[5]. 187

Weil die Individualvereinbarung nicht an das allg. Gleichbehandlungsgebot gebunden ist, ist die **individuelle Besserstellung**, wenn sie Ausdruck einer einzelfallbezogenen Entscheidung ist, möglich[6], und auch ist der **Verzicht** des einzelnen ArbN auf seine Rechte aus dem Gleichbehandlungsgrundsatz zulässig, etwa indem er eine Vertragsänderung ablehnt, die vergleichbare ArbN, da für sie günstig, angenommen haben[7]. 188

Zur Begrenzung des arbeitgeberseitigen **Direktionsrecht** (Einzelheiten s. § 106 GewO) durch den Gleichbehandlungsgrundsatz hat die Rspr. ua. entschieden in Bezug auf die Versetzung auf einen anderen Arbeitsplatz[8], Torkontrollen[9], Zeiterfassung[10], ein betriebl. Rauchverbot[11], Kürzung der regelmäßigen Arbeitszeit[12] und der Verteilung von Überstunden, Nacht- und Feiertagsarbeit[13]. Umstritten ist bei einer Tätigkeit im öffentl. Dienst aber das Verhältnis von Verwaltungsvorschriften (die über den Gleichbehandlungsgrundsatz mittelbar auf den ArbN einwirken[14]) und dem Gleichbehandlungsgrundsatz[15]. 189

Eine an den Gleichbehandlungsgrundsatz gebundene Maßnahme kann auch die **Kündigung** des ArbVerh durch den ArbGeb sein. Soweit der allg. Kündigungsschutz eingreift, hat dieser jedoch weitgehend den Gleichbehandlungsgrundsatz in sich aufgenommen. Dies gilt vor allem für die betriebsbedingte Kündigung, in der nach § 1 III KSchG eine soziale Auswahl getroffen werden muss (ausf. s. § 1 KSchG Rz. 327ff.). Anders kann es bei der personen- oder verhaltensbedingten Kündigung sein. Voraussetzung der Anwendbarkeit ist allerdings auch hier, dass die Maßnahme kollektiven Bezug hat. Dies ist zB denkbar bei der Weiterbeschäftigung nach einem rechtswidrigen Streik oder bei kollektiv begangenen strafbaren Handlungen. Einzelne dürften hier nicht sachwidrig ausgewählt werden[16]. Sinnvoll erscheint es auch, den **Wiedereinstellungsanspruch**, für den Fall, dass zunächst berechtigte Kündigungsgründe vor Ablauf der Kündigungsfrist wegfallen, am allg. Gleichbehandlungsgrundsatz zu messen. Dies gilt jedenfalls dann, wenn mehrere ArbN die Fortsetzung des ArbVerh geltend machen und der ArbGeb unter ihnen auswählen muss[17]. 190

Keine Maßnahme liegt vor, wenn der ArbGeb in einer Unterscheidung keine Regelung treffen will, sondern sich irrtümlich zu unterschiedlicher Behandlung verpflichtet glaubt[18]. Ein **Anspruch auf Gleichbehandlung im Rechtsirrtum** besteht daher nicht[19]. Ebenso verneint die Rspr. recht streng einen Anspruch auf **Gleichbehandlung im Unrecht**. Der arbeitsrechtl. Gleichbehandlungsgrundsatz gewährt danach selbst bei Beschäftigung im öffentl. Dienst keinen Anspruch auf Wiederholung eines unrechtmäßigen Verwaltungshandelns. Dem stünde schon der Grundsatz der Gesetzesbindung der Verwaltung entgegen[20]. 191

---

1 In diese Richtung aber BAG 19.8.1992 – 5 AZR 513/91, AP Nr. 102 zu § 242 Gleichbehandlung; s.a. ErfK/*Preis*, § 611 Rz. 575. || 2 BAG 21.3.2002 – 6 AZR 144/01, EzA § 242 BGB Gleichbehandlung Nr. 88; 25.10.2001 – 6 AZR 560/00, NZA 2002, 872; 27.7.1988 – 5 AZR 244/87, AP Nr. 83 zu § 242 BGB Gleichbehandlung; 19.8.1992 – 5 AZR 513/91, AP Nr. 102 zu § 242 BGB Gleichbehandlung; 23.8.1995 – 5 AZR 293/94, AP Nr. 134 zu § 242 BGB Gleichbehandlung; 12.6.1996 – 5 AZR 960/94, AP Nr. 4 zu § 611 BGB Werkstudent. || 3 BAG 25.2.2010 – 6 AZR 911/08, NZA 2010, 561; 17.12.2009 – 6 AZR 242/09, NZA 2010, 273; 13.2.2020 – 6 AZR 713/00, AP Nr. 184 zu § 242 BGB Gleichbehandlung; 17.2.1998 – 3 AZR 783/96, BAGE 88, 23 (27); 27.7.1988 – 5 AZR 244/87, AP Nr. 83 zu § 242 BGB Gleichbehandlung; 24.10.1989 – 8 AZR 5/89, AP Nr. 29 zu § 11 BUrlG. || 4 BAG 25.5.2004 – 3 AZR 15/03, AP Nr. 5 zu § 1b BetrAVG. || 5 BAG 21.3.2002 – 6 AZR 144/01, EzA § 242 BGB Gleichbehandlung Nr. 88. || 6 Ebenso ErfK/*Preis*, § 611 Rz. 575; Schaub/*Linck*, ArbRHdb, § 112 Rz. 6; MüKoBGB/*Müller-Glöge*, § 611 Rz. 1122; vgl. auch ArbG München 31.10.2003 – 3 Ca 4946/03, nv. || 7 BAG 4.5.1962 – 1 AZR 250/61, AP Nr. 32 zu § 242 BGB Gleichbehandlung; MünchArbR/*Richardi*, § 9 Rz. 47ff.; ErfK/*Preis*, § 611 Rz. 577. || 8 BAG 12.7.1957 – 1 AZR 129/56, AP Nr. 5 zu § 242 BGB Gleichbehandlung. || 9 LAG Köln 3.11.1983 – 10 TaBV 19/83, nv. || 10 LAG Berlin 9.1.1984 – 12 Sa 127/83, DB 1984, 2098. || 11 LAG Hess. 6.7.1989 – 9 Sa 1295/88, LAGE § 611 BGB Direktionsrecht Nr. 5. || 12 LAG 15.12.1993 – 5 AZR 319/93, nv. || 13 LAG Köln 22.6.1994 – 2 Sa 1087/93, LAGE § 611 BGB Direktionsrecht Nr. 19. || 14 BAG 22.5 2012 – 9 AZR 423/10, AP Nr. 57 zu § 1 TVG Altersteilzeit. || 15 Hierzu BAG v. 17.8.2010 – 9 AZR 414/09, AP Nr. 22 zu § 3 ATG; 10.7.2013 – 10 AZR 915/12, NZA 2013, 1142. || 16 Ebenso *Wiedemann*, Die Gleichbehandlungsgebote im Arbeitsrecht, S. 27. || 17 Im Erg. ebenso BAG 4.12.1997 – 2 AZR 140/97, AP Nr. 4 zu § 1 KSchG 1969 Wiedereinstellung, jedoch in Anlehnung an § 1 III KSchG und §§ 242, 315 BGB. || 18 BAG 18.11.2009 – 4 AZR 491/08, NZA 2010, 835. || 19 BAG 21.8.1980 – 5 AZR 325/78, AP Nr. 2 zu § 77 BetrVG 1972; 26.11.1998 – 6 AZR 335/97, AP Nr. 11 zu § 1 BAT-O; 24.6.2004 – 8 AZR 357/03, ZTR 2005, 92; LAG Hamm 21.12.2004 – 12 Sa 1387/04, LAGReport 2005, 159; LAG Berlin 24.1.2003 – 2 Sa 1807/02, NJ 2003, 332; LAG Hess. 17.3.2005 – 14/8 Sa 1592/04, nv. || 20 BAG 9.2.2003 – 7 AZR 67/02, NZA 2003, 1271.

192 **b) Bestehendes Rechtsverhältnis zwischen ArbGeb und ArbN.** Das Rechtsverhältnis zwischen ArbGeb und ArbN, innerhalb dessen der Gleichbehandlungsgrundsatz Anwendung findet, ist regelmäßig das **ArbVerh**. Darüber hinaus besteht ein Anspruch auf Gleichbehandlung im **Ruhestandsverhältnis**, etwa bei der betrAV[1]. Der Gleichbehandlungsgrundsatz greift daher nach st. Rspr. nicht schon bei **Einstellungen**, da diese erst das Rechtsverhältnis zwischen ArbGeb und ArbN begründen[2]. Die besonderen Diskriminierungsverbote zeigen jedoch, dass auch hier Gleichbehandlungsgebote bestehen können: Etwa die §§ 7, 1, 2 AGG, § 81 II SGB IX beziehen sich ausdrücklich auch auf die Einstellung. Je nachdem, ob man darin Sondervorschriften oder aber auf alle Gleichbehandlungspflichten auszudehnende Einschränkungen der Abschlussfreiheiten sieht, kann dies in zukünftiger Rechtsentwicklung auf die Einstellungen durchschlagen. Bezugsgruppe ist dann nicht die Betriebsgemeinschaft, sondern die aktuelle oder potenzielle Bewerbergruppe[3]. Einen Anspruch auf **Begründung eines DauerArbVerh** aus Gleichbehandlung hat die Rspr. abgelehnt[4]. Gleiches muss für die Übernahme von einem Teilzeit- in ein VollzeitArbVerh gelten[5]. Ein Änderungsangebot, dessen Inhalt den arbeitsrechtl. Gleichbehandlungsgrundsatz verletzt, widerspricht dem Grundsatz der Verhältnismäßigkeit. Es muss vom ArbN nicht billigerweise hingenommen werden und führt zur Unwirksamkeit der **Änderungskündigung** nach § 2 S. 1 KSchG iVm. § 1 II KSchG[6].

193 Ein hinreichendes Rechtsverhältnis bilden auch die **nachwirkenden Pflichten und Bindungen** eines gekündigten oder aus anderem Grund beendeten ArbVerh. Auch Wiedereinstellungsansprüche können daher an den allg. Gleichbehandlungsgrundsatz gebunden sein (s.a. Rz. 190)[7]. Das BAG hat es allerdings abgelehnt, dass bei vorübergehender Stilllegung eines Saison- und Kampagnebetriebes der ArbGeb bei der nur teilweisen Wiedereinstellung der Belegschaft die Grundsätze der sozialen Auswahl anwenden muss[8].

194 **c) Tarifvertrag und Betriebsvereinbarung.** Inwieweit TV und BV an den allg. arbeitsrechtl. Gleichbehandlungsgrundsatz gebunden sind, ist bislang nicht befriedigend geklärt, in der Praxis jedoch ohne Bedeutung. TV-Normen sind entsprechend st. Rspr. an **Art. 3 I GG** gebunden, auch wenn die neuere Rspr. bei den Freiheitsrechten nur von einer mittelbaren Bindung der TV ausgeht[9]. Es gelten daher grds. die gleichen Maßstäbe. Nach hM ist der ArbGeb jedoch nicht verpflichtet, nicht tarifgebundenen ArbN tarifl. Leistungen zu gewähren[10]. Dies wird zumeist damit begründet, dass der ArbGeb berechtigt ist, gesetzl. Differenzierungen durchzuführen. § 3 TVG legt jedoch nur die Grenzen normativer Geltung fest, trifft aber keine Aussage zu dem auf anderer Grundlage beruhenden arbeitsrechtl. Gleichbehandlungsgrundsatz. Eine Gleichbehandlung zumindest der ArbN, die einen TV mit erstreikt haben, ist daher denkbar[11]. Ebenso haben die Tarifparteien eine weit gehende Gestaltungsfreiheit hinsichtlich der ArbN-Gruppen, die sie in den personellen Geltungsbereich des TV einbeziehen[12]. Aufgrund deren normativer Wirkung ist der ArbGeb innerhalb des Anwendungsbereichs tarifvertragl. Normen nicht unmittelbar an den Gleichbehandlungsgrundsatz gebunden ist[13]. Für unterschiedliche TV-Parteien besteht kein verfassungsrechtl. Gebot, ähnliche Sachverhalte in verschiedenen Ordnungs- und Regelungsbereichen gleich zu regeln[14]. Ein nicht tarifgebundener ArbGeb kann sich ohne Verstoß gegen den Gleichbehandlungsgrundsatz darauf beschränken, nur mit ArbN in Leitungsfunktionen eine Vergütung nach Tarif zu vereinbaren[15]. Vereinbart der ArbGeb nach Kündigung eines TV mit allen neu eingestellten ArbN eine geringere als die tarifl. Vergütung, ist dies als Stichtagsregelung (s. Rz. 208) zulässig[16]. Eine Bindung an den Gleichbehandlungsgrundsatz muss aber dann bejaht werden, wenn der ArbGeb die tarifvertragl. Regelungen abweichend von ihrem normativen Geltungsbereich anwendet[17]. Der Gleichbehandlungsgrundsatz greift dort, wo der ArbGeb durch eigenes gestaltendes Verhalten ein eigenes Regelwerk oder eine eigene Ordnung schafft, nicht aber bei bloßem – auch vermeintlichem[18] – Normvollzug[19].

---

1 Schaub/*Vogelsang*, ArbRHdb, § 85 Rz. 13ff.; ErfK/*Preis*, § 611 Rz. 578. ‖ 2 BAG 28.1.1955 – GS 1/54, AP Nr. 1 zu Art. 9 GG Arbeitskampf; 26.8.1987 – 4 AZR 137/87, AP Nr. 137 zu §§ 22, 23 BAT 1975. S. aber zur Übernahme von Auszubildenden BVerfG 19.5.1992 – 1 BvR 126/85, AuR 1993, 254 (atomkraftkritischer Azubi bei Daimler). ‖ 3 Ausf. *Wiedemann*, Die Gleichbehandlungsgebote im Arbeitsrecht, S. 23 f. ‖ 4 BAG 19.2.2003 – 7 AZR 67/02, NZA 2003, 1271. ‖ 5 Großzügiger LAG Köln 27.6.2003 – 11 Sa 1206/02, PersV 2005, 75. ‖ 6 BAG 3.7.2003 – 2 AZR 617/02, AP Nr. 73 zu § 2 KSchG 1969. ‖ 7 AA wohl ErfK/*Preis*, § 611 Rz. 578. ‖ 8 BAG 15.3.1984 – 2 AZR 24/83, AP Nr. 2 zu § 1 KSchG 1969 Soziale Auswahl. ‖ 9 BAG 22.12.2009 – 3 AZR 895/07, NZA 2010, 521; 27.5.2004 – 6 AZR 129/03, AP Nr. 5 zu § 1 TVG Gleichbehandlung sowie BAG 16.12.2004 – 6 AZR 652/03, nv. ‖ 10 LAG Hess. 19.11.2012 – 17 Sa 134/12 ua., nv., n.rkr.; BAG 8.8.2000 – 9 AZR 517/99, nv; 20.7.1960 – 4 AZR 199/59, AP Nr 7 zu § 4 TVG; Wiedemann/*Oetker*, § 3 TVG Rz. 283 ff.; *Hueck/Nipperdey*, Arbeitsrecht, II/1 § 23 I. 2., S. 479 f.; aA lediglich *Wiedemann*, RdA 1969, 321 (323 ff.). ‖ 11 So *Thüsing*, ZTR 1997, 433; *Thüsing*, Der Außenseiter im Arbeitskampf, 1996, S. 119. ‖ 12 Str.: BAG 30.8.2000 – 4 AZR 563/99, NZA 2001, 613; 12.10.2004 – 3 AZR 571/03, NZA 2005, 1127; 27.5.2004 – 6 AZR 129/03, AP Nr. 5 zu § 1 TVG Gleichbehandlung, 18.5.2004 – 9 AZR 250/03, EzA § 4 TVG Luftfahrt Nr. 9; *Wißmann*, FS Dieterich, 1999, S. 683. ‖ 13 BAG 22.12.2009 – 3 AZR 895/07, NZA 2010, 521. ‖ 14 BAG 16.12.2003 – 3 AZR 668/02, AP Nr. 1 zu § 2 MTArb SR 2g. ‖ 15 BAG 19.8.1992 – 5 AZR 513/91, AP Nr. 102 zu § 242 BGB Gleichbehandlung; 20.11.1996 – 5 AZR 401/95, NZA 1997, 724. ‖ 16 BAG 11.6.2002 – 1 AZR 390/01, DB 2002, 2725 = EWiR 2003, 95 (*Thüsing*); zur Zulässigkeit einer Stichtagsregelung im TV s.a. BAG 21.4.2005 – 6 AZR 440/04, nv. ‖ 17 BAG 16.5.2013 – 6 AZR, 619/11, ZTR 2013, 441, Rz. 42 ff. ‖ 18 BAG 6.7.2011 – 4 AZR 596/09, NZA 2011, 1426; 16.6.2010 – 4 AZR 928/08, NZA-RR 2011, 45. ‖ 19 St. Rspr., s. nur zuletzt BAG 16.5.2013 – 6 AZR, 619/11, ZTR 2013, 441, Rz. 46; 19.2.2013 – 9 AZR 452/11, ZTR 2013, 288; 23.10.2012 – 4 AZR 48/11, NZA 2013, 528.

Für BV gilt § 75 I BetrVG. Zum dort normierten Gebot an ArbGeb und BR, die Belegschaft nach 195
Recht und Billigkeit zu behandeln, gehört allg. anerkannt die Pflicht zur Gleichbehandlung, wo sachliche Gründe fehlen, die eine Differenzierung rechtfertigen[1].

3. Vergleichsgruppe. Gleichbehandlung kann verlangt werden zu **vergleichbaren ArbN**. Vergleichbar 196
ist ein konkreter ArbN mit derselben Art des ArbVerh und der gleichen oder einer ähnlichen Tätigkeit,
s.a. § 2 I 3, § 3 II 1 TzBfG. Ob ArbVerh derselben Art angehören, ist ohne Rücksicht auf die Vorgaben
und die Wortwahl des Vertrages nach der konkreten Tätigkeit zu entscheiden. Der Gleichbehandlungsgrundsatz verbietet damit nicht nur die willkürliche Schlechterstellung einzelner ArbN innerhalb der
Gruppe, sondern auch eine sachfremde Gruppenbildung[2]. Die Tätigkeiten zweier ArbN sind **gleich**,
wenn identische Arbeitsvorgänge verrichtet werden, sie sind **ähnlich**, wenn sie trotz unterschiedlicher
Arbeitsvorgänge im Hinblick auf Qualifikation, erworbene Fertigkeiten, Verantwortung und körperliche Belastbarkeit des ArbN gleiche Anforderungen stellen und die mit ihnen befassten ArbN deshalb
jederzeit wechselseitig ausgetauscht werden können. Die bloße **Gleichwertigkeit** einer Tätigkeit führt
nicht zur Anwendung des Gleichbehandlungsgrundsatzes.

Im Unterschied dazu ist im Rahmen der besonderen Diskriminierungsverbote im Einzelfall auch der 196a
Vergleich mit einem **hypothetischen ArbN** vorzunehmen. Wichtigstes Beispiel ist hier – der durch die
Art. 5 I der LeiharbeitsRL 2008/104/EG determinierte – § 9 AÜG. Hier ist es unerheblich, wenn eine Vergleichsgruppe nicht existiert; es genügt, dass eine solche hypothetisch bestehen kann[3]. Geboten ist
eine solche Betrachtung dennoch nur dort, wo sie vom Gesetz explizit gefordert wird oder aber durch
das Unionsrecht vorbestimmt ist. Eine generalisierende Betrachtung verbietet sich.

Mangels vergleichbarer Lage gilt der Gleichbehandlungsgrundsatz grds. nicht zwischen ArbN und **Or-** 197
ganmitgliedern juristischer Personen[4] und bei der Behandlung von **Beamten** und Angestellten, selbst
wenn diese auf gleichen Dienstposten beschäftigt werden[5]. Einen Gleichbehandlungsgrundsatz zwischen **Handelsvertretern**[6] hat die Rspr. abgelehnt. Der Gleichbehandlungsgrundsatz findet mangels
Vergleichbarkeit der Personengruppen ebenfalls keine Anwendung zwischen **Prokuristen und Handlungsbevollmächtigten**[7], da diese auch handelsrechtl. eine unterschiedl. Stellung haben und daher
nicht miteinander vergleichbar sind; die Erteilung von Prokura stellt insoweit einen gesteigerten
Vertrauensbeweis dar. **Heimarbeiter**[8] können jedenfalls im Entgelt anders als ihre Kollegen behandelt
werden. Zulässig ist auch eine Differenzierung zwischen **Dienstordnungsangestellten und Tarifangestellten**[9] bei der Gewährung einer tarifvertragl. vorgesehenen Jubiläumszuwendung oder einer prozentualen Vergütungssteigerung[10]. Der BGH erkennt eine abgeschwächte Gleichbehandlungspflicht unter
Organmitgliedern an, nach der es möglich sein kann, ein Ruhegehalt, das bislang sämtlichen Organmitgliedern zugesprochen wurde, nun zwingend auf alle zu erstrecken[11].

Für die Anwendung des arbeitsrechtl. Gleichbehandlungsgrundsatzes ist es grds. unerheblich, dass 198
die **Gruppe der Begünstigten kleiner** ist als die Gruppe der von der übertarifl. Leistung ausgeschlossenen ArbN[12]; dies kann jedoch Auswirkungen auf die Rechtsfolgen haben (s. Rz. 211 ff.).

Einzubeziehen in den Vergleich sind alle ArbN des **Unternehmens, nicht allein des Betriebs**[13]. Der 199
Gleichbehandlungsgrundsatz ist entsprechend Art. 3 GG kompetenzbezogen und bezieht sich damit
auf den Bereich, auf den sich die Regelungskompetenz erstreckt. Als Normadressat ist der ArbGeb für

---

1 BAG 19.4.1983 – 1 AZR 498/81, AP Nr. 124 zu Art. 3 GG; 28.4.1993 – 10 AZR 222/92, 31.7.1996 – 10 AZR 45/96 und
11.2.1998 – 10 AZR 22/97, AP Nr. 67, Nr. 103 und Nr. 121 zu § 112 BetrVG 1972; 20.7.1993 – 3 AZR 52/93, AP Nr. 11
zu § 1 BetrAVG Gleichbehandlung; 11.11.1986 – 3 ABR 74/85, NZA 1987, 449; 23.11.2004 – 9 AZR 639/03, NZA 2005,
833; 22.3.2005 – 1 AZR 49/04, AP Nr. 48 zu § 75 BetrVG 1972; 19.1.2010 – 3 ABR 19/08, AP Nr. 49 zu § 77 BetrVG
1972 Betriebsvereinbarung; zur Vereinbarkeit einer Besitzstandsklausel mit dem betriebsverfassungsrechtl.
Gleichbehandlungsgrundsatz s. BAG 2.8.2006 – 10 AZR 572/05, EzA § 75 BetrVG 2001 Nr 3. ‖2 BAG 27.7.2010
– 1 AZR 874/08, NZA 2010, 1369; 21.10.2009 – 10 AZR 664/08, AP Nr. 210 zu § 242 BGB Gleichbehandlung.
‖3 *Thüsing/Stiebert*, ZESAR 2012, 199 (202f.); *Schüren/Wank*, RdA 2011, 1 (4); *Fuchs*, NZA 2009, 57 (60); *Thüsing*, RdA 2009, 118. ‖4 BGH 14.5.1990 – II ZR 122/89, GmbHR 1990, 389. ‖5 BAG 16.3.2010 – 3 AZR 356/08,
AP Nr. 63 zu § 1 BetrAVG Gleichbehandlung; 15.11.2005 – 9 AZR 209/05, AP Nr. 18 zu § 50 BAT; 18.11.2004 – 6
AZR 512/03, EzBAT § 29 BAT Nr. 39; 17.7.2003 – 8 AZR 319/02, EzBAT §§ 22, 23 BAT K1 VergGr Ib Nr. 2; 3.4.2003 –
6 AZR 633/01, AP Nr. 185 zu § 242 BGB Gleichbehandlung; LAG Köln 13.11.2003 – 5 Sa 759/03, NZA-RR 2004, 608;
ArbG Essen 7.12.2004 – 2 Ca 2743/04, DB 2005, 1114; Schaub/*Linck*, ArbRHdb, § 112 Rz. 14; Küttner/*Kania*,
Gleichbehandlung, Rz. 10. ‖6 BGH 28.1.1971 – VII ZR 95/69, AP Nr. 35 zu § 242 BGB Gleichbehandlung.
‖7 BAG 25.5.2004 – 3 AZR 15/03, AP Nr. 5 zu § 1b BetrAVG. ‖8 BAG 19.6.1957 – 2 AZR 84/55, AP Nr. 12 zu
§ 242 BGB Gleichbehandlung. ‖9 BAG 29.9.2004 – 10 AZR 88/04, ZTR 2005, 216. ‖10 BAG 9.6.2010 – 5 AZR
498/09, AP Nr. 82 zu § 1 TVG Bezugnahme auf Tarifvertrag. ‖11 S. BGH 14.5.1990 – II ZR 122/89, GmbHR 1990,
389; 19.12.1994 – II ZR 244/93, WM 1995, 627. Anders bei tarifvertragl. vorgegebener Gleichbehandlung: BAG
13.12.2001 – 8 AZR 94/01, ZTR 2002, 328. ‖12 LAG Köln 18.5.2012 – 4 Sa 1506/11, AE 2013, 17, n.rkr.; BAG 30.3.
1994 – 10 AZR 681/92, AP Nr. 113 zu § 242 BGB Gleichbehandlung; 25.1.1984 – 5 AZR 89/82, BAGE 45, 76.
‖13 BAG 22.12.2009 – 3 AZR 136/08, NZA-RR 2010, 541; 17.11.1998 – 1 AZR 147/98, AP Nr. 162 zu § 242 BGB
Gleichbehandlung (*Richardi*); 3.12.2008 – 5 AZR 74/08, BAGE 128, 342: „jedenfalls dann, wenn die verteilende
Entscheidung des Arbeitgebers nicht auf einen einzelnen Betrieb beschränkt ist, sondern sich auf alle oder mehrere Betriebe des Unternehmens bezieht"; vorher bereits das herrschende Schrifttum: Schaub/*Linck*, ArbRHdb,
§ 112 Rz. 15; MünchArbR/*Richardi*, § 9 Rz. 12; *Bepler*, NZA Sonderbeil. Heft 18/2004, 3 (8ff.); jew. mwN.

das Unternehmen in seiner Gesamtheit verantwortlich. Die ehemals maßgebliche Ableitung aus der betriebl. Gemeinschaft tritt damit zurück. Die unterschiedliche Betriebszugehörigkeit kann jedoch ein Grund zur Ungleichbehandlung sein, insb. wenn kein enger lebensmäßiger Zusammenhang zwischen den Angehörigen der verschiedenen Betriebe besteht und die Betriebe selber erhebliche Unterschiede aufweisen. Durch bloße **Betriebsaufspaltung** ohne materielle Änderungen des Betriebsablaufs kann der allg. Gleichbehandlungsgrundsatz freilich nicht umgangen werden[1]. Anders herum führt der arbeitsrechtl. Gleichbehandlungsgrundsatz bei mehreren Betrieben nicht per se zu einer Unmöglichkeit einzelbetrieblicher Regelungen und kann damit nicht allein die Zuständigkeit des GBR nach § 50 I BetrVG begründen[2]. Werden bisher **getrennte betriebl. Gemeinschaften zusammengeführt**, so verstößt die Beibehaltung unterschiedlicher Entgeltstrukturen nicht gegen den Gleichbehandlungsgrundsatz, eine Differenzierung nach dem übernommenen Besitzstand ist nicht sachwidrig, auch nicht nach Ablauf längerer Zeiträume[3]. Überdies kann hier § 613a eine Schranke ggü. der Vereinheitlichung der Arbeitsbedingungen bilden[4].

200 Eine unternehmensübergreifende, insb. eine **konzernweite Geltung** des Gleichbehandlungsgrundsatzes besteht grds. nicht[5]. Der Grundsatz kennt freilich Ausnahmen. Wenn die Konzernspitze eine Verteilungskompetenz in Anspruch nimmt und Weisungen und Regelungen trifft, die konzernweit gelten oder umgesetzt werden, ist auch hier eine Gleichbehandlungspflicht anzuerkennen[6]. Wer wie das BAG die Grundlage der Gleichbehandlungspflicht nicht mehr historischem Herkommen entsprechend in der betriebl. Gemeinschaft sieht, die auch einheitlichen Grundsätzen behandelt werden muss, sondern dem Erkenntnisfortschritt des Verfassungsrechts auch für das Arbeitsrecht Rechnung trägt und die Gleichbehandlungspflicht kompetenzbezogen formuliert, der wird das Unternehmen nicht als die magische Grenze ansehen können, jenseits derer jegliche Pflicht zur Gleichbehandlung aufhört[7]. Es bleibt aber der Umstand beachtlich, dass die in einem Konzern zusammengeschlossenen Unternehmen ihre rechtl. Selbständigkeit behalten und auch wirtschaftl. mehr oder weniger selbständig bleiben, und damit in einem Konzern mehrere unterschiedliche ArbGeb vorhanden sind. Wann also dennoch die Gleichbehandlungspflicht durchschlägt, bedarf der Konturierung. Die Gleichartigkeit der betroffenen Unternehmen und ein enger arbeitsorganisatorischer Zusammenhang zwischen ihnen ist für die Anwendung des Gleichbehandlungsgrundsatzes nicht erforderlich[8]. Sie kennzeichnen nur das Fehlen eines sachlichen Grundes, zwischen den einzelnen Unternehmen zu unterscheiden.

201 Aus den gleichen Gründen, aus denen für den Regelfall eine konzernweite Geltung des Gleichbehandlungsgrundsatzes abzulehnen ist, ist er auch nicht in einem **gemeinsamen Betrieb** verschiedener Unternehmen im Hinblick auf die verschiedenen ArbGeb anzuwenden[9].

202 **4. Rechtfertigungsgründe einer Ungleichbehandlung.** Was ein sachlicher Grund zur Rechtfertigung einer Ungleichbehandlung ist, entscheidet sich im Einzelfall. **Ein abschließender Kanon existiert nicht.** Als grobe Richtschnur empfiehlt sich eine Unterscheidung von **sachverhaltsbezogenen** und **personenbezogenen** Ungleichbehandlungen[10]. Für die erste Gruppe wird eine Rechtfertigung eher gelingen. Die Unterscheidung muss zumindest bei einer sachverhaltsbezogenen Betrachtung einem legitimen Ziel dienen und zur Erreichung dieses Ziels erforderlich und angemessen sein. Davon geht auch die Rspr. aus, wenn sie fordert, dass eine Unterscheidung nach dem „Zweck der Leistung gerechtfertigt" sein muss[11], oder sie formuliert, eine Differenzierung sei sachfremd, wenn es für die unterschiedliche Behandlung keine billigenswerten Gründe gibt, wenn also nach einer am Gleichheitsgedanken orientierten Betrachtungsweise die Regelung als willkürlich anzusehen ist[12]. Billigenswert sind Gründe, die auf vernünftigen, einleuchtenden Erwägungen beruhen und gegen keine verfassungsrechtl. oder sonstigen übergeordneten Wertentscheidungen verstoßen[13]. Der ArbGeb muss in einer allg. Ordnung die Voraus-

---

1 Ebenso MünchArbR/*Richardi*, § 9 Rz. 12; ErfK/*Preis*, § 611 Rz. 586. ||2 BAG 18.5.2010 – 1 ABR 96/08, NZA 2011, 171; 23.3.2010 – 1 ABR 82/08, AP Nr. 135 zu § 87 BetrVG 1972 Lohngestaltung. ||3 BAG 25.8.1976 – 5 AZR 788/75, AP Nr. 41 zu § 242 BGB Gleichbehandlung; ebenso BAG 21.6.2000 – 5 AZR 806/98, AP Nr. 60 zu § 612 BGB; 29.8.2001 – 4 AZR 352/00, AP Nr. 291 zu Art. 3 GG für den Tarifvertrag; 31.8.2005 – 5 AZR 517/04, BAGE 115, 367 für den Fall der Verschmelzung mit dem UmwG m. Nachw. zur Gegenmeinung. ||4 Detailliert hierzu *Rieble*, SAE 2003, 11 ff. ||5 BAG 22.8.2006 – 3 AZR 319/05, AP Nr. 30 zu § 77 BetrVG 1972 Betriebsvereinbarung; 20.8.1986 – 4 AZR 272/85, AP Nr. 6 zu § 1 TVG Tarifverträge: Seniorität; LAG Schl.-Holst. 20.4.2004 – 5 Sa 8/04, NZA-RR 2005, 93; Schaub/*Linck*, ArbRHdb, § 112 Rz. 15; *Windbichler*, Arbeitsrecht im Konzern, S. 420. ||6 LAG Köln 24.6.1999 – 6 Sa 241/99, EWiR 2000, 9 (*Thüsing*); BAG 21.11.2006 – 3 AZR 309/05, AP Nr. 7 zu § 1b BetrAVG; s.a. BAG 5.10.1999 – 3 AZR 230/98, AP Nr. 51 zu § 1 BetrVG Zusatzversorgungskassen; s.a. zur Sozialauswahl BAG 17.2.2000 – 2 AZR 142/99, AP Nr. 46 zu § 1 KSchG 1969 Soziale Auswahl; s.a. zu Sozialleistungen LAG BW 30.12.2004 – 2 Sa 38/04, EzA-SD 2005, Nr 7, 15–16; anders BAG 25.4.2006 – 3 AZR 50/05, NZA-RR 2007, 310. ||7 S. insb. *Henssler*, Der Arbeitsvertrag im Konzern, 1983, S. 112 ff.; *Martens*, FS 25 Jahre BAG, 1979, S. 367 (386 f.). ||8 S. aber BAG 26.4.1966 – 1 AZR 242/65, DB 1966, 1278 und BAG 20.8.1986 – 4 AZR 272/85, AP Nr. 6 zu § 1 TVG Tarifverträge: Seniorität. ||9 BAG 19.11.1992 – 10 AZR 290/91, AP Nr. 148 zu § 611 BGB Gratifikation. S.a. für einen Sonderfall BAG 30.9.1998 – 4 AZR 547/97, AP Nr. 159 zu § 242 BGB Gleichbehandlung. ||10 Vgl. BAG 15.01.2013 – 3 AZR 169/10, NZA 2013, 1028. ||11 BAG 20.7.1993 – 3 AZR 52/93, AP Nr. 11 zu § 1 BetrAVG Gleichbehandlung; 19.4.1995 – 10 AZR 344/94, AP Nr. 124 zu § 242 BGB Gleichbehandlung; 28.5.1996 – 3 AZR 752/95, AP Nr. 143 zu § 1 TVG Tarifverträge: Metallindustrie. ||12 BAG 21.3.2002 – 6 AZR 144/01, EzA § 242 BGB Gleichbehandlung Nr. 88; BVerfG 15.10.1985 – 2 BvL 4/83, BVerfGE 71, 39 (58). ||13 BAG 18.11.2003 – 3 AZR 655/02, NZA 2004, 1296; 18.9.2001 – 3 AZR 656/00, DB 2002, 225.

setzungen festlegen, nach denen sich die Entscheidung richten soll. Sie müssen nach sachgerechten und objektiven Merkmalen bestimmt und abgestuft werden[1]. Dagegen ist bei einer personenbezogenen Ungleichbehandlung der Gleichbehandlungsgrundsatz bereits dann verletzt, wenn eine Gruppe anders behandelt wird, obwohl zwischen beiden Gruppen keine Unterschiede von solcher Art und solchem Gewicht bestehen, dass sie die Ungleichbehandlung rechtfertigen können[2].

Als **generell ungeeignete Differenzierungsgründe werden** die in Art. 3 II, III GG, § 75 BetrVG und § 67 BPersVG normierten Merkmale genannt (Alter, Behinderung, Geschlecht, Abstammung, Rasse, Sprache, Heimat und Herkunft, Glaube oder religiöse und politische Anschauung, sexuelle Identität sowie gewerkschaftliche Betätigung)[3]. Das ist in dieser Verkürzung nicht zutreffend. Schwangere nicht einzustellen hat einen sachlichen Grund – nämlich Kostenminimierung – und ist unzulässig, nicht im Hinblick auf den allg. Gleichbehandlungsanspruch, sondern wegen des Verstoßes gegen das besondere Diskriminierungsverbot nach § 7 I iVm. § 1 AGG. Richtig aber ist, dass ein legitimer Zweck, dem die Unterscheidung dienen könnte, in der Tat hier oftmals nicht erkennbar ist. 203

Auf der anderen Seite kann der ArbGeb **gesetzl. Differenzierungen** nachvollziehen (s. hierzu schon Rz. 194). Leitende Angestellte haben daher auch auf Grund des Gleichbehandlungsgrundsatzes keinen Anspruch auf Einbeziehung in den Sozialplan[4]. Zur Gleichbehandlung organisierter und nicht organisierter ArbN s. Rz. 222. Auf die im SozV- und Steuerrecht getroffenen Differenzierungen kommt es bei der Ruhegeldzusage nicht an. Diese Vorschriften sind an ihren spezifisch öffentl.-rechtl. Zwecken zu messen. Bei einer Zusatzversorgung ist demggü. auf die arbeitsrechtl. Bedeutung und Zielsetzung abzustellen. Es handelt sich um unterschiedliche, miteinander nicht zu vergleichende Rechtsgebiete[5]. 204

Ein rechtfertigender Grund zur Ungleichbehandlung liegt – zumindest bei der Entgelt- und Ruhegeldzusage – auch in der unterschiedlichen **Profitabilität** eines ArbVerh für den ArbGeb oder auch in den unterschiedlichen **Möglichkeiten der Refinanzierung**[6]. Unzulässig sind **maßregelnde Unterscheidungen**. Wieweit ArbN, die einer (verschlechternden) Änderung ihres Vertrags zugestimmt haben, nachträglich Wohltaten erwiesen werden können, nicht aber denen, die auf ihren Vertrag bestanden, ist durch das BAG nicht abschließend geklärt[7]. Stehen die Begünstigten sich immer noch nicht besser als die Kollegen mit ungeändertem Vertrag, ist weder von einer Maßregelung noch einer unzulässigen Ungleichbehandlung auszugehen. 205

Eine Ungleichbehandlung ist zulässig, wenn ein **Hilfskriterium zu einer Gruppenbildung** verwandt wird, die ihrerseits auf eine Unterscheidung abzielt, die durch sachliche Gründe gerechtfertigt ist. Dies entspricht allg. Regeln auch zur Einordnung gesetzl. Differenzierungen. Erforderlich ist allein, dass sich durch die Unterscheidung nach den Hilfskriterien hinreichend sicher das eigentliche Ziel fördern lässt und der Aufwand, eine feingliedrigere Abgrenzung vorzunehmen, unverhältnismäßig wäre. Ebenso wie also die Geschäftsfähigkeit anders als die Deliktsfähigkeit nicht in Ansehung des Einzelfalls bestimmt wird, sondern vergröbernd zwei Gruppen gebildet werden, bei denen eine hinreichende Verstandesreife vermutet oder nicht vermutet wird, kann es richtig sein, dass der ArbGeb nicht nach der Krankheitswahrscheinlichkeit im Einzelfall, sondern nach der Gruppenzugehörigkeit Arbeiter und Angestellter differenziert (s. Rz. 221). 206

Auch die Bildung von Gruppen ist auf ihre Rechtmäßigkeit hin zu untersuchen. Eine sachfremde Gruppenbildung ist unzulässig[8]. Aus der Begünstigung einzelner ArbN lässt sich allerdings nicht unmittelbar schlussfolgern, dass diese eine einheitliche Gruppe bilden. Vielmehr müssen sämtliche begünstigte ArbN Träger eines relevanten Merkmals sein[9]. 206a

Stimmt der vom ArbGeb zu bestimmende Zweck einer Ungleichbehandlung jedoch mit dem Differenzierungsmerkmal nicht überein, ist er also nur **vorgeschoben**, kann er eine Differenzierung nicht rechtfertigen[10]. Die Annahme eines ArbGeb, er sei auf Mitarbeiter angewiesen, die ihre berufl. Qualifikation in einem rechtsstaatlichen und marktwirtschaftl. System erlangt haben, konnte daher jedenfalls im Jahr 1996 nicht mehr sachlich rechtfertigen, ArbN, die am 2.10.1990 ihren Wohnsitz in der DDR hatten, generell ein niedrigeres Gehalt zu zahlen als ArbN, die in diesem Zeitpunkt in den alten Bundesländern ansässig waren. 207

Stichtagsregelungen sind für die Schaffung von Ansprüchen vielfach üblich und wurden bislang durchgehend von der Rspr. des BAG anerkannt. Schon angesichts des ständigen Wandels der wirtschaftl. Rahmenbedingungen ist der ArbGeb nicht aus Gleichbehandlungsgründen verpflichtet, einmal vereinbarte Vertragsinhalte auch künftigen Einstellungen immer wieder zugrunde zu legen[11]. Stichtags- 208

---

1 BAG 19.8.2008 – 3 AZR 194/07, BAGE 127, 260. || 2 BAG 21.8.2012 – 3 AZR 81/10, nv.; 28.6.2011 – 3 AZR 448/09; 10.2.2010 – 3 AZR 216/09, BAGE 133, 158. || 3 ErfK/*Preis*, § 611 Rz. 591; Staudinger/*Richardi*, § 611 Rz. 355. || 4 BAG 16.7.1985 – 1 AZR 206/81, DB 1985, 2207; s. hierzu *Löwisch*, FS G. Müller, 1981, S. 301; *Konzen*, FS G. Müller, 1981, S. 245. || 5 BAG 7.3.1995 – 3 AZR 282/94, AP Nr. 26 zu § 1 BetrAVG Gleichbehandlung. || 6 BAG 19.6.2001 – 3 AZR 557/00, NZA 2002, 557; 21.5.2003 – 10 AZR 524/02, BB 2003, 2014; s. hierzu Rz. 225. || 7 In recht gewundener Argumentation für eine Sonderfall verneinend BAG 26.9.2007 – 10 AZR 569/06, AP Nr. 205 zu § 242 BGB Gleichbehandlung; 30.7.2008 – 10 AZR 497/07, NZA 2008, 1412. || 8 BAG 15.5.2013 – 10 AZR 679/12, NJW-Spezial 2013, 563. || 9 BAG 15.5.2013 – 10 AZR 679/12, NJW-Spezial 2013, 563; 16.2.2012 – 8 AZR 242/11, NZA 2012, 1307. || 10 BAG 15.5.2001 – 1 AZR 672/00, AP Nr. 176 zu § 242 BGB Gleichbehandlung. || 11 BAG 11.6.2002 – 1 AZR 390/01, DB 2002, 2725 = EWiR 2003, 95 (*Thüsing*); 18.11.2003 – 1 AZR 604/02, AP Nr. 15 zu § 77 BetrVG 1972 Nachwirkung.

regelungen sind nicht deshalb unzulässig, weil sie im Einzelfall zu Härten führen¹. Bei der Wahl des Stichtags besteht ein weiter Ermessensspielraum. Der Zeitpunkt muss sich jedoch am gegebenen Sachverhalt orientieren und demnach sachlich vertretbar sein, dh. die Interessenlage des Betroffenen angemessen erfassen². Das Bestreben des ArbGeb, seine Kostenbelastung zu begrenzen, rechtfertigt freilich nicht jede beliebige zeitliche Differenzierung. Sie muss auf die jeweilige Leistung und deren Besonderheiten abgestimmt sein, wenn auch die Reichweite dieser Anpassungspflicht bislang nicht durch die Rspr. konkretisiert ist³. Die in einem Runderlass festgelegte Höchstaltersgrenze für die Vorweggewährung von Lebensaltersstufen für angestellte Lehrer in Mangelfächern verstößt nach der Rspr. des BAG nicht gegen den arbeitsrechtl. Gleichbehandlungsgrundsatz, wenn die Differenzierung dazu dient, einen finanziellen Anreiz für den Verbleib im Landesdienst zu schaffen und damit einem Wechsel in andere Bundesländer entgegenzuwirken⁴. Eine tarifl. Regelung zur Beschäftigungssicherung, die einer nach dem Einstellungsdatum abgegrenzten Gruppe von Beschäftigten **zeitlich befristet Verschlechterungen der tarifl. Arbeitsbedingungen** zumutet, verstößt ebenfalls nicht gegen den allg. Gleichheitssatz (Art. 3 I GG), wenn nach Einschätzung der TV-Parteien sonst betriebsbedingte Kündigungen drohen, die zahlenmäßig der betroffenen Gruppe entsprechen und im Rahmen der sozialen Auswahl vorrangig diese treffen würden⁵. Gehen nach einem **Betriebsübergang** ArbVerh vom Veräußerer auf den Erwerber über und gewährt der Erwerber den übernommen ArbN die mit dem früheren ArbGeb vereinbarten oder sich dort aus einer BV ergebenden Arbeitsbedingungen weiter, können die übernommenen ArbN aus dem Gleichbehandlungsgrundsatz keine Anpassung an die beim Erwerber bestehenden besseren Arbeitsbedingungen verlangen⁶. Eine Rechtfertigung für eine Differenzierung kann auch in der schnellen Klärung, oder in den Worten des BAG anlässlich der Entscheidung zur Turboprämie im „Anreiz ..., der raschen Bereinigung der ... rechtlichen und wirtschaftlichen Unsicherheit und der Herstellung von Planungssicherheit" liegen. Dass dies ein legitimer Grund der Unterscheidung ist, ist auch in der Rspr. zur Turboprämie im Sozialplan anerkannt⁷.

209   5. **Beweislast.** Der ArbN hat entsprechend den allg. Regeln der Normbegünstigung die Voraussetzungen des Anspruchs auf Gleichbehandlung darzulegen. Er hat daher vergleichbare ArbN zu nennen, die ihm ggü. vorteilhaft behandelt werden. Dies gilt auch für das Fehlen eines sachlichen Grundes. Da es sich insoweit aber um den Beweis einer negativen Tatsache handelt, gelten hierfür allg. die einschlägigen Beweiserleichterungen. Der ArbGeb hat das Vorbringen des ArbN qualifiziert zu bestreiten und mögliche Rechtfertigungsgründe vorzubringen. Erst wenn diese benannt sind, muss sie der ArbN durch Beweisantritt widerlegen. Nach st. Rspr. hat der **ArbGeb** daher, falls er ArbN mit ähnlicher Tätigkeit nach unterschiedlichen Vergütungssystemen entlohnt, darzulegen, wie groß der begünstigte Personenkreis ist, wie er sich zusammensetzt, wie er abgegrenzt ist und warum der klagende ArbN nicht dazugehört⁸. Dies ist auch deshalb sachgerecht, weil der benachteiligte ArbN ohne eine solche Offenbarung der Differenzierungsgründe durch den ArbGeb häufig nicht in der Lage sein wird, sich darüber ein Bild zu machen, ob er gerecht behandelt wurde. Der ArbGeb kann seinerseits die Gründe für die Gruppenbildung leicht darlegen, da er die maßgeblichen Kriterien selbst aufgestellt hat⁹. Die **europarechtl. vorgegebenen Beweislastregeln**, die sich nunmehr in § 22 AGG wiederfinden, gelten jedoch nicht. Auch hier gilt aber, dass nachgeschobener Vortrag zur sachlichen Rechtfertigung nur insoweit berücksichtigt werden darf, als dass es nicht eine mögliche Rechtfertigung vorbringt, sondern tatsächlich den Beweggrund des ArbGeb¹⁰.

210   Gleiches gilt nach der Rspr. des BAG, wenn der ArbGeb, **ohne nach einem erkennbaren und generalisierenden Prinzip** vorzugehen, im Betrieb mehrere Vergütungssysteme anwendet und dabei nicht nur einzelne ArbN besser stellt. Anderenfalls wäre der ArbGeb im Vorteil, der von vornherein keine allg. Grundsätze aufstellt, sondern nach Gutdünken verfährt¹¹. Maßgeblich ist jedoch auch hier, ob es sich um individuelle Vereinbarungen handelt.

---

1 BAG 24.1.1996 – 10 AZR 155/95, AP Nr. 98 zu § 112 BetrVG 1972; 5.10.2000 – 1 AZR 48/00, AP Nr. 141 zu § 112 BetrVG 1972. ||2 BAG 28.6.2011 – 3 AZR 448/09, AP Nr. 64 zu § 1 BetrAVG Gleichbehandlung; 21.4.2005 – 6 AZR 440/04, nv.; 18.3.2004 – 6 AZR 199/03, AP Nr. 41 zu § 4 TVG Rationalisierungsschutz; 28.7.2004 – 10 AZR 19/04, AP Nr. 257 zu § 611 BGB Gratifikation; 18.11.2003 – 9 AZR 659/02, nv.; 6.11.2003 – 6 AZR 505/02, ZTR 2004, 353; 25.10.2001 – 6 AZR 560/00, NZA 2002, 872; 19.4.1983 – 1 AZR 498/81, BAGE 42, 217 (222); 11.9.1980 – 3 AZR 606/79, AP Nr. 187 zu § 242 BGB Ruhegehalt; 10.8.1988 – 5 AZR 687/86, nv.; 18.10.2000 – 10 AZR 643/99, AP Nr. 24 zu § 11 BAT-O; vgl. ua. BAG 30.11.1994 – 10 AZR 578/93, AP Nr. 89 zu § 112 BetrVG 1972; 24.1.1996 – 10 AZR 155/95, AP Nr. 98 zu § 112 BetrVG 1972; s.a. BAG 25.6.2003 – 4 AZR 405/02, EzA Art. 3 GG Nr. 99; LAG Köln 24.3. 2005 – 6 Sa 1305/04, EzA-SD 2005, Nr. 19, 18. ||3 BAG 18.9.2001 – 3 AZR 656/00, DB 2002, 225; 3.7.2003 – 2 AZR 617/02, AP Nr. 73 zu § 2 KSchG 1969; 11.9.1980 – 3 AZR 606/79, AP Nr. 187 zu § 242 BGB Ruhegehalt und 10.4.1984 – 3 AZR 57/82, AP Nr. 64 zu § 242 BGB Gleichbehandlung. ||4 BAG 29.4.2004 – 6 AZR 194/03, ZTR 2005, 40; ebenso LAG Hamm 13.1.2004 – 5 Sa 736/03, EzBAT § 27 BAT Abschnitt C Nr. 5 – bzgl. einer zulässigen Differenzierung nach festgelegten Fächer-Schulform-Kombinationen beruhend auf einer Prognose zur Lehrerbedarfssituation. ||5 BAG 25.6.2003 – 4 AZR 405/02, AP Nr. 1 zu § 1 TVG Beschäftigungssicherung. ||6 BAG 31.8. 2005 – 5 AZR 517/04, BAGE 115, 367. ||7 BAG 31.5.2005 – 1 AZR 254/04, NZA 2005, 997. ||8 BAG 22.1.2009 – 8 AZR 808/07, AP Nr. 4 zu § 613a BGB Unterrichtung; 29.9.2004 – 5 AZR 43/04, AP Nr. 192 zu § 242 Gleichbehandlung; 19.8.1992 – 5 AZR 513/91, NZA 1993, 171; 12.11.1991 – 3 AZR 489/90, NZA 1992, 837. ||9 S.a. BAG 30.11. 1982 – 3 AZR 214/80, AP Nr. 54 zu § 242 BGB Gleichbehandlung; LAG München 13.8.1987 – 6 (7) Sa 863/86, BB 1988, 1824. ||10 S. BAG 27.10.1998 – 9 AZR 299/97, AP Nr. 211 zu § 611 BGB Gratifikation unter Hinweis auf BVerfG 16.11.1993 – 1 BvR 258/86, AP Nr. 9 zu § 611a BGB. ||11 BAG 19.8.1992 – 5 AZR 513/91, NZA 1993, 171.

6. Rechtsfolgen des Verstoßes. Einseitige Maßnahmen des ArbGeb, die den ArbN unter Verletzung des 211
Gleichbehandlungsgrundsatzes benachteiligen (Kündigung, Ausübung von Leistungsbestimmungsrechten und Widerrufsvorbehalten), sind **unwirksam gem. § 134**. Auch eine benachteiligende Vereinbarung ist unwirksam, soweit der ArbN von einer begünstigenden Regelung ausgenommen wird. Rechtsgeschäfte, die andere ArbN gleichheitswidrig begünstigen, sind demggü. grds. wirksam. Die nach § 134 im Hinblick auf die benachteiligten ArbN entstandene Regelungslücke wird **grds. nach oben** hin angepasst. Die benachteiligten ArbN werden damit den begünstigten gleichgestellt[1]. So sollen ArbN auch dann Anspruch auf einen Änderungsvertrag haben, wenn diese Leistung auch anderen vergleichbaren ArbN gewährt wird[2]. Dies entspricht auch der st. Rspr. des EuGH zur Wirkung des Diskriminierungsverbots aus Art. 157 AEUV[3] und der Rspr. in Bezug auf § 2 BeschFG/§ 4 TzBfG[4]. Diese Voraussetzung rechtfertigt sich mit dem Gebot der effektiven Durchsetzung des Rechtsschutzes. Wollte man anders entscheiden, käme die Klage aus dem Gleichbehandlungsgrundsatz in die Nähe eines Prozesses aus Eifersucht oder Neid[5].

Der Grundsatz der Anpassung nach oben gilt nicht ohne **Ausnahme**. Nach der Rspr. des BAG verpflichtet der Gleichbehandlungsgrundsatz einen ArbGeb, der durch ein sachlich nicht gerechtfertigtes 212
Merkmal eine **außerordentl. kleine Gruppe** der Belegschaft besser gestellt hat, nicht, diesen Vorteil allen Beschäftigten einzuräumen. Das der Pflicht zur Gleichbehandlung zugrunde liegende Gebot der Verteilungsgerechtigkeit trage diese Ausweitung nicht, weil in Fällen dieser Art die Freiheit des ArbGeb in der Bestimmung des Dotierungsrahmens freiwilliger Leistungen besonders nachhaltig verletzt werden würde und zu unverhältnismäßig hohen weiteren finanziellen Belastungen des ArbGeb führte[6]. Dies findet Vorläufer in der Rspr. zur Ausgestaltung von Sozialplänen. Werden in Sozialplänen ArbN unter Verletzung des Gleichbehandlungsgrundsatzes benachteiligt, darf dies in Individualprozessen der schlechter gestellten ArbN nicht dazu führen, dass die finanzielle Gesamtausstattung des Sozialplans wesentlich erhöht wird. Nur solange einzelne ArbN benachteiligt worden sind und die hierdurch verursachten Mehrbelastungen des ArbGeb nicht ins Gewicht fallen, kann einem benachteiligten ArbN wegen Verletzung des Gleichbehandlungsgrundsatzes der korrigierte volle Abfindungsbetrag zugesprochen werden[7]. Die aus der Verletzung des allg. Gleichbehandlungsgrundsatzes folgenden finanziellen Belastungen des ArbGeb sind in den Fällen, in denen die Gruppe der Bessergestellten außerordentl. klein ist, danach nur gerechtfertigt, wenn zugleich besondere verfassungsrechtl. oder gemeinschaftsrechtl. Differenzierungsverbote, wie bspw. das Verbot der Benachteiligung wegen des Geschlechts, verletzt worden sind. Das BAG hat freilich offen gelassen, was noch als „außerordentl. kleine Gruppe" anzusehen ist und wie in anderen Fällen eine **effektive Sanktion** aussieht. Die Rspr. ist so lange abzulehnen, wie sie hier nicht Wege nennt. Hier darf es – entgegen der bisherigen Rspr. (s. Rz. 211) – nicht generell ausgeschlossen sein, dem ArbGeb Änderungskündigungsrechte und -pflichten zuzubilligen, um für die Zukunft die bisher nur einzelnen ArbN gewährten Leistungen dem Gleichbehandlungsgrundsatz entsprechend auf eine größere Gruppe von ArbN zu verteilen.

Wo eine Gleichbehandlung nicht mehr möglich ist (zB bei vorenthaltener Nutzung einer betriebl. So- 213
zialeinrichtung), kann der ArbGeb zum **Schadensersatz** aus § 280 verpflichtet sein. Das hierfür erforderliche Verschulden wird zuweilen fehlen, denn zum Vorsatz gehört das Bewusstsein der Rechtswidrigkeit, nicht allein das Wissen und Wollen der Differenzierung. Die Rspr. verzichtet daher auch in diesen Fällen auf das Verschulden und leitet einen Anspruch auf kompensatorische Maßnahmen zur Gleichbehandlung unmittelbar aus dem Gleichbehandlungsgrundsatz selbst ab. Dem ArbGeb steht allerdings ein Ermessensspielraum zu, wie er den Anspruch auf Gleichbehandlung in diesen Fällen verwirklicht. Wenn etwa eine Nachversicherung nicht mehr möglich ist, kann er einen gleichwertigen Versorgungsanspruch auf andere Art begründen[8].

Die Gleichstellung bisher benachteiligter ArbN kann für den ArbGeb mit erheblichen zusätzlichen 214
Kosten verbunden sein. Diese können ihn berechtigen, im Wege der **Änderungskündigung** eine Anpassung der Verträge oder der betriebl. Übung zu erreichen. Nur in Ausnahmefällen kommt eine Kündigung aus wichtigem Grund in Betracht. Die Kündigung kann sowohl die bisher allein begünstigten ArbN als auch die gleichzustellenden ArbN erfassen. Es gelten jedoch die allg. – strengen – Regeln zur Entgeltreduzierung durch Änderungskündigung (s. § 2 KSchG Rz. 73). Die Wahrung des Gleichbehandlungsgrundsatzes stellt für sich genommen noch keinen betriebsbedingten Grund zur Rechtfer-

---

1 BAG 12.10.2010 – 9 AZR 518/09, BAGE 136, 36; 20.7.1993 – 3 AZR 52/93, AP Nr. 11 zu § 1 BetrAVG Gleichbehandlung; 11.9.1985 – 7 AZR 371/83, AP Nr. 76 zu § 242 BGB Gleichbehandlung; 24.4.1991 – 4 AZR 570/90, AP Nr. 140 zu § 242 BGB Gleichbehandlung; 30.11.1982 – 3 AZR 214/80, AP Nr. 54 zu § 242 BGB Gleichbehandlung. ||2 LAG Rh.-Pf. 11.6.2012 – 5 Sa 120/12, nv. ||3 EuGH 27.6.1990 – Rs. C-33/89, AP Nr. 21 zu Art. 119 EWG-Vertrag; s.a. BAG 20.11.1990 – 3 AZR 613/89, BB 1991, 1570. ||4 BAG 9.10.1996 – 5 AZR 338/95, BB 1997, 1157; 25.9.1997 – 6 AZR 65/96, BB 1998, 590; s.a. Annuß/Thüsing/*Thüsing*, § 4 TzBfG Rz. 77; s. explizit zu § 4 II TzBfG als Ausprägung des arbeitsrechtl. Gleichbehandlungsgrundsatzes BAG 21.2.2013 – 8 AZR 68/12, NJW 2013, 2699. ||5 Ausf. *Wiedemann*, Die Gleichbehandlungsgebote im Arbeitsrecht, S. 82. ||6 BAG 13.2.2002 – 5 AZR 713/00, AP Nr. 184 zu § 242 BGB Gleichbehandlung (4 % der Belegschaft). ||7 BAG 26.6.1990 – 1 AZR 263/88, BAGE 65, 199 (207). ||8 S. BAG 28.7.1992 – 3 AZR 173/92, NZA 1993, 215; 12.3.1996 – 3 AZR 963/94, NZA 1996, 939; 7.3.1995 – 3 AZR 282/94, NZA 1996, 48; 9.10.1996 – 5 AZR 338/95, NZA 1997, 728; 21.1.1997 – 3 AZR 90/96, ZTR 1997, 317; 13.5.1997 – 3 AZR 66/96, NZA 1997, 1294; zum Ausgleich von Steuernachteilen BAG 14.12.1999 – 3 AZR 713/98, NZA 2000, 1348; zum Ausgleich von Zinsverlusten LAG Hamm 13.7.1999 – 6 Sa 2249/98, NZA-RR 1999, 541.

tigung einer Änderungskündigung dar¹. Auch dass sich der ArbGeb auf eine die angestrebte Neuregelung vorgebende (Gesamt-)BV berufen kann, erleichtert die Änderungskündigung nicht². Werden die Leistungen unter einem **Widerrufsvorbehalt** gewährt, kann eine Vereinheitlichung durch deren Widerruf möglich sein. Auch hier sind wiederum dann die Grenzen des Gleichbehandlungsgebots zu beachten. Für die Zukunft kann der ArbGeb auch darlegen, dass die bisherige Ungleichbehandlung zwar rechtswidrig, andere, weniger weit gehende Unterscheidungen jedoch durch sachliche Gründe gerechtfertigt sind; für die Vergangenheit ist ihm ein solcher Hinweis allerdings verwehrt.

215 Die **Grenzen einer rückwirkenden Gleichstellung** durch den ArbGeb sind bisher durch die Rspr. noch nicht im Einzelnen ausgelotet³. Im Grundsatz ist von einer unbegrenzten Verpflichtung für die Vergangenheit auszugehen, begrenzt nur durch die gesetzl. Verjährungsvorschriften. Unterliegt der Anspruch, in den einbezogen zu werden der klagende ArbN verlangt, einer Ausschlussfrist, dann ist sie zumindest als individualvertragl. vereinbarte Ausschlussfrist auch für den Anspruch auf Gleichbehandlung anzuwenden⁴. Strittiger ist die Anwendung von tarifvertragl. Ausschlussfristen. Diese sind bei Gleichbehandlungsbegehren von Teilzeitbeschäftigten im öffentl. Dienst durch die Rspr. nicht angewandt worden⁵. Dagegen spricht wohl, dass der Zweck des Gleichbehandlungsgebots eben die Verhinderung von Benachteiligungen, nicht aber die Bevorzugung sein kann. Freilich kann der bislang begünstigte ArbN sich eher über das Bestehen des Anspruchs Klarheit verschaffen als der rechtswidrig ausgeschlossene, so dass ihm die Einhaltung der Ausschlussfrist eher zugemutet werden kann.

216 Inwieweit darüber hinaus der ArbGeb durch Gesichtspunkte des **Vertrauensschutzes** geschützt ist, wird unterschiedlich beurteilt. Die Rspr. hat hier Ausnahmefälle nur im eng begrenzten Raum anerkannt. Für die rückwirkende Gleichstellung von TeilzeitArbN wurde ein schutzwürdiger Vertrauenstatbestand generell verneint, jedoch die Anpassung durch Übergangsregelungen gemildert⁶. Bei Verstößen gegen den allg. Gleichbehandlungsgrundsatz sollte man großzügiger sein als bei unmittelbarem oder mittelbarem Verstoß gegen die Geschlechtsdiskriminierung, weil sich die Anschauung in der Arbeits- und Berufswelt im Hinblick auf die Sachlichkeit einer Unterscheidung ändern. Maßstab dürfte die **Offensichtlichkeit des Verstoßes**, das Ausmaß der zusätzlichen Belastung für den ArbGeb, dessen wirtschaftl. Leistungsfähigkeit sowie die Größe der ehemals allein begünstigten ArbN-Gruppe sein. Ob sich orientiert an diesen Parametern hinreichend konkrete Rechtsprechungslinien abzeichnen werden, bleibt abzuwarten.

217 **Besondere Regeln** gelten für gegen Art. 3 I GG verstoßende **TV**. Dem Gericht ist nur erlaubt, TV auszulegen, nicht aber durch eigenständige Regelungen in die Tarifautonomie einzugreifen. Eine gleichheitswidrig benachteiligende Regelung kann daher insg. nichtig und ein Anspruch für die Zukunft auch für die begünstigte ArbN-Gruppe ausgeschlossen sein⁷. Sie ist nur dann nicht insg. nichtig, wenn auf Grund des Regelungsgegenstands unter Berücksichtigung der Belastung aus einer „Anpassung nach oben" davon auszugehen ist, dass die TV-Parteien der Regelung ebenfalls getroffen hätten – auch mit erweitertem Anwendungsbereich – wenn sie die Gleichheitswidrigkeit der von ihnen vorgenommenen Gruppenbildung erkannt hätten⁸. Die Lücke im TV ist dann von den Gerichten durch ergänzende Vertragsauslegung in diesem Sinne zu schließen⁹. Entscheidend ist also der hypothetische Wille der TV-Parteien. Das BAG ist in diesem Sinne recht großzügig¹⁰. Hinsichtlich der Rechtsfolgen ist also zu differenzieren: Aus dem Gleichheitssatz des Art. 3 I GG ergibt sich die Pflicht der Gerichte nicht nur für die Zukunft, sondern auch für **vergangene Zeiträume** eine dem Gleichheitssatz entsprechende Ordnung sicherzustellen. Deshalb haben die gleichheitswidrig aus dem Kreis der Begünstigten ausgeschlossenen Personen dann einen Anspruch, wenn nur auf diesem Weg dem Gleichheitssatz Rechnung getragen werden kann – auch wenn die tarifvertragl. Regelung insg. nichtig ist¹¹. Ein rückwirkender Entzug der

---

1 BAG 28.4.1982 – 7 AZR 1139/79, AP Nr. 3 zu § 2 KSchG 1969; 1.7.1999 – 2 AZR 826/98, AP Nr. 53 zu § 2 KSchG 1969. ||2 BAG 20.1.2000 – 2 ABR 40/99, AP Nr. 40 zu § 103 BetrVG 1972. ||3 Ausf. *Wiedemann*, Die Gleichbehandlungsgebote im Arbeitsrecht, S. 87f. ||4 S. BAG 9.10.1996 – 5 AZR 338/95, BB 1997, 1157; 26.9.1990 – 5 AZR 112/90, NZA 1991, 247. ||5 BAG 26.9.1990 – 5 AZR 112/90, NZA 1991, 247; 12.1.1994 – 5 AZR 6/93, AP Nr. 112 zu § 242 BGB Gleichbehandlung; ausf. Annuß/Thüsing/*Thüsing*, § 4 TzBfG Rz. 82. ||6 BAG 20.11.1990 – 3 AZR 613/89, AP Nr. 8 zu § 1 BetrAVG Gleichberechtigung; s.a. BAG 23.1.1990 – 3 AZR 58/88, DB 1990, 1620; 5.10.1993 – 3 AZR 695/92, DB 1994, 739. ||7 S. BAG 13.11.1985 – 4 AZR 234/84, DB 1986, 542: Verheiratetenzuschlag. ||8 BAG 7.3.1995 – 3 AZR 282/94, NZA 1996, 48; 7.11.1995 – 3 AZR 1064/94, NZA 1996, 653; 28.5.1996 – 3 AZR 752/95, AP Nr. 143 zu § 1 TVG Tarifverträge Metallindustrie. ||9 BAG 21.3.1991 – 2 AZR 323/84 (A), NZA 1991, 797. ||10 Eine Anpassung nach oben wurde vorgenommen beim Ausschluss unterhälftig Teilzeitbeschäftigter aus der Zusatzversorgung im öffentl. Dienst (BAG 7.3.1995 – 3 AZR 282/94, AP Nr. 26 zu § 1 BetrAVG Gleichbehandlung; 16.1.1996 – 3 AZR 767/94, AP Nr. 222 zu Art. 3 GG; 27.2.1996 – 3 AZR 886/94, NZA 1996, 992; 12.3.1996 – 3 AZR 993/94, NZA 1996, 939), bei einem tarifvertragl. nicht vorgesehenen Anspruch auf Zuschuss zum Kug für solche ArbN, die demnächst auf Grund eines Aufhebungsvertrages aus dem ArbVerh ausscheiden (BAG 7.11.1995 – 3 AZR 870/94, AP Nr. 138 zu § 1 TVG Tarifverträge: Metallindustrie) sowie bei einem Ausschluss männlicher ArbN vom Bezug von Übergangsgeld, die bereits nach Vollendung des 63. LJ in den gesetzl. Ruhestand wechselten, während weibliche ArbN einen solchen Anspruch behielten, wenn sie bereits mit Vollendung des 60. LJ die gesetzl. Rente in Anspruch nahmen (BAG 7.11.1995 – 3 AZR 1064/94, AP Nr. 71 zu Art. 119 EWG-Vertrag). ||11 BAG 18.12.2008 – 6 AZR 287/07, BAGE 129, 93; 28.5.1996 – 3 AZR 752/95, AP Nr. 143 zu § 1 TVG Tarifverträge: Metallindustrie; BVerfG 28.1.1992 – 1 BvR 1025/92, AP Nr. 2 zu § 19 AZO; BAG 13.11.1985 – 4 AZR 234/84, AP Nr. 136 zu Art. 33 GG; 21.3.1991 – 2 AZR 296/87 (B), AP Nr. 30 zu § 622 BGB; 7.3.1995 – 3 AZR 282/94, AP Nr. 26 zu § 1 BetrAVG Gleichbehandlung.

Begünstigungen verbietet sich schon aus Vertrauensgesichtspunkten[1]. Dies soll jedenfalls dann gelten, wenn der ArbGeb in Kenntnis der Gefahr einer Überzahlung nicht sicherstellt, dass er etwaige Rückforderungsansprüche auch durchsetzen kann[2]. Für die **zukünftige Gleichstellung** bei insg. nichtiger Tarifregelung gilt dies jedoch grds. nicht, da hier der Gestaltungsspielraum der TV-Parteien nicht durch die rechtl. oder faktisch begrenzte Möglichkeit der Rückforderung gleichheitswidrig gewährter Vergünstigung berührt wird. Dies ist – neben den Fällen ergänzender Vertragsauslegung – allein anders bei Verstößen gegen das Verbot der Geschlechtsdiskriminierung. Der EuGH stellt die Gleichbehandlung über die Tarifautonomie und verlangt unabhängig von den verschiedenen Gestaltungsmöglichkeiten der TV-Parteien bei Verstößen gegen Art. 157 AEUV und die ausführenden Richtlinien die Anpassung nach oben[3].

Inwieweit die dargelegten Regeln zur Beurteilung von TV auch für **BV** gelten, ist bislang nicht geklärt. Da für die Betriebspartner Art. 9 III GG nicht streitet, dürften sich die Rechtsfolgen eher an denen arbeitsvertragl. Regelungen orientieren. Ist eine BV bereits aus anderen Gründen wirksam, so kann der ArbN einen Anspruch unter Berufung auf den Gleichbehandlungsgrundsatz nicht herleiten. Es gibt keinen Anspruch auf Gleichbehandlung im Unrecht, solange der ArbGeb nicht in Kenntnis der Unwirksamkeit der BV die Leistung dennoch erbracht hat[4]. 218

7. Einzelfragen. a) Ungleichbehandlung verschiedener Arbeitnehmergruppen. Eine Differenzierung zwischen **Arbeitern und Angestellten** ist grds. unzulässig. Weil aber eine Ungleichbehandlung zulässig ist, wenn ein Hilfskriterium zur Gruppenbildung verwandt wird, die ihrerseits auf eine gerechtfertigte Unterscheidung abzielt (s. Rz. 206), kann es zulässig sein, wenn an die gewerblichen ArbN wegen erheblich höherer krankheitsbedingter Fehlzeiten ein gekürzter 13. Monatslohn gezahlt wird, die Angestellten dagegen einzelvertragl. ein gekürztes 13. Monatsgehalt erhalten[5]. Dies gilt nach Auffassung des BAG auch dann, wenn das Risiko der Erkrankung arbeitsbedingt unterschiedlich ist[6]. Dem ist das BVerfG freilich entgegengetreten und hat eine Unterscheidung als Verstoß gegen Art. 3 I GG gewertet, solange nicht ausgeschlossen ist, dass der hohe Krankheitsstand auf von der ArbGebSeite zu verantwortenden gesundheitsschädlichen Arbeitsbedingungen beruht[7]. Eine Unterscheidung ist aber nur dann zulässig, wenn Unterschiede zwischen den beteiligten Gruppen nachgewiesen werden; so wird bspw. ein Sachgrund für eine Ungleichbehandlung im Rahmen der betrAV verneint; der Versorgungsbedarf sei der selbe[8]. Im Schrifttum wird weiter gehend festgestellt, sachgerecht sei es allein, eine Kürzung der Gratifikation an den tatsächlichen Fehlzeiten der ArbN festzumachen[9]. Dies berücksichtigt jedoch nicht ausreichend, dass hiermit ein uU erheblicher Verwaltungsaufwand verbunden sein kann. Aus den gleichen Gründen ist es bedenklich, dass nach der Rspr. des BAG der unterschiedliche Fluktuationsgrad von Arbeitern und Angestellten für sich allein kein sachlich gerechtfertigtes Unterscheidungsmerkmal für eine Gratifikation ist[10]. 219

Ein sachlicher Grund ist auch gegeben, wenn mit der Ungleichbehandlung der Zweck verfolgt wird, eine Benachteiligung der Angestellten bei der Zahlung übertarifl. Zahlungen auszugleichen[11]. Eine Sicherheitszulage rechtfertigt demggü. keine Differenzierung[12], und auch wenn es nur darum geht, den erhöhten finanziellen Bedarf zur Weihnachtszeit auszugleichen, ist eine Differenzierung unzulässig[13]. Gelten für Arbeiter und Angestellte unterschiedliche TV, so sind darauf begründete Unterschiede als Ausdruck der **Tarifautonomie nach Art. 9 III GG** zulässig, erst recht wenn die TV durch unterschiedliche Tarifpartner ausgehandelt wurden[14]. Die verschiedenen Regelwerke bilden ein Gesamtergebnis der Verhandlungen, deren einzelne Teile nicht vergleichend gegenübergestellt werden können. Das Bedürfnis nach **flexibler Personalplanung** im produktiven Bereich rechtfertigt wegen produkt-, mode- oder saisonbedingter Auftragsschwankungen erheblich kürzere Grundkündigungsfristen und darauf aufbauende verlängerte Fristen bei längerer Betriebszugehörigkeit für Arbeiter, wenn diese im Gegensatz zu Angestellten ganz überwiegend nur in der Produktion tätig sind – eine Unterscheidung unmittelbar nach der Mitarbeit in der Produktion ist nicht erforderlich[15]. 220

Grds. aber gilt, dass unterschiedliche tarifl. **Kündigungsfristen** auf Grund pauschaler Unterscheidung zwischen Angestellten und Arbeitern unzulässig sind, soweit nicht zusätzliche rechtfertigende Gründe 221

---

1 BAG 7.3.1995 – 3 AZR/94, BAGE 79, 236. ||2 BAG 28.5.1996 – 3 AZR 752/95, NZA 1997, 101. ||3 S. EuGH 27.6.1990 – Rs. C-33/89, NZA 1990, 771; s.a. BAG 28.5.1996 – 3 AZR 752/95, BB 1996, 2628; 13.5.1997 – 3 AZR 66/96, BB 1997, 2008; 15.12.1998 – 3 AZR 239/97, BB 1999, 1435 – alle in Bezug auf Diskriminierung von Teilzeitbeschäftigten. ||4 S. BAG 26.4.2005 – 1 AZR 76/04, AP Nr. 12 zu § 87 BetrVG 1972; 13.8.1980 – 5 AZR 325/78, DB 1981, 274. ||5 *BAG 19.4.1995 – 10 AZR 136/94, NZA 1996, 133.* ||6 BAG 6.12.1995 – 10 AZR 123/95, AP Nr. 186 zu § 611 BGB Gratifikation im Hinblick auf das Baugewerbe. ||7 BVerfG 1.9.1997 – 1 BvR 1929/95, AP Nr. 203 zu § 611 BGB Gratifikation = DB 1998, 204 (*Schulte*). ||8 LAG Hess. 16.5.2012 – 6 Sa 1659/11, nv. ||9 ErfK/ *Preis*, § 611 Rz. 536. ||10 BAG 25.1.1984 – 5 AZR 251/82, DB 1984, 2355. ||11 BAG 30.3.1994 – 10 AZR 681/92, NZA 1994, 786; 25.1.1984 – 5 AZR 251/82, NZA 1984, 323. ||12 BAG 17.12.1992 – 10 AZR 306/91, AP Nr. 105 zu § 242 BGB Gleichbehandlung. ||13 BAG 27.10.1998 – 9 AZR 299/97, AP Nr. 211 zu § 611 BGB Gratifikation. ||14 BAG 4.12.1997 – 2 AZR 809/96, NZA 1998, 431 (tarifvertragl. Ausschlussfristen); BVerfG 12.12.1990 – 1 BvR 633/89, ZTR 1991, 159; s. aber BAG 23.1.1992 – 2 AZR 389/91, AP Nr. 35 zu § 622 BGB; 17.12.1992 – 6 AZR 91/92, AP Nr. 1 zu § 2 BAT SR 2e II. ||15 BAG 23.1.1992 – 2 AZR 460/91, NZA 1992, 787; 28.5.1996 – 3 AZR 752/95, AP Nr. 143 zu § 1 TVG Tarifverträge: Metallindustrie.

angeführt werden können. Sachlich gerechtfertigt sind hinreichend gruppenspezifisch ausgestaltete unterschiedliche Regelungen, die zB entweder nur eine verhältnismäßig kleine Gruppe nicht intensiv benachteiligen oder funktions-, branchen- oder betriebsspezifischen Interessen im Geltungsbereich des TV mithilfe verkürzter Kündigungsfristen für Arbeiter entsprechen (zB überwiegende Beschäftigung von Arbeitern in der Produktion) oder gruppenspezifische Schwierigkeiten bestimmter ArbN bei der Stellensuche mildern (Beispiel: Die höher- und hoch qualifizierten ArbN gehören überwiegend zur Gruppe der Angestellten)[1]. Ein sachgerechter Grund für eine Differenzierung kann jedoch darin liegen, ArbN durch eine höhere Gratifikation an den Betrieb zu binden, weil ihr Weggang zu besonderen Belastungen führt. Eine an einen solchen Zweck anknüpfende Gruppenbildung ist nicht deshalb sachwidrig, weil von ihr ArbN erfasst werden, bei denen der Grund für die beabsichtigte Bindung nicht bestehen kann. Das gilt jedenfalls so lange, wie der verfolgte Zweck sich typischerweise in der begünstigten Gruppe verwirklichen kann, währenddessen er in der benachteiligten Gruppe fehlt[2]. Begründet der ArbGeb eine Begünstigung der Angestellten mit der Absicht, diese stärker an sich zu binden, hat er zuzeigen auf seinen Betrieb darzulegen, aus welchen Gründen eine stärkere Bindung der Angestellten einem objektiven, wirklichen Bedürfnis entspricht[3].

222 Zulässig ist eine Differenzierung zwischen **Pensionären und Aktiven**, etwa bei der Bemessung von Jubiläumsgeldern[4], und auch zwischen **Innen- und Außendienstmitarbeitern**, wenn den Außendienstmitarbeitern erhebliche Trinkgelder zufließen[5]. Unzulässig ist es, erkrankte ArbN bei einer Lohnerhöhung allein auf Grund ihrer Erkrankung nicht zu berücksichtigen[6]. Ausgeschiedene oder ausscheidende ArbN dürfen nach einer nicht unproblematischen Rspr. des BAG nicht von einer rückwirkenden Lohnerhöhung ausgeschlossen werden; die TV-Parteien haben hier jedoch einen größeren Gestaltungsspielraum[7]. Entschließt sich der ArbGeb allg. zu einer Gehaltserhöhung, bedarf es der Rechtfertigung, Höherverdienende hiervon auszunehmen[8]. Zwischen **Beamten und ArbN des öffentl. Dienstes** darf grds. differenziert werden (s. Rz. 197). **Ärzte im Praktikum** müssen **Assistenzärzten** nicht gleichgestellt werden[9]. Es verstößt gegen den arbeitsrechtl. Gleichbehandlungsgrundsatz an den Hochschulen, wenn beschäftigten **wissenschaftlichen Mitarbeitern** mit abgeschlossener Hochschulbildung eine jährliche Sonderzuwendung nach dem Gesetz über die Gewährung einer jährlichen Sonderzuwendung gewährt wird, den **studentischen Hilfskräften** jedoch nicht[10]. Eine Differenzierung zwischen Lehrern an Gymnasien und Lehrern an Gesamtschulen ist auf Grund der schulformabhängigen Unterschiede zulässig[11]. Eine Ungleichbehandlung von Mitarbeitern im Außendienst ggü. Mitarbeitern im Innendienst ist bei der Ruhegeldzulage unzulässig[12]. Dies gilt jedenfalls, solange der ArbGeb nicht ein berechtigtes Interesse hat, gerade eine bestimmte ArbN-Gruppe nicht zu bilden[13]. Die Unterscheidung zwischen **Streikenden und Nichtstreikenden** ist bei der Streikbruchprämie zulässig, soweit tatsächlich Mehrbelastungen ausgeglichen werden sollen oder aber durch die Ankündigung oder Auszahlung der Streikwille beeinflusst werden sollte (s. § 612a Rz. 15ff.)[14]. Die Ungleichbehandlung **befristet Beschäftigter ggü. unbefristet Beschäftigten** und **Teilzeitbeschäftigter ggü. Vollzeitbeschäftigten** richtet sich nach § 4 TzBfG[15]. Unzulässig ist es, ArbN, die sich in **ATZ** befinden, bei einer Stundenermäßigung schlechter zu stellen als andere ArbN gleichen Alters[16]. Mit dem Gleichheitssatz unvereinbar ist auch eine Regelung, die zu einer Kürzung des Entgelts für die Arbeitszeit führt, das der ArbN ohne den Wechsel in das ATZ-Verhältnis erhalten hätte[17]. Ebenfalls als ein Verstoß gegen den arbeitsrechtl. Gleichbehandlungsgrundsatz ist es zu bewerten, wenn der ArbGeb die Vergütung bei Lehrern in der Arbeitsphase der ATZ kürzt, nicht aber bei Lehrern, die sich bereits in der Freistellungsphase befinden[18]. Kein Verstoß gegen den Gleichheitssatz ist anzunehmen, wenn der ArbGeb diejenigen betriebsbedingt gekündigten ArbN, die Kündigungsschutzklage erheben, von der Zahlung einer freiwilligen Abfindung ausschließt[19].

---

1 BAG 29.10.1998 – 2 AZR 683/97, AuA 1999, 85; 21.3.1991 – 2 AZR 616/90, AP Nr. 31 zu § 622 BGB; 29.8.1991 – 2 AZR 220/91 (A), AP Nr. 32 zu § 622 BGB.   ‖2 BAG 25.1.1984 – 5 AZR 89/82, NZA 1984, 326; ähnlich bereits BAG 5.3.1980 – 5 AZR 46/78, AP Nr. 43 zu § 242 BGB Gleichbehandlung (Fehlen von Bewerbern mit langjähriger Erfahrung auf dem Gebiet der produzierten Verpackungsmaschinen); 19.3.2003 – 10 AZR 365/02, AP Nr. 248 zu § 611 BGB Gratifikation; vgl. auch BAG 12.10.2005 – 10 AZR 640/04, NZA 2005, 1418.   ‖3 BAG 12.10.2005 – 10 AZR 640/04, NZA 2005, 1418.   ‖4 LAG Düss. 12.3.1987 – 5 Sa 4/87, NZA 1987, 706; so auch LAG Düss. 31.10.2003 – 10 Sa 1247/03, LAGE § 242 BGB 2002 Gleichbehandlung Nr. 1 für die Gewährung von Beihilfe im Krankheitsfall; anders BAG 19.5.2005 – 3 AZR 660/03, AP Nr. 71 zu § 242 BGB Betriebliche Übung.   ‖5 BAG 19.4.1995 – 10 AZR 344/94, DB 1995, 2221; Zumbansen/Kim, BB 1999, 2454.   ‖6 BAG 10.3.1982 – 4 AZR 540/79, DB 1982, 1223; 9.6.1982 – 5 AZR 501/80, DB 1982, 2192.   ‖7 BAG 10.3.1982 – 4 AZR 540/79, DB 1982, 1223.   ‖8 BAG 17.5.1978 – 5 AZR 132/77, DB 1979, 1887.   ‖9 BAG 24.3.1993 – 4 AZR 265/92, AP Nr. 106 zu § 242 BGB Gleichbehandlung.   ‖10 BAG 6.10.1993 – 10 AZR 450/92, NZA 1994, 257.   ‖11 Vgl. BAG 6.7.2005 – 4 AZR 27/04, AP Nr. 166 zu § 611 BGB Lehrer, Dozenten; so auch ausdrücklich die Vorinstanz LAG Hamm 25.9.2003 – 11 Sa 265/03, nv.   ‖12 BAG 20.7.1993 – 3 AZR 52/93, NZA 1994, 125.   ‖13 BAG 17.2.1998 – 3 AZR 783/96, NZA 1998, 762: Bevorzugung leitender Mitarbeiter im Innendienst.   ‖14 S.a. BAG 13.7.1993 – 1 AZR 676/92, AP Nr. 127 zu Art. 9 GG Arbeitskampf.   ‖15 S. BAG 19.1.2005 – 6 AZR 80/03, ArbRB 2005, 132; 11.12.2003 – 6 AZR 64/03, AP Nr. 7 zu § 4 TzBfG; 15.7.2004 – 6 AZR 404/03, nv.   ‖16 BAG 21.1.2003 – 9 AZR 4/02, AP Nr. 157 zu § 611 BGB Lehrer, Dozenten; 13.12.2005 – 9 AZR 220/05, AP Nr. 27 zu § 1 TVG; 13.6.2006 – 9 AZR 588/05, AP Nr. 30 zu § 1 TVG Altersteilzeit.   ‖17 BAG 14.10.2003 – 9 AZR 146/03, AP Nr. 9 zu § 3 ATG.   ‖18 LAG Köln 2.3.2005 – 7 (2) Sa 1139/04, ZTR 2005, 637; s.a. nachfolgend BAG 11.4.2006 – 9 AZR 371/05, nv.   ‖19 BAG 15.2.2005 – 9 AZR 116/04, BAGE 113, 327.

b) **Arbeitsentgelt. aa) Allgemeines.** Der allg. Gleichbehandlungsgrundsatz ist im Bereich der Arbeitsvergütung nur eingeschränkt anwendbar. Eine Verpflichtung, von der individuellen Festlegung der Vergütung zur arbeitsvertragl. Einheitsregelung überzugehen, besteht nicht[1]. Auch ein allg. Prinzip „gleicher Lohn für gleiche Arbeit" gibt es im deutschen Recht nicht[2]. Gewährt der ArbGeb die Leistungen jedoch nach einem erkennbaren generalisierenden Prinzip, ist er an das arbeitsrechtl. Gleichbehandlungsgebot gebunden[3]. Erforderlich ist daher eine Transparenz seiner Lohnfindung. Die Kontrolle am allg. Gleichheitsgebot sichert hier ein Mindestmaß an Sachgesetzlichkeit.

bb) **Lohnerhöhungen.** Ein nicht tarifgebundener ArbGeb muss bei einer Lohnerhöhung nicht zwangsläufig alle ArbN gleich behandeln. Im Hinblick auf den arbeitsrechtl. Gleichbehandlungsgrundsatz stellt der Wunsch des ArbGeb nach Vereinheitlichung des innerbetriebl. Lohngefüges und Angleichung der unterschiedlichen Bezahlung von ArbN, die Gleiches leisten, einen sachlichen Grund dar, einzelne ArbN von einer Lohnerhöhung auszuschließen[4]. Erhöht der ArbGeb für einen Teil der ArbN das Entgelt, ist er im Rahmen seiner sekundären Darlegungslast verpflichtet, sowohl sämtliche Zwecke für seine freiwillige Leistung an (nur) eine Gruppe von ArbN als auch die Grundsätze für die Verteilung der freiwilligen Leistung innerhalb der begünstigten Gruppe substantiiert offenzulegen[5]. Erhöht der ArbGeb die Gehälter, ohne allein die tarifvertragl. Lohnerhöhungen nachzuvollziehen, muss er den Gleichbehandlungsgrundsatz auch dann beachten, wenn er dies bei unterschiedlichen Berufsgruppen zu unterschiedlichen Zeitpunkten und in unterschiedlicher Höhe realisiert. Entscheidend ist, ob die Erhöhungen auf einer allg., **einzelfallübergreifenden Zweckverfolgung** beruhen. In einer linearen und über mehrere Jahre regelmäßig gewährten Lohnerhöhung einer ganz überwiegenden Anzahl der ArbN (über 80 %) sah das BAG einen Inflationsausgleich, von dem ArbN auch bei individuell unterschiedlich bemessenen Lohnerhöhungen nur bei Vorliegen sachlicher Gründe ausgeschlossen werden dürfen[6]. Eine Lohnerhöhung darf jedoch differenzieren, soweit dies Ausdruck einer spezifischen Zweckverfolgung ist. Zulässig ist es daher, eine Leistung aus Anlass einer Umstrukturierungsmaßnahme als Motivationsanreiz anzusetzen und ArbN mit höherer Vergütung in einem unwirtschaftl. oder stillzulegenden Betriebsteil hiervon auszuschließen[7]. Kommt es zu tarifl. Gehaltserhöhungen, kann der ArbGeb bisherige übertarifl. Zahlungen regelmäßig anrechnen (s. Rz. 539). Er darf jedoch hierbei ohne sachlichen Grund nicht zwischen den einzelnen ArbN-Gruppen differenzieren[8]. Die fehlende Bereitschaft eines ArbN, in eine andere Betriebsstätte zu wechseln, stellt kein sachliches Differenzierungskriterium dar, um einen Ausschluss von einer Gehaltserhöhung zu rechtfertigen[9]. Allein die Anknüpfung an die Gruppe der Stammbelegschaft einerseits und die der auf Grund eines Betriebsübergangs übernommenen ArbN andererseits stellt keinen sachlichen Grund für eine Differenzierung dar[10]. Der von einer Lohnerhöhung ausgenommene ArbN kann vom ArbGeb Auskunft über die bei der Lohnerhöhung angewandten Regeln verlangen[11].

cc) **Gratifikationen.** Der Zweck der Zulagen, Gratifikationen und Sonderzuwendungen gibt vor, wie weit zwischen den verschiedenen ArbN-Gruppen differenziert werden kann. Grds. zulässige Kriterien sind (je nach Ziel der Zuwendung) Arbeitsleistung und -belastung[12], Qualifikation (auch wenn die aktuell ausgeübten Tätigkeiten die Gleichen sind)[13], Berufserfahrung, soziale Lage und unterschiedliche Arbeitsplatzanforderungen[14]. So kann die Festlegung des Kreises der Bezugsberechtigten bei Aktienoptionsprogrammen ohne Verletzung des Gleichbehandlungsgrundsatzes auf bestimmte Hierarchieebenen beschränkt werden[15]. Daneben können je nach Leistung die Betriebszugehörigkeit, der Familienstand, aber auch die Kinderzahl legitimer Differenzierungsgrund sein[16]. Auch eine Differenzierung danach, ob die Beendigung eines ArbVerh am Auszahlungstag feststeht oder nicht, ist zulässig[17]. Auf den Grund der Beendigung kommt es dabei nicht an, so dass der Umstand, dass der ArbN wegen einer vereinbarten Befristung gehindert war, die Voraussetzungen zu erfüllen, bedeutungslos ist[18]. Dies gilt

---

1 BAG 15.11.1994 – 5 AZR 682/93, BB 1995, 409. ‖2 BAG 21.6.2000 – 5 AZR 806/98, DB 2000, 1920 = EWiR 2000, 953 (*Thüsing*); s. dazu auch *Wiedemann*, Die Gleichbehandlungsgebote im Arbeitsrecht, S. 50. ‖3 St. Rspr.; vgl. BAG 11.10.2007 – 4 AZR 354/05, AP Nr. 203 zu § 242 BGB Gleichbehandlung; 12.1.1994 – 5 AZR 6/93, AP Nr. 112 zu § 242 BGB Gleichbehandlung, mwN. ‖4 S. BAG 14.3.2007 – 5 AZR 420/06, AP Nr. 204 zu § 242 Gleichbehandlung; LAG Rh.-Pf. 24.3.2003 – 7 Sa 1233/02, nv. ‖5 BAG 23.2.2011 – 5 AZR 84/10, NZA 2011, 693. ‖6 S. BAG 11.9.1985 – 7 AZR 371/83, DB 1986, 2602; 15.11.1994 – 5 AZR 682/93, BB 1995, 409. ‖7 BAG 10.3.1998 – 1 AZR 509/97, AP Nr. 207 zu § 611 BGB Gratifikation. ‖8 BAG 22.8.1979 – 5 AZR 769/77, DB 1980, 406; 6.2.1985 – 4 AZR 370/83, DB 1985, 1239; 3.6.1987 – 4 AZR 44/87, NZA 1987, 84. ‖9 LAG Köln 17.10.2003 – 12 Sa 804/03, nv. ‖10 BAG 14.3. 2007 – 5 AZR 420/06, AP Nr. 204 zu § 242 Gleichbehandlung. ‖11 BAG 1.12.2004 – 5 AZR 664/03, NZA 2005, 289. ‖12 BAG 5.8.2009 – 10 AZR 666/08, NZA 2009, 1135; 5.3.1980 – 5 AZR 46/78, AP Nr. 43 zu § 242 BGB Gleichbehandlung; 25.1.1984 – 5 AZR 89/82, AP Nr. 67 zu § 242 BGB Gleichbehandlung. ‖13 BAG 23.2.1994 – 4 AZR 219/93, AP Nr. 51 zu Art. 119 EWG-Vertrag; 30.9.1998 – 4 AZR 547/97, AP Nr. 159 zu § 242 BGB Gleichbehandlung im Hinblick auf Lehrkräfte mit und ohne Lehrbefähigung. ‖14 BR-Drs. 393/84, 25 (26) in Erläuterung von § 2 TzBfG. Einschr. zur sozialen Lage BAG 1.11.1995 – 5 AZR 84/94, NZA 1996, 813; s. aber auch BAG 30.8.2000 – 4 AZR 563/99, NZA 2001, 613 = RdA 2001, 110 (*Dieterich*). ‖15 BAG 21.10.2009 – 10 AZR 664/08, AP Nr. 210 zu § 242 BGB Gleichbehandlung; das Gericht sah hier allerdings eine willkürliche Schlechterstellung einzelner ArbN. ‖16 S. ErfK/*Preis*, § 611 Rz. 598; Küttner/*Kania*, Gleichbehandlung Rz. 28ff. ‖17 S. zB BAG 10.12.2008 – 10 AZR 15/08, AP Nr. 280 zu § 611 BGB Gratifikation. ‖18 BAG 23.5.2007 – 10 AZR 363/06, AP Nr. 24 zu § 1 TVG Tarifverträge: Großhandel; 8.3.1995 – 10 AZR 208/94; BAG 28.3.2007 – 10 AZR 261/06, AP Nr. 265 zu § 611 BGB Gratifikation, da dort ausdrückl. vereinbart wurde, dass der Anspruch auf die Sonderzahlung nur ausgeschlossen ist, wenn die Beendigung des ArbVerh im Verantwortungsbereich des ArbN liegt.

auch für den Fall, dass der ArbN im Laufe des Bezugsjahres ausscheiden wird, sein Überwechseln in das ausgegliederte Unternehmen jedoch nicht zu vertreten hat und somit nicht mehr in der Lage ist, die Betriebstreue zu erbringen[1]. Ein unterschiedliches Lohnniveau kann der ArbGeb durch eine freiwillige Sonderzahlung nur dann ausgleichen, wenn die Leistung nicht auch anderen Zwecken dient und eine Kompensation dadurch verhindert wird. So verstößt es gegen den Gleichbehandlungsgrundsatz, wenn der ArbGeb eine Sonderzahlung, deren Höhe sich nach der Zahl der Anwesenheitstage berechnet und die im Hinblick auf Rückzahlungsklauseln auch die Betriebstreue für die Zukunft bezweckt, nur solchen ArbN gewährt, die neue, verschlechternde Arbeitsverträge unterschrieben haben[2]. Zur Unterscheidung nach dem Alter s. Rz. 203. Einen sachlichen Grund für eine Differenzierung im Rahmen einer freiwilligen Jahressonderzahlung stellt es dar, wenn durch die höhere Zahlung ein Ausgleich für nicht angeordnete Mehrarbeit pauschal gewährt werden soll[3]. Eine Unterscheidung zwischen Dauer- und AushilfsArbN[4] misst sich am Verbot der Benachteiligung befristet Beschäftigter gem. § 4 II TzBfG. Eine Gleichstellung **eingetragener Lebenspartnerschaften** mit der Ehe ist bei der Gewährung von Zulagen nicht geboten[5]. **ABM-Kräfte** können vom TV ausgenommen werden[6]. Sachlicher Grund zur Differenzierung ist der arbeitsförderungsrechtl. Zweck der Arbeitsbeschaffungsmaßnahmen. Der ArbGeb darf bei Auszahlung von durch Drittmittel finanzierten Gratifikationen zwischen solchen ArbN, die eine zuwendungsfinanzierte Stelle und solchen, die eine sog. leistungsfinanzierte Stelle haben, unterscheiden und die Gratifikationen nur an erstgenannte ArbN weiterleiten[7]. Die Refinanzierungsmöglichkeit ist mithin zulässiges Differenzierungskriterium. Soll nach einer Erklärung des ArbGeb die Beseitigung des Rechtsanspruchs auf Zahlung von Weihnachtsgeld lediglich die durch Betriebsübung begründeten Ansprüche erfassen und Ansprüche auf Grund ausdrücklicher arbeitsvertragl. Vereinbarung unangetastet bleiben, so liegt hierin nach unzutreffender instanzgerichtl. Rspr. eine ungerechtfertigte Ungleichbehandlung verschiedener ArbN-Gruppen und damit ein Verstoß gegen den arbeitsrechtl. Gleichbehandlungsgrundsatz[8]. Sachlich gerechtfertigt ist es hingegen, wenn der ArbGeb eine freiwillig gewährte Weihnachtszuwendung an seine Stammbelegschaft zahlt und die im Zuge eines Betriebübergangs übernommenen ArbN von dieser Zahlung ausnimmt, wenn deren Vergütungsniveau insg. höher ist als das der Stammbelegschaft[9].

226 **dd) Ruhegeldzusage.** Inwieweit Ruhegeldzusagen auch an Teilzeitbeschäftigte oder befristet Beschäftigte zu gewähren sind, beurteilt sich nach § 4 TzBfG. Die Zwecke, die die unterschiedlichen Behandlungen bei Leistungen der betrAV rechtfertigen sollen, müssen aus der Versorgungsordnung erkennbar sein. Ist der Grund der Ungleichbehandlung nicht ohne weiteres erkennbar, muss der ArbGeb ihn spätestens dann offen legen, wenn ein von der Vergünstigung ausgeschlossener ArbN Gleichbehandlung verlangt[10]. Eine unterschiedliche Behandlung bei der Gewährung betrieblicher Versorgungsleistungen kann aus betriebl. oder sozialen Gründen sachlich gerechtfertigt sein. Zahlt ein ArbGeb als betrAV monatliche Prämien auf eine Direktversicherung als Kapitallebensversicherung, ist die Zahlung einer erhöhten Prämie an ArbN, denen eine größere Flexibilität abverlangt wird, gerechtfertigt[11]. Wird ein leitender Angestellter einer Bausparkasse mittels einer individualvertragl. Absprache in den Anwendungsbereich einer Versorgungszusage einbezogen, bedeutet dies nicht, dass der Angestellte stets in Fragen der Versorgung mit den nicht leitenden Angestellten des Außendienstes und den Mitarbeitern des Innendienstes gleich zu behandeln wäre[12]. Setzt sich die betriebl. Altersrente aus einem dienstzeitunabhängigen Sockelbetrag und aus dienstzeitabhängigen Steigerungsbeträgen zusammen, dürfen Versorgungsleistungen aus vorausgegangenen ArbVerh auf den Sockelbetrag angerechnet werden[13]. Eine betriebl. Versorgungsordnung kann vorsehen, dass eine Invalidenrente nur geschuldet wird, wenn die Invalidität nach Vollendung eines bestimmten Mindestalters (zB 50. LJ) eintritt[14]. Eine Versorgungszusage im Rahmen der betrAV kann den Anspruch auf Witwen-/Witwerversorgung davon abhängig machen, dass die Ehe vor dem (vorzeitigen) Ausscheiden aus dem ArbVerh geschlossen wurde; diese als neutrales Kriterium formulierte einschränkende Voraussetzung stellt keine mittelbare Benachteiligung oder Diskriminierung wegen des Alters oder des Geschlechts dar[15]. Die Einführung einer Berechnungsobergrenze für das rentenfähige Einkommen ist ein sachlicher Grund für eine Differenzierung, die nicht alle Einkommensbestandteile, wie sie tatsächlich verdient wurden, in die Rentenberechnung einbezieht[16].

---

1 BAG 14.2.2007 – 10 AZR 181/06, AP Nr. 264 zu § 611 BGB Gratifikation. || 2 BAG 1.4.2009 – 10 AZR 353/08, AP Nr. 284 zu § 611 BGB Gratifikation; 30.7.2008 – 10 AZR 497/07, NZA 2008, 1412; 26.9.2007 – 10 AZR 569/06, AP Nr. 205 zu § 242 BGB Gleichbehandlung; 5.8.2009 – 10 AZR 666/08, NZA 2009, 1135. || 3 LAG Hamburg 16.1.2003 – 1 Sa 27/02, FA 2004, 26; s. zum Ausschluss von einer Gratifikationsleistung wegen mangelnder Zustimmung zu einer Arbeitszeitverlängerung ohne Lohnausgleich LAG Hamm 14.4.2005 – 8 Sa 2196/04, nv. || 4 S. ErfK/*Preis*, § 611 Rz. 598; HzA/*Lipke*, Gruppe 2.3 Rz. 151. || 5 *Thüsing*, NZA 2001, 1062; *Powietzka*, BB 2002, 146; s.a. *Schulte*, DB 2001, 1832. || 6 BAG 18.6.1997 – 5 AZR 259/96, AP Nr. 2 zu § 3d BAT. || 7 BAG 21.5.2003 – 10 AZR 524/02, BB 2003, 2014 (2015). || 8 LAG Hamm 11.12.2003 – 8 Sa 1204/03, LAGReport 2004, 266. || 9 LAG Düss. 25.3.2003 – 16 (5) Sa 1504/02, LAGReport 2003, 263. || 10 BAG 20.7.1993 – 3 AZR 52/93, DB 1994, 102; Bestätigung von BAG 5.3.1980 – 5 AZR 881/78, AP Nr. 44 zu § 242 Gleichbehandlung. || 11 BAG 18.9.2007 – 3 AZR 639/06, AP Nr. 33 zu § 77 BetrVG 1972 Betriebsvereinbarung. || 12 BAG 20.7.2004 – 3 AZR 552/03, AP Nr. 49 zu § 5 BetrAVG. || 13 BAG 20.11.1990 – 3 AZR 31/90, ZIP 1991, 951 = EWiR 1991, 639 (*Griebeling*). || 14 BAG 20.10.1987 – 3 AZR 208/86, BB 1988, 836. || 15 BAG 20.4.2010 – 3 AZR 509/08, AP Nr. 26 zu § 1 BetrAVG Hinterbliebenenversorgung. || 16 BAG 15.2.2005 – 3 AZR 237/04, AP Nr. 194 zu § 1 TVG Tarifverträge: Metallindustrie.

Der ArbGeb setzt sich auch nicht dem Vorwurf der Ungleichbehandlung aus, wenn er bei der betrAV danach differenziert, welche Bedeutung die Arbeitsleistung für ihn hat und welche Position der ArbN im Betrieb einnimmt[1]. Auch die erheblichen Unterschiede der tarifl. Vergütungshöhe zwischen verschiedenen ArbN-Gruppen ist als Sachgrund bei der Bemessung der betrAV anerkannt[2]. Der arbeitsrechtl. Gleichbehandlungsgrundsatz verpflichtet einen ArbGeb nicht, eine besonders günstige Anspruchsberechnung für ArbN, die vorgezogen Betriebsrente in Anspruch nehmen, nachdem sie bis zu diesem Zeitpunkt betriebstreu geblieben sind, auch anteilig an ArbN weiterzugeben, die vorzeitig aus dem Betrieb ausgeschieden sind[3]. Ein TV kann ohne Verstoß gegen das Gleichbehandlungsgebot für die Berechnung einer vorgezogen in Anspruch genommenen Betriebsrente des vorzeitig ausgeschiedenen ArbN die fehlende Betriebstreue zwischen dem vorgezogenen Ruhestand und der festen Altersgrenze grds. auch zweifach mindernd berücksichtigen[4]. Kein Verstoß gegen den Gleichheitssatz liegt vor, wenn Zusatzrenten an ehemalige ArbN mit Anspruch aus befreiender Lebensversicherung bis zum 65. LJ gezahlt werden, nicht jedoch an diejenigen ArbN, die eine Rente aus gesetzl. Altersversorgung in Anspruch nehmen können[5]. Wird durch einen TV den ArbN eines Konzernunternehmens, das in der Vergangenheit nicht zum Konzerntarifverbund gehörte, erstmals eine Übergangsversorgung zugesagt, liegt kein Verstoß gegen den arbeitsrechtl. Gleichbehandlungsgrundsatz vor, sofern außerhalb des Konzerntarifverbundes erbrachte Beschäftigungsjahre bei Voraussetzungen und Umfang der Versorgungszusage nicht in gleicher Weise berücksichtigt werden wie Beschäftigungsjahre eines anderen ArbN, die dieser innerhalb des Konzerntarifverbundes zurücklegte[6].

ee) **Sozialplan.** Will der ArbGeb auch die älteren ArbN, die sich mit den Leistungen aus dem bestehenden Sozialplan nicht begnügen wollen, zu einem einvernehmlichen Ausscheiden aus dem ArbVerh bewegen, so verstößt er nicht gegen den Gleichbehandlungsgrundsatz, wenn er zusätzliche Leistungen nur den ArbN verspricht, die sich nicht schon zuvor mit einem Ausscheiden auf der Basis des bestehenden Sozialplans einverstanden erklärt haben[7]. Die Grenzen des weiten Spielraums, den die Betriebspartner bei der Beurteilung der wirtschaftl. Nachteile einer Betriebsänderung und der Ausgestaltung der darauf gerichteten Ausgleichsmaßnahmen haben, sind nicht überschritten, wenn bei der Bemessung einer Sozialplanabfindung Zeiten der Teilzeit- und der Vollzeitbeschäftigung anteilig berücksichtigt werden[8]. Eine sachgerechte Differenzierung kann auch dann vorliegen, wenn ArbN von Sozialplanleistungen ausgeschlossen werden, die wirtschaftl. abgesichert sind, weil sie die Voraussetzungen für die Inanspruchnahme eines vorgezogenen Altersruhegeldes erfüllen[9]. Das Gleiche gilt, wenn ArbN, die unmittelbar auf Vermittlung des ArbGeb weiterbeschäftigt werden, von Abfindungsansprüchen ausgenommen werden[10]. Vereinbart der Konkursverwalter mit ArbN, denen bereits vor Konkurseröffnung gekündigt worden war, dass sie gegen Zahlung einer Abfindung ihre Einwendungen gegen die Wirksamkeit der Kündigung fallen lassen und sich mit der Beendigung des ArbVerh einverstanden erklären, um so den Übergang des Restbetriebs auf einen Erwerber sicherzustellen, so verstößt es nicht gegen den arbeitsrechtl. Gleichbehandlungsgrundsatz, wenn hierbei diejenigen ArbN ausgenommen werden, die sich bereits in Kenntnis des Antrags auf Eröffnung des Konkursverfahrens mit der Beendigung des ArbVerh ausdrücklich einverstanden erklärt hatten[11]. Ebenso ist es gerechtfertigt, wenn die Betriebspartner bei der Zuerkennung von Ansprüchen auf eine Abfindung in einem Sozialplan zwischen ArbN, denen infolge der Betriebsänderung gekündigt worden ist, und solchen, die ihr ArbVerh durch eine Eigenkündigung (oder einen Aufhebungsvertrag) beendet haben, unterscheiden[12]. Dies gilt freilich nicht, wenn die Eigenkündigung vom ArbGeb veranlasst wurde[13]. Im Falle einer vom ArbGeb veranlassten Eigenkündigung des ArbN kann der Anspruch auf eine Sozialplanabfindung an die Voraussetzung geknüpft werden, dass dem ArbN zuvor ein – unzumutbares – Arbeitsplatzangebot gemacht wurde[14]. Gegen den Gleichbehandlungsgrundsatz verstößt es, Sozialplanleistungen von einem Klageverzicht der ArbN abhängig zu machen. Dieses Verknüpfungsverbot gilt auch dann, wenn lediglich die Zahlung eines Teils der Abfindung von einem Klageverzicht abhängig gemacht wird und der übrige Teil der Abfindung bedingungslos an die gekündigten ArbN gezahlt wird. Allerdings sind die Betriebsparteien nicht gehindert, im Interesse des ArbGeb an alsbaldiger Planungssicherheit zusätzlich zum Sozialplan in einer freiwilligen BV Leistungen für den Fall vorzusehen, dass der ArbN von seinem Klagerecht keinen Gebrauch macht. Dadurch darf jedoch das Verbot, Sozialplanleistungen von einem entsprechen-

---

1 BAG 25.5.2004 – 3 AZR 15/03, AP Nr. 5 zu § 1b BetrAVG. || 2 BAG 27.2.2002 – 9 AZR 38/01, nv.; 25.2.1999 – 3 AZR 213/97, nv.; 25.2.1999 – 3 AZR 332/97, nv. || 3 BAG 23.1.2001 – 3 AZR 562/99, AP Nr. 26 zu § 6 BetrAVG = EWiR 2002, 53 (*Thüsing/Lambrich*). || 4 BAG 24.7.2001 – 3 AZR 681/00, AP Nr. 17 zu § 1 BetrAVG Berechnung. || 5 BAG 18.5.2004 – 9 AZR 250/03, EzA § 4 TVG Luftfahrt Nr. 9. || 6 LAG Hess. 20.2.2004 – 17/3 Sa 1340/03, nv. || 7 BAG 18.9.2001 – 3 AZR 656/00, DB 2002, 225. || 8 BAG 14.8.2001 – 1 AZR 760/00, ZIP 2002, 94. || 9 BAG 3.8.1999 – 1 AZR 677/98, nv.; 26.7.1988 – 1 AZR 156/87, AP Nr. 45 zu § 112 BetrVG 1972; 31.7.1996 – 10 AZR 45/96, AP Nr. 103 zu § 112 BetrVG 1972; 17.9.1997 – 10 AZR 38/97, nv.; s.a. BAG 31.7.1996 – 10 AZR 45/96, DB 1997, 281. || 10 BAG 22.3.2005 – 1 AZR 3/04, NZA 2005, 831; 15.11.1995 – 10 AZR 267/95, nv.; 28.10.1992 – 10 AZR 129/92, AP Nr. 66 zu § 112 BetrVG 1972; 27.7.1994 – 10 AZR 710/93, nv.; 12.7.1995 – 10 AZR 127/95, nv. || 11 BAG 27.10.1998 – 1 AZR 94/98, AP Nr. 29 zu § 61 KO. || 12 BAG 22.4.2004 – 2 AZR 281/03, AP Nr. 27 zu § 620 BGB Aufhebungsvertrag; 11.3.1998 – 10 AZR 505/97, nv.; 19.7.1995 – 10 AZR 885/94, AP Nr. 96 zu § 112 BetrVG 1972 (*v. Hoyningen-Huene*); s.a. BAG 24.8.2004 – 1 ABR 23/03, DB 2005, 397. || 13 BAG 20.4.1994 – 10 AZR 323/93, AP Nr. 77 zu § 112 BetrVG 1972. || 14 BAG 13.2.2007 – 1 AZR 163/06, AP Nr. 185 zu § 112 BetrVG 1972.

den Verzicht abhängig zu machen, nicht umgangen werden[1]. Keine Verletzung des Gleichbehandlungsgrundsatzes ist gegeben, wenn ArbN, deren ArbVerh vor einer Betriebsänderung aufgelöst worden ist, von dem über die Betriebsänderung geschlossenen Interessenausgleich und Sozialplan ausgenommen und insb. vom Bezug einer „Produktivitätsprämie", die für die tatsächliche Erbringung der Arbeitsleistung bis zum Kündigungstermin versprochen wird, ausgeschlossen werden[2]. Auf Grund der gesetzl. Begrenzung von Sozialansprüchen in der Insolvenz ist es sachgerecht, nur diejenigen ArbN einzubeziehen, die nach Eröffnung des Insolvenzverfahrens von Entlassungen betroffen sind[3]. Die Betriebspartner sind aus Gründen der praktikablen Durchführung einer Sozialplanregelung befugt, die Zahlung eines Abfindungszuschlags für unterhaltsberechtigte Kinder davon abhängig zu machen, dass diese auf der LStKarte eingetragen sind. Eine solche Regelung verstößt nicht gegen den Gleichbehandlungsgrundsatz[4].

228 **VII. Betriebliche Übung**[5]. **1. Begriff und Herleitung.** Eine betriebl. Übung bildet nach der st. Rspr. des BAG die regelmäßige Wiederholung bestimmter Verhaltensweisen des ArbGeb, aus denen der ArbN[6] schließen kann, ihm solle eine Leistung auf Dauer gewährt werden[7]. Ganz überwiegend handelt es sich um Ansprüche, die auf Geld gerichtet sind (zB Arbeitsentgelt, Sonderleistungen betriebl. Altersversorgung). Eine Rechtsbindung durch betriebl. Übung bei bloßen Annehmlichkeiten wird dagegen verneint[8]. Umstritten ist die **dogmatische Herleitung** dieses Rechtsinstituts. Die st. Rspr. folgt der sog. **Vertragstheorie:** Auf Grund einer Willenserklärung, die vom ArbN stillschweigend angenommen wird (§ 151), erwachsen vertragl. Ansprüche auf die üblich gewordenen Vergünstigungen. Dabei kommt es für die Begründung eines solchen Anspruchs nicht darauf an, ob der ArbGeb mit Verpflichtungswillen gehandelt hat oder ob ihm ein solcher Wille fehlte. Die Wirkung einer Willenserklärung oder eines bestimmten Verhaltens tritt im Rechtsverkehr schon dann ein, wenn der Erklärende aus der Sicht des Erklärungsempfängers einen auf eine bestimmte Rechtswirkung gerichteten Willen geäußert hat. Ob eine für den ArbGeb bindende betriebl. Übung auf Grund der Gewährung von Leistungen an seine ArbN entstanden ist, muss deshalb danach beurteilt werden, inwieweit die ArbN aus dem Verhalten des ArbGeb unter Berücksichtigung von Treu und Glauben sowie der Verkehrssitte (§ 242) und der Begleitumstände auf einen Bindungswillen des ArbGeb schließen durften[9]. Daneben findet sich im Schrifttum eine Herleitung aus dem Gesichtspunkt der **Vertrauenshaftung.** Die Rspr. überfrachte den Tatbestand der Willenserklärung und führe zu einer Fiktion; maßgeblich sei vielmehr eine nicht rechtsgeschäftliche, sondern rechtsgeschäftsähnliche Anspruchsbegründung durch Erwirkung[10]. Die Entscheidung für den einen oder anderen Ansatz strukturiert die Argumente, führt jedoch nicht notwendig zu einem abweichenden Ergebnis. Das BAG konnte daher die Herleitung in einigen Entscheidungen dahingestellt bleiben lassen und betont, dass beide Ansätze das gleiche Ziel verfolgen: den Schutz des Eindrucks des ArbN, die üblich gewordenen Leistungen seien auch künftig zu erwarten[11]. Teilweise geht man daher trotz dieser Unterschiede in der Begründung von einer **gewohnheitsrechtl. Anerkennung** aus[12].

229 **2. Voraussetzungen und Verhinderung einer betrieblichen Übung.** Ob aus einem wiederholten tatsächlichen Verhalten des ArbGeb eine betriebl. Übung mit Anspruch auf eine zukünftige Gewährung entsteht oder ob aus dem Verhalten des ArbGeb nur eine Vergünstigung für das jeweilige Jahr abzuleiten ist, ist in den Tatsacheninstanzen unter Berücksichtigung aller Umstände zu ermitteln[13]. Die Anforderungen an den Erklärungswert bestimmen sich nach der Art des Verhaltens des Vertragspartners, das eine betriebl. Übung begründen soll. Je intensiver eine Regelung das Funktionieren eines Betriebs in seiner Gesamtheit betrifft, umso eher müssen die ArbN davon ausgehen, dass sich der ArbGeb mit einem bestimmten Verhalten nicht individualrechtlich binden wolle. Eine vertragl. Bindung kann nur dann angenommen werden, wenn besondere Umstände ein schutzwürdiges Vertrauen der ArbN be-

---

1 BAG 31.5.2005 – 1 AZR 254/04, AP Nr. 175 zu § 112 BetrVG 1972; hierzu *Thüsing/Wege*, DB 2005, 2634. ||2 BAG 22.3.2005 – 1 AZR 49/04, AP Nr. 48 zu § 75 BetrVG 1972. ||3 LAG Hamm 7.7.2004 – 2 Sa 163/04, LAG-Report 2005, 116. ||4 BAG 12.3.1997 – 10 AZR 648/96, DB 1997, 1522. ||5 Konzeptionell für die neuere Diskussion grundlegend *Bepler*, RdA 2004, 226; *Waltermann*, RdA 2006, 257. ||6 Auch die Erbringung von Versorgungsleistungen an bereits im Ruhestand befindliche Versorgungsempfänger kann genügen, BAG 23.8.2011 – 3 AZR 650/09, BB 2011, 3060. ||7 BAG 17.11.2009 – 9 AZR 765/08, AP Nr. 88 zu § 242 BGB Betriebliche Übung; 19.8.2008 – 3 AZR 194/07, BAGE 127, 260; 16.6.2007 – 10 AZR 849/06, AP Nr. 78 zu § 242 BGB Betriebliche Übung; 26.3.1997 – 10 AZR 612/96, AP Nr. 50 zu § 242 BGB Betriebliche Übung; 4.5.1999 – 10 AZR 290/98, AP Nr. 55 zu § 242 BGB Betriebliche Übung, jew. mwN; 20.1.2004 – 9 AZR 43/03, AP Nr. 65 zu § 242 BGB Betriebliche Übung; einen erweiterten Rspr.-Überblick gibt *Bepler*, RdA 2004, 226. ||8 Zur Frage, ob ein Anspruch auf private Internetnutzung durch betriebl. Übung entstehen kann, s. *Waltermann*, NZA 2007, 529, der die private Nutzung des Internets als bloße Annehmlichkeit einstuft; aA *Barton*, NZA 2006, 460. ||9 Vgl. BAG 26.3.1997 – 10 AZR 612/96, AP Nr. 50 zu § 242 BGB Betriebliche Übung; 16.9.1998 – 5 AZR 598/97, AP Nr. 54 zu § 242 BGB Betriebliche Übung. ||10 S. insb. *Hromadka*, NZA 1984, 241 (243). ||11 Offengelassen noch BAG 30.10.1984 – 3 AZR 236/82, AP Nr. 1 zu § 1 BetrAVG Betriebliche Übung; 5.2.1971 – 3 AZR 28/70, AP Nr. 10 zu § 242 BGB Betriebliche Übung. Mögliche Unterschiede legt jedoch anschaulich dar *Singer*, ZfA 1993, 487. ||12 So bereits *Gamillscheg*, FS Hilger und Stumpf, 1983, S. 227; ErfK/*Preis*, § 611 Rz. 220; Kittner/Zwanziger/Deinert/*Deinert*, ArbR, § 11 Rz. 120 mwN. ||13 Vgl. BAG 17.9.1970 – 5 AZR 539/69, AP Nr. 9 zu § 242 BGB Betriebliche Übung; 12.1.1994 – 5 AZR 41/93, AP Nr. 43 zu § 242 BGB Betriebliche Übung; 20.1.2004 – 9 AZR 43/03, AP Nr. 65 zu § 242 BGB Betriebliche Übung; 18.4.2007 – 4 AZR 653/05, AP Nr. 54 zu § 1 TVG Bezugnahme auf Tarifvertrag; s.a. *Ricken*, DB 2006, 1372.

gründen[1]. Ein Gratifikationsanspruch des ArbN ist auf Grund betriebl. Übung dann gegeben, wenn der ArbGeb eine Gratifikation wiederholt vorbehaltlos zahlt und hierdurch für die ArbN ein Vertrauenstatbestand entsteht, der ArbGeb wolle sich diesbezüglich auch für die Zukunft binden. Die Regel, dass eine **dreimalige vorbehaltlose Gewährung** zur Verbindlichkeit erstarkt, ist für jährlich an die gesamte Belegschaft geleistete Gratifikationen aufgestellt worden[2]. Bei anderen Sozialleistungen ist auf Art, Dauer und Intensität der Leistungen abzustellen. Wie lange die Übung bestehen muss, damit die ArbN zu Recht erwarten können, dass sie fortgesetzt werde, hängt davon ab, wie häufig die Leistungen erbracht worden sind. Dabei kommt es auf die Zahl der Anwendungsfälle im Verhältnis zur Belegschaftsstärke an. Ferner sind in die Bewertung der Relation von Anzahl der Wiederholungen und Dauer der Übungen auch Art und Inhalt der Leistungen einzubeziehen[3]. Der Rechtssicherheit dient diese Weiterentwicklung der Rspr. nicht. Man wird ihr nur für die Fälle folgen können, in denen zwischen der regelmäßigen Leistungsgewährung erhebliche Zeiträume liegen oder bei denen es regelmäßig nur zur einmaligen Leistungsgewährung kommt (zB Fortbildungskosten).

Die Beurteilung, ob aus den vom Berufungsgericht festgestellten Tatsachen eine betriebl. Übung hinsichtlich der Gewährung von Leistungen entstanden ist oder nicht, unterliegt der **uneingeschränkten revisionsrechtl. Überprüfung**[4]. 229a

Will der ArbGeb verhindern, dass aus der Stetigkeit eines Verhaltens eine in die Zukunft wirkende Bindung entsteht, muss er einen entsprechenden **Vorbehalt** erklären. In welcher Form dies geschieht, ist nicht entscheidend; erforderlich ist jedoch, dass der Vorbehalt klar und unmissverständlich kundgetan wird[5]. Daher ersetzt der Umstand, dass der ArbGeb vor hatte, eine Kündigungsklausel in eine BV aufzunehmen, wenn es denn zu einer gekommen wäre, nicht die ausdrückliche Erklärung eines Vorbehalts[6]. Werden Sonderleistungen des ArbGeb in einem Formulararbeitsvertrag in Voraussetzungen und Höhe präzise formuliert, ist es widersprüchlich, wenn der ArbGeb die Zahlung in derselben oder in einer anderen Vertragsklausel an einen Freiwilligkeitsvorbehalt bindet[7]. Entscheidende Messlatte ist die Vorstellung des ArbN, der davon ausgeht, damit werde ihm – zumindest unter „normalen" Umständen – doch eine Leistung zugesagt. Die Form des Vorbehalts steht dem ArbGeb frei. Er kann den Vorbehalt sowohl durch Aushang oder Rundschreiben als auch durch Erklärung ggü. dem einzelnen ArbN bekannt geben[8]. Eine für den ArbN **erkennbar auf das jeweilige Kalenderjahr bezogene Zusage** einer Leistung begründet keine Ansprüche der Leistungsempfänger aus einer betriebl. Übung für zukünftige Jahre. Ein Widerrufsvorbehalt bzw. die Mitteilung, dass die Leistung freiwillig erfolgt, ist in diesem Fall nicht erforderlich, um Ansprüche für die Zukunft zu beseitigen bzw. überhaupt nicht entstehen zu lassen[9]. Dementsprechend entsteht keine betriebl. Übung auf zukünftige Gewährung von Weihnachtsgeld, wenn – für den ArbN erkennbar – die Zuwendung nach Gutdünken des ArbGeb dreimalig in unterschiedlicher Höhe gezahlt wird. Der ArbN muss in einem solchen Fall davon ausgehen, dass der ArbGeb die Zuwendung nur für das jeweilige Jahr gewähren will[10]. Demggü. scheint die Rspr., wonach eine als **materiell nicht ins Gewicht fallende Leistung** zu wertende Vergünstigung durch den ArbGeb schon auf Grund ihrer Geringwertigkeit regelmäßig als bloße Annehmlichkeit einen fortgesetzten Anspruch nicht begründen kann[11], bedenklich. Das Ausmaß des ArbN-Vertrauens wird durch die Wertigkeit der Leistung nicht berührt; zudem dürfte es nicht möglich sein, hier rational eine Wertgrenze zu bestimmen. Die Rspr. trägt zur Rechtsunsicherheit bei, ohne dass ein substantieller Gewinn an materieller Gerechtigkeit dies rechtfertigen könnte. 230

Der für das Entstehen einer betriebl. Übung **erforderliche Bindungswille** ist in der Wechselbeziehung von Leistung und Gegenleistung nach der Rspr. des BAG eher anzunehmen, als für den Fall, dass ein Gegenstand betroffen ist, der seinem Schwerpunkt nach der Organisation des Betriebs zuzurechnen ist und daher üblicherweise auf kollektiver Ebene oder durch Ausübung des Direktionsrechts geregelt wird. Je mehr eine Regelung auf das Funktionieren des Betriebs in seiner Gesamtheit bezogen ist, desto weniger können die ArbN annehmen, der ArbGeb wolle sich mit einem bestimmten Verhalten ihnen ggü. individualrechtl. binden[12]. Allein die Leistung an einzelne ArbN lässt noch nicht auf einen zurechenbaren objektiven Bindungswillen des ArbGeb schließen, er wolle allen ArbN oder zumindest allen 231

---

1 BAG 13.6.2007 – 5 AZR 849/06, AP Nr. 78 zu § 242 BGB Betriebliche Übung unter Bezugnahme auf ältere Rspr. ‖ **2** Vgl. BAG 4.10.1956 und 17.4.1957 – 2 AZR 213/54 und 2 AZR 411/54, AP Nr. 4 und 5 zu § 611 BGB Gratifikation; 23.4.1963 – 3 AZR 173/62, AP Nr. 26 zu § 611 BGB Gratifikation; 30.10.1984 – 3 AZR 236/82, AP Nr. 1 zu § 1 BetrAVG Betriebliche Übung; 28.2.1996 – 10 AZR 516/95, AP Nr. 192 zu § 611 BGB Gratifikation; 21.1.2009 – 10 AZR 219/08, NZA 2009, 310; 21.1.2009 – 10 AZR 221/08, nv. ‖ **3** BAG 28.5.2008 – 10 AZR 274/07, AP Nr. 80 zu § 242 BGB Betriebliche Übung. ‖ **4** BAG 28.6.2006 – 10 AZR 385/05, AP Nr. 74 zu § 242 BGB Betriebliche Übung. ‖ **5** BAG 21.1.2009 – 10 AZR 219/08, BAGE 129, 164; 16.4.1997 – 10 AZR 705/96, NZA 1998, 423; 12.1.1994 – 5 AZR 41/93, AP Nr. 43 zu § 242 BGB Betriebliche Übung. ‖ **6** BAG 28.6.2006 – 10 AZR 385/05, AP Nr. 74 zu § 242 BGB Betriebliche Übung. ‖ **7** BAG 10.12.2008 – 10 AZR 1/08, AP Nr. 40 zu § 307 BGB; 30.7.2008 – 10 AZR 606/07, AP Nr. 274 zu § 611 BGB Gratifikation. ‖ **8** BAG 6.9.1994 – 9 AZR 672/92, AP Nr. 45 zu § 242 BGB Betriebliche Übung; 12.1.1994 – 5 AZR 41/93, AP Nr. 43 zu § 242 BGB Betriebliche Übung. ‖ **9** BAG 16.4.1997 – 10 AZR 705/96, NZA 1998, 423; LAG Hamm 8.10.2003 – 18 Sa 354/03, LAGReport 2004, 175. ‖ **10** BAG 28.2.1996 – 10 AZR 516/95, NZA 1996, 758. ‖ **11** BAG 12.1.1994 – 5 AZR 41/93, AP Nr. 43 zu § 242 BGB Betriebliche Übung; 17.9.1970 – 5 AZR 539/69, AP Nr. 9 zu § 242 BGB Betriebliche Übung, zu 2.b d.Gr. ‖ **12** BAG 21.1.1997 – 1 AZR 572/96, AP Nr. 64 zu § 77 BetrVG 1972.

ArbN einer abgrenzbaren Gruppe die Leistung zukommen lassen. Eine allgemeinverbindliche Regel, ab welcher Anzahl von Leistungen ein ArbN auf die Fortgewährung auch an ihn schließen darf, gibt es nicht[1].

232 Die Annahme eines entsprechenden Bindungswillens des **ArbGeb** setzt nach der Rspr. des BAG voraus, dass er zu dem von ihm praktizierten Verhalten **nicht verpflichtet** war[2]. Eine betriebl. Übung entsteht daher nicht, wenn der ArbGeb zu den zu ihrer Begründung angeführten Verhaltensweisen durch andere Rechtsgrundlagen verpflichtet war[3] oder sich irrtümlich auf Grund einer vermeintlichen Verpflichtung aus einer anderen Rechtsgrundlage zur Leistungserbringung verpflichtet glaubte[4]. Weil es aber auf die subjektiven Vorstellungen des ArbGeb nicht ankommt[5], verhindert eine **irrtümliche** Zahlung des ArbGeb nur dann die Entstehung einer Betriebsübung, wenn der ArbN aus den Umständen den Irrtum erkennen kann[6]. Vertraut der ArbN hingegen darauf, dass der ArbGeb seinen Irrtum erkannt hat und durch die weitere Vergütung eine unabhängige arbeitsvertragl. Verpflichtung begründen will, so ist von der Entstehung einer betriebl. Übung auszugehen[7]. Im Bereich der **Privatwirtschaft** besteht also ein Anspruch aus betriebl. Übung grds. auch dann, wenn der ArbGeb sich über die Voraussetzungen der Zahlung geirrt hat[8]. Die apodiktische Feststellung, eine betriebl. Übung sei ausgeschlossen, soweit der ArbGeb mit seinem Verhalten lediglich einer ohnehin bestehenden Verpflichtung nachkommt[9], ist folglich unzutreffend; entscheidend ist die Erkennbarkeit für den ArbN[10]. Zur Begründung eines Anspruchs aus betriebl. Übung hat der ArbN das Fehlen einer rechtl. Verpflichtung des ArbGeb für die Gewährung der Vergünstigung darzulegen[11]. Für den Bereich des **öffentl. Dienstes**, wo der ArbGeb durch Festlegungen des Haushaltsplans gehalten ist, die Bedingungen des Tarifrechts und die Haushaltsvorgaben bei der Gestaltung von ArbVerh zu beachten, gilt der Grundsatz, dass ein ArbN dort regelmäßig davon ausgehen muss, sein ArbGeb wolle nur die Leistungen gewähren, zu denen er rechtl. verpflichtet ist[12]. Deshalb darf ein solcher ArbN auch bei langjähriger Gewährung von Vergünstigungen, die den Rahmen rechtl. Verpflichtungen überschreiten, idR nicht darauf vertrauen, dass eine Übung Vertragsinhalt geworden ist und deshalb auf unbestimmte Zeit weitergilt[13]. Eine betriebl. Übung kann im öffentl. Dienst aber dann entstehen, wenn der **Normgeber selbst** gehandelt hat[14]. Für einen privaten ArbGeb, der das öffentl. Dienstrecht kraft arbeitsvertragl. Bezugnahme anwendet, gelten diese Grundsätze jedoch nicht[15]. Der bloße Wechsel in eine privatrechtl. Rechtsform führt freilich nicht dazu, dass die Grundsätze der betriebl. Übung wie in der Privatwirtschaft Anwendung finden, soweit weiterhin eine Bindung an Haushaltsvorgaben gegeben ist[16]. Demggü. geht das BAG zu Unrecht davon aus, bei ArbN des Diakonischen Werkes sei nicht ohne weiteres davon auszugehen, dass sie nur auf eine Behandlung nach den Arbeitsvertragsrichtlinien vertrauen können, und behandelt insoweit den **kirchlichen Dienst** anders als den öffentl.[17]. Dies kann auf Grund der kirchenrechtl. Vorgaben nicht überzeugen; die fehlenden haushaltsrechtl. Überwachungsbestimmungen sind insoweit ohne Relevanz[18].

232a Eine einfache **Schriftformabrede** im Arbeitsvertrag verhindert regelmäßig das Entstehen einer betriebl. Übung nicht, denn ein rechtsgeschäftlich vereinbarter Formzwang kann jederzeit wieder formlos und stillschweigend aufgehoben werden. Anders verhält es sich nach der Rspr. des BAG bei einer doppelten Schriftformklausel, die nicht nur Vertragsänderungen von der Schriftform abhängig macht, sondern auch die Änderung der Schriftformklausel selbst[19]. Erforderlich für die Wirksamkeit der Schriftformklausel ist freilich, dass sie ausdrücklich den Vorrang der Individualvereinbarung festschreibt[20]. Sie kann dann nicht durch eine die Schriftform nicht wahrende Abrede abbedungen werden und kann des-

---

1 BAG 28.5.2008 – 10 AZR 274/07, AP Nr. 80 zu § 242 BGB Betriebliche Übung; 21.1.2009 – 10 AZR 219/08, BAGE 129, 164; 21.1.2009 – 10 AZR 221/08, nv. ‖ 2 BAG 18.4.2007 – 4 AZR 653/05, AP Nr. 54 zu § 1 TVG Bezugnahme auf Tarifvertrag; 20.6.2007 – 10 AZR 410/06, AP Nr. 52 zu § 1 TVG Bezugnahme auf Tarifvertrag m. zahlr. wN. ‖ 3 BAG 18.4.2007 – 4 AZR 654/05, nv.; 19.6.2001 – 1 AZR 598/00, EzA § 77 BetrVG 1972 Nr. 67; 27.6.1985 – 6 AZR 392/81, AP Nr. 14 zu § 77 BetrVG 1972. ‖ 4 BAG 24.3.2010 – 10 AZR 43/09, AP Nr. 90 zu § 242 BGB Betriebliche Übung; 18.4.2007 – 4 AZR 653/05, 4 AZR 654/05, DB 2007, 2598; 16.6.2004 – 4 AZR 417/03, nv.; 16.10.2002 – 4 AZR 467/01, AP Nr. 22 zu § 1 TVG Bezugnahme auf Tarifvertrag. ‖ 5 Ebenso BAG 18.4.2007 – 4 AZR 653/05, AP Nr. 54 zu § 1 TVG Bezugnahme auf Tarifvertrag. ‖ 6 BAG 17.3.2010 – 5 AZR 317/09, AP Nr. 9 zu § 1 TVG Tarifverträge: Brotindustrie. ‖ 7 BAG 16.6.2004 – 4 AZR 417/03, nv. ‖ 8 BAG 26.5.1993 – 4 AZR 130/93, AP Nr. 3 zu § 12 AVR Diakonisches Werk; 11.11.1997 – 3 AZR 163/96, nv.; LAG BW 5.9.2001 – 2 Sa 2/01, EzA-SD 2001, Nr 25, 9. ‖ 9 So BAG 22.1.2002 – 3 AZR 554/00, NZA 2002, 1224; 25.2.2004 – 5 AZR 179/03, EzA § 3 EntgeltfortzG Nr. 12; 5.11.2003 – 5 AZR 108/03, AP Nr. 65 zu § 4 EntgeltFG. ‖ 10 So auch BAG 18.4.2007 – 4 AZR 653/05, AP Nr. 54 zu § 1 TVG Bezugnahme auf Tarifvertrag. ‖ 11 BAG 19.6.2001 – 1 AZR 598/00, NZA 2002, 408. ‖ 12 BAG 14.9.1994 – 5 AZR 679/93, AP Nr. 46 zu § 242 BGB Betriebliche Übung, zu II.1.b d.Gr; 16.7.1996 – 3 AZR 352/95, AP Nr. 7 zu § 1 BetrAVG Betriebliche Übung; 14.1.2004 – 10 AZR 251/03, AP Nr. 19 zu § 1 TVG Tarifverträge: Deutsche Bahn; 9.2.2005 – 5 AZR 164/04, EzA § 242 BGB 2002 Betriebliche Übung Nr. 6; 15.3.2006 – 4 AZR 75/05, AP Nr. 38 zu § 1 TVG Bezugnahme auf Tarifvertrag. ‖ 13 BAG 24.3.1993 – 5 AZR 16/92, AP Nr. 38 zu § 242 BGB Betriebliche Übung; 14.9.1994 – 5 AZR 679/93, AP Nr. 46 zu § 242 BGB Betriebliche Übung, jew. mwN; 29.9.2004 – 5 AZR 528/03, AP Nr. 67 zu § 242 BGB Betriebliche Übung. ‖ 14 LAG Hess. 18.6.2001 – 13 Sa 1105/00, PersR 2002, 132: Kabinettsbeschluss der Landesreg. über die Gewährung einer Ministerialzulage. ‖ 15 LAG Sachs. 6.3.2002 – 2 Sa 248/01, ZTR 2002, 598. ‖ 16 LAG Schl.-Holst. 3.4.2001 – 1 Sa 646 b/00, NZA-RR 2001, 488. ‖ 17 BAG 26.5.1993 – 4 AZR 130/93, NZA 1994, 88; 28.10.1987 – 5 AZR 518/85, AP Nr. 1 zu § 7 AVR Caritasverband. ‖ 18 Ausf. *Dütz*, Anm. zu EzA § 125 BGB Nr. 10; *Dütz*, FS Wiese, 1998, S. 85. ‖ 19 BAG 28.10.1987 – 5 AZR 518/85, EzA BGB § 125 Nr. 10. ‖ 20 BAG 20.5.2008 – 9 AZR 382/07, ZIP 2008, 2035.

halb die Übernahme einer Verpflichtung durch betriebl. Übung ausschließen[1]. Dies gilt auch für tarifvertragl. Schriftformklauseln, etwa § 2 III TVöD[2]. Denn tarifvertragl. Formvorschriften sind gesetzl. Formvorschriften iSv. Art. 2 EGBGB und können daher von den Arbeitsvertragsparteien nicht aufgehoben werden. Auch hier kann es jedoch rechtsmissbräuchlich sein, sich auf die Formnichtigkeit zu berufen[3].

3. Beendigung einer betrieblichen Übung. Eine bestehende betriebl. Übung kommt den ArbN zugute, mit denen unter der Geltung der Übung ein ArbVerh begründet wird. Unerheblich ist, ob der betreffende ArbN selbst bisher schon in die Übung einbezogen worden ist. Eine Mitteilung über die an andere ArbN erfolgten Zahlungen ggü. den übrigen ArbN ist ebenso wenig erforderlich wie eine allg. Veröffentlichung im Betrieb. Es ist von dem allg. Erfahrungssatz auszugehen, dass derartige begünstigende Leistungen allg. bekannt werden[4]. Dieser gilt nach dem BAG auch für neu in einen Betrieb eintretende ArbN[5]. Allerdings kann der ArbGeb mit neu eingestellten ArbN die bisher noch bestehende betriebl. Übung durch jede eindeutige einseitige Erklärung bei Vertragsschluss ausschließen[6]. Ebenso muss es ausreichen, betriebl. bekannt zu machen, dass die bisherige betriebl. Übung für neu eingestellte ArbN nicht mehr fortgeführt werde. Auch diese Erklärung muss vom allg. Erfahrungssatz, den das BAG unterstellt, erfasst sein[7]. Erst recht kann sie in einem neu gegründeten Betrieb für solche ArbN modifiziert werden, die bisher keinen Anspruch auf Grund betriebl. Übung erworben hatten[8]. Als Stichtagsregelung ist die Ungleichbehandlung der bisherigen und der neuen ArbN sachlich gerechtfertigt (s. Rz. 208). Zur Mitbestimmungspflichtigkeit s. § 87 BetrVG Rz. 17. Stellt ein ArbGeb eine grundlose, **irrtümlich geleistete Zahlung** alsbald nach Kenntniserlangung von seinem Irrtum ein und ergreift er alle rechtl. möglichen Maßnahmen zur nachträglichen Korrektur seines Irrtums, ist für die Anwendung des arbeitsrechtl. Gleichbehandlungsgrundsatzes kein Raum[9]. 233

4. Ablösung des durch betriebliche Übung begründeten Anspruchs. Ist ein Anspruch auf Grund betriebl. Übung Inhalt des Arbeitsvertrages geworden, kann er vom ArbGeb nur mittels einer **Änderungskündigung** oder auf Grund einer **Vereinbarung** mit dem ArbN beseitigt oder geändert werden[10]. Nach der **bisherigen Rspr.** konnte eine betriebl. Übung auch durch eine geänderte, **gegenläufige betriebl. Übung** beendet werden, wenn der ArbGeb erklärte, dass auf die Leistung (zukünftig) kein Rechtsanspruch bestehe und die ArbN der neuen Handhabung über einen Zeitraum von drei Jahren hinweg nicht widersprachen. Das BAG nahm eine konkludente Vereinbarung an, auf Grund deren der ArbGeb zur Zahlung der Gratifikation in Zukunft nicht mehr verpflichtet war. Durch die dreimalige widerspruchslose Annahme der ausdrücklich unter Vorbehalt ausbezahlten Gratifikation schaffe der ArbN beim ArbGeb einen schutzwürdigen Vertrauenstatbestand, weil er auf Grund des Verhaltens des ArbN keine Veranlassung habe, eine ausdrückliche Änderung der arbeitsvertragl. Vereinbarungen herbeizuführen[11]. Offen gelassen hatte das BAG, wie viele ArbN dieser Handhabung widersprechen mussten, insb. ob ein ArbN für alle das Entstehen einer betriebl. Übung verhindern konnte. Ein aus betriebl. Übung erwachsener Anspruch eines einzelnen ArbN konnte jedenfalls nicht ohne weiteres dadurch untergehen, dass der ArbGeb ggü. anderen ArbN die Übung einstellte und der ArbN dazu schwieg. Dies sollte selbst dann gelten, wenn es sich bei den betriebsüblichen Leistungen um einmalige Leistungen wie zB Jubiläumszuwendungen handelte und der Anspruchsteller selbst noch nie in den Genuss der Leistung gelangt war[12]. 234

Diese dem Symmetriegedanken folgende Argumentation ist vom Schrifttum überwiegend **kritisiert worden**[13]. Dieser Kritik ist zuzustimmen, denn auf den actus contrarius treffen nicht die gleichen Wertungen zu, wie auf die Begründung des Anspruchs. Auch nach Beginn dieser höchstrichterlichen Rspr. hatte der ArbN eine Erklärungsobliegenheit; ansonsten bedeutete sein wiederholtes Schweigen Zustimmung[14]. Dies musste auch gelten, wenn der ArbGeb nicht nur erklärte, die weiterhin gewährte Leis- 235

---

1 BAG 24.6.2003 – 9 AZR 302/02, NJW 2003, 37; LAG Schl.-Holst. 7.1.2004 – 3 Sa 426/03, nv. ‖ 2 BAG 15.3.2011 – 9 AZR 799/09 zur Vorgängerregelung im BAT. ‖ 3 Die Rspr. zusammenfassend BAG 26.5.1993 – 4 AZR 130/93, NZA 1994, 88; s.a. BAG 16.7.1996 – 3 AZR 352/95, AP Nr. 7 zu § 1 BetrAVG Betriebliche Übung; 7.9.1982 – 3 AZR 5/80, AP Nr. 1 zu § 3 TV Arbeiter Bundespost; 28.10.1987 – 5 AZR 518/85, NZA 1988, 425; aA BAG 27.3.1987 – 7 AZR 527/85, AP Nr. 29 zu § 242 BGB Betriebliche Übung; 18.5.1977 – 4 AZR 47/76, AP Nr. 4 zu § 4 BAT; 7.9.1982 – 3 AZR 5/80, AP Nr. 1 zu § 3 TV Arbeiter Bundespost. ‖ 4 BAG 17.11.2009 – 9 AZR 765/08, AP Nr. 88 zu § 242 BGB Betriebliche Übung; 28.3.2007 – 10 AZR 720/05, nv.; 27.6.2001 – 10 AZR 488/00, NZA 2002, 54. ‖ 5 BAG 14.11.2001 – 10 AZR 152/01, NZA 2002, 527; 27.6.2001 – 10 AZR 488/00, NZA 2002, 54. ‖ 6 BAG 13.10.1960 – 5 AZR 284/59, AP Nr. 30 zu § 242 BGB Gleichbehandlung; 10.8.1988 – 5 AZR 571/87, NZA 1989, 57; LAG Hamm 27.5.2004 – 8 Sa 1943/03, nv. ‖ 7 AA wohl ErfK/*Preis*, § 611 Rz. 227. Wie hier Schaub/*Koch*, ArbRHdb, § 110 Rz. 17a. ‖ 8 BAG 14.11.2001 – 10 AZR 152/01, NZA 2002, 527. ‖ 9 BAG 4.5.1999 – 10 AZR 569/98, nv. ‖ 10 BAG 14.8.1996 – 10 AZR 69/96, AP Nr. 47 zu § 242 BGB Betriebliche Übung; zur Möglichkeit der Anfechtung *Houben*, BB 2006, 2301. ‖ 11 BAG 26.3.1997 – 10 AZR 612/96, AP Nr. 50 zu § 242 BGB Betriebliche Übung; 4.5. 1999 – 10 AZR 290/98, AP Nr. 55 zu § 242 BGB Betriebliche Übung; 24.11.2004 – 10 AZR 202/04, NZA 2005, 615; vgl. auch LAG Köln 21.4.1998 – 13 (9) Sa 1558/97, NZA-RR 1998, 506; LAG Hamm 11.12.2003 – 8 Sa 1204/03, LAGReport 2004, 266. ‖ 12 BAG 28.5.2008 – 10 AZR 274/07, AP Nr. 80 zu § 242 BGB Betriebliche Übung. ‖ 13 *Franzen*, SAE 1997, 344 ff. (im Erg. aber zust.); *Goertz*, AuR 1999, 463 ff.; *Speiger*, NZA 1998, 510; *Kettler*, NJW 1998, 435; *Thüsing*, NZA 2005, 718 (719); allg. zum Aussagegehalt des Symmetriearguments *Thüsing*, Wertende Schadensberechnung, 2001, S. 441 ff.; im Erg. zust. *Tappe/Koplin*, DB 1998, 2114. ‖ 14 AA LAG Schl.-Holst. 24.2.1998 – 3 Sa 498a/97, NZA-RR 1998, 391.

tung erfolge nun freiwillig, sondern sie zudem tatsächlich einstellte oder nur noch vermindert auszahlte[1]. Nachdem das BAG der Kritik zunächst nur teilweise Rechnung trug und die Anforderungen an eine gegenläufige betriebl. Übung erheblich verschärfte[2], hat es nunmehr seine **Rspr. zur gegenläufigen betriebl. Übung vollständig aufgegeben**[3]. Diese Entwicklung ist zu begrüßen, auch wenn die Begründung des BAG kaum tragfähig ist. Nach Ansicht des Senats ist die Annahme, durch eine dreimalige widerspruchslose Entgegennahme einer vom ArbGeb ausdrücklich unter dem Vorbehalt der Freiwilligkeit gezahlten Gratifikation werde die Verpflichtung des ArbGeb zur Gratifikationszahlung beendet, mit dem Klauselverbot für fingierte Erklärungen in § 308 Nr. 5 nicht zu vereinbaren. Solle eine an ein Schweigen geknüpfte Fiktionswirkung eintreten, müsse dies nach § 308 Nr. 5 nicht nur von den Vertragsparteien vereinbart worden sein, sondern der Klauselverwender müsse sich darüber hinaus verpflichtet haben, seinen Vertragspartner bei Beginn der Frist auf die Bedeutung seines Schweigens besonders hinzuweisen. Dies gelte auch bei einem unterbliebenen Hinweis auf eine vereinbarte Erklärungsfiktion. Hätten die Arbeitsvertragsparteien nicht vereinbart, dass das Schweigen des ArbN zu einem Änderungsangebot des ArbGeb als Annahme des Angebots gilt, reiche selbst ein ausdrücklicher Hinweis des ArbGeb bei der Zahlung der Gratifikation nicht aus, dass eine dreimalige widerspruchslose Annahme der unter dem Vorbehalt der Freiwilligkeit geleisteten Zahlung zum Verlust des Rechtsanspruchs auf die Gratifikationszahlung führt.

235a Ob die ältere Rspr. des BAG, nach der bei Gewährung einer Gratifikation auf Grund betrieblicher Übung auch eine Kürzung oder ein vollständiger Wegfall des Anspruchs wegen einer wirtschaftl. Notlage des ArbGeb aus Gründen der Treuepflicht des ArbN in Betracht kommt, noch Bestand hat, ist fraglich[4]. Für die Ablösung eines Anspruchs auf Grund betriebl. Übung durch eine **umstrukturierende BV** gelten die gleichen Regeln wie bei dem durch allg. Arbeitsbedingungen und Gesamtzusage begründeten Anspruch (s. Rz. 530)[5]. Eine Betriebsstilllegung führt ebenfalls zur Beendigung einer betriebl. Übung, allerdings ergibt sich daraus kein Wegfall bereits entstandener Ansprüche[6].

236 Geht die betriebl. Übung erkennbar für den ArbN nur zur Einräumung eines Anspruchs unter **bestimmten Voraussetzungen**, so entfällt der Anspruch automatisch für die Zukunft, sobald die Voraussetzungen weggefallen sind[7]. Dies gilt entsprechend für die Gewährung einer Leistung zur **Gleichstellung** mit anderen ArbN-Gruppen, soweit deren Anspruch wegfällt[8].

237 5. **Fallgruppen.** Das BAG betont: Inhalt einer betriebl. Übung kann jeder Gegenstand sein, der arbeitsvertragl. geregelt werden kann[9]. Aus diesem weiten Ansatz heraus haben sich verschiedene Fallgruppen entwickelt, die einen großen Teil der Anwendung abdecken:

– **Wiederholte Gehaltserhöhung:** Erhöht der ArbGeb die Gehälter seiner außertarifl. Angestellten während mehrerer Jahre jeweils zu einem bestimmten Termin in Anlehnung an die Tarifentwicklung des Vorjahres, so entstehen hieraus in aller Regel weder kraft einzelvertragl. Zusage noch kraft betriebl. Übung Ansprüche auf entsprechende Gehaltserhöhungen auch in den Folgejahren[10]. Nur bei deutlichen Anhaltspunkten eines Willens zu einer entsprechenden Bindung kann anderes gelten[11]. Der ArbGeb wird hierdurch auch nicht verpflichtet, zukünftig über die Frage der Gehaltserhöhung nach billigem Ermessen iSd. § 315 zu entscheiden. Ist der ArbGeb auf Grund BV zu jährlichen Gehaltsüberprüfungen verpflichtet, so lassen auch mehrfache Gehaltserhöhungen nach denselben Kriterien regelmäßig keine betriebl. Übung entstehen, die den ArbGeb zu weiteren Gehaltserhöhungen verpflichten[12].

– **Übernahme tarifvertragl. Regelungen:** Hat ein nicht tarifgebundener ArbGeb in der Vergangenheit die Löhne und Gehälter entsprechend der Tarifentwicklung erhöht, begründet dies allein keine betriebl. Übung der Erhöhung der Arbeitsentgelte entsprechend der Tarifentwicklung[13]. Mit den in Anlehnung an eine Tariflohnerhöhung erfolgenden freiwilligen Lohnsteigerungen entsteht lediglich ein Anspruch der ArbN auf Fortzahlung dieses erhöhten Lohns, nicht aber zugleich eine Verpflichtung des ArbGeb, auch künftige Tariflohnerhöhungen weiterzugeben. Der nicht tarifgebundene ArbGeb

---

1 S. aber LAG Köln 18.7.2002 – 6 Sa 482/02, nv. ||2 BAG 4.5.1999 – 10 AZR 290/98, AP Nr. 55 zu § 242 BGB Betriebliche Übung. ||3 BAG 18.3.2009 – 10 AZR 281/08, BAGE 130, 21; 25.11.2009 –10 AZR 779/08, NZA 2010, 283; hierzu *Roeder* NZA 2009, 883. ||4 BAG 26.10.1961 – 5 AZR 470/58, AP Nr. 7 zu § 322 ZPO; abl. LAG Hamm 13.9.2004 – 8 Sa 721/04, NZA-RR 2005, 237; ArbG Celle 30.7.1998 – 1 Ca 356/98, NZA-RR 1998, 490. ||5 S a. BAG 5.8.2009 – 10 AZR 483/08, AP Nr. 85 zu § 242 BGB Betriebliche Übung; 28.6.2006 – 10 AZR 385/05, BAGE 118, 360; LAG Düss. 19.6.2001 – 16 Sa 418/01, LAGE § 242 BGB Betriebliche Übung Nr. 27; LAG Köln 8.6.2001 – 11 Sa 317/01, AiB Telegramm 2001, 82; S. hierzu auch *Merten/Schwarz*, DB 2001, 646. ||6 BAG 21.6.2005 – 9 AZR 200/04, AP Nr. 89 zu § 7 BUrlG Abgeltung. ||7 BAG 28.3.2000 – 1 ATR 366/99, NZA 2001, 49. ||8 BAG 14.9.1994 – 5 AZR 679/93, AP Nr. 46 zu § 242 BGB Betriebliche Übung (Gleichbehandlung mit Beamten); s.a. BAG 28.7.1988 – 6 AZR 349/87, NZA 1998, 363. ||9 BAG 13.6.2007 – 5 AZR 849/06, AP Nr. 78 zu § 242 BGB Betriebliche Übung; 21.1.1997 – 1 AZR 572/96, AP Nr. 64 zu § 77 BetrVG 1972. ||10 BAG 26.8.2009 – 5 AZR 969/08, NZA 2010, 173. ||11 BAG 19.10.2011 – 5 AZR 359/10, AP Nr 92 zu § 242 BGB Betriebliche Übung. ||12 BAG 16.9.1998 – 5 AZR 598/97, DB 1999, 589; 23.3.2011 – 4 AZR 268/09, BB 2011, 2420. ||13 BAG 20.4.2012 – 9 AZR 504/10, NZA 2012, 982; 20.6.2007 – 10 AZR 410/06, NZA 2007, 1293; 16.1.2002 – 5 AZR 715/00, NZA 2002, 632; 3.11.2004 – 5 AZR 622/03, BAGReport 2005, 109 ff.; 9.2.2005 – 5 AZR 284/04, nv.; aA LAG Berlin 9.11.2001 – 6 Sa 1551/01, nv.

will seine Entscheidungsfreiheit über die künftige Lohn- und Gehaltsentwicklung behalten[1]. Ist der ArbGeb tarifgebunden, so ist die Gewährung tarifl. Leistungen im Zweifel so zu verstehen, dass **alle einschlägigen Tarifbestimmungen** gelten sollen, also auch tarifl. Ausschlussfristen[2]. Leistet ein ArbGeb über mehrere Jahre ohne ausdrückliche Absprache an einen nicht tarifgebundenen ArbN eine Sonderzahlung entsprechend dem TV, so entsteht dadurch keine betriebl. Übung; vielmehr muss das Verhalten des ArbGeb so verstanden werden, dass er schlichtweg den TV vollziehen und alle ArbN gleich behandeln will[3]. Findet in einem Betrieb kraft betriebl. Übung ein TV Anwendung, hat der ArbGeb den ArbN in einer Niederschrift gem. § 2 I Nr. 10 NachwG hierauf hinzuweisen. Eines gesonderten Hinweises auf die in dem TV geregelte Ausschlussfrist bedarf es nicht[4].

– **Einmalzahlungen:** Eine Bindung des ArbGeb durch betriebl. Übung kann auch bzgl. Einmalleistungen entstehen. Dies gilt insb. für Gratifikationen im Rahmen der Beendigung des ArbVerh oder für Versorgungszusagen[5].

– **Direktionsrecht:** Das Direktionsrecht kann grds. **nicht** durch betriebl. Übung eingeschränkt werden[6]. Das Recht des ArbGeb, die arbeitsvertragl. Pflichten des ArbN zu konkretisieren, kann allerdings durch Vertrauensgesichtspunkte beschränkt werden, bestimmte anfänglich gegebene Konkretisierungsmöglichkeiten können also später wegfallen. Hier gelten jedoch die **allg. Regeln der Verwirkung**, nicht der Erwirkung von Ansprüchen: Nicht die Ansprüche des ArbN werden erweitert, sondern die Rechte des ArbGeb beschränkt. Darüber hinaus kann es – wenn auch seltener – zu einer konkludenten Vertragsänderung kommen. Hier wird jedoch nicht das Direktionsrecht beschränkt, sondern der arbeitsvertragl. Pflichtenkreis, der Grundlage des Direktionsrechts ist. Problematisch wird hier oftmals die Regelmäßigkeit und Gleichartigkeit des Rechtsgewährung, die ein hinreichendes Vertrauen in zukünftig gleichartige Leistungen begründet. Die **Rspr.** folgt dieser einschränkenden Sicht im Erg., führt die argumentative Abgrenzung jedoch nicht in gleicher Deutlichkeit[7].

– **Vollzug einer KonzernBV:** Da KonzernBV auf Vereinheitlichungsinteressen beruhen, sind abweichende Regelungen in einzelnen Unternehmen die Ausnahme. Wird eine KonzernBV in einem Tochterunternehmen objektiv unrichtig angewandt, können die ArbN des Tochterunternehmens nur unter besonderen Umständen annehmen, dass rechtsgeschäftlich die Regelungen der KonzernBV modifiziert werden sollten[8].

– **Ruhegehalt:** Nach § 1b I 4 BetrAVG kann ein Anspruch auf Erteilung einer Versorgungszusage auf betriebl. Übung beruhen[9]. Wendet der ArbGeb eine bestimmte Leistungsordnung regelmäßig ohne Freiwilligkeitsvorbehalt an, entsteht nach instanzgerichtl. Rspr. eine betriebl. Übung auf künftige Anwendung dieser Leistungsordnung. Die betriebl. Übung enthalte im Zweifel eine Jeweiligkeitsklausel mit dem Inhalt, dass die Betriebsrentner bei einer Änderung der stillschweigend durch Betriebsübung in Bezug genommenen Leistungsordnung an die geänderte Leistungsordnung gebunden sind[10]. Gewährt der ArbGeb viele Jahre vorbehaltlos Betriebsrente unter Einbeziehung des zusätzlichen tarifl. Weihnachts- oder Urlaubsgeldes, welches in der Versorgungsordnung nicht vorgesehen war, begründet dies auch eine betriebl. Übung zu Gunsten der Versorgungsberechtigten[11]. Von einer betriebl. Übung kann hingegen nicht ohne weiteres ausgegangen werden, wenn ein ArbGeb die Höchstbeträge des Ruhegeldes für außertarifl. Angestellte über längere Zeit entsprechend der Gehaltsentwicklung erhöht. Es bedarf konkreter Anhaltspunkte dafür, dass sich der ArbGeb verpflichten wollte, auch in Zukunft dieselben Bemessungsfaktoren beizubehalten[12]. Generell kann ein Anspruch aus betriebl. Übung auch bei Sonderzahlungen des ArbGeb an Betriebsrentner entstehen; diese nehmen das Angebot nicht durch Weiterarbeit, sondern durch wiederholte Entgegennahme konkludent an[13]. So lassen sich Betriebsrentenansprüche aus betriebl. Übung nicht deshalb verneinen, einzig weil zur Abänderung oder Ablösung derartiger Ansprüche das Instrumentarium der Änderungskündigung oder der kollektivvertragl. Abänderung regelmäßig nicht zur Verfügung steht[14].

---

1 BAG 20.6.2001 – 4 AZR 290/00, EzA § 242 BGB Betriebliche Übung Nr. 45; 3.11.2004 – 5 AZR 73/04, nv.; ebenso LAG Hamm 14.3.2001 – 3 Sa 1585/00, nv. || 2 BAG 19.1.1999 – 1 AZR 606/98, NZA 1999, 879; s. hierzu auch *Annuß*, ZfA 2005, 405 (443). || 3 LAG Schl.-Holst. 30.3.2004 – 2 Sa 385/03, NZA-RR 2005, 146. || 4 BAG 17.4.2002 – 5 AZR 89/01, AP Nr. 6 zu § 2 NachwG. || 5 BAG 17.11 2009 – 9 AZR 765/08, AP Nr. 88 zu § 242 BGB Betriebliche Übung; 27.6.2001 – 10 AZR 488/00, NZA 2002, 54. || 6 AA wohl BAG 13.6.2007 – 5 AZR 849/06, AP Nr. 78 zu § 242 BGB Betriebliche Übung (zur Schichtplangestaltung); jedenfalls aA ErfK/*Preis*, § 611 Rz. 229; MüKoBGB/*Müller-Glöge*, § 611 Rz. 433; wie hier *Hennige*, NZA 1999, 281 (287). || 7 S.a. die Argumentation BAG 21.1.1997 – 1 AZR 572/96, AP Nr. 64 zu § 77 BetrVG (Festlegung von Schichten). || 8 BAG 22.1.2002 – 3 AZR 554/00, NZA 2002, 1224; 23.6.1992 – 1 AZR 57/92, NZA 1993, 89 (Arbeitszeit im öffentl. Dienst); 11.10.1995 – 5 AZR 802/94, NZA 1996, 718 (Arbeitsort im öffentl. Dienst). || 9 BAG 15.5.2012 – 3 AZR 610/11, BAGE 141, 222. || 10 LAG Düss. 2.10.1998 – 10 Sa 891/98, BB 1999, 110. || 11 BAG 16.2.2010 – 3 AZR 118/08, NZA 2011, 104; LAG Stuttgart 6.3.2001 – 14 Sa 47/00, nv. || 12 BAG 19.7.2005 – 3 AZR 472/04, AP Nr. 42 zu § 1 BetrAVG. || 13 So bereits BAG 23.4.1963 – 3 AZR 173/62, AP Nr. 26 zu § 611 BGB Gratifikation; offen gelassen BAG 16.4.1997 – 10 AZR 705/96, AP Nr. 53 zu § 242 BGB Betriebliche Übung; wie hier LAG Düss. 18.1.2002 – 14 Sa 1339/01, LAGE § 611 BGB Gratifikation Nr 68a; zur betriebl. Übung in der betrAV allg. vgl. *Reinecke*, BB 2004, 1625. || 14 BAG 16.2.2010 – 3 AZR 118/08, NZA 2011, 104.

238 **6. Einzelfälle.** Die Vielzahl der Judikate betraf recht unterschiedliche Bereiche: **Gratifikationen** (BAG 23.4.1963 – 3 AZR 173/62, BB 1963, 938; 21.4.2010 – 10 AZR 163/09, NZA 2010, 808) und **Sondervergütungen, 13. Gehalt** (BAG 2.9.1992 – 10 AZR 536/90, EzA § 611 BGB Gratifikation, Prämie Nr. 95; 28.7.2004 – 10 AZR 19/04, AP Nr. 257 zu § 611 BGB Gratifikation; 5.6.2003 – 6 AZR 237/02, nv.; 24.3.2010 – 10 AZR 43/09, AP Nr. 90 zu § 242 BGB Betriebliche Übung; LAG München 25.1.2005 – 6 Sa 994/04, nv., n.rkr.; LAG Köln 11.12.2003 – 10 Sa 201/03, nv.); **betrAV** (BAG 29.10.1985 – 3 AZR 462/83, DB 1986, 2189; 16.7. 1996 – 3 AZR 352/95, DB 1997, 1576; 29.4.2003 – 3 AZR 247/02, EzA § 1 BetrAVG Betriebliche Übung Nr. 4; 19.8.2008 – 3 AZR 194/07, NZA 2009, 196; LAG Düss. 11.3.2004 – 11 Sa 1851/03, NZA-RR 2004, 655; LAG Hamm 11.5.2004 – 6 Sa 980/03, nv.; BGH 19.12.1994 – II ZR 244/93, DB 1995, 635); Vergütung von **Betriebspausen als Arbeitszeit** (BAG 16.6.2004 – 4 AZR 417/03, nv.; LAG Hamm 25.7.1986 – 16 Sa 2184/85, LAGE § 242 BGB Betriebliche Übung Nr. 2); Überlassung eines **Dienstfahrzeugs** zur privaten Nutzung (LAG Köln 19.9.2006 – 9 (4) Sa 173/06, BB 2007, 388); **Beihilfeversicherung im Ruhestand** (BAG 20.1. 2004 – 9 AZR 43/03, AP Nr. 65 zu § 242 BGB Betriebliche Übung); **Beihilfe im Krankheitsfall für Betriebsrentner** (BAG 19.5.2005 – 3 AZR 660/03, NZA 2005, 889); **Essenszuschuss und verbilligtes Kantinenessen** (LAG Nds. 10.7.1968 – 4 Sa 91/68, DB 1968, 1861; LAG Hess. 24.2.1984 – 6 Sa 294/83, NZA 1984, 259); **Transport zur Arbeitsstelle** (BAG 9.7.1985 – 1 AZR 631/80, DB 1986, 230); **Fahrtkostenzuschüsse** (LAG Düss. 24.1.1989 – 16 Sa 1323/88, LAGE § 611 BGB Kirchliche ArbN Nr. 2); **Fortbildungskosten** (LAG Köln 5.2.1991 – 4 Sa 1001/90, LAGE § 670 BGB Nr. 8); **bezahlte Freizeit** an Rosenmontag, Brauchtumstagen und sonstigen **Feiertagen** (BAG 12.1.1994 – 5 AZR 41/93, AP Nr. 43 zu § 242 BGB Betriebliche Übung; 14.9.1994 – 5 AZR 679/93, AP Nr. 46 zu § 242 BGB Betriebliche Übung; 6.9.1994 – 9 AZR 672/92, AP Nr. 45 zu § 242 BGB Betriebliche Übung; 17.11.1972 – 3 AZR 112/72, DB 1973, 578; LAG Düss. 3.9.1993 – 17 Sa 584/93, NZA 1994, 696; LAG Köln 2.10.1991 – 2 Sa 528/91, 8.11.1991 – 13 (6) Sa 532/91, 5.12. 1991 – 10 Sa 609/91, LAGE § 242 BGB Betriebliche Übung Nr. 9, 10 und 12; 12.2.2003 – 7 TaBV 80/02, nv., nachfolgend BAG 26.10.2004 – 1 ABR 31/03 (A), AP Nr. 113 zu § 87 BetrVG 1972 Arbeitszeit; 13.12.2005 – 1 ABR 31/03, nv.; 8.8.2003 – 11 Sa 238/03, nv.; LAG Hess. 1.9.1992 – 5 TaBV 19/92, LAGE § 242 BGB Betriebliche Übung Nr. 15; ArbG Frankfurt 11.2.1991 – 13 BVGa 3/91, NZA 1991, 398); **Zahlung einer Heimzulage** trotz Fehlen der tarifl. Voraussetzungen (BAG 26.5.1993 – 4 AZR 130/93, NZA 1994, 88); private **Internetnutzung** (s. *Barton*, NZA 2006, 460; *Waltermann*, NZA 2007, 529; *Bloesinger*, BB 2007, 2177; *Beckschulze*, DB 2007, 1526); **Einräumung von Parkplätzen** (im konkreten Fall verneinend LAG Schl.-Holst. 3.4.2001 – 1 Sa 646b/00, NZA-RR 2001, 488); **Vergütung von Bereitschaftsdienst** (BAG 13.11.1986 – 6 AZR 567/83, AP Nr. 27 zu § 242 BGB Betriebliche Übung); **Sonderkonditionen von Bankmitarbeitern** (LAG Köln 16.3.1995 – 10 Sa 584/94, ARST 1995, 254); **Trennungsentschädigung** (BAG 7.9.1982 – 3 AZR 5/80, AP Nr. 1 zu § 3 TV Arbeiter Bundespost; 27.6.2001 – 10 AZR 488/00, EzA § 242 BGB Betriebliche Übung Nr. 44); **Urlaubsübertragung** (BAG 21.6.2005 – 9 AZR 200/04, AP Nr. 89 zu § 7 BUrlG Abgeltung); Anordnung von **Überstunden** (LAG Nds. 14.11.2000 – 7 Sa 55/00, LAGE § 242 BGB Betriebliche Übung Nr. 24); **Wechselschichtzuschlag** (BAG 3.8.1982 – 3 AZR 503/79, AP Nr. 12 zu § 242 BGB Betriebliche Übung); **kostenloser Werkbusverkehr** (LAG Nürnberg 29.10.2004 – 2 Sa 828/02, NZA-RR 2005, 291); **Wiedereinstellunganspruch** eines Saisonarbeiters (BAG 26.4.2006 – 7 AZR 190/05, AP Nr. 1 zu § 611 BGB Wiedereinstellung).

239 **VIII. Sonstige Arbeitgeberpflichten. 1. Grundlagen.** Entsprechend den **allg. Grundsätzen über Schuldverhältnisse** bestehen auch im ArbVerh zahlreiche Nebenpflichten für den ArbGeb. Sie finden ihre Rechtfertigung darin, dass der ArbN seine Arbeitsleitung in einem vom ArbGeb eigennützig organisierten und damit auch von ihm zu verantwortenden Gefahrenbereich erbringt. Als Rechtsgrundlage für die Nebenpflichten des ArbGeb kommen **Gesetz** (zB BUrlG, EFZG, ArbSchG, ArbZG usw.), **Kollektivverträge** und eine **ausdrückliche vertragl. Vereinbarung** in Betracht. Ferner können sie auch durch den allg. **Grundsatz von Treu und Glauben** (§ 242) begründet werden. Die Nebenpflichten erschöpfen sich nicht im bestehenden ArbVerh, sondern sind auch als **vor- und nachvertragl.** Nebenpflichten ausgeprägt. Mit der Einführung des § 241 II durch das Schuldrechtsmodernisierungsgesetz wurde für die Nebenpflichten (insb. Schutzpflichten) eine allg. Grundlage geschaffen.

240 **2. Sanktionen.** Die Rechtsfolgen der Verletzung der arbeitgeberseitigen Nebenpflichten richten sich nach den allg. Grundsätzen. Bei Verstößen gegen Nebenleistungspflichten (Auskunfts-, Rechenschafts- und Aufklärungspflichten) sowie gegen Schutzpflichten kommen als Sanktionen **Erfüllungs-, Beseitigungs- bzw. Unterlassungsansprüche** des ArbN in Betracht. Bei einer schweren Pflichtverletzung des ArbGeb, kann der ArbN auch seine Arbeitsleistung zurückbehalten (§ 273)[1]. Ferner kann er nach den Gesichtspunkten der Pflichtverletzung (§ 280 I) und der Deliktshaftung (§§ 823ff.) Schadensersatz nach den allg. Vorschriften verlangen. Ein Recht zur außerordentl. Kündigung gem. § 626 I soll dem ArbN allerdings nur bei einer besonders schwerwiegenden Nebenpflichtverletzung des ArbGeb zustehen[2].

241 **3. Einzelne Nebenpflichten. a) Fürsorgepflicht des Arbeitgebers.** Die sog. Fürsorgepflicht des ArbGeb geht auf die Lehre vom „personenrechtl. Gemeinschaftsverhältnis"[3] zurück. Unter dem Oberbegriff

---

1 BeckOK-BGB/*Joussen*, § 611 Rz. 241. ||2 ErfK/*Preis*, § 611 Rz. 617. ||3 Hierzu *v. Gierke*, FS Brunner, 1914, S. 37 (57).

der Fürsorgepflicht werden sämtliche Nebenleistungspflichten und Schutzpflichten, einschl. der die Vertragspflicht fördernden Aufklärungs-, Auskunfts- und Unterrichtungspflichten zusammengefasst[1]. Sie ist demnach keine besondere Nebenpflicht, die über die Struktur allg. Nebenpflichten im Austauschverhältnis hinausgeht[2]. Insb. steht sie nicht in einem synallagmatischen Verhältnis zur Arbeitspflicht oder sogar der Treuepflicht des ArbN[3]. Rechtssystematisch ist die Fürsorgepflicht, zumindest in bestimmten Ausprägungen, dem Grundsatz von **Treu und Glauben** zuzuordnen[4]. Soweit besondere gesetzl. Vorschriften die Nebenpflichten des ArbGeb konkretisieren, ist ein Rückgriff auf den allg. Rechtsgedanken der Fürsorgepflicht nicht zulässig[5]. Verursacht die Erfüllung der Fürsorgepflicht Kosten, so sollen diese durch eine Zumutbarkeit für den ArbGeb beschränkt sein[6]. Dies ist ein Unterfall der Begrenzung der Fürsorgepflicht über den Grundsatz der Verhältnismäßigkeit[7].

b) Auskunftspflichten. aa) Grundsatz. Unter der Auskunftspflicht des ArbGeb ist die Pflicht zu verstehen, den ArbN oder einen Dritten über bestimmte, mit dem ArbVerh im Zusammenhang stehende Vorgänge oder Tatsachen zu informieren[8]. Solche Pflichten sind zum Teil gesetzl. verankert (zB §§ 7, 12, 14 ArbSchG oder §§ 33 f. BDSG). Im ArbVerh besteht ferner nach § 242 ein Auskunftsanspruch, soweit der ArbN in entschuldbarer Weise über Bestehen und Umfang seines Rechts im Ungewissen ist, während der ArbGeb unschwer Auskunft erteilen kann[9]. Ein Auskunftsanspruch kann sich uU auch aus dem Arbeitsvertrag selbst ergeben[10]. 242

bb) Einzelne Auskunftspflichten. Von Bedeutung ist insb. die Verpflichtung des früheren oder bisherigen ArbGeb zur Auskunftserteilung ggü. einem (potenziellen) neuen ArbGeb des ArbN (s. ausf. Rz. 23 f.). Eine arbeitgeberseitige Auskunfts- und Beratungspflicht besteht außerdem im Hinblick auf die Möglichkeit des Beitritts zu einer **Zusatzversicherung**[11]. Lassen sich im Einzelfall bestimmte Ansprüche des ArbN nur durch ein Handeln des ArbGeb realisieren (so zB die Erlangung von Kurz-, Winter- oder Winterausfallgeld), so ist der ArbGeb zur Geltendmachung dieser Ansprüche verpflichtet[12]. Darüber hinaus nimmt die Rspr. nur in engem Umfang Aufklärungs- und Hinweispflichten an. So ist der ArbGeb insb. nicht zur allg. Rechtsberatung des ArbN verpflichtet[13]. Abgelehnt wurde von der Rspr. auch ein genereller Auskunftsanspruch beim Bestehen eines Verdachts einer **Diskriminierung** iSd. AGG[14]. So hat ein abgelehnter **Stellenbewerber** gegen den ArbGeb grds. keinen Anspruch auf Auskunft, ob dieser einen anderen Bewerber eingestellt hat und wenn ja, auf Grund welcher Kriterien diese Einstellung erfolgt ist[15]. Ein solcher Anspruch besteht jedoch, wenn der abgelehnte Bewerber Anhaltspunkte schlüssig darlegt, aus denen er folgert, erst die geforderte, aber verweigerte Auskunft werde es ihm ermöglichen, eine gegen § 7 AGG verstoßende Benachteiligung entsprechend der Beweislastregel des § 22 AGG nachzuweisen oder wenn er schlüssig dartut, aus welchen Gründen gerade die Verweigerung der Auskunft für sich allein betrachtet oder in der Gesamtschau aller Umstände die Vermutung einer Benachteiligung begründet[16]. 243

c) Aufklärungs- bzw. Informationspflichten. aa) Grundsätzliches. Unter Aufklärungs- bzw. Informationspflichten sind solche Nebenpflichten zu verstehen, die den ArbGeb verpflichten, den ArbN ungefragt von sich aus über Umstände zu informieren, die die Erfüllung der arbeitsvertragl. Leistungspflicht unmöglich machen oder jedenfalls sonst für den in Betracht kommenden Arbeitsplatz von ausschlaggebender Bedeutung sind[17]. Bestimmte Informationspflichten sind vereinzelt ausdrücklich gesetzl. geregelt. Diese Vorschriften haben jedoch kaum praktische Bedeutung. § 8 TVG verpflichtet bspw. den ArbGeb, die für seinen Betrieb geltenden TV an geeigneter Stelle auszulegen. Verstößt der ArbGeb gegen diese Verpflichtung, so stellt dies allerdings nur eine Obliegenheitsverletzung dar[18]. Weitere verschiedene Spezialgesetze enthalten Verpflichtungen des ArbGeb, den jeweiligen Vertrags- bzw. Gesetzestext den ArbN zugänglich zu machen (zB § 16 I ArbZG, § 18 MuSchG). Nach überwiegender Auffassung begründen diese Normen keinen Informationsanspruch des ArbN, sondern sind lediglich als Ordnungswidrigkeiten einzuordnen[19]. Zur Ermittlung des Umfangs der Verpflichtung eines ArbGeb, 244

---

1 MünchArbR/*Reichold*, § 83 Rz. 1; Staudinger/*Richardi*, § 611 Rz. 896 ff. ||2 ErfK/*Preis*, § 611 Rz. 615. ||3 Erman/*Edenfeld*, § 611 Rz. 485; MüKoBGB/*Müller-Glöge*, § 611 Rz. 987. ||4 Ausf. hierzu MüKoBGB/*Müller-Glöge*, § 611 Rz. 986; s.a. MünchArbR/*Reichold*, § 83 Rz. 5 ff. ||5 BAG 27.7.1995 – 6 AZR 129/95, AP Nr. 11 zu § 40 BAT; LAG Köln 2.2.2005 – 3 Sa 1185/04, nv., n.rkr. ||6 BAG 27.11.1974 – 5 AZR 20/74, AP Nr. 82 zu § 611 BGB Fürsorgepflicht; mwN *Blomeyer*, FS 25 Jahre BAG, 1979, S. 17 (18). ||7 *Kort*, NZA 1996, 854 (857). ||8 Vgl. MüKoBGB/*Müller-Glöge*, § 611 Rz. 992. ||9 BAG 18.1.1996 – 6 AZR 314/95, AP Nr. 25 zu § 242 BGB Auskunftspflicht; 11.4.1984 – 5 AZR 316/82, AP Nr. 7 zu § 10 AÜG; vgl. BAG 19.4.2005 – 9 AZR 188/04, AP Nr. 39 zu § 242 *BGB Auskunftspflicht* zur Auskunftspflicht über die tatsächlich mit der Haltung eines Dienstfahrzeuges verbundenen Kosten im Hinblick auf steuerrechtl. Vergünstigungen. ||10 Vgl. BAG 21.11.2000 – 9 AZR 665/99, AP Nr. 35 zu § 242 BGB Auskunftspflicht für den Fall der Umsatzbeteiligung. ||11 LAG Rh.-Pf. 12.10.1990 – 6 Sa 663/90, LAGE § 611 BGB Fürsorgepflicht Nr. 22. ||12 BAG 19.3.1992 – 8 AZR 301/91, AP Nr. 110 zu § 611 BGB Fürsorgepflicht. ||13 BAG 26.8.1993 – 2 AZR 376/93, AP Nr. 8 zu § 72 LPVG NW. ||14 Grundlegend EuGH 19.4.2012 – Rs. C-415/10, NZA 2012, 493 – Meister; vgl. BAG 25.4.2013 – 8 AZR 287/08, NJW-Spezial 2013, 594. ||15 BAG 21.2.2013 – 8 AZR 180/12, NZA 2013, 840 (844). ||16 BAG 25.4.2013 – 8 AZR 287/08, DB 2013, 2509. ||17 BAG 21.2.1991 – 2 AZR 449/90, AP Nr. 35 zu § 123 BGB; 6.3.2003 – 2 AZR 50/02, ZTR 2004, 107. ||18 S. Wiedemann/*Oetker*, § 8 TVG Rz. 19 ff.; vgl. *Kursave*, NZA 1997, 245 (247). ||19 Vgl. *Neumann/Biebl*, § 16 ArbZG Rz. 4; ErfK/*Wank*, § 16 ArbZG Rz. 6; ErfK/*Schlachter*, § 18 MuSchG Rz. 4.

BGB § 611 Rz. 245

über die Vertragsbedingungen beim Abschluss eines ArbVerh zu informieren, ist auf § 2 NachwG zurückzugreifen[1].

245 Im Gegensatz zu vertragl. ausdrücklich vereinbarten sog. Informationsbeschaffungspflichten, bestehen Informations- und Aufklärungspflichten auch ohne besondere vertragl. Vereinbarung[2]. Es besteht jedoch **keine allg. Aufklärungspflicht** des ArbGeb über sämtliche für den Zweck des Schuldverhältnisses bedeutsamen Umstände. Schafft der ArbGeb allerdings ein außergewöhnliches Risikopotenzial, so ist er verpflichtet, den ArbN über solche Umstände aufzuklären, die für die Entstehung oder Wahrung seiner Rechte von Bedeutung sind. Dagegen darf die Aufklärungs- und Informationsverpflichtung den ArbGeb nicht übermäßig belasten. Das BAG verneint das Bestehen einer Aufklärungspflicht über eine in einem ausländischen Staat bestehende Verpflichtung zur Abführung von LSt bei Abschluss eines Arbeitsvertrages, der den Einsatz des ArbN im Ausland vorsieht[3].

246 **bb) Einzelne Pflichten.** Besonders bedeutsam und umstritten ist die Frage, ob und inwieweit dem ArbGeb beim **Abschluss eines Aufhebungsvertrages Aufklärungs- und Belehrungspflichten** obliegen. Der ArbN ist grds. verpflichtet, sich vor Abschluss des Aufhebungsvertrags selbst Kenntnis über die rechtl. Folgen dieses Schrittes zu verschaffen[4]. Dies gilt auch dann, wenn zwischen dem ArbGeb und dem ArbN nach dem Ausspruch einer arbeitnehmerseitigen Kündigung ein Aufhebungsvertrag zustande kommt[5]. Ausnahmsweise können aber für den ArbGeb nach **Treu und Glauben** (§ 242) Aufklärungs- und Informationspflichten über die arbeits- und sozialversicherungsrechtl. Folgen eines Aufhebungsvertrages bestehen, und zwar dann, wenn der Aufhebungsvertrag auf die Initiative des ArbGeb hin und in seinem Interesse zustande kommt und er erkennen muss, dass der ArbN weiterer Informationen bedarf und er selbst die Auskünfte unschwer erteilen oder beschaffen kann[6]. Eine Aufklärungspflicht besteht insb. dann, wenn die Abwägung der beiderseitigen Interessen unter Billigkeitsgesichtspunkten und unter Berücksichtigung aller Umstände des Einzelfalls ergibt, dass der ArbN durch eine sachgerechte und vom ArbGeb redlicherweise zu erwartende Aufklärung vor der Aufhebung des ArbVerh bewahrt werden muss, weil er sich durch sie aus Unkenntnis selbst schädigen würde[7]. Eine solche Verpflichtung kommt insb. bei einem möglichen Verlust einer Versorgungsanwartschaft in Betracht, wenn der ArbGeb durch das Angebot auf Abschluss eines Aufhebungsvertrages auch den Eindruck erweckt hat, er werde bei der vorzeitigen Beendigung des ArbVerh die Interessen des ArbN wahren und ihn redlicherweise nicht unbedachten nachteiligen Folgen des vorzeitigen Ausscheidens, insb. bei der Versorgung aussetzen[8]. Eine Belehrungspflicht besteht bei der Beendigung des ArbVerh auf Veranlassung des ArbGeb auch dann, wenn der ArbN wegen besonderer Umstände darauf vertrauen durfte, der ArbGeb werde sich bei der vorzeitigen Beendigung des ArbVerh um eine optimale Versorgung des ArbN kümmern[9]. Wird der ArbN durch die objektiv falsche Erklärung seines ArbGeb über die Möglichkeit der Inanspruchnahme einer vorzeitigen Altersrente nach ATZ zum Abschluss einer „Altersteilzeitvereinbarung" veranlasst, liegt eine Nebenpflichtverletzung vor, und der ArbN kann verlangen, so behandelt zu werden, als ob die „Altersteilzeitvereinbarung" nicht zustande gekommen wäre[10]. Bietet ein ArbGeb einem ArbN bei einem Wechsel in ein anderes Versorgungssystem eine vergleichende Modellrechnung voraussichtlicher Versorgungsansprüche an, haftet er auch für eine etwaige Unrichtigkeit dieser Modellrechnung[11]. Letztlich besteht auch eine Auskunftspflicht des ArbGeb im Hinblick auf arbeitsförderungsrechtl. Folgen, wie bspw. Sperrzeit für das Alg[12]. Sofern die Vertragsparteien einen Aufhebungsvertrag mit Abfindung abschließen, besteht keine Pflicht des ArbGeb, den ArbN über Einzelheiten des Steuerprogressionsvorbehaltes aufzuklären; dies gilt insb., wenn der ArbN im Bankwesen eine Position bekleidete, auf Grund derer er im Geschäftsleben erfahren war[13]. Nimmt der ArbGeb bei Abschluss eines Aufhebungsvertrages seine Aufklärungspflichten nicht wahr, kann der ArbN die Rückabwicklung des Aufhebungsvertrages in Gestalt der Neubegründung des ArbVerh gem. § 249 verlangen[14].

247 Nach der Rspr. des BAG besteht auch eine Aufklärungspflicht des ArbGeb vor Ausspruch einer **Verdachtskündigung**. Der ArbGeb hat idR bestehende Verdachtsmomente durch Befragen des ArbN aufzuklären[15]. Allg. gehaltene Vorhaltungen reichen nicht aus. Der ArbN muss vielmehr die Möglichkeit haben, bestimmte Tatsachen zu bezeichnen oder zu bestreiten, um zur Aufklärung der Geschehnisse beitragen zu können[16].

---

1 S. hierzu LAG Bremen 16.6.2004 – 2 Sa 21/04, nv. || 2 Kittner/Zwanziger/Deinert/*Becker*, ArbR, § 54 Rz. 10. || 3 BAG 22.1.2009 – 8 AZR 161/08, AP Nr. 46 zu § 242 BGB Auskunftspflicht. || 4 BAG 13.12.1984 – 2 AZR 294/83, NZA 1985, 324; vgl. auch LAG Hamm 2.12.2003 – 19 Sa 1014/03, nv. Ausf. auch *Thüsing*, RdA 2005, 257. || 5 LAG Hess. 21.3.1985 – 3 Sa 979/84, LAGE § 119 BGB Nr. 4. || 6 BAG 13.12.1988 – 3 AZR 322/87, AP Nr. 23 zu § 1 BetrAVG Zusatzversorgungskassen; 13.11.1996 – 10 AZR 340/96, AP Nr. 4 zu § 620 BGB Aufhebungsvertrag; 12.12.2002 – 8 AZR 497/01, nv. || 7 BAG 13.11.1996 – 10 AZR 340/96, AP Nr. 4 zu § 620 BGB Aufhebungsvertrag; 22.4.2004 – 2 AZR 281/03, AP Nr. 27 zu § 620 BGB Aufhebungsvertrag. || 8 BAG 3.7.1990 – 3 AZR 382/89, AP Nr. 24 zu § 1 BetrAVG; 17.10.2000 – 3 AZR 605/99, AP Nr. 116 zu § 611 BGB Fürsorgepflicht; vgl. auch LAG Sa.-Anh. 3.6.2003 – 8 Sa 686/02, nv. || 9 BAG 12.12.2002 – 8 AZR 497/01, zur unterlassenen Aufklärung über eine höhere Übergangsversorgung. || 10 BAG 10.2.2004 – 9 AZR 401/02, AP Nr. 15 zu § 119 BGB. || 11 BAG 21.1. 2000 – 3 AZR 13/00, AP Nr. 1 zu § 1 BetrAVG Auskunft. || 12 BAG 10.3.1988 – 8 AZR 420/85, AP Nr. 99 zu § 611 BGB Fürsorgepflicht. || 13 ArbG Frankfurt 16.3.2005 – 9 Ca 6184/04, nv. || 14 ArbG Hannover 13.11.2003 – 10 Ca 184/03, nv. || 15 BAG 21.3.1996 – 2 AZR 543/95, AP Nr. 42 zu § 123 BGB. || 16 BAG 13.3.2008 – 2 AZR 961/06, AP Nr. 43 zu § 626 BGB Verdacht strafbarer Handlung.

Ferner muss der ArbGeb, den ArbN über **wirtschaftl. Schwierigkeiten** aufklären, wenn hierdurch die Auszahlung von in absehbarer Zeit fälligen Löhnen und Gehältern gefährdet ist. Eine solche Pflicht besteht allerdings dann nicht, wenn er seine Zahlungsschwierigkeiten als bekannt voraussetzen kann[1]. Den ArbGeb trifft auch ggü. einem neu eingestellten ArbN, dem die wirtschaftl. schlechte Lage des ArbGeb bekannt ist, keine Auskunftspflicht über einen künftigen Stellenabbau, erst recht solange diesbzgl. noch keine konkrete Planung besteht[2]. 248

Die Fürsorgepflicht kann nach Ansicht des BAG grds. zu der Verpflichtung des ArbGeb führen, bei der Wahrung oder Entstehung von Ansprüchen seiner ArbN mitzuwirken, die diese ggü. Dritten erwerben können – dabei kommen insb. öffentl.-rechtl., aber auch private Versicherungsträger in Betracht[3]. Hat ein ArbGeb zu Gunsten seiner Angestellten eine Gruppenunfallversicherung abgeschlossen und stehen die Rechte aus der Versicherung dem versicherten ArbN unmittelbar zu, so ist der ArbGeb verpflichtet, den ArbN darauf hinzuweisen, dass dieser nicht nur berechtigt, sondern nach § 182 VVG auch verpflichtet ist, den Versicherungsfall selbst unmittelbar der Versicherungsgesellschaft anzuzeigen[4]. Dagegen verneint die Rspr. Auskunfts- und Beratungspflichten des ArbGeb im Hinblick auf **Krankenversicherungsschutz** bei Auslandseinsätzen des ArbN[5], auf die Steuerpflichtigkeit des ArbN im Ausland[6], bzgl. der Auswirkungen einer Beendigung des ArbVerh für die betrAV[7], über die Höhe anderer **Sozialleistungen**[8], bzgl. tarifl. Rechte des ArbN[9] und über geplante **Betriebseinschränkungen**[10]. Eines Hinweises des ArbGeb auf die tarifl. Geringwertigkeit einer neu übertragenen Tätigkeit bedarf es nicht, wenn diese für den Angestellten ohne Schwierigkeiten erkennbar ist[11]. Nicht einheitlich beantwortet wird die Frage, welche Folgen es nach sich zieht, wenn der ArbGeb den ArbN, entgegen § 2 II 2 Nr. 3 SGB III, nicht über die Verpflichtung zur unverzüglichen Arbeitslosmeldung bei der AA zur Vermeidung der Minderung von Alg informiert. Eine verbreitete Meinung in der Lit. nimmt an, dass der ArbGeb, der seine diesbzgl. sozialgesetzl. Informationsobliegenheit verletze, sich schadensersatzpflichtig mache, wenn infolge der Nichtmeldung oder verspäteten Meldung gegen den ArbN Sanktionen nach § 159 SGB III verhängt werden[12]. Die Gegenmeinung – darunter auch das BAG[13] – lehnt eine Ersatzpflicht des ArbGeb ab; § 2 II 2 Nr. 3 SGB III diene nicht dem Schutz des Vermögens des ArbN, sondern bezwecke eine Verbesserung des Zusammenwirkens von ArbGeb, ArbN und den AA mit dem Ziel, iSd. Solidargemeinschaft den Eintritt der Arbeitslosigkeit zu vermeiden[14]. 249

Der ArbGeb ist nicht generell verpflichtet, den ArbN auf die Möglichkeit hinzuweisen, Ansprüche gegen ihn geltend machen zu können; insb. ist der ArbGeb nicht verpflichtet, jeden einzelnen ArbN darauf hinzuweisen, er könne unter gewissen Voraussetzungen Anträge auf außertarifl. Leistungen stellen[15]. 250

Zunehmend wichtiger werden schließlich die **Unterrichtungs- und Informationspflichten** nach dem **BDSG**[16]. Zentrale Vorschriften sind hier insb. §§ 33 und 34 BDSG. Der von einer Datenverarbeitung betroffene ArbN ist vom ArbGeb als verantwortlicher Stelle bei der erstmaligen Speicherung nach § 33 **BDSG** zu benachrichtigen. Werden durch Videoüberwachung erhobene Daten einer bestimmten Person zugeordnet, ist diese über eine Verarbeitung oder Nutzung gem. § 6b IV BDSG iVm. § 33 BDSG zu benachrichtigen. Nach § **34 BDSG** besteht zudem ein **allg. Auskunftsrecht** des Betroffenen. Einzige Voraussetzung für die Auskunftserteilung nach § 34 BDSG ist ein Auskunftsverlangen des Betroffenen[17]. Das bedeutet, dass der Betroffene weder Gründe für sein Auskunftsverlangen angeben muss, noch ein rechtl. Interesse nachweisen muss[18]. Praktisch wichtig sind schließlich die Informationspflichten bei Datenverarbeitung, die der ArbGeb auf die Einwilligung des betroffenen ArbN stützen will. Hier ist der ArbN nach § **4a III BDSG** auf den vorgesehenen Zweck der Erhebung, Verarbeitung oder Nutzung hinzuweisen. Aufgrund der weitreichenden Folgen der Einwilligung in die Datenverarbeitung sind neben dem Zweck auch alle anderen entscheidungsrelevanten Umstände, die für die Beurteilung der Datenverarbeitung von Bedeutung sind, anzugeben[19]. 251

---

1 BAG 24. 9.1974 – 3 AZR 589/73, AP Nr. 1 zu § 13 GmbHG; LAG Hamm 14.1.2005 – 10 Sa 1278/04, AuA 2005, 305. ||2 Zumindest für den letztgenannten Fall BAG 14.7.2005 – 8 AZR 300/04, AP Nr. 41 zu § 242 BGB Auskunftspflicht. ||3 BAG 24.9.2009 – 8 AZR 444/08, NZA 2010, 337. ||4 BAG 26.7.2007 – 8 AZR 707/06, EzA § 611 BGB 2002 Arbeitgeberhaftung Nr. 6. ||5 LAG Hess. 4.9.1995 – 16 Sa 215/95, NZA 1996, 482. ||6 BAG 22.1.2009 – 8 AZR 161/08, AP Nr. 46 zu § 242 BGB Auskunftspflicht. ||7 BAG 23.9.2003 – 3 AZR 658/02, AP Nr. 3 zu § 1 BetrAVG Auskunft. ||8 LAG MV 22.11.1993 – 5 Sa 439/93, LAGE § 242 BGB Auskunftspflicht Nr. 6. ||9 LAG Rh.-Pf. 21.5.2003 – 10 Sa 261/03, nv. ||10 BAG 13.11.1996 – 10 AZR 340/96, AP Nr. 4 zu § 620 BGB Aufhebungsvertrag. ||11 BAG 12.5.2004 – 4 AZR 338/03, AP Nr. 300 zu §§ 22, 23 BAT 1975. ||12 *Brune*, AR-Blattei SD 1510 Stellensuche, Rz. 56f.; *Peters-Lange*, Kasseler Handbuch des Arbeitsförderungsrechts, § 41 Rz. 17c; *Kreutz*, AuR 2003, 201; *Zieglmeier*, DB 2004, 1830. ||13 BAG 29.9.2005 – 8 AZR 571/04, BAGE 116, 78. ||14 LAG Düss. 29.9.2004 – 12 Sa 1323/04, NZA-RR 2005, 104; 2.3.2005 – 4 Sa 1919/04, AR-Blattei ES 1400 Nr. 71, n.rkr.; LAG Schl.-Holst. 15.6.2005 – 3 Sa 63/05, NZA-RR 2005, 552; LAG Rh.-Pf. 11.5.2005 – 9 Sa 908/04, nv.; LAG Berlin 29.4.2005 – 13 SHa 724/05, MDR 2005, 1177; LAG BW 27.1.2005 – 11 Sa 110/04, nv.; ArbG Verden 27.11.2003 – 3 Ca 1567/03, BB 2004, 1632 m. Anm. *Heins/Höstermann*; *Küttner/Voelzke*, Arbeitslosengeld Rz. 68; *Henning/Leitherer*, § 2 SGB III Rz. 14; *Wolf*, NZA-RR 2004, 337. ||15 BAG 26.7.1972 – 4 AZR 365/71, AP Nr. 1 zu § 4 MTB II. ||16 Ausführlich hierzu *Thüsing/Pötters*, in: Thüsing: Beschäftigtendatenschutz und Compliance, § 18 Rz. 1 ff. ||17 S. nur *Heinemann/Wäßle*, MMR 2010, 600. ||18 *Simitis/Dix*, § 34 BDSG Rz. 12. ||19 *Bizer*, DuD 2005, 451 (452); *Gola/Schomerus*, § 4a BDSG Rz. 26f.

252 **d) Schutzpflichten. aa) Schutz des Lebens und der Gesundheit des ArbN.** Der Schutz der Gesundheit des ArbN gehört zu den wichtigsten arbeitgeberseitigen Nebenpflichten. Schutzpflichten, die dem Schutz von Leben und Gesundheit des ArbN dienen, haben überwiegend eine Konkretisierung durch den Gesetzgeber erfahren. Besonders bedeutsam sind hierbei die Vorschriften des ArbSchG, des ASiG, § 618 I BGB, § 62 HGB, § 12 HAG, § 114 SeeArbG und § 28 JArbSchG. Neben diesen konkreten gesetzlichen Schutzvorschriften ist der ArbGeb allg. nach § 241 II dazu verpflichtet, Rücksicht auf die Rechte, Rechtsgüter und Interessen des ArbN zu nehmen.

253 Der ArbN hat ggü. dem ArbGeb im Hinblick auf einen arbeitsschutzkonformen Zustand seines Arbeitsplatzes grds. einen **einklagbaren Erfüllungsanspruch**[1]. Verstößt der ArbGeb gegen Arbeitsschutzvorschriften, steht dem ArbN ferner ein **Unterlassungsanspruch** als quasinegatorischer Beseitigungsanspruch analog §§ 12, 862, 1004 zu[2]. Besteht durch das arbeitsschutzrechtswidrige Verhalten des ArbGeb eine **Gesundheitsgefährdung für den ArbN**, so kann dieser entsprechend § 273 seine Arbeitsleistung zurückbehalten[3]. Ein spezialgesetzl. Zurückbehaltungsrecht ist darüber hinaus in **§ 21 VI 2 GefStoffV** enthalten. Nach **§ 9 III ArbSchG** ist der ArbN daneben offensichtlich dazu berechtigt, sich in besonders gefährlichen Arbeitsbereichen bei unmittelbarer erheblicher Gefahr durch Verlassen des Arbeitsplatzes in Sicherheit zu bringen.

254 Erfolgte eine Schädigung an Körper oder Leben des ArbN, die durch eine **vom ArbGeb zu vertretende Schutzverletzung** hervorgerufen wurde, so bestehen grds. vertragl. Schadensersatzansprüche (§ 280 I iVm. § 241 II). Ferner kann ein Verstoß gegen öffentl.-rechtl. Arbeitsschutzgesetze auch eine deliktsrechtl. Haftung des ArbGeb begründen. Ob die Arbeitsschutzgesetze Verbotsgesetze iSv. § 823 II darstellen, wird nicht einheitlich beurteilt[4]. Der Verbotsgesetzcharakter von § 618 wird jedenfalls nach überwiegender Auffassung abgelehnt[5]. Hierfür spricht § 618 III, wonach die Vorschriften der §§ 842–846 entsprechend anzuwenden sind. Hierdurch wird deutlich, dass der Gesetzgeber nicht davon ausgegangen sein kann, dass eine Verletzung der Fürsorgevorschriften gleichzeitig eine unerlaubte Handlung iSd. Deliktsrechts darstellt, da es ansonsten einer ausdrücklichen Verweisung nicht bedurft hätte[6].

255 **bb) Persönlichkeitsschutz des ArbN. (1) Allgemeines.** Eine in der Fallpraxis zunehmende wichtige Schutzpflicht besteht hinsichtlich des allg. Persönlichkeitsrechts des ArbN (Art. 2 I iVm. 1 I GG). Hier entfaltet die Schutzfunktion der Grundrechte Wirkung auf das Arbeitsrecht. Ob eine Persönlichkeitsverletzung des ArbN vorliegt, ist durch eine **Güter- und Interessenabwägung im Einzelfall** zu bestimmen[7]. Viele richterrechtlich geprägte Fallkonstellationen sind heute auf Grundlage gesetzlicher Regelungen wie insb. dem BDSG zu lösen. Im Ergebnis weichen die Maßstäbe jedoch meist nur unwesentlich voneinander ab, denn auch die Generalklauseln der §§ 28, 32 BDSG erfordern als zentrale Tatbestandsvoraussetzung regelmäßig eine Interessenabwägung[8].

256 **(2) Mobbing.** Aus dem Persönlichkeitsrecht folgt zunächst ein allg. **Schikaneverbot** (Mobbing) als Nebenpflicht des ArbGeb[9]. Mit dem Begriff des Mobbings werden in diesem Zusammenhang „fortgesetzte aufeinander aufbauende und ineinander übergreifende, der Anfeindung, Schikane oder Diskriminierung dienende Verhaltensweisen erfasst, die nach ihrer Art und ihrem Ablauf im Regelfall einer übergeordneten, von der Rechtsordnung nicht gedeckten Zielsetzung förderlich sind und in ihrer Gesamtheit das allg. Persönlichkeitsrecht, die Ehre oder die Gesundheit des Betroffenen verletzen"[10]. Hierbei handelt es sich nicht um einen eigenständigen juristischen Tatbestand. Die rechtl. Einordnung der unter diesen Begriff zusammenzufassenden Verhaltensweisen beurteilt sich ausschließlich danach, ob diese die tatbestandlichen Voraussetzungen einer Rechtsvorschrift erfüllen, aus welcher sich die gewünschte Rechtsfolge herleiten lässt. Insofern kann nicht allein aus der Menge von Auseinandersetzungen zwischen ArbGeb und ArbN sowie dem Umstand, dass Sachstreitigkeiten vom ArbGeb auf Grund dessen Persönlichkeitsstruktur und dessen Rollenverständnis in unangemessener, teils intoleranter Form ausgetragen werden, per se auf eine verwerfliche Motivation des ArbGeb, die automatisch als Mobbing einzustufen wäre, geschlossen werden[11]. Die juristische Bedeutung der durch den Begriff „Mobbing" gekennzeichneten Sachverhalte besteht darin, der Rechtsanwendung Verhaltensweisen zugänglich zu machen, die bei isolierter Betrachtung der einzelnen Handlungen die tatbestandlichen Voraussetzungen von Anspruchs-, Gestaltungs- und Abwehrrechten nicht oder nicht in einem der Tragweite des Falles angemessenen Umfang erfüllen können. Der ArbGeb ist hiernach verpflichtet, das allg. Persönlichkeits-

---

1 S. BAG 10.3.1976 – 5 AZR 34/75, AP Nr. 17 zu § 618 BGB; *Kort*, NZA 1996, 854 (855); MünchArbR/*Reichold*, § 85 Rz. 5f.; MünchArbR/*Kohte*, § 291 Rz. 17ff. ||2 MünchArbR/*Kohte*, § 291 Rz. 21. ||3 Vgl. MünchArbR/*Kohte*, § 291 Rz. 23; vgl. auch Staudinger/*Richardi*, § 611 Rz. 926; für ein Entfallen der Arbeitspflicht *Herschel*, RdA 1978, 69 (73); *Söllner*, AuR 1985, 323. ||4 Dafür: *Herschel*, RdA 1978, 69 (71); MünchArbR/*Kohte*, § 291 Rz. 34; Kittner/Zwanziger/Deinert/*Becker*, ArbR, § 54 Rz. 52; eher abl. ErfK/*Preis*, § 611 Rz. 618. ||5 Vgl. MüKoBGB/*Henssler*, § 618 Rz. 105. ||6 ErfK/*Preis*, § 611 Rz. 618. ||7 Vgl. etwa BAG 27.5.1986 – 1 ABR 48/84, AP Nr. 15 zu § 87 BetrVG 1972 Überwachung. ||8 *Pötters/Traut*, RDV 2013, 132. ||9 BAG 16.5.2007 – 8 AZR 709/06, AP Nr. 5 zu § 611 BGB Mobbing; LAG Rh.-Pf. 16.8.2001 – 6 Sa 415/01, NZA-RR 2002, 12; LAG Schl.-Holst. 9.3.2002 – 3 Sa 1/02, NZA-RR 2002, 457; MünchArbR/*Reichold*, § 49 Rz. 41ff.; umfassend *Benecke*, RdA 2008, 357; *Wickler*, DB 2002, 477; *Jansen/Hartmann*, NJW 2012, 1540. ||10 BAG 16.5.2007 – 8 AZR 709/06, AP Nr. 5 zu § 611 BGB Mobbing; LAG Hamm 25.6.2002 – 18 (11) Sa 1295/01, NZA-RR 2003, 8 (9); LAG Berlin 6.3.2003 – 18 Sa 2299/02, MDR 2003, 881. ||11 LAG Schl.-Holst. 1.4.2004 – 3 Sa 542/03, NZA-RR 2005, 15.

recht der bei ihm beschäftigten ArbN nicht selbst durch Eingriffe in deren Persönlichkeits- oder Freiheitssphäre zu verletzen, diese vor Belästigungen durch Mitarbeiter oder Dritte, auf die er einen Einfluss hat, zu schützen, einen menschengerechten Arbeitsplatz zur Verfügung zu stellen und die ArbN-Persönlichkeit zu fördern. Zur Einhaltung dieser Pflichten kann der ArbGeb als Störer nicht nur dann in Anspruch genommen werden, wenn er selbst den Eingriff begeht oder steuert, sondern auch dann, wenn er es unterlässt, Maßnahmen zu ergreifen oder seinen Betrieb so zu organisieren, dass eine Verletzung des Persönlichkeitsrechts ausgeschlossen wird[1]. So kann der ArbN berechtigt sein, vom ArbGeb Schadensersatz zu verlangen, falls ihm Schäden auf Grund von Mobbing durch namentlich benannte Kollegen entstanden sind; hierzu reicht als konkreter Lebenssachverhalt die Angabe „Mobbing-Aktionen" verbunden mit der Angabe eines ungefähren Zeitraums („1998/1999/2000 bis zum 30.6.2000") jedoch nicht aus[2]. In einem solchen Fall kommen die Arbeitskollegen als Verrichtungsgehilfen in Betracht, deren Handeln dem ArbGeb über § 831 zugerechnet werden kann. Hierfür genügt aber nicht schon ein nur örtlicher oder zeitlicher Zusammenhang zwischen Schädigung und Verrichtung; vielmehr ist über den äußeren Zusammenhang hinaus erforderlich, dass das Handeln angeblich mobbender Kollegen mit dem ihnen übertragenen Aufgabenkreis nach Zweck und Art objektiv in einem engen oder unmittelbaren inneren (sachlichen) Zusammenhang steht[3]. Der ArbGeb hat auch für schuldhaft begangene Persönlichkeitsrechts- oder Gesundheitsverletzungen durch von ihm als Erfüllungsgehilfen eingesetzte andere ArbN und Vorgesetzte gem. § 278 einzustehen. Notwendig ist jedoch immer, dass die schuldhafte Handlung in einem inneren sachlichen Zusammenhang mit den Aufgaben steht, die der Schuldner dem Erfüllungsgehilfen im Hinblick auf die Vertragserfüllung zugewiesen hat. Dies wird in der Regel nur dann der Fall sein, wenn die Erfüllungsgehilfen ggü. dem betroffenen ArbN die Fürsorgepflicht konkretisieren bzw. ihm ggü. Weisungsbefugnisse haben. Eine Zurechnung kommt hingegen nicht in Betracht, wenn gleichgestellte Kollegen den anderen ArbN beschimpfen oder ignorieren[4]. Ein Schadensersatzanspruch gegen den ArbGeb wegen Mobbings ist bei Maßnahmen aus Anlass einer Betriebsänderung nur dann gegeben, wenn diese erkennbar gegen die Person des ArbN gerichtet sind und nicht bloß den Inhalt oder Bestand des ArbVerh betreffen; dafür genügt die Wahrnehmung vermeintlicher Rechte nicht, wenn aus dabei gemachten Fehlern nicht geschlossen werden kann, dass der ArbN damit gezielt zermürbt werden sollte[5]. Im Schadensersatzprozess genügt der ArbN seiner Darlegungs- und Beweislast nur, wenn er die beanstandeten Verhaltensweisen so konkret darlegt und beweist, dass in jedem Einzelfall beurteilt werden kann, ob es sich dabei um rechtswidrige und schuldhafte Überschreitungen des Direktionsrechts gehandelt hat und der ArbGeb damit rechnen musste, dass sein Verhalten eine Erkrankung des ArbN verursachen könnte[6]. Begehrt ein ArbN die Feststellung des Bestehens eines Zurückbehaltungsrechts an seiner Arbeitsleistung auf Grund von Mobbing-Attacken, muss er konkret die Tatsachen angeben, aus denen er die Mobbing-Situation ableitet, dh. welche Umstände seiner Arbeit oder welche Handlungen oder Äußerungen seiner Vorgesetzten oder Arbeitskollegen er als Mobbing betrachtet[7]. Die Ausschlussfrist beginnt in Mobbing-Fällen wegen der systematischen, sich aus mehreren einzelnen Handlungen zusammensetzenden Verletzungshandlung regelmäßig erst mit der zeitlich letzten Mobbing-Handlung[8]. Vgl. zum Mobbing durch Kollegen Rz. 354f.

(3) **Schutz vor sexueller Belästigung.** Der Schutz vor sexueller Belästigung stellt eine besondere Ausprägung des Persönlichkeitsschutzes des ArbN dar[9]. Zentrale gesetzliche Regelung ist § 3 IV AGG; s. hierzu die Komm. zum AGG.

(4) **Datenschutz und Personalakten.** Zum Datenschutz im Zusammenhang mit Bewerbungsgesprächen s. Rz. 22, darüber hinaus vgl. die Komm. zum BDSG. Bundesdatenschutzrechtl. Belange sind insb. bei der **Führung** von **Personalakten** zu beachten. Nach §§ 34, 35 BDSG hat der ArbN einen Anspruch auf Auskunft über die in Dateien zu seiner Person gespeicherten Daten. Weitere spezielle Regelungen sind in den §§ 82, 83 BetrVG sowie in § 26 SprAuG enthalten. Darüber hinaus hat der ArbN gem. § 241 II iVm. Art. 2 I und Art. 1 I GG auch nach Beendigung des ArbVerh Anspruch auf Einsicht in seine vom ehemaligen ArbGeb weiter aufbewahrte Personalakte[10].

Personalakten dürfen **nicht allg. zugänglich** sein, sondern müssen sorgfältig verwahrt werden[11]. Der ArbGeb muss bestimmte Informationen vertraulich behandeln oder für die vertrauliche Behandlung

---

1 BAG 16.5.2007 – 8 AZR 709/06, AP Nr. 5 zu § 611 BGB Mobbing; LAG Thür. 10.4.2001 – 5 Sa 403/2000, NZA-RR 2001, 347; s.a. zur Definition LAG Schl.-Holst. 9.3.2002 – 3 Sa 1/02, NZA-RR 2002, 457. ||2 LAG Rh.-Pf. 28.8. 2001 – 5 Sa 521/01. ||3 LAG Rh.-Pf. 28.8.2001 – 5 Sa 521/01; zum Verfall des Schadensersatzanspruchs nach § 70 BAT s. LAG Köln 3.6.2004 – 5 Sa 241/04, EzBAT § 70 BAT Nr. 59. ||4 BAG 25.10.2007 – 8 AZR 593/06, BAGE 124, 295; 16.5.2007 – 8 AZR 709/06, AP Nr. 5 zu § 611 BGB Mobbing; LAG Thüringen 10.6.2004 – 1 Sa 148/01, LAGE Art. 2 GG Persönlichkeitsrecht Nr. 8a; *Benecke*, NZA-RR 2003, 225; *Rieble/Klump*, ZIP 2002, 369 und FA 2002, 307; *Däubler*, BB 1995, 1347. ||5 LAG Berlin 17.1.2003 – 6 Sa 1735/02, AiB 2004, 109. ||6 LAG Berlin 15.7.2004 – 16 Sa 2280/03, NZA-RR 2005, 13; s.a. LAG Hamm 21.12.2004 – 13 (5) Sa 659/04, nv.; so auch BAG 24.5.2005 – 8 AZR 256/05; s. zum Schadensersatzanspruch wegen Mobbings LAG Sachs. 17.2.2005 – 2 Sa 751/03, nv.; so auch BAG 16.2.2005 – 8 AZN 508/05. ||7 BAG 23.1.2007 – 9 AZR 557/06, AP Nr. 4 zu § 611 BGB Mobbing. ||8 BAG 16.5.2007 – 8 AZR 709/06, AP Nr. 5 zu § 611 BGB Mobbing. ||9 S. aktuell BAG 19.4.2012 – 2 AZR 258/11, NZA-RR 2012, 567; ferner BAG 9.6.2011 – 2 AZR 323/10, NZA 2011, 1342. ||10 BAG 16.11.2010 – 9 AZR 573/09, DB 2011, 822. ||11 BAG 12.9.2006 – 9 AZR 271/06, AP Nr. 1 zu § 611 BGB Personalakte; dazu *Kammerer*, AuR 2007, 189.

BGB § 611 Rz. 260 — Sonstige Arbeitgeberpflichten

durch Sachbearbeiter Sorge tragen. Außerdem muss der Kreis der mit Personalakten befassten Beschäftigten möglichst eng gehalten werden. Soweit Dritte in die Personalakte des ArbN Einsicht nehmen wollen, bedarf es grds. seines Einverständnisses[1]. Nach Beendigung des ArbVerh sind besondere Aufbewahrungsvorschriften für einzelne Vorgänge zu beachten (vgl. § 257 HGB zu kaufmännischen Aufbewahrungsfristen, § 14 I 9 EStG zu Lohnkosten). Der ArbGeb ist ferner verpflichtet, unberechtigterweise zu den Personalakten hinzugefügte Schriftstücke zu entfernen. Diese Nebenpflicht ist vor allem im Hinblick auf rechtswidrige Abmahnungen relevant. Der ArbN hat zudem einen Anspruch auf Entfernung einer dienstlichen Beurteilung aus seiner Personalakte, wenn sich ein Fehler im Beurteilungsverfahren auf das Beurteilungsergebnis auswirken kann[2].

260 **(5) Weitere Ausprägungen des Persönlichkeitsschutzes.** Weiterhin obliegt dem ArbGeb der Schutz des **allg. Persönlichkeitsrechts** des ArbN, welches als sonstiges Recht iSv. § 823 I anerkannt ist[3] und auch Gegenstand vertragl. Schutzpflichten des ArbGeb ist[4].

261 Ausprägungen des Persönlichkeitsschutzes im ArbVerh sind die **Wahrung der Privatsphäre**, der **Beschäftigungsanspruch** (vgl. Rz. 168 ff.) des ArbN, das **Verbot der Geschlechterdiskriminierung**, der **Datenschutz** (Rz. 22, 26) und die **Begrenzung des Fragrechts** des ArbGeb und die **Offenbarungspflicht** des ArbN.

262 Eine **Persönlichkeitsrechtsverletzung** wurde von der Rspr. anerkannt bei: **geschlechtsbedingter Diskriminierung** im Einstellungsverfahren[5], Einholung eines **graphologischen Gutachtens** ohne Einwilligung des ArbN[6] (vgl. auch Rz. 21), **verbalen Ehrkränkungen**[7], Diskriminierung wegen **Übergewichts**[8], Zugänglichmachung der **Personalakte** an Dritte ohne Wissen des Betroffenen[9], ständige lückenlose **Überwachung** durch verdeckte Kameras[10], aber auch Videoüberwachung der ArbN eines Postverteilungszentrums[11] oder eines Supermarkts[12] durch sichtbare Kameras, Untersagung des Zutritts zum Betriebsgebäudes auf Grund der bloßen Befürchtung einer ansteckenden Krankheit des ArbN sowie Androhung einer Strafanzeige für den Fall der Zuwiderhandlung[13], Verbot von Liebesbeziehungen im Betrieb in einem Verhaltenskodex[14], unspezifizierte Frage nach eingestellten Ermittlungsverfahren an den Stellenbewerber[15] (s. ausf. zum Fragerecht Rz. 11 mwN), Verstößen gegen das **BDSG** (vgl. Rz. 22) und heimlichem **Mithören** von **Telefongesprächen**[16].

263 **Abgelehnt** wurde eine **Persönlichkeitsrechtsverletzung** bei: Einsichtnahme in die Personalakten eines ArbN einer Sparkasse durch Mitarbeiter der Sparkassenrevision zur Überprüfung der Personalausgaben eines ArbGeb[17], der Öffnung von Briefen durch die Dienststelle, die an die Mitarbeiter und zugleich an die Dienststelle adressiert und nicht als persönlich oder vertraulich gekennzeichnet waren[18], psychologischer Eignungsuntersuchung bei begründetem Anlass[19], Weiterleitung eines ausgefüllten Fragebogens an das Bundesamt für Verfassungsschutz zur Sicherheitsüberprüfung[20], Duzen durch Kollegen[21], Kritik der zurückgetretenen Personalratsmitglieder am bisherigen Personalratsvorsitzenden per E-Mail und am Schwarzen Brett, sofern sie keine herabsetzende Schmähkritik beinhaltet[22]. Ferner ist eine heimliche Videoüberwachung des ArbN zumindest dann zulässig, wenn der konkrete Verdacht auf ein strafbares Verhalten des ArbN besteht[23].

264 **cc) Schutz des Eigentums und des Vermögens des Arbeitnehmers. (1) Obhuts- und Verwahrungspflichten.** Die bereits früher allg. anerkannte Obhuts- und Verwahrungspflicht des ArbGeb für berechtigterweise in den Betrieb eingebrachtes ArbN-Eigentum[24] hat nun ihre Grundlagen in § 241 II. Der ArbN kann vom ArbGeb jedoch nur die Fürsorgemaßnahmen verlangen, die dem ArbGeb nach den konkreten beruflichen und betriebl. Verhältnissen zumutbar sind und ihn bei eigenem Zutun in die

---

1 BAG 4.4.1990 – 5 AZR 299/89, AP Nr. 21 zu § 611 BGB Persönlichkeitsrecht. ‖ 2 BAG 18.11.2008 – 9 AZR 865/07, BAGE 128, 299. ‖ 3 St. Rspr., vgl. BGH 25.5.1954 – I ZR 211/53, BGHZ 13, 334; Palandt/*Sprau*, § 823 Rz. 83 ff. ‖ 4 BAG 15.7.1987 – 5 AZR 215/86, AP Nr. 14 zu § 611 BGB Persönlichkeitsrecht; *Wiese*, ZfA 1971, 283. ‖ 5 BAG 14.3.1989 – 8 AZR 447/87, AP Nr. 5 zu § 611a BGB, allerdings zu § 611a BGB aF. ‖ 6 LAG Tübingen 26.1.1972 – 8 Sa 109/71, NJW 1976, 310. ‖ 7 BAG 18.2.1999 – 8 AZR 735/97, AP Nr. 31 zu § 611 BGB Persönlichkeitsrecht; *Wiese*, ZfA 1971, 297 ff. ‖ 8 ArbG Marburg 13.2.1998 – 2 Ca 482/97, NZA-RR 1999, 124. ‖ 9 BAG 18.12.1984 – 3 AZR 389/83, AP Nr. 8 zu § 611 BGB Persönlichkeitsrecht; 15.7.1987 – 5 AZR 215/86, AP Nr. 14 zu § 611 BGB Persönlichkeitsrecht. ‖ 10 BAG 7.10.1987 – 5 AZR 116/86, AP Nr. 15 zu § 611 BGB Persönlichkeitsrecht. ‖ 11 BAG 29.6.2004 – 1 ABR 21/03, AP Nr. 41 zu § 87 BetrVG 1972 Überwachung; 14.12.2004 – 1 ABR 34/03, AP Nr. 42 zu § 87 BetrVG 1972 Überwachung. ‖ 12 BAG 21.6.2012 – 2 AZR 153/11, NZA 2012, 1025. ‖ 13 ArbG Halberstadt 17.2.2004 – 5 Ca 574/03, nv. ‖ 14 BAG 22.7.2008 – 1 ABR 40/07, NZA 2008, 1248. ‖ 15 BAG 15.11.2012 – 6 AZR 339/11, NZA 2013, 429. ‖ 16 BAG 23.4.2009 – 6 AZR 189/08, NZA 2009, 974; 29.10.1997 – 7 AZR 508/96, AP Nr. 27 zu § 611 BGB Persönlichkeitsrecht. ‖ 17 BAG 4.4.1990 – 5 AZR 299/89, AP Nr. 21 zu § 611 BGB. ‖ 18 LAG Hamm 19.2.2003 – 14 Sa 1972/02, NZA-RR 2003, 346. ‖ 19 BAG 13.2.1964 – 2 AZR 286/63, AP Nr. 1 zu Art. 1 GG. ‖ 20 BAG 17.5.1983 – 1 AZR 1249/79, AP Nr. 11 zu § 75 BPersVG. ‖ 21 LAG Hamm 29.7.1998 – 14 Sa 1145/98, NZA-RR 1998, 481. ‖ 22 LAG Nds. 7.6.2004 – 5 Sa 2024/03, NZA-RR 2005, 111. ‖ 23 LAG Schl.-Holst. 14.12.2001 – 1 Sa 392b/01, nv.; BAG 27.3.2003 – 2 AZR 51/02, AP Nr. 36 zu § 87 BetrVG 1972 Überwachung zum Verdacht der Unterschlagung; vgl. aktuell BAG 21.6.2012 – 2 AZR 153/11, NZA 2012, 1025; einschr. ArbG Hamburg 20.2.2004 – 17 Ca 426/03, NZA-RR 2005, 520. ‖ 24 Schaub/*Koch*, ArbRHdb, § 106 Rz. 28; als Ausprägung der Fürsorgepflicht BAG 5.3.1959 – 2 AZR 268/56, AP Nr. 26 zu § 611 BGB Fürsorgepflicht m. Anm. *Hueck*; 1.7.1965 – 5 AZR 264/64, AP Nr. 75 zu § 611 BGB Fürsorgepflicht m. Anm. *Bulla*.

Lage versetzen, sein eingebrachtes Eigentum entsprechend der betriebl. Situation vor Verlust oder Beschädigungen zu schützen[1].

Der ArbGeb hat demnach einen seinen ArbN zur Verfügung gestellten **Parkplatz** verkehrssicher zu gestalten und somit die durch die Benutzung des Parkplatzes drohenden Gefahren für die abgestellten Fahrzeuge auf ein zumutbares Mindestmaß zurückzuführen[2]. Der ArbGeb ist jedoch nicht verpflichtet, die auf dem Parkplatz abgestellten Fahrzeuge auch vor solchen Schäden zu bewahren, vor denen der Eigentümer sich auch sonst im Straßenverkehr kaum wirksam schützen kann[3]. Der ArbGeb kann die Haftung für Verkehrssicherungspflichten ggü. seinen ArbN grds. nicht durch vertragl. Einheitsregelung ausschließen[4]. Ferner ist auch ein Haftungsausschluss für Vorsatz des ArbGeb nach § 276 III und für grobe Fahrlässigkeit nach § 309 Nr. 7 ausgeschlossen. Die Haftung für einfache Fahrlässigkeit kann regelmäßig in Allg. Vertragsbedingungen ausgeschlossen werden[5]. Hat der ArbGeb die Schädigung des ArbN-Eigentums zu vertreten, so haftet er sowohl nach vertragl. als auch nach deliktischer Grundlage.

(2) **Sonstige Vermögensinteressen des Arbeitnehmers.** Ob der ArbGeb bei einer Verletzung sonstiger Vermögensinteressen des ArbN haften muss, ist vom Einzelfall abhängig. Hierbei ist der Schutzzweck der vertragl. Nebenpflichten anhand des Maßstabs des § 242 und des § 241 II zu konkretisieren. So kann der ArbGeb verpflichtet sein, den ArbN durch Hinweispflichten auf mögliche Schäden aufmerksam zu machen[6].

Kommt der ArbGeb seiner Pflicht zur **ordnungsgemäßen Zahlung von SozV-Beiträgen** schuldhaft nicht nach, so muss der ArbGeb für den Schaden, der dem ArbN hierdurch entstanden ist (zB Nichterfüllung der Wartezeit oder Schmälerung der Rente), haften, da nach heute vorherrschender Ansicht[7] die sozialversicherungsrechtl. Anmelde- und Beitragsvorschriften sowie § 266a StGB[8] als Schutzvorschriften iSv. § 823 II anzusehen sind. Sie verfolgen neben ihren verwaltungsmäßigen Zielen auch den Schutz des einzelnen Versicherten und lösen gleichzeitig eine Nebenpflicht des ArbGeb ggü. dem ArbN aus, deren Verletzung damit stets auch einen Schadensersatzanspruch begründet[9].

Eine Anmelde- und Beratungspflicht ist vor allem auch im Hinblick auf den **Beitritt** zu Zusatzversorgungskassen zu bejahen[10]. Weiterhin trifft den ArbGeb die Pflicht zu richtiger **Lohnberechnung** (s. Rz. 164) und zur Herausgabe der ausgefüllten LStKarte[11]. Bewirkt eine fehlerhafte LStBescheinigung durch den ArbGeb, dass der ArbN zu einer überhöhten ESt veranlagt wird, so kann dem ArbN gegen den ArbGeb ebenfalls ein Schadensersatzanspruch zustehen[12]. Die Pflichten des ArbGeb **als Drittschuldner im Fall der Lohnpfändung** richten sich nach § 840 ZPO. Den ArbGeb trifft im Allg. keine Fürsorgepflicht, den ArbN über die Möglichkeit eines Vollstreckungsschutzantrages nach § 850i ZPO zu belehren. Insoweit ist allein das Rechtsverhältnis des ArbN zu dessen Gläubigern betroffen, für das der ArbGeb keine Schutzpflichten hat[13]. Es besteht keine arbeitsvertragl. Fürsorgepflicht dergestalt, dass der vom Gläubiger als Drittschuldner in Anspruch genommene ArbGeb gehalten wäre, gepfändete Lohn- bzw. Gehaltsbeträge nicht nur einzubehalten, sondern auch an den Gläubiger abzuführen[14]. Allerdings muss der ArbGeb die mit der Bearbeitung von Lohn- oder Gehaltspfändungen verbundenen Kosten tragen[15]. Er hat weder einen gesetzl. Erstattungsanspruch gegen den ArbN noch kann ein solcher Anspruch durch (freiwillige) BV begründet werden.

Für den ArbGeb besteht allerdings **keine allg. Rechtspflicht**, den ArbN vor Vermögensnachteilen zu bewahren. Jeder Vertragspartner hat für die Wahrnehmung seiner Vermögensinteressen grds. selbst zu sorgen. Nur in Ausnahmefällen kann der ArbGeb aus Gründen der Fürsorgepflicht zur Vornahme bestimmter Handlungen verpflichtet sein, wenn der ArbN hierauf angewiesen ist, um Sozialleistungsansprüche durchzusetzen[16]. Angesichts einer drohenden Verjährung des Vergütungsanspruchs des ArbN ist der ArbGeb jedoch nicht verpflichtet, auf seine fehlende Leistungsbereitschaft hinzuweisen[17].

e) **Aufwendungsersatz.** Unter dem Begriff der Aufwendungen sind grds. freiwillige Vermögensopfer zu verstehen[18]. Macht ein ArbN im Zusammenhang mit seinen Dienstpflichten für den ArbGeb **Aufwen-**

---

1 BAG 1.7.1965 – 5 AZR 264/64, AP Nr. 75 zu § 611 BGB Fürsorgepflicht m. Anm. *Bulla*. ‖ 2 BAG 10.11.1960 – 2 AZR 226/59, AP Nr. 58 zu § 611 BGB Fürsorgepflicht; 25.5.2000 – 8 AZR 518/99, AP Nr. 8 zu § 611 BGB Parkplatz; zum Ersatzanspruch des ArbN bei Kraftfahrzeugschäden durch Industrieimmissionen, *Neuhausen*, NZA 1991, 372. ‖ 3 LAG Hess. 11.4.2003 – 12 Sa 243/02, NZA-RR 2004, 69. ‖ 4 BAG 28.9.1989 – 8 AZR 120/88, AP Nr. 5 zu § 611 BGB Parkplatz. ‖ 5 ErfK/*Preis*, § 611 Rz. 627. ‖ 6 LAG Hess. 15.1.1998 – 14 Sa 156/97, LAGE § 249 BGB Nr. 12. ‖ 7 BAG 14.7.1960 – 2 AZR 485/59, AP Nr. 1 zu § 823 BGB Schutzgesetz; 12.7.1963 – 1 AZR 514/61, AP Nr. 4 zu § 823 BGB Schutzgesetz; Staudinger/*Richardi*, § 611 Rz. 846f., 938. ‖ 8 *Kania/Peters-Lange*, ZTR 1996, 534. ‖ 9 Umfassend BGH 15.10.1996 – VI ZR 319/95, AP Nr. 21 zu § 823 BGB Schutzgesetz; 16.5.2000 – VI ZR 90/99, AP Nr. 24 zu § 823 BGB Schutzgesetz. ‖ 10 LAG Rh.-Pf. 12.10.1990 – 6 Sa 663/90, LAGE § 611 BGB Fürsorgepflicht Nr. 21; 16.11.1990 – 6 Sa 696/90, LAGE § 611 BGB Fürsorgepflicht Nr. 22; LAG Hamm 2.12.1986 – 6 Sa 376/86, LAGE § 611 BGB Fürsorgepflicht Nr. 13; 13.7.1999 – 6 Sa 2407/98, LAG-RR 1999, 658. ‖ 11 BAG 20.2.1997 – 8 AZR 121/95, AP Nr. 4 zu § 611 BGB Haftung des Arbeitgebers. ‖ 12 BFH 20.9.1996 – VI R 57/95, NZA-RR 1997, 121. ‖ 13 BAG 13.11.1991 – 4 AZR 20/91, AP Nr. 13 zu § 850 ZPO. ‖ 14 LAG Hamm 15.6.1988 – 2 Sa 541/88, DB 1988, 1703. ‖ 15 BAG 18.7.2006 – 1 AZR 578/05, NZA 2007, 462. ‖ 16 BAG 19.3.1992 – 8 AZR 301/91, AP Nr. 110 zu § 611 BGB Fürsorgepflicht. ‖ 17 BAG 7.11.2007 – 5 AZR 910/06, AP Nr. 23 zu § 196 BGB. ‖ 18 Staudinger/*Richardi*, § 611 Rz. 929.

dungen, für deren Abgeltung die ihm gewährte Arbeitsvergütung nicht bestimmt und die er auch nach dem sonstigen Inhalt seines Arbeitsvertrages in ihren belastenden Auswirkungen nicht endgültig zu tragen verpflichtet ist, kann er vom ArbGeb in – zumindest entsprechender – Anwendung von § 670 Ersatz der Aufwendungen verlangen, soweit diese von ihm gefordert wurden oder erforderlich waren oder der ArbN sie den Umständen nach für erforderlich halten durfte[1]. Unter den Begriff der Aufwendungen fallen auch die unfreiwilligen arbeitsbedingten Vermögensopfer des ArbN, die dieser im Zusammenhang mit der Erbringung der Arbeitsleistung erleidet[2]. Bei einem **Mitverschulden** des ArbN kann sein Anspruch gem. § 254 analog gemindert werden.

271 Der Aufwendungsersatz stellt kein Entgelt für die erbrachte Arbeitsleistung dar[3] und steht daher auch nicht im Gegenseitigkeitsverhältnis zur Arbeitspflicht. Er fällt nach § 4a EFZG nicht zum fortzuzahlenden Arbeitsentgelt, gehört aber nach § 850a Nr. 3 ZPO idR zu den unpfändbaren Bezügen. Haben ArbGeb und ArbN **vertragl. Vereinbarungen** über den Ersatz von Aufwendungen getroffen, sind diese **vorrangig**, es sei denn, zwingende gesetzl. Vorschriften (zB §§ 618, 619, Unfallverhütungsvorschriften) verpflichten den ArbGeb zum vollen Aufwandsersatz[4]. Üblich sind auch tarifvertragl. Regelungen, die beachtet werden müssen (zB § 44 TVöD BT-V)[5]. Es ist auch möglich, den Aufwendungsersatz zu pauschalieren[6]. Hierbei ist allerdings eine gesonderte Ausweisung in der Lohnabrechnung erforderlich, da der Aufwendungsersatz nicht steuer- und sozialabgabenpflichtig ist.

272 Grds. muss durch eine **Vertragsauslegung** ermittelt werden, welche Aufwendungen im Einzelfall von der Pauschale erfasst sind. Benutzt ein ArbN zur Erledigung arbeitsvertragl. Verrichtungen seinen privaten Pkw und zahlt der ArbGeb ihm die nach Steuerrecht anerkannte Kilometerpauschale, so hat der ArbGeb für die Kosten der Rückstufung in der Haftpflichtversicherung, die durch einen bei der Arbeitsverrichtung eingetretenen Unfall verursacht worden sind, nur einzutreten, wenn dies zwischen den Arbeitsvertragsparteien vereinbart ist. Haben die Parteien eine Kilometerpauschale vereinbart und war der ArbN in der Auswahl seines Pkw und der Versicherungsgesellschaft frei, so ist im Zweifel anzunehmen, dass mit Zahlung der Kilometerpauschale auch Rückstufungserhöhungen in der Haftpflichtversicherung abgegolten sind[7]. Zu den Einzelheiten vgl. § 619a Rz. 74 ff.

273 Fordert der ArbGeb den ArbN auf, sein eigenes Fahrzeug statt eines des ArbGeb zu nutzen, ist er zum Ersatz der am Fahrzeug des ArbN entstandenen **Unfallschäden** in entsprechender Anwendung des § 670 verpflichtet, da das Fahrzeug in diesem Fall im Betätigungsbereich des ArbGeb eingesetzt wird. Selbst wenn die Unfallschäden auf einem Defekt des Fahrzeugs des ArbN beruhen, liegt eine Fahrt im Betätigungsbereich des ArbGeb vor. Der Defekt oder ein eventuelles persönliches Fehlverhalten des ArbN sind aber als Mitverschulden in entsprechender Anwendung des § 254 zu berücksichtigen[8].

274 Die Kosten für den Erwerb einer sog. **Fahrerkarte**, die für den Betrieb von nach dem 1.5.2006 neu zugelassenen Lkws ab 3,5 t erforderlich ist, hat der ArbN selbst zu tragen. Ihm steht kein Aufwendungsersatzanspruch nach § 670 zu, da der ArbN ein eigenes Interesse an der Verwendung der Karte hat. Sie wird für ihn persönlich ausgestellt und ist weder an ein bestimmtes Fahrzeug gebunden noch auf das bestehende ArbVerh beschränkt[9].

275 Der ArbN hat gegen den ArbGeb auch einen Aufwendungsersatzanspruch gem. § 670 wenn er **private Räumlichkeiten** allein zur Erfüllung seiner Arbeitspflicht nutzt, da dies ein Vermögensopfer im Interesse des ArbGeb darstellt[10].

276–279 Einstweilen frei.

280 **f) Sonstige Nebenpflichten.** Unter dem Gesichtspunkt der Fürsorgepflicht des ArbGeb sind in eng umgrenztem Rahmen weitere Nebenpflichten des ArbGeb anzuerkennen.

281 Der ArbGeb darf dem ArbN **nicht grundlos Nachteile zufügen**. So kann der ArbGeb auf Grund seiner Fürsorgepflicht gehalten sein, bei der Erlangung des **Freigängerstatus** mitzuwirken, um Störungen des ArbVerh zu vermeiden. Dies setzt allerdings voraus, dass der ArbN den ArbGeb über die Umstände der Straftat, des Strafverfahrens und der Haft nicht täuscht bzw. im Unklaren lässt. Die Fürsorgepflicht gebietet eine solche Mitwirkung des ArbGeb idR ferner dann nicht, wenn trotz Bewilligung des Freigangs weitere Störungen des ArbVerh zu befürchten sind[11]. Auf Grund der Nebenpflicht zur Rücksichtnahme auf die berechtigten Interessen des Vertragspartners ist es dem ArbGeb verwehrt, an einem Einver-

---

1 BAG 1.2.1963 – 5 AZR 74/62, AP Nr. 10 zu § 670 BGB; 14.2.1996 – 5 AZR 978/94, AP Nr. 5 zu § 611 BGB Aufwandsentschädigung; MünchArbR/*Reichold*, § 85 Rz. 35; *Reichold*, NZA 1994, 488; Staudinger/*Richardi*, § 611 Rz. 928. ||2 Vgl. Palandt/*Sprau*, § 670 Rz. 3; Schaub/*Koch*, ArbRHdb, § 82 Rz. 6–12. ||3 BAG 15.7.1992 – 7 AZR 491/91, AP Nr. 19 zu § 46 BPersVG; 27.7.1994 – 7 AZR 81/94, AP Nr. 14 zu § 46 BPersVG. ||4 BAG 14.2.1996 – 5 AZR 978/94, AP Nr. 5 zu § 611 BGB Aufwandsentschädigung. ||5 BAG 18.11.2004 – 6 AZR 581/03, ZTR 2005, 265 zu einem tarifvertragl. Anspruch auf Fahrzeugentschädigung. ||6 BAG 15.7.1992 – 7 AZR 491/91, AP Nr. 19 zu § 46 BPersVG; 27.7.1994 – 7 AZR 81/94, AP Nr. 14 zu § 46 BPersVG; 14.2.1996 – 5 AZR 978/94, AP Nr. 5 zu § 611 BGB. ||7 BAG 30.4.1992 – 8 AZR 409/91, AP Nr. 11 zu § 611 BGB Gefährdungshaftung des Arbeitgebers. ||8 BAG 23.11.2006 – 8 AZR 701/05, AP Nr. 39 zu § 611 BGB Haftung des Arbeitgebers. ||9 BAG 16.10.2007 – 9 AZR 170/07, BAGE 124, 210. ||10 BAG 14.10.2003 – 9 AZR 657/02, AP Nr. 32 zu § 670 BGB. ||11 BAG 9.3.1995 – 2 AZR 497/94, AP Nr. 123 zu § 626 BGB.

ständnis des ArbN fest zu halten, wenn sich inzwischen herausgestellt hat, dass dieses unter falschen Voraussetzungen abgegeben wurde[1].

Die Fürsorgepflicht wird aber nicht als so weit reichend zu bewerten sein, dass man eine Verpflichtung des ArbGeb dahingehend sieht, dass er einen kranken ArbN notfalls durch **Kündigung vor einer Selbstschädigung** bewahrt[2]. Ist allerdings ein ArbN auf Dauer krankheitsbedingt nicht mehr in der Lage, die geschuldete Arbeit auf seinem bisherigen Arbeitsplatz zu leisten, so ist er zur Vermeidung einer Kündigung von dem ArbGeb auf einem leidensgerechten Arbeitsplatz im Betrieb oder Unternehmen weiterzubeschäftigen, falls ein solch gleichwertiger oder jedenfalls zumutbarer Arbeitsplatz frei und der ArbN für die dort zu leistende Arbeit geeignet ist[3]. Ggf. hat der ArbGeb einen solchen Arbeitsplatz durch Ausübung seines Direktionsrechts freizumachen[4]. Ist es dem ArbGeb möglich und zumutbar, dem krankheitsbedingt nur eingeschränkt leistungsfähigen ArbN leidensgerechte Arbeiten zuzuweisen, ist die Zuweisung anderer, nicht leidensgerechter Arbeiten unbillig[5]. Eine Pflicht des ArbGeb, einen leidensgerechten Arbeitsplatz freizukündigen oder durch Änderungskündigung zu schaffen, besteht jedoch selbst dann nicht, wenn die Leistungsunfähigkeit des ArbN auf einen Arbeitsunfall zurückzuführen ist[6]. Auch ein Ringtausch zu Lasten der anderen ArbN dürfte die Grenze der Fürsorgepflicht des ArbGeb deutlich überschreiten[7]. Allerdings kann der ArbGeb gehalten sein, bei einer auf einer Kommunikationsstörung beruhenden krankheitsbedingten Arbeitsunfähigkeit eines ArbN, diese durch eine gutachterlich als erfolgversprechende professionelle Supervision zu beseitigen, statt eine Kündigung auszusprechen[8]. Zu einer Durchführung von behördlichen oder gerichtl. Verfahren zu Gunsten des ArbN kann der ArbGeb durch seine Fürsorgepflicht nicht verpflichtet werden[9].

IX. Pflichten des Arbeitnehmers. 1. Arbeitsleistung als Hauptpflicht. a) Allgemeine Grundlagen der Arbeitspflicht. Grundlage der Verpflichtung des ArbN zur Erbringung der Arbeitsleistung ist der Arbeitsvertrag, der vertragstypische Verpflichtungen iSv. § 611 I begründet. Die Arbeitspflicht ist die dem ArbN obliegende Hauptpflicht. Wie aus § 611 I hervorgeht, steht sie im Gegenseitigkeitsverhältnis zu der Pflicht des ArbGeb zur Zahlung der Vergütung. Wegen dieses synallagmatischen Charakters der Arbeitspflicht finden im Grundsatz auch die §§ 320ff. auf sie Anwendung[10]. Die Besonderheit des Dienstwie des Arbeitsvertrags besteht darin, dass es sich dabei um einen **unvollständigen Vertrag** handelt[11], dh., die im Rahmen des Vertrags zu erbringenden Leistungen stehen bei Vertragsschluss noch nicht fest, sondern der Vertrag bedarf erst noch während seiner Dauer der Ausfüllung mit einzelnen, im Vorhinein nicht erschöpfend benennbaren Leistungen. Dies bedingt, dass andere, außerhalb des Arbeitsvertrags bestehende Regeln auf ihn einwirken. Demgemäß werden die im Rahmen des Arbeitsvertrags getroffenen Abmachungen durch Bestimmungen nach Maßgabe anderer Rechtsquellen (hierzu allg. vor § 611 Rz. 132ff.) wie Gesetz, VO, TV, BV, aber auch betriebl. Übung, allg. Arbeitsbedingungen, Gesamtzusage und Ähnliches verdrängt, überlagert, modifiziert, ergänzt oder ausgefüllt. Auch das Transparenzgebot verlangt vom ArbGeb nicht, alle möglichen Konkretisierungen der Arbeitspflicht und des Weisungsrechts ausdrücklich zu regeln. Vielmehr ist das Weisungsrecht gem. § 106 GewO Ausfluss und Folge der vertragl. Festlegung der Arbeitspflicht[12].

Unter den gesetzl. Bestimmungen können etwa §§ 138, 242 auf den Inhalt der Arbeitspflicht einwirken; speziell im Dienstrecht sieht § 613 S. 1 vor, dass die Arbeitsleistung im Zweifel in Person zu erbringen ist. Dies trägt der individuellen Auswahl bei der Einstellung des ArbN durch ArbGeb Rechnung, auf dessen besondere Eigenschaften es dem ArbGeb gerade ankommt. Nach der Schuldrechtsreform spielt diese Norm im Zusammenhang mit § 275 III eine besondere Rolle. Fällt das ArbVerh in den Geltungsbereich eines TV, so sind für den Inhalt der Arbeitspflicht dessen Regelungen sowie insb. § 4 III TVG (Günstigkeitsprinzip) zu beachten.

Zur **Abgrenzung zu verwandten Schuldverhältnissen** s. vor § 611 Rz. 7ff. Die Arbeitspflicht ist im Gegensatz zum Werkvertrag nicht erfolgs-, sondern tätigkeitsgebunden; der ArbN schuldet dem ArbGeb nur eine zeitabhängige, nicht erfolgsabhängige **Tätigkeit**[13]. Im Gegensatz zum Werk-/Dienstvertrag wird die Tätigkeit in Abhängigkeit vom ArbGeb erbracht. Zu Einzelheiten vor § 611 Rz. 42. Nicht ausreichend zur Erfüllung der Arbeitspflicht ist nach hM, dass der ArbN seine Dienste bereithält oder ledig-

---

1 LAG Köln 29.1.2003 – 7 Sa 1076/02, MDR 2003, 941. || 2 Noch zweifelnd BAG 12.7.1995 – 2 AZR 762/94, AP Nr. 7 zu § 626 BGB Krankheit; abl. 21.12.1995 – 10 Sa 741/95, LAGE § 1 KSchG Krankheit Nr. 24. || 3 BAG 13.8. 2009 – 6 AZR 330/08, AP Nr. 4 zu § 241 BGB. || 4 BAG 29.1.1997 – 2 AZR 9/96, AP Nr. 32 zu § 1 KSchG Krankheit; 17.2.1998 – 9 AZR 130/97, AP Nr. 27 zu § 618 BGB; LAG Hamm 23.6.2004 – 18 Sa 1729/03, LAGE § 611 BGB 2002 Fürsorgepflicht Nr. 1. || 5 BAG 27.8.2008 – 5 AZR 16/08, AP Nr. 124 zu § 615 BGB. || 6 LAG Hamm 31.3. 2004 – 18 Sa 2219/03, AuA 2004, Nr. 12, 48. || 7 BAG 27.8.2008 – 5 AZR 16/08, AP Nr. 124 zu § 615 BGB. ||8 LAG Rh.-Pf. 26.4.2004 – 7 Sa 1220/01, nv. || 9 S. BAG 29.1.1997 – 2 AZR 9/96, AP Nr. 32 zu § 1 KSchG 1969 Krankheit zum Zustimmungsersetzungsverfahren bei Verweigerung der Zustimmung durch den BR; hingegen Gottwald, BB 1997, 2427, für eine Verpflichtung des ArbGeb bei rechtswidriger Zustimmungsverweigerung; BAG 19.3.1992 – 8 AZR 301/91, AP Nr. 110 zu § 611 BGB Fürsorgepflicht zu Widerspruch und Klage gegen Kug-Festsetzung. || 10 Vgl. ErfK/*Preis*, § 611 Rz. 639. || 11 Vgl. auch ArbR-BGB/*Schliemann*, § 611 Rz. 556, 568: Arbeit wird im Arbeitsvertrag nur „rahmenmäßig umschrieben". || 12 BAG 13.6.2007 – 5 AZR 564/06, BAGE 123, 98. || 13 Staudinger/*Richardi* Vor § 611 Rz. 32ff.

286 b) Inhalt der Arbeitspflicht. Abs. 2 besagt, dass Gegenstand des Dienstvertrags „Dienste jeder Art" sein können. Dies gilt gleichermaßen für den Arbeitsvertrag, wenn auch dahingehend eingeschränkt, dass es sich um Dienste in Abhängigkeit von einem anderen, dem ArbGeb, handeln muss.

287 aa) Art und Beschaffenheit der Arbeit. Hinsichtlich der Art der in einem Arbeitsvertrag zu vereinbarenden Leistung besagt Abs. 2 lediglich, dass es im Grundsatz keine Einschränkungen gibt. **Grenzen** können sich allerdings aus allg. Regelungen ergeben, so zB zunächst aus den gesetzl. Regelungen wie den zumindest einseitig zwingenden öffentl.-rechtl. Arbeitsschutzvorschriften, ferner aus §§ 134, 138 und 242. Wegen Verstoßes eines Arbeitsvertrags gegen diese Vorschriften s. Rz. 68ff.

288 Für das Ausbildungsverhältnis scheidet § 14 II BBiG eine bestimmte Art von Tätigkeiten als geschuldete Leistungen aus. § 4 MuSchG nennt gewisse Arbeiten, die von werdenden und stillenden Müttern nicht verlangt werden können. Doch muss die Mutter einer Umsetzung durch den ArbGeb nachkommen, sofern die andere Arbeit nach den Umständen des Einzelfalls zumutbar ist; dies gilt sogar dann, wenn sie nach dem im Arbeitsvertrag festgelegten Tätigkeitsbereich zur Leistung der angebotenen und zumutbaren neuen Arbeit nicht verpflichtet wäre[3]. Nach § 81 IV Nr. 1 SGB IX haben schwerbehinderte Beschäftigte einen Anspruch auf eine Beschäftigung, bei der sie ihre Fähigkeiten und Kenntnisse möglichst voll verwerten und weiterentwickeln können; diesem Anspruch korrespondiert eine entsprechende Einschränkung der vom schwerbehinderten Beschäftigten zu verlangenden Leistung. Weitere Einschränkungen können aus den Grundrechten folgen, so zB aus Art. 4 GG, sofern der ArbN eine Leistung aus Gewissensgründen verweigert. Diese kann ebenso bei der Zumutbarkeit bestimmter Tätigkeiten nach § 275 III (s. Rz. 392) wie bei der Reichweite des Direktionsrechts (s. § 106 GewO) eine Rolle spielen.

289 (1) Ausdrückliche Inhaltsbestimmung durch die Parteien. Im Allg. folgt die Art der zu verrichtenden Arbeit aus dem Inhalt des Arbeitsvertrags. Dieser hat nach § 2 I 2 Nr. 5 NachwG zumindest „eine kurze Charakterisierung oder Beschreibung der vom ArbN zu leistenden Tätigkeit" zu enthalten. Wegen seines notwendig unvollständigen Charakters bedarf es jedoch zur Bestimmung der konkret von dem ArbN zu verrichtenden Arbeit zumeist weiterer Rechtsquellen. Zunächst ist jedoch der Arbeitsvertrag auszulegen, und zwar erläuternd, denn eine ergänzende Auslegung kommt – wegen des Erfordernisses einer Lücke – erst in Betracht, nachdem festgestellt ist, dass andere, die Arbeitsleistung beeinflussende Normen wie TV, BV uÄ die Lücke nicht zu schließen vermögen. Die Auslegung erfolgt gem. §§ 133, 157 nach Treu und Glauben unter Berücksichtigung der Verkehrssitte. Statt bzw. neben der Verkehrssitte sind im ArbVerh eine bestehende betriebl. oder branchenspezifische Übung zu berücksichtigen[4]. Zu den Kriterien, die für die Auslegung von Bedeutung sind, gehört zB eine arbeitsvertragl. in Bezug genommene **Stellen- oder Tätigkeitsbeschreibung**[5]. Ist der Tätigkeitsbereich des ArbN durch den Arbeitsvertrag sowohl seiner Art wie auch der Arbeitsstelle nach genau bestimmt, so bedeutet jede Zuweisung einer anderen Tätigkeit und eines anderen Arbeitsplatzes eine Änderung des Arbeitsvertrages, die grds. nicht einseitig von dem ArbGeb herbeigeführt werden kann; dies gilt in jeder Hinsicht auch bzgl. des im öffentl. Dienst stehenden ArbN[6]. Bedeutsam ist ferner die verwendete **Berufsbezeichnung**, so dass sich die geschuldete Arbeitsleistung nach dem damit umschriebenen herkömmlichen Berufsbild richtet und Besonderheiten der Branche, des Ortes und ggf. des Betriebs einschließt[7]. So gehört etwa zum Berufsbild des Lehrers über den Unterricht hinaus, dass er Exkursionen, Schulausflüge und Klassenreisen vorbereitet und daran teilnimmt[8]. Allerdings muss die Beurteilung dem Umstand Rechnung tragen, dass Berufsbezeichnungen nicht statisch sind und es zu einer allg. Weiterentwicklung auch innerhalb der unterschiedlichen Berufe wie innerhalb des Betriebs kommen kann[9]. Ein arbeitsvertragl. festgelegter Einsatz in einer bestimmten Abteilung grenzt den Tätigkeitsbereich fachlich nach anderen Abteilungen ab. Ist im Arbeitsvertrag eine **Tätigkeit** konkret bezeichnet, so schuldet der ArbN diese einschl. der nach der Verkehrsanschauung vom Berufsbild mitumfassten Arbeiten[10]; so hat zB ein als Kraftfahrer eingestellter ArbN auch die Fahrzeugwartung zu übernehmen[11]. Auch die tatsächliche Position des ArbN in der betriebl. Hierarchie kann Aufschluss über die gewöhnlich damit zusammenhängenden Tätigkeiten geben, soweit diese üblicherweise bestimmten Führungsebenen zugeordnet werden[12]. Ist der Arbeitsbereich einer Angestellten lediglich durch die Nennung der Vergütungsgruppe konkretisiert, so erstreckt sich das Direktionsrecht des ArbGeb im öffentl. Dienst bei einer solchen Ver-

---

1 MünchArbR/*Reichold*, § 36 Rz. 3 mwN und näher zum Streitstand; Staudinger/*Richardi*, § 611 Rz. 336; ErfK/*Preis*, § 611 Rz. 642 mwN; aA *v. Stebut*, RdA 1985, 66 (70).   ‖2 Vgl. auch ErfK/*Preis*, § 611 Rz. 642.   ‖3 BAG 31.3.1969 – 3 AZR 300/68, AP Nr. 2 zu § 11 MuSchG 1968 m. zust. Anm. *Meisel.*   ‖4 Schaub/*Linck*, ArbRHdb, § 45 Rz. 31; KassHdb/*Künzl*, 2.1 Rz. 6.   ‖5 ErfK/*Preis*, § 611 Rz. 648, ArbR-BGB/*Schliemann*, § 611 Rz. 570. ‖6 BAG 10.11.1955 – 2 AZR 591/54, AP Nr. 2 zu § 611 BGB Beschäftigungspflicht.   ‖7 ArbR-BGB/*Schliemann*, § 611 Rz. 570.   ‖8 BAG 20.11.1996 – 5 AZR 414/95, AP Nr. 127 zu § 611 BGB Lehrer, Dozenten. ‖9 ArbR-BGB/*Schliemann*, § 611 Rz. 570; LAG Hamm 8.6.1994 – 14 Sa 2054/93, LAGE § 611 BGB Direktionsrecht Nr. 20.   ‖10 KassHdb/*Künzl*, 2.1 Rz. 7.   ‖11 Vgl. BAG 10.11.1955 – 2 AZR 591/54, AP Nr. 2 zu § 611 BGB Beschäftigungspflicht.   ‖12 ArbR-BGB/*Schliemann*, § 611 Rz. 571.

tragsgestaltung auf alle Tätigkeiten, die die Merkmale der Vergütungsgruppe erfüllen, in die die ArbNin eingestuft ist. Andere Tätigkeiten können zugewiesen werden, soweit sie den Merkmalen dieser Vergütungsgruppe entsprechen[1]. Im Allg. gehört zu der Verpflichtung zur Arbeitsleistung das Zusammenarbeiten mit den übrigen ArbN des Betriebs zur Verwirklichung des arbeitstechnischen Zwecks des Betriebs.

(2) **Inhaltsbestimmung auf Grund der Umstände.** Die Festlegung der Art der zu verrichtenden Tätigkeit kann auch **konkludent** erfolgen, so wenn der ArbGeb dem ArbN faktisch einen Arbeitsplatz mit bestimmten Tätigkeitsmerkmalen zuweist und der ArbN dies befolgt[2]. Die konkludente Festlegung der Arbeitsleistung muss **abgegrenzt** werden von der Festlegung durch Ausübung des Direktionsrechts, weil für Letztere durch § 106 GewO eine besondere Schranke errichtet wird. Maßgeblich ist, ob den Umständen zu entnehmen ist, dass der ArbN sein Einverständnis (auch konkludent) erklärt hat oder ob er ohne (nicht notwendig gegen) dieses die Festlegung der Arbeitsleistung für verbindlich hält. Das ArbVerh kann sich ferner dahingehend **konkretisieren**, dass eine bestimmte Tätigkeit künftig den alleinigen Vertragsinhalt bildet[3], s. § 106 GewO Rz. 60ff., 75ff., 83ff.

Ferner kann sich die Arbeitspflicht in einer durch eine Dienstanweisung festgelegten Art und Weise konkretisieren, so dass diese **Dienstanweisung** Vertragsinhalt wird und auch zukünftig die Arbeitsleistung konkretisiert, was das BAG angenommen hat, nachdem sich das Vertrauen des ArbN nach mehr als 16 Jahren darauf verfestigt hatte, seine Stellung werde sich nicht mehr zu seinem Nachteil ändern[4]. Zu den besonderen, zur Konkretisierung führenden Umständen gehörte, dass der ArbGeb vorbehaltlos die Büroorganisation ganz auf die Zusammenarbeit des ArbN mit einem anderen ArbN zugeschnitten hatte. Bei der Frage, ob sich durch langjährige Zuweisung einer bestimmten Tätigkeit die Leistungspflicht des ArbN auf diese ihm bisher übertragenen Aufgaben konkretisiert, ist auch zu berücksichtigen, ob es sich um eine Tätigkeit handelt, die nur in enger Zusammenarbeit mit der Unternehmensleitung und auf der Grundlage gesteigerten Vertrauens des ArbGeb vollzogen werden kann, wie dies zB in der Führungsebene des ArbGeb der Fall sein kann. Setzt nämlich der bisherige Aufgabenbereich ein fortwährend bestehendes, aktuelles, für die Kriterien einer Änderungskündigung ungeeignetes Vertrauensverhältnis zwischen den Parteien voraus (so zB für den Pressesprecher eines großen, international tätigen Unternehmens), so steht dieser Umstand einer dahingehenden Konkretisierung der Leistungspflicht durch langjährige Ausübung dieser Tätigkeit jedenfalls dann entgegen, wenn der ArbGeb sich arbeitsvertragl. die Zuweisung einer anderen Aufgabe vorbehalten hat[5].

(3) **Normative Inhaltsbestimmung.** Des Weiteren sind Bestimmungen in **TV** oder **BV**, soweit diese die Art der vom ArbN zu erbringenden Tätigkeit betreffen, zu beachten[6]. TV können innerhalb festgelegter Vergütungsgruppen bestimmte Tätigkeitsmerkmale vorsehen; bei Einstufung in eine gewisse Vergütungsgruppe hat der ArbN mangels gegenteiliger Vereinbarungen idR alle darin genannten Tätigkeiten zu übernehmen, sofern sie seinen Kräften und Fähigkeiten entspricht und ihm die Tätigkeit auch iÜ billigerweise zugemutet werden kann[7]; zumal der ArbN umgekehrt einen Anspruch darauf hat, dass ihm nur solche Arbeiten zugewiesen werden, die den Merkmalen der Vergütungsgruppe entsprechen[8].

(4) **Einseitige Inhaltsbestimmung.** IÜ wird innerhalb der verbleibenden Grenzen die in der jeweiligen Situation zu erbringende Leistung durch Ausübung des **Direktionsrechts** durch den ArbGeb konkretisiert. Zu beachten ist, dass der Umfang der Arbeitspflicht selbst dem Direktionsrecht nicht unterliegt, sondern nur durch Gesetz oder Vertrag gestaltbar ist[9]; dem Direktionsrecht kommt innerhalb des so festgelegten Umfangs allein eine Konkretisierungsfunktion zu[10]. Dabei ist er insb. an die Grenze des § 106 S. 1 GewO gebunden (s. § 106 GewO Rz. 15ff.). Diese Grenze ist etwa dann überschritten, wenn der ArbN verpflichtet werden soll, zu jedwedem Gespräch mit dem ArbGeb zur Verfügung zu stehen: Zu einem Gespräch, in dem es nicht um die Konkretisierung arbeitsvertragl. Pflichten, sondern allein um das Angebot zur Vertragsänderung seitens des ArbGeb geht, ist der ArbN nicht verpflichtet[11].

In der **Erweiterung des Direktionsrechts durch eine tarifvertragl. Regelung** sieht das BAG nach bisheriger Rspr. keine Gesetzesumgehung im Hinblick auf die Erfordernisse einer Änderungskündigung iSv. § 2 KSchG[12]. Auch wenn den dazu ergangenen Entscheidungen Bedenken entgegengebracht wer-

---

1 LAG Thür. 10.3.2005 – 1 Sa 578/03, nv. || 2 MünchArbR/*Reichold*, § 36 Rz. 15; vgl. auch BAG 9.3.2005 – 5 AZR 231/04, AP Nr. 70 zu § 611 BGB Direktionsrecht. || 3 Näher MünchArbR/*Reichold*, § 36 Rz. 16. || 4 BAG 29.6.1988 – 5 AZR 425/87, nv. || 5 LAG Köln 23.2.1987 – 6 Sa 957/86, LAGE § 611 BGB Direktionsrecht Nr. 1. || 6 BAG 5.6.2003 – 6 AZR 237/02, nv. zu den tarifvertragl. festgelegten Tätigkeitsmerkmalen eines Redakteurs. ||7 BAG 30.8.1995 – 1 AZR 47/95, AP Nr. 44 zu § 611 BGB Direktionsrecht; 12.4.1973 – 2 AZR 291/72, AP Nr. 24 zu § 611 BGB Direktionsrecht; ArbR-BGB/*Schliemann*, § 611 Rz. 569. || 8 BAG 23.6.1993 – 5 AZR 337/92, AP Nr. 42 zu § 611 BGB Direktionsrecht; 27.5.2004 – 6 AZR 192/03, EzBAT Nr. 56 zu § 8 BAT Direktionsrecht. ||9 Staudinger/*Richardi*, § 611 Rz. 315, mit Einschränkung für Ausnahmefälle. || 10 BAG 12.12.1984 – 7 AZR 509/83, AP Nr. 6 zu § 2 KSchG 1969. ||11 BAG 23.6.2009 – 2 AZR 606/08, AP Nr. 3 zu § 106 GewO. ||12 BAG 22.5.1985 – 4 AZR 427/83, AP Nr. 7 zu § 1 TVG Tarifverträge: Bundesbahn; 22.5.1985 – 4 AZR 88/84, AP Nr. 6 zu § 1 TVG Tarifverträge: Bundesbahn, beide m. krit. Anm. *Weiss/Weyand*: Zuweisung einer geringer vergüteten Tätigkeit; BAG 23.9.2004 – 6 AZR 442/03, NZA 2005, 475. Ebenso für eine arbeitsvertragl. Vereinbarung auf Grundlage einer mit der Gewerkschaft vereinbarten Musterregelung BAG 14.8.2007 – 9 AZR 59/07, ZTR 2008, 150.

den, weil sie einen Eingriff in das vertragl. Synallagma bedeuten können[1], so deuten in diese Richtung auch Äußerungen in der Lit., wonach tarifl. Regelungen dem ArbGeb in zulässiger Weise Änderungsvorbehalte hinsichtlich einzelner Arbeitsbedingungen einräumen können, weil sie die „Vermutung eines angemessenen Ausgleichs" der Interessen von ArbGeb und ArbN für sich hätten und insoweit keiner Prüfung ihrer sachlichen Berechtigung unterlägen[2]. Voraussetzung ist dabei aber immer, dass der Arbeitsvertrag insoweit tarifvertragsoffen ist und eine Änderung auf Grund des TV jedenfalls nicht ausschließt[3]. Andernfalls läge in der Erweiterung des Direktionsrechts ein Verstoß gegen das Günstigkeitsprinzip nach § 4 III TVG, da der TV dem ArbGeb mehr Handlungsspielräume einräumt als der Arbeitsvertrag. Außerdem dürfen die tarifl. Änderungsvorbehalte keine beliebig weite Änderung zulassen[4]. Unwirksam wegen Umgehung des gesetzl. Kündigungsschutzes sind daher solche tarifl. Änderungsvorbehalte, die dem ArbGeb ohne nur nähere Festlegung das Recht einräumen, die Arbeitsbedingungen beliebig weit zu ändern, weil sie dem durch die Wertung des Art. 12 GG bestehenden „Mindeststandard des Kündigungsschutzes" nicht gerecht werden[5].

294a   Bei der **arbeitsvertragl. Erweiterung des Direktionsrechts** sind die Grenzen der AGB-Kontrolle zu beachten[6]. Dabei ist das gesetzl. Leitbild des § 106 S. 1 GewO zu Grunde zu legen, wonach der ArbGeb kraft seines Direktionsrechts Inhalt, Ort und Zeit der Arbeitsleistung nach billigem Ermessen bestimmen kann. § 308 Nr. 4 ist nicht auf arbeitsvertragl. Versetzungsvorbehalte oder Ermächtigungen zur Bestimmung der Lage der Arbeitszeit anzuwenden; denn die Vorschrift erfasst nur einseitige Bestimmungsrechte hinsichtlich der Leistung des Verwenders. Versetzungsklauseln in Arbeitsverträgen betreffen demggü. die Arbeitsleistung als die dem Verwender geschuldete Gegenleistung. Eine formularmäßige Versetzungsklausel, die materiell der Regelung in § 106 S. 1 GewO nachgebildet ist, stellt weder eine unangemessene Benachteiligung des ArbN nach § 307 I 1 dar, noch verstößt sie allein deshalb gegen das Tranzparenzgebot des § 307 I 2, weil keine konkreten Versetzungsgründe genannt sind. Allerdings muss hinreichend deutlich werden, dass sich die Klausel auf den materiellen Gehalt des § 106 GewO beschränkt und nicht darüber hinausgeht[7]. Hiervon sind Klauseln zu unterscheiden, in sich der ArbGeb eine Änderung der vertragl. Tätigkeit als solche vorbehalten hat[8]. Eine vorformulierte Klausel, nach welcher ein ArbGeb eine andere als die vertragl. vereinbarte Tätigkeit einem ArbN „falls erforderlich" und nach „Abstimmung der beiderseitigen Interessen" einseitig zuweisen kann, ist jedenfalls dann als unangemessene Benachteiligung iSv. § 307 anzusehen, wenn nicht gewährleistet ist, dass die Zuweisung eine mindestens gleichwertige Tätigkeit zum Gegenstand haben muss[9]. IÜ s. die Komm. zu §§ 305 ff. Rz. 24 ff. und zu § 106 GewO.

295   Das Direktionsrecht des ArbGeb umfasst die Möglichkeit, dem ArbN einen Wechsel in der Art der Beschäftigung aufzuerlegen oder den Arbeitsbereich zu **verkleinern**[10]. Allerdings berechtigt es den ArbGeb grds. nicht, dem ArbN Tätigkeiten einer niedrigeren Vergütungsgruppe zu übertragen[11]; zwar können dem ArbN, soweit dies der Arbeitsvertrag zulässt, unterschiedliche Tätigkeiten kraft Weisung durch den ArbGeb übertragen werden, doch ist dafür Voraussetzung, dass diese als **gleichwertig** anzusehen sind[12]. Dabei soll sich die Gleichwertigkeit „mangels anderer Anhaltspunkte grds. aus der auf den Betrieb abgestellten Verkehrsauffassung und dem sich daraus ergebenden Sozialbild" bestimmen[13]. Eine niedriger zu bewertende Tätigkeit kann der ArbGeb dem ArbN auch dann nicht zuweisen, wenn er dennoch die höhere Vergütung zahlt, die der bisherigen Tätigkeit entspricht[14], es sei denn, dass dem ArbGeb dieses Recht durch TV, BV oder Einzelarbeitsvertrag eingeräumt worden ist[15]. Nach der Rspr. des BAG ist eine tarifvertragl. Bestimmung wirksam, nach der dem ArbN „sowohl eine höher als auch eine niedriger gelöhnte Beschäftigung" übertragen werden kann[16]. Nach Ansicht des BAG beschränkt sich eine solche Regelung auch nicht auf den Fall, dass die Anforderungen des § 1 II KSchG an eine betriebsbedingte Kündigung erfüllt sind[17]. Ebenfalls als wirksam erachtet das BAG eine tarifl. Vorschrift,

---

1 MünchArbR/*Reichold*, § 36 Rz. 38. ||2 *Rost*, FS Dieterich, 1999, S. 505 (518); *Plüm*, DB 1992, 735 (739); MünchArbR/*Reichold*, § 36 Rz. 38: materielle Richtigkeitsgewähr des TV. ||3 MünchArbR/*Reichold*, § 36 Rz. 38. ||4 *Rost*, FS Dieterich, 1999, S. 505 (518); LAG Düss. 17.3.1995 – 17 Sa 1981/94, DB 1995, 2224 und LAG Düss. 22.9.1996 – 15 Sa 715/95, nv.; Erman/*Edenfeld*, § 611 Rz. 293; *Plüm*, DB 1992, 735 (739); s.a. *Leßmann*, DB 1992, 1137. ||5 *Rost*, FS Dieterich, 1999, S. 505 (518). ||6 BAG 14.8.2007 – 9 AZR 18/07, AP Nr. 2 zu § 6 ATG, 1194; s.a. *Preis/Genenger*, NZA 2008, 969 ff. ||7 BAG 25.8.2010 – 10 AZR 275/09, NZA 2010, 1355. ||8 BAG 11.4.2006 – 9 AZR 557/05, AP Nr. 17 zu § 307 BGB; *Hohenstatt*, NJW 2006, 3308; *Thüsing*, AGB-Kontrolle, Rz. 233. ||9 BAG 9.5.2006 – 9 AZR 424/05, AP Nr. 21 zu § 307 BGB; 25.8.2010 – 10 AZR 275/09, NZA 2010, 1355. ||10 BAG 27.3.1980 – 2 AZR 506/78, AP Nr. 26 zu § 611 BGB Direktionsrecht m. Anm. *Löwisch*. ||11 LAG Hamm 4.1.2013 – 10 Sa 901/12. ||12 BAG 9.5.2006 – 9 AZR 424/05, AP Nr. 21 zu § 307 BGB; 30.8.1995 – 1 AZR 47/95, AP Nr. 44 zu § 611 BGB Direktionsrecht. ||13 BAG 30.8.1995 – 1 AZR 47/95, AP Nr. 44 zu § 611 BGB Direktionsrecht. ||14 BAG 14.7.1965 – 4 AZR 347/63, AP Nr. 19 zu § 611 BGB; 12.12.1984 – 7 AZR 509/83, AP Nr. 6 zu § 2 KSchG 1969; 30.8.1995 – 1 AZR 47/95, AP Nr. 44 zu § 611 BGB Direktionsrecht; 20.11.2003 – 8 AZR 608/02, EzA § 628 KSchG 2002 Nr. 3; ErfK/*Preis*, § 106 GewO Rz. 13. ||15 BAG 11.6.1958 – 4 AZR 514/55, AP Nr. 2 zu § 611 BGB Direktionsrecht m. zust. Anm. *A. Hueck*; BAG 16.10.1965 – 5 AZR 55/65, AP Nr. 20 zu § 611 BGB Direktionsrecht m. zust. Anm. *A. Hueck*. ||16 BAG 22.5.1985 – 4 AZR 427/83, AP Nr. 7 zu § 1 TVG Tarifverträge: Bundesbahn m. Anm. *Weiss/Weyand*; offen gelassen BAG 19.11.2002 – 3 AZR 591/01, AP Nr. 18 zu § 1 TVG Tarifverträge: Papierindustrie; noch anders – nur Gesetz und Arbeitsvertrag erwähnend – BAG 10.11.1955 – 2 AZR 591/54, AP Nr. 2 zu § 611 BGB Beschäftigungspflicht. ||17 BAG 22.5.1985 – 4 AZR 88/84, AP Nr. 6 zu § 1 TVG Tarifverträge: Bundesbahn.

die es dem ArbGeb erlaubt, für längstens neun Monate dem ArbN eine unterwertige Beschäftigung zuzuweisen[1]. In eine andere Richtung geht instanzgerichtl. Rspr., der zufolge für die Übertragung einer niedriger vergüteten Arbeit nicht bereits eine tarifvertragl. Bestimmung ausreichend ist, wonach jeder ArbN verpflichtet ist, „andere ihm zumutbare Arbeiten zu übernehmen"[2]. Im Einzelfall kann die Übertragung anderer Arbeit bei einem BR-Mitglied gegen § 78 BetrVG verstoßen[3].

Der ArbGeb kann sich bei der Ausübung des Direktionsrechts durch Erklärungen ggü. dem ArbN selbst binden, insb. die Ausübung auf bestimmte Fälle beschränken; nicht aber kann aus der längeren Nichtausübung des Direktionsrechtes geschlossen werden, dass der ArbGeb in Zukunft keine Änderungen vornimmt[4]. Überträgt der ArbGeb dem ArbN vorläufig eine **höherwertige Aufgabe** und macht er die Übertragung auf Dauer nur davon abhängig, dass sich der ArbN fachlich bewährt, so darf er dem ArbN die höherwertige Aufgabe nicht aus anderen Gründen wieder entziehen[5]. Der höherwertige Einsatz eines ArbN kann eine Überschreitung des vertragl. zustehenden Direktionsrechtes des ArbGeb darstellen, bedeutet aber keine stillschweigende Vertragsänderung[6]. Der ArbGeb muss bei seiner Entscheidung, ob er kraft seines Direktionsrechts dem ArbN vorübergehend eine höherwertige Tätigkeit überträgt, entsprechend § 315 billiges Ermessen walten lassen[7].

Auch **Nebenarbeiten** gehören zu der vom ArbN geschuldeten Leistung, jedoch unter der Voraussetzung, dass deren Übernahme dem Arbeitsvertrag entspricht[8] und typischerweise in dem vereinbarten Tätigkeitsbereich anfallen bzw. nur eine untergeordnete Bedeutung haben[9]. Das übliche Berufsbild ist unter Berücksichtigung seiner Entwicklung maßgeblich dafür, in welchem Umfang Nebenarbeiten geschuldet sind[10]. In Verbindung mit der Tätigkeitsbeschreibung durch die TV-Parteien und der Abgrenzung zu nicht dazugehörenden Tätigkeiten definiert das BAG als **Zusammenhangstätigkeiten** solche, die auf Grund ihres engen Zusammenhangs mit bestimmten, insb. höherwertigen Arbeiten nicht abgetrennt werden dürfen, sondern diesen zuzurechnen sind[11]. Die Rspr. hatte zahlreiche **Einzelfälle** zu entscheiden: Eine Bäckereifachverkäuferin ist auf Anordnung des ArbGeb verpflichtet, zeitweise die im Verkaufsraum installierte automatische Brötchenbackanlage zu bedienen, wobei es sich um eine Tätigkeit handelt, die im Einklang mit dem Berufsbild dieses Ausbildungsberufes steht[12]. Das Berufsbild des Lehrers schließt es nicht aus, dass er während der Schulferien zu einem Präsenzdienst im Schulgebäude verpflichtet wird, damit dort ein kompetenter Ansprechpartner zur Verfügung steht, auch wenn damit die Erledigung von Sekretariatsaufgaben verbunden ist[13]. Bei der Anordnung, dass der ArbN einen Außentermin mit einem Dienstwagen aufsucht, den er selbst führt, und Kollegen mitnimmt, handelt es sich nach dem BAG nicht um die Übertragung einer niedriger zu bewertenden Tätigkeit, sondern um eine Zusammenhangstätigkeit, die auf der tarifl. Bewertung der Tätigkeit der jeweiligen Vergütungsgruppe des ArbN keinen Einfluss hat[14]. Zu den Nebenarbeiten eines Lehrers an einer allg. bildenden Schule gehören die Unterrichtsvorbereitung, die Korrektur schriftl. Arbeiten, die Beteiligung an der Abnahme von Prüfungen, die Teilnahme an Konferenzen, uU auch die Abhaltung von Schulsprechstunden, Pausenaufsichten und die Durchführung von Wandertagen und Schulreisen[15]. Die im Rahmen der Tätigkeit als Arzt in einem untergeordneten zeitlichen Umfang anfallenden administrativen Tätigkeiten, wie die Dokumentation von Befunden, sind als Zusammenhangstätigkeiten zu qualifizieren[16]. Der ArbGeb ist – vorbehaltlich eines Konflikts zu zwingendem Gesetzesrecht – kraft seines Direktionsrechts auch befugt, dem im Verkauf tätigen ArbN bestimmte Kleidung zu untersagen, und von seinen ArbN zu erwarten, dass sie bei Gesprächen mit Kunden gepflegt und in einer Art und Weise gekleidet auftreten, wie sie dem von dem ArbGeb festgelegten Charakter der Produkte entspricht[17]; dies dürfte zwar weniger eine bestimmte Arbeit iS einer Tätigkeit festlegen, wohl aber zum Inhalt der versprochenen Leistung gehören. Ferner können zu den Nebenarbeiten uU die Pflege der Arbeitsmittel und die Säuberung des Arbeitsplatzes gezählt werden[18]. Einem Kartenkontrolleur können jedenfalls für kurze Zeit (im entschiedenen Fall an lediglich vier Tagen zu je 2,2 Stunden) Reinigungsarbeiten, die sich auf Staubsaugen, Fegen und Leeren von Papierkörben beschränken und ihm auch sonst zumutbar sind, übertragen werden[19]. Der Fahrer eines Lkw ist nur dann nicht zu Ladetätigkeit

---

1 BAG 16.12.2004 – 6 AZR 658/03, ZTR 2005, 424. || 2 LAG Düss. 17.3.1995 – 17 Sa 1981/94, DB 1995, 2224; vgl. auch ErfK/*Preis*, § 106 GewO Rz. 13. || 3 Schaub/*Linck*, ArbRHdb, § 45 Rz. 63. || 4 BAG 13.6.2012 – 10 AZR 296/11, NZA 2012, 1154. || 5 BAG 17.12.1997 – 5 AZR 332/96, AP Nr. 52 zu § 611 BGB Direktionsrecht. || 6 LAG Hamm 27.3.1992 – 18 Sa 1165/91, BB 1992, 1856. || 7 BAG 22.1.2003 – 4 AZR 517/01, nv. im Anschluss an BAG 17.4.2002 – 4 AZR 174/01, AP Nr. 23 zu § 24 BAT; anders noch BAG 26.3.1997 – 4 AZR 604/95, ZTR 1997, 413: Rechtsmissbrauchskontrolle. || 8 Schaub/*Linck*, ArbRHdb, § 45 Rz. 36. || 9 ErfK/*Preis*, § 106 GewO Rz. 14; ArbR-BGB/*Schliemann*, § 611 Rz. 572. || 10 ArbR-BGB/*Schliemann*, § 611 Rz. 572. || 11 BAG 29.8. 1991 – 6 AZR 593/88, AP Nr. 38 zu § 611 BGB Direktionsrecht; 21.2.1990 – 4 AZR 603/89, AP Nr. 7 zu §§ 22, 23 BAT Krankenkassen; 23.2.2005 – 10 AZR 413/04, AP Nr. 271 zu § 1 TVG Tarifverträge: Bau. || 12 LAG Hamm 8.6. 1994 – 14 Sa 2054/93, LAGE § 611 BGB Direktionsrecht Nr. 20. || 13 BAG 16.10.2007 – 9 AZR 144/07, AP Nr. 4 zu § 106 GewO. || 14 BAG 29.8.1991 – 6 AZR 593/88, AP Nr. 38 zu § 611 BGB Direktionsrecht. || 15 BAG 9.7. 2003 – 5 AZR 595/02, AP Nr. 158 zu § 611 BGB Lehrer, Dozenten. || 16 BAG 5.11.2003 – 4 AZR 632/02, AP Nr. 83 zu § 256 ZPO 1977. || 17 LAG Hamm 22.10.1991 – 13 TaBV 36/91, BB 1992, 430, zum Verbot eines islamischen Kopftuches s. BAG 10.10.2002 – 2 AZR 472/01 und dazu *Thüsing*, NJW 2003, 405; zur Kostenpauschale für Berufsbekleidung s. BAG 17.2.2009 – 9 AZR 676/07, BAGE 129, 335. || 18 MünchArbR/*Reichold*, § 36 Rz. 22. || 19 BAG 30.4.1992 – 6 AZR 6/91, AuR 1992, 181.

verpflichtet, wenn zwischen den Arbeitsvertragsparteien ausschließliche Lenktätigkeit vereinbart ist; eine entgegenstehende Verkehrsanschauung hat das Gericht nicht angenommen[1]. Nach der Üblichkeit im Arbeitsleben und dessen Berufsbild gehören zu den arbeitsvertragl. Pflichten eines Kraftfahrers neben der Führung der Kraftfahrzeuge auch deren Wartung und Pflege sowie die Durchführung kleiner Reparaturen[2].

298 Der ArbN kann im Einzelfall nach **Treu und Glauben** auch verpflichtet sein, eine außerhalb des vertragl. vereinbarten Bereichs liegende Tätigkeit zu übernehmen, so etwa in **Notfällen**[3]. In Notfällen kann der ArbN auch zur Übernahme einer geringerwertigen Tätigkeit verpflichtet sein[4], wenn sie nicht vorhersehbar waren, kurzfristig auftreten und bei denen für den Betrieb oder das Unternehmen ein Schaden droht[5]. Die Rspr. hat es gebilligt, dass der ArbGeb den ArbN auch ohne dessen Einverständnis in „gewissen Ausnahmefällen, etwa zur vorübergehenden Vertretung erkrankter oder beurlaubter Arbeitskameraden, in Notstandsfällen und uU auch aus disziplinarischen Gründen, zu einer geringerwertigen Tätigkeit einsetzen" kann[6]. Ein solcher Notfall besteht dann nicht, wenn der ArbGeb andere Möglichkeiten gehabt hätte, einen Arbeitskräftemangel zu beheben, etwa indem er ArbN befristet einstellt oder zuvor versucht, die Arbeitsverträge mit anderen ArbN einverständig abzuändern[7]. Nach LAG Hamm steht dem Träger eines Kulturorchesters das Recht zu, einseitig fest angestellte Musiker ua. zur vorübergehenden Vertretung eines arbeitsunfähig erkrankten Musikers einzusetzen[8]. Ebenfalls kann eine in einem Klinikum beschäftigte Reinigungskraft bei Vorliegen eines Notfalles dazu verpflichtet werden, im Containerdienst, durch den die Stationen mit Essen, Medikamenten etc. versorgt werden, zu arbeiten.[9] In dem Bedarf nach Streikarbeit ist kein Notfall zu sehen, hier kollidiert das Direktionsrecht mit der Koalitionsfreiheit des ArbN und tritt dahinter zurück, s.a. § 11 V AÜG[10].

299 **bb) Intensität der Arbeit.** Der Arbeitsvertrag enthält im Allg. allenfalls die Umschreibung bestimmter Aufgabenbereiche, die die Art der Arbeit betreffen, liefert aber seinerseits zumeist keinen Maßstab für die **Intensität der Leistung**. Die Bedeutung des Leistungsmaßstabs besteht darin, eine Leistungsstörung bestimmen zu können, die zu einer Schadensersatzpflicht des ArbN, seiner Abmahnung oder der Kündigung führen kann. Im Einzelnen lassen sich mehrere Umstände benennen, die mit der Intensität der Leistung in Zusammenhang gebracht werden können, auf Art und Inhalt der Leistung einwirken und sich nicht stets randscharf voneinander trennen lassen, so etwa Arbeitsintensität, -genauigkeit (Qualität), -menge, -volumen (Quantität), -geschwindigkeit (Quantität je Zeiteinheit). Über den Leistungsmaßstab besagt § 611 nichts. § 243 I (Leistung nach mittlerer Art und Güte) gilt nur für Sachen, also körperliche Gegenstände, und kann bereits deswegen nicht für die Bestimmung des Leistungsmaßstabes herangezogen werden[11]. Auch iÜ wird der objektive Maßstab des § 243 I abgelehnt; vielmehr sollen Qualität und Quantität der innerhalb der Arbeitszeit geschuldeten Arbeitsleistung im Zweifel nach der **individuellen Leistungsfähigkeit des jeweiligen ArbN** bestimmt werden[12]. Danach ist, auch wenn grds. von einem individuellen Leistungsmaßstab eines ArbN auszugehen ist, der ArbN arbeitsvertragl. verpflichtet, die ihm übertragenen Arbeiten **unter Anpassung der ihm möglichen Fähigkeiten** ordnungsgemäß zu verrichten[13], dh. sorgfältig und konzentriert zu arbeiten[14]. Daher darf zB nicht eine im Zeitlohn beschäftigte werdende Mutter bewusst und in erheblichem Umfang mehr als aus Gründen der Schwangerschaft notwendig mit ihrer Arbeitsleistung zurückhalten[15]. Dieser individuelle Maßstab ist Folge der Persönlichkeit der Erbringung der Arbeitsleistung (§ 613 S. 1) sowie des Umstandes, dass die Individualität des ArbN bei seiner Auswahl entscheidend ist. Im Arbeitsvertrag können nach neuerer Rspr. aber auch **andere Vereinbarungen** getroffen werden[16]. Den Parteien ist es demnach unbenommen, einen schärferen oder objektiven Standard festzuschreiben, der von den o.g. allg. Grundsätzen abweicht. Teilweise wird außerdem der Rspr. zum Kündigungsrecht entnommen, dass es wegen des dort an das gebotene Maß an Leistung angelegten objektiven Maßstabs auch im Hinblick auf die Arbeitspflicht für kündigungsrechtl. und ähnliche Konsequenzen auf einen **objektiv gebotenen Leistungsstandard** ankomme[17]. In Übereinstimmung damit ist die Intensität der vom jeweiligen ArbN zu erbringen-

---

1 LAG Hess. 13.6.1995 – 9 Sa 2054/94, LAGE § 1 KSchG Verhaltensbedingte Kündigung Nr. 49. || 2 BAG 30.5. 1984 – 4 AZR 146/82, AP Nr. 2 zu § 21 MTL II. || 3 Soergel/*Kraft*, § 611 Rz. 55. || 4 ErfK/*Preis*, § 106 GewO Rz. 13. || 5 Soergel/*Kraft*, § 611 Rz. 55. || 6 BAG 8.10.1962 – 2 AZR 550/61, AP Nr. 18 zu § 611 BGB Direktionsrecht. || 7 BAG 8.10.1962 – 2 AZR 550/61, AP Nr. 18 zu § 611 BGB Direktionsrecht. || 8 LAG Hamm 10.9. 1992 – 17 Sa 437/92, ZTR 1993, 32. || 9 ArbG Marburg 27.2.1998 – 2 Ca 488/97. || 10 MünchArbR/*Reichold*, § 36 Rz. 23. || 11 *Picker*, JZ 1985, 693 (699): Speziesschuld; gegen die Einordnung als Gattungsschuld wird auch eingewandt, dass die Garantiehaftung für Gattungsschulden nach § 279 aF nicht passe, Staudinger/*Richardi*, (13. Aufl.) § 611 BGB Rz. 331. || 12 BAG 18.7.2007 – 5 AZN 610/07, AP Nr. 1 zu § 611 BGB Minderleistung; 17.1.2008 – 2 AZR 536/06, AP Nr. 85 zu § 1 KSchG 1969; 17.3.1988 – 2 AZR 576/87, AP Nr. 99 zu § 626 BGB; 11.12.2003 – 2 AZR 667/02, AP Nr. 48 zu § 1 KSchG 1969 Verhaltensbedingte Kündigung; LAG Hamm 23.8.2000 – 18 Sa 463/00, NZA-RR 2001, 138; MünchArbR/*Reichold*, § 36 Rz. 42; vgl. auch BAG 20.3.1969 – 2 AZR 283/68, AP Nr. 27 zu § 123 GewO. Von einem „subjektiven" Leistungsmaßstab spricht dagegen ErfK/*Preis*, § 611 Rz. 643, was jedoch abzulehnen ist, weil sich die Arbeitsleistung grds. nicht nach dem Vorstellungen des ArbN richtet. || 13 LAG Hamm 23.8.2000 – 18 Sa 463/00, NZA-RR 2001, 138. || 14 BAG 14.1.1986 – 1 ABR 75/83, AP Nr. 10 zu § 87 BetrVG 1972 Ordnung des Betriebs; MünchArbR/*Reichold*, § 36 Rz. 43. || 15 BAG 17.7.1970 – 3 AZR 423/69, AP Nr. 3 zu § 11 MuSchG 1968. || 16 BAG 17.1.2008 – 2 AZR 536/06, AP Nr. 85 zu § 1 KSchG 1969; ErfK/*Preis*, § 611 Rz. 643. || 17 ErfK/*Preis*, § 611 Rz. 646.

den Leistung nach dessen ihm individuell möglichen Fähigkeiten vom Standpunkt eines objektiv verständigen Dritten zu bestimmen. Zu beachten ist, dass der quantitative Leistungsumfang im Rahmen einer gewissen Bandbreite schwanken kann[1]. Für eine Beurteilung des objektiven Leistungsstandards muss im Vergleich mit anderen ArbN allerdings stets auf einen repräsentativen Teil der nach ihrer Tätigkeit vergleichbaren ArbN abgestellt werden. Die aus dem Arbeitsvertrag folgende Pflicht zum konzentrierten und sorgfältigen Arbeiten wird nicht *per se* bereits dadurch verletzt, dass der ArbN neben der Arbeit Radio hört – es kommt hier freilich auf die Arbeit an[2].

Im Grundsatz gilt Vorstehendes auch für die **Akkordarbeit**, bei der von der Mindestleistung nur die zu zahlende Vergütung betroffen ist[3]. Arbeitet der ArbN im Prämienlohnverfahren, so verletzt er durch eine mindere Leistung seine individuelle Arbeitspflicht, wenn er seine Arbeitskraft bewusst zurückhält und nicht unter angemessener Anspannung seiner Kräfte und Fähigkeiten arbeitet[4]. Ist eine „Normalleistung" als Eingangsstufe für eine Prämienberechnung bestimmt, so ist dies eine abstrakte Berechnungsgröße, die dazu dient, die im Einzelfall verdiente Prämie zu berechnen; sie ist demgemäß nicht gleich bedeutend mit der sich aus § 611 ergebenden Leistungspflicht des ArbN[5]. **300**

Der individuell-objektive Leistungsstandard gilt auch für die **Qualität der Arbeit**; er kann sich dabei auch nach der in der Branche oder dem Betrieb geltenden Üblichkeit richten oder von der Höhe der für die Tätigkeit gezahlten Vergütung beeinflusst werden[6]. Abzulehnen ist allerdings die Auffassung, wonach auch die Art der Arbeit für die zu erwartende Qualität der Arbeit von Bedeutung sein kann, etwa wenn an die Arbeitsqualität des Hilfsarbeiters tendenziell geringere Anforderungen zu stellen sein sollen als an diejenige von ArbN mit besonderer Fachkunde[7]; denn die zu fordernde Qualität der Arbeit ist stets nach der Art der versprochenen Arbeit zu beurteilen, weshalb an die Arbeit des Hilfsarbeiters ebenso hohe Qualitätserwartungen zu knüpfen sind wie an die der Fachkraft. Die Arbeitsmindestqualität kann im Fall der Akkord- und Prämienentlohnung in zulässiger Weise durch Einzelarbeits- oder TV[8] festgelegt werden[9]. Eine proportionale Kürzung und sogar ein Wegfall des Lohnanspruchs im Fall verfehlter Qualitätsanforderungen ist beim Akkordlohn zulässig[10]. Dabei ist der ArbGeb, der daraufhin einen niedrigeren Lohn zahlt, nicht gehalten, etwa einen ihm zustehenden Gegenanspruch wegen der Schlechtleistung geltend zu machen, so dass eine tarifl. Verfallfrist für ArbGebAnsprüche nicht zum Zuge kommt[11]. **301**

Das **Arbeitstempo** des ArbN wird häufig durch seine Einbindung in den Produktionsprozess wie zB im Fall der Fließbandarbeit beeinflusst. Auch hier muss die individuelle Leistungsfähigkeit des ArbN berücksichtigt werden, so dass der ArbN, falls ihm ein höherer als seiner individuellen Leistungsfähigkeit entsprechender Leistungsgrad zugemutet wird und er jenen nicht erreicht, seine Verpflichtung nicht schlecht erfüllt[12]. **302**

c) **Arbeitszeit.** Für das ArbVerh kennzeichnend ist die zeitliche Fixierung der Arbeitszeit[13] hinsichtlich ihrer Dauer und Lage. Sie ist wegen der Verpflichtung zur Erbringung einer Tätigkeit statt eines Erfolges von besonderer Bedeutung[14], weil die Tätigkeit in Zeitabschnitten zu bemessen ist und davon grds. die Gegenleistung der ArbGeb abhängt. Von deren Bestimmung oder Bestimmbarkeit zu unterscheiden ist die Frage, welche Tätigkeiten auf die Arbeitszeit angerechnet werden können oder müssen (Rz. 318 ff.). Der **Begriff** der Arbeitszeit wird durch das Gesetz nicht inhaltlich definiert; § 2 I 1 ArbZG enthält lediglich eine terminologische Ein- und Abgrenzung, die durch die Gegenüberstellung zu den Ruhepausen eine erste Eigenschaft der Arbeitszeit benennt, aber nicht erschöpfend bestimmt, wodurch die Arbeitszeit charakterisiert wird; iÜ gilt diese Begriffsbestimmung allein für das ArbZG. Daher kann wegen des besonderen Zwecks dieses Gesetzes – Erhaltung der Gesundheit und Arbeitsfähigkeit des ArbN (§ 1 Nr. 1 ArbZG) – der Arbeitszeit-Begriff des ArbZG durchaus abweichen von dem Begriff der Arbeitszeit, der für die Gegenleistung (Vergütung) maßgeblich ist[15]. Ganz allg. kann der Begriff der Arbeitszeit je nach Regelungszusammenhang einen jeweils eigenen Inhalt haben, der unter Berücksichtigung des jeweiligen Regelungszwecks zu ermitteln ist[16]. **303**

---

1 MünchArbR/*Reichold*, § 36 Rz. 43.   ‖**2** BAG 14.1.1986 – 1 ABR 75/83, AP Nr. 10 zu § 87 BetrVG 1972 Ordnung des Betriebs: ArbN, die in einer kartografischen Abteilung Karten zeichneten und Schriften eintrugen, durften Musik- und Sprechsendungen hören, übten aber eine „freiwillige Selbstkontrolle" aus und schalteten das Radio ab, wenn ein Mitarbeiter Arbeiten mit hohen Konzentrationsanforderungen zu verrichten hatte.   ‖**3** MünchArbR/*Reichold*, § 36 Rz. 43.   ‖**4** BAG 20.3.1969 – 2 AZR 283/68, AP Nr. 27 zu § 123 GewO m. Anm. *Canaris*.   ‖**5** BAG 20.3.1969 – 2 AZR 283/68, AP Nr. 27 zu § 123 GewO m. Anm. *Canaris*.   ‖**6** MünchArbR/*Reichold*, § 36 Rz. 42.   ‖**7** MünchArbR/*Reichold*, § 36 Rz. 42.   ‖**8** BAG 15.3.1960 – 1 AZR 301/57, AP Nr. 13 zu § 611 BGB Akkordlohn.   ‖**9** Schaub/*Vogelsang*, ArbRHdb, § 67 Rz. 28.   ‖**10** BAG 15.3.1960 – 1 AZR 301/57, AP Nr. 13 zu § 611 BGB Akkordlohn; MünchArbR/*Reichold*, § 36 Rz. 45.   ‖**11** BAG 15.3.1960 – 1 AZR 301/57, AP Nr. 13 zu § 611 BGB Akkordlohn; Schaub/*Vogelsang*, ArbRHdb, § 67 Rz. 22.   ‖**12** MünchArbR/*Reichold*, § 36 Rz. 44.   ‖**13** BAG 17.3.1988 – 2 AZR 576/87, AP Nr. 99 zu § 626 BGB mwN. Zum Wandel der Bedeutung der Arbeitszeit für das ArbVerh s. *Heinze*, NZA 2001, 1 (2); *Trittin*, NZA 2001, 1003 ff.   ‖**14** MünchArbR/*Reichold*, § 36 Rz. 59.   ‖**15** ArbR-BGB/*Schliemann*, § 611 Rz. 590; *Ebener/Schmalz*, DB 2001, 813 (818).   ‖**16** MünchArbR/*Reichold*, § 36 Rz. 62.

304 **aa) Dauer und Lage.** Die Festlegung von Dauer und Lage der Arbeitszeit erfolgt in erster Linie durch den **Arbeitsvertrag**, der jedenfalls hinsichtlich der Dauer (regelmäßige wöchentliche oder monatliche Arbeitszeit) idR ergiebig ist.

305 **(1) Bestimmung der Dauer.** Die Dauer der Arbeitszeit ist grds. Gegenstand freier **Vereinbarung** bei Vertragsschluss[1], der jedoch vor allem durch die Bestimmungen des ArbZG, außerdem sehr häufig durch tarifvertragl. Normen, Grenzen gezogen werden. Nach § 2 I Nr. 7 NachwG gehört die „vereinbarte Arbeitszeit" zu den schriftl. niederzulegenden Arbeitsbedingungen. Fehlt im Arbeitsvertrag dennoch eine Arbeitszeitregelung und ergibt sich die regelmäßig geschuldete Arbeitszeit auch nicht aus den weiteren Umständen, gilt die nach § 3 ArbZG gesetzl. zulässige Höchstarbeitszeit als Regelarbeitszeit[2]. Bei einer Vereinbarung zwischen ArbGeb und ArbN, der zufolge der ArbN seine Arbeitsleistung entsprechend dem Arbeitsanfall erbringt, ist § 12 TzBfG zu beachten, wonach, falls nicht eine bestimmte Dauer der wöchentlichen und täglichen Arbeitszeit festgelegt ist, eine wöchentliche Arbeitszeit von zehn Stunden in Teilen von mindestens drei Stunden täglich als vereinbart gilt. Die bei einer AGB-Vereinbarung von Arbeit auf Abruf einseitig vom ArbGeb abrufbare Arbeit des ArbN darf jedoch nicht mehr als 25 % der vereinbarten wöchentlichen Mindestarbeitszeit betragen[3]. Diese für einzelvertragl. Vereinbarungen geltende Bestimmung findet aber keine Anwendung, wenn es ein TV – auch ohne zugleich eine bestimmte Dauer der Arbeitszeit festzulegen – ist, der bestimmt, dass sich die Arbeitszeit teilzeitbeschäftigter ArbN nach dem Arbeitsanfall richtet[4].

306 **Gesetzl. oder tarifvertragl. Bestimmungen** über die (Höchst-)Dauer der Arbeitszeit begründen weder eine Verpflichtung des ArbN zur Arbeitsleistung noch einen Anspruch des ArbN auf Beschäftigung[5]. Wird keine konkrete Arbeitszeit vereinbart und liegen auch keine konkretisierenden betriebl. oder tarifl. Regelungen vor, gilt als zu leistende Arbeitszeit die übliche Arbeitszeit im Betrieb[6].

307 Es besteht kein Recht des ArbGeb, kraft **Direktionsrecht** den Umfang der Arbeitszeit einseitig zu ändern[7]. Anderes kann gelten, wenn dem ArbGeb ein solches Recht im Einzelarbeitsvertrag eingeräumt wird. Zu den Grenzen s. Rz. 294.

308 Strittig ist aber, ob der ArbGeb zur einseitigen Änderung kraft Direktionsrechts berechtigt ist, wenn ihn ein **TV** hierzu **ermächtigt**. Gibt eine tarifvertragl. Bestimmung dem ArbGeb das Recht, einseitig die Arbeitszeit über die tarifl. festgelegte regelmäßige wöchentliche Arbeitszeit hinaus in einem tarifl. vorgegebenen Rahmen zu verlängern und wieder entsprechend zu verkürzen, so bestehen für das BAG keine allg. rechtl. Bedenken, insb. sieht es sie als mit dem zwingenden staatlichen Gesetzesrecht vereinbar an[8]. Speziell § 15 II BAT (jetzt abgelöst durch § 6 IVff. TVöD) ermächtigt nach Ansicht des BAG den ArbGeb, die Arbeitszeit seiner Angestellten unter den in der Vorschrift genannten Voraussetzungen einseitig zu verändern[9]. Eine auf § 15 II BAT gestützte Erweiterung der regelmäßigen Arbeitszeit ist nach der Rspr. auch dann nicht ohne weiteres unwirksam, wenn sie mittelbar das Stundenentgelt der betroffenen Angestellten mindert, es sei denn, sie beseitigt eine bestandsschutzgesicherte Position der Angestellten; iÜ ist die Maßnahme auf die Einhaltung billigen Ermessens zu überprüfen[10]. Die Rspr. argumentiert großzügiger, wenn sie die Verlängerung der Arbeitszeit kraft Direktionsrechts im Fall der einzelvertragl. Vereinbarung ablehnt, im Fall der tarifvertragl. jedoch gestattet[11].

309 Umstritten ist ferner, ob **im Einzelvertrag** wirksam eine **längere Arbeitszeit** vereinbart werden kann, **als** ein anwendbarer **TV** vorsieht[12]. Die Beantwortung der Frage hängt nicht zuletzt von dem Verständnis des Günstigkeitsprinzips (§ 4 III TVG) ab[13]. Gegen eine Begrenzung durch TV und für den Vorrang der individuellen Vereinbarung wird mit zutreffender Argumentation vorgebracht, dass nur aus Sicht des einzelnen ArbN beurteilt werden kann, ob eine längere Arbeitszeit und damit eine kürzere Freizeit für den ArbN günstiger ist[14]. Seine Grenze findet dies in gesundheitsschädlicher Länge der Arbeitszeit; hier schützt jedoch bereits das ArbZG. Weiter ist umstritten, ob ein dem ArbN einzelvertragl. eingeräumtes **Wahlrecht** ggü. einer starren tarifvertragl. Norm günstiger sei[15]. Dabei kann aber eine Abwägung zwischen der Koalitionsfreiheit der Verbände und der Berufsfreiheit des ArbN dazu führen, dass der Günstigkeitsvergleich nicht eingreift, weil die TV-Parteien den Spielraum der Privatautonomie insoweit begrenzen können, so dass es bei der tarifl. Regelung verbleibt[16].

---

1 Zu den Grenzen der Gestaltung betriebl. Arbeitszeitmodelle s. *Lohbeck*, ZTR 2001, 342 ff. || 2 LAG Schl.-Holst. 31.5.2005 – 5 Sa 38/05, NZA-RR 2005, 458. || 3 BAG 7.12.2005 – 5 AZR 535/04, AP Nr. 4 zu § 12 TzBfG. || 4 BAG 12.3.1992 – 6 AZR 311/90, AP Nr. 1 zu § 4 BeschFG 1985; Einzelheiten Annuß/Thüsing/*Jacobs*, § 12 TzBfG Rz. 59, der allerdings die bisherige Rspr. mit Inkrafttreten des TzBfG als bedeutungslos geworden ansieht. || 5 Schaub/*Linck*, ArbRHdb, 11. Aufl., § 45 Rz. 67, str. || 6 LAG Nds. 8.3.2004 – 5 Sa 989/03, nv. || 7 Vgl. Staudinger/*Richardi*, § 611 Rz. 315, mit Einschränkung für Ausnahmefälle; ErfK/*Preis*, § 106 GewO Rz. 20. || 8 BAG 26.6.1985 – 4 AZR 585/83, DB 1986, 132; 10.7.2003 – 6 AZR 372/02, AP Nr. 6 zu § 9 TVAL II. Für die Zulässigkeit auch ArbR-BGB/*Schliemann*, § 611 Rz. 634. || 9 BAG 17.3.1988 – 6 AZR 268/85, AP Nr. 11 zu § 15 BAT; 12.2.1986 – 7 AZR 482/84, AP Nr. 7 zu § 15 BAT; 25.6.1985 – 3 AZR 347/83, BAGE 49, 145. || 10 BAG 17.3.1988 – 6 AZR 268/85, AP Nr. 11 zu § 15 BAT. || 11 ErfK/*Preis*, § 106 GewO Rz. 21; eine entsprechende Differenzierung wird in BAG 12.3.1992 – 6 AZR 311/90, AP Nr. 1 zu § 4 BeschFG 1985 unter Auseinandersetzung mit BAG 12.12.1984 – 7 AZR 509/83, AP Nr. 6 zu § 2 KSchG 1969 vorgenommen. || 12 Wiedemann/*Wank*, § 4 TVG Rz. 479 ff.; eingehend *Buchner*, RdA 1990, 1 (8 ff.). || 13 Ausf. *Joost*, ZfA 1985, 173 ff. || 14 MünchArbR/*Reichold*, § 36 Rz. 83. || 15 Wiedemann/*Wank*, § 4 TVG Rz. 492 ff. || 16 Wiedemann/*Wank*, § 4 TVG Rz. 498.

(2) **Bestimmung der Lage.** Anders als die Dauer der Arbeitszeit entzieht sich jedoch die Regelung ihrer Lage bei einem betriebl. ArbVerh weitgehend der individualvertragl. Festlegung, denn der einzelne ArbN ist eingebunden in die Arbeitsorganisation, etwa in einen arbeitstechnisch festgelegten Produktionsprozess. Die weit gehende Unfähigkeit der Einflussnahme des einzelnen ArbN auf die Lage der Arbeitszeit wird durch das **MitbestR des BR** nach § 87 I Nr. 2 BetrVG kompensiert, das den ArbGeb zur Rücksichtnahme auf die Bedürfnisse der Belegschaft veranlasst. Der Tarifvorrang des § 87 I Einleitungssatz BetrVG greift zumeist nicht ein, weil die Lage der Arbeitszeit – wegen ihrer Abhängigkeit von den spezifischen betriebl. Verhältnissen – im Allg. nicht durch **TV** geregelt ist[1]. Eine tarifvertragl. Bestimmung über die Lage der Arbeitszeit wäre, weil davon alle ArbN eines Betriebs unabhängig von ihrer Mitgliedschaft in der Gewerkschaft betroffen wären, nicht als Inhaltsnorm, sondern als Betriebsnorm iSv. § 3 II TVG zu qualifizieren[2]. IÜ kann der ArbGeb auf Grund seines Direktionsrechts/Weisungsrechts die wöchentliche Arbeitszeit auf die einzelnen Wochentage verteilen und Beginn und Ende der täglichen Arbeitszeit sowie die Pausen festlegen[3]. Dabei besteht grds. keine Bindung an die zum Zeitpunkt des Vertragsschlusses **betriebsübliche Arbeitszeit**. Für eine vertragl. Beschränkung des Weisungsrechts auf eine betriebsübliche Arbeitszeit müssen konkrete Anhaltspunkte im Arbeitsvertrag bestehen. Fehlt es an einer ausdrücklichen Regelung im Arbeitsvertrag, so ist anzunehmen, dass die vereinbarte Arbeitsleistung an den jeweils wirksam bestimmten betriebl. Arbeitszeiten zu erbringen ist, die durch Weisung des ArbGeb festgelegt werden[4]. Ferner führt die bloße Tatsache, dass sich mit den Jahren eine betriebsübliche Arbeitszeit herausgebildet hat und der ArbN über einen längeren Zeitraum in einer bestimmten Weise eingesetzt wurde, nicht zu einer Änderung der ursprünglich vereinbarten Rechte und Pflichten aus dem Arbeitsvertrag im Wege der sog. Konkretisierung in einen einseitig nicht veränderlichen Vertragsinhalt. Zum reinen Zeitablauf müssen besondere Umstände hinzutreten, die erkennen lassen, dass der ArbN nur noch verpflichtet sein soll, seine Arbeit unverändert zu erbringen. Liegen diese nicht vor, kann der ArbGeb auf Grund seines Direktionsrechts auch dann Sonn- und Feiertagsarbeit anordnen, wenn dies im Betrieb 30 Jahre lang nicht geschehen ist[5]. Hat die betriebsübliche Arbeitszeit über einen Zeitraum von sieben Jahren bestanden, so ist sie erst recht nicht derart verfestigt, dass sie individualrechtl. nur noch durch Änderungskündigung abgeändert werden könnte; Änderungen der betriebsüblichen Arbeitszeit – zB durch Einführung eines Zwei-Schicht-Betriebes – können auch durch BV erfolgen[6]. Klargestellt werden kann dies durch entsprechende Klauseln im Arbeitsvertrag: Enthält ein Arbeitsvertrag eine Klausel des Inhalts, dass sich die Verwendung des ArbN im Rahmen des Zumutbaren nach den betriebl. Bedürfnissen des ArbGeb richtet, dann eröffnet der Begriff „Verwendung" dem ArbGeb die Möglichkeit, die Lage der Arbeitszeit des ArbN den betriebl. Bedürfnissen anzupassen und einen Schichtwechsel anzuordnen[7].

Vereinbaren ArbGeb und ArbN bei Abschluss des Arbeitsvertrages die zu diesem Zeitpunkt im Betrieb geltende Regelung über Beginn und Ende der täglichen Arbeitszeit und die Verteilung der Arbeitszeit auf die einzelnen Wochentage, liegt darin allerdings keine **individuelle Arbeitszeitvereinbarung**, die ggü. einer späteren Veränderung der betriebl. Arbeitszeit durch **BV** Bestand hat; der ArbN, der aus persönlichen Gründen an einer bestimmten, von der betriebsüblichen Arbeitszeit unabhängigen Lage der Arbeitszeit Interesse hat, muss diese Unabhängigkeit mit dem ArbGeb auch dann vereinbaren, wenn die zurzeit des Abschlusses des Arbeitsvertrages geltende betriebl. Arbeitszeit seinen Interessen entspricht[8]. Ist arbeitsvertragl. eine Tätigkeit im Drei-Schicht-System vereinbart worden, so kann das Begehren des ArbN, aus gesundheitlichen Gründen ausschließlich in Nachtschicht eingesetzt zu werden, nur durch Vertragsänderung, ggf. durch eine Änderungskündigung realisiert werden[9].

Enthalten weder Tarif- noch Einzelarbeitsvertrag eine Regelung über die Lage der Arbeitszeit, ist der ArbGeb, sofern nicht MitbestR der ArbN-Vertretung eingreifen, kraft seines **Direktionsrechts** befugt, die Lage der Arbeitszeit durch einseitige Erklärung festzulegen[10]. Dazu gehört nicht nur die Bestimmung von Beginn und Ende der täglichen Arbeitszeit sowie die Einteilung der Pausen, sondern auch die Einführung von Schichtarbeit sowie die Aufstellung von Dienstplänen[11] oder die Anzahl der in Folge zu leistenden Nachtschichten[12]. Das gilt auch dann, wenn in der Vergangenheit über einen mehrjährigen Zeitraum anderweitig verfahren worden ist, es sei denn, es liegen besondere Umstände vor[13]. Der ArbGeb ist allerdings auf Grund einer arbeitsvertragl. Abrede, auf Grund deren ein ArbN entsprechend der jeweiligen Anordnung der Betriebsleitung verpflichtet ist, im Ein- bis Drei-Schicht-Betrieb zu arbeiten, kraft Direktionsrechtes berechtigt, den ArbN auch dann aus der Nachtschicht in die Tagesschicht zu versetzen, wenn er seit Bestehen des ArbVerh über zehn Jahre lang ausschließlich in der Nacht-

---

[1] Vgl. *Staudinger/Richardi*, § 611 Rz. 415. ||[2] *Staudinger/Richardi*, § 611 Rz. 415. ||[3] LAG Schl.-Holst. 30.4.1998 – 4 Sa 490/97, nv. ||[4] BAG 15.9.2009 – 9 AZR 757/08, AP Nr. 7 zu § 106 GewO; vgl. auch BAG 23.6.1992 – 1 AZR 57/92, AP Nr. 1 zu § 611 BGB Arbeitszeit; dazu *Preis/Ulber* NZA 2010, 729. ||[5] BAG 15.9.2009 – 9 AZR 757/08, AP Nr. 7 zu § 106 GewO. ||[6] LAG Stuttgart 28.10.1991 – 4b Sa 27/91, LAGE § 77 BetrVG 1952 Nr. 16. ||[7] LAG Hamm 30.6.1994 – 4 Sa 2017/93, LAGE § 611 BGB Direktionsrecht Nr. 17. ||[8] BAG 23.6.1992 – 1 AZR 57/92, AP Nr. 1 zu § 611 BGB Arbeitszeit. ||[9] LAG Sachs. 11.5.2005 – 3 Sa 716/04, nv. ||[10] BAG 19.6.1985 – 5 AZR 57/84, DB 1986, 132; 23.9.2004 – 6 AZR 567/03, NZA 2005, 559; *Preis/Preis/Lindemann*, Der Arbeitsvertrag, II A 90 Rz. 157. ||[11] BAG 19.6.1985 – 5 AZR 57/84, DB 1986, 132. ||[12] BAG 11.2.1998 – 5 AZR 472/97, AP Nr. 54 zu § 611 BGB Direktionsrecht. ||[13] LAG Berlin 29.4.1991 – 9 Sa 9/91, LAGE § 611 BGB Direktionsrecht Nr. 9; ErfK/*Preis*, § 106 GewO Rz. 19.

schicht gearbeitet hat[1]. Auch die Anordnung von Sonn- und Feiertagsarbeit ist auf Grundlage des Direktionsrechts selbst dann möglich, wenn dies im Betrieb vorher 30 Jahre lang nicht geschehen ist[2]. Bei der Ausübung des Bestimmungsrechts muss der ArbGeb die Grundsätze billigen Ermessens wahren[3]. Insbesondere hat er das billigenswerte wirtschaftliche Interesse des ArbN an zuvor immer angefallenen Nacht- bzw. Samstags- und Sonntagszuschlägen zu berücksichtigen[4]. Zudem hat der ArbGeb bei der Ausübung eines arbeitsvertragl. vereinbarten Rechts zur einseitigen Anordnung von Überstunden eine angemessene **Ankündigungsfrist** zu wahren, um dem ArbN auf zumutbare Weise zu ermöglichen, sich auf eine vorher zeitlich nicht festgelegte Inanspruchnahme seiner Arbeitskraft einzustellen[5]; die Zuweisung von Überstunden für den laufenden Arbeitstag kann nur bei deutlich überwiegenden betriebl. Interessen billigem Ermessen entsprechen[6]. Auch entspricht es nicht billigem Ermessen, einer aus dem Erziehungsurlaub zurückkehrenden Mutter mitzuteilen, dass sie ab sofort früher mit der Arbeit anfangen muss, wenn sie wegen der Änderung der Arbeitszeit ihr Kind nicht in den Kindergarten bringen kann[7]. Auf schutzwürdige familiäre Belange des ArbN muss der ArbGeb laut BAG Rücksicht nehmen, soweit einer vom ArbN gewünschten Verteilung der Arbeitszeit nicht betriebl. Gründe oder berechtigte Belange anderer ArbN entgegenstehen. Erfordert auf Grund dieser Grundsätze die Verteilung der Arbeitszeit eine personelle Auswahlentscheidung des ArbGeb zwischen mehreren ArbN, gelten die Grundsätze zur sozialen Auswahl im Rahmen einer betriebsbedingten Kündigung nicht[8]. Instanzgerichtl. Rspr. geht sogar so weit, dass der ArbGeb bei der Bestimmung der Arbeitszeit im Rahmen des Direktionsrechts keine betriebl. nicht zwingenden Anordnungen treffen darf, die die Vereinbarkeit von Familie und Beruf behindern[9].

313 Außer – in engen Grenzen, s. Rz. 238 – durch betriebl. Übung kann die Festlegung der Lage der Arbeitszeit grds. auch durch eine stillschweigende Vertragsergänzung (**Konkretisierung**)[10] eintreten[11] (s. § 106 GewO Rz. 83 ff.). Der bloße Bestand einer betriebsüblichen Arbeitszeit über einen längeren Zeitraum – auch über 30 Jahre – genügt dafür jedoch nicht (Rz. 310).

314 **bb) Einzelfälle. (1) Überstunden.** Als Überstunden wird im Allg. die Überschreitung der durch Einzelarbeitsvertrag, TV oder BV festgelegten regelmäßigen Arbeitszeit bezeichnet[12]. Da Überstunden wegen bestimmter besonderer Umstände zusätzlich geleistet werden, kann, wenn ein ArbN ständig eine bestimmte Arbeitszeit leistet, die mit der betriebsüblichen oder tarifl. Arbeitszeit nicht übereinstimmt, nicht von Überstunden gesprochen werden[13]. Überstunden iSd. § 7 VII TVöD sind Arbeitsstunden, die über die im Rahmen der regelmäßigen Arbeitszeit vollzeitbeschäftigter Angestellter für die Woche dienstplanmäßig bzw. betriebsüblich festgesetzten Arbeitsstunden hinausgehen[14]. Überstunden sind danach auch für Nichtvollbeschäftigte, auf deren ArbVerh der TVöD anzuwenden ist, nur solche Arbeitsstunden, die über die im Rahmen der regelmäßigen Arbeitszeit für die Woche festgesetzten Arbeitsstunden hinausgehen; auch Nichtvollbeschäftigte erhalten nur unter diesen Voraussetzungen nach den tarifl. Bestimmungen Zeitzuschläge für Überstunden[15]. Eine Konkretisierung des ArbVerh auf ein bestimmtes Mindestmaß an Überstunden kommt regelmäßig nicht in Betracht.

315 **(2) Mehrarbeit.** Mit dem Begriff der Überstunden verwandt ist derjenige der Mehrarbeit. Als Mehrarbeit wird heute die über die gesetzl. zulässige Arbeitszeit hinausgehende Arbeit verstanden[16], mithin diejenige Zeit, die die regelmäßige werktägliche Arbeitszeit von acht Stunden (§ 3 S. 1 ArbZG) unter Berücksichtigung der zulässigen Abweichungen nach § 7 ArbZG überschreitet. Nach § 8 II 1 MuSchG hat dieser Begriff eine spezielle Definition für werdende und stillende Mütter erhalten. Nach § 124 SGB IX werden schwerbehinderte Menschen auf ihr Verlangen von Mehrarbeit freigestellt. Hierbei ist unter Mehrarbeit nicht die über die individuelle Arbeitszeit des schwerbehinderten Menschen hinausgehende tägliche Arbeitszeit zu verstehen, sondern die die werktägliche Dauer von acht Stunden (§ 3 ArbZG) überschreitende Arbeitszeit[17]. Eine Arbeitszeitregelung in einer von einer Gewerkschaft mit dem GBR geschlossenen BV, nach der die regelmäßige wöchentliche Arbeitszeit 38,5 Stunden im Jahresdurchschnitt beträgt, betrifft die vom ArbN geschuldete Arbeitszeit; soweit keine anderweitige Bestimmung getroffen wird, leistet der ArbN zuschlagspflichtige Überstunden regelmäßig erst dann, wenn die auf das Jahr bezogene regelmäßige Arbeitszeit überschritten wird und nicht bereits bei einer

---

1 LAG Düss. 23.10.1991 – 4 Sa 789/91, LAGE § 611 BGB Direktionsrecht Nr. 1. ‖ 2 BAG 15.9.2009 – 9 AZR 757/08, AP Nr. 7 zu § 106 GewO. ‖ 3 BAG 28.11.1984 – 5 AZR 123/83, AP Nr. 1 zu § 4 TVG Bestimmungsrecht; Schaub/*Linck*, ArbRHdb, § 45 Rz. 17. ‖ 4 LAG Hess. 10.10.2012 – 2 Sa 1225/11. ‖ 5 BAG 13.4.2010 – 9 AZR 36/09. ‖ 6 ArbG Frankfurt/M. 26.11.1998 – 2 Ca 4267/98, LAGE § 626 BGB Nr. 12 unter Berufung auf den Rechtsgedanken des § 4 II BeschFG (heute § 12 II TzBfG). ‖ 7 LAG Nürnberg 8.3.1999 – 6 Sa 259/97, NZA 2000, 263. ‖ 8 BAG 23.9.2004 – 6 AZR 567/03, EzA § 106 GewO Nr. 1. ‖ 9 ArbG Hamburg 4.12.1995 – 21 Ca 290/95, AuR 1998, 297 f. ‖ 10 Hierzu näher *Hennige*, NZA 1999, 281 (286) mwN. ‖ 11 BAG 19.6.1985 – 5 AZR 57/84, DB 1986, 132. ‖ 12 MünchArbR/*Reichold*, § 36 Rz. 66; ErfK/*Preis*, § 611 Rz. 663; BAG 10.6.1959 – 4 AZR 567/56, BB 1959, 920. ‖ 13 BAG 9.7.2003 – 5 AZR 610/01, nv. ‖ 14 BAG 25.7.1996 – 6 AZR 138/94, AP Nr. 6 zu § 35 BAT. ‖ 15 BAG 25.7.1996 – 6 AZR 138/94, AP Nr. 6 zu § 35 BAT mwN aus dem Schrifttum; 21.11.1991 – 6 AZR 551/89, AP Nr. 2 zu § 34 BAT; Kallenborn-Schmidtke, DB 1993, 195 f. ‖ 16 Erman/*Edenfeld*, § 611 Rz. 288; MünchArbR/*Reichold*, § 36 Rz. 66; Preis/*Preis/Lindemann*, Der Arbeitsvertrag, II A 90 Rz. 68. Abweichend § 7 VI TVöD: Arbeitsstunden Teilzeitbeschäftigter über die regelmäßige persönliche Arbeitszeit hinaus bis zur regelmäßigen wöchentlichen Arbeitszeit von Vollzeitbeschäftigten. ‖ 17 BAG 8.11.1989 – 5 AZR 642/88, AP Nr. 1 zu § 46 SchwbG; MünchArbR/*Reichold*, § 36 Rz. 66.

Mehrleistung in der einzelnen Woche, die durch Arbeitszeitverkürzung in der Folgezeit ausgeglichen wird[1]. Aus einer über das geforderte Stundenmaß hinausgehenden Dienstleistung kann nicht auf Mehrarbeit iSd. MehrarbeitsvergütungsVO geschlossen werden. Dieser Schluss ist auch nicht durch das Gemeinschaftsrecht geboten[2]. Zu den Konsequenzen für die Vergütung von Mehrarbeit/Überstunden s. § 612 Rz. 24.

Einigkeit besteht darin, dass der ArbGeb kraft seines Direktionsrechts in **Notfällen** über die vertragl. oder tarifvertragl. Vereinbarung hinausgehende vorübergehende Überstunden anordnen kann, wobei jedoch die durch Gesetz und TV bestehenden Grenzen zu berücksichtigen bleiben[3]. Dieses Recht besteht bei drohenden Gefahren für den Betrieb auf Grund unvorhersehbarer äußerer Ereignisse (zB Naturkatastrophen) und wird auf die durch Treu und Glauben (§§ 157, 242, „Treuepflicht") beeinflusste Arbeitspflicht zurückgeführt[4]. Stets sind dabei die Voraussetzungen und Grenzen des § 14 ArbZG zu beachten. Die Norm selber gibt dem ArbGeb keinen Anspruch auf die Leistung von Überstunden[5]. Im Einzelfall kann der ArbN einen Anspruch auf Mehrarbeit auf Grund des Gleichbehandlungsgrundsatzes geltend machen, der es verbietet, ohne sachlichen Grund ArbN, die Mehrarbeit leisten wollen, davon auszuschließen, wenn Mehrarbeit für vergleichbare ArbN angeordnet oder angenommen wird[6]. 316

(3) **Kurzarbeit.** Kurzarbeit bedeutet das auf einem vorübergehend gesunkenen Arbeitsbedarf zurückgehende Unterschreiten der vereinbarten individuellen Arbeitszeit, die meist mit einer Absenkung der betriebl. Arbeitszeit einhergeht[7]. Zum **MitbestR** des BR nach § 87 I Nr. 3 BetrVG s. § 106 GewO Rz. 37, 105. Eine tarifvertragl. Bestimmung, wonach der ArbGeb einseitig Kurzarbeit einführen kann, ohne Regelungen über Voraussetzungen, Umfang und Höchstdauer dieser Maßnahme zu treffen, verstößt gegen tarifl. unabdingbares Kündigungsschutzrecht und ist deshalb unwirksam[8]. Kann auf Grund einer tarifvertragl. Bestimmung Kurzarbeit nach einer Ankündigungsfrist von zwei Wochen für Arbeiter eingeführt werden, lässt dies die MitbestR unberührt[9]. Bei rechtswirksamer Einführung von Kurzarbeit ist der ArbGeb zur Lohnzahlung für die ausfallende Arbeitszeit nach § 615 nicht verpflichtet[10]. Jedoch bleibt bei unzulässiger einseitiger Anordnung von Kurzarbeit durch den ArbGeb ein Vergütungsanspruch des ArbN aus Annahmeverzug bestehen. Der ArbN ist nicht verpflichtet, unverzüglich der Kurzarbeitsanordnung zu widersprechen und seine Arbeitskraft anzubieten[11]. 317

cc) **Tätigkeiten als Arbeitszeit.** Für die Frage, welche Tätigkeiten auf die Arbeitszeit anzurechnen sind, ist entscheidend, welches Verhalten den Begriff der „Arbeit" erfüllt. Abstrakte Präzisierungen des BAG helfen hier nicht weiter: „Arbeit ist jede Tätigkeit, die als solche der Befriedigung eines fremden Bedürfnisses dient"[12]. Wenn ich meinem Kind eine Geschichte vorlese, ist das keine Arbeit. 318

(1) **Bereitschaftsdienst.** Er liegt – sofern Gesetz, TV oder BV nichts anderes bestimmen – nach Definition des BAG vor, wenn der ArbN sich für Zwecke des Betriebes lediglich an einer vom ArbGeb bestimmten Stelle innerhalb oder außerhalb des Betriebes aufzuhalten hat, um erforderlichenfalls seine volle Arbeitstätigkeit unverzüglich aufnehmen zu können[13]. Nur die aus Anlass eines solchen Bereitschaftsdienstes im betriebl. Interesse aufgewandte Zeit ist jedenfalls hinsichtlich der Entlohnung der Arbeitszeit zuzurechnen. Der Bereitschaftsdienst stellt mithin **keine volle Arbeitsleistung** dar. Er ist seinem Wesen nach eine Aufenthaltsbeschränkung, verbunden mit der Verpflichtung, bei Bedarf sofort tätig zu werden[14]. Beispielhaft ist die Sozialarbeiterin, welche die Aufgabe hat, über eine Notrufnummer erreichbar zu sein und bei Mitteilung einer akuten Kindeswohlgefährdung durch Bürger oder öffentl. Stellen schnell und fallgerecht zu reagieren[15]. Kein Bereitschaftsdienst, sondern die Anordnung von Überstunden liegt vor, wenn der ArbN im unmittelbaren Anschluss an seine regelmäßige Arbeitszeit weiterarbeiten muss. Dies gilt auch, **wenn der ArbGeb zuvor in einem Dienstplan Bereitschaftsdienst angeordnet hatte**[16]. Auf Grund seines **Direktionsrechts** kann der ArbGeb einseitig auch eine vertragl. nur rahmenmäßig umschriebene zusätzliche Pflicht des ArbN zur Ableistung von Bereitschaftsdiensten zeitlich näher bestimmen; seine Grenzen findet das Direktionsrecht dabei in den Vorschriften des Kollektiv- und des Einzelarbeitsvertragsrechts; es darf nach § 315 nur nach billigem Ermessen ausgeübt werden[17]. Das LAG Hessen hielt die Anordnung zu Bereitschaftsdiensten für unwirksam, wenn der 319

---

1 BAG 11.11.1997 – 9 AZR 566/96, AP Nr. 25 zu § 611 BGB Mehrarbeitsvergütung. || 2 BVerwG 3.1.2005 – 2 B 57/04, nv. || 3 Soergel/*Kraft*, § 611 Rz. 73. || 4 ArbG Halberstadt 28.9.2004 – 5 Ca 901/04, nv.; ArbG Leipzig 4.2.2003 – 7 Ca 6866/02, NZA-RR 2003, 365. || 5 ErfK/*Preis*, § 611 Rz. 663. || 6 LAG Hess. 12.9.2001 – 8 Sa 1122/00, NZA-RR 2002, 348 f.; ErfK/*Preis*, § 611 Rz. 663. || 7 ArbR-BGB/*Schliemann*, § 611 Rz. 642; vgl. ErfK/*Preis*, § 611 Rz. 657. || 8 BAG 18.10.1994 – 1 AZR 503/93, AP Nr. 11 zu § 615 BGB Kurzarbeit; 27.1.1994 – 6 AZR 541/93, AP Nr. 1 zu § 15 BAT-O. Anders BAG 15.12.1961 – 1 AZR 310/60, BAGE 12, 135: Der ArbGeb kann Kurzarbeit einseitig einführen, sofern ihm eine entsprechende Ermächtigung kollektivrechtlicher oder einzelvertragl. Art erteilt ist. || 9 BAG 25.11.1981 – 4 AZR 274/79, BAGE 37, 120. || 10 BAG 15.12.1961 – 1 AZR 310/60, BAGE 12, 135; ErfK/*Preis*, § 611 Rz. 661. || 11 ArbG Berlin 23.10.2003 – 82 Ca 16808/03, nv. || 12 BAG 22.4.2009 – 5 AZR 292/08, AP Nr. 11 zu § 611 BGB Wegezeit; s.a. BAG 14.11.2006 – 1 ABR 5/06, AP Nr. 121 zu § 87 BetrVG 1972 Arbeitszeit; 16.1.2002 – 5 AZR 303/00, NZA 2002, 1163; 11.10.2000 – 5 AZR 122/99, NZA 2001, 458; 8.3.1961 – 4 AZR 71/59, DB 1961, 778. || 13 BAG 10.6.1959 – 4 AZR 567/56, BB 1959, 920; ErfK/*Preis*, § 611 Rz. 670. || 14 BAG 4.8.1988 – 6 AZR 46/86, ZTR 1989, 147 ff. || 15 LAG Köln 13.12.2011 – 11 Sa 863/11. || 16 ArbG Koblenz 6.11.2003 – 9 Ca 96/03, PflR 2004, 309 im Anschluss an BAG 26.11.1992 – 6 AZR 455/91, AP Nr. 20 zu § 17 BAT. || 17 BAG 25.10.1989 – 2 AZR 633/88, AP Nr. 36 zu § 611 BGB Direktionsrecht.

ArbN über einen längeren Zeitraum (zB 14 Jahre) keine Bereitschaftsdienste mehr zu leisten hatte und der ArbGeb keine sachlichen Gründe für die Änderung der bisher geübten Praxis vorgetragen hat[1]. Die neuere Rspr. des BAG ist tendenziell großzügiger: Das BAG hielt die Anordnung von Sonn- und Feiertagsarbeit, auch nachdem diese 30 Jahre nicht mehr vorkam, für grds. wirksam; Grenze des Weisungsrechts ist allerdings eine Ausübungskontrolle gem. § 315 I[2]. Daher wird auch das BAG im Hinblick auf die Interessen des ArbN grundlose Änderungen der bestehenden Praxis zum Nachteil des ArbN wohl zurückweisen.

320   In seiner SIMAP-Entscheidung hatte der EuGH[3] auf Grundlage der ArbeitszeitRL[4], die in ihrem Art. 2 Begriffsbestimmungen ua. hinsichtlich „Arbeitszeit" und „Ruhezeit" enthält, über den Begriff des Bereitschaftsdienstes zu entscheiden. Als **Arbeitszeit** wird in der Richtlinie „jede Zeitspanne" definiert, „während der ein ArbN gemäß den einzelstaatlichen Rechtsvorschriften und/oder Gepflogenheiten arbeitet, dem ArbGeb zur Verfügung steht und seine Tätigkeit ausübt oder Aufgaben wahrnimmt"; als **Ruhezeit** wird danach nur negativ „jede Zeitspanne außerhalb der Arbeitszeit" verstanden. Der EuGH entschied unter Hinweis auf den Zweck der Richtlinie – Schutz der Sicherheit und der Gesundheit der ArbN durch Einhaltung von Mindestruhezeiten –, dass nach der genannten Definition auch der **Bereitschaftsdienst** in Form persönlicher Anwesenheit in der Gesundheitseinrichtung die Merkmale des Begriffs der Arbeitszeit aufweise, denn die Verpflichtung der Ärzte, sich am Arbeitsplatz aufzuhalten und dort verfügbar zu sein, sei als Teil ihrer Aufgaben anzusehen; anderes gelte jedoch für Bereitschaftszeit, die in der Weise geleistet wird, dass die Ärzte ständig erreichbar sind, ohne zur Anwesenheit in der Einrichtung verpflichtet zu sein, was das Gericht als „Rufbereitschaft" bezeichnete. In dieser Situation könnten die Ärzte freier über ihre Zeit verfügen und eigenen Interessen nachgehen.

321   Diese Rspr. des EuGH setzte sich fort in der Jaeger-Entscheidung[5]. Sie hat den deutschen Gesetzgeber zu einer **Änderung des Arbeitszeitrechts** geführt. Seit dem 1.1.2004 ist Bereitschaftsdienst Arbeitszeit iSd. ArbZG. Diese Änderung war erforderlich, um eine Europarechtskonformität des deutschen Rechts herzustellen, denn eine richtlinienkonforme Auslegung war auf Grund des eindeutig abweichenden Wortlauts des ArbZG unzulässig[6].

322   Diese geänderte Rechtslage hat jedoch **keine unmittelbare Auswirkung auf die Vergütung** des Bereitschaftsdiensts[7]. Der Bereitschaftsdienst stellt eine Leistung des ArbN dar, die wegen der insg. geringeren Inanspruchnahme des ArbN niedriger als die sog. Vollarbeit vergütet werden darf. Daran ändert die Rspr. des EuGH nichts, nach der Bereitschaftsdienst Arbeitszeit ist. Eine pauschale Vergütungsvereinbarung, die sich an einer während der Bereitschaftsdienste maximal zu erwartenden Vollarbeit ausrichtet, ist daher weiterhin zulässig. Der ArbN opfert hier nicht Freizeit ohne Vergütung, sondern erhält für die geleisteten Bereitschaftsdienste insg. eine Vergütung. Auf die Frage, ob die Bereitschaftsdienste nach dem ArbZG zulässig waren, kommt es nicht an[8]. Zeiten, die die Besatzung eines Schiffes, auf deren ArbVerh der TVöD Anwendung findet, außerhalb der eigentlichen Arbeitszeit an Bord eines Schiffes verbringen muss, sind in der Regel nicht als Bereitschaftsdienst zu werten[9]. Aus dem faktischen Zwang, während des **Aufenthalts auf See** auch außerhalb der regelmäßigen Arbeitszeiten an Bord zu bleiben, folgt für die Besatzungsmitglieder keine konkludente Anordnung der Anwesenheit iSv. § 46 Nr. 10 TVöD-BT-V.

323   Aus eben diesem Grund kann auch eine bestehende arbeitsvertragl. oder tarifvertragl. Regelung, die Entgelt für geleistete „Arbeitszeit" vorsieht, auch nach der Änderung des ArbZG regelmäßig nicht auf den Bereitschaftsdienst erstreckt werden. Es entscheidet die **Auslegung** im Einzelfall. Sind gesonderte Entgeltregeln für den Bereitschaftsdienst getroffen, so bleiben diese gültig.

324   (2) **Arbeitsbereitschaft.** Unter Arbeitsbereitschaft sind Zeiten wacher Achtsamkeit im Zustande der Entspannung zu verstehen[10]. Arbeitsbereitschaft ist unter dem Gesichtspunkt des Arbeitszeitschutzes ebenso einzuordnen wie die regelmäßig geleistete Arbeitszeit selbst[11]. Arbeitsbereitschaft ist von der vertragl. geschuldeten Leistung her, die den Wesensgehalt des ArbVerh ausmacht und ihm das Gepräge gibt, zu bestimmen. Sie stellt der Arbeit ggü. eine mindere Leistung des ArbN dar, da sie sich auf die Bereitschaft zur Verrichtung der Arbeit beschränkt[12], und ist demgemäß nach dem Grad der Beanspruchung von Vollarbeit mit schwankender Intensität abzugrenzen[13]. Unter dem Gesichtspunkt des Arbeitszeitschutzes wird die **Arbeitsbereitschaft als Arbeitszeit eingestuft**, wie sich aus dem Rück-

---

1 LAG Hess. 20.5.2003 – 14 SA 1695/02, ZMV 2004, 99. || 2 BAG 15.9.2009 – 9 AZR 757/08, AP Nr. 7 zu § 106 GewO. || 3 EuGH 3.10.2000 – Rs. C-303/98, NZA 2000, 1227. || 4 RL 93/104/EG des Rates v. 23.11.1993, ABl. L 307/18. || 5 EuGH 9.9.2003 – Rs. C-151/02, NZA 2003, 1019. || 6 BAG 18.2.2003 – 1 ABR 2/02, NZA 2003, 742; 5.6.2003 – 6 AZR 114/02, AP Nr. 7 zu § 611 BGB Bereitschaftsdienst; 16.3.2004 – 9 AZR 93/03, AP Nr. 2 zu § 2 ArbZG. || 7 BAG 28.1.2004 – 5 AZR 503/02, AP Nr. 18 zu § 1 TVG Tarifverträge: DRK. || 8 BAG 28.1.2004 – 5 AZR 530/02, AP Nr. 18 zu § 1 TVG Tarifverträge: DRK; 19.2.2004 – 6 AZR 211/03, EzBAT Nr. 4, Nr. 1 zu SR 2r BAT; 21.4.2005 – 6 AZR 287/04, xv.; vgl. auch BAG 20.4.2005 – 4 AZR 285/04, ZTR 2006, 84. || 9 BAG 28.5.2009 – 6 AZR 141/08, AP Nr. 1 zu § 47 TVöD. || 10 BAG 30.1.1996 – 3 AZR 1030/94, AP Nr. 1 zu § 5 TVG; 9.3.2005 – 5 AZR 385/02, ZTR 2005, 479; ArbR-BGB/*Schliemann*, § 611 Rz. 613; Schaub/*Linck*, ArbRHdb, § 45 Rz. 48 mwN. || 11 ErfK/*Preis*, § 611 Rz. 669. || 12 BAG 30.1.1985 – 7 AZR 446/82, AP Nr. 2 zu § 35 BAT. || 13 ArbR-BGB/*Schliemann*, § 611 Rz. 613; s. hierzu LAG Köln 7.3.2013 – 6 Sa 959/12.

schluss aus § 7 I 1 Nr. 1a ArbZG ergibt. Muss der ArbN während der Arbeitsbereitschaft im Bedarfsfall die Arbeit aufnehmen, leistet er Vollarbeit[1]. Der Arbeitsbereitschaft können nur solche in einer Schicht liegenden Zeiten einer Untätigkeit zugerechnet werden, die nach ihrer zeitlichen Ausdehnung grds. geeignet sind, einen Zustand der Entspannung herbeizuführen; die Zeiten der Bereitschaft müssen nach ihrem Beginn und Ende im maßgeblichen Schichtplan ebenso wie die Zeiten der Arbeitsverrichtungen erkennbar werden, weil eine Entspannung nur dann eintreten kann, wenn der ArbN spätestens bei Beginn der Bereitschaft weiß, dass er aus der dienstlichen Inanspruchnahme für eine bestimmte Zeit entlassen ist[2]. Eine Verlagerung der Bereitschaftszeit infolge zeitlicher Verschiebung der Dienstabwicklung nimmt der Wartezeit[3] nicht den Charakter als Bereitschaft; desgleichen, wenn der ArbN aus seiner eigenen Betriebserfahrung erkennen kann, dass von ihm in bestimmten Tagesabschnitten, die nach ihrer zeitlichen Ausdehnung grds. geeignet sind, einen Zustand der Entspannung herbeizuführen, im Allg. keine Arbeitsverrichtungen zu leisten sind[4].

(3) **Rufbereitschaft.** Das ArbZG verwendet diesen Begriff in § 5 III, ohne ihn jedoch zu definieren. § 7 IV TVöD bestimmt die Rufbereitschaft als die Verpflichtung, sich auf Anordnung des ArbGeb außerhalb der regelmäßigen Arbeitszeit an einer dem ArbGeb anzugebenden Stelle aufzuhalten, um auf Abruf die Arbeit aufzunehmen. Rufbereitschaft unterscheidet sich vom Bereitschaftsdienst dadurch, dass die Stelle, an der sich der Angestellte zur Verfügung zu halten hat, nicht vom ArbGeb bestimmt wird, der Angestellte sich vielmehr **an einer Stelle seiner Wahl aufhalten** kann, die er dem ArbGeb lediglich anzuzeigen hat[5]; maßgeblich für die Abgrenzung ist ferner weder das Ausmaß der während des Dienstes anfallenden Arbeitsleistung noch die vom ArbN selbst gewählte Beschränkung seines Aufenthalts, sondern entscheidend ist, welche Aufenthaltsbeschränkungen sich aus der Anordnung des ArbGeb ergeben[6]. Allerdings ist der ArbN auch bei Rufbereitschaft in der Wahl seines Aufenthaltsortes nicht völlig frei, sondern muss ihn so wählen, dass zwischen dem Abruf und der möglichen Arbeitsaufnahme nur eine solche Zeitspanne liegt, dass der Einsatz nicht gefährdet wird und die Arbeitsaufnahme noch im Bedarfsfall gewährleistet ist[7]. Rufbereitschaft liegt aber dann nicht mehr vor, wenn der ArbGeb den ArbN, ohne dessen Aufenthaltsstelle konkret zu bestimmen, dadurch in der freien Wahl des Aufenthaltsortes beschränkt, dass er die Zeit zwischen Abruf und Aufnahme der Arbeit genau vorgibt[8]. Ein ArbN, der verpflichtet ist, auf Anordnung seines ArbGeb außerhalb der regelmäßigen Arbeitszeit ein auf Empfang geschaltetes Funktelefon mitzuführen, um auf telefonischen Abruf Arbeit zu leisten, die darin besteht, dass er über dieses Funktelefon Anordnungen trifft oder weiterleitet, leistet während der Dauer dieser Verpflichtung Rufbereitschaft[9].

Sowohl bei Bereitschaftsdienst wie bei Rufbereitschaft ist der **tatsächliche Arbeitsleistungsanteil** für sich gesehen rechtl. unerheblich; er kann allenfalls indirekt als Indiz für den zu erwartenden Arbeitsleistungsanteil bedeutsam werden; aber auch der zu erwartende Arbeitsleistungsanteil grenzt nicht Rufbereitschaft, Bereitschaftsdienst und Vollarbeit voneinander ab, sondern betrifft nur die Frage, was angeordnet werden darf. Rufbereitschaft oder Bereitschaftsdienst, die der ArbGeb nicht hätte anordnen dürfen, bleiben gleichwohl Rufbereitschaft oder Bereitschaftsdienst und werden nicht etwa von selbst zu Bereitschaftsdienst oder voller Arbeitsleistung[10].

Bei Zeiten einer Rufbereitschaft handelt es sich **nicht** um **Arbeitszeit iSd. ArbZG**[11]. Rufbereitschaft ist jedoch Arbeitszeit iSv. § 87 I Nr. 2 BetrVG, weswegen der BR bei der Aufstellung eines Rufbereitschaftsplanes ein **MitbestR** hat. Dieses MitbestR entfällt nicht deswegen, weil einem Regelungsbedürfnis mit kollektivem Bezug durch einzelvertragl. Vereinbarung mit einem oder mehreren ArbN bereits Rechnung getragen worden ist[12]. Dies ist auch weiterhin europarechtskonform.

(4) **Einzelfälle.** Ob Zeiten, die der ArbN für bestimmte Tätigkeiten aufwenden muss, als Arbeitszeit einzustufen sind, wird in Rspr. und Lit. häufig allein im Zusammenhang mit der Frage nach der Vergütungspflicht für entsprechende Zeiten problematisiert, nicht dagegen unter dem Gesichtspunkt der Zulässigkeit nach den Vorschriften des Arbeitszeitschutzes. Indes besteht zumeist kein Anlass, von einem Abweichen des arbeitszeitrechtl. und des vergütungsrechtl. Begriffs der Arbeitszeit auszugehen, jedenfalls in der Richtung, dass eine vergütete Tätigkeit auch gem. § 2 I ArbZG als Arbeitszeit eingestuft werden kann.

In der Streitfrage, ob **Waschen und Umkleiden** zur Arbeitszeit gehören, geht es zumeist darum, ob eine Vergütungspflicht ausgelöst wird, nicht um die Zulässigkeit unter dem Gesichtspunkt des Arbeits-

---

[1] BAG 10.1.1991 – 6 AZR 352/89, AP Nr. 4 zu MTB II. ||[2] BAG 14.4.1966 – 2 AZR 216/64, AP Nr. 3 zu § 13 AZO. ||[3] S. hierzu LAG BW 21.1.2013 – 16 Sa 129/12. ||[4] BAG 14.4.1966 – 2 AZR 216/64, AP Nr. 3 zu § 13 AZO. ||[5] LAG Rh.-Pf. 20.9.2012 – 11 Sa 81/12. ||[6] BAG 31.5.2001 – 6 AZR 171/00, EzA § 242 BGB Gleichbehandlung Nr. 8. ||[7] ArbR-BGB/*Schliemann*, § 611 BGB Rz. 615. ||[8] BAG 19.12.1991 – 6 AZR 592/89, NZA 1992, 560 f.; LAG Rh.-Pf. 20.9.2012 – 11 Sa 81/12: arbeitgeberseitige Festlegung auf 15 bis 20 Minuten zwischen Abruf und Arbeitsaufnahme; aA LAG Marburg 4.11.2003 – 2 Ca 212/03, DB 2004, 1563: arbeitgeberseitige Festlegung einer Höchstwegezeit von 45 Minuten ist zulässig. ||[9] BAG 29.6.2000 – 6 AZR 900/98, NZA 2001, 165 ff.; Schaub/Linck, ArbRHdb, § 45 Rz. 52. ||[10] BAG 4.8.1988 – 6 AZR 48/86, ZTR 1989, 147 ff.; 27.2.1985 – 7 AZR 552/82, AP Nr. 12 zu § 17 BAT. ||[11] Schaub/*Linck*, ArbRHdb, § 45 Rz. 52. ||[12] BAG 21.12.1982 – 1 ABR 14/81, AP Nr. 9 zu § 87 BetrVG 1972 Arbeitszeit.

zeitschutzes (vgl. daher insb. Rz. 85; § 612 Rz. 24). Es kommt allg. zunächst auf eine genaue Bestimmung des geschuldeten Arbeitsinhalts an[1]. Das BAG hat zunächst entschieden, dass für die Frage, ob die Zeit des Umkleidens zur vergütungspflichtigen Arbeitszeit zählt, die Verhältnisse im Einzelfall entscheidend seien; gehöre das Umkleiden nicht zum Inhalt der geschuldeten Arbeitsleistung, sondern diene es nur der persönlichen Vorbereitung – im Einzelfall: auf die Arbeit eines Kochs –, so seien in erster Linie die organisatorischen Gegebenheiten des jeweiligen Betriebs und die konkreten Anforderungen an den ArbN maßgebend, wie sie sich aus den betriebl. Regelungen und Handhabungen tatsächlich ergeben[2]. Auch danach hat das BAG wieder in der Weise Stellung genommen, dass diese Tätigkeiten idR mangels anderer Vereinbarung keine Hauptleistungspflichten des ArbN sind, für die der ArbGeb nach § 611 eine Vergütung zu gewähren hätte; selbst wenn diese Tätigkeiten vom ArbN verlangt würden, könne es sich zwar um Dienstleistungen nach § 612 I handeln, die aber regelmäßig nicht nur gegen eine Vergütung zu erwarten seien[3]. IdR werden Waschen und Umkleiden nicht zur Arbeitszeit gezählt[4]; anders jedoch bei einer Beschäftigung als Model für Bekleidung oder bei Schauspielern[5]. Für die Tätigkeit als „Fahrer/Müllwerker" entschied das BAG, dass nur diese Tätigkeiten dem Gegenseitigkeitsverhältnis des § 611 unterfielen; zu ihnen gehöre das vorherige und anschließende Umkleiden und Waschen nicht, was sich daraus ergebe, dass zwischen den Tätigkeiten eines Fahrers und Müllwerkers selbst und den dafür notwendigen Vor- und Nachbereitungshandlungen unterschieden werden könne[6]. Das Ankleiden mit vorgeschriebener Dienstkleidung etwa, die zu Hause angelegt und – ohne besonders auffällig zu sein – auch auf dem Weg zur Arbeitsstätte getragen werden kann, ist nicht lediglich fremdnützig, so dass die dafür aufgewendete Zeit regelmäßig nicht als zu vergütende Arbeitszeit einzuordnen ist. Etwas anderes kann gelten, wenn das Tragen der Dienstkleidung aufgrund seines besonderen Wiedererkennungswertes für das Publikum angeordnet wird und somit auffällig ist, bspw. bei IKEA[7] oder der Deutschen Bahn AG[8]. Ebenfalls als Arbeitszeit einzuordnen ist es, wenn die Dienstkleidung notwendig im Betrieb angelegt werden muss, dort nach Beendigung der Tätigkeit zu verbleiben hat und der ArbN arbeitsschutzrechtl. ohne sie die Arbeit gar nicht aufnehmen darf. Hier dient das Umkleiden und das Anlegen der vorgeschriebenen Schutzkleidung nicht gleichermaßen einem eigenen Bedürfnis des ArbN, sondern vorwiegend dem fremden Bedürfnis des ArbGeb, der den ArbN ohne die entsprechende Ausrüstung nicht einsetzen dürfte[9].

330 Die **Wegezeit** des ArbN von der Wohnung zur Betriebsstätte ist idR nicht als Arbeitszeit zu vergüten und gehört auch nicht zur Arbeitszeit iSv. § 2 I ArbZG[10]; die Wegezeit von der Betriebsstätte zu einem außerhalb der Betriebsstätte gelegenen Arbeitsplatz ist demggü. idR als Arbeitszeit zu vergüten[11]. Bei Außendienstmitarbeitern gehört die Reisetätigkeit zu den vertragl. Hauptleistungspflichten. Eine Arbeitsleistung ist jedenfalls dann anzunehmen, wenn der ArbN bei der An- und Abreise selbst tätig werden muss und die Fahrt vom ArbGeb kraft Direktionsrechts bestimmt wird[12]. Bei einer unmittelbaren Anreise des ArbN von seiner Wohnung zu einem außerhalb der Betriebsstätte gelegenen Arbeitsplatz ist regelmäßig die Zeit nicht zu vergüten, die der ArbN dabei dadurch erspart, dass er sich nicht von seiner Wohnung zum Betrieb zu begeben braucht[13]. Abweichende Regelungen können sich im Tarif- oder Einzelarbeitsvertrag finden[14]. Diese Grundsätze gelten auch für die Einordnung der Wegezeiten als Arbeitszeiten iSd. ArbZG[15]. Für Wege innerhalb des Betriebs ist entscheidend, an welchem Punkt innerhalb des Betriebs die Arbeitszeit beginnt, so dass die Arbeitszeit erst ab diesem Punkt zu laufen anfängt[16].

331 Mit Zeiten für **Dienstreisen**[17] sind in Abgrenzung zu den Wegezeiten diejenigen Zeiten gemeint, die zur Überbrückung der räumlichen Entfernung zwischen dem Betriebs- oder Wohnort einerseits und dem vom ArbGeb bestimmten Ort der Arbeitsverrichtung, sofern dieser außerhalb der Gemeindegrenzen des Betriebs- bzw. Wohnortes liegt, andererseits aufgewendet werden müssen[18]. Eine Vergütungspflicht besteht immer dann, wenn die Dienstreise während der gewöhnlichen Arbeitszeit zurückgelegt wird[19]. Benutzt ein Angestellter des öffentl. Dienstes für Dienstreisen einen Kraftwagen, den ihm sein ArbGeb zur Verfügung gestellt hat, so ist die Reisezeit am Steuer des Wagens keine Arbeitszeit und zur Begründung eines Anspruchs auf Überstundenvergütung nicht geeignet[20]. Demggü. sind Dienstreisen Fahrten

---

1 Vgl. ArbR-BGB/*Schliemann*, § 611 Rz. 615. || 2 BAG 22.3.1995 – 5 AZR 934/93, AP Nr. 8 zu § 611 BGB Arbeitszeit. || 3 BAG 11.10.2000 – 5 AZR 122/99, AP Nr. 20 zu § 611 BGB Arbeitszeit. || 4 Vgl. Preis/*Preis/Lindemann*, Der Arbeitsvertrag, II A 90 Rz. 41. || 5 ArbR-BGB/*Schliemann*, § 611 Rz. 615. Für eine generelle Einordnung als zu vergütende Arbeitszeit dagegen *Adam*, AuR 2001, 481 ff. mwN zum Streitstand. || 6 BAG 11.10.2000 – 5 AZR 122/99, AP Nr. 20 zu § 611 BGB Arbeitszeit. || 7 BAG 10.11.2009 – 1 ABR 54/08. || 8 LAG MV 25.9.2012 – 5 Sa 276/11. || 9 BAG 11.10.1995 – 5 AZR 802/94, AP Nr. 9 zu § 611 BGB Arbeitszeit m. Anm. *B. Degen*; ähnl. LAG BW 12.2.1987 – 6 Sa 195/85 HD, AiB 1987, 246 f. || 10 Schaub/*Linck*, ArbRHdb, § 45 Rz. 54; RGRK/*Schliemann*, § 611 Rz. 1407. || 11 So jedenfalls BAG 8.12.1960 – 5 AZR 304/58, AP Nr. 1 zu § 611 BGB Wegezeit m. Anm. *Schnorr v. Carolsfeld*; 26.8.1960 – 1 AZR 421/58, AP Nr. 2 zu § 611 BGB Wegezeit. || 12 BAG 22.4.2009 – 5 AZR 292/08, AP Nr. 11 zu § 611 BGB Wegezeit. || 13 BAG 8.12.1960 – 5 AZR 304/58, AP Nr. 1 zu § 611 BGB Wegezeit m. Anm. *Schnorr v. Carolsfeld*. || 14 Vgl. dazu bspw. BAG 21.12.2006 – 6 AZR 341/06, BAGE 120, 361.; RGRK/*Schliemann*, § 611 Rz. 1407. || 15 ArbR-BGB/*Schliemann*, § 611 Rz. 617. || 16 RGRK/*Schliemann*, § 611 Rz. 1407. || 17 S. *Hromadka*, AuA 1994, 389; *Loritz*, NZA 1997, 1188. || 18 Schaub/*Linck*, ArbRHdb, § 45 Rz. 55. || 19 Schaub/*Linck*, ArbRHdb, § 45 Rz. 55; Preis/*Lindemann*, Der Arbeitsvertrag, II D 15 Rz. 6. || 20 BAG 6.10.1965 – 2 AZR 375/64, AP Nr. 1 zu § 17 BAT.

an einen anderen Ort, wo Dienstgeschäfte zu erledigen sind; diese sind grds. nicht als Arbeitszeit anzusehen, sofern nicht während der Dienstreise ausnahmsweise Arbeit geleistet wird[1]; auch insoweit kann jedoch tarifrechtl. oder einzelarbeitsvertragl. eine besondere Regelung getroffen werden; insb. kann bestimmt werden, inwieweit die auf einer Dienstreise verbrachte Zeit als Arbeitszeit anzusehen ist und wie diese Zeit zu vergüten ist[2]. Zu der **vergütungsrechtl. Seite** vgl. ferner § 612 Rz. 24.

d) Arbeitsort. aa) Allgemeines. Der Arbeitsort gehört zu den nach § 2 I 2 Nr. 4 NachwG vorgesehenen Pflichtangaben, die schriftl. niederzulegen sind; bei der Beschäftigung an mehreren Orten ist hierauf hinzuweisen. Zu einer Anwendung des § 269 I, der im Zweifelsfall den Wohnort des Schuldners als Erfüllungsort vorsieht, wird es im Zusammenhang mit einem ArbVerh nicht kommen. Vielmehr besteht im ArbVerh gerade die – **entgegengesetzte** – **Vermutung**, dass der Wohnort des Schuldners (ArbN) nicht der Erfüllungsort ist, denn für das Vorliegen eines ArbVerh ist typisch, dass der ArbN in die Arbeitsorganisation des ArbGeb eingegliedert ist, während die dem Dienstverpflichteten eingeräumte Möglichkeit, an seinem eigenen Wohnort zu arbeiten, eher für die Eigenschaft als arbeitnehmerähnliche Person (vgl. § 2 I 1 HAG) oder sogar als aus einem reinen Dienstvertrag Verpflichteter spricht. Im ArbVerh ist also gerade der Betriebsort des ArbGeb Erfüllungsort; bei der Verpflichtung zur Arbeitsleistung handelt es sich um eine Bringschuld[3]. 332

Zwar kann der Erfüllungsort für das ArbVerh durch **TV** und **Einzelarbeitsvertrag** bestimmt werden[4]; geschieht das nicht, so befindet sich in aller Regel der Erfüllungsort am Betriebssitz, sofern der ArbN dort ständig beschäftigt wird, und damit am Arbeitsort des ArbN. Dann fällt er mit dem Schwerpunkt des ArbVerh zusammen[5]. Dies gilt grds. auch, wenn der Betrieb verlegt wird; s. Rz. 342. Zum Erfüllungsort bei wechselnden Einsatzorten s. Rz. 337. 333

Der Ort der Arbeitsleistung wird sich im Allg. zumeist dem **Arbeitsvertrag** iVm. den **Umständen der Arbeitsleistung** (zB Standort der ortsfesten Produktionsmittel) entnehmen lassen. Für ArbN im öffentl. Dienst wird angenommen, dass ihr Dienstort die politische Gemeinde ist, in der der ArbN tatsächlich regelmäßig Dienst leistet; befinden sich Teile einer Behörde oder Nebenstellen in einer anderen Gemeinde, so ist als Dienstort der Ort anzusehen, in dem der Bedienstete längere Zeit ständig oder überwiegend Dienst leisten muss; der Bedienstete hat in diesem Fall reisekostenrechtl. nur einen Dienstort[6]. Der ArbGeb kann den Arbeitsort in dem zulässigen Rahmen nach billigem Ermessen (§ 106 S. 1 GewO) durch sein **Direktionsrecht** festlegen, was dann eine besondere Bedeutung erlangt, wenn dem ArbN typischerweise nach der Art der Arbeit kein einziger Ort zur Arbeitsleistung zugewiesen ist. Durch das Direktionsrecht wird bei einem im Arbeitsvertrag nur rahmenmäßig bestimmten Arbeitsort (Stadt, Betriebsgelände) ferner eine genaue Stelle innerhalb des Betriebs festgelegt, an der der ArbN zu arbeiten hat (zB Abteilung, Gebäudeteil)[7], die als Arbeitsplatz bezeichnet wird. Allerdings kann der ArbGeb selbst bei solchen Tätigkeiten, die wegen ihrer Art einen ständig wechselnden Einsatzort erfordern, sein Direktionsrecht nicht uneingeschränkt ausüben[8]. So entspricht die Zuweisung einer Ersatztätigkeit an einem auswärtigen Arbeitsort jedenfalls nach Beginn des sechsten Schwangerschaftsmonats im Regelfall nicht billigem Ermessen, wenn dieser Arbeitsort nur nach mehrstündiger Bahn- oder Flugreise erreicht werden kann[9], obwohl grds. bis zum Beginn des sechsten Schwangerschaftsmonats auch eine auswärtige Beschäftigung in Betracht kommt[10]. Die Befugnis, kraft Direktionsrechts Ort und Zeit der Arbeitsleistung festzulegen, ist nicht dadurch eingeschränkt, dass der ArbGeb bei Abschluss des Arbeitsvertrags auf die für den Arbeitsbereich des ArbN geltende betriebl. Regelung über Zeit und Ort des Beginns und Endes der täglichen Arbeit hingewiesen hat. Dies gilt auch dann, wenn der ArbGeb danach über längere Zeit von seinem dahingehenden Direktionsrecht keinen Gebrauch macht[11]. 334

Eine **langjährige Übung**, wonach ein Teil der Arbeitszeit außerhalb des Dienstgebäudes abgeleistet werden darf, hindert den ArbGeb des öffentl. Dienstes nicht daran, die ArbN anzuweisen, in Zukunft die gesamte Arbeitszeit im Dienstgebäude abzuleisten[12]. Auch kann allein daraus, dass ein ArbN über einen längeren Zeitraum hin auf einer bestimmten Stelle mit bestimmten Aufgaben beschäftigt worden ist, noch nicht auf eine entsprechende **Konkretisierung** des Arbeitsvertrages geschlossen werden[13], s. § 106 GewO Rz. 75f. 335

Einzelfälle. Ein Schulhausmeister kann verpflichtet werden, während der Schulferien in **Vertretung** beurlaubter Schulhausmeister benachbarte Schulen desselben Schulbezirks vorübergehend mitzubetreuen. Diese anordnende Entscheidung des ArbGeb entspricht billigem Ermessen iSv. § 106 S. 1 336

---

1 BAG 22.2.1978 – 4 AZR 579/76, AP Nr. 3 zu § 17 BAT; 6.10.1965 – 2 AZR 375/64, AP Nr. 1 zu § 17 BAT. ‖ 2 BAG 6.10.1965 – 2 AZR 375/64, AP Nr. 1 zu § 17 BAT; 21.9.1977 – 4 AZR 292/76, AP Nr. 3 zu § 19 MTB II; *Hunold*, DB 1977, 1506; *Pötters/Traut*, DB 2011, 1751. ‖ 3 MünchArbR/*Reichold*, § 36 Rz. 46. ‖ 4 ErfK/*Preis*, § 611 Rz. 650. ‖ 5 BAG 3.12.1985 – 4 AZR 325/84, AP Nr. 5 zu § 1 TVG Tarifverträge: Großhandel; LAG Rh.-Pf. 8.7.2003 – 5 Sa 227/03, nv. ‖ 6 BAG 1.12.1994 – 6 AZR 354/94, ZTR 1995, 414f.; MünchArbR/*Reichold*, § 36 Rz. 48. ‖ 7 Vgl. MünchArbR/*Reichold*, § 36 Rz. 46. ‖ 8 ArbR-BGB/*Schliemann*, § 611 Rz. 583. ‖ 9 BAG 21.4.1999 – 5 AZR 174/98, AP Nr. 5 zu § 4 MuSchG 1968. ‖ 10 BAG 22.4.1998 – 5 AZR 478/97, AP Nr. 4 zu § 4 MuSchG 1968. ‖ 11 BAG 7.12.2000 – 6 AZR 444/99, NZA 2001, 780. ‖ 12 BAG 11.10.1995 – 5 AZR 802/94, AP Nr. 9 zu § 611 BGB Arbeitszeit. ‖ 13 BAG 22.5.1985 – 4 AZR 88/84, AP Nr. 6 zu § 1 TVG Tarifverträge: Bundesbahn.

GewO, soweit durch beide Tätigkeiten die regelmäßige wöchentliche Arbeitszeit des Schulhausmeisters nicht überschritten wird[1]. Der ArbGeb kann einer Lehrkraft die Weisung erteilen, während der Schulferien zur Erfüllung bestimmter Aufgaben in der Schule anwesend zu sein[2]. Die Versetzung einer Kassiererin in eine örtlich entfernte, nur mit öffentl. Verkehrsmitteln erreichbare Filiale ist unbillig und damit nicht vom Direktionsrecht des ArbGeb erfasst, wenn als Begründung für die Versetzung die mindere Eignung und das Alter der ArbNin, jedoch kein Vortrag zum konkreten personellen Bedarf der Filialen erfolgt[3]. Allg. wird die Berufung auf das Direktionsrecht umso problematischer, je größer die Entfernung des Einsatzortes vom Betriebsort ist, so dass etwa eine nicht nur ganz kurzfristige **Entsendung in das Ausland** nicht mehr vom Direktionsrecht des ArbGeb umfasst sein wird[4], es sei denn, der ArbN hat sich vertragl. zu Auslandseinsätzen verpflichtet[5].

337 **bb) Wechselnder Einsatzort.** Bei ArbN mit wechselnden Arbeitsorten, wie etwa bei Außendienstmitarbeitern, Montage- oder Bauarbeitern[6] oder bei einer Raumpflegerin eines Gebäudereinigungsunternehmens[7], ist die Bestimmung des Erfüllungsortes typischerweise problematisch, weil sowohl der Betriebsort als auch der Wohnort des ArbN als Erfüllungsort iSv. § 269 I für die Arbeitsleistung in Betracht zu ziehen sind. Für einen für die Bearbeitung eines größeren Bezirks angestellten Reisenden ist der Erfüllungsort dessen Wohnsitz, wenn er von dort aus seine Reisetätigkeit ausübt, was unabhängig davon gilt, ob er täglich nach Hause zurückkehrt und in welchem Umfang er vom Betrieb Anweisungen für die Gestaltung seiner Reisetätigkeit erhält[8]. Zumeist sind allerdings die sich aus den Vertragspflichten des ArbN ergebenden Leistungspflichten nicht an dessen Wohnsitz zu erfüllen, denn die allein am Wohnsitz vorzunehmenden Verpflichtungen sind nur Nebenpflichten, die schon zeitlich nicht wesentlich ins Gewicht fallen. Wenn also der Wohnsitz des Außendienstmitarbeiters nicht der wirtschaftl.-technische Mittelpunkt für sein ArbVerh ist, ist § 269 I nicht anwendbar[9]. Letztlich ist auf Grund des **Schwerpunktes des Vertragsverhältnisses** in einer Gesamtschau aller bedeutsamen Umstände zu ermitteln, welches der Erfüllungsort ist[10]. Allg. gilt, dass der Ort des Betriebs als Erfüllungsort umso mehr in Zweifel zu ziehen ist, je größer die Entfernung des tatsächlichen Einsatzortes zum Betriebsort ist[11] und je länger der dortige Einsatz des ArbN dauert. Ob die Entsendung noch vom Direktionsrecht umfasst ist, ist auf Grund einer Abwägung zu ermitteln, in die außer Entfernung und Dauer auch Verkehrsbedingungen, Wegezeit, Reisekosten und ähnliche Umstände sowie Interessen des ArbGeb einfließen[12].

338 **cc) Versetzung und Umsetzung des ArbN.** Die Begriffe Umsetzung und Versetzung werden häufig[13] voneinander unterschieden, wobei die Umsetzung im Allg. die vorübergehende oder dauerhafte einseitige oder einvernehmliche Zuweisung eines neuen individuellen Einsatzortes innerhalb des Betriebs meint, während die Versetzung zumeist auf einen entsprechenden Einsatzort außerhalb des Betriebs bezogen wird[14]; teilweise werden aber auch beide Erscheinungen unter den Begriff der Versetzung gefasst, unter dem die **Änderung der Tätigkeit nach Art, Ort oder Umfang** verstanden wird[15]. Dieser individualrechtl. Begriff der Versetzung ist nicht mit dem legaldefinierten des § 95 III BetrVG identisch; auf eine bestimmte Dauer der Zuweisung kommt es für den erstgenannten daher nicht an. Die Versetzungs- und Umsetzungsbefugnisse des ArbGeb bestehen auch ggü. einem ArbN, der nur befristet, zur Vertretung eines zeitweilig ausfallenden Mitarbeiters, beschäftigt ist[16]. Um- bzw. Versetzungen sind **zu unterscheiden von** einer (nur unter den Voraussetzungen des § 2 KSchG zulässigen) **Änderung des Arbeitsvertrags:** Ist der Tätigkeitsbereich des ArbN durch den Arbeitsvertrag sowohl seiner Art wie auch der Arbeitsstelle nach genau bestimmt, so bedeutet jede Zuweisung einer anderen Tätigkeit und eines anderen Arbeitsplatzes eine Änderung des Arbeitsvertrages, die grds. nicht einseitig von dem ArbGeb herbeigeführt werden kann[17]. **MitbestR** des BR nach § 99 I BetrVG (vgl. dort), des Personalrats nach § 75 I Nr. 3 BPersVG können einschlägig sein.

339 **(1) Umsetzung.** Die von einem ArbGeb angeordnete Umsetzung eines ArbN auf einen anderen Arbeitsplatz ist eine einseitige, zivilrechtl. und tarifrechtl. Grundsätzen zu bewertende Handlung mit rechtsgeschäftlichem Charakter[18]. Innerhalb des Betriebs, für den der ArbN nach seinem Arbeitsvertrag eingestellt worden ist, kann er kraft Direktionsrechts[19] umgesetzt werden[20]. Innerhalb der geschuldeten Arbeitsleistung ist eine Umsetzung, auf Grund deren der ArbN innerhalb eines Filialunternehmens von einem Betrieb in einen anderen versetzt wird, vom Direktionsrecht des ArbGeb umfasst, sofern dies nicht mit erheblichen Erschwernissen für den ArbN verbunden ist[21].

---

1 BAG 11.6.1992 – 6 AZR 218/91, AP Nr. 2 zu § 12 BAT. || 2 BAG 16.10.2007 – 9 AZR 144/07, AP Nr. 4 zu § 106 GewO. || 3 ArbG Ludwigshafen 17.9.2003 – 8 Ca 2723/03, nv. || 4 MünchArbR/*Reichold*, § 36 Rz. 50. || 5 RGRK/*Schliemann*, § 611 Rz. 1374. || 6 Schaub/*Linck*, ArbRHdb, § 45 Rz. 26. || 7 LAG Berlin 25.4.1988 – 9 Sa 15/88, LAGE § 611 BGB Direktionsrecht Nr. 2. || 8 BAG 12.6.1986 – 2 AZR 398/85, NJW-RR 1988, 482 ff. || 9 ArbG Augsburg 18.9.1995 – 8 Ca 2490/95, NZA-RR 1996, 185 f. || 10 ErfK/*Preis*, § 611 Rz. 650. || 11 MünchArbR/*Reichold*, § 36 Rz. 50. || 12 MünchArbR/*Reichold*, § 36 Rz. 50. || 13 Anders für Landespersonalvertretungsrecht zB BAG 15.5.1984 – 1 AZR 289/83, nv. || 14 BAG 22.1.2004 – 1 AZR 495/01, AP Nr. 25 zu § 91a ZPO; MünchArbR/*Reichold*, § 36 Rz. 51. || 15 So zB Schaub/*Linck*, ArbRHdb, § 45 Rz. 24, 30; vgl. auch MünchArbR/*Reichold*, § 36 Rz. 53. || 16 BAG 10.3.2004 – 7 AZR 397/03, AP Nr. 257 zu § 629 BGB Befristeter Arbeitsvertrag. || 17 BAG 10.11.1955 – 2 AZR 591/54, AP Nr. 2 zu § 611 BGB Beschäftigungspflicht. || 18 BAG 28.5.1980 – 4 AZR 387/78, nv. || 19 MünchArbR/*Reichold*, § 36 Rz. 51. || 20 Schaub/*Linck*, ArbRHdb, § 45 Rz. 24. || 21 Schaub/*Linck*, ArbRHdb, § 45 Rz. 24.

Durch Umsetzung eines der ArbN kann der ArbGeb auch Spannungen zwischen mehreren ArbN begegnen; er ist nicht gehalten, anstelle der Umsetzung eine Abmahnung auszusprechen[1]. Die Umsetzung vom Restaurations-Büffet an einen organisatorisch ebenfalls zur Restaurationsabteilung gehörenden Kuchenverkaufsstand stellt keine Vertragsänderung durch schlüssiges Verhalten dar. Eine Vertragsänderung setzt eine darauf gerichtete Willensübereinstimmung der Vertragsparteien voraus, wobei ein solcher Vertragsänderungswille zwar nicht ausdrücklich erklärt zu werden braucht, es müssen aber besondere Umstände ersichtlich sein, aus denen auf einen entsprechenden Erklärungswillen geschlossen werden könnte[2]. Vom Direktionsrecht ebenfalls gedeckt ist die Versetzung eines einschlägig abgemahnten BR-Mitgliedes, das außerhalb seiner Arbeitszeit im Betrieb erscheint und Mitarbeiter über eine Stunde lang in Gespräche verwickelt und dadurch von der Arbeit abhält mit der Folge entsprechender Beschwerden[3].

340

(2) **Versetzung.** Bei der Ausübung eines vereinbarten Rechts zur Versetzung des ArbN durch den ArbGeb handelt es sich um eine grds. freie unternehmerische Entscheidung, bei der der ArbGeb lediglich die Grenzen des billigen Ermessens iSd. § 106 GewO einhalten muss. Dabei setzt die Wahrung billigen Ermessens voraus, dass die wesentlichen Umstände des Falles **abgewogen** und die beiderseitigen Interessen angemessen berücksichtigt werden[4]. Hat ein ArbGeb unter mehreren ArbN, mit denen er einzelvertragl. keinen besonderen Einsatzort vereinbart hat, die Wahl, welche der ArbN er zu einem anderen Einsatzort versetzen soll, so kann er seine Wahl in zulässiger Weise nach dem Kriterium der Betriebszugehörigkeit treffen[5]. Abgewogen werden kann auch nach den Auswirkungen auf die private Lebensführung des ArbN sowie nach zeitlichem und finanziellem Mehraufwand für den ArbN[6]. Eine Versetzung des ArbN in einen anderen Betrieb überschreitet idR die Grenzen des Direktionsrechts; naturgemäß gilt dies nicht, wenn bereits eine **Auslegung des Arbeitsvertrags** ergibt, dass der ArbGeb sich den Einsatz des ArbN auch in anderen Betrieben des Unternehmens vorbehalten hat[7]. Eine formularmäßige Versetzungsklausel, die materiell der Regelung in § 106 S. 1 GewO nachgebildet ist, stellt weder eine unangemessene Benachteiligung des ArbN nach § 307 I 1 dar noch verstößt sie allein deshalb gegen das Transparenzgebot des § 307 I 2, weil keine konkreten Versetzungsgründe genannt sind[8]. Voraussetzung für die Wirksamkeit der vertragl. Versetzungsklausel ist, dass sich der ArbGeb weder die einseitige Änderung der vertragl. Tätigkeit unter Umgehung von § 2 KSchG noch das Recht zur Zuweisung einer geringerwertigen Tätigkeit vorbehält und die Klausel die Abwägung der beiderseitigen Interessen im Rahmen der Ausübung billigen Ermessens iSv. § 106 GewO nicht ausschließt[9]. Der ArbGeb kann sich in einer vorformulierten Klausel vorbehalten, einen ArbN entspr. seinen Leistungen und Fähigkeiten mit einer anderen im Interesse des Unternehmens liegenden Tätigkeit zu betrauen und auch an einem anderen Ort zu beschäftigen[10]. In die Abwägung ist insbesondere einzubeziehen, ob die Versetzung auf dem Wegfall eines Standortes aus nachvollziehbaren wirtschaftlichen Gründen beruht und wie die Mehraufwendungen für zusätzliche Fahrtkosten verteilt werden.[11] Sofern tarifvertragl. eine Versetzungsbefugnis vereinbart wurde, erfährt diese im öffentl. Dienst nur dann einen eingeschränkten Umfang, wenn die Parteien dazu eindeutige Absprachen treffen[12]. Eine bindende Vereinbarung des Arbeitsortes liegt nicht schon in der in Arbeitsverträgen von Lehrern enthaltenen Angabe einer bestimmten Schule[13]; dies schließt das Recht des Landes, den Lehrer an eine andere Schule umzusetzen, jedenfalls dann nicht aus, wenn auf den Arbeitsvertrag § 4 TVöD (früher: § 12 BAT) Anwendung findet. **§ 4 TVöD** ermächtigt den ArbGeb, aus dienstlichen oder betriebl. Gründen den Angestellten an einen anderen Dienstort oder zu einer anderen Dienststelle abzuordnen. Dadurch wird das Direktionsrecht des ArbGeb einerseits erweitert, sofern es nicht durch den Einzelarbeitsvertrag ausdrücklich eingeschränkt wird, andererseits schränkt die Bestimmung zum Schutz des Angestellten das Abordnungsrecht des ArbGeb ein, indem sie die Abordnungsbefugnis von bestimmten Voraussetzungen abhängig macht[14]. Eine Verpflichtung des ArbGeb, dem ArbN eine Übernahme in einen anderen Standort des Unternehmens im Wege der Vertragsänderung anzubieten, besteht grds. nicht und kann jedoch regelmäßig nur in Betracht gezogen werden, wenn ein erhebliches Interesse an der begehrten Vertragsänderung anzuerkennen ist und dem Vertragspartner eine Berücksichtigung des Änderungswunsches unschwer möglich und zumutbar ist[15].

341

---

1 BAG 24.4.1996 – 5 AZR 1031/94, AP Nr. 48 zu § 611 BGB Direktionsrecht. ||2 BAG 20.12.1983 – 1 AZR 380/82, nv. ||3 LAG Berlin 29.9.2004 – 6 Sa 1116/04, LAGE § 106 GewO 2003 Nr. 1. ||4 LAG Köln 22.4.1997 – 1 Sa 1485/96, MDR 1997, 853 f. ||5 LAG Hamm 4.7.1996 – 17 Sa 2221/95, NZA-RR 1996, 435; ArbG Leipzig 14.7.2004 – 20 Ca 2176/04, nv. ||6 MünchArbR/*Reichold*, § 36 Rz. 55; vgl. auch Schaub/*Linck*, ArbRHdb, § 45 Rz. 24, 29. ||7 MünchArbR/*Reichold*, § 36 Rz. 53. ||8 BAG 11.4.2006 – 9 AZR 557/05, AP Nr. 17 zu § 307 BGB; *Hunold*, NZA 2007, 19; vgl. auch BAG 19.1.2011 – 10 AZR 738/09, DB 2011, 1056. ||9 BAG 3.12.2008 – 5 AZR 62/08, AP Nr. 42 zu § 307 BGB. ||10 BAG 13.3.2007 – 9 AZR 433/06, AP Nr. 26 zu § 307 BGB. ||11 BAG 13.6.2012 – 10 AZR 296/11, NZA 2012, 1154 zu sog. Dead-Head-Kosten bei der Stationierung einer Flugbegleiterin. ||12 BAG 21.1.2004 – 6 AZR 583/02, AP Nr. 1 zu § 12 MTA-O. ||13 BAG 29.10.1997 – 5 AZR 573/96, AP Nr. 51 zu § 611 BGB Direktionsrecht. ||14 BAG 11.6.1992 – 6 AZR 218/91, AP Nr. 2 zu § 12 BAT; vgl. auch 10.11.1955 – 2 AZR 591/54, AP Nr. 2 zu § 611 BGB Beschäftigungspflicht. ||15 LAG München 8.11.1988 – 2 Sa 691/88, LAGE § 611 BGB Fürsorgepflicht Nr. 17: LAG Hamm 23.6.2004 – 18 Sa 1729/03, LAGE § 611 BGB 2002 Fürsorgepflicht Nr. 1.

342 **dd) Betriebsverlegung.** Eine Verlegung des Betriebs, dh. die nicht nur geringfügige Veränderung der örtlichen Lage eines ortsfesten Betriebs oder Betriebsteils[1], bedeutet für den in dem Betrieb beschäftigten ArbN, dass er den damit verbundenen Wechsel seines Einsatzortes im Rahmen des ihm Zumutbaren hinzunehmen hat, da er nach dem Arbeitsvertrag idR zur Arbeitsleistung in einem bestimmten Betrieb unabhängig von dessen Ort verpflichtet ist. Er soll einen solchen Wechsel nicht hinzunehmen haben, wenn der Betrieb an einen entfernteren Ort – nicht lediglich in den Nachbarort – verlegt wird[2]. Die Abgrenzung kann im Einzelfall freilich problematisch sein; zur Bestimmung der Reichweite der Verpflichtung des ArbN sind wiederum die unter Rz. 341 genannten Regeln anwendbar. Im Rahmen der dabei durchzuführenden Abwägung sind etwa die Verkehrsverbindungen zu berücksichtigen[3]. Werden etwa Abteilungen in ein Gebäude verlegt, das 4,3 Straßen-km vom bisherigen Betriebsort entfernt liegt, so kann von einer geringfügigen Verlegung des Standortes auch unter Berücksichtigung des Umstandes nicht mehr gesprochen werden, dass in einer Großstadt im Allg. günstige Verkehrsverbindungen bestehen mögen[4]. Falls ein Betrieb durch Rechtsgeschäft auf einen anderen Inhaber übergeht und dieser den Betrieb an einen Ort verlagert, an dem die ArbN nach dem Inhalt ihrer bestehenden Arbeitsverträge nicht zur Arbeitsleistung verpflichtet sind, so tritt der Erwerber nach § 613a I in die Rechte und Pflichten aus den zum Zeitpunkt des Übergangs bestehenden ArbVerh nur derjenigen ArbN ein, die bereit sind, die Arbeit am neuen Leistungsort zu erbringen[5]. Ein **MitbestR** nach § 111 BetrVG ist zu beachten, s. Komm. dort.

343 **ee) Prozessuale Bedeutung.** Durch den Ort der Arbeit als Erfüllungsort wird nach § 29 I ZPO ein besonderer Gerichtsstand begründet. Wird die Arbeitsleistung an unterschiedlichen Orten erbracht, gilt als gemeinsamer Erfüllungsort für die beiderseitigen Leistungsverpflichtungen der **Schwerpunkt des Vertragsverhältnisses**, der durch die Arbeitsleistung innerhalb eines Betriebes bestimmt wird[6]. Nach dem Gegenschluss aus § 29 II ZPO kann hiervon durch eine Vereinbarung mit dem ArbN nicht abgewichen werden[7]. Der Ort, an dem der Betrieb sich befindet, kann ferner unter dem Gesichtspunkt des besonderen Gerichtsstandes der Niederlassung (§ 21 I ZPO) die örtliche Zuständigkeit begründen. Unter mehreren in Betracht kommenden Gerichtsständen kann der Kläger wählen (§ 35 ZPO).

344 **e) Prozessuale Durchsetzung der Arbeitspflicht.** Der ArbN kann, wie sich aus dem Rückschluss zu § 888 III ZPO ergibt, zwar zur Arbeitsleistung verurteilt werden; ein Rechtsschutzbedürfnis fehlt nicht von vornherein[8]. Allerdings schließt § 888 III ZPO die Vollstreckung gegen den zur Arbeitsleistung („Leistung von Diensten aus einem Dienstvertrag") Verpflichteten generell aus. Gemäß dem Wortlaut der Norm kann offen bleiben, ob es sich bei einer solchen Leistung im Einzelfall tatsächlich um eine **unvertretbare Handlung** handelt[9]; nach der gesetzl. Regelung und gerade im Fall der Arbeitsleistung, zu deren Erbringung der ArbGeb einen ganz bestimmten ArbN ausgewählt und eingestellt hat – was die Zweifelsannahme des § 613 S. 1 auslöst –, ist stets davon auszugehen, dass auf Leistung von derartigen Diensten eine Vollstreckung ausgeschlossen ist, ohne dass es darüber hinaus noch der Prüfung der Vertretbarkeit bedarf. Dagegen spricht auch nicht § 61 II ArbGG, denn die dort gemeinte Handlung, bei der auch die Zwangsvollstreckung nach § 887 ZPO, also auch bei nicht vertretbaren Handlungen, ausgeschlossen ist, meint nicht ausschließlich die Arbeitspflicht[10]. Für eine Klage auf Erfüllung der Arbeitspflicht ist ein **Rechtsschutzbedürfnis** dennoch nicht von vornherein ausgeschlossen. Dies lässt sich bereits aus dem Bestehen des § 888 ZPO schließen, hätte der Gesetzgeber doch auch schon die Klagbarkeit ausschließen können (vgl. zB § 1297 I einerseits und § 888 III ZPO andererseits). Eine Klage kann zur Klärung der Rechtslage beitragen und den ArbN auf seine Arbeitsverpflichtung hinweisen[11].

345 IÜ halten außer einem Anspruch nach § 61 II ArbGG auch **Sekundäransprüche** und die Möglichkeit einer Abmahnung und einer Kündigung bei unberechtigter Nichtbringung der Arbeitsleistung den ArbN zur Einhaltung seiner Verpflichtung an[12]. Für den Entschädigungsanspruch aus § 61 II ArbGG sowie die darin enthaltene Beschränkung der Zwangsvollstreckung ist aber zu beachten, dass es nicht genügt, wenn der ArbN zur Arbeitsleistung lediglich verpflichtet ist; vielmehr muss er dazu durch Leistungsurteil[13] verurteilt worden sein[14], weshalb ein Fall des § 61 II ArbGG nicht vorliegt, wenn das ArbVerh, etwa auf Grund einer Befristung, während des Prozesses endet. In diesem Fall kann aber die Klage nach § 264 Nr. 3 ZPO in ein Schadensersatzbegehren geändert werden[15].

---

1 MünchArbR/*Reichold*, § 36 Rz. 57; ArbR-BGB/*Schliemann*, § 611 Rz. 587; im Zusammenhang mit § 111 BetrVG ebenso BAG 17.8.1982 – 1 ABR 40/80, AP Nr. 11 zu § 111 BetrVG 1972. ‖ 2 Schaub/*Linck*, ArbRHdb, § 45 Rz. 28. ‖ 3 MünchArbR/*Reichold*, § 36 Rz. 57. ‖ 4 BAG 17.8.1982 – 1 ABR 40/80, AP Nr. 11 zu § 111 BetrVG 1972. ‖ 5 BAG 20.4.1989 – 2 AZR 431/88, AP Nr. 81 zu § 613a BGB. ‖ 6 BAG 19.3.1996 – 9 AZR 656/94, AP Nr. 2 zu § 328 ZPO; LAG Berlin 19.5.1960 – 2 Sa 14/60, AP Nr. 3 zu § 269 BGB; *Baumbach/Lauterbach/Albers/Hartmann*, § 29 ZPO Rz. 19; *Zöller/Vollkommer*, § 29 ZPO Rz. 25 „Arbeitsvertrag". ‖ 7 AA MünchArbR/*Blomeyer*, 2. Aufl. 2000, § 48 Rz. 80; vgl. auch Thomas/Putzo/*Hüßtege*, § 29 ZPO Rz. 10. ‖ 8 ErfK/*Preis*, § 611 Rz. 695. ‖ 9 Anders Schaub/*Linck*, ArbRHdb, § 45 Rz. 65, der annimmt, die Arbeitsleistung sei nur „nahezu" immer unvertretbar. ‖ 10 Vgl. GMP/*Germelmann*, § 61 ArbGG Rz. 28. ‖ 11 Schaub/*Linck*, ArbRHdb, § 45 Rz. 65; dies folgt unausgesprochen auch aus BAG 2.12.1965 – 2 AZR 91/65, AP Nr. 27 zu § 620 BGB Befristeter Arbeitsvertrag, wonach die Klage auf Fortsetzung des ArbVerh durch den ArbN nicht an einem fehlenden Rechtsschutzbedürfnis scheiterte. ‖ 12 Zu weiteren „mittelbaren Sanktionen" MünchArbR/*Reichold*, § 38 Rz. 12. ‖ 13 GMP/*Germelmann*, § 61 ArbGG Rz. 27. ‖ 14 BAG 2.12.1965 – 2 AZR 91/65, AP Nr. 27 zu § 620 BGB Befristeter Arbeitsvertrag m. Anm. *A. Hueck*. ‖ 15 BAG 2.12.1965 – 2 AZR 91/65, AP Nr. 27 zu § 620 BGB Befristeter Arbeitsvertrag m. Anm. *A. Hueck*.

Im Wege der **einstw. Verfügung** kann nach umstrittener Ansicht zwar der Anspruch auf Arbeitsleistung, nicht aber der Anspruch nach § 61 II ArbGG verfolgt werden[1]. 346

2. **Nebenpflichten. a) Grundsätze.** Unter den Nebenpflichten werden allg. diejenigen Pflichten verstanden, die nicht Hauptpflicht sind und den ArbN zur Rücksichtnahme auf die Interessen des Vertragspartners und zum Schutz und zur Förderung der Durchführung des Vertragszwecks verpflichten[2]. Die Herleitung der Grundlage der Nebenpflichten erfolgte zunächst unter Berufung auf den Charakter des ArbVerh als **personenrechtl. Gemeinschaftsverhältnis** und die daraus resultierende allg. Treuepflicht des ArbN, die neben die Pflicht zur Arbeitsleistung treten sollte und der Fürsorgepflicht des ArbGeb korrespondierte[3]. Das BAG konkretisierte die **Treuepflicht** des ArbN dahin, dass sich dieser „auf Grund seines Arbeitsvertrags für die Interessen des ArbGeb und das Gedeihen des Betriebs einsetzen und alles unterlassen müsse, was dem ArbGeb oder dem Betrieb abträglich ist"[4]; bei der Nebenpflicht, alle vermeidbaren Schäden vom ArbGeb fern zu halten, handele es sich „um einen aus dem gem. § 242 auszulegenden Arbeitsvertrag resultierenden Erfüllungsanspruch"[5]. Dem BAG zufolge wird der Inhalt dieser Nebenpflicht im ArbVerh „durch eine besondere persönliche Bindung der Vertragspartner geprägt"; das ArbVerh beinhalte „spezifische Pflichten zur Rücksichtnahme auf die Interessen des jeweiligen Vertragspartners"[6]. Auch formuliert das BAG, die Treuepflicht des ArbN gebiete, alles zu unterlassen, was dem ArbGeb oder dem Betrieb abträglich ist[7]. Gegen den Erkenntniswert derart allg. Formeln werden freilich zu Recht Bedenken erhoben[8], doch kommt es im Einzelfall weniger auf die abstrakte Begriffsbestimmung an als vielmehr auf die aus der genannten Grundlage entwickelten besonderen Fallgruppen der Nebenpflichten, die zT sehr detaillierte vertragliche Ausgestaltung erfahren haben, zumal die genaue inhaltliche Festlegung der Nebenpflicht nach den **besonderen Umständen** des jeweiligen ArbVerh sowie nach der **Verkehrssitte** zu erfolgen hat[9]. 347

Der Charakter des ArbVerh als ein personenrechtl. Gemeinschaftsverhältnis ist nach und nach zu Gunsten einer heute eher an der Vorstellung des **Austauschverhältnisses** orientierten Sichtweise zurückgetreten. Nach der Schuldrechtsreform sind schuldrechtl. Nebenpflichten nunmehr auch positivrechtl. in § 241 II verortet worden. Die Norm enthält eine allg. Bestimmung der Nebenpflichten im Schuldverhältnis und sieht ähnlich der in der Rspr. bereits zuvor herausgearbeiteten Begriffsbestimmung vor, dass das Schuldverhältnis nach seinem Inhalt jeden Teil „zur Rücksichtnahme auf die Rechte, Rechtsgüter und Interessen des anderen Teils verpflichten" kann. 348

b) **Besondere Nebenpflichten.** Die Systematisierung der arbeitsvertragl. Nebenpflichten wird in unterschiedlichster Weise vorgenommen. Die Vielgestaltigkeit der einzelnen denkbaren Nebenpflichten erlaubt es nur, die Bereiche einiger praktisch relevanter Nebenpflichten hervorzuheben: 349

aa) **Verschwiegenheit.** Aus dem Arbeitsvertrag ergibt sich – auch ohne explizite vertragl. Festschreibung[10] – eine Pflicht für den ArbN, über ihm bekannt gewordene Geschäfts- und Betriebsgeheimnisse Verschwiegenheit zu bewahren. Dabei liegt ein **Betriebsgeheimnis** nach auch in der Lit.[11] anerkannter Definition des BAG vor, wenn Tatsachen im Zusammenhang mit einem Geschäftsbetrieb, die nur einem eng begrenzten Personenkreis bekannt und nicht offenkundig sind, nach dem Willen des ArbGeb auf Grund eines berechtigten wirtschaftl. Interesses geheim gehalten werden[12]. Aus der Rspr. des BAG kann ebenfalls abgeleitet werden, dass technische Tatsachen bereits dann nicht **offenkundig** sind, wenn ihre Analyse für ausgebildete Fachkräfte einen mittleren Schwierigkeitsgrad bietet und ihre sinnvolle Verwendung nicht ohne Detailkenntnisse und erst nach entsprechenden Überlegungen und Untersuchungen möglich ist[13]. Der **Wille des ArbGeb zur Geheimhaltung** muss sich für den ArbN erkennbar – auch konkludent – geäußert haben[14]. Problematisch ist das **schutzwürdige Interesse** an der Geheimhaltung rechtswidriger Geheimnisse[15]. Als Fall eines fehlenden schutzwürdigen Interesses des ArbGeb an der Geheimhaltung kann es zu Recht angesehen werden, dass der ArbGeb gegen geltendes Recht (zB das SozV-, Steuer- oder Umweltrecht) verstößt (Problem des sog. Whistleblowing)[16]. Gleichwohl kommen hierfür allenfalls solche Gesetzesverstöße in Betracht, die entweder die Rechtsposition des ArbN konkret und – gemessen an der Bedeutung des Geheimnisses – mit einiger Erheblichkeit beeinträchtigen, oder solche, die strafrechtl. sanktionierbar sind, denn dem ArbN obliegt nicht die Auf- 350

---

1 AA hinsichtlich der Arbeitsleistung zB MüKoBGB/*Müller-Glöge*, § 611 Rz. 1034; Einzelheiten und Nachw. zum Streitstand bei MünchArbR/*Reichold*, § 38 Rz. 4 und 9; Schaub/*Linck*, ArbRHdb, § 45 Rz. 66. ‖2 Vgl. ErfK/*Preis*, § 611 Rz. 707; ArbR-BGB/*Schliemann*, § 611 Rz. 674. ‖3 Zur Begriffsgeschichte auch Staudinger/*Richardi*, § 611 Rz. 896 ff. mwN; auch MünchArbR/*Reichold*, § 47 Rz. 4; s.a. *Wiedemann*, Das Arbeitsverhältnis als Austausch- und Gemeinschaftsverhältnis, 1966. ‖4 BAG 17.10.1969 – 3 AZR 442/68, AP Nr. 7 zu § 611 BGB Treuepflicht m. Anm. *Canaris*. ‖5 BAG 5.3.1968 – 1 AZR 229/67, AP Nr. 6 zu § 611 BGB Treuepflicht m. Anm. *Brackmann*. ‖6 BAG 7.9.1995 – 8 AZR 828/93, AP Nr. 24 zu § 242 BGB Auskunftspflicht. ‖7 BAG 16.8.1990 – 2 AZR 113/90, AP Nr. 10 zu § 611 BGB Treuepflicht. ‖8 Vgl. zB ErfK/*Preis*, § 611 Rz. 709. ‖9 *Hueck/Nipperdey*, ArbR Bd. I, 17. Aufl., S. 242. ‖10 Preis/*Rolfs*, Der Arbeitsvertrag, II V 20 Rz. 5. ‖11 MünchArbR/*Reichold*, § 48 Rz. 33; Preis/*Rolfs*, Der Arbeitsvertrag, II V 20 Rz. 18f. ‖12 BAG 16.3.1982 – 3 AZR 83/79, AP Nr. 1 zu § 611 BGB Betriebsgeheimnis. ‖13 BAG 16.3.1982 – 3 AZR 83/79, AP Nr. 1 zu § 611 BGB Betriebsgeheimnis; vgl. auch ArbR-BGB/*Schliemann*, § 611 Rz. 702. ‖14 ArbR-BGB/*Schliemann*, § 611 Rz. 702. ‖15 Preis/*Rolfs*, Der Arbeitsvertrag, II V 20 Rz. 22. ‖16 ErfK/*Preis*, § 611 Rz. 716, auch zu Strafanzeigen des ArbN gegen den ArbGeb; *Kort*, FS Kreutz, 2010, S. 247; *Fahrig*, NZA 2010, 1223.

rechterhaltung objektiven Rechts im Betrieb. Unabhängig vom Nachweise der mitgeteilten Verfehlung und ihrer Strafbarkeit kann die Anzeige aber ein Grund zur Kündigung sein, wenn die Erstattung sich als unverhältnismäßige Reaktion auf die Verfehlung erweist[1]. Nach Ansicht des BGH ist ein ArbN dann nicht gehindert, nach seinem Ausscheiden Betriebsinterna zu offenbaren, wenn er damit gewichtige innerbetriebl. Missstände aufdeckt, durch die die Öffentlichkeit betroffen ist und denen durch betriebsinternes Vorstelligwerden nicht erfolgreich begegnet werden kann[2]. Unabhängig vom Vorliegen dieser Begriffsmerkmale gilt die Verschwiegenheitspflicht auch für solche Tatsachen, die der ArbGeb ausdrücklich als vertraulich bezeichnet[3]. Grenzen der Verschwiegenheitspflicht können sich aus den Grundrechten, insb. aus dem **Recht auf freie Meinungsäußerung** (Art. 5 I GG) ergeben, s. Rz. 378 ff.

351 bb) **Verschwiegenheitspflicht.** Nach der Rspr. des BAG ist ein ArbN auch **nach Beendigung des ArbVerh** verpflichtet, Verschwiegenheit über Geschäfts- und Betriebsgeheimnisse seines ArbGeb zu bewahren[4]. Teilweise wird in der Weise differenziert, dass die der Pflicht unterfallenden Tatsachen zwar nicht durch Weitergabe an Dritte, wohl aber durch eigene berufliche Verwertung, soweit ein Wettbewerbsverbot nicht (wirksam) vereinbart ist, gestattet ist[5]. Sieht man die Grundlage der Verschwiegenheitspflicht in einer Nebenpflicht aus dem Arbeitsvertrag, so kann eine Verschwiegenheitspflicht nach Ende des Vertrags nicht ohne weiteres angenommen werden, denn mit der Beendigung des ArbVerh finden die hierdurch begründeten beiderseitigen Rechte und Pflichten für die Zukunft grds. ihr Ende, und eine Nachwirkung kann nur in einem sehr begrenzten Umfang in Betracht kommen[6]. Jedenfalls besteht sie als Ausnahme zum Grundsatz der Beschränkung der Pflichten auf die Dauer des Vertrags nicht ohne weiteres, sondern bedarf regelmäßig einer besonderen Grundlage, die den ArbN auch über das Ende des Arbeitsvertrags hinaus verpflichtet. Zu diesem Zweck können die Parteien eines Arbeitsvertrages wirksam **vereinbaren**, dass der ArbN bestimmte Betriebsgeheimnisse, die er auf Grund seiner Tätigkeit erfährt, nach Beendigung des ArbVerh nicht nutzen oder weitergeben darf (**Geheimhaltungsklausel**)[7]. Die Verbindlichkeit einer solchen Vereinbarung hängt **nicht** von der Zusage einer **Entschädigung** ab[8]. Dies gilt allerdings dann nicht, wenn die Verschwiegenheitspflicht wie ein nachvertragl. Wettbewerbsverbot iSv. §§ 74 ff. HGB wirkt[9]; andererseits ist aus einer Verschwiegenheitsklausel für sich allein noch kein Wettbewerbsverbot herzuleiten[10]. Ferner kann der ArbGeb unter dem rechtl. Gesichtspunkt der nachwirkenden Fürsorgepflicht gehalten sein, den ArbN nach dem Erlöschen des ArbVerh von einem fortbestehenden Schweigegebot freizustellen, so wenn er das Ziel verfolgt, seinen Rechtsanwalt für einen gegen den ArbGeb zu führenden Schadensersatzprozess informieren zu können, was aber zur Voraussetzung hat, dass alle sonstigen materiellrechtl. Erfordernisse des Schadensersatzanspruchs feststehen[11]. Eine **gesetzl. nachvertragl. Verschwiegenheitspflicht** besteht für BR-Mitglieder nach § 79 I 2 BetrVG (vgl. auch § 80 IV BetrVG); für die Mitglieder des Aufsichtsrats aus den Kreisen der ArbN gilt § 116 iVm. § 93 I 2 AktG. Weitere gesetzl. Verschwiegenheitspflichten finden sich für die Personalvertretung in § 10 BPersVG, für Vertrauensleute schwerbehinderter Menschen in § 96 VII SGB IX, für Auszubildende in § 13 S. 2 Nr. 6 BBiG, für bei der Datenverarbeitung beschäftigte Personen in § 5 S. 2 BDSG. Wird eine auf Grund eines solchen besonderen Amtes bestehende Verschwiegenheitspflicht verletzt, ist stets zu fragen, ob dies gleichzeitig als Verstoß (auch) gegen eine arbeitsvertragl. Pflicht zu bewerten ist[12]. Die **tarifvertragl.** Bestimmung des § 3 I TVöD sieht vor, dass der Angestellte auch nach Beendigung des ArbVerh über Angelegenheiten, die der Schweigepflicht unterliegen, Verschwiegenheit zu bewahren hat. Aus der Verpflichtung, Verschwiegenheit über Kundenlisten zu bewahren, folgt allerdings noch nicht die Verpflichtung, die Kunden des ArbGeb nicht zu umwerben; will der ArbGeb das verhindern, muss er ein Wettbewerbsverbot vereinbaren[13].

352 Bei Verletzung der Verschwiegenheitspflicht während der Dauer des ArbVerh kommen sowohl **Abmahnung** als auch (ordentl. und außerordentl.[14]) **Kündigung** in Betracht. Allein die objektive Verletzung der Schweigepflicht, die dem ArbN-Vertreter im Aufsichtsrat entweder kraft Gesetzes obliegt (§ 116 iVm. § 93 I 2 AktG) oder die ihm durch die Unternehmensleitung besonders auferlegt wird, rechtfertigt idR weder die außerordentl. noch die ordentl. Kündigung. Es muss hinzukommen, dass der Verstoß auf Verschulden des ArbN beruht, woran es fehlt, solange ungeklärt ist, welchen Umfang die

---

1 BAG 27.9.2012 – 2 AZR 646/11, EzA § 626 BGB 2002 Nr. 43. ||2 BGH 20.1.1981 – VI ZR 162/79, AP Nr. 4 zu § 611 BGB Schweigepflicht, mit näheren Ausführungen zu den Voraussetzungen, unter denen in öffentl. Kritik an einem Unternehmen Betriebsinterna offenbart werden dürfen, wenn sich der Kritiker deren Kenntnis durch Anstellung in dem Unternehmen unter Verschweigen seiner Absicht und unter einem Decknamen verschafft hat. ||3 MünchArbR/*Blomeyer*, § 53 Rz. 57. ||4 BAG 24.11.1956 – 2 AZR 345/56, AP Nr. 4 zu § 611 BGB Fürsorgepflicht; 15.12.1987 – 3 AZR 474/86, AP Nr. 5 zu § 611 BGB Betriebsgeheimnis; 16.3.1982 – 3 AZR 83/79, AP Nr. 1 zu § 611 BGB Betriebsgeheimnis. ||5 MünchArbR/*Reichold*, § 48 Rz. 44. ||6 BAG 24.11.1956 – 2 AZR 345/56, AP Nr. 4 zu § 611 BGB Fürsorgepflicht; vgl. auch Schaub/*Linck*, ArbRHdb, § 53 Rz. 57. ||7 BAG 16.3.1982 – 3 AZR 83/79, AP Nr. 1 zu § 611 BGB Betriebsgeheimnis. ||8 BAG 16.3.1982 – 3 AZR 83/79, AP Nr. 1 zu § 611 BGB Betriebsgeheimnis. ||9 ArbR-BGB/*Schliemann*, § 611 Rz. 703; MünchArbR/*Reichold*, § 48 Rz. 44. ||10 BAG 19.5.1998 – 9 AZR 349/97, AP Nr. 11 zu § 611 BGB Treuepflicht; Schaub/*Linck*, ArbRHdb, § 53 Rz. 61. ||11 BAG 13.2.1969 – 5 AZR 199/68, AP Nr. 3 zu § 611 BGB Schweigepflicht. ||12 BAG 4.4.1974 – 2 AZR 452/73, AP Nr. 1 zu § 626 BGB Arbeitnehmervertreter im Aufsichtsrat. ||13 BAG 15.12.1987 – 3 AZR 474/86, AP Nr. 5 zu § 611 BGB Betriebsgeheimnis. ||14 LAG Berlin 10.7.2003 – 16 Sa 545/03, LAGE § 626 BGB 2002 Nr. 1a.

Pflichten des Arbeitnehmers   Rz. 355 § 611 BGB

Schweigepflicht der ArbN-Vertreter im Aufsichtsrat hat[1]. Aber auch nach Beendigung des ArbVerh können Sanktionen eintreten: In schwerwiegenden Fällen kann sich der Verpflichtete nach § 826 schadensersatzpflichtig machen. Möglich ist auch, dass die Arbeitsvertragsparteien die nachvertragl. Verschwiegenheitspflicht mit einer **Vertragsstrafe** bewehrt haben[2]. Es gelten die allg. Regeln zur Kontrolle von Vertragsstrafen in Formulararbeitsverträgen (s. Rz. 415 ff.). Die Mitteilung von Informationen aus dem Geschäftsbereich des ArbGeb an Konkurrenten ist idR eine Verletzung der dem ArbN obliegenden Verschwiegenheitspflicht, und schon ein diesbezüglicher dringender Verdacht ist an sich geeignet, eine Verdachtskündigung zu rechtfertigen[3]. Als besonderer **Straftatbestand**, dem auch ArbN unterfallen, ist § 17 UWG zu beachten.

cc) **Einhaltung der betrieblichen Ordnung.** Unter den Sammelbegriff der Einhaltung der betriebl. Ordnung wird eine Vielzahl unterschiedlicher Nebenpflichten gefasst, die die allg. Pflicht des ArbN, sich innerhalb des Betriebs „ordnungsgemäß" zu verhalten, ausfüllen. Damit ist nicht allein das Verhalten des ArbN ggü. seinem ArbGeb, sondern insb. auch ggü. den anderen ArbN gemeint. Im erstgenannten Fall folgt die Pflicht bereits aus der Rücksichtnahme- und Schutzpflicht, die ihrerseits als Nebenpflichten aus dem Arbeitsvertrag folgen (vgl. auch § 241 II). Eine Verpflichtung zu bestimmten Verhaltensweisen besteht ggü. den anderen ArbN nicht, ergibt sich jedoch als Reflex[4] aus der ggü. dem ArbGeb bestehenden Pflicht zur Rücksichtnahme auf sein Interesse (vgl. ebenfalls § 241 II) an einem reibungslosen Ablauf des arbeitsteiligen Prozesses im Betrieb. In dieser Hinsicht handelt es sich typischerweise um einen kollektiven Tatbestand, der der erzwingbaren Mitbest. des BR nach **§ 87 I Nr. 1 BetrVG** unterliegt[5]. Besondere, verbindliche Verhaltenspflichten können durch eine BV nach § 87 I Nr. 1 BetrVG begründet werden. Vgl. insoweit und wegen hier nicht aufgeführter Fallgruppen die dortige Komm. Doch unterfällt nicht jedes Verhalten des ArbN im Rahmen seines ArbVerh dem Regelungsbereich des § 87 I Nr. 1 BetrVG. Das BAG geht dabei von der Möglichkeit einer scharfen **Trennung** zwischen dem **mitbestimmungspflichtigen Ordnungsverhalten** und dem davon zu unterscheidenden **reinen Arbeitsverhalten** aus[6]. Das letztgenannte betreffen alle Regeln und Weisungen, die bei der unmittelbaren Erbringung der Arbeitsleistung selbst zu beachten sind; das Arbeitsverhalten wird berührt, wenn der ArbGeb kraft seiner Organisations- und Leitungsmacht näher bestimmt, welche Arbeiten in welcher Weise auszuführen sind. Nicht mitbestimmungspflichtig sind danach Anordnungen, mit denen die Arbeitspflicht unmittelbar konkretisiert wird[7]. Wären Gegenstand des MitbestR überhaupt alle Maßnahmen des ArbGeb, die ein irgendwie geartetes Verhalten des ArbN zum Ziel haben oder dieses Verhalten betreffen, hätte es der anderen Mitbestimmungstatbestände in § 87 I BetrVG nicht bedurft[8]. So hat etwa eine vom ArbGeb eingeführte **Dienstreiseordnung** nicht die Gestaltung des Zusammenlebens und Zusammenwirkens der ArbN im Rahmen der betriebl. Ordnung zum Inhalt, denn sie bezieht sich nicht auf das Ordnungsverhalten des ArbN, sondern auf sein Arbeits- oder Leistungsverhalten[9]. Fordert ein ArbGeb die überwiegende Zahl seiner Mitarbeiter auf, die ihnen geschuldete Entgeltabrechnung durch die Betätigung einer bestimmten EDV-Funktionalität selbst zu erstellen und auszudrucken, so handelt es sich dabei um eine mitbestimmungspflichtige Frage der Ordnung des Betriebes[10]. Dies gilt auch, wenn der ArbGeb seine ArbN anweist, sich in einem Kundenbetrieb der dort eingerichteten biometrischen Zugangskontrolle (Fingerabdruckerfassung) zu unterziehen[11]. Allerdings kann der ArbGeb auch Vereinbarungen mit denjenigen ArbN schließen, die einen **Parkplatz benutzen** wollen, so dass es sich um **vertragl. Einheitsregelungen** handelt, deren Inhalt nicht zwischen den Beteiligten abgesprochen, sondern von dem ArbGeb einseitig festgesetzt wird. Dabei darf der ArbGeb, weil in einem solchen Fall die Vertragsparität einen Interessenausgleich nicht gewährleisten kann, nicht nur seine Interessen verfolgen; vielmehr muss er seinerseits auch den Interessen der ArbN angemessen Rechnung tragen und seine Leistungsbestimmung billig und gerecht ausüben[12]. Der Verpflichtung des ArbN zur Einhaltung der betriebl. Ordnung ist durch das grundrechtl. geschützte **Persönlichkeitsrecht** des ArbN eine **Grenze** gesetzt[13].

Der Betriebsfrieden kann durch **Mobbing** gestört werden, das der ArbN zu unterlassen hat. Dies beruht auf der arbeitsvertragl. Nebenpflicht, in Bezug auf die Arbeitskollegen Rücksichtnahme zu üben und Störungen des Betriebsfriedens zu unterlassen[14]. Zum Begriff des Mobbing s. Rz. 256. Soweit das Mobbing sexuellen Bezug aufweist, ist es (auch) nach dem AGG zu beurteilen (s. Komm. dort).

Als **Folge** davon kann der ArbN berechtigt sein, vom ArbGeb Schadensersatz zu verlangen, falls ihm Schäden auf Grund von Mobbing durch namentlich benannte Kollegen entstanden sind[15] (ausf.

---

1 BAG 4.4.1974 – 2 AZR 452/73, AP Nr. 1 zu § 626 BGB Arbeitnehmervertreter im Aufsichtsrat. ||2 MünchArbR/*Reichold*, § 48 Rz. 47. ||3 BAG 26.9.1990 – 2 AZR 602/89, RzK I 8c Nr. 20. ||4 MünchArbR/*Reichold*, § 49 Rz. 14. ||5 Ausf. zu Einzelfällen *Richardi*, § 87 BetrVG Rz. 184 ff. ||6 BAG 8.12.1981 – 1 ABR 91/79, AP Nr. 6 zu § 87 BetrVG 1972 Lohngestaltung. ||7 BAG 8.11.1994 – 1 ABR 22/94, AP Nr. 24 zu § 87 BetrVG 1972 Ordnung des Betriebes (*Raab*). ||8 BAG 8.12.1981 – 1 ABR 91/79, AP Nr. 6 zu § 87 BetrVG 1972 Lohngestaltung. ||9 BAG 8.12.1981 – 1 ABR 91/79, AP Nr. 6 zu § 87 BetrVG 1972 Lohngestaltung. ||10 LAG Hess. 22.1.2004 – 5 TaBV 81/03, nv. ||11 BAG 27.1.2004 – 1 ABR 7/03, AP Nr. 40 zu § 87 BetrVG 1972 Überwachung. ||12 BAG 28.9.1989 – 8 AZR 120/88, AP Nr. 5 zu § 611 BGB Parkplatz. ||13 ArbR-BGB/*Schliemann*, § 611 Rz. 711. ||14 MünchArbR/*Reichold*, § 49 Rz. 42; ArbR-BGB/*Schliemann*, § 611 Rz. 714; *Grunewald*, NZA 1993, 1071 (1072). ||15 S. hierzu BAG 25.10.2007 – 8 AZR 593/06, BAGE 124, 295.

Rz. 256). Die Entlassung des mobbenden Kollegen kann der betroffene ArBN dagegen im Regelfall nicht verlangen. Einen Anspruch auf das Angebot eines gleichwertigen Arbeitsplatzes hat er nur dann, wenn ein solcher innerhalb des Betriebs vorhanden ist[1]. Vor einer Kündigung kann der mobbende ArbN **abgemahnt** werden, wenn dadurch die Wiederherstellung des Vertrauens erwartet werden kann[2]. Für den mobbenden ArbN kann das Mobbing **auch ohne Abmahnung** und unabhängig davon, ob es dadurch zu einer nachgewiesenen Störung des Betriebsfriedens gekommen ist, die **außerordentl. Kündigung** rechtfertigen, wenn dadurch das allg. Persönlichkeitsrecht, die Ehre oder das Gesundheit des Mobbingopfers in schwerwiegender Weise verletzt werden[3]. Je intensiver das Mobbing erfolgt, umso schwerwiegender und nachhaltiger wird die Vertrauensgrundlage für die Fortführung des ArbVerh gestört; muss der Mobbingtäter erkennen, dass das Mobbing zu einer Erkrankung des Opfers geführt hat, und setzt dieser das Mobbing gleichwohl fort, dann kann sogar die auch nur vorübergehende **Weiterbeschäftigung** des mobbenden ArbN ausgeschlossen sein[4]. Umgekehrt begründen Mobbinghandlungen allerdings keinen Sonderkündigungsschutz für deren Opfer; sie können allenfalls zur Treu- oder Sittenwidrigkeit einer Kündigung führen, wenn der ArbGeb sie sich zu eigen macht und die Kündigung aus willkürlichen oder verwerflichen Motiven ausspricht[5]. Falls von einem ArbN Mobbing gegen einen anderen ArbN ausgeht, kommen **betriebl. Rechte nach den §§ 82 ff. BetrVG**, insb. das Beschwerderecht nach §§ 84, 85 BetrVG in Betracht. Daher steht der Schaffung einer **betriebl. Regelung**, in welcher Weise und durch welche Personen dem Mobbing von Mitarbeitern entgegenzutreten und wie dieses zu sanktionieren ist, der Gesetzesvorbehalt des § 87 I BetrVG entgegen, denn entsprechende Maßnahmen gehören zu den gem. § 75 BetrVG unveräußerlichen Aufgaben des BR, und in den §§ 82 ff. BetrVG hat die Vorgehensweise eine besondere Regelung gefunden[6].

356 Zu den ggü. dem ArbGeb bestehenden Nebenpflichten gehört etwa, dass ein Kraftfahrer verpflichtet ist, jeden die Fahrtüchtigkeit beeinträchtigenden **Alkoholgenuss** während des Dienstes und kurz vor Dienstantritt zu unterlassen[7]. Zur Einhaltung des Betriebsfriedens durch Unterlassung bestimmter **Meinungsäußerungen** vgl. Rz. 378.

357 **dd) Wettbewerb.** Für Zulässigkeit, Voraussetzungen, Inhalt und Folgen eines Wettbewerbsverbots ist danach zu unterscheiden, ob das ArbVerh besteht oder beendet ist. Ausführlicher s. Komm. § 110 GewO.

358 **(1) Wettbewerbsverbot bei bestehendem Arbeitsverhältnis – Rechtsgrundlage.** Das BAG hat ein an den ArbN gerichtetes Verbot, mit dem ArbGeb während des Bestehens des ArbVerh in Wettbewerb zu treten, aus einer aus dem Arbeitsvertrag folgenden Neben- bzw. Treuepflicht[8] hergeleitet[9]. Es besteht mithin auch dann, wenn der Einzelarbeitsvertrag keine ausdrückliche Regelungen enthält[10]. Eine eigene gesetzl. schadensersatzbewehrte Regelung eines Verbotes zum Betrieb eines Handelsgewerbes findet sich für Handlungsgehilfen in den **§§ 60, 61 HGB**. Nach st. Rspr. konkretisiert diese Vorschrift einen **allg. Rechtsgedanken**, der seine Grundlage bereits in der **Treuepflicht des ArbN** hat[11]; danach soll der ArbGeb vor Wettbewerbshandlungen seines ArbN geschützt sein, weshalb der Arbeitsvertrag für die Dauer seines Bestehens über den persönlichen und sachlichen Anwendungsbereich des § 60 HGB hinaus ein Wettbewerbsverbot einschließt[12]. Dieser Gedanke finde sich mit § 241 II nunmehr ausdrücklich im Gesetz wieder[13]. Das Verbot des § 60 HGB ist ebenso wie § 241 II dispositiv und kann sowohl erweitert als auch abbedungen werden[14].

359 Der **Sinn und Zweck** des Verbotes kann in unterschiedlicher Weise definiert werden: Zum einen kann er – in **enger Betrachtung** – in der Verhinderung der (auch nur abstrakten) Gefahr liegen, dass der ArbN, der im Rahmen der Erbringung seiner Arbeitsleistung notwendigerweise mit solchen spezifischen Kenntnissen des ArbGeb (etwa über das Produkt und seine Vermarktung) in Berührung kommt, die der ArbGeb unter Einsatz seiner Investitionen gewonnen hat, hierdurch selbst diese Kenntnisse erwirbt und die daraus resultierenden Vorteile seinerseits abschöpfen könnte, wodurch die Investitionen des ArbGeb nutzlos würden. Dieser Schutzzweck basiert auf dem Gedanken, dass nur demjenigen die Rendite aus einer Investition zusteht, der auch das Risiko ihrer Rentabilität bzw. Nutzlosigkeit trägt. Insoweit besteht eine Ähnlichkeit zum Schutzzweck der Verschwiegenheitspflicht mit dem Unterschied, dass bei dieser ein konkretes Geheimnis geschützt wird, während das Wettbewerbsverbot der abstrakten Gefahr der unlauteren Nutzbarmachung des ArbGebWissens begegnen will. Zum anderen kann der Zweck – in **weiter Betrachtung** – darin gesehen werden, dass dem ArbN (darüber hinaus) untersagt ist, bereits seine ei-

---

1 Vgl. BAG 25.10.2007 – 8 AZR 593/06, BAGE 124, 295. ‖ 2 LAG Sa.-Anh. 27.1.2000 – 9 Sa 473/99, nv. ‖ 3 LAG Thür. 15.2.2001 – 5 Sa 102/2000, DB 2001, 1783 ff. ‖ 4 LAG Thür. 15.2.2001 – 5 Sa 102/2000, DB 2001, 1783 ff. ‖ 5 LAG Hess. 21.2.2003 – 12 Sa 561/02, NZA-RR 2004, 356. ‖ 6 LAG Hamburg 15.7.1998 – 5 TaBV 4/98, NZA 1998, 1245. ‖ 7 BAG 23.9.1986 – 1 AZR 83/85, AP Nr. 20 zu § 75 BPersVG. ‖ 8 BAG 6.8.1987 – 2 AZR 226/87, AP Nr. 97 zu § 626 BGB. ‖ 9 BAG 17.10.1969 – 3 AZR 442/68, AP Nr. 7 zu § 611 BGB Treuepflicht. ‖ 10 BAG 16.8.1990 – 2 AZR 113/90, AP Nr. 10 zu § 611 BGB Treuepflicht. ‖ 11 BAG 25.4.1991 – 2 AZR 624/90, AP Nr. 104 zu § 626 BGB. ‖ 12 BAG 16.8.1990 – 2 AZR 113/90, AP Nr. 10 zu § 611 BGB Treuepflicht; 17.10.1969 – 3 AZR 442/68, AP Nr. 7 zu § 611 BGB Treuepflicht; 6.8.1987 – 2 AZR 226/87, AP Nr. 97 zu § 626 BGB; Preis/*Stoffels*, Der Arbeitsvertrag, II W 10 Rz. 2; MünchArbR/*Reichold*, § 48 Rz. 5. ‖ 13 BAG 20.9.2006 – 10 AZR 439/05, AP Nr. 13 zu § 60 HGB; 24.3.2010 – 10 AZR 66/09, AP Nr. 141 zu Art 12 GG. ‖ 14 Preis/*Stoffels*, Der Arbeitsvertrag, II W 10 Rz. 2.

genen, unabhängig von seiner Tätigkeit bei dem ArbGeb vorhandenen Fähigkeiten und Kenntnisse zu verwerten, wenn er damit zu seinem ArbGeb in Wettbewerb tritt. Diese zweite Definition läuft allerdings auf ein Konkurrenzverbot allein um der Vermeidung von Konkurrenz willen hinaus; die Ausschaltung von Konkurrenz als Selbstzweck mag aber kein Umstand sein, der einen solchen Eingriff in die Berufsfreiheit des ArbN rechtfertigen kann[1]. Für die erstgenannte Definition sprechen daher gute Gründe. Die hM scheint dennoch von diesem weiten Verständnis auszugehen, denn sie stellt für den Beginn des Verbots auf den rechtl., nicht den tatsächlichen Beginn des ArbVerh ab.

Nach beiden Definitionen aber ist das Wettbewerbsverbot – auch wegen der Bedeutung der Berufsfreiheit nach Art. 12 I GG[2], vor allem aber auf Grund seines Zwecks – darauf zu reduzieren, dass der ArbN überhaupt **im Handelszweig des ArbGeb tätig** wird, der ArbN also abstrakt in Wettbewerb zu dem ArbGeb treten kann[3]. Dies kommt in der (ggü. der 1. Variante insoweit eingeschränkten) 2. Variante des „Geschäftemachens" im Handelszweig des Prinzipals iSv. § 60 I HGB zum Ausdruck. Dies richtet sich danach, welche Geschäfte der ArbN tatsächlich betrieben hat; es kommt nicht auf das abstrakt mögliche, sondern auf das tatsächliche Geschäftsgebaren an[4]. Verboten ist daher nur eine solche Wettbewerbstätigkeit, die **geeignet** ist, **den ArbGeb** in seiner Absatztätigkeit am Markt **zu schädigen**[5].

Dem **Inhalt** nach gebietet die Treuepflicht dem ArbN, alles zu unterlassen, was dem ArbGeb oder dem Betrieb abträglich ist. Die bisherige Rspr. war dabei sehr streng: Der ArbN durfte insb. im „Marktbereich" seines ArbGeb Dienste oder Leistungen nicht Dritten erbringen oder anbieten. Dem ArbGeb sollte sein Geschäftsbereich voll und ohne Gefahr der nachteiligen Beeinflussung durch den ArbN offen stehen. Für die Dauer des ArbVerh ist dem ArbN – und auch dem Auszubildenden[6] – jede Tätigkeit verboten, die für seinen ArbGeb Konkurrenz bedeutet[7]. Mit jüngerer Rspr. scheint sich ein Wandel anzudeuten. Im Fall eines nebenberuflich tätigen ArbN deutete das BAG an, dass im Hinblick auf die Berufsfreiheit des ArbN (**Art. 12 I GG**) zumindest nicht jede Tätigkeit für Konkurrenten unzulässig ist. Insofern sei in einer **Abwägung der Umständen des Einzelfalls** zu ermitteln, ob nach Art der Haupt- und Nebentätigkeit und der beteiligten Unternehmen überhaupt eine Gefährdung oder Beeinträchtigung der Interessen des ArbGeb vorliege. Es spreche viel dafür, dass die Reichweite des Wettbewerbsverbots auf **unmittelbare Konkurrenztätigkeiten** beschränkt werden muss und bloße Hilfstätigkeiten ohne Wettbewerbsbezug – also insb. einfache Tätigkeiten – nicht erfasst werden[8]. In ersten Stellungnahmen ist die Entscheidung auf Zustimmung gestoßen[9] – wie oben schon angedeutet (Rz. 359) zu Recht. Ein Wechsel von der weiteren hin zu der o.g. engeren Ansicht ist damit jedoch nicht verbunden, weil das Gericht lediglich erhöhte Anforderungen an das Vorliegen von Konkurrenz stellt. Eine entsprechende Anwendung der §§ 60, 61 HGB auf freie Mitarbeiter, Vertreter von Personenhandels- oder Kapitalgesellschaften und Handelsvertreter wird abgelehnt[10]; eine Ausweitung auf das Verhältnis von ArbGeb und ArbN ist jedoch nahe liegend und es sei es dadurch, dass das Wettbewerbsverbot mit gleichem Inhalt aus der arbeitsvertragl. Nebenpflicht bzw. aus Treu und Glauben[11] gefolgert wird[12]. Der zweite Tatbestand des § 60 I HGB, wonach der ArbN nicht für eigene oder fremde Rechnung Geschäfte machen darf, umfasst auch **das bloße Vorbereiten** der Vermittlung und des Abschlusses von solcherlei Geschäften, deren Vermittlung und Abschluss dem Angestellten nach seinem Arbeitsvertrag obliegen. Unter den Tatbestand „Betreiben eines Handelsgewerbes" fallen hingegen solche Vorbereitungshandlungen nicht, die in die Interessen des ArbGeb nicht unmittelbar eingreifen[13]. Auch **während des** rechtl. fortbestehenden, tatsächlich aber **nicht mehr ausgeübten ArbVerh** hat der ArbN – auch ohne besondere Vereinbarung – die Pflicht, sich des Wettbewerbs zu Lasten seines ArbGeb zu enthalten; der ArbGeb kann in einem solchen Falle auf Unterlassung der Wettbewerbstätigkeit klagen[14]. Sofern der ArbGeb eine bestimmte Abteilung auf einen Betriebserwerber überträgt und ab diesem Zeitpunkt selbst in diesem Bereich nicht mehr auf dem Markt tätig wird, ist ein ArbN, der dem Betriebsübergang widersprochen hat und dessen ArbVerh daher zum Betriebsveräußerer fortbesteht, gehalten, Konkurrenztätigkeit, die ihm vor dem Betriebsübergang im Verhältnis zum Betriebsveräußerer auferlegt war, zumindest im Zeitraum des Laufes der (ggf. fiktiven) Kündigungsfrist zu unterlassen[15]. Ein ArbN ist nach

---

1 Vgl. BVerfG 11.6.1958 – 1 BvR 596/56, BVerfGE 7, 377 (405 ff.) Apothekenurteil; sowie die Rspr. des BAG, wonach das bloße Interesse, Konkurrenz einzuschränken, für ein nachvertragl. Wettbewerbsverbot nicht genügt: BAG 1.8.1995 – 9 AZR 884/93, AP Nr. 5 zu § 74a HGB. || **2** Staudinger/*Richardi*, § 611 Rz. 474. || **3** BAG 25.5.1970 – 3 AZR 384/69, AP Nr. 4 zu § 60 HGB; 7.9.1972 – 2 AZR 486/71, AP Nr. 7 zu § 60 HGB; 3.5.1983 – 3 AZR 62/81, AP Nr. 10 zu § 60 HGB; MünchArbR/*Reichold*, § 48 Rz. 6. || **4** BAG 3.5.1983 – 3 AZR 62/81, AP Nr. 10 zu § 60 HGB. || **5** Staudinger/*Richardi*, § 611 Rz. 477. || **6** BAG 20.9.2006 – 10 AZR 439/05, AP Nr. 13 zu § 60 HGB. || **7** BAG 16.8.1990 – 2 AZR 113/90, AP Nr. 10 zu § 611 BGB Treuepflicht; 16.6.1976 – 3 AZR 73/75, AP Nr. 8 zu § 611 BGB Treuepflicht; 23.5.1985 – 2 AZR 268/84, nv.; 6.10.1988 – 2 AZR 150/88, nv. || **8** BAG 24.3.2010 – 10 AZR 66/09, AP Nr. 141 zu Art 12 GG. || **9** ErfK/*Preis*, § 611 Rz. 720; BeckOK-ArbR/*Joussen*, § 611 Rz. 414a. || **10** BGH 23.1.1964 – VII ZR 133/62, NJW 1964, 817; ErfK/*Oetker*, § 60 HGB Rz. 2; aA unter Aufgabe seiner bisherigen Rspr. BAG 11.4.2000 – 9 AZR 131/99, AP Nr. 3 zu § 61 HGB für die Verjährungsfrist des § 61 II HGB. || **11** Staudinger/*Richardi*, § 611 Rz. 475. || **12** So auch BAG 11.4.2000 – 9 AZR 131/99, NZA 2001, 94 unter Aufgabe von BAG 16.1.1975 – 3 AZR 72/74, AP Nr. 3 zu § 60 HGB. || **13** BAG 12.5.1972 – 3 AZR 401/71, AP Nr. 6 zu § 60 HGB m. Anm. *Fenn*. Zur Abgrenzung s.a. BAG 20.9.2006 – 10 AZR 439/05, AP Nr. 13 zu § 60 HGB. || **14** BAG 17.10.1969 – 3 AZR 442/68, AP Nr. 7 zu § 611 BGB Treuepflicht. || **15** LAG Nürnberg 4.2.2003 – 6 (5) Sa 981/01, LAGE § 626 BGB Nr. 148.

der Rspr. des BAG an das Wettbewerbsverbot auch dann noch gebunden, wenn der ArbGeb eine außerordentl. Kündigung ausspricht, deren Wirksamkeit der ArbN bestreitet[1].

362 Als **Rechtsfolge** kann sich zunächst ein **Auskunftsanspruch** ergeben. Derjenige, der einem anderen ggü. vertragl. verpflichtet ist, Wettbewerb zu unterlassen, schuldet diesem Auskunft, sobald er ihm erheblichen Anlass gegeben hat zu vermuten, er habe seine Vertragspflicht verletzt; dabei erstreckt sich die Auskunftspflicht auf alle Angaben, die Voraussetzung einer etwaigen Schadensersatzforderung sein können[2]. Bei einer Verletzung des Wettbewerbsverbotes kommt zunächst ein Anspruch des ArbGeb auf **Unterlassung**[3] sowie auf **Schadensersatz** in Betracht (vgl. auch § 61 I HGB); außerdem kann der ArbN verpflichtet sein, das aus der Konkurrenztätigkeit **Erlangte** an den ArbGeb **herauszugeben**[4]. Auch die (ordentl. und außerordentl.) Kündigung kann eine angemessene Sanktion eines Verstoßes gegen das Wettbewerbsverbot darstellen[5].

363 **(2) Grundsätze über das Wettbewerbsverbot nach Beendigung des ArbVerh.** Wird ein während des ArbVerh bestehendes Wettbewerbsverbot als vertragl. Nebenpflicht aus dem Arbeitsvertrag hergeleitet, so entfällt mit dessen Beendigung auch die Nebenpflicht. Zur Begründung eines über die Beendigung hinauswirkenden Wettbewerbsverbotes bedarf es daher stets eines besonderen Geltungsgrundes, nämlich der **Vereinbarung** zwischen ArbGeb und ArbN. Ist das Inkrafttreten eines nachvertragl. Wettbewerbsverbots unter der Hauptüberschrift „Wettbewerbsverbot", jedoch ohne weitere Hervorhebung im Abschnitt „Vertragsstrafe" im Arbeitsvertrag geregelt, so ist von einer Überraschungsklausel auszugehen, die nicht Vertragsinhalt wird[6]. Auch eine nachvertragl. Verschwiegenheits- sowie eine nachvertragl. Treuepflicht des ArbN begründen für den ArbGeb regelmäßig gegen den ausgeschiedenen ArbN keine Ansprüche auf Unterlassung von Wettbewerbshandlungen[7]. Besteht nach Beendigung des ArbVerh kein gesondertes Wettbewerbsverbot, ist daher der ArbN in der Verwertung seiner beruflichen Kenntnisse und seines redlich erworbenen Erfahrungswissens grds. frei[8]. Die Vereinbarung einer aufschiebenden Bedingung bei einem nachvertragl. Wettbewerbsverbot ist zulässig und auch nicht unüblich. Soll die Wirksamkeit eines Wettbewerbsverbots auf einen Zeitpunkt nach Ablauf der Probezeit hinausgeschoben werden, muss dies zwischen den Parteien vereinbart sein[9]. Auch der Abschluss eines Vorvertrages, in dem sich der ArbN zum Abschluss eines Wettbewerbsverbotes zu einem späteren Zeitpunkt verpflichtet, ist grds. möglich. Dabei muss jedoch die Schriftform des § 74 I HGB eingehalten werden[10]. Die Vereinbarung eines nachvertragl. Wettbewerbsverbots beruht auf der Vertragsfreiheit, die allerdings im Interesse der Berufsfreiheit des ArbN aus Art. 12 I GG gewisse Einschränkungen erfährt. So sieht § 74a I 1 HGB als **Voraussetzung** ein **berechtigtes geschäftliches Interesse** des Dienstberechtigten vor. Die Bestimmungen der §§ 74 ff. HGB (s. Komm. dort) haben Rspr. und hL schon vor der ausdrücklichen Geltungserstreckung auf alle ArbVerh (§ 110 S. 2 GewO) nicht nur auf den Handlungsgehilfen iSd. HGB beschränkt[11]. Nach der Rspr. des BAG ist ein solches berechtigtes geschäftliches Interesse des ArbGeb dann anzuerkennen, wenn das Wettbewerbsverbot entweder dem Schutz von Betriebsgeheimnissen dient oder den Einbruch in den Kunden- oder Lieferantenkreis verhindern soll; das bloße Interesse, Konkurrenz einzuschränken, genügt nicht[12]. Aus der im Gesetzestext enthaltenen Gegenüberstellung des berechtigten geschäftlichen Interesses des ArbGeb mit der unbilligen Erschwerung des Fortkommens des ArbN hat das BAG abgeleitet, dass § 74a I HGB mehr als ein Willkürverbot umfasse und das nachvertragl. Wettbewerbsverbot deshalb nur dann verbindlich sei, wenn ein **höherrangiges Interesse des ArbGeb** bestehe[13]. Zulässig und der Interessenlage des ArbGeb gerecht werdend ist daher auch die Vereinbarung einer aufschiebenden Bedingung für das Inkrafttreten eines nachvertragl. Wettbewerbsverbots, wenn der mit dem nachvertragl. Wettbewerbsverbot beabsichtigte Schutz von Betriebsgeheimnissen gegen eine Auswertung durch die Konkurrenz nicht bereits bei Beginn des ArbVerh, sondern erst durch die Aneignung von Kenntnissen und Fähigkeiten des ArbN während einer (ggf. unterschiedlich langen) Einarbeitungszeit erforderlich wird[14]. Unzulässig ist es dagegen, durch Volutativbedingung oder durch eine vorvertragl. Verpflichtung des ArbN, ein Wettbewerbsverbot zu vereinbaren, die Begründung eines Wettbewerbsverbotes bis zum Ende des ArbVerh oder sogar darüber hinaus in das **Belieben des ArbGeb** zu stellen. Durch die damit entstehende Unsicherheit – der

---

1 BAG 25.4.1991 – 2 AZR 624/90, AP Nr. 104 zu § 626 BGB; 13.12.2007 – 2 AZR 196/06, nv.; vgl. auch BGH 12.3.2003 – VIII ZR 197/02, NJW-RR 2003, 981. ||2 BAG 12.5.1972 – 3 AZR 401/71, AP Nr. 6 zu § 60 HGB m. Anm. *Fenn*; 16.6.1976 – 3 AZR 73/75, AP Nr. 8 zu § 611 BGB Treuepflicht. ||3 BAG 21.10.1970 – 3 AZR 479/69, AP Nr. 13 zu § 242 BGB Auskunftspflicht. ||4 BAG 16.6.1976 – 3 AZR 73/75, AP Nr. 8 zu § 611 BGB Treuepflicht; 21.10.1970 – 3 AZR 479/69, AP Nr. 13 zu § 242 BGB Auskunftspflicht; MünchArbR/*Reichold*, § 48 Rz. 25. ||5 LAG Hess. 25.3.2004 – 14 Sa 2043/03, nv. ||6 LAG Hamm 10.9.2004 – 7 Sa 918/04, LAGE § 305c BGB 2002 Nr. 2, aufgehoben durch BAG 13.7.2004 – 10 AZR 532/04, AP Nr. 78 zu § 74 HGB. ||7 BAG 19.5.1998 – 9 AZR 394/97, AP Nr. 11 zu § 611 BGB Treuepflicht; 15.6.1993 – 9 AZR 558/91, AP Nr. 40 zu § 611 BGB Konkurrenzklausel; 7.9.2004 – 9 AZR 545/03, NZA 2005, 105; LAG Hamm 21.6.2004 – 7 Sa 590/03, nv. ||8 BAG 15.6.1993 – 9 AZR 558/91, AP Nr. 40 zu § 611 BGB Konkurrenzklausel. ||9 BAG 28.6.2006 – 10 AZR 407/05, AP Nr. 80 zu § 74 HGB. ||10 BAG 14.7.2010 – 10 AZR 291/09, NZA 2011, 413. ||11 Vgl. zB BAG 9.1.1990 – 3 AZR 110/88, AP Nr. 59 zu § 74 HGB; MünchArbR/*Wank*, § 107 Rz. 4. ||12 BAG 1.8.1995 – 9 AZR 884/93, AP Nr. 5 zu § 74a HGB; 24.6.1966 – 3 AZR 501/65, AP Nr. 2 zu § 74a HGB; 16.12.1968 – 3 AZR 434/67, AP Nr. 21 zu § 133f. GewO. ||13 BAG 1.8.1995 – 9 AZR 884/93, AP Nr. 5 zu § 74a HGB. ||14 BAG 13.7.2005 – 10 AZR 532/04, AP Nr. 78 zu § 74 HGB.

ArbN weiß nicht, ob er im Anschluss an sein ArbVerh einem Konkurrenzverbot unterliegt und kann so nicht planen – wird sein Fortkommen unzulässig erschwert[1]. In einem solchen Fall kann der ArbN entweder zwischen Wettbewerbsfreiheit ohne Karenzentschädigung oder Wettbewerbsenthaltung zu den Bedingungen des unwirksamen vereinbarten Wettbewerbsverbotes bzw. Vorvertrags wählen[2]. Der Inhalt des nachvertragl. Wettbewerbsverbotes gleicht – vorbehaltlich besonderer vertragl. Vereinbarungen – dem des Wettbewerbsverbotes während der Beschäftigung. Mit seiner Zustimmung zur vorzeitigen Beendigung des ArbVerh unter erheblicher Aufstockung seiner Versorgungsbezüge wird ein ArbN nicht zugleich schon verpflichtet, sich jeder Konkurrenztätigkeit zu enthalten[3]. Eine vertragl. Vereinbarung, wonach ein Wettbewerbsverbots nur nach einer vom ArbN „ausgelösten Beendigung des Dienstvertrages" gelten soll, ist gem. § 75d S. 1 HGB unverbindlich, da dem ArbN durch eine solche Vertragsgestaltung im Falle einer vom ArbGeb veranlassten ordentl. Beendigung des ArbVerh die Möglichkeit genommen wird, sich gem. § 75 II HGB vom Wettbewerbsverbot zu lösen[4]. Vereinbaren Arbeitsvertragsparteien ein tätigkeitsbezogenes Wettbewerbsverbot, so ist im Zweifel davon auszugehen, dass es nur dann Gültigkeit erlangen soll, wenn der ArbN seine Tätigkeit aufgenommen hat; wird das ArbVerh vor der Arbeitsaufnahme gekündigt und der ArbN für die Dauer der Kündigungsfrist von der Arbeit freigestellt, besteht regelmäßig kein Anspruch auf Karenzentschädigung[5]. Die Pflicht zur Karenzentschädigung entfällt hingegen nicht, wenn der ArbN arbeitsunfähig ist[6]. Zudem verbietet der Grundsatz von Treu und Glauben dem ArbGeb, bei Einhaltung des Wettbewerbsverbots durch den ArbN die Entschädigung mit dem Hinweis zu verwehren, die Aushändigung der Urkunde sei unterblieben und damit das Wettbewerbsverbot gem. § 125 unwirksam[7]. Für Einzelheiten vgl. die Komm. zu § 110 GewO und § 74 HGB.

ee) **Schmiergeldverbot.** Den ArbN trifft auf Grund seines ArbVerh die Pflicht, die Annahme geldwerter Vorteile, durch die die Tätigkeit des ArbN von Dritten beeinflusst oder eine solche Tätigkeit nachträglich belohnt werden soll[8], zu unterlassen[9]. Ob sich diese Pflicht auf die Beeinflussung zu oder Belohnung von pflichtwidrigen Tätigkeiten beschränkt, ist strittig. Teilweise wird gefordert, dass der Geber die Vorstellung bzw. Erwartung haben müsse, der Empfänger habe pflichtwidrig gehandelt oder werde dies tun[10]. Zutreffender Ansicht nach ist eine **Pflichtwidrigkeit** der honorierten Handlung **nicht zu fordern**, denn auch ein nicht pflichtwidriges Verhalten des ArbN, für das ein Schmiergeld zumindest mitursächlich ist, ist geeignet, das Vertrauensverhältnis zwischen ArbGeb und ArbN zu beeinträchtigen; ein solches Verhalten gibt dem ArbGeb berechtigterweise Anlass zu der Befürchtung, die Art und Weise der Ausübung der Dienstpflichten folge anderen Interessen als denen des ArbGeb. Freilich können im Einzelfall Abgrenzungsprobleme zu üblichen Trinkgeldern und Gelegenheitsgeschenken auftreten[11], die aber unter Würdigung der Umstände in den Griff bekommen werden können. Auch der BGH lässt ausreichen, dass die Sonderzuwendungen eine **Willensbeeinflussung** zum Nachteil des Auftraggebers **lediglich befürchten lassen**[12]. Nicht entscheidend ist, ob die Zuwendung auch subjektiv aus der Sicht des Zuwendenden und des Begünstigten in Bezug auf die dienstliche Tätigkeit erfolgte. Ausreichend ist vielmehr, dass objektiv ein enger Zusammenhang zwischen dem Geschenk und der dienstlichen Tätigkeit besteht[13].

Wer als Angestellter oder freier Mitarbeiter die Aufgabe hat, einen Betrieb technisch zu betreuen und 365 selbständig das für den Betrieb benötigte Arbeitsmaterial zu bestellen, ist nicht berechtigt, für solche Aufträge von den Lieferfirmen sich eine Sondervergütung versprechen und zahlen zu lassen[14]. Gleiches gilt für einen Angestellten, der befugt und durch seinen Arbeitsvertrag verpflichtet ist, für den ArbGeb mit Dritten Abschlüsse zu tätigen und dabei selbständig ua. auch die Preise zu vereinbaren, und als solcher Schmiergelder annimmt[15]. Die Annahme von Trinkgeldern oder sonstigen Geschenken im nach der **branchenspezifischen Verkehrssitte** üblichen Rahmen (genannt werden Kalender, Feuerzeug) ist zulässig[16], was auf Grund einer Würdigung der Begleitumstände (zB Wert und Anlass der Gabe, zeitlicher Zusammenhang mit den begünstigten Handlungen) zu beurteilen ist. Ein ausdrückliches oder den Umständen zu entnehmendes konkludentes **Einverständnis** des ArbGeb führt naturgemäß dazu, dass eine an sich pflichtwidrige Annahme von Sonderprovisionen zulässig ist[17]. § 3 II 2 TVöD stellt für den Angestellten im öffentl. Dienst allerdings alle „Belohnungen und Geschenke in Bezug auf seine dienstliche Tätigkeit" unter den Vorbehalt der Zustimmung (dh. der [vorherigen] Einwilligung

---

1 BAG 14.7.2010 – 10 AZR 291/09, NZA 2011, 413; 22.5.1990 – 3 AZR 647/88, AP Nr. 60 zu § 74 HGB. ‖ 2 BAG 14.7.2010 – 10 AZR 291/09, NZA 2011, 413; 22.5.1990 – 3 AZR 647/88, AP Nr. 60 zu § 74 HGB. ‖ 3 BAG 15.6.1993 – 9 AZR 558/91, AP Nr. 40 zu § 611 BGB Konkurrenzklausel. ‖ 4 BAG 7.9.2004 – 9 AZR 612/03, AP Nr. 11 zu § 75 HGB. ‖ 5 BAG 26.5.1992 – 9 AZR 27/91, AP Nr. 63 zu § 74 HGB. ‖ 6 BAG 23.11.2004 – 9 AZR 595/03, AP Nr. 75 zu § 74 HGB. ‖ 7 LAG Hamm 18.7.2003 – 7 Sa 734/03, nv. ‖ 8 So die Definition des „Schmiergeldes" nach MünchArbR/*Reichold*, § 48 Rz. 49. ‖ 9 KassHdb/*Künzl*, 2.1 Rz. 139. ‖ 10 *Zöllner/Loritz*, Arbeitsrecht, § 13 I 3 (S. 173); KassHdb/*Künzl*, 2.1 Rz. 139; so im Erg. auch MünchArbR/*Reichold*, § 48 Rz. 49. ‖ 11 Schaub/*Linck*, ArbRHdb, § 53 Rz. 41. ‖ 12 BGH 18.12.1990 – XI ZR 176/89, NJW 1991, 1224f.; 2.4.2001 – II ZR 217/99, NJW 2001, 2476f. ‖ 13 BAG 17.6.2003 – 2 AZR 62/02, ZTR 2004, 25. ‖ 14 BAG 15.4.1970 – 3 AZR 259/69, AP Nr. 4 zu § 687 BGB; LAG Hess. 19.8.2012 – 6 Sa 1396/11. ‖ 15 BAG 14.7.1961 – 1 AZR 288/60, AP Nr. 1 zu § 687 BGB. ‖ 16 Schaub/*Linck*, ArbRHdb, § 53 Rz. 41; MünchArbR/*Reichold*, § 48 Rz. 51. ‖ 17 BAG 26.2.1971 – 3 AZR 97/70, AP Nr. 5 zu § 687 BGB.

oder der [nachträglichen] Genehmigung, §§ 183 S. 1 bzw. 184 I) des ArbGeb[1]. Dies gilt auch für die Begünstigung durch letztwillige Verfügungen[2].

366 Die **Rechtsfolgen** sind unterschiedlich. Eine unzulässige Schmiergeldannahme ist **sittenwidrig** (§ 138 I). Zuwendungen an einen Vertreter mit dem Ziel, von ihm bei der Vergabe von Aufträgen bevorzugt zu werden, verstoßen auch dann gegen die guten Sitten, wenn jener den Auftrag zwar nicht für den Vertretenen zu erteilen, für diesen aber bei der Vergabe durch einen Dritten mitzubestimmen hat und der Vertretene an einer möglichst guten Erledigung des Auftrags ein eigenes wirtschaftl. Interesse hat[3]. Der Rückforderung durch den Geber steht zumeist § 817 S. 2 entgegen. Ein ArbN, der in unzulässiger Weise Schmiergelder annimmt, behandelt nach Ansicht der Rspr. des BAG insoweit unbefugt ein Geschäft des ArbGeb als sein eigenes und ist deshalb nach § 687 zur **Herausgabe** der Schmiergelder an den ArbGeb verpflichtet[4]. Das – wenigstens auch – fremde Geschäft des ArbGeb ist dabei nicht in der Annahme des Schmiergeldes zu sehen; der BGH erblickt es in der Vornahme der beeinflussten Handlung des ArbN, die ihn, so der BGH in seiner Rspr. zu den sog. Schmiergeldern, dem **Umfang** nach verpflichtet, alles herauszugeben, was er aus der Geschäftsführung erlangt hat, wozu der BGH „Provisionen", Geschenke und andere Sondervorteile, die dem Beauftragten von dritter Seite zugewandt worden sind und die eine Willensbeeinflussung zum Nachteil des Auftraggebers befürchten lassen, rechnet; dass sie nach dem Willen des Dritten gerade nicht für den Auftraggeber bestimmt waren, bleibt dabei unbeachtlich[5]. Eine Herausgabepflicht wird auch dann angenommen, wenn die Zuwendung nicht unmittelbar an den Dienstverpflichteten selbst, sondern an einen nahen Angehörigen als Strohmann erfolgte[6]. Auf Schmiergelder gezahlte **Steuern** mindern die Herausgabeverpflichtung nicht[7]. Auch der Einwand der Entreicherung vermag den ArbN nicht von seiner Herausgabepflicht zu befreien, so dass der Vortrag des ArbN, er habe das Schmiergeld wegen spekulativer Aktiengeschäfte verbraucht, unerheblich ist[8]. Im Erg. jedenfalls muss ein Anspruch des ArbGeb auf Herausgabe bestehen, denn der Schmiergeldbetrag darf weder dem ArbN verbleiben noch an den Geber zurückfließen, um nicht Versuche der Schmiergeldzahlung für die Beteiligten risikolos zu stellen. Erhält ein Angestellter, dessen Aufgabenbereich die Vergabe von Aufträgen im Namen einer Gebietskörperschaft ist, von einem Auftragnehmer für Dienstleistungen im privaten Bereich günstigere Konditionen (im entschiedenen Fall: Montagestunde 36,90 DM anstelle von dem sonst üblichen Satz von 44,00 DM), so kann das eine außerordentl. **Kündigung** rechtfertigen[9]. Besondere **strafrechtl. Sanktionen** nach §§ 331 f. StGB bestehen nur für Amtsträger iSv. § 11 I Nr. 2 StGB und für den öffentl. Dienst besonders Verpflichtete. Eine Straftat kann dann ihrerseits Kündigungsgrund sein. Von größerer Relevanz für ArbN ist § 299 StGB (Bestechlichkeit und Bestechung im geschäftlichen Verkehr) einschl. der besonders schweren Fälle nach § 300 StGB.

367 Eine explizite **Pflicht zur** unaufgeforderten und unverzüglichen **Mitteilung** über ein Angebot von Belohnungen oder Geschenken mit Bezug auf die Tätigkeit des ArbN sieht § 3 II 3 TVöD vor. IÜ wird teilweise eine Pflicht des ArbN zur Benachrichtigung seines ArbGeb wegen angebotener, aber zurückgewiesener Schmiergelder angenommen[10]. Richtigerweise aber dürfte der ArbN jedenfalls nicht ohne weiteres zur Benachrichtigung verpflichtet sein[11], denn nicht jedes gegen die Interessen des ArbGeb gerichtete Ansinnen muss der ArbN anzeigen; etwas anderes mag gelten, wenn er zu erwarten hat, dass mit weiteren Bestechungsversuchen zu rechnen ist[12], etwa weil die mit dem Schmiergeld bezweckte Handlung auch von anderen Kollegen vorgenommen werden sollen.

368 **ff) Nebentätigkeit. (1) Allgemeines.** Unter bestimmten Voraussetzungen ist der ArbN verpflichtet, eine Nebentätigkeit zu unterlassen. Die Pflichten des ArbN aus dem Arbeitsvertrag sind zeitlich und inhaltlich grds. auf das ArbVerh beschränkt. Daraus folgt, dass der ArbN grds., also bereits ohne besondere Erlaubnis, zur Aufnahme von Nebentätigkeiten berechtigt ist, denn eine Nebentätigkeit ist definitionsgemäß diejenige Tätigkeit, in der ein ArbN seine Arbeitskraft außerhalb seines (Haupt-)ArbVerh zur Verfügung stellt[13]. Die **grds. Zulässigkeit** der Nebentätigkeit beruht – sofern sie beruflicher Natur ist – ebenfalls auf dem Grundrecht des ArbN aus Art. 12 I GG, wonach der ArbN auch befugt ist, seine Arbeitskraft außerhalb der Arbeitszeit zu verwerten[14]; bei nicht-beruflichen Tätigkeiten gewährt Art. 2 I GG Schutz. Auch ohne eine besondere Vereinbarung oder Regelung ausgeschlossen ist jedoch eine sol-

---

1 Vgl. zur Annahme von Werbegeschenken im öffentl. Dienst: ArbG Paderborn 27.3.2003 – 1 Ca 91/03, nv.; VG Berlin 21.11.2003 – 5 A 174.02, GesR 2004, 250; LAG Köln 22.11.2012 – 13 Sa 614/12.   ‖2 BAG 17.6.2003 – 2 AZR 62/02, ZTR 2004, 25 zum mit § 10 BAT inhaltsgleichen § 3 III AVR-K; LAG Schl.-Holst. 27.10.2004 – 3 Sa 314/04, ZTR 2005, 204.   ‖3 BGH 14.12.1972 – II ZR 141/71, AP Nr. 31 zu § 138 BGB; Schaub/*Linck*, ArbRHdb, § 53 Rz. 42; MünchArbR/*Reichold*, § 48 Rz. 55 ff.   ‖4 BAG 14.7.1961 – 1 AZR 288/60, AP Nr. 1 zu § 687 BGB; 15.4.1970 – 3 AZR 259/69, AP Nr. 4 zu § 687 BGB; LAG München 8.5.2012 – 6 Sa 957/11.   ‖5 BGH 2.4.2001 – II ZR 217/99, NJW 2001, 2476 f.   ‖6 BGH 18.12.1990 – XI ZR 176/89, NJW 1991, 1224 f.   ‖7 LAG Köln 1.9.1998 – 13 (11) Sa 754/97, LAGE § 687 BGB Nr. 2.   ‖8 LAG Berlin 30.11.2004 – 3 Sa 1634/04, LAGReport 2005, 289; so auch BAG 2.5.2006 – 9 AZR 149/05.   ‖9 LAG Hamburg 26.9.1990 – 4 Sa 77/88, LAGE § 626 BGB Nr. 58.   ‖10 So Schaub/*Linck*, ArbRHdb, § 53 Rz. 42, allerdings ohne Begr.   ‖11 Ebenso MünchArbR/*Reichold*, § 48 Rz. 52; Soergel/*Kraft*, § 611 Rz. 151.   ‖12 So MünchArbR/*Reichold*, § 48 Rz. 52 unter Berufung auf die allg. Rücksichtspflicht.   ‖13 ArbR-BGB/*Schliemann*, § 611 Rz. 715.   ‖14 So zB BVerfG 25.11.1980 – 2 BvL 7/76, 2 BvL 8/76, 2 BvL 9/76, NJW 1981, 971; BAG 25.7.1996 – 6 AZR 683/95, AP Nr. 6 zu § 11 BAT; MünchArbR/*Reichold*, § 49 Rz. 50.

che Nebentätigkeit, wenn diese negativ auf die Erbringung der Arbeitsleistung im HauptArbVerh zurückwirkt und so zu einer **Verletzung dieser Arbeitspflicht** führt[1].

(2) **Begrenzender Rahmen für die Nebentätigkeit.** Eine gesetzl. Grenze für die Aufnahme einer Nebentätigkeit folgt aus den zeitl. Höchstgrenzen für die Arbeitsleistung nach den zwingenden Vorschriften des **ArbZG**[2]. Nach § 8 BUrlG darf der ArbN keine dem Urlaubszweck widersprechende Erwerbstätigkeit leisten (vgl. Komm. dort). Auf Grund der Vertragsfreiheit sind die Parteien des Arbeitsvertrags berechtigt, das Recht des ArbN zur Aufnahme einer Nebentätigkeit einzelvertragl. zu begrenzen oder auszuschließen. Allerdings setzt wiederum die nach **Art. 12 I GG** geschützte Berufsfreiheit des ArbN der freien Vereinbarkeit Grenzen. Gleiches gilt für tarifl. Regelungen über Nebentätigkeiten, die Arbeitsbedingungen iSv. Art. 9 III GG betreffen. Sie können grds. Gegenstand von **Tarifnormen** sein[3], doch können auch die TV-Parteien den ihnen in Art. 9 III GG eröffneten Gestaltungsspielraum überschreiten, wenn die tarifl. Regelung in unzulässiger Weise in den Schutzbereich des Art. 12 GG eingreift[4]. Ob ein Nebentätigkeitsverbot auf Grund einer **BV** bestehen kann, ist umstritten, im Erg. jedoch zuzulassen[5].

(3) **Wirksamkeitsvoraussetzung.** Voraussetzung für die Wirksamkeit eines Nebentätigkeitsverbots ist stets, dass der mit einer Begrenzung der Nebentätigkeit verbundene grundrechtl. Eingriff durch das mit der Beschränkung bezweckte Ziel gerechtfertigt wird; insb. muss die Erreichung des Zwecks verhältnismäßig sein. Zumeist wird formuliert, ein vertragl. Nebentätigkeitsverbot sei wirksam, wenn der ArbGeb ein **berechtigtes Interesse** daran hat[6]. Dieser Begriff ist allerdings, um der Bedeutung des Grundrechts aus Art. 12 I GG hinreichend Rechnung zu tragen, in Anbetracht der hohen Erfordernisse an die Rechtfertigung entsprechender Eingriffe zu interpretieren, weshalb für ein Nebentätigkeitsverbot nicht bereits ausreichend ist, dass beliebige betriebl. Belange berührt sein können[7]. Dem ArbGeb ist **kein Ermessensspielraum** bei Erteilung oder Versagung der Nebentätigkeitsgenehmigung eingeräumt, vielmehr besteht ein Rechtsanspruch auf Genehmigung, wenn nicht ein Versagungsgrund wegen einer zu befürchtenden Beeinträchtigung betriebl. oder dienstlicher Interessen vorliegt[8]. Der ArbN ist verpflichtet, dem ArbGeb eine **Nebentätigkeit anzuzeigen**, soweit dadurch dessen Interessen bedroht sind[9].

Regelungen über eine Nebentätigkeit können einen unterschiedlichen **Umfang** haben. Zu differenzieren ist zwischen einem **Nebentätigkeitsverbot** und einem **Genehmigungsvorbehalt**. Bedarf eine Nebenbeschäftigung der Zustimmung des ArbGeb, berechtigt ein solcher Erlaubnisvorbehalt den ArbGeb nicht, die Aufnahme einer Nebentätigkeit willkürlich zu verwehren; sofern keine Beeinträchtigung der betriebl. Interessen des ArbGeb zu erwarten ist, hat der ArbN Anspruch auf Erteilung der Zustimmung[10]. Der Sinn eines solchen Erlaubnisvorbehalts besteht darin, dem ArbGeb bereits vor Aufnahme der Nebentätigkeit die Überprüfung zu ermöglichen, ob seine Interessen beeinträchtigt werden. Er verstößt deshalb nicht gegen Art. 12 I GG, der auch die Freiheit schützt, eine nebenberufl. Tätigkeit zu ergreifen[11]. Die mögliche Beschränkung des Grundrechts aus Art. 12 I GG ist deshalb hinnehmbar, weil dadurch im Erg. allein die Verpflichtung des ArbN begründet, dass er vor Aufnahme einer Nebenbeschäftigung den ArbGeb hiervon in Kenntnis setzt. Entsprechend ist auch eine tarifl. oder einzelvertragl. Regelung, die eine Genehmigungspflicht für jedwede Nebentätigkeit gegen Entgelt vorsieht, im Hinblick auf Art. 12 GG dahin auszulegen, dass dem ArbGeb für solche Nebentätigkeiten, bei deren Ausübung eine Beeinträchtigung der Interessen des ArbGeb nicht zu erwarten ist, ggü. seinem ArbGeb ein Anspruch auf Erteilung der Zustimmung zusteht[12].

Berechtigte Interessen des ArbGeb sind bedroht, wenn die Nebentätigkeit mit der vertragl. geschuldeten Arbeitsleistung nicht vereinbar ist und die Ausübung der Nebentätigkeit somit eine Verletzung der Arbeitspflicht darstellt[13]. Dies ist etwa dann der Fall, wenn in ArbN trotz Aufforderung des ArbGeb über Jahre hinweg Angaben über einen Teil seiner erheblichen Nebentätigkeiten völlig verweigert und er über einen anderen Teil zum Umfang seiner arbeitsmäßigen Beanspruchung keine Auskunft gibt[14]. Für die Beurteilung eines entgegenstehenden berechtigten ArbGebInteresses ist auch von Bedeutung,

---

1 MünchArbR/*Reichold*, § 49 Rz. 51, auch schon bei konkreter Gefahr; LAG Hess. 19.8.2003 – 13/12 Sa 1476/02; so auch BAG 10.2.2004 – 9 AZN 788/03. ||2 Zu der umstr. Frage, gegen welchen ArbGeb sich das Beschäftigungsverbot bei Überschreitung der zulässigen Höchstarbeitszeit richtet: MünchArbR/*Reichold*, § 49 Rz. 52. ||3 BAG 18.1.1996 – 6 AZR 31/95, AP Nr. 25 zu § 242 BGB Auskunftspflicht. ||4 BAG 24.6.1999 – 6 AZR 605/97, AP Nr. 5 zu § 611 BGB Nebentätigkeit. ||5 Im Erg. bejahend ErfK/*Preis*, § 611 Rz. 728, aA noch MünchArbR/*Blomeyer*, 2. Aufl. 2000, § 55 Rz. 33. ||6 BAG 26.8.1976 – 2 AZR 377/75, AP Nr. 68 zu § 626 BGB m. Anm. *Löwisch*; Schaub/*Linck*, ArbRHdb, § 42 Rz. 10. ||7 BAG 3.12.1970 – 2 AZR 110/70, AP Nr. 60 zu § 626 BGB m. Anm. *A. Hueck*. ||8 BAG 28.2.2002 – 6 AZR 33/01, ZTR 2002, 429. ||9 BAG 18.1.1996 – 6 AZR 314/95, AP Nr. 25 zu § 242 BGB Auskunftspflicht. ||10 BAG 11.12.2001 – 9 AZR 464/00, AP Nr. 8 zu § 611 BGB Nebentätigkeit; 13.3.2003 – 6 AZR 585/01, AP Nr. 7 zu § 11 BAT zur Nebentätigkeitsgenehmigung im öffentl. Dienst bei dauerhafter Beurlaubung; vgl. auch schon BAG 3.12.1970 – 2 AZR 110/70, AP Nr. 60 zu § 626 BGB m. Anm. *A. Hueck*. ||11 BAG 24.6.1999 – 6 AZR 605/97, AP Nr. 5 zu § 611 BGB Nebentätigkeit. ||12 BAG 26.8.1976 – 2 AZR 377/75, AP Nr. 68 zu § 626 BGB; LAG Hamm 18.6.1998 – 17 Sa 2414/97, ZTR 1998, 564–565. ||13 BAG 18.1.1996 – 6 AZR 314/95, AP Nr. 25 zu § 242 BGB Auskunftspflicht. ||14 BAG 18.1.1996 – 6 AZR 314/95, AP Nr. 25 zu § 242 BGB Auskunftspflicht.

ob sich Haupt- und Nebentätigkeit zeitlich und gegenständlich klar voneinander abgrenzen lassen, so dass ein Rechtsschutzsekretär der DGB-Rechtsschutz-GmbH keinen Anspruch auf Zustimmung zur Aufnahme einer Nebentätigkeit als Rechtsanwalt hat, sofern eine gegenständliche Kollision und eine zeitliche Überschneidung beider Tätigkeiten zu besorgen ist[1]. Die Besorgnis der Interessenbeeinträchtigung besteht im Fall eines bei einem Rundfunksender beschäftigten ArbN auch dann, wenn dieser bei einem anderen, im publizistischen und finanziellen Wettbewerb mit dem ArbGeb stehenden Anbieter von Fernsehprogrammen Nachrichtentexte aus dem „Off" sprechen soll[2]. Der ArbGeb kann ferner ein berechtigtes Interesse an der Unterlassung von Wettbewerb in einer Nebentätigkeit des ArbN haben. Freilich reicht in diesem Fall das Nebentätigkeitsverbot nur so weit wie das (berechtigte) Wettbewerbsverbot (vgl. Rz. 357ff.). Die Tätigkeit einer Postzustellerin im Hauptarbeitsverhältnis und als Zeitungszustellerin im Nebenarbeitsverhältnis weisen keinen erheblichen Wettbewerbsbezug auf, weswegen die Untersagung der Nebentätigkeit nicht gerechtfertigt sei[3]. Allerdings kann ein ArbGeb seine Zustimmung zu einer von einer angestellten Rechtsanwältin während und nach der Elternzeit gewünschten Teilzeitarbeit bei einem Mieterschutzverein verweigern[4]; in jüngster Zeit ist die Rspr. zum Wettbewerbsverbot jedoch tendenziell großzügiger geworden (s. Rz. 361).

373 **(4) Öffentlicher Dienst.** § 3 III TVöD regelt, dass Nebentätigkeiten gegen Entgelt dem ArbGeb zuvor schriftl. anzuzeigen sind, der sie untersagen oder mit Auflagen versehen kann, wenn die Nebentätigkeit geeignet ist, die Erfüllung der Vertragspflicht oder berechtigte Interessen des ArbGeb zu beeinträchtigen. Eine tarifvertragl. Bestimmung, wonach der ArbN verpflichtet ist, Vergütungen für Nebentätigkeiten, die er für andere ArbGeb im öffentl. Dienst ausübt, abzuliefern, soweit bestimmte Beträge überschritten werden, verstößt weder gegen Art. 12 I GG noch gegen Art. 3 I GG. Eine solche Bestimmung kann aus dem Zweck gerechtfertigt sein, dass dadurch dem Anreiz entgegengewirkt wird, Nebentätigkeiten in einem Umfang auszuüben, durch den die ordnungsgemäße Erfüllung der arbeitsvertragl. Pflichten in der Haupttätigkeit beeinträchtigt werden könnte[5]. Im Fall eines teilzeitbeschäftigten ArbN ist zu beachten, dass dieser nach § 3 III TVöD auch dann einer Genehmigung für eine Nebentätigkeit bedarf, wenn die zeitliche Beanspruchung durch die Teilzeittätigkeit zusammen mit der zeitlichen Beanspruchung durch die Nebentätigkeit die regelmäßige tarifl. wöchentliche Arbeitszeit eines vollzeitbeschäftigten Angestellten nicht überschreitet[6].

374 **(5) Einzelfälle.** Das in einem TV für vollzeitig beschäftigte Busfahrer vereinbarte Verbot von Nebentätigkeiten, die mit dem Lenken von Kraftfahrzeugen verbunden sind, verstößt nicht gegen Art. 12 I GG, weil dadurch letztlich auch die Sicherheit des Straßenverkehrs gewährleistet werden soll[7]. Berechtigte Interessen des Dienstgebers sind beeinträchtigt, wenn sich Nebentätigkeiten seiner Mitarbeiter negativ auf die Wahrnehmung des Dienstgebers in der Öffentlichkeit auswirken[8]. Eine Nebentätigkeit als Leichenbestatter ist daher mit einer vom ArbN arbeitsvertragl. geschuldeten Tätigkeit als bei der Caritas beschäftigter Krankenpfleger nicht vereinbar[9]. Die Erstellung von Gutachten für eine private Krankenversicherung durch einen Arzt, der für eine gesetzl. Krankenkasse tätig ist, beeinträchtigt die Interessen des ArbGeb[10]. Dies gilt auch für die Tätigkeit einer Sparkassenangestellten als Sekretärin eines Versicherungsunternehmens[11].

375 **(6) Folgen einer pflichtwidrigen Nebentätigkeit.** Verstößt der ArbN gegen seine Verpflichtung zur vorherigen Einholung der Nebentätigkeitsgenehmigung, so ist eine Abmahnung auch dann berechtigt, wenn er Anspruch auf deren Erteilung hat[12]. Die Ausübung einer Nebentätigkeit kann eine Kündigung nur dann rechtfertigen, wenn die vertragl. geschuldeten Leistungen durch die Nebentätigkeit beeinträchtigt werden[13]. Auch darf der ArbN für die Dauer einer ärztlich attestierten Arbeitsunfähigkeit einer Nebenbeschäftigung bei einem anderen ArbGeb nicht nachgehen; anderenfalls kann je nach den Umständen auch eine fristlose Kündigung ohne vorherige Abmahnung gerechtfertigt sein. Ist in derartigen Fällen der Beweiswert des ärztlichen Attestes erschüttert bzw. entkräftet, so hat der ArbN konkret darzulegen, weshalb er krankheitsbedingt gefehlt hat und trotzdem der Nebenbeschäftigung nachgehen konnte[14]. Ein tarifl. Nebentätigkeitsverbot soll bewirken, dass ein abgeschlossener Nebentätigkeitsvertrag unwirksam ist[15]. Dies kann aber wegen der Geltung der tarifl. Regelung, die auf die Tarifunterworfenen beschränkt ist, nur im Verhältnis zwischen den (tarifunterworfenen) Parteien des HauptArbVerh gelten, im Fall des Fehlens beiderseitiger Tarifbindung aber nicht auch für die Parteien des Nebentätig-

---

1 BAG 21.9.1999 – 9 AZR 759/98, AP Nr. 6 zu § 611 BGB Nebentätigkeit. ||2 BAG 24.6.1999 – 6 AZR 605/97, AP Nr. 5 zu § 611 BGB Nebentätigkeit. ||3 LAG München 29.7.2010 – 3 Sa 731/09. ||4 LAG Düss. 8.10.2003 – 12 (9) Sa 1034/03, LAGReport 2004, 170. ||5 BAG 25.6.1996 – 6 AZR 683/95, AP Nr. 6 zu § 11 BAT. ||6 BAG 30.5.1996 – 6 AZR 537/95, AP Nr. 2 zu § 611 BGB Nebentätigkeit. ||7 BAG 26.6.2001 – 9 AZR 343/00, AP Nr. 8 zu § 1 TVG Tarifverträge: Verkehrsgewerbe. ||8 BAG 28.2.2002 – 6 AZR 357/01, BB 2002, 1920. ||9 BAG 28.2.2002 – 6 AZR 357/01, BB 2002, 1920. ||10 BAG 28.2.2002 – 6 AZR 33/01, ZTR 2002, 429. ||11 LAG Rh.-Pf. 29.1.2003 – 9 Sa 1148/02, EzBAT § 11 BAT Nr. 14. ||12 BAG 30.5.1996 – 6 AZR 537/95, AP Nr. 2 zu § 611 BGB Nebentätigkeit. ||13 BAG 26.8.1976 – 2 AZR 377/75, AP Nr. 68 zu § 626 BGB; 19.4.2007 – 2 AZR 180/06, NZA 2007, 1319. ||14 BAG 26.8.1993 – 2 AZR 154/93, AP Nr. 112 zu § 626 BGB; vgl. auch LAG Nürnberg 7.9.2004 – 6 Sa 116/04, LAGE § 626 BGB 2002 Unkündbarkeit Nr. 1. ||15 So ohne weitere Einschränkungen Schaub/Schaub, ArbRHdb, 11. Aufl., § 43 Rz. 7.

gg) **Außerdienstliches Verhalten.** Im Grundsatz ist der ArbN in der Gestaltung seines außerdienst- 376
lichen Handelns frei[1], da er sich nur für die Dauer der Arbeitszeit den Verpflichtungen aus dem Arbeitsvertrag unterwirft. Eine Pflicht des ArbN zur Unterlassung einer bestimmten Verhaltensweise außerhalb
des Dienstes setzt – zumindest – voraus, dass sich das außerdienstliche Verhalten auf den betriebl. Bereich auswirkt und dort zu Störungen führt[2]. Ausnahmsweise kann dann eine Nebenpflicht zum Unterlassen der störenden Handlung bestehen. Zumeist wird ein solches außerdienstliches Verhalten im Zusammenhang mit einer daraufhin ausgesprochenen Kündigung relevant. Jedoch ist das außerdienstliche
Verhalten eines ArbN (zB die Forderung und Kassierung einer „Vermittlungsprovision" für die Einstellung eines ArbN), das weder zur **konkreten Beeinträchtigung des ArbVerh** noch zur konkreten Gefährdung im Vertrauensbereich führt, nicht geeignet, einen Grund im Verhalten des ArbN iSd. § 1 II KSchG
zu bilden[3]. Auch das Vorliegen mehrerer Lohnpfändungen oder -abtretungen rechtfertigt für sich allein
noch keine ordentl. Kündigung[4]. Das Sexualverhalten des ArbN darf der ArbGeb nach dem BAG selbst in
der Probezeit nicht zum Anlass einer Kündigung nehmen[5]. Die Entscheidung des ArbN, nach einer erfolgreichen Entziehungskur die zunächst aufgenommenen Besuche in einer Selbsthilfegruppe von anonymen
Alkoholikern abzubrechen, weil er sich hiermit überfordert fühlt, gehört zum privaten Lebensbereich,
und er verletzt insoweit keine Nebenpflichten aus dem ArbVerh[6]. Im ArbVerh mit einem **Tendenzbetrieb**
kann sich allerdings auch im außerdienstlichen Bereich aus der Leistungstreuepflicht die Pflicht des
ArbN zu tendenzgemäßem Verhalten ergeben. ArbVerh mit **kirchlichen Einrichtungen**, die keine Tendenzbetriebe iSd. § 118 I BetrVG sind, begründen entsprechende, über das ArbVerh hinausgehende Loyalitätspflichten der ArbN, die ebenfalls in den Bereich privater Lebensführung hineinreichen können[7]. In
Grenzen kann das außerdienstliche Verhalten der **Vereinbarung im Arbeitsvertrag** zugänglich sein; von
Bedeutung ist hierbei, wie groß das mit einem Verhalten verbundene Schadensrisiko für den ArbGeb
oder Dritte ist und wie viel Entbehrung das Unterlassen eines Verhaltens von dem ArbN erfordert[8].

Insb. **strafbare Verfehlungen** im außerdienstlichen Bereich, die sich gegen Interessen des ArbGeb 377
richten, können eine Kündigung sozial rechtfertigen. Eine Beeinträchtigung der Interessen ArbGeb
oder anderer ArbN liegt auch bei Straftaten regelmäßig nur dann vor, wenn die Tat einen **Bezug zur
dienstlichen Tätigkeit** hat, wenn etwa der ArbN die Straftat unter Nutzung von Betriebsmitteln oder
betriebl. Einrichtungen begeht[9]. Ein solcher Bezug kann auch dadurch entstehen, dass sich der ArbGeb
oder andere ArbN staatl. Ermittlungen ausgesetzt sehen oder in der Öffentlichkeit mit der Straftat in
Verbindung gebracht werden[10]. Diese Grundsätze gelten nunmehr auch **im öffentl. Dienst**; § 8 I 1 BAT,
mit dem die bisherige Rspr. erhöhte Anforderungen an das außerdienstliche Verhalten der öffentl. Beschäftigten begründet hat, ist mit dem TVöD ersatzlos entfallen[11]. Lediglich von Beschäftigten, die hoheitliche Aufgaben wahrnehmen, verlangt § 41 S. 2 TVöD-BT-V, dass sie sich durch ihr gesamtes Verhalten zur freiheitlich demokratischen Grundordnung iSd. GG bekennen. Zu den kündigungsrechtl.
Konsequenzen außerdienstlichen Verhaltens[12] vgl. iÜ die Komm. zu § 1 KSchG, insb. Rz. 180 ff.; zu den
Konsequenzen bei einem außerdienstlichen Verstoß gegen ein Wettbewerbsverbot s. Rz. 358.

hh) **Meinungsäußerung, gewerkschaftliche und politische Betätigung.** Bei der Frage, welche Äuße- 378
rungen ein ArbN zu unterlassen hat, ist wegen der mittelbaren Drittwirkung, die die Grundrechte auch
im Verhältnis zwischen Privaten entfalten können[13], die besondere Bedeutung des Art. 5 I GG zu beachten. „Wes Brot ich ess, des Lied ich sing" gilt nicht im Arbeitsrecht. Geschützt werden durch Art. 5 I GG
jedoch nur die Meinungsäußerung als Äußerung eines Werturteils als wertende Betrachtung von Tatsachen, Verhaltensweisen und Verhältnissen[14]. Nach der Rspr. des BAG sowie nach der im verfassungsrechtl. Schrifttum hM gehören bewusst oder erwiesen unwahre Tatsachenbehauptungen nicht zum
Schutzbereich des Art. 5 I GG[15]. Daher kann sich ein Rundfunkredakteur auf das Recht der freien Meinungsäußerung nicht berufen, wenn er im Zusammenhang mit der Absetzung eines Beitrags in der Öffentlichkeit unwahre und ehrenrührige Behauptungen über den für das Programm verantwortlichen
Abteilungsleiter des Senders und damit über seinen ArbGeb verbreitet[16]. Gleiches gilt für Formalbelei-

---

1 MünchArbR/*Reichold*, § 49 Rz. 45; ArbR-BGB/*Schliemann*, § 611 Rz. 722; Preis/*Preis*, Der Arbeitsvertrag, II A 160 Rz. 2. ||2 ErfK/*Preis*, § 611 Rz. 730; MünchArbR/*Reichold*, § 49 Rz. 45 mwN. ||3 BAG 24.9.1987 – 2 AZR 26/87, AP Nr. 19 zu § 1 KSchG 1969 Verhaltensbedingte Kündigung. ||4 BAG 4.11.1981 – 7 AZR 264/79, AP Nr. 4 zu § 1 KSchG 1969 Verhaltensbedingte Kündigung. ||5 BAG 23.6.1994 – 2 AZR 617/93, AP Nr. 9 zu § 242 BGB Kündigung. ||6 LAG Düss. 25.2.1997 – 8 Sa 1673/96, LAGE § 1 KSchG Verhaltensbedingte Kündigung Nr. 57. ||7 BVerfG 4.6.1985 – 2 BvR 1703/83, AP Nr. 24 zu Art. 140 GG; BAG 16.9.2004 – 2 AZR 447/03, ZMV 2005, 152; vgl. auch Preis/*Preis*, Der Arbeitsvertrag, II A 160 Rz. 10. ||8 Preis/*Preis*, Der Arbeitsvertrag, II A 160 Rz. 18 ff. ||9 BAG 10.9.2009 – 2 AZR 257/08, BAGE 132, 77, Rz. 21. ||10 BAG 27.11.2008 – 2 AZR 98/07, AP Nr. 90 zu § 1 KSchG 1969; 23.10.2008 – 2 AZR 483/07, AP Nr. 218 zu § 626 BGB. ||11 BAG 28.10.2010 – 2 AZR 293/09, NZA 2011, 112; 10.9.2009 – 2 AZR 257/08, AP Nr. 60 zu § 1 KSchG 1969 Verhaltensbedingte Kündigung. ||12 S. LAG Rh.-Pf. 7.10.2004 – 4 Sa 491/04, nv.; so auch BAG 2.3.2006 – 2 AZR 53/05. ||13 BAG 23.2.1959 – 3 AZR 583/57, AP Nr. 1 zu Art. 5 Abs. 1 GG Meinungsfreiheit; MünchArbR/*Reichold*, § 49 Rz. 77. ||14 Schaub/*Linck*, ArbRHdb, § 53 Rz. 30. ||15 Jüngst BAG 27.9.2012 – 2 AZR 646/11, EzA § 626 BGB 2002 Nr. 43; vgl. – auch zur Gegenauffassung – von Münch/*R. Wendt*, Art. 5 GG Rz. 10 mwN. ||16 BAG 11.8.1982 – 5 AZR 1089/79, AP Nr. 9 zu Art. 5 Abs. 1 GG Meinungsfreiheit.

digungen und bloße Schmähkritik, die grds. nicht vom Schutzbereich der Meinungsfreiheit erfasst sind, weswegen eine ArbNin in einem veröffentlichten Buch ihre ehemaligen Kollegen nicht als „Kriminelle, Gauner, Räuber und Diebe" bezeichnen darf[1].

379 Zu den allg. Gesetzen, die der Meinungsfreiheit eine **Grenze** ziehen und sie einschränken können (Art. 5 II GG), gehören auch die Pflichten aus dem ArbVerh; sie müssen als „allgemeines Gesetz" nach der sog. Wechselwirkungslehre im Lichte der Bedeutung des Grundrechts gesehen und so interpretiert werden, dass der besondere Wertgehalt des Rechts auf freie Meinungsäußerung gewahrt bleibt[2]. Nach st. Rspr. des BAG findet dieses Grundrecht im Bereich des Arbeitsrechts seine Schranken in den **Grundregeln über das ArbVerh**[3]. Aus diesen Grundregeln leitet das BAG das allg. Pflichtengebot ab, sich so zu verhalten, dass der Betriebsfrieden nicht ernstlich und schwer gefährdet wird und dass die Zusammenarbeit im Betrieb mit den übrigen ArbN, aber auch mit dem ArbGeb zumutbar bleibt[4]. Der ArbN darf bei Ausübung des Grundrechts nicht den Interessen des ArbGeb zuwiderhandeln oder diese beeinträchtigen. Eine solche Zuwiderhandlung ist gegeben, wenn durch die Meinungsäußerung das ArbVerh konkret berührt wird[5]. Grds. wird man aber wegen der Wechselwirkung mit Art. 5 I GG hohe Anforderungen an die Einschränkung auf Grund der Interessen des ArbGeb zu stellen haben. Der ArbGeb hat im Rahmen der ihm zustehenden Meinungsfreiheit zunächst selbst darüber zu entscheiden, ob er ein Fehlverhalten des ArbN abmahnen will oder nicht, muss allerdings den **Grundsatz der Verhältnismäßigkeit** beachten[6]. In einer **Abwägung** ist dem unternehmerischen ArbGebInteresse das Meinungsäußerungsinteresse des ArbN gegenüberzustellen[7].

380 Das BAG leitet aus den „Grundregeln über das Arbeitsverhältnis", in denen das Grundrecht aus Art. 5 I GG seine Schranken findet, ebenfalls ab, dass der ArbN öffentl., zB in **Flugblättern** an alle Mitarbeiter des Betriebs, keine bewusst wahrheitswidrigen Behauptungen über den ArbGeb aufstellen und durch seine Aktionen nicht den Betriebsfrieden, den Betriebsablauf oder die Erfüllung der Arbeitspflicht stören darf[8]. Die Verletzung dieses Gebots kann den ArbGeb zur außerordentl. Kündigung berechtigen. Die Pflicht zur Verschwiegenheit kann insofern unwirksam sein, als sie durch den übergeordneten Gesichtspunkt des Grundrechts auf Freiheit der Meinungsäußerung gerechtfertigt ist[9]. Äußert sich ein ArbN außerdienstlich im gewerkschaftlichen Intranet krit. zu Personen und Vorgängen im Betrieb des ArbGeb, so liegt nach Rspr. des BAG keine Verletzung der grundrechtl. geschützten Interessen des ArbGeb vor, wenn die teilweise polemischen Äußerungen des ArbN weder nach ihrer Form noch nach ihrem Inhalt ein strafrechtl. relevantes Verhalten darstellen und der ArbN seine Meinung nicht selbst in die Betriebsöffentlichkeit getragen hat[10]. Ferner sind bei der rechtl. Würdigung auch die genauen **Umstände** zu berücksichtigen, unter denen diffamierende oder ehrverletzende Äußerungen über Vorgesetzte und/oder Kollegen gefallen sind. Geschah dies in **vertraulichen Gesprächen unter Arbeitskollegen**, vermögen sie eine Kündigung des ArbVerh nicht ohne weiteres zu rechtfertigen; denn der ArbN darf anlässlich solcher Gespräche regelmäßig darauf vertrauen, seine Äußerungen würden nicht nach außen getragen, so dass er nicht mit einer Störung des Betriebsfriedens oder des Vertrauensverhältnis zum ArbGeb rechnen muss. Ferner unterfallen derartige Äußerungen dem Schutzbereich der allg. Persönlichkeitsrechts und sind daher in weiterem Umfang geschützt als Äußerungen ggü. Außenstehenden oder der Öffentlichkeit. Daran ändert auch ein Bruch des Vertrauens durch den Gesprächspartner nichts[11].

380a Eine Abwägung zwischen Meinungsfreiheit und den Grundrechten des ArbGeb, namentlich seiner Unternehmerfreiheit aus Art. 12 GG, findet auch in den Fällen des **Whistleblowing** statt, wenn also ein ArbN seinen ArbGeb bei einer Behörde anzeigt bzw. Strafanzeige erstattet. Schon nach bisheriger st. Rspr. war hier eine **Einzelfallabwägung** vorzunehmen. Dabei war insb. zu berücksichtigen, dass sich der ArbN nicht auf wissentlich oder leichtfertig unrichtige Informationen stützen darf, um die Anzeige nicht als unverhältnismäßige Reaktion erscheinen darf, wofür auch die Motivation des ArbN als Indiz heranzuziehen war. So ist die Anzeige stets unzulässig, wenn ihr Ziel nur darin besteht, dem ArbGeb zu schaden. Entscheidend ist ferner, ob der ArbGeb (bzw. seine gesetzl. Vertreter) selbst die gerügte Handlung vorgenommen hat oder andere ArbN, ggf. auch Vorgesetzte. In letzterem Fall muss der ArbN zunächst seinen ArbGeb benachrichtigen. Erst wenn auch dieser keine Abhilfe schafft, ist eine Anzeige zulässig[12]. Diese Maßstäbe wurden nun vom EGMR modifiziert[13]. Dieser bestätigt zwar grds. die Abwägung zwi-

---

1 S. LAG Hess. 19.4.2013 – 7 Sa 272/12. ||2 BVerfG 15.1.1958 – 1 BvR 400/51, BVerfGE 7, 198 (298); BAG 11.8.1982 – 5 AZR 1089/79, AP Nr. 9 zu Art. 5 Abs. 1 GG Meinungsfreiheit; Schaub/*Linck*, ArbRHdb, § 53 Rz. 31; ArbR-BGB/*Schliemann*, § 611 Rz. 712. ||3 BAG 3.12.1954 – 1 AZR 150/54, AP Nr. 2 zu § 13 KSchG; 28.9.1972 – 2 AZR 469/71, AP Nr. 2 zu § 134 BGB; 26.5.1977 – 2 AZR 632/76, AP Nr. 5 zu § 611 BGB Beschäftigungspflicht; 23.2.1959 – 3 AZR 583/57, AP Nr. 1 zu Art. 5 Abs. 1 GG Meinungsfreiheit. ||4 BAG 3.12.1954 – 1 AZR 150/54, AP Nr. 2 zu § 13 KSchG. ||5 BAG 28.9.1972 – 2 AZR 469/71, AP Nr. 2 zu § 134 BGB. ||6 BAG 13.11.1991 – 5 AZR 74/91, AP Nr. 7 zu § 611 BGB Abmahnung. ||7 MünchArbR/*Reichold*, § 49 Rz. 17; Schaub/*Linck*, ArbRHdb, § 53 Rz. 31; vgl. auch BAG 12.1.2006 – 2 AZR 21/05. ||8 BAG 26.5.1977 – 2 AZR 632/76, AP Nr. 5 zu § 611 BGB Beschäftigungspflicht; BAG 10.12.2009 – 2 AZR 534/08, AP Nr. 226 zu § 626 BGB. ||9 MünchArbR/*Reichold*, § 48 Rz. 40; ErfK/*Preis*, § 611 Rz. 715. ||10 BAG 24.6.2004 – 2 AZR 63/03, AP Nr. 49 zu § 1 KSchG 1969 Verhaltensbedingte Kündigung. ||11 BAG 10.12.2009 – 2 AZR 534/08, AP Nr. 226 zu § 626 BGB. ||12 Ausführlich LAG Berlin 28.3.2006 – 7 Sa 1884/05, LAGE § 626 BGB 2002 Nr. 7b. ||13 EGMR 21.7.2011 – 28274/08, NZA 2011, 1269.

schen den kollidierenden Grundrechtspositionen, legt aber größeres Gewicht auf die Meinungsfreiheit. Dies wirkt sich insb. bei Beweisschwierigkeiten aus. Ließen sich die Vorwürfe nicht belegen, gingen die deutschen Gerichte noch von einer leichtfertigen Verbreitung unrichtiger Informationen aus. Der EGMR dagegen nimmt dies nur bei erwiesener Unrichtigkeit an. Schließlich betont der EGMR auch das öffentl. Interesse an der Offenlegung der Informationen, so dass auch dies zukünftig in die Abwägung einzubeziehen ist, aber je nach Art und Tätigkeit des ArbGeb unterschiedlich gewichtig sein kann. Diese Maßstäbe können nun auch sinngemäß auf den Bereich „innerbetrieblicher Anzeigen" übertragen werden.

Handelt es sich um eine Meinungsäußerung oder sonstige Betätigung, die eine **gewerkschaftliche Betätigung** darstellt, so ist auch Art. 9 III GG zu beachten[1], der ggü. Art. 5 I GG als die speziellere Vorschrift herangezogen werden soll[2]. Erlaubt ist den Gewerkschaften, zumal die durch Art. 9 III GG geschützte Betätigungsfreiheit nicht mehr auf einen Kernbereich der für die Erhaltung des Bestandes beschränkt ist, sondern alle koalitionsspezifischen Verhaltensweisen erfasst, auch die Mitgliederwerbung im Betrieb während der Arbeitszeit[3]. Dem Betätigungsrecht der Koalitionen dürfen nur solche Schranken gezogen werden, die im konkreten Fall zum Schutz anderer Rechtsgüter – namentlich des Betriebsfriedens oder ungestörten Arbeitsganges – von der Sache her geboten sind[4]. 381

Das Grundrecht der freien Meinungsäußerung umfasst auch das Recht zu aktiver politischer Betätigung im Rahmen der demokratischen Grundordnung. Insb. für Angestellte des **öffentl. Dienstes** ist dieses Recht eingeschränkt durch die im ArbVerh begründete Pflicht, bei politischen Äußerungen maßvoll und zurückhaltend zu sein[5]. Im Bereich des öffentl. Dienstes sehen tarifl. Bestimmungen – so etwa § 41 S. 2 TVöD-BT-V und früher § 8 I BAT – vor, dass sie sich mit ihrem Verhalten zur freiheitlich demokratischen Grundordnung zu bekennen haben. Nicht allen ArbN des öffentl. Dienstes ist das gleiche Maß an politischer Treue abzuverlangen wie den Beamten; bei ArbN müssen sich die in politischer Hinsicht zu stellenden Anforderungen aus dem jeweiligen Amt ergeben[6]. 382

Zu den allg. Gesetzen, die die Meinungsfreiheit einschränken, gehört auch das Verbot für den **BR**, sich im Betrieb **parteipolitisch zu betätigen**[7]. Dieses Verbot lässt sich bereits § 74 II 2 BetrVG entnehmen. Dem **einzelnen ArbN** wird in der politischen Betätigung eine Grenze durch den Schutz der betriebl. Ordnung und des Betriebsfriedens gezogen[8]. Nach anderer Auffassung soll ihm lediglich eine konkrete Störung, nicht aber eine abstrakte untersagt sein[9]. Ob diese Differenzierung aber der bezweckten deutlicheren Abgrenzung dienen kann und überhaupt zu anderen Ergebnissen als die hM gelangt, ist zu bezweifeln. 383

ii) **Kontrolle und Untersuchung.** Soweit der ArbGeb durch von ihm eingesetzte Hilfspersonen auf Grund einer BV stichprobenartige Taschenkontrollen anordnet, um ArbN oder Gruppen von ihnen Untersuchungen zu unterziehen, die Eigentumsdelikte zu seinem Nachteil aufdecken sollen, wird das Verhalten der ArbN insoweit geregelt, als sie verpflichtet werden, die **Taschenkontrollen zu dulden**, wobei der Zweck der Überprüfung darin besteht, festzustellen, ob die ArbN sich im Zusammenhang mit ihrer Arbeitsleistung so verhalten, wie es ihnen ihre arbeitsvertragl. Nebenpflicht, das Eigentum des ArbGeb zu wahren, gebietet[10]. Die Vereinbarung von Kontrollbefugnissen kann außer durch BV (§ 87 I Nr. 1 BetrVG) auch durch TV und Einzelarbeitsvertrag – auch konkludent, etwa bei Branchen- oder Betriebsüblichkeit – begründet werden, nicht aber im Wege des Direktionsrechts[11]. 384

Der ArbGeb kann verlangen, dass sich der ArbN zu einer **ärztlichen Untersuchung** bereit erklärt, jedoch nur, falls dafür ein ausreichend begründeter Anlass besteht[12]. Ein Anspruch des ArbGeb gegen die Krankenkasse des ArbN besteht unter den Voraussetzungen des § 275 Ia 3 SGB V. Offen gelassen hat das BAG, ob sich eine Maßnahme, die das Krankheitsverhalten der ArbN beeinflussen soll (im entschiedenen Fall: **Krankengespräche**), schon allein wegen dieses Ziels generell dem Ordnungsverhalten oder dem mitbestimmungsfreien Arbeitsverhalten zurechnen lasse; die Mitbestimmungspflichtigkeit der Krankengespräche ergebe sich nämlich unabhängig von Fernzielen jedenfalls aus der Art ihrer Durchführung: Sei der umstrittene Regelungsgegenstand nicht das „Krankheitsverhalten", sondern das Verhalten der ArbN bei der Führung der Gespräche selbst, gehöre dieses nicht unmittelbar zur Erbringung der Arbeitsleistung[13]. Weigert sich der ArbN beharrlich, an einer von der Berufsgenossenschaft durch 385

---

1 ArbR-BGB/*Schliemann*, § 611 Rz. 712. ||2 MünchArbR/*Löwisch*/*Rieble*, § 155 Rz. 13. ||3 BVerfG 14.11. 1995 – 1 BvR 601/92, EzA Art. 9 GG Nr. 60 m. Anm. *Thüsing*. ||4 BVerfG 14.11.1995 – 1 BvR 601/92, EzA Art. 9 GG Nr. 60 m. Anm. *Thüsing*; s.a. BAG 25.1.2005 – 1 AZR 657/03, NJW 2005, 1596 zur Einschränkung gewerkschaftlicher Betätigung zu Gunsten des Grundsatzes der Gesetzmäßigkeit der Verwaltung. ||5 BAG 23.2. 1959 – 3 AZR 583/57, AP Nr. 1 zu Art. 5 Abs. 1 GG Meinungsfreiheit. ||6 BAG 31.3.1976 – 5 AZR 104/74, AP Nr. 2 zu Art. 33 Abs. 2 GG. ||7 BAG 3.12.1954 – 1 AZR 150/54, AP Nr. 2 zu § 13 KSchG. ||8 *Nikisch*, ArbR, Bd. I, S. 450; vgl. auch BAG 11.12.1975 – 1 AZR 426/74, AP Nr. 1 zu § 15 KSchG 1969. ||9 MünchArbR/*Reichold*, § 49 Rz. 18. ||10 BAG 12.8.1999 – 2 AZR 923/98, AP Nr. 28 zu § 626 BGB Verdacht strafbarer Handlung. ||11 Schaub/*Linck*, ArbRHdb, § 53 Rz. 25. ||12 MüKoBGB/*Müller-Glöge*, § 611 Rz. 1085; vgl. auch ArbG Frankfurt 29.4.2003 – 4 Ca 7442/02, nv.; zur Untersuchungspflicht eines Beamten VGH BW 3.2.2005 – 4 S 2398/04, ESVGH 55, 182. ||13 BAG 8.11.1994 – 1 ABR 22/94, AP Nr. 24 zu § 87 BetrVG 1972 Ordnung des Betriebes m. Anm. *Raab*; vgl. auch LAG Hamm 14.1.2005 – 10 TaBV 85/04, nv.; zur Mitbestimmungspflichtigkeit tarifvertragl. vorgesehener Tauglichkeitsuntersuchungen s. LAG Sachs. 29.8.2003 – 2 TaBV 26/03, ZTR 2004, 272.

Unfallverhütungsvorschriften vorgeschriebenen Vorsorgeuntersuchung teilzunehmen, so kann der ArbGeb darauf – jedenfalls nach vorheriger Abmahnung – in zulässiger Weise mit einer Kündigung reagieren[1]. § 5 EFZG enthält die gesetzl. Nebenpflicht zur rechtzeitigen **Anzeige** von krankheitsbedingter **Arbeitsunfähigkeit** sowie zur Vorlage einer Arbeitsunfähigkeitsbescheinigung. Auch wenn der ArbN auf Grund anderer Umstände an der Arbeitsleistung gehindert ist, kann ihn eine Anzeigeobliegenheit treffen. So ist etwa ein nicht freigestelltes BR-Mitglied (auch) auf Grund seines Arbeitsvertrags verpflichtet, sich vor Beginn seiner unter § 37 II BetrVG fallenden BR-Tätigkeit beim ArbGeb abzumelden; die Verletzung dieser Pflicht kann eine wirksame Abmahnung durch den ArbGeb nach sich ziehen[2].

386 **jj) Sonstige Nebenpflichten.** Der ArbN ist ohne entsprechendes Einverständnis des ArbGeb nicht berechtigt, die von diesem ermöglichte **E-Mail-Kommunikation** zu außerdienstlichen Zwecken zu verwenden[3]. Auch wenn der ArbGeb die private Nutzung des Internets am Arbeitsplatz nicht ausdrücklich verboten hat, verletzt der ArbN mit einer intensiven zeitlichen Nutzung während der Arbeitszeit seine vertragl. Pflichten. Dies gilt insb. dann, wenn der ArbN auf Internetseiten mit pornografischem Inhalt zugreift[4]. Der im Verkauf tätige ArbN kann kraft des Direktionsrechts verpflichtet sein, in einer bestimmten Art von **Kleidung** (keine Freizeitkleidung [Jeans, Hemd mit offenem Kragen], sondern Sakko und Krawatte) aufzutreten; so kann etwa der ArbGeb, in dessen Betrieb Möbel gehobenen Genres hergestellt werden, von seinen im Verkauf tätigen ArbN erwarten, dass sie bei Gesprächen mit Kunden in einer Art und Weise gekleidet auftreten, wie sie dem von dem ArbGeb festgelegten Charakter der Produkte entspricht[5]. Häufig folgt die Verpflichtung, ein bestimmtes Erscheinungsbild einzuhalten, schon aus dem Berufsbild des ArbN und ist insofern bereits arbeitsvertragl. vorgegeben[6]. Soweit dies nicht der Fall ist, kommt die Anordnung bestimmter Bekleidungsvorschriften durch das Direktionsrecht des ArbGeb in Betracht, das allerdings durch die Grundrechte des ArbN begrenzt wird. Von einer gläubigen Muslima, die aus religiösen Gründen ein Kopftuch trägt, kann ein Ablegen desselben auch dann nicht verlangt werden, wenn der ArbGeb dies mit dem besonderen, gehobenen Charakter seines Verkaufsgeschäfts und möglicherweise negativen Reaktionen der Kunden begründet[7]. Außerhalb religiös motivierten Bekleidung soll nach der Rspr. der Instanzgerichte ein ArbGeb für Fluggastkontrolleure im weiten Umfang Vorgaben für Kleidung ("hautfarbene oder weiße Unterwäsche", um eine Abnutzung der Dienstkleidung und ein Durchscheinen der Unterwäsche zu verhindern) oder die Fingernägel der weiblichen Mitarbeiter (nicht länger als 0,5 cm) vorschreiben können[8]. Zumindest der in der Vorgabe bestimmter Unterwäsche liegende Eingriff in die Privat- oder Intimsphäre des ArbN geht jedoch zu weit; und auch an einem legitimen Zweck für die Begrenzung der Länge der Fingernägel kann man zweifeln[9]. Wird in einer Kleiderordnung das Tragen einer einheitlichen Dienstkleidung vorgeschrieben und stellt der ArbGeb die Erstausstattung eines (betriebseinheitlich als Dienstkleidung zu tragenden) Smokings zur Verfügung, so ist der ArbN nicht zum Ersatz der durch den natürlichen Verschleiß entstehenden Aufwendungen verpflichtet[10]. Der ArbN hat eine **Abwerbung** anderer ArbN zu unterlassen. Wirkt ein ArbN während des bestehenden ArbVerh ernsthaft auf seine Arbeitskollegen mit dem Ziel ein, dass sie unter Beendigung des ArbVerh die Arbeit bei einem anderen ArbGeb aufnehmen, verletzt er die arbeitsvertragl. Treuepflicht, was regelmäßig eine außerordentl. Kündigung rechtfertigt, ohne dass eine solche Abwerbung gegen die guten Sitten verstoßen müsste oder dass die abzuwerbenden ArbN von besonderer Qualität sind[11]. Der Versuch eines ArbN, Vorgesetzte oder Kollegen durch (vermeintlich) wahre Drohungen unter Druck zu setzen, um diese dadurch zu einem bestimmten Verhalten zu veranlassen, wobei es auf die strafrechtl. Relevanz der Drohung nicht entscheidend ankommt, stellt ebenfalls eine gravierende Verletzung der Pflicht zur arbeitsvertragl. Rücksichtnahme dar[12]. Dem ArbN obliegen unter gewissen Voraussetzungen **Anzeige- und Aufklärungspflichten** hinsichtlich erkennbarer oder vorsehbarer drohender Schäden im Zusammenhang mit der Arbeitsleistung[13]. Eine Anzeigepflicht gg. dem ArbGeb kann den ArbN auch treffen, wenn er ein strafbares Verhalten von anderen ArbN zum Nachteil des ArbGeb beobachtet[14]. Die Erstattung einer Strafanzeige gegen den ArbGeb stellt, insb. bei wissentlich oder leichtfertig falschen Angaben, aber auch dann, wenn sich die Anzeige als unverhältnismäßige Reaktion auf ein Verhalten des ArbGeb oder seines Repräsentanten darstellt, eine Verletzung der arbeitsvertragl. Nebenpflichten dar; allerdings ist eine generelle Pflicht des ArbN zur

---

1 LAG Düss. 31.5.1996 – 15 Sa 180/95, BB 1996, 2099. || 2 BAG 15.7.1992 – 7 AZR 466/91, AP Nr. 9 zu § 611 BGB Abmahnung; s.a. Richardi/*Thüsing*, § 37 BetrVG Rz. 27. || 3 Schaub/*Linck*, ArbRHdb, § 53 Rz. 18; *Lindemann/Simon*, BB 2001, 1950 (1953), auch näher zum Problem. AA jetzt für die gewerkschaftl. Betätigung BAG 2.1.2009 – 1 AZR 515/08, AP Nr. 137 zu Art 9 GG; hierzu *Arnold/Wiese*, NZA 2009, 716. || 4 BAG 7.7.2005 – 2 AZR 581/04, AP Nr. 192 zu § 626 BGB; vgl. weiterhin zur privaten Nutzung betriebl. Kommunikationsmittel: LAG München 14.4.2005 – 4 Sa 1203/04, LAGE § 626 BGB 2002 Nr. 5b; BAG 11.2.2005 – 2 Sa 1018/04, LAG-Report 2005, 229; 17.2.2004 – 5 Sa 1049/03, NZA-RR 2005, 136; LAG Rh.-Pf. 18.12.2003 – 4 Sa 1288/03, BB 2004, 475. || 5 LAG Hamm 22.10.1991 – 13 TaBV 36/91, DB 1992, 280. || 6 *Brose/Greiner/Preis*, NZA 2011, 369. || 7 BAG 10.10.2002 – 2 AZR 472/01, AP Nr. 44 zu § 1 KSchG 1969 Verhaltensbedingte Kündigung. || 8 LAG Köln 18.8.2010 – 3 TaBV 15/10, NZA-RR 2011, 85. || 9 *Brose/Greiner/Preis*, NZA 2011, 369. || 10 BAG 19.5.1998 – 9 AZR 307/96, AP Nr. 31 zu § 670 BGB. || 11 LAG Schl.-Holst. 6.7.1989 – 4 Sa 601/88, LAGE § 626 BGB Nr. 42; vgl. auch OLG Düss. 21.10.2003 – 20 U 139/02, nv.; zu einem Abwerbungsverbot mit der Qualität eines nachvertragl. Wettbewerbsverbots s. LAG Berlin 11.2.2005 – 9 Ca 144/05, nv. || 12 LAG Nds. 8.3.2005 – 5 Sa 561/04, LAGE § 1 KSchG Verhaltensbedingte Kündigung Nr. 88. || 13 MünchArbR/*Reichold*, § 49 Rz. 8 ff. || 14 BAG 18.6.1970 – 1 AZR 520/69, AP Nr. 57 zu § 611 BGB Haftung des ArbN m. Anm. *Steindorff*.

vorherigen innerbetriebl. Klärung nicht anzuerkennen, sondern im Einzelfall abzuwägen, wann ihm eine vorherige innerbetriebliche Anzeige ohne weiteres zumutbar ist und ein Unterlassen ein pflichtwidriges Verhalten darstellt[1]. Nutzt der ArbN betriebl. Gegebenheiten, um Straftaten zu begehen, liegt auch darin regelmäßig eine beachtliche Nebenpflichtverletzung, da kein ArbGeb die Nutzung seiner Räume für strafbare Privatgeschäfte dulden muss[2]. Zeigt der ArbN über einen längeren Zeitraum (hier: sechs Monate) offenkundige Gehaltsüberzahlungen nicht an und beruft er sich anschließend auf den Wegfall der Bereicherung, liegt darin ein Verstoß gegen seine arbeitsvertragl. Pflicht zur Rücksichtnahme auf schutzwürdige Interessen des ArbGeb[3]. In **Notfällen**, die auf Grund unvorhersehbarer äußerer Ereignisse (zB Naturkatastrophen) entstehen und mit drohenden Gefahren für den Betrieb verbunden sind, ist der ArbN zur Arbeitsleistung verpflichtet, wenn dies zur Abwendung von Schäden am Betrieb erforderlich ist. Die hM stützt sich zur Begründung auf die durch Treu und Glauben (§§ 157, 242 „Treuepflicht") beeinflusste Arbeitspflicht (s.a. Rz. 316, 347)[4]. Besteht zwischen die Arbeitsvertragsparteien Streit über die Beendigung des ArbVerh, ist der ArbN auf Verlangen des ArbGeb zur **Herausgabe** von Sachen, die im Eigentum des ArbGeb stehen (zB Dienstwagen, Musterkoffer), verpflichtet[5]. Erhält ein angestellter Arzt für die arbeitsvertragl. geschuldete Tätigkeit (Substitutionsambulanz in der Drogenhilfe) von der Kassenärztlichen Vereinigung auf Grund einer persönlichen Ermächtigung Leistungen, so hat er diese mangels einer anderweitigen Vereinbarung dem ArbGeb vollständig herauszugeben[6]. Stellt ein Geselle in Absprache mit seinem ArbGeb für die Gesellenprüfung einen Gegenstand aus Stoffen des ArbGeb her, so braucht er diesem das Gesellenstück unter den Voraussetzungen des § 950 weder herauszugeben noch für die Stoffe Wertersatz zu leisten[7]. In einem Ehegatten-ArbVerh ist nach Beendigung der ArbN arbeitsrechtl. nicht zur Herausgabe des „Dienstfahrzeugs" verpflichtet, wenn die Überlassung in Wirklichkeit eine Unterhaltsleistung an ihn war, keine arbeitsvertragl. Leistung[8]. Erhält ein ArbN im Rahmen eines Vielfliegerprogramms für dienstlich veranlasste und vom ArbGeb bezahlte Flüge Bonusmeilen, ist er entsprechend § 667 Alt. 2 verpflichtet, diese herauszugeben. Der ArbGeb darf insb. verlangen, dass der ArbN die Bonusmeilen in seinem Interesse einsetzt[9]. Eine Bankangestellte, die leichtfertig, einen Hinterlegungsschein bestätigt und Dritten ggü. versichert, dass ein hinterlegtes Ölgemälde mit 27 Millionen US-Dollar versichert sei, ohne eine entsprechende Versicherungspolice selbst eingesehen zu haben, verletzt ihre Sorgfalts- und Treuepflichten, da es zu ihren Pflichten gehört, die Vermögensinteressen des ArbGeb zu wahren und keinen Risiken auszusetzen[10].

X. Leistungsstörungen. 1. Einführung. Das allg. Schuldrecht des BGB gilt grds. auch für das Leistungsstörungsrecht im ArbVerh[11]. Der Gesetzgeber hat die Leistungsstörungen im Arbeitsrecht in die Erwägungen des Gesetzgebungsprozesses einbezogen[12] und mit dem Leistungsverweigerungsrecht wegen Unzumutbarkeit gem. § 275 III eine eigenständige Sonderregelung getroffen, die vor allem ArbVerh umfassen soll[13]. Darüber hinaus gelten für die Behandlung von Leistungsstörungen im ArbVerh Besonderheiten zum allg. Schuldrecht. 387

Das Leistungsstörungsrecht des allg. Schuldrechts unterscheidet zwischen dem **Ausschluss der Primärleistungspflicht nach § 275** und dem **zentralen Haftungstatbestand der Pflichtverletzung gem. § 280**[14]. Somit erfasst das allg. Leistungsstörungsrecht folgende Störungsgründe: Die Unmöglichkeit der Leistung (§ 275), Pflichtverletzungen (§ 280ff.), wie den Verzug mit der Leistung (§§ 280 II, 286ff.), die Schlechtleistung sowie die Verletzung von nichtleistungsbezogenen Nebenpflichten. Diese Regeln des allg. Schuldrechts werden freilich teilweise durch arbeitsrechtl. Sonderregelungen überlagert. An erster Stelle zu nennen ist sicherlich das ausgefeilte Kündigungsrecht, aber auch die Modifikationen des Annahmeverzuges (§ 615 S. 1 und 2), die Betriebsrisikolehre (§ 615 S. 3) sowie die §§ 616f. 388

2. Befreiung des ArbN von der Primärleistungspflicht wegen Nichterfüllung. Die Befreiung von der Primärleistungspflicht kann nach drei verschiedenen Tatbeständen erfolgen, die sich in den Tatbestandsvoraussetzungen und teilweise in ihren Rechtsfolgen unterscheiden. Eine klare Abgrenzung ist daher in der Praxis von besonderer Bedeutung. 389

a) Gesetzlicher Ausschluss bei Unmöglichkeit der Leistung (§ 275 I). Der Anspruch des ArbGeb auf die Arbeitsleistung des ArbN ist gem. § 275 I ausgeschlossen, wenn diese für den Schuldner oder für jedermann unmöglich ist. Die Leistungsbefreiung wegen Unmöglichkeit der Arbeitsleistung stellt eine kraft Gesetzes zu beachtende **Einwendung** dar[15]. § 275 I regelt nur den Ausschluss der Primärleistungspflicht. Auf ein Vertretenmüssen kommt es nicht an[16]. Der Schuldner wird daher auch von seiner Leis- 390

---

[1] BAG 3.7.2003 – 2 AZR 235/02, AP Nr. 45 zu § 1 KSchG 1969 Verhaltensbedingte Kündigung. ||[2] BAG 6.11.2003 – 2 AZR 631/02, AP Nr. 39 zu § 626 BGB Verdacht strafbarer Handlung. ||[3] LAG Köln 9.12.2004 – 6 Sa 943/04, ZTR 2005, 375. ||[4] MünchArbR/*Reichold*, § 36 Rz. 23, § 47 Rz. 13; ArbG Halberstadt 28.9.2004 – 5 Ca 901/04, nv.; ArbG Leipzig 4.2.2003 – 7 Ca 6866/02, NZA-RR 2003, 1279. ||[5] BAG 13.12.2007 – 2 AZR 196/06, nv. ||[6] LAG Köln 21.6.2002 – 4 Sa 262/02, ZTR 2003, 38f. ||[7] LAG Köln 20.12.2001 – 10 Sa 430/01, nv. ||[8] LAG Köln 27.1.1999 – 7 Sa 1044/98, NZA-RR 1999, 572f. ||[9] BAG 11.4.2006 – 9 AZR 500/05, APR Nr. 1 zu § 667 BGB; *Gragert*, NJW 2006, 3762. ||[10] LAG Nürnberg 3.12.2003 – 4 Sa 554/02, nv. ||[11] *Gotthardt*, Schuldrechtsreform, Rz. 7. ||[12] BT-Drs. 14/6040, 129 (136, 176). ||[13] BT-Drs. 14/6040, 130. ||[14] Die Pflichtverletzung, die lediglich den objektiven Pflichtenverstoß meint, ist streng von der Frage des Vertretenmüssens zu trennen. *Dedek* in Henssler/v. Westphalen, § 280 Rz. 5. ||[15] *Henssler/Muthers*, ZGS 2002, 219 (221); ErfK/*Preis*, § 611 Rz. 673. ||[16] *Gotthardt*, Schuldrechtsreform, Rz. 37; ErfK/*Preis*, § 611 Rz. 674, 678.

tungspflicht frei, wenn er den Ausschluss der Leistung zu vertreten hat. Erfasst werden von § 275 I sowohl die anfängliche objektive[1] und subjektive Unmöglichkeit als auch die **nachträgliche** Unmöglichkeit und das nachträgliche Unvermögen[2]. Unter die Norm fällt auch die **Teilunmöglichkeit**[3]. Die Arbeit ist gem. § 613 S. 1 im Zweifel persönlich zu leisten, weshalb das Unvermögen des ArbN regelmäßig die objektive Unmöglichkeit zur Folge hat, da grds. nicht darauf abgestellt werden kann, ob ein anderer ArbN die Leistung erbringen könnte[4]. Problematisch ist die Behandlung des Grundsatzes des allg. Schuldrechts, dass Unmöglichkeit und Verzug sich gegenseitig ausschließen. Kriterium der Abgrenzung ist die Nachholbarkeit der Leistung[5]. Die Arbeitsleistung ist nach traditioneller Lesart regelmäßig auf Grund der Bindung an arbeitsvertragl. bestimmte Zeiten ihrer Erbringung nicht nachholbar. Nach hM hat die Arbeitsleistung daher einen **absoluten Fixschuldcharakter**[6]. Bei jeder Nichtleistung im ArbVerh liegt im Zweifel sogleich Unmöglichkeit vor. Mangels Nachholbarkeit der Leistung ist kein Verzug und damit auch die Anwendung von § 615 grds. ausgeschlossen. Im Rahmen des Dauerschuldverhältnisses schuldet der ArbN am folgenden Tag meist bereits die nächste Teilleistung. Eine Nachleistung liegt schlechterdings zumeist nicht im Interesse des ArbN. Die Arbeitsleistung des ArbN ist besonders von der Zeit bestimmt, so dass die Nachleistung einen Eingriff in die übrige Arbeitskraft des ArbN darstellen würde. Dies gilt insb. bei Teilzeitarbeitskräften, die ihre Arbeitszeit selbst bestimmen wollen und im Einzelfall mehrere TeilzeitArbVerh eingegangen sind[7]. Darüber hinaus können Arbeitszeitbestimmungen die Nachleistung durch Überstunden zumindest bei längerer Dauer der Nichtleistung rechtl. unmöglich machen. Schließlich kann auch das Interesse des ArbGeb an der Nachleistung der Arbeit fehlen, wenn dieser auf die Laufzeit seiner Maschinen und eine bestimmte Betriebsorganisation angewiesen ist[8]. Die hL lässt angesichts moderner Formen des ArbVerh **Ausnahmen** von der Regel der Einordnung der Arbeitsleistung als absolute Fixschuld zu[9]. Bei **Gleitzeitarbeitsverhältnissen und Arbeitszeitkonten** wird man eine Nachleistungspflicht weiter annehmen können. Unmöglichkeit tritt erst mit der Nichterbringung der Arbeitsleistung in dem zugestandenen Erfüllungszeitraum ein[10]. Die Rspr.[11] geht, ebenso wie ein Teil der Lit.[12], von einer relativen Fixschuld iSv. § 323 II Nr. 2 aus. Diese Ansicht muss gegen sich gelten lassen, dass es an der Nachholbarkeit der Leistung meist fehlt, außerdem ist die Rechtsfolge eines Kündigungsrechts letztlich unbefriedigend[13]. Entscheidend ist für die genaue Einordnung auf die im Einzelfall getroffene Vereinbarung und die Umstände des ArbVerh abzustellen[14]. Teilzeitarbeitskräfte können abhängig von der jeweiligen vertragl. Vereinbarung ein berechtigtes Interesse an der Nachholung der Arbeitsleistung haben, wenn sonst der Lohnanspruch entfiele[15]. **Objektive Unmöglichkeit** liegt vor, wenn die vom ArbN geschuldete Leistung nicht mehr wie geschuldet erbracht werden kann, weil die Betriebsstätte des ArbGeb durch einen Brand zerstört wurde[16], innerbetriebl. Störungen vorliegen oder Störungen von außen auf den Betrieb einwirken (Stromausfall, Naturkatastrophen etc.)[17]. Nichts anderes gilt, wenn der ArbGeb den Betrieb endgültig stilllegt und der ArbN nach dem Arbeitsvertrag keine anderweitige Beschäftigung schuldet[18] oder der ArbN die Betriebsstätte wegen schlechter Witterung nicht erreichen kann[19]. Dagegen greift § 275 I nicht, wenn die Arbeitsstätte, etwa auf Grund des Ausfalls öffentl. Verkehrmittel, nur noch mit erhöhten Aufwendungen erreichbar ist[20]. Ein Beschäftigungsverbot oder das Auslaufen der Arbeitserlaubnis eines ausländischen ArbN führt zu einer Befreiung von der Arbeitspflicht, da deren Erfüllung aus rechtl. Gründen unmöglich ist[21]. Die Abgrenzung der Fälle, die unter die gesetzl. Befreiung von der Leistungspflicht wegen Unmöglichkeit gem. § 275 I fallen, von denen, die lediglich zu einem allg. Leistungsverweigerungsrecht wegen Unzumutbarkeit gem. § 275 III führen, ist – insb. bei Arbeitsunfähigkeit wegen Krankheit – umstritten (dazu Rz. 399 ff.).

391   b) **Leistungsverweigerungsrecht wegen sog. faktischer und praktischer Unmöglichkeit (§ 275 II).** Die sog. faktische und praktische Unmöglichkeit der Arbeitsleistung unterfällt nicht § 275 I, sondern § 275

---

1 Ein auf eine objektiv unmögliche Leistung gerichteter Vertrag ist nunmehr wirksam (§ 311a I im Gegensatz zu § 306 aF), und bildet einen Vertrag ohne primäre Leistungspflicht. BT-Drs. 14/6040, 164 f.; Palandt/*Grüneberg*, § 311a Rz. 4.   ‖2 *Gotthardt*, Schuldrechtsreform, Rz. 37; ErfK/*Preis*, § 611 Rz. 674.   ‖3 *Gotthardt*, Schuldrechtsreform, Rz. 37; ErfK/*Preis*, § 611 Rz. 674.   ‖4 *Gotthardt*, Schuldrechtsreform, Rz. 89.   ‖5 Palandt/*Grüneberg*, § 286 Rz. 12 mwN.   ‖6 BGH 11.7.1953 – II ZR 126/52, BGHZ 10, 187; *Zöllner/Loritz*, Arbeitsrecht, § 18 I 1. So für den Regelfall auch BT-Drs. 14/6040, 129. Krit. *Pötters/Traut*, DB 2011, 1751.   ‖7 ErfK/*Preis*, § 611 Rz. 676.   ‖8 ErfK/*Preis*, § 611 Rz. 676.   ‖9 ErfK/*Preis*, § 611 Rz. 677; Erman/*Edenfeld*, § 611 Rz. 333; MüKoBGB/*Müller-Glöge*, § 611 Rz. 15; Staudinger/*Richardi*, § 611 Rz. 414; *Pötters/Traut*, DB 2011, 1751.   ‖10 Staudinger/*Richardi*, § 611 Rz. 358; *Gotthardt*, Schuldrechtsreform, Rz. 90. AA *v. Stebut*, RdA 1985, 66 ff.   ‖11 BAG 17.3.1988 – 2 AZR 576/87, AP Nr. 99 zu § 626 BGB, zu § 361 BGB aF.   ‖12 Schaub/*Linck*, ArbRHdb, § 49 Rz. 6.   ‖13 Zutr. *Gotthardt*, Schuldrechtsreform, Rz. 91.   ‖14 ErfK/*Preis*, § 611 Rz. 677.   ‖15 ErfK/*Preis*, § 611 Rz. 677.   ‖16 BAG 13.6.1990 – 5 AZR 350/89, EzA § 611 BGB Beschäftigungspflicht Nr. 17. 12. 1968 – 5 AZR 149/68, AP Nr. 2 zu § 324 BGB.   ‖17 BAG 9.3.1983 – 4 AZR 301/80, AP Nr. 31 zu § 615 BGB Betriebsrisiko.   ‖18 BAG 4.9.1985 – 5 AZR 90/84, nv.   ‖19 BAG 8.12.1982 – 4 AZR 134/80, AP Nr. 58 zu § 616 BGB Betriebsrisiko.   ‖20 BAG 8.12.1982 – 4 AZR 134/80, AP Nr. 58 zu § 616 BGB Betriebsrisiko. Es liegt allerdings auch kein Fall des § 275 III vor, da der ArbN grds. selbst dafür Sorge zu tragen hat, dass er die Arbeitsstätte erreicht. Für eine verhaltensbedingte Kündigung wegen Arbeitsverweigerung wird es meist an einem *Verschulden* fehlen. *Gotthardt*, Schuldrechtsreform, Rz. 94 (Fn. 152).   ‖21 BT-Drs. 14/6040, 129; *Gotthardt*, Schuldrechtsreform, Rz. 95; *Henssler/Muthers*, ZGS 2002, 219 (221); Palandt/*Grüneberg*, § 275 Rz. 16. AA offenbar *Richardi*, RdA 2002, 1004 (1007), der auf die tatsächliche Nichterbringbarkeit der Leistung abstellt.

II[1], wonach der ArbN die Leistung verweigern kann, wenn diese einen Aufwand erfordert, der nach Inhalt des ArbVerh und Treu und Glauben in einem groben Missverhältnis zum Leistungsinteresse des Gläubigers steht (S. 1). Entscheidend für die Beurteilung des erforderlichen Aufwandes ist allein das Gläubigerinteresse an der Arbeitsleistung[2]. Die Behebung des Leistungshindernisses wäre in einigen Fällen zwar theoretisch möglich, aber kein vernünftiger Gläubiger würde sie ernsthaft erwarten[3]. Zur Bestimmung des erforderlichen Aufwandes ist auch der Umstand heranzuziehen, ob der Schuldner das Leistungshindernis zu vertreten hat (§ 275 II 2). Nicht erfasst sind aber die Fälle sog. wirtschaftl. oder sittlicher Unmöglichkeit und der bloßen Leistungserschwerung[4]. Diese Fälle sind nach den Grundsätzen des Wegfalls der Geschäftsgrundlage zu behandeln[5]. Auf das Leistungsverweigerungsrecht aus § 275 II muss sich der ArbN als **Einrede** berufen[6].

c) **Leistungsverweigerungsrecht wegen persönlicher Unzumutbarkeit (§ 275 III).** Der ArbN kann nach § 275 III die Arbeitsleistung bei persönlicher Unzumutbarkeit verweigern. Voraussetzung ist, dass der Schuldner die Leistung persönlich zu erbringen hat, was beim ArbVerh wegen dessen grds. Unübertragbarkeit gem. § 613 im Zweifel der Fall ist[7]. Die Erbringung der Leistung muss dem Schuldner – anders als bei § 275 II – nach einer Abwägung des Leistungsinteresses des Schuldners und des Leistungsinteresses des Gläubigers unzumutbar sein. Auf ein Verschulden des Schuldners kommt es im Gegensatz zu § 275 II 2 nicht an[8]. Dem ArbN kann die Leistung auch **teilweise** unzumutbar sein[9]. Das Verweigerungsrecht wegen persönlicher Unzumutbarkeit ist wie das Leistungsverweigerungsrecht nach § 275 II als **Einrede** ausgestaltet, auf die sich der ArbN berufen muss[10]. Auch eine **rückwirkende Geltendmachung** der Einrede ist möglich[11]. Der ArbN kann wählen, ob er die Arbeitsleistung erbringt oder sich auf Unzumutbarkeit beruft[12]. Der Tatbestand des § 275 III erfordert ein der Leistung entgegenstehendes Hindernis, das – anders als bei § 616 – nicht auf in der Person des ArbN liegende Gründe beschränkt ist[13]. Im Gegensatz zu § 616 werden von § 275 III nicht auch Umstände erfasst, die bereits eine subjektive (oder gar objektive) Unmöglichkeit iSv. § 275 I bilden[14]. § 275 III ist zu I subsidiär[15]. Mit der Einfügung als allg. Leistungsverweigerungsrecht in § 275 III und durch die Gleichbehandlung der Abs. 1–3 des § 275, insb. in §§ 283 S. 1, 326 I, stellte der Gesetzgeber klar, dass die Unzumutbarkeit in ihrer Intensität dem Unvermögen, dh. der subjektiven Unmöglichkeit, entsprechen muss[16]. In Betracht kommen daher insb. folgende fünf **Gründe der Unzumutbarkeit:** Arbeitsunfähigkeit wegen Krankheit, gesetzl. Verbote, Gefahr für Leib und Leben, familiäre und sonstige persönliche Gründe und Gewissensgründe. In der Praxis stellt sich insofern die **schwierige Frage der Einordnung unter § 275 I oder III**, dh. der Unmöglichkeit oder Unzumutbarkeit der Leistung.

Wie die **Arbeitsunfähigkeit wegen Krankheit** des ArbN einzuordnen ist, ist umstritten. Der Gesetzgeber ist wohl, wie Teile des Schrifttums, der Annahme der Unzumutbarkeit zugeneigt[17]. Andere nehmen dagegen an, dass der wegen Krankheit Arbeitsunfähige gem. § 275 I kraft Gesetzes von seiner Leistungspflicht frei wird[18]. Es ist vorzugswürdig, danach zu unterscheiden, ob dem ArbN die Arbeitsleistung auf Grund seines Gesundheitszustandes objektiv nicht möglich ist, dann wird er kraft Gesetzes gem. § 275 I von seiner Leistungspflicht frei, oder ob er potenziell zur Arbeitsleistung im Stande wäre, was lediglich einen Fall der Unzumutbarkeit begründen kann[19]. Ist der ArbN objektiv nicht zur Leistung fähig, muss der ArbGeb keinen Arbeitsversuch akzeptieren, was dagegen Ergebnis der Einordnung als Leistungsverweigerungsrecht (§ 275 III) wäre[20]. Nach der Rspr. des BAG liegt Arbeitsunfähigkeit bereits vor, wenn der ArbN die Arbeit nur unter der Gefahr aufnehmen oder fortsetzen

---

1 BT-Drs. 14/6040, 129; *Dedek* in Henssler/v. Westphalen, § 275 Rz. 9, 14; Palandt/*Grüneberg*, § 275 Rz. 22. ||2 *Gotthardt*, Schuldrechtsreform, Rz. 38. ||3 ErfK/*Preis*, § 611 Rz. 674; *Gotthardt*, Schuldrechtsreform, Rz. 38. ||4 BT-Drs. 14/6040, 130; ErfK/*Preis*, § 611 Rz. 674; *Gotthardt*, Schuldrechtsreform, Rz. 38. ||5 BT-Drs. 14/6040, 130. ||6 Palandt/*Grüneberg*, § 275 Rz. 32; *Gotthardt*, Schuldrechtsreform, Rz. 36; *Zimmer*, NJW 2002, 1 (4); *Dedek* in Henssler/v. Westphalen, § 275 Rz. 9. AA *Teichmann*, BB 2001, 1485 (1487), geht bzgl. des RegE von einer rechtshemmenden Einwendung aus. ||7 *Gotthardt*, Schuldrechtsreform, Rz. 39. ||8 BT-Drs. 14/6857, 47; *Gotthardt*, Schuldrechtsreform, Rz. 39; *Huber/Faust*, Schuldrechtsmodernisierung, 2002, Rz. 2/89. Auf das Verschulden kommt es ua. erst für die Frage der Vergütungspflicht an. ||9 § 275 II 2 RegE brachte dies noch durch die Bezugnahme auf die Wendung „soweit" in § 275 II 1 RegE zum Ausdruck. Eine inhaltliche Änderung ist durch den eigenständigen Absatz in § 275 II nicht gewollt. BT-Drs. 14/7052, 183. ||10 ErfK/*Preis*, § 611 Rz. 685; *Gotthardt*, Schuldrechtsreform, Rz. 36; *Dedek* in Henssler/v. Westphalen, § 275 Rz. 9; Palandt/*Grüneberg*, § 275 Rz. 32. ||11 *Gotthardt*, Schuldrechtsreform, Rz. 101; Huber/*Faust*, Schuldrechtsmodernisierung, 2002, Rz. 3/184. Nach Palandt/*Grüneberg*, § 286 Rz. 12, ist der Schuldnerverzug ausgeschlossen, wenn der Schuldner die Leistung gem. § 275 II oder III dauerhaft verweigern kann. ||12 ErfK/*Preis*, § 611 Rz. 685. ||13 *Gotthardt*, Schuldrechtsreform, Rz. 99. ||14 *Gotthardt*, Schuldrechtsreform, Rz. 99; Palandt/*Grüneberg*, § 275 Rz. 30. ||15 Palandt/*Grüneberg*, § 275 Rz. 30. ||16 Ausdrücklich der RegE des Schuldrechtsmodernisierungsgesetzes, der § 275 III noch als unselbständigen S. 2 in § 275 II vorsah, in BT-Drs. 14/6040, 130. Zust. *Gotthardt*, Schuldrechtsreform, Rz. 99; ErfK/*Preis*, § 611 Rz. 685. ||17 BT-Drs. 14/6857, 47. *Dedek* in Henssler/v. Westphalen, § 275 Rz. 32; *Huber/Faust*, Schuldrechtsmodernisierung, 2002, Rz. 2/13 (Fn. 11); *Löwisch*, NZA 2001, 465f. ||18 Früher bereits BAG 8.9.1998 – 9 AZR 273/97, NZA 1999, 824. Nunmehr *Canaris*, JZ 2001, 499 (501); *Däubler*, NZA 2001, 1329 (1332); Palandt/*Grüneberg*, § 275 Rz. 30. ||19 *Gotthardt*, Schuldrechtsreform, Rz. 100; ErfK/*Preis*, § 611 Rz. 685; *Henssler/Muthers*, ZGS 2002, 219 (223). ||20 *Gotthardt*, Schuldrechtsreform, Rz. 100.

könnte, in absehbarer Zeit seinen Gesundheitszustand zu verschlimmern[1]. Bleibt der ArbN jedoch weiterhin zur Arbeitsleistung im Stande, liegt ein Fall des § 275 III vor[2].

394 Die ältere Rspr. nahm bei **gesetzl. Verboten** ein Leistungsverweigerungsrecht des ArbN an[3]. Bei einem **Beschäftigungsverbot** liegt nunmehr ein Fall der Unmöglichkeit gem. § 275 I vor[4]. Verstößt eine **arbeitsvertragl. Weisung** gegen eine zusätzliche Verbotsnorm und ist daher nach § 134 unwirksam, so besteht schon keine Leistungspflicht des ArbN. Der ArbN kann die Leistung aber auch gem. § 275 III verweigern. Eine gesetzeswidrige Weisung muss der ArbN nicht befolgen[5].

395 Unzumutbarkeit ist darüber hinaus gegeben, wenn die Erbringung der Arbeitsleistung nur uU möglich ist, die für den ArbN eine **erhebliche (objektive) Gefahr für Leben oder Gesundheit** begründen[6]. Die Interessen des ArbN überwiegen grds. das Leistungsinteresse des ArbGeb, da er sein Leben und seine Gesundheit, wenn er dazu nicht vertragl. (etwa als Sprengstoffexperte) verpflichtet ist, zur Erfüllung seiner Pflichten nicht riskieren muss[7]. Erforderlich, aber auch ausreichend ist ein ernsthafter, objektiv begründeter Verdacht der Gefährdung, auch als Bestandteil des allg. Lebensrisikos – die subjektive Annahme einer Gefahr durch den ArbN reicht dagegen nicht aus[8].

396 Nach dem Willen des Gesetzgebers soll § 275 III vor allem auch Fälle der **Pflichtenkollision**[9] erfassen, die sich aus **familiären und sonstigen persönlichen Gründen** ergeben können[10]. Der Gesetzgeber nennt die Beispiele der Sängerin, die wegen einer lebensbedrohlichen Erkrankung ihres Sohnes ihren Auftritt verweigert (Erforderlichkeit der **Betreuung des eigenen Kindes**)[11], des ArbN, der seine Arbeit nicht verrichten möchte, weil er in der Türkei zum **Wehrdienst** einberufen ist und bei Nichtbefolgung des Einberufungsbefehls mit der Todesstrafe oder dem Passentzug rechnen muss[12], während der Arbeitszeit notwendige Arztbesuche, die notwendige Versorgung schwerwiegend erkrankter Angehöriger sowie die Ladung zu Behörden und Gerichtsterminen[13]. Nicht unter § 275 III fällt jedoch – auch unter Berücksichtigung von Art. 9 III GG – der Wunsch des gewerkschaftl. organisierten ArbN, an einer örtlichen Gewerkschaftssitzung teilzunehmen[14]. Auch bei bloßer Verschlimmerungsgefahr geht die Interessenabwägung des § 275 III grds. zu Gunsten des ArbN aus, da die Gesundheit des ArbN von größerem Stellenwert ist als die ArbGebInteressen an der Arbeitsleistung an sich[15]. Hat der ArbN von seinem Leistungsverweigerungsrecht Gebrauch gemacht, findet auch das EFZG, das grds. von einer Leistungsbefreiung ipso iure ausgeht, erst ab diesem Zeitpunkt Anwendung, vorausgesetzt, den ArbN trifft kein Verschulden[16]. Von § 273 V unberührt bleibt der **spezialgesetzl. Freistellungsanspruch des ArbN aus § 45 III SGB V** für die Zeit, in der er wegen der Betreuung eines kranken Kindes Anspruch auf Krankengeld hat. Der Anspruch besteht für jedes Kind grds. nur an zehn Tagen im Kalenderjahr und ist auf Kinder bis zur Vollendung des 12. LJ mit Ausnahme behinderter Kinder begrenzt[17].

397 § 275 III umfasst nunmehr auch die Arbeitsverweigerung aus **Gewissensgründen**[18]. Damit werden in § 275 III auch leistungsbezogene persönliche Umstände des Schuldners berücksichtigt. Dies ist erforderlich, da die Arbeitsleistung selbst auf die Person des Schuldners abstellt[19]. Schon früher hat die Rspr. dem ArbN ein Leistungsverweigerungsrecht zugebilligt, wenn dieser Arbeitsleistungen zu erbringen hatte, die er nicht mit seinem Gewissen vereinbaren konnte[20]. Zunehmend liegt der Fokus auf einer

---

1 BAG 1.6.1983 – 5 AZR 468/80, AP Nr. 54 zu § 1 LohnFG (Unzumutbarkeit, krankheitsbedingte Behinderungen auf sich zu nehmen). ‖2 *Gotthardt*, Schuldrechtsreform, Rz. 100; ErfK/*Preis*, § 611 Rz. 685. ‖3 BAG 2.2.1994 – 5 AZR 273/93, AP Nr. 4 zu § 273 BGB; BT-Drs. 14/6040, 129. ‖4 Vgl. LAG Bbg. 6.5.2003 – 2 Sa 525/02, nv. ‖5 *Gotthardt*, Schuldrechtsreform, Rz. 109. ‖6 *Gotthardt*, Schuldrechtsreform, Rz. 88; Henssler/Muthers, ZGS 2002, 219 (222). ‖7 *Gotthardt*, Schuldrechtsreform, Rz. 88; ErfK/*Preis*, § 611 Rz. 686. ‖8 *Gotthardt*, Schuldrechtsreform, Rz. 88; ErfK/*Preis*, § 611 Rz. 686. ‖9 Das BAG 21.5.1992 – 2 AZR 10/92, AP Nr. 29 zu § 1 KSchG 1969 Verhaltensbedingte Kündigung, hat bisher ein Leistungsverweigerungsrecht nur bei unverschuldeter Pflichtenkollision angenommen. Bei § 275 III kommt es dagegen nicht auf ein Verschulden an. ‖10 BT-Drs. 14/6040, 130. So auch *Gotthardt*, Schuldrechtsreform, Rz. 110; ErfK/*Preis*, § 611 Rz. 685. ‖11 BAG 21.5.1992 – 2 AZR 10/92, AP Nr. 29 zu § 1 KSchG 1969 Verhaltensbedingte Kündigung; ErfK/*Preis*, § 611 Rz. 686. Objektiv darf keinerlei Möglichkeit, auch nicht durch Dritte, bestehen, das Kind zu betreuen. Die Betreuung des eigenen Kindes muss unabweisbar sein. Diese ergänzenden Anforderungen sind jedoch, wie die Wertung der § 15 I, II BEEG, § 8 TzBfG ergibt, auf vorübergehende Schwierigkeiten zu begrenzen. *Gotthardt*, Schuldrechtsreform, Rz. 112. ‖12 § 275 III ist keine zeitliche Begrenzung des Wehrdienstes zu entnehmen. Bei abgekürztem zweimonatigem Wehrdienst in der Türkei: BAG 22.12.1982 – 2 AZR 282/82, AP Nr. 23 zu § 123 BGB; 7.9.1983 – 7 AZR 433/82, AP Nr. 7 zu § 1 KSchG 1969 Verhaltensbedingte Kündigung. Bei zwölfmonatigem ausländischem Wehrdienst: *Gotthardt*, Schuldrechtsreform, Rz. 114. AA insoweit bisher BAG 20.5.1988 – 2 AZR 682/87, AP Nr. 9 zu § 1 KSchG Personenbedingte Kündigung, das für den personenbedingten Kündigungsgrund einen Fall der Unzumutbarkeit annimmt. ‖13 BAG 13.12.2001 – 6 AZR 30/01, NZA 2002, 1105. ‖14 BAG 13.8.2010 – 1 AZR 173/09, AP Nr. 141 zu Art. 9 GG. ‖15 *Gotthardt*, Schuldrechtsreform, Rz. 102. ‖16 Henssler/Muthers, ZGS 2002, 219 (223). ‖17 Diese Grenzen sind wohl auf § 275 III übertragbar: *Gotthardt*, Schuldrechtsreform, Rz. 113. ‖18 BT-Drs. 14/6040, 130: Gewissensbedenken des Schuldners blieben danach „nicht immer völlig unberücksichtigt". Missverständlich ist der Hinweis auf § 313. ErfK/*Preis*, § 611 Rz. 687; Henssler/Muthers, ZGS 2002, 219 (223). AA AnwK/Dauner-Lieb, § 275 Rz. 19. ‖19 Henssler/Muthers, ZGS 2002, 219 (223). ‖20 BAG 20.12.1984 – 2 AZR 436/83, AP Nr. 16 zu § 611 BGB Direktionsrecht mit Anm. *Brox*, zur Herstellung kriegsverherrlichender Schriften; BAG 24.5.1989 – 2 AZR 285/88, AP Nr. 3 zu § 611 BGB Gewissensfreiheit mit Anm. *Wiedemann*, zur Medikamentenentwicklung, die die Führbarkeit eines Atomkriegs beeinflussen können; LAG Düss. 7.8.1992 – 9 Sa 794/92, LAGE zu § 611 BGB Direktionsrecht Nr. 13, zu einem Orchestermusiker, der die Mitwirkung bei einer blasphemischen Inszenierung verweigert.

Leistungsstörungen Rz. 400 **§ 611 BGB**

Leistungsverweigerung aus **religiösen Gründen**. So darf ein als „Ladenhilfe" eingestellter ArbN unter Berufung auf seinen Glauben, der ihm jegliche Mitwirkung bei der Verbreitung von Alkoholika verbiete, die Arbeit im Getränkebereich eines Einzelhandelsunternehmens verweigern. Bestehen keine anderen Einsatzmöglichkeiten, kann der ArbGeb dem ArbN allerdings personenbedingt kündigen[1]. Die Vorhersehbarkeit des Gewissenskonflikts für den ArbN bereits bei Vertragsabschluss führt nicht den Ausschluss des Einredegrundes des § 275 III herbei[2], denn ein Verschulden wird von § 273 V nicht vorausgesetzt. Die Vorhersehbarkeit des Gewissenskonflikts bei Vertragsschluss hat daher nur indizielle Wirkung für das Vorliegen eines solchen Konfliktes[3]. Der ArbN haftet aber nach § 311a II auf Schadensersatz, wenn er das Leistungshindernis bei Vertragsschluss kannte oder seine Unkenntnis zu vertreten hat. Das Leistungsverweigerungrecht nach § 275 III ist von der **Begrenzung des Direktionsrechts** durch die Grundrechte des ArbN abzugrenzen. Im Fall der gläubigen Muslima, die aus religiösen Gründen ein Kopftuch trägt, hielt das BAG bereits die Anweisung zum Ablegen desselben für unbillig und danach unwirksam gem. § 106 S. 1 GewO (s.a. Rz. 386)[4].

d) **Abgrenzung zur Störung der Geschäftsgrundlage (§ 313).** Der Tatbestand der Störung der Geschäftsgrundlage gem. § 313 einerseits und des Leistungsverweigerungsrechts wegen Unzumutbarkeit gem. § 275 III und wegen grober Missverhältnisse gem. § 275 II anderseits ist nur schwer zu treffen. Unumstritten ist lediglich, dass § 275 in seinem Anwendungsbereich § 313 grds. vorgeht[5]. Die Maßstäbe der Tatbestandsvoraussetzungen des § 275 und des § 313 ähneln sich indes weitgehend. Jeweils liegt ein Leistungshindernis vor, das im zugrunde liegenden Vertrag nicht berücksichtigt wurde und die Leistung des Schuldners unzumutbar macht[6]. Das Kriterium der Unzumutbarkeit findet sich sowohl in § 275 III als auch in § 313 I, und das „grobe Missverhältnis" aus § 275 II ist dem der Unzumutbarkeit jedenfalls verwandt[7]. Dagegen liegen die Unterschiede in den Rechtsfolgen klar zutage: Bei § 275 II und III kann der ArbN zwischen der Erbringung der Leistung oder der Einrede wählen, wodurch er von seiner Leistungspflicht befreit wird und seinen Gegenanspruch verliert, während § 313 vorrangig die Vertragsanpassung zum Gegenstand hat, die sowohl durch Veränderungen auf der Leistungs- als auch auf der Gegenleistungsseite erfolgen kann. Lediglich bei Unmöglichkeit oder Unzumutbarkeit der Vertragsanpassung eröffnet § 313 III ein Rücktrittsrecht bzw. bei Dauerschuldverhältnissen ein Kündigungsrecht.

3. **Rechtsfolge: Wegfall des Gegenleistungsanspruchs (§ 326 I 1).** Rechtsfolge der Befreiung von der Arbeitsleistungspflicht nach § 275 I–III ist grds. der Wegfall des Vergütungsanspruchs gem. § 326 I 1 **kraft Gesetzes**. Der Gesetzgeber hat auch für das **Arbeitsrecht** als Grundentscheidung die **Regel „ohne Arbeit kein Lohn"** im BGB manifestiert[8]. Die **Rückerstattung bereits gezahlter Vergütung** richtet sich nach Rücktrittsrecht, §§ 346–348 (§ 326 IV)[9]. Der Vergütungsanspruch entfällt grds. auch, wenn der ArbN wegen eines Freistellungsanspruchs aus § 45 III SGB V der Arbeit fernbleibt. Steht dem ArbN ein Leistungsverweigerungsrecht gem. § 275 II und III zu, entfällt der Vergütungsanspruch jedoch erst, wenn sich der ArbN hierauf beruft[10]. Der Wegfall der Vergütungspflicht ist nicht – wie vormals § 323 I aF – auf die von keinem Teil zu vertretende Unmöglichkeit beschränkt[11]. Bei **teilweiser** Unmöglichkeit bzw. Unzumutbarkeit entfällt auch der Gegenleistungsanspruch nur teilweise. Der Wert der Befreiung wird entsprechend der Minderung gem. § 441 III bestimmt (§ 326 I 1 Hs. 2).

Nach § 326 I 2 **entfällt der Gegenleistungsanspruch nicht**, wenn der Schuldner wegen Schlechtleistung von der Pflicht zur Nacherfüllung nach § 275 I–III frei geworden ist[12]. Die Leistungspflicht entfällt gem. § 326 II 1 auch dann nicht, wenn der **Gläubiger den leistungsausschließenden Umstand allein oder weit überwiegend zu vertreten** hat (Alt. 1)[13] oder dieser zu einem Zeitpunkt eintritt, zu welchem sich der Gläubiger in Annahmeverzug befindet (Alt. 2). Die Verantwortlichkeit des ArbGeb für den leistungsbefreienden Umstand ergibt sich nicht unmittelbar aus §§ 276 ff., sondern in deren entsprechender Anwendung, da die §§ 276 ff. die Verantwortlichkeit des Schuldners betreffen[14]. Der ArbGeb hat den leistungsausschließenden Umstand zu vertreten, wenn er etwa die Arbeitsunfähigkeit des ArbN zu verantworten hat. Ein Mitverschulden des ArbN schadet nicht, sofern der ArbGeb das Leistungshindernis

---

1 BAG 24.2.2011 – 2 AZR 636/09, NZA 2011, 1087. ||2 ErfK/*Preis*, § 611 Rz. 687. ||3 ErfK/*Preis*, § 611 Rz. 687; *Gotthardt*, Schuldrechtsreform, Rz. 116. ||4 BAG 10.10.2002 – 2 AZR 472/01, AP Nr. 44 zu § 1 KSchG 1969 Verhaltensbedingte Kündigung. ||5 BT-Drs. 14/6040, 176; *Medicus* in Haas/Medicus/Rolland/Schäfer/Wendtland, Das neue Schuldrecht, 2002, 3. Kap. Rz. 184; *Gotthardt*, Schuldrechtsreform, Rz. 84. ||6 *Medicus* in Haas/Medicus/Rolland/Schäfer/Wendtland, Das neue Schuldrecht, 2002, 3. Kap. Rz. 51. ||7 *Medicus* in Haas/Medicus/Rolland/Schäfer/Wendtland, Das neue Schuldrecht, 2002, 3. Kap. Rz. 51. ||8 BT-Drs. 14/6857, 74 f. Der Grundsatz „ohne Arbeit kein Lohn" findet danach seine Grundlage in §§ 275, 326 I. ||9 Eine teleologische Reduktion des § 326 IV, damit der ArbN einen Wegfall der Bereicherung auch bei Unmöglichkeit der Erfüllung der Arbeitspflicht geltend machen kann, ist nicht vorzunehmen. Der ArbN, der die ihm obliegende Leistung nicht erbringt, ist in seinem Vertrauen auf den Behalt der synallagmatisch gebundenen Vergütung nicht schutzwürdig. Zutr. *Gotthardt*, Schuldrechtsreform, Rz. 146; *Henssler*, RdA 2002, 129 (132); *Lorenz/Riehm*, Lehrbuch zum neuen Schuldrecht, 2002, Rz. 325; *Richardi*, NZA 2002, 1004 (1008). AA *Canaris*, JZ 2001, 499 (509). ||10 *Gotthardt*, Schuldrechtsreform, Rz. 126. ||11 ErfK/*Preis*, § 611 Rz. 674; *Gotthardt*, Schuldrechtsreform, Rz. 40. ||12 Die teilweise Unmöglichkeit meint im Anwendungsbereich des § 326 I nicht den Fall der Schlechtleistung. *Gotthardt*, Schuldrechtsreform, Rz. 40. ||13 Es erübrigt sich dann ein Rückgriff auf das EFZG. *Gotthardt*, Schuldrechtsreform, Rz. 128 f. ||14 *Gotthardt*, Schuldrechtsreform, Rz. 128.

weit überwiegend zu verantworten hat. § 254 findet insoweit Anwendung[1]. Umstritten ist auch nach der Schuldrechtsmodernisierung, ob der ArbGeb in allen anderen Fällen ein Mitverschulden des ArbN zum Abzug bringen kann[2].

401 Das Arbeitsrecht enthält darüber hinaus weitere gesetzl. **Ausnahmen im BGB** von der Befreiung von der Vergütungspflicht. So stellt § 615 S. 1 und 2 eine vorrangige Spezialregelung zu § 326 II 1 Alt. 2 dar. Dagegen ist § 326 II 1 Alt. 1 neben § 615 S. 1 und 2 anwendbar[3]. Die Betriebsrisikolehre (§ 615 S. 3) steht dagegen neben § 326 II 1 insgesamt. Einzelheiten s. Komm. zu § 615.

402 Zum Schutz der Existenzgrundlage des ArbN bestehen zahlreiche weitere **spezialgesetzl. Durchbrechungen** der synallagmatischen Folge des Wegfalls der Vergütungspflicht, wie zB in § 616 BGB, § 3 I EFZG, § 11 BUrlG, § 11 MuSchG. Diese Regeln gehen der allg. Vorschrift des § 326 I vor. Sie haben allesamt zur Voraussetzung, dass das entsprechende Leistungshindernis kausal für den Arbeitsausfall sein muss. Der ArbN verliert seinen Vergütungsanspruch, wenn zwei Leistungshindernisse gegeben sind und nur eines die Entgeltfortzahlung begründet[4].

403 Macht der ArbN ein Leistungsverweigerungsrecht wegen Unzumutbarkeit gem. § 275 III geltend, so kommt grds. eine **Entgeltfortzahlung nach § 616** infrage[5], da als Verhinderungstatbestand außer der Unmöglichkeit auch die Unzumutbarkeit der Arbeitsleistung anerkannt ist[6]. Eine eingetretene Arbeitsunfähigkeit bleibt nach der bisherigen Rspr. trotz eines zwischenzeitlichen Arbeitsversuchs fortbestehen und lässt den Ablauf der sechswöchigen Entgeltfortzahlung unberührt[7], was auch für die Fälle krankheitsbedingter Unzumutbarkeit gelten muss[8]. Bei einer **Verweigerung aus Gewissensgründen** ist der Fortzahlungsanspruch aber letztlich abzulehnen[9]. Der Verlust des Lohnanspruchs ist angemessen, da die verfassungsrechtl. garantierte Gewissensfreiheit nicht bedeutet, dass auch wirtschaftl. Nachteile einem Vertragspartner aufgebürdet werden dürfen. Der ArbN behält seinen Vergütungsanspruch jedoch, wenn der ArbGeb ihm im Rahmen des vertragl. Geschuldeten kraft Direktionsrecht eine andere Tätigkeit zuweisen kann[10]. Allerdings ist dieser Anspruch nach neuerer Rspr. wohl nicht aus § 615 S. 1, sondern aus § 280 I, 241 II herzuleiten; Pflichtverletzung ist die treuwidrige Unterlassung einer Umsetzung[11]. Gleiches gilt wohl auch für die bisher in der Literatur meist auf § 615 S. 1 gestützte Herleitung des Vergütungsanspruchs im Fall einer **gesetzeswidrigen Weisung des ArbGeb**[12].

404 **4. Arbeitgeberhaftung.** Der ArbGeb ist dem ArbN zu vertragsgerechter Beschäftigung verpflichtet. Bei Betriebsstörungen (zB Zerstörung der Betriebsstätte) ist daher eine Unmöglichkeit gegeben. Der Erwerb eines Anspruchs gegen einen externen Dienstleister macht dem ArbGeb hingegen die Erfüllung des Beschäftigungsanspruchs nicht unmöglich[13]. Die Beschäftigungspflicht entfällt – unter Berücksichtigung der unternehmerischen Freiheit (Art. 12, 14 GG) – bereits nach einer an den ArbN- und ArbGebInteressen orientierten Interessenabwägung, wenn schutzwürdige, das Interesse des ArbN überwiegende ArbGebInteressen vorliegen[14]. Einzelheiten s. Rz. 172 ff. Erfüllt der ArbGeb die Beschäftigungspflicht nicht, so haftet er bei einem verschuldeten Leistungsausschluss auf Schadensersatz statt der Leistung nach §§ 280 I, 283.

Erkundigt sich der ArbN vor einer Vertragsänderung beim ArbGeb über die rechtl. Folgen seiner Rechtshandlungen, haftet der ArbGeb, sofern er sich entschließt, die Frage selbst zu beantworten, für die Fehler, die ihm bei der Beantwortung unterlaufen[15]. Auch die falsche Angabe des Kündigungsgrundes in der Arbeitsbescheinigung kann den ArbGeb grds. zum Schadensersatz verpflichten. Ein Scha-

---

1 Eine weit überwiegende Verantwortlichkeit soll nur gegeben sein, wenn der Grad der Mitverantwortlichkeit erreicht ist, der nach § 254 einen Schadensersatzanspruch ausschließt. BT-Drs. 14/6040, 187; *Teichmann*, BB 2001, 1485 (1488); Palandt/*Grüneberg*, § 326 Rz. 9, geht davon aus, dass hierfür idR eine Verantwortungsquote von 90 %, mindestens aber 80 % erforderlich ist. Grds. liegt eine weit überwiegende Verantwortlichkeit des ArbGeb vor, wenn ihm selbst Verschulden und dem ArbN Fahrlässigkeit zur Last fällt. Selbst bei beiderseitiger Fahrlässigkeit kann eine weit überwiegende Verantwortung des ArbGeb gegeben sein, wenn das Verschulden des ArbGeb die weit überwiegende Schadensursache ist. Palandt/*Grüneberg*, § 254 Rz. 57 ff. ‖2 Dazu ErfK/*Dörner/Reinhard*, § 3 EFZG Rz. 24; Staudinger/*Oetker*, § 616 Rz. 249. ‖3 MünchArbR/*Reichold*, § 39 Rz. 22; *Gotthardt*, Schuldrechtsreform, Rz. 127. ‖4 BAG 5.7.1995 – 5 AZR 135/94, AP Nr. 7 zu § 3 MuSchG 1968. ‖5 § 616 berechtigt nicht zur Leistungsverweigerung, sondern trifft nur eine Aussage über die Entgeltfortzahlung. ‖6 BAG 8.9.1982 – 5 AZR 283/80, AP Nr. 59 zu § 616 BGB. ‖7 BAG 1.6.1983 – 5 AZR 468/80, AP Nr. 54 zu § 1 LohnFG. ‖8 *Gotthardt*, Schuldrechtsreform, Rz. 105. ‖9 ErfK/*Preis*, § 611 Rz. 688; *Gotthardt*, Schuldrechtsreform, Rz. 117; *Henssler*, RdA 2002, 129 (131 f.). Zu §§ 275 II, 323 I aF *Kraft/Raab*, Anm. AP Nr. 1 zu § 611 BGB Gewissensfreiheit. ‖10 So schon früher *Kraft/Raab*, Anm. AP Nr. 1 zu § 611 BGB Gewissensfreiheit, die einen Schadensersatzanspruch des ArbN gegen den ArbGeb pVV, regelmäßig in Höhe des Entgelts für den anderen Arbeitsplatz, annahmen. AA (§ 615 S. 1) *Gotthardt*, Schuldrechtsreform, Rz. 117; Schaub/*Linck*, ArbRHdb, § 45 Rz. 41; vgl. auch BAG 24.2.2011 – 2 AZR 636/09, BB 2011, 627; 8.11.2006 – 5 AZR 51/06, AP Nr. 120 zu § 615 BGB; 27.8.2008 – 5 AZR 16/08, AP Nr. 124 zu § 615 BGB. ‖11 BAG 19.5.2010 – 5 AZR 162/09, NJW 2010, 3112. ‖12 BAG 18.12.1986 – 2 AZR 34/86, AP Nr. 2 zu § 297 BGB; 24.5.1989 – 2 AZR 285/88, AP Nr. 1 zu § 611 BGB Gewissensfreiheit; *Gotthardt*, Schuldrechtsreform, Rz. 117; MünchArbR/*Reichold*, § 36 Rz. 29. ‖13 LAG Berlin 24.9.2004 – 6 Sa 685/04, EzBAT § 54 BAT Unkündbare Angestellte Nr. 18. ‖14 BAG 19.8.1976 – 3 AZR 173/75, AP Nr. 4 zu § 611 BGB Beschäftigungspflicht; MüKoBGB/*Müller-Glöge*, § 611 Rz. 976. Unter Heranziehung von § 275 III: *Gotthardt*, Schuldrechtsreform, Rz. 121. ‖15 LAG Hess. 30.10.2003 – 11 Sa 1677/02, nv.

den in Höhe des auf Grund der verlängerten Sperrfrist nicht gezahlten Alg entsteht beim ArbN jedoch nur dann, wenn endgültig feststeht, dass eine Zahlung durch die Arbeitsverwaltung nicht erfolgt[1].

Der ArbN hat gegen den ArbGeb einen auf das Kalenderjahr oder auf einen Übertragungszeitraum befristeten **Urlaubsanspruch**, der nach diesem Zeitraum grds. erlischt[2]. Es liegt dann ein Fall der Unmöglichkeit iSv. § 275 I vor, die den ArbGeb grds. von der Pflicht zur Gewährung des Urlaubsanspruchs befreit[3]. Im Wege **europarechtskonformer Rechtsfortbildung** ist hiervon jedoch für den Fall eine Ausnahme zu machen, dass der ArbN während des Urlaubs- bzw. Übertragungszeitraums erkrankt war und deshalb seinen Urlaubsanspruch nicht ausüben konnte. Näher hierzu Komm. zu § 7 BUrlG Ein Urlaubsanspruch, der in Folge von Arbeitsunfähigkeit innerhalb des Übertragungszeitraums nicht genommen werden kann, dauert auch über das Ende des Übertragungszeitraums hinaus an[4]. Die Leistungspflicht nach § 9 BUrlG erlischt nicht, wenn der ArbN nach Urlaubsgewährung erkrankt. Erkrankt er vor Festsetzung des Urlaubs, besteht der Urlaub nach § 7 III 2 BUrlG auch im Übertragungszeitraum. Wird ein ehrenamtlicher Helfer des THW während seines Urlaubs zu einem Einsatz herangezogen, so hat er ggü. dem ArbGeb einen Anspruch auf Nachgewährung der dadurch verlorenen Urlaubszeit[5]. Versäumt der ArbGeb, den rechtzeitig geltend gemachten Urlaubsanspruch des ArbN zu erteilen, besteht bis zum Ablauf des Kalenderjahres oder des Übertragungszeitraumes ein Schadensersatzanspruch auf **Ersatzurlaub** aus §§ 286 I, 280 I, 283, 287 S. 2[6]. 405

Verzögert sich die Zahlung des Arbeitsentgelts durch den ArbGeb, steht dem ArbN ein Anspruch auf Ersatz des Verzögerungsschadens nach §§ 280 I, II, 286 oder ein Schadensersatz statt der Leistung nach §§ 280 I, 281, oder nach seiner Wahl Aufwendungsersatz gem. § 284 zu. Einer Mahnung bedarf es zur Begründung des Verzugs regelmäßig nicht, da der jeweilige Leistungszeitpunkt in Zeitabschnitten vorgesehen und daher iSd. § 286 II Nr. 1 kalendermäßig bestimmt ist. Jedenfalls kann der ArbGeb nach § 286 III bei einer Entgeltforderung 30 Tage nach Fälligkeit und Zugang einer Rechnung oder Zahlungsaufstellung in Verzug kommen. Ein Schadensersatzanspruch des ArbN wegen entgangenen Verdienstes einer unbefristeten Anstellung nach Kündigung des Ausbildungsverhältnisses besteht nicht, wenn dem ArbN kein Anspruch auf Festanstellung nach Ausbildung und bestandener Prüfung zustand[7]. 406

5. Arbeitnehmerhaftung. Ist das Leistungshindernis nach § 275 I–III vom ArbN verschuldet, sind Schadensersatzansprüche des ArbGeb gegen den ArbN nach §§ 280 I 1, 283, 311a II zu erwägen. IÜ kommt ein Rücktrittsrecht des ArbGeb gem. § 326 V in Betracht (§ 275 IV). 407

a) **Nichtleistung.** Hat der ArbN in den Fällen der Leistungsbefreiung nach §§ 275 die Nichtleistung zu vertreten, weil er vertragswidrig seine Pflichten aus dem Arbeitsvertrag verletzt, können gegen ihn Schadensersatzansprüche bestehen. §§ 280 I 1, 283, 311a II bestehen[8]. Die allg. Anspruchsgrundlage des § 280 I 1 gilt für alle nach Vertragsschluss eingetretenen nachträglichen Leistungshindernisse, die der ArbN zu vertreten hat. **Schadensersatz statt der Leistung** kann der ArbGeb nach der ergänzenden Maßgabe des § 283 verlangen, der von dem Erfordernis einer Fristsetzung absieht. Die Nichterbringung der Leistung bildet trotz des Leistungsausschlusses nach § 275 eine Pflichtverletzung[9]. Ein Fall nachträglicher Unmöglichkeit liegt vor, wenn der ArbN **mit zwei ArbGeb Arbeitsverträge abschließt**, da bei den Vertragsabschlüssen noch nicht feststeht, welchen Vertrag der ArbN erfüllen wird. Der ArbN haftet dem anderen ArbGeb daher verschuldensabhängig nach § 280 I 1 auf Schadensersatz[10]. Der Schadensersatz statt der Leistung umfasst nur die nichterbrachte **Teilleistung**, wenn die Leistung nur teilweise ausgeschlossen ist. Bei einer Teilleistung kann der Gläubiger Schadensersatz statt der ganzen Leistung nur verlangen, wenn er an der Teilleistung kein Interesse hat (§§ 283 S. 2, 281 I 2). Verlangt er **Schadensersatz statt der ganzen Leistung**, dann muss er dem Schuldner die bereits erbrachte Teilleistung nach Rücktrittsrecht zurückgewähren (§§ 283 S. 2, 281 V). 408

§ 311a II ist dagegen die Anspruchsgrundlage für Schadensersatz für alle anfänglichen Leistungshindernisse, die bereits bei Vertragsschluss vorlagen. Der Gläubiger kann zwischen Schadensersatz statt der Leistung (positives Interesse) oder Aufwendungsersatz nach § 284 wählen, wenn der Schuldner das Leistungshindernis bei Vertragsschluss kannte oder seine Unkenntnis zu vertreten hat (§ 311a II 2). 409

---

1 LAG Nds. 28.3.2003 – 16 Sa 19/03, NZA-RR 2004, 46.   ‖ 2 BAG 19.4.1994 – 9 AZR 478/92, AP Nr. 3 zu § 1 BUrlG Treueurlaub. Einschränkend BAG 24.3.2009 – 9 AZR 983/07, AP Nr. 39 zu § 7 BUrlG. Ausführlich s. Komm. zu § 7 BUrlG.   ‖ 3 BAG 7.11.1985 – 6 AZR 169/84, AP Nr. 16 zu § 3 BUrlG Rechtsmissbrauch. Der ArbGeb wird auch von seiner Leistungspflicht frei, wenn eine Arbeitsunfähigkeit des ArbN bis zum Ende der Übertragungsfrist fortdauert: BAG 7.12.1993 – 9 AZR 683/92, AP Nr. 15 zu § 7 BUrlG; 13.5.1982 – 6 AZR 360/80, AP Nr. 4 zu § 7 BUrlG Übertragung.   ‖ 4 BAG 24.3.2009 – 9 AZR 983/07, AP Nr. 39 zu § 7 BUrlG in Umsetzung von EuGH 20.1.2009 – Rs. C-350/06 u.a., Slg. 2009, I-179 – Schultz-Hoff.   ‖ 5 BAG 10.5.2005 – 9 AZR 251/04, ZTR 2006, 149; aA LAG Nds. 8.3.2004 – 5 Sa 1312/03, nv.: Erlöschen des Anspruchs nach § 275 I.   ‖ 6 BAG 24.9.1996 – 9 AZR 364/95, AP Nr. 22 zu § 7 BUrlG; 18.3.1997 – 9 AZR 794/95, nv., entnehmen den Ersatzurlaubsanspruch aus §§ 284 I, 280 I, 287 S. 2 aF. So auch MünchArbR/*Düwell*, § 78 Rz. 65.   ‖ 7 BAG 20.11.2003 – 8 AZR 439/02, AP Nr. 28 zu § 611 BGB Haftung des Arbeitgebers; zum Schadensersatzanspruch wegen Minderung des Alg nach fristwidriger Kündigung s. BAG 17.7.2003 – 8 AZR 486/02, AP Nr. 27 zu § 611 BGB Haftung des Arbeitgebers.   ‖ 8 ErfK/*Preis*, § 611 Rz. 679; *Gotthardt*, Schuldrechtsreform, Rz. 51ff.   ‖ 9 BT-Drs. 14/6040, 135f.; *Lorenz/Riehm*, Lehrbuch zum neuen Schuldrecht, Rz. 172; Palandt/*Grüneberg*, § 280 Rz. 13.   ‖ 10 *Gotthardt*, Schuldrechtsreform, Rz. 96.

410 **b) Verzögerung der Leistung.** Kann der ArbN ausnahmsweise nachleisten und tritt dabei eine Verzögerung der fälligen Leistung (Verzug) ein, die er zu vertreten hat, haftet er für den **Verzugsschaden** nach Maßgabe von §§ 280 II, 286. Der ArbGeb kann im Falle der Leistungsverzögerung unter den Voraussetzungen der §§ 280 I, 281 I 1 Alt. 1 nach erfolgloser Leistungsaufforderung unter Setzung einer angemessenen Frist auch **Schadensersatz statt der Leistung** verlangen[1]. Die Nichterbringung der noch möglichen Leistung trotz Fälligkeit erfüllt bei Vertretenmüssen des ArbN den Grundtatbestand des § 280 I[2]. In der Fristsetzung ist stets eine den Verzug begründende Mahnung zu erblicken[3]. Anspruchsgrundlage für den Verzögerungsschaden bleibt §§ 280 II, 286. Der Gläubiger kann den Verzögerungsschaden aber in den Nichterfüllungsschaden einbeziehen[4].

411 **c) Schlechtleistung.** Der ArbN haftet auch für Schlechtleistungen, dh. für alle Verletzungen arbeitsvertragl. Pflichten, die weder Verzug noch Unmöglichkeit der Arbeitsleistung darstellen oder zu einer darüber hinaus gehenden Schädigung des ArbGeb führen. Wird die Arbeitsleistung durch den ArbN nicht wie geschuldet erbracht, begeht er eine Pflichtverletzung iSv. § 280 I. So haftet der Kreditprokurist einer Bank, der Kreditmittel in erheblichem Umfang frei gibt, ohne zuvor Bautenstände geprüft zu haben, bei einem Konkurs des Bauträgers auf Ersatz des kausalen Schadens, allerdings nach den Grundsätzen der beschränkten ArbN-Haftung, vgl. Rz. 413[5]. Eine Nebenpflichtverletzung, insb. die Verletzung der Integritätsinteressen des ArbGeb (§ 241 II), bildet eine Schlechtleistung iwS[6]. Das Arbeitsrecht beinhaltet als Dienstleistungsrecht keine verschuldensunabhängige Gewährleistung, da ein Erfolg nicht geschuldet ist. Dem ArbGeb ist aber möglich, im Wege seines Direktionsrechts Mangelbeseitigung zu verlangen, allerdings im Rahmen der auch sonst üblichen Tätigkeit und daher auf eigene Kosten[7]. Ein Schadensersatzanspruch wegen einer Schlechtleistung gem. § 280 I erfordert ein Verschulden des ArbN. Handelt ein ArbN mit ausdrücklicher Genehmigung des Vorstandes, trägt Letzterer die Verantwortung für die dem Geschäft innewohnenden Risiken, so dass sich der ArbN ggü. seinem ArbGeb bei Fehlern des Vorstandes entlasten kann[8]. **Schadensersatz statt der Leistung** kann der Gläubiger gem. § 281 I 1 Alt. 2 entsprechend der Rechtslage bei der Verzögerung der Leistung (dh. nach erfolgloser Setzung einer angemessenen Frist) auch verlangen, wenn der Schuldner die fällige Vertragsleistung nicht wie geschuldet erbracht hat. Verletzt der Schuldner eine nicht leistungsbezogene Nebenleistungspflicht (etwa Rücksichtnahmepflichten aus § 241 II), ergibt sich ein Schadensersatzanspruch für Schadensersatz statt der Leistung aus §§ 280 I 1, 282. Schadensersatz statt der Leistung kann der Gläubiger jedoch nur verlangen, wenn ihm die Leistung durch den Schuldner nach Abwägung der beiderseitigen Interessen nicht mehr zumutbar ist (§ 282)[9]. Bei einer Schlechtleistung kann der Gläubiger auch **Schadensersatz statt der ganzen Leistung** fordern, was allerdings ausgeschlossen ist, wenn die Pflichtverletzung unerheblich ist (§§ 283 S. 2, 281 I 2).

412 Bei einer Schlechtleistung des ArbN bleibt grds. sein Lohnanspruch bestehen, wenn nicht ein aufrechenbarer Schadensersatzanspruch gem. § 280 I besteht. Auf Grund einer Schlechtleistung kann das Arbeitsentgelt nicht gemindert werden[10]. Nach § 326 I 2 findet § 326 I 1 keine Anwendung im Falle des Leistungsausschlusses bei nicht vertragsgemäßer Leistung[11]. Ist dagegen ein Fall der Nichtleistung gegeben, geht der Lohnanspruch unter. Schlecht- und Nichtleistung sind in der Praxis nur schwer zu unterscheiden[12]. Auf Grund von § 326 I 2 kann nicht mehr jede Schlechtleistung als Nichterfüllung, dh. als ein Fall der Unmöglichkeit, behandelt werden, mit der Konsequenz der Minderung des Lohnanspruchs[13]. Der ArbN hätte mit der Annahme einer Nichterfüllung ein Risiko zu tragen, das ihm mit dem Verzicht auf Gewährleistungsregeln erspart werden sollte[14].

413 **d) Haftungsbegrenzung und Beweislastumkehr.** Bei **betrieblich veranlasster Tätigkeit** gelten die allg. Grundsätze der Privilegierung des ArbN[15], wenn er die Leistung nicht wie geschuldet erbringt[16]. Ob die Haftungsprivilegierung nunmehr abdingbar ist, ist umstritten[17]. Bei einer Leistungsverweigerung des ArbN oder bei **eigenmächtigem** Nichtantritt der Arbeit greifen die allg. Grundsätze der Begrenzung der Haftung des ArbN bei betriebl. veranlasster Tätigkeit dagegen nicht, da der ArbN unter Berufung auf **eigene Interessen** handelt[18]. Einzelheiten und zur Beweislastumkehr nach § 619a s. Komm. dort.

---

1 *Gotthardt*, Schuldrechtsreform, Rz. 69. ||2 *Gotthardt*, Schuldrechtsreform, Rz. 69. ||3 BT-Drs. 14/6040, 138; *Gotthardt*, Schuldrechtsreform, Rz. 71; Palandt/*Grüneberg*, § 281 Rz. 7. ||4 AA Palandt/*Grüneberg*, § 281 Rz. 17. ||5 LAG Nds. 7.7.2003 – 5 Sa 188/02, NZA-RR 2004, 142. ||6 ErfK/*Preis*, § 611 Rz. 682. ||7 ErfK/*Preis*, § 611 Rz. 683. ||8 LAG Köln 22.11.2004 – 2 Sa 491/04, AR-Blattei ES 870 Nr. 140, n.rkr. ||9 Dies setzt grds. eine Abmahnung voraus, BT-Drs. 14/6040, 142. ||10 BAG 18.7.2007 – 5 AZN 610/07, AP Nr. 1 zu § 611 BGB Minderleistung; 6.6.1972 – 1 AZR 438/71, AP Nr. 71 zu § 611 BGB Haftung des Arbeitnehmers; 17.7.1970 – 3 AZR 423/69, AP Nr. 3 zu § 11 MuSchG. ||11 Die teilweise Unmöglichkeit erfasst die Schlechtleistung daher nicht, *Gotthardt*, Schuldrechtsreform, Rz. 201. ||12 Bloße Bummelei und Langsamarbeit sind kaum von eigenmächtigen Pausen zu trennen, die als teilweise Nichtarbeit bereits eine Nichtleistung darstellen können. *Lieb*, Rz. 198. ||13 ErfK/*Preis*, § 611 Rz. 684; *Gotthardt*, Schuldrechtsreform, Rz. 190. ||14 ErfK/*Preis*, § 611 Rz. 684; *Lieb*, Rz. 186 ff. ||15 Eingehend ErfK/*Preis*, § 619a Rz. 9 ff.; Staudinger/*Richardi*, § 611 Rz. 581 ff. ||16 *Gotthardt*, Schuldrechtsreform, Rz. 194. ||17 Dafür: *Gotthardt*, Schuldrechtsreform, Rz. 195; ErfK/*Preis*, § 619a Rz. 11. Dagegen: BAG 5.2.2004 – 8 AZR 91/03, AP Nr. 126 zu § 611 BGB Haftung des Arbeitnehmers; *Otto*, Jura 2002, 1 (8); Schaub/*Linck*, ArbRHdb, § 59 Rz. 67. ||18 *Gotthardt*, Schuldrechtsreform, Rz. 174; *Richardi*, NZA 2002, 1004 (1010).

Inhaltskontrolle – Vertragsgestaltung   Rz. 416 § 611 BGB

6. Kündigungsrecht des Arbeitgebers. Der Fortbestand des ArbVerh im Falle von Leistungsstörungen beurteilt sich nach dem Kündigungsrecht. Verletzt der ArbN seine Pflicht aus dem ArbVerh durch Nichterbringung oder nicht fristgerechte Erbringung der fälligen Arbeitsleistung (§ 323 I), hat der Arb-Geb grds. nach erfolgloser Fristsetzung ein Rücktrittsrecht gem. § 326 V. Das Rücktrittsrecht ist bei dem ArbVerh als Dauerschuldverhältnis durch ein Kündigungsrecht ersetzt[1]. Die allg. Regelung des § 314 zur außerordentl. Kündigung bei Dauerschuldverhältnissen wird von § 626 als Spezialregelung verdrängt[2]. Ist der ArbN nach § 275 von der Pflicht zur Arbeitsleistung befreit, verletzt er aus Sicht des Kündigungsrechts, im Gegensatz zum Schadensersatzrecht, keine Vertragspflicht[3]. Eine **verhaltensbedingte Kündigung** wegen Arbeitsverweigerung ist wegen der Rückwirkung der Einrede dann nicht möglich[4]. Allein das vom Vertretenmüssen unabhängige Recht der Leistungsverweigerung nach § 275 III erlaubt nicht die verhaltensbedingte Kündigung. Beruft sich der ArbN allerdings zu Unrecht auf eine persönliche Unzumutbarkeit der Leistung gem. § 275 III, trägt er das Risiko einer verhaltensbedingten Kündigung[5]. Bei einer verspäteten Einrede aus § 275 III kommt allein eine verhaltensbedingte Kündigung wegen der Verletzung der Anzeigepflicht in Betracht, sofern eine solche Verpflichtung besteht[6]. Liegt ein unverschuldeter Gewissenskonflikt vor, kommt eine **personenbedingte Kündigung** in Betracht[7]. Ein personenbedingter Kündigungsgrund liegt auch dann vor, wenn ein Beschäftigungsverbot besteht oder wenn zwar nicht die Beschäftigung mit der vertragl. geschuldeten Tätigkeit selbst gegen ein gesetzl. Verbot verstößt, wohl aber der ArbGeb aus Gründen, die er nicht zu vertreten hat und die in der Sphäre des ArbN liegen, gesetzl. Verpflichtungen, die mit der Beschäftigung verbunden sind, nicht erfüllen kann[8]. Bei einer berechtigten krankheitsbedingten Leistungsverweigerung und krankheitsbedingten Unmöglichkeit ist eine **krankheitsbedingte Kündigung** nur in den vier Fallgruppen und engen Voraussetzungen des BAG möglich[9]. Überformt werden die Regelungen des BGB freilich in großem Umfang durch das KSchG und den Sonderkündigungsschutz etwa nach §§ 9 MuSchG, 18 BEEG, vgl. Komm. dort.

XI. Inhaltskontrolle – Vertragsgestaltung. 1. Ansatzpunkte der Inhaltskontrolle. Die Arbeitsrspr. beschränkt den **Schutz ggü. unangemessenen Vertragsklauseln** nicht auf arbeitsvertragl. Einheitsregelungen, sondern unterzieht auch individuell formulierte und ausgehandelte Arbeitsverträge einer Inhaltskontrolle. Auch solche Verträge sind wegen der Verhandlungsschwäche des ArbN, die aus seiner Abhängigkeit vom Arbeitsplatz resultiert, oftmals nicht das Ergebnis paritätischer Vertragsverhandlungen, so dass sich das Problem einer Korrektur einseitiger Vertragsregelungen auch dort stellt.

Die von der Rspr. vor der Schuldrechtsreform bemühten **Kontrollinstrumente** waren recht unterschiedlich[10]. Ein Fall der – nicht ausdrücklich als eine solche bezeichneten – Inhaltskontrolle ist die vom BAG praktizierte sog. **Billigkeitskontrolle**[11], wie sie insb. im Fall von freiwillig gewährten und zu einem späteren Zeitpunkt widerrufenen Leistungszulagen angewandt wird[12]. Sie soll allg. immer dann eingreifen, wenn kein Gleichgewicht der Vertragspartner einen angemessenen Vertragsinhalt gewährleistet, weil entweder die Vertragsparität gestört ist oder eine Vertragspartei aus anderen Gründen allein den Inhalt des Vertragsverhältnisses gestalten kann[13]. Ein derartiges Vertragswerk „muss sich eine Korrektur nach Billigkeitsgründen gefallen lassen"[14]. Einer Inhaltskontrolle in der Sache sehr nahe steht des Weiteren der Rückgriff auf allg. **Auslegungsgrundsätze**, um erkannte Störungen der Privatautonomie zu beseitigen[15] oder aber § 138 für eine – mitunter verdeckte – Inhaltskontrolle zu nutzen[16]. Unter die vom BAG entwickelten Kontrollmechanismen fällt auch die Rechtsfigur der **objektiven Umgehung zwingenden Rechts.** Hiermit wurden wiederholt Gratifikations- oder Prämienrückzahlungsklauseln[17] oder aber mit den Wertungen des KSchG unvereinbare auflösende Bedingungen oder Befristungen[18] zu Fall gebracht.

---

1 ErfK/*Preis*, § 611 Rz. 679; *Gotthardt*, Schuldrechtsreform, Rz. 43, 50. ||2 BT-Drs. 14/6040, 177; *Gotthardt*, Schuldrechtsreform, Rz. 221. ||3 Die kündigungsschutzrechtl. relevante Verletzung der Vertragspflichten liegt außerhalb des Leistungsverweigerungsrechts. Insoweit muss eine Verpflichtung zu einem entsprechenden Verhalten vorliegen. *Gotthardt*, Schuldrechtsreform, Rz. 118. ||4 *Gotthardt*, Schuldrechtsreform, Rz. 87. ||5 BAG 29.11.1983 – 1 AZR 469/82, AP Nr. 78 zu § 626 BGB; *Gotthardt*, Schuldrechtsreform, Rz. 118. ||6 BAG 16.8.1991 – 2 AZR 604/90, AP Nr. 27 zu § 1 KSchG 1969 Verhaltensbedingte Kündigung. ||7 BAG 24.2.2011 – 2 AZR 636/09, NZA 2011, 1087; *Henssler/Muthers*, ZGS 2002, 219 (222). ||8 BAG 24.2.2005 – 2 AZR 211/04, AP Nr. 51 zu § 1 KSchG 1969 Verhaltensbedingte Kündigung. ||9 Fallgruppen sind häufige Kurzerkrankungen (BAG 20.1.2000 – 2 AZR 378/99, AP Nr. 38 zu § 1 KSchG 1969 Krankheit), lang andauernde Erkrankungen, dauerhafte Leistungsunfähigkeit (BAG 21.2.2001 – 2 AZR 558/99, NZA 2001, 1071) und erhebliche krankheitsbedingte Leistungsminderungen (BAG 26.9.1991 – 2 AZR 132/91, AP Nr. 28 zu § 1 KSchG 1969 Krankheit). ||10 Vgl. dazu grundl. *Fastrich*, Richterliche Inhaltskontrolle im Privatrecht, S. 164 ff.; *Preis*, Vertragsgestaltung, S. 149 ff. ||11 *Fastrich*, RdA 1997, 66 (74); Staudinger/*Richardi*, § 611 Rz. 362; *Zöllner*, RdA 1989, 152 (158). ||12 BAG 13.5.1987 – 5 AZR 125/86, NZA 1988, 95; vgl. aber auch BAG 31.10.1969 – 3 AZR 119/69, NJW 1970, 1145. ||13 BAG 21.12.1970 – 3 AZR 510/69, DB 1971, 727. ||14 BAG 31.10.1969 – 3 AZR 119/69, NJW 1970, 1145. ||15 BAG 18.11.1988 – 8 AZR 12/86, NJW 1989, 1692; 6.9.1990 – 2 AZR 165/90, NJW 1991, 1002. ||16 BAG 24.3.1988 – 2 AZR 630/87, NZA 1989, 101; 22.11.1973 – 2 AZR 580/72, DB 1974, 878; 12.8.1959 – 2 AZR 75/59, DB 1959, 1257. ||17 BAG 12.10.1972 – 5 AZR 227/72, DB 1973, 285; 27.7.1972 – 5 AZR 141/72, DB 1972, 2114; 6.12.1963 – 5 AZR 169/63, AP Nr. 28 zu § 611 BGB Gratifikation; 10.5.1962 – 5 AZR 452/61, AP Nr. 22 zu § 611 BGB Gratifikation. ||18 BAG 13.12.1984 – 2 AZR 294/83, NJW 1985, 1918; 9.12.1974 – 2 AZR 565/73, NJW 1975, 1531.

417 **2. Einbeziehung des Arbeitsvertrags in den Anwendungsbereich der §§ 305 ff.** Die Inhaltskontrolle vorformulierter Vertragsbedingungen – der praktische Regelfall – wurde seit dem 1.1.2002 durch die Neuregelungen der §§ 305 ff. erfasst, für einen unmittelbaren Rückgriff auf die durch die arbeitsrechtl. Rspr. **herausgebildeten Grundsätze der Inhaltskontrolle** von Arbeitsverträgen bleibt insoweit kein Raum mehr. Eine Verstärkung der Inhaltskontrolle dergestalt, dass vorformulierte Vertragsbedingungen in Arbeitsverträgen nach der Schuldrechtsreform sowohl am Maßstab der AGB-rechtl. Vorschriften als auch anhand der richterrechtl. Kontrollinstrumentarien zu messen wären, ist abzulehnen. Dies hat das BAG für den Bereich der Befristungskontrolle bestätigt[1]. Die §§ 305 ff. stellen eine abschließende Konkretisierung des Gebots von Treu und Glauben hinsichtlich einer allg., allein den Inhalt einer Regelung überprüfenden Angemessenheitskontrolle dar. Das BAG behält sich freilich für – nachzuweisende – Einzelfälle eine Kontrolle bei strukturellen Störungen der Vertragsparität vor. Nutzt der ArbGeb seine wirtschaftl. Überlegenheit ggü. dem ArbN aus, um ein für diesen ungünstiges Verhandlungsergebnis durchzusetzen, besteht der Schutzauftrag des Richters, der Vertragsparität mit den Mitteln des Zivilrechts Geltung zu verschaffen. Es handelt sich um Fälle, in denen der Inhalt des Vertrags eine Seite ungewöhnlich belastet und als Interessenausgleich offensichtlich ungeeignet ist. Das betrifft in erster Linie die Hauptpflichten des Vertrags und erfordert grds. eine Gesamtschau der vertragl. Regelungen[2].

418 Unzutreffend wäre es indes, hieraus den Schluss zu ziehen, dass diesem Richterrecht nach der Abschaffung der Bereichsausnahme keinerlei Bedeutung für vorformulierte Vertragsbedingungen mehr zukommt[3]. Es ist vielmehr als eine **„Besonderheit des Arbeitsrechts"** iSv. § 310 IV weiterhin auch unter Zugrundelegung des neuen Rechts zwar nicht eins zu eins zu übertragen, jedoch angemessen zu berücksichtigen[4], so dass man vielfach mit einem Fortbestand der bisherigen Rspr. rechnen kann. Diesem Befund wird bei der Untersuchung der einzelnen Vertragsklauseln (s. Rz. 420 ff.) Rechnung getragen.

419 **3. Einzelne Klauseln.** Unter den verschiedenen zu kontrollierenden Klauseln haben sich unter den im Folgenden dargestellten in der Praxis der Gerichte einige als besonders streitintensiv erwiesen. Zu den übrigen Klauseln s. insb. die Komm. zu §§ 307 ff.

420 **a) Ausgleichsquittung – Verzichtserklärung.** Oftmals quittiert der ArbN dem ArbGeb nicht nur den Erhalt seiner Arbeitspapiere, sondern erklärt darüber hinaus, keine Ansprüche mehr aus dem ArbVerh gegen den ArbGeb zu haben. Häufig anzutreffen sind auch Formulierungen, wonach beide Arbeitsvertragsparteien entsprechende Ansprüche für erledigt erklären, seltener werden solche Absprachen in gewissen Zeitabständen während des laufenden ArbVerh getroffen[5]. Für derartige „Verzichtserklärungen" hat sich der Begriff der Ausgleichsquittung durchgesetzt. Ihre **Rechtsnatur** hängt von ihrem Inhalt ab, der durch Auslegung zu ermitteln ist[6]. Haben die Arbeitsvertragsparteien über das Bestehen von Ansprüchen gestritten und diesen Streit im Wege gegenseitigen Nachgebens beseitigt, liegt ein **Vergleich** vor (§ 779 I). Gehen beide Seiten dagegen vom Bestehen der Ansprüche aus, wollen sie aber erlassen, handelt es sich um einen **Erlassvertrag** (§ 397 I). Dabei sind an die Feststellung des Verzichtswillens hohe Anforderungen zu stellen[7]. Bestehen nach Ansicht von ArbN und ArbGeb keine Ansprüche mehr, ist die Ausgleichsquittung ein **deklaratorisches negatives Schuldanerkenntnis**; ein **konstitutives negatives Schuldanerkenntnis** (§ 397 II) liegt vor, wenn die Parteien alle bekannten und unbekannten Ansprüche zum Erlöschen bringen wollen. Auch der Umfang von Ausgleichsquittungen ist durch Auslegung zu ermitteln. Im Interesse klarer Verhältnisse sind sie grds. weit auszulegen und können daher auch nachvertragl. Wettbewerbsverbote beseitigen[8].

421 **aa) Zulässigkeit im Formularvertrag.** Ausgleichsquittungen sind grds. zulässig[9]. Hieran ist auch nach der Einbeziehung des Arbeitsvertrags in den Anwendungsbereich der §§ 305 ff. fest zu halten[10]. Besondere Klauselverbote stehen ihrer Vereinbarungsfähigkeit nicht entgegen. Ausgleichsquittungen, die den ArbN einseitig belasten, sind jedoch nach § 307 I 1 unwirksam. Für eine Privilegierung solcher Klauseln im Verhältnis zu ebenfalls unwirksamen einseitigen Ausschlussfristen besteht kein Grund. Eine entsprechende **unangemessene Benachteiligung** des ArbN liegt dann vor, wenn der Anspruchsverzicht allein ihn trifft und die damit verbundenen Nachteile auch nicht durch kompensierende Effekte wie die Zahlung einer Abfindung ausgeglichen werden[11]. Eine unangemessene Benachteiligung kann aber nicht schon pauschal mit der Erwägung angenommen werden, dass der ArbN für seinen Anspruchsverzicht

---

1 BAG 27.7.2005 – 7 AZR 486/04, NZA 2006, 40; Thüsing/Leder, BB 2005, 938 ff.; ebenso BAG 25.5.2005 – 5 AZR 572/04, AP Nr. 1 zu § 310 BGB für die Kontrolle von Ausschlussfristen. ‖ 2 BAG 25.5.2005 – 5 AZR 572/04, AP Nr. 1 zu § 310 BGB in Anknüpfung an die Rspr. des BAG. ‖ 3 So aber Preis/Preis, Der Arbeitsvertrag, I C Rz. 50: Es bestehe „keine dogmatische Rechtfertigung und auch kein praktisches Bedürfnis". ‖ 4 Vgl. hierzu Thüsing, NZA 2002, 591 (593). ‖ 5 Gängige Formulierungen nennt zB Bauer, Aufhebungsverträge, Rz. 370. ‖ 6 BAG 23.2.2005 – 4 AZR 139/04, NZA 2005, 1193; ErfK/Preis, § 611 Rz. 402; Lakies, AGB im Arbeitsrecht, Rz. 497; Küster, BB 1968, 1204; Schaub/Linck, ArbRHdb, § 72 Rz. 17 f.; Schulte, DB 1981, 937; Vogler, DB 1966, 1689. ‖ 7 BAG 7.11.2007 – 5 AZR 880/06, AP Nr. 2 zu § 397 BGB; hierzu Böhm NZA 2008, 919. ‖ 8 BAG 22.10. 2008 – 10 AZR 617/07, AP Nr. 82 zu § 74 HGB. ‖ 9 BAG 9.11.1973 – 3 AZR 66/73, AP Nr. 163 zu § 242 BGB Ruhegehalt; 27.2.1990 – 3 AZR 213/88, AP Nr. 13 zu § 1 BetrAVG Vordienstzeiten; 16.9.1974 – 5 AZR 255/74, AP Nr. 9 zu § 630 BGB; LAG München 24.4.1997 – 2 Sa 1004/96, BB 1998, 269. ‖ 10 Ebenso Preis/Rolfs, Der Arbeitsvertrag, II V 50 Rz. 1 ff. ‖ 11 BAG 21.6.2011 – 9 AZR 203/10, DB 2011, 2663.

keine Gegenleistung erhalte[1]. Eine solche Argumentation verkennt, dass der ArbN zumindest im Falle des beiderseitigen Anspruchsverzichts ebenso von der Ausgleichsquittung profitiert. Diese Beidseitigkeit wird man – wie die Rspr. auch bei der Ausschlussfrist, Rz. 433 – jedoch regelmäßig verlangen müssen. Bei den ArbN einseitig belastenden Ausgleichsquittungen ist nach ihrer Rechtsnatur zu differenzieren. Ist die Ausgleichsquittung als Erlassvertrag zu klassifizieren, muss der ArbGeb Gründe anführen können, welche die Vereinbarung der Klausel aus ArbN-Sicht nicht als unbillig erscheinen lassen[2]. Zu denken ist dabei insb. an kompensierende Effekte wie die Zahlung einer Abfindung. Ist die Rechtsnatur der Ausgleichsquittung eine andere, besteht regelmäßig ein hinreichendes ArbN-Interesse an ihrer Vereinbarung, das die Annahme einer unangemessenen Benachteiligung verbietet. Für den Fall des Vergleichs etwa folgt dies aus dem Umstand, dass auch der ArbGeb dem ArbN irgendwelche Zugeständnisse macht; dies verlangt die Voraussetzung des „gegenseitigen Nachgebens"[3].

bb) Verzichtbarkeit des Anspruchs. Gegenstand einer Ausgleichsquittung können nur verzichtbare Ansprüche sein. Daran fehlt es bei **unabdingbaren gesetzl. Rechten** wie bspw. Entgeltfortzahlungsansprüchen[4] (§ 3 I EFZG) sowie dem Anspruch auf den gesetzl. **Mindesturlaub**[5] (§§ 1, 3 I BUrlG). Gleiches gilt grds. für Ansprüche, die durch **TV**[6] (§ 4 IV 1 TVG) oder **BV** (§ 77 IV 2 BetrVG) gewährt werden bzw. durch bindende Festsetzungen des Heimarbeitsausschusses entstanden sind (§ 19 III 3 HAG). Der Urlaubsabgeltungsanspruch ist nach neuer Rspr. des BAG nach der Beendigung des ArbVerh verzichtbar und kann damit auch Gegenstand einer Ausgleichsquittung sein.[7] Voraussetzung ist dabei, dass es dem ArbN möglich gewesen sein muss, den Anspruch zu realisieren. Diese neue Rspr. ist Folge der Aufgabe der Surrogatstheorie, wodurch der Urlaubsabgeltungsanspruch nicht mehr als Surrogat des Urlaubsanspruchs angesehen wird, sondern nur noch als ein reiner Geldanspruch.[8] Ein Verzicht auf den – allg. und besonderen – gesetzl. **Kündigungsschutz** ist während des bestehenden ArbVerh nicht möglich[9]. Zulässig ist eine entsprechende Vereinbarung mittels einer Ausgleichsquittung jedoch nach Ausspruch der Kündigung[10]. Ohne Gegenleistung liegt darin allerdings eine unangemessene Benachteiligung[11]. Bei **tarifvertragl. gewährtem Kündigungsschutz** ist ein Verzicht nach Ausspruch der Kündigung dagegen nicht ohne Zustimmung der TV-Parteien möglich, vgl. § 4 IV 1 TVG. Ein Verzicht des ArbN auf seinen **Zeugnisanspruch** nach § 109 GewO[12] ist zumindest vor Beendigung des ArbVerh ausgeschlossen[13]. Bislang offen gelassen hat das BAG die Frage, ob ein entsprechender Verzicht nach Vertragsbeendigung wirksam vereinbart werden kann. Im Schrifttum wird dies ganz überwiegend für möglich gehalten[14].

cc) Hohe Anforderungen an die Einbeziehung der Verzichtserklärung. Die Rspr. stellt an die Einbeziehung von Ausgleichsquittungen in einen Formulararvertrag hohe Anforderungen[15]. Stark ausgeprägt ist vor allem der **Schutz vor überraschenden Klauseln** (§ 305c I). Von der Kombination einer Verzichtserklärung und der Quittierung des Erhalts der Arbeitspapiere in ein und derselben Urkunde ist daher abzuraten. Ist die Ausgleichsquittung Bestandteil eines Aufhebungsvertrags, sind die Anforderungen weniger streng, da dem ArbN dann bewusst ist, dass er bei Unterzeichnung neben der reinen Empfangsbestätigung auch rechtsgeschäftliche Willenserklärungen abgibt[16]. Besondere Bedeutung kommt weiterhin dem **Transparenzgebot** nach § 307 I 2 sowie der **Unklarheitenregel** gem. § 305c II zu. Insb. bei Klauseln, die einen Verzicht des ArbN auf seinen Kündigungsschutz bewerkstelligen oder den Zeugnisanspruch zum Erlöschen bringen sollen, ist zu verlangen, dass dies unzweideutig in der Vereinbarung zum Ausdruck kommt. Allg. Formulierungen, wie die Erklärung, „dass mir aus Anlass der Beendigung des ArbVerh keine Ansprüche mehr zustehen" genügen nicht; generell ist der Verzicht **im Zwei-**

---

1 So aber *Reinecke*, DB 2002, 583 (586); ErfK/*Preis*, §§ 305–310 Rz. 77 unter verfehltem Rückgriff auf die Rspr. zum Schuldversprechen; BAG 15.3.2005 – 9 AZR 502/03, AP Nr. 7 zu § 781 BGB. In dieser Richtung auch instanzgerichtl. Rspr.: LAG Düss. 13.4.2005 – 12 Sa 154/05, LAGE § 307 BGB 2002 Nr. 7; LAG Schl.-Holst. 24.9.2003 – 3 Sa 6/03, NZA-RR 2004, 74 (75). ‖ 2 *Preis/Rolfs*, Der Arbeitsvertrag, II V 50 Rz. 37 erblickt in dem unentgeltlichen Verzicht ohne Gegenleistung des ArbGeb regelmäßig eine unangemessene Benachteiligung des ArbN. ‖ 3 MüKoBGB/*Habersack*, § 779 Rz. 26. ‖ 4 BAG 25.5.2005 – 5 AZR 572/04, AP Nr. 1 zu § 310 BGB für die Kontrolle von Ausschlussfristen. ‖ 5 BAG 20.1.1998 – 9 AZR 812/96, AP Nr. 45 zu § 13 BUrlG; 31.5.1990 – 8 AZR 132/89, NZA 1990, 935. ‖ 6 Schaub/*Linck*, ArbRHdb, § 72 Rz. 21, 22; Anders *Küster*, BB 1968, 1204, die einen Verzicht auf tarifl. Rechte nur durch Erlassvertrag und Vergleich für ausgeschlossen hält. Vgl. auch *Schulte*, DB 1981, 937 (939). ‖ 7 BAG 14.5.2013 – 9 AZR 844/11, DB 2013, 2154; ErfK/*Gallner*, § 13 BUrlG Rz. 22; *Schulte*, DB 1981, 937 (940); aA noch BAG 21.7.1978 – 6 AZR 1/77, NJW 1979, 566; Schaub/*Linck*, ArbRHdb, 14. Aufl. 2011, § 104 Rz. 160a; *Höpfner*, RdA 2013, 65 (69). ‖ 8 BAG 19.6.2012 – 9 AZR 652/10, NZA 2012, 1087. ‖ 9 BAG 19.12.1974 – 2 AZR 565/73, AP Nr. 3 zu § 620 BGB Bedingung; *Althof*, AuR 1968, 289 (291); *Bauer*, Aufhebungsverträge, Rz. 799. ‖ 10 BAG 6.9.2007 – 2 AZR 722/06, AP Nr. 62 zu § 4 KSchG 1969; ErfK/*Oetker*, § 1 KSchG Rz. 14; *Kroeschell*, NZA 2008, 560; Schaub/*Linck*, ArbRHdb, § 72 Rz. 20. ‖ 11 BAG 6.9.2007 – 2 AZR 722/06, NZA 2008, 219. ‖ 12 Entsprechendes gilt für den Zeugnisanspruch nach den Vorschriften der § 73 HGB und § 8 BBiG. ‖ 13 BAG 16.9.1974 – 5 AZR 255/74, NJW 1975, 407; ErfK/*Müller-Glöge*, § 109 GewO Rz. 52; Staudinger/*Preis*, § 630 Rz. 7; MünchArbR/*Wank*, § 105 Rz. 27. ‖ 14 *Bauer*, Aufhebungsverträge, Rz. 802; ErfK/*Müller-Glöge*, § 109 GewO Rz. 52; *Preis/Rolfs*, Der Arbeitsvertrag, II V 50 Rz. 40; *Schulte*, DB 1981, 937 (940). ‖ 15 BAG 23.2.2005 – 4 AZR 139/04, NZA 2005, 1193; LAG Düss. 13.4.2005 – 12 Sa 154/05, DB 2005, 1463; s.a. *Lakies*, AGB im Arbeitsrecht, Rz. 238 ff. ‖ 16 BAG 28.7.2004 – 10 AZR 661/03, AP Nr. 177 zu § 4 TVG Ausschlussfristen; ausführlich *Thüsing*, AGB-Kontrolle, Rz. 149.

fel eng auszulegen[1]. Die Rspr. ist hier sehr zurückhaltend, insb. im Hinblick auf Ruhegehaltsansprüche[2], Zeugnisanspruch (so er denn verzichtbar ist, s. Rz. 422)[3], Rechte aus einem Wettbewerbsverbot[4], sachenrechtl. Herausgabeansprüche oder auch Abfindungsansprüche, die erst noch entstehen können[5]. Der Vereinbarung muss der Wille deutlich entnehmbar sein, auch auf unbekannte Ansprüche verzichten zu wollen. Beim gerichtl. Vergleich, auf den die §§ 305 ff. nicht anwendbar sind, gilt ein großzügigerer Maßstab[6]. Auch der Verzicht des ArbGeb ist im Zweifel nicht unbegrenzt; eine Auslegung kann sachenrechtl. Ansprüche (zB Rückgabe des Dienstwagens) aus dem Verzicht auch ohne ausdrücklichen Hinweis ausnehmen[7].

424 **dd) Weitere Unwirksamkeitsgründe – Anfechtung.** Weitere Unwirksamkeitsgründe können sich aus allg. zivilrechtl. Erwägungen ergeben. Hierbei ist der Rechtscharakter der Ausgleichsquittung von Bedeutung: Ein **Vergleich** ist dann unwirksam, wenn der nach dem Inhalt des Vergleichs als feststehend zugrunde gelegte Sachverhalt der Wirklichkeit nicht entspricht und der Streit oder die Ungewissheit bei Kenntnis der Sachlage nicht entstanden wäre[8]. Für die Ausgleichsquittung gelten insofern keine Besonderheiten. Die **Anfechtung der Ausgleichsquittung** richtet sich nach den allg. Regeln der §§ 119 und 123. Wer jedoch etwas ungelesen unterschreibt, der kann sich nicht irren, wenn er keine Vorstellung hatte von dem, was er unterschreibt[9]; spiegelt der ArbGeb einen anderen Inhalt vor, als die Klausel tatsächlich hat, kann der ArbN freilich wegen arglistiger Täuschung anfechten. Weiß der ArbGeb, dass der ArbN den Inhalt der Erklärung nicht versteht oder erhebliche Schwierigkeiten mit dem Verständnis hat (zB ArbN mit unzureichenden Deutschkenntnissen), dann billigt die Rspr. dem ArbN – systemwidrig und mit der Dogmatik des § 119 kaum in vereinbaren – das Recht zur Irrtumsanfechtung zu[10]. Besserer Ansatzpunkt scheint hier eine Verletzung der Fürsorgepflicht, die zum Schadensersatz und damit zur Restitution des Anspruchs berechtigt.

425 **b) Ausschlussfristen.** Ausschlussfristen sind Fristen, innerhalb derer ein Anspruch oder ein sonstiges Recht geltend gemacht werden muss, damit es nicht erlischt[11]. Anzutreffen sind sie vor allem in TV, weniger in BV und Arbeitsverträgen[12]. Die Bezeichnungen variieren: Verfall-, Präklusiv- oder Verwirkungsfristen sind weitere gebräuchliche Begrifflichkeiten. Ausschlussfristen dienen ebenso wie die Verjährung der Rechtssicherheit und dem Rechtsfrieden: Der Schuldner soll sich auf die aus Sicht des Anspruchsstellers noch offenen Forderungen rechtzeitig einstellen, Beweise sichern und vorsorglich Rücklagen bilden können[13] und sich nach Fristablauf darauf verlassen können, dass keine Ansprüche mehr gegen ihn erhoben werden[14]. Der öffentl. ArbGeb soll zudem in der Lage sein, notwendige Haushaltsmittel zu veranschlagen[15]. Der Nichtschuldner wird vor dem Beweisnotstand bewahrt. Von der Verjährung unterscheiden sie sich durch ihre **Rechtswirkung**. Während jene als Einrede ausgestaltet ist und sich der Schuldner daher im Prozess auf sie berufen muss, ist das Erlöschen eines Anspruchs nach Ablauf einer Ausschlussfrist von Amts wegen zu berücksichtigen.

426 Zu unterscheiden sind einmal **einseitige** Ausschlussfristen zu Lasten des ArbN von **zweiseitigen Ausschlussfristen**, die für Ansprüche von ArbN und ArbGeb gleichermaßen gelten. Darüber hinaus ist zwischen **einstufigen** und **zweistufigen** Ausschlussfristen zu differenzieren. Erstere führen zum Erlöschen eines Rechts, wenn es nicht innerhalb der vereinbarten Frist geltend gemacht wird. Von einer **zweistufigen** Ausschlussfrist wird gesprochen, wenn es nach der erfolglosen Geltendmachung des Anspruchs noch der Klageerhebung bedarf, um den Anspruch vor dem Erlöschen zu bewahren[16].

427 **aa) Reichweite der Ausschlussfrist.** Ausschlussfristen erfassen regelmäßig alle Ansprüche, die mit dem ArbVerh tatsächlich oder rechtl. zusammenhängen, auch wenn ein nur entfernter Zusammenhang besteht. Es genügt, wenn die Beziehung zwischen ArbGeb und ArbN die tatsächliche Grundlage des Rechtsgeschäfts bildet, aus dem der erhobene Anspruch hergeleitet wird. Anderes gilt für Ansprüche aus selbständig neben dem ArbVerh abgeschlossenen bürgerl.-rechtl. Verträgen und hierdurch begründeten Rechtsverhältnissen, für deren Inhalt oder Bestand das ArbVerh ohne Bedeutung ist[17]. Wegen

---

1 Vgl. BAG 3.5.1979 – 2 AZR 679/77, AP Nr. 6 zu § 4 KSchG 1969. ‖ 2 BAG 9.11.1973 – 3 AZR 66/73, AP Nr. 163 zu § 242 BGB Ruhegehalt; LAG Hamm 24.11.1998 – 6 Sa 416/98, LAGE § 1 BetrAVG Nr. 19. ‖ 3 LAG Köln 17.6.1994 – 4 Sa 185/94, LAGE § 630 BGB Nr. 22; LAG Düss. 23.5.1995 – 3 Sa 253/95, NZA-RR 1996, 42. ‖ 4 BAG 20.10.1981 – 3 AZR 1013/78, AP Nr. 39 zu § 74 HGB. ‖ 5 LAG Bbg. 16.12.1992 – 5 (3) Sa 397/92, AuA 1994, 54; diff. BAG 20.4.1994 – 10 AZR 323/93, NZA 1995, 489. ‖ 6 BAG 10.5.1978 – 5 AZR 97/77, AP Nr. 25 zu § 794 ZPO; für einen Sonderfall LAG Hamm 28.4.1995 – 10 Sa 1386/94, NZA-RR 1996, 286. ‖ 7 LAG Hamm 15.1.1980 – 6 Sa 1166/79, DB 1980, 643; LAG Berlin 5.6.1996 – 13 Sa 41/96, NZA-RR 1997, 124. ‖ 8 LAG Hess. 6.10.1969 – 1 Sa 362/69, NJW 1970, 1703. ‖ 9 BAG 27.8.1970 – 5 AZR 519/69, AP Nr. 33 zu § 133 BGB. ‖ 10 LAG Düss. 2.11.1971 – 8 Sa 346/71, LAGE § 4 KSchG Nr. 1; LAG Hamm 2.1.1976 – 3 Sa 1121/75, BB 1976, 553; LAG Thür. 16.3.1967 – 4 Sa 16/67, BB 1967, 1082; s.a. ErfK/*Preis*, § 611 Rz. 407. ‖ 11 *Bauer*, NZA 1987, 440; Wiedemann/*Wank*, § 4 TVG Rz. 713; s.a. *Thüsing*, AGB-Kontrolle, Rz. 154 ff. ‖ 12 Zur tarifl. Ausschlussfrist s. BAG 21.2.2007 – 4 AZR 258/06, nv.; ausf. dazu *Weber*, Die Ausschlussfrist im Arbeitsrecht, 1983; *Weyand*, Die tariflichen Ausschlussfristen in Arbeitsrechtsstreitigkeiten, 1995. ‖ 13 BAG 10.7.2003 – 6 AZR 283/02, ZTR 2003, 625. ‖ 14 BAG 26.4.2006 – 5 AZR 403/05, AP Nr. 188 zu § 4 TVG Ausschlussfristen. ‖ 15 BAG 10.7.2003 – 6 AZR 283/02, ZTR 2003, 625. ‖ 16 *Ganz/Schrader*, NZA 1999, 570 (571); Preis/*Preis*, Der Arbeitsvertrag, II A 150 Rz. 44; DBD/*Dorndorf/Deinert*, § 310 BGB Rz. 95a. ‖ 17 BAG 4.10.2005 – 9 AZR 598/04, AP Nr. 42 zu § 242 BGB Auskunftspflicht; 20.2.2001 – 9 AZR 11/00, EzA § 4 TVG Ausschlussfristen Nr. 140.

der nachteiligen Auswirkungen dieser Vereinbarungen für den ArbN bestand schon früher weitgehender Konsens, solche Klauseln **eng** bzw. eventuell vereinbarte Ausnahmeregelungen weit **auszulegen**[1]. Diese Tendenz ist vor dem Hintergrund der Geltung der Unklarheitenregel nach § 305c II beizubehalten. Von allg. gehaltenen Formulierungen nicht erfasst werden deshalb bspw. Ansprüche aus der Altersversorgung[2], schöpferische Sonderleistungen des ArbN[3], Zinsforderungen aus ArbGebDarlehen[4], Ansprüche auf vertragsgemäße Beschäftigung[5] oder Abfindungsansprüche aus einem gerichtl. Vergleich[6].

Eine gegen **Treu und Glauben** verstoßende und damit gem. §§ 242, 134 unzulässige Rechtsausübung stellt die Berufung auf eine Ausschlussfrist dann dar, wenn die zum Verfall des Anspruchs führende Untätigkeit des Gläubigers hinsichtlich der erforderlichen Geltendmachung des Anspruchs durch ein Verhalten des Schuldners veranlasst worden ist. Der Schuldner muss also den Gläubiger von der Geltendmachung des Anspruchs bzw. der Einhaltung der Verfallfrist abgehalten haben. Das wird zB angenommen, wenn der Schuldner durch positives Tun oder durch pflichtwidriges Unterlassen dem Gläubiger die Geltendmachung des Anspruchs oder die Einhaltung der Frist erschwert oder unmöglich gemacht hat bzw. an objektiven Maßstäben gemessen den Eindruck erweckt hat, der Gläubiger könne darauf vertrauen, dass der Anspruch auch ohne Wahrung einer tarifl. Ausschlussfrist erfüllt werde.[7] Dies wird insb. bei besonderen Zusagen angenommen[8]. Es verstößt idR gegen Treu und Glauben, wenn sich ein ArbN darauf beruft, der Gläubiger habe bei der Geltendmachung einer Schadensersatzforderung die gültige ein- oder zweistufige Ausschlussfrist nicht gewahrt, falls der ArbN die Forderung zuvor deklaratorisch anerkannt hat. Dies gilt auch dann, wenn der Schuldner das deklaratorische Schuldanerkenntnis später anficht[9]. **428**

bb) Wirksamkeitsgrenzen. Ausschlussfristen im Arbeitsvertrag können neben vertragl. auch gesetzl. Ansprüche erfassen. Während dies für abdingbare gesetzl. Rechte allg. anerkannt ist, ist die Rechtslage bei **unabdingbaren gesetzl. Ansprüchen** strittig; die Rspr. bejaht sie weitgehend[10]. Entsprechende Ausschlussfristen bezögen sich nicht auf das Recht als solches, sondern lediglich auf seine Geltendmachung. Eine Abweichung von **kollektivrechtl. Ansprüchen** ist dagegen durch eine einzelvertragl. Ausschlussfrist nicht möglich; für tarifvertragl. Ansprüche folgt dies aus § 4 III TVG, für Ansprüche aus einer BV aus § 77 IV 4 BetrVG. **429**

Dem Verbot überraschender Klauseln nach § 305c I ist bei der Vereinbarung von Ausschlussfristen in besonderem Maße Rechnung zu tragen. Das BAG bejahte dies bereits vor der Schuldrechtsreform in einem Fall, in dem der Verwender die Ausschlussklausel ohne besonderen Hinweis und ohne **drucktechnische Hervorhebung** unter falscher oder missverständlicher Überschrift in den Vertrag eingeordnet hatte. Die formale Überraschung kann hier zur Unwirksamkeit führen[11]. Rspr. nach der Schuldrechtsreform hat dies bestätigt[12]. **430**

Bereits vor der Schuldrechtsreform unterzog die Rspr. Ausschlussfristen in Arbeitsverträgen einer Inhaltskontrolle am **Maßstab des § 138**[13]. Dies hat weiterhin Gültigkeit für nicht formularmäßig vereinbarte Fristen. Als sittenwidrig verworfen werden danach Klauseln, die inhaltlich nicht ausgewogen waren und die Rechte des Klägers einseitig beschnitten. Der dogmatisch richtige Anknüpfungspunkt für eine derartige Klauselkontrolle findet sich für **Formularverträge nunmehr in § 307 I, II**. Hier hat das BAG klare Vorgaben gemacht: Danach ist eine Frist von weniger als **drei Monaten** für die erstmalige Geltendmachung auch unter Berücksichtigung der im Arbeitsrecht geltenden Besonderheiten unangemessen kurz[14]. Es hält ebenso in Anlehnung an § 61b ArbGG für die zweite Stufe eine Mindestfrist von drei Monaten für den Regelfall für erforderlich, hat sie aber anders als vorangegangene InstanzRspr. nicht gänzlich verworfen[15]. Zudem benachteiligen vorformulierte Ausschlussfristen, nach denen nur der ArbN binnen einer bestimmten Frist Ansprüche aus dem ArbVerh geltend zu machen hat, den ArbN unangemessen und sind deshalb nach § 307 I unwirksam[16]. **431**

Neben der Länge der Ausschlussfrist und dem damit in unmittelbarem Zusammenhang stehenden gesetzl. Leitbild der Verjährungsvorschriften sind als **weitere** im Rahmen der Interessenabwägung **432**

---

1 BAG 3.4.1990 – 1 AZR 131/89, EzA § 4 TVG Ausschlussfristen Nr. 94; Wiedemann/*Wank*, § 4 TVG Rz. 799. ||2 BAG 27.2.1990 – 3 AZR 216/88, NZA 1990, 627. ||3 BAG 21.6.1979 – 3 AZR 855/78, DB 1979, 2187. ||4 BAG 23.2.1999 – 9 AZR 737/97, DB 1999, 2011. ||5 BAG 15.5.1991 – 5 AZR 271/90, NZA 1991, 979. ||6 BAG 13.1.1982 – 5 AZR 546/79, NJW 1982, 2207. ||7 BAG 16.4.2013 – 9 AZR 731/11, NZA 2013, 850 (853); 13.12.2007 – 6 AZR 222/07, NZA 2008, 478 (481). ||8 BAG 5.8.1999 – 6 AZR 752/97, ZTR 2000, 36; 8.8.2000 – 9 AZR 418/99, AP TVG § 4 Ausschlussfristen Nr. 151; 6.9.1972 – 4 AZR 422/71, AP BAT § 4 Nr. 2 mwN; 27.3.1963 – 4 AZR 72/62, AP BetrVG § 59 Nr. 9; 24.5.1973 – 5 AZR 21/73, AP Nr. 52 zu § 4 TVG Ausschlussfristen. ||9 BAG 10.10.2002 – 8 AZR 8/02, DB 2003, 508. ||10 BAG 24.3.1988 – 2 AZR 630/87, NZA 1989, 101; vgl. aber auch BAG 5.4.1984 – 6 AZR 443/81, NZA 1984, 257, wonach eine einzelvertragl. vereinbarte Ausschlussklausel nicht für gesetzl. Urlaubsansprüche gelten soll; vgl. auch ErfK/*Preis*, § 218 Rz. 41. ||11 BAG 29.11.1995 – 5 AZR 447/94, NJW 1996, 2117. ||12 BAG 23.2.2005 – 4 AZR 139/04, BB 2005, 1795; 31.8.2005 – 5 AZR 545/04, AP Nr. 8 zu 6 ArbZG. ||13 BAG 27.10.2005 – 8 AZR 546/03, AP Nr. 13 zu § 12a ArbGG 1979; 18.3.2003 – 9 AZR 44/02, AP Nr. 28 zu § 157 BGB; 24.3.1988 – 2 AZR 630/87, NZA 1989, 101; 25.7.1984 – 5 AZR 219/82, nv. ||14 BAG 28.9.2005 – 5 AZR 52/05, AP Nr. 7 zu § 307 BGB; 12.3.2008 – 10 AZR 152/07, AP Nr. 10 zu § 305 BGB. ||15 BAG 25.5.2005 – 5 AZR 572/04, AP Nr. 1 zu § 310 BGB. ||16 BAG 31.8.2005 – 5 AZR 545/04, AP Nr. 8 zu § 6 ArbZG.

BGB § 611 Rz. 433   Inhaltskontrolle – Vertragsgestaltung

nach § 307 I, II zu berücksichtigende **Faktoren** vor allem das Interesse beider Vertragsparteien an der Vereinbarkeit einer Ausschlussfrist sowie der mit diesen Klauseln bezweckte Rechtsfrieden bzw. Rechtssicherheit zu nennen. Dabei darf nicht verkannt werden, dass selbst beiderseitige Ausschlussklauseln vorwiegend im Interesse des ArbGeb liegen und der ArbN damit durch sie stärker betroffen ist[1]. Was symmetrisch aussieht, ist es nicht[2].

433 Einstweilen frei.

434 **cc) Besonderheiten bei zweistufigen Ausschlussfristen.** Zweistufige Ausschlussfristen dürfen formularmäßig vereinbart nicht unangemessen kurz sein (Rz. 431), sind jedoch nicht nach **§ 309 Nr. 13** unwirksam[3] (Anh. §§ 305–310 Rz. 7). Zweistufige Ausschlussfristen können geteilt werden. Die Teilbarkeit der Klausel ist mittels einer Streichung des unwirksamen Teils mit dem sog. „blue-pencil-test" zu ermitteln. Ist die verbleibende Regelung weiterhin verständlich, bleibt sie bestehen[4].

435 Nach Beendigung des ArbVerh sind bei einer zweistufigen Ausschlussklausel einige **prozessuale Besonderheiten** zu beachten. Bereits nach st. Rspr.[5] genügte im Falle der Kündigung bei einer **tarifvertragl.** Ausschlussfrist für die erste Stufe der schriftl. Geltendmachung des Anspruchs die Erhebung und Durchführung der Kündigungsschutzklage, sofern Ansprüche betroffen sind, die während des Kündigungsstreits fällig werden und von dessen Ausgang abhängen. Für die gerichtl. Geltendmachung des Anspruchs (zweite Stufe) reichte dies aber nach älterer Rspr. nicht aus[6]. Hier ist mit einer Entscheidung des BVerfG eine Änderung der Rspr. eingetreten. Es verstößt gegen das Grundrecht auf effektiven Rechtsschutz, wenn ein ArbN bereits bevor ein Rechtsstreit über die Begründung eines ArbVerh abgeschlossen ist, gezwungen wird, seine Ansprüche auf Annahmeverzugslohn einzuklagen. In einem solchen Fall erhöht sich sein Kostenrisiko im Rechtsstreit über den Bestand des ArbVerh, was den Zugang zum Gericht unzumutbar erschwert[7].

Für **einzelvertragl. Ausschlussfristen in AGB** wurde schon die ältere Rspr. zu tariflichen Ausschlussklauseln **nicht** übernommen. Hier genügt deshalb nach st. Rspr. schon die Erhebung der Kündigungsschutzklage **auch für die zweite Stufe** der gerichtl. Geltendmachung[8]. Der Unterschied erklärt sich durch die nur auf die einzelvertragl. Vereinbarung anwendbare Unklarheitenregelung des § 305c II, der zu der für den ArbN günstigeren Auslegung führt.

436 **c) Beweislastmodifikationen.** Beweislastmodifikationen in Formulararbeitsverträgen sind am Maßstab des **§ 309 Nr. 12** zu messen. Ohne Wertungsmöglichkeit unwirksam sind danach Bestimmungen, durch die der Verwender die Beweislast zum Nachteil des anderen Vertragsteils ändert, insb. indem er diesem die Beweislast für Umstände auferlegt, die im Verantwortungsbereich des Verwenders liegen. Gleiches gilt für Bestimmungen durch die der Verwender den anderen Vertragsteil bestimmte Tatsachen bestätigen lässt. Arbeitsrechtl. Besonderheiten stehen der Anwendbarkeit dieser Vorschrift auf den Arbeitsvertrag nicht entgegen. Das BAG hielt schon bisher eine Modifikation der gesetzl. oder richterrechtl. Beweislastregeln im Arbeitsvertrag für unzulässig[9].

437 Neben dem generellen Verbot der Beweislaständerung nennt § 309 Nr. 12 in Buchst. a und b zwei Beispielsfälle unwirksamer Beweislastmodifikationen. § 309 Nr. 12a verbietet eine Abweichung von dem von der Rspr.[10] entwickelten allg. Grundsatz der Beweislastverteilung nach Verantwortungsbereichen, einer Ausnahme der allg. Regel, dass immer der Geschädigte das anspruchsbegründende Verhalten des Schädigers beweisen muss. Die Vorschrift erlangt namentlich bei der Geltendmachung von Schadensersatzansprüchen Bedeutung. Unwirksam sind danach bspw. Klauseln, die den Nachweis eines Verschuldens des ArbGeb zur Voraussetzung eines Schadensersatzanspruchs des ArbN machen. Von ungleich größerer Bedeutung sind die in § 309 Nr. 12b hervorgehobenen **Tatsachenbestätigungen**. Verhindert werden soll mit dieser Vorschrift eine Umgehung des Verbots einer Beweislastmodifikation, indem der Verwender sich die für die Durchsetzbarkeit eines Anspruchs notwendigen Tatsachen vom anderen Vertragsteil bestätigen lässt und mit dieser Bestätigung im Streitfall den ihm obliegenden Beweis für das Vorliegen der Tatsache erbringt. Änderungen im Vergleich zur früheren Rechtslage könnte die Vorgabe für **Empfangsbekenntnisse** mit sich bringen. Diese sind in Abweichung zu § 309 Nr. 12b wirksam, wenn sie gesondert unterschrieben oder mit einer gesonderten qualifizierten elektronischen Signatur versehen sind; die Verwendung eines separaten Schriftstücks ist nicht unbedingt notwendig, aber empfehlenswert. Ausreichend ist, dass sich das Empfangsbekenntnis deutlich vom übrigen Vertragstext absetzt[11]. Relevanz erlangt dies bspw. bei der Vereinbarung eines **Wettbewerbsver-**

---

1 Hierauf weist schon *Preis*, ZIP 1989, 885 (890) hin. || 2 Allg. zur begrenzten Aussagekraft des Symmetrie-Arguments in der Rechtswissenschaft *Thüsing*, Wertende Schadensberechnung, 2001, S. 441 ff. || 3 BAG 25.5.2005 – 5 AZR 572/04, AP Nr. 1 zu § 310 BGB; für die Kontrolle von Ausschlussfristen *Thüsing*, AGB-Kontrolle, Rz. 159 f. mwN. || 4 BAG 12.3.2008 – 10 AZR 152/07, AP Nr. 10 zu § 305 BGB. || 5 BAG 22.2.1978 – 5 AZR 805/76, NJW 1978, 1942; 7.11.1991 – 2 AZR 34/91, NZA 1992, 521; 26.4.2006 – 5 AZR 403/05, AP Nr. 188 zu § 4 TVG Ausschlussfristen. || 6 Auch dies ist fraglich seit BVerfG 1.12.2010 – 1 BvR 1682/07, NZA 2011, 354. || 7 BVerfG 1.12.2010 – 1 BvR 1682/07, NZA 2011, 354; im Anschluss BAG 19.9.2012 – 5 AZR 627/11, NZA 2013, 101. || 8 BAG 19.3.2008 – 5 AZR 429/07, AP Nr. 11 zu § 305 BGB; 19.5.2010 – 5 AZR 253/09, NZA 2010, 939. || 9 BAG 16.3.1994 – 5 AZR 339/92, NZA 1994, 937. || 10 Vgl. zB BGH 17.2.1964 – II ZR 98/62, BGHZ 41, 151. || 11 Wolf/Lindacher/Pfeiffer/*Dammann*, § 309 Nr. 12 Rz. 62; *Lingemann*, NZA 2002, 181 (192).

bots zwischen ArbGeb und ArbN nach § 110 GewO iVm. § 74 HGB. Die Wettbewerbsabrede bedarf nach diesen Vorschriften neben der Schriftform noch der Aushändigung an den ArbN. Die Aushändigung ist damit Wirksamkeitsvoraussetzung. Möchte sich der ArbGeb die Aushändigung im Formulararbeitsvertrag bestätigen lassen, hat er auf eine deutliche drucktechnische oder räumliche Abhebung vom restlichen Vertragstext zu achten.

Für den Bereich der **Haftung des ArbN** enthält § 619a eine eigenständige Beweislastregelung. Sofern man § 619a nicht ohnehin als zwingend ansieht[1], scheitert eine Beweislastverlagerung bei der ArbN-Haftung an § 309 Nr. 12. **438**

d) Bezugnahmeklauseln auf Tarifverträge. S. hierzu *Thüsing*, AGB-Kontrolle im Arbeitsrecht, Rz. 177 ff. sowie § 3 TVG Rz. 15 ff. **439**

Einstweilen frei. **440–451**

e) Bezugnahmeklauseln auf sonstige Arbeitsbedingungen – Öffnungsklauseln. Bezugnahmen auf sonstige Arbeitsbedingungen berühren regelmäßig zwei Problemkreise: Zum einen stellt sich die Frage, ob die entsprechenden Abreden Inhalt des Arbeitsvertrages geworden sind, zum anderen, ob und ggf. wie sich eine spätere Änderung dieser Arbeitsbedingungen ohne Beteiligung des ArbN auf sein ArbVerh auswirkt. Der häufig im Arbeitsvertrag anzutreffende Hinweis auf die Anwendbarkeit der „im Betrieb geltenden BV" ist grds. rein deklaratorischer Natur. Er bestätigt nur, was nach § 77 IV 1 BetrVG ohnehin gilt. Bedeutung erlangen derartige Verweise allerdings, wenn sie im Wege der Auslegung als **Öffnungsklausel** verstanden werden können. Hiervon geht das BAG aus, wenn der Vertragsgegenstand in AGB enthalten ist und einen kollektiven Bezug hat.[2] Der Arbeitsvertrag und evtl. bestehende Gesamtzusagen sind dann „betriebsvereinbarungsoffen" ausgestaltet, sie stehen mit anderen Worten unter dem Vorbehalt verschlechternder Änderungen durch BV[3]. Das ansonsten im Verhältnis von BV zum Arbeitsvertrag bzw. Gesamtzusagen geltende Günstigkeitsprinzip wird durch eine derartige Vertragsgestaltung ausgeschaltet, der vertragl. Gestaltungsspielraum des ArbGeb mithin erweitert. Vor dem Hintergrund des § 305c II und der Tatsache, dass derartige Klauseln zum Wegfall von einzelarbeitsvertragl. zugesicherten Positionen führen können, sind sie **hinreichend klar** zu formulieren[4]. Das BAG ist bislang hinsichtlich der Annahme der Öffnungsklausel großzügig und hat selbst in allg. gehaltenen Klauseln eine Öffnung des Arbeitsvertrages erkannt[5]: „Die allgemeinen Arbeitsbedingungen und -vergütungen unterliegen den gesetzlichen Bestimmungen sowie Betriebsvereinbarungen". Im Hinblick auf das neue Recht empfiehlt sich jedoch eine eindeutige Regelung: „Die in diesem Arbeitsvertrag getroffenen Vereinbarungen können durch eine spätere BV abgelöst werden. Das gilt auch dann, wenn die vertragl. Regelungen für den ArbN günstiger sind". Instanzgerichtl. Rspr. hält allerdings auch eine solche eindeutige Regelung für intransparent und daher unwirksam, da der Inhalt der möglichen BV nicht absehbar sei[6]. Das Problem **nachfolgender Änderungen** zu Lasten des ArbN stellt sich bei BV nicht. Es gilt die Regel lex posterior derogat legi priori, dh. die spätere BV löst grds. die vorangegangene ab (s. Rz. 533). **452**

Allg. Arbeitsbedingungen können unter Beachtung der allg. AGB-rechtl. Bestimmungen Vertragsbestandteil werden. Ihre spätere Änderung bleibt im Regelfall ohne Auswirkung auf das schon abgeschlossene ArbVerh. Insofern greifen die allg. Regeln Platz: Eine Änderung des Arbeitsvertragsinhalts kann nur durch Änderungsvertrag oder eine Änderungskündigung herbeigeführt werden. Etwas anderes kann bei der Aufnahme einer sog. **Jeweiligkeitsklausel** gelten, wonach die allg. Arbeitsbedingungen in ihrer jeweils gültigen Fassung Inhalt des Arbeitsvertrags werden. Zulässig sind derartige Vereinbarungen jedoch nur im Rahmen der Billigkeit und Angemessenheit[7]. Es gelten die zu Änderungsvorbehalten entwickelten strengen Anforderungen[8], s. Rz. 502 ff. **453**

f) Haftungsausschlüsse und -erweiterungen. aa) Ausschluss der Haftung des ArbGeb. Klauseln im Formulararbeitsvertrag, die eine Haftung des ArbGeb für die Verletzung von **Leben, Körper und Gesundheit** des ArbN ausschließen oder begrenzen, sind bereits nach § 309 Nr. 7a unwirksam, sofern der ArbGeb – wie regelmäßig – Verwender oder zumindest gesetzl. Vertreter bzw. Erfüllungsgehilfe des Verwenders ist. Unzulässig ist nach dieser Vorschrift nicht nur ein Ausschluss oder eine Begrenzung der Haftung für grob fahrlässige Pflichtverletzungen, die zu einer Verletzung der genannten Rechtsgüter führen. Vielmehr ist auch bei **leichter Fahrlässigkeit** die Haftung nicht einschränkbar. Damit geht die Neuregelung ihrem Wortlaut nach über die Vorgängervorschrift des § 11 Nr. 7 AGBG hinaus, die ein Verbot der Haftungsbeschränkung nur bei grobem Verschulden kannte. **454**

Unwirksam ist der **Ausschluss** der Haftung, unabhängig davon, ob er sich auf einzelne Pflichten des ArbGeb beschränkt oder das gesamte ArbVerh umfasst. Verboten ist nicht nur der unmittelbare, son- **455**

---

1 So wohl zu Recht *Däubler*, NZA 2001, 1329 (1332) für die Haftungsprivilegierung des ArbN; aA *Gotthardt*, Schuldrechtsreform, Rz. 257. ‖2 BAG 5.3.2013 – 1 AZR 417/12, NZA 2013, 916. ‖3 BAG 2.8.1982 – 6 AZR 1117/79, NJW 1983, 68; *Blomeyer*, DB 1987, 634; Schaub/*Koch*, ArbRHdb, § 231 Rz. 36a.; *Richardi*, NZA 1987, 185. ‖4 So auch *Preis*, NZA 2010, 361. ‖5 BAG 20.11.1987 – 2 AZR 284/86, NZA 1988, 617. ‖6 LAG Köln 22.4.2008 – 9 Sa 1445/07, AE 2009, 111. ‖7 BAG 14.3.1961 – 3 AZR 83/60, BB 1961, 719; 18.9.2012 – 3 AZR 415/10, NZA 2013, 210. ‖8 BAG 11.2.2009 – 10 AZR 222/08, NZA 2009, 428; 22.7.2010 – 6 AZR 847/07, BB 2011, 186.

dern auch ein nur mittelbarer Haftungsausschluss, etwa indem bereits die objektive Pflicht, die Grundlage der Haftung ist, ausgeschlossen wird[1]. Gleichermaßen unzulässig sind Klauseln, die das Verbot des Haftungsausschlusses der ArbGebHaftung bspw. dadurch zu umgehen versuchen, dass sie eine alleinige Haftung des ArbN statuieren oder ihn auf ihm ansonsten zustehende Schadensersatzansprüche verzichten lassen. Eine unzulässige **Begrenzung** der Haftung liegt insb. bei ihrer Beschränkung auf eine Höchstsumme vor[2]. Erfasst wird ebenso eine Verkürzung der Verjährungsfristen[3], die Zuerkennung nur einer bestimmten Art der Schadensersatzleistung (zB nur Geldersatz) oder Schadensberechnung (zB nur konkret, nicht aber auch abstrakt)[4].

456 Der praktische Anwendungsbereich des § 309 Nr. 7a ist wegen der **Haftungsfreistellung** des ArbGeb **nach § 104 SGB VII** gering. Nach dieser Vorschrift sind Schadensersatzansprüche des ArbN, seiner Angehörigen und Hinterbliebenen gegen den ArbGeb wegen eines Personenschadens des ArbN ausgeschlossen, sofern der Schaden durch einen Versicherungsfall verursacht wurde und der ArbN im Unfallzeitpunkt in der gesetzl. Unfallversicherung versichert war; unter Versicherungsfälle fallen gem. § 7 I SGB VII Arbeitsunfälle und Berufskrankheiten. Das Haftungsprivileg des ArbGeb entfällt, wenn dieser den Versicherungsfall vorsätzlich herbeigeführt hat oder er auf einem nach § 8 II Nr. 1–4 SGB VII versicherten Weg eingetreten ist. Die Bedeutung des § 309 Nr. 7a reduziert sich damit auf Haftungsfälle außerhalb des Anwendungsbereichs der gesetzlichen Unfallversicherung[5].

457 Das Bedürfnis einer Haftungsfreistellung des ArbGeb ist bei **Sachschäden des ArbN** ungleich größer, da das Haftungsprivileg nach § 104 SGB VII hier nicht eingreift. In diesem Bereich gilt Folgendes: Die Haftung wegen **Vorsatzes** kann dem ArbGeb bereits nach allg. Regeln nicht im Voraus erlassen werden, vgl. § 276 III. Einem Ausschluss oder einer Begrenzung der Haftung für **grobe Fahrlässigkeit** steht im Formulararbeitsvertrag § 309 Nr. 7b entgegen, der Haftungsausschluss für **einfache Fahrlässigkeit** ist an § 307 zu messen. Eine unangemessene Benachteiligung des ArbN kann insb. dann vorliegen, wenn der ArbGeb die zumutbare Möglichkeit nicht ergreift, eine ihn eventuell treffende Schadensersatzhaftung durch den Abschluss einer Versicherung für die eingebrachten Sachen des ArbN abzudecken[6].

458 Für arbeitstypische, unabgegoltene Sachschäden haftet der ArbGeb nach § 670 analog **verschuldensunabhängig**[7]. Ob diese Haftungsgrundsätze der Disposition der Arbeitsvertragsparteien unterliegen, ist bislang noch nicht geklärt[8]. In Übereinstimmung mit der hM zur Dispositivität der richterrechtl. Grundsätze zur ArbN-Haftung (s. Rz. 407) wird man diese Frage wohl verneinen müssen; die Haftung für arbeitstypische, unabgegoltene Sachschäden lässt sich demnach nicht im Arbeitsvertrag auf den ArbN abwälzen.

459 **bb) Erweiterung der Haftung des ArbN.** Die Haftung des ArbN bei betrieblich veranlasster Tätigkeit bestimmt sich nach den vom BAG entwickelten **Grundsätzen zur Haftungserleichterung** im Arbeitsrecht[9] (s. § 619a Rz. 11ff.). Nach der Rspr. sind diese Regeln „einseitig zwingendes ArbN-Schutzrecht", das weder individual- noch kollektivvertragl. zu Ungunsten des ArbN abbedungen werden darf[10]. Klauseln, die bspw. eine Haftung des ArbN für jede Fahrlässigkeit oder sogar ohne Rücksicht auf sein Verschulden vorsehen, sind somit unzulässig. Eine Abbedingung soll jedoch dann zulässig sein, wenn dem ArbN für seine haftungsrechtl. Schlechterstellung ein besonderer Risikoausgleich gezahlt wird[11]. Dieser ist nicht allein in der Zahlung eines höheren Lohns zu sehen[12]. Das Gesagte ist nicht unumstritten: Vereinzelt wird die richterrechtl. Rechtsfortbildung als rein dispositives Recht verstanden[13]. Haftungsverschärfungen zu Lasten des ArbN wären dann am Maßstab des § 307 zu kontrollieren.

460 **g) Rückzahlung von Fort- und Ausbildungskosten.** Vertragl. Rückzahlungsklauseln in Bezug auf Aus- und Fortbildungskosten kommen in unterschiedlichen **Erscheinungsformen** vor. Am weitesten verbreitet sind Klauseln, die den ArbN zur Rückzahlung der für die Fortbildung vom ArbGeb aufgewandten Kosten verpflichten, wenn er vor Ablauf bestimmter Fristen aus dem ArbVerh ausscheidet. Denkbar ist auch, die Rückzahlungspflicht an die vorzeitige Beendigung der Fortbildungsmaßnahme zu knüpfen[14]. Mit einer derartigen Klausel soll insb. der überlegten Inanspruchnahme der Fortbildungsmaßnahme oder ihrer nachlässigen Durchführung vorgebeugt werden. **Rechtstechnisch** handelt es sich bei Rückzahlungsklauseln um aufschiebend bedingte Zahlungsverpflichtungen iSv. § 158 I[15].

---

1 Wolf/Lindacher/Pfeiffer/*Dammann*, § 309 Nr. 7 Rz. 50. || 2 BGH 28.4.1983 – VII ZR 267/82, WM 1983, 916; OLG München 2.3.1994 – 7 U 5918/93, NJW-RR 1994, 742 (Transportvertrag). || 3 BGH 4.5.1995 – I ZR 90/93, NJW 1995, 2224. S.a. BAG 25.5.2005 – 5 AZR 572/04, AP Nr. 1 zu § 310 BGB. || 4 Wolf/Lindacher/Pfeiffer/*Dammann*, § 309 Nr. 7 Rz. 52. || 5 *Hümmerich*, Gestaltung von Arbeitsverträgen, 2006, § 1 Rz. 1867; DBD/*Däubler*, § 309 Nr. 7 BGB Rz. 5. || 6 *Becker-Schaffner*, VersR 1972, 322; Schaub/*Koch*, ArbRHdb, § 106 Rz. 30; Preis/*Stoffels*, Der Arbeitsvertrag, II H 10 Rz. 4. || 7 BAG 25.5.2000 – 8 AZR 518/99, NJW 2000, 3369; grundl. BAG 10.11.1961 – GS 1/60, NJW 1962, 411. || 8 Hierzu *Mayer-Maly*, NZA-Beil. 3/1991, 16; MüKoBGB/*Henssler*, § 619a Rz. 13. || 9 BAG 15.11.2001 – 8 AZR 95/01, NZA 2002, 612; grundl. BAG 27.9.1994 – GS 1/89, NJW 1995, 210. Vgl. auch Schaub/*Linck*, ArbRHdb, § 59 Rz. 42ff. mwN. || 10 BAG 2.12.1999 – 8 AZR 386/98, NZA 2000, 715; 7.9. 1998 – 8 AZR 175/97, NJW 1999, 1049. || 11 LAG Düss. 24.11.1965 – 3 Sa 346/65, BB 1966, 80; Preis/*Stoffels*, Der Arbeitsvertrag, II H 20 Rz. 20. || 12 Schaub/*Linck*, ArbRHdb, § 59 Rz. 67. || 13 *Gotthardt*, Schuldrechtsreform, Rz. 250; so bereits *Preis*, Vertragsgestaltung, S. 464f. || 14 Ausf. zu diesem Formen der Rückzahlungsklausel *Meier/Schulz*, NZA 1996, 742. || 15 Formulierungsbsp. und Vorschläge s. *Thüsing* in Graf v. Westphalen, Vertragsrecht und AGB-Klauselwerke, Stichwort Arbeitsverträge, Rz. 335f.

aa) Spezialgesetzliche Vereinbarungsgrenzen von Rückzahlungsklauseln.
Ein gesetzl. Verbot von Rückzahlungsklauseln besteht lediglich im **Berufsausbildungsverhältnis** (§ 12 I 1, II Nr. 1 BBiG). Abzugrenzen ist die Berufsausbildung von der beruflichen Fortbildung und der beruflichen Umschulung, vgl. § 1 BBiG. Für diese Maßnahmen gilt das gesetzl. Verbot des § 12 BBiG nicht, und auch eine analoge Anwendung kommt nicht in Betracht[1]. Die Abgrenzung der verschiedenen Maßnahmen voneinander kann in Randbereichen Schwierigkeiten bereiten[2]. Eine Berufsausbildung ist bei der erstmaligen Vermittlung von Grundkenntnissen und Grundfertigkeiten anzunehmen, sie kann aber auch im Anschluss an eine Erstausbildung stattfinden[3]. Unter „Fortbildung" wird dagegen gem. § 1 IV BBiG eine Ausbildung verstanden, deren Ziel es ist, berufliche Kenntnisse zu erhalten, zu erweitern, technischen Entwicklungen anzupassen oder beruflich aufzusteigen. Die berufliche Umschulung soll zu einer anderen beruflichen Tätigkeit befähigen (§ 1 V BBiG). Sie ist im Gegensatz zu einer Erstausbildung auf die schnelle Wiedereingliederung des Umschülers in den Arbeitsprozess auszurichten[4]. 461

Zu den **erstattungsfähigen Kosten**, auf die sich die Rückzahlungsvereinbarung erstrecken darf, zählen neben der fortgezahlten Vergütung und den Kosten für die Fortbildungsmaßnahme an sich auch sonstige Kosten, die der ArbGeb vereinbarungsgemäß übernommen hat, wie zB Reise-, Verpflegungs- und Unterbringungskosten[5]. Bildungskosten, die der ArbGeb von Gesetzes wegen **zwingend zu tragen** hat, können hingegen nicht mithilfe einer Rückzahlungsabrede dem ArbN aufgebürdet werden. Dies gilt bspw. für die Kosten einer BR-Schulung oder Ausgaben, welche dem ArbGeb für die Einweisung des ArbN in seinen Arbeitsplatz nach § 81 BetrVG entstehen[6]. Gleiches wird man für Kosten von Umschulungs- oder Fortbildungsmaßnahmen iSv. § 1 II 3 KSchG bzw. § 97 II BetrVG annehmen müssen[7]. Nichtig sind Klauseln insoweit, als sie die Rückzahlungsverpflichtung des ArbN nicht nur auf das Arbeitsentgelt, sondern darüber hinaus auf die **ArbGebAnteile zur SozV** erstrecken[8]. Das Verbot der geltungserhaltenden Reduktion bei Formularverträgen kann hier bei strenger Auslegung zur Nichtigkeit der Rückzahlungsvereinbarung insg. führen. 462

bb) Unangemessene Benachteiligung des ArbN.
Das BAG nahm ehemals in st. Rspr. unter Berufung auf § 242 eine Inhaltskontrolle von Rückzahlungsklauseln vor[9]. Die Rückzahlungspflicht des ArbN müsse aus der Sicht eines verständigen Betrachters einem begründeten und billigenswerten Interesse des ArbGeb entsprechen und dem ArbN nach Treu und Glauben zumutbar sein. Dies wiederum sei unter Berücksichtigung der Umstände des Einzelfalles auf Grund einer Güter- und Interessenabwägung nach Maßgabe des Verhältnismäßigkeitsgrundsatzes zu ermitteln. Für formularmäßig vereinbarte Rückzahlungsklauseln ergibt sich der **Prüfungsmaßstab** nunmehr aus § 307[10]. Für die dort anzustellende Interessenabwägung bietet sich an, zwischen der grds. Zulässigkeit und der inhaltlichen Ausgestaltung der Rückzahlungsklausel zu differenzieren[11]. Die Prüfungsmaßstäbe für beide Vereinbarungsformen dürften nicht zu abweichenden Ergebnissen führen[12]. 463

(1) **Grundsätzliche Zulässigkeit des Rückzahlungsvorbehalts („Ob")**. Ein berechtigtes ArbGebInteresse an der Vereinbarung einer Rückzahlungsklausel ist grds. gegeben. Es besteht in der Absicherung gegen den Verlust seiner Investitionen in die Weiterbildung des ArbN. Fehlen wird es an dieser Voraussetzung allerdings, wenn der ArbGeb dem ArbN lediglich aus rein sozialen Erwägungen die Teilnahme an der Fortbildungsveranstaltung ermöglicht, ohne vorzuhaben, die erworbenen Fähigkeiten und Kenntnisse später zu nutzen[13]. 464

Die Erstattung der Kosten einer Fortbildungsmaßnahme ist dem ArbN umso eher zuzumuten, je größer der für ihn mit der Weiterbildung verbundene Vorteil ist: Ihm muss eine **angemessene Gegenleistung** in Form seiner Weiterqualifizierung zufließen[14]. Dieser Gesichtspunkt stand bereits bisher bei der von der Rspr. vorgenommenen Interessenabwägung im Vordergrund[15] und wird auch im Rahmen des § 307 das maßgebliche Abwägungskriterium bilden. Erfolgt die Fort- und Weiterbildung auf alleinigen Wunsch und im Interesse des ArbN und besteht an ihr kein unmittelbares betriebl. Interesse des ArbGeb, so ist eine Rückzahlungsklausel regelmäßig angemessen[16]. Ein **geldwerter Vorteil** kann insb. in 465

---

1 BAG 5.12.2002 – 6 AZR 216/01, AP Nr. 2 zu § 19 BBiG; 20.2.1975 – 5 AZR 240/74, AP Nr. 2 zu § 611 BGB Ausbildungsbeihilfe; *Hoß*, MDR 2000, 1115 (1116); Preis/*Stoffels*, Der Arbeitsvertrag, II A 120 Rz. 13. ||2 Vgl. dazu *Hennige*, NZA-RR 2000, 617 (620) mwN. ||3 BAG 3.6.1987 – 5 AZR 285/86, AP Nr. 85 zu § 1 TVG Tarifverträge: Bau; ErfK/*Schlachter*, § 1 BBiG Rz. 4. ||4 ErfK/*Schlachter*, §§ 58–63 BBiG Rz. 1. ||5 BAG 12.12.1979 – 5 AZR 1056/77, AP Nr. 4 zu § 611 BGB Ausbildungsbeihilfe; *Hoß*, MDR 2000, 1115 (1118). ||6 S. hierzu Richardi/*Thüsing*, § 37 BetrVG Rz. 179. ||7 Küttner/*Reinecke*, Rückzahlungsklausel Rz. 5; *Hennige*, NZA-RR 2000, 617 (619). ||8 Preis/*Stoffels*, Der Arbeitsvertrag, II A 120 Rz. 15. ||9 Die bisherige Rspr. zusammenfassend BAG 21.7.2005 – 6 AZR 452/04, AP Nr. 37 zu § 611 BGB; zuvor ua. BAG 6.5.1998 – 5 AZR 535/97, NJW 1999, 443; 16.3.1994 – 5 AZR 339/92, NZA 1994, 937; 21.11.2002 – 6 AZR 77/01, AP Nr. 5 zu § 611 BGB Ausbildungsbeihilfe. ||10 S. dazu BAG 18.11.2008 – 3 AZR 192/07, NZA 2009, 435; 18.3.2008 – 9 AZR 186/07, AP Nr. 12 zu § 310 BGB. ||11 So schon *Hanau/Stoffels*, Beteiligung von Arbeitnehmern an den Kosten der beruflichen Fortbildung, 1992, S. 21; *Meier/Schulz*, NZA 1996, 742 (746). ||12 S.a. BAG 28.3.2007 – 10 AZR 261/06, AP Nr. 265 zu § 611 BGB Gratifikation. ||13 Huber/*Blömeke*, BB 1998, 2157 (2158). ||14 BAG 21.7.2005 – 6 AZR 452/04, AP Nr. 37 zu § 611 BGB; 16.3.1994 – 5 AZR 339/92, NZA 1994, 937; *Becker-Schaffner*, DB 1991, 1016; *Hennige*, NZA-RR 2000, 617 (622); Huber/*Blömeke*, BB 1998, 2157; *Hoffmann*, AuR 1996, 194 (195). ||15 Grundl. BAG 18.8.1976 – 5 AZR 399/75, NJW 1977, 973; vgl. auch BAG 6.9.1995 – 5 AZR 241/94, NZA 1996, 314. ||16 LAG Hamm 14.1.2011 – 7 Sa 1386/10.

einer Verbesserung der Chancen des ArbN auf dem Arbeitsmarkt[1] oder der Schaffung von realistischen beruflichen Aufstiegsmöglichkeiten[2] liegen. Ersteres trifft zB auf den Erwerb von Personenbeförderungsscheinen für Taxen oder Omnibusse bzw. sog. Musterberechtigungen zum Führen von Flugzeugen zu[3]. Gerade bei derartigen Musterberechtigungen ist die Rspr. wegen ihrer oftmals begrenzten gegenständlichen und zeitlichen Nutzbarkeit mitunter allerdings zurückhaltend und verlangt vom ArbGeb darzulegen, dass auch außerhalb des eigenen Betriebs Bedarf an derart ausgebildeten Arbeitskräften besteht und inwiefern gerade durch die Fortbildung die Berufs- und Verdienstchancen des ArbN gesteigert worden sind[4]. Entscheidend für die Erlangung eines geldwerten Vorteils ist damit, ob der ArbN durch die Fortbildungsmaßnahme Kenntnisse oder Fähigkeiten erwirbt, die er auch bei einem anderen ArbGeb einsetzen oder zum beruflichen Aufstieg nutzen kann. Hohe Kosten des ArbGeb allein reichen nicht[5].

466 Bei reinen **Auffrischungs- oder Vertiefungslehrgängen** fehlt es regelmäßig an einem Vorteil des ArbN, welcher eine Rückzahlungsvereinbarung rechtfertigen könnte[6]. Gleiches gilt für solche Fortbildungsmaßnahmen, die lediglich bereits vorhandene Kenntnisse an neue betriebl. Gegebenheiten anpassen[7].

467 **(2) Inhaltliche Grenzen der Rückzahlungsvereinbarung („Wie")**. Die inhaltliche Zulässigkeit der Rückzahlungsvereinbarung wird maßgeblich durch den Grad der mit dieser Vereinbarung verbundenen **Bindungsintensität** bestimmt. Mit der zunehmenden Bindung des ArbN an seinen ArbGeb durch die drohende Rückzahlung von Arbeitslohn und Fortbildungskosten geht eine faktische Einschränkung seiner Kündigungsfreiheit einher, welche vor dem Hintergrund des über die Generalklausel des § 307 I 1 mittelbar wirkenden Art. 12 I GG zu steigenden Anforderungen an die Rechtfertigung der Rückzahlungsklausel führt. Die Bindungsintensität ist wiederum abhängig von der Dauer der Bindung an den ArbGeb und der Höhe der den ArbN bei einem vorzeitigen Ausscheiden treffenden Rückzahlungslast.

468 Die zulässige **Bindungsdauer** steht in Abhängigkeit zur Länge der Fortbildungszeit. Sind auch letztlich die Einzelfallumstände entscheidend, so hat die Rspr. gewisse **Richtlinien** zur Beurteilung eines angemessenen Verhältnisses zwischen Fortbildungsmaßnahme und Bindungsdauer herausgearbeitet[8]. Im Einzelnen gilt Folgendes: Eine bis zu einem Monat dauernde Fortbildungsmaßnahme lässt eine Bindung von sechs Monaten zu[9], bei ein bis zwei Monaten ist eine Bindung von einem Jahr möglich[10], bei drei bis vier Monaten sind es schon zwei Jahre[11] und eine Fortbildungsdauer von sechs bis zwölf Monaten vermag eine Bindungsdauer von drei Jahren zu rechtfertigen[12]. Eine fünfjährige Bindungsdauer setzt eine mehr als zwei Jahre andauernde Fortbildungsmaßnahme voraus[13]. Dabei sind nur die Tage zusammenzurechnen, in denen tatsächlich die Fortbildung stattfindet[14]; eine Fortbildung, die über ein Jahr verteilt jeden Monat eine Woche lang stattfindet, ist dann also eine Fortbildung von zwölf Wochen, nicht von zwölf Monaten. Ein starres Schema ist das nicht, vielmehr gelten diese Grundsätze nur für den Regelfall. Im Einzelfall kann auch bei kürzerer Dauer der Fortbildung eine verhältnismäßig lange Bindung gerechtfertigt sein, wenn etwa der ArbGeb erhebliche Mittel aufwendet und die Teilnahme an der Fortbildung dem ArbN besondere Vorteile bringt[15]. Umgekehrt kann auch bei längerer Dauer der Fortbildung nur eine verhältnismäßig kurze Bindung gerechtfertigt sein. Das kann etwa dann der Fall sein, wenn der ArbGeb nur verhältnismäßig wenig Mittel aufwendet und die Teilnahme an der Fortbildung dem ArbN nur geringe Vorteile bringt[16]. Hier zeigt sich, dass der Rspr. zur Bindungsdauer die Erwägung zugrunde liegt, dass die Dauer der Fortbildung zwar ein starkes Indiz für die Qualität der erworbenen Qualifikation ist und daher in besonderem Maße bei der Interessenabwägung berücksichtigt werden muss, der Qualifikationsgrad des ArbN aber letztlich auch durch andere Umstände geprägt werden kann. Ob es einen Unterschied machen kann, dass schon im Arbeitsvertrag die Verpflichtung zur Teilnahme an der Fortbildung vereinbart wurde, ist zweifelhaft[17]. Zulässig ist es auch, wenn die Aus- oder Weiterbildung nicht in einem „Block", sondern in mehreren, zeitlich voneinander getrennten Abschnitten erfolgt, sofern nach der Vereinbarung die zeitliche Lage der einzelnen Aus- oder Fortbildungsabschnitte den Vorgaben der Aus- oder Fortbildungseinrichtung entspricht und die vertragl. Ver-

---

1 BAG 11.4.1990 – 5 AZR 308/89, BB 1990, 2052. ||2 BAG 18.8.1976 – 5 AZR 399/75, NJW 1977, 973. ||3 BAG 24.7.1991 – 5 AZR 430/90, AP Nr. 15 zu § 611 BGB Ausbildungsbeihilfe; *Huber/Blömeke*, BB 1998, 2157 (2158). ||4 BAG 24.7.1991 – 5 AZR 420/90, nv.; vgl. ferner *Hennige*, NZA-RR 2000, 617 (622) mwN. ||5 Vgl. BAG 11.4.1984 – 5 AZR 430/82, NZA 1984, 288. ||6 LAG Hess. 7.11.1988 – 2 Sa 359/88, NZA 1989, 392; LAG Rh.-Pf. 23.10.1981 – 6 Sa 353/81, EzA zu Art. 12 GG Nr. 18; *Becker-Schaffner*, DB 1991, 1016 (1018). ||7 *Huber/Blömeke*, BB 1998, 2157 für Computerschulungen aus Anlass neuer Hard- und Software. ||8 Diese zusammenfassend BAG 21.7.2005 – 6 AZR 452/04, AP Nr. 37 zu § 611 BGB Ausbildungsbeihilfe; s.a. BAG 16.1.2003 – 6 AZR 384/01, EzA § 611 BGB 2002 Ausbildungsbeihilfe Nr. 4; 5.12.2002 – 6 AZR 179/01, AP Nr. 13 zu § 2 BAT SR 2a. ||9 BAG 15.9.2009 – 3 AZR 173/08, AP Nr. 42 zu § 611 BGB Ausbildungsbeihilfe. ||10 BAG 15.12.1993 – 5 AZR 279/93, NZA 1994, 835. ||11 BAG 6.9.1995 – 5 AZR 241/94, NZA 1996, 314. ||12 BAG 11.4.1984 – 5 AZR 430/82, NZA 1984, 288; 23.4.1986 – 5 AZR 159/85, NZA 1986, 741. ||13 BAG 12.12.1979 – 5 AZR 1056/77, DB 1980, 1704; 8.5.1974 – 5 AZR 359/73, NJW 1974, 2151. ||14 BAG 15.9.2009 – 3 AZR 173/08, AP Nr. 42 zu § 611 BGB Ausbildungsbeihilfe. ||15 Zum Erwerb einer Musterberechtigung für Flugzeugführer BAG 19.2.2004 – 6 AZR 552/02, AP Nr. 33 zu § 611 BGB Ausbildungsbeihilfe. ||16 BAG 6.9.1995 – 5 AZR 241/94, NZA 1996, 314. ||17 In diese Richtung BAG 19.2.2004 – 6 AZR 552/02, AP Nr. 33 zu § 611 BGB Ausbildungsbeihilfe.

einbarung dem ArbGeb nicht die Möglichkeit einräumt, allein nach seinen Interessen die Teilnahme an den jeweiligen Aus- oder Fortbildungsabschnitten oder deren zeitliche Lage festzulegen[1].

Die **Höhe der Rückzahlungslast** ist in doppelter Hinsicht begrenzt[2]. Der ArbGeb kann höchstens den Betrag zurückverlangen, den er tatsächlich aufgewandt hat – eine Verzinsung kann nicht vereinbart werden. Andernfalls handelt es sich nicht mehr nur um die Rückzahlung von Ausbildungskosten, sondern auch um eine Vertragsstrafe. Weiter darf der ArbN höchstens den vereinbarten Betrag zurückzuzahlen. Das gilt auch dann, wenn die Kosten der Aus- oder Weiterbildung höher liegen[3]. IÜ ist die **Staffelung** des Rückzahlungsbetrages zeitanteilig zur Bindungsdauer für die Interessenabwägung ein mitentscheidender Gesichtspunkt[4]. Für die Annahme einer nicht unsachgerechten Kündigungsbeschränkung reicht es aus, wenn sich die Rückzahlungspflicht jährlich verringert; eine monatliche Staffelung ist nicht erforderlich. Die Rechtsfolgen müssen außerdem dem Transparenzgebot des § 307 genügen. Werden etwa Fahrtkosten zurückverlangt, muss sich aus der Klausel ergeben, wie diese berechnen. Eine Klausel über die Erstattung von Ausbildungskosten genügt dem Transparenzgebot in § 307 I 2 nur dann, wenn die entstehenden Kosten dem Grunde und der Höhe nach im Rahmen des Möglichen und Zumutbaren angegeben sind – für die Praxis eine hohe Hürde[5].

469

Im Rahmen der nach § 307 anzustellenden Interessenabwägung ist der die Rückzahlungspflicht auslösende **Tatbestand** zu berücksichtigen. Für den in der Praxis häufigsten Fall einer Rückzahlungsklausel, dass der ArbN nach erfolgreicher Qualifikation innerhalb einer vorgesehenen Bleibefrist das ArbVerh beendet, ist es nicht ausreichend, die Rückzahlungspflicht an jedes **vorzeitige Ausscheiden** des ArbN anzuknüpfen[6]. Ausschlaggebend muss vielmehr sein, ob es zur Beendigung des ArbVerh auf Grund eines aus der Sphäre des ArbN stammenden Umstands kommt, den dieser beeinflussen kann. Hieran fehlt es bei einer **arbeitnehmerseitigen Kündigung**, sofern diese durch ein Fehlverhalten des ArbGeb veranlasst ist, das auch einen besonnenen ArbN zur Kündigung bewegt hätte[7]. Deshalb benachteiligt eine Klausel zur Rückzahlung von Ausbildungskosten den ArbN unangemessen, wenn er ohne Ausnahme für jeden Fall der Beendigung des ArbVerh durch Eigenkündigung vor Ablauf von zwei Jahren nach Ausbildungsende mit einer Rückzahlungspflicht für entstandene Ausbildungskosten belastet wird.[8] Jedes beliebige Fehlverhalten reicht damit jedoch noch nicht aus, eine gewisse Erheblichkeitsschwelle muss überschritten sein; entscheidend sind die Umstände des Einzelfalls. Nicht erforderlich ist, dass den ArbGeb selbst der Vorwurf vertragswidrigen Verhaltens trifft. Es reicht aus, wenn der die Kündigung veranlassende Umstand seiner Sphäre entstammt[9].

470

Bei einer **arbeitgeberseitigen Kündigung** ist nach dem Kündigungsgrund zu differenzieren. Unzulässig sind solche Rückzahlungsklauseln, die auch den Fall der betriebsbedingten Kündigung erfassen[10]. Der ArbGeb gibt bei einer solchen Kündigung zu erkennen, dass er trotz der aufgewendeten Kosten nicht bereit, zumindest nicht in der Lage ist, dem Betrieb die Qualifikation des ArbN zu erhalten. Die sachliche Grundlage für eine Kostenbeteiligung des ArbN, die diese als angemessenen Interessenausgleich erscheinen lässt, ist damit entfallen. Entsprechend wird man zumeist bei einer personenbedingten Kündigung entscheiden müssen[11]. Auch dort liegt zumindest im Regelfall der die Kündigung herbeiführende Umstand nicht in der Sphäre des ArbN. Handelt es sich dagegen um eine sachlich gerechtfertigte verhaltensbedingte Kündigung, spricht nichts gegen eine Beteiligung des ArbN an den Kosten der Fortbildungsmaßnahme[12]. Ebenfalls unzulässig ist die Überwälzung der Ausbildungskosten für den Fall, dass das in den Raum gestellte ArbVerh an der Abschlussbereitschaft des ArbGeb scheitert. Eine Rückzahlungsklausel ist nur dann interessengerecht, wenn dem ArbN die Möglichkeit eingeräumt wird, der Rückzahlungspflicht durch Betriebstreue zu entgehen[13]. Besondere Wirksamkeitsanforderungen sind an die Verpflichtung zur Rückzahlung von Fortbildungskosten **bei vorzeitiger Beendigung** der Fortbildungsmaßnahme zu stellen. Verlangt wird, dass dem ArbN in diesen Fällen eine angemessene Überlegungsfrist eingeräumt wird, innerhalb derer er sich über seine Eignung schlüssig werden und ohne Kostenrisiko entscheiden kann, ob er die Fortbildung fortsetzen oder aufgeben will[14]. Nach Ansicht des BAG kann sich eine derartige Abrede auch im Wege der Auslegung gewinnen lassen[15]. Nach der Einbeziehung des Arbeitsvertrages in den Anwendungsbereich der §§ 305 ff. kann dem nicht

471

---

1 BAG 19.1.2011 – 3 AZR 621/08, DB 2011, 1338. ||2 BAG 16.3.1994 – 5 AZR 339/92, NZA 1994, 937. ||3 *Hanau/Stoffels*, Beteiligung von Arbeitnehmern an den Kosten der beruflichen Fortbildung, S. 38; DBD/*Dorndorf/Deinert*, § 307 BGB Rz. 118; s.a. *Schmidt*, BB 1971, 44 (47). ||4 BAG 23.4.1986 – 5 AZR 159/85, NZA 1986, 741. ||5 BAG 21.8.2012 – 3 AZR 698/10, NZA 2012, 1428. S.a. Rz. 471a. ||6 S. BAG 23.1.2007 – 9 AZR 482/06, AP Nr. 38 zu § 611 BGB Ausbildungsbeihilfe. ||7 LAG Bremen 25.2.1994 – 4 Sa 13/93, BB 1994, 1150; *Zeranski*, NJW 2000, 336 (337); *Meier/Schulz*, NZA 1996, 742 (748). ||8 So BAG 28.5.2013 – 3 AZR 103/12, DB 2013, 2152. ||9 *Zeranski*, NJW 2000, 336 (337), nennt als Bsp. den Fall, dass dem ArbN die Fortsetzung des ArbVerh wegen Mobbings durch seine Arbeitskollegen nicht zuzumuten ist. ||10 BAG 6.5.1998 – 5 AZR 535/97, NJW 1999, 443. ||11 *Hoß*, MDR 2000, 1115 (1119). ||12 So jedenfalls für den Grundsatz BAG 24.6.2004 – 6 AZR 320/03, EzA § 611 BGB 2002 Ausbildungsbeihilfe Nr. 7; 24.6.2004 – 6 AZR 383/03, NZA 2004, 1035; weitergehend noch *Hoß*, MDR 2000, 1115 (1119); *Meier/Schulz*, NZA 1996, 742 (748). ||13 BAG 18.11.2008 – 3 AZR 192/07, NZA 2009, 435. ||14 BAG 20.2.1975 – 5 AZR 240/74, AP Nr. 2 zu § 611 BGB Ausbildungsbeihilfe; Schaub/*Vogelsang*, ArbRHdb, § 176 Rz. 21; zu Recht krit. *Hennige*, NZA-RR 2000, 617 (621); *Meier/Schulz*, NZA 1996, 742 (748). ||15 BAG 12.12.1979 – 5 AZR 1056/77, AP Nr. 4 zu § 611 BGB Ausbildungsbeihilfe.

BGB § 611 Rz. 471a   Inhaltskontrolle – Vertragsgestaltung

mehr gefolgt werden[1]. Eine entsprechende Klausel ist nach §§ 305c II, 307 nunmehr unwirksam. Nicht uneingeschränkt zulässig sind Rückzahlungsklauseln für den Fall des **Nichtbestehens der Prüfung**[2]. Bedenken begegnen sie deshalb, weil sich der ArbGeb über die Fähigkeiten des ArbN vergewissern kann, bevor dieser die Fortbildungsmaßnahme antritt. Unwirksam ist deshalb die Vereinbarung einer Rückzahlungsverpflichtung auch für den Fall, dass der ArbN trotz seines Bemühens die Abschlussprüfung nicht besteht. Etwas anderes gilt jedoch, wenn er schuldhaft weniger für den Erfolg der Maßnahme tut als ihm möglich und zumutbar wäre.

471a   Auch das **Transparenzgebot** des § 307 I 2 erlangt für die Wirksamkeit von Rückzahlungsklauseln Bedeutung. Eine Klausel über die Erstattung von Ausbildungskosten genügt dem Transparenzgebot nur dann, wenn die entstehenden Kosten dem Grunde und der Höhe nach im Rahmen des Möglichen und Zumutbaren angegeben sind.[3] Dies ist allerdings nicht so zu verstehen, dass die exakten Kosten schon bei der Vereinbarung der Rückzahlungsklausel beziffert sein müssen. Der ArbN muss aber absehen können, welche Kosten ggf. auf ihn zukommen. Deswegen sind zumindest Art und Berechnungsgrundlagen der zu erstattenden Kosten anzugeben. Hierfür ist laut BAG[4] die genaue und abschließende Bezeichnung der einzelnen Positionen erforderlich (zB Lehrgangsgebühren, Fahrt-, Unterbringungs- und Verpflegungskosten), aus denen sich die Gesamtforderung zusammensetzen soll, sowie die einzelnen Berechnungsparameter. Zugleich darf kein ungerechtfertigter Beurteilungsspielraum für den ArbGeb vorliegen[5].

472   **cc) Zeitpunkt der Vereinbarung.** Nach lange Zeit vorherrschender Meinung musste eine Rückzahlungsvereinbarung vor Beginn der Fortbildungsmaßnahme vereinbart werden[6]. Eine spätere Einigung sei unzulässig und führe zur Unwirksamkeit der Rückzahlungsabrede; eine stichhaltige Begründung für dieses Ergebnis lieferte die Rspr. nie, sondern führte lediglich aus, dass die Rückzahlung von Fortbildungskosten während der Dauer der Fortbildung nicht „unter Druck [...] erzwungen" werden darf und der ArbN zu Beginn der vereinbarten Fortbildung „klar und unmissverständlich" auf alle Folgen der Rückzahlungsvereinbarung hingewiesen werden müsse[7]. Beides versteht sich von selbst, rechtfertigt aber keine Abweichung von allg. vertragsrechtl. Grundprinzipien. Die Vereinbarung einer Rückzahlungsabrede ist damit zu einem **späteren Zeitpunkt** nach richtiger Ansicht möglich[8], jedoch darf dies nicht zu einer Verlängerung der oben dargelegten Bindungsfristen führen. Entscheidendes Anfangsdatum ist die Vollendung der Fortbildungsmaßnahme. Dem schließt sich nun auch das BAG in einem obiter dictum an und hält eine nach Beendigung der Fortbildung geschlossene Vereinbarung sogar für weitergehend möglich, da der ArbN dann nicht mehr unter dem Druck steht, dass die Teilnahme vom Abschluss der Vereinbarung abhängt[9].

473   **dd) Rechtsfolgen unangemessen benachteiligender Klauseln.** Den ArbN unangemessen benachteiligende Rückzahlungsklauseln sind unwirksam. Von diesem Grundsatz machte die Rspr. vor der Schuldrechtsreform Ausnahmen bei einer übermäßigen Bindungsdauer des ArbN oder einer unverhältnismäßig hohen Rückzahlungslast. Anstatt die Nichtigkeit derartiger Vereinbarungen festzustellen, führte die Rspr. sie auf das noch vertretbare Maß zurück[10]. Eine **geltungserhaltende Reduktion** ist nunmehr allerdings unzulässig (s. § 306 Rz. 4)[11]. Nach dem BAG fordern die Besonderheiten des Arbeitsrechts und -lebens eine ergänzende Vertragsauslegung ausnahmsweise dann, wenn es für den ArbGeb objektiv schwierig war, die zulässige Bindungsdauer zu bestimmen und sich dieses Prognoserisiko für den ArbGeb verwirklicht[12]. Verstößt eine Rückzahlungsklausel gegen das Transparenzgebot des § 307 I 2, so hat der Verwender der Klausel regelmäßig keinen Anspruch auf Erstattung der Fortbildungskosten nach §§ 812 ff.[13].

474   **ee) Anderweitige Gestaltungsmöglichkeiten.** Die Grundsätze zur Zulässigkeit von Rückzahlungsklauseln finden auch dann Anwendung, wenn vereinbart wird, dass der Rückzahlungsvertrag als **Darlehen** geschuldet wird[14]. Anderweitigen Umgehungsversuchen – etwa durch die Kombination von Fortbildung, Darlehen und Treueprämie – ist die Rspr. ebenso konsequent entgegengetreten[15]. Als alternative vertragl. Gestaltungsmöglichkeit kann die Vereinbarung einer **Vertragsstrafe** infrage kommen[16]. Inwie-

---

1 Anders anscheinend Preis/*Stoffels*, Der Arbeitsvertrag, II A 120 Rz. 50 ohne Begründung. ||2 *Hoß*, MDR 2000, 1115 (1120). ||3 BAG 21.8.2012 – 3 AZR 698/10, NZA 2012, 1428. ||4 BAG v. 6.8.2013 – 9 AZR 442/12, NZA 2013, 1361. ||5 BAG v. 6.8.2013 – 9 AZR 442/12, NZA 2013, 1361. ||6 BAG 9.12.1992 – 5 AZR 158/92, EzB § 611 BGB Aus- und Weiterbildungskosten Nr. 43; 19.3.1980 – 5 AZR 362/78, DB 1980, 1703; 21.11.2002 – 6 AZR 77/01, AP Nr. 5 zu § 611 BGB Ausbildungsbeihilfe m. zust. Anm. *Schneider*; *Hennige*, NZA-RR 2000, 617 (620); *Huber/Blömeke*, BB 1998, 2157; wohl auch *Meier/Schulz*, NZA 1996, 742 (745). ||7 BAG 19.3.1980 – 5 AZR 362/78, DB 1980, 1703. In der Entscheidung v. 9.12.1992 begnügte sich das BAG dann mit einem Verweis auf die ältere Entscheidung. ||8 So auch Preis/*Stoffels*, Der Arbeitsvertrag, II A 120 Rz. 9. ||9 BAG 15.9.2009 – 3 AZR 173/08, AP Nr. 42 zu § 611 BGB Ausbildungsbeihilfe. ||10 BAG 6.3.1994 – 5 AZR 339/92, NZA 1994, 937; 15.5.1985 – 5 AZR 161/84, AP Nr. 9 zu § 611 BGB Ausbildungsbeihilfe; ebenso die hL vor der Schuldrechtsreform vgl. *Hoß*, MDR 2000, 1115 (1119); *Meier/Schulz*, NZA 1996, 742 (749). ||11 BAG 15.9.2009 – 3 AZR 173/08, AP Nr. 42 zu § 611 BGB Ausbildungsbeihilfe. ||12 BAG 14. 1.2009 – 3 AZR 900/07, AP Nr. 41 zu § 611 BGB. ||13 BAG 21.8.2012 – 3 AZR 698/10, NZA 2012, 1428. ||14 BAG 26.10.1994 – 5 AZR 390/92, NZA 1995, 305; 11.4. 1984 – 5 AZR 430/82, NZA 1984, 288; Schaub/*Vogelsang*, ArbRHdb, § 176 Rz. 19. ||15 Vgl. *Hennige*, NZA-RR 2000, 617 (619) mwN. ||16 Preis/*Stoffels*, Der Arbeitsvertrag, II A 120 Rz. 79; *Hennige*, NZA-RR 2000, 617 (625).

weit sich dann die Anforderungen an die Wirksamkeit der Vertragsstrafeabrede erhöhen, hat das BAG noch nicht entschieden. Dafür, dass eine solche Konstruktion aber grds. möglich sein muss, spricht ein Hinweis des Gerichts in einer Entscheidung zur Zulässigkeit einer Rückzahlungsklausel[1], wonach der ArbGeb zur Vermeidung der vorzeitigen Abwanderung des ArbN die Ausbildung davon abhängig machen könnte, dass ein Langzeitvertrag abgeschlossen oder lange Kündigungsfristen vereinbart werden; dann sollte auch die Absicherung dieser Fristen durch eine Vertragsstrafe möglich sein.

h) Umzugskosten. aa) Allgemeines. Unter einem Umzug ist grds. die Verlagerung des Lebensmittelpunktes zu verstehen[2]. Praktische Bedeutung kommt in diesem Zusammenhang insb. der Frage zu, ob und inwieweit der ArbN ggü. dem ArbGeb einen Anspruch auf Erstattung der Umzugskosten geltend machen kann. Problematisch ist weiterhin die Zulässigkeit von Vereinbarungen über die Rückzahlung von bereits erstatteten Umzugskosten. 475

bb) Anspruch auf Erstattung der Umzugskosten. Zieht der ArbN zur Arbeitsaufnahme oder während des laufenden ArbVerh in die Nähe des Betriebs um, kann er grds. ggü. dem ArbGeb keinen gesetzl. Anspruch auf **Kostenerstattung** geltend machen, da ein Umzug dem privaten Lebensbereich des ArbN zuzurechnen ist[3]. Etwas anderes kann sich jedoch aus **einzelvertragl. Vereinbarungen** ergeben; so etwa, wenn der ArbGeb dem ArbN eine Kostenübernahme zusagt, um den ArbN zu einem Stellenwechsel zu veranlassen[4]. Ein Vertrag, der die jederzeit widerrufliche Versetzung eines ArbN ins Ausland und die Erstattung der Umzugskosten vorsieht, enthält im Zweifel auch die Zusage, die Kosten des Rückzugs zu erstatten. Das gilt auch dann, wenn der ArbN das ArbVerh mit Rücksicht auf die bevorstehende Schließung der ausländischen Niederlassung zum Schließungstermin gekündigt hat[5]. Ansprüche auf Umzugskostenerstattung können ferner durch entsprechende Regelungen in **TV oder BV** begründet werden[6]. 476

Ein gesetzl. Anspruch auf Kostenerstattung kann sich im laufenden ArbVerh allerdings dann ergeben, wenn ein ArbN aus **dienstlichen Gründen** an einen weit entfernten Ort **versetzt** wird. In entsprechender Anwendung des § 670 hat der ArbN in diesem Fall einen Anspruch auf Erstattung der dadurch entstandenen Umzugskosten, wenn er die Aufwendungen für erforderlich halten durfte[7]. Eine **betriebliche Notwendigkeit** des Umzugs ist insb. dann anzunehmen, wenn dem ArbN ein tägliches Pendeln nicht mehr zuzumuten ist. Es besteht hingegen kein Anspruch des ArbN auf Erstattung seiner Umzugskosten, wenn der neue Arbeitsplatz nur unerheblich weiter entfernt ist als der alte[8]. Ferner kann der ArbN keinen Ersatzanspruch geltend machen, wenn er auf seinen Wunsch hin, etwa im Zuge einer Beförderung, versetzt wird, da in diesem Fall keine betriebl. Notwendigkeit besteht[9]. Die betriebl. Notwendigkeit ist hingegen dann zu bejahen, wenn der ArbN auf Grund einer Betriebsverlagerung umziehen muss[10]. 477

Die **Höhe** des Erstattungsanspruchs richtet sich – bei fehlender vertragl. Vereinbarung – danach, was der ArbN den Umständen nach für erforderlich halten durfte. In der Praxis ist es üblich, zur Berechnung der Höhe des Anspruchs das für den öffentl. Dienst geltende BUKG[11] zugrunde zu legen. 478

cc) Rückzahlung der Umzugskostenerstattung. Grds. kann der ArbN durch **ausdrückliche vertragl. Vereinbarung** dazu verpflichtet werden, die ihm vom ArbGeb erstatteten Umzugskosten zurückzuzahlen, wenn er das ArbVerh vorzeitig beendet. Solchen Vereinbarungen sind allerdings im Hinblick auf Art. 12 GG enge Grenzen zu setzen. So ist nach der Rspr. des BAG idR eine mit der Rückzahlungsklausel verbundene maximale Bindungsfrist des ArbN von drei Jahren zulässig[12]. Als zulässiger Umfang der Rückzahlungsklausel wird idR ein Monatsgehalt angesehen[13]. Weiterhin muss der Umzug zumindest **auch im Interesse** des ArbN liegen[14]. Eine vertragl., tarifl. oder betriebl. Klausel, die vorsieht, dass die aus Anlass einer Versetzung aus dienstlichen Gründen zu erstattenden Umzugskosten vom ArbN zurückzuzahlen sind, wenn dieser vor Ablauf einer bestimmten Frist von seinem Kündigungsrecht Gebrauch macht, verstößt gegen Art. 12 GG und ist daher unwirksam[15]. 479

---

1 BAG 24.7.1991 – 5 AZR 443/90, NZA 1992, 405. ‖ 2 Vgl. Küttner/*Griese*, Umzugskosten Rz. 1. ‖ 3 Vgl. etwa BAG 7.9.1982 – 3 AZR 1252/79, AP Nr. 7 zu § 44 BAT, wonach der ArbGeb des öffentl. Dienstes einem Bewerber auch dann keine Umzugskostenvergütung zuzusagen braucht, wenn er ein dringendes dienstliches Interesse an der Anstellung hat. Der Bewerber hat nur Anspruch darauf, dass sich der ArbGeb bei der Entscheidung nicht von sachfremden Überlegungen leiten lässt und die geltenden Grundsätze wie bei Beamten beachtet. ‖ 4 Küttner/*Griese*, Umzugskosten Rz. 2. ‖ 5 BAG 26.7.1995 – 5 AZR 216/94, AP Nr. 7 zu § 157 BGB. ‖ 6 Vgl. BAG 18.3.1992 – 4 AZR 374/91, AP Nr. 154 zu § 1 TVG Tarifverträge Bau; 7.9.1982 – 3 AZR 1252/79, AP Nr. 7 zu § 44 BAT. ‖ 7 BAG 21.3.1973 – 4 AZR 187/72, AP Nr. 4 zu § 44 BAT; Küttner/*Griese*, Umzugskosten Rz. 4. ‖ 8 ErfK/*Preis*, § 611 Rz. 429. ‖ 9 BAG 18.3.1992 – 4 AZR 374/91, AP Nr. 154 zu § 1 TVG Tarifverträge: Bau. ‖ 10 Schaub/*Linck*, ArbRHdb, § 45 Rz. 29. ‖ 11 IdF v. 11.12.1990, BGBl. I S. 2682. ‖ 12 BAG 22.8.1990 – 5 AZR 556/89, nv.; 24.2.1975 – 5 AZR 235/74, AP Nr. 50 zu Art. 12 GG; LAG Hess. 29.3.1993 – 11 Sa 1110/92, Mitbestimmung 1994, Nr. 2, 59. Eine fünfjährige Bindungsfrist wurde als unangemessen hoch angesehen (LAG Düss. 23.12.1971 – 9 Sa 785/71, DB 1972, 1587). UU beträgt die als zulässig angesehene Höchstgrenze sogar nur zwei Jahre, wenn der ArbGeb ein überwiegendes Interesse daran hat, größere Teile der Belegschaft durch Zahlung einer Pauschale dazu zu veranlassen, in ein anderes, entfernteres Werk, das an einem für den ArbN ungünstigeren Standort liegt, überzuwechseln (LAG Düss. 3.12.1971 – 8 Sa 418/71, DB 1972, 97). ‖ 13 BAG 24.2.1975 – 5 AZR 235/74, AP Nr. 50 zu Art. 12 GG. ‖ 14 BAG 24.2.1975 – 5 AZR 235/74, AP Nr. 50 zu Art. 12 GG. ‖ 15 BAG 21.3.1973 – 4 AZR 187/72, AP Nr. 4 zu § 44 BAT.

480 Verpflichtet sich der ArbGeb, über die effektiven Umzugskosten hinaus weitere Mehraufwendungen, die sich durch den Ortswechsel ergeben (zB Maklerkosten, Kautionen oder Mietzinszahlungen für das alte Mietverhältnis) zu übernehmen, so müssen auch diese ausdrücklich in der Rückzahlungsklausel aufgeführt werden. Besonders zu beachten ist, dass die **Höhe des Rückzahlungsbetrags** auf keinen Fall über den tatsächlich zu erstattenden Kosten liegen darf. Anderenfalls würde die Rückzahlungsvereinbarung einer gem. § 622 VI unzulässigen Vertragsstrafe gleichen[1].

481 Die Wirksamkeit der Rückzahlungsverpflichtung für Umzugskosten richtet sich nach den Grundsätzen, die von der Rspr. zur Rückzahlung von Aus- und Fortbildungskosten entwickelt worden ist. Ob eine **Staffelung** des Rückforderungsbetrags bei der Rückzahlung von Umzugskosten eine Wirksamkeitsvoraussetzung darstellt, wird nicht einheitlich beurteilt[2]. Eine Staffelung wird in jedem Fall unverzichtbar sein, wenn der Rückzahlungsbetrag deutlich über einem Monatseinkommen liegt oder aus anderen Gründen ein größeres Rückzahlungsinteresse des ArbGeb feststellbar ist[3].

482 Als **Auslöser** für die Rückzahlungspflicht kommen insb. eine Kündigung des ArbN, ein auf dessen Wunsch geschlossener Aufhebungsvertrag oder eine arbeitgeberseitige verhaltens- oder personenbedingte Kündigung in Betracht. Rückzahlungsvereinbarungen, nach denen der ArbN die Umzugskosten bei einem „Ausscheiden" innerhalb eines Jahres voll zurückzuzahlen hat, sind jedoch im Zweifel dahin auszulegen, dass sie den Fall einer betriebsbedingten Kündigung innerhalb der Bindungsfrist nicht mit einschließen[4]. Die Vereinbarung einer Rückzahlungspflicht bei einer arbeitnehmerseitigen Kündigung aus einem wichtigen, vom ArbGeb zu vertretenden Grund ist unzulässig. Unzulässig sind ferner Klauseln, die eine Rückzahlung auch bei einer **betriebsbedingten Kündigung** des ArbGeb vorsehen[5].

483 Erfüllt eine Klausel im Einzelfall diese Bedingungen nicht, wurde sie durch die Gerichte bislang noch auf das **zulässige Maß** zurückgeführt[6]. Verwendet der ArbGeb hingegen vorformulierte Klauseln, die einer Kontrolle gem. §§ 305 ff. nicht genügen, so sieht § 306 II mit seinem Verbot einer geltungserhaltenden Reduktion nunmehr eine Gesamtnichtigkeit der entsprechenden Klausel vor.

484 i) Schadenspauschalierung. Schadenspauschalen dienen der vereinfachten Durchsetzung von Schadensersatzansprüchen, indem sie den Gläubiger von den mit der Darlegung der Schadenshöhe verbundenen Schwierigkeiten entheben. Sie legen die Ersatzhöhe bereits vor Schadenseintritt nach **generellen Maßstäben** unter Verzicht auf die konkreten Berechnungsfaktoren im jeweiligen Einzelfall fest[7]. Als generelle Maßstäbe kommen sowohl absolute Beträge (zB ein Monatsgehalt oder x Euro) als auch bestimmte Prozentangaben (zB 20 % des Bruttomonatsgehalts) in Betracht. Die **Abgrenzung** zur Vertragsstrafe gestaltet sich in Einzelfällen schwierig. Der Grund hierfür liegt darin, dass sich Schadensersatzpauschalen und Vertragsstrafen in ihren wirtschaftl. Zwecken überlagern[8]: Beide stellen die Sanktion auf ein pflichtwidriges Schuldnerverhalten dar und verlangen von diesem die Zahlung einer im Voraus bestimmten Geldsumme. Letztlich entscheidend ist der mit der jeweiligen Abrede verfolgte Zweck. Steht die Erfüllungssicherung im Vordergrund, soll der ArbN also primär zur Erfüllung einer Verbindlichkeit angehalten werden (sog. Druckfunktion), liegt eine Vertragsstrafe vor. Dient die Abrede dagegen nur der vereinfachten Durchsetzung eines als bestehend vorausgesetzten Schadensersatzanspruchs, spricht dies für die Annahme einer Schadenspauschale. Bei der Vertragsstrafe ist die Zahlungsverpflichtung des ArbN zudem unabhängig vom Bestehen eines Schadens.

485 § 309 Nr. 5a entspricht wörtlich dem früheren § 11 Nr. 5a AGBG. Unwirksam sind danach solche Pauschalen, die in den geregelten Fällen den nach dem gewöhnlichen Lauf der Dinge zu erwartenden Schaden oder die gewöhnlich eintretende Wertminderung übersteigen. Die im Arbeitsvertrag vereinbarte Pauschale muss dem **realen Schaden** damit möglichst nahe kommen. Hierin liegt der Grund für die Unzulänglichkeit von Schadenspauschalen im Arbeitsrecht: Auf Grund der Vielfältigkeit der möglichen ArbGebSchäden beim Vertragsbruch des ArbN lässt sich eine abstrakte Schadenssumme im Vorhinein kaum bestimmen: Mögliche Schäden des ArbGeb umfassen ua. den sog. Ausfallschaden, der durch die Nichtleistung entsteht, entgangenen Gewinn, Konventionalstrafen des ArbGeb wegen verspäteter Lieferung, das erhöhte Arbeitsentgelt einer Ersatzkraft, Überstundenzuschläge, eigene Mitarbeit des ArbGeb[9]. Der „gewöhnliche Lauf der Dinge", den das Gesetz dem Rechtsanwender als Maßstab für die Überprüfung einer generellen Überhöhung an die Hand gibt, bietet im Arbeitsrecht damit keine sichere Beurteilungsgrundlage für die Vertragsgestaltung. Der **Nutzen** von Schadenspauschalen für den ArbGeb wird daher zu Recht als **gering** angesehen[10]. Seit der **Schuldrechtsreform** setzt die Wirksamkeit

---

1 ErfK/*Preis*, § 611 Rz. 431. || 2 Für eine Wirksamkeitsvoraussetzung Küttner/*Griese*, Umzugskosten Rz. 9; dagegen LAG Schl.-Holst. 5.12.1972 – 4 Sa 329/72, AP Nr. 1 zu § 611 BGB Umzugskosten; wohl auch BAG 24.2.1975 – 5 AZR 235/74, AP Nr. 50 zu Art. 12 GG. || 3 S.a. ErfK/*Preis*, § 611 Rz. 432. || 4 So zutr. LAG Düss. 1.4.1975 – 8 Sa 62/75, EzA § 157 BGB Nr. 1. || 5 Vgl. BAG 6.5.1998 – 5 AZR 535/97, AP Nr. 28 zu § 611 BGB Ausbildungsbeihilfe; LAG Düss. 1.4.1975 – 8 Sa 62/75, EzA § 157 BGB; aA ErfK/*Preis*, § 611 Rz. 433, der eine ausdrücklich vereinbarte Rückzahlungsverpflichtung auch für den Fall einer krankheitsbedingten Kündigung als zulässig bewertet. || 6 LAG Schl.-Holst. 5.12.1972 – 4 Sa 329/72, AP Nr. 1 zu § 611 BGB Umzugskosten; LAG Düss. 3.12.1971 – 8 Sa 418/71, DB 1972, 97. || 7 Ausführlich zu Begriff und Zweck der Schadenspauschalierung Wolf/Lindacher/Pfeiffer/*Dammann*, § 309 Nr. 5 Rz. 1 f. || 8 *Beuthien*, FS Larenz, 1973, S. 495 (498). || 9 Vgl. dazu auch *Bengelsdorf*, BB 1989, 2390 (2391) mwN. || 10 *Beuthien*, BB 1973, 92 (93); *Bengelsdorf*, BB 1989, 2390 (2392).

einer Schadenspauschale nach § 309 Nr. 5b ausdrücklich voraus, dass dem anderen Vertragsteil – idR also dem ArbN – der Nachweis eines wesentlich geringeren Schadens gestattet ist. Dieses Erfordernis ist entsprechend auch auf pauschalierte Aufwendungsersatzansprüche anzuwenden[1].

j) Vertragsstrafen. Abzugrenzen ist die Vertragsstrafe zu den verwandten Erscheinungsformen der **Schadenspauschalierung** (vgl. Rz. 484f.), der **Verfallklausel**, des **Garantievertrages** sowie der **Betriebsbuße**. Letztere dient nicht der Sicherung schuldrechtl. Ansprüche des ArbGeb aus dem ArbVerh, sondern bezweckt die Aufrechterhaltung der Ordnung und Sicherheit im Betrieb. Sie ist die Sanktion für einen Verstoß des ArbN gegen die normativ geregelte Ordnung des Betriebes und kann nur verhängt werden, wenn eine von den Betriebspartnern vereinbarte Bußordnung besteht und diese Betriebsbußen für bestimmte Verstöße vorsieht[2]. Betriebsbußen sanktionieren damit gemeinschaftswidriges Verhalten, während einer Vertragsstrafe dieser kollektive Bezug fehlt; sie knüpft lediglich an eine individuelle Pflichtverletzung des ArbN an[3].

aa) Schranken der Vereinbarung in Formulararbeitsverträgen. Überraschende Klauseln eines Formulararbeitsvertrags werden nicht Vertragsbestandteil. Vor der Einbeziehung des Arbeitsvertrags in den Anwendungsbereich der §§ 305ff. sahen die ArbG Vertragsstrafeklauseln etwa deshalb als überraschend an, weil sie unter einer **missverständlichen Überschrift** im Vertragstext angeordnet[4] oder inhaltlich nicht ohne weiteres für den ArbN **verständlich** waren[5]. Das BAG formulierte seinen Prüfungsmaßstab dahingehend, dass zwischen den durch die Umstände bei Vertragsschluss begründeten Erwartungen und dem tatsächlichen Vertragsinhalt ein deutlicher Widerspruch bestehen muss[6]. Dies entspricht der überwiegenden Ansicht bei § 305c I[7], so dass mit einem Fortbestand der bisherigen Rspr. gerechnet werden kann.

Das Schuldrechtsmodernisierungsgesetz hat die **Frage der prinzipiellen Zulässigkeit von Vertragsstrafen** neu aufgeworfen. Die Rspr. hat hier die ersten Weichenstellungen vorgenommen. Ebenso wie vor der Schuldrechtsreform[8] hat das BAG Vertragsstrafen weiterhin in Formulararbeitsverträgen für zulässig erachtet und § 309 Nr. 6 auf Grund der im Arbeitsrecht geltenden Besonderheiten nicht angewandt[9] (s.a. Anh. §§ 305–310 Rz. 26ff.).

Jedoch kann das Verbot **der unangemessenen Benachteiligung** des ArbN nach § 307 I 1 zur Unwirksamkeit führen. Sie ist insb. dann anzunehmen, wenn es an einem berechtigten Interesse des ArbGeb an einer Vertragsstrafenvereinbarung im Arbeitsvertrag fehlt[10]. Dies ist der Fall, wenn das sanktionierte Verhalten typischerweise – also losgelöst vom Einzelfall – nicht zu einem Schaden oder nur zu einem **völlig unerheblichen Schaden** des ArbGeb führt oder aber dieser im Falle des Schadenseintritts den Schaden und seine **Höhe ohne größere Schwierigkeiten nachweisen** kann. Damit wäre die Vertragsstrafeklausel – weit entfernt vom Interesse des Verwenders an der Erfüllung des Arbeitsvertrags – vorrangig zur Bereicherung des ArbGeb eingesetzt[11]. Die praktischen Hauptfälle der Vereinbarung einer Vertragsstrafe, also bspw. der Vertragsbruch, die vertragswidrige Auflösung oder der Nichtantritt der Arbeitsstelle, sind aber gerade durch das allg. Schuldrecht für den ArbGeb nur unzureichend gelöst. Daher liegt jedenfalls in diesen, für die Praxis besonders relevanten Fällen regelmäßig ein berechtigtes Interesse des ArbGeb an der formularmäßigen Vereinbarung einer Vertragsstrafe zur Erfüllungssicherung[12] vor. Das gilt insb. für den Bruch des Arbeitsvertrags, die Veranlassung der außerordentl. Kündigung sowie die Sicherung vertragl. verlängerter Kündigungsfristen[13].

bb) Verbot einer unverhältnismäßig hohen Vertragsstrafe. Eine unverhältnismäßig hohe Vertragsstrafe konnte nach früherer Rspr. auf Antrag des ArbN durch Urteil nach § 343 I herabgesetzt werden[14]. Diese Herabsetzungsmöglichkeit besteht bei Formulararbeitsverträgen nicht mehr; eine unverhältnismäßig hohe Vertragsstrafe ist nunmehr nach § 307 I 1 **ohne Weiteres unwirksam**[15].

Geändert hat sich durch das Schuldrechtsmodernisierungsgesetz weiterhin der Beurteilungsmaßstab für die **Angemessenheit der Höhe** einer formularmäßig vereinbarten Vertragsstrafe. Der § 343 I knüpft an die bereits verwirkte Strafe an, weshalb für die Frage nach der angemessenen Höhe der Vertragsstrafe an die Schwere und das Ausmaß der konkreten Vertragspflichtverletzung oder die wirtschaftl. Lage des betreffenden ArbN angeknüpft werden konnte. Zu berücksichtigen waren alle Umstände des jeweiligen Einzelfalls[16]. Diese Einzelfallbetrachtung hat bei Formularverträgen nun der

---

1 BAG 27.7.2010 – 3 AZR 777/08, NZA 2010, 1237. ||2 BAG 17.10.1989 – 1 ABR 100/88, NZA 1990, 193. ||3 BAG 5.2.1986 – 5 AZR 564/84, NZA 1986, 782. ||4 ArbG Berlin 1.9.1980 – 16 Ca 99/80, NJW 1981, 479. ||5 LAG BW 5.12.1995 – 7 Sa 105/95, AiB 1997, 65. ||6 BAG 27.4.2000 – 8 AZR 301/99, nv. ||7 Vgl. *Reichenbach*, NZA 2003, 309 (310). ||8 BAG 27.5.1992 – 5 AZR 324/91, EzA § 339 BGB Nr. 8; 23.5.1984 – 4 AZR 129/82, NZA 1984, 255. ||9 BAG 4.3.2004 – 8 AZR 196/03, NZA 2004, 727; 18.12.2008 – 8 AZR 81/08, AP Nr. 4 zu § 309 BGB; s.a. *Hauck*, NZA 2006, 816. ||10 Preis/*Stoffels*, Der Arbeitsvertrag, II V 30 Rz. 30f. ||11 Preis/*Stoffels*, Der Arbeitsvertrag, II V 30 Rz. 31. ||12 Zum Zweck der Vertragsstrafe als Instrument der Erfüllungssicherung *Hess*, Die Vertragsstrafe, 1993, S. 30. ||13 BAG 27.5.1992 – 5 AZR 324/91, EzA § 339 BGB Nr. 8; ArbG Frankfurt 20.4.1999 – 4 Ca 8495/97, NZA-RR 2000, 82. ||14 BAG 30.11.1994 – 5 AZR 702/93, NZA 1995, 695; 27.5.1992 – 5 AZR 324/91, EzA § 339 BGB Nr. 8; 23.5.1984 – 4 AZR 129/82, NZA 1984, 255; offen aber BAG 27.4.2000 – 8 AZR 301/99, nv. ||15 BAG 4.3.2004 – 8 AZR 196/03, NZA 2004, 727; 21.4.2005 – 8 AZR 425/04, AP Nr. 3 zu § 307 BGB; 18.12.2008 – 8 AZR 81/08, AP Nr. 4 zu § 309 BGB. ||16 BAG 30.11.1994 – 5 AZR 702/93, NZA 1995, 695; 25.10.1994 – 9 AZR 265/93, nv.

typisierenden Betrachtungsweise des § 307 zu weichen. Im Mittelpunkt der Betrachtung steht nicht länger der konkrete ArbN, der die Vertragsstrafe verwirkt hat, sondern die Interessen eines beliebigen ArbN, der Adressat der jeweiligen Vertragsstrafenregelung sein könnte. Eine besonders hohe Vertragsstrafe kann fortan nicht mehr mit den besonderen, individuellen Umständen des Einzelfalls begründet werden. Heranzuziehen sind einer generalisierenden Betrachtungsweise zugängliche Maßstäbe; hierzu bietet sich insb. der Bruttoverdienst des ArbN an. Als weitere mögliche Anknüpfungspunkte kommen ua. die Länge der Kündigungsfrist, die Stellung des ArbN im Unternehmen des ArbGeb sowie das wirtschaftl. Risiko des ArbGeb aus der Eingehung des ArbVerh in Betracht.

491a Das BAG hat dies zur Faustformel verdichtet, dass bei Lösung des ArbVerh unter Vertragsbruch regelmäßig eine Höchstsumme angemessen ist, die das für die Kündigungsfrist zu zahlende Gehalt nicht übersteigt[1]. Eine Vertragsstrafenregelung, die für vorzeitige vertragswidrige Beendigung des ArbVerh eine Strafe von einem Monatsgehalt vorsieht, obwohl die Kündigungsfrist in der Probezeit zwei Wochen beträgt, ist also insg. unwirksam, auch wenn der Vorfall nach Ende der Probezeit stattfindet[2]. Diese Faustformel dürfte jedoch nicht als Höchstsumme anzuerkennen sein. Insbesondere bei sehr langen Kündigungsfristen oder Ausschluss der Kündigung (befristetes ArbVerh!, § 15 III TzBfG) wird man niedrigere Summen ansetzen müssen. Wie hoch diese Höchstsumme zu bemessen ist, ist durch die Rspr. bislang nicht entschieden. Es besteht keine generelle Höchstgrenze für eine arbeitsvertragl. vereinbarte Vertragsstrafe. Die Festlegung einer Höchstgrenze für eine Vertragsstrafe widerspricht § 307 I 1 und § 310 III Nr. 3[3]. Als generell überhöht, und damit zu einer „unangemessenen Benachteiligung" führend, gelten Vertragsstrafen, die zum möglichen Schaden außer Verhältnis stehen[4]. Ein Betrag von einem **Monatsgehalt** ist im Anschluss an instanzgerichtl. Rspr.[5] und im Hinblick auf die entstandene Praxis als generelle Höchstgrenze anzuerkennen[6]. In besonderen Einzelfällen können sich Abweichungen von der Grenze des Monatsgehalts nach oben als erforderlich erweisen. Zu beachten sind insoweit auch Faktoren, die einer generalisierenden Betrachtungsweise nicht oder nur eingeschränkt zugänglich sind, wie etwa langfristige Vertragsbindungen oder tarifvertragl. stark abgekürzte Kündigungsfristen, oder aber auch der Einwand rechtmäßigen Alternativverhaltens[7]. Auch das Sanktionsinteresse des ArbGeb kann eine höhere Vertragsstrafe rechtfertigen, wenn es im Falle der vertragswidrigen Nichterbringung der Arbeitsleistung vor der rechtl. zulässigen Beendigung des ArbVerh den Wert der Arbeitsleistung, der sich in der Arbeitsvergütung bis zur vertragl. zulässigen Beendigung des ArbVerh dokumentiert, auf Grund besonderer Umstände typischerweise und generell übersteigt[8]. Eine Unangemessenheit kann sich auch aus der Kumulation von Vertragsstrafen ergeben, die nicht durch geeignete Vertragsgestaltung verhindert oder begrenzt wird[9].

492 cc) **Bestimmtheitsgrundsatz**[10]. Der in § 307 verankerte Bestimmtheitsgrundsatz verlangt, die Art und Höhe sowie die Voraussetzungen des Verfalls der Vertragsstrafe im Formulararbeitsvertrag **klar und deutlich** zum Ausdruck zu bringen[11]. Einige Klauseln haben wegen ihrer sprachlich weiten Fassung Zweifel hinsichtlich ihrer Bestimmtheit aufgeworfen: Die bloße Angabe „Nichteinhaltung des Vertrags" bzw. „Vertragsbruch" ist als Voraussetzung der Vertragsstrafe von den Zivilgerichten teilweise für nicht ausreichend erachtet worden[12]. Das BAG war hier in älterer Rspr. großzügiger und hat Formulierungen wie „Vertragsbruch" oder „Nichterfüllung" für im Wege der Auslegung konkretisierbar gehalten und so vom Vorwurf der Unbestimmtheit und der damit einhergehenden Unwirksamkeit bewahrt[13].

493 Neuere Rspr. zeigt größere Strenge. Als nicht hinreichend bestimmt wertete sie eine Klausel, wonach die vereinbarte Vertragsstrafe verwirkt wird durch „schuldhaft vertragswidriges Verhalten des ArbN, das den ArbGeb zur fristlosen Kündigung des ArbVerh veranlasst"[14]. Die Entscheidung dürfte durch die Besonderheiten des Einzelfalls bestimmt sein, und nur beschränkt generalisiert werden können. Ebenso äußerte das BAG jedoch Zweifel an der Transparenz einer Klausel, wonach eine Vertragsstrafe bei „gravierendem Vertragsverstoß" geschuldet wird, wenn dies nicht durch Beispiele konkretisiert wird. Ob dann allerdings auch andere, nicht beispielhaft aufgeführte Vertragspflichtverletzungen mit einer Konventionalstrafe belegt sind, ist zweifelhaft[15]. Als hinreichend bestimmt bewertete das Gericht

---

1 BAG 19.8.2010 – 8 AZR 645/09, BB 2011, 767; 23.9.2010 – 8 AZR 897/08, NZA 2011, 89. ||2 BAG 23.9.2010 – 8 AZR 897/08, NZA 2011, 89. ||3 BAG 25.9.2008 – 8 AZR 717/07, AP Nr. 39 zu § 307 BGB. ||4 BGH 3.4.1998 – V ZR 6/97, NJW 1998, 2600 (2602); OLG Hamm 1.12.1983 – 18 U 99/83, MDR 1984, 404; Preis/*Stoffels*, Der Arbeitsvertrag, II V 30 Rz. 32. ||5 LAG BW 30.7.1985 – 13 Sa 39/85, LAGE § 339 BGB Nr. 1; LAG Berlin 19.5.1980 – 8 Sa 19/80, DB 1980, 2342. ||6 Preis/*Stoffels*, Der Arbeitsvertrag, II V 30 Rz. 34. ||7 Ausf. *Thüsing/Leder*, BB 2005, 1563 (1570); s.a. Preis/*Stoffels*, Der Arbeitsvertrag, II V 30 Rz. 34. ||8 BAG 18.12.2008 – 8 AZR 81/08, AP Nr. 4 zu § 309 BGB. ||9 BAG 21.4.2005 – 8 AZR 425/04, AP Nr. 3 zu § 307 BGB; 18.8.2005 – 8 AZR 65/05, AP Nr. 1 zu § 336 BGB. ||10 S.a. *Thüsing/Bodenstedt*, AuR 2004, 369. ||11 BAG 14.12.1988 – 5 AZR 10/88, nv.; 27.4.2000 – 8 AZR 301/99, nv.; 21.4.2005 – 8 AZR 425/04, AP Nr. 3 zu § 307 BGB; 14.8.2007 – 8 AZR 973/06, AP Nr. 5 zu § 307 BGB; ErfK/*Müller-Glöge*, §§ 339–345 Rz. 12; *Lingemann*, NZA 2002, 181 (192); Preis/*Stoffels*, Der Arbeitsvertrag, II V 30 Rz. 19; *Gotthardt*, Schuldrechtsreform, Rz. 250; Wolf/Lindacher/Pfeiffer/*Dammann*, § 309 Nr. 6 Rz. 63. ||12 Vgl. zB OLG Düss. 18.10.1992 – 16 U 173/90, DB 1992, 86, wonach der Begriff des „Vertragsbruchs" mangels jeglicher Konkretisierung nicht erkennen lasse, welche Vertragsverletzungen mit welchem Gewicht hierunter fallen sollen. Ebenfalls Wolf/Lindacher/Pfeiffer/*Dammann*, § 309 Nr. 6 Rz. 63. Diesem Schluss steht auch *Lingemann*, NZA 2002, 181 (192) nahe. ||13 BAG 18.9.1991 – 5 AZR 650/90, NZA 1992, 215. ||14 BAG 21.4.2005 – 8 AZR 425/04, NZA 2005, 1053. ||15 BAG 18.8.2005 – 8 AZR 65/05, AP Nr. 1 zu § 336 BGB.

jedoch die Vereinbarung einer „angemessenen Vertragsstrafe" und konnte sich hier auf zivilgerichtl. Entscheidungen stützten[1].

dd) Wirksamkeitsgrenzen außerhalb des AGB-Rechts. Durch die Vereinbarung einer Vertragsstrafe darf die Freiheit des ArbN, innerhalb der vereinbarten oder gesetzl. Fristen das ArbVerh zu beenden, nicht beschränkt werden[2]. Die Vereinbarung einer Vertragsstrafe für den Fall der fristgerechten Kündigung ist deshalb unwirksam[3]. Das Ziel der Vertragsstrafe muss vielmehr auf die **Einhaltung der** – im Rahmen von § 622 V 3 ggf. verlängerten – **Kündigungsfristen** gerichtet sein; eine Bindung des ArbN durch einen faktischen Ausschluss der Kündigungsmöglichkeit insg. vermag die Vertragsstrafe nicht herbeizuführen. Keine unzulässige Kündigungserschwerung liegt dagegen bei einer Vertragsstrafe für den **Nichtantritt der Arbeit** vor[4]. Eine ungleiche Kündigungslage, welche zu einer Unwirksamkeit der Vertragsstrafenabrede führen würde, liegt nicht vor: Nach überwiegender Ansicht begeben sich sowohl ArbN als auch ArbGeb durch die Vereinbarung einer entsprechenden Vertragsstrafe ihres an sich bestehenden Kündigungsrechts vor Arbeitsantritt[5]. 494

Bei Vertragsstrafeklauseln, die eine **Schlechtleistung des ArbN** sanktionieren, ist zu beachten, dass sich entsprechende Vereinbarungen nicht in einen Widerspruch zu den Grundsätzen der Rspr. zur Haftungserleichterung im Arbeitsrecht setzen (s. § 619a Rz. 11 ff.). 495

XII. Anpassung von Arbeitsbedingungen. Eine Anpassung der im Arbeitsvertrag festgelegten Arbeitsbedingungen kann sich durch eine Änderung des Arbeitsvertrags selbst – sei es einvernehmlich oder einseitig durch den ArbGeb –, in Grenzen aber auch durch BV und durch TV ergeben. Die Schranken sind hier unterschiedlich weit. 496

1. Einvernehmliche Änderungen eines Arbeitsvertrags. a) Allgemeines. In der einvernehmlichen Änderung des Arbeitsvertrags sind ArbGeb und ArbN weitgehend frei, beschränkt nur durch die allg. für Arbeitsverträge geltenden Normen. Die Änderung kann auch **konkludent** geschehen. Nach der Rspr. des BAG kann die widerspruchslose Fortsetzung der Tätigkeit durch den ArbN nach einem Änderungsangebot des ArbGeb gem. §§ 133, 157 dann als Annahme der Vertragsänderung angesehen werden, wenn diese sich unmittelbar im ArbVerh auswirkt, nicht hingegen, solange deren Folgen nicht hervortreten[6]. Denn nur bei einer unmittelbar eintretenden Änderung im ArbVerh hat der ArbN Veranlassung, dieser sofort zu widersprechen. Er kann und muss in einem solchen Fall erkennen, dass seine widerspruchslose Weiterarbeit als Einverständnis mit der angebotenen Vertragsänderung verstanden wird. Setzt er seine Tätigkeit widerspruchslos fort, darf der ArbGeb dem daher das Einverständnis des ArbN mit der Vertragsänderung entnehmen. Dies gilt – nicht unbestritten – auch, wenn sich das Änderungsangebot des ArbGeb nicht in allen Punkten unmittelbar im ArbVerh auswirkt[7]. 497

Verbote, die nicht allg. die Zulässigkeit einer arbeitsvertragl. Regelung betreffen, sondern sich spezifisch gegen die Änderung eines bestehenden Arbeitsvertrags richten, betreffen vor allem den Verzicht von ArbN-Rechten. Daneben kann der abzuändernde Arbeitsvertrag selbst Grenzen setzen. Bei kollektiven Arbeitsvertragsänderungen sind der Gleichbehandlungsgrundsatz (s. Rz. 181 ff.) und die Rechte des BR aus § 87 I BetrVG (insb. zur Frage der Anrechnung einer Tariflohnerhöhung s. Rz. 539 ff.; zur Anrechnung oder zum Widerruf freiwilliger Zulagen s. Rz. 511 ff.) und ggf. aus § 99 BetrVG zu beachten (s. § 99 BetrVG Rz. 50 ff.). 498

b) Grenzen des Verzichts. Gesetzl. ArbN-Schutzvorschriften stehen grds. nicht zur **Disposition der Vertragsparteien.** Dementsprechend kann ein ArbN weder auf seinen gesetzl. Urlaubsanspruch verzichten, noch auf die Lohnfortzahlung im Krankheitsfall, §§ 13 I BUrlG, 12 EFZG. Auch auf Ansprüche aus einer BV kann ein ArbN ohne Zustimmung des BR nicht verzichten, § 77 IV 2 BetrVG. Die Zustimmung kann formlos erfolgen, muss aber unmissverständlich sein[8]. Eine Zustimmung der TV-Parteien ist erforderlich für einen Verzicht auf tarifvertragl. Rechte, § 4 I 1 TVG, jedoch nur, wenn das ArbVerh des ArbN normativ vom Anwendungsbereich des TVG erfasst ist, und der TV damit selber Anspruchsgrundlage ist. Verweist der Arbeitsvertrag auf einen TV, so kann auf die dadurch begründeten Rechte verzichtet werden, denn hier ist der TV nur Textgrundlage, nicht Rechtsquelle[9]. Kein Verzicht ist der **Vergleich iSd.** § 779, der einen Streit über die tatsächlichen Voraussetzungen eines unverzichtbaren Anspruchs durch gegenseitiges Nachgeben beseitigen will. Dabei reicht schon geringfügiges Nachgeben des ArbGeb; der völlige Verzicht des ArbN ist jedoch kein Vergleich mehr. Es fehlt am gegenseitigen Nachgeben[10]. 499

---

1 *BAG* 18.8.2005 – 8 AZR 65/05, AP Nr. 1 zu § 336 BGB. ‖ 2 *BAG* 8.9.1998 – 9 AZR 223/97, NZA 1999, 420. ‖ 3 *BAG* 9.3.1972 – 5 AZR 246/71, AP Nr. 12 zu § 622 BGB; 11.3.1971 – 5 AZR 349/70, AP Nr. 9 zu § 622 BGB. ‖ 4 *BAG* 13.6.1990 – 5 AZR 304/89, nv.; 14.12.1988 – 5 AZR 10/88, nv. ‖ 5 *Stahlhacke/Preis/Vossen*, Rz. 116; *Schaub/Linck*, ArbRHdb, § 123 Rz. 70. ‖ 6 S. *BAG* 22.12.1970 – 3 AZR 52/70, AP Nr. 2 zu § 305 Billigkeitskontrolle; 13.5.1987 – 5 AZR 125/86, NZA 1988, 95; 17.7.1965 – 3 AZR 302/64, AP Nr. 101 zu § 242 BGB Ruhegehalt. ‖ 7 *BAG* 1.8.2001 – 4 AZR 129/00, RdA 2002, 235 m. Anm. *Franzen*. ‖ 8 *BAG* 3.6.1997 – 3 AZR 25/96, AP Nr. 69 zu § 77 BetrVG. ‖ 9 *BAG* 20.1.1998 – 9 AZR 812/96, AP Nr. 45 zu § 13 BUrlG; s.a. *BAG* 31.5.1990 – 8 AZR 161/89, AP Nr. 54 zu § 7 BUrlG Abgeltung. ‖ 10 Aus der Rspr.: *BAG* 21.12.1972 – 5 AZR 319/72, AP Nr. 1 zu § 9 LohnFG; 23.8.1994 – 3 AZR 825/93, AP Nr. 3 zu § 3 BetrAVG; 31.7.1996 – 10 AZR 138/96, AP Nr. 63 zu § 77 BetrVG 1972.

500 c) **Schriftformerfordernis.** Ist in einem Arbeitsvertrag vereinbart worden, dass nur eine schriftl. Änderung möglich ist, bestimmt sich die zu wahrende Schriftlichkeit grds. – wenn nichts anderes vereinbart ist – entsprechend dem gesetzl. Schriftformerfordernis gem. § 126. Obwohl eine Abrede, der die **gewillkürte Form** fehlt, gem. § 125 S. 2 grds. nichtig ist, kann auch eine mündliche Abänderung wirksam sein, denn die Parteien können den vereinbarten Formzwang jederzeit formlos wieder aufheben. Eine konkludente Aufhebung ist anzunehmen – auch wenn ArbGeb und ArbN nicht an das Formerfordernis gedacht haben[1] –, wenn ArbN und ArbGeb übereinstimmend gewollt haben, dass die mündliche Abrede maßgeblich ist[2]. Indiz hierfür ist, dass sie sich nach den veränderten Vertragsbedingungen richten. Ob dies auch dann gilt, wenn die Parteien ausdrücklich festlegen, dass insb. die Änderung des Schriftformerfordernisses schriftl. erfolgen muss, ist umstritten. Der BGH hat dies bei einem Mietvertrag[3] verneint, das BAG folgt dem für den Regelfall[4]. Zudem hat das BAG das Entstehen einer betriebl. Übung an einer doppelten Schriftformklausel scheitern lassen.[5] Allerdings ist eine doppelte Schriftformklausel, die als AGB nicht ausdrücklich Individualvereinbarungen ausnimmt, vom BAG wegen Verstoßes gegen das Transparenzgebot (§ 307 I 2) als unwirksam gewertet worden, womit sie das Entstehen einer betriebl. Übung nicht verhindern konnte.[6] Auch hier kann es aber nur darauf ankommen, ob die Änderung wirklich gewollt ist, denn die Vertragsparteien können sich nicht im Voraus binden, ihr künftiger Wille sei unbeachtlich. Alles andere ist Wortmagie. Die Vertragsfreiheit steht hier nicht zur Disposition der Vertragsparteien, weil beide Willensbekundungen gleichwertig sind: Sowohl den Vertrag zu schließen, als auch ihn zu ändern. Eine solche Klausel kann also den Nachweis der Änderung erschweren, eine nachgewiesene Änderung jedoch nicht unwirksam machen.

501 Bei **tarifvertragl. Schriftformerfordernissen** ist zu differenzieren: Sie stehen nicht zur Disposition der Arbeitsvertragsparteien, wenn sie normativ auf das ArbVerh einwirken. Da es sich dann um eine gesetzl. Formvorschrift handelt, bestimmt sich der Inhalt der Formvorschrift – fehlt eine abweichende Regelung – nach § 126[7]. Wirken sie nur durch arbeitsvertragl. Bezugnahme, gelten die gleichen Regeln wie für andere arbeitsvertragl. Schriftformklauseln. Ob jedoch eine mündliche Vertragsänderung wirksam ist, richtet sich nach dem Zweck der tarifvertragl. Regelung: Ist nicht ausdrücklich die Nichtigkeit als Folge des Formverstoßes bestimmt (etwa § 4 II BAT für Nebenabreden zum Arbeitsvertrag), ist davon auszugehen, dass sie lediglich dem Beweiszweck dient. Der formlose Abschluss ist dann grds. wirksam[8] (ausf. Rz. 40).

502 **2. Einseitige Änderung des Arbeitsvertrags – Anpassungsvorbehalte des ArbGeb.** Die einseitige Änderung des Entgelts kann innerhalb des bestehenden ArbVerh erfolgen, wenn sich der ArbGeb wirksam die Anpassung einzelner Entgeltbestandteile vorbehalten hat. Hat er das nicht, kann nur eine – an strenge Anforderungen gebundene (s. § 2 KSchG Rz. 12) – Änderungskündigung zum Ziel führen. Unter den Möglichkeiten des ArbGeb, sich einseitig die Anpassung einzelner Vertragsbestandteile vorzubehalten, sind der **Freiwilligkeitsvorbehalt** und der **Widerrufsvorbehalt** zu unterscheiden.

503 a) **Ehemals gemeinsame Grenze: Keine Umgehung des KSchG und des TzBfG – heute: Inhaltskontrolle nach §§ 307 ff.** Bei der Beurteilung von Widerrufs- und Gestaltungsvorbehalten war vor der Schuldrechtsreform die Umgehung des gesetzl. Kündigungsschutzes eine entscheidende Messlatte der Rspr.[9] Der **dogmatische Anknüpfungspunkt** ist nunmehr für formularmäßig vereinbarte Klauseln ein anderer: Eines unmittelbaren Rückgriffs auf das Umgehungsargument bedarf es bei vorformulierten Arbeitsverträgen nicht mehr, die Lösung ist vielmehr im Rahmen der nach § 308 Nr. 4 anzustellenden Zumutbarkeitsprüfung bzw. bei der gem. § 307 I 1 durchzuführenden Interessenabwägung zu suchen[10]. Die dabei erzielten Ergebnisse variieren nicht grundlegend, sondern führen die bisherige Judikatur zur Umgehung des KSchG und des TzBfG konsequent fort. Zusätzliche Schranken in Bezug auf Freiwilligkeits- und Widerrufsvorbehalte und Teilbefristungen sind jedoch zu beachten. Zu den Auswirkungen des Transparenzgebots s. § 307 Rz. 19.

504 Die frühere Rspr. kann auch nicht mehr ohne weiteres für die **Kontrolle von Vereinbarungen** genutzt werden, die der AGB-Kontrolle nicht unterfallen, weil sie **individuell ausgehandelt** sind. Dies hat das BAG zumindest für den Bereich der Befristung ausdrücklich entschieden. Eine Kontrolle im Hinblick auf die Umgehung des Kündigungsschutzes nach den bisherigen Maßstäben findet nicht mehr statt[11]. Zudem stellte das Gericht im Zusammenhang mit der Kontrolle von Ausschlussfristen ganz allg. fest, dass seit dem Inkrafttreten des Schuldrechtsmodernisierungsgesetzes bei ausgehandelten Vertragsbedingungen eine Billigkeitskontrolle iS einer allg., nicht auf die Besonderheiten des Falles bezogenen

---

1 BAG 16.8.1983 – 3 AZR 34/81, AP Nr. 2 zu § 1 BetrAVG Hinterbliebenenversorgung; s.a. BGH 2.3.1978 – III ZR 99/76, BB 1978, 927; s.a. *Hromadka*, RdA 1992, 234 (247); aA MüKoBGB/*Einsele*, § 125 Rz. 66. ||2 BAG 10.1.1989 – 3 AZR 460/87, AP Nr. 57 zu § 74 HGB; vorher bereits BAG 4.6.1963 – 5 AZR 16/63, AP Nr. 1 zu § 127 BGB. ||3 BGH 2.6.1976 – VIII ZR 97/74, BGHZ 66, 378 (381); 17.4.1991 – XII ZR 15/90, NJW-RR 1991, 1290; aA Soergel/ *Hefermehl*, § 125 Rz. 33; Palandt/*Ellenberger*, § 125 Rz. 19. ||4 BAG 20.5.2008 – 9 AZR 382/07, AP Nr. 35 zu § 307 BGB. ||5 BAG 24.6.2003 – 9 AZR 302/02, NZA 2003, 1145. ||6 BAG 20.5.2008 – 9 AZR 382/07, AP Nr. 35 zu § 307 BGB. ||7 S. *Löwisch/Rieble*, § 1 TVG Rz. 1445; Wiedemann/*Thüsing*, § 1 TVG Rz. 579, jew. mwN. ||8 *BAG 24.6.1981* – 7 AZR 198/79, AP Nr. 2 zu § 4 TVG Formvorschriften; Wiedemann/*Thüsing*, § 1 TVG Rz. 580. ||9 Grundlegend BAG 13.6.1986 – 7 AZR 650/84, BAGE 52, 197. ||10 Ebenso *Annuß*, BB 2002, 458 (462). ||11 BAG 27.7.2005 – 7 AZR 486/04, NZA 2006, 40.

Angemessenheitsprüfung nach § 242 nicht mehr stattfindet[1]. Bei der Befristungskontrolle und Widerrufskontrolle handelt es sich aber um eine solche Billigkeitskontrolle. Diese ist nun bei ausgehandelten Vereinbarungen nur möglich, wenn eine strukturelle Störung der Vertragsparität vorliegt.

Einstweilen frei. 505–507

b) Freiwilligkeitsvorbehalt. Die größte Freiheit, die Zahlung einer Leistung einzustellen, hat der ArbGeb, wenn er vergangene gleichartige Leistungen unter einem Freiwilligkeitsvorbehalt gezahlt hat. Das Ergebnis ist offensichtlich: Wo **ohne Rechtspflicht** gezahlt wurde, kann der ArbN nicht auf Einhaltung einer Rechtspflicht klagen. Das setzt voraus, dass der ArbN nach §§ 133, 157 den mangelnden Verpflichtungswillen des ArbGeb erkennen muss[2]. Dies verlangt – insb. bei Formulararbeitsverträgen, § 307 I 2 – eine **klare Formulierung**. Verwendet ein ArbGeb im Arbeitsvertrag für eine Gruppe von zugesagten Leistungen die Überschrift „Freiwillige soziale Leistungen", so muss ein ArbN nicht davon ausgehen, dass damit ein Rechtsanspruch ausgeschlossen sein soll.[3] Dagegen hinderte der Hinweis, dass die Gewährung von Leistungen, die der ArbGeb zusätzlich zum monatlichen Gehalt erbringt, freiwillig und mit der Maßgabe erfolgt, dass auch bei wiederholten Zahlung kein Rechtsanspruch für die Zukunft begründet wird, bislang das Entstehen eines Anspruchs des ArbN auf Zahlung von Weihnachtsgeld aus betriebl. Übung[4]. Dies ist nun fraglich geworden. Nach einer neuen Entscheidung des BAG ist eine umfassende Klausel, die alle zukünftigen Leistungen erfasst, regelmäßig unangemessen und daher unwirksam, auch weil sie gegen den Vorrang der Individualabrede verstößt[5]. Weiterhin zulässig bleibt der Freiwilligkeitsvorbehalt aber, wenn er anlässlich einer konkreten Zahlung geäußert wird. Widersprüchlich und nach § 307 I 2 unwirksam ist die in der Praxis zuweilen verwandte Formulierung „freiwillig und unter dem Vorbehalt jederzeitigen Widerrufs", weil sie den Unterschied zwischen freiwilliger Leistung und Leistung unter Vorbehalt des Widerspruchs nicht beachtet[6]. Nicht ausreichend ist die Formulierung als „freiwillige Leistung", da hiermit nur deutlich werde, dass der ArbGeb nicht durch TV, BV oder Gesetz zu dieser Leistung verpflichtet ist[7]. Ebenfalls widersprüchlich und nach § 307 I 2 unwirksam ist die Überschrift „Freiwillige soziale Leistung" verbunden mit der Formulierung „Weihnachtsgeld wird gewährt"[8]. Hinreichend deutlich ist hingegen die Formulierung „freiwillig und ohne Anerkennung einer Rechtspflicht"[9], noch deutlicher: „Die Zahlung erfolgt freiwillig und ohne Einräumung eines Rechtsanspruchs. Ein Anspruch für die Zukunft wird hierdurch nicht begründet, sondern es bleibt im freien, unbeschränkten Ermessen des ArbGeb, eine ähnliche Leistung zukünftig zu erbringen"[10]. Wenn Sonderleistungen des ArbGeb in einem Formulararbeitsvertrag in Voraussetzungen und Höhe präzise formuliert werden, ist es in aller Regel widersprüchlich, diese dennoch an einen Freiwilligkeitsvorbehalt zu binden. Solche widersprüchlichen Klauseln sind nicht klar und verständlich iSv. § 307 I 2.[11] Dies gilt insb. für Zahlungen, die gezielt das Verhalten des ArbN steuern und seine Leistung beeinflussen wollen[12]. 508

Ein Freiwilligkeitsvorbehalt hat nicht die Wirkung, dass der ArbGeb die freiwillig gezahlte Leistung ohne Rechtsgrund erbracht hat und sie daher zurückfordern könnte. Vielmehr soll durch ihn eine betriebl. Übung verhindert werden, die in Zukunft zu gleichartigen Leistungen verpflichten würde. Der ArbGeb ist also für die Zukunft gänzlich frei, ob er die Leistung ein weiteres Mal gewähren will oder nicht. Eine Bindung an § 315 I und die Grenzen billigen Ermessens besteht – anders als beim Widerrufsvorbehalt – nicht. Dies ist im Schrifttum teilweise als **Wertungswiderspruch** bezeichnet worden und daher vorgeschlagen worden, auch die Einstellung einer unter Freiwilligkeitsvorbehalt gewährten Leistung nur bei Vorliegen eines sachlichen Grundes anzuerkennen[13] oder aber – als Anpassung in die andere Richtung – die Anforderung für die Rechtmäßigkeit eines Widerrufs abzusenken[14]. Die Unterscheidung zum Widerrufsvorbehalt liegt jedoch in der Natur der Freiwilligkeit. Allerdings mag es sein, dass dem Laien ein solcher Unterschied regelmäßig nicht bewusst sein wird[15], jedoch gilt dies auch für andere arbeitsvertragl. Vereinbarungen, ohne dass dies deren Gültigkeit infrage stellen würde. Dem 509

---

1 BAG 25.5.2005 – 5 AZR 572/04, AP Nr. 1 zu § 310 BGB. || 2 LAG Hamm 9.6.2005 – 8 Sa 2403/04, NZA-RR 2005, 624; vgl. *Hanau/Hromadka*, NZA 2005, 75; *Lindemann*, AuR 2004, 206; *Seel*, MDR 2004, 1394; *Lakies*, AR-Blattei SD 35 Rz. 318, 321. || 3 BAG 20.2.2013 – 10 AZR 177/12, NJW 2013, 2844; 11.4.2000 – 9 AZR 255/99, NZA 2001, 24; s.a. BAG 4.5.1999 – 10 AZR 290/98, AP Nr. 55 zu § 242 BGB Betriebliche Übung; LAG Köln 7.8.1998 – 11 Sa 620/98, NZA-RR 1998, 529. Ausreichend ist jedoch die Formulierung, dass „ein Anspruch nicht hergeleitet werden kann", BAG 5.6.1996 – 10 AZR 883/95, AP Nr. 193 zu § 611 BGB Gratifikation, oder die Leistung „ohne Anerkennung einer Rechtspflicht" gezahlt wird, 6.12.1995 – 10 AZR 198/95, AP Nr. 187 zu § 611 BGB Gratifikation; 12.1.2000 – 10 AZR 840/98, AP Nr. 223 zu § 611 BGB Gratifikation. || 4 BAG 21.1.2009 – 10 AZR 219/08, NZA 2009, 310. || 5 BAG 14.9.2011 – 10 AZR 526/10, BAGE 139, 156. || 6 S. nur BAG 8.12.2010 – 10 AZR 671/09, NZA 2011, 628. || 7 BAG 17.4.2013 – 10 AZR 281/12, NZA 2013, 787. || 8 BAG 20.2.2013 – 10 AZR 177/12, NJW 2013, 2844; zur Transparenz eines Freiwilligkeitsvorbehaltes auch LAG Nürnberg 24.1.2013 – 6 Sa 331/12, beim BAG anhängig unter 9 AZR 643/13. || 9 BAG 6.12.1995 – 10 AZR 198/95, NZA 1996, 1027; s.a. BAG 28.2.1996 – 10 AZR 516/95, NZA 1996, 758: „ohne Rechtsanspruch". || 10 Vgl. auch Küttner/*Kania*, Änderungsvorbehalt Rz. 13; s. aber Schaub/Koch/Neef/Schrader/Vogelsang/*Schrader*, Formularbuch, S. 44: Vorschlag einer Klausel: „Freiwillig und unter dem Vorbehalt jederzeitigen Widerrufs". || 11 BAG 30.7.2008 – 10 AZR 606/07, AP Nr. 274 zu § 611 BGB Gratifikation. || 12 *Thüsing*, AGB-Kontrolle im Arbeitsrecht, Rz. 270. || 13 *Preis*, Vertragsgestaltung, S. 421. || 14 So noch MünchArbR/*Hanau*, 2. Aufl. 2000, § 62 Rz. 109; mittlerweile hiergegen MünchArbR/*Krause*, § 56 Rz. 9; s.a. *Kania*, DB 1998, 2418 ff. || 15 *Kania*, DB 1998, 2419.

BGB § 611 Rz. 510   Anpassung von Arbeitsbedingungen

ArbGeb muss es unbenommen bleiben, eine einmalige Leistung zu erbringen, ohne eine Bindung für die Zukunft befürchten zu müssen. Beschränkt er sich aber nicht auf die einmalige Leistung, sondern schafft er einen Dauertatbestand, dessen Abänderbarkeit er sich lediglich vorbehält, so rechtfertigt dies einen engeren Kontrollmaßstab.

510   Die **Rspr. hält den Freiwilligkeitsvorbehalt für zulässig** bei Jahressonderleistungen[1], im Bereich der Altersvorsorge hat es den Vorbehalt der Freiwilligkeit zumindest in älteren Judikaten in einen Widerrufsvorbehalt umgedeutet[2]. Das BAG hat wiederholt die Zulässigkeit von Freiwilligkeitsvorbehalten anerkannt[3]. Die Vereinbarung von Freiwilligkeitsvorbehalten ist auf Gratifikationen uÄ (etwa Personalkauf, Kantinenzuschuss ua.) beschränkt und kann für Leistungen, die im unmittelbaren Gegenseitigkeitsverhältnis zur Arbeitsleistung stehen, nicht vereinbart werden, sofern sie monatlich gezahlt werden[4]. Dies gilt auch dann, wenn es sich bei den unter einem Vorbehalt stehenden Leistungen nicht um die eigentliche Grundvergütung, sondern um eine zusätzliche Abgeltung der Arbeitsleistung in Form einer Zulage handelt, da auch diese laufenden Arbeitsentgelt darstellen, also in das vertragl. Synallagma eingebundene Leistungen sind[5]. Sieht ein vom ArbGeb vorformulierter Arbeitsvertrag eine monatlich zu zahlende Leistungszulage unter Ausschluss jeden Rechtsanspruchs vor, benachteiligt dies den ArbN unangemessen.

510a   Das BAG ist zudem der Auffassung, dass ein Freiwilligkeitsvorbehalt zulässig ist unabhängig **von der Höhe der freiwilligen Leistung**[6]. Das kann einschränkungslos nicht richtig sein. Wer als ArbGeb regelmäßig, und uU mit ausdrücklichem Hinweis auf die Zahlung, bedeutende Summen den ArbN zuwendet, der entlohnt damit die Arbeit freiwillig, die er dem Regelbild des Vertrags nach verpflichtend zu erbringen hatte. Wenn ein ArbN also gerade mit diesen freiwilligen Zahlungen zur Arbeit und zur Annahme der Arbeit motiviert werden soll, dann muss der ArbGeb sich hierzu vertragl. verpflichten, nicht aber die Vergütung vorbehalten. Dies gilt nur dort nicht, wo er auch die Leistung widerruflich erbringen konnte, s. hierzu Rz. 511 ff.

511   **c) Widerrufsvorbehalt.** Anders als der Freiwilligkeitsvorbehalt, führt der Widerrufsvorbehalt zu einer rechtl. Bindung für die Zukunft. Er verhindert nicht die Entstehung eines Anspruchs, sondern gibt dem ArbGeb nur die Möglichkeit an die Hand, sich in der Zukunft unter erleichterten Voraussetzungen von der zugesagten Leistung zu lösen. Das BAG unterzieht Widerrufsvorbehalte einer **zweistufigen Prüfung:** in einem ersten Schritt prüft es die wirksame Vereinbarung der Widerrufsklausel, in einem zweiten die konkrete Ausübung des Widerspruchs am Maßstab von § 315 I.

512   **aa) Wirksame Vereinbarung des Widerrufsvorbehalts.** In einem ersten Schritt prüft die Rspr., ob die Widerrufsklausel wirksam vereinbart wurde. Hieran fehlt es bei einem Verstoß gegen die §§ 134, 138 (s. Rz. 70 ff.). Die **Zulässigkeit eines Widerrufsvorbehalts** nach billigem Ermessen hat das BAG bislang nur in einer Entscheidung verneint: Für den Fall, dass sich eine kommunale Musikschule einseitig das Recht vorbehalten hatte, die Zahl der zu leistenden Musikstunden herabzusetzen, bejaht es eine Umgehung des Kündigungsschutzes bei Änderungskündigungen, was die entsprechende Regelung nichtig gem. § 134 machte[7]; heute folgt das Ergebnis bereits aus einem Gegenschluss zu § 12 TzBfG. Beim Widerruf von Vergütungsbestandteilen zeigte sich die Rspr. bislang jedoch recht großzügig. In einer älteren Entscheidung stellte das BAG ausdrücklich fest, dass Widerrufsvorbehalte in Bezug auf übertarifl. Leistungen grds. zulässig seien[8], und auch danach wertete es sehr weit gehende Flexibilisierungen im Entgeltbereich nicht als Eingriff in den Kernbereich des ArbVerh: Zulässig war ein Widerrufsvorbehalt hinsichtlich einer Leistungszulage in Höhe, die zwischen 25 und 30 % des tarifl. Stundenlohns ausmachte[9], und eine Zulage in Höhe von 15 % der Gesamtbezüge für eine Zusatzaufgabe, die bei Versetzung weggefallen war[10], sowie eine „Entwicklungsklausel", die eine Veränderung der Zuständigkeit eines Chefarztes ermögliche, die zu 40 % geringerem Entgelt führte[11]. Das BAG hat dies für das neue Recht weitgehend bestätigt: Maßstab ist nun § 308 Nr. 4. Die Vereinbarung eines Widerrufsrechts ist danach für den ArbN jedenfalls dann zumutbar und deshalb wirksam, „wenn ihm die tarifl. oder mindestens die übliche Vergütung verbleibt und der Schutz ggü. Änderungskündigungen nicht umgangen wird. Das setzt voraus, dass der Widerruf höchstens 25 % der Gesamtvergütung erfasst"[12]. Sind darüber hinaus Zahlungen des ArbGeb widerruflich, die nicht eine unmittelbare Gegenleistung für die Arbeitsleistung darstellen, sondern Ersatz für Aufwendungen, die an sich der ArbN selbst tragen muss, erhöht sich der widerrufliche Teil der Arbeitsvergütung auf bis zu 30 % des Gesamtverdienstes[13]. Darüber hi-

---

1 LAG Hamm 9.6.2005 – 8 Sa 2403/04, NZA-RR 2005, 624. ‖ 2 BAG 4.8.1955 – 2 AZR 588/54, DB 1955, 876; 4.8.1955 – 2 AZR 212/54, NJW 1955, 1574; 30.11.1955 – 1 AZR 230/54, DB 1956, 186. ‖ 3 BAG 2.9.1992 – 10 AZR 536/90, EzA § 611 BGB Gratifikation Nr. 95, Prämie; 26.10.1994 – 10 AZR 109/93, NJW 1995, 2181. ‖ 4 Jährliche Zahlungen sind auch dann zulässig: BAG 18.3.2009 – 10 AZR 289/08, NZA 2009, 535; 30.7.2008 – 10 AZR 606/07, AP Nr. 274 zu § 611 BGB Gratifikation. ‖ 5 BAG 25.4.2007 – 5 AZR 627/06, AP Nr. 7 zu § 308 BGB; s.a. *Kania*, DB 1998, 2418; *Lindemann/Simon*, BB 2002, 1807. ‖ 6 BAG 18.3.2009 – 10 AZR 289/08, NZA 2009, 535. ‖ 7 BAG 12.12.1984 – 7 AZR 509/83, DB 1985, 1240. ‖ 8 BAG 7.1.1971 – 5 AZR 92/70, BB 1971, 392: „Jederzeit widerrufliche Leistungszulage" iHv. 20 % des tarifl. Bruttogehalts. ‖ 9 BAG 13.5.1987 – 5 AZR 125/86, NZA 1988, 95. ‖ 10 BAG 15.11.1995 – 2 AZR 521/95, NZA 1996, 603. ‖ 11 BAG 28.5.1997 – 5 AZR 125/96, NZA 1997, 1160. ‖ 12 BAG 7.12.2005 – 5 AZR 535/04, AP Nr. 4 zu § 12 TzBfG; 11.10.2006 – 5 AZR 721/05, AP Nr. 6 zu § 308 BGB. ‖ 13 BAG 11.10.2006 – 5 AZR 721/05, AP Nr. 6 zu § 308 BGB.

naus darf der Widerruf nicht ohne Grund erfolgen. Dies muss sich aus der vertragl. Regelung selbst ergeben, die zumindest auch die Art der Widerrufsgründe (zB wirtschaftl. Gründe, Gründe im Verhalten des ArbN) benennen muss[1]. Dies wurde weitergehend dahin konkretisiert, dass auch das pauschale Abstellen auf „wirtschaftliche Gründe" nicht genügt[2]. Erforderlich ist außerdem die hinreichend transparente Formulierung des Widerrufsvorbehalts selbst: Ein wirksamer Widerspruchsvorbehalt lässt sich der Formulierung „es können für die Zukunft keine Rechtsansprüche hergeleitet werden" nicht entnehmen[3]. Berechtigt eine Klausel den ArbGeb jederzeit und aus jedem Anlass zum Widerruf der Privatnutzung des Dienstwagens, steht sie zwar im Einklang mit dem Transparenzgebot, ihre inhaltliche Fassung genügt jedoch den Anforderungen des § 308 Nr. 4 iVm. § 307 nicht.[4] Es bedarf nämlich keines Sachgrundes, das Recht zur privaten Nutzung jederzeit zu entziehen. Das ist eine den ArbN unangemessen benachteiligende Abweichung von der vereinbarten Vergütungsregelung, die auch unter Berücksichtigung der Interessen des Verwenders unzumutbar ist. Der Verwender könnte nämlich die Bestimmung über den Widerrufsvorbehalt auf die Fälle beschränken, in denen ein anzuerkennender Sachgrund daran besteht, die Privatnutzung einzustellen[5].

bb) Ausübung des Widerrufsrechts. Ist der Widerrufsvorbehalt wirksam vereinbart, ist in einem zweiten Prüfungsschritt die **Billigkeit des Widerrufs** entsprechend § 315 I zu prüfen – und zwar auch, wenn der Widerruf nach freiem Ermessen vorbehalten wurde[6]. Maßgeblich sind dafür alle Umstände des Einzelfalls; einen abschließenden Kriterienkatalog gibt es nicht[7]. Die Billigkeit verlangt jedoch weniger als das KSchG: Zum einen handelt es sich lediglich um eine Änderung innerhalb des fortbestehenden ArbVerh, nicht um die Auflösung des ArbVerh; zum anderen ist mit der Feststellung, dass der Widerrufsvorbehalt zulässig ist, bereits anerkannt, dass eine Umgehung des Kündigungsschutzes nicht vorliegt, ungeachtet der Einzelumstände des Widerrufs. Daher ist nach der Billigkeit des Widerrufs auch in Betrieben zu fragen, in denen das KSchG nicht anwendbar ist. Dem entspricht es, dass sich die bisher durch die Rspr. aufgezeigten Grenzen nicht am Kündigungsschutzrecht orientieren: In erster Linie ist abzustellen auf den Zweck der Leistung. Billigem Ermessen entspricht es daher nicht, eine Zulage für Arbeitsleistung von überdurchschnittlicher Qualität zu kürzen, weil der ArbN mehrfach über längere Zeit erkrankt war, sofern die Qualität der erbrachten Arbeitsleistung unverändert geblieben ist[8]. Auch besteht eine Bindung an den **Gleichbehandlungsgrundsatz**. Dementsprechend kann sich der ArbGeb bei unrentabler Produktion nicht einzelne ArbN herausgreifen und ihnen gleichheitswidrig ein Sonderopfer abverlangen. Vielmehr ist er hier an die gleichen Schranken gebunden, die es auch bei einer Änderungskündigung zur Entgeltreduzierung zu beachten gilt[9]. Auf der anderen Seite kann ein Widerruf billigem Ermessen entsprechen, wenn er gerade der Gleichbehandlung dient, wenn etwa eine ArbN-Gruppe bislang eine Zulage erhielt, um eine im Vergleich zu anderen Tarifgruppen niedrigere Entlohnung auszugleichen, nach einer Tariferhöhung für ihre Gruppe eine Beibehaltung der Zulage aber zu einer Besserstellung führen würde[10]. Allg. gilt kein allzu großzügiges Maß bei der Suche nach der Rechtfertigung: „Vernünftige Erwägungen" reichen nicht aus, vielmehr erforderlich ist ein „sachlicher Grund"[11]. Bei der Ausübung eines Widerrufsvorbehalts hinsichtlich der privaten Nutzung eines Dienstwagens kann unter Berücksichtigung der beiderseitigen Interessen die Einräumung einer Auslauffrist zur Wahrung der Billigkeit des § 315 erforderlich sein[12]; dies ist Frage des Einzelfalls. Entzieht der ArbGeb unberechtigt die private Nutzung des Dienstwagens, kommt ein Schadensersatzanspruch des ArbN aus §§ 280 I, III, 283 in Betracht.[13]

Einstweilen frei.

d) Teilbefristung. Ein weiteres Instrument zur Flexibilisierung der Arbeitsbedingungen ist die Teilbefristung. Bei ihr entfällt der entsprechende Vertragsbestandteil mit Zeitablauf **automatisch**. Die Teilbefristung ist zur Flexibilisierung insofern weniger als ein Freiwilligkeits- oder Widerrufsvorbehalt geeignet, als bereits bei Vertragsschluss die Geltungsdauer der befristeten Arbeitsbedingung oder Gehaltszulage festgelegt werden muss. Andererseits war eine Teilbefristung nach Ansicht des BAG vor der Schuldrechtsreform im Gegensatz zum Widerrufsvorbehalt wohl auch dann zulässig, wenn in den Kernbereich des ArbVerh eingegriffen wird. Erforderlich sei in diesem Fall allerdings ein **sachlicher Grund** für die Befristung, sofern bei unbefristeter Änderung die neuen Arbeitsbedingungen dem gesetzl. Änderungskündigungsschutz unterliegen würden[14]. Einen Eingriff in den Kernbereich hat das

---

[1] BAG 12.1.2005 – 5 AZR 364/04, AP Nr. 1 zu § 308 BGB. ‖ [2] BAG 13.4.2010 – 9 AZR 113/09, NZA-RR 2010, 457. ‖ [3] S. BAG 21.1.2003 – 9 AZR 546/01, NZA 2003, 879; vgl. zu den Formulierungen „ohne Anerkennung einer Rechtspflicht" und „jederzeit widerruflich" BAG 23.10.2002 – 10 AZR 48/02, BB 2003, 369. ‖ [4] BAG 21.3.2012 – 5 AZR 651/10, NJW 2012, 1756. ‖ [5] BAG 19.12.2006 – 9 AZR 294/06, AP Nr. 21 zu § 611 BGB Sachbezüge. ‖ [6] BAG 13.5.1987 – 5 AZR 125/86, NZA 1988, 95; 15.11.1995 – 2 AZR 521/95, AP Nr. 20 zu § 1 TVG-Tarifverträge: Lufthansa; KR/*Rost*, § 2 KSchG Rz. 49. ‖ [7] BAG 13.5.1987 – 5 AZR 125/86, NZA 1988, 95; 26.5.1992 – 9 AZR 174/91, NZA 1993, 67; 7.10.1982 – 2 AZR 455/80, NJW 1983, 2284. ‖ [8] BAG 7.1.1971 – 5 AZR 92/70, DB 1971, 392. ‖ [9] KR/*Rost/Kreft*, § 2 KSchG Rz. 107aff., insb. Rz. 107d; v. Hoyningen-Huene/Linck/*Linck*, § 2 KSchG Rz. 61ff. ‖ [10] BAG 30.8.1972 – 5 AZR 140/72, DB 1973, 480; strenger bei der Änderungskündigung BAG 20.1.2000 – 2 ABR 40/99, NZA 2000, 592: „Die Gleichbehandlung mit anderen Arbeitnehmern stellt kein dringendes betriebliches Erfordernis iSv. § 1 II 1 KSchG dar, das die Verschlechterung im Wege der Änderungskündigung bedingen kann." ‖ [11] BAG 13.5.1987 – 5 AZR 125/86, NZA 1988, 95. ‖ [12] Hierzu BAG 21.3.2012 – 5 AZR 651/10, NJW 2012, 1756. ‖ [13] BAG 21.3.2012 – 5 AZR 651/10, NJW 2012, 1756. ‖ [14] BAG 4.6.2003 – 7 AZR 406/02, AP Nr. 1 zu § 17 TzBfG; 4.6.2003 – 7 AZR 159/02, EzA § 620 BGB 2002 Nr.7.

BAG anders als bei einer Befristung, die den Umfang der Arbeitszeit regelt, bei einer befristeten übertarifl. Zulage in Höhe von 15 % der Gesamtvergütung verneint. Hier liege ein Eingriff, der das Gleichgewicht zwischen Leistung und Gegenleistung grundlegend stört, nicht vor, denn dem ArbN verbleibe ja sein Tarifanspruch, den die TV-Parteien als angemessene Gegenleistung für die Tätigkeit des ArbN ausgehandelt haben[1].

517 **Erste Entscheidungen nach der Schuldrechtsreform setzen die Akzente etwas anders:** Nach § 307 I 1 kommt es nun darauf an, ob die ArbN durch die Befristung der Arbeitszeiterhöhung entgegen den Geboten von Treu und Glauben unangemessen benachteiligt werden. Dabei ist eine umfassende Abwägung der beiderseitigen Interessen vorzunehmen[2]. Das TzBfG findet auf die Teilbefristung weder direkte noch analoge Anwendung[3], weswegen anstelle des sachlichen Grunds, der allein im Blick auf den ArbGeb zu ermitteln ist, es nun des wertenden Pendelblicks zwischen ArbGeb- und ArbN-Interessen bedarf[4]. Die neue Rspr. ist nicht unproblematisch, da sie die Grenze des § 307 III 1 missachtet und Inhaltsbestimmungen der Hauptleistungspflichten kontrolliert. Daher ist es ein Widerspruch, dass die Befristung des ArbVerh insg. nicht der AGB-Kontrolle unterliegen soll[5], wohl aber die einzelner Vertragsbedingungen[6]. **Die Rspr. des BAG,** dass die Befristung einzelner Arbeitsvertragsbedingungen nicht auf die Möglichkeit der sachgrundlosen Befristung nach dem TzBfG gestützt werden kann[7], ist wohl überholt. So formuliert es, dass bei Vorliegen eines Befristungsgrundes für den Vertrag insg., in der Regel auch die Befristung einzelner Vertragsbedingungen möglich ist[8]. **Die neuere Rspr. des BAG** neigt nun sogar dazu davon auszugehen, dass die Teilbefristung nur dann zulässig sein soll, wenn auch das gesamte ArbVerh nach § 14 I TzBfG hätte befristet werden können[9]. Letztlich würde damit aber für die Teilbefristung doch allein eine vom BAG (zu Recht) abgelehnte Sachgrundprüfung nach § 14 TzBfG anstatt einer umfassenden Interessenabwägung im Rahmen des § 307 vorgenommen.

518 Einstweilen frei.

519 **3. Ablösung des Arbeitsvertrags durch Betriebsvereinbarung und Tarifvertrag. a) Grundsatz: Günstigkeitsprinzip.** Gem. § 4 III TVG sind Abmachungen, die von einem **TV** abweichen, nur zulässig, soweit sie durch den TV gestattet sind oder eine Änderung der Regelungen zu Gunsten des ArbN enthalten. Dh. im Gegenschluss, dass auch ein TV abweichende arbeitsvertragl. Vereinbarungen, die für den ArbN günstiger sind, nicht ersetzen kann. Dies folgt schon aus dem Zweck der Tarifmacht, die Unterlegenheit der ArbN in den Vertragsverhandlungen auszugleichen. Dies schließt es aus, das Institut des TV zur Verschlechterung der individualvertragl. Vereinbarungen zu nutzen[10]. Damit sind TV, die individualvertragl. Ansprüche des ArbN verschlechtern, grds. unzulässig. Eine **Ausnahme** dürfte dann gelten, wenn der Arbeitsvertrag ausdrücklich auch eine Verdrängung durch ungünstigere TV gestattet. Praktische Beispiele hierfür sind bislang selten, finden sich aber in bestimmten Grenzen für wieder in den Arbeitsprozess eingegliederte Langzeitarbeitslose.

520 Der Gesetzgeber hat das Verhältnis von **Arbeitsvertrag und BV** nur einseitig ausdrücklich geregelt: Gem. § 77 IV BetrVG gelten BV unmittelbar und zwingend; werden ArbN durch die BV Rechte eingeräumt, so ist der Verzicht auf sie nur mit Zustimmung des BR zulässig. Ungeregelt blieb die Frage, inwieweit ein Arbeitsvertrag zu Gunsten des ArbN von der BV abweichen darf. Die allg. Meinung schon seit Zeiten des BetrVG 1952 ergänzt die gesetzl. Regelung durch das Günstigkeitsprinzip und argumentiert ex contrario: „Bestimmungen einer BV sind nur einseitig zwingend und haben zu Gunsten der ArbN stets dispositiven Charakter"[11].

521 Das **Günstigkeitsprinzip** sichert nicht nur den Bestand der BV ggü. individualvertragl. Eingriffen, sondern umgekehrt auch den Individualvertrag vor Eingriffen durch BV. Damit sind Arbeitsvertragsregelungen grds. vor einer Ablösung oder Verschlechterung durch BV geschützt[12]. Hierzu gibt es zwei Ausnahmen: Bei der einen gilt das sog. kollektive Günstigkeitsprinzip, bei der anderen das Ablöseprinzip; hierzu im Folgenden (Rz. 522 ff.).

522 **b) Ausnahme: Ablösung nach dem kollektiven Günstigkeitsprinzip.** Das Günstigkeitsprinzip wird bei der BV nur dort eingeschränkt, wo der arbeitsvertragl. eingeräumte Anspruch selber kollektiven Charakter hat, weil er nach allg. Regeln für mehrere ArbN(-Gruppen) begründet wurde. Auch hier gilt entgegen älterer Rspr. des BAG nicht das Ablöseprinzip, jedoch wird bei solchen kollektiven Tatbeständen das Günstigkeitsprinzip zum kollektiven Günstigkeitsprinzip modifiziert. Grundlage hierfür

---

1 BAG 21.4.1993 – 7 AZR 297/92, NZA 1994, 476. ‖ **2** BAG 27.7.2005 – 7 AZR 486/04, AP Nr. 6 zu § 307 BGB. ‖ **3** BAG 14.1.2004 – 7 AZR 213/03, BAGE 109, 167. ‖ **4** So jetzt auch BAG 2.9.2009 – 7 AZR 233/08, AP Nr. 66 zu § 14 TzBfG. ‖ **5** BAG 27.7.2005 – 7 AZR 443/04, AP Nr. 27 zu § 620 BGB Altersgrenze. ‖ **6** Zur Kritik *Thüsing*, RdA 2005, 257 (264); s.a. *Thüsing/Leder*, BB 2005, 1563 (1568 f.). ‖ **7** BAG 23.1.2002 – 7 AZR 563/00, NZA 2003, 104; s. vorher bereits BAG 24.1.2001 – 7 AZR 208/99, EzA § 620 BGB Nr. 173. ‖ **8** So BAG 18.6.2008 – 7 AZR 245/07, AP Nr. 52 zu § 14 TzBfG. ‖ **9** Für die erhebliche Arbeitszeiterhöhung BAG 15.12.2011 – 7 AZR 394/10, BAGE 140, 191; dem folgend jüngst auch LAG Schl.-Holst. 10.4.2013 – 3 Sa 316/12, EzA-SD 15/2013, 11–12; ArbG Stuttgart 15.8.2012 – 22 Ca 471/12, ArbuR 2012, 412. ‖ **10** Vgl. auch *Löwisch/Rieble*, § 4 TVG Rz. 494. ‖ **11** Vgl. BAG 16.9.1986 – GS 1/82, AP Nr. 17 zu § 77 BetrVG 1972; 7.11.1989 – GS 3/85, AP Nr. 46 zu § 77 BetrVG 1972; *Richardi*, § 77 BetrVG Rz. 134. ‖ **12** BAG 16.9.1986 – GS 1/82, AP Nr. 17 zu § 77 BetrVG 1972; 7.11.1989 – GS 3/85, AP Nr. 46 zu § 77 BetrVG 1972 mwN.

ist die Entscheidung des Großen Senats des BAG 16.9.1986, die in der Folgezeit bestätigt und weiter ausformuliert wurde¹.

aa) Kollektiver Tatbestand. Ein kollektiver Tatbestand, der eine Abweichung vom auf den einzelnen Arbeitsvertrag bezogenen Günstigkeitsprinzip rechtfertigt, liegt den arbeitsvertragl. Einheitsregelungen, der Gesamtzusage und der betriebl. Übung zugrunde. Die Besonderheiten bei der Begründung dieser Ansprüche haben keinen Einfluss auf deren Rechtsnatur; sie bleiben vertragl. Ansprüche (zu den Besonderheiten bei der dogmatischen Einordnung der betriebl. Übung vgl. Rz. 228). Anders als bei anderen arbeitsvertragl. Regelungen stehen hier jedoch die den einzelnen ArbN zukommenden Leistungen untereinander in einem Bezugssystem, das auf zwei Grundentscheidungen des ArbGeb beruht: der Entscheidung über die Höhe der einzusetzenden finanziellen Mittel und der Bestimmung der Verteilungsgrundsätze. Daher dürfen bei der Anwendung des Günstigkeitsprinzips nicht die jeweils einzelnen Ansprüche verglichen werden, die den von der vertragl. Regelung begünstigten und von der nachfolgenden BV benachteiligten ArbN zustehen, sondern der Blick geht auf die Gesamtheit der Leistungen des ArbGeb, die aus einem bestimmten Anlass oder Zweck gewährt werden. Diese Gesamtsumme ist nach Abschluss einer BV vergleichsweise gegenüberzustellen. Nur dies entspricht dem Schutzzweck des Günstigkeitsprinzips. 523

Die **Kritik des Schrifttums** an dieser Einschränkung des Günstigkeitsprinzips hat die Rspr. bislang nicht beeinflussen können². Dies wird vor allem auch darin seinen Grund haben, dass anderenfalls das Rechtsinstitut der arbeitsvertragl. Einheitsregelung weitgehend leer laufen würde, wäre doch zumindest dort, wo ein Widerrufsvorbehalt fehlt, eine Anpassung in Zukunft nur nach oben möglich³. Dementsprechend führen andere Auffassungen im Schrifttum oftmals zum selben Ergebnis: So wird teilweise die Zulässigkeit einer Umstrukturierung nicht mit dem kollektiven Günstigkeitsvergleich begründet, sondern damit, dass sich diese Ablösbarkeit unmittelbar aus dem Mitwirkungsbereich des BR herleitet⁴, oder etwa bei auf lange Dauer angelegten Sozialleistungen regelmäßig ein konkludenter Vorbehalt hinsichtlich einer Ablösung durch BV enthalten sei⁵. Die Begründungsunterschiede führen nicht zu unterschiedlichen Ergebnissen; die Praxis kann bis auf weiteres von der Zulässigkeit umstrukturierender BV ausgehen. 524

Die **Grenzen**, innerhalb derer das kollektive Günstigkeitsprinzip Anwendung findet, bleiben allerdings unklar. Die grundlegende Entscheidung des Großen Senats von 1986 bezog sich auf eine BV, die eine Jubiläumssonderzuwendung regelte. In den Entscheidungsgründen und Leitsätzen wurde verallgemeinert von Sozialleistungen gesprochen⁶. In seiner Entscheidung von 1989 stellte der Große Senat fest, dass bei Abreden über das Ende des ArbVerh mit Erreichen einer bestimmten Altersgrenze kein kollektiver Günstigkeitsvergleich vorgenommen werden dürfe⁷. Daraus hat das Schrifttum geschlossen, dass generell der kollektive Günstigkeitsvergleich auf Sozialleistungen beschränkt bleibt und nicht für Ansprüche auf das eigentliche Arbeitsentgelt gilt sowie für ähnlich gewichtige Regelungen, die den Inhalt des ArbVerh bestimmen⁸. Die besseren Gründe scheinen für eine vorsichtige Eingrenzung zu sprechen: Tragendes Argument der Rspr. ist, dass die kollektiven Voraussetzungen und ein Verteilungsplan das Bild einer vertragl. Einheitsregelung bestimmen⁹. Die Gründe, dann eine solche Leistung abzuändern, entstammen nicht dem einzelnen ArbVerh, sondern beruhen auf generellen Maßstäben. Dementsprechend wird man auch übertarifl. Zulagen dem kollektiven Günstigkeitsvergleich unterstellen können, denn auch hier wird oftmals ein ähnlicher Bezug der Einzelleistungen zur Gesamtleistung vorhanden sein. 525

bb) Modifizierter Günstigkeitsvergleich. Ist das kollektive Günstigkeitsprinzip anwendbar, so können der Inhaltsnormen einer nachfolgenden BV die vertragl. begründeten Ansprüche des ArbN einschränken, wenn die Neuregelung insg. bei **kollektiver Betrachtung** keine Nachteile für die Belegschaft zur Folge hat. Unzulässig bleibt also die BV, die eine Leistung abbauen will; zulässig ist allein die BV, die das Leistungsvolumen insg. unangetastet lässt und einzig eine neue Verteilung unter den ArbN anstrebt. Wenn die geplanten Aufwendungen des ArbGeb konstant bleiben oder erweitert werden sollen, steht also das Günstigkeitsprinzip einer Neuregelung nicht entgegen, selbst wenn einzelne ArbN dadurch schlechter gestellt werden. 526

Der Eingriff in die Rechtsposition des einzelnen ArbN ist jedoch nicht unbegrenzt möglich. Innerhalb der **Grenzen**, die den Parteien einer BV durch das kollektive Günstigkeitsprinzip gezogen sind, können sie nicht schrankenlos in Besitzstände der ArbN eingreifen. Alle Eingriffe müssen den Grundsatz der Verhältnismäßigkeit wahren; sie müssen am Zweck der Maßnahme gemessen geeignet, erforderlich und *proportional* sein. Insoweit gelten für die umstrukturierenden BV dieselben Grundsätze wie für die 527

---

1 BAG 16.9.1986 – GS 1/82, AP Nr. 17 zu § 77 BetrVG 1972; 7.11.1989 – GS 3/85, AP Nr. 46 zu § 77 BetrVG 1972. ||2 Vgl. Nachw. bei GK-BetrVG/*Kreutz*, § 77 Rz. 258; *Zöllner/Loritz*, Arbeitsrecht, § 6a II 2b, S. 86. ||3 So bereits BAG 16.9.1986 – GS 1/82, AP Nr. 17 zu § 77 BetrVG 1972. ||4 *Richardi*, NZA 1987, 185 (190); s. aber *Richardi*, § 77 BetrVG Rz. 140 f. ||5 *Löwisch*, SAE 1987, 185 (186). ||6 BAG 16.9.1986 – GS 1/82, AP Nr. 17 zu § 77 BetrVG 1972 insb. LS 1. ||7 BAG 7.11.1989 – GS 3/85, AP Nr. 46 zu § 77 BetrVG 1972. ||8 *Fitting*, § 77 BetrVG Rz. 208 ff.; GK-BetrVG/*Kreutz*, § 77 Rz. 221; *Richardi*, § 77 BetrVG Rz. 144. ||9 BAG 7.11.1989 – GS 3/85, AP Nr. 46 zu § 77 BetrVG 1972.

Ablösung einer BV durch eine zeitlich nachfolgende BV (s. Rz. 533). Auch wenn eine BV durch eine andere BV mit dem gleichen Regelungsgegenstand abgelöst wird, wenn also nicht das Günstigkeitsprinzip eingreift, sondern die spätere Regelung grds. die früheren Regelungen verdrängt, bleiben die Besitzstände der betroffenen ArbN nicht schutzlos. Das gilt auch hier, wenn auch Rspr. des BAG fehlt, die für die Ablösung arbeitsvertragl. Einheitsregelungen und Gesamtzusagen eine Konkretisierung der Billigkeit vorgibt[1].

528 c) **Betriebsverfassungswidrige Einheitsregelung und betriebsvereinbarungsoffener Arbeitsvertrag – Ablöseprinzip.** Es verbleiben zwei Ausnahmen, in denen zwischen arbeitsvertragl. Regelung und BV das Ablöseprinzip greift, ein Günstigkeitsvergleich zwischen der vorangegangenen und der künftigen Leistung also nicht geboten ist:

529 Durch BV kann in einzelvertragl. Rechte zu Lasten des ArbN eingegriffen werden, wenn die Einzelarbeitsverträge unter dem **Vorbehalt einer ablösenden BV** stehen, sie also „betriebsvereinbarungsoffen" sind[2]. Die Arbeitsvertragsparteien haben hier selbst die Abänderung durch die Betriebspartner gestattet. Der Umfang der Änderungsbefugnis richtet sich dann nicht nach dem Günstigkeitsvergleich, sondern nach der Auslegung der die Änderungen gestattenden Vereinbarungen.

530 Der Ablösungsgrundsatz gilt auch, wenn der BR einer Gesamtzusage oder arbeitsvertragl. Einheitsregelung nicht zugestimmt hat, etwa in Form einer Regelungsabrede. Die Arbeitsverträge wurden dann unter **Verletzung des MitbestR** des BR gem. § 87 I Nr. 10 BetrVG abgeschlossen. Weil eine mitbestimmungswidrige Gesamtzusage nach der st. Rspr. des BAG unwirksam ist und auch unter dem Gesichtspunkt des Vertrauensschutzes keine Ansprüche für kommende Bezugszeiträume begründen kann (s. § 87 BetrVG Rz. 38), kann sich der ArbGeb ohne weiteres für die Zukunft hiervon lösen. Die Tatsache, dass eine Gesamtzusage als freiwillige ArbGebLeistung nur teilweise mitbestimmungspflichtig war, ändert daran nichts. Denn wenn die mitbestimmungspflichtige Ausgestaltung unwirksam ist, weil sie mitbestimmungswidrig erfolgte, schlägt diese Unwirksamkeit auf die Leistungsgewährung insg. durch, da eine Leistungsgewährung ohne Ausgestaltung denkbar ist, jegliche Gewährung ohne Zustimmung des BR insg. also mitbestimmungswidrig erfolgen würde. Daher hat auch das BAG im Erg. zu Recht festgestellt, dass der vom ArbGeb vorgesehene Dotierungsrahmen einer freiwilligen Sozialleistung überschritten werden kann, wenn sich bei einer erstmaligen Vereinbarung mit dem BR der finanzielle Dotierungsaufwand dadurch erhöht, dass der ArbGeb zuvor bei der Verteilung von Sonderleistungen das MitbestR des BR rechtswidrig missachtet hat[3].

531 d) **Geltung des kollektiven Günstigkeitsprinzips auch für Tarifverträge?** Ob das **kollektive Günstigkeitsprinzip**, das BV die Ablösung kollektiver Arbeitsvertragsvereinbarungen auch zu Lasten des einzelnen ArbN gestattet, auch auf TV Anwendung findet, ist umstritten. Instanzgerichtl. Rspr. lehnt dies klar ab[4]. Das BAG hielt es aber für zulässig, dass Versorgungszusagen, die auf einer betriebl. Einheitsregelung beruhen, durch einen FirmenTV geändert werden, wenn in dem TV die vertragl. bereits erworbenen Rechte aufrechterhalten und die Leistungen insg. verbessert werden[5]. Weiter gehende Stellungnahmen zur Wirksamkeit eines „ablösenden TV" fehlen bislang. Teilweise geht das Schrifttum noch über die Geltung des kollektiven Günstigkeitsprinzips hin zum reinen Ablöseprinzip hinaus, eingeschränkt nur durch den Schutz unverfallbarer Rechte und Anwartschaften des ArbN: Zwischen vorangegangenem und nachfolgendem TV gelte die Lex-posterior-Regel; die allg. Arbeitsbedingungen kollektiven Charakters könnten aber keinen stärkeren Schutz beanspruchen, nur weil sie vom ArbGeb einseitig gewährt wurden[6]. In der Rspr. sind bislang keine Anzeichen ersichtlich, diesem Weg zu folgen, und zwar zu Recht: Das Günstigkeitsprinzip des § 4 III TVG schaut auf den einzelnen ArbN, eine kollektive Betrachtungsweise wie im Betriebsverfassungsrecht scheidet schon dadurch aus, dass hier das Kollektiv nicht gesetzl. vorgegeben ist (Betriebsgemeinschaft), sondern durch die Parteien eines TV jeweils neu festgelegt wird (fachlicher/betrieblicher/personeller Anwendungsbereich). Vergleichbarkeiten zur BV bestehen hier insoweit allenfalls beim FirmenTV. Auch hier erfassen die tarifvertragl. Inhaltsnormen aber nur die organisierten ArbN, nicht die ganze betriebl. Gemeinschaft. Die betroffenen ArbN-Gruppen sind damit weder tatsächlich noch rechtl. ein Kollektiv, das ein kollektives Günstigkeitsprinzip rechtfertigen würde. Dem einzelnen ArbN daher zu Gunsten anderer ein Opfer abzuverlangen, hat keine rechtl. und keine tatsächliche Grundlage.

532 4. **Änderung einer Betriebsvereinbarung.** Die Möglichkeiten, eine BV abzuändern, unterscheiden sich nach deren Rechtmäßigkeit. Gem. § 77 III BetrVG können Arbeitsentgelte und sonstige Arbeitsbedingungen, die durch TV geregelt sind oder üblicherweise geregelt werden, nicht Gegenstand einer BV sein, wenn nicht ein TV den Abschluss ergänzender BV ausdrücklich zulässt. Der Wortlaut des § 77 III

---

1 S. aber LAG Bbg. 9.3.2004 – 2 Sa 156/03, EzA-SD 2004, Nr. 18, 13 || 2 So bereits BAG 12.8.1982 – 6 AZR 1117/79, AP Nr. 4 zu § 77 BetrVG; s.a. BAG 24.8.2004 – 1 AZR 419/03, AP Nr. 77 zu § 2 KSchG 1969; 17.6.2003 – 3 ABR 43/02, NZA 2004, 1110; s.a. Rz. 452. || 3 BAG 14.6.1994 – 1 ABR 63/93, AP Nr. 69 zu § 87 BetrVG 1972 Lohngestaltung mit allerdings wenig dogmatischer Begründung, vgl. unter I. d.Gr. || 4 LAG Hamburg 20.12.1994 – 3 Sa 55/94, LAGE § 4 TVG Günstigkeitsprinzip Nr. 4; zust. ErfK/*Preis*, § 611 Rz. 238. || 5 BAG 16.2.1993 – 3 ABR 29/92, AP Nr. 19 zu § 87 BetrVG 1972 Altersversorgung. || 6 So *Gamillscheg*, Kollektives Arbeitsrecht Bd. 1, S. 860 f.

BetrVG ist umfassend, denn „Arbeitsbedingung" ist alles, was Bedingung für ein ArbVerh ist, was also in irgendeiner Weise Einfluss darauf ausübt; das gilt für jede BV zumindest mittelbar. Es werden jedoch verschiedene Einschränkungen des Wortlauts im Schrifttum vorgeschlagen, die unterschiedliche Resonanz in der Rspr. gefunden haben, insb. im Hinblick auf zwingend mitbestimmte Bereiche (s. Vorrangtheorie).

a) Änderung zulässiger Betriebsvereinbarungen. Die Ablösung einer BV durch eine nachfolgende BV ist grds. unbeschränkt zulässig; nur für bestimmte BV setzt der Vertrauensschutz Grenzen. Grds. gilt zwischen zwei BV die Zeitkollisionsregel. Die nachfolgende löst die vorangegangene ab: lex posterior derogat legi priori[1]. Dabei kann die ablösende BV für die ArbN günstiger, grds. aber auch ungünstiger sein[2]. 533

In seiner grundlegenden Entscheidung für Ablösungen arbeitsvertragl. Einheitsregelungen durch eine nachfolgende BV hat der Große Senat des BAG auch zur Ablösung einer BV durch eine nachfolgende BV Stellung genommen: Sie muss den Grundsatz der Verhältnismäßigkeit und des Vertrauensschutzes beachten[3]. Danach ist nur ein abgestufter Eingriff in erworbene Besitzstände zulässig. Dies hat zu umfangreicher Judikatur im Bereich der **betrAV** geführt[4]. Dort gilt das **sog. Drei-Stufen-Modell**: Für den Schutz vor Änderung laufender Leistungen und von Versorgungsanwartschaften, welche die Höhe oder Dynamisierung der Betriebsrente neu regeln[5]. 534

Auch **rückwirkend verschlechternde BV** sind nicht per se unzulässig[6]. Da der ArbN grds. jedoch keine rückwirkende Verschlechterung erwartet, setzt hier der Grundsatz des Vertrauensschutzes noch engere Grenzen. Es ist erforderlich, dass der ArbN mit einer verschlechternden Änderung der BV rechnen musste. Dies ist insb. der Fall, wenn eine bisher bestehende BV gekündigt wurde und die nachfolgende Vereinbarung rückwirkend auf den Zeitpunkt dieser Kündigung in Kraft gesetzt wird[7]. Daneben wird man die Kriterien des BVerfG zur Rechtmäßigkeit rückwirkender staatlicher Gesetze heranziehen können. Allerdings ist die privatautonome Rechtssetzung der Betriebsparteien nicht wesensgleich mit der staatlichen, jedoch hat sich das BAG beim rückwirkenden TV dem BVerfG angenähert[8]. Das Gleiche dürfte damit auch für die rückwirkende BV gelten. Eine rückwirkende Verschlechterung ist generell ausgeschlossen für **ArbN**, die zwischenzeitlich den **Betrieb verlassen** haben[9], denn auf diese ArbN erstreckt sich die Regelungsmacht der Betriebspartner nicht mehr. 535

b) Umdeutung unzulässiger Betriebsvereinbarungen. Rechtswidrige BV, dh. insb. solche, die gegen die Regelungssperren des § 77 III BetrVG verstoßen, sind nichtig und damit unwirksam[10]. Jedes nichtige Rechtsgeschäft kann jedoch gem. § 140 umgedeutet werden in ein anderes Rechtsgeschäft, wenn anzunehmen ist, dass dessen Geltung bei Kenntnis der Nichtigkeit gewollt ist. Inwieweit eine nichtige BV in inhaltsgleiche individualvertragl. Vereinbarungen umgedeutet werden kann, ist strittig. Die Rspr. verlangt hierfür besondere tatsächliche Umstände, die einen entsprechenden Verpflichtungswillen des ArbGeb erkennen lassen. Ansonsten könne nicht davon ausgegangen werden, dass der ArbGeb sich unabhängig von der Regelungsform binden will[11]. 536

Ist die BV nicht umzudeuten, dann bleibt es bei der **Nichtigkeit**. Der ArbGeb kann sich mit sofortiger Wirkung von ihr lösen[12]. Rückforderungen für die Vergangenheit werden weitgehend ausgeschlossen sein, da hier (jedenfalls soweit die BV nicht durch Spruch der Einigungsstelle zustande gekommen ist) die Regeln des faktischen ArbVerh Anwendung finden. Rspr. hierzu fehlt freilich[13]. 537

---

1 So auch Ablösungs- bzw Ordnungsprinzip, BAG 17.3.1987 – 3 AZR 64/84, AP Nr. 9 zu § 1 BetrAVG Ablösung; 22.5.1990 – 3 AZR 128/89, AP Nr. 3 zu § 1 BetrAVG Betriebsvereinbarung. S.a. *Richardi*, § 77 BetrVG Rz. 159; *Fitting*, § 77 BetrVG Rz. 192. ||2 Vgl. BAG 16.9.1986 – GS 1/82, AP Nr. 17 zu § 77 BetrVG 1972; 21.9.1989 – 1 AZR 454/88, AP Nr. 43 zu § 77 BetrVG 1972; 29.10.2002 – 1 AZR 573/01, DB 2003, 455. ||3 BAG 16.9.1986 – GS 1/82, AP Nr. 17 zu § 77 BetrVG 1972. ||4 BAG 22.5.1990 – 3 AZR 128/89, AP Nr. 3 zu § 1 BetrAVG Betriebsvereinbarung; 23.10.1990 – 3 AZR 260/89, AP Nr. 13 zu § 1 BetrAVG Ablösung; 9.4.1991 – 3 AZR 194/90, AP Nr. 15 zu § 1 BetrAVG Ablösung; 24.8.1993 – 3 AZR 313/93, AP Nr. 19 zu § 1 BetrAVG Ablösung; 16.7.1996 – 3 AZR 398/95, AP Nr. 21 zu § 1 BetrAVG Ablösung; 19.4.2005 – 3 AZR 468/04, AP Nr. 9 zu § 1 BetrAVG Betriebsvereinbarung. ||5 Vgl. BAG 16.7.1996 – 3 AZR 398/95, AP Nr. 21 zu § 1 BetrAVG Ablösung. ||6 Vgl. BAG 29.10.2002 – 1 AZR 573/01, RdA 2003, 290; 19.9.1995 – 1 AZR 208/95, AP Nr. 61 zu § 77 BetrVG 1972; s.a. *Richardi*, § 77 BetrVG Rz. 119 f. ||7 BAG 8.3.1977 – 1 ABR 33/75, AP Nr. 1 zu § 87 BetrVG 1972 Auszahlung. ||8 Vgl. BAG 23.11.1994 – 4 AZR 879/93, AP Nr. 12 zu § 1 TVG Rückwirkung. ||9 So bereits BAG 16.3.1956 – GS 1/55, AP Nr. 1 zu § 57 BetrVG; 30.1.1970 – 3 AZR 44/68, AP Nr. 142 zu § 242 BGB Ruhegehalt; zum TV: 13.9.1994 – 3 AZR 148/94, AP Nr. 11 zu § 1 TVG Rückwirkung; zust. *Fitting*, § 77 BetrVG Rz. 41; *Richardi*, § 77 BetrVG Rz. 119 ff. ||10 BAG 13.8.1980 – 5 AZR 325/78, AP Nr. 2 zu § 77 BetrVG 1972; 23.8.1989 – 5 AZR 391/88, AP Nr. 42 zu § 77 BetrVG 1972. Für das Schrifttum *Fitting*, § 77 BetrVG Rz. 97; GK-BetrVG/*Kreutz*, § 77 Rz. 122 f., 58, dort auch zu anderen Nichtigkeitsgründen. ||11 Vgl. BAG 24.1.1996 – 1 AZR 597/95, AP Nr. 8 zu § 77 BetrVG 1972 Tarifvorbehalt; 5.3.1997 – 4 AZR 532/95, AP Nr. 10 zu § 77 BetrVG 1972 Tarifvorbehalt; 29.10.2002 – 1 AZR 573/01, NZA 2003, 393; 28.6.2005 – 1 AZR 213/04, AP Nr. 29 zu § 77 BetrVG 1972 Betriebsvereinbarung. ||12 GK-BetrVG/*Kreutz*, § 77 Rz. 122; aA *Birk*, ZfA 1986, 73 (106): Auslauffrist von drei Monaten analog § 77 V BetrVG. ||13 Vgl. *Fitting*, § 77 BetrVG Rz. 31; GK-BetrVG/*Kreutz*, § 77 Rz. 127; aA v. *Hoyningen-Huene*, DB-Beil. 1/1994, 11, der eine Rückabwicklung nach §§ 812 ff. befürwortet.

538 **5. Änderung eines Tarifvertrags.** Grds. gilt für das Verhältnis zweier aufeinander folgender TV die Zeitkollisionsregel. Der nachfolgende Vertrag löst den vorangegangenen ab, ohne dass es auf einen Günstigkeitsvergleich oder eine Angemessenheit der Änderung ankäme[1]. Probleme bereitet hier jedoch insb. die **Anrechnung übertarifl. Entgelte** sowie **rückwirkende Änderungen des TV**.

539 **a) Anrechnung übertariflicher Entgelte.** Sollen übertarifl. Zulagen unabhängig von einer Tariflohnerhöhung gekürzt oder gänzlich gestrichen werden, bedarf es hierzu eines Widerrufsvorbehalts (s. Rz. 511 ff.). Die Vertragsklausel in einem Formulararbeitsvertrag, nach der dem ArbGeb das Recht zustehen soll, „übertarifl. Lohnbestandteile jederzeit unbeschränkt zu widerrufen", ist gem. § 308 Nr. 4 unwirksam[2]. Geht es jedoch nur um eine Anrechnung auf eine Tariflohnerhöhung und damit insg. nicht um eine Entgeltminderung, sondern nur um eine Minderung der Entgelterhöhung, ist der Gestaltungsspielraum des ArbGeb größer. Individualvertragl. ist hier eine Anrechnung **grds. zulässig**, denn im Zweifel ist davon auszugehen, dass die Arbeitsvertragsparteien die Anrechnung von übertarifl. Zulagen zulassen wollten[3]. Daneben kann der Arbeitsvertrag ausdrücklich die Anrechnung vorsehen, etwa wenn sie lediglich als Zulage zum „augenblicklichen Tariflohn" gewährt wird[4]. Eine arbeitsvertragl. Vereinbarung, nach der übertarifl. Zulagen auf „kommende" Lohnerhöhungen anrechenbar sind, beschränkt das Anrechnungsrecht des ArbGeb nach der recht strengen Rspr. des BAG auf den Zeitraum bis zur erstmöglichen Umsetzung der Erhöhung[5]. Die Grundsätze zur Anrechenbarkeit von Tarifgehaltserhöhungen auf übertarifl. Entgelte sind nach der Rspr. auch dann anzuwenden, wenn eine Erhöhung für bei Tarifabschluss zurückliegende Monate nicht prozentual, sondern durch als **Einmalzahlungen** bezeichnete, für alle ArbN gleich hohe monatliche Pauschalbeträge erfolgt[6].

540 Auf der anderen Seite kann sich die Nichtanrechnung aus der **Formulierung der Zulage**, ihrem Zweck oder der bisherigen betriebl. Übung ergeben. Heißt es in der Vereinbarung der Zulage ausdrücklich, dass sie auch zusätzlich zu zukünftigen Tariflohnerhöhungen gewährt werde, so scheidet eine Anrechnung grds. aus. Dies gilt lediglich dann nicht, wenn der TV seinerseits die Anrechnung ausdrücklich erlaubt. Insofern fehlt es an einer Tariflohnerhöhung für den bisher über Tarif bezahlten ArbN. Das Günstigkeitsprinzip greift hier nicht, die Rspr. hat dies jedoch in älteren Entscheidungen abgelehnt, weil ein TV nur Mindestlöhne und keine Höchstlöhne festsetzen könne[7]. Das Schrifttum steht solchen Aufsaugungsklauseln demggü. zu Recht wohlwollender ggü.[8]. Ausdrücklich die Aufrechnung ausschließen kann der TV jedenfalls nicht; die lange Zeit umstrittenen **Effektivklauseln** sind nach heute ganz hM unzulässig, sowohl als Effektivgarantieklausel (das bisher geleistete Entgelt soll im vollen Umfang Tariflohn werden), als auch als begrenzte Effektivklausel (die bisherigen übertarifl. Entgelte sollen als Bestandteil des Individualvertrags erhalten bleiben und die Tariflohnerhöhung, unabhängig von den Vorgaben der Arbeitsparteien nicht mit ihnen verrechnet werden)[9]. Soweit im Schrifttum davon ausgegangen wird, dass die TV-Parteien jedoch eine Auslegungsregel hinsichtlich der arbeitsvertragl. Regelung formulieren können, ist dies unzulässig: Die Auslegung des Arbeitsvertrags richtet sich nach dem Willen der vertragschließenden Parteien. Wo die Klausel des TV dem entspricht, ist sie überflüssig, wo sie von ihr abweicht, ist sie keine Auslegungsregel mehr, sondern wäre eine Effektivklausel und daher unzulässig[10].

541 Leistungen, deren Zweck nicht auf eine bereits im TV entgoltene Tätigkeit gerichtet ist, sind nur anrechenbar, solange der ArbGeb sich eine Anrechnung oder einen Widerruf tatsächlich vorbehält[11]. Dementsprechend sind **Leistungserschwernis- oder Sozialzulagen** ebenso wie Zulagen, die die Abwan-

---

1 BAG 16.12.1954 – 2 AZR 58/54, AP Nr. 2 zu § 52; 1.6.1970 – 3 AZR 166/69, AP Nr. 143 zu § 242 BGB Ruhegehalt; Wiedemann/Wank, § 4 TVG Rz. 261; sowie bereits Nipperdey, FS Lehmann, 1937, S. 257 (264). ‖ 2 BAG 12.1. 2005 – 5 AZR 364/04, AP Nr. 1 zu § 308 BGB. ‖ 3 BAG 1.3.2006 – 5 AZR 363/05, AP Nr. 3 zu § 308 BGB; 9.12.1997 – 1 AZR 330/97, NZA 1998, 609; 3.6.1998 – 5 AZR 616/97, NZA 1999, 208; 7.2.1996 – 1 AZR 657/95, NZA 1996, 832; Wiedemann/Wank, § 4 TVG Rz. 508; einschr. Gamillscheg, Kollektives Arbeitsrecht, Bd. 1 S. 865 f., der von einer Zweifelsregelung gegen die Anrechnung ausgeht. ‖ 4 BAG 28.10.1964 – 4 AZR 266/63, DB 1965, 399; s.a. BAG 9.12.1997 – 1 AZR 319/97, AP Nr. 11 zu § 77 BetrVG 1972 Tarifvorbehalt; s.a. BAG 8.12.1982 – 4 AZR 481/80, EzA § 4 TVG Tariflohnerhöhung Nr. 6. ‖ 5 BAG 17.9.2003 – 4 AZR 533/02, AP Nr. 39 zu § 4 TVG Übertarifl. Lohn u. Tariflohnerhöhung; s. hierzu auch Oetter, ArbRB 2004, 106. ‖ 6 BAG 27.8.2008 – 5 AZR 821/07, nv.; 19.5.2004 – 5 AZR 354/03, EzA § 4 TVG Tariflohnerhöhung Nr. 43; 25.6.2002 – 3 AZR 167/01, NZA 2002, 1216 im Anschluss an BAG 14.8.2001 – 1 AZR 744/00, AP BetrVG 1972 § 77 Regelungsabreden; ErfK/Preis, §§ 305–310 Rz. 65. ‖ 7 BAG 18.8.1971 – 4 AZR 342/70, DB 1971, 2117; ebenso BAG 16.9.1987 – 4 AZR 265/87, NZA 1988, 29; ErfK/Preis, §§ 305–310 Rz. 67. ‖ 8 Wie hier Gamillscheg, Kollektives Arbeitsrecht Bd. 1, S. 863; Löwisch/Rieble, § 1 TVG Rz. 547. S.a. BAG 3.3.1993 – 10 AZR 42/92, NZA 1993, 805: Das Günstigkeitsprinzip (§ 4 III TVG) steht der Anrechnung nicht entgegen, wenn ein TV bestimmt, dass auf die Jahressonderzahlung als Zulage gewährte Leistungen angerechnet werden können. S.a. BAG 25.6.2002 – 3 AZR 273/01, nv. ‖ 9 BAG 14.2.1968 – 4 AZR 275/67, AP Nr. 7 zu § 4 TVG Effektivklausel; 16.9.1987 – 4 AZR 265/87, AP Nr. 15 zu § 4 TVG Effektivklausel; s.a. BAG 21.7. 1993 – 4 AZR 468/92, AP Nr. 144 zu § 1 TVG Auslegung. ‖ 10 Gegen eine vertragsergänzende begrenzte Effektivklausel als Auslegungsregel auch BAG 18.8.1971 – 4 AZR 342/70, AP Nr. 8 zu § 4 TVG Effektivklausel; Richardi, NZA 1992, 961 (964); Wiedemann/Wank, § 4 TVG Rz. 539; aA auch hier Gamillscheg, Kollektives Arbeitsrecht Bd. 1, S. 869; offen gelassen für die Bestimmung von Fristen im TV, in denen eine Anrechnung auf zukünftige Tariflohnerhöhung erklärt werden kann; s. BAG 17.9.2003 – 4 AZR 533/02, NZA 2004, 437. ‖ 11 BAG 3.12.1991 – GS 2/90, NZA 1992, 749 (961).

derung eines ArbN verhindern sollten, Treueurlaub oder Überstundenpauschalen tariffest[1]. Eine solche Zweckbestimmung ist als konkludentes Anrechnungsverbot zu deuten[2]. Gleiches hat die Rspr. für die Anrechnung eines Lohnausgleichs bei **Arbeitszeitverkürzung** entschieden[3]. Beim monatlich bemessenen Gehalt kann jedoch unter Tariflohnerhöhung nur die Erhöhung des monatlichen Entgeltbetrages zu verstehen sein, nicht die Folge einer durch Arbeitszeitverkürzung mit Lohnausgleich eingetretenen Erhöhung[4]. Generell dürfte danach zu unterscheiden sein, ob der Zweck der Zulage und der Zweck der erhöhten tarifvertragl. Entgeltbestandteils identisch sind (**Einheitsprinzip im Gegensatz zum Trennungsprinzip**)[5].

Inwieweit der Umstand, dass der ArbGeb in der **Vergangenheit** eine Zulage auf Tariflohnerhöhungen nicht angerechnet hat, ihn auch für die Zukunft bindet, ist umstritten. Im Schrifttum wird vertreten, dass es hier zu einer **betriebl. Übung** kommen kann, und es wird versucht, die für dieses Rechtsinstitut heraus geformten Grundsätze auf die Frage der Anrechnung übertarifl. Entgelte zu übertragen[6]. Bei der betriebl. Übung handelt es sich jedoch nur um die Weitergewährung in der Vergangenheit gewährter Leistungen, hier geht es um die Frage der Aufstockung, also um eine Erhöhung des Leistungsumfangs. Die Gründe, auf denen die betriebl. Übung beruht (der Verwirkungsgedanke und der Vertrauensschutz), sind hierauf nicht übertragbar, denn ein Vertrauen auf eine Lohnsteigerung ist weniger schutzwürdig als das Vertrauen auf den Lohnbestand. Zu Recht geht die Rspr. daher davon aus, dass auch der ArbGeb, der bei Tariflohnerhöhungen mehrfach die Zulage nicht angerechnet hat, sich hierdurch nicht verpflichtet hat, dies auch in Zukunft so zu handhaben, s.a. Rz. 237 mit Nachweis der einschlägigen Rspr. 542

Kommt es entsprechend diesen Regeln zu einer Anrechnung, unterliegt diese nach richtiger Auffassung **keiner Billigkeitskontrolle** nach § 315 I. Anders als beim Widerruf einer übertarifl. Zulage bedarf es hier nicht einer Erklärung des ArbGeb, die auf Billigkeit überprüft werden müsste, sondern die Anpassung tritt automatisch auf Grund des Arbeitsvertrags ein. Allerdings ist der ArbGeb hierbei an den Gleichbehandlungsgrundsatz gebunden und darf sich nicht bei gleichheitswidrig bestimmten ArbN oder ArbN-Gruppen auf die Anrechnung berufen (s. Nachweise Rz. 224)[7]. Zudem hat der BR gem. § 87 I Nr. 10 BetrVG mitzubestimmen, wenn eine generelle Maßnahme vorliegt und sich dadurch die bisher bestehenden Verteilungsrelationen ändern und innerhalb des vom ArbGeb vorgegebenen Dotierungsrahmens ein Gestaltungsspielraum besteht[8]. 543

b) Entgeltreduzierung. Da zwischen dem vorangegangenen und dem nachfolgenden TV die Zeitkollisionsregel gilt, kann auch ein schlechterer einen günstigeren Vertrag ablösen. Anders als die BV unterzieht die Rspr. den TV keiner Billigkeitskontrolle entsprechend § 315. Gewerkschaft und ArbGeb- (Verband) sind hier also noch ein wenig freier als die Betriebsparteien. Inwieweit Beschränkungen beim **betriebl. Ruhegeld**, das auf tarifvertragl. Grundlage gewährt wird, bestehen, ist in der Rspr. noch weitgehend ungeklärt, da sich die einschlägige Judikatur zumeist auf arbeitsvertragl. Gesamtzusagen und BV bezieht. Es dürften hier jedoch im Wesentlichen die gleichen Maßstäbe gelten, denn das Vertrauen eines ArbN auf Fortbestand seines betriebl. Ruhegeldes richtet sich nicht nach der Rechtsgrundlage. Die Rspr. hat dementsprechend die Neuregelung eines tarifl. Ruhegeldes mit Nachteilen für nur „einzelne" ArbN anerkannt[9], und auch ein Eingriff in künftige Anpassungen des Vorruhestandsgelds wurde gebilligt, weil der ArbN mit einer Änderung habe rechnen müssen[10]. Auch wenn ein tarifvertragl. Anspruch auf ein Jubiläumsgeld gekürzt oder gestrichen wird, begnügt sich die Rspr. nicht mit dem bloßen Hinweis auf die Zeitkollisionsregel, sondern weist zusätzlich auf die fehlende Schutzwürdigkeit des ArbN hin, der die erforderlichen Dienstjahre noch nicht erbracht hat[11]. 544

Die **Rückwirkung der Entgeltreduzierung** durch TV birgt ähnliche Probleme wie die belastende Rückwirkung einer BV (vgl. Rz. 535). Die Rspr. nimmt hier zuweilen wechselseitig auf das jeweils andere Rechtsinstitut Bezug. Wo Präjudizien für die BV fehlen, mag daher eine Entscheidung zur Rückwirkung des TV hilfreich sein und vice versa. Das dogmatische Koordinatensystem zur Beurteilung beider Regelungsformen hat sich in der Rspr. verschoben: 545

Das BAG geht nun in Abkehr von älterer Judikatur davon aus, dass die Grenzen der Rückwirkung für den TV denen entsprechen, die den Gesetzgeber binden[12]. Sie greifen bereits ab dem Zeitpunkt der An- 546

---

1 BAG 10.12.1965 – 4 AZR 411/64, DB 1966, 544; 4.6.1980 – 4 AZR 530/78, DB 1980, 2243; 28.10.1987 – 5 AZR 518/85, NZA 1988, 425; 11.8.1992 – 1 AZR 279/90, NZA 1993, 418; 22.9.1992 – 1 AZR 235/90, NZA 1993, 232. ||2 BAG 23.3.1993 – 1 AZR 520/92, NJW 1993, 3159. ||3 BAG 7.2.1996 – 1 AZR 657/95, NZA 1996, 832; 3.6.1998 – 5 AZR 616/97, NZA 1999, 208. ||4 BAG 15.3.2000 – 5 AZR 557/98, AP Nr. 35 zu § 4 TVG Übertariflicher Lohn und Tariflohnerhöhung. ||5 Ausf. Wiedemann/*Wank*, § 4 TVG Rz. 510 ff.; s.a. *Joost*, JuS 1989, 274 ff.; *Oetker*, RdA 1991, 16 ff. ||6 *Gamillscheg*, Kollektives Arbeitsrecht Bd.1, S. 863. ||7 BAG 22.8.1979 – 5 AZR 769/77, DB 1980, 406; 9.6.1982 – 5 AZR 501/80, NJW 1982, 2838; s.a. *Joost*, JuS 1989, 279. ||8 BAG 3.6.2003 – 1 AZR 314/02, nv. ||9 BAG 1.6.1970 – 3 AZR 166/69, AP Nr. 143 zu § 242 BGB Ruhegehalt; 14.12.1982 – 3 AZR 251/80, AP Nr. 1 zu § 1 BetrAVG Besitzstand. ||10 BAG 10.10.1989 – 3 AZR 200/88, AP Nr. 3 zu § 1 TVG Vorruhestand mit zust. Anm. *Wiedemann/Arnold*; zust. auch *Gamillscheg*, Kollektives Arbeitsrecht Bd. 1, S. 768. ||11 BAG 30.3.1995 – 6 AZR 694/94, AP Nr. 33 zu Art. 20 Einigungsvertrag. ||12 BAG 22.10.2003 – 10 AZR 152/03, NZA 2004, 444; 23.11.1994 – 4 AZR 879/93, AP Nr. 12 zu § 1 TVG Rückwirkung.

spruchsentstehung ein[1]. Maßgeblich ist also auch hier der **Vertrauensschutz** selbst. Dies schließt eine rückwirkende Lohnherabsetzung für bereits entstandene und fällig gewordene, noch nicht abgewickelte Ansprüche nicht notwendig aus. Ebenso wie bei der BV gilt das insb. für die rückwirkende Ablösung eines bloß nachwirkenden TV. Die Rspr. billigte eine rückwirkende Lohnherabsetzung für zweieinhalb Monate um ca. 20 %[2]. Soweit im Schrifttum die Auffassung vertreten wird, ein rückwirkender Eingriff in den ausgezahlten Lohn sei stets[3] oder grds.[4] ausgeschlossen, liegt dies der Sache nach so weit nicht davon entfernt. Einer Rückforderung jedenfalls erheblicher Entgeltsummen wird regelmäßig der Entreicherungseinwand gem. § 818 III entgegenstehen, und auch kann der ArbN darauf vertrauen, dass selbst dort, wo er mit einer rückwirkenden Herabsetzung rechnen muss, diese jedenfalls nicht erheblich ist.

547 c) **Änderung der Vergütungsgruppen.** Auch bei der Festlegung der Vergütungsgruppen und der Eingruppierungsmerkmale sind die TV-Parteien nicht an den vorangegangen TV gebunden, und zwar auch dann nicht, wenn damit ein bisher vorgesehener Bewährungsaufstieg erschwert wird[5]. Inwieweit die TV-Parteien hierbei durch den Gleichbehandlungsgrundsatz oder besondere Diskriminierungsverbote eingeschränkt sind, ist zurzeit noch offen. Die Rspr. hat bislang solche Grenzen nicht aufgezeigt, doch finden sich Stimmen in der Lit., die etwa einen Verstoß gegen das Gebot der gleichen Entlohnung gleichwertiger Arbeit für möglich halten, wenn eine überwiegend von Frauen ausgeübte Tätigkeit in einem nachfolgenden TV niedriger bewertet wird als eine ehemals gleich bewertete, überwiegend von Männern ausgeübte Tätigkeit[6].

611a, b *(aufgehoben)*

612 *Vergütung*
(1) Eine Vergütung gilt als stillschweigend vereinbart, wenn die Dienstleistung den Umständen nach nur gegen eine Vergütung zu erwarten ist.

(2) Ist die Höhe der Vergütung nicht bestimmt, so ist bei dem Bestehen einer Taxe die taxmäßige Vergütung, in Ermangelung einer Taxe die übliche Vergütung als vereinbart anzusehen.

(3) *(weggefallen)*

I. Allgemeines 1	III. Üblichkeit der Vergütung 32
II. Stillschweigende Vereinbarung einer Vergütung 3	1. Anwendungsbereich und Rechtscharakter des Abs. 2 32
1. Zum Rechtscharakter des Abs. 1 3	2. Fehlen einer Parteivereinbarung 35
2. Voraussetzungen 8	3. Höhe der Vergütung 36
3. Rechtsfolge 30	4. Beweislast 47
4. Beweislast 31	

1 I. **Allgemeines.** Abs. 1 und 2 sind seit dem Inkrafttreten des BGB nicht verändert worden[7]. Abs. 3, der ein Lohngleichheitsgebot enthielt, wurde durch das Gesetz zur Umsetzung europäischer Richtlinien zur Verwirklichung des Grundsatzes der Gleichbehandlung mWv. 18.8.2006[8] aufgehoben und materiell in das AGG integriert.

2 Während Abs. 1 bei fehlender Vereinbarung einer Vergütung das „Ob" der Vergütung betrifft, geht es in Abs. 2 um deren (absolute) Höhe. Während die Wirkung des Abs. 3 erst bei Beteiligung eines weiteren ArbN eintreten konnte, beschränkt sich die Wirkung der Abs. 1 und 2 auf das Verhältnis ArbN–ArbGeb. Im Unterschied zu Abs. 3, der allein für den Arbeitsvertrag galt, erfassen Abs. 1 und 2 jeden **Dienstvertrag.** Abs. 1 und 2 entsprechende Regelungen finden sich auch in den Vorschriften der §§ 632, 653, ähnlich sind auch die §§ 59, 87b HGB und § 17 BBiG. Es fällt auf, dass die Regelung im Zusammenhang mit tätigkeitsgebundenen Schuldverhältnissen steht, was für die Bestimmung des Normzwecks nicht unbedeutend ist, s. Rz. 5.

3 II. **Stillschweigende Vereinbarung einer Vergütung. 1. Zum Rechtscharakter des Abs. 1. a) Allgemeines.** Nach Abs. 1 „gilt" eine Vergütung unter bestimmten Voraussetzungen „als stillschweigend vereinbart". Die Formulierung deutet darauf hin, dass es sich bei der Norm um eine gesetzl. Fiktion

---

[1] BAG 22.10.2003 – 10 AZR 152/03, NZA 2004, 444. ||[2] BAG 23.11.1994 – 4 AZR 879/93, AP Nr. 12 zu § 1 TVG. ||[3] *Gamillscheg*, Kollektives Arbeitsrecht Bd. 1, S. 766. ||[4] Wiedemann/*Wank*, § 4 TVG Rz. 248; ähnlich auch *Neuner*, ZfA 1998, 83 (97). ||[5] Zur Zulässigkeit einer rückwirkenden Änderung der Eingruppierungsmerkmale BAG 14.6.1995 – 4 AZR 225/94, AP Nr. 13 zu § 1 TVG Rückwirkung. ||[6] Vgl. *Appelt*, Mittelbare Diskriminierung durch Lohngruppenbildung in kirchenarbeitsrechtlichen Entgeltsystemen, 2000, S. 45; Hanau/*Thüsing*, Europarecht und kirchliches Arbeitsrecht, 2001, S. 59 ff. ||[7] Vgl. Staudinger/*Richardi*, § 612 Rz. 1 und Soergel/*Raab*, § 612 Rz. 1 und 43, jew. mwN zu Einzelheiten der Entstehungsgeschichte. ||[8] BGBl. I S. 1897.

handelt¹. Andere deuten sie als Auslegungsregel, durch die die unentgeltliche Geschäftsbesorgung von dem entgeltlichen Dienstverhältnis abgegrenzt werden soll². Diese Sichtweise beruht auf der unzutreffenden Annahme, zwischen Entgeltlichkeit und Unentgeltlichkeit gebe es kein Drittes. Tatsächlich aber kann die Norm weder den Fall meinen, dass die Parteien die Entgeltlichkeit der Dienste vereinbart haben, noch den Fall, dass sie deren Unentgeltlichkeit vereinbart haben, denn in beiden Fällen gälte das übereinstimmend Gewollte. Abs. 1 kann nur den Fall betreffen, dass weder das eine noch das andere zutrifft, weil die Parteien entweder unbemerkt unterschiedlicher Auffassung über die Frage der Entgeltlichkeit der Dienste geblieben sind oder weil sie sich, ebenfalls von beiden unreflektiert, über diese Frage keine Gedanken gemacht haben. Allein in diesen beiden Konstellationen, mithin erst nach der Feststellung, dass keine Vereinbarung der Unentgeltlichkeit noch der Entgeltlichkeit vorliegt, kann Abs. 1 zur Anwendung gelangen. Da es sich bei der Frage der Entgeltlichkeit um ein *essentialium negotii* handelt, wäre das Rechtsgeschäft nach § 154 I 1 nichtig, wenn nicht § 612 I existierte und die Entgeltlichkeit anordnete. Damit ist diese Norm **lex specialis zu § 154 I 1**, dessen Nichtigkeitsanordnung sie, soweit sie reicht, außer Kraft setzt. Deshalb braucht in ihr jedoch insoweit noch keine Fiktion gesehen zu werden.

b) **Abs. 1 als Fiktion.** Die in Abs. 1 gleichwohl enthaltene Fiktion („gilt") bezieht sich auf einen anderen Umstand: Da die Parteien die Entgeltlichkeit der Dienste nicht vereinbart haben (dann wäre § 612 I nicht einschlägig), beruhte die durch Abs. 1 getroffene Anordnung der Entgeltlichkeit auf Gesetz, wenn nicht formuliert wäre „gilt als stillschweigend vereinbart". Die Fiktion bezieht sich auf die **Rechtsgeschäftlichkeit** der in Wirklichkeit nicht rechtsgeschäftlich begründeten, sondern qua Gesetz angeordneten Entgeltlichkeit. Die Konsequenz ist, dass die fingierte Entgeltlichkeits-"Abrede" den Regeln über die Rechtsgeschäfte unterliegt, obwohl sie originär auf dem Gesetz als Rechtsgrund beruht. Dies hat zur Folge, dass sie das Schicksal des mit ihr verbundenen Rechtsgeschäfts der Vereinbarung der Erbringung von Diensten teilt und damit in derselben Weise unter dem Vorbehalt von Geschäftsfähigkeit, Wirksamkeit einer Stellvertretung und dergleichen steht.   4

c) **Normzweck.** Ansatzpunkt für die Erschließung des Normzwecks ist die Beobachtung, dass eine dem Abs. 1 entsprechende Regelung bei vielen tätigkeitsbezogenen Schuldverhältnissen besteht, s. Rz. 2. Ihnen liegt die Vorstellung zugrunde, dass die Möglichkeit der Rückabwicklung eines nichtigen tätigkeitsbezogenen Austauschverhältnisses schwieriger ist als im Fall eines gegenseitigen Austauschs von Gegenständen, weil die Bewertung der nicht verkörperten Hauptleistung, deren Wert nach ihrer Erbringung nicht durch Weiterveräußerung realisiert werden kann, problematischer ist als bei Gegenständen. Dies beeinträchtigte einseitig die Position des Diensterbringenden im Hinblick auf seinen Wertersatzanspruch nach § 812 II.   5

Die ratio des Abs. 1 besteht daher, weil er die Anordnung des § 154 I 1 in seinem Bereich ausschaltet, in der **Verdrängung des Bereicherungsrechts**, das im Fall der Nichtexistenz des Abs. 1 zur Anwendung gelangte. Die Anwendung des Bereicherungsrechts ist – außer wegen der Beschränkung auf den Wertersatz der geleisteten Dienste – auch wegen der Möglichkeit des Entreicherungseinwandes für den Dienstleistenden ungünstiger als ein vertragl. Anspruch. Insofern dient Abs. 1 seinem Schutz. Eine Schutzwirkung zu Gunsten des ArbN kommt der Norm allerdings weniger zu, kämen doch im Fall einer Nichtigkeit ohnehin die Grundsätze über das faktische ArbVerh zum Tragen.   6

d) **Verhältnis zur Anfechtung und zur Auslegung.** Die einseitige Vorstellung von der Unentgeltlichkeit der Dienste kommt nicht als Grund für eine Anfechtung wegen Irrtums in Betracht³. Dies folgt bereits aus dem Anwendungsbereich des Abs. 1, der voraussetzt, dass hinsichtlich der Vergütungsfrage schon keine Abrede vorliegt (s. Rz. 17), weshalb eine Erklärung nicht angefochten zu werden braucht. Auch kommt ein Irrtum in Bezug auf die durch § 612 I angeordnete Rechtsfolge nicht in Betracht, denn es liegt im Fall des Abs. 1 kein Verhalten – auch kein Schweigen – mit Erklärungswert vor, das angefochten werden könnte. Zum **Verhältnis zur Auslegung** s. Rz. 27.   7

2. **Voraussetzungen. a) Wirksamer Vertrag über Dienste.** Voraussetzung für die Rechtsfolge des Abs. 1 ist grds. **ein rechtswirksamer Vertrag über Dienste**, dessen Zustandekommen sich nach den allg. Vorschriften beurteilt und damit auch konkludent erfolgen kann⁴. Gleichgültig ist dabei, ob es sich um Dienste im Rahmen eines Arbeitsvertrags, eines reinen Dienstvertrags oder auch eines Geschäftsbesorgungsvertrags (§ 675⁵) handelt⁶. Die Norm betrifft mithin den Fall, dass eine wirksame Vereinbarung allein hinsichtlich der Vergütung fehlt, während eine rechtsgeschäftliche Vereinbarung über die Erbringung von Diensten (zu Abweichungen s. Rz. 10) bestehen muss⁷ (vgl. auch Rz. 14). Genau genommen   8

---

1 So Soergel/*Raab*, § 612 Rz. 15 (undeutlich Rz. 2, 14); Staudinger/*Richardi*, § 612 Rz. 5; *Hanau*, AcP 165 (1965), 220 (264f.). ||2 *Canaris*, BB 1967, 165ff.; dazu *Lieb*, Ehegattenmitarbeit, 1970, S. 71ff. (81ff.); *Fenn*, FamRZ 1968, 291ff.; vgl. auch MüKoBGB/*Müller-Glöge*, § 612 Rz. 1. ||3 Vgl. ArbR-BGB/*Schliemann*, § 612 Rz. 28; ErfK/*Preis*, § 612 Rz. 11; Staudinger/*Richardi*, § 612 Rz. 19. ||4 Soergel/*Raab*, § 612 Rz. 17; zum Rechtsgeschäft gem. § 612 bei Weiterbeschäftigung nach Beendigungs eines Ausbildungsverhältnisses s. BAG 16.6.2005 – 6 AZR 411/04, AP Nr. 12 zu § 14 BBiG. ||5 Palandt/*Weidenkaff*, § 612 Rz. 2. ||6 Soergel/*Raab*, § 612 Rz. 2; Palandt/*Weidenkaff*, § 612 Rz. 2; zur Frage der Vergütungspflicht im Rahmen eines sog. Einfühlungsverhältnisses s. LAG Schl.-Holst 17.3.2005 – 4 Sa 11/05, AuA 2005, 431. ||7 Staudinger/*Richardi*, § 612 Rz. 13; MüKoBGB/*Müller-Glöge*, § 612 Rz. 5; ArbR-BGB/*Schliemann*, § 612 Rz. 5; Soergel/*Raab*, § 612 Rz. 17.

ist bei Fehlen einer Vereinbarung über die Entgeltlichkeit der Dienste offen, ob es sich um einen – die Entgeltlichkeit wesensgemäß erfordernden – Dienstvertrag handelt. Wollte man allerdings als Anwendbarkeitsvoraussetzung des Abs. 1 das Vorliegen eines (entgeltlichen) Dienstvertrags verlangen, dann enthielte die Norm einen Zirkelschluss und wäre perplex, weil die Norm gerade den Fall betrifft, dass eine Vereinbarung über die Entgeltlichkeit nicht besteht. Die Voraussetzung kann daher nur so verstanden werden, dass rechtsverbindlich lediglich die Erbringung von Diensten zugesagt worden ist, nicht dagegen in der Weise, dass ein wirksamer „Dienstvertrag" im rechtstechnischen Sinn abgeschlossen wurde. Der Wortlaut des Abs. 1 lässt vermuten, dass die Bestimmung nur eingreift, wenn die Parteien von vornherein keine Vergütungspflicht vereinbart haben. Allerdings wird Abs. 1 sowohl im Fall einer **unwirksamen Vereinbarung über Dienste** als auch bei einer **unwirksamen Vergütungsvereinbarung** angewendet[1]:

9 **aa) Unwirksame Vereinbarung über Dienste.** Teilweise wird die Auffassung vertreten, dass die Vorschrift über ihre Vergütungsfiktion auch eine Vertragsfiktion enthalte, denn wenn zweifelhaft ist, ob ein entgeltlicher Dienstvertrag oder ein unentgeltlicher Auftrag vorliegt, solle Abs. 1 sicherstellen, dass der Abschluss eines Dienstvertrags nicht am Fehlen einer Vergütungsabrede fehle[2]. Nach zu Recht herrschender Ansicht fingiert Abs. 1 jedoch nicht das Vorliegen eines Dienstvertrags, sondern die Norm setzt dessen Abschluss gerade voraus; die Funktion des Abs. 1 bestehe darin, die ohne sie eintretende Nichtigkeit des Rechtsgeschäfts wegen Dissenses auszuschließen[3]. Die Norm bezweckt in der Tat nur den Ausschluss einer Nichtigkeit wegen fehlender Einigung über die Entgeltlichkeit, nicht aber die universelle Heilung sämtlicher rechtsgeschäftlicher Mängel. Für eine „Vertragsfiktion" besteht kein Bedürfnis, denn bei Nichtigkeit oder Unwirksamkeit gelangen die Grundsätze über das fehlerhafte Dienst- bzw. ArbVerh zur Anwendung; iÜ kommt eine Rückabwicklung über die §§ 812ff. in Betracht. Der Diensterbringende ist daher nicht ohne Schutz. Relevant wird dieser Streit etwa dann, wenn von den Parteien der Abschluss eines **ArbVerh** beabsichtigt worden ist, das jedoch **nicht rechtswirksam entstanden** ist, **oder** wenn das durchgeführte ArbVerh **angefochten** worden ist. In diesen Fällen kann das ArbVerh nach den Grundsätzen über das faktische ArbVerh als wirksam behandelt werden[4]. Hinsichtlich des „Ob" einer Vergütung kann dann Abs. 1 zur Anwendung gelangen.

10 **bb) Unwirksame Vergütungsvereinbarung.** Abs. 1 findet auch dann Anwendung, wenn das Dienstverhältnis wegen **Lohnwuchers nach § 138 II** nichtig ist[5] oder die Vereinbarung über einen Teil der Vergütung, etwa eine Überstundenregelung, nach § 307 unwirksam ist[6]. Allerdings kann auch bei Nichtanwendung des Abs. 1 im Fall des Lohnwuchers ein unbilliges Ergebnis vermieden werden, wenn man Bereicherungsrecht anwendet und den Dienstberechtigten zum Wertersatz für die erhaltenen Dienste verpflichtet. Etwas anderes mag gelten, wenn es sich bei dem nichtigen Dienstverhältnis um ein ArbVerh handelt, auf das die Grundsätze über das faktische ArbVerh hinsichtlich der Höhe der Vergütung zu einem vom Wertersatz abweichenden Ergebnis kommen könnten, s. Rz. 14. Weiterhin erforderlich ist jedoch eine rechtsgeschäftliche Vereinbarung über Grund und Umfang der geleisteten Arbeit[7].

11 **cc) Fehlgeschlagene Vergütungserwartungen.** Diese sind nicht nur dadurch gekennzeichnet, dass es hinsichtlich der Entgeltlichkeit der Dienste an einer Abrede mangelt, sondern dass bereits eine **Verpflichtung zur Erbringung von Diensten fehlt**; wobei der Dienstleistende in der Erwartung, dass später eine Vergütung oder eine höhere Vergütung entrichtet werde, seine Dienste ohne oder nur gegen eine geringe Vergütung erbringt, weil seine Erwartung fehlgeschlagen ist. Modellfall ist die später gescheiterte Erwartung, von einem anderen als Erbe eingesetzt zu werden, nachdem diesem Dienste erbracht wurden. Die Rspr. wendet, obwohl ein Vertrag über die Erbringung von Diensten nicht bestand, unter folgenden Voraussetzungen § 612 an[8]: Ein Anspruch auf Vergütung besteht, (1) wenn überhaupt arbeits- oder dienstvertragl. Beziehungen bestanden haben, (2) wenn „eine Erwartung besteht, dass durch eine in der Zukunft erfolgende Übergabe eines Vermögens oder Vermögensbestandteils in der Vergangenheit geleistete Dienste abgegolten werden sollen, (3) wenn weiter für diese Dienste keine oder doch nur eine deutlich unterwertige Bezahlung erfolgt ist und (4) wenn schließlich ein unmittelbarer Zusammenhang zwischen dieser unterwertigen oder fehlenden Zahlung und der oben erwähnten Erwartung besteht"[9].

---

1 ErfK/*Preis*, § 612 Rz. 2. ||2 Erman/*Edenfeld*, § 612 Rz. 1; *Hanau*, AcP 165 (1965), 265. ||3 Staudinger/*Richardi*, § 612 Rz. 7; Soergel/*Raab*, § 612 Rz. 5; *Lieb*, Ehegattenmitarbeit, 1970, S. 85; *Reuter/Martinek*, Ungerechtfertigte Bereicherung, 1983, S. 138; so wohl letztlich auch RGRK/*Hilger*, § 612 Rz. 11. ||4 Staudinger/*Richardi*, § 612 Rz. 15, Soergel/*Raab*, § 612 Rz. 17. ||5 BAG 26.4.2006 – 5 AZR 549/05, NZA 2006, 1354; 10.3.1960 – 5 AZR 426/58, AP Nr. 2 zu § 138 BGB; LAG Bremen 3.12.1992 – 3 Sa 304/90, AiB 1993, 834; ArbR-BGB/*Schliemann*, § 612 Rz. 23. ||6 BAG 1.9.2010 – 5 AZR 517/09, DB 2011, 61. ||7 LAG Hamm 10.6.1999 – 8 Sa 94/99, LAGE § 612 BGB Nr. 6; LAG Köln 26.3.1997 – 7 Sa 999/96, MDR 1997, 1133, beide zur Vergütung von Mehrarbeit. Eine solche Vereinbarung könne angenommen werden, wenn die Überstunden angeordnet oder zur Erledigung der übertragenen Arbeit notwendig waren oder vom ArbGeb gebilligt oder geduldet worden waren. ||8 BAG 5.8.1963 – 5 AZR 79/63, BAGE 14, 291; 14.9.1966 – 5 AZR 2/66, AP Nr. 24 zu § 612 BGB; 30.9.1971 – 5 AZR 177/71, AP Nr. 27 zu § 612 BGB; BGH 23.2.1965 – VI ZR 281/63, AP Nr. 3 zu § 196 BGB. ||9 BAG 14.7.1966 – 5 AZR 2/66, AP Nr. 24 zu § 612 BGB. Zust. MüKoBGB/*Müller-Glöge*, § 612 Rz. 14; ErfK/*Preis*, § 612 Rz. 21; im Grds. wohl auch Soergel/*Raab*, § 612 Rz. 25, vgl. aber andererseits § 612 Rz. 27f.

Das Fehlen des Vertrags kann zwei Ursachen haben: Es kann einmal darauf beruhen, dass das Gesetz 12
seine Nichtigkeit anordnet, so etwa dann, wenn entgegen § 2302 eine Erbeinsetzung zugesagt wird[1]. Es
kann aber auch darauf beruhen, dass es sich, wie etwa bei der Mitarbeit im Hinblick auf eine spätere
Eheschließung, bei der enttäuschten Gegenleistung nicht um eine Vergütung handelt, so etwa dann,
wenn die Verlobte im Betrieb des Vaters ihres Verlobten unentgeltliche Dienste in der Hoffnung leistet,
den Betrieb mit ihrem Gatten später übernehmen zu können[2]; dies ist ferner angenommen worden,
wenn eine Hofübergabe in Aussicht gestellt worden ist[3] und wenn eine Frau über ein eheähnliches Verhältnis
hinaus die Haushaltsführung übernimmt und nach dem Tode des Mannes Zuwendung erhalten
soll[4]. Für die Frage, wann eine unterwertige Vergütung iSd. genannten Kriterien vorliegt, stellt das
BAG auf alle Umstände des Einzelfalls ab[5], worunter insb. die Leistungsfähigkeit des Dienstempfängers
gerechnet wird[6].

Gegen diesen Standpunkt hat sich ein Teil des Schrifttums gewandt[7]. Abgestellt wird darauf, dass 13
Abs. 1 nicht über das Erfordernis einer rechtsgeschäftlichen Zusage der Erbringung von Diensten hinweghelfen
könne[8]. In Fällen der Erwartung einer rechtsunwirksam zugesagten oder von vornherein unverbindlich
in Aussicht gestellten Gegenleistung stehe die Entgeltlichkeit fest; es gehe ausschließlich
darum, dass die Gegenleistung ausfalle und ein Ausgleich verlangt werde. Für ein solches Ausgleichsproblem
sei nicht Abs. 1, sondern das Bereicherungsrecht maßgebend[9]. Teilweise wird ein Fehlschlagen
der Vergütungserwartung als Äquivalenzstörung eingestuft, das bei wirksamer Dienstverpflichtung
nach Leistungsstörungsrecht, bei unwirksamem Dienstverhältnis nach Bereicherungsrecht abgewickelt
werden soll[10].

Dieser **Kritik ist** der Sache nach **zuzustimmen**. Die Fälle der fehlgeschlagenen Vergütungserwartung 14
betreffen zumeist die im Vergleich zu Abs. 1 umgekehrte Konstellation, weil sie sich dadurch auszeichnen,
dass sich die Beteiligten zwar über das „Ob" der Vergütung – zumindest stillschweigend – einig
sind, dass hingegen kein Dienstvertrag iS einer rechtl. Verpflichtung zur Erbringung der Dienste besteht.
Auf diese Konstellation sollte Abs. 1 jedoch nicht angewendet werden. Nach ihrer *ratio* verhindert
die Norm die Unwirksamkeit des Dienstverhältnisses lediglich, soweit sie auf einem Dissens über
die Entgeltlichkeit der Dienste beruht (s. Rz. 8), nicht jedoch in Fällen, in denen die Wirksamkeit des
Dienstvertrags an anderen Umständen scheitert. Solche Fälle sind nach Bereicherungsrecht rückabzuwickeln.
Anderes muss allerdings gelten, falls die Dienste im Rahmen eines rechtsunwirksamen
Arbeitsvertrags erbracht worden sind; dann werden die Grundsätze über das faktische ArbVerh zur Anwendung
kommen, soweit die Unwirksamkeit nicht auf einem Sittenverstoß beruht[11]. Abs. 1 kann sodann
hinsichtlich der Frage der Entgeltlichkeit eingreifen.

dd) Weiterbeschäftigung während eines Bestandsschutzprozesses. Bei der Weiterbeschäftigung des 15
ArbN während eines Rechtsstreits über die Beendigung des ArbVerh kann Abs. 1 zur Anwendung kommen.
Dies setzt allerdings wegen des Erfordernisses eines wirksamen Vertrags voraus, dass entweder
der **Weiterbeschäftigungsanspruch** auf § 102 V BetrVG beruht und das ArbVerh insoweit fortdauert[12]
oder dass sich die Parteien über eine vorläufige Weiterbeschäftigung des ArbN während der Dauer eines
Streits über den Bestand des ArbVerh einvernehmlich **geeinigt** haben[13]. Abs. 1 kann dagegen mangels
Willensübereinstimmung nicht angewendet werden, wenn die Weiterbeschäftigung auf der Grundlage
des **allg. Weiterbeschäftigungsanspruchs** nach der Rspr. des BAG[14] erfolgt, der ohne bzw. gegen den
Willen des ArbGeb besteht; hier besteht ein Anspruch auf Vergütung nur nach Maßgabe des Bereicherungsrechts[15].
Nach Bereicherungsrecht ist ferner dann zu verfahren, wenn der ArbN nach Wegfall des
rechtl. Bestandes des ArbVerh weiterbeschäftigt wird[16].

ee) Ausbleiben einer nachträglichen Vergütungsvereinbarung. Das BAG wendet Abs. 1 schließlich 16
auch dann an, wenn die Vergütung oder Teile von ihr durch eine **spätere Vereinbarung** festgelegt werden
sollten und es hierzu nicht mehr kam[17]. Der Dienstleistende hat nach Abs. 1 auch dann einen Vergütungsanspruch,
wenn eine versprochene letztwillige Zuwendung wegen eines Testierverbotes misslingt; in diesem
Fall ist der Vergütungsanspruch bis zum Tode des Erblassers bzw. bis zur Feststellung der Unwirk-

---

1 BAG 5.8.1963 – 5 AZR 79/63, BAGE 14, 291; 30.9.1971 – 5 AZR 177/71, AP Nr. 27 zu § 612 BGB. ||2 BAG 15.3.
1960 – 5 AZR 409/58, AP Nr. 13 zu § 612 BGB. ||3 BAG 18.1.1964 – 5 AZR 261/63, AP Nr. 22 zu § 612 BGB.
||4 BAG 24.9.1960 – 5 AZR 3/60, AP Nr. 15 zu § 612 BGB. ||5 BGH 10.5.1984 – I ZR 85/82, AP Nr. 35 zu § 612
BGB; BAG 14.9.1960 – 5 AZR 2/66, AP Nr. 24 zu § 612 BGB. ||6 MüKoBGB/*Müller-Glöge*, § 612 Rz. 16.
||7 Staudinger/*Richardi*, § 612 Rz. 28; *Canaris*, BB 1967, 165; mit Einschränkung auch ArbR-BGB/*Schliemann*,
§ 612 Rz. 5. ||8 Staudinger/*Richardi*, § 612 Rz. 11, 28 („Ausschaltung des Bereicherungsrechts"); ArbR-BGB/
Schliemann, § 612 Rz. 5. ||9 Staudinger/*Richardi*, § 612 Rz. 28; für einen Anspruch nach Bereicherungsrecht
auch schon das RAG 10.5.1939 – RAG 201/38, ARS 36, 287. ||10 Soergel/*Raab*, § 612 Rz. 28. ||11 ArbR-BGB/
Schliemann, § 612 Rz. 5. ||12 Vgl. Staudinger/*Richardi*, § 612 Rz. 16. ||13 ArbR-BGB/*Schliemann*, § 612
Rz. 6; MüKoBGB/*Müller-Glöge*, § 612 Rz. 11; BAG 4.9.1986 – 8 AZR 636/84, AP Nr. 22 zu § 611 BGB Beschäftigungspflicht.
||14 BAG 27.2.1985 – GS 1/84, BAGE 48, 122 (142 ff.); vgl. dazu *Richardi*/*Thüsing*, § 102 BetrVG
Rz. 261 ff. ||15 Staudinger/*Richardi*, § 612 Rz. 16; Soergel/*Raab*, § 612 Rz. 17; ArbR-BGB/*Schliemann*, § 612
Rz. 6; BAG 10.3.1987 – 8 AZR 146/84, AP Nr. 1 zu § 611 BGB Weiterbeschäftigung. ||16 ArbR-BGB/*Schliemann*, § 612 Rz. 6; BAG 30.4.1997 – 7 AZR 122/96, AP Nr. 20 zu § 812 BGB. ||17 ArbR-BGB/*Schliemann*, § 612
Rz. 12.

samkeit seines Testaments als gestundet anzusehen[1]. Wird für eine Arbeitsleistung eine baldige Zuwendung versprochen und misslingt dies wegen eines Gesetzes- und Formverstoßes, so hat der ArbN nach Abs. 1 einen Vergütungsanspruch[2]. Allerdings bestimmt sich nach Auffassung des BAG die Leistung nach § 316, falls ein TV vorsieht, dass eine einzelvertragl. Regelung zu treffen ist, zu der es nicht kam[3].

17 **b) Fehlen einer Vergütungsvereinbarung.** Voraussetzung ist weiter, dass zwischen den Parteien eine wirksame Vergütungsvereinbarung nicht besteht. Abs. 1 ist daher nicht anwendbar, wenn eine Vergütung lediglich unangemessen ist. Nach dieser Vorschrift gilt eine Vergütung als stillschweigend vereinbart, wenn die Dienstleistung den Umständen nach nur gegen eine Vergütung zu erwarten ist. Das betrifft Fälle, in denen weder durch Gesetz, TV oder einzelvertragl. Vereinbarung noch auf sonstiger Grundlage eine Vergütung festgelegt ist. Abs. 1 greift auch dann ein, wenn über die vertragl. geschuldete Tätigkeit hinaus eine Sonderleistung erbracht wird, die durch die vereinbarte Vergütung nicht abgegolten ist und weder einzelvertragl. noch tarifvertragl. geregelt ist, wie diese Dienste zu vergüten sind[4].

18 **aa) Abgrenzung zur Vereinbarung der Unentgeltlichkeit.** Das Fehlen einer – insb. konkludenten – Vergütungsvereinbarung ist abzugrenzen von der Vereinbarung der Unentgeltlichkeit der Dienste, also etwa vom Vorliegen eines Gefälligkeitsverhältnisses. Die Problematik der Abgrenzung besteht vor allem darin, dass prinzipiell auch die Vereinbarung der Unentgeltlichkeit konkludent möglich ist[5]. Was gewollt ist, muss nach den allg. Regeln der Auslegung von Rechtsgeschäften (§§ 133, 157) ermittelt werden. Da Abs. 1 weder den Fall der vereinbarten noch den der ausgeschlossenen Entgeltlichkeit betreffen kann, kann die Norm nur für den Fall relevant sein, in dem die Auslegung ergibt, dass sich die Parteien über die Entgeltlichkeit keine Gedanken gemacht haben oder unbemerkt unterschiedliche Vorstellungen über die Frage der Entgeltlichkeit hatten. Erst wenn die Auslegung ergibt, dass die Unentgeltlichkeit nicht vereinbart wurde, ist der Weg zur Anwendung des Abs. 1 frei. Hieraus folgt, dass die Norm ihrerseits nicht Auslegungsregel zur Abgrenzung von (unentgeltlicher) Gefälligkeit und (entgeltlicher) Dienstleistung sein kann[6]. Allerdings sind Konstellationen möglich, in denen die Gefälligkeit das Motiv einer nicht notwendig unentgeltlichen Dienstleistung ist; als Beispiel wird der ehemalige ArbN genannt, der Aushilfsarbeiten übernimmt[7]. Hier kann – wenn nicht nach Auslegung des Verhältnisses, dann nach Abs. 1 – eine Vergütungspflicht bestehen[8]. Die Anwendung des Abs. 1 scheidet hingegen von vornherein aus, wenn es sich schon nicht um ein Gefälligkeitsschuldverhältnis handelt, sondern um ein reines Gefälligkeitsverhältnis, bei dem die Parteien keinen Rechtsbindungswillen haben und sie sich in Bezug auf die Dienste überhaupt nicht der Rechtsordnung unterstellen wollen, wie etwa die „Mithilfe beim Geschirrabwaschen"[9].

19 **bb) Mehrarbeit und Erbringung höherwertiger Dienstleistungen.** Im Einzelnen umstritten ist, ob Abs. 1 in dem Fall gelten kann, in dem der Dienstleistende auf der Grundlage seiner vertragl. Vereinbarung, aber entweder quantitativ (Mehrarbeit) oder qualitativ (höherwertige Dienstleistungen) darüber hinausgehende Dienste erbringt.

20 **(1) Erbringung höherwertiger Dienste.** Bei Erbringung qualitativ höherwertiger Dienste wendet die Rspr. Abs. 1 entsprechend an. Werden, wie bei einer Stellenvakanz, über den Rahmen des Arbeitsvertrags hinaus von dem ArbN auf Veranlassung des ArbGeb oder mit seiner Billigung faktisch höherwertige Dienste verrichtet und fehlt es dafür an einer Vergütungsregelung, so bestehe zu Gunsten des ArbN ein Anspruch aus § 612 in entsprechender Anwendung[10]. Das BAG erkennt hierin bisweilen einen Fall des fehlerhaften ArbVerh[11]; andererseits soll eine Ähnlichkeit zu den Fällen der fehlgeschlagenen Vergütungserwartung bestehen[12]. Richtiger aber erscheint eine direkte Anwendung des Abs. 1[13], denn gerade in Bezug auf die „Wertigkeit" der verrichteten Arbeit lässt sich das ArbVerh nicht in einen Teil gewöhnlicher Arbeit und einen Teil, der eine höherwertige Leistung erfordert und ohne wirksamen Rechtsgrund erbracht worden ist, scheiden, so dass einer Parallele zum („insoweit") faktischen ArbVerh der Weg versperrt ist. Abs. 1 kommt also direkt zum Tragen, weil zwar das ArbVerh unverändert fortbesteht, sich die Umstände im Hinblick auf die Frage der Entgeltlichkeit bei höherwertiger Arbeit jedoch geändert haben, ohne dass sich die Parteien darüber im Klaren sind. Dies kann, wie betont wird[14], allerdings nur dann gelten, wenn die Art der Dienste nicht schon vom Dienst- oder Arbeitsvertrag umfasst ist[15] und sie dem Verpflichteten, evtl. kraft Direktionsrechts, ohne zusätzliches Entgelt zugewiesen werden kann.

---

1 BAG 30.9.1971 – 5 AZR 177/71, AP Nr. 27 zu § 612 BGB. || 2 BAG 24.9.1960 – 5 AZR 3/60, AP Nr. 15 zu § 612 BGB. || 3 BAG 20.9.1989 – 4 AZR 282/89, AP Nr. 121 zu § 1 TVG Tarifverträge Bau. || 4 BAG 21.3.2002 – 6 AZR 456/01, AP Nr. 17 zu § 1 TVG Tarifverträge: Musiker; 29.1.2003 – 5 AZR 703/01, AP Nr. 66 zu § 612 BGB; 3.5.2006 – 10 AZR 310/05, DB 2006, 1499. || 5 Soergel/*Raab*, § 612 Rz. 10. || 6 Gleichwohl für eine solche Auslegungsregel: *Canaris*, BB 1967, 165ff.; *Fenn*, FamRZ 1968, 291ff.; undeutlich Soergel/*Raab*, Rz. 2, 14; vgl. auch *Lieb*, Ehegattenmitarbeit, 1970, S. 73ff. || 7 ErfK/*Preis*, § 612 Rz. 14. || 8 Vgl. Staudinger/*Richardi*, § 612 Rz. 23; MüKoBGB/*Müller-Glöge*, § 612 Rz. 9. || 9 MüKoBGB/*Müller-Glöge*, § 612 Rz. 9; Staudinger/*Richardi*, § 612 Rz. 23. || 10 BAG 4.10.1972 – 4 AZR 475/71, BAGE 24, 452 (auch 458); auch BAG 16.2.1978 – 3 AZR 723/76, AP Nr. 31 zu § 612 BGB. || 11 BAG 14.6.1972 – 4 AZR 315/71, BAGE 24, 307 (314). || 12 BAG 14.7.1966 – 5 AZR 2/66, AP Nr. 24 zu § 612 BGB; 14.5.1969 – 5 AZR 457/63, AP Nr. 25 zu § 612 BGB. || 13 Staudinger/*Richardi*, § 612 Rz. 30f.; Soergel/*Raab*, § 612 Rz. 30; vgl. auch Erman/*Edenfeld*, § 612 Rz. 2. || 14 Soergel/*Raab*, § 612 Rz. 31. || 15 Vgl. dazu BAG 20.1.2010 – 5 AZR 986/08, AP Nr. 187 zu § 611 BGB Lehrer, Dozenten; 6.12.2006 – 5 AZR 737/05, AP Nr. 187 zu § 611 BGB Lehrer, Dozenten; 21.12.2006 – 6 AZR 341/06, AP Nr. 10 zu § 611 BGB Wegezeit.

Doch kann – davon abweichend – auch bei Erbringung nicht vom Vertrag umfasster Leistungen eine 21
höhere Vergütung abzulehnen sein. Dies wird etwa dann angenommen, wenn der ArbN auf einer höheren Position **erprobt** wird[1]; die zulässige Dauer der nicht gesondert vergüteten Erprobung ist dabei nach dem Einzelfall zu beurteilen[2], soll sich aber auf einen Zeitraum von bis zu sechs Monaten erstrecken können, ohne dass eine höhere Vergütung geschuldet wird[3], weil erst danach ein abschließendes Urteil über die erforderliche Eignung möglich sei[4]. Andere erachten grds. nur einen Monat für zumutbar[5]. Bei zeitlich begrenzter, **vorübergehender Vertretung**, zB als Urlaubs-, Krankheits- oder Vakanzvertretung wird angenommen, dass der ArbN idR nach Treu und Glauben verpflichtet ist, höherwertige Tätigkeiten auch ohne Erhöhung der Vergütung zu übernehmen[6], wie auch der ArbGeb für begrenzte Zeit zur Entgeltfortzahlung bei Krankheit ohne Arbeitsleistung verpflichtet ist, wodurch die Gegenseitigkeit des Austauschverhältnisses ebenfalls aufgehoben werde[7]. Einen vorübergehenden Charakter soll die Vertretung auf einer Vakanzstelle dabei dann nicht mehr haben, wenn sie zwei Monate überschreitet[8].

Nach geänderter Rspr. des BAG tangiert nunmehr die **Verletzung eines betriebsverfassungsrechtl.** 22
MitbestR des BR (vgl. § 99 BetrVG) oder des Personalrats (vgl. § 75 I Nr. 2 BPersVG) im Zusammenhang mit der Übertragung höherwertiger Tätigkeiten nicht die Wirksamkeit der individualrechtl. arbeitsvertragl. Regelung[9]. Dies hat zur Folge, dass für Abs. 1 bei einer Verletzung des MitbestR im Fall der Höhergruppierung mangels Fehlens einer Vereinbarung kein Raum mehr ist[10].

(2) Mehrarbeit. Zu den Fällen der (quantitativen) Mehrarbeit zählt zunächst die **Leistung von Über-** 23
stunden. Auch in diesem Fall soll Abs. 1 hinsichtlich der Überstunden zur Anwendung kommen[11]. Gleichwohl wird ein allg. Rechtssatz, wonach jede zeitliche Mehrarbeit oder jede dienstliche oder dienstlich veranlasste Anwesenheit, die über die vereinbarte oder betriebsübliche Arbeitszeit hinausgeht, zu vergüten sei, nicht angenommen[12]. Möglich wäre demggü. auch, dass man durch Auslegung zu dem Ergebnis gelangt, dass die vom ArbN typischerweise erbrachte Leistung immer dann, wenn er sie erbringt, vergütungspflichtig sein soll, so dass wegen der so verstandenen, sich auf jede erbrachte Arbeit erstreckenden Vereinbarung kein Bedürfnis besteht, auf Abs. 1 zurückzugreifen, der das Fehlen einer Vereinbarung über die Vergütungspflicht erfordert. Auf Abs. 1 kann sich der ArbN bei Mehrarbeit nicht berufen, wenn er gehalten war, die Mehrarbeit durch **Freizeitausgleich** abzugelten[13].

Einzelfälle: Wird ein Redaktionsvolontär nicht ausgebildet, sondern tatsächlich als Redakteur eingesetzt, hat er in entsprechender Anwendung des § 612 Anspruch auf eine Vergütung, die der eines Redakteurs entspricht[14]. Der Redakteur einer Tageszeitung kann keine Zusatzvergütung nach Abs. 1 für das Anfertigen von Fotografien verlangen, da dies keine Sonderleistung darstellt, die durch die vereinbarte Vergütung nicht abgegolten ist, sondern zu den vertragl. geschuldeten Tätigkeiten eines Redakteurs gehört[15]. Durfte ein erbrachter **Bereitschaftsdienst** nicht angeordnet werden, weil der erfahrungsgemäß zu erwartende Arbeitsleistungsanteil über dem nach dem TV vorgesehenen Maß liegt, so wird – in Übereinstimmung mit der Position bei mitbestimmungswidriger Übertragung höherwertiger Arbeit (s. Rz. 22) – ein Vergütungsanspruch auf Grund des Abs. 1 dadurch nicht ausgeschlossen[16]. Ein darüber hinausgehender Anspruch des ArbN auf Grund der Missachtung einer nach Art. 6 Nr. 2 der RL 93/104/EG gebotenen zeitlichen Beschränkung des Bereitschaftsdienstes besteht laut BAG nicht[17]. Gleiches wird anzunehmen sein, wenn der Dienst unter Verstoß gegen **Höchstgrenzen nach dem Arbeitszeitrecht** erbracht worden ist; dessen Zweck besteht darin, ein Forderungsrecht des ArbGeb auszuschließen; erbringt der ArbN gleichwohl freiwillig den Dienst, so bezweckt das Arbeitszeitrecht nicht, ihm einen Vergütungsanspruch zu nehmen. Eine Sondersituation besteht auch hinsichtlich **leitender Angestellter**: Bei ihnen wie bei **Chefärzten** wird eine Vergütung häufig unabhängig von der üblichen Arbeitszeit ver- 24

---

1 Soergel/*Raab*, § 612 Rz. 31. ‖ 2 BAG 16.2.1978 – 3 AZR 723/76, AP Nr. 31 zu § 612 BGB. ‖ 3 ArbR-BGB/*Schliemann*, § 612 Rz. 17; vgl. auch LAG Hamm 16.5.2003 – 18 Sa 1783/01, NZA-RR 2004, 111. ‖ 4 Erman/*Edenfeld*, § 612 Rz. 2. ‖ 5 *Roth/Olbrisch*, DB 1999, 2110 (2111) mit Differenzierung nach verschiedenen Fallgruppen. ‖ 6 ErfK/*Preis*, § 612 Rz. 16; ArbR-BGB/*Schliemann*, § 612 Rz. 17; Erman/*Edenfeld*, § 612 Rz. 2. ‖ 7 Erman/*Edenfeld*, § 612 Rz. 2. ‖ 8 BAG 4.10.1972 – 4 AZR 475/71, AP Nr. 2 zu § 24 BAT; LAG Hamm 1.7.2004 – 16 Sa 1290/03, nv., zur Höhergruppierung eines Croupiers, wenn er in einem Zeitraum von sechs Monaten auch nur an einzelnen Tagen die höherwertige Tätigkeit verrichtet hat, aufgehoben durch BAG 12.10.2005 – 10 AZR 605/04, nv.; ArbR-BGB/*Schliemann*, § 612 Rz. 17; ErfK/*Preis*, § 612 Rz. 16; RGRK/*Hilger*, § 612 Rz. 19. ‖ 9 BAG 16.1.1991 – 4 AZR 301/90, BAGE 67, 59; dazu Richardi/*Thüsing*, § 99 BetrVG Rz. 299 mwN; Erman/*Edenfeld*, § 612 Rz. 4; aA LAG Nds. 13.7.2004 – 13 Sa 2156/03 E, aufgehoben durch BAG 14.12.2005 – 4 AZR 474/04, NZA-RR 2006, 388. ‖ 10 Vgl. Staudinger/*Richardi*, § 612 Rz. 32; ErfK/*Preis*, § 612 Rz. 6. ‖ 11 BAG 1.9.2010 – 5 AZR 517/09, DB 2011, 61; 17.3.1982 – 5 AZR 1047/79, AP Nr. 33 zu § 612 BGB; 17.11.1966 – 5 AZR 225/66, AP Nr. 1 zu § 611 BGB Leitende Angestellte; ArbG Halberstadt 28.9.2004 – 5 Ca 901/04, nv.; Soergel/*Raab*, § 612 Rz. 32; ErfK/*Preis*, § 612 Rz. 18. ‖ 12 BAG 21.9.2011 – 5 AZR 629/10; 17.8.2011 – 5 AZR 406/10; ErfK/*Preis*, § 612 Rz. 18; ArbR-BGB/*Schliemann*, § 612 Rz. 14. ‖ 13 ErfK/*Preis*, § 612 Rz. 18; BAG 4.5.1994 – 4 AZR 445/93, AP Nr. 1 zu § 1 TVG Tarifverträge: Arbeiterwohlfahrt; LAG Köln 7.9.1989 – 10 Sa 488/89, NZA 1990, 349 f.; 20.5.1992 – 7 Sa 847/91, NZA 1993, 24. ‖ 14 LAG Thür. 6.6.1996 – 4 Sa 1083/94, NZA 1997, 943. ‖ 15 BAG 29.1.2003 – 5 AZR 703/01, AP Nr. 66 zu § 612 BGB. ‖ 16 Erman/*Edenfeld*, § 612 Rz. 4; vgl. auch BAG 9.10.2003 – 6 AZR 447/02, AP Nr. 47 zu § 15 BAT. ‖ 17 BAG 5.6.2003 – 6 AZR 114/02, AP Nr. 7 zu § 611 Bereitschaftsdienst; s.a. BAG 14.10.2004 – 6 AZR 564/03, DB 2005, 834; 28.1.2004 – 5 AZR 503/02, AP Nr. 18 zu § 1 TVG Tarifverträge: DRK.

einbart, so dass Mehrarbeit, die sich etwa aus der einem leitenden Arzt verantwortlich übertragenen Aufgabe ergibt, grds. mit der vereinbarten Vergütung abgegolten ist[1]. ZB kann der leitende Arzt vom Krankenhausträger neben der vereinbarten Vergütung nach Abs. 1 nicht ohne weiteres eine zusätzliche Vergütung beanspruchen, wenn er in erheblichem Umfang deshalb Rufbereitschaft leisten muss, weil ein Oberarzt fehlt[2]. Gleiches kann auch für Rechtsanwälte gelten[3]. Damit müssen auch bei Mehrarbeit besondere Umstände für eine erhöhte Vergütung bestehen, etwa wenn die vertragl. Bezüge lediglich eine bestimmte zeitliche Normalleistung abgelten sollen oder wenn ihm zusätzliche Arbeiten außerhalb seines eigentlichen Aufgabenkreises übertragen werden[4]. Ein allg. Rechtssatz, dass dienstlich veranlasste **Reisezeiten**, die der ArbN außerhalb der regelmäßigen Arbeitszeit aufwendet, gesondert zu vergüten seien, existiert ebenso nicht[5]. Gleichwohl kann nach den Umständen des Einzelfalls eine Entgeltlichkeit nach Abs. 1 zu bejahen sein, wobei auch auf die Branchenüblichkeit Rücksicht zu nehmen ist[6]. Reisezeiten sollen voll vergütungspflichtig sein, soweit in sie Arbeit fällt, einschl. der Steuerung eines Pkw[7]. Eine Entgeltlichkeit besteht dagegen nicht für den Weg zum Erreichen des gewöhnlichen Arbeitsplatzes[8]. Umstritten ist, ob Zeiten für **Waschen und Umkleiden** zu den vergütungspflichtigen Tätigkeiten des ArbN gehören. Hierzu s. § 611 Rz. 329. Zu **Wegezeiten** s. § 611 Rz. 330[9].

25 Schafft der ArbN im Rahmen seines ArbVerh **nach Urheberrecht schutzfähige Werke**, so ist zunächst der Ausgleich für die Übertragung von Nutzungsrechten von der Vergütung der für das Werk aufgewendeten Arbeitszeit zu trennen; sodann hängt die Frage der Vergütungspflicht nach § 612 I davon ab, ob die dazu erforderliche Arbeit während oder außerhalb der vertragl. Arbeitszeit aufgewandt worden ist; nur im letztgenannten Fall kommt Abs. 1 in Betracht[10]. Entgelte für Nutzungsrechte an solchen Werken kommen grds. nicht als „Vergütung" iSd. Abs. 1 in Betracht, weil sie keine Gegenleistung für die Dienste, sondern für die Übertragung des Nutzungsrechts darstellen[11]. Entwickelt der ArbN etwa ein Computerprogramm, so kann er dafür eine besondere Vergütung nur verlangen, wenn dies vereinbart ist; ist der ArbN arbeitsvertragl. nicht zur Schaffung urheberrechtl. geschützter Werke verpflichtet, so kann eine Vergütungsvereinbarung gleichwohl den Umständen zu entnehmen sein[12].

26 **c) Vergütungserwartung nach den Umständen.** Nach Abs. 1 gilt die Vergütung als vereinbart, wenn die Dienstleistung „den Umständen nach" nur gegen eine Vergütung „zu erwarten ist". Es darf damit weder ausdrücklich noch konkludent die Unentgeltlichkeit vereinbart sein (s.a. Rz. 35)[13].

27 **aa) Auslegung.** Nach den allg. Grundsätzen der Auslegung von Rechtsgeschäften sind die „Umstände", unter denen ein Rechtsgeschäft zustande kommt, bereits zu dessen Auslegung heranzuziehen[14]. Abs. 1 kann dagegen erst eingreifen, wenn eine Auslegung ergeben hat, dass die Parteien sich keine Gedanken über die Entgeltlichkeit gemacht haben oder unerkannt unterschiedliche Vorstellungen haben, s. Rz. 7. Dann aber können dieselben „Umstände" nicht ein zweites Mal, nunmehr bei Abs. 1, zum Tragen kommen; sprechen nämlich die Umstände bereits für die Entgeltlichkeit, so dürfte dies bereits im Wege der Auslegung zu einer stillschweigenden Abrede der Entgeltlichkeit führen. Teilweise wird vor diesem Hintergrund die eigenständige Bedeutung des Abs. 1 darin erkannt, dass die Norm eingreift, wenn offen ist, ob man das Verhalten der Parteien als einen rechtsgeschäftlichen Erklärungsakt deuten kann, während demggü. die Auslegung gerade die Rechtsgeschäftsqualität der Erklärung voraussetzt[15]. In der Tat besteht im Fall des Abs. 1 hinsichtlich der Vergütungsfrage wesensgemäß keine – also erst recht keine rechtsgeschäftliche – Erklärung, die einer Auslegung nach §§ 133, 157 zugänglich wäre. Abs. 1 kommt lediglich die Fiktionswirkung zu, die sich darauf beschränkt, dass auf Grund der „Umstände" die Annahme einer rechtsgeschäftlichen Abrede der Entgeltlichkeit gerechtfertigt sein kann. Richtigerweise hat daher Abs. 1 als Auslegungsregel keinerlei eigenständigen Anwendungsbereich[16].

28 **bb) Kriterien.** Die **Vergütungserwartung** nach Abs. 1 ist anhand eines **objektiven Maßstabs** unter Berücksichtigung der Verkehrssitte, der Art, des Umfangs und der Dauer der Dienstleistung und der Stellung der Beteiligten zueinander festzustellen, ohne dass es auf deren persönliche Meinung ankäme[17].

---

1 BAG 17.3.1982 – 5 AZR 1074/79, AP Nr. 33 zu § 612 BGB; ErfK/*Preis*, § 612 Rz. 18; 17.11.1966 – 5 AZR 225/66, AP Nr. 1 zu § 611 BGB Leitende Angestellte.   ‖ 2 BAG 17.3.1982 – 5 AZR 1074/79, AP Nr. 33 zu § 612 BGB; besondere Vergütung für vertragl. nicht vereinbarten Bereitschaftsdienst, für Mehrarbeit oder für Rufbereitschaft im Einzelfall verneint von LAG München 28.2.2001 – 7 Sa 451/00, nv.   ‖ 3 BAG 17.8.2011 – 5 AZR 406/10, DB 2011, 2550.   ‖ 4 BAG 17.11.1966 – 5 AZR 225/66, BAGE 19, 126; 17.3.1982 – 5 AZR 1074/79, AP Nr. 33 zu § 612 BGB; zust. Soergel/*Raab*, § 612 Rz. 32.   ‖ 5 BAG 3.9.1997 – 5 AZR 428/96, AP Nr. 1 zu § 611 BGB Dienstreise; ArbR-BGB/*Schliemann*, § 612 Rz. 15; anders die Vorinstanz: LAG Hamm 12.1.1996 – 5 Sa 1665/94, LAGE § 612 BGB Nr. 5, wonach ohne anders lautende Absprachen auch außerhalb der regulären Arbeitszeit liegende Reisezeiten von auswärts eingesetzten Mitarbeitern grds. vergütungspflichtig seien.   ‖ 6 BAG 3.9.1997 – 5 AZR 428/96, AP Nr. 1 zu § 611 Dienstreise.   ‖ 7 Erman/*Edenfeld*, § 612 Rz. 6 mwN.   ‖ 8 Erman/*Edenfeld*, § 612 Rz. 6.   ‖ 9 Hierzu auch BAG 11.6.2006 – 9 AZR 519/05, AP Nr. 10 zu § 611 BGB Dienstreise; Heins/Leder, NZA 2007, 249.   ‖ 10 ArbR-BGB/*Schliemann*, § 612 Rz. 20.   ‖ 11 ArbR-BGB/*Schliemann*, § 612 Rz. 20; s.a. OLG Hamm 27.3.2003 – 4 Ws 94/03, ZUM 2004, 756.   ‖ 12 BAG 13.9.1983 – 3 AZR 371/81, BAGE 44, 113f.; RGRK/*Hilger*, § 612 Rz. 23; ArbR-BGB/*Schliemann*, § 612 Rz. 20.   ‖ 13 Soergel/*Raab*, § 612 Rz. 18.   ‖ 14 Vgl. Palandt/*Ellenberger*, § 133 Rz. 15ff.   ‖ 15 Staudinger/*Richardi*, § 612 Rz. 17; zust. Soergel/*Raab*, § 612 Rz. 14.   ‖ 16 Soergel/*Raab*, § 612 Rz. 14 aE.   ‖ 17 BAG 15.3.1960 – 5 AZR 409/58, AP Nr. 13 zu § 612 BGB; 17.11.1966 – 5 AZR 225/66, BAGE 19, 126; 11.10.2000 – 5 AZR 122/99, AP Nr. 20 zu § 611 BGB Arbeitszeit; ArbR-BGB/*Schliemann*, § 612 Rz. 28; Palandt/*Weidenkaff*, § 612 Rz. 4.

Auch die Berufs- und Erwerbsverhältnisse werden als Kriterien genannt[1]. Unerheblich ist dagegen, ob der Dienstberechtigte oder der Diensterbringende die Vorstellung hatte, dass die Dienstleistung nach den Umständen nur gegen Vergütung zu erwarten war[2] (zum Fehlschlagen einer Vergütungserwartung s. Rz. 11; zur Anfechtbarkeit wegen Irrtums über die Entgeltlichkeit Rz. 7). Es kommt nicht allein auf diejenigen Umstände an, die in unmittelbarem zeitlichem Zusammenhang mit der Erbringung der Arbeitsleistung erkennbar werden; es kann vielmehr auch als Indiz für eine mangelnde Vergütungserwartung und damit für die Unentgeltlichkeit der geleisteten Dienste angesehen werden, wenn die Vergütung erst später, insb. nach einem Zerwürfnis, verlangt wird; gem. dem Grundgedanken, dass derjenige, der trotz nahe liegender Umstände für zusätzlich erbrachte Dienste erheblichen Umfangs über längere Dauer keine Gegenleistung fordert, einen entsprechenden Willen auch nicht zum Ausdruck bringen will, braucht selbst ein überobligationsmäßiger Arbeitseinsatz nicht als auf entgeltliche Mehrarbeit gerichtetes Vertragsangebot betrachtet zu werden[3].

Einzelfälle: Bspw. sprachen im Fall eines **leitenden Angestellten** gegen eine besondere **Überstundenvergütung** die Umstände, dass der Diensterbringende weitere Vergünstigungen durch Stellung eines Pkw, Beschaffung eines Baukostenzuschusses sowie die Zahlung von Weihnachtsgeld und Urlaubszuschuss erhielt[4]. Gegen die Entgeltlichkeit von Zeiten für **Umkleiden und Waschen** kann etwa das Fehlen einer tarifl. Regelung sprechen, so wenn ein TV diesbezüglich keine, wohl aber sonst zu Umfang und Lage der Arbeitszeit Bestimmungen enthält[5] (s.a. § 611 Rz. 329). Zur Beurteilung, ob eine Verkehrssitte besteht, zieht das BAG auch tarifvertragl. **Regelungen vergleichbarer Branchen** heran[6]. Gehören erbrachte Dienste zu einem Gewerbe oder den Tätigkeiten im Rahmen eines freien Berufs oder allg. des vom Dienstleistenden ausgeübten Hauptberufs, so soll nach Auffassung mancher eine Vergütungserwartung iSv. Abs. 1 bestehen[7]; doch genau genommen handelt es sich dann nicht um einen Fall des Abs. 1, denn – sofern der Dienstberechtigte den **Zusammenhang mit Gewerbe oder freiberuflicher Tätigkeit** erkennen konnte – wird man bereits im Wege der Auslegung zu einer (konkludenten) Entgeltlichkeitsabrede gelangen. Eine gesonderte Vergütung des nachgeordneten Arztes gegen den Chefarzt wegen der Leistung ärztlicher Dienste, für den dem Chefarzt das Liquidationsrecht zusteht, scheiden aus, wenn Grundlage der Leistungserbringung der Arbeitsvertrag des nachgeordneten Arztes mit dem Krankenhausträger ist[8]. Bei der Erarbeitung von **urheberrechtl. schutzfähigen Werken** können die Umstände für eine Vergütungspflicht sprechen, jedoch nur dann, wenn der ArbN nicht bereits arbeitsvertragl. zur Schaffung solcher Werke verpflichtet ist (vgl. Rz. 25 mwN). Weil das Entgelt für die Übertragung der Nutzungsrechte von dem Entgelt für die geleisteten Dienste zu unterscheiden ist, ist die Zahlung eines Nutzungsentgelts nicht bereits ein Umstand, der gegen eine Vergütungspflicht spricht (vgl. auch Rz. 25). Die Frage, ob aus dem Charakter einer Leistung als **Haupt- oder Nebenpflicht** ein Argument für oder gegen die Entgeltlichkeit hergeleitet werden könne, wurde vom BAG letztlich offen gelassen. Gegen die Beachtlichkeit derartiger rechtl. Bewertungen spricht wohl der Wortlaut des Abs. 1, der sich mit den „Umständen" eher auf solche tatsächlicher, nicht rechtl. Art beziehen dürfte.

3. Rechtsfolge. Als Rechtsfolge sieht die Norm vor, dass eine Vergütung als „stillschweigend" vereinbart gilt. Die Fiktion bezieht sich darauf, dass die Entgeltlichkeit nicht von Gesetzes wegen eintritt, sondern dass sie (fiktiv) Bestandteil der bestehenden vertragl. Vereinbarung ist (vgl. dazu Rz. 34). Hinsichtlich der Höhe der Vergütung enthält Abs. 2 eine nähere Konkretisierung. Die Rechtsfolge des Abs. 1 ist als **widerlegbare Vermutung** der Entgeltlichkeit anzusehen, weil im Gegensatz zu Vorschriften mit ansonsten ähnlichem Regelungsgehalt nicht von einer Vergütungspflicht die Rede ist[9] (vgl. zB § 17 I BBiG: „... haben ... eine angemessene Vergütung zu gewähren").

4. Beweislast. Die Darlegungs- und Beweislast für die Höhe der Vergütung trägt nach den allg. Grundsätzen der Normbegünstigung der Dienstverpflichtete[10]. Dies schließt auch die Üblichkeit der geforderten Vergütung ein[11].

III. Üblichkeit der Vergütung. 1. Anwendungsbereich und Rechtscharakter des Abs. 2. Bei Abs. 2 handelt es sich zum einen um eine Konkretisierung der Rechtsfolge des Abs. 1. Über die Fälle des Abs. 1 hinaus findet Abs. 2 auch dann Anwendung, wenn sich die Parteien ausdrücklich oder stillschweigend über die Entgeltlichkeit der Dienste einig waren und allein in Bezug auf die **Höhe der Vergütung eine Vereinbarung fehlt**[12]. Darüber hinaus soll Abs. 2 – ähnlich wie nach Ansicht mancher im Fall des Abs. 1 – auch dann zur Anwendung kommen, wenn die Vereinbarung über die Höhe der Vergütung **nichtig**[13] oder **rechtsunwirksam**[14] ist, wobei sich die Unwirksamkeit aus denselben Umständen, Bestimmungen

---

1 Erman/*Edenfeld*, § 612 Rz. 6. ||2 Staudinger/*Richardi*, § 612 Rz. 21; ArbR-BGB/*Schliemann*, § 612 Rz. 28; Soergel/*Raab*, § 612 Rz. 21. ||3 LAG Hamm 10.6.1999 – 8 Sa 94/99, LAGE § 612 BGB Nr. 6; vgl. auch Palandt/*Weidenkaff*, § 612 Rz. 4. ||4 BAG 17.11.1966 – 5 AZR 225/66, BAGE 19, 126 (129). ||5 BAG 11.10.2000 – 5 AZR 122/99, AP Nr. 20 zu § 611 BGB Arbeitszeit. ||6 BAG 11.10.2000 – 5 AZR 122/99, AP Nr. 20 zu § 611 BGB Arbeitszeit. ||7 Staudinger/*Richardi*, § 612 Rz. 22; MüKoBGB/*Müller-Glöge*, § 612 Rz. 6. ||8 BAG 20.7.2004 – 9 AZR 570/03, EzA § 611 BGB 2002 Krankenhausarzt Nr. 2. ||9 RGRK/*Hilger*, § 612 Rz. 7. ||10 Vgl. ArbR-BGB/*Schliemann*, § 612 Rz. 39. ||11 Staudinger/*Richardi*, § 612 Rz. 50; ErfK/*Preis*, § 612 Rz. 44. ||12 Vgl. ArbR-BGB/*Schliemann*, § 612 Rz. 31; Staudinger/*Richardi*, § 612 Rz. 35. ||13 Für den Fall einer auf § 134 beruhenden Nichtigkeit BAG 29.1.1992 – 5 AZR 518/90, NZA 1992, 1037 (1041); 16.1.1993 – 4 AZR 317/92, DB 1993, 2288. ||14 BAG 26.9.1990 – 5 AZR 112/90, BAGE 66, 76.

und Gründen ergeben könne wie bei der Vereinbarung über die Vergütung dem Grunde nach[1]. So greife die Regelung dann ein, wenn das ArbVerh wegen einer unangemessen niedrigen Vergütung gem. § 138 sittenwidrig und damit nichtig sei[2]. Die Rspr. bringt Abs. 2 auch dann zum Einsatz, wenn der Ausschluss einer Vergütung für Überstunden unwirksam ist[3], ferner dann, wenn Teilzeitbeschäftigte unter Verstoß gegen das Verbot der Diskriminierung wegen Teilzeitbeschäftigung (vgl. jetzt § 4 I 2 TzBfG) verhältnismäßig geringer entlohnt werden als vergleichbare Vollzeitbeschäftigte und die Vergütungsvereinbarung deshalb unwirksam ist[4]; in einem solchen Fall ist die Höhe der dem Teilzeitbeschäftigten nach Abs. 2 zustehenden üblichen Vergütung anhand der Vergütung zu ermitteln, die der ArbGeb vergleichbaren Vollzeitbeschäftigten zahlt[5]. In diesen Fällen wird demggü. teilweise der arbeitsrechtl. Gleichbehandlungsgrundsatz für einschlägig gehalten[6].

33 Abs. 2 betrifft das **Dienst- und** das **ArbVerh** gleichermaßen. Mit „Vergütung" sind **alle Arten der Vergütung** gemeint, dh. im Fall des ArbVerh sowohl das Arbeitsentgelt im eigentlichen Sinne, als auch Bestandteile des Arbeitsentgelts iwS wie zB Gratifikationen, Provisionen, Tantiemen, Gewinnanteile, Leistungen aus der betrAV[7], soweit die Höhe solcher Leistungen nicht vereinbart ist (zur Systematik und den Erscheinungsformen der Vergütung im Einzelnen vgl. ausf. § 611 Rz. 85 ff.)[8].

34 Bei der Norm handelt es sich um eine **Auslegungsregel**[9]. Zu weit geht es daher, der Bestimmung eine die Nichtigkeit wegen Dissenses ausschließende Funktion beizumessen[10], denn zu einem Dissens, der die Nichtigkeit des Dienstverhältnisses zu Folge hat, kann es allenfalls kommen, wenn er sich auf das *Ob* der Vergütung bezieht, was Gegenstand des Abs. 1 ist, nicht dagegen, wenn ein Dissens lediglich hinsichtlich der Höhe der Vergütung besteht; nur die Entgeltlichkeit, nicht die *Höhe* der Vergütung ist wesentlich für die Wirksamkeit des Dienstvertrags.

35 2. **Fehlen einer Parteivereinbarung.** Die Anwendbarkeit des Abs. 2 setzt voraus, dass eine (auch stillschweigende) **Vereinbarung über die Höhe der Vergütung nicht existiert**. Nicht im Zusammenhang mit, sondern vorrangig der Anwendung des Abs. 2 ist das Vertragsverhältnis dahin auszulegen, ob es unentgeltlich sein soll (vgl. Rz. 27 f.). Vorrangig ist ferner die Auslegung des Rechtsgeschäfts danach, ob nach dem objektiv – auch stillschweigend – zum Ausdruck gebrachten Parteiwillen eine besondere Höhe beabsichtigt ist. Obwohl Auslegungsregel, kommt Abs. 2 daher nur eine subsidiäre Bedeutung zu, denn durch die Vorschrift soll kein gesetzl. Mindestlohn festgelegt werden[11]. Trotz Bestehens einer Vergütungsvereinbarung kann Abs. 2 zur Anwendung gelangen, wenn die Auslegung ergibt, dass sich die Vergütungsvereinbarung nicht auf andere, zusätzlich erbrachte Dienste bezieht und die Vergütung nicht den vollen Gegenwert für die verlangte Leistung darstellt[12]. Dieser Fall ist allerdings zu unterscheiden von demjenigen, dass sich eine bestehende Vergütungsabrede auf die gesamten zu erbringenden Dienste bezieht und lediglich unangemessen niedrig ist. Hier gilt Abs. 2 nicht, da die Norm nicht den Ausgleich gestörter Vertragsparität, die Garantie ausgewogener Vertragsinhalte oder die Gewährung eines gesetzl. Mindestlohns bezweckt.

36 3. **Höhe der Vergütung.** Die Maßstäbe zur Bemessung der Höhe der Vergütung sind vorgegeben in der Reihenfolge der vorrangig anzuwendenden Taxe, soweit eine solche vorhanden ist. Erst wenn dies nicht der Fall ist, kommt es auf die Üblichkeit einer Vergütungshöhe an.

37 a) **Taxmäßige Vergütung.** Eine Taxe ist ein bestimmter Vergütungssatz, der durch Bundes- oder Landesrecht festgelegt ist[13]. Taxmäßig festgelegte Vergütungssätze sind heute nur noch für bestimmte Rechtsverhältnisse von Relevanz, die keine ArbVerh sind, so etwa für Ärzte, Architekten, Rechtsanwälte und Steuerberater[14]. Im Arbeitsrecht hat die taxmäßige Vergütung daher keine Bedeutung[15]. Keine Taxen sind Gebührenordnungen, die von Privatpersonen oder Verbänden erstellt worden sind (zur Bedeutung derartiger Gebührenordnungen vgl. Rz. 38 ff.)[16].

38 b) **Übliche Vergütung. aa) Begriff.** Unter der üblichen Vergütung wird verbreiteter Definition nach eine solche Vergütung verstanden, die im gleichen Gewerbe oder Beruf an dem betreffenden Ort für

---

1 ArbR-BGB/*Schliemann*, § 612 Rz. 31. ‖ 2 Soergel/*Raab*, § 612 Rz. 35; Erman/*Edenfeld*, § 612 Rz. 21. ‖ 3 BAG 24.11.1993 – 5 AZR 153/93, AP Nr. 11 zu § 611 BGB Mehrarbeitsvergütung. ‖ 4 St. Rspr., vgl. BAG 25.1.1989 – 5 AZR 161/88, BAGE 61, 43 (50); 25.9.1991 – 4 AZR 631/90, AP Nr. 13 zu § 2 BeschFG 1985; 25.9.1991 – 4 AZR 33/91, AP Nr. 14 zu § 2 BeschFG 1985; 29.1.1992 – 5 AZR 518/90, AP Nr. 18 zu § 2 BeschFG; 16.6.1993 – 4 AZR 317/92, AP Nr. 26 zu § 2 BeschFG 1985; 25.4.2001 – 5 AZR 368/99, NZA 2002, 1211: gleicher Stundenlohn für teilzeitbeschäftigte Studentin wie für Vollzeitkräfte. Hiergegen Annuß/*Thüsing/Thüsing*, § 4 TzBfG Rz. 77. ‖ 5 BAG 26.5.1993 – 4 AZR 461/92, AP Nr. 2 zu § 612 BGB Diskriminierung. ‖ 6 Soergel/*Raab*, § 612 Rz. 35; RGRK/*Hilger*, § 612 Rz. 16; für die Anwendung des § 2 I BeschFG 1985 als Konkretisierung des allg. Gleichbehandlungsgrundsatzes aber BAG 29.8.1989 – 3 AZR 370/88, BAGE 62, 334 (337); 6.12.1990 – 6 AZR 159/89, BAGE 66, 314. ‖ 7 ErfK/*Preis*, § 612 Rz. 35; ArbR-BGB/*Schliemann*, § 612 Rz. 32. ‖ 8 MüKoBGB/*Müller-Glöge*, § 611 Rz. 696 ff. ‖ 9 Staudinger/*Richardi*, § 612 Rz. 34. ‖ 10 So aber Soergel/*Raab*, § 612 Rz. 34. ‖ 11 Soergel/*Raab*, § 612 Rz. 33. ‖ 12 ErfK/*Preis*, § 612 Rz. 35; zu den Voraussetzungen BAG 17.3.1982 – 5 AZR 1047/79, AP Nr. 3 zu § 612 BGB m. Anm. *Weitnauer*; 17.11.1966 – 5 AZR 225/66, AP Nr. 1 zu § 611 BGB Leitende Angestellte m. Anm. *Grüll*. ‖ 13 ErfK/*Preis*, § 612 Rz. 36; Soergel/*Raab*, § 612 Rz. 36; zum historischen Hintergrund RGRK/*Hilger*, § 612 Rz. 56. ‖ 14 Vgl. hierzu ausf. MüKoBGB/*Schaub*, 3. Aufl., § 612 Rz. 194 ff. ‖ 15 ArbR-BGB/*Schliemann*, § 612 Rz. 33. ‖ 16 BGH 29.9.1969 – VII ZR 108/67, NJW 1970, 699; Erman/*Edenfeld*, § 612 Rz. 9.

entsprechende Arbeit gezahlt zu werden pflegt, wobei die persönlichen Verhältnisse des Dienstverpflichteten wie dessen Alter, Berufserfahrung, Familienstand und Kinderzahl zu berücksichtigen sind[1]. IÜ ist auf die **Umstände des konkreten Einzelfalls** abzustellen[2]. Darüber hinaus sind die Dauer der Tätigkeit für den ArbGeb und damit die gewonnene Erfahrung berücksichtigungsfähig[3]. Teilweise wird vertreten, dass der Ortsgebrauch unbeachtlich sein kann, wenn er unangemessen ist, was dann der Fall sein soll, wenn die Vergütung auf der Ausnutzung von Machtstellungen beruht[4]. Doch sieht Abs. 2 gerade nicht – insofern anders als in § 17 I 1 BBiG oder § 32 UrhG – eine „angemessene", sondern lediglich eine übliche Vergütung vor, die mit der angemessenen nicht notwendig identisch ist. Zu bedenken ist, dass Abs. 2 auch insoweit nicht eine Garantie „gerechter", ausgewogener Vertragsverhältnisse bezweckt, sondern nur eine Vertragslücke schließen will; für die Gewährung ausgewogener Leistungen ist nicht der Gesetzgeber, sondern sind in erster Linie die Parteien bzw. Verbände zuständig. Zu Recht wird jedoch darauf hingewiesen, dass auch die Ermittlung einer angemessenen Vergütung zumeist von der Üblichkeit einer Vergütung abhängen dürfte[5]. Der von dem Gericht exakt zuzusprechende Betrag kann auf **richterlicher Würdigung** aller Umstände nach freier Überzeugung (§ 287 II ZPO) beruhen[6]. Einer Ansicht nach soll eine Vergütung, sofern ihr die Vergütung unterliegt, bei Fehlen einer anderen Vereinbarung zusätzlich zu zahlen sein[7]. Dagegen stellte das BAG fest, dass etwa ein mehrwertsteuerpflichtiger Rechtsanwalt die Erstattung der auf ein Honorar als Einigungsstellenmitglied entfallenden Mehrwertsteuer nur dann verlangen kann, wenn dies vereinbart worden ist[8]. Diese Auffassung verdient Zuspruch, wird doch von der hM auch im Allg. überzeugend vertreten, dass die Mehrwertsteuer ein rechtl. unselbständiger Teil des zu zahlenden Preises sei, die, sofern sich aus den Umständen Gegenteiliges nicht ergibt, in einem angebotenen Preis enthalten ist[9].

Die allg. Definition der üblichen Vergütung wird zu Recht für unzureichend gehalten, weil sie außer Acht lässt, dass die Vergütung nicht stets auf die Zahlung des Arbeitsentgelts ieS beschränkt ist, sondern aus **weiteren Zuwendungen** wie vermögenswirksamen Leistungen, Personalrabatten, Deputaten und Sonderzahlungen wie Weihnachts- oder Urlaubsgeld bestehen kann[10]. Nach der Rspr. kann etwa das anteilige **Urlaubsgeld** eines vollzeitbeschäftigten Lehrers jedenfalls dann als übliche Vergütung beansprucht werden, wenn der Umfang der vereinbarten Arbeitszeit es regelmäßig ausschließt, dass der teilzeitbeschäftigte Lehrer in einem weiteren ArbVerh eine vergleichbare vollzeitbeschäftigten ArbN zustehende Leistung ungekürzt verdienen kann[11]. Zu der ortsüblichen Vergütung iSd. Abs. 2 gehören auch **Sonderzuwendungen** sowie **vermögenswirksame Leistungen**[12]. Die Definition der üblichen Vergütung verlangt daher eine Erweiterung dahin, dass außer der Zahlung des Arbeitsentgelts im eigentlichen Sinne alles dasjenige in die Beurteilung der Üblichkeit einzugehen hat, was einem gleichermaßen oder vergleichbar eingesetzten ArbN an **Vorteilen auf Grund seiner Tätigkeit** von dem ArbGeb zufließt[13]. 39

bb) Tariflohn als Maßstab der Üblichkeit. Im Einzelnen nicht ausgelotet ist es, ob und inwieweit das nach TV zu entrichtende Arbeitsentgelt als übliche Vergütung iSv. Abs. 2 angesehen werden kann. Eine prinzipielle Gleichsetzung von Tariflohn und üblicher Vergütung wird überwiegend abgelehnt[14]. Nach anderer Ansicht soll „im Regelfall" für ArbN die tarifl. Vergütung die übliche sein[15]. Doch kann aus der Rspr. kein allg. Satz des Inhalts hergeleitet werden, dass grds. Tariflohn und übliche Vergütung gleichzusetzen seien[16], wenngleich bisweilen formuliert wurde, dass im Regelfall die tarifl. Vergütung als übliche Vergütung anzusehen sei[17]. In der Tat spricht gegen die prinzipielle Gleichsetzung, dass für die Üblichkeit grds. auf die Gesamtheit aller ArbN einer Vergleichsgruppe abzustellen ist und dass idR nicht alle ArbN organisiert sind und Tariflöhne erhalten. Auch spricht gegen die grds. Gleichsetzung der üblichen Vergütung mit dem Tariflohn, dass hierdurch Grenzen der Tarifgeltung beseitigt werden[18], denn der Tariflohn stellt zumeist das Ergebnis eines komplizierten Prozesses des Aushandelns dar, der aus gegenseitigem Nachgeben auf den verschiedensten Gebieten hervorgegangen ist[19]; eine Gleichstellung nur hinsichtlich des Tariflohns wird dem Umstand nicht gerecht, dass sich die organisierten ArbN diesen Lohn mit einem Nachgeben auf anderem Gebiet „erkauft" haben, was bei dem sich auf Abs. 2 stützenden ArbN nicht der Fall ist. 40

---

1 Staudinger/*Richardi*, § 612 Rz. 45; Soergel/*Raab*, § 612 Rz. 37; OLG München 14.5.2003 – 21 U 3523/01, OLG-Report München 2003, 245. ‖2 BGH 24.10.1989 – X ZR 58/88, NJW-RR 1990, 349. ‖3 LAG Düss. 8.11.1977 – 8 Sa 1003/76, LAGE § 612 BGB Nr. 1; ErfK/*Preis*, § 612 Rz. 37. ‖4 Staudinger/*Richardi*, § 612 Rz. 45. ‖5 RGRK/*Hilger*, § 612 Rz. 60. Hierzu unter dem Gesichtspunkt des § 32 UrhG *Thüsing*, GRUR 2002, 203; unter dem Gesichtspunkt des § 87 I AktG *Thüsing*, ZGR 2003, 457. ‖6 BAG 5.3.1960 – 5 AZR 409/58, AP Nr. 13 zu § 612 BGB; RGRK/*Hilger*, § 612 Rz. 59. ‖7 MüKoBGB/*Müller-Glöge*, § 612 Rz. 29; Staudinger/*Richardi*, § 612 Rz. 46. ‖8 BAG 31.7.1986 – 6 ABR 79/83, AP Nr. 19 zu § 76 BetrVG 1972; zust. Erman/*Edenfeld*, Rz. 22; ebenso Palandt/*Weidenkaff*, § 612 Rz. 3. ‖9 Palandt/*Ellenberger*, § 157 Rz. 13 mwN. ‖10 So ArbR-BGB/*Schliemann*, § 612 Rz. 35. ‖11 BAG 15.11.1990 – 8 AZR 283/89, NZA 1991, 346. ‖12 BAG 4.9.1991 – 5 AZR 129/91, nv. ‖13 ArbR-BGB/*Schliemann*, § 612 Rz. 35. ‖14 ArbR-BGB/*Schliemann*, § 612 Rz. 36; Staudinger/*Richardi*, § 612 Rz. 47; *Rick*, AuR 1960, 369 (371). ‖15 MüKoBGB/*Müller-Glöge*, § 612 Rz. 30; ErfK/*Preis*, § 612 Rz. 38; LAG Bremen 3.12.1992 – 3 Sa 304/90, AiB 1993, 834. ‖16 ArbR-BGB/*Schliemann*, § 612 Rz. 36. ‖17 BAG 26.5.1993 – 4 AZR 461/92, AP Nr. 2 zu § 612 BGB Diskriminierung. ‖18 Staudinger/*Richardi*, § 612 Rz. 47. ‖19 *Rick*, AuR 1960, 369 (370).

41 Demgemäß bedarf es zur Gleichsetzung der üblichen Vergütung mit der tarifl. stets **besonderer rechtfertigender Anhaltspunkte**[1]. Bezogen auf **Branchen** und **Tarifgebiete** wird eine Gleichsetzung dort zu rechtfertigen sein, wo beinahe ausschließlich nach dem TV vergütet wird und mit einer Abweichung nicht gerechnet zu werden braucht, weil diese ungewöhnlich und überraschend ist[2]. Außerdem ist eine Gleichsetzung dann zu befürworten, wenn ein ArbGeb im Hinblick auf die Entlohnung seiner ArbN üblicherweise nicht zwischen organisierten und nicht organisierten unterscheidet[3]. Angesichts einer verbreiteten Verwendung von **Bezugnahmeklauseln**[4] werden dem Abs. 2 entsprechende Situationen nicht mehr allzu häufig vorkommen; wenn allerdings doch, so dürfte die Verwendung von Bezugnahmeklauseln, insb. soweit ihnen eine Gleichstellungsfunktion zukommt, die Gleichsetzung der üblichen mit der tarifl. Vergütung rechtfertigen. Ein sehr hoher **Organisationsgrad** in einer Branche und damit die verbreitete Geltung des Tariflohns dürfte die übliche Vergütung dem Tariflohn annähern. Die **Allgemeinverbindlicherklärung** eines Entgelttarifvertrags hat mit der Üblichkeit iSv. Abs. 2 nichts zu tun, weil die Geltung des Tariflohns dann einen Rückgriff auf diese Bestimmung erübrigt. Bestehen tarifvertragl. Entgeltregelungen bei einem ArbGeb sowohl für ArbN als auch – auf der Grundlage des § 12a TVG – für freie Mitarbeiter, wie zB bei einer öffentl.-rechtl. Rundfunkanstalt, so kommt es für die Höhe der üblichen Vergütung auch bei gleicher oder vergleichbarer Tätigkeit darauf an, ob die Tätigkeit des Dienstverpflichteten in freier Mitarbeit oder im ArbVerh geleistet wird[5]. Die übliche Vergütung kann sowohl über als auch unter der tarifl. Vergütung liegen[6]. Entspricht der Tariflohn nicht der verkehrsüblichen Vergütung, sondern liegt diese unterhalb des Tariflohns, ist zur Ermittlung des Wertes der Arbeitsleistung von dem allg. Lohnniveau im Wirtschaftsgebiet auszugehen[7]. Ist die Vergütungsvereinbarung wegen Verstoßes gegen das Verbot der Diskriminierung von TeilzeitArbN unwirksam, so stellt die Rspr. für die übliche Vergütung des TeilzeitArbN auf eine den VollzeitArbN gewährte übertarifl. Vergütung ab[8].

42 **Öffentlicher Dienst.** Im öffentl. Dienst dagegen wird als die übliche Vergütung die tarifl. Vergütung angesehen, denn es entspricht der Übung im öffentl. Dienst, tarifvertragl. Regelungen ohne Rücksicht auf Verbandszugehörigkeit der ArbN anzuwenden[9].

43 Zur Höhe der auf Grund von Abs. 2 gefundenen Vergütung gehören jedoch nach st. Rspr. nicht **tarifl. Ausschlussklauseln**. Gelten diese nicht kraft Tarifgebundenheit der Vertragspartner, müssen sie nach bestätigter Rspr. ausdrücklich vereinbart werden[10]. Die tarifl. Ausschlussklauseln gehören nicht zum Anwendungsbereich der Norm; Abs. 2 betreffe ausdrücklich nur „die **Höhe** der Vergütung". Die rein rechnerische Größe einer bestimmten Vergütung umfasst aber nicht zugleich noch andere – rein rechtl. – Merkmale, die zum Wesen einer bestimmten tarifl. Vergütung gehören können. Vor allem ist es der rechnerischen Höhe einer Vergütung nicht wesenseigen, an eine bestimmte tarifl. Ausschlussklausel gebunden zu sein[11].

44 **cc) Bestimmung der Üblichkeit.** Soweit sich nicht nach den genannten Grundsätzen (vgl. Rz. 41) die Höhe der üblichen Vergütung nach dem Tariflohn richtet, kann sie **empirisch** festgestellt werden, etwa durch Umfragen oder Auskünfte der Kammern oder der Organisationen der beteiligten Wirtschaftskreise[12]. Zur Darlegungs- und Beweislast s. Rz. 47.

45 **c) Bestimmung durch den Dienstverpflichteten.** Fehlt auch eine übliche Vergütung, so sind die §§ 315, 316 anzuwenden, so dass der Dienstverpflichtete innerhalb der Grenzen billigen Ermessens die Höhe der zu zahlenden Vergütung einseitig bestimmen kann[13]. Das Fehlen auch einer üblichen Vergütung mag etwa darauf beruhen, dass die Art der zu erbringenden Dienste so spezieller, nicht „vertypter" Natur ist, dass sich dafür allg. gebräuchliche Maßstäbe nicht herausgebildet haben.

46 Für den Fall, dass eine Auslegung der Vergütungsvereinbarung zu dem Ergebnis führen sollte, dass entgegen der Vermutung des § 316 ein einseitiges Bestimmungsrecht von den Parteien nicht gewollt ist, wird angenommen, dass die dadurch entstehende Vertragslücke notfalls durch ergänzende Vertragsauslegung nach § 157 geschlossen werden soll[14]. Allerdings fragt sich, welcher Maßstab für diese Auslegung noch herangezogen werden kann, wenn bereits weder Parteierklärungen noch allgemeinere Umstände wie Taxmäßigkeit oder Üblichkeit zu einem Ergebnis geführt haben. Letztlich würden keine

---

1 Staudinger/*Richardi*, § 612 Rz. 47. ||2 Soergel/*Raab*, § 612 Rz. 38; vgl. auch BAG 24.3.2004 – 5 AZR 303/03, AP Nr. 59 zu § 138 BGB. ||3 Staudinger/*Richardi*, § 612 Rz. 47. ||4 S. hierzu *Thüsing/Lambrich*, RdA 2002, 193 ff. ||5 BAG 21.1.1998 – 5 AZR 50/97, AP Nr. 55 zu § 612 BGB. ||6 BAG 21.1.1998 – 5 AZR 50/97, AP Nr. 55 zu § 612 BGB; ArbR-BGB/*Schliemann*, § 612 Rz. 36. ||7 BAG 24.3.2004 – 5 AZR 303/03, AP Nr. 59 zu § 138 BGB. ||8 BAG 26.5.1993 – 4 AZR 461/92, AP Nr. 2 zu § 612 BGB Diskriminierung. ||9 St. Rspr., BAG 29.1.1992 – 5 AZR 518/90, NZA 1992, 1037 (1041); 25.1.1989 – 5 AZR 161/88, BAGE 61, 43 (50); 30.5.1984 – 4 AZR 146/82, AP Nr. 2 zu § 21 MTL II; 27.10.1960 – 5 AZR 427/59, AP Nr. 21 zu § 611 BGB Ärzte, Gehaltsansprüche; und hL, Staudinger/*Richardi*, § 612 Rz. 48; Soergel/*Raab*, § 612 Rz. 38. ||10 BAG 4.9.1991 – 5 AZR 129/91, nv.; 26.9.1990 – 5 AZR 112/90, BAGE 66, 76; anders Erman/*Edenfeld*, § 612 Rz. 22, wonach Annexregelungen wie zB Ausschlussfristen jeweils als mit vereinbart anzusehen sein sollen, soweit erkennbar einzelne tarifl. Leistungen gewährt werden. Hiergegen auch Annuß/Thüsing/*Thüsing*, § 4 TzBfG Rz. 54. ||11 BAG 26.9.1990 – 5 AZR 112/90, BAGE 66, 76. ||12 ArbR-BGB/*Schliemann*, § 612 Rz. 37; *Rick*, AuR 1960, 369 (370). ||13 MüKoBGB/*Müller-Glöge*, § 612 Rz. 26; Soergel/*Raab*, § 612 Rz. 40; vgl. BGH 21.3.1961 – I ZR 133/59, AP Nr. 19 zu § 612 BGB. ||14 ErfK/*Preis*, § 612 Rz. 43; ArbR-BGB/*Schliemann*, § 612 Rz. 38.

neuen Kriterien mehr hinzutreten können. Nach dem BAG gilt § 316 zwar auch für gegenseitige Verträge, ist aber dann nicht anzuwenden, wenn die Höhe der Vergütung nach Abs. 2 auf Grund eines objektiven Maßstabes zu ermitteln ist[1].

4. Beweislast. Der Dienstverpflichtete ist als derjenige, der ein Recht aus Abs. 2 herleitet, nach allg. Grundsätzen darlegungs- und beweisbelastet hinsichtlich der Voraussetzungen des Abs. 2, dh. für das Bestehen und die Höhe einer Taxe sowie für die Üblichkeit einer Vergütungshöhe[2].

612a *Maßregelungsverbot*
Der Arbeitgeber darf einen Arbeitnehmer bei einer Vereinbarung oder einer Maßnahme nicht benachteiligen, weil der Arbeitnehmer in zulässiger Weise seine Rechte ausübt.

I. Entstehungsgeschichte 1	5. Kausalität zwischen Rechtsausübung und Benachteiligung 10
II. Normzweck und Systematik 2	6. Zulässige Rechtsausübung 12
1. § 612a als allgemeines Benachteiligungsverbot 2	IV. Fallgruppen 13
2. Verhältnis zu anderen Vorschriften ... 3	1. Kündigung 13
III. Voraussetzungen 4	2. Arbeitskampf 14
1. Arbeitnehmer 4	3. Anwesenheitsprämien und ihre Kürzung .. 25
2. Arbeitgeber 5	4. Sonstige Fälle 30
3. Vereinbarung, Maßnahme 6	V. Rechtsfolge 31
4. Benachteiligung 7	VI. Beweisfragen 35

I. Entstehungsgeschichte. § 612a geht zurück auf zwei europarechtl. Vorgaben: Nach Art. 5 **RL 75/117/EWG** v. 10.2.1975[3], die zur Anwendung des Grundsatzes des gleichen Entgelts für Männer und Frauen erging, treffen die Mitgliedstaaten die notwendigen Maßnahmen, um ArbN vor jeder Entlassung zu schützen, die eine Reaktion des ArbGeb auf eine Beschwerde im Betrieb oder gerichtl. Klage auf Einhaltung des Grundsatzes des gleichen Entgelts darstellt. Einen entsprechenden Entlassungsschutz zur Einhaltung des Grundsatzes der Gleichbehandlung von Männern und Frauen enthält die **RL 76/207/EWG** v. 9.2.1976[4] in ihrem Art. 7. Der nationale Gesetzgeber kam seiner Umsetzungspflicht mit dem Arbeitsrechtl. EG-AnpassungsG v. 13.8.1980[5] nach. Der Regelungsbereich des § 612a übersteigt die durch die RL begründete Umsetzungsverpflichtung[6] in zweifacher Hinsicht: Zum einen schützt die Norm nicht gegen „Entlassungen", sondern gegen alle benachteiligenden „Maßnahmen". Zum Zweiten ist der Schutz nicht auf die Benachteiligung wegen des Geschlechts beschränkt, sondern erfasst jedes Recht, das der ArbN in zulässiger Weise ausübt. Demgemäß betrifft die europarechtl. Bindung unmittelbar nur den hiervon abgedeckten Normbereich[7], also nicht die Bereiche etwa der Streikbruchprämie und der Kürzung von Anwesenheitsprämien (Rz. 17ff. und 27ff.). Eine Vorlage nach Art. 267 III AEUV ist nur in dem Bereich zwingend, der sich auf die Umsetzungsverpflichtung bezieht; darüber hinaus bleibt die Vorlage jedoch zulässig[8].

II. Normzweck und Systematik. 1. § 612a als allgemeines Benachteiligungsverbot. Die Norm des § 612a drückt als allg. Benachteiligungsverbot[9] einen allg. Rechtsgedanken aus. Sie sichert abstrakt die faktische Ausübbarkeit des Rechts, indem sie die Furcht des ArbN vor einer disziplinierenden Maßnahme des ArbGeb bei Ausübung des Rechts beseitigt und auf diese Weise **das Recht selbst flankierend schützt**. Als ein solcher Flankenschutz ist das Maßregelungsverbot **nicht dispositiv**[10], weil kein Fall vorstellbar ist, in dem einem ArbN zugemutet werden könnte, eine – begriffsimmanent abzulehnende – Benachteiligung hinzunehmen, das kann und muss, ein auszuübende Recht zwar dispositiv ist, aber nicht abbedungen wurde[11]. Aus der Geltungsbeschränkung auf den ArbN bei Ausgrenzung des Dienstverpflichteten und der arbeitnehmerähnlichen Person[12] kann rückgeschlossen werden, dass die Gefahr der Disziplinierung wegen der zulässigen Rechtsausübung eine Eigenheit des ArbVerh ist und die ihm zugrunde liegende strukturelle Ungleichgewichtslage Ursprung der Disziplinierungsgefahr ist.

---

1 BAG 8.3.1989 – 5 AZR 92/88, ZTR 1989, 312f. || 2 Staudinger/*Richardi*, § 612 Rz. 50; ErfK/*Preis*, § 612 Rz. 44; RGRK/*Hilger*, § 612 Rz. 62; vgl. auch BAG 12.3.2008 – 4 AZR 616/06, AP Nr. 18 zu § 1 TVG Tarifverträge Chemie; 29.1.1986 – 4 AZR 465/84, AP Nr. 115 zu §§ 22, 23 BAT 1975; BGH 13.3.1985 – IVa ZR 211/82, NJW 1985, 1895. || 3 ABl. L 45/19. || 4 ABl. L 39/40. || 5 BGBl. I S. 1308. || 6 ArbR-BGB/*Schliemann*, § 612a Rz. 1. || 7 Vgl. KR/*Treber*, § 612a BGB Rz. 1, der die Bedeutung dieser Unterscheidung auf den verfahrensrechtl. Aspekt beschränkt, weil die Norm innerhalb und außerhalb des von der RL betroffenen Bereichs einheitlich auszulegen sei; ferner KDZ/*Däubler*, § 612a BGB Rz. 3. || 8 ErfK/*Preis*, § 612a Rz. 4; KR/*Treber*, § 612a BGB Rz. 1; EuGH 8.11.1990 – Rs. C-177/88, Slg. 1990, 4003. || 9 Staudinger/*Richardi*, § 612a Rz. 4; *Preis*, Vertragsgestaltung, S. 170. || 10 Vgl. Soergel/*Raab*, § 612a Rz. 2; Erman/*Edenfeld*, § 612a Rz. 2; MüKoBGB/*Müller-Glöge*, § 612a Rz. 2. || 11 Enger Soergel/*Raab*, § 612a Rz. 10, der eine Abbedingung des Rechts nicht für erforderlich hält, um § 612a seinerseits abbedingen zu können. || 12 Zuletzt BAG 8.5.2007 – 9 AZR 777/06, AP Nr. 15 zu § 611 BGB Arbeitnehmerähnlichkeit mwN.

3 **2. Verhältnis zu anderen Vorschriften.** § 612a regelt einen Sonderfall der Sittenwidrigkeit[1]. Nach dem BAG nimmt § 612a Fälle auf, die vor seiner Einführung unter dem Gesichtspunkt der Sittenwidrigkeit (§ 138) oder von Treu und Glauben (§ 242) geprüft wurden[2]. In Abgrenzung zum Gleichbehandlungsgrundsatz erfordert die „Benachteiligung" in § 612a nicht notwendig einen konkreten Bezug zu anderen ArbN[3], während der Gleichbehandlungsgrundsatz wesensgemäß einen Vergleich mit mindestens einem weiteren ArbN erfordert. Eine spezielle Ausprägung findet das Maßregelungsverbot in § 84 III BetrVG sowie § 21 VI 3 GefStoffV; auch § 5 TzBfG kann als Spezialfall angesehen werden[4]. Eine dem Maßregelungsverbot vergleichbare Wirkung kommt § 20 I BetrVG zu[5].

4 **III. Voraussetzungen. 1. Arbeitnehmer.** Das Maßregelungsverbot begünstigt alle ArbN, wobei Inhalt und Umfang des ArbVerh keine Rolle spielen; einbezogen sind Arbeiter und Angestellte, Auszubildende, Volontäre, Umschüler und Praktikanten[6], nicht dagegen jeder auf Grund eines Dienstvertrages Verpflichtete. Auch auf Stellenbewerber findet diese Vorschrift keine Anwendung, weil diese noch nicht ArbN sind[7]. Erfasst sind auch die **leitenden Angestellten**[8]. Fraglich ist die Anwendbarkeit des Maßregelungsverbots auf arbeitnehmerähnliche Personen. Die wohl **hM im Schrifttum** nimmt die Geltung des § 612a über seinen Wortlaut hinaus **auch für arbeitnehmerähnliche Personen** an – mit dem recht schlüssigen Hinweis, dass diese in gleicher Weise schutzbedürftig sind[9]– oder will die Norm sogar darüber hinaus auch auf das Verhältnis zu **jedem Dienstnehmer** anwenden mit der Begründung, dass das Maßregelungsverbot aus dem allg. Benachteiligungsverbot resultiere[10]. Das BAG hat sich hingegen gegen eine Anwendbarkeit des § 612a auf arbeitnehmerähnliche Personen ausgesprochen, da die Vorschrift nach ihrem Wortlaut nur auf ArbN Anwendung findet[11]. Hier verbleibt es freilich bei der Anwendung des § 138 mit demselben Ergebnis.

5 **2. Arbeitgeber.** Das Maßregelungsverbot richtet sich gegen den ArbGeb, doch ist der Geltungsbereich nicht auf den ArbGeb als Vertragspartner des Arbeitsvertrags zu beschränken; in Betracht kommen ferner diejenigen **Dritten, die** als Inhaber der betriebl. Organisationsgewalt[12] dem ArbN ggü. **ArbGebFunktionen ausüben** und damit in die ArbGebStellung einbezogen werden[13], wie zB der **Entleiher** im Rahmen einer AÜ. So ist zB die Kündigung einer zu derartigen personellen Maßnahmen berechtigten Person dem ArbGeb zuzurechnen. Dieses Resultat befindet sich in Übereinstimmung mit dem Regelungsgrund des Maßregelungsverbots, wonach es allein darauf ankommen kann, wer die maßregelnde Maßnahme wirksam vornehmen kann, nicht dagegen schlicht darauf, wer Partei des Arbeitsvertrags ist. Auch die **Betriebsparteien** haben bei BV das Maßregelungsverbot des § 612a und die anderen Benachteiligungsverbote zu beachten[14].

6 **3. Vereinbarung, Maßnahme.** Das Maßregelungsverbot des § 612a bezieht sich (nur) auf Benachteiligungen „bei einer Vereinbarung oder einer Maßnahme". Ist der Begriff der **Vereinbarung** aus dem Wortsinn her als übereinstimmende Willensbekundung zweier Parteien iS eines zweiseitigen Rechtsgeschäfts definiert – dh. ArbGeb und ArbN –, so ist der Begriff der **Maßnahme** vom Wortsinn her unbestimmter. Dem Willen des Gesetzgebers folgend ist dieser jedoch umfassend zu verstehen und erfasst sämtliches tatsächliches und rechtsgeschäftliches Verhalten in Beziehung zum ArbN, das dessen Benachteiligung bewirkt[15]. Der auch sonst gesetzessystematisch jeweils weit zu verstehende Begriff der Maßnahme[16] soll damit alles ArbGebVerhalten erfassen, soweit es nicht eine Vereinbarung darstellt. Eine Einschränkung des Benachteiligungsverbots auf bestimmte Mittel und Vorgehensweisen ist damit nicht intendiert[17]; eingeschlossen sind Willenserklärungen ebenso wie rechtsgeschäftsähnliche und bloß tatsächliche Handlungen. Eine Maßnahme liegt zB auch dann vor, wenn der ArbGeb den ArbN ohne erkennbaren Grund nach dem in 1. Instanz gewonnenen Kündigungsrechtsstreit an einem neuen Arbeitsplatz getrennt von den übrigen Mitarbeitern mit sinnlosen Aufgaben beschäftigt und ihm außerdem aufgegeben wird, sich trotz des Betreibens einer Stempeluhr bei jedem Verlassen des Arbeitsplat-

---

1 BAG 2.4.1987 – 2 AZR 227/86, AP Nr. 1 zu § 612a BGB; *Preis*, Vertragsgestaltung, S. 171; anders Soergel/*Raab*, § 612a Rz. 3: § 612a schließe die Lücke zwischen der berechtigenden Norm und § 134. ||2 BAG 2.4.1987 – 2 AZR 227/86, AP Nr. 1 zu § 612a BGB. ||3 BAG 2.4.1987 – 2 AZR 227/86, AP Nr. 1 zu § 612a BGB. ||4 Annuß/Thüsing/*Thüsing*, § 5 TzBfG Rz. 1 ff.; krit. ArbR-BGB/*Schliemann*, § 612a Rz. 3. ||5 KR/*Treber*, § 612a BGB Rz. 2. ||6 KR/*Treber*, § 612a BGB Rz. 3a; ErfK/*Preis*, § 612a Rz. 4; Soergel/*Raab*, § 612a Rz. 5. ||7 LAG Bln.-Bbg. 21.7.2008 – 10 Sa 555/08. ||8 Staudinger/*Richardi*, § 612a Rz. 8; APS/*Linck*, § 612a BGB Rz. 4. ||9 Soergel/*Raab*, § 612a Rz. 5; ErfK/*Preis*, § 612a Rz. 4: „entsprechend dem Gedanken des allgemeinen Benachteiligungsverbots"; KDZ/*Däubler*, § 612a BGB Rz. 8: „als Ausdruck eines allgemeinen Rechtsprinzips"; ohne Begründung Erman/*Edenfeld*, § 612a Rz. 2; KR/*Treber*, § 612a BGB Rz. 3b sowie ArbG Berlin 7.3.2000 – 86 Ca 34037/99, PersR 2001, 45; abl. ArbR-BGB/*Schliemann*, § 612a Rz. 6 und 8. ||10 MüKoBGB/*Müller-Glöge*, § 612a Rz. 4; gegen die Anwendung auf Personen, welche auf Grund eines freien Dienstvertrags tätig sind, jedoch KR/*Treber*, § 612a BGB Rz. 3b, „da dies dem Wortlaut widerspricht und angesichts der sich aus anderen Vorschriften ergebenden Rechtsausübungsschranken (…) hierfür auch kein Bedarf besteht". ||11 BAG 14.12.2004 – 9 AZR 23/04, NZA 2005, 637. ||12 Staudinger/*Richardi*, § 612a Rz. 7. ||13 APS/*Linck*, § 612a BGB Rz. 5; KR/*Treber*, § 612a BGB Rz. 3; Staudinger/*Richardi*, § 612a Rz. 7. ||14 BAG 18.9.2007 – 3 AZR 639/06, AP Nr. 33 zu § 77 BetrVG 1972 Betriebsvereinbarung; 31.5.2005 – 1 AZR 254/04, AP Nr. 175 zu § 112 BetrVG 1972. ||15 Vgl. BT-Drs. 8/3317, 8 in Bezug auf § 611a. ||16 Vgl. auch § 35 VwVfG oder § 39 I OBG-NW und deren Komm. ||17 LAG Hamm 18.2.1987 – 17 Sa 1295/87, DB 1988, 917.

zes mündlich an- und abzumelden[1]. Eine Maßnahme kann ebenfalls in einem **Unterlassen** bestehen, so zB dann, wenn der öffentl. ArbGeb eine Höhergruppierung einzelner ArbN vornimmt und bei anderen unterlässt, weil sie eine Höhergruppierungsklage angestrengt oder nicht zurückgenommen haben[2], sowie bei der Gewährung einer Prämie für die Nichtteilnahme am Streik (vgl. Rz. 15 ff.). Eine Maßnahme scheidet jedoch dann aus, wenn sich die beanstandete Benachteiligung nach einem vorangegangenen zulässigen Verhalten allein aus dem Gesetz ergibt; so stellt etwa die Beendigungskündigung, die nach Nichtannahme eines in einer Änderungskündigung enthaltenen Angebotes gegeben ist, keine untersagte Maßregelung dar, weil die bisherige Änderungskündigung auf Grund der Regelung des § 2 KSchG als Beendigungskündigung, nicht als eine Maßregel zu werten ist[3].

4. Benachteiligung. Grds. ist für Maßnahmen iSd. § 612a anerkannt, dass sie, um eine maßregelnde Wirkung haben zu können und eine Benachteiligung iS dieser Norm zu sein, Reaktionen auf das zu maßregelnde Verhalten sein müssen, diesem also zeitlich nachfolgen müssen. Der Fall der Rechtsausübung vor Begründung des ArbVerh, der erst im darauf folgenden ArbVerh zu Nachteilen führt, wird vom Regelungsgehalt des § 612a nicht erfasst[4]. **Umstritten** ist jedoch die Frage, inwieweit § 612a auch benachteiligende **Vereinbarungen** erfasst, die **vor der Rechtsausübung** erfolgen, aber **später wirksam** werden. So wird teilweise vertreten, § 612a erfasse auch solche vorangegangenen Vereinbarungen[5] etwa mit dem Hinweis, für den ArbN mache es im Erg. keinen Unterschied, ob diese seiner Rechtsausübung vorangeht oder nachfolgt, so dass nach Sinn und Zweck der Norm beides erfasst sein müsse[6]. Auch wird darauf verwiesen, dass § 612a in Bezug auf Vereinbarungen sonst weitgehend leer laufe, da ein ArbN sich auf eine spätere Vereinbarung kaum einlassen dürfte[7]. Bei diesem weiten Verständnis ist jedoch unklar, inwieweit jegliche Benachteiligungen[8] oder gem. teleologischer Reduktion nur die unverhältnismäßige, inadäquate Benachteiligung erfasst wäre und wonach diese Inadäquanz und Unverhältnismäßigkeit zu bestimmen wäre[9]. Eine Benachteiligung iSv. § 612a setzt nicht notwendig voraus, dass sich die Situation des ArbN ggü. dem bisherigen Zustand verschlechtert. Das Maßregelungsverbot kann auch verletzt sein, wenn dem ArbN Vorteile vorenthalten werden, die der ArbGeb anderen ArbN gewährt, weil sie ihre Rechte nicht ausgeübt haben[10].

Eine der Rechtsausübung vorangegangene Vereinbarung kann jedoch **keine Benachteiligung** iSd. § 612a darstellen. Eine antizipierte Maßregelung iS dieser Norm gibt es nicht. Dies folgt zwar nicht unmittelbar aus dem Wortlaut, jedoch aus der Entstehungsgeschichte und vor allem aus Sinn und Zweck der Norm: So soll diese Bestimmung nach der amtlichen Begründung Benachteiligungen verhindern, die erfolgen, weil ein ArbN seine Rechte in zulässiger Weise „ausgeübt hat"[11]. Schon daraus zeigt sich, dass der Gesetzgeber nur Reaktionen des ArbGeb auf ein ihm unerwünschtes, jedoch erlaubtes Verhalten des ArbN erfassen wollte[12]. Vor allem ergibt auch der Zweck des § 612a dessen Begrenzung auf der Rechtsausübung nachfolgende Vereinbarungen. § 612a schützt – worüber Einigkeit besteht – die Willensfreiheit des ArbN bei der Entscheidung darüber, ob er ein Recht ausübt oder nicht[13]. Er soll also vor den unvorhersehbaren Folgen geschützt werden, die dadurch eintreten können, dass der ArbGeb ein ihm grds. zustehendes rechtl. Mittel zweckwidrig einsetzt, gerade um eine zulässige Rechtsausübung zu ahnden. Anders als nachfolgende sind vorangegangene Vereinbarungen nicht mit unkalkulierbaren Nachteilen verbunden, deren befürchteter Eintritt den Willensbildungsprozess des ArbN beeinflussen könnte. Vielmehr vollzieht sich bei ihnen in der Ausübung des Rechts lediglich die bestehende vertragl. Ordnung, dh. das vom ArbN ausgeübte Recht besteht von vornherein nur im Rahmen der mit ihm verbundenen Nachteile[14].

Eine **Benachteiligung** iSv. § 612a ist **nicht** bereits **jeder beliebige Nachteil**, der mit der Ausübung eines Rechts verbunden ist[15]. So kann zB bei der Nichtarbeit auf Grund eines Leistungsverweigerungsrechts als unmittelbare und allein in eben dieser Rechtsausübung begründeten Folge der vertragl. Lohnanspruch entfallen (zB unbezahlter Urlaub, Streik). Trotzdem wird in dieser Vertragsgestaltung zu Recht kein Verstoß gegen das Maßregelungsverbot gesehen. Vielmehr ergeben sich diese Folgen unmit-

---

1 LAG Schl.-Holst. 25.7.1989 – 1 (3) Sa 557/88, LAGE § 612a BGB Nr. 4; ErfK/*Preis*, § 612a Rz. 8; APS/*Linck*, § 612a BGB Rz. 8. ‖ 2 BAG 23.2.2000 – 10 AZR 1/99, NZA 2001, 680. ‖ 3 LAG Mainz 18.12.1997 – 7 Sa 374/97, LAGE § 4 KSchG Nr. 40. ‖ 4 BAG 15.11.2012 – 6 AZR 339/11. ‖ 5 Vgl. *Preis*, Vertragsgestaltung, S. 172; *Gaul*, NJW 1994, 1024 (1027, 1028) im Zusammenhang mit der Streikbruchprämie, jedoch ohne auf die Besonderheit des Zeitpunkts einzugehen: LAG Hamm 30.4.1993 – 10 Sa 21/93, LAGE § 611 BGB Anwesenheitsprämie Nr. 2; Soergel/*Raab*, § 612a Rz. 11; s.a. *Hanau*/*Vossen*, DB 1992, 213 (221); *Dörner*, RdA 1993, 24 (29 re. Sp.); *Lipke*, HzA, Gruppe 3, Rz. 119. *Schwarze*, NZA 1993, 967 (970); ausdrücklich aA LAG Köln 18.12.1986 – 8 Sa 880/86, LAGE Art. 9 GG Arbeitskampf Nr. 30. Offen gelassen BAG 31.5.2005 – 1 AZR 254/04, AP Nr. 175 zu § 112 BetrVG 1972. ‖ 6 Vgl. BAG 16.2.1989 – 2 AZR 299/88, AP Nr. 20 zu § 1 KSchG 1969 Krankheit; 16.2.1989 – 2 AZR 347/88, NZA 1989, 962 (964). ‖ 7 *Preis*, Vertragsgestaltung, S. 172. ‖ 8 So wohl *Preis*, Vertragsgestaltung, S. 172. ‖ 9 Vgl. *Hanau*/*Vossen*, DB 1992, 213 (221); *Gaul*, NJW 1994, 1024 (1027). ‖ 10 BAG 16.5.2012 – 10 AZR 147/11; 31.5.2005 – 1 AZR 254/04, AP Nr. 175 zu § 112 BetrVG 1972. ‖ 11 S. BT-Drs. 8/3317, 10. ‖ 12 Was zwar nicht *Preis*, wohl aber *Hanau* in Widerspruch zu seinem Ergebnis anerkennt: *Hanau*/*Vossen*, DB 1992, 213 (221 re. Sp.); *Preis*, Vertragsgestaltung, S. 172. ‖ 13 S. etwa *Preis*, Vertragsgestaltung, S. 172; *Preis*, ZfA 1992, 61 (95); beide in Bezugnahme auf BAG 16.2.1989 – 2 AZR 347/88, NJW 1990, 141 (142). ‖ 14 S. LAG Köln 18.12.1986 – 8 Sa 880/86, NZA 1987, 746 (747); ähnlich BAG 15.5.1964 – 1 AZR 432/63, AP Nr. 35 zu § 611 BGB Gratifikation, in Erörterung eines tarifl. Maßregelungsverbots. ‖ 15 Vgl. Staudinger/*Richardi*, § 612a Rz. 11 ff.

telbar aus dem Gesetz. Hier trifft der ArbGeb keine eigenständige Maßnahme. Bei Nachteilen, die auf der einseitigen Entscheidung des ArbGeb oder aber auf Vereinbarung beruhen, gilt § 612a jedoch, ohne dass es auf eine Verhältnismäßigkeits- oder Angemessenheitsprüfung ankäme; § 612a spricht nur von „Benachteiligungen" und nicht von „ungerechtfertigten Benachteiligungen". Auch dies spricht dafür, Vereinbarungen, die der Rechtsausübung vorangehen, nicht unter § 612a zu subsumieren. Wohl kann ein Verhalten, das nachträglich eine zulässige Rechtsausübung ahnden will, als in jedem Fall sittenwidrig gewertet werden, nicht aber jegliche Vereinbarung, durch die ein auszuübendes Recht mit gewissen Nachteilen verbunden und uU erst konstituiert wird. Eine Benachteiligung kann nicht nur in einer Einbuße, sondern auch im Vorenthalten von Vorteilen liegen[1].

10   **5. Kausalität zwischen Rechtsausübung und Benachteiligung.** Eine Benachteiligung, „weil der ArbN in zulässiger Weise seine Rechte ausübt", erfordert zumindest, dass die Rechtsausübung eine conditio sine qua non für die Benachteiligung ist. Darüber hinaus hält die Rspr. als **subjektives Moment** eine **Maßregelungsabsicht** des ArbGeb in dem Sinne für erforderlich, dass die **Rechtsausübung des ArbN** für die Maßnahme oder Vereinbarung seitens des ArbGeb nicht nur in irgendeiner Weise auch ursächlich und nicht nur äußerer Anlass sein darf, sondern für das Verhalten des ArbGeb der **tragende Beweggrund**, dh. das **wesentliche Motiv** sein muss[2]. Dieses Erfordernis einer Maßregelungsabsicht bestätigt eine Wertung der Maßregelung iSd. § 612a als Sonderfall der Sittenwidrigkeit bzw. des Rechtsmissbrauchs: Auch für die Einordnung eines Verhaltens als sittenwidrig bzw. rechtsmissbräuchlich ist die subjektive Einstellung des Handelnden ein konstituierendes Element[3].

11   Dagegen wird zum Teil diese subjektive, am Motiv des ArbGeb anzusetzende Betrachtung durch eine **rein objektive Kausalität** ergänzt, wonach unabhängig von den Beweggründen des ArbGeb eine Maßregelung vorliegen soll, wenn eine Rechtsausübung einzige Ursache für eine Benachteiligung wie zB die Vorenthaltung einer Zuwendung ist oder aber wenn neben dem Rechtsverzicht weitere Voraussetzungen für den Erhalt eines Vorteils vorliegen müssen, die damit verfolgten Ziele aber die Beeinträchtigung der Rechtsausübungsfreiheit im Rahmen einer Abwägung der beiderseitigen Interessen nicht rechtfertigen können[4]. Eine solche objektive Ergänzung des Zusammenhangs Rechtsausübung/Maßregelung losgelöst vom Willen des ArbGeb entspricht indes nicht dem Charakter des § 612a als eines Maßregelungsverbots und ist überdies nicht erforderlich: Wo für eine Benachteiligung objektiv kein anderer Grund als die zulässige Rechtsausübung besteht oder wo andere Gründe sie nicht rechtfertigen können, weil im Rahmen einer Interessenabwägung eine solche Differenzierung unverhältnismäßig wäre, ist das einzig verbleibende Motiv eben der Wille des ArbGeb, an die zulässige Rechtsausübung eine Sanktion zu knüpfen, dh. seine Maßregelungsabsicht. Dementsprechend hat das BAG richtigerweise betont, dass es auch bei Vorliegen von objektiven Gründen, die eine benachteiligende Differenzierung ggü. anderen ArbN rechtfertigen, trotzdem eine Maßregelung vorliegt, wenn diese Gründe nicht das Motiv des ArbGeb für die Benachteiligung waren[5].

12   **6. Zulässige Rechtsausübung.** Voraussetzung für ein Verbot der Maßregelung ist, dass „der ArbN in zulässiger Weise seine Rechte ausübt". Arbeitsvertragl. unzulässiges Verhalten kann demggü. vom ArbGeb sanktioniert werden. Allerdings beziehen sich die Rechtsausübung und das daran anknüpfende Verbot nicht nur auf im Arbeitsvertrag selbst begründete Rechte, sondern darüber hinaus auf **jede Form der Rechtsausübung**, etwa auch das Grundrechtsausübung, insbes. das Grundrecht auf freie Meinungsäußerung nach Art. 5 I GG sowie die Betätigungsfreiheit nach Art. 9 III 1 und 2 GG[6]. Dies folgt zunächst aus dem weiten Wortlaut der Norm, der nicht nach dem Grund des ausgeübten Rechts differenziert; auch den Gesetzesmaterialien, die ebenfalls durchgehend nur von Ausübung von Rechten sprechen[7], ist kein engeres Verständnis zu entnehmen. Schließlich entspricht dies auch dem im Gesetz objektivierten Zweck eines Maßregelungsverbots: Nimmt ein ArbN in zulässiger Weise arbeitsvertragl. Rechte wahr, darf der ArbGeb dies nicht sanktionieren; dies muss erst recht für Rechte gelten, die dem ArbN unabhängig von der vertragl. Beziehung zum ArbGeb zustehen und mit deren Existenz und Bestand in keinerlei Zusammenhang stehen. Indes ist zu beachten, dass § 612a selbst nichts über die arbeitsvertragl. Zulässigkeit einer Rechtsausübung sagt, diese vielmehr voraussetzt. Inwieweit zB Zölibatsklauseln oder die Meinungsäußerung einschränkende Bestimmungen vereinbart werden können, darüber sagt § 612a nichts. Lediglich darf im Fall der Unzulässigkeit einer solchen Beschränkung der ArbGeb an einen Verstoß keine Sanktion knüpfen. Auf Grund dieses begrenzten Aussagegehalts des § 612a als reine Sanktionsnorm ist ihm auch keine Wertentscheidung für die Zulässigkeit der Rechtsausübung zu entnehmen, ebenso wie dem Verbot sittenwidrigen Verhaltens gem. § 138 nicht zu entnehmen ist, welches Verhalten sittenwidrig ist. Vielmehr richtet sich die **Zulässigkeit der Rechtsausübung**

---

1 BAG 16.5.2012 – 10 AZR 147/11; 15.7.2009 – 5 AZR 486/08, AP Nr. 209 zu § 242 BGB Gleichbehandlung. || 2 BAG 23.4.2009 – 6 AZR 189/08, AP Nr. 40 zu § 611 BGB Persönlichkeitsrecht; 14.3.2007 – 5 AZR 420/06, AP Nr. 204 zu § 242 Gleichbehandlung; 16.9.2004 – 2 AZR 511/03, AP Nr. 142 zu § 102 BetrVG 1972; 2.4.1987 – 2 AZR 227/86, NZA 1988, 18; ArbR-BGB/*Schliemann*, § 612a Rz. 12. || 3 Vgl. nur MüKoBGB/*Armbrüster*, § 138 Rz. 129 ff. mwN; MüKoBGB/*Roth/Schubert*, § 242 Rz. 206 ff.; im Gegensatz dazu das Schikaneverbot, das eine rein objektive Wertung enthält (vgl. Palandt/*Ellenberger*, § 226 Rz. 2). || 4 *Schwarze*, NZA 1993, 967 (973). || 5 BAG 2.4.1987 – 2 AZR 227/86, DB 1987, 2525 (2526) in Bezug auf die Maßregelungskündigung. || 6 BAG 21.9.2011 – 7 AZR 15/10. || 7 S. Begr. RegE BT-Drs. 8/3317, 10 = BR-Drs. 353/79, 17.

bei arbeitsvertragl. Rechten nach den im Vertrag normierten Voraussetzungen, bei sonstigen Rechten **nach der** übrigen **Rechtsordnung**[1]. Es handelt sich schon nicht um eine Rechtsausübung, wenn ein ArbN den Wünschen des ArbGeb nach Vertragsänderung nicht nachkommt; eine daraufhin ergriffene Maßnahme des ArbGeb, die in rechtl. zulässiger Weise die einseitige Durchsetzung dieser Wünsche durch Änderungskündigung vorbereiten soll, kann danach auch nicht gegen das Maßregelungsverbot verstoßen[2]. Nicht zwingend erforderlich ist, dass der ArbN selbst die sanktionierte Rechtsausübung vorgenommen hat. Auch eine Benachteiligung der ArbN, weil der BR seine MitbestRe in zulässiger Weise ausübt, ist von § 612a erfasst[3].

IV. Fallguppen. 1. Kündigung. Eine (außerordentl.) Kündigung des ArbN, der **Strafanzeige gegen den ArbGeb** stellt, soll eine verbotene Maßregelung darstellen[4]; dies soll sogar dann gelten, wenn zwar objektiv kein Gesetzesverstoß vorliegt, der ArbN aber berechtigterweise hiervon ausgehen durfte[5]. Nach **anderer – und regelmäßig zutreffender – Ansicht** verstößt die Kündigung nicht gegen § 612a; das strafprozessuale Recht zur Anzeigeerstattung reiche nicht aus, weil den ArbN Treue- und Rücksichtnahmepflichten träfen, auf Grund derer es ihm verwehrt ist, auf jedes strafrechtl. relevante Verhalten des ArbGeb ohne Weiteres mit einer Strafanzeige zu reagieren[6]. Die Grenzen der Rspr. hierzu sind in Bewegung, s. § 1 KSchG Rz. 219. Eine Kündigung verstößt nicht gegen § 612a, wenn der Grund darin liegt, dass der ArbN mit seinem Unternehmen dem ArbGeb einen Geldbetrag (im entschiedenen Fall 40 000 DM) schuldet und sich abzeichnet, dass dieses Geld uneinbringlich ist[7]. Eine **Kündigung während der Probezeit** (§ 1 I KSchG) stellt dann keine verbotene Maßregelung dar, wenn sie durch die **Krankheit** selbst einschl. ihrer betriebl. Auswirkungen veranlasst ist; anders liegt es etwa, wenn der ArbGeb in Ansehung der Erkrankung eines ArbN diesen zur Arbeitsleistung auffordert und ihm kündigt, weil der ArbN sich weigert[8]. Die Kündigung eines ArbVerh mit einer ArbNin wegen zu erwartender Fehlzeiten als Folge von Versuchen **künstlicher Befruchtung** verstößt nicht gegen § 612a[9]. Übt der ArbN sein Recht nach § 45 III 1 SGB V aus, indem er der Arbeit eigenmächtig fernbleibt, ist eine darauf beruhende Kündigung wegen § 612a nichtig, weil § 45 III 1 SGB V nicht nur einen Anspruch auf Freistellung von der Arbeit gewährt, sondern bei rechtswidriger Verweigerung auch das Recht zum eigenmächtigen Fernbleiben[10]. Sofern der ArbGeb allein das Verkaufsgebiet desjenigen ArbN auflöst, der sich als einziger nicht mit einer Gehaltsreduzierung mit sofortiger Wirkung einverstanden erklärt hat, und ihm anschließend kündigt, liegt eine verbotene Benachteiligung nach § 612a vor[11]. Die Kündigung des ArbGeb verstößt gegen das Maßregelungsverbot, wenn dieser anlässlich einer Entfristungsklage des ArbN die ordentl. Kündigung ausspricht, um den Fortbestand des ArbVerh auf unbestimmte Zeit zu verhindern[12]. Ergeht auf ein Anwaltsschreiben, mit dem Weihnachtsgeld eingefordert wird, eine **Änderungskündigung**, so ist diese nach § 612a wenigstens dann unwirksam, wenn der ArbGeb die Forderung zum Teil anerkennt[13]. Eine Änderungskündigung, mit der der ArbGeb den Abbau tarifl. gesicherter Leistungen durchzusetzen versucht, ist unwirksam[14]. Die auf die Ablehnung eines Änderungsangebotes gestützte Kündigung kann nach BAG eine Maßregelung iSd. § 612a darstellen, wenn sich die Ausgestaltung des Änderungsangebotes selbst als unerlaubte Maßregelung darstellt. Es müssen demzufolge für das Änderungsangebot selbst die besonderen, auf das Motiv des Kündigenden bezogenen Voraussetzungen des § 612a vorliegen, damit eine solche Kündigung von dem besonderen Unwerturteil des § 612a betroffen ist[15]. Die Änderungskündigung ggü. einem ArbN, der einen konkreten Änderungsvertrag zur Reduzierung der wöchentlichen Arbeitszeit lediglich unter Vorbehalt unterzeichnet hat, verstößt gegen das Maßregelungsverbot[16]. Ein Verstoß gegen das Maßregelungsverbot des § 612a liegt nicht vor, wenn sich ein ArbN gegen eine Änderungskündigung, die unter formalen Mängeln leidet, wendet, wenn der ArbGeb daraufhin die Änderungskündigung unter Vermeidung der vorherigen formalen Mängel nochmals wiederholt[17]. Wird dem ArbN, der sich gegen eine Abmahnung zur Wehr gesetzt hat, ordentl. gekündigt, kann die Kündigung gegen das Maßregelungsverbot nach § 612a verstoßen[18]. Der ArbGeb darf auch nicht die seiner Ansicht nach **„fehlende Einsicht"** des ArbN zum Anlass einer Kündigung nehmen, wenn dieser abgemahnt worden ist, im Laufe der Abmahnung jedoch auf seinem Standpunkt beharrt,

---

1 Tendenziell fehlgehend daher die Argumentation von *Schwarze*, NZA 1993, 967 (970). || 2 LAG Köln 16.5.1997 – 11 Sa 828/96, nv. || 3 LAG BW 12.1.2011 – 2 Sa 97/10, n.rkr.; angedacht, aber offengelassen auch schon von BAG 18.9.2007 – 3 AZR 639/06, AP Nr. 33 zu § 77 BetrVG 1972 Betriebsvereinbarung || 4 Staudinger/*Richardi*, § 612a Rz. 15; Soergel/*Raab*, § 612a Rz. 17. || 5 So Soergel/*Raab*, § 612a Rz. 17. || 6 KR/*Treber*, § 612a BGB Rz. 9. || 7 LAG Nürnberg 24.4.2001 – 6 Sa 406/00, LAGE § 242 BGB Nr. 5. || 8 LAG Halle 27.7.1999 – 8 Sa 1066/98, LAGE § 613a BGB Nr. 6. Zur Bedeutung des § 612a bei der Kündigung außerhalb des allg. Kündigungsschutzes vgl. auch *Stelljes*, Zu Grundlage und Reichweite des allgemeinen Kündigungsschutzes, 2002, S. 269 ff. || 9 LAG Schl.-Holst. 17.11.1997 – 5 Sa 184/97, LAGE § 242 BGB Nr. 3; ebenso in der Vorinstanz ArbG Elmshorn 29.1.1997 – 1e Ca 1902/96, EzA § 242 BGB Nr. 40. || 10 LAG Köln 10.11.1993 – 7 Sa 690/93, LAGE § 612a BGB Nr. 5; APS/*Linck*, § 612a BGB Rz. 14; ErfK/*Preis*, § 612a Rz. 13. || 11 LAG Nürnberg 7.9.2004 – 6 Sa 136/04, nachgehend BAG 25.1.2005 – 9 AZN 832/04, nv. || 12 LAG Schl.-Holst. 3.11.2004 – 3 Sa 159/04, NZA-RR 2005, 310; 31.5.2005 – 2 Sa 75/05, nv.; s.a. BAG 13.5.2004 – 2 AZR 426/03, EzBAT SR 2y BAT Teilzeit- und Befristungsgesetz Nr. 10; 6.11.2003 – 2 AZR 690/02, AP Nr. 7 zu § 14 TzBfG. || 13 ArbG Kiel 30.7.1997 – 5 Ca 56b/97, NZA-RR 1998, 303. || 14 BAG 10.2.1999 – 2 AZR 422/98, NZA 1999, 657. || 15 BAG 22.5.2003 – 2 AZR 426/02, AP Nr. 18 zu § 1 KSchG 1969 Wartezeit. || 16 LAG MV 8.3.2005 – 2 Sa 354/04, nv. || 17 LAG Köln 30.10.2008 – 7 Sa 543/08. || 18 ArbG Augsburg 7.10.1997 – 2 Ca 1431/96 N, NZA-RR 1998, 542.

sich korrekt verhalten zu haben; hierbei handele der ArbN in Wahrnehmung berechtigter Interessen[1]. Auch die Kündigung eines ArbN, der **Antrag auf Gewährung von Vorruhestandsgeld** gestellt hat, ist wegen § 612a unwirksam[2], ebenso wie eine arbeitgeberseitige Kündigung nach **vorausgegangener Kündigung durch den ArbN**[3]. Schließt der ArbGeb diejenigen ArbN, die Kündigungsschutzklage erheben, von einer freiwilligen Abfindungszahlung aus, begründet dies keinen Verstoß gegen das Maßregelungsverbot[4]. Auch eine freiwillige BV, die bei einer Betriebsänderung zusätzlich zu einem Sozialplan Abfindungsansprüche für den Fall vorsieht, dass der ArbN von der Möglichkeit zur Erhebung einer Kündigungsschutzklage keinen Gebrauch macht, stellt keine Verletzung des § 612a dar, solange durch diese Regelung nicht das Verbot umgangen wird, Sozialplanleistungen an den Verzicht auf die Erhebung einer Kündigungsschutzklage zu knüpfen[5].

14 **2. Arbeitskampf.** Im Zusammenhang mit dem Arbeitskampf sind zum einen die Vereinbarkeit der sog. Streikbruchprämien mit dem Maßregelungsverbot problematisch, zum anderen die Frage nach selektiver Aussperrung bei einem Streik:

15 **a) Streikbruchprämien.** Dies sind Zulagen, die an diejenigen ArbN gezahlt werden, die sich nicht an einem Streik beteiligen oder beteiligt haben[6]. Fraglich ist deren Vereinbarkeit mit dem Maßregelungsverbot unter dem Gesichtspunkt, dass darin eine Benachteiligung der an dem Streik beteiligten ArbN ggü. den nichtstreikenden ArbN liegen könnte. Um jedoch eine ungerechtfertigte Ungleichbehandlung wegen der Unterscheidung nach der Streikbeteiligung ablehnen zu können, ist ein **sachlicher Grund** für die Zahlung der Prämie erforderlich. Als rechtfertigender sachlicher Grund kommen **besondere Belastungen** der arbeitenden ArbN während des Arbeitskampfes in Betracht[7]. Die Rspr. lässt jedoch nicht jede zusätzliche Erschwerung der Arbeit während des Arbeitskampfes ausreichen, denn jede Arbeit sei während des Arbeitskampfes mit Belastungen verbunden, die normalerweise nicht aufträten. Ein sachlicher Grund liegt danach nur vor, wenn die **während des Streiks** arbeitenden ArbN **Belastungen** ausgesetzt sind, die **erheblich über das normale Maß hinausgehen**, das mit jeder Streikarbeit verbunden ist[8]. Als ungenügend werden zB psychische Belastungen, die durch die Kritik der streikenden Kollegen, durch Streikposten oder Streikgassen hervorgerufen werden, angesehen. Gleiches gilt für Erschwerungen der Arbeit durch die Zusammenarbeit in einer nicht eingespielten Arbeitsgruppe oder die zusätzliche Übernahme von Tätigkeiten, die bei normalem Arbeitsablauf von anderen ArbN verrichtet werden[9]. Demgemäß ist erheblich, ob die Prämie während des Streiks oder nach seiner Beendigung gewährt wird[10].

16 Nach aA[11] ist die Einschränkung, die die Rspr. mit dem **Erfordernis der erheblich über das normale Maß hinausgehenden Belastungen** vornimmt, nicht gerechtfertigt. Die Gewährung einer Prämie für Streikarbeit stelle nur dann einen Verstoß gegen § 612a dar, wenn damit lediglich die Nichtteilnahme am Streik honoriert wird, der Ausschluss des streikenden ArbN also allein wegen der Ausübung des Streikrechts und der damit verbundenen Arbeitsverweigerung erfolgt. Dies setze aber voraus, dass die nichtstreikenden ArbN lediglich die Arbeitsleistung erbringen, die ohne den Streik ebenfalls zu erbringen wäre, weil nur diese Arbeitsleistung von den Streikenden verweigert werde; schon eine Zusatzleistung, die die typischerweise mit der Streikarbeit verbundenen Belastungen honorieren solle, sei keine Gegenleistung für die bloße Nichtbeteiligung am Streik und daher kein Verstoß gegen § 612a. Gegen das Kriterium der Rspr. wird ferner eingewandt, es sei zu unbestimmt[12]. Das Maßregelungsverbot erschöpfe sich darin, dass die Ausübung des Streikrechts „nicht nur in irgendeiner Weise auch ursächlich und nicht nur äußerer Anlass", sondern für die Ungleichbehandlung „der tragende Beweggrund, dh. das wesentliche Motiv gewesen" ist[13]. Indes betreffen diese Kriterien die subjektive Ebene der Maßregelung und sagen nichts über die problematische Bestimmung des Gegenstandes der Prämierung aus. Zu deren Konkretisierung sollten allein objektive Kriterien herangezogen werden. **Abzustellen** ist allein **darauf, ob der ArbGeb mit der Prämie irgendeinen streikbedingten Nachteil kompensiert**. Denn seine zum Nachgeben zwingende Wirkung erreicht der Streik als Mittel des Arbeitskampfes bereits dadurch,

---

1 LAG Hess. 24.4.2000 – 14 Sa 957/99, nv. || 2 BAG 2.4.1987 – 2 AZR 227/86, BAGE 55, 190; ErfK/*Preis*, § 612a Rz. 13. || 3 LAG Nürnberg 7.10.1988 – 6 Sa 44/87, LAGE § 612a BGB Nr. 2; KR/*Treber*, § 612a BGB Rz. 9. || 4 BAG 15.2.2005 – 9 AZR 116/04, AP Nr. 15 zu § 612a BGB. || 5 BAG 31.5.2005 – 1 AZR 254/04, AP Nr. 175 zu § 112 BetrVG 1972; hierzu *Thüsing/Wege*, DB 2005, 2634. || 6 Vgl. BAG 17.9.1991 – 1 SZR 26/91, AP Nr. 120 zu Art. 9 GG Arbeitskampf = SAE 1993, 45 m. Anm. *Belling*; 13.7.1993 – 1 AZR 676/92, AP Nr. 127 zu Art. 9 GG Arbeitskampf m. Anm. *v. Hoyningen-Huene*, der moderater von „Weiterarbeitsprämie" spricht. || 7 *Gaul*, NJW 1994, 1025 (1026). || 8 BAG 28.7.1992 – 1 AZR 87/92, AP Nr. 123 zu Art. 9 GG Arbeitskampf; 11.8.1992 – 1 AZR 103/92, SAE 1993, 57 (61) m. Anm. *Belling/von Steinau-Steinrück*, SAE 1993, 51; so auch Soergel/*Raab*, § 612a Rz. 20; *Gaul*, NJW 1994, 1025 (1026); *Schwarze*, NZA 1993, 967 (971); einer Unterscheidung *Rolfs*, DB 1994, 1237 (1242). || 9 So Soergel/*Raab*, § 612a Rz. 20; *Gaul*, NJW 1994, 1025 (1026 f.); *Schwarze*, NZA 1993, 967 (971). || 10 Anders jedoch *Rüthers/Heilmann*, Anm. zu LAG Köln 4.10.1990 – 10 Sa 629/90, LAGE Art. 9 GG Arbeitskampf Nr. 39, die der Abgrenzung Schwierigkeiten bei der Feststellung des Arbeitskampfendes entgegenhalten. || 11 Soergel/*Raab*, § 612a Rz. 21. || 12 *Belling/v. Steinau-Steinrück*, DB 1993, 534 (535); *Belling/v. Steinau-Steinrück*, Anm. zu BAG 17.9.1991 und 28.7.1992, SAE 1993, 51 (54). || 13 *Belling/v. Steinau-Steinrück*, Anm. zu BAG 17.9.1991 und 28.7.1992, SAE 1993, 51 (54) unter Berufung auf BAG 28.7.1992 – 1 AZR 87/92, AP Nr. 123 zu Art. 9 GG Arbeitskampf und LAG Köln 4.10.1990 – 10 Sa 629/90, LAGE Art. 9 GG Arbeitskampf Nr. 39; *Belling/v. Steinau-Steinrück*, DB 1993, 534 (535).

dass die Produktivität in dem bestreikten Betrieb herabgesetzt wird. Die Zwangswirkung tritt jedoch auch dann ein, wenn der ArbGeb finanzielle Mittel aufwenden und entsprechende finanzielle Einbußen hinnehmen muss, um Produktivitätseinbußen aufzufangen und abzumildern, was wiederum das Mittel des Streiks entschärft und daher mit diesem als Mittel des Arbeitskampfes korrespondiert. Eine Prämie ist damit bereits dann zulässig, wenn sie gezahlt wird, um ein Maß an Produktivität der arbeitenden ArbN zu erreichen, das über das Maß der gewöhnlichen durchschnittlichen oder bei üblichem Arbeitsausfall erreichbaren Arbeitsproduktivität einer solchen Gruppe hinausgeht. Diese Qualifikation der Prämiengewährung als Mittel des Arbeitskampfes[1] hindert es, den Prämienempfang des arbeitenden ArbN als Verstoß gegen das Maßregelungsverbot anzusehen.

Daneben kann eine zweite Rechtfertigung der Streikbruchprämie darin liegen, dass sie **während des Streiks** versprochen wird, gerade um den Arbeitskampf und die Arbeitskampfwilligkeit zu beeinflussen. Sie muss sich dann wie jedes Arbeitskampfmittel am Ultima-Ratio-Grundsatz messen lassen. Werden die Prämien erst **nach Beendigung des Arbeitskampfes** zugesagt, scheidet die Rechtfertigung der Prämie, die allein nach der Streikteilnahme unterscheidet, unter arbeitskampfrechtl. Gesichtspunkten jedoch aus[2]. Im Schrifttum ist dies nicht unumstritten[3]. Man weist darauf hin, die nachträgliche Zusage sei bloß „mittelbare Auswirkung der während des Streiks getroffenen Kampfmaßnahme". Dagegen spricht schon, dass die nachfolgende Zahlung als Arbeitskampfmaßnahme nach dem Ultima-Ratio-Grundsatz nicht erforderlich ist. 17

Den Grund für eine unterschiedliche Behandlung seiner ArbN muss der **ArbGeb offen legen**, wenn er bei Sonderzuwendungen nicht alle ArbN gleichmäßig bedenkt[4]. Dabei kann der Umstand, dass die Prämie nicht an all diejenigen während des Streiks arbeitenden ArbN gezahlt worden ist, die der besonderen Belastung ausgesetzt waren, für einen Verstoß gegen das Maßregelungsverbot sprechen. Ist dagegen allen arbeitenden ArbN eine Prämie gezahlt worden, obwohl ein Teil von ihnen nicht den besonderen Belastungen ausgesetzt war, kann dementsprechend ebenfalls eine Diskriminierung auf Grund der Streikteilnahme nahe liegen[5]. 18

Im Fall der Unzulässigkeit der Streikbruchprämie besteht ein **Anspruch** der am Streik beteiligten **ArbN auf Zahlung** der Prämie in gleicher Höhe, der aus dem arbeitsrechtl. Gleichbehandlungsgrundsatz iVm. dem (ggf. tarifvertragl.) Maßregelungsverbot hergeleitet wird[6]. Damit hat aber ein Verstoß gegen § 612a, ggf. iVm. § 134, nicht lediglich kassierende, sondern anordnende Wirkung. Zur Rechtsfolge eines Verstoßes gegen das Maßregelungsverbot vgl. auch Rz. 31 ff. 19

Nach der Rspr. des BAG ist für die Zulässigkeit der Streikbruchprämie weiterhin erheblich, ob zusätzlich zu § 612a ein **tarifl. Maßregelungsverbot** besteht. Danach kann die durch die Zahlung von Streikbruchprämien vorgenommene Differenzierung zwischen nichtstreikenden und streikenden ArbN in einem von den TV-Parteien vereinbarten Maßregelungsverbot nach Beendigung des Arbeitskampfes wieder aufgehoben werden, etwa wenn das tarifl. Maßregelungsverbot in der Weise auszulegen ist, dass es der Wiederherstellung des Arbeitsfriedens nach Beendigung des Arbeitskampfes dient[7]. 20

b) Selektive Aussperrung. Problematisch ist ferner die Zulässigkeit der selektiven Aussperrung[8], die einmal **alle Gewerkschaftsmitglieder**, zum anderen nur die Streikteilnehmer erfassen kann und außer an Art. 9 III GG auch am Maßregelungsverbot des § 612a zu messen ist. Zu beachten ist dabei, dass auch der Gewerkschaftsbeitritt als Ausübung des Koalitionsrechts nach Art. 9 III GG eine Rechtsausübung iSv. § 612a ist. Eine rechtswidrige Benachteiligung der Organisierten auf Grund des Gewerkschaftsbeitritts ist in der selektiven Aussperrung und auch in einer Ausgleichszahlung an Außenseiter nicht zu sehen. Die selektive Aussperrung stellt zwar eine Schlechterstellung des Gewerkschaftsmitglieds ggü. dem Nichtorganisierten dar; indes will § 612a nicht jeglichen Nachteil verbieten, der mit der Rechtsausübung verbunden ist (vgl. Rz. 11), sondern nur eine solche Schlechterstellung des ArbN verhindern, die eine gezielte Maßregelung eines arbeitsvertragl. zulässigen Verhaltens darstellt, die sich also auch nach der Intention des ArbGeb als eine Ahndung zulässiger Rechtsausübung darstellt (vgl. Rz. 12). Eine Benachteiligung besteht daher erst dann, wenn die Differenzierung ggü. dem Außenseiter nicht durch anerkennenswerte Gründe außerhalb der zulässigen Rechtsausübung gerechtfertigt ist[9]. Zumindest bei teilweiser Aufrechterhaltung der Produktion durch Außenseiter oder in dem Fall, dass der ArbGeb durch die Aussperrung lediglich den finanziellen Druck auf die streikführende Gewerkschaft erhöhen will, sind aber legitime arbeitskampfbedingte Differenzierungsgründe gegeben. Wegen 21

---

[1] Zur Charakterisierung als Arbeitskampfmittel auch *Belling*, DZWIR 1994, 133 (135). ||[2] BAG 28.7.1992 – 1 AZR 87/92, AP Nr. 123 zu Art. 9 GG Arbeitskampf; so auch Soergel/*Raab*, § 612a Rz. 20. ||[3] *Rüthers/Heilmann*, Anm. zu LAG Köln 4.10.1990 – 10 Sa 629/90, LAGE Art. 9 GG Arbeitskampf Nr. 39. ||[4] BAG 28.7.1992 – 1 AZR 87/92, AP Nr. 123 zu Art. 9 GG Arbeitskampf. ||[5] Vgl. BAG 28.7.1992 – 1 AZR 87/92, AP Nr. 123 zu Art. 9 GG Arbeitskampf. ||[6] BAG 28.7.1992 – 1 AZR 87/92, AP Nr. 123 zu Art. 9 GG Arbeitskampf; 17.9.1991 – 1 AZR 26/91, AP Nr. 120 zu Art. 9 GG Arbeitskampf; ebenso APS/*Linck*, § 612a BGB Rz. 25. ||[7] BAG 13.7.1993 – 1 AZR 676/92, AP Nr. 127 zu Art. 9 GG Arbeitskampf. Zum tarifvertragl. Maßregelungsverbot vgl. *Belling*, DZWIR 1994, 133 (135 f.); *Gaul*, NJW 1994, 1025 (1028 ff.). ||[8] Hierzu *Thüsing*, ZTR 1999, 151 ff. ||[9] BAG 26.10.1994 – 10 AZR 428/93, AP Nr. 18 zu § 611 BGB Anwesenheitsprämie m. Anm. *Thüsing*; *Thüsing*, NZA 1994, 728 (730).

dieser Gründe erfolgt die Schlechterstellung des Mitglieds der kampfführenden Gewerkschaft, nicht aber wegen der Rechtsausübung Gewerkschaftsbeitritt.

22 Hinsichtlich der **Aussperrung nur der Streikenden** ergibt sich folgende Differenzierung: Eine Aussperrung nur der Streikenden **für die Dauer des Streiks** stellt keine Ungleichbehandlung ggü. den Nichtstreikenden dar, denn die Aussperrung Streikender dient ganz anderen Zwecken als die Aussperrung Nichtstreikender; eine Suspendierung des ArbVerh bewirkt sie nicht, denn diese ist ja bereits mit der Befolgung des Streikaufrufs eingetreten. Wie also die Aussperrung Streikender und Nichtstreikender keine Gleichbehandlung darstellt, ist die Aussperrung nur der Streikenden keine Ungleichbehandlung.

23 Werden Streikende **über die Dauer des Streiks hinaus** ausgesperrt, so liegt darin zwar zumindest für die Zeit nach der Streikbeendigung eine Ungleichbehandlung ggü. dem nicht ausgesperrten Kollegen, der sich nicht am Streik beteiligt hat, doch besteht hierfür oft die **arbeitskampfbedingte Rechtfertigung**, dass es eine Funktion der Aussperrung ist, den Schaden des ArbGeb zu mindern, der durch enge Führung eines Streiks entsteht[1]. Eine solche enge Führung braucht nicht nur personelle zu sein, sondern kann auch als zeitliche verstanden werden. Gewerkschaften und ArbN können mit einiger Berechtigung darauf vertrauen, der Streik werde sich nicht lohnmindernd auswirken. Dies zu verhindern, hat der ArbGeb ein legitimes Interesse daran, die Suspendierungsdauer auszudehnen und damit den Buchhaltungsaufwand in ein angemessenes Verhältnis zur Lohnminderung zu bringen, so dass ihn der Abzug nicht mehr kostet, als er ihm bringt. Auch kann eine solche Aussperrungsdifferenzierung uU mit dem Willen gerechtfertigt werden, durch die Aussperrung der Streikenden über die Beendigung der Streikteilnahme hinaus den Beginn der Wiederaufnahme der Produktion bestimmen zu können und nicht das vielleicht unsichere Kampfende abwarten zu müssen. Vollzieht der ArbGeb aber lediglich einen Verbandsbeschluss, ohne dass er eine produktionstechnische Rechtfertigung für die Differenzierung geben kann, dann muss diese Unterscheidung zwischen Streikenden und Nichtstreikenden als regelmäßig unzulässig gewertet werden.

24 Unzulässig dürfte auch die dritte Möglichkeit sein, die Aussperrung nur der streikenden ArbN **nach Beendigung des Streiks**, etwa im Verlauf eines gegen mehrere ArbGeb rundum gehenden Streiks. Hier rechtfertigt die Funktion der Aussperrung die Beschränkung des Adressatenkreises zumeist nicht. Sie stellt im Regelfall eine Maßregelung der Streikenden einzig im Hinblick auf ihre vorangegangene Streikteilnahme dar, da sich die Differenzierung nicht aus der Funktion der Aussperrung ergibt. Auch hier drängt sich die Parallele zur Streikbruchprämie auf: Ebenso wie Streikbruchprämien nach Beendigung des Arbeitskampfs gegen § 612a verstoßen, wenn sie einzig auf Grund der Nichtbeteiligung am Streik gezahlt werden (s. Rz. 17), ist eine Aussperrung als Maßregelung zu werten, wenn sie nach Beendigung des Streiks einzig auf Grund vorangegangener Streikteilnahme erfolgt. Insoweit ist auch Stimmen des Schrifttums zu widersprechen, die eine Differenzierung der Aussperrung nach der Streikteilnahme in keinem Fall als Verstoß gegen § 612a werten[2]. Zur Kürzung von **Anwesenheitsprämien bei Streikteilnahme** vgl. Rz. 27.

25 **3. Anwesenheitsprämien und ihre Kürzung.** Anwesenheitsprämien sind freiwillige, in bestimmtem Rhythmus wiederkehrende Sonderzahlungen des ArbGeb, die dadurch gekennzeichnet sind, dass sich der ArbGeb ihre Kürzung für Zeiten ohne Arbeitsleistung vorbehält[3]. Dabei kann nach dem Grund für die Kürzung unterschieden werden, die auf krankheitsbedingten Fehlzeiten sowie auf einer Streikteilnahme beruhen kann:

26 a) **Krankheitsbedingte Fehlzeiten.** Die grds. **Zulässigkeit** einer **Kürzung wegen krankheitsbedingter Fehlzeiten** steht nach der gesetzl. Regelung in § 4a S. 1 EFZG außer Zweifel, wonach eine Sondervergütung „auch für Zeiten der Arbeitsunfähigkeit infolge Krankheit zulässig" ist. Dies war auch schon vor der Geltung der Norm von der hM anerkannt; das BAG[4] stufte die Kürzung von Jahressonderzahlungen für krankheitsbedingte Fehlzeiten nicht als unzulässige Maßregelung ein; Inhalt der Arbeitsrechtsordnung sei, dass Arbeitsentgelt grds. nur für geleistete Arbeit gezahlt werde, soweit nicht gesetzl. Vorschriften eine Verpflichtung zur Fortzahlung des Arbeitsentgelts auch für Zeiten ohne Arbeitsleistung vorsähen. Problematisch war dabei der Umfang zulässiger Kürzung. Eine **Grenze der Kürzbarkeit** regelt nun § 4a S. 2 EFZG, wonach sich die Kürzung pro Tag der Arbeitsunfähigkeit höchstens auf ein Viertel des jahresdurchschnittlichen Tages-Arbeitsentgelts belaufen darf. Diese Grenze ist, da an einen bestimmten Geldbetrag gebunden, eine **absolute**. Einzelheiten s. Komm. dort.

27 Die Berechtigung zur Kürzung kann auch auf einer **BV** beruhen; die Rspr.[5] sah eine auf einer BV beruhende Regelung, nach der sich die Sonderleistung **für jeden Fehltag um 1/30** mindert, bereits vor Inkrafttreten des § 4a EFZG als vom Beurteilungsermessen der Betriebspartner gedeckt an. Zulässig soll

---

[1] Vgl. für alle *Seiter*, JZ 1979, 657 (659). || [2] *Löwisch/Rieble*, Arbeitskampf- und Schlichtungsrecht, Abschn. 170.2 Rz. 92f. || [3] Vgl. BAG 26.10.1994 – 10 AZR 482/93, AP Nr. 18 zu § 611 BGB Anwesenheitsprämie m. Anm. *Thüsing*; ErfK/*Dörner/Reinhard*, § 4a EFZG Rz. 10. || [4] BAG 26.10.1994 – 10 AZR 482/93, AP Nr. 18 zu § 611 Anwesenheitsprämie m. zust. Anm. *Thüsing*. || [5] BAG 26.10.1994 – 10 AZR 482/93, AP Nr. 18 zu § 611 Anwesenheitsprämie.

ebenfalls die Regelung in einer BV sein, die krankheitsbedingte Fehlzeiten, für die Entgeltfortzahlung zu leisten ist, auch dann gratifikationsschädlich berücksichtigt, wenn die Arbeitsunfähigkeit auf einem **Arbeitsunfall** beruht[1]. Auch hier gilt die Grenze des § 4a S. 2 EFZG.

b) Streikteilnahme. Zu einer Kürzung von Jahressonderzahlungen kann es auch bei Teilnahme an einem Streik kommen. Bestimmt eine betriebl. Regelung, dass eine Anwesenheitsprämie nur für Monate gezahlt wird, in denen der ArbN keinerlei Arbeitsunfähigkeits- und unbezahlte Ausfallzeiten aufweist, so führt dies auch bei der Teilnahme an einem Streik zum Prämienverlust[2]. Das BAG sieht in einer solchen Regelung nicht den Zweck, die Streikbereitschaft zu beeinflussen; die Abhängigkeit der so gestalteten Prämie von der tatsächlichen Arbeitsleistung zielt danach vielmehr auch und in erster Linie auf andere Formen der Leistungsstörung oder -unterbrechung wie Unpünktlichkeit, Krankheit und unbezahlten Urlaub ab[3]. Die **sachliche Rechtfertigung** der Ungleichbehandlung liegt dann in dem **Fehlen der Pflicht zur Erbringung der Arbeitsleistung**; die Streikteilnahme ist damit nicht der „tragende Beweggrund"[4], sondern nur ein Reflex[5]. In diesem Fall vollzieht die Kürzung der Prämie lediglich eine „in der Rechtsordnung bereits angelegte Folge", denn sie beruht auf dem in § 323 aF zum Ausdruck gelangten Grundsatz „Ohne Arbeit kein Lohn"[6].

Wird die Prämie monatlich gewährt und sind ihre Voraussetzungen so geregelt, dass jede – auch nur geringfügige – Ausfallzeit, wie zB eine Verspätung beim Arbeitsbeginn, seine Entstehung für den laufenden Monat vollständig verhindert, so liegt darin kein Verstoß gegen § 612a[7]. Das BAG unterscheidet auch hier zwischen **jährlich fälligen Prämien**, mit denen neben der tatsächlichen Arbeitsleistung auch die Betriebstreue honoriert werden kann, und **monatlich gezahlten Prämien**, bei denen dies nicht anzunehmen ist, schon weil die Kündigungsfristen meist länger als einen Monat dauern[8].

4. Sonstige Fälle. Das **Unterlassen einer Höhergruppierung** kann gegen § 612a verstoßen, wenn zB ein ArbGeb gewisse ArbN höher gruppiert, andere jedoch von der Höhergruppierung ausnimmt, weil sie gegen den ArbGeb eine Höhergruppierungsklage angestrengt bzw. nicht zurückgenommen haben[9]. Weigert sich der ArbN, in eine andere Betriebsstätte zu wechseln, und ist ihm dieser Wechsel laut eines geltenden Sozialplans nicht zuzumuten, ist der Ausschluss dieses ArbN von einer Gehaltserhöhung maßregelnd iSd. § 612a[10]. In der **Zahlung einer Sondervergütung** an ArbN, die für die Vergangenheit auf Überstundenvergütung verzichten und unter Anhebung der vertragl. Arbeitszeit zustimmen, ist kein Verstoß gegen § 612a gesehen worden[11]. Das Unterlassen einer **sozialen Auswahl** eines ArbN in einem Kleinbetrieb (§ 23 I 2 KSchG), dessen ArbVerh noch nicht länger als sechs Monate besteht (§ 1 I KSchG), verstößt ebenfalls nicht gegen § 612a[12]. Die **Anrechnung einer Tariferhöhung auf eine übertarifl. Zulage** verstößt (auch) gegen § 612a, wenn der ArbGeb die Tariferhöhung deshalb ausdrücklich vollständig anrechnet, weil der BR einer hälftigen Anrechnung nicht zustimmte[13]. Setzt ein ArbN seine tarifl. Rechte aus allgemeinverbindlichen TV durch, so ist der deshalb erfolgte **Ausschluss von der Gratifikationszahlung** durch den ArbGeb gem. § 612a unwirksam[14]. ArbN, die sich der vertragl. **Verschlechterung der Arbeitsbedingungen** widersetzen, üben in zulässiger Weise ihre Rechte aus; ob die Herausnahme dieser ArbN von einer Sonderzahlung eine verbotene Maßregelung darstellt, hängt vom Zweck der Sonderzahlung ab[15], der unter Berücksichtigung aller Umstände zu bestimmen ist. Liegt er etwa in der Mitarbeitermotivation[16] oder der Honorierung von Betriebstreue[17], liegt eine verbotene Maßregelung vor, nicht dagegen, wenn die Sonderzahlung nur die Verschlechterung (zT) ausgleichen soll. Dagegen ist ein Verstoß gegen das Maßregelungsverbot des § 612a nicht gegeben, wenn der ArbGeb den ArbN, die durch Verzicht zur Überwindung einer wirtschaftl. kritischen Lage beitragen, nach der Überwindung eine höhere Lohnerhöhung gewährt als den ArbN, die hierzu nicht bereit waren[18]. Dies gilt nach Ansicht des BAG auch bei einer Überkompensation, da die benachteiligende Maßnahme ihren Grund nicht in der Verweigerung, sondern im unterschiedlichen Gehaltsniveau habe[19]. Dann kann frei-

---

1 LAG Düss. 18.3.1998 – 17 Sa 1797/97, LAGE § 611 BGB Anwesenheitsprämie Nr. 4 – zweifelhaft. ||2 BAG 13.2.2007 – 9 AZR 52/06; 3.8.1999 – 1 AZR 735/98, ZIP 2000, 510; 31.10.1995 – 1 AZR 217/95, AP Nr. 140 zu Art. 9 GG Arbeitskampf. ||3 BAG 13.2.2007 – 9 AZR 374/06, AP Nr. 18 zu § 1 TVG Tarifverträge: Presse; 31.10.1995 – 1 AZR 217/95, AP Nr. 140 zu Art. 9 GG Arbeitskampf. ||4 *Gaul*, NJW 1994, 1025 (1027); *Plander/Witt*, EWiR 2000, 576; *Gaul*, NJW 1994, 1025 (1027). ||5 ErfK/*Preis*, § 612a Rz. 19. ||6 ErfK/*Preis*, § 612a Rz. 19; *Gaul*, NJW 1994, 1025 (1027); *Plander/Witt*, EWiR 2000, 576. ||7 BAG 31.10.1995 – 1 AZR 217/95, AP Nr. 140 zu Art. 9 GG Arbeitskampf. ||8 BAG 31.10.1995 – 1 AZR 217/95, AP Nr. 140 zu Art. 9 GG Arbeitskampf; Ausdruck des „dem § 611 immanenten Grundsatz[es]": Soergel/*Raab*, § 612a Rz. 22; vgl. auch *Gaul*, NJW 1994, 1025 (1027). ||9 BAG 23.2.2000 – 10 AZR 1/99, NZA 2001, 680. ||10 LAG Köln 17.10.2003 – 12 Sa 804/03, nv. ||11 LAG Hess. 24.4.2001 – 7 Sa 1672/00, nv.; aA LAG Hamm 14.4.2005 – 8 Sa 2196/04, nv. für den Fall, dass der ArbGeb die als Weihnachtsgratifikation ausgestaltete Leistung nur den ArbN gewährt, die einer Arbeitszeitverlängerung ohne Lohnausgleich zugestimmt haben. ||12 LAG Nürnberg 24.4.2001 – 6 Sa 406/00, LAGE § 242 BGB Nr. 5. ||13 LAG Hess. 28.1.1998 – 8 Sa 2219/96, nv. ||14 LAG Nds. 21.1.1998 – 15 Sa 1649/97, LAGE § 611 BGB Gratifikation Nr. 51. ||15 BAG 5.8.2009 – 10 AZR 666/08, AP Nr. 208 zu § 242 BGB Gleichbehandlung; 12.6.2002 – 10 AZR 340/01, NZA 2002, 1389; für die Verweigerung einer Weihnachtsgratifikation: LAG BW 20.10.2004 – 2 Sa 73/04, nv. ||16 BAG 12.6.2002 – 10 AZR 340/01, AP Nr. 8 zu § 612a BGB. ||17 BAG 5.8.2009 – 10 AZR 666/08, AP Nr. 208 zu § 242 BGB Gleichbehandlung. ||18 BAG 15.7.2009 – 5 AZR 486/08, AP Nr. 209 zu § 242 BGB Gleichbehandlung; LAG München 18.12.2008 – 3 Sa 722/08; ähnlich LAG Nds. 20.6.2008 – 12 Sa 35/08, LAGE § 612a BGB 2002 Nr. 4. ||19 BAG 17.3.2010 – 5 AZR 168/09, AP Nr. 211 zu § 242 BGB Gleichbehandlung.

lich der arbeitsrechtl. Gleichbehandlungsgrundsatz verletzt sein[1], s. § 611 Rz. 181 ff. Eine solche verbotene Maßregelung liegt auch vor, wenn der ArbGeb einen ArbN allein deshalb von der Zuweisung von Überstunden ausnimmt, weil dieser nicht bereit ist, auf Vergütungsansprüche zu verzichten[2]. Ein ArbGeb, der auf das berechtigte Verlangen des ArbN nach einer **Berichtigung des Zeugnisses** diesem ein „neues" Zeugnis zu erteilen hat, ist an seine bisherige Verhaltensbeurteilung gebunden, soweit keine neuen Umstände eine schlechtere Beurteilung rechtfertigen. Dies folgt aus dem Rechtsgedanken des § 612a[3]. Keine nach § 612a unzulässige Maßregelung ist die Erwähnung der Elternzeit in einem Arbeitszeugnis, sofern sich die durch die Elternzeit bedingte Ausfallzeit als eine wesentliche tatsächliche Unterbrechung der Beschäftigung darstellt. Das ist dann der Fall, wenn diese nach Lage und Dauer erheblich ist und wenn bei ihrer Nichterwähnung für Dritte der falsche Eindruck entstünde, die Beurteilung des ArbN beruhe auf einer der Dauer des rechtl. Bestands des ArbVerh entsprechenden tatsächlichen Arbeitsleistung[4]. Eine **Versetzung** ist wegen Verstoßes gegen § 612a unwirksam, wenn diese sich als maßregelnde Reaktion des ArbGeb auf die Wahrnehmung der Rechte einer ArbNin nach § 13 II BAT-O in Form einer schriftl. Stellungnahme darstellt[5]. Spricht der ArbGeb ggü. einem ArbN eine Abmahnung wegen eines mehrere Monate zurückliegenden Fehlverhaltens erst aus, nachdem der ArbN Lohnzahlungsklage erhoben hat, so kann darin ggf. ein Verstoß gegen § 612a liegen[6]. Selbst wenn die innere Motivation des ArbGeb für die Erteilung einer Abmahnung die Teilnahme eines ArbN an einem Warnstreik war, ist die ausgesprochene Abmahnung nicht gem. § 612a nichtig, wenn nicht die Streikteilnahme, sondern das Verlassen des Arbeitsplatzes ohne vorheriges Ausstempeln das in der Abmahnung beanstandete Verhalten darstellt[7]. Die Weigerung, eine **weitere Befristung** eines Arbeitsvertrags unter den Vorbehalt der gerichtl. Überprüfbarkeit der ersten Befristung zu vereinbaren, ist Ausdruck der Vertragsfreiheit des ArbGeb, nicht unzulässige Maßregelung[8]. Dagegen ist in dem Verhalten des ArbGeb, dem befristet beschäftigten ArbN keinen Folgevertrag anzubieten, da der ArbN ihm zustehende Rechte ausgeübt hat, eine nach § 612a verbotene Maßregelung[9]. Der Ausschluss eines tarifl. Abfindungsanspruchs für den Fall der **Erhebung einer Kündigungsschutzklage** durch den gekündigten ArbN, wenn der ArbGeb vorher auf diese Bedingung hingewiesen hat, verstößt weder gegen Art. 3 I GG noch gegen § 612a[10]. Allg. ist der Verzicht auf Erhebung der Kündigungsschutzklage gegen Abfindung nicht durch § 612a beschränkt[11]. Eine unzulässige Maßregelung kann auch Folge der Inanspruchnahme von Elternzeit sein[12] oder kann in einer Kündigung liegen als Antwort auf eine belastende Zeugenaussage[13]. Erklärt der ArbGeb sich zur Zahlung einer **Prämie** an solche ArbN bereit, die ein Änderungsangebot in Bezug auf den Arbeitsvertrag bis zu einem bestimmten Zeitpunkt annehmen, so liegt hierin keine Maßregelung der ArbN, die das Angebot erst später oder nicht annehmen. Hier wird demjenigen, der das Angebot nicht annimmt, nichts weggenommen, sondern nur der, der es annimmt, wird belohnt[14].

31 **V. Rechtsfolge.** § 612a ist ein gesetzl. Verbot iSv. § 134. Zu beachten ist, dass der ArbN nicht (stets) so zu stellen ist, wie er stünde, wenn er die Ausübung des Rechts unterlassen hätte, denn bspw. verliert der ArbN, der in zulässiger Weise an einem Streik teilnimmt, seinen Vergütungsanspruch, weil der durch die Streikteilnahme entstehende Nachteil der Rechtsausübung immanent ist[15]. Ist § 134 auf die Maßnahme nicht anwendbar, weil sie nicht die Voraussetzungen eines **Rechtsgeschäfts** erfüllt, so ist sie, etwa als **tatsächliche Maßnahme**, bei einem Verstoß gegen § 612a rechtswidrig. Der ArbN kann dann Beseitigung, bei Wiederholungsgefahr Unterlassung fordern[16]. Weitere Rechtsfolgen ergeben sich aus § 280 sowie § 823 II iVm. § 612a als Schutzgesetz[17]. Für die einzelnen Fallgruppen sind einige Besonderheiten zu beachten:

32 Besteht der Verstoß gegen § 612a in einer **Kündigung** wegen zulässiger Rechtsausübung, so ist die Nichtigkeit dieser Kündigung gem. §§ 134, 612a ein Mangel, der innerhalb der Klagefrist des § 4 KSchG geltend gemacht werden muss. Der ArbGeb kann auch keinen Auflösungsantrag nach § 9 I 2 KSchG stellen[18]. Bei § 612a handelt es sich um ein sonstiges Kündigungsverbot iSv. § 13 III KSchG[19]. Zu beachten ist, dass im Fall des § 612a das **Nachschieben von Kündigungsgründen nicht zulässig** ist. Während der allg. Kündigungsschutz der §§ 1 ff. KSchG auf die objektive Sachlage zum Zeitpunkt der Kündigung und nicht auf den Beweggrund der Kündigung durch den ArbGeb abstellt und deswegen ein Nachschieben materieller Kündigungsgründe grds. zulässig ist, schneidet § 612a den Regress auf andere Gründe ab, die den Kündigungsentschluss des ArbGeb nicht bestimmt haben. Damit können Umstän-

---

1 BAG 17.3.2010 – 5 AZR 168/09, AP Nr. 211 zu § 242 BGB Gleichbehandlung. ||2 BAG 17.11.2002 – 2 AZR 742/00, AP Nr. 100 zu § 615 BGB; im Fall des BAG ging es um tarifl. Vergütungsansprüche, auf die ArbN überdies gem. § 4 III TVG überhaupt nicht verzichten können. ||3 BAG 21.6.2005 – 9 AZR 352/04, AP Nr. 31 zu § 630 BGB. ||4 BAG 10.5.2005 – 9 AZR 261/04, AP Nr. 30 zu § 630 BGB. ||5 LAG Thür. 10.3.2005 – 1 Sa 578/03, nv. ||6 Offengelassen von LAG Köln 23.9.2003 – 13 (12) Sa 1137/02, nv. ||7 ArbG Herford 30.10.2003 – 1 Ca 912/02, BB 2003, 2574. ||8 BAG 14.2.2007 – 7 AZR 95/06, AP Nr. 18 zu § 612a BGB. ||9 BAG 21.9.2011 – 2 AZR 150/10. ||10 BAG 6.12.2006 – 4 AZR 798/05, AP Nr. 1 zu § 1 TVG Sozialplan; s.a. *Thüsing/Wege*, DB 2005, 2634. ||11 BAG 31.5.2005 – 1 AZR 254/04, AP Nr. 175 zu § 112 BetrVG 1972. ||12 ArbG Bochum 20.4.2006 – 4 Ca 3329/05, NZA-RR 2006, 643. ||13 LAG Sa.-Anh. 14.2.2006 – 8 Sa 385/05, LAGE § 612a BGB 2002 Nr. 2. ||14 Vgl. hierzu auch die Rspr. des BAG zur Turboprämie BAG 31.5.2005 – 1 AZR 254/04, NZA 2005, 997. ||15 Soergel/*Raab*, § 612a Rz. 9. ||16 Staudinger/*Richardi*, § 612a Rz. 21. ||17 MüKoBGB/*Müller-Glöge*, § 612a Rz. 23; KR/*Treber*, § 612a BGB Rz. 11. ||18 Erman/*Edenfeld*, § 612a Rz. 5; LAG Düss. 13.12.1988 – 8 Sa 663/88, DB 1989, 685. ||19 KR/*Treber*, § 612a BGB Rz. 11.

de, die der ArbGeb ohne die zulässige Rechtsausübung des ArbN nicht zum Anlass für eine Kündigung genommen hätte, nicht zur Begründung der Kündigung vorgetragen werden[1]. Bei der Bemessung einer Abfindung kann sich ein Verstoß gegen § 612a erhöhend auswirken[2].

Im Fall einer maßregelnden **Unterlassung der Höhergruppierung** kann nach Ansicht des BAG eine Beseitigung der rechtswidrigen Benachteiligung nur dadurch erfolgen, dass die Höhergruppierung in gleicher Weise gewährt wird wie den höher gruppierten ArbN[3]. Problematisch ist hierbei, dass zwar im Unterlassen der Höhergruppierung eine Maßregelung liegen kann; indes kann dies nicht schematisch zur Höhergruppierung des gemaßregelten ArbN führen, wenn seiner Höhergruppierung zB die Nichterfüllung sachlicher Anforderungen entgegensteht. Daher ist für die Beseitigung der Maßregelung im Wege der Höhergruppierung zusätzlich zu verlangen, dass diese „sachlich spruchreif" ist.

Im Fall der Unzulässigkeit einer **Streikbruchprämie** entsteht dem am Streik beteiligten ArbN ein Anspruch aus dem arbeitsrechtl. Gleichbehandlungsgrundsatz iVm. § 612a, dessen Inhalt auf **Gewährung der Prämie in gleicher Höhe** gerichtet ist (vgl. – auch zur Kritik – Rz. 22). Diese Rechtsfolge geht über den Inhalt des § 134 hinaus. Bei dessen konsequenter Umsetzung wäre nämlich allein die Prämiengewährung als Rechtsgeschäft unwirksam; die Folge wäre eine Rückerstattungspflicht nach Bereicherungsrecht. Dem wird der ArbN jedoch zumeist den Entreicherungseinwand entgegenhalten können, weswegen die konsequente Anwendung des § 134 faktisch auf ein Behaltendürfen hinausliefe und der missbilligte Erfolg bestehen bliebe. Hieraus rechtfertigt sich die vom BAG befürwortete[4] Rechtsfolge der Gewährung der Prämie an die Streikteilnehmer[5].

VI. Beweisfragen. Die Beweislast dafür, dass der ArbN wegen seiner Rechtsausübung durch den ArbGeb benachteiligt worden ist, trägt der ArbN[6]. Dem ArbN kann aber ein **Anscheinsbeweis** zugutekommen, der dann geführt ist, wenn der ArbN Tatsachen nachweist, die einen Schluss auf die Benachteiligung wegen der Rechtsausübung wahrscheinlich machen, zB wenn der zeitliche Zusammenhang evident ist[7]. Der Beweis des ersten Anscheins ist **bei engem zeitlichem Zusammenhang** zwischen der zulässigen Rechtsausübung und der beanstandeten Benachteiligung gegeben[8], so zB dann, wenn eine Kündigung erfolgt, unmittelbar nachdem der ArbN sich gegen eine Abmahnung zur Wehr gesetzt hat[9]. Der Anschein wird auch dadurch gesetzt, dass der ArbGeb mit einer Änderungskündigung dem ArbN, der über lange Zeit die verschiedensten Arbeiten erledigt hat, die einzige Arbeit anbietet, von der der ArbGeb weiß, dass der ArbN sie nicht ausführen kann, weil ihm etwa die erforderliche Fahrerlaubnis fehlt[10]. Auf Grund seiner sekundären Substantiierungslast nach § 138 II ZPO kann dem ArbGeb auch die Darlegung der Gründe für die Prämiengewährung obliegen[11]. So muss der ArbGeb etwa den Grund für eine unterschiedliche Behandlung seiner ArbN **offen legen**, wenn er bei Sonderzuwendungen nicht alle ArbN gleichmäßig bedenkt[12].

613 Unübertragbarkeit

Der zur Dienstleistung Verpflichtete hat die Dienste im Zweifel in Person zu leisten. Der Anspruch auf die Dienste ist im Zweifel nicht übertragbar.

I. Zweck und Inhalt der Norm. § 613 formuliert eine Grundregel des Arbeitsrechts. Danach ist die **Arbeitsleistung eine höchstpersönliche Pflicht des ArbN**. Aus der Formulierung „im Zweifel" ergibt sich, dass der Gesetzgeber diesen Grundsatz jedoch als bloße **Auslegungsregel** für die Arbeitsleistungspflicht des ArbN (S. 1) und den Arbeitsleistungsanspruch des ArbGeb (S. 2) vorgesehen hat. Daher enthält § 613 auch kein gesetzl. Verbot iSv. § 134[13]. Die Parteien des Arbeitsvertrages können grds. ausdrücklich oder konkludent abweichende Vereinbarungen treffen.

II. Persönliche Arbeitsleistungspflicht. 1. Grundregel. Die Arbeitsleistung hat der dienstpflichtige ArbN im Zweifel in Person zu leisten. Daher ist ihm im Grundsatz nicht gestattet, die Arbeitsleistung

---

1 BAG 2.4.1987 – 2 AZR 227/86, DB 1987, 2525 (2526). || 2 KR/*Pfeiffer*, § 612a BGB Rz. 11. || 3 BAG 23.2.2000 – 10 AZR 1/99, NZA 2001, 680. || 4 BAG 28.7.1992 – 1 AZR 87/92, AP Nr. 123 zu Art. 9 GG Arbeitskampf; 17.9.1991 – 1 AZR 26/91, AP Nr. 120 zu Art. 9 GG Arbeitskampf; ebenso APS/*Linck*, § 612a BGB Rz. 25. || 5 Vgl. BAG 11.8.1992 – 1 AZR 103/92, SAE 1993, 61 mwN: Die Rückzahlung von den arbeitenden ArbN komme weitgehend rechtlich, zumindest aber tatsächlich nicht in Betracht. || 6 BAG 2.4.1987 – 2 AZR 227/86, AP Nr. 1 zu § 612a BGB; 16.9.2004 – 2 AZR 511/03, AP Nr. 142 zu § 102 BetrVG 1972; LAG Schl.-Holst. 25.7.1989 – 1 (3) Sa 557/88, LAGE § 612a BGB Nr. 4; Soergel/*Raab*, § 612a Rz. 23; ErfK/*Preis*, § 612a Rz. 22; Staudinger/*Richardi*, § 612a Rz. 24; MüKoBGB/*Müller-Glöge*, § 612a Rz. 24; zu Fragen der Darlegungs- und Beweislast ausf. *Belling*/*v. Steinau-Steinrück*, DB 1993, 534 (536f.); *Belling*/*v. Steinau-Steinrück*, SAE 1993, 51 (55f.); *Schwarze*, NZA 1993, 967 (972); *Gaul*, NJW 1994, 1025 (1030). || 7 LAG Thür. 22.12.2009 – 7 Sa 31/09, nv.; LAG Schl.-Holst. 25.7.1989 – 1 (3) Sa 557/88, LAGE § 612a BGB Nr. 4; ArbR-BGB/*Schliemann*, § 612a Rz. 11. || 8 LAG Schl.-Holst. 28.6.2005 – 5 Sa 64/05, BB 2006, 112; KR/*Pfeiffer*, § 612a BGB Rz. 12; MüKoBGB/*Müller-Glöge*, § 612a Rz. 24; ErfK/*Preis*, § 612a Rz. 22. || 9 ArbG Augsburg 7.10.1997 – 2 Ca 1431/96 N, NZA-RR 1998, 542. || 10 ArbG Kiel 30.4.1997 – 5 Ca 56b/97, NZA-RR 1998, 303. || 11 KR/*Pfeiffer*, § 612a BGB Rz. 12; *Gaul*, NJW 1994, 1025 (1032). || 12 BAG 28.7.1992 – 1 AZR 87/92, AP Nr. 123 zu Art. 9 GG Arbeitskampf; vgl. Rz. 21. || 13 *Depping*, BB 1991, 1981; ErfK/*Preis*, § 613 Rz. 1; aA FG Münster 7.8.1990 – VI 7384/88 E, EFG 1991, 246.

durch andere Personen (Ersatzleute bzw. betriebsfremde Personen) zu erbringen[1]. Das gilt auch, wenn er sich zur Arbeitsleistung lediglich einer Hilfsperson bedient[2]. Mit der Grundregel persönlicher Leistungserbringung korrespondiert § 275 III, der dem ArbN ein besonderes Leistungsverweigerungsrecht für den Fall persönlicher Unzumutbarkeit einräumt[3]. Erfüllt der ArbN eine erbringbare höchstpersönliche Leistungspflicht nicht, gerät er automatisch in Verzug (§§ 280 II, 286 I, II Nr. 2)[4]. Da die Arbeitsleistung regelmäßig zeitgebunden ist, liegt allerdings in der Praxis meist ein Fall teilweiser Unmöglichkeit vor. Entsteht dem ArbGeb auf Grund der unterbliebenen persönlichen Arbeitsleistung ein Schaden, so kann er diesen bei Verschulden des ArbN ersetzt verlangen (§§ 280 I, III, 283)[5]. Ggf. kommt auch eine verhaltensbedingte ordentl. oder außerordentl. Kündigung des ArbN in Betracht[6].

3 Der ArbN hat die Arbeitsleistung gem. S. 1 jedoch nicht zwingend in eigener Person zu leisten. Wo dem nicht der Fall ist und der ArbN selbst aus berechtigten, in seiner Person liegenden Gründen zur Leistung verhindert ist, kann er weitgehend gehalten sein, die Arbeitsleistung durch einen Dritten vornehmen zu lassen. Dies bestimmt sich nach der **Auslegung seines Arbeitsvertrags**. Ohne besondere Anhaltspunkte wird man ihn allerdings nur als berechtigt, nicht als verpflichtet ansehen können, in diesen Fällen „für Ersatz zu sorgen"[7].

4 **2. Dispositivität.** Durch Vereinbarung zwischen den Parteien des Arbeitsvertrages kann die höchstpersönliche Leistungspflicht ausdrücklich oder stillschweigend abbedungen werden[8]. Aus der Natur des ArbVerh ergibt sich jedoch meist, dass die geschuldete Leistungspflicht nicht von der Person des ArbN getrennt werden kann[9]. Der Inhalt der Leistungspflicht aus dem Arbeitsvertrag und der Abschluss des Arbeitsvertrags hängen gerade von der Person des ArbN, dh. dessen persönlicher Eignung und fachlicher Qualifikation, ab[10]. Entsprechende Vereinbarungen sind daher in ArbVerh selten[11]. Eine Abbedingung der persönlichen Leistungspflicht kommt infrage, wenn die Mithilfe von Ehepartnern oder sonstigen Familienangehörigen des ArbN üblich ist, etwa bei einem Hausmeisterehepaar[12]. Hier kann regelmäßig von einer konkludenten vertragl. Einschränkung der Regel aus S. 1 ausgegangen werden, nach der sich die Familienangehörigen gegenseitig vertreten können. Aus einer entsprechenden Vereinbarung kann jedoch nicht ohne weiteres darauf geschlossen werden, dass ein ArbVerh überhaupt nicht vereinbart wurde[13]. Eine solche Vereinbarung misst sich zudem als Formularvertrag an den Schranken der §§ 305 ff. Hierin kann sowohl eine unangemessene Benachteiligung als auch eine überraschende Klausel liegen.

5 **3. Erbringung der Arbeitsleistung durch einen Dritten.** Die Erbringung der Arbeitsleistung durch Dritte gem. § 267 I 1 ist **grds. ausgeschlossen**[14]. Von der Übertragung der höchstpersönlichen Arbeitsleistungspflicht sind die **sog. mittelbaren ArbVerh** (s. hierzu vor § 611 Rz. 119 ff.) **und das sog. Gruppenarbeitsverhältnis** (s. hierzu vor § 611 Rz. 121 ff.) zu unterscheiden.

6, 7 Einstweilen frei.

8 **4. Ausnahme auf Grund gesetzlicher Gestattung.** § 13 TzBfG regelt eine Ausnahme vom Grundsatz der höchstpersönlichen Arbeitsleistungspflicht. Die Vorschrift enthält Voraussetzungen und Umfang der Arbeitsplatzteilung. ArbN und ArbGeb können gem. § 13 I 1 TzBfG grds. vereinbaren, dass mehrere ArbN sich die Arbeitszeit an einem Arbeitsplatz teilen. Durch das sog. **Job-Sharing**[15] kann ein ArbN in gewissen Grenzen in die Arbeitsleistungspflicht eines anderen ArbN eintreten. Insoweit ist der höchstpersönliche Charakter der Arbeitsleistung auf Grund gesetzl. Gestattung einschränkbar. Allerdings sind die anderen ArbN nur zur Vertretung verpflichtet, wenn sie ihr im Einzelfall durch besondere Vereinbarung zugestimmt haben (§ 13 I 2 TzBfG). Sonst ist eine Pflicht zur Vertretung nur gegeben, wenn der Arbeitsvertrag bei Vorliegen dringender betriebl. Gründe eine Vertretung vorsieht und diese im Einzelfall auch zumutbar ist (§ 13 I 3 TzBfG).

9 **5. Unvererblichkeit.** Beim **Tod des ArbN** erlischt seine Leistungspflicht auf Grund ihres höchstpersönlichen Charakters[16]. Dh., die Arbeitsleistungspflicht des ArbN geht nicht im Wege der Universalsukzession gem. § 1922 auf die Erben über[17]. Sie werden nicht zur Eintretung in die Verpflichtung des ArbN berechtigt oder verpflichtet. Die Erben können, da nicht nur die Arbeitspflicht, sondern auch die Ansprüche auf Befreiung von der Arbeitspflicht erlöschen, keine entsprechenden Ansprüche geltend

---

[1] Wird dem ArbN, zu dessen Arbeitspflichten die Führung eines Kfz gehört, die Fahrerlaubnis entzogen, so kann er die geschuldeten Fahrten nicht von einem Ersatzfahrer erbringen lassen. BAG 14.2.1991 – 2 AZR 525/90, RzK I 6a Nr. 70; LAG Schl.-Holst. 16.6.1986 – 4 (5) Sa 684/85, NZA 1987, 669; LAG Düss. 16.5.1967 – 8 Sa 90/67, NJW 1967, 2177. ||[2] Staudinger/*Richardi*, § 613 Rz. 4. ||[3] *Gotthardt*, Schuldrechtsreform, Rz. 8. ||[4] Vgl. Soergel/*Raab*, § 613 Rz. 2. ||[5] LAG Bremen 16.4.1971 – 1 Sa 5/71, DB 1971, 1429 bzgl. eines Schadensersatzanspruchs aus pVV. Zur Rechtslage vor der Schuldrechtsreform MüKoBGB/*Schaub*, 3. Aufl., § 613 Rz. 6. ||[6] MüKoBGB/*Müller-Glöge*, § 613 Rz. 8. ||[7] ErfK/*Preis*, § 613 Rz. 2; Erman/*Edenfeld*, § 613 Rz. 1. ||[8] ArbG Ulm 23.7.1957 – II Ca 537/57, DB 1957, 1023. ||[9] Vgl. Soergel/*Raab*, § 613 Rz. 6; Staudinger/*Richardi*, § 613 Rz. 7. ||[10] Vgl. Soergel/*Raab*, § 613 Rz. 6. ||[11] Vgl. ErfK/*Preis*, § 613 Rz. 3; Erman/*Edenfeld*, § 613 Rz. 3. ||[12] ErfK/*Preis*, § 613 Rz. 3; MüKoBGB/*Müller-Glöge*, § 613 Rz. 6. ||[13] ErfK/*Preis*, § 613 Rz. 3. ||[14] LAG Düss. 16.5.1967 – 8 Sa 90/67, NJW 1967, 2177; Soergel/*Raab*, § 613 Rz. 1. ||[15] *Eich*, DB-Beil. 9/1982. ||[16] ErfK/*Preis*, § 613 Rz. 5; Erman/*Edenfeld*, § 613 Rz. 2. ||[17] BAG 20.9.2011 – 9 AZR 416/10, NZA 2012, 326; Soergel/*Raab*, § 613 Rz. 14; Staudinger/*Richardi*, § 613 Rz. 12.

machen, und der ArbGeb kann beim Tod seines ArbN nicht die Leistung der Arbeit durch die Erben verlangen.

Der **Urlaubsanspruch** des ArbN geht, da er wegen seines Erholungszwecks höchstpersönlichen Charakter hat[1], mit dem Tod des ArbN unter[2], und ist daher nicht vererbbar[3]. Da die Erben gem. § 1967 für die Nachlassverbindlichkeiten des ArbN haften, sind sie verpflichtet, solche Ansprüche des ArbGeb zu erfüllen, die nicht unmittelbar die Arbeitsleistung betreffen, sondern rein vermögensrechtl. Art sind. Die Erben müssen etwa **Schadensersatzforderungen des ArbGeb** erfüllen und dem verstorbenen ArbN überlassene Gegenstände wie Dienstwagen, Arbeitsgeräte, Unterlagen etc. an den ArbGeb herausgeben[4]. 10

Geldansprüche des ArbN gegen den ArbGeb aus dem ArbVerh, etwa Gratifikationsansprüche[5], gehen grds. gem. § 1922 auf die Erben über. Das gilt jedenfalls insofern, als sie nicht höchstpersönlicher Art sind, oder besondere Vorschriften oder Vereinbarungen[6] etwas anderes vorsehen (etwa Hinterbliebenenbezüge). Ob Forderungen des ArbN, insb. **Ansprüche auf Abgeltung von Erholungsurlaub**, die im Zusammenhang mit seiner höchstpersönlichen Arbeitsleistungspflicht stehen, vererblich sind, ist umstritten. Grds. entsteht kein Urlaubsabgeltungsanspruch, der vererbt werden könnte, da der gesetzl. Urlaubsanspruch mit dem Tod des ArbN erlischt[7]. § 7 IV BUrlG setzt voraus, dass der ArbN bei der Beendigung des ArbVerh lebt[8]. Nach einer Ansicht soll auch der Urlaubsabgeltungsanspruch als Surrogat des Urlaubsanspruchs ebenfalls höchstpersönlicher Natur sein und mit dem Tod des ArbN erlöschen, selbst wenn sich der Urlaubsanspruch noch zu Lebzeiten des ArbN in einen Urlaubsabgeltungsanspruch verwandelt haben sollte[9]. Das BAG[10] behilft sich mit einem vererblichen Schadensersatzanspruch, da die Urlaubsabgeltung mit dem Tod des ArbN unmöglich geworden sei. Das soll auch dann gelten, wenn der Anspruch auf Urlaub oder Urlaubsabgeltung vom ArbN während des Urlaubszeitraums geltend gemacht wurde. Nach aA[11] kann der Abgeltungsanspruch dagegen auch eine von der höchstpersönlichen Leistungserbringung gesonderte vermögensrechtl. Position darstellen. Dies gelte insb., wenn der Abgeltungsanspruch dem Grunde nach entstanden ist, aber vor dem Tode des ArbN nicht befriedigt wurde. Außerdem greife § 7 IV BUrlG tatbestandlich nur, wenn der Urlaub wegen Beendigung des ArbVerh nicht mehr gewährt werden konnte. § 7 IV BUrlG gelte nach Sinn und Zweck ohnehin nicht, wenn das ArbVerh wegen Todes des ArbN vorzeitig endet. Ende das ArbVerh aber aus anderen Gründen und kann der Urlaub deshalb nicht gewährt werden, entstehe ein von der persönlichen Leistungspflicht unabhängiger Leistungsanspruch, der vererblich sei. Der Konstruktion des BAG bedarf es nach dieser Ansicht nicht. 11

Uneingeschränkt vererbbar sind durch rechtskräftiges Urteil dem ArbN zugesprochene **Abfindungsansprüche**[12]. Grds. vererblich sind auch Abfindungsansprüche aus Aufhebungsverträgen oder gerichtl. Vergleichen[13]. Dagegen ist höchstpersönlicher Art das Recht des ArbN, im Rahmen eines Kündigungsschutzverfahrens die **Auflösung des ArbVerh gegen Zahlung einer Abfindung zu beantragen** (§§ 9, 10 KSchG)[14]. Die Frage, ob ein vererblicher Anspruch auf Abfindung entsteht[15], wenn der ArbN bereits vor dem vereinbarten Vertragsende, aber nach dem Abschluss des Vertrags, der die Abfindung enthält, verstirbt, wird in Rspr. und Lehre unterschiedlich beantwortet. Teilweise[16] wird gefordert, dass das ArbVerh über den Zeitpunkt des Todes des ArbN fortbestehen muss. Eine andere Ansicht[17] lässt es ausreichen, wenn der ArbN erst vor der Auszahlung der Abfindung verstirbt. Nach dem BAG[18] entsteht der Abfindungsanspruch aus einem Aufhebungsvertrag nur, wenn das ArbVerh zum vorgesehenen Beendigungstermin noch besteht. Endet das ArbVerh – etwa durch den Tod des ArbN – vorzeitig, so entsteht der Anspruch nicht. Dies kann das Ergebnis der Auslegung des Aufhebungsvertrags sein; in ähnlichen Fällen verweist die Rspr. – eher zutreffend – auf den Wegfall der Geschäftsgrundlage, § 313[19]. Hier bedarf 12

---

1 BAG 20.4.1956 – 1 AZR 448/54, AP Nr. 7 zu § 611 BGB Urlaubsrecht; Soergel/*Raab*, § 613 Rz. 15; Staudinger/*Richardi*, § 613 Rz. 14. ||2 BAG 20.9.2011 – 9 AZR 416/10, NZA 2012, 326 ||3 BAG 18.7.1989 – 8 AZR 44/88, AP Nr. 49 zu § 7 BUrlG Abgeltung; MüKoBGB/*Müller-Glöge*, § 613 Rz. 11; Soergel/*Raab*, § 613 Rz. 15. ||4 Vgl. Erman/*Edenfeld*, § 613 Rz. 2; MüKoBGB/*Müller-Glöge*, § 613 Rz. 10; Soergel/*Raab*, § 613 Rz. 14. ||5 LAG Hamm 16.12.1982 – 10 Sa 1051/82, ARST 1984, 45; MüKoBGB/*Müller-Glöge*, § 613 Rz. 11. ||6 Vgl. BAG 6.5.2009 – 10 AZR 443/08, AP Nr. 43 zu § 307 BGB. ||7 Vgl. Erman/*Edenfeld*, § 613 Rz. 2. ||8 BAG 23.6.1992 – 9 AZR 111/91, AP Nr. 59 zu § 7 BUrlG Abgeltung; 18.7.1989 – 8 AZR 44/88, AP Nr. 49 zu § 7 BUrlG Abgeltung. ||9 RGRK/*Ascheid*, § 613 Rz. 7; Soergel/*Raab*, § 613 Rz. 15. ||10 BAG 19.11.1996 – 9 AZR 376/95, AP Nr. 71 zu § 7 BUrlG Abgeltung; 22.10.1991 – 9 AZR 433/90, AP Nr. 57 zu § 7 BUrlG Abgeltung. ||11 ErfK/*Preis*, § 613 Rz. 6. ||12 BAG 25.6.1987 – 2 AZR 504/86, NZA 1988, 466. ||13 BAG 16.10.1969 – 2 AZR 373/68, AP Nr. 20 zu § 794 ZPO; ErfK/*Preis*, § 613 Rz. 7; RGRK/*Ascheid*, § 613 Rz. 7. ||14 ErfK/*Preis*, § 613 Rz. 7; MüKoBGB/*Müller-Glöge*, § 613 Rz. 12. ||15 Ist der Abfindungsanspruch entstanden, so ist er als vermögensrechtl. Anspruch grds. vererblich. LAG München 25.8.1980 – 7 Sa 166/80, ARST 1981, 86; zur Vererblichkeit eines Abfindungsanspruchs nach § 1a KSchG ArbG Siegen 9.6.2005 – 1 Ca 843/05 O, NZA 2005, 935, n.rkr. ||16 LAG BW 27.6.1996 – 8 Sa 107/95, nv.; LAG Köln 11.12.1990 – 4 Sa 829/90, LAGE § 611 BGB Aufhebungsvertrag Nr. 2; ArbG Düss. 23.2.1968 – 2 Ca 2657/67, DB 1968, 805. ||17 LAG BW 27.2.1996 – 15 Sa 149/95, nv.; Soergel/*Raab*, § 613 Rz. 17. ||18 BAG 16.5.2000 – 9 AZR 277/99, NZA 2000, 1236; 26.8.1997 – 9 AZR 227/96, AP Nr. 8 zu § 620 BGB Aufhebungsvertrag; dazu *Meyer*, BB 1998, 1479; anders für den Fall des Abfindungsvergleichs BAG 22.5.2003 – 2 AZR 250/02, AP Nr. 8 zu § 767 ZPO. ||19 BAG 29.1.1997 – 2 AZR 292/91, EWiR 1997, 689 (*Thüsing*): Zwischenzeitliches Ausscheiden des ArbN auf Grund außerordentlicher Kündigung.

es der genauen Prüfung, wer das Risiko vorzeitigen Ausscheidens tragen soll; das kann auch der ArbGeb sein[1]. Beantragt der ArbN vor dem Erbfall selbst **im Kündigungsschutzverfahren die Auflösung des ArbVerh gegen Zahlung einer Abfindung**, so ist, wenn der Antrag begründet ist, ein Anspruch auf Abfindung entstanden und mit dem Erbfall als reine vermögensrechtl. Forderung auf die Erben übergegangen und der Prozess kann von den Erben weiter verfolgt werden[2]. Das Erleben des Auflösungszeitpunktes des ArbVerh ist in diesem Fall nicht Grundlage des Auflösungsvertrages. Zur Klärung der Frage der Entstehung und Vererblichkeit des Abfindungsanspruchs ist der jeweilige Auflösungsvertrag auszulegen; ob der Tod des ArbN vor Beendigung des ArbVerh eintritt, ist letztlich unerheblich[3].

13 Der **Anspruch des ArbN auf Abfindung aus einem Sozialplan** sowie der **Anspruch auf Nachteilsausgleich gem. § 113 BetrVG** entstehen dagegen nur, wenn der ArbN bei der Auflösung des ArbVerh noch lebt; nur dann sind die Ansprüche auch vererblich[4].

14 **III. Persönlicher Arbeitsleistungsanspruch.** Wie die persönliche Leistungspflicht kann auch der Arbeitsleistungsanspruch gem. S. 2 **im Zweifel** nicht übertragen werden. Die Vorschrift ist daher, wie S. 1 nur eine **Auslegungsregel**. Der ArbN hat seine Leistung grds. in dem Betrieb zu erbringen, in dem er angestellt ist, und der Arbeitsleistungsberechtigte soll dem ArbN regelmäßig keinen anderen ArbGeb aufdrängen können. Dieser Grundsatz kann vertragl. abbedungen werden. Eine in der Praxis wichtige gesetzl. Ausnahme von der Regel enthält **§ 613a** für den Fall des Betriebsübergangs.

15 **1. Vererblichkeit.** Allerdings erklärt S. 2 – im Gegensatz zur Auslegungsregel des S. 1, nach der die Arbeitsleistungsverpflichtung nicht auf die Erben übergeht – im Zweifel den Arbeitsleistungsanspruch nur für nicht übertragbar, jedoch nicht auch für unvererblich[5]. Die Frage der Vererblichkeit des Anspruchs hängt vom Inhalt des Leistungsversprechens ab. Regelmäßig bleibt das ArbVerh beim Tod des ArbGeb – ebenso wie der Anspruch auf die persönliche Arbeitsleistung – bestehen und geht im Wege der Universalsukzession gem. § 1922 auf die Erben über. Nur unter besonderen Umständen, wenn die Arbeitsleistung zwingend an die Person des ArbGeb gebunden ist (zB bei einem Privatlehrer, -sekretär, -chauffeur, Krankenpfleger), kann Abweichendes gelten. Nicht immer führt eine solche Konstellation im Arbeitsvertrag allerdings zu einer Unvererblichkeit des Arbeitsleistungsanspruchs. Das ArbVerh kann konkludent oder ausdrücklich auflösend bedingt gestaltet sein[6]. Im Rahmen der Vereinbarung einer auflösenden Bedingung sind die geltenden Mindestkündigungsfristen und der allg. Kündigungsschutz zu berücksichtigen. Dem ArbN ist der Eintritt der Bedingung – der Tod seines ArbGeb – mit einer an den Mindestkündigungsfristen ausgerichteten Ankündigung der Beendigung des ArbVerh mitzuteilen. Hinsichtlich der Kündigungsfrist sind die Erben – unbenommen eines möglicherweise bestehenden außerordentl. Kündigungsrechts der Erben gem. § 626 I – noch an das ArbVerh gebunden[7].

16 **2. Übertragbarkeit des Arbeitsleistungsanspruchs.** Nach S. 2 ist die Abtretung **einzelner** Ansprüche auf die Arbeitsleistung auf andere ArbGeb grds. – über das Abtretungsverbot des § 399 wegen des Inhalts der Leistung hinaus – **nicht** zulässig.

17 **a) Abdingbarkeit.** Abweichendes gilt, wenn der ArbN der Abtretung zugestimmt hat oder sich aus dem ArbVerh, insb. dem Arbeitsvertrag, ausdrücklich oder konkludent ergibt, dass der ArbN einem Dritten zur Beschäftigung nach dessen Vorstellungen und unter dessen Weisungsbefugnis, überlassen werden kann[8]. Durch die Abtretung des Arbeitsleistungsanspruchs entsteht ein sog. **Leiharbeitsverhältnis**[9]. Der Dritte tritt dann nicht in die Position des ArbGeb ein, die der Vertragspartner des ArbN behält[10].

18 Für die gewerbliche Überlassung seiner ArbN an andere ArbGeb, denen die ArbN nach dem Arbeitsvertrag regelmäßig von vornherein allein die Arbeitsleistung schuldet (sog. **unechtes Leiharbeitsverhältnis**), benötigt der ArbGeb eine Erlaubnis nach dem AÜG. Eine nichtgewerbliche Überlassung ist dagegen auch ohne Erlaubnis möglich. Der ArbGeb muss jedoch in beiden Fällen mit dem zu überlassenden ArbN auf individualrechtl. Ebene eine entsprechende Vereinbarung treffen[11]. Nichtgewerbliche AÜ erfolgen in der Praxis häufig in Form der sog. **Konzernleihe**, bei der die miteinander verbundene Unternehmen einander Arbeitskräfte ausleihen. Allerdings kann allein aus dem Umstand, dass der ArbGeb in die Absatzorganisation eines größeren Unternehmens eingegliedert ist, nicht entnommen werden, dass § 613 S. 2 stillschweigend abbedungen wurde[12].

19 **b) Gesetzliche Ausnahme.** Mit § 613a besteht im Bereich des Arbeitsrechts eine Sonderregelung hinsichtlich der Übertragbarkeit der Leistungspflicht für den Fall, dass der ArbGeb den Betrieb oder Be

---

1 *Thüsing*, EWiR 2001, 105. ‖ 2 BAG 16.10.1969 – 2 AZR 373/68, AP Nr. 20 zu § 794 ZPO; 25.6.1987 – 2 AZR 504/86, NJW 1988, 2638; LAG Hamm 19.9.1986 – 16 Sa 833/86, NZA 1987, 669; AG Düss. 23.2.1968 – 2 Ca 2657/67, DB 1968, 805; MüKoBGB/*Müller-Glöge*, § 613 Rz. 12; Soergel/*Raab*, § 613 Rz. 17. ‖ 3 Vgl. ErfK/*Preis*, § 613 Rz. 7. ‖ 4 BSG 11.3.1987 – 10 RAr 1/86, NZA 1987, 537; Soergel/*Raab*, § 613 Rz. 17. ‖ 5 ErfK/*Preis*, § 613 Rz. 11; MüKoBGB/*Müller-Glöge*, § 613 Rz. 22. ‖ 6 LAG Hamburg 17.6.1952 – 20 Sa 217/52, PraktArbR Nr. 54 zu § 613 BGB; Erman/*Edenfeld*, § 613 Rz. 4; Soergel/*Raab*, § 613 Rz. 22. ‖ 7 Vgl. ErfK/*Preis*, § 613 Rz. 11. ‖ 8 Soergel/*Raab*, § 613 Rz. 18. ‖ 9 Soergel/*Raab*, § 613 Rz. 21; Staudinger/*Richardi*, § 613 Rz. 20, Vor § 611 Rz. 352 ff. ‖ 10 Vgl. Soergel/*Raab*, § 613 Rz. 21. ‖ 11 Vgl. Erman/*Edenfeld*, § 613 Rz. 5. ‖ 12 BGH 12.11.1962 – VII ZR 223/61, NJW 1963, 100.

triebsteil, in dem der ArbN beschäftigt ist, auf einen anderen ArbGeb überträgt. Insoweit findet S. 2 keine Anwendung, da der ArbN idR für einen bestimmten Betriebsteil eingestellt wird und die Arbeitsleistung nur selten von der Person des ArbGeb abhängt. Der Erwerber tritt daher bei einem rechtsgeschäftlichen Betriebsübergang gem. § 613a I 1 vollumfänglich in die Rechte und Pflichten des zum Zeitpunkt des Übergangs bestehenden ArbVerh ein. Nach § 613a VI hat der ArbN die Möglichkeit, innerhalb eines Monats nach Zugang der Unterrichtung über den Übergang gem. Abs. 5, dem Übergang zu widersprechen[1]. Der frist- und formgerecht erklärte Widerspruch des ArbN führt zum Fortbestand des ArbVerh mit dem bisherigen ArbGeb. **Einzelne Ansprüche** aus einem ArbVerh dürfen auch nach § 613a nicht ohne Zustimmung des ArbN auf andere ArbGeb übertragen werden[2].

c) **Tarifvertragliche Ausnahme.** Die Übertragbarkeit kann sich auch aus TV ergeben. Werden Aufgaben der Beschäftigten zu einem Dritten verlagert, ist nach § 4 III TVöD auf Verlangen des ArbGeb bei weiter bestehendem ArbVerh die arbeitsvertragl. geschuldete Arbeitsleistung bei dem Dritten zu erbringen. Die rechtl. Grenzen dieser gesetzlichen Personalgestellung sind bislang nicht ausgelotet. Führt dies nicht zur gewerbl. AÜ dürfte die Regelung unproblematisch sein. Die gesetzl. Regelung des § 613a geht jedoch vor[3]. 19a

3. **Keine Abtretbarkeit und Pfändbarkeit.** Der Arbeitsleistungsanspruch ist entsprechend seiner im Zweifel vorliegenden Unübertragbarkeit gem. S. 2 auch nicht abtretbar und pfändbar (§ 851 I ZPO)[4]. 20

4. **Arbeitsleistung für Dritte.** S. 2 trifft keine Zweifelsregelung hinsichtlich des Ausschlusses der Verpflichtung des ArbN zur Leistung für Dritte. Die Vorschrift enthält also keine Regelung der Frage, ob die Arbeitsleistung bei dem ArbGeb oder einem Dritten vorgenommen werden muss. Näheres dazu kann sich nur aus dem konkreten ArbVerh, insb. der Regelung im Arbeitsvertrag, ergeben. Nach dem Inhalt des ArbVerh kann sich ergeben, dass die Arbeitsleistung für den ArbGeb im Betrieb eines Dritten erfolgen soll (sog. **Montagearbeitsverhältnis**). 21

Der Arbeitsleistungsanspruch wird in dem Fall der Arbeitsleistung für Dritte nicht an den Dritten abgetreten. Daher bleibt der ArbGeb ggü. dem ArbN der Anspruchsberechtigte und hinsichtlich des Vergütungsanspruchs des ArbN der Verpflichtete. Die Arbeitsleistung hat nur an den Dritten zu erfolgen. Dieser kann jedoch den ArbN nicht nach seinen eigenen Bedürfnissen einsetzen. 22

Liegt dagegen ein **Vertrag zu Gunsten Dritter** gem. § 328 vor, so steht dem Dritten ein eigener Leistungsanspruch gegen den ArbN zu[5]. Außerdem hat der Dritte regelmäßig das Weisungsrecht im Hinblick auf die Arbeitsleistung. Hinsichtlich des Vergütungsanspruchs bleibt aber die Vertragspartei, dh. der ArbGeb, verpflichtet[6]. 23

613a *Rechte und Pflichten bei Betriebsübergang*

(1) Geht ein Betrieb oder Betriebsteil durch Rechtsgeschäft auf einen anderen Inhaber über, so tritt dieser in die Rechte und Pflichten aus den im Zeitpunkt des Übergangs bestehenden Arbeitsverhältnissen ein. Sind diese Rechte und Pflichten durch Rechtsnormen eines Tarifvertrags oder durch eine Betriebsvereinbarung geregelt, so werden sie Inhalt des Arbeitsverhältnisses zwischen dem neuen Inhaber und dem Arbeitnehmer und dürfen nicht vor Ablauf eines Jahres nach dem Zeitpunkt des Übergangs zum Nachteil des Arbeitnehmers geändert werden. Satz 2 gilt nicht, wenn die Rechte und Pflichten bei dem neuen Inhaber durch Rechtsnormen eines anderen Tarifvertrags oder durch eine andere Betriebsvereinbarung geregelt werden. Vor Ablauf der Frist nach Satz 2 können die Rechte und Pflichten geändert werden, wenn der Tarifvertrag oder die Betriebsvereinbarung nicht mehr gilt oder bei fehlender beiderseitiger Tarifgebundenheit im Geltungsbereich eines anderen Tarifvertrags dessen Anwendung zwischen dem neuen Inhaber und dem Arbeitnehmer vereinbart wird.

(2) Der bisherige Arbeitgeber haftet neben dem neuen Inhaber für Verpflichtungen nach Absatz 1, soweit sie vor dem Zeitpunkt des Übergangs entstanden sind und vor Ablauf von einem Jahr nach diesem Zeitpunkt fällig werden, als Gesamtschuldner. Werden solche Verpflichtungen nach dem Zeitpunkt des Übergangs fällig, so haftet der bisherige Arbeitgeber für sie jedoch nur in dem Umfang, der dem im Zeitpunkt des Übergangs abgelaufenen Teil ihres Bemessungszeitraums entspricht.

(3) Absatz 2 gilt nicht, wenn eine juristische Person oder eine Personenhandelsgesellschaft durch Umwandlung erlischt.

(4) Die Kündigung des Arbeitsverhältnisses eines Arbeitnehmers durch den bisherigen Arbeitgeber oder durch den neuen Inhaber wegen des Übergangs eines Betriebs oder eines Betriebsteils ist unwirksam. Das Recht zur Kündigung des Arbeitsverhältnisses aus anderen Gründen bleibt unberührt.

---

1 Änderung des § 613a zur Umsetzung der EU-RL 2001/23/EG v. 12.3.2001 eingefügt mWz. 1.4.2002. ||2 Etwa Rechte des ArbGeb aus einem vertragl. Wettbewerbsverbot: BAG 28.1.1966 – 3 AZR 374/65, AP Nr. 18 zu § 74 HGB; ErfK/*Preis*, § 613 Rz. 12. ||3 S. hierzu auch *Jordan*, PersR 2007, 378; *Preis/Greiner*, ZTR 2006, 290. ||4 MüKoBGB/*Müller-Glöge*, § 613 Rz. 20; Soergel/*Raab*, § 613 Rz. 18. ||5 Vgl. Soergel/*Raab*, § 613 Rz. 20. ||6 LAG Düss. 6.12.1957 – 5 Sa 527/57, BB 1958, 665; MüKoBGB/*Müller-Glöge*, § 613 Rz. 23; Staudinger/*Richardi*, § 613 Rz. 19.

BGB § 613a

Rechte und Pflichten bei Betriebsübergang

(5) Der bisherige Arbeitgeber oder der neue Inhaber hat die von einem Übergang betroffenen Arbeitnehmer vor dem Übergang in Textform zu unterrichten über:

1. den Zeitpunkt oder den geplanten Zeitpunkt des Übergangs,
2. den Grund für den Übergang,
3. die rechtlichen, wirtschaftlichen und sozialen Folgen des Übergangs für die Arbeitnehmer und
4. die hinsichtlich der Arbeitnehmer in Aussicht genommenen Maßnahmen.

(6) Der Arbeitnehmer kann dem Übergang des Arbeitsverhältnisses innerhalb eines Monats nach Zugang der Unterrichtung nach Absatz 5 schriftlich widersprechen. Der Widerspruch kann gegenüber dem bisherigen Arbeitgeber oder dem neuen Inhaber erklärt werden.

A. Entstehung und Entwicklung	1
B. Normzweck	5
C. Tatbestandsvoraussetzungen des Übergangs eines Betriebs/Betriebsteils	11
I. Betriebsbegriff	11
1. Wirtschaftliche Einheit	11
2. Betrieb	13
a) Einheit	13
b) Auf Dauer angelegt	19
c) „Wirtschaftliche" Einheit	21
3. Betriebsteil	31
a) Definition	31
b) Beispiele aus der Rechtsprechung	38
II. Begriff des Betriebsinhabers	45
1. Rechtliche, nicht wirtschaftliche Anknüpfung	45
2. Ausübung betrieblicher Leitungs- und Organisationskompetenz im eigenen Namen	46
3. Umfang und Abgrenzung der betrieblichen Leitungs- und Organisationskompetenz	50
III. Übergang des Betriebs/Betriebsteils auf einen anderen Inhaber	54
1. Gesetzeskonzept: Transaktionsansatz	54
2. Inhaberwechsel	57
a) Erlöschen der Inhaberschaft des bisherigen Rechtsträgers	58
b) Übernahme (Fortsetzung) der Inhaberschaft durch den künftigen Rechtsträger	63
c) Erfordernis klarer vertraglicher Regelungen	70
d) Unerheblichkeit der Dauer der tatsächlichen Fortführung	72
e) Fortführung nach zeitweiligem Betriebsstillstand	74
f) Verhältnis von Fortführungswille und tatsächlicher Fortführung	81
3. Identitätswahrung	88
a) Grundsatz	88
b) Teleologische Gesamtbewertung anhand eines Sieben-Punkte-Katalogs	93
c) Unterscheidung zwischen „betriebsmittelintensiven" und „betriebsmittelarmen" Tätigkeiten	97
d) Die Kriterien des Sieben-Punkte-Katalogs im Einzelnen	100
4. Anhang: Kasuistik von A–Z	182a
IV. Übergang durch Rechtsgeschäft	183
1. Negative Abgrenzungsfunktion; Anwendung in Umwandlungs- und Privatisierungsfällen	186
a) Gesetzliche Erbfolge	186
b) Anwendung bei Umwandlung nach UmwG und bei Anwachsung nach § 738	187
c) Anwendung bei Privatisierung/Umstrukturierung öffentlicher Rechtsträger	192
2. Positive Abgrenzungsfunktion; inhaltliche und formale Anforderungen an das zugrunde liegende Rechtsgeschäft	196
a) Inhalt	196
b) Verzicht auf das Vorliegen unmittelbarer Rechtsbeziehungen	198
c) Bedeutung des Willens des bisherigen Inhabers (insb. in Konkurrenzsituationen)	201
d) Rechtslage bei unwirksamem oder bedingtem Rechtsgeschäft	207
3. Einzel- und Sonderfälle	208
a) Zwangsversteigerung/Zwangsverwaltung	208
b) Insolvenz	210
c) Sicherungsübertragung	211
d) Miet- und Pachtverträge	212
e) Auftragsvergabe und -nachfolge (insb. in den Fällen des „Outsourcings")	214
V. Abschließende Bewertung	217
D. Rechtsfolgen des Betriebsübergangs	221
I. Übergang der Arbeitsverhältnisse	221
1. Arbeitgeberwechsel	221
2. Zuordnung der Arbeitsverhältnisse	227
3. Eintritt in die Rechte und Pflichten aus dem Arbeitsverhältnis	231
a) Ansprüche des Arbeitnehmers	231
b) Sonstige Rechte des Arbeitnehmers	236
c) Betriebliche Altersversorgung	238
d) Ansprüche des neuen Betriebsinhabers	241
4. Gleichbehandlungsfragen	246
5. Unabdingbarkeit	247
II. Fortgeltung von Betriebsvereinbarungen und Tarifverträgen	249
1. Überblick	249
2. Kollektivrechtliche Fortgeltung von Betriebsvereinbarungen	255
a) Einzelbetriebsvereinbarungen	255
b) Gesamt- und Konzernbetriebsvereinbarungen	258
c) Einzelfragen	260
3. Kollektivrechtliche Fortgeltung von Tarifverträgen	262
4. Fortgeltung gem. Abs. 1 S. 2	263
a) Umfang der Fortgeltung	263

- b) Statische Wirkung der Fortgeltung . 265
- c) Erfasster Personenkreis 265b
- d) Bedeutung der Veränderungssperre 266
5. Verhältnis zu Kollektivverträgen des Erwerbers (Abs. 1 S. 3) 268
6. Bezugnahmeklauseln 277
7. Ausnahmen von der Veränderungssperre des Abs. 1 S. 2 281

III. Betriebsverfassungsrechtliche Fragen 284
1. Kontinuität der Arbeitnehmervertretungen 284
2. Betriebsänderung 290
3. Unterrichtungspflichten 292

IV. Haftungssystem 295
1. Haftung des neuen Betriebsinhabers ... 295
2. Haftung des bisherigen Betriebsinhabers 296
3. Innenverhältnis zwischen bisherigem und neuem Betriebsinhaber 299
4. Verhältnis zu anderen Haftungsgrundlagen 300
5. Verhältnis zum Umwandlungsrecht (Abs. 3) 301

V. Verbot der Kündigung wegen des Betriebsübergangs 304
1. Zweck der Regelung 304
2. Kündigung „wegen" des Betriebsübergangs 305
3. Reichweite des Kündigungsverbots 309
4. Rationalisierungs- und Sanierungskündigungen 313

VI. Unterrichtung der Arbeitnehmer 315
1. Entstehungsgeschichte und Normzweck 315
2. Geltungsbereich 317
3. Parteien des Unterrichtungsanspruchs . 318
4. Allgemeine Anforderungen 320
5. Form und Zeitpunkt der Unterrichtung . 321

6. Gegenstand der Unterrichtung 323
   a) Zeitpunkt des Übergangs 323
   b) Grund für den Übergang 324
   c) Rechtliche, wirtschaftliche und soziale Folgen des Übergangs 325
   d) In Aussicht genommene Maßnahmen 333
7. Folgen unrichtiger, unvollständiger oder verspäteter Unterrichtung 336
8. Nachträgliche Veränderungen 339

VII. Widerspruchsrecht 341
1. Entwicklung 341
2. Rechtsnatur des Widerspruchsrechts . 342
3. Anwendungsbereich des Widerspruchsrechts 343
4. Ausübung des Widerspruchsrechts . 345
5. Verwirkung 346
6. Kollektive Ausübung des Widerspruchsrechts/Rechtsmissbrauch 352
7. Rechtsfolgen des Widerspruchs 355
   a) Verhinderung des Übergangs; Fortbestand des ArbVerh mit dem bisherigen Betriebsinhaber 355
   b) Annahmeverzug des bisherigen Betriebsinhabers 356
   c) Kündigungsschutzrechtliche Folgen 357
   d) Sonstige Folgen 360
8. Verzicht auf das Widerspruchsrecht .. 362

VIII. Betriebsübergang in der Insolvenz 363
1. Eingeschränkte Geltung 363
2. Übergang und Inhalt der Arbeitsverhältnisse 364
3. Haftung des Betriebserwerbers 365

IX. Prozessuales 369
1. Passivlegitimation 369
2. Beweislastfragen 373
3. Sonstige prozessuale Fragen 375

X. Internationales Privatrecht 376

A. Entstehung und Entwicklung[1]. § 613a wurde 1972 im Zuge der BetrVG-Reform[2], seinerzeit mit dem heutigen Abs. 1 S. 1 sowie den Abs. 2 und 3, in das BGB eingefügt und seitdem in Umsetzung der EG-BetriebsübergangsRL 77/187 v. 14.2.1977[3] mehrfach zu der heutigen Fassung erweitert. Abs. 1 S. 2–4 und Abs. 4 wurden durch das arbeitsrechtl. EG-Anpassungsgesetz v. 13.8.1980[4], Abs. 5 und 6 durch das Gesetz zur Änderung des SeemG und anderer Gesetze v. 23.3.2002[5] eingefügt. Abs. 3 wurde im Zuge des UmwG v. 28.10.1994 terminologisch angepasst[6]. Angesichts der zwischenzeitlichen umfangreichen Änderungen wurde die RL ohne weitere inhaltliche Änderung durch die RL 2001/23/EG v. 12.3.2001 neu kodifiziert[7].

Die „Urfassung" des § 613a und die ihr zugrunde liegende Idee, dass das ArbVerh den Wechsel des Betriebsinhabers überdauern sollte, sind also *älter* als die insoweit für alle EG-Mitgliedstaaten verbindliche EG-Richtlinie, die denselben Rechtsgedanken in Art. 3 enthält und nach Art. 1 auf den „Übergang von Unternehmen, Betrieben oder Unternehmens- bzw. Betriebsteilen auf einen anderen Inhaber durch vertragl. Übertragung oder Verschmelzung" anwendbar ist[8]. Der zunächst rein nationale Ursprung des § 613a mag jedenfalls zT erklären, dass die Auslegung und Anwendung der Norm, insb. bzgl. ihres Geltungsbereichs, in der Rspr. lange Zeit von deutschen arbeitsrechtl. Begrifflichkeiten und Kategorien geprägt war[9]. Dieser Ansatz ist zwar insofern zutreffend, als § 613a als nationale Umsetzung der RL seinerseits widerspruchsfrei in die deutsche Arbeitsrechtsordnung eingefügt werden muss[10]; nach

---

[1] Ausf. WHSS/*Willemsen*, Rz. G 1 ff. ||[2] BT-Drs. VI, 1786. Zur Gesetzesgeschichte in den neuen Bundesländern vgl. *Hergenröder*, AR-Blattei Betriebsinhaber-Wechsel I, 500.1 Rz. 910 f. ||[3] ABl. 1977 L 61/26; zuletzt geändert durch RL 2001/23/EG v. 12.3.2001, ABl. L 82/16. ||[4] BGBl. I S. 1308. ||[5] BGBl. I S. 1163. ||[6] Vgl. UmwandlungsrechtsbereinigungsG v. 28.10.1994, BGBl. I S. 3210. ||[7] ABl. 2001 L 82/16. ||[8] So die deutschsprachige Fassung in der geänderten Fassung gem. RL 98/50/EG v. 29.6.1998. ||[9] S. dazu die Darstellung und Nachw. bei WHSS/*Willemsen*, Rz. G 5 ff. ||[10] Vgl. zu diesem Ansatz auch *Willemsen*, RdA 1991, 204 ff.

allg. anerkannten methodischen Grundsätzen hat sich die Interpretation des § 613a jedoch an der seit 1977 zugrunde liegenden **Richtlinie** und deren **Auslegung** durch den hierfür zuständigen **EuGH** zu orientieren[1].

3, 4 Einstweilen frei.

5 **B. Normzweck.** Für § 613a gilt mehr denn für jede andere Rechtsnorm, dass sich ihr Verständnis nicht bereits auf Grund des reinen Gesetzeswortlauts, sondern nur aus ihrem systematischen Kontext und – vor allem – aus ihrem Sinn und Zweck erschließt[2].

6 In der Gesetzesbegr. zu § 613a aus dem Jahre 1971 werden **drei legislatorische Ziele** genannt[3], nämlich (1) Schutz der bestehenden ArbVerh, (2) Gewährleistung der Kontinuität des amtierenden BR sowie (3) Regelung der Haftung des alten und neuen ArbGeb. Durch das EG-Anpassungsgesetz von 1980 (Rz. 1) ist als weiterer Schutzzweck (4) die Aufrechterhaltung der kollektivrechtl. geregelten Arbeitsbedingungen hinzugekommen.

7 Den Kernbestand der Norm bildet nach wie vor Abs. 1 S. 1, während den übrigen Regelungen Komplementärfunktion zukommt. Dies gilt insb. auch für das „Kündigungsverbot" nach Abs. 4, welches richtigem Verständnis zufolge lediglich den Rechtsgrundsatz des Abs. 1 S. 1 „absichern" soll (dazu eingehend Rz. 304ff.).

8 Abs. 1 S. 1 stellt eine **flankierende Regelung zum allg. Kündigungsschutz** dar. Die Vorschrift soll den „Gleichlauf" zwischen Arbeitsplatz – als Teil einer vom bisherigen ArbGeb eingerichteten Betriebsorganisation – und ArbVerh sicherstellen[4]. Ohne die gesetzl. angeordnete Sonderrechtsnachfolge des künftigen Betriebsinhabers in die bestehenden ArbVerh stünde es diesem nach allg. Vertragsgrundsätzen frei, sich „seine" Belegschaft nach eigenem Gutdünken zusammenzustellen. Der „alte" ArbGeb wäre gezwungen (und berechtigt), den nicht vom Erwerber übernommenen ArbN betriebsbedingt zu kündigen[5]. Gerade dies will Abs. 1 S. 1 verhindern. Liegen seine Voraussetzungen vor, hat der Erwerber kein Wahlrecht, sondern muss die zugehörigen ArbVerh, und zwar mit ihrem bestehenden Inhalt und unter voller Anerkennung der bisherigen Betriebszugehörigkeit, übernehmen und idR zeitlich unbefristet fortführen. Bei Übernahme eines Betriebs gilt dies umfassend, bei Übernahme eines Betriebsteils lediglich für die dort befindlichen ArbVerh (Einzelheiten dazu Rz. 31ff.). Die Regelung ist im Außenverhältnis, dh. ggü. den betroffenen ArbN, zwingend (s. Rz. 247) und kann lediglich durch Ausgleichsregelungen zwischen den beteiligten ArbGeb im Innenverhältnis korrigiert bzw. abgemildert werden. Sie ist angesichts des (besonders) starken Kündigungsschutzes in Deutschland von **außerordentlicher Relevanz**, während die Bedeutung ihres jeweiligen Pendants in **anderen europäischen Ländern** mit **geringerem Schutzniveau erheblich niedriger** zu veranschlagen ist[6]. IÜ beschränkt sich der Schutzzweck der RL und des § 613a auf den Übergang der ArbVerh und verlangt **nicht** die Fortsetzung von **Rechtsverhältnissen mit außenstehenden Dritten** (zB Mietverträgen über die Betriebsimmobilien)[7].

9 Der **Zwangseintritt** des Betriebs(teil)erwerbers in alle im Zeitpunkt des Übergangs bestehenden ArbVerh bedarf, auch aus verfassungsrechtl. Gründen[8], der **sachlichen Legitimation**. Diese ist darin zu sehen, dass der **Betriebsnachfolger** die von seinem Vorgänger geschaffene Betriebs(teil)organisation für eigene geschäftliche Zwecke weiternutzt, **sich** also die von dem bisherigen Inhaber geschaffene spezifische **Verknüpfung (Koordination) von materiellen, immateriellen und personellen Ressourcen gezielt zu eigen macht** und ihre „Widmung" für den bisherigen Betriebszweck aufrechterhält[9]. Der nach Abs. 1 S. 1 in die Pflicht genommene (neue) ArbGeb schafft keinen neuen Betrieb und keine neuen Arbeitsplätze, sondern tritt lediglich die Rechtsnachfolge hinsichtlich der Verfügungs- und Leitungsbefugnis in Bezug auf eine bereits existierende und auch in Zukunft bestehende „wirtschaftliche Einheit" an, welche sich nach der Diktion der EG-Richtlinie (Art. 1 Ib) als „organisierte Zusammenfassung von Ressourcen zur Verfolgung einer wirtschaftlichen Haupt- oder Nebentätigkeit" darstellt. Die in-

---

1 Zu dem Gebot der richtlinienkonformen Auslegung vgl. *Schlachter*, ZfA 2007, 249 (259ff.); s.a. *Junker*, SAE 2010, 239 (240); WHSS/*Willemsen*, Rz. G 31f. sowie Rz. 12. ||2 Ausf. dazu WHSS/*Willemsen*, Rz. G 18ff. ||3 BT-Drs. VI/1786, 59. ||4 Vgl. *Pietzko*, Der Tatbestand des § 613a BGB, 1988, S. 109; *Willemsen*, RdA 1993, 133 (134). Dagegen hat weder § 613a noch die ihm zugrunde liegende EG-RL Auswirkungen in Bezug auf nicht am ArbVerh beteiligte Dritte, wie zB den Vermieter eines Betriebslokals; vgl. EuGH 16.10.2008 – Rs. C-313/07, NZA 2008, 1231 – Kirtruna SL ua. ||5 Vgl. zu dieser Überlegung bereits BAG 2.10.1974 – 5 AZR 504/73, NJW 1975, 1378. Zu früheren dogmatischen Versuchen, den Eintritt des Erwerbs in die bestehenden ArbVerh zu begründen, vgl. WHSS/*Willemsen*, Rz. G 1f. ||6 Zutreffend *Rebhahn*, RdA Sonderbeil. 6/2006, 4 (5). Zur Rechtslage in Frankreich und Großbritannien vgl. *Allenberg/Rauch*, EuZA 2 (2009), 257; in Österreich *Risak*, NZA-Beil. 4/2008, 145. ||7 EuGH 16.10.2008 – Rs. C 313/07, NZA 2008, 1231 – Kirtruna SL. ||8 Vgl. zu der „belastungsähnlichen" Wirkungsweise des § 613a sowie zu den daraus resultierenden verfassungsrechtl. Implikationen WHSS/*Willemsen*, Rz. G 22ff. Zu der verfassungsrechtl. Beurteilung Staudinger/*Annuß*, § 613a Rz. 17; speziell für Rundfunkanstalten BVerfG 19.7.2000 – 1 BvR 6/97, NZA 2000, 1049. ||9 S. zu diesem Grundgedanken *Willemsen*, RdA 1991, 204 (211); *Willemsen*, FS Richardi, 2007, S. 475 (477f.); *Willemsen/Annuß*, DB 1997, 1875 (1877); *Krause*, ZfA 2001, 67 (85ff.); *Müller-Bonanni*, NZA Beil. 2009, 13 (14). Ausdrücklich diesem Ansatz zustimmend BAG 10.5.2012 – 8 AZR 434/10, NZA 2012, 1161 (Rettungsdienst), Rz. 50 (auch zum Umgehungseinwand). IdS nunmehr auch Generalanwältin *Trstenjak*, Schlussanträge 26.10.2013 – EuGH – Rs. C-463/09 – CLECE SA, Rz. 68.

takte und eingespielte **Betriebsorganisation**[1] als **Wertschöpfungsquelle**[2] macht damit das eigentliche Substrat, deren Überleitung auf und Weiternutzung durch den neuen Inhaber für eigene Zwecke das konstituierende und zugleich legitimierende Element des Betriebsübergangs aus. Diesem Gedanken entspricht es, wenn der EuGH in st. Rspr. die Bewahrung der **Identität** der wirtschaftl. Einheit vor und nach dem Betriebsübergang verlangt[3] und hierfür maßgeblich auf deren tatsächliche Fortführung oder Wiederaufnahme durch den Erwerber abstellt[4].

Die zutreffende **Ermittlung** der tatbestandlichen Voraussetzungen des § 613a ist vor dem Hintergrund des geschilderten Normzwecks von **überragender Bedeutung**. Dabei wird die Bejahung eines Betriebsübergangs oder Betriebsteilübergangs **für die ArbN idR günstig** sein; zwingend ist dies aber **keineswegs**, wie Fälle sowohl aus der deutschen wie auch aus der ausländischen Rspr. belegen[5]. Auf Grund immer wieder neuer Wendungen insb. in der Rspr. des EuGH ist das Recht des Betriebsübergangs nach wie vor von erheblicher **Rechtsunsicherheit** geprägt und von einer wirklichen Konsolidierung noch immer weit entfernt[6]. Das sich hierdurch insb. auf ArbGebSeite ergebende Risiko wird in der Praxis nur unwesentlich dadurch abgemildert, dass die **Darlegungs- und Beweislast** für die Voraussetzungen eines Betriebs(teil)übergangs beim **Arbeitnehmer** liegt[7].

10

Der vorstehend beschriebene Normzweck des § 613a ist nur dann erfüllt, wenn sämtliche seiner Voraussetzungen auch tatsächlich vorliegen. Niemand ist – von Fällen gesetzl. Anordnung abgesehen – verpflichtet, einen Betrieb oder Betriebsteil iS dieser Norm identitätswahrend zu übernehmen. Daher stellt es **keine Umgehung** von § 613a dar, wenn ein Betriebsübergang zu einem bestimmten Rechtsträger gerade nicht eintritt. Dies hat der 8. Senat des BAG wiederholt bestätigt und ua. ausgeführt, dass weder § 613a noch die BetriebsübergangsRL eine von ihren Tatbestandsvoraussetzungen losgelöste, unbedingte Verpflichtung eines bestimmten Rechtsträgers vorsähen, das Personal eines Auftragnehmers weiterzubeschäftigen[8]. Dadurch, dass der „Nachfolger" es in der Hand habe, einen Betriebsübergang herbeizuführen oder nicht, werde § 613a **nicht umgangen**, sondern seine **Voraussetzungen** auf der Tatbestandsseite **träten nicht ein**[9].

10a

C. Tatbestandsvoraussetzungen des Übergangs eines Betriebs/Betriebsteils. I. Betriebsbegriff. 1. Wirtschaftliche Einheit. Gegenstand des Inhaberwechsels (**Transaktionsobjekt**) kann nach dem Wortlaut des § 613a sowohl ein Betrieb als auch ein Betriebsteil sein; die RL 2001/23/EG (zuvor RL 77/187/EWG) spricht in Art. 1 Ia von Unternehmen und Betrieben einerseits sowie von Unternehmensbzw. Betriebsteilen andererseits, fasst diese aber sodann in Art. 1 Ib unter dem Begriff der **wirtschaftl. Einheit** zusammen.

11

Das BAG hat sich bei der Anwendung und Auslegung des § 613a zunächst ausschließlich an dem traditionellen deutschen **arbeitsrechtl. Betriebsbegriff** orientiert. Danach ist der Betrieb eine **organisatorische Einheit**, innerhalb derer der ArbGeb allein oder mit seinen ArbN mithilfe von sächlichen oder immateriellen Mitteln bestimmte arbeitstechnische Zwecke verfolgt, die sich nicht in der Befriedigung von Eigenbedarf erschöpfen[10]. Diesen „betriebsmittelzentrierten" Betriebsbegriff hat das BAG in einer Vielzahl von Entscheidungen seit 1974 bei der Beurteilung eines Betriebs(teil)übergangs herangezogen, allerdings mit einer wesentlichen Modifikation: Die **personellen „Betriebsmittel"**, also die ArbN, sollten außer Betracht bleiben, da der Übergang der ArbVerh Rechtsfolge, nicht Tatbestandsvoraussetzung des § 613a sei. Ob der Betriebserwerber das für den Betrieb notwendige Personal weiterbeschäftige oder eigenes, neues Personal einstelle, sei daher nach dem Zweck der Norm unerheblich[11]. Diese Rspr., die die Anwendungspraxis bis Anfang 1997 dominierte, ist auf Grund der zwischenzeitlichen Rspr. des EuGH heute **überholt**. Alle BAG-Entscheidungen, die vor dem *Ayse Süzen*-Urteil v. 11.3.1997[12] ergangen sind, können für die Abgrenzung des Tatbestands des § 613a grds. nicht mehr herangezogen werden,

12

---

1 Vgl. WHSS/*Willemsen*, Rz. G 30 aE; s. dazu auch Rz. 18. || 2 Vgl. *Willemsen*, ZIP 1986, 477 (481); ausf. zum Wertschöpfungsgedanken *Willemsen*, FS Richardi, 2007, S. 475 ff. || 3 Grundl. EuGH 18.3.1986 – Rs. 24/85, EAS RL 77/187/EWG Nr. 2 – Spijkers; 11.3.1997 – Rs. C-13/95, NZA 1997, 433 – Ayse Süzen; vgl. auch EuGH 2.12. 1999 – Rs. C-234/98, NZA 2000, 587 – Allen ua.; 25.1.2001 – Rs. C-172/99, NZA 2001, 249 – Oy Liikenne AB; 24.1.2002 – Rs. C-51/00, NZA 2002, 265 – Temco. || 4 Danach wird die Identität der wirtschaftlichen Einheit „namentlich" dann gewahrt, „wenn der Betrieb tatsächlich weitergeführt oder wieder aufgenommen wird"; vgl. EuGH 18.3.1986 – Rs. 24/85, EAS RL 77/187/EWG Nr. 2 – Spijkers; 11.3.1997 – Rs. C-13/95, NZA 1997, 433 – Ayse Süzen. || 5 S. aus der deutschen Rspr. zB BAG 15.2.2007 – 8 AZR 431/06, NZA 2007, 793 (Schlachthof); 21.2.2008 – 8 AZR 77/07, NZA 2008, 825 (Hotelbetrieb/Insolvenz); aus der ausländischen Rspr. die Fälle Perrier (Frankreich) sowie Iberia (Spanien), s. dazu *Rebhahn*, RdA Sonderbeil. 6/2006, 4 (7). || 6 Ebenso *Hartmann*, EuZA 2011, 329 (339). *Junker*, SAE 2010, 239 (242) spricht sogar davon, dass eine Erhöhung der Rechtssicherheit zugunsten der ArbGeb für den EuGH „streng verpönt" sei. || 7 BAG 10.5.2012 – 8 AZR 434/11, NZA 2012, 1161 (Rettungsdienst); 15.11.2012 – 8 AZR 683/11 (Hausverwaltung). || 8 BAG 10.5.2012 – 8 AZR 434/11, NZA 2012, 1161, Rz. 50 (Rettungsdienst). || 9 BAG 15.10.2011 – 8 AZR 197/11, NZA-RR 2013, 179 (Neuvergabe eines Bewachungsauftrags III). || 10 Diese Definition geht zurück auf *Jacobi*, FS Ehrenberg, 1926, S. 1 (9); *Jacobi*, Grundlehren des Arbeitsrechts, 1927, S. 286; vgl. auch *Richardi*, § 1 BetrVG Rz. 16 f. || 11 Grundl. BAG 25.2. 1981 – 5 AZR 991/78, NJW 1981, 2212; zuvor bereits 22.5.1979 – 1 ABR 17/77, NJW 1980, 83; seither über viele Jahre st. Rspr. || 12 EuGH 11.3.1997 – Rs. C-13/95, NZA 1997, 433 – Ayse Süzen. Die zeitliche Grenze markieren insoweit BAG 24.4.1997 – 8 AZR 848/94, NZA 1998, 253 (EDV-Dienstleistung); 22.5.1997 – 8 AZR 101/96, NZA 1997, 1050 (Modegeschäft).

bleiben allerdings hinsichtlich einzelner Teilaspekte gleichwohl von Interesse (s. Rz. 120)[1]. Sie „kranken" daran, dass das BAG bis dahin die Rspr. des EuGH nicht zur Kenntnis genommen hatte[2]. Das Erfordernis der **richtlinienkonformen Auslegung** gebietet, dass § 613a in Übereinstimmung mit dem Anwendungsbereich der RL ausgelegt wird[3]. Diese definiert in Art. 1 Ib den maßgeblichen Tatbestand als **Übergang einer ihre Identität bewahrenden wirtschaftl. Einheit iSd. organisierten Zusammenfassung von Ressourcen zur Verfolgung einer wirtschaftl. Haupt- oder Nebentätigkeit**. Dabei kennzeichnet der erste Teil dieser Definition (Übergang unter Identitätswahrung) den Kern des Betriebs*übergangs*, während der zweite Teil (zweckgerichtete organisierte Zusammenfassung von Ressourcen) den Kern des *Betriebs*begriffs im Rahmen des § 613a ausmacht. § 613a muss also so „gelesen" werden, dass sowohl der Betriebs- als auch der Betriebsteilbegriff mit der RL-Definition einer wirtschaftl. Einheit übereinstimmen.

13 2. **Betrieb. a) Einheit.** Der Begriff der Einheit bezieht sich nach der Rspr. des EuGH auf eine organisierte (strukturierte) Gesamtheit von Personen und Sachen zur Ausübung einer wirtschaftl. Tätigkeit mit eigener Zielsetzung[5]. Dieser Begriff gelte **unabhängig von der Rechtsform** dieser Einheit und der Art ihrer Finanzierung[5]. Diese Rspr. hat der RL-Geber inzwischen nachgezeichnet, indem er die wirtschaftl. Einheit als „**organisierte Zusammenfassung von Ressourcen** zur Verfolgung einer **wirtschaftlichen Haupt- oder Nebentätigkeit**" bezeichnet (Art. 1 I b der RL).

14 Welcher Art die Verknüpfung von Ressourcen zu einem bestimmten (Betriebs-)Zweck sein muss, hat der EuGH bislang nur punktuell ausgeführt. Er hat iS einer negativen Abgrenzung entschieden, dass die wirtschaftl. Einheit **nicht mit einer bloßen Tätigkeit** gleichgesetzt werden dürfe[6]. Die Übertragung einer rein abstrakten Arbeitsaufgabe, auch wenn sie, wie zB im Falle des **Outsourcings**, mit der erstmaligen Entstehung einer dauerhaften Kundenbeziehung, oder, wie im Falle der **Auftragsnachfolge**, mit deren Überleitung auf ein anderes (Sub-)Unternehmen verbunden ist, stellt somit keinen geeigneten Anknüpfungspunkt für einen Betriebs(teil)übergang dar. Damit sind die vorübergehend durch das *Christel Schmidt*-Urteil v. 14.4.1995[7] für die Praxis geweckten Befürchtungen „vom Tisch". Allein eine bestimmte Arbeitsaufgabe (= Funktion) macht noch keinen Betrieb oder Betriebsteil iSd. RL und des § 613a aus. Diesen Grundsatz hat der EuGH für den Fall der Rückverlagerung von (Reinigungs-)Tätigkeiten auf die bisherigen Auftraggeber (sog. **Insourcing**) nochmals ausdrücklich bestätigt[8].

15 Konstitutiv sowohl für einen Betrieb als auch für einen Betriebsteil ist vielmehr die (dauerhafte, s. Rz. 19 f.) organisierte Zusammenfassung von Ressourcen zu einem bestimmten wirtschaftl. **Zweck** (s. Rz. 21 ff.). Damit geraten die – auch nach der früheren Rspr. des BAG zentralen – **Betriebsmittel** in den Blickpunkt, ohne deren Übertragung (nicht iSd. dinglichen Verfügungsberechtigung, sondern lediglich der – ggf. auch zeitweiligen – **Nutzungsbefugnis**) es somit keinen Betriebs(teil)übergang geben kann. Die für den Betrieb bzw. Betriebsteil konstitutiven Betriebsmittel können sächlicher (Betriebsgrundstück, Produktionsanlagen, technische Einrichtung etc.), immaterieller (Know-how, Kundenbeziehungen, gewerbliche Schutzrechte) oder auch personeller Natur sein. Auf welche dieser Betriebsmittel es entscheidend ankommt, hängt von der Art des Betriebs (s. dazu Rz. 100 ff.) sowie davon ab, inwieweit ihr Einsatz bei wertender Betrachtung den **eigentlichen Kern des zur Wertschöpfung erforderlichen Funktionszusammenhangs** ausmacht[9]. Hingegen stellen die **Produkte** eines Betriebs keine Betriebsmittel dar, weil sie nicht Voraussetzung, sondern Ergebnis der betriebl. Wertschöpfung sind[10].

16 Dass auch die **Belegschaft des Veräußerers** insb. – aber nicht nur – bei sog. betriebsmittelarmen Tätigkeiten (s. Rz. 122) ein wesentliches Substrat des Betriebsbegriffs bildet, ist st. Rspr. des EuGH[11], der sich das BAG mittlerweile vorbehaltlos angeschlossen hat[12], nachdem es dies zunächst mit dem sog. „Konfusionsargument" wegen der (angeblichen) Vermengung von Tatbestand und Rechtsfolge des § 613a abgelehnt hatte (s. Rz. 12). Inzwischen ist anerkannt, dass bei Tätigkeiten, die ganz oder nahezu ausschließlich auf menschlicher Arbeitskraft beruhen und bei denen sächliche Betriebsmittel keine

---

1 Der 8. Senat hat mit Urt. BAG 2.12.1999 – 8 AZR 796/98, NZA 2000, 369 (Elektrohandel) insoweit eine Ausnahme gemacht, als die in der früheren Rspr. zum Betriebsübergang bei einem Einzelhandelsgeschäft herausgestellten Gesichtspunkte auch nach der neuen Begriffsbestimmung des Betriebsübergangs auf der Grundlage der geänderten Rspr. des BAG Gültigkeit behalten sollen. ‖ 2 Vgl. *Moll*, RdA 1999, 233 (235). ‖ 3 Vgl. EuGH 14.7.1994 – Rs. C-91/92, NJW 1994, 2473 – Faccini Dori; 14.9.2000 – Rs. C-343/98, NZA 2000, 1279 – Collino ua.; s. Rz. 2. ‖ 4 EuGH 19.9.1995 – Rs. C-48/94, NZA 1995, 1031 – Rygaard; 11.3.1997 – Rs. C-13/95, NZA 1997, 433 – Ayse Süzen; 2.12.1999 – Rs. C-234/98, NZA 2000, 587 – Allen ua. ‖ 5 EuGH 26.9.2000 – Rs. C-175/99, NZA 2000, 1327 – Mayeur. ‖ 6 EuGH 11.3.1997 – Rs. C-13/95, NZA 1997, 433 – Ayse Süzen, seitdem st. Rspr. auch des BAG, vgl. ua. BAG 11.12.1997 – 8 AZR 729/96, NZA 1998, 534 (Reinigung II); 11.12.1997 – 8 AZR 699/96 (Buchhaltung); 22.5.1997 – 8 AZR 101/96, NZA 1997, 1050 (Modegeschäft); 23.4.1998 – 8 AZR 665/96 (Warenauslieferung). ‖ 7 EuGH 14.4.1994 – Rs. C-392/92, NJW 1994, 545 (*Loritz*) – Christel Schmidt; vgl. zu diesem Urt. und seinen zunächst vielfach überschätzten Folgen *Willemsen*, DB 1995, 924. ‖ 8 EuGH 20.1.2011 – Rs. C-463/09, NZA 2011, 148 – CLECE SA; dazu *Willemsen*, RdA 2012, 291 (298f.). ‖ 9 *Willemsen*, ZIP 1986, 477, 481; vom BAG in st. Rspr. übernommen; vgl. nur BAG 15.12.2011 – 8 AZR 197/11, NZA-RR 2013, 179 (Neuvergabe eines Bewachungsauftrags III) Rz. 40 mwN. ‖ 10 BAG 13.10.2011 – 8 AZR 455/10, NZA 2012, 504 (Mess- und Regeltechnik/Klarenberg), Rz. 46. ‖ 11 Vgl. EuGH 11.3.1997 – Rs. C-13/95, NZA 1997, 433 – Ayse Süzen; 20.1.2011 – Rs. C-463/09, NZA 2011, 148 – CLECE SA. ‖ 12 Erstmals mit BAG 22.5.1997 – 8 AZR 101/96, NZA 1997, 1050 (Modegeschäft) unter ausdrücklicher Aufgabe der früheren Rspr.

oder nur eine völlig untergeordnete Rolle spielen („**betriebsmittelarme Tätigkeiten**"), die wesentlichen Betriebsmittel ausschließlich in der sog. „organisierten Hauptbelegschaft" des bisherigen Inhabers zu sehen sind[1]. In terminologischer Hinsicht ist dabei zu beachten, dass der EuGH in seinen einschlägigen Entscheidungen den Begriff der „Betriebsmittel" nur für die nicht-personellen Ressourcen (sächlicher und immaterieller Art) verwendet und die ArbN (das „Personal") gedanklich daneben stellt; dies ändert aber in der Sache nichts daran, dass das Personal in der EuGH-Judikatur ein (uU zentrales) identitätsstiftendes Element ist und damit zu den „Ressourcen" (= Betriebsmitteln) iSd. Betriebsdefinition der RL gehört (ausf. Rz. 137ff.). Dies gilt nach dem EuGH insb. auch für **Zeitarbeitsunternehmen**, deren wesentliches „Kapital" die bei bestimmten Kunden eingesetzten ArbN sind[2].

Somit besteht ein Betrieb iSd. § 613a aus sächlichen, immateriellen und personellen Betriebsmitteln (Ressourcen), wobei den verschiedenen **Arten** von Betriebsmitteln je nach der Art der ausgeübten Tätigkeit (= des Betriebszwecks) eine unterschiedliche Bedeutung und ein **unterschiedliches Gewicht** zukommt (s. zu dieser „Relativitätstheorie" auch Rz. 100)[3]. Auch ein **reiner Dienstleistungsbetrieb** ohne relevante sächliche Betriebsmittel ist ein übergangsfähiger Betrieb iSv. § 613a[4]. **17**

Die Betriebsmittel als solche stellen indes weder einen Betrieb noch einen Betriebsteil dar. Zu einem solchen werden sie erst durch ihre organisatorische (= strukturierte) Zusammenfassung „zur Verfolgung einer wirtschaftlichen Haupt- oder Nebentätigkeit". Unter Letzterer ist nach deutscher Terminologie der „**Betriebszweck**" zu verstehen. Die Betriebsorganisation ist somit das denknotwendige Bindeglied zwischen den einzelnen Betriebsmitteln einerseits sowie der mit diesen verfolgten wirtschaftl. Tätigkeit (= Betriebszweck) andererseits. Diese **funktionelle Verknüpfung** individueller Betriebsmittel (vom EuGH auch als „**organisierte Gesamtheit von Faktoren**" bezeichnet) zu einem individuellen Betriebszweck macht das „Wesen" (und zugleich die Identität) des Betriebs bzw. Betriebsteils aus und muss dementsprechend **bereits beim Veräußerer vorgelegen** haben (s. dazu auch Rz. 37)[5]. Die dem zugrunde liegende **Koordinationsleistung** hat der bisherige Inhaber erbracht, und der Betriebsnachfolger iSd. § 613a knüpft hieran an (s. Rz. 9). Der sowohl vom EuGH als auch vom BAG maßgeblich genutzte Begriff der Einheit kennzeichnet mithin die Kernfunktion des Betriebs(teils), nämlich im Wege der **arbeitsteiligen Kooperation und hierarchischen Verknüpfung** konkrete Betriebsmittel zu einem – über die bloße „Verfügungsmacht" über die Betriebsmittel als solche hinausgehenden – wirtschaftl. **Ziel** (= wirtschaftl. Tätigkeit iSd. Richtlinie und EuGH-Rspr.; Betriebszweck iSd. deutschen Terminologie) zusammenzufassen. Diese Art der Zusammenfassung wird in der Betriebswirtschaftslehre – und auch in der Rspr. – als Organisation bezeichnet[6]. Jedem Betrieb bzw. Betriebsteil liegt demnach eine derartige **Organisation** zugrunde; ohne eine solche handelt es sich nur um eine „lose", mehr oder weniger zufällige Ansammlung von Betriebsmitteln. Ziel dieser Organisation (= Betriebszweck) ist die **Wertschöpfung**, dh. die **Transformation vorhandener Güter in Güter mit höherem Geldwert**, die **nicht zwingend** auf Gewinnerzielung ausgerichtet sein muss (s. Rz. 22ff.). **18**

b) Auf Dauer angelegt. Nicht im RL-Text, wohl aber in der Rspr. des EuGH wird als weiteres Tatbestandsmerkmal verlangt, dass die zu übertragende Einheit auf Dauer angelegt sein muss. Ihre Tätigkeit dürfe **nicht auf die Ausführung eines bestimmten Vorhabens** beschränkt sein. Dieses Postulat stammt aus dem EuGH-Urteil v. 19.9.1995 in Sachen *Rygaard*[7]. Dort hat der Gerichtshof entschieden, dass ein Sachverhalt, in dem ein Unternehmen eine seiner Baustellen einem anderen Unternehmen zwecks Fertigstellung überträgt und sich dabei darauf beschränkt, dem letztgenannten Unternehmen ArbN und Material zur Durchführung der laufenden Arbeiten zur Verfügung zu stellen, nicht in den Anwendungsbereich der RL falle. Bereits in diesem Urteil hatte der EuGH jedoch hinzugefügt, dass die Übertragung einer Baustelle zwecks Fertigstellung unter die RL fallen könne, nämlich dann, wenn sie mit der „Übertragung einer organisierten Gesamtheit von Faktoren" einhergehe, die eine „dauerhafte Fortsetzung der Tätigkeiten oder bestimmter Tätigkeiten des übertragenden Unternehmens erlauben würde"[8]. Diesen Gedanken hat der EuGH in einer Entscheidung v. 2.12.1999 aufgegriffen und die RL für anwendbar erklärt auf einen Fall, dass eine konzernzugehörige Gesellschaft beschließt, Aufträge über **19**

---

1 Vgl. EuGH 2.12.1999 – Rs. C-234/98, NZA 2000, 587 – Allen ua.; 10.12.1998 – Rs. C-127/96, NZA 1999, 253 = EWiR 1999, 551 (*Thüsing*) – Hernandez Vidal ua. sowie 10.12.1998 – Rs. C-173/96 und C-247/96, NZA 1999, 189 = EWiR 1999, 875 (*Thüsing*) – Hidalgo ua. ||2 EuGH 13.9.2007 – Rs. C-458/05, NZA 2007, 1151 – Jouini ua., unter Hinweis auf Art. 2 Abs. 2 Unterabs. 2 Buchst. c der RL 2001/23/EG. Hiervon zu unterscheiden ist die Frage, ob im Falle des Betriebsübergangs eines Entleiherbetriebs die dort eingesetzten ArbN eines Zeitarbeitsunternehmens auf den Betriebserwerber übergehen; s. dazu EuGH 21.10.2010 – Rs. C-242/09, NZA 2010, 1225 – Albron Catering BV, sowie unten Rz. 225. ||3 EuGH 11.3.1997 – Rs. C-13/95, NZA 1997, 433 – Ayse Süzen; aus der BAG-Rspr. BAG 11.12.1997 – 8 AZR 729/96, NZA 1998, 534 (Reinigung II). ||4 BAG 27.9.2007 – 8 AZR 941/06, NZA 2008, 1130 (Müllsortieranlage). ||5 BAG 13.10.2011 – 8 AZR 455/10, NZA 2012, 504 (Mess- und Regeltechnik/Klarenberg); 15.11.2012 – 8 AZR 683/11 (Hausverwaltung). ||6 Danach ist strukturell betrachtet die Organisation „ein Gebilde interdependenter Handlungen", die in „arbeitsteiliger Kooperation und hierarchischer Koordination ... zielgerichtet miteinander verknüpft sind"; vgl. *Müller-Jentsch*, Organisationssoziologie, 2003, S. 19. Zur Bedeutung der Arbeitsorganisation für den Wertschöpfungsprozess s. *Müller-Bonanni*, NZA Beil. 1/2009, 13 (15). ||7 EuGH 19.9.1995 – Rs. C-48/94, NZA 1995, 1031 – Rygaard, Rz. 20; s. dazu auch EuGH 2.12. 1999 – Rs. C-234/98, NZA 2000, 587 – Allen ua. ||8 EuGH 19.9.1995 – Rs. C-48/94, NZA 1995, 1031 – Rygaard, Rz. 20.

Stollenvortriebsarbeiten an eine andere Gesellschaft desselben Konzerns als Subunternehmer zu vergeben, „sofern dieser Vorgang mit dem Übergang einer wirtschaftl. Einheit zwischen den beiden Gesellschaften einhergeht"[1]. Nach Auffassung des EuGH schließt der Umstand allein, dass nur die Durchführung *bestimmter* Vortriebsarbeiten von dem bisherigen Unternehmer auf einen Subunternehmer übertragen wurde, die Anwendung der RL nicht von vornherein aus. Entscheidend komme es darauf an, ob nachgewiesen werden könne, dass der Subunternehmer anlässlich dieses Vorgangs von dem Hauptunternehmer die „organisierten Mittel" erworben habe, die es ihm ermöglichten, die Vortriebsarbeiten dauerhaft vorzunehmen"[2].

20   Das Merkmal der „auf Dauer angelegten" Einheit erfüllt also lediglich eine **eingeschränkte Funktion** dergestalt, dass es eine gewisse **Nachhaltigkeit** der Verknüpfung von Betriebsmitteln zu einem bestimmten wirtschaftl. Zweck voraussetzt[3]. Damit sollen offenbar Ad-hoc-Konstellationen, in denen Unternehmen sich spontan und von vornherein zeitlich begrenzt durch Zurverfügungstellung sächlicher oder personeller Ressourcen Hilfe leisten (zB auch im Notfall), aus dem Anwendungsbereich der RL ausgeschlossen werden. Allein maßgeblich bleibt jedoch letztlich das Element der „organisierten Gesamtheit von Betriebsmitteln", welches angesichts der geforderten Nachhaltigkeit auf eine längere Zeit angelegt sein muss. Dies darf indes nicht in dem Sinne missverstanden werden, dass der Betriebszweck von unbestimmter und/oder unbefristeter Dauer sein müsse[4]; ebenso wenig steht es der Anwendung des § 613a von vornherein entgegen, wenn die „organisierten Betriebsmittel" sich lediglich auf einzelne von mehreren Aufträgen des bisherigen Betriebsinhabers beziehen, wie das EuGH-Urteil in Sachen *Allen ua.* lehrt[5]. In solchen Fällen ist allerdings jeweils zu prüfen, ob die übertragenen Betriebsmittel und deren organisatorische Verknüpfung einen Betriebsteil iSd. § 613a verkörpern (s. Rz. 31 ff.).

21   c) „**Wirtschaftliche**" **Einheit.** Der durch die RL 98/50/EG geänderte RL-Text verlangt den Übergang einer wirtschaftl. Einheit und definiert diese als **organisatorische Zusammenfassung von Ressourcen zur Verfolgung einer wirtschaftl. Haupt- oder Nebentätigkeit.** Damit stellt sich die Frage der Einbeziehung nicht gewerblicher sowie staatl. Organisationseinheiten.

22   In Art. 1 Ic der geänderten RL hat der RL-Geber klargestellt, dass eine „wirtschaftliche Einheit" auch eine solche sein kann, die **keine Erwerbszwecke** verfolgt. Er zeichnet damit lediglich die Rspr. des EuGH nach, der schon seit 1992 judiziert hatte, die Übertragung einer wirtschaftl. Einheit könne nicht allein deswegen vom Anwendungsbereich der RL ausgenommen werden, weil die Tätigkeit ohne Erwerbszweck oder im öffentl. Interesse ausgeübt werde. Dementsprechend hat der Gerichtshof in Sachen *Redmond Stichting* entschieden, dass die RL auf die von einer **gemeinnützigen Stiftung** durchgeführten **Drogenhilfe** anwendbar sei[6]; ebenso wurden die häusliche Hilfe für hilfsbedürftige Personen[7] sowie die im öffentl. Interesse erfolgende **Herausgabe eines Magazins**[8] als wirtschaftl. Tätigkeit iSd. RL qualifiziert. Entscheidend ist nach Auffassung des EuGH, dass die jeweilige Tätigkeit **wirtschaftl. Charakter** hat[9], was letztlich bei jedem organisierten Einsatz von wirtschaftl. Ressourcen zur Verfolgung bestimmter betriebl. Zwecke der Fall sein dürfte. Das BAG hat dies inzwischen bestätigt und selbst den Betrieb eines **Truppenübungsplatzes** als wirtschaftl. Tätigkeit aufgefasst[10]. Der Begriff der wirtschaftl. Tätigkeit sei grds. **weit zu verstehen**[11].

23   Dieser weite Begriff der wirtschaftl. Einheit bzw. wirtschaftl. Tätigkeit lässt es zu, auch **öffentl.-rechtl. organisierte Einheiten** unter den Begriff des Betriebs bzw. Betriebsteils zu subsumieren[12]. Die Qualifizierung des Betriebsinhabers als öffentl.-rechtl. Rechtsträger schließt somit die Anwendung des § 613a nicht aus. Dies entspricht der st. Rspr. des EuGH[13] wie auch des BAG. So hat der EuGH in Sachen *Collino ua.*[14] die Übertragung zuvor von staatl. Seite erbrachter **Telekommunikations-Dienstleistungen** auf die von der staatl. Holding *IRI* gegründete *IRITEL* als Übertragung einer wirtschaftl. Einheit qualifiziert[15]. Dass die übertragene Dienstleistung durch eine Einrichtung des öffentl. Rechts vergeben worden sei, könne die Anwendung der RL nicht ausschließen, wenn die betreffende Tätigkeit keine hoheitliche Tätigkeit darstelle (näher Rz. 24 ff.). In Übereinstimmung damit hat das BAG bei der Übertragung ehemaligen DDR-**Rundfunkvermögens** auf den Mitteldeutschen Rundfunk (MDR)[16], dem durch Ver-

---

1 EuGH 2.12.1999 – Rs. C-234/98, NZA 2000, 587 – Allen ua. ‖ 2 EuGH 2.12.1999 – Rs. C-234/98, NZA 2000, 587 – Allen ua. ‖ 3 Vgl. zur Bedeutung des Merkmals auch *Annuß*, BB 1998, 1582 (1583), und *Moll*, RdA 1999, 233 (239f.). ‖ 4 EuGH 2.12.1999 – Rs. C-234/98, NZA 2000, 587 – Allen ua. ‖ 5 EuGH 2.12.1999 – Rs. C-234/98, NZA 2000, 587 – Allen ua. ‖ 6 EuGH 19.5.1992 – Rs. C-29/91, NZA 1994, 207 – Redmond Stichting. ‖ 7 EuGH 10.12.1998 – Rs. C-173/96 und C-247/96, NZA 1999, 189 = EWiR 1999, 875 (*Thüsing*) – Hidalgo ua. ‖ 8 EuGH 26.9.2000 – Rs. C-175/99, NZA 2000, 1327 – Mayeur. ‖ 9 So ausdrücklich EuGH 26.9.2000 – Rs. C-175/99, NZA 2000, 1327 – Mayeur, Rz. 39. ‖ 10 BAG 27.4.2000 – 8 AZR 260/99 (Truppenübungsplatz); vgl. auch 25.9.2003 – 8 AZR 421/02, NZA 2004, 316 (Schießplatz). ‖ 11 BAG 15.11.2012 – 8 AZR 683/11 (Hausverwaltung). ‖ 12 Ausf. zu den arbeitsrechtl. Fragen im Zusammenhang mit der Umstrukturierung öffentl. Rechtsträger *Willemsen*, FS 50 Jahre BAG, 2004, S. 287 (291 ff.). ‖ 13 Vgl. EuGH 14.9.2000 – Rs. C-343/98, NZA 2000, 1279 – Collino ua.; vgl. bereits zuvor EuGH 15.10.1996 – Rs. C-298/94, NZA 1996, 1279 – Henke. ‖ 14 EuGH 14.9.2000 – Rs. C-343/98, NZA 2000, 1279 – Collino ua., Rz. 31 ff. ‖ 15 Ähnl. zum Unternehmenscharakter von öffentl. Telekommunikationseinrichtungen iSd. Wettbewerbsrechts EuGH 17.11.1992 – Rs. C-271/90, C-281/90, C-289/90, EuZW 1993, 131 – Spanien ua./Kommission. ‖ 16 BAG 20.3.1995 – 8 AZR 856/95, NZA 1997, 1225.

waltungsvereinbarung geregelten **Übergang einer Schule** von einem öffentl.-rechtl. Träger auf einen anderen[1] sowie bei einem **Jugendwohnheim** als Einrichtung der Erziehungshilfe[2] das Vorliegen einer wirtschaftl. Einheit ebenso bejaht wie in dem bereits erwähnten Fall eines **Truppenübungsplatzes**[3], der allerdings im Hinblick auf das negative Abgrenzungskriterium der „hoheitlichen Tätigkeit" problematisch ist.

Es entspricht nämlich ebenso gefestigter Rspr. des EuGH, dass **hoheitliche Tätigkeiten** keine wirtschaftl. Tätigkeiten iSd. RL sind und daher die Übertragung solcher hoheitlicher Aufgaben von einer staatl. Stelle auf eine andere, auch wenn damit zugleich die Übertragung betriebl. Ressourcen verbunden ist, keinen Betriebsübergang iSd. RL auszulösen vermag[4]. Diese Auffassung des EuGH hat ihren Niederschlag gefunden in dem ausdrücklichen Wortlaut der RL (Art. 1 Ic) S. 2); danach handelt es sich bei der Übertragung von Aufgaben im Zuge einer **Umstrukturierung von Verwaltungsbehörden** oder bei der Übertragung von Verwaltungsaufgaben von einer Behörde auf eine andere *nicht* um einen Betriebsübergang iS dieser RL. Da insoweit ausweislich der Begründung die Rspr. des EuGH übernommen werden sollte, ist davon auszugehen, dass dieser Ausschlusstatbestand mit der Terminologie des EuGH („Übertragung hoheitlicher Aufgaben") identisch ist.

Das BAG ist dieser EG-RL zunächst nur insoweit gefolgt, als es die bloße **Funktionsnachfolge im öffentl. Dienst** nicht als Übergang eines Betriebs bzw. Betriebsteils auffasst[5]. Dies entspricht allerdings bereits dem allg. Grundsatz, dass eine wirtschaftl. Einheit nicht mit einer bloßen Tätigkeit gleichgesetzt werden darf (s. Rz. 14). In der „**Notariats-Entscheidung**" v. 26.8.1999 ging es der Sache nach ebenfalls um eine hoheitliche Tätigkeit; in erster Linie wurde das Vorliegen eines Betriebsübergangs wegen der höchstpersönlichen Natur des Notariats verneint, jedoch bezieht sich der 8. Senat zugleich auf das Urteil des EuGH 15.10.1996 in Sachen *Henke*[6], wonach die RL auf Hoheitsakte keine Anwendung finde[7]. Zwei weitere Urteile v. 25.1.2001[8] und 8.5.2001[9] betrafen zwar Umstrukturierungen im öffentl.-rechtl. Bereich, jedoch handelte es sich um Einrichtungen der **öffentl. Daseinsvorsorge**, die auch der EuGH als vom Begriff der wirtschaftl. Einheit erfasst ansieht, so dass auch hier keine Auseinandersetzung mit den Urteilen in Sachen *Henke*[10] und *Collino*[11] geboten war. An einer hoheitlichen Tätigkeit fehlte es ebenfalls bei der Übertragung der Durchführung des **Rettungsdienstes** durch einen öffentlich-rechtl. Vertrag auf eine private Hilfsorganisation[12].

In seinem Truppenübungsplatz-Urteil v. 27.4.2000 hat der 8. Senat hingegen ohne jegliche Auseinandersetzung mit dem Text der RL und der damit übereinstimmenden Rspr. des EuGH judiziert, die **Wahrnehmung hoheitlicher Aufgaben** stehe dem Begriff des Betriebsübergangs iSv. § 613a „nicht von vornherein entgegen". Den Besonderheiten von öffentl. Verwaltung und Dienststellen werde „insbesondere dadurch ausreichend Rechnung getragen, dass § 613a nur den auf Rechtsgeschäft beruhenden Übergang von Organisationseinheiten erfasst, nicht jedoch eine gesetzliche Funktionsnachfolge, und zudem die Wahrung der Organisation voraussetzt"[13]. Das Urteil ist für die **Privatisierungspraxis** von geringerer Tragweite, da hoheitliche Aufgaben idR nicht auf einen privaten Rechtsträger übertragen werden[14], wohl aber für die **Umstrukturierung öffentl. Behörden**, die im Wege der Verwaltungsvereinbarung, während bei Umstrukturierung öffentl. Rechtsträger kraft Gesetzes nach der Rspr. des BAG § 613a mangels Übergangs „durch Rechtsgeschäft" keine Anwendung findet[15].

Einstweilen frei.

Als „Faustformel" lässt sich somit festhalten, dass bei sämtlichen Tätigkeiten, die anstelle des Staates oder einer Gemeinde ebenso gut von einem privatrechtl. organisierten Rechtsträger wahrgenommen werden können, unter den übrigen Voraussetzungen von dem Vorliegen einer wirtschaftl. Einheit ausgegangen werden kann, ohne dass die Inhaberschaft eines öffentl.-rechtl. Rechtsträgers dem entgegenstünde. Insoweit – und nur insoweit – kann der These gefolgt werden, dass der Staat sich nicht durch

---

1 BAG 7.9.1995 – 8 AZR 928/93, NZA 1996, 424. Zu Unrecht stellt demggü. LAG Köln 2.10.1997 – 10 Sa 643/97, NZA-RR 1998, 290 (Kindertagesstätte), das Vorliegen einer „wirtschaftlichen Einheit" für eine Kindertagesstätte infrage.   ‖2 BAG 23.9.1999 – 8 AZR 750/98 (Jugendwohnheim).   ‖3 BAG 27.4.2000 – 8 AZR 260/99 (Truppenübungsplatz). Ähnl. bereits BAG 4.3.1993 – 2 AZR 507/92, NZA 1994, 260, wo eine Einrichtung der französischen Streitkräfte am Flughafen Tegel als übergangsfähige Einheit angesehen wurde.   ‖4 Grundl. EuGH 15.10.1996 – Rs. C-298/94, NZA 1996, 1279 – Henke; s. dazu auch Erman/*Edenfeld*, § 613a Rz. 24; vgl. ferner EuGH 14.9.2000 – Rs. C-343/98, NZA 2000, 1279 – Collino ua., Rz. 32; krit. zu dem Abgrenzungsmerkmal der hoheitlichen Handelns *Heerma*, DZWiR 2000, 104 (105). Abw. ohne überzeugende Begründung LAG Nds. 31.8.2001 – 10 Sa 2899/98, NZA-RR 2002, 630 (Fleischbeschau).   ‖5 BAG 26.6.1997 – 8 AZR 426/95, NZA 1997, 1228 (Verwaltungs-Funktionsnachfolge).   ‖6 EuGH 15.10.1996 – Rs. C-298/94, NZA 1996, 1279 – Henke.   ‖7 BAG 26.8.1999 – 8 AZR 827/98, NZA 2000, 371 (Notariat).   ‖8 BAG 25.1.2001 – 8 AZR 336/00, NZA 2001, 840 (Berliner Bäder-Betriebe).   ‖9 BAG 8.5.2001 – 9 AZR 95/00, NZA 2001, 1200 (Landesbetrieb Krankenhäuser Hamburg).   ‖10 EuGH 15.10.1996 – Rs. C-298/94, NZA 1996, 1279 – Henke.   ‖11 EuGH 14.9.2000 – Rs. C-343/98, NZA 2000, 1279 – Collino ua.   ‖12 BAG v. 10.5.2012 – 8 AZR 434/11, NZA 2012, 1161 (Rettungsdienst).   ‖13 BAG 27.4.2000 – 8 AZR 260/99 (Truppenübungsplatz).   ‖14 Bei Übertragung von einem öffentl. auf einen privaten Rechtsträger spricht daher eine Vermutung dafür, dass es sich bereits zuvor nicht um eine hoheitliche Aufgabe gehandelt hat, so auch *Heerma*, DZWIR 2001, 104 (105).   ‖15 S. dazu BAG 8.5.2001 – 9 AZR 95/00, NZA 2001, 1200 (Landesbetrieb Krankenhäuser Hamburg).

die Wahl der Rechtsform den Wirkungen der RL soll entziehen können[1]. Dies trifft (ua., aber nicht ausschließlich) auf Tätigkeiten im Bereich des **Rundfunks**, der **Telekommunikation**, der **Energieversorgungseinrichtungen**, **Schulen** und anderen **Erziehungseinrichtungen** (zB Universitäten), **Krankenhäuser**, **Transportbetriebe** sowie öffentl. **Erholungseinrichtungen** (zB Bäder) zu. Generell ist damit der Anwendungsbereich des § 613a, und zwar sowohl nach nationaler wie auch nach EuGH-Rspr., für alle Fälle von **Privatisierungen** eröffnet. Es muss aber jeweils gesondert geprüft werden, ob die sonstigen Tatbestandsvoraussetzungen des § 613a vorliegen, also insb., ob es sich um den Übergang einer ihre Identität wahrenden wirtschaftl. Einheit (im Gegensatz zur sog. Funktionsnachfolge) handelt (s. Rz. 172) und ob dieser Übergang kraft Rechtsgeschäfts erfolgt (s. Rz. 183ff.).

30 Die Formulierung in der RL-Definition (Art. 1 Ib), wonach die wirtschaftl. Einheit eine **Haupt- oder Nebentätigkeit** verfolgen muss, ist lediglich klarstellender Natur und wirft in der Praxis angesichts der Gleichwertigkeit beider Merkmale keine Abgrenzungsfragen auf. Daher können auch lediglich **untergeordnete Hilfsfunktionen**[2] ohne Weiteres einen Betrieb bzw. – in der Praxis noch häufiger – einen Betriebsteil iSv. § 613a darstellen.

31 **3. Betriebsteil. a) Definition.** Nach dem Gesetzeswortlaut löst neben dem Übergang des (ganzen) Betriebs auch der Übergang nur eines Betriebsteils die Rechtsfolgen des § 613a aus, im letzteren Falle allerdings **beschränkt auf die dem jeweiligen Betriebsteil unmittelbar zugeordneten Arbeitsverhältnisse** (s.a. Rz. 227ff.)[3], so dass die übrigen ArbVerh beim bisherigen Inhaber verbleiben, und zwar selbst dann, wenn der nach der Herauslösung des Betriebsteils verbleibende „**Restbetrieb**" nicht mehr lebensfähig ist[4] und deshalb möglicherweise **stillgelegt** werden muss. Diese gesetzl. Regelung erweist sich in der Praxis als **ambivalent**: Sie eröffnet zum einen erhebliche **Gestaltungsspielräume**, da bei richtigem „Zuschneiden" der jeweils zu übernehmenden (Teil-)Aktivitäten die Rechtsfolge des § 613a auf diese **begrenzt** werden kann[5]; auf der anderen Seite läuft bereits derjenige, der lediglich einen „Ausschnitt" aus dem Gesamtspektrum einer umfassenden „wirtschaftlichen Einheit" übernimmt und fortführt, auch ohne entsprechendes Bewusstsein **Gefahr**, dass dieser als „Betriebsteil" iSd. § 613a qualifiziert wird und seine Übernahme die – jedenfalls für den Erwerber – nicht abdingbare Verpflichtung zur unveränderten Weiterbeschäftigung des dort tätigen Personals nach sich zieht.

32 Die RL 2001/23/EG setzt den Betriebs*teil*übergang ebenfalls dem Betriebsübergang gleich (vgl. Art. 1 I: „Übergang von Unternehmen, Betrieben oder Unternehmens- bzw. Betriebsteilen"). Auch ein bloßer Betriebsteil erfüllt somit die Voraussetzungen des Begriffs der auf Dauer angelegten wirtschaftl. Einheit[6]. Von entscheidender Bedeutung ist allerdings, dass die jeweils in Rede stehende, angeblich übertragene Teileinheit **bereits beim früheren Betriebsinhaber** die Qualität eines Betriebsteils gehabt haben muss (s. Rz. 37). Die Übernahme lediglich von **Teilen eines Betriebsteils reicht** somit **nicht aus**.

33 Der 8. Senat des BAG definiert Betriebsteile als „**Teileinheiten**" (**Teilorganisationen**) des Betriebs. Bei übertragenen sächlichen und/oder immateriellen Betriebsmitteln müsse es sich um eine „**organisatorische Untergliederung des Gesamtbetriebs** handeln, mit der innerhalb des betrieblichen Gesamtzwecks ein Teilzweck verfolgt wird, auch wenn es sich dabei um eine untergeordnete Hilfsfunktion handelt"[7]. Nach einheitlicher Auffassung ist es wegen des spezifischen Schutzzwecks von § 613a nicht erforderlich, dass der Betriebsteil die Voraussetzungen des § 4 BetrVG erfüllt[8], und auch der Begriff des „wesentlichen Betriebsteils" in § 111 S. 3 Nr. 1 und 2 BetrVG oder der in § 15 V 1 KSchG verwendete Begriff einer „Betriebsabteilung" ist vorliegend nicht einschlägig[9]. Wenig ergiebig und im Lichte der Trendwende der Rspr. nach *Ayse Süzen* auch nicht mehr relevant ist die in der früheren Rspr. geäußerte Auffassung, Betriebsteil iSv. § 613a sei alles, was „Gegenstand einer eigenen rechtsgeschäftlichen Veräußerung sein" kann[10], weil

---

[1] So *Resch*, AuR 2000, 87 (89f.); ihm folgend *Heerma*, DZWiR 2001, 104 (105). ‖ [2] Vgl. dazu BAG 24.4.1997 – 8 AZR 848/94, NZA 1998, 253 (EDV-Dienstleistung); anders noch BAG 22.5.1985 – 5 AZR 30/84, NZA 1985, 775. ‖ [3] Ausdrücklich BAG 13.11.1997 – 8 AZR 375/96, NZA 1998, 249 (Stabsfunktion bei Betriebsteilübergang); 13.2.2003 – 8 AZR 102/02, BB 2003, 1206; 17.6.2003 – 2 AZR 134/02, ZIP 2004, 820 (Verbrauchermärkte – Stabsfunktion); 7.4.2011 – 8 AZR 730/09, NZA 2011, 1231 (Abwasserentsorgung/Trinkwasserversorgung); zu den damit verbundenen Zuordnungsfragen s. WHSS/*Willemsen*, Rz. G 134ff. sowie unten Rz. 227ff. ‖ [4] Grundl. BAG 13.11.1997 – 8 AZR 375/96, NZA 1998, 249 (Stabsfunktion bei Betriebsteilübergang); bestätigt durch BAG 8.8.2002 – 8 AZR 583/01, NZA 2003, 315 (Verwaltung einer Bohrgesellschaft); 7.4.2011 – 8 AZR 730/09, NZA 2011, 1231 (Abwasserentsorgung/Trinkwasserversorgung); 21.6.2012 – 8 AZR 181/11, NZA-RR 2013, 6 (IT-Service); dazu *Müller-Glöge*, NZA 1999, 449 (453). ‖ [5] Vgl. dazu WHSS/*Willemsen*, Rz. G 141f. mwN. Ein anschauliches Bsp. hierfür liefert der Fall BAG 21.6.2012 – 8 AZR 181/11, NZA-RR 2013, 6 (IT-Service) Rz. 67ff. Zur gezielten Bildung von Betriebsteilen iSv. § 613a im Falle der Netzübernahme von Energieversorgungsunternehmen vgl. *Walk/Wiese*, RdE 2012, 234. ‖ [6] Ebenso BAG 23.9.1999 – 8 AZR 650/98 (Tiernahrungsproduktion – Verwaltung); 19.3.1998 – 8 AZR 737/96, nv. ‖ [7] BAG 24.4.1997 – 8 AZR 848/94, NZA 1998, 253 (EDV-Dienstleistung); 25.9.2003 – 8 AZR 421/02, NZA 2004, 316 (Schießplatz); 18.12.2003 – 8 AZR 621/02, NZA 2004, 791 = EWiR 2004, 905 (*Wißmann/Grau*) (Auslieferungslager); ebenso zuvor BAG 9.2.1994 – 2 AZR 666/93, NZA 686; 16.10.1987 – 7 AZR 519/86, ZIP 1988, 48; kontär dazu allerdings BAG 22.5.1985 – 5 AZR 30/84 (s.a. Rz. 38). ‖ [8] Ebenso BAG 2.10.1974 – 5 AZR 504/73, NJW 1975, 1378; 16.10.1987 – 7 AZR 519/86, ZIP 1988, 48. Ebenso BAG 15.12.2011 – 8 AZR 692/10, NZA-RR 2012, 570 (Reisebüro): Anlehnung an § 4 I 2 Nr. 2 BetrVG (Rz. 44). ‖ [9] BAG 16.10.1987 – 7 AZR 519/86, ZIP 1988, 48. ‖ [10] So noch BAG 2.10.1974 – 5 AZR 504/73, NJW 1975, 1378; 16.10.1987 – 7 AZR 519/86, ZIP 1988, 48.

dieses Merkmal auch auf die von § 613a gerade nicht erfasste Übertragung von „losen" Wirtschaftsgütern zutrifft[1]. Von zentraler Bedeutung ist demggü., ob die in Rede stehende Einheit sowohl hinsichtlich ihrer **Organisation** als auch hinsichtlich des mit ihr verfolgten **Zwecks** („wirtschaftliche Tätigkeit" iSd. Terminologie der RL) von dem restlichen Betrieb **abgrenzbar**[2] (abtrennbar) ist, was eine eigene, spezifische Arbeitsorganisation voraussetzt, mit der innerhalb des betriebl. Gesamtzwecks ein bestimmter **Teilzweck** verfolgt wird[3]. Diese Voraussetzungen sind von demjenigen darzulegen und zu **beweisen**, der sich auf einen Betriebsübergang beruft[4]. Die Wahrnehmung eines dauerhaften Teilzwecks führt nur dann zu einer selbständig übergangsfähigen Einheit, wenn eine **organisierte Gesamtheit von Personen und Sachen** vorliegt. Es reicht nicht aus, dass ein oder mehrere Betriebsmittel ständig dem betreffenden Teilzweck zugeordnet sind, auch nicht, dass ein oder mehrere ArbN ständig bestimmte Arbeiten mit bestimmten Betriebsmitteln erfüllen. Wird also zB ein Lkw-Fahrer ständig auf ein und demselben Lkw zur Erledigung von Transportaufträgen stets desselben Kunden eines Transportunternehmens eingesetzt, handelt es sich gleichwohl bei dem Lkw noch *nicht* um einen Betriebsteil iSv. § 613a[5].

Erst durch die gewollte, **dauerhafte Verknüpfung** bestimmter Betriebsmittel zur Erfüllung eines betriebl. **Teilzwecks** im Rahmen einer von der übrigen Betriebsorganisation abgrenzbaren **Teilorganisation** kann somit ein Betriebsteil als selbständig übertragbare Einheit iSd. § 613a entstehen. Erforderlich hierfür ist also eine eigene, von den allg. betriebl. Strukturen unterscheidbare Arbeitsorganisation. Eine **eigenständige Leitung und Koordination** des Personaleinsatzes ist sowohl im positiven als auch im negativen Sinne ein Kriterium der organisatorischen Eigenständigkeit[6]. Für eine solche selbständige Teileinheit kann es nach Auffassung des BAG ferner sprechen, wenn **Aufträge fest an bestimmte Betriebsmittel gebunden sind** und die ArbN bestimmte Arbeiten als Spezialisten arbeitsteilig ausführen. Seien die Betriebsmittel und die an ihnen beschäftigten ArbN dagegen innerhalb des Gesamtbetriebes mehr oder weniger beliebig austauschbar, spreche dies gegen eine teilbetriebliche Organisation; ebenso, wenn das tatsächlich übernommene Personal und die übergegangenen Rechte und Sachen auch für andere, unzweifelhaft nicht übernommene betriebl. Teileinheiten eingesetzt werden[7]. 34

Hingegen hat der 8. Senat es für denkbar erachtet, dass ein und derselbe Betriebszweck (hier: Gütertransport mit Lkw) von verschiedenen Betriebsteilen ein und desselben Unternehmens/Betriebs iSv. § 613a ausgeführt wird[8]. Daraus ist zu folgern, dass der Betriebszweck des Betriebsteils von demjenigen des „Gesamtbetriebs" nicht zwingend verschieden sein muss, sondern auch die Erfüllung einer **gleichartigen Tätigkeit** in Betracht kommt. Im Teilbetrieb müssen somit nicht andersartige Zwecke als im übrigen Betrieb verfolgt werden[9]. 35

Allerdings muss in einem solchen Fall die gleichartige Tätigkeit „**teilbetrieblich organisiert**" sein, dh. eigenständige, von dem „Gesamtbetrieb" **abgrenzbare Organisationsstrukturen** aufweisen. Dies ist nur dann der Fall, wenn die jeweilige Untereinheit sich als „zielgerichtete", dauerhafte und spezifisch organisierte Zusammenfassung (Verknüpfung) von Ressourcen für den jeweiligen Teilzweck und nicht als (jederzeit ohne Weiteres wieder aufhebbare) Ressourcenallokation im Zuge der allg. Betriebstätigkeit darstellt. Anders gewendet: Wer einen „Betriebsteil" iSv. § 613a erwirbt, muss sich dann ohne weitere Organisationsakte (strukturbegründende Maßnahmen) den sich darin verkörpernden **Funktionszusammenhang** zunutze machen können, um den damit bisher verfolgten wirtschaftl. Zweck weiter zu verfolgen, da es sich andernfalls lediglich um „willkürlich" aus dem bisherigen organisatorischen Kontext herausgenommene einzelne Betriebsmittel handelt, die erst noch zu einem funktionsfähigen Zusammenhang in Form einer betriebl. (Teil-)Organisation zusammengefügt werden müssen. Der bisherige Betrieb ist dann lediglich um eine bestimmte Anzahl von Betriebsmitteln verringert worden[10]. Für die Feststellung dieser teilbetrieblichen Organisation ist auf die übernommenen sächlichen, personellen und immateriellen **Betriebsmittel** abzustellen. Die **Produkte** eines Betriebs „dienen" dagegen schon begrifflich keinem Betriebszweck, sondern letzterer dient umgekehrt der Entwicklung, Herstellung und dem Vertrieb solcher Produkte. Ebenso sind **Patente und Know-how** für sich betrachtet keine organisatorischen Gesamtheiten, welche einen Betriebsteil bilden könnten. Entscheidend ist vielmehr ihre funktionale Verknüpfung zu einem spezifischen Teilzweck[11]. 36

---

1 Abl. zu Recht auch Staudinger/*Annuß*, § 613a Rz. 57. ||2 BAG 13.10.2011 – 8 AZR 455/10, NZA 2012, 504 (Mess- und Regeltechnik/Klarenberg), Rz. 37: „abgrenzbare organisatorische wirtschaftliche Einheit". ||3 BAG v. 13.10.2011– 8 AZR 455/10, NZA 2012, 504, Rz. 39. ||4 Grundl. BAG 26.8.1999 – 8 AZR 718/98, NZA 2000, 144 (Lastkraftwagen); bestätigt durch BAG 14.12.2000 – 8 AZR 220/00 (Getränkehandel). ||5 BAG 26.8. 1999 – 8 AZR 718/98, NZA 2000, 144 (Lastkraftwagen). ||6 BAG v. 13.10.2011 – 8 AZR 455/10, NZA 2012, 504 (Mess- und Regeltechnik/Klarenberg), Rz. 43; vgl. auch BAG 16.2.2006 – 8 AZR 204/05, NZA 2006, 794 (Heizungs- und Lüftungstechnik), Rz. 26. ||7 BAG 18.4.2002 – 8 AZR 346/01, AP Nr. 315 zu § 613a BGB (Verwaltung/Kaufmännische Leitung); 21.6.2012 – 8 AZR 181/11, NZA-RR 2013, 6 (IT-Service). ||8 BAG 26.8.1999 – 8 AZR 718/98, NZA 2000, 144 (Lastkraftwagen). ||9 Dies hat der 8. Senat mit Urt. v. 26.8.1999 – 8 AZR 718/98, NZA 2000, 144 (Lastkraftwagen) und 16.5.2002 – 8 AZR 319/01, NZA 2003, 93 (Schuhproduktion) sowie in der Entscheidung v. 14.12.2000 – 8 AZR 220/00 (Getränkehandel) ausdrücklich bestätigt. ||10 Vgl. WHSS/*Willemsen*, Rz. G 71. ||11 BAG 13.10.2011 – 8 AZR 455/10, NZA 2012, 504 (Mess- und Regeltechnik/Klarenberg), Rz. 46.

37 Dieser Linie entspricht es, wenn das BAG im Einklang mit der Rspr. des EuGH für das Vorliegen eines Betriebsteils verlangt, dass die übernommenen Betriebsmittel **bereits beim früheren Betriebsinhaber die Qualität eines Betriebsteils** haben; es reicht also nicht aus, wenn der Erwerber mit einzelnen, bislang nicht teilbetrieblich organisierten Betriebsmitteln erst einen Betrieb oder Betriebsteil gründet[1]. Im letzteren Fall liegt lediglich eine Funktionsnachfolge vor, die sich vom Betriebs- bzw. Betriebsteilübergang gerade dadurch unterscheidet, dass der „Nachfolger" zwar eine bestimmte (Teil-)Aufgabe, nicht jedoch die hierfür eigens gebildete (Teil-)Organisation fortführt (s. Rz. 172 ff.). Für das Vorliegen einer selbständig abtrennbaren organisatorischen Einheit kann schon beim bisherigen Betriebsinhaber sprechen, dass dieser den „Betriebsteil" einem rechtl. selbständigen „Dienstleister" im Rahmen des **Outsourcing** zur eigenen Verantwortung übertragen hatte[2]. Eine hiervon zu unterscheidende Frage ist, inwieweit bei Vorliegen eines Betriebsteils auf Seiten des Veräußerers dessen organisatorische Abgrenzbarkeit auch beim Erwerber erhalten bleiben muss, um einen identitätswahrenden Übergang bejahen zu können (s. dazu Rz. 90, 128a ff.).

38 **b) Beispiele aus der Rechtsprechung.** In einem Urteil v. 22.5.1985[3] hatte sich der 5. BAG-Senat ua. mit der Frage zu befassen, inwieweit bei einem **Produktionsbetrieb** bereits der **Übergang einzelner Maschinen oder Anlagen** den Begriff des Betriebsteilübergangs erfüllen kann. Seine Auffassung, dass bereits eine einzige Maschine oder Anlage oder die Ausstattung eines einzigen Büros das „wesentliche" Substrat des Betriebs oder Betriebsteils ausmachen könne, stellt sich im Lichte der neueren EuGH- und BAG-Rspr. als ebenso obsolet dar[4] wie die Auffassung, dass die Wahrnehmung bloßer Hilfsfunktionen im Rahmen des (Gesamt-)Betriebszwecks der Annahme eines Betriebsteils von vornherein entgegenstehe (s. Rz. 33). Bereits im Anschluss an die Trendwende nach *Ayse Süzen* ergangen sind demgü. die Urteile des 8. Senats v. 11.12.1997[5] sowie v. 19.3.1998[6], die sich zu der praktisch relevanten Frage verhalten, unter welchen Voraussetzungen beim **Wechsel eines Reinigungsauftrags** das damit verbundene Teilgeschäft des bisherigen Inhabers einen Betriebsteil verkörpert, der auf den Konkurrenten übergehen kann, dem in der Folgezeit der Auftrag erteilt wird. Diese Fragestellung ist deshalb relevant, weil bei betriebsmittelarmen Tätigkeiten bereits die Weiterbeschäftigung der „organisierten Hauptbelegschaft" einen Betriebs(teil)übergang begründen kann (s. Rz. 16 und 137 ff.) und hierfür ein unmittelbares Rechtsgeschäft zwischen erstem und zweitem Auftragnehmer nicht erforderlich ist (s. Rz. 198 ff.). In den soeben genannten Urt. v. 11.12.1997 und 19.3.1998 sieht der 8. Senat unter bestimmten Voraussetzungen die Merkmale eines Betriebsteils des bisherigen Auftragnehmers hinsichtlich des für einen bestimmten Kunden erbrachten **„Reinigungsvolumens"** als erfüllt an: Die Auftragswahrnehmung durch ein Fremdunternehmen könne „teilbetrieblich oder als Betrieb organisiert" sein[7]. Bestimmte Dienstleistungen wie die der **Gebäudereinigungs- und Bewachungsunternehmen** könnten nun **objektbezogen** erbracht werden. Werde dazu eine organisierte Gesamtheit von Personen und Sachen eingesetzt, die getrennt von weiteren organisierten Einheiten des Auftragnehmers gesehen werden könne, und sei die Arbeitsaufgabe, die der Dienstleistung zugrunde liege, ihrer Natur nach auf eine dauerhafte Erfüllung angelegt, seien die Voraussetzungen des Betriebsübergangs erfüllt[8]. **Verneint** wurde die Eigenschaft eines Betriebsteils hingegen für den Bereich „**Wareneingang**" eines Lagers[9] sowie – mangels entsprechenden Sachvortrags – für den **Vertrieb**, während ein reines **Auslieferungslager** eines Produktionsbetriebes ebenso ein eigenständiger Betriebsteil iSv. Abs. 1 S. 1 sein kann[10] wie ein im Verhältnis zum übrigen Betrieb (Spedition) eigenständig organisiertes **Gefahrstofflager**[11] oder der Bereich der **„Druckerwartung"** in einem IT-Serviceunternehmen[12].

39 In der Praxis stellt sich immer wieder die Frage, inwieweit die **Verwaltung eines Unternehmens** bzw. einzelne ihrer Untergliederungen selbständig „übergangsfähige" Betriebsteile darstellen. Dies hat das BAG in einem Urt. v. 21.1.1999[13] für die **Buchhaltung** eines Unternehmens *dahingestellt* bleiben lassen. Bzgl. der **Verwaltung insgesamt** hat der 8. Senat in einem weiteren Urt. v. 23.9.1999 judiziert, dieser komme ggü. anderen Bereichen „nicht in jedem Falle" die erforderliche Eigenständigkeit zu, um einen selbständig übergangsfähigen Betriebsteil annehmen zu können[14]. Ob dies im Streitfalle etwa deshalb

---

1 BAG 24.4.1997 – 8 AZR 848/94, NZA 1998, 253 (EDV-Dienstleistung); ebenso bereits BAG 9.2.1994 – 2 AZR 666/93, NZA 1994, 686; bestätigt ua. durch BAG 16.5.2002 – 8 AZR 319/01, NZA 2003, 93 (Schuhproduktion); 8.8. 2002 – 8 AZR 583/01, NZA 2003, 315 mwN (Verwaltung einer Bohrgesellschaft); 17.4.2003 – 8 AZR 253/02, AP Nr. 253 zu § 613a BGB (Wareneingang eines Lagers); 18.12.2003 – 8 AZR 621/02, NZA 2004, 791 (Auslieferungslager); 26.7.2007 – 8 AZR 769/06, NZA 2008, 112 (Dachdeckerbetrieb); 7.4.2011 – 8 AZR 730/09, NZA 2011, 1231 (Abwasserentsorgung/Trinkwasserversorgung); 13.10.2011 – 8 AZR 455/10, NZA 2012, 504 (Mess- und Regeltechnik/Klarenberg); 21.6.2012 – 8 AZR 181/11, NZA-RR 2013, 6 (IT-Service); 27.9.2012 – 8 AZR 826/11 (Draht- und Metallwarenproduktion). ‖2 BAG 27.1.2011 – 8 AZR 326/09, NZA 2011, 1162 (Kleinpaketfertigung). ‖3 BAG 22.5.1985 – 5 AZR 30/84, NZA 1985, 775. ‖4 Abl. auch ErfK/*Preis*, § 613a BGB Rz. 7; *Kania*, NZA 1994, 873 f. ‖5 BAG 11.12.1997 – 8 AZR 729/96, NZA 1998, 534 (Reinigung II). ‖6 BAG 19.3.1998 – 8 AZR 737/96. ‖7 Ebenso BAG 21.5.2008 – 8 AZR 481/07, NZA 2009, 144 (Reinigung/Serviceunternehmen) für die Reinigungsarbeiten in einem Krankenhaus. ‖8 Ebenso für Bewachungstätigkeiten BAG 15.12.2011 – 8 AZR 197/11, NZA-RR 2013, 179 (Neuvergabe eines Bewachungsauftrags III). ‖9 BAG 17.4.2003 – 8 AZR 253/02, AP Nr. 253 zu § 613a BGB (Wareneingang eines Lagers). ‖10 BAG 18.12.2003 – 8 AZR 621/02, NZA 2004, 791 (Auslieferungslager). ‖11 BAG 22.7.2003 – 8 AZR 350/03, NZA 2004, 1383 (Gefahrstofflager). ‖12 BAG 21.6.2012 – 8 AZR 181/11, NZA-RR 2013, 6 (IT-Service). ‖13 BAG 21.1.1999 – 8 AZR 298/93 (Verwaltung/Buchhaltung). ‖14 BAG 23.9.1999 – 8 AZR 650/98 (Tiernahrungsproduktion – Verwaltung).

anders war, weil eine Zuständigkeit für die gesamte Unternehmensgruppe bestand, konnte der Senat letztlich dahingestellt bleiben lassen. Deutlich „offensiver" iSd. Möglichkeit einer teilbetriebl. Organisation einer Verwaltung ist demggü. die Entscheidung v. 8.8.2002, die die Verwaltung einer Bohrgesellschaft betraf, allerdings die Sache zur weiteren Aufklärung an die Vorinstanz verwies[1].

Das Urt. v. 14.12.2000[2] betrifft die Frage des Betriebsteilübergangs hinsichtlich eines Getränkehandels. Da nicht der gesamte **Verwaltungsbereich** übernommen wurde, hätte der Kläger nach Auffassung des 8. Senats darlegen müssen, „dass der übrig gebliebene Teil der Verwaltung bei der Firma D bereits ein selbständig abgrenzbarer Betriebsteil gewesen ist, der auf die Beklagte übertragen werden konnte". Für einen wassertechnischen Ent- und Versorgungsbetrieb hat der 8. Senat die Existenz eines abgrenzbaren Betriebsteils „kaufmännische Verwaltung Abwasser" **verneint**[3]. 40

In seinem Urt. v. 3.9.1998[4] zieht der 8. Senat in Zweifel, ob der aus mehreren Lkw bestehende **Fuhrpark** eines Möbelherstellers eine das Merkmal „Betriebsteil" rechtfertigende organisatorische Selbständigkeit aufweist. Dagegen hat er bei Veräußerung eines im Dienst befindlichen **Seeschiffs** das Vorliegen eines Betriebsteilübergangs bejaht[5]. Verneint wurde wiederum, dass **Trainer** von Hochleistungssportlern zusammen mit diesen einen selbständig übertragbaren Betriebsteil des Vereins bilden[6]. Ebenso wenig stellen die **Früh- und Spätschicht** in einer **Müllsortieranlage** eigene Betriebsteile dar[7]. Bei einem Handwerksbetrieb die **Heizungs- und Lüftungsbaus**, der sowohl gewerbliche Aufträge an Großbaustellen ausführt als auch Privatkundengeschäft betreibt, hat der 8. Senat die Qualifizierung dieser Bereiche als Betriebsteile auf Grund der konkreten Einzelfallumstände abgelehnt[8]. Werden aus einer Betriebsabteilung, deren Arbeitsschwerpunkt in der **Mess- und Regeltechnik** liegt und die ihrerseits in drei Gruppen untergliedert ist, nur bestimmte Betriebsmittel sowie einzelne Mitarbeiter übernommen, deren Tätigkeit sich auch auf die nicht übertragenen Produkte bezog, schließt bereits die fehlende Zuordnung zu einer der drei Gruppen das Vorliegen eines Betriebsteilübergangs aus[9]. 41

Aus der **Instanzrechtsprechung** sei in diesem Zusammenhang das vom BAG inzwischen aufgehobene Urt. des LAG Hamm 17.8.2001[10] erwähnt, wonach Tätigkeiten im Bereich „**kaufmännische Verwaltung**" die notwendige Voraussetzung für die Fortführung des vom Erwerber übernommenen operativen Teils des Betriebs seien, *nicht* als selbständiger Betriebsteil gewertet werden könnten, der „losgelöst" vom Schicksal des sog. operativen Teils des Betriebs eigenständig übertragen bzw. stillgelegt werden könnte. Mit Urt. v. 14.12.2000[11] hat das LAG Düsseldorf das Vorliegen eines Betriebsteils für die **Verwaltung eines Autohauses** bejaht, welche für verschiedene Betriebsstätten zuständig war. 42

Beide vorgenannten Entscheidungen belegen die eminente **Relevanz der Betriebsteildefinition**, weil von ihr letztlich abhängt, welche **Gestaltungsspielräume** die Parteien eines Übernahmevertrages hinsichtlich der Abgrenzung des zu übernehmenden Betriebs bzw. hinsichtlich der zu übernehmenden Betriebsteile haben. Ist bspw. der Erwerber an dem Kauf des Gesamtunternehmens mit Ausnahme der Verwaltung oder eines Lagers interessiert, hängt deren Herausnahme im Hinblick auf § 613a davon ab, ob es sich um selbständige (= abgrenzbare) Betriebsteile iSv. § 613a handelt. Nach einem Urt. des LAG Hamm 15.4.1999[12] kann diese organisatorische Verselbständigung allerdings auch erst im unmittelbaren **zeitlichen Vorfeld der Betriebsteilübertragung** im Wege einer entsprechenden **Umstrukturierung** (zB Aufteilung eines bislang einheitlichen Betriebs in zwei eigenständige Bereiche) herbeigeführt werden. 43

Bei der **Lokalredaktion** einer Tageszeitung kann es sich nach einer Entscheidung des LAG Rheinland-Pfalz um einen eigenständigen abgrenzbaren Betriebsteil handeln[13]. Entsprechendes gilt nach – mit der Rspr. des BAG übereinstimmender – Auffassung des LAG Berlin-Brandenburg für zentral gelenkte **Verkaufsfilialen** eines Handelsunternehmens[14]. Bei einem Unternehmen, das ein Warensortiment sowohl im Ladengeschäft als auch im sog. **Streckengeschäft** vertreibt, kann es sich nach Ansicht des Hessischen LAG bei letzterem um einen eigenständigen Betriebsteil handeln[15]. Von besonderem praktischem Interesse ist schließlich ein Urt. des LAG Hamm v. 30.3.1998[16]. Danach kann die Übernahme 44

---

1 BAG 8.8.2002 – 8 AZR 583/01, NZA 2003, 315 (Verwaltung einer Bohrgesellschaft). ||2 BAG 14.12.2000 – 8 AZR 220/00 (Getränkehandel). ||3 BAG 7.4.2011 – 8 AZR 730/09, NZA 2011, 1231 (Abwasserentsorgung/Trinkwasserversorgung). S. dazu auch den teilweise parallel gelagerten Fall BAG 10.11.2011 – 8 AZR 538/10, AP Nr. 421 zu § 613a BGB, der einen „Mitarbeiter Anschlusswesen" betraf. ||4 BAG 3.9.1998 – 8 AZR 306/97, NZA 1999, 147. ||5 BAG 18.9.1997 – 3 AZR 729/95, NZA 1999, 147. Dass die RL 77/187/EWG Seeschiffe ausdrücklich aus ihrem Anwendungsbereich ausschließt, steht nach Auffassung des BAG einem Betriebsübergang iSv. § 613a nicht entgegen, weil die RL nach ihrem Art. 7 nur Mindestbedingungen aufstelle. ||6 BAG 5.2.2004 – 8 AZR 639/02, NZA 2004, 845 (Trainerin). ||7 BAG 27.9.2007 – 8 AZR 941/06, NZA 2008, 1130 (Müllsortieranlage). ||8 BAG 16.2.2006 – 8 AZR 204/05, NZA 2006, 794 (Heizungs- und Lüftungsbau). ||9 BAG 13.10.2011 – 8 AZR 455/10, NZA 2012, 504 (Mess- und Regeltechnik/Klarenberg). ||10 LAG Hamm 17.8.2001 – 15 Sa 481/01, aufgehoben durch BAG 8.8.2002 – 8 AZR 583/01, NZA 2003, 315 (Verwaltung einer Bohrgesellschaft). ||11 LAG Düss. 14.12.2000 – 2 Sa 1333/00, EWiR 2001, 396 (*Joost*). ||12 LAG Hamm 15.4.1999 – 8 Sa 2302/98, EWiR 2000, 369 (*Diller*), unter Hinweis auf *Lieb*, ZfA 1994, 229 (Getränkehandel); *Gentges*, RdA 1996, 265 (267). ||13 LAG Rh.-Pf. 24.5.2007 – 11 Sa 55/07, NZA-RR 2007, 566 (Lokalredaktion). ||14 LAG Bln.-Bbg. 7.8.2008 – 14 Sa 231/08 (Verkaufsfilialen eines Handelsunternehmens). ||15 LAG Hess. 6.2.2013 – 12 Sa 801/10, Rev. zugelassen (Streckengeschäft). ||16 LAG Hamm 30.3.1998 – 16 Sa 942/97, LAGE § 613a BGB Nr. 72.

eines **quantitativ völlig untergeordneten Teils der Betriebsmittel** auch bei Fortführung von Aufträgen des Vorgängers und personeller Identität in der Betriebsleitung nicht ohne Weiteres in die Übernahme eines Betriebsteils „umgedeutet" werden, wenn es wegen der völlig unterschiedlichen Größenordnung an der identitätswahrenden Übernahme des Gesamtbetriebs mangelt.

45 **II. Begriff des Betriebsinhabers. 1. Rechtliche, nicht wirtschaftliche Anknüpfung.** § 613a befasst sich mit dem **Wechsel** des Inhabers eines Betriebs oder Betriebsteils. Ohne Veränderung hinsichtlich der natürlichen oder juristischen Person, der die Inhaberstellung zukommt, liegt somit kein Betriebsinhaberwechsel vor. Diese Feststellung ist praktisch relevant insb. im Hinblick auf solche Fälle, in denen der Träger (= Inhaber) des Betriebs nur wirtschaftl., nicht aber im juristischen Sinne wechselt. Insoweit kommen vor allem zwei Fallgruppen in Betracht: (1) Bei der bloßen **Anteilsveräußerung** (Share Deal) bleibt die Person des ArbGeb (Inhabers) unverändert, es liegt lediglich ein „mittelbarer", für § 613a nicht relevanter Inhaberwechsel vor; sämtliche in § 613a geregelten Rechtsfolgen sind nicht – und zwar grds. auch nicht analog – anwendbar[1]. Entsprechendes gilt für den **Wechsel im Gesellschafterbestand** einer Personen-[2] oder Kapitalgesellschaft. (2) Der bisherige Inhaber verpflichtet sich ggü. einem Dritten, den Betrieb künftig nicht mehr für eigene, sondern **für Rechnung des Dritten** zu führen. Der bisherige ArbGeb bleibt Betriebsinhaber; darauf, dass er im Innenverhältnis den Betriebszweck nur wirtschaftl. Vorteil (und ggf. auf wirtschaftl. Risiko) eines Dritten realisiert, kommt es für § 613a, der lediglich auf die rechtl. Inhaberschaft hinsichtlich des Betriebs/Betriebsteils abstellt, nicht an[3].

46 **2. Ausübung betrieblicher Leitungs- und Organisationskompetenz im eigenen Namen.** Stellt die Betriebsinhaberschaft iSd. § 613a somit eine rechtl., nicht eine wirtschaftl. Kategorie dar, muss sich deren Definition ihrerseits an dem Normzweck des § 613a ausrichten. Wie bereits an anderer Stelle (Rz. 15) ausgeführt wurde, kann es dafür auf die **dingliche Berechtigung** hinsichtlich der einzelnen Betriebsmittel nicht ankommen; der Eigentümer der Betriebsanlagen kann, muss aber nicht zwingend Betriebsinhaber iSv. § 613a sein, wie insb. das Bsp. der **Betriebsverpachtung** lehrt[4]. Maßgeblich ist somit **nicht**, wem der Betrieb iSd. Vollrechtsinhaberschaft hinsichtlich der einzelnen Betriebsmittel (Anlage- und Umlaufvermögen, gewerbliche Schutzrechte etc.) „**gehört**", sondern wer den Betrieb „**betreibt**", dh. **im eigenen Namen** den Einsatz der organisatorischen Zusammenfassung sämtlicher materieller und immaterieller Betriebsmittel einschl. der ArbN (= Ressourcen) zur Verfolgung einer wirtschaftl. Haupt- oder Nebentätigkeit **leitet**. Die Leitung des Betriebs, dh. die Koordination sämtlicher für die Erreichung des Betriebszwecks wesentlicher Faktoren, im eigenen Namen macht somit den Kern der Betriebsinhaberstellung aus; das BAG spricht in diesem Zusammenhang regelmäßig von der **Ausübung betrieblicher Leitungsmacht**[5]. Es komme dabei nicht allein darauf an, wer im Verhältnis zur Belegschaft als Inhaber auftrete, sondern auf die umfassende Nutzung des Betriebs nach außen[6].

47 Entscheidend ist also allein, dass der Betriebsinhaber über die für die Ausübung der Leitungsmacht **im eigenen Namen** erforderlichen rechtl. Voraussetzungen verfügt; auf welche Art von Rechtsbeziehung er diese Befugnis stützt (Eigentum; Gebrauchsüberlassung durch den Vollrechtsinhaber auf Dauer oder auf Zeit; gegen Entgelt oder unentgeltlich), kommt es also nicht an (s.a. Rz. 196 f.)[7]. Erst recht ist für die Betriebsinhaberschaft iSv. § 613a eine Befugnis zur Veräußerung der Betriebsmittel im eigenen Namen nicht erforderlich[8]; für den Normzweck der Vorschrift allein relevant ist vielmehr die **Verfügungsbefugnis über den betriebl. Funktionszusammenhang**[9]. Der Betrieb bzw. Betriebsteil wird mit anderen Worten im Rahmen von § 613a demjenigen zugerechnet, der die Stellung des autonomen, im eigenen Namen handelnden Betreibers im Außenverhältnis für sich in Anspruch nimmt; darauf, auf welcher internen Rechtsbeziehung diese Stellung beruht, kommt es ebenso wenig an wie darauf, wem das wirtschaftl. Ergebnis der Betriebstätigkeit letztlich zugutekommt (s. bereits Rz. 45)[10]. Unverzichtbares Element der Betriebsinhaberschaft ist es vor dem Hintergrund des oben (Rz. 9) beschriebenen Normzwecks jedoch, dass der Betriebsinhaber sich die organisatorische Verknüpfung der Betriebsmittel zu einem bestimmten arbeitstechnischen Zweck zu eigen macht, dh. insb. im Verhältnis zu den ArbN die

---

1 BAG 14.8.2007 – 8 AZR 803/06, NZA 2007, 1428 (Frischelager). ||2 BAG 14.8.2007 – 8 AZR 803/06, NZA 2007, 1428 (Frischelager). ||3 Vgl. BAG 20.11.1984 – 3 AZR 584/83, NZA 1985, 393 = AP Nr. 38 zu § 613a BGB (Willemsen); ebenso BAG 20.3.2003 – 8 AZR 312/02, NZA 2003, 1338; vgl. auch Staudinger/Annuß, § 613a Rz. 65. ||4 Dass in diesem Falle der Pächter und nicht der Verpächter Inhaber iSv. § 613a ist, ist völlig unstreitig; vgl. nur ErfK/Preis, § 613a BGB Rz. 46. Zur fehlenden Relevanz des Eigentumsübergangs hinsichtlich des Anlage- und Umlaufvermögens s. BAG 15.12.2005 – 8 AZR 202/05, NZA 2006, 597 (Druckerei II), Rz. 47; 15.2.2007 – 8 AZR 431/06, NZA 2007, 793 (Kock) (Schlachthof); 10.5.2012 – 8 AZR 434/11, NZA 2012, 1161 (Rettungsdienst). ||5 Vgl. nur BAG 18.3.1999 – 8 AZR 159/98, NZA 1999, 704 = AP Nr. 189 zu § 613a BGB (Willemsen/Annuß) (Kfz-Handel) sowie BAG 10.5.2012 – 8 AZR 434/11, NZA 2012, 1161 (Rettungsdienst): Übernahme der tatsächlichen Betriebsinhaberschaft (Rz. 44). ||6 BAG 27.9.2012 – 8 AZR 826/11 (Draht- und Metallwarenproduktion). ||7 Ebenso BAG 31.1.2008 – 8 AZR 2/07, ZIP 2008, 2376 (Design-Modelle); Pietzko, Der Tatbestand des § 613a BGB, 1988, S. 47; Staudinger/Annuß, § 613a Rz. 65. ||8 Staudinger/Annuß, § 613a Rz. 65. ||9 Zustimmend BAG 10.5.2012 – 8 AZR 434/11, NZA 2012, 1161 (Rettungsdienst), Rz. 43. ||10 Zumindest missverständlich ist es daher, wenn das BAG verlangt, dass der Betriebsinhaber die organisatorisch und personell zusammengefassten Betriebsmittel „im eigenen Namen und auf eigene Rechnung führt", so zB BAG 18.3.1999 – 8 AZR 196/98, NZA 1999, 869 (Grundstücksverwaltung).

originäre Leitungs- und Organisationskompetenz in Anspruch nimmt[1]. Auch dies entspricht einer am Normzweck dieser arbeitsrechtl. Vorschrift orientierten Betrachtungsweise; darauf, wer ggü. außerhalb des ArbVerh stehenden Dritten (zB Kunden) als Betriebsinhaber in Erscheinung tritt, kann es somit allenfalls iS einer (subsidiären) Indizwirkung ankommen. Für den arbeitsrechtl. Sinnzusammenhang ist demggü. ausschlaggebend, wer ggü. den ArbN das **arbeitgeberseitige Weisungsrecht** (zum Begriff § 106 GewO Rz. 5 ff.) im eigenen Namen ausübt[2].

Diesem Kriterium kommt insb. im Zusammenhang mit **Betriebsführungsverträgen** und **Treuhandverhältnissen** ausschlaggebende Bedeutung zu (s. Rz. 197). Beim sog. **echten Betriebsführungsvertrag** wird die Leitungsmacht im Namen der Eigentümergesellschaft ausgeübt, so dass diese Vertragsarbeitgeberin bleibt, während es beim sog. **unechten Betriebsführungsvertrag** zu einem Übergang iSv. § 613a auf den Betriebsführer kommt[3]. Bei der **Sicherungsübereignung** von Betriebsmitteln (zB einem kompletten Maschinenpark) bleibt der Treugeber Betriebsinhaber, wenn er – wie idR – im Außenverhältnis weiterhin zur Betriebsführung befugt ist[4]. Handeln natürliche Personen als (Organ-)Vertreter von Gesellschaften, kommt es darauf an, für wen sie jeweils bei der Ausübung von ArbGeb-Befugnissen im Verhältnis zur Belegschaft aufgetreten sind[5]. In Zweifelsfällen kann auf formale Aspekte zurückzugreifen sein, etwa in wessen Namen Arbeitsverträge mit neu eingestellten ArbN abgeschlossen und Lohnabrechnungen erstellt wurden. 48

Soweit Dritte (insb. **Insolvenzverwalter**, **Zwangsverwalter**, **Testamentsvollstrecker**) als sog. Parteien kraft Amtes handeln, werden sie nicht selbst Betriebsinhaber, weil sie den Betrieb (nur) im Namen des jeweiligen Inhabers (Insolvenzschuldners, Erben etc.) führen (vgl. auch Rz. 210)[6]. 49

3. Umfang und Abgrenzung der betrieblichen Leitungs- und Organisationskompetenz. Steht die Betriebsinhaberschaft einer bestimmten natürlichen oder juristischen Person iSv. § 613a „dem Grunde nach" fest, kann es gleichwohl im Einzelfall zweifelhaft sein, welchen Umfang diese hat, dh. auf welche materiellen und/oder immateriellen Betriebsmittel bzw. auf welchen Teil des Betriebs sie sich im Einzelnen erstreckt. Diese Frage wird vor allem dann praktisch relevant, wenn in ein und demselben räumlich-funktionellen Zusammenhang mehrere Unternehmen gleichzeitig tätig werden. Das ist insb. der Fall beim **Gemeinschaftsbetrieb** mehrerer rechtl. selbständiger Unternehmen im betriebsverfassungsrechtl. und ggf. kündigungsschutzrechtl. Sinne (s. § 1 BetrVG Rz. 13 ff.). Auch wenn sich die einzelnen Trägerunternehmen zur gemeinsamen Betriebsführung zusammengeschlossen haben, bleibt in Ermangelung gegenteiliger Absprachen (dergestalt, dass die Betriebsinhaberstellung insg. auf eine zwischen ihnen bestehende BGB-Gesellschaft übergehen soll) jedes für sich Inhaber der ihm jeweils rechtl. zugeordneten Betriebsteile. Auch die einzelnen ArbVerh bleiben – wiederum mangels gegenteiliger Abreden – ausschließlich derjenigen ArbGeb-Gesellschaft zugeordnet, der der jeweilige Betriebsteil „gehört"[7]. Im Regelfall hat der Gemeinschaftsbetrieb somit nicht einen, sondern mehrere Betriebsinhaber iSv. § 613a. Auch wenn man mit dem BAG im Falle des Gemeinschaftsbetriebs von der Bildung einer BGB-Gesellschaft zwischen den einzelnen Trägerunternehmen ausgeht, wird diese allein dadurch nicht Betriebsinhaberin iSv. § 613a. Dementsprechend stellt die erste Bildung eines Gemeinschaftsbetriebs auch keinen Betriebsübergang iSv. § 613a dar[8]. 50

Die Abgrenzung von Betriebsinhabersphären kann ferner relevant werden, wenn ein oder mehrere Unternehmen in den **Betriebsräumen eines Dritten** mit eigenem Personal tätig werden. Gemeint sind hier nicht die Fälle der AÜ, sondern solche Konstellationen, in denen **Drittunternehmen** im Rahmen vertragl. Beziehungen eigene Aufgaben mit eigenem Personal wahrnehmen. Zu denken ist hier etwa an die Erbringung werkvertragl. Leistungen, Reinigung oder Bewachung fremder Betriebsanlagen oder den Betrieb einer Kantine in den Räumlichkeiten des Auftraggebers. Werden zur Erfüllung solcher Aufgaben dem Auftragnehmer besondere Räumlichkeiten oder spezielle Arbeitsmittel seitens des Auftraggebers zur Verfügung gestellt, kann sich die im Einzelfall schwierige Frage ergeben, ob diese dadurch von der Betriebsinhaberschaft des Auftragnehmers mitumfasst werden, wozu bekanntlich eine bloße Nutzungsüberlassung auf Zeit ausreicht (s. Rz. 15 u. 46), oder ob es sich nach wie vor um Betriebsmittel des Auftraggebers handelt, die demzufolge (ausschließlich) in dessen betriebl. **Sphäre** verbleiben. 51

---

1 Vgl. BAG 18.3.1999 – 8 AZR 196/98, NZA 1999, 869 (Grundstücksverwaltung); 12.11.1998 – 8 AZR 301/97, NZA 1999, 715; 25.5.2000 – 8 AZR 416/99, NZA 2000, 1115 (Kreiskrankenhaus). ||2 Vgl. BAG 12.11.1998 – 8 AZR 301/97, NZA 1999, 715; aA – ohne nähere Begründung – offenbar BAG 20.3.2003 – 8 AZR 312/02, NZA 2003, 1338 und 31.1.2008 – 8 AZR 2/07, ZIP 2008, 2376; vgl. auch BAG 27.9.2012 – 8 AZR 826/11 (Draht-und Metallwarenproduktion). Zu Fällen der Personalunion zwischen verschiedenen Unternehmen vgl. auch BAG 14.8.2007 – 8 AZR 803/06, NZA 2007, 1428 (Frischelager). ||3 Zur Begriffsbildung und Abgrenzung s. *Rieble*, NZA 2010, 1145 (1146 f.); WHSS/*Willemsen*, Rz. G 77 ff. ||4 ErfK/*Preis*, § 613a BGB Rz. 47; RGRK/*Ascheid*, § 613a Rz. 73; s.a. Rz. 211. ||5 Vgl. BAG 12.11.1998 – 8 AZR 301/97, NZA 1999, 715. ||6 ErfK/*Preis*, § 613a BGB Rz. 48. Zur Problematik der Betriebsführung durch den sog. Scheinerben vgl. Erman/*Edenfeld*, § 613a Rz. 8. ||7 Vgl. BAG 26.8.1999 – 8 AZR 588/98 (Druckweiterverarbeitung); 24.2.2000 – 8 AZR 162/99. S. zum Ganzen auch WHSS/*Willemsen*, Rz. G 82. ||8 Ebenso BAG 26.8.1999 – 8 AZR 588/98 (Druckweiterverarbeitung); 24.2.2000 – 8 AZR 162/99.

BGB § 613a Rz. 52   Tatbestandsvoraussetzungen des Betriebsübergangs

52   Das BAG entschied diese Frage bislang danach, ob die Betriebsmittel dem Auftragnehmer zur „**eigenwirtschaftlichen Nutzung**" auf Grund eigener Kalkulation zur Verfügung gestellt werden oder ob sie lediglich das „Substrat" der fremden Betriebstätigkeit bilden[1], wobei eine „typisierende Betrachtung" zulässig sei[2].

53   Diese Rspr. ist durch die *Abler*-**Entscheidung** des EuGH v. 20.11.2003 fraglich und durch ein weiteres Urt. v. 15.12.2005 (*Güney-Görres*) vollends **obsolet** geworden[3]. Ob ein Betriebsmittel zur Betriebssphäre des Auftragnehmers gehört und damit im Rahmen einer Gesamtbewertung nach dem Sieben-Punkte-Katalog des EuGH (s. Rz. 93 ff.) dem Auftragnehmer/Auftragsnachfolger zuzurechnen ist, kann nicht von der vertragl. Absprachen im Innenverhältnis abhängen, sondern soll nur nach der **funktionellen Bedeutung** des jeweiligen Betriebsmittels entschieden werden. Ist dieses notwendiges Mittel zur Erreichung des ggü. dem Auftraggeber geschuldeten vertragl. Leistungserfolgs, stellt es also eine (wesentliche) Voraussetzung für die mit der Dienstleistung verbundene **Wertschöpfung** dar[4], gehört es auch dann zu seiner betriebl. Sphäre, wenn ihm die Benutzung dieses Betriebsmittels vertragl. vorgeschrieben ist und er aus seiner Verwendung im Wertschöpfungsprozess keinen eigenständigen „kapitalistischen Nutzen" zu ziehen vermag. Hieraus folgt, dass an der Unterscheidung zwischen Dienstleistungen *an* bzw. *mit* Einrichtungen des Auftraggebers zwar grds. festgehalten werden kann. Entscheidend ist allerdings eine rein funktionale, am Kern der Wertschöpfung durch den Auftragnehmer orientierte Betrachtungsweise. Danach liegt bei **Bewachungs-, Reinigungs- und Reparaturtätigkeiten** typischerweise eine Leistung *an* Einrichtungen des Auftraggebers vor, so dass diese für die Bewertung des Vorliegens eines Betriebsübergangs von vornherein außer Betracht zu bleiben haben. Entsprechendes gilt für die **Verwaltung** eines fremdgenutzten Miethauses, das kein Betriebsmittel der Hausverwaltung, sondern deren **Objekt** ist[5]. Dagegen erscheint es gekünstelt, bei vertragl. geschuldetem Betrieb einer Kantine des Auftraggebers (einschl. Herstellung/Zubereitung der Speisen) von einer Leistung „an" dessen, dh. „fremden" Betriebsmitteln auszugehen[6]. Dieser Sichtweise hat der EuGH mit seiner Entscheidung v. 15.12.2005 (*Güney-Görres*) eine klare Absage erteilt[7].

53a   Das **BAG** hat die nach *Güney-Görres* erforderliche **Korrektur** seiner Rspr. inzwischen vollzogen: Auf das Merkmal der eigenwirtschaftlichen Nutzung komme es für die Feststellung eines Betriebsübergangs nicht an[8]. Stattdessen stellt der 8. Senat nunmehr in st. Rspr. entscheidend darauf ab, ob der Einsatz der jeweiligen „fremden" Betriebsmittel den „**eigentlichen Kern des zur Wertschöpfung erforderlichen Funktionszusammenhangs**" ausmacht[9]. Diese **Rechtsprechungsänderung** ist nach dem vorstehend Ausgeführten zu **begrüßen** und weist in die **zutreffende Richtung**; allerdings vermag ihr konkretes **Ergebnis** nicht in allen bisher entschiedenen Fällen zu überzeugen[10].

54   **III. Übergang des Betriebs/Betriebsteils auf einen anderen Inhaber. 1. Gesetzeskonzept: Transaktionsansatz.** § 613a setzt voraus, dass der Betrieb oder Betriebsteil auf einen anderen Inhaber übergeht. Nur ein solcher Betriebs(teil)übergang ist geeignet, die gravierenden Rechtsfolgen der Norm auszulösen. Neben der richtigen Definition des Betriebs/Betriebsteils selbst kommt dem Merkmal des Übergangs somit für die richtige Anwendung der Norm zentrale Bedeutung zu (wegen der Nichtanwendbarkeit beim bloßen Gesellschafterwechsel s. Rz. 45).

55   Der Bestimmung liegt – ebenso wie der BetriebsübergangsRL 2001/23/EG – ein **Transaktionsansatz**[11] zugrunde: Sie betrifft den Wechsel des Rechtssubjekts, dem das betreffende Wirtschaftsgut (= Betrieb/Betriebsteil) zuzuordnen ist, während das Wirtschaftsgut selbst von der Transaktion unberührt bleibt; sein unveränderter Bestand vor und nach dem Wechsel macht das Wesen einer solchen Transaktion aus. Diese erforderliche **Statik hinsichtlich des zu übertragenden Gegenstands** lässt sich bereits aus dem Wortlaut des § 613a ableiten, da von dem Übergang eines Betriebs oder Betriebsteils bereits

---

1 BAG 11.12.1997 – 8 AZR 426/94, NZA 1998, 532 (Catering I); 22.1.1998 – 8 AZR 775/96, NZA 1998, 638 und 14.5. 1998 – 8 AZR 418/96, NZA 1999, 483 (Neuvergabe eines Bewachungsauftrags I und II). || 2 BAG 22.1.1998 – 8 AZR 775/96, NZA 1998, 638 und 14.5.1998 – 8 AZR 418/96, NZA 1999, 483 (Neuvergabe eines Bewachungsauftrags I und II). || 3 EuGH 20.11.2003 – Rs. C-340/01, NZA 2003, 1385 – Abler; dazu *Willemsen/Annuß*, DB 2004, 134; 15.12.2005 – Rs. C-232/04, NZA 2006, 29 – Güney-Görres; s. dazu auch der Sicht des schweizerischen Rechts *Wildhaber*, ZSR 2007, 463 (493 f.). || 4 S. zu diesem Ansatz bereits *Willemsen*, ZIP 1986, 477 (481); ausführlich *Willemsen*, FS Richardi, 2007, S. 475. || 5 Zutr. BAG 15.11.2012 – 8 AZR 683/11 (Hausverwaltung). || 6 So aber BAG 11.12.1997 – 8 AZR 426/94, NZA 1998, 532 (Catering I) für den Fall der Führung eines Betriebsrestaurants; im Erg. wie hier *Jochums*, NJW 2005, 2580 (2583). || 7 EuGH 15.12.2005 – Rs. C-232/04, NZA 2006, 29 – Güney-Görres. || 8 BAG 2.3.2006 – 8 AZR 147/05, NZA 2006, 1105 (Forschungsschiff); 6.4.2006 – 8 AZR 222/04, NZA 2006, 723 (Druckservice); 6.4.2006 – 8 AZR 249/04, NZA 2006, 1039 (Bahn-Bistrowagen); 13.6.2006 – 8 AZR 271/05, NZA 2006, 1101 (Personenkontrolle am Flughafen); 15.2.2007 – 8 AZR 431/06, NZA 2007, 793 (Schlachthof). || 9 Grundlegend insoweit die „Druckservice"-Entscheidung v. 6.4.2006 – 8 AZR 222/04, NZA 2006, 723 (Druckservice) unter Bezugnahme auf *Willemsen/Annuß*, DB 2004, 134 (135) und *Willemsen*, ZIP 1986, 477 (481). || 10 Zur Kritik ausführlich *Crisolli/Ebeling*, CR 2007, 277; *Houben*, NJW 2007, 2075; *Hohenstatt/Grau*, NJW 2007, 29; *Willemsen*, FS Richardi, 2007, S. 475; *Willemsen*, NJW 2007, 2065; *Willemsen/Müntefering*, NZA 2006, 1185; WHSS/*Willemsen*, Rz. G 58 ff. Als besonders problematisch erweist sich dabei das „Flughafen"-Urt. BAG 13.6. 2006 – 8 AZR 271/05, NZA 2006, 1101 (Personenkontrolle am Flughafen), weil dort das Vorliegen eines Betriebsübergangs ohne Rücksicht auf die (Nicht-)Übernahme von Personal bejaht wurde. || 11 Vgl. WHSS/*Willemsen*, Rz. G 33 ff.

sprachlogisch nur die Rede sein kann, wenn dieser nach dem Übergang noch der „Nämliche" ist wie vor der Übertragung (was allerdings nach der umstrittenen „Klarenberg"-Doktrin des EuGH nicht voraussetzen soll, dass der Betriebsteil beim Erwerber seine organisatorische Eigenständigkeit bewahrt, s. dazu Rz. 90 f.). Insoweit befand sich die Rspr. des EuGH, die schon früh gefordert hatte, dass die „auf Dauer angelegte wirtschaftliche Einheit" erlöschen (= Betrieb oder Betriebsteil, vgl. Rz. 11 ff.) im Zuge der Übertragung auf einen anderen Inhaber ihre **Identität bewahrt**[1], voll auf der Linie (auch) der deutschen Gesetzeskonzeption. Die Rspr. des BAG hat dieses Identitätserfordernis erst im Zuge der Entscheidung des EuGH in Sachen *Ayse Süzen* v. 11.3.1997 in seiner vollen Tragweite erkannt und legt es seitdem jeder Entscheidung zum Tatbestand des § 613a zugrunde[2].

Einstweilen frei. 56

2. Inhaberwechsel. § 613a verlangt, dass die Person desjenigen wechselt, der Inhaber des Betriebs ist. 57
Das Gesetz unterscheidet hinsichtlich der Anforderungen an die Betriebsinhaberschaft nicht zwischen „altem" und „neuem" ArbGeb, sondern geht von einer **„Statik" hinsichtlich der zu übertragenden Rechtsposition** aus[3]. Daraus folgt: Die Inhaberschaft des bisherigen Rechtsträgers muss in Ansehung des Betriebs(-teils) erlöschen, und an ihrer Stelle muss eine qualitativ gleichartige Rechtsstellung des übernehmenden Rechtsträgers (natürliche Person, Gesamthand oder juristische Person) begründet werden. Ein solcher Inhaberwechsel kann sich durchaus auch innerhalb von **Konzernen** vollziehen[4].

a) Erlöschen der Inhaberschaft des bisherigen Rechtsträgers. Entsprechend den oben Rz. 47 zum 58
Betriebsinhaberbegriff ausgeführten Grundsätzen erlischt die Inhaberschaft des bisherigen Rechtsträgers, wenn er in rechtl. relevanter Form die Leitung des Betriebs, dh. die Koordination sämtlicher für das Erreichen des Betriebszwecks wesentlicher Faktoren im eigenen Namen, endgültig aufgibt[5]. Die Arbeitsrechtsordnung stellt für die Beendigung der eigenen Betriebsinhaberschaft **zwei verschiedene und sich wechselseitig ausschließende Rechtsinstitute** zur Verfügung: Das erste ist die **Betriebsstilllegung**, bei der nicht nur die Inhaberstellung als solche, sondern der Betrieb selbst beendet wird; sie ist also gewissermaßen die „radikalste" Form der Aufgabe der bisherigen Inhaberstellung. Die zweite, wesentlich „schonendere" Methode ist der **Betriebsübergang**, bei dem der Betrieb/Betriebsteil erhalten bleibt und lediglich einem anderen Rechtsträger zugeordnet wird. Beiden Rechtsinstituten ist indes gemeinsam, dass die **Inhaberstellung** des bisherigen Rechtsträgers (= ArbGeb) **endet** (zur Abgrenzung zwischen Betriebsstilllegung und Betriebsübergang s. Rz. 74 ff. und 175 ff.)[6].

Hieran fehlt es indes, wenn ein Dritter zwar einzelne oder gar eine Vielzahl wirtschaftl. Ressourcen (= 59
Betriebsmittel) erlangt, der bisherige Betriebsinhaber jedoch weiterhin – und zwar bezogen auf den gesamten bisherigen Betrieb – den Betriebszweck fortsetzt oder jedenfalls fortzusetzen versucht. Dies ist bspw. der Fall, wenn der bisherige Inhaber die gesamten (veralteten) Produktionsanlagen veräußert, um denselben Betrieb in **modernisierter Form alsbald weiterzuführen** (ob es sich solchenfalls noch um die Fortführung desselben Betriebs oder die Eröffnung eines neuen handelt, kann von der Dauer der Betriebsunterbrechung abhängen, vgl. Rz. 175 ff.). Ebenso fehlt es an der erforderlichen Aufgabe der Betriebsinhaberschaft durch den bisherigen Rechtsträger, wenn dieser in einer **Konkurrenzsituation** erhebliche Teile seines Personals an einen Wettbewerber verliert, auch wenn die ArbN, insb. bei sog. betriebsmittelarmen Tätigkeiten, zu den für die Beurteilung eines Betriebsübergangs wesentlichen „Betriebsmitteln" zählen (s. dazu im Einzelnen Rz. 16 u. 137 ff.); dies gilt jedenfalls so lange, wie nicht der ganz überwiegende Teil des Personals abwandert und somit der bisherige Betriebsinhaber noch die Chance hat, den bisherigen (Teil-)Zweck durch Rekrutierung neuer ArbN weiter zu erfüllen[7]. Erst recht führt der Verlust einzelner, auch wesentlicher Aufträge an einen Konkurrenten noch nicht zum Erlöschen der Inhaberschaft des bisherigen ArbGeb, auch wenn es dem Wettbewerber gelingt, zahlreiche ArbN des bisherigen Auftragsinhabers zu sich herüberzuziehen. Es liegt gerade im Wesen einer **freien Marktwirtschaft**, dass solche Wechsel von Kundenbeziehungen möglich sind, ohne dass derartige Vorgänge sogleich zu einem Übergang des Betriebs und der ArbGeb-Stellung führen. Das zuvor beauftragte Unternehmen verliert zwar einen Kunden, besteht aber weiter, ohne dass einer seiner Betriebe oder Betriebsteile auf einen neuen Betriebsinhaber übertragen würde[8].

---

1 Grundl. EuGH 18.3.1986 – Rs. 24/85, EAS RL 77/187/EWG Nr. 2 – Spijkers; vgl. ferner EuGH 7.3.1996 – Rs. C-171/94 und Rs. C-172/94, NZA 1996, 1199 = EAS RL 77/187/EWG Nr. 11 (*Willemsen*) – Merckx, Neuhuys; bestätigt durch EuGH 11.3.1997 – Rs. C-13/95, NZA 1997, 433 – Ayse Süzen, seitdem st. Rspr. || 2 Erstmals in BAG 24.4.1997 – 8 AZR 848/94, NZA 1998, 253 (EDV-Dienstleistung); seitdem st. Rspr. || 3 Vgl. WHSS/*Willemsen*, Rz. G 40. || 4 Vgl. ausdrücklich EuGH 2.12.1999 – Rs. C-234/98 – Allen ua., NZA 2000, 587; ferner BAG 12.11.1998 – 8 AZR 282/97, NZA 1999, 310 (Benetton/Einzelhandel). || 5 Vgl. BAG 12.11.1998 – 8 AZR 282/97, NZA 1999, 310 (Benetton/Einzelhandel): „Der bisherige Betriebsinhaber muss seine wirtschaftliche Betätigung in dem Betrieb oder Betriebsteil einstellen"; ebenso BAG 15.12.2005 – 8 AZR 202/05, NZA 2006, 597 (Druckerei II), Rz. 42; *Müller-Glöge*, NZA 1999, 449 (454). || 6 Zum Begriff der Betriebsstilllegung allg. Staudinger/*Annuß*, § 613a Rz. 84 ff. || 7 Ähnlich Staudinger/*Annuß*, § 613a Rz. 77. S. zu ähnlich gelagerten Fällen in der Rspr. ausländischer Gerichte (Perrier, Iberia) *Rebhahn*, RdA Sonderbeil. 6/2006, 4 (7). || 8 Vgl. BAG 22.1.1998 – 8 AZR 775/96, NZA 1998, 638 und 14.5.1998 – 8 AZR 418/96, NZA 1999, 483 (Neuvergabe eines Bewachungsauftrags I und II); *Müller-Glöge*, NZA 1999, 449 (450).

60 Eine **Ausnahme** von diesem Grundsatz macht die neuere Rspr. – lediglich – bei **betriebsmittelarmen Tätigkeiten**, wenn die „**Hauptbelegschaft**" vom Auftragsnachfolger übernommen und „unverändert" weiterbeschäftigt wird (s. Rz. 137 ff.). Sie lässt sich wohl mit der Überlegung rechtfertigen, dass bei betriebsmittelarmen, personalintensiven Dienstleistungstätigkeiten, die **objektbezogen** erbracht werden (zB Reinigung, Bewachung, Catering), der Verlust des jeweiligen Auftrags für den bisherigen Auftragsinhaber *de facto* die Aufgabe eines Betriebsteils bedeutet, was allerdings nur dann der Fall sein kann, wenn auch der konkrete Personaleinsatz objektbezogen organisiert wurde, so dass eine „Umverteilung" auf andere Objekte/Aufträge nicht möglich ist (s.a. Rz. 38 sowie Rz. 145)[1]. In einem derartigen Fall mag der der faktischen Betriebs(teil)aufgabe entgegenstehende Wille des bisherigen Inhabers vor dem Schutzzweck des § 613a unbeachtlich sein, da dieser an den Realitäten nichts zu ändern vermag. Eine andere Frage ist jedoch, ob das Erlöschen der Betriebsinhaberschaft beim bisherigen und deren Neubegründung beim künftigen „Inhaber" (= Übergang) solchenfalls auf Rechtsgeschäft beruht (s. Rz. 201 ff.).

61 Einstweilen frei.

62 Andererseits steht es der Aufgabe der Inhaberschaft durch den bisherigen Rechtsträger nicht entgegen, wenn dieser bestimmte Betriebsmittel zurückbehält, die für die Fortsetzung des Betriebs verzichtbar sind oder, da **veraltet**, ohnehin auch im Falle der Fortführung durch den bisherigen Inhaber alsbald hätten **ersetzt** werden müssen[2]. IÜ ist es für die Beendigung der Betriebsinhaberschaft des bisherigen ArbGeb **nicht erforderlich**, dass dieser auch die **dingliche** Verfügungsberechtigung an den materiellen und immateriellen Betriebsmitteln aufgibt; dies folgt bereits daraus, dass der Begriff des Betriebsinhabers iSv. § 613a nicht hieran, sondern an die Nutzungsberechtigung hinsichtlich der „wirtschaftlichen Einheit" anknüpft (s. Rz. 46). Für die Beendigung der Betriebsinhaberstellung des bisherigen ArbGeb ist es daher erforderlich, aber auch ausreichend, dass dieser die betriebl. Leitungs- und Nutzungsbefugnis, und sei es auch nur für einen längeren Zeitraum wie im Falle der Betriebsverpachtung, zu Gunsten des neuen ArbGeb (= Betriebsnachfolgers) aufgibt. **Entgegen** der Auffassung **des BAG** fehlt es hieran, wenn ein Kommunalunternehmen, das ein **Krankenhaus** betreibt, eine **Service-GmbH** gründet, diese **alle Reinigungskräfte** des Krankenhauses übernimmt und letztere sogleich wieder an das Kommunalunternehmen „**zurückverleiht**", damit sie dort die gleichen Tätigkeiten wie bisher verrichten[3]. Hierin liegt **keine Umgehung** des § 613a, weil sein Tatbestand erst gar nicht erfüllt wird.

63 **b) Übernahme (Fortsetzung) der Inhaberschaft durch den künftigen Rechtsträger.** Vor dem konzeptionellen Hintergrund des Gesetzes (s. Rz. 54 ff.) mutet es als eine pure Selbstverständlichkeit an, dass ein Betriebsübergang nur vorliegen kann, wenn der neue „Inhaber" den Betrieb bzw. Betriebsteil auch tatsächlich „führt".

64 **aa) Tatsächliche Fortführung als konstitutives Element des Betriebsübergangs; maßgeblicher Zeitpunkt.** Es entspricht heute ganz herrschender Auffassung in Rspr.[4] und Lit.[5], dass neuer Betriebsinhaber iSv. § 613a nur sein kann, wer den Betrieb oder Betriebsteil anstelle des bisherigen ArbGeb auch tatsächlich fortführt. Die Führung des Betriebs bedeutet hierbei entsprechend der Definition des Betriebsinhabers (s. Rz. 46 f.) die **Übernahme der betrieblichen Organisations- und Leitungsmacht im eigenen Namen** iSd. Koordinierung sämtlicher für die Erreichung der wirtschaftl. Zielsetzung (= Betriebszweck) relevanten Ressourcen (= Betriebsmittel)[6]. **Entscheidend** ist also, dass der Nachfolger die **arbeitsrechtlichen Weisungen** ggü. dem Personal **mit Wirkung nach außen** im eigenen Namen erteilt[7]. Der „förmlichen" Übertragung von betriebl. Leitungsmacht bedarf es hierzu nicht[8]; es reicht vielmehr aus, dass der bisherige Betriebsinhaber seine wirtschaftl. Betätigung in dem Betrieb bzw. Betriebsteil einstellt und der neue Inhaber das so entstandene „Vakuum" künftig ausfüllt. Der Übergang auf einen neuen Inhaber ist damit **vollzogen**, wobei jeweils separat die davon unabhängige Frage zu beantworten ist, ob diese Übertragung auf Rechtsgeschäft beruht (s. Rz. 183 ff.). Der (genaue) **Zeitpunkt** des Be-

---

1 Vgl. zu diesem Erfordernis BAG 11.12.1997 – 8 AZR 729/96, NZA 1998, 534 (Reinigung II) und 19.3.1998 – 8 AZR 737/96. || 2 S. zu einer ähnlichen Konstellation BAG 3.7.1986 – 2 AZR 68/85, NZA 1987, 123 (Bowlinganlage); s. dazu auch Staudinger/*Annuß*, § 613a Rz. 80. || 3 BAG 21.5.2008 – 8 AZR 481/07, NZA 2009, 144 (Reinigung/Service-GmbH); zu Recht abl. auch *Kast*, BB 2009, 901. || 4 Besonders deutlich der LS des BAG-Urt. 12.11.1998 – 8 AZR 282/97, NZA 1999, 310 (Benetton/Einzelhandel): „Allerdings tritt kein Wechsel der Inhaberschaft ein, wenn der neue Inhaber den Betrieb gar nicht führt"; vgl. ferner BAG 18.3.1999 – 8 AZR 159/98, NZA 1999, 704 = AP Nr. 189 zu § 613a BGB (*Willemsen/Annuß*) (Kfz-Handel) und 18.3.1999 – 8 AZR 196/98, NZA 1999, 869 (Grundstücksverwaltung); 23.9.1999 – 8 AZR 166/99 (Metropol-Theater); 26.7.2007 – 8 AZR 769/06, NZA 2008, 112 (Dachdeckerbetrieb); 31.1.2008 – 8 AZR 2/07, ZIP 2008, 2376. || 5 *Willemsen*, RdA 1991, 204 (208 ff.); *Hensler*, NZA 1994, 913 (915); *Annuß*, NZA 1998, 70 (73 ff.); Staudinger/*Annuß*, § 613a Rz. 71; ebenso nach der „Trendwende" infolge von EuGH 11.3.1997 – Rs. C-13/95, NZA 1997, 433 – Ayse Süzen: *Krause*, ZfA 2001, 67 ff.; *B. Gaul*, Betriebs- und Unternehmensspaltung, § 6 Rz. 194 ff.; *Hergenröder*, AR-Blattei Betriebsinhaberwechsel I, 500.1 Rz. 102; *Müller-Glöge*, NZA 1999, 449 (453); *Schiefer/Pogge*, NJW 2003, 3734 (3736). || 6 Ähnlich Staudinger/*Annuß*, § 613a Rz. 66 ff. || 7 LAG Nds. 6.10.2008 – 9 Sa 1075/07, NZA-RR 2009, 179; s. dazu auch Rz. 46 f. || 8 So ausdrücklich BAG 12.11.1998 – 8 AZR 282/97, NZA 1999, 310 (Benetton/Einzelhandel). Erman/*Edenfeld*, § 613a Rz. 7, spricht daher von einem „Realakt". Seither st. Rspr., vgl. zB BAG 31.1.2008 – 8 AZR 2/07, ZIP 2008, 2376.

triebsübergangs hängt somit von der Übernahme der betriebl. Leitungsmacht ab und kann nicht im Wege der Parteidisposition hiervon abweichend bestimmt werden[1]. Wohl aber ist es möglich, zB im Falle der **Verschmelzung**, den Übergang der ArbVerh im Weg eines **vorgeschalteten Betriebsüberlassungsvertrags** vorzuziehen; die Rechtsfolge des § 613a tritt dann vor derjenigen nach § 20 I Nr. 1 UmwG ein[2]. Bei der sog. **Kettenverschmelzung** oder sonstigen Kettenübertragung kommt es richtiger Auffassung zufolge uU nur zu einem einzigen Betriebsübergang iSv. § 613a auf das letzte „Glied der Kette"[3]. **Weder** die Vereinbarung eines **Rücktrittsrechts** noch die Vereinbarung einer **aufschiebenden Bedingung** stehen der Annahme eines Betriebsübergangs entgegen, wenn dieser vollzogen ist[4].

Wesentliches Kriterium für den Übergang ist somit nach heute insoweit übereinstimmender Rspr. sowohl des EuGH als auch des BAG „die **tatsächliche Weiterführung oder Wiederaufnahme der Geschäftstätigkeit beim Wechsel der natürlichen oder der juristischen Person, die für den Betrieb verantwortlich ist**"[5]. Die bloße Verfügungsgewalt über sämtliche Betriebsmittel reicht somit für den Eintritt in die Betriebsinhaberstellung nicht aus; hinzu kommen muss vielmehr der (nach außen hin dokumentierte) Wille, von der daraus resultierenden Rechtsmacht zur Leitung eines Betriebes auch tatsächlich Gebrauch zu machen. Bloße **Vorbereitungshandlungen** genügen hierfür nicht[6]. 65

Die Relevanz dieses an die **Willensrichtung des „Übernehmers"** anknüpfenden Tatbestandsmerkmals offenbart sich mit besonderer Deutlichkeit in den Fällen der **Beendigung eines Betriebspachtvertrages**. Mit Ablauf seiner Nutzungsberechtigung auf Zeit verliert der bisherige Pächter seine interne Berechtigung zur Wahrnehmung der Betriebsinhaberstellung, so dass es für den Verpächter als Inhaber aller materiellen und immateriellen Betriebsmittel oftmals an sich ein Leichtes wäre, nach Beendigung des Überlassungsvertrages selbst „nahtlos" in die Position des Betriebsinhabers einzurücken. Dazu reicht der Wiedereintritt in die uneingeschränkte zivilrechtl. Nutzungsbefugnis indes gerade nicht aus, woran sich abermals zeigt, dass Inhaberschaft an den Betriebsmitteln (*Assets*) einerseits und Betriebsinhaberschaft iSv. § 613a andererseits etwas grundlegend Verschiedenes sind. Die Betriebsinhaberschaft erfordert als „dynamisches Element" über das bloße Haben der erforderlichen Betriebsmittel hinaus die (tatsächliche) Realisierung des den Betriebsmitteln innewohnenden Betriebszwecks durch den „Inhaber". Führt der Verpächter den an ihn zurückgefallenen Betrieb auch nicht vorübergehend (!), können zwar materielle oder immaterielle Betriebsmittel auf ihn übergehen; er „... übt die wirtschaftliche Tätigkeit mit eigener Zielsetzung aber nicht aus. **Er nutzt nicht die vorhandene Organisation**, übernimmt weder die Hauptbelegschaft noch die Kundschaft. Ohne jegliche Ausübung einer betriebl. Tätigkeit geht der Betrieb regelmäßig nicht auf ihn über"[7]. Die bloße **Möglichkeit zur Fortführung** des Betriebs genügt beim **Rückfall des Pachtobjekts** an den Verpächter somit nicht (s. dazu auch Rz. 68 ff.)[8]. 66

Daraus folgt für die **Praxis**, dass selbst bei völlig zweifelsfreier Identität (zu diesem Erfordernis s. Rz. 88 ff.) des in Rede stehenden Betriebs bzw. Betriebsteils ein Betriebsübergang an dem fehlenden Willen des „Übernehmers" (sc. der Betriebsmittel) zur tatsächlichen Fortführung des Betriebs im eigenen Namen **scheitern** kann. Es ist solchenfalls dann Sache des bisherigen (!) Betriebsinhabers, den Betrieb in Ermangelung eines Betriebsnachfolgers ordnungsgemäß stillzulegen. Wird der Betrieb nicht auf Dauer stillgelegt, bleibt der Pächter Inhaber des Betriebs, auch wenn er die betriebl. Tätigkeit einstellt[9]. Andererseits ist aber auch zu beachten, dass § 613a **keine zeitlich unbegrenzte Fortführungsbereitschaft** des Erwerbers der Betriebsmittel und -organisation verlangt (s. Rz. 72). 67

bb) Bloße Fortführungsmöglichkeit nicht ausreichend. Mit seiner „Kfz-Handel-Entscheidung" 18.3. 1999[10] sowie einer weiteren Entscheidung vom selben Tage[11] hat der 8. Senat des BAG endgültig und ausdrücklich den Abschied von der „Theorie der Fortführungsmöglichkeit" vollzogen. Er hat diese Kehrtwende als „Anpassung der Senatsrechtsprechung an die Rspr. des EuGH" bezeichnet; in Wirk- 68

---

1 Vgl. dazu auch EuGH 26.5.2005 – Rs. C-478/03, NZA 2005, 681 – Celtec. || 2 Vgl. zu diesem Lösungsansatz Kallmeyer/*Willemsen*, § 324 UmwG Rz. 15 f.; *Hey/Simon*, BB 2010, 2957 (2958 f.); s. dazu auch unten Rz. 189. || 3 Str.; vgl. WHSS/*Willemsen*, Rz. G 117; *Hey/Simon*, BB 2010, 2957. || 4 BAG 31.1.2008 – 8 AZR 2/07, ZIP 2008, 2376. || 5 BAG 18.3.1999 – 8 AZR 159/98, NZA 1999, 704 = AP Nr. 189 zu § 613a BGB (*Willemsen/Annuß*) (Kfz-Handel), unter Bezugnahme auf die Rspr. des EuGH: EuGH 10.2.1988 – Rs. 324/86, EuGHE 1988, 739 – Daddy's Dance Hall; 15.6.1988 – Rs. 101/87, EuGHE 1988, 3057 – Bork; 12.11.1992 – Rs. C-209/91, AP Nr. 5 zu RL 77/187/EWG – Watson Rask ua.; 11.3.1997 – Rs. C-13/95, NZA 1997, 433 – Ayse Süzen; 12.3.1998 – Rs. C-319/94, NZA 1998, 529 – Déthier Equipement; 10.12.1998 – verb. Rs. C-173/96 und C-247/96, NZA 1999, 189 ff. sowie 10.12. 1998 – verb. Rs. C-127/96, C-229/96 und C-74/97, NZA 1999, 253 ff.; im gleichen Sinne EuGH 15.12.2005 – Rs. C-232/04, NZA 2006 29 – Güney-Görres; s. Rz. 53; EuGH 13.9.2007 – Rs. C-458/05, NZA 2007, 1151 – Jouini ua. || 6 BAG 26.3.1996 – 3 AZR 965/94, NZA 1997, 94; 25.9.1997 – 8 AZR 493/96, NZA 1998, 640; vgl. dazu *Müller-Glöge*, NZA 1999, 449 (453); *Schiefer/Pogge*, NJW 2003, 3734 (3736). || 7 So wörtl. BAG 18.3.1999 – 8 AZR 159/98, NZA 1999, 704 = AP Nr. 189 zu § 613a BGB (*Willemsen/Annuß*) (Kfz-Handel); ebenso BAG 23.9.1999 – 8 AZR 750/98, nv. (Jugendwohnheim). || 8 IdS auch BAG 15.12.2011 – 8 AZR 692/10, NZA-RR 2012, 570 (Reisebüro); 10.5. 2012 – 8 AZR 434/11, NZA 2012, 1161 (Rettungsdienst); LAG Bln.-Bbg. 14.12.2012 – 10 Sa 1811/12, rkr. (Gleisbau). || 9 BAG 18.3.1999 – 8 AZR 159/98, NZA 1999, 704 = AP Nr. 189 zu § 613a BGB (*Willemsen/Annuß*) (Kfz-Handel). || 10 BAG 18.3.1999 – 8 AZR 159/98, NZA 1999, 704 = AP Nr. 189 zu § 613a BGB (*Willemsen/Annuß*) (Kfz-Handel). || 11 BAG 18.3.1999 – 8 AZR 196/98, NZA 1999, 869 (Grundstücksverwaltung); vgl. auch BAG 14.12.2000 – 8 AZR 694/99 (Hotelbetrieb I).

lichkeit handelte es sich jedoch um eine längst überfällige Korrektur, die auch unabhängig von der EuGH-Rspr., die diesen Wechsel tatsächlich gefördert hat[1], zwingend geboten gewesen wäre.

69 **Wesentliches Kriterium** für den Übergang ist danach die **tatsächliche Weiterführung** oder **Wiederaufnahme** der Geschäftstätigkeit beim Wechsel der natürlichen oder juristischen Person, die für den Betrieb verantwortlich ist. Der 8. Senat geht dabei zum Teil noch über einige EuGH-Urteile hinaus, in denen die tatsächliche Fortführung mitunter nur als „Regelbeispiel" und nicht als unverzichtbares Tatbestandsmerkmal aufgeführt wird[2]. Dies erscheint angesichts des oben (Rz. 9) beschriebenen Schutzzwecks der Norm folgerichtig. Wer – wie der selbst nicht fortführungswillige Betriebsverpächter – lediglich die für die Betriebsfortführung erforderlichen Betriebsmittel über- oder zurücknimmt, ohne damit die Absicht zu verbinden, sich den ihnen innewohnenden Funktionszusammenhang (= Organisation) zur Verfolgung eigener wirtschaftl. Zwecke zunutze zu machen, kann, dies ist die Quintessenz der BAG-Rspr., nicht Betriebs(teil)übernehmer iSv. § 613a sein. Die bloße Fortführungsmöglichkeit reicht also nicht aus; hieran ist auch nach dem *Klarenberg*-**Urteil** des EuGH v. 12.2.2009 (s. dazu Rz. 90, 128aff.) **festzuhalten**[3]. Die **bloße vertraglich eingeräumte Möglichkeit** zu einer unveränderten Fortführung des Betriebs **genügt ebenfalls nicht**[4].

70 **c) Erfordernis klarer vertraglicher Regelungen.** Die Anwendung des § 613a kann somit auch bei Erwerb sämtlicher Betriebsmittel als identitätsbildender Faktoren eines Betriebs oder Betriebsteils im konkreten Einzelfall daran scheitern, dass der Erwerber damit keine eigenen betriebl. Zwecke verfolgt. Dies sollte in den zugrunde liegenden Vereinbarungen tunlichst konkretisiert werden, und zwar nicht nur im Interesse des Erwerbers, sondern auch des Veräußerers, der schließlich wissen muss, ob die ArbVerh gem. § 613a unverändert übergehen oder er mangels Übernahme- und Fortführungswillen des „Erwerbers" den Betrieb zuvor stilllegen muss einschl. der damit verbundenen Verpflichtung zum Versuch eines **Interessenausgleichs** sowie zur Aufstellung eines **Sozialplans** (zum Verhältnis von Betriebsübergang und Betriebsstilllegung allg. Rz. 75 ff.).

71 Besonders relevant wird dieser Gesichtspunkt in den bereits erwähnten Betriebspachtfällen sowie beim **Outsourcing** bestimmter betriebl. Funktionen auf einen außenstehenden Dritten. Hier sollte von vornherein vertragl. klar geregelt sein, ob bei Beendigung des Outsourcing-Vertrages, sofern dieser, was nicht zwingend der Fall sein muss (s. Rz. 172ff.), sich als Betriebsteilübergang darstellt, dieser Betriebsteil einschl. der ArbN nach § 613a an den Auftraggeber zurückfällt, dieser also die betreffende Tätigkeit sodann selbst weiterführen muss. An die Stelle der tatsächlichen Weiterführung durch den Verpächter bzw. (im Falle des Outsourcings) durch den Auftraggeber kann auch eine solche durch einen Dritten (= neuer Pächter/Auftragnehmer) treten; der Betriebsübergang vollzieht sich auf ihn, wenn er die Betriebstätigkeit fortsetzt oder wieder aufnimmt[5].

72 **d) Unerheblichkeit der Dauer der tatsächlichen Fortführung.** Zur Vermeidung von Missverständnissen ist darauf hinzuweisen, dass die tatsächliche Fortführung der Betriebstätigkeit nicht auf Dauer angelegt sein muss. Auch eine nur kurzfristige Fortführung mit dem Ziel einer **alsbaldigen** Stilllegung oder einer grundlegenden Änderung des Betriebszwecks, der Produktionsmethoden oder der Produktionsanlagen oder einer erheblichen Ortsverlagerung vermag die Anwendung der Norm zu begründen[6]; es reicht aus, wenn sich der Übernehmer den Vorteil der konkret existierenden Betriebsorganisation jedenfalls für ein notwendiges **Durchgangsstadium** nutzbar machen will. Eine tatsächliche Betriebsfortführung durch den Erwerber von nur wenigen Monaten oder gar Tagen kann also uU, ungeachtet der weiter gehenden Pläne des Erwerbers, bereits den (unbefristeten!) Eintritt in alle bestehenden ArbVerh auslösen, was in der Praxis Anlass zu besonderer Vorsicht geben sollte[7]. Selbst die bloße **Abwicklung** eines Betriebs im Wege der Fertigstellung bereits angearbeiteter Aufträge kann im Einzelfall einen Betriebs(teil)übergang darstellen[8]. Dagegen liegt kein Betriebs(teil)übergang vor, wenn das Warenlager eines Baustoffhandels zu dem alleinigen Zweck eines **sofortigen Abverkaufs** erworben wird[9].

---

1 Insb. EuGH 11.3.1997 – Rs. C-13/95, NZA 1997, 433 – Ayse Süzen. ‖2 Vgl. dazu *Willemsen/Annuß*, Anm. zu BAG 18.3.1999 – 8 AZR 159/98, NZA 1999, 704 = AP Nr. 189 zu § 613a BGB (*Willemsen/Annuß*) (Kfz-Handel), Bl. 5 R. ‖3 Insoweit zweifelnd *Wißmann/Schneider*, BB 2009, 1126; noch weitergehend iS einer Rückbesinnung auf die „Theorie der Fortsetzungsmöglichkeit" *Bieder*, EuZA 2 (2009), 513 (520f.). Wie hier dagegen BAG 17.12.2009 – 8 AZR 1019/08, NZA 2010, 499, Rz. 20 (Betriebskantine); 15.11.2012 – 8 AZR 683/11 (Hausverwaltung), Rz. 36; 10.5.2012 – 8 AZR 434/11, NZA 2012, 1161 (Rettungsdienst), Rz. 50; Staudinger/*Annuß*, § 613a Rz. 71; *Grau/Sittard*, Anm. BAG EWiR § 613a BGB 9/12, 655; *Willemsen/Sagan*, ZIP 2010, 1205. ‖4 BAG 21.2.2008 – 8 AZR 77/07, NZA 2008, 825 (Hotelbetrieb/Insolvenz). ‖5 So auch BAG 18.3.1999 – 8 AZR 159/98, NZA 1999, 704 = AP Nr. 189 zu § 613a BGB (*Willemsen/Annuß*) (Kfz-Handel). ‖6 Vgl BAG 22.9.1994 – 2 AZR 54/94, NZA 1995, 165; 29.11.1988 – 3 AZR 250/87, NZA 1989, 425 – Betriebsveräußerung; ErfK/*Preis*, § 613a BGB Rz. 52. ‖7 *Willemsen/Annuß*, Anm. zu BAG 18.3.1999 – 8 AZR 159/98, NZA 1999, 704 = AP Nr. 189 zu § 613a BGB (*Willemsen/Annuß*) (Kfz-Handel), Bl. 7 R. Zu weitgehend *Bieder*, EuZA 2 (2009), 513 (520) („logische Sekunde" ausreichend); dagegen zu Recht auch *Wißmann/Schneider*, BB 2009, 1126 (1127). ‖8 Insoweit aA offenbar *Müller-Glöge*, NZA 1999, 449 (451f.). Es muss solchenfalls aber sorgfältig geprüft werden, ob die Abwicklung nicht Teil einer bereits zuvor beschlossenen und eingeleiteten Stilllegung ist. ‖9 LAG Köln 18.6.2003 – 3 (7) Sa 1318/02, LAGE § 613a BGB 2002 Nr. 3.

Anders ist die Sachlage dann zu beurteilen, wenn der Erwerber **von Anfang an** mit den übernommenen Betriebsmitteln einen gänzlich **anderen Betriebszweck** verfolgt, weil sich dann der Betriebsführungswille nicht auf den bisherigen, sondern einen anderen Betrieb bezieht, es mithin an der erforderlichen Betriebsidentität (s. Rz. 88 ff.) mangelt. Entsprechendes gilt, wenn der Erwerber der Betriebsmittel damit **von Anfang an** eine gänzlich **neue Betriebsorganisation** aufbaut[1]. 73

e) Fortführung nach zeitweiligem Betriebsstillstand. Ein die Praxis immer wieder beschäftigendes Problem stellt die Frage dar, inwieweit von einer tatsächlichen Fortführung des Betriebs durch den Erwerber der Betriebsmittel (Immobilien, Betriebseinlagen, ggf. Personal) noch gesprochen werden kann, wenn der Betrieb über längere Zeit stillgestanden hat und/oder infolge äußerer Umstände unterbrochen war. 74

Aus der Sicht des deutschen Arbeitsrechts besteht zunächst Einigkeit darüber, dass ein Betrieb oder Betriebsteil, der zuvor stillgelegt wurde, nicht mehr nach § 613a übernommen werden kann; **Betriebsstilllegung** einerseits und **Betriebsübergang** andererseits sind somit komplementäre, einander **wechselseitig ausschließende Tatbestände**[2]. 75

Den sichersten „Schutz" vor einer Anwendung des § 613a bietet so betrachtet eine vorherige ordnungsgemäße **Betriebsstilllegung** durch den bisherigen Betriebsinhaber unter Auflösung der Betriebsorganisation und rechtsbeständiger Beendigung aller ArbVerh[3]; sie kommt in einer **Kündigung** der ArbVerh zum Ausdruck, die bereits vor dem eigentlichen Stilllegungszeitpunkt erfolgen kann[4], und wird idR besonders „gerichtsfest" durch den Abschluss eines Interessenausgleichs und Sozialplans iSd. §§ 111 ff. BetrVG dokumentiert. Allerdings dürfen dann zu diesem Zeitpunkt keine Verkaufsverhandlungen mehr geführt werden, denn nach Auffassung des BAG liegt eine Stilllegungsabsicht des ArbGeb nicht vor, wenn dieser beabsichtigt, seinen Betrieb zu veräußern[5]. Solange die Betriebsstilllegung noch nicht durch Beendigung der ArbVerh abgeschlossen ist, kann der Betrieb noch **während des Laufs der Kündigungsfristen** übergehen[6]. Nach Auffassung des LAG Köln scheidet bei einer sog. **OGS-Betreuung von Grundschulkindern** in einer kommunalen Grundschule die Annahme einer Betriebsstilllegung aus, solange die Kommune **einen neuen Träger** zur Übernahme dieser Aufgabe **sucht**[7]. 76

Nach einer **vollständigen Betriebsstilllegung** kann es dagegen grds. bzgl. ein und desselben Betriebs keinen Betriebsübergang mehr geben; soweit das BAG in bestimmten Konstellationen (s. Rz. 308) gekündigten ArbN einen sog. **Fortsetzungsanspruch** einräumt, betrifft dies nach zutreffendem Verständnis ausschließlich Fälle, in denen es wider Erwarten doch noch zu einem Betriebsübergang auf einen Dritten und eben nicht zu einer Betriebsstilllegung gekommen ist. Wurde der Betrieb jedoch – wenn auch erst vor kurzer Zeit – endgültig und auf unbestimmte Zeit stillgelegt, führt selbst eine in Folge unvorhergesehener Umstände möglich gewordene alsbaldige Wiedereröffnung nicht zur Anwendung des § 613a, was insb. bei **Insolvenz** des Betriebsinhabers und Stilllegung des Betriebs durch den Insolvenzverwalter relevant werden kann[8]. Eine Verlagerung der betriebl. Aktivitäten in das **Ausland** stellt hingegen nicht *per se* eine den Betriebsübergang ausschließende Betriebsstilllegung dar; es gelten vielmehr für die Abgrenzung beider Institute die allg. Grundsätze[9]. 77

Selbst wenn es nicht zu einer „ordnungsgemäßen" Betriebsstilllegung durch den bisherigen Inhaber iSd. deutschen Arbeitsrechts gekommen ist, kann gleichwohl eine **längere tatsächliche Unterbrechung** des Betriebs der Annahme einer Fortführung durch den Erwerber entgegenstehen. Die Bejahung einer tatsächlichen Fortführung scheitert dann allerdings nicht an dem Kriterium eines entsprechenden Willens auf Seiten des Erwerbers der Betriebsmittel, sondern (uU) an dem davon zu trennenden Gesichtspunkt, ob es sich bei dem Gegenstand der Betriebsführungsabsicht noch um denselben Betrieb oder Betriebsteil wie bei dem bisherigen Inhaber handelt oder ob – mit anderen Worten – der bisherige Be- 78

---

1 Vgl. BAG 6.4.2006 – 8 AZR 249/04, NZA 2006, 1039 (Bahn-Bistrowagen); s. zum Erfordernis der sofortigen Organisationsänderung auch *Müller-Bonanni*, NZA Beil. 1/2009, 13 (17). ‖2 Vgl. BAG 28.4.1988 – 2 AZR 623/87, NZA 1989, 265 = AP Nr. 74 zu § 613a BGB (*Hefermehl*) (Warenzeichen); 27.7.1994 – 7 ABR 37/93, NZA 1995, 222; 16.5.2002 – 8 AZR 319/01, NZA 2003, 93 (Schuhproduktion); vgl. auch BAG 16.7.1998 – 8 AZR 81/97, NZA 1998, 1233 (FDGB – Ferienzentrum); 24.8.2006 – 8 AZR 317/05, NZA 2007, 1287 (Treuhandanstalt/Fortführung früherer Funktionen); 22.10.2009 – 8 AZR 766/08, ZIP 2010, 849 (Metzgerei); 26.5.2011 – 8 AZR 37/10, NZA 2011, 1143 (Verlagerung eines Betriebsteils in die Schweiz); 15.12.2011 – 8 AZR 692/10, NZA-RR 2012, 570 (Reisebüro); LAG Hamm 20.7.2000 – 4 Sa 2148/99, NZA-RR 2001, 535; *Kreitner*, Kündigungsrechtliche Probleme, 1989, S. 197 mwN; *Moll*, RdA 2003, 129 (131); aA offenbar ErfK/*Preis*, § 613a BGB Rz. 56 aE für den Fall einer auf die Stilllegung folgenden Übernahme unter Berufung auf BAG 13.11.1997 – 8 AZR 295/95, NZA 1998, 251 (Reinigung I/Wiedereinstellung). ‖3 Zu den Voraussetzungen der Betriebsstilllegung vgl. BAG 19.6.1991 – 2 AZR 127/91, NZA 1991, 891; 27.7.1994 – 7 ABR 37/93, NZA 1995, 222; 22.5.1997 – 8 AZR 101/96, NZA 1997, 1050. ‖4 BAG 22.5.1997 – 8 AZR 101/96, NZA 1997, 1050; 26.5.2011 – 8 AZR 37/10, NZA 2011, 1143 (Verlagerung eines Betriebsteils in die Schweiz). ‖5 St. Rspr.; vgl. nur BAG 16.5.2002 – 8 AZR 319/01, NZA 2003, 93 (Schuhproduktion); dazu krit. *Willemsen*, ZIP 1986, 477 ff. ‖6 BAG 22.10.2009 – 8 AZR 766/08, ZIP 2010, 849, Rz. 33 (Metzgerei). ‖7 LAG Köln 2.7.2012 – 2 Sa 102/12, Rev. nicht zugelassen (Betreuung von Grundschulkindern). ‖8 Vgl. BAG 13.7.2006 – 8 AZR 331/05, NZA 2006, 1357 (Möbelhandel). ‖9 Vgl. zu einem derartigen Fall BAG 26.5.2011 – 8 AZR 37/10, NZA 2011, 1143 (Verlagerung eines Betriebsteils in die Schweiz); *Olbert/Fahrig*, ZIP 2012, 2045; s. dazu auch Rz. 102.

trieb bzw. Betriebsteil infolge der Dauer der Unterbrechung seine **Identität verloren** hat. Nach Auffassung des EuGH, der sich das BAG inzwischen vorbehaltlos angeschlossen hat, kann daher im Rahmen der erforderlichen Gesamtbewertung (s. Rz. 175 ff.) eine eventuelle Unterbrechung der Tätigkeit in Abhängigkeit von ihrer Dauer und der Art des jeweils in Rede stehenden Betriebs gegen die Wahrung der Identität beim Erwerber sprechen[1]. Es sind also, auch nach Auffassung des BAG, Fälle denkbar, in denen es der bisherige Inhaber versäumt hat, den Betrieb ordnungsgemäß stillzulegen, gleichwohl der Betrieb de facto so lange geruht hat, dass von einer Fortführung desselben Betriebs durch den Nachfolger keine Rede mehr sein kann[2]. Allerdings geht der 8. Senat von einer negativen Wechselwirkung beider Merkmale in dem Sinne aus, dass **bei alsbaldiger Wiedereröffnung** des Betriebs oder bei alsbaldiger Wiederaufnahme der Produktion durch einen Erwerber eine tatsächliche **Vermutung** gegen die ernsthafte Absicht (sc. des Vorgängers) sprechen soll, den Betrieb stillzulegen (vgl. Rz. 175 ff.).

79   Diese **Vermutung** lässt sich aus den o.g. Gründen jedoch **nicht umkehren**, dh. auch dann, wenn der bisherige Inhaber zu keinem Zeitpunkt die Absicht hatte, den Betrieb stillzulegen, oder die rechtswirksame Entlassung der ArbN gescheitert ist[3], steht dies der Annahme einer rechtl. erheblichen Unterbrechung der Betriebstätigkeit im Hinblick auf § 613a nicht von vornherein entgegen. Der 8. Senat des BAG **verneint** folgerichtig bei Fehlen einer tatsächlichen Fortführung durch den „Erwerber" einen Betriebsübergang auch dann, wenn der bisherige Betriebsinhaber den Betrieb nicht zuvor stillgelegt hatte[4].

80   In der **praktischen Handhabung** ist es allerdings in jedem Fall **sicherer**, sowohl die Stilllegung durch den bisherigen Inhaber als auch die erhebliche Unterbrechung der Betriebstätigkeit darzutun, wenn die Rechtsfolgen des § 613a infolge Übernahme (nur) der Betriebsmittel vermieden werden sollen.

81   **f) Verhältnis von Fortführungswille und tatsächlicher Fortführung.** Die Verabschiedung des Kriteriums der schlichten Fortführungsmöglichkeit und die Hinwendung zur tatsächlichen Betriebsfortführung durch den Erwerber der Betriebsmittel als konstitutives Erfordernis des Betriebsübergangs[5] wirft nunmehr „in voller Schärfe"[6] die auf der Grundlage der „alten" Rspr. unerhebliche Frage auf, ob es allein auf die tatsächliche Betriebsfortführung oder auf die Absicht des Erwerbers der Betriebsmittel ankommt, ferner, auf welchen Zeitpunkt hierbei abzustellen ist.

82   **aa) Maßgeblicher Zeitpunkt.** Hinsichtlich des maßgeblichen Zeitpunkts besteht weithin Einigkeit, dass es insoweit entscheidend auf den Zeitpunkt der Erlangung der **tatsächlichen Herrschaftsmacht** durch den Erwerber ankommt[7]. Fehlt es zu diesem Zeitpunkt an der tatsächlichen Fortführung durch den Erwerber der Betriebsmittel, scheidet somit ein Betriebs(teil)übergang aus. Entschließt sich der Erwerber (nur) der Betriebsmittel erst zu einem späteren Zeitpunkt zur tatsächlichen Wiederaufnahme des Betriebs, kann es allerdings, sofern die zwischenzeitliche Unterbrechung nicht erheblich ist (s. bereits Rz. 78), in der Folge noch zu einem Betriebsübergang iSv. § 613a kommen, sofern der Betrieb nicht zuvor vom „Vorgänger" stillgelegt worden ist (Rz. 76). Keine Abkehr von dem Grundsatz der tatsächlichen Betriebsfortführung stellt es schließlich dar, wenn man § 613a auch für den Fall bejaht, dass der Erwerber der Betriebsräume und -anlagen diese erst nach einer längeren **Umbau- oder Renovierungsphase** zur Fortsetzung des bisherigen(!) Betriebszwecks (anders dagegen bei grundlegender, von Anfang an realisierter Änderung des Betriebszwecks; s. Rz. 167ff., 170) nutzen will: Hier manifestiert sich nämlich die tatsächliche Betriebsfortführung bereits in der hierauf gerichteten Gestaltungsmaßnahme des Erwerbers, vorausgesetzt allerdings, dass es sich nach dem Umbau noch um denselben Betrieb wie den „übernommenen" handelt (s. Rz. 178 f.).

83   **bb) Bedeutung der Erwerberabsichten im Verhältnis zur tatsächlichen Entwicklung.** Das zuletzt genannte Bsp. zeigt allerdings auch, dass neben der tatsächlichen Betriebsfortführung auch die diesbezüglichen Absichten des Erwerbers für die richtige Anwendung des § 613a eine zentrale Rolle spielen können[8]. Sie können jedenfalls eine **Vorwirkung** dahin gehend entfalten, dass diese im Zeitpunkt der Erlangung der tatsächlichen Herrschaftsmacht vorhandene Fortführungsabsicht des Erwerbers ausreicht, auch wenn sie sich aus selbst verursachten (zB Umbauten) oder extern bedingten Umständen (zB noch fehlende öffentl.-rechtl. Erlaubnis) erst zu einem späteren Zeitpunkt realisieren lässt.

---

1 S. zu diesem Merkmal im Rahmen des „Sieben-Punkte-Katalogs" Rz. 175 ff.; st. Rspr. des BAG seit BAG 24.4. 1997 – 8 AZR 848/94, NZA 1998, 253 (EDV-Dienstleistung).   ‖2 IdS sind jedenfalls die Ausführungen des 8. Senats (ua.) in den Entscheidungen BAG 22.5.1997 – 8 AZR 101/96, NZA 1997, 1050 sowie – insb. – 11.9.1997 – 8 AZR 555/95, NZA 1998, 31 = EzA § 613a BGB Nr. 153 (*Willemsen/Annuß*) (Tausendundeine Nacht) zu verstehen.   ‖3 So lag es offenbar in BAG 11.9.1997 – 8 AZR 555/95, NZA 1998, 31 = EzA § 613a BGB Nr. 153 (*Willemsen/Annuß*) (Tausendundeine Nacht). Hier hat das BAG trotz Fehlens einer „ordnungsgemäßen" Stilllegung in einer mehr als sechsmonatigen Betriebsruhe eine rechtl. erhebliche Unterbrechung der Tätigkeit gesehen.   ‖4 BAG 18.3.1999 – 8 AZR 159/98, NZA 1999, 704 = AP Nr. 189 zu § 613a BGB (*Willemsen/Annuß*) (Kfz-Handel).   ‖5 So der Titel der Abhandlung von *R. Krause*, ZfA 2001, 67 ff.   ‖6 *R. Krause*, ZfA 2001, 88.   ‖7 Vgl. BAG 26.3.1996 – 3 AZR 965/94, NZA 1997, 94; 18.3.1999 – 8 AZR 159/98, NZA 1999, 704 = AP Nr. 189 zu § 613a BGB (*Willemsen/Annuß*) (Kfz-Handel), Bl. 6; Staudinger/*Annuß*, § 613a Rz. 73.   ‖8 IdS bereits *Willemsen*, RdA 1991, 204 (211); vgl. ferner Staudinger/*Annuß*, § 613a Rz. 71.

Tatbestandsvoraussetzungen des Betriebsübergangs Rz. 88 § 613a BGB

Schwieriger gestaltet sich demggü. die Entscheidung der Frage, was zu gelten hat, wenn der Erwerber 84
im **Zeitpunkt** der Erlangung der **Herrschaftsmacht** über die Betriebsmittel **keinen Fortführungswillen**
hat, er sich aber zu einem späteren Zeitpunkt zur Wiederaufnahme des bisherigen Betriebs entschließt
(Bsp.: Der Käufer einer Hotelimmobilie will zunächst nur den Grundstückswert realisieren, entscheidet
sich dann aber geraume Zeit nach dem Besitzübergang doch zur Fortführung des Hotelbetriebs), oder
wenn **umgekehrt** der Erwerber bei Übertragung der *Assets* auf ihn zwar den erforderlichen **Fortsetzungswillen** hat, es zu einer tatsächlichen **Fortführung** in der Folgezeit aber gleichwohl **nicht kommt**
(zB weil die zuständige Behörde dem Erwerber den Betrieb mangels gewerberechtl. Zuverlässigkeit untersagt oder der Erwerber aus gesundheitlichen Gründen an der tatsächlichen Wiederaufnahme des
Betriebs gehindert ist).

Den ersteren Fall wird man (vgl. bereits Rz. 82 sowie Rz. 175 ff.) dahin gehend lösen müssen, dass, so- 85
lange keine erhebliche Unterbrechung der Betriebstätigkeit vorliegt, auch die **nachträgliche Betriebsfortführung** noch die Rechtsfolgen des § 613a auszulösen vermag. Übernimmt der Erwerber also zunächst nur die „toten" Betriebsmittel ohne Absicht der Betriebsfortführung und tritt er erst danach in
die betriebl. Leitungs- und Organisationsmacht iSd. obigen Erläuterungen (Rz. 46 ff.) ein, gehen zu diesem – späteren – Zeitpunkt die ArbVerh gem. § 613a auf ihn über. Da er zu diesem Zeitpunkt unzweifelhaft den erforderlichen Fortsetzungswillen hat, klaffen somit subjektive und objektive Lage gar nicht
auseinander, so dass an der Maßgeblichkeit der Absichten des Erwerbers festgehalten werden kann[1]
und lediglich der ausschlaggebende Zeitpunkt nach hinten verschoben werden muss: Liegen Erlangung
der tatsächlichen Herrschaftsmacht über die Betriebsmittel und tatsächlicher Eintritt in die Leitung
und Organisation auseinander, muss der letztere Zeitpunkt entscheidend sein. Insoweit bedarf also der
Grundsatz, dass es auf den Zeitpunkt der Erlangung der Verfügungsgewalt über die Betriebsmittel ankommt, der entsprechenden Relativierung[2].

In der **umgekehrten Situation**, dass der Erwerber der Betriebsmittel zunächst die Betriebsfortfüh- 86
rung plant, tatsächlich jedoch zu keinem Zeitpunkt mehr eine diesbezügliche Tätigkeit entfaltet, besteht ebenfalls kein Anlass, von dem Grundsatz der Maßgeblichkeit des Erwerberwillens abzuweichen.
Hier kommt allerdings noch ein weiterer Gesichtspunkt ins Spiel, nämlich dass der nach außen **verlautbarte Wille** des Erwerbers zur Übernahme der tatsächlichen Leitungs- und Organisationsgewalt bereits
als solcher **rechtl. Erheblichkeit** im Hinblick auf § 613a erlangen kann. Fallen hier Absicht und (spätere)
Realität auseinander, kommt es also entweder überhaupt nicht zur Fortsetzung des Betriebs oder realisiert der Erwerber der Betriebsmittel damit von Anfang an einen völlig andersartigen Betriebszweck,
liegt zwar materiell an sich kein Betriebs(teil)übergang vor (zum Erfordernis der Beibehaltung des Betriebszwecks sogleich Rz. 89); er muss sich aber gleichwohl an seiner **Erklärung** (im Übertragungsvertrag und/oder ggü. den ArbN) **festhalten** lassen, zu dem vereinbarten Stichtag in die Betriebsinhaberrolle eintreten zu wollen[3].

Voraussetzung für die dann eingreifende (vertragl.) **Fiktion eines Betriebsübergangs** ist allerdings, 87
dass der bisherige Betriebsinhaber seine Leitungsmacht tatsächlich aufgibt. Ist der Erwerber dann (abredewidrig) nicht bereit, den Betrieb fortzuführen, muss er die zuvor abgegebene Erklärung – insb. im
Rahmen der Auskunftspflicht nach Abs. 5 (ausf. Rz. 315 ff.) – gegen sich gelten lassen. Der **Vorrang des
rechtsgeschäftlich Erklärten** ggü. dem tatsächlichen Geschehensablauf ergibt sich in dieser Konstellation bereits daraus, dass im Wege eines dreiseitigen Vertrags (zwischen altem und neuem ArbGeb sowie dem jeweiligen ArbN) die Rechtsfolgen des § 613a auch dort „**simuliert**" werden können, wo es erkennbar an seinen tatbestandlichen Voraussetzungen fehlt[4]. Wer also im Zuge des Erwerbs der
(wesentlichen) Betriebsmittel ggü. der Belegschaft in vertragsrechtlich relevanter Weise als künftiger
ArbGeb auftritt, **bindet sich** insoweit selbst und kann sich aus der Stellung des neuen Betriebsinhabers
dann nur noch um den Preis einer ordnungsgemäßen Betriebsstilllegung (idR verbunden mit der Aufstellung eines Sozialplans) wieder lösen.

3. Identitätswahrung. a) Grundsatz. Das Erfordernis der tatsächlichen Betriebs(teil)fortführung ist 88
logisch eng mit dem weiteren, **ungeschriebenen Tatbestandsmerkmal** der Identität des Betriebs bzw.
Betriebsteils vor und nach dem Betriebsübergang verknüpft: Nur dann, wenn dieser seine „Nämlichkeit" unbeschadet der Transaktion bewahrt, kann von einem Übergang „des" Betriebs/Betriebsteils auf
einen neuen Inhaber die Rede sein (s. bereits Rz. 55). Der aus der st. Rspr. sowohl des EuGH als auch
des BAG abzuleitende Obersatz[5] lautet demzufolge: Ein Betriebsübergang iSv. § 613a setzt die **Wahrung der Identität der betreffenden Einheit** (Betrieb oder Betriebsteil) voraus (zur Rspr. des EuGH s.

---

[1] Anders insoweit BAG 18.3.1999 – 8 AZR 159/98, NZA 1999, 704 = AP Nr. 189 zu § 613a BGB (*Willemsen/Annuß*)
(Kfz-Handel), Bl. 6; zu Recht krit. *R. Krause*, ZfA 2001, 88. ||[2] Dies übersieht *R. Krause*, ZfA 2001, 67 (89), in
seiner Kritik an der „Subjektivierung" des Merkmals der Fortführung; vgl. ferner *Annuß*, BB 1989, 1582;
BAG 18.3.1999 – 8 AZR 159/98, NZA 1999, 704 = AP Nr. 189 zu § 613a BGB (*Willemsen/Annuß*) (Kfz-Handel); *Ekkenga*, ZIP 1995, 1225 (1232). ||[3] Ähnlich ErfK/*Preis*, § 613a BGB Rz. 51; für die Fälle betriebsmittelarmer Tätigkeiten bei späterem Widerspruch einer erheblichen Anzahl von ArbN auch *Schöpp*, NZA 2013, 238 (241).
||[4] Im Erg. ebenso *R. Krause*, ZfA 2001, 67 (89 f.); ErfK/*Preis*, § 613a BGB Rz. 51. ||[5] Vgl. *Müller-Glöge*, NZA
1999, 449.

die Nachw. in Rz. 55)¹. Der Begriff der Einheit bezieht sich dabei auf eine organisierte Gesamtheit von Personen und Sachen zur Ausübung einer wirtschaftl. Tätigkeit mit eigener Zielsetzung (s. dazu die Nachw. in Rz. 13), bei der es sich, wie Art. 1 Ib BetriebsübergangsRL klarstellt, um eine „Haupt- oder Nebentätigkeit" handeln kann. Die Statik hinsichtlich des Transaktionsobjekts (Betriebs/Betriebsteils) macht somit den eigentlichen **Kern** des Betriebsübergangs aus (s. bereits Rz. 55).

89 **aa) Beibehaltung der spezifischen Verknüpfung der Betriebsmittel (Organisation).** Die Identität der Einheit idS bleibt nur gewahrt, wenn die den jeweiligen Betrieb bzw. Betriebsteil **individualisierende Verknüpfung** konkreter **Betriebsmittel** zu einem konkreten **Betriebszweck** (s. Rz. 18), die auf der Koordinationsleistung des Vorgängers beruht, auch nach dem Betriebsübergang fortbesteht. Es reicht also jeweils für sich betrachtet weder aus, dass der „Nachfolger" sich im Besitz derselben Betriebsmittel befindet², noch, dass er eine im Vergleich zum „Vorgänger" gleiche oder gleichartige Tätigkeit ausübt. Entscheidend ist vielmehr die finale Verbindung beider Elemente in dem Sinne, dass dieselben Betriebsmittel (Betriebsanlagen, Produktionsmittel, Personal) auch künftig **demselben** oder zumindest einem **gleichartigen Betriebszweck** gewidmet sind (s. dazu auch Rz. 167 ff.). Der Betrieb/Betriebsteil kann den Wechsel des Inhabers (nur) deshalb überdauern, weil die für die Fortführung notwendigen **Strukturen** in den Betriebsmitteln und in der Art und Weise ihrer dauerhaften Zuordnung zueinander (= Organisation) im Hinblick auf den damit verfolgten Betriebszweck **verkörpert** und damit **vom bisherigen Betriebsinhaber „abstrahiert"** sind. Nicht allein die Betriebsmittel als solche sind somit im Hinblick auf die Wahrung der Identität des Betriebs oder Betriebsteils entscheidend, sondern ihre **Organisation** (= funktionelle Verknüpfung zu einer betriebl. Struktur für einen bestimmten Betriebszweck) und deren Weiterführung durch den neuen Inhaber. Daraus folgt umgekehrt, dass ein Betriebsübergang ausscheidet, wenn das wesentliche Substrat in einer **höchstpersönlichen Befugnis** des bisherigen Inhabers besteht. Letzteres hat das BAG für ein **Notariat** angenommen (s. Rz. 165)³, für eine **Apotheke** indes (inzidenter) verneint⁴. Bei einer vom Inhaber allein betriebenen **Arztpraxis** hat es nicht auf dessen höchstpersönliche Befugnis, sondern darauf abgestellt, dass die gesamte Organisation einer derartigen Einzelpraxis auf die Person des Arztes zugeschnitten sei und daraus gefolgert, dass nur bei einer Übernahme des nicht-ärztlichen Personals eine Fortführung dieser Organisation möglich sei⁵. Generell kommt **öffentl.-rechtl. Genehmigungen** (zB für Luftverkehrsbetriebe) keine identitätsprägende Bedeutung zu, wenn ein Erwerber diese nicht zwingend übernehmen muss, sondern selbst neu beantragen kann⁶.

90 Ohne Beibehaltung und Nutzung der den bisherigen Betrieb/Betriebsteil **prägenden Organisation** in dem vorgenannten Sinne durch den neuen „Inhaber" vermag die wirtschaftl. Einheit ihre **Identität nicht zu wahren**⁷. Es liegt dann lediglich der Fall entweder einer bloßen Betriebsmittelveräußerung (dh. Übertragung „toter" Assets ohne Nutzung des ihnen innewohnenden bisherigen Funktionszusammenhangs) oder einer sog. **Funktionsnachfolge** (dh. Wahrnehmung derselben oder einer ähnlichen Tätigkeit, jedoch im Rahmen einer neu geschaffenen oder beim Nachfolger bereits vorhandenen Betriebsorganisation, s. Rz. 172 f.) vor; beide erfüllen nicht die Voraussetzung eines Betriebs(teil)übergangs iSv. § 613a. Nach dem Urteil des **EuGH** v. 12.2.2009 in Sachen *Klarenberg* setzt dieser allerdings **nicht voraus**, dass im Falle der Übertragung eines Unternehmens- oder Betriebsteils dieser beim Erwerber seine **organisatorische Selbständigkeit** bewahrt. Die **Eingliederung** eines Betriebsteils in die bereits existierende Betriebsorganisation des Übernehmers dergestalt, dass dieser dort die Qualität eines eigenständigen Betriebsteils verliert, **steht** somit nach der nunmehrigen Rspr. des EuGH der Bejahung eines Betriebsteils **nicht (mehr) von vornherein** entgegen. Erforderlich sei allerdings, dass „... die **funktionelle Verknüpfung** zwischen den übertragenen **Produktionsfaktoren beibehalten** wird und sie es dem Erwerber erlaubt, diese Faktoren zu **nutzen**, um derselben oder einer gleichartigen wirtschaftl. Tätig-

---

1 Zentrale Bedeutung für die Judikatur des BAG hat erst EuGH 11.3.1997 – Rs. C-13/95, NZA 1997, 433 – Ayse Süzen – erlangt. Seitdem entspricht das Identitätspostulat auch der st. Rspr. des 8. BAG Senats (s. Rz. 55 aE).
||2 IdS bereits EuGH 18.3.1986 – Rs. 24/85, EAS RL 77/187/EWG Nr. 2 – Spijkers, Rz. 12: Die Überleitung materieller und immaterieller Aktiva eines Unternehmens genügt nicht. ||3 BAG 26.8.1999 – 8 AZR 827/98, NZA 2000, 371 (Notariat). ||4 BAG 19.3.1998 – 8 AZR 139/97, NZA 1998, 750; zust. *Wiebauer*, NZA 2010, 733 (737).
||5 BAG 22.6.2011 – 8 AZR 107/10, NZA-RR 2012, 119 (Arztpraxis). ||6 LAG Bln.-Bbg. 1.9.2010 – 17 Sa 836/10, ZIP 2011, 878 (Luftfahrtunternehmen); *Wiebauer*, NZA 2010, 733 (737); aA LAG Hess. 13.7.2005 – 17 Sa 2299/04 (Luftfahrtunternehmen). ||7 Deutlich für den Fall der Übertragung einer öffentl. Verwaltung BAG 26.6.1997 – 8 AZR 426/95, NZA 1997, 1228 (Verwaltungs-Funktionsnachfolge); für die Übernahme von Dienstleistungen BAG 22.7.2004 – 8 AZR 350/03, NZA 2004, 1383 (Gefahrstofflager); für Verpackungstätigkeiten BAG 24.4.2008 – 8 AZR 268/07, NZA 2008, 1314 (Coil-Verpackung); für ein industrielles Lager BAG 13.12.2007 – 8 AZR 937/06, NZA 2008, 1021 (Lagerbetrieb für Kartonagen); für die Hausverwaltung eines Büro- und Geschäftshauses BAG 15.11.2012 – 8 AZR 683/11 (Hausverwaltung). Im gleichen Sinne auch LAG Düss. 18.2.2009 – 12 Sa 1544/08, NZA-RR 2009, 414; LAG Bln.-Bbg. 1.9.2010 – 17 Sa 836/10, ZIP 2011, 878 (Luftfahrtunternehmen); (zu) stark relativierend auf Grund der *Klarenberg*-Entscheidung des EuGH demggü. *Schlachter*, RdA Sonderbeil. 5/2009, 31 (38 ff.) sowie *Junker*, SAE 2010, 113 (117). Denn nach wie vor prägenden Einfluss der Organisation für die Definition der Identität einer wirtschaftl. Einheit auch nach *Klarenberg* betont dagegen zu Recht BAG 17.12.2009 – 8 AZR 1019/08, NZA 2010, 499, Rz. 21 (Betriebskantine). Entsprechendes gilt für die Rspr. der Zivilgerichte zum Tatbestand der Unternehmensfortführung iSv. § 25 I HGB; vgl. BGH 28.11.2005 – II ZR 355/03, NJW 2006, 1001; OLG Düss. 28.10.2008 – 18 U 36/08, NZG 2009, 314.

keit nachzugehen."[1] Diese Verknüpfung kann im Einzelfall auch **betriebsteilübergreifend** bestehen bleiben, was allerdings im **Prozess** eine besonders **sorgfältige Darlegung** erfordern und in der **Praxis** eher die **Ausnahme** darstellen dürfte. S. dazu auch Rz.128a ff. Von dieser – in ihrer Reichweite noch eher unklaren[2] – Einschränkung abgesehen verbleibt es aber bei dem Grundsatz, dass für die Anwendung des § 613a die Übernahme bestimmter Betriebsmittel allein nicht ausreicht, selbst wenn der Erwerber damit gleiche oder ähnliche Betriebszwecke verfolgt wie der Veräußerer.

bb) Abgrenzung zur Funktionsnachfolge (s. dazu auch Rz. 172 ff.). Für die **Funktionsnachfolge** hat der EuGH und ihm folgend das BAG dies wiederholt – und zwar auch nach der *Klarenberg*-Entscheidung (Rz. 90) – festgestellt. Beide Gerichte verwenden in ihrer Judikatur geradezu formelhaft den Grundsatz, dass die **wirtschaftl. Einheit nicht mit einer bloßen Tätigkeit gleichgesetzt** werden dürfe. Ihre Identität ergebe sich vielmehr auch aus anderen Merkmalen wie ihrem Personal, ihren Führungskräften, ihrer Arbeitsorganisation, ihren Betriebsmethoden und ggf. den ihr zur Verfügung stehenden Betriebsmitteln. Den für das Vorliegen eines Überganges maßgeblichen Kriterien komme notwendigerweise je nach der ausgeübten Tätigkeit und selbst nach den Produktions- oder Betriebsmethoden, die in dem betreffenden Unternehmen, Betrieb oder Betriebsteil angewendet würden, unterschiedliches Gewicht zu[3].

cc) Abgrenzung zur (reinen) Betriebsmittelübertragung. Ebenso entspricht es st. Rspr. des EuGH und auch des BAG, dass die bloße **Betriebsmittelveräußerung**, dh. die Übertragung (nur) der materiellen und immateriellen Aktiva, ebenfalls noch keine identitätswahrende Betriebsübertragung darstellt[4]. Ob eine wirtschaftl. Einheit veräußert worden ist, ergibt sich vielmehr daraus, ob der Betrieb mit derselben oder einer gleichartigen Geschäftstätigkeit tatsächlich weitergeführt oder wieder aufgenommen wird (vgl. Rz. 167 ff.). Das Postulat der Betriebsidentität erfordert also eine „**Vorher-Nachher-Betrachtung**" in zweierlei Hinsicht: Es muss zum einen festgestellt werden, ob die bisherigen betriebl. Organisationsstrukturen als „**Quelle der Wertschöpfung**"[5] im Wesentlichen erhalten geblieben sind („Nämlichkeit"), und zum anderen, ob damit künftig derselbe oder zumindest ein gleichartiger Betriebszweck („**Wertschöpfungsprogramm**") verfolgt wird. Fehlt es auch nur an einem dieser beiden Merkmale, scheidet ein Fall des § 613a aus. Dies entspricht dem Normzweck der Bestimmung, zur Verpflichtung zur Übernahme der ArbVerh zu verpflichten, der sich die vom Vorgänger geschaffene Betriebsorganisation, dh. die **funktionelle Verknüpfung** bestimmter **Betriebsmittel** zu einem bestimmten **Betriebszweck**[6], für eigene, gleiche wirtschaftl. Zwecke **zunutze macht** (s. Rz. 9). Dass der **ArbN seine Tätigkeit** bei dem neuen Betriebsinhaber **erbringen könnte, reicht gerade nicht aus**[7]. Die sich hieraus für die Praxis ergebenden Gestaltungsmöglichkeiten sind legitim und stellen **keine unzulässige Umgehung** des § 613a dar; denn dieser verbietet ebenso wie die RL 2001/23/EG nicht die Gestaltung von wirtschaftl. Prozessen derart, dass die tatsächlichen Voraussetzungen eines Betriebsübergangs vermieden werden; auch der **Rechtsgedanke des § 162** ist solchenfalls **nicht einschlägig**[8]; s. dazu auch Rz. 10a, 112 u. 218.

b) Teleologische Gesamtbewertung anhand eines Sieben-Punkte-Katalogs. Ob die betreffende wirtschaftl. Einheit (Betriebs/Betriebsteil) unbeschadet der Transaktion ihre Identität bewahrt hat, kann nur anhand sämtlicher Umstände des konkreten Einzelfalls entschieden werden. Die Beurteilung dieser Frage obliegt vorrangig den **Tatsacheninstanzen**, die die relevanten Merkmale ermitteln und bewerten müssen. Dem Revisionsgericht obliegt dann lediglich die Prüfung, ob es hierbei zu Rechtsfehlern ge-

---

1 EuGH 12.2.2009 – Rs. C-466/07, NZA 2009, 251 – Klarenberg –, ergangen auf einen Vorlagebeschluss des LAG Düss. 10.8.2007 – 9 Sa 303/07, NZA-RR 2008, 17. Der 8. Senat des BAG hat in der Folgeentscheidung v. 13.10.2011 – 8 AZR 455/10, NZA 2012, 504 (Mess- und Regeltechnik/Klarenberg) das Vorliegen eines Betriebsteilübergangs verneint. Die organisatorische Selbständigkeit spielt allerdings nach wie vor eine Rolle bei der – systematisch von der *Klarenberg*-Problematik streng zu trennenden – Thematik des Art. 6 der RL 2011/23 (Übergangsmandat des BR); s. dazu EuGH 29.7.2010 – Rs. C-151/09, NZA 2010, 1014 – UGT-FSP; dazu *Franzen*, EuZA 2011, 53. ‖2 S. zur Kritik *Willemsen*, NZA 2009, 289; *Wißmann/Schneider*, BB 2009, 1126; für eine begrenzte Reichweite plädieren zu Recht *Salamon/Hoppe*, NZA 2010, 989. ‖3 Vgl. dazu insb. EuGH 11.3.1997 – Rs. C-13/95, NZA 1997, 433 – Ayse Süzen; bestätigt ua v. 20.1.2011 – Rs. C-463/09, NZA 2011, 148 – CLECE SA; ihm folgend BAG 22.5.1997 – 8 AZR 101/96, AP Nr. 154 zu § 613a; 26.6.1997 – 8 AZR 426/95, NZA 1997, 1228 (Verwaltungs-Funktionsnachfolge); 11.9.1997 – 8 AZR 555/95, NZA 1998, 31 = EzA § 613a BGB Nr. 153 (*Willemsen/Annuß*) (Tausendundeine Nacht); 13.11.1997 – 8 AZR 295/95, NZA 1998, 251 (Reinigung I/Wiedereinstellung); 13.11.1997 – 8 AZR 375/96, NZA 1998, 249 (Stabsfunktion bei Betriebsteilübergang); seitdem st. Rspr.; bereits unter Berücksichtigung der *Klarenberg*-Entscheidung des EuGH BAG 22.1.2009 – 8 AZR 158/07, NZA 2009, 905 (Technische Dienstleistung in der Charité II); 28.5.2009 – 8 AZR 273/08, NZA 2009, 1267 (Anzeigengeschäft). ‖4 Vgl. bereits EuGH 18.3.1986 – Rs. 24/85, EAS RL 77/187/EWG Nr. 2 – Spijkers, Rz. 12; aus der BAG-Rspr. BAG 26.6.1997 – 8 AZR 426/95, NZA 1997, 1228 (Verwaltungs-Funktionsnachfolge); 21.1.1999 – 8 AZR 680/97 (Privatschule I). ‖5 Vgl. *Willemsen*, ZIP 1986, 477 (481); s. dazu auch Rz. 18. ‖6 Vgl. die ähnlich lautende Umschreibung im EuGH-Urt. v. 12.2.2009 – Rs. C-466/07, NZA 2009, 251 – Klarenberg. ‖7 So ausdrücklich BAG 14.8.2007 – 8 AZR 1043/06, NZA 2007, 1431 (Technische Dienstleistungen in der Charité I); 24.4.2008 – 8 AZR 268/07, NZA 2008, 1314, Rz. 43 (Coil-Verpackung). Beide Entscheidungen ergingen zwar vor dem EuGH-Urt. iS *Klarenberg* v. 12.2.2009, haben aber insoweit nichts von ihrer Gültigkeit verloren, wie ua. die danach ergangenen Entscheidungen des 8. Senats v. 22.1.2009 – 8 AZR 158/07, NZA 2009, 905 (Technische Dienstleistung in der Charité II) und 17.12.2009 – 8 AZR 1019/08, NZA 2010, 499 (Betriebskantine) belegen. ‖8 Ebenso BAG 28.9.2007 – 8 AZR 941/06, NZA 2008, 1130 (Müllsortieranlage), Rz. 41.

kommen ist[1]. Als rechtsfehlerhaft stellt sich dabei insb. eine Subsumtion dar, die aus dem Vorhandensein bzw. Fehlen bestimmter einzelner Merkmale, wie zB Übertragung sächlicher immaterieller Betriebsmittel, Übergang von Kundenbeziehungen etc. ohne Rücksicht auf den weiteren Kontext (insb. die Art des Betriebs) auf das Vorliegen bzw. Nichtvorliegen eines Betriebsübergangs schließen will[2]. Seit der Entscheidung des EuGH in Sachen *Ayse Süzen* v. 11.3.1997[3] verlangt der für Fragen des Betriebsübergangs zuständige 8. Senat des BAG im Einklang mit der europarechtl. Judikatur[4] von den Instanzgerichten eine Sieben-Punkte-Prüfung mit anschließender (!) Gesamtbewertung. In nahezu allen einschlägigen Entscheidungen findet sich dazu in Anlehnung an den EuGH die folgende **Standardformulierung:**

94 „Bei der Prüfung, ob eine Einheit übergegangen ist, müssen sämtliche den betreffenden Vorgang kennzeichnenden Tatsachen berücksichtigt werden. Dazu gehören namentlich

1. die **Art** des betreffenden Unternehmens oder Betriebs,
2. der etwaige Übergang der **materiellen Betriebsmittel** wie Gebäude und bewegliche Güter,
3. der Wert der **immateriellen Aktiva** im Zeitpunkt des Übergangs,
4. die etwaige Übernahme der **Hauptbelegschaft** durch den neuen Inhaber,
5. der etwaige Übergang der **Kundschaft** sowie
6. der Grad der Ähnlichkeit zwischen den vor und nach dem Übergang verrichteten Tätigkeiten und
7. die Dauer einer eventuellen **Unterbrechung** dieser Tätigkeiten.

Diese Umstände sind jedoch nur Teilaspekte der vorzunehmenden **Gesamtbewertung** und dürfen deshalb nicht isoliert betrachtet werden."[5]

95 Dabei muss klar sein, dass es für das Vorliegen eines Betriebsübergangs nicht darauf ankommt, ob alle Merkmale gleichzeitig gegeben sind[6]. Ebenso verfehlt wäre es, bei der notwendigen Gesamtabwägung alle vorgenannten Merkmale gleichermaßen in die Waagschale zu legen. Den verschiedenen Kriterien kommt vielmehr je nach Sachlage, dh. in Abhängigkeit – insb. – von der Art des in Rede stehenden Unternehmens und dessen Produktions- und Betriebsmethoden (Merkmal 1) ein **unterschiedliches Gewicht** zu[7]. Es ist somit maßgeblich auf diejenigen Kriterien abzustellen, die den spezifischen Charakter des jeweiligen Geschäfts ausmachen[8], diesem also das **Gepräge** und unverwechselbare Erscheinungsbild verleihen.

96 Einstweilen frei.

97 **c) Unterscheidung zwischen „betriebsmittelintensiven" und „betriebsmittelarmen" Tätigkeiten** (s. dazu auch Rz. 122 ff.). Wenn man für die Identität des Betriebs bzw. des Betriebsteils maßgeblich auf die Wahrung der Betriebsorganisation abstellt, die vom jeweiligen Inhaber gelöst werden und auf einen Dritten übergehen kann, stellt sich die weitere Frage, wodurch diese betriebl. Organisation „verkörpert" wird (s. zu diesem Gesichtspunkt bereits Rz. 89). Versteht man diese iSd. RL-Textes als Zusammenfassung (Verknüpfung) von Ressourcen zur Verfolgung einer wirtschaftl. Haupt- oder Nebentätigkeit, wird sogleich klar, dass zwischen den Ressourcen (Betriebsmitteln) einerseits und der Haupt- oder Nebentätigkeit (Betriebszweck) andererseits eine Wechselwirkung in dem Sinne besteht, dass die Relevanz der Übertragung oder Nichtübertragung dieser Ressourcen im konkreten Einzelfall von dem jeweils maßgeblichen Gegenstand der Tätigkeit (Merkmal 1) abhängt und dass es nur auf solche Ressourcen ankommen kann, die für den jeweiligen Betriebs- oder Geschäftszweck **spezifisch** sind[9].

98 Hiernach beantwortet sich auch die weitere Frage, ob und inwieweit ein Betriebs(teil)übergang die Übertragung sächlicher oder immaterieller Betriebsmittel (Merkmale 2 und 3) voraussetzt. Dies kann sinnvollerweise nur für solche Betriebsarten verlangt werden, bei denen materielle und/oder immaterielle Betriebsmittel für die individuelle **Wertschöpfung** gem. dem jeweiligen Betriebszweck eine besondere Rolle spielen[10]. Steht für den jeweiligen Wertschöpfungsprozess dagegen die menschliche Arbeitskraft ausschließlich oder gar überwiegend im Vordergrund und handelt es sich demgemäß bei den

---

1 *Müller-Glöge*, NZA 1999, 449 (450). ||2 Vgl. *Ascheid* in Preis/Willemsen (Hrsg.), Umstrukturierung von Betrieb und Unternehmen im Arbeitsrecht, 1999, Rz. D 34; *Müller-Glöge*, NZA 1999, 449 (450). ||3 S. EuGH 11.3. 1997 – Rs. C-13/95, NZA 1997, 433 – Ayse Süzen. ||4 Vgl. außer EuGH 11.3.1997 – Rs. C-13/95, NZA 1997, 433 – Ayse Süzen bereits EuGH 18.3.1986 – Rs. 24/85, EAS RL 77/187/EWG Nr. 2 – Spijkers; 19.5.1992 – Rs. C-29/91, NZA 1996, 207 – Redmond Stichting; 24.1.2002 – Rs. C-51/00, NZA 2002, 265 – Temco. ||5 So die inzwischen „klassische" Formulierung in EuGH 18.3.1986 – Rs. 24/85, EAS RL 77/187/EWG Nr. 2 – Spijkers, Rz. 13 und EuGH 11.3.1997 – Rs. C-13/95, NZA 1997, 433 – Ayse Süzen, Rz. 14, die vom BAG in der Folgezeit wörtlich übernommen wurde. ||6 *Müller-Glöge*, NZA 1999, 449 (450). ||7 BAG 13.11.1997 – 8 AZR 375/96, NZA 1998, 249 (Stabsfunktion bei Betriebsteilübergang); 11.12.1997 – 8 AZR 426/94, NZA 1998, 532 (Catering I); 2.12.1999 – 8 AZR 796/98, NZA 2000, 369 (Elektrohandel). ||8 So die Formulierung in BAG 2.12.1999 – 8 AZR 796/98, NZA 2000, 369 (Elektrohandel). ||9 Vgl. BAG 2.12.1999 – 8 AZR 796/98, NZA 2000, 265 (Elektrohandel). ||10 Vgl. zu dem Gesichtspunkt der Bedeutung der Ressourcen für die jeweilige betriebl. Wertschöpfung bereits *Willemsen*, ZIP 1986, 477 (481).

(nicht personellen) Betriebsmitteln hauptsächlich um Hilfsmaterial von wirtschaftl. eher untergeordneter Bedeutung, kann ihrer Übernahme bzw. Nichtübernahme durch den „Nachfolger" keine ausschlaggebende Bedeutung zukommen. Stellt also das Personal die wesentliche Wertschöpfungsquelle dar, ist die Übernahme bzw. Nichtübernahme der sog. Hauptbelegschaft (Merkmal 4) somit ein zentrales Kriterium hinsichtlich der Identitätswahrung[1].

Einstweilen frei. 99

d) Die Kriterien des Sieben-Punkte-Katalogs im Einzelnen. aa) Art des betreffenden Unternehmens oder Betriebs (Merkmal 1). Hierbei handelt es sich nicht um ein eigenständiges Beurteilungskriterium, sondern um ein solches, an dem die Bedeutung und das Gewicht des Vorhandenseins oder Fehlens der übrigen Merkmale (2–7) zu messen sind[2]. Es ist also jeweils zu prüfen, welchen *Assets* im Rahmen der konkret vorgefundenen Arbeitsorganisation für die arbeitstechnische **Wertschöpfung** zentrale Bedeutung zukommt. IdR sind dies zugleich diejenigen (materiellen oder immateriellen) Hilfsmittel, die dem Betrieb sein „unverwechselbares Gesicht" geben, weil sie – jedenfalls in ihrer konkreten „Komposition" – einzigartig und damit nicht oder nur um den Preis einer wesentlichen Veränderung der mit der betriebl. Wertschöpfung verbundenen Chancen und Risiken austauschbar sind. Diese „**Relativitätstheorie**", dh. die maßgebliche Bewertung der einzelnen Elemente nach der Art des jeweiligen Unternehmens oder Betriebs, hat zur Folge, dass ein und dieselbe Gattung von Betriebsmitteln in einem Fall für die Identitätsbeurteilung irrelevant, im anderen dagegen von zentraler Bedeutung ist. 100

(1) Orts- und Kundenbindung. So spielen die konkreten betriebl. Räumlichkeiten bei **Dienstleistungen**, die über Telefon oder sonstige Kommunikationseinrichtungen abgewickelt werden (zB Call- oder Servicecenter), so gut wie keine Rolle[3], während sie etwa bei einem Hotel bzw. ohnehin „vor Ort" beim Kunden, einem Kino[4] oder einem Flughafenrestaurant zweifelsohne identitätsbildend sind. Sind, wie in den letztgenannten Fällen, der Betriebszweck und die Betriebsorganisation auf unmittelbaren Kundenkontakt angelegt, erfordert die betriebl. Wertschöpfung mit anderen Worten die physische Verfügbarkeit eines an dem jeweiligen Betriebszweck interessierten Publikums (= Kundenkreises), sind zwar möglicherweise nicht die konkreten Räumlichkeiten als solche, wohl aber das unmittelbare geographische Umfeld („**Einzugsbereich**") nach der Art des Geschäfts von so zentraler Bedeutung, dass eine (gemessen an der weiteren Erreichbarkeit des bisherigen Kundenkreises) erhebliche räumliche Verlagerung, selbst bei Fortführung eines gleichartigen Betriebszwecks, zum Verlust der Betriebsidentität führen kann. Daher ist es folgerichtig, wenn das BAG bei Einzelhandelsgeschäften eine Weiterführung derselben organisatorischen Einheit „an ganz anderer Stelle" in seiner Entscheidung v. 2.12.1999[5] als „häufig fernliegend" bezeichnet hat, weil der Kunde an die Lage des Geschäfts gewöhnt sei. Ausnahmen hält das Gericht allerdings bei **Spezialgeschäften** und „am Ort konkurrenzlosen Betrieben" für denkbar. Nach der Art des Geschäfts richtet sich auch, ob es sich bei den Kundenbeziehungen um solche auf Dauer handelt oder nicht („**Laufkundschaft**"). Der räumlich-konkrete Zugang zu einer (spezifischen) „Laufkundschaft" (zB in einem Bürokomplex) kann durchaus ein identitätsbildendes Merkmal der betriebl. Organisation und Wertschöpfung sein, weil zwar nicht die Kundenbeziehungen als solche, wohl aber die diese ermöglichenden materiellen (Grundstück, Räumlichkeiten, Geschäftsumfeld) und immateriellen (Goodwill, „Sogkraft der eingeführten Marke" etc.) Grundlagen die für die jeweilige wirtschaftl. Einheit identitätsstiftenden Faktoren sind[6], während eine boße „gute Lauflage", zB in einer stark frequentierten Einkaufsstraße, hierfür nicht ausreichend ist. Je nach dem Gewicht der zuletzt genannten *soft factors* für die Bewertung der dem Geschäft innewohnenden Chancen und Risiken sowie seinem Erscheinungsbild nach außen kann andererseits ein Betriebsübergang trotz Übergangs aller wesentlichen *hard factors* (Geschäftsräume, feste Einrichtungen etc.) zu verneinen sein. Wird zB ein mittelständisches Textileinzelhandelsgeschäft, das Waren verschiedener Markenhersteller vertreibt, von einer international operierenden Designermarke aufgekauft, die künftig dort nur noch ihr eigenes Sortiment – wenn auch an den potenziell identischen Kundenkreis – verkauft, liegt *kein* Betriebsübergang vor, da sich die **unternehmerischen Grundlagen** und damit die **Chancen** und **Risiken** am Markt entscheidend **verändert** haben. Daher ist dem BAG darin zuzustimmen, dass nicht die konkret zu verkaufenden Waren (= aktueller Warenbestand), wohl aber die im Wesentlichen unveränderte Beibehaltung des Warensortiments und der Betriebsform in aller Regel unverzichtbare Voraussetzung für die Erhaltung der wirtschaftl. Einheit sind[7]. 101

Im Gegensatz zu Einzelhandelsunternehmen und Dienstleistungsfirmen mit direktem (persönlichen) Kundenkontakt in den Geschäftsräumen spielt die räumliche Bindung bei reinen **Produktionsunternehmen** oftmals nur eine untergeordnete Rolle. Ihre **Verlagerung** selbst über eine größere Distanz steht 102

---

[1] Vgl. BAG 22.7.2004 – 8 AZR 350/03, NZA 2004, 1384 (Gefahrstofflager), das den Gedanken der Wertschöpfung aufgreift. ||[2] Ähnlich ErfK/*Preis*, § 613a BGB Rz. 12. ||[3] So für einen IT-Servicebetrieb BAG 21.6.2012 – 8 AZR 181/11, NZA-RR 2013, 6 (IT-Service), Rz. 59. ||[4] Vgl. LAG Köln 8.3.2004 – 4 Sa 1115/03, NZA-RR 2004, 464 (Kino). ||[5] BAG 2.12.1999 – 8 AZR 796/98, NZA 2000, 369 (Elektrohandel); s.a. 15.12.2011 – 8 AZR 692/10, NZA-RR 2012, 570 (Reisebüro); ebenso bereits BAG 30.10.1986 – 2 AZR 696/85, NZA 1987, 382; ErfK/*Preis*, § 613a BGB Rz. 13; vgl. auch Staudinger/*Annuß*, § 613a Rz. 82. ||[6] AA insoweit Staudinger/*Annuß*, § 613a Rz. 72, der solche „Sowieso-Vorteile" für unerheblich erachtet. ||[7] BAG 2.12.1999 – 8 AZR 796/98, NZA 2000, 369 (Elektrohandel).

daher einem Betriebsübergang nicht von vornherein entgegen[1]. Sind die ArbN allerdings nicht bereit, an den neuen Standort zu folgen, muss jeweils sorgfältig geprüft werden, ob nicht der bisherige Betrieb stillgelegt und am künftigen Standort ein neuer Betrieb eröffnet wurde[2], was bei einer Verlegung ins **Ausland** („**Off-shoring**") besonders nahe liegt[3] (vgl. zum grenzüberschreitenden Betriebsübergang sowie zu den IPR-rechtl. Fragen auch Rz. 377f.). IÜ gelten jedoch für die Festellung des Tatbestands des § 613a auch bei einer **Verlagerung ins Ausland** die **allg. Grundsätze** des Sieben-Punkte-Katalogs; der Umstand, dass der Betrieb künftig in den Anwendungsbereich anderer nationaler Rechtsvorschriften fällt, stellt kein eigenständiges Beurteilungskriterium dar, sondern ist im Zusammenhang mit den einzelnen Kriterien des Sieben-Punkte-Katalogs (zB Weiterbeschäftigung der Hauptbelegschaft bei betriebsmittelarmen Betrieben) zu berücksichtigen[4].

103 (2) **Betriebsform und -methoden.** Ein die Identität der wirtschaftl. Einheit beeinträchtigender Wechsel der Betriebsform liegt in aller Regel jedenfalls dann vor, wenn ein bislang individuell und autonom geführtes Handelsgeschäft von einem **Filialisten** „übernommen" und entsprechend seinem allg. Betriebskonzept in die bestehende Filialstruktur eingegliedert und entsprechend umgestaltet wird. Der Filialist macht sich dann nicht die vorgefundene Organisation zu eigen, sondern dehnt seine bereits vorhandene Struktur auf einen neuen Standort aus[5]. Generell kommt es somit zum Verlust der Betriebsidentität, wenn der Betrieb nicht mehr nach dem Organisationskonzept und den Betriebsmethoden des Veräußerers geführt wird, sondern in den beim Erwerber bereits vorhandenen, übergeordneten Organisationsstrukturen gleichermaßen aufgeht.

104 Eine **(sofortige) grundlegende Änderung der Betriebsform** iSd. die (konkrete) Art der betriebl. Organisation und Wertschöpfung prägenden Merkmale (vom BAG auch als „**Konzeptänderung**" bezeichnet) schließt demzufolge einen Betriebs(teil)übergang aus (s. dazu auch Rz. 167ff.). In der Praxis besteht die Schwierigkeit darin, eine (wenn auch modifizierte) Fortsetzung des bisherigen Betriebs von einer solchen grundlegenden Umgestaltung der die betriebl. Wertschöpfung prägenden Merkmale durch den neuen Inhaber zu unterscheiden, wovon im Einzelfall die Feststellung eines Betriebsübergangs abhängen kann. Instruktives Anschauungsmaterial hierzu liefert die **Tausendundeine-Nacht-Entscheidung** des BAG v. 11.9.1997[6], die in der **Umstellung eines Gaststättenbetriebes** von gutbürgerlicher Küche auf ein arabisches Spezialitätenrestaurant durch den Mieter der Immobilie eine die Identität der vormaligen wirtschaftl. Einheit aufhebende Veränderung sah. Bei **Aufgabe der Etablissementbezeichnung**, Wechsel von deutscher zu „exotischer" Küche und grundlegender Änderung der Atmosphäre (arabische Musik, arabisches Personal, Bauchtanz) liege, so das BAG, ein Wechsel der Betriebsmethoden und damit der Arbeitsorganisation iSd. Rspr. des EuGH vor, der eine Identität der wirtschaftl. Einheit ausschließe[7].

105 Entscheidend ist, ob der „Nachfolger" an die von seinem Vorgänger geschaffene **Organisation anknüpft** und diese lediglich fortentwickelt **oder** ob er iSd. **Diskontinuität die betriebliche Wertschöpfung** von vornherein auf ein eigenes, mit den vom Vorgänger geschaffenen Strukturen nicht mehr vergleichbares unternehmerisches Konzept stützt. Eine Testfrage mag insoweit sein, ob der Übernehmer mit seinem **Konzept ein neues, eigenständiges unternehmerisches Risiko** eingeht. Hätte der Nachfolger in dem vom BAG[8] entschiedenen Fall die Etablissementbezeichnung beibehalten und die Gaststätteneinrichtung sowie die Speisekarte lediglich „modernisiert", wäre ein Betriebsübergang uU zu bejahen gewesen. Dagegen bedeutete die abrupte Umstellung auf ein arabisches Spezialitätenlokal nach zutreffender höchstrichterlicher Gastronomiekunde einen wirklichen unternehmerischen Neubeginn und damit keinen Betriebsübergang. Entsprechendes gilt, wenn eine **Privatschule** zwar Räumlichkeiten

---

1 Ebenso BAG 16.5.2002 – 8 AZR 319/01, NZA 2003, 93 (Schuhproduktion); 26.5.2011 – 8 AZR 37/10, NZA 2011, 1143 (bei einer Entfernung von 59 km und Verlagerung in die Schweiz); LAG Bln.-Bbg. 15.3.2013 – 6 Sa 1998/12, Rev. zugelassen (Frankiergeräteherstellung); Staudinger/*Annuß*, § 613a Rz. 82; ErfK/*Preis*, § 613a BGB Rz. 34; aA LAG Nürnberg 26.8.1996 – 7 Sa 981/95, LAGE § 613a BGB Nr. 51. Zweifelnd bei Verlagerung um mehrere hundert Kilometer allerdings BAG 25.5.2000 – 8 AZR 335/99 (Armaturenhersteller). ||2 S. dazu BAG 12.2.1987 – 2 AZR 247/86, AP Nr. 67 zu § 613a BGB. Zur Abgrenzung zwischen Betriebsübergang und Betriebsstilllegungen s.a. Rz. 74ff. und 175ff. ||3 Vgl. den Fall BAG 20.4.1989 – 2 AZR 431/88, AP Nr. 81 zu § 613a BGB (Verlagerung von Produktionsaktivitäten nach Lyon); im Erg. einen Betriebsübergang verneinend auch BAG 16.5.2002 – 8 AZR 319/01, NZA 2003, 93 (Verlagerung einer Schuhproduktion von Deutschland nach Österreich); bejahend hingegen BAG 26.5.2011 – 8 AZR 37/10, NZA 2011, 1143 (Verlagerung eines Betriebsteils in die Schweiz). S. dazu auch LAG BW 17.9.2009 – 11 Sa 39/09, ZIP 2010, 388, sowie *Cohnen*, FS 25 Jahre Arbeitsgemeinschaft Arbeitsrecht, 2006, S. 595; *Gaul/Mückl*, DB 2011, 2318; *Forst*, SAE 2012, 18. ||4 *Forst*, SAE 2012, 18 (22); *Olbertz/Fahrig*, ZIP 2012, 2045 (2047); idS auch BAG 26.5.2011 – 8 AZR 37/10, NZA 2011, 1143 (Verlagerung eines Betriebsteils in die Schweiz). ||5 In diese Richtung auch BAG 22.5.1997 – 8 AZR 101/96, NZA 1997, 1050 (Modegeschäft); vgl. bereits *Willemsen*, RdA 1991, 204 (211); krit. Staudinger/*Annuß*, § 613a Rz. 78. ||6 BAG 11.9.1997 – 8 AZR 555/95, NZA 1998, 31 = EzA § 613a BGB Nr. 153 (*Willemsen/Annuß*) (Tausendundeine Nacht). ||7 BAG 11.9.1997 – 8 AZR 555/95, NZA 1998, 31 = EzA § 613a BGB Nr. 153 (*Willemsen/Annuß*) (Tausendundeine Nacht). ||8 BAG 11.9.1997 – 8 AZR 555/95, NZA 1998, 31 = EzA § 613a BGB Nr. 153 (*Willemsen/Annuß*) (Tausendundeine Nacht). Ähnlich für die Änderung des Bewirtschaftungskonzepts einer Kantine durch den Erwerber (von frischer Zubereitung der Speisen auf bloße Zwischenlagerung und Aufwärmen derselben) BAG 17.12.2009 – 8 AZR 1019/08, NZA 2010, 499 (Betriebskantine).

eines anderen Lehrinstituts übernimmt, nicht aber dessen Lehrkonzepte, sondern mit eigenem Personal ein eigenes Lehrkonzept aufbaut[1]; ebenso wenn der „Übernehmer" eines sog. **Frauenhauses** das Betriebskonzept dahin gehend ändert, dass die präventive Beratung im Vordergrund steht und erst im Notfall die bedrohten Frauen untergebracht werden[2] oder wenn ein **Fachgeschäft für Markenmöbel** auf einen Abholmarkt umgestellt wird[3]. Dagegen hat das LAG Köln die programmatische Ausrichtung eines **Kinos** nicht als identitätsbildend betrachtet[4]. Eine **bloße Verbesserung** des Bewirtschaftungssystems zur Optimierung der Betriebsabläufe steht einer im Wesentlichen unveränderten Fortführung des Betriebs **nicht entgegen**[5], ebensowenig eine bloße **Optimierung der Arbeitsabläufe** und -verteilung oder der **Wegfall einzelner**, bislang bestehender **Arbeitsplätze**[6]. Der Wechsel des von einer Betriebsänderung betroffenen Personals in eine sog. **Transfergesellschaft** stellt keinen Betriebsübergang dar, weil diese einen gänzlich anderen Zweck verfolgt[7].

(3) **Zentrale Bedeutung der Betriebsorganisation und des Betriebszwecks.** Es entspricht ebenso der *ratio legis*, wenn für die Frage, ob der bisherige Betrieb seiner Art nach identisch geblieben ist, der **konkret vorgefundenen Betriebsorganisation** ein zentrales Gewicht beigemessen wird (zur Bedeutung der Organisation für die Identitätsfeststellung s. bereits Rz. 89f.). Selbst wenn die Art des Betriebs dieselbe geblieben ist, kommt es für die Identitätsfrage doch entscheidend darauf an, auf welche Weise der neue Inhaber den Betriebszweck künftig verwirklicht. Übernimmt dieser zwar bestimmte Betriebsmittel, stellt er diese aber zu einer **eigenen, neuen und andersartigen Betriebsorganisation** zusammen, handelt es sich **nicht** mehr um einen artgleichen Betrieb, selbst wenn die damit wahrzunehmende Aufgabe (= Funktion) dieselbe geblieben ist[8]. Diesen Grundsatz hat der 8. Senat des BAG in der Bistrowagen-Entscheidung ausdrücklich bestätigt: Mit der **sofortigen vollständigen Umstrukturierung** nutze der „Erwerber" nicht eine im „Vorgängerbetrieb" vorhandene Arbeitsorganisation; er **lege sich nicht ins „gemachte Bett"**, sondern gründe eine neue Arbeitsorganisation bzw. gliedere die wirtschaftl. Einheit in die bereits vorhandene Organisation ein. Diese sofort erfolgte wesentliche Umgestaltung löse nicht die Rechtsfolgen des § 613a aus[9] (zu den Auswirkungen der *Klarenberg*-Entscheidung des EuGH v. 12.2. 2009 auf diese Rspr. des BAG s. Rz. 90, 128aff.). 106

Auch die Übernahme zahlreicher Betriebsmittel spielt dann keine ausschlaggebende Rolle mehr[10]. Entscheidend ist allerdings, dass die grundlegende Organisationsänderung vom **Erwerber** und **nicht bereits vom bisherigen Betriebsinhaber** vorgenommen wurde[11]. Eine solche den Betriebs(teil)übergang ausschließende Organisationsänderung kann auch darin liegen, dass der Betrieb erheblich **eingeschränkt (verkleinert)** und mit einer **grundlegend veränderten Organisation** geführt wird[12]. 107

Erst recht ändert sich die Art des Betriebs, wenn mit den übernommenen Betriebsmitteln künftig ein **grundlegend anderer Betriebszweck** verfolgt wird. Dies ist nicht erst der Fall, wenn der Betriebszweck gattungsmäßig wechselt (zB von Produktion auf reinen Handel oder reine Dienstleistung), sondern entsprechend dem oben (Rz. 105) ausgeführten Grundgedanken bereits dann, wenn die intendierte **Wertschöpfung** – wiederum unter dem Aspekt der unternehmerischen Chancen und Risiken – ein völlig neues Gepräge erhält. So hat das BAG einen Fall des § 613a verneint, wenn der Erwerber einer Immobilie, in der zuvor ein **FDGB-Freizeitzentrum** betrieben wurde, dort nunmehr einen Hotel- und Restaurationsbetrieb eröffnet[13]. Erwähnenswert ist in diesem Zusammenhang auch eine Entscheidung des LAG Berlin v. 4.3.1998, wonach die Änderung des Betriebszwecks eines bordellartigen Betriebs einen Betriebsübergang iSv. § 613a ausschließt[14]. 108

---

1 Vgl. BAG 21.1.1999 – 8 AZR 680/97 (Privatschule I) und 18.2.1999 – 8 AZR 485/97, NZA 1999, 648 (Privatschule II). Aufschlussreich auch LAG Hamm 20.7.2000 – 4 Sa 2148/99, NZA-RR 2001, 535 (Wechsel von Motoreninstandsetzung zu Motorenaustausch und Ersatzteilgeschäft). ||2 BAG 4.5.2006 – 8 AZR 299/05, NZA 2006, 1096 (Frauenhaus). ||3 BAG 13.7.2006 – 8 AZR 331/05, NZA 2006, 1357 (Möbelhandel). ||4 LAG Köln 8.3.2004 – 4 Sa 1115/03, NZA-RR 2004, 464 (Kino). ||5 BAG 22.7.2004 – 8 AZR 350/03, NZA 2004, 1383 (Gefahrstofflager); 13.12.2007 – 8 AZR 937/06, NZA 2008, 1021 (Lagerbetrieb für Kartonage). ||6 BAG 21.8.2008 – 8 AZR 201/07, NZA 2009, 29 (Hotelbetrieb II). ||7 *Rose/Grimmer*, FS Etzel, 2011, S. 297, 321. ||8 Vgl. BAG 26.6.1997 – 8 AZR 426/95, NZA 1997, 1228 (Verwaltungs-Funktionsnachfolge); 10.12.1998 – 8 AZR 676/97, NZA 1999, 420 (Hol- und Bringdienst); 18.3.1999 – 8 AZR 159/98, NZA 1999, 704 = AP Nr. 189 zu § 613a BGB (*Willemsen/Annuß*) (Kfz-Handel); 11.9.1997 – 8 AZR 555/95, NZA 1998, 31 = EzA § 613a BGB Nr. 153 (*Willemsen/Annuß*) (Tausendundeine Nacht); 21.1.1999 – 8 AZR 680/97 (Privatschule I) und 18.2.1999 – 8 AZR 485/97, NZA 1999, 648 (Privatschule II); 16.5.2002 – 8 AZR 319/01, NZA 2003 (Schuhproduktion); 22.7.2004 – 8 AZR 350/03, NZA 2004, 1383 (Gefahrstofflager); WHSS/*Willemsen*, Rz. G 68 und 97f. Einschränkend nunmehr allerdings EuGH 12.2.2009 – Rs. C-466/07, NZA 2009, 251 – Klarenberg, Rz. 44: Eine (bloße) Änderung der Organisationsstruktur der übertragenen Einheit steht der Anwendung der Richtlinie nicht entgegen. S. zu dieser Entscheidung auch Rz. 128aff. ||9 BAG 6.4.2006 – 8 AZR 249/04, BB 2006, 2192 (*Schnitker/Grau*) (Bahn-Bistrowagen), Rz. 25. Grds. gegen diesen Ansatz LAG Berlin 23.10.2006 – 15 Sa 1314/06, ZIP 2007, 788 (Facility-Management), aufgehoben durch BAG 14.8.2007 – 8 AZR 1043/06, NZA 2007, 1431 (Technische Dienstleistungen in der Charité II). ||10 Ebenso ErfK/*Preis*, § 613a BGB Rz. 19. ||11 Vgl. BAG 23.9.1999 – 8 AZR 614/98; s. dazu WHSS/*Willemsen*, Rz. G 67. ||12 BAG 16.2.2006 – 8 AZR 204/05, NZA 2006, 794 (Heizungs- und Lüftungstechnik). ||13 BAG 16.7.1998 – 8 AZR 81/97, NZA 1998, 1233 (FDGB – Ferienzentrum). ||14 LAG Berlin 4.3.1998 – 13 Sa 159/97, EWiR 1999, 733 (*Schlachter*).

109 Identitätsbildend können iÜ nur die vom bisherigen **Betriebsinhaber selbst geschaffenen** Organisationsstrukturen sein. Als Arbeitsorganisation idS kann im Falle der Auftrags(neu)vergabe zudem **nicht** der **Auftragsinhalt** angesehen werden. Wenn der Auftrag selbst bestimmte **Vorgaben** hinsichtlich der **Zeiteinteilung** der zu erbringenden **Leistungen** und des einzusetzenden Personals enthält, ist dies keine von dem Auftragnehmer geschaffene Organisation, die sich der Nachfolger zunutze machen kann[1].

110 bb) **Etwaiger Übergang der materiellen Betriebsmittel wie Gebäude und bewegliche Güter (Merkmal 2).** Während der Übertragung von Vermögenswerten in der frühen Rspr. des BAG für die Abgrenzung des Betriebs(teil)übergangs zentrale und ausschlaggebende Bedeutung zukam[2], handelt es sich heute im Lichte der EuGH-Rspr. dabei nur um *ein*, je nach der Art des Betriebs (Kriterium 1) allerdings uU nach wie vor sehr bedeutsames Merkmal für die Beurteilung der Betriebsidentität[3]. Infolge der Einbindung des Merkmals in den Gesamtkontext verschiedener Kriterien, von denen nicht sämtliche erfüllt sein müssen, sowie infolge der Anerkennung des Personals als identitätsverkörperndes Element (s. Rz. 16 u. Rz. 137 ff.) schließt die fehlende Übernahme materieller Aktiva einen Betriebs(teil)übergang heute nicht mehr stets und zwingend aus[4]; dies ist vielmehr nur dann der Fall, wenn im Rahmen der gebotenen Gesamtbewertung (vgl. Rz. 93 ff.) die materiellen Betriebsmittel für den Betrieb so prägend sind, dass ohne ihre Übernahme und Weiternutzung durch den Nachfolger nicht mehr von der Wahrung der Identität des bisherigen Betriebs(teils) gesprochen werden kann.

111 **(1) Übergang materieller Aktiva als unverzichtbares Element (insb.) bei Produktionsbetrieben (negative Indizfunktion).** Eine solche negative Indizfunktion kommt dem Kriterium der Übernahme (wesentlicher) materieller Betriebsmittel in aller Regel bei Unternehmen des produzierenden Gewerbes zu. Eine Zusammenschau der Kriterien 1 und 2 ergibt hier, dass für **Produktionstätigkeiten** die dafür eingesetzten **Betriebsmittel** (Gebäude, Maschinenpark, sonstige Einrichtungsgegenstände) nach der Art des Unternehmens (Merkmal 1) so **prägend** sind, dass **ohne** ihre Übernahme ein Betriebsübergang oder ein Betriebsteilübergang bereits aus diesem Grunde **ausscheidet**[5]. Der 3. und 8. Senat des BAG haben diese Sichtweise in mehreren Urteilen bestätigt[6]: Bei Produktionsbetrieben müssten „so viele Produktionsmittel übergehen, dass eine sinnvolle Fortführung der Produktion möglich ist"[7]. Diese Formulierung zeigt, dass die Theorie der Fortführungsmöglichkeit (s. Rz. 68) infolge der Neuausrichtung der BAG-Rspr. nicht gänzlich überholt ist, sondern im Lichte der zutreffenden teleologischen Interpretation wieder die Bedeutung erlangt, die der EuGH[8] ihr von Anfang an beigelegt hatte: Wenn der Betriebsübergang voraussetzt, dass der Nachfolger den bisherigen Betrieb bzw. Betriebsteil tatsächlich fortführt, so ist dies nur dann möglich, wenn er über die – je nach Art des Betriebs unterschiedlichen – sächlichen, immateriellen oder personellen Voraussetzungen (Ressourcen) **verfügt**. Diese Verfügungsmacht **muss** allerdings **nicht auf Eigentum beruhen**; vielmehr sind einem Betrieb sächliche Betriebsmittel auch dann zuzurechnen, wenn ihr Einsatz auf einer **Nutzungsvereinbarung** (Miete, Pacht etc.) beruht (s.a. Rz. 46 ff., 196 f.)[9].

112 Bei Unternehmen, deren Betriebszweck (**Wertschöpfung**) wesentlich von dem Vorhandensein „physischer" Betriebsanlagen abhängt, reicht es mithin zur **Vermeidung** der Rechtsfolgen des § 613a bereits aus, wenn keine relevanten sächlichen Betriebsmittel übernommen werden[10]. Eine derartige Vorgehensweise stellt **keine unzulässige Umgehung** dar, da bei Nichtübernahme der identitätsstiftenden Faktoren eines Betriebs bereits der Zweck der Norm nicht tangiert ist (s.a. Rz. 10a und 92)[11]. Von demselben Betrieb oder Betriebsteil kann nicht mehr gesprochen werden, wenn der „Nachfolger" den Betriebszweck mit eigenen, von ihm selbst zusammengestellten (organisierten) Produktionsanlagen verfolgt[12]. In einer solchen Konstellation fällt selbst die tatsächliche **Weiterbeschäftigung von Personal** (s. Rz. 137 ff.) bei der gebotenen Gesamtwürdigung nicht mehr entscheidend ins Gewicht, zumal diese bei Produktionsunternehmen ohnehin von geringerer indizieller Bedeutung ist als zB bei reinen Dienstleistungsunternehmen[13]. Selbst die tatsächliche Übernahme eines **Großteils** des Personals führt somit in derartigen Konstellationen **nicht** zur Annahme eines Betriebsübergangs[14].

---

1 BAG 25.9.2008 – 8 AZR 607/07, NZA-RR 2009, 469 (Bewachung-Truppenübungsplatz). ‖ 2 S. Rz. 12 sowie den Überblick bei *Willemsen*, RdA 1991, 204 (206 f.). ‖ 3 Ebenso ErfK/*Preis*, § 613a BGB Rz. 17; *Schiefer*, NZA 1998, 1095 (1097). ‖ 4 Vgl. ausdrückl. EuGH 14.4.1994 – Rs. C-392/92, NZA 1994, 545 – Christel Schmidt, Rz. 16; vgl. ferner EuGH 11.3.1997 – Rs. C-13/95, NZA 1997, 433 – Ayse Süzen, Rz. 14. ‖ 5 Vgl. WHSS/*Willemsen*, Rz. G 92. ‖ 6 BAG 3.11.1998 – 3 AZR 484/97 (Zementhersteller); 10.12.1998 – 8 AZR 763/97 (Druckerei eines Zeitungsverlages); 25.5.2000 – 8 AZR 335/99 (Armaturenhersteller); 23.9.2010 – 8 AZR 567/09, NZA 2011, 197 (Maschinenhersteller/Leiharbeit); 28.4.2011 – 8 AZR 709/09 (Kettenschienenproduktion). ‖ 7 BAG 25.5.2000 – 8 AZR 335/99 (Armaturenhersteller). ‖ 8 Insb. mit dem Urt. EuGH 18.3.1986 – Rs. 24/85, EAS RL 77/187/EWG Nr. 2 – Spijkers. ‖ 9 St. Rspr.; s. nur BAG 25.10.2007 – 8 AZR 917/06, BB 2008, 1175 (*Vogel/Neufeld*); 13.12.2007 – 8 AZR 937/06, NZA 2008, 1021 (Lagerbetrieb für Kartonagen); 31.1.2008 – 8 AZR 2/07, ZIP 2008, 2376; 22.10.2009 – AZR 766/08, ZIP 2010, 849 (Metzgerei). ‖ 10 WHSS/*Willemsen*, Rz. G 92. ‖ 11 So ausdrücklich BAG 27.9.2007 – 8 AZR 941/06, NZA 2008, 1130 (Müllsortieranlage); vgl. auch WHSS/*Willemsen*, Rz. G 93. ‖ 12 Ausgenommen sind hier nur die Fälle, in denen der Erwerber unter Beibehaltung der vorgefundenen Organisation lediglich einzelne Maschinen austauscht. ‖ 13 So ausdrückl. BAG 3.11.1998 – 3 AZR 484/97 (Zementhersteller); 28.4.2011 – 8 AZR 709/09 (Kettenschienenproduktion). ‖ 14 BAG 28.4.2011 – 8 AZR 709/09 (Kettenschienenproduktion).

113 Fraglich ist, ob neben der – unverzichtbaren – Übernahme von Betriebsanlagen bei einem **Produktionsunternehmen** auch die Übernahme (= Weiternutzung) der bisherigen **Betriebsgebäude** durch den Erwerber für die Annahme eines Betriebsübergangs erforderlich ist (zur Bedeutung der Ortsbindung s. bereits Rz. 101f.). Unzweifelhaft kommt der bzw. den Immobilie(n), in denen der Betriebszweck realisiert wird, im Rahmen des Sieben-Punkte-Katalogs (Rz. 94) eine erhebliche Bedeutung zu, wie bereits ihre besondere Hervorhebung im Rahmen des Merkmals 2 belegt. Daraus folgt aber noch nicht zwingend, dass ohne die Übernahme von Gebäuden (nicht iSd. Eigentumserwerbs, sondern der Einräumung eines entsprechenden Nutzungsrechts, ggf. auch nur auf Zeit, vgl. Rz. 46) ein Betriebsübergang bei Produktionsunternehmen selbst dann ausscheidet, wenn iÜ alle materiellen Grundlagen übernommen und tatsächlich weiter genutzt werden. Auch außerhalb des „Einzugsbereichs" von § 613a kann ein Betrieb unter Beibehaltung seiner Identität an einen anderen Ort verlegt werden (s. § 111 BetrVG Rz. 34 ff.). Bei **räumlicher Verlagerung** der Betriebsmittel durch den Erwerber der Produktionsanlagen – ggf. auch ins **Ausland** – dürfte somit entscheidend sein, ob sie am neuen Ort und in dem neuen Betriebsgebäude wieder so „arrangiert" werden, dass ihr ursprünglicher Funktionszusammenhang (zur Bedeutung s. Rz. 18 und 88 ff.) erhalten bleibt und demzufolge auch am neuen Standort die den bisherigen Betrieb prägende Organisationsstruktur iS eines konkreten „Wertschöpfungszusammenhangs" fortgeführt wird[1]. Auch das BAG stellt bei Produktionsunternehmen auf die unveränderte Gesamtorganisation ab[2]. Dies spricht dafür, unter einer solchen Prämisse § 613a auch dann anzuwenden, wenn der Übernehmer aller betriebsnotwendigen Einrichtungen sogleich eine **Ortsverlagerung** vornimmt, um den Betrieb mehr oder weniger nahtlos[3] am neuen Standort fortzuführen[4]; eine Ausnahme folgt bereits aus der Natur der Sache heraus dann, wenn der Produktionsbetrieb zwingend ortsgebunden ist, was bspw. bei einem Steinbruch, einem Wasser- bzw. Elektrizitätswerk oder auch bei einem Truppenübungsplatz[5] der Fall ist bzw. sein kann.

114 Die **fehlende Übernahme von Betriebsanlagen und -einrichtungen** kann nicht nur bei Unternehmen des produzierenden Gewerbes, sondern ganz allg. bei allen Arten von Betrieben als **absolutes Ausschlusskriterium** Bedeutung erlangen, deren Wertschöpfung maßgeblich von dem Einsatz solcher sächlichen Betriebsmittel abhängt. Dies ist zB (auch) bei Unternehmen des **Transportgewerbes** regelmäßig der Fall. Ein insoweit als Leitentscheidung zu betrachtendes Urt. des EuGH v. 25.1.2001 betraf den Betrieb von **regionalen Buslinien** im Auftrag eines finnischen Zweckverbandes, wobei anlässlich des Wechsels des Auftragnehmers keines der insg. 26 Fahrzeuge oder andere wesentliche sächliche Aktiva im Zusammenhang mit dem Betrieb der Buslinie auf den Auftragsnachfolger übertragen wurden. Der EuGH stellt entscheidend darauf ab, dass der Busverkehr nicht zu den betriebsmittelarmen Tätigkeiten zähle (zur Notwendigkeit dieser Unterscheidung s. Rz. 97 f.) und der fehlende Übergang des unerlässlichen sächlichen Substrats für den ordnungsgemäßen Betrieb der Einheit – hier insb. der Omnibusse – es ausschließe, dass die Einheit ihre Identität bewahre[6]. Selbst die Weiterbeschäftigung eines erheblichen Teils des Personals des Vorgängers[7] sowie der Übergang des Kundenstamms vermögen, so der EuGH, daran nichts zu ändern[8]. Diese Ausführungen des EuGH lassen darauf schließen, dass generell bei allen kapitalintensiven Tätigkeiten mit einem entsprechenden hohen **Investitionsaufwand** die Nichtübernahme der für die Betriebsfortführung charakteristischen Aktiva das Vorliegen eines Betriebs(teil)übergangs von vornherein verhindert; der (Auftrags-)Nachfolger ist dann grds. frei, so viel Personal seines Vorgängers zu übernehmen, wie er will, ohne damit – in deutlichem Gegensatz zu den sog. betriebsmittelarmen Tätigkeiten, dazu Rz. 140 ff. – Gefahr zu laufen, allein wegen dieser freiwilligen Personalübernahme die Rechtsfolgen des § 613a auszulösen[9]. Mit dem auf freiwilliger Basis, außerhalb von § 613a, übernommenen Personal können dann ohne Bindung an das vorausgegangene ArbVerh neue Arbeitsbedingungen ausgehandelt werden; auch Abs. 1 S. 2–4 findet weder direkt noch analog Anwendung (s. allg. Rz. 248 ff.).

115 Praktische Relevanz erlangt dieses **Konzept einer substratfreien Funktionsnachfolge** (s.a. Rz. 14 und 172 ff.) außer in den bereits erwähnten Produktions- und Transportbranchen zB auch in **hoch technisierten Dienstleistungsbranchen** wie etwa einem **IT-Rechenzentrum**[10], einem **Lager oder Logistikzentrum** sowie in medizinischen, naturwissenschaftlichen oder technischen **Forschungseinrichtungen** mit entsprechend hohem Investitionsaufwand. Geht der „**identitätsstiftende Kern**" der Betriebsanla-

---

1 S. dazu das Bsp. bei WHSS/*Willemsen*, Rz. G 78; ähnlich Staudinger/*Annuß*, § 613a Rz. 82. ||2 BAG 3.11.1998 – 3 AZR 484/97 (Zementhersteller); 16.5.2002 – 8 AZR 319/01, NZA 2003, 93 (Schuhproduktion); vgl. auch LAG Düss. 16.2.1995 – 12 Sa 1925/94, NZA-RR 1996, 241. ||3 Zu der Bedeutung längerer Unterbrechungszeiten Rz. 175 ff. ||4 Im Erg. ebenso BAG 26.5.2011 – 8 AZR 37/10, NZA 2011, 1143 (Verlagerung eines Betriebsteils in die Schweiz); *B. Gaul*, Betriebs- und Unternehmensspaltung, § 6 Rz. 216. ||5 Vgl. dazu BAG 27.4.2000 – 8 AZR 260/99 (Truppenübungsplatz). ||6 EuGH 25.1.2001 – Rs. C-172/99, NZA 2001, 249 – Oy Liikenne AB. ||7 Im konkreten Fall immerhin 33 von insg. 45 Fahrern. ||8 EuGH 25.1.2001 – Rs. C-172/99, NZA 2001, 249 – Oy Liikenne AB, Rz. 41; diesem Ansatz ebenfalls für ein Busunternehmen folgend LAG Hess. 19.2.2013 – 13 Sa 1029/12, Rev. nicht zugelassen (Busunternehmen). Unrichtig in der Begründung insoweit das „Busurteil" des LAG Köln 14.3.2000 – 13 Sa 1356/99, NZA-RR 2000, 634. ||9 In der Tendenz ebenso BAG 3.11.1998 – 3 AZR 484/97 (Zementhersteller); 10.12.1998 – 8 AZR 763/97 (Druckerei eines Zeitungsverlages); 25.5.2000 – 8 AZR 335/99 (Armaturenhersteller); s.a. WHSS/*Willemsen*, Rz. G 67. ||10 Einen solchen Fall betraf das Urt. des BAG 24.4.1997 – 8 AZR 848/94, NZA 1998, 253 (EDV-Dienstleistung).

gen nicht auf den Nachfolger über, fehlt es somit an einem Betriebsübergang iSd. der Rspr. sowohl des EuGH als auch des BAG. Bei **Betriebsteilen** ist eine fortbestehende Identität nur dann anzunehmen, wenn **gerade** die **wesentlichen, prägenden** Betriebsmittel dieser Betriebe auf einen Erwerber übergegangen sind[1].

116 **(2) Übergang materieller Aktiva als zu Gunsten eines Betriebsübergangs sprechendes Kriterium (positive Indizfunktion).** Gehen andererseits materielle Aktiva in erheblichem Umfang und von erheblichem Wert auf den Nachfolger über, kann dies – wiederum vorbehaltlich einer Gesamtbewertung aller sieben Punkte – erheblich und uU sogar entscheidend für das Vorliegen eines Betriebsübergangs oder wenigstens Betriebsteilübergangs sprechen. Gerade in **Produktionsbereichen** zeigt sich die besondere Bedeutung dieses Merkmals auch im positiven Sinne: Wird die Betriebsimmobilie nebst allen erheblichen Bestandteilen des Anlage- und Umlaufvermögens[2] unverändert übernommen und damit ein im Wesentlichen identischer Betriebszweck verfolgt, führt an der Bejahung des Betriebsübergangs oder Betriebsteilübergangs selbst bei Fehlen anderer Kriterien im Rahmen des Sieben-Punkte-Katalogs oftmals kein Weg mehr vorbei. Zu diesem Ergebnis ist das BAG in zwei Entscheidungen gelangt, die einen Betrieb der **Druckweiterverarbeitung**[3] bzw. einen **Zementhersteller**[4] betrafen. Es wird entscheidend darauf abgestellt, dass nicht nur die wesentlichen Betriebsmittel übernommen wurden, sondern auch die Gesamtorganisation des Betriebs erhalten geblieben sei. Bei einer solchen unveränderten Gesamtorganisation stehe selbst der **Austausch der Hauptbelegschaft** einem Betriebsübergang **nicht entgegen**. Eindeutig in dieselbe Richtung weisen auch das **Gefahrstofflager-Urteil** v. 22.7.2004[5] sowie das Urteil zur **Kleinpaketfertigung** im Rahmen der Druckweiterverarbeitung v. 27.1.2011[6], während für einen **Dachdeckerbetrieb** die identitätsprägende Bedeutung sächlicher Betriebsmittel verneint wurde[7]. Eher erstaunlich ist hingegen, dass bei einem **Rettungsdienst**, dessen Tätigkeit den Einsatz hochqualifizierten Personals (Rettungshelfer, Rettungssanitäter, Rettungsassistenten, Notärzte) erfordert, allein auf den Übergang der sächlichen Betriebsmittel (Rettungs- und Krankentransportwagen sowie Notarzteinsatzfahrzeuge) abgestellt, die Nichtübernahme von Personal hingegen für nicht relevant erklärt wurde[8].

117 Es ist sicher richtig, dass in Branchen, deren Wertschöpfung maßgeblich durch sächliche Betriebsmittel geprägt wird, deren **konkrete räumlich-funktionale Anordnung** die – im Rahmen der Ratio des § 613a maßgebliche – Betriebsorganisation verkörpern kann. Bei Betrieben dieser Art kann die Betriebsorganisation den Inhaberwechsel somit uU schon allein dadurch überdauern, dass ihre materiellen Grundlagen „wie sie stehen und liegen" auf einen Dritten übertragen werden (zu dem Aspekt der Abstrahierung der Betriebsorganisation von der Person des bisherigen Inhabers s. Rz. 89). Auf den Eintritt in bestehende Kundenbeziehungen (Merkmal 5) kommt es dann bei tatsächlicher Fortführung einer gleichartigen Produktion ebenso wenig an wie auf den Wert immaterieller Aktiva (Goodwill etc.), jedenfalls soweit die Produktionsaktivitäten betroffen sind[9]. Einzig fraglich bleibt sodann, ob unter der vorgenannten Prämisse ein Betriebsübergang ohne (freiwillige) Übernahme auch nur eines einzigen ArbN denkbar ist, wenn also der Übernehmer der wesentlichen Betriebsanlagen diese künftig mit einer **komplett neu eingestellten** bzw. von einem oder mehreren anderen eigenen Betrieb(en) übernommenen **Belegschaft** führt.

118 Grds. ausgeschlossen erscheint dies vor dem Hintergrund des *Abler*-Urteils des EuGH v. 20.11.2003 (vgl. Rz. 53) sowie der in Rz. 116 zitierten BAG-Entscheidungen nicht. Allerdings wird es sich hierbei in der Praxis eher um seltene **Ausnahmekonstellationen** handeln. Die Erfahrung lehrt nämlich, dass der Betrieb von Anlagen mit einer gewissen Komplexität das Know-how einer eingespielten Belegschaft oder zumindest einer bestimmten Anzahl von Schlüsselkräften erfordert. Eine (nahtlose) Betriebsfortführung ist dann ohne deren Weiterbeschäftigung ohnehin nicht möglich[10]. Kommt es andererseits bei einem Produktionsbetrieb zur Weiterbeschäftigung einer „Gesamtheit von ArbN", hat dies wiederum erhebliche Indizwirkung zu Gunsten eines Betriebsübergangs[11].

119 Auch bei **Handels- und Dienstleistungstätigkeiten** kann die Übernahme materieller Betriebsmittel im Rahmen der erforderlichen Gesamtbewertung indizielle Wirkung entfalten, vorausgesetzt, dass sie zur **Betriebssphäre** des (Auftrags-)Nachfolgers und nicht des Kunden gehören (s. Rz. 50 ff.)[12]. Wirklich aus-

---

1 BAG 16.2.2006 – 8 AZR 204/05, NZA 2006, 794 (Heizungs- und Lüftungsbau), Rz. 27. ||2 Nach BAG 22.9.1994 – 2 AZR 54/94, NZA 1995, 165 soll bei Übernahme der sonstigen sächlichen und materiellen Betriebsmittel eines Produktionsbetriebs der Betriebsübergang nicht daran scheitern, dass jederzeit ersetzbare Bestände des Materiallagers – selbst bei notwendigen Investitionen in Millionenhöhe – ergänzt werden müssen. ||3 BAG 26.8.1999 – 8 AZR 588/98 (Druckweiterverarbeitung). ||4 BAG 3.11.1998 – 3 AZR 484/97 (Zementhersteller). ||5 BAG 22.7.2004 – 8 AZR 350/03, NZA 2004, 1383 (Gefahrstofflager). ||6 BAG 27.1.2011 – 8 AZR 326/09, NZA 2011, 1162 (Kleinpaketfertigung). ||7 BAG 26.7.2007 – 8 AZR 769/06, NZA 2008, 112 (Dachdeckerbetrieb). ||8 BAG 10.5.2012 – 8 AZR 434/11, NZA 2012, 1161 (Rettungsdienst). ||9 Der Eintritt in Kundenbeziehungen kann allerdings für die Frage eine Rolle spielen, ob auch der Vertriebsbereich eines Unternehmens der produzierenden Industrie übergegangen ist; zur Notwendigkeit einer Unterscheidung nach einzelnen Betriebsteilen s. Rz. 43. ||10 Zutr. LAG Düss. 16.2.1995 – 12 Sa 1925/94, NZA-RR 1996, 241. ||11 Ebenso BAG 25.5.2000 – 8 AZR 335/99 (Armaturenhersteller); 10.12.1998 – 8 AZR 763/97 (Druckerei eines Zeitungsverlages). ||12 IdS für den Lagerbestand eines IT-Servicebetriebs von erheblichem Wert BAG 21.6.2012 – 8 AZR 181/11, NZA-RR 2013, 6 (IT-Service): „weiteres" Indiz für einen Betriebsübergang (Rz. 45).

schlaggebende Bedeutung kommt ihr aber nur dann zu, wenn und soweit die individuelle **Wertschöpfung** (zum Begriff s. Rz. 18 aE) wesentlich durch den Einsatz kapitalintensiver und/oder für den geschäftlichen Erfolg unverzichtbarer Betriebseinrichtungen geprägt ist, wie dies bspw. bei der Immobilie für ein **Warenhaus** oder der technischen Ausstattung für die **Bodendienste** einer Fluglinie auf **Flughäfen** der Fall sein mag[1]. Anders als bei reinen Produktionsunternehmen kann im Dienstleistungsbereich die Übernahme und unveränderte Weiternutzung von materiellen Aktiva als solche, selbst wenn es sich dabei um alle wesentlichen Bestandteile des Betriebsvermögens handeln sollte, idR **ohne Hinzutreten weiterer Merkmale des Sieben-Punkte-Katalogs noch nicht einmal ansatzweise die Annahme eines Betriebsübergangs begründen.** Typischerweise hat der „Faktor Mensch" bei Handels- und Dienstleistungsunternehmen für deren äußere Darstellung und den Erfolg beim Kunden ein so erhebliches Gewicht, dass ohne Weiterbeschäftigung der für diesen Erfolg wesentlichen ArbN ein Betriebsübergang nicht vorstellbar erscheint[2]; selbst die Übertragung sämtlicher materieller Betriebsmittel vermag dann ohne Übernahme von Personal einen Betriebs(teil)übergang nicht zu begründen[3]. Hier kann also – wie ohnehin im Regelfall – nur eine Kombination verschiedener Faktoren des Sieben-Punkte-Katalogs zur abschließenden Feststellung eines Betriebsübergangs führen. Der **8. Senat** des BAG scheint dies inzwischen **anders** zu sehen, wie das „Rettungsdienst"-Urt. v. 10.5.2012 (s.o. Rz. 116 aE) erkennen lässt. Dem ist entschieden zu **widersprechen**, da bei hochqualifizierten Dienstleistungstätigkeiten Betriebsidentität und -organisation entscheidend durch das jeweils eingesetzte Personal mit geprägt werden (s. dazu auch Rz. 125).

Sächliche Betriebsmittel, die entweder nur einen **verhältnismäßig geringen materiellen Wert** haben oder aber zumindest **jederzeit leicht austauschbar** sind, spielen demggü. für die Beurteilung der Identitätswahrung bei Handels- und Dienstleistungsbetrieben idR **keine** oder nur eine deutlich **untergeordnete Rolle, selbst wenn** sie „unverzichtbar" oder „notwendig" sind[4]. Das gilt bei Einzelhandelsgeschäften zB für die **Ladeneinrichtung** sowie für vorhandene **Warenbestände**, von deren Erwerb die Betriebsfortführung in aller Regel nicht abhängt[5]. Insoweit – und nur insoweit – kann für die Beurteilung eines Betriebsübergangs ergänzend auf die frühere, dh. vor *Ayse Süzen* ergangene Rspr. des BAG zurückgegriffen werden[6]. Für (betriebsmittelarme) Dienstleistungsbetriebe wie zB Vertriebsbüros, Werbeagenturen, Beratungsunternehmen, Lehrinstitute und freiberufliche Tätigkeiten (Steuerberater, Wirtschaftsprüfer, Rechtsanwälte etc.) spielt die **Büroeinrichtung** zwar je nach ihrem Wert uU eine gewisse Rolle, kann aber bei der Gesamtbewertung jedenfalls in aller Regel nicht entscheidend ins Gewicht fallen[7]. Hier kommt es vielmehr vor allem auf die Weiterbeschäftigung der sog. Hauptbelegschaft, die Fortführung der bisher geprägten Betriebsmethoden und -konzepte sowie die Beibehaltung des bisherigen Kundenkreises an[8]. Sächliche Betriebsmittel, denen im Hinblick auf den Betriebszweck lediglich eine **Hilfsfunktion** zukommt, bleiben somit in idR außer Betracht. Dies gilt auch für ein **Wachlokal** und die darin vorgehaltene Ausrüstung, weil dieses nicht unmittelbar der Sicherung und Bewachung des zu überwachenden Objekts dient[9].

Sächliche Betriebsmittel, und zwar auch solche von geringerem materiellen Wert, können allerdings für die Beurteilung der Identitätswahrung bei Handels- und Dienstleistungsunternehmen dann eine zentrale Bedeutung erlangen, wenn sich in ihnen das für die unveränderte Betriebsfortführung maßgebliche **Know-how** verkörpert. Diese Überlegung greift vor allem in Bezug auf die immateriellen Betriebsmittel (Merkmal 3; s. Rz. 129 ff.) sowie die existierenden **Kundenbeziehungen** (Merkmal 5; s. Rz. 156 ff.) verkörpernden **Geschäftsunterlagen** und **Datenbestände**[10] jeglicher Art. Entsprechendes gilt auch, wenn die individuellen **Betriebsmethoden** (s. Rz. 160 und 168) in umfangreichem (zB Lehr-)Material dokumentiert sind, weil dann ohne ihre Übergabe an den Nachfolger eine identitätswahrende Betriebsfortführung oftmals nicht möglich ist[11]. Bei Handelstätigkeiten spielen **Kundenlisten** dann eine

---

1 So für die Räumlichkeiten eines Einzelhandelsgeschäfts jedenfalls BAG 2.12.1999 – 8 AZR 796/98, NZA 2000, 369 (Elektrohandel); für die Bodendienste einer Fluglinie auf einem Großflughafen BAG 16.5.2007 – 8 AZR 693/06, NZA 2007, 1296 (Flughafen: Bodendienste). ||2 So – zT wörtlich wiedergegeben – BAG 22.5.1997 – 8 AZR 101/96, NZA 1997, 1050 (Modegeschäft). ||3 So ausdrücklich BAG 30.10.2008 – 8 AZR 397/07, NZA 2009, 485 = AP Nr. 358 zu § 613a BGB (*Willemsen*) (Anwaltskanzlei), Rz. 36. ||4 IdS BAG 25.9.2008 – 8 AZR 607/07, NZA-RR 2009, 469 (Bewachung-Truppenübungsplatz); 15.12.2011 – 8 AZR 197/11, NZA-RR 2013, 179 (Neuvergabe eines Bewachungsauftrags III), Rz. 51; 15.12.2011 – 8 AZR 692/10, NZA-RR 2012, 570 (Reisebüro), Rz. 46; 21.6.2012 – 8 AZR 181/11, NZA-RR 2013, 6 (IT-Service), Rz. 33; ebenso *Müller-Bonanni*, NZA Beil. 1/2009, 13 (14). ||5 BAG 2.12.1999 – 8 AZR 796/98, NZA 2000, 369 (Elektrohandel); vgl. aus der früheren Rspr. BAG 30.10.1986 – 2 AZR 696/85, NZA 1987, 382; 26.2.1987 – 2 AZR 321/86, NZA 1987, 589; 10.6.1988 – 2 AZR 801/87, ZIP 1988, 1272; 18.5.1995 – 8 AZR 741/94, EzA § 613a BGB Nr. 139; LAG Hamm 7.1.1999 – 4 Sa 2350/97, ZInsO 1999, 363 LS 1. ||6 So ausdrücklich BAG 2.12.1999 – 8 AZR 796/98, NZA 2000, 369 (Elektrohandel). ||7 Vgl. BAG 21.1.1999 – 8 AZR 680/97 (Privatschule I); 30.10.2008 – 8 AZR 397/07, NZA 2009, 485 = AP Nr. 358 zu § 613a BGB (Anwaltskanzlei); 15.12.2011 – 8 AZR 692/10, NZA-RR 2012, 570 (Reisebüro). ||8 BAG 21.1.1999 – 8 AZR 680/97 (Privatschule I); 18.2.1999 – 8 AZR 485/97, NZA 1999, 648 (Privatschule II); 30.10.2008 – 8 AZR 397/07, NZA 2009, 485 = AP Nr. 358 zu § 613a BGB (*Willemsen*) (Anwaltskanzlei); 22.6.2011 – 8 AZR 107/10, NZA-RR, 2012, 119 (Arztpraxis). ||9 BAG 15.12.2011 – 8 AZR 197/11, NZA-RR 2013, 179 (Neuvergabe eines Bewachungsauftrags III); ähnlich für die Buchungsterminals eines Reisebüros BAG 15.12.2011 – 8 AZR 692/10, NZA-RR 2012, 570 (Reisebüro). ||10 Allerdings reicht bei einem betriebsmittelgeprägten Betrieb die Überspielung von Daten für einzelne Aufträge nicht aus; vgl. BAG 16.5.2007 – 8 AZR 693/06, NZA 2007, 1296 (Flughafen: Bodendienste). ||11 Zur Bedeutung von Lehrkonzepten einer Privatschule vgl. BAG 21.1.1999 – 8 AZR 680/97 (Privatschule I).

wesentliche Rolle, wenn das Unternehmen durch langfristige Kundenbeziehungen wesentlich geprägt wird und der „Kundenstamm" sich auch nicht auf anderem Wege zuverlässig identifizieren lässt (s. dazu aber auch Rz. 157). Oftmals wird es sich sowohl dabei sowie (vor allem) bei der Frage, welche Unterlagen dem Nachfolger übergeben wurden, um ein **Beweisproblem** handeln (zur Beweislastverteilung s. Rz. 373 f.).

122 (3) **Möglichkeit eines Betriebs(teil)übergangs ohne jegliche Übernahme materieller (sächlicher) Betriebsmittel bei sog. betriebsmittelarmen Tätigkeiten.** Es stellt einen wesentlichen, durch die Judikatur des EuGH bedingten **Grundsatz** in der BAG-Rspr. dar, dass – wiederum in Abhängigkeit von der Art des Betriebs/Unternehmens – ein Betriebs(teil)übergang selbst dann in Betracht kommen kann, wenn seitens des Nachfolgers keinerlei sächliche Betriebsmittel übernommen wurden[1]. Dies trifft aus den oben (Rz. 111 f.) dargelegten Überlegungen allerdings nur auf solche Betriebe oder Betriebsteile zu, die ganz wesentlich nicht durch den Einsatz sächlicher Betriebsmittel, sondern der **menschlichen Arbeitskraft** geprägt werden[2]. Bei einer solchen (vollständigen) **Prädominanz der personen(= dienstleistungs-)bezogenen Wertschöpfung** können die sächlichen Betriebsmittel dergestalt in den Hintergrund treten, dass ihre Übernahme oder Nichtübernahme nahezu jegliche Aussagekraft im Hinblick auf § 613a verliert.

123 So kann es bspw. im **Reinigungsgewerbe**, dem für die Fortentwicklung der Rspr. auf diesem Gebiet eine Schrittmacherrolle zufällt, für die Feststellung eines Betriebsübergangs schwerlich darauf ankommen, ob außer der bzw. den betreffenden Raumpflegerinnen auch deren Arbeitsgeräte wie Putzeimer und Schrubber mit „übertragen" werden[3]. Auch **Bewachungsleistungen** werden üblicherweise nur unter Einsatz einfacher Arbeitsmittel wie Mobiltelefonen, Funkgeräten, Stechuhren, Taschenlampen, Uniformen (evtl. aber auch Waffen und Hunden) angeboten. Diese setzt der Anbieter zwar auf Grund eigener Kalkulation ein[4]; indizielle Bedeutung für einen Betriebsübergang kommt ihnen aber nicht zu. Entsprechendes gilt für manuelle **Verpackungstätigkeiten** ohne größere technische Hilfsmittel[5].

124 Einstweilen frei.

125 Diese Erkenntnis macht es erforderlich, den **Kreis der sog. betriebsmittelarmen Tätigkeiten richtig zu definieren**, weil ansonsten falsche Ergebnisse drohen. Das BAG hat hierzu bislang gerechnet: **Reinigungsunternehmen**[6]; ein **Catering-Unternehmen**, das ein Betriebsrestaurant zu bewirtschaften hatte[7]; das **Callcenter** eines Kaufhauskonzerns[8]; einen **IT-Service**[9]; die **Verwaltung** eines fremdgenutzten Mietshauses[10]; **Anwaltskanzleien**[11]; eine vom Inhaber allein betriebene **Arztpraxis**[12]; **Bewachungsunternehmen**[13]; den **Hol- und Bringdienst** in einem Krankenhaus[14] sowie **Privatschulen**[15], **nicht** jedoch einen Betrieb des **Druckereigewerbes**[16], einer **Müllsortieranlage**[17], einer **Betriebskantine**[18], eines öffentl. **Rettungsdienstes**[19] sowie eines **Gefahrstofflagers**[20]. Für nicht, jedenfalls nicht überwiegend durch den Einsatz menschlicher Arbeitskraft geprägt erachtet es auch die **Durchführung von Personen- und Handgepäckkontrollen** an Flughäfen[21], was angesichts der mindestens gleichwertigen Bedeutung der Sachkunde des Personals im Verhältnis zu den eingesetzten technischen Geräten zweifelhaft erscheint[22]. Ebenso als nicht betriebsmittelarm angesehen wurden die Aufgaben des **Bodendienstes** einer

---

[1] EuGH 14.4.1994 – Rs. C-392/92, NZA 1994, 545 – Christel Schmidt; 11.3.1997 – Rs. C-13/95, NZA 1997, 433 – Ayse Süzen = SAE 1997, 276 (278) (*Thüsing*); 2.12.1999 – Rs. C-234/98, AP Nr. 28 zu RL 77/187/EWG – Allen ua.; 24.1. 2002 – Rs. C-51/00, NZA 2002, 265 – Temco; ErfK/*Preis*, § 613a BGB Rz. 17. ||[2] EuGH 11.3.1997 – Rs. C-13/95, NZA 1997, 433 – Ayse Süzen, Rz. 21, seitdem st. Rspr. auch des BAG; vgl. zB BAG 21.6.2012 – 8 AZR 181/11, NZA-RR 2013, 6 (IT-Service); 29.6.2000 – 8 AZR 520/99 (Kommissionierbetrieb). ||[3] Vgl. - in krit. Auseinandersetzung mit dem vielgescholtenen Urt. des EuGH 14.4.1994 – Rs. C-392/92, NZA 1994, 545 – Christel Schmidt – *Willemsen*, DB 1995, 924 (925). ||[4] Vgl. BAG 22.1.1998 – 8 AZR 775/96, NZA 1998, 638 (Neuvergabe eines Bewachungsauftrags I). ||[5] Vgl. LAG Rh.-Pf. 15.5.2008 – 11 Sa 37/08 (Verpackungstätigkeiten). ||[6] BAG 13.11.1997 – 8 AZR 295/95, NZA 1998, 251 (Reinigung I/Wiedereinstellung); 11.12.1997 – 8 AZR 729/96, NZA 1998, 534 (Reinigung II); 24.5.2005 – 8 AZR 333/04, NZA 2006, 31 (Reinigung III); 21.5.2008 – 8 AZR 481/07, NZA 2009, 144 (Reinigungs/Service-GmbH). ||[7] BAG 11.12.1997 – 8 AZR 426/94, NZA 1998, 532 (Catering I). ||[8] BAG 25.6.2009 – 8 AZR 258/08, NZA 2009, 1412 (Callcenter). ||[9] BAG 21.6.2012 – 8 AZR 181/11, NZA-RR 2013, 6 (IT-Service). ||[10] BAG 15.11.2012 – 8 AZR 683/11 (Hausverwaltung). ||[11] BAG 30.10.2008 – 8 AZR 397/07, NZA 2009, 485 = AP Nr. 358 zu § 613a BGB (*Willemsen*) (Anwaltskanzlei). ||[12] BAG 22.6.2011 – 8 AZR 107/10, NZA-RR 2012, 119 (Arztpraxis). Eine Ausnahme wird dort (Rz. 37) lediglich für besonders geräteintensive (zB radiologische oder nuklear-medizinische) Praxen erwogen. ||[13] BAG 22.1.1998 – 8 AZR 775/96, NZA 1998, 638; 14.5.1998 – 8 AZR 418/96, NZA 1999, 483 (Neuvergabe eines Bewachungsauftrags I und II); 25.9.2008 – 8 AZR 607/07, NZA-RR 2009, 469 (Bewachung-Truppenübungsplatz). ||[14] BAG 10.12.1998 – 8 AZR 676/97, NZA 1999, 420 (Hol- und Bringdienst). ||[15] BAG 21.1.1999 – 8 AZR 680/97 (Privatschule I) und 18.2.1999 – 8 AZR 485/97, NZA 1999, 648 (Privatschule II), freilich mit gewissen Einschränkungen. ||[16] BAG 10.12.1998 – 8 AZR 763/97 (Druckerei eines Zeitungsverlages). ||[17] BAG 27.9. 2007 – 8 AZR 941/06, NZA 2008, 1130 (Müllsortieranlage). ||[18] BAG 17.12.2009 – 8 AZR 1019/08, NZA 2010, 499 (Betriebskantine). ||[19] BAG 10.5.2012 – 8 AZR 434/11, NZA 2012, 1161 (Rettungsdienst); s. dazu auch oben Rz. 116 und 119. ||[20] BAG 22.7.2004 – 8 AZR 350/03, NZA 2004, 1383 (Gefahrstofflager); ähnlich für einen industriellen Lagerbetrieb BAG 13.12.2007 – 8 AZR 937/06, NZA 2008, 1021 (Lagerbetrieb für Kartonagen). ||[21] BAG 13.6.2006 – 8 AZR 271/05, NZA 2006, 1101 (Personenkontrolle am Flughafen). ||[22] S. dazu krit. *Willemsen*, FS Richardi, 2007, S. 475 (487 f.); *Willemsen/Müntefering*, NZA 2006, 1185 (1190).

Fluglinie (Check-in, Operations etc.) auf einem **Großflughafen**[1] sowie die mit maschineller Unterstützung erfolgende **Fertigung von Kleinpaketen** für den Versand von Druckereierzeugnissen[2]. Der EuGH hat bislang vor allem **Reinigungsunternehmen** in die Kategorie der betriebsmittelarmen Tätigkeiten eingeordnet[3], während er bei einem **Busverkehr** das Vorliegen einer betriebsmittelarmen Tätigkeit ebenso verneint hat[4] wie bei einem **Verpflegungsbetrieb** in einem Krankenhaus[5]. Angesichts der Besonderheiten des **Leiharbeitsgewerbes** rechnet er auch dieses zu den betriebsmittelarmen Tätigkeiten, bei denen somit auch ohne Übertragung materieller Betriebsmittel ein Betriebsübergang oder -teilübergang möglich sei[6]. Dies betrifft allerdings nur diejenigen Fälle, in denen es um den Übergang des Leiharbeitsunternehmens geht. Übernimmt dieses dagegen von einem Produktionsbetrieb lediglich das Personal, um es anschließend dem Erwerber der Betriebsmittel zur Verfügung zu stellen, wird das Zeitarbeitsunternehmen dadurch nicht zum Erwerber des Produktionsbetriebs iSv. § 613a[7].

Einstweilen frei. 126

(4) **Entfallen jeglicher Indizwirkung der Übernahme materieller Aktiva bei deren (sofortiger) Eingliederung in eine neue Betriebsorganisation unter Aufgabe ihrer funktionellen Verknüpfung.** Wie bereits oben (Rz. 88 ff.) dargestellt, besteht eine weitere „Errungenschaft" der inzwischen ständigen Rspr. des BAG zu § 613a darin, dass der Übergang materieller Betriebsmittel, soweit es hierauf nach der Art des Geschäfts ankommt, nicht mehr isoliert, sondern im sachlichen Kontext mit der **Betriebsorganisation** festgestellt und bewertet wird. Die materiellen Betriebsmittel sind also nur dann identitätsbildend, wenn ihre funktionale Verknüpfung auch beim neuen Inhaber erhalten bleibt. Das ist indes nicht der Fall, wenn er damit entweder gar keinen oder einen **grundlegend anderen Zweck verfolgt** (dazu sowie zur Abgrenzung des „anderen Zwecks" vgl. Rz. 108). Auch bei Beibehaltung desselben oder eines ähnlichen Zwecks ist der Übergang materieller Aktiva irrelevant, wenn sie in eine gänzlich neue oder beim Erwerber schon anderweitig vorhandene Betriebsorganisation eingegliedert werden und darin unter **Aufgabe** ihrer bisherigen **funktionellen Verknüpfung** aufgehen. Dieser hat dann keinen Betrieb übernommen, sondern einen **neuen Betrieb aufgebaut** bzw. seinen **eigenen** bereits existierenden **Betrieb erweitert**. 127

Einen solchen **Identitätsverlust durch Neuorganisation** hat das BAG nach *Ayse Süzen* erstmals in einem Urt. v. 24.4.1997[8] angenommen; hier wurden einzelne Betriebsmittel eines **EDV-Dienstleistungsunternehmens** zu einem neuen bzw. mehreren neuen Betrieben zusammengefasst. Ein weiteres Urt. v. 26.6.1997 betrifft die Voraussetzungen eines Betriebsübergangs im Bereich der öffentl. **Verwaltung**; die Übernahme von Einrichtungsgegenständen, Bürogeräten und Akten sowie eines Teils des Personals wurde für unerheblich erklärt, weil die Verwaltungsaufgaben nunmehr im Rahmen einer eigenen, neu gebildeten oder andersartigen Arbeitsorganisation erbracht wurden[9]. In dem bereits erwähnten Restaurantfall v. 11.9.1997 (*Tausendundeine Nacht*[10]) hatten die Anmietung der bisherigen Räumlichkeiten sowie die Weiternutzung eines Teils der Einrichtungen zurückzustehen hinter dem Gesichtspunkt, dass es zu einem Wechsel der Arbeitsmethoden und der Arbeitsorganisation iSd. Rspr. des EuGH gekommen war. Auch bei einem **Truppenübungsplatz** können trotz Übernahme von Betriebsgebäuden und technischen Anlagen in erheblichem Umfang nach Auffassung des 8. Senats eine andersartige, auch **eingeschränkte betriebl. Tätigkeit** oder **geänderte betriebl. Organisation** dem Betriebsübergang entgegenstehen[11]. Gleiches gilt bei Verlagerung einer **Schuhproduktion** ins Ausland und deren Eingliederung in einen dort bereits vorhandenen Betrieb[12]. In der **Bistrowagen-Entscheidung** v. 6.4.2006 hat der 8. Senat einen Betriebsübergang verneint, weil die Deutsche Bahn die zuvor von einem anderen Betriebsinhaber durchgeführte Bistrobewirtschaftung in Fernverkehrszügen vollständig in ihre eigene Or- 128

---

1 BAG 16.5.2007 – 8 AZR 693/06, NZA 2007, 1296 (Flughafen: Bodendienste) = BB 2008, 53 (*Schnitker/Grau*). Aus ähnlichen Gründen angreifbar erscheint das Urt. in Sachen Rettungsdienst v. 10.5.2012 – 8 AZR 434/11, NZA 2012, 1161 (Rettungsdienst), bei dem es allerdings im Ergebnis auf diese Frage nicht ankam. ||2 BAG 27.1.2011 – 8 AZR 326/09, NZA 2011, 1162 (Kleinpaketfertigung). ||3 Insb. EuGH 14.4.1994 – Rs. C-392/92, NZA 1994, 545 – Christel Schmidt und 11.3.1997 – Rs. C-13/95, NZA 1997, 433 – Ayse Süzen; des Weiteren v. 24.1.2002 – Rs. C-51/00, NZA 2002, 265 – Temco = BB 2002, 467 (*Thüsing*). ||4 EuGH 25.1.2001 – Rs. C-172/99, NZA 2001, 249 – Oy Liikenne AB; ebenso LAG Hess. 19.2.2013 – 13 Sa 1029/12, Rev. nicht zugelassen (Busunternehmen); s. dazu auch Rz. 114. Zum „Betriebsübergang durch behördliche Anordnung" in diesem Zusammenhang (EG VO Nr. 1370/2007) vgl. *Bayreuther*, NZA 2009, 582. ||5 EuGH 20.11.2003 – Rs. C-340/01, NZA 2003, 1385 – Abler; dazu *Willemsen/Annuß*, DB 2004, 134 ff.; *Junker*, SAE 2010, 239 (242) spricht in diesem Zusammenhang von einer „betriebsübergangsfreundlichen Brille" des EuGH. Insoweit zu Recht krit. *Tamm*, ZESAR 2012, 151 (156). ||6 EuGH 13.9.2007 – Rs. C-458/05, NZA 2007, 1151 – Jouini ua.; dazu *Franzen*, NZA Beil. 4/2008, 139, 140; *Klumpp*, EuZA 2 (2009), 69. ||7 BAG 23.9.2010 – 8 AZR 567/09, NZA 2011, 197 (Maschinenhersteller/Leiharbeit). ||8 BAG 24.4.1997 – 8 AZR 848/94, NZA 1998, 253 (EDV-Dienstleistung); 13.11.1997 – 8 AZR 52/96, EzA § 613a BGB Nr. 166 (Vertriebsunternehmen). ||9 BAG 26.6.1997 – 8 AZR 426/95, NZA 1997, 1228 (Verwaltungs-Funktionsnachfolge). ||10 BAG 11.9.1997 – 8 AZR 555/95, NZA 1998, 31 = EzA § 613a BGB Nr. 153 (*Willemsen/Annuß*) (Tausendundeine Nacht). In dieselbe Richtung BAG 17.12.2009 – 8 AZR 1019/08, NZA 2010, 499 (Betriebskantine). ||11 BAG 27.4.2000 – 8 AZR 260/99 (Truppenübungsplatz); ähnlich BAG 16.2.2006 – 8 AZR 204/05, NZA 2006, 794 (Heizungs- und Lüftungsbau); vgl. aus der Instanz-Rspr. auch LAG Hamm 30.3.1998 – 16 Sa 942/97, LAGE § 613a BGB Nr. 72. ||12 BAG 16.5.2002 – 8 AZR 319/01, NZA 2003, 93 (Schuhproduktion). Ähnlich BAG 17.4.2003 – 8 AZR 253/02, AP Nr. 253 zu § 613a BGB (Wareneingang eines Lagers).

ganisationsstruktur **eingegliedert** hatte, so dass innerhalb der Bewirtschaftung aller ca. 800 Züge der Deutschen Bahn **kein organisatorisch abgrenzbarer** Betrieb oder Betriebsteil geblieben war. Es fehle daher an der unveränderten Fortführung der wirtschaftl. Einheit[1].

128a Die **Doktrin** der sog. Bistrowagen-Entscheidung, welche der Praxis interessante **Gestaltungsmöglichkeiten** eröffnete[2], ist durch die *Klarenberg*-**Entscheidung des EuGH** v. 12.2.2009[3] (s. Rz. 90) zwar nicht insg. widerlegt, aber doch in einem wesentlichen Punkt **relativiert** worden: Danach kann von einer „**identitätszerstörenden Eingliederung**" eines Betriebs oder Betriebsteils in den vorhandenen (idR deutlich größeren) Erwerberbetrieb **nicht bereits** dann ausgegangen werden, wenn Ersterer beim Erwerber **keinen organisatorisch eigenständigen Betrieb oder Betriebsteil mehr bildet**. Auch eine „**Änderung der Organisationsstruktur**" soll der Anwendung der RL 2001/23/EG nicht entgegenstehen[4]. **Andererseits** verlangt der EuGH in dieser Entscheidung für die Wahrung der Identität der zu übertragenden wirtschaftl. Einheit aber, dass die **Beibehaltung der funktionellen Verknüpfung der Wechselbeziehung und gegenseitigen Ergänzung zwischen den** verschiedenen übertragenen **Produktionsfaktoren erforderlich sei**[5]; eine solche Beibehaltung **erlaube** es nämlich dem Erwerber, diese, selbst wenn sie nach der Übertragung in eine neue, andere Organisationsstruktur eingegliedert würden, zu nutzen, um derselben oder einer gleichartigen wirtschaftlichen Tätigkeit nachzugehen[6].

128b Der EuGH macht das Kriterium der Identitätswahrung somit im Unterschied zur früheren Rspr. des BAG **nicht** an der „**konkreten Betriebsorganisation**" (iS eines festliegenden „Organigramms") beim Veräußerer fest, sondern daran, ob die personellen, sächlichen und immateriellen Betriebsmittel beim Erwerber – wenn auch uU in einer veränderten Betriebsorganisation – noch einen **organisatorischen Verbund** zur Verfolgung einer bestimmten wirtschaftl. Tätigkeit (= Betriebszweck) darstellen, den der Erwerber **zu seinem Vorteil zu nutzen** vermag (**Fortbestand des „Organisationsvorteils"**). Dies kann – jedenfalls nach Auffassung des EuGH – durchaus auch dann noch der Fall sein, wenn der zweckgerichtete Verbund iS einer „organisierten Gesamtheit" zwar beibehalten, aber an die beim Erwerber vorhandene Betriebsorganisation angepasst und in diese integriert wird. Wird dieser Verbund, dh. die „Verknüpfung der Wechselbeziehung und gegenseitigen Ergänzung" zwischen den einzelnen „Faktoren" dagegen beim Erwerber aufgelöst, liegt auch nach der *Klarenberg*-Entscheidung des EuGH kein Betriebs(teil)übergang vor. Das **Postulat**, dass sich der Erwerber von Betriebsmitteln nicht nur diese als solche, sondern auch und insb. die in ihrer **wechselseitigen Verknüpfung** zu einem bestimmten betriebl. (Teil-)Zweck liegenden Vorteile **zunutze machen muss** (s. Rz. 89 f.), **behält** also **seine Gültigkeit**. Zwischen der Übernahme der im Wesentlichen unverändert zusammenwirkenden Produktionsfaktoren einerseits und der Fortsetzung der wirtschaftlichen Tätigkeit andererseits muss daher ein **Kausalzusammenhang** bestehen[7]. Es reicht also nicht aus, dass die übernommenen Betriebsmittel „irgendwie" und ohne **konkrete** – ggf. **auch betriebsteilübergreifende** – Verknüpfung zur Tätigkeit des Erwerbers beitragen.

128c Dieser Sichtweise hat sich inzwischen der **8. Senat des BAG angeschlossen**: Für die Frage der Identitätswahrung sei „... **nicht so sehr auf die konkrete Organisation** der verschiedenen Produktionsfaktoren durch den Unternehmer **abzustellen**, als vielmehr auf den **Zusammenhang der Wechselbeziehung und gegenseitigen Ergänzung**, der die Produktionsfaktoren **verknüpft** und dazu führt, dass sie bei der Ausübung einer bestimmten wirtschaftl. Tätigkeit **ineinandergreifen**"[8]. Ergebe eine **Gesamtbetrachtung** eine identifizierbare wirtschaftliche oder organisatorische Teileinheit, so müsse diese beim Erwerber **im Wesentlichen unverändert fortbestehen**, wobei der übertragene Betriebsteil seine organisatorische Selbständigkeit beim Betriebserwerber nicht vollständig bewahren müsse[9]. Das BAG **ändert** zwar seine Rspr. dahingehend, dass mit der Eingliederung der übertragenen Einheit in die Betriebsstruktur des Erwerbers der organisatorische Verbund der für den Betriebsübergang maßgeblichen „Faktoren" nicht zwangsläufig entfalle, **verlangt aber** ebenso wie der EuGH die „**Beibehaltung des Funktions- und Zweckzusammenhangs**" zwischen den verschiedenen übertragenen Faktoren[10]. IÜ hat es die Prüfung

---

1 BAG 6.4.2006 – 8 AZR 249/04, NZA 2006, 1039 (Bahn-Bistrowagen); *Willemsen*, NZA-Beil. 4/2008, 155 (158); s. zu dem Gedanken der identitätszerstörenden Eingliederung auch BAG 24.8.2006 – 8 AZR 317/05, NZA 2007, 1287 (Treuhandanstalt/Fortführung früherer Funktionen); 24.4.2008 – 8 AZR 267/07, NZA 2008, 1314 (Coil-Verpackung); 30.10.2008 – 8 AZR 855/07, NZA 2009, 723 (Heeresinstandsetzung). ‖ 2 S. dazu auch WHSS/*Willemsen*, Rz. G 94 f. ‖ 3 EuGH 12.2.2009 – Rs. C-466/07, NZA 2009, 251 – Klarenberg; s. zu dieser Entscheidung *Bieder*, EuZA 2 (2009), 513; ErfK/*Preis*, § 613a BGB Rz. 6a; *Müntefering*, BB 2009, 1135; *Schiefer*, DB 2011, 54; *Schlachter*, RdA Sonderbeil. 5/2009, 31; *Willemsen*, NZA 2009, 289; *Willemsen*, RdA 2012, 291 (297ff.); *Wißmann/Schneider*, BB 2009, 1126 (1129). ‖ 4 EuGH 12.2.2009 – Rs. C-466/07, NZA 2009, 251 – Klarenberg, Rz. 44, unter Bezugnahme auf die früheren Urt. in Sachen Merckx und Neuhuys, Mayeur und Jouini. ‖ 5 EuGH 12.2.2009 – Rs. C-466/07, NZA 2009, 251 – Klarenberg, Rz. 47. ‖ 6 EuGH 12.2.2009 – Rs. C-466/07, NZA 2009, 251 – Klarenberg, Rz. 48. ‖ 7 *Willemsen/Sagan*, ZIP 2010, 1205 (1212); s.a. *Salomon/Hoppe*, NZA 2010, 989. ‖ 8 BAG 21.1.2009 – 8 AZR 158/07, NZA 2009, 905 (Technische Dienstleistungen in der Charité II), Rz. 19. ‖ 9 BAG 15.12.2011 – 8 AZR 692/10, NZA-RR 2012, 570 (Reisebüro), Rz. 44; 10.5.2012 – 8 AZR 434/11, NZA 2012, 1161 (Rettungsdienst), Rz. 26. ‖ 10 BAG 21.1.2009 – 8 AZR 158/07, NZA 2009, 905 (Technische Dienstleistungen in der Charité II), Rz. 19; ähnlich zB BAG 15.12.2011 – 8 AZR 692/10, NZA-RR 2012, 570 (Reisebüro); 10.5.2012 – 8 AZR 434/11, NZA 2012, 1161 (Rettungsdienst); *Hauck*, FS Bauer, 2010, S. 401, 406 spricht davon, dass der bisherigen Rspr. ein „weiterer Prüfungspunkt" hinzuzufügen sei.

nunmehr im Schwerpunkt auf die – in der Praxis oftmals leichter zu beantwortende, logisch vorrangige – Frage verlagert, ob die übernommenen Betriebsmittel beim **Veräußerer** einen abgrenzbaren Betriebsteil dargestellt haben (s. dazu auch Rz. 128g)[1].

Damit hat der 8. Senat die Reichweite der *Klarenberg*-Entscheidung zutreffend **begrenzt**. Sie ändert einerseits nichts an dem Grundsatz, dass die bloße **Auftrags- und Funktionsnachfolge** weder einen Betriebsübergang iSv. § 613a darstellt noch den Übergang einer ihre Identität bewahrenden wirtschaftl. Einheit iSd. BetriebsübergangsRL[2], was der EuGH mit der „**CLECE"-Entscheidung v. 20.1.2011**[3] ausdrücklich bestätigt hat. Zum anderen sind auch nach *Klarenberg* durchaus Konstellationen möglich und in der Praxis geläufig, in denen diese **Identität infolge der Eingliederung** der übernommenen Betriebsmittel in die bereits existierenden Erwerberstrukturen und/oder durch einen **grundlegenden Wechsel von Betriebszweck und -methoden** verloren geht. 128d

Einen solchen Fall der „**identitätszerstörenden Eingliederung"** hat der 8. Senat in seiner ersten einschlägigen Entscheidung nach *Klarenberg* **bejaht**. Hier waren technische Dienstleistungen, die ein kleiner Auftragnehmer zuvor mit 19 ArbN in der Berliner Charité erbracht hatte, von einer viel größeren Dienstleistungsgesellschaft mit ca. 1900 Beschäftigten übernommen worden, deren Auftragsumfang ganz deutlich über denjenigen des früheren Dienstleisters hinausging; von dem Personal des früheren Auftragnehmers waren lediglich sechs Mitarbeiter weiterbeschäftigt worden. Da diese nunmehr über die gesamte Betriebsanlagen der Charité „verstreut" eingesetzt wurden, während sie zuvor nur für einen bestimmten Gebäudekomplex zuständig waren, sah der 8. Senat den zuvor gegebenen Funktions- und Zweckzusammenhang der bisherigen Faktoren als nicht mehr bestehend an und hat deshalb das Vorliegen eines Betriebsübergangs **verneint**[4]. Dies zeigt, dass es durch Neuorganisation auch nach der *Klarenberg*-Entscheidung des EuGH zu einem Identitätsverlust der wirtschaftl. Einheit kommen kann; zu weiser Begründung **reicht** es indes **nicht mehr aus**, allein auf den **Verlust der „organisatorischen Selbständigkeit"** abzustellen. Das Abstellen auf den Verlust der funktionellen Verknüpfung wird aber, zumal bei **Eingliederung in wesentlich größere Betriebseinheiten**, oftmals zu **identischen Ergebnissen** führen[5]. 128e

Als weiterer Begründungstopos für die Verneinung eines Betriebs(teil)übergangs kommt nach der „Post-Klarenberg"-Rspr. auch in Zukunft die (sofortige) Vornahme erheblicher organisatorischer **Veränderungen der Betriebsorganisation** und/oder des **Betriebskonzepts** in Betracht (s. dazu auch oben Rz. 104 ff., unten Rz. 167 ff.). Der 8. Senat weist in diesem Zusammenhang darauf hin, in dem *Klarenberg*-Urt. v. 12.2.2009 habe der EuGH „... bestätigt, dass grundsätzlich die Organisation zu den Kriterien für die Bestimmung der Identität einer wirtschaftlichen Einheit gehört"[6]. Nach dieser Judikatur ist es also weiterhin möglich, (insb.) durch eine sofortige, umfassende Umgestaltung des Betriebszwecks die Anwendung des § 613a zu vermeiden. Der **Praxis** ist allerdings zu raten, die weitere **Rspr. des BAG** und vor allem auch des EuGH zu den vorgenannten Punkten **sorgfältig zu verfolgen**, da das *Klarenberg*-Urteil mangels Präzisierung der Anforderungen an die „Beibehaltung der funktionellen Verknüpfung" eine leider nur sehr geringe Trennschärfe aufweist[7]. 128f

Zudem ist in Zukunft besonderes Augenmerk auf die logisch vorrangige Frage zu richten, ob die übernommenen Betriebsmittel beim **Veräußerer** überhaupt die **Qualität eines Betriebs bzw. Betriebsteils hatte** (s. Rz. 13 ff., 31 ff.). Fehlte es nämlich bereits dort an einer entsprechenden organisatorischen Verbundenheit und Abgrenzbarkeit, ist die Problematik einer identitätszerstörenden Eingliederung beim Erwerber von vornherein **obsolet**[8]. Erst recht spielt die *Klarenberg*-Entscheidung keine Rolle, wenn weder sächliche Betriebsmittel noch ein wesentlicher Teil des Personals übernommen werden[9]. Bereits aus diesem Grunde ist die nach dem EuGH-Urteil ergangene Folgeentscheidung des **LAG Düsseldorf** in dieser Sache sehr zweifelhaft und **vom BAG** zu Recht **aufgehoben** worden[10]. Das BAG-Urteil ist für die Praxis besonders **instruktiv**, weil es aufzeigt, dass auch nach *Klarenberg* noch erhebliche **Gestaltungsspielräume** zur Vermeidung eines Betriebsübergangs verbleiben; denn niemand ist „verpflichtet", so viele Betriebsmittel von einem Veräußerer zu übernehmen, dass diese (aus der Veräußererperspektive) bereits einen Betriebsteil iSv. § 613a darstellen[11]. 128g

---

1 So insb. in der Folgeentscheidung zu „Klarenberg" v. 13.10.2011 – 8 AZR 455/10, NZA 2012, 505. ||2 BAG 21.1.2009 – 8 AZR 158/07, NZA 2009, 905 (Technische Dienstleistungen in der Charité II), Rz. 21; wie hier Staudinger/*Annuß*, § 613a Rz. 71. ||3 EuGH 20.1.2011 – Rs. C-463/09, NZA 2011, 148 – CLECE SA. ||4 BAG 21.1.2009 – 8 AZR 158/07, NZA 2009, 905 (Technische Dienstleistungen in der Charité II), Rz. 24. ||5 *Willemsen/Sagan*, ZIP 2010, 1205 (1212). ||6 BAG 17.12.2009 – 8 AZR 1019/08, NZA 2010, 499, Rz. 21 (Betriebskantine); s. dazu auch WHSS/*Willemsen*, Rz. G 61 f. ||7 Vgl. die zutreffende Kritik bei *Bieder*, EuZA 2 (2009), 513 (519 f.); *Wißmann/Schneider*, BB 2009, 1126 (1128); s.a. *Willemsen*, NZA 2009, 289 (291 ff.). ||8 Vgl. BAG 30.10.2008 – 8 AZR 397/07, NZA 2009, 485 = AP Nr. 358 zu § 613a BGB (*Willemsen*) (Anwaltskanzlei); 28.5.2009 – 8 AZR 273/08, NZA 2009, 1267 (Anzeigengeschäft); 17.12.2009 – 8 AZR 1019/08, NZA 2010, 499 (Betriebskantine); 7.4.2011 – 8 AZR 730/09, NZA 2011, 1231 (Abwasserentsorgung/Trinkwasserversorgung); *Willemsen*, NZA 2009, 289 (294); *Willemsen/Sagan*, ZIP 2010, 1205 (1212) mit Prüfungsschema zur „neuen" Rechtslage (1213). ||9 BAG 28.5.2009 – 8 AZR 273/08, NZA 2009, 1267 (Anzeigengeschäft). ||10 LAG Düss. 29.1.2010 – 9 Sa 303/07, ZIP 2010, 1258; vom BAG aufgehoben mit Urt. v. 13.10.2011 – 8 AZR 455/10, NZA 2012, 504 (Mess- und Regeltechnik/Klarenberg), zur Kritik an dieser Entscheidung s. *Willemsen/Sagan*, ZIP 2010, 1205 (1213 f.). ||11 Ausführlich zur *Klarenberg*-Folgeentscheidung des BAG v. 13.10.2011 *Willemsen*, RdA 2012, 291 (299).

129 **cc) Wert der immateriellen Aktiva im Zeitpunkt des Übergangs (Merkmal 3).** Die Bedeutung dieses Merkmals ist in der bisherigen Rspr. zu § 613a eher unklar geblieben. Dazu trägt auch die recht vage Formulierung in dem Sieben-Punkte-Katalog bei, die lediglich auf den „Wert" der immateriellen Aktiva abstellt, ohne diese selbst wenigstens beispielhaft zu benennen. In der (früheren) Rspr. des BAG haben **Firmennamen, Marken (Warenzeichen, Lizenzen)** und sonstige **gewerbliche Schutzrechte** wiederholt eine Rolle gespielt[1], allerdings ohne klar erkennbare Richtung: Ihre Übertragung wurde teils als Indiz zu Gunsten eines Betriebsübergangs gewertet[2], teilweise wurde ihrer Übernahme bzw. Nichtübernahme jegliche Bedeutung abgesprochen[3].

130 **(1) Positive Indizfunktion.** Bei **Produktionsunternehmen** ist die Übertragung gewerblicher Schutzrechte (Patent- und Gebrauchsmusterrechte, Lizenzen), die die notwendige rechtl. Grundlage für die Fortsetzung des Betriebszwecks bilden, zweifelsohne für die Beurteilung eines Betriebsübergangs von **erheblicher Bedeutung**[4]. Bilden diese den Bestandteil eines vertragl. „Veräußerungspakets", ist dies zugleich ein starkes Indiz für die Absicht des Erwerbers, den Betrieb identitätswahrend fortzuführen (zu deren Bedeutung s. Rz. 63 ff.). Es kann hierbei nicht darauf ankommen, auf welchem rechtstechnischen Wege die Übertragung erfolgt, dh. ob das jeweilige Schutzrecht unmittelbar veräußert oder – etwa bei einer Marke – einvernehmlich gelöscht und sodann zu Gunsten des übernehmenden Rechtsträgers neu angemeldet wird[5]. Auch ein sog. **Gütezeichen**, welches das Unternehmen als Mitglied einer „Güterschutzgemeinschaft" führen darf, stellt ein wesentliches immaterielles Betriebsmittel dar[6].

131 Ebenso wie bei allen anderen Kriterien des Sieben-Punkte-Katalogs gilt auch hier, dass allein die Übertragung immaterieller Aktiva für sich genommen niemals die Bejahung eines Betriebs(teil)übergangs zu rechtfertigen vermag. Dies trifft insb. auch für die Übertragung von **Marken** (Warenzeichen) zu. Nach dem heutigen Gesetzeskonzept des § 27 II MarkenG wird die Marke (nur) im Zweifel von der Übertragung oder dem Übergang des Geschäftsbetriebs oder eines Teils desselben erfasst. Es ist somit, vor allem bei Produktionsbetrieben, ein Übergang der wirtschaftl. Einheit ohne Übertragung der Marke grds. möglich; umgekehrt kann aber durchaus die Marke als immaterieller Wert ohne die zugrunde liegenden betriebl. Aktivitäten veräußert werden. Ist der Erwerber also nur an der Marke als solcher interessiert, will er die entsprechenden Produkte (zB Textilien) dagegen künftig mittels eigener Produktionsanlagen oder im Wege der Auftragsfertigung durch ein Drittunternehmen herstellen lassen, liegt insoweit kein Betriebsübergang vor, da die **Marke als solche noch keine „wirtschaftliche Einheit"** iSd. Rspr. des EuGH und des BAG bildet.

132 Die obigen Überlegungen gelten sinngemäß auch für **Handels- und Dienstleistungsbetriebe**. Allerdings stellen hier die immateriellen Aktiva oftmals nicht die rechtl., sondern die wirtschaftl. Grundlagen für die Fortsetzung eines identitätswahrenden Betriebs dar, etwa wenn es um den **Goodwill** eines Unternehmens am Markt oder das **Know-how** einer eingespielten Belegschaft geht. Diese ebenfalls zu den immateriellen Aktiva gehörenden Werte[7] werden idR mittelbar übertragen, indem der Erwerber zB die Firmen- oder Etablissementbezeichnung und/oder das betriebl. Know-how beherrschende Belegschaft ganz oder teilweise übernimmt. Eine derartige Kontinuität nach außen bzw. innen kann im Einzelfall erheblich für das Vorliegen eines Betriebs(teil)übergangs sprechen. Dabei genügt hinsichtlich der Übertragung des betriebsspezifischen Know-hows uU die Weiterbeschäftigung einer relativ kleinen Anzahl von sog. **Schlüsselkräften**[8]. Es ist also für die Übertragung dieses Know-hows nicht zwingend erforderlich, dass der Erwerber den ganz überwiegenden Teil des Personals übernimmt, wie die Rspr. des BAG dies bei sog. betriebsmittelarmen (Dienstleistungs-)Tätigkeiten für die Übernahme der sog. organisierten Hauptbelegschaft fordert (s. Rz. 137 ff.). Hier kann es aber für die Frage des Übergangs (wesentlicher) immaterieller Aktiva (insb. des Know-hows) entscheidend darauf ankommen, welche und wie viele ArbN der Erwerber im konkreten Einzelfall benötigt, um den Betrieb mit seinem bisherigen Zweck und seinem bisherigen Gepräge fortführen zu können. Von nur **geringer Indizwirkung** für bzw. gegen das Vorliegen eines Betriebsübergangs sind immaterielle Betriebsmittel wie zB **Schutzrechte und Lizenzen** dann, wenn sie lediglich eine **Hilfsfunktion** für die Erbringung der „eigentlichen" Dienst-

---

1 ZB BAG 28.4.1988 – 2 AZR 623/87, NZA 1989, 265 = AP Nr. 74 zu § 613a BGB (*Hefermehl*) (Warenzeichen); 22.2.1978 – 5 AZR 800/76, AP Nr. 11 zu § 613a BGB (Schutzrechte); 16.2.2006 – 8 AZR 204/05, NZA 2006, 794 (Heizungs- und Lüftungsbau). || 2 So im Falle BAG 28.4.1988 – 2 AZR 623/87, NZA 1989, 265 = AP Nr. 74 zu § 613a BGB (*Hefermehl*) (Warenzeichen). ||3 So für den Fall eines Produktionsunternehmens BAG 22.5.1985 – 5 AZR 30/84, NZA 1985, 775 („ohne Belang"); ebenso 27.4.1988 – 5 AZR 358/87, NZA 1988, 655; dazu krit. ErfK/*Preis*, § 613a BGB Rz. 23. || 4 Ebenso *B. Gaul*, Betriebs- und Unternehmensspaltung, § 6 Rz. 109 mwN in Fn. 3. ||5 Vgl. *Hefermehl*, Anm. zu BAG 28.4.1988 – 2 AZR 623/87, NZA 1989, 265 = AP Nr. 74 zu § 613a BGB (Warenzeichen); *B. Gaul*, Betriebs- und Unternehmensspaltung, § 6 Rz. 109. ||6 BAG 16.2.1993 – 3 AZR 347/92, NZA 1993, 643 (Gütezeichen). ||7 Vgl. *Willemsen*, ZIP 1986, 482. ||8 Vgl. BAG 9.2.1994 – 2 AZR 781/93, NZA 1994, 612 (noch auf dem Boden der alten Möglichkeitstheorie); aus der Zeit nach EuGH 11.3.1997 – Rs. C-13/95, NZA 1997, 433 – Ayse Süzen; vgl. BAG 21.7.1988 – 8 AZR 775/96, NZA 1998, 638 und 14.5.1998 – 8 AZR 418/96, NZA 1999, 483 (Neuvergabe eines Bewachungsauftrags I und II); 21.1.1999 – 8 AZR 680/97 (Privatschule I) und 18.2.1999 – 8 AZR 485/97, NZA 1999, 648 (Privatschule II); 26.8.1999 – 8 AZR 588/98 (Druckweiterverarbeitung).

leistung haben, indem sie diese lediglich **unterstützen**, aber nicht unmittelbar zur eigentlichen betriebl. Wertschöpfung beitragen[1].

Die vorhandene Belegschaft (oder Teile derselben) kann insb. auch bei einem **Einzelhandelsgeschäft** 133 zu den identitätsbildenden Kriterien gehören, da die Fachkenntnisse des eingearbeiteten Personals auch hier einen wesentlichen Teil des betriebl. Know-hows verkörpern[2].

(2) Negative Indizfunktion. **Verzichtet** der Erwerber von sächlichen Betriebsmitteln dagegen auf die 134 Übernahme und Weiternutzung betriebsspezifischer immaterieller Werte, kann dies im Einzelfall entscheidend gegen einen Betriebs(teil)übergang sprechen. Dies gilt nicht nur, wenn diese immateriellen Betriebsmittel unverzichtbare Voraussetzung für die Fortsetzung des Betriebszwecks überhaupt sind (wie zB Patente oder sonstige Schutzrechte bei Produktionsunternehmen[3]), sondern kann auch dann in Betracht kommen, wenn der geschäftliche Erfolg (bezogen auf den konkreten Betriebszweck) maßgeblich von einer im jeweiligen (lokalen oder überregionalen) Markt „eingeführten Marke" abhängt und diese nicht mitübernommen wird. Auch dies ergibt sich ua. aus dem bereits mehrfach erwähnten *Tausendundeine Nacht*-Urteil des BAG v. 11.9.1997[4], wo der Umstand, dass bei einem **Restaurantbetrieb** der neue Inhaber die **Etablissementbezeichnung** des Vorgängers nicht fortführte, als – wenn auch nicht allein ausschlaggebendes – Indiz gegen das Vorliegen eines Betriebsübergangs gewertet wurde. Dagegen hat derselbe Senat bei einem **Hotelbetrieb** den Verlust der Identität *allein* wegen der **Änderung des Namens**, verbunden mit der **Zusammenarbeit mit einer anderen Hotelkette verneint**[5]. Bei **Franchise- und ähnlichen Systembetrieben**, deren Erscheinungsbild und Marktchancen wesentlich durch die eingeführte Marke, eine stets gleiche oder ähnliche Einrichtung und Geschäftsausstattung, standardisierte Betriebsabläufe und/oder ein überregional beworbenes Warensortiment stets gleicher Art und Güte geprägt sind, scheidet ein Betriebsübergang uU schon dann aus, wenn die Zugehörigkeit zu der jeweiligen „Kette" endet (zB Umgestaltung eines bisherigen *McDonald's*-Restaurants zu einem „gewöhnlichen" Imbiss-Betrieb)[6]. Auf die Übernahme der Ladeneinrichtung oder des Personals kommt es dann nicht mehr an[7].

(3) Bewertungsmaßstab. Aus alledem folgt: Der Übernahme und tatsächlichen Weiternutzung imma- 135 terieller Aktiva von erheblichem Wert (Patente, sonstige Schutzrechte, eingeführte Marke, Goodwill, Know-how) kann bei der Gesamtbewertung im Rahmen des Sieben-Punkte-Katalogs eine **erhebliche (positive) Indizwirkung zufallen,** die umso höher ist, je stärker die Fortsetzung des Geschäftsbetriebs hiervon rechtl. oder wirtschaftl. abhängt. Die Überleitung kann bzgl. des Know-hows und des Goodwill uU auch **indirekt** durch Weiterbeschäftigung eines insoweit erheblichen Teils des Personals erfolgen. **Umgekehrt schließt** die fehlende Übertragung immaterieller Betriebsmittel den Betriebsübergang idR **aus,** wenn diese den bisherigen Betriebszweck und die bisherigen Betriebsmethoden maßgeblich geprägt haben oder – wie bei Produktionsunternehmen – zwingende rechtl. Voraussetzung für eine Fortführung des Betriebszwecks sind.

Einstweilen frei. 136

dd) Etwaige Übernahme der Hauptbelegschaft durch den neuen Inhaber (Merkmal 4). Das Merkmal 137 „Übernahme der Belegschaft" spielt sowohl auf der Tatbestands- als auch auf der Rechtsfolgenseite der Norm eine zentrale Rolle (zur Entwicklung der Rspr. s. Rz. 12, 16). Während es auf der **Tatbestandsseite** um die freiwillige[8] Weiterbeschäftigung des bisherigen Personals oder eines erheblichen Teils desselben geht, ordnet der 2. Hs. des Abs. 1 S. 1 die zwangsweise Übernahme sämtlicher (!) ArbVerh, die in dem jeweiligen Betrieb bzw. Betriebsteil bestehen, auf der **Rechtsfolgenseite** an. Dies kann zur praktischen Konsequenz haben, dass die **freiwillige Unterbreitung von Weiterbeschäftigungsangeboten** an die Belegschaft des bisherigen Inhabers zu einer **Weiterbeschäftigungspflicht** unter voller Anerkennung der Betriebszugehörigkeit auch zu Gunsten solcher ArbN führt, die kein solches Weiterbeschäftigungsangebot erhalten haben und ein solches auch nicht bekommen sollten[9]. Aber auch hinsichtlich der tatsächlich übernommenen ArbN wirkt sich die Unterscheidung zwischen Tatbestands- und Rechtsfolgenseite dahin gehend aus, dass die freiwillige Übernahme der sog. organisierten Hauptbelegschaft die – unfreiwillige – Konsequenz einer Bindung an die vom Vorgänger abgeschlossenen Arbeitsverträge nach sich ziehen kann, also eine einseitige Gestaltungsfreiheit hinsichtlich der Arbeitsbedin-

---

1 So für Softwarelizenzen eines IT-Serviceunternehmens BAG 21.6.2012 – 8 AZR 181/11, NZA-RR 2013, 6 (IT-Service), Rz. 53. ||2 Vgl. BAG 2.12.1999 – 8 AZR 796/98, NZA 2000, 369 (Elektrohandel). ||3 Vgl. BAG 13.11.1997 – 8 AZR 375/96, NZA 1998, 249 (Stabsfunktion bei Betriebsteilübergang). ||4 BAG 11.9.1997 – 8 AZR 555/95, NZA 1998, 31 = EzA § 613a BGB Nr. 153 (*Willemsen/Annuß*) (Tausendundeine Nacht). ||5 BAG 21.8.2008 – 8 AZR 201/07, NZA 2009, 29 (Hotelbetrieb II). Ähnlich für den Namenswechsel eines Unternehmens der IT-Dienstleistungsbranche BAG 21.6.2012 – 8 AZR 181/11, NZA-RR 2013, 6 (IT-Service), Rz. 52. ||6 Vgl. bereits *Willemsen*, RdA 1991, 204 (211 u. 213). ||7 Zumindest teilweise aA Staudinger/*Annuß*, § 613a Rz. 78. ||8 BAG 13.11.1997 – 8 AZR 295/95, NZA 1998, 251 (Reinigung I/Wiedereinstellung): Übernahme der durch ihre gemeinsame Tätigkeit verbundenen ArbN durch den neuen Auftragnehmer „auf Grund eigenen Willensschlusses". Nach einer Entscheidung des EuGH 24.1.2002 – Rs. C-51/00, NZA 2002, 265 – Temco soll allerdings auch die auf Grund einer tarifvertragl. Verpflichtung erfolgende Personalübernahme zum Übergang einer wirtschaftl. Einheit führen können. ||9 Ebenso *B. Gaul*, Betriebs- und Unternehmensspaltung, § 6 Rz. 152.

gungen nicht besteht (zur Zulässigkeit der einvernehmlichen Änderung von Arbeitsbedingungen anlässlich eines Betriebsübergangs s. Rz. 247). Diese Gefahr ist umso größer, je prägender der Einfluss des Personals (der sog. Stammbelegschaft) für die Beurteilung der Betriebsidentität ist (s. bereits Rz. 97f.). Insoweit verwundert es nicht, wenn die Praxis unter **Risikogesichtspunkten** oftmals von der freiwilligen Weiterbeschäftigung auch nur eines Teils des Personals Abstand nimmt, was sozialpolitisch bedauerlich erscheinen mag[1]. **Nicht vermeiden** lässt sich die Rechtsfolge des Eintritts in sämtliche ArbVerh allerdings durch eine zeitliche Streckung von Weiterbeschäftigungsangeboten, wenn die **sukzessive Übernahme** auf einer **einheitlichen Unternehmerentscheidung** des neuen Inhabers beruht[2]; ebensowenig dadurch, dass das für die identitätswahrende Fortsetzung des Betriebs benötigte Personal dem Erwerber im Wege der **Arbeitnehmerüberlassung** zur Verfügung gestellt wird[3].

138   Soweit es für die Annahme eines Betriebs(teil)übergangs auf die Übernahme und Weiterbeschäftigung von Personal des früheren Inhabers ankommt, **steht es dem Erwerber frei**, ob er an die Belegschaft oder Teile derselben entsprechende **Arbeitsangebote** richtet, die die „kritische Masse" (dazu unten Rz. 142 ff.) überschreiten und so überhaupt erst einen Betriebsübergang ermöglichen[4]. Unterlässt er dies, handelt es sich **nicht** um eine **Umgehung** des § 613a, sondern seine Voraussetzungen auf der Tatbestandsseite treten erst gar nicht ein[5]. Nehmen die ArbN das Arbeitsangebot des Erwerbers an, bedarf es für die Herbeiführung eines Betriebsübergangs nicht der vorherigen Auflösung des ArbVerh mit dem Veräußerer[6]. Wird andererseits das Angebot, mit derselben Tätigkeit wie zuvor zum Nachfolger zu wechseln, von den Beschäftigten des Vorgängers oder einer **identitätswahrenden Anzahl** von ihnen **abgelehnt**, liegt kein Betriebsübergang vor; bloße **Einstellungsangebote** reichen nicht aus[7]. Der Nachfolger bzw. der relevante Anteil der Beschäftigten haben es – so ausdrücklich das BAG – „in der Hand", einen Betriebsübergang herbeizuführen oder nicht. Dies gilt wohlgemerkt allerdings nur, soweit es für die Annahme eines Betriebsübergangs **entscheidend** auf die **Übernahme** der „**Hauptbelegschaft**" des Veräußerers **ankommt**.

139   **(1) Positive Indizfunktion.** Die positive Aussagekraft des Merkmals der Personalübernahme hängt nach der Rspr. des BAG von **drei Gesichtspunkten** ab, nämlich (1) der Art des betreffenden Betriebs, (2) der erforderlichen Qualifikation des für den jeweiligen Betriebszweck benötigten Personals und (3) dem Prozentsatz der freiwillig (!) übernommenen ArbN in Relation zur Gesamtbelegschaft des Betriebs bzw. Betriebs*teils*[8].

140   **(a) Bei „betriebsmittelarmen" Tätigkeiten.** Ist der Betrieb, genauer sein Wertschöpfungsprozess, maßgeblich durch den Einsatz menschlicher Arbeitskraft geprägt (sog. betriebsmittelarme Tätigkeiten, s. Rz. 97f.), handelt es sich bei der Übernahme der „organisierten Hauptbelegschaft" um das zentrale Tatbestandsmerkmal im Rahmen des Sieben-Punkte-Katalogs schlechthin. Entscheidend ist allerdings solchenfalls nicht die Weiterbeschäftigung von ArbN des früheren Betriebsinhabers als solche, sondern der Umstand, dass das „eingearbeitete und eingespielte Personal" die Betriebsorganisation und damit die eigentliche Wertschöpfungsquelle für bestimmte Betriebsarten verkörpert (s.a. Rz. 89f.).

141   In Betracht kommen vor allem **Reinigungs-, Bewachungs-, Unterrichts- und sonstige Dienstleistungstätigkeiten** (s. die Rspr.-Bsp. in Rz. 125). Hier kann angesichts der Irrelevanz und fehlenden Aussagekraft der materiellen Betriebsmittel sowie ihres untergeordneten Beitrags zur betriebl. **Wertschöpfung** die Abgrenzung zwischen Betriebsübergang einerseits und der nicht von § 613a erfassten (s. Rz. 91 u. 172 ff.) bloßen Funktionsnachfolge andererseits ganz entscheidend von der **Anzahl** (quantitatives Element) und **Sachkunde** (qualitatives Element) der tatsächlich weiterbeschäftigten ArbN abhängen. Auch **Zeitarbeitsunternehmen** gehören zu dieser Kategorie (s. Rz. 125).

142   Auf das **quantitative Element** stellt das BAG vor allem und nahezu ausschließlich dann ab, wenn die jeweilige Tätigkeit nur einen **geringen Qualifikationsgrad** und keine oder nur eine **geringe Sachkunde** des eingesetzten Personals erfordert. Hier muss ein **sehr hoher Prozentsatz** der bisherigen Belegschaft tatsächlich weiterbeschäftigt werden, wenn diesem Merkmal die „durchschlagende" Argumentationskraft im Rahmen des Sieben-Punkte-Katalogs zukommen soll. Die Übernahme etwa der **Hälfte** der ArbN reicht bei solchen einfachen Tätigkeiten nicht aus[9]; auch ein Prozentsatz von **ca. 61% genügt bei einfachen Tätigkeiten nicht**, um die Wahrung der wirtschaftl. Einheit annehmen zu können[10].

---

1 Vgl. WHSS/*Willemsen*, Rz. G 107. ||2 BAG 25.6.2009 – 8 AZR 258/08, NZA 2009, 1412 (Callcenter). ||3 Ebenso *Fuhlrott*, NZA 2013, 183 (186). ||4 Des Abschlusses eigener Arbeitsverträge zwischen Erwerber und ArbN bedarf es nicht; aA *Niklas*, BB 2013, 2165 (2166ff.). ||5 Zutreffend BAG 15.12.2011 – 8 AZR 197/11, NZA-RR 2013, 179 (Neuvergabe eines Bewachungsauftrags III), Rz. 57. ||6 AA *Niklas*, BB 2013, 2165 (2166). ||7 BAG 15.12. 2011 – 8 AZR 197/11, NZA-RR 2013, 179 (Neuvergabe eines Bewachungsauftrags III). ||8 Eine ausgezeichnete Übersicht über die vom BAG und der Instanzgerichtsbarkeit entschiedenen Fälle findet sich bei *Kappenhagen*, DB 2013, 696. ||9 Vgl. BAG 18.3.1998 – 8 AZR 737/96; 14.5.1998 – 8 AZR 418/96, NZA 1999, 483 (Neuvergabe eines Bewachungsauftrags II): 22 von 36 ArbN nicht ausreichend; BAG 10.12.1998 – 8 AZR 676/97, NZA 1999, 420 (Hol- und Bringdienst). ||10 BAG 22.1.1998 – 8 AZR 775/96, NZA 1998, 638 und 14.5. 1998 – 8 AZR 418/96, NZA 1999, 483 (Neuvergabe eines Bewachungsauftrags I und II); bestätigt durch BAG 24.5.2005 – 8 AZR 333/04 NZA 2006, 31 (Reinigung III): 60% bei Reinigungstätigkeit nicht ausreichend. Eine Übersicht über die in der Instanz-Rspr. bisher behandelten Tätigkeiten und Prozentsätze findet sich bei *B. Gaul*, Betriebs- und Unternehmensspaltung, § 6 Rz. 176f.; sowie bei Küttner/*Kreitner*, 124 Rz. 14 und bei *Ahlborn*, ZfA 2005, 109 (147f.).

Tatbestandsvoraussetzungen des Betriebsübergangs   Rz. 145 § 613a BGB

Bejaht wurde die positive Indizfunktion im Bereich **einfacher Tätigkeiten** bisher nur bei tatsächlicher Weiterbeschäftigung von ca. 85 %[1] der maßgeblichen Belegschaft, wobei es sich jeweils um Reinigungsaufgaben handelte. Für **nicht ausreichend** erklärt wurde demggü. die Weiterbeschäftigung von (immerhin) 75 % der ArbN eines Hol- und Bringdienstes in einem Krankenhaus[2], allerdings mit dem „Zusatz", dass dies „umso mehr" gelte, weil mit der Übernahme von Personal keine Bewahrung der früheren Betriebsorganisation einhergegangen sei[3]. Richtiger Auffassung zufolge liegt bei fehlender Übernahme der Betriebsorganisation selbst bei Weiterbeschäftigung eines sehr hohen Prozentsatzes der bisher eingesetzten ArbN ohnehin kein Fall des § 613a vor (s. Rz. 152). Angesichts derartiger Kumulativbegründungen, zu denen sowohl das BAG als auch der EuGH neigen, ist ggü. der reinen Prozentarithmetik eine gewisse Vorsicht am Platze. Gleichwohl spricht die BAG-Judikatur dafür, den maßgeblichen Prozentsatz bei einfachen Tätigkeiten sehr hoch anzusetzen; selbst 75 % dürften laut dem BAG-Urteil v. 10.12.1998[4] idR noch nicht ausreichend sein. 143

Begründet wird diese sehr hohe prozentuale Hürde mit dem **geringen Qualifikationsgrad** der für einfache Tätigkeiten benötigten ArbN[5]. Dieser Zusammenhang („je geringer die benötigte Qualifikation, desto höher der für die Bejahung des § 613a erforderliche Prozentsatz des benötigten Personals"[6]) lässt sich wiederum nur im Kontext der Betriebsorganisation als identitätsstiftendes Merkmal (s.a. Rz. 89, 106) zutreffend einordnen. Spielt das Know-how („Sachkunde") der ArbN für die betriebl. Wertschöpfung keine entscheidende Rolle, sind diese vielmehr leicht austauschbar[7], kommt – anders als bei qualifizierten Tätigkeiten – der Weiterbeschäftigung *bestimmter* ArbN keine identitätsbildende Bedeutung zu. Die Betriebsorganisation prägende Funktion hat dann – lediglich – die tatsächliche arbeitsteilige Aufgabenerledigung, wie sie sich unter dem bisherigen Inhaber als „gelebte und bewährte Arbeitsorganisation" herausgebildet hat[8]. Bei einem Austausch der „Hauptbelegschaft" würde dieser allein durch seine tatsächliche Existenz definierte Funktionszusammenhang unweigerlich zerstört; an die Stelle der Weiterführung eines existierenden Betriebs träte der Aufbau eines neuen[9]. Dies gilt bei Prägung des Betriebszwecks durch einfache Tätigkeiten und Fehlen maßgeblicher materieller Betriebsmittel selbst dann, wenn das **Führungspersonal** (zB Vorarbeiter) im Wesentlichen übernommen wird[10]. Es genügt nämlich nicht, dass der Auftragsnachfolger (Konkurrent) dasjenige Personal übernimmt (ggf. abwirbt), welches weiß, wie man einen neuen Betrieb erfolgversprechend aufbaut; er muss vielmehr so viel Personal (qualitativ und quantitativ) weiterbeschäftigen, dass er damit den Betrieb in seiner bisherigen strukturell-organisatorischen Zusammensetzung weiterführen kann[11]. 144

Bzgl. der vom BAG geforderten hohen Prozentsätze des tatsächlich weiterbeschäftigten Personals sind allerdings zwei wichtige **Einschränkungen** zu beachten: Zum einen ist dieser (hohe) Prozentsatz nicht nur in Bezug auf den in Rede stehenden „Gesamtbetrieb" zu prüfen, sondern auch im Hinblick darauf, ob er möglicherweise (nur) im Hinblick auf einen (abgrenzbaren) **Betriebsteil** erfüllt ist[12]. Bei **objektbezogenen** Reinigungs- und Bewachungstätigkeiten kann schon ein **einziger Auftrag** als solcher die definitorischen Voraussetzungen eines Betriebsteils mit Bezug auf das dafür eingesetzte Personal erfüllen (s. Rz. 38)[13]. Noch wichtiger ist die zweite Einschränkung, dass nämlich die hohen „Mindestsätze" **nur bei einfachen Tätigkeiten** gelten, deren Kreis vom BAG recht eng gezogen wird. Als Bsp. sind in der bisherigen Rspr. des BAG nur Reinigungs-[14] und Botentätigkeiten[15] anerkannt worden. Dagegen komme bei Bewachungsunternehmen bereits eine „verhältnismäßig qualifizierte und spezialisierte Tätigkeit in Betracht"[16], allerdings nicht bei „einfachen" Wachleuten, deren Qualifikationsanforderungen innerhalb 145

---

1 So in den Fällen BAG 13.11.1997 – 8 AZR 295/95, NZA 1998, 251 (Reinigung I/Wiedereinstellung) und 11.12.1997 – 8 AZR 729/96, NZA 1998, 534 (Reinigung II). ||2 BAG 10.12.1998 – 8 AZR 676/97, NZA 1999, 420 (Hol- und Bringdienst). ||3 BAG 10.12.1998 – 8 AZR 676/97, NZA 1999, 420 (Hol- und Bringdienst). Vgl. dazu auch WHSS/*Willemsen*, Rz. G 106. ||4 BAG 10.12.1998 – 8 AZR 676/97, NZA 1999, 420 (Hol- und Bringdienst). ||5 Vgl. BAG 11.12.1997 – 8 AZR 729/96, NZA 1998, 534 (Reinigung II). ||6 IdS va. BAG 11.12.1997 – 8 AZR 729/96, NZA 1998, 534 (Reinigung II); seitdem st. Rspr. des 8. Senats, vgl. zB v. 18.3.1999 – 8 AZR 306/98, NZA 1999, 706 (Druckerei I); 10.12.1998 – 8 AZR 676/97, NZA 1999, 420 (Hol- und Bringdienst); vgl. dazu auch *B. Gaul*, Betriebs- und Unternehmensspaltung, § 6 Rz. 165. ||7 S. zu diesem Aspekt BAG 11.12.1997 – 8 AZR 729/96, NZA 1998, 534 (Reinigung II). ||8 Ähnl. BAG 11.12.1997 – 8 AZR 729/96, NZA 1998, 534 (Reinigung II): „Solche Tätigkeitsbereiche sind vielmehr geprägt von ihrer Arbeitsorganisation, der sich daraus ergebenden Aufgabenzuweisung an die einzelnen ArbN und dem in der Organisationsstruktur verkörperten Erfahrungswissen. Die Identität einer solchen wirtschaftlichen Einheit wird gewahrt, wenn der neue Auftragnehmer die ArbN an ihren alten Arbeitsplätzen mit unveränderten Aufgaben weiter beschäftigt." ||9 IdS ausdrücklich BAG 11.12.1997 – 8 AZR 729/96, NZA 1998, 534 (Reinigung II). ||10 Vgl. dazu die Konstellation in BAG 21.1.1999 – 8 AZR 680/97 (Privatschule I). ||11 Das BAG formuliert dies im Einklang mit EuGH 11.3.1997 – Rs. C-13/95, NZA 1997, 433 – Ayse Süzen dahin gehend, die Wahrung der Identität ergebe sich daraus, dass der neue Auftragnehmer „... einen nach Zahl und Sachkunde wesentlichen Teil des Personals übernimmt, weil die ArbN in der Lage sind, den Neuauftrag wie bisher auszuführen"; vgl. BAG 13.11.1997 – 8 AZR 295/95, NZA 1998, 251 (Reinigung I/Wiedereinstellung) und 10.12.1998 – 8 AZR 676/97, NZA 1999, 420 (Hol- und Bringdienst). ||12 IdS verfährt zB BAG 10.12.1998 – 8 AZR 676/97, NZA 1999, 420 (Hol- und Bringdienst); 18.12.2003 – 8 AZR 621/02, NZA 2004, 791 (Auslieferungslager). ||13 BAG 15.12.2011 – 8 AZR 197/11, NZA-RR 2013, 179 (Neuvergabe eines Bewachungsauftrags III), Rz. 53. ||14 Vgl. BAG 11.12.1997 – 8 AZR 729/96, NZA 1998, 534 (Reinigung II). ||15 BAG 10.12.1998 – 8 AZR 676/97, NZA 1999, 420 (Hol- und Bringdienst). ||16 BAG 14.5.1998 – 8 AZR 418/96, NZA 1999, 483 (Neuvergabe eines Bewachungsauftrags II).

einer kurzen Anlernzeit erworben werden könnten[1]. Bei eine besondere Sachkunde des Personals erfordernden **höherwertigen Tätigkeiten**, zu denen bspw. auch Lehr- und Unterrichtstätigkeiten gehören[2], **gelten die o.g. hohen Schwellenwerte jedoch nicht**, wie das BAG ausdrücklich festgestellt hat. Sei ein Betrieb stärker durch das Spezialwissen und die Qualifikation der ArbN geprägt, könne neben anderen Kriterien (!) ausreichen, dass **wegen ihrer Sachkunde wesentliche Teile** der Belegschaft übernommen würden[3]. Entscheidend sei, ob der weiterbeschäftigte Belegschaftsteil insb. auf Grund seiner **Sachkunde**, seiner **Organisationsstruktur** und „nicht zuletzt" auch seiner **relativen Größe** im Grundsatz **funktionsfähig** bleibe[4]. Für die **Praxis** bedeutet dies, dass bei sog. betriebsmittelarmen Betrieben oder Betriebsteilen unterschieden werden muss zwischen einfachen und qualifizierte(re)n Tätigkeiten; zu Letzteren gehören solche, die eine besondere Erfahrung (Know-how) und Sachkunde des eingesetzten Personals erfordern. Positive Indizwirkung iS eines Betriebs(teil)übergangs hat bei Ersteren nur die Weiterbeschäftigung einer „hohen Anzahl" von ArbN (zu den Schwellenwerten s. Rz. 143), während bei einer Prägung des Betriebszwecks (= der ausgeübten Tätigkeit) durch Spezialwissen und Qualifikation der ArbN es auf die Übernahme (nur) „**wesentlicher Teile**" der Belegschaft ankommen soll.

146 Das BAG hat damit **zwei Klassen von Schwellenwerten** eingeführt[5], wobei bisher – lediglich – klar zu sein scheint, dass an den „wesentlichen Teil" geringere quantitative Anforderungen gestellt werden als an eine „hohe Anzahl" tatsächlich weiterbeschäftigter ArbN[6].

147 Im Gegensatz zu der letztgenannten Kategorie entzieht sich der „wesentliche Teil" der Belegschaft einer klaren Quantifizierung, so dass für die Praxis ein erhebliches Prognosepotenzial und -risiko verbleibt. Die diesbezügliche Aussagekraft der bisherigen Entscheidungen ist eher gering und zudem von nicht unerheblichen Unklarheiten und Widersprüchen beeinträchtigt. So hat der 8. Senat zwar einerseits wiederholt judiziert, dass bei qualifizierten Tätigkeiten der Schwellenwert der „hohen Anzahl" nicht gelte[7], andererseits aber im Hinblick auf die Unterrichtstätigkeit an einer Privatschule ausgeführt, ein Anteil von **30 %** der tatsächlich übernommenen Lehrer **reiche „bei Weitem nicht aus"**, um von der Übernahme der Hauptbelegschaft zu sprechen"[8]. Andererseits hat derselbe Senat in dem „**Bewachungsurteil**" v. 14.5.1998 deutlich gemacht, dass bei einer „verhältnismäßig qualifizierten und spezialisierten Tätigkeit" 22 der früher beschäftigten 36 ArbN (also **weniger als zwei Drittel**) durchaus genügen könnten, um von einer Übernahme der Hauptbelegschaft auszugehen. Es erscheine „nicht ausgeschlossen, dass die 22 eingestellten ArbN in diesem Sinne das ‚Gerüst' der Belegschaft der Firma S in der Forschungsanlage darstellten und das wesentliche Know-how repräsentierten". In diesem Zusammenhang könne es insb. auf die Bedeutung der vier Schichtführer und etwaiger (weiterer) **Führungskräfte** ankommen[9]. In einem weiteren „**Bewachungsurteil**" v. 15.12.2011 ging der Senat hingegen von einer relativ geringen Qualifikationsstufe der eingesetzten „einfachen" Wachleute aus und setzte die Schwelle entsprechend hoch an, so dass die Beschäftigung von vier von sieben, dh. etwa **57 %** der in dem Objekt eingesetzten Wachleute als für die Identitätswahrung **nicht ausreichend** angesehen wurde[10]. Bei einem Druckereibetrieb hat der 8. Senat es als nicht rechtsfehlerhaft erachtet, in der Weiterbeschäftigung von **10 von 23** qualifizierten Fachkräften den Übergang der organisierten Hauptbelegschaft zu sehen[11]; für ein **Callcenter** wurde die Übernahme von **drei Vierteln** der bisherigen Belegschaft für **ausreichend** erachtet[12], bei einem IT-Technikservice die Weiterbeschäftigung von „**weit mehr als der Hälfte**" nämlich **50 der 87** bzw. zuletzt **80** beschäftigten Arbeitnehmer (62,5 bzw. 57,5 %)[13].

148 Die **Gefahr von Zufallsentscheidungen** lässt sich nur **vermeiden**, wenn man das Merkmal „Übernahme der Hauptbelegschaft" auch bei den hier in Rede stehenden sog. qualifizierten Tätigkeiten in den Gesamtkontext der Bewahrung und weiteren Nutzung der vom Vorgänger geschaffenen **Betriebsorganisation** stellt (s. Rz. 9, 18, 88 ff.)[14]. Die „**Testfrage**" lautet jeweils, ob bei wertender Betrachtung[15]

---

1 BAG 15.12.2011 – 8 AZR 197/11, NZA-RR 2013, 179 (Neuvergabe eines Bewachungsauftrags III), Rz. 55. ||2 Vgl. BAG 21.1.1999 – 8 AZR 680/97 (Privatschule I). ||3 BAG 11.12.1997 – 8 AZR 729/96, NZA 1998, 534 (Reinigung II); 10.12.1998 – 8 AZR 676/97, NZA 1999, 420 (Hol- und Bringdienst); 18.3.1999 – 8 AZR/306/98, NZA 1999, 706 (Druckerei I). ||4 BAG 21.6.2012 – 8 AZR 181/11, NZA-RR 2013, 6 (IT-Service), Rz. 42. ||5 Ebenso B. Gaul, Betriebs- und Unternehmensspaltung, § 6 Rz. 165. ||6 Ebenso B. Gaul, Betriebs- und Unternehmensspaltung, § 6 Rz. 165. ||7 BAG 11.12.1997 – 8 AZR 729/96, NZA 1998, 534 (Reinigung II); 10.12.1998 – 8 AZR 676/97, NZA 1999, 420 (Hol- und Bringdienst); 18.3.1999 – 8 AZR 306/98, NZA 1999, 706 (Druckerei I). ||8 BAG 21.1.1999 – 8 AZR 680/97 (Privatschule I). Ähnlich in einer weiteren Entscheidung zu Schulungstätigkeiten (Sprachkurse für Ausländer und Asylanten) BAG 23.9.1999 – 8 AZR 614/98 bei Weiterbeschäftigung von 10 von ursprünglich 33 Lehrern. Bejaht wurde die Übernahme der Hauptbelegschaft in einem Parallelfall dagegen – wenig überraschend – bei Übernahme aller Dozenten mit lediglich einer Ausnahme im Fall BAG 18.2.1999 – 8 AZR 485/97, NZA 1999, 648 (Privatschule II), ebensowenig überraschend verneint hingegen bei Übernahme von nur 20 % der qualifizierten Mitarbeiter eines Bewachungsunternehmens; BAG 15.12.2011 – 8 AZR 197/11, NZA-RR 2013, 179 (Neuvergabe eines Bewachungsauftrags III). ||9 BAG 14.5.1998 – 8 AZR 418/96, NZA 1999, 483 (Neuvergabe eines Bewachungsauftrags II). ||10 BAG 15.12.2011 – 8 AZR 197/11, NZA-RR 2013, 179 (Neuvergabe eines Bewachungsauftrags III). ||11 BAG 18.3.1998 – 8 AZR 306/98, NZA 1999, 706 (Druckerei I). ||12 BAG 25.6.2009 – 8 AZR 258/08, NZA 2009, 1412 (Callcenter). ||13 BAG 21.6.2012 – 8 AZR 181/11, NZA-RR 2013, 6 (IT-Service), Rz. 43. ||14 IdS jetzt auch BAG 15.12.2011 – 8 AZR 197/11, NZA-RR 2013, 179 (Neuvergabe eines Bewachungsauftrags III), Rz. 55. ||15 IdS auch B. Gaul, Betriebs- und Unternehmensspaltung, § 6 Rz. 165.

unter Berücksichtigung der jeweils maßgeblichen Wertschöpfungsfaktoren (s. Rz. 98, 100) das tatsächlich übernommene Personal als **„eingespieltes Team"**[1] hinreichend die bisherige Betriebsorganisation zu verkörpern vermag[2] in dem Sinne, dass hinsichtlich der nicht übernommenen ArbN ein Austausch erfolgen konnte, ohne dass dadurch ein anderer Betrieb und/oder eine grundlegend andere Betriebsorganisation entstünde. Diese Frage wird sich bei betriebsmittelarmen Betrieben (allenfalls) dann positiv beantworten lassen, wenn zumindest alle oder nahezu alle **Schlüsselkräfte** des Betriebs (**Führungskräfte** und **Know-how-/Goodwill-Träger**) freiwillig weiterbeschäftigt werden[3], und zwar idR als ArbN und **nicht etwa** als **freie Mitarbeiter oder Werkunternehmer**[4].

Vor dem Hintergrund des Identitätspostulats wird man des Weiteren verlangen müssen, dass die in Rede stehenden Kräfte nicht nur über eine hohe Allgemeinqualifikation verfügen, sondern kraft ihres **betriebsspezifischen Know-hows** die **unveränderte Fortführung** des bisherigen Betriebs **ermöglichen**[5]. Das ist dann der Fall, wenn sie sich durch ihre Zusammenarbeit und organisatorische Verbundenheit gemeinsam eine „intime" Kenntnis von Betriebsmethoden und/oder Kundenbeziehungen und Marktverhältnissen erarbeitet haben, die es *so* und in *dieser* Zusammensetzung auf dem freien Markt nicht zu kaufen gibt. Die bloße **Schulung** von Personal des Erwerbers durch dasjenige des Veräußerers reicht hingegen nicht aus, ebensowenig die „Übernahme" eines Geschäftsführers[6]. Fehlt es hingegen an dem Element eines betriebsspezifischen „Zusammenarbeits-Know-hows", handelt es sich also „nur" um besonders erfahrene oder qualifizierte Kräfte, wird bei betriebsmittelarmen Tätigkeiten eine „hohe Anzahl" von ihnen freiwillig weiterbeschäftigt werden müssen, um von einer Übernahme der „organisierten Hauptbelegschaft" ausgehen zu können[7].

(b) Bei (auch) durch materielle und immaterielle Betriebsmittel geprägten Tätigkeiten. Wird die betriebl. Tätigkeit neben dem Einsatz von Personal zumindest auch durch den Gebrauch kapitalintensiver Investitionsgüter (zB Maschinen, aufwändige, nicht lediglich auf Hilfsfunktionen ausgelegte IT-Technik) und deren Zuordnung zu individuellen Personen geprägt, hängen mit anderen Worten die betriebl. Arbeitsplätze maßgeblich von der Existenz derartiger materieller Betriebsmittel ab, verliert das Merkmal der Weiterbeschäftigung der organisierten Hauptbelegschaft seine uU allein entscheidende Dominanz[8]. Der Nichtübergang von sächlichen Betriebsmitteln kann sich dann im Rahmen der erforderlichen Gesamtabwägung als „K. o.-Kriterium" erweisen (s. Rz. 111 ff.). § 613a liegt dann weder auf der Tatbestands- noch auf der Rechtsfolgenseite vor, so dass eine weitgehend **freie Personalauswahl** möglich ist[9]. Entsprechende Überlegungen haben zu gelten, wenn die Identität des Betriebs maßgeblich durch den Goodwill einer eingeführten Marke oder Geschäftsbeziehung oder durch einen festen Kundenkreis geprägt wird. Auch hier kommt allein der Übernahme von Personal idR keine allein ausschlaggebende Bedeutung zu.

Stets kann aber die tatsächliche Weiterbeschäftigung eines erheblichen Teils des Personals **neben** anderen Merkmalen **unterstützend** im Rahmen der Gesamtbewertung nach dem Sieben-Punkte-Katalog herangezogen werden[10]. Auch wenn für die Erreichung des Betriebszwecks erhebliche materielle und/oder immaterielle Betriebsmittel erforderlich sind, bilden das vorhandene Personal und dessen konkrete Zuordnung zu diesen Betriebsmitteln doch die „organisatorische Klammer" für die zielgerichtete Koordination aller personellen, sachlichen und immateriellen Ressourcen (s. zu diesem Koordinationsaspekt bereits Rz. 18). Bildet der tatsächlich übernommene Teil des Personals idS die Organisationsstruktur des Betriebs („sein **Gerüst**"[11]) hinreichend ab, spricht gerade die **Kombination** aus Übernahme materieller und personeller Ressourcen entschieden für das Vorliegen eines Betriebs(teil)übergangs. Ist das dagegen nicht der Fall, wird vielmehr Personal vereinzelt und/oder quer durch alle Abteilungen ausschließlich unter dem Gesichtspunkt der persönlichen Qualifikation und nicht der bisherigen organisatorischen Verbundenheit zu einem bestimmten betriebl. (Teil-)Zweck übernommen, verliert dieser Gesichtspunkt seine indizielle Bedeutung im Rahmen der erforderlichen teleologischen Gesamtbewertung (s. Rz. 93 ff.). Eine derartige Auflösung des bisherigen Funktions- und Zweckzusammenhangs

---

1 Vgl. BAG 21.6. 2012 – 8 AZR 181/11, NZA-RR 2013, 6 (IT-Service), Rz. 44.   ‖ 2 Dies meint offenbar der 8. Senat des BAG, wenn er im Urt. BAG 14.5.1998 – 8 AZR 418/96, NZA 1999, 483 (Neuvergabe eines Bewachungsauftrags II) von einem „Gerüst" der Belegschaft spricht; ähnlich BAG 15.12.2011 – 8 AZR 197/11, NZA-RR 2013, 179 (Neuvergabe eines Bewachungsauftrags III), Rz. 55; vgl. dazu auch LAG Düss. 18.2.2009 – 12 Sa 1544/08, NZA-RR 2009, 414.   ‖ 3 Hierauf stellt BAG 21.6.2012 – 8 AZR 181/11, NZA-RR 2013, 6 (IT-Service) maßgeblich ab.   ‖ 4 AA insoweit BAG 18.2.1999 – 8 AZR 485/97, NZA 1999, 648 (Privatschule II); LAG BW 21.10.1996 – 19 Sa 30/96, LAGE § 613a BGB Nr. 52; ErfK/*Preis*, § 613a BGB Rz. 24; *Fuhlrott*, NZA 2013, 183 (185).   ‖ 5 IdS BAG 11.9.1997 – 8 AZR 555/95, NZA 1998, 31 = EzA § 613a BGB Nr. 153 (*Willemsen/Annuß*) (Tausendundeine Nacht); 21.6.2012 – 8 AZR 181/11, NZA-RR 2013, 6 (IT-Service).   ‖ 6 Ebenso *Fuhlrott*, NZA 2013, 183 (185).   ‖ 7 IdS offenbar auch BAG 21.1.1999 – 8 AZR 680/97 (Privatschule I). Jedenfalls ließe sich so der in Rz. 147 geschilderte Widerspruch auflösen.   ‖ 8 Vgl. BAG 3.11.1998 – 3 AZR 484/97 (Zementhersteller): Geringere indizielle Deutung der Personalübernahme bei einem Produktionsunternehmen im Vergleich zu einem solchen, bei dem es „gar nicht oder nur am Rande auf sächliche Betriebsmittel ankommt".   ‖ 9 Im Erg. ebenso BAG 28.4.2011 – 8 AZR 709/09 (Kettenschienenproduktion).   ‖ 10 So geschehen zB im Fall BAG 18.3.1999 – 8 AZR 306/98, NZA 1999, 706, im Falle eines Druckereibetriebs: Weiterbeschäftigung von zehn Facharbeitern als „organisierte Hauptbelegschaft"; s. dazu auch Rz. 147.   ‖ 11 Vgl. BAG 14.5.1998 – 8 AZR 418/96, NZA 1999, 483 (Neuvergabe eines Bewachungsauftrags II).

(hier: des übernommenen Personals) kann also auch nach *Klarenberg* (oben Rz. 128aff.) **identitätszerstörend** wirken. Anders aber als bei betriebsmittelarmen Tätigkeiten muss bei Dominanz materieller Betriebsmittel die Feststellung eines Betriebsübergangs nicht zwingend an der fehlenden Personalübernahme scheitern[1].

152 **(c) Entfallen jeglicher positiven Indizfunktion bei Nichtfortführung der organisatorischen Verbundenheit.** Ähnlich wie bei den materiellen Betriebsmitteln (s. Rz. 127ff.) entfällt hinsichtlich der tatsächlichen Übernahme von Personal – gleich, ob bei betriebsmittelarmen oder betriebsmittelintensiven Tätigkeiten – jegliche Indizfunktion im Rahmen des Sieben-Punkte-Katalogs, wenn der „Erwerber" mit dem weiterbeschäftigten Personal **von Anfang an** einen **grundlegend andersartigen Betriebszweck** verfolgt oder das Personal unter Aufhebung seiner bisherigen organisatorischen Verbundenheit in eine **andere**, bei ihm bereits bestehende **Betriebsorganisation einfügt**[2]. Da die Übernahme von Personal kein eigenständiges Tatbestandsmerkmal des § 613a, sondern nur ein Indiz für die Nutzung der vom Vorgänger geschaffenen Betriebsorganisation ist (s. Rz. 89f. u. 140), vermag die Unterbreitung von Beschäftigungsangeboten selbst an den überwiegenden Teil des Personals eine solche Wirkung nicht mehr zu entfalten, wenn der neue ArbGeb gar nicht an der Struktur des bisherigen Betriebs, sondern lediglich daran interessiert ist, aus dem „Pool" der dortigen ArbN möglichst viele geeignete Kräfte für seinen (neuen oder bereits bestehenden) Betrieb zu gewinnen[3]. Ein solcher neuer Betrieb soll nach Auffassung des BAG bereits dann vorliegen, wenn der (Auftrags-)Nachfolger eine neue Ablauf- und Arbeitsorganisation einführt[4] oder die Einteilung und Lage der Arbeitsschichten in einem Reinigungsbetrieb grundlegend umstellt[5]; ob hieran nach dem *Klarenberg*-Urteil des EuGH v. 12.2.2009 (dazu ausf. Rz. 128aff.) noch uneingeschränkt festgehalten werden kann, ist allerdings **zweifelhaft**. Gleiches gilt für die Frage, ob bereits eine **wesentliche Änderung der Vertragsinhalte** bei dem weiterbeschäftigten Personal, **soweit** sich in ihr zugleich eine **grundlegende Änderung der Arbeitsorganisation** (insb. des sog. **Betriebskonzepts**) **widerspiegelt**, zur Verneinung eines Betriebsübergangs führen kann (str.)[6]; der 8. Senat des BAG nimmt dies nach wie vor an[7]. IdR ausgeschlossen ist ein Betriebsübergang, wenn der Auftragsnachfolger den Auftrag über längere Zeit mit eigenem Personal fortführt und erst danach Personal des früheren Auftragnehmers in erheblichem Umfang einstellt[8]. Eine **erhebliche Reduzierung der Belegschaft** kann, muss aber nicht zwingend eine grundlegende Änderung der Arbeitsorganisation oder Betriebsmethode implizieren[9]. Eine **innerbetriebliche Umstrukturierung** zum Zwecke der Verbesserung des Kundenservice spricht auch dann nicht gegen einen Betriebsübergang, wenn die übernommenen ArbN hierfür **Schulungs- oder Fortbildungsmaßnahmen** durchlaufen müssen[10]. Entsprechendes gilt, wenn das bisherige **Leistungsangebot lediglich begrenzt** oder unter Beibehaltung des bisherigen Betriebszwecks und der funktionellen Verknüpfung der übernommenen Betriebsmittel reine **Hilfsfunktionen** eines Dienstleistungsbetriebs wie Vertrieb, Einkauf, Marketing oder Personalbereich erweitert bzw. aufgebaut werden[11].

153 **(2) Negative Indizfunktion.** Die fehlende Übernahme jeglichen Personals kann – wiederum in Abhängigkeit von der Art des Betriebs/Unternehmens (Merkmal 1) – erheblich oder sogar ausschlaggebend gegen das Vorliegen eines Betriebs(teil)übergangs sprechen. Ein zwingendes Ausschlusskriterium stellt sie dann dar, wenn es sich um eine betriebsmittelarme Tätigkeit handelt, der (Dienstleistungs-)Betrieb also seine Wertschöpfung ausschließlich oder nahezu ausschließlich mittels Einsatzes der menschlichen Arbeitskraft erzielt (s. Rz. 97f., 122ff.)[12]. Eine Fortführung und Nutzung der vorhandenen **Organisation** setzt in solchen Fällen die tatsächliche Weiterbeschäftigung der sog. organisierten Hauptbelegschaft voraus; es **genügt** also **nicht**, wenn der (Auftrags-)Nachfolger dem Personal des Vorgängers lediglich entsprechende **Angebote** unterbreitet, wenn und solange diese von der ganz überwiegenden Mehrzahl der ArbN (zu den maßgeblichen Schwellenwerten s. Rz. 142ff.) **nicht angenommen**

---

1 Ebenso *B. Gaul*, Betriebs- und Unternehmensspaltung, § 6 Rz. 157; vgl. auch *Junker*, ZIP 1993, 1599 (1602). || 2 Zutr. BAG 10.12.1998 – 8 AZR 676/97, NZA 1999, 420 (Hol- und Bringdienst); 3.11.1998 – 3 AZR 484/97 (Zementhersteller); 14.8.2007 – 8 AZR 1043/06, NZA 2007, 1431 (Technische Dienstleistungen in der Charité I); 22.1. 2009 – 8 AZR 158/07, NZA 2009, 905 (Technische Dienstleistungen in der Charité II); 25.6.2009 – 8 AZR 258/08, NZA 2009, 1412 (Callcenter); 21.6.2012 – 8 AZR 181/11, NZA-RR 2013, 6 (IT-Service); LAG Hamm 30.3.1998 – 16 Sa 942/97, LAGE § 613a Nr. 72; s. dazu auch *B. Gaul*, Betriebs- und Unternehmensspaltung, § 6 Rz. 179; *Müller-Glöge*, NZA 1999, 449 (451); WHSS/*Willemsen*, Rz. G 59. || 3 S. dazu den Beispielsfall bei WHSS/*Willemsen*, Rz. G 99. || 4 BAG 10.12.1998 – 8 AZR 676/97, NZA 1999, 420 (Hol- und Bringdienst). || 5 Vgl. BAG 11.12. 1997 – 8 AZR 729/96, NZA 1998, 534 (Reinigung II); *Müller-Glöge*, NZA 1999, 449 (452); insoweit abl. ErfK/*Preis*, § 613a BGB Rz. 28. || 6 Abl. LAG Berlin 23.10.2006 – 15 Sa 1314/06, ZIP 2007, 788 (Facility Management), aufgehoben durch BAG 14.8.2007 – 8 AZR 1043/06, NZA 2007, 1431 (Technische Dienstleistungen in der Charité I); krit. auch ErfK/*Preis*, § 613a BGB Rz. 28. || 7 IdS BAG 17.12.2009 – 8 AZR 1019/08, NZA 2010, 499 (Betriebskantine). || 8 Ebenso *Moll*, RdA 2003, 129 (133). || 9 BAG 26.7.2007 – 8 AZR 769/06, NZA 2008, 112 (Dachdeckerbetrieb). || 10 So BAG 25.6.2009 – 8 AZR 258/08, NZA 2009, 1412 (Callcenter). || 11 BAG 21.6.2012 – 8 AZR 181/11, NZA-RR 2013, 6 (IT-Service). || 12 BAG 11.9.1997 – 8 AZR 555/95, NZA 1998, 31 = EzA § 613a BGB Nr. 153 (*Willemsen/Annuß*) (Tausendundeine Nacht); wie hier *B. Gaul*, Betriebs- und Unternehmensspaltung, § 6 Rz. 158. Unzutr. dagegen LAG Köln 8.3.2004 – 4 Sa 1115/03, NZA-RR 2004, 464 (Kino), welches aus der *Abler*-Entscheidung des EuGH 20.11.2003 (s. Rz. 53) den Schluss zieht, die Nichtübernahme von Personal könne nicht zur Verneinung eines Betriebsübergangs führen.

werden[1] (s. dazu auch oben Rz. 138). Anders als bei betriebsmittelintensiven Tätigkeiten (zB Produktionsunternehmen) spielt die mangelnde Bereitschaft der ArbN, ihr ArbVerh mit dem Nachfolger fortzusetzen, bei entscheidend durch den Einsatz menschlicher Arbeitskraft geprägten Betrieben somit **nicht erst im Rahmen des Widerspruchsrechts** (s. Rz. 341 ff.), sondern bereits auf der **Tatbestandsseite** der Norm eine zentrale Rolle. Allerdings kann die „massenhafte" Ausübung des Widerspruchsrechts den geplanten Betriebsübergang **zunichte machen**; s. dazu Rz. 353. Haben Veräußerer und Erwerber eines Betriebs oder Betriebsteils allerdings **vereinbart**, dass es sich um einen Betrieb(steil)übergang iSv. § 613a handelt und dies den ArbN entsprechend kommuniziert, müssen sie sich hieran ggü. den nicht widersprechenden ArbN uU festhalten lassen[2].

Erheblich, uU sogar entscheidend fällt das tatsächliche Nichtzustandekommen der Weiterbeschäftigung ferner dann ins Gewicht, wenn der bisherige Betrieb ganz wesentlich durch das **Know-how von Fachkräften** geprägt wurde, die nicht ohne Weiteres ausgetauscht werden können. Für die konkrete betriebl. Wertschöpfung unverzichtbare Personen können bspw. sein der den Ruf eines Spezialitätenrestaurants begründende „Starkoch"[3], das fest angestellte Ensemble eines Theaters oder ein hochspezialisiertes Team von Softwareprogrammierern. Bei Handels- und Verkaufstätigkeiten hängt es von der Betriebsform ab, ob die fehlende Weiterbeschäftigung von Personal negative Indizfunktion im Hinblick auf das Vorliegen eines Betriebsübergangs hat[4]: Während in **Selbstbedienungsgeschäften** mit geringerem oder völlig fehlendem Beratungsanteil die tatsächliche Weiterbeschäftigung von Personal eher geringe indizielle Bedeutung hat, kommt ihr bei einem hochwertigen, **beratungsintensiven Warensortiment** im Hinblick auf die Fachkenntnisse einer eingearbeiteten Belegschaft zentrale Bedeutung zu, so dass ein Betriebsübergang iSv. § 613a ohne jegliche Übernahme von Personal nicht möglich ist[5]. Dasselbe gilt, wenn von einer **Rechtsanwaltskanzlei** zwar materielle Betriebsmittel durch Übernahme der gesamten **Büroeinrichtung** übernommen wurden, **nicht** jedoch das die **Organisation** einer solchen Kanzlei **prägende Personal**[6]. Auf Grund ganz ähnlicher Überlegungen hat der 8. Senat bei einer **ärztlichen (Einzel-)Praxis** die Möglichkeit des Betriebsübergangs ohne die dazugehörigen nichtärztlichen Mitarbeiter **verneint**[7]. Bei einem **Bewachungsunternehmen** steht die Weiterbeschäftigung von nur 57 % des einfachen und 20 % des qualifizierten Personals der Annahme eines Betriebsübergangs **entgegen**[8].

Keine zwingend negative **Indizwirkung** hat der „Verzicht" auf jedwede Weiterbeschäftigung von Personal des bisherigen Betriebsinhabers dagegen bei solchen Betrieben, deren Organisation und Wertschöpfung **entscheidend** durch **materielle Betriebsmittel** bestimmt werden, wie dies jedenfalls bei bestimmten Arten von **Produktionsbetrieben** der Fall sein mag (s. bereits Rz. 116 ff.). Hier vertritt das BAG gleichsam spiegelbildlich zu den betriebsmittelarmen Tätigkeiten den Standpunkt, dass selbst der komplette Austausch der sog. Hauptbelegschaft einem Betriebsübergang nicht entgegenstehen müsse[9]. Denkbar erscheint auch dies nur, wenn die konkrete Betriebsorganisation durch die vorhandenen und weiter genutzten materiellen Betriebsmittel bestimmt wird und das zu ihrer Bedienung eingesetzte Personal leicht austauschbar ist. Diese Voraussetzung kann nicht nur bei Produktionstätigkeiten, sondern zB auch bei Auslieferungslagern oder Verkaufsstellen erfüllt sein, in denen die Ablauforganisation durch die konkrete Anordnung der Betriebsmittel determiniert wird und dem Verkaufspersonal nur relativ einfache Hilfsfunktionen obliegen. Kommt den **sächlichen und personellen Betriebsmitteln** dagegen ein (annähernd) **gleicher Rang** zu, kann die Nichtübernahme jeglichen Personals – entgegen den Aussagen des 8. Senats in dem „Flughafen-Urteil" v. 13.6.2006[10] – durchaus ein wesentliches Indiz dafür sein, dass die Identität der wirtschaftl. Einheit **nicht gewahrt** wurde[11].

ee) **Etwaiger Übergang der Kundschaft (Merkmal 5).** Die Bedeutung dieses Merkmals ist in der bisherigen Rspr. des EuGH und des BAG eher unklar geblieben und hat dementsprechend zu verschiedenen Missdeutungen in der Lit. Anlass gegeben. Die Erhaltung des bisherigen Kundenstammes und dessen künftige Erweiterung ist Ziel und nicht Voraussetzung jeder marktwirtschaftl. Tätigkeit, weswegen es problematisch erscheinen mag, die Kundenbeziehungen selbst zu den (immateriellen) Betriebsmitteln zu zählen. Der Charakter eines Betriebsmittels kommt allerdings den räumlichen und organisatorischen **Voraussetzungen** zu, die erforderlich sind, um überhaupt **Zugang zu dem bisherigen Kunden-**

---

1 Ebenso BAG 15.12.2011 – 8 AZR 197/11, NZA-RR 2013, 179 (Neuvergabe eines Bewachungsauftrags III); *B. Gaul*, Betriebs- und Unternehmensspaltung, § 6 Rz. 158. ||2 Zutreffend *Schipp*, NZA 2013, 238 (241); s. zu dieser Problematik auch oben Rz. 86. ||3 Vgl. BAG 11.9.1997 – 8 AZR 555/95, NZA 1998, 31 = EzA § 613a BGB Nr. 153 (*Willemsen/Annuß*) (Tausendundeine Nacht). Anders dagegen für das Personal einer Betriebskantine BAG 25.5.2000 – 8 AZR 337/99 (Catering II). ||4 Vgl. BAG 2.12.1999 – 8 AZR 796/98, NZA 2000, 369 (Elektrohandel). ||5 BAG 2.12.1999 – 8 AZR 796/98, NZA 2000, 369 (Elektrohandel); ebenso bereits BAG 22.5.1997 – 8 AZR 101/96, NZA 1997, 1050 (Modegeschäft). ||6 BAG 30.10.2008 – 8 AZR 397/07, AP Nr. 358 zu § 613a BGB (*Willemsen*) (Anwaltskanzlei). ||7 BAG 22.6.2011 – 8 AZR 107/10, NZA-RR 2012, 119 (Arztpraxis). ||8 BAG 15.12.2011 – 8 AZR 197/11, NZA-RR 2013, 179 (Neuvergabe eines Bewachungsauftrags III). ||9 So insb. BAG 26.8.1999 – 8 AZR 588/98 (Druckweiterverarbeitung); 22.7.2004 – 8 AZR 350/03, NZA 2004, 1383 (Gefahrstofflager); 27.1.2011 – 8 AZR 326/09, NZA 2011, 1162 (Kleinpaketefertigung). ||10 BAG 13.6.2006 – 8 AZR 271/05, NZA 2006, 1102, Rz. 21. ||11 S. *Willemsen/Müntefering*, NZA 2006, 1185 (1190). Ähnliche Einwände gelten für das Rettungsdienst-Urt. v. 10.5.2012 – 8 AZR 639/10, NZA 2012, 1161; dazu oben Rz. 116. Unter demselben Aspekt ist auch das Abler-Urt. des EuGH v. 20.11.2003 – Rs. C-340/01 kritisch zu sehen; *Tamm*, ZESAR 2012, 151 (156).

kreis des früheren Betriebsinhabers zu erlangen; dazu gehören zB eine umfangreiche, nicht jedermann zugängliche **Kundenkartei**[1], die ggf. auch nur in den Köpfen einiger Mitarbeiter gespeichert sein kann[2], aber auch die konkrete räumliche **Lage** eines Einzelhandelsgeschäfts, die den Zugang zu einem bestimmten Geschäftsumfeld und Kundenkreis eröffnet (s. bereits Rz. 101). Auch das Recht, ein bestimmtes Produkt eines Herstellers in einem bestimmten Gebiet zu vertreiben, kann zu den unverzichtbaren Zugangsvoraussetzungen zu dem bisherigen Kundenkreis gehören[3]. Den **Eintritt in bestehende Kundenbeziehungen** als solchen misst das BAG (nur) dann eine Bedeutung bei, wenn diese Beziehungen **von gewisser Dauer** sind, während nur **kurzfristige Kundenkontakte** oder idR einmalige Vorgänge nicht für einen Betriebsübergang sprächen[4].

157 Von den für den Zugang zu einem bestimmten Kundenkreis erforderlichen Hilfsmitteln in dem soeben beschriebenen Sinne ist die **Beibehaltung des bisherigen Kundenkreises** als solche zu unterscheiden. Dieser kann – wiederum in Abhängigkeit von der Art des Unternehmens oder Betriebs (Merkmal 1, s. Rz. 100 ff.) – den Betrieb bzw. den Betriebsteil als solchen identifizieren und somit für die „Wahrung der wirtschaftlichen Einheit" von zentraler Bedeutung sein. Die „Adressierung" eines ganz bestimmten Kundenkreises kann nämlich den Betriebszweck insb. bei Handels- und Dienstleistungsbetrieben entscheidend prägen, so dass bei Ansprache eines gänzlich anderen Personenkreises ein Betriebsübergang fern liegt[5]. Wird dagegen derselbe Kundenkreis wie bisher angesprochen, kann es auf den wirtschaftl. **Erfolg** der entsprechenden Bemühungen des neuen Inhabers **nicht ankommen**[6]. Für einen Betriebsübergang spricht es, wenn sowohl die **Kundenkartei** eines IT-Service-Unternehmens als auch das **Recht** erworben wird, **in bestehende Service- und Wartungsverträge einzutreten**[7]. Andererseits vermag allerdings **allein** die **Übernahme des Kundenstammes** ohne Hinzutreten weiterer relevanter Merkmale des Sieben-Punkte-Katalogs **einen Betriebsübergang nicht zu begründen**; es handelt sich dann hier ebenso wie bei der bloßen Übernahme eines zuvor von einem anderen Unternehmen ausgeführten Auftrags vielmehr lediglich um eine (reine) **Funktionsnachfolge** (s. Rz. 127)[8]. Entsprechendes gilt, wenn zwar die bisherigen Kundenbeziehungen von einem Dritten übernommen, die diese Kunden ggü. geschuldeten Dienstleistungen aber weiterhin vom bisherigen ArbGeb mittels dessen Betriebsorganisation erbracht werden[9].

158 **(1) Positive Indizfunktion.** Eine Indizfunktion kann der Beibehaltung des bisherigen Kundenkreises allerdings nur zukommen, soweit der in Rede stehende Betrieb bzw. Betriebsteil überhaupt über eine „eigene" Kundschaft verfügt. Daran fehlt es insb. dann, wenn eine Tätigkeit (zB durch einen **Subunternehmer**) lediglich für Rechnung eines Dritten ausgeführt wird, der seinerseits über eine eigene Kundschaft verfügen mag. Der Übernahme oder Nichtübernahme dieser Kundschaft kommt dann im Hinblick auf § 613a keine Bedeutung zu. Dies gilt zB bei der Bewirtschaftung einer Kantine durch einen **Caterer**, der hierdurch keine eigenen Geschäftsbeziehungen zu Beschäftigten der Auftraggeberin aufnimmt[10]. Wurden dagegen bestimmte Dienstleistungen von einem **Subunternehmen** ggü. Kunden des Auftraggebers bzw. der Muttergesellschaft in dessen Namen erbracht, kann bei einer Fortsetzung dieser Tätigkeit **unmittelbar, dh. im eigenen Namen** ggü. diesen Kunden nach der Insolvenz des Subunternehmers durchaus ein relevanter Eintritt in Kundenbeziehungen gesehen werden, wenn diesem eine vertragl. Vereinbarung mit dem Insolvenzverwalter des Subunternehmers zugrunde liegt. Eine vertragl. Mitwirkung des bisherigen Auftraggebers als des eigentlichen Inhabers dieser Kundenbeziehungen soll dann nach einer Entscheidung des BAG v. 21.6.2012 nicht erforderlich sein[11].

159 Der Beibehaltung des Kundenkreises kann ausschlaggebende Bedeutung zukommen, wenn das in Rede stehende Unternehmen über solche eigenen Kundenbeziehungen verfügt *und* der Betriebszweck entscheidend durch die Tätigkeit gerade für diesen bzw. diese Kunden geprägt wird. Dies ist insb. bei Dienstleistungstätigkeiten oftmals der Fall. Diese können einen klaren **Objektbezug** aufweisen dergestalt, dass die Wahrung der wirtschaftl. Einheit nur bei Weiterführung dieser Tätigkeit für einen konkreten Auftraggeber denkbar erscheint. Ein solcher, die Betriebsidentität bestimmender Objekt- und

---

1 Zur Übernahme einer Arztpraxis mit Patientenkartei LAG Düss. 29.2.2000 – 3 Sa 1896/99, NZA-RR 2000, 353 (Arztpraxis); zur Übernahme eines Zeitarbeitsunternehmens LAG Köln 15.1.1997 – 7 Sa 835/96, NZA 1998, 484 (Zeitarbeitsunternehmen), das zu Recht auf die Bedeutung der Unterlagen über die Beziehungen zu LeihArbN und Kunden hinweist; s. ferner BAG 26.7.2007 – 8 AZR 769/06, NZA 2008, 112 (Dachdeckerbetrieb). ||2 Vgl. zu diesem Gesichtspunkt BAG 18.3.1999 – 8 AZR 306/98, NZA 1999, 706 (Druckerei I). ||3 Vgl. dazu EuGH 7.3.1996 – Rs. C-171/94 und Rs. C-172/94, NZA 1996, 413 = EAS RL 77/187/EWG Nr. 11 (*Willemsen*) – Merckx, Neuhuys. ||4 BAG 15.12.2011 – 8 AZR 692/10, NZA-RR 2012, 570 (Reisebüro); ähnlich bereits BAG 22.1.1998 – 8 AZR 243/95, NZA 1998, 536 (Technische Kundendienste). ||5 Vgl. hierzu (bei erhebl. Veränderung der räuml. Lage eines Einzelhandelsgeschäfts) BAG 2.12.1999 – 8 AZR 796/98, NZA 2000, 369 (Elektrohandel); zur prägenden Bedeutung des Kundenkreises vgl. auch KR/*Treber*, § 613a BGB Rz. 45. ||6 BAG 21.6.2012 – 8 AZR 181/11, NZA-RR 2013, 6 (IT-Service), Rz. 50; LAG Köln 8.3.2004 – 4 Sa 1115/03, NZA-RR 2004, 464 (Kino). ||7 BAG 21.6.2012 – 8 AZR 181/11, NZA-RR 2013, 6 (IT-Service). ||8 Vgl. LAG Hamm 30.4.2008 – 6 Sa 1800/07; ebenso für den Abschluss eines Bewachungsauftrags, selbst wenn dieser mit demjenigen des Vorgängerunternehmens identisch ist, BAG 15.12.2011 – 8 AZR 197/11, NZA-RR 2013, 179, Rz. 45 (Neuvergabe eines Bewachungsauftrags III). ||9 BAG 14.8.2007 – 8 AZR 803/06, NZA 2007, 1428 (Frischelager). ||10 Vgl. zu einer solchen Konstellation BAG 11.12.1997 – 8 AZR 426/94, NZA 1998, 532 (Catering I). ||11 BAG 21.6.2012 – 8 AZR 181/11, NZA-RR 2013, 6 (IT-Service), Rz. 46 ff.

damit auch Kundenbezug ist oftmals festzustellen bei **Reinigungs- und Bewachungsfunktionen**, wo die Zuordnung zu einem bestimmten Kundenobjekt sogar zur Abgrenzung des Betriebsteilbegriffs herangezogen wird (s. Rz. 38). Hier erscheint die Wahrung der wirtschaftl. Einheit dann – aber auch nur dann – vorstellbar, wenn der Bezug zum jeweiligen Kunden/Objekt auch beim „Nachfolger" gewahrt bleibt. Ist dies der Fall, kommt es für den Übergang der Kundenbeziehung nach der Rspr. sowohl des EuGH als auch des BAG nicht darauf an, dass diese einvernehmlich auf den Auftragsnachfolger übergeleitet wird; es ist also **keine vertragl. Überleitung** der Vertragsbeziehungen zwischen bisherigem und neuem Betriebsinhaber **erforderlich**. Vielmehr können die Voraussetzungen des § 613a in derartigen Konstellationen auch bei einem **Auftragswechsel in einer Konkurrenzsituation** erfüllt sein[1]. Entscheidend ist also in diesem Zusammenhang allein, dass der Auftrag tatsächlich am selben Objekt und für denselben Kunden ausgeführt wird. Hinzu kommen muss dann – jedenfalls bei sog. betriebsmittelarmen Tätigkeiten – allerdings noch die tatsächliche Übernahme der sog. organisierten Hauptbelegschaft, welche ebenfalls keiner vertragl. Einigung mit dem bisherigen Auftragnehmer bedarf (s. Rz. 198 ff.). Dagegen kann es nicht zu einem Betriebsübergang führen, wenn ein Dritter von bisherigen ArbGeb zwar die Kundenbeziehungen übernimmt, diesen aber zugleich mit der Erledigung der entsprechenden Aufträge mittels der bisherigen Betriebsorganisation beauftragt[2].

Eine besonders hohe Bedeutung für die Wahrung der Betriebsidentität kommt der Beibehaltung des Kundenkreises auch bei **Handelsunternehmen** zu. Nach Auffassung des **BAG** machen die Lieferanten- und Kundenbeziehungen das Substrat und den spezifischen Charakter des Einzelhandelsbetriebs aus[3]. Allerdings reicht es noch nicht aus, wenn der neue Inhaber auf denselben Kundenkreis zielt, selbst wenn dies am selben Ort und in denselben Räumlichkeiten wie unter dem Vorgänger geschieht[4]; er muss vielmehr auch die betriebsorganisatorischen Voraussetzungen für die Erreichung dieses Kundenkreises übernehmen und fortführen. Daran fehlt es jedenfalls dann, wenn die **Betriebsform** wesentlich geändert wird (zB bei Umstellung von persönlich-individueller Fachberatung auf Selbstbedienung[5]) oder bei einem (Mode-)Fachgeschäft, welches durch umfassende persönliche Beratung von Kunden geprägt ist, auf die Weiterbeschäftigung des bisherigen Personals (einschl. Führungskräften oder Know-how-Trägern) vollständig verzichtet wird[6]. **Umgekehrt** schließt bei einem stationären Handelsgeschäft ein grundlegender Wechsel des angesprochenen Kundenkreises – zB auf Grund eines vollständig **geänderten Warensortiments** oder einer **erheblichen räumlichen Verlagerung** – einen Betriebsübergang selbst dann aus, wenn das bisherige Personal im Wesentlichen unverändert weiterbeschäftigt wird[7]. An der Wahrung der bisherigen Betriebsorganisation kann es des Weiteren fehlen, wenn der Übernehmer eines Geschäftslokals bereits an anderen Orten über eine Reihe von gleichartigen (Filial-)Geschäften verfügt und mit der neuen Filiale lediglich die bisherige Betriebstätigkeit erweitert wird[8].

Indizielle Bedeutung für einen Betriebsübergang kann auch bei einer Beibehaltung des bisherigen Zielpublikums nur die Übernahme und Fortführung **längerfristiger Kundenbeziehungen** haben. Solche dauerhaften Vertragsbeziehungen setzen nach der Rspr. des 8. Senats bei **Reisebüros** voraus, dass es die **Lage** des Geschäftslokals **ermöglicht**, die **Kundschaft** erneut zu **gewinnen** und sie zu **halten**[9]. Dies zeigt einmal mehr, dass bei richtiger Betrachtungsweise es nicht so sehr um die Kundenbeziehungen als solche, sondern um deren räumliche und organisatorische Voraussetzungen geht (s. bereits Rz. 156).

Aus alledem folgt, dass der angesprochenen **Klientel** für den Betriebszweck eines Handelsgeschäfts individualisierende Bedeutung zukommt und die Wahrung der Betriebsidentität daher die beabsichtigte Beibehaltung dieses Kundenkreises voraussetzt; Entsprechendes gilt für andere Publikumsbetriebe, etwa im Bereich der Gastronomie[10] oder der Unterhaltungsbranche[11]. Allerdings handelt es sich dabei nur um eine **notwendige, nicht um eine hinreichende Bedingung** (s. Rz. 160). Grob unrichtig ist es deshalb, allein aus der Übertragung einer **Vertriebsberechtigung** für ein bestimmtes Gebiet auf den Übergang eines Betriebs bzw. Betriebsteils schließen zu wollen[12]. Von der Beibehaltung des „Zielpubli-

---

1 So wörtlich BAG 11.12.1997 – 8 AZR 729/96, NZA 1998, 534 (Reinigung II); s. dazu, dass nach der Rspr. ein „Rechtsgeschäft" zwischen erstem und zweitem Auftragnehmer nicht erforderlich ist, auch unten Rz. 198 ff. ‖2 BAG 14.8.2007 – 8 AZR 803/06, NZA 2007, 1428 (Frischeleger). ‖3 BAG 2.12.1999 – 8 AZR 796/98, NZA 2000, 369 (Elektrohandel). ‖4 So BAG 22.5.1997 – 8 AZR 101/96, NZA 1997, 1050 (Modegeschäft). ‖5 Vgl. BAG 2.12.1999 – 8 AZR 796/98, NZA 2000, 369 (Elektrohandel): Die im Wesentlichen unveränderte Beibehaltung von Warensortiment und Betriebsform ist „regelmäßig Voraussetzung, um einen Erhalt der wirtschaftlichen Einheit annehmen zu können". ‖6 BAG 22.5.1997 – 8 AZR 101/96, NZA 1997, 1050 (Modegeschäft). ‖7 So zutr. BAG 2.12.1999 – 8 AZR 796/98, NZA 2000, 369 (Elektrohandel). ‖8 Vgl. zu diesem Gesichtspunkt Willemsen, RdA 1991, 204 (211); ebenso BAG 22.5.1997 – 8 AZR 101/96, NZA 1997, 1050 (Modegeschäft); krit. insoweit Staudinger/Annuß, § 613a Rz. 78. ‖9 BAG 15.12.2011 – 8 AZR 692/10, NZA-RR 2012, 570 (Reisebüro), Rz. 49. ‖10 IdS vor allem BAG 11.9.1997 – 8 AZR 555/95, NZA 1998, 31 = EzA § 613a BGB Nr. 153 (Willemsen/Annuß) (Tausendundeine Nacht): Zieht ein Restaurant nach dem Pächterwechsel „Gäste mit anderem Geschmack und anderen Interessen an", fehlt es am Übergang des Kundenstamms. ‖11 Vgl. dazu LAG Köln 8.3.2004 – 4 Sa 1115/03, NZA-RR 2004, 464 (Kino). ‖12 So oder der EuGH in der nach BAG 14.4.1994 – Rs. C-392/92, NZA 1994, 545 – Christel Schmidt und vor EuGH 11.3.1997 – Rs. C-13/95, NZA 1997, 433 – Ayse Süzen – ergangenen Entscheidung EuGH 7.3.1996 – Rs. C-171/94 und Rs. C-172/94, NZA 1996, 413 – Merckx, Neuhuys = EAS RL 77/187/EWG Nr. 11 (Willemsen).

kums" zu unterscheiden ist die Übernahme eines **Kundenstamms**, der idR durch die entsprechenden räumlichen (Geschäft/Lokal) und technisch-organisatorischen Voraussetzungen (Verträge, Kundendateien etc.) verköpert wird. Eine positive Indizfunktion kann insoweit nur der hierdurch ermöglichte Eintritt in **dauerhafte** Geschäftsbeziehungen haben[1].

163 Soweit das BAG neben dem Eintritt in Kundenbeziehungen auch der Fortsetzung des Warenbezuges durch **dieselben Lieferanten** Bedeutung beimisst, hat es diesen Gesichtspunkt zugleich wieder relativiert: Sofern weitgehend die gleiche Ware wie bisher verkauft werde, komme es auf den mangelnden Eintritt in Lieferantenbeziehungen nicht an. Dies gelte jedenfalls dann, „wenn diese allgemein offen stehen und nicht ganz spezifische Markenware verkauft wird". Auch könne das im Wesentlichen gleiche Warensortiment oftmals von mehreren Lieferanten bezogen werden[2]. Eine betriebsindividualisierende Wirkung kommt den Lieferantenbeziehungen daher nur dann zu, wenn sie schwer zugänglich oder gar durch Exklusivitätsrechte geschützt sind.

164 Bei **Produktionsbetrieben** können **Lieferantenbeziehungen** unter denselben Voraussetzungen Bedeutung für die Wahrung der Betriebsidentität erlangen[3]. Auch hier kommt der Beibehaltung des Kundenstammes eine gewisse (positive) Bedeutung für die Beurteilung des Betriebsübergangs zu[4]. Allerdings erfordert hier die Art des Betriebs (Merkmal 1) wiederum gewisse Modifikationen: Handelt es sich um ein „klassisches" Produktionsunternehmen, steht nach dem Betriebszweck der zweckgerichtete Einsatz der Maschinen im Rahmen der (betriebl.) Gesamtorganisation im Vordergrund. Der **Eintritt in laufende Aufträge** ist daher **nicht erforderlich**[5]. Der Fortsetzung von Kundenbeziehungen kommt für *diese* Aktivitäten daher idR keine ausschlaggebende Bedeutung zu. Dies gilt auch im umgekehrten Sinne: Bei fehlender Übernahme von Produktionseinrichtungen (s. Rz. 111) vermag der Eintritt in laufende Aufträge die Anwendung des § 613a nicht zu begründen[6]. Es liegt dann lediglich ein Fall der Funktionsnachfolge vor mit der Konsequenz, dass der Auftragsnachfolger „sein" Personal für die Produktion frei auswählen kann. Für den **Vertriebsbereich** eines Produktionsunternehmens, sofern er als eigenständiger Betriebsteil geführt wird (s. Rz. 31 ff.), kann der Eintritt in bestehende Kundenbeziehungen und laufende Verträge allerdings sehr wohl von erheblicher Bedeutung sein.

165 (2) **Negative Indizfunktion.** Aus dem vorstehend Ausgeführten folgt, dass der Nichteintritt in bestehende Kundenbeziehungen bei Betrieben, deren arbeitstechnischer Zweck maßgeblich durch einen derartigen fortlaufenden Kundenkontakt geprägt wird, ein ganz ausschlaggebendes Indiz („K.o.-Kriterium") gegen das Vorliegen eines Betriebsübergangs sein kann. Dies trifft insb. auf Handelsbetriebe, des Weiteren auf Betriebe des Gaststättengewerbes und jedenfalls idR auch auf Dienstleistungsunternehmen zu (s. bereits Rz. 159)[7]. So erscheint es nicht vorstellbar, dass zB eine Werbeagentur, eine Steuerberater- oder sonstige **freiberufliche Praxis** auf einen Dritten iSv. § 613a übergeht, ohne dass dieser zugleich den wesentlichen Kunden-/Mandanten- bzw. Patientenstamm „übernimmt". Insoweit kommt es nicht auf die (standes)rechtl. Zulässigkeit einer solchen „Übernahme", sondern darauf an, ob die notwendigen tatsächlichen Voraussetzungen für eine „nahtlose" Fortführung der bestehenden Geschäftsbeziehungen gegeben sind. Ist dies zu verneinen, werden also bspw. – im Falle einer Anwalts- oder Steuerberaterkanzlei – keine Mandatsakten oder – im Falle einer Arztpraxis – keine Patientenunterlagen übernommen, kann von einer „Nämlichkeit" der Praxis unter dem „Nachfolger" keine Rede sein[8]. Anders liegt es auch hier aus den (s. Rz. 164) genannten Gründen demgü. bei („echten") Produktionsbetrieben. Hier kommt dem Nichteintritt in bestehende Kundenbeziehungen und Lieferantenaufträge keine Ausschlusswirkung im Hinblick auf § 613a zu, wenn alle spezifischen Produktionseinrichtungen übernommen und zur Herstellung gleicher oder gleichartiger Produkte weiter genutzt werden (s. bereits Rz. 117)[9].

166 ff) **Grad der Ähnlichkeit zwischen den vor und nach dem Übergang verrichteten Tätigkeiten (Merkmal 6).** Dieses Merkmal hebt auf den (arbeitstechnischen) Zweck des jeweiligen Betriebs/Betriebsteils

---

1 BAG 15.12.2011 – 8 AZR 692/10, NZA-RR 2012, 570 (Reisebüro), Rz. 49. || 2 BAG 2.12.1999 – 8 AZR 796/98, NZA 2000, 369 (Elektrohandel); 21.6.2012 – 8 AZR 181/11, NZA-RR 2013, 6 (IT-Service). || 3 Vgl. dazu BAG 26.8.1999 – 8 AZR 588/98 (Druckweiterverarbeitung); 10.12.1998 – 8 AZR 763/97 (Druckerei eines Zeitungsverlages); 25.5.2000 – 8 AZR 335/99 (Armaturenhersteller). || 4 IdS zB BAG 18.3.1999 – 8 AZR 306/98, NZA 1999, 706 (Druckerei I); 10.12.1998 – 8 AZR 763/97 (Druckerei eines Zeitungsverlages); aA Staudinger/*Annuß*, § 613a Rz. 72. || 5 BAG 26.8.1999 – 8 AZR 588/98 (Druckweiterverarbeitung). || 6 Vgl. BAG 10.12.1998 – 8 AZR 763/97 (Druckerei eines Zeitungsverlages); 25.5.2000 – 8 AZR 335/99 (Armaturenhersteller). || 7 So zB ausdrückl. für einen Privatschulbetrieb BAG 18.2.1999 – 8 AZR 485/97, NZA 1999, 648 (Privatschule II). || 8 Vgl. dazu LAG Hamm 21.9.2000 – 16 Sa 553/00 (Kassenarztpraxis), das in diesem Zusammenhang auch zur ärztlichen Schweigepflicht Stellung nimmt. Besonderheiten gelten für das **Notariat**, weil hier bereits der höchstpersönliche Charakter der öffentl.-rechtl. Befugnis dem Betriebsübergang entgegensteht; vgl. BAG 26.8.1999 – 8 AZR 827/98, NZA 2000, 371 (Notariat), krit. dazu Staudinger/*Annuß*, § 613a Rz. 81. Dagegen ist bei **Apotheken** ein Betriebsübergang grds. möglich, vgl. BAG 19.3.1998 – 8 AZR 139/97, NZA 1998, 750. Auch das Erfordernis einer **Kassenzulassung** für die Auslieferung medizinischer Hilfsmittel an Versicherte schließt die Annahme eines Betriebs(teil)übergangs nicht aus, vgl. BAG 18.12.2003 – 8 AZR 621/02, NZA 2004, 791 (Auslieferungslager). || 9 So ausdrückl. BAG 26.8.1999 – 8 AZR 588/98 (Druckweiterverarbeitung). Unklar allerdings BAG 10.12.1998 – 8 AZR 763/97 (Druckerei eines Zeitungsverlages), wo es allerdings ohne jede weitere Vertiefung heißt, die Übernahme von Druckaufträgen spiele beim Übergang einer Druckerei „eine erhebliche Rolle".

ab. Gemeinsam mit der konkreten Betriebsorganisation stellt es die wesentliche Grundlage für die Beurteilung der Betriebsidentität dar (s. bereits Rz. 18).

(1) Fortführung des bisherigen bzw. eines gleichartigen Betriebszwecks. Seit der durch die Judikatur 167 des EuGH erzwungenen Aufgabe der Theorie der Fortführungsmöglichkeit (s. Rz. 68 f.) ist die „tatsächliche Weiterführung oder Wiederaufnahme der Geschäftstätigkeit" durch den neuen Inhaber konstitutives und unverzichtbares Merkmal des Betriebsübergangs (s. Rz. 63 ff.). Es reicht nicht aus, dass der Nachfolger mit den übernommenen Betriebsmitteln irgendeine Geschäftstätigkeit ausübt, sondern es muss sich um **dieselbe oder zumindest gleichartige Tätigkeit** handeln[1]. Je ähnlicher der oder die Betriebszwecke vor und nach dem Inhaberwechsel sind, desto mehr spricht für einen Betriebs(teil)übergang. Dabei kommen grds. alle Betriebszwecke – gleich ob auf Gewinnerzielung gerichtet oder nicht – in Betracht (s. bereits Rz. 21 ff.). Werden in ein und demselben Betrieb verschiedene Zwecke ausgeübt, kann eine **gesonderte Prüfung** im Hinblick auf die einzelnen **Betriebsteile** erforderlich werden[2]. Beruht allerdings im Falle der **Auftragsnachfolge** die Ähnlichkeit der Tätigkeit des alten und des neuen Auftragnehmers auf dem **Auftrag selbst** und den vom Auftraggeber erteilten **Weisungen**, **entfällt** die Indizfunktion dieses Merkmals[3]. Entsprechendes gilt für die Weiterführung bestimmter Tätigkeiten durch die ArbN eines Unternehmens der **Zeitarbeit**, weil dessen Betriebszweck sich maßgeblich von denjenigen des jeweiligen Auftraggebers unterscheidet[4].

Fest steht zunächst, dass eine Weiterführung der Geschäftstätigkeit iSd. nunmehr ständigen EuGH- 168 und BAG-Rspr. nicht vorliegt, wenn der neue Inhaber keine gleiche oder zumindest ähnliche, sondern eine „im Wesentlichen andere Tätigkeit als der bisherige Inhaber ausübt"[5] (s. bereits Rz. 103 ff. und die dortigen Bsp.). Eine solche wesentlich andersartige Tätigkeit kann zB in dem **Übergang von industrieller Massenfertigung auf handwerkliche Einzelfertigung** – und umgekehrt – liegen[6], bei einem Dienstleistungsbetrieb aber auch in der völligen **Umgestaltung des Dienstleistungskonzepts** sowie des angesprochenen (potenziellen) Kundenkreises[7]. **Weitere Beispiele aus der Rspr.:** Umbau eines Ferienzentrums des FDGB in einen Hotel- und Restaurationsbetrieb[8]; Umstellung eines gutbürgerlichen Lokals auf arabische Spezialitäten[9], „Umwandlung" eines bordellartigen Betriebs in einen „üblichen" Hotel- und Beherbergungsbetrieb[10]; Änderung des Einkaufs- und Verkaufskonzepts eines Möbelhauses dahin gehend, dass anstelle eines Vollsortiments von Markenmöbeln nur noch sog. Abholmöbel zu Discountpreisen angeboten werden[11] (dazu auch Rz. 105)[12]; Umstellung einer Betriebskantine von Produktion frischer auf Anlieferung fertig zubereiteter Speisen[13]; Umstellung der Verwaltung einer Immobilie (Büro- und Geschäftshaus) von gewerblicher Hausverwaltung mit Fremdvermietung auf Eigenverwaltung[14].

Die neuere Rspr. wirft die für die Praxis ebenso relevante wie schwierige Frage auf, wann eine **Änderung** 169 des Betriebszwecks so „**wesentlich**" ist, dass von einer Fortführung des bisherigen Betriebs bzw. Betriebsteils nicht mehr die Rede sein kann. § 111 S. 2 Nr. 3 BetrVG und die hierzu ergangene Rspr. (s. die Komm. zu § 111 BetrVG) sind wegen der unterschiedlichen Schutzzwecke nicht ohne Weiteres entsprechend anwendbar[15]. Zu richtigen Antworten verhilft auch hier nur eine Rückbesinnung auf den Normzweck des § 613a (s. Rz. 9). Entscheidend ist jeweils, ob sich der „Nachfolger" noch auf die vom Vorgänger geschaffenen **betriebl. Strukturen** stützt oder mit den übernommenen Betriebsmitteln ein nicht mehr vergleichbares, eigenes unternehmerisches **Konzept** verwirklicht wird (s. Rz. 105).

Eine **grundlegende Änderung des Betriebszwecks** in dem vorstehend beschriebenen Sinne schließt 170 einen Betriebs(teil)übergang allerdings nur dann aus, wenn sie von dem Nachfolger **sogleich realisiert** wird. Gehört es von Anfang an zu dem Geschäftskonzept des Erwerbers, die Betriebsmittel zu einem anderen Betriebszweck neu zu „arrangieren", entfällt die Anwendung des § 613a. Anders liegt es jedoch, wenn die temporäre Weiterführung des Betriebszwecks ein **notwendiges Durchgangsstadium** für die –

---

1 So bereits EuGH 18.3.1986 – Rs. 24/85, EAS RL 77/187/EWG Nr. 2 – Spijkers, Rz. 12: Es sei zu prüfen, ob eine noch bestehende wirtschaftliche Einheit veräußert worden sei, was sich ua. daraus ergebe, „dass der Betrieb von dem neuen Inhaber mit derselben oder einer gleichartigen Geschäftstätigkeit tatsächlich weitergeführt oder wieder aufgenommen wird"; seitdem st. Rspr. || 2 Zutr. *B. Gaul*, Betriebs- und Unternehmensspaltung, § 6 Rz. 111. || 3 BAG 25.9.2008 – 8 AZR 607/07, AP Nr. 355 zu § 613a BGB (Bewachung Truppenübungsplatz). || 4 Vgl. BAG 23.9.2010 – 8 AZR 567/09, NZA 2011, 197 (Maschinenhersteller/Leiharbeit); zur Bewertung dieser Entscheidung s.a. WHSS/*Willemsen*, Rz. G 107. || 5 So wörtlich BAG 16.5.2002 – 8 AZR 319/01, NZA 2003, 93); bestätigt durch BAG 13.7.2006 – 8 AZR 331/05, NZA 2006, 1357, Rz. 19 (Möbelhandel); ebenso bereits BAG 18.3.1999 – 8 AZR 159/98, NZA 1999, 704 = AP Nr. 189 zu § 613a BGB (*Willemsen/Annuß*) (Kfz-Handel) und 11.9.1997 – 8 AZR 555/95, NZA 1998, 31 = EzA § 613a BGB Nr. 153 (*Willemsen/Annuß*) (Tausendundeine Nacht), RdA 1991, 204 (211). || 6 BAG 16.5.2002 – 8 AZR 320/01, DB 2002, 2552 (Schuhproduktion). || 7 Vgl. BAG 11.9.1997 – 8 AZR 555/95, NZA 1998, 31 = EzA § 613a BGB Nr. 153 (*Willemsen/Annuß*) (Tausendundeine Nacht); 17.12.2009 – 8 AZR 1019/08, NZA 2010, 499 (Betriebskantine); 15.11.2012 – 8 AZR 683/11 (Hausverwaltung). || 8 BAG 16.7.1998 – 8 AZR 81/97, NZA 1998, 1233 (FDGB – Ferienzentrum); dazu auch Rz. 105. || 9 BAG 11.9.1997 – 8 AZR 555/95, NZA 1998, 31 = EzA § 613a BGB Nr. 153 (*Willemsen/Annuß*) (Tausendundeine Nacht). || 10 LAG Berlin 4.3.1998 – 13 Sa 159/97, AuR 1999, 279 (Hotel). || 11 BAG 13.7.2006 – 8 AZR 331/05, NZA 2006, 1357 (Möbelhandel). || 12 LAG Berlin 4.3.1998 – 13 Sa 159/97, EWiR 1999, 733 (*Schlachter*) (Hotel). || 13 BAG 17.12.2009 – 8 AZR 1019/08, NZA 2010, 499 (Betriebskantine). || 14 BAG 15.11.2012 – 8 AZR 683/11 (Hausverwaltung). || 15 Ebenso *B. Gaul*, Betriebs- und Unternehmensspaltung, § 6 Rz. 117.

letztendlich bezweckte – spätere Umstellung des Betriebs- oder Geschäftszwecks ist: Hier reicht die Gleichartigkeit der Tätigkeit unmittelbar nach dem Übergang aus, um dieses Merkmal im Rahmen des Sieben-Punkte-Katalogs zu bejahen; denn § 613a **setzt nicht voraus**, dass der Erwerber sich die vom Vorgänger geschaffene Organisation **auf unbestimmte Dauer zunutze macht**[1].

171 Ob trotz **nicht unerheblicher Ortsverlagerung** noch von einer gleichen oder gleichartigen Tätigkeit ausgegangen werden kann, hängt wiederum von der Art des Betriebs/Betriebsteils sowie der oben beschriebenen *ratio legis* ab (s. bereits Rz. 101 f.).

172 **(2) Notwendigkeit der Abgrenzung von der reinen Funktionsnachfolge (insb. im Falle des Outsourcing).** Wie bereits an anderer Stelle (Rz. 14 u. 91) ausgeführt, kann das sechste Merkmal niemals für sich allein betrachtet zur Bejahung eines Betriebs(teil)übergangs führen, weil ansonsten die Grenzen zur – von § 613a nicht erfassten – reinen Funktionsnachfolge ignoriert würden. Selbst wenn die bisherige und künftige Tätigkeit einander noch so ähnlich sind, rechtfertigt dies allein, wie der EuGH mit der *Ayse Süzen*-Entscheidung v. 11.3.1997[2] mit aller Deutlichkeit herausgestellt hat, noch nicht die Schlussfolgerung, dass der Übergang einer wirtschaftl. Einheit vorliege. So kann zB eine **öffentl. Verwaltung** in einer Art und Weise **umstrukturiert** werden, dass trotz Übertragung bestimmter *Assets* und Wahrnehmung gleicher oder zumindest ähnlicher Aufgaben durch den künftigen Verwaltungsträger lediglich eine von § 613a nicht erfasste Funktionsnachfolge vorliegt[3]. Diese Überlegung gilt entsprechend auch bei **konzerninternen Umstrukturierungen** (vgl. auch Rz. 57)[4].

173 Besonders relevant wird die Unterscheidung in den Fällen des sog. **Outsourcings**. Auch hier darf die wirtschaftl. Einheit nicht mit einer bloßen Tätigkeit gleichgesetzt werden. Es müssen vielmehr – wieder in Abhängigkeit von der Art des Betriebs/Unternehmens (Merkmal 1) – zusätzlich wesentliche Ressourcen materieller, immaterieller und/oder personeller Art sowie – vor allem – die Betriebsorganisation vom Erwerber übernommen und weitergeführt werden, wenn die Norm zur Anwendung gelangen soll. Insoweit ist auf die Komm. zu den übrigen Punkten des Katalogs zu verweisen. Keinesfalls ausreichend ist somit, dass ein (Dienstleistungs-)Unternehmen einen Auftrag verliert und ein anderes dieser in Zukunft fortführt[5]; dies ist zunächst nur **Folge des Wettbewerbs** auf einem freien Dienstleistungsmarkt und begründet für sich genommen selbst dann nicht den Übergang einer wirtschaftl. Einheit, wenn es sich um den **einzigen Auftrag** des ersten Auftragnehmers handelt[6]. Zwar kann der Wegfall des einzigen Auftraggebers **existenzvernichtend** sein; der Übergang einer wirtschaftlichen Einheit setzt jedoch den Fortbestand der organisatorischen Zusammenfassung und der funktionellen Verknüpfung von Ressourcen voraus[7].

174 Diese Grundsätze gelten entsprechend im Falle der **erstmaligen Fremdvergabe** (Outsourcing) bislang durch das Personal des Auftraggebers ausgeübter Tätigkeiten[8]. So können zB bislang betriebsintern verrichtete Reinigungs- oder Wartungsarbeiten ohne Auslösung der Rechtsfolgen des § 613a auf einen externen Auftragnehmer übertragen werden, wenn dieser weder sächliche Betriebsmittel noch Personal des Auftraggebers übernimmt; bei dieser Betrachtung haben grds. diejenigen Betriebsmittel des Auftraggebers außer Betracht zu bleiben, an denen die jeweilige Dienst- oder Werkleistung zu erbringen ist (s. zu dem Aspekt der sog. „eigenwirtschaftlichen Nutzung" ausf. Rz. 51 ff.). In gleicher Weise liegt eine Betriebs(teil)stilllegung und kein Betriebs(teil)übergang vor, wenn eine Kaufhauskette in ihren Verkaufsstätten ihre **technischen Kundendienstabteilungen** schließt und die Kundendienste künftig zentral von einem Fremdunternehmen ausführen lässt, das weder Arbeitsmittel noch Personal übernimmt[9]; ebenso, wenn die Aufgaben eines stillgelegten *Reisebüros*, ebenfalls ohne Übernahme von Personal, von einem ca. 45 km entfernten Dienstleister (teilweise) fortgeführt werden[10]. Damit ergeben sich in der Praxis erhebliche **Gestaltungsspielräume**[11], gegen die nicht der Einwand der **Umgehung** des § 613a oder gar des Rechts- bzw. Gestaltungsmissbrauchs erhoben werden kann[12]. Ob bei Beendigung

---

1 Vgl. BAG 18.3.1999 – 8 AZR 159/98, NZA 1999, 704 = AP Nr. 189 zu § 613a BGB (*Willemsen/Annuß*) (Kfz-Handel), Bl. 7/7 R sowie Rz. 65 und 70. ‖2 EuGH 11.3.1997 – Rs. C-13/95, NZA 1997, 433 – Ayse Süzen, Rz. 15; bestätigt (u.a.) durch Urt. v. 20.1.2011 – Rs. C-463/09, NZA 2011, 148 – CLECE SA; dazu *Willemsen*, RdA 2012, 291 (298f.). ‖3 Vgl. BAG 26.6.1997 – 8 AZR 426/95, NZA 1997, 1228 (Verwaltungs-Funktionsnachfolge). ‖4 Dazu, dass § 613a grds. auch für Übertragungsvorgänge im Konzern gilt, vgl. BAG 12.11.1998 – 8 AZR 282/97, NZA 1999, 310 (Benetton/Einzelhandel). ‖5 Dass die Neuvergabe eines Dienstleistungsauftrags an einer. Konkurrenten als solche noch keine Betriebsnachfolge darstellt, hat das BAG mit dieser Deutlichkeit erstmals im Urt. v. 11.12.1997 – 8 AZR 729/96, NZA 1998, 534 (Reinigung II) im Anschluss an EuGH 11.3.1997 – Rs. C-13/95, NZA 1997, 433 – Ayse Süzen festgestellt. ‖6 So ausdrücklich BAG 14.8.2007 – 8 AZR 1043/06, NZA 2007, 1431 (Technische Dienstleistungen in der Charité I), bestätigt durch die Nachfolgeentscheidung v. 22.1. 2009 – 8 AZR 158/07, NZA 2009, 905 (Technische Dienstleistung in der Charité II), Rz. 22. S. dazu auch *Hauck*, FS Bauer, 2010, S. 401 (405). ‖7 BAG 28.5.2009 – 8 AZR 273/08, NZA 2009, 1267, Rz. 49 (Anzeigengeschäft). ‖8 Ebenso ErfK/*Preis*, § 613a BGB Rz. 37. ‖9 BAG 22.1.1998 – 8 AZR 243/95, NZA 1998, 536 (Technische Kundendienste). ‖10 BAG 15.12.2012 – 8 AZR 692/10, NZA-RR 2013, 570 (Reisebüro). ‖11 S. dazu im Einzelnen WHSS/*Willemsen*, Rz. G 107 ff.; krit. ErfK/*Preis*, § 613a BGB Rz. 39 unter Hinw. auf den Normzweck des § 613a und der zugrunde liegenden RL, der allerdings nur zum Zuge kommt, wenn die tatbestandlichen Voraussetzungen erfüllt sind. ‖12 Zutr. *Müller-Glöge*, NZA 1999, 449 (454), der auf die Notwendigkeit einer Unterscheidung zwischen der „Vermeidung" der Rechtsfolgen des § 613a und einem mit dem Normzweck unvereinbaren Gestaltungsmissbrauch hinweist.

eines Dienstleistungsauftrags ein „**Rückfall**" des Betriebs bzw. Betriebsteils des Auftragnehmers an den Auftraggeber iSv. § 613a stattfindet, ist ebenfalls unter dem Aspekt der Aufrechterhaltung der Betriebs- und Arbeitsorganisation zu entscheiden. Handelt es sich um eine sog. betriebsmittelarme (zB Reinigungs-)Tätigkeit, bewirkt die Rückverlagerung auf den bisherigen Auftraggeber („**Insourcing**") ohne Übernahme des vorhandenen Personals keinen Betriebs(teil)übergang[1].

gg) Dauer einer eventuellen Unterbrechung der Tätigkeit (Merkmal 7). Während es für die Anwendung des § 613a grds. nicht darauf ankommt, für wie lange Zeit der Nachfolger die Betriebstätigkeit seines Vorgängers fortzusetzen gedenkt (s. bereits Rz. 72), entspricht es der inzwischen ganz hM in Rspr. und Lit., dass eine längere tatsächliche Unterbrechung der Betriebstätigkeit vor dem Eintritt des Erwerbers der Annahme eines Betriebs(teil)übergangs entgegenstehen kann (s.a. Rz. 78f.)[2]. Demggü. spreche bei „alsbaldiger" Wiedereröffnung des Betriebs oder bei „alsbaldiger" Wiederaufnahme der Produktion durch den Erwerber eine tatsächliche Vermutung gegen die ernsthafte Absicht, den Betrieb stillzulegen (dazu sowie zum Verhältnis zwischen Betriebsübergang einerseits und Betriebsstilllegung andererseits s. Rz. 74ff.). 175

Damit sind in Wirklichkeit zwei verschiedene Gesichtspunkte angesprochen: Ein bereits endgültig stillgelegter Betrieb oder Betriebsteil kann nicht mehr nach § 613a übernommen werden (s. Rz. 75). **Betriebsübergang und Betriebsstilllegung schließen sich also wechselseitig aus.** Von einer solchen ordnungsgemäßen Stilllegung durch den Vorgänger kann indes die „Haftung" des Nachfolgers aus § 613a nicht abhängig gemacht werden. Entscheidend ist insoweit vielmehr allein, ob aus *seiner* Sicht trotz längeren Ruhens der Betriebstätigkeit bei tatsächlicher (!) späterer Wiederaufnahme eines gleichen oder gleichartigen Betriebs (Merkmal 6, s. Rz. 166ff.) noch von einer (Weiter-)Nutzung der vom Vorgänger geschaffenen Betriebsorganisation für eigene betriebl. Zwecke gesprochen werden kann. Obwohl gerade hier seitens der Praxis im Interesse der **Rechtssicherheit** feste (Höchst- bzw. Mindest-)Fristen sicherlich wünschenswert wären, lehnt die Rspr. – zu Recht – eine Schematisierung ab und spricht stattdessen nur von einer „**wirtschaftlich erheblichen**" Zeitspanne der Unterbrechung der Betriebstätigkeit (s. Rz. 78 sowie die Nachw. in Rz. 178ff.). Was „wirtschaftlich erheblich" ist, muss wiederum im Kontext des soeben erwähnten Normzwecks entschieden werden. Insoweit kommt es – insb. – auf die Art des Betriebs bzw. Unternehmens (Merkmal 1) und – jedenfalls bei Handels- und Dienstleistungsunternehmen – maßgeblich darauf an, ob trotz der Unterbrechung der Betriebstätigkeit der bisherige Kundenkreis (Merkmal 5) gehalten werden kann[3]. 176

Einstweilen frei. 177

Praktische Relevanz erlangt die Thematik vor allem, wenn in den bisherigen oder hierzu nahe gelegenen Geschäftsräumen eine gleiche oder zumindest gleichartige Betriebstätigkeit ausgeübt wird, dazu noch ganz oder teilweise mit Personal des bisherigen Betriebsinhabers (Bsp. aus der Rspr.: Textileinzelhandelsunternehmen[4], Gastronomie- oder Hotelbetriebe[5], Filmtheater[6], Kindertagesstätte[7]). Es stellt sich dann die – uU schwer zu beantwortende – Frage, ob der Nachfolger, der *de facto* über wesentliche Ressourcen seines Vorgängers verfügt, noch an die von diesem geschaffene Betriebsorganisation anknüpft oder damit eine neue, allein ihm zuzurechnende neue Betriebsorganisation aufgebaut hat. Da sowohl der EuGH als auch das BAG auf die „**wirtschaftliche Erheblichkeit**" einer eventuellen Betriebsunterbrechung abstellen, kommt es entscheidend darauf an, ob der neue Betriebsinhaber trotz dieser Unterbrechung den für die Koordination aller relevanten Ressourcen innewohnenden **wirtschaftl. Wert noch nutzen (realisieren) kann**, ob er also noch über die bisherige „Wertschöpfungsquelle" verfügt oder sich eine neue erschlossen hat. Bei Produktionsunternehmen ist Ersteres grds. möglich, solange die Betriebsanlagen unverändert zur Verfügung stehen und die Betriebsorganisation – vor allem durch **rechtsbeständige Entlassung der Belegschaft** – noch nicht endgültig aufgelöst wurde[8]. Bei Betrieben, deren Identität maßgeblich durch die konkret bestehenden Kundenbeziehungen (genauer: die betriebl. Grundlagen derselben, s. Rz. 156) geprägt wird, liegt demggü. eine wirtschaftl. erhebliche Unterbrechung der Betriebstätigkeit dann vor, wenn der Zusammenhang zwischen den betriebl. Grundlagen einerseits und den Kundenbeziehungen andererseits dauerhaft aufgelöst wurde. Je „flüchtiger" dann der Kundenkreis ist, desto schneller verlieren die betriebl. Ressourcen (Geschäftsräume, 178

---

1 So explizit EuGH 20.1.2011 – Rs. C-463/09, NZA 2011, 148 – CLECE SA; s. dazu *Hartmann*, EuZA 2011, 328; allg. zum sog. Insourcing *Geisler*, Insourcing aus arbeitsrechtlicher Sicht, 2011. ||2 St. Rspr. – auch – des BAG seit EuGH 11.3.1997 – Rs. C-13/95, NZA 1997, 433 – Ayse Süzen, wo (zum wiederholten Male!) seitens des EuGH festgestellt wurde, dass bei der Prüfung der Frage, ob eine wirtschaftl. Einheit übergegangen sei, die *Dauer einer eventuellen Unterbrechung* der betriebl. Tätigkeit zu berücksichtigen sei; vgl. zB BAG 22.5.1997 – 8 AZR 101/96, NZA 1997, 1050 (Modegeschäft); 11.9.1997 – 8 AZR 555/95, NZA 1998, 31 = EzA § 613a BGB Nr. 153 (*Willemsen/Annuß*) (Tausendundeine Nacht); s. zum Ganzen auch *Moll*, RdA 2003, 129 (131). ||3 Teilweise aA Staudinger/*Annuß*, § 613a Rz. 93. ||4 BAG 22.5.1997 – 8 AZR 101/96, NZA 1997, 1050 (Modegeschäft). ||5 BAG 11.9.1997 – 8 AZR 555/95, NZA 1998, 31 = EzA § 613a BGB Nr. 153 (*Willemsen/Annuß*) (Tausendundeine Nacht). ||6 LAG Berlin 17.11.1986 – 9 Sa 77/86, DB 1987, 1360. ||7 LAG Köln 2.10.1997 – 10 Sa 643/97, NZA-RR 1998, 290 (Kindertagesstätte). ||8 ErfK/*Preis*, § 613a BGB Rz. 57. Nach BAG 22.10.2009 – 8 AZR 766/08, ZIP 2010, 849 (Metzgerei) ist bis zum Ablauf der Kündigungsfristen ein Betriebsübergang noch möglich; s. dazu auch Rz. 76.

179 Vor diesem erneut als Richtschnur heranzuziehenden Gesichtspunkt hat die Rspr. als „**wirtschaftlich erhebliche Unterbrechung**" gewertet: Bei einem **Textileinzelhandelsunternehmen** eine umbaubedingte Unterbrechung von ca. neun Monaten (bei zumindest teilweisem Verlust von zwei umsatzstarken Verkaufsmonaten)[1]; bei einer **Gaststätte** eine mehr als fünfmonatige Schließung des Restaurants und Eröffnung mehr als sechs Monate nach Beginn der Betriebsruhe[2], erst recht bei noch längerer tatsächlicher Unterbrechung[3]; bei einem **Filmtheater** eine zehnmonatige Einstellung[4].

180 Generell soll es nach Auffassung des 8. BAG-Senats für die Erheblichkeit einer Unterbrechungsphase sprechen, wenn diese **länger dauert als die** längste im konkreten Fall durch den bisherigen Betriebsinhaber einzuhaltende **gesetzl. Kündigungsfrist** (§ 622 II)[5]. Ausnahmen erscheinen allerdings in der Praxis denkbar, so insb. bei vor Ort „konkurrenzlosen" Betrieben (zB Dorfkneipe[6], einziges Bahnhofsrestaurant etc.).

181 Als **nicht relevante Unterbrechungszeiträume** wurden demggü. angesehen: Bei einem **Großhandel** eine zehntägige Einstellung der Tätigkeit[7], bei einem **Hersteller von Möbelprofilen** eine (nur) 14-tägige Unterbrechung der Produktion[8]; bei einer **Bowlingbahn** die vorübergehende Stilllegung für vier Monate[9]; bei einer **Metzgerei** die Schließung für knapp sieben Wochen[10]; bei einem **Gleisbaubetrieb** eine Unterbrechung von gut vier Monaten[11]. Betriebsunterbrechungen von relativ kurzer Dauer können insb. dann unerheblich sein, wenn sie auch der bisherige Inhaber – etwa wegen technischer **Überholungs- oder Austauschbedürftigkeit** von Betriebsanlagen – hätte vornehmen müssen[12].

182 Ohne einer unzulässigen Verallgemeinerung (s. Rz. 176) das Wort zu reden, lässt sich in der Rspr. eine gewisse Tendenz erkennen, eine wirtschaftl. relevante Unterbrechung der Betriebstätigkeit jedenfalls ab einer Dauer von **sechs Monaten** in Betracht zu ziehen. Dagegen sind Unterbrechungszeiträume **unter drei Monaten** nur in besonders gelagerten Fällen geeignet, einen Verlust der Betriebsidentität zu begründen[13]. Bei **Saisonbetrieben** können wiederum andere Maßstäbe gelten[14].

182a 4. Anhang: Kasuistik von A–Z. Die in der Komm. zum Tatbestand des Betriebsüberganges erwähnten **Entscheidungen des BAG** sowie die entsprechenden Rz. dieser Komm. erschließen sich aus dem nachfolgenden Fallindex:

Abwasserentsorgung/Trinkwasserversorgung 7.4.2011 – 8 AZR 730/09, Rz. 31, 37, 40, 128g; **Anwaltskanzlei** 30.10.2008 – 8 AZR 397/07, Rz. 119f., 125, 128g, 154; **Anzeigengeschäft** 28.5.2009 – 8 AZR 273/08, Rz. 91, 128g, 173, 202; **Apotheke** 19.3.1998 – 8 AZR 139/97, Rz. 89, 165; **Armaturenhersteller** 25.5.2000 – 8 AZR 335/99, Rz. 102, 111, 114, 118, 164; **Arztpraxis** 22.6.2011 – 8 AZR 107/10, Rz. 89, 120, 125, 154; **Auslieferungslager** 18.12.2003 – 8 AZR 621/02, Rz. 33, 37f., 145, 165; **Bahn-Bistrowagen** 6.4.2006 – 8 AZR 249/04, Rz. 53a, 73, 106, 128; **Benetton/Einzelhandel** 12.11.1998 – 8 AZR 282/97, Rz. 57f., 64, 172, 196, 202; **Berliner Bäder-Betriebe** 25.1.2001 – 8 AZR 336/00, Rz. 25, 192, 194; **Betriebskantine** 13.11.2002 – 8 AZR 1019/08, Rz. 69, 90, 92, 105, 125, 128f., 152, 168; **Bewachung – Truppenübungsplatz** 25.9.2008 – 8 AZR 607/07, Rz. 109, 120, 125, 167; **Bowlinganlage** 2.7.1986 – 2 AZR 68/85, Rz. 62, 181, 197f.; **Buchhaltung** 11.12.1997 – 8 AZR 699/96, Rz. 14; **Callcenter** 25.6.2009 – 8 AZR 258/08, Rz. 125, 137, 147, 152; **Catering I** 11.12.1997 – 8 AZR 426/94, Rz. 52f., 95, 125, 158; **Catering II** 25.5.2000 – 8 AZR 337/99, Rz. 154, 200; **Charité I und II** s. Technische Dienste in der Charité; **Coil-Verpackung** 24.4.2008 – 8 AZR 267/07, Rz. 90, 92, 128; **Dachdeckerbetrieb** 26.7.2007 – 8 AZR 769/06, Rz. 37, 64, 116, 152, 156; **Design-Modelle** 31.1.2008 – 8 AZR 2/07, Rz. 47; **Draht- und Metallwarenproduktion** 27.9.2012 – 8 AZR 826/11, Rz. 37, 46f.; **Druckerei I** 18.3.1999 – 8 AZR 306/98, Rz. 144f., 147, 156, 164; **Druckerei II** 15.12.2005 – 8 AZR 202/05, Rz. 46, 58, 207; **Druckerei eines Zeitungsverlages** 10.12.1998 – 8 AZR 763/97, Rz. 111, 114, 118, 125, 164f.; **Druckservice** 6.4.2006 – 8 AZR 222/04, Rz. 53a; **Druckweiterverarbeitung** 26.8.1999 – 8 AZR 588/98, Rz. 50, 116, 132, 155, 164f.; **EDV-Dienstleistung** 24.4.1997 – 8 AZR 848/94, Rz. 12, 30, 33, 37, 55, 78, 115, 128, 174; **Elektrohandel** 2.12.1999 – 8 AZR 796/98, Rz. 12, 95, 97, 101, 119, 133, 154, 157, 160f., 163; **Erzbistum Hamburg** 13.11.2002 – 4 AZR 73/01, Rz. 192; **FDGB – Ferienzentrum** 16.7.1998 – 8 AZR 81/97, Rz. 75, 108, 168; **Flughafen: Bodendienste** 16.5.2007 – 8 AZR 693/06, Rz. 119, 121, 125; **Flughafen: Personen- und Handgepäckkontrolle** 13.6.2006 – 8 AZR 271/05, Rz. 53a, 125; **Forschungsschiff** 2.3.2006 – 8 AZR 147/05, Rz. 53a; **Frauenhaus** 4.5.2006 – 8 AZR

---

[1] BAG 22.5.1997 – 8 AZR 101/96, NZA 1997, 1050 (Modegeschäft). || [2] BAG 11.9.1997 – 8 AZR 555/95, NZA 1998, 31 = EzA § 613a BGB Nr. 153 (*Willemsen/Annuß*) (Tausendundeine Nacht). || [3] ³/₄ Jahr: BAG 27.4.1995 – 8 AZR 200/94, EzA § 1 KSchG Betriebsbedingte Kündigung Nr. 83; 16 Monate: LAG Köln 10.4.1997 – 5 Sa 454/96, LAGE § 613a BGB Nr. 63. || [4] LAG Berlin 17.11.1986 – 9 Sa 77/86, DB 1987, 1360. || [5] BAG 22.5.1997 – 8 AZR 101/96, NZA 1997, 1050 (Modegeschäft). || [6] So ErfK/*Preis*, § 613a BGB Rz. 36. || [7] LAG Thür. 14.11.2000 – 5 Sa 55/99, NZA-RR 2001, 121. || [8] BAG 22.5.1985 – 5 AZR 173/84, NZA 1985, 773; dazu *Willemsen*, ZIP 1986, 477 (480ff.). || [9] BAG 3.7.1986 – 2 AZR 68/85, NZA 1987, 123 (Austausch unter relevanter Bowlinganlage). || [10] BAG 22.10.2009 – 8 AZR 766/08, ZIP 2010, 849 (Metzgerei). || [11] LAG Bln.-Bbg. 14.12.2012 – 10 Sa 1811/12, rkr. (Gleisbau). || [12] So lag es im Fall BAG 3.7.1986 – 2 AZR 68/85, NZA 1987, 123 (Bowlinganlage). || [13] So zB LAG Köln 2.10.1997 – 10 Sa 643/97, NZA-RR 1998, 290 (Kindertagesstätte). || [14] Vgl. EuGH 17.12.1987 – Rs. C-287/86, EAS RL 77/187/EWG Art. 1 Nr. 3 Rz. 20 – Ny Mølk Kro für den Fall eines nur in der Sommersaison betriebenen Restaurants.

Tatbestandsvoraussetzungen des Betriebsübergangs Rz. 182b § 613a BGB

299/05, Rz. 105; **Frischelager** 14.8.2007 – 8 AZR 803/06, Rz. 45, 47, 157, 159, 211; **Gefahrstofflager** 22.7.2004 – 8 AZR 350/03, Rz. 38, 90, 98, 105 f., 116, 125, 155; **Getränkehandel** 14.12.2000 – 8 AZR 220/00, Rz. 33, 35, 40; **Grundstücksverwaltung** 18.3.1999 – 8 AZR 196/98, Rz. 47, 64, 68; **Gütezeichen** 16.2.1993 – 3 AZR 34/92, Rz. 130; **Hausverwaltung** 15.11.2012 – 8 AZR 683/11, Rz. 10, 18, 22, 53, 69, 90, 125, 168; **Heeresinstandsetzung** 30.10.2008 – 8 AZR 855/07, Rz. 128; **Heizungs- und Lüftungsbau** 16.2.2006 – 8 AZR 204/05, Rz. 34, 41, 107, 115, 128, 129; **Hol- und Bringdienst** 10.12.1998 – 8 AZR 676/97, Rz. 9, 106, 125, 142 ff., 147, 152; **Hotelbetrieb I** 14.12.2000 – 8 AZR 694/99, Rz. 68; **Hotelbetrieb II** 21.8.2008 – 8 AZR 201/07, Rz. 105, 134; **Hotelbetrieb/Insolvenz** 21.2.2008 – 8 AZR 77/07, Rz. 10, 69; **IT-Service** 21.6.2012 – 8 AZR 181/11, Rz. 31, 34, 37 f., 101, 119 f., 122, 125, 132, 134, 145, 147 ff., 152, 157 f., 163, 198; **Jugendwohnheim** 23.9.1999 – 8 AZR 750/98, Rz. 23, 66; **Kantine** s. Betriebskantine; **Kettenschienenproduktion** 28.4.2011 – 8 AZR 709/09, Rz. 111 f., 150; **Kfz-Handel** 18.3.1999 – 8 AZR 159/98, Rz. 46, 64 ff., 71 f., 79, 82, 85, 106, 168, 170, 196, 202; **Kleinpaketfertigung** 27.1.2011 – 8 AZR 326/09, Rz. 37, 116, 125, 155; **Kommissionierbetrieb** 29.6.2000 – 8 AZR 520/99, Rz. 122; **Kreiskrankenhaus** 25.5.2000 – 8 AZR 416/99, Rz. 47, 188, 190; **Lagerbetrieb für Kartonagen** 13.12.2007 – 8 AZR 937/06, Rz. 90, 105, 111, 125; **Landesbetrieb Krankenhäuser Hamburg** 8.5.2001 – 9 AZR 95/00, Rz. 25 f., 192, 194 f.; **Lastkraftwagen** 26.8.1999 – 8 AZR 718/98, Rz. 33, 35; **Maschinenhersteller/Leiharbeit** 23.9.2010 – 8 AZR 567/09, Rz. 111, 125, 167; **Mess- und Regeltechnik/Klarenberg** 13.10.2011 – 8 AZR 455/10, Rz. 15, 18, 33 f., 36 f., 41, 90, 128c, 128g; **Metropol-Theater** 23.9.1999 – 8 AZR 166/99, Rz. 64; **Metzgerei** – 22.10.2009 – 8 AZR 766/08, Rz. 75 f., 111, 178, 181; **Modegeschäft** 22.5.1997 – 8 AZR 101/96, Rz. 12, 14, 16, 103, 119, 154, 160, 175, 178 ff., 212; **Möbelhandel** 13.7.2006 – 8 AZR 331/05, Rz. 77, 105, 168; **Müllsortieranlage** 27.9.2007 – 8 AZR 941/06, Rz. 17, 41, 92, 112, 125, 218; **Neuvergabe eines Bewachungsauftrags I** 22.1.1998 – 8 AZR 775/96, Rz. 52, 59, 123, 125, 132, 142, 200, 202; **Neuvergabe eines Bewachungsauftrages II** 14.5.1998 – 8 AZR 418/98, Rz. 52, 59, 125, 132, 142, 145, 147 f., 151, 200, 202; **Neuvergabe eines Bewachungsauftrags III** 15.12.2011 – 8 AZR 197/11, Rz. 10a, 15, 38, 120, 138, 145, 147 ff., 153 f., 157; **Notariat** 26.8.1999 – 8 AZR 827/98, Rz. 25, 89, 165; **Opern-/Operettenhaus** s. Metropoltheater; **Personenkontrolle am Flughafen** s. Flughafen: Personen- und Handgepäckkontrolle; **Privatschule I** 21.1.1999 – 8 AZR 680/97, Rz. 92, 105 f., 120 f., 125, 132, 144, 147, 149; **Privatschule II** 18.2.1999 – 8 AZR 485/97, Rz. 105 f., 120, 125, 132, 147 f., 165; **Rechtsanwaltskanzlei** s. Anwaltskanzlei; **Reinigung I/Wiedereinstellung** 13.11.1997 – 8 AZR 295/95, Rz. 75, 91, 125, 137, 143 f., 200, 203; **Reinigung II** 11.12.1997 – 8 AZR 729/96, Rz. 14, 17, 38, 60, 125, 143 ff., 147, 152, 159, 173, 200 ff.; **Reinigung III** 24.5.2005 – 8 AZR 333/04, Rz. 125, 142; **Reinigung/Service-GmbH** 21.5.2008 – 8 AZR 481/07, Rz. 38, 62, 125; **Reisebüro** 15.12.2011 – 8 AZR 692/10, Rz. 33, 66, 75, 101, 120, 128c, 156, 161 f., 174; **Restaurant** s. „Tausendundeine Nacht"; **Rettungsdienst** 10.5.2012 – 8 AZR 434/11, Rz. 9 f., 25, 46 f., 66, 69, 116, 119, 125, 128c, 155; **Schießplatz** 25.9.2003 – 8 AZR 421/02, Rz. 22, 33; **Schlachthof** – 15.2.2007 – 8 AZR 431/06, Rz. 10, 46, 53a; **Schuhproduktion** 16.5.2002 – 8 AZR 319/01, Rz. 35, 37, 75 f., 102, 106, 113, 128, 168; **Schutzrechte** 22.2.1978 – 5 AZR 800/76, Rz. 129; **Sprachkurse für Ausländer und Asylanten** 23.9.1999 – 8 AZR 614/98, Rz. 147; **Stabsfunktion bei Betriebsteilübergang** 13.11.1997 – 8 AZR 375/96, Rz. 31, 91, 95, 134; **Stiftung Oper in Berlin** 2.3.2006 – 8 AZR 124/05, Rz. 194 f.; **Tausendundeine Nacht** – 1.9.1997 – 8 AZR 555/95, Rz. 78 f., 91, 104 ff., 128, 134, 149, 153 f., 162, 168 f., 175, 178 f., 200; **Technische Dienstleistung in der Charité I** 14.8.2007 – 8 AZR 1043/06, Rz. 92, 106, 152, 173; **Technische Dienstleistung in der Charité II** 22.1.2009 – 8 AZR 158/07, Rz. 91 f., 128a, 128c ff., 152, 173, 202; **Technische Kundendienste** 22.1.1998 – 8 AZR 243/95, Rz. 156, 174, 214; **Tiernahrungsproduktion – Verwaltung** 23.9.1999 – 8 AZR 650/98, Rz. 32, 39; **Trainerin** 5.2.2004 – 8 AZR 639/02, Rz. 41; **Treuhandanstalt/Fortführung früherer Funktionen** 24.8.2006 – 8 AZR 317/05, Rz. 75, 128; **Trinkwasserversorgung** s. Abwasserentsorgung; **Truppenübungsplatz** 27.4.2000 – 8 AZR 260/99, Rz. 22. f., 26, 113, 128, 192; **Universitätskrankenhaus Eppendorf** 22.10.2003 – 3 AZR 629/01, Rz. 192; **Verbrauchermärkte – Stabsfunktion** 17.6.2003 – 2 AZR 134/02, Rz. 31; **Verlagerung von Produktionsaktivitäten nach Lyon** 20.4.1989 – 2 AZR 431/88, Rz. 102; **Verlagerung einer Schuhproduktion von Deutschland nach Österreich** 16.5.2002 – 8 AZR 319/01, Rz. 102; **Verlagerung eines Betriebsteils in die Schweiz** 26.5.2011 – 8 AZR 37/10, Rz. 75 ff., 102, 113; **Vertriebsunternehmen** 13.11.1997 – 8 AZR 52/96, Rz. 128; **Verwaltung einer Bohrgesellschaft** 8.8.2002 – 8 AZR 583/01, Rz. 31, 37, 39, 42; **Verwaltung/Buchhaltung** 21.1.1999 – 8 AZR 298/98, Rz. 39; **Verwaltung-Funktionsnachfolge** 26.6.1997 – 8 AZR 426/95, Rz. 25, 90 ff., 106, 128, 172; **Verwaltung/Kaufmännische Leitung** 18.4.2002 – 8 AZR 346/01, Rz. 34; **Warenauslieferung** 23.4.1998 – 8 AZR 665/96, Rz. 14; **Wareneingang eines Lagers** 17.4.2003 – 8 AZR 253/02, Rz. 37 f., 128; **Warenzeichen** 28.4.1988 – 2 AZR 623/87, Rz. 75, 129 f.; **Zementhersteller** 3.11.1998 – 3 AZR 484/97, Rz. 111 ff., 116, 150, 152.

Aus der Rspr. der **Landesarbeitsgerichte**: **Arztpraxis** LAG Düss. 29.2.2000 – 3 Sa 1896/99, Rz. 156; **Betreuung von Grundschulkindern** LAG Köln 2.7.2012 – 2 Sa 102/12, Rz. 76; **Busunternehmen** LAG Hess. 19.2.2013 – 13 Sa 1029/12, Rz. 114, 125; **Fleischbeschau** LAG Nds. 31.8.2001 – 10 Sa 2899/98, Rz. 24, 192; **Frankiergeräteherstellung** LAG Bln.-Bbg. 15.3.2013 – 6 Sa 1998/12, Rz. 102; **Gleisbau** LAG Bln.-Bbg. 14.12.2012 – 10 Sa 1811/12, Rz. 66, 181; **Hotel** LAG Bln.-Bbg. 4.3.1998 – 13 Sa 159/97, Rz. 168; **Kassenarztpraxis** LAG Hamm 21.9.2000 16 Sa 353/00, Rz. 105; **Kindertagesstätte** LAG Köln 2.10.1997 10 Sa 643/97, Rz. 23, 178, 182; **Kino** LAG Köln 8.3.2004 – 4 Sa 1115/03, Rz. 101, 105, 153, 157, 162, 200; **Lokalredaktion** LAG Rh.-Pf. 24.5.2007 – 11 Sa 55/07, Rz. 44; **Luftfahrtunternehmen** LAG Hess. 13.7.2005 – 17 Sa 2299/04, Rz. 89; LAG Bln.-Bbg. 1.9.2010 – 17 Sa 836/10, Rz. 89, 90; **Motoreninstandsetzung und Ersatzteilgeschäft** LAG Hamm 20.7.2000 – 4 Sa 2148/99, Rz. 105; **Streckengeschäft** LAG Hess. 6.2.2013 – 12 Sa 801/10, Rz. 44; **Verkaufsfilialen eines Handelsunternehmens** LAG Bln.-Bbg. 7.8.2008 – 14 Sa 231/08, Rz. 44; **Ver-**

182b

packungstätigkeiten LAG Rh.-Pf. 15.5.2008 – 11 Sa 37/08, Rz. 123; **Zeitarbeitsunternehmen** LAG Köln 15.1.1997 – 7 Sa 835/96, Rz. 156.

183 **IV. Übergang durch Rechtsgeschäft.** Die BetriebsübergangsRL 2001/23/EG spricht in Art. 1 I von einem Übergang „durch vertragliche Übertragung oder durch Verschmelzung". Jedenfalls in der deutschen Übersetzung stimmen der Wortlaut der RL und der nationalen „Umsetzungsnorm" somit sachlich überein (zur Anwendbarkeit des § 613a bei Verschmelzung und in den sonstigen Umwandlungsfällen s. Rz. 187ff.)[1]. **Transaktionsgrundlage** für den Übergang des Betriebs/Betriebsteils (zum Transaktionsansatz s. Rz. 55) muss also ein Rechtsgeschäft iS einer vertragl. Einigung sein.

184 Der Gesetzeswortlaut sagt nichts darüber aus, welchen **Inhalt** das zugrunde liegende Rechtsgeschäft haben (s. Rz. 196ff.), noch dazu, **zwischen wem** es abgeschlossen werden muss. Zwar spricht vieles dafür, dass der Gesetzgeber von einem Rechtsgeschäft zwischen „altem" und „neuem" Inhaber ausgegangen ist; zwingend erscheint dies, worauf bereits *Seiter*[2] zutreffend aufmerksam gemacht hat, nicht. Schon früh wurde diese „Lücke" im Wortlaut sowohl des § 613a als auch der BetriebsübergangsRL von den für die Auslegung zuständigen Gerichten genutzt; im Hinblick auf den Schutzzweck der Norm und zur Vermeidung von Umgehungsgeschäften sollen auch **mittelbare Vertragsbeziehungen** („Dreiecksgeschäfte") ausreichen, an denen Veräußerer und Erwerber eines Betriebs/Betriebsteils nicht gleichzeitig als Vertragsparteien beteiligt sind (s. Rz. 198ff.). Auch die Anforderungen an den Inhalt des Rechtsgeschäfts wurden inzwischen weitgehend minimalisiert[3] (s. Rz. 196f.).

185 Während die positiven Voraussetzungen des Merkmals „durch Rechtsgeschäft" bis heute teilweise umstritten und von der Rspr. noch nicht abschließend und überzeugend geklärt sind, besteht über seine negative Abgrenzungsfunktion jedenfalls im Grundsatz weitgehende Einigkeit dahin gehend, dass ein Übergang „durch Rechtsgeschäft" jedenfalls nicht vorliegt, wenn sich die Überleitung der ArbVerh **unmittelbar kraft Gesetzes** vollzieht.

186 **1. Negative Abgrenzungsfunktion; Anwendung in Umwandlungs- und Privatisierungsfällen. a) Gesetzliche Erbfolge.** Die unmittelbare Anwendung (zur analogen Anwendung des § 613a bei unmittelbarer Überleitung von ArbVerh kraft Gesetzes s. Rz. 194f.) der Norm scheidet demnach dann – und nur dann – aus, wenn der Übergang von ArbVerh direkt auf gesetzl. Grundlage (also außerhalb des § 613a) und ohne „Zwischenschaltung" eines (für den Betriebsübergang selbst konstitutiven) Rechtsgeschäfts erfolgt. Dies trifft jedenfalls bei der „ungeteilten" **Gesamtrechtsnachfolge** zu (Universalsukzession), die stets einer besonderen gesetzl. Grundlage bedarf. Daher geht im Erbfall ein Betrieb des Erblassers einschl. der dazugehörigen ArbVerh (soweit diese nicht höchstpersönlichen Charakter haben[4]) auf den oder die gesetzl. oder testamentarischen Erben über. Selbst bei Vorliegen eines Testaments oder Erbvertrags (= Rechtsgeschäft) ist nicht dieses, sondern die gesetzl. Anordnung des § 1922 die eigentliche Grundlage für den Übergang der ArbVerh, so dass § 613a ausscheidet[5]. Anders liegt es dagegen bei einem **Vermächtnis**, zu dessen Erfüllung ein Betrieb oder ein Betriebsteil seitens der Erben auf einen Dritten (Vermächtnisnehmer) im Wege der Singularsukzession übertragen wird[6].

187 **b) Anwendung bei Umwandlung nach UmwG und bei Anwachsung nach § 738.** Um einen der gesetzl. Erbfolge durchaus ähnlichen Fall einer Universalsukzession handelt es sich auch bei der Verschmelzung (§§ 2ff. UmwG) und den sonstigen im UmwG geregelten Fällen der sog. übertragenden Umwandlung[7] (Spaltung, §§ 123ff. UmwG; Vermögensübertragung, §§ 174ff. UmwG; nicht dazu gehört der Formwechsel gem. §§ 190ff. UmwG, weil hier der Rechtsträger des Betriebs/Betriebsteils identisch bleibt). Ob § 613a auch auf diese, zT erstmals durch das UmwG mWz. 1.1.1995 geregelten Fälle der **gesellschaftsrechtl. Gesamtrechtsnachfolge** Anwendung findet, war bis zur Verabschiedung des Gesetzes Gegenstand einer höchst kontroversen Diskussion in der arbeitsrechtl. Lit.[8] Der deutsche Gesetzgeber hat mit **§ 324 UmwG** Spekulationen über die Geltung dieser Vorschrift – nicht nur im Hinblick auf ihren ersten Absatz, sondern die gesamte Norm des § 613a – ein Ende bereitet[9]. Auch das BAG hat sich mittlerweile eindeutig dahin gehend erklärt, dass § 613a auf Grund von § 324 UmwG in allen Fällen der übertragenden Umwandlung Anwendung findet[10].

188 Hierin erschöpft sich allerdings die „konstitutive" Wirkung des **§ 324 UmwG**. Er soll lediglich die Möglichkeit der Anwendung des § 613a eröffnen, nicht jedoch seine tatbestandlichen Voraussetzungen iÜ

---

1 Zur Abweichung in der Übersetzung im englischen Recht vgl. WHSS/*Willemsen*, Rz. G 41. || 2 *Seiter*, Betriebsinhaberwechsel, 1980, S. 46. || 3 Vgl. WHSS/*Willemsen*, Rz. G 44; zust. ErfK/*Preis*, § 613a BGB Rz. 59. || 4 Vgl. zu derartigen Sonderfällen wie Privatsekretär, Krankenpfleger etc. *Seiter*, Betriebsinhaberwechsel, 1980, S. 142. || 5 Ebenso *Hergenröder*, AR-Blattei Betriebsinhaberwechsel II, 500.2 Rz. 8 u. 22; Staudinger/*Annuß*, § 613a Rz. 121; wohl auch ErfK/*Preis*, § 613a BGB Rz. 58. Auch das BAG geht davon aus, dass Fälle der Gesamtrechtsnachfolge von § 613a nicht erfasst werden; vgl. BAG 25.2.1981 – 5 AZR 991/78, NJW 1981, 2212; 14.10. 1982 – 2 AZR 811/79, ZIP 1984, 623. || 6 Staudinger/*Annuß*, § 613a Rz. 120. || 7 Zur Terminologie vgl. WHSS/*Willemsen*, Rz. B 69. || 8 Vgl. dazu nur *Hanau*, ZGR 1990, 515; *K. Schmidt*, AcP 191 (1991), 495 (516); *Willemsen*, RdA 1993, 133; Kallmeyer/*Willemsen*, § 324 UmwG Rz. 1f. || 9 Vgl. *Neye* in Lutter, Umwandlungsrechtstage, S. 17. || 10 BAG 24.6.1998 – 4 AZR 208/97, NZA 1998, 1346.

fingieren. Es handelt sich also, rechtstechnisch gesprochen, um eine **Rechtsgrund-, nicht um eine Rechtsfolgenverweisung** (s.a. § 324 UmwG Rz. 1)[1].

In der Praxis sind die **Spaltung** und **Ausgliederung** (§ 123 I–III UmwG) sehr häufig, aber nicht zwangsläufig mit einem Betriebs(teil)übergang verbunden; insoweit hängt alles vom Inhalt des Spaltungs- bzw. Ausgliederungsvertrages ab (§ 125 UmwG iVm. § 4 UmwG; vgl. auch den Wortlaut des § 126 I Nr. 9 UmwG: „… genaue Bezeichnung der übergehenden Betriebe und Betriebsteile unter Zuordnung zu den übernehmenden Rechtsträgern"). Hinsichtlich der Voraussetzungen des § 613a, dh. in Bezug auf die Frage, ob die Spaltung oder Ausgliederung überhaupt einen Betriebs(teil)übergang zum Inhalt hat, gilt also ebenso wie bei der Übertragung durch Singularsukzession der Grundsatz der Privatautonomie, so dass in der Praxis weitreichende **Gestaltungsmöglichkeiten** bestehen. Bei der **Verschmelzung** gilt dies indes nicht: Verfügt der übertragende Rechtsträger über einen oder mehrere Betriebe, ist es wegen des Prinzips der ungeteilten Rechtsnachfolge gem. § 20 I Nr. 1 UmwG nicht möglich, lediglich einzelne Betriebsmittel unter „Zurücklassung" des Betriebs beim bisherigen Rechtsträger zu übertragen[2]. Der Eintritt des aufnehmenden Rechtsträgers in die bestehenden ArbVerh nach § 613a iVm. § 324 UmwG lässt sich solchenfalls durch eine vorherige Betriebsstilllegung und Beendigung der ArbVerh beim übertragenden Rechtsträger vermeiden (zum Verhältnis von Betriebsübergang und Betriebsstilllegung vgl. Rz. 75 ff.). Eine weitere **Gestaltungsmöglichkeit** besteht darin, den Betrieb bzw. Betriebsteil vor Wirksamwerden der (ersten) Verschmelzung nach § 613a, dh. im Wege der rechtsgeschäftlichen Übertragung (zB Pachtvertrag) auf einen anderen Rechtsträger zu übertragen. Diese Lösung kommt insb. bei **mehrstufigen Verschmelzungsvorgängen** in Betracht (s. dazu auch Rz. 64 und § 324 UmwG Rz. 10)[3]. 189

Auch die **Prüfung des „Rechtsgeschäfts"** wird im Falle der übertragenden Umwandlung durch die Rechtsgrundverweisung des § 324 UmwG keinesfalls entbehrlich. Zwar mag man den Verschmelzungs-, Spaltungs- bzw. Ausgliederungsvertrag ebenso wie die Vermögensübertragung durchaus als Rechtsgeschäft iSd. Norm auffassen. Dies schließt es jedoch nicht aus, dass (bereits) unabhängig hiervon, sogar **vor** dem endgültigen **Zustandekommen** eines Umwandlungsvertrages bzw. vor dessen **Wirksamwerden**, ein rechtsgeschäftlicher Betriebs(teil)übergang zustande kommt, etwa indem sich die beteiligten Rechtsträger für eine Zwischenphase über die Einräumung einer – für § 613a grds. ausreichenden, vgl. Rz. 196f. – Nutzungsbefugnis verständigen[4]. Maßgeblich für die Auslösung der Rechtsfolgen des § 613a ist dann das jeweils frühere Rechtsgeschäft[5]. 190

Nicht von § 324 UmwG erfasst ist die gesellschaftsrechtl. Gesamtrechtsnachfolge im Wege der **Anwachsung** nach § 738. Geht ein Betrieb auf diese Weise auf den einzigen verbleibenden Gesellschafter über, erfordert eine richtlinienkonforme Auslegung zumindest die **analoge Anwendung** von § 613a[6]. 191

c) Anwendung bei Privatisierung/Umstrukturierung öffentlicher Rechtsträger. Infolge der oben (Rz. 187) dargestellten „Korrektur" seitens des Gesetzgebers des Umwandlungsgesetzes übt das Merkmal „durch Rechtsgeschäft" seine negative Abgrenzungsfunktion außer bei der bereits behandelten gesetzl. Erbfolge heute nur noch in den – eher seltenen – Fällen aus, in denen sich die Überleitung der ArbVerh ausschließlich und **unmittelbar kraft Bundes- oder Landesgesetzes** vollzieht. Praktisch bedeutsam wird dies insb. bei der Umstrukturierung und/oder Privatisierung öffentl. Rechtsträger. Sowohl nach Auffassung des EuGH als auch des BAG kann es sich bei öffentl.-rechtl. organisierten Einheiten unter bestimmten Voraussetzungen (s. Rz. 22ff.) zwar um Betriebe oder Betriebsteile iSv. § 613a handeln, wobei die Auffassungen beider Gerichte hinsichtlich der Einzelheiten teilweise differieren (s. Rz. 25f.). Einigkeit besteht sowohl auf europäischer als auch auf nationaler Ebene jedoch darüber, dass die RL und § 613a auf **Hoheitsakte keine Anwendung** finden[7]. Dementsprechend hat das BAG festgestellt, dass bei Umstrukturierung öffentl. Rechtsträger kraft Gesetzes § 613a mangels Übergangs „durch Rechtsgeschäft" selbst dann nicht gilt, wenn seine Voraussetzungen iÜ erfüllt wären[8]. Dass § 613a auf gesetzlich angeordnete Betriebsübergänge keine Anwendung findet und das **Widerspruchsrecht** nach Abs. 6 dann auch **nicht analog** gilt, hat der 8. Senat mit seiner Entscheidung zum Fall der „Stiftung Oper in Berlin" ausdrücklich bestätigt[9]. Entsprechendes soll auch für **staats(kirchen)rechtl. Verträge** gelten[10]. Sieht das 192

---

1 Ebenso BAG 25.5.2000 – 8 AZR 416/99, NZA 2000, 1115 (Kreiskrankenhaus); Kallmeyer/*Willemsen*, § 324 UmwG Rz. 2; KR/*Friedrich*, §§ 322–324 UmwG Rz. 28; aA *Salje*, RdA 2000, 126: Rechtsfolgenverweisung. ||2 Vgl. Kallmeyer/*Willemsen*, § 324 UmwG Rz. 10. ||3 S. WHSS/*Willemsen*, Rz. G 117; *Hey/Simon*, BB 2010, 2957. ||4 S. zu einer solchen, äußerst praxisrelevanten Konstellation BAG 25.5.2000 – 8 AZR 416/99, NZA 2000, 1115 (Kreiskrankenhaus). ||5 So im Erg. auch BAG 25.5.2000 – 8 AZR 416/99, NZA 2000, 1115 (Kreiskrankenhaus). ||6 Im Erg. ebenso BAG 21.2.2008 – 8 AZR 157/07, NZA 2008, 815; LAG Schl.-Holst. 30.8.1999 – 2 Sa 48/99; LAG Köln 14.5.2001 – 2 Sa 1054/00, MDR 2001, 1175; *Trittin*, AiB 2001, 6 (8); aA Staudinger/*Annuß*, § 613a Rz. 121. ||7 Grundl. EuGH 15.10.1996 – Rs. C-298/94, NZA 1996, 1279 – Henke. ||8 BAG 8.5.2001 – 9 AZR 95/00, NZA 2001, 1200 (Landesbetrieb Krankenhäuser Hamburg); 22.10.2003 – 3 AZR 629/01, AP Nr. 2 zu § 2 RuhegeldG Hamburg (Universitätskrankenhaus Eppendorf); aA LAG Nds. 31.8.2001 – 10 Sa 2899/98, NZA-RR 2002, 630 (Fleischbeschau). ||9 BAG 2.3.2006 – 8 AZR 147/05, NZA 2006, 1105; dazu *Kirmse*, NZA 2006, 3325; *Otto*, FS Richardi, 2007, S. 317 (318ff.); *Willemsen*, NJW 2007, 2065 (2074f.). Zu dem Sonderfall eines „Betriebsübergangs durch behördliche Anordnung" im öffentl. Personenverkehr vgl. *Bayreuther*, NZA 2009, 582. ||10 BAG 13.11.2002 – 4 AZR 73/01, NZA 2004, 274 (Erzbistum Hamburg) = EzA § 613a BGB 2002 Nr. 4 (*Thüsing*).

entsprechende (Landes-)Gesetz allerdings ausdrücklich für die **Umsetzung** der Umstrukturierung den Abschluss eines Rechtsgeschäfts zwischen den beteiligten Rechtsträgern vor, soll § 613a direkt anwendbar sein[1]. Entsprechendes gilt, wenn die Umstrukturierung nicht kraft Gesetzes, sondern im Wege der **Verwaltungsvereinbarung** erfolgt, da auch diese ein „Rechtsgeschäft" iSd. Norm darstellt[2].

193 Die Anwendung des § 613a lässt sich somit – auch im Hinblick auf seine Abs. 1 S. 2–4, Abs. 2–6 – nur dann ausschließen, wenn das entsprechende Bundes- oder Landesgesetz, welches die Umstrukturierung oder Privatisierung des öffentl. Rechtsträgers regelt, selbst den Übergang der entsprechenden ArbVerh iS einer *cessio legis* anordnet[3]. Für eine Anwendung des § 613a ist dann nur insoweit Raum, als das entsprechende Gesetz dieses – etwa im Wege der ergänzenden Verweisung – vorsieht. Probleme der konkurrierenden Gesetzgebung (Art. 74 I Nr. 12 GG) bestehen insoweit nicht, weil § 613a für gesetzl. angeordnete Betriebsübergänge gerade nicht gilt und zudem **§ 168 UmwG** einen „Primat" des Bundes- oder Landesrechts auch im Hinblick auf die Ausgestaltung der Ausgliederung öffentl.-rechtl. Einheiten vorsieht[4]. In einem solchen Gesetz können daher die Rechtsfolgen im Hinblick auf die betroffenen ArbVerh eigenständig und damit auch abweichend von § 613a geregelt werden, ohne dass dies gegen das Gesetz oder die ihm zugrunde liegende RL verstieße.

194 **Abzulehnen** ist angesichts der dem jeweiligen (Bundes- oder Landes-)Gesetzgeber eingeräumten Autonomie die These, dass § 613a in den Fällen der Betriebsnachfolge kraft eines derartigen eigenständigen Gesetzes **analog anwendbar** sein soll[5]. Der 9. BAG-Senat hat derartigen Bestrebungen mit Urt. v. 8.5.2001 zu Recht eine klare Absage erteilt[6]. Auch das **Bundesverfassungsgericht** lehnt eine analoge Heranziehung des Abs. 6 ab, wenn der (Landes-)Gesetzgeber ein Widerspruchsrecht bewusst nicht vorgesehen habe, sieht darin allerdings eine **Verletzung von Art. 12 I GG**, wenn im Falle einer **Privatisierung** dem ArbN überhaupt keine Möglichkeit geboten wird, den Fortbestand des ArbVerh zum bisherigen, öffentl.-rechtl. ArbGeb geltend zu machen[7] (s. dazu auch unten Rz. 344).

195 Enthält also das entsprechende Gesetz bspw. keine Regelung zum **Widerspruchsrecht** der ArbN (s. Rz. 341 ff.), kann dies grds. auch nicht mittels Rekurses auf § 613a VI in das jeweilige Gesetz „implantiert" werden[8]. Lediglich soweit das entsprechende Gesetz erkennbar lückenhaft ist, es sich also nicht um ein „beredtes Schweigen" des jeweiligen Gesetzgebers handelt, mag eine Lückenschließung durch – vorsichtige – Heranziehung einzelner Regelungen in § 613a (zB des Abs. 1 S. 2–4 im Hinblick auf kollektivrechtl. geregelte Arbeitsbedingungen) in Betracht kommen, soweit sich die entsprechenden Fragen nicht ohnehin nach den Grundsätzen der Gesamtrechtsnachfolge lösen lassen. Auch die **Haftungsgrundsätze** des § 613a (s. Rz. 295 ff.) finden auf den kraft Gesetzes angeordneten Betriebsübergang keine Anwendung[9].

196 **2. Positive Abgrenzungsfunktion; inhaltliche und formale Anforderungen an das zugrunde liegende Rechtsgeschäft. a) Inhalt.** Bereits in der „Frühzeit" des § 613a bestand in Rspr. und Lit. Einmütigkeit darüber, dass entsprechend dem arbeitsrechtl. Schutzzweck der Bestimmung (s. Rz. 5 ff.) das den Inhaberwechsel herbeiführende Rechtsgeschäft nicht auf die Übertragung der dinglichen Berechtigung hinsichtlich der einzelnen Betriebsmittel gerichtet zu sein braucht; die Betriebsveräußerung ist also nur *ein* möglicher Anwendungsfall der Norm[10]. Entscheidend ist nicht die zivilrechtl. Rechtsnatur des Vertrages, sondern ob er seinem Inhalt oder zumindest seinem Ergebnis nach darauf gerichtet ist, die Stellung des Betriebsinhabers iSd. obigen Erläuterungen (Rz. 45 ff.) auf einen Dritten zu übertragen. Es kommt also (nur) darauf an, ob das jeweilige Rechtsgeschäft dem neuen „Inhaber" die Verfügungsbefugnis über den betriebl. Funktionszusammenhang vermittelt, ihm mithin als Resultat der rechtsgeschäftlichen Regelungen die Leitungs- und Organisationskompetenz für den jeweiligen Betrieb oder Betriebsteil zufällt; das BAG spricht in diesem Zusammenhang nunmehr regelmäßig von der **Ausübung betrieblicher Leitungsmacht** (s. Rz. 46). Allerdings bedarf es nach der Rspr. keiner ausdrücklichen oder

---

1 BAG 25.1.2001 – 8 AZR 336/00, NZA 2001, 840 (Berliner Bäder-Betriebe). ||2 So ausdrücklich BAG 7.9.1995 – 8 AZR 928/93, NZA 1996, 424; 27.4.2000 – 8 AZR 260/99 (Truppenübungsplatz); ebenso ErfK/*Preis*, § 613a BGB Rz. 62; dazu WHSS/*Willemsen*, Rz. B 85e sowie zum Ganzen *Willemsen*, FS 50 Jahre BAG, 2004, S. 287 ff. ||3 So geschehen zB im Falle der Umstrukturierung und Privatisierung der Westdeutschen Landesbank, vgl. G v. 2.7.2002, GVBl. NW 2002, S. 284. ||4 Dazu näher WHSS/*Willemsen*, Rz. B 85 ff. ||5 Zumindest mit diesem Gedanken sympathisierend BAG 25.1.2001 – 8 AZR 336/00, NZA 2001, 840 (Berliner Bäder-Betriebe); generell eine Analogiefähigkeit der Bestimmung verneinend dagegen Staudinger/*Annuß*, § 613a Rz. 118; KR/*Treber*, § 613a BGB Rz. 78; *bejahend* demggü. ErfK/*Preis*, § 613a BGB Rz. 62. ||6 BAG 8.5.2001 – 9 AZR 95/00, NZA 2001, 1200 (Landesbetrieb Krankenhäuser Hamburg); ebenso der 8. Senat, BAG 2.3.2006 – 8 AZR 124/05, NZA 2006, 848 (Stiftung Oper in Berlin). ||7 BVerfG 25.1.2011 – 1 BvR 1741/09, NZA 2011, 400 (Fall der Uni-Kliniken Marburg und Gießen; s. zu dieser verfassungsrechtl. Problematik auch *C. Meyer*, NZA-RR 2013, 225 (226); *C. Meyer*, RdA 2013, 58; *Willemsen*, NJW 2007, 2065 (2074): bedenkliche Privilegierung des öffentl. ArbGeb). ||8 BAG 8.5.2001 – 9 AZR 95/00, NZA 2001, 1200 (Landesbetrieb Krankenhäuser Hamburg), auch zur verfassungsrechtl. Zulässigkeit einer solchen landesgesetzl. Regelung. Allerdings wies der zu entscheidende Fall einige Besonderheiten auf. Ebenso BAG 2.3.2006 – 8 AZR 124/05, NZA 2006, 848 (Stiftung Oper in Berlin); s. dazu *Graef*, NZA 2006, 1078; krit. im Hinblick auf die Ungleichbehandlung privater und öffentl. ArbGeb *Willemsen*, NJW 2007, 2065 (2074 ff.). ||9 BAG 22.10.2002 – 3 AZR 629/01, AP Nr. 2 zu § 2 RuhegeldG Hamburg. ||10 Vgl. die Nachw. aus der früheren Rspr. bei *Seiter*, Betriebsinhaberwechsel, 1980, S. 44.

gar gesonderten vertragl. Übertragung dieser Leitungskompetenz[1]; es genügt vielmehr, wenn das bzw. die abgeschlossene(n) Rechtsgeschäft(e) die notwendigen Voraussetzungen hierfür schaffen und der neue Inhaber hiervon auch tatsächlich Gebrauch macht (zum Erfordernis der tatsächlichen Betriebs(teil)fortführung s. Rz. 64ff.). Dies ist namentlich der Fall bei allen Verträgen, die darauf gerichtet sind, einem Dritten, und sei es auch nur auf Zeit, die **Nutzung** des betriebl. Funktionszusammenhangs **im eigenen Namen** (s. Rz. 47) zu ermöglichen, also insb. bei **Betriebsverpachtung**, Einräumung eines **Nießbrauchsrechts** und – erst recht – bei **Kauf**, Schenkung oder Vermächtnis[2]. Zur Frage, ob es sich um eine sog. eigenwirtschaftl. Nutzung handeln muss, s. Rz. 52f.

Es braucht nach dem geschilderten Schutzzweck der Norm letztlich überhaupt kein „klassisches" Rechtsgeschäft vorzuliegen; im Grunde reicht es aus, „... wenn der Erwerber **rechtstatsächlich im Einvernehmen mit dem Veräußerer** in die Arbeitsorganisation des Betriebs oder Betriebsteils eintritt und damit deren Leitung nach außen übernimmt"[3]. Dies kann zB der Fall sein bei einem Leasing-[4], Management-Buy-out-[5] oder (sog. unechtem) **Betriebsführungsvertrag**[6] (s. bereits Rz. 48), aber auch bei der **tatsächlichen Überlassung** der Betriebsmittel **ohne jede weitere schuldrechtliche Abrede**[7]. Die Praxis sei auch hier nochmals „gewarnt" durch den Hinweis darauf, dass nach der Rspr. die Übertragung der Betriebsinhaberschaft nicht eigentlicher oder gar ausdrücklicher Inhalt des „Rechtsgeschäfts" zu sein braucht, sondern maßgeblich auf das tatsächliche **Ergebnis** einer solchen Transaktion abgestellt wird. Der EuGH hat dies mittlerweile auf den Punkt gebracht mit der nunmehr auch vom BAG übernommenen Formulierung, dass die RL (und damit auch § 613a) „... in allen Fällen anwendbar (ist), in denen die für den Betrieb des Unternehmens verantwortliche natürliche oder juristische Person, die die ArbGeb-Verpflichtung ggü. den Beschäftigten des Unternehmens eingeht, **im Rahmen vertraglicher Beziehungen wechselt**"[8]. Ausreichend ist demnach zB bereits die einvernehmliche Zusammenarbeit von zwei Leiharbeitsunternehmen mit dem Ziel der Überleitung der Tätigkeit für dieselben Kunden mit denselben ArbN[9]. Besondere **Vorsicht** ist auch bei der Übernahme lediglich einzelner **Betriebsteile** geboten: Hier muss der nur auf Betriebsteile beschränkte Erwerbswille ggü. dem Veräußerer deutlich zum Ausdruck kommen, da andernfalls der Übergang sämtlicher ArbVerh droht[10].

b) Verzicht auf das Vorliegen unmittelbarer Rechtsbeziehungen. Mit seiner denkbar weiten Formulierung will der EuGH und ihm folgend auch das BAG insb. auch diejenigen Fälle erfassen, in denen der Übergang der betriebl. Leitungskompetenz das Resultat eines **Bündels verschiedener**, für den Außenstehenden unter Umständen schwer zu erfassender **Einzelrechtsgeschäfte** und/oder – praktisch besonders bedeutsam – von **Verträgen mit Dritten** ist, auf deren Inhalt der bisherige Betriebsinhaber jedenfalls erkennbar keinen Einfluss genommen hat. Zur Vermeidung von ansonsten drohenden „Umgehungsgeschäften" hat es die Rspr. des BAG bereits unabhängig vom EuGH für erforderlich gehalten, von dem Erfordernis unmittelbarer Rechtsbeziehung zwischen früherem und neuem Inhaber abzusehen, und es als ausreichend erachtet, wenn der Übergang durch ein oder mehrere Rechtsgeschäfte (auch) mit Dritten vermittelt wird[11].

Gemeint waren damit zunächst und in erster Linie Sachverhaltsgestaltungen, in denen der neue Betriebsinhaber sich die erforderlichen Betriebsmittel (Produktionsanlagen, Räumlichkeiten und gewerbliche Schutzrechte) durch ein „gezieltes" Bündel von **Rechtsgeschäften mit verschiedenen Dritten** (zB (Sicherungs-)Eigentümer[12], Vermieter, Lizenzrechtsinhaber etc.) verschafft hatte und nunmehr im Prozess geltend machte, dass es an einem „Rechtsgeschäft" iSv. § 613a fehle. Ebenso erfasst werden mit der Formulierung „im Rahmen vertraglicher Beziehungen" die bereits in anderem Zusammenhang (Rz. 66) behandelten Fälle des **Pächterwechsels** sowie des Rückfalls der Pachtsache an den Verpächter, allerdings stets mit der Maßgabe, dass die Rspr. zwar auf das Vorliegen unmittelbarer Rechtsbeziehungen zwischen bisherigem und neuem Inhaber verzichtet, nicht jedoch darauf, dass Letzterer auch tatsächlich den Betrieb fortführt (s. Rz. 64).

---

1 So ausdrücklich BAG 12.11.1998 – 8 AZR 282/97, NZA 1999, 310 (Benetton/Einzelhandel); 18.3.1999 – 8 AZR 159/98, NZA 1999, 704 = AP Nr. 189 zu § 613a BGB (Willemsen/Annuß) (Kfz-Handel). ‖ 2 Ebenso Seiter, Betriebsinhaberwechsel, 1980, S. 44f.; ErfK/Preis, § 613a BGB Rz. 59; Palandt/Weidenkaff, § 613a Rz. 17; B. Gaul, Betriebs- und Unternehmensspaltung, § 7 Rz. 11ff. ‖ 3 So zutr. Staudinger/Annuß, § 613a Rz. 111. ‖ 4 BAG 12.2.1987 – 2 AZR 247/86, NZA 1988, 170. ‖ 5 Vgl. Schaub, ZIP 1984, 272 (275). ‖ 6 Eingehend zu Betriebsführungsverträgen WHSS/Willemsen, Rz. G 77ff.; s. dazu auch Rieble, NZA 2010, 1145 (1147); zur parallelen Problematik im schweizerischen Recht (Art. 333 OR) Wildhaber, ZSR 2007, 463 (470f.). ‖ 7 BAG 25.10.2007 – 8 AZR 917/06, BB 2008, 1175 (Vogel/Neufeld). ‖ 8 Vgl. EuGH 5.5.1998 – Rs. 144/87, 145/87, EAS RL 77/187, EWG-Artikel 3, Nr. 5, Rz. 19 – Berg und Busschers; 15.6.1988 – Rs. 101/87, EuGHE 1988, 3057 – Bork; 19.5.1992 – Rs. C-29/91, EAS RL 77/187/EWG Nr. 7 – Redmond Stichting, Rz. 11; vom BAG „adaptiert" zB mit Urt. v. 22.5.1985 – 5 AZR 173/84, NZA 1985, 773; 3.7.1986 – 2 AZR 68/85, NZA 1987, 123 (Bowlinganlage); 27.4.1988 – 5 AZR 358/87, NZA 1988, 655. ‖ 9 EuGH 13.9.2007 – Rs. C-458/05, NZA 2007, 1151 – Jouini ua. ‖ 10 Vgl. BAG 10.12.1998 – 8 AZR 763/97; LAG Köln 2.3.2001 – 11 Sa 1386/00, NZA-RR 2002, 513. ‖ 11 Grundl. BAG 22.5.1985 – 5 AZR 173/84, NZA 1985, 773; dazu Willemsen, ZIP 1986, 477 (485); Wank/Börgmann, DB 1997, 1229 (1234); krit. Rebhan/Kietaibl, ZfA 2007, 325 (330ff.); vgl. ferner BAG 22.5.1985 – 5 AZR 30/84, NZA 1985, 775; 3.7.1986 – 2 AZR 68/85, NZA 1987, 123 (Bowlinganlage); 27.4.1988 – 5 AZR 358/87, NZA 1988, 655; seitdem st. Rspr., vgl. nur BAG 21.6.2012 – 8 AZR 181/11, NZA-RR 2013, 6 (IT-Service). ‖ 12 BAG 22.5.1985 – 5 AZR 30/84, NZA 1985, 775.

200 Besonders praxisrelevante **Beispiele aus der Rspr.** des EuGH und des BAG für den **Verzicht auf das Vorliegen unmittelbarer vertragl. Beziehungen** zwischen bisherigem und neuem Inhaber sind: die Kündigung eines Restaurant-Pachtvertrags und der anschließende Abschluss eines neuen Pachtvertrags seitens des Verpächters mit einem anderen Betreiber[1]; die Kündigung eines Mietverhältnisses über Geschäftsräume und deren anschließender Verkauf durch den Eigentümer[2]; die vollständige und endgültige Beendigung der Tätigkeit einer juristischen Person infolge des Entzugs öffentl. Subventionen und die anschließende Gewährung dieser Subventionen an eine andere Person mit gleichartiger Zielsetzung[3]; die Übertragung der Vertriebsrechte für Kraftfahrzeuge in einem bestimmten Gebiet seitens der Herstellerin unmittelbar auf ein anderes Unternehmen ohne rechtsgeschäftliche Beteiligung des dort bisher tätigen Vertriebsunternehmens[4]; der Abschluss bzw. die Neubegründung eines Franchise-Vertrages[5]; die Neuvergabe einer Konzession für den Betrieb einer regionalen Buslinie[6] sowie die Neuvergabe eines Reinigungs-[7], Catering-[8] oder Bewachungsauftrags[9]. In all diesen Fällen wird also eine vertragl. Einigung zwischen bisherigem und und neuem Betriebsinhaber nicht verlangt (zur Darstellung im Unterrichtungsschreiben nach Abs. 5 in derartigen Fällen s.u. Rz. 320 ff.).

201 **c) Bedeutung des Willens des bisherigen Inhabers (insb. in Konkurrenzsituationen).** Der Verzicht auf das Vorliegen unmittelbarer Rechtsbeziehungen zwischen bisherigem und neuem Inhaber führt unter Umständen dazu, dass es zum Betriebs(teil)übergang auf einen Dritten kommt, ohne dass der frühere ArbGeb dem zugestimmt hätte. Dieses „Risiko" ist besonders ausgeprägt bei den sog. betriebsmittelarmen Tätigkeiten (s. Rz. 140 ff.), wo bereits die tatsächliche Weiterbeschäftigung der „organisierten Hauptbelegschaft" des Vorgängers zur Bejahung des § 613a führen kann. Es hängt bei einer Auftragsneuvergabe ausschließlich von der Einigung zwischen dem bisherigen Personal des Auftragnehmers I einerseits und Auftragnehmer II andererseits ab, ob es zum Übergang einer „wirtschaftlichen Einheit" kommt, nicht jedoch von einer Zustimmung seitens des ersten Auftragnehmers. Das BAG hat dies unmissverständlich klargestellt, indem es mit Urt. v. 11.12.1997 ausgeführt hat, für einen rechtsgeschäftl. Übergang bedürfe es keines Vertrages zwischen den beiden (im konkreten Fall: Reinigungs-) Unternehmen. Es genüge vielmehr die Ausführung der Reinigungsarbeiten auf vertragl. Grundlage in Verbindung mit der einvernehmlichen Weiterbeschäftigung der ArbN[10].

202 Diese Judikatur, mit der wiederum die Rspr. des EuGH nachvollzogen wird, wirft die Frage auf, inwieweit für einen Betriebs(teil)übergang überhaupt das **Einverständnis** des bisherigen Betriebsinhabers erforderlich ist[11]. Nach der für die Praxis maßgeblichen Rspr. ist jedenfalls klar, dass es einer vertragl. Übertragung einer „irgendwie gearteten Leitungsmacht"[12] nicht bedarf. Gelingt es dem künftigen Inhaber (zB Konkurrenzunternehmen) also, sich die erforderlichen Ressourcen (Personal, Räumlichkeiten etc.) ohne Mitwirkung des bisherigen Inhabers zu verschaffen, steht dies nach Auffassung der Rspr. einem Betriebsübergang nicht entgegen. Das BAG hat denn auch bereits mehrfach festgestellt, § 613a könne auch bei einem Auftragswechsel in einer **Konkurrenzsituation** erfüllt sein[13]. Andererseits hat es aber in Übereinstimmung mit dem EuGH[14] auch darauf hingewiesen, dass der Verlust eines Auftrags an einen Mitbewerber für sich genommen keinen Betriebsübergang darstelle und dass in einem solchen Falle das zuvor beauftragte Unternehmen zwar einen Kunden verliere, aber weiterbestehe, ohne dass einer seiner Betriebe oder Betriebsteile auf einen neuen Betriebsinhaber übertragen werde[15]. Dieser tatsächliche oder vermeintliche Widerspruch lässt sich nur auflösen, wenn man zwar kein Einverständnis des bisherigen Betriebsinhabers mit dem Betriebs(teil)übergang als solchem verlangt, wohl aber eine faktisch-konsensuale Mitwirkung dergestalt, dass er seine eigene Tätigkeit in dem betreffenden Betrieb/Betriebsteil bewusst einstellt (s. zum Erfordernis des Erlöschens der Inhaberschaft des bisherigen

---

1 EuGH 10.2.1988 – Rs. C-324/86, EuGHE 1988, 739 – Daddy's Dance Hall; vgl. auch BAG 11.9.1997 – 8 AZR 555/95, NZA 1998, 31 = EzA § 613a BGB Nr. 153 (*Willemsen/Annuß*) (Tausendundeine Nacht); LAG Köln 8.3.2004 – 4 Sa 1115/03, NZA 2004, 464 (Kino). ||2 EuGH 15.6.1988 – Rs. 101/87, EuGHE 1988, 3057 – Bork. ||3 EuGH 19.5.1992 – Rs. C-29/91, NZA 1996, 207 – Redmond Stichting. ||4 EuGH 7.3.1996 – Rs. C-171/94 und Rs. C-172/94, NZA 1996, 413 = EAS RL 77/187/EWG Nr. 11 (*Willemsen*) – Merckx, Neuhuys; vgl. auch BAG 18.5.1995 – 8 AZR 741/94, EzA § 613a BGB Nr. 139. ||5 BAG 5.8.1995 – 8 AZR 741/94, EzA § 613a BGB Nr. 139. ||6 EuGH 25.1.2001 – Rs. C-172/99, NZA 2001, 249 – Oy Liikenne AB. ||7 Grundl. für das europäische Recht insofern EuGH 11.3.1997 – Rs. C-13/95, NZA 1997, 433 – Ayse Süzen, Rz. 11 f.; für das deutsche Recht BAG 11.12.1997 – 8 AZR 729/96, NZA 1998, 534 (Reinigung II); vgl. BAG 13.11.1997 – 8 AZR 295/95, NZA 1998, 251 (Reinigung I/Wiedereinstellung). ||8 BAG 25.5.2000 – 8 AZR 337/99 (Catering II). ||9 BAG 22.1.1998 – 8 AZR 775/96, NZA 1998, 638 und 14.5.1998 – 8 AZR 418/96, NZA 1999, 483 (Neuvergabe eines Bewachungsauftrags I und II). ||10 BAG 11.12.1997 – 8 AZR 729/96, NZA 1998, 534 (Reinigung II), LS 2. ||11 S. dazu insb. Staudinger/*Annuß*, § 613a Rz. 108 ff. (bejahend); WHSS/*Willemsen*, Rz. G 44 ff. (Erfordernis der Einstellung der Betriebstätigkeit durch den bisherigen Inhaber); ebenso für das schweizerische Recht (Art. 333 OR) *Wildhaber*, ZSR 2007, 463 (470). ||12 So die wörtliche Formulierung in BAG 12.11.1998 – 8 AZR 282/97, NZA 1999, 310 (Benetton/Einzelhandel) und 18.3.1999 – 8 AZR 159/98, NZA 1999, 704 = AP Nr. 189 zu § 613a BGB (*Willemsen/Annuß*) (Kfz-Handel). ||13 Grundl. BAG 11.12.1997 – 8 AZR 729/96, NZA 1998, 534 (Reinigung II). ||14 EuGH 11.3.1997 – Rs. C-13/95, NZA 1997, 433 – Ayse Süzen, Rz. 16. ||15 BAG 11.12.1997 – 8 AZR 729/96, NZA 1998, 534 (Reinigung II); 22.1.1998 – 8 AZR 775/96, NZA 1998, 638 (Neuvergabe eines Bewachungsauftrags I); 14.5.1998 – 8 AZR 418/96, NZA 1999, 483 (Neuvergabe eines Bewachungsauftrags II); zur Irrelevanz des Auftragsverlusts als solchem selbst bei Existenzgefährdung des bisherigen Inhabers vgl. auch BAG 22.1.2009 – 8 AZR 158/07, NZA 2009, 905 (Technische Dienstleistung in der Charité II) und 28.5.2009 – 8 AZR 273/08, NZA 2009, 1267 (Anzeigengeschäft).

Rechtsträgers bereits Rz. 58ff.)[1]. Ob dies freiwillig oder unter dem Druck der wirtschaftl. Verhältnisse (zB nach Auftragsverlust) geschieht, ist ohne Belang. Bei **objektbezogenen** Aufträgen (zB Reinigung, Bewachung, s.a. Rz. 38) kann es nach der Rspr. somit eine Einstellung der wirtschaftl. Tätigkeit in dem betreffenden Betriebsteil bedeuten, wenn der Auftrag an einen Dritten (= Konkurrenten) verloren geht und der bisherige Auftragnehmer das dort eingesetzte Personal nicht anderweitig beschäftigen kann (s. bereits Rz. 58)[2].

203 Eine besondere **Freigabe** der ArbN durch den bisherigen Betriebsinhaber ist dann nicht erforderlich; durch sie kann aber die Aufgabe des Betriebs/Betriebsteils durch ihn besonders manifestiert werden. Die Aufgabe der eigenen wirtschaftl. Tätigkeit durch den früheren Inhaber kann auch darin zum Ausdruck kommen, dass er allen in dem jeweiligen Betrieb/Betriebsteil beschäftigten ArbN kündigt[3] oder an seine bisherigen Kunden Schreiben richtet, in denen er sie über die eigene Geschäftsaufgabe unterrichtet und einen Wechsel zum nunmehrigen Inhaber der Vertriebsberechtigung bzw. des jeweiligen Dienstleistungsauftrags empfiehlt[4].

204 Dem Satz, dass ein Betriebs(teil)übergang „durch Rechtsgeschäft" auch bei einem Auftragswechsel in einer Konkurrenzsituation vorliegen könne, ist somit nur mit der vorgenannten Einschränkung beizupflichten; fehlt es an einem ausdrücklichen Konsens des bisherigen Betriebsinhabers, ist jeweils zu prüfen, ob er in zurechenbarer Weise seinen Willen zur Beendigung der eigenen Inhaberstellung kundgetan hat. Diese Erklärung kann auch bereits im Vorhinein abgegeben werden, etwa durch Abschluss eines von vornherein **befristeten** oder jedenfalls **kündbaren Pachtvertrags**, womit sich das Vorhandensein einer rechtsgeschäftlichen Mitwirkung des Erstpächters im Falle des Pächterwechsels hinreichend darstellen lässt[5].

205 **Fehlt** es dagegen an einer zurechenbaren Mitwirkung des Betriebs(teil)inhabers, ist ein Entzug seiner Inhaberstellung und deren Überleitung auf einen Dritten selbst bei großzügiger Auslegung des Tatbestandmerkmals **„durch Rechtsgeschäft" nicht möglich**. Wollte man anders entscheiden, hätte es bspw. der Vermieter der Betriebsräume und Sicherungseigentümer der Betriebsanlagen in der Hand, bei längerer (zB krankheitsbedingter) Abwesenheit des Betriebsinhabers einen Betriebsübergang auf einen Dritten (zB Konkurrenten) zu bewirken, indem er diesem Zugang zu den Betriebsräumen verschafft und die ArbN auffordert, für den Dritten weiterzuarbeiten. Ebenso wenig vermag selbst bei sog. betriebsmittelarmen Tätigkeiten das **gezielte Abwerben** der gesamten organisierten Hauptbelegschaft (s. Rz. 137) einen rechtsgeschäftlichen Betriebsübergang zu bewirken, zumal dadurch ein wettbewerbswidriges Verhalten[6] und der Vertragsbruch der ArbN ggü. dem Betriebsinhaber sogar noch gesetzl. legitimiert würde. Ebenso wenig kann durch dauerhafte **Betriebsbesetzung** ein rechtsgeschäftlicher Betriebsübergang herbeigeführt werden.

206 Dies alles zeigt, dass § 613a einen **derivativen Erwerb**[7] der Betriebsinhaberstellung in dem Sinne verlangt, dass zwar kein direktes Rechtsgeschäft mit dem bisherigen Betriebsinhaber vorliegen, dieser aber jedenfalls konkludent durch (ggf. auch durch Auftragsentzug erzwungene) Aufgabe der eigenen Betriebstätigkeit die notwendige Voraussetzung für den Betriebs(teil)inhaberwechsel (s.a. Rz. 57ff.) in zurechenbarer Weise geschaffen haben muss[8].

207 **d) Rechtslage bei unwirksamem oder bedingtem Rechtsgeschäft.** Nach diesem Lösungsansatz ist auch zu entscheiden, wie es sich auswirkt, wenn zwar ein „echtes" Rechtsgeschäft (zB Betriebspachtvertrag) vorliegt, dieses sich aber (zB wegen Geschäftsunfähigkeit des Verpächters) als **nichtig** erweist. Da nicht die Betriebsführungsbefugnis selbst Gegenstand des Rechtsgeschäfts ist[9], es vielmehr genügt, dass die Inhaberschaft des bisherigen ArbGeb erlischt und ein Dritter auf rechtsgeschäftlicher Grundlage in diese Position eintritt, kann auch ein von Anfang an – etwa wegen Geschäftsunfähigkeit (§ 104 II) – oder nachträglich – insb. wegen Anfechtung (§ 142) – unwirksames Rechtsgeschäft zur Übertragung der Inhaberstellung führen[10]. Entsprechendes gilt auch bei Nichtigkeit infolge **Formmangels** nach § 125[11]. Die Rückabwicklung des unwirksamen Vertrags führt dann ihrerseits wiederum zu einem Be-

---

1 WHSS/*Willemsen*, Rz. G 44. Wie hier bereits BAG 12.11.1998 – 8 AZR 282/97, NZA 1999, 310 (Benetton/Einzelhandel) und 18.3.1999 – 8 AZR 159/98, NZA 1999, 704 = AP Nr. 189 zu § 613a BGB (*Willemsen/Annuß*) (Kfz-Handel): „Der bisherige Inhaber muss seine wirtschaftliche Betätigung in dem Betrieb oder Betriebsteil einstellen." ‖ 2 Dazu krit. unter wettbewerbsrechtl. Aspekten *Franzen*, NZA-Beil. 4/2008, 139 (140). ‖ 3 So lag es bei EuGH 11.3.1997 – Rs. C-13/95, NZA 1997, 433 – Ayse Süzen, wo die bisherige Reinigungsbetriebsinhaberin nach Verlust des Reinigungsauftrags allen in dem betreffenden Objekt tätigen ArbN gekündigt hatte; ähnlich zB im Fall BAG 13.11.1997 – 8 AZR 295/95, NZA 1998, 251 (Reinigung I/Wiedereinstellung). ‖ 4 Vgl. dazu EuGH 7.3.1996 – Rs. C-171/94 und Rs. C-172/94 – Merckx, Neuhuys. ‖ 5 IdS EuGH 5.5.1988 – Rs. C-144, 145/87, NZA 1990, 885 – Berg/Busschers; s. dazu WHSS/*Willemsen*, Rz. G 45; ErfK/*Preis*, § 613a BGB Rz. 60. ‖ 6 S. dazu WHSS/*Willemsen*, Rz. G 44; ErfK/*Preis*, § 613a BGB Rz. 59. ‖ 7 Vgl. *Willemsen*, ZIP 1986, 477 (486); zust. ErfK/*Preis*, § 613a BGB Rz. 59; Staudinger/*Annuß*, § 613a Rz. 107. ‖ 8 Vgl. WHSS/*Willemsen*, Rz. G 44, 46. ‖ 9 S. bereits Rz. 196 sowie Staudinger/*Annuß*, § 613a Rz. 114. ‖ 10 BAG 6.2.1985 – 5 AZR 411/83, NZA 1985, 735; 25.10.2007 – 8 ZR 917/06, BB 2008, 1175 (*Vogel/Neufeld*); LAG Bbg. 22.7.1999 – 8 Sa 102/99, LAGE § 613a BGB Nr. 77; Erman/*Edenfeld*, § 613a Rz. 31. Anders allerdings, wenn der Betrieb infolge Nichtigkeit des Veräußerungsgeschäfts an den Betriebsveräußerer „zurückfällt", bevor die Einnahme der tatsächlichen Leitungsmacht durch den Erwerber abgeschlossen war; LAG Köln 7.12.2001 – 11 Sa 867/01, NZA-RR 2002, 514. ‖ 11 ErfK/*Preis*, § 613a BGB Rz. 61.

triebsübergang auf den bisherigen Inhaber[1], und zwar einschl. zwischenzeitlich neu begründeter ArbVerh[2]. Beruht die Unwirksamkeit auf einem **Mangel der Geschäftsfähigkeit**, können die Grundsätze des Schutzes Geschäftsunfähiger allerdings Einschränkungen gebieten[3]. Die vorgenannten Grundsätze gelten entsprechend, wenn der Übertragungsvertrag mit einem **Rücktrittsrecht** versehen wurde[4]. Auch ein **bedingtes Rechtsgeschäft** kann Grundlage für einen Betriebsübergang sein[5].

208 **3. Einzel- und Sonderfälle. a) Zwangsversteigerung/Zwangsverwaltung.** Ein Betrieb oder Betriebsteil als solcher kann nicht Gegenstand der Zwangsversteigerung oder Zwangsverwaltung sein; vielmehr können sich die Vollstreckungsakte lediglich auf einzelne Teile des Betriebsvermögens (Grundstücke, bewegliches Anlagevermögen etc.) beziehen. Der Zuschlag in der Zwangsversteigerung ist iÜ ein staatlicher Hoheitsakt, mithin kein Rechtsgeschäft iSv. § 613a[6]. Zu einem rechtsgeschäftlichen Betriebs(-teil)übergang kann es aber kommen, wenn der Ersteigerer durch **ergänzende Rechtsgeschäfte** mit dem Schuldner als bisherigem Betriebsinhaber oder – im Falle der Zwangsverwaltung nach dem ZVG – mit dem Zwangsverwalter weitere Gegenstände des Betriebsvermögens erwirbt, um mit diesen den Betrieb unverändert fortzuführen[7]. Geschieht dies nicht, scheidet ein Betriebsübergang aus, und zwar nicht nur wegen Fehlens eines Rechtsgeschäfts, sondern auch, weil die Zwangsversteigerung nicht zum Übergang eines Betriebs/Betriebsteils iS einer wirtschaftl. Organisationseinheit führt[8]. Auch eine analoge Anwendung des § 613a scheidet insoweit aus[9]. Es handelt sich dann um eine Neueröffnung durch den Ersteher bei gleichzeitiger Stilllegung des bisherigen Betriebs[10].

209 Führt der **Zwangsverwalter** den Betrieb während der Zwangsverwaltung fort, liegt dem notwendigerweise eine Vereinbarung mit dem Schuldner zugrunde, weil die Anordnung der Zwangsverwaltung nicht zur Beschlagnahme des Betriebs als solchem führt[11]. Dieses Rechtsgeschäft führt zu einem **Betriebsübergang auf den Zwangsverwalter** gem. § 613a[12]. Entsprechendes gilt, wenn der Zwangsverwalter den Betrieb an einen Dritten verpachtet[13] oder einen bestehenden Pachtvertrag kündigt und anschließend selbst fortführt[14].

210 **b) Insolvenz.** Durch die Eröffnung des Insolvenzverfahrens nach der InsO ändert sich an der Betriebsinhaberschaft des Insolvenzschuldners nichts. Der Insolvenzverwalter kann zwar im Rahmen seiner Verwaltungspflicht nach §§ 80, 148, 159 InsO den Betrieb fortführen; er handelt dabei aber als gesetzl. Vertreter des Insolvenzschuldners, dessen ArbGeb-Funktion er ausübt, ohne selbst in die Stellung des ArbGeb und Betriebsinhabers einzurücken[15]. Veräußert der Insolvenzverwalter den Betrieb oder einzelne abgrenzbare (s. Rz. 33 ff.) Betriebsteile im Rahmen der Masseverwertung an einen Dritten, liegt dem unzweifelhaft ein Rechtsgeschäft iSv. § 613a zugrunde. Den **Besonderheiten des Insolvenzverfahrens** ist solchenfalls **nicht** auf der **Tatbestands-, sondern auf der Rechtsfolgenseite** Rechnung zu tragen (s. Rz. 363 ff.)[16].

211 **c) Sicherungsübertragung.** Die Sicherungsübertragung einzelner oder auch sämtlicher Gegenstände des Betriebsvermögens führt regelmäßig **nicht** zu einem **Betriebsübergang**, weil und solange die Befugnis zur Führung des Betriebs im eigenen Namen beim bisherigen Inhaber verbleibt, der Sicherungsnehmer also nicht in diese Position eintritt. Daran ändert sich auch dadurch nichts, dass sich der Betriebsinhaber im Innenverhältnis weit reichenden Mitspracherechten seiner Gläubiger (zB eines Bankenpools) unterwirft[17].

212 **d) Miet- und Pachtverträge.** Die Verpachtung eines Betriebs stellt unzweifelhaft einen „Standardfall" der Betriebsübernahme durch Rechtsgeschäft dar, wofür bereits die **Nutzungsüberlassung** an den Gegenständen des Betriebsvermögens auf Zeit ausreicht (s. Rz. 46). Bei Mietverträgen bedarf es dagegen im Einzelfall sorgfältiger Prüfung, ob sie sich lediglich auf isolierte Einzelgegenstände (zB die „nackten" Geschäftsräume) beziehen (dann *kein* Fall des § 613a) oder ob ggf. im Verbund mit anderen Rechtsgeschäften eine komplette betriebl. Organisationsstruktur übergeht; auch der tatsächlichen Über-

---

1 Staudinger/*Annuß*, § 613a Rz. 115; *Seiter*, Betriebsinhaberwechsel, 1980, S. 48. ||2 Ebenso *Seiter*, Betriebsinhaberwechsel, 1980, S. 48. ||3 S. dazu KR/*Treber*, § 613a BGB Rz. 80; Staudinger/*Annuß*, § 613a Rz. 115. ||4 BAG 15.12.2005 – 8 AZR 202/05, NZA 2006, 597 (Druckerei II), Rz. 47; 31.1.2008 – 8 AZR 2/07, ZIP 2008, 2376, Rz. 33. ||5 BAG 15.12.2005 – 8 AZR 202/05, NZA 2006, 597 (Druckerei II), Rz. 47; 31.1.2008 – 8 AZR 2/07, ZIP 2008, 2376, Rz. 33. ||6 Ebenso *Seiter*, Betriebsinhaberwechsel, 1980, S. 140; ErfK/*Preis*, § 613a BGB Rz. 64. ||7 BAG 14.10.1982 – 2 AZR 811/79, ZIP 1984, 623; Erman/*Edenfeld*, § 613a Rz. 36; Staudinger/*Annuß*, § 613a Rz. 130. ||8 Zutr. Staudinger/*Annuß*, § 613a Rz. 130. ||9 Ebenso ErfK/*Preis*, § 613a BGB Rz. 64; *Seiter*, Betriebsinhaberwechsel, 1980, S. 140; Staudinger/*Annuß*, § 613a Rz. 130. ||10 Ebenso *Seiter*, Betriebsinhaberwechsel, 1980, S. 140 und ErfK/*Preis*, § 613a BGB Rz. 64. ||11 Vgl. §§ 146, 148, 151 ZVG; BAG 9.1.1980 – 5 AZR 21/78, NJW 1980, 2148; *Richardi*, RdA 1976, 56 (60). ||12 BAG 9.1.1980 – 5 AZR 21/78, NJW 1980, 2148; 14.10.1982 – 2 AZR 811/79, ZIP 1984, 623; 18.8.2011 – 8 AZR 230/10. ||13 Staudinger/*Annuß*, § 613a Rz. 131. ||14 BAG 18.8.2011 – 8 AZR 230/10, NJW 2011, 3596; dazu *Drasdo*, NZA 2012, 239. ||15 Vgl. BAG 30.1.1991 – 5 AZR 32/90, NZA 1991, 599; ErfK/*Preis*, § 613a BGB Rz. 63; zum Ganzen (noch unter der Geltung der Konkursordnung) *Willemsen*, Arbeitnehmerschutz bei Betriebsänderung im Konkurs, 1980, S. 50 ff.; aA im Hinblick auf § 80 InsO offenbar Staudinger/*Annuß*, § 613a Rz. 100. ||16 Grundl. BAG 17.1.1980 – 3 AZR 160/79, NJW 1980, 1124; *Wiedemann/Willemsen*, RdA 1980, 419 ff.; *Willemsen*, ZIP 1983, 411 (417 f.). ||17 Vgl. BAG 20.3.2003 – 8 AZR 312/02, NZA 2003, 1338; 14.8.2007 – 8 AZR 803/06, NZA 2007, 1428 (Frischelager); BAG 20.11.1984 – 3 AZR 584/83, NZA 1985, 393 = AP Nr. 38 zu § 613a BGB (*Willemsen*); zust. Staudinger/*Annuß*, § 613a Rz. 125.

nahme bzw. Weiterbeschäftigung von Personal kommt in diesem Zusammenhang erhebliche Bedeutung zu (s. Rz. 139 ff.)[1].

Der (unmittelbare) **Pächterwechsel** stellt einen rechtsgeschäftlichen Betriebsübergang dar (s. Rz. 204). Auch der **Rückfall der Pachtsache** an den Verpächter kann sich als rechtsgeschäftlicher Betriebsübergang darstellen; allerdings nur, wenn der Verpächter den Betrieb auch tatsächlich fortführt (s. Rz. 66). 213

e) **Auftragsvergabe und -nachfolge (insb. in den Fällen des „Outsourcings").** Die **erstmalige Vergabe** bislang innerbetrieblich ausgeführter Tätigkeiten (zB Reinigung, Bewachung, Wartung etc.) stellt unzweifelhaft ein Rechtsgeschäft dar; ob sie aber zu einem Betriebs(teil)übergang nach § 613a führt, hängt ausschließlich davon ab, ob mit der Auftragsvergabe der Übergang einer wirtschaftl. Einheit verbunden ist, was gerade in den Fällen des Outsourcings eine sorgfältige Prüfung anhand des Sieben-Punkte-Katalogs (s. Rz. 100 ff.) erfordert. Eindeutig ist nach der Rspr. sowohl des EuGH als auch des BAG, dass die Tätigkeit als solche noch keine wirtschaftl. Einheit ist (s. Rz. 14). Die Auftragsvergabe ohne Übertragung der für die Identität der betriebl. Organisation maßgeblichen Ressourcen an den Auftragnehmer stellt somit lediglich einen Fall der – von § 613a nicht erfassten – **Funktionsnachfolge** dar (s.a. Rz. 172 ff.). Es ist also grds. weiterhin möglich, bestimmte Arbeiten, die bisher von eigenem Personal verrichtet wurden, auf ein Drittunternehmen zu übertragen („outzusourcen"), ohne dass dies die Rechtsfolgen des § 613a auslösen muss. Einen solchen Fall betraf zB das BAG-Urt. v. 22.1.1998[2], in dem eine Kaufhauskette ihre Abteilung „Technische Kundendienste" in sämtlichen Filialen aufgelöst und die dort bisher ausgeführten Reparatur- und Servicearbeiten einem Fremdunternehmen übertragen hatte, das weder Arbeitsmittel noch Personal übernahm. 214

Ob im Falle der **Auftragsneuvergabe** ein Betriebs(teil)übergang von dem ersten auf den zweiten Auftragnehmer stattfindet, ist ebenfalls keine Frage des „Rechtsgeschäfts", sondern hängt ausschließlich davon ab, ob der Auftragsnachfolger die die betriebl. Organisationsstruktur verkörpernden materiellen, immateriellen und – vor allem bei sog. betriebsmittelarmen Tätigkeiten – personellen Ressourcen seines „Vorgängers" übernimmt und für eigene betriebl. Zwecke weiter nutzt. Auch hier lässt sich somit die Anwendung des § 613a durch bewusste Beschränkung auf eine „reine" Funktionsnachfolge vermeiden. 215

In den Fällen des **Outsourcings** – wie auch in den meisten sonstigen praktischen Fallgestaltungen – liegt somit der Schwerpunkt der Prüfung nicht bei der Frage des Vorliegens eines „Rechtsgeschäfts", sondern darin, ob überhaupt ein Betriebsübergang festzustellen ist[3]. 216

V. Abschließende Bewertung. Durch die Entscheidung des EuGH in Sachen *Ayse Süzen* v. 11.3.1997 und die hierdurch direkt ausgelöste Neuorientierung der Rspr. des BAG (s. Rz. 12 und 68 f.) ist die Abgrenzung des Tatbestandes von § 613a zwar um einiges rationaler geworden, zumal damit eine kontinuierliche Rückbesinnung auf den eigentlichen „Normkern" verbunden ist. Der seither immer wieder herangezogene Sieben-Punkte-Katalog lässt jedoch eine hierarchische Strukturierung vermissen und überlässt den Gerichten wegen des nicht näher konkretisierten Erfordernisses einer „Gesamtbewertung" in der Praxis einen **erheblichen Beurteilungsspielraum**. Allerdings erlaubt es das mittlerweile recht umfangreiche Rspr.-Material, sich mittels klarer Positiv- und Negativfälle an die Lösung des konkreten Einzelfalls heranzutasten[4]. Inwieweit die dadurch verbesserte Rechtssicherheit durch das *Klarenberg*-Urt. des EuGH v. 12.2.2009 (s. Rz. 90, 128a ff.) relativiert oder gar aufgehoben wird, bleibt einstweilen abzuwarten. Durch die – in die Hand des **Experten** gehörende – Gestaltung auf der Tatbestandsebene lassen sich bei richtiger Anwendung und Bewertung der von der Rspr. entwickelten Kriterien die Rechtsfolgen des § 613a iÜ durchaus gezielt **vermeiden**, was **nichts** mit einer unzulässigen **Gesetzesumgehung** zu tun hat (s. dazu auch Rz. 10 a)[5]. 217

Wie bei allen zwingenden Normen, zu denen auch § 613a gehört, erstreckt sich der **Ausschluss** der **Parteidisposition auf die Rechtsfolgenseite** (dazu nachfolgend Rz. 247), **nicht jedoch auf die Auslösung der tatbestandlichen Voraussetzungen.** Wo die *ratio legis* nicht betroffen ist (wie zB bei Verzicht auf jedwede Weiterbeschäftigung des Personals im Falle betriebsmittelarmer Tätigkeiten), kann im Hinblick auf § 613a auch nichts umgangen werden; für eine analoge Anwendung der Bestimmung ist solchenfalls kein Raum[6] (s. dazu auch Rz. 92 u. 112). 218

Soweit es um Fälle sog. **Gestaltungsmissbrauchs** geht, richten diese sich typischerweise gegen die Rechtsfolgen der Norm, etwa, wenn allen ArbN unmittelbar vor einem Betriebsübergang (uU sogar mit deren Einverständnis) gekündigt wird, damit sie anschließend vom Erwerber neu eingestellt werden (s. Rz. 310)[7]. 219

---

1 Vgl. dazu insb. BAG 22.5.1997 – 8 AZR 101/96, NZA 1997, 1050 (Modegeschäft). || 2 BAG 22.1.1998 – 8 AZR 243/95, NZA 1998, 536 (Technische Kundendienste). || 3 Ebenso Staudinger/*Annuß*, § 613a Rz. 119; ausf. zur Anwendung des § 613a in den Fällen der Fremdvergabe *Waas*, ZfA 2001, 377 ff. || 4 S. dazu die umfangreiche Darstellung bei WHSS/*Willemsen*, Rz. G 87 ff. || 5 Hierauf hat *Müller-Glöge*, selbst vormals Richter in dem für Fragen des § 613a zuständigen 8. Senats, zutr. hingewiesen (NZA 1999, 449, 454). Kritischer demggü. ErfK/*Preis*, § 613a BGB Rz. 39 sowie *Preis/Steffan*, DB 1998, 309 ff. || 6 Ebenso BAG 27.9.2007 – 8 AZR 941/06, NZA 2008, 1130 (Müllsortieranlage), Rz. 41 f. || 7 Vgl. dazu BAG 20.7.1982 – 3 AZR 261/80, ZIP 1983, 107; 11.7.1995 – 3 AZR 154/95, NZA 1996, 207.

220 Wenn die Rechtsfolgen des § 613a vermieden werden sollen, muss somit auf der Tatbestandsseite angesetzt werden; auf die damit verbundenen **Gestaltungsfragen** ist hier nicht im Einzelnen einzugehen[1]. Der Schwerpunkt liegt auch hier – ebenso wie bei der richterlichen Beurteilung bereits abgeschlossener Sachverhalte – bei dem Übergang des Betriebs/Betriebsteils als solchem, während das Merkmal „durch Rechtsgeschäft" infolge seiner sehr weiten Auslegung durch die Rspr. nur selten als Korrektiv in Betracht kommt.

221 **D. Rechtsfolgen des Betriebsübergangs. I. Übergang der Arbeitsverhältnisse. 1. Arbeitgeberwechsel.** Liegen die Voraussetzungen des Abs. 1 S. 1 vor, so tritt der neue Betriebsinhaber kraft Gesetzes „in die Rechte und Pflichten aus den im Zeitpunkt des Übergangs bestehenden Arbeitsverhältnissen ein". Der bisherige Betriebsinhaber scheidet aus dem ArbVerh aus, bleibt aber im Umfang des Abs. 2 Haftungsschuldner. Es findet ein Vertragspartnerwechsel auf ArbGebSeite statt[2]. Der Einwilligung (Zustimmung oder Genehmigung) des ArbN bedarf es insoweit nicht[3]. Ebenso wenig muss der ArbN den Übergang seines ArbVerh aktiv geltend machen. Allerdings kann der ArbN das Recht, sich auf den Übergang seines (ungekündigten) ArbVerh zu berufen, verwirken[4]. Wenn dem ArbN vor dem Betriebsübergang gekündigt wurde, muss der Übergang des ArbVerh unverzüglich geltend gemacht werden (vgl. Rz. 308). Zum Widerspruchsrecht Rz. 341 ff.

222 **Erfasst** werden sämtliche dem übertragenen Betrieb oder Betriebsteil zuzuordnenden (Rz. 227) ArbVerh aktiver (zu Ruhestandsverhältnissen Rz. 226) ArbN, unabhängig davon, ob es sich um **Arbeiter, Angestellte** oder **leitende Angestellte** iSd. § 5 III BetrVG[5] handelt. Auch **TeilzeitArbVerh** und **befristete Arbeitsverhältnisse** werden erfasst. Darauf, ob der Arbeitsvertrag wirksam ist, kommt es nicht an. Entscheidend ist das Bestehen eines ArbVerh. Auch **fehlerhafte Arbeitsverhältnisse** gehen deshalb auf den neuen Inhaber über[6]. Ebenso unerheblich ist, ob der ArbN im Zeitpunkt des Betriebsübergangs **Kündigungsschutz** genießt[7].

223 Eine **vorübergehende Suspendierung** der wechselseitigen Hauptpflichten aus dem ArbVerh (**Mutterschutz, Elternzeit, Wehrdienst** etc.) steht dessen Übergang nicht entgegen. Wird das ArbVerh für Zwecke einer befristeten **Auslandsentsendung** des ArbN ruhend gestellt, tritt der Erwerber des Betriebs, in dem der ArbN für gewöhnlich beschäftigt wird, in das ruhende ArbVerh ein[8]. **ATZ-Verhältnisse** sind ArbVerh und werden erfasst[9]. Dies gilt auch für im Blockmodell durchgeführte ATZ-Verhältnisse, wenn der Betriebsübergang in die Freistellungsphase fällt. Denn das ATZ-Verhältnis besteht während der Freistellungsphase fort; der ArbN ist lediglich in Vorleistung getreten und deshalb nicht mehr zur Arbeitsleistung verpflichtet[10]. Auch eine Langzeiterkrankung oder die Erwerbsunfähigkeit des ArbN stehen dem Übergang des ArbVerh nicht entgegen[11].

224 Eine **Kündigung** des ArbVerh steht dem Übergang nicht entgegen, sofern die Kündigungsfrist im Zeitpunkt des Betriebsübergangs noch nicht abgelaufen ist[12]. Wird der ArbN noch nach Ablauf der Kündigungsfrist **weiterbeschäftigt**, so ist zu differenzieren. In den Fällen des § 102 V BetrVG nimmt die hM an, das ArbVerh bestehe auflösend bedingt durch die rechtskräftige Abweisung der Kündigungsschutzklage fort[13]. Folgt man dem, so wird man annehmen müssen, dass der Betriebserwerber in das fortbestehende ArbVerh eintritt[14]. In den Fällen der **freiwilligen Weiterbeschäftigung** wird entweder das gekündigte ArbVerh fortgesetzt oder ein neues ArbVerh begründet, und zwar jeweils auflösend bedingt durch die rechtskräftige Abweisung der Kündigungsschutzklage[15]. Im einen wie im anderen Fall liegt der Weiterbeschäftigung ein ArbVerh zugrunde, in das der neue Inhaber auch bei Unterliegen des ArbN im Kündigungsschutzprozess eintritt[16]. An einer arbeitsvertragl. Grundlage fehlt es demggü., wenn der ArbN auf Grund des **richterrechtl. entwickelten Weiterbeschäftigungsanspruchs** fortbeschäftigt wird. Damit fehlt auch jede Grundlage für einen Eintritt des neuen Inhabers in das gekündigte ArbVerh. Allerdings richtet sich der Weiterbeschäftigungsanspruch ab dem Inhaberwechsel gegen den neuen Inhaber, weshalb dieser den ArbN während des Kündigungsschutzprozesses beschäftigen muss.

225 Die ArbVerh von **LeihArbN** iSd. § 1 I AÜG gehen gem. Abs. 1 S. 1 über, wenn der Verleiher seinen Betrieb auf einen neuen Inhaber überträgt[17], nicht jedoch im Falle einer Betriebsübertragung durch den Entleiher. Zu diesem stehen die überlassenen ArbN nicht in einem ArbVerh. Die entgegenstehende

---

1 Vgl. stattdessen *Commandeur/Kleinbrink*, NZA-RR 2004, 449; *Hohenstatt/Grau*, NJW 2007, 29; *Lunk*, FS 25 Jahre Arbeitsgemeinschaft Arbeitsrecht im DAV, 2006, 645; WHSS/Willemsen, Rz. G 107 ff. Nach „Klarenberg" (s. dazu insb. Rz. 128 a ff.) bedürfen diese Gestaltungsüberlegungen zudem sorgfältiger Überprüfung. ‖2 BAG 22.2.1978 – 5 AZR 800/76, AP Nr. 11 zu § 613a BGB (Schutzrechte). ‖3 BAG 30.10.1986 – 2 AZR 101/85, NZA 1987, 524. ‖4 BAG 18.12.2003 – 8 AZR 621/02, NZA 2004, 791 (793); 8.8.2002 – 8 AZR 583/01, NZA 2003, 315 (316) (Verwaltung einer Bohrgesellschaft). ‖5 BAG 22.2.1978 – 5 AZR 800/76, AP Nr. 11 zu § 613a BGB (Schutzrechte). ‖6 Staudinger/*Annuß*, § 613a Rz. 140. ‖7 Staudinger/*Annuß*, § 613a Rz. 139. ‖8 BAG 14.7.2005 – 8 AZR 392/04, NZA 2005, 1411. ‖9 BAG 19.10.2004 – 9 AZR 647/03, NZA 2005, 408 ff. ‖10 BAG 31.1.2008 – 8 AZR 27/07, NZA 2008, 705; 30.10.2008 – 8 AZR 54/07, NZA 2009, 432. ‖11 BAG 21.2.2006 – 3 AZR 216/05, NZA 2007, 931, Rz. 28 ff. ‖12 BAG 22.10.2009 – 8 AZR 766/08, NZA-RR 2010, 660; 22.2.1978 – 5 AZR 800/76, AP Nr. 11 zu § 613a BGB (Schutzrechte). ‖13 BAG 12.9.1985 – 2 AZR 324/84, NZA 1986, 424 (Weiterbeschäftigung); KR/*Etzel*, § 102 BetrVG Rz. 215 mwN auch zur Gegenansicht. ‖14 Staudinger/*Annuß*, § 613a Rz. 138. ‖15 Vgl. BAG 22.10.2003 – 7 AZR 113/03, NZA 2004, 1275. ‖16 Vgl. auch Staudinger/*Annuß*, § 613a Rz. 138. ‖17 Vgl. Art. 2 Nr. 2c BetriebsübergangsRL 2001/23/EG.

Entscheidung des EuGH in der Sache **Albron Catering** betrifft die Sonderkonstellation einer dauerhaften Aufspaltung der ArbGebStellung[1]. Aus ihr kann nach richtigem Verständnis nicht gefolgert werden, dass auch die ArbVerh der von einem werbend am Markt tätigen Verleihunternehmen überlassenen ArbN von einem Übergang des Entleiherbetriebs erfasst werden[2]. Anders verhält es sich, wenn zwischen dem LeihArbN und dem Entleiher kraft gesetzl. Fiktion gem. § 10 I AÜG ein ArbVerh zustande gekommen ist[3]. Auf **Berufsausbildungsverhältnisse** findet § 613a gem. § 10 II BBiG entsprechende Anwendung[4]. Sind die Auszubildenden in einer zentralen Ausbildungseinheit zusammengefasst, so gehen ihre Berufsausbildungsverhältnisse gem. Abs. 1 S. 1 auf den neuen Inhaber über, wenn diese Einheit übertragen wird, nicht jedoch im Falle einer Übertragung des Betriebs(teils), in dem sie vorübergehend zum Zwecke ihrer Ausbildung eingesetzt werden[5].

Nicht erfasst werden **Ruhestandsverhältnisse**, und zwar auch dann nicht, wenn der ArbN nach Eintritt des Versorgungsfalls im Rahmen eines neuen ArbVerh weiterbeschäftigt wird, ohne die Versorgungsleistungen in Anspruch zu nehmen[6]. **Provisionsansprüche** aus ArbVerh, die im Zeitpunkt des Betriebsübergangs bereits **beendet** sind, muss der neue Betriebsinhaber auch dann nicht erfüllen, wenn diese erst nach dem Betriebsübergang fällig werden[7]. Ebenfalls nicht erfasst werden **freie Dienstverhältnisse**. Insb. Dienstverträge mit freien Mitarbeitern, Beratern und Organmitgliedern[8] gehen nicht nach Abs. 1 S. 1 auf den neuen Betriebsinhaber über. Jedoch muss jeweils geprüft werden, ob nicht ein ruhendes ArbVerh besteht, das übergehen kann. **Arbeitnehmerähnliche Personen** (§ 12a I TVG) sind den ArbN zwar in vielfacher Hinsicht gleichgestellt, nicht jedoch im Hinblick auf § 613a[9]. Auf **HeimArbVerh** findet § 613a keine, auch keine entsprechende Anwendung[10]. Auch **Beamtenverhältnisse** fallen nicht in den Anwendungsbereich der Vorschrift[11].

226

2. Zuordnung der Arbeitsverhältnisse. Die Zuordnung der ArbVerh bereitet keine Schwierigkeiten, wenn sämtliche Betriebe des Unternehmens übertragen werden. In diesem Fall gehen alle im Zeitpunkt des Übergangs mit dem bisherigen Inhaber bestehenden ArbVerh auf den neuen Inhaber über. Wird demggü. lediglich einer von mehreren Betrieben oder ein Betriebsteil übertragen, so ist zu entscheiden, welche ArbVerh auf den neuen Inhaber übergehen und welche zurückbleiben. Nach zutreffendem Verständnis muss der ArbN dem übertragenen Betrieb(steil) angehören, damit sein ArbVerh erfasst wird. Dies ist nur dann der Fall, wenn der ArbN *in* dem übertragenen Betrieb(steil) beschäftigt ist. Nicht ausreichend ist es demggü., dass er als Beschäftigter einer nicht übertragenen Einheit Tätigkeiten für den übertragenen Betrieb(steil) verrichtet. Er muss in die übertragende Einheit **eingegliedert** sein[12]. Für die Frage, welchem Betrieb oder Betriebsteil ein ArbN zugeordnet ist, kommt es vorrangig auf den Willen der Arbeitsvertragsparteien an[13].

227

Die ArbVerh von ArbN aus nicht mitübertragenen **Querschnittsbereichen** (zentrale Buchhaltung, Werkskantine etc.) gehen deshalb nicht auf den neuen Inhaber über[14]. Dies gilt ohne Weiteres, wenn der ArbN innerhalb des zurückbleibenden Querschnittsbereichs lediglich auch für den übertragenen Betrieb(steil) tätig war, denn in diesem Fall fehlt es bereits an einem hinreichend klaren Bezug des ArbVerh zu der übertragenen Einheit[15]. Darauf, ob der zurückbleibende Bereich infolge des Betriebs(teil)übergangs möglicherweise nicht mehr sinnvoll fortgeführt werden kann und den in diesem beschäftigten ArbN deshalb eine betriebsbedingte Kündigung droht, kommt es nicht an[16]. Nach zutreffendem Verständnis bleibt das ArbVerh selbst dann beim bisherigen Betriebsinhaber zurück, wenn der ArbN innerhalb des nicht übertragenen Querschnittsbereichs ausschließlich für die übertragene Einheit tätig war[17]. Auch in diesen Fällen fehlt es hinsichtlich des zu betrachtenden ArbVerh an der Übernahme einer eingerichteten Arbeitsorganisation. Es liegt nicht anders als in den Fällen eines Auftrags-

228

---

1 EuGH 21.10.2010 – Rs. C-242/09, NZA 2010, 1225 – Albron Catering BV. ||2 *Bauer/v. Medem*, NZA 2011, 20; *Willemsen*, NJW 2011, 1546; zweifelnd *Forst*, RdA 2011, 228ff.; vgl. auch EuGH 13.8.2007 – Rs. C-458/05, NZA 2007, 1151 – Jouini. ||3 ErfK/*Preis*, § 613a BGB Rz. 67. ||4 BAG 13.7.2006 – 8 AZR 382/05, NZA 2006, 1406. ||5 *Mehlich*, NZA 2002, 823ff. ||6 BAG 18.3.2003 – 3 AZR 313/02, NZA 2004, 848ff. ||7 BAG 11.11.1986 – 3 AZR 179/85, NZA 1987, 597 (Provisionsanspruch für vom Erwerber ausgeführtes Geschäft). ||8 BAG 13.2.2003 – 8 AZR 59/02, NZA 2003, 854; für GmbH-Geschäftsführer BAG 13.2.2003 – 8 AZR 654/01, NZA 2003, 552. ||9 ErfK/*Preis*, § 613a BGB Rz. 67. ||10 BAG 3.7.1980 – 3 AZR 1077/78, BB 1981, 1466; 24.3.1998 – 9 AZR 218/97, NZA 1998, 1001; Staudinger/*Annuß*, § 613a Rz. 31. ||11 ErfK/*Preis*, § 613a BGB Rz. 67. ||12 St. Rspr., zuletzt BAG 18.10.2012 – 6 AZR 41/11, NZI 2013, 151. ||13 Vgl. BAG 21.6.2012 – 8 AZR 181/11, NZA-RR 2013, 6, Rz. 78 (IT-Service). ||14 EuGH 7.2.1985 – Rs. C-186/83, Slg. 1985, 519 – Botzen; BAG 11.9.1997 – 8 AZR 555/95, NZA 1998, 31 = EzA § 613a BGB Nr. 153 (*Willemsen/Annuß*); 13.11.1997 – 8 AZR 375/96, NZA 1998, 249 (Stabsfunktion bei Betriebsteilübergang); 21.1.1999 – 8 AZR 298/98, ZInsO 1999, 361; 8.8.2002 – 8 AZR 583/01, NZA 2003, 315 (Verwaltung einer Bohrgesellschaft); 13.2.2003 – 8 AZR 102/02, BB 2003, 1286; 17.6.2003 – 2 AZR 134/02, AP Nr. 260 zu § 613a BGB (Verbrauchermärkte – Stabsfunktion); 25.9.2003 – 8 AZR 446/02, AP Nr. 256 zu § 613a BGB; 24.8.2006 – 8 AZR 556/05, DB 2006, 2818; unklar ist, wie sich hierzu die Entscheidung BAG 22.7.2004 – 8 AZR 350/03, NZA 2004, 1383 (Gefahrstofflager) verhält. ||15 Vgl. BAG 13.11.1997 – 8 AZR 375/96, NZA 1998, 249 (Stabsfunktion bei Betriebsteilübergang); *Müller/Thüsing*, ZIP 1997, 1869 (1875). ||16 BAG 7.4.2011 – 8 AZR 730/09, NZA 2011, 1231; 13.11.1997 – 8 AZR 375/96, NZA 1998, 249 (Stabsfunktion bei Betriebsteilübergang); *Annuß*, BB 1998, 1582 (1586); *Müller-Glöge*, NZA 1999, 449 (453). ||17 EuGH 7.2.1985 – Rs. C-186/83, Slg. 1985, 519 – Botzen; BAG 13.12.2012 – 6 AZR 608/11; 8.8.2002 – 8 AZR 583/01, NZA 2003, 315 (Verwaltung einer Bohrgesellschaft); Staudinger/*Annuß*, § 613a Rz. 143f.; WHSS/*Willemsen*, Rz. G 135; *Müller/Thüsing*, ZIP 1997, 1869 (1875); aA ErfK/*Preis*, § 613a BGB Rz. 72; KR/*Treber*, § 613a BGB Rz. 103.

verlusts (Rz. 214f.). Widerspricht der ArbN im Falle eines Betriebsteilübergangs dem Übergang seines ArbVerh, bedarf es einer ausdrücklichen oder konkludenten Zuordnungsentscheidung des ArbGeb, wenn das ArbVerh von einem weiteren Betriebsteilübergang erfasst werden soll[1]. Auf eine solche Zuordnung hat der ArbN keinen Anspruch[2].

229 Schwierigkeiten bereitet die Zuordnung der ArbVerh von ArbN, die **teils in übertragenen** Einheiten, **teils in nicht übertragenen Einheiten tätig** werden (zB Springer). Hier soll der Schwerpunkt der Tätigkeit darüber entscheiden, ob das ArbVerh übergeht[3], wobei jedoch sowohl der Zeitraum der Betrachtung als auch das erforderliche Maß an Eindeutigkeit in der Schwerpunktbetrachtung unklar bleiben. Darüber hinaus ist unklar, was gilt, wenn ein eindeutiger Schwerpunkt des ArbVerh nicht feststellbar ist. Die vorgeschlagenen Lösungen reichen von einem Zurückbleiben des ArbVerh beim bisherigen Betriebsinhaber[4] über ein Wahlrecht des ArbGeb[5] bis hin zu einem Wahlrecht des ArbN[6]. Für die Praxis empfiehlt es sich, mit betriebs(teil)übergreifend tätigen ArbN eine Vereinbarung über den Übergang bzw. das Zurückbleiben ihres ArbVerh zu schließen. Derartige Vereinbarungen sind zulässig[7].

230 Für Betriebs(teil)übertragungen durch Umwandlung enthält **§ 323 II UmwG** eine **Sonderregelung** zur Zuordnung von ArbVerh (vgl. hierzu die Komm. zu § 323 UmwG).

231 **3. Eintritt in die Rechte und Pflichten aus dem Arbeitsverhältnis. a) Ansprüche des Arbeitnehmers.** Infolge des in Abs. 1 S. 1 angeordneten Parteiwechsels auf ArbGebSeite (Rz. 221) wird der neue Betriebsinhaber Schuldner sämtlicher **arbeitsvertragl. Ansprüche** der übergehenden ArbN. Er hat deshalb insb. die zwischen diesen und dem bisherigen Betriebsinhaber vereinbarten Löhne, Gehälter und Nebenleistungen (Gratifikationen etc.) zu zahlen. Der Schuldnerwechsel betrifft auch **rückständige Lohn- und Gehaltsansprüche**[8], was insb. in Fällen untertarifl. oder gegen Diskriminierungsverbote verstoßender Bezahlung eine bedeutsame Rolle spielen kann. Zur betrAV vgl. Rz. 238ff.

232 Zu den übergehenden Ansprüchen gehören auch solche aus **betrieblicher Übung**[9]. Ist im Zeitpunkt des Betriebsübergangs noch keine Bindungswirkung eingetreten, so kann der neue Betriebsinhaber die Übung abbrechen und hierdurch das Entstehen individualvertragl. Ansprüche verhindern. Setzt der neue Betriebsinhaber die im Entstehen begriffene Übung demggü. fort, so muss er die vom bisherigen Inhaber gesetzten Vertrauenstatbestände gegen sich gelten lassen[10]. Werden ArbN übernommen, die Ansprüche aus einer in ihrem früheren Betrieb bestehenden betrieblichen Übung haben, erstreckt sich diese nicht ohne weiteres auf die Stammbelegschaft des Übernehmers[11].

233 Der neue Betriebsinhaber tritt nur in **Ansprüche aus dem ArbVerh** ein. In Vertragsverhältnisse, die der bisherige Betriebsinhaber und der ArbN **außerhalb des ArbVerh** eingegangen sind (ArbGeb-Darlehen, Wohnungsmietverträge etc.) sowie in **Vertragsverhältnisse des ArbN mit Dritten** (Aktienoptionen oder Versorgungszusagen der Konzernobergesellschaft etc.) tritt der neue Betriebsinhaber nicht ein[12]. Der neue Betriebsinhaber wird deshalb zB nicht Gläubiger eines zwischen dem bisherigen Betriebsinhaber und dem ArbN neben dem ArbVerh geschlossenen Darlehensvertrages[13] oder Schuldner eines zwischen dem ArbN und der Konzernobergesellschaft des bisherigen Betriebsinhabers geschlossenen Aktienoptionsvertrages[14]. Auch aus einem sog. *Carried Interest*-Plan kann der ArbN keine Ansprüche gegen den Betriebserwerber herleiten, wenn Schuldner der Planleistungen nicht der bisherige Betriebsinhaber, sondern ein drittes Unternehmen war[15]. Anspruchsgegner des ArbN bleibt in diesen Fällen der bisherige Betriebsinhaber bzw. die Obergesellschaft des Veräußererkonzerns[16]. Es muss allerdings stets geprüft werden, ob dem ArbVerh ein **Zuwendungselement**[17] (zB auf Verschaffung eines zinsvergünstigten Darlehens oder von Aktienoptionen) innewohnt, aus dem der neue Betriebsinhaber verpflichtet

---

1 BAG 13.2.2003 – 8 AZR 102/02, BB 2003, 1286; 25.9.2003 – 8 AZR 446/02, ArbRB 2003, 321. ‖2 BAG 21.2.2013 – 8 AZR 878/11, Tz. 48. ‖3 BAG 20.7.1982 – 3 AZR 261/80, ZIP 1983, 107; 25.6.1985 – 3 AZR 254/83, NZA 1986, 93; *Annuß*, BB 1998, 1582; *Kreitner*, NZA 1990, 429 (431); WHSS/*Willemsen*, Rz. G 135. ‖4 *Kreitner*, NZA 1990, 429 (432); WHSS/*Willemsen*, Rz. G 136. ‖5 *Annuß*, NZA 1998, 70 (77); *Bauer*, Unternehmensveräußerung und Arbeitsrecht, 1983, S. 47. ‖6 ErfK/*Preis*, § 613a BGB Rz. 72; *Müller/Thüsing*, ZIP 1997, 1869 (1873f.). ‖7 BAG 20.7.1982 – 3 AZR 261/80, ZIP 1983, 107; 25.6.1985 – 3 AZR 254/83, NZA 1986, 93; *Kreitner*, NZA 1990, 429 (432). ‖8 BAG 18.8.1976 – 5 AZR 95/75, NJW 1977, 1168. ‖9 BAG 3.11.2004 – 5 AZR 73/04; LAG Düss. 3.12.2010 – 9 Sa 334/10; ErfK/*Preis*, § 613a BGB Rz. 74. ‖10 APS/*Steffan*, § 613a BGB Rz. 94; ErfK/*Preis*, § 613a BGB Rz. 74; *B. Gaul*, Betriebs- und Unternehmensspaltung, § 13 Rz. 3; MüKoBGB/*Müller-Glöge*, § 613a Rz. 95. ‖11 BAG 14.11.2001 – 10 AZR 152/01, NZA 2002, 527. ‖12 Überblick bei *Fuhlrott/Fabritius*, BB 2013 (1592ff.); *Naumann/Gaul*, NZA 2011, 121 (122f.); *Willemsen*, FS Wiedemann, 2002, S. 646ff.; vgl. auch *Moll*, FS 50 Jahre BAG, 2004, S. 59ff. ‖13 BAG 21.1.1999 – 8 AZR 373/97; weitergehend LAG Köln 18.5.2000 – 10 Sa 50/00, NZA 2001, 174 (Übergang, wenn Darlehen mit dem Bestand des ArbVerh verknüpft). ‖14 BAG 12.2.2003 – 10 AZR 299/02, NZA 2003, 487; *Nehls/Sudmeyer*, ZIP 2002, 201 (204); im Erg. auch *Bauer/Göpfert/v. Steinau-Steinrück*, ZIP 2001, 1129 (1130); *Willemsen/Müller-Bonanni*, ZIP 2003, 1177 (1180); *Annuß/Lembke*, BB 2003, 2230 (2231); ErfK/*Preis*, § 613a BGB Rz. 73; aA *Tappert*, NZA 2002, 1188 (1192); *Lipinski/Melms*, BB 2003, 150 (154); diff. *Schnitker/Grau*, BB 2002, 2497 (2498f.); anders, wenn der VertragsArbGeb eine eigene Verpflichtung ggü. dem ArbN eingegangen ist, vgl. BAG 28.5.2008 – 10 AZR 351/07, NZA 2008, 1066; 16.1.2008 – 7 AZR 887/06, NZA 2008, 836. ‖15 BAG 3.5.2006 – 10 AZR 310/05, NZA-RR 2006, 582. ‖16 *Moll*, FS 50 Jahre BAG, 2004, S. 59 (61); *Nehls/Sudmeyer*, ZIP 2002, 201 (204); *Willemsen*, FS Wiedemann, 2002, S. 646. ‖17 Grundl. *Willemsen*, FS Wiedemann, 2002, S. 646.

wird. Dies ist sowohl bedeutsam für die Frage, ob der neue Betriebsinhaber dem ArbN in der Zukunft entsprechende Leistungen gewähren muss, wie auch für das Bestehen von Ausgleichsansprüchen im Verhältnis zum neuen Betriebsinhaber, wenn der ArbN Vergünstigungen aus der nicht arbeitsvertragl. Rechtsbeziehung mit dem bisherigen Betriebsinhaber infolge des Betriebsübergangs verliert (zB wegen einer Verfallklausel im Aktienoptionsplan). Wenn es sich um unternehmensspezifische Leistungen handelt, sind insoweit zusätzlich die in Rz. 234 dargestellten Grundsätze zu beachten. Einfacher ist die Lösung der Fälle, in denen der bisherige Betriebsinhaber und der ArbN **nicht zum unmittelbaren Austauschverhältnis gehörende** Rechtsbeziehungen eingehen, dies jedoch **im Arbeitsverhältnis** selbst. Hier geht die Rechtsbeziehung als Bestandteil des ArbVerh nach Abs. 1 S. 1 auf den neuen Betriebsinhaber über. Dies betrifft bspw. die Gewährung eines ArbGeb-Darlehens als Gehaltsvorschuss[1] oder die Überlassung einer Werkdienstwohnung gem. § 576b[2], nicht jedoch die Überlassung einer Werkmietwohnung gem. §§ 576, 576a, die nach den vorangehend dargestellten Grundsätzen zu behandeln ist[3].

Ansprüche des ArbN auf **unternehmensspezifische Leistungen** des bisherigen Betriebsinhabers (zB Freiflüge, verbilligter Bezug von Kfz) stehen idR unter dem zumindest konkludenten Vorbehalt, dass der ArbGeb die betreffenden Produkte selbst herstellt oder vergünstigt im Konzern beziehen kann[4]. Sie entfallen deshalb beim neuen Betriebsinhaber, wenn dieser nicht die entsprechenden Produktionsanlagen erwirbt[5]. Hierin liegt kein Verstoß gegen das Kontinuitätsgebot des § 613a. Der Anspruch entfällt nicht wegen des Inhaberwechsels, sondern weil die tatsächlichen Voraussetzungen für die Leistungserbringung fortfallen[6]. Aus diesem Grund sind auch sog. **Verfallklauseln** zulässig, die für den Fall eines Betriebsübergangs einen ersatzlosen Verlust aller Aktienoptionen vorsehen[7]. Eine andere Frage ist, ob dem ArbN gegen den neuen Betriebsinhaber finanzielle Ausgleichansprüche zustehen. Das BAG verneint dies für bloße Nebenleistungen, verlangt aber einen Ausgleich, wenn es sich bei der fraglichen Leistung um Naturallohn und damit Arbeitsentgelt ieS handelt (zB Dienstfahrzeug zur Privatnutzung, Deputate)[8]. Die hier erörterte Problematik darf nicht verwechselt werden mit der Frage nach den Auswirkungen eines Betriebsübergangs auf Leistungen, die zwar nicht tatbestandlich an das Fortbestehen bestimmter tatsächlicher Verhältnisse geknüpft sind, deren **Bemessungsgrundlage** aber auf die Verhältnisse beim bisherigen Betriebsinhaber abstellt. Dies betrifft insb. vom Unternehmensergebnis abhängige Tantiemen und Boni. Hier ist die Bemessungsgrundlage im Wege der ggf. ergänzenden Vertragsauslegung, hilfsweise über die Grundsätze zur Störung der Geschäftsgrundlage nach § 313 an die Verhältnisse beim neuen Inhaber anzupassen[9]. 234

Der Schuldnerwechsel betrifft nur Ansprüche des ArbN gegen den bisherigen Betriebsinhaber, nicht jedoch **Ansprüche Dritter** gegen den bisherigen Betriebsinhaber oder den ArbN. Der neue ArbGeb ist deshalb nicht zur Erfüllung rückständiger SozV-Beiträge verpflichtet. Bei diesen handelt es sich nicht um Ansprüche des ArbN, sondern um Ansprüche der SozV-Träger[10]. Ein durch den ArbN geschädigter Dritter kann ebenfalls aus Abs. 1 S. 1 keine Ansprüche gegen den neuen Betriebsinhaber herleiten. Er kann jedoch auf den Ausgleichsanspruch des ArbN, der diesem nach den Grundsätzen über den innerbetrieblichen Schadensausgleich[11] zusteht, zugreifen. Dieser Anspruch richtet sich ab dem Zeitpunkt des Betriebsübergangs gegen den neuen Inhaber. 235

b) Sonstige Rechte des Arbeitnehmers. Der Eintritt in die Rechte und Pflichten aus dem ArbVerh umfasst auch die beim bisherigen Betriebsinhaber erworbene **Betriebszugehörigkeit** des ArbN. Der neue Betriebsinhaber muss diese deshalb bspw. im Rahmen der Wartefristen des § 1 I KSchG[12], des § 4 BUrlG sowie bei der Berechnung von Kündigungsfristen berücksichtigen. Dies soll auch dann gelten, wenn das ArbVerh im Zeitpunkt des Betriebsübergangs kurzfristig unterbrochen war[13]. Bei der Bestimmung, ob die Voraussetzungen dienstzeitabhängiger Ansprüche (zB auf eine Jubiläumszahlung) erfüllt sind, muss der neue Inhaber die beim bisherigen Betriebsinhaber verbrachten Vordienstzeiten ein- 236

---

1 BAG 21.1.1999 – 8 AZR 373/97. ‖ 2 Staudinger/*Annuß*, § 613a Rz. 188; MüKoBGB/*Müller-Glöge*, § 613a Rz. 99; aA *Bauer/v. Steinau-Steinrück* in Hölters, Unternehmenskauf, V Rz. 184. ‖ 3 Staudinger/*Annuß*, § 613a Rz. 188; MüKoBGB/*Müller-Glöge*, § 613a Rz. 99; vgl. auch *B. Gaul*, Betriebs- und Unternehmensspaltung, § 13 Rz. 73 f. ‖ 4 BAG 13.12.2006 – 10 AZR 792/05, NZA 2007, 325 (Flugvergünstigungen); 7.9.2004 – 9 AZR 631/03, NZA 2005, 941 (Jahreswagen); vgl. auch BAG 11.12.1996 – 5 AZR 336/95, NZA 1997, 442 (Erdölprodukte). ‖ 5 BAG 7.9.2004 – 9 AZR 631/03, NZA 2005, 941; *Moll*, FS 50 Jahre BAG, 2004, S. 59 (68); *Willemsen*, FS Wiedemann, 2002, S. 645 (653); aA LAG Hess. 19.4.2001 – 5 Sa 1160/00 (Flugvergünstigungen). ‖ 6 BAG 7.9.2004 – 9 AZR 631/03, NZA 2005, 941; Staudinger/*Annuß*, § 613a Rz. 159; *Willemsen*, FS Wiedemann, 2002, S. 645 (653); *Moll*, FS 50 Jahre BAG, 2004, S. 59 (68); *Willemsen/Müller-Bonanni*, ZIP 2003, 1177 (1182 f.). ‖ 7 *Bauer/Göpfert/v. Steinau-Steinrück*, ZIP 2001, 1132; *Mechlem/Melms*, DB 2000, 1614 (1616); *Willemsen/Müller-Bonanni*, ZIP 2003, 1177 (1182 f.); zur Zulässigkeit von Verfallklauseln in Aktienoptionsplänen im Allgemeinen BAG 28.5.2008 – 10 AZR 351/07, NZA 2008, 1066. ‖ 8 BAG 7.9.2004 – 9 AZR 631/03, NZA 2005, 941; *Moll*, FS 50 Jahre BAG, 2004, S. 59, 72 f.; ebenso *Fuhlrott/Fabritius*, BB 2013, 1592 (1594); Staudinger/*Annuß*, § 613a Rz. 160 halten das Bestehen von Schadensersatzansprüchen gem. § 280 I BGB für möglich. ‖ 9 WHSS/*Willemsen*, Rz. G 177; Staudinger/*Annuß*, § 613a Rz. 160; ebenso *Fuhlrott/Fabritius*, BB 2013, 1592 (1594). ‖ 10 BayObLG 31.10.1974 – 1 U 2225/74, BB 1974, 1582; ebenso ErfK/*Preis*, § 613a BGB Rz. 81. ‖ 11 Hierzu MünchArbR/*Blomeyer*, § 59 Rz. 23 ff.; *Schaub*, § 52 Rz. 42 ff. ‖ 12 Vgl. BAG 5.2.2004 – 8 AZR 639/02, NZA 2004, 845 (Trainerin). ‖ 13 BAG 18.9.2003 – NZA 2004, 319, AP Nr. 62 zu § 622 BGB (Unterbrechung für eine „logische Sekunde"); 27.6.2002 – 2 AZR 270/01, NZA 2003, 145 – Wartezeit (Unterbrechung über das Wochenende).

beziehen, sofern es sich um Ansprüche handelt, die dem ArbN bereits gegen jenen zustanden. Demggü. ist der neue Betriebsinhaber nicht verpflichtet, die beim bisherigen Inhaber zurückgelegten Betriebszugehörigkeitszeiten anzurechnen, soweit es sich um Leistungen handelt, die erst er dem ArbN gewährt[1]. Für den wichtigen Bereich der **betrAV** bedeutet dies, dass der neue Betriebsinhaber ohne Verstoß gegen § 613a oder den arbeitsrechtl. Gleichbehandlungsgrundsatz die bisherige Betriebszugehörigkeit des ArbN im Rahmen eines nur bei ihm bestehenden Versorgungssystems außer Betracht lassen darf[2]. Auch die Frist des § 1b I BetrAVG für die gesetzl. Unverfallbarkeit von Versorgungsanwartschaften beginnt für eine von dem neuen Betriebsinhaber erteilte Versorgungszusage erst mit der Zusage zu laufen. Soweit es nach § 1 I 1 BetrAVG aF[3] zusätzlich zu der Zusagedauer auch auf die Betriebszugehörigkeit des ArbN ankommt, sind demggü. auch die Vordienstzeiten des ArbN bei dem bisherigen Betriebsinhaber zu berücksichtigen[4]. Ob die vor dem Übergang geleisteten Beschäftigungszeiten bei der tarifvertragl. Eingruppierung anzurechnen sind, hängt von der konkreten Tarifnorm ab. Den TV-Parteien kommt insoweit ein weiterer Regelungsspielraum zu[5]. Der im ArbVerh mit dem Betriebsveräußerer auf Grund der Zahl der beschäftigten ArbN gem. **§ 23 I KSchG** bestehende **Kündigungsschutz** geht nicht auf den Betriebserwerber über. Der ArbN genießt nur dann auch beim Erwerber den gesetzl. Kündigungsschutz, wenn bei diesem ebenfalls der Schwellenwert des § 23 I KSchG erreicht wird[6]. Der **Zeugnisanspruch** des ArbN richtet sich gegen den Betriebserwerber, wenn das ArbVerh erst bei diesem endet[7]. An den Inhalt eines vom Veräußerer erstellten Zwischenzeugnisses ist der neue Inhaber dabei regelmäßig gebunden[8]. Hat der Veräußerer von der Schwerbehinderung des ArbN Kenntnis, muss sich der Erwerber diese Kenntnis beim Ausspruch einer Kündigung zurechnen lassen[9]. Der Eintritt in die Rechte und Pflichte aus dem ArbVerh erfasst auch den Annahmeverzug des bisherigen Inhabers. Der ArbN muss dem neuen Inhaber seine Arbeitsleistung daher nicht anbieten[10].

237 Keine Bestandteile des ArbVerh sind die dem ArbN erteilten **Vollmachten** (Prokura, Handlungsvollmacht etc.). Sie beruhen auf einem gesonderten Rechtsakt und gehen deshalb nicht auf den Betriebserwerber über[11]. IdR sind sie überdies an den Fortbestand des ArbVerh mit dem bisherigen Betriebsinhaber gebunden und erlöschen deshalb bei diesem mit dem Übergang des ArbVerh automatisch[12]. Aus Gründen der Vorsorge empfiehlt sich gleichwohl ein ausdrücklicher Widerruf. Das Erlöschen der Prokura ist gem. § 53 II HGB eintragungspflichtig.

238 c) **Betriebliche Altersversorgung**[13]. Zu den Rechtsfolgen des ArbGeb-Wechsels gehört, dass der neue Betriebsinhaber Schuldner der **Versorgungsanwartschaften** derjenigen ArbN wird, deren ArbVerh auf ihn übergehen, und zwar auch hinsichtlich der beim bisherigen Betriebsinhaber zurückgelegten oder von diesem anerkannten Dienstzeiten[14]. Dies gilt unabhängig von dem gewählten Durchführungsweg, also unabhängig davon, ob es sich um Direktzusagen oder um Versorgungszusagen handelt, die über einen zwischengeschalteten Versorgungsträger (Versicherungsunternehmen, Unterstützungskasse, Pensionskasse, Pensionsfonds) durchgeführt werden. Auch in jenen Fällen besteht die Grundverpflichtung im ArbVerh, wie § 1 I 3 BetrAVG ausdrücklich klarstellt. In diese tritt der neue Betriebsinhaber ein. Ebenfalls unerheblich ist, ob es sich um unverfallbare oder verfallbare Anwartschaften handelt[15]. Der neue Betriebsinhaber tritt jedoch nicht in die Versorgungsanwartschaften und -ansprüche der im Zeitpunkt des Betriebs(teil)übergangs bereits **ausgeschiedenen ArbN** ein. Abs. 1 S. 1 erfasst nur bestehende ArbVerh[16]. Weil Versorgungsverbindlichkeiten ggü. ausgeschiedenen ArbN nicht erfasst werden, können diese Verbindlichkeiten ohne Verstoß gegen § 613a durch umwandlungsgesetzl. Spaltung übertragen werden[17]. Im Rahmen der Anpassungsprüfung gem. § 16 I BetrAVG ist auf die wirtschaftl. Verhältnisse beim Erwerber abzustellen. Dies gilt auch für den beim Veräußerer erworbenen Teil des Versorgungsanspruchs[18].

239 In dem Umfang, in dem der neue Betriebsinhaber in die Versorgungsanwartschaften der ArbN eintritt, wird der bisherige Betriebsinhaber – vorbehaltlich des Abs. 2 (vgl. Rz. 296f.) – von seiner Versor-

---

1 Vgl. BAG 26.9.2007 – 10 AZR 657/06, NZA 2007, 1426 (Jubiläumsgeld); LAG Hamm 30.5.2011 – 8 Sa 2307/10 (Jubiläumsgeld); LAG Düss. 9.11.2000 – 13 Sa 1272/00, LAGE § 613a BGB Nr. 80a. ||2 BAG 24.7.2001 – 3 AZR 660/00, NZA 2002, 520; 19.12.2000 – 3 AZR 451/99, NZA 2002, 615; 8.12.1983 – 3 AZR 229/81, NJW 1984, 1254; 30.8.1979 – 3 AZR 58/78, NJW 1980, 416. ||3 Der gem. § 30f BetrAVG noch übergangsweise fortgilt. ||4 BAG 19.4.2005 – 3 AZR 469/04, DB 2005, 1748; 24.7.2001 – 3 AZR 660/00, NZA 2002, 520; 19.12.2000 – 3 AZR 451/99, NZA 2002, 615; 8.12.1983 – 3 AZR 229/81, NJW 1984, 1254. ||5 BAG 17.10.2007 – 4 AZR 1005/06, NZA 2008, 713. ||6 BAG 15.2.2007 – 8 AZR 397/06, NZA 2007, 739. ||7 BAG 16.10.2007 – 9 AZR 248/07, NZA 2008, 298; *Jüchser*, NZA 2012, 244 (245). ||8 BAG 16.10.2007 – 9 AZR 248/07, NZA 2008, 298. ||9 BAG 11.12.2008 – 2 AZR 395/07, NZA 2009, 556. ||10 BAG 23.9.2009 – 5 AZR 518/08, NZA 2010, 781. ||11 Staudinger/*Annuß*, § 613a Rz. 150; ErfK/*Preis*, § 613a BGB Rz. 78; *B. Gaul*, Betriebs- und Unternehmensspaltung, § 13 Rz. 147; MüKoBGB/*Müller-Glöge*, § 613a Rz. 92. ||12 Staudinger/*Annuß*, § 613a Rz. 150; ErfK/*Preis*, § 613a BGB Rz. 78; aA *B. Gaul*, Betriebs- und Unternehmensspaltung, § 13 Rz. 147; MüKoBGB/*Müller-Glöge*, § 613a Rz. 92 (Widerruf erforderlich). ||13 Überblick bei *Rolfs*, NZA-Beil. 4/2008, 164. ||14 BAG 24.3.1977 – 3 AZR 649/76, NJW 1977, 1791; 12.5.1992 – 3 AZR 247/91, NZA 1992, 1080, st. Rspr. ||15 BAG 12.5.1992 – 3 AZR 247/91, aA Fn 14 zu § 1 BetrAVG Betriebsveräußerung. ||16 BAG 24.3.1977 – 3 AZR 649/76, NJW 1977, 1791, st. Rspr. ||17 BAG 11.3.2008 – 3 AZR 358/06, NZA 2009, 790; 22.2.2005 – 3 AZR 499/03, NZA 2005, 639; aA LG Hamburg 8.12.2005 – 417 T 16/05, ZIP 2005, 2331; hierzu *Hohenstatt/Seibt*, ZIP 2006, 546. ||18 BAG 22.10.2009 – 8 AZR 766/08, NZA-RR 2010, 660; 25.4.2006 – 3 AZR 50/05, NZA-RR 2007, 310, Rz. 38ff.

gungsverpflichtung frei[1]. Eine in die Erfüllung der Versorgungsanwartschaften eingeschaltete Unterstützungskasse wird hinsichtlich der übergehenden ArbVerh ebenso nach den Regeln des Abs. 2 frei wie der bisherige Betriebsinhaber. Der neue Betriebsinhaber kann die auf ihn übergegangenen ArbN deshalb nicht an die Unterstützungskasse verweisen, es sei denn, er erwirbt diese oder wird ebenfalls Trägerunternehmen derselben[2]. Wird die Versorgung über eine gemeinsame Einrichtung der TV-Parteien (§ 4 II TVG) durchgeführt und scheidet der übertragene Betrieb(steil) infolge des Übergangs aus dem Geltungsbereich des betreffenden TV aus, so dass die ArbN nicht mehr bei der gemeinsamen Einrichtung versichert werden können, muss der neue Betriebsinhaber im Versorgungsfall gleichwohl die auf ihn übergegangenen Versorgungsverpflichtungen erfüllen[3]. Entsprechendes gilt, wenn der übertragene Betrieb(steil) aus dem Geltungsbereich eines sonstigen Zusatzversorgungssystems, zB einer kommunalen oder kirchlichen Zusatzversorgungskasse (ZVK) oder der Versorgungsanstalt des Bundes und der Länder (VBL) ausscheidet[4]. Ob der neue Inhaber die Versorgung weiterhin über die ZVK bzw. die VBL durchführen kann, richtet sich nach der Satzung der jeweiligen Zusatzversorgungseinrichtung[5].

Eine **Vereinbarung zwischen bisherigem und neuem Betriebsinhaber**, wonach der bisherige Betriebsinhaber alleiniger Schuldner aller Versorgungsverpflichtungen bleibt, verstößt gegen Abs. 1 S. 1, bei unverfallbaren Anwartschaften auch gegen § 4 BetrAVG, und ist selbst dann nichtig, wenn die betroffenen ArbN zustimmen[6]. Zu Änderungs- und Erlassverträgen Rz. 247. 240

d) **Ansprüche des neuen Betriebsinhabers.** Mit dem Betriebsübergang wird der neue Inhaber Gläubiger des Anspruchs auf **Arbeitsleistung** sowie **sämtlicher Nebenansprüche** aus dem ArbVerh. Zu diesen gehören insb. Bereicherungsansprüche wegen überzahlter Vergütung und Schadensersatzansprüche, sofern diese auf einer Verletzung arbeitsvertragl. Pflichten beruhen[7]. Auch auf das ArbVerh bezogene Gestaltungsrechte gehen auf den neuen Inhaber über. War der bisherige Betriebsinhaber zur Kündigung oder Anfechtung des ArbVerh berechtigt, so geht diese Befugnis auf den neuen Inhaber über, sofern die Kündigungs- bzw. Anfechtungslage im Zeitpunkt des Betriebsübergangs noch fortbesteht. Die Kenntnis des bisherigen Betriebsinhabers von dem zur Kündigung berechtigenden Sachverhalt muss sich der neue Inhaber im Rahmen der Zwei-Wochen-Frist des § 626 II zurechnen lassen[8]. Entsprechendes gilt für die Kenntnis des bisherigen Inhabers von einer Schwangerschaft der ArbN, was für den Sonderkündigungsschutz nach § 9 MuSchG bedeutsam ist[9]. 241

Das jedem Arbeitsvertrag immanente **Wettbewerbsverbot während der Vertragslaufzeit** analog § 60 HGB passt sich in seinem Umfang an die jeweiligen Verhältnisse im Unternehmen an[10]. Hierdurch kann eine vor dem Betriebs(teil)übergang erlaubte Nebentätigkeit mit dem Übergang zur unerlaubten Konkurrenztätigkeit werden[11]. Der ArbN ist in diesem Fall verpflichtet, die Nebentätigkeit innerhalb einer angemessenen Übergangsfrist einzustellen[12]. 242

Ein **nachvertragl. Wettbewerbsverbot** (§§ 74 ff. HGB) geht als Bestandteil des ArbVerh auf den neuen Betriebsinhaber über, wenn der ArbN nach dem Betriebsübergang ausscheidet. Der neue Betriebsinhaber wird hierdurch aus der Wettbewerbsabrede berechtigt und zur Zahlung der vereinbarten Karenzentschädigung verpflichtet[13]. Dies gilt auch, wenn der neue Inhaber an dem Wettbewerbsverbot kein Interesse hat. Er kann sich lediglich durch einen Verzicht gem. § 75a HGB von dem Wettbewerbsverbot lösen[14]. Der Umfang des Wettbewerbsverbots ist im Wege der (ggf. ergänzenden) Auslegung an die Verhältnisse im Unternehmen des neuen Betriebsinhabers anzupassen[15]. Der bisherige Betriebsinhaber kann infolge des Übergangs aus der Wettbewerbsabrede keine Ansprüche mehr gegen den ArbN herleiten, was problematisch ist, wenn er weiterhin in seinem bisherigen Geschäftszweig tätig bleibt. Andererseits wird der bisherige Betriebsinhaber von der Pflicht zur Zahlung der Karenzentschädigung frei[16]. 243

---

1 BAG 24.3.1977 – 3 AZR 649/76, NJW 1977, 1791; 12.5.1992 – 3 AZR 247/91, NZA 1992, 1080, st. Rspr. ||2 BAG 15.3.1979 – 3 AZR 859/77, NJW 1979, 2533; WHSS/*Hohenstatt*, Rz. J 497. ||3 BAG 5.10.1993 – 3 AZR 586/92, NZA 1994, 848; vgl. auch BAG 18.9.2001 – 3 AZR 689/00, NZA 2002, 1391; 13.11.2007 – 3 AZR 191/06, NZA 2008, 600, Rz. 22 ff. ||4 Zuletzt BAG 15.2.2011 – 3 AZR 54/09, NZA 2011, 928; 13.11.2007 – 3 AZR 191/06, NZA 2008, 600; 18.9.2001 – 3 AZR 689/00, NZA 202, 1391; Staudinger/*Annuß*, § 613a Rz. 174. ||5 Näher *B. Gaul*, Betriebs- und Unternehmensspaltung, § 35 Rz. 67 ff. ||6 BAG 14.7.1981 – 3 AZR 517/80, NJW 1982, 1607. ||7 APS/*Steffan*, § 613a BGB Rz. 99; ErfK/*Preis*, § 613a BGB Rz. 79; *B. Gaul*, Betriebs- und Unternehmensspaltung, § 13 Rz. 75; MüKoBGB/*Müller-Glöge*, § 613a Rz. 100. ||8 MüKoBGB/*Müller-Glöge*, § 613a Rz. 100. ||9 KR/*Bader*/*Gallner*, § 9 MuSchG Rz. 39b. ||10 *D. Gaul*, NZA 1989, 697 (698); *Borngräber*, Arbeitsverhältnis bei Betriebsübergang, 1977, S. 71; *B. Gaul*, Betriebs- und Unternehmensspaltung, § 13 Rz. 90; WHSS/*Willemsen*, Rz. G 182. ||11 WHSS/*Willemsen*, Rz. G 183; Staudinger/*Annuß*, § 613a Rz. 189. ||12 WHSS/*Willemsen*, Rz. G 183; Staudinger/*Annuß*, § 613a Rz. 190; MüKoBGB/*Müller-Glöge*, § 613a Rz. 101; aA Soergel/*Raab*, § 613a Rz. 86; die Nebentätigkeit solle erlaubt bleiben, wenn der ArbN auf den Fortbestand der tatsächlichen Verhältnisse beim bisherigen Inhaber vertraut habe. ||13 BAG 27.11.1991 – 4 AZR 211/91, NZA 1992, 800; *Gaul*/*Ludwig*, NZA 2013, 489 (490). ||14 *Gaul*/*Ludwig*, NZA 2013, 489 (490). ||15 WHSS/*Willemsen*, Rz. G 184. ||16 *Seiter*, Betriebsinhaberwechsel, 1980, S. 80; WHSS/*Willemsen*, Rz. G 184.

244 Ist das ArbVerh im Zeitpunkt des Betriebs(teil)übergangs bereits beendet, findet Abs. 1 S. 1 auf das nachvertragl. Wettbewerbsverbot keine, auch keine analoge Anwendung[1]. Es empfiehlt sich deshalb, eine **Rechtsnachfolgeklausel** zu vereinbaren. Ohne eine solche kann der neue Betriebsinhaber von dem ArbN keine Wettbewerbsenthaltung aus dem nachvertragl. Wettbewerbsverbot verlangen. Der bisherige Betriebsinhaber kann sich ggü. dem ArbN auf das Wettbewerbsverbot berufen, sofern er in seinem bisherigen Geschäftszweig tätig bleibt. Ob er auch dann noch Ansprüche aus der Wettbewerbsabrede herleiten kann (insb. im Interesse des Erwerbers), wenn er infolge des Betriebs(teil)übergangs selbst nicht mehr in der gesperrten Branche tätig ist, erscheint wegen § 74 I 1 HGB (Erfordernis eines berechtigten Interesses an dem Wettbewerbsverbot) zweifelhaft. Jedoch schuldet der bisherige Betriebsinhaber auch in diesem Falle weiterhin die Karenzentschädigung[2].

245 Macht der ArbN von seinem Widerspruchsrecht gem. Abs. 6 Gebrauch, so verbleibt das ArbVerh beim bisherigen Betriebsinhaber (vgl. Rz. 355). Ein mit dem ArbN vereinbartes nachvertragl. Wettbewerbsverbot geht in diesem Falle nicht auf den neuen Betriebsinhaber über[3]. Ist der bisherige Betriebsinhaber infolge des Betriebs(teil)übergangs nicht mehr in der bisherigen Branche tätig, so stellen sich die vorstehend unter Rz. 244 beschriebenen Schwierigkeiten.

246 **4. Gleichbehandlungsfragen.** Genießen die übernommenen ArbN günstigere individualvertragl. Arbeitsbedingungen als die Stammbelegschaft des Übernehmers, so kann der Übernehmer die Begünstigung nicht einseitig unter Berufung auf den arbeitsrechtl. Gleichbehandlungsgrundsatz beseitigen. Er kann jedoch versuchen, mit den übernommenen ArbN Änderungsvereinbarungen zu schließen (zur Frage der Erforderlichkeit eines sachlichen Grundes Rz. 247). Der Ausspruch von Änderungskündigungen mit dem Ziel, die Begünstigung der übernommenen ArbN zu beenden, wird durch § 613a zwar nicht ausgeschlossen[4], ist jedoch an die (strengen) allg. kündigungsschutzrechtl. Voraussetzungen gebunden. Der Gesichtspunkt der Gleichbehandlung vermag derartige Kündigungen für sich genommen nicht sozial zu rechtfertigen. Andererseits können die StammArbN des Übernehmers aus dem arbeitsrechtl. Gleichbehandlungsgrundsatz keine Anhebung des ihnen gewährten Leistungsniveaus auf dasjenige der übernommenen ArbN verlangen. Auch umgekehrt ergibt sich für die übernommenen ArbN aus dem arbeitsrechtl. Gleichbehandlungsgrundsatz kein Anspruch auf Verbesserung der ihnen gewährten Leistungen, wenn die Stammbelegschaft des Übernehmers günstigere Arbeitsbedingungen genießt[5]. Darauf, ob der neue Inhaber den übernommenen Betrieb(steil) als selbständige Einheit fortführt oder in einen bei ihm bereits bestehenden Betrieb integriert, kommt es in diesem Zusammenhang nicht an[6]. Auch im Zeitablauf ist der neue Inhaber nicht zur Angleichung an die günstigeren Bedingungen der Stammbelegschaft verpflichtet[7]. Ansprüche aus dem Gleichbehandlungsgrundsatz scheitern bereits daran, dass der ArbGeb nicht nach einer von ihm gesetzten Regel verfährt, sondern lediglich die Rechtsfolgen des Abs. 1 vollzieht. Der ArbGeb verstößt nicht gegen den Gleichbehandlungsgrundsatz, wenn er die Löhne und Gehälter der übernommenen ArbN und diejenigen der Stammbelegschaft zum Zweck der Herstellung einheitlicher Arbeitsbedingungen in unterschiedlichem Maße erhöht. Im Rahmen des notwendigen Gesamtvergleichs der Vergütungssysteme billigt die Rspr. dem ArbGeb einen Beurteilungsspielraum zu[8]. Die TV-Parteien verstoßen nicht gegen den allg. Gleichheitssatz, wenn sie die übernommenen ArbN iS einer Besitzstandswahrung entsprechend ihrer bisherigen Vergütung eingruppieren und nicht der Stammbelegschaft gleichstellen[9]. Gewährt im Falle einer Verschmelzung der Rechtsnachfolger den übernommenen ArbN weiterhin die Arbeitsvergütung, die sie von ihrem früheren ArbGeb erhalten haben, verstößt er auch dann nicht gegen den arbeitsrechtl. Gleichbehandlungsgrundsatz, wenn dies zu einer unterschiedlichen Vergütung für vergleichbare Tätigkeiten führt[10]. Der ArbGeb verstößt ebenfalls nicht gegen den Gleichbehandlungsgrundsatz, wenn er im Vorfeld eines Betriebsteilübergangs ArbN, deren ArbVerh auf den Betriebserwerber übergeht, von der Zahlung eines Sonderbonus für besondere Restrukturierungsanstrengungen ausnimmt[11]. Eine durch BV geregelte Versorgungsordnung des Erwerbers darf ArbN, deren ArbVerh nach § 613a übergehen, auch dann ausnehmen, wenn neu eintretende ArbN einbezogen werden[12].

247 **5. Unabdingbarkeit.** § 613a enthält zwingendes Recht[13]. Der Übergang der ArbVerh kann deshalb weder durch Vereinbarung zwischen dem bisherigen und dem neuen Betriebsinhaber[14] noch durch BV oder TV[15]

---

1 LAG Hess. 3.5.1993 – 10 Sa Ga 345/93, NZA 1994, 1033 (1034); Staudinger/*Annuß*, § 613a Rz. 193; *D. Gaul*, NZA 1989, 697 (699); *Borngräber*, Arbeitsverhältnis bei Betriebsübergang, 1977, S. 73; WHSS/*Willemsen*, Rz. G 184; aA ErfK/*Preis*, § 613a BGB Rz. 80; MüKoBGB/*Müller-Glöge*, § 613a Rz. 102; MünchArbR/*Wank*, § 12 Rz. 144f.; APS/*Steffan*, § 613a BGB Rz. 100; *Seiter*, Betriebsinhaberwechsel, 1980, S. 81. ‖2 WHSS/*Willemsen*, Rz. G 185. ‖3 Vgl. LAG Hess. 3.5.1993 – 10 Sa Ga 345/93, NZA 1994, 1033; WHSS/*Willemsen*, Rz. G 184; aA *Seiter*, Betriebsinhaberwechsel, 1980, S. 80f. ‖4 Vgl. zur BetriebsübergangsRL 2001/23/EG EuGH 14.9.2000 – Rs. C-343/98, NZA 2000, 1279 – Collino ua. ‖5 BAG 31.8.2005 – 5 AZR 517/04, NZA 2006, 265. ‖6 BAG 31.8.2005 – 5 AZR 517/04, NZA 2006, 265; ErfK/*Preis*, § 613a BGB Rz. 75. ‖7 BAG 31.8.2005 – 5 AZR 517/04, NZA 2006, 265; MüKoBGB/*Müller-Glöge*, § 613a BGB Rz. 96; aA ErfK/*Preis*, § 613a BGB Rz. 75. ‖8 BAG 14.3.2007 – 5 AZR 420/06, NZA 2007, 862. ‖9 BAG 29.8.2001 – 4 AZR 352/00, NZA 2002, 863. ‖10 BAG 31.8.2005 – 5 AZR 517/04, NZA 2006, 265. ‖11 BAG 14.2.2007 – 10 AZR 181/06, NZA 2007, 558. ‖12 BAG 19.1.2010 – 3 ABR 19/08, NZA-RR 2010, 356. ‖13 BAG 29.10.1975 – 5 AZR 444/74, NJW 1976, 535; ErfK/*Preis*, § 613a BGB Rz. 82; Staudinger/*Annuß*, § 613a Rz. 33; WHSS/*Willemsen*, Rz. G 189. ‖14 BAG 29.10.1975 – 5 AZR 444/74, NJW 1976, 535. ‖15 BAG 2.10.1974 – 5 AZR 504/73, NJW 1975, 1378.

ausgeschlossen werden. Die wegen eines Betriebsübergangs vorgenommene Befristung des ArbVerh ist unwirksam[1]. Eine unzulässige Umgehung des Abs. 1 S. 1 liegt ebenfalls vor, wenn der ArbN mit dem Hinweis auf eine geplante Veräußerung und bestehende Arbeitsplatzangebote des Erwerbers veranlasst wird, sein ArbVerh selbst zu kündigen oder einen Aufhebungsvertrag zu schließen, um mit dem Erwerber einen neuen Arbeitsvertrag einzugehen[2]. Ist der Aufhebungsvertrag oder die vom bisherigen Inhaber veranlasste Eigenkündigung demggü. auf das endgültige Ausscheiden des ArbN aus dem Betrieb gerichtet, liegt keine Umgehung des § 613a vor[3]. Die Dispositionsfreiheit des ArbN über das ArvbVerh als Ganzes wird durch § 613a nicht beschränkt. Kommt es während der Restlaufzeit des ArbVerh zu einem Betriebsübergang, geht das ArbVerh zwar auf den neuen Inhaber über, endet aber bei diesem infolge des Aufhebungsvertrags bzw. der Eigenkündigung. Zu Transfergesellschaften Rz. 311.

Unzulässig sind ferner Vereinbarungen, deren Grund und Ziel es ist, zu verhindern, dass der Erwerber umfassend in die Rechte und Pflichten aus dem ArbVerh eintritt. Ein mit dem Veräußerer geschlossener Erlassvertrag über rückständiges Weihnachts- und Urlaubsgeld, der unter der aufschiebenden Bedingung des Zustandekommens eines Betriebsübergangs steht, ist deshalb nach § 134 iVm. § 613a I 1 nichtig[4]. Dies schließt jedoch nachteilige Änderungen der Arbeitsbedingungen, die vor dem Inhaberwechsel aus anderen Gründen als wegen des Betriebsübergangs vereinbart werden, nicht aus[5]. Nach dem Betriebsübergang getroffene einzelvertragl. Vereinbarung zur Absenkung der Vergütung sind zulässig[6]. Eines sachlichen Grundes bedürfen Änderungsvereinbarungen zum Nachteil der ArbN außerhalb des Bereichs der betrAV entgegen der früheren Rspr. des BAG nicht[7]. 248

II. Fortgeltung von Betriebsvereinbarungen und Tarifverträgen. 1. Überblick. Die Fortgeltung von BV und TV richtet sich nach den Vorschriften des Abs. 1 S. 2–4. 249

Abs. 1 S. 2 bestimmt, dass die durch Rechtsnormen (vgl. § 77 IV 1 BetrVG, § 4 I 1 TVG) einer BV oder eines TV geregelten Rechte und Pflichten zum „Inhalt der Arbeitsverhältnisse" werden und vor Ablauf eines Jahres nach dem Betriebsübergang nicht zum Nachteil der ArbN geändert werden dürfen. Die Formulierung des Gesetzes ist dabei ebenso missverständlich wie die Aussage, Abs. 1 S. 2 ordne eine „Transformation der Rechtsnormen aus BV und TV in Individualrecht" an[8]. Die Fortgeltung von Rechtsnormen aus BV und TV nach Abs. 1 S. 2 ist von Rechtsbeziehungen, die durch einen privatautonom ausgehandelten Arbeitsvertrag geschaffen werden, grundlegend verschieden. Dies zeigt sich bereits in dem Verbot des Abs. 1 S. 2, den aufrechterhaltenen Norminhalt während der Jahresfrist mit individualrechtl. Mitteln zum Nachteil der ArbN zu ändern. Wie sich aus Abs. 1 S. 3 ergibt, gilt ferner das **Günstigkeitsprinzip** im Verhältnis zwischen den nach Abs. 1 S. 2 aufrechterhaltenen Regelungen und den beim neuen Betriebsinhaber geltenden BV und TV nicht. Nach richtigem Verständnis enthält Abs. 1 S. 2 daher eine **Fortgeltungsanordnung** *sui generis*[9]. In der Sache ähnelt die Fortgeltung nach Abs. 1 S. 2 bei TV der Nachbindung gem. § 3 III TVG, nach Ablauf der Jahresfrist der Nachwirkung gem. § 4 V TVG[10]. 250

Abs. 1 S. 3 u. 4 knüpfen an die Regelung des Abs. 1 S. 2 an. Nach **Abs. 1 S. 3** findet die Fortgeltungsanordnung des Abs. 1 S. 2 keine Anwendung („gilt nicht"), soweit für die übergegangenen ArbVerh bei dem neuen Betriebsinhaber andere BV oder TV zu denselben Regelungsgegenständen gelten. Der Inhalt der ArbVerh bestimmt sich insoweit nach den beim neuen Betriebsinhaber geltenden Regelungen, und zwar auch dann, wenn diese aus der Sicht des ArbN ungünstiger sind (vgl. Rz. 270 ff.). Hierdurch wird dem Interesse des neuen Betriebsinhabers an einer Vereinheitlichung der Arbeitsbedingungen Rechnung getragen. 251

Abs. 1 S. 4 enthält zwei Ausnahmen von dem Verbot des Abs. 1 S. 2, die nach dieser Regelung aufrechterhaltenen Regelungen vor Ablauf der Jahresfrist auf individualrechtl. Wege zum Nachteil der ArbN zu ändern. Die erste Ausnahme betrifft den Fall, dass die zugrunde liegende BV bzw. der zugrunde liegende TV bereits im Zeitpunkt des Betriebsübergangs nur noch kraft Nachwirkung gilt oder 252

---

1 BAG 30.10.2008 – 8 AZR 855/07, NZA 2009, 723 (Heerinstandsetzung); 2.12.1998 – 7 AZR 579/97, NZA 1999, 926. ‖2 BAG 25.7.2007 – 8 AZR 917/06, AP Nr. 333 zu § 613a BGB; 21.5.2008 – 8 AZR 481/07, NZA 2009, 144 (LS 3); 18.8.2005 – 8 AZR 523/04, NZA 2006, 145. ‖3 Zuletzt BAG 27.9.2012 – 8 AZR 826/11, NZA 2013, 961 mwN. ‖4 BAG 19.3.2009 – 8 AZR 722/07, NZA 2009, 1091. ‖5 BAG 19.3.2009 – 8 AZR 722/07, NZA 2009, 1091, Rz. 29; 18.8.2005 – 8 AZR 523/04, NZA 2006, 145, Rz. 29; 12.5.1992 – 3 AZR 247/91, NZA 1992, 1080 zu II.2; zu Sonderfragen der Insolvenz *Mückl*, ZIP 2012, 2373 (2378). ‖6 BAG 7.11.2007 – 5 AZR 1007/06, NZA 2008, 530. ‖7 BAG 7.11.2007 – 5 AZR 1007/06, NZA 2008, 530; ErfK/*Preis*, § 613a BGB Rz. 83; *Willemsen*, NZA Beil. 4/2008, 155 (163); anders noch BAG 18.8.1976 – 5 AZR 95/75, NJW 1977, 1168; 26.1.1977 – 5 AZR 302/75, NJW 1977, 1470; unklar KR/*Treber*, § 613a BGB Rz. 102. ‖8 So zB BAG 29.8.2001 – 4 AZR 332/00, NZA 2002, 513; und jetzt wieder BAG 13.3.2012 – 1 AZR 659/10, NZA 2012, 990, Rz. 17. ‖9 So auch BAG 22.4.2009 – 4 AZR 100/08, NZA 2010, 41 unter ausdrücklicher Aufgabe der früheren Rspr.; bestätigt durch BAG 26.8.2009 – 5 AZR 969/08, NZA 2010, 173; 23.9. 2009 – 4 AZR 659/08, NZA 2010, 513, Rz. 34; 6.7.2011 – 4 AZR 501/09, Rz. 59; ebenso Staudinger/*Annuß*, § 613a Rz. 197f.; *Zöllner*, DB 1995, 1401 (1402); *Lambrich*, FS Ehmann, 2005, S. 169 (177f.); MüKoBGB/*Müller-Glöge*, § 613a Rz. 131, 135; anders jetzt wieder BAG 13.3.2012 – 1 AZR 659/10, NZA 2012, 990, Rz. 17: „Transformation in Individualrecht", noch anders *Sagan*, RdA 2011, 163 (167) und ErfK/*Preis*, § 613a Rz. 112: „Transformationsmodell". ‖10 BAG 22.4.2009 – 4 AZR 100/08, NZA 2010, 41; die Nähe zu § 4 V TVG betont BAG 29.8.2001 – 4 AZR 332/00, NZA 2002, 513.

während der Jahresfrist des Abs. 1 S. 2 in das Nachwirkungsstadium eintritt. Im Nachwirkungsstadium kommt BV und TV keine zwingende Wirkung mehr zu (vgl. § 77 VI BetrVG, § 4 V TVG), so dass auch individualrechtl. Abweichungen zum Nachteil des ArbN zulässig sind. Abs. 1 S. 4 trägt dem Rechnung und gestattet bereits während der Jahresfrist des Abs. 1 S. 2 individualrechtl. Abweichungen auch zum Nachteil der ArbN. Die Vorschrift verdeutlicht, dass Abs. 1 S. 2 bis 4 die arbeitsrechtl. Stellung der ArbN nicht verbessern, sondern lediglich aufrechterhalten will.

253 Die zweite in Abs. 1 S. 4 geregelte Ausnahme von der Sperrfrist des Abs. 1 S. 2 betrifft den Fall, dass der neue Betriebsinhaber und der ArbN arbeitsvertragl. die Anwendung eines anderen als des beim bisherigen Betriebsinhaber geltenden TV vereinbaren. Die nicht leicht verständliche Vorschrift will dem neuen Betriebsinhaber eine Möglichkeit eröffnen, mit übernommenen ArbN, die nicht Mitglied der zuständigen Gewerkschaft sind, die Anwendung des in seinem Unternehmen geltenden TV zu vereinbaren, um auf diese Weise die Arbeitsbedingungen zu vereinheitlichen.

254 Abs. 1 S. 2 und die an ihn anknüpfenden Sätze 3 und 4 enthalten nach hM lediglich eine **Auffangregelung** für den Fall, dass die beim bisherigen Betriebsinhaber bestehenden BV und TV nicht bereits nach den allg. Regeln des Betriebsverfassungs- und Tarifvertragsrechts bei dem neuen Inhaber fortgelten[1]. Zur Sicherung der kollektiven Tarifgeltung Rz. 265. Die Fortgeltungsanordnung des Abs. 1 S. 2 soll auch auf vor der vorgenommenen Ergänzung des Abs. 1 um die S. 2 bis 4 zum 21.8.1980 vollzogene Betriebsübergänge anzuwenden sein[2].

255 **2. Kollektivrechtliche Fortgeltung von Betriebsvereinbarungen. a) Einzelbetriebsvereinbarungen.** EinzelBV werden in ihrer Geltung durch eine Übertragung des Betriebes als Ganzes grds. nicht berührt. Sie gelten im Anschluss an den Inhaberwechsel unverändert als Kollektivrecht fort[3]. Abs. 1 S. 2–4 greifen ein, wenn infolge organisatorischer Maßnahmen im Zusammenhang mit dem Inhaberwechsel die **betriebsverfassungsrechtl. Identität** des Betriebes verloren geht[4]. Hierzu kommt es insb. dann, wenn der übernommene Betrieb(steil) derart in einen bereits vorhandenen Erwerberbetrieb organisatorisch eingegliedert wird, dass er in diesem aufgeht oder er mit einem solchen organisatorisch zu einem neuen Betrieb zusammengefasst wird[5].

256 Nach Ansicht des BAG gelten EinzelBV auch im Falle einer Übertragung von **Betriebsteilen** bei dem neuen Inhaber als Kollektivrecht fort, wenn dieser den übertragenen Betriebsteil als betriebsverfassungsrechtl. selbständigen Betrieb fortführt[6]. Mit dem Identitätspostulat ist diese Ansicht kaum zu vereinbaren, weil gerade eine neue betriebsverfassungsrechtl. Einheit entsteht. Auch aus § 21a BetrVG lässt sich für die Fortgeltung von BV in verselbständigten Betriebsteilen nichts herleiten[7]. Das Übergangsmandat dient der Vermeidung vertretungsloser Zeiten; die Fortgeltung von BV lag bei der Einführung der Vorschrift außerhalb des Blickfeldes des Gesetzgebers[8]. Die Praxis muss sich allerdings darauf einstellen, dass EinzelBV auch bei einer Übertragung von Betriebsteilen kollektivrechtl. fortgelten können.

257 Für die Frage nach den Auswirkungen einer Übertragung von Betriebsteilen auf die EinzelBV im zurückbleibenden „Rumpfbetrieb" sollte es nach bislang einheiliger Auffassung ebenfalls auf den Erhalt bzw. Verlust der Betriebsidentität ankommen[9]. Umstritten war lediglich, ob im Falle eines Verlusts der Betriebsidentität § 77 VI BetrVG[10] oder Abs. 1 S. 2 analog[11] anzuwenden sei. Nach der Entscheidung des BAG 18.9.2002[12] dürfte demggü. stets von einer unveränderten Fortgeltung der EinzelBV im zurückbleibenden Rumpfbetrieb auszugehen sein, sofern nur der Betrieb betriebsratsfähig bleibt. Wenn es für die Fortgeltung von EinzelBV im übertragenen Betriebsteil nicht auf den Erhalt der betriebsverfassungsrechtl. Identität ankommt[13], kann für die Fortgeltung der BV im zurückbleibenden „Rumpfbetrieb" nichts anderes gelten.

258 **b) Gesamt- und Konzernbetriebsvereinbarungen. GesamtBV** bewahren im Falle einer organisatorisch unveränderten Übertragung mehrerer Betriebe nach Auffassung der Rspr. bei dem neuen Be-

---

1 St. Rspr., BAG 27.7.1994 – 7 ABR 37/93, NZA 1995, 222 (225); RGRK/*Ascheid*, § 613a Rz. 182; MüKoBGB/*Müller-Glöge*, § 613a Rz. 129, 149; *Moll*, RdA 1996, 275 jew. mwN.; aA jüngst *Sagan*, RdA 2011, 163 (164, 169); ErfK/*Preis*, § 613a BGB Rz. 113. ||2 BAG 26.8.2009 – 5 AZR 969/08, NZA 2010, 173. ||3 BAG 5.2.1991 – 1 ABR 32/90, NZA 1991, 639; 27.7.1994 – 7 ABR 37/93, NZA 1995, 222; GK-BetrVG/*Kreutz*, § 77 Rz. 391; MüKoBGB/*Müller-Glöge*, § 613a Rz. 149; Staudinger/*Annuß*, § 613a Rz. 203; *B. Gaul*, Betriebs- und Unternehmensspaltung, § 25 Rz. 6. ||4 BAG 5.2.1991 – 1 ABR 32/90, NZA 1991, 639; 27.7.1994 – 7 ABR 37/93, NZA 1995, 222; MüKoBGB/*Müller-Glöge*, § 613a Rz. 149; *Moll*, RdA 1996, 275; WHSS/*Hohenstatt*, Rz. E 20. ||5 Instruktiv BAG 7.6.2011 – 1 ABR 110/09, DB 2011, 2498; s.a. WHSS/*Hohenstatt*, Rz. E 38; *Fitting*, § 77 BetrVG Rz. 171; zu den Möglichkeiten des Erwerbers, sich von freiwilligen BV zu lösen, die nach Abs. 1 S. 2 aufrechterhalten werden, *Völksen*, NZA 2013, 1182. ||6 BAG 18.9.2002 – 1 ABR 54/01, NZA 2003, 670; 18.11.2003 – 1 AZR 604/02, NZA 2004, 803; *Fitting*, § 77 BetrVG Rz. 174; GK-BetrVG/*Kreutz*, § 77 BetrVG Rz. 394; DKKW/*Berg*, § 77 BetrVG Rz. 102. ||7 MüKoBGB/*Müller-Glöge*, § 613a Rz. 149; *Preis/Richter*, ZIP 2004, 925 (929); aA *Fitting*, § 77 BetrVG Rz. 174; GK-BetrVG/*Kreutz*, § 77 Rz. 394. ||8 Vgl. Begr., BT-Drs. 14/5741, 38 f. ||9 *Fitting*, § 77 BetrVG Rz. 172. ||10 So wohl *Rieble/Gutzeit*, NZA 2003, 233 (235). ||11 So *Hanau*, RdA 1989, 207 (211). ||12 BAG 18.9.2002 – 1 ABR 54/01, NZA 2003, 670. ||13 So BAG 18.9.2002 – 1 ABR 54/01, NZA 2003, 670. Hiergegen zu Recht WHSS/*Hohenstatt*, Rz. E 20.

triebsinhaber ihren Rechtscharakter als solche. Entsprechendes soll bei einer Übernahme mehrerer Betriebsteile gelten, wenn der neue Betriebsinhaber diese als betriebsverfassungsrechtl. selbständige Betriebsteile fortführt. Nicht erforderlich sei, dass der neue Inhaber sämtliche Betriebe des bisherigen Betriebsinhabers übernehme. Entschieden ist dies für den Fall einer Übertragung von Betrieben und Betriebsteilen auf einen bis dahin arbeitnehmerlosen neuen Inhaber[1]. Nichts anderes kann in der Konsequenz dieser Entscheidung gelten, wenn der neue Inhaber im Zeitpunkt der Übernahme bereits über eigene Betriebe verfügt. Auch in diesem Fall müssen die von dem bisherigen Betriebsinhaber stammenden GesamtBV bei dem neuen Inhaber unverändert als solche fortgelten, jedoch nur in den übernommenen Betrieben und Betriebsteilen[2]. Zuständig für die Änderung und Kündigung der fortgeltenden GesamtBV ist der beim neuen Betriebsinhaber bestehende GBR, mangels eines solchen der infolge der Übernahme mehrerer Betriebe oder betriebsverfassungsrechtl. selbständige Betriebsteile gem. § 47 I BetrVG bei diesem (zwingend) zu bildende GBR[3]. Wird nur ein Betrieb übernommen, so gelten die bis dahin in diesem geltenden GesamtBV nach Auffassung des BAG als EinzelBV fort[4]. Für den Fall einer Übertragung nur eines Betriebsteils soll dies entsprechend gelten, wenn der neue Inhaber den Betriebsteil als betriebsverfassungsrechtl. selbständigen Betrieb fortführt[5]. Die Rspr. des BAG vermag nicht zu überzeugen, weil sie die Fortgeltung im Erg. unabhängig vom Fortbestand der betriebl. Strukturen beurteilt[6].

Die Geltungsweise von **KonzernBV** ist umstritten. Insb. ist nach wie vor ungeklärt, ob der KBR gemeinsam mit der Konzernobergesellschaft ungeachtet der rechtl. Selbständigkeit der abhängigen Gesellschaften die Arbeitsbedingungen der in diesen beschäftigten ArbN durch BV regeln kann oder hierfür eine Beteiligung der abhängigen Gesellschaft an dem Abschluss der Vereinbarung erforderlich ist[7]. Folgt man der zweiten Sichtweise, so dürften im Hinblick auf die Fortgeltung von KonzernBV die vorstehend für GesamtBV dargestellten Grundsätze entsprechend gelten[8]. 259

c) **Einzelfragen.** Eine kollektivrechtl. Fortgeltung von Einzel-, Gesamt- und KonzernBV scheidet aus, soweit diese infolge des Betriebsinhaberwechsels **undurchführbar** werden[9]. Eine andere Frage ist, ob der neue Betriebsinhaber zur Kompensation der nach Abs. 1 S. 2 aufrecht erhaltenen Ansprüche aus derartigen Regelungen verpflichtet ist. Insoweit gelten die Ausführungen zu Rz. 233 entsprechend. 260

Eine kollektivrechtl. Fortgeltung von Einzel-, Gesamt- und KonzernBV scheidet wegen § 118 II BetrVG ferner im Falle einer Übertragung von Betrieben oder Betriebsteilen auf **Religionsgemeinschaften** sowie deren karitative und erzieherische Einrichtungen aus[10]. Gleiches gilt wegen § 130 BetrVG im Falle einer Übernahme von Betrieben oder Betriebsteilen durch den **Bund**, ein **Land**, eine **Gemeinde** oder eine **Körperschaft, Anstalt** oder **Stiftung des öffentl. Rechts**[11] sowie umgekehrt für Dienstvereinbarungen im Falle der Privatisierung[12]. 261

3. Kollektivrechtliche Fortgeltung von Tarifverträgen. VerbandsTV gelten im Anschluss an einen Betriebsinhaberwechsel unverändert kollektivrechtl. fort, wenn der neue Betriebsinhaber kraft Mitgliedschaft im tarifschließenden ArbGebVerband oder kraft Allgemeinverbindlichkeit ebenso tarifgebunden ist wie der bisherige Betriebsinhaber und der übertragene Betrieb(steil) auch nach dem Inhaberwechsel dem (insb. fachlichen) Geltungsbereich des TV unterfällt[13]. Fehlt es an einer dieser Voraussetzungen, wird der Inhalt des TV nach Maßgabe des Abs. 1 S. 2 bis 4 aufrechterhalten[14]. **FirmenTV** gelten im Anschluss an einen Betriebsinhaberwechsel unverändert kollektivrechtl. fort, wenn der neue Betriebsinhaber mit der zuständigen Gewerkschaft eine Vertragsübernahme vereinbart oder einen inhaltsgleichen neuen FirmenTV abschließt[15]. Die zT in der Lit. vertretene Auffassung, wonach die zur Fortgeltung von BV geltenden Grundsätze entsprechend heranzuziehen sein sollen[16], findet im Gesetz keine 262

---

1 BAG 18.9.2002 – 1 ABR 54/01, NZA 2003, 670; zust. *Salamon*, RdA 2007, 103; *Bachner*, NJW 2003, 2861 (2862); krit. *Hohenstatt/Müller-Bonanni*, NZA 2003, 766 (769f.); *Preis/Richter*, ZIP 2004, 925 (931ff.); *Rieble/Gutzeit*, NZA 2003, 233ff. ‖ 2 *Salamon*, RdA 2007, 103; *Bachner*, NJW 2003, 2861; hiergegen mit Recht *Hohenstatt/Müller-Bonanni*, NZA 2003, 766 (769ff.); *Preis/Richter*, ZIP 2004, 925 (931ff.); *Rieble/Gutzeit* NZA 2003, 233ff.; WHSS/*Hohenstatt*, Rz. E 61. ‖ 3 BAG 18.9.2002 – 1 ABR 54/01, NZA 2003, 670. ‖ 4 BAG 18.9.2002 – 1 ABR 54/01, NZA 2003, 670. ‖ 5 BAG 18.9.2002 – 1 ABR 54/01, NZA 2003, 670. ‖ 6 Ablehnend auch WHSS/*Hohenstatt*, Rz. E 24; zum Streitstand *Grobys*, BB 2003, 1391; *Hohenstatt/Müller-Bonanni*, NZA 2003, 766ff.; *Preis/Richter*, ZIP 2004, 925ff.; *Rieble/Gutzeit*, NZA 2003, 233ff.; Trappehl/*Nussbaum*, BB 2011, 2869; für eine generelle kollektivrechtl. Fortgeltung ErfK/*Preis*, § 613a BGB Rz. 115; *Sagan*, RdA 2011, 163 (172). ‖ 7 Zum Streitstand *Fitting*, § 58 BetrVG Rz. 35ff. ‖ 8 Ebenso DKKW/*Berg*, § 77 BetrVG Rz. 103; Staudinger/*Annuß*, § 613a Rz. 206; vgl. dazu auch WHSS/*Hohenstatt*, Rz. E 70ff. ‖ 9 ZB Regelungen über die Teilnahme an einem Aktienoptionsprogramm oder Ferienwerk des bisherigen Betriebsinhabers; krit. *Bachner*, NJW 2003, 2861 (2863). ‖ 10 Staudinger/*Annuß*, § 613a Rz. 207; RGRK/*Ascheid*, § 613a Rz. 189; WHSS/*Hohenstatt*, Rz. E 13. ‖ 11 Staudinger/*Annuß*, § 613a Rz. 207; WHSS/*Hohenstatt*, Rz. E 13. ‖ 12 ErfK/*Preis*, § 613a BGB Rz. 115. ‖ 13 BAG 5.2.1991 – 1 ABR 32/90, NZA 1991, 639. ‖ 14 Vgl. BAG 1.4.1987 – 4 AZR 77/86, NZA 1987, 593; ErfK/*Preis*, § 613a BGB Rz. 113. ‖ 15 BAG 26.8.2009 – 4 AZR 280/08, NZA 2010, 238 mwN; ErfK/*Preis*, § 613a BGB Rz. 113; MüKoBGB/*Müller-Glöge*, § 613a Rz. 130; RGRK/*Ascheid*, § 613a Rz. 185; Wiedemann/*Oetker*, § 3 TVG Rz. 158 mwN. ‖ 16 Vgl. *Wiedemann*, FS Fleck, 1988, S. 447 (453); *Moll*, RdA 1996, 275; Wiedemann/*Oetker*, § 3 TVG Rz. 199; Däubler/*Lorenz*, § 2 TVG Rz. 176; Kempen/*Zachert*, § 3 TVG Rz. 108f.

BGB § 613a Rz. 263 — Rechtsfolgen des Betriebsübergangs

Stütze[1]; der neue Inhaber wird auch dann nicht kollektivrechtlich an den FirmenTV des bisherigen Inhabers gebunden, wenn dieser sämtliche Betriebe des Unternehmens auf den neuen Inhaber überträgt[2]. Anderes gilt in den Fällen der umwandlungsgesetzlichen **Verschmelzung**. Die Gesamtrechtsnachfolge erfasst hier auch die Stellung als Partei des FirmenTV[3]. Wird ein Betrieb im Wege der umwandlungsgesetzl. Spaltung übertragen, tritt der übernehmende Rechtsträger in die Stellung des übertragenden Rechtsträgers als Partei eines FirmenTV ein, wenn ihm diese im Spaltungs- und Übernahmevertrag gem. § 126 I Nr. 9 UmwG zugewiesen wird[4]. Wird im Spaltungs- und Übernahmevertrag keine Regelung getroffen, bleibt der übertragende Rechtsträger Partei des FirmenTV[5]; für den übernehmenden Rechtsträger gelten in diesem Fall Abs. 1 S. 2 und 3[6]. Vgl. zum Umwandlungsrecht auch § 324 UmwG Rz. 20.

263 **4. Fortgeltung gem. Abs. 1 S. 2. a) Umfang der Fortgeltung.** Die Fortgeltungsanordnung (Rz. 250) des Abs. 1 S. 2 erfasst Rechtsnormen aus TV und BV unabhängig davon, ob es sich um einen Verbands- oder FirmenTV, um Einzel-, Gesamt- oder KonzernBV handelt[7]. Allerdings muss die Rechtsnorm im Zeitpunkt des Betriebsübergangs für das ArbVerh als Kollektivrecht gegolten haben, was die Erfüllung des Geltungsbereichs und bei Tarifverträgen zusätzlich **beiderseitige Tarifgebundenheit** voraussetzt. Auch **nachwirkende TV und BV**[8] unterfallen Abs. 1 S. 2. Die Nachwirkung beseitigt lediglich die zwingende, nicht jedoch die unmittelbare Wirkung (Normwirkung) der Regelung. Der Erhalt der **Geschäftsgrundlage** ist nicht Voraussetzung für die Fortgeltung gem. Abs. 1 S. 2. Die Regelungen eines Sanierungs-FirmenTV werden deshalb auch dann nach Abs. 1 S. 2 aufrechterhalten, wenn das Erwerberunternehmen nicht sanierungsbedürftig ist[9] (zum Schicksal unternehmensspezifischer Leistungen Rz. 234). Eine bloß individualvertragl. Bezugnahme auf den TV fällt nicht unter Abs. 1 S. 2, sondern unter Abs. 1 S. 1 (ausf. zu Bezugnahmeklauseln Rz. 277 ff.). Ebenfalls nicht unter Abs. 1 S. 2 fallen sog. **Regelungsabreden** zwischen ArbGeb und BR[10]. Ihnen kommt keine Normwirkung zu. Allerdings muss jeweils sorgfältig geprüft werden, ob nicht die Durchführung der Regelungsabrede zu Ansprüchen der ArbN aus einer Gesamtzusage oder betriebl. Übung geführt hat, in die der neue Betriebsinhaber gem. Abs. 1 S. 1 eintritt. Für **SprAuVereinbarungen** iSd. § 28 II 1 SprAuG gilt Abs. 1 S. 2 entsprechend[11].

264 Es muss sich um Rechtsnormen handeln, die „Rechte und Pflichten aus dem Arbeitsverhältnis" regeln. Abs. 1 S. 2 erfasst demnach in erster Linie **Inhaltsnormen**[12]. **Abschlussnormen** regeln die Begründung von ArbVerh. Da Abs. 1 S. 2 ein im Zeitpunkt des Betriebsübergangs bestehendes ArbVerh voraussetzt, werden sie von der Fortgeltungsanordnung grds. nicht erfasst. Allerdings enthalten Abschlussnormen zT auch Vorschriften für Vertragsänderungen und die Eingehung von Nebenabreden. Insoweit regeln sie Rechte und Pflichten aus dem ArbVerh und werden deshalb nach Abs. 1 S. 2 aufrechterhalten[13]. Ähnliches gilt für **Betriebsnormen**[14] und **Tarifnormen zu gemeinsamen Einrichtungen**[15]. **Betriebsverfassungsrechtl. Normen** iSd. § 1 I TVG und Regelungen nach § 3 BetrVG haben keine Rechte und Pflichten aus dem ArbVerh zum Gegenstand und werden deshalb nicht von Abs. 1 S. 2 erfasst[16]. Entsprechendes gilt für die Regelungen aus dem **schuldrechtl. Teil** des TV[17]. Das **Kündigungsrecht** aus einem FirmenTV verbleibt daher beim bisherigen Inhaber[18]. Die vorstehend aufgezeigten Beschränkungen der Fortgeltung sind mit den Vorgaben des Art. 3 III der RL 2001/23/EG vereinbar[19]. Der

---

1 BAG 20.6.2001 – 4 AZR 295/00, NZA 2002, 517; 29.8.2001 – 4 AZR 332/00, NZA 2002, 513; 15.3.2006 – 4 AZR 132/05, AP Nr. 9 zu § 2 TVG FirmenTV, Rz. 20; 26.8.2009 – 5 AZR 969/08, NZA 2010, 173, Rz. 19; 10.6.2009 – 4 ABR 21/08, NZA 2010, 51, Rz. 27; 26.8.2009 – 4 AZR 280/08, NZA 2010, 238; Wiedemann/*Oetker*, § 3 TVG Rz. 158; aA jetzt ErfK/*Preis*, § 613a BGB Rz. 112, 113b sowie *Sagan*, RdA 2011, 163 (167) auf der Basis des Sukzessionsmodells. ‖2 BAG 26.8.2009 – 4 AZR 280/08, NZA 2010, 238; 22.4.2009 – 4 AZR 100/08, NZA 2010, 41; vgl. auch BAG 21.11.2012 – 4 AZR 85/11, NZA 2013, 512, Rz. 27. ‖3 BAG 20.6.2001 – 4 AZR 295/00, NZA 2002, 517; 4.7.2007 – 4 AZR 491/06, NZA 2008, 307 (Verschmelzung durch Aufnahme); *obiter* auch BAG 10.6.2009 – 4 ABR 21/08, NZA 2010, 51, Rz. 27 sowie BAG 29.8.2001 – 4 AZR 332/00, AP Nr. 17 zu § 1 TVG Bezugnahme auf TV. ‖4 BAG 21.11.2012 – 4 AZR 85/11, NZA 2013, 512 (für den Fall einer Ausgliederung gem. § 123 III Nr. 1 UmwG); *Müller-Bonanni/Mehrens*, ZIP 2012, 1217 (1219 f.); WHSS/*Willemsen*, Rz. E 100 f.; Wiedemann/*Oetker*, § 3 TVG Rz. 197; aA *Sagan*, RdA 2011, 163 (165); ErfK/*Preis*, § 613a BGB Rz. 186. ‖5 BAG 21.11.2012 – 4 AZR 85/11, NZA 2013, 512, Rz. 25. ‖6 BAG 21.11.2012 – 4 AZR 85/11, NZA 2013, 512, Rz. 16; aA (Vervielfältigung der Parteistellung) *Bachner/Köstler/Matthießen/Trittin*, Arbeitsrecht bei Unternehmensumwandlung und Betriebsübergang, 4. Aufl. 2012, § 5 Rz. 104; *Däubler/Lorenz*, § 3 TVG Rz. 186. ‖7 ErfK/*Preis*, § 613a BGB Rz. 112; RGRK/*Ascheid*, § 613a Rz. 200. ‖8 BAG 27.11.1991 – 4 AZR 211/91, NZA 1992, 800. ‖9 BAG 26.8.2009 – 4 AZR 280/08, NZA 2010, 238; 22.4.2009 – 4 AZR 100/08, NZA 2010, 41. ‖10 ErfK/*Preis*, § 613a BGB Rz. 118. ‖11 ErfK/*Preis*, § 613a BGB Rz. 115; APS/*Steffan*, § 613a BGB Rz. 118 mwN. ‖12 BAG 24.8.2011 – 4 AZR 566/09, NJOZ 2012, 690; MüKoBGB/*Müller-Glöge*, § 613a Rz. 135; RGRK/*Ascheid*, § 613a Rz. 192; Soergel/*Raab*, § 613a Rz. 109. ‖13 MüKoBGB/*Müller-Glöge*, § 613a Rz. 135; Soergel/*Raab*, § 613a Rz. 110; RGRK/*Ascheid*, § 613a Rz. 193; *B. Gaul*, Betriebs- und Unternehmensspaltung, § 24 Rz. 25; Soergel/*Raab*, § 613a Rz. 118. ‖14 MüKoBGB/*Müller-Glöge*, § 613a Rz. 135; RGRK/*Ascheid*, § 613a Rz. 195; Soergel/*Raab*, § 613a Rz. 112; Bsp. bei BAG 22.2.2012 – 4 AZR 527/10 (Bewertungsverfahren durch paritätisch besetzte Kommission); aA Staudinger/*Annuß*, § 613a Rz. 210; *B. Gaul*, Betriebs- und Unternehmensspaltung, § 24 Rz. 25. ‖15 BAG 5.10.1993 – 3 AZR 586/92, NZA 1994, 848. ‖16 MüKoBGB/*Müller-Glöge*, § 613a Rz. 135; RGRK/*Ascheid*, § 613a Rz. 118. ‖17 AA ErfK/*Preis*, § 613a BGB Rz. 113b; *Sagan*, RdA 2011, 163 (170 f.). ‖18 BAG 26.8.2009 – 4 AZR 280/08, NZA 2010, 238. ‖19 WHSS/*Hohenstatt*, Rz. E 124; ErfK/*Preis*, § 613a BGB Rz. 118; Staudinger/*Annuß*, § 613a Rz. 210 f.; zweifelnd *Seiter*, Betriebsinhaberwechsel, S. 93; *Zöllner*, DB 1995, 1401.

Begriff der „Arbeitsbedingungen" in Art. 3 III der RL stimmt inhaltlich mit dem der „Rechte und Pflichten" in Abs. 1 S. 1 überein.

b) Statische Wirkung der Fortgeltung. Die Transformation nach Abs. 1 S. 2 wirkt statisch, dh. die von der Vorschrift erfassten Regelungen werden in dem Zustand aufrecht erhalten, der im Zeitpunkt des Betriebsinhaberwechsels besteht[1]. An nachträglichen Änderungen der zugrunde liegenden BV und TV nehmen die übergegangenen ArbVerh nicht mehr teil. Da Abs. 1 S. 2 wechselseitige Bindung an den Tarifvertrag voraussetzt, werden im Zeitpunkt des Inhaberwechsels geschlossene, aber noch nicht in Kraft getretene Tarifverträge nicht erfasst[2]. Auch ein nach dem Betriebsübergang mit Rückwirkung auf einen Zeitpunkt vor dem Betriebsübergang geschlossener TV kann die Weitergeltung nach Abs. 1 S. 2 nicht mehr beeinflussen[3]. Nimmt ein (Firmen-)TV auf einen VerbandsTV dynamisch Bezug, so gehen auch die Regelungen des in Bezug genommenen TV in dem Zustand in die ArbVerh ein, der im Zeitpunkt des Betriebsübergangs bestand. Der verweisende und der in Bezug genommene TV sind insoweit als Einheit zu betrachten[4]. Zweifelhaft erscheint daher die Ansicht der Rspr.[5], bei sog. **Stufentarifverträgen** bleibe die in dem TV selbst angelegte Dynamik (zB eine Tariflohnsteigerung zu einem in der Zukunft liegenden Zeitpunkt) erhalten[6].

Die durch Abs. 1 S. 2 bewirkte Abkopplung von der Tarifentwicklung kann erheblichen Druck auf die ArbN erzeugen, sich – in den Grenzen des Abs. 1 S. 2–4 – auf Änderungen ihrer Arbeitsbedingungen einzulassen. In der Praxis wird deshalb von Gewerkschaftsseite häufig versucht, den Abschluss eines (Firmen-)AnerkennungsTV durchzusetzen. Vereinbarungen (zB in einem **Personalüberleitungsvertrag** zwischen Veräußerer und Erwerber), die den Erwerber verpflichten, dem ArbGebVerband beizutreten und dauerhaft in diesem zu verbleiben, sind mit Art. 9 III 1 GG unvereinbar und daher nichtig[7]. Den übergehenden ArbN kann aber gegen den Erwerber ein Anspruch auf Vereinbarung einer dynamischen Bezugnahmeklausel auf die bislang einschlägigen Tarifverträge eingeräumt werden[8].

c) Erfasster Personenkreis. Die Fortgeltung nach Abs. 1 S. 2 betrifft nur die ArbN, deren ArbVerh gem. Abs. 1 S. 1 auf den Erwerber übergehen. Die Rspr. nimmt allerdings an, dass der Erwerber ungeachtet des Fortfalls des ursprünglichen kollektiven Geltungsgrundes an die beim Veräußerer geltende **kollektive Vergütungsordnung** gebunden werde und deshalb verpflichtet sei, neu eintretende ArbN in diese einzugruppieren[9]. Ändern könne der Erwerber die Vergütungsordnung nur unter Beachtung des MitbestR des BR aus § 87 I Nr. 10 BetrVG[10].

d) Bedeutung der Veränderungssperre. Die einjährige Veränderungssperre des Abs. 1 S. 2 ist in der Praxis Gegenstand zahlreicher Missverständnisse. Richtigerweise bezieht diese sich nur auf nach Abs. 1 S. 2 aufrechterhaltene **Regelungen aus BV und TV**[11]. Individualrechtliche Regelungen dürfen auch während des ersten Jahres nach dem Inhaberwechsel zum Nachteil der ArbN geändert werden[12]. Eines sachlichen Grundes bedarf es insoweit entgegen der früheren Rspr. nicht[13] (Rz. 247). Unzulässig sind zudem nur Änderungen der nach Abs. 1 S. 2 aufrechterhaltenen Regelungen mit **individualrechtl. Mitteln**, also nur Änderungsvereinbarungen und Änderungskündigungen[14]. Durch verschlechternde BV und TV können die gem. Abs. 1 S. 2 aufrechterhaltenen Regelungen demggü. (nach näherer Maßgabe des Abs. 1 S. 3) auch während des Jahresfrist zum Nachteil der ArbN geändert werden (Rz. 270). Weitere Ausnahmen von der Veränderungssperre des Abs. 1 S. 2 enthält Abs. 1 S. 4. Für die Berechnung der Frist des Abs. 1 S. 2 gelten die §§ 186 ff. Zur Anwendung des Abs. 1 S. 2 im Falle eines **mehrfachen Betriebsübergangs** Rz. 276.

Änderungsvereinbarungen, die während der Jahresfrist für die Zeit hiernach geschlossen werden, sind zulässig. Die Vorschrift beinhaltet eine zeitlich befristete Bestandsschutzgarantie, **kein Kontrahie-**

---

1 St. Rspr., zB BAG 29.8.2001 – 4 AZR 332/00, NZA 2002, 513; 20.6.2001 – 4 AZR 295/00, NZA 2002, 517; 13.11.1985 – 4 AZR 309/84, NZA 1986, 422; 13.9.1994 – 3 AZR 148/94, NZA 1995, 740. ‖ 2 BAG 16.5.2012 – 4 AZR 321/10, NZA 2012, 923; 20.6.2001 – 4 AZR 295/00, NZA 2002, 517; MüKoBGB/*Müller-Glöge*, § 613a Rz. 134. ‖ 3 BAG 13.9.1994 – 3 AZR 148/94, NZA 1995, 740. ‖ 4 BAG 26.8.2009 – 5 AZR 969/08, NZA 2010, 173; 29.8.2001 – 4 AZR 332/00, NZA 2002, 513; 20.6.2001 – 4 AZR 295/00, NZA 2002, 517; vgl. auch BAG 29.1.2008 – 3 AZR 426/06, NZA 2008, 541. ‖ 5 BAG 16.5.2012 – 4 AZR 321/10, NZA 212, 923 (Tz. 32); 21.4.2010 – 4 AZR 768/08, DB 2010, 1998; 22.4.2009 – 4 AZR 100/08, NZA 2010, 41; 19.9.2007 – 4 AZR 711/06, NZA 2008, 241; zustimmend MüKoBGB/*Müller-Glöge*, § 613a Rz. 134; ErfK/*Preis*, 613a Rz. 117. ‖ 6 AA WHSS/*Hohenstatt*, Rz. E 127. ‖ 7 BAG 26.8.2009 – 4 AZR 290/08, NZA 2010, 891; 19.9.2006 – 1 ABR 2/06, NZA 2007, 2077; allg. zur Sicherung der kollektiven Tarifgeltung nach einem Betriebsübergang *Müller-Bonanni/Mehrens*, NZA 2012, 195. ‖ 8 BAG 23.2.2011 – 4 AZR 439/09; 22.4.2009 – 4 ABR 14/08, NZA 2009, 1286; ausführlich *Müller-Bonanni/Mehrens*, NZA 2012, 195 ff. ‖ 9 BAG 4.5.2011 – 7 ABR 10/10, NZA 2011, 1239, Rz. 23; 8.12.2009 – 1 ABR 66/08, NZA 2010, 404; exakt gegenteilig noch BAG 23.9.2003 – 1 ABR 530/02, NZA 2004, 800; ausf. *Bepler*, FS Bauer, 2010, S. 161 ff.; *Müller-Bonanni/Mehrens*, NZA 2012, 1194 ff. ‖ 10 BAG 4.5.2011 – 7 ABR 10/10, NZA 2011, 1239, Rz. 23; 8.12.2009 – 1 ABR 66/08, NZA 2010, 404. ‖ 11 WHSS/*Hohenstatt*, Rz. E 132; für eine teleologische Reduktion in Bezug auf freiwillige BV *Hertzfeld*, DB 2006, 2177. ‖ 12 BAG 22.10.2008 – 4 AZR 793/07, NZA 2009, 323, Rz. 40 mwN. ‖ 13 BAG 7.11.2007 – 5 AZR 1007/06, NZA 2008, 530; ErfK/*Preis*, § 613a BGB Rz. 83; *Willemsen*, NZA Beil. 4/2008, 155 (163); anders noch BAG 18.8.1976 – 5 AZR 95/75, NJW 1977, 1168; 26.1.1977 – 5 AZR 302/75, NJW 1977, 1470. ‖ 14 Erman/*Edenfeld*, § 613a Rz. 83, 87; WHSS/*Hohenstatt*, Rz. E 133.

rungsverbot[1]. Hierfür spricht, dass auch während der Phase der zwingenden Geltung des TV abweichende Individualvereinbarungen im Vorgriff auf die Nachwirkung gem. § 4 V TVG zulässig sind[2]. Auch das dogmatische Verständnis der Verbotsnorm des § 134 streitet hierfür[3]. Schließlich bezieht auch die RL 2001/23/EG die Jahresfrist in ihrem Art. 3 auf die Aufrechterhaltung der Arbeitsbedingungen, nicht auf den Zeitpunkt der Vereinbarung anderweitiger Abmachungen.

268 **5. Verhältnis zu Kollektivverträgen des Erwerbers (Abs. 1 S. 3).** Gem. Abs. 1 S. 3 findet Abs. 1 S. 2 keine Anwendung, dh. die beim bisherigen Betriebsinhaber geltenden kollektivvertragl. Regelungen werden nicht gem. Abs. 1 S. 2 aufrechterhalten, soweit die Rechte und Pflichten aus dem ArbVerh bei dem neuen Inhaber durch einen anderen TV oder eine andere BV geregelt werden. Die Vorschrift setzt die aktuelle Geltung der beim neuen Betriebsinhaber bestehenden Kollektivverträge für das ArbVerh voraus („geregelt werden"). Für TV bedeutet dies, dass der neue Betriebsinhaber und der ArbN **kongruent tarifgebunden** (§ 3 I TVG) sein müssen. Die bloße Tarifgebundenheit des neuen Betriebsinhabers genügt nicht[4]. Zu einer Ersetzung der beim bisherigen Betriebsinhaber geltenden TV durch die ErwerberTV kommt es demgemäß nur dann, wenn die ErwerberTV mit **derselben Gewerkschaft** geschlossen wurden wie die VeräußererTV[5], die ErwerberTV **allgemeinverbindlich** sind oder der ArbN der für den Erwerber **zuständigen Gewerkschaft** beitritt[6]. Hierzu kann ihn der neue Betriebsinhaber nicht zwingen. Auch auf den alternativ in Betracht kommenden Abschluss einer Bezugnahmevereinbarung auf die ErwerberTV gem. Abs. 1 S. 4 Alt. 2 muss sich der ArbN nicht einlassen. Der neue Betriebsinhaber wird aber durch Abs. 4 S. 1 nicht daran gehindert, zur Durchsetzung derartiger Vereinbarungen eine **Änderungskündigung** auszusprechen[7]. Solche Änderungskündigungen sind sozial gerechtfertigt, wenn die Unterwerfung unter den Erwerbertarifvertrag bei Abwägung der Interessen der übernommenen ArbN und des neuen Inhabers angemessen und billigenswert erscheint[8]. Das bloße Interesse des neuen Betriebsinhabers an der Vereinheitlichung der Arbeitsbedingungen genügt insoweit allerdings nicht[9]. Der Abschluss einer BV, die inhaltlich die ErwerberTV übernimmt, scheitert an § 77 III BetrVG[10]. Beanspruchen sowohl die VeräußererTV als auch die Verträge des Erwerbers für das übergegangene ArbVerh kollektivrechtl. Geltung, ist diese Kollision nicht nach Abs. 1 S. 3, sondern nach den Regeln zur **Tarifkonkurrenz** aufzulösen[11]. Hierzu kann es bspw. im Falle einer Verschmelzung kommen, wenn der übertragende Rechtsträger an einen FirmenTV gebunden ist, der mit derselben Gewerkschaft geschlossen wurde wie die im aufnehmenden Unternehmen geltenden Verbandstarifverträge.

269 **Betriebsvereinbarungen** (Einzel-, Gesamt- und KonzernBV) gelten, sofern in ihnen nichts Abweichendes bestimmt ist, für sämtliche betriebsangehörige ArbN, und damit auch für ArbN, die im Zuge eines Betriebsinhaberwechsels nachträglich in den Betrieb eintreten[12]. Wird der übernommene Betrieb oder Betriebsteil nicht organisatorisch in einen bei dem neuen Betriebsinhaber bereits vorhandenen Betrieb eingegliedert, sondern als betriebsverfassungsrechtl. selbstständige Einheit fortgeführt, muss im Hinblick auf die Gesamt- und KonzernBV des Erwerbers jeweils geprüft werden, ob diese nachträglich zum Unternehmen bzw. Konzern hinzutretende Einheiten erfassen wollen. Dies ist eine Frage der Auslegung des Geltungsbereichs. Im Zweifel ist davon auszugehen, dass Gesamt- und KonzernBV auf den Unternehmens- bzw. Konzernbestand im Zeitpunkt ihres Abschlusses beschränkt sind[13]. Auch **FirmenTV** beanspruchen für nachträglich zum Unternehmen hinzutretende Betriebe idR keine Geltung[14].

270 Die ablösenden Regelungen müssen nicht notwendig bereits im Zeitpunkt des Betriebsinhaberwechsels bestehen. Auch **nachträglich geschlossene TV und BV** unterfallen Abs. 1 S. 3[15]. Die kongruente Tarifbindung kann ferner durch nachträgliche Verschmelzung von Gewerkschaften entstehen[16]. Der ablösende Kollektivvertrag kann aus ArbN-Sicht auch ungünstiger sein als die abgelösten Regelungen. Insoweit gilt nicht das **Günstigkeitsprinzip**, sondern das Ordnungsprinzip[17]. Ob hieran nach der *Scatto-*

---

1 *Willemsen*, FS 25 Jahre Arbeitsgemeinschaft Arbeitsrecht im DAV, 2005, S. 1013 (1026 f.); wohl aA ErfK/*Preis*, § 613a BGB Rz. 119. ||2 BAG 20.10.2010 – 4 AZR 552/08; 1.7.2009 – 4 AZR 250/08, AP Nr. 51 zu § 4 TVG Nachwirkung; 22.10.2008 – 4 AZR 789/07, NZA 2009, 265; *Wiedemann/Wank*, § 4 TVG Rz. 59; *Löwisch/Rieble*, § 4 TVG Rz. 745. ||3 Staudinger/*Sack*, § 134 Rz. 56. ||4 BAG 7.7.2010 – 4 AZR 1023/08, NZA-RR 2011, 30; zuvor bereits BAG 30.8.2000 – 4 AZR 581/99, NZA 2011, 510; RGRK/*Ascheid*, § 613a Rz. 220; ErfK/*Preis*, § 613a BGB Rz. 123; MüKoBGB/*Müller-Glöge*, § 613a Rz. 140; Staudinger/*Annuß*, § 613a Rz. 281; aA *Moll*, RdA 1996, 275 (280ff.); *Bauer*, FS Schaub, 1998, S. 19ff.; *Heinze*, FS Schaub, 1998, S. 275ff.; *Henssler*, FS Schaub, 1998, S. 311 (319ff.); *Hromadka*, DB 1996, 1872 (1876); *Zöllner*, DB 1995, 1401 (1403ff.). ||5 BAG 11.5.2005 – 4 AZR 315/04, NZA 2005, 1362. ||6 Staudinger/*Annuß*, § 613a Rz. 227; *B. Gaul*, Betriebs- und Unternehmensspaltung, § 24 Rz. 42. ||7 Vgl. Staudinger/*Annuß*, § 613a Rz. 235. ||8 ErfK/*Preis*, § 613a BGB Rz. 122; MüKoBGB/*Müller-Glöge*, § 613a Rz. 138; *Seiter*, Betriebsinhaberwechsel, 1980, S. 96. ||9 Vgl. Erman/*Edenfeld*, § 613a Rz. 86 aE; ausf. *Schiefer*, DB 2003, 390 (392ff.). ||10 Vgl. BAG 8.12.2009 – 1 ABR 66/08, NZA 2010, 404 Rz. 34ff. (dort offengelassen für Sozialpläne). ||11 WHSS/*Hohenstatt*, Rz. E 107; in diese Richtung auch BAG 7.7.2010 – 4 AZR 1023/08, NZA-RR 2011, 30. ||12 WHSS/*Hohenstatt*, Rz. E 11 mwN. ||13 WHSS/*Hohenstatt*, Rz. E 64; *Sowka/Weiss*, DB 1991, 1518ff. ||14 Staudinger/*Annuß*, § 613a Rz. 201, WHSS/*Hohenstatt*, Rz. E 102. ||15 BAG 11.5.2005 – 4 AZR 315/04, NZA 2005, 1362; 16.5.1995 – 3 AZR 535/94, NZA 1995, 1166; 20.4.1994 – 4 AZR 342/93, ZIP 1994, 1797, ErfK/*Preis*, § 613a BGB Rz. 125; enger *Henssler*, NZA 1994, 913 (919) (erkennbarer zeitlicher Zusammenhang). ||16 BAG 11.5.2005 – 4 AZR 315/04, NZA 2005, 1362. ||17 BAG 16.5.1995 – 3 AZR 535/94, NZA 1995, 1166; 14.8.2001 – 1 AZR 619/00, NZA 2002, 276; 18.11.2003 – 1 AZR 604/02, NZA 2004, 803; mit anderem Begründungsansatz auch BAG 13.3.2012 – 1 AZR 659/10, NZA 2012, 990: teleologische Reduktion von Abs. 1 S. 2.

lon-Entscheidung des EuGH[1] uneingeschränkt festgehalten werden kann oder künftig ein Gesamtvergleich der Arbeitsbedingungen vor und nach dem Betriebsübergang vorzunehmen ist, bleibt abzuwarten[2]. In der *Scattolon*-Entscheidung hat der EuGH den Standpunkt eingenommen, die sofortige Anwendung der Erwerbertarifverträge dürfe nicht zum Ziel oder zur Folge haben, dass den ArbN insg. schlechtere Arbeitsbedingungen als die vor dem Übergang geltenden auferlegt werden (zur *Alemo-Herron*-Entscheidung vgl. EuGH Rz. 280a). Auch im Rahmen des Abs. 1 S. 3 sind allerdings die allg. für nachträgliche Eingriffe in erworbene Besitzstände geltenden Regeln zu beachten[3]. Für die Ablösung von Versorgungsordnungen durch BV bedeutet dies idR, dass zumindest der bis zum Betriebsübergang erdiente Versorgungsbesitzstand aufrechterhalten werden muss[4]. Andererseits stellt das in Abs. 1 S. 3 anerkannte Interesse des Betriebserwerbers an einer Vereinheitlichung der Versorgungsbedingungen einen sachlich-proportionalen Grund iSd. Drei-Stufen-Theorie dar und rechtfertigt damit einen Eingriff in künftige Versorgungszuwächse[5].

Die Ablösungswirkung nach Abs. 1 S. 3 tritt nur ein, soweit die beim neuen Betriebsinhaber geltenden Kollektivverträge **denselben Regelungsgegenstand** betreffen wie die Kollektivverträge des bisherigen Betriebsinhabers. IÜ werden die von dem bisherigen Betriebsinhaber stammenden Regelungen nach Ansicht der Rspr. gem. Abs. 1 S. 2 aufrecht erhalten[6], was die Praxis bisweilen vor komplexe Anwendungsprobleme stellt und Quelle zahlreicher Unsicherheiten ist[7]. Das Erfordernis der Identität des Regelungsgegenstandes bedeutet nicht, dass punktuelle Deckungsgleichheit bestehen müsste. Es genügt, wenn dieselbe Sachgruppe beim neuen Betriebsinhaber anders geregelt ist als beim bisherigen Inhaber[8]. Von einer anderweitigen Ablösung kann demggü. nicht gesprochen werden, wenn sich der Kollektivvertrag des neuen Betriebsinhabers zu dem betreffenden Regelungsgegenstand ausschweigt[9]. Eine Negativregelung genügt jedoch[10].

Beim neuen Betriebsinhaber lediglich **kraft Nachwirkung geltende TV** können die in Abs. 1 S. 3 beschriebenen Wirkungen nicht entfalten, weil sie die übergehenden ArbVerh nicht erfassen[11]. Dass Abs. 1 S. 3 einen weiter gehenden Geltungsbefehl enthielte, ist dem Gesetz nicht zu entnehmen. Anderes gilt für **nachwirkende BV**, weil diese auch für neu eintretende ArbN Geltung beanspruchen[12].

Eine sog. „**Überkreuzablösung**" tarifvertragl. Regelungen durch BV lehnt die Rspr. grds. ab. Sie komme allenfalls im Bereich der erzwingbaren Mitbestimmung (also nicht bei teilmitbestimmten Regelungsgegenständen) in Betracht[13]. Das überzeugt nicht[14]. Wortlaut und Entstehungsgeschichte des Abs. 1 S. 3 sind für eine Ablösung tarifvertragl. Regelungen durch BV offen. Unvereinbarkeiten mit den Wertungen der §§ 4 III TVG, 77 III 1 BetrVG bestehen jedenfalls dann nicht, wenn es keine für den neuen Inhaber einschlägigen TV gibt[15]. Für die Zulässigkeit einer Überkreuzablösung sprechen die ansonsten drohende Ewigkeitsbindung und das gesetzgeberisch in Abs. 1 S. 3 anerkannte Vereinheitlichungsinteresse des Erwerbers. Die These von der Unzulässigkeit einer Überkreuzablösung ist zudem unvereinbar mit der neueren Rspr. zur betriebsverfassungsrechtl. Bindung eines nichttarifgebundenen Erwerbers an die kollektive Vergütungsordnung aus den VeräußererTV (hierzu Rz. 265a)[16]. Regelungen aus **BV** werden durch entgegenstehende TV im Erwerberunternehmen nach §§ 77 III, 87 I BetrVG verdrängt, und zwar auch bereits während der Jahresfrist des Abs. 1 Satz 2[17].

Einstweilen frei.

---

[1] EuGH 6.9.2011 – Rs. C-108/10, NZA 2011, 1077 – Scattolon. ||[2] Vgl. *Sagan*, EuZA 2012, 247 (253 ff.); *Steffan*, NZA 2012, 437; ErfK/*Preis*, § 613a BGB Rz. 125; *Willemsen*, RdA 2012, 291 (301 ff.); *Winter*, RdA 2013, 36. ||[3] Staudinger/*Annuß*, § 613a Rz. 232; Erman/*Edenfeld*, § 613a Rz. 90; ErfK/*Preis*, § 613a BGB Rz. 125; MüKoBGB/*Müller-Glöge*, § 613a Rz. 158. ||[4] BAG 24.7.2001 – 3 AZR 660/00, NZA 2002, 520; weitergehend WHSS/*Schnitker*, Rz. J 470 ff. ||[5] BAG 29.7.2003 – 3 AZR 630/02, AP Nr. 45 zu § 1 BetrAVG Ablösung. ||[6] BAG 20.4.1994 – 4 AZR 342/93, ZIP 1994, 1797; 19.11.1996 – 9 AZR 640/95, NZA 1997, 890; 22.1.2003 – 10 AZR 227/02, AP Nr. 242 zu § 613a BGB; 23.1.2008 – 4 AZR 602/06, AP Nr. 63 zu § 1 TVG Bezugnahme auf Tarifvertrag, Rz. 34; Staudinger/*Annuß*, § 613a Rz. 222; MüKoBGB/*Müller-Glöge*, § 613a Rz. 142. ||[7] Krit. auch *Steffan*, NZA 2012, 473 (476 f.); *Nebeling*/*Arntzen*, NZA 2011, 1215. ||[8] BAG 20.4.1994 – 4 AZR 342/93, ZIP 1994, 1797; RGRK/*Ascheid*, § 613a Rz. 224; Erman/*Edenfeld*, § 613a Rz. 90; *Moll*, RdA 1996, 275 (284). ||[9] BAG 20.4.1994 – 4 AZR 342/93, ZIP 1994, 1797; RGRK/*Ascheid*, § 613a Rz. 224; Erman/*Edenfeld*, § 613a Rz. 90; *Moll*, RdA 1996, 275 (284). ||[10] Vgl. BAG 22.1.2003 – 10 AZR 227/02, AP Nr. 242 zu § 613a BGB; ebenso ErfK/*Preis*, § 613a BGB Rz. 125; zu Einzelfragen *Lambrich*, FS Ehmann, 2005, S. 169 (200 ff.). ||[11] Vgl. zur Geltung nachwirkender TV für neu eintretende ArbN BAG 14.2.1991 – 8 AZR 166/90, NZA 1991, 779; 13.7.1994 – 4 AZR 555/93, NZA 1995, 479. ||[12] ErfK/*Preis*, § 613a BGB Rz. 126; zur Geltung nachwirkender BV für Neueintretende *Fitting*, § 77 BetrVG Rz. 182. ||[13] BAG 6.11.2007 – 1 AZR 862/06, NZA 2008, 542; 13.11.2007 – 3 AZR 191/06, NZA 2008, 600; 21.4.2010 – 4 AZR 768/08, DB 2010, 1998; 3.7.2013 – 4 AZR 961/11, NZA-RR 2014, 80; zuvor bereits skeptisch BAG 22.3.2005 – 1 ABR 64/03, NZA 2006, 383; offener BAG 29.8.2001 – 4 AZR 332/00, NZA 2002, 513; 1.8.2001 – 4 AZR 82/00, NZA 2002, 41. ||[14] Ausf. *Müller-Bonanni*/*Mehrens*, NZA 2012, 1194 (1198); für die Zulässigkeit einer Überkreuzablösung auch RGRK/*Ascheid*, § 613a Rz. 225; *Döring*/*Grau*, BB 2009, 158; aA MüKoBGB/*Müller-Glöge*, § 613a Rz. 143; ErfK/*Preis*, § 613a BGB Rz. 126; Staudinger/*Annuß*, § 613a Rz. 221. ||[15] MüKoBGB/*Müller-Glöge*, § 613a Rz. 143; noch weitergehend für eine Durchbrechung des § 77 III BetrVG wohl RGRK/*Ascheid*, § 613a Rz. 225; unklar ErfK/*Preis*, § 613a BGB Rz. 122. ||[16] Ausf. *Müller-Bonanni*/*Mehrens*, NZA 2012, 1194 (1198). ||[17] Vgl. BAG 13.3.2012 – 1 AZR 659/10, NZA 2012, 990; *Gaul*, FS Bauer, 2010, S. 339 (348 f.); WHSS/*Hohenstatt*, Rz. E 55.

275 **FirmenTV** können im Rahmen des Abs. 1 S. 3 auch **durch VerbandsTV** abgelöst werden[1]. Fällt eine nach Abs. 1 S. 3 ablösende BV später ohne Nachwirkung fort, so hat dies nicht zur Folge, dass die „individualrechtliche" Position des ArbN aus Abs. 1 S. 2 **wieder auflebt**[2].

276 Bei **mehrfachen Betriebsübergängen** nimmt die Rspr. an, dass die zunächst nach Abs. 1 S. 2 aufrechterhaltenen Regelungen beim zweiten Inhaberwechsel nach Abs. 1 S. 1 übergehen[3]. Ob die Regelungen sodann nur noch durch Änderungskündigung bzw. den Abschluss von Änderungsvereinbarungen abgelöst werden können oder Abs. 1 S. 3 analog gilt, hat die Rspr. offen gelassen[4]. Versteht man Abs. 1 S. 2 zutreffend als normative Fortgeltungsanordnung (vgl. Rz. 250), werden die kollektivvertragl. Regelungen auch nach dem zweiten Betriebsinhaber nach Abs. 1 S. 2 aufrechterhalten[5]. Abs. 1 S. 3 findet dann unmittelbare Anwendung[6]. Die Jahresfrist des Abs. 1 S. 2 wird durch den weiteren Betriebsübergang nicht erneut ausgelöst. Sie bezieht sich allein auf originäres Kollektivrecht, nicht jedoch auf nach Abs. 1 S. 2 aufrechterhaltene Regelungen[7].

277 **6. Bezugnahmeklauseln**[8]. Arbeitsvertragl. Bezugnahmeklauseln werfen komplexe Rechtsanwendungsfragen auf (zu tarifvertragl. Bezugnahmen Rz. 265). Ihrem Inhalt nach lassen sich sog. **„kleine"** (oder: **„zeitlich dynamische")** Bezugnahmeklauseln und **„große"** (oder: **„zeitlich-sachlich dynamische")** Bezugnahmeklauseln unterscheiden. Kleine dynamische Bezugnahmeklauseln beinhalten die Anwendung eines bestimmten TV in seiner jeweils gültigen Fassung. Große dynamische Bezugnahmeklauseln haben die Anwendung der jeweils im Unternehmen geltenden TV in ihrer jeweils gültigen Fassung zum Gegenstand[9].

278 Problematisch ist ua, ob ArbN, deren Arbeitsvertrag eine kleine dynamische Bezugnahmeklausel enthält, im Falle eines Betriebsinhaberwechsels im Vergleich zu (nur) tarifgebundenen ArbN insoweit günstiger stehen, als die VeräußererTV für Letztere gem. Abs. 1 S. 2 nur statisch aufrechterhalten werden (vgl. Rz. 265), während die Dynamik der Bezugnahmeklausel auch die nach dem Übergang in Kraft tretenden Änderungen der TV umfasst[10]. Darüber hinaus ist fraglich, ob ArbN, deren ArbVerh eine kleine dynamische Bezugnahmeklausel enthält, im Falle eines Betriebsinhaberwechsels mit gleichzeitigem Tarifwechsel insoweit günstiger stehen als es für (nur) tarifgebundene ArbN unter den Voraussetzungen des Abs. 1 S. 3 zu einer Ablösung der bislang einschlägigen TV durch die uU ungünstigeren ErwerberTV kommt, während aus der Bezugnahmeklausel ein Anspruch auf weitere Anwendung der VeräußererTV gem. Abs. 1 S. 1 erwächst[11]. Für die Beantwortung dieser Fragen kommt es wesentlich darauf an, welchen **Zweck** die Arbeitsvertragsparteien mit der Vereinbarung der Bezugnahmeklausel verfolgen, ob also konstitutiv die Anwendung bestimmter TV zugesagt oder lediglich arbeitsvertragl. widergespiegelt werden soll, was tarifrechtlich gilt bzw. bei Tarifgebundenheit des ArbN gelten würde (sog. **Gleichstellungsabrede**).

279 Ob es sich um eine Gleichstellungsabrede oder eine konstitutive Zusage der Anwendung eines bestimmten TV handelt, macht die Rspr. bei **formularmäßig vorformulierten Arbeitsverträgen**, die **vor dem 1.1.2002** geschlossen wurden, davon abhängig, ob der ArbGeb bei Abschluss des Arbeitsvertrages tarifgebunden war. In diesem Falle müsse ein verständiger ArbN davon ausgehen, dass der ArbGeb lediglich deklaratorisch wiedergeben wolle, was für die tarifgebundenen ArbN in seinem Unternehmen gelte[12]. Hiervon sei selbst dann auszugehen, wenn der in Bezug genommene TV zwar allgemeinverbindlich, der ArbGeb aber zB durch Mitgliedschaft im tarifschließenden ArbGebVerband tarifgebunden sei[13]. Darauf, ob dem ArbN die Tarifbindung des ArbGeb bekannt war, soll es nicht ankommen[14]. Um eine konstitutive Zusage der Anwendung eines bestimmten TV handele es sich demggü. ua., wenn im Arbeitsvertrag auf einen fachfremden TV Bezug genommen werde[15]. Insoweit genüge es jedoch nicht, wenn ein Unternehmen, das ArbN in mehreren Tarifbezirken beschäftige, in allen Arbeitsverträgen ein-

---

1 BAG 16.10.2002 – 4 AZR 467/01, NZA 2003, 390. ‖2 BAG 18.11.2003 – 1 AZR 604/02, NZA 2004, 803. ‖3 BAG 20.4.1994 – 4 AZR 342/93, ZIP 1994, 1797; wohl auch BAG 14.1.2009 – 5 AZR 175/08, NZA 2010, 64. ‖4 BAG 20.4.1994 – 4 AZR 342/93, ZIP 1994, 1797; für analoge Anwendung Soergel/*Raab*, § 613a Rz. 125. ‖5 Ebenso ErfK/*Preis*, § 613a BGB Rz. 113. ‖6 Wie hier Staudinger/*Annuß*, § 613a Rz. 214. ‖7 Staudinger/*Annuß*, § 613a Rz. 214; *Gussen/Dauck*, Weitergeltung, 2. Aufl. 1997, Rz. 172; aA ErfK/*Preis*, § 613a BGB Rz. 113. ‖8 Überblick und Formulierungshilfen bei WHSS/*Hohenstatt*, Rz. 189 ff.; *E. M. Willemsen*, Die arbeitsvertragliche Bezugnahme auf den Tarifvertrag bei Tarifwechsel, 2009; vgl. ferner *Jacobs*, BB 2011, 2037; *Heinlein*, NJW 2008, 321. ‖9 Bsp. bei BAG 16.10.2002 – 4 AZR 467/01, NZA 2003, 390. ‖10 Vgl. BAG 21.8.2002 – 4 AZR 263/01, NZA 2003, 442; 20.2.2002 – 4 AZR 123/01, NZA 2003, 933; 26.9.2001 – 4 AZR 544/00, NZA 2002, 634; 29.8.2001 – 4 AZR 332/00, NZA 2002, 513; 4.8.1999 – 5 AZR 642/98, NZA 2000, 154. ‖11 Vgl. BAG 30.8.2000 – 4 AZR 581/99, NZA 2001, 510; 4.9.1996 – 4 AZR 135/95, NZA 1997, 271; 16.10.2002 – 4 AZR 467/01, NZA 2003, 390; ebenso LAG Düss. 20.7.2006 – 15 (4) Sa 62/06; LAG Berlin 31.3.2006 – 6 Sa 2262/05 (ausdrückliche Tarifwechselklausel erforderlich). ‖12 BAG 4.9.1996 – 4 AZR 135/95, NZA 1997, 271; 4.8.1999 – 5 AZR 642/98, NZA 2000, 154; 30.8.2000 – 4 AZR 581/99, NZA 2001, 510; 26.9.2001 – 4 AZR 544/00, NZA 2002, 634; 21.8.2002 – 4 AZR 263/01, NZA 2003, 442; 25.9.2002 – 4 AZR 294/01, NZA 2003, 807; 27.11.2002 – 4 AZR 663/01, NZA 2003, 805; bestätigt durch BAG 14.12. 2005 – 4 AZR 536/04, NZA 2006, 607; 18.4.2007 – 4 AZR 652/05, NZA 2007, 965; 10.12.2008 – 4 AZR 881/07, NZA-RR 2009, 537; 15.2.2011 – 3 AZR 54/09, NZA 2011, 928. ‖13 BAG 27.1.2010 – 4 AZR 570/08, AP Nr. 74 zu § 1 TVG Bezugnahme auf Tarifvertrag. ‖14 BAG 19.3.2003 – 4 AZR 331/02, NZA 2003, 1207; diese Rspr. ist mit der BetriebsübergangsRL vereinbar, EuGH 9.3.2006 – Rs. C-499/04, NZA 2006, 376 – Werhof. ‖15 BAG 21.10.2009 – 4 AZR 396/08, NZA-RR, 2010, 361; 25.10.2000 – 4 AZR 506/99, NZA 2002, 100; 28.5.1997 – 4 AZR 663/95, NZA 1997, 1066.

heitlich auf die (für das Unternehmen einschlägigen) TV eines bestimmten Tarifbezirks verweise. Auch eine derartige Bezugnahme sei, die Tarifgebundenheit des ArbGeb bei Abschluss des Arbeitsvertrages vorausgesetzt, regelmäßig als bloße Gleichstellungsabrede aufzufassen[1]. Diese Grundsätze gelten aus Gründen des **Vertrauensschutzes** für vor dem 1.1.2001 vereinbarte Bezugnahmeklauseln fort. Der Vertrauensschutz ist auch nicht zeitlich beschränkt[2].

Eine auf **betrieblicher Übung** beruhende Bezugnahme kann bei nicht tarifgebundenen ArbGeb nur ausnahmsweise angenommen werden. Ein nicht tarifgebundener ArbGeb will sich grds. nicht für die Zukunft der Regelungsmacht der Verbände unterwerfen[3]. Wendet ein tarifgebundener ArbGeb die bei ihm geltenden TV unterschiedslos auf tarifgebundene und nicht tarifgebundene ArbN an, wird hierdurch allenfalls eine statische Bezugnahme begründet[4]. 279a

Für Bezugnahmeklauseln, die **nach dem 31.12.2001** in Formulararbeitsverträgen vereinbart worden sind, hatte das BAG bereits im Jahr 2005 mit Blick auf §§ 305c II, 307 I 2 und das Verbot der geltungserhaltenden Reduktion eine Abkehr von der vorstehend (Rz. 279) dargestellten Rspr. angekündigt[5]. Mit Urt. v. 18.4.2007 hat das BAG die Rechtsprechungsänderung vollzogen[6]. Einzelvertragl. vereinbarte dynamische Bezugnahmen auf die beim Veräußerer geltenden TV wirken demnach nur dann nicht konstitutiv, wenn der Fortbestand der Tarifbindung des ArbGeb in einer für den ArbN erkennbaren Weise zur auflösenden Bedingung für die Vereinbarung gemacht worden ist[7]. Sie sind mit anderen Worten wortlautgetreu zu interpretieren. Dies soll auch dann gelten, wenn die nach dem Stichtag vereinbarte Bezugnahmeklausel inhaltsgleich mit einer vor dem 1.1.2002 im Arbeitsvertrag enthaltenen Klausel ist[8]. Die Grundsätze zu Neuklauseln sind ferner anzuwenden, wenn die Bezugnahmeklausel zwar vor dem 1.1.2002 vereinbart wurde, der Arbeitsvertrag jedoch nach dem Stichtag geändert und die Bezugnahmeklausel hierbei zum **Gegenstand der rechtsgeschäftlichen Willensbildung** gemacht wurde[9]. Hiervon soll entsprechend den zu Widerrufsvorbehalten entwickelten Grundsätzen schon dann auszugehen sein, wenn die Arbeitsvertragsparteien zwar die Bezugnahmeklausel selbst nicht ändern, jedoch vereinbaren, dass alle nicht ausdrücklich geänderten Regelungen aus dem Anstellungsvertrag unberührt bleiben[10]. Anders ist nach Ansicht des BAG zu entscheiden, wenn die Arbeitsvertragsparteien in der Änderungsvereinbarung formulieren: „des Weiteren bleibt es bei den bisherigen Arbeitsbedingungen"[11]. 280

Die *Werhof*-Entscheidung des EuGH[12] hat Zweifel aufgeworfen, ob die dynamische Bindung des Erwerbers mit dessen negativer Koalitionsfreiheit und Art. 3 RL 2001/23/EG vereinbar ist[13]. Diesen Bedenken ist das BAG zwischenzeitlich begegnet[14]. In der Rs. *Alemo-Herron*[15] hat der EuGH jetzt allerdings entschieden, dass Art. 3 RL 2001/23/EG es den Mitgliedstaaten verwehre, vorzusehen, dass im Fall eines Unternehmensübergangs arbeitsvertragl. Regelungen, die dynamisch auf nach dem Übergang verhandelte und abgeschlossene Kollektivverträge verweisen, ggü. dem Erwerber durchsetzbar sind, wenn der Erwerber nicht die Möglichkeit habe, an den Verhandlungen über diese Kollektivverträge teilzunehmen. Im Ausgangsverfahren ging es um die Übertragung einer Abteilung eines Bezirksrats der Stadt London auf einen privaten Übernehmer, wobei die arbeitsvertragl. in Bezug genommenen TV von der öffentl. Hand ausgehandelt wurden, so dass der private Übernehmer an den Verhandlungen nicht teilnehmen konnte. Übertragen auf das deutsche TV-System entspräche diese der arbeitsvertragl. Inbezugnahme von TV, die durch einen ArbGebVerband ausgehandelt werden, dem der Erwerber nicht beitreten kann. Ob die *Alemo-Herron*-Entscheidung zumindest für diese Konstellation eine Änderung der bisherigen Rspr. zu Bezugnahmeklauseln erfordert, bleibt abzuwarten[16]. Zur *Scattolon*-Entscheidung des EuGH Rz. 270. 280a

---

1 BAG 21.8.2002 – 4 AZR 263/01, NZA 2003, 442; 17.11.2010 – 4 AZR 127/09, NZA 2011, 457; vgl. aber BAG 21.10.2009 – 4 AZR 396/08, NZA-RR 2010, 361. ‖ 2 BAG 14.12.2011 – 4 AZR 79/10, AP § 1 TVG Bezugnahme auf Tarifvertrag Nr. 104. ‖ 3 BAG 26.8.2009 – 5 AZR 969/08, NZA 2010, 173, Rz. 26; 9.2.2005 – 5 AZR 284/04; 16.1.2002 – 5 AZR 715/00, NZA 2002, 632. ‖ 4 BAG 14.1.2009 – 5 AZR 175/08, NZA 2010, 64; 20.6.2001 – 4 AZR 290/00, NJOZ 2002, 669; zur Reichweite einer Bezugnahme durch betriebl. Übung BAG 19.1.1999 – 1 AZR 606/98, NZA 1999, 879. ‖ 5 BAG 14.12.2005 – 4 AZR 536/04, NZA 2006, 607. ‖ 6 BAG 18.4.2007 – 4 AZR 652/05, NZA 2007, 965; zur Verwendbarkeit der Rspr. mit der Werhof-Entscheidung des EuGH 9.3.2006 – Rs. C-499/04, NZA 2006, 376; BAG 29.8.2007 – 4 AZR 767/06, NZA 2008, 364, Rz. 21; 22.10.2008 – 4 AZR 793/07, NZA 2008, 323, Rz. 17; vgl. auch BAG 19.9.2007 – 4 AZR 711/06, NZA 2008, 241; ebenso *Thüsing*, NZA 2006, 473 (475); *Hanau*, RdA 2007, 180 (182); *Heinlein*, NJW 2008, 321 (324); WHSS/*Hohenstatt*, Rz. E 197; aA *Nicolai*, DB 2006, 673. ‖ 7 BAG 18.4.2007 – 4 AZR 652/05, NZA 2007, 965; 22.10.2008 – 4 AZR 793/07, NZA 2008, 323, aA LAG Düss. 2.4.2009 – 15 Sa 1148/08, aufgehoben durch BAG 17.11.2010 – 4 AZR 407/09. ‖ 8 BAG 18.4.2007 – 4 AZR 652/05, NZA 2007, 965. ‖ 9 BAG 16.5.2012 – 4 AZR 290/10, AP 3 1 TVG Bezugnahme auf Tarifvertrag Nr. 113; 19.10.2011 – 4 AZR 811/09, AP § 1 TVG Bezugnahme auf Tarifvertrag Nr. 93; 24.2.2010 – 4 AZR 691/08, NZA-RR 2010, 530; 18.11.2009 – 4 AZR 514/08, NZA 2010, 170. ‖ 10 BAG 19.10.2011 – 4 AZR 811/09, AP § 1 Bezugnahme auf Tarifvertrag § 93; zuvor bereits BAG 18.11.2009 – 4 AZR 514/07, NZA 2010, 170, Rz. 25 (*obiter dictum*). ‖ 11 BAG 19.10.2011 – 4 AZR 811/09, AP TVG § 1 Bezugnahme auf Tarifvertrag Nr. 93. ‖ 12 EuGH 9.3.2006 – Rs. C-499/04, NZA 2006, 376 – Werhof. ‖ 13 *Nicolai*, DB 2006, 670 (672); *Meinel/Herms*, DB 2006, 1429 (1430); *Melot de Beauregard*, NJW 2006, 2522 (2525); *Moll*, RdA 2007, 47 (52f.). ‖ 14 BAG 23.9.2009 – 4 AZR 331/08, NZA 2010, 513; 22.10.2008 – 4 AZR 793/07, NZA 2008, 323; 29.8.2007 – 4 AZR 767/06, NZA 2008, 364; *Heinlein*, NJW 2008, 321 (324); WHSS/*Hohenstatt*, Rz. E 197; *Suschet*, RdA 2013, 28. ‖ 15 EuGH 18.7.2013 – C 426/11, NZA 2013, 835. ‖ 16 Hierfür *Jacobs*, EuZW 2013, 737; *Willemsen/Grau*, NZA 2014, 12ff.; *Schiefer/Hartmann*, BB 2013, 2613; *Mückl*, ZIP 2014, 207; aA *Forst*, DB 2013, 1847. *Lobinger*, NZA 2013, 945; vgl. auch *Sutschet*, RdA 2013, 28; *Willemsen*, RdA 2012, 291 (303).

280b Als **Tarifwechselklausel** sollen auch Altklauseln nur ausgelegt werden können, wenn sich dies aus besonderen Umständen ergibt[1]. Mangels solcher besonderer Umstände müsse der Tarifwechsel in der Klausel ausdrücklich angeordnet sein[2]. Umstritten ist zudem, ob Tarifwechselklauseln Abs. 1 S. 4, Alt. 2 unterfallen[3]. Verneint man dies, kommt es zu einer Kollision zwischen den individualvertragl. in Bezug genommenen ErwerberTV und dem nach Abs. 1 S. 2 (statisch) fortgeltenden VeräußererTV, deren Auflösung ihrerseits umstritten ist[4]. Entscheidend für die Anwendung des Abs. 1 S. 4 Alt. 2 streitet das in Abs. 1 S. 3, 4 gesetzgeberisch anerkannte Vereinheitlichungsinteresse des Erwerbers. Der Wortlaut des Abs.1 S. 4 Alt. 2 zwingt ebenfalls nicht zu einer Beschränkung auf nachträglich vereinbarte Inbezugnahmen.

280c Nach den vorstehenden Grundsätzen als Neuklauseln zu qualifizierende kleine dynamische Bezugnahmeklauseln verpflichten den nicht oder anders tarifgebundenen Erwerber zur dynamischen Anwendung der VeräußererTV auf die betreffenden ArbVerh. Eine entsprechende Anwendung von Abs. 1 S. 3 bei tarifgebundenen Erwerbern lehnt die Rspr. ab[5]. Auch die Regeln zur Tarifkonkurrenz finden keine Anwendung[6]. Diese Grundsätze gelten auch für tarifgebundene ArbN, und zwar auch dann, wenn die ErwerberTV mit derselben Gewerkschaft geschlossen wurden oder allgemeinverbindlich sind[7]. In der Lit. wird für diese Fälle die Zulassung einer „**Entdynamisierung**" der Bezugnahmeklauseln durch Änderungskündigung gefordert[8].

280d Arbeitsvertragl. **Inbezugnahmen** der im Unternehmen geltenden **Betriebsvereinbarungen** sind im Zweifel deklaratorischer Natur[9]. Aus ihnen kann daher kein über Abs. 1 S. 2 hinausgehender Geltungsgrund hergeleitet werden.

281 **7. Ausnahmen von der Veränderungssperre des Abs. 1 S. 2.** Abs. 1 S. 4 regelt zwei Ausnahmen von dem Verbot des Abs. 1 S. 2, nach dieser Vorschrift aufrechterhaltene Regelungen aus Kollektivverträgen mit Wirkung vor Ablauf eines Jahres nach dem Betriebsübergang auf individualrechtl. Wege zum Nachteil der ArbN zu ändern (zur Zulässigkeit von Vereinbarung vor oder während der Sperrfrist mit Wirkung für die Zeit hiernach oben Rz. 267).

282 Nach Abs. 1 S. 4 Alt. 1 dürfen die nach Abs. 1 S. 2 aufrechterhaltenen Regelungen bereits vor Ablauf der Jahresfrist durch Individualvereinbarung zum Nachteil der ArbN abgeändert werden, sobald der TV oder die BV, aus der die Regelung stammt, nicht mehr gilt. TV und BV gelten nicht mehr in diesem Sinne, wenn sie durch Ablauf der Zeit, für die sie eingegangen wurden, oder durch Kündigung enden und nur noch kraft Nachwirkung gem. §§ 4 V TVG, 77 VI BetrVG fortgelten[10]. Dies gilt auch, wenn die beim bisherigen Inhaber geltenden (Verbands-)TV erst nach dem Inhaberwechsel gekündigt werden[11]. Die Rspr. nimmt wegen der Ähnlichkeit der Fortgeltungsanordnung des Abs. 1 S. 2 mit der Nachbindung gem. § 3 III TVG ferner an, dass auch jede Änderung der VeräußererTV die Sperrwirkung des Abs. 1 S. 2 beende[12]. Die **Vollbeendigung** der aufrechterhaltenen Regelung beendet die Fortgeltung nach Abs. 1 S. 2 insgesamt[13]. Befand sich der zugrunde liegende TV bzw. die zugrunde liegende BV bereits im Zeitpunkt des Betriebsinhaberwechsels im Nachwirkungsstadium, so können Vereinbarungen nach Abs. 1 S. 4 Alt. 1 unmittelbar nach dem Übergang getroffen werden. Eines **sachlichen Grundes** bedarf es für Änderungsvereinbarungen nach Abs. 1 S. 4 Alt. 1 nicht (vgl. Rz. 247). Das Verlangen nach einem sachlichen Grund wäre mit der gesetzgeberischen Wertung des Abs. 1 S. 4 Alt. 1 unvereinbar. Der neue Inhaber darf die Gewährung einer freiwilligen Gehaltserhöhung ohne Verstoß gegen § 612a davon abhängig machen, dass der ArbN in eine verschlechternde Angleichung seiner Arbeitsbedingungen einwilligt[14]. Er hat bei der Angleichung der Arbeitsbedingungen allerdings den arbeitsrechtl. Gleichbehandlungsgrundsatz zu beachten (vgl. Rz. 246). Nach der Rspr. zur betriebsverfassungsrechtl. Bindung des Erwerbers an die kollektive Vergütungsordnung des Veräußerer (vgl. Rz. 265a) kann der Abschluss von Änderungsvereinbarungen des Weiteren der Mitbest. des BR gem. § 87 I Nr. 10 BetrVG unterliegen[15].

---

1 BAG 14.12.2011 – 4 AZR 179/10, AP § 1 TVG Bezugnahme auf Tarifvertrag Nr. 105; 6.7.2011 – 4 AZR 706/09, NZA 2012, 100; 17.11.2010 – 4 AZR 391/09, NZA 2011, 356; 22.10.2008 – 4 AZR 784/07, NZA 2009, 151; 29.8.2007 – 4 AZR 767/06, NZA 2008, 364; 25.9.2002 – 4 AZR 294/01, NZA 2003, 807; 30.8.2000 – 4 AZR 581/99, NZA 2001, 510; anders BAG 4.9.1996 – 4 AZR 135/95, NZA 1997, 271 für den Sonderfall des Wechsels in den Geltungsbereich eines mit derselben Gewerkschaft geschlossenen TV. || 2 Formulierungsbspl. bei BAG 16.10.2002 – 4 AZR 467/01, NZA 2003, 390. || 3 Offen gelassen von 21.2.2001 – 4 AZR 18/00, NZA 2001, 1318 (1324); befürwortend *Bauer/Günther*, NZA 2008, 6 (11); *Henssler*, § 3 TVG Rz. 30c; *Jacobs*, BB 2011, 2037 (2040f.); WHSS/*Hohenstatt*, Rz. E 206; aA ErfK/*Franzen*, § 3 TVG Rz. 41a; *Löwisch/Rieble*, § 3 TVG Rz. 627; MüKoBGB/*Müller-Glöge*, § 613a Rz. 138. || 4 Vgl. ErfK/*Franzen*, § 3 TVG Rz. 41a. || 5 BAG 17.11.2010 – 4 AZR 391/09, NZA 2011, 356; 4.6.2008 – 4 AZR 398/07, AP Nr. 65 zu § 1 TVG Bezugnahme auf Tarifvertrag; 13.11.2007 – 3 AZR 191/06, NZA 2008, 600; 29.8.2007 – 4 AZR 767/06, NZA 2008, 346; zust. Staudinger/*Annuß*, § 613a Rz. 236; WHSS/*Hohenstatt*, Rz. E 190. || 6 BAG 29.8.2007 – 4 AZR 767/06, NZA 2008, 346. || 7 *Jacobs*, BB 2011, 2037 (2039); anders noch BAG 4.9.2006 – 4 AZR 165/05, NZA 2006, 271. || 8 Vgl. WHSS/*Hohenstatt*, Rz. E 216; *Giesen*, NZA 2006, 625 (631f.); *Jacobs*, BB 2011, 2037 (2040). || 9 BAG 7.6.2011 – 1 AZR 807/09, NZA 2011, 1234, Rz. 26; 13.3.2012 – 1 AZR 659/10, NZA 2012, 990, Rz. 15. || 10 ErfK/*Preis*, § 613a BGB Rz. 121; MüKoBGB/*Müller-Glöge*, § 613a Rz. 157. || 11 BAG 22.4.2009 – 4 AZR 100/08, NZA 2010, 41; MüKoBGB/*Müller-Glöge*, § 613a Rz. 137. || 12 BAG 22.4.2009 – 4 AZR 100/08, NZA 2010, 41. || 13 BAG 22.4.2009 – 4 AZR 100/08, NZA 2010, 41, Rz. 76. || 14 BAG 14.3.2007 – 5 AZR 420/06, NZA 2007, 862. || 15 Ausf. *Müller-Bonanni/Mehrens*, NZA 2012, 1194 (1196f.).

Die zweite Ausnahme von der Sperrfrist des Abs. 1 S. 2 betrifft den Fall, dass der neue Betriebsinhaber 283
und der ArbN individualvertragl. die Anwendung eines anderen als des bei dem bisherigen Betriebsinhaber geltenden TV vereinbaren. Der TV löst dann die von dem bisherigen Betriebsinhaber stammenden tarifvertragl. Regelungen ab. Nach Abs. 1 S. 4 Alt. 2 kann eine solche Vereinbarung nur bei „fehlender beiderseitiger Tarifgebundenheit" getroffen werden, jedoch liegt hierin keine einschränkende Tatbestandsvoraussetzung, sondern lediglich eine Klarstellung. Gilt der anderweitige TV bereits kraft beiderseitiger Tarifgebundenheit, so bedarf es keiner Vereinbarung nach Abs. 1 S. 4 Alt. 2. An einer beiderseitigen Tarifgebundenheit fehlt es deshalb bereits immer dann, wenn entweder der ArbGeb oder der ArbN nicht tarifgebunden iSd. § 3 I TVG ist[1]. In Bezug genommen werden kann nur ein für den neuen Betriebsinhaber von seinem – insb. fachlichen – Geltungsbereich her *einschlägiger TV*[2]. Der betreffende TV kann überdies nur insg. für das ArbVerh zur Anwendung berufen werden. Abs. 1 S. 4 Alt. 2 eröffnet demggü. keine Möglichkeit, auf einzelne Regelungskomplexe des für den neuen Betriebsinhaber einschlägigen TV Bezug zu nehmen und es iÜ bei der Fortgeltung der für den bisherigen Betriebsinhaber geltenden TV nach Abs. 1 S. 2 zu belassen. Der Gesetzgeber geht in Abs. 1 S. 4 Alt. 2 davon aus, dass der ErwerberTV eine in sich ebenso ausgewogene Regelung der Arbeitsbedingungen enthält wie der für den bisherigen Betriebsinhaber einschlägige TV („Richtigkeitsgewähr des TV"). Eine nur punktuelle Bezugnahme auf die für den neuen Betriebsinhaber einschlägige TV liefe Gefahr, diese Ausgewogenheit zu beeinträchtigen[3]. Die Vereinbarung nach Abs. 1 S. 4 Alt. 2 muss nicht notwendig nach dem Zeitpunkt des Inhaberwechsels getroffen werden. Es genügt, wenn der Arbeitsvertrag des ArbN eine große dynamische Bezugnahmeklausel („Tarifwechselklausel") enthält, an die der neue Betriebsinhaber nach Abs. 1 S. 1 gebunden wird[4]. Zur Durchsetzung von Änderungsvereinbarungen nach Abs. 1 S. 4 durch Änderungskündigung Rz. 268.

III. Betriebsverfassungsrechtliche Fragen. 1. Kontinuität der Arbeitnehmervertretungen. Der BR 284 wird durch eine Übertragung des **Betriebes (als Ganzes)**, für den er gebildet wurde, in seiner Amtsstellung nicht berührt[5]. Das Amt des BR endet jedoch – wie es auch außerhalb des § 613a enden würde –, wenn der übertragene Betrieb infolge organisatorischer Maßnahmen im Zusammenhang mit dem Inhaberwechsel seine betriebsverfassungsrechtl. Identität verliert[6]. Zu einem solchen Identitätsverlust kommt es insb., wenn der übertragene Betrieb derart organisatorisch in einen bereits vorhandenen Betrieb des neuen Inhabers eingegliedert wird, dass er in diesem aufgeht oder mit einem bereits vorhandenen Betrieb des neuen Inhabers organisatorisch zu einem neuen Betrieb zusammengefasst wird[7]. In beiden Fällen kann dem BR gem. §§ 21a II, 21b BetrVG ein Übergangs- und/oder Restmandat zukommen; die Einzelheiten sind umstritten[8].

Wird nur ein **Betriebsteil** übertragen, so kommt es für den Fortbestand des BR im zurückbleibenden 285 Rumpfbetrieb ebenfalls auf den Erhalt der Betriebsidentität an[9]. Besteht diese fort, so bleibt der für diesen gebildete BR im Amt[10]. Hinsichtlich des übertragenen Betriebsteils kommt ihm gem. § 21a I BetrVG ein Übergangsmandat zu, sofern der Betriebsteil durch den neuen Inhaber als betriebsverfassungsrechtl. selbständiger Betrieb fortgeführt wird[11]. Gliedert der neue Inhaber den übernommenen Betriebsteil derart organisatorisch in einen bei ihm bereits bestehenden, größeren Betrieb ein, dass der übernommene Betriebsteil in diesem aufgeht, entsteht kein Übergangsmandat; der BR des Übernehmerbetriebs wird mit der Eingliederung für die ArbN des übernommenen Betriebsteils kraft Gesetzes zuständig[12]. Hat die Übertragung des Betriebsteils für den zurückbleibenden Rumpfbetrieb den Verlust seiner betriebsverfassungsrechtl. Identität zur Folge, greift das Restmandat nach § 21b BetrVG ein[13].

Auf die **Mitgliedschaft im Betriebsrat** hat die organisatorisch unveränderte Übertragung des Betriebs, für den der BR gebildet wurde, keine Auswirkungen. In den Fällen des Betriebsteilübergangs endet demggü. die Mitgliedschaft der BR-Mitglieder des abgebenden Betriebs, deren ArbVerh auf den Erwerber übergehen, grds. mit dem Inhaberwechsel (§ 24 Nr. 3 BetrVG)[14]. Anderes gilt, wenn dem BR ein Rest- oder Übergangsmandat zukommt. In diesem Fall besteht die Mitgliedschaft im BR für die Dauer des Rest- bzw. Übergangsmandats fort[15]. Die BR-Mitglieder, deren ArbVerh nach Abs. 1 S. 1 übergehen, 285a

---

1 Staudinger/*Annuß*, § 613a Rz. 235; Soergel/*Raab*, § 613a Rz. 136. ||2 WHSS/*Hohenstatt*, Rz. E 136.
||3 ErfK/*Preis*, § 613a BGB Rz. 127; Staudinger/*Annuß*, § 613a Rz. 235. ||4 Str., vgl. *Jacobs*, BB 2011, 2037 (2041); Staudinger/*Annuß*, § 613a Rz. 235, 240; *Hanau*, NZA 2005, 489 (492); aA *Lambrich*, FS Ehmann, 2005, S. 169 (234); vgl. auch BAG 16.10.2002 – 4 AZR 467/01, NZA 2003, 390 (Ablösung individualvertragl. Bezugnahme bei Verbandsbeitritt des neuen Inhabers). ||5 BAG 5.2.1991 – 1 ABR 32/90, NZA 1991, 639; LAG Hess. 14.3. 2011 – 16 Sa 1677/10, NZA-RR 2011, 419. ||6 ErfK/*Preis*, § 613a BGB Rz. 128; Erman/*Edenfeld*, § 613a Rz. 79; MüKoBGB/*Müller-Glöge*, § 613a Rz. 71; vgl. auch BAG 19.11.2003 – 7 AZR 11/03, NZA 2004, 435. ||7 Instruktiv BAG 7.6.2011 – 1 ABR 110/09, DB 2011, 2498; vgl. auch ErfK/*Preis*, § 613a BGB Rz. 128; Erman/*Edenfeld*, § 613a Rz. 79; MüKoBGB/*Müller-Glöge*, § 613a Rz. 71. ||8 Vgl. *Fitting*, § 21a BetrVG Rz. 28, 29, § 21b Rz. 13 einerseits sowie *Richardi*/*Thüsing*, § 21b BetrVG Rz. 5f. andererseits. ||9 WHSS/*Hohenstatt*, Rz. D 51 mwN. ||10 *Fitting*, § 21b BetrVG Rz. 11; WHSS/*Hohenstatt*, Rz. D 51 mwN; vgl. auch BAG 19.11.2003 – 7 AZR 11/03, NZA 2004, 435. ||11 ErfK/*Preis*, § 613a BGB Rz. 129; *Fitting*, § 21a BetrVG Rz. 7. ||12 Vgl. BAG 21.1.2003 – 1 ABR 9/02, NZA 2003, 1097; ErfK/*Preis*, § 613a BGB Rz. 129; MüKoBGB/*Müller-Glöge*, § 613a Rz. 72.. ||13 ErfK/*Preis*, § 613a BGB Rz. 129; *Fitting*, § 21b BetrVG Rz. 10. ||14 ErfK/*Preis*, § 613a BGB Rz. 130. ||15 ErfK/*Preis*, § 613a BGB Rz. 130; *Richardi*/*Thüsing*, § 24 BetrVG Rz. 1, § 21a BetrVG Rz. 23; WHSS/*Hohenstatt*, Rz. D 95.

können sich ggü. dem neuen Inhaber auf den **Sonderkündigungsschutz** aus § 15 I KSchG berufen[1]. Der nachwirkende Sonderkündigungsschutz gem. § 15 I 2 KSchG beginnt in den Fällen des Übergangs- und Restmandats mit dessen Ende[2].

286 Die Übertragung von Betriebsteilen kann wegen des damit verbundenen Absinkens der ArbN-Zahl oder des Ausscheidens von BR-Mitgliedern zu **BR-Neuwahlen** gem. § 13 II Nr. 1, 2 BetrVG zwingen. Wird der übertragene Betriebsteil organisatorisch in einen bereits vorhandenen Betrieb des neuen Inhabers eingegliedert, so können in diesem wegen des damit verbundenen Ansteigens der ArbN-Zahl Neuwahlen gem. § 13 II Nr. 1 BetrVG durchzuführen sein[3].

287 Ob der **GBR** im Falle einer organisatorisch unveränderten Übertragung sämtlicher Betriebe eines Unternehmens auf einen bis dahin arbeitnehmerlosen neuen Inhaber im Amt bleibt, hat das BAG offen gelassen[4]. Die hM in der Lit. verneint dies mit dem Argument, der GBR sei in seinem Bestand an den Rechtsträger gebunden, für den er gebildet wurde[5]. Dies übersieht, dass der GBR nicht für ein bestimmtes Unternehmen, sondern lediglich auf der Ebene des Unternehmens gebildet wird. Die Parallelität zum Fortbestand des BR bei Erhalt der Betriebsidentität spricht entscheidend für den Fortbestand des GBR in den genannten Fällen[6]. Ein „Übergang" des GBR scheidet demggü. idR aus, wenn nicht sämtliche Betriebe auf den neuen Inhaber übertragen werden oder dieser bereits über einen oder mehrere Betriebe verfügt[7].

288 Werden nur einzelne Betriebe oder Betriebsteile eines Unternehmens übertragen, so soll ein beim bisherigen Inhaber gebildeter GBR so lange im Amt bleiben, wie bei diesem die Errichtungsvoraussetzungen des § 47 I BetrVG erfüllt sind, der bisherige Betriebsinhaber also über mindestens zwei Betriebe mit je einem BR verfügt[8]. Bei dem neuen Betriebsinhaber sind die BR der übertragenen Betriebe und betriebsverfassungsrechtl. selbständigen Betriebsteile gem. § 47 II BetrVG zur Entsendung von Mitgliedern in einen dort bereits bestehenden GBR berechtigt[9]. Besteht bei dem neuen Inhaber noch kein GBR und werden infolge der Übertragung eines oder mehrerer Betriebe oder betriebsverfassungsrechtl. selbständiger Betriebsteile erstmals die Bildungsvoraussetzungen des § 47 I BetrVG erfüllt, so ist bei diesem zwingend ein GBR zu errichten[10]. Ein Übergangsmandat des GBR ist im Gesetz nicht vorgesehen[11].

289 Mit dem Betriebsübergang tritt der neue Inhaber materiellrechtlich in die betriebsverfassungsrechtl. Rechtsposition des bisherigen Inhabers ein. Der neue Inhaber haftet daher grds. auch für nicht erfüllte Freistellungsansprüche des BR aus § 40 I BetrVG[12]. Ist im Verhältnis zwischen dem bisherigen Betriebsinhaber und dem BR eine Verpflichtung des bisherigen Inhabers ggü. dem BR rechtskräftig festgestellt worden, so wirkt die **Rechtskraft** dieser Entscheidung jedenfalls bei Erhalt der Betriebsidentität auch ggü. dem Betriebsübernehmer[13].

290 **2. Betriebsänderung.** Ein Betriebsübergang ist als solcher keine Betriebsänderung iSd. **§ 111 BetrVG**. Erschöpft sich der Übergang jedoch nicht in einem bloßen Wechsel des Inhabers, sondern wird er mit Maßnahmen verbunden, die einen der Tatbestände des § 111 BetrVG erfüllen, so sind wegen dieser Maßnahmen die Beteiligungsrechte des BR nach §§ 111 ff. BetrVG zu wahren[14]. Ob sich die Beteiligungsrechte des BR in diesem Fall gegen den bisherigen oder gegen den neuen Betriebsinhaber richten, hängt davon ab, wer die Betriebsänderung plant und wer sie durchführt[15]. Verpachtet der bisherige Betriebsinhaber den Betrieb, damit der Pächter diesen stilllegt, so soll die in der Stilllegung liegende Betriebsänderung sowohl dem bisherigen Inhaber als auch dem Pächter zuzurechnen sein[16]. Wird ein Betrieb auf ein nach **§ 112a II BetrVG** von der **Sozialplanpflicht befreites** Unternehmen übertragen, so kann im Falle späterer Betriebsänderungen aus § 613a kein Anspruch auf Aufstellung eines Sozialplans abgeleitet werden. Die bloße Aussicht auf einen erzwingbaren Sozialplan beim Veräußerer ist kein „Recht" der ArbN, das dem Erwerber ggü. fortbestünde[17].

291 Auch in der Übertragung eines **Betriebsteils** liegt für sich genommen keine Betriebsänderung[18]. Allerdings geht die Übertragung von Betriebsteilen regelmäßig mit einer Betriebsspaltung iSd. § 111 S. 3 Nr. 3 BetrVG einher, wenn der Betriebsteil infolge der Übertragung der Leitung des neuen Inhabers un-

---

1 ErfK/*Preis*, § 613a BGB Rz. 130. ||2 APS/*Linck*, § 15 KSchG Rz. 22a. ||3 Zum Ganzen *Fitting*, § 13 BetrVG Rz. 21 ff.; GK-BetrVG/*Kreutz*, § 13 Rz. 36 ff. ||4 BAG 5.6.2002 – 7 ABR 17/01, NZA 2003, 336; abl. LAG Düss. 14.2.2001 – 4 TaBV 67/00, NZA-RR 2001, 594. ||5 *Fitting*, § 47 BetrVG Rz. 18; GK-BetrVG/*Richardi*, § 47 Rz. 43. ||6 WHSS/*Hohenstatt*, Rz. D 101; *Hohenstatt/Müller-Bonanni*, NZA 2003, 766 (768); aA Staudinger/*Annuß*, § 613a Rz. 363; *Rieble/Gutzeit*, NZA 2003, 233 (237). ||7 BAG 5.6.2002 – 7 ABR 17/01, NZA 2003, 336. ||8 *Fitting*, § 47 BetrVG Rz. 18; Staudinger/*Annuß*, § 613a Rz. 363; diff. *Hohenstatt/Müller-Bonanni*, NZA 2003, 766 (767 ff.). ||9 *Fitting*, § 47 BetrVG Rz. 18. ||10 *Fitting*, § 47 BetrVG Rz. 18. ||11 GK-BetrVG/*Kreutz*, § 21a Rz. 11; für eine analoge Anwendung des § 21a BetrVG DKKW/*Trittin*, § 47 Rz. 15. ||12 BAG 9.12.2009 – 7 ABR 90/07, NZA 2010, 461. ||13 BAG 5.2.1991 – 1 ABR 32/90, NZA 1991, 639. ||14 BAG 4.12.1979 – 1 AZR 843/76, ZIP 1980, 282; st. Rspr., BAG 25.1.2000 – 1 ABR 1/99, NZA 2000, 1069; ErfK/*Preis*, § 613a BGB Rz. 131; Erman/*Edenfeld*, § 613a Rz. 78; MüKoBGB/*Müller-Glöge*, § 613a Rz. 74; *Moll*, RdA 2003, 129 ff. ||15 Richardi/*Annuß*, § 111 BetrVG Rz. 129 ff. ||16 BAG 17.3.1987 – 1 ABR 47/85, NZA 1987, 523. ||17 BAG 27.6.2006 – 1 ABR 18/05, NZA 2007, 106. ||18 BAG 21.10.1980 – 1 AZR 145/79, NJW 1981, 2599; 10.12.1996 – 1 ABR 32/96, NZA 1997, 898; ErfK/*Preis*, § 613a BGB Rz. 131; Erman/*Edenfeld*, § 613a Rz. 78; unklar MüKoBGB/*Müller-Glöge*, § 613a Rz. 74.

terstellt und hierdurch die bislang einheitliche Betriebsorganisation aufgeteilt wird[1]. Nach Auffassung der Rspr. kommt es insoweit nicht darauf an, ob es sich bei der übertragenen Einheit um einen „wesentlichen" Betriebsteil handelt. Insb. sei nicht erforderlich, dass die Anzahl der in dem Betriebsteil beschäftigten ArbN die Schwellenwerte des § 17 KSchG erreiche[2]. Ob auch sog. Bagatellspaltungen § 111 S. 3 Nr. 3 BetrVG unterfallen, hat das BAG offen gelassen[3]. Eine Betriebsspaltung bleibt aus, wenn sich der bisherige Inhaber und der Übernehmer des Betriebsteils zeitgleich mit der Übertragung zur Bildung eines **Gemeinschaftsbetriebes** mehrerer Unternehmen zusammenschließen[4]. Unter den in § 1 II Nr. 2 BetrVG genannten Voraussetzungen[5] wird das Bestehen eines Gemeinschaftsbetriebes zwischen dem bisherigen und dem neuen Inhaber vermutet. Die an den früheren § 322 I UmwG angelehnte Regelung gilt sowohl für durch Einzelübertragung als auch für durch Umwandlung vollzogene Betriebsteilübergänge[6].

Die Bestimmung in einem Sozialplan, die Ansprüche auf Abfindung wegen Verlusts des Arbeitsplatzes davon abhängig macht, dass der ArbN wegen eines möglicherweise vorliegenden Betriebsteilübergangs den vermuteten Betriebsteilerwerber erfolglos auf Feststellung des Übergangs seines ArbVerh verklagt hat, ist regelmäßig unwirksam[7]. Zu den Folgen eines Widerspruchs gem. Abs. 6 für Sozialplanansprüche Rz. 361.   291a

3. Unterrichtungspflichten. Die Übertragung von Betrieben und Betriebsteilen auf einen anderen Inhaber ist eine wirtschaftl. Angelegenheit iSd. § 106 III Nr. 10 BetrVG[8]. Besteht in dem übertragenden Unternehmen ein **Wirtschaftsausschuss**, so ist dieser deshalb gem. § 106 II BetrVG rechtzeitig und umfassend sowie unter Vorlage der erforderlichen Unterlagen zu unterrichten. Gem. § 106 I 2 BetrVG ist die Übertragung mit dem Wirtschaftsausschuss ferner zu beraten. Entsprechendes gilt für den Übernehmer, sofern auch bei diesem ein Wirtschaftsausschuss besteht[9].   292

Besteht im Unternehmen **kein Wirtschaftsausschuss**, so stehen die Unterrichtungsansprüche nach § 106 II BetrVG **nicht** dem **BR oder GBR** zu[10]. Ein entsprechender Unterrichtungsanspruch ergibt sich auch nicht aus den §§ 2 I, 74 I BetrVG oder aus § 80 II BetrVG[11]. Anders verhält es sich, wenn ein konkreter Aufgabenbezug iSd. § 80 II BetrVG vorliegt. Hiervon unabhängig ist es in der Praxis üblich und in der Sache empfehlenswert, bei Fehlen eines Wirtschaftsausschusses den BR auch dann über einen bevorstehenden Betriebsübergang zu unterrichten, wenn der Übergang nicht mit Maßnahmen verbunden ist, die Beteiligungsrechte des BR auslösen.   293

Ggü. dem **SprAu der leitenden Angestellten** besteht eine Unterrichtungspflicht gem. § 32 I SprAuG[12]. Ein Beratungsrecht steht dem SprAu, anders als dem Wirtschaftsausschuss, nicht zu[13]. Ein evtl. bestehender **EBR** ist gem. § 29 II Nr. 1 EBRG im Rahmen der jährlichen Unterrichtung unter Vorlage der erforderlichen Unterlagen zu unterrichten und anzuhören, sofern der Betriebs(teil)übergang mindestens zwei Betriebe oder Unternehmen in verschiedenen Mitgliedstaaten betrifft. Eine Pflicht zur vorherigen Unterrichtung nach § 30 I EBRG kommt nur in Betracht, wenn der Betriebs(teil)übergang mit weiteren Maßnahmen verbunden wird[14]. Weiter gehende Unterrichtungs- und Beratungsrechte des EBR können sich – ebenso wie Einschränkungen der dargestellten Grundsätze – aus der jeweiligen Vereinbarung über die Errichtung des Gremiums ergeben[15].   294

IV. Haftungssystem. 1. Haftung des neuen Betriebsinhabers. Mit dem Betriebsübergang tritt der neue Inhaber gem. Abs. 1 S. 1 in die Rechte und Pflichten aus den im Zeitpunkt des Übergangs bestehenden ArbVerh ein. Er wird hierdurch **Schuldner sämtlicher Ansprüche aus den übergehenden Arbeitsverhältnissen.** Dies gilt auch für Ansprüche, die bereits vor dem Zeitpunkt des Betriebsübergangs entstanden sind[16]. Darauf, ob der Anspruch bereits vor dem Inhaberwechsel fällig geworden ist, kommt es nicht an[17]. Der neue Betriebsinhaber muss deshalb bspw. rückständige Lohn- und Gehaltsansprüche[18] sowie offene Ansprüche aus einem Sozialplan[19] erfüllen. Darüber hinaus muss der neue Betriebsinhaber eine von dem bisherigen Inhaber versprochene betrAV im Versorgungsfall erbringen[20]. Der Ur-   295

---

1 BAG 10.12.1996 – 1 ABR 32/96, NZA 1997, 898; MüKoBGB/*Müller-Glöge*, § 613a Rz. 74; ErfK/*Preis*, § 613a BGB Rz. 131. ||2 BAG 18.3.2008 – 1 ABR 77/06, NZA 2008, 957; 10.12.1996 – 1 ABR 32/96, NZA 1997, 898. ||3 BAG 10.12.1996 – 1 ABR 32/96, NZA 1997, 898; tendenziell für eine Bagatellgrenze BAG 18.3.2008 – 1 ABR 77/06, NZA 2008, 957 Rz. 17; enger *Fitting*, § 111 BetrVG, Rz. 87; Abspaltung veräußerungsfähiger Einheit genügt. ||4 Ebenso ErfK/*Hanau/Kania*, § 111 BetrVG Rz. 13; GK-BetrVG/*Fabricius/Oetker*, § 111 Rz. 100f.; aA *Fitting*, § 111 BetrVG Rz. 85. ||5 Vgl. zu diesem ErfK/*Eisemann*, § 1 BetrVG Rz. 15f. ||6 BT-Drs. 14/5741, 33; ErfK/*Eisemann*, § 1 BetrVG Rz. 15. ||7 BAG 22.7.2003 – 1 AZR 575/02, ZIP 2003, 2220. ||8 ErfK/*Preis*, § 613a BGB Rz. 132; Erman/*Edenfeld*, § 613a Rz. 77. ||9 ErfK/*Preis*, § 613a BGB Rz. 132; Erman/*Edenfeld*, § 613a Rz. 77; MüKoBGB/*Müller-Glöge*, § 613a Rz. 75. ||10 BAG 5.2.1991 – 1 ABR 24/90, NZA 1997, 989. ||11 AA ErfK/*Preis*, § 613a BGB Rz. 132; MüKoBGB/*Müller-Glöge*, § 613a Rz. 75. ||12 ErfK/*Preis*, § 613a BGB Rz. 132; allg. hierzu ErfK/*Oetker*, § 32 SprAuG Rz. 1 f., 5 ff. ||13 ErfK/*Oetker*, § 32 SprAuG Rz. 6. ||14 *Fitting*, Übersicht EBRG Rz. 90. ||15 Vgl. allg. zum Vorrang freiwilliger Vereinbarungen im Rahmen des EBRG *Fitting*, Übersicht EBRG Rz. 71; *Blanke*, § 21 EBRG Rz. 1ff. ||16 BAG 18.8.1976 – 5 AZR 95/75, NJW 1977, 1168; 24.3.1977 – 3 AZR 649/76, NJW 1977, 1791; 22.6.1978 – 3 AZR 832/76, DB 1978, 1795; WHSS/*Willemsen*, Rz. G 198. ||17 BAG 18.8.1976 – 5 AZR 95/75, NJW 1977, 1168; *Seiter*, Betriebsinhaberwechsel, 1980, S. 34f. ||18 BAG 18.8.1976 – 5 AZR 95/75, NJW 1977, 1168. ||19 MüKoBGB/*Müller-Glöge*, § 613a Rz. 160. ||20 BAG 24.3.1977 – 3 AZR 649/76, NJW 1977, 1791; 22.6.1978 – 3 AZR 832/76, DB 1978, 1795; ausf. Rz. 238 ff.

laubsabgeltungsanspruch (§ 7 IV BUrlG) ist auch dann durch den neuen Inhaber zu erfüllen, wenn bereits der bisherige Inhaber gekündigt hat, das ArbVerh aber erst nach dem Betriebsübergang endet[1] (vgl. auch Rz. 299). Der neue Betriebsinhaber haftet den übernommenen ArbN für vor dem Betriebsübergang entstandene Ansprüche **primär und unmittelbar**. Er kann die ArbN daher nicht auf eine vorherige Inanspruchnahme des bisherigen Betriebsinhabers verweisen[2]. In die Ansprüche der im Zeitpunkt des Betriebsübergangs **bereits ausgeschiedenen ArbN** tritt der neue Inhaber nicht ein[3]. Allerdings kann ihn nach anderen Haftungsnormen eine Einstandspflicht für Ansprüche bereits ausgeschiedener ArbN treffen, zB nach § 25 HGB[4].

296 **2. Haftung des bisherigen Betriebsinhabers.** Ohne die Regelungen des Abs. 2 würde der bisherige Betriebsinhaber im Zeitpunkt des Betriebsübergangs von sämtlichen Verbindlichkeiten aus den übergehenden ArbVerh befreit. Die betroffenen ArbN könnten ihre Ansprüche fortan nur noch ggü. dem neuen Betriebsinhaber verfolgen. Für bereits vor dem Übergang entstandene, unerfüllte Ansprüche wäre dies unbillig, weil der Erlös, den der bisherige Inhaber für die Übertragung des Betriebs(teils) erzielt, auch auf der Arbeitsleistung der übernommenen ArbN beruht[5]. Abs. 2 S. 1 ordnet deshalb an, dass der neue Inhaber für Ansprüche, die vor dem Betriebsübergang entstanden sind und innerhalb eines Jahres nach diesem Zeitpunkt fällig werden, gemeinsam mit dem neuen Inhaber als **Gesamtschuldner** iSd. §§ 421 ff. haftet. Die Mithaftung des bisherigen Inhabers bezieht sich auch auf Versorgungsansprüche, die innerhalb des ersten Jahres nach dem Übergang fällig werden[6], und erst recht auf Ansprüche, die bereits vor dem Betriebsübergang entstanden und fällig geworden sind[7]. Im Erg. haftet der bisherige Inhaber nicht für Verbindlichkeiten, die nach dem Betriebsübergang entstehen und fällig werden, und nicht für Verbindlichkeiten, die zwar vor dem Betriebsübergang entstanden sind, aber später als ein Jahr nach diesem Zeitpunkt fällig werden[8].

297 Für vor dem Betriebsübergang entstandene Ansprüche, die innerhalb der Jahresfrist fällig werden, haftet der bisherige Inhaber gem. Abs. 2 S. 2 „nur in dem Umfang, der dem im Zeitpunkt des Übergangs abgelaufenen Teil ihres Bemessungszeitraums entspricht". Die nicht leicht verständliche Regelung zielt auf eine **zeitanteilige Haftung** des bisherigen Inhabers für die in Rede stehenden Ansprüche. Der bisherige Inhaber soll nicht für die Vergütung von Leistungen der ArbN haften, die dem Betriebserwerber zugutekommen[9]. Für Einmalzahlungen, die teilweise vor und teilweise nach dem Betriebsübergang erdient werden, muss nach Abs. 2 S. 2 eine zeitanteilige Quotelung des Gesamtanspruchs vorgenommen werden. Wird also bspw. ein Betrieb zum 1. Juli eines Jahres auf einen neuen Inhaber übertragen, so haftet der bisherige Inhaber für eine auf das Gesamtjahr bezogene Weihnachtsgratifikation nur zur Hälfte[10]. Der neue Inhaber haftet demggü. für den vollen Zeitraum.

298 Neben Abs. 2 S. 2 können ferner **Ausschlussfristen** die Haftung ggü. den ArbN begrenzen. Nach der Ansicht des BAG beginnen derartige Fristen, wenn sie wie üblich an das Ausscheiden aus dem ArbVerh anknüpfen, mit dem Zeitpunkt des Betriebsübergangs. Der Betriebsübergang beende zwar nicht das ArbVerh, jedoch die arbeitsvertragl. Beziehung des ArbN mit dem bisherigen Inhaber[11]. Vermag der ArbN den Betriebsübergang nicht zu erkennen, so kann nach der Ansicht des BAG die Berufung auf die Ausschlussfrist treuwidrig sein[12].

299 **3. Innenverhältnis zwischen bisherigem und neuem Betriebsinhaber.** Die ArbN können wegen der unter Abs. 2 fallenden Ansprüche gem. § 421 S. 1 nach Belieben entweder den bisherigen oder den neuen Betriebsinhaber in Anspruch nehmen. Wer die Schuld im Innenverhältnis zu tragen hat, richtet sich in erster Linie nach den getroffenen Vereinbarungen, also den der Übertragung zugrunde liegenden Verträgen. Nur für den Fall, dass sich diesen nichts entnehmen lässt und sich auch aus den Umständen[13] nichts ergibt, bestimmt § 426 I 1, dass der bisherige und der neue Inhaber im Verhältnis zueinander zu gleichen Anteilen verpflichtet sind. Typischerweise wird man davon ausgehen können, dass Ansprüche, die bereits vor dem Betriebsübergang entstanden und fällig geworden sind, im Innenverhältnis ausschließlich von dem bisherigen Betriebsinhaber getragen werden sollen[14]. Für Ansprüche, die bereits vor dem Betriebsübergang entstanden sind, aber erst innerhalb des Jahreszeit-

---

1 BAG 2.12.1999 – 8 AZR 774/98, NZA 2000, 480. ||2 Staudinger/*Annuß*, § 613a Rz. 249; WHSS/*Willemsen*, Rz. G 199. ||3 BAG 24.3.1977 – 3 AZR 649/76, NJW 1977, 1791; 24.3.1987 – 3 AZR 384/85, NZA 1988, 246; Staudinger/*Annuß*, § 613a Rz. 136. ||4 BAG 24.3.1977 – 3 AZR 649/76, NJW 1977, 1791; 24.3.1987 – 3 AZR 384/85, NZA 1988, 246; ausf. zum Verhältnis zu anderen Haftungsnormen Rz. 300 ff. Zur eingeschränkten Haftung des Betriebserwerbers im Falle einer Übernahme in der Insolvenz s. Rz. 365. ||5 Erman/*Edenfeld*, § 613a Rz. 97; ErfK/*Preis*, § 613a BGB Rz. 133. ||6 BGH 19.3.2009 – III ZR 106/08, NZA 2009, 848; BAG 21.2.2006 – 3 AZR 216/05, NZA 2007, 931, Rz. 32. ||7 Soergel/*Raab*, § 613a Rz. 165; *Seiter*, Betriebsinhaberwechsel, 1980, S. 102; Staudinger/*Annuß*, § 613a Rz. 250; WHSS/*Willemsen*, Rz. G 201. ||8 Staudinger/*Annuß*, § 613a Rz. 250. ||9 BT-Drs. 6/2729, 35 (Begr. des BT-Ausschusses für Arbeit und Sozialordnung); MüKoBGB/*Müller-Glöge*, § 613a Rz. 165; Staudinger/*Annuß*, § 613a Rz. 252. ||10 *Seiter*, Betriebsinhaberwechsel, 1980, S. 103; Staudinger/*Annuß*, § 613a Rz. 252. ||11 BAG 10.8.1994 – 10 AZR 937/93, NZA 1995, 742; zust. MüKoBGB/*Müller-Glöge*, § 613a Rz. 89; ErfK/*Preis*, § 613a BGB Rz. 66; Staudinger/*Annuß*, § 613a Rz. 252. ||12 BAG 13.2.2003 – 8 AZR 236/02, AP Nr. 244 zu § 613a BGB; 1.12.2004 – 7 AZR 37/04, AP Nr. 12 zu § 1 TVG Tarifverträge: Maler. ||13 Palandt/*Grüneberg*, § 426 Rz. 8. ||14 Staudinger/*Annuß*, § 613a Rz. 254; ErfK/*Preis*, § 613a BGB Rz. 137; aA Erman/*Edenfeld*, § 613a Rz. 101.

raums des Abs. 2 S. 1 fällig werden, enthält Abs. 2 S. 2 idR auch für das Innenverhältnis eine angemessene Regelung[1]. Hat der neue Betriebsinhaber den Urlaubsanspruch des ArbN durch Gewährung bezahlter Freistellung erfüllt, so kann er von dem bisherigen Inhaber anteiligen Ausgleich in Geld verlangen, soweit der Urlaubsanspruch vor dem Betriebsübergang entstanden ist[2]. Dasselbe gilt, wenn der neue Inhaber einen Urlaubsabgeltungsanspruch des ArbN erfüllt[3].

4. Verhältnis zu anderen Haftungsgrundlagen. Neben Abs. 1 S. 1 kommen als Grundlage für die Geltendmachung von Ansprüchen gegen den neuen Inhaber insb. **§ 25 HGB** (Firmenfortführung) und **§ 28 HGB** (Eintritt in das Geschäft eines Einzelkaufmanns) in Betracht[4]. Bedeutung kommt dem vor allem für Ansprüche von ArbN zu, die im Zeitpunkt des Übergangs bereits aus dem ArbVerh ausgeschieden waren, also zB für Versorgungsansprüche von Betriebsrentnern und mit unverfallbarer Anwartschaft ausgeschiedenen ArbN. Nach Abs. 1 S. 1 ist der neue Inhaber insoweit nicht einstandspflichtig, wohl jedoch nach §§ 25, 28 HGB[5]. Für Betriebsübergänge aus der Zeit vor dem 1.1.1999 kommt ferner eine Haftung aus Vermögensübernahme nach dem zu diesem Zeitpunkt aufgehobenen § 419 in Betracht. 300

5. Verhältnis zum Umwandlungsrecht (Abs. 3). Abs. 3 ist in mehrfacher Hinsicht missglückt: Zum einen, weil er etwas Selbstverständliches ausdrückt, dass nämlich ein erloschener Rechtsträger nicht mehr haften kann. Zum anderen gibt der Wortlaut des Abs. 3 Anlass zu dem Missverständnis, dass Abs. 2 in den Fällen der Unternehmensumwandlung, die nicht zum Erlöschen des übertragenden Rechtsträgers führen (also insb. in den Fällen der Abspaltung und Ausgliederung gem. § 123 II, III UmwG) uneingeschränkt Anwendung finde. Nach zutreffendem Verständnis verdrängen demggü. die **spezialgesetzl. Haftungsregelungen der §§ 133, 134 UmwG** in ihrem Anwendungsbereich die Bestimmungen des Abs. 2[6]. Es ist nichts dafür ersichtlich, dass der Gesetzgeber mit der Novellierung des Abs. 3 im Zuge der Bereinigung des Umwandlungsrechts[7] eine Benachteiligung der ArbN im Vergleich zu anderen Umwandlungsgläubigern intendiert hätte[8]. Der wesentliche Unterschied zwischen der Haftung des bisherigen Betriebsinhabers gem. §§ 133, 134 UmwG und der Haftung nach Abs. 2 liegt in dem deutlich längeren Nachhaftungszeitraum nach dem Umwandlungsrecht (fünf bzw. zehn [für Ansprüche auf betrAV] Jahre im Unterschied zu einem Jahr) (ausf. hierzu die Komm. zu § 324 UmwG). 301

Sowohl die ArbN, deren ArbVerh übergehen, als auch die ArbN des übernehmenden Rechtsträgers können gem. § 22 UmwG (ggf. iVm. § 125 UmwG) unter den dort genannten Voraussetzungen **Sicherheitsleistung** für ihre im Zeitpunkt des Wirksamwerdens der Verschmelzung bereits entstandenen, aber noch nicht fälligen[9] Ansprüche verlangen[10]. Der Anspruch auf Sicherheitsleistung ist allerdings gem. § 22 II UmwG ausgeschlossen, sofern den Umwandlungsgläubigern im Falle der Insolvenz ein Recht auf vorzugsweise Befriedigung aus einer Deckungsmasse zusteht, die nach gesetzl. Vorschriften zu ihrem Schutz errichtet und staatlich überwacht ist. Eine solche besondere Deckungsmasse bildet das Vermögen des **Pensions-Sicherungs-Vereins**[11]. Ob wegen des Anspruchs auf Anpassung laufender Versorgungsleistungen (§ 16 BetrAVG) Sicherheitsleistung verlangt werden kann, ist umstritten[12]. Die besseren Gründe sprechen hiergegen[13]. 302

Eine Sonderregelung enthält schließlich **§ 45 UmwG** für den Fall einer Übertragung von Vermögen einer Personenhandelsgesellschaft auf eine Kapitalgesellschaft. Sofern die Übertragung mit einem Erlöschen des übertragenden Rechtsträgers einhergeht (also insb. in den Fällen der Verschmelzung gem. § 2 UmwG und der Aufspaltung gem. § 123 I UmwG), ordnet die Vorschrift eine fünfjährige Nachhaftung für die Verbindlichkeiten dieses Rechtsträgers an[14]. Der Anspruch richtet sich gegen die (ehemaligen) **Gesellschafter** der erlöschenden Personenhandelsgesellschaft. Auch aus diesem Grunde besteht keine Konkurrenz zu Abs. 2, der die Haftung des bisherigen Betriebsinhabers, nicht die Haftung der Gesellschafter des früheren Betriebsinhabers betrifft. Die ArbN einer verschmolzenen oder durch Aufspaltung erloschenen Personenhandelsgesellschaft können deshalb auch nach Ablauf der Jahresfrist des Abs. 2 wegen ihrer offenen Ansprüche aus dem ArbVerh unter den in § 45 UmwG genannten Voraussetzungen Rückgriff gegen die nachhaftenden Gesellschafter nehmen[15]. 303

---

1 Staudinger/*Annuß*, § 613a Rz. 254; so wohl auch BGH 4.7.1985 – IX ZR 172/84, NJW 1985, 2643. ‖ 2 BGH 4.7.1985 – IX ZR 172/84, NJW 1985, 2643. ‖ 3 ErfK/*Preis*, § 613a BGB Rz. 137. ‖ 4 BAG 23.1.1990 – 3 AZR 171/88, NZA 1990, 685; MüKoBGB/*Müller-Glöge*, § 613a Rz. 171ff.; ErfK/*Preis*, § 613a BGB Rz. 141. ‖ 5 Vgl. zu § 28 HGB BAG 23.1.1990 – 3 AZR 171/88, NZA 1990, 685. ‖ 6 Kallmeyer/*Kallmeyer*, § 133 UmwG Rz. 10; Lutter/Joost, § 324 UmwG Rz. 36; Kallmeyer/*Willemsen*, vor § 322 UmwG Rz. 71; *Wlotzke*, DB 1995, 40 (43); Staudinger/*Annuß*, § 613a Rz. 334; Soergel/*Raab*, § 613a Rz. 179; aA zu § 133 UmwG *Boecken*, Unternehmensumwandlungen, Rz. 228 mwN. ‖ 7 Vgl. Art. 2 UmwBerG, BGBl. 1994 I S. 3210. ‖ 8 WHSS/*Willemsen*, Rz. G 204f.; wohl im Erg. aA *Boecken*, Unternehmensumwandlungen, Rz. 323. ‖ 9 *Boecken*, Unternehmensumwandlungen, Rz. 215f.; WHSS/*Willemsen*, Rz. G 207. ‖ 10 Zur entsprechenden Geltung des § 22 UmwG für Spaltungsvorgänge Kallmeyer/*Kallmeyer*, § 125 UmwG Rz. 32. ‖ 11 Vgl. BT-Drs. 12/6699, 92 (Begr. RegE zum UmwG); *Boecken*, Unternehmensumwandlungen, Rz. 219f.; Kallmeyer/*Marsch-Barner*, § 22 UmwG Rz. 10; *Hill*, BetrAVG 1995, S. 114, 117; WHSS/*Willemsen*, Rz. G 207; dort jew. auch zu der Frage, ob wegen des Anpassungsanspruchs nach § 16 BetrAVG gem. § 22 UmwG Sicherheitsleistung verlangt werden kann. ‖ 12 Befürwortend Staudinger/*Annuß*, § 613a Rz. 334. ‖ 13 WHSS/*Willemsen*, Rz. G 207 mwN. ‖ 14 Zur entsprechenden Geltung des § 45 UmwG für Aufspaltungen Kallmeyer/*Kallmeyer*, § 125 UmwG Rz. 49; dort auch zum Konkurrenzverhältnis zu § 133 UmwG. ‖ 15 Näher *Boecken*, Unternehmensumwandlungen, Rz. 223.

304 **V. Verbot der Kündigung wegen des Betriebsübergangs. 1. Zweck der Regelung.** Der Zweck des Abs. 1 S. 1, die Kontinuität der ArbVerh zu sichern (vgl. Rz. 8), liefe leer, wenn diese wegen des Betriebsübergangs gekündigt werden könnten. Abs. 4 S. 1 kommt insoweit eine **Komplementärfunktion**[1] zu Abs. 1 S. 1 zu. Er stellt zunächst klar, dass der Inhaberwechsel als solcher kein dringendes betriebl. Erfordernis iSd. § 1 II 1 KSchG ist. Darüber hinaus enthält die Vorschrift ein **eigenständiges Kündigungsverbot** iSd. § 13 III KSchG, § 134[2]. Auf die Unwirksamkeit einer Kündigung nach Abs. 4 S. 1 können sich deshalb auch ArbN berufen, die keinen Kündigungsschutz genießen, weil sie entweder die Wartezeit des § 1 I KSchG noch nicht erfüllt haben oder in dem Betrieb, in dem sie tätig sind, nicht mehr als fünf (zehn) ArbN iSd. § 23 I 2, 3 KSchG beschäftigt werden. Aus der Qualität des Abs. 4 S. 1 als eigenständiges Kündigungsverbot ergab sich früher ferner, dass Verstöße gegen die Vorschrift bis zur Grenze der Verwirkung auch noch nach Ablauf der Klagefrist des § 4 S. 1 KSchG geltend gemacht werden konnten[3]. Seit der Neufassung des § 4 S. 1 KSchG zum 1.1.2004 besteht diese Möglichkeit nicht mehr. Auch ein Verstoß gegen Abs. 4 S. 1 muss nunmehr innerhalb der Drei-Wochen-Frist des § 4 S. 1 KSchG geltend gemacht werden[4]. Abs. 4 S. 2 stellt klar, dass die Möglichkeit, ArbVerh **aus anderen Gründen** als wegen des Betriebsübergangs zu kündigen, durch Abs. 4 S. 1 nicht beschränkt wird. Dies betrifft insb. den Ausspruch betriebsbedingter Kündigungen im Rahmen von Umstrukturierungen vor oder nach dem Inhaberwechsel (Rz. 313).

305 **2. Kündigung „wegen" des Betriebsübergangs.** Eine Kündigung ist nur dann nach Abs. 4 S. 1 iVm. § 134 unwirksam, wenn sie „wegen" eines Betriebs(teil)übergangs ausgesprochen wird. Dies ist (nur) dann der Fall, wenn der Betriebsübergang der **tragende Grund** (das Motiv), nicht nur der äußere Anlass für die Kündigung ist. So liegt es bspw., wenn der bisherige Betriebsinhaber die Kündigung damit begründet, der neue Betriebsinhaber habe die Übernahme des ArbN abgelehnt, weil dieser „ihm zu teuer sei"[5]. Keine Kündigung wegen eines Betriebsübergangs liegt demggü. vor, wenn es neben dem Betriebsübergang Gründe gibt, die „aus sich heraus" die Kündigung zu rechtfertigen vermögen[6]. Die Vorschrift schützt nicht vor Risiken, die sich jederzeit unabhängig von dem Betriebsübergang aktualisieren können[7].

306 Für die soziale Rechtfertigung der Kündigung iSd. § 1 II KSchG ist der ArbGeb **darlegungs- und beweispflichtig** (vgl. Rz. 374). Misslingt der Nachweis, so ist der Kündigungsschutzklage stattzugeben, ohne dass es der Feststellung bedarf, die Kündigung beruhe tragend auf dem Betriebsübergang[8]. Hingegen liegt die Darlegungs- und Beweislast für einen Verstoß gegen Abs. 4 S. 1 beim ArbN. Er muss sowohl das Vorliegen eines Betriebs(teil)übergangs als auch den Umstand, dass die Kündigung wesentlich durch diesen bedingt ist, darlegen und bei Bestreiten des ArbGeb beweisen[9].

307 Die Vermischung von objektiven (Vorliegen eines Betriebsübergangs) und subjektiven (Betriebsübergang als wesentliches Kündigungsmotiv) Elementen im Tatbestand des Abs. 4 S. 1 erschwert bisweilen die Bestimmung, ob eine Kündigung „wegen" eines Betriebsübergangs vorliegt. Zu zutreffenden Ergebnissen gelangt man, wenn man entsprechend den allg. Grundsätzen des Kündigungsrechts auf die Verhältnisse im **Zeitpunkt des Ausspruchs der Kündigung** abstellt[10]. Kommt es trotz einer in diesem Zeitpunkt als endgültig geplanten und bereits eingeleiteten Betriebsstilllegung später noch zu einem Betriebsinhaberwechsel, ist dies kein Fall des Abs. 4. Eine Kündigung „wegen" des Betriebsübergangs liegt bereits deshalb nicht vor, weil der ArbGeb bei Ausspruch der Kündigung von dem späteren Inhaberwechsel noch keine Kenntnis hatte, so dass die Kündigung auch nicht wesentlich durch diesen bedingt sein konnte[11]. Umgekehrt wird eine Kündigung, die von dem ArbGeb wegen eines von diesem geplanten und bereits eingeleiteten Betriebsübergangs ausgesprochen wird, nicht dadurch „geheilt", dass der Inhaberwechsel später scheitert[12].

307a Auf der Ebene der kündigungsschutzrechtl. Rechtfertigung der Kündigung bereitet bisweilen die **Abgrenzung** zwischen **Betriebsübergang und Betriebsstilllegung** Schwierigkeiten. Betriebsübergang und

---

1 Willemsen, ZIP 1983, 413; WHSS/Willemsen, Rz. H 89. || 2 BAG 31.1.1985 – 2 AZR 530/83, NZA 1985, 593; 5.12.1985 – 2 AZR 3/85, NZA 1986, 522; Stahlhacke/Preis/Vossen, Rz. 977; ErfK/Preis, § 613a BGB Rz. 153. || 3 BAG 31.1.1985 – 2 AZR 530/83, NZA 1985, 593; 5.12.1985 – 2 AZR 3/85, NZA 1986, 522; WHSS/Willemsen, Rz. H 90; so im Erg. auch Erman/Edenfeld, § 613a Rz. 106. || 4 Vgl. hierzu Bader, NZA 2004, 65 (67f.) mit Verweis auf die Gesetzesbegr. in BT-Drs. 15/1204, 13, welche § 613a IV explizit nennt. || 5 BAG 26.5.1983 – 2 AZR 477/81, NJW 1984, 627. || 6 Grundl. BAG 26.5.1983 – 2 AZR 477/81, NJW 1984, 627; 31.1.1985 – 2 AZR 530/83, NZA 1985, 593; 5.12.1985 – 2 AZR 3/85, NZA 1986, 522, 28.10.2004 – 8 AZR 391/03, NZA 2005, 285; 20.9.2006 – 6 AZR 249/05, NZA 2007, 387; so bereits Willemsen, ZIP 1983, 411 (413); s.a. Lipinski, NZA 2002, 75 (77f.). || 7 Willemsen, ZIP 1983, 411 (413). || 8 BAG 5.12.1985 – 2 AZR 3/85, NZA 1986, 522; 9.2.1994 – 2 AZR 666/93, NZA 1994, 686; 16.5.2002 – 8 AZR 319/01, NZA 2003, 93 (Schuhproduktion); ErfK/Preis, § 613a BGB Rz. 178; MüKoBGB/Müller-Glöge, § 613a Rz. 213; Stahlhacke/Preis/Vossen, Rz. 983. || 9 BAG 5.12.1985 – 2 AZR 3/85, NZA 1986, 522; 9.2.1994 – 2 AZR 666/93, NZA 1994, 686; 16.5.2002 – 8 AZR 319/01, NZA 2003, 93 (Schuhproduktion); WHSS/Willemsen, Rz. H 94; ErfK/Preis, § 613a BGB Rz. 178; abw. MüKoBGB/Müller-Glöge, § 613a Rz. 212. || 10 So auch BAG 28.4.1988 – 2 AZR 623/87, NZA 1989, 265 = AP Nr. 74 zu § 613a BGB (Hefermehl) (Warenzeichen); Stahlhacke/Preis/Vossen, Rz. 983. || 11 BAG 28.4.1988 – 2 AZR 623/87, NZA 1989, 265 = AP Nr. 74 zu § 613a BGB (Hefermehl) (Warenzeichen); 16.5.2002 – 8 AZR 319/01, NZA 2003, 93 (Schuhproduktion). || 12 BAG 19.5.1988 – 2 AZR 596/87, NZA 1989, 461; 16.5.2002 – 8 AZR 319/01, NZA 2003, 93 (Schuhproduktion).

Betriebsstilllegung schließen einander wechselseitig aus[1]. Kommt es nach dem Ausspruch einer Kündigung, die auf eine Betriebsstilllegung gestützt wird, zu einem Betriebsübergang, entsteht deshalb die Frage, ob tatsächlich ein betriebsbedingter Kündigungsgrund vorliegt. Maßgeblich sind auch insoweit die Verhältnisse im Zeitpunkt des Ausspruchs der Kündigung[2]. Hatte der ArbGeb in diesem Zeitpunkt den ernsthaften und endgültigen Entschluss gefasst, den Betrieb stillzulegen und hatte die Stilllegung bereits greifbare Formen angenommen, berührt es die kündigungsschutzrechtl. Rechtfertigung der Kündigung nicht, wenn es später dennoch zu einem Betriebsübergang kommt[3]. Härten für die betroffenen ArbN gleicht die Rspr. über die Einräumung eines Fortsetzungs- bzw. Wiedereinstellungsanspruchs aus (Rz. 308). An einem endgültigen Entschluss zur Betriebsstilllegung fehlt es, wenn der ArbGeb bei Ausspruch der Kündigung noch in Verhandlungen über eine Betriebsveräußerung steht[4] oder er sich noch um neue Aufträge bemüht[5]. Ist andererseits die Betriebsstilllegung bei Ausspruch der Kündigung endgültig geplant und bereits eingeleitet, behält sich der ArbGeb aber eine Betriebsveräußerung vor, falls sich eine Chance bietet, und gelingt eine solche dann später, bleibt es bei der sozialen Rechtfertigung der Kündigung[6]. Greifbare Formen hat die Betriebsstilllegung jedenfalls dann angenommen, wenn der ArbGeb seine Stilllegungsabsicht unmissverständlich äußert, allen ArbN kündigt, etwaige Miet- oder Pachtverträge zum nächstmöglichen Zeitpunkt auflöst, die Betriebsmittel, über die er verfügen darf, veräußert und die Betriebstätigkeit vollständig einstellt[7]. Es ist aber unschädlich, wenn der ArbGeb die ArbN während des Laufs ihrer Kündigungsfristen noch für die Abarbeitung vorhandener Aufträge einsetzt[8]. Die alsbaldige Wiedereröffnung des Betriebs bzw. Wiederaufnahme der Produktion durch einen Betriebserwerber soll eine tatsächliche Vermutung gegen eine ernsthafte Stilllegungsabsicht begründen[9]. Allgemein zur Darlegungs- und Beweislast Rz. 373 f.

308 Ein **Fortsetzungs- bzw. Wiedereinstellungsanspruchs** steht dem ArbN nach Ansicht des BAG zu, wenn sich die Prognose des ArbGeb zum Wegfall der Beschäftigungsmöglichkeit noch während des Laufs der Kündigungsfrist als falsch erweist, der ArbGeb mit Rücksicht auf die Wirksamkeit der Kündigung noch keine Dispositionen getroffen hat und ihm die unveränderte Fortsetzung des ArbVerh zumutbar ist[10]. Eine den Wiedereinstellungsanspruch ausschließende anderweitige Disposition über den Arbeitsplatz kann dabei insb. darin liegen, dass der ArbGeb diesen zwischenzeitlich im guten Glauben neu besetzt hat[11]. Auch ein geändertes Anforderungsprofil kann einem Wiedereinstellungsanspruch entgegenstehen[12]. Steht nach dem Wegfall des Kündigungsgrundes nur noch eine begrenzte Anzahl von Arbeitsplätzen zur Verfügung (etwa wegen einer zwischenzeitlich durchgeführten Betriebsänderung), so hat der ArbGeb bei der Auswahl der wiedereinzustellenden ArbN soziale Gesichtspunkte zu berücksichtigen[13]. Der Anspruch kann sich sowohl gegen den bisherigen als auch gegen den neuen Betriebsinhaber richten, je nachdem, ob der Betriebsübergang bereits stattgefunden hat[14]. Streit besteht über die Frage, ob ein Wiedereinstellungsanspruch auch dann noch in Betracht kommt, wenn sich die Prognose des ArbGeb zum Wegfall der Beschäftigungsmöglichkeit erst nach dem Ablauf der Kündigungsfrist als unzutreffend erweist. Der 8. Senat des BAG bejaht dies, wenn der Betriebsübergang zwar erst kurze Zeit nach Ablauf der Kündigungsfrist stattfindet, die Weiterbeschäftigungsmöglichkeit jedoch schon während des Laufs der Kündigungsfrist entstanden ist[15]. Der 2. Senat hat die Frage insg. offen gelassen[16], während der 7. Senat sie verneint hat[17]. Wird dem ArbN im Rahmen eines Insolvenzverfahrens gekündigt, verneint auch der 8. Senat des BAG einen Wiedereinstellungsanspruch nach Ablauf der Kündigungsfrist[18]. Hiervon zu unterscheiden ist die Frage, innerhalb welcher **Frist** der ArbN das Wiedereinstellungs- bzw. Fortsetzungsverlangen geltend machen muss. Nach Ansicht der Rspr. muss dies unverzüglich geschehen, wobei unverzüglich in Anlehnung an Abs. 6 als innerhalb eines Monats zu

---

1 BAG 15.12.2011 – 8 AZR 692/10, NZA-RR 2012, 570, Rz. 43; 28.5.2009 – 8 AZR 273/08, NZA 2009, 1267, Rz. 30. ||2 BAG 18.1.2001 – 2 AZR 514/99, NZA 2001, 719; 7.3.2002 – 2 AZR 147/01, EzA § 1 KSchG Betriebsbedingte Kündigung Nr. 116; 8.11.2007 – 2 AZR 554/05, AP Nr. 28 zu § 17 KSchG 1969; 7.7.2005 – 2 AZR 447/04, NZA 2005, 1351; 28.5.2009 – 8 AZR 273/08, NZA 2009, 1267, Rz. 30f.; 16.2.2012 – 8 AZR 693/10, NZA-RR 2012, 465, Rz. 40. ||3 BAG 19.6.1991 – 2 AZR 127/91, NZA 1991, 891; 10.10.1996 – 2 AZR 477/95, NZA 1997, 251; 29.9.2005 – 8 AZR 647/04, NZA 2006, 720; 16.2.2012 – 8 AZR 693/10, NZA-RR 2012, 465. ||4 Vgl. BAG 29.9.2005 – 8 AZR 647/04, NZA 2006, 720. ||5 Vgl. BAG 13.2.2008 – 2 AZR 75/06, AP § 1 KSchG 1969 Betriebsbedingte Kündigung Nr. 173. ||6 BAG 16.2.2012 – 8 AZR 693/10, NZA-RR 2012, 465, Rz. 37. ||7 BAG 16.2.2012 – 8 AZR 693/10, NZA-RR 2012, 465; vgl. auch BAG 26.5.2011 – 8 AZR 37/10, NZA 2011, 1143. ||8 BAG 8.11.2007 – 2 AZR 554/05, AP KSchG 1996 § 17 Nr. 28. ||9 BAG 21.6.2011 – 2 AZR 137/00, NZA 2002, 212; ebenso BAG 16.2.2012 – 8 AZR 693/10, NZA-RR 2012, 465, Rz. 40. ||10 BAG 27.2.1997 – 2 AZR 160/96, NZA 1997, 757; 4.5.2006 – 8 AZR 299/05, NZA 2006, 1096; 28.6.2000 – 7 AZR 904/98, NZA 2000, 1097; aus der Lit. Annuß, BB 1998, 1582 (1586f.); *Müller-Glöge*, NZA 1999, 449 (455f.); *Langenbucher*, ZfA 1999, 299 (306ff.); *Krieger/E. M. Willemsen*, NZA 2011, 1128. ||11 BAG 4.5.2006 – 8 AZR 299/05, NZA 2006, 1096; ErfK/*Preis*, § 613a BGB Rz. 164. ||13 BAG 4.12.1997 – 2 AZR 140/97, NZA 1998, 701; 28.6.2000 – 7 AZR 904/98, NZA 2000, 1097. ||14 ErfK/*Preis*, § 613a BGB Rz. 163ff.; zu prozessualen Fragen Rz. 369ff. ||15 BAG 13.11.1997 – 8 AZR 295/95, NZA 1998, 251; 25.10.2007 – 8 AZR 989/06, NZA 2008, 357; 21.8.2008 – 8 AZR 201/07, NZA 2009, 29, Rz. 59. ||16 BAG 4.12.1997 – 2 AZR 140/97, NZA 1998, 701. ||17 BAG 6.8.1997 – 7 AZR 557/96, NZA 1998, 254; 28.6.2000 – 7 AZR 904/98, NZA 2000, 1097; zust. *Stahlhacke/Preis/Vossen*, Rz. 979. ||18 BAG 13.5.2004 – 8 AZR 198/03, ZIP 2004, 1610; 28.10.2004 – 8 AZR 199/04, NZA 2005, 405; generell gegen einen Wiedereinstellungs-/Fortsetzungsanspruch bei insolvenzbedingten Kündigungen *Hanau*, ZIP 1998, 1817 (1820); *Hanau*, ZIP 1999, 324.

verstehen sein soll[1]. Unklar ist allerdings, wann die Frist zu laufen beginnt. Während das BAG bislang annahm, der Fristlauf beginne in dem Zeitpunkt, in dem der ArbN Kenntnis von den Umständen erlange, die den Betriebsübergang ausmachen[2], geht das Gericht nunmehr davon aus, ohne Unterrichtung nach Abs. 5 beginne die Frist nicht zu laufen, so dass nur die allg. Verwirkungsgrundsätze Anwendung finden[3]. Ist der ArbN durch Aufhebungsvertrag ausgeschieden (bspw. um in eine Transfergesellschaft überzutreten), hat er keinen Einstellungsanspruch gegen den Erwerber, solange die Wirkung des Aufhebungsvertrages nicht durch Anfechtung etc. beseitigt wird[4].

309 **3. Reichweite des Kündigungsverbots.** Das Verbot der Kündigung wegen des Betriebsübergangs betrifft **sämtliche Kündigungsarten**. Es können also ordentl. wie auch außerordentl. Kündigungen, betriebsbedingte, personenbedingte wie auch verhaltensbedingte Kündigungen wegen eines Verstoßes gegen Abs. 4 S. 1 unwirksam sein[5]. Auch Änderungskündigungen werden erfasst[6]. Ebenfalls unerheblich ist, ob die Kündigung durch den bisherigen oder den neuen Betriebsinhaber ausgesprochen wird[7]. Auch Kündigungen, die der **Insolvenzverwalter** wegen eines Betriebsübergangs ausspricht, sind nach Abs. 4 S. 1 unwirksam[8]. Zwar werden die sich aus § 613a ergebenden Haftungsfolgen im Rahmen des Insolvenzverfahrens eingeschränkt. Hinsichtlich seiner Bestandsschutzfunktion beansprucht § 613a jedoch auch im Insolvenzverfahren uneingeschränkte Geltung (Rz. 363). Ein enger zeitlicher Zusammenhang zwischen dem Ausspruch der Kündigung und dem Betriebsübergang ist nicht erforderlich. Eine Kündigung wegen des Betriebsübergangs liegt deshalb auch dann vor, wenn der ArbGeb im Zeitpunkt der Kündigung den Betriebsübergang bereits geplant, dieser bereits greifbare Formen angenommen hat und die Kündigung ausgesprochen wird, um den geplanten Betriebsübergang vorzubereiten oder zu ermöglichen[9] (zur Rationalisierungs- und Sanierungskündigungen Rz. 313 f.).

310 An Abs. 4 S. 1 scheitern ferner Gestaltungen, die darauf abzielen, den durch § 613a bezweckten Bestandsschutz zu **unterlaufen**. Dies betrifft bspw. Befristungen[10] und auflösende Bedingungen[11], die im Vorfeld eines Betriebsübergangs vereinbart werden, um die Fortsetzung des ArbVerh oder bestimmter Arbeitsbedingungen zu vereiteln (zu unternehmensspezifischen Leistungen Rz. 234). Ebenfalls mit Abs. 1 S. 1, Abs. 4 S. 1 unvereinbar ist es, dass der bisherige Betriebsinhaber dem ArbN kündigt, damit der neue Betriebsinhaber den ArbN zu geänderten Arbeitsbedingungen einstellen kann[12]. Entsprechendes gilt für das sog. Lemgoer Modell, bei dem die ArbN durch das Einstellungsversprechen des Betriebserwerbers zum Ausspruch von Eigenkündigungen ggü. dem bisherigen Betriebsinhaber oder zum Abschluss von Aufhebungsverträgen mit diesem veranlasst werden[13]. Die Kontinuität der Arbeitsbedingungen kann schließlich nicht dadurch beseitigt werden, dass die ArbN dem Übergang ihres ArbVerh gem. Abs. 6 S. 1 widersprechen, um anschließend zu geänderten Bedingungen ein ArbVerh mit dem neuen Betriebsinhaber einzugehen[14].

311 Zulässig ist demggü. nach der zutreffenden Auffassung der Rspr. der Abschluss von **Aufhebungsverträgen** im Zusammenhang mit einem Betriebsübergang, wenn die Vereinbarung auf das endgültige Ausscheiden des ArbN aus dem Betrieb gerichtet ist[15]. In der Praxis kommt dem Abschluss von Aufhebungsverträgen erhebliche Bedeutung im Zusammenhang mit der Überleitung von ArbVerh auf **Transfergesellschaften** zu. Der Erwerber eines Not leidenden Betriebes ist zur Übernahme häufig nur unter der Voraussetzung bereit, dass der bisherige Betriebsinhaber gezielt Personal abbaut. Ua. um Sozialauswahlprobleme zu entschärfen, wird in derartigen Situationen häufig eine Transfergesellschaft gegründet und denjenigen ArbN, die zu übernehmen der potenzielle Erwerber nicht bereit ist, die Aufhebung ihres bisherigen ArbVerh unter gleichzeitigem Angebot der Eingehung eines neuen ArbVerh mit der betreffenden Gesellschaft angeboten. Für die ArbN kann die Annahme dieses Angebots im Vergleich zu der Inkaufnahme des Risikos einer betriebsbedingten Kündigung insb. dann vorteilhaft sein, wenn sich für sie durch die Inanspruchnahme von (Transfer-)Kug die Bezugsdauer von Lohnersatzleistungen verlängert. Die gegen derartige Gestaltungen in der Lit. geäußerte Kritik[16] ist unbegründet. Wie bereits Abs. 6 S. 1 erhellt, steht es dem ArbN frei, sein ArbVerh mit dem neuen Betriebsinhaber fort-

---

1 BAG 21.8.2007 – 8 AZR 201/07, NZA 2009, 29 (LS 3); 25.10.2007 – 8 AZR 989/06, NZA 2008, 357 (LS 5); 21.8.2008 – 8 AZR 201/07, NZA 2009, 29; anders noch BAG 12.11.1998 – 8 AZR 265/97, NZA 1999, 311. || 2 BAG 21.8.2007 – 8 AZR 201/07, NZA 2009, 29 (LS 3); 21.8.2008 – 8 AZR 201/07, NZA 2009, 29; 25.10.2007 – 8 AZR 989/06 NZA 2008, 357 (LS 5). || 3 BAG 27.1.2011 – 8 AZR 326/09, NZA 2011, 1162. || 4 BAG 23.11.2006 – 8 AZR 349/06, NZA 2007, 866 (868). || 5 ErfK/*Preis*, § 613a Rz. 153; MüKoBGB/*Müller-Glöge*, § 613a Rz. 187. || 6 ErfK/*Preis*, § 613a BGB Rz. 153; RGRK/*Ascheid*, § 613a Rz. 251; MüKoBGB/*Müller-Glöge*, § 613a Rz. 187. || 7 RGRK/*Ascheid*, § 613a Rz. 251. || 8 BAG 26.5.1983 – 2 AZR 477/81, NJW 1984, 627. || 9 BAG 19.5.1988 – 2 AZR 596/87, NZA 1989, 461; LAG MV 9.1.2013 – 2 Sa 166/12, NZA-RR 2013, 238; ErfK/*Preis*, § 613a BGB Rz. 167. || 10 BAG 15.2.1995 – 7 AZR 680/94, NZA 1995, 987; 2.12.1998 – 7 AZR 579/97, NZA 1999, 926. || 11 Erman/*Edenfeld*, § 613a Rz. 64; ErfK/*Preis*, § 613a BGB Rz. 157. || 12 BAG 20.7.1982 – 3 AZR 261/80, ZIP 1983, 107. || 13 BAG 1.7.1995 – 3 AZR 154/95, NZA 1996, 207; 28.4.1987 – 3 AZR 75/86, NZA 1988, 198; ErfK/*Preis*, § 613a BGB Rz. 157. || 14 ErfK/*Preis*, § 613a BGB Rz. 158; *Ende*, NZA 1994, 494 (495). || 15 BAG 25.10.2012 – 8 AZR 575/11, NZA 2013, 203; 18.8.2011 – 8 AZR 312/10, NZA 2012, 152; 21.5.2008 – 8 AZR 481/07, NZA 2009, 144; 25.10.2007 – 8 AZR 917/06, NZA-RR 2008, 367; 23.11.2006 – 8 AZR 349/06, NZA 2007, 866; 18.8.2005 – 8 AZR 523/04, NZA 2006, 145; 10.12.1998 – 8 AZR 324/97, NZA 1999, 422; 28.4.1987 – 3 AZR 75/86, NZA 1988, 198; vgl. auch bereits BAG 29.10.1975 – 5 AZR 444/74, NJW 1976, 535. || 16 ErfK/*Preis*, § 613a BGB Rz. 159; APS/*Steffan*, § 613a BGB Rz. 198 f.; hiergegen *Pils*, NZA 2013, 125.

zusetzen oder auf die Fortsetzung zu verzichten[1]. Allerdings sind Aufhebungsverträge wegen objektiver Gesetzesumgehung nichtig, wenn sie lediglich die Beseitigung der Kontinuität des ArbVerh bei gleichzeitigem Erhalt des Arbeitsplatzes bezwecken. Dies ist der Fall, wenn gleichzeitig mit dem Abschluss des Aufhebungsvertrages ein neues ArbVerh mit dem Betriebsübernehmer vereinbart oder ein solches zumindest verbindlich in Aussicht gestellt wird[2]. So soll es nach der Rspr. des 8. Senats liegen, wenn dem ArbN gleichzeitig mit dem Angebot zum Wechsel in eine Transfergesellschaft ein Arbeitsvertrag mit dem Betriebserwerber vorgelegt wird, dessen Annahme sich der Erwerber zwar vorbehält, es sich aber aus den Umständen ergibt, dass der Erwerber den Vertrag annehmen wird[3]. Ein verbindliches Inaussichtstellen eines ArbVerh mit dem Erwerber soll ferner vorliegen, wenn zwar das Los über die Auswahl der ArbN aus einer Transfergesellschaft entscheidet, aber eine deutlich überwiegende Chance für eine Übernahme besteht[4]. Die Umstände, aus denen sich das hinreichend verbindliche Inaussichtstellen eines ArbVerh mit dem Erwerber ergibt, hat im Prozess der ArbN darzulegen und ggf. zu beweisen[5]. Diese Rspr. führt in der Praxis zu erheblichen Abgrenzungsschwierigkeiten und macht Aufhebungsverträge im Zusammenhang mit übertragenden Sanierungen schwer kalkulierbar[6]. Eine Umgehung von § 613a kann ferner vorliegen, wenn die Beschäftigungsgesellschaft zum Schein vorgeschoben oder offensichtlich bezweckt wird, die Sozialauswahl zu umgehen[7]. Ist ein Aufhebungsvertrag nach den vorstehend dargestellten Grundsätzen wegen Umgehung des Abs. 1 S. 1, Abs. 4 S. 1 nichtig, so entfällt der Anspruch auf eine in dem Vertrag vereinbarte **Abfindung**. Dem ArbGeb ist es insoweit nach § 242 verwehrt, sich auf die Nichtigkeit des Aufhebungsvertrages zu berufen[8]. Der Aufhebungsvertrag kann gem. § 123 I angefochten werden, wenn der ArbGeb dem ArbN bei Abschluss des Vertrages vorspiegelt, der Betrieb solle geschlossen werden, in Wahrheit jedoch ein (Teil-)Betriebsübergang geplant ist[9].

Beabsichtigt der ArbGeb, einen Teil des Betriebs stillzulegen und einen anderen Teil nach § 613a zu übertragen, so soll nach der Auffassung des BAG eine **Sozialauswahl** zwischen den im stillzulegenden Betriebsteil beschäftigten ArbN und den ArbN vorzunehmen sein, die im zu übertragenden Betriebsteil beschäftigt sind. Abs. 4 S. 1 stehe der Sozialauswahl nicht entgegen, weil Grund für den eventuellen Ausspruch von Kündigungen ggü. ArbN in dem zu übertragenden Betriebsteil nicht der Betriebsteilübergang, sondern der Wegfall von Beschäftigungsmöglichkeiten im gesamten Betrieb sei[10]. Kein Raum bleibt für eine Sozialauswahl, wenn im Zeitpunkt des Ausspruchs der betriebsbedingten Kündigungen der Betriebsteil bereits auf den neuen Inhaber übertragen und organisatorisch aus dem Gesamtbetrieb herausgelöst ist.

4. Rationalisierungs- und Sanierungskündigungen. Der Betriebsinhaber wird durch Abs. 4 S. 1 nicht gehindert, Rationalisierungs- bzw. Sanierungskündigungen auszusprechen, um auf diese Weise die Chancen für eine Veräußerung des Betriebes zu verbessern[11]. Derartige Kündigungen müssen – wie auch sonst – den allg. Anforderungen des Kündigungsrechts, im Anwendungsbereich des KSchG also insb. den Anforderungen des § 1 KSchG, genügen. Um Kündigungen „wegen" eines Betriebsübergangs handelt es sich selbst dann nicht, wenn die Durchführung des zugrunde liegenden Rationalisierungs- bzw. Sanierungskonzepts dem Wunsch eines Erwerbsinteressenten entspricht oder von diesem gar zur Voraussetzung für die Übernahme des Betriebs gemacht wird, sofern das betreffende Konzept auch unabhängig von dem Betriebsübergang von dem Veräußerer durchgeführt werden könnte[12]. Die Kündigungen müssen in diesem Sinne einem **eigenen betrieblichen Erfordernis** des Veräußerers entsprechen. Ob der Veräußerer für den Fall eines Scheiterns des Betriebsübergangs die Absicht hat, den Betrieb in der geänderten Form fortzuführen, ist unerheblich[13].

Hiervon zu unterscheiden ist die Frage, ob bereits der Veräußerer Kündigungen aussprechen kann, deren Rechtfertigung sich erst daraus ergibt, dass man die beim Erwerber bestehenden betrieblichen Verhältnisse in die Betrachtung mit einbezieht (sog. **Veräußererkündigung auf Erwerberkonzept**). Die Rspr. ließ Veräußererkündigungen auf Erwerberkonzept früher nicht zu und beschränkte den Veräußerer darauf, nur „sich selbst tragende"[14] Rationalisierungs- bzw. Sanierungskonzepte im Vorfeld eines Betriebsübergangs umzusetzen. Nach der neueren Rspr. sind Veräußererkündigungen auf Erwerberkonzept demggü. zulässig, setzen aber eine rechtsverbindliche Vereinbarung sowohl über den Betriebsübergang als auch das Rationalisierungs- bzw. Sanierungskonzept des Erwerbers voraus, dessen Umsetzung im Zeitpunkt des Zugangs der Kündigungserklärung bereits greifbare Formen angenommen haben muss[15].

---

1 Ausf. BAG 18.8.2005 – 8 AZR 523/04, NZA 2006, 145; WHSS/*Willemsen*, Rz. G 191 f. ||2 BAG 25.10.2012 – 8 AZR 575/11, NZA 2013, 203; 18.8.2011 – 8 AZR 312/10, NZA 2012, 152; 10.12.1998 – 8 AZR 324/97, NZA 1999, 422. ||3 BAG 25.10.2012 – 8 AZR 575/11, NZA 2013, 203. ||4 BAG 18.8.2011 – 8 AZR 312/10, NZA 2012, 152: Übernahmewahrscheinlichkeit 352 zu 452; dazu *Willemsen*, NZA 2013, 242 (246). ||5 BAG 25.10.2012 – 8 AZR 575/11, NZA 2013, 203. ||6 Krit. zum Ganzen *Willemsen*, NZA 2013, 242. ||7 BAG 23.11.2006 – 8 AZR 349/06, NZA 2007, 866. ||8 BAG 11.7.1995 – 3 AZR 154/95, NZA 1996, 207. ||9 BAG 23.11.2006 – 8 AZR 349/06, NZA 2007, 866. ||10 BAG 28.10.2004 – 8 AZR 391/03, NZA 2005, 285. ||11 BAG 20.9.2006 – 6 AZR 249/05, NZA 2007, 387; 18.7.1996 – 8 AZR 127/94, NZA 1997, 148; Erman/*Edenfeld*, § 613a Rz. 111 ff.; ErfK/*Preis*, § 613a BGB Rz. 167. ||12 BAG 26.5.1983 – 2 AZR 477/81, NJW 1984, 627; 18.7.1996 – 8 AZR 127/94, NZA 1997, 148; WHSS/*Willemsen*, Rz. H 96 ff.; *Willemsen*, ZIP 1983, 411 (416); ErfK/*Preis*, § 613a BGB Rz. 169; Erman/*Edenfeld*, § 613a Rz. 113. ||13 Deutlich: BAG 18.7.1996 – 8 AZR 127/94, NZA 1997, 148. ||14 Begriff: WHSS/*Willemsen*, Rz. H 110. ||15 BAG 20.9.2006 – 6 AZR 249/05, NZA 2007, 387; 20.3.2003 – 8 AZR 97/02, NZA 2003, 1027; zust. *Annuß/Stamer*, NZA 2003, 1247; *Gaul/Bonanni/Naumann*, DB 2003, 1902; abl. LAG Köln 17.6.2003 – 9 Sa 443/03, ZIP 2003, 2042.

Ausdrücklich entschieden ist dies zwar nur für den Sonderfall einer Übernahme in der Insolvenz. Es sind aber keine zwingenden Gründe erkennbar, Veräußererkündigungen auf Erwerberkonzept außerhalb der Insolvenz nicht zuzulassen[1]. Noch keine Rspr. liegt zur Frage der Sozialauswahl und der Pflicht zum Anbieten freier Arbeitsplätze vor. Nach richtigem Verständnis muss jedoch der Veräußerer bei Ausspruch der Kündigungen nicht nur die in seinem Unternehmen, sondern auch die im Unternehmen des Erwerbers bestehenden freien Arbeitsplätze und Versetzungsmöglichkeiten mitberücksichtigen[2]. Sieht das Erwerberkonzept einen Zusammenschluss des zu veräußernden Betriebes mit einem Betrieb des Erwerbers vor, so muss der Veräußerer die ArbN des Erwerberbetriebes in die Sozialauswahl einbeziehen[3]. Dies ist nicht dahin zu verstehen, dass der Veräußerer befugt wäre, freie Arbeitsplätze des Erwerbers mit eigenen ArbN zu besetzen oder ArbN des Erwerbers zu kündigen; diese Befugnis steht ausschließlich dem Erwerber zu. Eine Kündigung ggü. eigenen ArbN des Veräußerers scheitert jedoch an § 1 II, III KSchG, wenn im Betrieb des Erwerbers ein geeigneter freier Arbeitsplatz vorhanden ist oder – im Zusammenschluss von Betrieben vorausgesetzt – der Erwerber einen vergleichbaren, aber sozial weniger schutzwürdigen ArbN beschäftigt[4]. Die Situation ist insoweit derjenigen im Gemeinschaftsbetrieb mehrerer Unternehmen vergleichbar[5].

315 **VI. Unterrichtung der Arbeitnehmer. 1. Entstehungsgeschichte und Normzweck.** § 613a wurde mWz. 1.4.2002 um Abs. 5 und 6 ergänzt[6]. Mit Abs. 5 sollte Art. 7 VI der BetriebsübergangsRL 2001/23/EG umgesetzt werden, dem zufolge die Mitgliedstaaten verpflichtet sind, eine Regelung zur Information der von einem Betriebsübergang betroffenen ArbN über den Zeitpunkt, den Grund und die Folgen des Übergangs sowie die in Aussicht genommenen Maßnahmen zu treffen, wenn unabhängig vom Willen der ArbN im Betrieb oder Unternehmen keine ArbN-Vertretung besteht[7]. In der Lit. war verschiedentlich geltend gemacht worden, in Deutschland bestehe ein Umsetzungsdefizit[8].

316 Die Unterrichtung gem. Abs. 5 soll dem ArbN eine ausreichende Wissensgrundlage für die Entscheidung verschaffen, ob er sein Widerspruchsrecht ausübt. Sie soll dem ArbN die Möglichkeit eröffnen, sich zu erkundigen und ggf. beraten zu lassen und dann auf dieser Grundlage über einen Widerspruch zu entscheiden[9]. Diese **Zwecksetzung** ist Leitlinie für die Interpretation des Norminhalts[10]. Die Erfahrungen der Praxis zeigen demggü., dass die Unterrichtungspflicht nicht nur die Unternehmen vor kaum zu bewältigende rechtl. Aufgaben stellt, sondern darüber hinaus bei den betroffenen ArbN vornehmlich Verunsicherung hervorruft. Die geforderten Informationen werden wegen ihrer rechtl. Komplexität von Laien kaum verstanden.

317 **2. Geltungsbereich.** Abs. 5 ist am **1.4.2002 ohne Übergangsregelung in Kraft getreten**[11]. Er gilt folglich für alle Betriebs(teil)übergänge, die an oder nach diesem Stichtag stattgefunden haben bzw. stattfinden. Maßgeblich ist der Zeitpunkt des Übergangs der ArbVerh. Die Unterrichtungspflicht besteht **unabhängig von der Betriebsgröße** und unabhängig davon, ob in dem betreffenden Betrieb ein **BR** existiert[12]. Sie tritt neben die sonstigen Unterrichtungspflichten ggü. den zuständigen ArbN-Vertretungen, insb. neben die Unterrichtungspflichten nach §§ 106 III Nr. 10, 111 S. 1 BetrVG[13]. Nach dem ebenfalls angepassten § 324 UmwG gilt Abs. 5 auch für Betriebs(teil)übertragungen durch **Umwandlung**.

318 **3. Parteien des Unterrichtungsanspruchs.** Die Unterrichtungspflicht trifft den bisherigen und den neuen Betriebsinhaber als **Gesamtschuldner** iSd. § 421[14]. Die Erfüllung des Unterrichtungsanspruchs durch einen Gesamtschuldner wirkt auch zu Gunsten des anderen[15]. Im Innenverhältnis steht ihnen nach den Grundsätzen von Treu und Glauben wechselseitig ein Auskunftsanspruch hinsichtlich der für die Unterrichtung bedeutsamen Tatsachen zu[16]. In der Praxis empfiehlt es sich, die wechselseitige Auskunftserteilung ebenso wie die Frage der Haftung für eine unrichtige oder unvollständige Auskunftserteilung im Unternehmenskaufvertrag zu regeln.

319 Unterrichtet werden muss nach dem Eingangssatz des Abs. 5 jeder „**von dem Übergang betroffene**" ArbN. Gemeint sind nur ArbN, deren ArbVerh (vorbehaltlich eines Widerspruchs nach Abs. 6) gem. Abs. 1 S. 1 auf den neuen Betriebsinhaber übergeht[17], obwohl selbstverständlich auch die „zurückbleibenden" ArbN und die ArbN des Übernehmers von dem Übergang betroffen sind (zB durch eine Ände-

---

1 ErfK/*Preis*, § 613a BGB Rz. 170; Staudinger/*Annuß*, § 613a Rz. 384; *Annuß/Stamer*, NZA 2003, 1247 (1247f.); *Gaul/Bonanni/Naumann*, DB 2003, 1902 (1904). ‖2 Staudinger/*Annuß*, § 613a Rz. 383; WHSS/*Willemsen*, Rz. H 116; *Gaul/Bonanni/Naumann*, DB 2003, 1902 (1904). ‖3 ErfK/*Preis*, § 613a BGB Rz. 172; *Gaul/Bonanni/Naumann*, DB 2003, 1902 (1904), vgl. auch WHSS/*Willemsen*, Rz. H 116f. mwN. ‖4 AA *Sieger/Hasselbach*, DB 1999, 430 (434). ‖5 Zur Zuständigkeit des BR und der Bemessung eines Sozialplans vgl. WHSS/*Willemsen*, Rz. H 118ff. ‖6 BGBl. 2002 I S. 1163. ‖7 BT-Drs. 14/7760, 19. ‖8 Ausf. zum Streitstand EAS/*Oetker*, B 8300 Rz. 335ff.; WHSS/*Willemsen*, Rz. G 212; zur Richtlinienkonformität des Abs. 5 *Grau*, ZfA 2005, 647ff. ‖9 BAG 10.11.2011 – 8 AZR 430/10, AP BGB § 613a Unterrichtung Nr. 15, Rz. 23. ‖10 BAG 13.7.2006 – 8 AZR 305/05, NZA 2006, 1268; 14.12.2006 – 8 AZR 763/05, NZA 2007, 682; krit. *Sagan*, ZIP 2011, 1641 (1643). ‖11 BGBl. I S. 1163. ‖12 BT-Drs. 14/7760, 19; der deutsche Gesetzgeber geht damit weit über die europarechtl. Vorgaben hinaus; s. dazu WHSS/*Willemsen*, Rz. G 212. ‖13 *Willemsen/Lembke*, NJW 2002, 1159 (1161). ‖14 *Willemsen/Lembke*, NJW 2002, 1159 (1161); *Grau*, Unterrichtung und Widerspruchsrecht (2005), S. 88ff. ‖15 *Rupp*, NZA 2007, 301f. ‖16 Staudinger/*Annuß*, § 613a Rz. 261; APS/*Steffan*, § 613a BGB Rz. 203; KR/*Treber*, § 613a BGB Rz. 108h; *Willemsen/Lembke*, NJW 2002, 1159 (1161). ‖17 *Willemsen/Lembke*, NJW 2002, 1159 (1161); *Grau*, Unterrichtung und Widerspruchsrecht, 2005, S. 38ff.

rung der Basis für die Sozialauswahl)[1]. Dies ergibt sich aus der Verknüpfung der Unterrichtungspflicht nach Abs. 5 mit dem Widerspruchsrecht aus Abs. 6.

4. Allgemeine Anforderungen. Trotz der Pflicht zur individuellen Unterrichtung muss **nicht individualbezogen** unterrichtet werden. Es bedarf insb. keiner Einzeldarstellung der sich für den jeweiligen Empfänger der Unterrichtung aus dem Übergang ergebenden Folgen[2]. Zugleich betont die Rspr. allerdings, dass eine standardisierte Information Besonderheiten des ArbVerh erfassen müsse[3]. Wie diese beiden Aussagen miteinander in Einklang zu bringen sind, ist noch nicht geklärt. Am überzeugendsten erscheint es, eine abstrakte Darstellung genügen zu lassen, aus der die ArbN die sich für sie ergebenden Konsequenzen im Wege der Subsumtion ermitteln können[4]. Ergeben sich für verschiedene Gruppen von ArbN unterschiedliche Rechtsfolgen (zB für tarifl. im Unterschied zu außertarifl. ArbN oder bei der Veräußerung von Betriebsteilen an unterschiedliche Erwerber), müssen diese (abstrakt) dargestellt werden; der Empfänger der Unterrichtung muss darauf hingewiesen werden, zu welcher Gruppe er gehört. 320

Die Darstellung muss präzise sein und darf **keine juristischen Fehler** enthalten. Eine lediglich „im Kern" richtige Unterrichtung ist damit entgegen der früheren Rspr.[5] nicht ausreichend[6]. Zur Beweislastverteilung im Prozess Rz. 338a. Eine fehlerhafte Unterrichtung über Rechtsfragen ist aber unschädlich, wenn der Unterrichtungspflichtige die Rechtslage gewissenhaft geprüft und einen **vertretbaren Rechtsstandpunkt** eingenommen hat[7]. Das BAG verlangt zudem eine möglichst **laienverständliche** Darstellung[8]. Eine bloße Wiedergabe des Gesetzeswortlauts genügt nicht. Der Ansatz der Rspr. verursacht in Fällen, in denen die Unterrichtung äußerlich vollständig und in sich schlüssig, gleichwohl aber materiell fehlerhaft (zB in der rechtl. Bewertung) oder unvollständig (zB in sachlich nachrangigen Teilaspekten) ist, unangemessene Härten. Zur Beweislastverteilung in diesen Fällen Rz. 338a. Überzeugender wäre es, in diesen Fällen Schadensersatzansprüche wegen Schlechterfüllung (§ 280) zu gewähren. Auf diese Weise ließen sich auch Kausalitätsaspekte berücksichtigen, während die Rspr. das Widerspruchsrecht auch dann zubilligt, wenn die Unrichtigkeit oder Unvollständigkeit der Unterrichtung für den ArbN erkennbar keine Bedeutung hat[9]. 320a

5. Form und Zeitpunkt der Unterrichtung. Die Unterrichtung bedarf der **Textform** iSd. § 126b[10]. Eine Unterrichtung per **E-Mail** ist daher zulässig[11]. Ein bloßer **Aushang** genügt demggü. nicht, weil die Unterrichtung dem ArbN in Textform zugehen muss[12]. Jedenfalls unzureichend ist ein Schreiben, das seinen Aussteller nicht erkennen lässt[13]. Da die Unterrichtung die einmonatige Widerspruchsfrist des Abs. 6 in Gang setzt, empfiehlt es sich, zu Nachweiszwecken mit Empfangsbekenntnissen zu arbeiten. Ob das Unterrichtungsschreiben für ArbN, die über keine ausreichenden Deutschkenntnisse verfügen, **übersetzt** werden muss, ist umstritten[14]. Entscheidend hiergegen spricht, dass eine dahin gehende Pflicht entgegen der allg. Gesetzessystematik (zB § 2 V WO BetrVG) nicht ausdrücklich angeordnet ist. Damit verbleibt das Sprachrisiko beim ArbN. 321

Die Unterrichtung wird zweckmäßigerweise spätestens einen Monat vor dem Zeitpunkt des Betriebs(teil)übergangs vorgenommen, weil die Widerspruchsfrist gegen den Übergang des ArbVerh einen Monat beträgt und erst mit der ordnungsgemäßen Unterrichtung gem. Abs. 5 zu laufen beginnt. Eine Unterrichtung nach dem Betriebsübergang ist jedoch möglich[15]. Die Widerspruchsfrist beginnt dann allerdings (wie auch sonst) mit dem Zugang des Unterrichtungsschreibens[16]. 322

Die Rspr. hat die Anforderungen an eine ordnungsgemäße Unterrichtung seit Inkrafttreten des Abs. 5 fortlaufend konkretisiert[17]. 322a

6. Gegenstand der Unterrichtung. a) Zeitpunkt des Übergangs. Nr. 1 verpflichtet zur Unterrichtung der ArbN über den Zeitpunkt bzw., wenn dieser noch nicht feststeht, den geplanten Zeitpunkt des Übergangs[18]. Mit „Übergang" ist der Übergang des ArbVerh gemeint. Dieser findet in dem Zeitpunkt 323

---

1 Vgl. auch *Sagan*, ZIP 2011, 1641 (1642) zum europarechtl. Hintergrund. ‖ 2 BAG 13.7.2006 – 8 AZR 305/05, NZA 2006, 1268; 14.12.2006 – 8 AZR 763/05, NZA 2007, 682. ‖ 3 BAG 13.7.2006 – 8 AZR 305/05, NZA 2006, 1268; 14.12.2006 – 8 AZR 763/05, NZA 2007, 682. ‖ 4 *Hohenstatt/Grau*, NZA 2007, 13 (14); wohl auch Staudinger/*Annuß*, § 613a Rz. 267. ‖ 5 BAG 22.4.1993 – 2 AZR 313/92, NZA 1994, 357. ‖ 6 BAG 26.5.2011 – 8 AZR 18/10, AP Nr. 407 zu 3 613a BGB, Rz. 20; 22.1.2009 – 8 AZR 808/07, NZA 2009, 547, Rz. 26; 20.3.2008 – 8 AZR 1016/06, NZA 2008, 1354; 13.7.2006 – 8 AZR 305/05, NZA 2006, 1268. ‖ 7 BAG 13.7.2006 – 8 AZR 303/05, AP Nr. 311 zu § 613a BGB. ‖ 8 BAG 23.7.2009 – 8 AZR 538/08, NZA 2010, 89, Rz. 34. ‖ 9 Ausf. *Willemsen*, NJW 2007, 2065 (2070 ff.); *Willemsen*, FS Küttner, 2006, S. 417 (426 ff.); WHSS/*Willemsen*, Rz. G 230; vgl. auch *Pröpper*, NZA 2005, 2011 (2012). ‖ 10 Vgl. hierzu die Spezialkomm. zu § 126b. ‖ 11 ErfK/*Preis*, § 613a BGB Rz. 91. ‖ 12 *Grau*, Unterrichtung und Widerspruchsrecht, 2005, S. 201; Staudinger/*Annuß*, § 613a Rz. 263. ‖ 13 BAG 23.7.2009 – 8 AZR 538/08, NZA 2010, 89, Rz. 21 (Unterzeichnung durch „Personal Services"). ‖ 14 Meinungsstand bei *Langner*, DB 2008, 2082. ‖ 15 BAG 13.7.2006 – 8 AZR 305/05, NZA 2006, 1268; 14.12.2006 – 8 AZR 763/05, NZA 2007, 682; ErfK/*Preis*, § 613a BGB Rz. 92; *Willemsen/Lembke*, NJW 2002, 1159 (1163); BT-Drs. 14/7760, 20; aA *Bauer/v. Steinau-Steinrück*, ZIP 2002, 457 (458). ‖ 16 BAG 13.7.2006 – 8 AZR 305/05, NZA 2006, 1268; 14.12.2006 – 8 AZR 763/05, NZA 2007, 682. ‖ 17 Zusammenfassend BAG 10.11.2011 – 8 AZR 430/10, AP BGB § 613a Unterrichtung Nr. 15; hierzu *Lingemann* NZA 2012, 546. ‖ 18 ErfK/*Preis*, § 613a BGB Rz. 87; *B. Gaul*, Betriebs- und Unternehmensspaltung, § 11 Rz. 13; Staudinger/*Annuß*, § 613a Rz. 270 f.

statt, in dem der neue Inhaber im eigenen Namen die betriebliche Leitungsmacht über den veräußerten Betrieb(steil) übernimmt (Rz. 82).

324 **b) Grund für den Übergang.** Nr. 2 verpflichtet zur Angabe des Grundes für den Übergang des ArbVerh. Mitzuteilen sind die rechtsgeschäftliche Grundlage des Betriebsübergangs (zB „durch Pachtvertrag vom") und die zugrunde liegenden unternehmerischen Erwägungen. Für beides genügen schlagwortartige Angaben[1].

325 **c) Rechtliche, wirtschaftliche und soziale Folgen des Übergangs.** Die rechtl., wirtschaftl. und sozialen Folgen des Übergangs iSd. Nr. 3 ergeben sich nach der Begr. des RegE „vor allem aus den ... Regelungen der Abs. 1 bis 4". Das betreffe die Fragen der Weitergeltung oder Änderung der bisherigen Rechte und Pflichten aus dem ArbVerh, der Haftung des bisherigen ArbGeb und des neuen Inhabers ggü. dem ArbN sowie des Kündigungsschutzes[2]. Es muss also **zumindest eine Aussage zu den** in **Abs. 1 bis 4** geregelten Materien getroffen werden. Im Einzelnen gilt:

326 Zunächst ist anzugeben, **dass und auf wen** das ArbVerh übergeht. Die Rspr. verlangt in diesem Zusammenhang einen ausdrücklichen Hinweis, dass der Erwerber kraft Gesetzes in die Rechte und Pflichten aus dem ArbVerh eintritt[3]. Dem ArbN ist Klarheit über die Identität des Erwerbers zu verschaffen. Bei juristischen Personen sind die Firma, der Sitz der Gesellschaft und die Geschäftsanschrift mitzuteilen[4]. Darüber hinaus sind die gesetzl. Vertreter, zumindest eine identifizierbare natürliche Person mit Personalkompetenz als Ansprechpartner beim Betriebserwerber zu nennen[5]. Zweckmäßig ist die Angabe der Registernummer. Die Angabe eine „neue GmbH" genügt nicht[6]. Wenn es sich um eine Gesellschaft in Gründung handelt oder noch Umfirmierungen bevorstehen, muss auch dies dargestellt werden[7]. Das BAG hält es sogar für vorstellbar, dass eine Darstellung der bisherigen und künftigen Geschäftsaktivitäten des Erwerbers und in Konzernsachverhalten sogar von konzernverbundenen Unternehmen geboten sein kann[8]. Dies überspannt die Anforderungen an die Unterrichtung deutlich. Richtig ist aber, dass die mangelnde Solvenz des Erwerbers nicht durch Ausführungen zur Leistungsfähigkeit des Konzernverbunds verschleiert werden darf. Darüber hinaus ist der **Gegenstand des Betriebsübergangs**, also welcher Betrieb oder Betriebsteil übertragen wird, zu beschreiben[9]. Zweckmäßig ist die Angabe, dass die beim bisherigen Betriebsinhaber verbrachten oder von diesem anerkannten Zeiten der Betriebszugehörigkeit angerechnet werden. Auch der Übergang der Versorgungsanwartschaften der aktiven ArbN ist anzusprechen[10]. Allerdings ergibt sich aus Abs. 5 kein Anspruch auf Auskunft über die Höhe der im Zeitpunkt des Übergangs bestehenden Versorgungsanwartschaft[11].

327 Mit Blick auf **BV und TV** ist anzugeben, ob diese bei dem neuen Inhaber unverändert kollektivrechtl. fortgelten, gem. Abs. 1 S. 2 aufrechterhalten oder gem. Abs. 1 S. 3 durch BV oder TV des Erwerbers abgelöst werden[12]. Einer detaillierten Bezeichnung aller TV und BV bedarf es jedoch nicht[13]. Im Falle eines Tarifwechsels genügt ein Hinweis, dass und welchen anderen TV das ArbVerh vom Zeitpunkt des Übergangs an unterliegt. Eine Einzeldarstellung der Konsequenzen des Tarifwechsels ist nicht geboten. Dem ArbN ist es zumutbar, sich insoweit selbst ein Bild zu machen, ggf. unter Inanspruchnahme von Rechtsrat[14].

328 Zur Unterrichtung über die Rechtsfolgen des Übergangs gehört auch eine Darstellung der **Haftung des bisherigen und des neuen Betriebsinhabers** für die Ansprüche der übergehenden ArbN, insb. also der Regelungen der Abs. 2 und 3[15]. Das BAG verlangt in diesem Zusammenhang auch eine Erläuterung der Begriffe Anspruchsentstehung und Fälligkeit[16]. Sind darüber hinaus spezialgesetzl. Haftungsvorschriften einschlägig (zB §§ 133, 134 UmwG), sind auch diese zu erläutern. Die wirtschaftl. Lage des Erwerbers muss nach zutreffendem Verständnis nicht dargestellt werden[17]. Wenn hierzu dennoch Angaben gemacht werden, müssen diese aber zutreffen[18]. Auf eine konkrete Insolvenzgefährdung muss hingewiesen werden[19]. Wird an den Betriebserwerber nur das bewegliche Vermögen, nicht jedoch das

---

1 BAG 23.7.2009 – 8 AZR 538/08, NZA 2010, 89 Rz. 24; 13.7.2006 – 8 AZR 305/05, NZA 2006, 1268; 14.12.2006 – 8 AZR 763/05, NZA 2007, 682; zu Einzelfragen *Hohenstatt/Grau*, NZA 2006, 1273. ||2 BT-Drs. 14/7760, 19. ||3 BAG 27.11.2008 – 8 AZR 174/07, NZA 2009, 552; 22.1.2009 – 8 AZR 808/07, NZA 2009, 547. ||4 BAG 13.7.2006 – 8 AZR 305/05, NZA 2006, 1268; 14.12.2006 – 8 AZR 763/05, NZA 2007, 682; 23.7.2009 – 8 AZR 538/08, NZA 2010, 89, Rz. 20. ||5 BAG 23.7.2009 – 8 AZR 538/08, NZA 2010, 89, Rz. 20. ||6 BAG 21.8.2008 – 8 AZR 407/07, NZA-RR 2009, 62. ||7 BAG 23.7.2009 – 8 AZR 538/08, NZA 2010, 89, Rz. 20. ||8 BAG 23.7.2009 – 8 AZR 538/08, NZA 2010, 89, Rz. 22. ||9 BAG 13.7.2006 – 8 AZR 305/05, NZA 2006, 1268; 14.12.2006 – 8 AZR 763/05, NZA 2007, 682. ||10 WHSS/*Willemsen*, Rz. G 223. ||11 BAG 22.5.2007 – 3 AZR 834/05, NZA 2007, 1283. ||12 BAG 14.12.2006 – 8 AZR 763/05, NZA 2007, 682; 13.7.2006 – 8 AZR 305/05, NZA 2006, 1268; 23.7.2009 – 8 AZR 538/08, NZA 2010, 89, Rz. 20. ||13 BAG 23.7.2009 – 8 AZR 538/08, NZA 2010, 89, Rz. 36; 14.12.2006 – 8 AZR 763/05, NZA 2007, 862; 13.7.2005 – 8 AZR 305/05, NZA 2006, 1268. ||14 BAG 13.7.2006 – 8 AZR 305/05, NZA 2006, 1268; 14.12.2006 – 8 AZR 763/05, NZA 2007, 682; enger Staudinger/*Annuß*, § 613a Rz. 278; *Jaeger*, ZIP 2004, 433 (440) (Vorlage der TV erforderlich). ||15 Vgl. insb. BAG 14.12.2006 – 8 AZR 763/05, NZA 2007, 682; 20.3.2008 – 8 AZR 1016/06, NZA 2008, 1354; 21.8.2008 – 8 AZR 407/07, NZA-RR 2009, 62; 22.1.2009 – 8 AZR 808/07, NZA 2009, 547; 26.5.2011 – 8 AZR 18/10, AP Nr. 407 zu 3 613a BGB, Rz. 23. ||16 BAG 23.7.2009 – 8 AZR 538/08, NZA 2010, 89, Rz. 34. ||17 *Reinhard*, NZA 2009, 63; *Grosjean/Biester*, DB 2007, 1466; *Grobys*, BB 2002, 726 (728); WHSS/*Willemsen*, Rz. G 224; aA ErfK/*Preis*, § 613a BGB Rz. 88. ||18 LAG Köln 4.6.2007 – 14 Sa 1225/06. ||19 *Lindemann/Wolter-Roßteutscher*, BB 2007, 938 (942); *Worzalla*, NZA 2002, 353 (355); WHSS/*Willemsen*, Rz. G 224.

Betriebsgrundstück veräußert, muss auch hierauf hingewiesen werden[1]. Entsprechendes gilt, wenn Schlüsselpatente zurückbehalten werden[2]. Es bedarf jedoch keiner Darstellung der wirtschaftl. Potenz des Betriebserwerbers im Allg.[3]

Jedenfalls dann, wenn Kündigungen im Raum stehen[4] oder sich Änderungen in der kündigungsschutzrechtl. Situation ergeben (zB die Mindestbetriebsgröße des § 23 I KSchG unterschritten wird)[5], ist darauf einzugehen, ob die ArbVerh auch beim Erwerber dem KSchG unterliegen und die Unzulässigkeit von Kündigungen wegen des Betriebsübergangs anzusprechen[6]. In Umwandlungsfällen ist ggf. § 323 I UmwG darzustellen[7]. 329

Über die sich unmittelbar im Wege der Subsumtion unter Abs. 1–4 ergebenden Rechtsfolgen hinaus ist auch über die **mittelbaren Folgen** des Betriebsinhaberwechsels zu unterrichten[8]. Weder dem Gesetz selbst noch den Gesetzesmaterialien lässt sich insoweit jedoch eine klare Leitlinie entnehmen, wie weit die diesbezügliche Pflicht reicht. Der funktionale Zusammenhang zwischen der Unterrichtungspflicht nach Abs. 5 und dem Widerspruchsrecht nach Abs. 6 spricht dafür, dass zumindest auf solche Gesichtspunkte einzugehen ist, die nach der früheren Rspr. des BAG kündigungsschutzrechtl. als **sachliche Gründe für einen Widerspruch** gegen den Übergang des ArbVerh in Betracht kamen. Dies betrifft insb. den **Fortfall der Sozialplanpflicht** wegen Unterschreitens der Mindestbeschäftigtenzahl des § 111 I 1 BetrVG[9] oder nach § 112a II BetrVG[10], sofern sozialplanpflichtige Maßnahmen im Zeitpunkt des Übergangs geplant sind; dass es irgendwann einmal zu Betriebsänderungen kommen könnte, genügt insoweit nicht[11]. 330

Ob über den **Fortbestand des BR** und sonstiger ArbN-Vertretungen zu unterrichten ist, erscheint zweifelhaft. Hiergegen spricht ein Vergleich mit den umwandlungsrechtl. Unterrichtungspflichten aus §§ 5 I Nr. 9, 126 I Nr. 11 UmwG, in denen die Folgen für die ArbN „und ihre Vertretungen" ausdrücklich angesprochen sind, während ein entsprechender Passus in Abs. 5 fehlt[12]. Auch Art. 7 VI der BetriebsübergangsRL 2001/23/EG lässt sich nicht mit dem erforderlichen Maß an Klarheit entnehmen, dass eine dahin gehende Unterrichtung geboten wäre[13]. 331

Die Rspr. nimmt an, dass auch über das **Widerspruchsrecht** zu informieren ist[14]. Darüber hinaus sollen auch die sich im Fall eines Widerspruchs ergebenden Konsequenzen darzustellen sein, zB ob der ArbN an einem beim Veräußerer bestehenden **Sozialplan** teilnimmt[15]. Eine so weit gehende Pflicht zur Darstellung der mittelbaren Folgen eines Widerspruchs findet im Gesetz keine Stütze und lässt sich kaum sinnvoll eingrenzen[16]. Hiervon unabhängig empfiehlt es sich darauf hinzuweisen, dass sich der ArbN durch einen Widerspruch dem Risiko einer betriebsbedingten Kündigung aussetzt. Ebenfalls zweckmäßig ist der Hinweis, dass der Widerspruch der Schriftform (§ 126) bedarf und für die Wahrung der Monatsfrist des Abs. 6 der Zugang der Widerspruchserklärung beim Empfänger maßgeblich ist, nicht deren Abgabe. 332

d) In Aussicht genommene Maßnahmen. Zu den hinsichtlich der ArbN in Aussicht genommenen Maßnahmen iSd. Nr. 4 gehören insb. **Versetzungen** und **Entlassungen** sowie **Betriebsänderungen** iSd. § 111 BetrVG[17]. Nach der Begr. des RegE sollen auch **Weiterbildungsmaßnahmen** hierher gehören[18]. 333

In Betracht kommen nur Maßnahmen **des neuen Betriebsinhabers**. Über Maßnahmen, die der bisherige Betriebsinhaber im Vorfeld des Betriebs(teil)übergangs plant, muss nicht nach Abs. 5 unterrichtet werden. Abs. 5 steht in einem inneren Zusammenhang mit dem Widerspruchsrecht aus Abs. 6; Maßnahmen des bisherigen Betriebsinhabers kann sich der ArbN mithilfe des Widerspruchsrechts nicht entziehen. 334

---

1 BAG 31.1.2008 – 8 AZR 1116/06, NZA 2008, 642. ||2 BAG 23.7.2009 – 8 AZR 538/08, NZA 2010, 89, Rz. 28. ||3 BAG 31.1.2008 – 8 AZR 1116/06, NZA 2008, 642. ||4 Mit diesem „Vorbehalt" BAG 13.7.2006 – 8 AZR 305/05, NZA 2006, 1268, Rz. 32; vgl. auch *Hohenstatt/Grau*, NZA 2007, 13 (16). ||5 Vgl. hierzu BAG 15.2.2007 – 8 AZR 397/06, NZA 2007, 739. ||6 Stets Pflichtangabe: *Gaul*, Betriebs- und Unternehmensspaltung § 11 Rz. 15; *Franzen*, RdA 2002, 258 (265); ErfK/*Preis*, § 613a BGB Rz. 88; wohl auch BAG 27.11.2008 – 8 AZR 174/07, NZA 2009, 552. ||7 Zu § 323 I UmwG WHSS/*Willemsen*, Rz. H 150. ||8 BAG 13.7.2006 – 8 AZR 303/05, NZA 2006, 1273; 13.7.2006 – 8 AZR 305/05, NZA 2006, 1268; WHSS/*Willemsen*, Rz. G 223; *Grau*, Unterrichtung und Widerspruchsrecht (2005), S. 144ff.; aA Staudinger/*Annuß*, § 613a Rz. 273. ||9 LAG Hamm 21.6.1994 – 6 Sa 30/94, NZA 1995, 471; LAG Berlin 26.5.1997 – 9 Sa 19/97, NZA-RR 1998, 63. ||10 Staudinger/*Annuß*, § 613a Rz. 278; aA *Lunk*, NZA 1995, 711 (716f.). ||11 Vgl. KR/*Treber*, § 613a BGB Rz. 119; Staudinger/*Annuß*, § 613a Rz. 194; LAG Hamm 21.6.1994 – 6 Sa 30/94, NZA 1995, 471; LAG Berlin 26.5.1997 – 9 Sa 19/97, NZA-RR 1998, 63. ||12 *B. Gaul*, Betriebs- und Unternehmensspaltung § 11 Rz. 17; *Willemsen/Lembke*, NJW 2002, 1159 (1162); hiergegen *Franzen*, RdA 2002, 258 (265); Staudinger/*Annuß*, § 613a Rz. 274; aA ErfK/*Preis*, § 613a BGB Rz. 88. ||13 Art. 7 VI RL 2001/23/EG muss insoweit im gesamten Kontext der Regelung der Art. 7 RL insb. mit Blick auf Art. 7 I u. II gesehen werden; dazu auch *Franzen*, RdA 2002, 258 (259). ||14 BAG 13.7.2006 – 8 AZR 305/05, NZA 2006, 1268; 14.12.2006 – 8 AZR 763/05, NZA 2007, 682. ||15 BAG 13.7.2006 – 8 AZR 303/05, NZA 2006, 1273; vgl. auch BAG 14.12.2006 – 8 AZR 763/05, NZA 2007, 682; aA zum Sozialplan LAG Düss. 1.4.2005 – 18 Sa 1950/04, DB 2005, 1741. ||16 Ausführlich *Hohenstatt/Grau*, NZA 2007, 13 (16f.) ||17 *Gaul/Otto*, DB 2002, 634 (635); aA *Bauer/v. Steinau-Steinrück*, ZIP 2002, 457 (463). ||18 BT-Drs. 14/7760, 19.

BGB § 613a Rz. 335　　　　　　　　　　　　　　　　　　　　　　　Rechtsfolgen des Betriebsübergangs

335　Es muss sich um im Zeitpunkt der Unterrichtung „**in Aussicht genommene**" Maßnahmen handeln. Hiervon kann nur gesprochen werden, wenn das Stadium **konkreter Planungen** erreicht ist[1]. Liegen bereits ein Interessenausgleich und Sozialplan vor, so kann auf diese Bezug genommen werden. Bloße Eventualitäten genügen nicht.

336　**7. Folgen unrichtiger, unvollständiger oder verspäteter Unterrichtung.** Eine unrichtige oder unvollständige Unterrichtung setzt den Lauf der **Monatsfrist des Abs. 6 nicht in Gang**[2]. Der ArbN kann sein Widerspruchsrecht in diesen Fällen deshalb bis zur Grenze der Verwirkung ausüben. Allerdings können der bisherige und der neue Betriebsinhaber jederzeit eine Berichtigung vornehmen und hierdurch die Widerspruchsfrist in Gang setzen. Die Berichtigung muss der Form des Abs. 5 genügen und als solche bezeichnet werden[3]. Dass die ArbN auf andere Weise den richtigen Sachverhalt erfahren (zB über Gehaltsmitteilungen) genügt nicht. An der früheren Rspr., der zufolge der ArbN sein Widerspruchsrecht nur unverzüglich ausüben konnte, nachdem er von dem Betriebsübergang Kenntnis erlangt hatte[4], kann nicht mehr festgehalten werden.

337　Eine unvollständige Darstellung der Folgen des Betriebs(teil)übergangs bringt iÜ nicht den Unterrichtungsanspruch aus Abs. 5 zum Erlöschen, so dass der ArbN weiterhin **Erfüllung** verlangen kann. Abs. 5 statuiert nicht lediglich eine Obliegenheit[5], sondern eine **Rechtspflicht** des bisherigen und des neuen Betriebsinhabers, mit dem ein Rechtsanspruch des ArbN auf Unterrichtung korrespondiert[6]. Der ArbN kann seinen Unterrichtungsanspruch gerichtlich im Wege der Leistungsklage verfolgen[7]. Ist die Unterrichtung vollständig, aber in der Sache unrichtig, stehen zum ArbN richtiger Ansicht zufolge uU Sekundäransprüche zu, aber kein Anspruch auf erneute Unterrichtung[8].

338　Dem ArbN können im Falle einer unrichtigen oder unvollständigen Unterrichtung **Schadensersatzansprüche** aus § 280 I – gegen den bisherigen Betriebsinhaber – oder §§ 280 I, 311 Nr. 3, 241 II – gegen den neuen Betriebsinhaber – zustehen[9]. Der ArbN kann verlangen, so gestellt zu werden, wie er gestanden hätte, wenn er richtig und vollständig informiert worden wäre[10]. Voraussetzung hierfür ist, dass den in Anspruch Genommenen ein Verschulden an der fehlerhaften oder unvollständigen Unterrichtung trifft; im Verschulden eines Gesamtschuldners liegt nicht automatisch auch ein Verschulden des anderen Gesamtschuldners[11]. Allerdings wird das Verschulden nach § 280 I 2 vermutet[12]. Schwierigkeiten wird häufig der Nachweis eines Schadens bereiten. Im Rahmen der **haftungsbegründenden Kausalität** muss der ArbN darlegen und beweisen, dass die eingetretene Vermögensminderung im Falle ordnungsgemäßer Unterrichtung ausgeblieben wäre. Hierzu muss er den Nachweis erbringen, dass er dem Übergang seines ArbVerh widersprochen hätte, wenn er zutreffend und vollständig unterrichtet worden wäre. An der haftungsbegründenden Kausalität fehlt es, wenn der ArbN den Schaden durch nachträgliche Ausübung seines Widerspruchsrechts hätte verhindern können[13]. Im Rahmen der **haftungsausfüllenden Kausalität** muss der ArbN darlegen und beweisen, dass der geltend gemachte Schaden im Falle eines Widerspruchs ausgeblieben wäre[14]. Der in Anspruch Genommene wird dem jedoch häufig entgegenhalten können, dass dem ArbN im Falle eines Widerspruchs betriebsbedingt gekündigt worden wäre. Eine Verletzung der Unterrichtungspflicht nach Abs. 5 begründet auch unter Berücksichtigung des Grundsatzes von Treu und Glauben kein Kündigungsverbot[15]. In der Nichtbeschäftigung des ArbN nach erklärtem Widerspruch liegt kein Auflösungsverschulden iSd. § 628 II, solange der ArbN trotz Aufforderung nicht erläutert, warum die Unterrichtung fehlerhaft sein soll[16]. Ist das Widerspruchsrecht verwirkt, scheiden Schadensersatzansprüche wegen einer fehlerhaften Unterrichtung aus[17].

338a　Genügt die Unterrichtung formal den Anforderungen des Abs. 5 und ist sie nicht offensichtlich fehlerhaft, ist es im **Prozess** Sache des ArbN, behauptete Mängel näher darzulegen. Offensichtlich fehlerhaft ist die Unterrichtung nur, wenn eine Aussage zur Person des Erwerbers oder zu einem der in Abs. 5 genannten Umstände fehlt, unverständlich oder auf den ersten Blick mangelhaft ist[18].

---

1 BAG 13.7.2006 – 8 AZR 303/05, NZA 2006, 1273; *Schnitker/Grau*, BB 2005, 2238, 2241; *Willemsen/Lembke*, NJW 2002, 1159 (1163); ErfK/*Preis*, § 613a BGB Rz. 89; *Franzen*, RdA 2002, 258 (265); *Grau*, Unterrichtung und Widerspruchsrecht (2005), S. 188f.; *Grobys*, BB 2002, 726 (728); wohl auch: LAG Düss. 1.4.2005 – 18 Sa 1950/04, DB 2005, 1741 („objektive Konkretisierung und hinreichend verfestigte subjektive Absicht" erforderlich); weitergehend Staudinger/*Annuß*, § 613a Rz. 284.　‖**2** BAG 23.7.2009 – 8 AZR 357/08, NZA 2010, 393; 14.12.2006 – 8 AZR 763/05, NZA 2007, 682; 13.7.2006 – 8 AZR 305/05, NZA 2006, 1268; 13.7.2006 – 8 AZR 303/05, NZA 2006, 1273; 24.5.2005 – 8 AZR 398/04, NZA 2005, 1302; *Gaul/Otto*, DB 2002, 634 (638).　‖**3** BAG 23.7.2009 – 8 AZR 538/08, NZA 2010, 89 Rz. 21 mwN; ausführlich *Leßmann*, DB 2011, 2378ff.　‖**4** BAG 22.4.1993 – 2 AZR 50/92, NZA 1994, 360; 30.10.1986 – 2 AZR 101/85, NZA 1987, 524; vgl. auch *Franzen*, RdA 2002, 258 (266); *C. Meyer*, AuA 2002, 159 (163); *Grau*, Unterrichtung und Widerspruchsrecht, 2005, S. 301.　‖**5** BAG 13.7.2006 – 8 AZR 382/05, NZA 2006, 1406; aA (Obliegenheit) *Bauer/v. Steinau-Steinrück*, ZIP 2002, 457 (458); *Grobys*, BB 2002, 726.　‖**6** BAG 13.7.2006 – 8 AZR 305/05, NZA 2006, 1268.　‖**7** Staudinger/*Annuß*, § 613a Rz. 288; *Grau*, Unterrichtung und Widerspruchsrecht, 2005, S. 82f.　‖**8** Ausf. *Willemsen*, FS Küttner, 2006, S. 417ff.　‖**9** BAG 13.7.2006 – 8 AZR 382/05, NZA 2006, 1406; eingehend *Gaul/Otto*, DB 2005, 2465 (2468ff.); *Lunk*, RdA 2009, 48.　‖**10** BAG 20.3.2008 – 8 AZR 1022/06, NZA 2008, 1297; 31.1.2008 – 8 AZR 1116/06, NZA 2008, 642.　‖**11** Vgl. Palandt/*Grüneberg*, § 425 Rz. 4, 15.　‖**12** Vgl. zB BAG 20.3.2008 – 8 AZR 1022/06, NZA 2008, 1297, Rz. 52.　‖**13** BAG 20.3.2008 – 8 AZR 1022/06, NZA 2008, 1297.　‖**14** Vgl. zB BAG 31.1.2008 – 8 AZR 1116/06, NZA 2008, 642.　‖**15** BAG 24.5.2005 – 8 AZR 398/04, NZA 2005, 1302.　‖**16** BAG 22.1.2009 – 8 AZR 808/07, NZA 2009, 547.　‖**17** BAG 12.11.2009 – 8 AZR 751/07, AP Nr. 12 zu § 613a BGB Widerspruch; 2.4.2009 – 8 AZR 220/07, AP Nr. 6 zu § 613a BGB Widerspruch.　‖**18** BAG 10.11.2011 – 8 AZR 430/10, AP BGB § 613a Unterrichtung Nr. 15; *Lingemann* NZA 2012, 546.

8. Nachträgliche Veränderungen. Maßgeblich für die Beurteilung der Richtigkeit und Vollständigkeit 339
der Information des ArbN ist die Sachlage im Zeitpunkt der Unterrichtung[1]; nachträglich eintretende
Änderungen machen eine ursprünglich zutreffende Unterrichtung nicht unrichtig. Eine **Pflicht zur
Nachbesserung** besteht deshalb im Falle nachträglich eintretender Veränderungen nicht[2]. Allenfalls
dann, wenn es sich nicht mehr um denselben Betriebsübergang handelt, bspw. weil der Betrieb auf
einen anderen Erwerber übergeht, kann sich ein Anspruch auf Nachbesserung ergeben[3].

Ob die Unterrichtung ordnungsgemäß ist und die Tatsachen korrekt dargestellt sind, kann von den 340
Gerichten überprüft werden. Der Veräußerer und der Erwerber sind für die Erfüllung der Unterrichtungspflicht darlegungs- und beweispflichtig. Genügt die Unterrichtung jedoch zunächst formal den
Anforderungen des Abs. 5 und ist sie nicht offensichtlich fehlerhaft, ist es Sache des ArbN im Wege der
abgestuften Darlegungs- und Beweislast, einen Mangel darzulegen[4].

VII. Widerspruchsrecht. 1. Entwicklung. Seit seiner ersten veröffentlichten Entscheidung zu § 613a 341
hat das BAG in st.Rspr. die Auffassung vertreten, der von einem Betriebs(teil)übergang betroffene
ArbN müsse dem Übergang seines ArbVerh mit Rücksicht auf die durch **Art. 12 I GG** verbürgte Berufsfreiheit und den Schutz des allgemeinen Persönlichkeitsrechts durch **Art. 1, 2 I GG** widersprechen können. Mache er von diesem Recht Gebrauch, so gehe sein ArbVerh nicht auf den neuen Inhaber über,
sondern verbleibe beim bisherigen Betriebsinhaber[5]. In der Lit. wurde diese Rspr. zum Teil heftig bekämpft[6]. Durch eine Entscheidung des EuGH war zwischenzeitlich zweifelhaft geworden, ob das Widerspruchsrecht mit Art. 3 I der § 613a zugrunde liegenden BetriebsübergangsRL 21/2001/EG[7] vereinbar
ist[8]. In zwei Folgeentscheidungen hat der EuGH sodann klargestellt, dass das Widerspruchsrecht nicht
nur mit der BetriebsübergangsRL vereinbar, sondern die Einräumung eines solchen sogar gemeinschaftsrechtl. geboten sei. Allerdings verlange das Gemeinschaftsrecht nicht, dass infolge des Widerspruchs das ArbVerh zu dem bisherigen Betriebsinhaber fortgesetzt werde[9].

2. Rechtsnatur des Widerspruchsrechts. Seiner Rechtsnatur nach ist das Widerspruchsrecht **Gestal-** 342
tungsrecht[10]. Als solches ist es **bedingungsfeindlich**[11]. Ein Widerspruch für den Fall, dass der neue Betriebsinhaber ungünstigere Arbeitsbedingungen gewähren sollte als der bisherige Inhaber, ist daher
nicht möglich. Ebenso wenig kann der Widerspruch unter den Vorbehalt gestellt werden, dass der bisherige Betriebsinhaber keine betriebsbedingte Kündigung des ArbVerh in Betracht zieht[12]. Ein vorsorglicher Widerspruch für den Fall, dass ein Betriebsübergang vorliegen sollte (Rechtsbedingung), ist aber
zulässig[13]. Ist die Widerspruchserklärung wirksam abgegeben und dem Erklärungsempfänger zugegangen, kann sie **nicht** mehr einseitig **zurückgenommen** werden[14]. Eine allein zwischen dem bisherigen Inhaber und dem ArbN vereinbarte Aufhebung des Widerspruchs ist dem neuen Inhaber ggü. unwirksam[15]. Möglich ist aber eine **Anfechtung** gem. §§ 119 ff.[16], wenn der Widerspruch auf einer bewusst
unrichtigen Unterrichtung beruht, auch gem. § 123 I[17].

3. Anwendungsbereich des Widerspruchsrechts. Das Widerspruchsrecht besteht zunächst in sämtlichen Fällen eines rechtsgeschäftlichen Betriebsinhaberwechsels iSd. Abs. 1 S. 1. Darüber hinaus gilt 343
Abs. 6 kraft Verweisung in § 324 UmwG auch für Betriebsinhaberwechsel im Rahmen des UmwG. **Erlischt** der bisherige Inhaber durch gesellschaftsrechtl. Umstrukturierung (Verschmelzung, Aufspaltung, Vermögensvollübertragung gem. UmwG oder Anwachsung), besteht kein Widerspruchsrecht[18].
Dem ArbN steht in diesen Fällen jedoch gem. § 626 I ein außerordentl. Kündigungsrecht zu. Die Zwei-Wochen-Frist des § 626 II beginnt mit dem Wirksamwerden der zum Erlöschen führenden Maßnahme
durch Eintragung im Handelsregister[19].

---

[1] BAG 13.7.2006 – 8 AZR 303/05, NZA 2006, 1273 (1275) Rz. 18. ||[2] *B. Gaul*, Betriebs- Unternehmensspaltung,
§ 11 Rz. 22; *Göpfert/Winzer*, ZIP 2008, 761; aA wohl ErfK/*Preis*, § 613a BGB Rz. 92. ||[3] BAG 25.10.2007 – 8 AZR
989/06, NZA 2008, 357, Rz. 31; *Hohenstatt/Grau*, NZA 2007, 13 (17f.). ||[4] BAG 14.12.2006 – 8 AZR 763/05, NZA
2007, 682; 13.7.2006 – 8 AZR 305/05, NZA 2006, 1268. ||[5] BAG 2.10.1974 – 5 AZR 504/73, NJW 1975, 1378, st.
Rspr.; aus der Lit. Staudinger/*Annuß*, § 613a Rz. 291; krit. zum grundrechtl. Begründungsansatz der früheren
Rspr. BAG 25.1.2001 – 8 AZR 336/00, NZA 2001, 840 (Berliner Bäder-Betriebe); 8.5.2001 – 9 AZR 95/00, NZA 2001,
1200 (Landesbetrieb Krankenhäuser Hamburg). ||[6] Vgl. nur *Bauer*, NZA 1990, 881 und NZA 1991, 139; *Commandeur*, NJW 1996, 2537 (2538); *Meilicke*, DB 1990, 1170. ||[7] Damals: RL 77/187/EWG. ||[8] EuGH 5.5.1988
– Rs. C-144, 145/87, NZA 1990, 885 – Berg/Busschers; hierzu *Bauer*, NZA 1991, 139 (140). ||[9] EuGH 16.12.1992 –
Rs. C-132/91, NZA 1993, 169 – Katsikas; 7.3.1996 – Rs. C-171/94 und Rs. C-172/94, AP Nr. 9 zu RL 77/187/EWG –
Merckx, Neuhuys; Staudinger/*Annuß*, § 613a Rz. 292; WHSS/*Willemsen*, Rz. G 148; die Rspr. des EuGH zusammenfassend BVerfG 25.1.2011 – 1 BvR 174/09, NZA 2011, 400, Rz. 106 ff. und BAG 18.12.2008 – 8 AZR 692/07.
||[10] BAG 30.10.1986 – 2 AZR 101/85, NZA 1987, 524; 22.4.1993 – 2 AZR 50/92, NZA 1994, 360, st. Rspr.; Staudinger/
Annuß, § 613a Rz. 295; ErfK/*Preis*, § 613a BGB Rz. 97; *Franzen*, RdA 2002, 258 (263). ||[11] BAG 24.5.2005 – 8
AZR 398/04, NZA 2005, 1302. ||[12] ErfK/*Preis*, § 613a BGB Rz. 92; *Seiter*, Betriebsinhaberwechsel, 1980, S. 74;
Grau, Unterrichtung und Widerrufsrecht, 2005, S. 271. ||[13] BAG 13.7.2006 – 8 AZR 382/05, NZA 2006, 1406,
Rz. 26. ||[14] BAG 30.10.2003 – 8 AZR 491/02, NZA 2004, 481. ||[15] BAG 30.10.2003 – 8 AZR 491/02, NZA 2004,
481; aA Staudinger/*Annuß*, § 613a Rz. 332. ||[16] BAG 15.2.2007 – 8 AZR 310/06, ZIP 2007, 1618, Rz. 20.
||[17] *Willemsen/Lembke*, NJW 2002, 1159 (1164). ||[18] BAG 21.2.2008 – 8 AZR 157/07, NZA 2008, 815; ErfK/*Preis*,
§ 613a BGB Rz. 96. ||[19] BAG 21.2.2008 – 8 AZR 157/07, NZA 2008, 815, Rz. 24.

344 In Fällen eines **gesetzl. geregelten Betriebsinhaberwechsels** kommt den betroffenen ArbN nach der Auffassung des BAG ein Widerspruchsrecht gegen den Übergang ihrer ArbVerh zu, wenn der Inhaberwechsel auf einem Rechtsgeschäft beruht. Diese Voraussetzung soll auch dann erfüllt sein, wenn der Abschluss des Rechtsgeschäfts (im Anlassfall: Pachtvertrag) gesetzl. angeordnet ist[1], nicht hingegen, wenn der Inhaberwechsel auf einer landesgesetzl. geregelten Ausgliederung (außerhalb des UmwG) von einem öffentl.-rechtl. organisierten Rechtsträger auf einen anderen öffentl.-rechtl. organisierten Rechtsträger ohne das Hinzutreten eines Rechtsgeschäfts beruhe. In diesen Fällen sei der Landesgesetzgeber nicht verpflichtet, den ArbN ein Widerspruchsrecht gegen den landesgesetzl. Übergang ihrer ArbVerh einzuräumen[2]. Erfolgt die landesgesetzl. Übertragung zum Zwecke der Privatisierung, muss der Landesgesetzgeber den ArbN nach Ansicht des BVerfG ein Abs. 6 entsprechendes Widerspruchsrecht einräumen, und zwar auch dann, wenn der Übergang sich unmittelbar kraft Gesetzes vollzieht. Es verletze das Grundrecht der ArbN auf freie Wahl ihres Arbeitsplatzes (Art. 12 I GG), wenn ihnen die Möglichkeit vorenthalten werde, sich für den Verbleib bei ihrem öffentl.-rechtl. ArbGeb zu entscheiden[3].

345 **4. Ausübung des Widerspruchsrechts.** Gem. Abs. 6 S. 1 kann der ArbN dem Übergang seines ArbVerh innerhalb eines Monats nach der Unterrichtung gem. Abs. 5 widersprechen. Für den Beginn der **Monatsfrist** kommt es auf den Zugang der Unterrichtung an[4]. Der Zugang richtet sich nach den für Willenserklärungen geltenden Regeln der §§ 130–132[5]. Für die Berechnung der Monatsfrist gelten die §§ 187 ff.[6]. Das Ende der Widerspruchsfrist kann sowohl vor als auch nach dem Zeitpunkt des Inhaberwechsels liegen, je nachdem, wann dem ArbN die Unterrichtung nach Abs. 5 zugeht[7]. Nur eine ordnungsgemäße Unterrichtung in der Form und mit dem Inhalt des Abs. 5 setzt die Widerspruchsfrist in Gang[8]. Fehlt es hieran, besteht das Widerspruchsrecht – theoretisch zeitlich unbegrenzt – fort. Der ArbN kann das Widerspruchsrecht weiterhin ausüben. Einer **Kausalitätsbeziehung** iS eines Nachweises, dass das Widerspruchsrecht bei ordnungsgemäßer Unterrichtung ausgeübt worden wäre, bedarf es insoweit nicht[9].

346 **5. Verwirkung.** Allerdings kann der ArbN sein Widerspruchsrecht verwirken. Die **Verwirkung** ist ein Sonderfall der unzulässigen Rechtsausübung (§ 242). Der ArbN muss sein Recht über längere Zeit nicht geltend gemacht haben (**Zeitmoment**), und zwar unter Umständen, die das Vertrauen begründen, er werde dies auch künftig nicht tun (**Umstandsmoment**). Das Vertrauensschutzinteresse des Verpflichteten muss das Interesse des Berechtigten derart überwiegen, dass dem Verpflichteten die Erfüllung des Anspruchs nicht mehr zuzumuten ist[10]. Zeit- und Umstandsmoment stehen in einer **Wechselbeziehung** zueinander[11]. Je stärker das Umstandsmoment, desto geringer sind die Anforderungen an das Zeitmoment und umgekehrt. Maßgeblich sind jeweils die **Besonderheiten des Einzelfalls**[12]. Pauschale Aussagen verbieten sich daher. Bspw. kann die klaglose Hinnahme einer Kündigung des Erwerbers vor erklärtem Widerspruch vertrauensbegründend wirken, während ihr nach erklärtem Widerspruch idR kein Aussagewert zukommt, da die Kündigung ins Leere geht[13]. Die Verwirkung setzt nicht voraus, dass der ArbN **Kenntnis von der Fehlerhaftigkeit** der Unterrichtung hat[14].

347 Die Festlegung einer bestimmten Zeitgrenze, von der an das **Zeitmoment** stets als gegeben zu betrachten wäre, lehnt die Rspr. unter Hinweis auf die Entstehungsgeschichte der Norm ab[15]. Bei starkem Umstandsmoment können 2,5 Monate genügen[16]. Bei komplexen Sachverhalten oder schwachem Umstandsmoment verwirkt das Widerspruchsrecht erst nach längerer Zeit[17]. Das Zeitmoment kann das Umstandsmoment nicht ersetzen, jedoch sind nach längerem Zeitablauf an die Erfüllung des Umstandsmoments geringere Anforderungen zu stellen. Für den Fall einer fehlerhaften Darstellung der

---

1 BAG 25.1.2001 – 8 AZR 336/00, NZA 2001, 840 (Berliner Bäder-Betriebe); vgl. Rz. 192. || 2 BAG 8.5.2001 – 9 AZR 95/00, NZA 2001, 1200 (Landesbetrieb Krankenhäuser Hamburg); vgl. auch BAG 2.3.2006 – 8 AZR 124/05, NZA 2006, 848 (Stiftung Oper in Berlin); 28.9.2006 – 8 AZR 441/05, AP Nr. 26 zu § 419 BGB Funktionsnachfolge; wohl ebenso BVerfG 25.1.2011 – 1 BvR 1741/09, NZA 2011, 400 Rz. 86 ff. (vgl. Rz. 192). || 3 BVerfG 25.1.2011 – 1 BvR 1741/09, NZA 2011, 400; entgegen BAG 18.12.2008 – 8 AZR 692/07. || 4 ErfK/*Preis*, § 613a BGB Rz. 100; Palandt/*Weidenkaff*, § 613a Rz. 51. || 5 ErfK/*Preis*, § 613a BGB Rz. 100; Palandt/*Weidenkaff*, § 613a Rz. 51. || 6 ErfK/*Preis*, § 613a BGB Rz. 100; Palandt/*Weidenkaff*, § 613a Rz. 51; *Willemsen/Lembke*, NJW 2002, 1159 (1160). || 7 *Gaul/Otto*, DB 2002, 634 (637); ErfK/*Preis*, § 613a BGB Rz. 100. || 8 St. Rspr., zB BAG 23.7.2009 – 8 AZR 357/08, NZA 2010, 393; 2.4.2009 – 8 AZR 262/07, NZA 2009, 1149, jew. mwN. || 9 BAG 14.12.2006 – 8 AZR 763/05, NZA 2007, 682, Rz. 42; 20.3.2008 – 8 AZR 1016/06, NZA 2008, 1354, Rz. 37. || 10 St. Rspr., zB BAG 2.4.2009 – 8 AZR 262/07, NZA 2009, 1149, Rz. 19 ff. m. umfangr. wN; *Dzida*, NZA 2009, 641 ff.; *Küttner*, NJW 2012, 1180; *Reinecke*, DB 2012, 50. || 11 BAG 15.2.2007 – 8 AZR 431/06, NZA 2007, 793, Rz. 44 mwN. || 12 BAG 13.7.2006 – 8 AZR 382/05, NZA 2006, 1406, Rz. 31; MüKoBGB/*Müller-Glöge*, § 613a Rz. 121. || 13 BAG 9.12.2010 – 8 AZR 152/08, AP Nr. 295 zu § 613a BGB; 24.7.2008 – 8 AZR 202/07, AP Nr. 352 zu § 613a BGB. || 14 BGH 16.3.2007 – V ZR 190/06, NJW 2007, 2183, Rz. 8; 27.6.1957 – II ZR 15/56, NJW 1957, 1358; Palandt/*Grüneberg*, § 242 Rz. 94, mwN. || 15 BAG 15.2.2007 – 8 AZR 431/06, NZA 2007, 793. || 16 Vgl. BAG 24.7.2008 – 8 AZR 2005/07, NZA 2008, 1294, Rz. 36. || 17 BAG 18.3.2010 – 8 AZR 840/08, NZA-RR 2011, 280 (Zeitmoment nach 16,5 Monaten erfüllt); 12.11.2009 – 8 AZR 751/07, AP Nr. 12 zu § 613a BGB Widerspruch (Zeitmoment nach 13,5 Monaten erfüllt); 2.4.2009 – 8 AZR 262/07, NZA 2009, 1149, Rz. 22 (Widerspruchsrecht nach 10 Monaten nicht verwirkt); 13.6.2010 – 8 AZR 382/05, NZA 2006, 1406, Rz. 31 (Widerspruchsrecht nach einem Jahr nicht verwirkt); 15.2.2007 – 8 AZR 431/06, AP Nr. 320 zu § 613a BGB, Rz. 42 (Widerspruchsrecht nach mehr als einem Jahr verwirkt); LAG Thüringen 23.4.2013 – 1 Sa 375/12 (Widerspruchsrecht nach 4, 5 Jahren und Abschluss neuen Vertrags verwirkt) – Rev. anhängig unter 8 AZR 619/13.

Auswirkungen des Inhaberwechsels auf die betrAV hat das BAG erwogen, Verwirkung erst mit Fälligkeit der Versorgungsleistungen eintreten zu lassen.[1]. Das überzeugt nicht. Es geht nicht um die Verwirkung der Ansprüche aus betrAV, sondern um die Verwirkung des Widerspruchsrechts[2]. Der Verwirkungszeitraum beginnt idR einen Monat nach Zugang der (fehlerhaften) Unterrichtung gem. Abs. 1 S. 5. Bis dahin muss der bisherige Inhaber mit einem Widerspruch rechnen. Die Rspr. betont allerdings, dass es sich nicht um eine Frist im Rechtssinne mit einem bestimmten Anfangs- und Endzeitpunkt handele, sondern stets eine Gesamtbetrachtung stattzufinden habe[3]. Die Frist für das Zeitmoment beginne daher nicht erst mit der Kenntnis des ArbN von der Fehlerhaftigkeit der Unterrichtung zu laufen[4]. Auch auf die Kenntnis des ArbN von dem Betriebsübergang komme es nicht zwingend an[5].

Bei der Beurteilung des **Umstandsmoments** sind **bisheriger und neuer Inhaber einheitlich zu behandeln**. Der bisherige Inhaber kann sich auch auf vertrauensbegründende Umstände berufen, die der ArbN ggü. dem neuen Inhaber setzt, und zwar unabhängig davon, ob und wann diese Umstände dem bisherigen Inhaber bekannt werden[6]. Die bloße Weiterarbeit beim neuen Inhaber soll für sich genommen kein schutzwürdiges Vertrauen begründen können[7]. Auch die Änderung einzelner Arbeitsbedingungen (zB über Art und Umfang der Arbeitsleitung oder die Höhe der Vergütung) genüge nicht[8], wohl aber die vollständige Umgestaltung des ArbVerh (zB durch die Vereinbarung von Altersteilzeit)[9]. Eine E-Mail, mit der sich der ArbN von seinen früheren Kollegen verabschiedet, muss im Kontext gesehen werden und erfüllt das Umstandsmoment ebenfalls idR nicht[10]. Der ArbN verwirkt das Widerspruchsrecht demggü. idR, wenn er über das ArbVerh disponiert, bspw. indem er mit dem neuen Inhaber einen Aufhebungsvertrag schließt[11], eine Kündigung des Betriebserwerbers klaglos hinnimmt[12] (anders nach erklärtem Widerspruch[13]), ein ArbVerh mit einem Dritten (zB einer Transfergesellschaft) eingeht[14] (anders, wenn nur die Rechtsfolge des § 615 S. 2 Var. 3 vermieden werden soll[15]), eine gegen den Erwerber erhobene Kündigungsschutzklage zurücknimmt[16] oder er mit dem neuen Inhaber einen gerichtl. Vergleich schließt, demzufolge ein Betriebsübergang nicht stattgefunden hat[17]. Die Erhebung einer Kündigungsschutzklage gegen den Erwerber wirkt nicht vertrauensbegründend[18]. Entsprechendes soll im Falle eines mehrfachen Betriebsübergangs gelten, wenn der ArbN zunächst dem zweiten und erst später dem ersten Betriebsübergang widerspricht[19]. Nimmt der Prozessbevollmächtigte des ArbN den bisherigen Inhaber nur unter dem Gesichtspunkt der Nachhaftung gem. Abs. 2 in Anspruch, bildet dies ein Verwirkungselement[20]. Entsprechendes gilt, wenn der ArbN eine selbst gesetzte Erklärungsfrist verstreichen lässt[21]. Drängt sich für den ArbN auf, dass das Unterrichtungsschreiben fehlerhaft war (zB wegen eines Insolvenzantrags), muss er rascher handeln[22]. Ist das Widerspruchsrecht verwirkt, kann der ArbN nicht die Fortsetzung des ArbVerh mit dem Veräußerer im Wege des Schadensersatzes verlangen[23], ebenso wenig kann er Annahmeverzugslohnansprüche im Wege des Schadenersatzes geltend machen[24].

347a

Die Rspr. lässt die Ausübung des Widerspruchsrechts auch noch **nach dem Ende des ArbVerh** zu[25]. Das vermag nicht zu überzeugen[26]. Nach dem Ende des ArbVerh gibt es kein Rechtsverhältnis mehr, das durch den Widerspruch gestaltet werden könnte.

348

---

1 BAG 24.7.2008 – 8 AZR 755/07, NZA-RR 2009, 294, Rz. 47; vgl. auch BAG 18.9.2001 – 3 AZR 689/00, NZA 2002, 1391; *Gaul/Niklas*, BB 2009, 452 (456). || 2 AA wohl ErfK/*Preis*, § 613a BGB Rz. 101. || 3 BAG 24.2.2011 – 8 AZR 469/09, NZA 2011, 973, Rz. 28; 2.4.2009 – 8 AZR 220/07, AP Nr. 6 zu § 613a BGB Widerspruch Rz. 28; 27.11. 2008 – 8 AZR 174/07, NZA 2009, 552, Rz. 27; 24.7.2008 – 8 AZR 202/07, AP Nr. 352 zu § 613a BGB, Rz. 40. || 4 BAG 12.11.2009 – 8 AZR 751/07, AP Nr. 12 zu § 613a BGB Widerspruch, Rz. 30. || 5 BAG 24.2.2011 – 8 AZR 469/09, NZA 2011, 973, Rz. 28. || 6 BAG 18.3.2010 – 8 AZR 840/08, NZA-RR 2011, 2080, Rz. 38; 2.11.2009 – 8 AZR 751/07, AP Nr. 12 zu § 613 BGB Widerspruch, Rz. 38f.; 23.7.2009 – 8 AZR 357/08, NZA 2010, 393, Rz. 48; 2.4.2009 – 8 AZR 262/07, NZA 2009, 1149, Rz. 7; 27.11.2008 – 8 AZR 174/07, NZA 2009, 552; *Gaul/Niklas*, DB 2009, 452, jew. mwN. || 7 BAG 21.8.2008 – 8 AZR 407/07, NZA-RR 2009, 62, Rz. 46 mwN. || 8 BAG 26.5.2011 – 8 AZR 18/10, AP Nr. 407 zu 3 613a BGB, Rz. 32. || 9 Vgl. BAG 26.5.2011 – 8 AZR 18/10, AP Nr. 407 zu 3 613a BGB; 23.7.2009 – 8 AZR 357/08, NZA 2010, 339, Rz. 45. || 10 BAG 24.7.2008 – 8 AZR 202/07, AP Nr. 352 zu § 613a BGB, Rz. 45. || 11 BAG 23.7.2009 – 8 AZR 357/08, NZA 2010, 393; 2.4.2009 – 8 AZR 262/07, NZA 2009, 1149, Rz. 27; *Rieble*, NZA 2009, 401ff. || 12 BAG 24.7.2008 – 8 AZR 175/07, AP Nr. 347 zu § 313a BGB. || 13 BAG 24.7.2008 – 8 AZR 202/07, AP Nr. 352 zu § 613a BGB, Rz. 46. || 14 BAG 12.11.2009 – 8 AZR 751/07, AP Nr. 12 zu § 613a BGB Widerspruch, Rz. 33; 12.11.2009 – 8 AZR 530/07, AP Nr. 382 zu § 613a BGB, Rz. 29; 27.11.2008 – 8 AZR 174/07, NZA 2009, 552, Rz. 33. || 15 BAG 24.7.2008 – 8 AZR 202/07, AP Nr. 352 zu § 613a BGB, Rz. 44; vgl. auch BAG 24.2.2011 – 8 AZR 469/09, NZA 2011, 973 (mit Veräußerer vereinbarte Annahme einer Erwerberkündigung). || 16 LAG Düss. 29.10.2008 – 7 Sa 314/08, LAGE § 613a BGB 2002 Nr. 24. || 17 BAG 17.10.2013 – 8 AZR 974/12. || 18 BAG 2.4.2009 – 8 AZR 178/07, AP Nr. 9 zu § 613a BGB Widerspruch, Rz. 27. || 19 BAG 26.5.2011 – 8 AZR 18/10, AP Nr. 407 zu 3 613a BGB. || 20 BAG 24.7.2008 – 8 AZR 205/07, NZA 2008, 1294, Rz. 33f. || 21 BAG 2.4.2009 – 8 AZR 262/07, NZA 2009, 1149, Rz. 26. || 22 Tendenziell auch BAG 2.4.2009 – 8 AZR 318/07, AP Nr. 8 zu § 613a BGB Widerspruch, Rz. 23; 2.4.2009 – 8 AZR 178/07, ZIP 2009, 2307, Rz. 25f.; 24.7.2008 – 8 AZR 202/07, AP Nr. 352 zu § 613a BGB, Rz. 43. || 23 BAG 2.4.2009 – 8 AZR 220/07, AP Nr. 6 zu § 613a BGB Widerspruch, Rz. 37ff. || 24 BAG 12.11.2009 – 8 AZR 751/07, AP Nr. 12 zu § 613a BGB Widerspruch, Rz. 43. || 25 BAG 20.3.2008 – 8 AZR 1016/06, NZA 2008, 1354, Rz. 37ff.; 24.7.2008 – 8 AZR 755/07, NZA-RR 2009, 294; zust. ErfK/*Preis*, § 613a BGB Rz. 101; zu den Rechtsfolgen *Neufeld/Bayer*, NZA 2008, 1157. || 26 *Willemsen*, NJW 2007, 2065 (2073); *Rieble*, NZA 2004, 1ff.

349 Der Widerspruch bedarf der **Schriftform** (§ 126). Ein ohne Beachtung dieser Form erklärter Widerspruch (mündlich, Telefax) ist gem. § 125 S. 1 nichtig[1]; er kann nur innerhalb der Frist des Abs. 6 S. 1 nachgeholt werden[2]. Das Schriftformerfordernis soll dem ArbN die Bedeutung des Widerspruchs bewusst machen (Warnfunktion) und den beteiligten ArbGeb die Beweisführung darüber, ob der ArbN tatsächlich widersprochen hat, erleichtern (Beweisfunktion)[3]. Ein konkludenter Widerspruch, wie er vor Inkrafttreten des Abs. 6 S. 1 für möglich gehalten wurde (zB durch die Weigerung, für den neuen Inhaber zu arbeiten)[4], kommt damit grds. nicht mehr in Betracht[5]. Allerdings gelten auch im Rahmen des Abs. 6 die allg. Auslegungsgrundsätze der §§ 133, 157, insb. die Grundsätze der sog. Andeutungstheorie. Es genügt daher, wenn der Widerspruchswille des ArbN in einer formgerechten Urkunde (zB einer beglaubigten Schriftsatzabschrift) einen andeutungsweisen Ausdruck gefunden hat[6]. Das Wort „Widerspruch" muss nicht verwendet werden[7]. Ob der Empfänger der Widerspruchserklärung verpflichtet ist, den ArbN auf die Formunwirksamkeit seines Widerspruchs hinzuweisen, wenn der Widerspruch noch nachgeholt werden kann, ist unsicher[8]. Um dieser Unsicherheit zu entgehen, empfiehlt es sich, den ArbN bereits im Rahmen der Unterrichtung nach Abs. 5 auf das Schriftformerfordernis (mit einer Erläuterung, was Schriftform iSd. § 126 bedeutet) hinzuweisen.

350 Der Widerspruch kann nach Abs. 6 S. 2 sowohl ggü. dem **bisherigen** als auch ggü. dem **neuen Betriebsinhaber** erklärt werden[9]. Eine Einschränkung dahin gehend, dass der Widerspruch stets ggü. demjenigen erklärt werden müsste, der die Unterrichtung nach Abs. 5 vorgenommen hat, ist dem Gesetz nicht zu entnehmen[10]. Wegen der weit reichenden Konsequenzen eines Widerspruchs auch für den bisherigen und den neuen Betriebsinhaber empfiehlt es sich, im Unternehmenskaufvertrag eine Pflicht zur wechselseitigen Benachrichtigung über eventuelle Widersprüche zu vereinbaren.

351 Die Ausübung des Widerspruchsrechts ist **nicht an das Vorliegen sachlicher Gründe** gebunden[11]. Infolgedessen bedarf auch die Widerspruchserklärung keiner Begründung[12]. Seit der Neufassung des § 1 III KSchG wirkt sich das Fehlen sachlicher Gründe im Falle einer betriebsbedingten Kündigung durch den bisherigen Betriebsinhaber für den ArbN auch nicht mehr nachteilig im Rahmen der Sozialauswahl aus (vgl. Rz. 358). Ein willkürlicher Widerspruch kann jedoch den Verlust von Sozialplanansprüchen oder einer tarifvertragl. Entlassungsentschädigung nach sich ziehen (vgl. Rz. 361).

352 **6. Kollektive Ausübung des Widerspruchsrechts/Rechtsmissbrauch.** Die Ausübung des Widerspruchsrechts kann gegen **Treu und Glauben** (§ 242) verstoßen und deshalb unbeachtlich sein[13]. Ein Fall des **Rechtsmissbrauchs** liegt insb. vor, wenn das Widerspruchsrecht von einer Gruppe von ArbN koordiniert (kollektiv) zu Zwecken ausgeübt wird, die sich nicht in der Beibehaltung des bisherigen ArbGeb und der Sicherung des arbeitsvertragl. Status quo erschöpfen[14]. Allerdings ist die kollektive Ausübung des Widerspruchsrechts nicht *per se* unzulässig. Hinzukommen muss vielmehr eine im vorstehend dargestellten Sinne mit Treu und Glauben unvereinbare Motivation[15]. Diese kann bspw. in dem Bestreben liegen, den Betriebsübergang insg. zu verhindern (insb. bei „betriebsmittelarmen" Tätigkeiten, bei denen es auf die Übernahme eines nach Zahl und Sachkunde wesentlichen Teils der Belegschaft ankommt[16]) oder Vergünstigungen zu erzielen, auf die kein Rechtsanspruch besteht (zB eine Standortgarantie)[17].

353 Andererseits liegt ein Verstoß gegen Treu und Glauben nicht bereits darin, dass das Widerspruchsrecht massenhaft ausgeübt wird, und zwar selbst dann nicht, wenn die ArbN dem Übergang ihres ArbVerh aus Gründen widersprechen, die hinzunehmen ihnen das Gesetz zumutet. Der bisherige Betriebsinhaber kann hierdurch in die Lage geraten, eine gem. §§ 111 ff. BetrVG interessenausgleichs- und sozialplanpflichtige **Massenentlassung** durchführen zu müssen. Im Rahmen der Ermittlung, ob die für das Vorliegen einer Betriebsänderung maßgeblichen Schwellenwerte erreicht werden, sind auch die widersprechenden ArbN mitzuzählen[18]. Zu Sozialplanansprüchen unten Rz. 361.

---

1 *Worzalla*, NZA 2002, 353 (356 f.); *Willemsen/Lembke*, NJW 2002, 1159 (1160); *Grau*, Unterrichtung und Widerspruchsrecht, 2005, S. 240 ff. ||2 ErfK/*Preis*, § 613a BGB Rz. 98. ||3 BT-Drs. 14/7760, 20. ||4 BAG 21.7.1977 – 3 AZR 703/75, DB 1977, 2146; 27.4.1995 – 8 AZR 197/94, NZA 1995, 1155. ||5 ErfK/*Preis*, § 613a BGB Rz. 98; *Gaul/Otto*, DB 2002, 634 (636 f.); *Worzalla*, NZA 2002, 353 (356). ||6 BAG 13.7.2006 – 8 AZR 382/05, NZA 2006, 1406, Rz. 23; 15.2.2007 – 8 AZR 431/06, AP Nr. 320 zu § 613a BGB Rz. 36. ||7 *Willemsen/Lembke*, NJW 2002, 353 (356). ||8 Abl. Staudinger/*Annuß*, § 613a Rz. 297. ||9 BAG 30.9.2004 – 8 AZR 462/03, AP Nr. 275 zu § 613a BGB; ErfK/*Preis*, § 613a BGB Rz. 98; MüKoBGB/*Müller-Glöge*, § 613a Rz. 115; Soergel/*Raab*, § 613a Rz. 153; *Grau*, Unterrichtung und Widerspruchsrecht, 2005, S. 243. ||10 *Worzalla*, NZA 2002, 353 (356); *Willemsen/Lembke*, NJW 2002, 1159 (1160). ||11 BAG 30.9.2004 – 8 AZR 462/03, NZA 2005, 43 mwN; ausf. *Franzen*, RdA 2002, 258 (264 f.). ||12 BAG 19.3.1998 – 8 AZR 139/97, NZA 1998, 750; ErfK/*Preis*, § 613a BGB Rz. 99; Staudinger/*Annuß*, § 613a Rz. 296. ||13 BAG 23.7.2009 – 8 AZR 538/08, NZA 2010, 89; 30.9.2004 – 8 AZR 462/03, AP Nr. 275 zu § 613a BGB; 19.3.1998 – 8 AZR 139/97, NZA 1998, 750; aA *Rieble*, NZA 2005, 1 (7 ff.) (Widerspruch wirksam, aber Schadensersatz). ||14 BAG 30.9.2004 – 8 AZR 462/03, AP Nr. 275 zu § 613a BGB; Staudinger/*Annuß*, § 613a Rz. 331; Erman/*Edenfeld*, § 613a Rz. 55. ||15 BAG 23.7.2009 – 8 AZR 538/08, NZA 2010, 89; 30.9.2004 – 8 AZR 462/03, AP Nr. 275 zu § 613a BGB; Staudinger/*Annuß*, § 613a Rz. 331. ||16 WHSS/*Willemsen*, Rz. G 177. ||17 Vgl. BAG 23.7.2009 – 8 AZR 538/08, NZA 2010, 89; 30.9.2004 – 8 AZR 462/03, AP Nr. 275 zu § 613a BGB; Staudinger/*Annuß*, § 613a Rz. 331. ||18 BAG 10.12.1996 – 1 AZR 290/96, AP Nr. 32 zu § 113 BetrVG 1972.

Kein rechtsmissbräuchliches Verhalten hat die Rspr. darin gesehen, dass der ArbN nach erklärtem 354
Widerspruch dem bisherigen Inhaber den Abschluss einer Aufhebungsvereinbarung und dem neuen Inhaber das Eingehen eines neuen, für den ArbN günstigeren ArbVerh anbietet[1].

7. Rechtsfolgen des Widerspruchs. a) Verhinderung des Übergangs; Fortbestand des ArbVerh mit 355
dem bisherigen Betriebsinhaber. Die Ausübung des Widerspruchsrechts ist mit einer doppelten Rechtsfolge verbunden. Wird das Widerspruchsrecht wie üblich vor dem Zeitpunkt des Inhaberwechsels ausgeübt, verhindert es den Übergang des ArbVerh auf den neuen Betriebsinhaber[2]. Das BAG spricht in diesem Zusammenhang von einem „Rechtsfolgenverweigerungsrecht"[3]. Die zweite Folge des Widerspruchs ist, dass das ArbVerh bei dem bisherigen Betriebsinhaber verbleibt[4]. Wird das Widerspruchsrecht in zulässiger Weise erst nach dem Inhaberwechsel ausgeübt, wirkt der Widerspruch nach Ansicht der Rspr. auf diesen Zeitpunkt zurück[5]. Die dogmatische Erklärung dieser Rückwirkung ist umstritten[6]. Im Erg. besteht jedoch Einigkeit, dass auch im Falle eines zulässigen nachträglichen Widerspruchs das ArbVerh zu keinem Zeitpunkt auf den neuen Betriebsinhaber übergeht[7]. Seine zwischenzeitliche Arbeitsleistung bei dem neuen Betriebsinhaber erbringt der ArbN auf der Grundlage eines **faktischen Arbeitsverhältnisses**[8]. Der Vergütungsanspruch des ArbN richtet sich primär gegen den neuen Betriebsinhaber, bei dem er seine Arbeitsleistung erbringt. Gegen den bisherigen Inhaber können dem ArbN für die Zeit zwischen Betriebsübergang und Widerspruch **Ansprüche aus § 615 S. 1 oder § 280 I** zustehen[9]. Das ist insb. dann bedeutsam, wenn der Betriebserwerber den Vergütungsanspruch des ArbN nicht (voll) erfüllt, das Vergütungsniveau beim Erwerber hinter demjenigen beim Veräußerer zurückbleibt (zB auf Grund eines Tarifwechsels) sowie für dienstzeitabhängige Ansprüche (zB betrAV). Ob der Anspruch auf Annahmeverzugslohn ein Angebot des ArbN voraussetzt, ist umstritten[10]. Widerspricht der ArbN nicht, setzen Ansprüche aus § 615 S. 1 oder § 280 I allerdings den Nachweis voraus, dass der ArbN bei zutreffender Unterrichtung rechtzeitig widersprochen hätte und der finanzielle Nachteil in diesem Fall ausgeblieben wäre. Die Darlegungs- und Beweislast hierfür liegt beim ArbN. Zur Frage der **Zuordnung des Arbeitsverhältnisses** zu den zurückbleibenden Betriebsteilen im Falle eines weiteren Betriebsteilübergangs vgl. Rz. 228.

b) Annahmeverzug des bisherigen Betriebsinhabers. Kann der bisherige Betriebsinhaber den widersprechenden ArbN infolge des Betriebs(teil)übergangs nicht beschäftigen, gerät er in **Annahmeverzug** 356
(zu Ansprüchen des ArbN für die Zeit zwischen Betriebsübergang und Widerspruch oben Rz. 355). Bietet jedoch der neue Betriebsinhaber dem ArbN eine Weiterbeschäftigung auf seinem bisherigen (übergegangenen) Arbeitsplatz an, so muss sich der ArbN gem. § 615 S. 2 auf seinen Annahmeverzugslohnanspruch idR anrechnen lassen, was er bei dem neuen Betriebsinhaber zu erwerben böswillig unterlässt, wenn er dieses Angebot ablehnt[11]. Die Weiterarbeit beim neuen Betriebsinhaber ist dem ArbN idR zumutbar. Der bloße Umstand, dass er von seinem Widerspruchsrecht wirksam Gebrauch gemacht hat, schließt die Zumutbarkeit nicht aus[12]. Auch die Geltung eines ungünstigeren TV beim neuen Inhaber macht die Erzielung von Zwischenerwerb bei diesem nicht unzumutbar[13]. In der Praxis empfiehlt es sich, im Unternehmenskaufvertrag eine Verpflichtung des Erwerbers zu begründen, widersprechenden ArbN eine Weiterbeschäftigung auf ihrem bisherigen Arbeitsplatz anzubieten. Kann der Veräußerer den widersprechenden ArbN infolge des Betriebs(teil)übergangs nicht mehr beschäftigen, ist eine Änderungskündigung mit dem Angebot, den ArbN an den Erwerber gem. § 1 I AÜG zu überlassen, idR zulässig, und zwar auch dann, wenn der Erwerber für dieselbe Tätigkeit auf Grund tarifvertragl. Bestimmungen nur ein geringeres Entgelt zahlt[14].

c) Kündigungsschutzrechtliche Folgen. Mit einem Widerspruch gegen den Übergang seines ArbVerh 357
setzt sich der ArbN dem **Risiko einer betriebsbedingten Kündigung** aus, weil ihn der bisherige Betriebsinhaber infolge des Betriebsübergangs häufig nicht mehr beschäftigen kann. Eine solche Kündigung

---

1 BAG 19.2.2009 – 8 AZR 176/08, DB 2009, 2106. ||2 BAG 30.10.1986 – 2 AZR 101/85, NZA 1987, 524; 22.4.1993 – 2 AZR 50/92, NZA 1994, 360; Staudinger/*Annuß*, § 613a Rz. 307. ||3 BAG 22.4.1993 – 2 AZR 50/92, NZA 1994, 360. ||4 BAG 30.10.1986 – 2 AZR 101/85, NZA 1987, 524; 22.4.1993 – 2 AZR 50/92, NZA 1994, 360; Erman/*Edenfeld*, § 613a Rz. 56; ErfK/*Preis*, § 613a BGB Rz. 105. ||5 St. Rspr., zB BAG 13.7.2006 – 8 AZR 305/05, NZA 2006, 1268; 13.7.2006 – 8 AZR 382/05, NZA 2006, 1406; 22.4.1993 – 2 AZR 50/92, NZA 1994, 360; zur Kritik und Folgefragen *Rieble*, NZA 2004, 1; *Willemsen*, NJW 2007, 2065 (2072 ff.), jew. m. umfangr. wN. ||6 Vgl. BAG 13.7.2006 – 8 AZR 382/05, NZA 2006, 1406; 22.4.1993 – 2 AZR 50/92, NZA 1994, 360; Staudinger/*Annuß*, § 613a Rz. 308; *Rieble*, NZA 2004, 1 (4 f.); *Willemsen*, NJW 2007, 2065 (2072 f.). ||7 BAG 22.4.1993 – 2 AZR 50/92, NZA 1994, 360; Staudinger/*Annuß*, § 613a Rz. 307; *Gaul/Otto*, DB 2002, 634 (638); *Worzalla*, NZA 2002, 353 (357). ||8 ErfK/*Preis*, § 613a BGB Rz. 105; Staudinger/*Annuß*, § 613a Rz. 188; *Worzalla*, NZA 2002, 353 (357 f.). ||9 Im Einzelnen streitig, vgl. WHSS/*Willemsen*, Rz. G 166 f.; *Grau*, Unterrichtung und Widerspruchsrecht, 2005, S. 381; *Schneider/Sittard*, BB 2007, 2230. ||10 BAG 13.7.2006 – 8 AZR 382/05, AP Nr. 1 zu § 613a BGB Widerspruch, Rz. 43: Annahmeverzug bei fehlerhafter Unterrichtung; 27.11.2008 – 8 AZR 1021/06, AP Nr. 361 zu § 613a BGB: Annahmeverzug, wenn Unterrichtungsschreiben Aussage enthält, dass bei Widerspruch keine Beschäftigungsmöglichkeit besteht; zum Meinungsstand *Neufeld/Beyer*, NZA 2008, 1157. ||11 BAG 9.9.2010 – 2 AZR 582/09; 5.2.1997 – 10 AZR 553/96, NZA 1998, 158; 19.3.1998 – 8 AZR 139/97, NZA 1998, 750. ||12 BAG 19.3.1998 – 8 AZR 139/97, NZA 1998, 750; ErfK/*Preis*, § 613a BGB Rz. 101. ||13 BAG 5.2.1997 – 10 AZR 553/96, NZA 1998, 158. ||14 BAG 29.3.2007 – 2 AZR 31/06, NZA 2007, 856.

scheitert nicht an Abs. 4 S. 1[1]. Die Wirksamkeit einer betriebsbedingten Kündigung ggü. widersprechenden ArbN beurteilt sich im Ausgangspunkt nach den allg. Grundsätzen des Kündigungsrechts. Insb. muss der frühere Betriebsinhaber vor dem Ausspruch einer betriebsbedingten Kündigung gem. § 1 II KSchG freie Arbeitsplätze im Unternehmen anbieten. Nach Ansicht des BAG ist der frühere Betriebsinhaber sogar verpflichtet, zumindest bis zum Ablauf der Widerspruchsfrist zumutbare und geeignete freie **Arbeitsplätze** auf die bloße Möglichkeit hin **freizuhalten**, dass ArbN dem Übergang ihres ArbVerh widersprechen. Besetze der bisherige Inhaber während dieser Zeit einen bis dahin freien Arbeitsplatz neu, so handele er treuwidrig und könne sich ggü. einem widersprechenden ArbN nach dem Rechtsgedanken des § 162 nicht auf das Fehlen einer anderweitigen Beschäftigungsmöglichkeit berufen[2]. Richtigerweise wird man den Vorwurf der Treuwidrigkeit allenfalls erheben können, wenn der ArbGeb konkret mit einem Widerspruch rechnen musste, zB deshalb, weil der ArbN ihn „angekündigt" hatte[3]. Findet der Betriebs(teil)übergang innerhalb eines Gemeinschaftsbetriebs mehrerer Unternehmen (§ 1 II BetrVG) statt, entfällt für den widersprechenden ArbN nach Ansicht des BAG nicht der Beschäftigungsbedarf, weil der bisherige Inhaber kraft seiner Beteiligung an der Leitung des Betriebs die Weiterbeschäftigung des ArbN durchsetzen könne[4].

358   Weitere Schwierigkeiten ergeben sich im Hinblick auf die nach § 1 III KSchG durchzuführende **Sozialauswahl**. Nach der früheren Rspr. des BAG sollten im Rahmen der Sozialauswahl die Gründe, die den ArbN zu seinem Widerspruch bewogen haben, zu berücksichtigen sein. Je geringer die Unterschiede in der sozialen Schutzbedürftigkeit zwischen dem widersprechenden ArbN und demjenigen ArbN waren, auf dessen Arbeitsplatz sich der widersprechende ArbN berief, desto gewichtiger mussten nach diesem Ansatz die Gründe für den Widerspruch sein[5]. An dieser Rspr. konnte nach der Neufassung des § 1 III KSchG zum 1.1.2004 nicht mehr festgehalten werden. Die Sozialauswahl ist nunmehr ausschließlich anhand der im Gesetz genannten Kriterien vorzunehmen, zu denen die Gründe des ArbN für seinen Widerspruch nicht gehören[6]. Mit Urt. v. 31.5.2007[7] hat das BAG demgemäß seine frühere Rspr. aufgegeben und nimmt nunmehr den Standpunkt ein, dass der widersprechende ArbN im Rahmen der Sozialauswahl so zu stellen ist, als habe der Betriebsübergang nicht stattgefunden. Ob der ArbN sachliche Gründe für seinen Widerspruch anführen kann, spielt demnach keine Rolle mehr.

359   Bei tarifvertragl. oder auf Grund individualvertragl. Vereinbarung **„unkündbaren" ArbN** muss der ArbGeb nach Ansicht der Rspr. vor dem Ausspruch einer außerordentl. betriebsbedingten Kündigung wie auch sonst alle zumutbaren, eine Weiterbeschäftigung ermöglichenden Mittel ausschöpfen. Der Widerspruch des ArbN gegen einen Übergang seines ArbVerh führe nicht zu einer Schmälerung seiner Rechtsstellung. Darauf, ob der ArbN für seinen Widerspruch sachliche Gründe vorbringen kann, komme es insoweit nicht an[8].

360   **d) Sonstige Folgen.** Der Widerspruch gegen den Übergang des ArbVerh ist als solcher kein sperrzeitrelevanter Sachverhalt iSd. § 159 SGB III[9]. Widerspricht ein Mitglied der Personalvertretung dem Übergang seines ArbVerh, so scheidet es mit dem Betriebsübergang aus dem beim neuen Inhaber fortbestehenden Personalrat aus. Dieser ist bei einer Kündigung des ArbVerh durch den bisherigen Inhaber auch dann nicht zu beteiligen, wenn der betreffende ArbN in dem übergegangenen Betrieb im Wege der AÜ weiterbeschäftigt wird[10].

361   Die TV-Parteien dürfen ArbN, die dem Übergang ihres ArbVerh ohne sachlichen Grund widersprechen, von einer **Abfindungsregelung** für den Fall des Verlusts des Arbeitsplatzes ausnehmen[11]. Die Einigungsstelle ist verpflichtet, solche ArbN in entsprechender Anwendung des § 112 V 2 Nr. 2 BetrVG von Sozialplanansprüchen auszuschließen[12]; die Betriebspartner können einen solchen Leistungsausschluss vereinbaren, müssen dies jedoch nach Auffassung der Rspr. nicht[13]. Eine Sozialplanregelung, der zufolge ArbN, die einen ihnen angebotenen, zumutbaren Arbeitsplatz ablehnen, keine Sozialplan-

---

1 ErfK/*Preis*, § 613a BGB Rz. 106; ausf. dazu WHSS/*Willemsen*, Rz. G 161 ff. ||2 BAG 15.8.2002 – 2 AZR 195/01, NZA 2003, 430; hiergegen Staudinger/*Annuß*, § 613a Rz. 315; *Franzen*, Anm. zu BAG AP Nr. 241 zu § 613a BGB; *Lunk/Möller*, NZA 2004, 9 (10 ff.); *Pomberg*, DB 2003, 2177 (2178); *C. Meyer*, NZA 2005, 9 (10). ||3 Ähnlich: Staudinger/*Annuß*, § 613a Rz. 315 (Treuwidrigkeit bei anderweitiger Besetzung trotz Widerspruchs); *Franzen*, Anm. zu BAG AP Nr. 241 zu § 613a BGB (kein treuwidriges Verhalten vor Ausübung des Widerspruchsrechts); *Lunk/Möller*, NZA 2004, 9 (14) (Pflicht des ArbGeb zum Angebot der Weiterbeschäftigung erst ab Zugang des Widerspruchs). ||4 BAG 15.2.2007 – 8 AZR 310/06, ZIP 2007, 1618. ||5 BAG 18.3.1999 – 8 AZR 190/98, NZA 1999, 870; 21.3.1996 – 2 AZR 559/95, NZA 1996, 974; anders noch BAG 7.4.1993 – 2 AZR 449/91 (B), NZA 1993, 795; vgl. dazu ErfK/*Preis*, § 613a BGB Rz. 107; *Franzen*, RdA 2002, 258 (268); *Stahlhacke/Preis/Vossen*, Rz. 1067 ff. ||6 MüKoBGB/*Müller-Glöge*, § 613a Rz. 128; zust. Staudinger/*Annuß*, § 613a Rz. 316; vgl. auch *Lunk/Möller*, NZA 2004, 9 (13 f.); aA *B. Gaul*, NZA 2005, 730 (733). ||7 BAG 31.5.2007 – 2 AZR 218/06. ||8 BAG 29.3.2007 – 8 AZR 538/06, NZA 2008, 48; 17.9.1998 – 2 AZR 419/97, NZA 1999, 258; zust. KR/*Treber*, § 613a Rz. 319. ||9 BSG 8.7.2009 – B 11 AL 17/08 R, NJW 2010, 2459; ausf. *Klumpp*, NZA 2009, 354 mwN. ||10 BAG 29.3.2007 – 8 AZR 538/06, NZA 2008, 48; 17.9.1998 – 2 AZR 419/97, NZA 1999, 258. ||11 BAG 10.11.1993 – 4 AZR 184/93, NZA 1994, 892. ||12 Staudinger/*Annuß*, § 613a Rz. 323 („von Leistungen, die wegen des Arbeitsplatzverlustes gewährt werden"); wohl ebenso BAG 5.2.1997 – 10 AZR 553/96, NZA 1998, 158; 15.12.1998 – 1 AZR 332/98, NZA 1999, 667. ||13 BAG 5.2.1997 – 10 AZR 553/96, NZA 1998, 158; 15.12.1998 – 1 AZR 332/98, NZA 1999, 667; 12.7.2007 – 2 AZR 448/05, NZA 2008, 425; MüKoBGB/*Müller-Glöge*, § 613a Rz. 74; krit. Staudinger/*Annuß*, § 613a Rz. 323.

leistungen beanspruchen können, enthält idR konkludent einen Ausschluss von Sozialplanleistungen für grundlos widersprechende ArbN[1].

Hängt die Frage, ob der ArbGeb eine Änderungs- oder eine Beendigungskündigung aussprechen kann, allein davon ab, ob der ArbN dem Übergang seines ArbVerh widerspricht, genügt der ArbGeb seiner Unterrichtungspflicht gem. § 102 BetrVG, wenn er dem BR mitteilt, er wolle im Falle eines Widerspruchs eine Beendigungskündigung, anderenfalls eine Änderungskündigung aussprechen. Hierin liegt keine unzulässige **Anhörung auf Vorrat**[2]. 361a

8. Verzicht auf das Widerspruchsrecht. Der ArbN kann in Zusammenhang mit einem konkret bevorstehenden Betriebsübergang auf sein Widerspruchsrecht verzichten[3]. Ein „Blanko-Verzicht" für der Fall, dass es irgendwann einmal zu einem Betriebsübergang kommen sollte, ist nicht möglich[4]. Ebenso wenig kann das Widerspruchsrecht durch BV oder TV ausgeschlossen werden[5]. Der Verzicht setzt nicht voraus, dass der ArbN zuvor gem. Abs. 5 unterrichtet wurde[6]. Eine dahin gehende Einschränkung der Vertragsfreiheit des ArbN lässt sich Abs. 5 nicht entnehmen. Nach zutreffendem Verständnis bedarf der Verzicht auch nicht der Schriftform[7]. Anders als seine Ausübung gefährdet der Verzicht auf das Widerspruchsrecht das ArbVerh nicht, so dass es der Warnfunktion der Schriftform nicht bedarf. Der Verzicht auf das Widerspruchsrecht kann deshalb auch konkludent erklärt werden. Verständigt sich der ArbN mit dem bisherigen oder dem neuen Inhaber darüber, dass sein ArbVerh übergehen soll, so liegt hierin regelmäßig ein konkludenter Verzicht auf das Widerspruchsrecht[8]. 362

VIII. Betriebsübergang in der Insolvenz. 1. Eingeschränkte Geltung. § 613a findet nach der st. Rspr. des BAG auf die Übernahme eines Betriebes oder Betriebsteils vom Insolvenzverwalter im Grundsatz Anwendung[9]. Europarechtl. ist die Anwendung des § 613a im Insolvenzverfahren zwar nicht geboten, aber zulässig[10]. Mit § 128 InsO und dem zum 1.1.2004 wieder außer Kraft getretenen § 113 II InsO hat auch der Gesetzgeber die grds. Geltung des § 613a im Insolvenzverfahren anerkannt und die damit früher heftig umkämpfte Streitfrage[11] beantwortet[12]. Allerdings findet § 613a im Rahmen des Insolvenzverfahrens **keine uneingeschränkte Anwendung**. Die sich aus ihm ergebenden Haftungsfolgen werden durch die Vorschriften der InsO verdrängt (ausf. Rz. 368). Schlagwortartig lässt sich formulieren, dass die Bestandsschutzregelungen des § 613a im Insolvenzverfahren uneingeschränkt anwendbar, die Haftungsanordnungen der Vorschrift jedoch unanwendbar sind. Im Einzelnen gilt Folgendes: 363

2. Übergang und Inhalt der Arbeitsverhältnisse. Wer einen Betrieb oder Betriebsteil durch Rechtsgeschäft vom Insolvenzverwalter übernimmt, tritt in die bestehenden ArbVerh ein[13]. Ebenso wird der Erwerber nach näherer Maßgabe des Abs. 1 S. 2–4 an die im Betrieb bestehenden Kollektivverträge gebunden[14]. Die Unterrichtungspflicht nach Abs. 5 und das Widerspruchsrecht nach Abs. 6 bestehen auch im Insolvenzverfahren. Beim Ausspruch von Kündigungen ist der Insolvenzverwalter an die Vorschriften des KSchG ebenso gebunden wie an das Verbot der Kündigung wegen des Betriebsübergangs gem. Abs. 4 S. 1[15]. 364

3. Haftung des Betriebserwerbers. Träte der Erwerber auch im Falle einer Übernahme aus der Insolvenz im vollen Umfang gem. Abs. 1 S. 1 in alle rückständigen Ansprüche aus den übergehenden ArbVerh ein, so würden die übernommenen ArbN im Vergleich zu sämtlichen übrigen Gläubigern entgegen dem Grundsatz der gleichmäßigen Gläubigerbefriedigung (*par conditio creditorum*) privilegiert. Der Erwerber würde die zu erwartenden Belastungen ferner als Abzugsposten bei der Kaufpreisfindung geltend machen, was eine zusätzliche Benachteiligung der übrigen Gläubiger zur Folge hätte, weil der Gegenwert, welcher der Masse für die Betriebsveräußerung zufließt, entsprechend geschmälert würde. 365

---

1 BAG 5.2.1997 – 10 AZR 553/96, NZA 1998, 158. ||2 BAG 22.4.2010 – 2 AZR 991/08, NZA-RR 2010, 583. ||3 BAG 19.3.1998 – 8 AZR 139/97, NZA 1998, 750; 15.2.1984 – 5 AZR 123/82, NZA 1984, 32; 22.2.1978 – 5 AZR 800/76, AP Nr. 10 zu § 613a BGB; Staudinger/*Annuß*, § 613a Rz. 325; *Gaul/Otto*, DB 2002, 634 (638); MüKoBGB/*Müller-Glöge*, § 613a Rz. 115; Soergel/*Raab*, § 613a Rz. 162. ||4 ErfK/*Preis*, § 613a BGB Rz. 102; Soergel/*Raab*, § 613a Rz. 162; Staudinger/*Annuß*, § 613a Rz. 326. ||5 BAG 2.10.1974 – 5 AZR 504/73, NJW 1975, 1378; Soergel/*Raab*, § 613a Rz. 162; Staudinger/*Annuß*, § 613a Rz. 325. ||6 ErfK/*Preis*, § 613a BGB Rz. 102. ||7 Staudinger/*Annuß*, § 613a Rz. 329; aA ErfK/*Preis*, § 613a BGB Rz. 102; MüKoBGB/*Müller-Glöge*, § 613a Rz. 12; *Franzen*, RdA 2002, 258 (268); *Gaul/Otto*, DB 2002, 634 (638); *Grau*, Unterrichtung und Widerspruchsrecht, 2005, S. 354 ff. ||8 BAG 19.3.1998 – 8 AZR 139/97, NZA 1998, 750; 15.2.1984 – 5 AZR 123/82, NZA 1984, 32; vgl. auch BAG 22.2. 1978 – 5 AZR 800/76, AP Nr. 10 zu § 613a BGB. ||9 Grundl. BAG 17.1.1980 – 3 AZR 160/79, NJW 1980, 1124; 20.11.1984 – 3 AZR 584/83, NZA 1985, 393 = AP Nr. 38 zu § 613a BGB (*Willemsen*); 4.12.1986 – 2 AZR 246/86, NZA 1987, 460; 16.2.1993 – 3 AZR 347/92, NJW 1993, 2259; für die InsO BAG 20.6.2002 – 8 AZR 459/01, NZA 2003, 318; aus der Lit. WHSS/*Willemsen*, Rz. G 126 ff.; ErfK/*Preis*, § 613a BGB Rz. 146 ff. ||10 EuGH 7.2.1985 – Rs. C-135/83, Slg. 1985, 457 – Abels; 25.7.1991 – Rs. C-362/89, NZA 1993, 137 – d'Urso ua.; 12.3.1998 – Rs. C-319/94, NZA 1998, 529 – Déthier Equipement. Art. 5 Nr. 1 der RL 2001/23/EG stellt es den Mitgliedstaaten ausdrücklich frei, die Art. 3 und 4 der RL auf Betriebsübernahmen aus der Insolvenz anzuwenden. ||11 Zum damaligen Meinungsstand KR/*Pfeiffer*, 4. Aufl. 1996, § 613a BGB Rz. 50. ||12 Vgl. BAG 25.10.2007 – 8 AZR 917/06, NZA-RR 2008, 367; LAG Hamm 4.4.2000 – 4 Sa 1220/99, ZInsO 2000, 292. ||13 Vgl. nur BAG 16.2.1993 – 3 AZR 347/92, NJW 1993, 2259; 22.10.2009 – 8 AZR 766/08, NZA-RR 2010, 660. ||14 Für Betriebsvereinbarungen (Sozialplan) BAG 15.1.2002 – 1 AZR 58/01, NZA 2002, 1034. ||15 BAG 16.9.1982 – 2 AZR 271/80, NJW 1983, 1341; ErfK/*Preis*, § 613a BGB Rz. 151; Staudinger/*Annuß*, § 613a Rz. 387.

§ 613a ist deshalb dahin gehend **teleologisch zu reduzieren**, dass der Übernehmer jedenfalls nicht für solche Ansprüche einzustehen hat, die im Zeitpunkt der Eröffnung des Insolvenzverfahrens bereits entstanden waren[1]. Insoweit gehen die Verteilungsgrundsätze des Insolvenzverfahrens vor. Dies gilt auch für Ansprüche des BR aus § 40 I BetrVG auf Freistellung von Honoraransprüchen eines anwaltl. Beraters[2]. Nach dem **Grundsatz der gleichmäßigen Gläubigerbefriedigung** müsste den Regelungen der Insolvenzordnung auch für Ansprüche der ArbN, die in der Zeit zwischen Insolvenzeröffnung und Betriebsübergang entstehen, Vorrang vor den Rechtsfolgen des § 613a beigemessen werden[3], jedoch lehnt die Rspr. dies ab[4]. Der Erwerber soll demgemäß für **Annahmeverzugslohnansprüche** der übernommenen ArbN (§ 615 S. 1) aus der Zeit nach der Eröffnung des Insolvenzverfahrens in vollem Umfang einstehen müssen[5]. Für Ansprüche aus einem vom Insolvenzverwalter geschlossenen **Sozialplan** war der Betriebserwerber unter der Geltung der Konkursordnung und des Sozialplankonkursgesetzes nicht einstandspflichtig[6]. Das Inkrafttreten der InsO hat insoweit keine Änderung der Rechtslage bewirkt.[7] Der Betriebserwerber haftet des Weiteren nicht für vorkonkurslich begründete Sozialplanansprüche[8]. Den Anspruch auf eine **tarifl. Sonderzahlung**, der erst nach dem Betriebsübergang entsteht, soll der Übernehmer auch dann in voller Höhe leisten müssen, wenn während des laufenden Bemessungszeitraums ein Insolvenzverfahren eröffnet wurde[9]. **Urlaubsansprüche** soll der Betriebserwerber voll erfüllen müssen, weil diese nicht zeitanteilig verdient würden und deshalb eine Zuordnung zu einem bestimmten Zeitraum vor oder nach der Insolvenzeröffnung nicht möglich sei[10]. § 25 HGB findet auf Betriebsübernahmen vom Insolvenzverwalter keine Anwendung[11].

366 In die **Versorgungsanwartschaften** der ArbN tritt der Übernehmer zwar ein, und zwar unabhängig davon, ob es sich um verfallbare oder um unverfallbare Anwartschaften handelt[12]. Er schuldet im Versorgungsfall jedoch nicht die volle Betriebsrente, sondern nur den Teil der Leistung, den der ArbN **seit Insolvenzeröffnung** erdient hat[13]. Ist die Versorgungsanwartschaft im Zeitpunkt der Insolvenzeröffnung bereits unverfallbar, so haftet für die bis zu diesem Zeitpunkt erdienten Anwartschaftsteile der Pensions-Sicherungs-Verein gem. § 7 II BetrAVG[14]. War die Versorgungsanwartschaft bei Insolvenzeröffnung noch nicht unverfallbar, so können die vor diesem Zeitpunkt erdienten Anwartschaftsteile nur im Insolvenzverfahren geltend gemacht werden[15].

367 Für **ATZ-Verhältnisse** im Blockmodell gilt: Wurde die Arbeitsphase vor Insolvenzeröffnung abgeschlossen, sind die Vergütungsansprüche für die gesamte ATZ erarbeitet und deshalb Insolvenzforderungen. Der Erwerber haftet insoweit nicht. Dauert die Arbeitsphase noch nach Insolvenzeröffnung an, haftet der Erwerber nur für das Entgelt, das spiegelbildlich für die Vorleistung geschuldet wird, die der ArbN nach Insolvenzeröffnung erbringt.

368 Die vorstehend beschriebenen Haftungsbeschränkungen bleiben auch bestehen, wenn das Insolvenzverfahren später gem. § 207 InsO **mangels Masse** eingestellt wird[16]. Wird hingegen die Eröffnung des Insolvenzverfahrens von vornherein mangels Masse abgelehnt, so findet § 613a uneingeschränkt Anwendung[17]. Wollen der Veräußerer und der Erwerber vor diesem Hintergrund zunächst abwarten, ob das Insolvenzverfahren eröffnet wird, so können sie den Betriebsübergang unter die **aufschiebende Bedingung der Eröffnung des Insolvenzverfahrens** stellen. Hierin liegt keine Umgehung des § 613a[18]. Ob der Pensions-Sicherungs-Verein bei einer solchen Gestaltung für die im Zeitpunkt der Insolvenzeröffnung bereits unverfallbaren Versorgungsanwartschaften einstehen muss, hat das BAG allerdings offen gelassen[19]. Jedenfalls bedarf es der sorgfältigen Vertragsgestaltung, weil die Rspr. dem Inhalt des Unternehmenskaufvertrages im Rahmen der Bestimmung des Zeitpunkts des Übergangs besondere Bedeutung beimisst[20].

---

1 BAG 17.1.1980 – 3 AZR 160/79, NJW 1980, 1124; 20.11.1984 – 3 AZR 584/83, NZA 1985, 393 = AP Nr. 38 zu § 613a BGB (*Willemsen*); 4.12.1986 – 2 AZR 246/86, NZA 1987, 460; 13.11.1986 – 2 AZR 771/85, NZA 1987, 458; 20.6.2002 – 8 AZR 459/01, NZA 2003, 318, st. Rspr.; vgl. nur ErfK/*Preis*, § 613a BGB Rz. 146; WHSS/*Willemsen*, Rz. C 126 jeweils mwN; zur Frage des Zeitpunkts des Inhaberwechsels s. Rz. 82. ||2 BAG 9.12.2009 – 7 ABR 90/07, NZA 2010, 461. ||3 *Willemsen*, Anm. zu BAG 4.12.1986 – 2 AZR 246/86, NZA 1987, 460; aA MüKoBGB/*Müller-Glöge*, § 613a Rz. 179. ||4 BAG 4.12.1986 – 2 AZR 246/86, NZA 1987, 460; 11.10.1995 – 10 AZR 984/94, NZA 1996, 432; 18.11.2003 – 9 AZR 347/03, NZA 2004, 654; 19.10.2004 – 9 AZR 647/03, NZA 2005, 408; 19.10.2004 – 9 AZR 645/03, NZA 2005, 527; 22.12.2009 – 3 AZR 814/07, NZA 2010, 568; einschr. BAG 19.5.2005 – 3 AZR 649/03, ZIP 2005, 1706 (bloße Möglichkeit der Masseunzulänglichkeit reicht nicht aus). ||5 BAG 4.12.1986 – 2 AZR 246/86, NZA 1987, 460. ||6 BAG 15.1.2002 – 1 AZR 58/01, NZA 2002, 1034. ||7 Vgl. BAG 15.1.2002 – 1 AZR 58/01, NZA 2002, 1034 (zur Konkursordnung); wie hier MüKoInsO/*Löwisch*/*Caspers*, § 128 Rz. 21; Staudinger/*Annuß*, § 613a Rz. 355. ||8 BAG 15.1.2002 – 1 AZR 58/01, NZA 2002, 1034; MüKoBGB/*Müller-Glöge*, § 613a Rz. 179. ||9 BAG 11.10.1995 – 10 AZR 984/94, AP Nr. 132 zu § 613a BGB. ||10 BAG 18.11.2003 – 9 AZR 347/03, NZA 2004, 654. ||11 BAG 20.9.2006 – 6 AZR 215/06, NJW 2007, 942. ||12 BAG 17.1.1980 – 3 AZR 160/79, NJW 1980, 1124; 29.10.1985 – 3 AZR 485/83, ZIP 1986, 1001. ||13 BAG 22.12.2009 – 3 AZR 814/07, NZA 2010, 568; 19.5.2005 – 3 AZR 649/03, NZA-RR 2006, 373; st. Rspr. ||14 BAG 11.2.1992 – 3 AZR 117/91, NZA 1993, 20. ||15 BAG 29.10.1985 – 3 AZR 485/83, ZIP 1986, 1001; Staudinger/*Annuß*, § 613a Rz. 352; ErfK/*Preis*, § 613a BGB Rz. 148. ||16 BAG 11.2.1992 – 3 AZR 117/91, NZA 1993, 20. ||17 BAG 20.11.1984 – 3 AZR 584/83, NZA 1985, 393 = AP Nr. 38 zu § 613a BGB (*Willemsen*), unter Aufgabe von BAG 3.7.1980 – 3 AZR 751/79, NJW 1981, 187. ||18 BAG 4.7.1989 – 3 AZR 756/87, NZA 1990, 188. ||19 BAG 23.7.1991 – 3 AZR 366/90, NZA 1992, 217; dies bejaht LAG Köln 29.6.1990 – 2 Sa 35/90, ZIP 1990, 1283. ||20 BAG 16.2.1993 – 3 AZR 347/92, NJW 1993, 2259; 26.3.1996 – 3 AZR 965/94, NZA 1997, 94; 24.5.2005 – 8 AZR 246/04, NZA 2005, 1178.

IX. Prozessuales. 1. Passivlegitimation. Hat der bisherige Inhaber das ArbVerh vor dem Betriebsübergang gekündigt, so ist für eine gegen die Kündigung gerichtete **Kündigungsschutzklage** (§ 4 KSchG) ausschließlich dieser passivlegitimiert[1]. Ob der Kündigungstermin vor oder nach dem Zeitpunkt des Betriebsübergangs liegt, ist insoweit unerheblich[2]. Auch darauf, ob die Klage vor oder nach dem Betriebsübergang erhoben wird, kommt es nicht an[3]. Das im Kündigungsschutzprozess ergehende Urteil wirkt in **entsprechender Anwendung der §§ 265, 325 ZPO** grds. auch für und gegen den neuen Betriebsinhaber[4]. Dies gilt jedoch dann nicht, wenn die Kündigungsschutzklage erst nach dem Betriebsübergang erhoben wird, weil der neue Betriebsinhaber in diesem Fall nicht wie von § 325 ZPO gefordert nach, sondern bereits vor Rechtshängigkeit „Rechtsnachfolger" des bisherigen Inhabers wird[5].

369

Der ArbGeb, der eine Kündigung vor einem Betriebsübergang ausgesprochen hat und gegen der Kündigungsschutzprozess deshalb weitergeführt wird, ist trotz des Verlusts der ArbGebStellung befugt, einen **Auflösungsantrag** gem. §§ 9, 10 KSchG zu stellen, wenn der Auflösungszeitpunkt zeitlich vor dem Betriebsübergang liegt[6]. Der ArbN kann einen Auflösungsantrag demgü. trotz der Fortführung des Rechtsstreits mit dem bisherigen Inhaber (Rz. 369) mit Erfolg nur in einem Prozess gegen den ihm bekannten Betriebserwerber stellen, weil der bisherige Inhaber mit dem Betriebsübergang aus dem ArbVerh ausscheidet[7]. Will der ArbN diese Konsequenz vermeiden, muss er dem Übergang seines ArbVerh widersprechen, abwarten, ob der neue Inhaber ebenfalls eine Kündigung ausspricht oder den neuen Inhaber in den Prozess einbeziehen[8]. Ob auf einen vor dem Übergang rechtshängig gemachten Auflösungsantrag § 265 ZPO anwendbar ist, hat das BAG offen gelassen[9].

369a

Ist der ArbN über das Vorliegen oder den Zeitpunkt eines Betriebsübergangs im Zweifel, so kann es sich empfehlen, gegen den bisherigen Betriebsinhaber gem. § 4 KSchG Kündigungsschutzklage und gegen den tatsächlichen oder vermeintlichen neuen Betriebsinhaber gem. **§ 256 ZPO Feststellungsklage** mit dem Antrag zu erheben, festzustellen, dass das mit dem bisherigen Inhaber begründete ArbVerh mit jenem zu unveränderten Bedingungen fortbestehe[10]. In diesem Falle sind der bisherige und der neue Betriebsinhaber zwar keine notwendigen Streitgenossen iSd. § 62 ZPO[11]. Es kann aber gleichwohl nach § 36 I Nr. 3 ZPO ein gemeinsamer Gerichtsstand bestimmt werden[12]. In jedem Fall muss sowohl die Kündigungsschutzklage als auch die Feststellungsklage unbedingt erhoben werden. Eine eventuelle subjektive Klagenhäufung ist unzulässig[13].

370

Eine Kündigungsschutzklage gegen den bisherigen Betriebsinhaber, die allein auf die Behauptung gestützt wird, der Betrieb sei bereits vor der Kündigung des ArbVerh übergegangen, ist unbegründet[14]. Der Erfolg im Kündigungsschutzprozess setzt voraus, dass im Kündigungszeitpunkt noch ein ArbVerh bestand. Klagt der ArbN gegen eine Kündigung seitens des Betriebserwerbers, macht aber geltend, dass er dem Betriebsübergang widersprochen habe, ist die Klage ebenfalls als unschlüssig abzuweisen, weil wegen der Rückwirkung des Widerspruchs im Zeitpunkt des Ausspruchs der Kündigung kein ArbVerh mit dem Betriebserwerber bestanden haben kann[15]. Stützt der ArbN seine Klage auch auf andere Unwirksamkeitsgründe, so kann er sich das Vorbringen des Bekl., ein Betriebsübergang habe nicht stattgefunden, hilfsweise zu eigen machen[16]. Ein mit dem Betriebsveräußerer geschlossener **Beendigungsvergleich** wirkt jedenfalls dann für und gegen den Betriebserwerber, wenn dieser den Vergleich ausdrücklich oder konkludent genehmigt[17].

371

Geht der Betrieb während eines arbeitsgerichtl. Beschlussverfahrens über, tritt der Erwerber automatisch in die prozessuale Stellung des Veräußerers ein[18]. Nach Insolvenzeröffnung ist eine Kündigungsschutzklage gegen den Insolvenzverwalter in seiner Eigenschaft als Partei kraft Amtes zu richten. Eine Klage gegen die Insolvenzschuldnerin kann die Klagefrist des § 4 I KSchG nicht wahren[19]. Hat der Insolvenzverwalter vor dem Betriebsübergang beim Integrationsamt die Zustimmung zur Kündigung eines schwerbehinderten ArbN beantragt, kann sich der Erwerber nicht auf den Zustimmungsbescheid berufen, wenn dieser nach dem Übergang nur dem Insolvenzverwalter zugestellt wurde[20].

372

---

1 BAG 26.5.1983 – 2 AZR 477/81, NJW 1984, 627; 27.9.1984 – 2 AZR 309/83, NZA 1985, 493; 18.3.1999 – 8 AZR 306/98, NZA 1999, 706 (Druckerei I); 24.5.2005 – 8 AZR 246/04, NZA 2005, 1178; im Erg. auch LAG Köln 10.2.2012 – 10 Sa 1144/11; krit. ua. RGRK/*Ascheid*, § 613a Rz. 292ff.; *Löwisch/Neumann*, DB 1996, 474. ‖ 2 ErfK/*Preis*, § 613a BGB Rz. 174. ‖ 3 BAG 18.3.1999 – 8 AZR 306/98, NZA 1999, 706 (Druckerei I). ‖ 4 BAG 4.3.1993 – 2 AZR 507/92, NZA 1994, 260; KR/*Treber*, § 613a BGB Rz. 209. ‖ 5 BAG 18.3.1999 – 8 AZR 306/98, NZA 1999, 706 (Druckerei I). ‖ 6 BAG 24.5.2005 – 8 AZR 246/04, NZA 2005, 1178. ‖ 7 BAG 20.3.1997 – 8 AZR 769/95, NZA 1997, 937. ‖ 8 BAG 20.3.1997 – 8 AZR 769/95, NZA 1997, 937; 24.5.2005 – 8 AZR 246/04, NZA 2005, 1178. ‖ 9 BAG 20.3.1997 – 8 AZR 769/95, NZA 1997, 937; hierfür KR/*Treber*, § 613a BGB Rz. 208: dagegen *Löwisch/Neumann*, DB 1996, 474 (475). ‖ 10 BAG 18.4.2002 – 8 AZR 346/01, NZA 2002, 1207; *Müller-Glöge*, NZA 1999, 449 (456). ‖ 11 BAG 4.3.1993 – 2 AZR 507/92, NZA 1994, 260. ‖ 12 BAG 25.4.1996 – 5 AS 1/96, NZA 1996, 1062. ‖ 13 BAG 11.12.1997 – 8 AZR 729/96, NZA 1998, 534 (Reinigung II); *Müller-Glöge*, NZA 1999, 449 (456). ‖ 14 BAG 15.12.2005 – 8 AZR 202/05, NZA 2006, 597 (Druckerei II); 24.5.2005 – 8 AZR 398/04, NZA 2005, 1302; 18.4.2002 – 8 AZR 346/01, NZA 2002, 1207; 18.3.1999 – 8 AZR 306/98, NZA 1999, 706 (Druckerei I). ‖ 15 LAG Nürnberg 5.10.2011 – 2 Sa 765/10. ‖ 16 BAG 15.12.2005 – 8 AZR 202/05, NZA 2006, 597 (Druckerei II). ‖ 17 BAG 24.8.2006 – 8 AZR 574/05, NZA 2007, 328. ‖ 18 BAG 9.12.2008 – 1 ABR 75/07, NZA 2009, 254. ‖ 19 BAG 18.10.2012 – 6 AZR 41/11, NZI 2013, 151 mwN. ‖ 20 BAG 15.11.2012 – 8 AZR 827/11, NZA 2013, 505.

373 **2. Beweislastfragen.** Die allg. Grundsätze zur Darlegungs- und Beweislastverteilung, denen zufolge jede Partei die Voraussetzungen der ihr günstigen Norm darzulegen und bei Bestreiten der Gegenseite zu beweisen hat, gelten auch im Rahmen des § 613a. Nach einer älteren Entscheidung soll der Beweis des ersten Anscheins für das Vorliegen eines Betriebsübergangs sprechen, wenn nach der Einstellung des Geschäftsbetriebs durch den bisherigen Betriebsinhaber ein Erwerber die wesentlichen Betriebsmittel verwendet, um einen gleichartigen Geschäftsbetrieb zu führen[1]. Hieran wird man nach der zwischenzeitlichen Entwicklung der Rspr. zum Tatbestand des § 613a in dieser Pauschalität nicht mehr festhalten können[2]. Es soll ferner eine tatsächliche Vermutung gegen das Bestehen einer ernsthaften und endgültigen Stilllegungsabsicht des bisherigen Betriebsinhabers sprechen, wenn ein Erwerber den Betrieb nahtlos oder alsbald nach dem beabsichtigten Stilllegungstermin fortführt[3]. Dies soll unabhängig davon gelten, ob der mögliche Betriebsübergang innerhalb der Kündigungsfrist stattfindet[4].

374 Wendet sich der ArbN gegen die Wirksamkeit einer im Zusammenhang mit dem Betriebsübergang ausgesprochenen Kündigung, so muss danach unterschieden werden, ob er sich zur Begründung seiner Klage allein auf einen Verstoß gegen Abs. 4 S. 1 oder darüber hinaus auch auf das Fehlen einer sozialen Rechtfertigung der Kündigung iSd. § 1 KSchG beruft. Macht der ArbN ausschließlich einen Verstoß gegen Abs. 4 S. 1 geltend, muss er darlegen und bei Bestreiten des ArbGeb beweisen, dass die Kündigung „wegen" des Betriebsübergangs ausgesprochen wurde, der Betriebsübergang also den tragenden Grund für die Kündigung (das Motiv) bildet[5]. Entgegen der Auffassung des LAG Köln kann sich der ArbN insoweit nicht auf den Beweis des ersten Anscheins berufen, wenn er aus dem zeitlichen und funktionalen Zusammenhang zwischen der Kündigung und dem Betriebsübergang genügend Tatsachen nachweist, die die erforderliche Kausalität mit hinreichender Wahrscheinlichkeit ergeben[6]. Es gibt keinen Erfahrungssatz, dass Kündigungen, die im zeitlich funktionalen Zusammenhang mit einem Betriebsübergang ausgesprochen werden, in diesem ihren tragenden Grund finden. Beruft sich der ArbN neben Abs. 4 S. 1 auch auf einen Verstoß gegen § 1 KSchG, ist es Sache des ArbGeb, die soziale Rechtfertigung der Kündigung darzulegen und zu beweisen. Gelingt dieser Nachweis dem ArbGeb nicht, so ist der Kündigungsschutzklage stattzugeben, ohne dass es der Feststellung bedarf, der Betriebsübergang sei für die Kündigung der tragende Beweggrund[7].

375 **3. Sonstige prozessuale Fragen.** Rechte und Pflichten des ArbGeb aus dem **Betriebsverfassungsrecht** bestehen für und gegen den jeweiligen Betriebsinhaber. Findet im Laufe eines Beschlussverfahrens ein Betriebs(teil)übergang statt, nimmt der Erwerber auch ohne Prozesserklärungen der Verfahrensbeteiligten oder Handlungen des Gerichts die verfahrensrechtl. Stellung des bisherigen Inhabers ein. Für einen beim Erwerber neu gebildeten BR gilt dies entsprechend[8]. Ist im Verhältnis zwischen dem BR und dem bisherigen Inhaber eine Verpflichtung desselben ggü. dem BR rechtskräftig festgestellt, so wirkt die Rechtskraft dieser Entscheidung jedenfalls dann ggü. dem neuen Betriebsinhaber, wenn die Identität des Betriebes erhalten bleibt[9].

376 **X. Internationales Privatrecht.** § 613a gilt nur für im Inland gelegene Betriebe. Die Rechtsfolgen der Übernahme eines im Ausland gelegenen Betriebes bestimmen sich nach ausländischem Recht, innerhalb der EU nach den am Ort des Betriebssitzes geltenden nationalen Umsetzungsvorschriften zur RL 2001/23/EG. Die Anwendung des § 613a setzt nach der zutreffenden Auffassung der Rspr. und hM in der Lit. ferner voraus, dass das ArbVerh deutschem Recht unterliegt; § 613a ist keine Eingriffsnorm iSd. Art. 9 Rom-I-VO[10]. Allerdings gehört § 613a zu den zwingenden Bestimmungen des deutschen Arbeitsrechts, deren Geltung nicht durch Rechtswahl abbedungen werden kann, wenn das ArbVerh ohne eine solche Rechtswahl nach Art. 8 II Rom-I-VO deutschem Recht unterläge[11].

377 Praktisch bedeutet dies: Übernimmt ein ausländischer Erwerber einen im Inland gelegenen Betrieb(steil), so findet § 613a ungeachtet der ausländischen Nationalität des Erwerbers Anwendung[12]. Er wird kraft Gesetzes ArbGeb sämtlicher ArbN, die dem übernommenen Betrieb(steil) im Zeitpunkt des Übergangs angehören, sofern deren ArbVerh entweder deutschem Recht unterliegen oder, im Falle einer Rechtswahl zu Gunsten ausländischen Rechts, ohne diese Rechtswahl deutschem Recht unterlägen. Letzteres trifft gem. Art. 8 II Rom-I-VO regelmäßig auf ArbN zu, deren gewöhnlicher Arbeitsort im Inland liegt.

---

1 BAG 15.5.1985 – 5 AZR 276/84, NZA 1985, 736. ||2 AA ErfK/*Preis*, § 613a BGB Rz. 177. ||3 BAG 16.2.2012 – 8 AZR 693/10, NZA-RR 2012, 465; 21.6.2001 – 2 AZR 137/00, NZA 2002, 212. ||4 BAG 16.2.2012 – 8 AZR 693/10, NZA-RR 2012, 465; tendenziell noch anders BAG 27.9.1984 – 2 AZR 309/83, NZA 1985, 493. ||5 BAG 5.12.1985 – 2 AZR 3/85, NZA 1986, 522; 9.2.1994 – 2 AZR 666/93, NZA 1994, 686. ||6 So LAG Köln 3.3.1997 – 3 Sa 1063/96, LAGE Nr. 59 zu § 613a BGB; zust. ErfK/*Preis*, § 613a BGB Rz. 178. ||7 BAG 5.12.1985 – 2 AZR 3/85, NZA 1986, 522; 9.2.1994 – 2 AZR 666/93, NZA 1994, 686; ErfK/*Preis*, § 613a BGB Rz. 178; *Stahlhacke/Preis/Vossen*, Rz. 983. ||8 BAG 23.6.2010 – 7 ABR 3/09, NZA 2010, 1361; 9.12.2008 – 1 ABR 75/07, NZA 2009, 254. ||9 BAG 5.2.1991 – 1 ABR 32/90, NZA 1991, 639. ||10 BAG 13.12.2012 – 6 AZR 608/11, ZInsO 2013, 1366, Rz. 40; 26.5.2011 – 8 AZR 37/10, NZA 2011, 1143; 29.10.1992 – 2 AZR 267/92, NZA 1993, 743; *Däubler*, BB 1998, 1360f.; Staudinger/*Annuß*, § 613a Rz. 41; aA KR/*Weigand*, Internationales Arbeitsrecht Rz. 105. ||11 BAG 29.10.1992 – 2 AZR 267/92, NZA 1993, 743; Staudinger/*Annuß*, § 613a Rz. 39; KR/*Weigand*, Internationales Arbeitsrecht Rz. 23f. ||12 Vgl. BAG 13.12.2012 – 6 AZR 608/11, ZInsO 2013, 1366, Rz. 40; 26.5.2011 – 8 AZR 37/10, NZA 2011, 1143; ausführlich *Gaul/Mückl*, DB 2011, 2318 ff.

Wird der Betrieb(steil) zeitgleich mit der Übernahme in das Ausland verlagert, steht das für sich genommen der Anwendung des § 613a nicht entgegen. Auch ein uU mit der Änderung des Arbeitsorts einhergehender Wechsel des auf das ArbVerh anwendbaren Rechts führt nicht zur Unanwendbarkeit des § 613a[1]. Betriebsbedingte Kündigungen wegen einer Betriebs(teil)stilllegung scheitern daher regelmäßig. Allerdings muss jeweils sorgfältig geprüft werden, ob die räumliche Entfernung zwischen bisheriger und neuer Betriebsstätte identitätszerstörend wirkt[2]. Dies kann zB bei Einzelhandelsbetrieben der Fall sein, bei denen die räumliche Lage des Betriebs identitätsprägend wirkt (vgl. auch Rz. 102)[3].

614 *Fälligkeit der Vergütung*
Die Vergütung ist nach der Leistung der Dienste zu entrichten. Ist die Vergütung nach Zeitabschnitten bemessen, so ist sie nach dem Ablauf der einzelnen Zeitabschnitte zu entrichten.

I. Normzweck und Inhalt 1	2. Zurückbehaltungsrecht des Arbeitnehmers 12
1. Grundsätzliche Bedeutung 1	3. Kündigungsrecht des Arbeitnehmers 17
2. Zahlungszeit der Vergütung 2	4. Vorschuss und Abschlagszahlungen 18
3. Abdingbarkeit 4	5. Vorschuss- und Abschlagszahlungen bei
II. Arbeitsrechtliche Sonderregeln zu § 614 ... 6	Lohnpfändungen 26
III. Einzelfragen 10	
1. Schuldnerverzug des Arbeitgebers 10	

I. Normzweck und Inhalt. 1. Grundsätzliche Bedeutung. § 614 regelt den Zeitpunkt der **Fälligkeit der Arbeitsvergütung**. Danach tritt die Fälligkeit grds. erst nach der Leistung der Dienste ein. Die Vorschrift weicht von § 271 ab, indem sie den **Grundsatz der Vorleistungspflicht des ArbN** statuiert[4]. Hierbei handelt es sich nicht um eine Stundung der Entgeltpflicht. Anspruchsgrundlage für die Entrichtung der Vergütung ist weiterhin § 611 I und nicht § 614. Die Vergütungsforderung ist bereits vor Fälligkeit erfüllbar[5]. Für die Fälligkeit ist die Kenntnis des ArbN vom Bestehen des Anspruchs unerheblich[6]. Aus § 614 ergibt sich nicht der Grundsatz „Ohne Arbeit kein Lohn"[7]. Vielmehr folgt dieser unbestrittene Rechtssatz aus der **synallagmatischen Verknüpfung von Arbeitsleistung und Entgelt**[8]. Demggü. enthält § 614 lediglich eine Bestimmung der Leistungszeit.

2. Zahlungszeit der Vergütung. Nach S. 1 ist die Vergütung grds. erst nach der Leistung der gesamten Dienste zu entrichten. Für ArbVerh wichtiger ist die Regelung in S. 2. Das Arbeitsentgelt ist nämlich üblicherweise nach Zeitabschnitten bemessen, damit der ArbN seinen Lebensstandard aufrechterhalten kann[9]. In einem solchen Fall ist die Vergütung im Grundsatz **nach Ablauf der einzelnen Zeitabschnitte** zu zahlen. Bei einer Berechnung nach Monaten ist der Zahlungsanspruch somit am ersten Tag des Folgemonats fällig. Handelt es sich hierbei um einen Sonnabend, Sonntag oder gesetzl. Feiertag, verschiebt sich die Fälligkeit gem. § 193 auf den nächsten Werktag[10]. Bei einer Bemessung nach Tagen oder Stunden ist die Vergütung aber – entgegen dem Wortlaut von S. 2 – regelmäßig erst am Ende der Arbeitswoche zu entrichten[11]. Die Erteilung einer Rechnung oder Abrechnung ist für die Fälligkeit im Allg. nicht erforderlich[12]. **Endet das ArbVerh** während einer laufenden Abrechnungsperiode, tritt bei laufenden Entgelten sofortige Fälligkeit ein[13], während bei Jahresleistungen der Fälligkeitszeitpunkt unverändert bleibt[14]. Beim Akkord wird die Vergütung nicht nach Zeitabschnitten berechnet, so dass nicht S. 2, sondern S. 1 anwendbar ist. Der Akkordlohn wird deshalb grds. erst nach der Feststellung des Arbeitsergebnisses fällig[15]. Sofern keine besondere Vereinbarung getroffen worden ist, ist monatsweise abzurechnen. IÜ entspricht es der Verkehrssitte, dass der ArbGeb noch vor der endgültigen Berechnung des Akkordlohns Abschlagszahlungen (Rz. 18 ff.) zu leisten hat. Die **Fälligkeit der Vergütung von Überstunden** soll bei fehlender einzel- oder kollektivvertraglicher Regelung erst am Ende des ArbVerh eintreten[16]. **Betriebsrenten** sind nach dem Rechtsgedanken des § 614 nach Ablauf der einzelnen Zeitabschnitte fällig[17].

§ 614 setzt voraus, dass dem ArbN für wirklich geleistete Arbeit ein Vergütungsanspruch zusteht. Von diesem Grundsatz gibt es aber **zahlreiche Ausnahmen:** zB Annahmeverzug des ArbGeb (§ 615), vorübergehende Verhinderung des ArbN (§ 616), Entgeltfortzahlung im Krankheitsfall (§§ 3 ff. EFZG), be-

---

1 BAG 26.5.2011 – 8 AZR 37/10, NZA 2011, 1143; hierzu auch *Cohnen*, FS 25 Jahre Arbeitsgemeinschaft Arbeitsrecht, 2006, S. 595. ‖ 2 Vgl. BAG 26.5.2011 – 8 AZR 37/10, NZA 2011, 1143, Rz. 36; 25.5.2000 – 8 AZR 335/99, Rz. 37. ‖ 3 Noch weitergehend BAG 16.5.2002 – 8 AZR 319/01, DB 2002, 2552 (LS). ‖ 4 BAG 6.10.2011 – 6 AZR 262/10, NZA 2012, 330; GmSOGB 27.9.2010 – GmS-OGB 1/09, NZA 2011, 534. ‖ 5 LAG Rh.-Pf. 12.7.2006 – 10 Sa 328/06. ‖ 6 LAG Schl.-Holst. 11.10.2012 – 5 Sa 499/11. ‖ 7 So aber BAG 21.3.1958 – 1 AZR 555/56, AP BGB § 614 Nr. 1; s.a. BAG 16.4.2013 – 9 AZR 554/11, NZA 2013, 849. ‖ 8 Soergel/*Kraft*, § 614 Rz. 1; ebenso BT-Drs. 14/6857, 47f. ‖ 9 LAG Düss. 22.10.2003 – 12 (15) Sa 1205/03. ‖ 10 BAG 15.5.2001 – 1 AZR 672/00, BAGE 98, 1; LAG MV 24.1.2008 – 1 Sa 168/07. ‖ 11 Staudinger/*Richardi/Fischinger*, § 614 Rz. 13. ‖ 12 BAG 8.8.1985 – 2 AZR 459/84, DB 1986, 2337. ‖ 13 AA ArbR-BGB/*Schliemann*, § 614 Rz. 4. ‖ 14 BAG 8.11.1978 – 5 AZR 358/77, DB 1979, 505; 12.10.1972 – 5 AZR 227/72, DB 1973, 285. ‖ 15 Staudinger/*Richardi/Fischinger*, § 614 Rz. 14. ‖ 16 ArbG Frankfurt 1.6.2005 – 9 Ca 8374/04. ‖ 17 BAG 31.7.2007 – 3 AZR 372/06, DB 2008, 1505.

BGB § 614 Rz. 4   Fälligkeit der Vergütung

zahlter Erholungsurlaub (§ 1 BUrlG). In allen diesen Fällen einer Vergütung ohne Arbeitsleistung wird der Entgeltanspruch nach dem Prinzip des § 614 fällig, also erst dann, wenn die Arbeit vollständig erbracht worden wäre[1]. Anders ist dies gem. § 11 II BUrlG nur beim Urlaubsentgelt (Rz. 9).

4   **3. Abdingbarkeit.** § 614 ist abdingbar[2]. Da dies bei ArbVerh vielfach geschieht, hat die Vorschrift im Arbeitsrecht nur eine **geringe praktische Bedeutung**. Ein von § 614 abweichender Zahlungstermin wird vielfach in TV[3] oder in BV, daneben aber auch in Arbeitsverträgen[4] festgelegt. Nach § 87 I Nr. 4 BetrVG hat der BR über die Zeit der Entgeltzahlung mitzubestimmen. Das MitbestR bezieht sich sowohl auf die Festlegung der Zeitabschnitte, für die jeweils das Entgelt zu leisten ist, als auch auf die Festlegung des Zahlungszeitpunkts nach Tag und Stunde[5]. Mit der Regelung lediglich der Zahlungsperiode nicht zu verwechseln ist die Frage, nach welchen Grundsätzen die Vergütung selbst (Stundenlohn, Monatslohn, Leistungslohn etc.) zu bemessen ist. IÜ erstreckt sich das MitbestR nicht auf die Beseitigung der Vorleistungspflicht des ArbN[6]. Ausdrückliche oder stillschweigende Abweichungen von § 614 können sich ferner aus Einzelvertrag, betriebl. Übung, der Verkehrssitte oder aus der Art der Vergütung (zB Unterkunft, Verpflegung, Firmenwagen zur privaten Nutzung) ergeben.

5   Neben schlichten Fälligkeitsregelungen finden sich in der Praxis zunehmend Modelle einer **Entkoppelung von Arbeitszeit und Fälligkeit des Entgelts**, denen § 614 ebenfalls nicht im Wege steht[7]. Zu nennen sind insb. Arbeitszeitkonten mit langfristigen Ausgleichszeiträumen, die mit einem verstetigten, in kürzeren Abständen fälligen (vorläufigen[8]) Entgelt verknüpft sind, so dass je nach dem Stand des Zeitkontos entweder der ArbN oder der ArbGeb vorleistet[9] und bei Kontenabschluss durch bezahlte Freistellungen oder Nachzahlungen bzw. durch unbezahlte Nacharbeit bzw. Rückzahlungen (Rz. 22 ff.) ein Ausgleich zu erfolgen hat. Möglich ist ferner ein umfassender Aufschub der Vergütung durch ATZ im Blockmodell[10]. Demggü. stellt die Entgeltumwandlung iSd. § 1 II Nr. 3 BetrAVG keine Fälligkeitsregelung, sondern eine Substitution des ursprünglichen Entgeltanspruchs durch eine Versorgungsanwartschaft dar[11]. Ein reines Hinauszögern der Fälligkeit bereits verdienter Bezüge durch AGB ist gem. §§ 307, 310 IV freilich grds. unwirksam.

6   **II. Arbeitsrechtliche Sonderregeln zu § 614.** Für einzelne Gruppen von ArbN und für bestimmte Entgeltformen gelten Sonderregeln:

7   Für **Handlungsgehilfen** (§ 59 HGB) ordnet § 64 S. 1 HGB an, dass die Gehaltszahlung am Schluss jedes Monats zu erfolgen hat. Gemeint ist damit an sich nicht der Kalendermonat, sondern der Zeitmonat nach Arbeitsbeginn bzw. letzter Zahlung[12]. Eine Umstellung auf Kalendermonatsbezug ist aber üblich. Fällt der letzte Tag des Monats auf einen Sonnabend, Sonn- oder Feiertag, tritt an die Stelle dieses Tages der nächste Werktag (§ 193). Eine Vereinbarung, nach der die Zahlung des Gehalts später erfolgen soll, ist gem. § 64 S. 2 HGB nichtig. Das Verbot gilt nur für die festen, laufenden Bezüge, nicht aber für sonstige Einkünfte wie Gratifikationen oder Gewinnbeteiligungen[13]. Kürzere Zahlungsperioden wie auch eine Vorverlegung der Fälligkeit können vereinbart werden. IÜ ist eine Stundung des Gehalts nach dessen Fälligkeit zulässig[14]. Der Anspruch auf Provision wird am letzten Tag des Monats fällig, in dem über ihn nach § 87c I HGB abzurechnen ist (§§ 65, 87a IV HGB). Der ArbGeb hat über die Provision grds. monatlich abzurechnen. Der Abrechnungszeitraum kann auf höchstens drei Monate verlängert werden (§ 87c I 1 HGB). Die Abrechnung muss unverzüglich erfolgen, spätestens aber bis zum Ende des nächsten Monats (§ 87c I 2 HGB). Abweichende Vereinbarungen zu Lasten des ArbN sind unzulässig (§§ 65, 87c V HGB). Der Anspruch auf Gewinnbeteiligung (Tantieme) wird fällig, sobald die Bilanz aufgestellt ist oder bei ordnungsgemäßem Geschäftsgang hätte aufgestellt werden können[15]. Bei Umsatzbeteiligungen ist auf den Kontenabschluss abzustellen[16]. Scheidet der ArbN im Laufe des Geschäftsjahres aus, muss der ArbGeb ohne eine entsprechende Vereinbarung keine Zwischenbilanz aufstellen. Abrechnungsgrundlage bleibt vielmehr die Jahresbilanz, deren Zeitpunkt somit auch für die Fälligkeit maßgeblich ist. Allerdings mindert sich der Gewinnanteil des ArbN entsprechend seiner Beschäftigungszeit[17]. Für die Bemessung und Fälligkeit der Heuer von **Seeleuten** gelten die §§ 37 ff. See-

---

1 Soergel/*Kraft*, § 614 Rz. 1; Staudinger/*Richardi/Fischinger*, § 614 Rz. 10. ‖ 2 BAG 15.1.2002 – 1 AZR 165/01, EzA § 614 BGB Nr. 1. ‖ 3 Vgl. LAG MV 24.1.2008 – 1 Sa 168/07: „Zahltag" in § 24 TVöD bezeichnet den Kalendertag, an dem die Vergütungszahlung fällig wird. ‖ 4 Vgl. LAG Schl.-Holst. 11.10.2012 – 5 Sa 499/11. ‖ 5 BAG 15.1.2002 – 1 AZR 165/01, EzA § 614 BGB Nr. 1 (Vergütung eines Zeitguthabens erst nach einem Jahr); 26.1.1983 – 4 AZR 206/80, BAGE 41, 297; *Fitting*, § 87 BetrVG Rz. 181 f. ‖ 6 *Richardi*, § 87 BetrVG Rz. 415; aA *Fitting*, § 87 BetrVG Rz. 181. ‖ 7 Einzelheiten bei Erman/*Belling*, § 614 Rz. 11 ff.; ArbR-BGB/*Schliemann*, § 614 Rz. 17 ff. ‖ 8 Zur Maßgeblichkeit des Arbeitszeitkontos für den endgültigen Vergütungsanspruch BAG 11.10.2010 – 5 AZR 766/09, DB 2011, 306; 28.7.2010 – 5 AZR 521/09, DB 2010, 2284; 5.9.2002 – 9 AZR 244/01, NZA 2003, 726; 14.8.2002 – 5 AZR 417/01, DB 2003, 155; 13.2.2002 – 5 AZR 470/00, NZA 2002, 683. ‖ 9 BAG 13.12.2000 – 5 AZR 334/99, NZA 2002, 390. ‖ 10 BAG 19.12.2006 – 9 AZR 230/06, DB 2007, 1707. ‖ 11 *Blomeyer*, NZA 2000, 281 (283); zur zivilrechtl. Konstruktion s.a. *Rieble*, BetrAV 2001, 584 (585 f.). ‖ 12 MüKoBGB/*Müller-Glöge*, § 614 Rz. 4; ArbR-BGB/*Schliemann*, § 614 Rz. 3. ‖ 13 ErfK/*Preis*, § 614 BGB Rz. 8; Staudinger/*Richardi/Fischinger*, § 614 Rz. 44. ‖ 14 LAG Mannheim 28.4.1949 – Sa 44/49, AP 1951 Nr. 165; MüKoBGB/*Müller-Glöge*, § 614 Rz. 4. ‖ 15 LAG Berlin 7.10.1975 – 4 Sa 62/75, DB 1976, 636; LAG BW 31.3.1969 – 4 Sa 4/69, DB 1969, 1023. ‖ 16 BAG 10.12.1973 – 3 AZR 318/73, DB 1974, 538. ‖ 17 BAG 3.6.1958 – 2 AZR 406/55, BAGE 5, 317.

ArbG. ArbN auf **Binnenschiffen** ist der Lohn am Schluss jeder zweiten Woche auszuzahlen, sofern nichts anderes vereinbart ist (§ 24 BinSchG).

Die **Ausbildungsvergütung** bemisst sich nach Monaten und ist für den laufenden Kalendermonat spätestens am letzten Arbeitstag des Monats zu zahlen (§ 18 I und II BBiG). Diese Regelung ist zwingend (§ 25 BBiG). 8

Das **Urlaubsentgelt** ist vor Antritt des Urlaubs auszuzahlen (§ 11 II BUrlG). Eine Abweichung zu Ungunsten des ArbN ist nur in TV statthaft, ansonsten unzulässig (§ 13 I BUrlG). Der in der Praxis häufige Verstoß gegen diese Fälligkeitsregelung hat nicht die Unwirksamkeit der Urlaubserteilung zur Folge[1]. Nicht unmittelbar unter § 11 BUrlG fällt die Gewährung eines zusätzlichen Urlaubsgeldes. Sofern keine abweichende Vereinbarung besteht, kann die Fälligkeitsregel des § 11 II BUrlG aber – als dispositives Recht – analog angewendet werden. 9

III. Einzelfragen. 1. Schuldnerverzug des Arbeitgebers. Soweit die Vergütung nach Zeitabschnitten bemessen ist, liegt eine **kalendermäßig bestimmte Leistungszeit** vor. Zahlt der ArbGeb nicht rechtzeitig, gerät er daher gem. § 286 II Nr. 1 iVm. § 187 I auch ohne eine Mahnung regelmäßig in Verzug[2]. Der ArbN kann die Zahlung von Verzugszinsen bei Nichtleistung daher ab dem Tag nach dem ersten Kalendertag des jeweiligen Folgemonats verlangen, in den Fällen des § 193 ab dem übernächsten Werktag[3]. Bei Provisionsansprüchen ist ein Verzugseintritt am ersten Tag nach Ablauf des Monats, in dem abzurechnen ist, gem. § 286 II Nr. 2 zu bejahen. Eine Ausnahme gilt nach § 286 IV bei mangelndem Vertretenmüssen wie bspw. im Fall unverschuldeten Rechtsirrtums[4]. Unterlässt der ArbGeb die Leistung der Vergütung mit Rücksicht auf eine von ihm ausgesprochene Kündigung, kommt es darauf an, ob er unter Anwendung der erforderlichen Sorgfalt auf die Wirksamkeit seiner Kündigung vertrauen durfte[5]. Ein solches Vertrauen kann durch den Verlauf eines Kündigungsrechtsstreits seine Berechtigung mit der Folge verlieren, dass nunmehr Verzug eintritt[6]. IÜ kann aus dem Nichtbestehen eines Anspruchs auf Weiterbeschäftigung während des Kündigungsschutzprozesses kein verzugsausschließendes Recht zur Verweigerung der Weiterzahlung abgeleitet werden[7]. 10

Die **Verzugszinsen** sind auf den Bruttobetrag des Arbeitsentgelts zu entrichten, also einschl. Steuern und ArbN-Anteil des GesamtSoz-Beitrags[8]. Leistet der ArbGeb bei Fälligkeit keine Zahlungen, kann er sich im Verhältnis zum ArbN nicht darauf berufen, dass die Pflicht zur Abführung der LSt grds. erst später als das Nettoentgelt fällig wird (§ 41a EStG)[9]. Dasselbe gilt für den ArbN-Anteil des GesamtSoz-Beitrags, soweit dieser gem. § 23 I SGB IV nicht ohnehin früher als das Arbeitsentgelt fällig ist. Die Höhe des Zinses bemisst sich nach § 288 I (fünf Prozentpunkte über dem Basiszinssatz gem. § 247). § 288 II mit seinem um weitere drei Prozentpunkte erhöhten Verzugszins ist nicht anwendbar, was sich für die hM aus der von ihr bejahten Verbrauchereigenschaft des ArbN[10], jedenfalls aber aus einer teleologischen Reduktion ergibt[11]. IÜ können verspätete Zahlungen beim ArbN insb. zu Steuerprogressionsschäden führen, die ebenfalls auszugleichen sind (§§ 280 I und II, 286)[12]. Hierzu gehören allerdings nicht Einbußen, die dadurch entstehen, dass der Steuerbefreiungstatbestand des § 3b EStG (Sonntags-, Feiertags- und Nachtarbeit) nicht angewendet wird[13]. 11

2. Zurückbehaltungsrecht des Arbeitnehmers. Die Ausübung eines Zurückbehaltungsrechts durch den ArbN ist nicht von vornherein ausgeschlossen, obwohl die Leistungsverweigerung grds. nicht nur zu einem zeitweisen Leistungsaufschub, sondern infolge des Fixschuldcharakters der Arbeit bzw. auf Grund der Regelung in § 615 S. 1 zu einer endgültigen Nichtleistung führt (§ 615 Rz. 6ff.). Sofern die allg. Voraussetzungen für eine Zurückbehaltung der Arbeitsleistung vorliegen, kann vom ArbN nämlich nicht erwartet werden, dem ArbGeb uneingeschränkten Kredit zu gewähren. Erst recht kann der ArbN nicht darauf verwiesen werden, selbst zu kündigen. Das Recht zur Zurückbehaltung der Arbeitsleistung wird daher im Grundsatz zutreffend anerkannt[14]. Es ist regelmäßig nicht durch AGB abdingbar (§§ 309 Nr. 2, 310 IV). Beruft sich der ArbN zu Recht auf ein Zurückbehaltungsrecht, bleibt der Vergütungsanspruch aufrechterhalten (§ 615 Rz. 48). Der ArbN muss allerdings deutlich machen, dass er die Ar- 12

---

1 BAG 18.12.1986 – 8 AZR 481/84, NZA 1987, 633; 1.12.1983 – 6 AZR 299/80, NZA 1984, 194.   ‖2 BAG 12.10.2004 – 3 AZR 557/03, NZA 2005, 580.   ‖3 BAG 15.5.2001 – 1 AZR 672/00, BAGE 98, 1; aA LAG Hamm 18.10.2006 – 6 (15) Sa 1636/05: erster Werktag des Folgemonats.   ‖4 BAG 12.11.1992 – 8 AZR 503/91, NZA 1993, 500 (Berufung auf höchstrichterl. Entscheidung).   ‖5 BAG 17.7.2003 – 8 AZR 486/02, AP BGB § 611 BGB Haftung des Arbeitgebers Nr. 27; 14.5.1998 – 8 AZR 634/96, NZA-RR 1999, 511; insoweit großzügig LAG Köln 6.2.1998 – 11 Sa 1044/97, LAGE § 284 BGB Nr. 1; LAG Rh.-Pf. 31.10.1996 – 7 Sa 229/96, LAGE § 285 BGB Nr. 1; s.a. BAG 17.2.1994 – 8 AZR 275/92, NZA 1994, 693 (unwirksame Eigenkündigung des ArbN); krit. *Lenz*, AuR 2002, 87 (88f.).   ‖6 BAG 20.6.2002 – 8 AZR 488/01, NZA 2003, 268; 13.6.2002 – 2 AZR 391/01, NZA 2003, 44 (mit Vermengung von Schuldner- und Gläubigerverzug).   ‖7 AA LAG Köln 6.2.1998 – 11 Sa 1044/97, LAGE § 284 BGB Nr. 1.   ‖8 BAG (GS) 7.3.2001 – GS 1/00, NZA 2001, 1195.   ‖9 BAG (GS) 7.3.2001 – GS 1/00, NZA 2001, 1195.   ‖10 Vgl. BAG 25.5.2005 – 5 AZR 572/04, NZA 2005, 1111; ebenso BVerfG 23.11.2006 – 1 BvR 1909/06, NZA 2007, 85 (86).   ‖11 *Bauer/Kock*, DB 2002, 42 (46); *Henssler*, RdA 2002, 129 (135); *Richardi*, NZA 2002, 1004 (1009); im Erg. ebenso BAG 23.2.2005 – 10 AZR 602/03, NZA 2005, 694.   ‖12 BAG 20.6.2002 – 8 AZR 488/01, NZA 2003, 268; 19.10.2000 – 8 AZR 20/00, NZA 2001, 598.   ‖13 BAG 19.10.2000 – 8 AZR 20/00, NZA 2001, 598.   ‖14 BAG 9.5.1996 – 2 AZR 387/95, NZA 1996, 1085; 25.10.1984 – 2 AZR 417/83, NZA 1985, 355; MünchArbR/*Reichold*, § 37 Rz. 13; *Otto*, AR-Blattei, SD 1880 Rz. 46 mwN.

beitsleistung wegen des Zahlungsverzugs des ArbGeb verweigert. Hat der ArbN seine Leistungsverweigerung darauf gestützt, es sei ihm nicht nachgewiesen, dass er krankenversichert sei, so kann er sich später nicht darauf berufen, er habe das Zurückbehaltungsrecht tatsächlich wegen bestehender Lohnzahlungsrückstände ausgeübt[1].

13 Soweit der **ArbN vorleistungspflichtig** ist, steht ihm wegen der noch nicht erhaltenen Vergütung die Einrede des nicht erfüllten Vertrages (§ 320 I) nicht zu. Wenn nach Vertragsschluss erkennbar wird, dass der Entgeltanspruch infolge mangelnder Leistungsfähigkeit des ArbGeb gefährdet ist, kann der ArbN aber die Unsicherheitseinrede des § 321 erheben[2]. Insoweit genügt freilich nicht der bloße Anschein[3], so dass eine Fehleinschätzung zu Lasten des ArbN geht.

14 Kündigt der an sich leistungsfähige ArbGeb eine unberechtigte, nicht unerhebliche **Entgeltkürzung** an, entfällt die Vorleistungspflicht des ArbN unter dem Aspekt einer endgültigen – teilweisen – Erfüllungsverweigerung. Der ArbN kann dann die Einrede des § 320 I geltend machen[4]. Soweit sich der ArbGeb mit dem Entgelt für zurückliegende Zeitabschnitte im Rückstand befindet, gestehen die Rspr. und Teile der Lit. dem ArbN nur das allg. Zurückbehaltungsrecht des § 273 zu[5]. Eine zunehmende Ansicht hält dagegen mit Recht § 320 für anwendbar[6]. Die von den Arbeitsvertragsparteien gegenseitig geschuldeten Leistungen stehen nämlich insg. in einem synallagmatischen Verhältnis. Zudem hätte eine Einordnung unter § 273 den praktisch bedeutsamen Nachteil, dass der ArbGeb die Einrede durch Sicherheitsleistung abwenden könnte. Der ArbN muss aber ein Druckmittel haben, um die geschuldete Gegenleistung selbst zu erlangen.

15 Die Einrede des nicht erfüllten Vertrages unterliegt dem **Grundsatz von Treu und Glauben**. Es darf sich daher weder um einen verhältnismäßig geringfügigen Entgeltrückstand (§ 320 II) noch um eine nur kurzfristige Zahlungsverzögerung handeln[7]. Ein Rückstand mit 60 % eines Monatsgehalts ist aber nicht mehr als geringfügig anzusehen[8]. Weiter entfällt das Zurückbehaltungsrecht, wenn dem ArbGeb ein unverhältnismäßiger Schaden droht[9]. Keinesfalls wird das Leistungsverweigerungsrecht durch einen etwaigen Anspruch auf Insolvenzgeld (§§ 165ff. SGB III) ausgeschlossen[10]. IÜ beziehen sich die Einschränkungen nur auf die Ausübung des Zurückbehaltungsrechts. Zu einer Stundung ist der ArbN auch bei einer wirtschaftl. Krise des ArbGeb nicht verpflichtet[11].

16 Ist ausnahmsw. eine **Vorleistungspflicht des ArbGeb** vereinbart, kann der ArbN die Arbeitsleistung bis zur Entgeltzahlung nach § 320 verweigern.

17 **3. Kündigungsrecht des Arbeitnehmers.** Gerät der ArbGeb mit einem nicht nur unerheblichen Teil des Entgelts in Rückstand oder zahlt er das Gehalt mehrfach unpünktlich, ist der ArbN – idR nach vergeblicher Abmahnung – zur **außerordentl. Kündigung aus wichtigem Grund** berechtigt[12]. Dies gilt auch dann, wenn den ArbGeb kein Verschulden an der Verzögerung trifft[13].

18 **4. Vorschuss und Abschlagszahlungen. a) Rechtlicher Charakter. Vorschüsse** sind Vorauszahlungen des ArbGeb auf das noch nicht verdiente Entgelt[14]. Hierzu kann es etwa infolge flexibler Arbeitszeitregelungen kommen, die dem ArbN die Möglichkeit eines negativen Guthabens auf einem Arbeitszeitkonto einräumen[15]. Unter **Abschlagszahlungen** versteht man dagegen Geldleistungen auf das bereits verdiente, aber noch nicht berechnete Entgelt[16]. Vorschüsse und Abschlagszahlungen sind von **Darlehen** abzugrenzen. Die Unterscheidung richtet sich nicht (allein) nach der gewählten Bezeichnung, sondern nach objektiven Merkmalen[17]. Maßgebend ist, ob sich die Parteien über die vorweggenommene Tilgung einer künftig fälligen Forderung einig sind oder ob eine vom Arbeitsentgelt losgelöste Verbindlichkeit des ArbN entstehen soll. Von einem Vorschuss ist auszugehen, wenn eine demnächst fällige Entgeltzahlung für kurze Zeit vorverlegt wird, damit der ArbN seinen normalen Lebensunterhalt bis zur regulären Fälligkeit bestreiten kann. Für eine Darlehenshingabe spricht dagegen, wenn der gewährte Betrag das jeweilige Arbeitsentgelt erheblich übersteigt und er zu einem Zweck gegeben wird, der mit den normalen Bezügen nicht oder nicht sofort erreicht werden kann und zu dessen Befriedigung auch sonst üblicherweise Kredit in Anspruch genommen wird[18]. Im Zweifel ist von einem Vor-

---

1 LAG Schl.-Holst. 21.9.2004 – 2 Sa 243/04. ||2 Vgl. LAG BW 20.4.1983 – 2 Sa 170/82, BB 1984, 785 (zu § 321 BGB aF). ||3 BT-Drs. 14/6040, 179. ||4 *Otto*, AR-Blattei, SD 1880 Rz. 62ff. ||5 BAG 25.10.1984 – 2 AZR 417/83, NZA 1985, 355; LAG Thür. 19.1.1999 – 5 Sa 895/97, LAGE § 273 BGB Nr. 1; ErfK/*Preis*, § 614 BGB Rz. 17; Staudinger/*Richardi/Fischinger*, § 614 Rz. 18f. ||6 *Otto*, AR-Blattei, SD 1880 Rz. 47; MünchArbR/*Reichold*, § 37 Rz. 13. ||7 LAG Schl.-Holst. 23.11.2004 – 5 Sa 202/04, LAGE § 273 BGB 2002 Nr. 1. ||8 LAG Thür. 19.1.1999 – 5 Sa 895/97, LAGE § 273 BGB Nr. 1; ferner LAG BW 20.4.1983 – 2 Sa 170/82, BB 1984, 785 (786): 90 % eines Monatsverdienstes ausreichend. ||9 LAG Thür. 19.1.1999 – 5 Sa 895/97, LAGE § 273 BGB Nr. 1. ||10 BAG 25.10.1984 – 2 AZR 417/83, NZA 1985, 355; *Otto*, AR-Blattei, SD 1880 Rz. 61. ||11 LAG München 6.5.1997 – 4 Sa 736/95, LAGE § 242 BGB Lohnstundung Nr. 1. ||12 BAG 8.8.2002 – 8 AZR 574/01, NZA 2002, 1323; 17.1.2002 – 2 AZR 494/00, EzA § 628 BGB Nr. 20; LAG Köln 23.9.1993 – 10 Sa 587/93, LAGE § 626 BGB Nr. 73. ||13 LAG BW 5.11.1959 – IV Sa 82/59, BB 1960, 289. ||14 BAG 8.12.1998 – 9 AZR 623/97, NZA 1999, 989; 11.2.1987 – 4 AZR 144/86, NZA 1987, 485. ||15 BAG 13.12.2000 – 5 AZR 334/99, NZA 2002, 390. ||16 BAG 11.2.1987 – 4 AZR 144/86, NZA 1987, 485. ||17 Eingehend *Jesse/Schellen*, Arbeitgeberdarlehen und Vorschuss, 1990, S. 15ff. ||18 LAG Bremen 21.12.1960 – 1 Sa 147/60, DB 1961, 243; LAG Düss. 14.7.1955 – 2a Sa 158/55, DB 1955, 1020.

schuss auszugehen¹. Um ein Verbraucherdarlehen iSd. §§ 491 ff. handelt es sich nur, wenn der versprochene Zins nicht unter den marktüblichen Sätzen liegt (§ 491 II Nr. 4).

b) Vorschusszahlungen. Handlungsgehilfen, die auf Provisionsbasis tätig sind, haben einen **gesetzl. Vorschussanspruch** (§§ 65, 87a I 2 HGB). Dieses Recht kann nicht zu ihren Ungunsten abbedungen werden². IÜ hat der ArbN ohne besondere einzel- oder kollektivvertragl. Vereinbarungen grds. keinen Anspruch auf einen Vorschuss. Allerdings leitet man für Notfälle aus der Fürsorgepflicht des ArbGeb einen Anspruch auf Gewährung eines Vorschusses ab³. Ein solcher Anspruch ist an die voraussichtliche Einbringlichkeit des Vorschusses für den Fall zu knüpfen, dass der ArbN das Entgelt wider Erwarten nicht durch Weiterarbeit verdient⁴. Vom ArbGeb kann auch in Notsituationen nicht verlangt werden, dem ArbN einen von vornherein verlorenen Zuschuss zu gewähren. 19

Vorschüsse sind als **vorweggenommene Forderungstilgungen** bei der nächsten Entgeltabrechnung in Abzug zu bringen. Hierbei handelt es sich um eine Verrechnung, nicht um eine Aufrechnung iSd. §§ 387 ff.⁵. Der ArbGeb muss deshalb nicht die Aufrechnung erklären. Ferner ist er nicht über § 394 an die Pfändungsgrenzen gebunden, sondern kann den Vorschuss auch auf den unpfändbaren Teil der fällig werdenden Vergütung verrechnen⁶. Allerdings ist dem ArbN der zur Deckung seines notwendigen Lebensbedarfs iSd. § 850d I ZPO erforderliche Betrag zu belassen⁷. 20

c) Abschlagszahlungen. Spezialgesetzlich ist ein Anspruch auf einen Abschlag nur für Seeleute in § 38 II 3 SeeArbG geregelt. Auch den übrigen ArbN ist ein solcher **Anspruch** aber zuzubilligen⁸. IÜ unterliegt die Festlegung von Abschlagszahlungen der Mitbest. des BR gem. § 87 I Nr. 4 BetrVG⁹. Abschläge werden bei der Vergütungsabrechnung ebenfalls verrechnet, ohne dass eine Aufrechnung erforderlich ist. 21

d) Rückgewähr von Vorschüssen und Abschlagszahlungen. Bei einer Annahme eines Geldbetrages als Vorschuss ist der ArbN verpflichtet, dem ArbGeb die erhaltene Summe zurückzuzahlen, wenn und soweit ein Entgeltanspruch nicht oder nicht zeitgerecht entsteht. Der Rückzahlungsanspruch folgt aus der Vorschussvereinbarung und hat somit **vertragl. Charakter**¹⁰. Dasselbe gilt im Falle eines negativen Guthabens auf einem Arbeitszeitkonto, so dass der ArbN auch ohne eine dahin gehende explizite Abrede bei einer Beendigung des Vertragsverhältnisses einen finanziellen Ausgleich zu leisten hat, falls er allein darüber entscheiden kann, ob und in welchem Umfang ein negatives Guthaben entsteht¹¹. Ebenso ist bei Abschlagszahlungen zu verfahren, wenn die endgültige Vergütungsabrechnung ergibt, dass der ausgezahlte Betrag das verdiente Entgelt übersteigt. 22

Da der Rückgewähranspruch des ArbGeb auf der getroffenen Vereinbarung und nicht auf Bereicherungsrecht beruht, kann sich der ArbN **nicht auf den Entreicherungseinwand** des § 818 III berufen¹². Wegen der für den ArbN ungünstigeren Rechtsfolgen ist deshalb grds. eine Einigung der Arbeitsvertragsparteien darüber erforderlich, dass es sich bei der Zahlung um einen Vorschuss bzw. um einen Abschlag im Rechtssinne handeln soll¹³. Die im Zuge der Schuldrechtsreform mehrfach geäußerte Ansicht, durch § 326 IV verschlechtere sich die Rechtsstellung des ArbN, weil dieser Vorauszahlungen bei späterer Unmöglichkeit nun nach Rücktrittsrecht und nicht mehr nach Bereicherungsrecht zurückgewähren müsse¹⁴, betrifft daher von vornherein nur die seltenen Fälle, dass eine solche Zahlung ohne die gleichzeitige konkludente Einigung auf eine etwaige vertragl. Rückerstattung erfolgt. In diesen Gestaltungen wird man allerdings § 326 IV teleologisch zu reduzieren und § 818 III analog anzuwenden haben¹⁵. Ansonsten würde es zu einer wenig einleuchtenden Differenzierung zwischen der Rückgewähr von Vorschüssen und von Abschlagszahlungen kommen, weil sich bei einem Abschlag, der sich im Nachhinein als zu hoch herausstellt, die Rückabwicklung beim Fehlen einer entsprechenden vertragl. Abrede stets nur nach Bereicherungsrecht vollzieht. IÜ setzt der Rückzahlungsanspruch eine **ordnungsgemäße Abrechnung** voraus¹⁶. 23

Diese Grundsätze wirken sich auch auf kollektivvertragl., insb. **tarifl. Vorschussregelungen** aus. Wenn in einem TV festgelegt ist, dass bestimmte Bezüge „bis auf weiteres vorschussweise" gezahlt werden, 24

---

1 AA LAG München 28.9.1989 – 4 Sa 241/89, LAGE § 362 BGB Nr. 2. ‖ 2 BAG 16.2.1962 – 5 AZR 211/61, DB 1962, 543. ‖ 3 Soergel/*Kraft*, § 614 Rz. 10; einschr. Staudinger/*Richardi/Fischinger*, § 614 Rz. 28; ArbR-BGB/*Schliemann*, § 614 Rz. 26 (nur bei arbeitsverhältnisbedingten Notlagen). ‖ 4 Insoweit restriktiver Erman/*Belling*, § 614 Rz. 6: gesicherte Einbringlichkeit. ‖ 5 BAG 13.12.2000 – 5 AZR 334/99, NZA 2002, 390; LAG Hamm 21.4.2006 – 10 Sa 2044/05. ‖ 6 BAG 25.9.2002 – 10 AZR 7/02, NZA 2003, 617; 13.12.2000 – 5 AZR 334/99, NZA 2002, 390; 11.2.1987 – 4 AZR 144/86, NZA 1987, 485. ‖ 7 Erman/*Belling*, § 614 Rz. 9; Schaub/*Linck*, ArbRHdb, § 70 Rz. 14; aA LAG Hess. 4.9.1995 – 16 Sa 215/95, NZA 1996, 482. ‖ 8 Ebenso ErfK/*Preis*, § 614 BGB Rz. 22; aA Soergel/*Kraft*, § 614 Rz. 10. ‖ 9 *Fitting*, § 87 BetrVG Rz. 181; MünchArbR/*Matthes*, § 246 Rz. 5; aA *Richardi*, § 87 BetrVG Rz. 415. ‖ 10 BAG 20.6.1989 – 3 AZR 504/87, NZA 1989, 843; 28.6.1965 – 3 AZR 86/65, EzA § 87 HGB Nr. 1. ‖ 11 BAG 13.12.2000 – 5 AZR 334/99, NZA 2002, 390; aA LAG Hamm 22.2.2001 – 16 Sa 1328/00, LAGE § 611 BGB Arbeitszeitkonto Nr. 1. ‖ 12 BAG 25.3.1976 – 3 AZR 331/75, AP HGB § 65 Nr. 9; ebenso für eine tarifl. Vorschussregelung BAG 25.2.1993 – 6 AZR 334/91, NZA 1994, 705; offen lassend BAG 20.6.1989 – 3 AZR 504/87, NZA 1989, 843. ‖ 13 BAG 31.3.1960 – 5 AZR 441/57, DB 1960, 612. ‖ 14 *Joussen*, NZA 2001, 745 (750); *Lindemann*, AuR 2002, 81 (83); *Löwisch*, NZA 2001, 465 (467). ‖ 15 *Canaris*, JZ 2001, 499 (509); aA *Gotthardt*, Schuldrechtsreform, Rz. 146; *Henssler*, RdA 2002, 129 (132); *Lindemann*, AuR 2002, 81 (83). ‖ 16 LAG Köln 20.4.2009 – 5 Sa 1466/08.

muss der ArbGeb diese Bezüge zahlen, braucht sie aber nur als Vorschuss zu gewähren. Eine solche Tarifklausel hat jedoch nicht zur Folge, dass auf Grund des TV geleistete Zahlungen ohne weiteres auch dann als Vorschuss zu beurteilen sind, wenn der ArbGeb bei der Auszahlung nichts darüber erklärt. Ansonsten würde man dem ArbN die Einrede des Wegfalls der Bereicherung (§ 818 III) nehmen, obwohl die bloße Existenz der Tarifklausel ihn nicht bösgläubig iSd. § 819 macht[1]. Etwas anderes gilt aber, sofern der TV bereits selbst eine Rückzahlungspflicht des ArbN vorsieht. In diesem Fall beruht der Rückgewähranspruch auf der tarifl. Regelung. Das Bereicherungsrecht und damit auch der Entreicherungseinwand sind dann nicht anwendbar[2]. Hingegen kann ein TV eine aus anderen Gründen erfolgte Leistung (überzahlte Urlaubsvergütung) bei einem vorzeitigen Ausscheiden des Beschäftigten nicht nachträglich als Vorschuss deklarieren und ihn dadurch des Aufrechnungsschutzes (§ 394) berauben[3].

25 Möglich ist ferner, dass eine länger andauernde Gewährung überhöhter Vorschüsse oder Abschläge als **Garantievergütung** auszulegen ist[4]. Verfolgt der ArbGeb mit der Überzahlung das Ziel, bei einem Ausscheiden des ArbN einen Rückforderungsanspruch entstehen zu lassen, um ihn an einem Arbeitsplatzwechsel zu hindern, handelt es sich nicht um einen Vorschuss oder Abschlag. Vielmehr wird ein erhöhtes Arbeitsentgelt unter der auflösenden Bedingung gewährt, dass der ArbN nicht oder nicht vor einem vom ArbGeb für angemessen gehaltenen Zeitpunkt ausscheidet. Eine solche Zusatzklausel ist gem. § 138 BGB iVm. Art. 12 GG unter dem Aspekt einer unzulässigen Kündigungserschwerung nichtig, ohne dass die Unwirksamkeit die Abrede über das erhöhte Entgelt als solche ergreift[5].

26 **5. Vorschuss- und Abschlagszahlungen bei Lohnpfändungen.** Bei einer einem **Vorschuss nachfolgenden Lohnpfändung** ist für die Berechnung des pfändbaren Lohnteils vom gesamten vertragl. vereinbarten Arbeitseinkommen ohne Rücksicht auf bereits geleistete Zahlungen auszugehen. Die bereits erfolgten Vorschusszahlungen werden zunächst auf den pfändungsfreien Teil angerechnet, so dass der Gläubiger durch eine Vorauszahlung, die den unpfändbaren Betrag nicht übersteigt, nicht beeinträchtigt wird[6]. Lediglich solche Vorschüsse, die den pfändungsfreien Betrag übersteigen, muss der Gläubiger gegen sich gelten lassen. Nach aA soll der pfändbare Lohnteil nur nach dem noch verbleibenden Arbeitseinkommen unter vorherigem Abzug des Vorschusses berechnet werden[7]. Teilweise wird auch eine vorrangige Anrechnung der Vorschusszahlung auf den pfändbaren Lohnteil bejaht[8]. Für die hM spricht, dass der ArbN nicht verlangen kann, neben dem der Existenzsicherung dienenden Vorschuss am Ende des Abrechnungszeitraums zusätzlich den pfändungsfreien Lohnteil zu Lasten des Gläubigers zu erhalten. Dies läuft dem Schutzzweck der §§ 850ff. ZPO nicht zuwider[9]. Allerdings ist dem ArbN der notwendige Lebensbedarf iSd. § 850d I ZPO zu belassen[10]. Bei Abschlagszahlungen gelten für die Berechnung des pfändbaren Arbeitseinkommens im Prinzip dieselben Grundsätze wie bei Vorschüssen. Allerdings ist zu berücksichtigen, dass der Entgeltanspruch durch einen Abschlag vor der Pfändung bereits teilweise erloschen ist (§ 362), so dass er insoweit von der Pfändung nicht erfasst wird[11].

27 Vorschuss- und Abschlagszahlungen, die **nach der Lohnpfändung** erfolgen, müssen die Gläubiger nicht gegen sich gelten lassen. Der ArbGeb kann derartige Leistungen nur mit dem unpfändbaren Lohnteil verrechnen[12].

615 Vergütung bei Annahmeverzug und bei Betriebsrisiko

Kommt der Dienstberechtigte mit der Annahme der Dienste in Verzug, so kann der Verpflichtete für die infolge des Verzugs nicht geleisteten Dienste die vereinbarte Vergütung verlangen, ohne zur Nachleistung verpflichtet zu sein. Er muss sich jedoch den Wert desjenigen anrechnen lassen, was er infolge des Unterbleibens der Dienstleistung erspart oder durch anderweitige Verwendung seiner Dienste erwirbt oder zu erwerben böswillig unterlässt. Die Sätze 1 und 2 gelten entsprechend in den Fällen, in denen der Arbeitgeber das Risiko des Arbeitsausfalls trägt.

I. Allgemeines	1	1. Erfüllbares Arbeitsverhältnis	12
1. Grundsätzliche Bedeutung der Norm	1	2. Angebot der Arbeitsleistung	25
2. Abgrenzung zur Unmöglichkeit	5	3. Leistungswille und Leistungsfähigkeit	45
II. Voraussetzungen des Annahmeverzugs	12	4. Nichtannahme der Arbeitsleistung	60

---

1 BAG 11.7.1961 – 3 AZR 216/60, DB 1961, 1231. ‖2 BAG 25.2.1993 – 6 AZR 334/91, NZA 1994, 705. ‖3 BAG 9.2.1956 – 1 AZR 329/55, BAGE 2, 322. ‖4 ArbG Bochum 12.11.1969 – 1 Ca 584/69, DB 1970, 1326 (1327); Staudinger/*Richardi*/*Fischinger*, § 614 Rz. 35. ‖5 IdS auch ArbG Bochum 1.4.1970 – 1 Ca 265/70, DB 1970, 1545f.; Staudinger/*Richardi*/*Fischinger*, § 614 Rz. 37; einschr. ErfK/*Preis*, § 614 BGB Rz. 28: lediglich Leistungsverweigerungsrecht des ArbN. ‖6 BAG 11.2.1987 – 4 AZR 144/86, NZA 1987, 485; LAG Bremen 21.12.1960 – 1 Sa 147/60, DB 1961, 243; Stein/Jonas/*Brehm*, § 850e ZPO Rz. 15f.; MüKoZPO/*Smid*, § 850e Rz. 6f. ‖7 ArbG Hannover 22.3.1967 – 5 Ca 55/67, BB 1967, 587; Bengelsdorf, NZA 1996, 176 (180); Zöller/*Stöber*, § 850e ZPO Rz. 2; Stöber, Anm. zu BAG, AP ZPO § 850 Nr. 11. ‖8 *Larenz*, Anm. zu LAG Düss., AP BGB § 614 Gehaltsvorschuss Nr. 1. ‖9 Stein/Jonas/*Brehm*, § 850e ZPO Rz. 16. ‖10 *Denck*, BB 1979, 480 (481); aA MüKoBGB/*Müller-Glöge*, § 614 Rz. 19; offen lassend BAG 11.2.1987 – 4 AZR 144/86, NZA 1987, 485. ‖11 Stein/Jonas/*Brehm*, § 850e ZPO Rz. 15; zu Unrecht eine Erfüllung verneinend BAG 11.2.1987 – 4 AZR 144/86, NZA 1987, 485. ‖12 Stein/Jonas/*Brehm*, § 850e ZPO Rz. 18; Zöller/*Stöber*, § 850e ZPO Rz. 2.

5. Beendigung des Annahmeverzugs	68	3. Klageantrag	111
III. Rechtsfolgen des Annahmeverzugs	76	V. Betriebsrisikotragung	112
1. Keine Nachleistung der Dienste	76	1. Grundlagen	112
2. Vergütungsanspruch	78	2. Bisherige Entwicklung	115
3. Anrechnung	85	3. Einzelfälle	116
4. Sonstige Ansprüche	103	4. Existenzgefährdung als Zurechnungsgrenze	120
5. Abdingbarkeit	107	5. Sonstige Voraussetzungen und Rechtsfolgen	121
IV. Durchsetzung des Anspruchs auf Annahmeverzugslohn	108	6. Abdingbarkeit	122
1. Darlegungs- und Beweislast	108	7. Beendigung des Arbeitsverhältnisses	123
2. Auskunftsrecht	109		

I. Allgemeines. 1. Grundsätzliche Bedeutung der Norm. Die Vorschrift regelt die Folgen einer Störung der Arbeitspflicht. Aus ihr ergibt sich, dass der ArbN seine Dienstpflicht nicht schon dadurch erfüllt, dass er dem ArbGeb seine Dienste anbietet[1]. Ansonsten wäre § 615 überflüssig, weil der ArbN dann ohne weiteres seinen Erfüllungsanspruch (§ 611 I) geltend machen könnte[2].

Die Bestimmung legt zu Gunsten des Beschäftigten zwei Rechtsfolgen fest. Zum einen regelt § 615, dass der ArbN unter bestimmten Voraussetzungen sein **Entgelt** auch dann erhält, wenn er **tatsächlich nicht gearbeitet** hat. Die Norm geht damit über das Gläubigerverzugsrecht hinaus, das dem Schuldner lediglich einen Anspruch auf Ersatz von Mehraufwendungen zubilligt (§ 304). Vielmehr enthält die Vorschrift eine Ausnahme vom Grundsatz „Ohne Arbeit kein Lohn". Sie trägt hierdurch dem Umstand Rechnung, dass der ArbN auf kontinuierliche Einkünfte aus dem ArbVerh zur Sicherung seines Lebensunterhalts angewiesen ist. Soweit der ArbGeb die Annahme der Dienste ablehnt, weil er sie für diese Zwecke nicht gebrauchen kann, kommt in der Bestimmung zugleich der allg. Grundsatz zum Ausdruck, dass den Gläubiger das Verwendungsrisiko trifft.

Zum anderen ordnet die Vorschrift an, dass der ArbN auch dann **nicht zur Nachleistung verpflichtet** ist, wenn die Dienste **an sich nachholbar** wären. Dadurch wird eine Schmälerung künftiger Verdienstmöglichkeiten bzw. eine Aufopferung von Freizeit vermieden, die dem ArbN bei einem vom ArbGeb ausgehenden Hindernis nicht zuzumuten ist[3]. Zudem wäre eine Nachleistung aus der Perspektive des Schuldners auch bei einer nachholbaren Dienstpflicht eine andere als die geschuldete Leistung[4].

S. 1 stellt **keine eigene Anspruchsgrundlage** dar, sondern hält lediglich den Vergütungsanspruch aus dem Arbeitsvertrag aufrecht[5]. Da es sich um den ursprünglichen Erfüllungsanspruch und nicht um einen Schadensersatzanspruch handelt[6], ist § 254 nicht zu Lasten des ArbN anwendbar[7].

2. Abgrenzung zur Unmöglichkeit. Die Abgrenzung von Annahmeverzug (§ 615) und Unmöglichkeit (§ 326) ist in Rspr. und Lit. seit jeher umstritten. Die Entwicklung klarer Grundsätze wird durch mehrere Umstände erschwert: Erstens ist zweifelhaft, ob das für Sachleistungsschulden geltende Dogma der Alternativität von Annahmeverzug und Unmöglichkeit auf dauerhaft geschuldete Dienstleistungen übertragen werden kann bzw. auf welche Weise ggf. eine Abgrenzung vorzunehmen ist. Damit zusammenhängend ist zweitens unsicher, ob und unter welchen Voraussetzungen die Arbeitspflicht eine absolute Fixschuld darstellt. Drittens betraf gleich die erste einschlägige Entscheidung des RG einen arbeitskampfrechtl. Fall[8] und damit eine Konstellation, die richtigerweise nicht leistungsstörungsrechtl., sondern nach arbeitskampfrechtl. Sonderregeln zu beurteilen ist. Der durch die Schuldrechtsmodernisierung eingeführte S. 3 hat einige der in diesem Zusammenhang diskutierten Fragen gelöst, ohne die Problematik aber abschließend zu klären. Zum Verständnis der Neuregelung ist es deshalb erforderlich, auf die wichtigsten der früher vertretenen Positionen in aller Kürze einzugehen. Hierbei empfiehlt sich eine Aufgliederung in drei Fallgruppen.

a) Unmöglichkeit durch Verstreichen der vorgesehenen Leistungszeit. Die Arbeitsleistung hat nach hM grds. den Charakter einer **absoluten Fixschuld**[9]. Wird die Arbeit nicht zum festgesetzten Zeitpunkt erbracht, tritt danach Unmöglichkeit (genauer zeitanteilige Teilunmöglichkeit gem. § 275 I Alt. 2) ein[10].

---

[1] Vgl. Motive, Bd. II, S. 461; BAG 8.2.1957 – 1 AZR 338/55, DB 1957, 718; 21.12.1954 – 2 AZR 5/53, BAGE 1, 241; MünchArbR/*Reichold*, § 36 Rz. 3; Staudinger/*Richardi/Fischinger*, § 611 Rz. 518; aA MüKoBGB/*Müller-Glöge*, § 611 Rz. 156; *v. Stebut*, RdA 1985, 66 (69 ff.). || [2] MüKoBGB/*Henssler*, § 615 Rz. 5; Staudinger/*Richardi/Fischinger*, § 615 Rz. 27. || [3] *Beuthien*, RdA 1972, 20. || [4] *Beuthien*, Zweckerreichung und Zweckstörung im Schuldverhältnis, 1969, S. 247 f. || [5] BAG 26.6.2013 – 5 AZR 432/12, AuR 2013, 456; 15.9.2011 – 8 AZR 846/09, NZA 2012, 377; 18.9.2002 – 1 AZR 668/01, DB 2003, 1121; 19.10.2000 – 8 AZR 20/00, NZA 2001, 598; MüKoBGB/*Henssler*, § 615 Rz. 1; Staudinger/*Richardi/Fischinger*, § 615 Rz. 9. || [6] BAG 5.9.2002 – 8 AZR 702/01, NZA 2003, 973. || [7] BAG 7.11.2002 – 2 AZR 650/00, AP BGB § 615 Nr. 98; 16.5.2000 – 9 AZR 203/99, NZA 2001, 26; BGH 14.11.1966 – VII ZR 112/64, NJW 1967, 248 (250). || [8] RG 6.2.1923 – III 93/32, RGZ 106, 272 ff. (Kieler Straßenbahn). || [9] BAG 13.2.2002 – 5 AZR 470/00, NZA 2002, 683; 3.8.1999 – 1 AZR 735/98, NZA 2000, 487; 24.11.1960 – 5 AZR 545/59, DB 1961, 102; *Beuthien*, RdA 1972, 20 (22); MünchArbR/*Boewer*, § 69 Rz. 1; *Huber*, Leistungsstörungen, Bd. I, 1999, S. 164; Staudinger/*Richardi/Fischinger*, § 611 Rz. 705; offen lassend BAG 13.12.2007 – 6 AZR 197/07, NZA-RR 2008, 418 (420). || [10] Ebenso BT-Drs. 14/6040, 129.

Begrifflich liegt daher bei Nichtannahme der Dienste durch den ArbGeb stets ein Fall des § 326 I bzw. II vor[1]. Teile der Lehre haben aus der Fixschuldthese auf der Grundlage des allg. zivilrechtl. Alternativitätsdogmas früher den Schluss gezogen, einen Annahmeverzug regelmäßig abzulehnen und § 615 somit nur in den Gestaltungen (unmittelbar) anzuwenden, in denen die Arbeitsleistung nicht zeitlich absolut fixiert, sondern nachholbar ist[2]. Demggü. geht die arbeitsgerichtl. Rspr.[3] regelmäßig ohne nähere Begründung schon seit langem davon aus, dass der Fixschuldcharakter von Arbeitsleistungen für sich allein einer Anwendung von § 615 nicht entgegensteht[4], was sich insb. an der stereotypen Heranziehung der Norm nach einer unwirksamen ArbGebKündigung zeigt[5]. Andere Teile des Schrifttums vertreten dieselbe Auffassung[6]. Zur Unmöglichkeit kommt es danach nicht bei bloßer Annahmeunwilligkeit, sondern erst dann, wenn die Arbeit auch bei unterstellter Annahmebereitschaft nicht geleistet werden könnte (Abstrahierungsformel)[7].

7 Für diese Ansicht sprach schon früher, dass bereits der **ursprüngliche Gesetzgeber** im Fixschuldcharakter der Dienstleistungspflicht kein Hindernis für die Anwendung von § 615 sah[8]. Bestätigt wird das durch den 2002 neu eingeführten S. 3. Wenn durch die Neuregelung die sogleich zu schildernde Betriebsrisikolehre umfassend in § 615 verankert werden soll und hierzu auch nicht nachholbare Arbeitsausfälle gehören[9], muss dies erst recht in den Gestaltungen gelten, in denen die Unmöglichkeit allein auf der Weigerung des ArbGeb beruht, die vom ArbN angebotenen Dienste anzunehmen[10].

8 Die **Verringerung der Gesamtarbeitszeit** sowie vor allem die zunehmende **Arbeitszeitflexibilisierung** (Teilzeit-, Gleitzeit-, Vertrauensarbeitszeitmodelle) sprechen allerdings dafür, mit einer zunehmenden Strömung die These vom absoluten Fixschuldcharakter der Arbeitspflicht zurückzudrängen und eine solche Einordnung bei kurzfristigen Arbeitsversäumnissen nur noch ausnahmsw. anzunehmen[11], zumal auch tarifl. Regelungen in diesen Fällen Nachleistungspflichten vorsehen[12]. Durch diese Entwicklung würde sich der Anwendungsbereich von § 615 zu Lasten des Unmöglichkeitsrechts selbst dann erweitern, wenn man die Norm auf nachholbare Arbeitsleistungen beschränken würde.

9 **b) Von niemandem zu vertretende Annahmeunmöglichkeit.** Zweitens geht es um die Fälle, in denen der ArbGeb aus tatsächlichen (zB Stromausfall) oder rechtl. Gründen (zB behördliche Untersagung der Betriebsfortführung) daran **gehindert** wird, die **Arbeitsleistung entgegenzunehmen**, ohne dass dies von einer der beiden Vertragsparteien zu vertreten ist[13]. Die Rspr.[14] und große Teile der Lit.[15] gingen lange Zeit davon aus, dass diese Gestaltung im BGB nicht geregelt ist, sondern insoweit eine Regelungslücke besteht. Um diese vermeintliche Lücke zu schließen, wurden die Betriebsrisikolehre und die Sphärentheorie entwickelt[16]. Danach hat der ArbGeb das Risiko der Unmöglichkeit der Arbeitsleistung aus Gründen, die im betriebl. Bereich liegen, mit der Folge zu tragen, dass er zur Entgeltzahlung verpflichtet bleibt[17]. Nach einer im Schrifttum vertretenen Lehre, die zunehmende Verbreitung gefunden hat, sind die Fälle der Annahmeunmöglichkeit dagegen unmittelbar unter **§ 615 als besondere Gefahrtragungsregel** zu fassen[18]. Dieses Verständnis entspricht dem Willen des ursprünglichen Gesetzgebers. So lässt sich der Entstehungsgeschichte des § 615 mit hinreichender Deutlichkeit entnehmen, dass die Substratgefahr auf den Dienstgeber übergewälzt werden sollte[19]. Das BAG hatte bis zuletzt offen gelassen, ob es sich dieser neueren Sichtweise anschließt[20].

10 Mit der Einfügung von S. 3 hat der Schuldrechtsmodernisierungsgesetzgeber die von der Rspr. entwickelte **Betriebsrisikolehre** aufgegriffen und **in das Gesetz integriert**[21]. Die Betriebsrisikofälle sind somit nunmehr ausdrücklich in § 615 geregelt, ohne dass es darauf ankommt, ob der Arbeitsausfall nachgeholt werden kann oder nicht. Allerdings ordnet S. 3 nur die entsprechende Anwendung von S. 1 an.

---

1 Zur Anwendbarkeit von §§ 323, 324 aF auf Arbeitsverträge BAG 24.11.1960 – 5 AZR 545/59, DB 1961, 102. ‖ 2 *Beuthien*, RdA 1972, 20 (22f.); *Ehmann*, NJW 1987, 401 (406); Soergel/*Wiedemann*, vor § 293 Rz. 16. ‖ 3 BAG 24.11.1960 – 5 AZR 545/59, DB 1961, 102. ‖ 4 Eingehend *Sommer*, Die Nichterfüllung der Arbeitspflicht, 1996, S. 132 ff. ‖ 5 S. nur BAG 19.9.2012 – 5 AZR 628/11, NZA 2013, 330; 16.5.2012 – 5 AZR 251/11, NZA 2012, 971; 22.2.2012 – 5 AZR 249/11, NZA 2012, 858; 17.11.2011 – 5 AZR 564/10, NZA 2012, 260; BAG (GS) 27.2.1985 – GS 1/84, NZA 1985, 702; ausdrückliche Ablehnung von § 324 aF in BAG 9.8.1984 – 2 AZR 374/83, NZA 1985, 119. ‖ 6 MünchArbR/*Boewer*, § 69 Rz. 1; *Huber*, Leistungsstörungen, Bd. I, 1999, S. 260; Soergel/*Kraft*, § 615 Rz. 5; *Picker*, FS Kissel, 1994, S. 813 (821ff.). ‖ 7 BAG 24.11.1960 – 5 AZR 545/59, DB 1961, 102. ‖ 8 Motive, Bd. II, S. 461. ‖ 9 *Hellfeier*, Die Leistungszeit im Arbeitsverhältnis, 2003, S. 102. ‖ 10 IdS auch *Richardi*, NZA 2002, 1004 (1008). ‖ 11 *Hellfeier*, Die Leistungszeit im Arbeitsverhältnis, 2003, S. 19ff., 145f.; MünchArbR/*Reichold*, § 39 Rz. 8ff.; *Sommer*, Die Nichterfüllung der Arbeitspflicht, 1996, S. 109ff., 283f.; *v. Stebut*, RdA 1985, 66ff.; s.a. BAG 30.3.2000 – 6 AZR 680/98, NZA 2001, 111; 17.3.1988 – 2 AZR 576/87, NZA 1989, 261. ‖ 12 Vgl. BAG 30.1.1991 – 4 AZR 338/90, NZA 1991, 519. ‖ 13 Das BAG fasst (nicht überzeugend) hierunter offenbar auch die Fälle „wirtschaftlicher Unmöglichkeit", vgl. BAG 9.7.2008 – 5 AZR 810/07, NZA 2008, 1407. ‖ 14 RG 6.2.1923 – III 93/23, RGZ 106, 272ff.; RAG 20.6.1928 – RAG 72/28, ARS 3, 116ff.; BAG 8.2.1957 – 1 AZR 338/55, DB 1957, 718. ‖ 15 Hueck/Nipperdey, ArbR, Bd. I, § 44 IV 2a, S. 350; *Kalb*, Rechtsgrundlage und Reichweite der Betriebsrisikolehre, 1977, S. 97ff. ‖ 16 Zur Entwicklung eingehend Staudinger/*Richardi/Fischinger*, § 615 Rz. 203ff. ‖ 17 BAG 30.1.1991 – 4 AZR 338/90, NZA 1991, 519; 9.3.1983 – 4 AZR 301/80, DB 1983, 1496. ‖ 18 Grdl. *Picker*, JZ 1979, 285 (290ff.); *Picker*, JZ 1985, 693 (698ff.); *Picker*, FS Kissel, 1994, S. 813 (816ff.); zust. Erman/*Belling*, § 615 Rz. 1; *Huber*, Leistungsstörungen, Bd. I, 1999, S. 280f.; für bestimmte Fälle bereits BGH 11.4.1957 – VII ZR 280/56, BGHZ 24, 91 (96). ‖ 19 Motive, Bd. II, S. 462. ‖ 20 BAG 18.5.1999 – 9 AZR 13/98, NZA 1999, 1166. ‖ 21 BT-Drs. 14/6857, 48; BT-Drs. 14/7052, 204.

Daraus ist der Umkehrschluss zu ziehen, dass sich S. 1 nicht (mehr) unmittelbar auf die Fälle der Substratgefahr bezieht[1]. Der Gesetzgeber hat sich demnach in der Sache die These von der ursprünglichen Lückenhaftigkeit des BGB als Ausgangspunkt seiner Normsetzung zu eigen gemacht. IÜ entbindet auch die Neuregelung den Rechtsanwender nicht davon, diejenigen Kriterien herauszuarbeiten, die eine Risikotragung durch den ArbGeb im Einzelfall rechtfertigen (dazu Rz. 116 ff.).

c) Vom Arbeitgeber zu vertretende Unmöglichkeit. In der dritten Fallgruppe beruhen die tatsächlichen oder rechtl. Gründe, die zur Unmöglichkeit der Arbeitsleistung führen, auf Umständen, für die der **ArbGeb iSd. § 326 II 1 Alt. 1 verantwortlich** ist. Die Rspr. hatte die Gestaltungen, in denen der ArbGeb die Störung im technischen Sinne zu vertreten hat, früher unter § 324 I aF gefasst[2]. Ein solches Vertretenmüssen kann auch infolge der Zurechnung des Verhaltens von anderen ArbN in entsprechender Anwendung von § 278 jedenfalls dann vorliegen, wenn ihnen ArbGeb-Funktionen übertragen worden sind[3]. Die weite Fassung des S. 3 legt es zwar auf den ersten Blick nahe, die Regelung als eine § 326 II insg. verdrängende Spezialvorschrift anzusehen, soweit es um den Wegfall des Leistungssubstrats geht[4]. Tatsächlich ist die explizite Feststellung einer Verantwortlichkeit des ArbGeb iSd. § 326 II 1 Alt. 1 entbehrlich, wenn er ohnehin schon gem. § 615 S. 3 iVm. S. 1 zur Fortzahlung der Vergütung verpflichtet ist. Außerdem spielt es für S. 3 keine Rolle, ob die Arbeitsleistung nachholbar ist oder nicht, während § 326 nur dann eingreift, wenn die Leistungspflicht ausgeschlossen ist. § 326 II 1 Alt. 1 wird hierdurch im ArbVerh aber nicht funktionslos[5]. Zum einen muss der ArbN im Anwendungsbereich dieser Norm im Gegensatz zu § 615 S. 3 (vgl. Rz. 121) nicht die Annahmeverzugsvoraussetzungen erfüllen. Zum anderen spielt es für die Kontrolle abweichender Vereinbarungen eine Rolle, ob der ArbGeb von der Gegenleistungsgefahr bei im technischen Sinne zu vertretenden Störungen oder nur bei solchen Hindernissen entlastet werden soll, die unterhalb der Schwelle des Vertretenmüssens in seinen Risikobereich fallen.

II. Voraussetzungen des Annahmeverzugs. 1. Erfüllbares Arbeitsverhältnis. Grundvoraussetzung für die Erhaltung des Vergütungsanspruchs gem. § 615 ist, dass der **ArbN zur Arbeitsleistung verpflichtet** und der **ArbGeb zu deren Annahme berechtigt** ist[6]. Hauptanwendungsfall ist neben dem unstreitig bestehenden ArbVerh die Situation nach einer unwirksamen Beendigung durch Kündigung, Befristung oÄ bzw. einer unwirksamen Änderungskündigung (vgl. § 8 KSchG). Weiter kann es hierzu kraft einer rückwirkenden Änderung des Arbeitsvertrags kommen[7]. Dagegen scheidet Annahmeverzug aus, wenn das ArbVerh aufgrund der Fiktion des § 7 KSchG geendet hat[8]. Die Regelung gilt für sämtliche ArbVerh, also auch für kurzzeitige AushilfsArbVerh[9]. Auf Berufsausbildungsverhältnisse ist § 615 ebenso anwendbar (§ 10 II BBiG)[10]. Ein in Vollzug gesetztes fehlerhaftes ArbVerh ist bis zur Anfechtung bzw. Lossagung grds. wie ein erfüllbares ArbVerh zu behandeln, so dass der ArbGeb in Annahmeverzug geraten kann[11]. Entsprechend der neueren Judikatur zur Rückwirkung einer Anfechtung wegen arglistiger Täuschung auf den Zeitpunkt der tatsächlichen Arbeitseinstellung[12] kann einem bereits eingetretenen Gläubigerverzug aber nachträglich die Grundlage entzogen werden. IÜ kann in der Nichtannahme der Dienste zugleich die Berufung auf die Fehlerhaftigkeit des ArbVerh liegen. Bei **Massenentlassungen** ging das BAG früher davon aus, dass ein ArbN bei unterlassener Anzeige nach § 17 I, III KSchG trotz privatrechtl. wirksamer Kündigung nicht entlassen werden darf und der ArbGeb deshalb in Annahmeverzug geraten konnte[13]. Nunmehr ordnet das BAG im Anschluss an die Junk-Entscheidung des EuGH[14] einen Verstoß gegen § 17 I, III KSchG, aber auch gegen § 17 II KSchG wie jeden anderen Unwirksamkeitsgrund ein[15], so dass bereits aus diesem Grund ein erfüllbares ArbVerh vorliegt. Möglich ist auch ein **Teilannahmeverzug** in der Weise, dass der ArbGeb die Arbeitsleistung in einem zeitlich geringeren Umfang annimmt, als der ArbN sie schuldet[16]. Im **Arbeitnehmerentsenderecht** findet § 615 zu Lasten des Bürgen keine Anwendung. Die Bürgenhaftung des § 14 AEntG bezieht sich nur auf den Mindestlohn für tatsächlich erbrachte Arbeitsleistungen, nicht aber auf den Annahmeverzugslohn[17].

Bei **flexiblen Arbeitszeitmodellen** kommt es darauf an, ob dem ArbN oder dem ArbGeb das Bestimmungsrecht über die konkrete Lage der Arbeitszeit zusteht. Sofern der **ArbN bestimmungsberechtigt** ist (Gleitzeit außerhalb der Kernarbeitszeit, variable Gleitzeit, Vertrauensgleitzeit), hält ein Teil der Lit. § 615 für unanwendbar, weil die Arbeitszeit erst mit tatsächlicher Arbeitsaufnahme fixiert werde, zu

---

1 Ähnlich *Auktor*, ZTR 2002, 464 (465); *Luke*, NZA 2004, 244 (246 f.); aA (zu S. 3) *Picker*, FS Huber, 2006, S. 497, 533: „inhaltsleere Gestaltung"; Staudinger/*Richardi/Fischinger*, § 615 Rz. 6: „überflüssig". ‖2 BAG 3.3.1964 – 1 AZR 209/63, DB 1964, 592. ‖3 BAG 17.12.1968 – 5 AZR 149/68, BAGE 21, 263. ‖4 So *Gotthardt*, Schuldrechtsreform, Rz. 131; *Junker*, Arbeitsrecht, Rz. 272. ‖5 So offenbar auch BAG 23.1.2008 – 5 AZR 393/07, NZA 2008, 595. ‖6 BAG 12.9.1985 – 2 AZR 324/84, NZA 1986, 424. ‖7 BAG 24.9.2003 – 5 AZR 282/02, NZA 2003, 1332. ‖8 BAG 1.9.2010 – 5 AZR 700/09, NZA 2010, 1409. ‖9 Erman/*Belling*, § 615 Rz. 2. ‖10 BAG 13.7.2006 – 8 AZR 382/05, NZA 2006, 1406 (1410); 15.3.2000 – 5 AZR 622/98, NZA 2001, 214 (216). S.a. § 19 I Nr. 2a BBiG. ‖11 MünchArbR/*Boewer*, § 69 Rz. 10; Soergel/*Kraft*, § 615 Rz. 11; aA LAG BW 26.11.1971 – 7 Sa 121/71, DB 1972, 193. ‖12 BAG 3.12.1998 – 2 AZR 754/97, NZA 1999, 584; anders noch BAG 20.2.1986 – 2 AZR 244/85, NZA 1986, 739. ‖13 BAG 18.9.2003 – 2 AZR 79/02, NZA 2004, 375; 11.3.1999 – 2 AZR 461/98, NZA 1999, 761. ‖14 EuGH 27.1.2005 – Rs. C-188/03, NZA 2005, 213. ‖15 BAG 21.3.2013 – 2 AZR 60/12, NZA 2013, 966; 22.11.2012 – 2 AZR 371/11, NZA 2013, 845. ‖16 BAG 7.11.2002 – 2 AZR 742/00, NZA 2003, 1139. ‖17 BAG 12.1.2005 – 5 AZR 617/01, NZA 2005, 627.

der es aber nicht komme[1]. Hierdurch würde indes das Wirtschaftsrisiko in unzulässiger Weise auf den ArbN verlagert werden. Es ist daher Annahmeverzug in Höhe des gesamten vereinbarten Arbeitszeitdeputats anzunehmen, wenn innerhalb des Bezugszeitraums infolge ausbleibender Beschäftigungsmöglichkeiten keine vertragsgemäße Arbeit aufgenommen werden kann und die sonstigen Voraussetzungen gegeben sind. Entsprechendes gilt bei einem teilweisen Unterschreiten der Sollarbeitszeit, das auf einer Annahmeunwilligkeit des ArbGeb beruht[2]. Allerdings muss der ArbN bei der Festlegung der konkreten Arbeitszeiten auf die betriebl. Belange Rücksicht nehmen[3] und darf den Arbeitsbeginn daher nicht bewusst stets auf solche Zeiten legen, in denen nur wenig zu tun ist. Ansonsten ist die Bestimmung unwirksam, so dass es an einer Arbeitspflicht als Voraussetzung für einen Gläubigerverzug fehlt.

14 Wenn der **ArbGeb bestimmungsberechtigt** ist (Arbeit auf Abruf iSd. § 12 TzBfG)[4], findet § 615 ohne Weiteres in den Fällen Anwendung, in denen der ArbGeb die Arbeitszeit durch Abruf bereits fixiert hat und dann nicht annimmt[5]. Erfolgt während des gesamten Bezugszeitraums kein Abruf, tritt Annahmeverzug in Höhe des jeweils vereinbarten Arbeitszeitdeputats ein, sofern auch die übrigen Anforderungen erfüllt sind[6]. Dementsprechend gerät der ArbGeb in dem Maße in Gläubigerverzug, in dem das in einem bestimmten Zeitraum abzurufende Deputat in den Grenzen des öffentl.-rechtl. Arbeitszeitrechts nicht mehr erbracht werden kann[7]. Dasselbe gilt, wenn der ArbGeb eine Arbeitsaufnahme dadurch unterbindet, dass er einem ArbN die Möglichkeit verwehrt, sich in einen Schichtplan einzutragen[8]. Ferner gerät der ArbGeb in Annahmeverzug, wenn er dem zum Ausgleich seines Arbeitszeitkontos verpflichteten ArbN keine Arbeit zuweist[9]. Gleiches gilt, wenn der ArbGeb eine Arbeitszeitverteilung unterlässt und stattdessen die Arbeit flexibel abruft, wenn und soweit er hierdurch die Sollarbeitszeit nicht ausschöpft[10].

15 Wird ein ArbN unter Verstoß gegen das **Maßregelungsverbot** iSd. § 612a bzw. gegen den **Gleichbehandlungsgrundsatz** nicht zu **Mehrarbeit** herangezogen, soll ihm ein Anspruch aus Annahmeverzug zustehen[11]. In einer solchen Konstellation fehlt es vor der Anordnung von Mehrarbeit aber an einer erfüllbaren Arbeitspflicht. Darin liegt der Unterschied zu den Fällen, in denen der ArbGeb zum Zwecke der Maßregelung eine geringere als die geschuldete Arbeitsmenge zuweist[12]. Überzeugender erscheint daher eine Lösung über das Schadensersatzrecht. Insoweit gilt dasselbe wie in der vergleichbaren Konstellation einer gegen § 9 TzBfG verstoßenden Weigerung des ArbGeb, die Arbeitszeit eines Teilzeitbeschäftigten zu verlängern. Vor einer Verlängerung besteht hinsichtlich der zusätzlichen Arbeitszeit kein erfüllbares ArbVerh, so dass nur ein Schadensersatzanspruch, nicht aber ein Anspruch aus Gläubigerverzug in Betracht kommt[13]. Dementsprechend kann der ArbN nicht dadurch Annahmeverzug herbeiführen, dass er nach einem wirksamen Abbau von Überstunden dem ArbGeb weiterhin Überstunden anbietet[14]. Hingegen kann im umgekehrten Fall einer Verringerung der Arbeitszeit nach dem TzBfG Gläubigerverzug eintreten, indem sich der ArbGeb zu Unrecht über die entsprechend den Wünschen des ArbN gem. § 8 V 3 TzBfG festgelegte Verteilung der Arbeitszeit hinwegsetzt.

16 Steht dem ArbN ein **Einstellungs-** bzw. ein **Wiedereinstellungsanspruch** zu, kann er vor der Begründung eines ArbVerh keine Rechte aus Gläubigerverzug geltend machen[15]. Auch das nach § 894 ZPO fingierte Angebot auf Abschluss eines Arbeitsvertrags begründet ohne Annahme durch den ArbN noch kein ArbVerh[16]. Bei einer Weigerung des ArbGeb, den Anspruch zu erfüllen, kann das entgangene Entgelt aber ggf. im Wege des Schadensersatzes aus Verzug bzw. Unmöglichkeit verlangt werden[17]. Wird ein ArbVerh mit einem Auszubildenden nach § 78a II BetrVG begründet, kann es dagegen auch dann zum Annahmeverzug kommen, wenn dieses später wieder mit Wirkung ex nunc gem. § 78a IV 1 Nr. 2 BetrVG aufgelöst wird[18].

17 Bei einem **Betriebsübergang** (§ 613a) muss der Erwerber den ggü. dem früheren Inhaber eingetretenen Annahmeverzug gegen sich gelten lassen[19]. Ferner sind dem Übernehmer die Vorgänge zuzurech-

---

1 *Boemke/Föhr*, Arbeitsformen der Zukunft, 1999, Rz. 120; *Reichold*, NZA 1988, 393 (398); in diese Richtung auch *Picker*, FS Kissel, 1994, S. 813 (822). ||2 *Hellfeier*, Die Leistungszeit im Arbeitsverhältnis, 2003, S. 139. ||3 *Schüren*, AuR 1996, 381 (384). ||4 Zu den Grenzen entsprechender Vereinbarungen BAG 9.7.2008 – 5 AZR 810/07, NZA 2008, 1407; 7.12.2005 – 5 AZR 535/04, NZA 2006, 423. ||5 *Buschmann* in Buschmann/Dieball/Stevens-Bartol, § 12 TzBfG Rz. 57; idS auch BAG 5.9.2002 – 9 AZR 244/01, NZA 2003, 726 – Fünf-Tage-Woche. Eine einseitige Änderung des Abrufs ist nicht zulässig: vgl. Annuß/Thüsing/*Jacobs*, § 12 TzBfG Rz. 40; MünchArbR/*Schüren*, § 41 Rz. 30; aA ErfK/*Preis*, § 12 TzBfG Rz. 28. ||6 *Hanau*, RdA 1987, 25 (29); Annuß/Thüsing/*Jacobs*, § 12 TzBfG Rz. 44; MünchArbR/*Schüren*, § 41 Rz. 42. ||7 BAG 8.10.2008 – 5 AZR 715/07, EzA § 615 BGB 2002 Nr. 27. ||8 BAG 12.6.1996 – 5 AZR 960/94, NZA 1997, 191. ||9 LAG Hess. 2.6.2005 – 11 Sa 1207/04, NZA-RR 2006, 127. ||10 BAG 26.1.2011 – 5 AZR 819/09, NZA 2011, 640. ||11 BAG 7.11.2002 – 2 AZR 742/00, NZA 2003, 1139; LAG Hess. 12.9.2001 – 8 Sa 1122/00, NZA-RR 2002, 348. ||12 Dazu BAG 21.11.2000 – 9 AZR 665/99, NZA 2001, 1093. ||13 BAG 16.9.2008 – 9 AZR 781/07, NZA 2008, 1285; 25.10.1994 – 3 AZR 987/93, AuR 1995, 146 (147f.); *Hanau*, NZA 2001, 1168 (1174); Annuß/Thüsing/*Jacobs*, § 9 TzBfG Rz. 44; *Schüren*, AuR 2001, 321 (322f.); nicht überzeugend daher BAG 10.2.2004 – 9 AZR 401/02, NZA 2004, 606 (611): Annahmeverzug bei Altersteilzeitvereinbarung. ||14 BAG 25.10.1977 – 1 AZR 452/74, DB 1978, 403. ||15 BAG 12.11.1997 – 7 AZR 422/96, NZA 1998, 1013; *Boewer*, NZA 1999, 1177 (1181). ||16 BAG 19.10.2011 – 7 AZR 672/10, AP BGB § 307 Nr. 58. ||17 Näher BAG 28.6.2000 – 7 AZR 904/98, NZA 2000, 1097; 12.11.1997 – 7 AZR 422/96, NZA 1998, 1013; 14.10.1997 – 7 AZR 298/96, NZA 1998, 775. ||18 LAG Nürnberg 25.2.2000 – 8 Sa 128/99, NZA-RR 2001, 197. ||19 BAG 22.10.2009 – 8 AZR 766/08, NZA-RR 2010, 660; 23.9.2009 – 5 AZR 518/08, NZA 2010, 781; 21.3.1991 – 2 AZR 577/90, NZA 1991, 726.

nen, die als Tatbestandsmerkmale für spätere Rechtsfolgen von Bedeutung sind, wie etwa das Angebot des ArbN ggü. dem früheren Betriebsinhaber. Sofern ein ArbN dem Übergang seines ArbVerh erst nach einem Betriebsübergang wirksam widerspricht (§ 613a VI), gerät der Veräußerer unabhängig von der Frage, ob man einem solchen Widerspruch Rückwirkung beilegt, entgegen der Auffassung des BAG[1] nicht rückwirkend in Gläubigerverzug[2]. Dies ist auch bei einer nicht ordnungsgemäßen Unterrichtung iSd. § 613a V anzunehmen[3]. Allerdings kann dem betroffenen ArbN ein Schadensersatzanspruch aus § 280 I zustehen[4].

Nimmt der ArbGeb im Einvernehmen mit dem ArbN eine **Kündigung zurück**, so gehen die Parteien mangels einer abweichenden Regelung vom Fortbestand des ArbVerh mit der Folge aus, dass § 615 anwendbar ist[5]. Ein Anspruch auf Weiterbeschäftigung während des Kündigungsschutzprozesses auf der Grundlage des von der Rspr. entwickelten **allg. Beschäftigungsanspruchs** führt für sich allein aber nicht dazu, dass das gekündigte ArbVerh bis zur rechtskräftigen Entscheidung über die Kündigungsschutzklage auflösend bedingt fortbesteht[6]. Eine vergleichbare Rechtslage besteht bei einem Streit über die Wirksamkeit einer Befristung. Im Grundsatz kann der ArbGeb somit bei Ablehnung der Weiterbeschäftigung nicht in Annahmeverzug geraten[7]. Dies gilt auch bei einer rechtskräftigen Verurteilung des ArbGeb zu einer Beschäftigung des ArbN[8]. Vorbehaltlich eines Weiterbeschäftigungsanspruchs nach § 102 V BetrVG (Rz. 21) kann es zum Gläubigerverzug nur bei einer der Kündigungsschutzklage rechtskräftig stattgebenden Entscheidung oder einer Vereinbarung über die Fortsetzung des ArbVerh bzw. dem Abschluss eines neuen Arbeitsvertrags bis zum Ende des Kündigungsschutzprozesses[9] kommen. Dabei ist es für den Anspruch aus § 615 unschädlich, wenn die Kündigungsschutzklage erst infolge einer nachträglichen Zulassung (§ 5 KSchG[10]) oder auf Grund einer Restitutionsklage[11] erfolgreich ist. Dasselbe gilt für die rechtskräftige Abweisung einer Weiterbeschäftigungsklage, sofern der Kündigungsschutzklage bzw. der Entfristungsklage letztlich stattgegeben wird[12]. Soweit der ArbN infolge rechtskräftiger Abweisung der Kündigungsschutzklage keinen Anspruch aus Annahmeverzug hat, kann ihm nach Ansicht des BAG aber derselbe Betrag als Schadensersatzanspruch unter dem Aspekt einer vom ArbGeb zu vertretenden Unmöglichkeit der Pflicht zur allg. Weiterbeschäftigung zustehen (näher Rz. 104 ff.)[13].

Eigenständige Fragen ergeben sich aus dem **Zusammenspiel von Arbeitsvertragsrecht und betriebl. Mitbestimmung**. Bei **sozialen Angelegenheiten** kann die von der st. Rspr. vertretene These, dass arbeitgeberseitige Maßnahmen, die unter Verletzung von MitbestR des BR erfolgen, individuelle Rechtspositionen der betroffenen ArbN nicht schmälern[14], den Boden für einen Anspruch aus Gläubigerverzug bereiten. Dies betrifft etwa die Rückkehr von Wechselschicht zur Normalarbeitszeit (§ 87 I Nr. 2 BetrVG[15]) oder die Anordnung von Kurzarbeit (§ 87 I Nr. 3 BetrVG)[16]. Entsprechendes gilt, wenn die Mitbest. durch eine Regelungsabrede anstelle einer normativ wirkenden BV ausgeübt worden ist und es deshalb an einer auch ggü. den einzelnen ArbN wirksamen Einführung von Kurzarbeit fehlt[17].

Bei **personellen Einzelmaßnahmen** iSd. § 99 I BetrVG ist zu differenzieren: Soweit es um die **Einstellung** geht, führt die fehlende Zustimmung des BR nach Ansicht des BAG nicht zur Unwirksamkeit des Arbeitsvertrags[18]. Vielmehr besteht lediglich ein Beschäftigungsverbot, falls der BR die Aufhebung der personellen Maßnahme gem. § 101 BetrVG verlangt[19]. Für die Rspr. ergibt sich daraus die Anwendbarkeit der Regeln über den Annahmeverzug[20]. Eine gegen § 99 BetrVG verstoßende **Versetzung** soll dagegen im Verhältnis zum ArbN zwar unwirksam sein[21]. Hieraus kann aber ebenfalls ein Anspruch aus Gläubigerverzug in Höhe der bisherigen Vergütung folgen, sofern der ArbN weiterhin die ursprüngliche Tätigkeit anbietet[22]. Dasselbe gilt für die Zuweisung einer niedriger zu bewertenden Tätigkeit ohne Zustimmung des Personalrats (§ 75 I Nr. 2 BPersVG)[23]. Demggü. hat das BAG bei der mitbestimmungswidrigen Übertragung einer höherwertigen Tätigkeit auf das Unmöglichkeitsrecht zurückgegriffen[24]. In der Lit. wird bei der Einstellung der Weg allein über das Schadensersatzrecht gesucht (§§ 280, 311 II), um dem ArbGeb nicht das Risiko einer nicht zu vertretenden Zustimmungsverweigerung seitens des

---

1 BAG 20.5.2010 – 8 AZR 734/08, NZA 2010, 1295; 27.11.2008 – 8 AZR 199/07; 27.11.2008 – 8 AZR 1021/06; 24.7.2008 – 8 AZR 1020/06. ||2 LAG Köln 11.6.2004 – 12 Sa 374/04, ZIP 2005, 591; Soergel/*Kraft*, § 613a Rz. 157; *Rieble*, NZA 2004, 1 (7). ||3 AA BAG 13.7.2006 – 8 AZR 382/05, NZA 2006, 1406 (1411) unter Heranziehung von § 162. ||4 *Schneider/Sittard*, BB 2007, 2230 ff. ||5 BAG 17.4.1986 – 2 AZR 308/85, NZA 1987, 17. ||6 BAG 17.1.1991 – 8 AZR 483/89, NZA 1991, 769; 10.3.1987 – 8 AZR 146/84, NZA 1987, 373; aA LAG Nds. 10.3.1989 – 3 Sa 362/88, DB 1989, 2234. ||7 BAG 17.6.1999 – 2 AZR 608/98, NZA 1999, 1154. ||8 BAG 12.9.1985 – 2 AZR 324/84, NZA 1986, 424; aA offenbar LAG Hamm 11.5.1989 – 17 Sa 1879/88, DB 1989, 1577. ||9 BAG 17.1.1991 – 8 AZR 483/89, NZA 1991, 769; 4.9.1986 – 8 AZR 636/84, NZA 1987, 376; dazu auch BAG 15.1.1986 – 5 AZR 237/84, NZA 1986, 561. ||10 BAG 24.11.1994 – 2 AZR 179/94, NZA 1995, 263. ||11 LAG Düss. 13.2.1998 – 9 (13) Sa 1726/97, MDR 1998, 784f. ||12 LAG Hamm 12.9.1997 – 5 Sa 2446/96, LAGE § 615 BGB Nr. 55. ||13 BAG 12.9.1985 – 2 AZR 324/84, NZA 1986, 424. ||14 S. nur BAG 11.6.2002 – 1 AZR 390/01, NZA 2003, 570 mwN. ||15 BAG 18.9.2002 – 1 AZR 668/01, DB 2003, 1121. ||16 BAG 13.7.1977 – 1 AZR 336/75, DB 1977, 2235. ||17 BAG 14.2.1991 – 2 AZR 415/90, NZA 1991, 607. ||18 BAG 28.4.1992 – 1 ABR 73/91, NZA 1992, 1141; 2.7.1980 – 5 AZR 56/79 u. 5 AZR 1241/79, SAE 1982, 149 u. 154. ||19 BAG 5.4.2001 – 2 AZR 580/99, NZA 2001, 893. ||20 BAG 25.6.1987 – 2 AZR 541/86, NZA 1988, 391. ||21 BAG 5.4.2001 – 2 AZR 580/99, NZA 2001, 893; 17.2.1998 – 9 AZR 130/97, NZA 1999, 33; 2.4.1996 – 1 AZR 743/95, NZA 1997, 112; 26.1.1988 – 1 AZR 531/86, NZA 1988, 476. ||22 BAG 17.2.1998 – 9 AZR 130/97, NZA 1999, 33; ebenso MünchArbR/*Boewer*, § 69 Rz. 12. ||23 BAG 30.5.1990 – 4 AZR 74/90, NZA 1990, 899; s.a. BAG 30.9.1993 – 2 AZR 283/93, NZA 1994, 615. ||24 BAG 16.1.1991 – 4 AZR 301/90, NZA 1991, 490.

BR aufzuerlegen[1]. Tatsächlich spricht am meisten für eine Heranziehung von S. 3. Dem ArbGeb ist eher als dem einzelnen ArbN das Risiko eines Vetos des BR zuzurechnen. Zum einen kann der ArbGeb durch entsprechende Maßnahmen im Vorfeld die Wahrscheinlichkeit einer Zustimmungsverweigerung verringern. Zum anderen kann er durch eine geeignete Vertragsgestaltung dafür sorgen, von den Lasten des Annahmeverzugs verschont zu bleiben. So kann der ArbGeb das ArbVerh unter die aufschiebende Bedingung der Zustimmung des BR bzw. der gerichtl. Zustimmungsersetzung stellen[2]. Dementsprechend ist in diesem Fall eine Abbedingung des § 615 als zulässig anzusehen[3]. Wenn eine Versetzung nicht durch den ArbGeb angeordnet, sondern vom schwerbehinderten ArbN nach Maßgabe von § 81 IV 1 Nr. 1 SGB IX angestrebt wird, hindert das Fehlen der nach § 99 BetrVG erforderlichen Zustimmung des BR aber den Eintritt von Annahmeverzug[4].

21 Macht der ArbN den **vorläufigen Bestandsschutz nach § 102 V BetrVG** wirksam geltend, wird das bisherige ArbVerh kraft Gesetzes auflösend bedingt durch die rechtskräftige Abweisung der Kündigungsschutzklage fortgesetzt[5]. Der ArbGeb gerät bei unterlassener Beschäftigung daher auch dann in Gläubigerverzug, wenn er im Kündigungsschutzprozess obsiegt[6]. Wird der ArbGeb gem. § 102 V 2 BetrVG von der Weiterbeschäftigungspflicht entbunden, endet der vorläufige Bestandsschutz ex nunc. Damit wird ein Annahmeverzug im Rahmen des Weiterbeschäftigungsverhältnisses vom Zeitpunkt der rechtskräftigen Entbindungsentscheidung an ausgeschlossen, während bis dahin entstandene Ansprüche unberührt bleiben[7]. Im Hinblick auf das ursprüngliche Beschäftigungsverhältnis bleibt ein Annahmeverzug aber weiterhin möglich. Sofern der ArbN in einem Kündigungsschutzprozess obsiegt, hat er deshalb auch bei Entbindung des ArbGeb von der Weiterbeschäftigungspflicht für die Dauer des Kündigungsrechtsstreits einen Anspruch auf Annahmeverzugslohn[8].

22 Bei **HeimArbVerh** verdrängt der Entgeltschutz nach § 29 VII bzw. VIII HAG die Regelung des § 615[9]. Der schwächere Schutz von Heimarbeitern ggü. ArbN beruht auf einer bewussten Entscheidung des Gesetzgebers, die auf dem nach wie vor stark von werkvertragl. Elementen geprägten Charakter des HeimArbVerh beruht. Für eine Anwendung von § 615 ist daher kein Raum. Bei einer durch langjähriges Verhalten erfolgten Konkretisierung auf ein bestimmtes Arbeitsvolumen kann die einseitige Kürzung der Auftragsmängel aber mit der Folge vertragswidrig sein, dass dem Heimarbeiter ein Schadensersatzanspruch zusteht[10].

23 Wenn der ArbN rechtswirksam von der **Arbeitspflicht befreit** ist, etwa durch Freizeitausgleich, Urlaubserteilung oder einvernehmliche Freistellung nach erfolgter Kündigung, scheidet ein Annahmeverzug aus (zur Anrechnung von Zwischenverdienst s. Rz. 86)[11]. Dasselbe gilt bei einer wirksamen Suspendierung des ArbVerh, die zu einem Ruhen der beiderseitigen Hauptleistungspflichten führt[12]. Die immer wieder zum Ausdruck kommende gegenteilige Ansicht des BAG[13] kann inhaltlich nicht überzeugen oder ist zumindest ungenau formuliert (s.a. Rz. 40). Dagegen schließt eine rechtswidrige Freistellung Annahmeverzug nicht aus[14].

24 Eine vergleichbare Rechtslage besteht bei zulässiger Einführung von **Kurzarbeit**. Da sich hierdurch die Arbeitspflicht des ArbN verringert, kann der ArbGeb insoweit nicht in Gläubigerverzug geraten[15]. Entsprechendes gilt für eine durch die Einführung der Sommerzeit[16] oder durch einen Beschäftigungssicherungs-TV[17] bedingte Verkürzung der Arbeitszeit. Die Bewilligung von Kug (§§ 95 ff. SGB III) ist keine Wirksamkeitsvoraussetzung für die Anordnung von Kurzarbeit. Außerdem ist es zu pauschal, den ArbGeb zur Zahlung der Vergütung in Höhe des Kug zu verpflichten, wenn die AA wider Erwarten keinen Zuschuss gewährt[18]. Vielmehr kommt es darauf an, ob die Rechtsgrundlage für die Einführung der Kurzarbeit den Entgeltanspruch in Höhe des zu erwartenden Kug zunächst unberührt lässt oder von vornherein umfassend absenkt. Im letzteren Fall kann die für die ArbN durch eine Versagung der Sozialleistung entstehende Deckungslücke nur durch eine etwaige Schadensersatzpflicht des ArbGeb geschlossen werden[19]. Daneben können tarifl. Vorschriften die Situation für den ArbN verbessern[20].

---

1 ErfK/*Kania*, § 99 BetrVG Rz. 45. || 2 ErfK/*Kania*, § 99 BetrVG Rz. 45; s.a. BAG 17.2.1983 – 2 AZR 208/81, BAGE 41, 381 (Zulässigkeit auflösender Bedingung). || 3 zu alledem *Miersch*, Die Rechtsfolgen mitbestimmungswidriger Maßnahmen für das Arbeitsverhältnis, 1998, S. 197 ff. || 4 BAG 3.12.2002 – 9 AZR 481/01, NZA 2003, 1215. || 5 BAG 12.9.1985 – 2 AZR 324/84, NZA 1986, 424. || 6 BAG 7.3.1996 – 2 AZR 432/95, NZA 1996, 930; 12.9.1985 – 2 AZR 324/84, NZA 1986, 415. || 7 BAG 7.3.1996 – 2 AZR 432/95, NZA 1996, 930. || 8 LAG Rh.-Pf. 11.1.1980 – (7) 6 Sa 657/79, BB 1980, 415; Staudinger/*Richardi*/*Fischinger*, § 615 Rz. 115; MünchArbR/*Wank*, § 99 Rz. 44. || 9 BAG 13.9.1983 – 3 AZR 270/81, NZA 1984, 42. || 10 BAG 13.9.1983 – 3 AZR 270/81, NZA 1984, 42. || 11 BAG 19.3.2002 – 9 AZR 16/01, NZA 2002, 1055; 23.1.2001 – 9 AZR 26/00, NZA 2001, 597; 23.1.1996 – 9 AZR 554/93, NZA 1996, 1101; *Krause*, NZA-Beil. 1/2005, 51 (55). || 12 BAG 10.1.2007 – 5 AZR 84/06, NZA 2007, 384; 5.9.2002 – 8 AZR 702/01, NZA 2003, 973; Ermann/*Belling*, § 615 Rz. 3; Soergel/*Kraft*, § 615 Rz. 8; ErfK/*Preis*, § 615 BGB Rz. 8; zur Modifikation von § 615 durch den BRTV-Bau s. BAG 25.1.2012 – 5 AZR 671/10, AP TVG § 1 Tarifverträge: Bau Nr. 337. || 13 BAG 26.6.2013 – 5 AZR 432/12, AuR 2013, 456; 15.5.2013 – 5 AZR 130/12, NZA 2013, 1076; 23.9.2009 – 5 AZR 518/08; 23.1.2008 – 5 AZR 393/07, NZA 2008, 595; 6.9.2006 – 5 AZR 703/05, NZA 2007, 36. || 14 So aber BAG 16.7.2013 – 9 AZR 50/12. || 15 BAG 22.4.2009 – 5 AZR 310/08, NZA 2009, 913; 7.4.1970 – 2 AZR 201/69, DB 1970, 1134; zur Rechtslage bei zwischenzeitlicher Kündigung s. BAG 19.3.2008 – 5 AZR 432/07, NZA 2008, 900 (902). || 16 BAG 11.9.1986 – 7 AZR 276/83, DB 1986, 1780. || 17 BAG 28.5.2009 – 6 AZR 144/08, DB 2009, 1769. || 18 So aber offenbar BAG 22.4.2009 – 5 AZR 310/08, NZA 2009, 913; 11.7.1990 – 5 AZR 557/89, NZA 1991, 67; ErfK/*Preis*, § 615 BGB Rz. 15. || 19 *Krause*, SAE 1993, 174 ff. || 20 Vgl. BAG 22.4.2009 – 5 AZR 310/08, NZA 2009, 913 zum Saison-Kug.

2. Angebot der Arbeitsleistung. a) Grundsätzliches. Der Gesetzgeber hat die Aufrechterhaltung des 25
Vergütungsanspruchs bewusst an die **Erfüllung der Annahmeverzugsvoraussetzungen** geknüpft[1]. Es
bedarf somit grds. eines Angebots der Dienste durch den ArbN (§ 293), dessen Voraussetzungen sich in
jeder Phase des ArbVerh nach den §§ 294 ff. richten. Eine Beschränkung der Anwendbarkeit dieser Vorschriften auf den erstmaligen Antritt der Arbeit[2] ist abzulehnen. Allerdings sind hierbei die Besonderheiten des ArbVerh als eine auf die kontinuierliche Erbringung personengebundener Dienste gerichtete
Rechtsbeziehung zu berücksichtigen.

Das vom ArbN grds. zu fordernde Angebot verfolgt nach überwiegender Ansicht zum einen das Ziel, 26
die **Leistungsbereitschaft des Schuldners klarzustellen**. Zum anderen soll der **Zeitpunkt** eindeutig festgelegt werden, in dem der **Gläubigerverzug beginnt**[3]. Es darf jedoch nicht außer Acht gelassen werden,
dass der primäre Zweck des § 615 darin besteht, den Dienstpflichtigen vor einem nutzlosen Vorhalten
seiner Arbeitskraft zu bewahren. Die konstruktive Anbindung an den Gläubigerverzug dient lediglich
dazu, die Voraussetzungen festzulegen, unter denen ein solches Vorhalten der Dienste anzunehmen ist.
Die gesetzgeberische Wertung ist daher stärker aus der Sicht des Schuldners und weniger des Gläubigers der Dienste vorgenommen worden. Dies muss sich auf die Interpretation der §§ 294 ff. auswirken[4].

b) Tatsächliches Angebot. Gem. § 294 ist im Ausgangspunkt ein tatsächliches Angebot des ArbN er- 27
forderlich. Die Rspr. hält hieran für das ungekündigte ArbVerh im Grundsatz fest[5], auch wenn im Laufe
der Zeit verschiedene Ausnahmen anerkannt worden sind (vgl. Rz. 37). Im arbeitgeberseitig gekündigten ArbVerh ist das BAG dagegen seit Mitte der 1980er Jahre umfassend auf eine Anwendung von § 296
umgeschwenkt, die zur Entbehrlichkeit jeglichen Angebots führt (dazu Rz. 34, 37). Das tatsächliche
Angebot ist ein **Realakt**, auf den die Vorschriften über die Willenserklärung nicht anwendbar sind. Insb.
ist kein Zugang iSd. § 130 erforderlich. Ein ordnungsgemäßes tatsächliches Angebot liegt vor, wenn der
ArbN dem ArbGeb seine Arbeitskraft in eigener Person (dazu auch Rz. 55), am rechten Ort, zur rechten
Zeit[6] und in der rechten Weise anbietet[7]. Da sich das Angebot im Rahmen eines ArbVerh auf Dienste **in
eigener Person** beziehen muss, genügt es nicht, wenn der ArbN dem ArbGeb eine Ersatzkraft stellt,
mag diese zu einer Aufgabenerledigung auch geeignet sein[8].

In **räumlicher Hinsicht** muss sich der ArbN grds. am Erfüllungsort einfinden. Dies ist regelmäßig der 28
konkrete Arbeitsplatz im Betrieb. Daran ändert sich nichts, wenn der ArbGeb einen Werkbus zur Verfügung stellt, der die ArbN von ihrem Wohnort zum Arbeitsplatz befördert, und dieser Bus wegen Eisglätte ausnahmsw. nicht verkehren kann[9].

In **zeitlicher Hinsicht** muss der ArbN seine Leistung grds. zu Dienstbeginn anbieten. Bei flexiblen Ar- 29
beitszeiten setzt Gläubigerverzug somit voraus, dass der ArbN zu dem Zeitpunkt erscheint, auf den die
Arbeit konkret gelegt worden ist. Verspätet sich der ArbN, kann es auch für den Rest des Arbeitstages
an einem ordnungsgemäßen Angebot fehlen. Dies ist dann der Fall, wenn ausnahmsw. keine sinnvolle
Arbeit mehr geleistet werden kann, zB weil der Werkbus zu einer weiter entfernten Baustelle bereits abgefahren ist und es für den zurückgebliebenen ArbN keine anderweitige Verwendung gibt.

Inhaltlich setzt der Annahmeverzug voraus, dass der ArbN die konkret geschuldeten Dienste anbie- 30
tet[10]. Wenn der ArbGeb die lediglich rahmenmäßig umschriebene Arbeitsleistung durch eine Weisung
näher bestimmt hat, kann der ArbN den Gläubigerverzug also nicht dadurch herbeiführen, dass er eine
von der Weisung nicht umfasste Arbeit anbietet[11]. Überschreitet der ArbGeb dagegen sein Direktionsrecht, liegt ein ordnungsgemäßes Angebot vor, wenn der ArbN die ursprünglich vereinbarten und weiterhin geschuldeten Dienste anbietet[12]. Anders soll dies nach neuerer Rspr. aber sein, wenn sich die
Weisung im vertraglichen Rahmen hält und „nur" gegen billiges Ermessen verstößt, weil der ArbN in
einem solchen Fall nach § 315 III 2 vorzugehen habe.[13] IÜ hat es das BAG für möglich gehalten, die Verletzung der Pflicht zum Nachweis einer mitgeteilten Schwangerschaft durch eine werdende Mutter in
der Weise zu sanktionieren, dass ein ordnungsgemäßes Angebot und hierdurch ein Annahmeverzug
(vorübergehend) verneint wird[14]. Ferner liegt ein ordnungsgemäßes Angebot auch dann nicht vor,
wenn der ArbN seine Tätigkeit unter Verletzung arbeitsschutzrechtl. Verhaltenspflichten erbringen
will, indem er sich etwa weigert, eine vorgeschriebene Schutzkleidung anzuziehen[15]. Gleiches gilt, wenn

---

1 Motive, Bd. II, S. 462 f. ||2 *Nikisch*, RdA 1967, 241 (242 ff.); ebenso *Beitzke*, SAE 1970, 4. ||3 BAG 16.2.
2012 – 8 AZR 242/11, NZA 2012, 1307; 9.8.1984 – 2 AZR 374/83, NZA 1985, 119; *Blomeyer*, Anm. zu BAG, AP BGB
§ 615 Nr. 26; ErfK/*Preis*, § 615 BGB Rz. 16. ||4 Im Grundsatz auch Soergel/*Kraft*, § 615 Rz. 13. ||5 BAG
18.11.2009 – 5 AZR 774/08; 27.8.2008 – 5 AZR 16/08, NZA 2008, 1410; 30.4.2008 – 5 AZR 502/07, NZA-RR 2008, 551;
25.4.2007 – 5 AZR 504/06, NZA 2007, 801; 13.7.2006 – 8 AZR 382/05, NZA 2006, 1406 (1411); 29.10.1992 – 2 AZR
250/92, EzA § 615 BGB Nr. 77; s. aber auch BAG 15.6.2004 – 9 AZR 483/03, NZA 2005, 462. ||6 Dazu LAG Köln
12.4.2002 – 11 Sa 1327/01, NZA-RR 2003, 128. ||7 BAG 29.10.1992 – 2 AZR 250/92, EzA § 615 BGB Nr. 77.
||8 Staudinger/*Richardi*/*Fischinger*, § 615 Rz. 51; s.a. LAG Köln 19.5.1993 – 8 Sa 60/93, LAGE § 615 BGB Nr. 37;
LAG Schl.-Holst. 16.6.1986 – 4 (5) Sa 684/85, NZA 1987, 669 (670). ||9 BAG 8.12.1982 – 4 AZR 134/80, DB 1983,
395. ||10 BAG 27.8.2008 – 5 AZR 16/08, NZA 2008, 1410. ||11 BAG 30.4.2008 – 5 AZR 502/07, NZA-RR 2008,
551; 13.6.2007 – 5 AZR 564/06, NZA 2007, 974. ||12 Vgl. BAG 7.2.2007 – 5 AZR 422/06, NZA 2007, 561; 21.4.1999 –
5 AZR 174/98, NZA 1999, 1044; 3.12.1980 – 5 AZR 477/78, DB 1981, 799. ||13 BAG 22.2.2012 – 5 AZR 249/11, NZA
2012, 858; abl. *Boemke*, NZA 2013, 6 (11); im Erg. anders auch BAG 24.2.2011 – 2 AZR 639/09, NZA 2011, 1087.
||14 BAG 6.6.1974 – 2 AZR 278/73, DB 1974, 2355. ||15 *Wlotzke*, FS Hilger/Stumpf, 1983, S. 723 (766).

eine muslimische ArbN nur mit einem Kopftuch arbeiten will, obwohl ihr der ArbGeb dies zu Recht untersagt hat[1]. Dagegen schadet es nicht, wenn sich ein ArbN weigert, eine als BV ohnehin normativ geltende IT-Sicherheitsrichtlinie zu unterzeichnen[2]. Ist die vertragl. Dauer der Arbeitszeit ungewiss oder streitig, liegt ein tatsächliches Angebot der Arbeitsleistung im Umfang der vollen vertragl. Arbeitszeitdauer nicht ohne weiteres darin, dass der ArbN die Arbeit an seinem Arbeitsplatz aufnimmt[3].

31 Wird während eines **Arbeitskampfes** der Zugang zum Betrieb durch Streikposten versperrt, liegt kein tatsächliches Angebot gegenüber dem ArbGeb vor, wenn sich ein Arbeitswilliger bei der Gewerkschaft meldet[4]. In einem solchen Fall genügt es auch nicht, wenn sich Arbeitswillige lediglich in eine vom ArbGeb ausgelegte Liste eintragen[5]. **LeihArbN** haben ihre Dienste grds. dem Verleiher als Gläubiger der Arbeitsleistung anzubieten. Nach einhelliger Ansicht reicht aber ein Angebot ggü. dem Entleiher aus[6]. Verweigert der LeihArbN seine Arbeitsleistung beim Entleiher gem. § 11 V AÜG, weil dieser von einem Arbeitskampf unmittelbar betroffen ist, muss er seine Dienste dem Verleiher anbieten[7].

32 **c) Wörtliches Angebot.** § 295 S. 1 lässt in zwei Gestaltungen ein wörtliches Angebot anstelle eines tatsächlichen Angebots genügen. Dies ist erstens der Fall, wenn der ArbGeb erklärt hat, dass er die Dienste nicht annehmen werde (Alt. 1), und zum anderen, wenn der ArbGeb eine erforderliche Mitwirkungshandlung unterlässt (Alt. 2). Der Zweck der Vorschrift liegt darin, den **Schuldner von unnötigen bzw. sinnlosen Handlungen zu entlasten**[8]. Das Erfordernis eines wörtlichen Angebots dient, wie sich im Umkehrschluss aus § 296 ergibt, weniger der Dokumentation der Leistungsfähigkeit des Schuldners als vielmehr der Festlegung des Zeitpunkts, von dem an Gläubigerverzug vorliegt[9].

33 **aa) Ablehnungserklärung.** Die Ablehnungserklärung des ArbGeb iSd. § 295 S. 1 Alt. 1 ist eine **geschäftsähnliche Handlung**, die dem ArbN entsprechend § 130 zugehen muss[10]. Die Ablehnung kann ausdrücklich oder konkludent erfolgen. Sie liegt in jeder einseitigen – vollständigen oder teilweisen – Suspendierung der Arbeitspflicht, insb. in der (rechtswidrigen) Einführung von Freischichten oder Kurzarbeit[11] sowie in jeder – ordentlichen oder außerordentlichen – arbeitgeberseitigen Kündigung[12] oder sonstigen Berufung auf das Ende des ArbVerh (zB Befristung)[13], wobei das BAG in einigen dieser Konstellationen aber weitergehend auf § 296 zurückgreift (dazu Rz. 37). Ein Ablehnungswille kommt auch in der Weigerung des ArbGeb zum Ausdruck, den ArbN während eines Arbeitskampfes bzw. nach dessen Ende zu beschäftigen. Dagegen genügt es nicht, wenn lediglich in der Presse berichtet wird, der ArbGeb (Fußballverein) wolle einen ArbN (Trainer) nicht weiterbeschäftigen[14].

34 **bb) Mitwirkungshandlung.** Mitwirkungshandlungen iSd. § 295 S. 1 Alt. 2 sind alle diejenigen Maßnahmen, die der Gläubiger vornehmen muss, damit der **Schuldner seine Leistung erbringen** kann. Dies kann bspw. eine Mitteilung über den Arbeitsort und die Arbeitszeit sein[15], aber auch die Produktion von Waren, die der ArbN vertreiben soll[16]. Von § 296 S. 2 unterscheidet sich § 295 S. 1 Alt. 2 lediglich dadurch, dass die vom Gläubiger vorzunehmende Handlung nicht kalendermäßig bestimmt ist. Die Rspr.[17] und Teile der Lit.[18] sehen in der Schaffung der arbeitstechnischen Voraussetzungen, nämlich der **Einrichtung eines funktionsfähigen Arbeitsplatzes** und der **Zuweisung von Arbeit**, eine für die Dienstleistung des ArbN erforderliche **Mitwirkungshandlung des ArbGeb iSd. §§ 295, 296**. Das BAG stuft die Mitwirkungsobliegenheit des ArbGeb darüber hinaus in bestimmten Fällen als kalendermäßig bestimmt ein, um auf diesem Wege über § 296 S. 1 zu einer Entbehrlichkeit sogar des wörtlichen Angebots zu gelangen (dazu näher Rz. 37). Für das ungestörte ArbVerh hält die Rspr. demggü. am Erfordernis eines tatsächlichen Angebots iSd. § 294 fest (Rz. 27) und bezieht diesen Grundsatz auch auf den Fall einer unwirksamen Festlegung flexibler Arbeitszeiten[19]. Ein Teil des Schrifttums lehnt es für alle Gestaltungen dagegen ab, die für die Erbringung der Arbeit erforderlichen Maßnahmen des ArbGeb als Mitwirkungshandlungen iSd. §§ 295, 296 zu qualifizieren[20]. Die organisatorischen Vorkehrungen des ArbGeb sowie die Ausübung des Direktionsrechts lassen sich aber nicht als eine schlichte Annahme der Dienste begreifen. Vielmehr handelt es sich um Mitwirkungshandlungen, die der ArbGeb vornehmen muss, damit der ArbN zur Leistung imstande ist.

35 Diese Einordnung führt jedoch **nicht zwangsläufig** dazu, dass alle Fälle der Nichtannahme unter § 295 S. 1 Alt. 2 oder § 296 S. 1 zu fassen wären und damit für § 294 **kein Anwendungsbereich** mehr bliebe. Zumindest in einem ungestörten ArbVerh setzen die Mitwirkungsobliegenheiten des ArbGeb nämlich

---

1 LAG Hamm 17.2.2012 – 18 Sa 867/11, LAGE Art. 4 GG Nr. 8. ||2 LAG Hess. 24.1.2011 – 16 Sa 1041/10. ||3 BAG 25.4.2007 – 5 AZR 504/06, NZA 2007, 801. ||4 LAG Bremen 19.5.1980 – 3 Sa 172/79, BB 1980, 1472. ||5 LAG Hamm 1.3.1995 – 18 Sa 1274/94, DB 1995, 1818. ||6 Erman/*Belling*, § 615 Rz. 9; MünchArbR/*Boewer*, § 69 Rz. 14. ||7 ErfK/*Preis*, § 615 BGB Rz. 20. ||8 Motive, Bd. II, S. 70f. ||9 Soergel/*Wiedemann*, § 295 Rz. 1. ||10 Soergel/*Wiedemann*, § 295 Rz. 14. ||11 BAG 10.10.2006 – 1 AZR 811/05, NZA 2007, 637. ||12 S. nur BAG 12.7.2006 – 5 AZR 277/06, NZA 2006, 1094. ||13 BAG 19.9.2012 – 5 AZR 627/11, NZA 2013, 101. ||14 LAG Rh.-Pf. 24.6.2010 – 10 Sa 77/10. ||15 LAG Hess. 21.8.2006 – 19 (11) Sa 2008/05, NZA-RR 2007, 186. ||16 BAG 16.2.2012 – 8 AZR 242/11, NZA 2012, 1307; ferner BAG 11.8.1998 – 9 AZR 410/97, DB 1998, 1719. ||17 Grdl. BAG 9.8.1984 – 2 AZR 374/83, NZA 1985, 119; 10.7.1969 – 5 AZR 323/68, DB 1969, 1512. | 18 Grdl. *Eisemann*, ArbRGegw 19 (1982), 33 (46f.); ebenso MünchArbR/*Boewer*, § 69 Rz. 17; Staudinger/*Richardi*/*Fischinger*, § 615 Rz. 66ff. ||19 BAG 25.4.2007 – 5 AZR 504/06, NZA 2007, 801; aA aber offenbar BAG 26.1.2011 – 5 AZR 819/09, NZA 2011, 540. ||20 *Löwisch*, Anm. zu BAG, EzA § 615 BGB Nr. 66; *Stahlhacke*, AuR 1992, 8 (9f.).

erst in dem Augenblick ein, in dem der ArbN im Betrieb erscheint und seine Arbeit tatsächlich anbietet[1]. Unter § 295 S. 1 Alt. 2 fallen deshalb nur die seltenen Gestaltungen, in denen der ArbGeb eine Handlung bereits vor dem Erscheinen der ArbN im Betrieb vornehmen muss, ohne dass diese jedoch bezogen auf das einzelne ArbVerh kalendermäßig fixiert ist. Zu nennen ist etwa die Benachrichtigung der ArbN über die Wiederaufnahme der Arbeit nach Ende einer Schlechtwetterperiode[2] oder die Festlegung von Unterrichtsstunden eines Lehrers in einem Stundenplan[3].

cc) Anforderungen an das wörtliche Angebot. Das wörtliche Angebot iSd. § 295 S. 1 bzw. S. 2 ist eine **geschäftsähnliche Handlung**, die dem ArbGeb entsprechend § 130 zugehen muss[4]. Inhaltlich muss sich das Angebot auf die gesamte geschuldete Arbeitsleistung beziehen[5]. Lehnt der ArbGeb lediglich die Annahme eines Teils der Arbeitsleistung rechtswidrig ab, muss der ArbN daher verdeutlichen, dass er in bestimmtem Umfang über die angeordnete Arbeitszeit hinaus arbeiten wolle. Das schlichte Erscheinen am Arbeitsplatz sowie die Erbringung der Arbeitsleistung in dem vom ArbGeb gewünschten Umfang stellen im Hinblick auf den überschießenden Teil der Arbeitszeit weder ein wörtliches noch gar ein tatsächliches Angebot dar[6]. Auch geht es zu weit, das Begehren des ArbN nach schriftlicher Bestätigung einer Freistellung als wörtliches Angebot zu qualifizieren[7]. In zeitlicher Hinsicht kann das wörtliche Angebot nur nach der Ablehnungserklärung seitens des ArbGeb erfolgen[8]. Die in der früheren Rspr. vertretene Auffassung, nach der das Angebot bei ungekündigtem ArbVerh in der bisherigen Dienstleistung zu erblicken war[9], ist daher abzulehnen. Im Falle einer Kündigung hat allerdings auch die ältere Judikatur die bislang erbrachte Arbeit nicht als Angebot iSd. § 295 genügen lassen, sondern darüber hinaus einen Widerspruch gegen die Kündigung gefordert[10]. Ein hinreichend deutlicher Protest wurde früher vorzugsweise in der Erhebung der Kündigungsschutzklage gesehen[11]. Hierbei wurde ein gleichzeitig gestellter Auflösungsantrag iSd. § 9 KSchG als für das Angebot unschädlich angesehen[12]. Ein Abstellen auf die Kündigungsschutzklage hätte an sich zur Folge, dass Annahmeverzug erst ab deren Zugang beim ArbGeb eintritt[13]. Das BAG ist insoweit allerdings nicht immer konsequent gewesen und hat im Falle einer fristlosen Kündigung eine Rückwirkung des Arbeitsangebots bis zur tatsächlichen Entlassung ohne jegliche Begründung bejaht[14]. Zudem entsteht bei einer während der Kündigungsfrist erhobenen Klage das Problem, dass auch ein wörtliches Angebot an sich erst zur vereinbarten Leistungszeit erfolgen kann[15]. Diejenige Arbeitszeit, um deren Annahmeverzug es in dieser Gestaltung geht, wird indes für die Zeit nach dem Ablauf der Kündigungsfrist geschuldet. Mit der von der Rspr. seit vielen Jahren in einer Reihe von Konstellationen befürworteten Heranziehung von § 296, die zur Entbehrlichkeit auch eines wörtlichen Angebots führt (Rz. 37), verringern sich zumindest für die Praxis die aus einer Anwendung von § 295 folgenden Probleme. Die hierfür geltenden Grundsätze sind damit nur für die nicht von § 296 erfassten Fälle bedeutsam. Hierzu zählt nach einer aktuellen Rspr.-Änderung allerdings auch die Situation im Anschluss an eine (unwirksame) Befristung, so dass der ArbN nunmehr durch einen Protest gegen die Beendigung seines ArbVerh oder durch eine Befristungskontrollklage seine Bereitschaft zur Weiterarbeit zum Ausdruck bringen muss[16].

d) Entbehrlichkeit eines wörtlichen Angebots. Nach § 296 S. 1 ist selbst ein wörtliches Angebot entbehrlich, wenn für eine **Mitwirkungshandlung** des Gläubigers iSd. § 295 S. 1 Alt. 2 eine **Zeit nach dem Kalender bestimmt** ist und der Gläubiger diese **Handlung nicht rechtzeitig vornimmt**. Die Rspr. hat sich für den Annahmeverzug des ArbGeb in der Vergangenheit zunehmend auf diese Norm gestützt, zeigt in jüngerer Zeit aber auch gewisse Rückzugstendenzen. Das BAG sieht die dem ArbGeb als Gläubiger der Arbeitsleistung obliegende Mitwirkungshandlung darin, dass dieser dem ArbN einen funktionsfähigen Arbeitsplatz zur Verfügung stellen und ihm konkrete Arbeit zuweisen muss. Danach ist es Sache des ArbGeb, dem ArbN die Leistungserbringung dadurch zu ermöglichen, dass er dessen Arbeitseinsatz fortlaufend plant und konkretisiert. Die kalendermäßige Bestimmung soll sich daraus ergeben, dass es sich um eine mit dem Kalender synchron laufende Daueraufgabe handele[17]. Ihren Anfang

---

1 Eingehend *Konzen*, Gem. Anm. zu BAG, AP BGB § 615 Nr. 34 u. 35; *Schwarze*, Anm. zu BAG, EzA § 615 BGB Nr. 78. || 2 BAG 14.3.1961 – 4 AZR 146/61, DB 1962, 775; LAG Düss. 20.12.1968 – 4 Sa 750/68, BB 1969, 1479. || 3 BAG 16.4.2013 – 9 AZR 554/11, NZA 2013, 849. || 4 BAG 21.3.1985 – 2 AZR 201/84, NZA 1985, 778; ErfK/ *Preis*, § 615 BGB Rz. 24; Staudinger/*Richardi/Fischinger*, § 615 Rz. 58. || 5 *Kraft*, Anm. zu BGH, EzA § 615 BGB Nr. 55. || 6 BAG 25.4.2007 – 5 AZR 504/06, NZA 2007, 801. || 7 So aber offenbar BAG 19.5.2010 – 5 AZR 253/09, NZA 2010, 939. || 8 *Blomeyer*, Anm. zu BAG, AP BGB § 615 Nr. 31; insoweit sehr restriktiv BGH 20.1.1988 – IVa ZR 128/86, EzA § 615 BGB Nr. 55 (Angebot nach Zugang der Kündigung erforderlich). || 9 BAG 7.12.1962 – 1 AZR 134/61, DB 1963, 591; 14.3.1961 – 4 AZR 146/61, DB 1962, 775. || 10 BAG (GS) 26.4.1956 – GS 1/56, BAGE 3, 66. || 11 BAG 14.8.1974 – 5 AZR 497/73, DB 1975, 212; 26.8.1971 – 2 AZR 301/70, DB 1971, 1971; 10.4.1963 – 4 AZR 95/62, DB 1963, 802. || 12 BAG 18.1.1963 – 5 AZR 200/62, DB 1963, 554. || 13 So für den Protest gegen die unzulässige Einführung von Kurzarbeit BAG 15.12.1961 – 1 AZR 207/59, BB 1962, 220; ferner *Blomeyer*, Anm. zu BAG, AP BGB § 615 Nr. 31; *Eisemann*, ArbRGegw 19 (1982), 33 (34f.). || 14 BAG 18.6.1965 – 5 AZR 351/64, DB 1965, 1405; 18.1.1963 – 5 AZR 200/62, DB 1963, 554; ebenso bei einem Geschäftsführer BAG 12.7.2006 – 5 AZR 277/06, NZA 2006, 1094; ids für eine nach Ablauf der Kündigungsfrist erhobene Kündigungsschutzklage auch BAG 10.4.1963 – 4 AZR 95/62, DB 1963, 802. || 15 Soergel/*Kraft*, § 615 Rz. 17. || 16 BAG 19.9.2012 – 5 AZR 627/11, NZA 2013, 101; 12.12.2012 – 5 AZR 93/12, AuR 2013, 271 (Altersgrenze); zust. v. *Medem*, NZA 2013, 345 (349); aA früher BAG 25.11.1992 – 7 AZR 191/92, NZA 1993, 1081. || 17 BAG 27.11.2008 – 8 AZR 199/07; 15.6.2004 – 9 AZR 483/03, NZA 2005, 462; 19.1.1999 – 9 AZR 679/97, NZA 1999, 925.

hat diese Judikatur in den Fällen der unberechtigten Suspendierung ganzer ArbN-Gruppen gefunden[1]. Mit zwei grundlegenden Entscheidungen aus den 1980er Jahren hat das BAG diese Grundsätze dann auf die fristlose[2] und die ordentl. Kündigung für die Zeit nach dem Ende der Kündigungsfrist[3] ausgedehnt. Die Rspr. hat an diesen Regeln in der Folgezeit festgehalten und sie auf weitere Fallgruppen erstreckt. So wird § 296 auch bei einer wirksamen Kündigung, deren Kündigungsfrist zu kurz bemessen ist, angewendet[4]. Gleiches sollte nach bisheriger Ansicht des BAG auch bei einer unwirksamen Befristung gelten, während die neuere Judikatur zu § 295 zurückgekehrt ist (dazu bereits Rz. 36 aE). Im ungekündigten ArbVerh ist § 296 nach der Rspr. regelmäßig unanwendbar[5]. Dies gilt auch für den Zeitraum bis zum Ablauf der vom ArbGeb bestimmten Kündigungsfrist[6]. Dagegen wurde § 296 auf die Fälle der Freistellung von der Arbeit[7], der unwirksamen Einführung von Kurzarbeit[8] bzw. der unwirksamen Rückkehr von Wechselschicht zur Normalarbeitszeit[9], des Unterschreitens der festgelegten Arbeitszeit bei Abrufarbeit[10], der Übersendung der Arbeitspapiere[11] sowie einer unzulässigen Dienstenthebung[12] angewendet, nicht jedoch bei der Ausübung eines (vermeintlichen) Rechts, die Arbeitszeitdauer zu bestimmen[13]. Darüber hinaus zieht das BAG – nicht überzeugend – § 296 bei einem nachträglichen Widerspruch anlässlich eines Betriebsübergangs heran, um hierdurch einen rückwirkenden Annahmeverzug des Betriebsveräußerers zu begründen[14]. Auf die anfängliche Ausnahmeregel, dass es bei berechtigten Zweifeln des ArbGeb an der Leistungswilligkeit des ArbN bei der Notwendigkeit einer Aufforderung durch den Beschäftigten bleiben solle[15], ist das BAG soweit ersichtlich nicht zurückgekommen.

38 Die Lösung der Rspr. über § 296 wird in der **Lit. überwiegend geteilt**[16]. Teilweise wird das wichtigste Ergebnis gebilligt, nämlich die Entbehrlichkeit eines ArbN-Angebots bei einer vom ArbGeb erklärten Kündigung, hierfür aber eine andere Begründung geliefert. So wird selbst ein wörtliches Angebot unter den Gesichtspunkten der Nutzlosigkeit[17], der Unzumutbarkeit[18] bzw. des Verstoßes gegen die Leistungstreuepflicht[19] für verzichtbar gehalten[20]. Eine durchaus beachtliche Anzahl von Stimmen verweigert dem BAG auch im Erg. die Gefolgschaft und hält jedenfalls ein wörtliches Angebot der Arbeitsleistung für unentbehrlich[21].

39 Ein **generelles Vorgehen über § 296** erscheint in der Tat **nicht möglich**. Der ArbGeb muss zwar die organisatorischen Voraussetzungen dafür schaffen, dass der ArbN in die Lage versetzt wird, seine Arbeitsleistung zu erbringen. Diese Mitwirkungshandlungen sind aber nicht kalendermäßig bestimmt. Vielmehr obliegen dem ArbGeb entsprechende Handlungen erst in dem Augenblick, in dem der ArbN im Betrieb erscheint. Dies wird auch vom BAG zugestanden, wenn es im Rahmen eines ungestörten ArbVerh grds. am Erfordernis eines tatsächlichen Leistungsangebotes für den Gläubigerverzug festhält (Rz. 27)[22]. Der ArbGeb gerät daher in einem solchen Fall nicht allein deshalb in Annahmeverzug, weil er infolge eines Auftragsmangels nicht in der Lage ist, dem ArbN konkrete Arbeit zuzuweisen. IÜ sind folgende beiden Fallgruppen zu unterscheiden.

40 Soweit der ArbGeb **im Rahmen eines unstreitig bestehenden ArbVerh die Annahme der Arbeitsleistung im Vorhinein zu Unrecht ausdrücklich ablehnt** (etwa durch die unwirksame Einführung von Kurzarbeit), ist es dem ArbN im Allg. nicht möglich, seine Arbeitskraft anderweitig zu verwerten. Hierdurch wird die Gefahr hervorgerufen, dass der ArbN seine Arbeitskraft ohne eine entsprechende Gegenleistung zu Gunsten des ArbGeb vorhält. Genau davor will § 615 den ArbN bewahren. Ein wörtliches Angebot ist in einer derartigen Gestaltung somit verzichtbar[23]. Der Wortlaut von § 295 steht nicht entgegen, weil der Zweck des wörtlichen Angebots, nämlich die exakte Festlegung des Beginns des Gläubigerverzugs, in diesen Fällen bereits dadurch gewahrt wird, dass die Arbeitsleistung zeitlich fixiert ist. Bei alledem kommt es nicht darauf an, ob sich die unberechtigte Ablehnung der Arbeitsleistung auf eine größere Gruppe von ArbN oder lediglich auf ein einzelnes ArbVerh bezieht. Dasselbe gilt, wenn ein ArbGeb

---

1 BAG 10.7.1969 – 5 AZR 323/68, DB 1969, 1512. ‖2 BAG 9.8.1984 – 2 AZR 374/83, NZA 1985, 119. ‖3 BAG 21.3.1985 – 2 AZR 201/84, NZA 1985, 778. ‖4 BAG 9.4.1987 – 2 AZR 280/86, NZA 1988, 541; LAG Schl.-Holst. 10.12.2003 – 3 Sa 395/03, MDR 2004, 516; aA LAG Düss. 17.7.1997 – 5 Sa 642/97, LAGE § 615 BGB Nr. 51. ‖5 BAG 16.4.2013 – 9 AZR 554/11, NZA 2013, 849. ‖6 BAG 15.5.2013 – 5 AZR 130/12, NZA 2013, 1076. ‖7 BAG 20.6.2013 – 2 AZR 379/12, DB 2014, 63. ‖8 BAG 27.1.1994 – 6 AZR 541/93, NZA 1995, 134; 10.7.1969 – 5 AZR 323/68, DB 1969, 1512; aA BAG 10.10.2006 – 1 AZR 811/05, NZA 2007, 637: Anwendung von § 295. ‖9 BAG 18.9.2002 – 1 AZR 668/01, DB 2003, 1121. ‖10 BAG 8.10.2008 – 5 AZR 715/07, EzA § 615 BGB 2002 Nr. 27; s.a. BAG 26.1.2011 – 5 AZR 819/09, NZA 2011, 540. ‖11 BAG 21.3.1996 – 2 AZR 362/95. ‖12 LAG Hamm 20.5.1988 – 17 Sa 2045/87, LAGE § 615 BGB Nr. 16. ‖13 BAG 18.11.2009 – 5 AZR 774/08. ‖14 BAG 20.5.2010 – 5 AZR 734/08, NZA 2010, 1295; 27.11.2008 – 8 AZR 199/07; 27.11.2008 – 8 AZR 1021/06; 24.7.2008 – 8 AZR 1020/06. ‖15 BAG 21.3.1985 – 2 AZR 201/84, NZA 1985, 778 (779). ‖16 Erman/*Belling*, § 615 Rz. 21; MünchArbR/*Boewer*, § 69 Rz. 17; ErfK/*Preis*, § 615 Rz. 30; Staudinger/*Richardi/Fischinger*, § 615 Rz. 66ff.; KR/*Spilger*, § 11 KSchG Rz. 12ff.; frühzeitig bereits *Eisemann*, ArbRGegw 19 (1982), 33 (46f.). ‖17 *Schäfer*, JuS 1988, 265 (266). ‖18 *Schwarze*, Anm. zu BAG, EzA § 615 BGB Nr. 78. ‖19 *Waas*, NZA 1994, 151 (153ff.). ‖20 Zu älteren Lösungsversuchen *Eisemann*, ArbRGegw 19 (1982), 33 (36ff.); ferner *Blomeyer*, Anm. zu BAG, AP Nr. 26 zu § 615 BGB, der sich selbst für eine teleologische Reduktion von § 295 ausspricht. ‖21 *Kaiser*, Anm. zu BAG, EzA, § 615 BGB Nr. 70; Soergel/*Kraft*, § 615 Rz. 22; *Stahlhacke*, AuR 1992, 9 (9f.); Wiedemann/*Wonneberger*, Anm. zu BAG, AP BGB § 615 Nr. 45. ‖22 S.a. BAG 11.2.2009 – 5 AZR 168/08, NZA 2009, 687: hilfsweise Abstellen auf wörtliches Angebot durch Erhebung der Kündigungsschutzklage. ‖23 IdS auch BAG 6.9.2006 – 5 AZR 703/05, NZA 2007, 36 für den Fall der Freistellung; ebenso BGH 9.10.2000 – II ZR 75/99, NZA 2001, 36.

den Betrieb aus finanziellen Gründen[1] oder urlaubsbedingt[2] vorübergehend schließt und einen ArbN dadurch an einer Beschäftigung hindert. Bei einer ausdrücklichen – widerruflichen oder unwiderruflichen – **Freistellung** kann sogar von einer regelrechten Vereinbarung über die Entbehrlichkeit des Angebots ausgegangen werden, sofern es nicht infolge einer Beseitigung der Arbeitspflicht schon an der Grundvoraussetzung für einen Annahmeverzug fehlt (Rz. 23)[3]. Sofern der ArbGeb die Arbeitsleistung ggü. dem betroffenen ArbN allerdings nicht eindeutig ablehnt, bleibt es beim Erfordernis eines tatsächlichen Angebots[4].

Bei einer (**unwirksamen**) **arbeitgeberseitigen Kündigung bzw. Befristungsabrede** besteht dagegen eine andere Ausgangslage. In diesen Gestaltungen ist der ArbN grds. frei, seine Arbeitskraft anderweitig einzusetzen. Die Gefahr einer vergütungslosen Bindung besteht nicht. Es kann vom ArbN daher erwartet werden, dass er sich gegen den Beendigungstatbestand erkennbar zu Wehr setzt. Ein solches Verhalten ist auch bei einer fristlosen Kündigung nicht unzumutbar. Zudem wird dem ArbGeb hierdurch vor Augen geführt, was auf dem Spiel steht, wenn er an der Wirksamkeit der Auflösung des ArbVerh festhält. Ein wörtliches Angebot des ArbN iSd. § 295 ist infolge der Ablehnung der Arbeitsleistung durch den ArbGeb deshalb einerseits ausreichend, andererseits aber eben auch erforderlich, wie vom BAG bei einer unwirksamen Befristung nunmehr ebenfalls anerkannt wird (dazu bereits Rz. 36 aE). Den Besonderheiten des ArbVerh kann dadurch Rechnung getragen werden, dass man die Kündigungsschutzklage bzw. die Befristungskontrollklage nicht nur als ein solches Arbeitsangebot einstuft, sondern dem ArbN zusätzlich die volle Ausschöpfung der Klagefrist ohne Nachteile zubilligt, indem man dem Angebot entsprechend einer Strömung in der Judikatur (s. oben Rz. 36) Rückwirkung beilegt[5]. Für diese Lösung spricht nicht zuletzt, dass es bei ArbN, die ihre Tätigkeit weitgehend selbst organisieren, entsprechend der Judikatur des BGH zu freien Dienstverträgen[6] an hinreichend konkreten Mitwirkungsobliegenheiten des ArbGeb fehlt, deren Unterlassen zur Verzichtbarkeit eines Angebots führen könnte[7]. 41

Ferner passt die vom BAG entwickelte Sichtweise von vornherein nicht für die Fälle, in denen die **Initiative** zur (unwirksamen) **Auflösung** des ArbVerh vom **ArbN** ausgeht. Dies betrifft eigene Eigenkündigungen[8] ebenso wie unwirksame Aufhebungsverträge auf Wunsch des ArbN. Darüber hinaus ist bei Aufhebungsverträgen ganz generell eine Entbehrlichkeit des Angebots abzulehnen. Selbst wenn der ArbGeb den Aufhebungsvertrag angeregt hat, kann von einem zustimmenden ArbN erwartet werden, dass er ggü. dem ArbGeb den Willen eindeutig zum Ausdruck bringt, am ArbVerh festzuhalten[9]. 42

Für eine Anwendung von § 296 ist somit außerhalb der Fälle der definitiven Ablehnung der Arbeitsleistung nur dann Raum, wenn der ArbGeb eine Mitwirkungshandlung unterlässt, die den ArbN bereits daran hindert, am **Arbeitsplatz zu erscheinen**. Dies ist bspw. der Fall, wenn der ArbGeb einen Montagearbeiter nicht an der vorgesehenen Stelle abholt[10]. Gleiches gilt, wenn der ArbGeb den ArbN davon abhält, sich in einen Schichtplan einzutragen, so dass es dem Beschäftigten nicht möglich ist, zu einer bestimmten Zeit am Arbeitsplatz zu erscheinen[11]. 43

Weiterhin kann selbst ein wörtl. Angebot in Ausnahmesituationen wegen **offenkundiger Nutzlosigkeit** entbehrlich sein[12]. Dies ist etwa bei einem Hausverbot anzunehmen[13]. IÜ ist insoweit aber Zurückhaltung geboten, um die gestuften Anforderungen der §§ 294 ff. nicht auszuhöhlen[14]. 44

3. Leistungswille und Leistungsfähigkeit. a) Allgemeines. Der ArbGeb gerät nicht in Annahmeverzug, wenn der ArbN nicht leistungswillig oder leistungsfähig ist[15]. Für diesen unbestrittenen Grundsatz wird teilweise § 297 angeführt[16]. Diese Vorschrift hat aber nur eine begrenzte Bedeutung. Soweit ein tatsächliches Angebot iSd. § 294 erforderlich ist, gehören die Leistungsbereitschaft und der Leistungswille bereits zu den Erfordernissen eines ordnungsgemäßen Angebots[17]. Des Weiteren scheidet ein Annahmeverzug auch in den Fällen der §§ 295, 296 ohne Rücksicht auf § 297 dann von vornherein aus, wenn ein fehlender Leistungswille bzw. eine fehlende Leistungsfähigkeit des ArbN zur Unmöglichkeit führt. § 297 setzt als Teil der Gläubigerverzugsvorschriften eine Nachholbarkeit der Leistung voraus[18]. Der Zweck der Norm besteht darin, bei einem nicht dem Unmöglichkeitsrecht zugehörigen zeitweiligen Leistungs- 45

---

1 BAG 22.10.2009 – 8 AZR 766/08, NZA-RR 2010, 660. || 2 LAG Köln 1.8.1997 – 11 (7) Sa 152/97, NZA-RR 1998, 393. || 3 *Schwarze*, RdA 2007, 300 (301 f.). || 4 LAG Köln 5.12.2006 – 9 Sa 937/06, NZA-RR 2007, 289. || 5 IdS auch *Wiedemann/Wonneberger*, Anm. zu BAG, AP BGB § 615 Nr. 45. || 6 BGH 20.1.1988 – IVa 128/86, EzA § 615 BGB Nr. 55; 13.3.1986 – IX ZR 65/85, DB 1986, 1332. || 7 MünchArbR/*Boewer*, § 69 Rz. 16; ErfK/*Preis*, § 615 BGB Rz. 33. || 8 Vgl. BAG 16.1.2003 – 2 AZR 653/01, AP SeemG § 67 Nr. 2; für den Fall eines Formverstoßes gem. § 623 ebenso: *Caspers*, RdA 2001, 28 (29 f.); Staudinger/*Oetker*, § 623 Rz. 105; *Schaub*, NZA 2000, 344 (347). || 9 Insoweit auch BAG 7.12.2005 – 5 AZR 19/05, NZA 2006, 435; ferner *Caspers*, RdA 2001, 28 (33); Staudinger/*Oetker*, § 623 Rz. 126; Richardi/*Annuß*, NJW 2000, 1231 (1233). || 10 ErfK/*Preis*, § 615 BGB Rz. 42; *Schaub*, ZIP 1981, 347 (349). || 11 BAG 12.6.1996 – 5 AZR 960/94, NZA 1997, 191. || 12 Vgl. BGH 9.10.2000 – II ZR 75/99, NZA 2001, 36. || 13 BAG 20.3.1986 – 2 AZR 295/85, EzA § 615 BGB Nr. 48; 11.11.1976 – 2 AZR 457/75, DB 1977, 1190. || 14 IdS auch BAG 16.4.2013 – 9 AZR 554/11, NZA 2013, 849; sehr großzügig aber BAG 18.9. 2002 – 1 AZR 668/01, DB 2003, 1121; 21.4.1999 – 5 AZR 174/98, NZA 1999, 1044. || 15 BAG 19.5.2004 – 5 AZR 434/03, AP BGB § 615 Nr. 108. || 16 BAG 19.5.2004 – 5 AZR 434/03, AP BGB § 615 Nr. 108; 10.5.1973 – 5 AZR 493/72, DB 1973, 1604; ErfK/*Preis*, § 615 BGB Rz. 43. || 17 *Nierwetberg*, BB 1982, 995 (996). || 18 BAG 23.1. 2001 – 9 AZR 287/99, NZA 2001, 1020; *Ramrath*, SAE 1992, 56 (63).

hindernis den Eintritt des Annahmeverzugs auszuschließen[1]. § 297 greift daher nur dann ein, wenn die Arbeitsleistung nicht den Charakter einer absoluten Fixschuld hat und ihre Versäumung somit nicht zur zeitanteiligen Unmöglichkeit führt. Unabhängig von der konkreten Reichweite dieser Regelung geht es in der Sache darum, zwischen den Fällen abzugrenzen, in denen die Nichtannahme der Arbeit ausschließlich auf den Willen des ArbGeb beruht, so dass er gem. S. 1 zur Fortzahlung des Entgelts verpflichtet ist, und den Konstellationen, in denen mangels Leistungsbereitschaft oder Leistungsfähigkeit des ArbN kein Vergütungsanspruch auf Annahmeverzug besteht. Scheidet Gläubigerverzug aus, kann sich ein Entgeltanspruch allerdings aus anderen Bestimmungen ergeben (zB bei Krankheit nach § 3 EFZG).

46 b) **Leistungswille.** Der ArbN muss leistungswillig sein. Fehlt es an der Leistungsbereitschaft, so setzt er sich **außerstande, die geschuldete Leistung zu bewirken.** Der Leistungswille muss im Zeitpunkt des Angebots bzw. der Fälligkeit der Arbeitsleistung vorliegen[2] und während des gesamten Verzugszeitraums fortbestehen[3]. Ein späterer Fortfall ursprünglich vorhandener Leistungsbereitschaft beendet somit den Gläubigerverzug[4]. Der Wille muss ernstlich sein und sich inhaltlich darauf beziehen, die geschuldete Tätigkeit im geschuldeten zeitlichen Umfang zu erbringen[5]. Ein tatsächliches Angebot belegt grds. den ernsthaften Leistungswillen[6]. Dasselbe ist bei einem wörtlichen Angebot anzunehmen[7]. Der erforderliche Leistungswille wird durch die Erhebung einer Kündigungsschutzklage aber nicht ersetzt[8]. Ferner muss der ArbN auch in den Fällen, in denen ein Angebot nach § 296 entbehrlich ist, seine Leistungsbereitschaft nicht nachweisen. Vielmehr ist es Sache des ArbGeb, den fehlenden Leistungswillen darzutun[9]. Allerdings lässt sich die Leistungsbereitschaft des ArbN im Allg. nur für solche Zeiträume feststellen, die vor der letzten mündlichen Verhandlung über Ansprüche aus § 615 liegen[10].

47 Das Hauptproblem besteht darin, welche Umstände den **Schluss auf einen fehlenden Leistungswillen des ArbN** erlauben. Zunächst fehlt die Leistungsbereitschaft nicht schon dann, wenn der ArbN die betreffende Arbeit nicht angeboten hat[11]. Weiter wird der Leistungswille nicht dadurch ausgeschlossen, dass der ArbN keine Kündigungsschutzklage erhebt oder keinen Weiterbeschäftigungsanspruch stellt[12]. Dasselbe gilt bei einem Antrag auf Auflösung des ArbVerh gem. § 9 KSchG[13]. Ein Auslandsaufenthalt lässt für sich allein ebenfalls nicht den Schluss zu, dass der ArbN nicht leistungsbereit ist[14]. Entsprechendes gilt bei einem vehementen Protest gegen eine geplante Versetzung, solange der ArbGeb den ArbN nicht zur Aufnahme der Arbeit am neuen Arbeitsort konkret aufgefordert hat[15]. Demggü. dokumentiert der ArbN durch das Eingehen eines neuen ArbVerh ohne Wissen des bisherigen ArbGeb, die Inanspruchnahme von Elternzeit im Rahmen dieses ArbVerh[16] sowie die Teilnahme an einem Streik[17] seine Leistungsunwilligkeit. Gibt der ArbN zu verstehen, dass er dem ArbGeb infolge einer Beendigung des ArbVerh keine Arbeitsleistung mehr schulde, fehlt es gleichfalls am Leistungswillen[18]. Ebenso verhält es sich bei Abschluss eines Aufhebungsvertrags, selbst wenn dieser mangels Schriftform nichtig ist. § 623 will den ArbN vor dem Verlust des Arbeitsplatzes, nicht jedoch vor jeglichen nachteiligen Folgen seiner Erklärung schützen[19]. Die Leistungswilligkeit kann jedoch trotz der einverständlichen formunwirksamen Beendigung des ArbVerh angenommen werden, wenn der ArbN erklärt, er brauche die Arbeit[20]. Anders ist dies, wenn der ArbN die vom ArbGeb zur Vermeidung der Zwangsvollstreckung aus einem Weiterbeschäftigungstitel angebotene urteilsgemäße Beschäftigung nicht wahrnimmt[21]. Schließlich soll es an der Leistungsbereitschaft fehlen, wenn der ArbN die Arbeitsaufnahme im Rahmen einer sog. Prozessbeschäftigung unter die Bedingung stellt, dass der ArbGeb die Kündigung zurücknimmt[22]. Durch diese Entkoppelung von tatsächlichem Leistungswillen und Vertragserfüllung werden die hohen Anforderungen, welche die Rspr. an die Beendigung des Annahmeverzugs stellt (vgl. Rz. 70), freilich unterlaufen[23].

48 Steht dem ArbN ein **Leistungsverweigerungsrecht** zu und ist er deshalb aktuell nicht leistungswillig, muss er zumindest bereit sein, die geschuldete Leistung zu bewirken, sobald das Hindernis entfällt[24], ohne dies jedoch explizit erklären zu müssen[25]. Dies kann bei Entgeltrückständen zum Tragen kommen (dazu auch Rz. 64, 75 sowie § 614 Rz. 12 ff.) sowie dann, wenn der ArbGeb gegen Arbeitsschutzbestim-

---

1 Soergel/Wiedemann, § 297 Rz. 2. ||2 BAG 7.6.1973 – 5 AZR 563/72, DB 1973, 1605. ||3 BAG 17.8.2011 – 5 AZR 251/10, NZA-RR 2012, 342; 19.5.2004 – 5 AZR 434/03, AP BGB § 615 Nr. 108. ||4 BAG 27.3.1974 – 5 AZR 258/73, DB 1974, 1167. ||5 BAG 22.2.2012 – 5AZR 249/11, NZA 2012, 858; 18.12.1974 – 5 AZR 66/74, DB 1975, 892. ||6 BAG 10.5.1973 – 5 AZR 493/72, DB 1973, 1604. ||7 AA ErfK/Preis, § 615 BGB Rz. 113. ||8 BAG 19.5.2004 – 5 AZR 434/03, AP BGB § 615 Nr. 108. ||9 BAG 22.2.2012 – 5AZR 249/11, NZA 2012, 858. ||10 BAG 18.12.1974 – 5 AZR 66/74, DB 1975, 892. ||11 BAG 27.8.2008 – 5 AZR 16/08, NZA 2008, 1410. ||12 ErfK/Preis, § 615 BGB Rz. 47. ||13 BAG 18.1.1963 – 5 AZR 200/62, DB 1963, 554; s. aber auch BAG 24.9.2003 – 5 AZR 591/02, NZA 2003, 1387 (1388). ||14 LAG Hamm 18.10.1985 – 16 Sa 386/85, LAGE § 615 BGB Nr. 6; LAG Berlin 19.12.1983 – 12 Sa 124/83, NZA 1984, 125; Stahlhacke, AuR 1992, 8 (13). ||15 LAG Köln 25.5.2005 – 7 (11) Sa 1347/04, NZA-RR 2006, 181. ||16 BAG 19.5.2004 – 5 AZR 434/03, AP BGB § 615 Nr. 108. ||17 BAG 17.7.2012 – 1 AZR 563/11, NZA 2012, 1432. ||18 LAG Köln 28.2.1984 – 1 Sa 1443/83, EzA § 615 BGB Nr. 42; s.a. LAG Köln 28.11.1990 – 10 Sa 503/90, LAGE § 615 BGB Nr. 24. ||19 LAG Thür. 27.1.2004 – 5 Sa 131/02. ||20 LAG Nds. 15.10.2004 – 5 Sa 1360/03, AuR 2005, 236 (LS). ||21 BAG 17.8.2011 – 5 AZR 251/10, NZA-RR 2012, 342. ||22 BAG 13.7.2005 – 5 AZR 578/04, NZA 2005, 1348. ||23 Krit. auch Meyer, NZA-RR 2012, 336 (340ff.). ||24 BAG 7.6.1973 – 5 AZR 563/72, DB 1973, 1605; aA LAG Thür. 19.1.1999 – 5 Sa 895/97, LAGE § 273 BGB Nr. 1, das stattdessen § 326 II 1 Alt. 1 (früher § 324 I) heranzieht. ||25 IdS LAG Schl.-Holst. 21.3.2013 – 1 Sa 350/12.

mungen verstößt (vgl. § 618 Rz. 30) oder eine feindliche Arbeitsumgebung schafft bzw. unter Verstoß gegen seine Fürsorgepflicht duldet (Mobbing)[1]. Sofern der ArbN seine Weiterarbeit im Betrieb allerdings definitiv ausschließt, fehlt es an der erforderlichen Leistungsbereitschaft[2].

c) Leistungsfähigkeit. Der ArbN muss leistungsfähig sein. Bei einem objektiven **Leistungsunvermögen scheidet Gläubigerverzug aus**, sofern die Parteien keine für den ArbN günstigere Abrede getroffen haben[3]. Vielmehr liegt dann Unmöglichkeit vor[4]. Bezugspunkt der Leistungsfähigkeit ist die geschuldete Arbeit. Kann der ArbN die ihm zugewiesene Arbeit aus gesundheitlichen Gründen[5] nicht mehr wahrnehmen, kam es nach der bisherigen Rspr. darauf an, ob es eine andere, innerhalb des vertragl. Rahmens liegende Arbeit gibt, die der ArbN trotz seiner Einschränkungen leisten kann. Wenn dies der Fall ist, traf den ArbGeb aus § 106 GewO die Obliegenheit, den ArbN leidensgerecht zu beschäftigen. Wies der ArbGeb dem ArbN keine entsprechende Arbeit zu, so sollte er in Annahmeverzug geraten[6]. Dies wurde auch bei einem berechtigten Hausverbot bejaht, sofern dieses auf einen von mehreren Betrieben beschränkt ist[7]. Dabei hatte der ArbGeb etwaige Versetzungsklauseln zu berücksichtigen. Diese Judikatur hat das BAG mittlerweile aufgegeben. Danach wird die iSd. § 294 zu erbringende Leistung ausschließlich vom ArbGeb festgelegt, so dass Annahmeverzug ausscheidet, wenn der ArbN diese Tätigkeit nicht mehr ausüben kann. Allerdings soll den ArbGeb eine eigenständige Pflicht treffen, sein Direktionsrecht (§ 106 GewO) so auszuüben, dass dem ArbN eine Leistung wieder möglich wird. Bei einer schuldhaften Verletzung dieser Pflicht durch den ArbGeb soll dem ArbN ein Schadensersatzanspruch wegen entgangener Vergütung zustehen (§§ 280 I, 241 II)[8]. Dies alles gilt bereits dann, wenn der ArbN – gesundheitsbedingt – nur noch einen Teil der zugewiesenen Tätigkeiten ausüben kann, weil es grds. keine Teilarbeitsfähigkeit gibt[9] (s. aber auch Rz. 52).

Wenn der ArbN zur geschuldeten Arbeitsleistung nicht mehr fähig ist, aber eine andere Tätigkeit ausüben könnte, stellt sich die Frage, ob der ArbGeb ihm – ggf. vorübergehend – eine **Weiterarbeit zu geänderten Vertragsbedingungen** anbieten muss, um einen Gläubigerverzug zu vermeiden. Teilweise wird dies insb. unter Berufung auf das kündigungsschutzrechtl. Ultima-ratio-Prinzip bejaht, wonach der ArbGeb zunächst eine Änderungskündigung auszusprechen habe, bevor er zu einer Beendigungskündigung schreitet[10]. Demggü. spricht mehr dafür, einen Anspruch auf Annahmeverzugslohn in diesen Gestaltungen zu verneinen. Gläubigerverzug scheidet jedenfalls aus, wenn der ArbN die außervertragl. Arbeit nicht der Art nach angeboten oder sogar im Vorhinein abgelehnt hat, kein entsprechender Arbeitsplatz zur Verfügung steht oder es sich um ein dauerhaftes Leistungsunvermögen handelt. Gleiches gilt, wenn eine Beendigungskündigung des ArbGeb rechtskräftig mit der Begründung für unwirksam erklärt wurde, der ArbGeb hätte trotz der Ablehnung seitens des ArbN die entsprechende Arbeit im Wege der Änderungskündigung anbieten müssen[11]. Eine automatische Änderung des Vertragsinhalts ist erst recht abzulehnen[12].

Dies gilt auch dann, wenn einem **schwerbehinderten Beschäftigten** die Arbeit aus Gesundheitsgründen unmöglich wird[13]. Der Schutzzweck der kündigungsrechtl. Beschränkungen zu Gunsten von schwerbehinderten ArbN (§§ 85 ff. SGB IX) wie auch der sonstigen kündigungsschutzrechtl. Vorschriften ist dadurch zu verwirklichen, dass man dem ArbN unter Berücksichtigung von § 81 IV SGB IX einen Anspruch auf Weiterbeschäftigung zu geänderten Vertragsbedingungen zubilligt (s. die Komm. zu § 81 SGB IX)[14]. Kommt der ArbGeb diesem Anspruch nicht nach, kann er sich schadensersatzpflichtig machen[15]. Der Schaden besteht aber nur in der Höhe des Entgelts, das bei einer hypothetischen Vertragsänderung erzielt worden wäre[16].

---

1 Dazu LAG Nds. 3.5.2000 – 16a Sa 1391/99, LAGE § 273 BGB Nr. 2; *Rieble/Klumpp*, ZIP 2002, 369 (380). || 2 IdS auch BAG 7.6.1973 – 5 AZR 563/72, DB 1973, 1605; großzügiger offenbar LAG Nürnberg 20.10.1992 – 2 (4) Sa 123/91, LAGE § 615 BGB Nr. 38; ErfK/*Preis*, § 615 BGB Rz. 47. || 3 Vgl. BAG 23.1.2008 – 5 AZR 393/07, NZA 2008, 595. || 4 BAG 18.3.2009 – 5 AZR 192/08, NZA 2009, 611; 13.12.2007 – 6 AZR 197/07, NZA-RR 2008, 418 (420). || 5 Zu den Voraussetzungen s. BAG 23.1.2008 – 5 AZR 393/07, NZA 2008, 595. || 6 BAG 27.8.2008 – 5 AZR 16/08, NZA 2008, 1410; 8.11.2006 – 5 AZR 51/06, ZTR 2007, 204; 4.10.2005 – 9 AZR 632/04, NZA 2006, 442 (443); 24.9.2003 – 5 AZR 282/02, NZA 2003, 1332; *Rieble*, Anm. zu LAG Köln, LAGE § 615 BGB Nr. 23. || 7 LAG Hess. 26.4.2000 – 13 SaGa 3/00, NZA-RR 2000, 633. || 8 BAG 19.5.2010 – 5 AZR 162/09, NZA 2010, 1119; zust. LAG Schl.-Holst. 19.6.2012 – 1 Sa 225e/11, LAGE § 81 SGB IX Nr. 11; LAG Bln.-Bbg. 6.6.2012 – 4 Sa 2152/11, NZA-RR 2012, 624; offen lassend LAG Hess. 12.12.2011 – 17 Sa 496/11; dazu auch *Krause*, AuR 2011, 402 ff.; für einen Rekurs auf die §§ 280 I, III, 281, 241 I BGB *Greiner*, RdA 2013, 9 (11 ff.). || 9 LAG Schl.-Holst. 22.3.2012 – 5 Sa 336/11, LAGE § 615 BGB 2002 Nr. 16. || 10 LAG Hamm 11.12.1986 – 4 Sa 2166/85, LAGE § 615 BGB Nr. 11; *Stahlhacke*, AuR 1992, 8 (15); in diese Richtung auch BAG 18.12.1986 – 2 AZR 34/86, NZA 1987, 377; distanzierend aber BAG 13.8.2009 – 6 AZR 330/08, NZA-RR 2010, 420; 27.8.2008 – 5 AZR 16/08, NZA 2008, 1410. || 11 BAG 27.8.2008 – 5 AZR 16/08, NZA 2008, 1410. || 12 *Boecken*, Anm. zu BAG, EzA § 615 BGB Nr. 69; ErfK/*Preis*, § 615 BGB Rz. 44. || 13 BAG 4.10.2005 – 9 AZR 632/04, NZA 2006, 442; 23.1.2001 – 9 AZR 287/99, NZA 2001, 1020; 13.5.1992 – 5 AZR 437/91, EzA § 14 SchwbG 1986 Nr. 3; aA LAG Köln 28.5.1990 – 6 Sa 213/00, LAGE § 615 BGB Nr. 23 bis zur Grenze völliger Arbeitsunfähigkeit schwerbehinderter Beschäftigter. || 14 *Rieble*, Anm. zu LAG Köln, LAGE § 615 BGB Nr. 23; zu Einzelheiten BAG 10.5.2005 – 9 AZR 230/04, NZA 2006, 155; 28.4.1998 – 9 AZR 348/97, NZA 1999, 152 mwN. || 15 BAG 4.10.2005 – 9 AZR 632/04, NZA 2006, 442 (444); 3.12.2002 – 9 AZR 462/01, NZA 2004, 1219; ebenso BAG 13.8.2009 – 6 AZR 330/08, NZA-RR 2010, 420 unter Berufung auf § 241 II iVm. einer tarifl. Einkommensschutzvorschrift. || 16 MünchArbR/*Boewer*, § 69 Rz. 19; ErfK/*Preis*, § 615 BGB Rz. 44.

52 Kann der ArbN infolge gesundheitlicher Einbußen die **vertragl. geschuldete Tätigkeit nur noch in einem zeitlich verringerten Umfang** ausüben, ist ein der Teilarbeitsfähigkeit entsprechender Annahmeverzug lediglich zu bejahen, wenn und soweit der ArbN berechtigt wäre, eine Verringerung seiner Arbeitszeit gem. § 8 TzBfG zu verlangen. Außerhalb dieser Regelung trifft den ArbGeb keine Obliegenheit, eine Teilleistung anzunehmen[1].

53 Sofern **werdende Mütter** infolge eines Beschäftigungsverbotes gehindert sind, die vertragl. geschuldete Arbeitsleistung zu erbringen, kann der ArbGeb ihnen im Rahmen billigen Ermessens eine sonstige Tätigkeit zuweisen[2]. Diese Befugnis wirkt allerdings nur zu Gunsten des ArbGeb. Die werdende Mutter selbst kann daraus keine Rechte herleiten, so dass sie den ArbGeb nicht durch das Angebot einer nicht geschuldeten Tätigkeit in Annahmeverzug setzen kann[3]. Der Entgeltschutz wird stattdessen durch § 11 MuSchG gewährleistet.

54 Das Leistungsvermögen des ArbN kann aus tatsächlichen oder rechtl. Gründen entfallen. **Tatsächliche Gründe** sind neben Krankheit (hierzu noch Rz. 57 ff.) auch etwa eine Alkoholisierung bei einem Maschinenarbeiter[4]. Dabei kann die objektive Leistungsunfähigkeit nicht durch die subjektive Einschätzung des ArbN beseitigt werden, gleichwohl einen Arbeitsversuch zu unternehmen[5]. Umgekehrt kann der ArbGeb ohne besondere Rechtsgrundlage von einem nach einer Krankheit objektiv wieder leistungsfähigen ArbN nicht die Vorlage einer „Gesundschreibung verlangen", weil dies der gesetzl. Beweislastverteilung widerspräche (dazu Rz. 108)[6]. Wenn ein Arzt zwar nicht Arbeitsunfähigkeit attestiert, einen Arbeitsplatzwechsel aus gesundheitlichen Gründen jedoch dringend anrät, kann der ArbGeb zwecks Vermeidung von Haftungsrisiken das Angebot der Tätigkeit ablehnen, ohne in Annahmeverzug zu geraten[7]. Die Zuerkennung einer Rente wegen Erwerbsminderung (§ 43 SGB VI) steht einem Gläubigerverzug aber nicht entgegen[8].

55 **Rechtliche Gründe** bestehen beim Vorliegen eines gesetzl. Beschäftigungsverbotes, wie etwa beim Fehlen der ärztlichen Approbation[9], der ärztlichen Unbedenklichkeitsbescheinigung iSd. § 2 I 1 GesBergV[10] bzw. einer erforderlichen Genehmigung für ausländische Beschäftigte gem. § 284 SGB III bzw. nach Maßgabe des AufenthG[11], innerhalb der Schutzfristen nach §§ 3 II, 6 I MuSchG oder auf Grund arbeitszeitrechtl. Vorschriften (Ruhepausen nach § 4 ArbZG[12] oder Ruhezeit nach § 5 ArbZG[13]). Das Gleiche gilt beim Entzug der Fahrerlaubnis eines Kraftfahrers[14]. Kann ein Außendienstmitarbeiter seine Vermittlungstätigkeit nur mit Hilfe eines Kraftfahrzeugs ordnungsgemäß erfüllen, kann der ArbN bei einem Entzug der Fahrerlaubnis die Unmöglichkeit nicht dadurch vermeiden, dass er sich von einem Dritten fahren lässt (s.a. Rz. 27)[15]. Ein den Verzugslohnanspruch ausschließendes Leistungshindernis seitens des ArbN kann ferner dann vorliegen, wenn ihm der Auftraggeber seines ArbGeb (berechtigterweise) ein Hausverbot erteilt, sofern es dem ArbGeb nicht möglich und zumutbar ist, den ArbN auf einem anderen Arbeitsplatz einzusetzen[16]. Soll eine Rechtsnorm das rechtl. Unvermögen zur Berufstätigkeit begründen, muss sie diese Rechtsfolge klar und deutlich zum Ausdruck bringen. Dies gilt zB nicht für § 5 V NWRettG, der eine jährliche Fortbildung für Rettungspersonal anordnet[17].

56 Annahmeverzug setzt **nicht** voraus, dass sich der ArbN **ständig abrufbereit** hält[18]. Ein Auslandsaufenthalt schließt Gläubigerverzug daher nicht zwangsläufig aus[19]. Der Aufbau einer neuen wirtschaftl. Existenz beendet den Annahmeverzug nicht, falls es dem ArbN ohne weiteres möglich ist, diese Tätigkeit wieder aufzugeben[20]. Entsprechendes gilt, wenn der ArbN eine neue abhängige Beschäftigung aufnimmt. Aus S. 2 ergibt sich, dass eine anderweitige Verwendung der Arbeitskraft durch den ArbN grds. nur zu einer Anrechnung des Entgelts, nicht aber zu einer Beendigung des Gläubigerverzugs führt[21]. Bis zum Ablauf der Kündigungsfrist im neuen ArbVerh besteht zwar ein Leistungshindernis für das bisherige Beschäftigungsverhältnis. Dieses beruht aber auf dem Annahmeverzug und kann den ArbGeb daher nicht entlasten[22]. Beim Vollzug einer Freiheitsstrafe entfällt Gläubigerverzug. Eine Ausnahme gilt allerdings für den Fall, dass es der ArbN nur wegen der Annahmeverweigerung seitens des ArbGeb unterlassen hat, die Strafe im Wochenendvollzug abzuleisten[23]. Hat der ArbGeb das Unvermögen des

---

1 Ebenso LAG Rh.-Pf. 6.3.2009 – 9 Sa 740/08; im Ansatz großzügiger LAG Berlin 1.3.2002 – 2 Sa 2316/01, LAGE § 615 BGB Nr. 64. ||2 BAG 15.11.2000 – 5 AZR 365/99, AP MuSchG 1968 § 4 Nr. 7. ||3 AA offenbar BAG 5.3.1957 – 1 AZR 72/55, SAE 1957, 128. ||4 LAG Schl.-Holst. 28.11.1988 – 4 Sa 382/88, LAGE § 615 BGB Nr. 17. ||5 BAG 29.10.1998 – 2 AZR 666/97, NZA 1999, 377; aA *Gotthardt/Greiner*, DB 2002, 2106 (2107ff.) für die von ihnen § 275 III anstelle von § 275 I zugeordneten Fälle bloßer „krankheitsbedingter Unzumutbarkeit" der Arbeitsleistung; unklar BT-Drs. 14/6857, 47. ||6 LAG Düss. 17.7.2003 – 11 Sa 183/03, NZA-RR 2004, 65 (67). ||7 LAG Hamm 8.9.1995 – 5 Sa 462/95, LAGE § 615 BGB Nr. 48. ||8 Vgl. LAG Hamm 23.10.1987 – 17 (9) 549/87, LAGE § 615 BGB Nr. 14. ||9 BAG 6.3.1974 – 5 AZR 313/73, DB 1974, 1168. ||10 BAG 15.6.2004 – 9 AZR 483/03, NZA 2005, 462. ||11 Vgl. BAG 13.1.1977 – 2 AZR 423/75, DB 1977, 917. ||12 BAG 18.11.2009 – 5 AZR 774/08. ||13 BAG 13.12.2007 – 6 AZR 197/07, NZA-RR 2008, 418. ||14 BAG 18.12.1986 – 2 AZR 34/86, NZA 1987, 377. ||15 LAG Köln 19.5.1993 – 8 Sa 60/93, LAGE § 615 BGB Nr. 37. ||16 BAG 18.9.2008 – 2 AZR 1060/06. ||17 BAG 18.3.2009 – 5 AZR 192/08, NZA 2009, 611. ||18 BAG 18.8.1961 – 4 AZR 132/60, DB 1961, 1360. ||19 BAG 11.7.1985 – 2 AZR 106/84, AP BGB § 615 Nr. 35a; LAG Hamm 18.10.1985 – 16 Sa 386/85, LAGE § 615 BGB Nr. 6. ||20 BAG 18.1.1963 – 5 AZR 200/62, DB 1963, 554. ||21 BAG 16.5.2012 – 5 AZR 251/11, NZA 2012, 971; 27.11.2008 – 8 AZR 199/07; 5.11.2003 – 5 AZR 562/02, AP Nr. 106 zu § 615 BGB; Erf*K/Preis*, § 615 BGB Rz. 50; Staudinger/*Richardi/Fischinger*, § 615 Rz. 89. ||22 OLG Frankfurt/M. 7.5.1997 – 21 U 83/96, NZA-RR 1998, 433 (434); Erf*K/Preis*, § 615 BGB Rz. 73. ||23 BAG 18.8.1961 – 4 AZR 132/60, AP BGB § 615 Nr. 20.

ArbN regelrecht herbeigeführt, bleibt der Entgeltanspruch schon nach § 326 II 1 Alt. 1 aufrechterhalten (vgl. Rz. 11). Sofern der ArbN wegen der Verletzung von MitbestR bei dessen Einstellung oder Versetzung nicht beschäftigt werden darf, ist S. 3 anzuwenden (Rz. 20).

d) Anzeige wiederhergestellter Leistungsfähigkeit. Fraglich ist, ob ein zunächst leistungsunfähiger ArbN dem ArbGeb sein wiedergewonnenes Leistungsvermögen anzeigen muss, um ihn in Annahmeverzug zu setzen. Dies betrifft insb. Arbeitsunfähigkeit infolge Erkrankung, kann aber auch in anderen Fällen relevant werden (zB vorübergehender Entzug der Fahrerlaubnis). 57

Das **BAG ging zunächst generell davon aus**, dass ein zum Zeitpunkt des Angebots arbeitsunfähig erkrankter ArbN dem ArbGeb **seine Wiedergenesung anzuzeigen** und **seine Dienste anzubieten** habe[1]. Für das **gekündigte ArbVerh** hat das BAG die **Anforderungen** schrittweise **abgesenkt**. So hat das BAG zunächst für den Fall, dass der ArbN zum Kündigungstermin befristet arbeitsunfähig krank war, auf die Anzeige der wiederhergestellten Arbeitsfähigkeit verzichtet und den ArbGeb zumindest dann in Gläubigerverzug geraten lassen, wenn der ArbN seine weitere Leistungsbereitschaft durch Erhebung einer Kündigungsschutzklage oder auf sonstige Weise deutlich gemacht hat[2]. In der Folgezeit wurde diese Judikatur auf die mehrfach befristete[3] und schließlich auf die unbefristete Arbeitsunfähigkeit ausgedehnt[4]. Dabei will das BAG in jenen Fällen offenkundig auf das Erfordernis einer früheren Anzeige der Leistungsbereitschaft des ArbN verzichten[5]. Zur Begründung verweist das BAG darauf, dass der ArbGeb dem ArbN kalendertäglich einen funktionsfähigen Arbeitsplatz zur Verfügung zu stellen habe. § 296 lasse den Gläubiger über die Leistungsfähigkeit des Schuldners sowieso im Unklaren. Die Konsequenz aus der Einstufung des Bereitstellens eines funktionsfähigen Arbeitsplatzes als kalendermäßig bestimmte Mitwirkungshandlung iSd. § 296 hat die Rspr. allerdings nicht von vornherein gezogen. Anfangs wurde nämlich noch auf die Erkennbarkeit der wiederhergestellten Leistungsfähigkeit des ArbN abgestellt[6]. IÜ verweist das BAG darauf, dass der ArbN von den ihm sonst obliegenden Anzeige- und Nachweispflichten gem. § 5 EFZG befreit sei[7]. In der Lit. ist diese Rspr. teilweise zustimmend aufgenommen worden[8], während sie insb. in den Fällen der unbefristeten Arbeitsunfähigkeit des ArbN auch auf Ablehnung gestoßen ist[9]. 58

Entsprechend den obigen Ausführungen (Rz. 41) kann auf ein wörtliches Angebot bei einem (unwirksam) gekündigten ArbVerh **grds. nicht verzichtet** werden. Dies gilt jedenfalls dann, wenn der ArbGeb infolge einer Arbeitsunfähigkeit des ArbN nicht weiß, zu welchem Zeitpunkt er einen funktionsfähigen Arbeitsplatz zur Verfügung zu stellen hat. Allerdings wird man in der Führung eines Kündigungsschutzprozesses ein dauerhaftes Angebot sehen können, durch das der ArbN seine Leistungsbereitschaft für den Zeitpunkt der Wiederherstellung der Arbeitsfähigkeit dokumentiert[10]. Der ArbGeb wird dadurch hinreichend geschützt, dass er den ArbN vorsorglich zu einer Anzeige der Wiederherstellung seiner Arbeitsfähigkeit auffordern kann. Kommt der ArbN dieser Aufforderung nicht nach, kann er grds. keine Rechte aus Annahmeverzug herleiten. IÜ ist ein Angebot des ArbN entbehrlich, wenn der ArbGeb nicht nur kündigt, sondern darüber hinaus eindeutig erklärt, auf die Dienste des ArbN ohne Rücksicht auf dessen (wiederhergestellte) Leistungsfähigkeit zu verzichten. 59

4. Nichtannahme der Arbeitsleistung. a) Grundsätzliches. Weitere Voraussetzung für den Gläubigerverzug ist die Nichtannahme der Arbeitsleistung durch den ArbGeb. Nichtannahme ist zunächst jedes **Verhalten, das den Erfüllungseintritt verhindert**[11]. Damit ist auf jeden Fall die Annahmeunwilligkeit des ArbGeb erfasst. Teile der Lit. wollen darüber hinaus die Annahmeunmöglichkeit in den Tatbestand des S. 1 einbeziehen (vgl. Rz. 9). Dies korrespondiert mit der Ansicht des ursprünglichen Gesetzgebers, nach der die „nackte Tatsache der Nichtannahme" ausreiche[12]. Da der Reformgesetzgeber diese Fälle der Annahmeunfähigkeit des ArbGeb aber nunmehr in S. 3 lokalisiert und lediglich eine entsprechende Anwendung von S. 1 angeordnet hat, muss man diese Gestaltungen aus dem unmittelbaren Einzugsbereich von S. 1 indes ausklammern (vgl. Rz. 113). S. 1 erfasst bei genauer Betrachtung daher nur die Fälle, in denen der ArbGeb die angebotene Arbeitsleistung **nicht annehmen will**[13]. Sofern der ArbGeb die Leistung infolge eines von ihm nicht zu vertretenden Umstandes **nicht annehmen kann**, handelt es sich gem. S. 3 lediglich um eine **entsprechende Anwendung des Tatbestandsmerkmals der Nichtannahme**. 60

Die Nichtannahme muss **weder ausdrücklich noch konkludent** erklärt werden. Sie stellt weder eine geschäftsähnliche Handlung noch einen ablehnenden Realakt dar. Vielmehr genügt das reine Unterlassen der Annahme der an sich möglichen Arbeitsleistung. Ein Verschulden des ArbGeb ist nicht erfor- 61

---

1 BAG 26.8.1971 – 2 AZR 301/70, DB 1971, 1971; 27.1.1975 – 5 AZR 404/74, DB 1975, 1082; 20.3.1986 – 2 AZR 295/85, EzA § 615 BGB Nr. 48. ‖ 2 BAG 19.4.1990 – 2 AZR 591/89, NZA 1991, 228. ‖ 3 BAG 24.10.1991 – 2 AZR 112/91, NZA 1992, 403. ‖ 4 BAG 24.11.1994 – 2 AZR 179/94, NZA 1995, 263. ‖ 5 BAG 24.11.1994 – 2 AZR 179/94, NZA 1995, 263; ebenso offenbar BAG 18.1.2000 – 9 AZR 932/98, NJW 2001, 92. ‖ 6 BAG 9.8.1984 – 2 AZR 374/83, NZA 1985, 119; 21.3.1985 – 2 AZR 201/84, NZA 1985, 778. ‖ 7 BAG 24.11.1994 – 2 AZR 179/94, NZA 1995, 263. ‖ 8 MünchArbR/*Boewer*, § 69 Rz. 17; ErfK/*Preis*, § 615 BGB Rz. 54; ebenso LAG BW 15.11.1990 – 13 Sa 33/90, LAGE § 615 BGB Nr. 28. ‖ 9 *Misera*, SAE 1995, 189 (190ff.); *Ramrath*, Anm. zu BAG, AP BGB § 615 Nr. 60; *Stahlhacke*, AuR 1992, 8 (12). ‖ 10 BAG 24.10.1991 – 2 AZR 112/91, NZA 1992, 403; LAG Hamburg 15.12.1992 – 3 Sa 65/92, LAGE § 615 BGB Nr. 33. ‖ 11 MünchArbR/*Boewer*, § 69 Rz. 23; ErfK/*Preis*, § 615 BGB Rz. 55. ‖ 12 Motive, Bd. II, S. 69. ‖ 13 IdS auch BAG 7.2.2007 – 5 AZR 422/06, NZA 2007, 561.

derlich. Ein Irrtum des ArbGeb über die tatsächlichen oder rechtl. Voraussetzungen des Gläubigerverzugs ist deshalb unerheblich. Dies gilt insb. für eine Fehleinschätzung der Arbeitsfähigkeit des ArbN[1]. Erst recht hindern insoweit bestehende Zweifel nicht den Eintritt von Annahmeverzug[2]. Daran ändert auch eine Weigerung des ArbN nichts, sich zur Klärung seiner Arbeitsfähigkeit einer ärztlichen Untersuchung zu unterziehen[3].

62 b) **Einzelne Fälle.** Eine Nichtannahme liegt bei allen **rechtswidrigen Ablehnungserklärungen** innerhalb unbestritten bestehender ArbVerh vor. Hierunter fällt etwa eine unwirksame Verlegung der Arbeitszeit[4]. Das Gleiche gilt bei einer unberechtigten Arbeitsfreistellung (Suspendierung)[5] sowie bei der unwirksamen Einführung von Kurzarbeit[6]. Eine unberechtigte Suspendierung liegt auch vor, wenn der ArbGeb Urlaub gewähren will, bei der Freistellung von der Arbeit aber nicht hinreichend deutlich macht, dass er damit den Urlaubsanspruch erfüllen will[7]. Nichtannahme ist ferner dann gegeben, wenn ein arbeitsbereiter, aber noch nicht urlaubsberechtigter ArbN während der Betriebsferien nicht beschäftigt wird, obwohl dies möglich wäre[8] (zur Abgrenzung von der Unmöglichkeit s. Rz. 5 ff.). Entsprechendes gilt bei einer vom ArbGeb einseitig angeordneten Betriebsfeier[9]. Nichtannahme liegt auch bei einer rechtswidrigen Aussperrung vor[10].

63 Von einer Nichtannahme ist weiter dann auszugehen, wenn der ArbGeb dem ArbN eine **nicht geschuldete Tätigkeit zuweist**[11]. Dementsprechend führt eine unwirksame Änderungskündigung zum Annahmeverzug. Gem. § 8 KSchG wird nämlich rückwirkend der Zustand wiederhergestellt, der ohne die Änderung der Arbeitsbedingungen vorhanden gewesen wäre[12]. Dies gilt auch dann, wenn der ArbN das Änderungsangebot angenommen hat, er sich auch in diesem Fall weiterhin für die ursprünglich geschuldete Leistung bereithält. Als Annahmeverzugslohn wird allerdings nur die Entgeltdifferenz geschuldet[13]. Bei einer Beendigungskündigung kann es auch dann zu einem Annahmeverzug hinsichtlich der bisherigen Tätigkeit kommen, wenn die Kündigung nur wegen des aus dem Ultima-ratio-Prinzip folgenden Vorrangs einer Änderungskündigung unwirksam ist. Eine unwirksame Beendigungskündigung entfaltet keine Rechtswirkungen. Weder kommt es zu einer automatischen Änderung der Arbeitsbedingungen noch wird das Ultima-ratio-Prinzip durch einen Gläubigerverzug im Hinblick auf die ursprüngliche Tätigkeit überdehnt. Der ArbGeb hätte dem Risiko des Annahmeverzugs durch den Ausspruch einer Änderungskündigung entgehen können[14].

64 Der ArbGeb gerät auch dann in Gläubigerverzug, wenn er zwar die angebotene Arbeitsleistung anzunehmen bereit ist, die vom ArbN verlangte **Zug um Zug** zu erbringende Gegenleistung aber nicht anbietet (§ 298). Dies betrifft insb. rückständiges Entgelt einschl. aufgelaufenen Annahmeverzugslohns[15] sowie abweichend von § 614 vereinbarte Vorschüsse[16].

65 Bei einer **vorübergehenden Annahmeverhinderung** gerät der ArbGeb unter den Voraussetzungen des § 299 nicht in Gläubigerverzug. Dies ist etwa dann der Fall, wenn der ArbGeb nach dem Ende eines Arbeitskampfes infolge erforderlicher Vorbereitungsmaßnahmen die wieder antretenden ArbN nicht sofort wirtschaftl. sinnvoll einsetzen kann[17].

66 c) **Unzumutbarkeit der Annahme.** Nach Ansicht der Rspr. kann der ArbGeb berechtigt sein, die Dienste des ArbN mit der Folge **abzulehnen**, dass er nicht in Gläubigerverzug gerät. Dies soll dann der Fall sein, wenn dem ArbGeb jede Weiterbeschäftigung des ArbN unzumutbar ist[18]. Dies betrifft insb. Fälle, in denen eine außerordentl. Kündigung wegen eines behördlichen oder betriebl. Mitwirkungsverfahrens verzögert wird oder infolge von Versäumnissen sogar unwirksam ist. Ein Abstellen auf allg. Zumutbarkeitserwägungen ist jedoch bedenklich, wenn auf diese Weise im Rahmen der Annahmeverzugsvorschriften die Folgen einer außerordentl. Kündigung herbeigeführt werden können, ohne dass diese bereits wirksam ausgesprochen werden könnte. Es ist daher überzeugender, bei einem gegenwärtigen unzumutbaren Verhalten des ArbN schon ein ordnungsgemäßes Angebot zu verneinen, so dass der ArbGeb aus diesem Grunde nicht in Gläubigerverzug gerät. Sofern das Angebot der Dienste dagegen ordnungsgemäß ist, ist der ArbGeb aber nicht als berechtigt anzusehen, die Annahme unter Berufung auf

---

1 BAG 10.5.1973 – 5 AZR 493/72, DB 1973, 1604; LAG Düss. 20.12.1989 – 4 Sa 1150/89, LAGE § 615 BGB Nr. 21. ||2 BAG 21.1.1993 – 2 AZR 309/92, NZA 1993, 550 (552); 19.4.1990 – 2 AZR 591/89, NZA 1991, 228 (230). ||3 LAG Düss. 8.4.1993 – 12 Sa 74/93, LAGE § 615 BGB Nr. 39. ||4 BAG 3.3.1964 – 1 AZR 209/63, DB 1964, 592. ||5 BAG 19.8.1976 – 3 AZR 173/75, DB 1976, 2308; 4.6.1964 – 2 AZR 310/63, NJW 1964, 1918. ||6 BAG 14.2.1991 – 2 AZR 415/90, NZA 1991, 607; ErfK/*Preis*, § 615 BGB Rz. 58. ||7 IdS auch BAG 25.1.1994 – 9 AZR 312/92, NZA 1994, 652. ||8 BAG 30.6.1976 – 5 AZR 246/75, BB 1976, 1419; 2.10.1974 – 5 AZR 507/73, DB 1975, 157. ||9 ErfK/*Preis*, § 615 BGB Rz. 58. ||10 BAG 11.8.1992 – 1 AZR 103/92, NZA 1993, 39. ||11 BAG 7.2.2007 – 5 AZR 422/06, NZA 2007, 561; 3.12.1980 – 5 AZR 477/78, DB 1981, 799; 10.4.1963 – 4 AZR 95/62, DB 1963, 802. ||12 APS/*Künzl*, § 8 KSchG Rz. 10; KR/*Rost/Kreft*, § 8 KSchG Rz. 11. ||13 APS/*Künzl*, § 8 KSchG Rz. 10. ||14 ErfK/*Preis*, § 615 BGB Rz. 59; aA Erman/*Belling*, § 615 Rz. 5. ||15 LAG Schl.-Holst. 21.3.2013 – 1 Sa 350/12. ||16 ErfK/*Preis*, § 615 BGB Rz. 61. ||17 MüKoBGB/*Henssler*, § 615 Rz. 43. ||18 BAG (GS) 26.4.1956 – GS 1/56, BAGE 3, 66; BAG 11.11.1976 – 2 AZR 457/75, DB 1977, 1190; 29.10.1987 – 2 AZR 144/87, NZA 1988, 465; ebenso Münch-ArbR/*Boewer*, § 69 Rz. 26; Erman/*Belling*, § 615 Rz. 13; anders (aber nicht überzeugend) LAG Bremen 24.8.2000 – 4 Sa 68/00, LAGE § 615 BGB Nr. 61, das bei einem vom ArbGeb zu Recht verhängten Hausverbot eine vom ArbN zu vertretende Unmöglichkeit annimmt; abl. LAG München 5.12.1986 – 2 (3) Sa 617/86, LAGE § 615 BGB Nr. 8.

ein früheres Verhalten des ArbN abzulehnen, mit dem die außerordentl. Kündigung gerechtfertigt werden soll[1].

An einem ordnungsgemäßen Angebot fehlt es, wenn die Arbeit unter **Beschimpfungen und Drohungen** angeboten wird[2]. Dasselbe gilt bei fortdauernden politischen Provokationen, durch die der Betriebsablauf oder der Betriebsfrieden konkret gestört wird[3]. IÜ laufen die Kriterien der Rspr. für die Unzumutbarkeit der Annahme im praktischen Ergebnis darauf hinaus, dass bei ihrem Vorliegen auch ein ordnungsgemäßes Angebot zu verneinen ist. So wird gefordert, dass bei einer Annahme der Leistung Rechtsgüter des ArbGeb, seiner Angehörigen oder anderer ArbN gefährdet würden, deren Schutz Vorrang vor den Verdienstinteressen des ArbN habe[4]. Abgelehnt wurde dies bei einem schweren Diebstahl durch einen Betriebsleiter ohne konkrete Wiederholungsgefahr[5] sowie bei der falschen Bestrahlung von Patienten durch einen Chefarzt[6]. Gleiches gilt, wenn der ArbGeb die zweiwöchige Ausschlussfrist des § 626 II versäumt[7]. Demggü. hat die Rspr. den dringenden Verdacht des sexuellen Missbrauchs von Kleinkindern in einer Kindertagesstätte durch einen Erzieher genügen lassen[8]. 67

5. Beendigung des Annahmeverzugs. a) Allgemeines. Die Beendigung des Gläubigerverzugs ist nicht gesetzl. geregelt. Der Annahmeverzug des ArbGeb endet für die Zukunft (ex nunc), wenn eine seiner Voraussetzungen fortfällt. Bereits eingetretene Rechtsfolgen bleiben bestehen[9]. Der Annahmeverzug endet in erster Linie mit der Annahme der angebotenen Arbeitsleistung als Erfüllung (Rz. 69ff.) oder mit der Beendigung des ArbVerh (Rz. 72ff.). Daneben führt auch eine nachträgliche Unmöglichkeit dazu, dass der Gläubigerverzug sein Ende findet. Erfasst werden hiervon allerdings nur die Fälle eines nachträglichen Leistungsunvermögens des ArbN[10] sowie eine vom ArbGeb zu vertretende Unmöglichkeit. Eine allein durch Zeitablauf eintretende Unmöglichkeit ist irrelevant (s.o. Rz. 6ff.). Bei einer nachträglichen Annahmeunmöglichkeit, die in den Risikobereich des ArbGeb fällt, ist auf S. 3 umzuschwenken. 68

b) Annahme der Arbeitsleistung. Der Gläubigerverzug endet, wenn der ArbGeb die vom ArbN angebotene Leistung als vertragsgemäße Erfüllung der geschuldeten Dienste annimmt[11] bzw. selber eine vertragsgerechte Arbeitsmöglichkeit zwecks Erfüllung des bestehenden ArbVerh anbietet[12]. Geschieht dies nur im Hinblick auf einen Teil der vom ArbN geschuldeten Arbeitsleistung, wird der Annahmeverzug nur teilweise beendet[13]. In inhaltlicher Hinsicht genügt es für eine beachtliche Mitwirkungshandlung seitens des ArbGeb nicht, auf die Existenz „eines" Arbeitsplatzes zu verweisen und iÜ zum Ausdruck zu bringen, man werde den ArbN schon „irgendwie" beschäftigen. Die zugewiesene Arbeit ist zu konkretisieren, damit der ArbN überprüfen kann, ob der ArbGeb sein Weisungsrecht zulässig ausübt[14]. Besonders problematisch sind die Fälle, in denen infolge einer Kündigung oder einer Befristung Ungewissheit über den Fortbestand des ArbVerh besteht. Bietet der ArbGeb dem ArbN bereits vor dem möglichen Ende des Dienstverhältnisses eine unmittelbar anschließende Weiterbeschäftigung an, geht es allerdings nicht um eine Beendigung des Annahmeverzugs. Vielmehr stellt sich in einer solchen Konstellation von vornherein die Frage, ob überhaupt Gläubigerverzug eintritt[15]. 69

Eine Annahme der Dienste als Erfüllung liegt nach Ansicht der Rspr. und großer Teile der Lit. bei einem Streit über die Wirksamkeit einer Kündigung nur dann vor, wenn der ArbGeb unmissverständlich **klarstellt**, dass er **zu Unrecht gekündigt** habe[16] (s. aber auch Rz. 47 aE: uU Verneinung des tatsächlichen Leistungswillens). Es genügt somit nicht, wenn sich der ArbGeb lediglich bereit erklärt, den ArbN im Rahmen eines jederzeit beendbaren faktischen ArbVerh „zur Vermeidung von Verzugslohn" weiter zu beschäftigen[17]. Dasselbe gilt für den Fall, dass der ArbGeb dem ArbN ein bis zur erstinstanzlichen Entscheidung befristetes oder durch den rechtskräftigen Abschluss des Rechtsstreits auflösend bedingtes ArbVerh anbietet[18]. Durch diese Gestaltungen würde ein zusätzliches ArbVerh mit einem eigenen Beendigungstatbestand geschaffen. Damit liegt keine Bereitschaft zur Annahme der ursprünglich geschuldeten Dienste vor. Mit der hL und gegen die Rspr. ist dies aber anders zu bewerten, wenn der ArbGeb die unveränderte Weiterbeschäftigung unter der auflösenden Bedingung der rechtskräfti- 70

---

1 *Konzen/Weber*, Anm. zu BAG, AP BGB § 615 Nr. 42; Soergel/*Kraft*, § 615 Rz. 39; ErfK/*Preis*, § 615 BGB Rz. 62. ||2 BAG (GS) 26.4.1956 – GS 1/56, BAGE 3, 66. ||3 BAG 9.12.1982 – 2 AZR 620/80, DB 1983, 2578. ||4 BAG 18.1.2000 – 9 AZR 932/98, NJW 2001, 92; 29.10.1987 – 2 AZR 144/87, NZA 1988, 465. ||5 BAG 29.10.1987 – 2 AZR 144/87, NZA 1988, 465; strenger LAG Hamm 15.1.1987 – 10 Sa 1651/86, LAGE § 615 BGB Nr. 9. ||6 LAG Hamm 18.7.1991 – 17 Sa 827/91, LAGE § 615 BGB Nr. 29. ||7 BAG 11.11.1956 – 2 AZR 457/55, BAGE 5, 221. ||8 LAG Berlin 27.11.1995 – 9 Sa 85/95, LAGE § 615 BGB Nr. 46. ||9 ErfK/*Preis*, § 615 BGB Rz. 65; Staudinger/*Richardi/Fischinger*, § 615 Rz. 123, 127. ||10 BAG 18.8.1961 – 4 AZR 132/60, DB 1961, 1360. ||11 BAG 14.11.1985 – 2 AZR 98/84, NZA 1986, 637; Soergel/*Kraft*, § 615 Rz. 41. ||12 BAG 17.11.2011 – 5 AZR 564/10, NZA 2012, 260. ||13 BAG 22.10.2009 – 8 AZR 766/08, NZA-RR 2010, 660 (664). ||14 LAG Schl.-Holst. 10.12.2003 – 3 Sa 395/03, MDR 2004, 516 (517). ||15 Soergel/*Kraft*, § 615 Rz. 40. ||16 BAG 19.9.2012 – 5 AZR 627/11, NZA 2013, 101; 5.11.2003 – 5 AZR 562/02, AP BGB § 615 Nr. 106; 7.11.2002 – 2 AZR 650/00, AP BGB § 615 Nr. 98; 14.11.1985 – 2 AZR 98/84, NZA 1986, 637; MünchArbR/*Boewer*, § 69 Rz. 28; *Peter*, DB 1982, 488ff.; Staudinger/*Richardi/Fischinger*, § 615 Rz. 102f. ||17 BAG 21.5.1981 – 2 AZR 95/79, DB 1981, 2496; aA *Opolony*, DB 1998, 1714 (1716). ||18 BAG 24.9.2003 – 5 AZR 500/02, NZA 2004, 90; 14.11.1985 – 2 AZR 98/84, NZA 1986, 637. Zum Schriftformerfordernis gem. § 14 IV TzBfG BAG 22.10.2003 – 7 AZR 113/03, NZA 2004, 1275; zust. *Sittard/Ulbrich*, RdA 2006, 218 (219ff.).

gen Abweisung der Kündigungsschutzklage anbietet[1]. In diesem Fall nimmt der ArbGeb die Leistung nämlich als Erfüllung des gekündigten Dienstvertrags an. Dies zeigt sich daran, dass die Bedingung nicht eintritt, wenn die Kündigung unwirksam ist. Von einem auf den ArbN unzulässigerweise ausgeübten Zwang zur Vertragsänderung kann keine Rede sein. Vielmehr steht der ArbN genauso da, als wenn der ArbGeb eine Gestaltungsklage auf Auflösung des ArbVerh erheben müsste. Wenn sich der ArbGeb zu einer solchen Verbesserung der Rechtsstellung des ArbN bereit erklärt, muss dies honoriert werden.

71 Eine Annahme der Arbeitsleistung als Erfüllung liegt ferner dann nicht vor, wenn der ArbGeb **nur eine Weiterbeschäftigung nach § 102 V BetrVG anbietet**. Diese Vorschrift räumt dem ArbN ein einseitiges Gestaltungsrecht ein, will ihn aber auch nicht mittelbar einem Kontrahierungszwang aussetzen[2]. Wenn der ArbN gem. § 102 V BetrVG tatsächlich weiterbeschäftigt wird, endet dagegen der Gläubigerverzug[3]. Offeriert der ArbGeb eine Weiterbeschäftigung nach Maßgabe des allg. Weiterbeschäftigungsanspruchs, ist dies ebenfalls keine Annahme der Arbeit als Erfüllung. Insoweit geht es nämlich nicht um eine Fortsetzung des ursprünglichen ArbVerh, sondern um eine zumindest nach Ansicht der Rspr. rein tatsächliche Beschäftigung ohne rechtl. Grundlage, die ggf. nach Bereicherungsrecht abgewickelt werden muss[4]. Wenn der ArbN in diesem Rahmen tatsächlich weiterbeschäftigt wird, endet der Gläubigerverzug ausnahmsw. nicht. Relevant wird dies, wenn der ArbN in dem unwirksam gekündigten ArbVerh höhere Entgeltansprüche als im Weiterbeschäftigungsverhältnis hat. Nach dem Obsiegen im Kündigungsschutzprozess kann er trotz zwischenzeitlicher tatsächlicher Tätigkeit die Entgeltdifferenz geltend machen[5].

72 c) **Beendigung des Arbeitsverhältnisses.** Der Annahmeverzug endet für die Zukunft mit der rechtl. Beendigung des ArbVerh. Dies ist in erster Linie bei einer wirksamen Kündigung der Fall. Dabei wird eine rückwirkende Heilung nach § 7 KSchG auch hinsichtlich des Annahmeverzugs durch eine nachträgliche Klagezulassung gem. § 5 KSchG verhindert[6]. Zu einer Beendigung des ArbVerh kommt es auch infolge einer Auflösung gem. § 9 KSchG. Die gerichtl. Festsetzung des Auflösungszeitpunktes nach § 9 II KSchG lässt einen etwaigen Entgeltanspruch aus Annahmeverzug rückwirkend entfallen[7], ohne dass dies durch die nach § 10 KSchG festzusetzende Abfindung stets kompensiert würde. Dies ist mit dem GG vereinbar[8]. Wenn eine unwirksame außerordentl. Kündigung gem. § 140 in eine wirksame ordentl. Kündigung umgedeutet werden kann, endet der Annahmeverzug zum Zeitpunkt des nächsten zulässigen Kündigungstermins[9].

73 Kündigt der ArbN wegen der unberechtigten Entlassung seinerseits, endet der Gläubigerverzug mit dem **Wirksamwerden dieser Kündigung**. Macht der ArbN von seinem Sonderkündigungsrecht nach § 12 S. 1 KSchG Gebrauch, befindet sich der alte ArbGeb gem. § 12 S. 4 KSchG nur bis zum Eintritt in das neue ArbVerh in Annahmeverzug[10]. Aufgrund dieser für den ArbN nachteiligen Rechtsfolge kann eine ordentl. Kündigung nicht in eine Erklärung gem. § 12 S. 1 KSchG umgedeutet werden[11]. Will der ArbN dagegen am alten ArbVerh festhalten, kann trotz vorübergehender Leistungsunfähigkeit Annahmeverzug eintreten (Rz. 56).

74 d) **Fortbestand des Arbeitsverhältnisses.** Wenn das ArbVerh auf Grund einer gerichtl. Entscheidung oder einer Vereinbarung einschl. eines Prozessvergleichs **fortbesteht**, soll der Annahmeverzug nach Ansicht der Rspr. erst dann enden, wenn der ArbGeb dem ArbN **erneut Arbeit zuweist**[12]. Eine derart umfassende Verlagerung der Initiativlast auf den ArbGeb kann jedoch nur für die Fälle einer gerichtl. Entscheidung überzeugen. In diesen Konstellationen kann vom ArbGeb Klarheit darüber verlangt werden, ob er sich dem gerichtl. Ausspruch beugt und den ArbN wieder zur Arbeit zulässt. Umgekehrt hat der ArbN durch seine Klage klargestellt, dass er seine Arbeitskraft zur Verwendung im umstrittenen ArbVerh weiter vorhält. Bei einer einvernehmlichen Fortsetzung des Beschäftigungsverhältnisses liegt dagegen ein im Erg. wieder ungestörtes ArbVerh vor. Entsprechend allg. Grundsätzen muss der ArbN seine Dienste daher tatsächlich anbieten, um den ArbGeb in Gläubigerverzug zu setzen (Rz. 27). Etwas anderes gilt dann, wenn die Parteien in einem Vergleich vereinbaren, dass an die Stelle einer außerordentl. Kündigung eine lediglich befristete Fortsetzung des ArbVerh treten soll. Wenn der ArbGeb während dieser Frist Wert auf die Dienste des ArbN legt, muss er dies zum Ausdruck bringen. Ansonsten kann der ArbN weiterhin davon ausgehen, dass der ArbGeb an seiner grds. Ablehnung der Dienste festhält und das im Protest gegen den Beendigungstatbestand liegende wörtliche Angebot somit genügt[13].

---

1 D. Gaul, Anm. zu BAG, EzA § 615 BGB Nr. 46; Löwisch, DB 1986, 2433 ff. || 2 BAG 14.11.1985 – 2 AZR 98/84, NZA 1986, 637; Staudinger/Richardi/Fischinger, § 615 Rz. 114. || 3 Soergel/Kraft, § 615 Rz. 44. || 4 BAG 12.2. 1992 – 5 AZR 297/90, NZA 1993, 177; 10.3.1987 – 8 AZR 146/84, NZA 1987, 373. || 5 Soergel/Kraft, § 615 Rz. 44. || 6 BAG 24.11.1994 – 2 AZR 179/94, NZA 1995, 263. || 7 BAG 18.1.1963 – 5 AZR 200/62, DB 1963, 554. || 8 BVerfG 29.1.1990 – 1 BvR 42/82, NZA 1990, 535 f.; BAG 16.5.1984 – 7 AZR 280/82, NZA 1985, 60. || 9 Staudinger/Richardi/Fischinger, § 615 Rz. 128. || 10 BAG 19.7.1978 – 5 AZR 748/77, DB 1978, 2417. || 11 LAG Köln 9.8.2012 – 13 Sa 41/12, NZA-RR 2013, 193. || 12 BAG 12.12.2012 – 5 AZR 93/12, AuR 2013, 271; 16.5.2012 – 5 AZR 251/11, NZA 2012, 971; 18.1.2000 – 9 AZR 932/98, NZA 2000, 1157; 19.1.1999 – 9 AZR 679/97, NZA 1999, 925. || 13 In der Begründung zu weit gehend LAG Bbg. 26.9.1996 – 3 Sa 341/96, LAGE § 615 BGB Nr. 50.

Zu einer einvernehmlichen Fortsetzung des ArbVerh kommt es **nicht** schon dann, wenn der **ArbGeb** 75 **die Kündigung einseitig zurücknimmt**. Vielmehr bedarf das darin liegende Angebot der besonderen Annahme durch den ArbN. In der Erhebung der Kündigungsschutzklage liegt keine antizipierte Zustimmung des ArbN zur Rücknahme der Kündigung durch den ArbGeb[1]. Aus diesem vertragl. Mechanismus kann jedoch nicht geschlossen werden, dass der Annahmeverzug erst dann endet, wenn sich der ArbN mit der Rücknahme der Kündigung einverstanden erklärt[2]. Sofern der ArbGeb die Annahme der Dienste anbietet und dabei zugleich die Rechtswidrigkeit der ausgesprochenen Kündigung einräumt, nimmt er damit die Leistung als Erfüllung des Vertrags an (vgl. Rz. 70). Den aufgelaufenen Zwischenverdienst muss der ArbGeb nicht von sich aus anbieten. Allerdings kann der ArbN die Wiederaufnahme der Tätigkeit von einer Nachzahlung mit der Folge abhängig machen, dass sich der ArbGeb im Weigerungsfalle weiterhin im Gläubigerverzug befindet (vgl. Rz. 48).

III. Rechtsfolgen des Annahmeverzugs. 1. Keine Nachleistung der Dienste. Die erste Rechtsfolge des 76 Annahmeverzugs besteht darin, dass der ArbN grds. **nicht verpflichtet ist, die ausgefallenen Dienste nachzuleisten**. Soweit die Arbeitsleistung im Einzelfall als absolute Fixschuld einzuordnen ist, ergibt sich diese Rechtsfolge bereits hieraus. Eine Nachleistungspflicht entfällt aber auch dann, wenn die Dienste an sich nachholbar sind. Auf diese Weise wird der ArbN davor bewahrt, auf einen anderen Teil seiner Arbeitskraft zurückgreifen zu müssen, den er ansonsten zum Zwecke des anderweitigen Erwerbs hätte einsetzen können[3].

Nebenpflichten bleiben während des Annahmeverzugs dagegen bestehen. So ist eine ArbNin verpflichtet, dem ArbGeb, der sich infolge einer unwirksamen Kündigung in Gläubigerverzug befindet, das 77 vorzeitige Ende der Schwangerschaft mitzuteilen. Der ArbGeb kann den Annahmeverzugslohn bei einer Verletzung dieser Pflicht aber nicht als Schaden geltend machen[4].

2. Vergütungsanspruch. a) Rechtlicher Charakter. Die zweite Rechtsfolge liegt darin, dass der Ver- 78 gütungsanspruch des ArbN für die Dauer des Annahmeverzugs aufrechterhalten bleibt. Hierbei handelt es sich um den originären vertragl. Erfüllungsanspruch aus dem Arbeitsvertrag. § 615 enthält weder einen besonders gearteten Vergütungsanspruch noch gar einen Schadensersatzanspruch. Daher ist § 254 nicht anwendbar (Rz. 4). Aus dem Charakter als Erfüllungsanspruch folgt, dass der Annahmeverzugslohn den steuer- und sozialversicherungsrechtl. Abzügen unterliegt[5]. Dasselbe gilt für die Pfändungsschutzvorschriften der §§ 850 ff. ZPO sowie die daraus folgende Einschränkung bei Aufrechnung (§ 394) und Abtretung (§ 400). Der Anspruch ist hinsichtlich des Zeitraums nach Eröffnung des Insolvenzverfahrens Masseverbindlichkeit iSd. § 55 I Nr. 2 InsO[6].

b) Umfang des Anspruchs. Die Höhe des Vergütungsanspruchs richtet sich nach dem **Lohnausfall-** 79 **prinzip**. Der ArbN ist so zu stellen, als wenn er während des Annahmeverzugs weitergearbeitet hätte[7]. Dabei hat sich das BAG jetzt gegen eine taggenaue Betrachtungsweise in Anlehnung an die Grundsätze zur Entgeltfortzahlung im Krankheitsfall[8] entschieden und plädiert stattdessen aus Vereinfachungsgründen für eine Berechnung auf der Basis von 30 Kalendertagen pro Monat[9].

Bei einem nach **Zeitlohn** vergüteten ArbN kommt es regelmäßig nur darauf an, für welchen Zeitraum 80 der ArbGeb in Gläubigerverzug geraten ist. Dies kann sich auch auf einzelne Stunden der Arbeitsunterbrechung beschränken[10]. Wenn der ArbN während dieser Zeit Überstunden geleistet hätte, ist dies beim Verzugslohn zu berücksichtigen[11]. Hierfür ist es nach Ansicht des BAG unerheblich, ob die ausgefallene Arbeitszeit die Grenzen der §§ 3 ff. ArbZG überschritten hätte[12]. Bei einer leistungs- oder erfolgsabhängigen Vergütung ist der hypothetische Verdienst während des Gläubigerverzugs gem. § 287 II ZPO zu schätzen[13]. In die Schätzung kann der Durchschnittsverdienst der letzten drei Monate einfließen[14]. Leitlinie ist aber stets das Lohnausfallprinzip. Daher kommen dem ArbN zwischenzeitliche Entgelterhöhungen zugute, an denen er bei tatsächlicher Arbeit ohne weiteres partizipiert hätte, während er umgekehrt auch etwa einen durch Kurzarbeit bedingten hypothetischen Entgeltausfall hinzunehmen hat[15].

Zum Verzugslohn zählen **sämtliche Leistungen, die Entgeltcharakter** haben. Hierzu gehört nicht nur 81 das Entgelt im engeren, sondern auch im weiteren Sinne[16]. Unter § 615 fallen daher Leistungszulagen,

---

1 BAG 19.8.1982 – 2 AZR 230/80, DB 1983, 663; näher *Thüsing*, AuR 1996, 245 ff. ‖ 2 LAG Düss. 6.8.1968 – 8 Sa 262/68, DB 1968, 2136; aA LAG Hamm 29.9.1997 – 19 Sa 589/97, LAGE § 615 BGB Nr. 54. ‖ 3 *Beuthien*, Zweckerreichung und Zweckstörung im Schuldverhältnis, 1969, S. 247. ‖ 4 BAG 13.11.2001 – 9 AZR 590/99, ZTR 2002, 495; 18.1.2000 – 9 AZR 932/98, NZA 2000, 1157. ‖ 5 BAG 19.10.2000 – 8 AZR 20/00, NZA 2001, 598; MünchArbR/*Boewer*, § 69 Rz. 34. ‖ 6 BAG 6.9.2006 – 5 AZR 703/05, NZA 2007, 36; LAG Köln 30.7.2001 – 2 Sa 1457/00, NZA-RR 2002, 181; MüKoInsO/*Hefermehl*, § 55 Rz. 176. ‖ 7 BAG 7.11.2002 – 2 AZR 742/00, NZA 2003, 1139; *18.9.2001* – 9 AZR 307/00, NZA 2002, 268; ErfK/*Preis*, § 615 BGB Rz. 76; Staudinger/*Richardi/Fischinger*, § 615 Rz. 135. ‖ 8 IdS noch BAG 23.6.1994 – 6 AZR 853/93, NZA 1995, 468. ‖ 9 BAG 16.5.2012 – 5 AZR 251/11, NZA 2012, 971. ‖ 10 LAG Köln 14.11.2012 – 3 Sa 565/12. ‖ 11 BAG 7.11.2002 – 2 AZR 742/00, NZA 2003, 1139; 18.9.2001 – 9 AZR 307/00, NZA 2002, 268; MünchArbR/*Boewer*, § 69 Rz. 35. ‖ 12 BAG 18.9.2001 – 9 AZR 307/00, NZA 2002, 268. ‖ 13 BAG 11.8.1998 – 9 AZR 410/97, DB 1998, 1719; 19.8.1976 – 3 AZR 173/75, DB 1976, 2308; LAG Schl.-Holst. 10.1.2006 – 2 Sa 307/05, NZA-RR 2006, 301. Zum Umfang bei arbeitnehmerähnlichen Personen BAG 16.3.1999 – 9 AZR 314/98, AP BGB § 615 Nr. 84. ‖ 14 Vgl. BAG 29.9.1971 – 3 AZR 164/71, DB 1972, 442; ErfK/*Preis*, § 615 BGB Rz. 77. ‖ 15 LAG Hess. 27.12.1955 – IV LA 377/55, BB 1956, 305. ‖ 16 Staudinger/*Richardi/Fischinger*, § 615 Rz. 136.

Zeitzuschläge, Sozialzulagen, Gratifikationen, Tantiemen uÄ[1]. § 615 gewährt jedoch keinen Anspruch auf Beschäftigung zu bestimmten (zuschlagspflichtigen) Zeiten[2]. Zum Verzugslohn gehören nicht solche Zahlungen, deren Zweck darin besteht, Aufwendungen des ArbN abzugelten, die infolge der unterbliebenen Arbeit nicht entstanden sind[3]. Hierunter fallen etwa Fahrtkostenersatz, Verpflegungszuschüsse, Auslösungen und Einsatzzulagen für Auslandsmitarbeiter[4]. Soweit Aufwandsentschädigungen dagegen pauschal gezahlt werden und in der Sache der Anhebung des allg. Lebensstandards des ArbN dienen, gehören sie zum Arbeitsentgelt iSd. § 615[5]. Zu vergüten ist auch der Wert von Sachbezügen sowie von sonstigen Vorteilen, die als Entgelt für die Arbeitsleistung zu charakterisieren sind. Der Entzug eines Dienstwagens, der auch privat genutzt werden kann, führt aber nicht nur zu einem Anspruch auf Annahmeverzugslohn[6]. Vielmehr löst er regelmäßig auch eine Schadensersatzpflicht aus, weil der ArbGeb insoweit eine Überlassungspflicht verletzt[7]. Dagegen sieht das BAG im Liquidationsrecht eines Chefarztes nunmehr generell[8] eine Fixschuld des Krankenhausträgers und behandelt diese Fälle bei einer unwirksamen Entziehung nur noch schadensrechtl. und nicht mehr gläubigerverzugsrechtl.[9].

82   c) **Zahlungsmodalitäten.** Der aus Annahmeverzug begründete Entgeltanspruch wird zu demselben Zeitpunkt **fällig**, wie er bei Leistung der Arbeit fällig geworden wäre[10]. Wird der Betrag vom ArbGeb nachträglich als Einmalzahlung geleistet, muss ggf. ein Steuerschaden ersetzt werden[11]. Relevant ist die Fälligkeit für die Verjährung sowie für Ausschlussfristen. Die **Verjährungsfrist** beträgt gem. § 195 drei Jahre. Sie beginnt nach § 199 I mit dem Schluss des Jahres, in dem der Anspruch entstanden ist und der Gläubiger von den anspruchsbegründenden Umständen sowie der Person des Schuldners Kenntnis erlangt oder infolge grober Fahrlässigkeit nicht erlangt hat. Schweigt der ArbGeb zu Ansprüchen aus Annahmeverzug oder bleibt er untätig, so ist er deswegen nicht aus Treu und Glauben (§ 242) gehindert, sich später auf die Verjährung dieser Ansprüche zu berufen[12]. Für eine Hemmung der Verjährung bedarf es gem. § 204 I Nr. 1 der Erhebung einer Zahlungs- oder Feststellungsklage. Eine Kündigungsschutzklage bzw. eine Klage auf Feststellung des Fortbestehens des ArbVerh genügt nach st. Rspr. dagegen nicht[13].

83   Bei **tarif- bzw. einzelvertragl. Ausschlussfristen** gelten teilweise andere Grundsätze[14]. Verlangt eine sog. **einstufige Ausschlussfrist** nur eine formlose oder schriftl. Geltendmachung von Ansprüchen, so genügt regelmäßig eine fristgerecht erhobene Kündigungsschutzklage, um den Anspruch aus Annahmeverzugslohn geltend zu machen, soweit dieser vom Ausgang des Kündigungsschutzprozesses abhängt und während dessen Dauer fällig wird[15]. Aus der Kündigungsschutzklage ergibt sich für den ArbGeb mit hinreichender Deutlichkeit, dass der ArbN für den Fall seines Obsiegens im Kündigungsschutzprozess auch die Vergütung für die Zwischenzeit verlangen will. Bei einer sog. **zweistufigen Ausschlussfrist** ließ die frühere Rspr. eine Kündigungsschutzklage auf der zweiten Stufe dagegen nicht genügen. Vielmehr war danach auch für Ansprüche auf Annahmeverzugslohn eine gesonderte Zahlungsklage erforderlich[16]. Diese Judikatur ist zunehmend gelockert worden[17]. Zunächst kassierte das BAG eine Regelung in einer BV, die vom ArbN die gerichtl. Geltendmachung von Annahmeverzugsansprüchen bereits während eines laufenden Kündigungsschutzprozesses verlangte[18]. Sodann ließ das BAG für Ausschlussfristen in AGB die Erhebung der Kündigungsschutzklage ausreichen[19]. Für tarifvertragl. Ausschlussklauseln hielt das BAG zwar vorerst noch an seiner strengeren Lesart fest[20]. Mit seiner Entscheidung von 2010 hat das BVerfG diesem Sonderrecht für TV aber den Boden entzogen, indem es aus dem Grundrecht auf effektiven Rechtsschutz (Art. 2 I iVm. Art. 20 III GG) folgerte, dass vom ArbN grds.

---

1 BAG 19.9.2012 – 5 AZR 628/11, NZA 2013, 330 (vermögenswirksame Leistungen); 18.9.2002 – 1 AZR 668/01, DB 2003, 1121 (Spät- und Nachtzuschläge); 21.11.2000 – 9 AZR 665/99, NZA 2001, 1093 (Umsatzbeteiligung); 19.5.1983 – 2 AZR 171/81, DB 1984, 298 (Tantieme); 18.1.1963 – 5 AZR 200/62, DB 1963, 554 (Weihnachtsgratifikation); 18.6.1958 – 4 AZR 590/55, AP BGB § 615 Nr. 6 (Gefahrenzulage). ‖2 BAG 12.12.2012 – 5 AZR 918/11. ‖3 LAG Hamm 11.5.1989 – 17 Sa 1879/88, DB 1989, 1577. ‖4 BAG 30.5.2001 – 4 AZR 249/00, EzA § 615 BGB Nr. 104; 9.4.1987 – 2 AZR 280/86, NZA 1988, 541; 18.6.1958 – 4 AZR 590/55, AP BGB § 615 Nr. 6; ferner LAG Hamburg 13.2.2008 – 5 Sa 69/07, LAGE § 280 BGB 2002 Nr. 5 (Trinkgelder). ‖5 OLG Stuttgart 1.8.1986 – 2 U 13/86, BB 1986, 2419; s.a. BAG 10.3.1988 – 8 AZR 188/85, NZA 1989, 111; 10.2.1988 – 7 AZR 36/87, NZA 1989, 112; 24.9.1986 – 4 AZR 543/85, NZA 1987, 315 (tarifl. Nahauslösung). ‖6 Dazu *Meier*, NZA 1999, 1083ff.; ErfK/*Preis*, § 615 BGB Rz. 78; offen gelassen in BAG 5.9.2002 – 8 AZR 702/01, NZA 2003, 973. ‖7 Vgl. BAG 19.5.2010 – 5 AZR 253/09, NZA 2010, 939; 27.5.1999 – 8 AZR 415/98, NZA 1999, 1038; 16.11.1995 – 8 AZR 240/95, NZA 1996, 415; 23.6.1994 – 8 AZR 537/92, DB 1994, 2239. ‖8 Differenzierend noch BAG 22.3.2001 – 8 AZR 536/00, AR-Blattei ES 250 Nr. 56. ‖9 BAG 15.9.2011 – 8 AZR 846/09, NZA 2012, 377. ‖10 BAG 7.11.2007 – 5 AZR 910/06, DB 2008, 301; 13.2.2003 – 8 AZR 236/02, AP BGB § 613a Nr. 244; 7.11.1991 – 2 AZR 159/91, NZA 1992, 1025. ‖11 LAG Hess. 10.1.2012 – 12 Sa 1100/10. ‖12 BAG 7.11.2007 – 5 AZR 910/06, NZA-RR 2008, 399. ‖13 Vgl. BAG 7.11.2002 – 2 AZR 297/01, NZA 2003, 963; 7.11.1991 – 2 AZR 159/91, NZA 1992, 1025; MünchArbR/*Boewer*, § 69 Rz. 38; krit. KR/*Friedrich*, § 4 KSchG Rz. 32ff. mwN (Analogie zu §§ 210, 211). ‖14 Eingehend *Krause*, RdA 2004, 106 (112ff.). ‖15 BAG 19.3.2008 – 5 AZR 429/07, NZA 2008, 757; 7.11.1991 – 2 AZR 34/91, NZA 1992, 521; 9.8.1990 – 2 AZR 579/89, NZA 1991, 226; für höhere Anforderungen im öffentl. Dienst BAG 21.6.1978 – 5 AZR 144/77, AP TVG § 4 Ausschlussfristen Nr. 65; anders BAG 26.2.2003 – 5 AZN 757/02, AP BGB § 615 Nr. 101; insg. krit. *Groeger*, NZA 2000, 793 (796f.). ‖16 BAG 24.6.2006 – 5 AZR 403/05, NZA 2006, 845; 21.3.1991 – 2 AZR 577/90, NZA 1991, 726; 24.3.1988 – 2 AZR 630/87, NZA 1989, 101; ebenso immer noch MünchArbR/*Boewer*, § 69 Rz. 38. ‖17 Zur Entwicklung *v. Medem*, NZA 2013, 345ff. ‖18 BAG 12.12.2006 – 1 AZR 96/06, NZA 2007, 453. ‖19 BAG 19.3.2008 – 5 AZR 429/07, NZA 2008, 757. ‖20 BAG 17.11.2009 – 9 AZR 745/08, AP TVG § 4 Ausschlussfristen Nr. 194.

keine gerichtl. Geltendmachung von Annahmeverzugsansprüchen verlangt werden kann, solange ein Rechtsstreit über den Bestand des ArbVerh schwebt[1]. Daran anschließend hat das BAG nunmehr auch insoweit eine Kehrtwende vollzogen. Danach genügt auch bei tarifl. Ausschlussfristen jede Bestandsschutzklage, um die zweite Stufe zu wahren[2]. Ferner kann § 206 analog greifen, wenn das kündigungsschutzrechtl. Urteil im Wege einer Restitutionsklage wegen nachträglichen Wegfalls der Zustimmung des Integrationsamtes aufgehoben wird[3]. IÜ kann der Anspruch aus § 615 auch **verwirken**[4].

d) Verzicht. Der ArbN kann grds. auf seinen Verzugslohn verzichten. Gewisse Beschränkungen ergeben sich allerdings, wenn der Vergütungsanspruch auf einem Kollektivvertrag beruht und deshalb gem. den §§ 4 TVG, 77 BetrVG an sich unverzichtbar ist. In diesem Fall ist nur ein Tatsachenvergleich, nicht aber ein Rechtsfolgenvergleich zulässig. Darüber hinaus gelten rückwirkende Dispositionen der Arbeitsvertragsparteien über den Anspruch auf Annahmeverzugslohn nicht ggü. der BA, soweit der Entgeltanspruch als Folge einer cessio legis (§§ 157 III SGB III, 115 SGB X) bereits auf sie übergegangen ist[5]. 84

3. Anrechnung. a) Allgemeines. Gem. S. 2 erfolgt eine Anrechnung dessen, was der ArbN infolge des Unterbleibens der Dienste erspart oder durch andere Verwendung der Dienste erworben oder zu erwerben böswillig unterlassen hat. Der Zweck der Vorschrift besteht darin, dass der ArbN aus dem Annahmeverzug **keinen finanziellen Vorteil** zieht. Er soll nicht mehr als bei ordnungsgemäßer Abwicklung des ArbVerh erhalten und nicht auf Kosten des ArbGeb einen Gewinn machen[6]. Die Anrechnung ist Ausdruck eines allg. Rechtsgedankens, wie er sich auch in anderen Regelungen findet (§§ 326 II 2 BGB, 74c I 1 HGB, 11 KSchG)[7]. Die Anrechnung erfolgt im Wege einer automatischen Kürzung des Annahmeverzugslohns. Es bedarf keiner Anrechnungserklärung des ArbGeb[8]. Auf die Kürzung sind die Pfändungsgrenzen der §§ 850ff. ZPO nicht anwendbar, weil der ArbN die entsprechenden Leistungen bereits erhalten hat[9]. Falls der ArbGeb erst nach der Zahlung des Annahmeverzugslohns von einem anzurechnenden Zwischenverdienst des ArbN erfährt, steht ihm ein bereicherungsrechtl. Rückgewährungsanspruch gem. § 812 I zu[10]. Dieser Anspruch wird nicht dadurch ausgeschlossen, dass der ArbGeb rechtskräftig zur Zahlung der Vergütung verurteilt wurde[11]. 85

Wird der ArbN **einvernehmlich von der Arbeit freigestellt**, wie es nach einer Kündigung häufig vorkommt, ist es eine Frage der (ergänzenden) Vertragsauslegung, ob und inwieweit S. 2 anwendbar ist. Hierbei spricht vieles dafür, entgegen einer vielfach vertretenen Ansicht[12] für den Regelfall[13] eine Anrechnung tatsächlich erzielten anderweitigen Entgelts zu bejahen[14], während eine Berücksichtigung unterlassener Erwerbsmöglichkeiten zu verneinen ist. 86

b) Verhältnis zu § 11 KSchG. Unterfällt das ArbVerh dem Kündigungsschutz nach dem KSchG, ist bei einer Unwirksamkeit der Kündigung die Anrechnung gem. § 11 KSchG vorzunehmen. Insoweit handelt es sich um eine **Sonderregelung**, die S. 2 verdrängt[15]. Die Vorschrift erfasst allerdings nur das Arbeitsentgelt, das der ArbGeb dem ArbN für die Zeit nach der Entlassung schuldet[16]. § 11 KSchG unterscheidet sich in mehrfacher Hinsicht von S. 2. Erstens sind ersparte Aufwendungen des ArbN nicht zu berücksichtigen. Der Gesetzgeber hat auf die Anrechnung dieser regelmäßig geringen Aufwendungen bewusst verzichtet[17]. Das BVerfG hat einen auf einen Verstoß der Differenzierung gegen Art. 3 I GG gestützten Vorlagebeschluss[18] für unzulässig erklärt und zugleich zu verstehen gegeben, dass die hierdurch bewirkte Besserstellung von Kleinbetriebsinhabern, für die § 11 KSchG nicht gilt, aufgrund ihrer geringeren finanziellen Leistungsfähigkeit gerechtfertigt sein kann[19]. Zweitens sieht § 11 S. 1 Nr. 3 KSchG ausdrücklich die Anrechnung öffentl.-rechtl. Sozialleistungen einschl. etwaiger ArbN-Anteile zur SozV[20] vor, sofern es sich um Leistungen infolge Arbeitslosigkeit handelt[21]. Dies gilt im Grundsatz allerdings auch für S. 2[22]. Die Anrechnung von Sozialleistungen hat wegen des in § 115 SGB X vorgese- 87

---

1 BVerfG 1.12.2010 – 1 BvR 1682/07, NZA 2011, 354. || 2 BAG 19.9.2012 – 5 AZR 627/11, 5 AZR 628/11 u. 5 AZR 924/11, NZA 2013, 101, 330 u. 156. || 3 LAG Hess. 15.3.2012 – 9 Sa 1910/10. || 4 LAG Schl.-Holst. 8.12.2011 – 5 Sa 212/11: Berufung auf früheres ArbVerh zweieinhalb Jahre nach Abberufung von einer Organstellung. || 5 BAG 17.4.1986 – 2 AZR 308/85, NZA 1987, 17. || 6 BAG 6.9.1990 – 2 AZR 165/90, NZA 1991, 221; 14.11.1985 – 2 AZR 98/84, NZA 1986, 637. || 7 BAG 6.2.1964 – 5 AZR 93/63, BB 1964, 552. || 8 BAG 24.9.2003 – 5 AZR 500/02, NZA 2004, 90. || 9 MünchArbR/*Boewer*, § 69 Rz. 45; Staudinger/*Richardi/Fischinger*, § 615 Rz. 151. || 10 BAG 29.7.1993 – 2 AZR 110/93, NZA 1994, 116; 6.2.1964 – 5 AZR 93/63, AP BGB § 615 Nr. 24; Staudinger/*Richardi/Fischinger*, § 615 Rz. 151. || 11 BAG 29.7.1993 – 2 AZR 110/93, NZA 1994, 116. || 12 LAG Bbg. 17.3.1998 – 2 Sa 670/97, MDR 1998, 1417; LAG Hamm 11.10.1996 – 10 Sa 104/96, NZA-RR 1997, 287; LAG BW 21.6.1994 – 8 Sa 33/94, LAGE § 615 BGB Nr. 41; *Nägele*, BB 2003, 45 (46). || 13 Anders bei Freistellung unter Anrechnung auf einen noch bestehenden Urlaubsanspruch; vgl. BAG 19.3.2002 – 9 AZR 16/01, BB 2002, 1703. || 14 BAG 2.8.1971 – 3 AZR 121/71, BB 1971, 1412; 6.2.1964 – 5 AZR 93/63, AP BGB § 615 Nr. 24; LAG Thür. 21.11.2000 – 5 Sa 352/99, LAGE § 615 BGB Nr. 62; LAG Schl.-Holst. 20.2.1997 – 4 Sa 567/96, NZA-RR 1997, 286; differenzierend *Lüderitz/Pawlak*, NZA 2011, 313 (314); *Meyer*, NZA 2011, 1249 (1250f.). || 15 BAG 11.10.2006 – 5 AZR 754/05, NJW 2007, 2060; 16.6.2004 – 5 AZR 508/03, NZA 2004, 1155; 6.9.1990 – 2 AZR 165/90, NZA 1991, 221; KR/*Spilger*, § 11 KSchG Rz. 31. || 16 ErfK/*Preis*, § 615 BGB Rz. 84. || 17 Vgl. RdA 1951, 58 (64). || 18 LAG Nürnberg 9.1.2010 – 7 Sa 430/09, DB 2010, 1070. || 19 BVerfG 24.6.2010 – 1 BvL 5/10, NZA 2010, 1004; zweifelnd MüKoBGB/*Henssler*, § 615 Rz. 65. || 20 LAG Nürnberg 24.6.2003 – 6 Sa 424/02, ZTR 2004, 46 LS. || 21 BAG 24.9.2003 – 5 AZR 282/02, NZA 2003, 1332 unter dementsprechender Ablehnung der Anrechnung einer Berufsunfähigkeitsrente. Für eine Anrechnung von Überbrückungsgeld (nunmehr Gründungszuschuss) LAG Köln 15.10.2003 – 7 Sa 163/03, NZA-RR 2004, 612 (613). || 22 MünchArbR/*Boewer*, § 69 Rz. 41.

88 **c) Umfang der Anrechnung. aa) Ersparte Aufwendungen.** Anzurechnen sind zunächst ersparte Aufwendungen, die in einem unmittelbaren Zusammenhang mit der zu erbringenden Arbeitsleistung stehen. Hierzu zählen etwa entfallene Fahrtkosten sowie Kosten für die Anschaffung oder Reinigung von Berufskleidung.

89 **bb) Anderweitiger Erwerb.** Grundvoraussetzung für die Anrechnung anderweitigen Verdienstes ist, dass dieser kausal durch **Freiwerden der Arbeitskraft** ermöglicht worden ist. Der ArbN muss den Erwerb gerade durch denjenigen Teil seiner Arbeitskraft erzielt haben, welchen er dem ArbGeb zur Verfügung zu stellen verpflichtet war[2]. Der anderweitige Verdienst ist nach hM gem. dem **Prinzip der Gesamtberechnung** zu berücksichtigen. Dies bedeutet, dass der Erwerb auf die Vergütung für die gesamte Dauer des Annahmeverzugs und nicht nur auf das Entgelt für den Zeitabschnitt anzurechnen ist, in dem es erzielt worden ist[3]. Die Gegenansicht will eine Anrechnung nach einzelnen Zeitabschnitten vornehmen[4]. Zur Begründung wird darauf verwiesen, dass der ArbN für jeden Zeitabschnitt einen selbständigen Lohnanspruch und keinen Gesamtanspruch erlange. Außerdem erfolge im Rahmen des § 74c HGB ebenfalls keine Gesamtabrechnung[5]. Eine generelle Abrechnung nach Zeitabschnitten sieht das Gesetz jedoch nicht vor. Solange der Annahmeverzug andauert, will das BAG die Zeitabschnittsbezogenheit der Vergütung dadurch berücksichtigen, dass zunächst lediglich eine Anrechnung auf das für die jeweilige Zahlungsperiode geschuldete Entgelt erfolgt. Hierdurch soll erreicht werden, dass dem ArbN in jedem Monat zumindest eine dem pfändungsfreien Betrag entsprechende Leistung (Annahmeverzugslohn oder anderweitiger Erwerb) zur Verfügung steht[6]. Diese zwischenzeitliche Beschränkung der Anrechnung ändert jedoch nichts daran, dass es nach dem Ende des Gläubigerverzugs zu einer Gesamtberechnung und in deren Rahmen ggf. zu einem Rückzahlungsanspruch des ArbGeb kommt[7].

90 Bei der Frage, ob ein anderweitiger Verdienst kausal durch das Freiwerden von der bisherigen Arbeitsleistung ermöglicht wurde, sind sowohl **objektive wie subjektive Umstände** zu berücksichtigen. Nebeneinnahmen sind daher anrechnungsfrei, wenn der ArbN sie nicht in der Zeit erzielt, in der er an sich seine arbeitsvertragl. Pflichten erfüllt hätte[8]. Dementsprechend ist die Vergütung von Überstunden aus der Anrechnung auszuklammern, wenn die anderweitige Arbeit in der eigentlich freien Zeit geleistet worden ist[9]. In diesem Fall fehlt es zwar nicht an der Kausalität zwischen Annahmeverzug und anderweitigem Erwerb. Der ArbN hat insoweit aber gerade nicht den Teil seiner Arbeitskraft verwertet, der durch den Gläubigerverzug freigesetzt worden ist. Bei Teilzeitkräften kann daher nicht allein darauf abgestellt werden, ob eine später aufgenommene Tätigkeit auch bei Erfüllung der ursprünglichen Vertragspflichten möglich gewesen wäre[10]. Vielmehr kommt es allein darauf an, ob die sonstige Beschäftigung gerade auf dem Freiwerden der Arbeitskraft beruht[11]. Für die Anrechnung spielt es keine Rolle, ob der anderweitige Verdienst durch eine gleichartige oder andersartige Arbeit erzielt wird. Für eine Ausklammerung von Einkünften aus einer geringerwertigen Tätigkeit[12] besteht kein Anlass. Dabei kann es sich um eine unselbständige wie auch um selbständige Erwerbsarbeit handeln[13]. Ggf. muss der durch eine selbständige Tätigkeit erzielte Gewinn gem. § 287 ZPO geschätzt werden[14]. Außerdem ist ein etwaiger Gründungszuschuss iSd. § 93 SGB III anzurechnen[15]. Sofern Einkünfte erst nach der Beendigung des Annahmeverzugs anfallen, ist darauf abzustellen, ob sie auf einer Tätigkeit beruhen, die erst durch das Freiwerden der Arbeitskraft während des Gläubigerverzugs ermöglicht wurde[16]. Dies kann insb. bei Provisionen[17], aber auch bei Vorbereitungshandlungen für eine neue Tätigkeit der Fall sein[18]. Aufwendungen, die der ArbN tätigen musste, um den Zwischenverdienst zu erzielen, sind abzuziehen. Die Anrechnung soll den ArbN nicht schlechter stellen, als wenn er ordnungsgemäß weitergearbeitet hätte[19]. Da nur solche Leistungen anrechnungsfähig sind, die auf der Verwertung der frei gewordenen Arbeitskraft beruhen, sind Kapitalerträge grds. nicht zu berücksichtigen[20]. Sofern die Verwaltung des eigenen Vermögens den ArbN aber vollständig auslastet, wird man die Erträge anrechnen müssen[21].

---

1 ErfK/*Preis*, § 615 BGB Rz. 85. || 2 BAG 6.9.1990 – 2 AZR 165/90, DB 1991, 496. || 3 BAG 16.5.2012 – 5 AZR 251/11, NZA 2012, 971; 12.12.2006 – 1 AZR 96/06, NZA 2007, 453; 22.11.2005 – 1 AZR 407/04, NZA 2006, 736; 24.8. 1999 – 9 AZR 804/98, DB 2000, 983; 29.7.1993 – 2 AZR 110/93, DB 1993, 2437; MünchArbR/*Boewer*, § 69 Rz. 45; Soergel/*Kraft*, § 615 Rz. 54. || 4 LAG Düss. 1.9.2005 – 5 Sa 212/05, DB 2005, 2825; *Boecken*, NJW 1995, 3218 (3219 ff.); *Nübold*, RdA 2004, 31 (32 ff.); ErfK/*Preis*, § 615 BGB Rz. 92. || 5 Vgl. BAG 16.5.1969 – 3 AZR 137/68, DB 1970, 257. || 6 BAG 24.8.1999 – 9 AZR 804/98, DB 2000, 983. || 7 BAG 24.8.1999 – 9 AZR 804/98, DB 2000, 983. || 8 BAG 14.8.1974 – 5 AZR 497/73, DB 1975, 212. || 9 Vgl. BAG 8.3.1958 – 2 AZR 533/55, BAGE 5, 217; aA ArbR-BGB/*Matthes*, § 615 Rz. 86. || 10 So aber offenbar ErfK/*Preis*, § 615 BGB Rz. 91. || 11 BAG 6.9.1990 – 2 AZR 165/90, DB 1991, 496. || 12 So *Bayreuther*, NZA 2003, 1365 (1368f.). || 13 Staudinger/*Richardi/Fischinger*, § 615 Rz. 162. || 14 LAG Düss. 23.6.1956 – 5 Sa 100/56, DB 1956, 920. || 15 LAG Bln.-Bbg. 8.9.2009 – 7 Sa 703/09; idS bereits LAG Köln 15.10.2003 – 7 Sa 163/03, NZA-RR 2004, 612. || 16 BAG 16.6.2004 – 5 AZR 508/03, DB 2004, 2166. || 17 LAG Düss. 5.3.1970 – 3 Sa 533/69, DB 1970, 1277 (1278). || 18 OLG Düss. 30.12. 1971 – 8 U 160/71, DB 1972, 181; LAG Düss. 22.5.1968 – 3 Sa 73/68, DB 1968, 1182; ErfK/*Preis*, § 615 BGB Rz. 91; restriktiver offenbar Staudinger/*Richardi/Fischinger*, § 615 Rz. 162. || 19 ErfK/*Preis*, § 615 BGB Rz. 90. || 20 MünchArbR/*Boewer*, § 69 Rz. 44. || 21 ErfK/*Preis*, § 615 BGB Rz. 91; eine unzulässige Rechtsausübung erwägend BAG 27.3.1974 – 5 AZR 258/73, DB 1974, 1167.

Zu einer Beschränkung der Anrechnung anderweitigen Verdienstes kommt es, wenn der ArbN während eines Kündigungsschutzprozesses ein **neues ArbVerh** eingegangen ist und er nach gewonnenem Prozess die Fortsetzung des ursprünglichen ArbVerh ggü. dem bisherigen ArbGeb gem. § 12 S. 1 KSchG verweigert, so dass dieses nach § 12 S. 3 KSchG erlischt. Da der ArbN in einem solchen Fall gem. § 12 S. 4 KSchG nur für die Zeit zwischen der Entlassung und dem Tag des Eintritts in das neue ArbVerh Annahmeverzugslohn verlangen kann (Rz. 73), ist auch nur der in diesem Zeitraum erzielte Erwerb zu berücksichtigen[1]. Lohnzahlungspflichtiger Zeitraum und Anrechnungszeitraum sind identisch[2]. **91**

Der **unentgeltliche Einsatz der Arbeitskraft** im eigenen Haushalt oder im Rahmen von Nachbarschaftshilfe führt nicht zu einer Anrechnung[3]. Eine hierfür gewährte maßvolle Anerkennung ist ebenfalls nicht zu berücksichtigen. Eine Weiterleitung des Pflegegeldes (§ 37 SGB XI) übersteigt jedoch den hierdurch getroffenen Rahmen. Die einschränkende Wertung des § 3 S. 2 SGB VI kann nicht auf die Frage der Anrechnung nach § 615 S. 2 übertragen werden. **92**

cc) Böswillig unterlassener Erwerb. Anzurechnen ist schließlich dasjenige, was der ArbN zu erwerben böswillig unterlassen hat. Hierfür ist in objektiver Hinsicht erforderlich, dass der ArbN arbeitsfähig war[4], eine **Arbeitsmöglichkeit** bestand und die Tätigkeit dem ArbN unter Berücksichtigung aller Umstände des Einzelfalls **zumutbar** war. In subjektiver Hinsicht ist es notwendig, aber auch ausreichend, dass der ArbN in Kenntnis der objektiven Umstände untätig geblieben ist oder die Aufnahme einer Arbeit verhindert hat[5]. Einerseits setzt Böswilligkeit keine Schädigungsabsicht voraus[6]. Andererseits genügt nicht einmal eine grobe Fahrlässigkeit des ArbN[7]. **93**

Zentrales Merkmal ist die **Zumutbarkeit der anderweitigen Arbeit**, die in § 11 S. 1 Nr. 2 KSchG ausdrücklich angesprochen wird, im Rahmen von § 615 S. 2 aber ebenso gilt[8]. Dabei geht es im Grundsatz um eine Abwägung zwischen der Berufsfreiheit des ArbN nach Art. 12 GG einerseits[9] und seiner Treuepflicht andererseits, aus dem Annahmeverzug keinen Gewinn zu ziehen und den Schaden des ArbGeb möglichst gering zu halten[10]. Hierbei kommt es auf alle Umstände des Einzelfalls an[11]. Kriterien sind Ort, Zeit und Inhalt (Gefährlichkeit) der anderen möglichen Tätigkeit, Vergütungsform, Art und Umfang von Sozialleistungen[12]. Der Maßstab des § 140 SGB III ist nicht übertragbar, weil er sich auf die Abwägung der Interessen der Arbl. mit denen der Versichertengemeinschaft bezieht, während es im Rahmen von S. 2 bzw. § 11 KSchG um einen zivilrechtl. Konflikt zwischen ArbN und ArbGeb geht[13]. Vor Ablauf der Kündigungsfrist ist die Zumutbarkeit besonders restriktiv zu handhaben. Aus dem vom ArbGeb zu tragenden Wirtschaftsrisiko ergibt sich aber nicht, dass der ArbN in dieser Zeit prinzipiell nicht auf eine Tätigkeit bei einem anderen ArbGeb verwiesen werden kann[14]. **94**

In Betracht kommt zunächst eine **Beschäftigungsmöglichkeit beim bisherigen ArbGeb**. Eine solche Tätigkeit ist nicht von vornherein unzumutbar[15]. Vielmehr kann sie gerade für die Fälle von Bedeutung sein, in denen das Angebot des ArbGeb zur Weiterarbeit für eine Beendigung des Annahmeverzugs nicht ausreicht (dazu Rz. 70 f.)[16]. Soweit der **Bestand des ArbVerh nicht umstritten** ist, billigte die frühere Rspr. dem ArbN das Recht zu, die Zuweisung einer die Grenzen des Direktionsrechts überschreitenden Tätigkeit abzulehnen, weil er sich insoweit lediglich auf eine vertragl. Rechtsposition berufe[17]. Die neuere Judikatur unterscheidet dagegen strikt zwischen der Arbeitspflicht und der Obliegenheit zur Rücksichtnahme ggü. dem ArbGeb und hält dementsprechend auch eine nicht vertragsgemäße Arbeit im Einzelfall für zumutbar[18]. Allerdings muss der ArbN eine deutliche Verschlechterung seiner Arbeitsbedingungen nicht akzeptieren, solange er berechtigte Aussichten hat, eine günstigere Arbeit zu finden[19]. Beim Angebot einer Arbeit an einem anderen Arbeitsort kommt es auf den erforderlichen Zeitaufwand für die Anfahrt sowie das Verhältnis zur Arbeitszeit an[20]. IÜ kann von einem böswilligen Handeln nicht gesprochen werden, wenn der ArbN ein Arbeitsangebot ablehnt, das ohne die nach § 99 BetrVG erforderliche Beteiligung des BR erfolgt ist[21]. **95**

---

1 Vgl. BAG 16.5.2012 – 5 AZR 251/11, NZA 2012, 971. ||2 BAG 19.7.1978 – 5 AZR 748/77, DB 1978, 2417. ||3 MünchArbR/*Boewer*, § 69 Rz. 44. ||4 BAG 24.3.2004 – 5 AZR 355/03, AP EntgeltFG § 3 Nr. 22. ||5 BAG 16.5.2000 – 9 AZR 203/99, DB 2001, 154; 18.6.1965 – 5 AZR 351/64, DB 1965, 1405; 18.10.1958 – 2 AZR 291/58, BAGE 6, 306. ||6 BAG 10.4.1963 – 4 AZR 95/62, DB 1963, 802. ||7 BAG 18.10.1958 – 2 AZR 291/58, BAGE 6, 306; s.a. LAG Köln 5.7.2002 – 11 Sa 559/01, NZA-RR 2003, 308. ||8 Zur Inhaltsgleichheit beider Normen BAG 17.11.2011 – 5 AZR 564/10, NZA 2012, 260. ||9 BAG 11.10.2006 – 5 AZR 754/05, NJW 2007, 2060; 9.8.1974 – 3 AZR 350/73, DB 1974, 2262. ||10 BAG 18.6.1965 – 5 AZR 351/64, DB 1965, 1405; 10.4.1963 – 4 AZR 95/62, DB 1963, 802. ||11 BAG 14.11.1985 – 2 AZR 98/84, NZA 1986, 637. ||12 ErfK/*Preis*, § 615 BGB Rz. 97. ||13 BAG 7.2.2007 – 5 AZR 422/06, NZA 2007, 561; 16.6.2004 – 5 AZR 508/03, NZA 2004, 1155; MünchArbR/*Boewer*, § 69 Rz. 48; aA *Fritz/Erren*, NZA 2009, 1242 (1245 ff.). ||14 AA *Schirge*, DB 2000, 1278 (1280); einschr. auch *Bayreuther*, NZA 2003, 1365 (1368). ||15 S. nur BAG 17.11.2011 – 5 AZR 564/10, NZA 2012, 260. ||16 BAG 22.2.2000 – 9 AZR 194/99, NZA 2000, 817; 14.11.1985 – 2 AZR 98/84, NZA 1986, 637; 10.4.1963 – 4 AZR 95/62, DB 1963, 802; Staudinger/*Richardi/Fischinger*, § 615 Rz. 176. ||17 BAG 3.12.1980 – 5 AZR 477/78, DB 1981, 799. ||18 BAG 7.2.2007 – 5 AZR 422/06, NZA 2007, 561; aA *Schulze*, NZA 2006, 1145 (1146); etwas strenger offenbar BAG 17.11.2011 – 5 AZR 564/10, NZA 2012, 260. ||19 BAG 7.2.2007 – 5 AZR 422/06, NZA 2007, 561. ||20 Vgl. LAG Köln 21.6.2005 – 13 (5) Sa 179/05, NZA-RR 2006, 14 (Fahrtzeit von zwei Stunden je Hin- und Rückfahrt zumutbar); LAG Hess. 21.8.2006 – 19 (11) Sa 2008/05, NZA-RR 2007, 186 (Anfahrtszeit von 4,5 Stunden bei einer Arbeitszeit von 1,5 Stunden unzumutbar). ||21 BAG 7.11.2002 – 2 AZR 650/00, AP BGB § 615 Nr. 98.

96 Bei einem ArbVerh, dessen **Bestand streitig** ist, kommt es für die Zumutbarkeit der angebotenen Arbeit wesentlich auf das **vorangegangene Verhalten des ArbGeb** an, das den Annahmeverzug herbeigeführt hat. Hierzu hat das BAG folgende Leitlinien aufgestellt: Bei einer betriebs- oder krankheitsbedingten Kündigung ist dem ArbN die vorläufige Weiterbeschäftigung idR zumutbar. Bei einer verhaltensbedingten, insb. einer außerordentl. Kündigung liegt regelmäßig Unzumutbarkeit vor[1]. Wenn der ArbN einen Weiterbeschäftigungsantrag stellt, gibt er damit aber auch bei einer verhaltensbedingten Kündigung zu erkennen, dass ihm eine vorläufige Weiterarbeit auf seinem früheren Arbeitsplatz zumutbar ist[2]. Umgekehrt schließt ein rechtskräftig ausgeurteilter Beschäftigungsanspruch eine andere (vertragswidrige) Tätigkeit als noch zumutbar nicht aus[3]. Keinesfalls kann der ArbN seine Weigerung zur vorläufigen Weiterarbeit allein darauf stützen, keine zusätzliche schriftl. Vereinbarung unterzeichnen zu wollen[4]. Auf ein Angebot zur Weiterarbeit zu geänderten Arbeitsbedingungen (etwa gegen eine geringere Vergütung[5]) muss sich der ArbN dann einlassen, wenn ihm eine entsprechende Arbeit bei einem anderen ArbGeb zumutbar wäre. Dies gilt auch, wenn der ArbGeb eine Änderungskündigung ausgesprochen und der ArbN das Änderungsangebot nicht gem. § 2 KSchG unter Vorbehalt angenommen hat. Insoweit wird das „Wahlrecht" des § 2 KSchG faktisch durch § 11 S. 1 Nr. 2 KSchG eingeschränkt[6]. Dagegen folgt die Zumutbarkeit der veränderten Arbeitsbedingungen nicht schon daraus, dass die Kündigung gerichtlich überprüft wird[7]. IÜ muss sich der ArbN nicht auf eine dauerhafte Änderung des Arbeitsvertrags einlassen, weil § 11 S. 1 Nr. 2 KSchG nur die Obliegenheit zum Erwerb von Zwischenverdienst begründet[8]. Bei einer Änderungskündigung genügt deshalb nicht das mit ihr verbundene Änderungsangebot. Vielmehr bedarf es eines eigenständigen Angebots zur Weiterbeschäftigung während des Prozesses[9].

97 Wenn der ArbN bei einem **Betriebsübergang sein Widerspruchsrecht wirksam ausgeübt** hat und der Veräußerer infolgedessen in Annahmeverzug gerät, ist es nicht generell unzumutbar, den ArbN auf eine vorläufige Weiterarbeit zu unveränderten Bedingungen beim Betriebserwerber zu verweisen[10]. Hierdurch wird das Widerspruchsrecht nicht ausgehöhlt, weil der ArbN nicht daran gehindert wird, den Fortbestand seines ArbVerh zum Veräußerer geltend zu machen[11]. Eine Anrechnung der möglichen Einkünfte beim Betriebserwerber nach S. 2 erfolgt aber nur dann, wenn dem ArbN ein Vorwurf daraus gemacht werden kann, dass er während des Annahmeverzugs trotz Kenntnis aller objektiven Umstände vorsätzlich untätig bleibt oder die Aufnahme der Arbeit bewusst verhindert. Dies setzt zumindest die sichere Kenntnis des ArbN voraus, dass er unabhängig von seinem Widerspruch vom Betriebserwerber beschäftigt werden würde. Ein böswilliges Unterlassen ist zwar nicht schon deswegen ausgeschlossen, weil das Widerspruchsrecht zulässigerweise ausgeübt wurde. Umgekehrt begründet aber allein ein zulässigerweise ausgeübter Widerspruch noch kein böswilliges Unterlassen iSd. S. 2[12].

98 Böswilligkeit ist zu verneinen, wenn der ArbN durch die Aufnahme einer bestimmten Tätigkeit **vertragl. Rechtspositionen aufgeben oder beeinträchtigen** würde. Dies gilt etwa für den Fall, dass der ArbN wegen Entgeltrückständen sein Leistungsverweigerungsrecht geltend gemacht und die Arbeit eingestellt hat[13]. Weiter ist es dem ArbN nicht zumutbar, ein anderes DauerArbVerh zu begründen, wenn ihm hierdurch die Rückkehr an den bisherigen Arbeitsplatz erschwert würde[14]. Der ArbGeb kann dieses Hindernis ausräumen, indem er erklärt, aus dem Verhalten des ArbN keine nachteiligen Folgen zu ziehen[15]. Da die Zumutbarkeit objektiv zu beurteilen ist, ist eine entsprechende Äußerung des ArbGeb aber nicht zwingend erforderlich. Ferner darf der ArbN sein bisheriges ArbVerh ohne Anrechnung der daraus erzielbaren Einnahmen auch dann kündigen, wenn ein neuer ArbGeb, gegen den zu Annahmeverzug vorgegangen wird, noch vor Dienstbeginn die Arbeitsaufnahme ablehnt[16]. Der Verlust eines Mandats (BR-Amt) kann ebenfalls die Ablehnung eines Arbeitsangebots legitimieren[17]. Direkte Streikarbeit muss nicht übernommen werden[18]. Ferner liegt kein böswilliges Unterlassen vor, wenn der ArbN ein an sich zumutbares Angebot, das er zuvor mit billigender Kenntnisnahme des ArbGeb abgelehnt hat, nicht von sich aus wieder aufgreift[19]. Weiter sind kurzfristige Verzögerungen aufgrund der rechts-

---

1 BAG 13.7.2005 – 5 AZR 578/04, NZA 2005, 1348; 7.11.2002 – 2 AZR 650/00, AP BGB § 615 Nr. 98; 14.11.1985 – 2 AZR 98/84, NZA 1986, 637; s. aber auch LAG Hamm 4.11.2004 – 8 Sa 1322/04, NZA-RR 2005, 416 (418): Arbeitslosmeldung statt Weiterarbeit bei betriebsbedingter Kündigung kein böswilliges Unterlassen, wenn ArbGeb mit haltlosen Schadensersatzforderungen droht.   ‖2 BAG 24.9.2003 – 5 AZR 500/02, NZA 2004, 90; *Spirolke*, NZA 2001, 707 (710).   ‖3 BAG 17.11.2011 – 5 AZR 564/10, NZA 2012, 260.   ‖4 LAG Nds. 30.9.2003 – 13 Sa 570/03, NZA-RR 2004, 194.   ‖5 Vgl. LAG Nds. 18.1.2006 – 6 Sa 1533/04, NZA-RR 2006, 349 (Gehaltsabsenkung von 12-15 % bei „Besserverdienenden" zumutbar).   ‖6 BAG 26.9.2007 – 5 AZR 870/06, NZA 2008, 1063; 16.6.2004 – 5 AZR 508/03, NZA 2004, 1155; aA MünchArbR/*Boewer*, § 69 Rz. 49; idS auch BAG 27.1.1994 – 2 AZR 584/93, NZA 1994, 840.   ‖7 BAG 16.6.2004 – 5 AZR 508/03, NZA 2004, 1155.   ‖8 BAG 11.1.2006 – 5 AZR 98/05, NZA 2006, 314.   ‖9 *Schulze*, NZA 2006, 1146 (1147); aA offenbar LAG Köln 21.6.2005 – 13 (5) Sa 179/05, NZA-RR 2006, 14.   ‖10 BAG 9.9.2010 – 2 AZR 582/09, ZTR 2011, 113; 19.3.1998 – 8 AZR 139/97, NZA 1998, 750; 17.11.1977 – 5 AZR 618/76, DB 1978, 1083.   ‖11 Ähnlich LAG Nürnberg 16.6.1987 – 6 Sa 102/86, LAGE § 615 BGB Nr. 13.   ‖12 BAG 27.11.2008 – 8 AZR 230/07; 27.11.2008 – 8 AZR 1018/06.   ‖13 BAG 21.5.1981 – 2 AZR 95/79, DB 1981, 2496.   ‖14 BAG 18.6.1965 – 5 AZR 351/64, DB 1965, 1405.   ‖15 Vgl. BAG 17.11.1977 – 5 AZR 618/76, DB 1978, 1083 hinsichtlich einer Weiterarbeit bei einem Betriebserwerber nach einem Widerspruch gegen den Übergang des ArbVerh.   ‖16 BAG 2.11.1973 – 5 AZR 147/73, DB 1974, 540.   ‖17 LAG Hess. 17.1.1980 – 9 Sa 558/79, BB 1980, 1050f.   ‖18 Vgl. BAG 25.7.1957 – 1 AZR 194/56, DB 1958, 572.   ‖19 LAG Köln 25.3.1993 – 10 Sa 1121/92, LAGE § 615 BGB Nr. 36.

anwaltlichen Prüfung der Zumutbarkeit kein Indiz für eine Bösgläubigkeit[1]. Schließlich ist das Unterlassen einer verbotswidrigen Konkurrenztätigkeit niemals böswillig[2].

Die **tatsächliche Aufnahme einer anderweitigen Tätigkeit** kann grds. nicht als böswillig gewertet werden, auch wenn der ArbN hierdurch weniger verdient als bei einer anderen möglichen und zumutbaren Beschäftigung. Insoweit verdient die freie Entscheidung des ArbN über seinen künftigen beruflichen Werdegang den Vorrang[3]. Dasselbe gilt für die Vorbereitung bzw. Aufnahme einer selbständigen Tätigkeit[4]. Der ArbGeb kann in einer solchen Konstellation nicht das fiktive Alg anrechnen[5]. Ein böswilliges Unterlassen ist nur bei einem völlig unrealistischen Vorhaben gegeben, das der ArbN nur mit Rücksicht auf das Vorhandensein eines Anspruchs auf Annahmeverzugslohn und damit auf Kosten des ArbGeb unternimmt[6]. Ein vorübergehender Auslandsaufenthalt stellt nur dann ein böswilliges Unterlassen dar, wenn hierdurch zumutbare Arbeitsmöglichkeiten nicht genutzt werden konnten[7]. Die Aufnahme eines Studiums ist ebenfalls nicht als böswilliges Unterlassen einzuordnen[8]. Etwas anderes gilt lediglich bei einem sinn- oder planlosen Studium[9]. 99

Soweit es um eine **Beschäftigung beim bisherigen ArbGeb** geht, muss der ArbN nicht von sich aus aktiv werden[10]. Vielmehr liegt die Initiativlast beim ArbGeb[11]. Den ArbN trifft daher nicht der Vorwurf böswilligen Unterlassens, wenn er von einem Weiterbeschäftigungsverlangen gem. § 102 V 1 BetrVG abgesehen hat. Diese Norm will die Rechtsstellung des ArbN verbessern, legt ihm aber keine Obliegenheit auf, die er zur Vermeidung von Entgeltnachteilen wahrnehmen muss[12]. Dasselbe gilt für den von der Rspr. entwickelten allg. Weiterbeschäftigungsanspruch. Der ArbN ist nicht gehalten, ihn geltend zu machen[13]. Ferner stellt es kein böswilliges Unterlassen dar, wenn der ArbN davon Abstand nimmt, ein entsprechendes Urteil gegen den ArbGeb zu vollstrecken[14]. 100

Böswilligkeit ist zu verneinen, wenn sich der ArbN bei der **AA gemeldet** hat. Es ist dann Sache der AA, dem ArbN zumutbare Stellenangebote zu übermitteln[15]. Zu sonstigen aktiven Bemühungen ist der ArbN im Rahmen der zivilrechtl. Risikoverteilung zwischen ihm und dem im Annahmeverzug befindlichen ArbGeb nicht verpflichtet. § 2 V Nr. 3 SGB III lassen sich keine weiter gehenden Anforderungen entnehmen. Das BAG geht darüber sogar noch hinaus und verneint eine Obliegenheit des ArbN, sich bei der AA zu melden und die Vermittlungsdienste in Anspruch zu nehmen[16]. Hierdurch wird das Merkmal der Böswilligkeit aber zu restriktiv gehandhabt. Vielmehr gebietet es die Rücksichtnahme auf die Interessen des ArbGeb, der AA zumindest die Chance zu eröffnen, eine zumutbare Arbeit anzubieten[17]. Dafür sprechen auch die verschärften Meldeobliegenheiten gem. §§ 38, 159 I 1 Nr. 2 SGB III[18]. Eine Anrechnung entfällt allerdings, wenn dem ArbN ohnehin keine zumutbare Tätigkeit unterbreitet worden wäre. Sachlich geht es also lediglich um eine angemessene Verteilung der Darlegungs- und Beweislast. IÜ kann der ArbN auf eine Meldung bei der AA verzichten, muss dann aber eigene Bewerbungsaktivitäten entfalten[19]. 101

Die **unterlassene Inanspruchnahme öffentl.-rechtl. Leistungen** kann Böswilligkeit darstellen[20]. Eine solche Bewertung ist aber dann nicht gerechtfertigt, wenn es der ArbN ablehnt, sich im Wege der Vertragsänderung auf eine Kurzarbeitsregelung einzulassen und es hierdurch nicht zur Gewährung von Kug (§§ 95 ff. SGB III) kommt[21]. Liegen sowohl § 11 S. 1 Nr. 2 als auch Nr. 3 KSchG vor, ist in einem ersten Schritt der böswillig unterlassene Erwerb und in einem zweiten Schritt derjenige Teil des Alg anzurechnen, der dem Anteil der Bruttovergütung entspricht, den der ArbGeb nach der Anrechnung des unterlassenen Verdienstes zu zahlen hat[22]. 102

4. Sonstige Ansprüche. Die in den §§ 300 ff. geregelten **sonstigen Rechtsfolgen** des Gläubigerverzugs laufen bei einem ArbVerh regelmäßig leer. Sofern der ArbN die ausgefallenen Dienste nicht nachholt, hat er entgegen der Regelung des § 304 keinen Anspruch auf Ersatz der Aufwendungen für das erfolglose Angebot. Die Vorschrift basiert auf der Überlegung, dass der Sachleistungsschuldner bei einem erfolgreichen Zweitangebot die Kosten für das Angebot nicht zweimal tragen soll. Würde man dem ArbN auch dann einen Aufwendungsersatzanspruch zubilligen, wenn er die Dienste nicht nachzuholen hat, stünde er bei einem Annahmeverzug des ArbGeb besser als ohne die Leistungsstörung da. Er würde 103

---

1 BAG 19.9.2012 – 5 AZR 627/11, NZA 2013, 101. ‖2 BAG 28.1.2010 – 2 AZR 1008/08, NZA-RR 2010, 461; 25.4.1991 – 2 AZR 624/90, NZA 1992, 212. ‖3 BAG 23.1.1967 – 3 AZR 253/66, DB 1967, 779; Staudinger/*Richardi*/*Fischinger*, § 615 Rz. 174. Noch großzügiger offenbar *Fischer*, FS Hromadka, 2008, S. 83 (94 ff.): keine Böswilligkeit bereits bei bloßer Bemühung um anderen ArbGeb. ‖4 BAG 16.6.2004 – 5 AZR 508/03, NZA 2004, 1155. ‖5 BAG 2.6.1987 – 3 AZR 626/85, NZA 1988, 130. ‖6 Ansatzweise BAG 18.1.1963 – 5 AZR 200/62, DB 1963, 554. ‖7 BAG 11.7.1985 – 2 AZR 106/84, AP BGB § 615 Nr. 35a; LAG Hamm 18.10.1985 – 16 Sa 386/85, DB 1986, 1394. ‖8 BAG 13.2.1996 – 9 AZR 931/94, NZA 1996, 1039. ‖9 BAG 8.2.1974 – 3 AZR 519/73, SAE 1975, 207. ‖10 BAG 19.9.2012 – 5 AZR 627/11, NZA 2013, 101. ‖11 BAG 11.1.2006 – 5 AZR 98/05, NZA 2006, 314. ‖12 MünchArbR/*Boewer*, § 69 Rz. 50. ‖13 So auch LAG Schl.-Holst. 10.1.2006, NZA-RR 2006, 301. ‖14 BAG 22.2.2000 – 9 AZR 194/99, NZA 2000, 817; ErfK/*Preis*, § 615 BGB Rz. 52. ‖15 LAG Köln 5.7.2002 – 11 Sa 559/01, NZA-RR 2003, 308; ErfK/*Preis*, § 615 BGB Rz. 101. ‖16 BAG 16.5.2000 – 9 AZR 203/99, NZA 2001, 26. ‖17 Erman/*Belling*, § 615 Rz. 46; KR/*Spilger*, § 11 KSchG Rz. 40. ‖18 *Bayreuther*, NZA 2003, 1365 (1366 f.); *Hanau*, ZIP 2003, 1573 (1575); *Lüderitz*/*Pawlak*, NZA 2011, 313 (315). ‖19 *Spirolke*, NZA 2001, 707 (711 f.); s.a. BAG 23.1.1967 – 3 AZR 253/66, DB 1967, 779. ‖20 Erman/*Belling*, § 615 Rz. 44. ‖21 LAG Rh.-Pf. 7.10.1996 – 9 Sa 703/96, LAGE § 615 BGB Kurzarbeit Nr. 2. ‖22 BAG 11.1.2006 – 5 AZR 125/05, NZA 2006, 313 (314).

dann nämlich über den Annahmeverzugslohn hinaus etwa seine Fahrtkosten ersetzt bekommen, die er bei regulärer Arbeit aus seinem Verdienst aufbringen müsste[1].

104 Neben den Vorschriften über den Gläubigerverzug kommt nach Ansicht des BAG eine **Schadensersatzpflicht des ArbGeb** unter dem Blickwinkel einer Verletzung der ihn treffenden Beschäftigungspflicht in Betracht. Ein Schadensersatzanspruch wegen entgangener Vergütung wird dann angenommen, wenn der ArbGeb den ArbN in einer bestimmten Art und Weise hätte beschäftigen müssen und dem ArbGeb zumindest Fahrlässigkeit zur Last gelegt werden kann[2]. Weiter hat das BAG einen Anspruch des ArbN auf Schadensersatz statt der Leistung (früher: Schadensersatz wegen Nichterfüllung) in einem Fall bejaht, in dem der ArbGeb zur allg. Weiterbeschäftigung während des Kündigungsschutzprozesses verurteilt worden war, was für sich genommen keine Grundlage für einen Anspruch aus Annahmeverzug bildet (Rz. 18). Nach Ansicht des BAG beruht die Schadensersatzpflicht darauf, dass der ArbGeb mit der Verurteilung zur Weiterbeschäftigung auch ohne eine zusätzliche Mahnung in Schuldnerverzug gerät und die geschuldete Leistung infolge des Fixschuldcharakters der Arbeit während des Verzugs unmöglich wird[3]. Dabei soll der Schaden im entgangenen Verdienst bestehen.

105 Diese Sichtweise ist auf der Grundlage der Konzeption der Rspr. zum Beschäftigungs- bzw. zum allg. Weiterbeschäftigungsanspruch indes **nicht stimmig**: Geht man davon aus, dass beide Ansprüche lediglich den ideellen Persönlichkeitsinteressen des ArbN dienen sollen[4], liegt das entgangene Entgelt nicht innerhalb des Schutzbereichs der verletzten Pflicht[5]. Dem entspricht es, wenn das BAG den Erhalt von Steuervorteilen nicht als Zweck der Weiterbeschäftigungspflicht ansieht[6]. Soweit es um den allg. Weiterbeschäftigungsanspruch geht, kommt hinzu, dass die Weiterbeschäftigung lediglich zu einem tatsächlichen ArbVerh ohne rechtl. Grund führen soll[7]. Fehlt es aber an einer materiell-rechtl. Leistungspflicht, kann der ArbGeb insoweit auch keine Pflicht als Basis für einen Schadensersatzanspruch verletzen.

106 IÜ geht es beim Anspruch auf Schadensersatz statt der Leistung um den Ersatz gerade des Schadens, der dem ArbN dadurch entsteht, dass die **Pflicht des ArbGeb zur tatsächlichen Beschäftigung verletzt** ist. Wenn der ArbN auch ohne tatsächliche Beschäftigung unter dem Gesichtspunkt des Annahmeverzugs sein Entgelt erhält, erleidet er insoweit keinen Verdienstausfall[8]. Mangels eines Schadens kann er daher auch keinen Schadensersatzanspruch geltend machen.

107 5. Abdingbarkeit. Für den Bereich der **Arbeitnehmerüberlassung** ordnet § 11 IV 2 AÜG ausdrücklich die Unabdingbarkeit des Vergütungsanspruchs des LeihArbN bei Annahmeverzug des Verleihers aus § 615 S. 1 an. Diese Vorschrift schließt Arbeitszeitkonten nicht aus, bei denen Plusstunden in Einsatzzeiten mit Minusstunden in einsatzfreien Zeiten verrechnet werden, sofern der LeihArbN ein verstetigtes Entgelt auf der Basis eines VollzeitArbVerh erhält[9]. Eine unabdingbare Sonderregelung gilt auch für Auszubildende (§§ 19 I Nr. 2a, 25 BBiG). IÜ ist § 615 im Grundsatz dispositiv[10]. Dies ergibt sich im Umkehrschluss aus § 619, der nur die §§ 617, 618 für unabdingbar erklärt. Voraussetzung für einen Ausschluss des Vergütungsanspruchs ist zunächst eine klare und eindeutige Regelung. Eine Klausel, dass nur geleistete Arbeit bezahlt wird, schließt regelmäßig lediglich den Entgeltanspruch aus § 616 aus[11]. Des Weiteren kann § 615 nicht beliebig abbedungen werden, ohne dass die Grenzen der Dispositivität bislang endgültig ausgelotet worden sind. Eine Schranke ergibt sich zum einen aus dem kündigungsrechtl. Beendigungsschutz. So ist eine Klausel als nichtig anzusehen, die den Annahmeverzug auch bei einer unwirksamen Kündigung ausschließt[12]. Eine zweite Grenze bilden der vertragl. Inhaltsschutz sowie der Grundsatz, dass der ArbGeb nicht das Wirtschaftsrisiko auf den ArbN abwälzen darf[13]. Eine Abdingung von S. 1 ist daher grds. nur in bestimmten Einzelfällen zulässig[14]. Bei AGB ist infolge der Angemessenheitskontrolle gem. §§ 307, 310 IV ein noch strengerer Maßstab anzulegen[15].

---

1 AA offenbar ErfK/*Preis*, § 615 BGB Rz. 104. ‖ 2 BAG 27.8.2008 – 5 AZR 16/08, NZA 2008, 1410. ‖ 3 BAG 12.9.1985 – 2 AZR 324/84, NZA 1986, 424. ‖ 4 Vgl. BAG (GS) 27.2.1985 – GS 1/84, NZA 1985, 702. ‖ 5 IdS auch *Bengelsdorf*, SAE 1987, 254 (264f.); Erman/*Edenfeld*, § 611 Rz. 383; *Wank*, RdA 1987, 129 (158). ‖ 6 BAG 19.10.2000 – 8 AZR 20/00, NZA 2001, 598. ‖ 7 BAG 12.2.1992 – 5 AZR 297/90, NZA 1993, 177; 10.3.1987 – 8 AZR 146/84, NZA 1987, 373; BAG (GS) 27.2.1985 – GS 1/84, NZA 1985, 702. ‖ 8 Ebenso *Sommer*, Die Nichterfüllung der Arbeitspflicht, 1996, S. 262. ‖ 9 LAG BW 6.3.2012 – 22 Sa 58/11; LAG Düss. 16.11.2011 – 7 Sa 567/11; LAG BW 29.4.2009 – 17 Sa 4/09; *Thüsing/Pötters*, BB 2012, 317 (319ff.); aA LAG RhPf. 24.4.2008 – 10 Sa 19/08; *Ulber*, NZA 2009, 232 (233f.) sowie die Voraufl.; einschränkend aus tarifl. Gründen *Schüren*, BB 2012, 1411 (1412f.). Zur Möglichkeit der Einführung von Kurzarbeit s. § 11 IV 3 AÜG. ‖ 10 BAG 10.1.2007 – 5 AZR 84/06, NZA 2007, 384; 5.9.2002 – 8 AZR 702/01, NZA 2003, 973; Erman/*Belling*, § 615 Rz. 3; Soergel/*Kraft*, § 615 Rz. 8; ErfK/*Preis*, § 615 BGB Rz. 8; zur Modifikation von § 615 durch den BRTV-Bau s. BAG 25.1.2012 – 5 AZR 671/10, AP TVG § 1 Tarifverträge: Bau Nr. 337. ‖ 11 BAG 9.3.1983 – 4 AZR 301/80, DB 1983, 1496; 8.3.1961 – 4 AZR 223/59, DB 1961, 747; Staudinger/*Richardi/Fischinger*, § 615 Rz. 12; einschr. auch BAG 4.7.1958 – 1 AZR 559/57, AP BGB § 615 Betriebsrisiko Nr. 5. ‖ 12 MünchArbR/*Boewer*, § 69 Rz. 6; ErfK/*Preis*, § 615 BGB Rz. 8. ‖ 13 LAG Nürnberg 30.5.2006 – 6 Sa 111/06, NZA-RR 2006, 511; LAG Hamm 16.10.1989 – 19 (12) Sa 1510/88, ZIP 1990, 880 (884ff.); MünchArbR/*Boewer*, § 69 Rz. 7. ‖ 14 Staudinger/*Richardi/Fischinger*, § 615 Rz. 14; zur funktional vergleichbaren Festlegung einer unbezahlten Freistellung ebenso BAG 13.8.1980 – 5 AZR 296/78, DB 1981, 479; 30.6.1976 – 5 AZR 246/75, BB 1976, 1419. ‖ 15 Vgl. BAG 7.12.2005 – 5 AZR 535/04, NZA 2006, 423 (Umfang der Arbeit auf Abruf darf nicht mehr als 25 % der vereinbarten Mindestarbeitszeit betragen).

IV. Durchsetzung des Anspruchs auf Annahmeverzugslohn. 1. Darlegungs- und Beweislast. Der **108** ArbN hat die Voraussetzungen des Annahmeverzugs darzulegen und zu beweisen[1]. Hierzu gehören das Bestehen eines erfüllbaren ArbVerh, das Angebot der Arbeitsleistung bzw. die Voraussetzungen, unter denen das Angebot entbehrlich ist, sowie die Nichtannahme der Dienste durch den ArbGeb. Der ArbN muss weiter die Voraussetzungen des Leistungsverweigerungsrechts gem. § 298 sowie die Höhe des Annahmeverzugslohns darlegen und beweisen. Werden Schichtzuschläge geltend gemacht, sind die einzelnen Zeiträume schriftlich zu konkretisieren[2]. Demggü. trifft den ArbGeb die Darlegungs- und Beweislast für den fehlenden Leistungswillen des ArbN (dazu auch Rz. 46f.)[3]. Dasselbe gilt für das Leistungsunvermögen des ArbN[4]. Hierbei kann sich der ArbGeb grds. nicht auf einen Anscheinsbeweis stützen[5]. Trägt er jedoch konkrete Indizien vor, ist es Sache des ArbN, die Indizwirkung zu erschüttern[6]. In Betracht kommen insb. Krankheitszeiten des ArbN vor und nach dem Verzugszeitraum[7]. Weiter ist der ArbGeb für die Anrechnung gem. S. 2 darlegungs- und beweispflichtig. Dies gilt sowohl für die Anrechnung anderweitigen Verdienstes[8] als auch für einen böswillig unterlassenen Erwerb[9]. Schuldet der ArbG nach Ausspruch einer Kündigung Annahmeverzugslohn, obliegt es ihm, vorzutragen, wie sich die in seinem Betrieb angeordnete Kurzarbeit konkret auf die Vergütung des ArbN im ungekündigten ArbVerh ausgewirkt hätte[10].

2. Auskunftsrecht. Der ArbGeb ist über die näheren Umstände der anrechenbaren Bezüge regel- **109** mäßig nicht informiert. Um eine Überforderung des insoweit darlegungs- und beweispflichtigen ArbGeb zu verhindern, billigt ihm die hM in analoger Anwendung von § 74c II HGB ein Recht auf Auskunft über die Höhe des anzurechnenden anderweitigen Verdienstes zu. Bei dieser Auskunftspflicht handelt es sich um einen echten einklagbaren Anspruch[11] und nicht nur um eine bloße Obliegenheit[12]. Dies ist insb. dann unabweisbar, wenn es um einen Rückzahlungsanspruch in Höhe des nicht angerechneten Zwischenverdienstes gem. § 812 geht, sollte aber auch sonst bejaht werden. Der ArbGeb muss nach hM zunächst greifbare Anhaltspunkte für eine anderweitige Erwerbstätigkeit bzw. für den Erhalt von SozV-Leistungen darlegen und ggf. beweisen. Erst dann hat er einen Anspruch auf Auskunft über die Höhe der sonstigen Einnahmen[13]. Dagegen kann der ArbGeb keine Auskunft über die Vorfrage verlangen, ob der ArbN überhaupt andere Einkünfte erzielt hat[14]. Soweit es um die erforderliche Kausalität zwischen dem Freiwerden von der bisherigen Arbeitsleistung und dem anderweitigen Erwerb geht, muss der ArbGeb Indizien vortragen, die für das Vorliegen eines dahin gehenden Zusammenhanges sprechen[15].

Solange der ArbN die Auskünfte pflichtwidrig nicht erteilt, kann der ArbGeb die Zahlung des Annah- **110** meverzugslohns verweigern. Eine Klage ist daher als **zurzeit unbegründet** abzuweisen[16]. Die Grundlage für das Leistungsverweigerungsrecht ist nicht in § 320[17], sondern in § 273 zu sehen[18]. Bei Zweifeln über die Richtigkeit der Angaben des ArbN kann der ArbGeb entsprechende Belege verlangen[19]. Weigert sich der ArbN in diesem Zusammenhang etwa, die Finanzbehörden vom Steuergeheimnis zu entbinden, ist dies bei der Würdigung des Sachverhalts zu berücksichtigen[20]. Allerdings entkräftet ein Steuerbescheid mit negativen Einkünften die Vermutung, er habe aus einem Gewerbebetrieb anderweitiges Einkommen erzielt[21]. Bestehen Anhaltspunkte dafür, dass der ArbN unvollständige Angaben gemacht hat, kann er in entsprechender Anwendung von § 260 II zur Abgabe einer eidesstattlichen Versicherung gezwungen werden[22].

3. Klageantrag. Der ArbN muss die anzurechnenden Beträge bei seinem Klagebegehren **von vorn-** **111** **herein berücksichtigen.** Er muss im Klageantrag genau angeben, in welcher Höhe er Zahlung verlangt und in welcher Höhe anzurechnende Leistungen abgezogen werden. Ein Antrag auf Zahlung des Bruttolohns „abzüglich erhaltenen Arbeitslosengeldes" ist zu unbestimmt und deshalb unzulässig[23]. Grds. unzulässig ist ferner ein isolierter Antrag auf Feststellung des Annahmeverzugs, da es sich bei diesem um kein Rechtsverhältnis iSd. § 256 ZPO, sondern lediglich um eine Vorfrage zu einem solchen han-

---

[1] ErfK/*Preis*, § 615 BGB Rz. 107; Staudinger/*Richardi*/*Fischinger*, § 615 Rz. 78. || [2] BAG 19.9.2012 – 5 AZR 627/11 u. 5 AZR 628/11, NZA 2013, 101 u. 330. || [3] BAG 22.2.2012 – 5 AZR 249/11, NZA 2012, 858; MünchArbR/*Boewer*, § 69 Rz. 54; für eine unwiderlegliche Vermutung im Falle eines tatsächlichen Angebots offenbar BAG 10.5.1973 – 5 AZR 493/72, DB 1973, 1604. || [4] BAG 22.2.2012 – 5 AZR 249/11, NZA 2012, 858; 23.1.2008 – 5 AZR 393/07, NZA 2008, 595; 5.11.2003 – 5 AZR 562/02, AP BGB § 615 Nr. 106; 19.4.1990 – 2 AZR 591/89, NZA 1991, 228. || [5] LAG Düss. 8.4.1993 – 12 Sa 74/93, ZTR 1994, 73; s. aber auch LAG Düss. 3.9.2009 – 11 Sa 410/09. || [6] BAG 22.2.2012 – 5 AZR 249/11, NZA 2012, 858; 17.8.2011 – 5 AZR 251/10, NZA-RR 2012, 342. || [7] BAG 5.11.2003 – 5 AZR 562/02, AP BGB § 615 Nr. 106; LAG Düss. 4.9.2012 – 16 Sa 664/12; LAG Köln 10.5.2010 – 5 Sa 1528/09. || [8] BAG 29.7.1993 – 2 AZR 110/93, NZA 1994, 116. || [9] BAG 14.8.1974 – 5 AZR 497/73, DB 1975, 212; 18.6.1965 – 5 AZR 351/64, DB 1965, 1405. || [10] BAG 19.3.2008 – 5 AZR 432/07, NZA 2008, 900. || [11] BAG 19.3.2002 – 9 AZR 16/01, BB 2002, 1703; 29.7.1993 – 2 AZR 110/93, NZA 1994, 116; ebenso *Koller*, SAE 1979, 135 (138); ArbR-BGB/*Matthes*, § 626 Rz. 97. || [12] *Herschel*, Anm. zu BAG, AP BGB § 242 Auskunftspflicht Nr. 16. || [13] BAG 19.7.1978 – 5 AZR 748/77, DB 1978, 2417; MünchArbR/*Boewer*, § 69 Rz. 54; ErfK/*Preis*, § 615 BGB Rz. 111. || [14] AA *Klein*, NZA 1998, 1208 (1210). || [15] BAG 6.9.1990 – 2 AZR 165/90, NZA 1991, 221. || [16] BAG 24.8.1999 – 9 AZR 804/98, NZA 2000, 818. || [17] So aber BAG 19.7.1978 – 5 AZR 748/77, DB 1978, 2417; 27.3.1974 – 5 AZR 258/73, DB 1974, 1167. || [18] *Koller*, SAE 1979, 135 (138). || [19] BAG 2.6.1987 – 3 AZR 626/85, NZA 1988, 130. || [20] BAG 14.8.1974 – 5 AZR 497/73, DB 1975, 212. || [21] LAG Hess. 18.5.2009 – 7 Sa 1766/08. || [22] BAG 29.7.1993 – 2 AZR 110/93, NZA 1994, 116. || [23] BAG 15.11.1978 – 5 AZR 199/77, DB 1979, 702; MünchArbR/*Boewer*, § 69 Rz. 52.

delt[1]. Hat die BA Alg an einen ArbN gezahlt, kann sie ihn ermächtigen, die auf sie übergegangenen Vergütungsansprüche **im Wege gewillkürter Prozessstandschaft** im eigenen Namen einzuklagen (Zahlung an die BA)[2]. Grds. denkbar ist auch eine Durchsetzung von Annahmeverzugslohn im Wege des einstweiligen Rechtsschutzes[3].

112 **V. Betriebsrisikotragung. 1. Grundlagen.** Beim **Betriebsrisiko** geht es um die Frage, ob und unter welchen Voraussetzungen der ArbGeb das Entgelt auch dann zu bezahlen hat, wenn er aus tatsächlichen oder rechtl. Gründen zur Beschäftigung der Belegschaft nicht in der Lage ist, ohne dass dies von einer der beiden Seiten zu vertreten ist. Das Betriebsrisiko ist vom **Wirtschaftsrisiko** abzugrenzen. In den Fällen des Wirtschaftsrisikos ist die Arbeitsleistung betriebstechnisch weiterhin möglich, die Fortsetzung des Betriebs wegen eines Auftrags- oder Absatzmangels aber wirtschaftl. sinnlos. In diesen Konstellationen ist der ArbGeb uneingeschränkt zur Entgeltzahlung verpflichtet[4]. Dies beruht darauf, dass der ArbGeb wie jeder andere Gläubiger eines Austauschvertrags das Verwendungsrisiko für die Leistung trägt. Beim Wirtschaftsrisiko fehlt es für sich genommen bereits am Tatbestand einer Leistungsstörung, so dass sich die Frage nach dem Schicksal der Gegenleistung erst gar nicht stellt[5]. Zu einer Leistungsstörung kommt es erst dann, wenn der ArbGeb den mangelnden Nutzen zum Anlass nimmt, die ihm angebotene Arbeitsleistung abzulehnen, wodurch er bereits gem. S. 1 in Annahmeverzug gerät[6]. Für einen Rückgriff auf S. 3 besteht kein Anlass[7]. Demggü. geht es beim Betriebsrisiko von vornherein um Leistungsstörungsfälle, so dass die Frage auftritt, wer die Gegenleistungsgefahr zu tragen hat.

113 In diesem Zusammenhang stellen sich zwei Probleme: Erstens geht es darum, ob die Gefahrtragungsregeln im Grundsatz **im Gesetz oder außerhalb des Gesetzes verankert** sind. Zweitens ist klärungsbedürftig, nach welchen **Sachkriterien** sich die Verteilung der Gegenleistungsgefahr richtet. Wie eingangs bereits erwähnt (Rz. 9), vertraten Rspr. und hL lange Zeit die Ansicht, dass die Fälle der Annahmeunmöglichkeit im BGB nicht geregelt seien und es deshalb einer außergesetzlichen Rechtsfortbildung bedürfe. Im neueren Schrifttum hatte sich dagegen die Ansicht durchgesetzt, dass diese Gestaltungen unmittelbar unter S. 1 zu fassen seien. Mit der im Zuge der Schuldrechtsreform erfolgten Einfügung von S. 3 hat die Betriebsrisikolehre dann Eingang in den Gesetzestext gefunden. Die Regelung soll nach dem Willen des Gesetzgebers die bisherige Rechtslage sicherstellen, wobei die Konkretisierung des Grundsatzes weiterhin als eine Aufgabe der Rspr. angesehen wird[8]. Die unmittelbare Verortung der Betriebsrisikolehre im Gesetz führt zunächst dazu, dass sich die These von der Lückenhaftigkeit des BGB erledigt hat[9]. Zugleich ist aus der Aufnahme in eine eigenständige Regelung der Umkehrschluss zu ziehen, dass S. 1 die Fälle der Substratgefahrtragung nicht mehr unmittelbar erfasst. IÜ muss auch nach der Gesetzesnovellierung auf die ältere Judikatur zurückgegriffen werden, um die exakte Reichweite des vom ArbGeb zu tragenden Betriebsrisikos zu ermitteln. Immerhin sind die von der Rspr. erzielten Ergebnisse vom Gesetzgeber sanktioniert worden.

114 Zur Legitimation der Gefahrverlagerung auf den ArbGeb verweist der Gesetzgeber auf den Gedanken der **sozialen Arbeits- und Betriebsgemeinschaft** von Unternehmer und Belegschaft[10]. Von diesem anfangs vom RG[11] und RAG[12] vertretenen Ansatz hat sich das BAG aber schon seit langem verabschiedet. Das BAG stellt stattdessen die Überlegung in den Vordergrund, dass der ArbGeb den Betrieb organisiert und leitet sowie die Erträge aus dem betriebl. Geschehen zieht[13]. Das Beherrschbarkeitskriterium kann die Gefahrabwälzung auf den ArbGeb aber nur eingeschränkt erklären, weil ihm auch solche Risiken angelastet werden, die nicht seinem Einflussbereich unterliegen (Beispiel: Verbot der Beschäftigung einer Tanzkapelle wegen angeordneter Landestrauer[14]). Demggü. ist das Ertragsargument aussagekräftiger. Hinzu kommt, dass der ArbGeb die Kosten besser als der einzelne ArbN absorbieren kann, indem er sie in seine betriebswirtschaftl. Kalkulation einbeziehen[15], auf seine Abnehmer streuen sowie ggf. versichern kann.

115 **2. Bisherige Entwicklung.** Da die Neuregelung auf der früheren Judikatur aufbaut, ist es erforderlich, die bisherige Entwicklung kurz zu skizzieren. Die Rspr. hat sich zunächst am Sphärengedanken orientiert und für die Gefahrtragung danach unterschieden, ob die Störung der ArbN- oder der ArbGeb-Sphäre zuzuordnen ist. Zum Gefahrenkreis der ArbN sollten zum einen Störungen zählen, die auf dem Verhalten der Arbeitnehmerschaft als gesellschaftlicher Gruppe auch unabhängig von einer Beteiligung der Belegschaft selbst beruhen. Hierdurch wurden insb. Drittwirkungen von Arbeitskämpfen den ArbN zugeordnet. Weiter sollten in die ArbN-Sphäre solche Ereignisse fallen, die nicht die Führung, sondern den Bestand des Betriebs betreffen, wozu insb. externe Ursachen gezählt wurden. Zur Sphäre des ArbGeb wurden die Umstände gerechnet, die sich nicht auf den Bestand, sondern auf die Führung

---

1 LAG Berlin 20.1.2005 – 13 Sa 2210/04, LAGE § 256 ZPO 2002 Nr. 1. ||2 BAG 19.3.2008 – 5 AZR 432/07, NZA 2008, 900. ||3 S. dazu LAG Rh.-Pf. 7.8.2012 – 3 SaGa 9/12. ||4 BAG 7.12.2005 – 5 AZR 535/04, NZA 2006, 423 (427); 23.6.1994 – 6 AZR 853/93, NZA 1995, 468; 11.7.1990 – 5 AZR 557/89, NZA 1991, 67. ||5 *Ballerstedt*, AuR 1966, 225 (227). ||6 ErfK/*Preis*, § 615 BGB Rz. 121. ||7 So aber BAG 22.10.2009 – 8 AZR 765/08, NZA-RR 2010, 660. ||8 BT-Drs. 14/6857, 48. ||9 *Feuerborn*, JR 2003, 177 (181); *Gotthardt*, Schuldrechtsreform, Rz. 135. ||10 BT-Drs. 14/6857, 48. ||11 RG 6.2.1923 – III 93/23, RGZ 106, 272 ff. ||12 RAG 20.6.1928 – RAG 72/28, ARS 3, 116 ff. ||13 S. etwa BAG 9.3.1983 – 4 AZR 301/80, DB 1983, 1496; 7.12.1962 – 1 AZR 134/61, DB 1963, 591. ||14 BAG 30.5.1963 – 5 AZR 282/62, DB 1963, 836. ||15 So bereits BAG 30.5.1963 – 5 AZR 282/62, DB 1963, 836.

des Betriebs beziehen[1]. Das BAG hat an diese Grundsätze zunächst angeknüpft, wobei es das vom ArbGeb zu tragende Betriebsrisiko aber auch auf solche Umstände ausgedehnt hat, die von außen auf den Betrieb einwirken. Anfang der 1980er Jahre hat das BAG die Sphärentheorie aufgegeben und eine strikte Trennung zwischen den Fällen des Arbeitskampfrisikos, also den Konstellationen, in denen die Störung Folge eines Arbeitskampfes ist, und den Fällen des allg. Betriebs- und Wirtschaftsrisikos vorgenommen[2]. Hierbei sind die Grundsätze über die Verteilung des Arbeitskampfrisikos erheblich modifiziert worden. Demggü. hat das BAG die Regeln über das allg. Betriebs- und Wirtschaftsrisiko im Wesentlichen unverändert fortgeführt.

3. Einzelfälle. Zu den anerkannten Fällen des Betriebsrisikos gehören **technische Störungen**, die zur Unmöglichkeit der Arbeitsleistung führen. Hierzu zählt vor allem das Versagen von Maschinen. Es ist deshalb nicht überzeugend, wenn das BAG in einer frühen Entscheidung die für die regelmäßige Überholung von Maschinen erforderliche zeitweilige Stilllegung des gesamten Betriebs nicht als einen Fall des Betriebsrisikos eingestuft hat[3]. Zum Betriebsrisiko gehören weiter Produktionsstockungen infolge des Mangels an Rohstoffen bzw. Betriebsstoffen[4]. Gleiches gilt für den Ausfall der Energieversorgung (Strom, Gas), wobei es nicht darauf ankommt, ob die Störung auf betriebsinternen oder -externen Umständen beruht[5]. Unter das Betriebsrisiko des ArbGeb fallen auch solche Geschehnisse, die von außen auf typische Betriebsmittel (zB Maschinen, Fabrikgebäude, Heizungsanlagen) einwirken und sich für ihn als ein Fall **höherer Gewalt** darstellen. Dazu zählen Unglücke wie Brände[6], extreme Witterungsverhältnisse[7] sowie Naturkatastrophen (zB Überschwemmungen[8], Erdbeben)[9]. Erst recht trägt der ArbGeb das Risiko des Arbeitsausfalls, wenn er selbst den Betrieb aus Gründen, die in seinem betriebl. oder wirtschaftl. Verantwortungsbereich liegen, einschränkt oder stilllegt, der Betriebsausfall also nur mittelbar auf schlechtes Wetter oÄ zurückzuführen ist[10]. Demggü. gehören allg. Gefahrenlagen bei Auslandseinsätzen durch Kriege, Unruhen, Terroranschläge etc. nicht hierher, wenn sie nicht die Funktionsfähigkeit des auswärtigen Betriebs beeinträchtigen, sondern lediglich zur Unzumutbarkeit der Arbeitsleistung führen[11]. Entsprechendes gilt grds. für Epidemien[12]. Vom Betriebsrisiko umfasst sind dagegen ferner die Fälle, in denen **öffentl.-rechtl. Vorschriften und Anordnungen zu einem Betriebsstillstand führen.** Hierzu zählt etwa die Unmöglichkeit der Arbeitsleistung infolge einer vorgeschriebenen Inventur[13]. Dasselbe gilt, wenn es die Eigenart des Betriebs mit sich bringt, dass er von einer behördlichen Maßnahme in besonderer Weise betroffen wird, so etwa beim Verbot öffentl. Lustbarkeiten wegen Landestrauer, wodurch eine engagierte Tanzkapelle nicht auftreten kann[14]. Wird wegen Smogalarms ein Betriebsverbot angeordnet, gehört dies ebenfalls zum Risikobereich des ArbGeb[15]. Gleiches gilt bei einem Flugverbot aufgrund einer Aschewolke[16]. Weiter wird man auch Störungen, die auf einem nicht arbeitskampfbedingten Verhalten der übrigen Belegschaft beruhen, zum Betriebsrisiko zu rechnen haben[17]. Schließlich gehören hierher die Fälle, in denen ein ArbN wegen einer Verletzung des MitbestR bei personellen Einzelmaßnahmen (§ 99 BetrVG) nicht beschäftigt werden kann (näher Rz. 20). Nicht zum Betriebsrisiko zählt es hingegen, wenn ein Arzt einem ArbN uU zu Unrecht keine Unbedenklichkeitsbescheinigung iSd. § 2 I 1 GesBergV ausgestellt hat[18]. Dasselbe gilt, wenn gesetzl. Regelungen über die Einhaltung von Ruhezeiten zur rechtl. Unmöglichkeit der Erbringung der Arbeitsleistung führen[19].

Vom Betriebsrisiko ist das **Wegerisiko** zu unterscheiden. Der ArbN trägt das Risiko, dass er aus von ihm nicht zu vertretenden Gründen nicht in der Lage ist, den Ort zu erreichen, an dem er seine Arbeitsleistung zu erfüllen hat (§ 297). Gelangt der ArbN etwa wegen Eisglätte, Überschwemmungen[20] oder einer Aschewolke[21] nicht zur Arbeitsstätte, handelt es sich nicht um ein Betriebsrisiko des ArbGeb[22]. Dies gilt auch dann, wenn der ArbGeb einen **Werkverkehr** zwischen dem Wohnort des ArbN und dem Betrieb eingerichtet hat[23]. Sofern wegen Smogalarms nicht nur ein Betriebsverbot, sondern ein allg. Fahrverbot angeordnet wird, liegt ein Fall des vom ArbN zu tragenden Wegerisikos vor[24]. Ganz generell

---

1 RG 6.2.1923 – III 93/22, RGZ 106, 272 ff.; RAG 20.6.1928 – RAG 72/28, ARS 3, 116 ff. ||2 BAG 22.12.1980 – 1 ABR 2/79 u. 1 ABR 76/79, AP GG Art. 9 Arbeitskampf Nr. 70 u. 71. ||3 BAG 21.12.1954 – 2 AZR 5/53, BAGE 1, 241. ||4 ErfK/*Preis*, § 615 BGB Rz. 131. ||5 Vgl. BAG 30.1.1991 – 4 AZR 338/90, NZA 1991, 519 (Kurzschluss in der betriebseigenen Trafostation als Folge einer Störung in der Schwerpunktstation des Elektrizitätswerkes). ||6 BAG 28.9.1971 – 2 AZR 506/71, DB 1973, 187; LAG Köln 26.7.2010 – 5 Sa 485/10, AuR 2010, 526; LAG Schl.-Holst. 15.6.1989 – 4 Sa 628/88, LAGE § 615 BGB Betriebsrisiko Nr. 5. ||7 BAG 22.4.2009 – 5 AZR 310/08, NZA 2009, 913; 9.7.2008 – 5 AZR 810/07, NZA 2008, 1407 (1409); 18.5.1999 – 9 AZR 13/98, NZA 1999, 1166; 9.3.1983 – 4 AZR 301/80, DB 1983, 1496 (Ausfall der Ölheizung wegen Paraffinierung des Heizöls auf Grund eines plötzlichen Kälteeinbruchs). ||8 *Bauer/Opolony*, NJW 2002, 3503 (3507). ||9 Anders für den Fall einer Entwendung des einzigen Lkw BAG 7.2.2007 – 5 AZR 422/06, NZA 2007, 561: § 615 S. 1 anstelle von S. 3. ||10 BAG 9.7.2008 – 5 AZR 810/07, NZA 2008, 1407 (1409). ||11 *Diller/Winzer*, DB 2001, 2093 (2096). ||12 Anders aber bei der behördlichen Schließung eines einzelnen Betriebs, vgl. *Schmidt/Novara*, DB 2009, 1817 (1821). ||13 BAG 7.12.1962 – 1 AZR 134/61, DB 1963, 591. ||14 BAG 30.5.1963 – 5 AZR 282/62, DB 1963, 836. ||15 *Richardi*, NJW 1987, 1231 (1235); aA *Ehmann*, NJW 1987, 401 (410), unter grds. Ablehnung der Betriebsrisikolehre. ||16 *Buchner/Schumacher*, DB 2010, 1124 f. ||17 ZB Arbeitsruhe am Rosenmontag auf Initiative der Belegschaftsmehrheit; aA BAG 8.10.1959 – 2 AZR 503/56, RdA 1960, 159 noch auf der Grundlage der Sphärentheorie. ||18 BAG 15.6.2004 – 9 AZR 483/03, NZA 2005, 462. ||19 LAG BW 26.1.2007 – 18 Sa 45/06. ||20 *Bauer/Opolony*, NJW 2002, 3503 (3507). ||21 *Buchner/Schumacher*, DB 2010, 1124 (1125); *Gutzeit*, NZA 2010, 618 (620). ||22 Anders aber bei gestörten Geschäftsreisen, vgl. *Pötters/Traut*, DB 2011, 1751 ff. ||23 BAG 8.12.1982 – 4 AZR 134/80, DB 1983, 395. ||24 *Ehmann*, NJW 1987, 401 (403); *Richardi*, NJW 1987, 1231 f.

lassen ein **Zusammentreffen von Betriebs- und Wegerisiko** (zB Überschwemmung von Betrieb und Weg zum Betrieb) den Entgeltanspruch entfallen[1]. Entsprechendes gilt, wenn ein Außendienstmitarbeiter durch Witterungseinflüsse oder behördliche Maßnahmen bedingt außerstande ist, Kunden aufzusuchen. Bei TeleArbN ist der Ausfall der Kommunikationsverbindungen zum ArbGeb dagegen zum Betriebsrisiko und nicht zum Wegerisiko zu rechnen, wenn sich der ArbN an dem Ort einfindet, an dem er zur Dateneingabe verpflichtet ist. Ereilt die Störung der Verkehrswege den ArbN auf einer Dienstreise, ist ihm wegen eines Entgeltausfalls ein Anspruch gem. § 670 analog zuzubilligen[2].

118 An der Grenze von Betriebs- und Wirtschaftsrisiko stehen die Fälle, in denen **ArbN in Fremdbetrieben** arbeiten. Das BAG hat sowohl für den Bereich der AÜ[3] als auch für den Fremdfirmeneinsatz von Montagearbeitern[4] ausgesprochen, dass Störungen beim aufnehmenden Betrieb (in concreto Arbeitskampf) zum allg. Wirtschaftsrisiko des ArbGeb zählen[5]. Dies ist wegen des über den konkreten Arbeitsort hinausgehenden vertragl. Einsatzfeldes zutreffend, angesichts der identischen Rechtsfolgen für das Ergebnis aber unerheblich. Eindeutig in den Bereich des Wirtschaftsrisikos gehören die Gestaltungen, in denen die Arbeit technisch möglich, wegen eines Absatzmangels aber wirtschaftl. sinnlos ist. Bei einer aus diesem Grunde eingelegten Freischicht handelt es sich daher nicht um einen Fall des Betriebsrisikos[6]. Das BAG hat hierzu auch die Konstellation gerechnet, dass ein Schlachthof eingestellt wird, wodurch die Fortsetzung des Betriebs eines dort unterhaltenen Fleischhygieneamtes sinnlos wird[7]. Für diese Einordnung spricht, dass der Abnehmer für die vom ArbGeb angebotene Leistung weggefallen ist. Allerdings fehlt es hierdurch zugleich an Objekten für eine Begutachtung. Eine solche Gestaltung steht daher den Fällen des Betriebsrisikos in Form von Rohstoffmangel zumindest nahe.

119 Nicht unter S. 3, sondern unter § 326 II sind die Fälle zu fassen, in denen der **ArbGeb die zur Unmöglichkeit der Arbeit führende Störung zu vertreten** hat (Rz. 11). Dies ist etwa dann anzunehmen, wenn die Arbeitsstätte durch einen Brand zerstört wird, und der ArbGeb sich schuldhaftes Fehlverhalten des Aufsichtspersonals über § 278 zurechnen lassen muss[8]. Vereinzelt hat das BAG die unberechtigte Nichtbeschäftigung eines ArbN wegen einer vom ArbGeb bewusst angeordneten Betriebspause als eine von ihm zu vertretende Unmöglichkeit eingestuft[9]. Wenn eine Maßnahme im Verhältnis zu jedem einzelnen ArbN aber an sich nur als Annahmeverzug zu werten ist, spricht alles dafür, sie insg. idS zu qualifizieren, auch wenn der ArbN nur im Zusammenwirken mit den übrigen Belegschaftsmitgliedern seine Arbeit erbringen kann. IdS hat das BAG auch in anderen vergleichbaren Konstellationen nicht auf Unmöglichkeitsrecht zurückgegriffen, sondern Annahmeverzugsrecht angewendet[10].

120 **4. Existenzgefährdung als Zurechnungsgrenze.** Die Rspr. vertritt seit jeher die Ansicht, dass die Grundsätze über die Betriebsrisikotragung durch den ArbGeb dann **nicht anwendbar** sind, wenn die Entgeltzahlung die Existenz des Betriebs gefährden würde[11]. Das BAG hat diesen Vorbehalt allerdings noch niemals durchgreifen lassen und ihn zudem auf die Fälle beschränkt, in denen nicht nur der einzelne Betrieb, sondern das gesamte Unternehmen gefährdet ist. Dementsprechend hat es die völlige Zerstörung einer einzelnen Produktionsstätte nicht ausreichen lassen, um das Betriebsrisiko ganz oder auch nur teilweise auf die ArbN abzuwälzen[12]. Die Lit. lehnt diesen Ausnahmetatbestand nahezu durchgängig ab[13]. Eine tragfähige Begründung für eine generelle Einschränkung der Betriebsrisikotragung durch den ArbGeb ist nicht ersichtlich. Insb. genügt es nicht, dass der Gesetzgeber von einer Fortsetzung der bisherigen Rechtsprechungsgrundsätze ausgeht und in diesem Zusammenhang den Gedanken der sozialen Arbeits- und Betriebsgemeinschaft von Unternehmer und Belegschaft wiederbelebt[14]. Eine Ausnahme kann nur für die Gestaltungen anerkannt werden, in denen die ArbN infolge eines (gesellschaftsrechtl.) Mitentscheidungsrechts für den Umstand mitverantwortlich sind, der zur späteren Betriebsstörung führt.

121 **5. Sonstige Voraussetzungen und Rechtsfolgen.** Die in S. 3 enthaltene Verweisung ist dahin zu interpretieren, dass nunmehr auch in den Betriebsrisikofällen die **allg. Voraussetzungen des S. 1** vorliegen müssen, damit der ArbN seinen Entgeltanspruch behält (Rechtsgrundverweisung)[15]. Entgegen der älteren Judikatur[16] kann also nicht von vornherein auf ein Angebot der Arbeitsleistung verzich-

---

1 *Gräf/Rögele*, NZA 2013, 1120 (1123); MüKoBGB/*Henssler*, § 615 Rz. 34; aA ErfK/*Preis*, § 615 BGB Rz. 134. ||2 *Buchner/Schumacher*, DB 2010, 1124 (1125f.); *Forst*, BB 2010, 1213 (1214f.); *Gutzeit*, NZA 2010, 618 (621). ||3 BAG 1.2.1973 – 5 AZR 382/72, DB 1973, 827. ||4 BAG 7.11.1975 – 5 AZR 61/75, DB 1976, 776. ||5 Im Erg. ebenso LAG Nds. 4.9.1998 – 3 Sa 2299/97, LAGE § 615 BGB Nr. 58 (Hausverbot durch Auftraggeber für ArbN eines Bewachungsunternehmens). ||6 BAG 8.3.1961 – 4 AZR 223/59, DB 1961, 747. ||7 BAG 23.6.1994 – 6 AZR 853/93, NZA 1995, 468. ||8 BAG 17.12.1978 – 5 AZR 149/68, NJW 1969, 766. ||9 BAG 3.3.1964 – 1 AZR 209/63, DB 1964, 592. ||10 BAG 30.6.1976 – 5 AZR 246/75, BB 1976, 1419; 2.10.1974 – 5 AZR 507/73, DB 1975, 157 (jeweils Anordnung von Betriebsferien); 8.3.1961 – 4 AZR 223/59, DB 1961, 747 (Einlegung einer Feierschicht); so letztlich auch LAG Düss. 5.6.2003 – 11 Sa 1464/02, LAGE § 615 BGB 2002 Nr. 1 (vorübergehende Schließung von Sportstätten). ||11 BAG 23.6.1994 – 6 AZR 853/93, NZA 1995, 468; 9.3.1983 – 4 AZR 301/80, DB 1983, 1496; 30.5.1963 – 5 AZR 282/62, DB 1963, 836. ||12 BAG 28.9.1972 – 2 AZR 506/71, DB 1973, 187. ||13 Grdl. *Biedenkopf*, Die Betriebsrisikolehre als Beispiel richterlicher Rechtsfortbildung, 1970, S. 16; ebenso MünchArbR/*Boewer*, § 69 Rz. 59; Soergel/*Kraft*, § 615 Rz. 66; ErfK/*Preis*, § 615 Rz. 127; Staudinger/*Richardi*/Fischinger, § 615 Rz. 231. ||14 BT-Drs. 14/6857, 48. ||15 LAG BW 26.1.2007 – 18 Sa 45/06; Erman/*Belling*, § 615 Rz. 76; *Gotthardt*, Schuldrechtsreform, Rz. 139; aA *Auktor*, ZTR 2002, 464 (465); Staudinger/*Otto*, § 326 Rz. C 35: Rechtsfolgenverweisung; unklar *Luke*, NZA 2004, 244 (246). ||16 BAG 7.12.1962 – 1 AZR 134/61, DB 1963, 591.

den. Dies gilt umso mehr, als es bei Störungen der Rohstoff- bzw. Energieversorgung fraglich sein kann, ob nicht doch noch Arbeitsmöglichkeiten bestehen. Sofern das betriebl. Geschehen aber unter keinen Umständen aufgenommen werden kann (bspw. wegen eines behördlichen Verbots), wäre ein Angebot eine nutzlose Förmelei, so dass sich der ArbGeb gem. § 242 nicht auf dessen Fehlen berufen kann. Weiter muss die Betriebsstörung die einzige Ursache für den Ausfall der Arbeit sein. Wenn der ArbN etwa wegen einer Krankheit objektiv nicht zur Leistung imstande ist, kann er sich für seinen Entgeltanspruch nicht auf S. 3 stützen. Für den Umfang des Zahlungsanspruchs sowie die Anrechnung anderweitigen oder böswillig unterlassenen Erwerbs gelten die geschilderten allg. Grundsätze (Rz. 79 ff., 85 ff.).

6. Abdingbarkeit. S. 3 enthält ebenso wie S. 1 **kein zwingendes Recht**. Dies ergibt sich im Umkehrschluss aus § 619. IdS werden die Grundsätze über das Betriebsrisiko schon seit langem als abdingbar angesehen[1]. Von vornherein bedenkenfrei möglich ist eine Abdingung durch TV. Allerdings muss eine solche Regelung hinreichend klar und deutlich zum Ausdruck kommen[2]. Dabei stellt das BAG sehr hohe Anforderungen. Wird in einem TV festgelegt, dass der ArbGeb bei zu vertretenden Umständen die ausfallende Arbeitszeit zu vergüten hat, während er bei höherer Gewalt frei wird, stuft das BAG die Betriebsrisikofälle als vom ArbGeb zu vertretende Ereignisse ein[3]. Die TV-Parteien müssen also eine Abweichung deutlich vereinbaren, wobei sie sowohl eine Nacharbeitspflicht wie auch einen Fortfall der Risikotragung durch den ArbGeb regeln können. Einer Abdingung durch AGB stehen die §§ 307, 310 IV entgegen[4]. Gegen eine abweichende Regelung durch BV ist dagegen nichts einzuwenden, weil sie einer Rechtskontrolle standhält und eine allg. Billigkeitskontrolle abzulehnen ist[5]. Dasselbe gilt bei einem echten Einzelvertrag. Die Schutzpflichtdimension der Grundrechte reicht nicht so weit, dass man etwa der mit einem Spezialisten frei vereinbarten Abrede die Anerkennung versagen müsste[6]. Für vorsätzlich herbeigeführten Annahmeverzug kann sich der ArbGeb aber nicht freizeichnen (Gedanke des § 276 III)[7]. Für den Bereich der AÜ ist § 11 IV 2 AÜG analog anzuwenden.

7. Beendigung des Arbeitsverhältnisses. Der ArbGeb kann sich den Grundsätzen über die Betriebsrisikotragung **nicht durch eine außerordentl. Kündigung entziehen**. Die Belastung mit der Zahlungspflicht stellt im Allg. keinen wichtigen Grund für eine fristlose Kündigung dar[8]. Bei langfristigen betriebl. Störungen kommt aber eine ordentl. betriebsbedingte Kündigung in Betracht[9]. IÜ ist bei einem Ausschluss der ordentl. Kündigung ausnahmsw. eine außerordentl. Kündigung aus betriebl. Gründen denkbar[10].

616 *Vorübergehende Verhinderung*

Der zur Dienstleistung Verpflichtete wird des Anspruchs auf die Vergütung nicht dadurch verlustig, dass er für eine verhältnismäßig nicht erhebliche Zeit durch einen in seiner Person liegenden Grund ohne sein Verschulden an der Dienstleistung verhindert wird. Er muss sich jedoch den Betrag anrechnen lassen, welcher ihm für die Zeit der Verhinderung aus einer auf Grund gesetzlicher Verpflichtung bestehenden Kranken- oder Unfallversicherung zukommt.

I. Allgemeines	1	3. Kausalität	36
1. Grundsätzliche Bedeutung der Vorschrift	1	4. Dauer der Verhinderung	37
2. Normgeschichte	4	5. Verschulden	44
3. Sonderregelungen	5	6. Anzeige- und Nachweispflicht	45
II. Anspruchsvoraussetzungen	8	III. Rechtsfolgen	46
1. Dienstverhältnis	8	IV. Abdingbarkeit	49
2. Personenbedingter Verhinderungsgrund	13		

I. Allgemeines. 1. Grundsätzliche Bedeutung der Vorschrift. Die Norm regelt den **Fortbestand des Vergütungsanspruchs** für den Fall einer vorübergehenden Verhinderung des Dienstverpflichteten. Sie enthält eine weitere Ausnahme von dem Grundsatz „Ohne Arbeit kein Lohn". Systematisch handelt es sich daher um eine Durchbrechung der allg. Regel des § 326 I[11]. Die Bestimmung wird vielfach als eine Ausprägung der Fürsorgepflicht des Dienstberechtigten angesehen[12]. Für diese Ansicht sprechen die

---

1 BAG 22.4.2009 – 5 AZR 310/08; 6.11.1968 – 4 AZR 186/68, DB 1969, 399; 4.7.1958 – 1 AZR 559/57, AP BGB § 615 Betriebsrisiko Nr. 5; Erman/*Belling*, § 615 Rz. 73; ErfK/*Preis*, § 615 BGB Rz. 130; aA *Kalb*, Rechtsgrundlagen und Reichweite der Betriebsrisikolehre, S. 148 ff. ‖ 2 BAG 18.5.1999 – 9 AZR 13/98, NZA 1999, 1166; 4.7.1958 – 1 AZR 559/57, AP BGB § 615 Betriebsrisiko Nr. 5. ‖ 3 BAG 30.1.1991 – 4 AZR 338/90, NZA 1991, 519; 9.3.1983 – 4 AZR 301/80, DB 1983, 1496. ‖ 4 ErfK/*Preis*, §§ 305–310 Rz. 49; ebenso wohl *Gotthardt*, ZIP 2002, 277 (286). ‖ 5 Zweifelnd *Lieb*, FS 25 Jahre BAG, 1979, S. 327 (347). ‖ 6 Im Erg. auch BAG 9.3.1983 – 4 AZR 301/80, DB 1983, 1496. ‖ 7 MüKoBGB/*Henssler*, § 615 Rz. 11; Staudinger/*Richardi/Fischinger*, § 615 Rz. 14. ‖ 8 BAG 28.9.1972 – 2 AZR 506/71, DB 1973, 187; ArbR-BGB/*Matthes*, § 615 BGB Rz. 24; ErfK/*Preis*, § 615 BGB Rz. 137. ‖ 9 MünchArbR/*Boewer*, § 69 Rz. 61. ‖ 10 MünchArbR/*Boewer*, § 69 Rz. 61. ‖ 11 BAG 22.1.2009 – 6 AZR 78/08, NZA 2009, 735 (737); BGH 20.6.1974 – III ZR 27/73, BGHZ 62, 380 (384); ArbR-BGB/*Matthes*, § 616 Rz. 2; Staudinger/*Oetker*, § 616 Rz. 18. ‖ 12 BAG (GS) 17.12.1959 – GS 2/59, NJW 1960, 738; 11.6.1957 – 2 AZR 15/57, BAGE 4, 189; Soergel/*Kraft*, § 616 Rz. 2.

Motive, nach denen die Vorschrift auf „sozialpolitischen Rücksichten" und „Gründen der Humanität" beruht[1]. Eine solche Ableitung kann jedoch nicht erklären, warum § 616 auch für freie Dienstverträge gilt, obwohl die Fürsorgepflicht eine nur auf ArbVerh anwendbare Rechtsfigur ist. Weiter ist die Abdingbarkeit des § 616 (dazu Rz. 49f.) nur schwer mit einer Rückführung auf die Fürsorgepflicht vereinbar[2]. Stattdessen ist davon auszugehen, dass personengebundene Tätigkeiten immer das Risiko des Ausfalls in sich bergen und unerhebliche Verhinderungen im Allg. bereits in das Entgelt einkalkuliert sind[3]. Das entsprechend niedrigere Entgelt kann als Beitrag begriffen werden, durch den sich der ArbN beim ArbGeb gegen bestimmte Risiken versichert.

2 S. 1 enthält **keine eigenständige Anspruchsgrundlage**[4]. Vielmehr hält die Norm lediglich den vertragl. Vergütungsanspruch bei einem persönlichen Leistungshindernis aufrecht[5]. Dabei regelt diese Vorschrift nur das Schicksal des Entgeltanspruchs. Ob und in welcher Weise das Hindernis die Arbeitspflicht entfallen lässt, ergibt sich nicht aus § 616[6], sondern aus anderen Bestimmungen (näher Rz. 13ff.)[7].

3 § 616 bezieht sich nur auf **beiderseits nicht zu vertretende Verhinderungen** des Dienstverpflichteten. Hat der ArbN das Hindernis zu vertreten, muss er gem. §§ 280, 283 Schadensersatz leisten. Ist der ArbGeb ausnahmsw. allein oder weit überwiegend für das Leistungshindernis verantwortlich, behält der ArbN bereits nach § 326 II 1 Alt. 1 seinen Entgeltanspruch. Dies gilt auch dann, wenn das Hindernis auf einem Arbeitsunfall beruht. § 104 SGB VII schließt nur Schadensersatzansprüche, nicht aber den vertragl. Vergütungsanspruch aus[8].

4 **2. Normgeschichte.** Die Vorschrift weist gegenwärtig die Form auf, die sie bereits beim **Inkrafttreten des BGB** hatte. Zwischen 1930 und 1992 waren durch mehrfache Änderungen die Abs. 2 und 3 hinzugefügt worden. Diese Modifikationen betrafen die Entgeltfortzahlungen im Krankheitsfall[9]. 1994 wurden diese Ergänzungen aufgehoben und durch die Regelungen des Entgeltfortzahlungsgesetzes (EFZG) ersetzt.

5 **3. Sonderregelungen.** Es gibt eine Reihe von Sondervorschriften zur Vergütungsfortzahlung bei persönlichen Leistungshindernissen, die nach ihrem Sinn und Zweck für den von ihnen erfassten Lebenssachverhalt einen **Rückgriff auf** die Generalklausel des **§ 616 ausschließen**. Für Auszubildende gilt die ebenfalls generalklauselartig formulierte Norm des § 19 I Nr. 2b BBiG. Die Regelung geht weit über § 616 hinaus, indem sie eine Aufrechterhaltung des Vergütungsanspruchs bis zu einer Dauer von sechs Wochen vorsieht. Sie ist auch auf vergleichbare Vertragsverhältnisse anwendbar (§ 26 BBiG), tritt aber hinter noch speziellere Vorschriften zurück. Eine abschließende Sonderregelung für den Fall der Krankheit enthalten die Vorschriften des EFZG[10]. Zweifelhaft ist allerdings die konkrete Reichweite des Vorrangverhältnisses (dazu Rz. 20f.). Weitere verdrängende Sonderbestimmungen betreffen den Gesundheitsschutz des ArbN (§§ 3, 11, 16 MuSchG, § 43 JArbSchG), die Wahrnehmung betriebsverfassungsrechtl. Aufgaben (§§ 20 II 2, 37 II, VI und VII BetrVG), Tätigkeiten auf dem Gebiet der Arbeitssicherheit (§§ 2 III, 5 III ASiG), die Aus- und Fortbildung (§§ 15, 19 I Nr. 1 BBiG, §§ 9, 10 JArbSchG, landesrechtl. Bildungsurlaubsgesetze) sowie den Bereich des Katastrophenschutzes[11].

6 Andere Vorschriften sind ggü. § 616 **subsidiär**, indem sie eine Entschädigung durch einen Dritten bei einem Arbeitsausfall nur dann vorsehen, wenn der ArbN wegen desselben Ereignisses keinen Anspruch auf Weitergewährung seiner Vergütung hat. Hierzu zählt der Fall der erforderlichen Betreuung eines erkrankten und versicherten Kindes iSd. § 45 SGB V[12]. Der ArbN hat bei einer ihm aus diesem Anlass zustehenden Freistellung nur dann einen Anspruch auf Krankengeld, soweit ihm nicht aus dem gleichen Grund ein Anspruch auf bezahlte Freistellung zusteht (§ 45 III 1, 49 I Nr. 1 SGB V)[13]. Subsidiären Charakter hat auch die Entschädigung von ehrenamtl. Richtern (§§ 15ff. JVEG)[14], Zeugen (§§ 19ff. JVEG)[15] und Dritten iSd. § 23 JVEG. Dasselbe gilt für die Entschädigung im Falle eines seuchenpolizeilichen Tätigkeitsverbotes (§ 56 V IfSG)[16]. Dagegen gewährt § 2 I PflegeZG dem ArbN einen eigenständigen Anspruch auf kurzzeitige Arbeitsbefreiung, um die Pflege von nahen Angehörigen zu organisieren bzw. sicherzustellen, während § 2 III PflegeZG die Frage der Vergütungsfortzahlung § 616 bzw. sonstigen Regelungen überlässt.

---

1 Motive, Bd. II, S. 463. ǁ 2 Staudinger/*Oetker*, § 616 Rz. 12f. ǁ 3 Staudinger/*Oetker*, § 616 Rz. 17; *Schwerdtner*, ZfA 1979, 1 (20); *Wiedemann*, Das Arbeitsverhältnis als Austausch- und Gemeinschaftsverhältnis, 1966, S. 16f. ǁ 4 Anders offenbar BAG 18.1.2001 – 6 AZR 492/99, NZA 2002, 47. ǁ 5 Erman/*Belling*, § 616 Rz. 10; Staudinger/*Oetker*, § 616 Rz. 20ff. ǁ 6 *Gotthardt*, Schuldrechtsreform, Rz. 117; *Reichold*, ZTR 2002, 202 (208); anders *Sommer*, Die Nichterfüllung der Arbeitspflicht, 1996, S. 159ff.; offenbar auch LAG Hamm 18.1.2002 – 5 Sa 1782/01, NZA 2002, 675. ǁ 7 Erman/*Belling*, § 616 Rz. 1a. ǁ 8 BGH 13.3.1984 – VI ZR 204/82, NJW 1985, 2133 (2134); ArbR-BGB/*Matthes*, § 616 Rz. 96; *Neumann-Duesberg*, DB 1969, 305 (306ff.); aA Staudinger/*Oetker*, § 616 Rz. 19. ǁ 9 Zur gesetzl. Entwicklung eingehend Staudinger/*Oetker*, § 616 Rz. 162ff. ǁ 10 LAG Schl.-Holst. 21.6.2007 – 4 TaBV 12/07; ArbR-BGB/*Matthes*, § 616 Rz. 57; Staudinger/*Oetker*, § 616 Rz. 26; s.a. § 99 SeeArbG. ǁ 11 Nachw. bei *Bauer/Opolony*, NJW 2002, 3503 (3505). ǁ 12 LAG Thür. 20.9.2007 – 3 Sa 78/07, LAGE § 242 BGB 2002 Kündigung Nr. 3; LAG Köln 11.8.1994 – 6 Sa 90/94, BB 1995, 625 L; *Greiner*, NZA 2007, 490 (493). ǁ 13 *Brose*, NZA 2011, 719 (722); dazu auch BAG 31.7.2002 – 10 AZR 578/01, DB 2002, 2493. ǁ 14 LAG Bremen 14.6.1990 – 3 Sa 132/89, AiB 1992, 50; zur Freistellungspflicht s. § 45 Ia 2 DRiG. ǁ 15 BGH 30.11.1978 – III ZR 43/77, BGHZ 73, 16 (26) zum früheren ZSEG. ǁ 16 BGH 30.11.1978 – III ZR 43/77, BGHZ 73, 16 (23ff.) zum früheren BSeuchG.

Sofern die persönliche Leistungsverhinderung nicht unter § 616 fällt und dem ArbN daher kein 7
Anspruch auf Fortzahlung der Vergütung zusteht, ist es immer noch denkbar, dass der ArbN **wegen Unzumutbarkeit von der Erbringung der Arbeitsleistung bei Fortfall des Entgelts befreit** ist. Diese Gestaltungen sind nunmehr ausdrücklich in § 275 III geregelt, wobei die Vorschrift als Leistungsverweigerungsrecht ausgestaltet ist. Demggü. ist die vergleichbare Konstellation der erforderlichen Betreuung eines erkrankten Kindes gem. § 45 III 1, IV 3 bzw. V SGB V als Anspruch auf Freistellung und nicht als Einrede ausgeformt. Unter § 275 III würde etwa die achtwöchige Ausbildung in einer Klinik an einem Heimdialysegerät fallen, um dem schwer kranken Ehepartner bei der Heimdialyse helfen zu können[1]. Dasselbe gilt für den Fall der zweimonatigen Ableistung des Wehrdienstes durch einen ausländischen ArbN, dem bei einer Verweigerung drakonische Sanktionen drohen[2].

II. Anspruchsvoraussetzungen. 1. Dienstverhältnis. § 616 ist auf **sämtliche ArbVerh** anwendbar. 8
Dauer und Umfang spielen grds. keine Rolle. Dies ergibt sich im Umkehrschluss aus § 617 I 1 sowie aus der Entstehungsgeschichte[3]. Erfasst werden damit auch kurzfristige AushilfsArbVerh sowie geringfügige Beschäftigungen. Die Vorschrift gilt weiter für arbeitnehmerähnliche Personen sowie für freie Mitarbeiter[4]. Organmitglieder werden unabhängig davon erfasst, ob ihr Anstellungsvertrag als Arbeitsvertrag oder als freier Dienstvertrag zu qualifizieren ist[5]. Bei typengemischten Verträgen kommt es auf das Vorhandensein eines dienstvertragl. Elementes an[6]. Auszubildende und gleichgestellte Personen unterfallen ausschließlich § 19 BBiG (Rz. 5). Auf HeimArbVerh ist § 616 ebenfalls nicht anwendbar. Diese Vorschrift wird durch § 10 EFZG nicht nur für den Krankheitsfall, sondern für sämtliche personenbedingten Verhinderungsgründe verdrängt[7]. Schließlich findet § 616 aufgrund von § 16d VII SGB II auch auf sog. „Ein-Euro-Jobs" keine Anwendung[8].

Bei **flexibilisierten Arbeitszeitregelungen** ist wie folgt zu unterscheiden: Steht das **Bestimmungsrecht** 9
über die Lage der Arbeitszeit dem ArbN zu (Gleitzeit außerhalb der Kernarbeitszeit, variable Gleitzeit, Vertrauensgleitzeit), führt eine Nichtaufnahme bzw. eine vorzeitige Beendigung der Tätigkeit infolge eines persönlichen Leistungshindernisses jedenfalls regelmäßig dazu, dass für die Dauer des Hindernisses keine Arbeitspflicht besteht. Mangels einer Leistungsstörung ist § 616 daher gar nicht anwendbar[9]. Einen Zeitausgleich kann der ArbN nicht verlangen[10]. Anders als im Annahmeverzugsrecht geht es insoweit nicht um eine Abwälzung des Wirtschaftsrisikos auf den ArbN. Vielmehr führt der Zuwachs an Zeitsouveränität notwendigerweise zu einer gewissen Rückverlagerung personenbedingter Risiken auf den ArbN.

Bei einem **Bestimmungsrecht des ArbGeb** (Arbeit auf Abruf iSd. § 12 TzBfG) ist § 616 grds. erst dann 10
anwendbar, wenn er die Arbeitsleistung abgerufen und dadurch die Arbeitszeit fixiert hat[11]. Hierbei ist der ArbGeb berechtigt, von einem Abruf mit Rücksicht auf ein ihm bekanntes persönliches Leistungshindernis des Beschäftigten abzusehen, so dass keine Entgeltfortzahlungspflicht besteht. Ein hypothetisch bleibendes Arbeitsverlangen ist unerheblich[12]. Unterlässt der ArbGeb während des gesamten Bezugszeitraums einen Abruf der Arbeitsleistung, ist § 616 zwar anwendbar. Dabei muss man es dem ArbGeb verwehren, sich auf die fehlende Kausalität zwischen persönlichem Hinderungsgrund des ArbN und unterbliebener Arbeitsleistung zu berufen. Dies dürfte sich aber nur in den seltenen Fällen auswirken, in denen der ArbN während des Bezugszeitraums kurzfristig verhindert ist, ohne dass er den ArbGeb iÜ in Annahmeverzug gesetzt hat. Liegt Gläubigerverzug vor, steht dem ArbN bereits aus diesem Grunde das vertragl. Entgelt in Höhe des gesamten vereinbarten Arbeitszeitdeputats zu (§ 615 Rz. 14). Auf § 616 kommt es dann nicht mehr an. Die Anwendung der §§ 615 und 616 kann jedenfalls nicht dazu führen, dass der ArbN eine höhere Vergütung erhält, als wenn der ArbGeb im Bezugszeitraum das gesamte Arbeitszeitdeputat abgerufen hätte.

§ 616 gilt nur für die **Dauer des Dienstverhältnisses**. Mit dessen Beendigung entfällt die Aufrechterhaltung 11
des Vergütungsanspruchs auch dann, wenn der Verhinderungsgrund fortbesteht[13]. Der Rechtsgedanke des § 8 EFZG, der in bestimmten Fällen zu einem Fortbestand des Entgeltanspruchs über das Ende des ArbVerh hinaus führt[14], ist auf andere persönliche Hinderungsgründe nicht übertragbar[15]. Auch aus § 162 lässt sich zumindest grds. kein anderes Ergebnis herleiten. Liegt der Verhinderungsgrund bereits beim Abschluss des Arbeitsvertrags vor und dauert er bis zum Zeitpunkt der vereinbarten Arbeitsaufnahme an, ist § 616 unter Schutzzweckgesichtspunkten nicht anwendbar[16]. Im Falle

---

1 Vgl. BAG 20.7.1977 – 5 AZR 325/76, DB 1977, 2332. ‖2 BAG 20.5.1988 – 2 AZR 682/87, NZA 1989, 464; 22.12.1982 – 2 AZR 282/82, DB 1983, 1602; s.a. BT-Drs. 14/6040, 130. ‖3 Staudinger/*Oetker*, § 616 Rz. 2, 38. ‖4 BGH 6.4.1995 – VII ZR 36/94, NJW 1995, 2629; Staudinger/*Oetker*, § 616 Rz. 30; ErfK/*Preis*, § 616 BGB Rz. 2. ‖5 Soergel/*Kraft*, § 616 Rz. 7. ‖6 Vgl. BAG 19.4.1956 – 2 AZR 416/54, AP BGB § 616 Nr. 5 (Heuerlingsvertrag). ‖7 Erman/*Belling*, § 616 Rz. 9; Staudinger/*Oetker*, § 616 Rz. 36. ‖8 LSG Sa.-Anh. 24.5.2012 – L 2 AS 397/10. ‖9 BAG 22.1.2009 – 6 AZR 78/08, NZA 2009, 735 (737); *Reichold*, NZA 1998, 393 (398); *Schüren*, AuR 1996, 381 (385). ‖10 BAG 16.12.1993 – 6 AZR 236/93, NZA 1994, 854; LAG Hamm 11.12.2001 – 11 Sa 247/01, LAGE § 4 TVG Metallindustrie Nr. 28; LAG Köln 10.2.1993 – 8 Sa 894/92, LAGE § 616 BGB Nr. 7. ‖11 Staudinger/*Oetker*, § 616 Rz. 35; idS auch BAG 5.9.2002 – 9 AZR 244/01, NZA 2003, 726. ‖12 AA für die Feiertagsvergütung BAG 24.10.2001 – 5 AZR 245/00, DB 2002, 1110; 3.5.1983 – 3 AZR 100/81, DB 1983, 2784. ‖13 Soergel/*Kraft*, § 616 Rz. 11. ‖14 Dazu BAG 17.4.2002 – 5 AZR 2/01, NZA 2002, 899. ‖15 Staudinger/*Oetker*, § 616 Rz. 41. ‖16 MünchArbR/*Boewer*, § 70 Rz. 8; s.a. BAG 26.7.1989 – 5 AZR 491/88, NZA 1990, 141.

eines in Vollzug gesetzten fehlerhaften ArbVerh will die hL § 616 bis zu dessen Beendigung anwenden[1]. Dies gilt entsprechend der neueren Judikatur zur Rückwirkung einer Anfechtung wegen arglistiger Täuschung auf den Zeitpunkt der tatsächlichen Arbeitseinstellung[2] aber dann nicht, wenn nach der Beseitigung des Hindernisses die Arbeit nicht wieder aufgenommen worden ist.

12 Bei einer **Weiterbeschäftigung während des Kündigungsschutzprozesses** kommt es auf die Rechtsgrundlage der Tätigkeit an. Erfolgt die Weiterbeschäftigung im Rahmen von § 102 V BetrVG, besteht das ArbVerh jedenfalls bis zum rechtskräftigen Abschluss des Kündigungsschutzprozesses fort, so dass § 616 ohne weiteres anwendbar ist[3]. Dasselbe gilt, wenn sich die Parteien auf die Fortsetzung des ArbVerh bzw. den Abschluss eines neuen Arbeitsvertrags bis zum Ende des Kündigungsschutzprozesses einigen. Hierfür bedarf es keines Rückgriffs auf die für das fehlerhafte ArbVerh geltenden Grundsätze[4]. Sofern lediglich eine tatsächliche Weiterbeschäftigung ohne vertragl. Grundlage erfolgt, findet bei einer rechtskräftigen Abweisung der Kündigungsschutzklage nach hM lediglich eine bereicherungsrechtl. Rückabwicklung statt[5]. Bei dieser Konzeption erhält der ArbN nur für tatsächlich erbrachte Arbeitsleistungen einen Geldersatz. Folgerichtig ist § 616 nicht anwendbar[6].

13 **2. Personenbedingter Verhinderungsgrund. a) Arbeitsverhinderung.** § 616 setzt zunächst voraus, dass der ArbN an der Dienstleistung verhindert ist. Hierzu zählen zum einen die Fälle der tatsächlichen Unmöglichkeit (zB vorübergehende Festnahme)[7]. Die Erkrankung des ArbN ist allerdings auszuklammern (Rz. 5). Unter den Begriff der Dienstverhinderung sind nach einhelliger Ansicht zum anderen diejenigen Gestaltungen zu fassen, in denen dem Verpflichteten die Arbeit wegen einer Kollision mit höherrangigen rechtl. oder sittlichen Pflichten unzumutbar ist[8]. Diese im Grundsatz schon seit langem anerkannte weite Interpretation des § 616 wird nunmehr durch die Regelungen der §§ 275 III, 326 I gestützt. So führt etwa die gerichtl. Vorladung während der Arbeitszeit gem. § 275 III zu einem Leistungsverweigerungsrecht des ArbN[9], dessen Ausübung an sich nach § 326 I ein Entfallen des Vergütungsanspruchs zur Folge hat, wenn nicht ganz ausnahmsweise der ArbGeb für das Leistungshindernis verantwortlich ist[10].

14 Auf diesen Regeln aufbauend, ordnet § 616 unter bestimmten Voraussetzungen die **Aufrechterhaltung des Entgeltanspruchs** an. Aus diesem systematischen Zusammenhang ergibt sich, dass die Anforderungen an den Verhinderungstatbestand in den Fällen einer Pflichtenkollision im Rahmen von § 616 keinesfalls geringer als bei der Anwendung von § 275 III sein können. Sofern eine umfassende Güter- und Interessenabwägung zur Unzumutbarkeit iSd. § 275 III führt, bedarf es keiner zusätzlichen Abwägung, ob dem ArbGeb eine Belastung mit der Gegenleistungspflicht ebenfalls grds. zuzumuten ist. Diese Frage ist durch § 616 prinzipiell in einem positiven Sinne entschieden[11]. Die Interessen des ArbGeb sind erst beim nachrangigen Kriterium der Dauer der Arbeitsverhinderung, bei dem es sich um einen verhältnismäßig nicht erheblichen Zeitraum handeln muss, zu berücksichtigen. Es muss also klar unterschieden werden zwischen der Zulässigkeit der Arbeitsverweigerung, bei der eine etwaige Aufrechterhaltung des Vergütungsanspruchs außer Betracht zu bleiben hat, und dem Fortbestand der Entgeltzahlungspflicht, für den es nur auf die Dauer der Verhinderung ankommt[12].

15 Eine Unzumutbarkeit iSd. § 275 III kann nur bejaht werden, wenn den ArbN **konkurrierende Pflichten** treffen, denen bei einer umfassenden Abwägung ggü. der vertragl. übernommenen Dienstpflicht der **Vorrang** einzuräumen ist[13]. Die bloße Ausübung grundrechtl. geschützter Positionen kann demggü. nicht ausreichen[14]. Erst recht können Interessen, die aus der privaten Lebensführung des ArbN resultieren, keine Arbeitsbefreiung wegen Unzumutbarkeit rechtfertigen. Die hierfür erforderliche Zeit hat sich der ArbN durch die Inanspruchnahme von Erholungsurlaub zu verschaffen. In Ausnahmefällen kommt auch ein Anspruch auf unbezahlte Freistellung aus der Fürsorgepflicht des ArbGeb in Betracht. Mit einer Unzumutbarkeit der Dienstleistung wegen höherrangiger rechtl. oder sittlicher Pflichten hat dies nichts zu tun.

16 **b) Unvermeidbarkeit der Arbeitsverhinderung.** Weitere Voraussetzung ist die Unvermeidbarkeit der Arbeitsverhinderung. Der ArbN muss sich nach Kräften um eine Vermeidung oder Verhinderung des Arbeitsausfalls bemühen[15]. Der ArbN kann somit nicht die Vorteile des § 616 für sich in Anspruch neh-

---

1 Erman/*Belling*, § 616 Rz. 18; ArbR-BGB/*Matthes*, § 616 Rz. 8; Staudinger/*Oetker*, § 616 Rz. 42. ||2 BAG 3.12.1998 – 2 AZR 754/97, NZA 1999, 584; anders noch BAG 20.2.1986 – 2 AZR 244/85, NZA 1986, 739. ||3 MünchArbR/*Boewer*, § 70 Rz. 9; Soergel/*Kraft*, § 616 Rz. 7. ||4 Anders aber BAG 15.1.1986 – 5 AZR 237/84, NZA 1986, 561; wie hier BAG 4.9.1986 – 8 AZR 636/84, NZA 1987, 376. ||5 S. BAG 12.2.1992 – 5 AZR 297/90, NZA 1993, 177; 10.3.1987 – 8 AZR 146/84, NZA 1987, 373; aA MünchArbR/*Wank*, § 99 Rz. 105 ff. ||6 *Bengelsdorf*, SAE 1987, 254 (265); Staudinger/*Oetker*, § 616 Rz. 44; *Walker*, DB 1988, 1596 (1599). ||7 MünchArbR/*Boewer*, § 70 Rz. 11. ||8 BAG 19.4.1978 – 5 AZR 834/76, DB 1978, 1595; 25.10.1973 – 5 AZR 156/73, DB 1974, 343; MünchArbR/*Boewer*, § 70 Rz. 11; ArbR-BGB/*Matthes*, § 616 Rz. 9; ErfK/*Preis*, § 616 BGB Rz. 3. ||9 BT-Drs. 14/6040, 130. ||10 Vgl. BAG 13.6.2007 – 5 AZR 564/06, NZA 2007, 974 (976). ||11 AA MüKoBGB/*Henssler*, § 616 Rz. 9 f. ||12 IdS bereits *Herschel*, Anm. zu BAG, AP BGB § 616 Nr. 48; anders offenbar MünchArbR/*Boewer*, § 70 Rz. 11. ||13 Dazu eingehend *Gotthardt*, Schuldrechtsreform, Rz. 97 ff. ||14 LAG Schl.-Holst. 18.1.1995 – 3 SA 568/94, AP BGB § 611 Abmahnung Nr. 17; Staudinger/*Oetker*, § 616 Rz. 49; aA *Kempen*, ArbRGegw 25 (1988), S. 75 (86 ff.). ||15 BAG 19.4.1978 – 5 AZR 834/76, DB 1978, 1595; 25.4.1960 – 1 AZR 16/58, DB 1960, 699; MünchArbR/*Boewer*, § 70 Rz. 12.

men, wenn es ihm möglich gewesen wäre, das Leistungshindernis abzuwenden, etwa eine behördl. Vorladung auf einen arbeitsfreien Tag zu legen. Hierbei handelt es sich rechtstechnisch aber nicht um eine Pflicht ggü. dem ArbGeb, sondern um eine Obliegenheit[1]. Kann der ArbN die Lage der Arbeitszeit selbst bestimmen, wird eine Kollision zwischen Arbeitspflicht und persönlichem Leistungshindernis bereits im Vorfeld ausgeschlossen, so dass sich erst gar nicht die Frage stellt, ob es dem ArbN möglich gewesen wäre, durch entsprechende Bemühungen eine Arbeitsverhinderung zu vermeiden (vgl. Rz. 9).

   c) **Persönliche Gründe.** Die Aufrechterhaltung des Vergütungsanspruchs setzt einen **in der Person des Dienstverpflichteten liegenden Grund** voraus. Hierzu zählen zunächst persönliche Eigenschaften des ArbN. Darüber hinaus ist anerkannt, dass es ausreicht, wenn das Hindernis in den persönlichen Verhältnissen des ArbN begründet ist[2]. Von diesen subjektiven Verhinderungsgründen sind **objektive Leistungshindernisse** abzugrenzen, die weder mit der Person noch mit der Sphäre des ArbN zusammenhängen und die ganz allg. der Erbringung der Arbeitsleistung entgegenstehen[3]. Gegen eine Ausdehnung auf allg. Leistungshindernisse sprechen der Wortlaut sowie die Entstehungsgeschichte der Norm[4]. Die teilweise befürwortete Ausdehnung auf objektive Leistungshindernisse[5] verkennt, dass es sich bei § 616 nicht um eine allg. Gefahrtragungsregel handelt, die alle Gestaltungen erfassen will, die nicht bereits unter § 615 fallen. Der ArbGeb würde zu stark belastet, wenn er für sämtliche Hindernisse die Gegenleistungsgefahr unabhängig davon tragen würde, ob sie in den persönlichen Verhältnissen des ArbN oder in allg. Umständen wurzeln[6]. Allg. Störungen gehören nicht zu den vom ArbGeb einzukalkulierenden und daher versicherten Risiken. 17

   Die **Grenze** zwischen subjektiven und objektiven Leistungshindernissen ist allerdings **unscharf**. Anerkannt ist, dass die Anzahl der betroffenen ArbN lediglich ein Indiz dafür bildet, ob ein personenbedingter oder allg. Verhinderungsgrund vorliegt[7]. Sofern sich ein objektives Leistungshindernis in besonderer Weise auf die persönlichen Verhältnisse eines ArbN auswirkt, ist § 616 demggü. wieder anwendbar[8]. Nicht unter § 616 fallen schließlich solche Hindernisse, die zwar in der Person des ArbN liegen, aber eine notwendige Voraussetzung für die Ausübung der Tätigkeit bilden, wie etwa ein Gesundheitszeugnis oder eine Arbeitserlaubnis[9]. 18

   d) **Einzelne Fälle.** Im Laufe der Zeit haben sich mehrere verschiedene **Fallgruppen** herausgebildet. Dabei hatte es die Rspr. häufig nicht unmittelbar mit § 616, sondern mit tarifvertragl. Vorschriften zu tun, die die gesetzl. Generalklausel konkretisiert oder substituiert haben. Derartige Regelungen sind nach allg. Ansicht zulässig und schließen eine zusätzliche Anwendungของ § 616 aus[10]. Die folgenden Aussagen beziehen sich daher teilweise auf entsprechende tarifvertragl. Bestimmungen. Sie können damit nur unter Vorbehalt verallgemeinert werden, weil es für die Aufrechterhaltung des Vergütungsanspruchs vielfach auf die genaue Formulierung des TV ankommt. 19

   aa) **Krankheit und Arztbesuche.** Krankheiten bilden zwar grds. einen in der Person liegenden Verhinderungsgrund. Der **Vorrang des EFZG** (Rz. 5) steht einer Anwendbarkeit von § 616 aber weitgehend entgegen. Die Heranziehung von § 616 hängt damit vom persönlichen und sachlichen Anwendungsbereich des EFZG ab. Uneingeschränkt greift diese Norm bei freien Mitarbeitern ein[11]. IÜ ist entscheidend, ob die Erkrankung zur Arbeitsunfähigkeit iSd. EFZG führt. Wenn dies der Fall ist, können die Einschränkungen des EFZG nicht durch einen Rekurs auf § 616 überspielt werden. Dies betrifft die Begrenzung auf die Sechs-Wochen-Frist sowie insb. das Erfordernis des Ablaufs der vierwöchigen Wartefrist gem. § 3 III EFZG[12]. 20

   Bei **Arztbesuchen während der Arbeitszeit** muss differenziert werden. Wenn der ArbN arbeitsunfähig erkrankt ist, ist nur das EFZG anwendbar. Aus der Notwendigkeit, während der Arbeitszeit einen Arzt aufzusuchen, folgt aber nicht zwingend das Bestehen von Arbeitsunfähigkeit[13]. Ein persönlicher Verhinderungsgrund liegt vor, wenn akute Beschwerden eine unmittelbare ärztliche Versorgung erforderlich machen, ohne dass Arbeitsunfähigkeit besteht[14]. Allg. Untersuchungs- bzw. Behandlungstermine können ebenfalls den Fortbestand des Entgelts auslösen. Dies ist dann der Fall, wenn für den ArbN keine Möglichkeit besteht, den Arzt außerhalb der Arbeitszeit aufzusuchen[15]. Dabei muss sich der ArbN grds. um einen Arzttermin bemühen, durch den eine Kollision mit seiner Arbeitspflicht vermieden wird. 21

---

1 Ungenau ArbR-BGB/*Matthes*, § 616 Rz. 9. ||2 BAG 8.12.1982 – 4 AZR 134/80, DB 1983, 395; 19.4.1978 – 5 AZR 834/76, DB 1978, 1595; Soergel/*Kraft*, § 616 Rz. 9; MüKoBGB/*Henssler*, § 616 Rz. 17. ||3 Ganz hM: BAG 8.12. 1982 – 4 AZR 134/80, DB 1983, 395; 8.9.1982 – 5 AZR 283/80, DB 1983, 397; Erman/*Belling*, § 616 Rz. 33; ArbR-BGB/ *Matthes*, § 616 Rz. 10. ||4 MünchArbR/*Boewer*, § 70 Rz. 10; Staudinger/*Oetker*, § 616 Rz. 74. ||5 Moll, RdA 1980, 138 (150ff.). ||6 MünchArbR/*Boewer*, § 70 Rz. 10. ||7 BAG 8.9.1982 – 5 AZR 283/80, DB 1983, 397; MünchArbR/*Boewer*, § 70 Rz. 10; Staudinger/*Oetker*, § 616 Rz. 76. ||8 BAG 24.3.1982 – 5 AZR 1209/79, BB 1982, 1547 (1548); 8.9.1982 – 5 AZR 283/80, DB 1983, 397; Staudinger/*Oetker*, § 616 Rz. 77. ||9 Vgl. BAG 13.1.1977 – 2 AZR 423/75, DB 1977, 917; ArbR-BGB/*Matthes*, § 616 Rz. 11. ||10 BAG 13.12.2001 – 6 AZR 30/01, NZA 2002, 1105; 18.1.2001 – 6 AZR 492/99, NZA 2002, 47; 20.6.1995 – 3 AZR 857/94, NZA 1996, 383; Staudinger/*Oetker*, § 616 Rz. 146. ||11 BGH 6.4.1995 – VII ZR 36/94, NJW 1995, 2629. ||12 Staudinger/*Oetker*, § 616 Rz. 290. ||13 BAG 29.2.1984 – 5 AZR 455/81, DB 1984, 1687; *Brill*, NZA 1984, 281 (282); aA *Schulin*, ZfA 1978, 215 (253). ||14 BAG 29.2.1984 – 5 AZR 455/81, DB 1984, 1687; LAG Sa.-Anh. 23.6.2010 – 5 Sa 340/09; ErfK/*Preis*, § 616 BGB Rz. 7; s.a. LAG Hamm 25.6.1986 – 1 (9) Sa 160/86, LAGE § 616 BGB Nr. 2. ||15 BAG 22.1.1986 – 5 AZR 34/85, DB 1986, 1631.

Wenn der Arzt dem Terminwunsch nicht nachkommen kann oder will, liegt aber ein persönliches Leistungshindernis vor[1]. Der ArbN kann nicht darauf verwiesen werden, dass ein anderer Arzt zur Untersuchung oder Behandlung außerhalb der Arbeitszeit bereit wäre. Insoweit genießt die freie Arztwahl des ArbN Vorrang vor den Interessen des ArbGeb[2].

22 Ein persönliches Leistungshindernis liegt weiter dann vor, wenn das Gesundheitsamt eine **ärztliche Untersuchung** von Beschäftigten in Lebensmittelbetrieben auf Infektionen anordnet oder ein **Tätigkeitsverbot** verhängt[3]. Sehen tarifl. Regelungen eine Vergütungspflicht bei Arztbesuchen vor, gilt dies grds. nur für die Fälle, in denen der ArbN nicht arbeitsunfähig ist und seine Arbeit nach dem Arztbesuch alsbald wieder aufnimmt[4].

23 **bb) Pflege naher Angehöriger.** Die Pflege erkrankter Angehöriger kann nach allg. Ansicht einen persönlichen Verhinderungsgrund darstellen[5]. Hierbei wird die Rechtslage dadurch verkompliziert, dass neben § 275 III mit § 45 III SGB V und § 2 I PflegeZG zwei weitere Vorschriften existieren, die das Problem der Freistellung des ArbN von der Arbeitspflicht betreffen, das dem nach § 616 zu beurteilenden Schicksal des Entgeltanspruchs vorgelagert ist. Insoweit spricht das meiste dafür, keine wie auch immer zu bestimmende Spezialität, sondern Gesetzeskonkurrenz anzunehmen[6]. Der scheinbar entgegenstehende Wortlaut von § 45 III 1 SGB V kann zwanglos dahin verstanden werden, dass er sich nicht auf die Ebene der Arbeitspflicht, sondern lediglich auf die Ebene der Entgeltpflicht bezieht, die von § 45 SGB V unberührt bleiben soll. Im Hinblick auf die **Freistellung von der Arbeitspflicht** kann sich der ArbN daher nebeneinander auf alle Rechtsgrundlagen stützen, sofern deren Voraussetzungen vorliegen.

24 Das **Fortbestehen des Entgeltanspruchs** richtet sich dagegen allein nach § 616[7]. Anders als für das Fernbleiberecht des ArbN bei Erkrankung von nahen Angehörigen bestehen hierfür keine europarechtl. Vorgaben[8]. Darüber hinaus muss über die Entgeltfortzahlung nach § 616 eigenständig entschieden werden. Der Entgeltanspruch folgt also nicht akzessorisch den Regelungen in § 45 SGB V bzw. in § 2 I iVm. § 7 III, IV PflegeZG. Ein persönlicher Verhinderungsgrund iSv. § 616 kann zunächst bei der Pflege von Kindern vorliegen[9]. Hierbei kann die Altersobergrenze des § 45 I, IV SGB V (vollendetes 12. LJ) als Richtwert angesehen werden[10], ohne indes eine starre Grenze zu bilden[11]. Weitere Fälle sind die Erkrankung des Ehepartners[12], aber auch von Eltern oder Geschwistern[13]. Gleiches gilt bei Lebenspartnern iSd. LPartG[14], mangels gesetzl. Beistandspflicht indes nicht bei sonstigen Lebenspartnern[15]. Der Angehörige muss nicht zwingend in den Haushalt des ArbN integriert sein[16]. Weiter ist erforderlich, dass der erkrankte Angehörige auf die Pflege durch den ArbN **angewiesen** ist. Dies setzt voraus, dass eine Beaufsichtigung, Betreuung oder Pflege geboten ist und andere geeignete Personen hierfür nicht zur Verfügung stehen[17]. Sofern es sich nicht um Kleinkinder handelt, ist die Arbeitsleistung schon dann zumutbar, wenn eine außerhalb des Haushalts lebende Person zur Pflege imstande und bereit ist. Sind beide Eltern berufstätig, können sie grds. selbst darüber entscheiden, wer von ihnen die Pflege eines erkrankten Kindes übernimmt[18]. IÜ betrifft § 616 auch die Fälle der **unvorhersehbaren Notwendigkeit einer Kinderbetreuung**[19] zB wegen schwerer Erkrankung des Ehepartners[20] oder wegen des Streiks in einem Kindergarten[21].

25 **cc) Familiäre Ereignisse.** Herausragende familiäre Ereignisse können ebenfalls einen persönlichen Hinderungsgrund darstellen. Hierzu zählt zunächst die eigene Hochzeit, wobei darunter sowohl die bürgerliche als auch die kirchliche Eheschließung zu verstehen ist[22]. Wenn ein TV hierfür eine bestimmte Anzahl von Tagen mit Entgeltfortzahlung vorsieht, hat der ArbN diesen Anspruch auch dann, wenn die Hochzeit selbst an einem arbeitsfreien Tag stattfindet[23]. Ein weiterer Fall ist die Niederkunft der eigenen Ehefrau[24]. Auch insoweit kommt es bei einer entsprechenden tarifl. Regelung nicht darauf an, dass der Tag der Arbeitsverhinderung mit dem Tag der Niederkunft zusammenfällt[25]. Auf Grund

---

1 BAG 27.6.1990 – 5 AZR 365/89, NZA 1990, 894; *Brill*, NZA 1984, 281 (282f.). || 2 BAG 29.2.1984 – 5 AZR 92/82, DB 1984, 1405. || 3 LG Düss. 18.5.1966 – 11b S 43/66, AP BGB § 616 Nr. 39; ArbR-BGB/*Matthes*, § 616 Rz. 30. || 4 BAG 7.3.1990 – 5 AZR 189/89, DB 1990, 1469. || 5 BAG 20.6.1979 – 5 AZR 479/77, DB 1979, 1946; 19.4.1978 – 5 AZR 834/76, DB 1978, 1595; *Löwisch*, DB 1979, 209 (211); ErfK/*Preis*, § 616 BGB Rz. 8. || 6 Dazu eingehend MüKoBGB/*Henssler*, § 616 Rz. 27ff.; s.a. *Preis/Nehring*, NZA 2008, 729 (731); teilweise abw. Vorauf. sowie LAG Köln 11.8.1994 – 6 Sa 90/94, BB 1995, 625 LS; *Greiner*, NZA 2007, 490 (493); *Kießling/Jünemann*, DB 2005, 1684 (1686). || 7 S. § 2 III PflegeZG. || 8 Vgl. § 7 Rahmenvereinbarung über den Elternurlaub von BUSINESSEUROPE, UEAPME, CEEP und EGB zur RL 2010/18/EU. || 9 Vgl. BAG 31.7.2002 – 10 AZR 578/01, DB 2002, 2493. || 10 Großzügiger MüKoBGB/*Henssler*, § 616 Rz. 30. || 11 Staudinger/*Oetker*, § 616 Rz. 57f.; aA Erman/*Belling*, § 616 Rz. 49; noch strenger *Sowka*, RdA 1993, 34f.: vollendetes 8. LJ entsprechend § 185c RVO aF. || 12 Vgl. BAG 20.7.1977 – 5 AZR 325/76, DB 1977, 2332. || 13 Staudinger/*Oetker*, § 616 Rz. 57. || 14 *Linck*, BB 2008, 2738 (2741). || 15 Staudinger/*Oetker*, § 616 Rz. 57; aA DFL/*Kamanabrou*, § 616 BGB Rz. 12. || 16 Tendenziell etwas strenger MüKoBGB/*Henssler*, § 616 Rz. 34. || 17 BAG 19.4.1978 – 5 AZR 834/76, DB 1978, 1595; LAG Düss. 20.3.2007 – 3 Sa 30/07, ZTR 2007, 496; sehr streng LAG Nds. 26.10.1977 – 2 (3) Sa 1506/76, DB 1978, 214 (215). || 18 BAG 20.6.1979 – 5 AZR 361/78, BB 1979, 1452; einschr. *Löwisch*, DB 1979, 209 (211). || 19 Ebenso MüKoBGB/*Henssler*, § 616 Rz. 35. || 20 AA LAG Düss. 20.3.2007 – 3 Sa 30/07, ZTR 2007, 496. || 21 *Diller/Krieger*, FS Leinemann, 2006, S. 65ff.; *Kolbe*, BB 2009, 1414 (1416). || 22 BAG 27.4.1983 – 4 AZR 506/80, DB 1983, 2201; LAG Rh.-Pf. 21.9.2010 – 3 Sa 265/10. || 23 BAG 14.12.1962 – 4 AZR 37/61, DB 1962, 575. || 24 BAG 12.12.1973 – 4 AZR 75/73, DB 1975, 1179. || 25 BAG 26.2.1964 – 4 AZR 257/63, DB 1964, 664.

der sittlichen Beistandspflicht liegt ein Leistungshindernis auch bei der Niederkunft der Partnerin in einer nichtehelichen Lebensgemeinschaft vor[1]. Die TV-Parteien können aber eine abweichende Regelung treffen[2].

Bei **Todesfällen und Begräbnissen** kommt es auf die Nähebeziehung des ArbN zum Verstorbenen an. Soweit es um Eltern, Kinder oder den Lebenspartner geht, ist eine Unzumutbarkeit der Arbeitsleistung zu bejahen. Bei sonstigen Angehörigen ist dies nur bei im Haushalt lebenden Personen anzunehmen[3]. **Sonstige familiäre Ereignisse** fallen nur dann unter § 616, wenn sie einen herausragenden Charakter haben. Dies kann bei Konfirmation bzw. Kommunion sowie der Hochzeit der Kinder angenommen werden[4]. Hierzu gehört nach Ansicht des BAG auch die goldene Hochzeit der Eltern[5]. Die TV-Parteien können hiervon aber auch abweichen, ohne gegen Art. 6 GG zu verstoßen[6]. IÜ sind familiäre Ereignisse dem Bereich der privaten Lebensführung des ArbN zuzuordnen, die nicht auf den ArbGeb abgewälzt werden können. Dies betrifft vor allem Geburtstage des ArbN sowie von Angehörigen. Bei einem Umzug kann dagegen ein Leistungshindernis bejaht werden[7]. Allerdings ist hier ein besonders strenger Maßstab bei der Vermeidbarkeit der Arbeitsversäumnisse anzulegen[8]. IÜ werden gerade diese Ereignisse häufig in TV geregelt. Dabei verhält sich das BAG unterschiedlich großzügig hinsichtlich der Frage, ob eine bezahlte Freistellung auch dann in vollem Umfang verlangt werden kann, wenn das Ereignis selbst auf einen arbeitsfreien Tag fällt[9]. Verlangt ein TV eine vorherige Zustimmung des ArbGeb zur Freistellung, kann diese grds. nicht nachgeholt werden, so dass der ArbN keinen Anspruch auf Entgeltfortzahlung hat[10]. 26

dd) **Öffentliche Pflichten, ehrenamtliche Tätigkeiten uÄ.** Die Wahrnehmung **amtlicher Termine** kann ebenfalls zu einem persönlichen Hinderungsgrund führen. Dies ist dann der Fall, wenn der ArbN einer gerichtl.[11] oder behördl. Vorladung nur während der Arbeitszeit nachkommen kann[12]. Hiervon ist allerdings dann eine Ausnahme zu machen, wenn das gerichtl. oder behördl. Verfahren der Durchsetzung eigener Rechte dient. So kann sich der ArbN nicht auf § 616 berufen, wenn er in einem gegen seinen ArbGeb geführten Prozess einen Gerichtstermin wahrnehmen muss[13]. Allg. staatsbürgerliche Pflichten, die zu einem persönlichen Verhinderungsgrund führen, können weiter sein die Tätigkeit als Wahlhelfer bei öffentl. Wahlen oder als amtlich bestellter Betreuer[14], aber auch die Wartepflicht bzw. die Leistung von erster Hilfe nach einem Verkehrsunfall[15]. 27

Bei der Kollision mit Pflichten aus **ehrenamtlicher Tätigkeit** ist zu differenzieren: Die Betätigung als ehrenamtlicher Richter fällt unter § 616[16]. Dies gilt auch für die Zeit eines erforderlichen Aktenstudiums[17], nicht aber für Schulungsveranstaltungen[18]. Allerdings muss der ArbN die Ausübung des Richteramts bei Gleitzeit möglichst in seine Freizeit verlegen[19]. Die Wahrnehmung anderer Ehrenämter stellt dagegen keinen persönlichen Verhinderungsgrund dar. Der ArbGeb muss die vom ArbN aus freien Stücken übernommenen Pflichten nicht finanzieren. Dies gilt etwa für die Tätigkeit als ehrenamtlicher Bürgermeister[20], Ratsherr oder Mitglied eines Kreistages[21] sowie als Mitglied in einem Beirat für Landespflege[22]. Im Falle einer Kandidatur für ein Bundestagsmandat billigt Art. 48 I GG den Bewerbern zwar einen Wahlvorbereitungsurlaub zu. § 3 AbgG schließt für diesen bis zu zwei Monate dauernden Urlaub einen Anspruch auf Fortzahlung der Bezüge aber ausdrücklich aus. Entsprechendes gilt für die Bewerber um einen Sitz im Europaparlament bzw. in den Landesparlamenten. Bei der Wahrnehmung von Aufgaben in den Verwaltungsorganen der SozV-Träger liegt dagegen ein persönlicher Verhinderungsgrund vor[23]. 28

Gewerkschaftliche Betätigungen und die Wahrnehmung von Aufgaben in **privaten Vereinen** lösen ebenfalls keinen Anspruch auf Entgeltzahlungen aus. TV sehen für Gewerkschaftsangelegenheiten aber vielfach abweichende Regelungen vor[24]. 29

Bei ArbN, die sich als **Katastrophenschutzhelfer** betätigen, sehen die bundes- und landesrechtl. Katastrophenschutzgesetze für die Dauer der Teilnahme an Einsätzen oder Ausbildungsveranstaltungen 30

---

1 ArbR-BGB/*Matthes*, § 616 Rz. 22; Staudinger/*Oetker*, § 616 Rz. 63; ErfK/*Preis*, § 616 BGB Rz. 4. || 2 BAG 18.1.2001 – 6 AZR 492/99, NZA 2002, 47; 25.2.1987 – 8 AZR 430/84, NZA 1987, 667. || 3 ErfK/*Preis*, § 616 BGB Rz. 4; ähnlich Staudinger/*Oetker*, § 616 Rz. 61. || 4 Vgl. BAG 11.2.1993 – 4 AZR 98/92, NZA 1993, 1003; ErfK/*Preis*, § 616 BGB Rz. 4. || 5 BAG 25.10.1973 – 5 AZR 156/73, DB 1974, 343; abl. Erman/*Belling*, § 616 Rz. 26. || 6 BAG 25.8.1982 – 4 AZR 1064/79, DB 1982, 2574. || 7 ArbR-BGB/*Matthes*, § 616 Rz. 22. || 8 BAG 25.4.1960 – 1 AZR 16/58, DB 1960, 699. || 9 Befürwortend BAG 19.7.1961 – 4 AZR 69/60, DB 1961, 1230 (Niederkunft der Ehefrau); abl. BAG 11.2.1993 – 4 AZR 98/92, NZA 1993, 1003 (Erstkommunion). || 10 BAG 17.10.1985 – 6 AZR 571/82, DB 1986, 438. || 11 BAG 13.12.2001 – 6 AZR 30/01, NZA 2002, 1105. || 12 Staudinger/*Oetker*, § 616 Rz. 64. || 13 BAG 4.9.1985 – 7 AZR 249/83, AP BMT-G II § 29 Nr. 1; LAG Hamm 2.12.2009 – 5 Sa 710/09. || 14 ArbR-BGB/*Matthes*, § 616 Rz. 31. || 15 Erman/*Belling*, § 616 Rz. 27; MünchArbR/*Boewer*, § 70 Rz. 14. || 16 MünchArbR/*Boewer*, § 70 Rz. 14; ArbR-BGB/*Matthes*, § 616 Rz. 31; ErfK/*Preis*, § 616 BGB Rz. 5. || 17 LAG Bremen 14.6.1990 – 3 Sa 132/89, AiB 1992, 50. || 18 BAG 25.8.1982 – 4 AZR 1147/79, DB 1983, 183. || 19 BAG 22.1.2009 – 6 AZR 78/08, NZA 2009, 735 (738). || 20 BAG 20.6.1995 – 3 AZR 857/94, NZA 1996, 383; gleichsinnig LAG Bremen 17.11.2009 – 1 Sa 131/08. || 21 LAG Bremen 17.11.2009 – 1 Sa 131/08. || 22 BAG 9.3.1983 – 4 AZR 62/80, AP BGB § 616 Nr. 60. || 23 ErfK/*Preis*, § 616 BGB Rz. 5. || 24 BAG 3.11.2004 – 4 AZR 543/03, ZTR 2005, 418; 11.9.1985 – 4 AZR 134/84, AP TVG § 1 Tarifverträge: Banken Nr. 7; 11.9.1985 – 4 AZR 147/85, BAGE 49, 334. S. aber auch BAG 19.7.1983 – 1 AZR 307/81, DB 1983, 2695 (kein Anspruch auf bezahlte Freistellung zur Beobachtung von Warnstreiks im Tarifgebiet).

vielfach einen Anspruch auf Freistellung unter Weitergewährung des Arbeitsentgelts vor[1]. Für ArbN, die Mitglieder einer freiwilligen Feuerwehr sind, gelten in einigen Bundesländern vergleichbare gesetzl. Regelungen[2]. In anderen Bundesländern haben die ArbN einen unmittelbaren Anspruch auf Ersatz des Verdienstausfalls gegen die jeweilige Gemeinde, so dass ein Anspruch gegen den ArbGeb entfällt[3]. Für Rote-Kreuz-Helfer fehlt es an spezialgesetzl. Vorschriften. Bei einem Einsatz in einem akuten Unglücksfall ist § 616 anwendbar, nicht aber bei allg. Einsätzen und Übungen[4].

31 Bei **Prüfungen** ist danach zu differenzieren, ob sie in einem inneren Zusammenhang mit der beruflichen Tätigkeit stehen. Sofern dies der Fall ist, liegt eine Dienstverhinderung iSd. § 616 vor[5]. Bei einer Berufsausbildung iSd. BBiG wird § 616 im Bereich der Prüfungsfreistellung durch §§ 15 S. 1, 19 I Nr. 1 BBiG verdrängt. Beruht eine Prüfung auf rein privaten Interessen und Vorlieben des ArbN, besteht kein Anspruch[6]. Dem ArbN kann zugemutet werden, Urlaub zu nehmen oder sich unbezahlt freistellen zu lassen[7].

32 Erlittene **Untersuchungshaft** ist ein persönlicher Verhinderungsgrund iSd. § 616[8]. Das notwendige Korrektiv liegt im Erfordernis fehlenden Verschuldens (dazu Rz. 44).

33 **ee) Religiöse Pflichten und Gewissenskonflikte.** Die Erfüllung einer religiösen Pflicht kann zu einem subjektiven Leistungshindernis iSd. § 616 führen[9]. Hiervon zu unterscheiden sind religiös motivierte gesellschaftliche Aktivitäten des ArbN, die keine Unzumutbarkeit der Arbeitsleistung begründen[10]. Führt ein sich auf die Arbeitsleistung selbst beziehender Gewissenskonflikt des ArbN zu einem Leistungsverweigerungsrecht iSd. § 275 III[11], ist die Anwendbarkeit von § 616 aber abzulehnen, weil sich die Vorschrift nur auf generelle persönliche Arbeitshindernisse bezieht, die mit der konkreten Dienstleistung nichts zu tun haben[12].

34 **ff) Meldung als arbeitsuchend, Stellensuche uÄ.** Gem. § 629 hat der ArbN nach der Kündigung eines dauernden Dienstverhältnisses einen Anspruch auf Freistellung zum Zwecke der Stellensuche. Diese Norm wird durch § 2 II 2 Nr. 3 SGB III ergänzt, der den ArbGeb verpflichtet, den ArbN für die Suche nach einer anderen Beschäftigung, für die nach der Kündigung vorgeschriebene Meldung als arbeitsuchend (§ 38 I SGB III) sowie für Qualifizierungsmaßnahmen von der Arbeitspflicht zu befreien. Die erforderliche Freizeit (vgl. § 141 SGB III) kann ein persönliches Leistungshindernis iSd. des § 616 bilden[13]. Allerdings lässt § 38 I 3 SGB III eine telefonische Meldung ausreichen, wenn die persönliche Meldung nach Terminvereinbarung nachgeholt wird, so dass auch eine außerhalb der Arbeitszeit liegende persönliche Meldung problemlos möglich ist. Die Voraussetzungen der Regelungen sind aber nicht deckungsgleich. Zum einen erhält § 616 den Entgeltanspruch nur für einen verhältnismäßig nicht unerheblichen Zeitraum aufrecht, während der Freistellungsanspruch nach § 629 bzw. § 2 II 2 Nr. 3 SGB III weiter reichen kann[14]. Zum anderen ist § 616 im Gegensatz zu den Freistellungsvorschriften kein zwingendes Recht (näher Rz. 49 f.).

35 **gg) Unwetter, Verkehrsstörungen uÄ.** § 616 ist nicht auf objektive Leistungshindernisse anwendbar (Rz. 17 f.). Kann der ArbN seinen Arbeitsplatz witterungsbedingt nicht erreichen, besteht kein Anspruch auf Entgeltfortzahlung[15]. Entscheidend ist insoweit, dass es sich um ein Ereignis handelt, das mit der Person des Dienstverpflichteten nichts zu tun hat, sondern jeden anderen treffen kann[16]. Ob tatsächlich mehrere ArbN verhindert sind, spielt dagegen keine Rolle. Weitere objektive Leistungshindernisse sind allg. Verkehrsstörungen, behördliche Fahrverbote (Smog-Alarm)[17], aber auch Landestrauer und Demonstrationen[18] sowie allg. Gefahrenlagen bei Auslandseinsätzen durch Kriege, Unruhen, Terroranschläge, Epidemien etc., auf Grund derer die Arbeitsleistung generell unzumutbar wird[19].

36 **3. Kausalität.** Die unterbliebene Arbeitsleistung muss kausal auf dem persönlichen Leistungshindernis beruhen. Dies ist nur dann der Fall, wenn der in der Person liegende Grund die **alleinige Ursache** für die Arbeitsverhinderung bildet[20]. Wenn der ArbN auch beim Hinwegdenken des persönlichen Leistungshindernisses auf Grund eines tatsächlich vorliegenden anderen Umstandes nicht gearbeitet hät-

---

1 Nachw. bei *Bauer/Opolony*, NJW 2002, 3503 (3505). ‖ 2 Vgl. BAG 13.2.1996 – 9 AZR 900/93, NZA 1996, 1104. ‖ 3 Näher dazu ArbR-BGB/*Matthes*, § 616 Rz. 36 f. ‖ 4 ArbR-BGB/*Matthes*, § 616 Rz. 39. ‖ 5 Zu eng ErfK/*Preis*, § 616 BGB Rz. 3. ‖ 6 Großzügiger Staudinger/*Oetker*, § 616 Rz. 65. ‖ 7 Erman/*Belling*, § 615 Rz. 25. ‖ 8 BAG 11.8.1988 – 8 AZR 721/85, NZA 1989, 54; Staudinger/*Oetker*, § 616 Rz. 66; ErfK/*Preis*, § 616 BGB Rz. 4: offen lassend BAG 16.3.1967 – 2 AZR 64/66, BB 1967, 630. ‖ 9 BAG 27.4.1983 – 4 AZR 506/80, DB 1983, 2201; Henssler, AcP 190 (1990), 538 (567 f.); Kempen, ArbRGegw 25 (1988), S. 75 (89); Staudinger/*Oetker*, § 616 Rz. 68; enger Otto, Personale Freiheit und soziale Bindung, 1978, S. 129: nur bei unvorhersehbaren Gewissenskonflikten. ‖ 10 MünchArbR/*Boewer*, § 70 Rz. 11. ‖ 11 Zur str. Anwendbarkeit von § 275 III auf Gewissenskonflikte Henssler, RdA 2002, 129 (131 f.). ‖ 12 Kothe, NZA 1989, 161 (167); Staudinger/*Oetker*, § 616 Rz. 69; abl. auch Gotthardt, Schuldrechtsreform, Rz. 117; aA Kamanabrou, GS Zachert, 2010, S. 400 (406 ff.). ‖ 13 BAG 13.11.1969 – 4 AZR 35/69, DB 1970, 211; 11.6.1957 – 2 AZR 15/57, BAGE 4, 189; Erman/*Belling*, § 616 Rz. 27; Sibben, DB 2003, 826 ff. ‖ 14 BAG 13.11.1969 – 4 AZR 35/69, DB 1970, 211; Staudinger/*Oetker*, § 616 Rz. 72. ‖ 15 BAG 8.12.1982 – 4 AZR 134/80, DB 1983, 395 (Eisglätte); 8.9.1982 – 5 AZR 283/80, DB 1983, 397 (Schneeverwehungen); zu Überschwemmungen Bauer/Opolony, NJW 2002, 3503 (3506 f.); zur Aschewolke Buchner/Schumacher, DB 2010, 1124 (1125); Forst, BB 2010, 1213 (1214); Gutzeit, NZA 2010, 618 (619 f.). ‖ 16 Anders daher, wenn der ArbN nach einer Naturkatastrophe eigene Angelegenheiten ordnen muss: BAG 8.9.1982 – 5 AZR 283/80, DB 1983, 397. ‖ 17 Ehmann, NJW 1987, 401 ff.; Richardi, NJW 1987, 1231 ff. ‖ 18 MünchArbR/*Boewer*, § 70 Rz. 14. ‖ 19 Diller/Winzer, DB 2001, 2094 (2095). ‖ 20 MünchArbR/*Boewer*, § 70 Rz. 15; Soergel/*Kraft*, § 616 Rz. 8; Staudinger/*Oetker*, § 616 Rz. 85.

te, verschafft ihm § 616 keinen Entgeltanspruch[1]. Rein hypothetisch bleibende Ursachen stehen einem Anspruch aber nicht entgegen[2]. Entscheidend ist demnach, welchem Leistungshindernis zeitliche Priorität zukommt. Dies gilt insb., wenn mehrere Gründe zusammentreffen, die zu einer Entgeltfortzahlung trotz Nichtleistung der Arbeit führen. Die einzelnen Voraussetzungen richten sich dann nach dem zuerst eingetretenen Grund[3].

4. Dauer der Verhinderung. Der Anspruch auf Entgeltfortzahlung setzt weiter voraus, dass die Arbeitsverhinderung nur eine **verhältnismäßig nicht erhebliche Zeit** dauert. Wenn das Leistungshindernis die Verhältnismäßigkeitsgrenze überschreitet, entfällt der Vergütungsanspruch vollständig und nicht nur hinsichtlich des unverhältnismäßigen Teils[4]. Dies ergibt sich zum einen aus dem Wortlaut der Vorschrift, nach dem das zeitliche Element auf der tatbestandlichen Seite und nicht auf der Rechtsfolgenseite angesiedelt ist[5]. Zum anderen sprechen auch die Entstehungsgeschichte und der Zweck für diese Interpretation. Die Vorschrift will nämlich lediglich das Risiko unbedeutender personenbedingter Verhinderungen auf den ArbGeb verlagern, ihn aber nicht in jedem Falle bis zur Grenze der Verhältnismäßigkeit belasten[6].

Demggü. ist die für **Auszubildende** und vergleichbare Vertragsverhältnisse geltende Bestimmung des § 19 BBiG anders aufgebaut, indem sie eine Aufrechterhaltung des Vergütungsanspruchs bis zu einer Dauer von sechs Wochen vorsieht. Wenn ein Ereignis diese zeitliche Grenze überschreitet, führt dies somit nicht zu einem völligen Verlust, sondern nur zu einer Limitierung des Entgeltfortzahlungsanspruchs.

IÜ bewirken die Grundsätze über die Konkretisierung der **Zumutbarkeit** der Arbeitsleistung, dass der jeweilige Störungstatbestand (etwa die Versorgung von erkrankten Angehörigen) von vornherein auf einen verhältnismäßig nicht erheblichen Zeitraum begrenzt wird. Bleibt der ArbN der Arbeit für eine längere Zeit eigenmächtig fern, begeht er einen Vertragsbruch. An der Berechtigung, die Arbeit anlässlich des Ereignisses für kurze Zeit zu verweigern, vermag dieses nachträgliche Verhalten nichts zu ändern. Demgemäß bleibt auch der Entgeltanspruch nach § 616 aufrecht, sofern die berechtigte Leistungsverweigerung selbst nur einen verhältnismäßig unerheblichen Zeitraum dauert.

Die hM vertritt in der Frage, welcher Zeitraum als verhältnismäßig noch unerheblich angesehen werden kann, eine **belastungsbezogene Betrachtungsweise**. Danach soll auf die gesamten Umstände des Einzelfalles abgestellt werden. Insb. soll es auf das Verhältnis zwischen der Dauer der Verhinderung und der Länge der bisherigen Beschäftigung ankommen[7]. Zum Teil bietet das Schrifttum ausdrücklich Richtwerte an. So werden bei einer Dauer des ArbVerh von bis zu sechs Monaten drei Tage, von sechs bis zwölf Monaten eine Woche und ab einem Jahr zwei Wochen für verhältnismäßig unerheblich gehalten[8]. Nach Ansicht des BAG ist ein Verhinderungszeitraum von mehr als sechs Wochen idR keine verhältnismäßig nicht erhebliche Zeit mehr[9]. Dagegen hat das BAG bei sechs vorgesehenen Aufführungen eines Bühnenkünstlers die Verhinderung an einer Aufführung als unerheblich angesehen[10]. Die Grundlage einer belastungsbezogenen Konkretisierung der Verhältnismäßigkeit bildet die Rückführung von § 616 auf die Fürsorgepflicht des ArbGeb. Bei einer solchen Sicht liegt es in der Tat nahe, die dem ArbGeb auferlegten Lasten mit der Dauer der Beschäftigung wachsen zu lassen.

In der neueren Lit. wird demgegenüber zunehmend für eine **ereignisbezogene Sicht** plädiert[11]. Hierfür spricht neben dem Wortlaut der Vorschrift, der keinen Bezug zur Dauer des ArbVerh erkennen lässt, deren Zweck, dass geringfügige personenbedingte Verhinderungen die Kontinuität der Entgeltzahlung nicht beeinträchtigen sollen (s. Rz. 1). Zudem dient eine auf das jeweilige Ereignis begrenzte Prüfung unter Ausklammerung sonstiger Umstände der Rechtssicherheit. Ferner spielt für die einschlägigen tarifl. Regelungen, in denen die Vorstellungen der beteiligten Berufskreise zum Ausdruck kommen, die Dauer der Betriebszugehörigkeit für die Entgeltfortzahlung in Verhinderungsfällen ebenfalls keine Rolle. Schließlich hat auch das BAG der Dauer der bisherigen Beschäftigung in mehreren Fällen keine Bedeutung beigemessen[12]. Folgerichtig kommt es allein auf den Verhinderungsgrund selbst sowie darauf an, ob man die dadurch bedingte Nichtleistung von Arbeit üblicherweise zu rechnen ist, so dass der ArbGeb den Ausfall einzukalkulieren hat. Als verhältnismäßig nicht erhebliche Zeit ist daher auch bei schwerwiegenden Ereignissen nur eine Dauer von wenigen Tagen anzusehen[13].

---

1 Erman/*Belling*, § 616 Rz. 35; idS auch BAG 11.1.1966 – 5 AZR 383/65, AP BUrlG § 1 Nachurlaub Nr. 1. ||2 Erman/*Belling*, § 616 Rz. 36; aA BAG 20.3.1985 – 5 AZR 229/83, NZA 1986, 193 (Arbeitsunwilligkeit). ||3 MünchArbR/*Boewer*, § 70 Rz. 15; Staudinger/*Oetker*, § 616 Rz. 88; dazu allg. *Reinecke* DB 1991, 1168ff. ||4 Grdl. BAG (GS) 18.12.1959 – GS 8/58, NJW 1960, 741; ferner BAG 11.8.1988 – 8 AZR 721/85, NZA 1989, 54; BGH 30.11.1978 – III ZR 43/77, BGHZ 73, 16 (27); MünchArbR/*Boewer*, § 70 Rz. 19; ArbR-BGB/*Matthes*, § 616 Rz. 18; aA noch BAG 24.2.1955 – 2 AZR 10/54, BAGE 1, 338. ||5 Staudinger/*Oetker*, § 616 Rz. 92. ||6 Motive, Bd. II, S. 464; MünchArbR/*Boewer*, § 70 Rz. 19; Staudinger/*Oetker*, § 616 Rz. 92. ||7 BAG 13.11.1969 – 4 AZR 35/69, DB 1970, 211; BAG (GS) 17.12.1959 – GS 2/59, NJW 1960, 738; Soergel/*Kraft*, § 616 Rz. 22; *Löwisch*, DB 1979, 209 (210). ||8 Erman/*Belling*, § 616 Rz. 48. ||9 BAG 11.8.1988 – 8 AZR 721/85, NZA 1989, 54; 20.7.1977 – 5 AZR 325/76, DB 1977, 2332. ||10 BAG 7.2.2007 – 5 AZR 270/06, NZA 2007, 1072. ||11 MünchArbR/*Boewer*, § 70 Rz. 18; Schaub/*Linck*, ArbRHdb, § 97 Rz. 24; Staudinger/*Oetker*, § 616 Rz. 96f.; in diese Richtung ferner ErfK/*Dörner*, § 616 BGB Rz. 10; ArbR-BGB/*Matthes*, § 616 Rz. 17. ||12 Vgl. BAG 19.4.1978 – 5 AZR 834/76, DB 1978, 1595; 20.7.1977 – 5 AZR 325/76, DB 1977, 2332; 25.10.1973 – 5 AZR 156/73, DB 1974, 343. ||13 Staudinger/*Oetker*, § 616 Rz. 97.

BGB § 616 Rz. 42   Vorübergehende Verhinderung

42   Bei der **Pflege erkrankter Angehöriger** ist eine Obergrenze von fünf Tagen anzunehmen[1]. Die durch § 45 SGB V ggü. der früheren Regelung in § 185c RVO erfolgte erhebliche Ausdehnung der zeitlichen Dauer des Krankengeldanspruchs kann die Interpretation von § 616 nicht präjudizieren[2]. Hierfür spricht nicht zuletzt die Privilegierung Alleinerziehender in § 45 II 2 SGB V, für die es in § 616 keine Anhaltspunkte gibt. Zudem sehen selbst die Gewerkschaften in fünf bezahlten Arbeitstagen pro pflegebedürftiger Person und Kalenderjahr eine angemessene Obergrenze[3]. Sofern der ArbN seinen darüber hinausgehenden Anspruch auf unbezahlte Freistellung nach § 45 III, IV oder V SGB V geltend macht, lässt dies seinen Entgeltfortzahlungsanspruch gem. § 616 aber unberührt. Insoweit muss die Regel, dass bei einem nicht nur unerhebliche Zeit dauernden Leistungshindernis der Vergütungsanspruch vollständig und nicht nur hinsichtlich des unverhältnismäßigen Teils erlischt, eingeschränkt werden. Anderenfalls würde sich die durch § 45 SGB V intendierte Verbesserung der Rechtsstellung des ArbN im Hinblick auf die Entgeltfortzahlung für ihn nachteilig auswirken. Entsprechendes gilt im Hinblick auf § 2 I PflegeZG, der ArbN das Recht gibt, bis zu zehn Tage der Arbeit fernzubleiben, wenn dies erforderlich ist, um die Pflege von akut pflegebedürftigen nahen Angehörigen (§ 7 III, IV PflegeZG) zu organisieren bzw. sicherzustellen. Der Entgeltfortzahlungsanspruch bleibt hinter der Freistellungshöchstgrenze zurück[4], wird durch ein längeres Fernbleiben von der Arbeit (insb. auch durch die folgende Inanspruchnahme von Pflegezeit gem. § 3 PflegeZG) aber nicht ausgeschlossen[5].

43   Bei **mehrfachen Verhinderungsfällen** erfolgt jedenfalls dann keine Zusammenrechnung, wenn sie auf unterschiedlichen Ursachen beruhen[6]. Handelt es sich um dieselbe Ursache, so befürwortet ein Teil der Lit. eine Zusammenrechnung sowie eine Pflicht des ArbN zur Rückerstattung einer bereits erhaltenen Vergütung[7]. Sofern von vornherein absehbar ist, dass ein personenbedingtes Ereignis eine mehrfache Arbeitsverhinderung zur Folge hat, ist dem zuzustimmen. Wenn der ArbN in einer solchen Konstellation geeignete Vorkehrungen unterlassen hat, das Hindernis auszuräumen, kann außerdem die Unzumutbarkeit der Arbeit zu verneinen sein[8]. IÜ ist eine Zusammenrechnung von Unterbrechungstatbeständen jedoch abzulehnen.

44   **5. Verschulden.** Letzte Voraussetzung für die Aufrechterhaltung des Vergütungsanspruchs ist, dass den Dienstverpflichteten **kein Verschulden** trifft. Insoweit handelt es sich um ein negatives Tatbestandsmerkmal. Bezugspunkt des Verschuldens ist nicht die Dienstverhinderung als solche, sondern der dazu führende Grund[9]. Das Erfordernis fehlenden Verschuldens findet sich auch in den §§ 3 I 1 EFZG, 19 I Nr. 2b BBiG und ist in allen Entgeltfortzahlungsvorschriften übereinstimmend auszulegen[10]. Gemeinsame dogmatische Grundlage ist der Rechtsgedanke von § 254 und damit letztlich das Verbot des venire contra factum proprium[11]. Wegen der einschneidenden Rechtsfolge des vollständigen Anspruchsausschlusses muss das „Verschulden gegen sich selbst" eine gewisse Schwere erreichen. Dies ist nach st. Rspr. dann der Fall, wenn der ArbN gröblich gegen das von einem verständigen Menschen im eigenen Interesse zu erwartende Verhalten verstoßen hat[12]. Die im Schrifttum verbreitete Ansicht, nach der es darauf ankommt, ob der ArbN den Hinderungsgrund vorsätzlich oder grob fahrlässig herbeigeführt hat[13], führt in der Sache zum selben Ergebnis[14]. Die Vermeidbarkeit einer Kollision der Arbeitspflicht mit anderen Pflichten bzw. Terminen ist allerdings nicht erst eine Frage des Verschuldens[15]. Vielmehr führt die Vermeidbarkeit einer Überschneidung (etwa die mögliche Verlegung eines Arzttermins oder die Pflege eines Angehörigen durch eine andere Person) dazu, dass es bereits an der Unzumutbarkeit der Arbeit und damit an einem Leistungshindernis fehlt[16].

45   **6. Anzeige- und Nachweispflicht.** Den ArbN trifft nach Treu und Glauben die unselbständige Nebenpflicht, dem ArbGeb **Grund und Dauer der Arbeitsverhinderung anzuzeigen**. Die Information ist grds. so frühzeitig zu erteilen, dass sich der Dienstberechtigte auf den Arbeitsausfall einstellen kann[17]. Sofern der ArbN hierzu außerstande ist, hat er die Mitteilung unverzüglich nachzuholen[18]. Die Verletzung der Anzeigepflicht lässt den Entgeltanspruch aus § 616 unberührt. Ein schuldhafter Verstoß verpflichtet

---

[1] BAG 19.4.1978 – 5 AZR 834/76, DB 1978, 1595; Erman/*Belling*, § 616 Rz. 49; Staudinger/*Oetker*, § 616 Rz. 99; für eine Analogie zu § 3 EFZG bei der Erkrankung von Kindern dagegen *Kießling/Jünemann*, DB 2005, 1684 (1687 ff.); zu Recht abl. *Greiner*, NZA 2007, 490 (494 f.); MüKoBGB/*Henssler*, § 616 Rz. 33; *Schulz*, DB 2006, 838 (839 ff.). ‖ [2] *Erasmy*, NZA 1992, 921 (922 f.); *Sowka*, RdA 1993, 34 f.; für eine flexiblere Handhabung nunmehr *Brose*, NZA 2011, 719 (723 f.); ErfK/*Preis*, § 616 BGB Rz. 10a. ‖ [3] Vgl. § 59 des DGB-Entwurfs zum Arbeitsverhältnisrecht v. 5.4.1977, RdA 1977, 166 (172). ‖ [4] AA ErfK/*Preis*, § 616 BGB Rz. 10a; tendenziell auch *Joussen*, NZA 2009, 69 (71); strenger aber *Preis/Nehring*, NZA 2008, 729 (732 f.). ‖ [5] Ebenso ErfK/*Preis*, § 616 BGB Rz. 10; aA offenbar *Preis/Nehring*, NZA 2008, 729 (733). ‖ [6] MünchArbR/*Boewer*, § 70 Rz. 20; Staudinger/*Oetker*, § 616 Rz. 11. ‖ [7] Staudinger/*Oetker*, § 616 Rz. 101; gegen ein Entfallen der Entgeltfortzahlung aber Erman/*Belling*, § 616 Rz. 53. ‖ [8] *Löwisch*, DB 1979, 209 (211). ‖ [9] BAG 11.8.1988 – 8 AZR 721/85, NZA 1989, 54; MünchArbR/*Boewer*, § 70 Rz. 16; Staudinger/*Oetker*, § 616 Rz. 103. ‖ [10] Vgl. BAG 19.10.1983 – 5 AZR 195/81, DB 1984, 411. ‖ [11] *Hofmann*, ZfA 1979, 275 (288 ff.); *Wiedemann*, Das Arbeitsverhältnis als Austausch- und Gemeinschaftsverhältnis, 1966, S. 52 ff. ‖ [12] BAG 11.8.1988 – 8 AZR 721/85, NZA 1989, 54; 19.10.1983 – 5 AZR 195/81, DB 1984, 411. ‖ [13] *Hofmann*, ZfA 1979, 275 (298 ff.). ‖ [14] MünchArbR/*Boewer*, § 70 Rz. 16; Staudinger/*Oetker*, § 616 Rz. 109. ‖ [15] Zutr. Erman/*Belling*, § 616 Rz. 44. ‖ [16] IdS auch BAG 21.5.1992 – 2 AZR 10/92, NZA 1993, 115; unklar MünchArbR/*Boewer*, § 70 Rz. 14, 16. ‖ [17] MünchArbR/*Boewer*, § 70 Rz. 21; Soergel/*Kraft*, § 616 Rz. 26; Schaub/*Linck*, ArbRHdb, § 97 Rz. 26. ‖ [18] MünchArbR/*Boewer*, § 70 Rz. 21; Staudinger/*Oetker*, § 616 Rz. 113.

aber gem. § 280 I zum Schadensersatz[1]. Außerdem kommt bei wiederholten Verstößen eine ordentl. oder sogar eine außerordentl. Kündigung in Betracht[2]. Einen Nachweis des Verhinderungsgrundes kann der ArbGeb erst bei Anhaltspunkten für Unregelmäßigkeiten verlangen[3]. § 5 I 2 und 3 EFZG können nicht analog angewendet werden. Deshalb scheidet auch ein Leistungsverweigerungsrecht entsprechend § 7 I Nr. 1 EFZG aus[4].

III. Rechtsfolgen. Wenn die Voraussetzungen des § 616 S. 1 vorliegen, hat der ArbN einen **Entgeltfortzahlungsanspruch**. Insoweit handelt es sich um den ursprünglichen vertragl. Erfüllungsanspruch und nicht um einen Schadensersatzanspruch. Es gilt das sog. Lohnausfallprinzip. Der ArbN ist so zu stellen, als wenn er durchgehend gearbeitet hätte[5]. Für die Einzelheiten kann demzufolge auf die Ausführungen zu § 615 verwiesen werden (§ 615 Rz. 79 ff.). Bei tarifl. Regelungen kommt es allerdings stets auf die konkrete Formulierung bzw. den Kontext an[6]. 46

Gem. S. 2 muss sich der ArbN **Leistungen der gesetzl. Kranken- oder Unfallversicherung** anrechnen lassen. Die Vorschrift hat infolge ihrer engen Fassung für die nicht auf einer Krankheit beruhenden Fälle der persönlichen Leistungsverhinderung keine praktische Bedeutung. Das bei der Erkrankung eines Kindes gem. § 45 SGB V in Betracht kommende Krankengeld scheidet als Anrechnungsgegenstand aus, weil es nach § 49 I Nr. 1 SGB V seinerseits ggü. dem Arbeitsentgeltanspruch subsidiär ist (Rz. 6)[7]. IÜ erstreckt sich die Anrechnungsbefugnis nicht auf Leistungen aus einer vom Dienstberechtigten freiwillig abgeschlossenen Versicherung oder auf Zahlungen, die Dritte im Hinblick auf den Arbeitsausfall gewähren[8]. 47

Wenn der ArbN gegen einen Dritten wegen des Leistungshindernisses einen **Schadensersatzanspruch** hat, was außerhalb der von § 616 nicht erfassten Sachverhalte der Krankheit und des Unfalls aber nur selten vorkommen dürfte, wird der Anspruch durch die vom ArbGeb geschuldete Fortzahlung der Vergütung nicht berührt. Dies ist für den Bereich der Entgeltfortzahlung im Krankheitsfalle in der Rspr. seit langem anerkannt[9] und liegt auch der Regelung in § 6 I EFZG zugrunde[10]. Insoweit handelt es sich um einen normativen Schaden des ArbN[11]. Die Fortzahlung der Vergütung nach § 616 bezweckt den Schutz des ArbN, nicht aber eine Entlastung des Schädigers. Dies rechtfertigt eine Durchbrechung der Differenzhypothese. Auf die Rechtsfigur der Drittschadensliquidation muss in diesem Zusammenhang nicht zurückgegriffen werden[12]. Der Schadensersatz umfasst die Bruttovergütung des ArbN[13]. Der Schadensersatzanspruch des ArbN geht nicht auf Grund einer Legalzession auf den ArbGeb über. § 6 I EFZG ist weder unmittelbar noch analog anwendbar[14]. Der ArbN ist aber zu einer Abtretung des Anspruchs an den ArbGeb verpflichtet. Hierbei handelt es sich um eine unselbständige Nebenpflicht aus dem Arbeitsvertrag, die eine Analogie zu den §§ 255, 285 entbehrlich macht[15]. Bis zur Abtretung des Schadensersatzanspruchs steht dem ArbGeb ein Zurückbehaltungsrecht hinsichtlich der Vergütung nach § 273 zu[16]. 48

IV. Abdingbarkeit. § 616 ist kein zwingendes, sondern **dispositives Recht**[17]. Dies folgt im Umkehrschluss aus § 619, der nur die § 617, 618 für unabdingbar erklärt. Abweichungen zu Ungunsten der ArbN können sich auf die Gründe, die zu einer Entgeltfortzahlung führen, sowie auf den Umfang der zu leistenden Vergütung beziehen. Auch ein vollständiger Ausschluss der Regelung ist grds. möglich. Eine sachliche Rechtfertigung durch die Besonderheiten des Betriebs- oder Wirtschaftszweiges ist nicht zu verlangen[18]. TV beschränken sich meist nicht auf einen Ausschluss des § 616, sondern enthalten genauere Bestimmungen über die Fälle und Zeiträume einer Entgeltfortzahlung bei persönlichen Leistungshindernissen (zB § 29 TVöD-AT). Hierbei handelt es sich regelmäßig um abschließende Normen, die einen Rückgriff auf § 616 ausschließen[19]. Die tarifl. Regelung kann aber auch lediglich einen beispielhaften oder ergänzenden Charakter haben, so dass sie einem Rekurs auf § 616 nicht entgegensteht[20]. 49

---

1 MünchArbR/*Boewer*, § 70 Rz. 21; ArbR-BGB/*Matthes*, § 616 Rz. 47. ||2 Vgl. BAG 15.1.1986 – 7 AZR 128/83, NZA 1987, 93. ||3 Staudinger/*Oetker*, § 616 Rz. 115; aA MünchArbR/*Boewer*, § 80 Rz. 21. ||4 Staudinger/*Oetker*, § 616 Rz. 117; aA MünchArbR/*Boewer*, § 80 Rz. 21. ||5 MünchArbR/*Boewer*, § 70 Rz. 22; Soergel/*Kraft*, § 616 Rz. 28; s.a. BAG 6.12.1995 – 5 AZR 237/94, NZA 1996, 640. ||6 S. etwa BAG 3.11.2004 – 4 AZR 543/03, ZTR 2005, 418 f.: Ausschluss von Nachtzuschlägen. ||7 Brose, NZA 2011, 719 (722). ||8 Staudinger/*Oetker*, § 616 Rz. 125 f. ||9 BGH 27.4.1965 – VI ZR 124/64, BGHZ 43, 378 (381 ff.); 22.6.1956 – VI ZR 140/55, BGHZ 21, 112 (116 ff.); 19.6.1952 – III ZR 295/51, BGHZ 7, 30 (48 ff.). ||10 Vgl. BGH 20.6.1974 – III ZR 27/73, BGHZ 62, 380 (386). ||11 BGH 27.4.1965 – VI ZR 124/64, BGHZ 43, 378 (381). ||12 Zu den dogmatischen Grundlagen eingehend Staudinger/*Oetker*, § 616 Rz. 132 ff. ||13 BGH 15.11.1994 – VI ZR 194/93, BGHZ 127, 391 (395); 27.4. 1965 – VI ZR 124/64, BGHZ 43, 378 (382). ||14 Zur Ablehnung einer entsprechenden Anwendbarkeit des früheren § 4 LFZG s. BGH 23.5.1989 – VI ZR 284/88, BGHZ 107, 325 (328 ff.). ||15 Ebenso Staudinger/*Oetker*, § 616 Rz. 138; ferner BGH 23.5.1989 – VI ZR 284/88, BGHZ 107, 325 (329), der aber zusätzlich den Rechtsgedanken des § 255 heranzieht. ||16 Erman/*Belling*, § 616 Rz. 77, 82; MünchArbR/*Boewer*, § 70 Rz. 24; *Grunsky*, JZ 1989, 800. ||17 BAG 20.6.1995 – 3 AZR 857/94, NZA 1996, 383; 25.8.1982 – 4 AZR 1064/79, DB 1982, 2574; 25.10. 1973 – 5 AZR 156/73, DB 1974, 343; BAG (GS) 17.12.1959 – GS 2/59, NJW 1960, 738; BAG 6.12.1956 – 2 AZR 192/56, BAGE 3, 190; MünchArbR/*Boewer*, § 70 Rz. 6; ErfK/*Preis*, § 616 BGB Rz. 13. ||18 Soergel/*Kraft*, § 616 Rz. 4; Staudinger/*Oetker*, § 616 Rz. 144. ||19 Vgl. BAG 13.12.2001 – 6 AZR 30/01, NZA 2002, 1105; 20.6.1995 – 3 AZR 857/94, NZA 1996, 383; 7.3.1990 – 5 AZR 189/89, DB 1990, 1469; abw. Grundtendenz aber BAG 13.11.1969 – 4 AZR 35/69, DB 1970, 211. ||20 BAG 27.6.1990 – 5 AZR 365/89, NZA 1990, 894; 29.2.1984 – 5 AZR 92/82, DB 1984, 1405; 25.10.1973 – 5 AZR 156/73, DB 1974, 343.

50 § 616 kann auch durch eine **echte einzelvertragl. Abrede** abbedungen werden[1]. Eine einzelvertragl. ausgehandelte Klausel, nach der nur die tatsächlich geleistete Arbeit bezahlt wird, ist nicht zu beanstanden[2]. Bei einem Ausschluss durch AGB ist gem. §§ 307 I, 310 IV eine Inhaltskontrolle durchzuführen. Danach ist eine flächendeckende Abdingung der Entgeltfortzahlung unwirksam, wenn sie nicht durch besondere betriebl. Gründe legitimiert ist[3]. Die spezielle Entgeltfortzahlungsnorm des § 19 I Nr. 2b BBiG hat gem. § 25 BBiG einen einseitig zwingenden Charakter. Abweichungen sind nur zu Gunsten des Auszubildenden zulässig.

617 Pflicht zur Krankenfürsorge

(1) Ist bei einem dauernden Dienstverhältnis, welches die Erwerbstätigkeit des Verpflichteten vollständig oder hauptsächlich in Anspruch nimmt, der Verpflichtete in die häusliche Gemeinschaft aufgenommen, so hat der Dienstberechtigte ihm im Falle der Erkrankung die erforderliche Verpflegung und ärztliche Behandlung bis zur Dauer von sechs Wochen, jedoch nicht über die Beendigung des Dienstverhältnisses hinaus, zu gewähren, sofern nicht die Erkrankung von dem Verpflichteten vorsätzlich oder durch grobe Fahrlässigkeit herbeigeführt worden ist. Die Verpflegung und ärztliche Behandlung kann durch Aufnahme des Verpflichteten in eine Krankenanstalt gewährt werden. Die Kosten können auf die für die Zeit der Erkrankung geschuldete Vergütung angerechnet werden. Wird das Dienstverhältnis wegen der Erkrankung von dem Dienstberechtigten nach § 626 gekündigt, so bleibt die dadurch herbeigeführte Beendigung des Dienstverhältnisses außer Betracht.

(2) Die Verpflichtung des Dienstberechtigten tritt nicht ein, wenn für die Verpflegung und ärztliche Behandlung durch eine Versicherung oder durch eine Einrichtung der öffentlichen Krankenpflege Vorsorge getroffen ist.

1 **I. Normzweck und Inhalt.** Die Vorschrift **ergänzt die Pflicht des ArbGeb zur Entgeltfortzahlung im Krankheitsfall**. Sie will ausweislich der Subsidiaritätsklausel des Abs. 2 eine Versorgungslücke schließen, indem sie dem ArbGeb auferlegt, die erforderliche Krankenpflege des ArbN sicherzustellen[4]. Angesichts der umfassenden Versorgung von ArbN und anderen Dienstnehmern durch Krankenversicherungen ist die praktische Bedeutung von § 617 heutzutage gering[5].

2 Die Norm statuiert eine privatrechtl. Pflicht des ArbGeb, die im ArbVerh wurzelt. Sie stellt eine gesetzl. Konkretisierung der **allg. Fürsorgepflicht**[6] bzw. der aus § 242 abzuleitenden **gesteigerten Interessenwahrnehmungspflicht des ArbGeb**[7] dar. Der Anspruch auf Krankenpflege ist nicht Teil der dem ArbN geschuldeten Vergütung. Vielmehr handelt es sich um eine selbstständig vertragl. **Nebenpflicht**[8]. Der Anspruch aus § 617 hat keinen schadensersatzrechtl. Charakter. Sofern die Erkrankung auf einem Arbeitsunfall beruht, wird der Anspruch deshalb nicht durch § 104 SGB VII ausgeschlossen[9].

3 Der Anspruch kann **nicht** zum Nachteil des Berechtigten **abbedungen** werden (§ 619). Ferner ist er an die Person des ArbN gebunden, so dass er nach § 399 nicht abgetreten und nach § 851 ZPO nicht gepfändet werden kann[10].

4 **II. Anspruchsvoraussetzungen. 1. Dienstverhältnis.** Der Anspruch auf Krankenfürsorge setzt zunächst das Vorliegen eines Dienstverhältnisses voraus. Erfasst sind Arbeitsverträge, aber auch freie Dienstverträge[11]. Dabei genügt grds. das Vorliegen eines fehlerhaften Vertragsverhältnisses[12], solange dieses nicht mit Rückwirkung beseitigt wird (vgl. § 616 Rz. 11).

5 Weiter muss das Dienstverhältnis als „dauernd" zu charakterisieren sein. Die überwiegende Meinung interpretiert dieses Merkmal **zeitlich**. Danach ist ein Dienstverhältnis dann dauernd, wenn es rechtl. oder faktisch auf längere Zeit angelegt ist bzw. schon längere Zeit andauert. Hiervon sind vorübergehende Tätigkeitsverhältnisse abzugrenzen[13]. Dabei wird die Grenze häufig bei einem Zeitraum von mehr als sechs Monaten gezogen[14]. Nach aA sollen lediglich solche Dienstverhältnisse ausgeklammert werden, bei denen einmalige oder sich mehrmalig wiederholende Einzelleistungen erbracht werden sollen[15]. Der mit § 617 verbundenen Belastung des ArbGeb wird man durch eine zeitliche Grenzziehung aber besser gerecht. Eine kurzfristige Aushilfstätigkeit, die nicht einbezogen werden sollte, muss sich nämlich nicht in der Erbringung von Einzelleistungen erschöpfen.

6 Das Dienstverhältnis muss die **Erwerbstätigkeit des ArbN vollständig oder doch hauptsächlich in Anspruch nehmen**. In diesem Fall kann typischerweise davon ausgegangen werden, dass der Dienstver-

---

1 BAG 25.10.1973 – 5 AZR 156/73, DB 1974, 343; 25.4.1960 – 1 AZR 16/58, DB 1960, 699; BAG (GS) 17.12.1959 – GS 2/59, DB 1960, 353; offen lassend BAG 20.6.1979 – 5 AZR 479/77, DB 1979, 1946. ||2 Erman/*Belling*, § 616 Rz. 15; Staudinger/*Oetker*, § 616 Rz. 148; ErfK/*Preis*, § 616 BGB Rz. 13. ||3 MünchArbR/*Boewer*, § 70 Rz. 7; *Gotthardt*, Schuldrechtsreform, Rz. 321; großzügiger *Sibben*, DB 2003, 826 (827); s.a. BAG 7.2.2007 – 5 AZR 270/06, NZA 2007, 1072 (Ausschluss bei Gastvertrag eines Bühnenkünstlers zulässig). ||4 ArbR-BGB/*Matthes*, § 617 Rz. 1. ||5 Staudinger/*Oetker*, § 617 Rz. 4; ErfK/*Preis*, § 617 BGB Rz. 1. ||6 Soergel/*Kraft*, § 617 Rz. 1; ArbR-BGB/*Matthes*, § 617 Rz. 3. ||7 Staudinger/*Oetker*, § 617 Rz. 5. ||8 Soergel/*Kraft*, § 617 Rz. 1; Staudinger/*Oetker*, § 617 Rz. 7. ||9 ArbR-BGB/*Matthes*, § 617 Rz. 6. ||10 Erman/*Belling*, § 617 Rz. 3; Soergel/*Kraft*, § 617 Rz. 1. ||11 Soergel/*Kraft*, § 617 Rz. 1; ErfK/*Preis*, § 617 BGB Rz. 2. ||12 ArbR-BGB/*Matthes*, § 617 Rz. 12; Staudinger/*Oetker*, § 617 Rz. 15. ||13 Erman/*Belling*, § 617 Rz. 4; Soergel/*Kraft*, § 617 Rz. 22. ||14 ArbR-BGB/*Matthes*, § 617 Rz. 9; ErfK/*Preis*, § 617 BGB Rz. 2. ||15 Staudinger/*Oetker*, § 617 Rz. 18f.

pflichtete keine hinreichende Möglichkeit zur Eigenvorsorge besitzt[1]. Entscheidend ist die zeitliche Inanspruchnahme durch das ArbVerh, nicht die Intensität der Tätigkeit oder die Höhe der Vergütung[2]. Hierbei kommt es auf die rechtl. Bindung des Dienstverpflichteten an, so dass Zeiten einer Arbeitsbereitschaft zu berücksichtigen sind, weil sie die Fähigkeit zur Eigenvorsorge einschränken[3]. Bezugspunkt der vollständigen oder hauptsächlichen Inanspruchnahme des ArbN ist nach dem Wortlaut der Norm die tatsächlich ausgeübte Erwerbstätigkeit. Danach würde eine noch so geringe Stundenzeit genügen, sofern der Dienstverpflichtete keiner anderen Erwerbstätigkeit nachkommt[4]. Der Aspekt, ob dem ArbN durch das Dienstverhältnis die Fähigkeit zur Eigenvorsorge genommen wird, spricht aber dafür, ein gewisses Mindestvolumen der Tätigkeit zu fordern. Demgemäß ist eine Beschäftigungsdauer von mindestens 15 Stunden wöchentlich nötig[5].

2. Häusliche Gemeinschaft. Der ArbN muss in die häusliche Gemeinschaft des ArbGeb aufgenommen sein. Hierfür ist regelmäßig erforderlich, dass der ArbN im **Haushalt des ArbGeb verpflegt wird und dort wohnt**[6]. Der ArbN muss im Hause des Dienstberechtigten zumindest eine Hauptmahlzeit einnehmen[7]. Nicht genügend ist die alleinige Verpflegung oder das ausschließliche Bereitstellen einer Schlafstätte[8]. Wenn eine juristische Person ArbGeb ist, kommt es darauf an, ob der ArbN in die häusliche Gemeinschaft von Organmitgliedern aufgenommen ist[9].

7

Die noch überwiegende Meinung dehnt den Begriff der häuslichen Gemeinschaft unter Berufung auf eine Entscheidung des BAG zu § 618 II[10] auf die Fälle aus, in denen der ArbGeb eine **Gemeinschaftsunterkunft mit Gemeinschaftsverpflegung** für ArbN bereitstellt[11]. In diesen Gestaltungen fehlt es jedoch an der engen personalen Verbundenheit von ArbGeb und ArbN, die den Grund für die gesteigerten Pflichten bildet, so dass vom Erfordernis einer häuslichen Gemeinschaft mit dem Dienstberechtigten nicht abgesehen werden kann[12].

8

3. Erkrankung. Der Anspruch aus § 617 setzt weiter eine Erkrankung des ArbN voraus. Hierfür kann grds. auf das im **Entgeltfortzahlungsrecht entwickelte Begriffsverständnis** zurückgegriffen werden[13]. Es kommt darauf an, ob durch die Erkrankung eine medizinische Behandlung erforderlich ist[14]. Anders als im Entgeltfortzahlungsrecht ist es nicht nötig, dass die Erkrankung zur Arbeitsunfähigkeit des Dienstverpflichteten führt[15]. Eine Krankheit löst nur dann einen Anspruch aus, wenn sie nach dem Beginn des ArbVerh und der Aufnahme in die häusliche Gemeinschaft eingetreten ist[16].

9

4. Ausschluss des Anspruchs. a) Schuldhafte Herbeiführung der Erkrankung. Der Anspruch aus § 617 ist ausgeschlossen, wenn der Dienstverpflichtete die Erkrankung **vorsätzlich oder durch grobe Fahrlässigkeit** verursacht hat. Die ganz überwiegende Ansicht zieht insoweit trotz des abweichenden Wortlauts zutreffend dieselben Maßstäbe wie bei der Entgeltfortzahlung im Krankheitsfalle heran[17].

10

b) Bestehender Versicherungsschutz. Der Anspruch entfällt gem. Abs. 2 weiter dann, wenn die Verpflegung und die ärztliche Behandlung des ArbN durch eine Versicherung oder anderweitige Vorsorge gewährleistet sind. Hierunter fällt zunächst die **gesetzl. KV** gem. dem SGB V. Wie sich in einem Umkehrschluss aus § 616 ergibt, sind aber auch **private Versicherungen** einbezogen[18]. Für den Anspruchsausschluss kommt es nicht darauf an, wer die Versicherung finanziert hat. Insb. entfällt der Anspruch auch dann, wenn der ArbN die Beiträge allein aufgebracht hat[19]. Da es bei § 617 um die Schließung von Lücken in der KV geht, entfällt der Anspruch, sofern der ArbN versicherungsfrei ist (§ 6 I Nr. 4–6 SGB V), dafür aber einen Anspruch auf Krankenfürsorge und Beihilfe im Krankheitsfalle hat[20]. Soweit der erkrankte ArbN in der häuslichen Gemeinschaft verbleibt und aus diesem Grunde keine Versicherungsleistungen erhält, bleibt der Anspruch aus § 617 bestehen[21].

11

III. Rechtsfolgen. 1. Sachlicher Inhalt des Anspruchs. In inhaltlicher Hinsicht schuldet der ArbGeb zunächst die **erforderliche Verpflegung.** Hierzu zählt zum einen die Nahrung, die uU der Krankheit angepasst werden muss[22]. Zum anderen gehört dazu über den Wortlaut der Norm hinaus in Anlehnung an die krankenversicherungsrechtl. Vorschriften (§§ 31 ff. SGB V) die Versorgung mit Arznei- und Verbandsmitteln sowie Heilmitteln[23]. Hilfsmittel werden dagegen nur umfasst, wenn sie zur Genesung erforderlich sind[24]. Weiter hat der ArbGeb eine erforderliche ärztliche Behandlung zu gewähren. Hierbei ist die Behandlung durch einen approbierten Arzt oder Facharzt geschuldet[25]. Das Auswahlrecht hin-

12

---

1 Staudinger/*Oetker*, § 617 Rz. 20; MüKoBGB/*Henssler*, § 617 Rz. 6. ‖2 Erman/*Belling*, § 617 Rz. 5; MüKoBGB/*Henssler*, § 617 Rz. 6. ‖3 Erman/*Belling*, § 617 Rz. 5; Staudinger/*Oetker*, § 617 Rz. 22. ‖4 IdS Staudinger/*Oetker*, § 617 Rz. 21. ‖5 Etwas strenger: ArbR-BGB/*Matthes*, § 617 Rz. 11 (wöchentlich 18 oder mehr Stunden); ErfK/*Preis*, § 617 BGB Rz. 2 (mehr als die Hälfte der üblichen wöchentlichen Arbeitszeit). ‖6 Soergel/*Kraft*, § 617 Rz. 4; ArbR-BGB/*Matthes*, § 617 Rz. 13. ‖7 MüKoBGB/*Henssler*, § 617 Rz. 7. ‖8 Staudinger/*Oetker*, § 617 Rz. 24. ‖9 Staudinger/*Oetker*, § 617 Rz. 29. ‖10 BAG 8.6.1955 – 2 AZR 200/54, BB 1956, 692. ‖11 ArbR-BGB/*Matthes*, § 617 Rz. 14; ErfK/*Preis*, § 617 BGB Rz. 2. ‖12 Erman/*Belling*, § 617 Rz. 6; Staudinger/*Oetker*, § 617 Rz. 28. ‖13 Erman/*Belling*, § 617 Rz. 7; Soergel/*Kraft*, § 617 Rz. 5. ‖14 ArbR-BGB/*Matthes*, § 617 Rz. 17. ‖15 Staudinger/*Oetker*, § 617 Rz. 31. ‖16 Soergel/*Kraft*, § 617 Rz. 5; ArbR-BGB/*Matthes*, § 617 Rz. 17. ‖17 Erman/*Belling*, § 617 Rz. 8; Soergel/*Kraft*, § 617 Rz. 7; Staudinger/*Oetker*, § 617 Rz. 35. ‖18 Soergel/*Kraft*, § 617 Rz. 9; ArbR-BGB/*Matthes*, § 617 Rz. 21. ‖19 Soergel/*Kraft*, § 617 Rz. 9; Staudinger/*Oetker*, § 617 Rz. 39. ‖20 ArbR-BGB/*Matthes*, § 617 Rz. 22. ‖21 ArbR-BGB/*Matthes*, § 617 Rz. 23. ‖22 ArbR-BGB/*Matthes*, § 617 Rz. 24. ‖23 Erman/*Belling*, § 617 Rz. 12; ErfK/*Preis*, § 617 BGB Rz. 3. ‖24 Staudinger/*Oetker*, § 617 Rz. 44. ‖25 Erman/*Belling*, § 617 Rz. 11; MüKoBGB/*Henssler*, § 617 Rz. 17.

sichtlich der Person des Arztes steht dem ArbGeb zu. Allerdings muss der ArbGeb wegen der erforderlichen Vertrauensbeziehung zwischen Patient und Arzt gem. § 315 auf die Wünsche des ArbN Rücksicht nehmen[1].

13 Der ArbGeb kann die erforderliche Krankenfürsorge auch dadurch gewähren, dass er eine **Aufnahme des Dienstverpflichteten in eine öffentl. oder private Krankenanstalt** veranlasst, die zu einer geeigneten stationären Behandlung in der Lage ist (Abs. 1 S. 2). Rechtstechnisch handelt es sich hierbei nicht um eine Wahlschuld[2], sondern um eine Ersetzungsbefugnis des ArbGeb[3]. Wenn der ArbN die Aufnahme in ein geeignetes Krankenhaus verweigert, soll der Anspruch nach teilweise vertretener Ansicht entfallen[4]. Demggü. spricht mehr für die Qualifikation der Weigerung als Annahmeverzug, so dass der Anspruch für die Zukunft fortbesteht[5].

14 **2. Zeitliche Dauer.** Der Anspruch auf Krankenfürsorge besteht längstens **für sechs Wochen**. Die Frist beginnt nicht bereits mit der Erkrankung, sondern erst mit der tatsächlichen Erbringung der erforderlichen Leistungen[6]. Eine erneute Erkrankung löst einen neuen Sechs-Wochen-Zeitraum aus. Eine Einschränkung bei Wiederholungserkrankungen analog § 3 I 2 EFZG ist mangels Gesetzeslücke nicht angezeigt[7]. Der Anspruch endet ohne Rücksicht auf den Ablauf der Sechs-Wochen-Frist grds. mit der Beendigung des ArbVerh. Gem. S. 4 bleibt die Pflicht zur Krankenfürsorge ausnahmsw. aufrechterhalten, wenn das Dienstverhältnis wegen der Erkrankung vom ArbGeb außerordentl. gekündigt wird. Da eine außerordentl. Kündigung aus diesem Grunde aber regelmäßig unzulässig ist, hat die Vorschrift kaum praktische Bedeutung[8]. Der Fall der ordentl. Kündigung wird von der Norm dagegen nicht erfasst. Einer entsprechenden Anwendung von § 8 EFZG[9] steht der klare Wortlaut des Gesetzes entgegen[10].

15 **3. Kostentragung.** Der ArbGeb hat die Krankenfürsorge in Form von **Sachleistungen** zu erbringen und muss daher die hierfür erforderlichen Kosten zunächst aufbringen. Dem ArbN steht aber kein Anspruch auf kostenlose Krankenfürsorge zu. Der ArbGeb ist gem. Abs. 1 S. 3 nämlich berechtigt, alle Aufwendungen auf die von ihm geschuldete Vergütung anzurechnen. Eine Anrechnung ist nur auf die Vergütung zulässig, die auf den Zeitraum entfällt, für den der ArbGeb tatsächlich Krankenfürsorge geleistet hat. Auch das Entgelt für andere Zahlungsperioden darf nicht angerechnet werden[11]. Die Kosten für Leistungen, die der ArbN auch ohne seine Erkrankung hätte beanspruchen können (zB Kost und Logis), sind nicht verrechenbar[12]. Soweit die anzurechnenden Kosten die Vergütung übersteigen, verbleiben sie beim ArbGeb[13]. Die Anrechnung erfolgt nicht kraft Gesetzes, sondern bedarf einer Gestaltungserklärung. Mangels einer Gegenforderung handelt es sich aber nicht um eine Aufrechnung, so dass die Pfändungsschutzvorschriften nicht anwendbar sind[14]. Sofern die Anrechnung unterblieben ist, kann der ArbGeb sie nachholen und die bereits gewährte Vergütung kondizieren[15].

16 **IV. Sonderregeln.** Wenn der ArbGeb einen **Jugendlichen** in die häusliche Gemeinschaft aufgenommen hat, trifft § 30 I Nr. 2 JArbSchG eine in mehrfacher Hinsicht abweichende Bestimmung, die § 617 vorgeht[16]. Für Seeleute enthalten die §§ 99 ff. SeeArbG ausführliche Sonderregelungen über die Krankenfürsorge des ArbGeb (Reeder).

618 *Pflicht zu Schutzmaßnahmen*
(1) Der Dienstberechtigte hat Räume, Vorrichtungen oder Gerätschaften, die er zur Verrichtung der Dienste zu beschaffen hat, so einzurichten und zu unterhalten und Dienstleistungen, die unter seiner Anordnung oder seiner Leitung vorzunehmen sind, so zu regeln, dass der Verpflichtete gegen Gefahr für Leben und Gesundheit soweit geschützt ist, als die Natur der Dienstleistung es gestattet.

(2) Ist der Verpflichtete in die häusliche Gemeinschaft aufgenommen, so hat der Dienstberechtigte in Ansehung des Wohn- und Schlafraums, der Verpflegung sowie der Arbeits- und Erholungszeit diejenigen Einrichtungen und Anordnungen zu treffen, welche mit Rücksicht auf die Gesundheit, die Sittlichkeit und die Religion des Verpflichteten erforderlich sind.

(3) Erfüllt der Dienstberechtigte die ihm in Ansehung des Lebens und der Gesundheit des Verpflichteten obliegenden Verpflichtungen nicht, so finden auf seine Verpflichtung zum Schadensersatz die für unerlaubte Handlungen geltenden Vorschriften der §§ 842 bis 846 entsprechende Anwendung.

---

1 Staudinger/*Oetker*, § 617 Rz. 47. || 2 ArbR-BGB/*Matthes*, § 617 Rz. 28. || 3 Erman/*Belling*, § 617 Rz. 12; Staudinger/*Oetker*, § 617 Rz. 48. || 4 MüKoBGB/*Henssler*, § 617 Rz. 20. || 5 Staudinger/*Oetker*, § 617 Rz. 52; ErfK/*Preis*, § 617 BGB Rz. 3; ähnlich ArbR-BGB/*Matthes*, § 617 Rz. 28. || 6 Soergel/*Kraft*, § 617 Rz. 9; aA Erman/*Belling*, § 617 Rz. 14; ArbR-BGB/*Matthes*, § 617 Rz. 29: ab Erforderlichkeit krankheitsbedingter Fürsorge. || 7 Erman/*Belling*, § 617 Rz. 7; Staudinger/*Oetker*, § 617 Rz. 34; aA ArbR-BGB/*Matthes*, § 617 Rz. 30. || 8 ArbR-BGB/*Matthes*, § 617 Rz. 31. || 9 ArbR-BGB/*Matthes*, § 617 Rz. 31; MüKoBGB/*Henssler*, § 617 Rz. 24. || 10 Staudinger/*Oetker*, § 617 Rz. 60; ErfK/*Preis*, § 617 BGB Rz. 4. || 11 Staudinger/*Oetker*, § 617 Rz. 64. || 12 Erman/*Belling*, § 617 Rz. 13; ErfK/*Preis*, § 617 BGB Rz. 5. || 13 MüKoBGB/*Henssler*, § 617 Rz. 25. || 14 Staudinger/*Oetker*, § 617 Rz. 65f.; MüKoBGB/*Henssler*, § 617 Rz. 25. || 15 ArbR-BGB/*Matthes*, § 617 Rz. 34. || 16 Näher dazu MüKoBGB/*Henssler*, § 617 Rz. 29 ff.

I. Grundlagen 1	4. Erweiterung der Pflichten gem. Abs. 2 27
1. Normzweck 1	**IV. Rechtsfolgen bei Pflichtverletzung** 28
2. Sondervorschriften 4	1. Erfüllungsanspruch 28
3. Stellung der Vorschrift im Rechtssystem ... 5	2. Leistungsverweigerungsrecht 30
II. Anwendungsbereich 8	3. Fortbestand des Vergütungsanspruchs ... 33
III. Inhalt und Umfang der Schutzpflicht 10	4. Schadensersatzansprüche 34
1. Allgemeines 10	5. Kündigungsrecht 41
2. Gegenständlicher Inhalt der Schutzpflicht .. 14	6. Beschwerderecht 42
3. Nichtraucherschutz 23	

I. Grundlagen. 1. Normzweck. Die Vorschrift bezweckt den **Schutz des Dienstpflichtigen** vor den bei der Erfüllung der Dienstleistungen drohenden Gefahren für Leben und Gesundheit[1]. Weiter besteht im Erg. Einigkeit darüber, dass der ArbGeb für die Aufrechterhaltung der guten Sitten und des Anstandes innerhalb des Betriebs zu sorgen hat, was mit der heute ganz hM auf die allg. Fürsorgepflicht des ArbGeb zu stützen ist[2]. Der ArbGeb kann nach der Aufhebung der früheren § 120b GewO weniger denn je als sittlich-moralische Anstalt angesehen werden. Vielmehr ist heutzutage von einer allg. Rücksichtnahmepflicht des ArbGeb zum Schutz der ArbN-Persönlichkeit auszugehen (§ 241 II), in der die gebotene Rücksichtnahme auf die sittlichen Empfindungen der Beschäftigten aufgeht[3]. Innerhalb seines Regelungsbereichs ist § 618 jedoch abschließend, so dass insoweit nicht auf die Fürsorgepflicht rekurriert werden kann[4].

Das in den Betrieb eingebrachte **ArbN-Eigentum** wird nach allg. Ansicht nicht durch § 618 geschützt. Eine analoge Anwendung scheidet ebenfalls aus[5]. Der ArbGeb ist aber auf Grund seiner allg. Interessenwahrungspflicht gehalten, für einen Schutz eingebrachter Sachen der Beschäftigten zu sorgen (§ 611 Rz. 264ff.). Außerdem kann ihn unter bestimmten Voraussetzungen eine verschuldensunabhängige Einstandspflicht für Schäden an Gegenständen des ArbN treffen (§ 619a Rz. 73ff.).

§ 618 statuiert eine **Pflicht des ArbGeb**. Ein **Kündigungsrecht** für den Fall, dass sich der Gesundheitszustand des ArbN bei einer Fortsetzung des ArbVerh verschlimmert, lässt sich aus dieser Vorschrift **nicht herleiten**[6].

2. Sondervorschriften. Eine nahezu inhaltsgleiche Schutzbestimmung enthält § 62 HGB für **Handlungsgehilfen** und § 114 SeeArbG für Seeleute. Inhaltlich weiter gehende Vorschriften finden sich für Jugendliche in den §§ 28ff. JArbSchG, für werdende Mütter in § 2 MuSchG, für schwerbehinderte Menschen in § 81 IV SGB IX und für in Heimarbeit Beschäftigte in § 12 HAG (s.a. § 22 JArbSchG).

3. Stellung der Vorschrift im Rechtssystem. § 618 statuiert eine privatrechtl. Pflicht des Dienstgebers[7]. Nach verbreiteter Ansicht handelt es sich um eine **Ausprägung der allg. Fürsorgepflicht** des ArbGeb[8]. Dieser Ansatz ist dahin zu konkretisieren, dass es bei § 618 vornehmlich um die Verantwortlichkeit für die Abwehr von Gefahren eines räumlich-gegenständlichen Bereichs und damit um einen mit der Dogmatik der Verkehrssicherungspflichten verwandten Gedanken geht[9].

§ 618 ist eng mit dem **öffentl.-rechtl. Arbeitsschutzrecht** verknüpft. Hierunter ist die Gesamtheit aller Vorschriften zu verstehen, die dem ArbGeb zur Gewährleistung der Sicherheit und des Gesundheitsschutzes der Beschäftigten Pflichten ggü. dem Staat bzw. den gesetzl. Unfallversicherungsträgern auferlegen. Die Verzahnung zeigt sich darin, dass die öffentl.-rechtl. Arbeitsschutznormen nach einhelliger Auffassung den Inhalt der vertragl. Pflichten der ArbGeb ggü. dem ArbN bestimmen (**Doppelwirkung**)[10]. Dabei gestalten die öffentl.-rechtl. Pflichten das ArbVerh nicht originär[11], sondern werden über § 618 auf die vertragl. Ebene projiziert[12]. Voraussetzung für die Transformation öffentl.-rechtl. Arbeitsschutznormen ist nach allg. Ansicht, dass sie dem Inhalt nach geeignet sind, den Gegenstand einer arbeitsvertragl. Vereinbarung zu bilden[13]. Damit werden solche Ordnungs- und Organisationsvorschriften ausgeklammert, deren Einhaltung dem ArbGeb lediglich ggü. der Aufsichtsbehörde obliegt (zB

---

1 LAG Berlin 4.4.1986 – 14 Sa 9/86, NZA 1986, 609; ArbR-BGB/*Friedrich*, § 618 Rz. 1; MüKoBGB/*Henssler*, § 618 Rz. 1. ||2 Ebenso Erman/*Belling*, § 618 Rz. 1; MüKoBGB/*Henssler*, § 618 Rz. 3; Staudinger/*Oetker*, § 618 Rz. 127. ||3 Ähnlich Staudinger/*Oetker*, § 618 Rz. 127. ||4 LAG Hess. 13.6.1994 – 10 Sa 1019/93, LAGE § 618 BGB Nr. 7; Erman/*Belling*, § 618 Rz. 1; aA LAG BW 9.12.1977 – 7 Sa 163/77, DB 1978, 213; *Börgmann*, RdA 1993, 275 (283). ||5 BAG 1.7.1965 – 5 AZR 264/64, DB 1965, 1485; 5.3.1959 – 2 AZR 268/56, DB 1959, 833; Erman/*Belling*, § 618 Rz. 1; MüKoBGB/*Henssler*, § 618 Rz. 4. ||6 *Berkowsky*, NZA-RR 2001, 393 (401); *K. Gamillscheg*, SAE 1998, 17 (18); missverständlich BAG 28.2.1990 – 2 AZR 401/89, NZA 1990, 727; dazu auch BAG 12.7.1995 – 2 AZR 762/94, NZA 1995, 1100. ||7 MünchArbR/*Reichold*, § 85 Rz. 5; Staudinger/*Oetker*, § 618 Rz. 10; ErfK/*Wank*, § 618 BGB Rz. 3. ||8 BAG 10.3.1976 – 5 AZR 34/75, VersR 1977, 147; BGH 7.11.1960 – VII ZR 148/59, BGHZ 33, 247 (249); Soergel/*Kraft*, § 618 Rz. 1; MüKoBGB/*Henssler*, § 618 Rz. 1. ||9 IdS auch Erman/*Belling*, § 618 Rz. 1; Staudinger/*Oetker*, § 618 Rz. 11. ||10 BAG 19.5.2009 – 9 AZR 241/08, NZA 2009, 775 (776); 11.7.2006 – 9 AZR 519/05, NZA 2007, 155; 16.3.2004 – 9 AZR 93/03, NZA 2004, 927; MünchArbR/*Reichold*, § 85 Rz. 5. MüKoBGB/*Henssler*, § 618 Rz. 8. ||11 So aber *Herschel*, RdA 1964, 44 (45); *Wlotzke*, FS Hilger/Stumpf, 1983, S. 723 (738f.); ebenso wieder *Dieckmann*, AcP 213 (2013), 1 (5f.). ||12 Staudinger/*Oetker*, § 618 Rz. 15f. ||13 BAG 12.8.2008 – 9 AZR 1117, NZA 2009, 102; 21.8.1985 – 7 AZR 199/83, NZA 1986, 324; MünchArbR/*Kohte*, § 291 Rz. 14; Staudinger/*Oetker*, § 618 Rz. 19.

Aufzeichnungs- und Aushangpflichten)[1]. Bei arbeitsschutzrechtl. Solidarnormen, deren Zweck primär im Schutz der gesamten Belegschaft oder von ArbN-Gruppen liegt, kommt es darauf an, ob sie auch dem einzelnen ArbN einen Erfüllungsanspruch einräumen wollen[2].

7 Die **Entwicklung des öffentl.-rechtl. Arbeitsschutzrechts** hat aus verschiedenen Gründen zu einem **Bedeutungsverlust** von § 618 geführt: Erstens erfolgt die Konkretisierung von § 618 wie dargelegt durch die einschlägigen öffentl.-rechtl. Normen, deren ungeheure Fülle praktisch keinen Raum mehr für eine eigenständige Auslegung dieser Vorschrift lässt. Zweitens erfolgt die Durchsetzung des öffentl.-rechtl. Arbeitsschutzes durch die Gewerbeaufsichtsämter sowie die Berufsgenossenschaften (§§ 14 ff. SGB VII). Dazu kommen die arbeitsschutzbezogenen Befugnisse des BR (§§ 80 I Nr. 1, 87 I Nr. 7, 88 Nr. 1, 91 BetrVG). Drittens ist der durch Abs. 3 geregelte Schadensersatzanspruch gegen den ArbGeb bei einer Verletzung von Arbeitsschutzpflichten regelmäßig gem. § 104 SGB VII ausgeschlossen.

8 **II. Anwendungsbereich.** Soweit keine Sondervorschriften eingreifen (Rz. 4), ist § 618 **auf sämtliche Arbeits- und Dienstverhältnisse anwendbar**. Wie sich im Umkehrschluss aus § 617 ergibt, muss es sich nicht um ein dauerndes Beschäftigungsverhältnis handeln[3]. Die Regelung gilt weiter analog für Werkverträge, wenn der Unternehmer in den Räumen des Bestellers tätig wird[4], hat insoweit aber keinen zwingenden Charakter[5].

9 Bei einem **Leiharbeitsverhältnis** treffen den Verleiher als Vertragspartner die Pflichten aus § 618 in vollem Umfang. Insoweit fungiert der Entleiher als Erfüllungsgehilfe des Verleihers[6]. Daneben ist der Entleiher für die Einhaltung des Arbeitsschutzes verantwortlich. Eine entsprechende öffentl.-rechtl. Pflicht ergibt sich aus § 11 VI 1 AÜG. In der privatrechtl. Beziehung des Entleihers zum LeihArbN ist § 618 mangels eines Arbeitsvertrags zwar nicht unmittelbar anwendbar[7]. Die Eingliederung des LeihArbN in den Organisationsbereich des Entleihers rechtfertigt aber eine analoge Heranziehung dieser Norm. Eine bloße Einbeziehung des LeihArbN in den Schutzbereich des zwischen dem Verleiher und dem Entleiher bestehenden Vertrags[8] kann zu Schutzlücken führen. Ein eigenständiger Schutz nach vertragl. Grundsätzen verleiht zudem Art. 8 RL 91/383/EWG über die Verbesserung des Gesundheitsschutzes ua. von LeihArbN[9] größerer Wirksamkeit. Dieselben Grundsätze gelten bei einem mittelbaren ArbVerh, so dass sowohl der Mittelsmann als Vertragspartner wie auch der mittelbare ArbGeb privatrechtl. für die Einhaltung des Arbeitsschutzes verantwortlich sind[10]. § 618 gilt auch für ArbVerh im öffentl. Dienst. Anders als das ArbSchG erfasst diese Vorschrift zwar nicht Beamte. Die beamtenrechtl. Fürsorgepflicht des Dienstherrn (vgl. § 78 BBG) führt aber zu einem vergleichbaren Integritätsschutz[11].

10 **III. Inhalt und Umfang der Schutzpflicht. 1. Allgemeines. a) Gesundheits- und Gefahrbegriff.** Unter dem durch § 618 geschützten Rechtsgut der Gesundheit ist die **körperliche und psychische Integrität des Dienstnehmers** zu verstehen. Der weiter gehende Gesundheitsbegriff der Weltgesundheitsorganisation (WHO), wonach Gesundheit „ein Zustand völligen körperlichen, seelischen und sozialen Wohlbefindens" ist[12], spielt für diese Norm keine Rolle[13]. Die menschengerechte Gestaltung der Arbeit ist damit nicht Thema von § 618. Es spricht aber vieles dafür, die in einer Reihe von Einzelvorschriften angesprochene menschengerechte Arbeitsgestaltung (§§ 2 I ArbSchG, 6 I ASiG, 19 I ChemG, 28 JArbSchG, 90, 91 BetrVG) als Inhalt einer allg. Rechtspflicht des ArbGeb anzusehen[14]. Rechtl. Grundlage ist § 75 II BetrVG bzw. die allg. Interessenwahrungspflicht (Fürsorgepflicht) des ArbGeb[15]. Eine Pflichtverletzung ist allerdings nur bei einem Verstoß gegen gesicherte arbeitswissenschaftl. Erkenntnisse anzunehmen.

11 Für § 618 bedarf es einer **Gefahr**. Hierunter ist die auf objektiv feststellbaren Tatsachen gegründete Besorgnis zu verstehen, dass bei ungehindertem Geschehensablauf ein Schaden eintritt[16]. Je schwerwiegender die drohende Einbuße ist, desto geringer ist der zu fordernde Grad an Wahrscheinlichkeit[17]. Die Wirkungszusammenhänge beurteilen sich nach arbeitsmedizinischen Erkenntnissen. Der ArbN hat nach § 5 I ArbSchG iVm. § 618 grds. einen Anspruch auf eine **Gefährdungsbeurteilung**[18].

12 **b) Bedeutung des technischen Arbeitsschutzrechts.** Die Vorschriften des technischen Arbeitsschutzes konkretisieren die vertragl. Pflicht des ArbGeb aus § 618 im Allg. **abschließend**. Dies bedeutet zum

---

1 BAG 12.8.2008 – 9 AZR 1117, NZA 2009, 102; ArbR-BGB/*Friedrich*, § 618 Rz. 47; MünchArbR/*Reichold*, § 85 Rz. 6. || 2 ErfK/*Wank*, § 618 BGB Rz. 5; insoweit großzügig ArbR-BGB/*Friedrich*, § 618 Rz. 47; MüKoBGB/*Henssler*, § 618 Rz. 9; von vornherein weiter *Wlotzke*, FS Hilger/Stumpf, 1983, S. 723 (743 f.). || 3 Soergel/*Kraft*, § 618 Rz. 3; ErfK/*Wank*, § 618 BGB Rz. 1. || 4 BGH (GS) 5.2.1952 – GSZ 4/51, BGHZ 5, 62 (65 ff.). || 5 BGH 15.6.1971 – VI ZR 262/69, BGHZ 56, 269 (274 f.). || 6 Soergel/*Kraft*, § 618 Rz. 3; Staudinger/*Oetker*, § 618 Rz. 95. || 7 So aber BAG 5.5.1988 – 8 AZR 484/85, NZA 1989, 340; 23.2.1978 – 3 AZR 695/76, DB 1978, 1504; ArbR-BGB/*Friedrich*, § 618 Rz. 12; Soergel/*Kraft*, § 618 Rz. 3. || 8 So Staudinger/*Oetker*, § 618 Rz. 95. || 9 ABl. 1991 L 206/19. || 10 ArbR-BGB/*Friedrich*, § 618 Rz. 13; unter Berufung auf die Rechtsfigur des Vertrags mit Drittschutzwirkung ebenso Soergel/*Kraft*, § 618 Rz. 3; Staudinger/*Oetker*, § 618 Rz. 95 f. || 11 BVerwG 25.1.1993 – 2 C 14.91, DVBl. 1993, 955; 13.9.1984 – 2 C 33.82, NJW 1985, 876 (877); MüKoBGB/*Henssler*, § 618 Rz. 26. || 12 Vgl. Präambel der Satzung der WHO, BGBl. 1974 II S. 45. || 13 Erman/*Belling*, § 618 Rz. 9; ArbR-BGB/*Friedrich*, § 618 Rz. 21; Staudinger/*Oetker*, § 618 Rz. 142 f.; idS auch BAG 14.12.2006 – 8 AZR 628/05, NZA 2007, 262; 6.12. 1983 – 1 ABR 43/81, DB 1984, 775. || 14 Grdl. *Zöllner*, RdA 1973, 212 (214 f.). || 15 ArbR-BGB/*Friedrich*, § 618 Rz. 23. || 16 Vgl. LAG Rh.-Pf. 19.12.2008 – 9 Sa 427/08; ArbR-BGB/*Friedrich*, § 618 Rz. 22. || 17 Vgl. BT-Drs. 13/3540, 16 (zu § 4 ArbSchG). || 18 BAG 12.8.2008 – 9 AZR 1117/06, NZA 2009, 102.

einen, dass sie zu Gunsten des ArbN ein Mindestschutzniveau etablieren[1]. Zum anderen wirken sie zum Vorteil des ArbGeb, weil der ArbN grds. keinen höheren Sicherheitsstandard verlangen kann[2]. Bei ArbN, die auf Grund ihrer gesundheitlichen Disposition besonders anfällig sind, kann der ArbGeb im Rahmen von § 618 aber nach ganz überwiegender Ansicht zu besonderen Schutzmaßnahmen verpflichtet sein[3]. Ihre Grenze findet diese Pflicht zur besonderen Rücksichtnahme auf schwächere Mitarbeiter an der Möglichkeit und Zumutbarkeit entsprechender Maßnahmen[4].

c) **Relativität des Arbeitsschutzes.** Der durch § 618 vorgeschriebene Schutz ist nicht absolut, sondern relativ, indem er seine **Grenze in der Natur der Dienstleistung** findet. Der ArbN muss ein akzeptables Risiko hinnehmen. Der ArbGeb ist nicht zur Beseitigung derjenigen Gefahren verpflichtet, die mit den Besonderheiten der Dienstleistung untrennbar verbunden sind und nach dem jeweiligen Stand der Technik nicht vermieden werden können[5]. Der ArbN kann keine Maßnahmen des Gesundheitsschutzes verlangen, die zur Veränderung einer an sich erlaubten unternehmerischen Tätigkeit führen würden[6]. Eine weitere Grenze ist die Zumutbarkeit gefahrabwendender Maßnahmen für den ArbGeb. Die Kosten für Schutzvorkehrungen, die dem Stand der Technik entsprechen, begründen im Allg. aber keine Unzumutbarkeit. Soweit der ArbGeb eine Gefahrenquelle nicht ausschalten muss, ist er zur Unterweisung der ArbN verpflichtet, um ihnen ein gefahrenminimierendes Verhalten zu ermöglichen (§§ 12 I ArbSchG, 81 I 2 BetrVG, 9 BetrSichV). 13

2. Gegenständlicher Inhalt der Schutzpflicht. a) Räume. Die Schutzpflicht des Dienstberechtigten erstreckt sich zunächst auf Räume. Entsprechend dem Normzweck der Gefahrabwendung ist der Begriff **weit auszulegen**. Er umfasst über die eigentliche Arbeitsstätte hinaus sämtliche Örtlichkeiten, die der ArbN im Zusammenhang mit seiner betriebl. Tätigkeit aufsuchen muss[7]. Zu den Räumen gehören etwa Arbeitsräume, Arbeitsplätze in Gebäuden, Arbeitsplätze im Freien[8], Pausenräume, Sanitärräume und innerbetriebl. Verkehrswege[9]. Der Begriff des Raumes deckt sich im Wesentlichen mit dem Begriff der Arbeitsstätte iSd. ArbStättV[10]. Die Schutzpflicht des ArbGeb bezieht sich nicht auf öffentl. Wege, auf denen der ArbN zum Betrieb gelangt[11]. Ausgeklammert sind ferner Räumlichkeiten, deren Betreten dem ArbN ausdrücklich oder konkludent untersagt ist[12]. 14

Das für die Konkretisierung heranzuziehende Arbeitsstättenrecht ist durch ein dreistufiges Regelungskonzept gekennzeichnet. Die ArbStättV selbst enthält **keine Detailbestimmungen**, sondern stellt nur **Schutzziele** und **allg. gehaltene Verhaltensvorgaben** auf[13]. Die Anforderungen an die Einrichtung und die Unterhaltung der Räume im Einzelnen sind im Anhang zur ArbStättV niedergelegt. Dieser Anhang ist als Teil des Normtextes unmittelbar verbindliches und zwingendes Recht[14]. In diesem Anhang sind allg. Fragen, wie etwa die Beleuchtung oder Reinigung[15] von Arbeitsstätten, die Raumtemperaturen und die Lüftung sowie der Schutz vor Lärm geregelt. Darüber hinaus finden sich Vorschriften über die Abmessung von Arbeitsstätten und die Gestaltung von Sanitär-, Pausen- und Bereitschafts- sowie Erste-Hilfe-Räumen. Zu deren Ausfüllung dienen die Arbeitsstätten-Richtlinien (ASR). Die vor Inkrafttreten der ArbStättV veröffentlichten ASR haben gem. § 8 II ArbStättV längstens bis zum 31.12.2012 weitergegolten. Da diese Regelung lediglich eine schnelle Überarbeitung der Richtlinien sicherstellen sollte und deren Fortbestehen nicht inhaltlich missbilligen wollte, können auch noch nicht aktualisierte ASR vorerst weiter als eine gewisse Orientierungshilfe dienen. Die Richtlinien sind selber keine Rechtsnormen. Sie haben aber erhebliche praktische Bedeutung, indem sie als dokumentierte, allg. anerkannte Regeln bzw. gesicherte arbeitswissenschaftl. Erkenntnisse angesehen werden können, wenn und soweit keine Anhaltspunkte für eine Fehlbeurteilung vorliegen[16]. Die ASR regeln detailliert etwa die Lüftung, die Raumtemperaturen und die Beleuchtung von Arbeitsstätten[17]. Die Arbeitsstätten-Richtlinien werden künftig durch Technische Regeln für Arbeitsstätten (TRA) ersetzt, die vom Ausschuss für Arbeitsstätten ermittelt und vom BMAS bekannt gemacht werden (vgl. § 7 ArbStättV) und die vom ArbGeb gem. § 3 I 2 ArbStättV zu berücksichtigen sind. Bei Einhaltung dieser Regeln ist davon auszugehen, dass der ArbGeb sowohl die Anforderungen der ArbStättV (vgl. § 3 I 3 ArbStättV) als auch seine Pflicht nach § 618 BGB erfüllt[18]. Dem ArbGeb ist es aber nach wie vor freigestellt, vom technischen Regelwerk abzuweichen, sofern er durch andere Maßnahmen die gleiche Sicherheit und den gleichen Gesundheitsschutz erreicht (§ 3 I 4 ArbStättV)[19]. 15

---

[1] Erman/*Belling*, § 618 Rz. 7; ErfK/*Wank*, § 618 BGB Rz. 4; MünchArbR/*Wlotzke*, § 209 Rz. 17. ||[2] MüKoBGB/*Henssler*, § 618 Rz. 59; Staudinger/*Oetker*, § 618 Rz. 146. ||[3] BAG 17.1.1998 – 9 AZR 84/97, NZA 1998, 1231; 8.5.1996 – 5 AZR 315/95, NZA 1997, 86; *Börgmann*, RdA 1993, 275 (283); ArbR-BGB/*Friedrich*, § 618 Rz. 20; MüKoBGB/*Henssler*, § 618 Rz. 59; aA offenbar *Kort*, NZA 1996, 854. ||[4] LAG Hamm 22.7.2009 – 3 Sa 1630/08; LAG München 27.11.1990 – 2 Sa 542/90, LAGE § 618 BGB Nr. 5. ||[5] Staudinger/*Oetker*, § 618 Rz. 231. ||[6] BAG 8.5.1996 – 5 AZR 971/94, NZA 1996, 927; Soergel/*Kraft*, § 618 Rz. 8. ||[7] ArbR-BGB/*Friedrich*, § 618 Rz. 64; ErfK/*Wank*, § 618 BGB Rz. 7. ||[8] BGH 20.2.1958 – VII ZR 76/57, BGHZ 26, 365 (370f.). ||[9] Einzelheiten bei Staudinger/*Oetker*, § 618 Rz. 114. ||[10] Soergel/*Kraft*, § 618 Rz. 12; MüKoBGB/*Henssler*, § 618 Rz. 33. ||[11] BGH 20.2.1958 – VII ZR 76/57, BGHZ 26, 365 (370); Staudinger/*Oetker*, § 618 Rz. 115. ||[12] Staudinger/*Oetker*, § 618 Rz. 118; ErfK/*Wank*, § 618 BGB Rz. 7. ||[13] MüKoBGB/*Henssler*, § 618 Rz. 29. ||[14] *Kohte/Faber*, DB 2005, 224 (225). ||[15] Vgl. dazu LAG Rh.-Pf. 19.12.2008 – 9 Sa 427/08. ||[16] BVerwG 31.1.1997 – 1 C 20.95, NZA 1997, 482 (484). ||[17] Abdruck der ASR in *Nipperdey* II, Arbeitssicherheit, Textsammlung, Nr. 201. ||[18] MüKoBGB/*Henssler*, § 618 Rz. 30. ||[19] Zur Beweislast für die Gleichwertigkeit vgl. *Kohte/Faber*, DB 2005, 224 (228) einerseits und *Taeger/Rose*, DB 2005, 1852 ff. andererseits.

16 Außerhalb der ArbStättV existieren **weitere spezielle Arbeitsschutzvorschriften**, die sich auf die Einrichtung und Unterhaltung von Arbeitsstätten beziehen und dadurch die Schutzpflicht des ArbGeb gem. § 618 konkretisieren[1]. Ferner enthalten die von den Berufsgenossenschaften erlassenen BGV zusätzliche Anforderungen an die Einrichtung und Unterhaltung von Arbeitsstätten.

17 **b) Vorrichtungen und Gerätschaften.** Die dem ArbGeb durch § 618 auferlegte Schutzpflicht bezieht sich auch auf Vorrichtungen und Gerätschaften. Entsprechend dem Schutzzweck ist der Begriff ebenfalls **weit auszulegen**. Einbezogen sind sämtliche Gegenstände, mit denen der ArbN anlässlich seiner Tätigkeit in Berührung kommt[2]. Gemeint sind damit sämtliche Arbeitsmittel wie Maschinen, Werkzeuge, Anlagen und Schutzausrüstungen sowie Gefahrstoffe wie Rohstoffe und Hilfsstoffe. Für den Bereich der Geräte-, Maschinen- und Anlagensicherheit kann zur Konkretisierung der Schutzpflicht des ArbGeb aus § 618 neben der BetrSichV auf das Produktsicherheitsgesetz (ProdSG) zurückgegriffen werden, das mWv. 1.12.2011 das frühere GPSG abgelöst hat. Das ProdSG ist zwar nicht unmittelbar an den ArbGeb adressiert, sondern bezweckt einen vorgreifenden produktbezogenen Gefahrenschutz, indem es dem Hersteller, Importeur und Händler bestimmte Pflichten auferlegt. Soweit es um die sicherheitsgerechte **Beschaffenheit von technischen Arbeitsmitteln** geht, kann aber angenommen werden, dass der ArbGeb im Allg. seiner Schutzpflicht nachkommt, wenn die von ihm eingesetzten Arbeitsmittel den Anforderungen des ProdSG entsprechen[3]. Hiervon ist die vom ProdSG nicht thematisierte sichere **Verwendung von technischen Arbeitsmitteln** zu unterscheiden, hinsichtlich derer den ArbGeb eine eigenständige Schutzpflicht trifft[4]. IÜ spricht einiges für eine Pflicht des ArbGeb, nur solche technischen Arbeitsmittel einzusetzen, die den Bestimmungen des ProdSG genügen[5].

18 Das ProdSG wird durch eine Reihe von **Verordnungen konkretisiert**, unter denen vor allem die MaschinenVO hervorzuheben ist[6]. Soweit es um die sichere Verwendung von Arbeitsmitteln geht, ist auf die BetrSichV zurückzugreifen[7]. Für den ArbGeb, der mit Gefahrstoffen umgeht, enthält die auf dem ChemG beruhende GefStoffV umfangreiche Vorgaben, die zur Konkretisierung der Schutzpflicht aus § 618 herangezogen werden können. Die in § 7 II 2 GefStoffV in Bezug genommenen Regeln und Erkenntnisse werden vom Ausschuss für Gefahrstoffe (§ 20 GefStoffV) ermittelt und vom BMAS als Technische Regeln für Gefahrstoffe (TRGS) bekannt gemacht (§§ 7 II 2, 20 IV GefStoffV). Diese Regeln sind für sich genommen keine Rechtsnormen, sind aber bei der Interpretation von § 7 GefStoffV zugrunde zu legen, sofern keine Anhaltspunkte für eine Fehleinschätzung bestehen[8]. Das Pflichtenprogramm des ArbGeb im Hinblick auf technische Arbeitsmittel und Gefahrstoffe wird weiter durch die von den Berufsgenossenschaften erlassenen BGV ergänzt, die teilweise aber wieder auf die gesetzl. Regelungen Bezug nehmen[9].

19 **c) Regelung der Dienstleistungen.** Der ArbGeb muss ferner die unter seiner Anordnung oder seiner Leitung vorzunehmenden Dienstleistungen in einer Gefahr vermeidenden Weise regeln. Anders als im Bereich der Sicherheit im Hinblick auf Arbeitsstätten, technische Arbeitsmittel und Gefahrstoffe existieren nur vergleichsweise **wenige öffentl.-rechtl. Arbeitsschutzvorschriften**, die sich mit der Regelung der Dienstleistungen befassen. Zudem handelt es sich bei den einschlägigen Pflichten des ArbGeb gem. den §§ 3 ff. ArbSchG, dem ASiG und den BGV zumeist um Organisationsnormen, die keiner Transformation in das privatrechtl. EinzelArbVerh zugänglich sind[10]. Den ArbGeb trifft zunächst eine allg. Pflicht, die Beschäftigten über den Unfall- und Gesundheitsschutz zu informieren (§§ 12 I ArbSchG, 81 I 2 BetrVG, 9 BetrSichV.) Die Unterweisung muss vor dem ersten Einsatz des ArbN an einem neuen Arbeitsplatz erfolgen und bei einer späteren Veränderung der Gefahrensituation angepasst bzw. regelmäßig wiederholt werden. Die Belehrung muss so erfolgen, dass der ArbN zu einer eigenverantwortlichen Gefahrenvermeidung befähigt wird[11]. Für bestimmte Bereiche bestehen weitere spezielle Unterweisungspflichten (zB §§ 8, 9 ArbSchG, § 29 JArbSchG, § 14 GefStoffV).

20 Zahlreiche Normen verpflichten den ArbGeb dazu, unter bestimmten Voraussetzungen **persönliche Körperschutzausrüstungen** zur Verfügung zu stellen (§§ 7 IV 4 Nr. 3, 9 IV, 10 IV 2, 13 III 1 GefStoffV, BGV). Diese Regelungen führen zugleich zu einer entsprechenden privatrechtl. Verpflichtung des ArbGeb ggü. dem ArbN[12]. Die für persönliche Körperschutzausrüstungen aufzuwendenden Kosten hat der ArbGeb zu tragen. Eine Abwälzung auf die Beschäftigten ist grds. nicht zulässig (vgl. § 3 III ArbSchG). Dies gilt auch für Reinigungskosten[13]. Eine Kostenbeteiligung kann nur für den Fall vereinbart werden, dass die ArbN die Schutzkleidung auch im privaten Bereich gebrauchen wollen[14]. Beschafft der ArbN persönliche Schutzgegenstände, für die der ArbGeb aufzukommen hat, auf eigene Kosten, steht ihm

---

1 Einzelheiten bei MüKoBGB/*Henssler*, § 618 Rz. 38 f. ‖ 2 Erman/*Belling*, § 618 Rz. 11; MüKoBGB/*Henssler*, § 618 Rz. 38; ErfK/*Wank*, § 618 BGB Rz. 10. ‖ 3 Staudinger/*Oetker*, § 618 Rz. 157; ErfK/*Wank*, § 618 BGB Rz. 11. ‖ 4 MüKoBGB/*Henssler*, § 618 Rz. 39. ‖ 5 So Staudinger/*Oetker*, § 618 Rz. 158; aA ErfK/*Wank*, § 618 BGB Rz. 11. ‖ 6 Auflistung bei *Nipperdey* II, Arbeitssicherheit, Textsammlung, Nr. 301 ff. ‖ 7 Einzelheiten bei MüKoBGB/*Henssler*, § 618 Rz. 43. ‖ 8 MüKoBGB/*Henssler*, § 618 Rz. 44; Auflistung der TRGS bei *Nipperdey* II, Arbeitssicherheit, Textsammlung, Nr. 431 ff. ‖ 9 Vgl. MüKoBGB/*Henssler*, § 618 Rz. 45. ‖ 10 MüKoBGB/*Henssler*, § 618 Rz. 49; ErfK/*Wank*, § 618 BGB Rz. 12. ‖ 11 Vgl. ArbR-BGB/*Friedrich*, § 618 Rz. 105. ‖ 12 BAG 18.8.1982 – 5 AZR 493/80, DB 1983, 234; 17.2.1998 – 9 AZR 84/97, NZA 1998, 1231. ‖ 13 LAG Nds. 11.6.2002 – 13 Sa 53/02, LAGE § 618 BGB Nr. 11; LAG Düss. 26.4.2001 – 13 Sa 1804/00, NZA-RR 2001, 409. ‖ 14 BAG 21.8.1985 – 7 AZR 199/83, NZA 1986, 324.

ein Aufwendungsersatzanspruch zu¹. Diese Grundsätze gelten aber nicht für eine Arbeitskleidung, die nicht dem Gesundheitsschutz dient, auch wenn es sich um eine einheitliche Dienstkleidung handelt².

Weiter ist der ArbGeb aus § 618 verpflichtet, **Stress und psychischen Belastungen der ArbN entgegenzuwirken**³. So muss der ArbGeb etwa eine Gesundheitsschädigung eines leitenden Angestellten durch Überarbeitung verhindern⁴. Eine pflichtwidrige Überforderung kann auch schon dann vorliegen, wenn sich die Mehrarbeit noch im Rahmen des öffentl.-rechtl. Arbeitszeitrechts hält. Diese Regelungen dienen dem vorgelagerten allg. Arbeitsschutz, enthalten aber keine Sperrwirkung hinsichtlich der Abwehr konkreter Gesundheitsgefahren⁵. Ferner kann der ArbGeb gehalten sein, dafür zu sorgen, dass ein leitender Angestellter den ihm zustehenden Urlaub nimmt⁶. 21

Der ArbGeb hat den ArbN anerkanntermaßen vor einer **Ansteckung durch erkrankte Arbeitskollegen** zu schützen⁷. Der Schutz erstreckt sich auch auf eine **Infektion durch Dritte**, mit denen der ArbN auf Grund seiner betriebl. Tätigkeit in Berührung kommt. Dies ist vor einiger Zeit für die Gefahr einer Ansteckung durch den Aids-Virus intensiv diskutiert worden⁸. Wenn infolge der Eigenart der Tätigkeit die konkrete Möglichkeit einer Infektion besteht, wie es insb. im medizinischen Bereich der Fall ist, muss der ArbGeb zu geeigneten Gegenmaßnahmen greifen, insb. den ArbN über das bestehende Risiko aufklären. Fehlt es an einer konkreten arbeitsbedingten Gefährdung, sind vorbeugende Aktivitäten aber nicht geboten. Insb. besteht keine Pflicht zur Reihenuntersuchung von Mitarbeitern, um Ansteckungen durch außerbetriebl. Kontakte der Beschäftigten vorzubeugen⁹. 22

3. Nichtraucherschutz. Ein schon seit langem diskutiertes Problem ist der Schutz von ArbN vor dem **Passivrauchen am Arbeitsplatz**. Insoweit fehlte es früher an einer umfassenden Regelung. Von vornherein irrelevant sind arbeitsschutzrechtl. Verbote, deren Ziel in der Verhinderung von Brand- und Explosionsgefahren und nicht im Nichtraucherschutz liegt (zB § 65 I BGV-B5). IÜ schrieb § 32 ArbStättV aF zwar einen ausdrücklichen Schutz vor Nichtrauchern vor, beschränkte sich aber räumlich auf Pausen-, Bereitschafts- und Liegeräume. Demggü. statuiert § 5 I 1 ArbStättV (früher § 3a ArbStättV) eine sich auf sämtliche Arbeitsstätten erstreckende Pflicht des ArbGeb zum Schutz nicht rauchender Beschäftigter. Die Vorschrift verdrängt in ihrem Anwendungsbereich Nr. 3.6 des Anhangs zur ArbStättV, die dem ArbGeb allg. gebietet, für gesundheitlich zuträgliche Atemluft zu sorgen. Da hierunter nur gesundheitsunschädliche und nicht gesundheitsfördernde Atemluft zu verstehen ist¹⁰, entsteht dadurch indes keine Schutzlücke¹¹. 23

§ 5 I 1 ArbStättV verpflichtet den ArbGeb zu einem **wirksamen Schutz vor den Gesundheitsgefahren durch Tabakrauch**. Durch diese Regelung wird klargestellt, dass Passivrauchen per se gesundheitsschädlich ist¹². Würde man zwischen Gesundheitsgefahren und nicht von § 5 I 1 ArbStättV erfassten bloßen Belästigungen differenzieren, würde die Aufhebung von § 32 ArbStättV, der sich ausdrücklich auch auf den Schutz vor Belästigungen erstreckte, einen Rückschritt darstellen. Zudem soll der durch § 5 I 1 ArbStättV gewährte Nichtraucherschutz nach dem Willen seiner Initiatoren inhaltlich nicht hinter § 32 ArbStättV zurückstehen¹³. Die früher umstrittene Frage, ob Passivrauchen langfristig zu Gesundheitsbeeinträchtigungen führt¹⁴, ist damit verbindlich bejaht worden. 24

In welcher Weise der ArbGeb seine Schutzpflicht erfüllt, ist grds. in sein **Ermessen** gestellt. Allerdings legt § 5 I 2 ArbStättV ein – allg. oder auf einzelne Bereiche beschränktes – Rauchverbot nahe. In Betracht kommen ansonsten bauliche und lüftungstechnische Maßnahmen sowie organisatorische Vorkehrungen (getrennte Arbeitsräume für Raucher und Nichtraucher). 25

Die Schutzpflicht des ArbGeb vor den Gefahren des Passivrauchens findet ihre **Grenze in Arbeitsstätten mit Publikumsverkehr** gem. § 5 II ArbStättV an der „Natur des Betriebs" und der „Art der Beschäftigung"¹⁵. Der ArbN kann weder Maßnahmen verlangen, die zur grundlegenden Veränderung einer an sich erlaubten unternehmerischen Betätigung führen würden¹⁶. Liegt jedoch ein Verstoß gegen ein landesrechtl. Nichtraucherschutzgesetz vor, ist die Betätigung nicht erlaubt und der ArbN hat einen Anspruch auf Zuweisung eines rauchfreien Arbeitsplatzes¹⁷. Ob in sonstigen Fällen an dem bisher herangezogenen Kriterium der individuellen und konkreten Gesundheitsgefährdung¹⁸ festzuhalten ist, hat 26

---

1 BAG 14.2.1996 – 5 AZR 978/94, NZA 1996, 883; 21.8.1985 – 7 AZR 199/83, NZA 1986, 324. ‖ 2 BAG 19.5.1998 – 9 AZR 307/96, NZA 1999, 38 (Smoking in Spielbank). ‖ 3 Dazu *B. Gaul*, DB 2013, 60 ff. ‖ 4 BAG 13.3.1967 – 2 AZR 133/66, NJW 1967, 1631. ‖ 5 ArbR-BGB/*Friedrich*, § 618 Rz. 119. ‖ 6 BAG 27.1.1970 – 1 AZR 258/69, SAE 1971, 100. ‖ 7 ArbR-BGB/*Friedrich*, § 618 Rz. 117. ‖ 8 Vgl. *Haesen*, RdA 1988, 158 (159ff.); *Löwisch*, DB 1987, 936 (937ff.); *Richardi*, NZA 1988, 73 (77f.). ‖ 9 *Löwisch*, DB 1987, 936 (937). ‖ 10 So zur Vorgängerregelung *Börgmann*, RdA 1993, 275 (278); ErfK/*Wank*, § 618 BGB Rz. 16. ‖ 11 Anders *Buchner*, BB 2002, 2382 (2383), der offenbar beide (früheren) Vorschriften nebeneinander anwenden will. ‖ 12 BT-Drs. 14/3231, S. 4; *Bergwitz*, NZA-RR 2004, 169 (171); *Buchner*, BB 2002, 2382 (2383f.); *Lorenz*, DB 2003, 721 (722f.). ‖ 13 BT-Drs. 14/3231, 5. ‖ 14 Bejahend: BAG 19.1.1999 – 1 AZR 499/98, NZA 1999, 546; *Binz/Sorg*, BB 1994, 1709; *Künzl*, BB 1999, 2187f.; verneinend: OLG Hamm 1.3.1982 – 7 Vollz (Ws) 225/81, MDR 1982, 779 (780); *Löwisch*, DB-Beil. 1/1979, 1 (5f.); *Zapka*, BB 1992, 1847 (1848f.). ‖ 15 Für eine Nichtigkeit von § 5 II ArbStättV mangels hinreichender Ermächtigungsgrundlage *Schulze-Osterloh*, FS Kreutz, 2010, S. 463 (468ff.). ‖ 16 BAG 19.5.2009 – 9 AZR 241/08, NZA 2009, 775 (777). ‖ 17 BAG 19.5.2009 – 9 AZR 241/08, NZA 2009, 775 (777). ‖ 18 Vgl. BAG 17.2.1998 – 9 AZR 84/97, NZA 1998, 1231.

das BAG offen gelassen[1]. Wenn sich ein Unternehmen im Rahmen der neueren landesgesetzl. Regelungen zum Nichtraucherschutz bzw. des BNichtRSchG für die Einrichtung von Raucherzonen für Gäste/Kunden entschieden hat, kann ein ArbN jedenfalls nicht unter Berufung auf eine Beeinträchtigung seiner Gesundheit ein allg. Rauchverbot fordern[2], noch die Tätigkeit in einem Raucherraum verweigern[3]. Dagegen entbinden technische bzw. organisatorische Aspekte bzw. die wirtschaftl. Belastungen den ArbGeb nicht von seiner Schutzpflicht, weil ein allg. betriebl. Rauchverbot stets möglich bleibt[4]. Einen Anspruch darauf, dass an seinem Arbeitsplatz auch außerhalb seiner Dienstzeiten nicht geraucht wird, hat ein ArbN allerdings grds. (noch) nicht[5]. Von der Pflicht zum Nichtraucherschutz zu unterscheiden ist die Befugnis des ArbGeb bzw. der Betriebsparteien, ein generelles Rauchverbot zum Schutz von Nichtrauchern zu erlassen[6].

27   **4. Erweiterung der Pflichten gem. Abs. 2.** Sofern der Dienstberechtigte den Dienstpflichtigen in die **häusliche Gemeinschaft** aufgenommen hat, ordnet Abs. 2 zusätzliche Pflichten an. Der Begriff der häuslichen Gemeinschaft ist nach ganz herrschender Ansicht weit zu verstehen. Danach bedarf es keines engen Zusammenlebens mit dem ArbGeb. Vielmehr genügt das Bestehen einer vom ArbGeb geschaffenen Wohn- und Verpflegungsgemeinschaft mit anderen ArbN[7]. Begründet wird dies mit den seit dem Inkrafttreten des BGB erheblich geänderten wirtschaftl. und sozialen Verhältnissen. Eine solche Erweiterung des Pflichtenkreises auf Gemeinschaftsunterkünfte ist im Erg. zutreffend, methodisch aber besser durch eine analoge Anwendung von Abs. 2 zu bewältigen, die sich auf den Aspekt einer vergleichbaren Organisationsgewalt stützen[8]. Die dem ArbGeb auferlegte Schutzpflicht wird im Hinblick auf die Bereitstellung von Unterkünften durch § 6 V ArbStättV konkretisiert, der nach der Novelle von 2010 nicht länger nur für ArbN auf Baustellen gilt[9]. Die Verpflegung muss gesundheitlich unbedenklich sein[10]. Auf Essgewohnheiten einzelner ArbN muss nur eingeschränkt Rücksicht genommen werden[11]. Soweit es um die Arbeits- und Erholungszeiten geht, muss der ArbGeb in erster Linie den öffentl.-rechtl. Arbeitszeitschutz einhalten. Darüber hinaus ist insb. auf die religiösen Bedürfnisse des ArbN Rücksicht zu nehmen. So ist etwa der Besuch eines Gottesdienstes zu ermöglichen[12].

28   **IV. Rechtsfolgen bei Pflichtverletzung. 1. Erfüllungsanspruch.** Wenn der ArbGeb seine Pflichten aus Abs. 1 oder 2 nicht oder nicht ordnungsgemäß erfüllt, steht dem ArbN ein **Erfüllungsanspruch** auf Herstellung eines arbeitsschutzkonformen Zustandes zu[13]. Der Erfüllungsanspruch lässt sich im Grundsatz als Bestandteil des allg. Beschäftigungsanspruchs begreifen[14]. Der ArbN hat danach kraft seines Vertrags grds. einen Anspruch auf gefahrlose Beschäftigung. Die Schutzpflicht des Dienstberechtigten greift aber darüber hinaus, indem sie auch in den Fällen besteht, in denen der Dienstpflichtige ohne einen Beschäftigungsanspruch im Rahmen eines Vertragsverhältnisses tatsächlich beschäftigt wird und hierdurch den betriebl. Gefahren ausgesetzt ist[15]. Der vertragl. Erfüllungsanspruch wird durch § 104 SGB VII nicht berührt, weil sich diese Norm nur auf Schadensersatzansprüche bezieht[16]. In inhaltlicher Hinsicht kommt es darauf an, zu was die in das EinzelArbVerh transformierte öffentl.-rechtl. Arbeitsschutznorm den ArbGeb verpflichtet. Wird dem ArbGeb eine konkrete Maßnahme vorgeschrieben, kann der ArbN grds. deren Erfüllung verlangen. Legt die fragliche Bestimmung dagegen nur ein Schutzziel fest, hat der ArbN lediglich einen Anspruch darauf, dass der ArbGeb sein Ermessen fehlerfrei ausübt und eine geeignete Arbeitsschutzmaßnahme trifft[17]. Die Ermessensausübung hat nach Maßgabe von § 315 zu erfolgen[18]. Eine bestimmte Maßnahme kann der ArbN dann nicht fordern.

29   Weiter kann der Erfüllungsanspruch durch die **betriebl. Mitbest.** beschränkt sein. Wenn die erforderlichen Maßnahmen der Mitbest. des BR gem. § 87 I Nr. 1 bzw. Nr. 7 BetrVG unterliegen, kann der ArbN nach ganz hM nur verlangen, dass der ArbGeb die Initiative ergreift, um zu einer entsprechenden Regelung, sei es durch Einigung mit dem BR oder durch Anrufung der Einigungsstelle, zu gelangen[19]. Bei einer konkreten Gefahr für Leib oder Leben des betroffenen ArbN ist der ArbGeb dagegen berechtigt und verpflichtet, die erforderlichen Maßnahmen sofort zu treffen[20]. Insoweit ist dem Arbeitsschutz ggü. der betriebl. Mitbest. der Vorrang einzuräumen[21]. Der Erfüllungsanspruch zielt regelmäßig auf ein posi-

---

1 BAG 19.5.2009 – 9 AZR 241/08, NZA 2009, 775 (777). ||2 Vgl. *Wellenhofer-Klein*, RdA 2003, 155 (158); so bereits BAG 8.5.1996 – 5 AZR 971/94, NZA 1996, 927 (Flugbegleiter). ||3 *Kühn*, BB 2010, 120 (121 ff.). ||4 *Buchner*, BB 2002, 2382 (2385). ||5 LAG Berlin 18.3.2005 – 6 Sa 2585/04, BB 2005, 1576 LS. ||6 Zu BV vgl. BAG 19.1.1999 – 1 AZR 499/98, NZA 1999, 546. ||7 BAG 8.6.1955 – 2 AZR 200/54, BB 1956, 692; Erman/*Belling*, § 618 Rz. 20. ||8 Staudinger/*Oetker*, § 618 Rz. 237 ff. ||9 MüKoBGB/*Henssler*, § 618 Rz. 63. ||10 Soergel/*Kraft*, § 618 Rz. 19; ErfK/*Wank*, § 618 BGB Rz. 22. ||11 Ähnlich Erman/*Belling*, § 618 Rz. 20; Staudinger/*Oetker*, § 618 Rz. 246. ||12 Erman/*Belling*, § 618 Rz. 20; Staudinger/*Oetker*, § 618 Rz. 247. ||13 BAG 17.2.1998 – 9 AZR 84/97, NZA 1998, 1231; Soergel/*Kraft*, § 618 Rz. 21; ErfK/*Wank*, § 618 BGB Rz. 23; *Wlotzke*, FS Hilger/Stumpf, 1983, S. 723 (744 f.); aA *Zöllner/Loritz/Hergenröder*, ArbR, § 30 II 2, S. 322. ||14 MüKoBGB/*Henssler*, § 618 Rz. 86; Staudinger/*Oetker*, § 618 Rz. 251. ||15 Soergel/*Kraft*, § 618 Rz. 21; MüKoBGB/*Henssler*, § 618 Rz. 86. ||16 BGH 13.3.1984 – VI ZR 204/82, NJW 1985, 2133 (2134); ArbR-BGB/*Friedrich*, § 618 Rz. 198. ||17 ArbR-BGB/*Friedrich*, § 618 Rz. 199; MünchArbR/*Kohte*, § 291 Rz. 19. ||18 BAG 12.8.2008 – 9 AZR 1117, NZA 2009, 102 (104); LAG Rh.-Pf. 19.12.2008 – 9 Sa 427/08. ||19 MüKoBGB/*Henssler*, § 618 Rz. 88; ErfK/*Wank*, § 618 BGB Rz. 23; aA *Fuchs*, BB 1977, 299 (301). ||20 BAG 12.8.2008 – 9 AZR 1117, NZA 2009, 102 (105); *Fitting*, § 87 BetrVG Rz. 289; ArbR-BGB/*Friedrich*, § 618 Rz. 200 ff. ||21 MüKoBGB/*Henssler*, § 618 Rz. 88; offenbar enger GK-BetrVG/*Wiese*, § 87 Rz. 641.

tives Tun, kann ausnahmsw. aber auch auf ein Unterlassen gerichtet sein[1]. Eine große Bedeutung hat der Erfüllungsanspruch in der Praxis allerdings nicht[2].

2. Leistungsverweigerungsrecht. a) Zurückbehaltungsrecht gem. § 273 I. Wenn der ArbGeb seiner 30 Schutzpflicht aus Abs. 1 oder 2 nicht nachkommt, kann der ArbN nach heute ganz hM seine Arbeitsleistung gem. § 273 I **zurückbehalten**[3]. Die Geltendmachung eines Zurückbehaltungsrechts ist nicht deshalb entbehrlich, weil die Leistungspflicht des Beschäftigten bei einem Verstoß des ArbGeb gegen seine Schutzpflicht aus § 618 automatisch entfällt[4]. Die Einhaltung der Arbeitsschutzvorschriften kann nämlich nicht generell als immanente Voraussetzung für die Pflicht zur Arbeitsleistung angesehen werden[5]. Grundlage des Zurückbehaltungsrechts ist § 273 und nicht § 320, weil die Schutzpflicht aus § 618 regelmäßig keine mit der Arbeitspflicht synallagmatisch verknüpfte Hauptleistungspflicht darstellt[6]. Das Zurückbehaltungsrecht des § 273 I zielt darauf ab, den ArbGeb zur Einhaltung seiner Schutzpflicht aus § 618 zu veranlassen. Da es sich um ein Recht des ArbN handelt, kann der ArbGeb den Beschäftigten nicht von sich aus unter Berufung auf die gesundheitliche Gefährlichkeit der Arbeitsbedingungen zurückweisen[7]. Die Befugnis nach § 273 I ist vom Recht zur Arbeitseinstellung gem. § 9 III 1 ArbSchG (Rz. 32) zu unterscheiden.

Anders als das soeben genannte Recht zur Arbeitseinstellung setzt § 273 wegen seiner Zweckrichtung 31 **keine unmittelbare Gefahr für Leben oder Gesundheit** des ArbN voraus[8]. Inhaltlich hängt das Zurückbehaltungsrecht vom jeweiligen Erfüllungsanspruch ab, dessen Durchsetzung es dient. Dies bedeutet zum einen, dass die Schutzpflichtverletzung objektiv und nicht nur nach der Einschätzung des ArbN feststehen muss[9]. Zum anderen ist der ArbN in den Fällen, in denen der ArbGeb einen Ermessensspielraum bei der Erfüllung der Arbeitsschutznorm hat bzw. auf die Mitwirkung des BR angewiesen ist, nur so lange zur Leistungsverweigerung berechtigt, bis der ArbGeb initiativ geworden ist[10]. Weiter wird das Zurückbehaltungsrecht durch Treu und Glauben (§ 242) begrenzt. Geringfügige Pflichtverstöße ohne die Gefahr nachhaltiger Schäden berechtigen den ArbN daher nicht zur Leistungsverweigerung[11]. Ferner ist der ArbGeb nach allg. Ansicht nicht berechtigt, die Ausübung des Zurückbehaltungsrechtes durch Sicherheitsleistung nach § 273 III abzuwenden, weil dies dem Zweck der Schutzpflicht zuwiderlaufen würde[12].

b) Entfernungsrecht gem. § 9 III ArbSchG. Nach § 9 III 1 ArbSchG hat der ArbGeb Maßnahmen zu 32 treffen, die es den Beschäftigten bei **unmittelbarer erheblicher Gefahr** ermöglichen, sich durch sofortiges Entfernen in Sicherheit zu bringen. Diese Vorschrift beruht inhaltlich auf dem Gedanken der mittlerweile in § 275 III geregelten Unzumutbarkeit[13]. Sie stellt in der Sache eine Verallgemeinerung der vormals in § 21 VI 2 GefStoffV aF enthaltenen und in die neue GefStoffV nicht übernommenen besonderen Befugnis des ArbN dar, die Arbeit zu verweigern, wenn es durch die Überschreitung bestimmter Grenzwerte zu einer unmittelbaren Gefahr für Leben oder Gesundheit kam. Die früher von § 21 VI 2 GefStoffV aF erfassten Fälle werden deshalb nunmehr von § 9 III ArbSchG abgedeckt. Das Entfernungsrecht steht selbständig neben dem allg. Zurückbehaltungsrecht aus § 273. § 9 III ArbSchG setzt eine objektiv bestehende Gefahrenlage voraus. Die irrtümliche Annahme einer Gefahr genügt auch dann nicht, wenn der ArbN gutgläubig ist[14]. IÜ ist das Erfordernis einer erheblichen Gefahr europarechtskonform dahin auszulegen, dass lediglich die Gefahr bloß geringfügiger Beeinträchtigungen ausgeklammert bleibt[15].

3. Fortbestand des Vergütungsanspruchs. Beruft sich der ArbN ggü. dem ArbGeb berechtigterweise 33 auf sein allg. Zurückbehaltungsrecht nach § 273 I, gerät der ArbGeb in **Annahmeverzug**, wenn die sonstigen Voraussetzungen des Gläubigerverzugs ebenfalls vorliegen (§ 615 Rz. 12ff.)[16]. Insoweit kann die Herstellung eines arbeitsschutzrechtkonformen Zustandes als Mitwirkungshandlung iSd. § 295 gesehen werden[17]. Indem der ArbN das Zurückbehaltungsrecht geltend macht, bringt er zugleich zum Ausdruck, dass er seine Arbeitsleistung für den Fall der Erfüllung der Schutzpflicht anbietet[18]. Eine Heranziehung von § 298 genügt für sich genommen nicht[19], weil diese Vorschrift nur die Voraussetzung an die Nichtannahme durch den Gläubiger absenkt, das Angebot der Leistung aber nicht für entbehrlich erklärt. Bei einer Arbeitsverweigerung gem. § 9 III 1 ArbSchG bleibt der Vergütungsanspruch bereits auf Grund des Benachteiligungsverbots nach § 9 III 2 ArbSchG aufrechterhalten. Auf die Annahmeverzugsvoraus-

---

1 Staudinger/*Oetker*, § 618 Rz. 255f. ‖ 2 MüKoBGB/*Henssler*, § 618 Rz. 6; ErfK/*Wank*, § 618 BGB Rz. 23. ‖ 3 BAG 8.5.1996 – 5 AZR 315/95, NZA 1997, 86; Erman/*Belling*, § 618 Rz. 23; Soergel/*Kraft*, § 618 Rz. 22. ‖ 4 So aber *Herschel*, RdA 1978, 69 (73); *Herschel*, RdA 1964, 44 (45). ‖ 5 Staudinger/*Oetker*, § 618 Rz. 260. ‖ 6 Erman/*Belling*, § 618 Rz. 23; *Otto*, AR-Blattei SD 1880 Rz. 73; *Söllner*, ZfA 1973, 1 (15ff.); ErfK/*Wank*, § 618 BGB Rz. 27. ‖ 7 BAG 17.2.1998 – 9 AZR 130/97, NZA 1999, 33. ‖ 8 *Wlotzke*, FS Hilger/Stumpf, 1983, S. 723 (748). ‖ 9 MüKoBGB/*Henssler*, § 618 Rz. 91; Staudinger/*Oetker*, § 618 Rz. 264. ‖ 10 *Löwisch*, DB-Beil. 1/1979, 1 (13); ErfK/*Wank*, § 618 BGB Rz. 26. ‖ 11 Soergel/*Kraft*, § 618 Rz. 22; MüKoBGB/*Henssler*, § 618 Rz. 91. ‖ 12 Erman/*Belling*, § 618 Rz. 23; MüKoBGB/*Henssler*, § 618 Rz. 91. ‖ 13 MüKoBGB/*Henssler*, § 618 Rz. 94; Staudinger/*Oetker*, § 618 Rz. 269. ‖ 14 *Pieper*, ArbSchR, 4. Aufl. 2009, § 9 ArbSchG Rz. 11; ErfK/*Wank*, § 9 ArbSchG Rz. 1. ‖ 15 Vgl. Art. 8 Abs. 3 u. 4 RL 89/391/EWG; Staudinger/*Oetker*, § 618 Rz. 279. ‖ 16 LAG Köln 22.1.1993 – 12 Sa 872/92, AiB 1993, 393. ‖ 17 Soergel/*Kraft*, § 618 Rz. 22; *Otto*, AR-Blattei SD 1880 Rz. 69; *Wlotzke*, FS Hilger/Stumpf, 1983, S. 723 (731). ‖ 18 Soergel/*Kraft*, § 618 Rz. 22; *Söllner*, ZfA 1973, 1 (16); idS auch BAG 7.6.1973 – 5 AZR 563/72, AP BGB § 615 Nr. 28. ‖ 19 So aber offenbar Erman/*Belling*, § 618 Rz. 24; Staudinger/*Oetker*, § 618 Rz. 278.

setzungen kommt es in diesen Fällen nicht an. Wenn der Beschäftigte seine Tätigkeit ohne die Gefahr einer Gesundheitsverschlechterung infolge einer besonderen Anfälligkeit allerdings nur bei Vornahme von solchen Schutzmaßnahmen weiter ausüben kann, die dem ArbGeb nicht möglich oder nicht zumutbar sind, liegt kein Gläubigerverzug, sondern Unmöglichkeit vor, die den ArbGeb ggf. zu einer Kündigung berechtigt[1].

34 **4. Schadensersatzansprüche. a) Vertragliche Ansprüche.** Wenn der ArbGeb seine Schutzpflicht aus Abs. 1 oder 2 verletzt, kann dem ArbN ein Schadensersatzanspruch zustehen. Rechtsgrundlage des Anspruchs ist nicht Abs. 3, weil diese Norm lediglich eine Rechtsfolgenverweisung darstellt, die das Bestehen eines Schadensersatzanspruchs voraussetzt. Vielmehr gründet sich die Ersatzpflicht auf § 280 I[2]. Obwohl Abs. 3 auf einige Vorschriften aus dem Deliktsrecht verweist, handelt es sich um einen vertragl. Schadensersatzanspruch[3]. Da Abs. 2 die Schutzpflicht auch auf die Bereiche der Sittlichkeit und der Religion erstreckt, kann es auch außerhalb einer Beeinträchtigung von Leben oder Gesundheit des ArbN zu einem Schadensersatzanspruch kommen[4], was freilich nur theoretisch bleiben dürfte. Der Schadensersatzanspruch setzt neben einer objektiven Pflichtverletzung und einem adäquaten Kausalzusammenhang zwischen Verstoß und Schaden ein Verschulden voraus. Für eine verschuldensunabhängige Gefährdungshaftung des ArbGeb ist im Rahmen von § 618 kein Raum[5]. Ein daneben stehender, verschuldensunabhängiger Anspruch gem. § 670 analog zum Ausgleich sämtlicher gesundheitlicher Beeinträchtigungen des ArbN, die auf die Arbeitsbedingungen zurückgeführt werden können[6], ist abzulehnen. Nach allg. Grundsätzen sind Gesundheitsschäden im Anwendungsbereich von § 670 zwar ersatzfähig[7]. Die Zuerkennung eines Anspruchs würde die Funktion der gesetzl. Unfallversicherung als Haftpflichtversicherung des Unternehmers insb. im Hinblick auf Berufskrankheiten (§ 9 SGB VII) aber konterkarieren[8].

35 Der ArbGeb muss nach § 278 auch für das **Verschulden von Erfüllungsgehilfen** einstehen. Erfüllungsgehilfe ist jede Person, die auf Grund ihrer Stellung im Betrieb oder infolge besonderer Anweisung für den Gefahrenschutz im Hinblick auf den geschädigten ArbN verantwortlich ist[9]. Selbständige Unternehmer können ebenfalls Erfüllungsgehilfe sein, wenn sie vom ArbGeb in den Gefahrenschutz eingeschaltet worden sind[10].

36 Der Schadensersatzanspruch kann durch ein **Mitverschulden des ArbN** gemindert sein (§ 254). Bei der Annahme von Mitverschulden ist Zurückhaltung geboten, weil die Hauptverantwortung für Räume, Anlagen und Maschinen grds. den ArbGeb trifft, der ArbN die Gefahrensituation häufig nicht selbst beurteilen kann und er sich vielfach in einer Zwangslage befindet, gefährliche Arbeiten wider besseres Wissen zu übernehmen[11]. Ein Mitverschulden ist hingegen vor allem bei vorsätzlichen Verstößen des Beschäftigten gegen seine allg. Pflichten gem. den §§ 15, 16 ArbSchG bzw. gegen spezielle BGV zu bejahen. Dasselbe gilt, wenn es der ArbN unterlässt, den ArbGeb über eine nur dem Beschäftigten bekannte Gefahrenquelle zu informieren[12]. Ferner kann ein Mitverschulden darin liegen, dass ein ArbN eine Stelle übernimmt, der er gesundheitlich nicht gewachsen ist, bzw. darin, dass er sich nicht um eine Entlastung bemüht[13].

37 Der Ersatzanspruch umfasst grds. den **gesamten entstandenen Schaden**. Insb. sind auch etwaige Nichtvermögensschäden zu ersetzen, sofern dies im Wege der Naturalrestitution möglich ist[14]. Die Verweisung in Abs. 3 auf die §§ 842–846 hat zunächst zur Folge, dass der Geschädigte bei einer Beeinträchtigung der Erwerbsfähigkeit oder einer Vermehrung seiner Bedürfnisse eine Geldrente oder eine Kapitalabfindung verlangen kann, was sich allerdings im Wesentlichen schon aus den §§ 249 ff. ergeben würde[15]. Wichtiger ist, dass den in den §§ 844, 845 genannten Dritten ein eigener Schadensersatzanspruch insb. wegen verloren gegangener Unterhaltsansprüche zusteht. Infolge der Neuregelung des § 253 kann der ArbN abweichend von der früheren Rechtslage[16] nunmehr auch im Rahmen des vertragl. Anspruchs nach § 618 Schmerzensgeld verlangen[17].

38 Aus dem Schutzzweck des § 618 folgt, dass der ArbN neben dem Schaden nur einen objektiv ordnungswidrigen Zustand **darlegen und beweisen** muss, der generell geeignet ist, den konkret eingetretenen Schaden zu verursachen. Der ArbGeb muss dann den Gegenbeweis führen, dass der ordnungswidrige Zustand für den Schaden nicht kausal gewesen ist oder dass ihn daran kein Verschulden trifft[18].

---

1 LAG München 27.11.1990 – 2 Sa 542/90, LAGE § 618 BGB Nr. 5. ‖ 2 Vgl. BAG 28.4.2011 – 8 AZR 769/09, NZA-RR 2012, 290; Erman/Belling, § 618 Rz. 26; MüKoBGB/Henssler, § 618 Rz. 96; ErfK/Wank, § 618 BGB Rz. 29. ‖ 3 Soergel/Kraft, § 618 Rz. 23. ‖ 4 Staudinger/Oetker, § 618 Rz. 283. ‖ 5 BAG (GS) 10.11.1961 – GS 1/60, DB 1962, 169; Kort, NZA 1996, 854 (855 ff.); Soergel/Kraft, § 618 Rz. 24; Staudinger/Oetker, § 618 Rz. 286. ‖ 6 So Däubler, JuS 1986, 425 (430); Kothe, AuR 1986, 251 (255). ‖ 7 BGH 10.10.1984 – IVa ZR 167/82, BGHZ 92, 270 (271). ‖ 8 ArbR-BGB/Friedrich, § 618 Rz. 261 f.; Seewald, BG 1990, 232 f. ‖ 9 BAG 28.4.2011 – 8 AZR 769/09, NZA-RR 2012, 290; Erman/Belling, § 618 Rz. 26; Soergel/Kraft, § 618 Rz. 26. ‖ 10 Soergel/Kraft, § 618 Rz. 26; Staudinger/Oetker, § 618 Rz. 293. ‖ 11 Vgl. ArbR-BGB/Friedrich, § 618 Rz. 215; Wlotzke/Stumpf, 1983, S. 723 (750). ‖ 12 MüKoBGB/Henssler, § 618 Rz. 100. ‖ 13 BAG 13.3.1967 – 2 AZR 133/66, NJW 1967, 1631. ‖ 14 Staudinger/Oetker, § 618 Rz. 302. ‖ 15 BGH (GS) 5.2.1952 – GSZ 4/51, BGHZ 5, 62 (63). ‖ 16 Zum früheren Recht vgl. Staudinger/Oetker, § 618 Rz. 305. ‖ 17 BAG 14.12.2006 – 8 AZR 628/05, NZA 2007, 262. ‖ 18 BAG 8.5.1996 – 5 AZR 315/95, NZA 1997, 86; 27.1.1970 – 1 AZR 258/69, SAE 1971, 100; 8.6.1955 – 2 AZR 200/54, BB 1956, 692; ebenso BGH 14.4.1958 – II ZR 45/57, BGHZ 27, 79 (84).

Hinsichtlich der Kausalität handelt es sich um eine echte Umkehr der Beweislast und nicht nur um einen Fall des Anscheinsbeweises[1], was über die Grundregel des § 280 I hinausgeht.

b) Deliktische Ansprüche. Neben dem vertragl. Anspruch aus § 618 kann grds. auch ein Anspruch aus **unerlaubter Handlung** vorliegen. Allerdings hat das Deliktsrecht durch die Einbeziehung des Schmerzensgeldes in das Vertragshaftungsrecht an Bedeutung verloren. In Betracht kommt zum einen ein Anspruch aus § 823 I. Hierbei stellen die Schutzpflichten aus Abs. 1 und 2 zumeist auch deliktische Verkehrssicherungspflichten dar[2]. Zum anderen ist ein Anspruch aus § 823 II iVm. einem Schutzgesetz denkbar. Vorschriften des staatl. Arbeitsschutzrechts sind dann Schutzgesetze, wenn sie zumindest auch den Zweck verfolgen, Leben und Gesundheit des ArbN zu schützen[3]. Schutzgesetzcharakter weisen auch die Generalklauseln des technischen Arbeitsschutzrechts auf, die zu ihrer Konkretisierung auf technische Regeln verweisen (zB § 3 I ArbStättV, § 7 II 2 GefStoffV)[4]. Die technischen Normen selbst sind als außerrechtl. Phänomen allerdings keine Schutzgesetze[5]. Eindeutig keine Schutzgesetzeigenschaft haben auch diejenigen staatl. Arbeitsschutzvorschriften, die lediglich die innerbetriebl. Organisation betreffen (zB ASiG)[6]. Demggü. sind die BGV der Berufsgenossenschaften gegen die noch hM[7] mit einer im Vordringen befindlichen Ansicht im Hinblick auf Leben und Gesundheit der betroffenen ArbN[8] zu den Schutzgesetzen zu zählen, weil sie zumindest auch den Schutz des einzelnen Beschäftigten bezwecken[9]. Allerdings können die deliktischen Verkehrssicherungspflichten über das von einer BGV gebotene Schutzniveau hinausgehen[10]. § 618 selbst ist entgegen einem neueren obiter dictum des BAG[11] nicht als Schutzgesetz anzusehen[12]. Zum einen will die Norm lediglich vertragl. Verhaltenspflichten konkretisieren. Zum anderen wäre die Verweisung in Abs. 3 überflüssig, wenn jeder Verstoß gegen Abs. 1 oder 2 zugleich eine Schutzgesetzverletzung bedeuten würde[13].

c) Haftungsausschluss. Die **praktische Bedeutung** des § 618 ist im Arbeitsrecht nur **gering**, weil die Haftung des ArbGeb bei Personenschäden des ArbN zumeist gem. § 104 SGB VII ausgeschlossen ist. Dies ist im Grundsatz dann der Fall, wenn der Schaden durch einen Versicherungsfall (Arbeitsunfall oder Berufskrankheit gem. §§ 7 ff. SGB VII) verursacht worden ist. Der Ausschluss bezieht sich auch auf das Schmerzensgeld, was selbst bei schwersten körperlichen Verletzungen verfassungsgemäß ist[14]. An die Stelle des ausgeschlossenen Schadensersatzanspruches gegen den ArbGeb tritt ein Anspruch des ArbN gegen die zuständige Berufsgenossenschaft (Prinzip der Haftungsersetzung durch Versicherungsschutz). Zu einer unmittelbaren Haftung des ArbGeb kommt es nur dann, wenn er den Versicherungsfall vorsätzlich oder auf einem nach § 8 II Nr. 1–4 SGB VII versicherten Weg herbeigeführt hat[15]. Falls ein Schadensereignis ausnahmsw. nicht vom Haftungsausschluss erfasst wird (zB dauerhafte Einwirkung gesundheitsschädlicher Reinigungsmittel; bedingt vorsätzliches Handeln[16]), ist eine Ersatzpflicht des ArbGeb aber durchaus denkbar[17].

5. Kündigungsrecht. Bei einer schwerwiegenden Verletzung von Arbeitsschutzvorschriften kann der ArbN zur **außerordentl. Kündigung** berechtigt sein[18]. Allerdings ist die Kündigung regelmäßig erst nach einer erfolglosen Abmahnung zulässig (§ 314 IV 1). Dem ArbN kann gem. § 628 II ein Anspruch auf Ersatz des Auflösungsschadens zustehen[19].

6. Beschwerderecht. Besteht ein arbeitsschutzwidriger Zustand, kann sich der ArbN zunächst gem. §§ 84, 85 BetrVG an die zuständigen innerbetriebl. Stellen bzw. den BR wenden. Darüber hinaus räumt ihm § 17 II 1 ArbSchG unter bestimmten Voraussetzungen ein **außerbetriebl. Beschwerderecht** ein. Hierfür ist zunächst erforderlich, dass konkrete Anhaltspunkte für unzureichende Maßnahmen zur Gewährleistung von Sicherheit und Gesundheitsschutz vorliegen. Dabei stellt das Gesetz auf die subjektive Einschätzung des Beschäftigten ab[20]. Weiter muss der ArbN zunächst vom ArbGeb erfolglos Ab-

---

1 Soergel/*Kraft*, § 618 Rz. 29; für einen bloßen Prima-facie-Beweis dagegen BAG 8.6.1955 – 2 AZR 200/54, BB 1956, 692; Staudinger/*Oetker*, § 618 Rz. 311 ff.; grds. auch Erman/*Belling*, § 618 Rz. 29.   ‖ 2 Staudinger/*Oetker*, § 618 Rz. 316.   ‖ 3 ArbR-BGB/*Friedrich*, § 618 Rz. 219; MüKoBGB/*Henssler*, § 618 Rz. 106; eingehend *Herschel*, RdA 1964, 7 ff., 44 f.   ‖ 4 ArbR-BGB/*Friedrich*, § 618 Rz. 220; aA Staudinger/*Oetker*, § 618 Rz. 318.   ‖ 5 *Herschel*, RdA 1978, 69 (71); *Marburger*, Die Regeln der Technik im Recht (1979), S. 475 f.; Staudinger/*Oetker*, § 618 Rz. 319.   ‖ 6 ArbR-BGB/*Friedrich*, § 618 Rz. 219.   ‖ 7 BayObLG 10.9.2001 – 5 Z ZR 209/00, NJW-RR 2002, 1249 (1251); OLG Stuttgart 12.3.1999 – 2 U 74/98, NJW-RR 2000, 752 (753); OLG Düss. 6.2.1981 – 22 U 154/80, VersR 1982, 501; offen gelassen in BGH 20.9.1983 – VI 248/81, NJW 1984, 360 (362).   ‖ 8 Nicht hinsichtlich anderer Personen/Interessen; vgl. BGH 2.6.1969 – VII ZR 76/67, VersR 1969, 827 (828); 10.10.1967 – VI ZR 50/66, NJW 1968, 641 (642).   ‖ 9 *Herschel*, RdA 1978, 69 (72); Staudinger/*Oetker*, § 618 Rz. 319; MüKoBGB/*Wagner*, § 823 Rz. 334 f.; s.a. BGH 11.3.1980 – VI ZR 66/79, NJW 1980, 1745 (1746).   ‖ 10 OLG Düss. 29.6.2001 – 22 U 204/00, NJW-RR 2002, 1318 (1319).   ‖ 11 BAG 25.4.2001 – 5 AZR 368/99, NZA 2002, 1211 (1214).   ‖ 12 Erman/*Belling*, § 618 Rz. 30; ArbR-BGB/*Friedrich*, § 618 Rz. 221; Soergel/*Kraft*, § 618 Rz. 7; aA *Herschel*, RdA 1978, 69 (72); *Wlotzke*, FS Hilger/Stumpf, 1983, S. 723 (735).   ‖ 13 Staudinger/*Oetker*, § 618 Rz. 320.   ‖ 14 Grdl. BVerfG 7.11.1972 – 1 BvL 4/71, 17/71 u. 10/72, 1 BvR 355/71, BVerfGE 34, 118 (128 ff.); bestätigt in BVerfG 8.2.1995 – 1 BvR 753/94, NJW 1995, 1607.   ‖ 15 Umfassende Darstellung etwa bei ArbR-BGB/*Friedrich*, § 618 Rz. 325 ff.; Staudinger/*Oetker*, § 618 Rz. 324 ff.   ‖ 16 Vgl. BAG 28.4.2011 – 8 AZR 769/09, NZA-RR 2012, 290.   ‖ 17 LAG Schl.-Holst. 2.6.2005 – 2 Ta 31/05; so bereits *Wlotzke*, FS Hilger/Stumpf, 1983, S. 723 (737).   ‖ 18 Erman/*Belling*, § 618 Rz. 32; ArbR-BGB/*Friedrich*, § 618 Rz. 224; MüKoBGB/*Henssler*, § 618 Rz. 119.   ‖ 19 Vgl. BAG 26.7.2001 – 8 AZR 739/00, EzA § 628 BGB Nr. 19 m. Anm. *Krause*.   ‖ 20 MüKoBGB/*Henssler*, § 618 Rz. 89; Staudinger/*Oetker*, § 618 Rz. 387.

hilfe verlangt haben. Eine umfassende Ausschöpfung sämtlicher innerbetriebl. Möglichkeiten ist dagegen nicht nötig[1]. Schließlich darf sich der ArbN bei seiner außerbetriebl. Beschwerde nur an die zuständige Behörde wenden. Dies sind die örtlich zuständige Arbeitsschutzbehörde sowie der für den ArbGeb zuständige Unfallversicherungsträger[2]. Polizei, Staatsanwaltschaft, Gewerkschaften oder die Presse dürfen dagegen nicht angerufen werden[3].

43 § 17 II 2 ArbSchG ordnet ein **Nachteilsverbot** an. Wenn sich ein ArbN im aufgezeigten Rahmen hält, darf der ArbGeb nicht mit einer Kündigung oder Abmahnung reagieren. Für eine Entgeltfortzahlung bei einer Arbeitsversäumnis bietet die Vorschrift dagegen keine Handhabe. Allerdings kann sich ein Anspruch aus § 615 ergeben (Rz. 33).

619 Unabdingbarkeit der Fürsorgepflichten
Die dem Dienstberechtigten nach den §§ 617, 618 obliegenden Verpflichtungen können nicht im Voraus durch Vertrag aufgehoben oder beschränkt werden.

1 Gem. § 619 sind die dem Dienstberechtigten nach den §§ 617, 618 auferlegten Pflichten **zwingendes Recht**[4]. Hierdurch soll der durch diese Normen bezweckte Schutz gegen abweichende Vereinbarungen gesichert werden. § 619 bezieht sich auf sämtliche einzelvertragl. und kollektivvertragl. Vereinbarungen. Darüber hinaus sind auch einseitige Anordnungen[5] bzw. Verzichtserklärungen erfasst. Der Verbotstatbestand bezieht sich auf sämtliche Abreden, die zu einer unmittelbaren oder auch nur mittelbaren Einschränkung der Pflichten des ArbGeb aus den §§ 617, 618 führen[6]. Insb. ist eine Abwälzung der Kosten für eine Schutzausrüstung, die vom ArbGeb zu beschaffen ist, auf den ArbN grds. unzulässig. Eine Kostenbeteiligung ist nur statthaft, wenn der Beschäftigte aus den Schutzgegenständen freiwillig private Vorteile ziehen kann (näher § 618 Rz. 20).

2 § 619 untersagt nur solche Vereinbarungen, durch die **im Voraus** Pflichten abbedungen werden sollen. Dies bezieht sich grds. auf sämtliche Vereinbarungen vor und während des ArbVerh sowie nach dessen Beendigung[7]. Alle dahin gehenden Absprachen sind nach § 134 nichtig[8], ohne dass die Wirksamkeit des übrigen Vertrags berührt wird[9]. Zulässig sind dagegen Vereinbarungen, die einen bereits entstandenen Ersatzanspruch betreffen[10]. Hierbei kommt es nicht darauf an, ob die Abrede erst nach oder noch während des ArbVerh getroffen wird[11]. Ein Erlass bzw. ein Vergleich muss aber den allg. Wirksamkeitsanforderungen standhalten[12].

619a Beweislast bei Haftung des Arbeitnehmers
Abweichend von § 280 Abs. 1 hat der Arbeitnehmer dem Arbeitgeber Ersatz für den aus der Verletzung einer Pflicht aus dem Arbeitsverhältnis entstehenden Schaden nur zu leisten, wenn er die Pflichtverletzung zu vertreten hat.

I. Normzweck 1	5. Mitverschulden des Arbeitgebers 41
II. Haftungsgrundlagen 2	6. Darlegungs- und Beweislast 43
III. Einschränkung der Haftung des Arbeitnehmers gegenüber dem Arbeitgeber 11	7. Abdingbarkeit 46
1. Sachliche Begründung der Haftungsprivilegierung 12	V. Mankohaftung 47
	1. Gesetzliche Mankohaftung 48
2. Dogmatische Umsetzung 17	2. Vertragliche Mankohaftung 51
IV. Einzelvoraussetzungen der Haftungsreduktion 20	VI. Haftung gegenüber anderen Arbeitnehmern 57
1. Begünstigter Personenkreis 20	VII. Haftung gegenüber Dritten 58
2. Betriebliche Tätigkeit 21	VIII. Anhang: Die Haftung des Arbeitgebers .. 63
3. Schadensverteilung nach dem Verschuldensgrad 27	1. Allgemeines 63
	2. Verschuldensabhängige Haftung 64
4. Bedeutung bestehenden oder möglichen Versicherungsschutzes 38	3. Verschuldensunabhängige Haftung des Arbeitgebers 73

1 **I. Normzweck.** Die Vorschrift ist auf Vorschlag des Rechtsausschusses[13] als Teil des **Gesetzes zur Modernisierung des Schuldrechts** in das BGB eingefügt worden. Mit ihr soll der im Vorfeld geäußerten Befürchtung[14] entgegengetreten werden, dass die neu geschaffene Regelung des § 280 I 2, nach der der

---

1 Staudinger/*Oetker*, § 618 Rz. 392. ‖ 2 Staudinger/*Oetker*, § 618 Rz. 394. ‖ 3 Zur Problematik des „whistleblowing" s. ferner EGMR 21.7.2011 – 28274/08, NZA 2011, 1269; BAG 7.12.2006 – 2 AZR 400/05, NZA 2007, 502; 3.7.2003 – 2 AZR 235/02, NZA 2004, 427. ‖ 4 BAG 16.3.2004 – 9 AZR 93/03, NZA 2004, 927. ‖ 5 Vgl. BAG 21.8.1985 – 7 AZR 199/83, NZA 1986, 324. ‖ 6 Staudinger/*Oetker*, § 619 Rz. 17. ‖ 7 ErfK/*Wank*, § 619 BGB Rz. 2. ‖ 8 Gegen einen Rekurs auf § 134 Erman/*Belling*, § 619 Rz. 4. ‖ 9 Staudinger/*Oetker*, § 619 Rz. 23: MüKoBGB/*Henssler*, § 619 Rz. 9. ‖ 10 Erman/*Belling*, § 619 Rz. 2. ‖ 11 Staudinger/*Oetker*, § 619 Rz. 21. ‖ 12 ArbR-BGB/*Friedrich*, § 619 Rz. 5. ‖ 13 BT-Drs. 14/7072, 64, 204. ‖ 14 *Löwisch*, NZA 2001, 465 (466).

Schuldner bei jeder Verletzung einer Pflicht aus einem Schuldverhältnis sein Nichtvertretenmüssen nachzuweisen hat, zu einer Verschlechterung der zuvor für ArbN geltenden Grundsätze führt. Während der BGH die frühere, nur für die Unmöglichkeit der Leistung geltende Regelung des § 282, nach der es Sache des Schuldners war, das Nichtvertretenmüssen der Unmöglichkeit nachzuweisen, vielfach auf Fälle der pVV angewendet hatte oder doch eine sachlich im Erg. übereinstimmende Beweislastverteilung nach Gefahrenbereichen vertrat, hat das BAG eine entsprechende Heranziehung dieser Norm stets abgelehnt, soweit dadurch das ArbN-Haftungsprivileg unterlaufen worden wäre[1]. Durch § 619a soll erreicht werden, dass sich an dieser für den ArbN günstigen Verteilung der Beweislast nichts ändert[2]. Die Vorschrift regelt damit nur ein Detailproblem aus dem Gesamtkomplex der ArbN-Haftung, die im Folgenden im Zusammenhang erläutert werden soll.

II. Haftungsgrundlagen. Da der Gesetzgeber auf eine eigenständige Regelung des Rechts der Leistungsstörungen im ArbVerh verzichtet hat, gelten für die Haftung des ArbN im **Ausgangspunkt die allg. Grundsätze**. Mit dem Gesetz zur Modernisierung des Schuldrechts ist die einheitliche Anspruchsgrundlage der schuldhaften Pflichtverletzung gem. § 280 I geschaffen worden, die für bestimmte Schadensarten durch die §§ 281–286 ergänzt wird und der für anfängliche Leistungshindernisse § 311a II als Sonderregel vorgeht (s.a. Rz. 64).

Eine **Pflichtverletzung** kann zunächst in der Weise vorkommen, dass der ArbN seine **Dienste nicht erfüllt**, indem er seine Arbeit erst gar nicht antritt, sie unterbricht oder dauerhaft abbricht. Soweit es sich bei der Arbeitsleistung um eine absolute Fixschuld handelt (dazu § 615 Rz. 6 ff.), haben alle diese Verhaltensweisen des ArbN grds. zur Folge, dass der Anspruch des ArbGeb auf die Arbeitsleistung selbst nach § 275 I sofort zeitanteilig untergeht. Der bei Vertretenmüssen bestehende Anspruch gegen den Beschäftigten auf Ersatz des Erfüllungsinteresses (Schadensatz statt der Leistung)[3] beruht dann regelmäßig auf den §§ 280 I und III, 283. Lediglich bei einem bereits bei Vertragsschluss bestehenden Leistungshindernis ist die Sondervorschrift des § 311a II anzuwenden. Diese Norm bezieht sich allerdings nur auf die Fälle, in denen die Arbeitspflicht gem. § 275 ausgeschlossen ist. Leidet bereits der Vertragsschluss selbst an einem Wirksamkeitsmangel (zB Gesetzesverstoß iSd. § 134)[4], haftet der ArbN nicht nach § 311a II auf das Erfüllungsinteresse, sondern allenfalls gem. §§ 280 I, 241 II, 311 II auf Vertrauensschadensersatz unter dem Aspekt der Verletzung einer vorvertragl. Aufklärungspflicht[5].

Wenn die Arbeit an sich zu einem bestimmten Zeitpunkt erbracht werden soll, arbeitsvertragl. aber eine **Nachholbarkeit** vorgesehen ist (vgl. § 615 Rz. 8), gerät der ArbN bei einer zu vertretenden Nichtleistung jedenfalls zunächst nur in Schuldnerverzug, ohne dass es hierfür einer Mahnung bedarf (§ 286 II Nr. 1). Neben dem bis auf weiteres fortbestehenden Erfüllungsanspruch hat der ArbGeb einen Anspruch auf Ersatz für den durch die Leistungsverzögerung entstandenen Schaden, der auf den §§ 280 I und II, 286 beruht. Sofern sich die Arbeitsvertragsparteien auf die Möglichkeit zur Nachholung einer objektiv verzögerten Arbeit geeinigt haben, ohne hierfür Detailregelungen getroffen zu haben, kann der ArbGeb dem ArbN nach § 281 I eine angemessene Frist zur Nachleistung setzen, um die Voraussetzungen für einen Anspruch auf Schadensersatz statt der Leistung (§ 280 III) zu schaffen, falls man eine Fristsetzung nicht sogar für entbehrlich hält (§ 281 II)[6].

Soweit der ArbN wegen Vertragsbruchs das Erfüllungsinteresse zu ersetzen hat, kann er sich allerdings auf eine etwaige **Möglichkeit zur ordentl. Eigenkündigung** berufen. In diesem Falle muss er nur für den durch die vorzeitige Arbeitseinstellung entstandenen Schaden („Verfrühungsschaden") aufkommen (s. aber auch Rz. 10)[7].

Nimmt der ArbGeb die schuldhafte Nichtleistung des ArbN zum Anlass, sich seinerseits durch eine außerordentl. Kündigung vom ArbVerh zu lösen, gewährt ihm die **spezielle Vorschrift des § 628 II** einen Anspruch auf Ersatz des Auflösungsschadens (s. § 628 Rz. 38 ff.).

Von der Nichtleistung ist die **Schlechtleistung ieS** zu unterscheiden, die darin besteht, dass der ArbN die von ihm zugesagten Dienste nicht wie geschuldet erbringt[8]. Hierunter fallen neben Qualitätsmängeln auch Quantitätsmängel (passive Resistenz)[9]. Dabei gilt ein subjektiver Leistungsmaßstab[10], was sonstige Sanktionen (Abmahnung, Kündigung) bei objektiver Schlechtleistung freilich nicht ausschließt[11]. Soweit die Arbeit Fixschuldcharakter hat (vgl. § 615 Rz. 6 ff.), scheidet eine Nacherfüllung

---

1 BAG 17.9.1998 – 8 AZR 175/97, NZA 1999, 141; 13.3.1968 – 1 AZR 362/67, DB 1968, 1227; 30.8.1966 – 1 AZR 456/65, DB 1967, 45. || 2 BT-Drs. 14/7052, 204. || 3 Zur Ersatzfähigkeit von Detektivkosten s. BAG 28.10.2010 – 8 AZR 547/09, NZA-RR 2011, 231; 28.5.2009 – 8 AZR 226/08, DB 2009, 2379; 17.9.1998 – 8 AZR 5/97, NZA 1998, 1334; 3.12.1985 – 3 AZR 277/84, BB 1987, 689. || 4 Zur Abgrenzungsproblematik s.a. MüKoBGB/*Ernst*, § 311a Rz. 25; *Rieble* in Dauner-Lieb/Konzen/K. Schmidt, Das neue Schuldrecht, S. 137 (149 f.). || 5 BT-Drs. 14/6040, 165; *Däubler*, NZA 2001, 1329 (1332); *Gotthardt*, Schuldrechtsreform, Rz. 164; *Löwisch*, FS Wiedemann, 2002, S. 311 (325 f.). || 6 *Hellfeier*, Die Leistungszeit im Arbeitsverhältnis, 2003, S. 133 f. || 7 BAG 23.3.1984 – 7 AZR 37/81, NZA 1984, 122; 26.3.1981 – 3 AZR 485/78, DB 1981, 1832. || 8 *Richardi*, NZA 2002, 1004 (1010 f.). || 9 *Otto/Schwarze/Krause*, Haftung, § 6 Rz. 11; eine Einordnung von passiver Resistenz als (partieller) Nichtleistung zuneigend BAG 17.7.1970 – 3 AZR 423/69, DB 1970, 2226. || 10 BAG 21.5.1992 – 2 AZR 551/91, NZA 1992, 1028; 17.3.1988 – 2 AZR 576/87, NZA 1989, 261. || 11 Vgl. BAG 11.12.2003 – 2 AZR 667/02, NZA 2004, 784; 26.9.1991 – 2 AZR 132/91, NZA 1992, 1073.

schon aus diesem Grunde aus. Der ArbN ist aber auch bei objektiv möglicher Nacherfüllung nicht dazu verpflichtet, auf eigene Kosten nachzuleisten, weil dies auf eine im Dienstvertragsrecht nicht vorgesehene Minderung wegen mangelhafter Leistung¹ hinauslaufen würde. Der ArbGeb kann ihn zwar anweisen, die Folgen der Schlechtleistung zu beseitigen. Hierzu muss der ArbN ggf. an sich nicht geschuldete Überstunden erbringen. Diese Überarbeit muss indes eigens bezahlt werden, damit im wirtschaftl. Ergebnis keine Entgeltminderung eintritt².

8 Besteht somit kein (echter) Nacherfüllungsanspruch, kommt grds. auch in diesen Gestaltungen sogleich ein **Anspruch auf Schadensersatz statt der Leistung** gem. §§ 280 I und III, 283 in Betracht. Als Schadensersatz kann in einem solchen Fall zwar nicht die ordnungsgemäße Nachleistung der Dienste verlangt werden³, weil der Anspruch auf Schadensersatz statt der Leistung zumindest regelmäßig nicht auf Naturalrestitution gerichtet ist⁴. Ein Schaden kann aber in dem Arbeitsentgelt liegen, das der ArbGeb an sich an den betroffenen ArbN zahlen muss, wenn er berechtigterweise Überstunden anordnet, um die Folgen der Schlechtleistung zu beheben. Entsprechendes gilt bei der Beauftragung eines Dritten, etwa eines Kollegen⁵, oder bei eigenen überobligationsmäßigen Anstrengungen des ArbGeb selbst⁶.

9 Denkbar ist schließlich, das als Gegenleistung für die schuldhaft schlecht geleistete Arbeit gezahlte **Entgelt als solches für ersatzfähig zu halten**. Dabei kann es dahinstehen, ob aus insoweit der Weg über §§ 280 I und III, 283 gangbar ist oder ob die Differenz zwischen ordnungsgemäßer und mangelhafter Arbeit für sich genommen keine konkrete Vermögenseinbuße des ArbGeb darstellt⁷ und deshalb von einer **vergeblichen Aufwendung** auszugehen ist, deren Ersatz nach Maßgabe von § 284 verlangt werden kann. In beiden Varianten ist nämlich darauf zu achten, dass grds. nur auf den in der Mangelhaftigkeit der Arbeit liegenden Nachteil abgestellt werden darf. Eine Ausdehnung auf die gesamte im Zusammenhang mit der Schlechtleistung erbrachte Arbeit ist nur unter eingeschränkten Voraussetzungen zulässig (§§ 283 S. 2, 281 I 2). Insbesondere kann die Vergütung regelmäßig nicht vollständig, sondern nur im Hinblick auf die Minderleistung als frustrierte Aufwendung angesehen werden. Eine genaue Bezifferung des Minderwertes einer nicht ordnungsgemäß erbrachten Arbeit ist indes kaum möglich⁸. Fehlt es an einem Vermögensfolgeschaden des ArbGeb, der etwa in den aufzuwendenden Kosten für die Beseitigung einer Minderleistung liegen kann, bleibt die Schlechtleistung des ArbN somit schadensrechtl. sanktionslos. Dies ist hinnehmbar, weil dem ArbGeb genügend andere Instrumente zur Verfügung stehen, mit denen er auf eine mangelhafte Arbeitsleistung des Beschäftigten reagieren kann (Abmahnung, Kündigung). Eine restriktive Haltung in der Schadensersatzfrage korrespondiert zudem mit der durch § 326 I 2 noch einmal gestützten Entscheidung des Gesetzgebers⁹, im Dienstvertragsrecht keine Minderung wegen mangelhafter Leistung zuzulassen.

10 Von der Schlechtleistung ieS ist die Verletzung von **Schutz- und Rücksichtnahmepflichten iSd. § 241 II** abzugrenzen. Hierbei geht es darum, dass der ArbN die zugesagten Dienste als solche zwar ordnungsgemäß erbringt, aber Integritätsinteressen des ArbGeb verletzt, indem er etwa Arbeitsmittel beschädigt, Betriebsgeheimnisse preisgibt oder durch sein Verhalten eine Haftung des ArbGeb ggü. Dritten verursacht. In diese Rubrik gehört auch die Verletzung von vertragl. Informationspflichten. Dies betrifft etwa den Fall, dass der ArbN den ArbGeb nicht rechtzeitig über seine Absicht unterrichtet, eine Arbeitsstelle vertragswidrig nicht antreten zu wollen¹⁰. Dasselbe gilt für den Verstoß einer ArbNin gegen die Pflicht, das vorzeitige Ende einer mitgeteilten Schwangerschaft anzuzeigen, wobei sich das BAG in der Frage des ersatzfähigen Schadens allerdings sehr restriktiv verhält¹¹. Anspruchsgrundlage ist in allen diesen Gestaltungen § 280 I. Insoweit gilt ein objektiver Sorgfaltsmaßstab¹². Für einen Anspruch auf Schadensersatz statt der Leistung gem. §§ 280 I und III, 282 bleibt praktisch kein Raum. Wenn dem ArbGeb die Leistung durch den ArbN nicht mehr zuzumuten ist, wird er nämlich zur außerordentl. Kündigung greifen, so dass § 628 II einschlägig ist. Bei der Verletzung vorvertragl. Rücksichtnahmepflichten (§§ 241 II, 311 II) durch den ArbN gründet sich ein Schadensersatzanspruch ebenfalls auf § 280 I¹³. Neben vertragl. Ansprüchen kann der ArbN dem ArbGeb nach Deliktsrecht (§§ 823 I und II,

---

1 S. BAG 18.7.2007 – 5 AZN 610/07, BB 2007, 1903; BGH 15.7.2004 – IX ZR 256/03, NJW 2004, 2817; 7.3.2002 – III ZR 12/01, NJW 2002, 1571 (1572); 24.2.1982 – IVa ZR 296/80, NJW 1982, 1532; BAG 6.6.1972 – 1 AZR 438/71, DB 1972, 1731. ‖ 2 *Beuthien*, RdA 1972, 20 (23 Fn. 18); *Dietz/Wiedemann*, JuS 1961, 116 (119) Fn. 20. ‖ 3 MünchArbR/*Reichold*, § 39 Rz. 35; so aber *Richardi*, NZA 2002, 1004 (1011). ‖ 4 Vgl. BGH 22.7.2010 – VI ZR 176/09, NJW 2010, 3085; dazu näher MüKoBGB/*Ernst* Vor § 281 Rz. 5; idS bereits *Beuthien*, RdA 1972, 20 (23). ‖ 5 Vgl. BAG 24.4.1970 – 3 AZR 324/69, DB 1970, 1645; allg. auch BAG 6.6.1972 – 1 AZR 438/71, DB 1972, 1731. ‖ 6 Vgl. BAG 24.8.1967 – 5 AZR 59/67, DB 1967, 1944. ‖ 7 *Lindemann*, AuR 2002, 81 (84); idS auch BAG 6.6.1972 – 1 AZR 438/71, DB 1972, 1731; LAG Köln 3.5.1996 – 11 Sa 42/96; aA *Beuthien*, ZfA 1972, 73 (76 ff.). ‖ 8 Ebenso *Otto/Schwarze/Krause*, Haftung, § 6 Rz. 34; MünchArbR/*Reichold*, § 39 Rz. 31. ‖ 9 BT-Drs. 14/6040, 189; ebenso *Gotthardt*, Schuldrechtsreform, Rz. 190; ErfK/*Preis*, § 619a BGB Rz. 7; ähnlich MünchArbR/*Reichold*, § 39 Rz. 31 f. ‖ 10 BAG 14.9.1984 – 7 AZR 11/82, NZA 1985, 25. ‖ 11 BAG 13.11.2001 – 9 AZR 590/99, ZTR 2002, 495; 18.1.2000 – 9 AZR 932/98, NZA 2000, 1157. ‖ 12 ErfK/*Preis*, § 611 Rz. 647. ‖ 13 Die Möglichkeit einer Haftung aus §§ 280 I, 241 II, 311 II *neben* einer vertraglichen Verantwortlichkeit gem. § 311a II bejahend *Rieble* in Dauner-Lieb/Konzen/K. Schmidt, Das neue Schuldrecht, S. 137 (152); verneinend Huber/*Faust*, Schuldrechtsmodernisierung, 2002, Kap. 7 Rz. 17; für den Regelfall ebenso MüKoBGB/*Ernst*, § 311a Rz. 21.

826) sowie nach Spezialtatbeständen (§ 17 UWG) verantwortlich sein. Im Verhältnis zu Arbeitskollegen und außenstehenden Dritten kommt nur eine Schadensersatzpflicht nach deliktischen Grundsätzen in Betracht.

III. Einschränkung der Haftung des Arbeitnehmers gegenüber dem Arbeitgeber. Die Grundentscheidung des BGB, bei jedem Verschulden eine Pflicht des Schuldners zum Ersatz des gesamten Schadens anzuordnen, die nur bei einem echten Mitverschulden reduziert wird (§ 254), wird hinsichtlich der Haftung des ArbN ggü. dem ArbGeb schon seit Jahrzehnten als **sozial unbefriedigend** empfunden. Zu einer umfassenden gesetzl. Regelung ist es in der Vergangenheit trotz wiederholter Ansätze nicht gekommen. Daran hat auch das Gesetz zur Modernisierung des Schuldrechts nichts geändert. Es ist daher nach wie vor Sache der Rspr., die für die Innenhaftung des ArbN geltenden Grundsätze herauszuarbeiten. 11

1. Sachliche Begründung der Haftungsprivilegierung. Die im Prinzip heutzutage unstreitige[1] Beschränkung der Innenhaftung des ArbN lässt sich im Wesentlichen auf **zwei Grundgedanken** zurückführen[2]: Zum einen geht es um den allg. zivilrechtl. Gedanken einer Berücksichtigung des betriebl. Risikopotenzials, zum anderen um den spezifisch arbeitsrechtl. Aspekt des Sozialschutzes von ArbN. 12

Das BAG geht schon seit längerem[3] vom Begriff des **Betriebsrisikos** aus und versteht darunter den Umstand, dass der ArbGeb den Betrieb organisiert und die Arbeitsbedingungen ausgestaltet. Indem der ArbGeb die ArbN in die von ihm geschaffene und gesteuerte betriebl. Organisation eingliedert, verursacht und beeinflusst er Schadensrisiken, denen die ArbN nicht ausweichen können und die sich der ArbGeb als haftungsmindernder Faktor zurechnen lassen muss[4]. Soweit der ArbGeb durch den von ihm organisierten Betriebsablauf erhöhte Risiken schafft, die sich bei einem schuldhaften Fehlverhalten des ArbN im Schaden niederschlagen, ist dieser Begründung ohne weiteres zuzustimmen. Beschränkt sich der Verursachungsanteil des ArbGeb dagegen darauf, dem ArbN durch die Zuweisung von Arbeit die Möglichkeit einer Schädigung eröffnet zu haben, bedarf es eines weiteren Zurechnungselements, das in der **Fremdnützigkeit der Arbeitsleistung** zu sehen ist. Indem der ArbGeb die Tätigkeit des ArbN in seinen betriebl. Leistungsprozess integriert und daraus Vorteile zieht, macht er sich die Arbeitskraft in wirtschaftl. Hinsicht zunutze, so dass es gerechtfertigt ist, ihn auch das mit der Leistung menschlicher Arbeit notwendigerweise verbundene Risiko des Versagens tragen zu lassen[5]. Außerdem fehlt dem ArbN im Gegensatz zum Unternehmer regelmäßig der Freiraum für eine autonome Gefahrsteuerung als ungeschriebene Prämisse der zivilrechtl. Verschuldenshaftung[6]. Des Weiteren kann der ArbGeb vielfach besser als der einzelne ArbN die wirtschaftl. Sinnhaftigkeit von Präventionsmaßnahmen beurteilen, weil er durch eine gesamtbetriebl. Perspektive flächendeckend Informationen gewinnen und Größenvorteile nutzen kann. Schließlich kann der ArbGeb die Schadensrisiken regelmäßig besser als der ArbN absorbieren, weil er sie über den Markt abwälzen und häufig auch versichern kann. 13

Der **Sozialschutz des ArbN** als weiterer eine Haftungsprivilegierung legitimierender Grundgedanke hat zwei Teilausprägungen. Erstens geht es um das (relative) Missverhältnis zwischen Entlohnung und Haftungsrisiko[7]. Zweitens ist der Beschäftigte vor einer Existenzgefährdung durch eine (absolut) ruinöse Ersatzpflicht zu bewahren[8]. 14

Der Große Senat des BAG hat darüber hinaus auf **verfassungsrechtl. Überlegungen** zurückgegriffen. Danach stelle eine unbeschränkte Schadenshaftung des ArbN einen unverhältnismäßigen Eingriff in sein Recht auf freie Entfaltung seiner Persönlichkeit (Art. 2 I GG) und in sein Recht auf freie Berufsausübung (Art. 12 I GG) dar[9]. In einer weiteren Entscheidung wurde die Schutzpflichtentheorie des BVerfG herangezogen[10], wonach der Staat bei einem strukturellen Ungleichgewicht zwischen den Vertragsparteien, das zu einer unzumutbar belastenden Vereinbarung geführt hat, schützend eingreifen muss, um einen angemessenen Ausgleich der Grundrechtspositionen beider Vertragspartner zu ermöglichen[11]. Die grundrechtl. Vorgaben sind indes wenig konkret, um aus ihnen klare Anhaltspunkte für eine Enthaftung des ArbN herleiten zu können[12]. 15

Auch wenn das Gesetz zur Modernisierung des Schuldrechts die Einschränkung der Haftung von ArbN nicht ausdrücklich geregelt hat, soll die von der Rspr. entwickelte Privilegierung nach dem Willen des Gesetzgebers doch **bestätigt** werden[13], so dass diese Judikatur eine zusätzliche Legitimation erfahren hat. 16

2. Dogmatische Umsetzung. Hinsichtlich der dogmatischen Umsetzung der für eine Haftungsprivilegierung sprechenden Wertungen sind im Laufe der Zeit verschiedenartige haftungsgrund- und haf- 17

---

1 Zur Frage der gewohnheitsrechtl. Verfestigung *Otto/Schwarze/Krause*, Haftung, § 4 Rz. 19f. ‖2 Zum Folgenden eingehend *Krause*, NZA 2003, 577 (578ff.); *Otto/Schwarze/Krause*, Haftung, § 3 Rz. 2ff. ‖3 BAG 28.4.1970 – 1 AZR 146/69, DB 1970, 1547; 7.7.1970 – 1 AZR 505/69, BB 1970, 540; 3.11.1970 – 1 AZR 228/70, DB 1971, 342. ‖4 BAG (GS) 12.6.1992 – GS 1/89, NZA 1993, 547; 27.9.1994 – GS 1/89 (A), NZA 1994, 1083; 18.4.2002 – 8 AZR 348/01, NZA 2003, 37. ‖5 *Otto/Schwarze/Krause*, Haftung, § 3 Rz. 18. ‖6 *Otto/Schwarze/Krause*, Haftung, § 3 Rz. 19. ‖7 *Otto/Schwarze/Krause*, Haftung, § 3 Rz. 24. ‖8 *Otto/Schwarze/Krause*, Haftung, § 3 Rz. 24. ‖9 BAG 12.6.1992 – GS 1/89, NZA 1993, 547. ‖10 BAG (GS) 27.9.1994 – GS 1/89 (A), NZA 1994, 1083. ‖11 BVerfG 19.10.1993 – 1 BvR 567 u. 1044/89, BVerfGE 89, 214 (232ff.). ‖12 Dazu eingehend *Otto/Schwarze/Krause*, Haftung, § 4 Rz. 5ff.; s.a. BVerfG 12.11.1997 – 1 BvR 479/92, BVerfGE 96, 357 (393): verfassungsrechtl. Unbedenklichkeit des zivilen Vertrags- und Deliktsrecht (insb. §§ 611, 276, 249 sowie §§ 823 I, 847 aF). ‖13 BT-Drs. 14/6857, 48; BT-Drs. 14/7052, 204.

tungsfolgenorientierte Lösungen angeboten worden. In der Rspr.[1] und in der Lit.[2] dominiert die Vorstellung, dass die Reduktion der ArbN-Haftung auf eine **analoge Anwendung von § 254** zu stützen sei. Die Organisation des Betriebs und die Gestaltung der Arbeitsbedingungen durch den ArbGeb wird als ein verschuldensunabhängiger Zurechnungsfaktor angesehen, der entsprechend § 254 eine Milderung der Haftung des ArbN rechtfertige.

18 Der Schuldrechtsreformgesetzgeber meint, dass es die **Veränderung von § 276 I 1** erlaube, die Haftungsprivilegierung in dieser Norm zu verankern, weil sich eine mildere Haftung nunmehr auch aus dem Inhalt des Schuldverhältnisses ergeben könne. Die Rspr. sei daher nicht mehr gezwungen, auf den an sich nicht passenden § 254 auszuweichen[3]. Die Haftungsreduktion würde danach im Haftungstatbestand und nicht mehr auf der Ebene der Haftungsfolgen angesiedelt sein. Gegen diese Sichtweise spricht jedoch, dass ein Rekurs auf das Vertretenmüssen nur eine Alles-oder-Nichts-Lösung erlaubt und daher allenfalls eine umfassende Freistellung im Bereich der leichten Fahrlässigkeit rechtfertigt. Eine Schadensteilung, wie sie von der Rspr. vor allem in den Fällen mittlerer Fahrlässigkeit (Rz. 34 ff.), teilweise aber auch bei grober Fahrlässigkeit (Rz. 32 f.) vorgenommen wird, lässt sich mit diesem Ansatz nicht begründen[4]. In diesem Sinne hat das BAG seine bisherige Linie fortgeschrieben, ohne die Überlegungen der Gesetzesverfasser zu erwähnen[5].

19 Tatsächlich ist eine **Kombination** zu befürworten. Soweit sich besondere betriebl. Risiken im Schaden realisiert haben, ist dies dem ArbGeb analog § 254 zuzurechnen. Soweit es um die Verantwortlichkeit des ArbGeb für allg. Tätigkeitsrisiken sowie den Sozialschutz des ArbN geht, ist ein ungeschriebener Rechtssatz anzunehmen, der die allg. Haftungsvorschriften zu Gunsten des ArbN überlagert[6].

20 **IV. Einzelvoraussetzungen der Haftungsreduktion. 1. Begünstigter Personenkreis.** Die Haftungsprivilegierung gilt zunächst für **sämtliche ArbN**[7]. Hierzu zählen grds. auch leitende Angestellte[8]. Der BGH hat seine anfänglich ablehnende Judikatur[9] mittlerweile aufgegeben[10]. Eine vollständige Ausklammerung ist nicht gerechtfertigt, weil nicht in jedem Fall davon ausgegangen werden kann, dass der leitende Angestellte das Schadensrisiko selbständig steuern kann bzw. das vereinbarte Arbeitsentgelt eine hinreichende Risikoprämie enthält[11]. Allerdings sind an leitende Angestellte höhere Sorgfaltsanforderungen zu richten. Außerdem kann es infolge ihrer besonderen Kenntnisse und Fähigkeiten geboten sein, das Verhalten eines leitenden Angestellten eher als bei einem einfachen ArbN als grobe Fahrlässigkeit einzustufen[12]. Die Haftungsreduktion erstreckt sich gem. § 10 II BBiG weiter auf Auszubildende[13], führt dort aber nicht zu einer noch umfassenderen Haftungsfreistellung[14]. Die Enthaftungsregeln gelten ferner nicht nur für die Rechtsbeziehungen des LeihArbN zum Verleiher, sondern auch zum Entleiher[15]. Entscheidend ist insoweit, dass der Entleiher den LeihArbN wie einen eigenen Beschäftigten in den von ihm organisierten und gesteuerten Arbeitsprozess einbindet[16]. Bei arbeitnehmerähnlichen Personen ist die Haftung ebenfalls zu reduzieren, weil sich dieser Personenkreis in einer vergleichbaren Schutzbedürftigkeit befindet[17]. Bei freien Mitarbeitern ist darauf abzustellen, inwieweit das übernommene Risiko außer Verhältnis zum Entgelt steht[18]. Schließlich gilt die Haftungsprivilegierung auch für „Ein-Euro-Jobber" (§ 16d VII 3 SGB II), für berufl. Rehabilitanden (§ 36 S. 3 SGB IX) sowie für diejenigen, die Freiwilligendienste leisten (§ 13 S. 2 JFDG, § 9 II BFDG).

21 **2. Betriebliche Tätigkeit.** Die Enthaftung setzt weiter voraus, dass der ArbN den Schaden im Vollzug einer betriebl. Tätigkeit verursacht hat[19]. Der Große Senat des BAG ist damit einer schon seit langem erhobenen Forderung des Schrifttums[20] gefolgt und hat die jahrzehntelange Beschränkung der Haf-

---

1 BAG 18.4.2002 – 8 AZR 348/01, NZA 2003, 37; BAG (GS) 27.9.1994 – GS 1/89 (A), NZA 1994, 1083; 12.6.1992 – GS 1/89, NZA 1993, 547. ‖ 2 *Canaris*, RdA 1966, 41 (46f.); MüKoBGB/*Henssler*, § 619a Rz. 12; abw. Münch-ArbR/*Reichold*, § 51 Rz. 30. ‖ 3 BT-Drs. 14/6857, 48; idS auch BT-Drs. 14/7052, 204. ‖ 4 *Gotthardt*, Schuldrechtsreform, Rz. 195; *Henssler*, RdA 2002, 129 (133); *Herbert/Oberrath*, NJW 2005, 3745 (3748f.); *Krause*, NZA 2003, 577 (581). ‖ 5 BAG 5.2.2004 – 8 AZR 91/03, NZA 2004, 649; 18.4.2002 – 8 AZR 348/01, NZA 2003, 37. ‖ 6 *Otto/Schwarze/Krause*, Haftung, § 5 Rz. 17. ‖ 7 *Peifer*, ZfA 1996, 69 (76 ff.). ‖ 8 *Brox/Walker*, DB 1985, 1469 (1476f.); MüKoBGB/*Henssler*, § 619a Rz. 17; *Joussen*, RdA 2006, 129 (131ff.); *Otto/Schwarze/Krause*, Haftung, § 7 Rz. 1. ‖ 9 BGH 25.2.1969 – VI ZR 223/67, NJW 1970, 34 (35); 7.10.1969 – VI ZR 223/67, DB 1969, 2224 (Justitiar eines Unternehmens); s.a. BGH 14.2.1985 – IX ZR 145/83, VersR 1985, 693 (696) (Geschäftsführer einer Innungskrankenkasse). ‖ 10 BGH 25.6.2001 – II ZR 38/99, BGHZ 148, 167 (172); für den Fall einer Schadenszufügung bei einer für einen leitenden Angestellten nicht charakteristischen Tätigkeit ebenso bereits BAG 11.11.1976 – 3 AZR 266/75, DB 1977, 454 (Bauleiter). ‖ 11 So aber *Kaiser*, AR-Blattei SD 70.2 Rz. 216ff.; diff. *Peifer*, ZfA 1996, 69 (77). ‖ 12 *Krause*, NZA 2003, 577 (581f.); *Otto/Schwarze/Krause*, Haftung, § 7 Rz. 1. Für eine Anwendung der Business Judgment Rule bei unternehmerischen Entscheidungen (§ 93 I 2 AktG) *Bürkle/Fecker*, NZA 2007, 589ff. ‖ 13 BAG 18.4.2002 – 8 AZR 348/01, NZA 2003, 37; 7.7.1970 – 1 AZR 507/69, DB 1970, 1886. ‖ 14 BAG 20.9.2006 – 10 AZR 439/05, NZA 2007, 977. ‖ 15 BGH 22.5.1978 – II ZR 111/76, VersR 1978, 819; 10.7.1973 – VI ZR 66/72, NJW 1973, 2020; OLG Frankfurt/M. 5.7.1995 – 19 U 63/93, VersR 1996, 1403 (1405). ‖ 16 *Otto/Schwarze/Krause*, Haftung, § 7 Rz. 4. ‖ 17 BSG 24.6.2003 – B 2 U 39/02 R, NJW 2004, 966; LAG Hess. 2.4.2013 – 13 Sa 857/12, BB 2013, 1726; MünchArbR/*Reichold*, § 51 Rz. 65; *Zeuner*, RdA 1975, 84 (86f.); aA LAG Berlin 29.10.1990 – 9 Sa 67/90, AfP 1990, 336. ‖ 18 Gegen eine Haftungsmilderung aber BGH 1.2.1963 – VI ZR 271/61, NJW 1963, 1100; ErfK/*Preis*, § 619a BGB Rz. 19; einschr. auch *Waltermann*, RdA 2005, 98 (100ff.). ‖ 19 BAG (GS) 27.9.1994 – GS 1/89 (A), NZA 1994, 1083. ‖ 20 *Brox/Walker*, DB 1985, 1469 (1473); *Mayer-Maly*, FS Hilger/Stumpf, 1983, S. 467 (469ff.); *Otto* in Gutachten 56. DJT, 1986, S. E 52ff.

tungsreduktion auf gefahrgeneigte Tätigkeiten[1] aufgegeben. Die Gefahrgeneigtheit der Tätigkeit ist demnach nicht mehr Einstiegsvoraussetzung für das Haftungsprivileg, kann für die Frage der konkreten Schadensverteilung aber nach wie vor eine erhebliche Rolle spielen[2]. Betriebl. (betriebl. veranlasste) Tätigkeiten sind grds. alle Tätigkeiten, die dem ArbN arbeitsvertragl. übertragen worden sind oder die er im Interesse des ArbGeb für den Betrieb ausführt[3]. Hierdurch sollen – ebenso wie beim Ersatz von Eigenschäden der Beschäftigten (Rz. 76ff.) – betriebl. Risiken von allg. Lebensrisiken des ArbN abgegrenzt werden[4]. Der Begriff stimmt damit zumindest im Wesentlichen mit der betriebl. Tätigkeit als Voraussetzung für den Haftungsausschluss zwischen Arbeitskollegen gem. § 105 I SGB VII überein[5]. Die Unwirksamkeit des Arbeitsvertrags steht der Anwendbarkeit der Grundsätze über den innerbetriebl. Schadensausgleich nicht entgegen[6].

Zur betriebl. Tätigkeit gehören zunächst alle Handlungen, die der ArbN zur **Erfüllung der geschuldeten Arbeitsleistung** vornimmt. Entscheidend sind insoweit der arbeitsvertragl. Rahmen sowie konkretisierende Weisungen des ArbGeb[7]. Zur geschuldeten Leistung zählt etwa auch die Verwahrung von Arbeitsmitteln und Gegenständen des ArbGeb, soweit sich der ArbN auf übliche Aufbewahrungsmaßnahmen beschränkt[8]. Dementsprechend gehört die Rückgabe von Arbeitsmaterialien, soweit diese nicht privat genutzt worden sind, zur betriebl. Tätigkeit[9]. Nicht ausreichend ist ein schlichter räumlicher und zeitlicher Zusammenhang zwischen Schädigung und Arbeit (Anwesenheit im Betrieb, eigenmächtige Nutzung von Betriebsmitteln)[10]. Nicht zur betriebl. Tätigkeit gehört ferner der Weg zur Arbeitsstätte[11]. Dies gilt auch dann, wenn der ArbGeb einen Dienstwagen zur Verfügung gestellt hat[12]. Dient eine Tätigkeit betriebl. Interessen, so verliert sie ihren Charakter nicht dadurch, dass der ArbN Verhaltenspflichten verletzt[13]. Anders ist dies nur dann, wenn der ArbN von vornherein nicht in der Lage ist, die geschuldete Tätigkeit sinnvoll auszuüben (zB bei schwerer Alkoholisierung)[14]. Die gleichzeitige Verfolgung eigener Interessen durch den ArbN schließt den inneren Zusammenhang mit dem betriebl. Geschehen nicht aus. Haben sich im Schaden dagegen Risiken realisiert, die der ArbN im Eigeninteresse eingegangen ist, greift die Haftungsprivilegierung nicht ein[15]. Auch eine vermeintlich privaten Zielen dienende Handlung kann aber betriebl. Interessen nützen und damit als betriebl. Tätigkeit zu charakterisieren sein[16].

Das Erfordernis einer betriebl. Tätigkeit führt dazu, dass alle Pflichtverletzungen, die auf der **Nichterbringung der Arbeitsleistung** beruhen, **nicht privilegiert** sind. Beruht die Nichtleistung auf einer Krankheit, gilt zur Vermeidung von Wertungswidersprüchen allerdings der Verschuldensmaßstab des § 3 EFZG. Die Schlechtleistung iS unzureichender Arbeitsqualität stellt dagegen eine betriebl. Tätigkeit dar. Von der Haftungsreduktion ist jedoch der Schaden auszunehmen, der ausschließlich darin besteht, dass die zugesagten Dienste nicht ordnungsgemäß erbracht worden sind (vgl. Rz. 7f.)[17]. Hiervon zu unterscheiden sind Integritätsverletzungen, die auf einer Schlechtleistung ieS oder einer Verletzung von Rücksichtnahmepflichten iSd. § 241 II beruhen. Das Haftungsprivileg entfällt erst dann, wenn die Integritätsverletzung nicht mehr mit dem betriebl. Geschehen zusammenhängt. Bei existenzbedrohenden Schäden ist darüber hinaus an eine Milderung der Ersatzpflicht aus Gründen des Sozialschutzes zu denken (s.a. Rz. 32).

Wenn der ArbN eigenmächtig eine Aufgabe übernimmt, die außerhalb seines vertragl. Einsatzfeldes liegt, ist eine betriebl. Tätigkeit für den Fall zu bejahen, dass die Wahrnehmung dem **objektiven Interesse des ArbGeb** entspricht. Sofern dies nicht zutrifft, ist der ArbN nur dann privilegiert, wenn er ohne Verschulden eine Sachlage annimmt, die ihn zu einem Eingreifen berechtigt[18]. Die Grundsätze über den innerbetriebl. Schadensausgleich gelten nur für die Durchführung, nicht aber für die Übernahme einer betriebl. Tätigkeit. Wenn ein wesentlicher Grund der Haftungsreduktion in der Organisationsgewalt des ArbGeb liegt, kann derjenige ArbN nicht begünstigt werden, der sich selbst auf schuldhafte Weise eine ihm nicht zustehende Kompetenz anmaßt[19]. Demggü. ist das Haftungsprivileg anwendbar, wenn der ArbN zwar keine Arbeitsaufgabe wahrnimmt, sich bei der Schädigung aber in einer dem Betrieb dienlichen Weise im Herrschaftsbereich des ArbGeb bewegt[20].

---

1 Grdl. BAG (GS) 25.9.1957 – GS 4/56 (GS 5/56), NJW 1959, 2194. ||2 BAG (GS) 27.9.1994 – GS 1/89 (A), NZA 1994, 1083. ||3 BAG 18.4.2002 – 8 AZR 348/01, NZA 2003, 37; BAG (GS) 27.9.1994 – GS 1/89 (A), NZA 1994, 1083. ||4 BAG 20.9.2006 – 10 AZR 439/05, NZA 2007, 977. ||5 BAG 28.10.2010 – 8 AZR 418/09, NZA 2011, 345. ||6 Otto/Schwarze/Krause, Haftung, § 8 Rz. 1. ||7 Zur Abgrenzung bei Urheberrechtsverstößen Emmert/Baumann, DB 2008, 526ff. ||8 Otto/Schwarze/Krause, Haftung, § 8 Rz. 4. ||9 Undeutlich LAG Rh.-Pf. 8.5.1996 – 2 Sa 74/95, NZA-RR 1999, 163 LS. ||10 BAG 18.4.2002 – 8 AZR 348/01, NZA 2003, 37. ||11 Zur Abgrenzung von Arbeitsweg und Betriebsweg iSd. § 8 SGB IV BGH 25.10.2005 – VI ZR 334/04, VersR 2006, 221. ||12 LAG Köln 15.9.1998 – 13 Sa 367/98, MDR 1999, 684 (685); 24.6.1994 – 13 Sa 37/94, NZA 1995, 1163. ||13 BAG 18.4.2002 – 8 AZR 348/01, NZA 2003, 37. ||14 Otto/Schwarze/Krause, Haftung, § 8 Rz. 5. ||15 BAG 21.10.1983 – 7 AZR 488/80, NZA 1984, 83. ||16 Vgl. BAG 21.10.1983 – 7 AZR 488/80, NZA 1984, 83 (häuslicher Zwischenaufenthalt eines Kraftfahrers zur Erhaltung der Arbeitsfähigkeit); LAG München 24.8.1988 – 7 (8) Sa 763/86, NZA 1989, 218 (Umweg zur Umgehung eines Staus). ||17 Richardi, NZA 2002, 1004 (1011). ||18 BAG 11.9.1975 – 3 AZR 561/74, DB 1975, 2375. ||19 IdS auch Otto/Schwarze/Krause, Haftung, § 8 Rz. 12. ||20 Vgl. LAG Nürnberg 22.9.1992 – 2 (4) Sa 505/91, NZA 1994, 1089: Verkehrsunfall auf Werksgelände (zu § 637 Abs. 1 RVO).

25 Bei **vorvertragl. Pflichtverletzungen** hängt die Begünstigung des ArbN davon ab, ob er bereits in das betriebl. Geschehen integriert worden ist[1].

26 Die Grundsätze über die beschränkte ArbN-Haftung gelten sowohl für **vertragl. Ansprüche** als auch für gleichzeitig verwirklichte **deliktische Schadensersatzansprüche**[2].

27 **3. Schadensverteilung nach dem Verschuldensgrad. a) Grundlagen.** Seit der Entscheidung des Großen Senats des BAG v. 25.9.1957[3] herrscht Einigkeit darüber, dass die Enthaftung des ArbN vom **Maß seines Verschuldens** abhängt. Während es der Große Senat noch dabei beließ, von einer „nicht schweren Schuld" als Voraussetzung für eine Haftungsmilderung zu sprechen, kristallisierte sich in der Folgezeit ein dreistufiges Haftungsmodell heraus, nach dem zwischen Vorsatz/grober Fahrlässigkeit, mittlerer Fahrlässigkeit und geringer (leichtester) Fahrlässigkeit zu unterscheiden ist[4]. In den 1980er Jahren kam es zwischenzeitlich zu einer Änderung, indem das BAG eine zweistufige Konzeption entwickelte und den ArbN nur noch für Vorsatz und grobe Fahrlässigkeit haften lassen wollte[5]. Schon wenige Jahre später ist das BAG jedoch zur dreistufigen Haftung zurückgekehrt[6]. Hieran hat der Große Senat in seiner Entscheidung v. 27.9.1994[7] nichts geändert, so dass im Grundsatz weiterhin das Dreistufenmodell gilt. Da es sich bei der Einteilung um Rechtsbegriffe handelt, sind diese durch die Revision nachprüfbar. Allerdings steht dem Tatsachenrichter ein erheblicher Beurteilungsspielraum bei der Bestimmung des Verschuldensgrades zu[8].

28 Zweifelhaft ist, ob das **Verschulden nur auf die Pflichtverletzung oder auch auf** die **Rechtsgutverletzung bzw. den eingetretenen Schaden zu beziehen** ist. Während die ältere Rspr. uneinheitlich war[9], hat sich das BAG in seiner jüngeren Rspr. ausdrücklich dazu bekannt, den Bezugspunkt des Verschuldens auf den Schaden zu erstrecken, was insb. bei einem vorsätzlichen Verstoß des ArbN gegen eine Weisung des ArbGeb relevant wird[10]. Das Schrifttum vertritt überwiegend dieselbe Ansicht[11]. Zutreffend erscheint es dagegen, das Verschulden lediglich auf die Pflichtverletzung zu beziehen. Hierfür spricht neben dem Wortlaut des § 619a die Überlegung, es auf diese Weise dem ArbGeb zu ermöglichen, durch konkrete Weisungen das Schadensrisiko in seinem Betrieb zu steuern[12]. Zudem muss sich auch der Vorsatz iSd. §§ 105 I, 110 I SGB VII nicht auf den Schaden, sondern nur auf das den Versicherungsfall verursachende Handeln oder Unterlassen einschl. des Verletzungserfolges beziehen[13]. Eine restriktivere arbeitsrechtl. Sichtweise könnte ansonsten in bestimmten Fällen kraft eines Freistellungsanspruchs des ArbN zu einer systemwidrigen Verlagerung des Schadens auf den ArbGeb führen[14].

29 **b) Vorsatz.** Der ArbN handelt entsprechend allg. Grundsätzen dann vorsätzlich, wenn er eine konkrete vertragl. oder gesetzl. Verhaltenspflicht **wissentlich und willentlich** verletzt. Sofern er auch den Schaden vorsätzlich verursacht, ihn also als möglich voraussieht und billigend in Kauf nimmt, scheidet eine Haftungsprivilegierung aus. Beschränkt sich der Vorsatz dagegen auf die Pflichtverletzung, kommt es zwar regelmäßig ebenfalls nicht zu einer Haftungsreduktion, weil sich in einem solchen Fall nicht das vom ArbGeb zu tragende Betriebsrisiko realisiert hat. Ein besonders hoher, existenzgefährdender Schaden kann aber aus sozialen Gründen eine Ermäßigung der Schadenslast rechtfertigen[15].

30 **c) Grobe Fahrlässigkeit.** Bei grober Fahrlässigkeit muss der ArbN idR den gesamten Schaden tragen[16]. Grobe Fahrlässigkeit liegt nach allg. Ansicht dann vor, wenn der ArbN die im Verkehr erforderliche Sorgfalt nach den gesamten Umständen **in ungewöhnlich hohem Maße verletzt und unbeachtet lässt, was im gegebenen Fall jedem hätte einleuchten müssen**[17], wenn also schon einfachste, ganz nahe liegende Überlegungen nicht angestellt wurden[18]. Neben einem objektiv schwerwiegenden Pflichtverstoß muss auch ein subjektiv schlechthin unentschuldbares Verhalten vorliegen[19], wobei die individuellen Fähigkeiten des Schädigers zu berücksichtigen sind[20].

---

1 BAG 24.1.1974 – 3 AZR 488/72, DB 1974, 779 (Probefahrt mit Lkw). ‖2 BAG 30.8.1966 – 1 AZR 456/65, DB 1967, 45; 12.5.1960 – 2 AZR 78/58, AP BGB § 611 Haftung des Arbeitnehmers Nr. 16. ‖3 BAG (GS) 25.9.1957 – GS 4/56 (GS 5/56), NJW 1959, 2194. ‖4 Grdl. BAG 19.3.1959 – 2 AZR 402/55, DB 1959, 948. ‖5 BAG 23.3.1983 – 7 AZR 391/79, DB 1983, 1207. ‖6 BAG 24.11.1987 – 8 AZR 524/82, NZA 1988, 579. ‖7 BAG (GS) 27.9.1994 – GS 1/89 (A), NZA 1994, 1083. ‖8 BAG 4.5.2006 – 8 AZR 311/05, NZA 2006, 1429. ‖9 S. die Analyse bei *Otto/Schwarze*, Haftung, 3. Aufl., Rz. 168. ‖10 BAG 18.4.2002 – 8 AZR 348/01, NZA 2003, 37; ebenso BAG 28.10.2010 – 8 AZR 418/09, NZA 2011, 345; 18.1.2007 – 8 AZR 250/06, NZA 2007, 1230; 10.10.2002 – 8 AZR 103/02, NZA 2003, 436; LAG Rh.-Pf. 26.1.2011 – 7 Sa 638/10. ‖11 *Däubler*, NJW 1986, 867 (870); *Deutsch*, RdA 1996, 1 (3); Staudinger/*Richardi/Fischinger*, § 619a Rz. 74f.; *Waltermann*, RdA 2005, 98 (105f.). ‖12 *Otto/Schwarze/Krause*, Haftung, § 9 Rz. 7; ebenso *Heinze*, NZA 1986, 546 (552); MünchArbR/*Reichold*, § 51 Rz. 36; idS auch LAG Köln 19.6.1998 – 11 Sa 1581/97, LAGE § 611 BGB Arbeitnehmerhaftung Nr. 24. ‖13 LAG Köln 30.10.2000 – 8 Sa 496/00, LAGE § 105 SGB VII Nr. 4; 11.8.2000 – 4 Sa 553/00, MDR 2001, 160; *Otto/Schwarze/Krause*, Haftung, § 23 Rz. 7 u. § 25 Rz. 7; ErfK/*Rolfs*, § 104 SGB VII Rz. 12, § 105 SGB VII Rz. 6; zu den §§ 104, 105 SGB VII sa BGH 11.2.2003 – VI ZR 34/02, BGHZ 154, 11 (13ff.); BAG 10.10.2002 – 8 AZR 103/02, NZA 2003, 436. ‖14 *Krause*, NZA 2003, 577 (583); *Schwarze*, Anm. zu BAG, AP SGB VII § 104 Nr. 1. ‖15 *Otto/Schwarze/Krause*, Haftung, § 10 Rz. 13. ‖16 BAG 15.11.2012 – 8 AZR 705/11, DB 2013, 705; 25.9.1997 – 8 AZR 288/96, NZA 1998, 310; BAG (GS) 27.9.1994 – GS 1/89 (A), NZA 1994, 1083. ‖17 BAG 15.11.2001 – 8 AZR 95/01, NZA 2002, 612; 12.11.1998 – 8 AZR 221/97, NZA 1999, 263; Staudinger/*Richardi/Fischinger*, § 619a Rz. 76. ‖18 BAG 28.5.1960 – 2 AZR 548/59, DB 1960, 1043. ‖19 BAG 23.3.1983 – 7 AZR 391/79, DB 1983, 1207. ‖20 BAG 18.1.2007 – 8 AZR 250/06, NZA 2007, 1230; 4.5.2006 – 8 AZR 311/05, NZA 2006, 1429.

Als **Beispiele für grobe Fahrlässigkeit** sind zu nennen: Einschlafen am Steuer eines Fahrzeugs wegen 31
Übermüdung[1]; Überholen vor Rechtskurve bei Nebel[2]; Missachten einer auf „Rot" geschalteten Ampel[3];
Fahren mit einem Rest Blutalkoholwert von 1,1 Promille nach durchzechter Nacht[4]; unverschlossenes
Zurücklassen von Kellnereinnahmen in einem Restaurantwagen[5]; Nichtbeachtung von Stop-Loss-Order im Wertpapierhandel[6]. Wegen der beim Vorwurf grober Fahrlässigkeit erforderlichen subjektiven
Komponente können die konkreten Umstände des Einzelfalles entlastend wirken. Berücksichtigungsfähig sind aber nur solche Momente, die mit dem Unfallgeschehen in einem Zusammenhang stehen
und geeignet sind, auf dieses einzuwirken[7]. So kann etwa eine dem ArbGeb zuzurechnende Drucksituation oder Übermüdung entlastend wirken[8]. Das BAG kleidet diesen Aspekt zuweilen in die ungenaue
Formel, dass sich der ArbGeb in einem solchen Fall nicht auf die grobe Fahrlässigkeit des ArbN berufen
könne[9].

Das BAG spricht sich seit einigen Jahren dezidiert für die **Möglichkeit einer Haftungserleichterung** 32
auch bei grober Fahrlässigkeit aus, wobei es entscheidend darauf ankommen soll, dass der Verdienst
des ArbN in einem deutlichen Missverhältnis zum Schadensrisiko der Tätigkeit steht[10]. Zur Begründung stützt sich das BAG neben dem Schutz der Persönlichkeit des ArbN wesentlich auf das vom ArbGeb zu tragende Betriebsrisiko[11]. Mit dem Betriebsrisiko iS einer Verantwortung des ArbGeb für den
technisch-organisatorischen Betriebsablauf hat eine Haftungsreduktion bei grober Fahrlässigkeit indes nur wenig zu tun. Vielmehr geht es zumindest primär um eine Rücksichtnahme auf die soziale
Schutzbedürftigkeit des ArbN, mit der dem Missverhältnis zwischen Schaden und Entgelt sowie der
Existenzgefährdung des Beschäftigten Rechnung getragen werden soll[12].

Soweit es um das **konkrete Ausmaß der Haftungsmilderung** bei grober Fahrlässigkeit geht, hat das 33
BAG summenmäßige Festlegungen abgelehnt[13]. Liegt der zu ersetzende Schaden unterhalb der Grenze
von drei Bruttomonatsgehältern, kommt eine Reduktion regelmäßig nicht in Betracht[14]. Darüber hinaus hat das BAG eine Verurteilung zu einem Schadensersatz in Höhe von mehr als fünf Bruttomonatsgehältern gebilligt (20 000 DM bei einem Bruttoverdienst von 3 500 DM und einem Schaden von
150 000 DM)[15]. Die Möglichkeit einer Haftungsreduktion wollte das BAG aber dann wieder ausschließen, wenn der ArbN mit besonders grober (gröbster) Fahrlässigkeit gehandelt hat[16]. Es ist jedoch zweifelhaft, ob das BAG ebenso entschieden hätte, wenn die im konkreten Fall betroffene ArbNin nicht haftpflichtversichert gewesen wäre. In einer neueren Entscheidung ist das BAG folgerichtig zurückgerudert
und hält eine Haftungserleichterung nunmehr auch bei „gröbster" Fahrlässigkeit für statthaft[17]. Eine
dem ArbGeb mögliche Versicherung ist (nur) dann zu berücksichtigen, wenn der Rückgriff gegen den
ArbN ausgeschlossen ist[18].

d) **Mittlere Fahrlässigkeit.** Bei mittlerer Fahrlässigkeit, die gem. § 276 II dann vorliegt, wenn der ArbN 34
die im Verkehr objektiv erforderliche Sorgfalt außer Acht gelassen hat, erfolgt nach dem dreistufigen
Haftungsmodell der Rspr. eine **Schadensteilung**. Dabei soll eine Abwägung der Gesamtumstände, insb.
von Schadensanlass und Schadensfolgen, nach Billigkeits- und Zumutbarkeitsgesichtspunkten erfolgen[19]. Die vom BAG in diesem Zusammenhang aufgelisteten Kriterien lassen sich danach unterscheiden, ob sie die Schadensentstehung, die arbeitsvertragl. Austauschgerechtigkeit, die persönlichen Verhältnisse des ArbN oder die Schadensvorsorge durch den ArbGeb betreffen[20]. Hinsichtlich der
Schadensentstehung geht es einmal um die Gefahrneigung der Tätigkeit, die somit zwar nicht mehr die
Eingangsvoraussetzung für eine mögliche Enthaftung bildet, im Rahmen der konkreten Abwägung bei
mittlerer Fahrlässigkeit aber nach wie vor eine erhebliche Rolle spielt. Weiter gehören hierher diejenigen Aspekte, die für das konkrete Ausmaß des ArbN-Verschuldens relevant sind, wie etwa Arbeitsüberlastung, das Bestehen einer Konfliktsituation oder fehlende berufliche Erfahrung. In den Bereich der
Austauschgerechtigkeit fällt in erster Linie das Verhältnis zwischen Arbeitsentgelt und eingetretenem
Schaden.

---

1 BAG 29.6.1964 – 1 AZR 434/63, DB 1964, 1741. ||**2** BAG 22.2.1972 – 1 AZR 223/71, DB 1972, 1442. ||**3** BAG 12.11.1998 – 8 AZR 221/97, NZA 1999, 263; 12.10.1989 – 8 AZR 276/88, NZA 1990, 97. ||**4** BAG 23.1.1997 – 8 AZR 893/95, NZA 1998, 140. ||**5** BAG 15.11.2001 – 8 AZR 95/01, NZA 2002, 612. ||**6** BAG 18.1.2007 – 8 AZR 250/06, NZA 2007, 1230. ||**7** BAG 24.1.1974 – 3 AZR 488/72, DB 1974, 779; 22.2.1972 – 1 AZR 223/71, DB 1972, 1442. ||**8** Otto/Schwarze/Krause, Haftung, § 9 Rz. 18 f. ||**9** BAG 18.1.1972 – 1 AZR 125/71, DB 1972, 780; ähnlich BAG 18.4.2002 – 8 AZR 348/01, NZA 2003, 37 (40): Weisung eines Vorgesetzten zu gefährlichem Tun als Milderungsgrund. ||**10** BAG 12.10.1989 – 8 AZR 276/88, NZA 1990, 97; 23.1.1997 – 8 AZR 893/95, NZA 1998, 140 f.; 25.9.1997 – 8 AZR 288/96, NZA 1998, 310; 18.4.2002 – 8 AZR 348/01, NZA 2003, 37; 28.10.2010 – 8 AZR 418/09, NZA 2011, 345; 15.11.2012 – 8 AZR 705/11, DB 2013, 705. ||**11** BAG 18.1.2007 – 8 AZR 250/06, NZA 2007, 1230; 18.4.2002 – 8 AZR 348/01, NZA 2003, 37; 12.10.1989 – 8 AZR 276/88, NZA 1990, 97. ||**12** Otto/Schwarze/Krause, Haftung, § 10 Rz. 2 ff.; gegen jegliche Berücksichtigung Annuß, NZA 1998, 1089 (1094). ||**13** BAG 15.11.2012 – 8 AZR 705/11, DB 2013, 705; 12.10.1989 – 8 AZR 276/88, NZA 1990, 97. ||**14** BAG 12.11.1998 – 8 AZR 221/97, NZA 1999, 263; 15.11.2001 – 8 AZR 95/01, NZA 2002, 612; Analyse der uneinheitlichen Instanzjudikatur bei Hübsch, NZA-RR 1999, 393 (396). ||**15** BAG 23.1.1997 – 8 AZR 893/95, NZA 1998, 140 f. ||**16** BAG 25.9.1997 – 8 AZR 288/96, NZA 1998, 310. ||**17** BAG 28.10.2010 – 8 AZR 418/09, NZA 2011, 345. ||**18** BAG 18.1.2007 – 8 AZR 250/06, NZA 2007, 1230. ||**19** BAG 18.4.2002 – 8 AZR 348/01, NZA 2003, 37; BAG (GS) 27.9.1994 – GS 1/89 (A), NZA 1994, 1083. ||**20** Eingehend Otto/Schwarze/Krause, Haftung, § 9 Rz. 27 ff.

35 Bei der vom BAG aufgezeigten Möglichkeit, dass der Verdienst eine Risikoprämie enthält, ist aber **Zurückhaltung** geboten. Auch eine vergleichsweise hohe Vergütung kann nicht ohne deutliche Inhaltspunkte in eine Grundvergütung und einen Risikozuschlag aufgespalten werden. Ein bedeutsamer Faktor ist dagegen die Stellung des ArbN im Betrieb. Auch wenn die Haftungsprivilegierung bei leitenden Angestellten nicht von vornherein ausgeschlossen ist (Rz. 20), muss der größere Freiraum zu eigenverantwortlicher Gefahrsteuerung doch zu Lasten dieses Personenkreises berücksichtigt werden. Ferner ist erheblich, ob der ArbN über einen langen Zeitraum schadensfrei gearbeitet hat, weil der ArbGeb dann bereits umfassend von den Diensten des Beschäftigten profitiert hat.

36 Zu den berücksichtigungsfähigen persönlichen Verhältnissen des ArbN zählt das BAG die **Dauer der Betriebszugehörigkeit, das Lebensalter sowie die Familienverhältnisse**. Da diese Umstände keinen Bezug zum Schadensereignis haben, sind sie richtiger Ansicht nach grds. außer Betracht zu lassen[1]. Dies gilt erst recht für das Kriterium der langjährigen Mitgliedschaft im BR[2]. Eine Ausnahme gilt lediglich für Unterhaltslasten, weil hiervon die finanzielle Leistungsfähigkeit des ArbN abhängt[3]. Die zwischenzeitlich vom BAG vertretene generelle Enthaftung des ArbN unterhalb der Schwelle grober Fahrlässigkeit (Rz. 27) wird von großen Teilen des Schrifttums bereits de lege lata postuliert[4]. Eine solche Fortentwicklung des Haftungsmodells hat sich bislang aber nicht durchsetzen können[5]. Im Hinblick auf die vom ArbGeb zu erwartende Schadensvorsorge schließlich geht es vor allem um Versicherungsmöglichkeiten (dazu Rz. 38 ff.).

37 **e) Leichteste Fahrlässigkeit.** Bei leichtester Fahrlässigkeit soll die **Haftung** des ArbN nach traditioneller Sichtweise **vollständig entfallen**[6]. Gemeint sind damit Fälle eines am Rande des Verschuldens liegenden Versehens. Da eine Abgrenzung zwischen mittlerer und leichtester Fahrlässigkeit weder dem BGB bekannt noch praktikabel ist[7], sollte von dieser Begriffsbildung Abstand genommen werden. Soweit man an einer Haftung des ArbN unterhalb der Schwelle grober Fahrlässigkeit festhält, ist das Ausmaß des Verschuldens des ArbN besser generell als Abwägungsfaktor und nicht als möglicher Ausschlussgrund anzusehen[8].

38 **4. Bedeutung bestehenden oder möglichen Versicherungsschutzes.** Wenn der eingetretene Schaden durch eine Versicherung gedeckt ist oder versicherbar war, kann es zu komplizierten Folgefragen kommen. Die vom ArbGeb genommene Kfz-Haftpflichtversicherung bezieht angestellte Fahrer und Beifahrer in den Versicherungsschutz ein (§ 2 II Nr. 3 und 4 KfzPflVV). Begleicht der Versicherer einen aus dem Gebrauch des Fahrzeugs resultierenden Schaden, findet somit kein Regress gegen den ArbN nach § 86 I 1 VVG statt. Ein zulässiger Selbstbehalt des ArbGeb kann ggü. dem ArbN gem. § 114 II 2 VVG nicht geltend gemacht werden. Dies gilt auch für den Regress des ArbGeb gegen den ArbN[9]. Bei einem gestörten Versicherungsverhältnis wird der ArbN durch verschiedene Mechanismen vor einer umfassenden Leistungsfreiheit des Versicherers geschützt (vgl. § 123 VVG, §§ 5 f. KfzPflVV)[10]. Beruht die Störung auf einem Verschulden des ArbGeb, fallen die daraus resultierenden Nachteile im Innenverhältnis zum ArbN ausschließlich dem ArbGeb zur Last. Die Fürsorgepflicht gebietet es dem ArbGeb nämlich, sich so zu verhalten, dass der aus Pflichtversicherungen für ArbN folgende Deckungsschutz auch tatsächlich besteht[11]. Ergibt sich die Leistungsfreiheit dagegen aus einem vorsätzlichen Verhalten des ArbN, ist ein unbeschränkter Regress des Versicherers möglich[12]. Eine generelle Pflicht des ArbGeb, eine Betriebshaftpflichtversicherung abzuschließen, die auch ArbN umfassend in ihren Schutz (vgl. § 102 VVG) einbezieht, besteht nicht[13]. Demggü. ist eine Obliegenheit, eine solche Versicherung zu marktüblichen Konditionen zu nehmen, angesichts ihres hohen Verbreitungsgrades zu bejahen[14].

39 Eine vom **ArbN abgeschlossene gesetzl. vorgeschriebene Haftpflichtversicherung** (insb. Kfz-Haftpflichtversicherung) ist nach Ansicht der Rspr. zu Lasten des ArbN zu berücksichtigen[15]. Teile der Lit. wollen eine vom ArbN genommene Versicherung dagegen generell unberücksichtigt lassen[16]. Überzeu-

---

1 LAG Köln 20.2.1991 – 7 Sa 706/90, LAGE § 611 BGB Gefahrgeneigte Arbeit Nr. 9; *Annuß*, NZA 1998, 1089 (1094); *Hanau/Preis*, JZ 1988, 1072 (1075); *Joussen*, AuR 2005, 432 (433 f.); *Otto*, AuR 1995, 72 (76). ‖ 2 LAG Bremen 26.7.1999 – 4 Sa 116/99, NZA-RR 2000, 126 (127); *Walker*, JuS 2002, 736 (738). ‖ 3 *Otto/Schwarze/Krause*, Haftung, § 9 Rz. 30. ‖ 4 *Däubler*, NJW 1986, 867 (870 f.); *Gamillscheg*, AuR 1983, 317 (318); *Hanau*, FS Hübner, 1984, S. 467 (481 ff.); *Otto/Schwarze/Krause*, Haftung, § 9 Rz. 36 ff.; *Preis*, AuR 1986, 360 (365 f.). ‖ 5 Abl. *Brox/Walker*, DB 1985, 1469 (1475); *Dütz*, NJW 1986, 1779 (1782 ff.); *Heinze*, NZA 1986, 545 (551); *Richardi*, JZ 1986, 796 (803 ff.); *Zöllner*, Anm. zu BAG, EzA § 611 BGB Gefahrgeneigte Arbeit Nr. 14. ‖ 6 BAG (GS) 27.9.1994 – GS 1/89 (A), NZA 1994, 1083; BAG 19.3.1959 – 2 AZR 402/55, DB 1959, 948; MüKoBGB/*Henssler*, § 619a Rz. 35; ErfK/*Preis*, § 619a BGB Rz. 13. ‖ 7 *Larenz*, SAE 1959, 189; *Mayer-Maly*, AcP 163 (1963), 114 (118 ff.). ‖ 8 In diese Richtung auch BGH 11.3.1996 – II ZR 230/94, DB 1996, 1242; s. ferner *Otto/Schwarze/Krause*, Haftung, § 9 Rz. 34 f. Für ein Nichtvertretenmüssen des ArbN von culpa levissima durch eine Subjektivierung des Fahrlässigkeitsmaßstabes Staudinger/*Richardi/Fischinger*, § 619a Rz. 61. ‖ 9 BAG 13.12.2012 – 8 AZR 432/11, NZA 2013, 622. ‖ 10 Einzelheiten bei *Otto/Schwarze/Krause*, Haftung, § 11 Rz. 19 ff. ‖ 11 BAG 23.6.1988 – 8 AZR 300/85, NZA 1989, 181; BGH 20.1.1971 – IV ZR 42/69, BGHZ 55, 281 (285). ‖ 12 LAG Düss. 12.2.2003 – 12 Sa 1345/02, VersR 2004, 103 (Unfallflucht). ‖ 13 BAG 1.12.1988 – 8 AZR 65/84, NZA 1989, 796. ‖ 14 *Otto/Schwarze/Krause*, Haftung, § 11 Rz. 32; s. zur Reichweite der Obliegenheit auch LAG Köln 7.5.1992 – 5 Sa 448/91, NZA 1992, 1032. Zu den Auswirkungen der Neufassung von § 81 II VVG *Gross/Wesch*, NZA 2008, 849 ff. ‖ 15 BAG 25.9.1997 – 8 AZR 288/96, NZA 1998, 310; BGH 3.12.1991 – VI ZR 378/90, BGHZ 116, 200 (207 ff.). ‖ 16 *Annuß*, NZA 1998, 1089 (1095); *Gick*, JuS 1980, 393 (401); *Hübsch*, BB 1998, 690 (691).

gender ist es indes, danach zu differenzieren, ob der ArbGeb oder ein Dritter geschädigt worden ist, und dem ArbGeb im letzteren Fall den Schaden anzulasten, der auf das ihm zuzurechnende betriebl. Risikopotenzial entfällt[1]. Eine freiwillige Berufshaftpflichtversicherung des ArbN ist grds. nicht zu seinen Lasten zu berücksichtigen[2]. Neben dem versicherungsrechtl. Trennungsprinzip spricht hierfür, dass der ArbN durch die von ihm aufgebrachten Versicherungsprämien letztlich den ArbGeb von betriebl. Risiken entlasten würde. Wenn eine Enthaftung des ArbN dagegen nur aus sozialen Gründen geboten wäre, um ihn vor einem ruinösen Schadensersatz zu bewahren, lässt ein Versicherungsschutz ausnahmsw. die Privilegierung entfallen[3]. Eine abweichende Beurteilung ist auch bei einer D&O-Versicherung wegen ihres speziellen Zwecks als Instrument der unternehmerischen Schadensvorsorge geboten[4].

Der **ArbGeb** ist ggü. dem ArbN **nicht zum Abschluss einer Kfz-Kaskoversicherung verpflichtet**, auch wenn eine solche Versicherung den Beschäftigten auf Grund der Regressbeschränkung nach A.2.15 AKB 2008 (Stand 2013) schützen würde[5]. Den ArbGeb trifft aber eine generelle Obliegenheit zum Abschluss einer Fahrzeugversicherung, weil es dem ArbN nicht zum Nachteil gereichen darf, wenn der ArbGeb aus wirtschaftl. Gründen auf eine hinreichende Eigenvorsorge verzichtet[6]. Allerdings kann eine angemessene Selbstbeteiligung vereinbart werden[7]. 40

5. Mitverschulden des Arbeitgebers. Die Schadensersatzpflicht des ArbN kann weiter durch ein **konkretes Mitverschulden** des ArbGeb gemindert sein (§ 254). Ein echtes Mitverschulden ist erst zu berücksichtigen, nachdem vorab eine generelle Schadensverteilung nach den Grundsätzen über den innerbetriebl. Schadensausgleich erfolgt ist. Soweit danach in einem ersten Schritt eine Quotelung erfolgt ist, muss ggf. in einem zweiten Schritt eine weitere Quotelung des Schadens vorgenommen werden[8]. Hierbei ist darauf zu achten, dass das betriebl. Risiko nicht zweimal in Rechnung gestellt wird. Auf der zweiten Stufe sind daher nur echte Obliegenheitsverletzungen in Rechnung zu stellen. Insoweit muss sich der ArbGeb nicht nur das eigene Fehlverhalten, sondern auch Fehler anderer ArbN, die zu dem Schaden beigetragen haben, gem. § 254 iVm. § 278 zurechnen lassen[9]. Der ArbN kann sich aber nicht auf das Fehlverhalten von ihm unterstellten Mitarbeitern berufen[10]. 41

Im Einzelnen trifft den ArbGeb die Obliegenheit, nur einen grds. **geeigneten ArbN** mit einer Aufgabe zu betrauen[11]. Weiter muss der ArbN ordnungsgemäß eingewiesen werden[12]. Die zur Verfügung gestellten Arbeitsmittel müssen gefahrfrei sein und eine hinreichende Schadensvorsorge ermöglichen[13]. Schließlich ist der ArbGeb gehalten, den betriebl. Prozess so zu organisieren, dass zumindest nahe liegende Schäden vermieden werden. Hierzu kann eine Kontrolle zur Eindämmung besonderer Gefahrenquellen[14] sowie die Beauftragung einer Sicherheitsfirma zur Absicherung eines Geldtransports[15] gehören. Darüber hinaus kann das Mitverschulden ganz generell in einem Organisationsverschulden bestehen[16]. Ein Mitverschulden kann ferner auch in einem Verstoß gegen die Schadensminderungsobliegenheit gem. § 254 II liegen[17]. Fehlender Versicherungsschutz kann eine Obliegenheitsverletzung, aber auch die Verletzung einer Rechtspflicht darstellen (dazu Rz. 38 ff.). 42

6. Darlegungs- und Beweislast. Nach § 619a hat der ArbGeb nicht nur die objektive Pflichtverletzung, sondern auch das **Vertretenmüssen des ArbN** darzulegen und ggf. zu beweisen. Mit dieser Sondervorschrift soll erreicht werden, dass der ArbN nicht der allg. Beweislastumkehr hinsichtlich des Vertretenmüssens gem. § 280 I 2 unterliegt[18]. Obwohl der Wortlaut weiter reicht, ist der Anwendungsbereich von § 619a auf die Fälle zu beschränken, in denen der ArbN den Schaden durch eine betriebl. Tätigkeit herbeigeführt hat[19]. Die Verbesserung der beweisrechtl. Situation des Beschäftigten dient nämlich lediglich dazu, die Haftungsprivilegierung nicht zu unterlaufen. Die Darlegungs- und Beweislast hinsichtlich der betriebl. Tätigkeit als Grundvoraussetzung für die Haftungsreduktion trifft allerdings den ArbN[20]. IÜ bleibt es bei den allg. Regeln, so dass der ArbGeb die haftungsbegründende und die haftungsausfüllende Kausalität darzulegen und ggf. zu beweisen hat[21]. 43

---

1 Eingehend *Otto/Schwarze/Krause*, Haftung, § 11 Rz. 31 f. ||2 BAG 28.10.2010 – 8 AZR 418/09, NZA 2011, 345; 25.9.1997 – 8 AZR 288/96, NZA 1998, 310; 14.10.1993 – 8 AZR 242/92, EzA § 611 BGB Gefahrgeneigte Arbeit Nr. 28. ||3 *Otto/Schwarze/Krause*, Haftung, § 11 Rz. 7 ff. mit weiteren Details. ||4 Näher *Otto*, FS 50 Jahre BAG, 2004, S. 97 (114 ff.); aA *Hanau*, FS E. Lorenz, 2004, S. 283 (288 ff.); *Waltermann*, RdA 2005, 98 (108). ||5 BAG 24.11.1987 – 8 AZR 66/82, NZA 1988, 584 (für § 15 II AKB idF v. 1.1.1971). ||6 LAG Köln 5.4.2012 – 7 Sa 1334/11; *Otto/Schwarze/Krause*, Haftung, § 11 Rz. 40 ff.; sehr weit gehend LAG Köln 22.12.2004 – 7 Sa 859/04, LAGE § 611 BGB 2002 Arbeitnehmerhaftung Nr. 1, das diesen Schutz auch auf Schäden bei Privatfahrten sowie durch Familienangehörige ausdehnen will. ||7 BAG 24.11.1987 – 8 AZR 66/82 u. 8 AZR 524/82, AP BGB § 611 Haftung des Arbeitnehmers Nr. 92 u. 93. ||8 BAG 3.11.1970 – 1 AZR 228/70, DB 1971, 342; tendenziell anders aber BAG 18.1.2007 – 8 AZR 250/06, NZA 2007, 1230. ||9 BAG 11.9.1975 – 3 AZR 561/74, DB 1975, 2397; 26.11.1969 – 1 AZR 200/69, DB 1970, 402. ||10 BAG 25.9.1997 – 8 AZR 288/96, NZA 1998, 310. ||11 Vgl. BAG 18.1.1972 – 1 AZR 125/71, DB 1972, 780. ||12 BAG 3.2.1970 – 1 AZR 188/69, DB 1970, 736. ||13 BAG 18.12.1970 – 1 AZR 171/70, VersR 1971, 553. ||14 BAG 16.2.1995 – 8 AZR 493/93, NZA 1995, 565; 18.12.1970 – 1 AZR 177/70, DB 1971, 634. ||15 LAG Rh.-Pf. 12.2.2010 – 6 Sa 251/09. ||16 BAG 18.1.2007 – 8 AZR 250/06, NZA 2007, 1230. ||17 Vgl. BAG 18.12.1970 – 1 AZR 177/70, DB 1971, 634 (unter IV). ||18 Vgl. BAG 21.6.2012 – 2 AZR 694/11, NZA 2013, 199; LAG MV 26.9.2012 – 3 Sa 8/12. ||19 *Gotthardt*, Schuldrechtsreform, Rz. 197; *Henssler*, RdA 2002, 129 (132); *Oetker*, BB 2002, 43 (44). ||20 BAG 18.4.2002 – 8 AZR 348/01, NZA 2003, 37. ||21 LAG MV 26.9.2012 – 3 Sa 8/12; LAG Rh.-Pf. 7.9.2009 – 5 Sa 269/09.

44 Für eine Heranziehung von § 619a bei einer Verletzung der Arbeitspflicht durch **Unmöglichkeit oder Verzug** besteht **kein Anlass**, weil die Ursache insoweit nicht im Organisations- und Gefahrenbereich des ArbGeb liegt. Soweit man verlangt, dass sich das Vertretenmüssen des ArbN nicht nur auf die Pflichtverletzung, sondern auch auf den hierdurch herbeigeführten Schaden beziehen muss (Rz. 28), ist § 619a auf diesen Aspekt des subjektiven Tatbestandes ebenfalls anzuwenden[1]. Eine Differenzierung würde dem Ziel der Vorschrift zuwiderlaufen, ein Aushebeln der Haftungsbeschränkung zu verhindern. Falls sich der ArbGeb auf grobe Fahrlässigkeit des ArbN beruft, muss er die diesen Vorwurf tragenden Tatsachen darlegen und ggf. beweisen[2]. Auf einen Anscheinsbeweis kann er sich wegen der erforderlichen subjektiven Umstände zumindest regelmäßig nicht stützen[3]. Wenn die belastenden Momente den Schluss auf eine grobe Fahrlässigkeit des ArbN zulassen, ist es dessen Sache, entlastende Momente darzutun und zu beweisen[4]. Hinsichtlich des Vorwurfs mittlerer Fahrlässigkeit liegt die Darlegungs- und Beweislast ebenfalls beim ArbGeb, wenngleich in diesem Bereich ein Anscheinsbeweis eher möglich ist[5]. Für deliktische Ansprüche des ArbGeb gegen den ArbN bleibt es bei den allg. Grundsätzen, die von § 619a aber nicht abweichen[6]. IÜ hindert § 619a die Rspr. nicht daran, die Position des ArbGeb mit Hilfe eines Anscheinsbeweises oder einer abgestuften Darlegungs- und Beweislast zu erleichtern[7].

45 Bei **Gruppenarbeit** wollte das BAG bislang jedenfalls für den Fall, dass ein Gruppenakkord vereinbart worden ist, die beweisrechtl. Situation für den ArbGeb verbessern[8]. Danach sollte es ausreichen, wenn der geschädigte ArbGeb nachweist, dass sein Schaden durch eine Schlechtleistung der Gruppe verursacht worden ist. Steht die Schlechtleistung der Gruppe fest, soll es Sache des einzelnen Gruppenmitgliedes sein, sich hinsichtlich der individuellen Pflichtverletzung bzw. des individuellen Vertretenmüssens zu entlasten. Auch wenn § 619a diese Konstellation nicht erfasst, gebietet diese Norm doch eine gewisse Zurückhaltung bei Beweiserleichterungen zu Gunsten des ArbGeb. Diese sind nur dann gerechtfertigt, wenn die Tätigkeit der ArbN erfolgsbezogen ist oder sie eine besondere Einstandspflicht für das Verhalten ihrer Kollegen übernommen haben[9].

46 **7. Abdingbarkeit.** Die Regeln über den innerbetriebl. Schadensausgleich sind nach Ansicht des BAG einseitig **zwingendes ArbN-Schutzrecht**[10]. Von ihnen kann weder einzel- noch kollektivvertragl. zu Lasten des ArbN abgewichen werden[11]. Diese Charakterisierung schließt allerdings abweichende Vereinbarungen nicht aus, sofern das generelle Schutzniveau hierdurch nicht zu Lasten des ArbN unterschritten wird[12]. Relevant wird dies praktisch ausschließlich bei Mankoabreden (dazu Rz. 51ff.). Ob sich an diesen Grundsätzen durch die Schuldrechtsreform etwas geändert hat, ist bislang ungeklärt. Eine Ansicht will aus der Vorstellung des Gesetzgebers, die Haftungsprivilegierung nunmehr auf § 276 I 1 zu stützen[13], den Schluss ziehen, dass der innerbetriebl. Schadensausgleich nicht mehr zum zwingenden Recht gehöre[14], konnte sich damit aber nicht durchsetzen[15].

47 **V. Mankohaftung.** Die Mankohaftung[16] ist eine besondere Form der Schadenshaftung, die sich dadurch auszeichnet, dass der Schaden in einem **Fehlbestand von Geldbeträgen oder anvertrauten Gegenständen** besteht[17].

48 **1. Gesetzliche Mankohaftung.** Haben die Parteien keine spezielle Mankoabrede getroffen, kommen die Grundsätze über die gesetzl. Mankohaftung zur Anwendung. Hinsichtlich der Anspruchsgrundlage muss auch nach der Schuldrechtsreform zwischen den Fällen unterschieden werden, in denen der ArbGeb Schadensersatz statt der Leistung bei Ausschluss der Leistungspflicht nach §§ 280 I und III, 283 verlangt, und den Fällen, in denen es lediglich um den Ersatz von Begleitschäden infolge einer Schlechtleistung gem. § 280 I 1 geht. Nach der Rspr.[18] ist eine Haftung nach §§ 280 I und III, 283 unter dem Gesichtspunkt einer wegen Unmöglichkeit ausgeschlossenen Leistungspflicht aus Geschäftsbesorgung (§ 667) bzw. Verwahrung (§ 695) nur (noch) dann anzunehmen, wenn der ArbN unmittelbaren Alleinbesitz an den überlassenen Gegenständen hatte. Entgegen der Ansicht des BAG genügt es hierfür jedoch nicht, dass der ArbN hinsichtlich der Sache wirtschaftl. Überlegungen (Betriebsbemühungen, Preiskalkulation) anzustellen hat. Vielmehr kann von einem Alleinbesitz nur dann die Rede sein, wenn

---

1 Oetker, BB 2002, 43 (45). ||2 BAG 22.2.1972 – 1 AZR 223/71, DB 1972, 1442. ||3 BAG 20.3.1973 – 1 AZR 337/72, DB 1973, 1405. ||4 BAG 22.2.1972 – 1 AZR 223/71, DB 1972, 1442. ||5 LAG Köln 22.1.1999 – 11 Sa 1015/98, NZA-RR 1999, 408. ||6 Oetker, BB 2002, 43 (44). ||7 BT-Drs. 14/7052, 204; Oetker, BB 2002, 43 (44). ||8 BAG 24.4.1974 – 5 AZR 480/73, DB 1974, 1820. ||9 Eingehend Otto/Schwarze/Krause, Haftung, § 13 Rz. 69ff.; ferner Benecke, FS Otto, 2008, S. 1ff.; Häuser, FS Beuthien, 2009, S. 411ff.; gegen eine Beweislastumkehr bei einfacher Gruppenarbeit auch LAG Sa.-Anh. 26.2.2004 – 6 Sa 474/03; LAG Berlin 30.10.1989 – 9 Sa 66/89, LAGE § 611 BGB Arbeitnehmerhaftung Nr. 13. ||10 BAG 2.12.1999 – 8 AZR 386/98, NZA 2000, 715; 17.9.1998 – 8 AZR 175/97, NZA 1999, 141. ||11 BAG 5.2.2004 – 8 AZR 91/03, NZA 2004, 649. ||12 Einzelheiten bei Krause, NZA 2003, 577 (585); Krause, RdA 2013, 129 (137ff.) jew. mwN. S.a. BAG 5.2.2004 – 8 AZR 91/03, NZA 2004, 649: keine Kompensation der Haftung für leichteste Fahrlässigkeit durch private Nutzungsmöglichkeit von Dienstwagen. ||13 BT-Drs. 14/6857, 48. ||14 Gotthardt, Schuldrechtsreform, Rz. 195; ErfK/Preis, § 619a Rz. 11. ||15 Abl. Brose, RdA 2011, 205 (215f.); MüKoBGB/Henssler, § 619a Rz. 13; Krause, NZA 2003, 577 (585); Walker, FS Canaris, Bd. I, 2007, S. 1503 (1513ff.); Waltermann, RdA 2005, 98 (108f.). ||16 Zur Mankohaftung ausf. Deinert, RdA 2000, 22ff.; Krause, RdA 2013, 129ff.; Stoffels, AR-Blattei SD 870.2 Rz. 1ff. ||17 Zu den einzelnen Fallgruppen s. Otto/Schwarze/Krause, Haftung, § 13 Rz. 2; Reinecke, ZfA 1976, 215 (216f.). ||18 BAG 2.12.1999 – 8 AZR 386/98, NZA 2000, 715; 17.9.1998 – 8 AZR 175/97, NZA 1999, 141.

der ArbN im Hinblick auf die überlassenen Gegenstände keinem Weisungsrecht mehr unterliegt, wie es etwa bei einem Dienstwagen der Fall sein kann, der auch zu privaten Zwecken genutzt werden darf[1]. In allen anderen Konstellationen ist der ArbN dagegen als Besitzdiener iSd. § 855 anzusehen. Kommt es im Rahmen seiner Tätigkeit zu einem Schaden in Form eines Fehlbestandes, ist ein Anspruch daher auf den Aspekt einer einfachen Pflichtverletzung zu stützen[2]. Dementsprechend genügt es erst recht nicht, wenn der ArbN erst im Begriff ist, eine eingeschränkte Sachherrschaft anzutreten[3].

Die Grundsätze über den **innerbetriebl. Schadensausgleich** sind auch auf die allg. Mankohaftung **anwendbar**[4]. Die frühere, anders lautende Judikatur ist mit der Aufgabe des Kriteriums der Gefahrneigung der Tätigkeit obsolet geworden. 49

Im Rahmen der allg. Mankohaftung trägt der ArbGeb gem. § 619a die **Darlegungs- und Beweislast** für die objektive Pflichtverletzung sowie das Vertretenmüssen des ArbN. Wenn und soweit das schädigende Ereignis näher am ArbN als am ArbGeb gelegen hat, kann dem ArbGeb durch eine abgestufte Darlegungs- und Beweislast entgegengekommen werden[5]. 50

2. Vertragliche Mankohaftung. Die Praxis kennt seit langem Mankoabreden, deren Zweck darin besteht, die haftungs- bzw. beweisrechtl. Situation des ArbGeb im Vergleich zur gesetzl. Lage zu verbessern. Eine Veränderung der Rechtslage zu Lasten des ArbN setzt zunächst eine klare und eindeutige Vereinbarung voraus[6]. Sodann sind Mankoabsprachen im Ausgangspunkt als Ausdruck der Vertragsfreiheit zulässig. Sie dürfen jedoch nicht das von der Rspr. entwickelte Schutzniveau unterschreiten. Insoweit handelt es sich bei den Grundsätzen über den innerbetriebl. Schadensausgleich nach Ansicht des BAG um einseitig zwingendes ArbN-Schutzrecht (Rz. 46). Dies ist im Grundsatz ein strengerer Maßstab als die zuvor praktizierte Inhaltskontrolle nach Maßgabe der §§ 138, 242. 51

Eine Mankoabrede ist nach der Rspr. nur dann wirksam, wenn der ArbN ein **zusätzliches Mankoentgelt** erhält und die Haftung auf die Summe der in einem bestimmten Zeitraum gezahlten Mankogelder beschränkt ist[7]. Der Bezugszeitraum ist auf ein Jahr zu begrenzen. Ob es neben der erforderlichen wirtschaftl. Kompensation für die Risikoverlagerung auf den ArbN weiterer Voraussetzungen für eine wirksame Mankovereinbarung bedarf, ist noch ungeklärt. Die jüngere Rspr. erweckt im Gegensatz zu älteren Aussagen den Eindruck, als könnten dem ArbN auch nicht voll beherrschbare Risiken auferlegt werden[8]. Dem ist angesichts der Beschränkung der Haftung auf die Summe der Mankogelder zuzustimmen[9]. 52

Vertragl. Regelungen, nach denen der **ArbN die Beweislast** für an sich vom ArbGeb zu beweisende Umstände **zu tragen hat**, sind entsprechend bisherigen Grundsätzen[10] als **zulässig** anzusehen. Dabei muss gewährleistet sein, dass der vom ArbN auf Grund dieser Abrede zu tragende Schaden nicht höher als die Summe der in einem Jahr gezahlten Mankogelder ist. Da das Risiko für den ArbN somit begrenzt ist, spielt es keine Rolle, ob es um solche Tatsachen geht, die aus einem vom Beschäftigten grds. beherrschbaren Bereich stammen[11]. Unter diesen Voraussetzungen liegt auch bei formularmäßigen Verträgen entgegen der hM[12] kein Verstoß gegen die gem. §§ 310 IV, 309 Nr. 12 vorzunehmende Inhaltskontrolle vor[13]. Wenn eine verschuldensunabhängige Einstandspflicht unter bestimmten Voraussetzungen zulässig ist, können an dieselben Voraussetzungen geknüpfte Beweislastvereinbarungen, die den ArbN im Erg. sogar noch etwas besser stellen, nicht unwirksam sein[14]. § 619a steht abweichenden Dispositionen ohnehin nicht entgegen, weil diese Norm nicht in § 619 aufgenommen worden ist[15]. 53

Unabhängig von der Frage des Schutzniveaus der allg. Mankohaftung ist eine Klausel dann gem. § 138 sittenwidrig und damit nichtig, wenn sie den ArbN durch ihren Inhalt dazu anreizt, **Dritte zu benachteiligen**. Dies ist etwa der Fall, wenn der ArbN ein festgestelltes Manko mit einem späteren Überschuss verrechnen kann[16]. 54

Liegt eine wirksame Mankovereinbarung vor, ist der ArbGeb nicht daran gehindert, sich für die Geltendmachung eines **über die Summe der Mankogelder hinausgehenden Schadens** auf die Grundsätze über die allg. Mankohaftung zu stützen. Die vertragl. Absprache ist zumindest regelmäßig dahin aus- 55

---

1 Näher dazu *Krause*, Anm. zu BAG, AP BGB § 611 Mankohaftung Nr. 1 u. 3. || 2 Ausf. dazu *Krause*, RdA 2013, 129 (130ff.); *Krause*, Anm. zu BAG, AP BGB § 611 Mankohaftung Nr. 1 u. 3; ebenso *Boemke/Müller*, SAE 2000, 6 (7f.); *Preis/Kellermann*, SAE 1998, 133 (134f.). || 3 LAG Nürnberg 23.6.1998 – 2 Sa 444/95, LAGE § 611 BGB Arbeitnehmerhaftung Nr. 25. || 4 BAG 17.9.1998 – 8 AZR 175/97, NZA 1999, 141; MüKoBGB/*Henssler*, § 619a Rz. 40; MünchArbR/*Reichold*, § 51 Rz. 70. || 5 BAG 2.12.1999 – 8 AZR 386/98, NZA 2000, 715; 17.9.1998 – 8 AZR 175/97, NZA 1999, 141; ausf. dazu *Krause*, RdA 2013, 129 (134ff.). || 6 BAG 13.2.1974 – 4 AZR 13/73, SAE 1975, 230. || 7 BAG 2.12.1999 – 8 AZR 386/98, NZA 2000, 715; abl. *Schwirtzek*, NZA 2005, 437 (438ff.). || 8 BAG 2.12.1999 – 8 AZR 386/98, NZA 2000, 715. || 9 Strenger noch *Krause*, Anm. zu BAG, AP BGB § 611 Mankohaftung Nr. 3 sowie Voraufl. || 10 BAG 29.1.1985 – 3 AZR 570/82, NZA 1986, 23; 13.2.1974 – 4 AZR 13/73, SAE 1975, 230. || 11 *Otto/Schwarze/Krause*, Haftung, § 13 Rz. 51; strenger noch Voraufl. || 12 *Gotthardt*, Schuldrechtsreform, Rz. 286, 320; MüKoBGB/*Henssler*, § 619a Rz. 54; ErfK/*Preis*, §§ 305–310 BGB Rz. 90; CKK/*Schlewing*, AGB Arbeitsrecht, § 309 Rz. 150. || 13 Ebenso MünchArbR/*Reichold*, § 51 Rz. 81. || 14 So aber *Stoffels*, AR-Blattei SD 870.2 Rz. 137f.; ihm zust. *Deinert*, RdA 2000, 22 (35). || 15 Staudinger/*Richardi*/*Fischinger*, § 619a Rz. 5; unklar *Däubler*, NZA 2001, 1329 (1331 mit Fn. 26). || 16 *Otto/Schwarze/Krause*, Haftung, § 13 Rz. 57.

zulegen, dass sie die Haftung des ArbN erweitern, seine Verantwortlichkeit aber bei nachgewiesenem Verschulden nicht auf einen bestimmten Betrag begrenzen soll.

56 Sofern eine Mankovereinbarung die Zulässigkeitsgrenzen überschreitet, ist sie insg. unwirksam. Eine **geltungserhaltende Reduktion ist** entsprechend allg. Grundsätzen[1] **abzulehnen**[2]. Die schadensrechtl. Verantwortlichkeit des ArbN richtet sich dann nach den Grundsätzen über die allg. Mankohaftung[3].

57 VI. Haftung gegenüber anderen Arbeitnehmern. Schädigt der ArbN einen Kollegen, gelten an sich die allg. zivilrechtl. Grundsätze[4]. Die zumeist aus § 823 I bzw. II folgende deliktische Verantwortlichkeit wird bei Personenschäden jedoch durch die §§ 105, 106 SGB VII überlagert (hierzu eingehend die Erl. dort).

58 VII. Haftung gegenüber Dritten. Außerhalb des Anwendungsbereichs der §§ 105, 106 SGB VII richtet sich die Haftung des ArbN bei einer Schädigung Dritter[5] im Ausgangspunkt nach **allg. zivilrechtl. Grundsätzen.** Der ArbN kann daher neben § 18 StVG vor allem nach § 823 I verantwortlich sein. Dabei ist im Falle mittelbarer Schädigungen problematisch, unter welchen Voraussetzungen der ArbN Träger von Verkehrs- bzw. Verkehrssicherungspflichten ist. Die Rspr. ist uneinheitlich[6]. Im Ausgangspunkt sind die Verkehrspflichten beim Unternehmensträger anzusiedeln, der das betriebl. Geschehen steuert und daraus seinen Nutzen zieht. Eigene Verkehrspflichten des ArbN sind dann zu bejahen, wenn er besondere Gefahrenquellen schafft (zB Entfernung von Schutzeinrichtungen) oder er für eine bestimmte Verkehrssicherung speziell zuständig ist (zB Schwimmmeister). Eine Übernahme von arbeitgeberbezogenen Verkehrspflichten durch den ArbN ist nur dann anzunehmen, wenn der ArbN einen außerordentl. weiten Entscheidungsspielraum zur Gefahrsteuerung hat und der ArbGeb berechtigterweise von eigenen Kontrollmaßnahmen absehen kann[7].

59 In einer Reihe von Fällen wirken sich **gesetzl. und vertragl. Haftungsprivilegierungen** des Unternehmers auch zu Gunsten des Beschäftigten in seinem Verhältnis zum geschädigten Dritten aus[8]. Außerhalb dieser speziellen Konstellationen hat sich die im Schrifttum vereinzelt geforderte[9] allg. Beschränkung der Außenhaftung des ArbN bislang nicht durchsetzen können[10].

60 Handelt es sich bei dem außenstehenden Dritten um einen **Betriebsmittelgeber** (Leasing, Eigentumsvorbehalt, Sicherungseigentum, Betriebspacht), sprechen die überwiegenden Gründe dafür, die Grundsätze der innerbetrieb. Schadensausgleichs auch auf den Ersatzanspruch des Dritten gegen den ArbN anzuwenden[11]. Der Betriebsmittelgeber begibt sich bewusst in eine Sphäre erhöhter Schadensanfälligkeit und kann die damit verbundenen Risiken häufig durch bestimmte Vereinbarungen zumindest beeinflussen. Darüber hinaus zieht er aus der Überlassung einen wirtschaftl. Nutzen, indem der ArbGeb durch den Einsatz im Produktionsprozess überhaupt erst in die Lage versetzt wird, seinen finanziellen Verpflichtungen (Leasing-Raten, Kreditrückzahlung etc.) nachzukommen. Der Eigentümer macht sich damit die wirtschaftl. Effizienz der vom ArbGeb geschaffenen und gesteuerten Arbeitsorganisation zunutze[12].

61 Wenn ein **ArbN** einem Kollegen einen **privaten Gegenstand (zB Kfz) zur betriebl. Nutzung überlässt,** bleibt es im Schadensfall dagegen bei den allg. zivilrechtl. Grundsätzen[13]. Ansonsten würde das Risiko der Insolvenz des ArbGeb vom schuldhaft handelnden auf den geschädigten Beschäftigten verlagert werden, wofür kein Anlass besteht.

62 Wenn der ArbN einem außenstehenden Dritten haftet, hat er nach allg. Ansicht gegen den ArbGeb in dem Umfang einen **Anspruch auf Freistellung** von seiner Ersatzpflicht, in dem der ArbGeb einen erlittenen Eigenschaden selbst tragen müsste[14]. Der Freistellungsanspruch ist nicht auf die Fürsorgepflicht des ArbGeb zu stützen[15]. Haften der ArbGeb und der ArbN im Außenverhältnis gesamtschuldnerisch,

---

1 S. nur BAG 25.5.2005 – 5 AZR 572/04, NZA 2005, 1111; 4.3.2004 – 8 AZR 196/03, NZA 2004, 727. || 2 ErfK/*Preis*, § 619a BGB Rz. 46. || 3 *Otto/Schwarze/Krause*, Haftung, § 13 Rz. 53; MünchArbR/*Reichold*, § 51 Rz. 77. || 4 Zur Haftung wegen eines auf Beleidigungen und Nötigungen bzw. auf falscher Verdächtigung beruhenden Arbeitsplatzverlustes BAG 18.1.2007 – 8 AZR 234/06, AP DGB § 823 Nr. 17; OLG Koblenz 23.1.2003 – 5 U 1/03, NZA 2003, 438 f.; LAG Hamm 30.11.2000 – 8 Sa 878/00, LAGE § 824 BGB Nr. 1. || 5 Umfassender Überblick bei *Spindler*, FS Otto, 2008, S. 537 ff. || 6 Bejahend etwa BGH 28.4.1987 – VI ZR 127/86, NJW 1988, 48 (49) (Geräte auf Spielplatz); verneinend BGH 16.6.1987 – IX ZR 74/86, NJW 1987, 2510 f. (Wachmann). || 7 Näher dazu Soergel/*Krause*, § 823 Anh. II Rz. 72 f.; *Otto/Schwarze/Krause*, Haftung, § 16 Rz. 8 ff.; *Spindler*, Unternehmensorganisationspflichten, 2001, S. 927 ff. || 8 Einzelheiten bei *Krause*, VersR 1995, 752 (753 ff.); *Otto/Schwarze/Krause*, Haftung, § 18 Rz. 1 ff. || 9 *Brüggemeier*, AcP 191 (1991), 33 (62 f.); *Däubler*, NJW 1986, 867 (872). || 10 BGH 26.1.1995 – VII ZR 240/93, NJW-RR 1995, 659; 13.12.1994 – VI ZR 283/93, NJW 1995, 1150 (1151); 21.12.1993 – VI ZR 103/93, DB 1994, 634; 19.9.1989 – VI ZR 349/88, BGHZ 108, 305 (308 ff.); BAG (GS) 25.9.1957 – GS 4/56 (5/56), NJW 1959, 2194; *Krause*, VersR 1995, 742 (756); *Otto/Schwarze/Krause*, Haftung, § 16 Rz. 20. || 11 LAG BW 4.11.1986 – 14 Sa 42/86, LAGE § 611 BGB Arbeitnehmerhaftung Nr. 8; *Gamillscheg*, AuR 1990, 167 (168); *Krause*, VersR 1995, 752 (756 ff.); *Otto/Schwarze/Krause*, Haftung, § 17 Rz. 2 ff. || 12 Gegen eine Rechtsfortbildung aber BGH 19.9.1989 – VI ZR 349/88, BGHZ 108, 305 (313 ff.); *Katzenstein*, RdA 2003, 346 (351 f.); MünchArbR/*Reichold*, § 52 Rz. 11. || 13 AA LAG Düss. 25.9.1996 – 11 Sa 967/96, NZA-RR 1997, 241. || 14 BAG 23.6.1988 – 8 AZR 300/85, NZA 1989, 181; 18.1.1966 – 1 AZR 247/63, DB 1966, 826; BAG (GS) 25.9.1957 – GS 4/56 (5/56), NJW 1959, 2194; MünchArbR/*Reichold*, § 52 Rz. 14. || 15 So aber BAG 23.6.1988 – 8 AZR 300/85, NZA 1989, 181.

erfolgt der Ausgleich über § 426. Die Schadensverteilung im Innenverhältnis richtet sich nach den Grundsätzen über den innerbetriebl. Schadensausgleich. § 840 II, der bei einer Außenhaftung des Arb-Geb gem. § 831 zu einer alleinigen Verantwortlichkeit des ArbN im Innenverhältnis führen würde, wird durch die arbeitsrechtl. Haftungsprivilegierung überlagert[1]. Bei einer alleinigen Haftung des ArbN im Außenverhältnis beruht der Freistellungsanspruch auf § 670 analog[2]. Hat der ArbN den geschädigten Dritten noch nicht befriedigt, kann er Befreiung von der Verbindlichkeit verlangen (§ 257). Wenn der ArbN an den Dritten mehr geleistet hat, als er im Innenverhältnis zum ArbGeb tragen muss, wandelt sich der Freistellungsanspruch in einen Erstattungsanspruch um[3]. Der geschädigte Dritte kann sich den Freistellungsanspruch vom ArbN abtreten lassen bzw. ihn pfänden[4]. In einem solchen Fall verwandelt sich der Freistellungsanspruch in einen Zahlungsanspruch[5]. Der Freistellungsanspruch wird iSd. Ausschlussfristen fällig, wenn feststeht, dass der schädigende ArbN vom Geschädigten mit Erfolg in Anspruch genommen werden kann[6].

VIII. Anhang: Die Haftung des Arbeitgebers. 1. Allgemeines. Der ArbGeb kann aus den **unterschiedlichsten Gründen** verpflichtet sein, einem vom ArbN erlittenen Schaden zu ersetzen. Im Vordergrund stehen dabei die verschiedenen Formen der verschuldensabhängigen Haftung des ArbGeb. Daneben besteht unter bestimmten Voraussetzungen eine verschuldensunabhängige Einstandspflicht für ArbN-Schäden. Soweit der Schaden auf einem Versicherungsfall iSd. § 7 SGB VII (Arbeitsunfall oder Berufskrankheit) beruht, wird die Ersatzpflicht des ArbGeb durch § 104 I SGB VII aber weitgehend ausgeschlossen. 63

2. Verschuldensabhängige Haftung. a) Allgemeine Grundsätze der leistungsstörungsrechtlichen Haftung. Mangels einer eigenständigen Regelung der Leistungsstörungen im ArbVerh gelten für die Haftung des ArbGeb die allg. Grundsätze. Regelmäßige Anspruchsgrundlage bei der Verletzung von Pflichten aus einem Schuldverhältnis ist § 280 I. Für bestimmte Schadensarten müssen allerdings zusätzliche Voraussetzungen erfüllt sein, in denen sich die tradierten unterschiedlichen Leistungsstörungsformen teilweise fortsetzen. Einen Verzögerungsschaden kann der ArbN nur im Verzugsfalle verlangen (§§ 280 II, 286). Für den Anspruch auf Schadensersatz statt der Leistung (§ 280 III) kommt es darauf an, ob der ArbGeb die fällige Leistung verzögert oder nicht wie geschuldet erbringt (§ 281), eine Rücksichtnahmepflicht iSd. § 241 II verletzt (§ 282) oder ob die Leistungspflicht nach § 275 ausgeschlossen ist (§ 283). Sofern die Leistungspflicht ausschließende Hindernis bereits bei Vertragsschluss vorliegt, haftet der ArbGeb nach Maßgabe der Spezialvorschrift des § 311a. Veranlasst der ArbGeb durch ein vertragswidriges Verhalten den ArbN zu einer außerordentl. Kündigung, gründet sich die Pflicht zum Ersatz des Auflösungsschadens auf § 628 II. Bei Verstößen gegen das AGG richtet sich die schadensrechtl. Verantwortlichkeit des ArbGeb nach § 15 AGG, der andere vertragl. Ansprüche vorbehaltlich § 15 V AGG verdrängt[7]. 64

Grundvoraussetzung für eine Haftung des ArbGeb aus § 280 I ist eine **Pflichtverletzung**. Insoweit kommt neben einer Verletzung von Leistungs- oder Leistungstreuepflicht vor allem eine Verletzung von Schutzpflichten sowie von Aufklärungs- und Auskunftspflichten in Betracht. 65

Die Schadensersatzhaftung des ArbGeb wegen Pflichtverletzung ist nach § 280 I 2 ausgeschlossen, wenn er die **Pflichtverletzung nicht zu vertreten** hat. Das Vertretenmüssen wird somit vermutet[8]. Gem. § 276 I 1 hat der ArbGeb grds. Vorsatz und Fahrlässigkeit zu vertreten. Der ArbGeb handelt fahrlässig, wenn er die im Verkehr erforderliche Sorgfalt außer Acht lässt (§ 276 II). Hierbei gilt ein objektiver Sorgfaltsmaßstab[9]. Das Vertretenmüssen kann durch einen unverschuldeten Rechtsirrtum ausgeschlossen sein[10]. Dies ist etwa dann der Fall, wenn der ArbGeb bei unklarer Rechtslage von der Wirksamkeit tarifl. Regelungen ausgeht (s.a. § 614 Rz. 10)[11]. Andererseits genügt es nicht, dass die Rechtslage zweifelhaft ist und der ArbGeb sich auf eine ihm günstige Ansicht im Schrifttum berufen kann[12]. 66

Der ArbGeb muss sich nach § 278 S. 1 das Verhalten von **Erfüllungsgehilfen** zurechnen lassen. Erfüllungsgehilfe ist, wer vom ArbGeb willentlich in die Erfüllung einer Verbindlichkeit ggü. dem ArbN eingeschaltet wird[13]. Eine Zurechnung hat jedenfalls dann zu erfolgen, wenn der ArbGeb dem schuldhaft handelnden ArbN eine Vorgesetztenstellung eingeräumt hat[14]. Im Rahmen der Verantwortlichkeit des ArbGeb sind (selbstverständlich) nicht die Grundsätze über die eingeschränkte ArbN-Haftung anwendbar[15]. Soweit es um die Verletzung von Schutzpflichten geht, hat der ArbGeb für solche Personen 67

---

1 Otto/Schwarze/Krause, Haftung, § 16 Rz. 24; Staudinger/Richardi/Fischinger, § 619a Rz. 84. ||2 Otto/Schwarze/Krause, Haftung, § 16 Rz. 25; MünchArbR/Reichold, § 52 Rz. 14. ||3 BAG 24.8.1983 – 7 AZR 670/79, DB 1983, 2781; BAG (GS) 25.9.1957 – GS 4/56 (5/56), NJW 1959, 2194; ErfK/Preis, § 619a BGB Rz. 26. ||4 BGH 24.11.1975 – II ZR 53/74, BGHZ 66, 1 (4). ||5 BAG 11.2.1969 – 1 AZR 280/68, DB 1969, 841; 18.1.1966 – 1 AZR 247/63, DB 1966, 826. ||6 BAG 25.6.2009 – 8 AZR 236/08. ||7 ErfK/Schlachter, § 15 AGG Rz. 15. ||8 BAG 24.7.2008 – 8 AZR 109/07, AP BGB § 613a Nr. 350. ||9 BAG 17.2.1994 – 8 AZR 275/92, NZA 1994, 693; MüKoBGB/Grundmann, § 276 Rz. 55f. ||10 BAG 17.7.2003 – 8 AZR 486/02, AP BGB § 611 Haftung des Arbeitgebers Nr. 27; 3.12.2002 – 9 AZR 481/01, DB 2003, 1230; 12.11.1992 – 8 AZR 503/91, NZA 1993, 500 (Berufung auf höchstrichterl. Entscheidung). ||11 BAG 14.12.1999 – 3 AZR 713/98, NZA 2000, 1348. ||12 BAG 14.10.1997 – 7 AZR 298/96, NZA 1998, 775. ||13 MüKoBGB/Grundmann, § 278 Rz. 20, 42. ||14 BAG 17.12.1968 – 5 AZR 149/68, NJW 1969, 766; LAG Hess. 12.3.1990 – 10/2 Sa 890/89, DB 1991, 552. ||15 Zutr. BAG 25.10.2007 – 8 AZR 593/06, NZA 2008, 223 (aber missverständlich formuliert).

BGB § 619a Rz. 68　　　　　　　　　　　　　　　　　　　　Beweislast bei Haftung des Arbeitnehmers

einzustehen, denen er eine konkrete Schutzaufgabe übertragen hat[1] oder die zumindest eine auf den ArbN bezogene Tätigkeit ausüben[2]. Werden Dritte nur ganz allg. im Auftrag des ArbGeb tätig und schädigen sie dabei eher zufällig Rechtsgüter des ArbN, sind sie keine Erfüllungsgehilfen[3].

68　**b) Vertragliches Pflichtenprogramm.** Vertragl. Schadensersatzansprüche kommen hinsichtlich der gesamten Bandbreite der vertragl. Pflichten des ArbGeb in Betracht. In zeitlicher Hinsicht reichen sie vom **vorvertragl. Anbahnungsverhältnis** (§ 311 II) über das **Stadium der Vertragsdurchführung** bis zum **nachvertragl. Zeitraum**. Inhaltlich geht es im Entgelt- und Tätigkeitssektor im Wesentlichen um die **Vergütungspflicht**, den Anspruch auf **Beschäftigung und Weiterbeschäftigung** sowie den **Urlaubsanspruch**, im Bereich der sonstigen ArbN-Interessen um den **Schutz von Leben und Gesundheit**, den **Persönlichkeitsschutz**, den **Schutz von ArbN-Eigentum** sowie den **Schutz sonstiger Vermögensbelange** (s. im Einzelnen die Erl. zu § 611 Rz. 85 ff., 168 ff. u. 239 ff.). Eine Haftung für den Selbstmord eines ArbN wegen einer ungerechtfertigten Kündigung wird aber regelmäßig ausscheiden[4].

69　**c) Deliktische Ansprüche.** Eine Haftung des ArbGeb kann sich weiter aus deliktischen Grundsätzen ergeben. Allerdings sind Ansprüche wegen der Verletzung von Körper oder Gesundheit des ArbN regelmäßig durch § 104 SGB VII ausgeschlossen (dazu eingehend die Erl. dort). Für Eigentumsverletzungen iSd. § 823 I gelten die allg. Regeln. Insb. trifft den ArbGeb, wenn er auf seinem Werksgelände einen Verkehr eröffnet (etwa einen Parkplatz einrichtet), eine deliktische Verkehrssicherungspflicht, deren schuldhafte Verletzung einen Ersatzanspruch des geschädigten ArbN zur Folge hat[5].

70　Ferner hat der ArbGeb das als sonstiges Recht iSd. § 823 I anerkannte **allg. Persönlichkeitsrecht** zu beachten. Eine zunehmende Bedeutung kommt dabei der Fallgruppe des Mobbing zu[6]. Insoweit trifft den ArbGeb nicht nur eine Unterlassungspflicht. Vielmehr hat er sich durch entsprechende Maßnahmen auch schützend vor betroffene Mitarbeiter zu stellen[7]. Eine schuldhafte Verletzung kann einen Anspruch auf Schmerzensgeld rechtfertigen, wobei es keine Rolle spielt, dass zugleich eine Vertragsverletzung vorliegt[8]. § 253 steht der Zuerkennung eines Schmerzensgeldes wegen einer Verletzung des Persönlichkeitsrechts nicht entgegen[9]. Damit unterscheidet sich die deliktische von der vertragl. Haftung, bei der auch nach der Einführung von § 253 II im Falle von Persönlichkeitsrechtsverletzungen kein Schmerzensgeld gewährt werden kann[10]. Allerdings ist ein Anspruch auf Schmerzensgeld auch im Deliktsrecht auf gravierende Eingriffe in das allg. Persönlichkeitsrecht beschränkt. Die unbefugte Weitergabe von Personalakten[11] und selbst die Veröffentlichung eines unzutreffenden Diebstahlsvorwurfes[12] reichen im Allg. nicht aus. Einen Sonderfall bildet der Verletzung des allg. Persönlichkeitsrechts wegen einer geschlechtsbezogenen Diskriminierung im Bewerbungsverfahren[13].

71　Ein **Recht** des ArbN **am eigenen Arbeitsplatz** als sonstiges Recht iSd. § 823 I, mit dem das BAG ursprünglich noch geliebäugelt hatte[14], ist jedenfalls im Verhältnis zum ArbGeb dagegen **nicht anzuerkennen**[15]. Das Vertragsrecht sowie insb. das KSchG regeln abschließend, wie stark das Interesse des ArbN am Bestand und am Inhalt seines ArbVerh ggü. Maßnahmen des ArbGeb geschützt ist.

72　Der ArbGeb kann weiter infolge einer **Schutzgesetzverletzung** iSd. § 823 II zum Schadensersatz verpflichtet sein. Schutzgesetze sind solche Rechtsnormen, die ein bestimmtes Verhalten gebieten oder verbieten und hierdurch zumindest auch die Interessen Einzelner vor einer Verletzung schützen wollen. Als Schutzgesetz fungieren anerkanntermaßen § 263 StGB (Betrug)[16] sowie § 266a StGB, der die Vorenthaltung von SozV-Beiträgen unter Strafe stellt[17]. Die Rspr. ordnet das Verbot der Diskriminierung von Teilzeitkräften (§ 4 I TzBfG) ebenfalls als Schutzgesetz ein[18]. Diese Qualifikation dient allerdings im Erg. lediglich dazu, tarifl. Ausschlussfristen zu überspielen und kann nicht überzeugen. Als Schutzgesetz wird weiter das Verbot, Personalratsmitglieder zu benachteiligen (§§ 8, 46 BPersVG), angese-

---

1 BAG 16.5.2007 – 8 AZR 709/06, NZA 2007, 1154 (1162); ErfK/*Preis*, § 619a BGB Rz. 64. ‖ 2 BAG 25.5.2000 – 8 AZR 518/99, NZA 2000, 1052; *Kamanabrou*, NJW 2001, 1187 f. ‖ 3 BAG 25.5.2000 – 8 AZR 518/99, NZA 2000, 1052; tendenziell weiter BGH 14.11.1989 – X ZR 106/88, NJW-RR 1990, 308 (309); 22.9.1977 – III ZR 146/75, VersR 1978, 38 (40); 1.12.1964 – VI ZR 39/64, VersR 1965, 240 (241); 20.5.1964 – VIII ZR 242/62, LM § 278 BGB Nr. 39. ‖ 4 Vgl. BAG 24.4.2008 – 8 AZR 347/07, NZA 2009, 38. ‖ 5 BAG 25.6.1975 – 5 AZR 260/74, DB 1975, 1992; 16.3.1966 – 1 AZR 340/65, DB 1966, 1056. ‖ 6 Neuerer Gesamtüberblick bei *Sasse*, BB 2008, 1450 ff. ‖ 7 LAG Thür. 10.4.2001 – 5 Sa 403/00, DB 2001, 1204. ‖ 8 BAG 25.10.2007 – 8 AZR 593/06, NZA 2008, 223; 21.2.1979 – 5 AZR 568/77, DB 1979, 1513. Zu den Voraussetzungen ferner LAG BW 5.3.2001 – 15 Sa 106/00, AP BGB § 611 Mobbing Nr. 2; restriktiv LAG Sachs. 17.2.2005 – 2 Sa 751/03, BB 2005, 1576 (LS). ‖ 9 BT-Drs. 14/7752, 24 f.; *Benecke*, NZA-RR 2003, 225 (230); *Wagner*, NJW 2002, 2049 (2056). ‖ 10 Insoweit zumindest missverständlich BAG 25.10.2007 – 8 AZR 593/06, NZA 2008, 223. ‖ 11 BAG 18.12.1984 – 3 AZR 389/83, NZA 1985, 811. ‖ 12 BAG 21.2.1979 – 5 AZR 568/77, DB 1979, 1513; s.a. LAG Hamm 3.9.1997 – 14 Sa 433/97, LAGE § 847 BGB Nr. 3. ‖ 13 BAG 14.3.1989 – 8 AZR 351/86 u. 8 AZR 447/87, AP BGB § 611a Nr. 6 u. 5. ‖ 14 BAG 30.9.1970 – 1 AZR 535/69, DB 1971, 101. ‖ 15 Generell abl. OLG Koblenz 23.8.2003 – 5 U 13/03, NZA 2003, 438 (439); ErfK/*Preis*, § 619a BGB Rz. 56; *Riesenhuber*, JZ 1999, 711 (715 f.); skeptisch auch BAG 4.6.1998 – 8 AZR 786/96, DB 1998, 2617; offen lassend BAG 18.1.2007 – 8 AZR 234/06, AP Nr. 17 zu § 823 BGB. ‖ 16 BAG 13.2.2007 – 9 AZR 106/06 u. 9 AZR 207/06, AP BGB § 611 Haftung des Arbeitgebers Nr. 40 u. NZA 2007, 878 (Täuschung über unterlassene Insolvenzsicherung bei ATZ im Blockmodell). ‖ 17 BGH 9.1.2001 – VI ZR 407/99, NZA 2001, 392; 16.5.2000 – VI ZR 90/99, BGHZ 144, 311 (313 f.). ‖ 18 BAG 24.10.2001 – 5 AZR 32/00, NZA 2002, 209; 25.4.2001 – 5 AZR 368/99, NZA 2002, 1211; 12.6.1996 – 5 AZR 960/94, NZA 1997, 191.

hen[1]. Der Schutzgesetzcharakter von § 2 NachwG[2] sowie von § 8 TVG[3] ist dagegen zutreffend verneint worden. Dasselbe ist hinsichtlich der Pflicht zur Ausschreibung freier Stellen auch als Teilzeitarbeitsplätze (§ 7 I TzBfG)[4] bzw. der Pflicht zum Hinweis auf die Meldung als arbeitsuchend nach § 2 II 2 Nr. 3 SGB III[5] anzunehmen. Nicht unter § 823 II fallen ferner solche Normen, die lediglich kollektiven ArbN-Interessen dienen sollen. Hierzu zählt etwa § 15 KSchG[6].

3. Verschuldensunabhängige Haftung des Arbeitgebers. Der ArbGeb muss nach einhelliger Ansicht unter bestimmten Voraussetzungen auch ohne ein Vertretenmüssen für Schäden des ArbN aufkommen. Die verschuldensunabhängige Haftung beruht im Kern auf denselben Wertungen, die zur eingeschränkten Haftung des ArbN führen. Rechtssystematisch gehört sie daher zum innerbetriebl. Schadensausgleich[7]. 73

a) Dogmatische Grundlage. Die Rspr. stützt die Ersatzpflicht des ArbGeb schon seit langem auf eine **Analogie zu § 670.** Neben der grds. anerkannten Anwendbarkeit dieser Vorschrift auf den Arbeitsvertrag besteht der zentrale Gedanke darin, Eigenschäden als unfreiwillige Vermögenseinbußen unter bestimmten Voraussetzungen den Aufwendungen als freiwillige Vermögenseinbußen gleichzusetzen[8]. Große Teile des Schrifttums befürworten dagegen den Gedanken einer verschuldensunabhängigen schadensrechtl. Risikohaftung bei Tätigkeit in fremdem Interesse[9]. Eine zunehmende Ansicht in der Lit. plädiert zutreffend für eine Verbindung beider Argumentationslinien. Danach ist die analoge Anwendung von § 670 als Anknüpfungspunkt für eine Überwälzung des ArbN-Schadens auf den ArbGeb beizubehalten. Die Vorschrift ist aber durch Risikozurechnungsgesichtspunkte zu ergänzen[10]. Maßgebend ist in erster Linie die Eingliederung des ArbN in eine vom ArbGeb geschaffene und gesteuerte betriebl. Organisation. Hinzu kommt, dass der ArbGeb wirtschaftl. Nutznießer der Tätigkeit des ArbN ist und die mit der Arbeit verbundenen Eigenschäden des Beschäftigten besser absorbieren kann. 74

b) Einzelvoraussetzungen des Erstattungsanspruchs. aa) Schaden. Der ArbN muss eine Einbuße an seinen Vermögensgütern erlitten haben. Hierzu zählen neben **Sachschäden**[11] auch **reine Vermögensschäden**[12]. Die Grundsätze über eine verschuldensunabhängige Haftung des ArbGeb beziehen sich dagegen nicht auf Personenschäden (näher § 618 Rz. 34ff.). 75

bb) Verwirklichung eines betrieblichen Risikos. Der vom ArbN erlittene Eigenschaden muss sich als Verwirklichung eines betriebl. Risikos darstellen. In der Sache geht es darum, die vom ArbGeb zu tragenden Risiken von denjenigen abzugrenzen, die der ArbN entschädigungslos hinzunehmen hat. Diesem Zweck dienen verschiedene Konkretisierungen. 76

Grundvoraussetzung ist, dass der ArbN den **Schaden in Ausübung einer betriebl. Tätigkeit erlitten** hat[13]. Genauer gesagt ist erforderlich, dass das Schadensereignis kausale Folge einer betriebl. veranlassten Tätigkeit des geschädigten ArbN ist[14]. Hierdurch sollen die Schäden von vornherein ausgeklammert werden, die der ArbN durch die Verfolgung privater Interessen erleidet[15]. Sachlich wird damit der Anschluss an Grundsätze über die Enthaftung des ArbN hergestellt, bei denen dieselbe Voraussetzung vorliegen muss. Eine gefährliche Tätigkeit ist dementsprechend nicht mehr erforderlich[16]. 77

Weiter ist erforderlich, dass der Schaden dem **Betätigungsbereich des ArbGeb** und **nicht dem Lebensbereich des ArbN** zuzurechnen ist[17]. Im Schaden muss sich ein tätigkeitsspezifisches Risiko verwirklicht haben. Dabei hat die Rspr. die anfängliche Begrenzung auf außergewöhnliche Schäden[18] in der Sache fallen gelassen. 78

cc) Einzelfälle. Reine **Verschleißschäden** an Kleidung und anderen Gegenständen, die vom ArbN auch ohne die Tätigkeit ständig gebraucht werden, sind seinem Lebensrisiko zuzuordnen[19]. Dasselbe gilt für den Diebstahl von persönlichen Wertgegenständen auf einer Dienstreise[20]. Ausnahmsw. kann sich insoweit aber auch ein tätigkeitsspezifisches Risiko verwirklichen. Dies ist etwa der Fall, wenn die Kleidung des ArbN durch chemische Substanzen beschädigt wird, mit denen der Beschäftigte umzuge- 79

---

1 BAG 31.10.1986 – 6 AZR 129/83, AP BPersVG § 46 Nr. 5. ‖ 2 BAG 17.4.2002 – 5 AZR 89/01, NZA 2002, 1096. ‖ 3 BAG 23.1.2002 – 4 AZR 56/01, NZA 2002, 800. ‖ 4 *Herbert/Hix*, DB 2002, 2377 (2380); *Annuß/Thüsing/Mengel*, § 7 TzBfG Rz. 5. ‖ 5 BAG 29.9.2005 – 8 AZR 571/04, NZA 2005, 1406. ‖ 6 BAG 14.2.2002 – 8 AZR 175/01, NZA 2002, 1027. ‖ 7 *Langenbucher*, ZfA 1997, 523 (547ff.); *Otto/Schwarze/Krause*, Haftung, § 27 Rz. 1. ‖ 8 Grdl. BAG (GS) 10.11.1961 – GS 1/60, DB 1962, 169; ebenso etwa BAG 28.10.2010 – 8 AZR 647/09, NZA 2011, 406; 17.7.1997 – 8 AZR 480/95, NZA 1997, 1346. ‖ 9 *Canaris*, RdA 1966, 41 (43, 47f.); *Gamillscheg*, Arbeitsrecht I, S. 396f.; *Larenz*, JuS 1965, 373 (375f.). ‖ 10 *Müller-Glöge*, FS Dieterich, 1999, S. 387 (391ff.); *Otto/Schwarze/Krause*, Haftung, § 27 Rz. 3ff.; *Reichold*, NZA 1994, 488 (491f.); ausf. *Schwarze*, RdA 2013, 140 (141ff.). ‖ 11 BAG 20.4.1989 – 8 AZR 632/87, NZA 1990, 27. ‖ 12 BAG 11.8.1988 – 8 AZR 721/85, NZA 1989, 54. ‖ 13 BAG 16.3.1995 – 8 AZR 260/94, NZA 1995, 836. ‖ 14 *Otto/Schwarze/Krause*, Haftung, § 27 Rz. 9ff. ‖ 15 ErfK/*Preis*, § 619a BGB Rz. 81. ‖ 16 Anders noch BAG (GS) 10.11.1961 – GS 1/60, DB 1962, 169. ‖ 17 BAG 17.7.1997 – 8 AZR 480/95, NZA 1997, 1346; 20.4.1989 – 8 AZR 632/87, NZA 1990, 27. ‖ 18 BAG (GS) 10.11.1961 – GS 1/60, DB 1962, 169. ‖ 19 BAG 8.5.1980 – 3 AZR 82/79, DB 1981, 115; *Müller-Glöge*, FS Dieterich, 1999, S. 387 (398); *Otto/Schwarze/Krause*, Haftung, § 27 Rz. 20ff. ‖ 20 BAG 8.5.1980 – 3 AZR 213/79, VersR 1981, 990.

hen hat[1]. Dasselbe gilt, wenn ein Patient in einer psychiatrischen Klinik die Brille eines Pflegers zerbricht[2].

80 Erleidet der ArbN an seinem **eigenen Pkw einen Schaden**, kommt es darauf an, ob das Fahrzeug **mit Billigung des ArbGeb in dessen Betätigungsbereich eingesetzt** worden ist. Um einen Einsatz im Betätigungsbereich des ArbGeb handelt es sich, wenn der ArbGeb ansonsten ein eigenes Fahrzeug einsetzen und das hiermit verbundene Unfallrisiko tragen müsste[3]. Die bloße Genehmigung der Benutzung eines privaten Kraftfahrzeugs auf einer Dienstreise genügt dagegen nicht[4]. Anders ist es aber, wenn der ArbGeb dem Beschäftigten die Arbeit so zuteilt, dass diesem nichts anderes übrig bleibt, als sein eigenes Fahrzeug einzusetzen[5]. Ferner entfällt eine betriebl. Tätigkeit nicht dadurch, dass ein Unfall allein auf der Verkehrsuntauglichkeit des vom ArbN eingesetzten Fahrzeugs beruht[6]. Wird ein Privatfahrzeug noch vor dem Diensteinsatz beschädigt, hat sich grds. kein betriebl. Risiko verwirklicht[7]. Ebenso fällt es nach Ansicht des BAG in den betriebl. Risikobereich, wenn das Fahrzeug des ArbN zwischen zwei am selben Tage durchzuführenden Dienstfahrten beschädigt wird[8]. Dies gilt erst recht, wenn der Schaden auf einem Parkplatz zugefügt wird, den der ArbGeb dem ArbN für sein auch zu Dienstfahrten verwendetes Privatfahrzeug zugewiesen hat, damit es jederzeit verfügbar ist[9]. Ein durch den ständigen Einsatz eines eigenen Kfz für betriebl. Zwecke entstandener Motorschaden zählt ebenfalls zum Risiko des ArbGeb[10]. Anders ist dies, wenn ein Arzt bei angeordneter Rufbereitschaft mit seinem Pkw auf dem schnellsten Weg zur Klinik verunglückt[11].

81 c) **Abgeltung und Ausschluss der Haftung.** Der ArbN hat keinen Ersatzanspruch, wenn er für das Schadensrisiko eine **angemessene Abgeltung** erhalten hat. Kleinere Schäden, mit denen üblicherweise zu rechnen ist, sind bereits durch die Arbeitsvergütung abgegolten[12]. Für die Abgeltung größerer Schäden, die außer Verhältnis zur Grundvergütung stehen, ist dagegen ein besonderes Entgelt erforderlich. Bei Zulagen ist stets darauf zu achten, welchen Zweck sie verfolgen und ob sie den geltend gemachten Schaden abdecken wollen.

82 Das **Kilometergeld** deckt grds. nur Verschleißschäden, nicht aber Unfallschäden am Kfz des ArbN ab[13]. Zahlt der ArbGeb eine eigenständige Kfz-Pauschale, mit der eine Kaskoversicherung finanziert werden könnte, muss er Unfallschäden dagegen nicht begleichen[14]. IÜ werden mit der Zahlung der Kilometerpauschale grds. auch Rückstufungen in der Haftpflichtversicherung abgegolten[15]. Eine Ersatzpflicht des ArbGeb wird weiter nicht dadurch ausgeschlossen, dass er mit dem ArbN einen Mietvertrag über dessen Privatfahrzeug schließt[16]. Gefahren- und Schmutzzulagen decken die regelmäßigen Schäden an der Arbeitskleidung ab[17]. Eine Erschwerniszulage für das Pflegepersonal in psychiatrischen Krankenhäusern soll die besonderen seelischen Belastungen abgelten, nicht dagegen Sachschäden, die auf einem Handeln der Patienten beruhen[18].

83 Ob die Pflicht des ArbGeb zum Ersatz von Eigenschäden des ArbN auch **ohne eine Kompensation ausgeschlossen** werden kann, hat das BAG offen gelassen[19]. Eine Haftungsbegrenzung durch AGB würde in jedem Fall gem. §§ 307, 310 IV unwirksam sein[20]. Legt man die Rspr. zur ArbN-Haftung zugrunde (Rz. 46), dürfte die Risikoverteilung darüber hinaus als insg. einseitig zwingendes ArbN-Schutzrecht anzusehen sein[21].

84 d) **Umfang des Ersatzanspruchs.** Der ArbGeb hat nach Ansicht der Rspr. nicht Schadensersatz, sondern lediglich **Wertersatz** zu leisten[22]. Auf der Grundlage der Risikohaftungslehre hat der ArbN dagegen einen echten Schadensersatzanspruch[23]. Die Anknüpfung an § 670 analog legitimiert allerdings nur eine analoge Anwendung der §§ 249ff. mit dem Ziel einer angemessenen Schadloshaltung[24]. Dementsprechend ist zwar etwa der merkantile Minderwert einer beschädigten Sache zu ersetzen[25], nicht aber ein

---

1 Anders noch BAG (GS) 10.11.1961 – GS 1/60, DB 1962, 169. ||2 Offengelassen von BAG 20.4.1989 – 8 AZR 632/87, NZA 1990, 27; anders für die Beschädigung der Brille einer Turnlehrerin beim Turnunterricht LAG Hess. 20.9.1978 – 9/2 Sa 846/78, AR-Blattei D Haftung des Arbeitgebers Nr. 50. ||3 BAG 22.6.2011 – 8 AZR 102/10, NZA 2012, 91; 28.10.2010 – 8 AZR 647/09, NZA 2011, 406; 23.11.2006 – 8 AZR 701/05, NZA 2007, 870; 17.7.1997 – 8 AZR 480/95, NZA 1997, 1346. ||4 BAG 16.11.1978 – 3 AZR 258/77, DB 1979, 1091. ||5 Offengelassen von BAG 16.11.1978 – 3 AZR 258/77, DB 1979, 1091. ||6 BAG 23.11.2006 – 8 AZR 701/05, NZA 2007, 870. ||7 BVerwG 18.1.1996 – 2 C 28.94, ZTR 1997, 48. ||8 BAG 14.12.1995 – 8 AZR 875/94, NZA 1996, 417; ebenso LAG BW 29.6.1983 – 6 Sa 145/82, AR-Blattei D Haftung des Arbeitgebers Nr. 55; einschr. *Otto/Schwarze/Krause*, Haftung, § 27 Rz. 11. ||9 LAG Düss. 12.8.1994 – 9 Sa 901/94, MDR 1995, 476. ||10 LAG Hess. 13.11.1985 – 10 Sa 42/85, LAGE § 670 BGB Nr. 5. ||11 BAG 22.6.2011 – 8 AZR 102/10, NZA 2012, 91. ||12 *Otto/Schwarze/Krause*, Haftung, § 27 Rz. 31ff. ||13 *Franzen*, ZTR 1996, 305 (307); aA LAG Bremen 20.8.1985 – 4 Sa 57 u. 128/85, LAGE § 670 BGB Nr. 3. ||14 LAG BW 17.9.1991 – 7 Sa 44/91, NZA 1992, 458. ||15 BAG 30.4.1992 – 8 AZR 409/91, NZA 1993, 262. Im Erg. ebenso BVerwG 27.1.1994 – 2 C 6.93, NJW 1995, 411 (412); aA LAG Köln 3.7.1991 – 5 Sa 305/91, LAGE § 670 BGB Nr. 10. ||16 BAG 17.7.1997 – 8 AZR 480/95, NZA 1997, 1346. ||17 BAG (GS) 10.11.1961 – GS 1/60, DB 1962, 169. ||18 BAG 20.4.1989 – 8 AZR 632/87, NZA 1990, 27. ||19 BAG 27.1.2000 – 8 AZR 876/98, NZA 2000, 727. ||20 ErfK/*Preis*, § 619a BGB Rz. 94. ||21 *Müller-Glöge*, FS Dieterich, 1999, S. 387 (411); s.a. *Otto/Schwarze/Krause*, Haftung, § 27 Rz. 30: „in ihrem Kern nicht arbeitsvertraglich disponibel". ||22 BAG 20.4.1989 – 8 AZR 632/87, NZA 1990, 27; BAG (GS) 10.11.1961 – GS 1/60, DB 1962, 169. ||23 *Larenz*, JuS 1965, 373 (375). ||24 *Otto/Schwarze/Krause*, Haftung, § 27 Rz. 41. ||25 BAG 17.9.1987 – 6 AZR 522/84, NJW 1988, 932.

entgangener Gewinn. Ein Ersatz des abstrakten Nutzungsausfallschadens ist abzulehnen[1]. Eine den ArbN begünstigende Vereinbarung ist aber ohne weiteres zulässig[2].

e) Mitverschulden des Arbeitnehmers. Das BAG geht schon seit längerem davon aus, dass ein Mitverschulden des ArbN den Ersatzanspruch nicht völlig ausschließt[3]. Ein Mitverschulden ist aber in entsprechender Anwendung von § 254 zu berücksichtigen. Insoweit sind die Grundsätze über die beschränkte ArbN-Haftung anwendbar[4]. Damit wird auch an dieser Stelle deutlich, dass die Einstandspflicht des ArbGeb für Eigenschäden des ArbN zum innerbetriebl. Schadensausgleich gehört. Macht der ArbN den gesamten an seinem Privatfahrzeug entstandenen Unfallschadens geltend, muss er in Abweichung von § 619a darlegen und ggf. beweisen, dass er den Schaden allenfalls leicht fahrlässig verursacht hat[5].

620 Beendigung des Dienstverhältnisses
(1) Das Dienstverhältnis endigt mit dem Ablauf der Zeit, für die es eingegangen ist.

(2) Ist die Dauer des Dienstverhältnisses weder bestimmt noch aus der Beschaffenheit oder dem Zwecke der Dienste zu entnehmen, so kann jeder Teil das Dienstverhältnis nach Maßgabe der §§ 621 bis 623 kündigen.

(3) Für Arbeitsverträge, die auf bestimmte Zeit abgeschlossen werden, gilt das Teilzeit- und Befristungsgesetz.

I. Zweck und Anwendungsbereich. Die Vorschrift gilt für Dienst- und Arbeitsverträge. Sie enthält die Grundregel, dass Dienst- und ArbVerh **auf bestimmte Zeit** abgeschlossen und gekündigt werden können. Von der Beendigung des Dienst- oder ArbVerh infolge einer Befristung oder einer Kündigung ist das Ruhen des Dienst- oder ArbVerh zu unterscheiden. In diesem Falle besteht das Dienst- oder ArbVerh fort, ohne dass gegenseitig die arbeitsvertragl. Leistungen nach § 611 geschuldet werden.

Abs. 3 ist durch Art. 2 Nr. 1 des Gesetzes v. 21.12.2000[6] angefügt worden und seit dem 1.1.2001 in Kraft. Infolgedessen beschränkt sich der Anwendungsbereich des Abs. 1 auf den sog. selbständigen oder freien Dienstvertrag, während für befristete ArbVerh in Umsetzung der RL 1999/70/EG Abs. 3 ausdrücklich auf das TzBfG verweist. Dagegen ist Abs. 2 sowohl auf unbefristete Dienstverträge als auch auf ArbVerh anwendbar. Unbefristete Dienstverträge können gem. Abs. 2 mit den Kündigungsfristen aus § 621 bzw. bei nicht oder unwesentlich am Kapital beteiligten Organmitgliedern aus § 622 gekündigt werden. Für ArbVerh gilt der in Abs. 2 enthaltene Verweis auf die §§ 622, 623.

Vor dem 1.1.2001 war Abs. 1 auch Grundnorm für **befristete Arbeitsverhältnisse.** Durch das am 1.1. 2001 in Kraft getretene **TzBfG** sind neben der Einführung eines Anspruchs auf Teilzeitarbeit allg. die gesetzl. Voraussetzungen für befristete Arbeitsverträge normiert worden. Während die auflösende Bedingung in Abs. 2 nicht genannt wird, ergibt sich aus dem TzBfG, dass ArbVerh nicht nur zeitlich und zweckbefristet werden können, sondern auch durch Vereinbarung einer auflösenden Bedingung enden können. Die Befristung von Arbeitsverträgen ist nur rechtswirksam, wenn sie den Anforderungen des TzBfG genügt. Neben dem TzBfG bestehen weitere spezialgesetzl. Regelungen zur Befristung von Arbeitsverträgen (s. dazu Rz. 35).

II. Dienstverhältnis. 1. Selbständiger Dienstvertrag. Ein **freier, selbständiger oder unabhängiger Dienstvertrag** liegt vor, wenn der Dienstverpflichtete seine Tätigkeit im Wesentlichen frei gestalten und seine Arbeitszeit selbst bestimmen kann (vgl. § 84 I 2 HGB)[7]. Hierzu zählen Selbständige, freie Mitarbeiter und gesetzl. Vertreter (§ 14 I KSchG, § 5 I 3 ArbGG)[8]. Nicht als ArbN gelten auch sog. arbeitnehmerähnl. Personen, die in persönlich selbständiger, aber wirtschaftl. abhängiger Stellung arbeiten. – S. dazu im Einzelnen die Komm. Vor § 611 Rz. 19 ff.

2. Befristung des Dienstverhältnisses (Abs. 1). a) Befristung. Das Dienstverhältnis endet gem. Abs. 1 **mit Ablauf der vereinbarten Zeit** (zur ggf. zu beachtenden Meldepflicht ggü. der AA vor der Beendigung s. § 38 SGB III). Dies ist eine kalendermäßige Befristung, wie sie § 15 I TzBfG für das ArbVerh definiert. Kalendermäßig ist eine Befristung, wenn sie kalendermäßig bestimmt („vom 1.4.2014 bis 30.9.2014") bzw. durch Nennung eines bloßen Beendigungstermins oder bestimmbar ist („ab 1.4.2014 für ein Jahr"); s. zum ArbVerh die Komm. zu § 3 I TzBfG. Eine Befristung kann auch nachträglich, also während eines bereits bestehenden Dienstverhältnisses vereinbart werden.

---

1 AA *Müller-Glöge*, FS Dieterich, 1999, S. 387 (404). || 2 BAG 7.9.1995 – 8 AZR 515/94, NZA 1986, 32 (33). || 3 BAG 8.5.1980 – 3 AZR 82/79, DB 1981, 115. || 4 BAG 22.6.2011 – 8 AZR 102/10, NZA 2012, 91; 23.11.2006 – 8 AZR 701/05, NZA 2007, 870; 27.1.2000 – 8 AZR 876/98, NZA 2000, 727; 17.7.1997 – 8 AZR 480/95, NZA 1997, 1346. Den ArbN trifft die Darlegungs- und Beweislast für das Fehlen grober Fahrlässigkeit, LAG Hamburg 9.4.2009 – 7 Sa 70/08. || 5 BAG 28.10.2010 – 8 AZR 647/09, NZA 2011, 406; *Salamon/Koch*, NZA 2012, 658 (659 ff.); aA *Müller-Glöge*, FS Dieterich, 1999, S. 387 (400). || 6 BGBl. I S. 1966. || 7 Im Unterschied dazu s. die für ArbVerh nach § 6 II GewO geltende Regelung des § 106 GewO. || 8 S. aber zum unionsrechtl. ArbN-Status einer schwangeren Geschäftsführerin EuGH 11.11.2010 – Rs. C-232/09, NZA 2011, 143 – Danosa.

5 Um keine Befristung handelt es sich, wenn eine **Verlängerung** um einen bestimmten Zeitraum vorgesehen wird für den Fall, dass das Vertragsverhältnis nicht vor einem vereinbarten Zeitpunkt gekündigt wird. Hier ist nur die Kündigungsmöglichkeit eingeschränkt, indem sie nur zu einem bestimmten Zeitpunkt ermöglicht wird. Im Bühnenbereich bedeutet die dort tarifl. vielfach vorgesehene **Nichtverlängerungsmitteilung** des ArbGeb eine Beendigung des ArbVerh, das sich ansonsten automatisch um eine Spielzeit verlängern würde. Für eine Nichtverlängerungsmitteilung sind nach den jeweiligen TV bestimmte Fristen und die vorherige Anhörung des betroffenen Bühnenkünstlers zu beachten.

6 Wie sich aus Abs. 2 ergibt, kann das Dienstverhältnis auch **zweckbefristet** sein. Die Zweckbefristung steht danach der kalendermäßigen Befristung gleich. Ein zweckbefristeter Arbeitsvertrag liegt vor, wenn sich die Dauer des befristeten ArbVerh aus der Art, der Beschaffenheit oder dem Zweck der Dienstleistung ergibt (zB Erstellen eines Gutachtens). Zweckbefristungen sind somit auch bei Dienstverhältnissen nur möglich, wenn ein Sachgrund vorliegt. Die vorgesehene Beendigung folgt aus dem Sachgrund, wird also durch den Zweck erst gekennzeichnet. Die Zweckbefristung ist daher nur zulässig, wenn der Zeitpunkt der Zweckerfüllung für den Dienstverpflichteten voraussehbar ist und in überschaubarer Zeit liegt. Die Zweckerreichung muss objektiv bestimmbar sein (bei vorformulierten Vertragsbedingungen gem. § 305 ist dies gem. § 307 geboten). Ist die Zweckerreichung nur von dem Dienstgeber erkennbar, so muss er den Dienstverpflichteten darauf rechtzeitig hinweisen. Um eine unangemessene Benachteiligung des Dienstverpflichteten zu vermeiden, ist deshalb in entsprechender Anwendung des § 15 II TzBfG der Dienstverpflichtete zwei Wochen zuvor über den Zeitpunkt der Zweckerreichung und die Beendigung des Dienstverhältnisses zu unterrichten.

7 **b) Grund.** Die Befristungsvereinbarung bedarf **keines Sachgrundes**. Dies folgt bereits daraus, dass der Kündigungsschutz zwar die Zulässigkeit befristeter Arbeitsverträge begrenzt, jedoch der Dienstnehmer eines selbständigen Dienstvertrages nicht dem Kündigungsschutz eines ArbN unterliegt. § 14 I 1 TzBfG gilt daher nur für Arbeitsverträge.

8 **c) Dauer der Befristung und ihr Grund.** Grds. ist der **Dauer der Befristung** keine Mindest- und Höchstgrenze gesetzt. Bei einer Zweckbefristung muss der Zeitpunkt der Zweckerfüllung aber in überschaubarer Zeit liegen. Der vertragl. Bindung ist in § 624 bzw. für Arbeitsverträge in § 15 V TzBfG eine zeitliche Obergrenze gesetzt. Die Begrenzung ergibt sich hier aus der Kündigungsmöglichkeit des § 624 für den Dienstverpflichteten bzw. § 15 IV TzBfG für den ArbN. Bei Verträgen über mehr als fünf Jahre kann der Dienstverpflichtete nach dem Ablauf von fünf Jahren mit einer Kündigungsfrist von sechs Monaten kündigen. Wenn man nicht in § 624 eine die Dienstleistungen eines Dienstverpflichteten (zB Geschäftsführer) regelnde Sondernorm sieht, in der der Dienstnehmer die wirtschaftl. abhängige Vertragspartei ist, kann bei vorformulierten Dienstverträgen (§ 305) darüber hinaus gem. § 309 Nr. 9a und b eine Begrenzung der Laufzeit auf zwei Jahre bzw. eine Verlängerungsbeschränkung auf jeweils ein Jahr bestehen.

9 Da die Befristung selbst keines Sachgrundes bedarf, bedarf auch die Dauer der Befristung **keines Grundes**. Dagegen wird die Dauer des befristeten Dienstvertrages bei der Zweckbefristung und auch bei der Vereinbarung einer Bedingung durch die Zweckerreichung bzw. den Eintritt der Bedingung selbst bestimmt, so dass der Zweck bzw. die Bedingung zugleich auch die Dauer bestimmen.

Für Vorstände von Aktiengesellschaften ist ohnehin die gem. § 84 AktG zu beachtende Höchstdauer einer Bestellung zu berücksichtigen.

Um trotz Zweckverfehlung oder Nichteintritts der Bedingung (s. Rz. 23) auf jeden Fall eine Beendigung des Dienstverhältnisses zu erreichen, empfiehlt sich eine Kombination von Zeit- und Zweckbefristung bzw. auflösender Bedingung („**Doppelbefristung**"), etwa wie folgt:

● **Formulierungsvorschlag:**
Der Dienstnehmer wird wegen Verhinderung der/des erkrankten Frau/Herrn ... befristet in der Tätigkeit eines ... eingesetzt. Das Dienstverhältnis endet mit Ablauf des ... (Datum); bei früherer Wiederaufnahme der Tätigkeit durch die/den verhinderte/n Frau/Herrn ... an diesem Tag, frühestens jedoch zwei Wochen nach Zugang der schriftlichen Unterrichtung über den Zeitpunkt des Wegfalls des Vertretungsbedarfs/der Zweckerreichung.

10 **d) Form.** Die Vereinbarung eines befristeten Dienstvertrages unterliegt **keiner gesetzl. Form**. Dagegen bedarf die Befristung eines ArbVerh der Schriftform (§ 14 IV TzBfG sowie § 2 I 2 Nr. 3 NachwG). Dies gilt bei Arbeitsverträgen nur für die Befristungsabrede selbst, nicht aber für den für die Befristung maßgeblichen Grund. Anders verhält es sich bei auflösenden Bedingungen und Zweckbefristungen, da in diesen Fällen die vorgesehene Beendigung aus dem Sachgrund folgt, also durch den Zweck oder die auflösende Bedingung der Beendigungstatbestand erst gekennzeichnet wird. Dieser Gesichtspunkt ist auch bei der Befristung von Dienstverhältnissen zu beachten.

11 **e) Unwirksame Befristung.** Ist die Befristung unwirksam (zB wegen unzureichender Bestimmbarkeit der Zweckerreichung), besteht das Dienstverhältnis auf unbestimmte Zeit. Da § 16 TzBfG dem ArbN-Schutz dient, ist dieser auf freie Dienstverhältnisse nicht anwendbar. Hierfür gilt die bisherige Rspr.,

dass die Vertragsparteien die Mindestdauer auch ohne die vereinbarte, aber unwirksame Befristung gewollt haben, so dass eine ordentl. Kündigung vor Ablauf der vorgesehenen Zeit sowohl durch den Dienstgeber als auch durch den Dienstverpflichteten grds. ausgeschlossen ist[1].

f) Kündigungsmöglichkeit. Ein befristetes Dienstverhältnis endet erst mit dem Ende der Befristungsdauer, dem vereinbarten Zeitpunkt oder der Zweckerreichung. Während des Laufes der Befristung ist das Recht zur ordentl. **Kündigung ausgeschlossen.** Dies ergibt sich aus dem Verhältnis des Abs. 1 zu Abs. 2. Dagegen bleiben unter den jeweils gesetzl. genannten Voraussetzungen die außerordentl. Kündigung nach § 626 und die Kündigung nach § 627 möglich. Es kann jedoch ausdrücklich oder konkludent eine **vorzeitige ordentl. Kündigung** des Dienstverhältnisses **vereinbart** werden.

- **Formulierungsvorschlag** für eine sog. Höchstbefristung:
  Das Dienstverhältnis wird befristet bis zum ...
  Während der Dauer des Dienstverhältnisses kann es beiderseits mit einer Frist von .../nach Maßgabe der gesetzlichen Kündigungsfristen sowie bei Vorliegen eines wichtigen Grundes fristlos gekündigt werden.

Auch ohne Kündigungsvorbehalt und ohne Rücksicht auf eine vereinbarte Vertragsdauer kann im **Insolvenzverfahren** der Insolvenzverwalter gem. § 113 S. 1 InsO befristete und auflösungsbedingte Dienstverhältnisse jederzeit mit einer Kündigungsfrist von maximal drei Monaten zum Monatsende kündigen.

- **Hinweis:** Für wirtschaftl. abhängige Organmitglieder (wie zB Fremdgeschäftsführer) bedeutet die Möglichkeit der jederzeitigen ordentl. Kündigung durch den Dienstgeber wegen fehlenden Kündigungsschutzes (§ 14 KSchG) ein erhebliches Risiko.

g) Darlegungs- und Beweislast. Da die Berufung auf das Ende eines Dienstverhältnisses durch Fristablauf einer dem materiellen Recht folgenden rechtsvernichtenden Einwendung gleichkommt, hat nach den allg. Grundsätzen die Partei die tatsächlichen Voraussetzungen darzulegen und unter Beweis zu stellen, die sich auf die für sie günstigere Rechtsfolge des (früheren) Erlöschens der Vertragsverpflichtung, nämlich die der Befristung, beruft. Auch bzgl. der Dauer des befristeten Dienstverhältnisses trägt nach den allg. Grundsätzen derjenige die Darlegungs- und Beweislast, der sich auf die vorzeitige Beendigung des Dienstverhältnisses beruft[2].

h) Diskriminierungsverbot. Das zu Gunsten befristet beschäftigter ArbN geltende Diskriminierungsverbot des § 4 II TzBfG ist ebenso wenig auf Dienstverhältnisse anwendbar wie die dieser gesetzl. Regelung zugrunde liegende Rahmenvereinbarung über befristete Arbeitsverträge (RL 1999/70/EG). Da es sich aber im Erg. um eine Konkretisierung des in Art. 3 I GG enthaltenen Gleichbehandlungsgrundsatzes handelt, kann sich auch ein nach Abs. 1 befristet beschäftigter Dienstverpflichteter gegen eine Ungleichbehandlung wenden, sofern hierfür keine sachlichen Gründe vorliegen. Weitere Ansprüche können sich für Organmitglieder nach § 6 III AGG ergeben[3].

III. Beendigung unbefristeter Dienst- und Arbeitsverhältnisse (Abs. 2). Unbefristete, also auf unbestimmte Zeit abgeschlossene Dienstverhältnisse können gem. Abs. 2 nach Maßgabe des § 621 ordentl. fristgemäß und nach §§ 626, 627 außerordentl. fristlos **gekündigt** werden. Für ArbVerh gelten gem. Abs. 2 die Bestimmung des § 622 für fristgemäße Kündigungen und die des § 626 für fristlose Kündigungen. Beide Kündigungen bedürfen bei ArbVerh der **Schriftform** des § 623. Auch bereits nach Widerruf der Bestellung besteht kein Weiterbeschäftigungsanspruch des GmbH-Geschäftsführers in vergleichbarer leitender Position[4], aber auch keine Weiterbeschäftigungspflicht des ehemaligen Geschäftsführers[5].

Für **Organmitglieder**, die am Kapital der Gesellschaft nicht oder nur in unerheblichem Umfang beteiligt sind, gilt § 622 entsprechend, auch die Verlängerung der Kündigungsfrist nach § 622 II (s. § 622 Rz. 28). Wird der Vorstand oder Geschäftsführer abberufen und gekündigt, ist in der AG jeweils ein Beschluss des Aufsichtsrats, in der GmbH jeweils ein Beschluss der Gesellschafterversammlung (soweit die Satzung oder der Dienstvertrag nichts Abweichendes bestimmt) erforderlich[6].

Einer außerordentl. Kündigung von Organmitgliedern muss nach Auffassung der Rspr. **keine Abmahnung** vorausgehen[7]. Dies folgt daraus, dass organschaftliche Vertreter ArbGeb-Funktionen wahrnehmen. Diese Funktionszuweisung ist ein besonderer Umstand iSv. § 323 II Nr. 3, auf den § 314 II 2 verweist.

Wegen der näheren Einzelheiten zur rechtl. Bedeutung einer Kündigung als einseitige Willenserklärung, zu den für die Kündigung erforderlichen Voraussetzungen, dem notwendigen Erklärungsinhalt,

---

1 BAG 19.6.1980 – 2 AZR 660/78, AP Nr. 55 zu § 620 BGB Befristeter Arbeitsvertrag. ||2 BAG 12.10.1994 – 7 AZR 745/93, AP Nr. 165 zu § 620 BGB Befristeter Arbeitsvertrag. ||3 S. zum unionsrechtl. ArbN-Status einer schwangeren Geschäftsführerin EuGH 11.10.2010 – Rs. C-232/09, NZA 2011,143 – Danosa. ||4 BGH 11.10.2010 – II ZR 266/08, DB 2011, 49. ||5 *Lunk/Rodenbusch*, NZA 2011, 497. ||6 Zur Bestellung eines GmbH-Geschäftsführers unter einer auflösenden Bedingung s. BGH 24.10.2005 – II ZR 55/04, BB 2006, 14. ||7 BGH 10.9.2001 – II ZR 14/00, ZIP 2001, 1957; 2.7.2007 – II ZR 71/06, DB 2007, 1865; aA *Koch*, ZIP 2005, 1621.

der Erscheinungsform einer Kündigung, zum Zugang einer Kündigung und zur Kündigung durch einen Vertreter wird auf die **Kommentierung zum KSchG** verwiesen.

22 Von einer Kündigung ist eine **Freistellung** bzw. **Suspendierung** zu unterscheiden. In derartigen Fällen besteht das Dienst- bzw. ArbVerh fort. Es ruhen jedoch die beiderseitigen Verpflichtungen aus dem Vertragsverhältnis. Das **versicherungsrechtliche Beschäftigungsverhältnis** (und damit nach Ablauf der in der gesetzl. Krankenversicherung geltenden Übergangsfrist von einem Monat der **Versicherungsschutz**) endet nicht auf Grund einer vereinbarten **unwiderruflichen Freistellung** von der Arbeitsleistung bis zur rechtl. Beendigung des ArbVerh. Es besteht daher eine Versicherungs- und Beitragspflicht, wenn und solange ArbGeb und ArbN vom (Fort-)Bestand eines ArbVerh ausgehen und der ArbN weiterhin Anspruch auf ein vertragl. über der Geringfügigkeitsgrenze liegendes Arbeitsentgelt hat, auch wenn es wegen einer Freistellung an einer tatsächlichen Arbeitsleistung fehlt[1].

23 **IV. Weitere Beendigungstatbestände. 1. Auflösende Bedingung (§ 158 II).** Obwohl die auflösende Bedingung als Beendigungstatbestand eines befristeten Dienstverhältnisses in Abs. 2 nicht genannt wird, kann sie im Rahmen der Vertragsfreiheit vereinbart werden[2]. Wird ein Dienstverhältnis unter einer auflösenden Bedingung (weil der Eintritt des zukünftigen Ereignisses ungewiss ist) abgeschlossen, so endet es gem. § 158 II bei Eintritt des vertragl. vorgesehenen Ereignisses. Die gewählte Bedingung muss so umschrieben sein, dass der Eintritt des Ereignisses, an das die Beendigung des Dienstverhältnisses geknüpft wird, objektiv erkennbar ist. Die auflösende Bedingung kennzeichnet den Beendigungstatbestand. Der Unterschied zu einem zweckbefristeten Dienstverhältnis besteht darin, dass bei Letzterem nur der Zeitpunkt des Eintritts der Zweckerreichung und damit der Zeitpunkt des Endes des Dienstverhältnisses ungewiss ist. – Zur Zweckbefristung s. Rz. 6.

Für ArbVerh ist die auflösende Bedingung ausdrücklich in § 21 TzBfG geregelt. Dort wird sie im Wesentlichen dem mit Sachgrund befristeten ArbVerh gleichgestellt.

24 **2. Anfechtung.** Der Dienstvertrag unterliegt den allg. Anfechtungsregeln der §§ 119, 123. Unter den gesetzl. Voraussetzungen kann er wegen Irrtums, arglistiger Täuschung oder Drohung angefochten werden. Abweichend von § 142 wirkt die nach Arbeitsaufnahme erklärte Anfechtung nur für die Zukunft. Im Erg. kommt die Anfechtung einer außerordentl. Kündigung gleich. Jedoch gelten unterschiedliche Voraussetzungen. Für die außerordentl. Kündigung nach § 626 I kommt es auf die Umstände im Zeitpunkt des Ausspruchs an. Demggü. stellt der Anfechtungsgrund auf die Sachlage bei Abgabe der zum Arbeitsvertrag führenden Willenserklärung ab, ist also vergangenheitsbezogen. – Zu den Voraussetzungen und Folgen einer derartigen Anfechtung s. die Komm. zu §§ 119, 123.

25 **3. Rücktritt.** Bis zum Beginn des Dienst-/ArbVerh kann der Rücktritt nach § 346 vorbehalten werden. Bis dahin kann auch das gesetzl. Rücktrittsrecht des § 323 ausgeübt werden. Nach Beginn des Dienst-/ArbVerh ist ein Rücktritt stets ausgeschlossen und wird durch das Kündigungsrecht ersetzt[3].

26 **4. Nichtigkeit.** Zu den Voraussetzungen, die zur **Nichtigkeit eines Dienstverhältnisses** führen können, s. § 611 Rz. 70.

27 **5. Unmöglichkeit.** Entgegen der früheren rechtl. Situation (bis zum 31.12.2001) führt die **anfängliche Unmöglichkeit** der Erfüllung der Pflichten aus dem Dienstvertrag nicht zur Nichtigkeit. Wie bei einem Leistungsverweigerungsrecht gem. § 275 III bleibt der Vertrag wirksam. Die Rechtsfolgen ergeben sich aus § 311a II. Die **nachträgliche Unmöglichkeit** der Erbringung der Dienstleistung führt als solche ebenfalls nicht zur Beendigung des Dienstverhältnisses. Es bedarf dazu stets einer ordentl. oder außerordentl. Kündigung.

28 **6. Störung (Wegfall) der Geschäftsgrundlage (§ 313).** Die Störung (der Wegfall) der Geschäftsgrundlage führt nicht zu einem selbständigen Beendigungsgrund oder einer Rücktrittsmöglichkeit. Vielmehr sieht § 313 III 2 ausdrücklich für Dauerschuldverhältnisse nur das Recht zur Kündigung vor.

29 **7. Aufhebungs-/Auflösungsvertrag.** Das Dienstverhältnis kann durch Aufhebungsvertrag mit sofortiger Wirkung oder zu einem bestimmten zukünftigen Zeitpunkt beendet werden. Eine rückwirkende Aufhebung des Vertragsverhältnisses kommt nur dann in Betracht, wenn tatsächlich das ArbVerh bereits außer Vollzug gesetzt war[4]. **Im Gegensatz zum Arbeitsvertrag** (§ 623) bedarf die Aufhebung/Auflösung eines Dienstverhältnisses zu ihrer Wirksamkeit **nicht der Schriftform**. Einigen sich die Vertragspartner im Aufhebungsvertrag über eine Beendigung zu einem späteren Zeitpunkt, so kann der Aufhebungsvertrag noch durch Ausspruch einer zeitlich nachfolgenden außerordentl. **Kündigung** gegenstandslos werden.

30 Die vertragl. Vereinbarung der Hinnahme einer Kündigung unter gleichzeitiger Regelung der Modalitäten der Vertragsauflösung wird als **Abwicklungsvertrag** bezeichnet. Der ArbN kann sich für den Abschluss des Abwicklungsvertrags auf einen wichtigen Grund iSd. § 159 I 1 SGB III grds. aber nur beru-

---

1 BSG 24.9.2008 – B 12 KR 22/07, NZA-RR 2009, 272. || 2 Zur Bestellung eines GmbH-Geschäftsführers unter einer auflösenden Bedingung s. BGH 24.10.2005 – II ZR 55/04, BB 2006, 14. || 3 Palandt/*Weidenkaff*, Vorbem. vor § 620 BGB Rz. 8. || 4 BAG 10.12.1998 – 8 AZR 324/97, NZA 1999, 422.

fen, wenn die ArbGebKündigung objektiv rechtmäßig war. Die Hinnahme einer arbeitgeberseitigen Kündigung reicht also für sich genommen nicht aus, um eine Sperrfrist zu vermeiden, wenn ein Abwicklungsvertrag geschlossen wird[1].

Auch wenn der Arbeitsvertrag als ein **Verbrauchervertrag** zu qualifizieren und der ArbN als ein Verbraucher iSd. § 13 zu definieren ist[2], steht ihm **kein Widerrufsrecht** nach §§ 355, 312 zu, selbst wenn der Aufhebungsvertrag am Arbeitsplatz oder im Bereich seiner Privatwohnung verhandelt worden sein sollte[3]. – Wegen der Einzelheiten eines einen Dienst- oder Arbeitsvertrag auflösenden Vertrages und die dabei zu berücksichtigenden Gesichtspunkte (zB steuerliche Folgen) wird auf die Komm. des Aufhebungsvertrages verwiesen (Anh. zu § 9 KSchG). 31

8. Tod. Durch den **Tod des Dienstverpflichteten bzw. ArbN** endet das Vertragsverhältnis. Dies folgt auch aus § 613 S. 1. Noch nicht erfüllte fällige Ansprüche werden vererbt, soweit sie nicht höchstpersönlicher Natur sind. Hinsichtlich eines Urlaubsanspruchs hat der Tod zur Folge, dass er mit dem Tod untergeht und sich nicht in einen vererbbaren Abgeltungsanspruch iSv. § 7 IV BUrlG umwandelt[4]. 32

Dagegen berührt der **Tod des Dienstgebers bzw. ArbGeb** grds. nicht den Bestand des Vertragsverhältnisses. Die Dienst- bzw. ArbGebStellung geht auf die Erben über, soweit keine diesbezügliche besondere Vereinbarung besteht.

9. Auflösung durch Urteil des Arbeitsgerichts. Auf Antrag des ArbN oder auch des ArbGeb kann unter den Voraussetzungen des § 9 KSchG durch das Gericht ein ArbVerh aufgelöst werden, ggf. gegen Zahlung einer Abfindung gem. § 10 KSchG. Auch kann der ArbN nach § 12 KSchG das ArbVerh dadurch beenden, dass er nach Vorliegen eines die Fortsetzung des ArbVerh feststellenden Urteils innerhalb einer Woche nach Rechtskraft des Urteils durch Erklärung ggü. dem ArbGeb die Fortsetzung des ArbVerh bei diesem verweigert, sofern er inzwischen über ein neues ArbVerh verfügt. 33

V. Befristete Arbeitsverträge (Abs. 3). Für befristete Arbeitsverträge verweist Abs. 3 ausdrücklich auf das seit dem 1.1.2001 geltende TzBfG. Auf befristete **Arbeitsverhältnisse** ist somit § 620 nicht anwendbar. 34

Gem. § 14 I TzBfG bedarf die Befristung eines Arbeitsvertrages eines Sachgrundes. Die Regelung gilt auch für Kleinbetriebe ohne Kündigungsschutz sowie vom ersten Tage des ArbVerh an, also auch für kurzfristige Arbeitsverträge. Die in § 14 I TzBfG aufgeführten Sachgründe sind nicht erschöpfend. Die Befristungsabrede selbst bedarf gem. § 14 IV TzBfG der Schriftform, nicht aber der der Befristung zugrunde liegende Grund. Anders verhält es sich dagegen bei auflösenden Bedingungen und Zweckbefristungen, da sich hier die Beendigung erst aus der Bedingung bzw. den Zweck selbst ergibt. Unter den Voraussetzungen und unter den Einschränkungen des § 14 II, IIa und III TzBfG können Arbeitsverträge auch ohne Sachgrund vereinbart werden. Zu Einzelheiten s. die Komm. zu § 14 TzBfG.

Neben dem TzBfG bleiben die die Befristungen von ArbVerh betreffenden **Sonderregelungen** gem. § 23 TzBfG unberührt. Es sind dies die Befristungen im Rahmen einer Vertretung für die Dauer der Beschäftigungsverbote nach dem MuSchG oder für die Dauer der Elternzeit gem. § 21 BEEG, die Befristung während der Pflegezeit gem. § 6 PflegeZG, die Befristungen im Hochschulbereich gem. §§ 2 ff. WissZeitVG und die Befristungen für Verträge mit Ärzten in der Weiterbildung gem. § 1 ÄArbVtrG. Im Einzelnen s. die Komm. zu § 23 TzBfG. 35

VI. Meldung bei der Arbeitsagentur. Sofern Alg beansprucht werden kann, besteht gem. § 38 SGB III die Verpflichtung, sich spätestens drei Monate vor der Beendigung des Vertragsverhältnisses persönlich bei der AA **arbeitsuchend zu melden**. Beträgt die Kündigungsfrist oder die Befristungsdauer weniger als drei Monate, muss die Meldung innerhalb von drei Tagen nach Kenntnis des Beendigungszeitpunktes erfolgen. Diese Pflicht zur Meldung besteht auch bei einem auf weniger als drei Monate befristeten Vertrag. In diesem Falle muss sich der ArbN bzw. der der ArblV Unterliegende bereits innerhalb von drei Tagen nach Abschluss eines solchen befristeten Arbeitsvertrages arbeitsuchend melden. Diese Meldepflicht besteht unabhängig davon, ob eine Fortsetzung des Vertragsverhältnisses über den vertragl. vereinbarten Beendigungspunkt schon in Aussicht gestellt wurde oder der Fortbestand des Vertragsverhältnisses gerichtlich geltend gemacht wird. Wird diese Meldepflicht nicht beachtet, drohen hinsichtlich des Alg eine Sperrzeit von einer Woche (§ 159 VI SGB III) sowie eine dem entsprechende Minderung der Anspruchsdauer (§ 148 I Nr. 3 SGB III). Der ArbGeb wird durch § 2 II 2 Nr. 3 SGB III verpflichtet, frühzeitig vor Beendigung des ArbVerh den ArbN über die Pflicht zu Eigenbemühungen für einen neuen Arbeitsplatz sowie zur unverzüglichen Meldung bei der AA **zu informieren**. Eine Verletzung der Informationsobliegenheit führt aber zu keiner Schadensersatzpflicht des ArbGeb. Die Informationspflicht des ArbGeb bezweckt die Verbesserung des Zusammenwirkens von ArbGeb, ArbN und der AA. Sie dient nicht dem Schutz des Vermögens des ArbN. Der ArbGeb wird zur Mitwir- 36

---

1 BSG 18.12.2003 – B 11 AL 35/03 R, NZA 2004, 661. || 2 BAG 25.5.2005 – 5 AZR 572/04, NZA 2005, 1111; aA *Tschöpe/Pirscher*, RdA 2004, 385. || 3 BAG 27.11.2003 – 2 AZR 135/03, NZA 2004, 597. || 4 BAG 12.3.2013 – 9 AZR 532/11, NZA 2013, 678.

37 Für den **arbeitgeberseitigen Hinweis** sind folgende Formulierungen geeignet:

- **Formulierungsvorschlag** für den Hinweis in einer Kündigung eines unbefristeten ArbVerh:
Zur Aufrechterhaltung ungekürzter Ansprüche auf Arbeitslosengeld sind Sie verpflichtet, sich innerhalb von drei Tagen nach Kenntnis dieses Schreibens/spätestens drei Monate vor der Vertragsbeendigung bei der Agentur für Arbeit arbeitsuchend zu melden. Weiterhin wird auf die Pflicht zur eigenen aktiven Beschäftigungssuche hingewiesen.

- **Formulierungsvorschlag** für den Hinweis im Vertrag bei zeitlich befristetem ArbVerh:
Zur Aufrechterhaltung ungekürzter Ansprüche auf Arbeitslosengeld ist der ArbN verpflichtet, sich drei Monate vor Ablauf des Vertragsverhältnisses persönlich bei der Agentur für Arbeit arbeitsuchend zu melden. Sofern dieses Arbeitsverhältnis für eine kürzere Dauer als drei Monate befristet ist, besteht diese Verpflichtung innerhalb von drei Tagen ab Vertragsschluss. Weiterhin wird auf die Pflicht zur eigenen aktiven Beschäftigungssuche hingewiesen.

- **Formulierungsvorschlag** für den Hinweis in schriftlicher Mitteilung über die Zweckerreichung bzw. den Eintritt der auflösenden Bedingung:
Zur Aufrechterhaltung ungekürzter Ansprüche auf Arbeitslosengeld sind Sie verpflichtet, sich innerhalb von drei Tagen nach Kenntnis dieses Schreibens persönlich bei der Agentur für Arbeit arbeitsuchend zu melden. Weiterhin wird auf die Pflicht zur eigenen aktiven Beschäftigungssuche hingewiesen.

621 *Kündigungsfristen bei Dienstverhältnissen*

Bei einem Dienstverhältnis, das kein Arbeitsverhältnis im Sinne des § 622 ist, ist die Kündigung zulässig,

1. wenn die Vergütung nach Tagen bemessen ist, an jedem Tag für den Ablauf des folgenden Tages;
2. wenn die Vergütung nach Wochen bemessen ist, spätestens am ersten Werktag einer Woche für den Ablauf des folgenden Sonnabends;
3. wenn die Vergütung nach Monaten bemessen ist, spätestens am 15. eines Monats für den Schluss des Kalendermonats;
4. wenn die Vergütung nach Vierteljahren oder längeren Zeitabschnitten bemessen ist, unter Einhaltung einer Kündigungsfrist von sechs Wochen für den Schluss eines Kalendervierteljahrs;
5. wenn die Vergütung nicht nach Zeitabschnitten bemessen ist, jederzeit; bei einem die Erwerbstätigkeit des Verpflichteten vollständig oder hauptsächlich in Anspruch nehmenden Dienstverhältnis ist jedoch eine Kündigungsfrist von zwei Wochen einzuhalten.

1 **I. Inhalt und Zweck.** § 621 regelt die Kündigungsfristen beim **unabhängigen** (selbständigen oder freien) **Dienstverhältnis**, § 622 die Kündigungsfristen beim abhängigen ArbVerh. Die Abgrenzung der beiden Vorschriften erfolgt anhand des typologischen, auf das Gesamtbild der Rechtsbeziehung abstellenden arbeitsrechtl. ArbN-Begriffs; zur Abgrenzung vor § 611 Rz. 19ff. Auf das Vorliegen oder Nichtvorliegen einer Beschäftigung iSd. SozV-Rechts (§ 7 I SGB IV) kommt es nicht an. Ist der Dienstverpflichtete ArbN, ist § 621 unanwendbar.

2 Die Kündigungsfristen des § 621 sollen es beiden Parteien erleichtern, **sich auf das Ende der Dienstzeit einzustellen**. Die Vorschrift sieht bei vereinbartem Zeitlohn vor, das Dienstverhältnis jeweils zum Ablauf eines Vergütungsabschnitts zu beenden, um angebrochene Vergütungszeiträume im beiderseitigen Interesse zu vermeiden und den Dienstverpflichteten vor finanziellen Einbußen zu schützen[2].

3 Der selbständige Dienstvertrag genießt **keinen Bestandsschutz**. Beschränkungen des Kündigungsrechts ergeben sich lediglich aus § 138 und § 242[3]. Die Kündigung bedarf keiner besonderen Form. § 623 ist unanwendbar.

4 **II. Entstehungsgeschichte.** § 621 wurde ebenso wie § 622 durch das **Erste Arbeitsrechtsbereinigungsgesetz** zum 1.9.1969[4] neu gefasst, § 623 aF aufgehoben und der Sache nach in § 621 Nr. 5 übernommen. Gleichzeitig wurden Sonderbestimmungen über die Kündigung selbständiger Dienstleister in verschiedenen Einzelgesetzen aufgehoben. Geblieben sind nur § 29 HAG (Heimarbeiter), §§ 89, 89a HGB (Handelsvertreter) und § 66 SeeArbG (Seeleute)[5].

5 **III. Anwendungsbereich.** § 621 gilt für die **ordentl. Kündigung** aller **unabhängigen Dienstverhältnisse**, die nicht ArbVerh (dazu § 622 Rz. 23) sind und deren Dauer weder bestimmt noch aus der Art oder dem

---

[1] BAG 29.9.2005 – 8 AZR 571/04, NZA 2005, 1406.   [2] ErfK/*Müller-Glöge*, § 621 BGB Rz. 1.   [3] RGRK/*Röhsler*, § 621 Rz. 21.   [4] V. 14.8.1969, BGBl. I S. 1106.   [5] Dazu KR/*Weigand*, Kd. im SeearbeitsR, Rz. 85ff.

Zweck der Dienste zu entnehmen ist[1]. Für die außerordentl. Kündigung des unabhängigen Dienstverhältnisses gilt § 626, bei einer besonderen Vertrauensstellung des Dienstnehmers § 627[2].

§ 621 gilt für alle selbständigen und **freiberuflich tätigen Dienstleister** (Ärzte, Rechtsanwälte, Steuerberater, Steuerbevollmächtigte, Wirtschaftsprüfer, ausnahmsweise auch für Architekten[3]). Auf **freie Mitarbeiter** bei Rundfunk und Presse ist § 621 anwendbar, wenn sie ihre Arbeitszeit frei bestimmen und ihre Tätigkeit eigenverantwortlich gestalten können. Sonst sind sie ungeachtet der vertragl. Bezeichnung ArbN[4].

Auch auf **arbeitnehmerähnliche Personen** findet § 621 Anwendung[5]. § 622 ist auf arbeitnehmerähnliche Personen weder unmittelbar noch analog anwendbar. Das Gleiche gilt für § 29 HAG, außer die arbeitnehmerähnliche Person ist in Heimarbeit beschäftigt[6]. Dann greift § 29 HAG.

Im Rahmen des § 12a TVG können für **tarifgebundene arbeitnehmerähnliche Personen** Kündigungsfristen abweichend von § 621 festgelegt werden.

§ 621 ist nur auf Dienstverhältnisse anzuwenden, deren **Dauer weder bestimmt noch aus der Beschaffenheit oder dem Zweck der Dienste zu entnehmen** ist[7]. Hat ein für eine bestimmte Zeit abgeschlossener Dienstvertrag eine für den Dienstnehmer unangemessen lange Laufzeit, handelt es sich gleichwohl um einen Vertrag auf bestimmte Dauer, auf den § 621 keine Anwendung findet. Ein Kündigungsrecht kann sich hier im Wege ergänzender Vertragsauslegung aus §§ 242, 257 ergeben; entgegenstehende AGB können nach § 307 nichtig sein.

Die **instanzgerichtliche Rspr.** lässt allerdings mit teilweise unterschiedlicher Begründung bei befristeten selbständigen Dienstverträgen mit unangemessen langer Laufzeit, auch wenn keine zusätzliche Kündbarkeit vereinbart ist, unter den Voraussetzungen des § 307 bzw. § 309 Nr. 9, in Anlehnung an § 621 eine ordentl. Kündigung zu[8].

Auf **vertretungsberechtigte Organmitglieder** einer GmbH (Geschäftsführer, § 35 I GmbHG) findet § 621, regelmäßig Nr. 3, nach hM nur im Falle des **beherrschenden Gesellschafter-Geschäftsführers** Anwendung[9]. IÜ wendet die Rspr. auf Anstellungsverträge mit vertretungsberechtigten Organmitgliedern, insb. Fremd-Geschäftsführern, § 622 analog an[10]. Gleiches muss für die vertretungsberechtigten Organmitglieder einer Genossenschaft (Vorstand, § 24 I GenG) gelten. Inhaltlich gerechtfertigt wird die analoge Anwendung des § 622 damit, dass der Geschäftsführer ebenso wie der ArbN der Gesellschaft seine Arbeitskraft hauptberuflich zur Verfügung stelle und von ihr je nach der Höhe seines Gehalts mehr oder weniger wirtschaftl. abhängig sei. Auch wird eine für den Analogieschluss notwendige planwidrige Gesetzeslücke angenommen[11].

Zwar sind die **vertretungsberechtigten Organmitglieder** keine ArbN, so dass eigentlich § 621 einschlägig ist. Die Rspr. zur entsprechenden Anwendung des § 622 stützt sich jedoch darauf, dass bis zum Ersten ArbeitsrechtsbereinigungsG **GmbH-Geschäftsführer** unter § 622 aF fielen und dem Gesetzgeber ein zweifaches Redaktionsversehen unterlaufen sei. Bei der Neufassung des § 622 durch das Erste Arbeitsrechtsbereinigungs G 1969 habe der Gesetzgeber nicht bedacht, dass die höhere Dienste leistenden GmbH-Geschäftsführer, die bis zum 1.9.1969 als Angestellte unter § 622 aF fielen, keine ArbN seien. Wegen dieses Redaktionsversehens liege keine bewusste Entscheidung des Gesetzgebers gegen die Anwendung des § 622 vor[12]. Auch bei der Neufassung des § 622 durch das Gesetz zur Vereinheitlichung der Kündigungsfristen von Arbeitern und Angestellten 1993[13] hat der Gesetzgeber die Kündigungsfristen für Organmitglieder nicht gesondert geregelt. Es ist daher anzunehmen, dass der BGH § 622 nF, auch die verlängerten Fristen des § 622 II, auf Dienstverhältnisse mit abhängigen vertretungsberechtigten Organmitgliedern anwenden wird[14]. Dies gilt nach Auffassung des OLG Düsseldorf sogar dann, wenn der Geschäftsführer einer GmbH maßgeblich an der Gesellschaft beteiligt ist[15]. Das BSG sieht demggü. für nicht beherrschende GmbH-Geschäftsführer offenbar § 621 BGB als einschlägige Vorschrift an[16].

---

1 BGH 4.11.1992 – VIII ZR 235/91, BGHZ 120, 108. ||2 RGRK/*Röhsler*, § 621 Rz. 17. ||3 OLG Hamm 11.10.1994 – 28 U 26/94, NJW-RR 1995, 400. ||4 BAG 20.5.2009 – 5 AZR 31/08, EzA § 611 BGB 2002 Arbeitnehmerbegriff. ||5 ErfK/*Müller-Glöge*, § 621 BGB Rz. 2; *Herschel*, Film und Recht 1977, 290 (292), der allerdings außerdem § 622 V aF (entspricht § 622 VI heutiger Fassung), analog anwenden will. ||6 BAG 8.5.2007 – 9 AZR 777/06, BB 2007, 2298. ||7 BGH 4.11.1992 – VIII ZR 235/91, BGHZ 120, 108 (Tanzausbildungsvertrag); 8.3.1984 – IX ZR 144/83, BGHZ 90, 280 (Direktunterrichtsvertrag). ||8 OLG Frankfurt 6.1.1987 – 14 U 166/85, NJW-RR 1987, 438; OLG Karlsruhe 10.5.1984 – 9 U 87/83, MDR 1985, 57; OLG Köln 16.6.1982, 13 U 20/82 – NJW 1983, 1002; OLG Frankfurt (Kassel) 12.5.1981 – 14 U 15/80, NJW 1981, 2760; LG Berlin 11.2.1986 – 55 S 83/85, NJW-RR 1986, 989; RGRK/*Röhsler*, § 621 Rz. 3. ||9 BAG 9.3.1987 – II ZR 132/86, NJW 1987, 2073; *Bauer*, BB 1994, 855, (856); zust. *Löwisch*, FS Kraft, 1998, S. 375 (379); aA *Uffmann*, ZGR 2013, 273 (297 ff.) insb. zu Interim-Managern. ||10 BGH 26.3.1984 – II ZR 120/83, BGHZ 91, 217; 9.3.1987 – II ZR 132/86, NJW 1987, 2073; LAG Rh.-Pf. 25.9.2008 – 10 Sa 162/08, NZG 2009, 196. ||11 Krit. hierzu *Uffmann*, ZGR 2013, 273 (298f.) ||12 BGH 29.1.1981 – II ZR 92/80, BGHZ 79, 291 zum GmbH-Geschäftsführer; ebenso schon *Bauer*, DB 1979, 2178. ||13 KündigungsfristenG v. 7.10.1993, BGBl. I S. 1668. ||14 *Bauer*, BB 1994, 855 (856); ErfK/*Müller-Glöge*, § 621 BGB Rz. 4; Staudinger/*Preis*, § 622 Rz. 14; aA *Löwisch*, FS Kraft, 1998, S. 375 (380); aA *Hümmerich*, NJW 1995, 1777. ||15 OLG Düss. 14.4.2000 – 16 U 109/99, NZG 2000, 1044f. ||16 BSG 16.10.2003 – B 11 AL 30/03 R, SozR 4–4300 § 147a Nr. 2.

13 Die **Vorstandsmitglieder einer AG** und die **Vorstandsmitglieder eines VVaG** werden regelmäßig befristet angestellt. Im Falle einer ordentl. Kündigung gilt nach ganz hM für sie das Gleiche wie für nicht beherrschende Gesellschafter-Geschäftsführer und Fremdgeschäftsführer einer GmbH, auch hinsichtlich der verlängerten Kündigungsfristen. Denn mit Wegfall des AngKSchG, das nur die GmbH-Geschäftsführer, nicht aber Vorstandsmitglieder einer AG erfasste, sei der Grund für eine Ungleichbehandlung entfallen[1] (s.a. § 622 Rz. 29).

14 Die Zulässigkeit von Kündigungen von Verträgen über **Direktunterricht** bestimmt sich nach § 621. Dies gilt für nach Schuljahren oder durch das Ausbildungsziel befristeten Verträgen aber nur, wenn zusätzlich die Kündbarkeit des Vertrages vereinbart wurde[2]. Verträge über Fernunterricht unterliegen dagegen ausschließlich dem unabdingbaren Kündigungsrecht nach § 5 FernUSG. Diese Bestimmung ist auf Verträge über Direktunterricht weder unmittelbar noch analog anwendbar[3].

15 **IV. Sonderregelungen.** Der **Handelsvertreter** ist selbständiger Gewerbetreibender. Auf die ordentl. Kündigung des Handelsvertretervertrages findet § 89 HGB Anwendung, auf die außerordentl. Kündigung § 89a HGB. Diese Vorschriften sind analog anwendbar auf den Rahmenvertrag des Vertragshändlers[4], nicht aber auf dessen separaten Dienstvertrag, auf den § 621 Anwendung findet. Auch für den Franchisenehmer wird die Anwendung des § 89 HGB bejaht[5].

16 Für **Heimarbeiter** und ihnen Gleichgestellte gilt § 29 HAG. Für die übrigen arbeitnehmerähnlichen Personen, insb. die freien Mitarbeiter im künstlerischen und im Medienbereich oder etwa Frachtführer mit eigenem Fahrzeug und einem ständigen Auftraggeber, gibt es keine vergleichbare Sonderregelung. § 29 HAG ist auch nicht entsprechend anwendbar. Für sie gilt daher § 621[6].

17 In der Insolvenz des Dienstberechtigten garantiert § 113 S. 1 InsO das **Recht zur Kündigung des Dienstverhältnisses ohne Rücksicht auf eine vereinbarte Vertragsdauer** für beide Seiten. Die idR kürzeren Fristen des § 621 gehen der Drei-Monats-Frist des § 113 S. 2 InsO grds. vor[7]. Noch nicht höchstrichterlich entschieden ist, ob das auch dann gilt, wenn für auf Zeit eingegangene Dienstverträge keine vorherige Kündigungsmöglichkeit vereinbart ist. Das entspräche der Position des BAG im Hinblick auf ArbVerh[8]. Gegen eine Anwendbarkeit des § 113 S. 2 InsO auf den unabhängigen Dienstvertrag in diesem Fall spricht jedoch, dass damit die Kündigungsfrist in der Insolvenz ggü. der sonst einschlägigen gesetzl. Kündigungsfrist regelmäßig verlängert würde, obwohl es Zweck des § 113 InsO ist, die Insolvenzmasse zu entlasten[9].

18 **V. Fristberechnung und Fristen.** Die Kündigungsfristen des § 621 richten sich nach der **Bemessung** der Vergütung, nicht nach dem Auszahlungsmodus. Wird zB der Lohn nach Tagessätzen bemessen, aber wöchentlich ausgezahlt, handelt es sich um einen Tageslohn iSd. Nr. 1. Erhält der Dienstverpflichtete nebeneinander verschiedene Vergütungsformen, ist die Hauptform maßgeblich[10].

19 Für die **Berechnung der Fristen** gelten die §§ 186 ff. Der Tag des Zugangs der Kündigung wird nach § 187 I nicht in die Frist eingerechnet. § 193 ist unanwendbar, weil die Kündigungsfristen dem Gekündigten zu seinem Schutz unverkürzt zur Verfügung stehen müssen[11].

20 Die Kündigung kann in den Fällen der Nr. 2–5 auch **vor** dem Tag ausgesprochen werden, an dem sie spätestens zu erfolgen hat, wirkt aber erst zum gesetzl. vorgesehenen Termin.

21 Die Kündigung kann auch bereits **vor Dienstantritt** ausgesprochen werden. Sie braucht nicht begründet zu werden.

22 **Nr. 1:** Ist die Vergütung **nach Tagen** bemessen, so kann das Dienstverhältnis an jedem Tag zum Ablauf des folgenden Tages gekündigt werden. Die Kündigung kann auch an Sonn- und Feiertagen und zu Sonn- und Feiertagen erfolgen. Unbeachtlich ist, ob an dem Tag der Kündigung oder dem Tag, zu dem gekündigt wird, eine Dienstleistung geschuldet wird.

23 Nicht geregelt ist die Vergütung **nach Stunden** (zB Rechtsanwälte). Die hL hält hier als sachnächste Lösung eine Kündigung wie beim Tageslohn nach Nr. 1 zum Ablauf des nächsten Tages für zulässig[12].

24 **Nr. 2:** Ist ein **Wochenlohn** vereinbart, so ist die Kündigung spätestens am ersten Werktag einer Woche zum Ablauf des folgenden Sonnabends zulässig. Die Erklärung muss spätestens am ersten Werktag zugehen. Das ist grds. der Montag, verlagert sich aber auf spätere Wochentage, wenn auf den Sonntag gesetzl. Feiertage folgen. Die Frist ist dann kürzer.

---

1 *Bauer*, BB 1994, 855 (856). || 2 ErfK/*Müller-Glöge*, § 621 BGB Rz. 5. || 3 BGH 8.3.1984 – IX ZR 144/83, BGHZ 90, 280 (Direktunterrichtsvertrag); 4.11.1992 – VIII ZR 235/91, BGHZ 120, 108 (Tanzausbildungsvertrag). || 4 RGRK/*Röhsler*, § 621 Rz. 14; MüKoBGB/*Hesse*, § 621 Rz. 14. || 5 RGRK/*Röhsler*, § 621 Rz. 15. || 6 BAG 8.5.2007 – 9 AZR 777/06; Staudinger/*Preis*, § 621 Rz. 10; MüKoBGB/*Hesse*, § 621 Rz. 9; RGRK/*Röhsler*, § 621 Rz. 11; aA *Herschel*, Film und Recht 1977, 290 (292); für eine analoge Anwendung der §§ 622 BGB, 29 HAG auf arbeitnehmerähnliche Frachtführer LAG Köln 20.5.2006 – 14 (5) Sa 1343/05 m. umfassendem Nachw. zur Gegenmeinung. || 7 MüKoInsO/*Löwisch/Caspers*, § 113 Rz. 82. || 8 BAG 6.7.2000 – 2 AZR 695/99, SAE 2001, 185 m. abl. Anm. *Caspers*. || 9 *Caspers*, SAE 2001, 185 (189). || 10 RAG 10.9.1930 – RAG 199/30, ARS 10, 40. || 11 BGH 28.9.1972 – VII ZR 186/71, BGHZ 59, 265. || 12 ErfK/*Müller-Glöge*, § 621 BGB Rz. 7; Erman/*Belling*, § 621 Rz. 6; MüKoBGB/*Hesse*, § 621 Rz. 20.

Nr. 3: Ist ein **Monatslohn** vereinbart, muss spätestens am fünfzehnten eines Monats zum Schluss dieses Kalendermonats gekündigt werden. Das gilt auch dann, wenn der fünfzehnte des Monats ein Sonn- oder Feiertag ist. Eine Frist von zwei Wochen ist regelmäßig nicht ausreichend[1]. Eine Kündigung mit einer Frist von zwei Wochen an einem 15. Februar in einem Schaltjahr wird man als fristgerechte Kündigung zum Monatsende deuten können. 25

Nr. 4: Ist die Vergütung **nach Vierteljahren oder längeren Zeitabschnitten** bemessen, so ist die ordentl. Kündigung des Dienstverhältnisses unter Einhaltung einer Kündigungsfrist von sechs Wochen zum Schluss eines Kalendervierteljahres zulässig. 26

Nr. 5: Ist die Vergütung **nicht nach Zeitabschnitten** bemessen wie etwa bei einem Vertrag über ambulante pflegerische Leistungen, die als Sachleistungen ggü. der Pflegekasse abgerechnet werden[2], so kann das Dienstverhältnis jederzeit gekündigt werden. Nimmt das Dienstverhältnis die Erwerbstätigkeit des Verpflichteten vollständig oder hauptsächlich in Anspruch, ist eine Kündigungsfrist von zwei Wochen einzuhalten. Auf den absoluten Umfang der Dienstzeit kommt es nicht an. Wer allein für einen Dienstberechtigten, wenn auch nur in geringfügigem Umfang arbeitet, wird vollständig in Anspruch genommen. Die Kündigung mit einer Frist von zwei Wochen kann zu jedem Termin erfolgen. 27

Bemisst sich die Vergütung nach dem **Arbeitserfolg**, liegt idR ein Arbeitsvertrag (Akkord), Werkvertrag oder Handelsvertretervertrag (Provision) vor. § 621 ist dann unanwendbar. Erfolgsabhängige Vergütungen kommen beim unabhängigen Dienstvertrag kaum vor. Liegt ausnahmsweise ein Dienstvertrag vor, so ist Nr. 5 einschlägig[3]. 28

VI. Abdingbarkeit. Die Kündigungsfristen und -termine des § 621 sind abdingbar[4]. Die Parteien können die Fristen der Parteien beliebig **verkürzen** und in den Grenzen des § 624 **verlängern**. Sie können die ordentl. Kündigung auch entfristen, die Kündigung vor Dienstantritt oder ganz ausschließen. Auch die Vereinbarung unterschiedlich langer Kündigungsfristen für beide Vertragsteile ist zulässig[5]. 29

Die Parteien können auch besondere **Kündigungsgründe**, besondere Kündigungstermine oder die Einhaltung einer bestimmten Form vereinbaren. 30

Die von § 621 abweichende Vereinbarung kann **ausdrückl.** oder **stillschweigend** erfolgen, etwa durch Übernahme einer ständigen Übung, eines Ortsbrauchs oder den Verweis auf tarifl. Bestimmungen nach § 12a TVG[6]. 31

Lediglich die Vereinbarung in **AGB** unterliegt der Grenze der §§ 307, 309 Nr. 9[7]. Eine Unwirksamkeit nach § 309 Nr. 9 kann bereits vorliegen, wenn die Vergütung bei Vertragsschluss fällig ist, die Dienstpflicht aber erst später beginnt und Wartezeit und Dienstleistung zusammen zwei Jahre übersteigen[8]. Auch ohne dass die zweijährige Höchstbindungsfrist des § 309 Nr. 9 erreicht wird, ist der Ausschluss der ordentl. Kündigung am Maßstab des § 307 zu kontrollieren[9]. 32

VII. Darlegungs- und Beweislast. Für die Darlegungs- und Beweislast gelten die **allgemeinen Regeln**. Deshalb trägt derjenige die Darlegungs- und Beweislast, der Ansprüche gestützt auf § 621 oder auf eine von der gesetzl. Regelung abweichende Vereinbarung geltend macht[10]. 33

VIII. Prozessuales. Ein den Rechtsweg zu den ArbG begründender sog. Sic-non-Fall liegt vor, wenn der geltend gemachte Zahlungsanspruch nur in einem ArbVerh gegeben sein kann, weil ein Dienstvertrag wegen der kürzeren Kündigungsfrist des § 621 bereits wirksam beendet gewesen wäre[11]. 34

622 *Kündigungsfristen bei Arbeitsverhältnissen*
(1) Das Arbeitsverhältnis eines Arbeiters oder eines Angestellten (Arbeitnehmers) kann mit einer Frist von vier Wochen zum Fünfzehnten oder zum Ende eines Kalendermonats gekündigt werden.

(2) Für eine Kündigung durch den Arbeitgeber beträgt die Kündigungsfrist, wenn das Arbeitsverhältnis in dem Betrieb oder Unternehmen

1. zwei Jahre bestanden hat, einen Monat zum Ende eines Kalendermonats,
2. fünf Jahre bestanden hat, zwei Monate zum Ende eines Kalendermonats,
3. acht Jahre bestanden hat, drei Monate zum Ende eines Kalendermonats,
4. zehn Jahre bestanden hat, vier Monate zum Ende eines Kalendermonats,

---

[1] ErfK/*Müller-Glöge*, § 621 BGB Rz. 9; MüKoBGB/*Hesse*, § 621 Rz. 22. ||[2] BGH 9.6.2011 – III ZR 203/10, BGHZ 190, 80. ||[3] Staudinger/*Preis*, § 621 Rz. 26; MüKoBGB/*Hesse*, § 621 Rz. 27. ||[4] BGH 9.6.2011 – III ZR 203/10, BGHZ 190, 80. ||[5] RGRK/*Röhsler*, § 621 Rz. 41; Erman/*Belling*, § 621 Rz. 4; aA *Herschel*, Film und Recht 1977, 290 (292). ||[6] Staudinger/*Preis*, § 621 Rz. 12; ebenso MüKoBGB/*Hesse*, § 621 Rz. 41; MüKoBGB/*Hesse*, § 621 Rz. 30. ||[7] Näher Staudinger/*Preis*, § 621 Rz. 13; MüKoBGB/*Hesse*, § 621 Rz. 31ff.; BGH 9.6.2011 – III ZR 203/10, BGHZ 190, 80 m. Anm. *Bieback*, JZ 2012, 205; AG Halle 5.7.2012 – 93 C 4681/11 (Servicevertrag Pflege). ||[8] OLG Köln 16.6.1982 – 13 U 20/82, NJW 1983, 1002 zu § 11 Nr. 12 AGBG (Direktunterrichtsvertrag). ||[9] BGH 8.3.1984 – IX ZR 144/83, BGHZ 90, 280 (Direktunterrichtsvertrag); MüKoBGB/*Hesse*, § 621 Rz. 31. ||[10] RGRK/*Röhsler*, § 621 Rz. 43. ||[11] LAG Köln 24.9.2003 – 2 Ta 227/03.

5. zwölf Jahre bestanden hat, fünf Monate zum Ende eines Kalendermonats,
6. 15 Jahre bestanden hat, sechs Monate zum Ende eines Kalendermonats,
7. 20 Jahre bestanden hat, sieben Monate zum Ende eines Kalendermonats.

Bei der Berechnung der Beschäftigungsdauer werden Zeiten, die vor der Vollendung des 25. Lebensjahrs des Arbeitnehmers liegen, nicht berücksichtigt.

(3) Während einer vereinbarten Probezeit, längstens für die Dauer von sechs Monaten, kann das Arbeitsverhältnis mit einer Frist von zwei Wochen gekündigt werden.

(4) Von den Absätzen 1 bis 3 abweichende Regelungen können durch Tarifvertrag vereinbart werden. Im Geltungsbereich eines solchen Tarifvertrags gelten die abweichenden tarifvertraglichen Bestimmungen zwischen nicht tarifgebundenen Arbeitgebern und Arbeitnehmern, wenn ihre Anwendung zwischen ihnen vereinbart ist.

(5) Einzelvertraglich kann eine kürzere als die in Absatz 1 genannte Kündigungsfrist nur vereinbart werden,
1. wenn ein Arbeitnehmer zur vorübergehenden Aushilfe eingestellt ist; dies gilt nicht, wenn das Arbeitsverhältnis über die Zeit von drei Monaten hinaus fortgesetzt wird;
2. wenn der Arbeitgeber in der Regel nicht mehr als 20 Arbeitnehmer ausschließlich der zu ihrer Berufsbildung Beschäftigten beschäftigt und die Kündigungsfrist vier Wochen nicht unterschreitet.

Bei der Feststellung der Zahl der beschäftigten Arbeitnehmer sind teilzeitbeschäftigte Arbeitnehmer mit einer regelmäßigen wöchentlichen Arbeitszeit von nicht mehr als 20 Stunden mit 0,5 und nicht mehr als 30 Stunden mit 0,75 zu berücksichtigen. Die einzelvertragliche Vereinbarung längerer als der in den Absätzen 1 bis 3 genannten Kündigungsfristen bleibt hiervon unberührt.

(6) Für die Kündigung des Arbeitsverhältnisses durch den Arbeitnehmer darf keine längere Frist vereinbart werden als für die Kündigung durch den Arbeitgeber.

I. Inhalt und Zweck 1	2. Weiter Gestaltungsspielraum 72
II. Entstehungsgeschichte 7	3. Verfassungsrechtliche Grenzen tarif-
III. Anwendungsbereich 23	autonomer Gestaltung 78
IV. Gesetzliche Kündigungsfristen und -termine nach Abs. 1 und 2 30	4. Rechtsfolgen verfassungswidriger Regelungen 83
1. Allgemeines 30	5. Europarechtliche Grenzen 95a
2. Unanwendbarkeit des Abs. 2 S. 2 für Kündigungen nach dem 2.12.2006 32	VIII. Einzelvertragliche Regelung (Abs. 5) 96
3. Berechnung der Beschäftigungsdauer 33	1. Grenzen individualvertraglicher Gestaltung 96
V. Besondere gesetzliche Kündigungsfristen und -termine 37	2. Günstigkeitsvergleich zwischen einzelvertraglicher und tariflicher Regelung (§ 4 III TVG) 104
1. Vereinbarte Probezeit (Abs. 3) 37	3. Rechtsfolgen unzulässiger individualvertraglicher Gestaltung 107
2. Berufliche Bildung (§ 22 BBiG) 43	4. AushilfsArbVerh (Abs. 5 S. 1 Nr. 1) ... 109
3. Elternzeit (§ 19 BEEG) 49	5. Kleinbetriebe (Abs. 5 S. 1 Nr. 2) 114
4. Heimarbeit (§ 29 HAG) 51	IX. Einzelvertragliche Bezugnahme auf tarifliche Kündigungsfristen (Abs. 4 S. 2) 117
5. Seeleute (§ 66 SeeArbG) 52	X. Fristberechnung 126
6. Insolvenzverfahren (§ 113 InsO) ... 53	XI. Prozessuales 131
VI. Benachteiligungsverbot des Abs. 6 57	
VII. Tarifvertragliche Regelung 65	
1. Allgemeines 65	

1   **I. Inhalt und Zweck.** § 622 schränkt die Vertragsbeendigungsfreiheit ein und gewährt einen **zeitlich beschränkten Kündigungsschutz**, indem er die ordentl. Kündigung an Fristen und Termine bindet[1]. § 622 erleichtert dem ArbN den Arbeitsplatzwechsel möglichst ohne wirtschaftl. Nachteile und schützt die Personalplanung des ArbGeb.

2   Abs. 1 enthält eine **Grundkündigungsfrist für ArbGeb und ArbN**. Abs. 2 verlängert die Kündigungsfristen ggü. Abs. 1 für eine Kündigung durch den ArbGeb. Die Norm sieht eine Staffelung der Kündigungsfristen und -termine nach der Dauer der Betriebszugehörigkeit vor. Die für die ArbGebKündigung verlängerten Fristen gelten bereits nach zweijähriger Betriebszugehörigkeit des ArbN mit einer Frist von einem Monat zum Monatsende.

3   Bei der **Berechnung der Betriebszugehörigkeit** werden nach Abs. 2 S. 2 nur Zeiten nach der Vollendung des 25. LJ des ArbN berücksichtigt. Diese Regelung geht zu Lasten weniger qualifizierter ArbN, deren Betriebseintrittsalter auf der ersten Arbeitsstelle niedriger liegt als das von ArbN mit höherer Schul- und Hochschulqualifikation. Jüngeren ArbN wird der Vorteil verlängerter Kündigungsfristen

---

[1] BAG 18.4.1985 – 2 AZR 197/84, AP Nr. 20 zu § 622 BGB; Erman/*Belling*, § 622 Rz. 2; Staudinger/*Preis*, § 622 Rz. 9.

vorenthalten[1]. Eine Vorlage zur Klärung der Vereinbarkeit mit Art. 3 I und III GG unter dem Gesichtspunkt der Altersdiskriminierung wurde vom BVerfG als unzulässig zurückgewiesen[2]. Auf ein Vorabentscheidungsersuchen des LAG Düsseldorf hat der EuGH allerdings entschieden, dass Abs. 2 S. 2 wegen Verstoßes gegen das Verbot der Altersdiskriminierung europarechtswidrig ist[3] (s.u. Rz. 32).

Auch bei **Ausschluss der ordentl. Kündigung** wendet das BAG in Fällen der Beendigungskündigung die Kündigungsfrist, die gelten würde, wenn die ordentl. Kündigung nicht ausgeschlossen wäre, als vom ArbGeb einzuhaltende soziale Auslauffrist an[4]. Im Falle einer außerordentl. betriebsbedingten Änderungskündigung besteht nach geänderter Rspr. für eine solche fiktive Anwendung der Kündigungsfristen kein Bedürfnis[5].   **4**

Abs. 1 legt für ordentl. Kündigungen feste **Kündigungstermine** fest. Die Beendigungswirkung der Kündigung kann unabhängig von der im konkreten Fall geltenden Frist nur zu den im Gesetz festgesetzten Zeitpunkten eintreten. Das sind der 15. eines Monats oder das Monatsende. Auch durch die Einhaltung einer längeren als der anwendbaren gesetzl. oder (tarif-)vertragl. Kündigungsfrist können die gesetzl. vorgeschriebenen Kündigungstermine nicht verändert werden[6].   **5**

Einzelvertraglich kann nach Abs. 5 S. 1 Nr. 2 nur von ArbGeb mit idR nicht mehr als 20 ArbN ein davon abweichender Kündigungstermin vereinbart werden. Für den ArbN birgt eine solche Vereinbarung ein gewisses Risiko der kurzzeitigen Arbeitslosigkeit, weil sich das Einstellungsverhalten anderer ArbGeb an den gesetzl. Terminen orientiert[7].   **6**

II. Entstehungsgeschichte. Das **KündigungsfristenG** v. 7.10.1993 hat mWz. 15.10.1993[8] die Kündigungsfristen für Arbeiter und Angestellte sowie für die ArbN in den alten und den neuen Bundesländern vereinheitlicht.   **7**

Die **Neuregelung** war notwendig geworden, um den Schwebezustand zu beenden, der durch die Entscheidung des BVerfG 30.5.1990[9] entstanden war, das § 622 aF wegen Art. 3 I GG insoweit für verfassungswidrig und unanwendbar erklärt hatte, als diese Vorschrift für Arbeiter kürzere Kündigungsfristen vorsah als für Angestellte. Auch hatte das BAG[10] den Ausschluss der Angestellten von den längeren Kündigungsfristen bei ArbGeb mit nicht mehr als zwei Angestellten für verfassungswidrig gehalten und die Regelung des AngKSchG dem BVerfG nach Art. 100 I GG zur Überprüfung vorgelegt.   **8**

Die **Altregelung** sah eine verlängerte Kündigungsfrist nicht schon ab zweijähriger Betriebszugehörigkeit des ArbN, sondern Kündigungstermine zum Quartal vor, die für Angestellte allg. sowie für Arbeiter nach zwanzigjähriger Betriebszugehörigkeit galten. Die jetzige Regelung bezweckt demggü. auf Drängen der BA auch die Vermeidung den Arbeitsmarkt belastender vierteljährlicher und schubweiser Entlassungen[11].   **9**

Einstweilen frei.   **10, 11**

Seit dem Inkrafttreten des Arbeitsrechtl. BeschFG am 1.10.1996[12] werden **teilzeitbeschäftigte ArbN** bei der Bestimmung der Beschäftigtenzahl im Rahmen der Kleinbetriebsklausel des Abs. 5 Nr. 2 je nach regelmäßiger wöchentlicher Arbeitszeit anteilig bis zu 0,75 gezählt. Zum 1.1.1999 wurde die Regelung nochmals geändert, indem auch ArbN mit einer wöchentlichen Arbeitszeit unter 20 Stunden mit 0,5 zu berücksichtigen sind[13].   **12**

Mit der Neuregelung wurden auch die Kündigungsfristen im SeemG und im HAG geändert und § 622 angeglichen. Das AngKSchG und § 55 AGB-DDR 1990 wurden aufgehoben.   **13**

Nach dem am 28.7.1995 in Kraft getretenen **NachwG**[14] sind die Fristen für die Kündigung des ArbVerh in die Arbeitsvertragsniederschrift aufzunehmen (§ 2 I Nr. 9, § 1 NachwG). Die Angabe kann durch einen Hinweis nach § 2 III NachwG ersetzt werden.   **14**

Einstweilen frei.   **15–19**

Auf **vor dem 15.10.1993 begründete und noch bestehende ArbVerh** findet § 622 nF Anwendung. Allerdings wollte der Gesetzgeber ausdrücklich nicht in bestehende tarifvertragl. oder einzelvertragl. Regelungen eingreifen[15]. Es ist deshalb in jedem Fall zu prüfen, ob konstitutive oder deklaratorische tarif- oder individualvertragl. Regelungen vorgehen.   **20**

---

1 Krit. *Löwisch*, FS Schwerdtner, 2003, S. 769 (771); *Schleusener*, NZA 2007, 358; *Preis*, NZA 2006, 401 (406); *Annuß*, BB 2006, 325 (326). || 2 BVerfG 18.11.2008 – 1 BvL 4/08. || 3 LAG Düss. 21.11.2007 – 12 Sa 1311/07, ZIP 2008, 1786; EuGH 19.1.2010 – Rs. C-555/07, NZA 2010, 85 – Kücükdeveci. || 4 BAG 28.3.1985 – 2 AZR 113/84, AP Nr. 86 zu § 626 BGB. || 5 BAG 21.6.1995 – 2 ABR 28/94, AP Nr. 36 zu § 15 KSchG 1969 gegen BAG 6.3.1986 – 2 ABR 15/85, BAGE 51, 200. || 6 BAG 12.7.2007 – 2 AZR 699/05, AP Nr. 32 zu § 17 KSchG 1969; 21.8.2008 – 8 AZR 201/07, NZA 2009, 29. || 7 *Kehrmann*, AiB 1993, 746; ErfK/*Müller-Glöge*, § 622 BGB Rz. 4. || 8 BGBl. I S. 1668. || 9 BVerfG 30.5.1990 – 1 BvL 2/83 ua., AP Nr. 28 zu § 622 BGB. || 10 BAG 16.1.1992 – 2 AZR 657/87, AP Nr. 12 zu § 2 AngKSchG. || 11 BT-Drs. 12/4902, 7; ErfK/*Müller-Glöge*, § 622 BGB Rz. 5; APS/*Linck*, § 622 BGB Rz. 12. || 12 BGBl. I S. 1476. || 13 Art. 6a des Gesetzes zu Korrekturen in der Sozialversicherung und zur Sicherung der Arbeitnehmerrechte v. 19.12.1998 (BGBl. I S. 3843). || 14 BGBl. I S. 946. || 15 BT-Drs. 12/4902; MüKoBGB/*Hesse*, § 622 Rz. 116.

21 Unterliegt das ArbVerh einer wirksamen, also auch verfassungskonformen, **konstitutiven tarifvertragl. Regelung** der Kündigungsfristen, geht diese dem Gesetz vor (Abs. 4). Eine solche konstitutive tarifvertragl. Regelung kann auch rückwirkend die früheren, von § 622 nF abweichenden gesetzl. Kündigungsfristen des AngKSchG für maßgeblich erklären[1]. Im Falle einer bloß deklaratorischen Regelung fehlt es an einer tarifl. Regelung, so dass § 622 nF Anwendung findet.

22 Haben die Arbeitsvertragsparteien **individualvertragl.** die **Kündigungsfristen konkret geregelt**, gilt das Vereinbarte fort. Es handelt sich dann um eine **konstitutive** Regelung, auch wenn diese in der Sache mit der alten Gesetzeslage übereinstimmt[2]. Liegt dagegen eine bloß deklaratorische Verweisung auf die „gesetzl. Bestimmungen" vor, ist damit in aller Regel das Gesetz in seiner jeweils gültigen Fassung gemeint (dynamische Verweisung)[3].

23 III. Anwendungsbereich. § 622 ist auf **Arbeitsverträge** anwendbar, auch auf solche von Teilzeitbeschäftigten und geringfügig Beschäftigten, nach der Rspr. des BAG dagegen nicht auf die Verträge arbeitnehmerähnlicher Personen[4] und auf unabhängige Dienstverträge.

24 Auf **befristete** und **auflösend bedingte Arbeitsverträge** ist § 622 nach §§ 15 III, 21 TzBfG unanwendbar, wenn nicht die Möglichkeit der ordentl. Kündigung einzelvertragl. oder im anwendbaren TV vereinbart ist[5]. Gleiches galt auch schon vor Inkrafttreten des TzBfG für vor dem 1.1.2001 befristet oder auflösend bedingt vereinbarte ArbVerh[6]. Ist ein ArbN befristet zur Vertretung eines Beschäftigten eingestellt, der Pflegezeit nach dem PflegeZG in Anspruch nimmt, und endet die Pflegezeit vorzeitig nach § 4 II 1 PflegeZG, steht dem ArbGeb ggü. dem befristet eingestellten ArbN ein Sonderkündigungsrecht unter Einhaltung einer Frist von zwei Wochen zu (§ 6 III 1 PflegeZG); § 622 ist unanwendbar[7].

25 Auf **Hausangestellte** und Hausgehilfen findet die Grundkündigungsfrist des Abs. 1 Anwendung. Die verlängerten Kündigungsfristen des Abs. 2 gelten jedoch nicht, weil der Haushalt kein Betrieb oder Unternehmen iS dieser Regelung ist[8].

26 § 622 gilt mit einer Einschränkung auch für **Leiharbeitsverhältnisse**. Nach § 11 IV 1 AÜG findet § 622 V S. 1 Nr. 1 keine Anwendung auf LeihArbVerh. Deshalb können kürzere als die in Abs. 1 geregelten Kündigungsfristen für LeihArbN in AushilfsArbVerh nur tarifvertragl. oder durch Bezugnahme auf einen TV festgelegt werden[9]. Nach § 11 I 1 AÜG und § 2 I 2 Nr. 9 NachwG sind die Fristen für die Kündigung des ArbVerh in eine besondere Urkunde aufzunehmen (s. § 11 AÜG Rz. 16).

27 Die Fristen und Termine des § 622 gelten auch für ordentl. **Änderungskündigungen**[10], nicht aber fiktiv als Auslauffrist für außerordentl. betriebsbedingte Änderungskündigungen[11].

28 § 622 findet nach ganz hM **entsprechende Anwendung** auf die **Kündigung von Fremdgeschäftsführern und nicht beherrschenden GmbH-Geschäftsführern**, die am Kapital der Gesellschaft nicht oder nur in unerheblichem Umfang beteiligt sind[12], nach Auffassung des OLG Düsseldorf auch dann, wenn der Geschäftsführer einer GmbH maßgeblich an der Gesellschaft beteiligt ist[13]: Diese Organmitglieder stellen wie ArbN der Gesellschaft ihre Arbeitskraft zur Verfügung und sind vom Fortbestehen des Anstellungsverhältnisses abhängig. Diese Begründung spricht dafür, auch die verlängerten Fristen des Abs. 2 anzuwenden[14]. Allerdings steht dies in einem gewissen Wertungswiderspruch zur Nichtanwendbarkeit des § 622 auf arbeitnehmerähnliche Personen[15]. § 622 ist auch bei der Vereinbarung sog. Koppelungsklauseln, die die Abberufung als Geschäftsführer mit der Beendigung des Anstellungsvertrages verknüpfen, zu beachten[16]. Für die vertretungsberechtigten Organmitglieder einer Genossenschaft (Vorstand, § 24 I GenG) gilt Entsprechendes (s. § 621 Rz. 11).

29 Die Anstellungsverträge der **Vorstandsmitglieder einer AG** und der **Vorstandsmitglieder eines VVaG** werden wegen § 84 I AktG, § 34 VAG idR befristet abgeschlossen. Vor Ablauf der Zeit, auf die der Anstellungsvertrag geschlossen wurde (§ 620 I), ist eine Kündigung aus wichtigem oder einem kraft Vereinbarung die Kündigung rechtfertigenden Grund möglich[17]. Auf eine solche Kündigung ist nach ganz hM

---

1 BAG 18.9.1997 – 2 AZR 614/96, RzK I 3e Nr. 67. ||2 Näher zur Auslegung Staudinger/*Preis*, § 622 Rz. 98f. ||3 Näher zur Auslegung Staudinger/*Preis*, § 622 Rz. 95ff.; *Kramer*, ZIP 1994, 937; *Worzalla*, NZA 1994, 150. ||4 BAG 8.5.2007 – 9 AZR 777/06, BB 2007, 2298; LAG Köln 5.4.2012 – 6 Sa 1018/11; aA LAG Köln 29.5.2006 – 14 (5) Sa 1343/05. ||5 MünchArb/*Wank*, § 95 Rz. 167. ||6 BAG 19.6.1980 – 2 AZR 660/78, AP Nr. 55 zu § 620 BGB Befristeter Arbeitsvertrag; MünchArb/*Wank*, § 95 Rz. 167. ||7 *Müller*, BB 2008, 1058 (1064). ||8 *Bauer*/*Rennpferdt*, AR-Blattei-SD 1010.5 Rz. 26; ErfK/*Müller-Glöge*, § 622 BGB Rz. 6. ||9 *Voss*, NZA 1994, 57f.; ErfK/*Müller-Glöge*, § 622 BGB Rz. 6. ||10 BAG 12.1.1994 – 4 AZR 152/93, AP Nr. 43 zu § 622 BGB. ||11 BAG 21.6.1995 – 2 ABR 28/94, AP Nr. 36 zu § 15 KSchG 1969 gegen BAG 6.3.1986 – 2 ABR 15/85, AP Nr. 19 zu § 15 KSchG. ||12 BGH 29.1.1981 – II ZR 92/80, BGHZ 79, 291; 29.5.1981 – II ZR 126/80, WM 1981, 759; 26.3.1984 – II ZR 120/83, BGHZ 91, 217; LAG Köln 18.11.1998 – 2 Sa 1063/98; *Reiserer*, DB 1994, 1822 (1823); *Bauer*, BB 1994, 855f.; ErfK/*Müller-Glöge*, § 622 BGB Rz. 7, § 621 BGB Rz. 6; aA *Hümmerich*, NJW 1995, 1177, (1178ff.); *Uffmann*, ZGR 2013, 273 (297ff.); einschr. LAG Berlin – 9 Sa 43/97, AP Nr. 41 zu § 5 ArbGG. ||13 OLG Düss. 14.4.2000 – 16 U 109/99, DStZ 2000, 839. Eine Mindermeinung zählt auch Organmitglieder juristischer Personen zu den ArbN: *Wehemeyer*, Die arbeitsrechtliche Einordnung der Organe juristischer Personen, 1988; *Miller*, ZIP 1981, 578. ||14 ErfK/*Müller-Glöge*, § 622 BGB Rz. 7; aA *Grobys*, NJW Spezial 2005, 513. ||15 BAG 8.5.2007 – 9 AZR 777/06, BB 2007, 2298; krit. *Boemke*, ZfA 1998, 209 (233); *Uffmann*, ZGR 2013, 273 (300). ||16 Näher *Hillmann-Stadtfeld*, GmbHR 2004, 1457 (1458ff.). ||17 BGH 29.5.1989 – II ZR 220/88, NJW 1989, 2683.

§ 622 entsprechend anwendbar, auch hinsichtlich der verlängerten Kündigungsfristen des Abs. 2¹ (s. § 621 Rz. 13). Das kann aber nur gelten, wenn das Vorstandsmitglied kein beherrschendes Stimmgewicht in der Hauptversammlung hat. Mit der Anwendung von § 622 wird Vorstandsmitgliedern einer AG ein Schutz zuteil, der arbeitnehmerähnlichen Personen versagt wird; eine Wertung, die nicht in jedem Fall einleuchtet².

IV. Gesetzliche Kündigungsfristen und -termine nach Abs. 1 und 2. 1. Allgemeines. Abs. 1 regelt die **Grundkündigungsfrist** für ArbN und ArbGeb. Danach kann das ArbVerh eines ArbN mit einer Frist von vier Wochen zum 15. oder zum Ende eines Kalendermonats gekündigt werden. Vier Wochen sind 28 Kalendertage, nicht ein Monat³.

Die **verlängerten Kündigungsfristen** des Abs. 2 gelten allein für die **arbeitgeberseitige** Kündigung. Die Arbeitsvertragsparteien können aber durch eine sog. Gleichbehandlungsabrede vereinbaren, dass die verlängerten Fristen auch für die Kündigung durch den ArbN gelten sollen. Abs. 5 schließt nur die Fristverkürzung aus. Abs. 5 S. 2 stellt klar, dass eine Fristverlängerung sogar über die in Abs. 2 genannten Fristen hinausgehen kann⁴.

Die für eine ArbGebKündigung verlängerten Fristen gelten ab zweijähriger Dauer der Beschäftigung. Abs. 2 S. 1 Nr. 1–7 staffelt die Kündigungsfrist nach Betriebszugehörigkeit von einer Frist von einem Monat bis zu einer Frist von sieben Monaten zum Ende des Kalendermonats.

2. Unanwendbarkeit des Abs. 2 S. 2 für Kündigungen nach dem 2.12.2006. Für die Betriebszugehörigkeit zählen nach Abs. 2 S. 2 nur Zeiten nach der Vollendung des 25. LJ des ArbN. Diese Bestimmung verstößt gegen das europarechtl. **Verbot der Altersdiskriminierung** in seiner Konkretisierung durch die RL 2000/78/EG des Rates v. 27.11.2000⁵. Das BAG hat dem ArbGeb keinen Vertrauensschutz für vor der Entscheidung des EuGH in der Rechtssache Kücükdeveci ausgesprochene Kündigungen gewährt⁶.

Für **anhängige, fristgerecht erhobene Kündigungsschutzklagen** bedeutet dies, dass auf Kündigungen, die **nach dem 2.12.2006**, dem letzten Tag der Umsetzungsfrist der Richtlinie für das Merkmal Alter, ausgesprochen wurden, Abs. 2 S. 2 **nicht mehr anzuwenden** ist⁷. Beschäftigungszeiten vor Vollendung des 25. LJ sind mitzuzählen. ArbGeb, die nach dem 2.12.2006 mit der verkürzten Frist gekündigt haben, haben grds. nicht wirksam gekündigt, es sei denn die **Auslegung** der Erklärung ergibt, dass eine fristwahrende Kündigung ausgesprochen werden sollte. Der 5. Senat des BAG hat die Lösung, regelmäßig von der Wirksamkeit der Kündigung zum nächst zulässigen Termin auszugehen⁸, weil dies der Auslegung regelmäßig ergebe⁹, verworfen. Der EuGH hat das Verbot der Diskriminierung wegen des Alters in der Entscheidung Mangold zu einem allg. Grundsatz des Gemeinschaftsrechts erklärt – jetzt Art. 21 GrCh – und dessen Anwendung nicht vom Ablauf der Frist abhängig gemacht, die den Mitgliedstaaten zur Umsetzung der RL 2000/78/EG eingeräumt worden war¹⁰, worin das BVerfG keinen ersichtlichen, kompetenzbegründenden Verstoß sieht¹¹. Folgt man dem, wäre sogar für noch anhängige, fristgerecht erhobene Kündigungsschutzklagen wegen vor dem 2.12.2006 ausgesprochener Kündigungen § 622 II 2 auf diese nicht anwendbar.

3. Berechnung der Beschäftigungsdauer. Die maßgebliche **Dauer der Beschäftigung** bemisst sich nach dem Zeitpunkt des **Zugangs** der Kündigung, nicht nach dem Kündigungstermin. Es kommt auf die Dauer des rechtl. Bestandes des gekündigten ArbVerh an. Tatsächliche Unterbrechungen der Beschäftigung sind hierauf ohne Einfluss¹².

Beschäftigungszeiten aus **früheren ArbVerh** mit demselben ArbGeb werden nur dann berücksichtigt, wenn zwischen den Beschäftigungsverhältnissen ein **enger zeitlicher und sachlicher Zusammenhang** besteht. Für die Frage, wann ein solcher vorliegt, kann auf die Rspr. des BAG zu den parallelen Fragen der Wartezeiten in § 1 KSchG¹³ und des § 3 III EFZG¹⁴ zurückgegriffen werden. Ein enger zeitlicher und sachlicher Zusammenhang ist jedenfalls gegeben, wenn mehrere Arbeitsverträge unmittelbar aufeinander folgend geschlossen werden, auch wenn sich der Inhalt des ArbVerh ändert. Die Gründe für die Auf-

---

1 *Bauer*, BB 1994, 855 (856); ErfK/*Müller-Glöge*, § 622 BGB Rz. 7; APS/*Linck*, § 622 BGB Rz. 22; MüKoBGB/*Hesse*, § 621 Rz. 13; MünchArb/*Wank*, § 97 Rz. 14, 18.   ‖2 Krit. *Boemke*, ZfA 1998, 209 (233); *Uffmann*, ZGR 2013, 273 (300).   ‖3 *Hromadka*, BB 1993, 2372 (2373); ErfK/*Müller-Glöge*, § 622 BGB Rz. 8; MüKoBGB/*Hesse*, § 622 Rz. 21.   ‖4 BAG 28.5.2007 – 8 AZR 896/07, AP Nr. 6 zu § 306 BGB; *Preis/Kramer*, DB 1993, 2125 (2128); *Bauer*, NZA 1993, 495.   ‖5 Vorlage des LAG Düss. 21.11.2007 – 12 Sa 1311/07, ZIP 2008, 1786; EuGH 19.1.2010 – Rs. C-555/07, NZA 2010, 85 – Kücükdeveci; Schlussanträge GA v. 7.7.2009, ZIP 2009, 1483.   ‖6 BAG 30.9.2010 – 2 AZR 456/09; 9.9.2010 – 2 AZR 714/08, NZA 2011, 343; LAG Düss. 30.4.2010 – 9 Sa 354/09; *Preis/Temming*, NZA 2010, 186 (188).   ‖7 BAG 1.9.2010 – 5 AZR 700/09, NZA 2010, 1409; 9.9.2010 – 2 AZR 714/08, NZA 2011, 343; 30.9. 2010 – 2 AZR 456/09, nv.; 29.9.2011 – 2 AZR 177/10, NZA 2012, 754; Staudinger/*Preis*, § 622 Rz. 27b; MüKoBGB/ *Hesse*, § 622 Rz. 23; APS/*Linck*, § 622 BGB Rz. 54b.   ‖8 So *Preis/Temming*, NZA 2010, 185 (188).   ‖9 So die Rspr. des 2. Senats, BAG 15.12.2005 – 2 AZR 148/05, AP Nr. 55 zu § 4 KSchG 1969; 6.7.2006 – 2 AZR 215/05, AP Nr. 57 zu § 4 KSchG 1969; 9.9.2010 – 2 AZR 714/08, NZA 2011, 343.   ‖10 EuGH 22.11.2005 – Rs. C-144/04 – Mangold.   ‖11 BVerfG 6.7.2010 – 2 BvR 2661/06, BVerfGE 126, 286.   ‖12 *Wank*, NZA 1993, 961 (965).   ‖13 BAG 18.9.2003 – 2 AZR 330/02, AP Nr. 62 zu § 622 BGB; LAG Nds. 18.2.2010 – 7 Sa 779/09, BB 2010, 2181.   ‖14 ZB BAG 2.3.1983 – 5 AZR 194/80, AP Nr. 51 zu § 1 LohnFZG; ErfK/*Dörner*, § 3 EFZG Rz. 33.

lösung des früheren ArbVerh spielen bei unmittelbar aufeinander folgenden ArbVerh keine Rolle[1]. Zeiten einer Tätigkeit als **GmbH-Geschäftsführer** sind in einem sich nahtlos anschließenden ArbVerh jedenfalls dann zu berücksichtigen, wenn der Geschäftsführer seine ganze Arbeitskraft in den Dienst der Gesellschaft stellen musste und keinen beherrschenden Einfluss auf die Gesellschaft hatte[2]. Im Falle des Betriebsübergangs sind die beim Betriebsveräußerer abgeleisteten Beschäftigungszeiten auf das ArbVerh beim Betriebserwerber anzurechnen[3]. Bei einer **Unterbrechung** zwischen zwei ArbVerh bei demselben ArbGeb ist ein sachl. Zusammenhang etwa gegeben, wenn das ArbVerh bei einem Lehrer nur aus fiskalischen Gründen für die Dauer der Schulferien unterbrochen wird[4]. Generell gilt: Je länger die Unterbrechung dauert, desto höher sind die Anforderungen an die Begründung des sachl. Zusammenhangs. Der Unterbrechungszeitraum selbst bleibt bei der Berechnung der Beschäftigungszeit unberücksichtigt[5].

35 Zeiten eines **freien Mitarbeiterverhältnisses** sind dann mitzuzählen, wenn sich durch die Übernahme in ein ArbVerh die Art der bisherigen Tätigkeit nicht änderte[6]. Wird der Auszubildende im Anschluss an ein Berufsausbildungsverhältnis in ein ArbVerh übernommen, zählt die Dauer der Ausbildung für die Dauer des Beschäftigungsverhältnisses[7]. Zeiten eines betriebl. Praktikums, das nicht im Rahmen eines ArbVerh abgeleistet wurde, sind dagegen nicht anzurechnen[8].

36 War dem ArbVerh ein **Eingliederungsvertrag** gem. §§ 229–234 SGB III idF bis 31.12.2001 vorgeschaltet, rechnet dieser Zeitraum bei der Ermittlung der für die verlängerte Kündigungsfrist maßgeblichen Beschäftigungsdauer nicht mit, weil während dieser Zeit (noch) kein ArbVerh der Arbeitsvertragsparteien bestanden hat[9].

37 **V. Besondere gesetzliche Kündigungsfristen und -termine. 1. Vereinbarte Probezeit (Abs. 3).** Nach Abs. 3 beträgt bei einer vereinbarten Probezeit von maximal sechs Monaten die Kündigungsfrist **zwei Wochen**. Damit wird im Erprobungszeitraum, in dem der ArbN wegen der Wartezeit des § 1 I KSchG noch keinen allg. Kündigungsschutz genießt, eine kurzfristige Vertragsbeendigung möglich. Das gilt sowohl für eine Kündigung durch den ArbGeb wie durch den ArbN[10]. Ein Kündigungstermin ist nicht einzuhalten.

38 Abs. 3 enthält eine gesetzl. Vorgabe über die **Höchstdauer** der Probezeit. Sie darf **sechs Monate** nicht überschreiten. Eine einzelfallbezogene Kontrolle der Angemessenheit der Probezeit findet nicht statt[11]. Dabei ist auf den Zugang der Kündigung, nicht auf das Ende der Kündigungsfrist abzustellen. Dem ArbN kann daher auch noch am letzten Tage der ersten sechs Beschäftigungsmonate mit der Frist von zwei Wochen gekündigt werden[12]. Wird eine **längere Probezeit** vereinbart, gilt **nach Ablauf des sechsten Beschäftigungsmonats** die allg. Grundkündigungsfrist von vier Wochen (Abs. 1).

39 Die Probezeit kann einzelvertragl. vereinbart sein oder sich aus einem TV ergeben[13]. **Im Zweifel** liegt ein **unbefristetes ArbVerh** vor, das nach Ablauf der Probezeit in ein normales ArbVerh übergeht, wenn es nicht zuvor gekündigt wird[14]. In diesem Fall gilt die verkürzte Kündigungsfrist des Abs. 3 kraft Gesetzes für die vereinbarte Dauer der Probezeit, längstens für sechs Monate.

40 Haben die Vertragsparteien dagegen ein – nach § 14 I Nr. 5 TzBfG zulässiges – **befristetes ProbeArbVerh** begründet, das mit Ablauf der vereinbarten Frist endet, ist die ordentl. Kündigung innerhalb der Frist des Abs. 3 nur zulässig, wenn die Kündbarkeit ausdrücklich vereinbart wurde oder der dahin gehende beiderseitige Wille aus den Umständen eindeutig erkennbar ist[15]. Liegt dagegen ein aus anderen Gründen befristetes ArbVerh vor, bei dem eine Probezeit vereinbart wurde, die kürzer ist als die Gesamtlaufzeit des Vertrages, so ist in der Vereinbarung der Probezeit selbst die hinreichend eindeutige Vereinbarung der Kündbarkeit mit der kürzest zulässigen Kündigungsfrist während der Probezeit zu sehen[16].

41 Eine **längere** Kündigungsfrist innerhalb der Probezeit kann einzelvertragl.[17] und tarifvertragl. vereinbart werden (Abs. 4 S. 1, Abs. 5 S. 2). Allerdings ist die Vereinbarung einer ggü. den Grundkündigungsfristen des § 622 verlängerten Kündigungsfrist einerseits und einer Probezeit andererseits regelmäßig nicht als Vereinbarung einer verlängerten Kündigungsfrist innerhalb der Probezeit auszulegen[18].

---

1 BAG 23.9.1976 – 2 AZR 309/75, AP Nr. 1 zu § 1 KSchG 1969 Wartezeit; 4.2.1993 – 2 AZR 416/92, AP Nr. 2 zu § 21 SchwbG 1986. ‖2 LAG Rh.-Pf. 17.4.2008 – 9 Sa 684/07, AE 2008, 21. ‖3 BAG 18.9.2003 – 2 AZR 330/02, NZA 2004, 319. ‖4 BAG 19.6.2007 – 2 AZR 94/06, NZA 2007, 159. ‖5 BAG 17.6.2003 – 2 AZR 257/02; aA KR/*Spilger*, § 622 Rz. 60. ‖6 BAG 6.12.1978 – 5 AZR 545/77, AP Nr. 7 zu § 2 AngKSchG. ‖7 BAG 2.12.1999 – 2 AZR 139/99, AP Nr. 57 zu § 622 BGB nur für Ausbildungszeiten nach Vollendung des 25. LJ; letzteres ist durch BAG 9.9.2010 – 2 AZR 714/08, AP Nr. 66 zu § 622 BGB überholt. ‖8 BAG 18.11.1999 – 2 AZR 89/99, AP Nr. 11 zu § 1 KSchG 1969 Wartezeit. ‖9 *Hanau*, DB 1997, 1278 (1280). ‖10 APS/*Linck*, § 622 BGB Rz. 82; MüKoBGB/*Hesse*, § 622 Rz. 29. ‖11 BAG 24.1.2008 – 6 AZR 519/07, NZA 2008, 521. ‖12 BAG 21.4.1966 – 2 AZR 264/65, AP Nr. 1 zu § 53 BAT; *Gumpert*, BB 1969, 1278 (1280); Staudinger/*Preis*, § 622 Rz. 36. ‖13 *Preis/Kliemt*, AR-Blattei SD 1270 Rz. 40 f. ‖14 BAG 29.7.1958 – 3 AZR 49/56, AP Nr. 3 zu § 620 Probearbeitsvertrag; *Schaub*, ArbRHdb, § 41 Rz. 4. ‖15 BAG 4.7.2001 – 2 AZR 88/00, NZA 2002, 288. ‖16 BAG 4.7.2001 – 2 AZR 88/00, NZA 2002, 288. ‖17 LAG Bln.-Bbg. 28.3.2008 – 22 Sa 2491/07, AE 2008, 222. ‖18 LAG Hess. 14.5.2012 – 17 Sa 15/12; LAG Düss. 20.10.1995 – 9 Sa 996/95, NZA 1996, 1156.

Eine **kürzere** Kündigungsfrist kann tarifvertragl. (Abs. 4 S. 1), einzelvertragl. nur im Geltungsbereich eines TV durch Bezugnahme auf diesen (Abs. 4 S. 2) vereinbart werden. Die Vereinbarung einer kürzeren als nach Abs. 3 zulässigen Kündigungsfrist im Arbeitsvertrag führt auch im Wege der Inhaltskontrolle nach § 306 nicht zur Unwirksamkeit der Probezeitvereinbarung insgesamt. Es handelt sich um eine heilbare Klausel, so dass während der wirksam vereinbarten Probezeit die Frist des Abs. 3 und nicht die allg. Kündigungsfrist des Abs. 1 zur Anwendung gelangt[1].   42

2. Berufliche Bildung (§ 22 BBiG). Ein Ausbildungsverhältnis kann **während der Probezeit** von jeder Vertragspartei jederzeit entfristet ordentl. gekündigt werden, § 22 I BBiG. Die ordentl. Kündigung kann unter Einhaltung einer Auslauffrist ausgesprochen werden, deren Länge jedoch nicht zu einer unzumutbaren Verlängerung des Berufsausbildungsvertrages führen darf[2].   43

Nach der Probezeit kann das Berufsausbildungsverhältnis nur noch aus wichtigem Grund ohne Einhalten einer Kündigungsfrist (§ 22 II Nr. 1 BBiG) oder durch den Auszubildenden mit einer Kündigungsfrist von vier Wochen, wenn er die Berufsausbildung aufgeben oder sich für eine andere Berufstätigkeit ausbilden lassen will, gekündigt werden (§ 22 II Nr. 2 BBiG).3. Schutz schwerbehinderter Arbeitnehmer (§ 86 SGB IX).   44

§ 86 SGB IX sieht eine **Mindestkündigungsfrist von vier Wochen** für das ArbVerh mit einem schwerbehinderten Menschen vor, das im Zeitpunkt des Zugangs der Kündigungserklärung ohne Unterbrechung länger als sechs Monate besteht, § 90 I Nr. 1 SGB IX.   45

Wird dem schwerbehinderten ArbN noch während seiner **Probezeit** gekündigt, gilt die Zwei-Wochen-Frist des Abs. 3, nicht die Kündigungsfrist von vier Wochen des § 86 SGB IX. Denn die tatbestandlichen Voraussetzungen dieser Bestimmung – mindestens sechsmonatiges Bestehen des ArbVerh – sind nicht gegeben[3].   46

Diese Frist kann **zu Lasten des schwerbehinderten ArbN** weder einzelvertragl. noch tarifvertragl. verkürzt werden. Längere gesetzl., tarif- oder einzelvertragl. Fristen zu Gunsten des schwerbehinderten ArbN gehen nach dem Günstigkeitsprinzip dagegen vor[4].   47

Für die Kündigung durch einen schwerbehinderten ArbN gilt § 86 SGB IX nicht.   48

3. Elternzeit (§ 19 BEEG). Nach dieser Bestimmung (vgl. § 19 BEEG Rz. 1ff.) kann der die Elternzeit in Anspruch nehmende ArbN das ArbVerh **zum Ende der Elternzeit** nur unter Einhaltung einer Kündigungsfrist von **drei Monaten** kündigen.   49

Ein tarif- oder einzelvertragl. **Ausschluss** des Sonderkündigungsrechts des ArbN ist **unwirksam**. Eine Vereinbarung, wonach bei Ausübung des Sonderkündigungsrechts wirtschaftl. Nachteile drohen, ist im Hinblick auf § 19 BEEG zumindest bedenklich[5].   50

4. Heimarbeit (§ 29 HAG). Die Kündigungsfristen für Heimarbeiter sind in § 29 III, IV HAG inhaltsgleich mit Abs. 1–3 geregelt. IÜ finden Abs. 4–6 Anwendung.   51

5. Seeleute (§ 66 SeeArbG). Die Kündigungsfristen für die Beendigung von **Heuerverhältnissen** von Besatzungsmitgliedern und etwas abweichend für Kapitäne sind in § 66 SeeArbG geregelt[6].   52

6. Insolvenzverfahren (§ 113 InsO). In der Insolvenz des ArbGeb (aber noch nicht im Insolvenzeröffnungsverfahren[7], vgl. § 113 InsO Rz. 2) garantiert § 113 S. 1 InsO das Recht zur Kündigung des ArbVerh ohne Rücksicht auf eine vereinbarte Vertragsdauer für beide Seiten. Die kürzeren Fristen des § 622 I, II Nr. 1 und 2 gehen der Drei-Monats-Frist des § 113 S. 2 InsO grds. vor, diese ist keine Regel-, sondern eine Höchstfrist[8] (§ 113 InsO Rz. 8).   53

Nach **Ansicht des BAG** kann auch ein unter Ausschluss der Möglichkeit zur ordentl. Kündigung befristetes ArbVerh nur mit der in § 113 S. 1 InsO vorgesehenen Höchstkündigungsfrist von drei Monaten gekündigt werden, nicht etwa mit der kürzeren fiktiven Kündigungsfrist des § 622, die anwendbar wäre, wenn die Parteien ohne ausdrückliche Regelung einer Frist die ordentl. Kündigung zugelassen hätten, nur begrenzt durch die Drei-Monats-Frist[9] (§ 113 InsO Rz. 8).   54

Nach dieser Rspr. kann der Insolvenzverwalter ein **Berufsausbildungsverhältnis** nach der Probezeit bei Wegfall der Ausbildungsmöglichkeit nur außerordentl. (§ 22 II Nr. 1 BBiG) und unter Einhaltung der Kündigungsfrist des § 113 S. 1 InsO kündigen[10] (§ 113 InsO Rz. 6).   55

---

1 LAG Hess. 31.5.2011 – 12 Sa 941/10, NZA-RR 2011, 571; LAG Rh.-Pf. 30.4.2010 – 9 Sa 776/09, NZA-RR 2010, 464. ‖ 2 BAG 10.11.1988 – 2 AZR 26/88, AP Nr. 8 zu 15 BBiG. ‖ 3 APS/*Linck*, § 622 BGB Rz. 98; KR/*Etzel*, §§ 15–20 SchwbG Rz. 37. ‖ 4 BAG 25.2.1981 – 7 AZR 25/79, AP Nr. 2 zu § 17 SchwbG. ‖ 5 BAG 16.10.1991 – 5 AZR 35/91, AP Nr. 1 zu § 19 BErzGG. ‖ 6 Näher KR/*Weigand*, Kd. im Seearbeitsrecht, Rz. 85ff., 150ff.; Staudinger/*Preis*, § 622 Rz. 21. ‖ 7 BAG 20.1.2005 – 2 AZR 134/04, ZIP 2005, 1289. ‖ 8 *Berscheid*, FS Schwerdtner, 2003, S. 517 (525). ‖ 9 BAG 6.7.2000 – 2 AZR 695/99, SAE 2001, 185 m. abl. Anm. *Caspers*. ‖ 10 AA *Caspers*, Rz. 329: unter Einhaltung der (fiktiven) ordentl. Kündigungsfrist des § 622. Zur alten Rechtslage BAG 27.5.1993 – 2 AZR 601/92, AP Nr. 9 zu § 22 KO.

56 Auch ein **tarifl. Ausschluss der ordentl. Kündigung** für ältere, langjährig beschäftigte ArbN wird bei einer Kündigung durch den Insolvenzverwalter durch die Höchstfrist des § 113 InsO verdrängt. Diese Regelung verstößt nicht gegen Art. 9 III GG[1].

57 **VI. Benachteiligungsverbot des Abs. 6.** Nach Abs. 6 darf für die **Kündigung des ArbVerh durch den ArbN** keine längere Frist vereinbart werden als für die Kündigung durch den ArbGeb. Dieses Benachteiligungsverbot gilt für einzelvertragl. wie tarifvertragl. Vereinbarungen. Es erfasst auch die Kündigungstermine[2].

58 Umgekehrt können für die **Kündigung durch den ArbGeb** längere Kündigungsfristen als für die Kündigung durch den ArbN vereinbart werden[3]. Auch die Vereinbarung gleich langer Fristen für die Kündigung durch den ArbN und den ArbGeb ist zulässig. Es gibt nur ein Benachteiligungs-, aber kein Gleichstellungsverbot[4].

59 Aus Abs. 6 wird der allg. Grundsatz abgeleitet, dass über die Regelung von Fristen und Terminen hinaus die ordentl. Kündigung durch den ArbN im Vergleich zu der des ArbGeb nicht erschwert werden darf. Deshalb sind auch **faktische Kündigungshindernisse**, die den zur Kündigung Berechtigten von einem Entschluss zur Kündigung abhalten können, unzulässig, wenn sie einseitig zu Lasten des ArbN wirken[5].

60 Eine **Vertragsstrafe** darf nicht einseitig für den Fall der fristgemäßen Kündigung durch den ArbN vereinbart werden[6]. Abs. 6 verbietet eine einseitige Vereinbarung, wonach der ArbN für den Fall der fristgemäßen Kündigung durch ihn dem ArbGeb eine **Abfindung** zu zahlen habe[7].

61 Auch **Rückzahlungspflichten** des ArbN, die an eine von ihm erklärte fristgemäße Kündigung anknüpfen, können seine Kündigung ggü. der des ArbGeb unzulässig einseitig erschweren[8]. Das kann zB zurückzuzahlende Gratifikationen, Urlaubsgeld, Prämien oder Rückverkaufsverpflichtungen in Mitarbeiterkapitalbeteiligungsmodellen[9] betreffen. Die Zulässigkeit der Verpflichtung zur Zurückzahlung von Ausbildungshilfen beurteilte das BAG ausschließlich nach § 242 iVm. Art. 12 GG unter dem Gesichtspunkt der freien Arbeitsplatzwahl[10]. Soweit sich die Rückzahlungsklausel für Ausbildungs- und Fortbildungsbeihilfen in einem vorformulierten Arbeitsvertrag findet, ist Grundlage der Angemessenheitskontrolle § 307[11].

62 Auch der Verfall einer vom ArbN gestellten **Kaution** kann nicht an dessen fristgerechte Kündigung geknüpft werden[12]. Eine **Provisionszusage** mit Jahressollvorgabe beschränkt den ArbN in seinem Kündigungsrecht, wenn er ohne erhebliche Verdiensteinbußen nur zum Ablauf des Jahres, nicht schon des Halbjahres kündigen kann[13]. Eine verdiente, aber erst im Folgejahr auszuzahlende **Umsatzbeteiligung** darf in ihrem rechtl. Bestand nicht davon abhängig gemacht werden, ob der ArbN das ArbVerh ordentl. kündigt[14].

63 Über das Benachteiligungsverbot des Abs. 6 und das Grundrecht auf freie Wahl des Arbeitsplatzes aus § 242 iVm. Art. 12 GG hinausgehend ergibt sich aus der **AGB-Kontrolle** von Arbeitsverträgen kein noch strengerer Kontrollmaßstab für Kündigungserschwerungen. Vielmehr ist wegen der zu berücksichtigenden Besonderheiten des Arbeitsrechts (§ 310 IV 2) dieses Schutzniveau auch der Maßstab der AGB-Kontrolle[15].

64 Sieht ein TV oder ein Arbeitsvertrag entgegen Abs. 6 **längere Kündigungsfristen zu Lasten des ArbN** vor, tritt an die Stelle dieser unwirksamen Regelung nicht die gesetzl. Frist. Auch lässt sich der hypothetische Wille der vertragschließenden Parteien nur selten feststellen. Deshalb gilt in Analogie zu § 89 II 2 HGB die längere der vereinbarten Fristen für beide Parteien[16]. Ebenso gilt bei Vereinbarung unterschiedlich vieler Kündigungstermine zu Lasten des ArbN diejenige Regelung, die weniger Kündigungstermine vorsieht[17]. Das führt, wenn ein Vertrag auf fünf Jahre abgeschlossen wurde, der dem ArbGeb einseitig ein Kündigungsrecht im ersten Jahr einräumt, zu einer beiderseitigen fünfjährigen Bindung[18].

---

1 BAG 19.1.2000 – 4 AZR 70/99, NZA 2000, 658. ||2 *Preis/Kramer*, DB 1993, 2125 (2128). ||3 Staudinger/*Preis*, § 622 Rz. 54; MüKoBGB/*Hesse*, § 622 Rz. 102. ||4 MüKoBGB/*Hesse*, § 622 Rz. 87, 102; Staudinger/*Preis*, § 622 Rz. 55. ||5 ZB BAG 6.9.1989 – 5 AZR 586/88, AP Nr. 27 zu § 622 BGB. ||6 BAG 9.3.1972 – 5 AZR 246/71, AP Nr. 12 zu § 622 BGB. ||7 BAG 6.9.1989 – 5 AZR 586/88, AP Nr. 27 zu § 622 BGB. ||8 BAG 6.9.1989 – 5 AZR 586/88, AP Nr. 27 zu § 622 BGB; LAG Hamm 26.8.1988 – 16 Sa 525/88, LAGE § 622 BGB Nr. 10; BAG 16.3.1994 – 5 AZR 339/92, AP Nr. 18 zu § 611 BGB Ausbildungshilfe. ||9 *Lembke*, BB 2001, 1469 (1472ff.); einschr. *Binder*, Bindungsklauseln, 2003, S. 77, 226 (nur im Falle von Basisvergütung). ||10 BAG 16.3.1994 – 5 AZR 447/92, AP Nr. 68 zu § 611 BGB; 25.4.2001 – 5 AZR 509/99, NZA 2002, 1396. ||11 BAG 11.4.2006 – 9 AZR 610/05, NZA 2006, 1042; ErfK/*Preis*, §§ 305–310 BGB Rz. 94. ||12 BAG 11.3.1971 – 5 AZR 349/70, AP Nr. 9 zu § 622 BGB. ||13 BAG 20.8.1996 – 9 AZR 471/95, AP Nr. 9 zu § 87 HGB. ||14 BAG 8.9.1988 – 2 AZR 103/88, AP Nr. 6 zu § 87a HGB. ||15 Für Verschärfung *Däubler*, NZA 2001, 1329 (1336); abl. *Lingemann*, NZA 2002, 181 (192); offen gelassen von *Hümmerich/Holthausen*, NZA 2002, 173 (180). ||16 BAG 2.6.2005 – 2 AZR 296/04, NZA 2005, 1176; *Schaub*, ArbRHdb, § 126 Rz. 44; KR/*Spilger*, § 622 BGB Rz. 202 (ergänzende Vertragsauslegung); *Preis/Kramer*, DB 1993, 2125 (2128). ||17 Staudinger/*Preis*, § 622 Rz. 58. ||18 AA für den Dienstvertrag eines GmbH-Geschäftsführers OLG Hamm 11.2.2008 – I-8 U 155/07, GmbHR 2008, 542.

VII. Tarifvertragliche Regelung. 1. Allgemeines. Nach der Tariföffnungsklausel des Abs. 4 S. 1 sind **65** alle Kündigungsfristen des § 622 **tarifdispositiv**. Sowohl eine Verkürzung als auch eine Verlängerung der Fristen durch TV ist möglich; ebenso eine Änderung der Kündigungstermine, die regelmäßig mit den Kündigungsfristen als Einheit zu betrachten sind[1]. Auch die Voraussetzungen (Betriebszugehörigkeit, Alter, sonstige Kriterien), unter denen verlängerte Kündigungsfristen für die Kündigung des ArbN gelten, sind tarifdispositiv. Damit kann den Besonderheiten einzelner Wirtschaftsbereiche und Beschäftigungsgruppen Rechnung getragen werden[2], zB durch einheitliche Kündigungsfristen und Kündigungstermine ohne Staffelung nach Betriebszugehörigkeit und Alter in Kleinbetrieben[3].

Für die **Auslegung** tarifl. Kündigungsregelungen gelten die allg. Regeln. Wie bei der Gesetzesauslegung ist auch bei der Tarifauslegung über den reinen Tarifwortlaut hinaus der wirkliche Wille der TV-Parteien zu berücksichtigen, wie er in den tarifl. Normen und im tarifl. Gesamtzusammenhang seinen Niederschlag gefunden hat. Tarifgeschichte, praktische Tarifübung und Entstehungsgeschichte des TV können zur Auslegung herangezogen werden[4]. **66**

Die Auslegung muss insb. ergeben, ob die TV-Parteien eine eigenständige, **konstitutive** Regelung der **67** Kündigungsfristen getroffen haben oder nur klarstellend, **deklaratorisch** gesetzl. Bestimmungen in den TV übernommen haben. Von Bedeutung ist diese Unterscheidung vor allem dann, wenn die übernommenen gesetzl. Bestimmungen geändert werden oder sich als verfassungswidrig herausstellen. Zu den Rechtsfolgen unten Rz. 93.

Eine konstitutive, dh. in ihrer normativen Wirkung vom Gesetz unabhängige, eigenständige Tarifregelung liegt vor, wenn die TV-Parteien eine **im Gesetz nicht oder anders gestaltete Bestimmung** treffen oder eine gesetzl. Regelung übernehmen, die von Gesetzes wegen auf die betroffenen ArbVerh nicht anwendbar wäre. Für eine deklaratorische Regelung spricht dagegen, wenn einschlägige gesetzl. Vorschriften **wörtlich oder zumindest inhaltlich unverändert** in den TV übernommen werden. Die wörtliche Übernahme dient idR nur dazu, die Tarifgebundenen über die zu beachtenden Rechtsnormen zu unterrichten[5]. **68**

Die TV-Parteien können ihre tarifl. Kündigungsfristenregelung auch in einen konstitutiven und einen **69** deklaratorischen Teil **aufspalten**. Denn sie können selbst bestimmen, in welchem Umfang sie von ihrem Recht zu tarifautonomer Normsetzung Gebrauch machen[6]. Ein TV kann daher zB nur kürzere als die gesetzl. Grundkündigungsfristen oder die verlängerten Kündigungsfristen des Abs. 2 S. 1 abändern, iÜ aber deklaratorisch die Gesetzeslage übernehmen[7].

Durch Tarifnorm können auch **rückwirkend** vom Gesetz abweichende, verlängerte Kündigungsfristen **70** in Kraft treten[8]. Das BAG stützt dies auf den TV immanenten Vorbehalt ihrer rückwirkenden Abänderbarkeit. Soweit eine bestimmte Kündigungsfrist bereits durch Betriebszugehörigkeitszeiten erdient war, ist ein Eingriff der TV-Parteien nur unter Beachtung des Verhältnismäßigkeitsprinzips zulässig[9].

Für die **Tarifbindung** gelten die Vorschriften der §§ 3, 4 und 5 TVG. Auf die Einhaltung der in einem für **71** allgemeinverbindlich erklärten TV geregelten Kündigungsfrist kann ein ArbN wegen § 4 IV TVG nicht wirksam einseitig verzichten[10].

2. Weiter Gestaltungsspielraum. Die TV-Parteien haben im Rahmen ihrer Tarifautonomie einen weiten Gestaltungsspielraum. Sie können die ordentl. Kündigung **erschweren**, indem sie eine ordentl. entfristete Kündigung von tarifl. bezeichneten Kündigungsgründen abhängig machen, die den Voraussetzungen des § 626 nicht zu entsprechen brauchen[11]. **72**

In einem TV kann auch der **Ausschluss der ordentl. Kündigung** vereinbart werden. Regelmäßig wird **73** dieser Status der „Unkündbarkeit" an eine bestimmte Beschäftigungszeit (zB 15 Jahre) und das Erreichen eines bestimmten Lebensalters (zB 40. LJ) geknüpft, vgl. etwa § 34 II TV-L und § 34 II TVöD. Solche tarifl. Unkündbarkeitsregelungen dürfen mit Blick auf die Entscheidung des EuGH 19.1.2010[12] zum Verbot der Diskriminierung wegen des Alters mit der RL 2000/78/EG des Rates v. 27.11.2000 und auf §§ 1, 7 AGG die Berücksichtigung von Beschäftigungszeiten nicht vom Erreichen eines bestimmten Lebensalters abhängig machen.

---

1 BAG 4.7.2001 – 2 AZR 469/00, NZA 2002, 380. || **2** BT-Drs. 12/4902, 7 und 9. || **3** BAG 23.4.2008 – 2 AZR 21/07, AP Nr. 65 zu § 622 BGB. || **4** Grundl. BAG 12.9.1984 – 4 AZR 336/82, AP Nr. 135 zu § 1 TVG Auslegung m. Anm. *Pleyer*; speziell zur Auslegung tarifl. Kündigungsfristen BAG 14.2.1996 – 2 AZR 166/95, AP Nr. 21 zu § 1 TVG Tarifverträge: Textilindustrie m. Anm. *Kamanabrou*; 12.11.1998 – 2 AZR 80/98, NZA 1999, 489. || **5** BAG 4.3.1993 – 2 AZR 355/92, AP Nr. 40 zu § 622 BGB m. zust. Anm. *Hergenröder*; 5.10.1995 – 2 AZR 1028/94, AP Nr. 48 zu § 622 BGB; 18.9.1997 – 2 AZR 615/96, nv.; *Hromadka*, BB 1993, 2372 (2375); *Müller-Glöge*, FS Schaub, 1998, S. 497 (504f.). || **6** BAG 14.2.1996 – 2 AZR 166/95, AP Nr. 21 zu § 1 TVG Tarifverträge: Textilindustrie; 29.1.1997 – 2 AZR 370/96, AP Nr. 22 zu § 1 TVG Tarifverträge: Textilindustrie m. Anm. *Kamanabrou*. || **7** BAG 18.9.1997 – 2 AZR 614/96, RzK I 3e Nr. 67; *APS/Linck*, § 622 BGB Rz. 120. || **8** BAG 18.9.1997 – 2 AZR 614/96, RzK I 3e Nr. 67; *APS/Linck*, § 622 BGB Rz. 107. || **9** *Löwisch/Rieble*, § 1 TVG Rz. 890. || **10** BAG 18.11.1999 – 2 AZR 147/99, AP Nr. 18 zu § 4 TVG. || **11** ErfK/*Müller-Glöge*, § 622 BGB Rz. 20; aA *Gamillscheg*, Arbeitsrecht I (PdW), Nr. 199; *Wenzel*, MDR 1969, 968 (971). || **12** EuGH 19.1.2010 – Rs. C-555/07, NZA 2010, 85 – Kücükdeveci.

74 Eine ordentl. Kündigung, die gegen ein tarifl. Kündigungsverbot verstößt, ist nach § 134 iVm. Art. 2 EGBGB unwirksam. Der tarifl. Ausschluss der ordentl. Kündigung erfasst im Zweifel auch ordentl. **Änderungskündigungen**[1].

75 Die TV-Parteien können die Kündigung **erleichtern**, auch eine sofortige ordentl. Kündbarkeit (Entfristung) vereinbaren[2]. Die tarifl. Entfristung macht die Kündigung nicht zu einer außerordentl. Eine ordentl. entfristete Kündigung kann auch von tarifl. bezeichneten Kündigungsgründen abhängig gemacht werden, die nicht als „wichtiger Grund" iSd. § 626 einzustufen sind[3].

76 Ist die tarifl. entfristete Auflösung des ArbVerh sachlich eine **ordentl. Kündigung**, greift das für die ordentl. Kündigung geltende Mitbestimmungs- oder Mitwirkungsrecht des BR oder Personalrats ein[4]. Auch § 1 KSchG findet Anwendung[5].

77 Die TV-Parteien sind, anders als nach der bis zum 14.10.1993 geltenden Regelung, die sich nur auf einzelvertragl. Vereinbarungen bezog, nach Abs. 6 ausdrücklich an das **Benachteiligungsverbot** zu Lasten der ArbN gebunden. Deshalb dürfen die Kündigungsfristen für den ArbN nicht länger sein als für den ArbGeb. Das gilt ausnahmslos[6]. In der Tarifpraxis sind gleiche Kündigungsfristen für ArbGeb und ArbN nicht unüblich[7].

78 **3. Verfassungsrechtliche Grenzen tarifautonomer Gestaltung.** Der durch die verfassungsrechtl. garantierte Tarifautonomie (Art. 9 III GG) den Tarifpartnern gewährte Gestaltungsspielraum ist nicht grenzenlos. Abs. 4 ermächtigt die Tarifpartner insb. nicht, Regelungen zu treffen, die dem Gesetzgeber selbst verboten sind[8]. Ob sich die Beschränkung der TV-Parteien aus einer unmittelbaren Grundrechtsbindung[9] oder aus einer Bindung über die Schutzpflichtenfunktion der Grundrechte ergibt[10] und ob es hierauf überhaupt ankommt[11], ist zwischen den Senaten des BAG umstritten, ohne dass die grundrechtl. Dogmatik der Unterscheidung der Abwehr- und Schutzfunktion der Grundrechte sowie von Freiheits- und Gleichheitsrechten hier einen Niederschlag fände[12]. Da das Diskriminierungsverbot des Art. 3 Abs. 3 GG ein Verbotsgesetz iSd. § 134 ist[13], bedarf es insoweit allerdings keiner grundrechtsdogmatischen Erörterung, um zu begründen, dass tarifvertragl. Kündigungsregelungen, die gegen eines der Differenzierungsverbote des Art. 3 III GG verstoßen, unzulässig und nichtig sind.

Die Tarifpartner sind – zumindest im Erg. – ebenso wie der Gesetzgeber an den Gleichheitssatz des Art. 3 I GG gebunden[14], allerdings nicht in der Vereinbarung des persönlichen Geltungsbereichs eines TV[15]. Insoweit sind sie vielmehr wegen ihres insoweit vorrangigen Grundrechts der Koalitionsfreiheit (Art. 9 III GG) bis zur Grenze der Willkür frei, in eigener Selbstbestimmung den persönlichen Geltungsbereich ihrer Tarifregelungen festzulegen. Die Grenze der Willkür ist erst überschritten, wenn die Differenzierung im persönlichen Geltungsbereich unter keinem Gesichtspunkt, auch koalitionspolitischer Art, plausibel erklärbar ist.

79 **Art. 3 I GG** verbietet es den Tarifpartnern, in einem TV **gleiche** Sachverhalte **unterschiedlich** zu behandeln. Ggü. Art. 3 I GG genießt das Grundrecht aus Art. 9 III GG keinen Vorrang. Die Prüfung tarifl. Kündigungsfristen ist daher nicht auf eine Willkürkontrolle beschränkt. Die Vermutung, dass tarifl. Regelungen den Interessen beider Seiten gerecht werden und keiner Seite ein unzumutbares Übergewicht vermitteln, gilt für die Sachgerechtigkeit differenzierender Kündigungsfristenregelungen nur eingeschränkt[16]. Auch zur **Gleichbehandlung** wesentlich **ungleicher** Sachverhalte bedarf es hinreichender Gründe. An diesem Maßstab gemessen lässt Abs. 4 S. 1, ohne weitere Voraussetzungen aufzustellen, Regelungen zu, die jedenfalls in Kleinbetrieben von der in Abs. 2 vorgesehenen Staffelung nach Dauer der Betriebszugehörigkeit abweichen[17].

80 Die Entscheidung des BVerfG 30.5.1990[18] zur Verfassungswidrigkeit kürzerer Kündigungsfristen für **Arbeiter** als für **Angestellte** ist auch für die Tarifpartner als Normsetzer bindend. Pauschale Differenzierungen für die Gruppen der Arbeiter und Angestellten sind mit Art. 3 I GG unvereinbar[19].

---

1 BAG 10.3.1982 – 4 AZR 158/79, AP Nr. 2 zu § 2 KSchG 1969. ||2 BAG 2.8.1978 – 4 AZR 46/77, AP Nr. 1 zu § 55 MTL II; Erman/*Belling*, § 622 Rz. 13. ||3 ErfK/*Müller-Glöge*, § 622 BGB Rz. 20; *Wenzel*, MDR 1969, 968 (971). ||4 BAG 2.8.1978 – 4 AZR 46/77, AP Nr. 1 zu § 55 MTL II. ||5 BAG 4.6.1987 – 4 AZR 416/86, AP Nr. 16 zu § 1 KSchG 1969 Soziale Auswahl. ||6 ErfK/*Müller-Glöge*, § 622 BGB Rz. 21; KR/*Spilger*, § 622 BGB Rz. 206. ||7 KR/*Spilger*, § 622 BGB Rz. 215. ||8 St. Rspr. seit BAG 15.1.1955 – 1 AZR 305/54, AP Nr. 4 zu Art. 3 GG; 28.1.1988 – 2 AZR 296/87, AP Nr. 24 zu § 622 BGB; s.a. *Buchner*, NZA 1991, 41 (47); *Marschollek*, DB 1991, 1069 (1071). ||9 So BAG 15.1.1955 – 1 AZR 305/54, AP Nr. 4 zu Art. 3 GG; 23.3.1957 – 1 AZR 326/56, AP Nr. 16 zu Art. 3 GG; 13.9.1983 – 1 ABR 69/81, DB 1984, 1099; 23.1.1992 – 2 AZR 470/91, AP Nr. 37 zu § 622 BGB; 7.3.1995 – 3 AZR 282/94, AP Nr. 26 zu § 1 BetrAVG. ||10 So BAG 25.2.1998 – 7 AZR 641/96, NZA 1998, 715; 31.7.2002 – 7 AZR 140/01, NZA 2002, 1155; 30.8.2000 – 4 AZR 563/99, NZA 2001, 613; 27.5.2004 – 6 AZR 129/03, NZA 2004, 1399. ||11 So BAG 12.10.2004 – 8 AZR 571/03, NZA 2005, 1127; 28.7.2005 – 3 AZR 14/05, NZA 2006, 335. ||12 Vgl. hierzu *Burkiczak*, RdA 2007, 17. ||13 BAG 28.9.1972 – 2 AZR 469/71, NJW 1973, 77. ||14 BAG 16.9.1993 – 2 AZR 697/92, AP Nr. 42 zu § 622 BGB. ||15 BAG 30.8.2000 – 4 AZR 563/99, NZA 2001, 613. ||16 BAG 16.9.1993 – 2 AZR 697/92, AP Nr. 42 zu § 622 BGB. ||17 BAG 23.4.2008 – 2 AZR 21/07, AP Nr. 65 zu § 622 BGB. ||18 BVerfG 30.5.1990 – 1 BvL 2/83 ua., AP Nr. 28 zu § 622 BGB. ||19 BAG 21.3.1991 – 2 AZR 616/90, AP Nr. 31 zu § 622 BGB; 16.9.1993 – 2 AZR 697/92, AP Nr. 42 zu § 622 BGB.

Nach der Rspr. des BAG macht es allerdings einen Unterschied, ob der Gesetzgeber für die Großgruppen aller Arbeiter und Angestellten oder die Tarifparteien nur für die ArbN einer bestimmten Branche Regelungen treffen. Es müsse den Tarifpartnern auch überlassen bleiben, in eigener Verantwortung Zugeständnisse in einer Hinsicht mit Vorteilen in anderer Hinsicht auszugleichen[1]. 81

Eine verbotene Ungleichbehandlung seitens der Tarifpartner liegt vor, wenn sich für die gewählte Differenzierung kein **sachlich vertretbarer Grund**[2] oder **sachlich einleuchtender Grund** ergibt[3]. Unterschiedliche tarifl. Grundkündigungsfristen von Arbeitern und Angestellten und Kündigungsfristen auf der ersten Erhöhungsstufe sind daher mit Art. 3 I GG unvereinbar, wenn nicht **branchen- oder gruppenspezifische Besonderheiten** die Ungleichbehandlung sachlich rechtfertigen[4]. 82

Zu vergleichen sind die jeweils **im konkreten Fall maßgeblichen Kündigungsfristen** und -termine. Es ist keine Gesamtbetrachtung der tarifl. Regelung aller Kündigungsfristen für Arbeiter und Angestellte vorzunehmen[5]. 83

Die Ungleichbehandlung und der rechtfertigende Grund müssen in einem **angemessenen Verhältnis** zueinander stehen[6]. Der große Unterschied der Kündigungsfristen von zwei Wochen ohne Termin für Arbeiter im Vergleich zu sechs Wochen zum Quartalsende für Angestellte mag deshalb überhaupt nicht mehr zu rechtfertigen sein[7]. 84

Je nach Branche können produkt-, mode-, witterungs- oder saisonbedingte Auftragsschwankungen ein **erhöhtes Bedürfnis nach erhöhter personalwirtschaftl. Flexibilität** im produktiven Bereich begründen und damit im Zusammenhang stehende unterschiedliche Kündigungsfristen und -termine für Arbeiter, wenn diese im Gegensatz zu den Angestellten ganz überwiegend nur in der Produktion tätig sind, sachlich rechtfertigen[8]. Ein **ganz überwiegender Anteil von Arbeitern** in der Produktion wird jedenfalls bei einem Anteil von 75 % angenommen[9]. 85

Auch **gruppenspezifische Schwierigkeiten** bestimmter ArbN, etwa höher und hoch qualifizierter ArbN, die überwiegend zur Gruppe der Angestellten gehören, können bei der Stellensuche durch längere Kündigungsfristen gemildert werden[10]. 86

Ist bei Arbeitern einer Branche eine ggü. den Angestellten **erhöhte Fluktuation** festzustellen, kann dies, insb. in den ersten sechs Monaten des Beschäftigungsverhältnisses, kürzere Kündigungsfristen rechtfertigen[11]. Auf den Grund der erhöhten Fluktuation kommt es nicht an[12]. 87

Mit der Zulassung einer gruppenspezifischen Anknüpfung an die Arbeiter- bzw. Angestellteneigenschaft nimmt das BAG es in Kauf, dass eine, wenn auch „nur verhältnismäßig kleine Gruppe" von ArbN „nicht intensiv" benachteiligt wird, zB Arbeiter, die eben nicht in der Produktion, sondern in der Verwaltung eingesetzt sind[13]. 88

Mit **zunehmender Betriebszugehörigkeit** verlieren alle denkbaren Differenzierungsgründe an Gewicht, weil einer Ungleichbehandlung ein höheres Schutzbedürfnis der betroffenen ArbN entgegensteht und auch im Hinblick auf die von beiden ArbN-Gruppen unterschiedslos erbrachte Betriebstreue Gründe für deren unterschiedliche Behandlung nivelliert werden[14]. Bei Arbeitern mit längerer Betriebszugehörigkeit lässt sich daher eine Differenzierung ggü. Angestellten mit gleich langer Betriebszugehörigkeit sachlich nicht rechtfertigen. Die gegen Art. 3 I GG verstoßende tarifl. Regelung ist unanwendbar. Stattdessen greift Abs. 2[15]. 89

Die früher charakteristischen Merkmale zur Unterscheidung der Gruppe der Arbeiter und der Angestellten taugen zwar nicht mehr[16]. Die **differenzierende Rspr. des BAG** zur Annahme sachlicher Gründe 90

---

1 BAG 16.9.1993 – 2 AZR 697/92, AP Nr. 42 zu § 622 BGB unter Berufung auf BVerfG 30.5.1990 – 1 BvL 2/83 ua., AP Nr. 28 zu § 622 BGB. ||2 BAG 23.6.1994 – 6 AZR 911/93, AP Nr. 13 zu § 1 TVG Tarifverträge: DDR; BVerfG 15.10.1985 – 2 BvL 4/83, BVerfGE 71, 39 (58). ||3 BAG 24.3.1993 – 4 AZR 265/92, AP Nr. 106 zu § 242 BGB Gleichbehandlung; BVerfG 15.10.1985 – 2 BvL 4/83, BVerfGE 71, 39 (58); zur Bindung des Gesetzgebers BVerfG 26.3.1980 – 1 BvR 121/76, 1 BvR 122/76, AP Nr. 116 zu Art. 3 GG; 6.3.2002 – 2 BvL 17/99, DB 2002, 557. ||4 BAG 18.1.2001 – 2 AZR 619/99, EzA § 622 nF BGB Nr. 62 zum Friseurhandwerk; 16.9.1993 – 2 AZR 697/92, AP Nr. 42 zu § 622 BGB. ||5 BAG 6.11.1997 – 2 AZR 707/96, nv. ||6 BAG 10.3.1994 – 2 AZR 605/93, AP Nr. 117 zu § 1 TVG Tarifverträge: Metallindustrie unter Berufung auf BVerfG 30.5.1990 – 1 BvL 2/83 ua., AP Nr. 28 zu § 622 BGB. ||7 Für die Zukunft offen gelassen in BAG 10.3.1994 – 2 AZR 605/93, AP Nr. 117 zu § 1 TVG Tarifverträge: Metallindustrie. ||8 BAG 21.3.1991 – 2 AZR 616/90, AP Nr. 31 zu § 622 BGB; 23.1.1992 – 2 AZR 470/91, AP Nr. 37 zu § 622 BGB; 16.9.1993 – 2 AZR 697/92, AP Nr. 42 zu § 622 BGB. ||9 BAG 4.3.1993 – 2 AZR 355/92, AP Nr. 40 zu § 622 BGB. ||10 BAG 21.3.1991 – 2 AZR 616/90, AP Nr. 31 zu § 622 BGB. ||11 BAG 2.4.1992 – 2 AZR 516/91, AP Nr. 38 zu § 622 BGB; 21.11.1996 – 2 AZR 171/96, nv.; 29.10.1998 – 2 AZR 683/97, nv. ||12 BAG 23.1.1992 – 2 AZR 470/91, AP Nr. 37 zu § 622 BGB. ||13 BAG 23.1.1992 – 2 AZR 466/91, AP Nr. 36 zu § 622 BGB; 6.11.1997 – 2 AZR 707/96, nv. ||14 BAG 23.1.1992 – 2 AZR 470/91, AP Nr. 37 zu § 622 BGB; 29.8.1991 – 2 AZR 220/91 (A), AP Nr. 32 zu § 622 BGB; 21.3.1991 – 2 AZR 323/84 (A), AP Nr. 29 zu § 622 BGB; 11.8.1994 – 2 AZR 9/94, NZA 1995, 1051; 6.11.1997 – 2 AZR 707/96, nv. ||15 LAG Rh.-Pf. 27.3.2008 – 10 Sa 669/07, LAGE § 1 KSchG Krankheit Nr. 41 ||16 BVerfG 30.5.1990 – 1 BvL 2/83, NZA 1990, 721; BT-Drs. 14/5741 v. 2.4.2001, 23 f. zum Wegfall der im Betriebsverfassungsrecht früher für den Gruppenschutz zentralen Unterscheidung von Arbeitern und Angestellten.

zur Rechtfertigung einer Ungleichbehandlung von Arbeitern und Angestellten[1] behält aber als Maßstab sachlich vertretbarer oder sachlich einleuchtender Gründe für unterschiedlich lange Kündigungsfristen für über diese Gründe definierte besondere ArbN-Gruppen gleichwohl Gewicht. Diese Gründe müssen dann in der differenzierenden tarifl. Regelung zum Ausdruck kommen und die kürzeren Kündigungsfristen etwa an den Einsatz der ArbN-Gruppe in der von der produkt-, mode-, saison- oder witterungsabhängigen Auftragslage besonders abhängigen Produktion anknüpfen. Eine kürzere Grundkündigungsfrist für solche ArbN, die ganz überwiegend in der Produktion tätig sind, ist hier durch ein Bedürfnis nach erhöhter personalwirtschaftl. Flexibilität gerechtfertigt[2].

91 Art. 3 I GG erfordert keine Gleichheit der Regelungen in **verschiedenen persönlichen, räumlichen und sachlichen Geltungsbereichen** von TV. Tarifl. Kündigungsfristen müssen in ein und derselben Branche für verschiedene räumliche Bereiche oder in ein und derselben Region in verschiedenen Branchen nicht gleich sein. Auch Kündigungsfristen in TV für denselben räumlichen und sachlichen Geltungsbereich, die von verschiedenen Gewerkschaften abgeschlossen werden, müssen nicht gleich sein[3].

92 Schließen **dieselben Tarifpartner verschiedene TV** für Arbeiter und Angestellte, so kann sich nicht schon aus diesem Umstand, sondern nur aus inhaltlichen Gründen eine Rechtfertigung sachlicher Unterschiede ergeben[4].

Im Hinblick auf **Art. 12 GG** ist Maßstab, ob die tarifvertragl. Regelung der Kündigungsfristen im Einklang mit der vom BVerfG anerkannten Schutzpflicht dieses Grundrechts steht, die staatl. Grundrechtsadressaten dazu verpflichtet, einzelne Grundrechtsträger vor einer unverhältnismäßigen Beschränkung ihrer Grundrechte durch privatautonome Regelungen zu bewahren (sog. Untermaßverbot)[5]. Danach sind tarifvertragl. vereinbarte einheitliche Kündigungsfristen und Kündigungstermine ohne Staffelung nach Betriebszugehörigkeit in Kleinbetrieben, die nicht evident unsachlich sind und einen gewissen, wenn auch geringeren, durch die ggü. der Grundfrist verlängerte Kündigungsfrist vermittelten Schutz erhalten, als mit Art. 12 GG vereinbar anzusehen[6].

93 4. **Rechtsfolgen verfassungswidriger Regelungen.** Sind **konstitutive** tarifl. Kündigungsfristen verfassungswidrig, ist die entstandene Tariflücke durch **Anwendung des § 622** zu schließen[7]. Das gilt nach der ihrerseits verfassungsgemäßen Übergangsvorschrift des Art. 222 EGBGB auch für Fälle, in denen noch ein Rechtsstreit über diese Fragen anhängig gewesen ist[8].

94 Für eine Lückenschließung durch **ergänzende Vertragsauslegung** fehlt es in aller Regel an einem feststellbaren mutmaßlichen Willen der TV-Parteien[9].

95 An die Stelle einer verfassungswidrigen **deklaratorischen Regelung** tritt automatisch die gesetzl. Regelung des § 622[10]. Das war insb. in Fällen der tarifvertragl. Übernahme des Wortlauts des § 622 aF bei Inkrafttreten der Neuregelung von Belang.

95a 5. **Europarechtliche Grenzen.** Die TV-Parteien sind ebenso wie der Gesetzgeber an unmittelbar geltendes Europarecht gebunden (vgl. Vorb. AEUV Rz. 26). Damit greift das vom EuGH primärrechtlich interpretierte Verbot der Altersdiskriminierung (vgl. Rz. 32) auch für tarifvertragl. Regelungen der Kündigungsfristen. Dem TV gehen auch Gesetze vor, die europäische Richtlinien innerstaatlich umgesetzt haben. Dagegen sind die TV-Parteien an nicht umgesetzte Richtlinien nicht gebunden, ausgenommen öffentl. ArbGeb nach Ablauf der Umsetzungsfrist[11].

96 VIII. **Einzelvertragliche Regelung (Abs. 5). 1. Grenzen individualvertraglicher Gestaltung.** Die gesetzl. **Grundkündigungsfrist** des Abs. 1 von vier Wochen ist eine grds. **unabdingbare Mindestkündigungsfrist** sowohl für die Kündigung durch den ArbN als auch durch den ArbGeb. Abs. 5 S. 1 macht hiervon nur für AushilfsArbVerh und ArbVerh in Kleinbetrieben eine Ausnahme und lässt für diese eine einzelvertragl. Verkürzung der in Abs. 1 genannten Frist zu. Auch durch einzelvertragl. Bezugnahme auf einen TV ist nach Abs. 4 S. 2 eine Verkürzung der Frist möglich.

97 Die **verlängerten Kündigungsfristen des Abs. 2 S. 1** für die Kündigung durch den ArbGeb sind **einseitig zwingend**. Von dieser Regelung kann zu Lasten des ArbN, also verkürzend durch Individualvereinbarung nicht abgewichen werden. Eine solche Vereinbarung ist nach § 134 nichtig[12]. Das gilt auch in AushilfsArbVerh und ArbVerh in Kleinbetrieben, weil Abs. 5 S. 1 nicht auf Abs. 2 verweist[13]. Auch die

---

1 Krit., weil als zu weitgehend betrachtet *Preis/Kramer*, DB 1993, 2125 (2129); aA *Worzalla*, NZA 1994, 145 (148); *Wank*, NZA 1993, 961 (966). ‖ 2 BAG 23.1.1992 – 2 AZR 470/91, NZA 1992, 1064; 16.9.1993 – 2 AZR 697/92, NZA 1994, 221; *Hromadka*, BB 1993, 2372 (2378); ErfK/*Müller-Glöge*, § 622 BGB Rz. 30f. ‖ 3 BAG 8.9.1999 – 5 AZR 451/98, AP Nr. 15 zu § 1 TVG Tarifverträge: Papierindustrie. ‖ 4 BAG 23.1.1992 – 2 AZR 389/91, AP Nr. 35 zu § 622 BGB. ‖ 5 BAG 11.3.1998 – 7 AZR 700/96, NZA 1998, 716. ‖ 6 BAG 23.4.2008 2 AZR 21/07, AP Nr. 65 zu § 622 BGB. ‖ 7 BAG 10.3.1994 – 2 AZR 323/84 (C), AP Nr. 40 zu § 622 BGB; *Kramer*, ZIP 1994, 929 (935); aA *Hromadka*, BB 1993, 2372 (2378); *Kehrmann*, AiB 1993, 746 (748). ‖ 8 BAG 10.3.1994 – 2 AZR 323/84 (C), AP Nr. 40 zu § 622 BGB. ‖ 9 ErfK/*Müller-Glöge*, § 622 BGB Rz. 33; zu den Voraussetzungen ergänzender Vertragsauslegung bei TV BAG 21.3.1991 – 2 AZR 323/84 (A), AP Nr. 29 zu § 622 BGB. ‖ 10 Allg. M., statt aller ErfK/*Müller-Glöge*, § 622 BGB Rz. 33. ‖ 11 *Löwisch/Rieble*, § 1 TVG Rz. 529. ‖ 12 BAG 21.8.2008 – 8 AZR 201/07, NZA 2009, 29. ‖ 13 LAG Hess. 14.6.2010 – 16 Sa 1036/09, NZA-RR 2010, 465; LAG Rh.-Pf. 3.5.2012 – 10 Sa 25/12; 8.2.2012 – 8 Sa 591/11.

einzelvertragl. Vereinbarung zusätzlicher oder anderer Kündigungstermine, selbst wenn sie sich, was die Dauer des Fortbestehens des ArbVerh angeht, zu Gunsten des ArbN auswirkt, ist unwirksam. Denn die Kündigungstermine zum Monatsende konkretisieren Angebot und Nachfrage auf dem Arbeitsmarkt auf bestimmte Zeitpunkte. Eine Abweichung hiervon könnte zu Lasten des ArbN Probleme oder Unregelmäßigkeiten signalisieren[1].

98 Die **einzelvertragl. Verlängerung** der Fristen der Abs. 1–3 ist, wie Abs. 5 S. 3 klarstellt, möglich[2], solange die Kündigungsfrist für den ArbN nicht länger ist als für den ArbGeb (Abs. 6).

Eine solche einzelvertragl. Verlängerung kann auch durch eine **Gleichbehandlungsabrede** erfolgen, welche die für die arbeitgeberseitige Kündigung verlängerten Fristen des Abs. 2 auf die Kündigung durch den ArbN erstreckt[3]. Die einzelvertragl. Vereinbarung von Kündigungsfrist und Kündigungstermin ist mangels anderer Anhaltspunkte regelmäßig als Einheit zu betrachten. Für den Günstigkeitsvergleich zwischen vertragl. und gesetzl. Regelung ist daher ein Gesamtvergleich vorzunehmen[4].

Eine andere „gleichwertige" arbeitsvertragl. Regelung, die je nach Kündigungstermin einen kürzeren, gleichen oder längeren Bindungszeitraum hervorbringt (abstrakter Günstigkeitsvergleich), verdrängt die gesetzl. Regelung nicht[5].

99 Die einzelvertragl. Verlängerung der gesetzl. Kündigungsfristen ist nicht uneingeschränkt zulässig. Grenzen für Einschränkungen der freien Arbeitsplatzwahl und der Mobilität ergeben sich aus der fünfeinhalbjährigen Höchstbindung des **§ 624 BGB, § 15 IV TzBfG** und darüber hinaus aus Art. 45 AEUV, Art. 12 GG und § 138[6]. Wegen der unabdingbaren Möglichkeit zur außerordentl. Kündigung werden aber auch sehr lange Kündigungsfristen, zB ein Jahr zum Ablauf eines Fünf-Jahres-Vertrages, im Einzelfall als wirksam angesehen, weil hier nur in Aussicht genommene fünfjährige und keine längere Bindung eintritt[7]. Den § 624 BGB, § 15 IV TzBfG kann man rechtsgedanklich eine Höchstgrenze für eine einzelvertragl. vereinbarte Kündigungsfrist von fünfeinhalb Jahren entnehmen[8]. Bei der Inhaltskontrolle einer Vereinbarung verlängerter Kündigungsfristen in **Formulararbeitsverträgen** sind nach § 310 IV 2 obige Grenzen als Besonderheiten des Arbeitsrechts zu berücksichtigen. Die Verlängerung der Fristen für die ordentl. Kündigung durch den ArbN ist wegen ihrer weiten Verbreitung nicht überraschend (§ 305c I) und grds., vorbehaltlich besonderer Umstände keine ungewöhnliche, den ArbN benachteiligende Regelung (§ 307 I 1) und damit formularvertragsmäßig möglich[9]. Die Vereinbarung einer Kündigungsfrist von zwei Monaten jeweils zum 31.7. eines Jahres in einem Formulararbeitsvertrag mit einer Lehrkraft ist weder nach § 309 Nr. 9 noch nach § 307 I unwirksam[10].

100 Die **Beschränkung der Zahl der gesetzl. Kündigungstermine** ist grds. möglich. Das ist der Fall bei einzelvertragl. vereinbarten **Quartalskündigungsfristen** und solchen zum Halbjahres- oder Jahresende. Sie lassen sich auch als Termine zum Ende eines bestimmten Kalendermonats formulieren und stehen daher insoweit im Einklang mit den Kündigungsfristen zum Ende eines Kalendermonats der Abs. 1 und 2. Ob sie nach Abs. 5 S. 2 zulässig sind, richtet sich danach, ob sie ggü. dem Gesetz die Gesamtbindungsdauer verlängern[11]. Denn die einzelvertragl. Vereinbarung von Kündigungsfrist und Kündigungstermin ist mangels anderer Anhaltspunkte regelmäßig als Einheit zu betrachten. Durch Auslegung ist zu ermitteln, ob eine abweichende Regelung der Kündigungstermine für alle Stufen der verlängerten Kündigungsfrist gelten soll[12].

101 Das Recht zur **ordentl. Kündigung** kann individualvertragl. **ausgeschlossen** oder eingeschränkt werden. Die ordentl. Kündigung eines befristeten ArbVerh ist nach § 15 III TzBfG ausgeschlossen, wenn die Parteien sich nicht das Recht zur ordentl. Kündigung vorbehalten haben[13]. Das Kündigungsrecht kann auch durch schuldrechtl. Vereinbarung der Arbeitsvertragsparteien an bestimmte Voraussetzungen geknüpft werden[14]. Die Zusage einer Lebensstellung bedeutet idR nicht den Ausschluss der ordentl. Kündigung. Die Auslegung kann aber auch etwas anderes ergeben[15] (s.a. § 15 IV TzBfG, § 624 BGB Rz. 10).

102 Individualvertragl. Vereinbarungen über Kündigungsfristen und -termine sind stets daraufhin zu prüfen, ob sie **konstitutiven** oder **deklaratorischen** Charakter haben. Bei deklaratorischen Regelungen gilt

---

1 BAG 12.7.2007 – 2 AZR 492/05, NZA 2008, 476; MüKoBGB/*Hesse*, § 622 Rz. 72. ‖2 BAG 29.8.2001 – 4 AZR 337/00, NZA 2002, 1346; *Wank*, NZA 1993, 961 (965). ‖3 *Kramer*, Kündigungsvereinbarungen im Arbeitsvertrag, 1994, S. 143; ErfK/*Müller-Glöge*, § 622 BGB Rz. 40. ‖4 BAG 4.7.2001 – 2 AZR 469/00, NZA 2002, 380. ‖5 LAG München 10.2.2010 – 5 Sa 744/09. ‖6 Zu Art. 12 GG und § 138 Staudinger/*Preis*, § 622 Rz. 50; MüKoBGB/*Hesse*, § 622 Rz. 88f.; *Schaub*, ArbRHdb, § 126 IV 6b Rz. 40; BAG 17.10.1969 – 3 AZR 442/68, AP Nr. 7 zu § 611 BGB Treuepflicht m. Anm. *Canaris*. ‖7 BAG 19.12.1991 – 2 AZR 363/91, AP Nr. 2 zu § 624 BGB; MüKoBGB/*Hesse*, § 622 Rz. 89. ‖8 KR/*Spilger*, § 622 BGB Rz. 174; MüKoBGB/*Hesse*, § 622 Rz. 88; aA *Kittner*, BB 2011, 1013 (1014): keine Höchstgrenze; aA *Gaul*, BB 1980, 1542 (1543): ein Jahr zum Jahresende. ‖9 BAG 28.5.2007 – 8 AZR 896/07, AP Nr. 6 zu § 306 BGB. ‖10 BAG 25.9.2008 – 8 AZR 717/07, NZA 2009, 370. ‖11 *Diller*, NZA 2000, 293 (295ff.). ‖12 BAG 4.7.2001 – 2 AZR 469/00, NZA 2002, 380. ‖13 MünchArb/*Wank*, § 95 Rz. 167; so auch schon BAG 19.6.1980 – 2 AZR 660/78, AP Nr. 55 zu § 620 BGB Befristeter Arbeitsvertrag. ‖14 BAG 8.10.1959 – 2 AZR 501/56, AP Nr. 1 zu § 620 Schuldrechtliche Kündigungsbeschränkungen. ‖15 KR/*Fischermeier*, § 624 BGB Rz. 15; ErfK/*Müller-Glöge*, § 622 BGB Rz. 46; aA *Kramer*, Kündigungsvereinbarungen im Arbeitsvertrag, 1994, S. 43f.

die Gesetzeslage, bei Gesetzesänderungen die veränderte Gesetzeslage. Bei konstitutiven Regelungen ist die Zulässigkeit anhand des jeweils geltenden Gesetzes zu prüfen. Konstitutiv sind in jedem Fall Quartalskündigungsfristen mit Arbeitern, aber auch mit Angestellten, sofern deren Arbeitsvertrag nach 1993 abgeschlossen wurde[1].

103 Individualvertragl. Kündigungserschwerungen zu Lasten des ArbN können als **Allgemeine Geschäftsbedingung** unwirksam sein. Da der ArbN nach inzwischen gefestigter Rspr. Verbraucher iSd. § 13 ist[2], unterliegt auch der vom ArbGeb nur zur einmaligen Verwendung bestimmte, vorformulierte Arbeitsvertrag der AGB-Kontrolle, etwa der Unklarheitenregel des § 305c II und dem Transparenzgebot des § 307 I 2. Die Vereinbarung einer Kündigungsfrist von zwei Monaten jeweils zum 31.7. eines Jahres in einem Formulararbeitsvertrag mit einer Lehrkraft ist weder nach § 309 Nr. 9 noch nach § 307 I unwirksam[3].

104 2. **Günstigkeitsvergleich zwischen einzelvertraglicher und tariflicher Regelung (§ 4 III TVG).** Der tarifgebundene ArbGeb kann mit einem tarifgebundenen ArbN individualvertragl. **untergesetzliche**, aber **ggü. dem anwendbaren TV günstigere** Kündigungsfristenregelungen vereinbaren. Tarifl. Regelungen über Kündigungsfristen sind Beendigungsnormen iSv. §§ 1 I, 4 IV TVG, die unmittelbar und zwingend wirken. Für den ArbN günstigere individualvertragl. Vereinbarungen gehen aber vor, weil insoweit das Günstigkeitsprinzip des § 4 III TVG greift[4].

105 Bei der Prüfung, ob die einzelvertragl. Vereinbarung günstiger ist als die tarifl., ist die einzelvertragl. Vereinbarung von Kündigungsfristen **und -terminen** mangels anderer Anhaltspunkte regelmäßig als Einheit zu betrachten. Das gilt nicht, wenn mit dem vereinbarten Kündigungstermin über die Bestimmung der Bindungsdauer hinaus andere Zwecke verfolgt werden, zB die Abstimmung der Kündigungstermine mit dem Schulhalbjahren[5]. Für den Günstigkeitsvergleich zwischen vertragl. und gesetzl. Regelung ist daher ein **Sachgruppen-** oder **Gesamtvergleich** „Kündigungsregelungen" vorzunehmen[6]. Das bedeutet etwa bei Vereinbarung von Quartalskündigungsfristen, dass die vertragl. vereinbarten Quartalstermine, die ggü. den gesetzl. Monatsterminen idR günstiger sind, nicht mit den längeren gesetzl. Kündigungsfristen zu kombinieren sind[7]. Ausschlaggebend ist die aus dem Zusammenspiel von Kündigungsfrist und -termin sich ergebende **Gesamtbindungsdauer,** wie sie sich bei Vertragsschluss darstellt[8], wenn die einzelvertragl. Abrede die tarifliche abändert. Folgt die Tarifnorm der – mit § 622 in Einklang stehenden – vertragl. Abmachung nach, kommt es auf den Zeitpunkt an, zu dem diese und die Tarifnorm erstmals konkurrieren[9]. Bei der Vereinbarung von Quartalskündigungsfristen kommt es darauf an, ob diese oder die gesetzl. Monatsfristen während der jeweils längeren Zeit des Jahres eine längere Gesamtbindungsdauer ergeben[10].

106 Dass im Regelfall eine in Abweichung von der anwendbaren tarifl. Regelung vertraglich vereinbarte längere Gesamtbindungsdauer für den ArbN günstiger ist als die kürzere tarifliche, ergibt sich daraus, dass bei der gebotenen abstrakten, nicht auf den konkreten Fall abstellenden Betrachtung wie sie sich bei Vertragsschluss darstellt[11], für den ArbN regelmäßig das **Bestandsschutz- das Mobilitätsinteresse** überwiegt. Insb. bei jungen, hoch qualifizierten ArbN kann es aber auch anders liegen[12]. Lässt sich ein überwiegendes Interesse und damit die Günstigkeit der einzelvertragl. Regelung nicht feststellen (günstigkeitsneutrale Regelung), gilt nach § 4 III TVG die tarifl. Regelung[13].

107 3. **Rechtsfolgen unzulässiger individualvertraglicher Gestaltung.** An die Stelle **unzulässig kurzer** und damit unwirksamer Kündigungsfristen oder unzulässig vieler Kündigungstermine tritt die gesetzl. Regelung der Abs. 1 und 2. Das gilt auch bei Unwirksamkeit von Kündigungsregelungen in AGB.

108 Vereinbaren die Arbeitsvertragsparteien entgegen Abs. 6 **längere Kündigungsfristen zu Lasten des ArbN,** gilt in Analogie zu § 89 II 2 HGB die längere der vereinbarten Fristen für beide Parteien[14]. Bei Vereinbarung unterschiedlich vieler Kündigungstermine zu Lasten des ArbN gilt diejenige Regelung, die weniger Kündigungstermine vorsieht[15].

109 4. **AushilfsArbVerh (Abs. 5 S. 1 Nr. 1).** Ein AushilfsArbVerh liegt vor, wenn der ArbGeb es von vornherein nicht auf Dauer eingehen will, sondern nur um einen vorübergehenden Bedarf an Arbeitskräften zu decken, der nicht durch den normalen Betriebsablauf, sondern durch den Ausfall von Stammkräften

---

1 *Diller*, NZA 2000, 293 (297). ‖ 2 Grundlegend BAG 25.5.2005 – 5 AZR 572/04, NZA 2005, 1111. ‖ 3 BAG 25.9.2008 – 8 AZR 717/07, NZA 2009, 370. ‖ 4 Staudinger/*Preis*, § 622 Rz. 86; MüKoBGB/*Hesse*, § 622 Rz. 90. ‖ 5 *Diller*, NZA 2000, 293 (297); MüKoBGB/*Hesse*, § 622 Rz. 95. ‖ 6 BAG 4.7.2001 – 2 AZR 469/00, DB 2002, 96; LAG Nürnberg 13.4.1999 – 6 (5) Sa 182/98, NZA-RR 2000, 80; aA LAG Hamm 1.2.1996 – 4 Sa 913/95, LAGE § 622 BGB Nr. 38; *Diller*, NZA 2000, 293 (295f.): „Ensemble-Vergleich". ‖ 7 *Diller*, NZA 2000, 293 (297); MüKoBGB/*Hesse*, § 622 Rz. 95. ‖ 8 *Kramer*, Kündigungsvereinbarungen im Arbeitsvertrag, 1994, S. 122ff.; Staudinger/*Preis*, § 622 Rz. 87; MüKoBGB/*Hesse*, § 622 Rz. 95; ErfK/*Müller-Glöge*, § 622 BGB Rz. 38. ‖ 9 *Löwisch/Rieble*, § 4 TVG Rz. 489, 558. ‖ 10 *Diller*, NZA 2000, 193 (297). ‖ 11 MüKoBGB/*Hesse*, § 622 Rz. 90. ‖ 12 Staudinger/*Preis*, § 622 Rz. 88; MüKoBGB/*Hesse*, § 622 Rz. 90; zur nachträglichen Feststellung *Adomeit/Thau*, NJW 1994, 11 (14). ‖ 13 BAG 12.4.1972 – 4 AZR 211/71, AP Nr. 13 zu § 4 TVG Günstigkeitsprinzip; Staudinger/*Preis*, § 622 Rz. 89; aA *Joost*, ZfA 1984, 173 (183): Einschätzungsautonomie des ArbN hinsichtlich der Günstigkeit. ‖ 14 *Schaub*, ArbRHdb, § 126 IV 7d Rz. 44; KR/*Spilger*, § 622 BGB Rz. 202 (ergänzende Vertragsauslegung); *Preis/Kramer*, DB 1993, 2123 (2128). ‖ 15 Staudinger/*Preis*, § 622 Rz. 58.

oder durch einen zeitlich begrenzten zusätzlichen Arbeitsanfall begründet ist. Der nur vorübergehende Bedarf muss objektiv vorliegen und Inhalt des Arbeitsvertrages sein[1]. Das AushilfsArbVerh wird idR **befristet** abgeschlossen. Wird mit der Befristung zugleich die **ordentl. Kündbarkeit** vereinbart[2], sind die Abkürzungsmöglichkeiten nach Abs. 5 S. 1 Nr. 1 eröffnet, solange das ArbVerh nicht über die Dauer von drei Monaten hinaus fortgesetzt wird. Vor dieser zeitlichen Grenze kann eine Verkürzung auch dann vereinbart werden, wenn von Anfang an feststeht, dass sich die Aushilfstätigkeit auf eine längere Zeit als drei Monate erstrecken wird.

Eine **Mindestkündigungsfrist** ist nicht vorgesehen. Die Parteien können daher auch eine ordentl. fristlose Kündigung und von Abs. 1 abweichende Kündigungstermine vereinbaren, da die Zulässigkeit der Vereinbarung einer entfristeten Kündigung die gesetzl. Terminsregelungen ihrer Schutzfunktion beraubt[3]. Wegen Abs. 6 darf aber für den ArbN keine längere Frist vorgesehen werden als für den ArbGeb. 110

Die Kündigung muss **innerhalb des Drei-Monats-Zeitraums zugehen**, das Ende der Kündigungsfrist kann außerhalb dieses Zeitraums liegen[4]. Wird das AushilfsArbVerh über die Dauer von drei Monaten hinaus fortgesetzt, werden die gesetzl. Kündigungsfristen und -termine wirksam. 111

Haben die Parteien ein AushilfsArbVerh ausdrücklich vereinbart, eine **Regelung über die Kündigungsfrist** aber **nicht getroffen**, kann allein aus dem Zweck des Vertrages nicht auf eine bestimmte Abkürzung der Kündigungsfrist oder gar eine Entfristung geschlossen werden[5]. Im Regelfall bleibt es daher bei der gesetzl. Grundkündigungsfrist des Abs. 1. 112

Nach 11 IV 1 AÜG findet Abs. 5 S. 1 Nr. 1 keine Anwendung auf **LeihArbVerh**, vgl. § 11 AÜG Rz. 22. Kürzere als die in Abs. 1 geregelten Fristen können daher für LeihArbN in AushilfsArbVerh nur tarifvertragl. bzw. durch Bezugnahme auf einen einschlägigen TV festgelegt werden[6]. 113

5. Kleinbetriebe (Abs. 5 S. 1 Nr. 2). Abs. 5 S. 1 Nr. 2 ermöglicht ArbGeb in kleinen Unternehmen, eine **vierwöchige Kündigungsfrist** ohne Bindung an die festen Kündigungstermine des Abs. 1 zu vereinbaren. Von den verlängerten Kündigungsfristen des Abs. 2 darf nicht abgewichen werden[7]. 114

Bei der Berechnung der **Beschäftigtenzahl** nach Abs. 5 S. 1 Nr. 2 ist auf die Zahl der idR beschäftigten ArbN ausschließlich der zu ihrer Berufsausbildung Beschäftigten im Unternehmen, nicht im Betrieb abzustellen. Erkrankte ArbN und solche, für die ein Beschäftigungsverbot nach dem MuSchG gilt, zählen mit, nicht aber ArbN, die in Elternzeit nach dem BEEG oder in der Freistellungsphase der Altersteilzeit im Blockmodell[8] sind. Die Ersatzkräfte zählen mit. Die Voraussetzungen des Abs. 5 S. 1 Nr. 2 müssen sowohl im Zeitpunkt der Vereinbarung der vierwöchigen Kündigungsfrist als auch bei Zugang der Kündigung vorliegen. 115

Teilzeitbeschäftigte ArbN zählen bei der Berechnung der Beschäftigtenzahl nicht voll. Sie werden gem. Abs. 5 S. 2 bei einer regelmäßigen wöchentlichen Arbeitszeit von maximal 20 Stunden mit 0,5, bei einer regelmäßigen wöchentlichen Arbeitszeit von maximal 30 Stunden mit 0,75 berücksichtigt. 116

IX. Einzelvertragliche Bezugnahme auf tarifliche Kündigungsfristen (Abs. 4 S. 2). Durch Abs. 4 S. 2 wird es nicht tarifgebundenen Arbeitsvertragsparteien ermöglicht, im Geltungsbereich eines TV die – für den ArbN ggf. ungünstigere – tarifl. Kündigungsfristenregelung durch individualvertragl. Vereinbarung zu übernehmen und damit eine Besserstellung nicht tarifgebundener ArbN ggü. tarifgebundenen zu vermeiden. Die vereinbarte tarifl. Regelung hat ggü. den gesetzl. Mindestbedingungen den gleichen Vorrang wie der TV selbst. IÜ bleiben die in Bezug genommenen Ansprüche aber vertragl. Ansprüche, was Bedeutung vor allem für die Unabdingbarkeit, den Verzicht, den Erlass und die Verwirkung hat[9]. 117

Wird die tarifl. Regelung durch eine andere ersetzt, entfällt die Vorrangwirkung, die arbeitsvertragl. Bezugnahme geht ins Leere. Dies wird vermieden, wenn die **jeweils geltende** TV-Regelung in Bezug genommen wird[10]. 118

Eine Bezugnahme auf den TV ist mit Vorrangwirkung nur im Rahmen seines **räumlichen, sachlichen und persönlichen Geltungsbereichs** zulässig. Damit ist eine Umgehung der gesetzl. Vorschriften durch Bezugnahme auf einen branchen- oder gebietsfremden TV ausgeschlossen[11]. Eine solche Bezugnahme auf einen fremden TV löst nicht die Vorrangwirkung des Abs. 4 S. 2 aus, kann aber als individualvertragl. 119

---

1 BAG 22.5.1986 – 2 AZR 392/85, NZA 1987, 60. ||2 Das ist möglich: BAG 30.9.1981 – 7 AZR 789/78, AP Nr. 61 zu § 620 Befristeter Arbeitsvertrag. ||3 BAG 22.5.1986 – 2 AZR 392/85, AP Nr. 23 zu § 622 BGB; Erman/*Belling*, § 622 Rz. 9; *Preis/Kramer*, DB 1993, 2125 (2126); *Hromadka*, BB 1993, 2272 (2274); aA *Monjau*, BB 1970, 39 (41). ||4 ErfK/*Müller-Glöge*, § 622 BGB Rz. 16; Erman/*Belling*, § 622 Rz. 9; *Preis/Kramer*, DB 1993, 2125 (2126). ||5 KR/*Spilger*, § 622 BGB Rz. 165; ErfK/*Müller-Glöge*, § 622 BGB Rz. 17. ||6 Staudinger/*Preis*, § 622 Rz. 19; *Voss*, NZA 1994, 57. ||7 LAG Hess. 14.6.2010 – 16 Sa 1036/09, NZA-RR 2010, 465; *Adomeit/Thau*, NJW 1994, 11 (13 f.); ErfK/*Müller-Glöge*, § 622 BGB Rz. 18; Staudinger/*Preis*, § 622 Rz. 48. ||8 *Rieble/Gutzeit*, BB 1998, 638 (643); ErfK/*Müller-Glöge*, § 622 BGB Rz. 18. ||9 *Löwisch/Rieble*, § 3 TVG Rz. 516; Staudinger/*Preis*, § 622 Rz. 42. ||10 ErfK/*Müller-Glöge*, § 622 BGB Rz. 36. ||11 MüKoBGB/*Hesse*, § 622 Rz. 66; Staudinger/*Preis*, § 622 Rz. 44; ErfK/*Müller-Glöge*, § 622 BGB Rz. 35.

120 Abrede unter den Voraussetzungen des Abs. 5 fristverkürzende Wirkung entfalten, iÜ dann, wenn die Kündigungsfristen des in Bezug genommenen TV für den ArbN günstiger als das Gesetz sind[1].

120 Die Bezugnahme kann sich sowohl auf den **gesamten TV** als auch lediglich auf die **Vorschriften über die Kündigung** erstrecken. Es ist aber unzulässig, nur einen Teil einer tarifvertragl. Kündigungsfristenregelung ggf. unter Abänderung von Fristen und Terminen zu übernehmen. Vielmehr muss, um die materielle Richtigkeitsgewähr des Regelungskomplexes Kündigung zu gewährleisten, dieser insg. in Bezug genommen werden[2].

121 Die Vereinbarung kann einen **geltenden** oder **nachwirkenden** TV betreffen[3]. Für die arbeitsvertragl. Bezugnahme auf einen nachwirkenden TV reicht es nicht aus, auf den „den ArbGeb bindenden" TV zu verweisen[4].

122 Soweit der in Bezug genommene TV gegen **höherrangiges Recht**, insb. Art. 3 I GG, verstößt, gilt die gesetzl. Regelung[5]. Im Fall einer Bezugnahme auf eine § 622 II 2 nachgebildete tarifvertragl. Regelung ist wegen der Unionsrechtswidrigkeit des Abs. 2 S. 2 auch die Beschäftigungsdauer vor Vollendung des 25. LJ zu berücksichtigen (Anpassung nach oben)[6].

123 Die Vereinbarung ist nicht an eine Form gebunden. Sie kann **ausdrücklich** oder **stillschweigend** und auch durch **betriebliche Übung**[7] erfolgen. Aus der Gewährung bestimmter Leistungen nach dem einschlägigen TV kann allerdings nicht in jedem Fall geschlossen werden, dass der TV insg. einschl. der Kündigungsregelungen anzuwenden ist, da die einzelvertragl. Bezugnahme sich auf Teile des TV beschränken kann[8].

124 Eine Vereinbarung durch **BV** scheidet aus, es sei denn, der TV enthält eine entsprechende Öffnungsklausel (§ 77 II BetrVG)[9].

125 Die durch **Bezugnahme** vereinbarten tarifl. Kündigungsbestimmungen können jederzeit vertragl. **aufgehoben** oder abgeändert werden. Es gelten dann die gesetzl. Grenzen für einzelvertragl. Vereinbarungen zu Lasten des ArbN[10].

126 **X. Fristberechnung.** Für die Berechnung der Kündigungsfristen gelten die §§ 186 ff., nicht aber § 193. Die Kündigungsfrist beginnt nach § 187 mit dem Zugang der ordentl. Kündigung. Nach § 187 I wird der Tag, an dem die Kündigung zugeht, nicht in die Berechnung der Kündigungsfrist einbezogen. Der Fristlauf beginnt erst am folgenden Tag. Eine Vereinbarung, dass der Tag der Absendung des Kündigungsschreibens als Tag der Erklärung gelten soll, ist unwirksam[11].

127 § 193 ist auf Kündigungsfristen weder unmittelbar noch entsprechend anwendbar[12], weil dem Gekündigten die gesetzl. Kündigungsfrist in jedem Fall voll gewahrt bleiben muss. Es ist daher unerheblich, ob der letzte Tag, an dem noch gekündigt werden kann, auf einen Samstag, Sonntag oder Feiertag fällt. Es spielt auch keine Rolle, wenn der letzte Tag des ArbVerh auf einen Samstag, Sonntag oder Feiertag fällt.

128 Bei einer Frist, die **ohne festen Kündigungstermin** lediglich nach Wochen bestimmt ist (zB gesetzl. nach § 622 III, § 86 SGB IX, einzelvertragl. im Rahmen des § 622 V Nr. 1), endet die Kündigungsfrist und damit das ArbVerh nach § 188 II mit Ablauf desjenigen Tages der letzten Woche, der durch seine Bezeichnung (zB „Montag") demjenigen Tag entspricht, an dem die Kündigung zugegangen ist.

129 In den Fällen, in denen das Gesetz einen **Kündigungstermin** bestimmt (zB Abs. 1 und 2: 15. oder das Ende des Monats; § 19 BEEG: Ende der Elternzeit), steht es dem Kündigenden frei, freiwillig eine längere als die gesetzl. Kündigungsfrist einzuhalten. Er muss nicht mit dem Ausspruch der Kündigung bis zum Beginn der Frist bis zum nächstmöglichen Termin warten.

130 Wird die Kündigungsfrist **nicht eingehalten**, ist die Kündigung im Zweifel, wenn sich dies nicht schon durch Auslegung ergibt, in eine Kündigung zum nächsten zulässigen Termin umzudeuten[13].

131 **XI. Prozessuales.** Für die Darlegungs- und Beweislast gelten die **allgemeinen Regeln**. Deshalb trägt derjenige die Darlegungs- und Beweislast, der Ansprüche aus der Geltung ggü. § 622 verlängerter Kün-

---

1 MüKoBGB/*Hesse*, § 622 Rz. 66; *Dietz*, DB 1974, 1770 (1771); *Richardi*, ZfA 1971, 73 f.; ErfK/*Müller-Glöge*, § 622 BGB Rz. 35; nach BAG 10.6.1965 – 5 AZR 432/64, AP Nr. 13 zu § 9 TVG jedenfalls dann, wenn die eigene Gewerkschaft des ArbN keinen TV abgeschlossen hat. ‖ 2 *Bauer/Rennpferdt*, AR-Blattei-SD 1010.5 Rz. 70; KR/*Spilger*, § 622 BGB Rz. 185; Staudinger/*Preis*, § 622 Rz. 45; MüKoBGB/*Hesse*, § 622 Rz. 67. ‖ 3 Entschieden für § 13 BUrlG durch BAG 27.6.1978 – 6 AZR 59/77, AP Nr. 12 zu § 13 BUrlG; MüKoBGB/*Hesse*, § 622 Rz. 66. ‖ 4 BAG 18.8.1982 – 5 AZR 281/80, nv.; ErfK/*Müller-Glöge*, § 622 BGB Rz. 36. ‖ 5 *Worzalla*, NZA 1994, 145 (150); ErfK/*Müller-Glöge*, § 622 BGB Rz. 36. ‖ 6 BAG 29.9.2011 – 2 AZR 177/10, NZA 2012, 754. ‖ 7 BAG 19.1.1999 – 1 AZR 606/98, AP Nr. 9 zu § 1 TVG Bezugnahme auf Tarifvertrag; aA BAG 3.7.1996 – 2 AZR 469/95, RzK I 3e Nr. 62; diff. *Annuß*, BB 1999, 2558 (2562). ‖ 8 BAG 19.1.1999 – 1 AZR 606/98, AP Nr. 9 zu § 1 TVG Bezugnahme auf Tarifvertrag. ‖ 9 Staudinger/*Preis*, § 622 Rz. 47. ‖ 10 ErfK/*Müller-Glöge*, § 622 BGB Rz. 36; MüKoBGB/*Hesse*, § 622 Rz. 68. ‖ 11 BAG 13.10.1976 – 5 AZR 638/75, AP Nr. 9 zu § 130 BGB. ‖ 12 BAG 5.3.1970 – 2 AZR 112/69, AP Nr. 1 zu § 193 BGB; BGH 28.9.1972 – VII ZR 186/71, AP Nr. 2 zu § 193 BGB; *Hromadka*, BB 1993, 2372 (2373). ‖ 13 BAG 18.4.1985 – 2 AZR 197/84, AP Nr. 20 zu § 622 BGB; LAG Köln 26.9.2006 – 9 Ta 347/06; *Hromadka*, BB 1993, 2372 (2373); *Schaub*, ArbRHdb, § 123 IX 2 Rz. 75.

digungsfristen herleitet oder auf eine andere von der gesetzl. Regelung abweichende Vereinbarung stützt, etwa die Vereinbarung kürzerer Kündigungsfristen im AushilfsArbVerh[1].

Die **Nichteinhaltung der Kündigungsfrist** muss im Anwendungsbereich des KSchG innerhalb der Klagefrist des § 4 KSchG geltend gemacht werden, sofern der Kündigungstermin „integraler Bestandteil der Willenserklärung" ist. Das ist nach Auffassung des 2. Senats des BAG der Fall, wenn sich nicht durch Auslegung ermitteln lasse, es solle eine fristwahrende Kündigung ausgesprochen sein. Die Auslegbarkeit einer ordentl. Kündigungserklärung mit fehlerhafter Kündigungsfrist als eine solche zum richtigen Kündigungstermin sei der Regelfall[2]. Der 5. Senat lässt dies offen[3]. Ist eine solche Auslegung im konkreten Fall nicht möglich, wurde aber die Klagefrist des § 4 I KSchG versäumt, greift die Fiktionswirkung des § 7 KSchG und beendet das ArbVerh zum „falschen Termin" der zu kurzen Kündigungsfrist. Dass die Fiktionswirkung des § 7 KSchG auch die Unwirksamkeit einer Kündigung wegen einer aufgrund des Anwendungsvorrangs des Unionsrechts zu kurzen Kündigungsfrist nach § 622 II 2 erfasst, verstößt nicht gegen den Effektivitätsgrundsatz europäischen Rechts[4].

Wird die **Verfassungswidrigkeit tarifl. Kündigungsfristen** im Kündigungsschutzprozess von einer Partei ausgesprochen oder vom Gericht erwogen, muss das ArbG nach § 293 ZPO **von Amts wegen** die näheren Umstände ermitteln, die für die unterschiedlichen Kündigungsfristen sprechen[5]. 132

623 Schriftform der Kündigung
Die Beendigung von Arbeitsverhältnissen durch Kündigung oder Auflösungsvertrag bedürfen zu ihrer Wirksamkeit der Schriftform; die elektronische Form ist ausgeschlossen.

I. Inhalt und Zweck	1	V. Zugang	38
II. Entstehungsgeschichte	3	VI. Unabdingbarkeit	39
III. Anwendungsbereich	6	VII. Rechtsfolgen eines Verstoßes gegen das Schriftformerfordernis	44
1. Zeitlicher Anwendungsbereich	6	1. Kündigung	44
2. Persönlicher Anwendungsbereich	11	2. Auflösungsvertrag	49
3. Sachlicher Anwendungsbereich	15	VIII. Darlegungs- und Beweislast	52
IV. Schriftform	31		

I. Inhalt und Zweck. § 623 enthält ein **konstitutives Schriftformerfordernis**. Die Schriftform ist für die genannten Beendigungstatbestände Wirksamkeitserfordernis[6] und soll der **Rechtssicherheit** für die Vertragspartner dienen[7]. Bis zum Inkrafttreten des TzBfG nannte § 623 auch die Befristungsabrede. Im Streitfall erleichtert die Schriftform den **Beweis** darüber, ob eine Kündigung ausgesprochen, eine Befristungsabrede getroffen oder ein Auflösungsvertrag geschlossen wurde. Außerdem hat die schriftliche **Warnfunktion** für die Parteien und schützt vor Übereilung[8]. Deshalb bedarf im Falle einer Blankounterschrift die Ermächtigung des Vertragspartners zur Ausfüllung des Blanketts (Eigenkündigung des ArbN) der Schriftform[9]. Ob mit der Vorschrift auch wie beabsichtigt eine **Entlastung der ArbG** erreicht werden kann, war schon im Gesetzgebungsverfahren umstritten[10] und ist wohl zu verneinen. Zwar beschäftigen Spontankündigungen die Gerichte seltener, das trägt aber nur unwesentlich zu ihrer Entlastung bei. Es bleibt der Streit um die Erfüllung der Schriftform und den Zugang der Willenserklärung[11]. 1

Umstritten ist, ob § 623 auch **arbeitnehmerschützende Funktion** hat[12]. Die Gesetzesbegr. erwähnt den ArbN-Schutzgedanken nicht. Der Streit wird insb. bei den Rechtsfolgen einer nach § 14 IV TzBfG formwidrigen Befristung bei Vertragsschluss relevant. 2

II. Entstehungsgeschichte. § 623 wurde eingefügt durch Art. 2 des ArbGerBeschleunigungsG v. 30.3. 2000 und ist **am 1.5.2000 in Kraft** getreten[13]. Die Bestimmung füllt eine seit 1969 im Gesetz bestehende Leerstelle. 3

In ihrer bis zum 31.12.2001 geltenden Fassung lautete die Bestimmung: 4

„Die Beendigung von Arbeitsverhältnissen durch Kündigung oder Auflösungsvertrag sowie die Befristung bedürfen zu ihrer Wirksamkeit der Schriftform."

---

1 ErfK/*Müller-Glöge*, § 622 BGB Rz. 48; KR/*Spilger*, § 622 BGB Rz. 141. ||**2** BAG 15.12.2005 – 2 AZR 148/05, AP Nr. 55 zu § 4 KSchG 1969; 6.7.2006 – 2 AZR 215/05, AP Nr. 57 zu § 4 KSchG 1969; 9.9.2010 – 2 AZR 714/08, NZA 2011, 343. ||**3** BAG 1.9.2010 – 5 AZR 700/09, NZA 2010, 1409; krit. *Eisemann*, NZA 2011, 601. ||**4** BAG 1.9.2010 – 5 AZR 700/09, NZA 2010, 1409. ||**5** BAG 4.3.1993 – 5 AZR 451/92, AP Nr. 40 zu § 622 BGB m. Anm. *Hergenröder*; 16.9.1993 – 2 AZR 697/92, AP Nr. 42 zu § 622 BGB; 29.10.1998 – 2 AZR 683/97, EzA-SD 1999, Nr. 2, 3–5. ||**6** APS/*Greiner*, § 623 BGB Rz. 2. ||**7** ErfK/*Müller-Glöge*, § 623 BGB Rz. 1. ||**8** BAG 17.12.2009 – 6 AZR 242/09, NZA 2010, 273; ErfK/*Müller-Glöge*, § 623 BGB Rz. 1. ||**9** LAG Hamm 11.6.2008 – 18 Sa 302/08, EzA-SD 2008, Nr. 17, 9 (LS). ||**10** *Böhm*, NZA 2000, 561 ff. ||**11** *Richardi/Annuß*, NJW 2000, 1231 f. ||**12** Bejahend: *Richardi/Annuß*, NJW 2000, 1231 (1232 Fn. 14, 1234); *Preis/Gotthardt*, NZA 2000, 348 (356, 360); verneinend: *Caspers*, RdA 2001, 28 (33 f.); KR/*Spilger*, § 623 BGB Rz. 20 (gleicher Übereilungsschutz für ArbGeb und ArbN). ||**13** BGBl. I S. 333.

Durch Art. 2 Nr. 2 des am 1.1.2001 in Kraft getretenen TzBfG[1] sind die Worte „sowie die Befristung" weggefallen. Für neue Befristungen ab dem 1.1.2001 ist § 14 IV TzBfG anzuwenden, wonach die Befristung eines Arbeitsvertrages zu ihrer Wirksamkeit der Schriftform bedarf. Diese Änderung erfolgte aus gesetzessystematischen Gründen und bezweckte keine inhaltliche Korrektur[2].

5 § 623 Hs. 2 wurde angefügt durch Art. 1 des am 1.8.2001 in Kraft getretenen Gesetzes zur Anpassung der Formvorschriften des Privatrechts und anderer Vorschriften an den modernen Rechtsgeschäftsverkehr v. 13.7.2001[3].

6 **III. Anwendungsbereich. 1. Zeitlicher Anwendungsbereich. a) Kündigung und Auflösungsvertrag.**
§ 623 ist nur auf Kündigungen anwendbar, die seit dem Inkrafttreten der Vorschrift am 1.5.2000 nach Maßgabe der §§ 130–132 wirksam geworden, insb. also zugegangen sind[4], und auf Auflösungsverträge, die seit dem 1.5.2000 zustande gekommen sind[5].

7 **Vor dem 1.5.2000** dem Erklärungsempfänger zugegangene Kündigungen werden von § 623 nicht erfasst[6].

8 b) **Befristung.** Wegen des zum 1.1.2001 in Kraft getretenen TzBfG gilt § 623 nur für **Befristungen, die vom 1.5.2000 bis einschl. zum 31.12.2000** vereinbart wurden. Das gilt auch, wenn der Arbeitsvertrag nur nachträglich befristet worden ist; hier muss die nachträgliche Befristung in den genannten Zeitraum fallen. Für Befristungen **ab dem 1.1.2001** gilt § 14 TzBfG[7] (s. dort). Für Befristungen **vor dem 1.5.2000** gilt das Schriftformerfordernis des § 623 nicht, auch wenn der Vertragsbeendigungszeitpunkt nach diesem Zeitpunkt liegt[8].

9, 10 Einstweilen frei.

11 **2. Persönlicher Anwendungsbereich.** § 623 ist nur auf **Arbeitsverhältnisse** (auch auf befristete[9] und solche mit Aushilfskräften und geringfügig Beschäftigten) anwendbar[10], nicht auf Dienstverhältnisse arbeitnehmerähnlicher Personen iSv. § 5 I 2 ArbGG, § 12a TVG[11] und auch nicht auf Umschulungsverhältnisse iSv. §§ 1 IV, 47 BBiG[12]. Erst recht sind andere unabhängige Dienstnehmer von § 623 nicht erfasst[13]. Auf die Anstellungsverträge von Organmitgliedern (GmbH-Geschäftsführer und AG-Vorstände) ist § 623 damit unanwendbar[14], es sei denn, sie sind ausnahmsweise ArbN[15].

12 Für **Berufsausbildungsverträge** enthält seit dem 1.4.2005 § 22 III BBiG eine § 623 verdrängende Sonderregelung. Nach dieser muss die Kündigung schriftl. und nach der Probezeit unter Angabe der Kündigungsgründe erfolgen. Die elektronische Form ist in § 22 III BBiG nicht ausgeschlossen worden[16]. Die einvernehmliche Aufhebung eines Berufsausbildungsverhältnisses unterfällt dem Schriftformerfordernis des § 623.

13 Nach § 65 II SeeArbG kann das **Heuerverhältnis der Seeleute** nur schriftl. gekündigt werden. Die elektronische Form ist wie in § 623 ausgeschlossen. Für Aufhebungsverträge der Seeleute gilt unmittelbar § 623[17].

14 Konstitutive Schriftformerfordernisse in Sondergesetzen verdrängen nach dem Spezialitätsgrundsatz § 623[18]. So muss nach § 9 III 2 MuSchG die Kündigung schriftl. erfolgen. Dieses Schriftformerfordernis erstreckt sich auch auf die Angabe des „zulässigen Kündigungsgrundes", also des Grundes, der die für den Arbeitsschutz zuständige oberste Landesbehörde veranlasst hat, die beabsichtigte Kündigung für zulässig zu erklären[19] (s. § 9 MuSchG Rz. 14).

15 **3. Sachlicher Anwendungsbereich.** § 623 erfasst seinem Wortlaut nach die Kündigung und den Auflösungsvertrag, in der Praxis meist Aufhebungsvertrag genannt. Außerdem gilt § 623 für vom 1.5.2000 bis 31.12.2000 vereinbarte Befristungen des ArbVerh.

16 § 623 gilt auch im **Insolvenzverfahren**[20].

17 a) **Kündigung.** Die Kündigung iSd. § 623 ist ein einseitiges gestaltendes Rechtsgeschäft, mit dem ein ArbVerh für die Zukunft beendet werden soll. § 623 gilt für Kündigungen seitens des ArbGeb und des ArbN und für jede Art der Kündigung (ordentl., außerordentl., befristete, entfristete), auch für die Änderungskündigung und eine vorsorgliche Kündigung. Der Begriff „Kündigung" muss nicht benutzt werden; es reicht, dass die Auslegung unter Berücksichtigung auch außerhalb der Urkunde liegender Umstände ergibt, dass der Kündigende das ArbVerh einseitig lösen will[21]. Das gesetzl. Schriftformerfor-

---

1 BGBl. I S. 1966. || 2 Vgl. BT-Drs. 14/4625, 13, 21; *Kliemt*, NZA 2001, 296 (391); KR/*Spilger*, § 623 BGB Rz. 14. || 3 BGBl. I S. 1542. || 4 BAG 6.7.2000 – 2 AZR 513/99, AP Nr. 16 zu § 125 BGB. || 5 KR/*Spilger*, § 623 BGB Rz. 33f. || 6 BAG 16.5.2000 – 9 AZR 245/99, MDR 2000, 1253; 6.7.2000 – 2 AZR 513/99, NZA 2001, 718. || 7 KR/*Spilger*, § 623 BGB Rz. 37. || 8 *Kiel/Koch*, Die betriebsbedingte Kündigung, Vorb. Rz. 7. || 9 BAG 17.3.2010 – 5 AZN 1042/09, NZA 2010, 594. || 10 BAG 19.1.2006 – 6 AZR 638/04, AP Nr. 7 zu § 623 BGB. || 11 *Richardi/Annuß*, NJW 2000, 1231. || 12 BAG 19.1.2006 – 6 AZR 638/04, AP Nr. 7 zu § 623 BGB. || 13 LAG Hess. 14.5.2008 – 16 Ta 90/08; *Gaul*, DStR 2000, 691; *Richardi/Annuß*, NJW 2000, 1231 (1232); ErfK/*Müller-Glöge*, § 623 BGB Rz. 2. || 14 *Zimmer*, BB 2003, 1175ff. || 15 MüKoBGB/*Henssler*, § 623 Rz. 6. || 16 MüKoBGB/*Henssler*, § 623 Rz. 10. || 17 MüKoBGB/*Henssler*, § 623 Rz. 9. || 18 *Richardi/Annuß*, NJW 2000, 1231 (1232). || 19 *Preis*, NZA 1997, 1256 (1260); ErfK/*Müller-Glöge*, § 623 BGB Rz. 2; aA *Zmarzlik*, DB 1994, 961f. || 20 BAG 4.11.2004 – 2 AZR 17/04, NZA 2005, 513. || 21 BAG 20.9.2006 – 6 AZR 82/06, AP Nr. 19 zu § 174 BGB.

dernis erfasst nicht die Angabe des Kündigungsgrundes (s. aber Rz. 12 u. 14 zu gesetzl. Spezialregelungen)[1].

Bei der **Änderungskündigung** erstreckt sich, weil Kündigung und Änderungsangebot eine innere Einheit bilden[2], das zwingende Schriftformerfordernis nach hM nicht nur auf die Kündigung, sondern auch auf das Änderungsangebot, nicht aber auf die Annahmeerklärung[3]. 18

Dagegen ist die **Teilkündigung** auf die Ablösung einzelner Vertragsbestimmungen gerichtet, nicht auf die Beendigung des ArbVerh. § 623 findet daher keine Anwendung[4]. 19

Die **Nichtfortsetzungserklärung des ArbN** nach § 12 S. 1 KSchG ist als rechtsgestaltende Erklärung eine Kündigung iSv. § 623[5]. Denn der der Lossagung erklärende ArbN macht von seinem **Sonderkündigungsrecht** Gebrauch und bewirkt einseitig die Beendigung seines ArbVerh. Während das Schriftformerfordernis sich aus § 623 ergibt, enthält § 12 S. 1 KSchG eine eigenständige Regelung über die Rechtzeitigkeit der Abgabe der Erklärung[6]. 20

b) Auflösungsvertrag. Auflösungsvertrag – in der Praxis: **Aufhebungsvertrag** – ist jeder Vertrag, durch den ein ArbVerh einvernehmlich beendet wird. Darunter fällt auch eine rückwirkende Beendigung des ArbVerh, insb. eine Beendigung im Wege des Vergleichs (§ 779) bei vorangegangener Kündigung, über deren Wirksamkeit gestritten wurde. Eine nach § 278 VI 1 Alt. 2 ZPO zustande gekommene Vereinbarung wahrt die Schriftform[7]. Ein **Vorvertrag**, in dem sich die Parteien zum Abschluss eines Aufhebungsvertrages verpflichten, bedarf, weil das Schriftformerfordernis auch vor Übereilung schützen soll (Warnfunktion), ebenfalls der Schriftform[8]. Ein **Klageverzichtsvertrag** (pactum de non petendo) ist grds. formfrei möglich. Er unterliegt aber, jedenfalls wenn er im unmittelbaren zeitlichen und sachlichen Zusammenhang mit dem Ausspruch einer Kündigung geschlossen wird, als Auflösungsvertrag der Schriftform des § 623[9]. Ein unmittelbarer zeitlicher Zusammenhang ist während der Drei-Wochen-Frist des § 4 KSchG anzunehmen. Auch die Umwandlung eines ArbVerh in ein freies Dienstverhältnis unterliegt § 623[10]. 21

Schließen ArbGeb und ArbN schriftlich einen **Vorstands- bzw. Geschäftsführerdienstvertrag**, wird vermutet, dass sie damit den zwischen ihnen bestehenden Arbeitsvertrag konkludent formwirksam aufheben[11]. Voraussetzung ist allerdings, dass der nicht nur für die gesellschaftsrechtl. Bestellung, sondern auch für die schriftl. Anstellung zuständige Aufsichtsrat bzw. der Gesellschafter oder die Gesellschafterversamlung auch für die Beendigung von Arbeitsverträgen zuständig ist[12]. Entgegenstehende Abreden zum Fortbestehen und Ruhen des Arbeitsvertrages widerlegen die Vermutung[13]. Nicht tragfähig ist die Vermutungskonstruktion, wonach sich aus dem schriftl. Abschluss eines Geschäftsführer-Dienstvertrags hinreichend deutlich die gleichzeitige Beendigung des ursprünglichen ArbVerh ergebe, wenn der Geschäftsführer-Dienstvertrag mit einem Dritten – zB der Tochter GmbH –, und nicht dem (bisherigen) ArbGeb – zB der Obergesellschaft – geschlossen wird, es sei denn jener ist durch diesen bevollmächtigt[14]. Vgl. hierzu auch die Komm. zu Anh. § 9 KSchG – Aufhebungsverträge. 21a

Ein bloßer **Abwicklungsvertrag**, in dem die Parteien nach einer zuvor ausgesprochenen (schriftl.) Kündigung die Bedingungen vereinbaren, zu denen der ArbN ausscheidet (regelmäßig durch den vertragl. Verzicht des ArbN auf Kündigungsschutz gegen Zahlung einer Abfindung), fällt nicht unter § 623[15]. Wendete man nämlich § 623 an, bliebe zwar die zuvor ausgesprochene schriftl. Kündigung beste- 22

---

1 *Kramer*, DB 2006, 502 (507). ‖ 2 BAG 7.6.1973 – 2 AZR 450/72, AP Nr. 1 zu § 626 BGB Änderungskündigung. ‖ 3 BAG 16.9.2004 – 2 AZR 628/03, AP Nr. 78 zu § 2 KSchG 1969m. abl. Anm. *Löwisch*; BAG 16.12.2010 – 2 AZR 576/09, EzA § 2 KSchG Nr. 81; LAG Bln.-Bbg. 17.10.2012 – 26 Sa 1052/12; *Preis/Gotthardt*, NZA 2000, 348 (351); APS/*Greiner*, § 623 BGB Rz. 23; MüKoBGB/*Henssler*, § 623 Rz. 30; *Richardi/Annuß*, NJW 2000, 1231 (1233): einheitliche Urkunde erforderlich; *Kramer*, DB 2006, 507; aA *Caspers*, RdA 2001, 28 (31); *Löwisch/Spinner*, § 2 KSchG Rz. 8, 13; KR/*Spilger*, § 623 Rz. 136. ‖ 4 *Richardi/Annuß*, NJW 2000, 1231 (1233); *Däubler*, AiB 2000, 188 (192); *Appel/Kaiser*, AuR 2000, 281 (284); *Müller-Glöge/v. Senden*, AuA 2000, 199; *Preis/Gotthardt*, NZA 2000, 348 (349); Palandt/*Weidenkaff*, § 623 Rz. 4; aA *Kiel/Koch*, Die betriebsbedingte Kündigung, Vorb. Rz. 5. ‖ 5 *Müller-Glöge/v. Senden*, AuA 2000, 199; *Preis/Gotthardt*, NZA 2000, 348 (350); aA Bader ua./*Bader*, § 623 BGB Rz. 11. ‖ 6 *Preis/Gotthardt*, NZA 2000, 348 (350); *Richardi/Annuß*, NJW 2000, 1231 (1232): analoge Anwendung. ‖ 7 BAG 23.11.2006 – 6 AZR 394/06, AP Nr. 8 zu § 623 BGB unter Berufung auf § 127a analog. ‖ 8 BAG 17.12.2009 – 6 AZR 242/09, NZA 2010, 273. ‖ 9 BAG 19.4.2007 – 2 AZR 208/06, NZA 2007, 1227. ‖ 10 BAG 25.1.2007 – 5 AZB 49/06, NZA 2007, 580. ‖ 11 Zum Geschäftsführerdienstvertrag BAG 19.7.2007 – 6 AZR 774/06, ZIP 2007, 1917; 15.3.2011 – 10 AZB 32/10, AP Nr. 95 zu § 2 ArbGG 1979; 23.8.2011 – 10 AZB 51/10, AP Nr. 69 zu § 5 ArbGG 1979; LAG Rh.-Pf. 28.6.2012 – 3 Ta 72/12; LAG Bln.-Bbg. 20.1.2010 – 7 Ta 2656/09 zur Vorstandsbestellung. ‖ 12 Krit. *Arens* DStR 2010, 115 (116f.); für eine Annexkompetenz der Gesellschafterversammlung *Langner*, DStR 2007 535 (537) mwN; aA *Gravenhorst*, Anm. zu LAG Berlin 15.2.2006 – 13 Ta 170/06, LAGE § 623 BGB 2002 Nr. 5. ‖ 13 BAG 19.7.2007 – 6 AZR 774/06, ZIP 2007, 1917; *Diller*, NZG 2011, 254 (255). ‖ 14 BAG 19.7.2007 – 6 AZR 875/06 zu einem Fall, in dem ein zur Vertretung des ArbGeb Berechtigter den Dienstvertrag abgeschlossen hat. Krit. *Jooß*, RdA 2008, 285 (288); APS/*Greiner*, § 623 BGB Rz. 32. ‖ 15 BAG 23.11.2006 – 6 AZR 394/06, AP Nr. 8 zu § 623 BGB; LAG Köln 21.4.2005 – 6 Sa 87/05; *Rolfs*, NJW 2000, 1228; *Däubler*, AiB 2000, 188 (191); *Hümmerich*, NZA 2001, 1280; *Bauer*, NZA 2002, 169 (170, 173); *Preis/Gotthardt*, NZA 2000, 348 (354); APS/*Greiner*, § 623 BGB Rz. 8; aA BAG 19.4.2007 – 2 AZR 208/06, AP Nr. 9 zu § 623 BGB zu Klageverzichtsverträgen, die im unmittelbaren zeitlichen und sachlichen Zusammenhang mit der formwirksam ausgesprochenen Kündigung stehen; *Richardi*, NZA 2001, 57, (61); *Schaub*, NZA 2000, 344 (347).

hen, der ArbN könnte sich aber etwa auf eine formwidrig zugesagte Abfindung wegen der Nichtigkeitsfolge des § 125 nicht berufen[1]. Das ist durch den Gesetzeszweck, für Rechtssicherheit hinsichtlich der Vertragsbeendigung zu sorgen, nicht gedeckt. Ist allerdings die vorausgehende Kündigung unwirksam oder wird nach der Kündigung vertragl. ein früherer Beendigungszeitpunkt als in der Kündigung ausgesprochen vereinbart[2], muss der dann nur sog. „Abwicklungsvertrag" als Auflösungsvertrag § 623 beachten, um die Beendigung des ArbVerh herbeizuführen[3].

23 Auch die **Aufhebung einzelner Arbeitsbedingungen** unterliegt nicht dem Formerfordernis des § 623[4]. Eine **Vertragsübernahme**, die als dreiseitiger Vertrag auf den Austausch einer Vertragspartei unter Aufrechterhaltung aller vertragl. Rechte und Pflichten zielt, regelt das Ausscheiden des ArbN aus dem alten ArbVerh durch Aufhebungsvertrag, weshalb die Vertragsübernahme der Schriftform des § 623 unterliegt[5].

24 c) Zu im Zeitraum **1.5.2000 bis 31.12.2000** vereinbarten Befristungen vgl. die 5. Aufl. § 623 Rz. 24.

25, 26 Einstweilen frei.

27 d) **Ungenannte Beendigungstatbestände.** Einen **Eingliederungsvertrag**, der durch eine **Auflösungserklärung** als Beendigungstatbestand eigener Art beendet wird (§ 232 II SGB III aF), gibt es nicht mehr. Eine Förderung nach § 229 SGB III idF bis 31.12.2008 setzt dagegen den Abschluss eines ArbVerh voraus[6], auf dessen Kündigung § 623 und auf dessen Befristung § 14 IV TzBfG anzuwenden ist.

28 Die Beschäftigung in einem sog. **Ein-Euro-Job** (Arbeitsgelegenheit mit Mehraufwandsentschädigung iSd. § 16d SGB II) erfolgt nicht auf Grund eines Arbeitsvertrages. Die Beendigung der Zuweisung unterliegt nicht § 623.

29 § 623 ist **unanwendbar** auf die **Anfechtung** einer auf den Abschluss des Arbeitsvertrages gerichteten Willenserklärung nach §§ 119 ff.[7]. Auch die Beendigung eines **fehlerhaften Arbeitsverhältnisses** durch einseitige Erklärung ist keine Kündigung und fällt damit nicht unter § 623[8]. Das Gleiche gilt für den (vertragl. vorbehaltenen) **Widerruf** einzelner Arbeitsbedingungen und den **Widerspruch** nach § 625[9].

30 § 623 ist unanwendbar auf die **Nichtverlängerungsmitteilung des ArbGeb** vor oder bei Ablauf eines befristeten ArbVerh[10]. Diese Wissenserklärung ist nicht auf die Beendigung des ArbVerh gerichtet, gestaltet dieses nicht wie eine Kündigung, sondern soll den ArbN über die kraft Befristung eintretende Auflösung des ArbVerh informieren. Das Gleiche gilt für die Nichtverlängerungsmitteilung nach dem TV über die Mitteilungspflicht v. 23.11.1977 betr. künstlerische Bühnenmitglieder, die erforderlich ist, weil das ArbVerh sich bei Schweigen automatisch verlängern würde[11].

31 **IV. Schriftform.** § 623 begründet ein konstitutives Schriftformerfordernis (§ 126). Dem gesetzl. Schriftformerfordernis ist nur genügt, wenn die gesamte formbedürftige Erklärung einschl. etwaiger Nebenabreden in einer **einheitlichen Urkunde** verkörpert ist und von der oder den Parteien unterzeichnet wird. Erforderlich ist eine Unterschrift, ein bloßes Handzeichen (Paraphe) reicht nicht[12]. Der Namenszug muss nicht lesbar sei[13]. Der Grundsatz der Einheitlichkeit der Urkunde ist gewahrt, wenn die Zusammengehörigkeit der einzelnen Schriftstücke für einen unbefangenen Betrachter erkennbar ist, etwa durch körperliche Verbindung, fortlaufende Nummerierung, einheitliche grafische Gestaltung oder durch inhaltlichen Zusammenhang des Textes[14].

32 Eine durch **Telefax, Telegramm**[15] oder **E-Mail**[16] ausgesprochene Kündigung genügt dem Schriftformerfordernis des § 623 nicht. Da die **elektronische Form** (§ 126a) durch Hs. 2 ausgeschlossen ist, genügt auch eine mit elektronischer Signatur versehene **E-Mail** nicht[17]. Die gesetzl. Schriftform erfordert, dass dem Empfänger die Willenserklärung im Original zugeht[18].

33 Für die Vereinbarung einer **Befristung** und den Abschluss eines **Aufhebungsvertrages** ist nach § 126 II erforderlich, dass beide **Originalunterschriften in derselben Urkunde** enthalten sind oder bei zwei identischen Vertragsausfertigungen jede Partei die für die andere Partei bestimmte Urkunde im Original

---

1 *Bauer*, NZA 2002, 169 (170). ||2 BAG 25.4.2007 – 6 AZR 622/06, ZIP 2007, 1875. ||3 ErfK/*Müller-Glöge*, § 623 BGB Rz. 8. ||4 *Preis/Gotthardt*, DB 2001, 145 (150); *Däubler*, ZIP 2001, 217 (224); *Richardi/Annuß*, NJW 2000, 1231. ||5 LAG Köln 6.3.2003 – 4 Ta 404/02, AuR 2003, 234; 22.5.2003 – 10 Sa 970/02, ZInsO 2005, 333; LAG Schl.-Holst. 5.10.2010 – 3 Sa 137/10; LAG Rh.-Pf. 26.10.2007 – 9 Sa 362/07; Staudinger/*Oetk*er, § 623 Rz. 61; *Preis/Gotthardt*, NZA 2000, 348 (355); *Fleddermann*, ZInsO 2005, 304; aA LAG Hamm 17.6.2009 – 6 Sa 321/09: offengelassen in BAG 24.2.2011 – 6 AZR 626/09. ||6 *Niesel/Brandt*, § 229 SGB III Rz. 12. ||7 ErfK/*Müller-Glöge*, § 623 BGB Rz. 3; *Rolfs*, NJW 2000, 1227 (1228); *Richardi/Annuß*, NJW 2000, 1231 (1233); *Gaul*, DStR 2000, 691 (693); jurisPK-BGB/*Weth*, § 623 Rz. 51; aA *Sander/Siebert*, BuW 2000, 424 (425): § 623 analog; *Däubler*, AiB 2000, 188 (190). ||8 *Preis/Gotthardt*, NZA 2000, 348 (350); ErfK/*Müller-Glöge*, § 623 BGB Rz. 3. ||9 *Richardi/Annuß*, NJW 2000, 1231 (1233); ErfK/*Müller-Glöge*, § 623 BGB Rz. 3. ||10 *Germelmann*, ZfA 2000, 149 (156); ErfK/*Müller-Glöge*, § 623 BGB Rz. 3. ||11 BAG 3.11.1999 – 7 AZR 898/98, AP Nr. 54 zu § 611 Bühnenengagementvertrag; *Opolony*, NJW 2000, 2371. ||12 LAG Düss. – 12 Sa 1392/12; LAG Nürnberg 18.4.2012 – 2 Sa 100/11, NZA-RR 2012, 409. ||13 BAG 20.9.2006 – 6 AZR 82/06, AP Nr. 19 zu § 174 BGB; 6.9.2012 – 2 AZR 858/11, NZA 2013, 524. ||14 BGH 24.9.1997 – XII ZR 234/95, BGHZ 136, 357 (361). ||15 ArbG Frankfurt 9.1.2001 – 8 CA 5663/00, ArbN 2001, 36. ||16 LAG Düss., 25.6.2012 – 14 Sa 185/12. ||17 Staudinger/*Oetk*er, § 623 Rz. 73. ||18 *Rolfs*, NJW 2000, 1227 (1228); *Richardi/Annuß*, NJW 2000, 1231 (1232).

unterzeichnet[1]. Macht der ArbGeb ein Angebot und unterschreibt es und erklärt der ArbN auf derselben Urkunde darunter die Annahme dieses Angebots und unterschreibt seine Annahmeerklärung, liegt ein formgültiger Vertrag vor, da Angebot und Annahme auf derselben Urkunde fixiert sind[2]. Ein Briefwechsel der Partien reicht dagegen nicht[3].

Die **notarielle Beurkundung** ersetzt die Schriftform (§ 126 IV). 34

Ein nach den Vorschriften der ZPO protokollierter **Prozessvergleich**, der einen Auflösungsvertrag zum Inhalt hat, wahrt die Schriftform nach §§ 127a, 126 IV[4]. Im schriftl. Verfahren ergibt sich dies aus einer analogen Anwendung des § 127a[5]. Eine in der mündlichen Verhandlung zu Protokoll erklärte Kündigung wahrt die Schriftform dagegen nicht, weil hier die Protokollierung, anders als bei der Protokollierung eines gerichtl. Vergleichs nach § 127a, nicht die notarielle Beurkundung nach § 126 IV ersetzt[6]. 35

Bedient sich eine der beiden Seiten eines **rechtsgeschäftlichen Vertreters**, so bedarf nur die vom Vertreter selbst abgegebene Willenserklärung der Form des § 623. Wird die Kündigung durch einen Vertreter unterschrieben, muss dies in der Kündigung durch einen das Vertretungsverhältnis anzeigenden Zusatz hinreichend deutlich zum Ausdruck kommen (§ 164 I)[7]. Die Vollmachtserteilung nach § 167 II kann ebenso wie die nachträgliche Genehmigung der Kündigung durch den Vertreter ohne Vertretungsmacht nach § 182 II formfrei erfolgen[8]. Ob der Kündigende bevollmächtigt war oder als vollmachtloser Vertreter handelte, ist keine Frage der Formwahrung. Kündigt ein Vertreter ohne Vertretungsmacht, kann die Kündigung dem Vertretenen erst zugerechnet werden, wenn dieser die Kündigung genehmigt. Bei einer ArbGebKündigung soll entgegen § 182 I aE nur die Genehmigung ggü. dem ArbN, nicht ggü. dem Vertreter die Frist des § 4 I KSchG in Lauf setzen[9] (vgl. § 4 KSchG Rz. 7). 36

Ist ArbGeb eine **BGB-Gesellschaft**, muss die Kündigung grds. von allem Gesellschaftern unterzeichnet werden, es denn der Unterzeichnende unterschreibt auch im Namen der anderen nicht unterzeichnenden Gesellschafter und dies ist aus der Kündigungserklärung ersichtlich[10]. 37

V. Zugang. Die Kündigung wird wirksam, wenn sie dem Kündigungsgegner zugeht (§ 130 BGB)[11] (s. § 4 KSchG Rz. 26 ff.). 38

VI. Unabdingbarkeit. § 623 ist zwingend und unabdingbar. **Strengere Formvorschriften** können in TV, BV und einzelvertragl. vorgesehen werden. 39

Tarifvertragl. Formerfordernisse für die Kündigung gelten über den 1.5.2000 hinaus, wenn sie keine geringeren Anforderungen an die Form stellen als § 623. Andernfalls werden sie durch das zwingende und strengere Gesetz verdrängt. Gleiches gilt für Formvorschriften in freiwilligen BV nach § 88 BetrVG. Strengere Formvorschriften, etwa zur zwingenden schriftl. Angabe des Kündigungsgrundes, finden sich vor allem in **TV** für den öffentl. Dienst. § 54 BMT-G II sieht allerdings in seiner Fassung ab 1.1.2002 nur noch vor, dass der Kündigungsgrund schriftlich angegeben werden soll. Eine solche Sollvorschrift ist keine strengere Formvorschrift und löst bei Nichtbeachtung nicht die Rechtsfolge des § 125 aus. 40

Haben die Parteien vor dem Inkrafttreten des § 623 am 1.5.2000 **einzelvertragl. Schriftform vereinbart** für Änderungen des Arbeitsvertrages sowie Nebenabreden, so ist damit nicht die Schriftform für die Abgabe einer Kündigungserklärung vereinbart. Bezieht sich eine einzelvertragl. Vereinbarung dagegen ausdrücklich auf die Form von Kündigungen oder Aufhebungsvertrag, so hat sie nach dem 1.5.2000 nur noch Bedeutung, wenn sie eine **strengere** als die in § 623 vorgeschriebene Form vorsieht. Die Form für die Kündigung durch den ArbN darf wegen § 622 VI nicht strenger sein als für die Kündigung durch den ArbGeb (vgl. § 622 Rz. 57). 41

In **Formulararbeitsverträgen** ist die Vereinbarung einer strengeren Form oder das Aufstellen besonderer Zugangserfordernisse nach §§ 310 IV, 309 Nr. 13 unwirksam. Das Gleiche gilt für individualvertragl. Abreden, wenn der ArbGeb den Arbeitsvertrag vorformuliert, auch wenn dieser nur zur einmaligen Verwendung bestimmt ist, denn der ArbN **ist Verbraucher** iSd. § 13. 42

§ 623 ist zwingend iSv. Art. 8 I Rom-I-VO, aber nicht zwingend iSd. Art. 9 Rom-I-VO, setzt sich also nicht im Wege der Sonderanknüpfung ggü. einem gewählten ausländischen Recht durch. Ob über Art. 11 EGBGB auch das Recht des Staates der Vornahme einer Kündigungserklärung zum Zuge kommen kann, ist zweifelhaft. 43

VII. Rechtsfolgen eines Verstoßes gegen das Schriftformerfordernis. 1. Kündigung. Bei einem Verstoß gegen das Schriftformerfordernis ist die Kündigung des ArbVerh nach § 125 S. 1 **nichtig**[12], das Arb- 44

---

1 *Kliemt*, NZA 2001, 296 (301). || 2 BGH 16.2.2000 – XII ZR 162/98, NJW-RR 2000, 1108; zust. *Bauer*, NZA 2002, 170. || 3 *Richardi/Annuß*, NJW 2000, 1231 (1232); *Kliemt*, NZA 2001, 296 (301). || 4 KR/*Spilger*, § 623 BGB Rz. 144, 156; ErfK/*Müller-Glöge*, § 623 BGB Rz. 11. || 5 BAG 23.11.2006 – 6 AZR 394/06, NZA 2007, 466. || 6 APS/*Greiner*, § 623 BGB Rz. 25. || 7 BAG 28.11.2007 – 6 AZR 1108/06, BAGE 125, 70; LAG Hess. 4.3.2013 – 17 Sa 633/12; Staudinger/*Oetker*, § 623 Rz. 70 f. || 8 Staudinger/*Oetker*, § 623 Rz. 69 (Ausn. unwiderrufliche Vollmacht). || 9 BAG 6.9.2012 – 2 AZR 858/11, NZA 2013, 524; krit. *Ulrici*, jurisPR-ArbR 17/2013 Anm. 1. || 10 Staudinger/*Oetker*, § 623 Rz. 70 f. || 11 Näher *Springer*, BB 2012, 1477 (1480 f.); zum Zugang beim Ehegatten als Empfangsboten BAG 9.6.2011 – 6 AZR 687/09, BAGE 138, 12. || 12 BAG 16.9.2004 – 2 AZR 659/03, AP Nr. 1 zu § 623 BGB (st. Rspr.); aA Staudinger/*Oetker*, § 623 Rz. 99 (Formunwirksamkeit).

Verh besteht fort. Eine Heilung der Formnichtigkeit scheidet aus. Es kommt allein die formgerechte Wiederholung der Kündigung in Betracht, im Falle einer außerordentl. Kündigung innerhalb der Zwei-Wochen-Frist des § 626 II. Entsprechendes gilt für besondere Erklärungsfristen, zB §§ 88 III, 91 V SGB IX.

45 Der ArbN ist auch im Anwendungsbereich des KSchG **nicht** an die **Klagefrist** des § 4 S. 1 KSchG gebunden, weil diese Bestimmung nach der Neufassung zum 1.1.2004 auf den Zugang der schriftl. Kündigung abstellt. Es bedarf daher nicht des Umwegs über § 6 KSchG, um die Zulässigkeit der Klage wegen Verletzung der Schriftform bei rechtzeitiger Erhebung einer auf andere Gründe gestützten Kündigungsschutzklage zu begründen. Das gilt wegen der Aufhebung des § 113 II InsO aF auch im Insolvenzverfahren. Bei längerfristigem Zuwarten kann je nach den Umständen allerdings **Verwirkung** eintreten.

46 Eine gegen § 623 verstoßende **außerordentl. Kündigung** kann, wenn der Kündigungsgrund schon vor oder bei Abschluss des Arbeitsvertrages vorgelegen hat, in eine formlos mögliche Anfechtungserklärung **umgedeutet** werden. Eine Umdeutung in eine ordentl. Kündigung oder den Antrag auf Abschluss eines Aufhebungsvertrages scheidet dagegen aus, weil diese ebenfalls dem konstitutiven Schriftformerfordernis unterliegen.

47 Die Berufung auf den Formmangel kann in Ausnahmefällen gegen **Treu und Glauben** (§ 242) verstoßen[1]. So kann es liegen, wenn ein ArbN eine Eigenkündigung trotz Vorhaltung des ArbGeb mehrmals ernsthaft formnichtig ausspricht oder in anderer Weise einen besonderen Vertrauenstatbestand schafft. Eine allg. Fürsorgepflicht des ArbGeb, den ArbN über die Formbedürftigkeit zu belehren, besteht nicht. Nimmt der Erklärungsempfänger eine formnichtige Kündigung widerspruchslos entgegen und beruft sich erst später auf die Nichtigkeit, stellt dies noch keinen Verstoß gegen Treu und Glauben dar.

48 Arbeitet der ArbN auf Grund der vermeintlich wirksamen Kündigung nicht weiter, so gelten die allg. Grundsätze für den Annahmeverzug (§ 615) bei unwirksamen Kündigungen (vgl. dort).

49 **2. Auflösungsvertrag.** Hält der Aufhebungsvertrag die Anforderungen der §§ 623, 126 II nicht ein, ist er nach §§ 125 I, 139 **insgesamt nichtig** und das ArbVerh besteht über den vereinbarten Zeitpunkt seiner Beendigung hinaus fort. Eine Teilnichtigkeit entspricht idR nicht dem Parteiwillen.

50 Wurde der Aufhebungsvertrag bereits vollzogen, ist er **nach Bereicherungsrecht rückabzuwickeln**. Dem ArbGeb, der die gezahlte Abfindung nach § 812 I 1 Alt. 1 zurückfordert, schadet nach § 814 nur Kenntnis, nicht aber verschuldete Unkenntnis davon, dass er keine Abfindung schuldete.

51 Für die Zeit, in der der ArbN wegen der vermeintlich wirksamen Auflösung des ArbVerh nicht gearbeitet hat, schuldet der ArbGeb eine Vergütung, wenn er sich in **Annahmeverzug** befand. Dazu muss der ArbN seine Leistung tatsächlich oder zumindest wörtlich anbieten. Denn da er an der vermeintlichen Beendigung des ArbVerh durch den Abschluss des Aufhebungsvertrages beteiligt war, hat der ArbGeb keinen Anlass anzunehmen, der ArbN sei weiterhin leistungsbereit. Die Rspr. des BAG zur unwirksamen ArbGeb-Kündigung, wonach der ArbGeb nach Ablauf der Kündigungsfrist nach § 296 sofort in Annahmeverzug gerät, passt hier nicht.

52 **VIII. Darlegungs- und Beweislast.** Die Darlegungs- und Beweislast für die Einhaltung der Schriftform hat grds. die Partei zu tragen, die aus der von der Einhaltung der Form abhängigen **Rechtswirksamkeit eines Rechtsgeschäfts** Rechte herleitet, also die Partei, die sich auf die Vertragsbeendigung beruft[2]. Ist die Einhaltung der Schriftform nachgewiesen, entfaltet die Urkunde (Kündigung, Auflösungsvertrag) die Vermutung der Vollständigkeit und Richtigkeit mit der Folge, dass die Partei, die ein ihr günstiges Auslegungsergebnis auf Umstände außerhalb der Urkunde stützt, diese zu beweisen hat[3]. Die Darlegungs- und Beweislast für die Voraussetzungen der Treuwidrigkeit der Berufung auf die Formnichtigkeit liegt bei dem, der sich auf die Gültigkeit trotz Formmangels beruft[4].

53 Die Einhaltung der Form ist vom ArbG nicht von Amts wegen zu prüfen. Wird, nachdem die beweisbelastete Partei die Einhaltung der Schriftform behauptet hat, ein **Formmangel** von keiner Partei angesprochen, ist daher auch Parteivortrag zu berücksichtigen, aus dem auf die Einhaltung der Form nicht geschlossen werden kann.

624 Kündigungsfrist bei Verträgen über mehr als fünf Jahre

Ist das Dienstverhältnis für die Lebenszeit einer Person oder für längere Zeit als fünf Jahre eingegangen, so kann es von dem Verpflichteten nach dem Ablauf von fünf Jahren gekündigt werden. Die Kündigungsfrist beträgt sechs Monate.

---

1 LAG Rh.-Pf. 8.2.2012 – 8 Sa 318/11m. krit. Anm. Hoffmann, jurisPR-ArbR 29/201 Anm. 3; LAG Hess. 26.2.2013 – 13 Sa 845/12; 4.3.2013 – 17 Sa 633/12. ||2 APS/*Greiner*, § 623 BGB Rz. 34; Staudinger/*Oetk*er, § 623 Rz. 138. ||3 Staudinger/*Oetk*er, § 623 Rz. 139; ErfK/*Müller-Glöge*, § 623 BGB Rz. 17; BGH 5.2.1999 – V ZR 353/97, NJW 1999, 1702 (zur Vermutungswirkung). ||4 jurisPK-BGB/*Weth*, § 623 Rz. 47; LAG München 15.12.2004 – 10 Sa 246/04, LAG Report 2005, 206.

I. Inhalt und Zweck. § 624 dient dem **Schutz der Freiheit und Mobilität des Dienstverpflichteten**[1]. Hat der Dienstverpflichtete ein Dienstverhältnis auf Lebenszeit oder auf mehr als fünf Jahre abgeschlossen, so kann er nach dem Ablauf von fünf Jahren kündigen. Eine längere Bindung würde seine persönliche und damit auch wirtschaftl. Freiheit übermäßig beschränken[2]. Das einseitige Sonderkündigungsrecht des Dienstverpflichteten vermeidet die Nichtigkeit von Dienstverträgen nach § 138 wegen übermäßiger Vertragsbindungsdauer[3]. 〔1〕

Dem **Dienstberechtigten** steht keine entsprechende Kündigungsbefugnis zu. Längere Kündigungsfristen oder der Ausschluss der ordentl. Kündigung sind für ihn innerhalb der Grenzen der §§ 138 I, 242 bindend. 〔2〕

§ 624 ist **verfassungsrechtl.** unbedenklich[4]. Das Sonderkündigungsrecht aus § 624 steht auch im Einklang mit der europäischen Grundfreiheit der positiven Dienstleistungsfreiheit, insofern es den Dienstverpflichteten vor einer übermäßigen Beschränkung grenzüberschreitender Mobilität schützt. 〔3〕

II. Anwendungsbereich. § 624 gilt für alle **selbständigen Dienstverhältnisse**. Bis zum 31.12.2000 galt die Bestimmung auch für alle ArbVerh. Im Interesse einer zusammenhängenden Regelung der **befristeten Arbeitsverhältnisse** ist § 624 wörtlich in **§ 15 IV TzBfG** übernommen worden. Die ArbVerh sind damit seit dem 1.1.2001 aus dem Anwendungsbereich des § 624 herausgenommen[5]. 〔4〕

Die Vorschrift gilt ausnahmslos für **alle Arten von Beschäftigungen außerhalb von ArbVerh**[6] und unabhängig davon, ob die Dienstleistung in einem Betrieb oder Haushalt, im In- oder Ausland erbracht wird[7]. Auch die Art der Vergütung und die Modalitäten der Zahlung spielen keine Rolle. Ebenso wenig kommt es darauf an, ob der zur Dienstleistung Verpflichtete nicht nur rechtl., sondern nach seinen wirtschaftl. und organisatorischen Möglichkeiten auch tatsächlich die Dienste durch Dritte erledigen lassen kann, solange nur überhaupt eine personenbezogene Dienstleistung zu erbringen ist[8]. Ein Personalüberleitungsvertrag ist kein Dienstvertrag, § 624 weder unmittelbar noch entsprechend anwendbar[9]. 〔5〕

§ 624 ist auf **Handelsvertreterverträge** anwendbar, wenn sie dienstvertragl. Charakter haben. Dies ist nicht der Fall, wenn der Handelsvertreter eine juristische Person ist[10]. Ist bei einem Handelsvertretervertrag die ordentl. Kündigung durch den Unternehmer mit § 624 vereinbar[11] ausgeschlossen, ergeben sich die Grenzen seiner langfristigen Bindung allein aus §§ 138 I, 242[12]. 〔6〕

Auf **typengemischte Verträge** findet § 624 zumindest entsprechende Anwendung[13], wenn wegen der Personenbezogenheit der Dienstleistungserbringung das dienstvertragl. Element überwiegt. 〔7〕

Die Rspr. hat § 624 **analog** angewandt auf **dienstvertragsähnliche Verhältnisse**[14]. Der **Rechtsgedanke** des § 624 ist bei der Kontrolle vertragl. Vereinbarungen, die faktisch zu einer überlangen Bindung des Dienstverpflichteten führen, zu berücksichtigen. Sowohl § 138 als auch § 307 erlauben eine flexible Kontrolle vertragl. Bindungen[15]. Soweit allerdings eine übermäßig lange Bindung des zur Dienstleistung Berechtigten in Rede steht, greift der Rechtsgedanke des § 624 nicht. Maßstab der Zulässigkeit einer Bindung durch AGB ist hier § 309 Nr. 9a[16]. Keine Anwendung findet § 624 auf Personalüberleitungsverträge, weil diesen dienstvertragl. Elemente fehlen[17]. 〔8〕

III. Voraussetzungen. 1. Anstellung auf Lebenszeit. Für die Lebenszeit einer Person ist ein Dienstverhältnis eingegangen, wenn auf die Lebensdauer des Dienstberechtigten, des Dienstverpflichteten oder einer dritten Person (zB Anstellung zur Pflege eines Familienangehörigen) abgestellt wird. Eine Anstellung auf Lebenszeit ist im Arbeitsleben **äußerst selten**. Sie ist nur anzunehmen, wenn die Vereinbarung der Parteien unter Berücksichtigung aller Begleitumstände eindeutig ist[18]. 〔9〕

Die Anstellung für die Lebenszeit einer Person iSd. § 624 ist nicht ohne weiteres gleichzusetzen mit der Zusage einer **Lebens- oder Dauerstellung**[19]. Im Falle einer solchen Zusage ist vielmehr durch Aus- 〔10〕

---

1 Motive II S. 466: unzulässige Fesselung des Dienstverpflichteten.   ‖2 BAG 19.12.1991 – 2 AZR 363/91, AP Nr. 2 zu § 624 BGB; 24.10.1996 – 2 AZR 845/95, AP Nr. 37 zu § 256 ZPO 1977; KR/*Fischermeier*, § 624 BGB Rz. 1.   ‖3 BGH 31.3.1982 – I ZR 56/80, AP Nr. 1 zu § 624 BGB; Erman/*Belling*, § 624 Rz. 1.   ‖4 Näher Staudinger/*Preis*, § 624 Rz. 2.   ‖5 BT-Drs. 14/4374, 20 zu Art. 1 § 15 Abs. 4 TzBfG; MüKoBGB/*Henssler*, § 624 Rz. 3.   ‖6 Keine Ausnahme für künstlerische oder wissenschaftl. Tätigkeiten: RG 25.10.1912 – Rep. III 197/12, RGZ 80, 277f.   ‖7 KR/*Fischermeier*, § 624 BGB Rz. 4.   ‖8 Wie hier: KR/*Fischermeier*, § 624 BGB Rz. 4; ähnlich Staudinger/*Preis*, § 624 Rz. 3; aA *Duden*, NJW 1962, 1326ff.; APS/*Backhaus*, § 624 BGB Rz. 4; Soergel/*Kraft*, § 624 Rz. 2.   ‖9 LAG Schl.-Holst. 1.4.2009 – 6 Sa 409/08; LAG München 29.3.2012 – 4 Sa 997/11.   ‖10 KR/*Rost*, Arbeitnehmerähnliche Personen, Rz. 214; MüKoBGB/*Henssler*, § 624 Rz. 4; nur für arbeitnehmerähnliche Handelsvertreter KR/*Fischermeier*, § 624 BGB Rz. 5; aA *Rittner*, NJW 1964, 225.   ‖11 MüKoBGB/*Henssler*, § 624 Rz. 2, 11.   ‖12 BGH 26.4.1995 – VIII ZR 124/94, NJW 1995, 2350.   ‖13 BGH 25.5.1993 – X ZR 79/92, NJW-RR 1993, 1460; Staudinger/*Preis*, § 624 Rz. 5.   ‖14 RG 27.2.1912 – Rep. III 314/11, RGZ 78, 421 (424); 7.2.1930 – II 247/29, RGZ 128, 1 (17); BGH 25.5.1993 – X ZR 79/92, NJW-RR 1993, 1460 (Wäschereivertrag); SG Düss. – 30.5. 2012 (Sozialverwaltungsvertrag); 10.4.1990 – IX ZR 177/89, AP Nr. 2 zu § 611 BGB Zeitungsausträger; Staudinger/*Preis*, § 624 Rz. 6; APS/*Backhaus*, § 624 BGB Rz. 7.   ‖15 BGH 31.3.1982 – I ZR 56/80, AP Nr. 1 zu § 624 BGB (Tankstellen-Stationärvertrag).   ‖16 MüKoBGB/*Henssler*, § 624 Rz. 6.   ‖17 LAG München 29.3.2012 – 4 Sa 997/11.   ‖18 *Neumann*, DB 1956, 571; ausf. Staudinger/*Preis*, § 624 Rz. 13ff.   ‖19 KR/*Fischermeier*, § 624 BGB Rz. 13; aA *Kramer*, Kündigungsvereinbarungen im Arbeitsvertrag, 1994, S. 43.

legung zu ermitteln, ob das Recht zur ordentl. Kündigung auf Dauer oder nur vorübergehend ausgeschlossen sein soll, ob verlängerte Kündigungsfristen oder sofortiger Kündigungsschutz gelten sollen oder ob nur rechtl. unverbindlich der Erwartung eines langen Bestehens des Dienstverhältnisses Ausdruck verliehen wird[1]. Relevant ist diese Frage wohl am ehesten für ArbVerh im Anwendungsbereich des § 15 IV TzBfG.

11–13 Einstweilen frei.

14 **2. Dienstverhältnis für länger als fünf Jahre.** Ein Dienstverhältnis ist für längere Zeit als fünf Jahre eingegangen, wenn das Dienstverhältnis entsprechend **zeitlich befristet** wurde, aber auch wenn es **auflösend bedingt** oder **zweckbefristet** wurde und die Bedingung oder Zweckerreichung erst nach mehr als fünf Jahren eintreten[2]; ebenso, wenn das Dienstverhältnis auf unbestimmte Zeit unter Ausschluss der ordentl. Kündigung für beide Vertragsteile oder zumindest des Dienstverpflichteten eingegangen wird[3].

15 In Fällen der **zeitlichen Befristung** setzt § 624 voraus, dass das Vertragsverhältnis **von vornherein** auf mehr als fünf Jahre eingegangen wird. Die Vorschrift findet daher keine Anwendung, wenn Verträge über jeweils fünf Jahre abgeschlossen werden. Das gilt nach hM auch dann, wenn der Anschlussvertrag „angemessene Zeit" vor Ablauf des ersten Vertrages abgeschlossen wird[4]. Angemessen ist ein Zeitpunkt vor Ablauf des ersten Vertrages, wenn der Dienstverpflichtete bereits alle Umstände übersehen kann, die für seinen Entschluss von Bedeutung sind, das Dienstverhältnis zu kündigen oder fortzusetzen[5]. Im Falle der zulässigen Rentenaltersbefristung eines GmbH-Geschäftsführervertrages ist § 624 unanwendbar, greifen die normalen Kündigungsfristen des § 622 bzw. des § 621 im Falle des beherrschenden GmbH-Geschäftsführers[6].

16 § 624 ist auch dann **unanwendbar**, wenn ein Dienstverhältnis zunächst für die Dauer von fünf Jahren vereinbart wird und sich nur dann um weitere fünf Jahre **verlängert**, falls es nicht zuvor vom Dienstnehmer mit einer angemessenen Kündigungsfrist gekündigt worden ist[7]. Im Fall einer solchen individualvertragl. vereinbarten Verlängerungsklausel hält die arbeitsgerichtl. Rspr. eine **einjährige Kündigungsfrist** zum Ablauf des Fünf-Jahres-Zeitraums noch für angemessen[8]. Die Frist kann den Parteien dazu dienen, innerhalb eines überschaubaren Zeitraumes eine berufliche Veränderung aufseiten des Dienstnehmers bzw. die Nachfolge des Ausscheidenden aufseiten des Dienstgebers vorzubereiten. Besteht ein wichtiger Grund, kann unabdingbar außerordentl. gekündigt werden. Ob eine noch längere Kündigungsfrist mit dem Schutzzweck des § 624 und Art. 12 GG vereinbar ist, ist vom BAG für ArbVerh, die jetzt dem wortgleichen § 15 IV TzBfG unterliegen, offen gelassen worden[9].

17 Findet sich die Fristvereinbarung in **vorformulierten Vertragsbedingungen** eines Dienstvertrages, kann die AGB-Kontrolle ergeben, dass es sich um eine unangemessene Benachteiligung handelt (§ 307)[10]. Das Gleiche gilt wegen § 310 IV auch für Fristvereinbarungen in Formulararbeitsverträgen (§ 15 IV TzBfG).

18 **IV. Kündigungszeitpunkt und -frist.** Der Dienstverpflichtete kann das Dienstverhältnis **nach Ablauf von fünf Jahren** kündigen. Die Fünf-Jahres-Frist berechnet sich nach hM nicht ab Vertragsschluss, sondern erst ab Vollzug des Vertrages[11]. Entsprechendes gilt für den ArbN nach § 15 IV 1 TzBfG.

19 Die **Kündigungsfrist** beträgt sechs Monate. Sie läuft frühestens ab dem Zeitpunkt, zu dem das Kündigungsrecht entsteht, also mit dem Ablauf von fünf Jahren. Eine vor diesem Zeitpunkt ausgesprochene Kündigung setzt die Kündigungsfrist erst von diesem Zeitpunkt ab in Lauf[12]. Entsprechendes gilt für den ArbN nach § 15 IV 2 TzBfG.

20 Ist das Kündigungsrecht entstanden, kann es **jederzeit ausgeübt** werden. Eine Ausschlussfrist besteht nicht[13]; eine Verwirkung scheidet aus[14].

21 **V. Unabdingbarkeit.** S. 1 ist zwingend und unabdingbar. Das Kündigungsrecht des Dienstnehmers nach dem Ablauf von fünf Jahren kann vertragl. nicht ausgeschlossen werden[15]. Für ArbN übernehmen

---

1 Erman/*Belling*, § 624 Rz. 3; KR/*Fischermeier*, § 624 BGB Rz. 13 ff. ||2 Soergel/*Kraft*, § 624 Rz. 6; Erman/*Belling*, § 624 Rz. 4. ||3 Erman/*Belling*, § 624 Rz. 4. ||4 RG 25.10.1912 – Rep. III 197/12, RGZ 80, 277 (280); Erman/*Belling*, § 624 Rz. 4; KR/*Fischermeier*, § 624 BGB Rz. 24. ||5 KR/*Fischermeier*, § 624 BGB Rz. 24. ||6 Überzeugend *Hägele*, GmbHR 2011, 190 (193 f.). ||7 Zum ArbVerh: BAG 1.10.1970 – 2 AZR 542/69, AP Nr. 59 zu § 626 BGB; 19.12.1991 – 2 AZR 363/91, AP Nr. 2 zu § 624 BGB. ||8 BAG 19.12.1991 – 2 AZR 363/91, AP Nr. 2 zu § 624 BGB; aA KDZ/*Zwanziger*, § 624 BGB Rz. 5: Anwendung von § 624 S. 2; Staudinger/*Preis*, § 622 Rz. 51, prognostiziert, dass das BAG auch Kündigungsfristen von weit über einem Jahr anerkennen werde. ||9 Zum ArbVerh: BAG 19.12.1991 – 2 AZR 363/91, AP Nr. 2 zu § 624 BGB. ||10 Staudinger/*Preis*, § 624 Rz. 21; *Preis*, Grundfragen der Vertragsgestaltung, S. 237 ff. ||11 KR/*Fischermeier*, § 624 BGB Rz. 27 (Aktualisierung des Dienstverhältnisses); Erman/*Belling*, § 624 Rz. 5; einschr. APS/*Backhaus*, § 15 TzBfG Rz. 41: ab vereinbartem Vertragsbeginn. ||12 MüKoBGB/*Henssler*, § 624 Rz. 9; KR/*Fischermeier*, § 624 BGB Rz. 27; aA KG 1.7.1911 – 24. ZS, Recht 1911 Nr. 2858, das den Ausspruch der Kündigung erst nach Ablauf von fünf Jahren für möglich hält. ||13 Erman/*Belling*, § 624 Rz. 5. ||14 LAG Hamm 26.7.2002 – 7 Sa 669/02; MüKoBGB/*Henssler*, § 624 Rz. 9. ||15 RG 25.10.1912 – Rep. III, 197/12, RGZ 80, 277 ff.; KR/*Fischermeier*, § 624 BGB Rz. 7; Erman/*Belling*, § 624 Rz. 1.

§§ 15 IV, 22 I TzBfG die Regelung des § 624 und bestimmen, dass ihr Kündigungsrecht weder durch Individualvertrag noch durch TV ausgeschlossen werden kann.

Der **Dienstberechtigte** kann sich auf Lebenszeit oder für länger als fünf Jahre binden[1], ohne dass ihm ein Kündigungsrecht zusteht. Handelt es sich um eine juristische Person, gilt das Gleiche für eine Bindung für die Zeit ihres Bestehens. Das Recht des Dienstberechtigten zur außerordentl. Kündigung bleibt unberührt[2]. **22**

Ein Vertrag, der auf **Lebenszeit des Dienstnehmers** abgeschlossen ist, diesem aber ein Kündigungsrecht schon vor dem Ablauf von fünf Jahren gewährt, verstößt nicht schon wegen dieses einseitigen Kündigungsrechts gegen die guten Sitten[3]. **23**

S. 2 ist insoweit zwingend, als zwar kürzere, nicht aber längere Kündigungsfristen vereinbart werden können[4]. Das Recht zur außerordentl. Kündigung nach § 626 I bleibt unberührt. **24**

Auf ein einmal **entstandenes Kündigungsrecht** kann der Dienstnehmer **verzichten**, allerdings nur für einen Zeitraum von fünf Jahren[5]. **25**

VI. Darlegungs- und Beweislast. Der **Dienstnehmer**, der die Rechtsstellung des § 624 für sich in Anspruch nimmt, hat unabhängig von seiner prozessualen Stellung die tatbestandlichen Voraussetzungen der Norm darzulegen und zu beweisen[6]. **26**

625 Stillschweigende Verlängerung

Wird das Dienstverhältnis nach dem Ablauf der Dienstzeit von dem Verpflichteten mit Wissen des anderen Teiles fortgesetzt, so gilt es als auf unbestimmte Zeit verlängert, sofern nicht der andere Teil unverzüglich widerspricht.

I. Inhalt und Zweck. § 625 regelt die **stillschweigende unbefristete Verlängerung** von Dienstverhältnissen **kraft gesetzl. Fiktion**[7]. § 625 vermeidet damit den Eintritt eines vertragslosen Zustands, wenn das Dienstverhältnis ohne ausdrückliche oder stillschweigende Vereinbarung über das zunächst vorgesehene Vertragsende hinaus fortgesetzt wird. Ein tatsächlich nicht vorliegender Tatbestand – die einvernehmliche **unbefristete** Vertragsverlängerung – wird als gegeben fingiert[8]. **1**

Die **Rspr.** ist unentschieden. Einerseits sieht sie in § 625 einen Tatbestand des schlüssigen Verhaltens kraft gesetzl. Fiktion[9]. Andererseits interpretiert sie § 625 als **unwiderlegliche Vermutung**[10] der Vertragsverlängerung. § 625 beruhe auf der Erwägung, die Fortsetzung der Arbeitsleistung durch den ArbN mit Wissen des ArbGeb sei im Regelfall der Ausdruck eines stillschweigenden Willens der Parteien zur Verlängerung des ArbVerh[11]. Dieser Regelfall werde vermutet auch für den Fall, dass eine Vertragsverlängerung tatsächlich nicht erfolgt ist. Soweit in § 625 sowohl eine gesetzl. Fiktion als auch eine unwiderlegliche gesetzl. Vermutung gesehen wird, ist dies **widersprüchlich**, weil bei einer Fiktion als bestehend fingiert wird, was tatsächlich nicht vorliegt, während es bei der unwiderlegliche Vermutung nicht darauf ankommt, was tatsächlich vorliegt[12]. **2**

Wird indessen das Dienstverhältnis durch **ausdrückliche oder stillschweigende Vereinbarung** auf bestimmte oder unbestimmte Dauer verlängert, gibt es keinen Grund, warum die Vermutung einer Verlängerung auf unbestimmte Zeit greifen und an die Stelle des wirklichen, im Falle einer Verlängerung auf bestimmte Dauer auch abweichenden Parteiwillens treten soll. Deshalb ist auch für die Fiktion des § 625, also die Unterstellung der Vertragsverlängerung, die so tatsächlich nicht vorliegt, kein Raum, wenn es vor oder nach dem Auslaufen des Vertrages zu einer Vereinbarung über die Verlängerung des Dienstverhältnisses kommt[13]. Kann der Dienstverpflichtete eine Verlängerungsabrede beweisen, ist er auf die Fiktionswirkung des § 625 nicht angewiesen. **3**

Dementsprechend hat die Bedeutung des § 625 abgenommen[14], seitdem die Rspr. für eine Willenserklärung auf ein tatsächlich bestehendes **Erklärungsbewusstsein** ausnahmsweise verzichtet, wenn der Erklärende bei Anwendung der im Verkehr erforderlichen Sorgfalt hätte erkennen und vermeiden kön- **4**

---

1 KR/*Fischermeier*, § 624 BGB Rz. 25; Staudinger/*Preis*, § 624 Rz. 26. ||2 BGH 22.4.1986 – X ZR 59/85, NJW-RR 1986, 982; Staudinger/*Preis*, § 624 Rz. 26. ||3 RAG 9.3.1935 – RAG 201/34, ARS 23, 190. ||4 KR/*Fischermeier*, § 624 BGB Rz. 8; MüKoBGB/*Henssler*, § 624 Rz. 12. ||5 LAG Hamm 26.7.2002 – 7 Sa 669/02; KR/*Fischermeier*, § 624 BGB Rz. 28; MüKoBGB/*Henssler*, § 624 Rz. 9. ||6 KR/*Fischermeier*, § 624 BGB Rz. 30; Staudinger/*Preis*, § 624 Rz. 27; MüKoBGB/*Henssler*, § 624 Rz. 13. ||7 BAG 1.12.1960 – 3 AZR 588/58, AP Nr. 1 zu § 625 BGB; 18.9.1991 – 7 AZR 364/90, nv.; MüKoBGB/*Henssler*, § 625 Rz. 1. ||8 Vgl. etwa § 1923 II. Zur Fiktion *Larenz*, Methodenlehre der Rechtswissenschaft, 6. Aufl. 1991, S. 261 ff. ||9 RAG 2.11.1932 – RAG 328/32, ARS 16, 284; BAG 1.12.1960 – 3 AZR 588/58, AP Nr. 1 zu § 625 BGB. Ähnlich KR/*Fischermeier*, § 625 BGB Rz. 4. ||10 BAG 13.8.1987 – 2 AZR 122/87, nv.; 18.9.1991 – 7 AZR 364/90, nv.; dem BAG folgend Staudinger/*Preis*, § 625 Rz. 7f.; Erman/*Belling*, § 625 Rz. 1. ||11 BAG 1.12.1960 – 3 AZR 588/58, AP Nr. 1 zu § 625 BGB. ||12 Bsp. für – seltene – unwiderlegliche Vermutungen sind etwa §§ 1566, 1943 Hs. 2. ||13 BAG 11.11.1966 – 3 AZR 214/65, AP Nr. 117 zu § 242 BGB Ruhegehalt; ErfK/*Müller-Glöge*, § 625 BGB Rz. 1; MüKoBGB/*Henssler*, § 625 Rz. 1. ||14 ErfK/*Müller-Glöge*, § 625 BGB Rz. 1.

nen, dass seine Äußerung nach Treu und Glauben und der Verkehrssitte als Willenserklärung aufgefasst werden durfte, und wenn der Empfänger sie auch tatsächlich so verstanden hat[1].

5 Eine **Mindermeinung** sieht in § 625 eine Fiktion allerdings nur hinsichtlich der Dauer der Fortsetzung und verlangt iÜ eine rechtsgeschäftl. Einigung über die Fortsetzung des Dienstverhältnisses[2]. Für eine solche Regelung besteht aber kein Bedürfnis, da eine rechtsgeschäftl. Vertragsverlängerung ohne Einigung über die Dauer der Verlängerung kaum vorkommen wird; vereinbaren die Parteien keine Befristung, ist eine Verlängerung auf unbestimmte Dauer gewollt.

6 **II. Anwendungsbereich.** § 625 erfasste bis zum 31.12.2000 sowohl unabhängige (selbständige oder freie) Dienstverhältnisse[3] als auch ArbVerh. Auf **Dienstverträge** Selbständiger ist § 625 auch nach Inkrafttreten des TzBfG weiterhin uneingeschränkt anwendbar[4].

7 Für **Arbeitsverhältnisse** ist mit Inkrafttreten des TzBfG in § 15 V TzBfG eine mit § 625 weitgehend inhaltsgleiche Regelung übernommen worden. § 15 V TzBfG erfasst allerdings nur Beendigungen des ArbVerh durch **Zeitablauf** oder **Zweckerreichung**, also Fälle der Zeitbefristung, Zweckbefristung und der auflösenden Bedingung (§ 21 TzBfG). Nur insoweit wird § 625 für ArbVerh seit dem 1.1.2001 verdrängt[5]. Vgl. § 15 TzBfG Rz. 1, 21 ff.

8 Setzt der ArbN das ArbVerh jedoch nach **Kündigung, Anfechtung** oder **Aufhebungsvertrag** tatsächlich über den Endzeitpunkt mit Wissen des ArbGeb hinaus fort, ist § 15 V TzBfG unanwendbar. Eine Vertragsverlängerung kommt hier nach § 625 in Betracht, es sei denn, es liegt eine Vereinbarung der Parteien über die Weiterarbeit vor[6].

9 Wird ein zweckbefristetes ArbVerh über den Zeitpunkt der Zweckerreichung fortgesetzt, so gilt es nach § 15 V TzBfG als unbefristetes ArbVerh[7]. Auf **Zweckbefristungen** des **Dienstverhältnisses** ist § 625 dagegen **nicht** (mehr) anwendbar, wie ein Umkehrschluss aus dem abweichenden Wortlaut des § 15 V TzBfG für ArbVerh ergibt[8]. Setzen die Parteien ihr Dienstverhältnis zunächst nur vorläufig fort, um über die Bedingungen der endgültigen Fortsetzung zu verhandeln, und scheitern diese Verhandlungen, endet deshalb das vorläufige Dienstverhältnis wegen Zweckerreichung durch einfache Erklärung, ohne dass es einer ordentl. Kündigung bedarf[9].

10 Nach der Sondervorschrift des § 24 BBiG gilt ein ArbVerh als auf unbestimmte Zeit begründet, wenn der Auszubildende im Anschluss an das Berufsausbildungsverhältnis weiterbeschäftigt wird, und die Parteien hierüber ausdrücklich nichts vereinbart haben. § 625 ist auch nicht analog anwendbar, denn es geht nicht um die Fortsetzung zu unveränderten Bedingungen[10]. Vielmehr wandelt sich das Berufsausbildungsverhältnis in ein ArbVerh[11].

11 Hat der ArbN nach einer **Änderungskündigung** das Änderungsangebot unter dem Vorbehalt des § 2 KSchG angenommen, ist § 15 V TzBfG schon deshalb unanwendbar, weil die Vorschrift nur Beendigungen des ArbVerh durch Zeitablauf oder Zweckerreichung erfasst. Auch § 625 greift nicht, weil die kündigungsschutzrechtl. Bestimmungen als leges speciales vorgehen[12]. Die bisherigen Arbeitsbedingungen gelten nur weiter, wenn die Änderungskündigung sich als unwirksam herausstellt (§ 8 KSchG)[13].

12 Der **Anstellungsvertrag des Vorstandes einer AG** verlängert sich ohne gleichzeitige Verlängerung der Organstellung nicht nach § 625 über die Fünf-Jahres-Frist des § 84 I 1 AktG hinaus[14], weil andernfalls der Aufsichtsrat in seiner Bestellungsentscheidung nicht mehr frei wäre.

13 **Öffentl.-rechtl. Lehraufträge** begründen kein Dienstverhältnis iSd. § 625[15].

14 **III. Voraussetzungen der Verlängerung. 1. Ablauf der Dienstzeit.** Die Dienstzeit des zwischen den Parteien abgeschlossenen Vertrages muss abgelaufen sein. Das Dienst- oder ArbVerh muss als Ganzes enden[16]. Auf die Art des Beendigungstatbestandes kommt es grds. nicht an. IdR kommen **Befristung** oder **Kündigung** in Betracht.

---

1 BGH 7.6.1984 – IX ZR 66/83, BGHZ 91, 324; aufgenommen in BAG 4.9.1985 – 7 AZR 262/83, AP Nr. 22 zu § 242 BGB Betriebliche Übung. ||2 MüKoBGB/*Schwerdtner* (1997), § 625 Rz. 11 ff.; dagegen etwa KR/*Fischermeier*, § 625 BGB Rz. 5; APS/*Backhaus*, § 625 BGB Rz. 2. ||3 BT-Drs. 14/4374, 21 zu Art. 1 § 15 Abs. 5. ||4 MünchArb/*Wank*, § 95 Rz. 169. ||5 MünchArb/*Wank*, § 95 Rz. 169. ||6 APS/*Backhaus*, § 625 BGB Rz. 4; MünchArb/*Wank*, § 95 Rz. 169; ErfK/*Müller-Glöge*, § 625 BGB Rz. 3. ||7 Zum ProbeArbVerh §§ 14 I 2 Nr. 5, 15 V TzBfG; dazu noch unter der Geltung des § 625: LAG Düss. 9.11.1965 – 8 Sa 283/65, BB 1966, 741; Staudinger/*Preis*, § 625 Rz. 16 mwN. ||8 MüKoBGB/*Henssler*, § 625 Rz. 8. ||9 MüKoBGB/*Henssler*, § 625 Rz. 8; Bader ua./*Bader*, Rz. 24. ||10 BAG 30.11.1984 – 7 AZR 539/83, AP Nr. 1 zu § 22 MTV Ausbildung; Staudinger/*Preis*, § 625 Rz. 5; MüKoBGB/*Henssler*, § 625 Rz. 5. ||11 *Benecke*, NZA 2009, 820. ||12 LAG Nds. 27.2.2006 – 11 Sa 842/05; ErfK/*Müller-Glöge*, § 625 BGB Rz. 2; Staudinger/*Preis*, § 625 Rz. 3; KR/*Fischermeier*, § 625 BGB Rz. 3. ||13 MüKoBGB/*Henssler*, § 625 Rz. 4; aA für die Änderungskündigung eines (Teil-)Betriebsveräußerers (§ 613a), der eine Änderungskündigung ausspricht, um die Zuordnung eines ArbN zum Übernehmer klarzustellen, wenn der ArbN auch nach Ablauf der Kündigungsfrist auf seinem alten Arbeitsplatz weiterarbeitet: *Commandeur/Kleinebrink*, NJW 2005, 634. ||14 *Krieger*, Personalscheidungen des Aufsichtsrats, 1981, § 8 II 3b, S. 171; MüKoBGB/*Henssler*, § 625 Rz. 6. ||15 BAG 27.11.1987 – 7 AZR 314/87, RzK I 9a Nr. 29; MüKoBGB/*Henssler*, § 625 Rz. 3. ||16 BAG 3.9.2003 – 7 AZR 106/03, NZA 2004, 255.

§ 625 ist unanwendbar, wenn das Dienstverhältnis wegen **Zweckerreichung** endet[1]. Denn in diesem Fall müssten sich die Parteien über die Fortsetzung des Dienstverhältnisses mit einer neuen Aufgabe einigen. Demggü. ordnet § 15 V TzBfG auch die Vertragsverlängerung an, wenn das ArbVerh nach Zweckerreichung durch die eine oder andere Partei mit Wissen des ArbGeb fortgesetzt wird. Im Umkehrschluss ist aus dem Fehlen einer solchen Regelung im Bereich des § 625 auf dessen Unanwendbarkeit in Fällen der Zweckerreichung zu schließen. **15**

Auch wenn das Dienst- oder ArbVerh wegen eines **Aufhebungsvertrages** endet, scheidet eine Anwendung des § 625 idR aus, weil in diesem Fall regelmäßig eine Vereinbarung der Parteien über die Weiterarbeit vorliegen wird, so dass für die Fiktion des § 625 kein Raum ist[2]. **16**

Wird **während** eines **Kündigungsschutzprozesses** der ArbN tatsächlich **vorläufig weiterbeschäftigt**, liegt im Zweifel nur eine Weiterbeschäftigung unter der auflösenden Bedingung des für den ArbGeb erfolgreichen rechtskräftigen Abschlusses des Prozesses vor[3]. Die Vereinbarung der vorläufigen Weiterbeschäftigung des ArbN nach Erhebung einer Kündigungsschutzklage unterliegt als auflösende Bedingung dem Schriftformerfordernis der §§ 14 IV, 21 TzBfG[4]. Erst eine tatsächliche Weiterbeschäftigung über den Bedingungseintritt hinaus löst die Folge des § 15 V, 21 TzBfG aus[5]. Steht die vorläufige Weiterbeschäftigung ausnahmsweise löst unter der auflösenden Bedingung, kann die Fiktion des § 625 greifen, wenn der ArbN nach Ablauf der Kündigungsfrist während eines anhängigen Kündigungsschutzprozesses weiterarbeitet[6]. Gleiches würde für andere Dienstverhältnisse gelten, für die die Frage aber ohne praktische Relevanz ist[7]. **17**

Ein Ablauf der Dienstzeit liegt vor bei einer Beendigung des ArbVerh **kraft Gesetzes**, wie sie etwa die Übergangsregelung des Art. 2 SGB VI ÄndG zu § 41 IV 3 SGB VI aF[8] vorsah[9]. **18**

Die Vereinbarung über die Beendigung des Dienst- oder ArbVerh bei Erreichen einer **Altersgrenze** oder des Rentenalters (hierzu § 14 TzBfG Rz. 62ff.) enthält nach zutreffender Ansicht eine Befristung[10]. Wird das ArbVerh mit Wissen des ArbGeb und ohne dessen unverzüglichen Widerspruch über die Altersgrenze hinaus fortgesetzt, so greift die Rechtsfolge des § 15 V TzBfG; wenn man der Ansicht folgt, es handele sich um eine auflösende Bedingung: iVm. § 21 TzBfG[11]; bei einem Dienstverhältnis greift § 625. **19**

Auf den Beginn des **Ruhens eines Dienst- oder Arbeitsverhältnisses** ist § 625 nicht entsprechend anwendbar. Das Dienst- oder ArbVerh besteht hier gerade fort[12]. **20**

2. Fortsetzung des Dienstverhältnisses. Die Fiktion der Fortsetzung des Dienstverhältnisses knüpft an die bewusste tatsächliche Fortführung der bisherigen Dienste durch den Dienstverpflichteten an[13]. Der ArbN kann seine Dienste auch an einem anderen Arbeitsplatz für denselben ArbGeb fortführen[14]. Demggü. stellt § 15 V TzBfG allg. auf die Fortsetzung des ArbVerh ab, erfasst also anders als § 625 auch Fälle der Fortsetzung durch den ArbGeb[15]. In der **Entgeltfortzahlung** an einen arbeitsunfähig erkrankten ArbN[16] oder in der Bewilligung von Erholungsurlaub über das Vertragsende hinaus[17] ist daher im Anwendungsbereich des § 15 V TzBfG, nicht aber des § 625 eine Fortsetzung des ArbVerh durch den ArbGeb zu sehen[18]. **21**

Die Fortsetzung des Dienstverhältnisses muss **willentlich** und im **unmittelbaren Anschluss** an den Ablauf der Vertragszeit erfolgen. Eine auch nur zehntägige Unterbrechung steht der Annahme einer „Fortsetzung" iSv. § 625 entgegen[19]. Im Falle des § 15 V TzBfG darf der ArbGeb die Vergütung nicht nur versehentlich fortgezahlt haben[20]. **22**

Der Dienstverpflichtete muss **geschäftsfähig** iSd. §§ 104ff. sein, da er so behandelt wird, als habe er eine rechtsgeschäftliche Erklärung zur Fortsetzung des Dienstverhältnisses abgegeben[21]. Das Gleiche **23**

---

[1] MüKoBGB/*Henssler*, § 625 Rz. 8; KR/*Fischermeier*, § 625 BGB Rz. 21 und KR/*Lipke*, § 15 TzBfG Rz. 27; aA APS/*Backhaus*, § 625 BGB Rz. 8. || [2] MüKoBGB/*Henssler*, § 625 Rz. 7; ErfK/*Müller-Glöge*, § 625 BGB Rz. 3; aA APS/*Backhaus*, § 625 BGB Rz. 8. || [3] BAG 4.9.1986 – 8 AZR 636/84, AP Nr. 22 zu § 611 Beschäftigungspflicht; Staudinger/*Preis*, § 625 Rz. 37; KR/*Fischermeier*, § 625 BGB Rz. 34. || [4] ErfK/*Müller-Glöge*, § 21 TzBfG Rz. 8; aA KR/*Fischermeier*, § 625 BGB Rz. 34; Schriftformerfordernis offen lassend APS/*Backhaus*, § 625 BGB Rz. 15. || [5] Zu § 625 LAG Hamm 8.8.1985 – 10 Sa 265/85, RzK 12 Nr. 3 zur Weiterbeschäftigung über den selbst gesetzten Termin (Tag der streitigen Verhandlung vor dem ArbG) hinaus. || [6] So LAG Hess. 5.5.1976 – 10/2 Sa 696/75, AuR 1977, 89; Staudinger/*Preis*, § 625 Rz. 19. || [7] MüKoBGB/*Henssler*, § 625 Rz. 7. || [8] BGBl. I S. 1797. || [9] ErfK/*Müller-Glöge*, § 625 BGB Rz. 3; hierzu BVerfG 8.11.1994 – 1 BvR 1814/94, AP Nr. 5 zu § 41 SGB VI. || [10] *Belling*, Anm. zu AP Nr. 9 zu § 620 BGB Bedingung; *Joost*, Anm. zu AP Nr. 2 zu § 620 BGB Altersgrenze; Staudinger/*Preis*, § 620 Rz. 139; BAG 14.8.2002 – 7 AZR 469/01, DB 2003, 394. || [11] Noch zu § 625: LAG Berlin 28.11.1991 – 7 Sa 53/91, LAGE § 625 BGB Nr. 2; ArbG Bremerhaven 19.11.1954 – Ca 601/54, DB 1955, 123. || [12] BAG 23.9.1993 – 8 AZR 692/92, AP Nr. 4 zu Art. 13 Einigungsvertrag. || [13] Staudinger/*Preis*, § 625 Rz. 19; MüKoBGB/*Henssler*, § 625 Rz. 14. || [14] BAG 11.11.1966 – 3 AZR 214/65, AP Nr. 117 zu § 242 BGB Ruhegehalt. || [15] APS/*Backhaus*, § 15 TzBfG Rz. 62f.; MünchArbR/*Wank*, § 95 Rz. 169. || [16] LAG Hamm 5.9.1990 – 15 Sa 1038/90, LAGE § 625 BGB Nr. 1. || [17] LAG Hamm 3.2.1992 – 19 Sa 1664/91, LAGE § 625 BGB Nr. 3; aA ArbG Passau 27.7.1988 – 1 Ca 384/88, ARST 1989, 1. || [18] APS/*Backhaus*, § 15 TzBfG Rz. 62ff. || [19] BAG 2.12.1998 – 7 AZR 508/97, NZA 1999, 482; 24.9.1997 – AZR 654/96, RzK I 9a Nr. 121 zu einer mehr als sechsmonatigen Unterbrechung; MüKoBGB/*Henssler*, § 625 Rz. 15. || [20] Zu § 625: LAG Hamm 5.9.1990 – 15 Sa 1038/90, LAGE § 625 BGB Nr. 1; Staudinger/*Preis*, § 625 Rz. 20. || [21] Erman/*Belling*, § 625 Rz. 4; ErfK/*Müller-Glöge*, § 625 BGB Rz. 4.

muss bei Fortsetzung des ArbVerh durch den ArbGeb im Rahmen des § 15 V TzBfG für den ArbGeb gelten.

24 Eine **Anfechtung** der Fortsetzung des Dienst- oder ArbVerh durch den Dienstverpflichteten wegen Irrtums scheidet aus. § 625 und § 15 V TzBfG knüpfen die Fiktionswirkung an einen tatsächlichen Vorgang, die Fortsetzung der Dienstleistung in Kenntnis des Ablaufs der Dienstzeit, nicht an die Abgabe einer Willenserklärung[1].

25 **3. Kenntnis des Dienstberechtigten.** Der Dienstberechtigte muss **von den weiteren Dienstleistungen** wissen[2]. Das Einverständnis des Dienstberechtigten mit der Fortsetzung der Dienstleistungen braucht aber nicht vorzuliegen[3].

26 Ob der Dienstberechtigte auch Kenntnis **von der Beendigung des Dienstverhältnisses** haben muss, ist streitig[4]. Sowohl bei § 625 als auch bei § 15 V TzBfG gibt es ohne Kenntnis oder zumindest Kennenmüssen des Dienstberechtigten von der Vertragsbeendigung keinen hinreichenden Grund, dem Verhalten des Dienstberechtigten kraft gesetzl. Fiktion Erklärungswert beizumessen und ihn so zu behandeln, als habe er der Verlängerung des Vertrages zugestimmt.

27 Unausgesprochen hat auch das BAG das **Wissen oder Wissenmüssen des ArbGeb** von der Vertragsbeendigung zur Anwendung des § 625 für **erforderlich** erachtet in einem Fall, in dem ein ArbN seine Arbeitsleistung fortsetzte, obwohl das ArbVerh mit Ablauf des Monats, in welchem dem ArbN ein Rentenbescheid über eine Erwerbsunfähigkeitsrente zuging, endete und der ArbGeb von der Vertragsbeendigung nichts erfuhr, weil der ArbN seiner Mitteilungspflicht nicht nachkam. Das BAG wandte hier § 625 nicht an und erklärte auch die Grundsätze über das faktische ArbVerh für unanwendbar[5]; es hätte aber § 625 anwenden müssen, wenn die Bestimmung auch bei unverschuldeter Unkenntnis von der Vertragsbeendigung griffe.

28 Die Regeln über die **Stellvertretung** sind grds. anwendbar[6], so dass es für das Wissen oder Wissenmüssen von der Vertragsbeendigung und der Weiterarbeit nach § 166 auf die Person des Vertreters ankommt[7]. Maßgeblich ist die Kenntnis oder das Kennenmüssen des (geschäftsfähigen) Dienstberechtigten bzw. ArbGeb oder seines Vertreters, der den Dienstberechtigten bzw. ArbGeb durch eine entsprechende vertragl. Abrede binden könnte. Unzureichend ist es, wenn lediglich Kollegen des Dienstverpflichteten bzw. ArbN über dessen weiteres Verbleiben am Arbeitsplatz unterrichtet sind[8].

29 Irren beide Vertragsparteien über den Zeitpunkt des Ablaufs der Dienstzeit und wird daher der Dienstverpflichtete über diesen Ablauf hinaus von dem Dienstberechtigten beschäftigt, greift bis zu dem fälschlicherweise angenommenen Endpunkt des Dienstverhältnisses die Fiktion des § 625 nicht[9].

30 **4. Kein unverzüglicher Widerspruch des Dienstberechtigten.** Ist der Dienstberechtigte mit der ihm bekannten Fortsetzung der Arbeitsleistungen nicht einverstanden, kann er den Eintritt der Rechtsfolgen des § 625 durch einen unverzüglichen Widerspruch vermeiden. Gleiches gilt im Anwendungsbereich des § 15 V TzBfG.

31 Der Widerspruch ist eine einseitige empfangsbedürftige Willenserklärung (§ 130) und als solche unter den Voraussetzungen der §§ 119 ff. **anfechtbar**. Die Willenserklärung kann ausdrücklich oder konkludent erfolgen, zB durch Aushändigung der Arbeitspapiere[10] oder Klagabweisungsantrag[11]. Auch der Antrag des ArbGeb auf Abschluss eines befristeten Dienstvertrages ist ein konkludenter Widerspruch[12]. Denn durch diesen macht der ArbGeb klar, dass durch die Weiterbeschäftigung kein ArbVerh auf unbestimmte Zeit begründet werden soll. Nimmt der ArbN dieses Angebot nicht an, kommt es weder zu einer befristeten noch zu einer unbefristeten Fortsetzung des ArbVerh.

32 Der Widerspruch schließt die Fiktionswirkung des § 625 nur aus, wenn er **kurz vor**[13] oder **unverzüglich** (§ 121) **nach** Ablauf des Dienstverhältnisses erklärt wird. Der ArbN muss durch die Umstände bedingte Verzögerungen hinnehmen, sofern nur der ArbGeb die im Verkehr erforderliche Sorgfalt gewahrt hat[14].

---

1 ErfK/*Müller-Glöge*, § 625 BGB Rz. 4; Staudinger/*Preis*, § 625 Rz. 13. ‖2 BAG 1.12.1960 – 3 AZR 588/58, AP Nr. 1 zu § 625 BGB; 30.11.1984 – 7 AZR 539/83, AP Nr. 1 zu § 22 MTV Ausbildung (zu § 17 BBiG). ‖3 BAG 30.11.1984 – 7 AZR 539/83, AP Nr. 1 zu § 22 MTV Ausbildung (zu § 17 BBiG). ‖4 Bejahend: BAG 30.11.1984 – 7 AZR 539/83, AP Nr. 1 zu § 22 MTV Ausbildung (zu § 17 BBiG); ErfK/*Müller-Glöge*, § 625 BGB Rz. 5; verneinend: MüKoBGB/*Henssler*, § 625 Rz. 9; *Kramer*, NZA 1993, 1115 (1116); KR/*Fischermeier*, § 625 BGB Rz. 28; APS/*Backhaus*, § 15 TzBfG Rz. 67; LAG Bremen 30.3.1955 – 1 Sa 79/54, BB 1955, 510. ‖5 BAG 30.4.1997 – 7 AZR 122/96, AP Nr. 20 zu § 625 BGB. ‖6 BAG 1.12.1960 – 3 AZR 588/58, AP Nr. 1 zu § 625 BGB. ‖7 Staudinger/*Preis*, § 625 Rz. 11; APS/*Backhaus*, § 625 BGB Rz. 27. ‖8 LAG Köln 27.6.2001 – 3 Sa 220/01; APS/*Backhaus*, § 625 BGB Rz. 27. ‖9 BAG 21.12.1957 – 2 AZR 61/55, AP Nr. 5 zu § 4 TVG; Staudinger/*Preis*, § 625 Rz. 22; Soergel/*Kraft*, § 625 Rz. 5; KR/*Fischermeier*, § 625 BGB Rz. 10; diff. HaKo-ArbR/*Griebeling*, Rz. 12. ‖10 ErfK/*Müller-Glöge*, § 625 BGB Rz. 6. ‖11 LAG Köln 10.3.1995 – 13 Sa 842/94, NZA-RR 1996, 202. ‖12 BAG 8.3.1962 – 2 AZR 497/61, AP Nr. 22 zu § 620 BGB Befristeter Arbeitsvertrag; 23.4.1980 – 5 AZR 49/78, AP Nr. 8 zu § 15 KSchG 1969; APS/*Backhaus*, § 625 BGB Rz. 21 u. § 15 TzBfG Rz. 71. ‖13 BAG 8.3.1962 – 2 AZR 497/61, AP Nr. 22 zu § 620 BGB Befristeter Arbeitsvertrag; MüKoBGB/*Henssler*, § 625 Rz. 17. ‖14 BAG 1.12.1960 – 3 AZR 588/58, AP Nr. 1 zu § 625 BGB.

Erklärt sich der Dienstberechtigte zu einer **vorläufigen Weiterbeschäftigung** mit dem Hinweis bereit, er sei dazu nur aus sozialen Gründen oder bis zur endgültigen Klärung der künftigen Vertragsbeziehungen bereit, kann darin ein Widerspruch iSd. § 625 liegen[1]; Gleiches gilt im Anwendungsbereich des § 15 V TzBfG (zur vorläufigen Weiterbeschäftigung während eines Kündigungsschutzverfahrens s. Rz. 17). 33

Die **Frist** des § 121 **beginnt** erst mit der **Kenntnis** des Dienstberechtigten bzw. ArbGeb von den für die Entscheidung über das Fortbestehen des Dienst- bzw. ArbVerh maßgebenden Umständen, also auch der Tatsache des Vertragsendes[2] (vgl. Rz. 26f.). Ein Zögern des ArbGeb ist nicht schuldhaft, wenn er zunächst den Versuch einer Einigung über die Dauer und Form einer Weiterbeschäftigung anstrebt oder den Einwand des BR überprüft, der ArbN befinde sich bereits in einem unbefristeten ArbVerh[3]. 34

Ist ein ArbN nach Ablauf eines befristeten ArbVerh im Betrieb des ArbGeb auf einem **anderen Arbeitsplatz** weiterbeschäftigt worden, so hat der ArbGeb durch die Zuweisung des neuen Arbeitsplatzes einen besonderen Vertrauenstatbestand gesetzt. An das Merkmal der Unverzüglichkeit sind daher **verschärfte Anforderungen** zu stellen[4]. 35

IV. Fiktionswirkung. Das Dienst- bzw. ArbVerh wird auf Grund der Fiktion auf unbestimmte Zeit verlängert mit dem **alten Vertragsinhalt**, insb. der alten Vergütungsregelung[5], auch wenn der Umfang der Dienstleistung vermindert ist[6]. Nur die der gesetzl. Rechtsfolge des Bestehens eines unbefristeten Dienstverhältnisses entgegenstehenden Vereinbarungen der Parteien verlieren ihre Geltung. Dies gilt vor allem für eine etwaige Befristung. 36

Einzelvertragl. wirksam **vereinbarte Kündigungsfristen** werden grds. durch die gesetzl. Kündigungsfristen verdrängt[7]. Das gilt aber dann nicht, wenn die vereinbarte Kündigungsregelung auf Grund der Auslegung des ursprünglichen Vertrages auch auf den Fall der Fortsetzung des Dienst-/ArbVerh zu beziehen ist oder die Parteien bei Fortsetzung der Arbeit eine entsprechende – konkludente – Vereinbarung getroffen haben[8]. IdR werden die Parteien eines befristeten Dienst-/ArbVerh Abreden über Kündigungsfristen gerade nur für die begrenzte Dauer getroffen haben, so dass regelmäßig die Fiktionswirkung greift[9]. Die gesetzl. Kündigungsfristen ergeben sich je nachdem, ob es sich um ein unabhängiges Dienstverhältnis oder ein ArbVerh handelt, aus §§ 620 II, 621 oder §§ 620 II, 622. Auf den Fremd-Geschäftsführer einer GmbH ist § 622 analog anwendbar. 37

Bei **Streit über die Dauer der Befristung** gilt im Zweifel bei entsprechender Anwendung des § 625 das Dienstverhältnis nur bis zur späteren Frist, nicht auf unbestimmte Zeit verlängert[10]. 38

Ein nach § 625 fingiertes ArbVerh ist ein **vorhergehender unbefristeter Arbeitsvertrag** iSd. § 1 III 1 Alt. 1 BeschFG idF des Arbeitsrechtl. BeschäftigungsförderungsG v. 26.9.1996 und begründet ein **Anschlussverbot** nach dieser Vorschrift[11]. Auf der Grundlage des verschärften Anschlussverbots des § 14 II 2 TzBfG[12] stellt das fingierte ArbVerh ein vorheriges ArbVerh mit demselben ArbGeb iS dieser Vorschrift dar und schließt damit eine Befristung aus. 39

V. Abdingbarkeit. Nach ganz hM ist § 625 – anders als § 15 V TzBfG – abdingbar[13]: Den Parteien steht es frei, die Rechtsfolgen des § 625 auszuschließen. Werden von der Rechtsfolgeregelung des § 625 abweichende Vereinbarungen über die Weiterbeschäftigung nach Vertragsende getroffen, greift die Bestimmung schon tatbestandlich nicht ein. 40

In der Praxis werden Vereinbarungen über den Ausschluss der Verlängerung oder die Verlängerung auf bestimmte Zeit oder zur Fortsetzung zu anderen Bedingungen vor Ablauf des Dienst-/ArbVerh und auch schon zu Vertragsbeginn getroffen. Im befristeten oder auflösend bedingten Ursprungsvertrag ist eine solche Regelung aber wegen der Unabdingbarkeit des § 15 V TzBfG nicht möglich[14]. 41

Die **Ausschlussvereinbarung** ist grds. ausdrücklich oder stillschweigend möglich[15]. Wird eine Verlängerung eines durch einen anderen Umstand als Befristung oder auflösende Bedingung beendeten Arbeitsvertrages auf **bestimmte Zeit** vereinbart, ist für diese Befristungsabrede im Arbeitsvertrag Schriftform erforderlich, § 14 IV TzBfG. 42

---

1 ErfK/*Müller-Glöge*, § 625 BGB Rz. 6. ||2 MüKoBGB/*Henssler*, § 625 Rz. 17; Staudinger/*Preis*, § 625 Rz. 24; aA APS/*Backhaus*, § 625 BGB Rz. 24 mwN. ||3 BAG 13.8.1987 – 2 AZR 122/87, nv. ||4 BAG 11.11.1966 – 3 AZR 214/65, AP Nr. 117 zu § 242 BGB Ruhegehalt. ||5 Staudinger/*Preis*, § 625 Rz. 29. Zu Vertragsstrafeversprechen LAG Hamm 15.9.1997 – 19 Sa 979/97, NZA 1999, 1050. ||6 RG 24.6.1910 – II 487/09, Recht 1910, Nr. 3335; MüKoBGB/*Henssler*, § 625 Rz. 18; KR/*Fischermeier*, § 625 BGB Rz. 40. ||7 RAG 22.3.1939 – RAG 173/38, ARS 36, 7; LAG Hamburg 27.9.1956 – 2 Sa 153/56, BB 1957, 78; Erman/*Belling*, § 625 Rz. 9; KR/*Fischermeier*, § 625 BGB Rz. 40. ||8 BAG 11.8.1988 – 2 AZR 53/88, AP Nr. 5 zu § 625 BGB; Soergel/*Kraft*, § 625 Rz. 10; Staudinger/*Preis*, § 625 Rz. 31ff.; ErfK/*Müller-Glöge*, § 625 BGB Rz. 7; MüKoBGB/*Henssler*, § 625 Rz. 19. ||9 *Hägele*, GmbHR 2011, 190 (191f.). ||10 LAG Hamm 9.3.1995 – 12 Sa 2036/94, NZA-RR 1996, 145 (nach alter Rechtslage zum ArbVerh). ||11 BAG 26.7.2000 – 7 AZR 256/99, AP Nr. 3 zu § 1 BeschFG. ||12 Hierzu KR/*Lipke*, § 14 TzBfG Rz. 296ff. ||13 BGH 6.11.1963 – Ib ZR 41/62 u. 40/63, NJW 1964, 350; Staudinger/*Preis*, § 625 Rz. 34; *Kramer*, Kündigungsvereinbarungen im Arbeitsverhältnis, 1994, S. 149 (151f.); KR/*Fischermeier*, § 625 BGB Rz. 11; ErfK/*Müller-Glöge*, § 625 BGB Rz. 20; zweifelnd MüKoBGB/*Henssler*, § 625 Rz. 23, der eine § 625 schon im Vorfeld ausschließende Vereinbarung einem prinzipiell unzulässigen vorweggenommenen Widerspruch des Dienstberechtigten gleichstellt. ||14 APS/*Backhaus*, § 625 BGB Rz. 89 mwN. ||15 ErfK/*Müller-Glöge*, § 625 BGB Rz. 8.

43 Eine Verlängerungsausschlussvereinbarung ist auch durch **Formularvertrag** möglich[1]. Sie hält auch der **AGB-Inhaltskontrolle** stand, die gem. § 310 IV auch für Arbeitsverträge nach den §§ 305 ff. stattzufinden hat (zur AGB-Kontrolle bei zur einmaligen Verwendung vom ArbGeb vorformulierten Vertragsbedingungen vgl. § 622 Rz. 103). Dafür spricht insb. § 309 Nr. 9b, der die stillschweigende Verlängerung als atypisch ansieht. Die Abbedingung der Fortsetzung des Dienstverhältnisses kraft gesetzl. Fiktion stellt bei an sich regulär endenden Dienstverhältnissen auch keine unangemessene Benachteiligung der anderen Seite iSd. § 307 II Nr. 1 dar[2].

44 Ein **arbeitsvertragl.** oder **tarifvertragl. Schriftformerfordernis** schließt die Anwendbarkeit von § 625 nicht aus[3]. Die Fiktionswirkung knüpft an ein tatsächliches Verhalten an, das keinen Schriftformerfordernissen unterliegen kann.

45 Die einzelvertragl. Vereinbarung einer von § 625 abweichenden Verlängerungsausschlussklausel schließt die Annahme eines (neuen) **Vertragsschlusses kraft konkludenten Verhaltens** nicht aus, wenn der Dienstberechtigte die Dienste eine gewisse Zeit lang widerspruchslos entgegennimmt[4].

46 **VI. Darlegungs- und Beweislast.** Derjenige, der für sich die Rechtsfolgen des § 625 geltend macht, regelmäßig der Dienstverpflichtete, muss im Streitfall darlegen und ggf. beweisen, dass das Dienstverhältnis mit Wissen des Dienstberechtigten von der Vertragsbeendigung durch den Dienstverpflichteten fortgesetzt worden ist[5]. Für einen unverzüglich erklärten Widerspruch ist die Partei beweispflichtig, die die Verlängerung bestreitet, regelmäßig also der Dienstberechtigte[6].

626 *Fristlose Kündigung aus wichtigem Grund*

(1) Das Dienstverhältnis kann von jedem Vertragsteil aus wichtigem Grund ohne Einhaltung einer Kündigungsfrist gekündigt werden, wenn Tatsachen vorliegen, auf Grund derer dem Kündigenden unter Berücksichtigung aller Umstände des Einzelfalles und unter Abwägung der Interessen beider Vertragsteile die Fortsetzung des Dienstverhältnisses bis zum Ablauf der Kündigungsfrist oder bis zu der vereinbarten Beendigung des Dienstverhältnisses nicht zugemutet werden kann.

(2) Die Kündigung kann nur innerhalb von zwei Wochen erfolgen. Die Frist beginnt mit dem Zeitpunkt, in dem der Kündigungsberechtigte von den für die Kündigung maßgebenden Tatsachen Kenntnis erlangt. Der Kündigende muss dem anderen Teil auf Verlangen den Kündigungsgrund unverzüglich schriftlich mitteilen.

I. Normzweck 1	6. Außerordentliche Kündigung durch den Arbeitnehmer 307
II. Geltungsbereich 2	VI. Zeitpunkt der Beendigung des Arbeitsverhältnisses 322
1. Allgemeines 2	VII. Außerordentliche Änderungskündigung . 332
2. Sonderregelungen 3	VIII. Ausschlussfrist (Abs. 2 S. 1 und 2) 328
III. Abgrenzung zu sonstigen Beendigungstatbeständen sowie Tatbeständen, die zum Wegfall der Leistungspflicht führen 13	1. Normzweck 338
1. Sonstige Beendigungstatbestände ... 13	2. Anwendungsbereich 340
2. Andere Tatbestände, die zum Wegfall der Leistungspflicht führen 33	3. Fristbeginn und -ablauf 348
IV. Unabdingbarkeit 36	4. Unabdingbarkeit 374
1. Abs. 1 als zweiseitig zwingendes Recht 36	5. Rechtsfolgen des Fristablaufs und Korrektur 375
2. Verbot der unzumutbaren Erschwerung/Einschränkung des Kündigungsrechts 38	6. Ausschlussfrist und Beteiligung des Betriebsrats/Personalrats 382
3. Erweiterungen des Rechts zur außerordentlichen Kündigung 49	7. Ausschlussfrist und Verwaltungsverfahren 388
4. Verzicht und Verzeihung 54	IX. Mitteilung der Kündigungsgründe (Abs. 2 S. 3) 394
V. Vorliegen eines „wichtigen Grundes" 57	1. Inhalt 394
1. Allgemeines 57	2. Grenze 395
2. Relevante Faktoren bei der Rechtfertigung der außerordentlichen Kündigung 71	3. Form und Umfang der Begründung 396
3. Außerordentliche Kündigung durch den Arbeitgeber 122	4. Rechtsfolge bei Verletzung der Mitteilungspflicht 397
4. Ursache des wichtigen Grundes 276	X. Umdeutung in eine außerordentliche Kündigung mit Auslauffrist, in eine ordentliche Kündigung oder in einen Antrag auf Abschluss eines Aufhebungsvertrages ... 401
5. Gleichbehandlungsgrundsatz/Diskriminierung 305	

---

1 *Kramer*, NZA 1993, 1115 (1118 f.); Staudinger/*Preis*, § 625 Rz. 40. ‖ 2 Staudinger/*Preis*, § 625 Rz. 40. ‖ 3 ErfK/*Müller-Glöge*, § 625 BGB Rz. 8. ‖ 4 *Kramer*, NZA 1993, 1115 (1119). ‖ 5 BAG 30.11.1984 – 7 AZR 539/83, AP Nr. 1 zu § 22 MTV Ausbildung (zu § 17 BBiG); ErfK/*Müller-Glöge*, § 625 BGB Rz. 9; MüKoBGB/ *Henssler*, § 625 Rz. 26. ‖ 6 KR/*Fischermeier*, § 625 BGB Rz. 41.

XI. Sonderkündigungsschutz 406	4. Rechtskräftige Ersetzung der Zustimmung nach § 103 BetrVG 429
XII. Verfahrensfragen 407	5. Fortbestand der Parteifähigkeit 431
1. Klagen 407	6. Revision/Revisibilität des wichtigen Grundes 432
2. Nachschieben von Kündigungsgründen . . 409	
3. Darlegungs- und Beweislast 419	7. Umfang der Rechtskraft/Präklusion 435

I. Normzweck. § 626 ist eine spezielle Ausprägung des in § 314 enthaltenen Rechtsgrundsatzes, wonach ein Dauerschuldverhältnis aus wichtigem Grund fristlos gekündigt werden kann, wenn einer Partei das Festhalten am Vertrag (bis zum Ablauf der Kündigungsfrist oder bis zur vereinbarten Beendigung) unzumutbar ist. 1

Als Sonderregelung für den Bereich der Dienst- und Arbeitsverträge verdrängt § 626 in seinem Anwendungsbereich § 314. § 626 ist als Ausnahmetatbestand vom Grundsatz der Vertragstreue eng auszulegen[1].

II. Geltungsbereich. 1. Allgemeines. Das Recht zur außerordentl. Kündigung aus wichtigem Grund gem. § 626 besteht sowohl bei befristeten als auch bei unbefristeten[2] Dienstverträgen einschl. der Arbeitsverträge und erfasst sowohl die Kündigung vonseiten des ArbGeb als auch vonseiten des ArbN. 2

Grds. ist der selbständige Dienstvertrag leichter auflösbar als das ArbVerh. Dies zeigt sich zB an §§ 621, 627, die nur für den Dienstvertrag gelten, am zT fehlenden Abmahnungserfordernis[3] sowie am Schutz des ArbN nach dem KSchG[4]. Stammen die Gründe für die Vertragsauflösung aber aus der Sphäre des Unternehmens (zB Betriebsstilllegung, Unternehmensveräußerung [§ 613a gilt für Vorstandsmitglieder nicht]), gelten jedenfalls keine geringeren Anforderungen[5]. Das Unternehmen ist, soweit möglich, auf eine ordentliche Kündigung zu verweisen. Ebenso reicht zB eine Druckkündigung, die von einem GmbH-Geschäftsführer nicht verschuldet wurde, für eine außerordentl. Kündigung des Anstellungsvertrags nicht aus[6].

2. Sonderregelungen. a) Arbeitsbeschaffungsmaßnahmen. Durch das Gesetz zur Verbesserung der Eingliederungschancen am Arbeitsmarkt v. 20.12.2011[7] wurde die Förderung von ABM mit Ablauf des 31.3.2012 eingestellt. Damit entfielen auch die besonderen Kündigungsmöglichkeiten nach § 270 SGB III aF. 3

b) Berufsausbildungs- und Umschulungsverhältnisse. Die Beendigung eines Berufsausbildungsverhältnisses durch Kündigung ist abschließend in § 22 BBiG geregelt. Danach kann ein Berufsausbildungsverhältnis nach Ablauf der Probezeit gem. § 22 II Nr. 1 BBiG vom ArbGeb nur noch außerordentl. gekündigt werden. § 22 IV BBiG bestimmt für die Ausübung des Kündigungsrechts ebenso wie § 626 II eine Zwei-Wochen-Frist ab Kenntnis der kündigungsrelevanten Tatsachen. Nach § 22 III BBiG hat die Kündigung schriftl. und in den Fällen des § 22 II BBiG unter Angabe der Kündigungsgründe zu erfolgen. 4

Voraussetzung für das Kündigungsrecht ist gem. § 22 II Nr. 1 BBiG das Vorliegen eines wichtigen Grundes. Der Begriff des wichtigen Grundes entspricht dem in § 626, jedoch mit der Maßgabe, dass die Konkretisierung des Begriffs sich vorrangig am Zweck des Ausbildungsverhältnisses orientieren muss[8]. Ein Sachverhalt, der bei einem ArbN einen wichtigen Grund darstellt, liefert also nicht unbedingt auch einen wichtigen Grund für die Kündigung ggü. einem Auszubildenden. Da die ordentliche Kündigungsmöglichkeit ausgeschlossen ist, gelten die Rz. 79 ff. entsprechend. Entscheidend ist zudem eine zur Zeit der Kündigung zurückgelegte Ausbildungszeit im Verhältnis zur Gesamtdauer der Ausbildung[9]. 5

Die außerordentl. Kündigung eines **Umschulungsverhältnisses** gem. §§ 1 V, 58 ff. BBiG richtet sich nach § 626[10]. 6

c) Dienstordnungsangestellte. Dienstordnungsangestellte sind Bedienstete der SozV-Träger. Deren außerordentl. Kündigung nach § 626 ist zu unterscheiden von ihrer fristlosen Dienstentlassung als Disziplinarmaßnahme[11]. Beide sind voneinander unabhängig und in ihren Voraussetzungen und Rechtsfolgen selbständig. Die fristlose Entlassung von Dienstordnungsangestellten richtet sich nach den auf der Grundlage der §§ 351 ff. RVO, 144 ff. SGB VII aufgestellten Dienstordnungsvorschriften. Nach den gesetzl. Grundlagen für den Erlass solcher Dienstordnungen (§ 352 RVO, 145 SGB VII), haben die Dienstordnungen auch Fragen der Kündigung der ArbN zu regeln. Dies führt ua. zur Verdrängung des § 626 II[12]. Im Bereich der KV gilt die Dienstordnung aber nur für ArbN, die schon vor dem 1.1.1993 beschäftigt wurden (vgl. § 358 RVO). 7

---

1 Staudinger/*Preis*, § 626 Rz. 5; aA MüKoBGB/*Henssler*, § 626 Rz. 1. || **2** AllgM: APS/*Dörner*, § 626 BGB Rz. 3; *Ascheid*, Kündigungsschutzrecht, Rz. 93. || **3** BGH 14.2.2000 – II ZR 218/98, NJW 2000, 1638. || **4** So Staudinger/*Preis*, § 626 Rz. 18. || **5** *Bauer*, DB 1992, 1413 (1415). || **6** OLG Frankfurt 12.12.1997 – 10 U 188/96, DStR 1999, 1537 m. Anm. *Goette*. || **7** BGBl. I S. 2854, 2908. || **8** ErfK/*Müller-Glöge*, § 626 BGB Rz. 7. || **9** BAG 10.5.1973 – 2 AZR 328/72, AP Nr. 3 zu § 15 BBiG. || **10** BAG 15.3.1991 – 2 AZR 516/90, NZA 1992, 452; 19.1.2006 – 6 AZR 638/04, NZA 2007, 97. || **11** BAG 25.2.1998 – 2 AZR 256/97, NZA 1998, 1182. || **12** BAG 3.2.1972 – 2 AZR 170/71, DB 1972, 1492.

8 **d) Handelsvertreter.** § 89a HGB enthält eine abschließende und zwingende Sonderregelung der außerordentl. Kündigung eines Handelsvertreters. Die Regelung ist bezogen auf den Handelsvertretervertrag inhaltsgleich mit § 626 I[1]. An die Stelle der Zwei-Wochen-Frist des § 626 II tritt nach st., aber nicht unumstrittener Rspr. des BGH[2] eine „angemessene Frist" mit „in der Regel nicht mehr als zwei Monaten".

9 **e) ArbN im öffentl. Dienst in den neuen Bundesländern.** Der Einigungsvertrag enthält (in Anl. I Kap. XIX A III Nr. 1 V) eine eigenständige und abschließende Sonderregelung über das Recht zur außerordentl. Kündigung im öffentl. Dienst der neuen Bundesländer[3] wegen einer Verstrickung des ArbN in das Unrechtsregime der ehemaligen DDR.

10 Die Regelung ist auch dann anwendbar, wenn der Beschäftigte zum Zeitpunkt des Wirksamwerdens des Beitritts dem öffentl. Dienst der ehemaligen DDR angehörte und das zu kündigende ArbVerh mit bzw. nach dem Wirksamwerden des Beitritts infolge der Überführung der Beschäftigungseinrichtung auf den neuen ArbGeb des öffentl. Dienstes übergegangen oder durch Weiterverwendung des ArbN, ggf. in einem anderen Verwaltungsbereich, neu begründet worden ist[4]. Keine Anwendung findet die Regelung auf Arbeitsverträge, die erst nach dem Wirksamwerden des Beitritts geschlossen wurden[5].

11 Maßgeblich ist im Gegensatz zu Abs. 1, ob ein Festhalten am ArbVerh überhaupt zumutbar erscheint (nicht: bis Ablauf der Kündigungsfrist). Auch wenn demnach in der Regelung keine Interessenabwägung vorgesehen ist, hält das BAG eine Einzelfallprüfung für geboten[6], wobei das individuelle Maß der Verstrickung über die außerordentl. Auflösung des ArbVerh entscheidet.

Abs. 2 ist weder unmittelbar noch analog anzuwenden, jedoch kann nach der Rspr. des BAG[7] der wichtige Grund entfallen, wenn der Kündigungsberechtigte die Kündigung trotz Kenntnis des Kündigungsgrundes hinauszögert (ohne dass die Voraussetzungen einer Verwirkung vorliegen müssten). Maßgeblich sind die konkreten Umstände des Einzelfalls.

12 **f) Seeschifffahrt.** Im Bereich der Seeschifffahrt existieren Sonderregelungen für die Kündigung. Während die §§ 64, 67, 78 des bis zum 31.7.2013 geltenden SeemG § 626 als leges speciales verdrängten, nehmen die neuen §§ 67, 68 SeeArbG auf § 626 Bezug. Zwar werden in § 67 I 2 Nr. 1–3 und 5 SeeArbG (Kündigung des Heuervertrages durch den Reeder) und § 68 SeeArbG (Kündigung des Heuervertrages durch das Besatzungsmitglied) nach wie vor einzelne Tatbestände als wichtige Gründe aufgeführt, ohne dass auf die Zumutbarkeit abgestellt wird (anders bei § 67 I 2 Nr. 4 SeeArbG). Wegen des (Rechtsgrund-)Verweises auf § 626 und der damit verbundenen Anwendbarkeit des § 626 soll es sich nach dem Willen des Gesetzgebers[8] jetzt aber nicht mehr um absolute Kündigungsgründe handeln, denn eine Interessenabwägung zur Ermittlung der Zumutbarkeit der Weiterbeschäftigung entfällt[9]. Trotzdem wird man dem gesetzl. Katalog der Kündigungsgründe Einfluss auf die Interessenabwägung zuschreiben müssen, da es sich jeweils um gravierende Tatbestände handelt, bei denen der Verursacher idR bewusst den Bestand des Heuerverhältnisses aufs Spiel setzt (vgl. dazu auch Rz. 49 ff., 53). Bei einer Kündigung wegen dringender Familienangelegenheiten (§ 69 SeeArbG) gibt es keinen Verweis auf § 626. Nach wie vor enthält das SeeArbG in den §§ 70 ff. besondere Rechtsfolgen für die außerordentl. Kündigung auf Grund der besonderen Erfordernisse der Seeschifffahrt.

13 **III. Abgrenzung zu sonstigen Beendigungstatbeständen sowie Tatbeständen, die zum Wegfall der Leistungspflicht führen. 1. Sonstige Beendigungstatbestände. a) Kündigung nach § 314:** § 626 ist Spezialregelung zu § 314, so dass letztere verdrängt wird. Nach verbreiteter Auffassung[10] soll der Rückgriff auf § 314 II ebenso möglich wie zwingend sein. Ein verstärktes Abmahnungserfordernis ist hieraus wegen der Verweisung in § 314 II 2 auf § 323 II (Nr. 3) nicht herzuleiten (str.).

14 **b) Rücktritt.** Um Schwierigkeiten bei einer Rückabwicklung von Dauerschuldverhältnissen zu vermeiden, tritt dort an die Stelle eines Rücktrittsrechts (§§ 323, 324, 326 V) als lex specialis das Recht zur außerordentl. Kündigung[11] (vgl. auch § 314 IV als Parallelvorschrift zu § 325).

Selbst bei einer Beendigung des Dienstvertrages vor Dienstantritt ist die Kündigung statthaft, so dass auch dort nicht auf Rücktrittsrecht zurückgegriffen werden muss[12]. Wird fälschlicherweise ein „Rücktritt vom Arbeitsvertrag" erklärt, kann eine schriftl. Erklärung idR als außerordentl. Kündigung ausgelegt oder in eine solche umgedeutet werden[13].

15 **c) Wegfall der Geschäftsgrundlage.** Nach der Kodifizierung des Rechtsinstitutes der Störung/des Wegfalls der Geschäftsgrundlage in § 313 durch das SchuldrechtsmodernisierungsG sind zwei Problem-

---

1 KR/*Fischermeier*, § 626 BGB Rz. 11; Staudinger/*Preis*, § 626 Rz. 28. || 2 BGH 15.12.1993 – VIII ZR 157/92, NJW 1994, 722 (723 mwN); Erman/*Belling*, § 626 Rz. 4. || 3 BAG 11.6.1992 – 8 AZR 537/91, NZA 1993, 118; zur zeitlichen Reichweite aus verfassungsrechtl. Sicht: BVerfG 8.7.1997 – 1 BvR 2111/94, NZA 1997, 992. || 4 BAG 20.1.1994 – 8 AZR 274/93, AP Nr. 10 zu Art. 20 Einigungsvertrag. || 5 BAG 20.1.1994 – 8 AZR 502/93, AP Nr. 11 zu Art. 20 Einigungsvertrag. || 6 BAG 11.6.1992 – 8 AZR 537/91, NZA 1993, 118; 21.3.1996 – 8 AZR 616/94. || 7 BAG 28.4.1994 – 8 AZR 157/93, NZA 1995, 169; 26.5.1994 – 8 AZR 180/93; Staudinger/*Preis*, § 626 Rz. 36. || 8 BT Drs. 17/10959, 85 f. || 9 S. dagegen zum alten Recht BAG 30.11.1978 – 2 AZR 145/77, AP Nr. 1 zu § 64 SeemG. || 10 MüKoBGB/*Henssler*, § 626 Rz. 44; *Schlachter*, NZA 2005, 433 (437). || 11 MüKoBGB/*Henssler*, § 626 Rz. 43; Staudinger/*Preis*, § 626 Rz. 13. || 12 Näher G. *Schmidt*, AR-Blattei Kündigung I C, Kündigung vor Dienstantritt. || 13 KR/*Fischermeier*, § 626 BGB Rz. 41; *Stahlhacke/Preis/Vossen*, Rz. 60.

felder zu unterscheiden: zum einen die Frage, ob sich ein Kündigungsrecht auf Grund eines Wegfalls der Geschäftsgrundlage ergibt, und zum anderen die Frage, ob auf Grund des Wegfalls der Geschäftsgrundlage eine Vertragsbeendigung unmittelbar, also ohne Kündigungserklärung eintreten kann.

Grds. gilt, dass bei Vertragsänderungen und -beendigungen die Kündigungsvorschriften das insoweit nur subsidiär anwendbare Institut der Störung der Geschäftsgrundlage verdrängen[1]. Ein Rückgriff auf § 313 verbietet sich demnach, wenn nach den gesetzl. oder vertragl. Bestimmungen die Möglichkeit zur fristlosen Kündigung eines Vertrages besteht[2]. Auch werden die Kündigungsrechte durch die Grundsätze über den Wegfall der Geschäftsgrundlage nicht erweitert.

Trotzdem kommt die Auflösung eines Dienstvertrages ohne gestaltende Kündigungserklärung allein wegen Störung der Geschäftsgrundlage in Betracht, wenn die Behinderungen des ArbVerh zudem dazu geführt haben, dass (1) der Kündigungsberechtigte keine Kündigung aussprechen konnte oder aber der Zugang der Kündigung an den anderen Teil unmöglich geworden ist, und (2) der Zweck des ArbVerh, für beide Parteien erkennbar, endgültig oder doch für unabsehbare Zeit unerreichbar geworden ist[3]. In einem solchen Fall ist die Berufung eines ArbN auf das Fehlen einer Kündigung unbeachtlich[4].

Von vornherein nicht um das Konkurrenzverhältnis zwischen § 626 und § 313 geht es, wenn die Parteien sich gegenseitig bei Wegfall oder Änderung der Geschäftsgrundlage ein Bestimmungsrecht zur Anpassung des Vertrages eingeräumt haben. Derartige Möglichkeiten zur Abänderung des Arbeitsvertrags stellen keine Änderungs- oder Teilkündigung dar. Sie sind aber im Rahmen einer vertragl. Inhaltskontrolle daraufhin zu überprüfen, ob die dadurch ermöglichte Abänderung der Billigkeit (§§ 242, 315) entspricht[5] bzw. mit AGB-Recht (§§ 308 Nr. 4, 307) vereinbar ist.

d) **Ordentliche Kündigung.** Die außerordentl. Kündigung ist im Gegensatz zur ordentl. Kündigung im Normalfall auf die sofortige Beendigung des Dienst- bzw. ArbVerh gerichtet; sie bewirkt also idR eine fristlose Kündigung. Ebenso wie eine ordentl. Kündigung ausnahmsw. eine fristlose/entfristete sein kann (vgl. zB § 22 I BBiG), ist die außerordentl. Kündigung in Ausnahmefällen befristet. Das Charakteristische der außerordentl. Kündigung im Gegensatz zur ordentl. Kündigung ist somit nicht die Fristlosigkeit, sondern die Rechtfertigung durch einen wichtigen Grund.

e) **Anfechtung.** Die Anfechtung (§§ 119 ff.) der arbeitsvertragl. Willenserklärung beseitigt wie die außerordentl. Kündigung den Arbeitsvertrag mit sofortiger Wirkung. Ist das ArbVerh bereits in Vollzug und noch nicht wieder (zB wegen Krankheit[6]) außer Vollzug gesetzt, führt die Anfechtung in Abweichung von § 142 I im Normalfall nur zu einer Beendigung (Nichtigkeit) des ArbVerh ex nunc[7]. Weder wird das Kündigungsrecht durch die Möglichkeit der Anfechtung ausgeschlossen noch ist die vor der Anfechtung ausgesprochene Kündigung des ArbVerh eine Bestätigung desselben nach § 144[8].

Die Anfechtung ist primär vergangenheitsbezogen, da sie einen Anfechtungsgrund bereits bei Abschluss des Arbeitsvertrages voraussetzt. Die außerordentl. Kündigung ist wegen der erforderlichen Interessenabwägung in die Zukunft gerichtet. Dementsprechend ist bei der Anfechtung die angefochtene Willenserklärung, bei der außerordentl. Kündigung dagegen der Zeitpunkt der Kündigungserklärung maßgeblicher zeitlicher Bezugspunkt. Das BAG[9] nimmt eine Unwirksamkeit der Anfechtung des Arbeitsvertrages wegen § 242 an, wenn der Anfechtungsgrund zur Zeit der Abgabe der Anfechtungserklärung bedeutungslos für die weitere Durchführung des Arbeitsvertrages geworden ist. Bezogen auf § 626 ist eine außerordentl. Kündigung nur dann wirksam, wenn der schon bei Vertragsschluss vorliegende Grund so stark nachwirkt, dass dem ArbGeb nach seinem Bekanntwerden die Fortsetzung des ArbVerh auch nur bis zum Ablauf der Kündigungsfrist unzumutbar ist[10].

Nach dem BAG[11] lässt § 626 II die in § 124 geregelte Frist unberührt; im Rahmen der Prüfung der Unverzüglichkeit iSv. § 122 ist § 626 II dagegen analog heranzuziehen, so dass Unverzüglichkeit jedenfalls innerhalb eines Zeitraums von zwei Wochen gegeben ist[12].

Nach dem BAG[13] kann eine unwirksame ordentl. Kündigung nicht nach § 140 in eine Anfechtung umgedeutet werden, da diese rechtl. weitergeht. Dagegen ist eine außerordentl. Kündigung bei Vorliegen eines Anfechtungstatbestandes in eine Anfechtung umdeutbar[14] und umgekehrt[15].

---

1 BAG 25.3.2004 – 2 AZR 153/03, AP Nr. 60 zu § 138 BGB. || 2 BAG 6.3.1986 – 2 ABR 15/85, AP Nr. 19 zu § 15 KSchG 1969; KR/*Fischermeier*, § 626 BGB Rz. 42. || 3 BAG 3.10.1961 – 3 AZR 138/60 und 12.3.1963 – 3 AZR 60/62, AP Nr. 4 und 5 zu § 242 BGB Geschäftsgrundlage. || 4 BAG 21.5.1963 – 3 AZR 138/62 und 24.8.1995 – 8 AZR 134/94, AP Nr. 6 und 17 zu § 242 BGB Geschäftsgrundlage. || 5 BAG 10.12.1992 – 2 AZR 269/92, NZA 1993, 552; KR/*Fischermeier*, § 626 BGB Rz. 42. || 6 BAG 3.12.1998 – 2 AZR 754/94, ZIP 1999, 458 (459 f.). || 7 St. Rspr., ua. BAG 16.9.1982 – 2 AZR 228/80 und 20.5.1999 – 2 AZR 320/98, AP Nr. 24 und 50 zu § 123 BGB. || 8 BAG 16.12.2004 – 2 AZR 148/04, AP Nr. 64 zu § 123 BGB. || 9 BAG 18.9.1987 – 7 AZR 507/86 und 6.7.2000 – 2 AZR 543/99, AP Nr. 32 und 58 zu § 123 BGB. || 10 BAG 28.3.1974 – 2 AZR 92/73, AP Nr. 3 zu § 119 BGB; 6.9.2012 – 2 AZR 270/11. || 11 BAG 19.5.1983 – 2 AZR 171/81, AP Nr. 25 zu § 123 BGB. || 12 BAG 14.12.1979 – 7 AZR 38/78, AP Nr. 4 zu § 119 BGB; *Hönn*, ZfA 1987, 61 (87 f.); aA *Picker*, ZfA 1981, 1 (108 ff.). || 13 BAG 14.10.1975 – 2 AZR 365/74, AP Nr. 4 zu § 9 MuSchG 1968. || 14 BAG 6.10.1962 – 2 AZR 360/61, AP Nr. 24 zu § 9 MuSchG; ErfK/*Müller-Glöge*, § 626 BGB Rz. 12; MüKoBGB/*Henssler*, § 626 Rz. 40; Staudinger/*Preis*, § 626 Rz. 10. || 15 BGH 27.2.1975 – II ZR 77/73, NJW 1975, 1700.

23 **f) c.i.c. (§ 311 II).** Insb. im Fall einer Anfechtung nach § 123 ist auch an einen Schadensersatzanspruch aus § 311 II iVm. § 249 I gerichtet auf Vertragsauflösung zu denken. Das Institut der c.i.c. ist weder durch die Möglichkeit der Anfechtung noch durch § 626 ausgeschlossen[1]. Verlangt werden kann danach aber allenfalls eine Vergütungsanpassung, wenn der ArbN für die Tätigkeit ungeeignet war. Wegen der Grundsätze des faktischen ArbVerh scheidet die rückwirkende Auflösung des ArbVerh aus[2].

24 **g) Aufhebungsvertrag.** Ein Aufhebungsvertrag kann das Dienst- bzw. ArbVerh grds. zu einem beliebigen Zeitpunkt beenden. Bei einer rückwirkenden Vertragsaufhebung ist aber auf die Gefahr einer Umgehung sozialversicherungsrechtl. Bestimmungen hinzuweisen, da die Beitragspflicht entsteht, sobald die im Gesetz bestimmten Voraussetzungen vorliegen, vgl. § 22 SGB IV. Lediglich über streitbefangene Entgeltansprüche kann der ArbN auch mit Wirkung für die SozV-Träger disponieren. Das BAG[3] bringt dies nur unvollkommen zum Ausdruck, wenn es eine rückwirkende Aufhebung des ArbVerh jedenfalls und immer dann für möglich hält, soweit das ArbVerh bereits außer Vollzug gesetzt war.

25 Der Abschluss eines Aufhebungsvertrags ist nicht per se Umgehung zwingenden Kündigungsschutzrechts[4], so dass es dafür keines wichtigen Grundes iSd. § 626 oder der Einhaltung der allg. Kündigungsschutzbestimmungen des § 1 KSchG bedarf. Auch eine BR-Anhörung analog § 102 BetrVG gibt es nicht[5]. Eine **unzulässige Umgehung des § 626** liegt jedoch vor, wenn ein (aufschiebend) bedingter Aufhebungsvertrag als Ersatz für die sonst erforderliche außerordentl. Kündigung geschlossen wird oder bei sonstigen Vertragsgestaltungen, die den Kündigungsgrund antizipieren (auflösend bedingter Dienst- bzw. Arbeitsvertrag)[6]. So wurde eine automatische Auflösung des ArbVerh für unzulässig gehalten bei Urlaubsüberziehung[7], einer bestimmten Note im Berufsschulzeugnis[8], Rückfall eines alkoholabhängigen ArbN[9], Überschreitung einer bestimmten Anzahl krankheitsbedingter Fehltage[10]. Ebenso besteht die Gefahr der Umgehung von Kündigungsbestimmungen, wenn das ArbVerh mit gleichzeitig bedingter Wiedereinstellungszusage aufgelöst wird[11]. Dagegen werden keine schutzwürdigen Interessen des ArbN verletzt, wenn der Abschluss des ArbVerh davon abhängig gemacht wird, ob der ArbN für die vereinbarte Arbeitsleistung nach amtsärztlichem Attest tauglich ist[12]. Zu beachten ist weiter, dass durch den ArbGeb vorformulierte Aufhebungsverträge einer AGB-rechtl. Prüfung unterworfen werden[13].

26 Die Geschäftsgrundlage für einen aus betriebl. Gründen geschlossenen Aufhebungsvertrag mit Abfindung fällt nicht ohne weiteres weg, wenn nach dessen Abschluss zum gleichen Auflösungszeitpunkt auch noch eine verhaltensbedingte ordentl. Kündigung ausgesprochen wird. Der Auflösungsvertrag steht aber unter der konkludenten aufschiebenden Bedingung, dass das ArbVerh bis zum vereinbarten Ende fortbesteht und nicht vorher auf Grund einer außerordentl. Kündigung endet[14].

27 **h) Widerruf der Organstellung (§§ 84 AktG, 38 GmbHG)/Ausschluss als BR- oder Personalratsmitglied (§§ 23 BetrVG, 28 BPersVG).** Bei Organen einer Gesellschaft, insb. bei Vorstandsmitgliedern einer AG sowie GmbH-Geschäftsführern, ist zwischen der Ebene des Anstellungsvertrages und der Bestellung zum Organ zu unterscheiden, vgl. § 84 I 1, 5 und III 1, 5 AktG (Trennungsprinzip). Die Kündigung des Anstellungsvertrages lässt demnach die Organstellung grds. unberührt und umgekehrt[15]. Entsprechendes gilt für den Ausschluss von Amtsträgern nach §§ 23 BetrVG, 28 BPersVG.

28 Bei den Organmitgliedern einer Gesellschaft besteht zwischen Anstellungs- und Bestellungsverhältnis aber eine tatsächliche und rechtl. Verbundenheit[16]. So kann ein Organmitglied die Vergütung allein auf der Grundlage des Anstellungsvertrags verlangen; es wird deshalb sein Amt niederlegen, soweit es an einem wirksamen Anstellungsvertrag fehlt. Umgekehrt kann ein unberechtigter Widerruf der Organstellung das Organmitglied auch zur außerordentl. Kündigung berechtigen. Obwohl auf Grund der Trennung von Anstellungs- und Bestellungsverhältnis § 139 nicht gilt, ergibt sich insoweit eine rechtl. Verbundenheit, als der Inhalt des Anstellungsverhältnisses allg. den Rechten und Pflichten des Vorstands im Rahmen des Bestellungsverhältnisses nicht zuwiderlaufen darf[17]. Auch können Gründe für eine Beendigung des Anstellungsverhältnisses für eine Abberufung herangezogen werden und umgekehrt. So ist zB bei der AG bei einer Beendigung des einen Rechtsverhältnisses auf Grund der gleichzeitigen Zuständigkeit des Aufsichtsrats für die Beendigung des anderen Rechtsverhältnisses immer zu

---

1 MüKoBGB/*Henssler*, § 626 Rz. 41. ||2 LAG Hamm 2.9.1999 – 16 Sa 1235/99, MDR 2000, 282. ||3 BAG 10.12.1998 – 8 AZR 324/97, EzA § 613a BGB Nr. 175. ||4 *Bengelsdorf*, NZA 1994, 193 (196ff.). ||5 BAG 28.6.2005 – 1 ABR 25/04, NZA 2006, 48, Rz. 19. ||6 Staudinger/*Preis*, § 626 Rz. 11. ||7 BAG 19.12.1974 – 2 AZR 565/73, AP Nr. 3 zu § 620 BGB Bedingung. ||8 BAG 5.12.1985 – 2 AZR 61/85, AP Nr. 10 zu § 620 BGB Bedingung. ||9 LAG München 29.10.1987 – 4 Sa 783/87, BB 1988, 348. ||10 LAG BW 15.10.1990 – 15 Sa 92/90, DB 1991, 918. ||11 BAG 13.12.1984 – 2 AZR 294/83 und 25.6.1987 – 2 AZR 541/86, AP Nr. 8 und 14 zu § 620 BGB Bedingung. ||12 LAG Berlin 16.7.1990 – 9 Sa 43/90, LAGE § 620 BGB Bedingung Nr. 2. ||13 BAG 6.9.2007 – 2 AZR 722/06, NZA 2008, 219. ||14 BAG 29.1.1997 – 2 AZR 292/96, AP Nr. 131 zu § 626 BGB. ||15 BGH 20.10.1954 – II ZR 280/53, BGHZ 15, 71 (74); 21.6.1999 – II ZR 27/98, ZIP 1999, 1669; ErfK/*Müller-Glöge*, § 626 BGB Rz. 11. ||16 BGH 24.11.1980 – II ZR 182/79, BGHZ 79, 38 (41 f.); 14.11.1983 – II ZR 33/83, BGHZ 89, 48 (52f.). ||17 BGH 29.5.1989 – II ZR 220/88, NJW 1989, 2683 re. Sp.

prüfen, ob nicht auch eine konkludente Beendigung des anderen Rechtsverhältnisses (dh. der Anstellung oder Bestellung) gewollt war[1].

Der Widerruf der Organstellung oder die Abberufung aus „wichtigem Grund" rechtfertigt aber nicht per se die Kündigung des Anstellungsvertrages nach Maßgabe des § 626[2]. So ist zB bei der AG eine Abberufung eines Vorstandsmitglieds auch bei einem Vertrauensentzug durch die Hauptversammlung zulässig, sollte diese nicht ausnahmsw. aus offenbar unsachlichen Gründen erfolgt sein, vgl. § 84 III AktG. Bei der GmbH ist die hM[3] – sollte eine Abberufung des Geschäftsführers vertragl. nur aus wichtigem Grund zulässig sein – sogar noch etwas strenger, da insoweit eine sachliche Begründung des Vertrauensverlusts verlangt wird. Wie bei der Abberufung eines Vorstandsmitglieds spielen bei der Interessenabwägung aber die Belange der Gesellschaft eine maßgebliche Rolle[4]. 29

Trotz Maßgabe des § 626 für eine Kündigung eines Vorstands der AG ist die Koppelung der Beendigung des Anstellungsvertrages an den Widerruf der Organbestellung im Wege der auflösenden Bedingung zulässig[5] (ggf. unter Einhaltung der Frist des § 622 I 2). Die Grenze für eine Erleichterung der Kündigung ist erst erreicht, wenn mit Hilfe des Anstellungsvertrags die Bestimmungen des Organschaftsverhältnisses ausgehebelt werden könnten, zB weil die Anforderungen für eine Kündigung die Anforderungen des § 84 III 1 AktG unterschreiten. IÜ nimmt § 84 III 5 AktG auf § 626 als Maßstab für eine Kündigung Bezug.

Während bei der Abberufung nach § 84 III AktG die Belange der Gesellschaft im Vordergrund stehen, sind bei der Kündigung des Anstellungsverhältnisses eines Vorstandsmitglieds einer AG nach § 626 die Belange von Gesellschaft und Vorstandsmitglied grds. gleichwertig. Dies rechtfertigt es, bei der Kündigung des Anstellungsvertrags in weitaus stärkerem Maß soziale Erwägungen sowie die Verdienste des Vorstandsmitglieds für die Gesellschaft in der Vergangenheit zu berücksichtigen. Den Belangen des Vorstandsmitglieds sind bei einer verhaltensbedingten Kündigung[6] die Schwere der Pflichtverletzung, der Grad des Verschuldens, die Auswirkungen für das Unternehmen sowie die Wahrscheinlichkeit der Wiederholung der Pflichtverletzung gegenüberzustellen. Bei einer Kündigung aus personenbedingten Gründen (zB § 76 III 2 AktG) kommt es in erster Linie auf die Erheblichkeit des Vorwurfs sowie seine Ursache an. Im Falle einer betriebsbedingten Kündigung[7] ist maßgeblich, inwieweit die Gesellschaft zur Umsetzung der Unternehmensentscheidung alternative Handlungsmöglichkeiten hat. In Betracht kommt schließlich auch eine Verdachtskündigung, wenn durch den Verdacht das Vertrauensverhältnis zerstört wird und deshalb der Gesellschaft eine Fortsetzung des Vertragsverhältnisses unzumutbar ist[8] (vgl. Rz. 2, 34). 30

i) Nichtfortsetzungserklärung gem. § 12 KSchG. Fällt das Gericht im Kündigungsschutzprozess die Entscheidung, dass das ArbVerh fortbesteht, gibt § 12 S. 1 KSchG dem ArbN, der inzwischen ein neues ArbVerh eingegangen ist, das Recht, binnen einer Woche nach der Rechtskraft des Urteils durch Erklärung ggü. seinem alten ArbGeb die Fortsetzung des ArbVerh zu verweigern. Mit dem Zugang der Erklärung erlischt das ArbVerh nach § 12 S. 3 KSchG. 31

Die Frage nach einem außerordentl. Kündigungsrecht nach § 626 stellt sich dann, wenn der ArbN das alte ArbVerh weder nach § 12 S. 1 KSchG auflöst noch, trotz Aufforderung zur Arbeit, die Arbeit beim alten ArbGeb wieder aufnimmt. Das LAG Köln[9] hat in diesem Fall ein außerordentl. Kündigungsrecht verneint, weil der Annahmeverzug des ArbGeb durch den mangelnden Rückkehrwillen des ArbN weggefallen sei, so dass Ersterem auch ein Festhalten am ArbVerh bis zum Ablauf der ordentl. Kündigungsfrist zumutbar ist.

j) Sonstige Beendigungsgründe. Als Gründe, die im Erg. ebenfalls zur sofortigen Beendigung des ArbVerh führen, sind zu nennen: der Tod des ArbN, § 613a I 1 in der Beziehung zum alten ArbGeb, die lösende Aussperrung und die Abkehrerklärung des ArbN bei einer suspendierenden Aussperrung[10]. 32

2. Andere Tatbestände, die zum Wegfall der Leistungspflicht führen. a) Unmöglichkeit. Die anfängliche objektive Unmöglichkeit der Leistungserbringung führt nicht zur Unwirksamkeit des Vertrages. § 275 I stellt klar, dass in allen Fällen der Unmöglichkeit der Leistung der Anspruch auf die Leistung ausgeschlossen ist, ohne dass deswegen die Wirksamkeit des Vertrages entfällt, § 311a I. 33

---

1 Vgl. für den Fall der Abberufung eines Vorstandsmitglieds BGH 26.10.1955 – VI ZR 90/54, BGHZ 18, 334; *Hüffer*, § 84 AktG Rz. 24; für die GmbH: BGH 21.9.1981 – II ZR 1004/80, NJW 1982, 383 (384); MünchGesR/*Marsch-Barner/Diekmann*, Bd. III, § 43 Rz. 81 f.; zurückhaltend (nur wenn klar ist, dass auch der Anstellungsvertrag gekündigt werden sollte) *Roth/Altmeppen*, § 6 GmbHG Rz. 133. ||2 APS/*Dörner*, § 626 BGB Rz. 5; *Eckardt*, Die Beendigung der Vorstands- und Geschäftsführerstellung in Kapitalgesellschaften, 1989, S. 76 ff., 110 mwN. ||3 BGH 25.1.1960 – II ZR 207/57, NJW 1960, 628; Baumbach/Hueck/*Zöllner/Noack*, § 35 GmbHG Rz. 222. ||4 Vgl. *Hüffer*, § 84 AktG Rz. 26; zurückhaltend Baumbach/Hueck/*Zöllner/Noack*, § 38 GmbHG Rz. 12. ||5 BGH 29.5.1989 – II ZR 220/88, NJW 1989, 2683; krit. Bauer/Diller, GmbHR 1998, 809. ||6 Dazu BGH 13.7.1998 – II ZR 131/97, AG 1998, 519. ||7 Dazu BGH 21.4.1975 – II ZR 2/73, WM 1975, 761. ||8 BGH 2.7.1984 – II ZR 16/84, ZIP 1984, 1113; OLG Düss. 8.12.1983 – 8 U 234/82, ZIP 1984, 86 (87). ||9 LAG Köln 13.2.1991 – 7 Sa 48/90, LAGE § 626 BGB Nr. 57; gehalten durch BAG 16.10.1991 – 2 AZR 197/91, nv.; Staudinger/*Preis*, § 626 Rz. 17. ||10 BAG 21.4.1971 – GS 1/68, NJW 1971, 1668; KR/*Fischermeier*, § 626 BGB Rz. 56.

34 b) Suspendierung. Suspendierung meint ein vorläufiges Ruhen/Aussetzen der Hauptleistungspflicht(en) aus dem ArbVerh. Eine Suspendierung sämtlicher Hauptleistungspflichten tritt im Fall eines rechtmäßigen Streiks bzw. einer rechtmäßigen Aussperrung durch die einseitige empfangsbedürftige Willenserklärung des ArbN bzw. ArbGeb, nicht arbeiten bzw. nicht beschäftigen zu wollen, ein.

Die Suspendierung weist nicht nur eine andere Rechtsfolge, sondern auch eine andere Zielrichtung auf als die Kündigung. Sie bezweckt die Unterbindung der Tätigkeit des ArbN, nicht die Beendigung des ArbVerh. Da die Suspendierung ggü. der Kündigung ein milderes Mittel darstellt, kommt sie als Mittel zur (vorübergehenden) Verhinderung einer fristlosen Entlassung in Betracht, wobei der praktische Hauptanwendungsfall in den Bereichen der Verdachtskündigung liegt[1].

35 An ein einseitiges (Gestaltungs-)Recht des ArbGeb, den ArbN von seiner Arbeitspflicht zu suspendieren, sind auf Grund des Beschäftigungsanspruchs des ArbN hohe Anforderungen zu stellen. Nach der Rspr. des BAG[2] darf der ArbGeb den ArbN suspendieren, wenn seine schützenswerten Interessen das Interesse des ArbN an der Weiterbeschäftigung überwiegen. Schützenswerte Interessen des ArbGeb bestehen insb., wenn bei Weiterbeschäftigung des ArbN Schäden drohen, wie der Verrat von Betriebsgeheimnissen oder unzumutbare wirtschaftl. Belastungen des ArbGeb. Sie bestehen auch, wenn dem ArbGeb die Weiterbeschäftigung wegen des Verdachts einer strafbaren Handlung bzw. wegen einer schwerwiegenden Pflichtverletzung des ArbN unzumutbar ist.

36 IV. Unabdingbarkeit. 1. Abs. 1 als zweiseitig zwingendes Recht. a) Keine einzel- und tarifvertragliche Abdingbarkeit. § 626 ist für beide Vertragsteile zwingendes Recht. Das außerordentl. Kündigungsrecht ist unabdingbar[3]. Es kann weder einzelvertragl. noch kollektivvertragl. beseitigt oder eingeschränkt werden[4]. Eine entsprechende Vereinbarung ist unwirksam[5].

§ 626 ist Bestandteil der Berufsausübungsfreiheit (Art. 12 GG), die ohne eine entsprechende Regelung massiv berührt wäre, da dann einer der Arbeitvertragsparteien uU Unzumutbares abverlangt werden könnte[6]. Konkret geht es um die Frage eines zulässigen (Teil-)Verzichts über Grundrechtspositionen[7]. Erweiterungen des § 626 wiederum tangieren den gesetzl. Kündigungsschutz nach dem KSchG und unterlaufen gesetzl. festgelegte Kündigungsfristen (§ 622 IV)[8].

Die Unabdingbarkeit des Rechts zur außerordentl. Kündigung gilt auch für tarifvertragl. Regelungen. Daraus ergibt sich zB, dass eine tarifvertragl. vereinbarte Unkündbarkeit von ArbN allein die ordentl. Kündigung, nicht jedoch die außerordentl. Kündigung betrifft[9].

37 b) Abgrenzung zum zulässigen Verzicht und zur zulässigen Verzeihung. Von dem (vorherigen) Ausschluss des Kündigungsrechts ist der nachträgliche **Verzicht** auf die Kündigungsbefugnis zu unterscheiden. Der Kündigungsberechtigte kann zwar nicht von vornherein verzichten, das ArbVerh beim Vorliegen eines wichtigen Grundes außerordentl. zu kündigen[10]. Er kann aber davon absehen, ein auf bestimmte Gründe gestütztes und bereits konkret bestehendes Kündigungsrecht auszuüben[11]. Entsprechendes gilt für die Verzeihung (vgl. Rz. 55ff.).

38 2. Verbot der unzumutbaren Erschwerung/Einschränkung des Kündigungsrechts. Aus der Unabdingbarkeit des außerordentl. Kündigungsrechts folgt auch die Unzulässigkeit von Kündigungserschwerungen, die in der Wirkung einem Ausschluss des Kündigungsrechts gleichkommen, also Regelungen, die bei Vorliegen der Voraussetzungen des § 626 die Kündigung unzumutbar erschweren[12].

39 a) Arbeitsvertrag. aa) Eine (unzulässige) Einschränkung und eine (uU zulässige) Erschwerung des Kündigungsrechts unterscheiden sich prinzipiell darin, dass eine Einschränkung zu einem partiellen Ausschluss der Kündigungsmöglichkeit führt. Dagegen lassen sich Erschwerungen mit dem nötigen Aufwand überwinden. Einschränkungen und Erschwerungen überschneiden sich, wenn es nur eine Frage des finanziellen Einsatzes ist, ob das ArbVerh aufgelöst werden kann. Dann tendiert die Rspr.[13] dazu, diese Frage als Abgrenzungsproblem zwischen einer unzulässigen unzumutbaren und einer zulässigen zumutbaren Erschwerung des Kündigungsrechts zu behandeln.

40 Danach ist es grds. unzumutbar, die Ausübung des außerordentl. Kündigungsrechts von der Zahlung einer Vertragsstrafe, einer Abfindung, der Fortzahlung des Gehalts oder der Rückzahlung von Urlaubsentgelt und Urlaubsgeld abhängig zu machen[14]. Dagegen ist eine Vereinbarung des Inhalts zulässig, dass nur der ArbGeb persönlich (also kein Vertreter) das außerordentl. Kündigungsrecht ausüben

---

1 Staudinger/*Preis*, § 626 Rz. 15. ‖ 2 BAG 15.6.1972 – 2 AZR 345/71, AP Nr. 7 zu § 628 BGB; 27.2.1985 – GS 1/84, NJW 1985, 2968. ‖ 3 BAG 6.11.1956 – 3 AZR 42/55 und 11.7.1958 – 1 AZR 366/55, AP Nr. 14 und 27 zu § 626 BGB; KR/*Fischermeier*, § 626 BGB Rz. 57. ‖ 4 BAG 25.6.1987 – 2 AZR 541/86, EzA § 620 BGB Nr. 8; 15.3.1991 – 2 AZR 516/90, AP Nr. 2 zu § 47 BBiG. ‖ 5 BAG 18.12.1961 – 5 AZR 104/61, DB 1962, 275; 5.6.2008 – 2 AZR 984/06, DB 2009, 123 Rz. 29. ‖ 6 APS/*Dörner*, § 626 BGB Rz. 6ff.; *Papier*, RdA 1989, 140. ‖ 7 Vgl. KR/*Fischermeier*, § 626 BGB Rz. 58. ‖ 8 MüKoBGB/*Henssler*, § 626 Rz. 48. ‖ 9 BAG 5.2.1998 – 2 AZR 227/97, AP Nr. 143 zu § 626 BGB. ‖ 10 BAG 28.10.1971 – 2 AZR 15/71, AP Nr. 62 zu § 626 BGB. ‖ 11 BAG 5.5.1977 – 2 AZR 297/76, NJW 1978, 723; *Ascheid*, Kündigungsschutzrecht, Rz. 106. ‖ 12 BAG 18.12.1961 – 5 AZR 104/61 und 8.8.1963 – 5 AZR 395/62, DB 1962, 275; 1963, 1543; KR/*Fischermeier*, § 626 BGB Rz. 64ff. ‖ 13 Vgl. BAG 8.8.1963 – 5 AZR 395/62, DB 1963, 1543. ‖ 14 BAG 6.9.1989 – 5 AZR 586/86, AP Nr. 27 zu § 622 BGB.

darf¹. Zulässig ist auch die Übernahme eines erhöhten Betriebsrisikos durch den ArbGeb (Arbeitsvertrag auf Lebenszeit des ArbGeb, trotz voraussehbaren Wegfalls des Arbeitsbedarfs²; befristete Einstellung für eine Saison/Jahr³) oder die Erweiterung des Kündigungsschutzes auf den Konzern (unten Rz. 196).

bb) Eine unzumutbare Kündigungserschwerung ergibt sich nicht schon aus internen Regelungen des ArbGeb, zB wenn interne gesellschaftsrechtl. Bindungen bestehen bzw. solche arbeitsvertragl. modifiziert werden. So kann im Arbeitsvertrag zwischen einer GmbH und einem Gesellschafter, der zugleich deren ArbN ist, wirksam vereinbart werden, dass zu seiner Kündigung die vorherige Zustimmung der Gesellschafterversammlung erforderlich ist⁴.

Überschritten ist die Grenze des Zulässigen, wenn die Kündigung von der Zustimmung eines Dritten und damit nicht nur von einer gesellschaftsinternen Mitwirkung anderer Gesellschafter abhängig gemacht wird. Daran fehlt es, wenn die Entscheidung des Dritten von einer Schiedsstelle überprüft und die Versagung der Zustimmung ersetzt werden kann⁵.

cc) Soweit es sich um eine zulässige interne Bindung des ArbGeb handelt, ist deren Verletzung im Rahmen eines Kündigungsschutzprozesses zu beachten.

b) Gesetz. Erschwerungen des außerordentl. Kündigungsrechts finden sich in Form gesetzlich notwendiger Zustimmungen zur Kündigung. Sie sind durchwegs zulässig, da eine etwaige Versagung vor Gericht überprüft werden kann, zB § 9 III MuSchG, §§ 85, 91 SGB IX sowie §§ 102 VI⁶, 103 BetrVG.

c) Tarifvertrag. Soweit sich die Erschwerung des außerordentl. Kündigungsrechts aus einem TV ergeben soll, ist jeweils genau darauf zu achten, ob sich diese auf eine in ihren Auswirkungen bewusste und freie Willensbildung zurückführen lässt. Nur dann ist eine solche Regelung zulässig. Einer einzelvertragl. Regelung ist insoweit auf Grund ihrer Eigenständigkeit und Individualität größeres Gewicht beizumessen als tarifvertragl. Bindungen dieser Art⁷.

aa) Teilweise behilft man sich mit einer restriktiven Auslegung des TV. Ebenso wie eine pauschale tarifl. Regelung, die den ArbN für unkündbar erklärt, die außerordentl. Kündigung nicht erfasst (vgl. Rz. 36), schließt eine tarifl. Regelung, die eine außerordentl. Kündigung des ArbN explizit nur „aus wichtigen, in seiner Person und seinem Verhalten liegenden Gründen" vorsieht, eine betriebsbedingte außerordentl. Kündigung mit Auslauffrist aus⁸.

bb) Des Weiteren kann eine unzumutbare Erschwerung des Rechts zur außerordentl. Kündigung darin bestehen, dass in Arbeits- oder TV abschließend festgelegt wird, welche Gründe im Einzelnen zur außerordentl. Kündigung berechtigen sollen⁹. Soweit damit negativ eine Kündigung in anderen als den vorgesehenen Fällen ausgeschlossen werden soll, fehlt es am Hinweis auf eine hinreichend bewusste Willensbildung. Spielraum aber besteht für eine Einschränkung der freien Unternehmerentscheidung als Auslöser für eine betriebsbedingte Kündigung¹⁰ (vgl. zur Rechtslage ohne bestehende Regelung Rz. 194).

cc) Weiter kann ein ArbN auch nicht in besonderen Situationen von seinen arbeitsvertragl. (Neben-)Pflichten befreit werden. So sind Tarifklauseln, die bereits im Hinblick auf künftige Arbeitskämpfe spätere Kündigungen ohne Differenzierung auch beim Vorliegen eines wichtigen Grundes ausschließen wollen, wegen Verletzung des § 626 unwirksam¹¹.

dd) Trotz Bestandsschutzregelungen (§ 34 II 2 TvöD/TV-L) ergibt sich nach hM¹² aus § 55 II BAT keine Beschränkung des Rechts zur außerordentl. betriebsbedingten Kündigung mehr. Die Besitzstandsregelungen haben die besonderen Einschränkungen des § 55 II BAT nicht erfasst und die bloße Bezeichnung des ArbVerh als „unkündbar" genügt hierfür nicht (vgl. Rz. 45). Dies wird aus dem Willen der TV-Parteien abgeleitet, das Tarifrecht der Angestellten im öffentl. Dienst vom Beamtenrecht zu lösen. Die Bedeutung der Besitzstandsklausel in § 34 II 2 TVöD/TV-L beschränkte sich damit auf die Fortgeltung der alten Regelung des § 52 I BMT-G, der Arbeiter im Bereich der kommunalen ArbGebVerbände schon dann für unkünbar erklärte, wenn sie – auch ohne das 40. LJ vollendet zu haben – eine Beschäftigungszeit von 15 Jahren aufweisen.

3. Erweiterungen des Rechts zur außerordentlichen Kündigung. Erweiterungen des außerordentl. Kündigungsrechts durch Arbeits- oder TV sind unzulässig, soweit sie den Begriff des wichtigen Grundes an sich (vgl. Rz. 125 ff.) betreffen¹³. Solche Regelungen können aber auf die Interessenabwägung

---

1 BAG 9.10.1975 – 2 AZR 332/74, DB 1976, 441. || 2 BAG 25.3.2004 – 2 AZR 153/03, AP Nr. 60 zu § 138 BGB. || 3 BAG 7.3.2002 – 2 AZR 173/01, NZA 2002, 963. || 4 BAG 28.4.1994 – 2 AZR 730/93 und 11.3.1998 – 2 AZR 287/97, AP Nr. 117 und 144 zu § 626 BGB. || 5 BAG 6.11.1956 – 3 AZR 42/55, AP Nr. 14 zu § 626 BGB. || 6 BAG 6.11.1956 – 3 AZR 42/55, AP Nr. 14 zu § 626 BGB; KR/*Fischermeier*, § 626 BGB Rz. 64. || 7 BAG 25.3.2004 – 2 AZR 153/03, AP Nr. 60 zu § 138 BGB. || 8 BAG 17.9.1998 – 2 AZR 419/97, AP Nr. 148 zu § 626 BGB; ErfK/*Müller-Glöge*, § 626 BGB Rz. 194, 196. || 9 KR/*Fischermeier*, § 626 BGB Rz. 66. || 10 Vgl. *Preis/Hamacher*, FS 50 Jahre Arbeitsgerichtsbarkeit Rh.-Pf., 1999, S. 245, 253 ff. || 11 *Konzen*, ZfA 1980, 77 (114); KR/*Fischermeier*, § 626 BGB Rz. 60. || 12 BAG 27.11.2008 – 2 AZR 757/07, NZA 2009, 481; 28.10.2010 – 2 AZR 688/09, NZA-RR 2010, 155. || 13 BAG 24.6.2004 – 2 AZR 656/02, ZTR 2005, 260.

Einfluss haben (vgl. Rz. 53). Finden sich solche Vereinbarungen in einem TV, kann es sich zudem um zulässige Regelungen der ordentl. Kündigungsmöglichkeit handeln.

50 **a) Arbeitsvertrag.** Das Recht zur außerordentl. Kündigung kann im Arbeitsvertrag nicht über das gesetzl. Maß hinaus erweitert werden[1], da die Festlegung bestimmter Tatbestände als wichtige Gründe über den durch § 626 gesetzten Rahmen hinaus eine Umgehung der in § 622 zwingend festgelegten Mindestkündigungsfristen ermöglichen würde.

51 **b) Tarifvertrag.** An sich nicht geeignete Entlassungstatbestände können durch TV nicht zum wichtigen Grund iSd. § 626 erhoben werden[2]. Da die TV-Parteien jedoch gem. § 622 IV unter Berücksichtigung des § 622 VI nicht an die gesetzl. Mindestkündigungsfristen gebunden sind, ist es zulässig, im TV für beide Seiten geltende, besondere Kündigungsgründe als sog. minder wichtige Gründe für Kündigungen festzulegen, die entfristet oder mit kürzeren Kündigungsfristen erfolgen können[3]. Bei einer tarifl. erlaubten „außerordentl." Kündigung von an sich unkündbaren ArbN aus bestimmten „wichtigen Gründen" kann es sich in der Sache also um eine ausnahmsw. zulässige entfristete oder befristete ordentl. Kündigung handeln[4].

52 Voraussetzung hierfür ist nach dem BAG[5] aber, dass die TV-Parteien in ihrer Regelung auch zum Ausdruck gebracht haben, dass sie den verwendeten Begriff des „wichtigen Grundes" nicht iSd. § 626 verstanden haben, mithin also keine Modifikation der außerordentl., sondern eine Regelung der ordentl. Kündigung treffen wollten. Sollte es daran fehlen, sind die spezifizierten wichtigen Gründe am Maßstab des § 626 zu messen.

53 **c) Auswirkungen auf die Interessenabwägung.** Mit einer arbeitsvertragl. Vereinbarungen über die Anerkennung von bestimmten Gründen als wichtige Gründe geben die Parteien zu erkennen, dass ihnen diese Umstände unter Berücksichtigung der Eigenart des jeweiligen ArbVerh als Gründe für die vorzeitige Beendigung besonders wichtig erscheinen[6]. Eine Auflistung derartiger Gründe kann und muss dann Auswirkungen auf die Interessenabwägung haben, wenn hierdurch eine Abmahnung entbehrlich erscheint, da dem ArbN bewusst sein musste, dass er durch ein solches Verhalten den Bestand seines ArbVerh aufs Spiel setzt. Damit diese vorgeregelten Verhaltensweisen einen gewichtigen Einfluss auf die Interessenabwägung haben können, ist also einmal Voraussetzung, dass es sich um ein Verhalten handelt, das für das ArbVerh objektiv von besonderer Bedeutung ist (zB Verletzung von spezifischen Sicherheitsvorschriften). Weiter muss es sich um ein für den ArbN leicht steuerbares Verhalten handeln, damit der ArbN seine Handlungen tatsächlich in jeder Phase seines ArbVerh daran orientieren kann. Zudem kann einem solchen Katalog von wichtigen Gründen nur dann die notwendige, vorgezogene Warnfunktion zukommen, wenn es sich um eine leicht überschaubare Anzahl von Pflichen handelt.

54 **4. Verzicht und Verzeihung. a) Verzicht.** Ein Verzicht auf das Recht zur außerordentl. Kündigung im Voraus ist nicht zulässig[7]. Der Kündigungsberechtigte darf aber bei Kenntnis des Sachverhalts, der den wichtigen Grund ausmacht, also nach Entstehung des Kündigungsrechts, auf sein Kündigungsrecht verzichten[8]. Der Verzicht muss ausdrücklich oder konkludent durch eine empfangsbedürftige Willenserklärung des Kündigungsberechtigten erfolgen[9]. Insb. wird auf eine außerordentl. Kündigung konkludent verzichtet, wenn gestützt auf den betreffenden Sachverhalt nur eine ordentl. Kündigung oder eine (die Sache abschließende) Abmahnung ausgesprochen wird[10].

55 **b) Verzeihung.** Vom Verzicht wird die Verzeihung unterschieden. Eine Verzeihung liegt vor, wenn der Kündigungsberechtigte ausdrücklich oder konkludent zu erkennen gibt, dass er einen bestimmten Sachverhalt nicht zum Anlass einer Kündigung nehmen will. Es handelt sich dann nicht um ein Rechtsgeschäft, sondern ein tatsächliches Verhalten, das den Kündigungsgrund entfallen lässt. Es gilt dann das Verbot widersprüchlichen Verhaltens[11].

56 Entgeltfortzahlung seitens des ArbGeb trotz Verdachts vorgetäuschter Arbeitsunfähigkeit stellt keine Verzeihung dar[12]. Ein betriebsbedingter Grund kann allenfalls verwirkt werden[13].

Das BAG[14] verlangt für die Annahme einer Verzeihung bzw. eines Verzichts vor Ablauf der Frist des Abs. 2, dass der Kündigungsberechtigte seine Bereitschaft zur Fortsetzung des ArbVerh eindeutig zu erkennen gibt. Da mit Ablauf der Frist des Abs. 2 ohnehin Verwirkung eintritt, hat die Verzeihung (so-

---

1 BAG 17.4.1956 – 2 AZR 340/55 und 22.11.1973 – 2 AZR 580/72, AP Nr. 8 und 67 zu § 626 BGB; Erman/*Belling*, § 626 Rz. 19. ||2 BAG 12.4.1978 – 4 AZR 580/76, DB 1978, 2180. ||3 BAG 19.1.1973 – 2 AZR 103/72, DB 1973, 627. ||4 KR/*Fischermeier*, § 626 BGB Rz. 70f. ||5 BAG 12.9.1974 – 2 AZR 535/73, AP Nr. 1 zu § 44 TV AL II; 29.8.1991 – 2 AZR 59/91, AP Nr. 58 zu § 102 BetrVG 1972. ||6 BAG 22.11.1973 – 2 AZR 580/72, AP Nr. 67 zu § 626 BGB; BGH 7.7.1988 – I ZR 78/87, EzA § 626 BGB nF Nr. 117. ||7 BAG 28.10.1971 – 2 AZR 15/71, AP Nr. 62 zu § 626 BGB; ErfK/*Müller-Glöge*, § 626 BGB Rz. 195. ||8 BAG 5.5.1977 – 2 AZR 297/76, NJW 1978, 723; *Ascheid*, Kündigungsschutzrecht, Rz. 106. ||9 KR/*Fischermeier*, § 626 BGB Rz. 62. ||10 BAG 31.7.1986 – 2 AZR 559/85, RzK I 8c Nr. 10; 6.3.2003 – 2 AZR 128/02, NZA 2003, 1388; *Ascheid*, Kündigungsschutzrecht, Rz. 106; aA (Abmahnung sperrt Kündigung nicht) *v. Hase*, NJW 2002, 2278 (2280). Kein Verzicht, wenn der ArbGeb nur in Verkennung eines (tarif-)vertragl. Ausschlusses der ordentl. Kündigung fristgerecht kündigen wollte: BAG 5.2. 1998 – 2 AZR 227/97, AP Nr. 143 zu § 626 BGB. ||11 LAG BW 12.4.1967 – 4 Sa 29/67, DB 1967, 999. ||12 BAG 6.9.1990 – 2 AZR 162/90, EzA § 1 KSchG Verdachtskündigung Nr. 1. ||13 BAG 25.2.1988 – 2 AZR 500/87, RzK I 5c Nr. 26. ||14 BAG 28.10.1971 – 2 AZR 15/71, AP Nr. 62 zu § 626 BGB; KR/*Fischermeier*, § 626 BGB Rz. 62.

weit sie nicht mit einem Kündigungsverzicht verbunden ist; s.o. Rz. 54) im Bereich der außerordentl. Kündigung nur geringe Bedeutung.

V. Vorliegen eines „wichtigen Grundes". 1. Allgemeines. a) Unbestimmter Rechtsbegriff. Der Begriff des „wichtigen Grundes" in Abs. 1 stellt einen unbestimmten Rechtsbegriff dar, § 626 ist eine Generalklausel[1]. Dies begegnet einerseits verfassungsrechtl. Bedenken auf Grund Unbestimmtheit, andererseits eröffnet dies aber die Möglichkeit, den Grundrechten Geltung im Privatrecht zu verschaffen. Die außerordentl. Kündigung tangiert die Berufsfreiheiten (Art. 12 I GG) des ArbN und des privaten ArbGeb, zwischen denen praktische Konkordanz herzustellen ist[2]. 57

b) Zwei-Stufen-Prüfung. Nach der Rspr. des BAG[3] ist das Vorliegen eines wichtigen Grundes in einer zweistufigen Prüfung zu bestimmen. Der Sachverhalt muss zunächst an sich geeignet sein, einen wichtigen Grund zur Kündigung abzugeben. Sodann wird in einer konkreten Interessenabwägung anhand der Umstände des Einzelfalles (und des Prinzips der Verhältnismäßigkeit) geprüft, ob die Kündigung gerechtfertigt ist. Dahinter steht die Vorstellung, dass der Prüfungsaufbau dadurch entzerrt werden kann, indem auf der ersten Ebene die Bildung von Fallgruppen hinsichtlich generell geeigneter Fälle erfolgt. Sie hat aber nichts mit der beschränkt revisiblen Überprüfung der individuellen Zumutbarkeitsprüfung zu tun. Auch das BAG überprüft anhand aller Einzelheiten (Tatsachen), ob der festgestellte Lebenssachverhalt sich mit dem Tatbestandssachverhalt deckt und damit „in abstracto" einen wichtigen Grund bilden kann[4]. 58

Die erste Ebene der Prüfung dient letztlich nur dazu, Bagatellfälle, auch wenn sie arbeitsvertragl. Pflichtverletzungen darstellen, von vornherein als wichtige Gründe auszuschließen. Da in diesen Fällen ein vernünftiger ArbGeb aber in aller Regel nicht an eine außerordentl. Kündigung denken wird, war und ist die Interessenabwägung als zweite Stufe der Prüfung in der Praxis oft alleiniger Ort der Entscheidungsfindung. Letztere ist, wie sich anh. der Emmely-Entscheidung[5] belegen lässt, sehr komplex. Es ist hierzu in mehreren **in sich verzahnten Unterpunkten** abzuwägen, ob im Rahmen einer Gesamtwürdigung das Interesse des ArbGeb an der sofortigen Beendigung des ArbVerh das Interesse des ArbN an dessen Fortbestand überwiegt. Hinzu kommt die Prüfung, ob es dem Kündigenden unter Berücksichtigung des begangenen Pflichtverstoßes zumutbar erscheint, die Kündigungsfrist einzuhalten[6] bzw., ob eine für die Kündigung erforderliche Abmahnung ausgesprochen wurde, ob diese ausnahmsweise entbehrlich war sowie alternative Weiterbeschäftigungsmöglichkeiten. Sämtliche aufgezählte Fragen werden hierbei durch die allg. Interessenabwägung (dazu noch unten Rz. 71 ff.) überlagert, so dass die (Unter-)Prüfungspunkte nicht jeweils für sich abgehandelt werden können[7]. 59

c) Kein absoluter Kündigungsgrund. Es gibt im Rahmen des § 626 keine absoluten, dh. unbedingten Kündigungsgründe[8]. Bestimmte Sachverhalte können also nicht stets als wichtiger Grund iSd. § 626 angesehen werden. Dies ergibt sich aus dem Erfordernis, die Besonderheiten des Einzelfalles umfassend zu berücksichtigen[9]. Deshalb muss auch bei einem als wichtiger Grund grds. geeigneten Umstand stets eine Abwägung aller für und gegen die Auflösung des ArbVerh sprechenden Umstände erfolgen[10]. 60

d) Gebot der Rechtssicherheit. Das Erfordernis, alle Umstände des Einzelfalles zu berücksichtigen und die jeweiligen Interessen beider Vertragsteile abzuwägen, dient der Einzelfallgerechtigkeit und beeinträchtigt zwangsläufig die Rechtssicherheit. Trotz Fallgruppenbildung gelangt das BAG damit nicht über eine Systematisierung des Einzelfalls hinaus[11]. Erst aus der Zusammenschau der Rspr. ergeben sich klarere, wenn auch nur schwer abstrakt fassbare Richtlinien. 61

e) Stufenverhältnis zur ordentlichen Kündigung. Eine abstrakte Konkretisierung des Merkmals des „wichtigen Grundes" ergibt sich aus dem Stufenverhältnis zur ordentl. Kündigung. Deshalb muss eine außerordentl. Kündigung jedenfalls dann unwirksam sein, wenn sie, als ordentl. Kündigung gedacht, gegen die Bestimmungen des KSchG verstoßen würde[12]. 62

Eine solche Hilfserwägung kann aber nur in einfachen Fällen und nur dann zu einer Entscheidungserleichterung führen, wenn die Unwirksamkeit der Kündigung festgestellt werden soll. Unabdingbar bleibt in jedem Fall eine eigenständige Interessenabwägung[13]. Noch weniger geeignet sind die Kriterien für eine ordentl. Kündigung zur Bestimmung eines geeigneten Grundes im Rahmen der außerordentl. Kündigung.

---

1 APS/*Dörner*, § 626 BGB Rz. 21; *Ascheid*, Kündigungsschutzrecht, Rz. 113, spricht von § 626 als Blankettnorm. ‖ 2 ErfK/*Müller-Glöge*, § 626 BGB Rz. 14. ‖ 3 BAG 17.5.1984 – 2 AZR 3/83, NJW 1985, 284; 27.4.2006 – 2 AZR 386/05, NJW 2006, 2939; *Dütz*, NJW 1990, 2025 (2030 f.); krit. *Ascheid*, Kündigungsschutzrecht, Rz. 125 ff.; MünchArbR/*Wank*, § 120 Rz. 37; *Rüthers*, NJW 1998, 1433 ff. ‖ 4 *Ascheid*, Kündigungsschutzrecht, Rz. 124. ‖ 5 BAG 10.6.2010 – 2 AZR 541/09, NJW 2011, 167. ‖ 6 BAG 10.6.2010 – 2 AZR 541/09, NJW 2011, 167, Rz. 35; aA APS/*Dörner*, § 626 BGB Rz. 21, 23; *Ascheid*, Kündigungsschutzrecht, Rz. 113, die in dem Begriff der Unzumutbarkeit neben der zweistufigen Prüfung keinen eigenen Regelungsgehalt sehen. ‖ 7 KR/*Fischermeier*, § 626 BGB Rz. 84. ‖ 8 BAG 30.5.1978 – 2 AZR 630/76 und 15.11.1984 – 2 AZR 613/83, AP Nr. 70, 87 zu § 626 BGB; ErfK/*Müller-Glöge*, § 626 BGB Rz. 40. ‖ 9 APS/*Dörner*, § 626 BGB Rz. 56. ‖ 10 KR/*Fischermeier*, § 626 BGB Rz. 81. ‖ 11 Vgl. einerseits ErfK/*Müller-Glöge*, § 626 BGB Rz. 15; KR/*Fischermeier*, § 626 BGB Rz. 82; andererseits (krit.) MüKoBGB/*Henssler*, § 626 Rz. 76 ff. ‖ 12 BAG 20.1.2000 – 2 ABR 40/99, AP Nr. 40 zu § 103 BetrVG 1972; *Herschel*, BB 1982, 253 f. ‖ 13 KR/*Fischermeier*, § 626 BGB Rz. 101.

63 **f) Prognoseprinzip.** Konkretisiert werden die anzuwendenden Kriterien durch das Prognoseprinzip[1]. Danach kann ein Sachverhalt nur dann einen wichtigen Grund für die außerordentl. Kündigung abgeben, wenn er sich künftig konkret nachteilig auf das ArbVerh auswirkt[2].

Zumeist unproblematisch ist dabei das Erfordernis der konkreten Beeinträchtigung. Diese ergibt sich grds. bei jeder Verletzung einer vertragl. Haupt- oder Nebenpflicht, da mit ihr regelmäßig auch eine Störung des arbeitsrechtl. Austauschverhältnisses einhergeht[3].

Dagegen ist die Frage, ob eine Auswirkung auch in Zukunft zu befürchten ist, komplexer. Allg. wird sich eine negative Zukunftsprognose bei einer verhaltensbedingten Kündigung ergeben, wenn eine Wiederholungsgefahr besteht oder das vergangene Ereignis sich auch künftig belastend auswirkt[4]. Eine Wiederholungsgefahr resultiert dabei regelmäßig aus der Nichtbeachtung einer Abmahnung[5]. Eine unabhängig von einer Wiederholungsgefahr bestehende negative Prognose ergibt sich, wenn die Grundlage für eine Fortsetzung des ArbVerh unwiderruflich zerstört ist[6].

64 Treten die nachteiligen Auswirkungen zwar nicht sofort ein, ist aber deren Eintritt zu einem bestimmten späteren Zeitpunkt vor einer möglichen ordentl. Beendigung des ArbVerh absehbar, muss die außerordentl. Kündigung schon vorab in der Frist des Abs. 2 ausgesprochen werden. Die Kündigung wirkt dann erst zu dem besagten späteren Zeitpunkt[7].

65 **g) Problem mehrerer Kündigungssachverhalte. aa) Gruppenbildung.** Genügt ein vorhandener einzelner Grund zur Begründung der außerordentl. Kündigung noch nicht, ist es möglich eine beschränkte Gesamtbetrachtung vorzunehmen. Nach ganz hM[8] können dabei aber nur gleichartige Gründe zu einem wichtigen Grund zusammengefasst werden. Dh., die Kündigungssachverhalte sind wie bei einer ordentl. Kündigung in personen-, verhaltens- und betriebsbedingte Gründe einzuteilen.

66 Strittig[9] und vom BAG[10] noch nicht entschieden ist, ob darüber hinaus in Ausnahmefällen von der isolierten Betrachtung der Gruppen von Kündigungsgründen abgewichen werden kann. So wenn die Voraussetzungen für eine verhaltensbedingte Kündigung geringfügig verfehlt werden und zudem die Erfordernisse für eine personen- oder betriebsbedingte Kündigung „nur knapp" nicht erfüllt sind. Hier bietet sich insoweit ein Mittelweg an, als man eine Bündelung der aus der Sphäre des ArbN stammenden personen- und verhaltensbedingten Gründe für zulässig hält[11]. Keinen zusätzlichen Ausschlag können dagegen betriebsbedingte Gründe geben, da es der ArbGeb ansonsten in der Hand hätte, durch eine entsprechende Unternehmerentscheidung die Anforderungen an eine außerordentl. Kündigung zu manipulieren.

67 **bb) Einhaltung der Frist zum Ausspruch der Kündigung.** Massive Einschränkungen der sachgruppenbezogenen bzw. sachgruppenübergreifenden Gesamtbetrachtung der Kündigungssachverhalte ergeben sich daraus, dass das BAG[12] eine Einbeziehung bekannter, älterer Kündigungsgründe nur zulässt, wenn zwischen verfristeten (Abs. 2!) und nichtverfristeten Sachverhalten ein „enger sachlicher (innerer) Zusammenhang" besteht (zum Begriff s. Rz. 107). Dh., der neuerliche, noch nicht verfristete Kündigungsanlass muss ein letztes Glied in einer Kette gleichartiger Kündigungssachverhalte bilden. Gleiches gilt für verziehene oder verwirkte Kündigungsgründe[13].

68 Der hieran geübten Kritik[14] ist zuzugeben, dass das Erfordernis des inneren Zusammenhangs zu erheblichen Einschränkungen führt. Die Ausschlussfrist des Abs. 2 bezieht sich auch nicht auf den einzelnen Kündigungsgrund, sondern auf die Ausübung des Gestaltungsrechts. Dagegen ist der Rspr. darin zuzustimmen, dass die Frist des Abs. 2 Makulatur wäre, wenn jeder unerhebliche Grund zum Wiederaufleben sämtlicher früherer Verfehlungen des ArbN führen könnte. Richtschnur sollte deshalb sein, dass die neuerlichen Gründe umso schwerer wiegen müssen, je weiter sie sich von verfristeten Gründen unterscheiden, um mit Letzteren zusammen einen wichtigen Grund für die Auflösung des ArbVerh zu begründen.

---

1 APS/*Dörner*, § 626 BGB Rz. 26; ErfK/*Müller-Glöge*, § 626 BGB Rz. 19; abl. *Rüthers*, NJW 1998, 1433 ff. || 2 BAG 9.3.1995 – 2 AZR 497/94 und 21.11.1996 – 2 AZR 357/95, AP Nr. 123, 130 zu § 626 BGB; *Bitter/Kiel*, RdA 1995, 2635; *Preis*, Prinzipien, S. 224 ff.; aA *Adam*, ZTR 1999, 297; *Heinze*, FS Söllner, 1990, S. 63 (69). || 3 BAG 17.1.1991 – 2 AZR 375/90, NJW 1991, 1906; KR/*Fischermeier*, § 626 BGB Rz. 110. || 4 BAG 10.11.1988 – 2 AZR 215/88 und 16.8.1991 – 2 AZR 604/90, AP Nr. 3, 27 zu § 1 KSchG 1969 Abmahnung; 21.11.1996 – 2 AZR 357/95, NJW 1997, 2195; APS/*Dörner*, § 626 BGB Rz. 26. || 5 *Bengelsdorf*, SAE 1992, 136; Erman/*Belling*, § 626 Rz. 47; KR/*Fischermeier*, § 626 BGB Rz. 111. || 6 APS/*Dörner*, § 626 BGB Rz. 27; *Preis*, Prinzipien, S. 336; *Willemsen*, Anm. zu BAG EzA § 626 BGB nF Nr. 116. || 7 BAG 14.3.1968 – 2 AZR 197/67, AP Nr. 2 zu § 72 HGB; 13.4.2000 – 2 AZR 259/99, NZA 2001, 277. || 8 BAG 10.12.1992 – 2 AZR 271/92, AP Nr. 41 zu Art. 140 GG; *Ascheid*, Kündigungsschutzrecht, Rz. 225; ErfK/*Müller-Glöge*, § 626 BGB Rz. 21; KR/*Fischermeier*, § 626 BGB Rz. 246; *Wank*, RdA 1993, 79 (88). || 9 Dafür HAS/*Popp*, § 19 B Rz. 241; KR/*Fischermeier*, § 626 BGB Rz. 248; dagegen *Rüthers/Henssler*, ZfA 1988, 33; HAS/*Preis*, § 19 f. Rz. 21, 31 ff. || 10 Offen gelassen von BAG 10.12.1992 – 2 AZR 271/92, AP Nr. 41 zu Art. 140 GG. || 11 v. *Hoyningen-Huene/Linck*, § 1 KSchG Rz. 169 ff.; KR/*Fischermeier*, § 626 BGB Rz. 248; *Wank*, RdA 1993, 88. || 12 BAG 10.4.1975 – 2 AZR 113/74, AP Nr. 7 zu § 626 BGB Ausschlussfrist; 10.12.1992 – 2 ABR 32/92, AP Nr. 4 zu § 87 ArbGG 1979. || 13 KR/*Fischermeier*, § 626 BGB Rz. 250. || 14 APS/*Dörner*, § 626 BGB Rz. 123; *Stahlhacke/Preis/Vossen*, Rz. 605.

h) Mischtatbestände. Kann ein einheitlicher Kündigungssachverhalt nicht eindeutig und zweifelsfrei dem Tatbestand einer verhaltens-, personen- oder betriebsbedingten Kündigung zugeordnet werden, spricht man von einem sog. Mischtatbestand[1]. Denkbar ist dies zB in dem Fall, dass ein ArbN durch schuldhaftes Verhalten einen Brand im Betrieb verursacht und dadurch ua. auch sein Arbeitsplatz vernichtet wird[2]. 69

Das BAG[3] hat insoweit schon offen gelassen, ob derartige Sachverhalte immer ausschließl. einer der drei gesetzl. geregelten Gruppen von Kündigungstatbeständen zugerechnet werden müssen. Grundsätzlich aber entnimmt das BAG[4] in einem solchen Fall den Prüfungsmaßstab aus dem Bereich, aus dem die Störung primär stammt, bzw. danach, was als wesentliche Ursache anzusehen ist. 70

Fischermeier[5] hat in diesem Zusammenhang darauf hingewiesen, dass das BAG die Einteilung in personen-, verhaltens- und betriebsbedingte Gründe selbst nicht immer konsequent umsetzt. So wurde bei der Kündigung eines Lehrers wegen fehlender Lehrbefugnis trotz Annahme eines betriebsbedingten Grundes eine der personenbedingten Kündigung entsprechende Interessenabwägung verlangt[6]. Auch eine Druckkündigung soll alternativ als verhaltens-, personen- oder betriebsbedingte Kündigung zu prüfen sein[7]. Dies darf aber nicht darüber hinwegtäuschen, dass es zunächst immer einer sorgfältigen Lokalisierung des jeweiligen Kündigungsgrundes bedarf. Damit lassen sich in aller Regel sämtliche Fälle lösen[8].

2. Relevante Faktoren bei der Rechtfertigung der außerordentlichen Kündigung. a) Interessenabwägung. aa) Ist ein Sachverhalt an sich geeignet, einen wichtigen Grund zur Kündigung abzugeben, gelangt man im Rahmen der von der Rspr. vertretenen zweistufigen Prüfung (vgl. Rz. 58 f.) zu einer umfassenden Abwägung des Interesses des ArbGeb an der Auflösung sowie des Interesses des ArbN an der Aufrechterhaltung des ArbVerh. Die Interessenabwägung erstreckt sich auf alle vernünftigerweise in Betracht zu ziehenden Umstände des Einzelfalles[9]. 71

bb) Dieser weite Prüfungsmaßstab hat in der Lit. berechtigterweise Kritik hervorgerufen, da gar nicht mehr oder nur oberflächlich geprüft werde, ob und inwieweit die Kriterien bei der Interessenabwägung überhaupt rechtl. bedeutsam sind. So wird u.a. gefordert, den Prüfungsmaßstab normativ zu strukturieren[10] bzw. nur vertragsbezogene Interessen als berücksichtigungsfähiges Abwägungsmaterial anzuerkennen[11]. In die gleiche Richtung geht die Ansicht[12], eine relative Gewichtung der einzelnen Umstände in Bezug auf ihre „Nähe zum Arbeitsvertrag" vorzunehmen. Entferntere Umstände können dann ohnehin nur Gewicht erlangen, wenn noch Zweifel an der Rechtmäßigkeit der Kündigung bestehen. Kommt man bereits auf Grund der primär für den Arbeitsvertrag relevanten Interessen zu einem eindeutigen Ergebnis, sind weitere Gesichtspunkte zu vernachlässigen[13]. 72

Vertragsbezogene Interessen des ArbGeb ergeben sich aus den betriebl. Erfordernissen. Die Berücksichtigungsfähigkeit personenbezogener Umstände des ArbN richtet sich dagegen nach dem jeweiligen Kündigungssachverhalt bzw. der Verbindung zwischen schutzwürdigen Interessen und dem Zweck der Kündigung[14]. Ergibt sich damit im Falle einer Pflichtverletzung des ArbN eine konkrete Störung des Betriebsablaufes oder eine Schädigung des Produktionszwecks, ist dies ohne weiteres beachtlich. Demggü. treten die Interessen des ArbN, die aus seinem Lebensalter, seinen Unterhaltsverpflichtungen, der Lage auf dem Arbeitsmarkt sowie den sonstigen Faktoren resultieren, die seine soziale Schutzbedürftigkeit begründen, regelmäßig zurück[15]. 73

cc) Nicht vertragsbezogen und daher grds. **nicht zu berücksichtigen** sind: 74

– die allg. wirtschaftl. Lage des ArbN sowie

– die allg. schlechte Lage am Arbeitsmarkt[16]. Die Arbeitsmarktchancen können allenfalls individuell berücksichtigt werden[17]. Nach umstrittener Ansicht des BAG[18] ist dagegen die wirtschaftl. Lage des Unternehmens berücksichtigungsfähig.

---

1 BAG 17.5.1984 – 2 AZR 109/83, AP Nr. 21 zu § 1 KSchG 1969 Betriebsbedingte Kündigung; 21.11.1985 – 2 AZR 21/85, AP Nr. 12 zu § 1 KSchG 1969; KR/*Fischermeier*, § 626 BGB Rz. 159. || 2 Bsp. nach *Rüthers/Henssler*, ZfA 1988, 42. || 3 BAG 6.11.1997 – 2 AZR 94/97, AP Nr. 42 zu § 1 KSchG 1969. || 4 BAG 18.9.2008 – 2 AZR 976/06, NZA 2009, 425. || 5 KR/*Fischermeier*, § 626 BGB Rz. 161 ff. || 6 BAG 17.5.1984 – 2 AZR 109/83, AP Nr. 21 zu § 1 KSchG 1969 Betriebsbedingte Kündigung. || 7 BAG 31.1.1996 – 2 AZR 158/95, NZA 1996, 581. || 8 Zu möglichen Mischtatbeständen *Rüthers/Henssler*, ZfA 1988, 42. || 9 BAG 17.5.1984 – 2 AZR 3/83, NJW 1985, 284; 2.3.1989 – 2 AZR 280/88, AP Nr. 101 zu § 626 BGB; *Dütz*, NJW 1990, 2025 (2030 f.); Soergel/*Kraft*, § 626 Rz. 33; krit. *Ascheid*, Kündigungsschutzrecht, Rz. 125 ff.; *Rüthers*, NJW 1998, 1433 ff.; *Stahlhacke/Preis/Vossen*, Rz. 555. || 10 APS/*Dörner*, § 626 BGB Rz. 111; ErfK/*Müller-Glöge*, § 626 BGB Rz. 42 ff. || 11 Dh. Umstände und Verhaltensweisen, die sich auf das ArbVerh auswirken können. *Ascheid*, Kündigungsschutzrecht, Rz. 137; KR/*Fischermeier*, § 626 BGB Rz. 94; *Preis*, Prinzipien, S. 224 f. || 12 KR/*Fischermeier*, § 626 BGB Rz. 232. || 13 Vgl. BAG 27.2.1997 – 2 AZR 302/96, NJW 1997, 2540. || 14 APS/*Dörner*, § 626 BGB Rz. 113; *Preis*, DB 1990, 630 ff. || 15 APS/*Dörner*, § 626 BGB Rz. 112; KR/*Etzel*, § 1 KSchG Rz. 549; großzügiger KR/*Fischermeier*, § 626 BGB Rz. 241. || 16 *Preis*, Prinzipien, S. 232 sowie 239. || 17 BAG 29.1.1997 – 2 AZR 292/96, AP Nr. 131 zu § 626 BGB; ErfK/*Müller-Glöge*, § 626 BGB Rz. 46. || 18 BAG 22.2.1980 – 7 AZR 295/78, AP Nr. 6 zu § 1 KSchG 1969; aA APS/*Dörner*, § 626 BGB Rz. 114; *Preis*, Prinzipien, S. 232.

– Die diskriminierende Wirkung einer außerordentl. Kündigung kann in aller Regel nicht berücksichtigt werden, da sie typische Folge ist[1].

75 dd) Dagegen zählen zu den bei einer Interessenabwägung zu beachtenden Faktoren:

(1) Gewichtung bei den **Interessen des ArbGeb:**

– Art und Schwere der Verfehlung.
– Umfang des verursachten Schadens[2].
– Wiederholungsgefahr.
– Beharrlichkeit des pflichtwidrigen Verhaltens[3].
– herausgehobene Stellung des ArbN im Betrieb.
– Grad des Verschuldens. Dieser ist wesentlicher Gesichtspunkt der Abwägung bei verhaltensbedingten Gründen[4]. Dementsprechend wirkt ein vorsätzliches Verhalten uneingeschränkt gegen den ArbN. Eine einmalige bloß fahrlässige Pflichtverletzung rechtfertigt eine außerordentl. Kündigung erst dann, wenn der ArbN besondere Verantwortung trägt und durch sein Verschulden einen hohen Schaden verursacht hat[5], uU sogar bei einmaligem Versagen ohne vorherige Abmahnung. Entlastend dagegen wirkt die Entschuldbarkeit eines Verbotsirrtums[6].
– wirtschaftl. Lage des Unternehmens[7].

76 (2) Gewichtung bei den **Interessen des ArbN:**

– Die Dauer der Betriebszugehörigkeit des ArbN ist wesentliches Kriterium, das seinen Ursprung im ArbVerh selbst hat[8]. Dies gilt insb. wenn der ArbN eine tadelsfreie Beschäftigungszeit vorweisen kann. Vertragstreues Verhalten, bisherige Leistungen und Bewährung im Betrieb sind zu Gunsten des ArbN zu berücksichtigen[9]. Hat aber die vermeintliche Betriebstreue des ArbN den ArbGeb dazu veranlasst, dem betreffenden ArbN größeres Vertrauen zu schenken, wird durch einen Vertrauensbruch seitens des ArbN die Vertrauensgrundlage besonders stark erschüttert[10].
– Das Lebensalter des ArbN ist berücksichtigungsfähig[11]. Verfehlt ist es aber, die Anforderung an eine außerordentl. Kündigung proportional zum Alter des ArbN anzuheben. Die Berücksichtigungsfähigkeit des Lebensalters korrespondiert mit den aus der Dauer der Betriebszugehörigkeit resultierenden ArbN-Interessen und verstärkt diese ggf. Dies gilt insb. bei einer personenbedingten Kündigung.
– Folgen der Auflösung des ArbVerh[12]. Auf Grund der finanziellen Folgen des Arbeitsplatzverlustes sind Unterhaltspflichten des ArbN berücksichtigungsfähig[13], wenn auch nicht immer zwingend berücksichtigungspflichtig. Wird die Kündigung zB auf ein vorsätzliches Vermögensdelikt zum Nachteil des ArbGeb gestützt, können Unterhaltspflichten des ArbN allenfalls dann für die Interessenabwägung Bedeutung gewinnen, wenn die Tat wesentlich auf eine durch eine Unterhaltspflicht verursachte schlechte Vermögenslage zurückzuführen ist[14]. IÜ ist noch weitgehend ungeklärt, welche wirtschaftl. Folgen der außerordentl. Kündigung im Rahmen der Interessenabwägung zu berücksichtigen sind. Maßgebliches Kriterium wird sein, inwieweit eine realisierbare Aussicht des ArbN besteht, eine andere Anstellung zu finden[15] (vgl. § 112 V 2 Nr. 2 BetrVG).
– Größe des Betriebes.
– guter Glaube des ArbN, fehlender Eigennutz und fehlende Eigeninitiative[16].
– sozialer Besitzstand des ArbN hat hohen Stellenwert[17].
– längeres Bestehen des ArbVerh ohne rechtl. relevante Beanstandungen[18].

---

1 ErfK/*Müller-Glöge*, § 626 BGB Rz. 46. ‖ 2 BAG 12.8.1999 – 2 AZR 923/98, NJW 2000, 1969; 27.4.2006 – 2 AZR 415/05, NZA 2006, 1033. ‖ 3 BAG 21.1.1999 – 2 AZR 665/98, NJW 1999, 3140. ‖ 4 BAG 25.4.1991 – 2 AZR 624/90, NZA 1992, 212; 14.2.1996 – 2 AZR 274/95 und 21.1.1999 – 2 AZR 665/98, NJW 1996, 2253 u. 1999, 3140: ErfK/*Müller-Glöge*, § 626 BGB Rz. 43. ‖ 5 BAG 4.7.1991 – 2 AZR 79/91, RzK I 6a Nr. 73. ‖ 6 BAG 14.2.1996 – 2 AZR 274/95, NJW 1996, 2253; APS/*Dörner*, § 626 BGB Rz. 106. ‖ 7 BAG 22.2.1980 – 7 AZR 295/78, AP Nr. 6 zu § 1 KSchG 1969; aA APS/*Dörner*, § 626 BGB Rz. 114; KR/*Fischermeier*, § 626 BGB Rz. 241; *Preis*, Prinzipien, S. 232. ‖ 8 BAG 13.12.1984 – 2 AZR 454/83, AP Nr. 81 zu § 626 BGB; KR/*Fischermeier*, § 626 BGB Rz. 241; aA *Tschöpe*, NZA 1985, 588 (590). ‖ 9 ErfK/*Müller-Glöge*, § 626 BGB Rz. 45; *Preis*, DB 1990, 630ff. ‖ 10 BAG 16.10.1986 – 2 AZR 695/85, RzK I 6d Nr. 5; *Bengelsdorf*, SAE 1992, 121 (140); KR/*Fischermeier*, § 626 BGB Rz. 235ff. ‖ 11 BAG 22.2.1980 – 7 AZR 295/78, AP Nr. 6 zu § 1 KSchG 1969 Krankheit; 15.11.1995 – 2 AZR 974/94, AP Nr. 73 zu § 102 BetrVG 1972; zurückhaltend ErfK/*Müller-Glöge*, § 626 BGB Rz. 46; KR/*Fischermeier*, § 626 BGB Rz. 241; *Preis*, Prinzipien, S. 232. ‖ 12 BAG 11.3.1999 – 2 AZR 507/98, NZA 1999, 587. ‖ 13 BAG 15.11.1995 – 2 AZR 974/94, AP Nr. 73 zu § 102 BetrVG 1972; 11.3.1999 – 2 AZR 507/98, NZA 1999, 587. ‖ 14 BAG 2.3.1989 – 2 AZR 280/88, AP Nr. 101 zu § 626 BGB; 11.3.1999 – 2 AZR 507/98, NZA 1999, 587. ‖ 15 KR/*Fischermeier*, § 626 BGB Rz. 243. ‖ 16 BAG 27.4.2006 – 2 AZR 415/05, NZA 2006, 1033. ‖ 17 BAG 7.6.1973 – 2 AZR 450/72, AP Nr. 1 zu § 626 BGB Änderungskündigung. ‖ 18 BAG 10.6.2010 – 2 AZR 541/09, NJW 2011, 167, Rz. 48ff.

ee) Die Gewichtung der einzelnen Umstände im Rahmen der Interessenabwägung hat vorwiegend nach ihrer arbeitsvertragl. Relevanz zu erfolgen. Diese kann je nach Fall unterschiedlich sein. Damit ist auch nicht ausgeschlossen, dass andere, oben nicht genannte Umstände Bedeutung erlangen[1].

b) Unzumutbarkeit der Fortsetzung bis zum Fristablauf/Prüfungsmaßstab. aa) Kriterium der Zumutbarkeit. Im Rahmen der anzustellenden Interessenabwägung kommt es maßgeblich auf die Zumutbarkeit der Fortsetzung des ArbVerh bis zum Ablauf der Kündigungsfrist oder bis zur vereinbarten Beendigung des ArbVerh an. Bei der Prüfung, ob ein wichtiger Grund vorliegt, ist ein objektiver Maßstab anzulegen. Es müssen Umstände gegeben sein, die nach verständigem Ermessen die Fortsetzung des ArbVerh nicht zumutbar erscheinen lassen[2].

bb) Probleme beim Ausschluss der ordentlichen Kündigung. (1) Ist die ordentl. Kündigung des ArbN (durch Einzel- oder Kollektivvertrag) ausgeschlossen, so ist grds. nicht auf eine fiktive ordentl. Kündigungsfrist abzustellen, sondern auf die tatsächliche künftige Vertragsbindung (dazu nachfolgend Rz. 80)[3]. Etwaige Wertungswidersprüche werden durch die Rspr. mittels einer Übernahme der Rechtsfolgen für eine ordentl. Kündigung kompensiert. So muss der ArbGeb ua. das ArbVerh zumindest für einen Übergangszeitraum bis zum Ablauf einer fiktiven ordentl. Kündigungsfrist aufrechterhalten (dazu nachfolgend Rz. 82ff.).

(2) Durch das Eingreifen eines Sonderkündigungsschutzes kommt es mithin im Regelfall zu einer Verschiebung des Maßstabs für eine Unzumutbarkeitsprüfung. Diese Verschiebung kann sich für die Anerkennung eines wichtigen Grundes erleichternd und/oder erschwerend auswirken, je nachdem, wie die Umstände des Einzelfalles gelagert sind[4]. Auf der einen Seite lässt sich ein wichtiger Grund eher bejahen, da dem ArbGeb die Fortsetzung des ArbVerh umso eher unzumutbar wird, je länger er trotz Kündigungsgrund am Vertrag festgehalten wird[5]. Zudem muss der ArbN uU nur eine Kündigung mit sozialer Auslauffrist hinnehmen. Auf der anderen Seite wirkt sich ein Sonderkündigungsschutz aber bei der erforderlichen Interessenabwägung zumindest insoweit zu Gunsten des ArbN aus, als hier vonseiten des ArbGeb erhöhte Anstrengungen erwartet werden, den ArbN einen anderweitigen Arbeitsplatz zu beschaffen[6]. Auch kann der ArbGeb bei entsprechender vertraglicher Regelung ein erhöhtes Betriebsrisiko zu tragen haben (s.o. Rz. 40).

Nur ausnahmsw. ist im Rahmen der Unzumutbarkeitsprüfung auf eine fiktive ordentl. Kündigungsfrist abzustellen, wenn und soweit sich aus einem gesetzl. (zB § 15 KSchG) oder tarifvertragl. Sonderkündigungsschutz ergibt, dass eine außerordentl. Kündigung aus wichtigem Grund nur dann zulässig sein soll, falls der ArbGeb zu einer Kündigung ohne Einhaltung einer Kündigungsfrist berechtigt ist (dazu Rz. 85ff.).

(3) Gelangt man nach dem anzulegenden Maßstab zu dem Ergebnis, dass einem ArbN nur deshalb außerordentl. gekündigt werden kann, weil dessen ordentl. Kündigung als milderes Mittel ausgeschlossen ist, muss der damit einhergehende Wertungswiderspruch dadurch aufgelöst werden, dass zu Gunsten des ArbN im Wege der sachgerechten Auslegung des gesetzl. oder tarifl. Sonderkündigungsschutzes die Einhaltung der gesetzl. oder tarifl. ordentl. Kündigungsfrist (sog. [soziale] Auslauffrist) verlangt wird[7]. Dies ist nur dann entbehrlich, wenn dem ArbGeb auch bei unterstellter Kündbarkeit des ArbN die Einhaltung einer Kündigungsfrist unzumutbar gewesen wäre[8]. Die reguläre ordentl. Kündigungsfrist ist weiter einzuhalten, wenn eine außerordentl. Kündigung nur möglich ist, weil die ordentl. Kündigung an die Einhaltung einer verlängerten Kündigungsfrist gebunden ist[9].

Diese Grundsätze wurden vom BAG[10] ursprünglich zur betriebsbedingten Kündigung entwickelt (dazu noch Rz. 193ff.). Es spricht aber nichts dagegen, gleiches für eine personen- oder verhaltensbedingte Kündigung zu fordern, wenn ansonsten dem betreffenden ArbN bei fiktiver ordentl. Kündbarkeit nur fristgerecht hätte gekündigt werden können[11]. Darin liegt entgegen der geübten Kritik keine Anerkennung eines minderwichtigen Grundes, da auch hier der Maßstab der Unzumutbarkeit gilt[12]. Lediglich die Rechtsfolgen werden gemindert.

In solchen Fällen einer außerordentl. Kündigung kann der ArbN aber nicht nur die Einhaltung der Frist einer fiktiven ordentl. Kündigung verlangen, er hat auch Anspruch auf die sonstigen „Vorteile"

---

[1] *Ascheid*, Kündigungsschutzrecht, Rz. 214ff.; KR/*Fischermeier*, § 626 BGB Rz. 245. ||[2] BAG 3.11.1955 – 2 AZR 39/54, AP Nr. 4 zu § 626 BGB mit Anm. *A. Hueck*; KR/*Fischermeier*, § 626 BGB Rz. 109. ||[3] BAG 14.11.1984 – 7 AZR 474/83, AP Nr. 83 zu § 626 BGB; 28.3.1985 – 2 AZR 113/84, NJW 1985, 2606; ErfK/*Müller-Glöge*, § 626 BGB Rz. 49; KR/*Fischermeier*, § 626 BGB Rz. 301; aA MünchArbR/*Wank*, § 98 Rz. 25. ||[4] APS/*Dörner*, § 626 BGB Rz. 36; KR/*Fischermeier*, § 626 BGB Rz. 299. ||[5] BAG 22.7.1992 – 2 AZR 84/92, EzA § 626 BGB nF Nr. 141; 12.1.2006 – 2 AZR 242/05, AP Nr. 13 zu § 626 BGB Krankheit. ||[6] BAG 13.4.2000 – 2 AZR 259/99, NZA 2001, 277; krit. (aus unterschiedlichen Erwägungen) APS/*Dörner*, § 626 BGB Rz. 40; KR/*Fischermeier*, § 626 BGB Rz. 301; *Stahlhacke/Preis/Vossen*, Rz. 744. ||[7] BAG 5.2.1998 – 2 AZR 227/97, NZA 1998, 771; 21.6.2001 – 2 AZR 30/00, EzA Nr. 7 zu § 626 BGB Unkündbarkeit. ||[8] BAG 12.8.1999 – 2 AZR 923/98, NJW 2000, 1969; 13.4.2000 – 2 AZR 259/99, EzA § 626 BGB nF Nr. 180. ||[9] KR/*Fischermeier*, § 626 BGB Rz. 304. ||[10] BAG 4.6.1964 – 2 AZR 346/63, AP Nr. 3 zu § 133b GewO; LAG Hamm 22.1.1987 – 17 Sa 1377/87, LAGE § 626 BGB Unkündbarkeit Nr. 1; KR/*Fischermeier*, § 626 BGB Rz. 305. ||[11] BAG 11.3.1999 – 2 AZR 427/98, NZA 1999, 818; 21.6.2001 – 2 AZR 30/00, EzA Nr. 7 zu § 626 BGB Unkündbarkeit; KR/*Fischermeier*, § 626 BGB Rz. 305. ||[12] MüKoBGB/*Henssler*, § 626 Rz. 120 unter Verweis auf BAG 4.6.1964 – 2 AZR 346/63, AP Nr. 3 zu § 133b GewO.

einer ordentl. Kündigung. Insb. gelten für die BR- bzw. PersR-Beteiligung die Regeln einer ordentl. Kündigung, soweit diese für den ArbN günstiger sind. Deshalb kann zB statt einer bloßen Anhörung (die normalerweise bei einer außerordentl. Kündigung genügt) die Zustimmung des PersR erforderlich werden, sollte diese bei einer ordentl. Kündigung vorgeschrieben sein[1].

85 (4) Nach dem Wortlaut des § 15 KSchG ist bei einer ggü. einem BR-Mitglied ausgesprochenen Kündigung im Rahmen der Zumutbarkeitsprüfung auf die fiktive Kündigungsfrist abzustellen[2]. Hierbei ist allerdings zu unterscheiden:

86 Für den Fall einer betriebsbedingten Änderungskündigung hat das BAG[3] mehrfach abweichend Stellung bezogen und insoweit auf die Dauer des Sonderkündigungsschutzes abgestellt, weil in einem solchen Fall eine Verletzung des Schutzzwecks des § 15 KSchG nicht zu befürchten sei. So ist es möglich, § 15 IV und V KSchG die Entscheidung des Gesetzgebers zu entnehmen, dass der erhöhte Bestandsschutz der BR-Mitglieder nicht über der verfassungsrechtl. verankerten Unternehmerfreiheit steht[4]. Insoweit können BR-Mitglieder ggü. anderen ordentl. unkündbaren ArbN keine Sonderbehandlung verlangen[5].

87 Dagegen soll nach dem BAG[6] und der hL[7] in allen übrigen Fällen der außerordentl. Kündigung eines BR-Mitglieds (insb. aus verhaltens- oder personenbedingten Gründen) nicht auf das Ende des Sonderkündigungsschutzes, sondern auf den Ablauf der fiktiven Kündigungsfrist abgestellt werden (sog. fiktive Zumutbarkeitsprüfung). Argument ist, dass das BR-Mitglied hier nicht schlechter gestellt werden dürfe als ein ordentl. kündbarer ArbN.

88 **c) Verhältnismäßigkeitsprinzip. aa) Grundsatz an sich.** (1) Da auch für die außerordentl. Kündigung der Grundsatz der Verhältnismäßigkeit gilt, ist diese nur zulässig, wenn sie unausweichlich, wenn sie das letzte Mittel ist[8]. Im Einzelnen muss die außerordentl. Kündigung geeignet sein zur Beseitigung der Störung des Vertragsverhältnisses, sie muss erforderlich, dh. der geringstmögliche Eingriff (sog. Ultima-Ratio-Prinzip) zur (vollständigen) Beseitigung der Störung sein und sie muss verhältnismäßig ieS sein, dh., es muss eine angemessene Mittel-Zweck-Relation zwischen der außerordentl. Kündigung und der Störung des Vertragsverhältnisses bestehen.

89 (2) Die ordentl. Kündigung hat als milderes Mittel ggü. der außerordentl. Kündigung Vorrang[9]. Sie schließt aber eine außerordentl. Kündigung nur aus, wenn mit ihr eine adäquate Beseitigung der Störung erreicht werden kann und/oder die außerordentl. Kündigung deswegen nicht mehr verhältnismäßig ieS erscheint. Kein milderes Mittel ist eine ordentl. Kündigung verbunden mit sofortiger (unbezahlter) Freistellung[10]. Eine bezahlte Freistellung wäre ungeeignet, da allein schon die Entgeltfortzahlung unzumutbar ist. Eine unbezahlte Freistellung stellt kein milderes Mittel dar, da zum Bestand des ArbVerh auch der Beschäftigungsanspruch des ArbN gehört[11].

90 (3) Andere neben einer Kündigung nach den konkreten Umständen zu erwägende mildere Mittel (insb. Abmahnung, Versetzung und Änderungskündigung) müssen bereits bei der ordentl. Kündigung daraufhin überprüft werden, ob sie objektiv möglich und geeignet sind[12].

91 Falls eine anderweitige Beschäftigung des ArbN möglich und zumutbar ist, stellt diese ein milderes Mittel dar, das ggü. der außerordentl. Kündigung vorrangig ist[13]. Aus Sicht des ArbGeb ist dies der Fall, wenn durch die sofortige anderweitige Beschäftigung des ArbN der Kündigungsgrund entfällt oder zumindest insoweit abgeschwächt wird, dass nur noch eine ordentliche Kündigung erforderlich ist. Was dem ArbN zumutbar ist, entscheidet dieser weitgehend selbst. Nur wenn das Angebot beleidigend wäre, kann es unterbleiben. Nimmt der ArbN das Angebot des ArbGeb nicht an, kann der ArbGeb nur dann zur sofortigen Beendigungskündigung übergehen, wenn die Ablehnung durch den ArbN, trotz Drohung mit sofortiger Beendigung des ArbVerh, vorbehaltlos und unter Berücksichtigung eines möglichen Vorbehalts entsprechend § 2 KSchG erfolgte[14]. Ansonsten ist – auch zB wenn sich der ArbN zum Angebot des ArbGeb nicht geäußert hat – eine Änderungskündigung vorrangig.

---

1 BAG 5.2.1998 – 2 AZR 227/97, AP Nr. 143 zu § 626 BGB; 18.1.2001 – 2 AZR 616/99, AP Nr. 1 zu § 28 LPVG Nds.; KR/*Fischermeier*, § 626 BGB Rz. 306. ||2 BAG 14.11.1984 – 7 AZR 474/83 und 17.3.1988 – 2 AZR 576/87, AP Nr. 83, 99 zu § 626 BGB; 10.2.1999 – 2 ABR 31/98, AP Nr. 42 zu § 15 KSchG 1969; ErfK/*Müller-Glöge*, § 626 BGB Rz. 53; aA KR/*Etzel*, § 15 KSchG Rz. 22ff., der auf die Amtszeit und die Zeit des nachwirkenden Kündigungsschutzes des BR-Mitglieds abstellen will. ||3 BAG 21.6.1995 – 2 ABR 28/94, NZA 1995, 1157; 7.10.2004 – 2 AZR 81/04, NZA 2005, 156; aA ErfK/*Müller-Glöge*, § 626 BGB Rz. 53. ||4 KR/*Fischermeier*, § 626 BGB Rz. 133. ||5 MüKoBGB/*Henssler*, § 626 BGB Rz. 113; *Stahlhacke/Preis/Vossen*, Rz. 1707. ||6 BAG 17.1.2008 – 2 AZR 821/06, NJW 2008, 777; 21.6.2012 – 2 AZR 343/11, NZA 2013, 224. ||7 KR/*Fischermeier*, § 626 BGB Rz. 133; *Stahlhacke/Preis/Vossen*, Rz. 1733; aA KR/*Etzel*, § 15 KSchG Rz. 23; krit. APS/*Dörner*, § 626 BGB Rz. 47; diff. unten *Quecke*, § 15 KSchG Rz. 45. ||8 BAG 9.7.1998 – 2 AZR 201/98, EzA § 626 BGB Krankheit Nr. 1; ErfK/*Müller-Glöge*, § 626 BGB Rz. 24. ||9 KR/*Fischermeier*, § 626 BGB Rz. 252; *Stahlhacke/Preis/Vossen*, Rz. 553. ||10 BAG 11.3.1999 – 2 AZR 507/98, AP Nr. 149 zu § 626 BGB; aA LAG Düss. 5.6.1998 – 11 Sa 2062/97, LAGE § 626 BGB Nr. 120. ||11 APS/*Dörner*, § 626 BGB Rz. 89. ||12 KR/*Griebeling*, § 1 KSchG Rz. 214ff. ||13 BAG 30.5.1978 – 2 AZR 630/76, AP Nr. 70 zu § 626 BGB; 22.7.1982 – 2 AZR 30/81, NJW 1983, 700; 10.11.1994 – 2 AZR 242/94, NJW 1996, 335. ||14 BAG 21.4.2005 – 2 AZR 132/04, NZA 2005, 1289; 21.4.2005 – 2 AZR 244/04, NZA 2005, 1294; 21.9.2006 – 2 AZR 607/05, NZA 2007, 431.

Kein gleich geeignetes und milderes Mittel ggü. einer außerordentl. Kündigung sind die in einer betriebl. Ordnung vorgesehenen Maßnahmen (Betriebsbußen). Weder sind Betriebsbußen in ihrer Rechtsfolge mit einer Kündigung vergleichbar, noch unterliegen sie als kollektivrechtl. mitbestimmte Sanktionsmaßnahmen den Anforderungen an eine außerordentl. Kündigung. Sie sind oftmals an strengere Voraussetzungen gebunden als die Kündigung selbst[1].

bb) Abmahnung. (1) Grundlagen. Durch eine Abmahnung bringt der ArbGeb seine Missbilligung für ein vertragswidriges Verhalten des ArbN zum Ausdruck (Hinweis-, Ermahnungs- und Dokumentationsfunktion) und droht dem ArbN negative Rechtsfolgen, in aller Regel die Kündigung, für den Fall an, dass dieser sein Verhalten nicht ändert. Letzteres wird als Androhungs- und Warnfunktion der Abmahnung bezeichnet[2].

Das Erfordernis einer Abmahnung folgt unabhängig von § 314 II aus dem Verhältnismäßigkeitsgrundsatz[3]. Die (außerordentl.) Kündigung ist idR erst dann gerechtfertigt, wenn zuvor wegen eines gleichen oder ähnlichen Verstoßes erfolglos abgemahnt wurde[4], weil zumeist erst dann vermutet werden kann, dass der ArbN sein Verhalten auch in Zukunft nicht auf die betriebl. Bedürfnisse einstellen wird. Damit gehört die Abmahnung zur sachlichen Begründetheit der Kündigung[5], sollte nicht ausnahmsw. eine Abmahnung nach §§ 314 II 2, 323 II entbehrlich sein (dazu Rz. 110 ff.).

Für eine **verhaltensbedingte Kündigung** ist eine Abmahnung nach dem BAG[6] nicht nur im Leistungsbereich, sondern auch im Vertrauensbereich (zB Straftaten; unzulässige Manipulationen) erforderlich, wenn der Verstoß erstens nicht so schwerwiegend ist, dass er das Vertrauensverhältnis grundlegend erschüttert hat, zweitens eine Kündigung ohne Abmahnung nicht gerechtfertigt wäre (zB bloßes Bagatelldelikt) und es sich drittens um ein steuerbares Verhalten des ArbN handelt, da dann angenommen werden kann, dass der ArbN nach Abmahnung sein Verhalten ändern wird und so das Vertrauen wiederhergestellt werden kann.

Bei einer **personenbedingten Kündigung** ist eine Abmahnung nur ausnahmsweise, nämlich dann erforderlich, wenn der ArbN den Kündigungsgrund durch ein steuerbares Verhalten (zB Fortbildung) beseitigen kann[7].

Das Abmahnungserfordernis gilt auch für eine außerordentl. Kündigung durch den ArbN[8].

(2) Inhalt und Wirksamkeit. (a) Eine Abmahnung zur Vorbereitung einer Kündigung muss **Hinweis- und Warnfunktion** haben. Sie ist deshalb nur wirksam, wenn sie hinreichend bestimmt in „Tatbestand" und „Rechtsfolge" ist. Eine „Abmahnung" ohne Warnfunktion taugt nur in sehr beschränktem Umfang zur Vorbereitung einer Kündigung. Es liegt aber im Belieben des ArbGeb, wenn dieser sich in Ausübung seines vertragl. Rügerechts dem Grundsatz der Verhältnismäßigkeit entsprechend mit einer solchen milderen „Sanktion" zufrieden geben will[9].

Auch eine formell unwirksame, aber in der Sache gerechtfertigte Abmahnung kann die für eine spätere Kündigung erforderliche Warnfunktion erfüllen[10]. Es ist deshalb von der „echten" Abmahnung mit Warnfunktion die „Abmahnung ohne Warnfunktion" als Verwarnung, Ermahnung oder Beanstandung zu unterscheiden[11].

Eine Abmahnung zur Vorbereitung einer eventuellen späteren Kündigung ist in ihrem Tatbestand konkret, wenn der ArbGeb das Fehlverhalten des ArbN hinreichend deutlich bezeichnet und individualisiert. Die Rechtsfolge wird dann ausreichend beschrieben, wenn der ArbGeb diese Leistungs- oder Verhaltensmängel mit dem Hinweis verbindet, dass bei zukünftigen gleichartigen Vertragsverletzungen der Inhalt des ArbVerh auf dem Spiel steht[12].

(b) Das Recht des ArbGeb zur Abmahnung folgt aus seiner Gläubigerstellung, dem allg. vertragl. Rügerecht, welches jedem Vertragspartner gestattet, den anderen auf Vertragsverletzungen und sich daraus ergebende Rechtsfolgen hinzuweisen[13]. Zur Abmahnung ist der ArbGeb schon dann berechtigt,

---

1 Vgl. BAG 17.1.1991 – 2 AZR 375/90, NJW 1991, 1906; 17.10.1989 – 1 ABR 100/88, NZA 1990, 193; ErfK/*Müller-Glöge*, § 626 BGB Rz. 37; aA *Gräfl*, Außerordentliche Kündigung, LzK 240 Rz. 55. || 2 ErfK/*Müller-Glöge*, § 626 BGB Rz. 25. || 3 BAG 12.7.1984 – 2 AZR 320/83, AP Nr. 32 zu § 102 BetrVG 1972; 21.2.2001 – 2 AZR 579/99, NZA 2001, 951; *Schaub*, NZA 1997, 1185 ff. || 4 BAG 19.6.1967 – 2 AZR 287/66, AP Nr. 1 zu § 124 GewO; 8.8.1968 – 2 AZR 348/67, AP Nr. 57 zu § 626 BGB; 17.1.1994 – 2 AZR 616/93, AP Nr. 116 zu § 626 BGB. || 5 BAG 21.2.2001 – 2 AZR 579/99, NZA 2001, 951; *Adam*, AuR 2001, 41; *Ascheid*, Kündigungsschutzrecht, Rz. 66. || 6 BAG 4.6.1997 – 2 AZR 526/96, NJW 1998, 554; 11.3.1999 – 2 AZR 427/98, NZA 1999, 818. || 7 BAG 7.12.2000 – 2 AZR 459/99, NZA 2001, 1304; *Rüthers/Henssler*, ZfA 1988, 31 (41); *Waldenfels*, ArbRAktuell 2013, 207; aA *Adam*, AuR 2001, 41 (44); APS/*Dörner*, § 1 KSchG Rz. 375; *v. Hoyningen-Huene*, RdA 1990, 199 (201 ua.). || 8 BAG 19.6.1967 – 2 AZR 287/66, AP Nr. 1 zu § 124 GewO; 28.10.1971 – 2 AZR 15/71, EzA § 626 BGB nF Nr. 9; ErfK/*Müller-Glöge*, § 626 BGB Rz. 36. || 9 BAG 10.11.1988 – 2 AZR 215/88, AP Nr. 3 zu § 1 KSchG 1969 Abmahnung. || 10 BAG 19.2.2009 – 2 AZR 603/07. || 11 *v. Hoyningen-Huene*, RdA 1990, 199; KR/*Fischermeier*, § 626 BGB Rz. 272; *Peterek*, Anm. zu BAG EzA § 611 BGB Abmahnung Nr. 18. || 12 BAG 17.2.1994 – 2 AZR 616/93, AP Nr. 116 zu § 626 BGB; KR/*Fischermeier*, § 626 BGB Rz. 273; aA (Kündigungsandrohung ist entbehrlich) *v. Hase*, NJW 2002, 2278 (2280). || 13 BAG 22.2.1978 – 5 AZR 801/76, DB 1978, 1548; 17.1.1991 – 2 AZR 375/90, NJW 1991, 1906; *Heinze*, FS Söllner, 1990, S. 63 (65).

BGB § 626 Rz. 100   Fristlose Kündigung aus wichtigem Grund

wenn ein objektiv vertragswidriges Verhalten des ArbN vorliegt[1], auch wenn die Vertragsverletzung auf einer Gewissensentscheidung beruht[2].

100 (c) Die Abmahnung ist ihrer Rechtsnatur nach eine **empfangsbedürftige geschäftsähnliche Handlung**, auf die die Vorschriften über Willenserklärungen zT entsprechend anzuwenden sind. Überdies setzt die Wirksamkeit der Abmahnung neben dem Zugang grds. auch die Kenntnis des Empfängers vom Inhalt voraus[3]. Ein Schriftformerfordernis besteht nicht.

101 Berechtigt zum Ausspruch der Abmahnung ist nicht nur der kündigungsberechtigte Vorgesetzte, sondern jeder Vorgesetzte, der verbindliche Anweisungen hinsichtlich Ort, Zeit sowie der Art und Weise der arbeitsvertragl. geschuldeten Arbeitsleistung erteilen kann[4]. Eine Zurückweisung nach § 174 ist möglich, führt aber nur zur erneuten Abmahnung bzw. provoziert evtl. sogar eine Kündigung. Wird eine Abmahnung ausgesprochen, begründet dies zugleich einen konkludenten Verzicht auf eine Kündigung wegen dieses Sachverhalts[5].

102 (d) Eine frühere unwirksame Kündigung kann eine Abmahnung ersetzen, wenn sie die notwendige Warnfunktion erfüllt. Dies ist der Fall, wenn der Kündigungssachverhalt feststeht, die Kündigung aber aus anderen Gründen unwirksam ist[6]. Reicht der Sachverhalt für die Kündigung nicht aus und ist der Kündigungsversuch deshalb erfolglos, kann wegen dieses Sachverhalts später noch eine Abmahnung ausgesprochen werden[7]. Auch eine aus formalen Gründen (Form, Frist etc.) unwirksame Abmahnung hat Warnfunktion und wahrt daher die Verhältnismäßigkeit[8]. Abs. 2 ist auf die Abmahnung nicht entsprechend anwendbar[9]. Das Abmahnungsrecht wegen eines bestimmten Vorfalls kann aber verwirkt werden[10].

103 (e) Bedenklich ist es, wenn das BAG[11] – wenn auch nur in Ausnahmefällen[12] – von einer Abschwächung der Warnfunktion ausgeht, falls der ArbGeb es trotz mehrmaliger gleichartiger Pflichtverletzungen des ArbN jeweils bei einer Abmahnung belassen hat. Der ArbGeb soll dann bei einem erneuten Pflichtverstoß nur kündigen dürfen, wenn er die letzte Abmahnung vor Ausspruch der Kündigung besonders eindringlich gestaltet[13]. Damit aber hätte der ArbGeb mit der letzten (nicht eindringlich formulierten) Abmahnung nicht nur auf ein entstandenes, sondern auf ein künftiges Kündigungsrecht zumindest zT verzichtet (s. dagegen oben Rz. 38 ff.).

104 (f) Zeitlich wirkt eine Abmahnung, sobald der ArbGeb dem ArbN (soweit nach Treu und Glauben notwendig) einen hinreichenden **Zeitraum** für die Korrektur der gerügten Leistungs- oder Verhaltensmängel eingeräumt hat[14]. Abgemahnte Leistungs- oder Verhaltensmängel behalten für den Fall späterer Verfehlungen ihre kündigungsrechtl. Bedeutung. Es wird aber oftmals eine erneute Abmahnung gefordert, wenn der durch eine Abmahnung erfasste Sachverhalt länger zurückliegt und/oder es sich um eine geringfügige Pflichtverletzung handelt[15]. Für den Fall einer 3½ Jahre alten Abmahnung hat das BAG[16] deren Verwertbarkeit im Rahmen der Interessenabwägung bejaht. Etwas anderes gelte nur, wenn der ArbN wegen späterer Vorkommnisse im Unklaren sein konnte, was von ihm erwartet bzw. was sein ArbGeb noch tolerieren wird.

105 (g) Da das Abmahnungserfordernis aus dem Verhältnismäßigkeitsgrundsatz hergeleitet wird, muss nach dem BAG[17] die Abmahnung selbst **verhältnismäßig ieS** sein. Eine wirksame Abmahnung liegt damit nur vor, wenn ein vertretbares Verhältnis zwischen Fehlverhalten und Abmahnung besteht. Soweit die Abmahnung eine Kündigung vorbereiten soll, ist sie auf Pflichtverstöße zu beschränken, die nach einer Abmahnung geeignet sein könnten, eine Kündigung zu rechtfertigen[18]. Maßgeblich ist dabei die Sicht eines verständigen ArbGeb. Dieser muss den betreffenden Pflichtverstoß im Wiederholungsfall ernsthaft für kündigungsrelevant halten dürfen[19].

---

1 BAG 12.1.1988 – 1 AZR 219/86, NJW 1988, 2061; 21.4.1993 – 5 AZR 413/92, EzA § 543 ZPO Nr. 8; KR/*Fischermeier*, § 626 BGB Rz. 254; aA KDZ/*Kittner*, Einl. Rz. 86. ‖2 LAG Hess. 20.12.1994 – 7 Sa 560/94, AP Nr. 18 zu § 611 BGB Abmahnung; KR/*Fischermeier*, § 626 BGB Rz. 254. ‖3 BAG 9.8.1984 – 2 AZR 400/83, NJW 1985, 823; KR/*Fischermeier*, § 626 BGB Rz. 269. ‖4 BAG 18.1.1980 – 7 AZR 75/78, AP Nr. 3 zu § 1 KSchG 1969 Verhaltensbedingte Kündigung; *Ascheid*, Kündigungsschutzrecht, Rz. 84; ErfK/*Müller-Glöge*, § 626 BGB Rz. 30; *v. Hoyningen-Huene*, RdA 1990, 206; *Schaub*, NZA 1997, 1185 ff.; aA *Adam*, AuR 2001, 41 (43); HK-KSchG/*Dorndorf*, § 1 Rz. 641; Kittner/Zwanziger/Deinert/*Appel*, § 97 Rz. 8. ‖5 BAG 10.11.1988 – 2 AZR 215/88, NJW 1989, 2493; ErfK/*Müller-Glöge*, § 626 BGB Rz. 33. Dies gilt nicht für eine Abmahnung ohne Warnfunktion: BAG 9.3.1995 – 2 AZR 644/94, NZA 1996, 875. ‖6 BAG 31.8.1989 – 2 AZR 13/89, NZA 1990, 433; *v. Hoyningen-Huene*, RdA 1990, 193 (208). ‖7 BAG 7.9.1988 – 5 AZR 625/87, NJW 1989, 545. ‖8 BAG 19.2.2009 – 2 AZR 603/07, NZA 2009, 894. ‖9 BAG 12.1.1988 – 1 AZR 219/86, NJW 1988, 2061; ErfK/*Müller-Glöge*, § 626 BGB Rz. 31; aA *Brill*, NZA 1985, 110. ‖10 LAG Köln 28.3.1988 – 5 Sa 90/88, RzK I 1 Nr. 29; KDZ/*Kittner*, Einl. Rz. 138. ‖11 BAG 15.11.2001 – 2 AZR 609/00, DB 2002, 689. ‖12 Vgl. BAG 27.9.2012 – 2 AZR 955/11, NJW 2013, 1323. ‖13 Abl. auch *Buchner*, SAE 2003, 270. ‖14 LAG Hess. 26.4.1999 – 16 Sa 1409/98, NZA-RR 1999, 637. ‖15 LAG Hamm 25.9.1997 – 8 Sa 557/97, NZA 1998, 483; *v. Hoyningen-Huene*, RdA 1990, 208; aA *Adam*, AuR 2001, 41 (42). ‖16 BAG 10.10.2002 – 2 AZR 418/01, AP Nr. 180 zu § 626 BGB. ‖17 BAG 13.11.1991 – 5 AZR 74/91, NZA 1992, 690; 30.5.1996 – 6 AZR 537/95, NZA 1997, 145; *Adam*, AuR 2001, 41 (42); aA LAG Hamm 16.4.1992 – 4 Sa 83/92, LAGE § 611 BGB Abmahnung Nr. 32; *Berkowsky*, NZA-RR 2001, 57 (74); *Heinze*, FS Söllner, 1990, S. 63 (86); krit. ErfK/*Müller-Glöge*, § 626 BGB Rz. 34. ‖18 KR/*Fischermeier*, § 626 BGB Rz. 279; aA *Heinze*, FS Söllner, 1990, S. 63 (86); ErfK/*Müller-Glöge*, § 626 BGB Rz. 34. ‖19 Vgl. BAG 16.1.1992 – 2 AZR 412/91, EzA § 123 BGB Nr. 36; KR/*Fischermeier*, § 626 BGB Rz. 279.

(h) Für den ArbN besteht weder eine Nebenpflicht noch eine Obliegenheit, gegen eine Abmahnung vorzugehen. Er kann sich also darauf beschränken, die Abmahnung zunächst hinzunehmen und ihre Richtigkeit in einem möglichen späteren Kündigungsschutzprozess zu bestreiten[1], da eine schriftl. Abmahnung weder einen Beweis noch eine Vermutung für den Wahrheitsgehalt der Abmahnung begründet.

Der ArbN kann durch eine Abmahnung aber insoweit in seinen Rechten beeinträchtigt sein, als diese erstens Vorstufe zur Kündigung sein kann, sie zweitens zur Personalakte genommen und drittens das Persönlichkeitsrecht des ArbN beeinträchtigt wird[2]. Der ArbN kann damit auf Entfernung der Abmahnung aus der Personalakte und auf Widerruf der unberechtigten Abmahnung klagen[3]. Dies wird allerdings wegen der Risiken einer solchen Klage (Verfestigung der Vorwürfe, Verschlechterung der Beweislage) nur selten sinnvoll sein[4]. Für den Anspruch auf Entfernung aus der Personalakte genügt schon, dass ein in der Abmahnung erhobener Vorwurf unzutreffend ist[5]. Selbst nach Entfernung der Abmahnung aus der Personalakte[6] oder nach Beendigung des ArbVerh[7] ist der ArbN nach dem BAG nicht gehindert, einen Anspruch auf Widerruf der in der Abmahnung enthaltenen Erklärung bzw. einen Anspruch auf Entfernung der Abmahnung einzuklagen. Inwieweit eine durchgeführte gerichtl. Überprüfung der Abmahnung für eine spätere (berichtigte) Abmahnung oder in einem späteren Kündigungsschutzprozess zu beachten ist, richtet sich nach der Reichweite der Rechtskraft des erstrittenen Urteils.

(i) Begeht der ArbN trotz der Abmahnung erneut eine vergleichbare[8] bzw. gleichartige[9] Pflichtverletzung, die in einem ausreichenden inneren sachlichen Zusammenhang mit einer bereits abgemahnten Pflichtverletzung steht[10], ergibt sich daraus (im Rahmen der anzustellenden Prognose für die künftige Entwicklung des ArbVerh) der nachhaltige Wille, den vertragl. Verpflichtungen nicht oder nicht ordnungsgemäß nachkommen zu wollen[11]. Der nachhaltige Wille ergibt sich daraus, dass der ArbN einen solchen Pflichtverstoß begeht, obwohl ihm gerade bzgl. eines derartigen Verhaltens eine Kündigung angedroht wurde.

Der Begriff der „**Gleichartigkeit**" bzw. der der „**Vergleichbarkeit**" entzieht sich einer allzu schematischen Betrachtungsweise. Einig ist man sich dabei insoweit, dass der ArbN die „gleiche Störungshandlung" nicht wiederholen muss. Es ist also „kein strenger formaler Maßstab anzulegen"[12]. Weder erforderlich noch immer genügend ist es, dass die Pflichtverletzungen der ArbN einfach dem selben Verhaltensbereich zugeordnet werden können. Abgestellt wird vielmehr auf einen engen inneren sachlichen Zusammenhang zwischen den einzelnen Pflichtverletzungen (zB alle Formen der Verspätung bzw. des unentschuldigten Fehlens am Arbeitsplatz)[13]. Damit weitgehend deckungsgleich ist die Forderung, dass die Pflichtverstöße unter einem einheitlichen Kriterium zusammengefasst werden können[14]. Im Extremfall kann dies dann aber auch, zB unter dem Gesichtspunkt der generellen Unzuverlässigkeit geschehen, sofern die Anzahl und Eigenart der Verfehlungen eben eine solche negative Prognose rechtfertigen[15]. Bei Verhaltensweisen, die geeignet waren, das Ansehen des ArbGeb zu schädigen (ua. grobe Unhöflichkeiten ggü. Kunden), hat das BAG[16] einen engen sachlichen Zusammenhang mit fachlichen Fehlleistungen verneint.

(j) Mit dem nur schwer konturierbaren Erfordernis eines engen inneren sachlichen Zusammenhangs korrespondiert, dass es dem ArbN kaum mehr möglich ist, die Entfernung einer inhaltlich richtigen Abmahnung zu verlangen. Dazu muss nach dem BAG[17] eine Interessenabwägung im Einzelfall ergeben, dass die weitere Aufbewahrung zu unzumutbaren beruflichen Nachteilen für den ArbN führt, obwohl der beurkundete Vorgang für das ArbVerh rechtl. bedeutungslos geworden ist. Insb. bei schwerwiegenden Pflichtverletzungen, die zu einer erheblichen Erschütterung der Vertrauensbeziehung geführt haben, wird eine Bedeutungslosigkeit also kaum mehr eintreten können[18]. Denkbar aber ist dies bei kleineren, arbeitsplatzspezifischen Verfehlungen, wenn eine dauerhafte Änderung der geschuldeten Tätigkeit stattgefunden hat. Unzumutbare berufl. Nachteile für den ArbN wird man dann annehmen müssen, wenn der weitere Verlauf des ArbVerh gezeigt hat, dass mögliche, durch den abgemahnten

---

1 BAG 13.3.1987 – 7 AZR 601/85, BB 1987, 1741; KR/*Fischermeier*, § 626 BGB Rz. 263; aA *Nägele* in Tschöpe, Arbeitsrecht, Teil 3 D Rz. 173.   ‖2 BAG 15.1.1986 – 5 AZR 70/84, NJW 1986, 1777; KR/*Fischermeier*, § 626 BGB Rz. 282.   ‖3 BAG 13.4.1988 – 5 AZR 537/86, AP Nr. 100 zu § 611 BGB Fürsorgepflicht; 9.8.1992 – 5 AZR 531/91 und 15.4.1999 – 7 AZR 716/97, NJW 1999, 3576.   ‖4 *Diller*, ArbR 2010, 595.   ‖5 BAG 13.3.1991 – 5 AZR 133/90, NZA 1991, 768.   ‖6 BAG 15.4.1999 – 7 AZR 716/97, NJW 1999, 3576.   ‖7 BAG 16.11.2010 – 9 AZR 573/09, NJW 2011, 1306.   ‖8 BAG 10.11.1988 – 2 AZR 215/88, NJW 1989, 2493; 13.12.2007 – 2 AZR 818/06, NZA 2008, 589; ErfK/*Müller-Glöge*, § 626 BGB Rz. 25; aA (gegen das Erfordernis der Gleichartigkeit) *Heinze*, FS Söllner, 1990, S. 63 (83 ff.); *Walker*, NZA 1995, 601, 606.   ‖9 BAG 24.3.1988 – 2 AZR 680/87, RzK I 5i Nr. 35; KR/*Fischermeier*, § 626 BGB Rz. 281.   ‖10 BAG 16.1.1992 – 2 AZR 412/91, EzA § 123 BGB Nr. 36; 10.12.1992 – 2 ABR 32/92, AP Nr. 4 zu § 87 ArbGG 1979.   ‖11 BAG 10.11.1988 – 2 AZR 215/88, NJW 1989, 2493.   ‖12 KR/*Fischermeier*, § 626 BGB Rz. 281; zB BAG 9.6.2011 – 2 AZR 323/10, NJW 2012, 407 (betr. verschiedene sexuelle Belästigungen).   ‖13 BAG 13.12.2007 – 2 AZR 818/06, NZA 2008, 589 (betr. Besuchs- und Berichtspflichten).   ‖14 *v. Hoyningen-Huene*, RdA 1990, 208.   ‖15 KR/*Fischermeier*, § 626 BGB Rz. 281.   ‖16 BAG 10.12.1992 – 2 ABR 32/92, AP Nr. 4 zu § 87 ArbGG 1979.   ‖17 BAG 19.7.2012 – 2 AZR 782/11, NZA 2013, 91, Rz. 18.   ‖18 BAG 19.7.2012 – 2 AZR 782/11, NZA 2013, 91, Rz. 32.

Vorfall indizierte Vorstellungen von der Persönlichkeit des ArbN nicht (mehr) zutreffend sind. Ansonsten aber wird das berechtigte Interesse des ArbGeb an der Dokumentation der Pflichtverletzung regelmäßig überwiegen. Umgekehrt muss sich der ArbGeb überlegen, ob er mit der Entfernung der Abmahnung aus der Personalakte tatsächlich signalisieren möchte, dass der vergangene Pflichtverstoß auf den Bestand des ArbVerh zukünftig keinen Einfluss mehr haben soll[1].

109 (k) Die Abmahnung unterliegt nicht der betriebl. Mitbest. Dies gilt selbst dann, wenn sie sich auf eine die betriebl. Ordnung berührende Vertragspflichtverletzung bezieht. Die Abmahnung ist insoweit als Ausübung eines Gläubigerrechts rein individualrechtl. zu beurteilen[2]. Etwas anderes gilt im Fall einer **Betriebsbuße**. Sie hat Sanktionscharakter und kann deshalb nur auf Grundlage einer mitbestimmungspflichtigen Betriebsbußenordnung verhängt werden. Für die Abgrenzung zwischen einer Abmahnung und einer Betriebsbuße ist darauf abzustellen, wie der ArbN die Maßnahme des ArbGeb unter Berücksichtigung der Begleitumstände verstehen musste[3].

110 (3) **Ausnahmen vom Abmahnungserfordernis.** (a) Eine Abmahnung ist ausnahmsw. nicht erforderlich, wenn sie **nicht Erfolg versprechend** ist, dh., wenn nicht angenommen werden kann, dass sich der ArbN auf Grund der Abmahnung in Zukunft vertragsgemäß verhalten wird[4]. Dies ist der Fall, wenn der ArbN erkennbar nicht in der Lage oder gewillt ist, sich vertragsgerecht zu verhalten[5]. Dann muss der ArbGeb trotz Abmahnung mit weiteren Pflichtverletzungen rechnen[6].

111 (b) Keinen Erfolg verspricht die Abmahnung einer **Pflichtverletzung im Leistungsbereich**, wenn es sich um eine besonders grobe Pflichtverletzung handelt und dem ArbN die Pflichtwidrigkeit seines Verhaltens ohne weiteres erkennbar war, so dass er mit der Billigung seines Verhaltens durch den ArbGeb nicht rechnen konnte[7] (entspricht in etwa dem wichtigen Grund iSd. Abs. 1[8]). Eine besonders grobe Pflichtverletzung liegt vor, wenn es entweder um schwere Pflichtverletzungen geht, deren Rechtswidrigkeit dem ArbN ohne weiteres erkennbar war, und er deshalb mit der Hinnahme seines Verhaltens rechnen konnte[9] oder wenn eine Vertragsverletzung hartnäckig oder uneinsichtig begangen wird, so dass eine vertrags- und gesetzmäßige Abwicklung des Arbeitsvertrages nicht mehr zu erwarten ist[10].

112 (c) Die für ein Entfallen des Abmahnungserfordernisses im Leistungsbereich entwickelten Grundsätze gelten auch für ein **pflichtwidriges Verhalten im Vertrauensbereich**[11]. Keiner vorherigen Abmahnung bedarf es demnach, wenn der ArbN von vornherein mit der Missbilligung seines Verhaltens durch den ArbGeb rechnen musste, er aber gleichwohl seinen Arbeitsplatz riskiert hat[12]. Umgekehrt ist eine Abmahnung erforderlich, wenn der ArbN aus vertretbaren Gründen annehmen konnte, sein Verhalten sei nicht vertragswidrig oder werde vom ArbGeb zumindest nicht als ein erhebliches, den Bestand des ArbVerh gefährdendes Verhalten angesehen[13]. Dies korrespondiert mit der gleichfalls verwendeten Formulierung, dass eine Abmahnung nur notwendig ist, wenn es sich um ein steuerbares Verhalten des ArbN handelt und zudem Tatsachen vorliegen, die eine Wiederherstellung des Vertrauens erwarten lassen[14]. Entscheidend ist im Vertrauens- wie im Leistungsbereich das Gewicht der Pflichtverletzung, denn bei schwerwiegenden Verstößen wird sich weder die Wiederherstellung des Vertrauens begründen lassen[15] noch der Erfolg einer Abmahnung im Leistungsbereich.

113 (d) Die fristlose Kündigung eines **GmbH-Geschäftsführers** setzt wegen des der Anstellung zugrunde liegenden und erforderlichen besonderen Vertrauensverhältnisses grds. keine vorherige Abmahnung voraus[16].

114 d) **Anhörung.** Früher hatte das BAG[17] angenommen, die Fürsorgepflicht des ArbGeb gebiete die Anhörung des ArbN vor Ausspruch einer außerordentl. Kündigung, wenn nicht auszuschließen sei, dass dieser sich dabei entlasten könne. Dies führte zu Schwierigkeiten bei der Frage, welche Rechtsfolgen sich bei fehlender Anhörung ergeben. Deshalb hat das BAG später klargestellt, dass die Anhörung

---

1 Ob aus der Personalakte entfernte Abmahnungen noch Bedeutung haben können ist str. (vgl. BAG 10.6.2010 – 2 AZR 541/09, Rz. 49; *Waldenfels*, ArbRAktuell 2012, 212). ‖ 2 BAG 30.1.1979 – 1 AZR 342/76, DB 1979, 1511; 17.10.1989 – 1 ABR 100/88, NZA 1990, 193; KR/*Fischermeier*, § 626 BGB Rz. 278; krit. *Kittner*, AuR 1993, 250. ‖ 3 BAG 30.1.1979 – 1 AZR 342/76 und 7.11.1979 – 5 AZR 962/77, AP Nr. 2 und 3 zu § 87 BetrVG 1972 Betriebsbuße; vgl. weiter zur Abgrenzung zwischen Abmahnung und Betriebsbuße *Heinze*, NZA 1990, 169ff.; *v. Hoyningen-Huene*, RdA 1990, 203ff.; KR/*Fischermeier*, § 626 BGB Rz. 278. ‖ 4 BAG 17.2.1994 – 2 AZR 616/93, AP Nr. 116 zu § 626 BGB. ‖ 5 BAG 12.7.1984 – 2 AZR 320/83, AP Nr. 32 zu § 102 BetrVG 1972; *v. Hoyningen-Huene/Linck*, § 1 KSchG Rz. 285. ‖ 6 BAG 18.5.1994 – 2 AZR 626/93, AP Nr. 3 zu § 108 BPersVG; ErfK/*Müller-Glöge*, § 626 BGB Rz. 28. ‖ 7 BAG 27.4.1997 – 2 AZR 268/96, NZA 1998, 145; 11.3.1999 – 2 AZR 507/98, NZA 1999, 587. ‖ 8 BAG 13.9.1995 – 2 AZR 587/94, NJW 1996, 540. ‖ 9 BAG 31.3.1993 – 2 AZR 492/92, NJW 1994, 469; 26.8.1993 – 2 AZR 154/93, NZA 1994, 63; KR/*Fischermeier*, § 626 BGB Rz. 268. ‖ 10 BAG 28.10.1971 – 2 AZR 15/71, AP Nr. 62 zu § 626 BGB (Kündigung durch ArbN); 18.5.1994 – 2 AZR 626/93, AP Nr. 3 zu § 108 BPersVG; APS/*Dörner*, § 626 BGB Rz. 84. ‖ 11 BAG 4.6.1997 – 2 AZR 526/96, NJW 1998, 554; 11.3.1999 – 2 AZR 427/98, NZA 1999, 818; *Gerhards*, BB 1996, 794. ‖ 12 BAG 10.2.1999 – 2 ABR 31/98, AP Nr. 42 zu § 15 KSchG 1969. ‖ 13 BAG 7.10.1993 – 2 AZR 226/93, NJW 1994, 3032; 14.2.1996 – 2 AZR 274/95, NJW 1996, 2253. ‖ 14 BAG 4.6.1997 – 2 AZR 526/96, NJW 1998, 554. ‖ 15 ErfK/*Müller-Glöge*, § 626 BGB Rz. 29. ‖ 16 BGH 14.2.2000 – II ZR 218/98, NJW 2000, 1638; KR/*Fischermeier*, § 626 BGB Rz. 268; krit. MüKoBGB/*Henssler*, § 626 Rz. 101. ‖ 17 BAG 14.7.1960 – 2 AZR 64/59, AP Nr. 13 zu § 123 BGB; KR/*Fischermeier*, § 626 BGB Rz. 31.

keine Wirksamkeitsvoraussetzung der außerordentl. Kündigung ist[1], es sei denn, es handelt sich um eine Verdachtskündigung[2]. Auch für eine Druckkündigung ist keine Anhörung erforderlich[3]. Grund hierfür ist, dass die Anhörung am objektiven Tatbestand des wichtigen Grundes nichts ändern kann. Sie ist lediglich eine Obliegenheit, denn wenn der Kündigende keine Anhörung durchführt, läuft er Gefahr, einen späteren Kündigungsprozess aus Gründen zu verlieren, die er bei der Anhörung erfahren hätte. Unnötig ist es demggü. anzunehmen, der ArbGeb oder der ArbN könne unter besonderen Umständen auf Grund der Fürsorge- oder Treuepflicht zu einer Anhörung verpflichtet sein bzw. sich bei Unterlassung der Anhörung ggf. schadensersatzpflichtig machen, was im Wege der Naturalrestitution zur Fortsetzung des ArbVerh führen würde. Soweit der Gekündigte nachweisen kann, dass die Kündigung bei Durchführung einer Anhörung nicht erklärt worden wäre, kann dies nur damit begründet werden, dass ein wichtiger Grund objektiv nicht vorgelegen hat[4]. Eine unberechtigte Kündigung führt aber bei rechtzeitiger Erhebung der Kündigungsschutzklage grds. nur zur Fortsetzung des ArbVerh und nicht zu einem Schadensersatzanspruch.

e) **Der wichtige Grund als objektives Tatbestandsmerkmal. aa)** Das Vorliegen eines wichtigen Grundes bestimmt sich nach ganz hM[5] anhand objektiver Kriterien, dh. der wichtige Grund wird allein auf Grund der objektiv vorliegenden Tatsachen bestimmt, die an sich geeignet sind, die Fortsetzung des ArbVerh unzumutbar zu machen. Weder enthält der Begriff ein subjektives Element noch ist ein Verschulden für das Vorliegen eines wichtigen Grundes erforderlich. 115

bb) Erst im Rahmen der erforderlichen Interessenabwägung (2. Stufe) wird die Frage des **Verschuldens** relevant. Insoweit wird ein wichtiger Grund idR[6] nur bei (rechtswidrigem und[7]) schuldhaftem Verhalten bejaht werden können[8], wobei allerdings auch Fahrlässigkeit ausreichen kann[9]. Die Frage, ob bei einem besonders schweren Fall einer schuldlosen Vertragspflichtverletzung ausnmsw. eine verhaltensbedingte Kündigung in Betracht kommen kann, wird kontrovers diskutiert. Sie wird vom BAG sowie von Teilen der Lit. bejaht[10]. Das Anliegen der Gegenansicht[11], eine möglichst griffige Abgrenzung zur personenbedingten Kündigung zu gewährleisten, greift demggü. nicht durch. Das BAG[12] hat zu Recht darauf hingewiesen, dass zum einen § 628 I gegen eine solche Differenzierung spricht und zum anderen die Grenzziehung zwischen beiden Kündigungsgründen anhand der Begriffe „Verhalten" und „Eignung" stattzufinden hat. Der Gegensatz „schuldhaft" oder „schuldlos" stimmt mit dieser Differenzierung nicht überein. Man würde die Abgrenzung deshalb an anderer Stelle wieder verwischen oder müsste – was nicht hingenommen werden kann – Lücken beim Recht der außerordentl. Kündigung in Kauf nehmen. 116

cc) Der Kündigende muss bei Ausspruch der Kündigung die (gesamten) Tatsachen, die den wichtigen Grund begründen, nicht notwendigerweise kennen. Das **Motiv** der Kündigung ist zumindest idR unerheblich. Deshalb spielt es keine Rolle, dass die Kündigungsentschluss weniger durch die Vertragsverletzung als vielmehr durch die Abneigung ggü. dem Gekündigten bestimmt wird. Es kommt also grds. nur darauf an, ob genügend Tatsachen für eine außerordentl. Kündigung aus wichtigem Grund vorliegen. Das Motiv kann sich auf einen bestehenden Kündigungsgrund allerdings dann negativ auswirken, wenn es für den Kündigenden im Zeitpunkt der Kündigung erklärtermaßen tragender, dh. alleiniger Beweggrund war. Dann kann ein darin zutage getretenes widersprüchliches Verhalten bzw. eine solche zutage getretene verwerfliche Gesinnung zur Unwirksamkeit der Kündigung führen[13], §§ 242, 138. Letzteres muss man zB, damit § 2 IV AGG europarechtskonform ist, dann annehmen, wenn ein Diskriminierungsverbot nach dem AGG zum Motiv ernannt wurde (Abgrenzung wie bei § 613a IV)[14]. 117

f) Besonderheiten bei Eigengruppen. Im Falle einer Eigengruppe, dh. bei ArbVerh, bei denen sich eine selbständig gebildete Personenmehrheit in ihrer Gesamtheit zur Erbringung der Arbeitsleistung verpflichtet hat (Bsp.: Musikkapelle, Maurergruppe[15]), ist dem ArbGeb eine Einflussnahme auf die Zusammensetzung der Gruppe versagt. Dies führt zu kündigungsrechtl. Besonderheiten, da dem ArbGeb 118

---

1 BAG 23.3.1972 – 2 AZR 226/71, AP Nr. 63 zu § 626 BGB (LS); 10.2.1977 – 2 ABR 80/76, AP Nr. 9 zu § 103 BetrVG 1972; KR/*Fischermeier*, § 626 BGB Rz. 31.   ‖ 2 BAG 23.3.1972 – 2 AZR 226/71, AP Nr. 63 zu § 626 BGB; 10.2. 1977 – 2 ABR 80/76, AP Nr. 9 zu § 103 BetrVG 1972; *Stahlhacke/Preis/Vossen*, Rz. 710.   ‖ 3 BAG 4.10.1990 – 2 AZR 201/90, NJW 1991, 2307; Erman/*Belling*, § 626 Rz. 27; aA ErfK/*Müller-Glöge*, § 626 BGB Rz. 47; ArbG Gelsenkirchen 26.6.1998 – 3 Ca 3473/97, NZA-RR 1999, 137.   ‖ 4 KR/*Fischermeier*, § 626 BGB Rz. 33 (mit Nachw. zur abw. Ansicht).   ‖ 5 BAG 10.3.1977 – 2 AZR 79/76, NJW 1977, 2132; 18.1.1980 – 7 AZR 260/78, AP Nr. 1 zu § 626 BGB Nachschieben von Gründen; KR/*Fischermeier*, § 626 BGB Rz. 105.   ‖ 6 Anders in der Entscheidung BAG 21.1.1999 – 2 AZR 665/98, NJW 1999, 3140.   ‖ 7 KR/*Fischermeier*, § 626 BGB Rz. 139.   ‖ 8 BAG 14.12.1996 – 2 AZR 274/95, NJW 1996, 2253; ErfK/*Müller-Glöge*, § 626 BGB Rz. 43.   ‖ 9 BAG 16.3.1961 – 2 AZR 539/59, AP Nr. 2 zu § 1 KSchG Verhaltensbedingte Kündigung; 25.4.1991 – 2 AZR 624/90, NZA 1992, 212. ‖ 10 BAG 21.1.1999 – 2 AZR 665/98, NJW 1999, 3140; *Rüthers/Henssler*, ZfA 1988, 45.   ‖ 11 BAG 14.2.1996 – 2 AZR 274/95, NJW 1996, 2253; KR/*Fischermeier*, § 626 BGB Rz. 139.   ‖ 12 BAG 21.1.1999 – 2 AZR 665/98, NJW 1999, 3140.   ‖ 13 BAG 2.6.1960 – 2 AZR 91/58, AP Nr. 42 zu § 626 BGB m. zust. Anm. *A. Hueck*; KR/*Fischermeier*, § 626 BGB Rz. 106f.   ‖ 14 Weitergehend KR/*Fischermeier*, § 626 BGB Rz. 107af., wonach die Kündigung bereits unwirksam sein soll, wenn sie auch aus diskriminierenden Motiven erfolgt.   ‖ 15 KR/*Fischermeier*, § 626 BGB Rz. 423.

ein Zugriff auf den einzelnen ArbN verwehrt ist. Will der ArbGeb abmahnen oder kündigen, kann er dies nur ggü. der ganzen Gruppe, nicht ggü. einem einzelnen Mitglied der Eigengruppe[1].

Dabei ist aber sehr genau darauf zu achten, ob überhaupt eine Eigengruppe vorliegt oder ob es sich lediglich um ein mittelbares ArbVerh (wenn einer der ArbN als Repräsentant auftritt und auch die Anweisungen seitens des ArbGeb empfängt) oder ein selbständiges Dienstverhältnis handelt[2]. Weiter gilt beim „Jobsharing" für die (Beendigungs-)Kündigung eines ArbN § 13 II 1 TzBfG. Danach ist die Kündigung des ArbVerh eines ArbN durch den ArbGeb wegen des Ausscheidens eines anderen ArbN aus der Arbeitsplatzteilung unwirksam.

Zusätzliche Probleme entstehen, wenn einzelne Mitglieder einem Sonderkündigungsschutz unterfallen[3]. Hier wird man darauf abzustellen haben, ob das Mitglied der Eigengruppe, das den wichtigen Grund für eine außerordentl. Kündigung gesetzt hat, selbst einen Sonderkündigungsschutz in Anspruch nehmen kann. Ist dies nicht der Fall, gelten für die Kündigung aller Gruppenmitglieder keine Besonderheiten (str.)[4].

119 g) **Zeitpunkt der Entstehung des wichtigen Grundes. aa)** Zeitlicher Bezugspunkt für die Prüfung des wichtigen Grundes ist der „Ausspruch", dh. der Zugang (vgl. § 130 I 1[5]) der Kündigungserklärung[6]. Die außerordentl. Kündigung kann auf alle zum Zeitpunkt des **Ausspruches der Kündigung** objektiv vorhandenen Gründe gestützt werden. Dies gilt auch für bereits vor Beginn des ArbVerh eingetretene Gründe, soweit diese das ArbVerh weiterhin erheblich belasten und dem Kündigenden bei Vertragsabschluss noch nicht bekannt waren[7]. Auch die Frage, wann der Grund entstanden ist, spielt grds. keine Rolle[8]. Soweit Abs. 2 als materiell-rechtl. Grenze zu beachten ist, gilt das oben (vgl. Rz. 67f.) Gesagte. Abs. 2 bezieht sich nur auf den Zeitpunkt der Ausübung des Kündigungsrechts, nicht aber auf den Zeitpunkt der Entstehung des Kündigungsgrundes[9] (vgl. Rz. 357ff.). Erst die Kenntnis vom Kündigungsgrund setzt die Frist in Lauf. Dementsprechend steht Abs. 2 dem **Nachschieben nachträglich bekannt gewordener Gründe** (nach bereits erfolgter Kündigung) nicht entgegen[10]. Zur prozessualen Seite des Nachschiebens von Gründen vgl. Rz. 409 ff.

120 bb) Einschränkungen für das ergänzende Heranziehen früher gesetzter Gründe bestehen, wenn auf Grund einer konstitutiven Formvorschrift die Kündigungsgründe schriftl. mitgeteilt werden müssen[11]. Weiter können Sachverhalte, die erst **nach dem Zugang der Kündigungserklärung** entstanden sind, eine bereits ausgesprochene Kündigung nicht rechtfertigen. Sie können nur zum Gegenstand einer neuen Kündigung gemacht werden[12], bei der aber die alten Gründe ggf. ergänzend herangezogen werden können. Daraus ergibt sich, dass sowohl Gründe, die der ArbGeb bei Ausspruch der Kündigung nicht kannte, als auch solche, die er zwar kannte, aber dem ArbN nicht mitgeteilt hat, grds. nachgeschoben werden können[13].

121 cc) Darüber hinaus können nachträglich entstandene Sachverhalte zur Beurteilung der früheren Umstände herangezogen werden[14], nicht als Kündigungsgrund, aber als später erlangte Erkenntnisse, die eine bessere Würdigung der Tatsachen, die als Kündigungsgründe genannt werden, ermöglichen. Nach *Dörner*[15] muss zwischen den neuen Vorgängen und den vor der Kündigung entstandenen Gründen eine enge Beziehung bestehen. Das Nichtbeachten der neuerlichen Gründe muss dem Zerreißen eines einheitlichen Lebensvorgangs gleichstehen.

122 3. **Außerordentliche Kündigung durch den Arbeitgeber. a) Allgemeines. aa)** Der nachfolgend unter Rz. 125 ff. zusammengestellte Katalog der „wichtigen Gründe an sich" (1. Stufe) präzisiert die bisher gebildeten Fallgruppen (vgl. Rz. 65 f.). Er ersetzt nicht die notwendige Einzelfallprüfung auf der 2. Stufe (Rz. 58 ff.), sondern kann nur Anhaltspunkte für die Prüfung konkreter Sachverhalte geben. Soweit es aber um die Berücksichtigung der jeweils konkreten betriebl. oder wirtschaftl. Auswirkungen einer bestimmten Störung des ArbVerh geht, sind diese bereits Teil des Kündigungsgrundes und nicht erst und ausschließlich bei der Interessenabwägung zu berücksichtigen[16].

---

1 Zur Kündigung BAG 9.2.1960 – 2 AZR 585/57, AP Nr. 39 zu § 626 BGB; LAG Düss. 6.9.1956 – 2a Sa 162/56, AP Nr. 12 zu § 626 BGB; ErfK/*Müller-Glöge*, § 626 BGB Rz. 48; *Rüthers*, ZfA 1977, 1 ff.; zur Abmahnung LAG Sa.-Anh. 8.3.2000 – 6 Sa 921/99, NZA-RR 2000, 528. ||2 MünchArbR/*Marschall*, § 171 Rz. 11. ||3 BAG 21.10.1971 – 2 AZR 17/71, AP Nr. 1 zu § 611 BGB Gruppenarbeitsverhältnis. ||4 AA ErfK/*Müller-Glöge*, § 626 BGB Rz. 48 (nur ArbN mit Sonderkündigungsschutz darf nicht gekündigt werden); aA MüKo/*Henssler*, § 626 Rz. 14 (es kommt auf Voraussetzungen an, die bei Mehrheit der Gruppe vorliegen). ||5 APS/*Dörner*, § 626 BGB Rz. 48; aA *Herschel*, Anm. zu BAG AP Nr. 39 zu § 1 KSchG. ||6 BAG 27.2.1997 – 2 AZR 160/96, NJW 1997, 2257; 29.4.1999 – 2 AZR 431/98, NJW 2000, 893. ||7 BAG 17.8.1972 – 2 AZR 415/71, DB 1973, 481; 5.4.2001 – 2 AZR 159/00, NJW 2002, 162. ||8 BGH 5.5.1958 – II ZR 245/56; BAG 17.8.1972 – 2 AZR 415/71, AP Nr. 26, 65 zu § 626 BGB. ||9 BAG 4.6.1997 – 2 AZR 362/96, NJW 1998, 101. ||10 BAG 17.8.1972 – 2 AZR 415/71, DB 1973, 481; 18.1.1980 – 7 AZR 260/78, NJW 1980, 2486. ||11 BAG 25.11.1976 – 2 AZR 751/75, AP Nr. 4 zu § 15 BBiG; KR/*Fischermeier*, § 626 BGB Rz. 174. ||12 BAG 11.12.1975 – 2 AZR 426/74, DB 1976, 976; BGH 28.4.1960 – VII ZR 218/59, AP Nr. 41 zu § 626 BGB; KR/*Fischermeier*, § 626 BGB Rz. 176. ||13 BAG 17.8.1972 – 2 AZR 415/71, AP Nr. 65 zu § 626 BGB; 18.1.1980 – 7 AZR 260/78, NJW 1980, 2486; Erman/*Belling*, § 626 Rz. 31; KR/*Fischermeier*, § 626 BGB Rz. 178; aA *Neumann*, ArbRGgw. Bd. 7 (1970), S. 23 (40); *Birk*, Anm. zu AP Nr. 65 zu § 626 BGB. ||14 BAG 14.9.1994 – 2 AZR 164/94, NJW 1995, 1110; RGRK/*Corts*, § 626 Rz. 35. ||15 APS/*Dörner*, § 626 BGB Rz. 54. ||16 BAG 15.11.1984 – 2 AZR 613/83, NJW 1986, 342.

Fristlose Kündigung aus wichtigem Grund　　　　　　　　　　　　　　　Rz. 125 § 626 BGB

bb) Ausgangspunkt der Fallgruppenbildung waren die früheren, inzwischen aufgehobenen **gesetzl.** 123
Regelungen von Gründen für eine Kündigung aus wichtigem Grund (§§ 71, 72 HGB aF, 123, 124, 133c, d
GewO aF). In diesen Vorschriften wurden als **wichtige Gründe** genannt:
- Anstellungsbetrug,
- beharrliche Arbeitsverweigerung oder Arbeitsvertragsbruch,
- dauernde oder anhaltende Unfähigkeit zur Arbeitsleistung,
- grobe Verletzung der Treuepflicht,
- Verstöße gegen das Wettbewerbsverbot,
- Dienstverhinderung durch eine längere Freiheitsstrafe des ArbN,
- erhebliche Ehrverletzung oder Tätlichkeiten des ArbN gegen den ArbGeb bzw. dessen Vertreter und umgekehrt,
- fehlende Zahlung des Arbeitsentgelts.

Das BAG[1] hatte sich darauf festgelegt, dass diese (inzwischen aufgehobenen) gesetzl. Regelungen 124
Hinweise für typische Sachverhalte geben, die an sich geeignet sind, einen wichtigen Grund iSd. § 626
abzugeben. Dennoch begründet das Vorliegen eines dieser Gründe noch keine tatsächliche Vermutung
für die Unzumutbarkeit der Fortsetzung des ArbVerh. Dem Gekündigten steht es frei, im Rahmen der
Interessenabwägung eine konkrete Beeinträchtigung des ArbVerh zu bestreiten[2].

b) ABC der an sich geeigneten Kündigungsgründe. 125

Abkehrwille	126	Nebentätigkeit	215
Abwerbung	127	Politische Betätigung	217
Anzeige des ArbN gegen den ArbGeb/Vorgesetzten	128	Private Telefongespräche, Anfertigung privater Kopien	218
Arbeitsbeschaffungsmaßnahme	132	Privates Surfen im Internet/Privatnutzung des Dienst-PC	219
Arbeitserlaubnis, fehlende	133	Rauchpausen, unerlaubte/Zeitungslesen etc.	220
Arbeitskampf: Rechtmäßiger Streik	136	Schlechtleistung	221
Arbeitspapiere	140	Schmiergeldverbot (Forderung/Annahme von Schmiergeldern)	223
Arbeitspflichtverletzung, Arbeitsverweigerung	141	Schwarzarbeit	226
Arbeitsunfähigkeit/Krankheit	157	Scientology	227
Außerdienstliches Verhalten	167	Selbstbeurlaubung/Urlaubsüberschreitung	230
Beleidigung	172	Sexuelle Belästigung	234
Beschwerderechte	173	Sicherheitsbedenken	235
Betriebliche Ordnung/Wahrung des Betriebsfriedens	174	Strafbare Handlungen	236
Betriebsstilllegung/Betriebseinschränkung/Betriebsstockung	193	Strafhaft/Untersuchungshaft	255
Betriebs- und Geschäftsgeheimnisse/Datenschutz	198	Streikteilnahme	258
Ehrenämter	201	Tod des ArbGeb	259
Fahrerlaubnisentziehung/Fahrverbot	202	Trunkenheit/Rausch/Alkoholismus	260
Geschäfts- und Rufschädigung	206	Unentschuldigtes Fehlen	265
Insolvenzverfahren	207	Unpünktlichkeit	266
Kirche	208	Verschuldung des ArbN	269
Konkurrenztätigkeit	212	Verschwiegenheitspflicht	270
Krankheit	213	Vertrauensverlust	271
Mitteilungs- und Berichtspflichten	214	Wettbewerbsverbot	272

Der nachfolgende alphabetisch geordnete Katalog der Kündigungsgründe verzichtet auf eine weitere
Systematisierung, da diese vom Blickwinkel abhängt, unter der die Kündigungsgründe betrachtet werden. Zur Prüfung, ob ein wichtiger Grund vorliegt, sind personen-, betriebs- und verhaltensbedingte
Störungen[3] jeweils isoliert zu betrachten (dazu Rz. 65 f.). Eingeschränkt wird dies, soweit auch verfristete Gründe mit einbezogen werden sollen. Dann muss der durch die Störung betroffene Bereich des
ArbVerh noch genauer ermittelt werden[4] (vgl. Rz. 67 f.), so dass eine weitere Differenzierung in einen
Leistungsbereich, den Bereich der betriebl. Verbundenheit aller Mitarbeiter, den persönlichen Vertrauensbereich sowie einen Unternehmensbereich notwendig ist.

---

1 BAG 15.11.1984 – 2 AZR 613/83 und 17.3.1988 – 2 AZR 576/87, AP Nr. 87, 99 zu § 626 BGB; ErfK/*Müller-Glöge*, § 626 BGB Rz. 60; krit. KR/*Fischermeier*, § 626 BGB Rz. 87; aA KDZ/*Däubler* Rz. 2; HAS/*Popp*, § 19 B Rz. 175; Erman/*Belling*, § 626 BGB Rz. 34.　||2 KR/*Fischermeier*, § 626 BGB Rz. 87.　||3 *Ascheid*, Kündigungsschutzrecht, Rz. 132; Erman/*Belling*, § 626 Rz. 52; Hromadka/Maschmann, § 10 Rz. 111; KR/*Fischermeier*, § 626 BGB Rz. 128.
||4 BAG 3.12.1970 – 2 AZR 110/70 und 21.11.1996 – 2 AZR 357/95, AP Nr. 60, 130 zu § 626 BGB.

126 **– Abkehrwille:** Der bloße Abkehrwille des ArbN, dh. seine Absicht, das ArbVerh demnächst zu beenden, um sich selbständig zu machen oder eine andere Arbeitsstelle anzutreten, ist idR kein wichtiger Grund[1]. Er kann wegen des Schriftformerfordernisses der Kündigung (§ 623) auch nicht zur Verwirkung des allg. Kündigungsschutzes führen[2]. Die Belange des ArbGeb können aber berührt sein, wenn der ArbN für ein Konkurrenzunternehmen tätig wird oder tätig werden will[3].

127 **– Abwerbung:** Nach hM liegt eine vertragswidrige Abwerbung durch einen ArbN vor, wenn dieser auf andere ArbN einwirkt, ihr ArbVerh aufzugeben, um für den Abwerbenden oder einen anderen ArbGeb tätig zu werden. Damit die Abwerbung einen wichtigen Grund liefert, muss sie mit einer gewissen Ernsthaftigkeit und Beharrlichkeit betrieben werden[4]. Die beiläufige oder aus einer momentanen Situation heraus entstandene Frage eines leitenden Angestellten an einen ihm unterstellten Mitarbeiter, ob er mit ihm gehe, wenn er sich selbständig mache, ist noch keine Abwerbung[5]. Nicht erforderlich ist dagegen der Einsatz unlauterer Mittel oder dass die Abwerbung in verwerflicher Weise betrieben wird[6]. Will aber der ArbN ihm nachgeordnete Mitarbeiter zum Vertragsbruch verleiten, ist der neue ArbGeb ein Konkurrenzunternehmen oder zahlt das Konkurrenzunternehmen eine Vergütung für die Abwerbung, dann ist eine besondere Schwere der Pflichtverletzung gegeben[7]. Die Abgrenzung hat auch danach zu erfolgen, inwieweit der ArbN eigene verfassungsrechtl. geschützte (Art. 12 I GG) Interessen wahrnimmt (vgl. dazu auch § 75f HGB) und inwieweit er gegen ein vertragl. oder nachvertragl. Wettbewerbsverbot (s.a. Rz. 272 ff.) verstößt.

128 **– Anzeige des ArbN gegen den ArbGeb/Vorgesetzten:** Erstattet der ArbN gegen seinen ArbGeb bei einer staatl. Stelle eine Anzeige, kann dies wichtiger Grund für eine Kündigung sein. Dieser wird idR vorliegen, wenn der in der Anzeige mitgeteilte Sachverhalt unwahr bzw. die Anzeige objektiv nicht gerechtfertigt ist[8]. Erst recht, wenn die Anschuldigungen leichtfertig oder sogar wissentlich unwahr sind. Entscheidend für eine Abgrenzung ist aber zudem, aus welcher Motivation die Anzeige erfolgte, ob der ArbN mit der Anzeige eigene berechtigte Interessen verfolgt und ob letztlich in der Anzeige eine verhältnismäßige Reaktion des ArbN auf das Verhalten des ArbGeb gesehen werden kann[9]. Dies alles mündet nach dem BAG[10] in einen umfassenden Abwägungsprozess.

129 Ist der mitgeteilte Sachverhalt wahr und bestehen für eine Anzeige des ArbN berechtigte Interessen, wird es meist an einem Kündigungsgrund fehlen. So wenn ein ArbN Strafanzeige erstattet, weil er von seinem ArbGeb (tatsächlich) beleidigt wurde[11]. Ebenso darf ein ArbN, der die Verantwortung für die Sicherheit einer betriebl. Anlage hat (zB Kernforschungsanlage), Sicherheitsbedenken bei den zuständigen Stellen in gehöriger Form erheben[12]. Gleiches gilt, wenn der ArbN gegen seinen ArbGeb als Zeuge vor Gericht oder der Polizei aussagen soll[13]. Allenfalls wird man in solchen Konstellationen noch prüfen können, ob dem ArbN nicht ein Vorwurf daraus gemacht werden kann, dass er sich – soweit überhaupt möglich – nicht erst um eine innerbetriebl. Konfliktlösung bemüht hat. Dies darf aber nicht so weit gehen, dass man den ArbN dann nicht für berechtigt hält, Strafanzeige zu erstatten, wenn er vom ArbGeb aufgefordert wurde, sich an den Gesetzesverstößen zu beteiligen, er aber die Möglichkeit hatte, sich einer Beteiligung zu entziehen[14]. Hier folgt das sofortige Anzeigerecht aus dem unmittelbaren Ansinnen des ArbGeb.130

Richtet sich die Anzeige dagegen nicht gegen den ArbGeb, sondern gegen einen bloßen Vorgesetzten, ist die Ausschöpfung innerbetriebl. Abhilfemaßnahmen idR vorrangig (§ 241 II). Jedenfalls dann, wenn der nicht beteiligte ArbGeb durch die Anzeige auch noch geschädigt wird[15]. Geschäftsführer und Vorstände stehen dabei aber einem ArbGeb gleich[16].

131 Zur Drohung mit Strafanzeige oder Veröffentlichungen in der Presse s. unter *Strafbare Handlungen* Gliederungspunkt *Nötigung/Erpressung* (Rz. 252).

---

1 LAG BW 31.5.1961 – 4 Sa 70/60, DB 1961, 951 und 24.2.1969 – 4 Sa 114/68, BB 1969, 536; APS/*Dörner*, § 626 BGB Rz. 181. ‖ 2 Anders BAG 22.10.1964 – 2 AZR 515/63, DB 1965, 38. ‖ 3 LAG Hamm 14.12.1968 – 8 (5) Sa 37/68, BB 1969, 797 (798); ErfK/*Müller-Glöge*, § 626 BGB Rz. 61. ‖ 4 LAG Rh.-Pf. 7.2.1992 – 6 Sa 528/91, LAGE § 626 BGB Nr. 64; LAG BW 30.9.1970 – 4 Sa 21/70, DB 1970, 2325; aA (bloße Abwerbung ist nicht vertragswidrig) APS/*Dörner*, § 626 BGB Rz. 294; v. Hoyningen-Huene/Linck, § 1 KSchG Rz. 308. ‖ 5 LAG Stuttgart 30.9.1970 – 4 Sa 21/70, BB 1970, 1538; KR/*Fischermeier*, § 626 BGB Rz. 406. ‖ 6 LAG Schl.-Holst. 6.7.1989 – 4 Sa 601/88, LAGE § 626 BGB Nr. 42; ErfK/*Müller-Glöge*, § 626 BGB Rz. 62. ‖ 7 LAG Tübingen 31.3.1969 – 4 Sa 2/69, BB 1969, 789; LAG Düss. 15.10.1969 – 6 Sa 117/69, BB 1969, 1542; KR/*Fischermeier*, § 626 BGB Rz. 406. ‖ 8 BAG 3.7.2003 – 2 AZR 235/02, NZA 2004, 427; aA (enger; allein wenn ArbN wissentlich oder leichtfertig falsche Angaben gemacht hat) LAG Düss. 17.1.2001 – 11 Sa 1422/01, DB 2002, 1612; LAG Hess. 12.2.1987 – 12 Sa 1249/86, LAGE § 626 BGB Nr. 28. ‖ 9 BAG 18.6.1970 – 2 AZR 369/69, AP Nr. 82 zu § 1 KSchG; 4.7.1991 – 2 AZR 80/91, RzK I 6a Nr. 74; *Ascheid*, Kündigungsschutzrecht, Rz. 461; krit. KR/*Fischermeier*, § 626 BGB Rz. 408. ‖ 10 BAG 3.7.2003 – 2 AZR 235/02, NJW 2004, 1574. ‖ 11 LAG Tübingen 29.6.1964 – 4 Sa 12/64, DB 1964, 1451; KR/*Fischermeier*, § 626 BGB Rz. 408. ‖ 12 BAG 14.12.1972 – 2 AZR 115/72, DB 1973, 675. ‖ 13 BVerfG 2.7.2001 – 1 BvR 2049/00, NJW 2001, 3474 (auch dann, wenn der ArbN freiwillig Anzeige erstattet hat). ‖ 14 So in der inzwischen veralteten Entscheidung BAG 5.2.1959 – 2 AZR 60/56, AP Nr. 2 zu § 70 HGB. ‖ 15 BAG 3.7.2003 – 2 AZR 235/02, NZA 2004, 427. ‖ 16 BAG 7.12.2006 – 2 AZR 400/05, NJW 2007, 2204; fraglich deshalb BAG 18.12.1980 – 2 AZR 980/78, AP Nr. 4 zu § 174 BGB (Anzeige gegen den Geschäftsführer des ArbGeb wegen behaupteter Verkehrsverstöße anlässlich einer gemeinsamen Dienstreise, um die Entziehung der Fahrerlaubnis zu erreichen).

– **Arbeitsbeschaffungsmaßnahme:** Eine früher mögliche ABM konnte nach § 270 II SGB III aF außerordentl. gekündigt werden (vgl. Rz. 3). 132

– **Arbeitserlaubnis, fehlende:** Die fehlende, aber notwendige Arbeitserlaubnis eines ausländischen ArbN nach §§ 18 ff. AufenthG kann einen personenbedingten Grund zur Kündigung darstellen[1]. 133

Von vornherein kein wirksames ArbVerh wird begründet, wenn den Beteiligten das Fehlen der Arbeitserlaubnis von Anfang an bewusst war, das ArbVerh aber dennoch ohne Genehmigung durchgeführt werden sollte, § 134. Läuft dagegen die Arbeitserlaubnis ab oder zerschlägt sich die Erwartung der Beteiligten auf baldige Erteilung einer Arbeitserlaubnis, obliegt es dem ArbGeb zu kündigen[2]. Ist die Erteilung der Arbeitserlaubnis (ggf. nach Einlegung von Rechtsmitteln) noch möglich, ist eine Kündigung gerechtfertigt, falls bei objektiver Betrachtung mit der Erteilung der Erlaubnis nicht zu rechnen war und der Arbeitsplatz für den ArbN nicht ohne erhebliche betriebl. Beeinträchtigung freigehalten werden kann[3]. Wirkt der ArbGeb selbst (arglistig) der Erteilung der Arbeitserlaubnis entgegen, kann er sich im Kündigungsschutzprozess nicht auf das hierdurch herbeigeführte Beschäftigungsverbot berufen. 134

Der ArbN ist grds. verpflichtet, sich selbst um die Verlängerung der Arbeitserlaubnis zu bemühen. Den ArbGeb trifft insoweit keine Hinweispflicht[4]. Kommt der ArbN seiner vertragl. Nebenpflicht, sich rechtzeitig um Erteilung bzw. Verlängerung der Arbeitserlaubnis zu bemühen, nicht nach, kann eine verhaltensbedingte Kündigung gerechtfertigt sein[5]. Abweichendes gilt, wenn der ArbN nur auf Grund von Krankheit an der Beantragung der Verlängerung seiner Arbeitserlaubnis verhindert war[6]. Ob der ArbGeb außerordentl. oder nur ordentl. kündigen kann, hängt von den Umständen des Einzelfalls ab, insb. der Dauer der Kündigungsfrist sowie der Dringlichkeit der Stellenneubesetzung[7]. Das Verschweigen des Wegfalls einer Aufenthalts- bzw. Arbeitserlaubnis stellt einen wichtigen Grund dar[8]. 135

– **Arbeitskampf: Rechtmäßiger Streik:** Ein von einer Gewerkschaft organisierter rechtmäßiger Streik zur Verbesserung der Arbeitsbedingungen führt zu einer Suspendierung der Hauptleistungspflichten. Der bestreikte ArbGeb ist deshalb nicht berechtigt, den Streik mit einer Kündigung zu beantworten. Er kann insoweit nur zum Mittel der Aussperrung greifen, die im Allg. nur suspendierende Wirkung hat[9]. 136

Rechtswidriger von der Gewerkschaft organisierter Streik: Soweit der Streik von einer Gewerkschaft organisiert ist, kann dem ArbN seine Teilnahme auch dann nicht vorgeworfen werden, wenn der Streik rechtswidrig ist. Der ArbN muss sich insoweit auf die rechtl. Einschätzung durch die Gewerkschaft verlassen können[10]. Entschieden wurde dies vom BAG[11] für einen von der Gewerkschaft geführten, auf drei Tage befristeten Streik, bei dem die ArbN zwar mit der Möglichkeit der Unzuständigkeit ihrer Gewerkschaft rechnen mussten, dieses aber letztlich auf Grund der Komplexität der damit verbundenen Rechtsfragen für die ArbN nicht aufklärbar war. Besondere Pflichtverletzungen wie zB eine Teilnahme an einer Fabrikbesetzung rechtfertigt dies allerdings nicht[12]. 137

Wilder Streik; rechtswidrige Arbeitsniederlegung: Wird der Streik von der zuständigen Gewerkschaft weder gebilligt noch nachträglich genehmigt, handelt es sich um einen wilden Streik. Eine Beteiligung an einem solchen Streik stellt einen wichtigen Grund für eine Kündigung dar, wenn die ArbN trotz wiederholter Aufforderung durch den ArbGeb die Arbeit nicht wieder aufnehmen[13]. Hierbei ist vorrangig den Initiatoren zu kündigen. Im Rahmen der Interessenabwägung ist zu Gunsten des ArbN von einer psychologischen Drucksituation, resultierend aus der Solidarität mit den Arbeitskollegen auszugehen. Auch ist sorgfältig zu prüfen, ob sich die ArbN in einem unverschuldeten Rechtsirrtum befunden haben. Dies gilt insb., wenn die Gewerkschaft zwar nicht als Organisatorin aufgetreten ist, diese aber hinter der Belegschaft stand und eine breite Öffentlichkeit Sympathie mit der Arbeitsniederlegung bekundet hat[14]. 138

Verleitet ein ArbN seine Kollegen zu gleichzeitigen und gleichartigen Änderungskündigungen, um höhere Akkordlöhne zu erzwingen, obwohl die Gewerkschaften und der BR noch über die erstrebte Lohnerhöhung verhandeln, stellt dies eine Aufforderung zum illegalen Arbeitskampf dar[15]. Ebenso ist die Or- 139

---

1 BAG 16.12.1976 – 3 AZR 716/75, AP Nr. 4 zu § 19 AFG; 7.2.1990 – 2 AZR 359/89, NZA 1991, 341; KR/*Fischermeier*, § 626 BGB Rz. 130; aA *Stahlhacke/Preis/Vossen*, Rz. 699. ‖2 BAG 13./19.1.1977 und 16.12.1976 – 2 AZR 423/75, 3 AZR 66/75 und 716/75, AP Nr. 2, 3 und 4 zu § 19 AFG. ‖3 BAG 7.2.1990 – 2 AZR 359/89, NZA 1991, 341. ‖4 BAG 26.6.1996 – 5 AZR 872/94, AP Nr. 2 zu § 3 EFZG; ErfK/*Müller-Glöge*, § 626 BGB Rz. 67. ‖5 *Stahlhacke/Preis/Vossen*, Rz. 1236. ‖6 Vgl. BAG 26.6.1996 – 5 AZR 872/94, AP Nr. 2 zu § 3 EFZG. ‖7 BAG 13.1.1977 – 2 AZR 423/75, AP Nr. 2 zu § 19 AFG; KR/*Fischermeier*, § 626 BGB Rz. 130. ‖8 LAG Nürnberg 21.9.1994 – 3 Sa 1176/93, NZA 1995, 228; ErfK/*Müller-Glöge*, § 626 BGB Rz. 67. ‖9 BAG 28.1.1955 – GS 1/54; 21.4.1971 – GS 1/68 und 17.12.1976 – 1 AZR 605/75, AP Nr. 1, 43, 51 zu Art. 9 GG Arbeitskampf. ‖10 ErfK/*Müller-Glöge*, § 626 BGB Rz. 81. ‖11 BAG 29.11.1983 – 1 AZR 469/82, NJW 1984, 1371. ‖12 BAG 17.12.1976 – 1 AZR 605/75 – 14.2.1978 – 1 AZR 76/76, AP Nr. 51, 58 zu Art. 9 GG Arbeitskampf. ‖13 BAG 20.12.1963 – 1 AZR 428/62 und 21.10.1969 – 1 AZR 93/68, AP Nr. 32, 41 zu Art. 9 GG Arbeitskampf; ErfK/*Müller-Glöge*, § 626 BGB Rz. 81; aA ArbG Gelsenkirchen 13.3.1998 – 3 Ca 3173/97, EzA Art. 9 GG Arbeitskampf Nr. 130; KDZ/*Däubler*, Rz. 67. ‖14 BAG 14.2.1978 – 1 AZR 76/76, DB 1978, 1403. ‖15 BAG 28.4.1966 – 2 AZR 176/65, DB 1966, 905; KR/*Fischermeier*, § 626 BGB Rz. 410; aA KDZ/*Däubler*, Rz. 68.

ganisation oder Teilnahme an einer Besetzung des Betriebsgeländes oder der Verwaltungsgebäude des Betriebes als wichtiger Grund an sich geeignet[1]. Besteht dagegen zu Gunsten der ArbN ein Zurückbehaltungsrecht, handeln die ArbN auch dann vertragsgemäß, wenn dieses kollektiv ausgeübt wird[2].

140 **– Arbeitspapiere:** Den ArbN trifft eine vertragl. Verpflichtung, dem ArbGeb auf Verlangen die Arbeitspapiere über seinen beruflichen Werdegang vorzulegen. Ignoriert der ArbN mehrere solcher Aufforderungen, stellt dies eine beharrliche Pflichtverletzung dar, die den ArbGeb zur fristlosen Entlassung berechtigt[3].

141 **– Arbeitspflichtverletzung, Arbeitsverweigerung: Formen der Pflichtverletzung:** Die klarste Form der Pflichtverletzung ist der Vertragsbruch durch Nichterbringung der Arbeit. Dann ist dem ArbGeb regelmäßig unzumutbar, das ArbVerh auch nur kurzfristig fortzusetzen. Der Vertragsbruch liegt in der einseitigen, faktischen Vertragsauflösung, indem die Arbeit nicht aufgenommen oder das Vertragsverhältnis vorzeitig beendet wird[4].

142 Ein solcher Vertragsbruch ist auch in der Form denkbar, dass ein ArbN, nachdem er krank gewesen und wieder arbeitsfähig geschrieben worden ist, nicht wieder zur Arbeit erscheint. Gleiches gilt, wenn der ArbN eigenmächtig einen nicht genehmigten Urlaub antritt oder trotz Ablehnung durch den ArbGeb seinen Urlaub verlängert[5] (s. *Selbstbeurlaubung*, Rz. 230ff.).

143 Eine Arbeitsverweigerung bzw. Pflichtverletzung liegt ferner vor, wenn der ArbN ihm übertragene Arbeiten nicht unter angemessener Anspannung seiner Kräfte und Fähigkeiten erbringt oder ihm mögliche Arbeitsleistungen bewusst zurückhält (Abmahnung aus Beweisgründen erforderlich) oder infolge der Fehlleistung erheblicher Schaden entsteht (s. *Schlechtleistung*, Rz. 221f.) und bei Fortsetzung des ArbVerh ähnliche Fehlleistungen zu befürchten sind[6]. Dabei ist zunächst festzustellen, welche Arbeitsleistung nach dem Vertrag geschuldet ist. Der ArbN hat im Zweifel diejenigen Dienste oder diejenige Arbeit zu leisten, die er bei angemessener Anspannung seiner geistigen und körperlichen Kräfte auf Dauer ohne Gefährdung seiner Gesundheit zu leisten imstande ist (subjektiver Leistungsmaßstab)[7].

143a Weitere Formen der Arbeitspflichtverletzungen sind Verspätungen sowie das Überziehen von Pausen (s. *Unpünktlichkeit*, Rz. 266f.). Da nicht von vornherein gesagt werden kann, dass der ArbN damit den Bestand seines ArbVerh aufs Spiel setzen will, bedarf es einer Kündigung einer oder mehrerer erfolgloser Abmahnungen. Im Rahmen der Interessenabwägung wirkt es sich für den ArbN nachteilig aus, wenn seine Verspätungen darüber hinaus zu konkreten Störungen des Betriebsablaufs geführt haben[8].

144 Eine Variante der Arbeitspflichtverletzung ist, wenn sich der ArbN während der Arbeitszeit mit privaten Dingen beschäftigt, wie zB *privates Telefonieren, Surfen im Internet* bzw. *unerlaubte Rauchpausen* (dazu Rz. 218ff.).

145 Weigert sich der ArbN, zu einer Aussprache über eine das ArbVerh betreffende Frage zu erscheinen, kann dies nach erfolgloser Abmahnung ein wichtiger Grund sein[9]. Unberührt bleibt aber das Recht des ArbN, nach §§ 81ff. BetrVG zu einer solchen Unterredung eine Vertrauensperson hinzuzuziehen. Ob dem ArbN gestattet ist, zu dem Gespräch einen Rechtsanwalt hinzu zu ziehen, hängt vom Thema des Gesprächs ab. Geht es um die Auflösung des ArbVerh, zB im Rahmen der Anhörung zu einer möglichen Verdachtskündigung, kann ein Anwalt hinzu gezogen werden[10], nicht aber bei einem Mitarbeitergespräch über die Ausübung des Direktionsrechts.

146 **Zum Abmahnungserfordernis:** Normalerweise setzt eine als wichtiger Grund zu wertende beharrliche, dh. wiederholte, bewusste und nachhaltige Verletzung der Arbeitspflicht grds. eine vorherige erfolglose Abmahnung voraus[11]. Eine Abmahnung ist aber ausnahmsw. entbehrlich, wenn bereits die einmalige Vertragsverletzung den nachhaltigen Willen erkennen lässt (Prognoseprinzip!), den arbeitsvertragl. Pflichten nicht nachkommen zu wollen[12]. Dabei ist zu unterscheiden zwischen der Aufforderung zur Leistung und der Abmahnung, wobei Abmahnung der Hinweis auf einen vergangenen Pflichtenverstoß bei gleichzeitiger Androhung der Kündigung im Wiederholungsfall ist. Damit von einer beharrlichen Arbeitsverweigerung gesprochen werden kann, muss vorbehaltlich § 242 beides vorliegen. Eine Leistungsaufforderung ist aber nicht notwendig, wenn der ArbN eine Leistung erbringen soll, die er üblicherweise auch erbringt, denn dann ist ihm bereits bewusst, dass er diese (Art der) Leistung schuldet. Eine Abmahnung ist entbehrlich, wenn der ArbN durch sein Verhalten den Bestand des Arb-

---

1 BAG 7.4.1978 – 5 AZR 144/76, DB 1978, 2036. || 2 KR/*Griebeling*, § 1 KSchG Rz. 429; vgl. auch BAG 30.9.2004 – 8 AZR 462/03, NJW 2005, 775. || 3 LAG Düss. 23.2.1961 – 2 Sa 3/61, BB 1961, 677; KR/*Fischermeier*, § 626 BGB Rz. 411. || 4 BAG 18.9.1991 – 5 AZR 650/90, AP Nr. 14 zu § 339 BGB. || 5 BAG 20.1.1994 – 2 AZR 521/93, NZA 1994, 548; 16.3.2000 – 2 AZR 75/99, AP Nr. 114 zu § 102 BetrVG 1972. || 6 BAG 20.3.1969 – 2 AZR 283/68, AP Nr. 27 zu § 123 GewO; KR/*Fischermeier*, § 626 BGB Rz. 442. || 7 BAG 14.1.1986 – 1 ABR 75/83, NJW 1986, 1952. || 8 BAG 27.2.1997 – 2 AZR 302/96, NJW 1997, 2540. || 9 ErfK/*Müller-Glöge*, § 626 BGB Rz. 79 (vgl. auch BAG 23.6.2009 – 2 AZR 606/08, NZA 2009, 1011). || 10 Str. BAG 6.11.2009 – 2 AZR 961/06, NZA 2008, 809 (obiter dictum); *Müller/Deeg*, ArbR 2010, 620; aA LAG Hamm 23.5.2001 – 14 Sa 497/01, MDR 2001, 1361. || 11 BAG 21.11.1996 – 2 AZR 357/95, NJW 1997, 2195; 6.2.1997 – 2 AZR 38/96, AuR 1997, 210. || 12 BAG 31.1.1985 – 2 AZR 486/83, NJW 1986, 743; 17.6.1992 – 2 AZR 568/91, RzK I 6a Nr. 90.

Verh bewusst aufs Spiel setzt. Letzteres richtet sich nach den berechtigten Interessen des ArbN, des Betriebes und der Dauer der unentschuldigten Fehlzeit[1].

Direktionsrecht des ArbGeb: Der ArbGeb kann die Arbeitspflicht durch sein Direktionsrecht näher bestimmen (§ 106 GewO). Das Direktionsrecht wird begrenzt durch das Arbeitsschutzrecht, TV, BV sowie den Arbeitsvertrag. Es sind die Grundsätze der Billigkeit zu beachten[2]. Das Direktionsrecht kann durch TV oder Einzelvertrag erweitert sein[3] bzw. in Notfällen den eigentlichen Rahmen überschreiten[4]. In jedem Fall gilt die Grenze der Zumutbarkeit[5]. Soweit sich der ArbGeb im Rahmen seines Direktionsrechts bewegt, hat der ArbN den Anweisungen Folge zu leisten. Eine Überschreitung des Direktionsrechts nach Art, Zeit oder Ort berechtigt den ArbN dagegen zur Verweigerung[6].

Lehnt der ArbN **zulässig angeordnete Überstunden** ab, kann dies, jedenfalls nach erfolgloser Abmahnung, ein wichtiger Grund sein[7]. Voraussetzung für die Zulässigkeit der Anordnung von Überstunden ist, dass diese nach dem Arbeitsvertrag geschuldet sind (dazu § 106 GewO Rz. 78 f.). Der Umfang der Arbeitspflicht als Hauptleistungspflicht unterliegt nicht per se dem Direktionsrecht des ArbGeb[8]. So kann man zB daran zweifeln, ob das im Arbeitsvertrag dem ArbGeb lapidar eingeräumte Recht, Überstunden anordnen zu dürfen, dem Transparenzgebot (§ 307 I 2) entspricht. Auch darf Mehrarbeit, die gegen das Arbeitszeitrecht verstößt, verweigert werden. Bei einseitiger Anordnung von Überstunden ist eine angemessene Ankündigungsfrist zu wahren, sofern nicht deutlich überwiegende betriebl. Interessen vorliegen. Deshalb entspricht eine Anordnung von Überstunden für denselben Tag nur bei unvorhersehbaren, gewichtigen betriebl. Erfordernissen billigem Ermessen[9].

Zurückbehaltungsrecht des ArbN: Wenn der ArbN ein (ihm zustehendes) Zurückbehaltungsrecht hinsichtlich seiner Arbeitsleistung ausübt, besteht keine Arbeitspflicht, so dass eine Kündigung unzulässig ist[10]. Dies ist insb. der Fall, wenn der ArbGeb seine Lohnzahlungspflicht in mehr als nur geringfügigem Umfang nicht erfüllt und der Lohnanspruch auch nicht in anderer Weise gesichert ist[11].

Nach dem BAG[12] darf der ArbGeb in verfassungskonformer Auslegung des § 315 BGB (§ 106 GewO) iVm. Art. 4 GG dem ArbN keine Arbeit zuweisen, die diesen in einen vermeidbaren **Gewissenskonflikt** bringt. Es ist insoweit eine Interessenabwägung nötig, bei der zu berücksichtigen ist, ob der ArbN bereits bei Eingehung des ArbVerh mit dem Gewissenskonflikt rechnen musste, ob der ArbGeb aus betriebl. Erfordernissen auf der Arbeitsleistung bestehen muss, ob dem ArbN eine andere Arbeit zugewiesen werden kann und ob künftig mit zahlreichen weiteren Gewissenskonflikten zu rechnen ist[13]. Es gilt der subjektive Gewissensbegriff. Gewissensentscheidung ist danach jede ernstliche sittliche Entscheidung, die der Einzelne in einer bestimmten Lage als für sich innerlich bindend und unbedingt verpflichtend erfährt und gegen die er nicht ohne ernste Gewissensnot handeln könnte[14]. Ein solcher Gewissenskonflikt liegt zB vor, wenn Ärzte oder Laborgehilfen sich aus ernsthafter Gewissensnot weigern, an der Entwicklung eines Medikaments mitzuwirken, das insb. auch dazu bestimmt ist, im Atomkrieg eingesetzt zu werden[15].

Ein Gewissenskonflikt kann im Einzelfall eine personenbedingte Kündigung rechtfertigen, wenn der ArbGeb dem ArbN keine anderen Aufgaben übertragen kann, deren Erfüllung den ArbN nicht in einen Gewissenskonflikt stürzen würde, der ArbN mithin auf Dauer unfähig ist, die vertragl. geschuldete Leistung zu erbringen[16]. IdR wird aber insoweit nur eine ordentl. Kündigung nach entsprechender Abmahnung in Betracht kommen[17]. Dies gilt auch, wenn ein ArbN an den Feiertagen seiner Religionsgemeinschaft die Arbeitsleistung verweigert, obwohl diese im betreffenden Bundesland keine gesetzl. Feiertage sind. In einem solchen Fall besteht kein Zurückbehaltungsrecht[18].

Nimmt der ArbN irrtümlich eine Berechtigung zur Arbeitsverweigerung an, liegt kein wichtiger Grund vor, wenn der **Rechtsirrtum unverschuldet bzw. entschuldbar** war. Dies ist der Fall, wenn der ArbN, insb. bei zweifelhafter Rechtslage, diese sorgfältig prüft oder sich über diese zuverlässig erkundigt und er daraufhin die Überzeugung gewinnen durfte, nicht zur Arbeit verpflichtet zu sein[19]. Nicht ausrei-

---

1 Dazu auch BAG 21.11.1996 – 2 AZR 357/95, NJW 1997, 2195; MüKoBGB/*Henssler*, § 626 Rz. 156 ff. ||2 BAG 23.6.1993 – 5 AZR 337/92, NZA 1993, 1127; 19.4.2007 – 2 AZR 78/06, ZTR 2007, 564. ||3 BAG 16.10.1965 – 5 AZR 55/65, AP Nr. 20 zu § 611 BGB Direktionsrecht. ||4 MüKoBGB/*Henssler*, § 626 Rz. 136; Stahlhacke/Preis/Vossen, Rz. 582. ||5 BAG 25.7.1957 – 1 AZR 194/56, DB 1957, 922 (keine Verpflichtung des ArbN zur Leistung von Streikarbeit; insoweit diff. ErfK/*Müller-Glöge*, § 626 BGB Rz. 72). ||6 BAG 12.4.1973 – 2 AZR 291/72, DB 1973, 1904; KR/*Fischermeier*, § 626 BGB Rz. 412. ||7 LAG Köln 27.4.1999 – 13 Sa 1380/98, LAGE § 626 BGB Nr. 126; ErfK/*Müller-Glöge*, § 626 BGB Rz. 78. ||8 BAG 12.12.1984 – 7 AZR 509/83, AP Nr. 6 zu § 2 KSchG 1969; Hromadka, RdA 1992, 234 (236). ||9 ArbG Frankfurt/M 26.11.1998 – 2 Ca 4267/98, LAGE § 626 BGB Nr. 125. ||10 BAG 25.10.1984 – 2 AZR 417/83; 9.5.1996 – 2 AZR 387/96, AP Nr. 3 und 5 zu § 273 BGB. ||11 BAG 9.5.1996 – 2 AZR 387/96, AP Nr. 5 zu § 273 BGB. ||12 BAG 20.12.1984 – 2 AZR 436/82, AP Nr. 27 zu § 611 BGB Direktionsrecht; zuletzt BAG 24.2.2011 – 2 AZR 636/09; eingehend *Henssler*, AcP 190 (1990), 358 ff. ||13 BAG 20.12.1984 – 2 AZR 436/82, AP Nr. 27 zu § 611 BGB Direktionsrecht; 24.5.1989 – 2 AZR 285/88, NJW 1990, 203. ||14 APS/*Dörner*, § 626 BGB Rz. 201. ||15 BAG 24.5.1989 – 2 AZR 285/88, NJW 1990, 203. ||16 BAG 24.5.1989 – 2 AZR 285/88, NJW 1990, 203; Kothe, NZA 1989, 161 ff. ||17 LAG Hess. 21.6.2001 – 3 Sa 1448/00, AP Nr. 2 zu § 611 BGB Gewissensfreiheit. ||18 LAG Düss. 14.2.1963 – 7 Sa 581/62, DB 1963, 522; KR/*Fischermeier*, § 626 BGB Rz. 144; krit. Stahlhacke/Preis/Vossen, Rz. 574. ||19 BAG 12.4.1973 – 2 AZR 291/72, DB 1973, 1904; 12.11.1992 – 8 AZR 503/91, AP Nr. 1 zu § 285 BGB.

chend ist eine Erkundigung beim BR, da die Erteilung von Rechtsauskünften nicht zu dessen gesetzl. Aufgabenkreis gehört[1].

153 Kollidiert die Arbeitspflicht mit der Pflicht zur Leistung des abgekürzten türkischen **Wehrdienstes**, kann sich nach dem BAG[2] ein Leistungsverweigerungsrecht ergeben. Dies schließt aber eine personenbedingte Kündigung dann nicht aus, wenn der ArbGeb durch den Ausfall in eine betriebl. Zwangslage gerät[3]. Dauert der nicht unter das ArbPlSchG fallende ausländische Wehrdienst länger als zwei Monate und sind dem ArbGeb keine Überbrückungsmaßnahmen zumutbar, besteht schon kein Zurückbehaltungsrecht[4]. Da es sich aber in diesem Fall um eine nicht steuerbare Kollision zwischen Arbeits- und Wehrpflicht handelt, kommt nur eine personenbedingte Kündigung in Betracht[5].

154 Bleibt der ArbN wegen notwendiger **Kinderbetreuung** der Arbeit fern, hat er insoweit grds. ein Zurückbehaltungsrecht (§ 616 BGB, § 45 SGB V). Der ArbN muss aber hinreichend versucht haben, die Kinderbetreuung anderweitig zu regeln. Ansonsten ist eine verhaltensbedingte Kündigung möglich, wenn die betriebl. Notwendigkeiten und Dispositionen auch nicht zeitweise zurückgestellt werden können[6].

155 **Beharrliche Arbeitsverweigerung nach Tätigkeitswechsel:** Nach dem BAG[7] liegt eine Arbeitsverweigerung vor, wenn ein ArbN, der sich im Rahmen einer betriebsbedingten Versetzung mit einer Änderung der Eingruppierung einverstanden erklärt und die Arbeit am neuen Arbeitsplatz auch zunächst aufgenommen hat, sich später nach einigen Tagen trotz Androhung einer außerordentl. Kündigung weigert, die Arbeit an diesem Arbeitsplatz wieder aufzunehmen, da er sich für die Ausübung dieser Tätigkeit für ungeeignet hält.

Im Fall eines 55-jährigen und seit 23 Jahren beim ArbGeb beschäftigten ArbN, der sich gesprächsweise bereit erklärt hatte, die Abwesenheitsvertretung eines anderen ArbN zu übernehmen, dann aber trotzdem seine Einarbeitung in diese Tätigkeit ablehnte, hielt das BAG[8] eine Abmahnung für entbehrlich, da konkrete Einzelfallumstände vorlagen, auf Grund derer eine Abmahnung nicht als Erfolg versprechend angesehen werden konnte.

156 – Arbeitsschutz- und Sicherheitsvorschriften/Kündigung wegen Sicherheitsbedenken: Verstößt der ArbN gegen Arbeitsschutz- und Sicherheitsvorschriften, kann dies nach erfolgloser Abmahnung ein wichtiger Grund sein[9]. Sind die Sicherheitsinteressen des ArbGeb gesetzl. festgelegt, zB im AtomG, reicht für eine außerordentl. Kündigung uU bereits die Gefährdung dieser Interessen durch in der Person oder im Verhalten des ArbN liegende belegbare Mängel. Das Vorliegen eines wichtigen Grundes ist dann abhängig vom Gefahrenpotenzial[10].

Bei **Sicherheitsbedenken** genügt die allg. Besorgnis auch dann nicht, wenn ein Unternehmen für terroristische Anschläge besonders anfällig ist. Es ist vielmehr stets zu prüfen, ob und wie stark das ArbVerh durch bestimmte Tatsachen belastet wird[11].

157 – **Arbeitsunfähigkeit/Krankheit: Nichtanzeige der Arbeitsunfähigkeit:** Die Verletzung der Pflicht aus § 5 I 1 EFZG, dem ArbGeb die Arbeitsunfähigkeit und deren voraussichtliche Dauer unverzüglich mitzuteilen, ist wichtiger Grund, wenn es sich um eine wiederholte Nichtanzeige handelt und dieses Verhalten vor der Kündigung erfolglos abgemahnt wurde. Bei einer einmaligen Verletzung der Anzeigepflicht kann ein wichtiger Grund nur angenommen werden, wenn sich aus den Umständen der eindeutige Wille des ArbN ergibt, auch in Zukunft so zu verfahren[12].

Strengere Maßstäbe bei Arbeitsunfähigkeit gelten bei einer herausgehobenen Stellung des ArbN (zB Betriebsleiter). Dann kann erwartet werden, dass dieser für den Fall seiner krankheitsbedingten Abwesenheit – soweit möglich – konkrete Vertretungsregelungen trifft[13].

158 **Nichtvorlage der Arbeitsunfähigkeitsbescheinigung:** Die Weigerung des ArbN zur Vorlage (des Originals) der Arbeitsunfähigkeitsbescheinigung (Pflicht gem. § 5 I 2 EFZG) ist ein wichtiger Grund, wenn zuvor erfolglos abgemahnt wurde[14]. Betrifft der Vorfall lediglich einen Krankheitszeitraum, gilt dies nur dann, wenn der ArbN durch sein Verhalten schuldhaft den begründeten Verdacht erweckt, er sei gar nicht krank, sondern verweigere grundlos die Arbeit[15].

159 **Vortäuschen/Ankündigung der Arbeitsunfähigkeit:** Das „Krankfeiern" und die damit verbundene ungerechtfertigte Entgeltfortzahlung im Krankheitsfall bilden einen typischen wichtigen Grund. Der (ggf.

---

1 APS/*Dörner*, § 626 BGB Rz. 219. ||2 BAG 22.12.1982 – 2 AZR 282/82, AP Nr. 23 zu § 123 BGB; 7.9.1983 – 7 AZR 433/82, NJW 1984, 575. ||3 KR/*Fischermeier*, § 626 BGB Rz. 142. ||4 BAG 20.5.1988 – 2 AZR 682/87, BB 1990, 207. ||5 KR/*Fischermeier*, § 626 BGB Rz. 142. ||6 BAG 31.1.1985 – 2 AZR 486/83, NJW 1986, 743; 21.5.1992 – 2 AZR 10/92, NZA 1993, 115. ||7 BAG 21.11.1996 – 2 AZR 357/95, NJW 1997, 2195. ||8 BAG 18.5.1994 – 2 AZR 626/93, AP Nr. 3 zu § 108 BPersVG. ||9 MüKoBGB/*Henssler*, § 626 Rz. 215. ||10 ErfK/*Müller-Glöge*, § 626 BGB Rz. 68; *Meyer*, Die Kündigung wegen Sicherheitsbedenken, 1997, S. 196ff., 214ff. ||11 BAG 26.10.1978 – 2 AZR 24/77, NJW 1979, 2063 und 20.7.1989 – 2 AZR 114/87, NJW 1990, 597. ||12 BAG 15.1.1986 – 7 AZR 128/83, DB 1986, 2443; 16.8.1991 – 2 AZR 604/90, NZA 1993, 17. ||13 BAG 30.1.1976 – 2 AZR 518/74, DB 1976, 1067. ||14 BAG 15.1.1986 – 7 AZR 128/83, DB 1986, 2443; LAG Hess. 13.7.1999 – 9 Sa 206/99, AuR 2000, 75. ||15 Vgl. auch APS/*Dörner*, § 626 BGB Rz. 243.

versuchte) Betrug zum Nachteil des ArbGeb verletzt das Vertrauensverhältnis in seinem Kern, so dass eine vorherige Abmahnung entbehrlich ist. Hat sich der ArbN die Arbeitsunfähigkeitsbescheinigung durch weitere Täuschungshandlungen erschlichen, ist dies bei der Interessenabwägung zu berücksichtigen.

Dabei ist zwischen dem Vortäuschen der Krankheit und einer vorsätzlichen Verzögerung des Genesungsprozesses zu unterscheiden. Ein Vortäuschen der Krankheit kann nur angenommen werden, wenn es dem ArbGeb gelingt, den Beweiswert der Arbeitsunfähigkeitsbescheinigung zu erschüttern. Dies kann sich zB aus der Intensität einer während der bescheinigten Dauer der Arbeitsunfähigkeit ausgeübten Nebenbeschäftigung ergeben[1]. Auch dann besteht aber noch die Möglichkeit, dass der ArbN Tatsachen vorträgt, die seine Arbeitsunfähigkeit belegen[2]. Eine Verdachtskündigung wiederum setzt voraus, dass der ArbN vorher angehört wurde.

Deshalb empfiehlt es sich, alternativ auf eine mögliche **Verzögerung des Genesungsprozesses** abzustellen. Nach der Rspr.[3] hat der ArbN alles zu unterlassen, was den Genesungsprozess beeinträchtigen könnte. Teilweise verlangt man darüber hinaus eine ernsthafte Gefährdung des Heilungsprozesses[4] oder noch weiter, dass der ArbGeb eine konkrete Verletzung seiner Interessen darlegen und beweisen kann[5]. Letzteres wird jedenfalls dann gelingen, wenn der ArbN Aktivitäten entwickelt, die in ihrer körperlichen Belastung mit der geschuldeten Arbeitsleistung vergleichbar sind. Dann verstößt der ArbN nicht nur gegen seine Leistungspflicht, sondern zerstört auch das Vertrauen des ArbGeb in seine Redlichkeit[6]. Dagegen hat der Besuch eines Restaurants oder Kinos eher selten indizielle Wirkung. Es kommt auf die Art der Erkrankung an. So stellt bei Kreislaufbeschwerden und nervlichen Störungen ein einmaliger nächtlicher Barbesuch keine schwerwiegende Verletzung der Treuepflicht dar[7].

160

Der Verdacht des „Krankfeierns" liegt vor allem nahe, wenn der ArbN den alsbaldigen Eintritt seiner Arbeitsunfähigkeit in Reaktion auf ein bestimmtes Verhalten des ArbGeb oder anderer ArbN angekündigt hatte, zB als Reaktion auf eine verweigerte Arbeitsbefreiung oder Urlaubsgewährung. Die **Ankündigung der Krankmeldung** ist geeignet, den Beweiswert später vorgelegter Arbeitsunfähigkeitsbescheinigungen zu erschüttern[8]. Es ist dann zu unterscheiden:

161

War der ArbN bereits im Zeitpunkt der Ankündigung seines künftigen, krankheitsbedingten Fehlens objektiv krank und durfte er davon ausgehen, dass er weiterhin krank sein werde, kann nicht angenommen werden, dass der fehlende Arbeitswille Grund für das spätere Fehlen am Arbeitsplatz ist. Pflichtwidrig (wenn auch noch kein wichtiger Grund) ist aber die Ankündigung der Krankheit als Druckmittel, sollte der ArbN offen gelassen haben, ob er berechtigterweise von seinen sich aus der Erkrankung ergebenden Rechten Gebrauch macht[9].

War der ArbN dagegen im Zeitpunkt der Ankündigung noch gar nicht krank, begründet schon die Ankündigung die Annahme eines wichtigen Grundes, unabhängig davon, ob der ArbN später tatsächlich erkrankt[10]. Der ArbN verletzt hierdurch das Rücksichtnahmegebot und beeinträchtigt das Vertrauensverhältnis zum ArbGeb, da er den berechtigten Verdacht aufkommen lässt, er missbrauche notfalls seine Rechte aus den Entgeltfortzahlungsbestimmungen, um einen unberechtigten Vorteil zu erreichen.

Behindert ein ordentl. unkündbarer ArbN eine ärztliche Begutachtung seiner Gesundheit durch beharrliche Verweigerung des Einverständnisses zur Beiziehung der Befunde behandelnder Ärzte (entbindet er sie also nicht von der Schweigepflicht), kann dies (nach Abmahnung) ein wichtiger Grund sein[11].

162

Krankheit: Eine das ArbVerh negativ beeinträchtigende Krankheit rechtfertigt grds. keine außerordentl. Kündigung des ArbN, da es dem ArbGeb zugemutet werden kann, die Kündigungsfrist einzuhalten[12]. Ein wichtiger Grund liegt allerdings ausnahmsw. vor, wenn der ArbN ordentl. unkündbar ist, eine dauernde Leistungsunfähigkeit oder langandauernde Erkrankung vorliegt und auch eine Weiterbeschäftigung auf einem anderen freien Arbeitsplatz nicht möglich ist. Dabei steht die Ungewissheit der Wiederherstellung der Arbeitsfähigkeit einer dauernden Leistungsunfähigkeit gleich, wenn in den nächsten 24 Monaten mit keiner anderen Prognose gerechnet werden kann[13]. Ist die Leistungsfähigkeit

163

---

1 BAG 26.8.1993 – 2 AZR 154/93, NZA 1994, 63. ||2 Zur Verteilung der Darlegungs- und Beweislast in diesem Fall: BAG 26.8.1993 – 2 AZR 154/93, NZA 1994, 63; 7.12.1995 – 2 AZR 849/94, RzK I 10h Nr. 37. ||3 BAG 13.11.1979 – 6 AZR 934/77, AP Nr. 5 zu § 1 KSchG 1969 Krankheit; 26.8.1993 – 2 AZR 154/93, NZA 1994, 63; weiter LAG Hamm 28.8.1991 – 15 Sa 437/91, DB 1992, 431 (grds. Geeignetheit zur Beeinträchtigung genügt); LAG München 9.9.1982 – 6 Sa 96/82, DB 1983, 1931 (alles was der Genesung hinderlich ist). ||4 APS/*Dörner*, § 626 BGB Rz. 244. ||5 KR/*Fischermeier*, § 626 BGB Rz. 429. ||6 BAG 2.3.2006 – 2 AZR 53/05, NZA-RR 2006, 636. ||7 LAG Düss. 28.1.1970 – 6 Sa 275/69, DB 1970, 936; KR/*Fischermeier*, § 626 BGB Rz. 429. ||8 LAG Köln 17.4.2002 – 7 Sa 462/01, NZA-RR 2003, 15 (17). ||9 BAG 12.3.2009 – 2 AZR 251/07, NZA 2009, 779. ||10 BAG 5.11.1992 – 2 AZR 147/92, NJW 1993, 1544; LAG Köln 14.9.2000 – 6 Sa 850/00, NZA-RR 2001, 246 APS/*Dörner*, § 626 BGB Rz. 186. ||11 BAG 6.11.1997 – 2 AZR 801/96, AP Nr. 142 zu § 626 BGB. ||12 BAG 9.9.1992 – 2 AZR 190/92, NZA 1993, 598; LAG Köln 4.9.2002 – 7 Sa 415/02, NZA-RR 2003, 360 (häufige Kurzerkrankungen). ||13 BAG 4.2.1993 – 2 AZR 469/92, EzA § 626 BGB nF Nr. 144; 18.10.2000 – 2 AZR 627/99, NJW 2001, 1229.

des ArbN lediglich gemindert, muss der ArbGeb einen ordentl. unkündbaren ArbN weiterbeschäftigen, soweit dies durch organisatorische Maßnahmen wie eine Änderung des Arbeitsablaufes, eine Umgestaltung des Arbeitsplatzes oder eine Umverteilung der Aufgaben ermöglicht werden kann[1].

164 Auch ordentl. kündbare ArbN können uU außerordentl. gekündigt werden, wenn sie von vornherein (schon bei Vertragsschluss) die Arbeit aus gesundheitlichen Gründen dauerhaft nicht erbringen konnten oder ihre Eignung zumindest erheblich beeinträchtigt ist[2]. Gleiches gilt, wenn der ArbN die Mitwirkung zur ärztlichen Untersuchung verweigert, um dadurch seine Rentenantragstellung hinauszuzögern[3].

165 IÜ gelten nach BAG[4] für die außerordentl. krankheitsbedingte Kündigung eines ordentl. unkündbaren ArbN die zur ordentl. Kündigung entwickelten Grundsätze unter Berücksichtigung der Besonderheit des § 626. Dh., es erfolgt auch im Bereich der außerordentl. Kündigung eine Drei-Stufen-Prüfung (vgl. § 1 KSchG Rz. 102 ff.), wobei dem ArbGeb zudem die Fortsetzung des ArbVerh bis zum Ablauf der Kündigungsfrist bzw. bis zum sonst maßgeblichen Ende nicht zumutbar sein darf.

166 Der ArbN kann diese Wertung nicht dadurch beeinflussen, dass er erklärt, er wolle und könne wieder arbeiten, wenn sein Gesundheitszustand bei Ausspruch der Kündigung derart schlecht ist, dass objektiv feststeht, dass er die vertragl. geschuldete Arbeitsleistung nicht mehr erbringen kann[5]. Auch die Zwei-Wochen-Frist des Abs. 2 bereitet regelmäßig keine Probleme, da die Krankheit einen Dauertatbestand darstellt[6].

167 – **Außerdienstliches Verhalten:** Das außerdienstliche Verhalten des ArbN wird erst dann kündigungsrelevant, wenn es sich auf die vertragl. Beziehungen der Arbeitsvertragsparteien konkret innerbetriebl. auswirkt[7]. Grds. keine Auswirkungen hat deshalb ein Verhalten, das nur die Privatsphäre betrifft, insb. dann, wenn der Bereich durch das AGG geschützt ist. Relevanz hat ein außerdienstliches Verhalten aber, wenn dies Rückschlüsse auf die Eignung des ArbN für seinen Arbeitsplatz zulässt (dann ggf. personenbedingte Kündigung) oder der ArbN damit evtl. gegen seine arbeitsvertragl. Nebenpflicht verstößt, sein ArbVerh nicht durch ein steuerbares Verhalten konkret zu beeinträchtigen (dann ggf. verhaltensbedingte Kündigung)[8].

168 Der wiederholte Besuch einer Spielbank durch den Leiter einer kleinen Bankfiliale[9] oder unmäßiger Alkoholgenuss und Teilnahme am großstädtischen Nachtleben durch einen Angestellten[10] können für sich genommen eine außerordentl. Kündigung idR nicht rechtfertigen. Einen wichtigen Grund kann ein solches Verhalten nur abgeben, wenn der ArbN deshalb seine Dienstpflichten vernachlässigt und/ oder das Vertrauen des ArbGeb in die Eignung des Angestellten schwer erschüttert wird[11]. Besondere Relevanz hat auch ein ArbN-Verhalten in der Freizeit, wenn es sich gegen den ArbGeb richtet, zB weil der ArbN öffentl. gegen den ArbGeb agitiert oder sich an Aktionen gegen ihn beteiligt. Der ArbN kann sich dann nicht auf seine Meinungsäußerungsfreiheit und sowie auf seine Freiheit zur politischen Betätigung berufen, wenn er sich damit in fundamentalen Gegensatz zu den Produkten, den Leistungen oder anderen Aspekten des Unternehmens als seinem ArbGeb stellt[12]. Entsprechendes gilt für eine Steuerhinterziehung durch einen Angestellten der Finanzverwaltung[13].

169 Tendenziell strengere Anforderungen werden an Angestellte des **öffentl. Dienstes** gestellt. Anstatt auf § 8 BAT stellt das BAG nun auf § 241 II ab, ohne dass dies zu Unterschieden führt. So besteht bei einem wegen Zuhälterei verurteilten ArbN ein für eine Kündigung ausreichender Bezug zum ArbVerh, wenn der ArbN seine Tat öffentlich mit seinem geringen Verdienst bei seinem ArbGeb entschuldigt[14]. Handelt es sich um eine schwere Straftat, wie eine vorsätzliche Tötung, soll der dienstliche Bezug auch ohne Prüfung einer Ansehensschädigung für den ArbGeb angenommen werden können[15].

170 Ist der ArbN in einem **Tendenzbetrieb** iSd. § 118 BetrVG (zB kirchl. Einrichtung; s. *Kirche*, Rz. 208 ff.) beschäftigt, hat er sein außerdienstliches Verhalten in weit stärkerem Maße an den Interessen und Ansichten seines ArbGeb auszurichten. Die Anforderungen an den ArbN nehmen dabei noch zu, je näher seine betriebl. Tätigkeit mit der Tendenz des ArbGeb verknüpft ist[16]. Dagegen führt ein Fehlverhalten des ArbN ggü. einem anderen, mit dem ArbGeb konzernrechtl. verbundenen Unternehmen nur ausnahmsw. zu einer konkreten und erhebl. Beeinträchtigung des ArbVerh oder stellt gar eine arbeitsvertragl. Pflichtverletzung dar[17].

---

1 BAG 12.7.1995 – 2 AZR 762/94, NJW 1996, 2446. ||2 BAG 28.3.1974 – 2 AZR 92/73, AP Nr. 3 zu § 119 BGB. ||3 BAG 7.11.2002 – 2 AZR 475/01, NZA 2003. 719. ||4 BAG 9.9.1992 – 2 AZR 190/92, NZA 1993, 598. ||5 BAG 29.10.1998 – 2 AZR 666/97, AP Nr. 77 zu § 615 BGB. ||6 BAG 21.3.1996 – 2 AZR 455/95, NJW 1997, 1656. ||7 *Dudenbostel/Klas*, AuR 1979, 296; ErfK/*Müller-Glöge*, § 626 BGB Rz. 82; *Wisskirchen*, Außerdienstliches Verhalten von Arbeitnehmern, 1999, S. 74, 103 f. ||8 BAG 28.9.1989 – 2 AZR 317/86, NJW 1990, 1196; 20.11.1997 – 2 AZR 643/96, AP Nr. 43 zu § 1 KSchG 1969; KR/*Fischermeier*, § 626 BGB Rz. 137; *Stahlhacke/Preis/Vossen*, Rz. 640 f. ||9 LAG Hamm 14.1.1998 – 3 Sa 1087/97, LAGE § 626 BGB Nr. 119. ||10 LAG BW 3.4.1967 – 4 Sa 13/67, BB 1967, 757. ||11 Vgl. *Dudenbostel/Klas*, AuR 1979, 296 (298); KR/*Fischermeier*, § 626 BGB Rz. 414. ||12 *Buchner*, ZfA 1979, 335 (352 f.); ErfK/*Müller-Glöge*, § 626 BGB Rz. 83. ||13 BAG 21.6.2001 – 2 AZR 325/00, AP Nr. 5 zu § 54 BAT. ||14 BAG 28.10.2010 – 2 AZR 293/09, NZA 2011, 112. ||15 BAG 8.6.2000 – 2 AZR 638/99, NZA 2000, 1282. ||16 *Buchner*, ZfA 1979, 335; ErfK/*Müller-Glöge*, § 626 BGB Rz. 84. ||17 BAG 27.11.2008 – 2 AZR 193/07, NZA 2009, 671.

Fristlose Kündigung aus wichtigem Grund   Rz. 179 § 626 BGB

Kündigungsrechtl. Relevanz kann auch ein außerdienstliches Verhalten während eines ruhenden Arb- 171
Verh haben (zB § 1 I ArbPlSchG). Es besteht hier eine Nebenpflicht des ArbN, das Wiederaufleben des
ArbVerh nicht zu gefährden und sich weiterhin ggü. dem ArbGeb loyal zu verhalten[1].

– **Beleidigung** (s. *Straftaten/Ehrverletzungsdelikte*, Rz. 242 ff.)   172

– **Beschwerderechte:** Soweit der ArbN von seinen Beschwerderechten nach §§ 84, 85 BetrVG Ge- 173
brauch macht, kann dies wegen des Maßregelungsverbots nach § 612a weder eine außerordentl. noch
eine ordentl. Kündigung rechtfertigen; s. Komm. zu § 612a.

– **Betriebliche Ordnung/Wahrung des Betriebsfriedens:** Eine konkrete, nicht aber eine bloß abstrakte 174
Störung der betriebl. Ordnung oder des Betriebsfriedens kann ein wichtiger Grund sein, wenn der
ArbN zuvor erfolglos abgemahnt wurde[2]. Soweit die betriebl. Ordnung in einer Arbeitsordnung niedergelegt ist, ergibt sich die Pflichtverletzung direkt aus dem Arbeitsvertrag. Darüber hinaus gehört es
aber auch zu den aus § 242 abzuleitenden Nebenpflichten des ArbN, Störungen des Betriebsfriedens
oder des Betriebsablaufes zu vermeiden[3].

Politische Betätigung/politische Meinungsäußerung im Betrieb: Die Betätigung in einer verbotenen 175
oder verfassungsfeindlichen Partei sowie eine radikale und provozierende politische Meinungsäußerung kann dann kündigungsrechtl. erheblich sein, wenn sie konkret das ArbVerh beeinträchtigt[4]. Ausgangspunkt ist die Rücksichtnahme- und Interessenwahrungspflicht der ArbN, die es gebietet, eine
provozierende parteipolitische oder sonstige radikale Betätigung **im Betrieb** zu unterlassen, sollte dadurch der Betriebsfrieden oder Arbeitsablauf konkret gestört oder die Arbeitspflicht des Störers beeinträchtigt werden[5].

Wann hier die zulässige Grenze überschritten ist, entscheidet sich auf Grund einer Abwägung der 176
grundrechtl. geschützten Interessen im Rahmen des § 242. Dabei muss der Meinungsfreiheit des ArbN
gebührendes Gewicht beigemessen werden. So ist die bloße Äußerung einer politischen Meinung im Betrieb grds. von der Meinungsfreiheit gedeckt[6]. Die Meinungsfreiheit des ArbN findet aber ihre Schranken in den Grundregeln des ArbVerh[7], die allg. Gesetze iSd. Art. 5 II GG darstellen. Zwar sind auch
diese Gesetze im Lichte des Art. 5 I GG auszulegen (Wechselwirkung). Dies führt aber dazu, dass andere ArbN und auch der ArbGeb unter dem Schutz ihrer Grundrechte sich gegen ihren Willen keiner
nachhaltigen Agitation oder Provokation aussetzen müssen, der sie sich zudem im betriebl. Bereich
während der Arbeitszeit nicht ohne weiteres entziehen können[8]. Für die Überschreitung der Grenze
zwischen zulässiger und unzulässiger Meinungsäußerung genügt nach Auffassung des BAG[9] nicht nur
eine Gefährdung des Betriebsfriedens oder die Besorgnis bzw. Wahrscheinlichkeit, dass eine bestimmte
Aktion oder politische Äußerung erfahrungsgemäß geeignet ist, Störungen innerhalb der Belegschaft
auszulösen; vielmehr muss in den Beziehungen der Betriebsangehörigen eine tatsächliche Störung des
Betriebsablaufs eingetreten sein[10].

Beispiele für konkrete Störungen des Betriebsfriedens bzw. -ablaufs sind ständige Angriffe auf die po- 177
litische Überzeugung oder religiöse Einstellung der Kollegen oder auf die Gewerkschaften, die zu erheblicher Unruhe in der Belegschaft führen. Bei einer hinreichend provokativen Hartnäckigkeit kann das
Tragen einer auffälligen Plakette während der Arbeitszeit genügen[11].

Verstößt ein BR-Mitglied gegen das Verbot der **innerbetriebl. parteipolitischen Betätigung** nach § 74
II 3 BetrVG, so kann darin ggf. auch eine Verletzung der arbeitsvertragl. Pflichten liegen (sog. Simultan-
theorie)[12]. Insoweit ist die innerbetriebl. parteipolitische Betätigung (insb. mit verfassungsfeindlicher
Zielsetzung) pflichtwidrig und kann die fristlose Entlassung eines BR-Mitglieds rechtfertigen, wenn sie
zu Störungen im Leistungsbereich oder in der betriebl. Verbundenheit führt, wofür eine konkrete Gefährdung des Betriebsfriedens ausreicht[13].

Eine bloße **außerbetriebliche politische Betätigung** rechtfertigt als solche grds. weder die außer- 178
ordentl. noch die ordentl. Kündigung.

Kommt es wegen der Teilnahme des ArbN an einer außerhalb des Betriebes, aber während der Ar- 179
beitszeit stattfindenden politischen Demonstration zu einem unentschuldigten Fehlen des ArbN, gelten keine Besonderheiten. Insb. wird durch diesen Anlass das Gewicht der Pflichtverletzung nicht er-

---

1 BAG 27.11.2008 – 2 AZR 193/07, NZA 2009, 671; KR/*Fischermeier*, § 626 BGB Rz. 127. || 2 BAG 17.3.1988 – 2
AZR 576/87, NJW 1989, 546. || 3 KR/*Fischermeier*, § 626 BGB Rz. 116 aE; *Stahlhacke/Preis/Vossen*, Rz. 651 f.,
671. || 4 BAG 6.6.1984 – 7 AZR 456/82 und 28.9.1989 – 2 AZR 317/86, NJW 1985, 507 und 1990, 1196. || 5 BAG
9.12.1982 – 2 AZR 620/80, AP Nr. 73 zu § 626 BGB mwN. || 6 *Buchner*, ZfA 1982, 49 (72); *Kissel*, NZA 1988, 145
(151); KR/*Fischermeier*, § 626 BGB Rz. 116. || 7 BAG 23.2.1959 – 3 AZR 583/57, NJW 1959, 1197; 9.12.1982 – 2
AZR 620/80, NJW 1984, 1142; KR/*Fischermeier*, § 626 BGB Rz. 117; krit. *Preis/Stoffels*, RdA 1996, 210 (212).
|| 8 BVerfG 2.3.1977 – 2 BvR 1319/76, BVerfGE 44, 197; BAG 9.12.1982 – 2 AZR 620/80, NJW 1984, 1142. || 9 BAG
9.12.1982 – 2 AZR 620/80, NJW 1984, 1142. || 10 BAG 17.3.1988 – 2 AZR 576/87, NJW 1989, 546; KR/*Fischermei-
er*, § 626 BGB Rz. 116; aA *Lansnicker/Schwirtzek*, DB 2001, 865 ff. || 11 BAG 9.12.1982 – 2 AZR 620/80, NJW
1984, 1142. || 12 Vgl. BAG 31.8.1994 – 7 AZR 893/93, NZA 1995, 225. || 13 BAG 3.12.1954 – 1 AZR 150/54; 9.12.
1982 – 2 AZR 620/80, NJW 1955, 606 und 1984, 1142.

höht. Eine Kündigung ist demnach trotz vorheriger Androhung der Entlassung nicht gerechtfertigt, falls es sich um ein singuläres Ereignis gehandelt hat. Anders wäre zu entscheiden, wenn sich die politische Betätigung auch gegen den ArbGeb richtet[1].

180 Weitere Einschränkungen der außerbetriebl. politischen Betätigungsfreiheit können sich aus einem bestehenden Tendenzschutz ergeben. So hielt es das BAG[2] für den DGB nicht für zumutbar, einen Rechtssekretär weiterzubeschäftigen, nachdem dieser dem „Kommunistischen Bund Westdeutschland" beigetreten ist, obwohl dieser vom DGB als „scharfer politischer Gegner" angesehen wurde.

181 Besondere Grundsätze gelten im **öffentl. Dienst**. Nach § 41 S. 2 TVöD BT-V/§ 3 I 2 TV-L/früher § 8 BAT sind die ArbN des öffentl. Dienstes verpflichtet, sich durch ihr gesamtes Verhalten zur freiheitlich demokratischen Grundordnung zu bekennen. Dies führt nach der Rspr. des BAG[3] unter Berücksichtigung der Grundrechte der ArbN (Art. 5 I, 21 I GG) zu einer abgestuften politischen Treuepflicht je nachdem, in welchem Umfang dem betreffenden ArbN hoheitliche Aufgaben übertragen werden.

Speziell bei erzieherischen Aufgaben (Lehrer, Sozialpädagogen, Sozialarbeiter) fordert das BAG[4] ein positives Verhältnis zu den Grundwerten der Verfassung und ein aktives Eintreten für diese Wertordnung. Es ist einem Lehrer auch nicht erlaubt, seine natürliche Autorität ggü. den Schülern dazu zu nutzen, für eine bestimmte politische Partei oder Ansicht zu werben[5].

Für ArbN, zu deren Tätigkeit es nicht gehört, politische Grundwerte zu vermitteln, gilt lediglich die Pflicht, politische Zurückhaltung zu üben. Ihnen kann deshalb allenfalls nach einer erfolglosen Abmahnung fristlos gekündigt werden[6].

Tritt ein Angehöriger des öffentl. Dienstes außerhalb des Dienstes aktiv für eine verfassungs**feindliche Partei**[7] oder deren Ziele ein, zB indem er ausländerfeindliche Pamphlete verteilt, verletzt er das in § 41 S. 2 TVöD BT-V/§ 3 I 2 TV-L/früher § 8 BAT niedergelegte Gebot achtungswürdigen Verhaltens und es liegt ein wichtiger Grund vor[8].

182 Soweit sich die politische Meinung in einem störenden betriebl. Verhalten des ArbN niederschlägt, liegt der Schwerpunkt des Vorwurfs im Verhalten des ArbN. Bei einer außerdienstlichen politischen Betätigung kommen dagegen sowohl eine verhaltens- als auch eine personenbedingte Kündigung in Betracht. Zwar wäre bei einem personenbedingten Kündigungsgrund eine Abmahnung theoretisch entbehrlich, letztlich wird aber auch bei Verletzungen der Pflicht zur Verfassungstreue erst nach Abmahnung Gewissheit bestehen, ob ein dauernder und nicht behebbarer Eignungsmangel vorliegt[9].

183 **Ausländerfeindliche Äußerungen** im Betrieb: Nach einhelliger Meinung[10] kann die Verbreitung ausländerfeindlicher Parolen auch ohne vorherige Abmahnung eine außerordentl. Kündigung rechtfertigen. Hierbei ist allerdings zu differenzieren. Werden durch die ausländerfeindlichen Äußerungen Arbeitskollegen konkret angegriffen, dann gelten für eine außerordentl. Kündigung die Beurteilungsmaßstäbe einer Beleidigung (s. *Strafbare Handlungen/Ehrverletzung*, Rz. 242ff.). Hält sich die ausländerfeindliche Äußerung im Rahmen einer vertretbaren *politischen Meinungsäußerung*, gelten die dort niedergelegten Grundsätze (s. Rz. 174ff.). Eine bloße politische Meinungsäußerung liegt aber dann nicht mehr vor, wenn durch diese Äußerungen Ausländer herabgewürdigt werden sollen und damit verfassungsrechtl. Grundsätze tangieren. Erregt dieses Verhalten im Betrieb Anstoß, liegt darin auch eine Störung des Betriebsfriedens und -ablaufs[11].

184 **Alkoholverbot, Drogenverbot, Rauchverbot:** Ein wiederholter Verstoß gegen ein wirksam erlassenes betriebl. **Alkoholverbot** (§ 87 I Nr. 1 BetrVG) ist ggf. auch ohne vorherige erfolglose Abmahnung geeignet, einen wichtigen Grund abzugeben[12]. Führte der Verstoß zu einer konkreten Gefährdung erheblicher Rechtsgüter, kann bereits ein einmaliger Verstoß genügen[13]. Dann spielt es auch keine Rolle, wenn der ArbN wegen Alkoholismus nicht schuldhaft gehandelt hat[14].

Von einem Verstoß gegen ein betriebl. Alkoholverbot sind als weitere Kündigungsgründe zu unterscheiden *Trunkenheit/Alkoholismus* (s. Rz. 260ff.) sowie Alkoholkonsum als *Arbeitspflicht- bzw. Nebenpflichtverletzung* (s. Rz. 143 und 167f.).

185 Wirkt ein Erzieher an einem Canabiskonsum eines Heiminsassen mit, anstatt das bestehende generelle **Drogenverbot** durchzusetzen, ist dies als wichtiger Grund an sich geeignet[15].

---

1 BAG 23.10.1984 – 1 AZR 126/81, NJW 1985, 2440. ||2 BAG 6.12.1979 – 2 AZR 1055/77, DB 1980, 547. ||3 BAG 6.6.1984 – 7 AZR 456/82, NJW 1985, 507. ||4 BAG 12.3.1986 – 7 AZR 20/83, NJW 1987, 1100. ||5 BAG 2.3.1982 – 1 AZR 694/79, NJW 1982, 2888. ||6 BAG 12.3.1986 – 7 AZR 468/81, RzK I 1 Nr. 10; KR/*Fischermeier*, § 626 BGB Rz. 118. ||7 BAG 12.5.2011 – 2 AZR 479/09. ||8 BAG 9.3.1995 – 2 AZR 644/94, NZA 1996, 875; 14.2. 1996 – 2 AZR 274/95, NJW 1996, 2253. ||9 BAG 12.3.1986 – 7 AZR 468/81, RzK I 1 Nr. 10; KR/*Fischermeier*, § 626 BGB Rz. 119. ||10 BAG 14.2.1996 – 2 AZR 274/95, NJW 1996, 2553; 1.7.1999 – 2 AZR 676/98, NZA 1999, 1270. ||11 Zu den Formen ausländerfeindlichen Verhaltens und Reaktionsmöglichkeiten *Korinth*, AuR 1993, 105. ||12 LAG Sachs. 26.5.2000 – 2 Sa 995/99, NZA-RR 2001, 472. ||13 LAG Hamm 23.8.1990 – 16 Sa 293/90, MDR 1991, 654 (Kranführer im Steinkohlebergbau); KR/*Fischermeier*, § 626 BGB Rz. 407. ||14 ErfK/*Müller-Glöge*, § 626 BGB Rz. 63. ||15 BAG 18.10.2000 – 2 AZR 131/00, NZA 2001, 383.

Ebenso rechtfertigt ein wiederholter, erfolglos abgemahnter Verstoß gegen ein wirksam erlassenes (§ 87 I Nr. 1 BetrVG) **Rauchverbot** eine außerordentl. Kündigung[1]. Dies gilt ohne weiteres bei einem Rauchverbot aus Sicherheitsgründen, also bei einer konkreten Gefährdung von Leben oder Gesundheit anderer oder erheblicher Sachwerte aufgrund Brand- oder Explosionsgefahr[2]. IÜ kann die besondere Relevanz des ArbN-Verhaltens auch aus dem Schutz nichtrauchender Arbeitskollegen oder Kunden („Passivrauchen") folgen[3].

186

Mobbing: Eine Störung des Betriebsfriedens und damit eine Rechtfertigung einer außerordentl. Kündigung kann sich aus diversen Erscheinungsformen des Mobbings ggü. Untergebenen und anderen Arbeitskollegen ergeben[4].

187

Sexuelle Belästigung: Das BAG[5] sah in den Bestimmungen des früheren § 2 BeschSchG eine Klarstellung und keine Änderung der kündigungsrechtl. Lage. Dies gilt wegen § 2 IV AGG grds. auch für die §§ 3 IV, 7 III, 12 III AGG. § 3 IV AGG enthält aber ggü. dem früheren § 2 II BeschSchG eine erweiterte Legaldefinition der sexuellen Belästigung[6], die auch im Rahmen des Kündigungsrechts zu beachten ist[7]. Eine sexuelle Belästigung am Arbeitsplatz stellt eine Verletzung der arbeitsvertragl. Pflichten dar, § 7 I, III AGG. Der ArbGeb hat in einem solchen Fall nicht nur das Recht, sondern nach § 12 III AGG die Pflicht, eine im Einzelfall angemessene arbeitsrechtl. Maßnahme wie Abmahnung, Umsetzung, Versetzung oder Kündigung zu ergreifen[8]. Dabei wird nur eine nach Umfang und/oder Intensität schwerwiegende sexuelle Belästigung am Arbeitsplatz ohne vorherige Abmahnung eine außerordentl. Kündigung rechtfertigen[9].

188

Strengere Maßstäbe ergeben sich aus besonderen Arbeitsplatzsituationen oder einschlägigen tarifl. Bestimmungen. So rechtfertigt bei Beschäftigten einer psychiatrischen Einrichtung der sexuelle Kontakt mit einem Patienten die außerordentl. Kündigung (vgl. § 174a StGB)[10]. Im öffentl. Dienst ergibt sich ein strenger Maßstab wegen der in § 41 S. 2 TVöD BT-V/§ 3 I 2 TV-L/früher § 8 BAT festgelegten Pflicht zu achtungswürdigem Verhalten. Insoweit wurde die Verbreitung menschenverachtender, sexistischer oder rassistischer Witze über ein betriebl. Verteilungssystem als wichtiger Grund für eine Kündigung angesehen[11].

189

Tätlichkeiten/Bedrohung: Eine ernstliche Störung des Betriebsfriedens, der betriebl. Ordnung oder des reibungslosen Betriebsablaufs liegt vor, wenn ein ArbN einen Vorgesetzten tätlich angreift, es zu einer **vorsätzlichen Körperverletzung** unter Arbeitskollegen oder ggü. dem ArbGeb und dessen Familienangehörigen kommt. Eine außerordentl. Kündigung ist dann idR auch ohne vorherige Abmahnung gerechtfertigt[12]. Gleiches gilt für Tätlichkeiten ggü. Kunden oder Geschäftspartnern des ArbGeb. Liegen aber Tatsachen vor, die einen Rechtfertigungs-, Entschuldigungs- oder Schuldausschließungsgrund begründen, fehlt es an einem wichtigen Grund. Auch bloße Provokationen im Vorfeld sind eigenständig zu beurteilen[13].

190

Besondere Sachverhaltslagen ergeben sich bei professionell betriebenen Mannschaftssportarten[14].

191

Auch die mehrfache oder massive **Bedrohung** des ArbGeb, eines Vorgesetzten oder von Arbeitskollegen kann ein wichtiger Grund sein[15]. Bei einer Bedrohung der Vorgesetzten ergibt sich dies schon aus der damit verbundenen Untergrabung der Autorität. Im Einzelfall kann auch eine abstrakte Bedrohung genügen, die von der Person des ArbN ausgeht. So hielt das BAG[16] die außerordentl. Kündigung eines ArbN für gerechtfertigt, mit dem die Arbeitskollegen deshalb nicht mehr zusammenarbeiten wollten, weil er im Zustand der Schuldunfähigkeit Frau und Kind erschossen und anschließend einen Selbstmordversuch unternommen hatte.

192

– **Betriebsstilllegung/Betriebseinschränkung/Betriebsstockung:** Aus § 1 KSchG, dem Ultima-Ratio-Prinzip sowie dem Grundsatz, dass der ArbGeb sein Wirtschaftsrisiko (vgl. § 615 S. 3) nicht auf den ArbN abwälzen darf[17], folgt, dass dringende betriebl. Gründe regelmäßig kein wichtiger Grund sind, gleich ob auf unternehmerischer Entscheidung des ArbGeb beruhend oder zwangsläufig eingetreten[18].

193

---

1 LAG München 18.1.1961 – 5 Sa 233/60 N, BB 1961, 1325; ErfK/*Müller-Glöge*, § 626 BGB Rz. 127; zum wirksamen Erlass vgl. BAG 15.12.1961 – 1 ABR 6/60, NJW 1962, 180. ||2 BAG 27.9.2012 – 2 AZR 955/11, NJW 2013, 1323; KR/*Fischermeier*, § 626 BGB Rz. 440. ||3 BAG 8.5.1996 – 5 AZR 971/94, NJW 1996, 3028. ||4 LAG Thür. 15.2. 2001 – 5 Sa 102/2000, NZA-RR 2001, 577; *Benecke*, NZA-RR 2003, 225 (231). ||5 BAG 8.6.2000 – 2 ABR 1/00, AP Nr. 3 zu § 2 BeschSchG mwN. ||6 ErfK/*Schlachter*, § 3 AGG Rz. 16. ||7 KR/*Pfeiffer*, AGG Rz. 8. ||8 Vgl. hierzu auch APS/*Dörner*, § 626 BGB Rz. 264; *Linde*, BB 1994, 2412 ff. ||9 LAG Hamm 22.10.1996 – 6 Sa 730/96, LAGE § 4 BeschSchG Nr. 1; LAG Sachs. 10.3.2000 – 2 Sa 635/99, LAGE § 626 BGB Nr. 130; KR/*Fischermeier*, § 626 BGB Rz. 443. ||10 BAG 12.3.2009 – 2 ABR 24/08; ErfK/*Müller-Glöge*, § 626 BGB Rz. 130. ||11 LAG Köln 14.12.1998 – 12 Sa 896/98, LAGE § 626 BGB Nr. 124; 10.8.1999 – 13 Sa 220/99, EzA-SD 2000, Nr. 9, 13; aA LAG Köln 7.7.1999 – 7 Sa 22/99, RzK I 8c Nr. 44. ||12 BAG 7.12.1984 – 2 AZR 320/83 und 12.3.1987 – 2 AZR 176/86, AP Nr. 32, 47 zu § 102 BetrVG 1972; 31.3.1993 – 2 AZR 492/92, NJW 1994, 1891. ||13 BAG 18.9.2008 – 2 AZR 1039/06, DB 2009. 964. ||14 BAG 17.1.1979 – 5 AZR 498/77, NJW 1980, 470. ||15 BAG 12.1.1995 – 2 AZR 456/94, RzK I 6g Nr. 22; KR/*Fischermeier*, § 626 BGB Rz. 449. ||16 BAG 10.3.1977 – 4 AZR 675/75, AP Nr. 9 zu § 313 ZPO. ||17 KR/*Fischermeier*, § 626 BGB Rz. 155 ff. ||18 BAG 7.3.2002 – 2 AZR 173/01, NZA 2002, 963.

194 Anderes gilt, wenn die ordentl. Kündigung ausgeschlossen und selbst unter Aufwendung aller zumutbaren Mittel kein anderweitiger Einsatz des ArbN möglich ist, sprich also der ArbGeb gezwungen wäre, ein **sinnentleertes ArbVerh** allein durch Gehaltszahlungen **ohne Beschäftigungsmöglichkeit** aufrechtzuerhalten. Dem ArbGeb kann dann wegen Art. 12 GG weder die Entgeltfortzahlung noch der Verzicht auf die unternehmerische Entscheidung (zB Betriebsstilllegung) angesonnen werden[1]. Bei einer solchen außerordentl. Kündigung sind nicht nur die einzel- oder tarifvertragl. ordentl. Kündigungsfristen einzuhalten, sondern es gelten iÜ auch die im Einzelfall strengeren Anforderungen an ein ordentl. Kündigungsrecht, wie zB die Notwendigkeit einer Sozialauswahl entsprechend § 1 III, IV KSchG[2] oder eine verlängerte Frist für die BR-Anhörung[3].

Der tarifl. Ausschluss des ordentl. Kündigungsrechts gilt im Fall der Insolvenz nicht. Hier steht dem Insolvenzverwalter immer ein ordentl. Sonderkündigungsrecht nach § 113 InsO zu[4].

195 Im Falle einer außerordentl. betriebsbedingten Kündigung trifft den ArbGeb in einem ggü. einer ordentl. Kündigung erhöhten Maße die Pflicht, sämtliche Möglichkeiten einer anderweitigen Beschäftigung des ArbN zu prüfen. Für den ArbGeb gehört das **Nichtvorliegen anderweitiger Beschäftigungsmöglichkeiten** zum wichtigen Grund[5]. Für den ArbN genügt es, dass er sagt, wie er sich eine anderweitige Beschäftigung vorstellt. Im Gegenzug muss der ArbGeb im Rahmen einer gesteigerten Darlegungs- und Beweislast eingehend erläutern, aus welchem Grund eine Beschäftigung des gegen seine (Änderungs-) Kündigung klagenden ArbN auf einem entsprechenden Arbeitsplatz nicht möglich ist[6].

196 Zu beachten ist, dass bei Vorliegen einer entsprechenden, hinreichend eindeutigen, den Fall einer Betriebsstilllegung erfassenden vertragl. Vereinbarung dem ArbGeb auch ein Festhalten am Vertrag über die gesetzl. ordentl. Kündigungsfristen hinaus zumutbar sein kann. Es kommt auf die besondere Ausgestaltung des Sonderkündigungsschutzes an. So ist nach § 622 V 2 (Einzelvertrag) bzw. § 622 IV (TV) eine Verlängerung der Kündigungsfristen möglich. Der ArbGeb kann insoweit auch das Risiko übernehmen, das ArbVerh ohne Beschäftigungsmöglichkeit fortsetzen zu müssen[7]. So ist die Kündigung des ArbN trotz Betriebsstilllegung unzulässig, wenn sich der ArbGeb zur Verschaffung eines Arbeitsplatzes im Konzern verpflichtet hat und insoweit eine Beschäftigung nicht ausgeschlossen ist[8].

197 Eine **Betriebsstockung** stellt idR keinen wichtigen Grund dar, da es dem ArbGeb zumutbar ist, die nicht beschäftigten ArbN für die Dauer der ordentl. Kündigungsfrist weiter zu entlohnen[9]. Manche TV sehen aber für den Fall einer infolge Brandschadens eingetretenen Betriebsruhe die Möglichkeit ordentl. entfristeter Kündigungen verbunden mit späteren Wiedereinstellungsansprüchen vor[10].

198 – **Betriebs- und Geschäftsgeheimnisse/Datenschutz:** Der ArbN ist verpflichtet, Betriebs- oder Geschäftsgeheimnisse zu wahren[11]. Einer besonderen Vereinbarung bedarf es hierfür nicht[12]. Die schuldhafte Verletzung der Verschwiegenheitspflicht des ArbN ist wichtiger Grund für eine außerordentl. Kündigung[13]. Betriebsgeheimnisse sind Tatsachen im Zusammenhang mit einem Geschäftsbetrieb, die nur einem begrenzten Personenkreis bekannt, nicht offenkundig sind und die nach dem ausdrücklichen oder konkludent erklärten Willen des Betriebsinhabers auf Grund berechtigten wirtschaftl. Interesses geheim gehalten werden sollen[14].

199 Eine vertragliche Ausdehnung der Verschwiegenheitspflicht auf „alle betrieblichen Belange" findet ihre Grenze in §§ 134, 138 BGB, Art. 5 I GG sowie dem Verhältnismäßigkeitsprinzip. Sie ist nur gerechtfertigt, soweit sie durch betriebl. Interessen des ArbGeb begründet werden kann[15]. Wird hiergegen verstoßen, bedarf es einer vorherigen erfolglosen Abmahnung.

Neben Betriebs- oder Geschäftsgeheimnissen hat der ArbN über ihm dienstlich bekannt gewordene Tatsachen, die die Person des ArbGeb oder eines anderen ArbN in besonderem Maße berühren, Verschwiegenheit zu bewahren[16].

200 Verstöße gegen den Datenschutz geben einen wichtigen Grund ab, falls das für die Fortsetzung des ArbVerh notwendige **Vertrauen zerstört** wurde. Dies ist der Fall, wenn der ArbN für ihn gesperrte Daten

---

1 BAG 5.2.1998 – 2 AZR 227/97 und 8.4.2003 – 2 AZR 355/02, AP Nr. 143, 181 zu § 626 BGB; *Kiel*, NZA-Beil. 1/2005, 18ff.; KR/*Fischermeier*, § 626 BGB Rz. 158.   ‖ 2 BAG 28.3.1985 – 2 AZR 113/84 und 5.2.1998 – 2 AZR 227/97, AP Nr. 86, 143 zu § 626 BGB.   ‖ 3 BAG 12.1.2006 – 2 AZR 242/05, ZTR 2006, 338.   ‖ 4 BAG 24.1.2013 – 2 AZR 453/11.   ‖ 5 BAG 22.11.2012 – 2 AZR 673/11, DB 2013, 1301.   ‖ 6 BAG 17.9.1998 – 2 AZR 419/97, AP Nr. 148 zu § 626 BGB; 2.3.2006 – 2 AZR 64/05, NZA 2006, 985.   ‖ 7 Offen gelassen von BAG 22.7.1992 – 2 AZR 84/92, EzA § 626 BGB nF Nr. 141; vgl. auch LAG Rh.-Pf. 19.9.1997 – 3 Sa 278/97, LAGE § 2 KSchG Nr. 31; KR/*Fischermeier*, § 626 BGB Rz. 158.   ‖ 8 BAG 10.5.2007 – 2 AZR 626/05, AP Nr. 1 zu § 626 BGB Unkündbarkeit m. Anm. *Sandmann*.   ‖ 9 BAG 28.9.1972 – 2 AZR 506/71, DB 1973, 187.   ‖ 10 Dazu BAG 16.6.1987 – 1 AZR 528/85, AP Nr. 20 zu § 111 BetrVG 1972.   ‖ 11 BAG 16.3.1982 – 3 AZR 83/79, NJW 1983, 134.   ‖ 12 BAG 4.4.1974 – 2 AZR 452/73, NJW 1974, 1399; *Stahlhacke/Preis/Vossen*, Rz. 693.   ‖ 13 BAG 4.4.1974 – 2 AZR 452/73, NJW 1974, 1399; 26.9.1990 – 2 AZR 602/89, RzK I 8c Nr. 20 (bzgl. Verdachtskündigung); ErfK/*Müller-Glöge*, § 626 BGB Rz. 154.   ‖ 14 BAG 13.2.2007 – 1 ABR 14/06, NZA 2007, 1121 Rz. 32.   ‖ 15 APS/*Dörner*, § 626 BGB Rz. 273; *Preis/Reinfeld*, AuR 1989, 361 (364).   ‖ 16 ErfK/*Müller-Glöge*, § 626 BGB Rz. 154.

mit Personenbezug oder über Betriebsgeheimnisse abfragt[1] oder ohne Erlaubnis dienstliche Daten auf private Datenträger kopiert[2]. Letzteres ist mit einem Diebstahl vergleichbar.

– **Ehrenämter:** Die Übernahme eines öffentl. Ehrenamts (Gemeinderat, Kreistag usw.) stellt keinen wichtigen Grund zur Kündigung dar. Vielmehr sind in den Gemeinde- und Landkreisordnungen in Anlehnung an Art. 48 II 2 GG ausdrückliche Kündigungsverbote vorgesehen. Danach sind üblicherweise Kündigungen verboten, deren Gründe im Zusammenhang mit der Ausübung des Ehrenamtes stehen[3].

Private Ehrenämter hat der ArbN grds. in seiner Freizeit auszuüben[4], sollten keine abweichenden kollektiv- oder einzelvertragl. Regelungen gelten[5]. Treten auf Grund der Ausübung eines privaten Ehrenamtes durch den ArbN betriebl. Störungen auf, so kommt nach vorheriger Abmahnung idR nur eine ordentl. Kündigung in Betracht.

– **Fahrerlaubnisentziehung/Fahrverbot:** Der Entzug der (behördlichen) Fahrerlaubnis bzw. die Verhängung eines Fahrverbots ist unter dem Gesichtspunkt der verhaltensbedingten Kündigung zu prüfen, wenn die Maßnahme auf Grund einer **im Dienst unternommenen Fahrt** erfolgte (s. *Trunkenheit*, Rz. 260 ff.). Dagegen rechtfertigt der Verlust einer innerbetriebl. Fahrerlaubnis für sich genommen noch keine außerordentl. Kündigung[6].

Erfolgte der Fahrerlaubnisentzug auf Grund einer in der Freizeit unternommenen **Privatfahrt**, kommt eine personenbedingte Kündigung in Betracht, sollte eine Weiterbeschäftigung zu geänderten Bedingungen nicht möglich und mit dem Wegfall des Hindernisses in absehbarer Zeit nicht zu rechnen sein[7]. Die Verhängung eines (kurzfristigen) Fahrverbots ist deshalb idR kein wichtiger Grund. Gleiches gilt ggü. ArbN, die zur Erfüllung ihrer Arbeitspflicht zwar auf die Fahrerlaubnis angewiesen sind, jedoch nicht als Kraftfahrer beschäftigt werden, vorausgesetzt, dem ArbGeb ist die nur unvollständige Erfüllung der Hauptleistungspflicht für die Dauer der Kündigungsfrist zumutbar. Überdies kann es von Bedeutung sein, dass der ArbN von sich aus anbietet, seine Mobilität durch persönliche Maßnahmen auf eigene Kosten (zB Einsatz eines privaten Ersatzfahrers) zu sichern[8].

Insb. bei einem Fahrerlaubnisentzug wegen **Trunkenheit** können sich auf Grund früherer Vorfälle sowie bei einer besonders verantwortungsvollen Tätigkeit wie der eines Busfahrers aber auch Zweifel an dessen charakterlicher Integrität ergeben, die zu einem wichtigen (personenbedingten) Grund führen können[9]. Bejaht wurde dies ua. für einen Sachverst. im Kraftfahrzeugwesen, der mit 1,9 Promille einen Unfall mit Fahrerflucht verursacht hatte und dem daraufhin die Fahrerlaubnis entzogen wurde[10]. Dies muss erst recht gelten, wenn die Trunkenheit auf Alkoholismus zurückzuführen ist[11].

Ggf. ist eine **Selbstbindung des ArbGeb** zu berücksichtigen, wenn der ArbGeb zB in einer Dienstanweisung bestimmt, dass bei Entzug der betriebl. Fahrerlaubnis eine Nachschulung vor deren Wiedererteilung durchzuführen ist. Dann kommt eine Kündigung des ArbVerh vor Durchführung einer Nachschulung nicht in Betracht[12].

– **Geschäfts- und Rufschädigung:** Eine bewusste und gewollte Geschäftsschädigung ist wichtiger Grund für eine Kündigung[13]. Sie kann zB in der Aufforderung an Kollegen oder Dritte liegen, den ArbGeb (außerhalb eines rechtmäßigen Arbeitskampfes) zu schädigen. Bei nur bedingtem Vorsatz oder Fahrlässigkeit sind die Gesamtumstände entscheidend. In leitender Position gelten für den ArbN erhöhte Anforderungen[14].

– **Insolvenzverfahren:** Die Eröffnung des Insolvenzverfahrens über das Vermögen des ArbGeb stellt keinen wichtigen Grund dar, vgl. § 108 InsO. Wichtiger Grund für die Kündigung eines GmbH-Geschäftsführers aber ist die durch diesen verursachte Insolvenzverschleppung[15]. S.a. *Verschuldung* (Rz. 269).

---

1 LAG Köln 29.9.1982 – 5 Sa 514/82, DB 1983, 124; LAG Schl.-Holst. 15.11.1989 – 5 Sa 335/89, DB 1990, 635; LAG Saarl. 1.12.1993 – 2 Sa 154/92, RDV 1995, 81; KR/*Fischermeier*, § 626 BGB Rz. 418. ‖ 2 LAG Sachs. 14.7.1999 – 2 Sa 34/99, LAGE § 626 BGB Nr. 129; KR/*Fischermeier*, § 626 BGB Rz. 418. ‖ 3 BAG 30.6.1994 – 8 AZR 94/93, NZW 1995, 426. ‖ 4 ErfK/*Müller-Glöge*, § 626 BGB Rz. 93; KR/*Fischermeier*, § 626 BGB Rz. 412. ‖ 5 BAG 11.9.1985 – 4 AZR 147/85, AP Nr. 67 zu § 616 BGB; KR/*Fischermeier*, § 626 BGB Rz. 412. ‖ 6 BAG 5.6.2008 – 2 AZR 984/06, DB 2009, 123. ‖ 7 BAG 30.5.1978 – 2 AZR 630/76 und 4.6.1997 – 2 AZR 526/96, AP Nr. 70, 137 zu § 626 BGB; weiter 31.1.1996 – 2 AZR 68/95, NZA 1996, 819. ‖ 8 LAG Rh.-Pf. 11.8.1989 – 6 Sa 297/89, LAGE § 626 BGB Nr. 43; KR/*Fischermeier*, § 626 BGB Rz. 407; aA LAG Schl.-Holst. 16.6.1986 – 4 (5) Sa 684/85, RzK I 6a Nr. 21: ArbGeb braucht die Ehefrau als Fahrerin nicht zu akzeptieren; offen gelassen von BAG 14.2.1991 – 2 AZR 525/90, RzK I 6a Nr. 70. ‖ 9 BAG 22.8.1963 – 2 AZR 114/63 und 30.5.1978 – 2 AZR 630/76, AP Nr. 51, 70 zu § 626 BGB. Anders ist zu entscheiden, wenn es sich nur um eine einmalige Entgleisung handelt, vgl. BAG 4.6. 1997 – 2 AZR 526/96, NJW 1998, 554. ‖ 10 LAG Köln 25.8.1988 – 8 Sa 1334/87, LAGE § 626 BGB Nr. 34; KR/*Fischermeier*, § 626 BGB Rz. 407. ‖ 11 Vgl. BAG 4.6.1997 – 2 AZR 526/96, NJW 1998, 554. ‖ 12 BAG 25.4.1996 – 2 AZR 74/95, NZA 1996, 1201. ‖ 13 BAG 17.6.1992 – 2 AZR 568/92, RzK I 6a Nr. 90; 6.2.1997 – 2 AZR 38/96, RzK I 6a Nr. 146. ‖ 14 LAG Nürnberg 13.1.1993 – 3 Sa 304/92, LAGE § 626 BGB Nr. 67; ErfK/*Müller-Glöge*, § 626 BGB Rz. 99. ‖ 15 BGH 20.6.2005 – II ZR 18/03, NZA 2005, 1415.

208 – **Kirche:** Tendenzschutz (vgl. § 118 I BetrVG) und kirchliches Selbstbestimmungsrecht (Art. 137 III WRV iVm. Art. 140 GG) erlauben es der Kirche, von ihren ArbN inner- und außerhalb der betriebl. Tätigkeit besondere Loyalität zu verlangen[1]. Nach BVerfG[2] steht den Kirchen im Rahmen ihres verfassungsrechtl. garantierten Selbstbestimmungsrechts das Recht zu, Maßstäbe zu setzen und so über die Inhalte und Abstufungen der besonderen Loyalitätsbindungen ihrer kirchlichen Mitarbeiter zu entscheiden[3]. Die Grenze ist erst erreicht, wenn die kirchlichen Einrichtungen in Einzelfällen unannehmbare Anforderungen an die Loyalität ihrer ArbN stellen. Dabei sind neben dem Selbstbestimmungsrecht der Kirche auch die hiermit kollidierenden Grundrechtspositionen des ArbN ua. aus Art. 4 I und II GG zu berücksichtigen[4].

209 Die Überprüfung einer außerordentl. Kündigung kirchlicher Mitarbeiter bedarf daher einer konkreten Interessenabwägung[5], der festgestellte Loyalitätsverstoß ist aber jeweils in seiner Schwere und Tragweite besonders zu würdigen. Deshalb können die generellen kirchlichen Vorgaben so strikt sein, dass ein Überwiegen der ArbN-Interessen im Einzelfall nur noch schwer vorstellbar ist[6]. Dies entspricht auch der Linie des BAG[7], welches sich in seiner Rspr. dem BVerfG ausdrücklich angeschlossen hat. Zudem zeigt das BAG[8] neuerdings die Bereitschaft, sich die Verhältnisse im Arbeitsumfeld des Gekündigten konkret anzusehen. Stellt sich hierbei heraus, dass die kirchliche Einrichtung ihre eigenen Vorgaben nicht (immer) umsetzt und bei anderen vergleichbaren ArbN ein ähnliches Verhalten toleriert, dann muss dies im Rahmen der Interessenabwägung berücksichtigt werden[9].

210 Im Grundsatz aber bleibt es dabei, dass die nachfolgenden **Einzelfälle** als wichtige Gründe an sich geeignet sind, auch wenn konkret vielfach nur eine ordentl. Kündigung in Frage kommt:

– Kirchenaustritt einer Gymnastiklehrerin an einer katholischen Privatschule oder eines in einem katholischen Krankenhaus beschäftigten Assistenzarztes[10];

– Ehebruch des Gebietsdirektors einer Mormonenkirche[11] oder eines Organisten und Chorleiters[12];

– Standesamtliche Heirat nach Scheidung[13]: Lehrerin an einer kirchlichen Berufsfachschule heiratet geschiedenen katholischen Mann[14]. Graduierte Religionspädagogin heiratet geschiedenen Mann; ihr wird daraufhin die Lehrbefugnis entzogen[15]. Geschiedene Angestellte einer Caritas-Geschäftsstelle heiratet erneut[16];

– Standesamtliche Eheschließung einer Leiterin des Pfarrkindergartens einer katholischen Kirchengemeinde mit einem (noch nicht laisierten) Priester[17];

– Eintreten für andere Glaubensrichtung: ArbN eines evangelischen Kindergartens verbreitet öffentl. Lehren der „Universalen Kirche", die von evangelischen Glaubenssätzen erheblich abweichen[18];

– Schwangerschaftsabbruch: Öffentl. Ablehnung des von der Kirche vertretenen absoluten Verbotes des Schwangerschaftsabbruches durch einen in einem katholischen Krankenhaus beschäftigten Arzt[19];

– Anwendung einer gegen tragende Grundsätze des geltenden Kirchenrechts verstoßenden Behandlungsmethode durch Chefarzt eines katholischen Krankenhauses (hier: homologe Insemination)[20]. Konnten die Beteiligten allerdings noch keine endgültige Klärung herbeiführen, welche Behandlungsmethoden zulässig sind, fehlt es nicht per se an der Bereitschaft des Arztes, sich nach einen endgültigen Verbot der Behandlungsmethode bzw. nach Abmahnung an dieses Verbot zu halten[21];

– Homosexualität: Homosexuelle Praxis eines im Dienst des Diakonischen Werkes einer evangelischen Landeskirche stehenden Konfliktberaters nach vorheriger Abmahnung, da homosexuell veranlagte Mitarbeiter im kirchlichen Dienst nur tragbar sind, sofern diese darauf verzichten, ihre Veranlagung zu praktizieren[22].

211 Dagegen sollte an der früheren Ansicht des BAG[23] (vor der Grundsatzentscheidung des BVerfG) nicht festgehalten werden, wonach schon die bloße standesamtliche Heirat eines bei einer katholischen Kir-

---

1 KR/*Fischermeier*, § 626 BGB Rz. 121; *Buchner*, ZfA 1979, 335 (346 f.) („Tendenzförderungspflicht"). ‖ 2 BVerfG 4.6.1985 – 2 BvR 1703/83 ua., NJW 1986, 367. ‖ 3 KR/*Fischermeier*, § 626 BGB Rz. 123; *Richardi*, Arbeitsrecht in der Kirche, § 7 Rz. 12 ff.; *Rüthers*, NJW 1986, 356 f.; *Spengler*, NZA 1987, 833 f.; *Thüsing*, NZA-RR 1999, 561 (563). ‖ 4 BVerfG 7.3.2002 – 1 BvR 1962/01, NZA 2002, 609. ‖ 5 BAG 8.9.2011 – 2 AZR 543/10, NJW 2012, 1099; ErfK/*Müller-Glöge*, § 626 BGB Rz. 112; aA („enger") *Dütz*, NJW 1990, 2025 ff.; aA *Spengler*, NZA 1987, 833 (835). ‖ 6 KR/*Fischermeier*, Kirchl. ArbN, Rz. 5. ‖ 7 BAG 18.11.1986 – 7 AZR 274/85 und 25.5.1988 – 7 AZR 506/87, AP Nr. 35, 36 zu Art. 140 GG. ‖ 8 BAG 8.9.2011 – 2 AZR 543/11, NJW 2012, 1099, Rz. 38 ff. ‖ 9 Beispiele bei *Däubler*, RdA 2003, 204 ff. ‖ 10 BAG 4.3.1980 – 1 AZR 1151/78 und 12.12.1984 – 7 AZR 418/83, AP Nr. 4, 21 zu Art. 140 GG. ‖ 11 BAG 24.4.1997 – 2 AZR 268/96, NZA 1998, 145. ‖ 12 BAG 16.9.1999 – 2 AZR 712/98, NJW 2000, 1286. ‖ 13 ErfK/*Müller-Glöge*, § 626 BGB Rz. 113. ‖ 14 BAG 18.11.1986 – 7 AZR 274/85, AP Nr. 35 zu Art. 140 GG. ‖ 15 BAG 25.5.1988 – 7 AZR 506/87, AP Nr. 36 zu Art. 140 GG. ‖ 16 BAG 14.10.1980 – 1 AZR 1274/79, AP Nr. 7 zu Art. 140 GG. ‖ 17 BAG 4.3.1980 – 1 AZR 125/78, AP Nr. 3 zu Art. 140 GG. ‖ 18 BAG 21.2.2001 – 2 AZR 139/00, NZA 2001, 1136. ‖ 19 BAG 15.1.1986 – 7 AZR 545/85, nv. (betr. ordentl. Kündigung); KR/*Fischermeier*, § 626 BGB Rz. 123. ‖ 20 BAG 7.10.1993 – 2 AZR 226/93, NJW 1994, 3032. ‖ 21 BAG 7.10.1993 – 2 AZR 226/93, NJW 1994, 3032. ‖ 22 BAG 30.6.1983 – 2 AZR 524/81, AP Nr. 15 zu Art. 140 GG. ‖ 23 BAG 31.1.1956 – 3 AZR 67/54, NJW 1956, 646.

chengemeinde beschäftigten Anstreichers eine schwere Pflichtverletzung darstelle. Handelt es sich um einen rein handwerklich tätigen ArbN, kann von diesem keine besondere Loyalität verlangt werden[1]. Für das Verhältnis des kirchlichen Arbeitsrechts zum AGG s. § 9 AGG.

– **Konkurrenztätigkeit** s. *Wettbewerbsverbot* (Rz. 272 ff.) 212

– **Krankheit** s. *Arbeitsunfähigkeit* (Rz. 157 ff.) 213

– **Mitteilungs- und Berichtspflichten:** Der ArbN unterliegt jedenfalls dann Mitteilungs- und Anzeigepflichten, wenn er innerhalb seines Aufgabenbereichs **eingetretene oder drohende Schäden** feststellt[2]. Ihm kann dann uU ohne vorherige Abmahnung gekündigt werden. Für drohende Schäden außerhalb seines Wirkungsbereichs ist dies jeweils anhand einer Interessenabwägung festzustellen[3]. Je nach Grad und Bedeutung der Anzeigepflicht kann deren Verletzung einen wichtigen Grund darstellen. Gleiches gilt, wenn der ArbN eine von ihm bemerkte, laufende offenkundige **Lohnüberzahlung** ggü. dem ArbGeb nicht anzeigt[4]. 214

Bejaht wurde ein wichtiger Grund bei Nichtanzeige eines Diebstahls[5] sowie der Anfertigung von Aufzeichnungen über Betriebsgeheimnisse[6] durch einen Arbeitskollegen. Noch weiter gehende Berichtspflichten treffen **leitende Angestellte**. Sie haben auch ihnen erteilte Aufträge auf ihre Zweckmäßigkeit zu überprüfen und erforderlichenfalls den ArbGeb über Bedenken zu informieren[7].

– **Nebentätigkeit:** Übt der ArbN während seiner Arbeitszeit eine nicht genehmigte Nebentätigkeit aus, stellt dies einen wichtigen Grund für eine Kündigung dar[8], soweit nicht ausnahmsw. eine Interessenkollision zwischen beiden Tätigkeiten ausgeschlossen ist. Überschneidet sich die Arbeitszeit der Nebentätigkeit nicht mit der der Haupttätigkeit, liegt wegen der Berufsfreiheit des ArbN (Art. 12 I GG) nur dann eine Pflichtverletzung vor, wenn durch diese die berechtigten Interessen des ArbGeb beeinträchtigt werden[9]. Weitergehende einzel-[10] oder tarifvertragl.[11] Nebenbeschäftigungsverbote können nur eine Anzeige- bzw. Erlaubnispflicht begründen[12], nie aber ein Verbot. 215

Bestehen Anhaltspunkte für unzulässige Nebentätigkeiten, so hat der ArbN über diese **Auskunft** zu geben. Sind darüber hinaus die Interessen des ArbGeb bedroht, hat der ArbN eine zukünftige Nebenbeschäftigung von sich aus anzuzeigen[13]. Eine Beeinträchtigung des ArbVerh liegt vor, wenn der ArbN durch eine anstrengende oder ihn zeitlich überfordernde Nebenbeschäftigung (Tanzkapelle/Taxifahrer) seine arbeitsvertragl. Pflichten wegen Übermüdung oder Konzentrationsschwäche nicht mehr richtig erfüllen kann und sich damit seine Arbeitsleistung spürbar verschlechtert[14]. Neben Einbußen bei der Arbeitsleistung kann die Nebentätigkeit aber auch dann mit den Interessen des ArbGeb kollidieren, weil sie das öffentl. Ansehen des ArbGeb schädigt, mit dem Gemeinwohl nicht zu vereinbaren ist[15] oder eine unerlaubte Konkurrenztätigkeit (s. *Wettbewerbsverbot*) darstellt[16]. Zum Fall, dass der ArbN während ärztlich attestierter Arbeitsunfähigkeit eine Nebentätigkeit ausübt, s. *Arbeitsunfähigkeit/Vortäuschen der Arbeitsunfähigkeit* (Rz. 159 ff.). 216

– **Politische Betätigung** s. Betriebliche Ordnung/Wahrung des Betriebsfriedens (Rz. 174 ff.) 217

– **Private Telefongespräche, Anfertigung privater Kopien:** Private Telefongespräche sind ein wichtiger Grund, wenn dem ArbN solche Telefongespräche auf Kosten des ArbGeb untersagt sind[17]. Bei nur geringem Umfang, dh wenige Minuten pro Tag, bedarf es aber einer vorherigen Abmahnung. Auch wenn eine private Nutzung grds. erlaubt ist, muss der ArbN ua. – soweit dies vorgesehen ist – private Gespräche durch eine entsprechende Vorwahl kennzeichnen. Geschieht dies nicht, ist bei einer großen Anzahl von Telefonaten eine Kündigung auch ohne vorherige Abmahnung möglich[18]. Darüber hinaus darf der ArbN nur insoweit privat telefonieren, als dies anzunehmenderweise noch von der Zustimmung des ArbGeb gedeckt ist, sonst kann ihm nach Abmahnung gekündigt werden[19]. Entsprechendes gilt für das Anfertigen privater Kopien. Nutzt der ArbN überdies Dienste eines Telefonsex-Anbieters, kommt neben dem dadurch entstehenden finanziellen Schaden auch eine Rufschädigung des ArbGeb als wichtiger Grund in Betracht. Zudem ist jeweils darauf zu achten, inwieweit der ArbN seine Arbeitspflichten verletzt hat (zB Führen privater Telefonate durch Arzt während OP[20]). 218

---

1 *Dütz*, Anm. AP Nr. 20 zu Art. 140 GG; KR/*Fischermeier*, § 626 BGB Rz. 124; *Rüthers*, NJW 1986, 356 f. ||2 BAG 11.3.1999 – 2 AZR 427/98, NZA 1999, 818. ||3 Vgl. allg. MünchArbR/*Reichold*, § 49 Rz. 6 ff. ||4 BAG 28.8.2008 – 2 AZR 15/2007, NZA 2009, 193. ||5 LAG Hamm 29.7.1994 – 18 Sa 2016/93, RzK I 5i Nr. 95; KR/*Fischermeier*, § 626 BGB Rz. 433. ||6 LAG Hess. 6.4.1955 – II LA 649/54, SAE 1956 Nr. 91; KR/*Fischermeier*, § 626 BGB Rz. 433. ||7 BAG 26.5.1962 – 2 AZR 430/60, AP Nr. 1 zu § 628 BGB. ||8 ErfK/*Müller-Glöge*, § 626 BGB Rz. 119. ||9 ZB beim Verdacht verdeckter Schmiergeldzahlungen: BAG 18.9.2008 – 2 AZR 827/06, NZA-RR 2009, 393 (s.a. unten Rz. 223). ||10 BAG 26.8.1976 – 2 AZR 377/75, AP Nr. 68 zu § 626 BGB. ||11 BAG 24.6.1999 – 2 AZR 605/97, DB 2000, 1336. ||12 BAG 11.12.2001 – 9 AZR 464/00, NZA 2002, 965. ||13 BAG 18.1.1996 – 6 AZR 314/95, NZA 1997, 41. ||14 BAG 7.9.1972 – 2 AZR 486/71, AP Nr. 7 zu § 60 HGB. ||15 BAG 21.1.1982 – 2 AZR 761/79, nv. ||16 BAG 16.8.1990 – 2 AZR 113/90, NJW 1991, 518. ||17 LAG Düss. 14.2.1963 – 7 Sa 507/62, BB 1963, 732; LAG Sa.-Anh. 23.11.1999 – 8 Ta BV 6/99, NZA-RR 2000, 476. ||18 ArbG Würzburg 16.12.1997 – 1 Ca 1326/97, BB 1989, 1318; *Ernst*, NZA 2002, 585. ||19 LAG Nürnberg 6.8.2002 – 6 (5) Sa 472/01, NZA-RR 2003, 191. ||20 BAG 25.10.2012 – 2 AZR 495/11, NJW 2013, 954.

219 – **Privates Surfen im Internet/Privatnutzung des Dienst-PC:** Für das Surfen im Internet zu privaten Zwecken gilt zunächst das zum privaten Telefonieren Gesagte (s. Rz. 218). Das BAG[1] hat die mit der privaten PC-Nutzung verbundenen Arbeitspflichtverletzungen wie folgt beschrieben:

Erstens bestehe beim Herunterladen von Daten aus zweifelhaften Quellen die Gefahr der Vireninfizierung; besucht der ArbN pornographische Webseiten, könne es zweitens zu einer möglichen Rufschädigung des ArbGeb kommen. Drittens verursache die private Internetnutzung zusätzliche Kosten, sei es die vertane Arbeitszeit oder zusätzliche Gebühren. Viertens stelle schon die unberechtigte Inanspruchnahme eine Arbeitspflichtverletzung dar. Fünftens ist auch daran zu denken, dass der ArbN Arbeitsaufgaben nicht erledigt hat.

Bereits bei einer fehlenden Regelung ist eine private Internetnutzung nicht erlaubt. Auch eine Duldung der privaten Internetnutzung deckt nur einen nicht erheblichen Gebrauch von wenigen Minuten/Tag während der Arbeitszeit. Kommt es zu einer exzessiven Nutzung, dh. ca. 1–2 Std. an mehreren Tagen, kommt auch eine außerordentl. Kündigung ohne vorherige Abmahnung in Betracht.

220 – **Rauchpausen, unerlaubte/Zeitunglesen etc.:** Hier kann zunächst auf die vorstehenden Rz. verwiesen werden. Der Vorwurf reicht von vertaner Arbeitszeit, der Verletzung von Arbeitspflichten bis hin zum Arbeitszeitbetrug. Ein Arbeitszeitbetrug kann vorliegen, wenn zB für Rauchpausen eine Pflicht zum Ausstempeln besteht, der ArbN dieser Pflicht aber nicht nachkommt. Wegen der Möglichkeit nur fahrlässigen Handelns, ist (sind) aber idR eine (oder mehrere) vorherige Abmahnung(en) erforderlich[2]. Zu weit geht es, wenn das LAG Rheinland-Pfalz[3] vor das Recht zur Kündigung eine Verpflichtung des ArbGeb setzt, exzessiven Raucherpausen durch die Möglichkeit des Ausstempelns zu begegnen. Dafür spricht das Recht des ArbGeb, im Rahmen des § 4 ArbZG Lage und Umfang der Pausen zu bestimmen. Dies gilt bei der Vereinbarung von Gleitzeit zumindest für die einzuhaltenden Kernzeiten.

221 – **Schlechtleistung:** Der ArbN schuldet bzgl. Arbeitsqualität und -quantität allein sein **Bemühen** (s. *Arbeitspflichtverletzung*, Rz. 141 ff.), seine Arbeit entsprechend seinen Fähigkeiten zu erledigen. Dies ergibt sich aus dem Wesen des Dienst- und damit auch des Arbeitsvertrages, wonach der Leistungserbringer gerade keinen Erfolg schuldet, sondern nur sein Bemühen, die ihm aufgetragene Arbeit sorgfältig zu erfüllen. Ob der ArbN sich entsprechend bemüht, hängt von seiner individuellen Leistungsfähigkeit ab, die ua. krankheitsbedingt in einer gewissen Bandbreite schwanken kann[4]. Hat der ArbGeb einen ArbN eingestellt, der nicht dazu in der Lage ist, die ihm übertragenen Arbeiten mit der notwendigen Schnelligkeit und Sorgfalt zu erledigen, fällt dies grds. unter das Beschäftigungsrisiko des ArbGeb. Insoweit ist vorrangig an eine ordentl. Kündigung seitens des ArbGeb nach vorheriger Abmahnung zu denken. Etwas anderes gilt dann, wenn der ArbN bei Eingehung des ArbVerh Angaben gemacht hat, die seine Bewerbung als „Hochstapelei" erscheinen lassen. Hier kommt neben einer Anfechtung des Arbeitsvertrags nach §§ 119, 123, einem Schadensersatzanspruch nach § 311a II auch eine außerordentl. Kündigung wegen fehlender Eignung in Betracht (s.o. Rz. 23)[5].

222 Bei besonders verantwortungsvollen Tätigkeiten eines gehobenen Angestellten kann bereits eine **einmalige fahrlässige Pflichtverletzung** eine fristlose Kündigung rechtfertigen, soweit die Verletzung der Arbeitspflicht geeignet ist, einen besonders schweren Schaden herbeizuführen und der ArbGeb das Seine getan hat, um die Möglichkeit eines solchen Versehens und dessen Folgen einzuschränken[6]. Dies gilt umso eher, wenn dem ArbN ein wiederholtes grob fahrlässiges Verhalten vorzuwerfen ist[7]. Ähnlich gewichtig ist eine mehrfache Missachtung der im Innenverhältnis bestehenden Vollmachtsbeschränkung eines leitenden Angestellten[8] oder eine einzelne Vollmachtsüberschreitung bei gleichzeitiger gravierender Vermögensgefährdung[9].

223 – **Schmiergeldverbot (Forderung/Annahme von Schmiergeldern):** Ein ArbN, der von einem Dritten Schmiergeld annimmt, verstößt idR gegen § 299 I StGB und verletzt die Loyalitätspflichten ggü. seinem ArbGeb (vgl. auch § 3 III TV-L, § 3 II TVöD). Er zerstört damit das Vertrauen in seine Zuverlässigkeit und Redlichkeit[10]. Ein Verstoß gegen das sog. Schmiergeldverbot liegt vor, wenn der ArbN für sich oder einen ihm nahe stehenden Dritten Vorteile fordert, sich versprechen lässt oder entgegennimmt, so dass beim Zahlenden die Erwartung entsteht oder verstärkt wird, dass er damit die Ausführung der arbeitsvertragl. Aufgaben in seinem Sinne und damit zum Nachteil des ArbGeb beeinflussen kann. Sozialadäquate Gelegenheitsgeschenke oder übliche Trinkgelder fallen nicht darunter[11].

---

1 BAG 7.7.2005 – 2 AZR 581/04, NZA 2006, 98; 27.4.2006 – 2 AZR 386/05, NZA 2006, 977; s. aber auch BAG 31.5.2007 – 2 AZR 200/06, NJW 2007, 2653. || 2 LAG Rh.-Pf. 6.5.2010 – 10 Sa 712/09, BB 2010, 2248. || 3 LAG Rh.-Pf. 21.1.2010 – 10 Sa 569/09. || 4 BAG 20.3.1969 – 2 AZR 283/68, DB 1969, 1154 und 17.7.1970 – 3 AZR 423/69, NJW 1971, 111; zu Einarbeitungsschwierigkeiten nach Erziehungsurlaub LAG Nürnberg 8.3.1999 – 6 Sa 259/97, NZA 2000, 263. || 5 KR/*Fischermeier*, § 626 BGB Rz. 442. || 6 BAG 14.10.1965 – 2 AZR 466/64, DB 1966, 155; OLG Düss. 15.1.1987 – 8 U 239/85, DB 1987, 1099. || 7 BAG 4.7.1991 – 2 AZR 79/91, RzK I 6a Nr. 73; APS/*Dörner*, § 626 BGB Rz. 259. || 8 BAG 26.11.1964 – 2 AZR 211/63, AP Nr. 53 zu § 626 BGB. || 9 BAG 11.3.1999 – 2 AZR 51/98, RzK I 10g Nr. 10. || 10 BAG 15.11.1995 – 2 AZR 974/97, NJW 1986, 1556; 21.6.2001 – 2 AZR 30/00, EzA § 626 BGB Unkündbarkeit Nr. 7; 17.3.2005 – 2 AZR 245/04, NZA 2006, 101. || 11 KR/*Fischermeier*, § 626 BGB Rz. 447; *Stahlhacke/Preis/Vossen*, Rz. 682 f.

Eine Schädigung des ArbGeb ist nicht erforderlich. IdR wird das Vertrauensverhältnis bereits durch die Schmiergeldannahme so weit zerstört, dass ein wichtiger Kündigungsgrund gegeben ist[1]. Ein eingetretener Schaden kann diesen nur verstärken bzw. einen weiteren wichtigen Grund darstellen. Nur ausnahmsw., wenn der ArbGeb keinen Schaden erlitten hat, keine Wiederholungsgefahr besteht und hinreichende Überwachungsmöglichkeiten bestehen, scheidet eine außerordentl. Kündigung aus[2]. 224

Zu kritisieren ist, wenn das BAG in dem Fall, in dem ein ArbN von einem anderen ArbN für die Vermittlung seiner Einstellung eine Provision gefordert und kassiert hat, eine Kündigung ablehnt, da weder das Vertrauensverhältnis noch der Betriebsfrieden konkret gestört worden sei[3]. Weder aber kann es dem ArbN erlaubt sein, über die Abweisung geeigneter Bewerber zu entscheiden, noch darf er sich wissentlich für einen ungeeigneten Bewerber einsetzen. 225

– **Schwarzarbeit:** Schwarzarbeit ist dann ein wichtiger Grund für eine außerordentl. Kündigung, wenn sie als (s.) *Nebentätigkeit* oder als Konkurrenztätigkeit anzusehen ist (s. *Wettbewerbsverbot*, Rz. 272ff.). 226

– **Scientology:** Nach der Rspr. des BAG[4] fällt die Scientology-„Kirche" nicht unter den Schutz der Art. 4, 140 GG, 137 WRV. Sie kann sich deshalb auch nicht auf einen Tendenzschutz berufen. 227

Besteht in einer gemeinnützigen Einrichtung der Jugendarbeit die Gefahr, dass eine dort tätige Betreuerin Jugendliche einseitig iSd. Scientology-Bewegung beeinflusst, kann dies einen wichtigen Grund an sich ergeben[5]. Gleiches gilt für ein BR-Mitglied, das den Betriebsfrieden nachhaltig und konkret gestört hat, indem es bei zahlreichen Kollegen innerhalb und außerhalb der Arbeitszeit aktiv für Scientology geworben hat[6]. 228

Ob die bloße Mitgliedschaft in der Scientology-Organisation einen wichtigen Grund darstellen kann, wurde vom LAG Berlin[7] offen gelassen. Richtigerweise ist dies abzulehnen, solange keine betriebl. Auswirkungen gegeben sind[8]. 229

– **Selbstbeurlaubung/Urlaubsüberschreitung:** Tritt der ArbN gegen den Willen des ArbGeb einen Urlaub an (**Selbstbeurlaubung**), liegt ein wichtiger Grund vor[9]. Eine vorherige Abmahnung ist idR entbehrlich[10]. Die Vertragsverletzung ergibt sich daraus, dass dem ArbN ein umfassender Rechtsschutz zur Durchsetzung seines Urlaubsanspruchs zur Verfügung steht. Ein wichtiger Grund scheidet deshalb zB dann aus, wenn gerichtl. Hilfe nicht rechtzeitig erlangt werden kann (zB bei Arbeit auf einer Baustelle in Indonesien) und ein Verfall der Urlaubsansprüche droht[11]. Ein Selbstbeurlaubungsrecht entsteht aber nicht schon allein deshalb, weil dem ArbN ordentl. gekündigt wurde und die Kündigungsfrist bereits läuft[12]. 230

Bislang noch nicht entschieden wurde, ob dem ArbN während der Kündigungsfrist ein **Zurückbehaltungsrecht** (§ 273) zusteht, falls der ArbGeb dem ArbN grundlos Resturlaubsansprüche verweigert[13]. Verschiedene LAG und Teile der Lit. halten eine Selbstbeurlaubung des ArbN während der Kündigungsfrist nach den Grundsätzen der Selbsthilfe (§§ 229, 230) und des Zurückbehaltungsrechts dann für zulässig, wenn der ArbGeb es versäumt, dem ArbN noch während der Kündigungsfrist Urlaub zu gewähren[14]. Vereinzelt wird weiter gehend ein generelles Selbstbeurlaubungsrecht bei grundloser Urlaubsverweigerung bejaht[15]. 231

Im Rahmen der Interessenabwägung nach § 626 ist jedenfalls zu berücksichtigen, ob der ArbGeb das Urlaubsbegehren des ArbN zu Recht abgelehnt hat und ob der Betrieb überhaupt so organisiert ist, dass die Urlaubsansprüche des ArbN nach den gesetzl. Vorschriften erfüllt werden können[16].

Eine **Urlaubsüberschreitung** kommt als Kündigungsgrund nur in Betracht, wenn sie verschuldet ist[17]. IÜ kommt es darauf an, ob die Urlaubsüberschreitung die Qualität einer beharrlichen *Arbeitsverweigerung* (s. Rz. 141 ff.) erreicht. Kurzzeitige, allein den Leistungsbereich berührende Urlaubsüberschreitungen genügen dafür nicht[18]. Bei einer längeren Urlaubsüberschreitung ist ein wichtiger Grund auch 232

---

1 BAG 15.11.1995 – 2 AZR 974/97, NJW 1986, 1556. ||2 ArbG Hagen 2.3.1967 – 2 Ca 93/67, BB 1967, 922; KR/*Fischermeier*, § 626 BGB Rz. 447. ||3 BAG 24.9.1987 – 2 AZR 26/87, NJW 1988, 2261; aA KR/*Fischermeier*, § 626 BGB Rz. 447. ||4 BAG 22.3.1995 – 5 AZB 21/94, AP Nr. 21 zu § 5 ArbGG 1979. ||5 LAG Berlin 11.6.1997 – 13 Sa 19/97, NZA-RR 1997, 422; *Bauer/Baeck/Merten*, DB 1997, 2534. ||6 ArbG Ludwigshafen 12.5.1993 – 3 Ca 3165/92, AiB 1994, 754; APS/*Dörner*, § 626 BGB Rz. 261. ||7 LAG Berlin 11.6.1997 – 13 Sa 19/97, DB 1997, 2542. ||8 APS/*Dörner*, § 626 BGB Rz. 262. ||9 BAG 20.1.1994 – 2 AZR 521/93, NZA 1994, 548; 16.3.2000 – 2 AZR 75/99, AP Nr. 114 zu § 102 BetrVG 1972; ErfK/*Müller-Glöge*, § 626 BGB Rz. 147; diff. *Otto*, AR-Blattei SD 1880 Rz. 79. Vgl. auch LAG Hamm 13.6.2000 – 19 Sa 2246/99, NZA-RR 2001, 134. ||10 KR/*Fischermeier*, § 626 BGB Rz. 452; aA HK-KSchG/*Dorndorf*, § 1 Rz. 840. ||11 BAG 20.1.1994 – 2 AZR 521/93, NZA 1994, 548. ||12 BAG 26.4.1960 – 1 AZR 134/58, NJW 1960, 1734. ||13 Vgl. BAG 20.1.1994 – 2 AZR 521/93, NZA 1994, 548. ||14 LAG Hamm 21.10.1997 – 4 Sa 707/97, NZA-RR 1999, 76; LAG Rh.-Pf. 25.1.1991 – 6 Sa 829/90, LAGE § 7 BUrlG Nr. 27. ||15 APS/*Dörner*, § 626 BGB Rz. 232; *Neumann/Fenski*, BUrlG, § 7 Rz. 43f.; dagegen MünchArbR/*Leinemann*, § 89 Rz. 78. ||16 BAG 20.1.1994 – 2 AZR 521/93, NZA 1994, 548; 16.3.2000 – 2 AZR 75/99, NZA 2000, 1332. ||17 ErfK/*Müller-Glöge*, § 626 BGB Rz. 149. ||18 LAG Düss. 29.11.1993 – 12 TaBV 82/93, BB 1994, 793 (Überschreitung um einen Tag).

dann gegeben, wenn der ArbN während des Urlaubs erkrankt ist und er deshalb seinen Urlaub um die Anzahl der wegen Krankheit nicht gewährten Urlaubstage verlängert hat (vgl. Rz. 142).

233 Hat der ArbN bereits vor Urlaubsantritt eine Urlaubsüberschreitung angekündigt, gilt das oben zu *Arbeitsunfähigkeit/Vortäuschen* (Rz. 159 ff.) Gesagte.

234 – **Sexuelle Belästigung** s. *Betriebliche Ordnung* Unterpunkt *Sexuelle Belästigung* (Rz. 188 f.).

235 – **Sicherheitsbedenken** s. Arbeitsschutz- und Sicherheitsvorschriften (Rz. 156).

236 – **Strafbare Handlungen: Allgemeines:** Ob Straftaten des ArbN einen wichtigen Grund abgeben, hängt von der **Relevanz der Straftat für das ArbVerh** ab. Erst wenn durch die Straftat arbeitsvertragl. Pflichten verletzt werden und dem ArbGeb infolgedessen die Fortsetzung des ArbVerh unzumutbar geworden ist, liegt ein wichtiger Grund vor. Dementsprechend ist ua. entscheidend, gegen wen sich die Straftat richtet (ArbGeb, andere ArbN oder Dritte) und um welche Art von Straftat es sich handelt (Eigentums- und Vermögensdelikte, Beleidigung, Körperverletzung). Die strafrechtl. Bewertung bildet nur einen Teilaspekt[1], der die Verletzung arbeitsvertragl. Pflichten nicht entbehrlich macht[2]. Deshalb muss das ArbG die Strafakten nach pflichtgemäßem Ermessen zum Zweck der Sachaufklärung beiziehen, sollten Art und Ausgang des Strafverfahrens für die eigene Entscheidung von rechtl. Bedeutung und die Ausführungen der Prozessparteien darüber widersprüchlich und entstellend sein[3].

237 Allg. gilt, dass umso eher ein wichtiger Grund vorliegt, je gravierender die Tat und je größer der arbeitsrechtl. Bezug ist. Insb. wenn sich die Straftat des ArbN gegen den ArbGeb richtet (zB Diebstahl oder sonstige Vermögensdelikte [vgl. Rz. 245 ff.]), rechtfertigt dies idR eine außerordentl. Kündigung ohne Abmahnung[4]. Auch kann die ggü. Dritten verlautbarte Absicht, in einem vom ArbGeb geführten Rechtsstreit vorsätzlich falsch zum Nachteil des ArbGeb auszusagen, das Vertrauen so nachhaltig zerstören, dass ein wichtiger Grund vorliegt[5].

238 Zur Frage, ob die Arbeitsverhinderung auf Grund der Verbüßung von Strafhaft die außerordentl. Kündigung rechtfertigt, s. *Strafhaft/Untersuchungshaft* (Rz. 255 ff.).

239 **Straftaten gegen Dritte:** Bei Straftaten, die sich nicht gegen den ArbGeb oder Arbeitskollegen richten, kommt ein wichtiger Grund nur dann in Betracht, wenn sich ein **Bezug zum ArbVerh** herstellen lässt, zB weil die Straftat ernsthafte Zweifel an der Zuverlässigkeit oder Eignung des ArbN für die von ihm zu verrichtende Tätigkeit begründet. Für die Beurteilung kommt es auf die Qualität der Straftat und die Stellung des ArbN an.

240 Hat der ArbN Zugriff auf Gelder des ArbGeb, können Vermögensdelikte auf fehlende Vertrauenswürdigkeit schließen lassen und damit die Fortsetzung des ArbVerh unzumutbar machen[6]. Wird ein Lehrer oder Erzieher wegen eines Körperverletzungs- oder Sittlichkeitsdeliktes ggü. einem Kind verurteilt, ist ein wichtiger Grund gegeben[7]. Bei Sittlichkeitsdelikten eines Schulhausmeisters[8] oder Bauleiters[9] muss dagegen der Bezug zum ArbVerh gesondert festgestellt werden, s. dazu noch unten *Sittlichkeitsdelikte* (Rz. 253 f.).

241 Darüber hinaus kann im öffentl. Dienst auch bei im Privatbereich begangenen Straftaten ein wichtiger Grund vorliegen[10]. S. dazu auch Rz. 169.

242 **Ehrverletzungen:** Eine üble Nachrede oder Verleumdung zum Nachteil des ArbGeb, seiner Repräsentanten oder anderer Arbeitskollegen ist grds. geeignet, eine außerordentl. Kündigung zu rechtfertigen[11]. Für **Beleidigungen** gilt dies nur, wenn sie grob, dh. besonders schwer sind und den Angesprochenen kränken. So bei einer bewussten und gewollten Ehrenkränkung aus gehässigen Motiven[12]. Eine Abmahnung ist dann entbehrlich. Beispiele sind die Gleichstellung eines Vorgesetzten mit einem der Hauptverantwortlichen des NS-Staates für die Massenvernichtung jüdischer Menschen[13], Vergleich der betriebl. Verhältnisse mit den „Zuständen während der NS-Zeit"[14] oder der ausgeschmückte Vergleich des Unternehmens mit einem „Narrenschiff"[15]. Ebenso „Du altes A…"[16] oder Beschimpfung des ArbGeb als Betrüger, Gauner und Halsabschneider bei einer Geburtstagsfeier vor der versammelten Beleg-

---

1 BAG 27.1.1977 – 2 ABR 77/76, AP Nr. 7 zu § 103 BetrVG 1972; 20.8.1997 – 2 AZR 620/96, NJW 1998, 1171; 1.7.1999 – 2 AZR 676/98, AP Nr. 11 zu § 15 BBiG. ‖ 2 BAG 12.8.1999 – 2 AZR 832/98, AP Nr. 51 zu § 123 BGB. ‖ 3 BAG 10.3.1977 – 4 AZR 675/75, AP Nr. 9 zu § 313 ZPO. ‖ 4 KR/*Fischermeier*, § 626 BGB Rz. 445; *Stahlhacke/Preis/Vossen*, Rz. 687 f. ‖ 5 BAG 16.10.1986 – 2 ABR 71/85, NZA 1987, 392. ‖ 6 ErfK/*Müller-Glöge*, § 626 BGB Rz. 85. ‖ 7 LAG Berlin 15.12.1989 – 2 Sa 29/89, LAGE § 626 BGB Nr. 45. ‖ 8 LAG Nds. 27.6.1989 – 6 Sa 1407/88, AuR 1990, 130; ErfK/*Müller-Glöge*, § 626 BGB Rz. 85. ‖ 9 BAG 26.3.1992 – 2 AZR 519/91, NJW 1993, 83. ‖ 10 Zur außerordentl. Kündigung BAG 8.6.2000 – 2 AZR 638/99, NZA 2000, 1282; zur ordentl. Kündigung BAG 20.11.1997 – 2 AZR 643/96, AP Nr. 43 zu § 1 KSchG 1969. ‖ 11 BAG 21.1.1999 – 2 AZR 665/98, NJW 1999, 3140; 17.2.2000 – 2 AZR 927/98, RzK I 6e Nr. 20; 10.10.2002 – 2 AZR 418/01, DB 2003, 1797. ‖ 12 BAG 18.7.1957 – 2 AZR 121/55, AP Nr. 1 zu § 124a GewO; 1.7.1999 – 2 AZR 676/98, AP Nr. 11 zu § 15 BBiG; LAG Nds. 12.2.2010 – 10 Sa 569/09, EzA-SD 2010, 9. ‖ 13 LAG Berlin 17.11.1980 – 9 Sa 69/80, AP Nr. 7 zu § 626 BGB; APS/*Dörner*, § 626 BGB Rz. 226. ‖ 14 BAG 9.8.1990 – 2 AZR 623/89, nv.; KR/*Fischermeier*, § 626 BGB Rz. 415. ‖ 15 LAG Wiesbaden 2.5.2001 – 3 Ca 33/01, NZA-RR 2001, 639. ‖ 16 ArbG Frankfurt 10.8.1998 – 15 Ca 9661/97, NZA-RR 1999, 85; APS/*Dörner*, § 626 BGB Rz. 226; aA (vorherige Abmahnung oder Vermittlungsversuch nötig) LAG Köln 4.7.1996 – 10 Sa 337/96, NZA-RR 1997, 171.

schaft[1]. Gleiches gilt für den jedermann einsehbaren Eintrag im Internet: „ArbGeb: Menschenschinder & Ausbeuter, Leibeigener?? Dämliche Scheiße für Mindestlohn minus 20 % erledigen"[2].

Äußert sich ein ArbN in einem **Gespräch unter Kollegen** unwahr und ehrenrührig über seinen ArbGeb oder dessen Repräsentanten, liegt kein wichtiger Grund vor, wenn der ArbN nicht damit rechnen musste, dass seine Äußerungen dem ArbGeb mitgeteilt werden. Dies ist dann der Fall, wenn der Gesprächspartner die Vertraulichkeit der Unterhaltung ohne vernünftigen Grund missachtet[3]. Davon darf der ArbN aber dann nicht mehr ausgehen, wenn das Treffen unter den Arbeitskollegen einen dienstlichen Bezug hatte[4] oder wenn diese Äußerungen ggü. der Geschäftsleitung gemacht werden, weil diese angeprangerten „Missständen" nachgehen muss[5]. Weiter ist der ArbN nicht schutzwürdig, wenn er sich ggü. betriebsfremden Personen oder einer größeren Zahl von Belegschaftsmitgliedern, die nicht zu seinen engeren Mitarbeitern gehören, abfällig über ArbGeb oder Vorgesetzte äußert[6]. Eine negative Zukunftsprognose ist dabei nur auszuschließen, wenn die nachteiligen Auswirkungen auf das ArbVerh Folge einer für den Gekündigten unerwarteten Entwicklung sind[7]. 243

Bei **Äußerungen in sozialen Netzwerken** (Facebook etc.), kann der ArbN, auch wenn er sich nur an seine „Freunde" gewandt und die Äußerung darüber hinaus auch nicht zugänglich gemacht hat, nicht in jedem Fall, wie bei einem Gespräch unter Freunden/Kollegen (s. vorstehende Rz.) von der Vertraulichkeit des Wortes ausgehen[8]. Weder ist das Medium Internet noch sind die Verhältnisse in sozialen Netzwerken mit durchschnittlich 130 „Freunden" einem vertraulichen Gespräch nach Feierabend im Freundes- bzw. Kollegenkreis ohne weiteres vergleichbar. Dies gilt insb. dann, wenn zu den „Freunden" im sozialen Netzwerk eine nicht unerhebliche Anzahl von Arbeitskollegen gehört. Eine Vergleichbarkeit besteht nur bei einer Begrenzung des Adressatenkreises (< 10 Personen), zB in geschlossenen Chaträumen oder bei einer Begrenzung auf „enge Freunde". 244

Kommt es im Zusammenhang mit einer **Scheidung** zu „unbedachten Äußerungen" ggü. dem ArbGeb-Ehegatten, rechtfertigt dies idR noch keine außerordentl. Kündigung[9]. Erst recht ist die Zerrüttung oder Scheidung der Ehe für sich genommen kein wichtiger Grund zur Kündigung durch den ArbGeb-Ehegatten[10].

Eigentumsdelikte: Ein Diebstahl des ArbN zum Nachteil des ArbGeb ist nach st. Rspr. ein wichtiger Grund[11]. Gleiches gilt, wenn der ArbN bei Gelegenheit eines Kundenbesuchs einen Kunden des ArbGeb bestiehlt[12] oder wenn der ArbN den Diebstahl außerhalb des Beschäftigungsbetriebes und der Arbeitszeit in einem anderen Betrieb des ArbGeb begeht[13]. 245

Sekundär ist der **Wert der entwendeten Sachen** (Stück Bienenstich, Lippenstift etc.)[14], da eine Abgrenzung zwischen geringfügigen unbeachtlichen und beachtlichen Pflichtverletzungen kaum möglich ist[15]. Vielmehr ist es eine vom Einzelfall abhängende Wertungsfrage, ob eine bestimmte Vertragsverletzung und die daraus folgende Störung des ArbVerh eine Kündigung ohne vorherige Abmahnung rechtfertigt[16]. Dementsprechend können Verschuldensgrad und Schadenshöhe erst im Rahmen der Interessenabwägung (dazu Rz. 59, 71 ff.) berücksichtigt werden, wobei auch hier ein strenger Maßstab gilt. So kann die Entwendung von Sachen im Wert von acht Euro auch ohne Abmahnung für eine außerordentl. Kündigung genügen, wenn diese dem ArbN anvertraut wurden[17], da der ArbN in einem solchen Fall keinesfalls mit der Billigung seines Verhaltens rechnen konnte (vgl. Rz. 110 ff.). Die Mitnahme von Essen im Wert von ca. fünf Euro durch eine Küchenhilfe zum Eigenverbrauch ist zwar an sich ein wichtiger Grund, dem ArbGeb kann aber uU die Einhaltung der Kündigungsfrist zumutbar sein, wenn die Essensreste nicht weiterverwertet werden sollten und damit für den ArbGeb wirtschaftl. wertlos waren[18]. 246

Begeht der ArbN in seiner **Freizeit** einen Diebstahl zu Lasten eines mit seinem ArbGeb im Konzern verbundenen Unternehmens, kann dies ein wichtiger Grund sein, sofern das ArbVerh durch dieses Delikt zB insofern konkret beeinträchtigt wird, als der ArbGeb seinen ArbN für Einkäufe bei diesem Unternehmen einen Personalrabatt eingeräumt hat[19] (s.a. Rz. 167 ff.). 247

---

1 BAG 6.2.1997 – 2 AZR 38/96, AuR 1997, 210; KR/*Fischermeier*, § 626 BGB Rz. 415. ‖ 2 LAG Hamm 10.10. 2012 – 3 Sa 644/12, RDV 2013, 47. ‖ 3 BAG 30.11.1972 – 2 AZR 79/72, AP Nr. 66 zu § 626 BGB; 23.5.1985 – 2 AZR 290/84, RzK I 6e Nr. 4. ‖ 4 BAG 17.2.2000 – 2 AZR 927/98, RzK I 6e Nr. 20; aA LAG Köln 18.4.1997 – 11 Sa 995/96, LAGE § 626 BGB Nr. 111. ‖ 5 BAG 10.10.2002 – 2 AZR 418/01, DB 2003, 1797. ‖ 6 BAG 6.2.1997 – 2 AZR 38/96, RzK I 6a Nr. 146. ‖ 7 KR/*Fischermeier*, § 626 BGB Rz. 112. ‖ 8 *Bauer/Günther*, NZA 2013, 67; aA *Kort*, NZA 2012, 1321. ‖ 9 ArbG Passau 14.9.1995 – 2 Ca 77/95 D, RzK I 6a Nr. 130; KR/*Fischermeier*, § 626 BGB Rz. 415. ‖ 10 BAG 9.2.1995 – 2 AZR 389/94, NJW 1996, 1299; 10.6.2010 – 2 AZR 541/09, NJW 2011, 167. ‖ 11 BAG 10.2.1999 – 2 ABR 31/98, AP Nr. 42 zu § 15 KSchG 1969. ‖ 12 LAG Köln 11.8.1998 – 3 Sa 100/98, LAGE § 626 BGB Nr. 121; ErfK/*Müller-Glöge*, § 626 BGB Rz. 94. ‖ 13 BAG 20.9.1984 – 2 AZR 633/82, NJW 1985, 1854. ‖ 14 BAG 17.5.1984 – 2 AZR 3/83; 3.4.1986 – 2 AZR 324/85 und 12.8.1999 – 2 AZR 923/98, AP Nr. 14, 18, 28 zu § 626 BGB Verdacht strafbarer Handlung; krit. LAG Köln 30.9.1999 – 5 Sa 872/99, nv. (Briefumschläge im Wert von 0,03 DM). ‖ 15 AA *Klueß*, NZA 2009, 337 (bis 50 Euro). ‖ 16 LAG Hamm 18.9.2009 – 13 Sa 640/09; *Schlachter*, NZA 2005, 433 (435 ff.). ‖ 17 BAG 12.8.1999 – 2 AZR 923/98, NJW 2000, 1969; LAG *Fischermeier*, § 626 BGB Rz. 281; aA ArbG Hamburg 21.9.1998 – 21 Ca 154/98, EzA § 1 KSchG Verhaltensbedingte Kündigung Nr. 54; *Zuber*, NZA 1999, 1144. ‖ 18 LAG Köln 24.8.1995 – 5 Sa 504/95, LAGE § 626 BGB Nr. 86 bei einer Betriebszugehörigkeit von knapp zwei Jahren und zweiwöchiger Kündigungsfrist; beachte aber auch BAG 11.12. 2003 – 2 AZR 36/03, NJW 2004, 1551. ‖ 19 BAG 20.9.1984 – 2 AZR 233/83, NJW 1985, 1852.

248 Führt der ArbGeb Ehrlichkeitskontrollen durch, indem er eine „Verführungssituation" schafft, sind die so ermittelten Tatsachen im Kündigungsschutzprozess verwertbar. Dem steht weder das Persönlichkeitsrecht des ArbN noch ein MitbestR des BR entgegen[1].

249 Entnimmt eine Kassenführerin in mehreren Fällen der Kasse Beträge iHv. 10 bis 15 Euro, um für Kollegen private Auslagen zu tätigen, und legt sie die Beträge nach ca. zwei Stunden wieder zurück, wird ein wichtiger Grund wegen Vertrauensverlustes nicht anzunehmen sein, soweit unredliche Absichten der Kassenführerin ausgeschlossen werden können[2].

250 Vermögensdelikte, falsche Abrechnung: Vermögensdelikte wie Betrug oder Untreue des ArbN zum Nachteil des ArbGeb sind typische wichtige Gründe[3]. Als solche kommen ua. in Betracht:

– Manipulationen an der Kontrolluhr oder anderer Zeiterfassung: Diese sind jedenfalls dann wichtiger Grund, wenn sie zu einer unberechtigten Vergütung führen[4], so beim Verstellen der Kontrolluhr oder dem heimlichen Verlassen des Betriebes nach dem Abstempeln[5]. Gleiches gilt für das Abstempeln der Anwesenheitskarte eines Kollegen, der zunächst noch seinen Pkw abstellen will, insb. dann, wenn sich durch die Verspätung des Kollegen der Betriebsablauf verzögert hat[6]. Dem gleichgestellt sind Veränderungen der Zeitangaben auf der Stempelkarte[7] oder die Manipulation von Gleitzeitformularen[8].

– Benutzt ein ArbN einen Betriebs-Lkw/Pkw trotz ausdrücklichen Verbots zu privaten Zwecken, stellt der unbefugte Gebrauch des Kfz, § 248b StGB, einen wichtigen Grund dar[9].

– (Versuchter) Prozessbetrug des ArbN ggü. ArbGeb (im Kündigungsrechtsstreit) durch unwahren Tatsachenvortrag[10].

– Spesenbetrug[11]: In einem solchen Fall bedarf es idR keiner Abmahnung, da der ArbN in diesem spezifischen Vertrauensbereich im Allg. keinen Anlass zur Annahme hat, sein Handeln werde gebilligt[12].

251 Körperverletzungen s. *Betriebliche Ordnung/Tätlichkeiten* (Rz. 190 ff.).

252 Nötigung, Erpressung: In der Nötigung/Erpressung des ArbGeb durch den ArbN ist zugleich eine schwere Verletzung der Pflichten aus dem ArbVerh zu sehen.

So stellt die Drohung mit einer Presseveröffentlichung zur „Luxemburg"-Praxis einer Bank, um die Rücknahme einer Versetzung zu erreichen, nach BAG[13] einen wichtigen Grund für eine außerordentl. Kündigung dar (s. aber auch Rz. 130). Nichts anderes gilt für den Versuch, den ArbGeb zur Zurücknahme einer Abmahnung zu veranlassen, durch den nicht näher belegten Vorwurf, der ArbGeb habe schwerwiegende Fehlleistungen seines Chefarztes „hingenommen", ergänzt durch den „Hinweis" auf mögliche strafrechtl. Konsequenzen[14]. Erst recht ist es dem ArbN verwehrt, damit zu drohen, die Presse auf angebliche Missstände aufmerksam zu machen, obwohl keine gesetzwidrigen Zustände vorliegen und der ArbN dies durch rechtskundige Beratung hätte erkennen können[15].

253 Sittlichkeitsdelikte: Im **dienstlichen Bereich** begangene Sittlichkeitsdelikte sind in aller Regel wichtiger Grund, ohne dass eine vorherige Abmahnung nötig wäre (s.a. *Betriebliche Ordnung* Unterpunkt *Sexuelle Belästigung* [Rz. 188 f.]).

254 Bei im **Privatbereich** begangenen Sittlichkeitsdelikten kommt es dagegen auf die dadurch entstandenen Beeinträchtigungen des ArbVerh an[16]. Bei Lehrern, Erziehern und anderen Pädagogen lassen solche Delikte meist Rückschlüsse auf deren (fehlende) Eignung zu[17] (vgl. bereits Rz. 240). So kann einem Kindergartenleiter außerordentl. gekündigt werden, wenn bei ihm kinderpornographische Bilddateien gefunden werden[18].

255 – **Strafhaft/Untersuchungshaft:** Hat der ArbN eine **Strafhaft** zu verbüßen, so kommt eine ordentl. oder außerordentl. personenbedingte Kündigung in Betracht. Ein wichtiger Grund liegt vor, wenn die Arbeitsverhinderung nach Art und Ausmaß für den ArbGeb unzumutbare, konkret nachteilige betriebl.

---

1 BAG 18.11.1999 – 2 AZR 743/98, NJW 2000, 1211. Anders ist ggf. zu entscheiden, wenn unter Verletzung der Mitbestimmungsrechte technische Einrichtungen iSd. § 87 I Nr. 6 BetrVG eingesetzt werden (dazu BAG 27.3. 2003 – 2 AZR 51/02, NZA 2003, 1193). Auch ist § 6b BDSG zu beachten. ||2 LAG Sa.-Anh. 29.9.1998 – 8 Sa 902/97, NZA-RR 1999, 473; ErfK/*Müller-Glöge*, § 626 BGB Rz. 95. ||3 BAG 8.1.1999 – 2 AZR 923/98, NJW 2000, 1969. ||4 BAG 12.8.1999 – 2 AZR 832/98, AP Nr. 51 zu § 123 BGB. ||5 BAG 27.1.1977 – 2 ABR 77/76, AP Nr. 7 zu § 103 BetrVG 1972. ||6 BAG 23.1.1963 – 2 AZR 278/62, AP Nr. 8 zu § 124a GewO. ||7 LAG Hamm 20.2. 1986 – 4 Sa 1288/85, DB 1986, 1338. ||8 BAG 13.8.1987 – 2 AZR 629/86, RzK I 5i Nr. 31; ArbG Frankfurt 24.7. 2001 – 5 Ca 6603/00, NZA-RR 2002, 133. ||9 BAG 9.3.1961 – 2 AZR 129/60, AP Nr. 26 zu § 123 GewO. ||10 BAG 8.11.2007 – 2 AZR 528/06, Rz. 17, 18. ||11 BAG 2.6.1960 – 2 AZR 91/58, AP Nr. 42 zu § 626 BGB; 22.11. 1962 – 2 AZR 42/62, DB 1963, 1055; ErfK/*Müller-Glöge*, § 626 BGB Rz. 151. ||12 LAG Nds. 11.8.1977 – 6 Sa 1038/76, DB 1978, 749; APS/*Dörner*, § 626 BGB Rz. 278. ||13 BAG 11.3.1999 – 2 AZR 507/98, NZA 1999, 587. ||14 BAG 14.11.1984 – 7 AZR 133/83, NJW 1986, 2171. ||15 LAG Köln 10.6.1994 – 13 Sa 237/94, LAGE § 626 BGB Nr. 78; *v. Hoyningen-Huene/Linck*, § 1 KSchG Rz. 313a. ||16 BAG 26.3.1992 – 2 AZR 519/91, NJW 1993, 83. ||17 BAG 23.9.1976 – 2 AZR 309/75, AP Nr. 1 zu § 1 KSchG 1969 Wartezeit. ||18 ArbG Braunschweig 22.1.1999 – 3 Ca 370/98, NZA-RR 1999, 192; ErfK/*Müller-Glöge*, § 626 BGB Rz. 131.

Auswirkungen zeitigt[1] und diese nicht durch zumutbare Überbrückungsmaßnahmen beseitigt werden können[2]. Da der ArbGeb durch die Arbeitsverhinderung nicht per se wirtschaftl. belastet wird, weil der ArbN die Unmöglichkeit der Arbeitsleistung zu vertreten hat, schafft auch eine längere Strafhaft keine Vermutung für das Bestehen betriebl. Auswirkungen. Letztere sind vom ArbGeb vielmehr jeweils konkret darzulegen. Soweit die Straftat selbst keine Auswirkungen auf das ArbVerh hat (s. *Strafbare Handlung*, Rz. 236 ff.), kommt praktisch nur in Betracht, dass der ArbGeb auf eine sofortige Besetzung des Arbeitsplatzes angewiesen ist und ihm kurzfristige Überbrückungsmaßnahmen nicht möglich sind[3].

Der ArbGeb hat dabei das Seinige zur Vermeidung betriebl. Auswirkungen zu tun. Die ihm zumutbaren Anstrengungen sind zwar nicht so groß wie bei einer krankheitsbedingten Abwesenheit des ArbN, dennoch soll der ArbGeb verpflichtet sein, dem ArbN durch einen Beschäftigungsnachweis zur Erlangung eines Freigängerstatus zu verhelfen[4]. Dies gilt allerdings nur, wenn keine gegenwärtigen und zukünftigen Störungen zu besorgen sind. Dieser Umstand wird bei schwerwiegenden Straftaten schon auf Grund etwaiger negativer Reaktionen der anderen ArbN aber nur selten gegeben sein[5]. 256

Sitzt der ArbN in **Untersuchungshaft**, kann ein wichtiger Grund nur gegeben sein, wenn der ArbN durch diese bereits bei Ausspruch der Kündigung eine verhältnismäßig erhebliche Zeit an der Arbeit verhindert war[6]. Auch müssen sich wie oben bei der Strafhaft konkrete Auswirkungen auf das ArbVerh ergeben[7]. Ob eine **verhältnismäßig erhebliche Zeit** vorliegt, richtet sich nach der Dauer der Betriebszugehörigkeit. Eine Abwesenheit von einem Monat ist in jedem Fall erheblich. Umgekehrt sind bei schwerwiegenden strafrechtl. Vorwürfen betriebl. Auswirkungen nicht deshalb ausgeschlossen, weil das Verfahren mangels Beweises eingestellt wird[8]. 257

– **Streikteilnahme** s. Arbeitspflichtverletzung/Arbeitsverweigerung (Rz. 141 ff.). 258

– **Tod des ArbGeb:** Der Tod des ArbGeb berührt den Bestand des ArbVerh nicht, wenn nicht ausnahmsw. die Arbeitsleistung am ArbGeb (zB Krankenpfleger) zu erbringen ist[9]. Dh., für die Erben ergibt sich aus dem Todesfall idR kein außerordentl. Kündigungsgrund[10]. Etwas anderes gilt bei einem „Nur"-Notar[11], da hier das ArbVerh untrennbar mit der höchstpersönlichen Befugnis zur Ausübung des Amtes verbunden ist. 259

– **Trunkenheit/Rausch/Alkoholismus: Alkohol- u. Drogenmissbrauch:** Ein nicht auf Alkoholismus beruhender Alkoholkonsum rechtfertigt nur bei Vorliegen besonderer Umstände eine außerordentl. Kündigung. Davon unberührt bleibt, dass der ArbN eine **Nebenpflichtverletzung** begeht, wenn er sich in einen Zustand versetzt, in dem er die geschuldete Arbeitsleistung nicht mehr erbringen kann. Dann schafft er zumindest einen verhaltensbedingten Grund für eine ordentl. Kündigung. Insb. bei in sicherheitsrelevanten Bereichen tätigen ArbN begründet schon eine sehr geringe Alkoholmenge eine solche Nebenpflichtverletzung[12]. 260

Für eine außerordentl. Kündigung muss der ArbGeb dagegen nicht nur darlegen und beweisen, dass der ArbN alkoholbedingt nicht mehr in der Lage war, seine arbeitsvertragl. Verpflichtungen ordnungsgemäß zu erfüllen[13], sondern auch, dass die alsbaldige Beendigung des ArbVerh unverzichtbar erscheint. Solche Umstände sind gegeben bei Uneinsichtigkeit des ArbN nach früheren Vorfällen und vergeblichen Abmahnungen, bei unverantwortlichen Handlungen im alkoholisierten Zustand sowie bei besonderen betriebl. Gefahrenlagen[14]. Daher ist bei **Berufskraftfahrern** Trunkenheit am Steuer während einer beruflich veranlassten Fahrt wichtiger Grund[15]. Auch **leitende Angestellte** unterliegen auf Grund ihrer Vorbildfunktion erhöhten Anforderungen. Ihnen kann auch ohne vorherige Abmahnung außerordentl. gekündigt werden, wenn sie einem Alkoholverbot zuwiderhandeln oder wenn sie während der Bürozeiten in für die übrigen Betriebsangehörigen auffälligem Umfang Alkohol zu sich nehmen, so dass diese daran Anstoß nehmen[16]. 261

Dagegen begründet bei einem Zeitungszusteller (BR-Mitglied) auch der mehrfache Konsum von Haschisch keinen wichtigen Grund, wenn dieser keine nachteiligen Auswirkungen auf die Arbeitsleistung hat[17]. 262

Schwierigkeiten kann der **Nachweis** der Alkoholisierung bereiten. Aus Art. 2 II 1 GG ergibt sich, dass der ArbN nicht zu einem Alkoholtest gezwungen werden kann. Weigert sich der ArbN aber, an einem Alkoholtest mitzuwirken, um den Verdacht der Alkoholisierung auszuräumen, ist es nach § 286 ZPO aus- 263

---

1 BAG 15.11.1984 – 2 AZR 613/83, NJW 1986, 342; 22.9.1994 – 2 AZR 719/93, NJW 1995, 1172. ‖ 2 BAG 9.3.1995 – 2 AZR 497/94, NZA 1995, 777. ‖ 3 BAG 15.11.1984 – 2 AZR 613/83, NJW 1986, 342. ‖ 4 BAG 9.3.1995 – 2 AZR 497/94, NZA 1995, 777. ‖ 5 Vgl. APS/*Dörner*, § 626 BGB Rz. 317. ‖ 6 BAG 10.6.1965 – 2 AZR 339/64, AP Nr. 17 zu § 519 ZPO. ‖ 7 BAG 20.11.1997 – 2 AZR 805/96, RzK I 6a Nr. 154. ‖ 8 LAG Nürnberg 23.5.1958 – Sa 68/58/VN, DB 1958, 1188; KR/*Fischermeier*, § 626 BGB Rz. 451. ‖ 9 KR/*Fischermeier*, § 626 BGB Rz. 151. ‖ 10 ErfK/*Müller-Glöge*, § 626 BGB Rz. 136. ‖ 11 BAG 2.5.1958 – 2 AZR 607/57, NJW 1958, 1013; vgl. auch BAG 26.8.1999 – 8 AZR 827/98, AP Nr. 197 zu § 613a BGB. ‖ 12 BAG 26.1.1995 – 2 AZR 649/94, NJW 1995, 1851. ‖ 13 Insoweit zur Darlegungs- und Beweislast: BAG 26.1.1995 – 2 AZR 649/94, NJW 1995, 1851. ‖ 14 ErfK/*Müller-Glöge*, § 626 BGB Rz. 137. ‖ 15 BAG 12.1.1956 – 2 AZR 117/54; AP Nr. 5 zu § 123 GewO; 23.9.1986 – 1 AZR 83/85, AP Nr. 20 zu § 75 BPersVG; LAG Nürnberg 17.12.2002 – 6 Sa 480/01, NZA-RR 2003, 301 (0,46 ‰ – bei Unfall). ‖ 16 LAG Düss. 20.12.1955 – 4 Sa 591/55, DB 1956, 332; ErfK/*Müller-Glöge*, § 626 BGB Rz. 137. ‖ 17 LAG BW 19.10.1993 – 11 TaBV 9/93, LAGE § 626 BGB Nr. 76; KR/*Fischermeier*, § 626 BGB Rz. 407.

264 Alkoholismus: Alkoholismus ist der zur Trunksucht gesteigerte Alkoholkonsum. Dieser ist als Krankheit anzusehen und unterliegt den Grundsätzen der **krankheitsbedingten, sprich personenbedingten Kündigung**[2]. Danach kommt eine außerordentl. Kündigung nur ausnahmsw. in Betracht, insb. wenn der ArbN ordentl. unkündbar ist (s. *Arbeitsunfähigkeit/Krankheit*, Rz. 157 ff.). Es können sich für den ArbGeb aber unzumutbare betriebl. Störungen ergeben, falls durch die Beschäftigung des ArbN das äußere Erscheinungsbild des Unternehmens leidet[3]. Darüber hinaus stellt es einen verhaltensbedingten wichtigen Grund dar, wenn ein ArbN nach erfolgreicher Entziehungskur erneut rückfällig wird und es zudem zu alkoholbedingten Störungen des ArbVerh kommt[4].

265 – Unentschuldigtes Fehlen: Unentschuldigtes Fehlen ist ein wichtiger Grund, wenn es nach erfolgloser Abmahnung den Grad einer beharrlichen Arbeitsverweigerung erreicht[5] (s. *Arbeitspflichtverletzung/Arbeitsverweigerung*, Rz. 141 ff., sowie *Selbstbeurlaubung/Urlaubsüberschreitung*, Rz. 230 ff.). Das Erschleichen einer Arbeitsbefreiung durch Täuschung tangiert den Vertrauensbereich (s. *Strafbare Handlung/Vermögensdelikte*, Rz. 250).

266 – Unpünktlichkeit: Unpünktlichkeit des ArbN stellt einen wichtigen Grund dar, soweit die Verspätungen den Grad einer **beharrlichen Arbeitsverweigerung** erreichen. Dies ist der Fall, wenn das Zuspätkommen trotz Abmahnung wiederholt erfolgt und sich daraus der nachhaltige Wille des ArbN ergibt, den vertragl. Verpflichtungen nicht oder nicht ordnungsgemäß nachkommen zu wollen[6].

267 Keine notwendige Voraussetzung ist, dass neben der Unpünktlichkeit noch konkrete negative Beeinträchtigungen des ArbVerh festgestellt wurden. Bereits der Verzug des ArbN mit seiner Arbeitspflicht führt zu einer entsprechenden Störung des ArbVerh im Leistungsbereich, da der ArbN die geschuldete Arbeitsleistung jedenfalls nicht zur rechten Zeit (§ 271) erbringt[7]. Deshalb ist es auch unerheblich, wenn der ArbGeb im Rahmen der BR-Anhörung nach § 102 BetrVG nicht eigens auf die betriebstypischen Störungen des Zuspätkommens hingewiesen hat[8]. Bestehen aber über den Leistungsbereich hinausgehende Störungen der betriebl. Verbundenheit (Betriebsordnung, Betriebsfrieden, Betriebsgefährdungen oder -ablaufstörungen), dann ist dies bei der Interessenabwägung im Rahmen des § 626 zu Lasten des ArbN zu berücksichtigen.

268 Zu Manipulationen bei der Arbeitszeiterfassung s. *Strafbare Handlung/Vermögensdelikte* (Rz. 250).

269 – Verschuldung des ArbN: Schulden des ArbN und dadurch bedingte Lohnpfändungen stellen nur dann einen wichtigen Grund dar, wenn dieses außerdienstliche Verhalten Auswirkungen auf das ArbVerh hat, insb. weil bei einem ArbN in einer besonderen Vertrauensstellung Zweifel an dessen persönlicher Eignung entstehen[9] (s. *Außerdienstliches Verhalten*, Rz. 167 ff.).

270 – Verschwiegenheitspflicht s. *Betriebs- und Geschäftsgeheimnisse* (Rz. 198 ff.).

271 – Vertrauensverlust: Der bloße subjektive aus Sicht des ArbGeb eingetretene Vertrauensverlust ist kein objektives Kriterium, das eine außerordentl. Kündigung rechtfertigen könnte[10].

272 – Wettbewerbsverbot: s. § 611 Rz. 357 ff. u. Komm. zu § 60 HGB. Aus der Rücksichtnahme- bzw. Treuepflicht des ArbN ergibt sich, dass das in § 60 I HGB enthaltene Wettbewerbsverbot für alle ArbN einschl. der Auszubildenden und Mitarbeiter in freien Berufen analog gilt[11]. Danach ist dem ArbN jede Tätigkeit verboten, die für den ArbGeb Konkurrenz bedeutet[12], entweder weil der ArbN im Handelszweig des ArbGeb ein Handelsgewerbe betreibt oder weil er im Handelszweig des ArbGeb für eigene oder fremde Rechnung Geschäfte macht[13]. Sollte der ArbN gegen ein Wettbewerbsverbot verstoßen, stellt dies idR einen wichtigen Grund dar[14], wenn nicht ausnahmsw. der ArbN aus vertretbaren Gründen annehmen durfte, sein Verhalten sei nicht vertragswidrig bzw. werde vom ArbGeb jedenfalls nicht als erhebliches, den Bestand des ArbVerh gefährdendes Fehlverhalten angesehen. Dann bedarf es einer vorherigen Abmahnung[15].

---

1 BAG 26.1.1995 – 2 AZR 649/94, NJW 1995, 1851. ‖2 BAG 14.11.1984 – 7 AZR 174/83, NZA 1986, 97; 9.4.1987 – 2 AZR 210/86, NJW 1987, 2956; 16.9.1999 – 2 AZR 123/99, NJW 2000, 828. ‖3 BAG 30.4.1987 – 6 AZR 644/84, NZA 1987, 818. ‖4 BAG 7.12.1989 – 2 AZR 134/89, AiB 1991, 278; KR/*Fischermeier*, § 626 BGB Rz. 134; aA LAG Hamm 15.1.1999 – 10 Sa 1235/98, NZA 1999, 1221. ‖5 BAG 24.11.1983 – 2 AZR 327/82, AP Nr. 76 zu § 626 BGB; 16.3.2000 – 2 AZR 75/99, AP Nr. 114 zu § 102 BetrVG 1972. ‖6 BAG 17.3.1988 – 2 AZR 576/87, NJW 1989, 546. ‖7 BAG 17.3.1988 – 2 AZR 576/87, NJW 1989, 546; 17.1.1991 – 2 AZR 375/90, NJW 1991, 1906. ‖8 BAG 27.2.1997 – 2 AZR 302/96, NJW 1997, 2540. ‖9 BAG 29.8.1980 – 7 AZR 726/77, nv.; 4.11.1981 – 7 AZR 264/79, NJW 1982, 1062; 15.10.1992 – 2 AZR 188/92, EzA § 1 KSchG Verhaltensbedingte Kündigung Nr. 45. ‖10 MüKoBGB/*Henssler*, § 626 Rz. 129; aA (soweit objektivierbar) Erman/*Belling*, § 626 Rz. 134. ‖11 BAG 16.1.1975 – 3 AZR 72/74, AP Nr. 8 zu § 60 HGB; 16.6.1976 – 3 AZR 73/75, NJW 1977, 646; 21.11.1996 – 2 AZR 852/95, EzA § 626 BGB nF Nr. 162. ‖12 BAG 25.5.1970 und 24.4.1970 – 3 AZR 324 und 384/69, AP Nr. 5, 4 zu § 60 HGB; 26.1.1995 – 2 AZR 355/94, RzK I 6a Nr. 116. ‖13 BAG 25.5.1970 – 3 ARZ 384/69 und 7.9.1972 – 2 AZR 486/71, AP Nr. 4, 7 zu § 60 HGB. ‖14 BAG 26.8.1976 – 2 AZR 377/75 und 6.8.1987 – 2 AZR 226/87, AP Nr. 68, 97 zu § 626 BGB; 21.11.1996 – 2 AZR 852/95, EzA § 626 BGB nF Nr. 162; BGH 19.10.1987 – II ZR 97/87, ZIP 1988, 47. ‖15 BAG 16.8.1990 – 2 AZR 113/90, NJW 1991, 518; 7.10.1993 – 2 AZR 226/93, NJW 1994, 3032; 14.2.1996 – 2 AZR 274/95, NJW 1996, 2253.

Als **unzulässige Konkurrenztätigkeit** wurde zB der Handel eines beim Autohersteller beschäftigten ArbN mit Jahreswagen angesehen, weil der Autohersteller über sein Vertriebsnetz ebenfalls im Gebrauchtwagenhandel tätig war[1]. Ebenso unzulässig ist die Tätigkeit einer Reisekauffrau, die neben ihrer Tätigkeit als ArbN in einem Reisebüro gewerblich eigene Reisen vermittelt und dafür in der Tagespresse öffentl. wirbt[2]. Auch darf der ArbN nicht bei seinem ArbGeb beschäftigte Mitarbeiter[3] oder Kunden[4] abwerben, um im Zusammenwirken mit einem Dritten einen Konkurrenzbetrieb zum Unternehmen seines ArbGeb aufzubauen. Gleiches gilt, wenn man einem vertragsbrüchig gewordenen Arbeitskollegen (als potenziellem neuem ArbGeb) bei seiner konkurrierenden Tätigkeit hilft[5].

Keine Konkurrenztätigkeit stellen dagegen Geschäfte dar, die der ArbN (als Anbieter oder Abnehmer) mit dem ArbGeb abschließt, da sich diese nicht (auf gleicher Stufe) im Wettbewerb vollziehen[6].

Von einem Verstoß gegen das Wettbewerbsverbot ist eine noch zulässige **Vorbereitungshandlung für eine erst zukünftige Konkurrenztätigkeit** nach einer späteren Beendigung des ArbVerh abzugrenzen. Besteht nicht ausnahmsw. ein nachvertragl. Wettbewerbsverbot (§ 74 HGB), sind demnach Vorbereitungshandlungen zulässig, durch die zunächst nur die formalen und organisatorischen Voraussetzungen für das geplante eigene Handelsunternehmen geschaffen werden. Durch solche interne Maßnahmen wird noch nicht in die Geschäfts- oder Wettbewerbsinteressen des ArbGeb eingegriffen[7]. Entscheidend hierfür ist vielmehr, dass der Wille, dem ArbGeb später Konkurrenz zu machen, nach außen ggü. den Geschäftspartnern des ArbGeb hervorgetreten ist. Kündigungsrechtl. relevant ist demnach das Vorfühlen bei Kunden, die Beteiligung und damit verbundene Förderung eines Konkurrenzunternehmens sowie jede weitere konkurrierende Tätigkeit im eigenen oder fremden Namen[8]. Erlaubt dagegen sind zB das Abschließen eines neuen Arbeitsvertrags für die Zeit nach dem Ausscheiden oder das Anmieten von Räumen für das noch zu gründende Unternehmen[9]. Ebenfalls noch Vorbereitungshandlung ist der Abschluss eines Franchisevertrages zwischen dem ArbN und einem Konkurrenten des ArbGeb[10].

Das Wettbewerbsverbot besteht für die rechtl. Dauer des ArbVerh und endet nicht vorzeitig durch Suspendierung[11]. Der ArbN ist selbst dann noch an das Wettbewerbsverbot gebunden, wenn der ArbGeb eine unwirksame außerordentl. Kündigung ausspricht, deren Wirksamkeit der ArbN bestreitet[12]. Der ArbGeb, der sich hierauf beruft, verhält sich insoweit nicht widersprüchlicher als der ArbN, der den Fortbestand des ArbVerh behauptet, gleichzeitig aber für sich in Anspruch nimmt, nicht gegen ein Wettbewerbsverbot zu verstoßen. Der ArbN läuft dann Gefahr, einen wichtigen Grund für eine weitere außerordentl. Kündigung zu geben, wenn ihm unter Berücksichtigung der besonderen Umstände des konkreten Einzelfalles ein Verschulden anzulasten ist.

4. Ursache des wichtigen Grundes. Herkömmlicherweise werden drei Kündigungsgründe unterschieden: Die personen-, verhaltens- und betriebsbedingte Kündigung. Hinzu kommen Verdachts- und Druckkündigung. Bei der Verdachtskündigung (vgl. Rz. 281 ff.) ist strittig, ob diese eine verhaltensoder personenbedingte Kündigung oder eine solcher eigener Art ist[13]. Die Druckkündigung (vgl. Rz. 295 ff.) wiederum kann ihre Ursache in personen-, verhaltens- oder betriebsbedingten Gründen haben[14].

a) Personenbedingte Kündigung. Eine personenbedingte Kündigung ist möglich, wenn in der Person des Gekündigten liegende Umstände dessen Fähigkeit oder Eignung zur Erfüllung des Arbeitsvertrages entfallen lassen oder erheblich mindern, so dass sie eine außerordentl. Kündigung rechtfertigen[15]. Ob die Gründe von der Vertragspartei verschuldet oder zu vertreten sind, ist unerheblich[16]. Allerdings sind die Anforderungen sehr hoch. Wie bei der verhaltensbedingten Kündigung ist Voraussetzung, dass es zu einer konkreten Störung des ArbVerh gekommen ist[17].

b) Verhaltensbedingte Kündigung. Eine verhaltensbedingte Kündigung setzt ein vertragswidriges Verhalten des Gekündigten in Form einer Verletzung der arbeitsvertragl. Pflichten voraus. Fehlt es an

---

1 BAG 15.3.1990 – 2 AZR 484/89, RzK I 5i Nr. 60; krit. ErfK/*Müller-Glöge*, § 626 BGB Rz. 104. ||2 LAG Rh.-Pf. 1.12.1997 – 9 Sa 949/97, NZA-RR 1998, 496; APS/*Dörner*, § 626 BGB Rz. 291. ||3 BAG 30.1.1963 – 2 AZR 319/62, AP Nr. 3 zu § 60 HGB. ||4 BAG 24.4.1970 – 3 AZR 324/69, EzA § 60 HGB Nr. 3; KR/*Fischermeier*, § 626 BGB Rz. 460. ||5 BAG 16.1.1975 – 3 AZR 72/74, DB 1975, 1705; 21.11.1996 – 2 AZR 852/95, EzA § 626 BGB nF Nr. 162; KR/*Fischermeier*, § 626 BGB Rz. 460. ||6 BAG 3.5.1983 – 3 AZR 62/81, NJW 1984, 886; 8.3.2006 – 10 AZR 349/05, NZA 2006, 854. ||7 BAG 30.5.1978 – 2 AZR 598/76, NJW 1979, 335. ||8 BAG 16.1.1975 – 3 AZR 72/74, DB 1975, 1705; 28.9.1989 – 2 AZR 97/89, RzK I 6a Nr. 58; LAG Köln 19.1.1996 – 11 (13) Sa 907/95, LAGE § 626 BGB Nr. 93; APS/*Dörner*, § 626 BGB Rz. 292. ||9 BAG 12.5.1972 – 3 AZR 401/71, DB 1972, 1831; ErfK/*Müller-Glöge*, § 626 BGB Rz. 105. ||10 BAG 30.5.1978 – 2 AZR 598/76, NJW 1979, 335. ||11 BAG 17.10.1969 – 3 AZR 442/68, DB 1970, 497; 30.5.1978 – 2 AZR 598/76, NJW 1979, 335. ||12 BAG 25.4.1991 – 2 AZR 624/90, NZA 1992, 212; KR/*Fischermeier*, § 626 BGB Rz. 462; aA (nur wenn ArbGeb Karenzentschädigung zahlt, analog §§ 74 II, 75 HGB) LAG Köln 4.7.1995 – 9 Sa 484/95, LAGE § 60 HGB Nr. 4; *Hoß*, DB 1997, 1818 ff. ||13 Näher KR/*Fischermeier*, § 626 BGB Rz. 211. ||14 BAG 31.1.1996 – 2 AZR 158/95, NZA 1996, 581; aA MünchArbR/*Berkowsky*, § 143 Rz. 16 ff. ||15 BAG 15.11.1984 – 2 AZR 613/83, NJW 1986, 342; *Wank*, RdA 1993, 86. ||16 BAG 3.11.1955 – 2 AZR 39/54, AP Nr. 4 zu § 626 BGB; 10.3.1977 – 4 AZR 675/75, AP Nr. 9 zu § 323 ZPO. ||17 APS/*Dörner*, § 626 BGB Rz. 83; aA *Rüthers/Henssler*, ZfA 1988, 43.

einem vertragswidrigen Verhalten, kommt nur eine personenbedingte Kündigung in Betracht. Ein wichtiger Grund setzt weiter voraus, dass das objektiv vertragswidrige Verhalten auch rechtswidrig und schuldhaft ist[1]. Der Grad des Verschuldens ist nur für die Interessenabwägung von Bedeutung[2]. Deshalb kann auch ein unverschuldetes Verhalten eine Kündigung rechtfertigen, wenn auf Grund objektiver Umstände mit wiederholten Pflichtverletzungen des ArbN zu rechnen ist[3] (vgl. Rz. 116).

279 Schon die Verletzung einer Haupt- oder Nebenpflicht ist eine hinreichende Störung des ArbVerh. Eine weiter gehende konkrete Störung des Arbeitsablaufs, der Arbeitsorganisation oder des Betriebsfriedens ist nicht erforderlich[4]. Bei einer bloßen Nebenpflichtverletzung muss das geringere Gewicht dieser Pflichtverletzung aber durch erschwerende Umstände verstärkt werden, so dass dann für einen wichtigen Grund regelmäßig eine vorherige Abmahnung erforderlich ist[5].

280 **c) Betriebsbedingte Kündigung.** Vgl. Rz. 193 ff. und Rz. 79 ff., 324 ff., 367.

281 **d) Verdachtskündigung. aa) Verdacht als eigener Kündigungsgrund.** Steht eine Vertragspartei im dringenden Verdacht, eine Straftat oder schwerwiegende Pflichtverletzung begangen zu haben, kann dies nach hM[6] – unabhängig vom Tatnachweis – eine außerordentl. Kündigung rechtfertigen. Die Unschuldsvermutung (Art. 6 II EMRK) steht der Zulässigkeit einer Verdachtskündigung nicht entgegen, da es sich bei der außerordentl. Kündigung um eine Sanktion außerhalb der Strafverfolgung ohne Strafcharakter handelt[7]. Eine außerordentl. Verdachtskündigung ist auch möglich, wenn der ArbN bereits unwiderruflich bezahlt freigestellt wurde[8].

282 Die Verdachtskündigung ist als eigenständiger Tatbestand von der Tatkündigung zu unterscheiden[9]. Bei einer **Tatkündigung** ist unabdingbare Voraussetzung, dass die kündigende Partei von der Tat des anderen Teils überzeugt und ihr die Fortsetzung des ArbVerh aus diesem Grund unzumutbar ist[10]. Da eine Tatkündigung weiter den Nachweis der Tat voraussetzt, sollte vorsorglich geprüft und ggf. geltend gemacht werden, dass schon allein der Tatverdacht das zur Fortsetzung des ArbVerh notwendige Vertrauen in die Redlichkeit der anderen Vertragspartei zerstört und zu einer unerträglichen Belastung des ArbVerh geführt hat[11]. Der jeweilige Tatvorwurf enthält nicht zwangsläufig auch den Verdacht der strafbaren oder vertragswidrigen Handlung[12].

283 Zwar muss die Kündigungserklärung – wie auch bei anderen Kündigungsgründen – nicht als Verdachtskündigung deklariert werden[13], dh., der Kündigende kann sich noch im Arbeitsgerichtsprozess auf den Verdacht als Kündigungsgrund stützen[14]. Speziell bei der Anhörung des BR hat sich der ArbGeb aber wegen § 102 I BetrVG zuvor darüber zu erklären, ob er wegen der Tat und/oder wegen des Verdachts kündigen will[15]. Verweist der ArbGeb lediglich auf eine rechtskräftige Verurteilung des ArbN, wird damit idR der Vorwurf der Tat und nicht nur der bloße Verdacht zum Ausdruck gebracht[16].

284 Wird eine Verdachtskündigung rechtskräftig für unwirksam erklärt, hindert dies den ArbGeb nicht, später nach Abschluss des gegen den ArbN eingeleiteten Strafverfahrens eine auf die Tatbegehung gestützte außerordentl. Kündigung auszusprechen[17]. Abs. 2 steht dem nicht entgegen, solange der ArbGeb noch keine jeden vernünftigen Zweifel ausschließende sichere Kenntnis von der Tatbegehung hatte.

285 **bb) Anforderungen an die Beschaffenheit des Verdachts.** Der Verdacht muss **dringend** sein. Dh., es muss eine hohe, zumindest überwiegende Wahrscheinlichkeit dafür bestehen, dass die gekündigte Vertragspartei die Straftat bzw. schwerwiegende Pflichtverletzung begangen hat[18]. Dafür muss der Verdacht objektiv durch Tatsachen, die einen verständigen und gerecht abwägenden ArbGeb zum Ausspruch der Kündigung veranlassen können, begründbar sein[19]. Auch sind an die Darlegung und Qualität der schwerwiegenden Verdachtsmomente besonders strenge Anforderungen zu stellen. Nicht

---

1 BAG 16.3.1961 – 2 AZR 539/59, DB 1961, 779; 25.4.1991 – 2 AZR 624/90, NZA 1992, 212; 14.2.1996 – 2 AZR 274/95, NJW 1996, 2253. ‖ 2 BAG 10.12.1992 – 2 AZR 271/92, AP Nr. 41 zu Art. 140 GG; 14.2.1996 – 2 AZR 274/95, NJW 1996, 2253. ‖ 3 BAG 16.2.1989 – 2 AZR 287/88, RzK I 6a Nr. 49; 21.1.1999 – 2 AZR 665/98, NJW 1999, 3140; KR/*Etzel*, § 1 KSchG Rz. 400; *Rüthers/Henssler*, ZfA 1988, 45; aA KDZ/*Däubler*, § 626 BGB Rz. 32; KR/*Fischermeier*, § 626 BGB Rz. 139. ‖ 4 BAG 16.8.1991 – 2 AZR 604/90, NZA 1993, 17 gegen BAG 7.12.1988 – 7 AZR 122/88, AP Nr. 26 zu § 1 KSchG 1969 Verhaltensbedingte Kündigung. ‖ 5 BAG 15.1.1986 – 7 AZR 128/83, AP Nr. 93 zu § 626 BGB; APS/*Dörner*, § 626 BGB Rz. 76. ‖ 6 St. Rspr., ua. BAG 26.3.1992 – 2 AZR 519/91, NJW 1993, 83 und 18.11.1999 – 2 AZR 743/98, NJW 2000, 1211; *Busch*, MDR 1995, 217 (223); ErfK/*Müller-Glöge*, § 626 BGB Rz. 173; *Lücke*, BB 1997, 1842 (1847); krit. *Grunsky*, ZfA 1977, 167; abl. auch *Dörner*, NZA 1992, 865. ‖ 7 BVerfG 29.5.1990 – 2 BvR 1343/88, BVerfGE 82, 106 (117); BAG 14.9.1994 – 2 AZR 164/94, NJW 1995, 1110; *Belling*, FS Kissel, 1994, S. 11 (25) mwN. ‖ 8 BAG 5.4.2001 – 2 AZR 217/00, NJW 2001, 3068. ‖ 9 BAG 13.9.1995 – 2 AZR 587/94, NJW 1996, 540 und 12.8.1999 – 2 AZR 923/98, NJW 2000, 1969. ‖ 10 BAG 26.3.1992 – 2 AZR 519/91, NJW 1993, 83; 18.9.1997 – 2 AZR 36/97, AP Nr. 138 zu § 626 BGB. ‖ 11 BAG 3.4.1986 – 2 AZR 324/85, BB 1987, 1114; 26.3.1992 – 2 AZR 519/91, NJW 1993, 83. ‖ 12 BAG 13.9.1995 – 2 AZR 587/94, NJW 1996, 540. ‖ 13 BAG 21.6.1995 – 2 AZR 735/94 – insoweit nv.; ErfK/*Müller-Glöge*, § 626 BGB Rz. 181. ‖ 14 BAG 29.1.1997 – 2 AZR 292/96, DB 1997, 1411. ‖ 15 BAG 3.4.1986 – 2 AZR 324/85, BB 1987, 1114. ‖ 16 APS/*Dörner*, § 626 BGB Rz. 347. ‖ 17 BAG 12.12.1984 – 7 AZR 575/83, NJW 1985, 3094. ‖ 18 BAG 4.6.1964 – 2 AZR 310/63, NJW 1964, 1918 und 12.8.1999 – 2 AZR 923/98, NJW 2000, 1969. ‖ 19 BAG 4.6.1964 – 2 AZR 310/63, NJW 1964, 1918 und 14.9.1994 – 2 AZR 164/94, NJW 1995, 1110.

ausreichend ist, dass die Staatsanwaltschaft Anklage erhoben hat bzw. bereits die Eröffnung des Hauptverfahrens beschlossen wurde, da beides nur einen hinreichenden und nicht zwingend einen dringenden Tatverdacht voraussetzt[1].

Weiter muss der auf der Partei lastende Verdacht so schwerwiegend sein, dass dem Kündigenden die Fortsetzung des Dienstverhältnisses nicht zugemutet werden kann[2]. **Beispiele** hierfür sind: Spesenbetrug ggü. ArbGeb[3], illegale verfassungsfeindliche Tätigkeit im öffentl. Dienst[4], Manipulation der Stempelkarte[5], sexuelle Belästigung am Arbeitsplatz[6], Verrat von Geschäftsgeheimnissen[7], Versicherungsbetrug durch Prokuristen[8] sowie Veruntreuungen eines Filialleiters[9]. 286

cc) Aufklärung des Sachverhalts und Anhörung des Arbeitnehmers. Der ArbGeb muss vor Ausspruch der Kündigung alle zumutbaren Anstrengungen zur Aufklärung des Sachverhalts unternommen haben. Dazu gehört auch, den ArbN vor Ausspruch der Kündigung zu dem gegen ihn bestehenden Verdacht zu hören. Unterlässt der ArbGeb dies schuldhaft, dh. obwohl ihm eine **Anhörung** möglich und zumutbar war, führt dies zur Unwirksamkeit der Kündigung[10]. Die Anhörungspflicht entfällt nur, wenn der ArbN von vornherein nicht bereit ist, sich auf die Vorwürfe einzulassen. IÜ ist der ArbGeb aber weder verpflichtet, den verdächtigen ArbN mit Belastungszeugen zu konfrontieren[11], noch muss er die Staatsanwaltschaft zur Durchführung weiterer Ermittlungen einschalten[12]. Informiert der ArbGeb den ArbN nicht vorab über den Inhalt des Gesprächs, besteht die Gefahr, dass der ArbN nicht sofort zu allen Punkten Stellung beziehen kann. Täuscht der ArbGeb den ArbN in der Ladung zur Anhörung über den Inhalt des Gesprächs, fehlt es an einer wirksamen Anhörung und damit an einer Voraussetzung der Verdachtskündigung[13]. 287

Will oder kann der ArbGeb (abgesehen von der zwingenden Anhörung des ArbN) den Sachverhalt nicht selbst aufklären, ist es ihm möglich, bis zum Abschluss des Strafverfahrens mit der Kündigung zu warten[14]. Die **Ergebnisse des Strafverfahrens** können dann nach den allg. Beweisregeln verwertet werden[15]. Eine Bindung für den Kündigungsschutzprozess tritt dadurch weder im positiven noch im negativen Sinne ein[16]. 288

dd) Spätere Erkenntnisse und Wiedereinstellungsanspruch. Für die Wirksamkeit der Kündigung kommt es allein darauf an, dass zum Zeitpunkt des Zugangs der Kündigung objektiv Tatsachen vorgelegen haben, die einen dringenden Verdacht begründeten. Dies schließt es nicht aus, dass nach Ausspruch der Kündigung zutage getretene Tatsachen, die den ArbN be- oder entlasten, bis zum Schluss der letzten mündlichen Verhandlung in der Tatsacheninstanz zu berücksichtigen sind[17]. Für den ArbGeb ergibt sich dies daraus, dass es ihm möglich ist, durch das Nachschieben von Tatsachen den zunächst unzureichenden Verdacht zu erhärten. Für den ArbN folgt dies aus Art. 12 I GG, wonach dieser vor einem unberechtigten Verlust seines Arbeitsplatzes zu schützen ist. Dementsprechend hat das Gericht das Vorbringen des ArbN, das dieser zu seiner Entlastung vorträgt, vollständig aufzuklären[18]. 289

Unbeachtlich sind lediglich Tatsachen, die erst **nach Ausspruch der Kündigung entstanden** sind, wie weitere Vorfälle der Art, die den Verdacht begründeten, oder umgekehrt eine Verhaltensänderung des ArbN, die erneute Vertrauensstörungen unwahrscheinlich machen. 290

Dem ArbN erwächst ein **Wiedereinstellungsanspruch**, wenn sich später seine Unschuld herausstellt oder nachträglich Umstände bekannt werden, die den bestehenden Verdacht beseitigen[19]. Dies gilt nach hL[20] schon während des laufenden Kündigungsschutzprozesses sowie nach hM dann, wenn der Kündigungsschutzprozess bereits rechtskräftig zu Lasten des ArbN entschieden worden ist oder der ArbN in Anbetracht der gegen ihn sprechenden Verdachtsmomente davon abgesehen hat, Kündigungsschutzklage zu erheben. Dogmatische Grundlage für einen Wiedereinstellungsanspruch sind die Fürsorgepflicht des ArbGeb aus einer Nachwirkung der vertragl. Bindungen[21] sowie die Grundsätze der Vertrauenshaftung[22]. 291

---

1 BAG 29.11.2007 – 2 AZR 724/06, NJW 2008, 1097; APS/*Dörner*, § 626 BGB Rz. 358. ||2 St. Rspr., ua. BAG 4.6.1964 – 2 AZR 310/63, NJW 1964, 1918 und 5.4.2001 – 2 AZR 217/00, NJW 2001, 3068. ||3 BAG 3.11.1955 – 2 AZR 86/54, AP Nr. 5 zu § 626 BGB. ||4 BAG 23.2.1961 – 2 AZR 187/59, DB 1961, 680. ||5 BAG 9.8.1990 – 2 AZR 127/90, nv. ||6 BAG 8.6.2000 – 2 ABR 1/00, AP Nr. 3 zu § 2 BeschSchG. ||7 BAG 26.9.1990 – 2 AZR 602/89, RzK I 8c Nr. 20. ||8 BAG 15.5.1986 – 2 AZR 397/85, RzK I 8c Nr. 9. ||9 BAG 17.4.1956 – 2 AZR 340/55, AP Nr. 8 zu § 626 BGB. ||10 St. Rspr., ua. BAG 11.4.1985 – 2 AZR 239/84, NJW 1986, 3159; 13.9.1995 – 2 AZR 587/94, NJW 1996, 540 und 26.9.2002 – 2 AZR 424/01, DB 2003, 1336; KR/*Fischermeier*, § 626 BGB Rz. 230; abl. *Ascheid*, Rz. 163; *Preis*, DB 1988, 1444 (1448f.). ||11 BAG 26.2.1987 – 2 AZR 170/86, RzK I 8c Nr. 13; 18.9.1997 – 2 AZR 36/97, NJW 1998, 1508. ||12 BAG 28.9.1989 – 2 AZR 111/89, nv.; ErfK/*Müller-Glöge*, § 626 BGB Rz. 178. ||13 LAG Bln.-Bbg. 16.12.2010 – 2 Sa 2022/10, DB 2011, 424. ||14 St. Rspr., ua. BAG 26.3.1992 – 2 AZR 519/91, NJW 1993, 83 und 14.2.1996 – 2 AZR 274/95, NJW 1996, 2253. ||15 BAG 26.3.1992 – 2 AZR 519/91, NJW 1993, 83. ||16 BAG 20.8.1997 – 2 AZR 620/96, NJW 1998, 1171. ||17 BAG 24.4.1975 – 2 AZR 118/74, DB 1975, 1610; 14.9.1994 – 2 AZR 164/94, NJW 1995, 1110; ErfK/*Müller-Glöge*, § 626 BGB Rz. 184; aA *Grunsky*, ZfA 1977, 170f.; *Moritz*, NJW 1978, 403; RGRK/*Corts*, § 626 Rz. 171. ||18 BAG 18.11.1999 – 2 AZR 743/98, NJW 2000, 1211. ||19 BAG 4.6.1964 – 2 AZR 310/63, NJW 1964, 1918; BGH 13.7.1956 – VI ZR 88/55, NJW 1956, 1513. ||20 *Ascheid*, Kündigungsschutzrecht, Rz. 165; KR/*Fischermeier*, § 626 BGB Rz. 234; MünchArbR/*Berkowsky*, § 144 Rz. 18. ||21 BGH 13.7.1956 – VI ZR 88/55, NJW 1956, 1513; BAG 14.12.1956 – 1 AZR 29/55, DB 1957, 192. ||22 BAG 15.3.1984 – 2 AZR 24/84, AP Nr. 2 zu § 1 KSchG 1969 Soziale Auswahl.

292 Zweckmäßigerweise ist während eines laufenden Kündigungsschutzprozesses der Unwirksamkeit der Kündigung Vorrang einzuräumen. Ist die Kündigungsschutzklage bereits rechtskräftig abgewiesen worden, stehen mE die Bestimmungen über die Restitutionsklage (§§ 580ff. ZPO) dem Wiedereinstellungsanspruch entgegen[1].

293 Hält man einen Wiedereinstellungsanspruch für möglich, ist es Frage des Einzelfalls, wann der Verdacht ausgeräumt ist. Die Einstellung des Ermittlungsverfahrens nach § 170 II 1 StPO genügt nicht[2].

294 **ee) Besonderheiten für die Frist des Abs. 2.** Die Frist nach Abs. 2 beginnt mit Bekanntwerden derjenigen Tatsachen, die den ArbGeb in die Lage versetzen, eine abschließende Bewertung der Verdachtsgründe und des dadurch ausgelösten Vertrauenswegfalls vorzunehmen[3]. Hierzu gehören auch die den ArbN entlastenden Umstände, so dass eine Anhörung des ArbN innerhalb einer Woche den Fristablauf hemmt[4].

295 **e) Druckkündigung. aa) Begriff.** Erfolgt die Kündigung eines ArbN auf Grund des Verlangens Dritter (anderer ArbN, des BR [s.a. § 104 BetrVG], der Gewerkschaft oder Geschäftspartner des ArbGeb), um hierdurch angedrohte erhebliche Nachteile abzuwenden, spricht man von einer Druckkündigung[5].

296 Die Druckkündigung ist verhaltens- oder personenbedingte Kündigung, wenn das Verlangen des Dritten objektiv durch ein Verhalten oder in der Person des ArbN liegende Umstände gerechtfertigt war. Die Drucksituation dient dann nicht als Kündigungsgrund, sie kann aber als Abwägungsgesichtspunkt berücksichtigt werden. Fehlt es an personen- oder verhaltensbedingten Gründen oder reichen diese nicht aus, kann die Druckkündigung noch als betriebsbedingte Kündigung wirksam sein[6]. Wichtiger Grund (bzw. soziale Rechtfertigung bei der ordentl. Kündigung) ist dann die Drucksituation als solche[7]. Aber auch hier können vom gekündigten ArbN gesetzte Ursachen in die Interessenabwägung einfließen, zB wenn es um die Frage geht, inwieweit sich der ArbGeb schützend vor seinen ArbN stellen muss.

297 Die **angedrohten erheblichen Nachteile** können sein: Arbeitsniederlegung, Streik, Verweigerung der weiteren Zusammenarbeit mit dem betroffenen ArbN, die Androhung von Eigenkündigungen durch Mitarbeiter, geschäftlicher Druck wie der Entzug von Aufträgen, Liefersperren, Abbruch der Geschäftsbeziehungen etc.[8].

298 Ob eine außerordentl. oder nur eine ordentl. Kündigung gerechtfertigt ist, hängt von Art und Ausmaß des jeweiligen Drucks ab. Kann der ArbGeb dem Druck bereits durch die ordentl. Kündigung begegnen oder diesen auf ein erträgliches Maß reduzieren, darf er keine außerordentl. Kündigung aussprechen[9].

299 **bb) Voraussetzungen.** Eine außerordentl. betriebsbedingte Druckkündigung ist gerechtfertigt, wenn dem ArbGeb ein schwerer wirtschaftl. Schaden angedroht wird, sollte er den betreffenden ArbN auch nur für die Zeit der Kündigungsfrist bzw. des Sonderkündigungsschutzes weiterbeschäftigen. Der ArbGeb darf die Drohung dabei nicht tatenlos hinnehmen, sondern muss sich zunächst schützend vor seinen ArbN stellen und versuchen, die andere Seite von ihrer Drohung abzubringen. Dies muss der ArbGeb selbst dann, wenn er verpflichtet ist, dem Verlangen Folge zu leisten[10]. Abweichendes gilt, wenn der ArbGeb keine Möglichkeit mehr hat, die andere Seite von ihrer Drohung abzubringen[11].

300 Das Gewicht und die Ursachen der gegen den betreffenden ArbN erhobenen Vorwürfe stehen in Wechselwirkungen mit den Anstrengungen, die ein ArbGeb auf sich nehmen muss, um eine Kündigung zu vermeiden[12]. Der ArbGeb hat den Sachverhalt aufzuklären und unberechtigten Vorwürfen entgegenzutreten. Dies gilt auch dann, wenn die Entlassung des ArbN vom BR verlangt wird. Dieser ist auf das Verfahren nach § 104 S. 2 BetrVG zu verweisen[13]. Ebenso sind vom ArbGeb erhöhte Anstrengungen zu erbringen, wenn die Kündigungsverlangen aus sachfremden Gründen erfolgt, insb. solchen, die gegen Benachteiligungs- oder Diskriminierungsverbote verstoßen[14]. Der ArbGeb darf sich dann nicht auf die Drucksituation berufen, wenn er sie selbst in vorwerfbarer Weise herbeigeführt hat[15].

301 Von Seiten des ArbN wiederum ist zu verlangen, dass er ebenfalls versucht, unzumutbare Nachteile von seinem ArbGeb abzuwenden. So muss er uU bereit sein, in eine **Versetzung** einzuwilligen, wenn dadurch der Druck entfällt oder gemindert werden kann[16].

---

1 Vgl. APS/*Dörner*, § 626 BGB Rz. 373; vgl. auch BAG 22.1.1997 – 2 AZR 455/97, NZA 1998, 726. ‖ 2 BAG 20.8.1997 – 2 AZR 620/96, NJW 1998, 1171. ‖ 3 LAG Köln 18.2.1997 – 13 (10) Sa 618/96, NZA-RR 1998, 65; LAG Berlin 30.6.1997 – 9 Sa 43/97, AP Nr. 41 zu § 5 ArbGG 1979; APS/*Dörner*, § 626 BGB Rz. 125, 361. ‖ 4 APS/*Dörner*, § 626 BGB Rz. 362; *Stahlhacke/Preis/Vossen*, Rz. 799. ‖ 5 BAG 31.1.1996 – 2 AZR 158/95, NZA 1996, 581; KR/*Fischermeier*, § 626 BGB Rz. 204 mwN. ‖ 6 BAG 31.1.1996 – 2 AZR 158/95, NZA 1996, 581; KR/*Fischermeier*, § 626 BGB Rz. 205. ‖ 7 BAG 18.9.1975 – 2 AZR 311/74, DB 1976, 634; 19.6.1986 – 2 AZR 563/85, NJW 1987, 211; 10.12.1992 – 2 AZR 271/92, NZA 1993, 593. ‖ 8 APS/*Dörner*, § 626 BGB Rz. 337. ‖ 9 BAG 10.3.1977 – 4 AZR 675/75, AP Nr. 9 zu § 313 ZPO; ErfK/*Müller-Glöge*, § 626 BGB Rz. 185. ‖ 10 BAG 19.6.1986 – 2 AZR 563/85, NJW 1987, 211; APS/*Dörner*, § 626 BGB Rz. 339. ‖ 11 BAG 10.12.1992 – 2 AZR 271/92, NZA 1993, 593. ‖ 12 BAG 26.1.1962 – 2 AZR 244/61, NJW 1962, 1413. ‖ 13 KR/*Fischermeier*, § 626 BGB Rz. 207. ‖ 14 Vgl. KR/*Fischermeier*, § 626 BGB Rz. 206. ‖ 15 BAG 26.1.1962 – 2 AZR 244/61, NJW 1962, 1413; KR/*Fischermeier*, § 626 BGB Rz. 208. ‖ 16 BAG 11.2.1960 – 5 AZR 210/58, NJW 1960, 1269; MüKoBGB/*Henssler*, § 626 Rz. 255.

cc) Schadensersatz. Im Fall einer betriebsbedingten Druckkündigung hat der gekündigte ArbN 302
gegen den Dritten unter den Voraussetzungen der §§ 824, 826 einen Schadensersatzanspruch.
§ 823 I kommt als Anspruchsgrundlage nur in Betracht, wenn das Kündigungsverlangen gleichzeitig
einen Eingriff in das allg. Persönlichkeitsrecht darstellt. Dagegen gibt es kein absolut geschütztes
Recht am Erhalt des Arbeitsplatzes[1]. In jedem Fall bedarf es einer vertieften Auseinandersetzung mit
der Frage der Rechtswidrigkeit. Diese ist nicht schon deshalb gegeben, weil die vom betreffenden ArbN
gesetzten Gründe keine Kündigung nach § 626 I oder § 1 II KSchG hätten rechtfertigen können, sondern erst, wenn der Dritte nicht mehr aus objektiv begründeten berechtigten Interessen gehandelt
hat[2].

Teile der Lit.[3] gewähren dem ArbN analog § 904 iVm. den Grundsätzen über den Aufopferungs- 303
anspruch auch einen Schadensersatzanspruch gegen den ArbGeb. In diesem Fall hat im Innenverhältnis ArbGeb/Dritter der Dritte den Schaden als Verursacher allein zu tragen. Der ArbGeb würde deshalb
im Falle seines Eintritts den Schadensersatzanspruch des ArbN gegen den Dritten erwerben[4].

f) Entlassungsverlangen des Betriebsrats nach § 104 BetrVG. S. Komm. zu § 104 BetrVG. 304

5. Gleichbehandlungsgrundsatz/Diskriminierung. Nach ganz hM[5] kann der Gleichbehandlungs- 305
grundsatz im Bereich von Kündigungen nur beschränkte Auswirkungen haben (sog. **mittelbare Wirkung**), da es wegen des Gebots der umfassenden Abwägung der Umstände des jeweiligen Einzelfalles
kaum Kündigungssachverhalte gibt, die völlig identisch sind[6]. Selbst bei identischen Kündigungsgründen wird zumindest die individuelle Betroffenheit der ArbN unterschiedlich sein. Deshalb hängt es
auch bei einem gleichartigen Kündigungsgrund von den bei jeder Kündigung zu berücksichtigenden
Besonderheiten (zB Arbeitsleistung, Dauer der Betriebszugehörigkeit) ab, ob die Kündigung aller
ArbN berechtigt ist oder nicht[7].

Dennoch muss der Gleichbehandlungsgrundsatz zumindest in die umfassende Einzelfallabwägung 306
miteinfließen. Insb. bei sog. homogenen Kündigungssachverhalten (gleichartige Arbeitspflichtverletzung durch mehrere ArbN) oder wenn der ArbGeb bei gleicher Ausgangslage nach einer selbst gesetzten Regel verfährt, ist es vom ArbGeb zu verlangen, dass er darlegen kann, warum er – sollte dies der
Fall sein – die ArbN unterschiedlich behandelt[8]. Ebenso müssen sich bei der Interessenabwägung die
einfließenden Kriterien an den Bestimmungen des AGG messen lassen[9].

6. Außerordentliche Kündigung durch den Arbeitnehmer. a) Allgemeines. Für die Rechtfertigung 307
einer außerordentl. Kündigung durch den ArbN gelten die gleichen Grundsätze wie für die Kündigung
seitens des ArbGeb[10]. Daher ist uU auch für die Kündigung durch den ArbN eine vorherige Abmahnung
erforderlich[11]. Die Vertragsbindung des ArbN ist nicht schwächer als die des ArbGeb. Zwar ist der Arb-
Geb aus sozialen Gründen in seinem ordentl. Kündigungsrecht beschränkt. Aus der sozialen Schutzbedürftigkeit folgt aber nicht die Notwendigkeit, dem ArbN zu gestatten, sich über vertragl. Vereinbarungen hinwegzusetzen.

Der ArbGeb kann die Unwirksamkeit der Kündigung durch Feststellungsklage gem. § 256 ZPO gel- 308
tend machen. Ein Rechtsschutzinteresse dafür ist idR zu bejahen[12].

Der ArbGeb kann die unmissverständliche, definitive außerordentl. Kündigung des ArbN aber auch 309
akzeptieren. In diesen Fall handelt der ArbN rechtsmissbräuchlich, will er sich später selbst auf die Unwirksamkeit seiner Kündigung berufen (venire contra factum proprium)[13].

b) Einzelne Fallgruppen (in alphabetischer Reihenfolge) 310

– **Äquivalenzstörung**: UU kann eine Äquivalenzstörung einen wichtigen Grund abgeben. So wenn das
überwiegend aus Provisionen gespeiste Einkommen eines Handlungsreisenden trotz unverminderten
Arbeitseinsatzes auf Grund geänderten ArbGeb-Verhaltens (Werbung) dermaßen zurückgeht, dass der

---

1 MüKoBGB/*Henssler*, § 626 Rz. 256; vgl. auch BAG 4.6.1998 – 8 AZR 786/96, NJW 1999, 164 (offen gelassen bzgl. § 823); aA KR/*Fischermeier*, § 626 BGB Rz. 209 (auch Anspruch aus § 823). || 2 BAG 4.6.1998 – 8 AZR 786/96, NJW 1999, 164; APS/*Dörner*, § 626 BGB Rz. 344. || 3 APS/*Dörner*, § 626 BGB Rz. 344; KR/*Fischermeier*, § 626 BGB Rz. 209; aA KR/*Etzel*, § 104 BetrVG Rz. 74: Anspruch nur bei Verletzung der Fürsorgepflicht durch den ArbGeb. MüKoBGB/*Henssler*, § 626 Rz. 256 stimmt der Auffassung im Kern zu, will aber nicht auf den Aufopferungsanspruch zurückgreifen, sondern auf eine Analogie zu §§ 9, 10 KSchG. || 4 KR/*Fischermeier*, § 626 BGB Rz. 209. || 5 BAG 21.10.1969 – 1 AZR 93/68, NJW 1970, 486; 22.2.1979 – 2 AZR 115/78, EzA § 103 BetrVG 1972 Nr. 23. || 6 BAG 28.4.1982 – 7 AZR 1139/79, NJW 1982, 2687; KR/*Fischermeier*, § 626 BGB Rz. 307; krit. *Preis*, Prinzipien, S. 384. || 7 ZB BAG 25.3.1976 – 2 AZR 163/75, NJW 1976, 2180. || 8 Vgl. *Buchner*, RdA 1970, 161 (168); *Preis*, Prinzipien, S. 387ff. || 9 BAG 6.11.2008 – 2 AZR 523/07, NZA 2009, 361; KR/*Pfeiffer*, AGG Rz. 20. || 10 BAG 25.7.1963 – 2 AZR 510/62, NJW 1963, 2340; 19.6.1967 – 2 AZR 287/66, NJW 1967, 2030; ErfK/*Müller-Glöge*, § 626 BGB Rz. 158; aA (ArbNKündigung unterliegt geringeren Anforderungen) Erman/*Belling*, § 626 Rz. 85; KDZ/*Däubler*, Rz. 177. || 11 BAG 19.6.1967 – 2 AZR 287/66, NJW 1967, 2030; 9.9.1992 – 2 AZR 142/92, insoweit nv.; ErfK/*Müller-Glöge*, § 626 BGB Rz. 158. || 12 BAG 20.3.1986 – 2 AZR 296/85, AP Nr. 9 zu § 256 ZPO 1977; 24.10.1996 – 2 AZR 845/95, NZA 1997, 597. || 13 BAG 4.12.1997 – 2 AZR 799/96, NJW 1998, 1659; 5.12.2002 – 2 AZR 478/01, AP Nr. 63 zu § 123 BGB; KR/*Fischermeier*, § 626 BGB Rz. 463; aA LAG Berlin 23.3.1989 – 14 Sa 10/89, BB 1989, 1121; *Singer*, NZA 1998, 1309ff.

ArbN damit seinen Lebensunterhalt nicht mehr bestreiten kann und der ArbGeb eine angemessene Anpassung trotz Abmahnung verweigert[1].

311 – **Arbeitsplatzwechsel:** Der Wunsch des ArbN, sich beruflich zu verändern, stellt keinen wichtigen Grund dar, der es rechtfertigt, das ArbVerh vor Ablauf der ordentl. Kündigungsfrist zu beenden[2]. Der ArbGeb muss auch keiner vorzeitigen Vertragsauflösung zustimmen, nur weil der ArbN bei einem neuen ArbGeb seine berufliche Stellung und/oder sein Einkommen verbessern kann[3]. Nur unter ganz außergewöhnlichen Umständen, wenn keine erheblichen Belange des ArbGeb auf dem Spiel stehen, kann Letzteres nach Treu und Glauben anders sein[4]. Entsprechendes gilt für die eilige Annahme eines kurzfristig gemachten Studienplatzangebots; auch wenn der ArbN ansonsten auf den Studienplatz verzichten müsste[5].

312 – **Arbeitsschutz:** Missachtet der ArbGeb zwingende Arbeitsschutzbestimmungen, dann stellt dies einen wichtigen Grund dar, falls der ArbGeb erfolglos abgemahnt wurde. Eine Abmahnung ist entbehrlich, wenn der ArbGeb von vornherein zu erkennen gegeben hat, dass er seine Praxis nicht ändern will. Ein wichtiger Grund ist ua. gegeben, wenn der ArbGeb wiederholt Mehrarbeit über die zulässigen Grenzen des Arbeitszeitrechts hinaus verlangt. Dies gilt auch, soweit der ArbN zunächst den Anordnungen des ArbGeb nachgekommen ist[6].

313 – **Beschäftigungspflicht, Versetzung, Umsetzung:** Verletzt der ArbGeb schuldhaft seine Pflicht zur Beschäftigung des ArbN zB durch eine unberechtigte Suspendierung, dann kann der ArbN sein ArbVerh nach erfolgloser Abmahnung aus wichtigem Grund kündigen[7]. UU genügt hierfür schon der Entzug wesentlicher Aufgaben (Teilsuspendierung), wenn die Anordnung des ArbGeb für den ArbN kränkend ist[8].

314 – **Eheschließung:** Eine beabsichtigte Eheschließung kann keine außerordentl. Kündigung begründen[9]. Dies gilt auch, wenn die Eheschließung mit einem sofortigen Umzug verbunden werden soll[10]. Dass die Entwicklung für den ArbN nicht voraussehbar war und er deswegen in einen unzumutbaren Interessenkonflikt geraten kann[11], ist kaum vorstellbar[12].

315 – **Ehrverletzung:** Grobe Beleidigungen durch den ArbGeb stellen einen wichtigen Grund dar. Hierfür genügt es, wenn der ArbGeb eine ordentl. Kündigung in beleidigender Weise begründet. Auch eine unberechtigte Verdächtigung kann abhängig von den Umständen des Einzelfalls eine außerordentl. Kündigung begründen, selbst dann, wenn für den Verdacht gewisse Anhaltspunkte sprachen[13].

316 – **Krankheit des ArbN:** Eine zur Arbeitsunfähigkeit führende Krankheit des ArbN kann idR keine außerordentl. Kündigung rechtfertigen, da dem ArbN mangels Arbeitspflicht zugemutet werden kann, die ordentl. Kündigungsfrist einzuhalten. Lediglich wenn für den ArbN eine Rückkehr auf den Arbeitsplatz aus gesundheitlichen Gründen objektiv ausgeschlossen ist und der ArbGeb dem ArbN keine andere Arbeit anbieten kann, ist ein außerordentl. Kündigungsrecht gegeben[14].

317 – **Lohnrückstände:** Gerät der ArbGeb mit der Zahlung des Arbeitsentgelts zeitlich oder dem Betrag nach erheblich in Verzug, stellt dies einen wichtigen Grund dar[15]. Grds. entfällt der wichtige Grund, sobald das rückständige Gehalt gezahlt wird. Wiederholt sich aber der Verzug jeden Monat über eine längere Zeit, kann der ArbN ggf. nach Abmahnung fristlos kündigen[16]. Ebenso ist die Nichtabführung der LSt- und SozV-Beiträge wichtiger Grund, jedenfalls wenn dies über einen Zeitraum von einem Jahr geschieht[17].

318 – **Prokura/Geschäftsführerbestellung:** Lehnt der ArbGeb es vertragswidrig ab, einem ArbN Prokura zu erteilen oder eine widerrufene Prokura zu erneuern, nachdem der Anlass ihrer Entziehung weggefallen ist, rechtfertigt dies allein noch keine außerordentl. Kündigung. Eine solche kann aber begründet sein, wenn es dem Angestellten nach den besonderen Umständen des Einzelfalles unzumutbar ist, das ArbVerh ohne Prokura fortzusetzen[18]. Ggf. kann der ArbN nach § 628 II Schadensersatz verlangen[19]. Entsprechendes gilt für eine vertragswidrig unterlassene Bestellung zum Geschäftsführer[20].

---

1 LAG BW 24.7.1969 – 4 Sa 42/69, BB 1969, 1312; ErfK/*Müller-Glöge*, § 626 BGB Rz. 161. || 2 BAG 17.10.1969 – 3 AZR 442/68, DB 1970, 497; 1.10.1970 – 2 AZR 542/69, DB 1971, 54; KR/*Fischermeier*, § 626 BGB Rz. 152. || 3 BAG 17.10.1969 – 3 AZR 442/68, DB 1970, 497; ErfK/*Müller-Glöge*, § 626 BGB Rz. 159. || 4 KR/*Fischermeier*, § 626 BGB Rz. 152; offen gelassen von BAG 1.10.1970 – 2 AZR 542/69, DB 1971, 54. || 5 ErfK/*Müller-Glöge*, § 626 BGB Rz. 168; aA KR/*Fischermeier*, § 626 BGB Rz. 153. || 6 BAG 28.10.1971 – 2 AZR 15/71, DB 1972, 489; KR/*Fischermeier*, § 626 BGB Rz. 466. || 7 ErfK/*Müller-Glöge*, § 626 BGB Rz. 163. Zur Beschäftigungspflicht BAG 27.2.1985 – GS 1/84, NJW 1985, 2968. || 8 BAG 15.6.1972 – 2 AZR 345/71, DB 1972, 1878; ErfK/*Müller-Glöge*, § 626 BGB Rz. 163. || 9 LAG Düss. 5.6.1962 – 8 Sa 132/62, DB 1962, 1216; KR/*Fischermeier*, § 626 BGB Rz. 153. || 10 KR/*Fischermeier*, § 626 BGB Rz. 153. || 11 In diesem Fall einen wichtigen Grund anerkennend ErfK/*Müller-Glöge*, § 626 BGB Rz. 164. || 12 KR/*Fischermeier*, § 626 BGB Rz. 153. || 13 BAG 24.2.1964 – 5 AZR 201/63, AP Nr. 1 zu § 607 BGB; ErfK/*Müller-Glöge*, § 626 BGB Rz. 162. || 14 BAG 2.2.1973 – 2 AZR 172/72, DB 1973, 927; KR/*Fischermeier*, § 626 BGB Rz. 153f. || 15 BAG 26.7.2001 – 8 AZR 739/00, NJW 2002, 1593. || 16 LAG BW 5.11.1959 – 4 Sa 82/59, BB 1960, 289; KR/*Fischermeier*, § 626 BGB Rz. 467. || 17 LAG BW 30.5.1968 – 4 Sa 27/68, DB 1968, 1407; ErfK/*Müller-Glöge*, § 626 BGB Rz. 166. || 18 BAG 17.9.1970 – 2 AZR 439/69, DB 1971, 391; 26.8.1986 – 2 AZR 94/85, AP Nr. 1 zu § 52 HGB; KR/*Fischermeier*, § 626 BGB Rz. 469. || 19 BAG 11.2.1981 – 7 AZR 12/79, AP Nr. 8 zu § 4 KSchG 1969; ErfK/*Müller-Glöge*, § 626 BGB Rz. 167. || 20 BAG 8.8.2002 – 8 AZR 547/01, BB 2003, 206.

– **Urlaub, Freistellungen:** Verweigert der ArbGeb dem ArbN entgegen § 7 BUrlG wiederholt Urlaub, stellt dies einen wichtigen Grund dar, wenn der ArbGeb zuvor abgemahnt wurde. Die Abmahnung ist entbehrlich, wenn der ArbGeb erkennen lässt, den Urlaubsanspruch ohnehin nicht erfüllen zu wollen[1]. Entsprechendes gilt für andere Freistellungen, auf die der ArbN einen Anspruch hat (zB §§ 616, 629). 319

– **Werkswohnung:** Der nicht vertragsgemäße Zustand einer Werkswohnung ist dann relevant, wenn die Werkswohnung einen Teil der Vergütung darstellt und die Mängel so erheblich sind, dass im Erg. ein erheblicher Zahlungsverzug (s. *Lohnrückstände*, Rz. 317) vorliegt. Gleiches gilt, wenn ein untrennbarer Zusammenhang zwischen der Erfüllung des Arbeitsvertrages und der Nutzung der Werkswohnung besteht und die Wohnverhältnisse unzumutbar sind[2]. 320

Weist ein ArbGeb seinen ausländischen ArbN nach einer Beanstandung beim Einzug und der Zusage der Abhilfe keine vertragsgemäße Unterkunft zu, bedarf es vor einer vom ArbN ausgesprochenen fristlosen Kündigung grds. einer Abmahnung[3].

Eine (durch den ArbN ausgesprochene) Teilkündigung der arbeitsvertragl. Pflicht, eine Werkdienstwohnung zu bewohnen, unter Fortbestand des ArbVerh ist nur zulässig, wenn und soweit die Arbeitsvertragsparteien die Teilkündigungsmöglichkeit vertragl. vereinbart haben[4]. 321

VI. Zeitpunkt der Beendigung des Arbeitsverhältnisses. 1. Grds. führt eine außerordentl. Kündigung zur sofortigen, dh. fristlosen Beendigung des ArbVerh unmittelbar im Zeitpunkt des Zugangs der Kündigung (**Grundsatz der entfristeten Kündigung**). Dies gilt auch, wenn die außerordentl. Kündigung bereits vor dem Dienstantritt erklärt wird[5]. Wegen der Unabdingbarkeit des außerordentl. Kündigungsrechts (vgl. Rz. 36 ff.) kann eine Kündigung vor Dienstantritt nicht ausgeschlossen werden. 322

2. Als ein auf die Zukunft bezogenes Gestaltungsrecht kann die Kündigung das ArbVerh **nicht rückwirkend**, dh. zu einem Termin vor Zugang der Kündigung auflösen. Weder spielt es eine Rolle, zu welchem Zeitpunkt der Kündigungsgrund objektiv gegeben war noch kommt es auf den Zeitpunkt des Kündigungsentschlusses an[6]. 323

3. Die außerordentl. Kündigung kann, auch wenn dies in Abs. 1 nicht vorgesehen ist, mit einer Frist verbunden werden (sog. **außerordentl. befristete Beendigungskündigung**). Bietet der ArbGeb dem ArbN eine solche **soziale Auslauffrist** an, kann er frei darüber entscheiden, wie lange diese dauern soll. Es tritt keine Bindung an die gesetzl., tarifl. oder vereinbarte ordentl. Kündigungsfrist ein. Dies gilt selbst dann, wenn die Auslauffrist nur den Interessen des Kündigenden dienen soll[7]. 324

Nur bei einem tarifvertragl. Ausschluss der ordentl. Kündigung ist die Kündigungsfrist als Auslauffrist einzuhalten, die gelten würde, wenn die ordentl. Kündigung nicht ausgeschlossen wäre[8]. Gleiches gilt, abhängig vom Kündigungsgrund, auch bei einem einzelvertragl. Ausschluss der ordentl. Kündigung[9] (vgl. Rz. 79 ff.). 325

IÜ sind bei der Gewährung einer sozialen Auslauffrist folgende Punkte zu beachten: 326

a) Zunächst ist wichtig, dass der ArbGeb klarstellt, dass er **aus wichtigem Grund** kündigen will. Zwar verliert die Kündigung nicht ihren Charakter als außerordentl. Kündigung, nur weil dem ArbN eine soziale Auslauffrist gewährt wurde. Der ArbN wird aber ohne eine entsprechende Klarstellung die Kündigung ggf. als ordentl. Lösung des ArbVerh verstehen dürfen[10]. 327

b) Bei einer außerordentl. Kündigung mit sozialer Auslauffrist besteht das **ArbVerh ununterbrochen bis zum Kündigungstermin** fort. Nach hM[11] hat der ArbN auf Grund der außerordentl. Kündigung seinerseits ein außerordentl. Kündigungsrecht, sollte dieses Verlangen nicht ausnahmsw. rechtsmissbräuchlich sein. Macht der ArbN von dieser Option keinen Gebrauch, besteht das ArbVerh bis zum Ablauf der Frist fort. Es besteht also kein fortwährendes außerordentl. Lossagungsrecht. Dies ist zB dann misslich, wenn einem ordentl. unkündbaren ArbN außerordentl. mit einer sozialen Auslauffrist von sieben Monaten gekündigt wird, ihm aber nach drei Monaten eine andere Beschäftigung angeboten wird, die der ArbN noch innerhalb der von ihm einzuhaltenden Kündigungsfrist annehmen müsste. 328

Die von der hM gewählte Konstruktion scheint deshalb, insb. weil Abs. 2 einer Reaktion des ArbN enge Fesseln anlegt, unvollständig. Als Lösung würde sich anbieten, dem ArbN unabhängig von länge- 329

---

[1] ErfK/*Müller-Glöge*, § 626 BGB Rz. 169. ‖ [2] LAG Düss. 24.3.1964 – 8 Sa 53/64, DB 1964, 1032; ErfK/*Müller-Glöge*, § 626 BGB Rz. 170. ‖ [3] BAG 19.6.1967 – 2 AZR 287/66, NJW 1967, 2030; ErfK/*Müller-Glöge*, § 626 BGB Rz. 170. ‖ [4] BAG 4.2.1958 – 3 AZR 110/56, AP Nr. 1 zu § 620 BGB Teilkündigung; 23.8.1989 – 5 AZR 569/88, NZA 1990, 191; KR/*Fischermeier*, § 626 BGB Rz. 472; krit. *Stahlhacke/Preis/Vossen*, Rz. 730. ‖ [5] BAG 22.8.1964 – 1 AZR 64/64, AP Nr. 1 zu § 620 BGB; ErfK/*Müller-Glöge*, § 626 BGB Rz. 187. ‖ [6] BGH 28.4.1960 – VII ZR 218/59, AP Nr. 41 zu § 626 BGB; KR/*Fischermeier*, § 626 BGB Rz. 22, 24. ‖ [7] BAG 9.2.1960 – 2 AZR 585/57, AP Nr. 39 zu § 626 BGB m. zust. Anm. *Hueck*; 15.3.1973 – 2 AZR 255/72, AP Nr. 3 zu § 63 SeemG; KR/*Fischermeier*, § 626 BGB Rz. 29. ‖ [8] BAG 28.3.1985 – 2 AZR 113/84, NJW 1985, 2606; 11.3.1999 – 2 AZR 427/98, NZA 1999, 818; *Schwerdtner*, FS Kissel, 1994, S. 1077 (1091). ‖ [9] *Koppenfels*, Die außerordentliche arbeitgeberseitige Kündigung bei einzel- und tarifvertraglich unkündbaren Arbeitnehmern, 1998, S. 230 f. ‖ [10] BAG 23.1.1958 – 2 AZR 206/55, AP Nr. 50 zu § 1 KSchG; 16.7.1959 – 1 AZR 193/57, AP Nr. 31 zu § 626 BGB; ErfK/*Müller-Glöge*, § 626 BGB Rz. 188. ‖ [11] KR/*Fischermeier*, § 626 BGB Rz. 29.

ren Fristen nach Treu und Glauben einen Anspruch auf vorzeitige Vertragsauflösung in der Frist des § 622 I zu gewähren. Begründung für diesen Anspruch wäre, dass der ArbGeb, wenn auch berechtigterweise, das mit dem Ausschluss der ordentl. Kündigung verbundene soziale Schutzverhältnis aufgekündigt hat.

330 Umgekehrt muss es damit dem ArbGeb, auch wenn dies höchstrichterlich bislang noch nicht entschieden ist, von sich aus möglich sein, die außerordentl. Kündigung als fristlose auszusprechen und damit ein Angebot zur befristeten Fortsetzung für die Dauer der ordentl. Kündigungsfrist zu verbinden[1].

331 c) Ist der ArbGeb aus freien Stücken bereit, dem ArbN eine soziale Auslauffrist einzuräumen und stellt er den ArbN während dieser Zeit nicht frei, besteht die Gefahr, dass er damit zum Ausdruck bringt, dass ihm die Fortsetzung des ArbVerh jedenfalls für die Dauer dieser Auslauffrist zumutbar ist[2]. Zwar stellt die Wahl der Auslauffrist keinen Verzicht auf das Recht zur außerordentl. Kündigung dar[3]. Eine solche Frist kann aber zur Unwirksamkeit der Kündigung führen, wenn eine ordentl. Kündigung oder eine Umdeutung in eine solche nicht möglich ist. Gleichwohl besteht hier kein Automatismus. Es kommt für die Interessenabwägung darauf an, für welche Dauer und aus welchem Grund die tatsächliche Beschäftigung nach Ausspruch der Kündigung erfolgen soll[4]. ZB kann es für den ArbGeb besser sein, eine schlecht musizierende Kapelle bis zum Engagement einer neuen Kapelle kurzfristig weiterspielen zu lassen[5]. Ebenso wird die Kündigung durch die Beschäftigung mit Abschluss- und Übergabearbeiten nicht in Frage gestellt.

332 **VII. Außerordentliche Änderungskündigung. 1.** Eine außerordentl. Kündigung kann auch zur Änderung der vertragl. Arbeitsbedingungen eingesetzt werden[6]. Wegen des im Kündigungsrecht geltenden Verhältnismäßigkeitsgrundsatzes muss der ArbGeb zwingend zur außerordentl. Änderungskündigung greifen, falls hierdurch die Notwendigkeit einer außerordentl. Beendigungskündigung entfällt. Sie ist nur dann entbehrlich, wenn der ArbN schon im Vorfeld in Kenntnis von einer drohenden Beendigungskündigung und einem analog § 2 KSchG möglichen Vorbehalt das Änderungsangebot des ArbGeb vollständig abgelehnt hat[7].

333 a) Ein wichtiger Grund für eine außerordentl. Änderungskündigung liegt vor, wenn dem Kündigenden die Fortsetzung der Bedingungen, deren Änderung er anstrebt, **nicht mehr zumutbar** ist[8]. Die vorgesehenen Änderungen müssen einerseits für den Kündigenden unabweisbar notwendig[9] und andererseits dem ArbN zumutbar sein[10], insb. dürfen sie ihn nicht stärker als zur Vermeidung einer Beendigungskündigung unumgänglich belasten[11]. Wegen der vertragl. Risikoverteilung wird eine sofortige Änderung der Arbeitsbedingungen selten unabweisbar notwendig sein. Die außerordentl. Änderungskündigung setzt deshalb meist die ordentl. Unkündbarkeit voraus[12].

334 b) Dagegen müssen die Voraussetzungen einer Beendigungskündigung nicht zwingend gegeben sein, da nicht die Fortsetzung des gesamten, sondern nur einzelner Bestimmungen des Arbeitsvertrages unzumutbar geworden ist[13]. Dies gilt jedenfalls dann, wenn durch die Änderungskündigung eine sonst wirksame Beendigungskündigung vermieden wird, wobei man allerdings vom ArbGeb verlangt, dass er im Einzelnen darlegen kann, dass ohne die Änderungskündigung eine Beendigungskündigung tatsächlich unumgänglich und gerechtfertigt wäre[14]. In einem solchen Fall ist im Rahmen der Interessenabwägung positiv zu verbuchen, dass sich der ArbGeb aus sozialen Erwägungen mit einer Änderungskündigung statt einer Beendigungskündigung begnügt[15].

335 c) Verschärft werden die Anforderungen, wenn der ArbGeb ein Bündel von Maßnahmen umsetzen will. Dann ist für jede einzelne Regelung zu prüfen, ob deren Fortsetzung unzumutbar geworden ist. Die daneben gleichfalls vorzunehmende Gesamtabwägung ersetzt diese vorrangige Prüfung nicht. Doch kann die Gesamtabwägung der beiderseitigen Interessen ergeben, dass entweder der ArbN eine an sich unzumutbare einzelne Änderung hinnehmen muss oder der ArbGeb eine an sich berechtigte Änderungskündigung nicht durchsetzen kann, weil eine besonders gewichtige einzelne Änderung für den ArbN unannehmbar ist[16].

---

1 Unentschieden ErfK/*Müller-Glöge*, § 626 BGB Rz. 189. || 2 ErfK/*Müller-Glöge*, § 626 BGB Rz. 190; *Schwerdtner*, FS Kissel, 1994, S. 1077 (1091). || 3 BAG 2.12.1954 – 1 AZR 150/54, AP Nr. 2 zu § 13 KSchG. || 4 BAG 6.2.1997 – 2 AZR 38/96, AuR 1997, 210. || 5 BAG 9.2.1960 – 2 AZR 585/57, AP Nr. 39 zu § 626 BGB. || 6 BAG 7.6.1973 – 2 AZR 450/72, NJW 1973, 1819; 21.6.1995 – 2 ABR 28/94, NZA 1995, 1157. || 7 BAG 21.4.2005 – 2 AZR 132/04, NZA 2005, 1289; 21.9.2006 – 2 AZR 607/05, NZA 2007, 431. || 8 BAG 6.3.1986 – 2 ABR 15/85, NJW 1987, 102; 21.6.1995 – 2 ABR 28/94, NZA 1995, 1157. || 9 BAG 21.6.1995 – 2 ABR 28/94, NZA 1995, 1157; 20.1.2000 – 2 ABR 40/99, NZA 2000, 592; *Fischermeier*, NZA 2000, 737. || 10 BAG 6.3.1986 – 2 ABR 15/85, NJW 1987, 102; *Ascheid*, Kündigungsschutzrecht, Rz. 171ff.; *Hromadka*, RdA 1992, 234 (257). || 11 BAG 21.1.1993 – 2 AZR 330/92, NZA 1993, 1099. || 12 *Hromadka*, RdA 1992, 257; KR/*Fischermeier*, § 626 BGB Rz. 201. || 13 BAG 7.6.1973 – 2 AZR 450/72, NJW 1973, 1819; *Hromadka*, RdA 1992, 252; KR/*Fischermeier*, § 626 BGB Rz. 199; aA *Berkowsky*, NZA 1999, 296 ff.; *Boewer*, BB 1996, 2620. || 14 BAG 12.11.1998 – 2 AZR 91/98, NZA 99, 471; 20.1.2000 – 2 ABR 40/99, NZA 2000, 592. || 15 *Koller*, ZfA 1980, 592; KR/*Fischermeier*, § 626 BGB Rz. 202. || 16 BAG 7.6.1973 – 2 AZR 450/72, NJW 1973, 1819.

d) Sehr streng wird bei einer beabsichtigten **Entgeltkürzung durch Änderungskündigung** verfahren. 336
Hier liegt ein wichtiger (betriebl.) Grund nur vor, wenn sonst die Arbeitsplätze der ArbN, zB auf Grund einer Existenzgefährdung für das Unternehmen, auf dem Spiel stehen[1]. Eine anderweitige Rechtfertigung, wie zB das Ziel, die Wettbewerbsfähigkeit des Unternehmens herzustellen oder eine Gleichbehandlung mit anderen ArbN herbeizuführen, wird nicht akzeptiert[2]. Die normalen Anforderungen gelten aber, wenn die Änderung der Arbeitsbedingungen primär die Gestaltung der Arbeit oder der Arbeitszeit betrifft, so dass die Absenkung des Arbeitsentgelts lediglich Folge, wenn auch unmittelbare, dieser Änderungen ist[3]. Auch kann sich der ArbN nicht darauf berufen, dass die erforderl. Kostenreduzierung bereits durch einen freiwilligen Verzicht eines Großteils (> 95 %) der ArbN erreicht wurde[4].

2. Die **Rechtsfolgen** der außerordentl. Änderungskündigung ergeben sich aus einer entsprechenden 337
Anwendung des § 2 KSchG. Will der ArbN die Änderung nur unter Vorbehalt annehmen, dann hat er die Unwirksamkeit der Änderungskündigung entsprechend § 4 S. 2 KSchG gerichtlich geltend zu machen[5]. Weiter muss er die Annahme unter Vorbehalt dem ArbGeb ggü. unverzüglich, im Falle einer sozialen Auslauffrist innerhalb von drei Wochen anzeigen[6]. Solange der Vorbehalt noch erklärt werden kann, ist die widerspruchslose Weiterarbeit nicht als konkludente Annahme des Änderungsangebotes zu werten. Bleibt die Änderungskündigungsschutzklage erfolglos, besteht das ArbVerh mit dem geänderten Inhalt weiter. Die Wirksamkeit der Änderung der Arbeitsbedingungen wird nicht dadurch berührt, dass der ArbGeb sein Ziel anstatt mit Hilfe der Änderungskündigung bereits durch die Ausübung seines Direktionsrechts hätte erreichen können[7]. Unverhältnismäßig wäre nur die dann nicht mehr in Betracht kommende Rechtsfolge der Beendigung des ArbVerh[8].

VIII. Ausschlussfrist (Abs. 2 S. 1 und 2). 1. Normzweck. Nach Abs. 2 muss die außerordentl. Kündi- 338
gung innerhalb von **zwei Wochen** ausgesprochen werden, nachdem der Kündigungsberechtigte von den für die Kündigung maßgebenden Tatsachen Kenntnis erlangt hat. Die kurze Frist dient dem Gebot der Rechtssicherheit und -klarheit. Es darf nicht unangemessen lange ungewiss bleiben, ob ein bestimmter Umstand kündigungsrechtl. Folgen nach sich zieht[9]. Der Kündigungsberechtigte soll sich keinen Kündigungsgrund aufsparen, um damit den Vertragsgegner unter Druck setzen zu können[10].

Die Frist des Abs. 2 soll den Kündigungsberechtigten aber auch nicht veranlassen, voreilig zu kündi- 339
gen. Deshalb genügt erst die **vollständige positive Kenntnis der für die Kündigung maßgebenden Tatsachen**, um die Frist in Gang zu setzen. Dem Kündigungsberechtigten muss eine (überlegte) Gesamtwürdigung möglich sein, die auch beinhaltet, dass er genügend Tatsachen kennt, um seiner Behauptungs- und Beweislast im Prozess nachkommen zu können[11].

2. **Anwendungsbereich.** Die zweiwöchige Ausschlussfrist des Abs. 2 gilt für alle Varianten der außer- 340
ordentl. Kündigung iSd. Abs. 1.

a) Insb. gilt Abs. 2 ebenso für eine Kündigung durch den ArbN sowie für die außerordentl. Kündigung 341
von selbständigen/freien Dienstverhältnissen[12].

Abs. 2 gilt darüber hinaus auch für die Genehmigung einer durch einen **Vertreter ohne Vertretungsmacht** ausgesprochenen Kündigung. Auch wenn diese Kündigung vom Kündigungsempfänger nicht zurückgewiesen wurde, wird diese nach den §§ 180, 177 nur wirksam, wenn der Kündigungsberechtigte sie binnen zwei Wochen ab Kenntniserlangung genehmigt[13].

b) Abs. 2 findet auch im Falle einer **außerordentl. Änderungskündigung** Anwendung[14]. Die Aus- 342
schlussfrist ist sogar dann zu beachten, wenn die ordentl. Kündigung ausgeschlossen und die außerordentl. Kündigung durch eine dem § 626 entsprechende tarifvertragl. Regelung ersetzt wurde[15].

c) Dagegen findet Abs. 2 weder unmittelbare, noch entsprechende Anwendung auf das **Nachschieben** 343
von Kündigungstatsachen, die zwar im Zeitpunkt der Kündigung vorlagen, dem Kündigenden aber erst nachträglich bekannt wurden[16].

d) Abs. 2 enthält – anders als Abs. 1 – keinen allg. Rechtsgedanken, der es gebieten würde, die Zwei- 344
Wochen-Frist auch auf andere gesetzl. Tatbestände außerordentl. Kündigungen von Dienstverträgen

---

1 BAG 20.8.1998 – 2 AZR 84/98, NZA 1999, 255.   ‖ 2 BAG 20.1.2000 – 2 ABR 40/99, NZA 2000, 592.   ‖ 3 BAG 21.6.1995 – 2 ABR 28/94, NZA 1995, 1157; 27.3.2003 – 2 AZR 74/02, NZA 2003, 1030.   ‖ 4 BAG 26.6.2008 – 2 AZR 139/07, DB 2008, 2141.   ‖ 5 BAG 19.6.1986 – 2 AZR 565/85, AP Nr. 16 zu § 2 KSchG 1969.   ‖ 6 BAG 27.3.1987 – 7 AZR 790/85, AP Nr. 20 zu § 2 KSchG 1969.   ‖ 7 BAG 26.1.1995 – 2 AZR 371/94, AP Nr. 36 zu § 2 KSchG 1969; 16.1.1997 – 2 AZR 240/96, RzK I 7a Nr. 37; *Fischermeier*, NZA 2000, 739f.; ähnlich *Hromadka*, NZA 1996, 10; aA *Berkowsky*, NZA 1999, 296ff.; KR/*Rost*, § 2 KSchG Rz. 106aff.   ‖ 8 BAG 6.9.2007 – 2 AZR 368/06, NZA-RR 2008, 291.   ‖ 9 BAG 4.6.1997 – 2 AZR 362/96, NJW 1998, 101.   ‖ 10 BAG 25.2.1983 – 2 AZR 298/81, DB 1983, 1605; ErfK/*Müller-Glöge*, § 626 BGB Rz. 200.   ‖ 11 BAG 15.11.1995 – 2 AZR 974/94, NJW 1996, 1556; HaS/*Popp*, § 19 B Rz. 259.   ‖ 12 BAG 17.8.1972 – 2 AZR 359/71, DB 1972, 2406; BGH 19.11.1998 – III ZR 261/97, NJW 1999, 355; KR/ *Fischermeier*, § 626 BGB Rz. 311; aA *Gamillscheg*, FS 25 Jahre BAG, 1979, S. 117 (125).   ‖ 13 BAG 26.3.1986 – 7 AZR 585/84, NJW 1987, 1038; 4.2.1987 – 7 AZR 583/85, AP Nr. 24 zu § 626 BGB Ausschlussfrist.   ‖ 14 BAG 25.3. 1976 – 2 AZR 127/75, DB 1976, 1066.   ‖ 15 BAG 25.3.1976 – 2 AZR 127/75, DB 1976, 1066; ErfK/*Müller-Glöge*, § 626 BGB Rz. 202.   ‖ 16 BAG 4.6.1997 – 2 AZR 362/96, NJW 1998, 101.

BGB § 626 Rz. 345   Fristlose Kündigung aus wichtigem Grund

anzuwenden[1]. Dies ergibt sich schon aus dem Wortlaut, der systematischen Stellung und der Normengeschichte des § 626, vgl. auch § 314 III.

345   Andere Bestimmungen über außerordentl. Kündigungen sehen teilweise eine eigene Ausschlussfrist vor (so § 22 IV BBiG), teilweise fehlt eine Bestimmung (so § 89a HGB [s.o. Rz. 8], § 69 SeeArbG und Kap. XIX Sachgeb. A Abschn. III Nr. 1 Abs. 5 der Anlage 1 zum EVertr [s.o. Rz. 11]). Soweit eine Frist fehlt, heißt dies nur, dass sich dort eine starre Regelung verbietet. Eine analoge Anwendung des Abs. 2 ist nicht nur unnötig, sondern sogar falsch[2].

346   Dennoch darf auch beim Fehlen einer gesetzl. Ausschlussfrist mit dem Ausspruch der Kündigung nicht beliebig lange zugewartet werden. Dies ergibt sich aus dem Verbot widersprüchlichen Verhaltens und dem Umstand, dass der Staat wegen Art. 12 I GG einen gewissen Mindestkündigungsschutz zur Verfügung stellen muss[3]. Auch außerhalb des Anwendungsbereichs von Abs. 2 kann daher der wichtige Grund durch bloßen Zeitablauf entfallen, ohne dass die weiter gehenden Voraussetzungen der allg. Verwirkung, wie das Vorliegen des Umstandsmoments, erfüllt sein müssten. Maßgebend sind die konkreten Umstände des Einzelfalls, insb. der Grund des Zuwartens und das Gewicht der Kündigungsgründe[4].

347   e) IÜ gilt die Ausschlussfrist des Abs. 2 ebenso wenig für das Verfahren nach § 78a IV 1 Nr. 2 BetrVG wie die Frist des § 22 IV BBiG[5]. Gleiches gilt für die Verhängung der Dienstentlassung als Dienststrafe gegen einen Dienstordnungsangestellten[6].

348   **3. Fristbeginn und -ablauf.** Der Lauf der Frist des Abs. 2 beginnt mit dem Zeitpunkt, in dem der Kündigungsberechtigte von den für die Kündigung maßgebenden Tatsachen **Kenntnis** erlangt.

349   a) **Kündigungsberechtigung. aa)** Kündigungsberechtigter ist diejenige natürliche Person, der im gegebenen Fall das Recht zur Erklärung der außerordentl. Kündigung zusteht[7]. Hat diese Kenntnis von den Kündigungstatsachen, dann beginnt die Frist des Abs. 2 zu laufen.

350   Daneben muss sich der ArbGeb auch die Kenntnis von Personen zurechnen lassen, die eine ähnlich selbständige Stellung wie ein gesetzl. oder rechtsgeschäftlicher Vertreter haben und in dieser Eigenschaft nicht nur zur Meldung, sondern vorab auch zur Feststellung der für eine außerordentl. Kündigung maßgebenden Tatsachen verpflichtet sind[8]. Dies wurde nach Treu und Glauben auf die Kenntnis anderer ArbN erweitert, wenn deren Stellung im Betrieb den Umständen nach erwarten lässt, dass sie den Kündigungsberechtigten über den Kündigungssachverhalt unterrichten. Dem Kündigungsberechtigten ist im Rahmen des Abs. 2 ein Verweis auf seine Unkenntnis verwehrt, wenn diese auf einer fehlerhaften betriebl. Organisation beruht, eine andere Organisation aber sachgemäß und zumutbar gewesen wäre[9]. Beide Voraussetzungen (Kenntnis der betreffenden Personen und Verzögerung der Kenntniserlangung durch fehlerhafte Organisation) müssen kumulativ vorliegen. Es genügt nicht, dass dem ArbGeb das persönliche Fehlverhalten dieser Personen entsprechend § 278 zugerechnet wird[10], es kommt zudem darauf an, dass die fehlerhafte Organisation für die Verzögerung der Kenntniserlangung kausal war[11].

351   bb) Nicht möglich ist es, durch vertragl. Vereinbarung den Fristbeginn von der Kenntnis einer intern am Kündigungsvorgang beteiligten Stelle abhängig zu machen. Soweit der ArbGeb nach einer entsprechenden Vereinbarung die Kündigung nur persönlich aussprechen kann (vgl. Rz. 40), ist es eine Frage der ergänzenden Vertragsauslegung, ob eine solche Kündigungsbeschränkung auch dann fortwirkt, wenn es zu einer nicht bedachten längeren Verhinderung des ArbGeb an der Ausübung seines Kündigungsrechts kommt[12]. Hat der ArbGeb sich nur intern, im Innenverhältnis ggü. anderen Kündigungsberechtigten das Recht zur außerordentl. Kündigung ggü. bestimmten ArbN vorbehalten, bleibt die nach außen bestehende Vertretungsbefugnis der an sich Kündigungsberechtigten bestehen. Es ist dann (auch) auf deren Tatsachenkenntnis abzustellen[13].

352   cc) Im Falle eines Betriebsübergangs gem. § 613a kommt es zur kontinuierlichen Fortsetzung des ArbVerh. Der neue ArbGeb kann deshalb seine Kündigung auf Gründe stützen, die bereits beim alten ArbGeb entstanden waren. Da sich der neue ArbGeb aber ein etwaiges Wissen des bisherigen Inhabers anrechnen lassen muss, wird die Frist des Abs. 2 auch nicht gehemmt[14].

---

1 BGH 3.7.1986 – I ZR 171/84, NJW 1987, 57; BAG 11.6.1992 – 8 AZR 537/91, NZA 1993, 118. ‖ 2 BGH 3.7.1986 – I ZR 171/84, NJW 1987, 57; BAG 11.6.1992 – 8 AZR 537/91, NZA 1993, 118; 11.9.1997 – 8 AZR 14/96, RzK I 8m ee Nr. 50. ‖ 3 BVerfG 21.4.1994 – 1 BvR 14/93, EzA Art. 20 Einigungsvertrag Nr. 32; 24.4.1991 – 1 BvR 1341/90, NJW 1991, 1167. ‖ 4 BAG 28.4.1994 – 8 AZR 157/93, NZA 1995, 169. ‖ 5 BAG 15.12.1983 – 6 AZR 60/83, NJW 1984, 2598; ErfK/*Müller-Glöge*, § 626 BGB Rz. 204. ‖ 6 BAG 3.2.1972 – 2 AZR 170/71, DB 1972, 1492; *Wenzel*, MDR 1977, 985 (986). ‖ 7 BAG 6.7.1972 – 2 AZR 386/71, AP Nr. 3 zu § 626 BGB Ausschlussfrist; ErfK/*Müller-Glöge*, § 626 BGB Rz. 205; *Stahlhacke/Preis/Vossen*, Rz. 808. ‖ 8 BAG 28.10.1971 – 2 AZR 32/71, NJW 1972, 463; ErfK/*Müller-Glöge*, § 626 BGB Rz. 205. ‖ 9 BAG 5.5.1977 – 2 AZR 297/76, AP Nr. 11 zu § 626 BGB Ausschlussfrist; 26.11.1987 – 2 AZR 312/87, RzK I 6g Nr. 13; 18.5.1994 – 2 AZR 930/93, NZA 1994, 1086. ‖ 10 Dies betonen KR/*Fischermeier*, § 626 BGB Rz. 355 und HAS/*Popp*, § 19 B Rz. 313. ‖ 11 BAG 7.9.1983 – 7 AZR 196/82, NZA 1994, 228. ‖ 12 BAG 9.10.1975 – 2 AZR 332/76, AP Nr. 8 zu § 626 BGB Ausschlussfrist; ErfK/*Müller-Glöge*, § 626 BGB Rz. 205. ‖ 13 KR/*Fischermeier*, § 626 BGB Rz. 346. ‖ 14 ErfK/*Müller-Glöge*, § 626 BGB Rz. 208; *Finken*, Ausschlussfrist des § 626 II BGB, 1988, S. 126; KR/*Fischermeier*, § 626 BGB Rz. 357.

dd) Wird der ArbN bei einem rechtsfähigen Verein, einer GmbH, einer AG oder einer eingetragenen Genossenschaft beschäftigt, dann müssen grds. alle Mitglieder des Vorstandes bzw. alle Geschäftsführer gemeinsam handeln (**Gesamtvertretungsmacht:** vgl. § 26 II BGB, § 35 II GmbHG, § 78 II AktG, § 24 I GenG), sollte die Satzung nichts anderes vorsehen. Soll eine nur von einem der Gesamtvertreter ausgesprochene Kündigung von den übrigen Vertretern nach §§ 180 S. 2, 177 genehmigt werden, muss dies innerhalb der zweiwöchigen Ausschlussfrist des Abs. 2 geschehen[1]. 353

Die **Wissenszurechnung** richtet sich dagegen nach den Regelungen zur passiven Stellvertretung (vgl. § 26 II BGB, § 78 II 2 AktG, § 35 II 2 GmbHG, § 25 I 3 GenG), so dass bereits die Kenntnis eines Gesamtvertreters genügen kann, um die Frist des Abs. 2 in Gang zu setzen[2]. 354

ee) Abweichendes gilt, wenn die Kündigungsentscheidung durch ein **Kollegialorgan** zu erfolgen hat[3]. Dann ist grds. auf die Kenntniserlangung durch das zuständige Organ abzustellen, da die juristische Person durch dieses ggü. der Außenwelt vertreten wird. Erst wenn das zuständige Organ seinen Pflichten nicht nachkommt, zB weil die Organmitglieder trotz Sachverhaltskenntnis nicht tätig werden, muss sich die Gesellschaft so behandeln lassen, als wäre das zuständige Organ zusammengetreten[4]. Nur noch für die Frage, wann alle Mitglieder des zuständigen Organs Kenntnis von den Kündigungstatsachen haben, kann auf die Regeln über die passive Stellvertretung (vgl. § 26 II BGB, § 78 II 2 AktG, § 35 II 2 GmbHG, 25 I 3 GenG) abgestellt werden. Die Kenntnis aller Mitglieder des Organs genügt aber, von einer unangemessenen Verzögerung abgesehen, für die Ingangsetzung der Frist des Abs. 2 noch nicht. Das Organ als solches soll trotz der gebotenen Eile ausreichend Zeit haben, sich über die Kündigung Gedanken zu machen. Liegt ein Beschluss des Organs vor, ist eine Stellvertretung oder Beauftragung als Bote möglich[5]. 355

ff) Die Grundsätze für eine Kündigung durch ein Kollegialorgan gelten auch für juristische Personen des öffentl. Rechts. Ist nur das Kollegialorgan kündigungsberechtigt, kommt es grds. auf dessen Kenntnis an (früher § 54 II BAT (ohne Entsprechung im TVöD), 626 II). Das Kollegialorgan muss sich aber nach § 242 auf unsachgemäßer Organisation beruhende Verzögerungen bei der Kenntniserlangung und/oder Entscheidungsfindung zurechnen lassen, wenn ein zur Sachverhaltsaufklärung befugter Amtsträger, dessen Erkenntnisse ohne weitere Erhebungen und Ermittlungen übernommen werden könnten, Kenntnis vom Sachverhalt gehabt hat[6]. 356

b) Kenntnis der für die Kündigung maßgebenden Tatsachen. Die Frist des Abs. 2 wird in Lauf gesetzt, sobald der Kündigungsberechtigte eine zuverlässige und möglichst vollständige Kenntnis der Tatsachen hat, die er zur Grundlage seiner Entscheidung darüber macht, ob ihm die Fortsetzung des ArbVerh unzumutbar ist[7]. Erheblich ist allein die positive Kenntnis der maßgeblichen Tatsachen. Eine grob fahrlässige Unkenntnis genügt nicht[8]. 357

Ob der ArbGeb die Frist eingehalten hat, richtet sich zunächst danach, welcher Sachverhalt überhaupt zum Anlass für die Kündigung genommen wird. Wird zB einem ArbN im öffentl. Dienst gekündigt, weil er rechtskräftig wegen Volksverhetzung verurteilt wurde, ist allein die Kenntniserlangung von der Verurteilung maßgeblich. Dem ArbGeb schadet es nicht, wenn ihm schon vorher bekannt war, dass der betreffende ArbN ausländerfeindlicher Pamphlete verbreitet hat; auch dann nicht, wenn dieser Vorgang Grund für die Verurteilung war[9]. 358

Selbst wenn die Kündigungstatsachen schon mehr als zwei Wochen vorher bekannt waren, ist weiter zu berücksichtigen, dass der Kündigungsberechtigte das Recht hatte, den **Sachverhalt weiter aufzuklären.** Solange die aus Sicht eines verständigen Vertragspartners zur genaueren Sachverhaltsermittlung tatsächlich erforderlichen Maßnahmen zügig durchgeführt werden, ist die Ausschlussfrist gehemmt[10]. Dies gilt auch, wenn gegen die Kündigung sprechende Umstände ermittelt werden sollten. Das tatsächliche Ergebnis der Ermittlungen ist für den Fristbeginn bedeutungslos[11]. 359

Die **Anhörung des ArbN** gehört regelmäßig zur Aufklärung des Kündigungssachverhalts[12] und ist deshalb geeignet, den Fristablauf zu hemmen. Dies gilt ungeachtet des Umstands, dass die Anhörung nur bei der Verdachtskündigung Wirksamkeitsvoraussetzung der außerordentl. Kündigung ist[13] und 360

---

1 BAG 26.3.1986 – 7 AZR 585/84, NJW 1987, 1038; 4.2.1987 – 7 AZR 583/85, AP Nr. 24 zu § 626 BGB Ausschlussfrist. ‖2 BAG 20.9.1984 – 2 AZR 73/83, AP Nr. 1 zu § 28 BGB; *Stahlhacke/Preis/Vossen*, Rz. 809; einschr. (Kenntnis muss in „amtlicher Eigenschaft" erworben sein) *Reuter*, Anm. AP Nr. 1 zu § 28 BGB; aA (Kenntnis aller Mitglieder erforderlich) *Densch/Kahlo*, DB 1987, 581f. ‖3 Vgl. BAG 25.2.1998 – 2 AZR 297/97, AP Nr. 195 zu § 620 *BGB Befristeter Arbeitsvertrag*; BGH 15.6.1998 – II ZR 318/96, NJW 1998, 3274. ‖4 BAG 11.3.1998 – 2 AZR 287/97, NJW 1999, 234; BGH 15.6.1998 – II ZR 318/96, NJW 1998, 3274. ‖5 BAG 18.12.1980 – 2 AZR 980/78, AP Nr. 4 zu § 174 BGB; KR/*Fischermeier*, § 626 BGB Rz. 346. ‖6 BAG 18.5.1994 – 2 AZR 930/93, NZA 1994, 1086; 23.10.2008 – 2 AZR 388/07, DB 2009, 572. ‖7 BAG 28.10.1971 – 2 AZR 32/71, NJW 1972, 463; 10.6.1988 – 2 AZR 25/88, NJW 1989, 733; BGH 26.2.1996 – II ZR 114/95, NJW 1996, 1403. ‖8 BAG 11.3.1976 – 2 AZR 29/75, DB 1976, 1338; 16.8.1993 – 2 AZR 113/90, NJW 1991, 518. ‖9 Vgl. BAG 14.2.1996 – 2 AZR 274/95, NJW 1996, 2253; 18.11.1999 – 2 AZR 852/98, NZA 2000, 381. ‖10 BAG 12.2.1973 – 2 AZR 116/72, DB 1973, 1258; 10.6.1988 – 2 AZR 25/88, NJW 1989, 733; 31.3.1993 – 2 AZR 492/92, NJW 1994, 1891. ‖11 Vgl. zB BAG 14.11.1984 – 7 AZR 133/83, NJW 1986, 2171. ‖12 BAG 14.11.1984 – 7 AZR 133/83, NJW 1986, 2171; ErfK/*Müller-Glöge*, § 626 BGB Rz. 211. ‖13 BAG 23.3.1972 – 2 AZR 226/71, DB 1972, 1539; 10.2.1977 – 2 ABR 80/76, NJW 1977, 1413.

ebenso ungeachtet einer etwaigen schriftl. Stellungnahme des ArbN. Die Frist des Abs. 2 beginnt dann erst mit der mündlichen Anhörung, sofern sie innerhalb einer kurz zu bemessenden Frist nach Eingang der schriftl. Stellungnahme erfolgt[1]. Hat dagegen der ArbN die ihm zur Last gelegten Pflichtverletzungen eingeräumt, wird es zumeist keiner weiteren Sachaufklärung bedürfen.

361 Lediglich geplante, aber tatsächlich nicht durchgeführte Ermittlungen sind nicht geeignet, den Lauf der Frist des Abs. 2 zu hemmen[2].

Die erforderlichen Ermittlungen müssen mit der gebotenen Eile innerhalb einer kurz bemessenen Frist erfolgen[3], die hinsichtlich der Anhörung des Verdächtigten idR nicht über eine Woche hinausgehen darf. Wird diese Regelfrist ohne erheblichen Grund[4] überschritten, beginnt die Ausschlussfrist mit dem Ende der Regelfrist[5]. Für die Durchführung anderer Ermittlungen lässt sich keine Regelfrist angeben[6]. Schädlich aber ist es, wenn die Ermittlungen aufgrund arbeitgeberseitigen Verhaltens für Zeiträume von mehr als zwei Wochen ins Stocken geraten[7].

Die Zeit, die der Kündigungsberechtigte benötigt, um sich darüber zu informieren, ob die bereits bekannten Tatsachen eine Kündigung rechtfertigen, hemmt den Fristlauf nicht[8].

362 c) Zur Einbeziehung verfristeter Kündigungsgründe bei neuen Umständen vgl. Rz. 67f.

363 d) Dauertatbestände. aa) Ein Dauertatbestand liegt vor, wenn ein kündigungsrelevantes Verhalten fortgesetzt verwirklicht wird (zB unentschuldigtes Fehlen) oder ein nicht abgeschlossener, länger andauernder Zustand vorliegt, der einen Kündigungsgrund abgibt (zB langandauernde Krankheit). In diesem Fall beginnt die Ausschlussfrist erst mit Abschluss des Dauertatbestands zu laufen[9]. Jeder frühere Fristbeginn würde den ArbGeb nur zwingen, möglichst frühzeitig zu kündigen. Zudem lässt sich der Zeitpunkt, ab dem das Vorliegen eines wichtigen Grundes angenommen werden kann, in vielen Fällen nicht exakt bestimmen. Dennoch ist der ArbGeb nicht gehindert, bereits vorher zu kündigen, sobald sich der Dauertatbestand zu einem wichtigen Grund verdichtet hat. Nur weil der ArbGeb mit der Kündigung möglichst lange zuwartet, muss sich seine kündigungsrechtl. Position nicht verbessern. Insb. kann sich zB die Zukunftprognose ändern oder betriebl. Beeinträchtigungen können wegfallen.

364 Können mehrere Pflichtverletzungen zu einem Dauertatbestand oder einem Gesamtverhalten zusammengefasst werden, beginnt die Ausschlussfrist erst mit dem letzten Vorfall als weiteres und letztes Glied in der Kette der Ereignisse zu laufen, die zum Anlass für die Kündigung genommen werden[10]. Zudem wird der gesamte Dauertatbestand bzw. das Gesamtverhalten zum Gegenstand der Kündigung gemacht. Selbst wenn also Teile des Verhaltens länger als zwei Wochen zurückliegen, gelten sie insoweit als nicht verfristet und können als solche zur Unterstützung der Kündigung geltend gemacht werden[11].

365 In Abgrenzung zum bisher Gesagten soll ausnahmsw. dann kein Dauertatbestand vorliegen, wenn zwar eine länger anhaltende Beeinträchtigung vorliegt, sich deren Auswirkung vom ArbGeb aber von Anfang an genau abschätzen lässt. Die Frist beginnt in diesen Fällen bereits mit der genauen Kenntnis der zu erwartenden Beeinträchtigungen. Dies gilt zB, wenn einem Berufskraftfahrer vorübergehend die Fahrerlaubnis entzogen wird[12] oder wenn auf Grund einer Krankheit des ArbN dessen dauernde Arbeitsunfähigkeit definitiv feststeht[13]. Geht der ArbGeb aber zunächst davon aus, die Beeinträchtigung durch entsprechende Maßnahmen ausgleichen zu können, beginnt die Frist erst, wenn sich herausstellt, dass diese Anstrengungen ungenügend sind und deshalb das Bedürfnis besteht, dem ArbN zu kündigen, um den Arbeitsplatz anderweitig zu besetzen[14].

366 Kein Dauertatbestand (mehr), sondern das bloße Fortwirken eines früheren (Dauer-)Tatbestands liegt vor, wenn das vertragswidrige Verhalten des ArbN bereits abgeschlossen ist[15], die Beeinträchtigung mithin nur noch in der Nachwirkung, wie zB einem fortwirkenden Vertrauensverlust beim ArbGeb besteht. Die Frist des Abs. 2 beginnt bereits mit Abschluss der tatsächlichen Vorgänge, die die Kündigung begründen[16]. Ein etwaiger daraus resultierender Vertrauensverlust gehört hierzu nicht. Er kann

---

1 BAG 12.2.1973 – 2 AZR 116/72, DB 1973, 1258; *Mennemeyer/Dreymüller*, NZA 2005, 382 (385f.). ‖2 BAG 28.4.1994 – 2 AZR 730/93, NJW 1994, 3117. ‖3 BAG 15.11.1995 – 2 AZR 974/94, AP Nr. 73 zu § 102 BetrVG 1972. ‖4 Besteht ein hinreichender Grund (zB weil der ArbGeb noch keine detaillierten Kenntnisse hat, mit denen er den ArbN konfrontieren kann), ist auch eine Überschreitung von einem Monat zulässig, vgl. LAG Köln 8.8. 2000 – 5 Sa 452/00, NZA-RR 2001, 185. ‖5 BAG 6.7.1972 – 2 AZR 386/71, DB 1972, 2119; 12.2.1973 – 2 AZR 116/72, AP Nr. 6 zu § 626 BGB Ausschlussfrist; KR/*Fischermeier*, § 626 BGB Rz. 331. ‖6 BAG 10.6.1988 – 2 AZR 25/88, NJW 1989, 733. ‖7 LAG Köln 22.3.2012 – 7 Sa 1022/11. ‖8 LAG Hamm 1.10.1998 – 8 Sa 969/98, LAGE § 626 BGB Ausschlussfrist Nr. 10; APS/*Dörner*, § 626 BGB Rz. 129. ‖9 BAG 21.3.1996 – 2 AZR 455/95, NJW 1997, 1656. ‖10 BAG 25.2.1983 – 2 AZR 298/81 und 22.1.1998 – 2 ABR 19/97, AP Nr. 14 und 38 zu § 626 BGB Ausschlussfrist; *Stahlhacke/Preis/Vossen*, Rz. 801f.; aA *Gerauer*, BB 1980, 1332 und BB 1988, 2032. ‖11 BAG 17.8.1972 – 2 AZR 359/71, DB 1972, 2406. ‖12 Vgl. KR/*Fischermeier*, § 626 BGB Rz. 328. ‖13 BAG 12.4.1978 – 4 AZR 580/76, DB 1978, 2180; Erman/*Belling*, § 626 Rz. 96; *Stahlhacke/Preis/Vossen*, Rz. 803. ‖14 KDZ/*Däubler*, Rz. 215; KR/*Fischermeier*, § 626 BGB Rz. 326. ‖15 BAG 25.3.1976 – 2 AZR 127/75, DB 1976, 1066; APS/*Dörner*, § 626 BGB Rz. 133; KR/*Fischermeier*, § 626 BGB Rz. 324. ‖16 BAG 25.2.1983 – 2 AZR 298/81, DB 1986, 1605; ErfK/*Müller-Glöge*, § 626 BGB Rz. 214.

zwar im Rahmen der Interessenabwägung die Kündigung erst rechtfertigen, er ist aber bloße Folge des ArbN-Verhaltens und damit keine für den Fristbeginn maßgebende Tatsache[1].

bb) Zudem ist in den nachfolgenden Kündigungsarten für den Fristbeginn zu beachten: (1) Die **betriebsbedingte außerordentl. (Beendigungs-)Kündigung** wegen Rationalisierungsmaßnahmen oder wegen Betriebsstilllegung beruht idR auf einem echten Dauergrund im o.g. Sinne[2]. Die Kündigung muss sich am Termin der Betriebsstilllegung orientieren. Es wäre deshalb unsinnig, wenn tarifl. unkündbaren ArbN ungeachtet dessen binnen zwei Wochen ab Kenntniserlangung von der drohenden Betriebsschließung gekündigt werden müsste. Deshalb wurde zunächst darauf abgestellt, dass der wichtige Grund für die außerordentl. Kündigung in der Unzumutbarkeit der Weiterbeschäftigung trotz der definitiven Unmöglichkeit, dem ArbN eine Arbeit anzubieten, liegt. Dementsprechend begann die Ausschlussfrist erst mit dem Tage, an dem der ArbN nicht mehr weiterbeschäftigt werden konnte[3]. Tatsächlich wächst die Unzumutbarkeit aber auch noch nach Wegfall der Beschäftigungsmöglichkeit an, so dass hierdurch der Dauertatbestand bestehen bleibt, ein Fristbeginn also nicht ausgelöst wird[4]. Entsprechendes muss für die betriebsbedingte außerordentl. **Änderungskündigung** gelten, so dass auch hier mit der definitiven Kenntnis des ArbGeb von der Notwendigkeit der Änderungskündigungen kein Fristbeginn ausgelöst wird[5]. Unberührt bleibt, dass der ArbGeb schon vorher außerordentl. auf den Zeitpunkt kündigen kann, zu dem die Beschäftigungsmöglichkeit voraussichtlich entfallen wird[6].

(2) Bei einer **außerordentl. Verdachtskündigung** begründet weder der Verdacht strafbarer Handlungen noch eine begangene Straftat einen Dauertatbestand, der es dem ArbGeb erlauben würde, bis zur strafrechtl. Verurteilung des ArbN zu irgendeinem beliebigen Zeitpunkt eine fristlose Kündigung auszusprechen. Der ArbGeb kann aber darüber entscheiden, wann er die Verdachtsmomente für ausreichend hält. Sind diese Anforderungen nach seinem Kenntnisstand erfüllt, muss er binnen zwei Wochen kündigen[7]. Gerade für einen zurückhaltend handelnden ArbGeb wird die Zwei-Wochen-Frist damit erst sehr spät beginnen. So kann die Frist für eine Tat-, hilfsweise Verdachtskündigung auch erst mit der Kenntniserlangung von der strafrechtl. Verurteilung beginnen, wenn der ArbGeb meint, vorher keine ausreichende Sicherheit für die Tatbegehung zu haben[8]. Gleiches gilt, wenn der Kündigungsberechtigte erst das Ergebnis des Ermittlungsverfahrens der Staatsanwaltschaft abwarten will[9].

Des Weiteren kann der Fristbeginn hinausgeschoben sein, wenn der Kündigungsberechtigte auf Grund eines Anfangsverdachts selbst weitere Ermittlungen durchführen will. Er muss dies aber zügig tun. Speziell eine unverzüglich, idR innerhalb einer Woche, veranlasste Anhörung des ArbN schiebt den Beginn der Frist hinaus (s.o. Rz. 360). Dagegen genügt es nicht, wenn der ArbGeb spontan, ohne dass dies durch neue Tatsachen veranlasst war, Ermittlungen aufnimmt, um dann innerhalb zweier Wochen nach Abschluss dieser Ermittlungen zu kündigen[10].

(3) Bei einer **außerordentl. Druckkündigung** ist für den Fristbeginn auf den Zeitpunkt abzustellen, in dem der Kündigende alle Umstände kennt, aus denen geschlossen werden kann, dass die Drucksituation allein durch Ausspruch einer außerordentl. Kündigung beseitigt werden kann[11]. Das bloße Verlangen der Belegschaft, den ArbN zu entlassen, genügt hierfür noch nicht, da der ArbGeb damit noch nicht weiß, ob er den Druck nicht durch andere Mittel begegnen kann. Dies gilt auch bei einer verhaltens- oder personenbedingten Druckkündigung.

Ist der ArbGeb aber untätig und unternimmt nichts, um den Druck abzuwenden, soll die Frist bereits mit dem Entlassungsverlangen der Belegschaft beginnen[12]. Dagegen ist einzuwenden, dass der Druck durch die Untätigkeit des ArbGeb idR nicht verschwindet, im Gegenteil oft sogar noch anwachsen wird, was für einen echten Dauertatbestand spricht. Umgekehrt kann ein „Aussitzen" des Problems uU aber auch ein sinnvoller Weg sein, um (zunächst) den „Druck" herauszunehmen. Insoweit stellt die Reaktion des ArbGeb auf den Druck lediglich eine bei der Interessenabwägung zu berücksichtigende Größe dar. Durch bloßes Abwarten, wird die Frist des Abs. 2 deshalb nicht in Gang gesetzt.

e) Fristberechnung. Die Berechnung der Ausschlussfrist erfolgt nach §§ 187 ff. Es handelt sich um eine Ereignisfrist iSd. § 187 I, so dass der Tag der Kenntniserlangung noch nicht in die Frist fällt. Diese beginnt erst mit dem Tag nach der Kenntniserlangung und endet nach § 188 II Hs. 1 zwei Wochen später mit Ablauf desjenigen Tages, der durch seine Benennung dem Tag entspricht, an dem die Kenntnis erlangt wurde. Erfährt also der Kündigungsberechtigte von den Kündigungsgründen an einem Freitag,

---

[1] BAG 17.8.1972 – 2 AZR 359/71 und 25.2.1983 – 2 AZR 298/81, AP Nr. 4 und 14 zu § 626 BGB Ausschlussfrist; KR/*Fischermeier*, § 626 BGB Rz. 328. || [2] BAG 5.2.1998 – 2 AZR 227/97 und 17.9.1998 – 4 AZR 419/97, AP Nr. 143 und 148 zu § 626 BGB. || [3] BAG 28.3.1985 – 2 AZR 113/84, NJW 1985, 2606; 5.10.1995 – 2 AZR 25/95, RzK I 6g Nr. 26; ErfK/*Müller-Glöge*, § 626 BGB Rz. 218. || [4] BAG 5.2.1998 – 2 AZR 227/97 und 17.9.1998 – 4 AZR 419/97, AP Nr. 143 und 148 zu § 626 BGB. || [5] Für Fristbeginn BAG 25.3.1976 – 2 AZR 127/75, DB 1976, 1066; ErfK/*Müller-Glöge*, § 626 BGB Rz. 218. || [6] BAG 8.10.1957 – 3 AZR 136/55, NJW 1958, 316; 22.7.1992 – 2 AZR 84/92, EzA § 626 BGB nF Nr. 141. || [7] BAG 29.7.1993 – 2 AZR 90/93, NZA 1994, 171; v 5.6.2008 – 2 AZR 234/07, NZA-RR 2008, 630. || [8] BAG 18.11.1999 – 2 AZR 852/98, NZA 2000, 381. || [9] BAG 12.5.1955 – 2 AZR 77/53, DB 1955, 584; 18.11.1999 – 2 AZR 852/98, NZA 2000, 381; 17.3.2005 – 2 AZR 245/04, NZA 2006, 101. || [10] BAG 29.7.1993 – 2 AZR 90/93, NZA 1994, 171. || [11] ErfK/*Müller-Glöge*, § 626 BGB Rz. 215. || [12] BAG 18.9.1975 – 2 AZR 311/74, DB 1976, 634; ErfK/*Müller-Glöge*, § 626 BGB Rz. 215; aA KR/*Fischermeier*, § 626 BGB Rz. 327.

endet die Ausschlussfrist zwei Wochen später am Freitag, 24 Uhr. § 193 findet Anwendung, so dass eine Ausschlussfrist, die nach § 188 II an einem Samstag, Sonntag oder einem gesetzl. Feiertag abläuft, erst mit Ablauf des nächsten Werktags endet[1].

373 Die Ausschlussfrist ist gewahrt, wenn die Kündigung beim Adressaten noch innerhalb der Frist iSd. § 130 zugeht[2].

Vom Grundsatz, dass der Kündigende das Beförderungsrisiko trägt, wird analog § 206 dann eine Ausnahme gemacht, wenn die Beförderung durch „höhere Gewalt" vereitelt oder verzögert wird. Diese ist aber nur bei einer ungewöhnlichen Verzögerung der Beförderung gegeben, der der Absender machtlos gegenübersteht[3]. Die bloße Verzögerung der Zustellung bei der Post über die üblichen Postlaufzeiten hinaus genügt hierfür nicht[4].

374 **4. Unabdingbarkeit.** Die Ausschlussfrist des Abs. 2 ist eine zwingende gesetzl. Regelung, die durch Parteivereinbarung weder ausgeschlossen noch abgeändert werden kann[5]. Dies muss zumindest insoweit gelten, als die Schutzfunktion des Abs. 2 zu Gunsten des ArbN reicht. Diese liegt im Schutz vor übereilten Kündigungen sowie im Schutz des angesichts des Zeitablaufs entstandenen Vertrauens (vgl. Rz. 378 ff.). Ebenso verbietet sich eine abweichende Regelung durch TV[6].

375 **5. Rechtsfolgen des Fristablaufs und Korrektur. a)** Mit Ablauf der Ausschlussfrist des Abs. 2 kommt es zur unwiderlegbaren gesetzl. Vermutung, dass der Kündigungsgrund seine Bedeutung als „wichtiger Grund" verloren hat. Abs. 2 ist damit eine materielle Ausschlussfrist, die zur Verfristung des Kündigungsrechts durch Zeitablauf führt. Die danach ausgesprochene außerordentl. Kündigung ist unwirksam[7].

376 Unberührt bleibt, dass der nach Abs. 2 verwirkte Kündigungsgrund eine an den Maßstäben des KSchG zu messende ordentl. Kündigung sozial rechtfertigen kann. Dies kann ggf. auch im Wege der Umdeutung der Kündigung (vgl. Rz. 401 ff.) geschehen, sofern dem nicht der Wille, nur außerordentl. kündigen zu wollen, bzw. eine fehlende BR-Anhörung entgegensteht.

377 **b)** Da es sich um eine materielle Ausschlussfrist handelt, ist eine Wiedereinsetzung in den vorigen Stand gem. §§ 233 ff. ZPO nicht möglich[8]. Will der Gekündigte sich auf die Unwirksamkeit der außerordentl. Kündigung wegen Fristversäumnis berufen, muss das durch fristgerechte Feststellungsklage gem. §§ 13, 4, 7 KSchG geschehen[9].

378 **c)** Im Einzelfall kann aber die Berufung auf den Ablauf der Ausschlussfrist nach § 242 rechtsmissbräuchlich sein, wenn diese zu groben Unbilligkeiten führt[10], insb. weil der Gekündigte den Kündigungsberechtigten durch unredliches Verhalten von der Einhaltung der Ausschlussfrist abgehalten hat.

379 Dazu gehört auch der Fall, dass ein ArbGeb innerhalb der Frist des § 91 II SGB IX die Zustimmung des Integrationsamtes zur Kündigung beantragt, weil der ArbN einen Antrag auf Feststellung der Schwerbehinderteneigenschaft gestellt hat. Stellt sich hier später heraus, dass der ArbN tatsächlich nicht schwerbehindert ist, kann er sich nach Treu und Glauben nicht auf das Versäumen der Kündigungserklärungsfrist berufen[11].

380 Entsprechendes gilt, wenn die Ausschlussfrist nur deshalb versäumt wurde, weil die Parteien in zeitlich fest begrenzten Verhandlungen nach einer Möglichkeit gesucht haben, das ArbVerh schnellstmöglich auf eine andere Weise als durch außerordentl. Kündigung zu beenden[12].

381 Liegt der Grund für das Versäumen der Ausschlussfrist dagegen in der Sphäre des Kündigungsberechtigten (Krankheit, Geschäftsreise etc.), dann ist der Einwand des Rechtsmissbrauchs nur ausnahmsw. gerechtfertigt. Es muss sich hier um eine unverschuldete kurzfristige oder unerwartete Verhinderung handeln, bei der es nicht möglich war oder als überflüssig erscheinen musste, für eine Vertretung zu sorgen[13].

---

1 AllgM: KR/*Fischermeier*, § 626 BGB Rz. 356; *Stahlhacke/Preis/Vossen*, Rz. 806. ||2 BAG 9.3.1978 – 2 AZR 529/76, NJW 1978, 2168; ErfK/*Müller-Glöge*, § 626 BGB Rz. 219; KR/*Fischermeier*, § 626 BGB Rz. 358. ||3 KR/*Fischermeier*, § 626 BGB Rz. 360; *Stahlhacke/Preis/Vossen*, Rz. 849; aA HAS/*Popp*, § 19B Rz. 292, der sich gegen eine Hemmung des Fristlaufs ausspricht, uU aber einen Rechtsmissbrauch bejaht. ||4 BAG 7.2.1973 – 2 AZR 30/72, AP Nr. 63 zu § 233 ZPO; APS/*Dörner*, § 626 BGB Rz. 144; KR/*Fischermeier*, § 626 BGB Rz. 359, *Herschel*, Anm. AP Nr. 9 zu § 626 BGB Ausschlussfrist. ||5 BAG 12.2.1973 – 2 AZR 116/72, DB 1973, 1258; 12.4.1978 – 4 AZR 580/76, DB 1978, 2180; KR/*Fischermeier*, § 626 BGB Rz. 317; aA (Verlängerungsmöglichkeit nach Eintritt der Kündigungssituation) *Hanau/Adomeit*, Rz. 900 Fn. 55. ||6 BAG 19.1.1973 – 2 AZR 103/72, DB 1973, 627; 12.4.1978 – 4 AZR 580/76, DB 1978, 2180; ErfK/*Müller-Glöge*, § 626 BGB Rz. 220; aA *Gamillscheg*, Arbeitsrecht I, S. 442 f. ||7 BAG 6.7.1972 – 2 AZR 386/71 und 17.8.1972 – 2 AZR 359/71, AP Nr. 3 und 4 zu § 626 BGB Ausschlussfrist; *Ascheid*, Kündigungsschutzrecht, Rz. 149 f. ||8 BAG 28.10.1971 – 2 AZR 32/71, NJW 1972, 463; KR/*Fischermeier*, § 626 BGB Rz. 314. ||9 ErfK/*Müller-Glöge*, § 626 BGB Rz. 221. ||10 BAG 5.6.1975 – II ZR 131/73, NJW 1975, 1698; APS/*Dörner*, § 626 BGB Rz. 154. ||11 BAG 27.2.1987 – 7 AZR 632/85, DB 1988, 763; ErfK/*Müller-Glöge*, § 626 BGB Rz. 223. ||12 BGH 5.6.1975 – II ZR 131/73, NJW 1975, 1698; KR/*Fischermeier*, § 626 BGB Rz. 361. ||13 APS/*Dörner*, § 626 BGB Rz. 156; KR/*Fischermeier*, § 626 BGB Rz. 363.

6. Ausschlussfrist und Beteiligung des Betriebsrats/Personalrats. Nach § 102 I BetrVG ist der BR vor 382
jeder Kündigung anzuhören. Soll einem Mitglied eines BR bzw. einer gleichgestellten Vertretung gekündigt werden, bedarf die Kündigung zudem der Zustimmung des BR, § 103 BetrVG. Von Letzterem ist der ArbGeb bei einer ordentl. Kündigung nach § 15 IV, V KSchG enthoben[1].

a) Eine **ohne Anhörung des BR** ausgesprochene Kündigung ist nach § 102 I 3 BetrVG **unwirksam**. Ent- 383
sprechendes gilt im öffentl. Dienst für die Beteiligung des Personalrats (§ 79 III BPersVG). Die jeweils erforderliche Anhörung muss rechtzeitig vor Ablauf der Ausschlussfrist eingeleitet werden. Da dem BR eine Bearbeitungsfrist von bis zu drei Tagen zusteht und hierdurch die Anhörungsfrist nicht verlängert wird, muss der ArbGeb somit spätestens am zehnten Tag nach Kenntnis der für die Kündigung maßgebenden Tatsachen die Anhörung des BR einleiten, um noch am folgenden letzten Tag der Ausschlussfrist die Kündigung aussprechen zu können[2]. Dem BR sind für eine wirksame Anhörung sämtliche bekannten, die Kündigung tragenden Gründe mitzuteilen. Dazu gehören auch die Umstände, aus denen sich ergibt, dass die Kündigungserklärungsfrist eingehalten wurde[3].

b) Bedarf der ArbGeb für seine Kündigung der **Zustimmung des BR** oder PersR, ist diese erst zulässig, 384
wenn die Zustimmung erteilt oder durch rechtskräftige Entscheidung des Gerichts ersetzt wurde. Die Ausschlussfrist des Abs. 2 ist insoweit zu beachten, als dem BR drei Tage für seine Entscheidung über den Zustimmungsantrag nach § 103 BetrVG eingeräumt werden müssen, ohne dass hierdurch der Fristablauf gehemmt oder neu beginnen würde[4]. Wird die Zustimmung verweigert bzw. gibt der BR keine Stellungnahme ab, muss der ArbGeb entsprechend § 91 II SGB IX noch innerhalb der Frist bei Gericht den Antrag auf Ersetzung der Zustimmung stellen[5].

Fristwahrend soll dabei nur ein zulässiger **gerichtlicher Zustimmungsersetzungsantrag** sein, so dass 385
zB ein vor der Verweigerung durch den BR gestellter Antrag die Ausschlussfrist des Abs. 2 nicht wahrt[6]. Dies entspricht aber weder der Problembehandlung bei der Verjährung[7] noch kann man vom ArbGeb verlangen, dass er die Entscheidung des bereits angerufenen BR abwartet, wenn Verfristung droht. Dies wird durch keinen der Schutzzwecke des Abs. 2 gerechtfertigt.

Wird die Zustimmung rechtskräftig ersetzt, muss der ArbGeb die außerordentl. Kündigung in ent- 386
sprechender Anwendung des § 91 V SGB IX unverzüglich aussprechen, die Frist des Abs. 2 beginnt nicht neu zu laufen[8]. Gleiches gilt bei Durchführung eines personalvertretungsrechtl. Zustimmungsverfahrens[9]. Erst mit der Rechtskraft entfaltet der gerichtl. Beschluss die notwendige Gestaltungs- oder Vollstreckungswirkung[10]. Ist aber die gegen den bereits zugestellten Zustimmungsersetzungsbeschluss des LAG nach § 92a ArbGG erhobene Nichtzulassungsbeschwerde zum BAG offensichtlich aussichtslos, dann reicht bereits eine derartige „Unanfechtbarkeit" des Beschlusses zum Ausspruch der Kündigung. Dem ArbGeb steht es aber frei, die Rechtskraft abzuwarten, um danach unverzüglich die Kündigung zu erklären[11].

Entsprechend früher ist zu kündigen, wenn der BR die zunächst verweigerte Zustimmung noch wäh- 387
rend des anhängigen Beschlussverfahrens erteilt[12]. Ebenso ist der Weg für eine Kündigung frei, wenn das BR-Mitglied während des laufenden Verfahrens zB auf Grund einer Neuwahl aus dem BR ausscheidet. Dann ist auch keine erneute BR-Anhörung erforderlich[13].

7. Ausschlussfrist und Verwaltungsverfahren. In den Fällen der § 9 III MuSchG, § 18 I BEEG, §§ 85, 91 388
SGB IX sowie § 5 PflegeZG kann eine Kündigung nur mit **vorheriger Zustimmung der zuständigen Behörde** erfolgen. Bestandskraft bzw. Rechtskraft des Beschlusses ist nicht erforderlich[14].

a) Jeweils ausreichend, aber auch erforderlich ist es, dass die Zustimmung innerhalb der zweiwöchi- 389
gen Frist bei der zuständigen Behörde beantragt wird[15]. Wird die Zustimmung erteilt, muss der ArbGeb die Kündigung unverzüglich nach Zustellung des Bescheides aussprechen, § 91 V SGB IX (analog)[16]. Ist

---

[1] BAG 18.9.1997 – 2 ABR 15/97, NJW 1998, 2238 (§ 103 BetrVG gilt nur für eine außerordentl., nicht für eine ausnahmsw. zulässige ordentl. Kündigung eines BR-Mitglieds). ‖ [2] BAG 18.8.1977 – 2 ABR 19/77, DB 1978, 109; 8.4.2003 – 2 AZR 515/02, NZA 2003, 961; KR/*Fischermeier*, § 626 BGB Rz. 332; aA *Meisel*, DB 1974, 138; *Müller*, DB 1975, 1363. ‖ [3] LAG Köln 22.3.2012 – 7 Sa 1022/11. ‖ [4] BAG 18.8.1977 – 2 ABR 19/77, DB 1978, 109; KR/*Fischermeier*, § 626 BGB Rz. 333; *Stahlhacke/Preis/Vossen*, Rz. 1753; aA *Weisemann*, DB 1974, 2476 (2478). ‖ [5] BAG 24.10.1996 – 2 AZR 3/96, NJW 1997, 371; 7.5.1986 – 2 ABR 27/85, AP Nr. 18 zu § 103 BetrVG 1972; APS/ *Dörner*, § 626 BGB Rz. 147; ErfK/*Müller-Glöge*, § 626 BGB Rz. 226; aA *Gamillscheg*, FS 25 Jahre BAG, 1979, S. 117 (126f.). ‖ [6] BAG 24.10.1996 – 2 AZR 3/96, NJW 1997, 371. ‖ [7] Vgl. Palandt/*Ellenberger*, § 204 Rz. 5. ‖ [8] BAG 24.4.1975 – 2 AZR 118/74, DB 1975, 1610; 9.7.1998 – 2 AZR 142/98, NJW 1999, 444; KR/*Etzel*, § 103 BetrVG Rz. 136; *Stahlhacke/Preis/Vossen*, Rz. 1753f.; aA (zwei Wochen) *Fitting*, § 103 BetrVG Rz. 46. ‖ [9] BAG 21.10.1983 – 7 AZR 281/81, AP Nr. 16 zu § 626 BGB Ausschlussfrist; 8.6.2000 – 2 AZR 375/99, NJW 2001, 1156. ‖ [10] BAG 25.1.1979 – 2 AZR 983/77, DB 1979, 1704; APS/*Dörner*, § 626 BGB Rz. 149. ‖ [11] BAG 9.7.1998 – 2 AZR 142/98, NJW 1999, 444; zur Bindungswirkung der Zustimmungsersetzung zur Frage des Vorliegens eines wichtigen Grundes BAG 15.8.2002 – 2 AZR 214/01, NJW 2003, 1204. ‖ [12] BAG 23.6.1993 – 2 ABR 58/92, NZA 1993, 1052. ‖ [13] BAG 19.9.1991 – 2 ABR 14/91, RzK II 3 Nr. 20; 8.6.2000 – 2 AZR 276/00, AP Nr. 41 zu § 103 BetrVG 1972. ‖ [14] BAG 19.6.2007 – 2 AZR 226/06, Rz. 14; APS/*Dörner*, § 626 BGB Rz. 152. ‖ [15] KR/*Fischermeier*, § 626 BGB Rz. 357. ‖ [16] Vgl. BAG 11.9.1979 – 6 AZR 753/78, AP Nr. 6 zu § 9 MuSchG 1968; *Stahlhacke/ Preis/Vossen*, Rz. 1430.

BGB § 626 Rz. 390   Fristlose Kündigung aus wichtigem Grund

die Frist des Abs. 2 dagegen noch nicht abgelaufen, kann sie trotz bereits vorliegender Zustimmung noch voll ausgeschöpft werden[1].

390   Es genügt die mündliche oder fernmündliche Bekanntgabe der Zustimmung; einer vorherigen Zustellung des Bescheides bedarf es nicht[2].

391   Soll einem **Schwerbehinderten** gekündigt werden, muss die Einleitung des Verfahrens innerhalb der Frist des § 91 II SGB IX erfolgen[3]. Die Zustimmung gilt auch als erteilt, wenn die Behörde innerhalb der zwei Wochen keine Entscheidung getroffen hat, § 91 III 2 SGB IX. Da auch hier die Kündigung unverzüglich zu erklären ist, § 91 V SGB IX, eine Entscheidung der Behörde aber bereits dann vorliegt, wenn sie innerhalb der Frist zur Post gebracht wurde[4], sollte sich der ArbGeb sofort nach Ablauf der Frist durch einen Anruf bei der Behörde rückversichern.

392   Ist dem ArbGeb die Schwerbehinderteneigenschaft und damit die Zustimmungsbedürftigkeit nicht bekannt, läuft die Antragsfrist des § 91 II SGB IX nicht. Der ArbGeb muss aber dann die aus seiner Sicht geltende Ausschlussfrist des Abs. 2 einhalten[5].

393   **b)** Ist der **schwerbehinderte ArbN BR- oder PersR-Mitglied**, kann die Kündigung erst, dann aber unverzüglich ausgesprochen werden, wenn die Zustimmung des BR und des Integrationsamts vorliegt, § 103 BetrVG, § 91 V SGB IX. Ausreichend hierfür ist, dass der Antrag rechtzeitig beim Integrationsamt gestellt, § 91 II 1 SGB IX, und danach die Zustimmung des BR unverzüglich beantragt wurde[6].

394   **IX. Mitteilung der Kündigungsgründe (Abs. 2 S. 3). 1. Inhalt.** Nach Abs. 2 S. 3 hat der Kündigende auf Verlangen des Gekündigten den Kündigungsgrund soweit bekannt unverzüglich schriftl. mitzuteilen. Dies ist bereits dann der Fall, wenn der Kündigungsempfänger zu erkennen gibt, er wolle wissen, warum die Kündigung erfolgt sei.

Weder hat die rechtzeitige Mitteilung aber Auswirkungen auf das Vorliegen eines wichtigen Grundes noch ist sie sonstige Wirksamkeitsvoraussetzung der außerordentl. Kündigung (vgl. Rz. 397 ff.), sollte nicht ausnahmsw. die Angabe des Kündigungsgrundes durch eine konstitutive Formabrede in einem TV, einer BV, im Arbeitsvertrag oder im Gesetz (zB §§ 22 III BBiG, 9 III 2 MuSchG) vorgeschrieben sein.

395   **2. Grenze.** Da Abs. 2 S. 3 keine Frist für das Mitteilungsverlangen vorschreibt, ergibt sich eine zeitliche Grenze erst aus dem Gesichtspunkt der Verwirkung. Die Versäumnis der Drei-Wochen-Frist der §§ 13 I 2, 4 S. 1 KSchG ist hierfür erhebliches Indiz, ohne dass deswegen zwingend Verwirkung anzunehmen ist[7].

396   **3. Form und Umfang der Begründung.** Die Mitteilung der Kündigungsgründe hat schriftl. zu erfolgen, Abs. 2 S. 3. Die Gründe sind hierbei vollständig und wahrheitsgemäß anzugeben. Insb. sind die Tatsachen mitzuteilen, auf die der Kündigende seinen Kündigungsentschluss gestützt hat. Wertungen und Schlussfolgerungen reichen nicht aus.

397   **4. Rechtsfolge bei Verletzung der Mitteilungspflicht. a)** Anders als bei § 22 III BBiG[8] oder § 9 III 2 MuSchG ist die Wirksamkeit der außerordentl. Kündigung nicht von der Mitteilung der Kündigungsgründe abhängig[9]. Eine spätere Verletzung der Mitteilungspflicht führt nicht zur Nichtigkeit der Kündigung[10].

398   Ein TV, eine BV oder der Arbeitsvertrag können aber ein entsprechendes konstitutives Schriftformerfordernis (§ 125 S. 2) begründen. So muss der ArbGeb nach § 54 BMT-G II in der schriftl. Kündigung die Gründe hinreichend genau bezeichnen, damit der Kündigungsempfänger hinreichend klar erkennen kann, auf welchen Lebenssachverhalt die Kündigung gestützt wird, so dass dies im Prozess nicht mehr ernsthaft streitig sein kann. Die Bezugnahme auf den Inhalt eines Gesprächs, die Verwendung von Werturteilen oder Schlagworten, wie „betriebsbedingt", genügt nicht[11]. Fehlt es insoweit am Schriftformerfordernis, ist die Kündigung unheilbar nichtig[12].

399   **b)** Kommt der Kündigende seiner Mitteilungspflicht nicht nach, führt dies zur Verletzung einer Nebenpflicht, ohne dass der Kündigende deswegen daran gehindert wäre, die Kündigungsgründe in den Prozess einzuführen (s. § 9 MuSchG Rz. 14). Dem Gekündigten kann aber ein Schadensersatzanspruch erwachsen, wenn er im Vertrauen darauf (§ 254!), dass kein wichtiger Grund vorlag, Kündigungsschutz-

---

[1] BAG 15.11.2001 – 2 AZR 380/00, DB 2002, 1509. ǁ [2] BAG 15.11.1990 – 2 AZR 255/90, NZA 1991, 553; 12.8.1999 – 2 AZR 748/98, NZA 1999, 1267. ǁ [3] Zum Verhältnis § 91 II SGB IX/§ 626 II: BAG 1.2.2007 – 2 AZR 333/06, NZA 2007, 744; *Sandmann*, SAE 2007, 215. ǁ [4] BAG 9.2.1994 – 2 AZR 720/93, NZA 1994, 1030. ǁ [5] BAG 23.2.1978 – 2 AZR 462/76, DB 1978, 1227; 14.5.1982 – 7 AZR 1221/79, DB 1982, 1778; KR/*Fischermeier*, § 626 BGB Rz. 341 f. ǁ [6] KR/*Fischermeier*, § 626 BGB Rz. 341. Zur Kombination der Verfahren bei schwerbehinderten Mitgliedern des BR: BAG 22.1.1987 – 2 ABR 6/86, DB 1987, 1743. ǁ [7] APS/*Dörner*, § 626 BGB Rz. 160 f.; KR/*Fischermeier*, § 626 BGB Rz. 35; aA (Verwirkung tritt mit Ablauf der Klagefrist ein) MünchArbR/*Wank*, § 120 Rz. 113. ǁ [8] Dazu BAG 22.2.1972 – 2 AZR 205/71, DB 1972, 1732 (1783). ǁ [9] *Adomeit/Spinti*, AR-Blattei 1010.9 Rz. 22. ǁ [10] BAG 17.8.1972 – 2 AZR 415/71, DB 1973, 481; ErfK/*Müller-Glöge*, § 626 BGB Rz. 239. ǁ [11] BAG 10.2.1999 – 2 AZR 848/98, AP Nr. 3 zu § 54 BMT-G II. ǁ [12] BAG 25.8.1977 – 3 AZR 705/75, DB 1978, 258; ErfK/*Müller-Glöge*, § 626 BGB Rz. 239.

klage erhoben hat[1]. Der Einwand eines rechtmäßigen Alternativverhaltens ist allerdings möglich, wenn der Gekündigte nach Offenlegung der Kündigungsgründe die Kündigungsschutzklage nicht unverzüglich zurücknimmt.

c) Eine Verletzung der Mitteilungspflicht nach Abs. 2 S. 3 durch den ArbGeb ist auch in der Form möglich, dass dieser entgegen der Wahrheit Gründe vorschiebt und publik macht, so dass der ArbN deswegen nachweisbar keine neue Anstellung findet. Dies gilt einmal, wenn gar kein wichtiger Grund für eine Kündigung vorlag, sowie dann, wenn zwar ein wichtiger Grund gegeben ist, dieser aber einer Beschäftigung des ArbN bei einem anderen ArbGeb nicht entgegengestanden hätte[2]. Eine solche Schadensersatzpflicht resultiert allein aus der Verletzung der Mitteilungspflicht und der daraus resultierenden Schwierigkeit des ArbN, eine andere Arbeitsstelle zu finden. Sie hat mit der Frage der Wirksamkeit der Kündigung nur indirekt etwas zu tun.

X. Umdeutung in eine außerordentliche Kündigung mit Auslauffrist, in eine ordentliche Kündigung oder in einen Antrag auf Abschluss eines Aufhebungsvertrages. Wie andere Rechtsgeschäfte kann auch eine unwirksame außerordentl. Kündigung nach § 140 in ein anderes Rechtsgeschäft umgedeutet werden, das dem mutmaßlichen Willen des Kündigenden entspricht und keine weiter gehenden Rechtsfolgen als eine außerordentl. Kündigung zeitigt.

1. Eine Umdeutung in eine ordentl. Kündigung zum nächstzulässigen Beendigungszeitpunkt kommt in Betracht[3], soweit für den Gekündigten aus der Kündigungserklärung oder sonstigen Umständen bereits im Zeitpunkt des Zugangs der Kündigung erkennbar war, dass der Kündigende das ArbVerh in jedem Fall beenden will[4]. Für die Ermittlung des hypothetischen Willens des Kündigenden ist in erster Linie auf die wirtschaftl. Ziele des Kündigenden im Zeitpunkt des Kündigungszugangs abzustellen[5]. Man wird damit idR zu einem umfassenden Beendigungswillen des Kündigenden gelangen. Auch wenn § 140 von Amts wegen zu beachten ist, muss der Kündigende aber durch Tatsachenvortrag klarstellen, dass er zum Zeitpunkt des Zugangs der Kündigungserklärung auch eine hilfsweise ordentl. Beendigung des ArbVerh wollte. Die dazu erforderlichen Tatsachen werden ebenso wenig von Amts wegen ermittelt, wie der Beklagte sich explizit auf eine „Umdeutung" berufen muss[6].

Ist der BR nach § 102 BetrVG allein zu der zunächst ausgesprochenen außerordentl. Kündigung angehört worden, steht dies einer Umdeutung der unwirksamen außerordentl. Kündigung in eine ordentl. Kündigung zumeist entgegen, da dann die ordentl. Kündigung nach § 102 I 3 BetrVG unwirksam wäre. Dies gilt auch, wenn eine außerordentl. fristlose Kündigung in eine außerordentl. Kündigung mit Auslauffrist umgedeutet werden soll[7]. Etwas anderes soll dann gelten, wenn der BR der außerordentl. Kündigung ausdrücklich und vorbehaltlos zugestimmt hat und auch aus sonstigen Umständen nicht ersichtlich ist, dass er einer ordentl. Kündigung entgegengetreten wäre[8].

2. Möglich ist auch die Umdeutung der unwirksamen außerordentl. Kündigung in einen Antrag auf Abschluss eines Aufhebungsvertrages, wenn es dem mutmaßlichen Willen des Kündigenden entspricht, das ArbVerh unter allen Umständen sofort zu beenden.

Ein solcher Antrag kann bei ArbVerh nach § 623 nur schriftl. angenommen werden. Bei sonstigen Dienstverhältnissen bedarf es für eine konkludente Aufhebung des Dienstverhältnisses, dass der Gekündigte zu erkennen gibt, dass er das Dienstverhältnis ungeachtet der Wirksamkeit der Kündigung sofort beenden will. In der bloßen Hinnahme der Kündigung kann ein solcher Geschäftswille noch nicht gesehen werden[9].

XI. Sonderkündigungsschutz. Zum Kündigungsschutz nach dem ArbPlSchG, dem MuSchG, dem PflegeZG, dem SGB IX und § 15 KSchG vgl. die dortigen Erläuterungen.

XII. Verfahrensfragen. 1. Klagen. a) Kündigungsschutzklage. Nach §§ 13 I 2, 4 KSchG muss die Rechtsunwirksamkeit einer außerordentl. Kündigung innerhalb von drei Wochen nach Zugang der Kündigung durch eine Klage auf Feststellung geltend gemacht werden[10]. Ansonsten gilt die Kündigung gem. §§ 7, 13 KSchG als von Anfang an rechtswirksam. Nach § 4 S. 1 KSchG sind sämtliche Mängel der Kündigung innerhalb der Drei-Wochen-Frist gerichtlich geltend zu machen (einheitliche Klagefrist für alle Unwirksamkeitsgründe). Dies gilt selbst dann, wenn der Anwendungsbereich des KSchG (§§ 1, 23) nicht eröffnet ist[11]. Für die aus sonstigen Gründen unwirksamen Kündigungen gelten die Vorschriften der §§ 1–14 KSchG nicht, „mit Ausnahme der §§ 4 bis 7" KSchG (§ 13 III KSchG). Damit muss zB ein Verstoß gegen § 9 I MuSchG auch bei einem noch keine sechs Monate bestehenden ArbVerh innerhalb

---

1 BAG 17.8.1972 – 2 AZR 415/71, DB 1973, 481; *Adomeit/Spinti*, AR-Blattei 1010.9 Rz. 29. ||2 APS/*Dörner*, § 626 BGB Rz. 163; KR/*Fischermeier*, § 626 BGB Rz. 38. ||3 Nicht aber umgekehrt die Umdeutung einer ordentl. Kündigung in eine außerordentl.: BAG 12.9.1974 – 2 AZR 535/73, DB 1975, 214. ||4 BAG 20.9.1984 – 2 AZR 633/82, NJW 1985, 1854; 1.9.2010 – 5 AZR 700/09, NZA 2010, 1409; *Hager*, BB 1989, 693 (695). ||5 BAG 13.8. 1987 – 2 AZR 599/86, NJW 1988, 581. ||6 BAG 13.8.1987 – 2 AZR 599/86, NJW 1988, 581; *Stahlhacke/Preis/Vossen*, Rz. 410; aA *Schmidt*, NZA 1989, 661 (664) in der Annahme, die notwendigen Tatsachen seien stets zu ermitteln. ||7 BAG 18.10.2000 – 2 AZR 627/99, NJW 2001, 1229. ||8 BAG 16.3.1978 – 2 AZR 424/76, NJW 1979, 76; ErfK/*Müller-Glöge*, § 626 BGB Rz. 238. ||9 Zum gesamten Punkt 2: BAG 13.4.1972 – 2 AZR 243/71, DB 1972, 1784. ||10 KR/*Fischermeier*, § 626 BGB Rz. 371. ||11 BAG 28.6.2007 – 6 AZR 873/06, NZA 2007, 972.

von drei Wochen gerichtl. geltend gemacht werden (s. im Einzelnen § 4 KSchG Rz. 3 ff.)[1]. Die Anwendung des § 4 KSchG setzt lediglich voraus, dass es sich um die Kündigung eines ArbN durch den ArbGeb handelt und dass die Kündigung schriftl. (§ 623) erfolgte[2].

408 b) **Richtiger Klageantrag.** Eine Kündigungsschutzklage nach § 4 KSchG aF iVm. § 13 I 2 KSchG war weder erforderlich noch zulässig, soweit das Arbeits- oder Dienstverhältnis nicht dem allg. Kündigungsschutz des KSchG unterfiel[3]. Nach §§ 4 S. 1, 13 I 2 KSchG gilt § 4 S. 1 KSchG nun für alle Kündigungen, unabhängig von der Anwendbarkeit des KSchG iÜ. Richtiger Klageantrag beim Vorgehen gegen eine Kündigung kann also nur der Antrag auf Feststellung sein, dass das ArbVerh durch eine bestimmte Kündigung nicht aufgelöst wird bzw. wurde. Für einen allg. Feststellungsantrag, dass das ArbVerh besteht, fehlt es neben § 4 KSchG an einem Feststellungsinteresse, sollte nicht ausnahmsweise die Gefahr weiterer Kündigungen bestehen[4].

409 2. **Nachschieben von Kündigungsgründen.** a) Das Nachschieben von Kündigungsgründen ist zunächst von einem stets zulässigen Erläutern der Kündigungsgründe zu unterscheiden. Bei Letzterem trägt der ArbGeb im Prozess zwar neue Tatsachen vor, diese lassen aber den dem BR mitgeteilten Kündigungssachverhalt im Wesentlichen unverändert. Die mitgeteilten Kündigungsgründe werden lediglich näher konkretisiert[5].

Zur materiellen Seite des Nachschiebens von Gründen vgl. bereits oben Rz. 119 ff.

410 b) Die **prozessuale Problematik** des Nachschiebens von Kündigungsgründen im gerichtl. Verfahren ergibt sich aus der erforderlichen **BR-Anhörung** vor Ausspruch der Kündigung gem. § 102 BetrVG.

411 aa) Im Idealfall hat der ArbGeb dem BR sämtliche zum damaligen Zeitpunkt objektiv gegebenen Gründe vorzutragen, die die außerordentl. Kündigung rechtfertigen.

412 (1) Hält der ArbGeb ihm bereits bekannte Gründe zurück, verletzt er das Mitwirkungsrecht des BR mit der Folge, dass die nicht mitgeteilten Gründe im Kündigungsschutzprozess nicht mehr verwertbar sind[6]. Die spätere nach Ausspruch der Kündigung erfolgte Mitteilung solcher Kündigungsgründe vermag hieran ebenso wenig etwas zu ändern wie eine vorbehaltlose Zustimmung des BR zur Kündigung[7].

413 Dh. allerdings nicht, dass in diesem Falle die gesamte BR-Anhörung fehlerhaft sein muss. Für den ArbGeb genügt es insoweit, dass er dem BR diejenigen Kündigungstatsachen mitteilt, die ihn zum Ausspruch der Kündigung veranlasst haben, sog. subjektive Determination. Da ein ArbGeb den BR wohl selten bewusst unzureichend anhören will, wird die BR-Anhörung damit zumindest so weit, als eine Anhörung erfolgt ist, wirksam sein. Der ArbGeb trägt aber das Risiko, dass die dem BR vorgetragenen Kündigungsgründe die Kündigung im Prozess (noch) nicht rechtfertigen. Stellt sich später heraus, dass dem BR wesentliche, bekannte Teile des Sachverhalts nicht mitgeteilt wurden, lassen sich diese nicht mitgeteilten Tatsachen auch nicht mehr in den Prozess einführen.

414 (2) Anders verhält es sich, wenn der ArbGeb von bestehenden Kündigungsgründen selbst erst nach Ausspruch der Kündigung erfährt. Solche Kündigungsgründe können in das gerichtl. Verfahren eingeführt werden, wenn die erste BR-Anhörung nicht unwirksam war und der BR in einer weiteren Anhörung über die neuen Kündigungsgründe informiert wird. Insoweit schadet es nicht, dass die zweite BR-Anhörung erst nach Ausspruch der Kündigung erfolgt. Dies ergibt sich nach hM[8] aus einer am Sinn und Zweck der Vorschrift orientierten entsprechenden Anwendung des § 102 I BetrVG.

415 (3) Erfährt der ArbGeb von weiteren Kündigungsgründen während bzw. nach der BR-Anhörung, aber vor Ausspruch der Kündigung, dann hat er vorrangig die Beteiligung des BR um diese Gründe zu erweitern bzw., soweit notwendig, ein erneutes Anhörungsverfahren einzuleiten. Nur wenn der ArbGeb durch diese Verzögerungen Gefahr läuft, die zweiwöchige Ausschlussfrist des Abs. 2 S. 1 zu überschreiten, ist ihm zu raten, zunächst auf der Grundlage der ersten BR-Anhörung zu kündigen. Nach Durchführung der zweiten Anhörung ist vorsorglich eine zweite Kündigung auszusprechen. Stellt sich dann heraus, dass die erste Kündigung nicht hinreichend begründet war, konnten die ihr zugrunde liegenden Tatsachen auch nicht die Zwei-Wochen-Frist in Gang setzen. Die Gründe für die erste Kündigung können damit unter Beachtung des in Rz. 65 ff. Gesagten auch für die zweite Kündigung verwertet werden. Sie treten dann neben die später bekannt gewordenen Kündigungsgründe.

416 bb) Ein BR oder PersR ist nur dann zu beteiligen, wenn er bei Ausspruch der Kündigung bereits im Amt war. Wurde er erst später gebildet, bedarf es keiner nachträglichen Beteiligung zu solchen Kündigungsgründen, die bereits bei Ausspruch der Kündigung vorgelegen haben. Wechselt aber der ArbGeb

---

1 So BT-Drs. 15/1587, 27. ||2 *Bader*, NZA 2004, 65 (67 aE); näher *Raab*, RdA 2004, 321 ff. ||3 BAG 17.8.1972 – 2 AZR 415/71, DB 1973, 481; 31.5.1979 – 2 AZR 473/77, BB 1979, 1715; KR/*Fischermeier*, § 626 BGB Rz. 373; aA v. *Hoyningen-Huene/Linck*, § 13 Rz. 29 ff. ||4 *Löwisch*, § 4 KSchG Rz. 90 aE, 91. ||5 BAG 11.4.1985 – 2 AZR 239/84, NJW 1986, 3159; 27.2.1997 – 2 AZR 302/96, NJW 1997, 2540. ||6 BAG 18.12.1980 – 2 AZR 1006/78, NJW 1981, 2316; 3.4.1986 – 2 AZR 324/85, BB 1987, 1114. ||7 BAG 2.4.1987 – 2 AZR 418/86, NZA 1987, 808; 26.9.1991 – 2 AZR 132/91, NZA 1992, 1073. ||8 BAG 11.4.1985 – 2 AZR 239/84, NJW 1986, 3159; KR/*Etzel*, § 102 BetrVG Rz. 188.

die Kündigungsgründe völlig aus oder reichert er sie erst nachträglich so weit an, bis ein wichtiger Grund gegeben ist, kommt dies einem neuen Kündigungsentschluss gleich. Die neue ArbN-Vertretung ist dann zuvor anzuhören[1].

c) Hat der ArbGeb das Zustimmungsersetzungsverfahren nach § 103 II BetrVG in Gang gesetzt, kann er während dieses Verfahrens ungeachtet vom Zeitpunkt der Kenntniserlangung neue Gründe vorbringen. Er muss diese Gründe jedoch vorab innerhalb der Frist des Abs. 2 dem BR mitteilen, damit dieser seine Entscheidung anhand der neuen Fakten überdenken kann[2]. Lässt sich der BR dadurch nicht umstimmen, kann der ArbGeb die Gründe in das Beschlussverfahren einführen. Die Zwei-Wochen-Frist muss nach hM[3] dann nicht mehr beachtet werden, da es insoweit zu keiner Verzögerung der Kündigung kommt. 417

d) Zur Problematik bei mehreren Kündigungssachverhalten vgl. Rz. 65 ff. 418

3. **Darlegungs- und Beweislast. a) Vorliegen eines wichtigen Grundes.** Der Kündigende muss im Prozess umfassend darlegen und beweisen können, dass ihm die Fortsetzung des Dienstverhältnisses unzumutbar ist. Er ist damit für alle Umstände darlegungs- und beweisbelastet, die das Vorliegen eines wichtigen Grundes ergeben[4]. 419

aa) Hierzu gehört auch die Darlegung und ggf. der Beweis, dass sich **der andere Teil rechtswidrig verhalten hat**. Anders als im Schadensersatzrecht wird damit die Darlegungs- und Beweislast nicht danach aufgeteilt, dass der Kündigende allein die objektiven Merkmale für einen Kündigungsgrund und die bei der Interessenabwägung für den Gekündigten ungünstigen Umstände vorzutragen und zu beweisen hat, während der Gekündigte seinerseits Rechtfertigungsgründe und sonstige für ihn entlastende Umstände vorbringen muss. Insb. bei einer Arbeitsversäumnis kann nicht ohne weiteres auf eine Arbeitspflichtverletzung durch den ArbN geschlossen werden. Da anders als im Deliktsrecht eine objektive Pflichtverletzung im Vertragsrecht nicht schon das Vorliegen eines rechtswidrigen Verhaltens indiziert, muss der ArbGeb ggf. auch Gegentatsachen vortragen und beweisen, die einen Rechtfertigungs- oder Entschuldigungsgrund für das Verhalten des ArbN ausschließen[5]. 420

bb) Nach allg. Regeln hat die kündigende Vertragspartei die Darlegungs- und Beweislast für die konkret eingetretenen betriebl. oder wirtschaftl. Folgen der (näher zu bezeichnenden) **Störung des Arb-Verh** zu tragen. Dies gehört bereits zum Vortrag des Kündigungsgrundes an sich. Lediglich bei einer verhaltensbedingten Kündigung wird eine Störung des Arbeitsvertrages ohne weiteres angenommen[6]. 421

cc) Eine Begrenzung der Darlegungs- und Beweislast des Kündigenden wird dadurch erreicht, dass dessen schlüssiger Vortrag nur insoweit substantiiert werden muss, wie sich der Gekündigte auch auf die Kündigungsgründe einlässt. Nicht notwendig ist es deshalb, dass der ArbGeb von vornherein alle denkbaren Rechtfertigungsgründe des ArbN ausräumt[7]. Es genügt ein Eingehen auf die vom ArbN substantiiert vorgetragenen Tatsachen[8]. 422

Hat also der ArbGeb dem ArbN gekündigt, weil dieser nicht zur Arbeit erschienen ist, dann muss er einen substantiierten Sachvortrag des ArbN ausräumen, dass das Fehlen auf Krankheit beruhte[9]. Ausreichend substantiiert ist der Vortrag des ArbN aber bei fehlender ärztlicher Bescheinigung nur, wenn der ArbN die Ursache der Krankheit und deren Auswirkungen im Einzelnen ausführt[10]. Entsprechendes gilt für eine Verteidigung des ArbN gegen die Kündigung, die Fehlzeit sei vom ArbGeb billigend hingenommen worden[11], die Behauptung, einen Arbeitskollegen in Notwehr verletzt[12] oder eine Erlaubnis des ArbGeb für die ausgeübte Konkurrenztätigkeit zu haben[13]. Will sich der Gekündigte auf einen für ihn unvermeidbaren Rechtsirrtum berufen, muss er die dafür maßgebenden, in seiner Sphäre liegenden Tatsachen darlegen und ggf. beweisen[14]. 423

dd) Verwertungsverbote erlangter Beweise bestehen beim heimlichen, zielgerichteten Mithören[15] und idR bei einer persönlichkeitsrechtsverletzenden Videoüberwachung[16]. Ein bloßer Verstoß gegen betrieb(sverfassungsrecht)l. Regelungen ist dagegen (insoweit) unschädlich[17]. 424

b) **Ausschlussfrist des Abs. 2. aa)** Nach heute ganz hM hat der Kündigende darzulegen und ggf. zu beweisen, dass er von den die Kündigung tragenden Gründen erst innerhalb der letzten zwei Wochen vor 425

---

1 BAG 20.1.1994 – 8 AZR 613/92; 11.5.1995 – 2 AZR 265/94, DStR 1995, 1280. ‖2 BAG 27.1.1977 – 2 ABR 77/76, AP Nr. 7 zu § 103 BetrVG 1972. ‖3 BAG 22.8.1974 – 2 ABR 17/74, DB 1974, 2310; GK-BetrVG/*Raab*, § 103 Rz. 74; aA KR/*Etzel*, § 103 BetrVG Rz. 124; KR/*Fischermeier*, § 626 BGB Rz. 185. ‖4 BAG 24.11.1983 – 2 AZR 327/82, DB 1984, 884 und 6.8.1987 – 2 AZR 226/87, NJW 1988, 438; *Reinecke*, NZA 1989, 577 (584 ff.). ‖5 BAG 24.11.1983 – 2 AZR 327/82, DB 1984, 884; 6.9.1987 – 2 AZR 226/87, NJW 1988, 438; *Stahlhacke/Preis/Vossen*, Rz. 560. ‖6 BAG 17.1.1991 – 2 AZR 375/90, NJW 1991, 1906; KR/*Fischermeier*, § 626 BGB Rz. 110. ‖7 BAG 24.11.1983 – 2 AZR 327/82, DB 1984, 884; 6.9.1987 – 2 AZR 226/87, NJW 1988, 438. ‖8 BAG 26.8.1993 – 2 AZR 154/93, NZA 1994, 63. ‖9 BAG 26.8.1993 – 2 AZR 154/93, NZA 1994, 63; *Stahlhacke/Preis/Vossen*, Rz. 560 ff. ‖10 BAG 12.3.2009 – 2 AZR 251/07, NZA 2009, 779; ErfK/*Müller-Glöge*, § 626 BGB Rz. 235. ‖11 BAG 18.10.1990 – 2 AZR 204/90, RzK I 10h Nr. 30. ‖12 BAG 31.5.1990 – 2 AZR 535/89, RzK I 10h Nr. 28. ‖13 BAG 6.9.1987 – 2 AZR 226/87, NJW 1988, 438. ‖14 BAG 14.2.1978 – 1 AZR 76/76, DB 1978, 1403; *Stahlhacke/Preis/Vossen*, Rz. 563. ‖15 BAG 23.4.2009 – 6 AZR 189/08, NZA 2009, 974. ‖16 BAG 27.3.2003 – 2 AZR 51/02, NJW 2003, 3436. ‖17 BAG 13.12.2007 – 2 AZR 537/06, NJW 2008, 2732.

Ausspruch der Kündigung Kenntnis erlangt hat[1]. Diese Beweislastverteilung folgt zum einen aus dem engen Sachzusammenhang der Ausschlussfrist des Abs. 2 mit dem Erfordernis des wichtigen Grundes sowie zum anderen aus der Tatsache, dass der Kündigende am ehesten darüber Auskunft geben kann, wann und unter welchen Umständen er von den Kündigungsgründen Kenntnis erhalten hat[2].

426 bb) Der Kündigende muss nicht schon in der Klageerwiderung im Einzelnen darlegen, dass die Ausschlussfrist eingehalten wurde. Dies ist erst erforderlich, wenn sich diese Frage auf Grund des zeitlichen Abstandes zwischen den behaupteten Kündigungsgründen und dem Ausspruch der Kündigung ergibt oder wenn seitens des Klägers die Verfristung der Kündigungsgründe geltend gemacht wird[3]. Dann gehört zur Darlegungslast, dass der Tag der Kenntniserlangung möglichst genau bezeichnet wird. Eine vage Bezeichnung, wie Kenntniserlangung am „Ende des Vormonats", bei einer am Vierten eines Monats zugegangenen Kündigung genügt nicht, da damit nicht zweifelsfrei gesagt wird, dass die Ausschlussfrist eingehalten wurde[4]. Will sich der Kündigende auf Umstände berufen, die den Fristlauf gehemmt haben, hat er auch hierfür die notwendigen Tatsachen vorzutragen[5].

427 cc) Kontrovers diskutiert wird, ob der Gekündigte den Zeitpunkt der Kenntniserlangung des ArbGeb auch mit Nichtwissen (§ 138 IV ZPO) bestreiten darf. Die wohl hM[6] lässt dies zu, wenn der Gekündigte nicht ausnahmsw. an diesem zeitlich näher konkretisierten Vorgang beteiligt war. Allein die Behauptung, dass der Gekündigte am Vorgang der Kenntniserlangung beteiligt war, zB weil er damals unmittelbar mit den Vorwürfen konfrontiert wurde, zwingt diesen zu einem substantiierten Bestreiten. Er hat mittels eines substantiierten Gegenvortrags einen früheren Zeitpunkt der Kenntniserlangung darzulegen. Dies ist dann, soweit erheblich, durch den Kündigenden ebenso zu widerlegen.

428 Beruft sich der Kündigende dagegen auf einen internen Vorgang, an dem der Gekündigte weder beteiligt war noch diesen wahrgenommen hat, besteht die Möglichkeit des **Bestreitens mit Nichtwissen**. Der Kündigende hat dann über die genaue Entwicklung seiner Kenntnis vom Kündigungssachverhalt Auskunft zu geben. Dies wird ohne weiteres möglich sein, wenn neben dem Kündigenden Dritte an der Kenntniserlangung beteiligt waren oder diese wahrgenommen haben. Kaum darstellbar und vor allem beweisbar ist aber, wenn sich beim Kündigungsberechtigten die Kenntnis von den kündigungsrelevanten Tatsachen erst aus einer (grob-)fahrlässigen Unkenntnis heraus entwickelt hat (vgl. Rz. 357ff.). Zwar ist dies keine unbeweisbare, „negative Tatsache", da damit im Falle des Scheiterns keine frühere Kenntniserlangung bewiesen ist. Es ist aber sorgsam zu prüfen, ob die Kenntniserlangung nicht an einer nach außen zutage getretenen Tatsache festgemacht werden kann.

429 **4. Rechtskräftige Ersetzung der Zustimmung nach § 103 BetrVG.** Soweit der ArbGeb zur Kündigung eines BR-Mitglieds das Zustimmungsersetzungsverfahren nach § 103 II BetrVG beschreiten muss, ist die Kündigung erst nach rechtskräftiger Zustimmungsersetzung möglich[7] (vgl. Rz. 382ff.). Dafür hat der Beschluss aber auch präjudizielle Wirkung für einen späteren Kündigungsschutzprozess[8]. Dh., es wird bzgl. der geprüften Punkte keine abweichende Entscheidung im Kündigungsschutzverfahren geben. Lediglich später eintretende Ereignisse, wie zB eine fehlende Zustimmung des Integrationsamts, können noch zu einer abweichenden Entscheidung führen[9].

430 Stellt das Gericht im Verfahren nach § 103 BetrVG in den Fällen des § 15 IV, V KSchG rechtskräftig fest, dass es keiner Zustimmung des BR zur Kündigung bedarf, präjudiziert diese Entscheidung (insoweit) den Kündigungsschutzprozess[10]. Die Zwei-Wochen-Frist des Abs. 2 wurde in solchen Fällen nicht versäumt, da die betriebsbedingten Gründe einen Dauertatbestand darstellen (vgl. Rz. 367).

431 **5. Fortbestand der Parteifähigkeit.** Die passive Parteifähigkeit einer juristischen Person (GmbH, AG) bleibt auch dann bestehen, wenn sie während des Rechtsstreits liquidiert und im Handelsregister gelöscht wird[11].

432 **6. Revision/Revisibilität des wichtigen Grundes.** Nach st. Rspr.[12] kann die Anwendung des Abs. 1 vom Revisionsgericht nur eingeschränkt überprüft werden. Geprüft wird nur, ob in der letzten Tatsacheninstanz der Begriff des wichtigen Grundes als solcher richtig erkannt wurde, dh., ob ein bestimmter

---

1 BAG 17.8.1972 – 2 AZR 359/71, DB 1972, 2406; 28.3.1985 – 2 AZR 113/84, NJW 1985, 2606; APS/*Dörner*, § 626 BGB Rz. 168; *Ascheid*, Beweislastfragen, S. 203 f.; ErfK/*Müller-Glöge*, § 626 BGB Rz. 236; krit. *Zöllner/Loritz/Hergenröder*, § 23 III 3a; aA *Picker*, ZfA 1981, 161. ∥ 2 KR/*Fischermeier*, § 626 BGB Rz. 385; Staudinger/*Preis*, § 626 BGB Rz. 295; *Stahlhacke/Preis/Vossen*, Rz. 814. ∥ 3 BAG 28.3.1985 – 2 AZR 113/84, NJW 1985, 2606; KR/*Fischermeier*, § 626 BGB Rz. 388. ∥ 4 BAG 25.9.1972 – 2 AZR 29/72, nv.; APS/*Dörner*, § 626 BGB Rz. 169; KR/*Fischermeier*, § 626 BGB Rz. 386. ∥ 5 KR/*Fischermeier*, § 626 BGB Rz. 386. ∥ 6 *Ascheid*, Beweislastfragen, S. 206; ErfK/*Müller-Glöge*, § 626 BGB Rz. 236; KR/*Fischermeier*, § 626 BGB Rz. 387; aA *Oetker*, Anm. LAGE Art. 20 EinigungsV Nr. 1. ∥ 7 BAG 9.7.1998 – 2 AZR 142/98, NJW 1999, 444. ∥ 8 BAG 10.12.1992 – 2 ABR 32/92, NZA 1993, 501; ErfK/*Müller-Glöge*, § 626 BGB Rz. 233; aA *Ascheid*, FS Hanau, 1999, S. 685 (700) (Nebeninterventionswirkung gem. § 103 II 2 BetrVG). ∥ 9 BAG 11.5.2000 – 2 AZR 276/99, NZA 2000, 1106. ∥ 10 BAG 18.9.1997 – 2 ABR 15/97, NJW 1998, 2238. ∥ 11 BAG 9.2.1978 – 3 AZR 260/76, DB 1978, 1088; 11.9.1980 – 3 AZR 544/79, EzA § 7 BetrAVG Nr. 7; 9.7.1981 – 2 AZR 329/79, NJW 1982, 1831; KR/*Fischermeier*, § 626 BGB Rz. 377; aA BGH 5.4.1979 – II ZR 73/78, BGHZ 74, 212. ∥ 12 Ua. BAG 5.2.1998 – 2 AZR 227/97, NZA 1998, 771 und 21.1.1999 – 2 AZR 665/98, NJW 1999, 3140; s.a. *Ascheid*, Kündigungsschutzrecht, Rz. 61; KR/*Fischermeier*, § 626 BGB Rz. 390; Soergel/*Kraft*, § 626 Rz. 46; krit. *Adam*, ZTR 2001, 349 ff.; *Preis*, Prinzipien, S. 478 ff.; aA *Müller*, ZfA 1982, 501.

Sachverhalt unabhängig von den besonderen Umständen des Einzelfalles an sich geeignet ist, einen wichtigen Grund zu bilden, und in die Interessenabwägung alle vernünftigerweise in Betracht kommenden Umstände des Einzelfalles einbezogen worden sind. Das BAG gesteht dabei der Tatsacheninstanz bei der Bewertung der festgestellten Tatsachen im Rahmen der Interessenabwägung einen Beurteilungsspielraum zu[1].

Trotz des Beurteilungsspielraumes findet aber eine Überprüfung insoweit statt, als das LAG bei seiner Subsumtion keine Denkgesetze oder allg. Erfahrungssätze verletzt haben darf und alle vernünftigerweise in Betracht kommenden Umstände, die für oder gegen die außerordentl. Kündigung sprechen, widerspruchsfrei zu beachten hat[2]. **433**

Hat das Berufungsgericht die Grenzen seines Beurteilungsspielraums überschritten, setzt das BAG seine Würdigung an die Stelle des Berufungsgerichts, wenn alle abwägungsrelevanten Tatsachen festgestellt wurden bzw. eine weitere Sachverhaltsaufklärung nicht zu erwarten ist. Dies liegt vor allem dann nahe, wenn sich das BAG der erstinstanzlichen Würdigung anschließen kann[3]. **434**

7. Umfang der Rechtskraft/Präklusion. a) Wurde durch den Kündigungsrechtsstreit rechtskräftig entschieden, dass das ArbVerh durch eine bestimmte Kündigung nicht aufgelöst worden ist, so besteht Einigkeit darüber, dass der ArbGeb eine erneute Kündigung nicht auf Kündigungsgründe stützen kann, die er schon erfolglos zur Begründung der ersten Kündigung vorgebracht hat. Entsprechendes gilt, wenn die mit identischen Gründen versehene zweite Kündigung noch kurz vor der rechtkräftigen Feststellung der Unwirksamkeit der ersten Kündigung erfolgt (sog. **Wiederholungskündigung**)[4]. **435**

Zwar muss der gekündigte ArbN wegen §§ 4, 7, 13 KSchG auch gegen die zweite Kündigung rechtzeitig Klage erheben. Der Klage ist aber ohne weiteres stattzugeben, da die Entscheidung im ersten Kündigungsschutzverfahren, bezogen auf die geltend gemachten Kündigungsgründe, präjudiziell für das zweite Kündigungsschutzverfahren ist. Das BAG[5] begründet dieses Ergebnis sowohl materiell-rechtl. aus der Rechtsnatur der Kündigung als Gestaltungserklärung, indem es darauf hinweist, dass bei der ersten Kündigung das Gestaltungsrecht verbraucht wurde, wie auch prozessrechtl. mit der Rechtskraft des ersten Urteils. **436**

b) Soweit der ArbGeb damit eine erneute Kündigung aussprechen will, kann dies unter Verwendung der alten Kündigungsgründe nur Erfolg haben, wenn er sich zudem auf **neue Tatsachen** stützen kann, die den bisherigen Kündigungssachverhalt verändern oder ergänzen[6], oder er sich auf Gründe beruft, mit denen sich das erste Urteil aus formalen Gründen[7] (zB auf Grund fehlender BR-Anhörung; Nichteinhaltung der Schriftform) oder aus sonstigen Gründen eindeutig und ausdrücklich nicht befasst hat[8]. Unbenommen bleibt es ihm zudem, neue Kündigungsgründe geltend zu machen oder anstatt fristlos nunmehr ordentl. zu kündigen. **437**

Gegen die Rechtskraft des ersten Urteils verstößt es idR, wenn der Kündigende sich in einem zweiten Prozess darauf beruft, dass die rechtskräftig für unwirksam erklärte Kündigung in eine ordentl. Kündigung umzudeuten gewesen wäre[9]. Abweichungen gibt es nur, wenn der Streitgegenstand im ersten Prozess durch einen entsprechenden Feststellungsantrag auf die Unwirksamkeit der angegriffenen außerordentl. Kündigung begrenzt war[10] oder wenn das Gericht, trotz Erörterung dieser Frage, deren Beantwortung eindeutig und ausdrücklich ausgeklammert hat[11]. **438**

c) Mit der Rechtskraft des der Klage stattgebenden Urteils wird zudem festgestellt, dass das ArbVerh zu dem betreffenden Termin nicht aufgelöst worden ist[12]. Daraus folgt zum einen, dass es dem ArbGeb auf Grund der Rechtskraft des ersten Urteils verwehrt ist, sich später darauf zu berufen, dass zwischen den Parteien gar kein ArbVerh zustande gekommen sei[13]. Zum anderen hat dies Auswirkungen, wenn der ArbGeb nur bzgl. einer von zwei erfolgreichen Kündigungsschutzklagen Berufung einlegt. Damit wird rechtskräftig festgestellt, dass durch die nicht weiter verfolgte Kündigung das ArbVerh zum Kündigungszeitpunkt bestanden hat. Der ArbGeb kann damit mit seiner Berufung keinen Erfolg haben, wenn die weiterverfolgte Kündigung das ArbVerh vor der rechtskräftig für unwirksam erklärten Kündi- **439**

---

1 BAG 16.3.2000 – 2 AZR 75/99, NZA 2000, 1332. ||2 BAG 18.11.1999 – 2 AZR 743/98, NJW 2000, 1211; krit. Erman/*Belling*, § 626 Rz. 91: Das BAG prüfe auch, ob die in Betracht kommenden Umstände und Interessen überhaupt rechtl. geschützt sind und ob der Tatrichter ein Interesse rechtl. zutr. im konkreten Fall in Ansatz gebracht hat; insoweit bestehe kein Beurteilungsspielraum. ||3 BAG 21.1.1999 – 2 AZR 665/98, NJW 1999, 3140; 12.8.1999 – 2 AZR 923/98, NJW 2000, 1969. ||4 BAG 26.8.1993 – 2 AZR 159/93, NJW 1994, 473; 25.3.2004 – 2 AZR 399/03, NZA 2004, 1216. ||5 BAG 26.8.1993 – 2 AZR 159/93, NJW 1994, 473. ||6 *Ascheid*, FS Stahlhacke, 1996, S. 10 f.; KR/*Fischermeier*, § 626 BGB Rz. 403; RGRK/*Corts*, § 626 Rz. 260. ||7 KR/*Fischermeier*, § 626 BGB Rz. 403; *Stahlhacke/Preis/Vossen*, Rz. 2046. ||8 BAG 12.10.1954 – 2 AZR 36/53, AP Nr. 5 zu § 3 KSchG; 12.4.1956 – 2 AZR 247/54, DB 1956, 600; KR/*Fischermeier*, § 626 BGB Rz. 403. ||9 BAG 19.2.1970 – 2 AZR 133/69, DB 1970, 1182; 14.8.1974 – 5 AZR 497/73, DB 1975, 212; KR/*Fischermeier*, § 626 BGB Rz. 396; *Löwisch*, § 13 KSchG Rz. 35; aA *Vollkommer*, Anm. zu BAG AP Nr. 3 zu § 13 KSchG 1969. ||10 BAG 26.2.1975 – 2 AZR 144/74, nv.; KR/*Fischermeier*, § 626 BGB Rz. 396. ||11 BAG 19.2.1970 – 2 AZR 133/69, DB 1970, 1182; *v. Hoyningen-Huene/Linck*, § 4 KSchG Rz. 90a; KR/*Fischermeier*, § 626 BGB Rz. 396. ||12 BAG 12.6.1986 – 2 AZR 426/85, NZA 1987, 273. ||13 BAG 12.1.1977 – 5 AZR 593/75, NJW 1977, 1895; 12.6.1986 – 2 AZR 426/85, NZA 1987, 273; 5.10.1995 – 2 AZR 909/94, NZA 1996, 651; *Habscheid*, RdA 1989, 88 ff.; KR/*Fischermeier*, § 626 BGB Rz. 393; *Schaub*, NZA 1990, 85 f.; aA *Boemke*, RdA 1995, 211 f.; *Schwerdtner*, NZA 1987, 263.

gung beendet haben soll. Dem ArbGeb bleibt deshalb nichts anderes übrig, als auch bzgl. der von ihm für unwirksam erachteten Kündigung Aussetzung zu beantragen oder Rechtsmittel einzulegen[1].

627 Fristlose Kündigung bei Vertrauensstellung

(1) Bei einem Dienstverhältnis, das kein Arbeitsverhältnis im Sinne des § 622 ist, ist die Kündigung auch ohne die in § 626 bezeichnete Voraussetzung zulässig, wenn der zur Dienstleistung Verpflichtete, ohne in einem dauernden Dienstverhältnis mit festen Bezügen zu stehen, Dienste höherer Art zu leisten hat, die auf Grund besonderen Vertrauens übertragen zu werden pflegen.

(2) Der Verpflichtete darf nur in der Art kündigen, dass sich der Dienstberechtigte die Dienste anderweit beschaffen kann, es sei denn, dass ein wichtiger Grund für die unzeitige Kündigung vorliegt. Kündigt er ohne solchen Grund zur Unzeit, so hat er dem Dienstberechtigten den daraus entstehenden Schaden zu ersetzen.

1 **I. Normzweck.** § 627 erleichtert ggü. § 626 die Möglichkeit der fristlosen Kündigung bei Dienstverträgen, die Dienste höherer Art zum Gegenstand haben und auf Grund besonderen Vertrauens übertragen werden, sofern das Dienstverhältnis kein dauerndes mit festen Bezügen ist[2]. Grund für diese erleichterte Lösungsmöglichkeit ist, dass solche Dienstverhältnisse zum einen stärker auf persönlichem Vertrauen beruhen und zum anderen wegen der Gerichtetheit auf eine nur vorübergehende Tätigkeit nur eine entsprechend lose Verbindung begründen[3].

2 **II. Verhältnis zum Rücktrittsrecht und zu § 626.** Das Dienstverhältnis iSd. § 627 muss nicht notwendig **Dauerschuldverhältnis** (nicht zu verwechseln mit dauerndem Dienstverhältnis iSd. § 627, vgl. Rz. 5) sein[4]. Ist es dies, dann verdrängt § 627 bei bereits in Vollzug gesetzten Dienstverhältnissen ein etwaiges Rücktrittsrecht gem. §§ 323, 326 V[5]. Die Berechtigung, **Schadensersatz** nach §§ 280–283 zu verlangen, wird durch die Kündigung jedoch nicht ausgeschlossen. Grund hierfür ist, dass die Geltendmachung des durch die Nichterfüllung entstehenden Schadens nicht davon abhängt, dass der Gläubiger zugleich die Kündigung des Dienstverhältnisses erklärt[6]. Ist das Dienstverhältnis nach § 627 Dauerschuldverhältnis, gelten die Kündigungsrechte der §§ 627 und 626 nebeneinander[7], vgl. auch § 314.

3 **III. Kündigungsberechtigter.** Kündigungsberechtigt sind sowohl der Dienstberechtigte als auch der Dienstverpflichtete.

4 **IV. Voraussetzungen der Kündigung. 1. Kein dauerndes Dienstverhältnis mit festen Bezügen.** § 627 ist nicht anwendbar, wenn der Dienstverpflichtete in einem dauernden Dienstverhältnis mit festen Bezügen steht. Die beiden Negativmerkmale „dauerndes Dienstverhältnis" und „feste Bezüge" müssen kumulativ vorliegen[8].

5 a) Das Dienstverhältnis darf **nicht auf längere Dauer angelegt** sein oder tatsächlich bereits eine längere Zeitspanne bestanden haben. So, wenn die Dienstpflicht für ein Jahr eingegangen worden ist[9]. Dies gilt jedenfalls dann, wenn es sich um ständige oder langfristige Aufgaben handelt und die Vertragspartner von der Möglichkeit und Zweckmäßigkeit einer Verlängerung ausgegangen sind[10]. § 627 bezieht sich ausweislich seines Wortlauts nicht auf ArbVerh iSd. Arbeitsrechts, sondern allein auf freie Dienstverträge. Dies ergibt sich auch daraus, dass ArbVerh typischerweise auf Dauer angelegt sind und hierfür feste Bezüge vereinbart werden[11].

6 b) Der Dienstverpflichtete darf **keine festen Bezüge** für seine Tätigkeit erhalten. Entscheidend für die Annahme fester Bezüge ist, ob sich der Dienstverpflichtete darauf verlassen kann, dass ihm auf längere Sicht bestimmte, von vornherein festgelegte Beträge als Dienstbezüge in einem Umfang zufließen werden, die die Grundlage eines wirtschaftl. Daseins bilden können, insb. weil sie von außervertragl. Entwicklungen unabhängig und deshalb der Höhe nach konstant sind[12]. Der Bezug von festen Bezügen für einen Teilbereich der vertragl. Zusammenarbeit begründet das Negativmerkmal noch nicht[13].

7 **2. Dienste höherer Art.** Dienste höherer Art setzen ein überdurchschnittliches Maß an Fachkenntnis, Kunstfertigkeit oder wissenschaftlicher Bildung, eine hohe geistige Phantasie oder Flexibilität voraus[14] und verleihen eine herausgehobene Stellung. Hierzu gehören zB die Tätigkeiten des Arztes, des Baubetreuers[15], des Rechtsanwalts[16], des Rechtsbeistands, des Wirtschaftsprüfers, des Werbeberaters, des

---

1 KR/*Fischermeier*, § 626 BGB Rz. 394; krit. *Schwerdtner*, NZA 1987, 263. ||2 Vgl. Mugdan II, 1256; ErfK/*Müller-Glöge*, § 627 BGB Rz. 1. ||3 APS/*Dörner*, § 627 BGB Rz. 2; MüKoBGB/*Henssler*, § 627 Rz. 2; Staudinger/*Preis*, § 627 Rz. 4. ||4 BGH 1.2.1989 – IVa ZR 354/87, NJW 1989, 1479. ||5 RG 5.2.1918, RGZ 92, 158 (160); ErfK/*Müller-Glöge*, § 627 BGB Rz. 2. ||6 MüKoBGB/*Henssler*, § 627 Rz. 5. ||7 ErfK/*Müller-Glöge*, § 627 BGB Rz. 2; Palandt/*Weidenkaff*, § 627 Rz. 6. ||8 BAG 12.7.2006 – 5 AZR 277/06, NJW 2006, 3453. ||9 BGH 31.3.1967 – VI ZR 288/64, NJW 1967, 1416 („Ein Jahr kann in diesem Sinne durchaus eine längere Zeit darstellen."); ErfK/*Müller-Glöge*, § 627 BGB Rz. 4. ||10 BGH 8.3.1984 – IX ZR 144/83, BGHZ 90, 280 (282); 19.11.1992 – IX ZR 77/92, WM 1993, 515. ||11 ErfK/*Müller-Glöge*, § 627 BGB Rz. 4; Erman/*Belling*, § 627 Rz. 2. ||12 BGH 13.1.1993 – VIII ZR 112/92, WM 1993, 795. ||13 BGH 10.2.2010 – IX ZR 114/09, NJW 2010, 1520. ||14 ArbG Köln 3.3.1993 – 113 C 549/92, NJW-RR 1993, 1207; APS/*Dörner*, § 627 BGB Rz. 6. ||15 BGH 9.6.2005 – III ZR 436/04, WM 2005, 1667. ||16 BGH 16.10.1986 – II ZR 67/85, AP Nr. 4 zu § 628 BGB Teilvergütung.

Schiedsrichters, des Steuerberaters[1], des Inkassounternehmers[2] und des Ehe- oder Partnerschaftsvermittlers[3].

3. Übertragung auf Grund besonderen Vertrauens. Es muss sich um Dienste handeln, die aus besonderem Vertrauen übertragen werden. Dieses Merkmal tritt selbständig neben das der Dienste höherer Art, es handelt sich nicht lediglich um eine Erläuterung des anderen Tatbestandsmerkmals[4]. Es muss sich **objektiv** um Dienste handeln, die **im Allg.** aus besonderem Vertrauen übertragen werden. Ob sie im Einzelfall tatsächlich aus diesem Grund übertragen wurden, ist irrelevant[5]. Verträge mit Institutionen können nicht auf ein besonderes Vertrauen zurückgeführt werden, da sich das Vertrauen auch auf die Person des Vertragspartners erstrecken muss[6]. Etwas anderes gilt für Unterrichtsverträge, soweit der Vertragspartner ein Unterrichtsinstitut ist (Volkshochschule, Spracheninstitut usw.) und die Bestimmung der Person des Lehrers dem Institut obliegt[7]. Auch besteht zwischen dem Lehrer an einer Privatschule und dem Schulträger ein Vertrauensverhältnis iSd. § 627[8].

V. Rechtsfolgen. § 627 gewährt ein außerordentl. Kündigungsrecht[9], dh., eine Kündigungsfrist muss nicht eingehalten werden, eine Befristung ist jedoch zulässig[10].

VI. Kündigung zur Unzeit. Grds. darf nach § 627 jederzeit gekündigt werden. Abs. 2 schränkt dies für die Kündigung durch den Dienstverpflichteten insoweit ein, dass dieser nicht „zur Unzeit" kündigen darf. Dies entspricht einem allg. Rechtsgedanken bei Schuldverhältnissen, die auf einem besonderen Vertrauen aufbauen[11], vgl. §§ 671 II, 712 II, 723 II, 2226. Der Dienstberechtigte kann dagegen jederzeit kündigen. Die Kündigung ist unzeitig, wenn der Dienstberechtigte daraufhin nicht in der Lage ist, sich die Dienste rechtzeitig anderweitig zu beschaffen, Abs. 2 S. 1. Maßgeblich ist der Zeitpunkt der tatsächlichen Beendigung des Dienstverhältnisses. Dementsprechend darf ein Rechtsanwalt sein Mandat idR nicht im oder unmittelbar vor einem Termin zur mündlichen Verhandlung oder kurz vor dem Ablauf wichtiger Fristen niederlegen[12]. Eine unzeitige Kündigung ist ausnahmsw. zulässig, wenn ein rechtfertigender Grund vorliegt[13]. Ist sogar ein wichtiger Grund gegeben, kann uU auch nach § 626 gekündigt werden.

VII. Rechtsfolge der Kündigung zur Unzeit. Auch die Kündigung zur Unzeit ist rechtswirksam. Der Dienstverpflichtete macht sich aber gem. Abs. 2 schadensersatzpflichtig[14]. Der **Schadensersatzanspruch** richtet sich nur auf das negative Interesse, dh. den Vertrauensschaden, der Höhe nach begrenzt auf das positive Interesse[15], da der Dienstberechtigte grds. nur vor der Auflösung zur Unzeit, nicht aber allg. vor der Auflösung des Dienstverhältnisses zu schützen ist.

VIII. Abdingbarkeit. Das Kündigungsrecht aus § 627 ist einzelvertragl. abdingbar[16], nicht aber durch AGB[17]. Nach denselben Regeln kann die Einhaltung einer Kündigungsfrist[18] oder einer vorherigen Ankündigung vorgeschrieben werden[19]. Möglich ist es zudem, einzelvertragl. die volle Vergütung auch für den Fall zu vereinbaren, dass die Dienstleistungen durch Ausübung des Kündigungsrechts ein vorzeitiges Ende finden. Eine solche Vereinbarung in AGB verstößt gegen § 308 Nr. 7a, wenn der Umfang der bisher geleisteten Dienste bei der Bemessung des Vergütungsanspruchs überhaupt nicht berücksichtigt wird, der volle Vergütungsanspruch also auch dann bestehen soll, wenn noch gar keine oder nur eine ganz geringfügige Tätigkeit entfaltet wurde[20]. Ähnliches gilt für die Vereinbarung einer Laufzeitverlängerungsklausel. Hierin liegt zwar kein Ausschluss des Kündigungsrechts, jedoch ist eine solche Klausel unangemessen iSd. § 307, wenn sie den Eindruck einer festen vertragl. Bindung erweckt und daher den Kunden davon abhalten kann, von seinem Recht auf jederzeitige Kündigung nach § 627 Gebrauch zu machen[21].

IX. Darlegungs- und Beweislast. Der Kündigende trägt die Darlegungs- und Beweislast für die Voraussetzungen des Abs. 1. Macht der Dienstberechtigte gem. Abs. 2 Schadensersatz geltend, muss er die Umstände darlegen, die die Kündigung zu einer „unzeitigen" machen und seinen Schaden begründen. Der Dienstverpflichtete trägt die Darlegungs- und Beweislast für die Tatsachen, die eine Kündigung zur Unzeit rechtfertigen[22].

---

1 BGH 11.5.2006 – IX ZR 63/05, DB 2006, 1422. || 2 BGH 3.2.2005 – III ZR 268/04, DB 2005, 827. || 3 BGH 5.11.1998 – III ZR 226/97, NJW 1999, 276; Palandt/*Weidenkaff*, § 627 Rz. 2m. weit. Bsp. aus der Rspr. || 4 BGH 18.10.1984 – IX ZR 14/84, NJW 1986, 373; ErfK/*Müller-Glöge*, § 627 BGB Rz. 5. || 5 APS/*Dörner*, § 627 BGB Rz. 7; *van Venrooy*, JZ 1981, 53. || 6 APS/*Dörner*, § 627 BGB Rz. 9; Staudinger/*Preis*, § 627 Rz. 22 („in aller Regel"). || 7 BGH 8.3.1984 – IX ZR 144/83, NJW 1984, 1531; APS/*Dörner*, § 627 BGB Rz. 9. || 8 BAG 29.11.1962 – 2 AZR 176/62, DB 1963, 382; APS/*Dörner*, § 627 BGB Rz. 9. || 9 BGH 5.11.1998 – III ZR 226/97, NJW 1999, 276. || 10 Palandt/*Weidenkaff*, § 627 Rz. 6. || 11 ErfK/*Müller-Glöge*, § 627 BGB Rz. 6; *van Venrooy*, JZ 1981, 53. || 12 ErfK/*Müller-Glöge*, § 627 BGB Rz. 6; Erman/*Belling*, § 627 Rz. 9. || 13 Palandt/*Weidenkaff*, § 627 Rz. 7. || 14 BGH 24.6.1987 – IVa ZR 99/86, NJW 1987, 2808; MüKoBGB/*Henssler*, § 627 Rz. 31; aA *van Venrooy* JZ 1981, 53. || 15 ErfK/*Müller-Glöge*, § 627 BGB Rz. 7; RGRK/*Corts*, § 627 Rz. 10. unklar (Schadensersatz wegen Nichterfüllung) Soergel/*Kraft*, § 627 Rz. 10. || 16 BGH 5.11.1998 – III ZR 226/97, NJW 1999, 276; ErfK/*Müller-Glöge*, § 627 BGB Rz. 8. || 17 BGH 9.6.2005 – III ZR 436/04, WM 2005, 1667. || 18 Erman/*Belling*, § 627 Rz. 10. || 19 ErfK/*Müller-Glöge*, § 627 BGB Rz. 8. || 20 BGH 3.2.2005 – III ZR 268/04, MDR 2005, 738; ErfK/*Müller-Glöge*, § 627 BGB Rz. 8. || 21 BGH 5.11.1998 – III ZR 226/97, NJW 1999, 276. || 22 APS/*Dörner*, § 627 Rz. 16; ErfK/*Müller-Glöge*, § 627 BGB Rz. 9.

628 *Teilvergütung und Schadensersatz bei fristloser Kündigung*
(1) Wird nach dem Beginn der Dienstleistung das Dienstverhältnis auf Grund des § 626 oder des § 627 gekündigt, so kann der Verpflichtete einen seinen bisherigen Leistungen entsprechenden Teil der Vergütung verlangen. Kündigt er, ohne durch vertragswidriges Verhalten des anderen Teiles dazu veranlasst zu sein, oder veranlasst er durch sein vertragswidriges Verhalten die Kündigung des anderen Teiles, so steht ihm ein Anspruch auf die Vergütung insoweit nicht zu, als seine bisherigen Leistungen infolge der Kündigung für den anderen Teil kein Interesse haben. Ist die Vergütung für eine spätere Zeit im Voraus entrichtet, so hat der Verpflichtete sie nach Maßgabe des § 346 oder, wenn die Kündigung wegen eines Umstands erfolgt, den er nicht zu vertreten hat, nach den Vorschriften über die Herausgabe einer ungerechtfertigten Bereicherung zurückzuerstatten.

(2) Wird die Kündigung durch vertragswidriges Verhalten des anderen Teiles veranlasst, so ist dieser zum Ersatz des durch die Aufhebung des Dienstverhältnisses entstehenden Schadens verpflichtet.

I. Normzweck 1	V. Schadensersatz gem. Abs. 2 38
II. Anwendungsbereich 2	1. Allgemeines 38
III. Abdingbarkeit 7	2. Kündigung iSd. Abs. 2 41
IV. Anspruch auf Teilvergütung nach Abs. 1 . . . 11	3. Auflösungsverschulden 49
1. Allgemeines 11	4. Veranlassung der Vertragsbeendigung 52
2. Umfang und Berechnung des Anspruchs aus Abs. 1 S. 1 12	5. Ersatzfähiger Schaden 53
3. Herabsetzung der Vergütung gem. Abs. 1 S. 2 21	6. Rechtliche Behandlung der Schadensersatzleistung 79
	7. Entschädigung gem. § 61 II ArbGG 87
4. Vorausgezahlte Vergütung (Abs. 1 S. 3) 34	VI. Darlegungs- und Beweislast 90

1 **I. Normzweck.** § 628 regelt die Abwicklung von Dienst- und ArbVerh, die nach §§ 626, 627 gekündigt wurden. § 628 begreift das gekündigte ArbVerh als reines Abwicklungsverhältnis, das keine persönliche Leistungspflichten mehr zum Gegenstand hat, sondern nur noch bestehende gegenseitige finanzielle Ansprüche ausgleichen soll[1].

2 **II. Anwendungsbereich.** § 628 gilt vorbehaltlich bestehender Sonderregelungen für alle Dienst- und ArbVerh[2]. Erfasst wird auch der Fall der Kündigung vor Dienstantritt[3].

3 Bei **Berufsausbildungsverhältnissen** ist die abschließende Sonderregelung des § 23 BBiG zu beachten[4], die erhebliche Unterschiede zu § 628 aufweist.

4 Für **Handelsvertreter** gilt § 89a II HGB. Dieser entspricht inhaltlich § 628 II[5].

5 Für **Seeleute** gelten teilweise neben § 626 die §§ 67–69 SeeArbG[6]. Diese Vorschriften schließen außerhalb der Regelungen der §§ 70 ff. SeeArbG die Geltendmachung eines Schadensersatzes gem. § 628 II nicht aus.

6 **RVG** und **StBGebV** schließen die Anwendung des § 628 I 1 mangels abschließender Regelung nicht aus[7]. Zu beachten sind aber § 15 IV RVG, § 12 IV StBGebV[8].

7 **III. Abdingbarkeit.** Prinzipiell ist § 628 abdingbar, so dass zB anstelle der Rechtsfolgen des Abs. 1 die des § 649 vereinbart werden können[9]. Eine Abweichung von § 628 wird aber begrenzt durch den grundlegenden Gerechtigkeitsgehalt der Vorschrift, der nicht vereitelt werden darf[10], sowie durch daneben bestehendes zwingendes Gesetzesrecht, wie die Kündigungsfristen, vgl. § 622 IV, VI[11], die Bestimmungen des BUrlG, des EFZG oder des MuSchG. Dies führt in vielen Fällen zu einer faktischen Unabdingbarkeit (zumindest) der Teilvergütungsregelung[12]. Insoweit ist auch § 308 Nr. 7a zu beachten.

8 Hinsichtl. der Regelung des Schadensersatzanspruchs wird vertreten, dass lediglich der einseitige Ausschluss bzw. die einseitige Beschränkung des Schadensersatzanspruches durch AGB wegen Verstoßes gegen § 307 I 1 unwirksam ist[13]. ME ergibt sich für den Klauselverwender eine weitere Beschränkung aus § 309 Nr. 7b[14].

9 Speziell bei der Pauschalierung von Schadensersatzansprüchen ist § 309 Nr. 5 (§ 310 IV 2) zu beachten[15]. Danach sind Schadenspauschalierungen nur zulässig, wenn die Pauschale nach dem gewöhnli-

---

1 So auch ErfK/*Müller-Glöge*, § 628 BGB Rz. 1 und KR/*Weigand*, § 628 BGB Rz. 1. ‖ **2** Erman/*Belling*, § 628 Rz. 1; MüKoBGB/*Henssler*, § 628 Rz. 2. ‖ **3** KR/*Weigand*, § 628 BGB Rz. 3; Staudinger/*Preis*, § 628 Rz. 2. ‖ **4** BAG 8.5.2007 – 9 AZR 527/06, NJW 2007, 3594; ErfK/*Müller-Glöge*, § 628 BGB Rz. 3. ‖ **5** Vgl. BGH 3.3.1993 – VIII ZR 101/92, NJW 1993, 1386; *Baumbach/Hopt*, § 89a HGB Rz. 4. ‖ **6** Siehe § 626 Rz. 12. ‖ **7** BGH 16.10.1986 – III ZR 67/85, NJW 1987, 315; näher MüKoBGB/*Henssler*, § 628 Rz. 3. ‖ **8** MüKoBGB/*Henssler*, § 628 Rz. 3, 11 f., 27 f. ‖ **9** BGH 28.6.1952 – II ZR 263/51, LM Nr. 3 zu § 611 BGB; 16.10.1986 – III ZR 67/85, NJW 1987, 315. ‖ **10** BGH 4.6.1970 – VII ZR 187/68, BGHZ 54, 106. ‖ **11** ErfK/*Müller-Glöge*, § 628 BGB Rz. 46; Staudinger/*Preis*, § 628 Rz. 35. ‖ **12** APS/*Rolfs*, § 628 BGB Rz. 4; vgl. auch KR/*Weigand*, § 628 BGB Rz. 2. ‖ **13** ErfK/*Müller-Glöge*, § 628 BGB Rz. 46; Erman/*Belling*, § 628 Rz. 19. ‖ **14** Beachte aber auch BAG 25.5.2005 – 5 AZR 572/04, NZA 2005, 1111. ‖ **15** KR/*Weigand*, § 628 BGB Rz. 2.

chen Lauf der Dinge den zu erwartenden Schaden nicht übersteigt und dem anderen Vertragsteil ausdrücklich der Nachweis gestattet wird, dass kein bzw. nur ein wesentlich geringerer Schaden entstanden ist. Unzulässig dagegen sind Schadenspauschalierungen in Berufsausbildungsverhältnissen, § 12 II Nr. 4 BBiG.

Bei in vorformulierten Arbeitsverträgen enthaltenen Vertragsstraferegelungen gilt wegen § 310 IV 2 nicht § 309 Nr. 6, sondern § 307 I 1. Das BAG[1] verlangt, dass die die Vertragsstrafenregelungen auslösende Pflichtverletzung im Einzelnen beschrieben wird. Überdies darf es zu keinem möglichen Missverhältnis zwischen der Schwere der Pflichtverletzung und der Höhe der Vertragsstrafe kommen. **10**

IV. Anspruch auf Teilvergütung nach Abs. 1. 1. Allgemeines. Abs. 1 S. 1 gibt den allg. Rechtsgrundsatz wieder, wonach bei der Beendigung von Dauerschuldverhältnissen dem vorleistungspflichtigen Vertragspartner eine seinen bereits erbrachten Leistungen entsprechende Vergütung gebührt. Der ArbN ist gem. § 614 regelmäßig vorleistungspflichtig. Kündigt der ArbN selbst, ohne dass dies durch ein vertragswidriges Verhalten des ArbGeb veranlasst war, oder provoziert er selbst durch vertragswidriges Verhalten die Kündigung durch den ArbGeb, behält er nach Abs. 1 S. 2 seinen Vergütungsanspruch nur insoweit, als die erbrachten Leistungen für den ArbGeb auch von Interesse sind. **11**

2. Umfang und Berechnung des Anspruchs aus Abs. 1 S. 1. Bei Abs. 1 S. 1 kommt es anders als in den Fällen des Abs. 1 S. 2 nicht darauf an, welchen Wert die erbrachten Leistungen für den Dienstberechtigten haben oder ob die Dienstleistung für den Dienstberechtigten noch von Interesse ist. **12**

Zu vergüten sind nur die bisherigen Leistungen, die der Dienstnehmer im Voraus für den Dienstberechtigten erbracht hat. Der Vergütungsanteil bemisst sich entsprechend der tatsächlichen Arbeitsleistung ggü. der ursprünglich gedachten Gesamtleistung[2]. Insb. nach § 2 EFZG abzugeltende Feiertage zählen zu den bisherigen bis zur wirksamen Kündigung erbrachten Leistungen[3]. Gleiches gilt für Bereitschaftsdienstvergütungen und Zulagen wegen besonderer Schwierigkeit oder Gefährlichkeit der Tätigkeit[4]. **13**

Bei vereinbartem **Stundenlohn** berechnet sich die Teilvergütung als Produkt von Lohnsatz und Stundenzahl. Ist ein Pauschalhonorar vereinbart, wie etwa beim Anwaltsvertrag, so ist dieses bei vorzeitiger Beendigung (im entschiedenen Fall nach § 627) auf den Teil herabzusetzen, der der bisherigen Tätigkeit des Rechtsanwalts entspricht[5]. **14**

Bei vereinbartem **Monatslohn** empfiehlt sich die konkrete Berechnungsmethode, soweit keine klarstellenden kollektiv- oder einzelvertragl. Regelungen eingreifen. Dh., das Monatsgehalt ist durch die Summe der Arbeits- und Feiertage des konkreten Kalendermonats zu teilen und mit der Summe der bereits abgeleisteten Arbeits- und bisherigen Feiertage zu multiplizieren[6]. Alternativ ist es nach BAG[7] auch zulässig, die Vergütung pauschal auf der Grundlage von 30 Kalendertagen zu berechnen, wobei die im betreffenden Monat tatsächlich anfallenden Kalender-, Werk- und Arbeitstage unberücksichtigt bleiben. Dies führt mit Ausnahme des Monats Februar eher zu einer Begünstigung der ArbN[8]. **15**

Erfolgt die Vergütung im **Akkordlohn**, ist nach dem erzielten Akkordergebnis abzurechnen. Die zur wirksamen Beendigung des Vertragsverhältnisses erbrachte tatsächliche (Stück-)Leistung ist quantitativ zu bestimmen und entsprechend zu vergüten[9]. **16**

Gewinnbeteiligungen bleiben erhalten und stehen dem Dienstverpflichteten anteilig zu, sie können in aller Regel jedoch erst am Ende des Geschäftsjahres errechnet und damit fällig werden[10]. **17**

Ein Anspruch auf **Provisionszahlung** besteht auch dann, wenn der Tätigkeitserfolg erst nach Beendigung des Dienstverhältnisses eintritt[11]. Die insoweit für Handlungsgehilfen geltenden Vorschriften der §§ 65, 87 III, 87a HGB sind auf alle ArbN entsprechend anzuwenden[12]. **18**

Sonderzuwendungen wie ein 13. Monatsgehalt, die fest in das Vergütungsgefüge eingebaut sind, stehen den ArbN als Entgelt anteilig zu seiner Beschäftigungszeit im Arbeitsjahr auch dann zu, wenn er im Zeitpunkt der Fälligkeit bereits aus dem Beschäftigungsverhältnis ausgeschieden ist[13]. Dagegen entfallen Sondervergütungen anlässlich betriebl. Ereignisse oder von Festtagen in vollem Umfang mit Ausscheiden des ArbN vor dem Stichtag, wenn mit der Gratifikation die Betriebstreue für den gesamten Bezugszeitraum honoriert werden soll, also gerade an den weiteren Bestand des Beschäftigungsverhältnisses angeknüpft wird[14]. **19**

---

1 BAG 4.3.2004 – 8 AZR 196/03, NJW 2004, 2797; 21.4.2005 – 8 AZR 425/04, NZA 2005, 1053. || 2 KR/*Weigand*, § 628 BGB Rz. 10. || 3 ArbG Marburg 1.7.1963 – Ca 229/63, BB 1963, 1376; ErfK/*Müller-Glöge*, § 628 BGB Rz. 5. || 4 APS/*Rolfs*, § 628 BGB Rz. 5 aE; ErfK/*Müller-Glöge*, § 628 BGB Rz. 5; Staudinger/*Preis*, § 628 Rz. 17. || 5 BGH 16.10.1986 – II ZR 67/85, NJW 1987, 315. || 6 BAG 14.8.1985 – 5 AZR 384/84, EzA § 63 HGB Nr. 38; KR/*Weigand*, § 628 BGB Rz. 11. || 7 BAG 28.2.1975 – 5 AZR 213/74, DB 1975, 1128. || 8 ErfK/*Müller-Glöge*, § 628 BGB Rz. 5. || 9 KR/*Weigand*, § 628 BGB Rz. 12. || 10 APS/*Rolfs*, § 628 BGB Rz. 8 und Staudinger/*Preis*, § 628 Rz. 21. || 11 BGH 14.11.1966 – VII ZR 112/64, NJW 1967, 248; RAG 29.1.1930, ARS 26, 121; KR/*Weigand*, § 628 BGB Rz. 13. || 12 ErfK/*Müller-Glöge*, § 628 BGB Rz. 5. || 13 BAG 8.11.1978 – 5 AZR 358/77, NJW 1979, 1223; KR/*Weigand*, § 628 BGB Rz. 13; Staudinger/*Preis*, § 628 Rz. 21; aA Erman/*Belling*, § 628 Rz. 6. || 14 BAG 27.10.1978 – 5 AZR 139/77, DB 1979, 506; KR/*Weigand*, § 628 BGB Rz. 13.

20 Da der Anspruch aus der Zeit resultiert, in der das ArbVerh bestanden hat, umfasst er auch **Natural- und Nebenvergütungen**. Zu den Leistungen gehören demnach vorbereitende oder sonst mit den eigentlichen Diensten verbundene Maßnahmen und Aufwendungen[1] (zB Reisekosten[2]). Geleistete Auslagen sind voll zu ersetzen[3].

21 **3. Herabsetzung der Vergütung gem. Abs. 1 S. 2. a) Regelungsinhalt.** Kündigt der Dienstverpflichtete ohne Fremdveranlassung oder schafft er durch sein vertragswidriges Verhalten den Grund für eine außerordentl. Kündigung seitens des Dienstberechtigten, besteht ein Vergütungsanspruch nur noch insoweit, als die bis dato erbrachten Leistungen für den Dienstberechtigten von Interesse sind. Wegen des Zusammenspiels mit Abs. 1 S. 1 gilt dies aber nur für noch nicht abgerechnete Zeiträume[4]. Vollständig abgerechnete Vergütungsperioden werden nicht wegen Interessenwegfalls rückabgewickelt[5].

22 **b) Wirksamkeit der Kündigung keine Voraussetzung.** Nach dem Sinn und Zweck der Vorschrift und im Wege eines Erst-recht-Schlusses ist die Vergütung entgegen dem Wortlaut des Abs. 1 auch herabzusetzen, wenn die außerordentl. Kündigung des Dienstverpflichteten nicht wirksam ist. Berechtigen den Dienstverpflichteten zB persönliche Gründe, wie Krankheit, zur außerordentl. Kündigung und kommt es deswegen nach Abs. 1 S. 2 zur Herabsetzung der Vergütung, muss auch dann gelten, wenn es an einem wichtigen Grund iSd. § 626 oder einem Fall des § 627 fehlt[6]. Dies jedenfalls dann, wenn die Parteien die Kündigung de facto als wirksam behandeln und vonseiten des Dienstberechtigten wegen der unwirksamen Kündigung keine Schadensersatzforderungen nach §§ 280, 283 gegen den Dienstverpflichteten geltend gemacht werden[7], § 242.

23 **c) Analoge Anwendung des Abs. 1 S. 2 bei Aufhebungsvertrag.** Entsprechendes gilt, wenn anlässlich einer unwirksamen außerordentl. Kündigung des ArbN ein Aufhebungsvertrag geschlossen wird[8]. Nur insoweit ist Abs. 1 S. 2 analog auf Aufhebungsverträge anzuwenden.

24 **d) Keine analoge Anwendung des Abs. 1 bei ordentlicher Kündigung.** Schon der Wortlaut des Abs. 1 S. 2 verbietet seine Anwendung auf ordentl. Kündigungen. Eine analoge Anwendung scheidet mangels Regelungslücke und weil es nicht Absicht des Gesetzes ist, das Recht zur ordentl. Kündigung zu erschweren, aus[9].

25 **e) Kündigung „ohne Veranlassung" iSd. Abs. 1 S. 2 Alt. 1.** Die Kündigung ist durch den ArbGeb/Dienstberechtigten nur dann veranlasst, wenn ihm ein schuldhaft vertragswidriges Verhalten vorgeworfen werden kann bzw. er sich ein entsprechendes vertragswidriges Verhalten zurechnen lassen muss[10], §§ 276, 278. Zudem muss zwischen Kündigung und vertragswidrigem Verhalten ein adäquater Kausalzusammenhang bestehen[11]. Als **Beispiele** sind zu nennen: der Ausspruch einer unwirksamen fristlosen Kündigung, wenn der ArbGeb die Unwirksamkeit der Kündigung oder die ungehörigen Begleitumstände kannte oder bei gehöriger Sorgfalt hätte erkennen müssen[12], sowie eine den ArbN kränkende Teilsuspendierung, insb. weil der ArbN dadurch von wesentlichen Aufgaben entbunden wurde[13].

26 Eine Kürzung des Teilvergütungsanspruches wird aber nicht schon deshalb ausgeschlossen, weil der ArbN das Dienstverhältnis fristlos aus wichtigem Grund wirksam beendet. Insb. objektive oder aus der Sphäre des Dienstverpflichteten stammende Gründe schließen die Kürzung der anteiligen Vergütung nicht aus, und auch Kündigungsgründe aus der Sphäre des Dienstberechtigten sind unerheblich, solange sie kein vertragswidriges Verhalten darstellen[14].

27 Ist beiden Vertragsparteien ein schuldhaftes vertragswidriges Verhalten vorzuwerfen und liegen die weiteren Voraussetzungen des Abs. 1 S. 2 vor, ist § 254 analog anzuwenden, dh., die zeitanteilige Vergütung ist nur zT, entsprechend den Verursachungsanteilen der Parteien, zu kürzen.

28 **f) Veranlassung der Kündigung durch vertragswidriges Verhalten des ArbN (Abs. 1 S. 2 Alt. 2).** Der anteilige Vergütungsanspruch nach Abs. 1 S. 1 ist auch dann herabzusetzen, wenn der ArbN durch sein vertragswidriges Verhalten die vom ArbGeb ausgesprochene außerordentl. Kündigung schuldhaft (§§ 276, 278) veranlasst hat[15]. Darunter fallen schuldhafte Vertragsverletzungen, wie zB eine unwirksame fristlose Kündigung seitens des ArbN[16], oder bei entsprechender Vereinbarung (im Rahmen der zulässigen Abdingbarkeit, vgl. Rz. 7 ff.) uU bereits eine unverschuldete Vertragswidrigkeit[17].

---

1 APS/*Rolfs*, § 628 BGB Rz. 6; Erman/*Belling*, § 628 Rz. 8. ‖2 BGH 29.5.1991 – IV ZR 187/90, NJW 1991, 2763. ‖3 ErfK/*Müller-Glöge*, § 628 BGB Rz. 4; KR/*Weigand*, § 628 BGB Rz. 10. ‖4 BGH 17.10.1996 – IX ZR 37/96, NJW 1997, 188. ‖5 ErfK/*Müller-Glöge*, § 628 BGB Rz. 22. ‖6 BAG 21.10.1983 – 7 AZR 285/82, DB 1984, 2705; ErfK/*Müller-Glöge*, § 628 BGB Rz. 7; Erman/*Belling*, § 628 Rz. 3; Hanau, ZfA 1984, 453 (578); KR/*Weigand*, § 628 BGB Rz. 14; Staudinger/*Preis*, § 628 Rz. 22; aA *Weitnauer*, Anm. AP Nr. 2 zu § 628 BGB – Teilvergütung. ‖7 Vgl. ArbG Köln 3.2.2000 – 1 Ca 8005/99, ArbuR 2000, 473; KR/*Weigand*, § 628 BGB Rz. 21. ‖8 ErfK/*Müller-Glöge*, § 628 BGB Rz. 7; aA MüKoBGB/*Henssler*, § 628 Rz. 6; Soergel/*Kraft*, § 628 Rz. 4. ‖9 BGH 26.1.1994 – VIII ZR 39/93, NJW 1994, 1069 (1070); ErfK/*Müller-Glöge*, § 628 BGB Rz. 8. ‖10 ErfK/*Müller-Glöge*, § 628 BGB Rz. 8; Staudinger/*Preis*, § 628 Rz. 24. ‖11 BGH 12.6.1963 – VII ZR 272/61, BGHZ 40, 13 (14); OLG Koblenz 28.4.1975 – 1 U 292/74, MDR 1976, 44. ‖12 BAG 24.10.1974 – 3 AZR 488/73, DB 1974, 2406. ‖13 BAG 15.6.1972 – 2 AZR 345/71, DB 1972, 1878; ErfK/*Müller-Glöge*, § 628 BGB Rz. 9. ‖14 KR/*Weigand*, § 628 BGB Rz. 15; MüKoBGB/*Henssler*, § 628 Rz. 12; Staudinger/*Preis*, § 628 Rz. 23. ‖15 ErfK/*Müller-Glöge*, § 628 BGB Rz. 10; Staudinger/*Preis*, § 628 Rz. 25. ‖16 BAG 24.10.1974 – 3 AZR 488/73, DB 1974, 2406; Staudinger/*Preis*, § 628 Rz. 25. ‖17 KR/*Weigand*, § 628 BGB Rz. 16; Soergel/*Kraft*, § 628 Rz. 7.

g) Wegfall des Interesses. Eine Herabsetzung der anteiligen Vergütung nach Abs. 1 S. 2 setzt voraus, 29
dass die bisherigen Leistungen für den anderen Teil (dh. den ArbGeb) kein Interesse haben. Interesse
meint Vorteil oder Wert der Leistung für den ArbGeb[1]. Die Leistungen sind für den ArbGeb dann nicht
von Interesse, wenn sie für ihn **wirtschaftl. nutzlos** sind[2], so dass bei völliger Wertlosigkeit der Vergütungsanspruch auch ganz entfallen kann[3].

Voraussetzung ist aber, dass das Interesse an der bisher erbrachten Leistung gerade infolge der tat- 30
sächlichen Beendigung der Tätigkeit des Dienstverpflichteten entfallen ist[4]. Dies wird bei normalen
ArbVerh eher selten der Fall sein, da die erbrachte Leistung, auch sofern sie nur in einer Teilleistung bestand, von anderen ArbN fortgeführt werden kann und deshalb ihren eigenständigen wirtschaftl. Wert
für den ArbGeb behält[5]. Erst wenn dem ArbGeb wegen der Fortführung durch einen anderen ArbN besondere Unkosten entstehen, kann er diese in Abzug bringen. So nimmt das Interesse an der erbrachten Leistung ab oder entfällt, wenn die Arbeiten an einem Projekt wegen des Ausscheidens des ArbN
unterbrochen werden bzw. eine Ersatzkraft die Arbeit völlig neu beginnen muss oder zumindest nur
mit zeitlicher Verzögerung fortsetzen kann[6].

Hat der ArbN während seines Urlaubs gekündigt, kann der ArbGeb die Urlaubsvergütung nicht mit 31
der Begründung verweigern, er habe an der Ferienzeit des ArbN kein Interesse. Dem Wegfall des Interesses steht entgegen, dass der ArbN im Urlaub nicht zur Erbringung von Leistungen verpflichtet ist[7].

Besondere Behandlung erfährt der (Teil-)Vergütungsanspruch des Rechtsanwalts, da nach dem RVG 32
der volle Gebührenanspruch schon sehr früh entsteht und nach § 15 IV RVG die Gebühr für eine Teilleistung grds. ebenso hoch ist wie für die ganze Leistung[8]. Beschränkungen ergeben sich insb. aus Abs. 1
S. 2. Hat zB die Aufgabe der Zulassung durch einen Rechtsanwalt zur Folge, dass der Mandant dem
neuen Prozessbevollmächtigten noch einmal die gleichen Gebühren zahlen muss, so verliert der erste
Anwalt seinen Vergütungsanspruch nach Abs. 1 S. 2[9]. Anderes gilt nur, wenn der Mandant bei der Übernahme des Mandats auf den (baldigen) Verlust der Zulassung ausdrücklich hingewiesen wurde[10].

Ist die Höhe der Kürzung streitig, kann im Rechtsstreit § 287 II ZPO zur Anwendung kommen und 33
das Gericht den Wert schätzen[11].

4. Vorausgezahlte Vergütung (Abs. 1 S. 3). Sollte der ArbGeb entgegen der Regel des § 614 die Ver- 34
gütung im Voraus gezahlt haben, kann sich wegen Abs. 1 S. 2 aus S. 3 ein **Rückforderungsanspruch** ergeben. Abs. 1 S. 3 ist eigene Anspruchsgrundlage, so dass der Verweis auf das Rücktrittsrecht („§ 346")
einerseits bzw. auf die Vorschriften über die ungerechtfertigte Bereicherung andererseits nur noch die
rechtshindernden Einwendungen bzgl. der Herausgabe des erlangten Geldbetrages betrifft.

Hat der ArbN den Kündigungsgrund nicht zu vertreten, schuldet er im Fall der Gutgläubigkeit nur die 35
Herausgabe der (im Zeitpunkt der Kündigung[12]) noch verbleibenden **Bereicherung**[13] (einschl. der Nutzungen[14]), § 818 III, während er im Fall einer ausnahmsw. bestehenden Bösgläubigkeit in vollem Umfang zur Rückgewähr verpflichtet ist, §§ 818 IV, 819 I.

Hat der ArbN die Kündigung durch sein vertragswidriges Verhalten veranlasst (vgl. Rz. 28), schuldet 36
er Rückgewähr nach den Vorschriften über den **Rücktritt**. Abs. 1 S. 3 nimmt dabei nur § 346, nicht aber
§ 347 in Bezug. Demnach besteht eine Verzinsungspflicht nur, wenn und soweit der ArbN tatsächlich
Zinsen erzielt hat[15]. Ohne ein Verschulden des Dienstverpflichteten (ArbN) gelten die §§ 812 ff.

Ob sich nach § 628 I 3 iVm. § 346 bzw. § 812 I 1 Alt. 1 ein Rückzahlungsanspruch ergibt, richtet sich 37
nach dem Leistungszeitraum, der mit der gezahlten Vergütung abgedeckt worden ist. So sind Sonderzahlungen nicht zurückzugewähren, wenn der ArbN seine Leistung bereits erbracht hat. Auf Grund
einer Rückzahlungsklausel wegen vorzeitigen Ausscheidens sind aber Ansprüche möglich (vgl. § 611
Rz. 110 ff.). Vereinbarungen sind auch denkbar betr. Aus- und Weiterbildungskosten[16]. Keine Zurückzahlungspflicht kann es wegen § 12 II Nr. 1 BBiG dagegen bei Berufsausbildungsverhältnissen geben.

V. Schadensersatz gem. Abs. 2. 1. Allgemeines. Abs. 2 verpflichtet die Vertragspartei, welche die 38
Kündigung des Dienst- bzw. ArbVerh durch vertragswidriges Verhalten veranlasst hat, zum Ersatz des
dadurch entstandenen Schadens. Je nach Fallgestaltung kann die Schadensersatzpflicht gem. Abs. 2

---

1 BGH 7.6.1984 – III ZR 37/83, NJW 1985, 41; KR/*Weigand*, § 628 BGB Rz. 17. || 2 BGH 7.6.1984 – III ZR 37/83, NJW 1985, 41; APS/*Rolfs*, § 628 BGB Rz. 14. || 3 ErfK/*Müller-Glöge*, § 628 BGB Rz. 11; Palandt/*Weidenkaff*, § 628 Rz. 4. || 4 BAG 21.10.1983 – 7 AZR 285/82, DB 1984, 2705; ErfK/*Müller-Glöge*, § 628 BGB Rz. 11. || 5 KR/*Weigand*, § 628 BGB Rz. 17. || 6 ErfK/*Müller-Glöge*, § 628 BGB Rz. 11; Staudinger/*Preis*, § 628 Rz. 27 f. || 7 BAG 21.10.1983 – 7 AZR 285/82, DB 1984, 2705; APS/*Rolfs*, § 628 BGB Rz. 16; KR/*Weigand*, § 628 BGB Rz. 17; vgl. dazu auch *Hanau*, ZfA 1984, 578. || 8 Dazu näher *Henssler/Deckenbrock*, NJW 2005, 1 ff. || 9 BGH 30.3.1995 – IX ZR 182/94, NJW 1995, 1954; OLG Hamburg 27.3.1981 – 8 W 72/81, MDR 1981, 767; KR/*Weigand*, § 628 BGB Rz. 17; aA (Kürzung nur, wenn RA Verlust der Zulassung zu vertreten hat) BGH 27.5.1957 – VII ZR 286/56, MDR 1958, 32. || 10 BGH 27.2.1978 – AnwSt (R) 9/77, NJW 1978, 2304; KR/*Weigand*, § 628 BGB Rz. 17 aE. || 11 ErfK/*Müller-Glöge*, § 628 BGB Rz. 11; Palandt/*Weidenkaff*, § 628 Rz. 4. || 12 ErfK/*Müller-Glöge*, § 628 BGB Rz. 12; KR/*Weigand*, § 628 BGB Rz. 18. || 13 Palandt/*Weidenkaff*, § 628 Rz. 5 (auch § 818 ist anzuwenden). || 14 ErfK/*Müller-Glöge*, § 628 BGB Rz. 12; KR/*Weigand*, § 628 BGB Rz. 18. || 15 Palandt/*Grüneberg*, § 346 Rz. 6. || 16 Dazu BAG 21.7.2005 – 6 AZR 452/04, NZA 2006, 542.

beide Vertragsparteien treffen. Die Vorschrift ist damit Ausdruck des in § 314 IV enthaltenen allg. Rechtsgrundsatzes und stellt einen speziell gesetzl. geregelten Fall des § 280 I ggf. iVm. § 241 II (= pFV[1]) dar, weshalb trotz des fehlenden Hinweises im Gesetzeswortlaut die außerordentl. Kündigung durch ein schuldhaftes vertragswidriges Verhalten veranlasst sein muss (sog. Auflösungsverschulden; vgl. Rz. 49 ff.)[2]. In diesem Fall soll der durch den Vertragsbruch zur außerordentl. Kündigung veranlasste Vertragsteil die Vermögenseinbußen ersetzt bekommen, die darauf beruhen, dass infolge der Kündigung das ArbVerh vorzeitig endet[3]. Vor Vertragsauflösung entstandene Schäden sind nach den allg. Regeln der §§ 280 ff. zu ersetzen[4].

39 Der Schadensersatzanspruch nach Abs. 2 ist von der Verwirkung einer **Vertragsstrafe** abzugrenzen (zu deren Zulässigkeit in AGB s. Rz. 10). Eine individualvertragl. vereinbarte Vertragsstrafe wegen Vertragsbruchs erfasst die vom ArbN schuldhaft veranlasste vorzeitige Beendigung des ArbVerh nur, wenn dies ausdrücklich vereinbart wird, denn im Allg. meint Vertragsbruch allein die Fälle, in denen der ArbN vorsätzlich und rechtswidrig die Arbeit nicht aufnimmt oder das ArbVerh vor Ablauf der vereinbarten Vertragszeit oder ohne Einhaltung der Kündigungsfrist ohne wichtigen Grund beendet[5]. Treten beide Ansprüche nebeneinander, gilt der Rechtsgedanke des § 340 II.

40 Zum Verhältnis des Anspruchs aus Abs. 2 zu § 61 II ArbGG vgl. Rz. 87 ff.

41 **2. Kündigung iSd. Abs. 2. a) Anwendung auf andere Arten der Vertragsbeendigung.** Nach Wortlaut und systematischer Stellung gilt § 628 für außerordentl. Kündigungen nach § 626 bzw. § 627. Rspr.[6] und Schrifttum[7] wenden Abs. 2 jedoch auch an, wenn das ArbVerh auf andere Weise als durch eine fristlose Kündigung beendet wurde, sofern nur der andere Vertragsteil durch sein vertragswidriges schuldhaftes Verhalten einen wichtigen Grund iSd. § 626 für die Beendigung gegeben hat[8] (vgl. Rz. 49 ff.). Für den auf Abs. 2 gestützten Schadensersatzanspruch kommt es also nicht auf die Form der Vertragsbeendigung, sondern auf ihren Anlass an. Ansonsten käme es zu Wertungswidersprüchen, wenn ein ArbGeb, der ebenso wirksam außerordentl. kündigen könnte, im Interesse des ArbN einen Aufhebungsvertrag schließt.

42 Zu beachten bleibt, dass die Geltendmachung eines Schadensersatzanspruches ausgeschlossen ist, wenn die Parteien eine Abgeltungsklausel hinsichtlich finanzieller Ansprüche in den Aufhebungsvertrag aufgenommen haben. Zudem entnimmt man dem Verzicht auf die außerordentl. Kündigung einen konkludenten Verzicht auf etwaige Schadensersatzansprüche wegen des Auflösungsverschuldens[9]. Der andere Teil muss sich also derartige Ansprüche ausdrücklich vorbehalten, will er diese trotz einvernehmlicher Beendigung des ArbVerh noch durchsetzen. Ob aber eine solche „Auslegungsregel", wonach der Aufhebungsvertrag im Zweifel zugleich einen Verzichtsvertrag enthält, berechtigt ist, darf bezweifelt werden[10].

43 Abs. 2 ist iÜ auch anwendbar, wenn wegen eines schuldhaften vertragswidrigen Verhaltens mit dem Gewicht eines wichtigen Grundes lediglich ordentl. oder außerordentl. mit Auslauffrist gekündigt wird[11]. Der ArbGeb wird dann aber kaum einen Schadensersatzanspruch haben (s. Rz. 66 ff.).

44 Als außerordentl. Beendigung des ArbVerh ist auch die Auflösung des ArbVerh durch das Gericht nach § 13 I 3-5 KSchG anzusehen. Durch die zuerkannte Abfindung wird aber der Rechtswidrigkeitszusammenhang zwischen dem Auflösungsverschulden und dem Schaden in Form entgangenen Gehalts unterbrochen[12]. Andere Schäden (zB Umzugskosten) sind dagegen ersatzfähig, wenn sie durch das Auflösungsverschulden verursacht wurden.

45 Nach obsiegendem Urteil im Kündigungsschutzprozess kann der ArbN innerhalb einer Wochenfrist das ArbVerh nach § 12 S. 1 KSchG durch Gestaltungserklärung beenden. Abs. 2 ist auf diesen Fall anwendbar, wenn die Entscheidung des ArbN durch ein schuldhaftes vertragswidriges Verhalten des ArbGeb bedingt wurde[13]. Fraglich ist, ob der Wortlaut des § 12 S. 4 KSchG weiter gehende ersatzfähige Schäden, wie für den Verlust des nach dem KSchG geschützten Arbeitsplatzes, ausschließt[14]. Liegen aber die Voraussetzungen des Abs. 2 vor (beachte auch Rz. 42), ist dies nicht anzunehmen.

---

1 BAG 12.6.2003 – 8 AZR 341/02, BB 2003, 2747. ||2 BAG 11.2.1981 – 7 AZR 12/79, DB 1981, 2233 mit Anm. *Wolf*; KR/*Weigand*, § 628 BGB Rz. 25 ff. ||3 BAG 9.5.1975 – 3 AZR 352/74, NJW 1975, 1987; 23.8.1988 – 1 AZR 276/87, NJW 1989, 1054. ||4 Vgl. *Heinze*, NZA 1994, 244; KR/*Weigand*, § 628 BGB Rz. 19. ||5 BAG 18.9.1991 – 5 AZR 650/90, NZA 1992, 215; KR/*Weigand*, § 628 BGB Rz. 5. ||6 BAG 11.2.1981 – 7 AZR 12/79, DB 1981, 2233; 22.6.1989 – 8 AZR 164/88, NZA 1990, 106. ||7 ErfK/*Müller-Glöge*, § 628 BGB Rz. 18; Erman/*Belling*, § 628 Rz. 23, KR/*Weigand*, § 628 BGB Rz. 20; *Stahlhacke/Preis/Vossen*, Rz. 858; aA Palandt/*Weidenkaff*, § 628 Rz. 1. ||8 BAG 11.2.1981 – 7 AZR 12/79, DB 1981, 2233; 22.6.1989 – 8 AZR 164/88, NZA 1990, 106; 20.11.1996 – 5 AZR 518/95, NZA 1997, 647; 26.7.2001 – 8 AZR 739/00, NJW 2002, 1593; 8.8.2002 – 8 AZR 574/01, BB 2003, 206; Soergel/*Kraft*, § 628 Rz. 11. ||9 BAG 10.5.1971 – 3 AZR 126/70, DB 1971, 1819; Erman/*Belling*, § 628 Rz. 23; KR/*Weigand*, § 628 BGB Rz. 20; aA (auch) RGRK/*Corts*, § 628 Rz. 36. ||10 *Canaris*, Anm. zu BAG 10.5.1971, AP Nr. 6 zu § 628 BGB. ||11 BAG 11.2.1981 – 7 AZR 12/79, DB 1981, 2233; ErfK/*Müller-Glöge*, § 628 BGB Rz. 18. ||12 BAG 15.2.1973 – 2 AZR 16/72, DB 1973, 1559; 22.4.1971 – 2 AZR 205/70, DB 1971, 828, 1531; APS/*Rolfs*, § 628 BGB Rz. 43; KR/*Weigand*, § 628 BGB Rz. 24; aA *Gumpert*, BB 1971, 960 (961). ||13 ErfK/*Müller-Glöge*, § 628 BGB Rz. 20. ||14 Zweifelnd ErfK/*Müller-Glöge*, § 628 BGB Rz. 20.

In der Lit.[1] umstritten ist, ob Schadensersatz nach Abs. 2 auch verlangt werden kann, wenn ein befristetes ArbVerh nur deshalb nicht von beiden Seiten widerspruchslos fortgesetzt wird, weil es zu von einer Seite verschuldeten Vertragsverletzungen gekommen ist. Dagegen aber spricht der Schutzzweck der Norm, da Abs. 2 nur erlittene Nachteile bis zur (unabhängig davon) vereinbarten Auflösung des ArbVerh ausgleicht. 46

Hat der Kündigende ausnahmsw. selbst schuldhaft und vertragswidrig eine Lage geschaffen, die ihn zur außerordentl. Kündigung berechtigte, so kann der andere Teil Schadensersatz analog Abs. 2 verlangen[2]. 47

b) Keine Anwendung des Abs. 2 bei unwirksamer Kündigung. Der Schadensersatzanspruch nach Abs. 2 setzt (anders als Abs. 1) die Wirksamkeit der außerordentl. Kündigung voraus. Ist die Kündigung mangels Vorliegens eines wichtigen Grundes iSd. § 626 I unwirksam, entfällt auch der Anspruch aus Abs. 2[3]. Eine wirksame Kündigung idS liegt auf Grund der Verknüpfung der §§ 626 und 628 nur vor, wenn auch die Frist des § 626 II eingehalten wurde[4]. Letztere ist auch bei anderen Arten der Vertragsbeendigung (oben Rz. 41 ff.) zu beachten. 48

3. Auflösungsverschulden. Das Recht zur außerordentl. Kündigung muss auf einem **schuldhaften vertragswidrigen Verhalten** des anderen Vertragsteils beruhen[5]. Erforderlich ist erstens, dass das Auflösungsverschulden das Gewicht eines wichtigen Grundes iSd. § 626 I erreicht, so dass der Anspruchsteller wirksam fristlos kündigen konnte[6]. Zweite Voraussetzung des § 628 II ist, dass der Anspruchsgegner die Vertragsverletzung iSd. §§ 276, 278 zu vertreten hat[7]. Auf Grund des Verschuldenserfordernisses ist § 628 II in seinem Anwendungsbereich enger als § 626 I. Er ist aber auch enger als § 280 I, da nicht jede geringfügige Vertragsverletzung, die Anlass für eine Beendigung des ArbVerh gewesen ist, die schwerwiegende Folge des § 628 II auslöst[8]. Voraussetzung ist vielmehr ein Auflösungsverschulden vom Gewicht eines wichtigen Grundes (vgl. Rz. 41). Dies gilt auch im Fall einer Kündigung nach § 627[9]. 49

Ein **Rechtsirrtum** (hinsichtlich des vertragswidrigen Verhaltens) lässt das Verschulden nicht entfallen, wenn dieser seinerseits auf Fahrlässigkeit beruhte[10]. War die Rechtslage dagegen objektiv zweifelhaft und wurde sie vom Schuldner sorgfältig geprüft, ist der Rechtsirrtum entschuldbar, so dass Fahrlässigkeit ausscheidet[11]. 50

Besteht auf **beiden Seiten** ein **Auflösungsverschulden**, so dass es als Zufall anzusehen ist, welche Seite das Dienstverhältnis durch fristlose Kündigung aufgelöst hat, entfallen die wechselseitigen Schadensersatzansprüche aus Abs. 2 wegen vertragswidrigen Verhaltens[12]. Auf einen inneren Zusammenhang der wechselseitigen Kündigungsgründe kommt es dabei nicht an[13]. Der Grund für das Entfallen der Schadensersatzpflicht ergibt sich aus dem Schutzzweck der Norm[14], da auch der in Anspruch genommene Teil einen Grund für die frist- und entschädigungslose Beendigung des ArbVerh gehabt hätte. 51

4. Veranlassung der Vertragsbeendigung. Zwischen der Vertragsverletzung und der Beendigung muss ein unmittelbarer Zusammenhang (**Kausalität**) bestehen[15]. Dies bereitet im Fall der außerordentl. Kündigung in aller Regel keine Probleme. Beweisschwierigkeiten kann es aber bei anderen Formen der Vertragsbeendigung geben, da autonome Entscheidungen einer Vertragspartei oder Dritter den Kausalverlauf beeinflusst haben können. 52

5. Ersatzfähiger Schaden. a) Grundsatz. Nach dem Wortlaut des Abs. 2 ist der „durch die Aufhebung des Dienstverhältnisses entstehende Schaden" zu ersetzen. Der Schadensumfang bestimmt sich nach §§ 249 ff. Nach der sog. Differenzmethode ergibt sich damit der Schaden aus der Differenz zwischen der tatsächlichen durch die Kündigung eingetretenen Vermögenslage und der hypothetischen Vermögenslage ohne die Kündigung als schädigendes Ereignis[16]. Der Anspruch richtet sich auf das Erfüllungsinte- 53

---

1 Für einen Schadensersatzanspruch Erman/*Belling*, § 628 Rz. 23; KR/*Weigand*, § 628 BGB Rz. 20; dagegen ErfK/*Müller-Glöge*, § 628 BGB Rz. 20; *Gessert*, Schadensersatz nach Kündigung, 1987, S. 86. ||2 *Gessert*, Schadensersatz nach Kündigung, 1987, S. 82; MüKoBGB/*Henssler*, § 628 Rz. 65. ||3 BAG 25.5.1962 – 2 AZR 430/60, DB 1963, 238; 15.6.1972 – 2 AZR 345/71, DB 1972, 1878; KR/*Weigand*, § 628 BGB Rz. 19, 21. ||4 BAG 22.6.1989 – 8 AZR 164/88, NZA 1990, 106. ||5 BAG 11.2.1981 – 7 AZR 12/79, DB 1981, 2233; *Stahlhacke/Preis/Vossen*, Rz. 815. ||6 St. Rspr.: BAG 22.6.1989 – 8 AZR 164/88, NZA 1990, 106; 20.11.1996 – 5 AZR 518/95, NZA 1997, 647; 26.7.2001 – 8 AZR 739/00, NJW 2002, 1593; 8.8.2002 – 8 AZR 574/01, BB 2003, 206; 25.4.2007 – 6 AZR 622/06, DB 2007, 2263. ||7 BGH 7.6.1984 – III ZR 37/83, NJW 1985, 41; 30.3.1995 – X ZR 182/94, LM Nr. 13 zu § 628 BGB; BAG 24.2.1964 – 5 AZR 201/63, DB 1964, 664, 702. ||8 St. Rspr.: BAG 11.2.1981 – 7 AZR 12/79, DB 1981, 2233; 26.7.2001 – 8 AZR 739/00, NZA 2002, 325. ||9 MüKoBGB/*Henssler*, § 628 Rz. 56. ||10 BAG 12.11.1992 – 8 AZR 503/91, NZA 1993, 500 (I 1 d.Gr.). ||11 BAG 12.11.1992 – 8 AZR 503/91, NZA 1993, 500 (I 1 d.Gr.). ||12 BGH 29.11.1965 – VII ZR 202/63, NJW 1966, 347; 12.5.1966 – 2 AZR 308/65, NJW 1966, 1835; KR/*Weigand*, § 628 BGB Rz. 31; Soergel/*Kraft*, § 628 Rz. 12. ||13 BAG 12.5.1966 – 2 AZR 308/65, NJW 1966, 1835; ErfK/*Müller-Glöge*, § 628 BGB Rz. 32. ||14 *Hanau*, Kausalität der Pflichtwidrigkeit, 1971, S. 160. ||15 BAG 5.10.1962 – 1 AZR 51/61, NJW 1963, 75; 27.1.1972 – 2 AZR 172/71, NJW 1972, 1437; BGH 12.6.1963 – VII ZR 272/61, NJW 1963, 2068; *Gessert*, Schadensersatz nach Kündigung, 1987, S. 11; KR/*Weigand*, § 628 BGB Rz. 25. ||16 BAG 20.11.1996 – 5 AZR 518/95, NZA 1997, 647; BGH 9.7.1986 – GSZ 1/86, NJW 1987, 50.

resse. Der Anspruchsteller ist damit so zu stellen, wie er bei Fortbestand des Dienstverhältnisses (bis zu dessen ordnungsgemäßer Abwicklung) gestanden hätte[1].

54 **b) Schaden des Arbeitnehmers.** Der ArbGeb hat dem ArbN nach Abs. 2 den Schaden zu ersetzen, den dieser durch die auf Grund der Vertragsverletzung des ArbGeb schuldhaft verursachte Auflösung des ArbVerh erlitten hat. Darunter fallen nach §§ 249, 252 alle Vergütungsansprüche einschl. der Nebenleistungen[2]. Insb. entgangene Provisionen, Gewinnanteile, Tantiemen[3], entstandene Ruhegeldansprüche, Sonderzuwendungen und Gratifikationen können zum ersatzfähigen Schaden gehören[4].

55 Der ArbGeb hat dem ArbN auch die Aufwendungen (zB Umzugskosten) zu ersetzen, die ihm auf Grund der verfrühten Suche nach einem neuen Arbeitsplatz entstehen, soweit diese ohne die vorzeitige Beendigung des ArbVerh nicht entstanden wären[5]. So hat das BAG[6] in dem ungewöhnlichen Fall eines Profi-Eishockey-Spielers, der nach Ausspruch einer außerordentl. Kündigung wegen vertragswidrigen Verhaltens seines alten Vereins eine Darlehensverbindlichkeit eingegangen war, um sich von diesem alten Verein die nach der Spielordnung des Deutschen Eishockey-Bundes für den Vereinswechsel erforderliche Freigabe „erkaufen" zu können, die Darlehensverbindlichkeit als auszugleichenden Schaden angesehen.

56 Nach den Grundsätzen der Vorteilsausgleichung muss sich der ArbN ersparte Aufwendungen anrechnen lassen[7]. Dazu zählen insb. die Fahrtkosten zur Arbeitsstätte, Verpflegungsmehraufwendungen und Bekleidungskosten. Gleiches gilt für anderweitig erzielten Verdienst, §§ 13 I 5, 11 KSchG. Zweifelhaft dagegen ist, dass sich der ArbN nach § 254 II auch entgegenhalten lassen muss, er habe eine anderweitige Verwendung seiner Arbeitskraft schuldhaft unterlassen, ohne dass Böswilligkeit iSd. § 615 S. 2 gegeben sein muss[8]. Dies führt zu strengeren Anforderungen an den ArbN als beim Annahmeverzug, obwohl der Annahmeverzug nur eine Obliegenheitsverletzung des ArbGeb darstellt, während das Auflösungsverschulden einen echten Vertragsbruch begründet.

57 Besonderheiten sind bei einer Gegenkündigung des ArbN als Reaktion auf eine unberechtigte außerordentl. Kündigung des ArbGeb zu beachten. Die Berechtigung des ArbN zur Gegenkündigung und damit zur Geltendmachung von Schadensersatz nach Abs. 2 ist gegeben, wenn die unberechtigte Kündigung des ArbGeb als grob vertragswidriges Verhalten und damit als wichtiger Grund iSd. § 626 I angesehen werden kann (dazu oben § 626 Rz. 315: *Ehrverletzung*). Es besteht kein Vorrang der Kündigungsschutzklage in dem Sinne, dass der ArbN nach Erhalt einer unwirksamen außerordentl. Kündigung des ArbGeb nicht mehr mit einer außerordentl. Gegenkündigung reagieren dürfte und ihm somit ein Schadensersatzanspruch nach Abs. 2 abgeschnitten wird[9]. Die Geltendmachung eines Schadensersatzanspruches nach Abs. 2 durch den ArbN setzt allerdings voraus, dass das ArbVerh nicht bereits durch die Kündigung des ArbGeb beendet wurde. Dem ArbN ist deshalb zu raten, gegen diese Kündigung Kündigungsschutzklage zu erheben und daneben Schadensersatz nach Abs. 2 zu beantragen[10]. Alternativ dazu kann sich der ArbN aber auch darauf beschränken, neben der Kündigungsschutzklage einen Auflösungsantrag nach §§ 9, 10, 13 I 3 KSchG zu stellen (vgl. § 9 KSchG Rz. 3 ff.). Letzterer ist an geringere Anforderungen geknüpft, er führt aber auch zu keiner Entschädigung für die Nichteinhaltung der ordentlichen Kündigungsfrist, sondern nur für die Auflösung des ArbVerh.

58 **c) Begrenzung des Arbeitnehmeranspruchs.** Nach Abs. 2 wird nur der nach Beendigung des ArbVerh entstandene Schaden ersetzt. Vorher eingetretene Schäden sind nach § 280 I ggf. iVm. § 241 II geltend zu machen[11].

59 Dagegen ist umstritten, ob der Schadensersatzanspruch aus Abs. 2 mit Blick auf die Zeit nach Beendigung des ArbVerh einer zeitlichen Begrenzung unterliegt[12]. Nach st. Rspr. des BGH[13] zu § 89a II HGB bzw. zu § 628 II ist der Schadensersatzanspruch zeitlich bis zum Ablauf der Kündigungsfrist, zu der der andere Vertragspartner ordentl. kündigen könnte bzw. bis zum vereinbarten Vertragsende durch den Schutzzweck der Norm begrenzt, da es Sinn und Zweck der Norm sei, dem Kündigenden die Fortsetzung eines unzumutbar gewordenen Vertragsverhältnisses bis zum Ablauf der ordentl. Kündigungsfrist bzw. des Eintritts der vereinbarten Beendigung zu ersparen[14].

---

1 BAG 5.10.1962 – 1 AZR 51/61, NJW 1963, 75; 20.11.1996 – 5 AZR 518/95, NZA 1997, 647; Palandt/*Weidenkaff*, § 628 Rz. 8. ‖ 2 LAG Hamm 12.6.1984 – 7 Sa 2264/83, NZA 1985, 159; KR/*Weigand*, § 628 BGB Rz. 37. ‖ 3 ErfK/*Müller-Glöge*, § 628 BGB Rz. 39; KR/*Weigand*, § 628 BGB Rz. 37–39. ‖ 4 Erman/*Belling*, § 628 Rz. 32: Soweit diese auch bei nächstmöglicher ordnungsgemäßer Auflösung des ArbVerh angefallen wären. ‖ 5 BAG 11.8.1987 – 8 AZR 93/85, BB 1987, 2306; KR/*Weigand*, § 628 BGB Rz. 41; MüKoBGB/*Henssler*, § 628 Rz. 79. ‖ 6 BAG 20.11.1996 – 5 AZR 518/95, NZA 1997, 647. ‖ 7 KR/*Weigand*, § 628 BGB Rz. 42. ‖ 8 Vgl. BGH 14.11.1966 – VII ZR 112/64, NJW 1967, 248; BAG 17.9.1970 – 2 AZR 439/69, DB 1971, 391; dem BAG zustimmend MüKoBGB/*Henssler*, § 628 Rz. 87; *Stahlhacke/Preis/Vossen*, Rz. 821. ‖ 9 BAG 22.4.1971 – 2 AZR 205/70, DB 1971, 1531; ErfK/*Müller-Glöge*, § 628 BGB Rz. 103. ‖ 10 Vgl. ErfK/*Müller-Glöge*, § 628 BGB Rz. 42. ‖ 11 Vgl. *Heinze*, NZA 1994, 244; KR/*Weigand*, § 628 BGB Rz. 32. ‖ 12 Zum Meinungsstand: *Krause*, JuS 1995, 291 ff.; *Stoffels*, AR-Blattei SD, Arbeitsvertragsbruch, S. 134 ff.; *Weiß*, JuS 1985, 593 ff. ‖ 13 BGH 12.6.1985 – VIII ZR 148/84, BGHZ 95, 39 (47 ff.); 3.3.1993 – VIII ZR 101/92, NJW 1993, 1386. ‖ 14 BGH 3.3.1993 – VIII ZR 101/92, NJW 1993, 1386.

Teile der Lit.[1] vertreten im Gegensatz dazu eine zeitlich unbeschränkte Schadensersatzpflicht über die Dauer der ordentl. Kündigungsfrist hinaus (sog. Endlosschaden bzw. Endloshaftung). Dies soll dann gelten, wenn der Geschädigte in einem unbefristeten ArbVerh gestanden hat, für das das KSchG galt. Der ArbN soll sich darauf berufen können, dass es ohne das vertragswidrige Verhalten des anderen Teiles zu keiner, auch nicht zu einer ordentl. Auflösung des ArbVerh gekommen wäre. Der ArbGeb hat dann nur die Möglichkeit, unter den Voraussetzungen der §§ 323, 767 ZPO den Wegfall des Ersatzanspruchs wegen nachträglich eingetretener Tatsachen, die eine Kündigung sozial rechtfertigen, geltend zu machen[2].

Der Kritik ist zuzugeben, dass eine Orientierung des Schadensersatzes an der ordentl. Kündigungsfrist nur dann richtig ist, wenn eine solche Kündigungsmöglichkeit zweifelsfrei bestanden hat. Das BAG[3] hat deshalb in Übereinstimmung mit der überwiegenden Lit.[4] den Schutzzweck des Abs. 2 für den Fall neu bestimmt, dass die außerordentl. Kündigung durch den ArbN seitens des ArbGeb schuldhaft veranlasst wurde. Indem der Anspruch aus Abs. 2 herleitende ArbN das ArbVerh seinerseits gekündigt (oder gleichwertig aufgelöst) hat, verzichtete er selbst auf den Bestand des ArbVerh und den Schutz durch Gesetze, die ihm allg. oder besonderen Kündigungsschutz gewähren. Insb. der Bestandsschutz nach § 1 KSchG kann nicht mehr gewährleistet werden. Da die Auflösung aber durch den ArbGeb schuldhaft veranlasst wurde, ist die Situation mit einem Auflösungsantrag und Abfindungsbegehren des ArbN nach § 13 I 3, 5 KSchG vergleichbar. Der Schadensersatzanspruch ist damit zwar einerseits zu Gunsten des ArbGeb beschränkt, der ArbGeb darf andererseits aber auch nicht besser gestellt werden als bei einer (unberechtigten) außerordentl. Kündigung und einem vom ArbN berechtigterweise gestellten Auflösungsantrag nach § 13 I 3, 5, § 10 KSchG.

Im Falle einer außerordentl. berechtigten ArbN-Kündigung tritt damit neben den Ersatz des Vergütungsausfalls nach §§ 249 ff. für den Zeitraum der fiktiven ordentl. Kündigungsfrist ein Ersatzanspruch für den Verlust des Bestandsschutzes entsprechend §§ 13, 10 KSchG. Beide Schadenspositionen (Vergütungsausfall und Abfindung) können im Rahmen des Abs. 2 nebeneinander beansprucht werden, wenn der betreffende ArbN in der als Vergleichsfall herangezogenen Situation auch beide Leistungen beanspruchen könnte, dh. wenn der Auflösungsantrag des ArbN bei unberechtigter außerordentl. Kündigung des ArbGeb zum Kündigungstermin einer (hilfsweisen) gleichfalls unwirksamen ordentl. Kündigung hätte gestellt werden können[5].

Im Erg. kann ein ArbN, der Kündigungsschutz nach dem KSchG genießt, Ersatz der entgangenen Vergütung bis zum Ablauf der Kündigungsfrist einer (fiktiven alsbaldigen) ArbGebKündigung und daneben eine Abfindung für den Verlust des Arbeitsplatzes verlangen[6]. Ein konkreter Schadensnachweis hinsichtlich der Höhe ist dann nicht mehr notwendig. Auch ist der Anspruch aus §§ 13 I 3, 10 KSchG nicht an ein Auflösungsverschulden iSd. § 628 II geknüpft. Insoweit reicht ein objektiv rechtswidriges Verhalten des ArbGeb aus[7]. Darüber hinausgehende Vergütungsansprüche werden vom Schutzzweck des Abs. 2 nicht umfasst und sind deshalb nicht zu ersetzen[8]. Ebenso werden weiter gehende Schadensersatzansprüche mit der Geltendmachung des Abfindungsanspruchs ausgeschlossen[9]. Besteht seitens des ArbGeb ausnahmsw. selbst ein Kündigungsgrund (zB wegen Betriebsstilllegung), kann die Abfindung nur beansprucht werden, wenn sie auch ohne die Kündigung (zB auf Grund eines Sozialplans) dem ArbN zusteht[10].

Der besondere Kündigungsschutz eines BR-Mitglieds nach § 15 KSchG führt zu keinem höheren Abfindungsanspruch[11]. Letztlich gelten die Abfindungshöchstgrenzen des § 10 KSchG zudem für ArbN mit besonderem Kündigungsschutz nach TV, den §§ 85, 91 SGB IX, § 9 MuSchG oder § 18 BEEG, da es für einen weitergehenden Anspruch an einer gesetzl. Grundlage fehlt[12]. IÜ bietet § 10 KSchG genügend Handlungsspielraum, um zB eine sich aus dem besonderen Kündigungsschutz ergebende verminderte Chance des ArbN am Arbeitsmarkt zu berücksichtigen.

Die dargestellten Grundsätze gelten zudem, wenn der ArbN leitender Angestellter iSd. § 14 II KSchG ist[13].

---

1 *Roeper*, DB 1970, 1489; Soergel/*Kraft*, § 628 Rz. 16: Begrenzung lediglich aus § 254 II; *Stahlhacke/Preis/Vossen*, Rz. 818 f. || 2 So Erman/*Belling*, § 628 Rz. 30; RGRK/*Corts*, § 628 Rz. 50. || 3 BAG 26.7.2001 – 8 AZR 739/00, NJW 2002, 1593. Nicht aber wenn der ArbGeb selbst einen Kündigungsgrund iSd. KSchG gehabt hat: BAG 26.7.2007 – 8 AZR 796/06, NJW 2007, 1419; 21.5.2008 – 8 AZR 623/07, ArbRB 2009, 298. || 4 APS/*Rolfs*, § 628 BGB Rz. 55; ErfK/*Müller-Glöge*, § 628 BGB Rz. 28 ff., 40 f.; *Gessert*, Schadensersatz nach Kündigung, 1987, S. 59 ff.; 136 ff., 172; aA RGRK/*Corts*, § 628 Rz. 51. || 5 BAG 26.7.2001 – 8 AZR 739/00, NZA 2002, 325 ff.; *Weiß*, JuS 1985, 593 (596); aA LAG Hamm 12.6.1984 – 7 Sa 2264/83, NZA 1985, 159. Vgl. weiter BAG 26.8.1993 – 2 AZR 159/93, AP Nr. 113 zu § 626 BGB; *Stahlhacke/Preis/Vossen*, Rz. 2133. || 6 BAG 21.5.2008 – 8 AZR 623/07, ArbRB 2008, 298; ErfK/*Müller-Glöge*, § 628 BGB Rz. 28 f.; *Weiß*, JuS 1985, 593 (596). || 7 KR/*Weigand*, § 628 BGB Rz. 40. || 8 ErfK/*Müller-Glöge*, § 628 BGB Rz. 30. || 9 KR/*Weigand*, § 628 BGB Rz. 40. || 10 BAG 26.7.2007 – 8 AZR 796/06, NJW 2007, 1419; Erman/*Belling*, § 628 Rz. 22. || 11 BAG 21.5.2008 – 8 AZR 623/07, ArbRB 2008, 298; ErfK/*Müller-Glöge*, § 628 BGB Rz. 31; KR/*Weigand*, § 628 Rz. 35. || 12 BAG 21.5.2008 – 8 AZR 623/07, ArbRB 2008, 298. || 13 ErfK/*Müller-Glöge*, § 628 BGB Rz. 31; MüKoBGB/*Henssler*, § 628 Rz. 76; aA Staudinger/*Preis*, § 628 Rz. 48.

66 **d) Begrenzung des Arbeitgeberanspruchs.** Nach heute ganz hM[1] erfasst Abs. 2 nur Schäden, die nicht auch bei einem rechtmäßigen Alternativverhalten entstanden wären. Damit ist der ersatzfähige Schaden auf den Betrag beschränkt, der auf der vorzeitigen Vertragsbeendigung beruht und bei Einhaltung der vertragl. Kündigungsfrist nicht entstanden wäre[2]. Ersatzfähig ist also allein der sog. Verfrühungsschaden[3], ohne dass es darauf ankäme, ob von einem bestehenden Auflösungsrecht tatsächlich Gebrauch gemacht worden wäre[4].

67 Ersatzfähig ist damit in erster Linie der Schaden aus einem Produktionsausfall, der durch die vorzeitige Vertragsbeendigung entstanden ist. Hat der ArbGeb wegen des Ausfalls des ArbN ggü. seinen Kunden nicht fristgerecht leisten können, gehören die adäquat kausal verursachten Verzugsschäden und evtl. verwirkte Vertragsstrafen zum ersatzfähigen Schaden und sind vom ArbN zu tragen[5].

68 Weiter zählt hierzu der Schadensersatz für entgangenen Gewinn[6], sollten sich durch das Ausscheiden des ArbN Verdiensteinbußen ergeben. § 252 BGB und § 287 ZPO helfen insoweit mit Erleichterungen bei der Darlegung und dem Beweis sowohl für den Eintritt des Schadens (dh. für die Annahme der sog. haftungsausfüllenden Kausalität) als auch für die Höhe des Schadens, da sich der Gewinnausfall nicht einfach durch Vorlage der Geschäftsbücher ermitteln lassen wird. Einfacher darzustellen sind dagegen nutzlos aufgewendete Fixkosten wie der Mietzins für die vom ausgeschiedenen ArbN bediente Maschine[7].

69 IÜ wird sich der Schaden – auch auf Grund einer Schadensminderungspflicht des ArbGeb nach § 254 II 1 letzter Hs. - vor allem aus notwendigen Mehrausgaben des ArbGeb ergeben, um die vom ausgeschiedenen ArbN erbrachten Arbeiten fortführen zu können[8]. Dazu gehören Entgeltzuschläge für ArbN, die durch Überstunden die Arbeit des ausgeschiedenen ArbN verrichten[9]. Musste eine Ersatzkraft zu einem höheren Lohn eingestellt werden, ist die Lohndifferenz auszugleichen, soweit die Ersatzkraft nur zu diesen Bedingungen zum Abschluss eines Arbeitsvertrages bereit war[10]. Gleiches gilt, wenn der Ersatzkraft Aufwendungen zu ersetzen sind, die dieser auf Grund der kurzfristigen Übernahme der Arbeiten entstanden sind (zB Reisekosten, Hotelunterkunft).

70 Allein die höhere Beanspruchung anderer ArbN auf Grund der anfallenden Mehrarbeit ist dagegen kein ausgleichsfähiger Schaden. Durch den überobligatorischen Einsatz der anderen ArbN wird ein Schaden gerade vermieden. Da es insoweit an einem eigenen Einsatz des ArbGeb fehlt, lässt sich auch mit normativen Erwägungen kein anderes Ergebnis begründen[11]. Etwas anderes kann aber gelten, wenn ein ArbN einer anderen Filiale des gleichen Betriebes auf den frei gewordenen Arbeitsplatz abgeordnet und dessen Arbeitsleistung wiederum durch Mehrleistungen anderer ArbN ausgeglichen wird[12].

71 Verrichtet der ArbGeb die Arbeit des ausgeschiedenen ArbN selbst, weil er keine Ersatzkraft gefunden hat und Geschäftseinbußen verhindern will, kann der ArbGeb den potenziellen Schaden, den er nur auf Grund der eigenen überobligatorischen Anstrengungen (Vorteilsausgleichung) nicht erlitten hat, ersetzt verlangen[13]. Der Anspruch ist allerdings auf die Differenz zwischen der Entgelthöhe des ersatzpflichtigen ArbN und dem Wert der Eigenleistung des ArbGeb zu beschränken[14].

72 Theoretisch ersatzfähig sind Vorhaltekosten, die einem ArbGeb auf Grund einer Personalreserve für Fälle des Vertragsbruches erwachsen[15]. Deren Geltendmachung und Durchsetzung verlangt aber eine kaum zu leistende Substantiierung betr. Kosten und Kausalität[16].

73 Ein zu ersetzender Schaden des ArbGeb ergibt sich, wenn dieser durch die vorzeitige Vertragsbeendigung den Konkurrenzschutz nach § 60 HGB verliert. In diesem Fall muss der ArbN, der die Auflösung des ArbVerh verschuldet hat, für die dadurch verursachten Vermögenseinbußen des ArbGeb zumindest in der Höhe aufkommen, wie sie bei Vereinbarung eines nachvertragl. Wettbewerbsverbotes zuläs-

---

1 Seit BAG 26.3.1981 – 3 AZR 485/78, NJW 1981, 2430; APS/*Rolfs*, § 628 BGB Rz. 45; ErfK/*Müller-Glöge*, § 628 BGB Rz. 80. ‖2 BAG 26.3.1981 – 3 AZR 485/78, NJW 1981, 2430; dazu *Stoffels*, AR-Blattei SD, Arbeitsvertragsbruch, S. 135 ff. ‖3 BAG nimmt in Entsch. 26.3.1981 – 3 AZR 485/78, NJW 1981, 2430, auf diese von *Medicus* in Anm. zu BAG 14.11.1975 – 5 AZR 534/74, AP Nr. 5 zu § 276 BGB Vertragsbruch, verwendete Bezeichnung Bezug; weiter BAG 23.3.1983 – 7 AZR 37/81, NJW 1984, 2846. ‖4 BGH 29.11.1965 – VII ZR 202/63, AP Nr. 3 zu § 628 BGB; BAG 23.3.1983 – 7 AZR 37/81, NJW 1984, 2846; ErfK/*Müller-Glöge*, § 628 BGB Rz. 36. ‖5 LAG Düss. [Köln] 19.10.1967 – 2 Sa 354/67, DB 1968, 90; *Gessert*, Schadensersatz nach Kündigung, 1987, S. 85; Staudinger/*Preis*, § 628 Rz. 49. ‖6 BAG 5.10.1962 – 1 AZR 51/61, NJW 1963, 75; 27.1.1972 – 2 AZR 172/71, NJW 1972, 1437; ErfK/*Müller-Glöge*, § 628 BGB Rz. 37. ‖7 ErfK/*Müller-Glöge*, § 628 BGB Rz. 38; *Frey*, BB 1959, 744; *Schaub*, ArbRHdb, § 51 Rz. 20. ‖8 LAG Berlin 27.9.1973 – 7 Sa 59/73, DB 1974, 538; ErfK/*Müller-Glöge*, § 628 BGB Rz. 34; KR/*Weigand*, § 628 BGB Rz. 45. ‖9 LAG Düss. 19.10.1967 – 2 Sa 354/67, DB 1968, 90; LAG BW 21.12. 1960 – 4 Sa 60/60, BB 1961, 529; KR/*Weigand*, § 628 BGB Rz. 45; *Wuttke*, DB 1967, 2227. ‖10 LAG Berlin 27.9. 1973 – 7 Sa 59/73, DB 1974, 538; LAG Schl.-Holst. 13.4.1972 – 3 Sa 76/72, BB 1972, 1229; ErfK/*Müller-Glöge*, § 628 BGB Rz. 34; KR/*Weigand*, § 628 BGB Rz. 45. ‖11 ErfK/*Müller-Glöge*, § 628 BGB Rz. 34; *Stoffels*, AR-Blattei SD, Arbeitsvertragsbruch, S. 152 f.; *Schaub*, ArbRHdb, § 51 Rz. 18. ‖12 Vgl. BAG 24.4.1970 – 3 AZR 324/69, DB 1970, 1645; aA (normativer Schaden) ErfK/*Müller-Glöge*, § 628 BGB Rz. 34 a.E. ‖13 BAG 24.8.1967 – 5 AZR 59/67, NJW 1968, 221; vgl. dazu auch *C. Becker*, BB 1976, 746; ErfK/*Müller-Glöge*, § 628 BGB Rz. 38. ‖14 Erman/*Belling*, § 628 Rz. 23; KR/*Weigand*, § 628 BGB Rz. 51; Staudinger/*Preis*, § 628 Rz. 51. ‖15 BGH 18.5.1971 – VI ZR 52/70, DB 1971, 1411; ErfK/*Müller-Glöge*, § 628 BGB Rz. 34. ‖16 BAG 23.5.1984 – 4 AZR 129/82, NJW 1985, 91; *Stoffels*, AR-Blattei SD, Arbeitsvertragsbruch, S. 153.

sigerweise vermieden worden wären[1]. Der Anspruch ist auf die Dauer der ordentl. Kündigungsfrist beschränkt. Wurde dagegen ein nachvertragl. Wettbewerbsverbot vereinbart, beginnt dieses unmittelbar im Anschluss an das Ausscheiden des ArbN und nicht erst mit Ablauf der ordentl. Kündigungsfrist[2].

Zu differenzieren ist bei der Geltendmachung von Kosten für Zeitungsinserate, um einen Nachfolger für den ausgeschiedenen ArbN zu suchen. Diese können nur verlangt werden, wenn sie bei einer ordentl. Beendigung des ArbVerh zB auf Grund innerbetriebl. Stellenausschreibung vermeidbar gewesen wären[3]. Ein Nachweis, dass der ArbN von der vertragl. eingeräumten Kündigungsmöglichkeit fristgemäß Gebrauch gemacht hätte, braucht nicht geführt zu werden[4], da es sich insoweit um eine Begrenzung der Schadensersatzpflicht durch den Schutzzweck der verletzten Norm handelt. Werden zusätzliche Zeitungsinserate notwendig, muss sich der Werbeaufwand in angemessenen Grenzen halten. Angesprochen ist hier das Verhältnis von Bedeutung des Arbeitsplatzes und Anzeigenkosten[5], die Größe des Inserats[6] sowie die Häufigkeit, mit der eine Stellenanzeige in derselben Zeitung wiederholt wird[7].

Für die Vorstellungskosten des Nachfolgers eines vertragsbrüchigen ArbN ist ein „Verfrühungsschaden" in aller Regel zu verneinen, da (so das BAG) sie mit dem Zeitpunkt der Kündigung eines ArbVerh nichts zu tun haben[8].

e) Kausalität. Abs. 2 setzt zum einen voraus, dass die schuldhafte Vertragsverletzung die Veranlassung für die Auflösung gewesen ist, zum anderen muss der eingetretene Schaden gerade auf die Beendigung des Dienstverhältnisses zurückzuführen sein. Soweit der Ersatz von Schäden beansprucht wird, die nicht durch die vorzeitige Beendigung des Dienstverhältnisses verursacht worden sind (zB Kosten der Rechtsberatung), scheidet Abs. 2 als Anspruchsgrundlage aus (vgl. Rz. 38).

f) Mitverschulden. Von einer schuldhaften Veranlassung der Kündigung durch einen Vertragsteil (vgl. Rz. 49ff.) kann nur gesprochen werden, wenn einer der Parteien ein überwiegendes vertragswidriges Verhalten vorzuwerfen ist. Aber auch dann ist die Schadensersatzpflicht gem. § 628 II nach § 254 I zu mindern, falls ein Mitverschulden des Kündigenden vorliegt[9], insb. wenn der Kündigungsberechtigte das vertragswidrige schuldhafte Verhalten (zB Beleidigungen, Tätlichkeiten) selbst durch ein vertragswidriges schuldhaftes Verhalten provoziert hat[10].

Ferner kann der Anspruch gem. § 254 II 1 ganz oder teilweise entfallen, wenn es der Kündigungsberechtigte schuldhaft unterlassen hat, den entstehenden Schaden gering zu halten oder gänzlich abzuwenden (vgl. Rz. 56).

6. Rechtliche Behandlung der Schadensersatzleistung. a) Steuerrecht. Der Schadensersatzanspruch unterliegt grds. der Einkommensbesteuerung[11]. Es liegt eine Entlassungsentschädigung iSd. § 24 Nr. 1 Buchst. a EStG vor[12], so dass es sich nach § 34 II Nr. 2 iVm. I EStG um außerordentl. Einkünfte handeln kann, für die dann ein ermäßigter Steuersatz gilt. S. dazu auch die Komm. zum EStG.

b) Sozialversicherungsrecht. SozV-Beiträge sind auf die Ersatzleistung für die entgangene Vergütung nicht zu entrichten (§ 14 SGB IV, § 342 SGB III), da der Schadensersatz nach Abs. 2 für Zeiten nach Beendigung des Dienstverhältnisses gezahlt wird und daher keine „Einnahme aus einer Beschäftigung"/Arbeitsentgelt nach § 14 SGB IV darstellt[13].

IdR wird der Schadensersatz nach Abs. 2 zu einem Ruhen des Alg, zumindest für die Dauer der ordentl. Kündigungsfrist, ggf. aber auch darüber hinaus, führen, s. dazu § 158 SGB III. Der Schadensersatz nach Abs. 2 und eine außerdem gezahlte Abfindung sind dabei zu einer nach § 158 SGB III zu berücksichtigenden „Gesamtabfindung" zusammenzurechnen[14].

Der frühere ArbGeb ist gem. § 249 I verpflichtet, dem ArbN (zumindest) bis zum Ablauf der ordentl. Kündigungsfrist seinen sozialversicherungsrechtl. Status umfassend zu erhalten, also einen entsprechenden kranken- und rentenversicherungsrechtl. Schutz zu finanzieren[15].

---

1 BAG 9.5.1975 – 3 AZR 352/74, NJW 1975, 1987; 23.2.1977 – 3 AZR 620/75, NJW 1977, 1357; KR/*Weigand*, § 628 BGB Rz. 45. ||**2** ErfK/*Müller-Glöge*, § 628 BGB Rz. 35. ||**3** BAG 26.3.1981 – 3 AZR 485/78, NJW 1981, 2430; 23.3.1983 – 7 AZR 37/81, NJW 1984, 2846; ErfK/*Müller-Glöge*, § 628 BGB Rz. 91. ||**4** BAG 23.3.1983 – 7 AZR 37/81, NJW 1984, 2846; KR/*Weigand*, § 628 BGB Rz. 47. ||**5** BAG 18.12.1969 – 2 AZR 80/69, NJW 1970, 1469. ||**6** BAG 30.6.1961 – 1 AZR 206/61, NJW 1961, 1837. ||**7** BAG 14.11.1975 – 5 AZR 534/74, NJW 1976, 644. ||**8** BAG 26.3.1981 – 3 AZR 485/78, NJW 1981, 2430; *Berkowsky*, DB 1982, 1772; KR/*Weigand*, § 628 BGB Rz. 48. ||**9** BGH 2.10.1990 – VI ZR 14/90, NJW 1991, 165; ErfK/*Müller-Glöge*, § 628 BGB Rz. 43; KR/*Weigand*, § 628 BGB Rz. 30; Staudinger/*Preis*, § 628 Rz. 39. ||**10** BGH 29.11.1965 – VII ZR 202/63, NJW 1966, 347; 14.11.1966 – VII ZR 112/64, NJW 1967, 248; BAG 17.9.1970 – 2 AZR 439/69, DB 1971, 391; Staudinger/*Preis*, § 628 Rz. 39. ||**11** BFH 28.2.1975 – VI R 29/72, BFHE 115, 251; *Gessert*, Schadensersatz nach Kündigung, 1987, S. 219f. ||**12** Schmidt/*Seeger*, § 24 EStG Anm. 4a Rz. 6. ||**13** Einnahmen, die „im Zusammenhang" mit der beitragspflichtigen Beschäftigung erzielt werden, sind nur dann beitragspflichtig, wenn sie sich zeitlich der versicherungspflichtigen Beschäftigung zuordnen lassen, dh. auf die Zeit der Beschäftigung und der Versicherungspflicht entfallen, BSG 21.2.1990 – 12 RK 20/88, NJW 1990, 2274. ||**14** BSG 13.3.1990 – 11 RAr 69/89, NZA 1990, 829; KR/*Weigand*, § 628 BGB Rz. 56. ||**15** S. Erman/*Belling*, § 628 Rz. 38; KR/*Weigand*, § 628 BGB Rz. 55; RGRK/*Corts*, § 628 Rz. 56, die diesen Anspruch auch über die Zeit der ordentl. Kündigungsfrist hinaus gewähren und auch auf entgangenes Alg erstrecken.

83 **c) Insolvenz des Arbeitgebers.** Ein Schadensersatzanspruch nach Abs. 2 ist nur dann eine sonstige Masseverbindlichkeit gem. § 55 I InsO, wenn er durch eine Handlung des Insolvenzverwalters begründet wurde. In allen anderen Fällen ist der Schadensersatzanspruch nicht privilegiert, sondern stellt eine Insolvenzforderung gem. § 38 InsO dar[1]. Zu beachten ist die besondere Kündigungsmöglichkeit nach § 113 InsO (s. ebenda).

84 Fällt der ArbN mit seinem Schadensersatzanspruch wegen Insolvenz des ArbGeb aus, kann er diesbezüglich auch kein Insolvenzgeld (§§ 165 ff. SGB III) verlangen. Der Anspruch ist nicht insolvenzgeldfähig, vgl. § 166 I Nr. 1 SGB III[2].

85 **d) Verjährung.** Der Schadensersatzanspruch nach Abs. 2 unterliegt der regelmäßigen dreijährigen Verjährung, beginnend mit dem nachfolgenden Jahr, in dem der Anspruch entstanden ist, §§ 195, 199.

86 **e) Pfändung und Abtretung.** Der Schadensersatzanspruch unterliegt als Lohnersatz bzw. als Abfindung nach §§ 13, 10 KSchG dem Pfändungsschutz für Arbeitseinkommen, § 850i ZPO[3]. Insoweit werden auch eine Aufrechnung (§ 394) und Abtretung (§ 400) beschränkt[4]. Wird das Arbeitseinkommen gepfändet, erstreckt sich die Pfändung auch auf den Schadensersatzanspruch als unselbständiges Nebenrecht iSd. § 832 ZPO[5].

87 **7. Entschädigung gem. § 61 II ArbGG.** § 61 II ArbGG erleichtert vor allem dem ArbGeb die Durchsetzung eines dem Grunde nach bestehenden Anspruches aus § 628 II[6], ohne dass es der konkreten Feststellung der Höhe des eingetretenen Schadens bedürfte. Voraussetzung ist, dass der ArbGeb den ArbN auf Erbringung der Arbeitsleistung verklagt und gleichzeitig beantragt, den ArbN bei Nichtbefolgung zur Zahlung einer vom ArbG nach freiem Ermessen ähnlich § 287 ZPO festzusetzenden Entschädigung zu verurteilen.

88 Umgekehrt kann aber auch der ArbN einen von ihm klageweise geltend gemachten Beschäftigungsanspruch mit einem Antrag auf Entschädigung gem. § 61 II ArbGG verbinden[7].

89 Bei der Bemessung der Schadenshöhe sind ua. die Länge der vertragsgemäßen Kündigungsfrist, die Aufwendungen für eine Ersatzkraft, die Kosten für die Suche nach Ersatz und weitere Schäden auf Grund des Vertragsbruches zu berücksichtigen. Wurde über einen Antrag auf Entschädigung gem. § 61 II ArbGG rechtskräftig entschieden, schließt die Rechtskraft dieser Entscheidung die Geltendmachung weiter gehender Schadensersatzansprüche aus, sofern die Entschädigung nicht einschränkend als Teilbetrag eingeklagt wurde[8].

90 **VI. Darlegungs- und Beweislast.** Zur Geltendmachung einer Teilvergütung nach Abs. 1 S. 1 (vgl. Rz. 11 ff.) muss der Dienstverpflichtete darlegen und beweisen, welche Dienstleistungen er bis zur Auflösung des Dienstverhältnisses erbracht hat und welchem Teil der vereinbarten Vergütung diese Leistungen entsprechen[9].

91 Die Voraussetzungen des Abs. 1 S. 2 (vgl. Rz. 21 ff.) hat der Dienstberechtigte darzulegen und zu beweisen[10]. Der Dienstberechtigte muss vortragen, dass entweder der Dienstverpflichtete ohne Veranlassung durch vertragswidriges Verhalten des Dienstberechtigten gekündigt hat oder ihm wegen vertragswidrigen Verhaltens gekündigt worden ist und an den erbrachten Leistungen infolge der Kündigung kein Interesse besteht[11]. Hinsichtlich des Verschuldens hat sich der Anspruchsgegner gem. der allg. Regel über vertragl. Schadensersatzansprüche zu entlasten[12], § 280 I 2. Soll die Vergütung nach Abs. 1 S. 2 gekürzt werden, kann das Gericht den Wert der erbrachten Arbeitsleistung gem. § 287 II ZPO schätzen[13].

92 Für einen Rückzahlungsanspruch nach Abs. 1 S. 3 (vgl. Rz. 34 ff.) muss der Dienstberechtigte die Zahlung eines Vorschusses darlegen und beweisen. Beruft sich der Dienstberechtigte darauf, dass der Dienstverpflichtete die Kündigung des Vertragsverhältnisses veranlasst hat, muss er dessen pflichtwidriges Verhalten darlegen und beweisen. Beruft sich der Dienstverpflichtete auf den Ausschlusstatbestand nach § 346 III (Nr. 3), trifft ihn die Beweispflicht.

93 Im Rechtsstreit wegen eines Schadensersatzanspruches gem. Abs. 2 muss der Anspruchsteller das schuldhaft vertragswidrige Verhalten des anderen Teiles und seinen dadurch adäquat kausal verursachten Schaden in der geltend gemachten Höhe darlegen und beweisen. Für die Frage der haftungs-

---

1 BAG 22.10.1998 – 8 AZR 73/98, nv.; ErfK/*Müller-Glöge*, § 628 BGB Rz. 44; KR/*Weigand*, § 628 BGB Rz. 57; Hauser/Hawelka, ZIP 1998, 1261 (1262); *Uhlenbruck*, KTS 1994, 169 (182); aA *Wiester*, ZInsO 1998, 99 (103f.). ||2 KR/*Weigand*, § 628 BGB Rz. 57; MünchArbR/*Peters-Lange*, § 77 Rz. 22. ||3 *Baumbach/Hartmann*, § 850i Rz. 4; ErfK/*Müller-Glöge*, § 628 BGB Rz. 45. ||4 KR/*Weigand*, § 628 BGB Rz. 54; Staudinger/*Preis*, § 628 Rz. 57f. ||5 So Erman/*Belling*, § 628 Rz. 36. ||6 § 61 II ArbGG ist also keine eigene Anspruchsgrundlage: GMP/*Germelmann*, § 61 ArbGG Rz. 37; KR/*Weigand*, § 628 BGB Rz. 8. ||7 ErfK/*Müller-Glöge*, § 628 BGB Rz. 46; KR/*Weigand*, § 628 BGB Rz. 8; RGRK/*Corts*, § 628 Rz. 26; aA ArbG Wetzlar 8.12.1986 – 1 Ca 343/86, NZA 1987, 536. ||8 So BAG 20.2.1997 – 8 AZR 121/95, NZA 1997, 880; ErfK/*Müller-Glöge*, § 628 BGB Rz. 46. ||9 Ebenso KR/*Weigand*, § 628 BGB Rz. 53. ||10 BGH 8.10.1981 – III ZR 190/79, NJW 1982, 437; 17.10.1996 – IX ZR 37/96, NJW 1997, 188; ErfK/*Müller-Glöge*, § 628 BGB Rz. 48. ||11 APS/*Rolfs*, § 628 BGB Rz. 66; ErfK/*Müller-Glöge*, § 628 BGB Rz. 48. ||12 BGH 17.10.1996 – IX ZR 37/96, NJW 1997, 188; BAG 5.10.1962 – 1 AZR 51/61, NJW 1963, 75. ||13 ErfK/*Müller-Glöge*, § 628 BGB Rz. 48; Palandt/*Weidenkaff*, § 628 Rz. 4.

ausfüllenden Kausalität wie auch die Höhe des Schadens ergeben sich Beweiserleichterungen aus § 252 BGB und § 287 ZPO. Dabei erleichtert § 287 ZPO nicht nur die Beweisführung, sondern auch die Darlegung[1].

Macht der in Anspruch genommene Teil geltend, dass er seinerseits das Vertragsverhältnis wegen schuldhaft vertragswidrigen Verhaltens des Kündigenden hätte beenden können, muss er die dafür notwendigen Tatsachen vortragen und beweisen[2]. Gleiches gilt für Tatsachen, die zu einer Minderung des Schadensersatzanspruchs führen können[3]. 94

629 *Freizeit zur Stellungssuche*
Nach der Kündigung eines dauernden Dienstverhältnisses hat der Dienstberechtigte dem Verpflichteten auf Verlangen angemessene Zeit zum Aufsuchen eines anderen Dienstverhältnisses zu gewähren.

I. Normzweck. Ist ein dauerndes Dienstverhältnis gekündigt worden, so ist der Dienstberechtigte nach § 629 verpflichtet, dem Dienstverpflichteten zum Zwecke der Stellensuche bezahlte Freistellung von der Beschäftigung zu gewähren. Diese Pflicht des Dienstherrn ist Ausdruck der allg. Fürsorgepflicht[4]. Der Dienstverpflichtete wird damit in die Lage versetzt, möglichst ohne finanzielle Einbußen unmittelbar nach Beendigung des alten Dienstverhältnisses eine neue Beschäftigung anzutreten. Den Dienstverpflichteten stattdessen auf seinen Urlaubsanspruch zu verweisen, scheitert nicht nur, wenn der Urlaubsanspruch bereits vollständig erfüllt ist, sondern widerspricht nach Ansicht des BAG[5] auch dem Zweck des Erholungsurlaubs. 1

II. Anspruchsvoraussetzungen. 1. Dauerndes Dienstverhältnis. Die Vorschrift gilt für alle „dauernden" Dienst- und ArbVerh. Das Gesetz verwendet den Begriff „dauernden" in §§ 617 I 1, 627 I, 630 S. 1. Seine Auslegung richtet sich nach dem Normzweck, der zumindest in den §§ 617, 629 der Gleiche ist[6]. Mit diesem Tatbestandsmerkmal soll verhindert werden, dass ein Freistellungsanspruch auch dann besteht, wenn schon von vornherein mit einem baldigen Stellenwechsel zu rechnen war[7]. **Dauernd** ist ein Dienstverhältnis dann, wenn es rechtl. oder faktisch auf eine bestimmte längere Zeit angelegt ist, wenn es von unbestimmter Dauer ist oder wenn es faktisch bereits längere Zeit bestanden hat[8]. Grund ist, dass sich erst aus der intendierten bzw. faktischen erheblichen Dauer des Dienstverhältnisses und des damit zum Ausdruck gekommenen Näheverhältnisses eine gesteigerte Rücksichtnahmepflicht des § 629 ergibt[9]. **Aushilfsarbeitsverhältnisse** scheiden demnach aus dem Anwendungsbereich aus[10]. Ebenso wenig werden nur kurzfristig angelegte Dienstverhältnisse vom Normzweck des § 629 erfasst[11]. Dagegen ist § 629 bei Kündigung eines unbefristeten ArbVerh während der Probezeit anwendbar[12], da dann das Vertragsverhältnis bereits auf Dauer angelegt war. Auf **Ausbildungsverhältnisse** ist § 629 gem. § 10 II BBiG anzuwenden[13]. Teilzeitbeschäftigte ArbN können von der Anwendbarkeit des § 629 nicht ausgenommen werden, § 4 I TzBfG. Einer bezahlten Freistellung bedarf es aber nur, wenn die Stellensuche allein während der Arbeitszeit erfolgen kann[14]. 2

2. Kündigung. Voraussetzung für die Freistellung ist eine Kündigung, unabhängig von welcher Partei diese ausgesprochen wurde. Der Anspruch kann mit Zugang der Kündigung bis zum Ablauf der Kündigungsfrist geltend gemacht werden. Bei einer wirksamen außerordentl. fristlosen Kündigung ist § 629 obsolet. Eine Änderungskündigung genügt, wenn der andere Teil das Änderungsangebot nicht, auch nicht unter Vorbehalt seiner sozialen Rechtfertigung annimmt[15]. Der Freistellungsanspruch entfällt nicht, weil die Kündigung mit einer Wiedereinstellungszusage verbunden wurde[16]. Auch ohne bzw. vor einer Kündigung ist dem Dienstverpflichteten Freizeit zur Stellensuche zu gewähren, wenn der ArbGeb eine Kündigung oder eine einvernehmliche Aufhebung gegen eine Abfindung in Aussicht gestellt und dem ArbN empfohlen hat, sich nach einem anderen Arbeitsplatz umzusehen[17]. Die bloße Absicht des Dienstverpflichteten, sich beruflich zu verändern, begründet jedoch keinen Freistellungsanspruch[18]. Nach verbreiteter Meinung[19] ist § 629 bei einer Auflösung des ArbVerh wegen **Befristung oder auflösender Bedingung** analog anzuwenden. Gleiches gilt bei einer einvernehmlichen Beendigung des Dienst- 3

---

1 BGH 13.11.1997 – III ZR 165/96, AP Nr. 12 zu § 628 BGB; BAG 27.1.1972 – 2 AZR 172/71, AP Nr. 2 zu § 252 BGB. ||2 *Baumgärtel*, Hdb. der Beweislast im PrivatR, § 628 Rz. 3; ErfK/*Müller-Glöge*, § 628 BGB Rz. 50. ||3 BGH 15.11.1994 – VI ZR 194/93, AP Nr. 35 zu § 249 BGB; BAG 10.3.1992 – 3 AZR 81/91, AP Nr. 34 zu § 1 BetrAVG Zusatzversorgungskassen. ||4 Erman/*Belling*, § 629 Rz. 1; Staudinger/*Preis*, § 629 Rz. 2. ||5 BAG 26.10.1956 – 1 AZR 248/55, AP Nr. 14 zu § 611 BGB Urlaubsrecht; Staudinger/*Preis*, § 629 Rz. 2. ||6 MünchArbR/*Richardi*, § 44 Rz. 21; MüKoBGB/*Henssler*, § 629 Rz. 6; Staudinger/*Preis*, § 629 Rz. 8. ||7 Erman/*Belling*, § 629 Rz. 2. ||8 RGRK/*Eisemann*, § 629 Rz. 2; näher Staudinger/*Oetker*, § 617 Rz. 16ff. ||9 Staudinger/*Preis*, § 629 Rz. 7. ||10 ErfK/*Müller-Glöge*, § 629 BGB Rz. 2; *Schaub*, ArbRHdb, § 25 Rz. 15; aA *Vogt*, DB 1968, 264. ||11 MüKoBGB/*Henssler*, § 629 Rz. 8. ||12 ErfK/*Müller-Glöge*, § 629 BGB Rz. 2; *Schaub*, ArbRHdb, § 25 Rz. 15; aA *Vogt*, DB 1968, 264. ||13 ErfK/*Müller-Glöge*, § 629 BGB Rz. 2; Erman/*Belling*, § 629 Rz. 2; RGRK/*Eisemann*, § 629 Rz. 2; *Brill*, AuR 1970, 8 (9). ||14 ErfK/*Müller-Glöge*, § 629 BGB Rz. 2; Erman/*Belling*, § 629 Rz. 2. ||15 MüKoBGB/*Henssler*, § 629 Rz. 9. ||16 ErfK/*Müller-Glöge*, § 629 BGB Rz. 3; *Vogt*, DB 1968, 264. ||17 ErfK/*Müller-Glöge*, § 629 BGB Rz. 3; Erman/*Belling*, § 629 Rz. 3. ||18 LAG Düss. 15.3.1967 – 3 Sa 40/67, DB 1967, 1227 (1228); ErfK/*Müller-Glöge*, § 629 BGB Rz. 12. ||19 ErfK/*Müller-Glöge*, § 629 BGB Rz. 3; MünchArbR/*Richardi*, § 43 Rz. 42; Staudinger/*Preis*, § 629 Rz. 11.

verhältnisses durch Aufhebungsvertrag[1]. Der Freistellungsanspruch kann frühestens ab dem Zeitpunkt des Laufs der fiktiven Kündigungsfrist geltend gemacht werden[2]. Erfährt der ArbN erst später von der nahenden Beendigung des ArbVerh, geht dies zu seinen Lasten[3].

4 **3. „Verlangen".** Der Dienstberechtigte hat die Freistellung zur Stellensuche nur auf Verlangen des Dienstverpflichteten zu gewähren. Den ArbGeb trifft keine Pflicht, den ArbN auf den Freistellungsanspruch hinzuweisen. Dh. einerseits, dass der ArbGeb die Freistellung nicht von sich aus anbieten, der ArbN sie sich aber auch nicht aufdrängen lassen muss und andererseits, dass der ArbN der Arbeit nicht einfach fernbleiben darf. Wie beim Erholungsurlaub tritt Fälligkeit des Anspruchs auf Freistellung mit dem Verlangen des ArbN ein. Fälligkeit der Freistellung selbst ist jedoch erst bei Gewährung der Freistellung durch den ArbGeb gegeben[4]. Der Dienstverpflichtete hat bei seinem Verlangen den Grund und die voraussichtliche Dauer der benötigten Freistellung mitzuteilen. Dagegen braucht er nicht den Namen des ArbGeb preiszugeben, bei dem er sich beworben hat. Das Verlangen muss so rechtzeitig erfolgen, dass der ArbGeb nach Möglichkeit den Betriebsablauf entsprechend planen kann[5]. Wurde dem ArbN für die Zeit bis zum Ablauf der Kündigungsfrist **Erholungsurlaub** gewährt, kann er der ArbN verlangen, dass ihm anstelle des Urlaubs Freistellung nach § 629 gewährt wird, sollten die Voraussetzungen des § 629 erfüllt sein[6]. Dies soll auch dann gelten, wenn der ArbN nach Zugang der Kündigung mit dem ArbGeb bereits die Gewährung von Erholungsurlaub vereinbart hat, da der ArbN nicht überschauen kann, wann er eine Freistellung nach § 629 benötigt[7]. Gewährter und bereits genommener Erholungsurlaub kann jedoch nicht nachträglich, also ohne dass der ArbN zuvor den Anspruch aus § 629 geltend gemacht hatte, in Freizeit zur Stellensuche umgewandelt werden, mit der Folge, dass dann zusätzlich eine Urlaubsabgeltung zu leisten ist[8]. Vom Freistellungsanspruch erfasst werden insb. Vorsprachen bei einem neuen ArbGeb, der AA oder einer gewerbl. Arbeitsvermittlung, aber auch die erforderliche oder vom zukünftigen ArbGeb gewünschte Vervollständigung der Bewerbungsunterlagen durch Eignungstests oder Untersuchungen[9].

5 **III. Rechtsfolgen.** Liegen die Voraussetzungen des § 629 vor, hat der Dienstberechtigte dem Dienstverpflichteten hinsichtlich Zeitpunkt und Dauer eine **angemessene Zeit zur Stellensuche** zu gewähren. Die Bestimmung des Zeitpunkts und der Dauer der Freistellung erfolgt nach § 106 GewO durch einseitige Leistungsbestimmung des Dienstberechtigten. Was billigem Ermessen entspricht, ist unter Berücksichtigung der Interessen beider Parteien zu ermitteln. Der ArbGeb kann den Zeitpunkt der Freistellung grds. nach seinen betriebl. Interessen ausrichten. Ist der ArbN aber zum persönlichen Vorstellungsgespräch eingeladen und stellt er ein entsprechendes Freistellungsverlangen, entspricht es idR nicht mehr billigem Ermessen, dem ArbN Freizeit nur zu einem anderen Zeitpunkt zu gewähren[10]. Bzgl. der Dauer der Freistellung genügt es nicht, dem ArbN nur die unbedingt und zwingend geringstmögliche Zeit zu geben. **Angemessen** ist die dem Zweck des Aufsuchens entsprechende Zeit[11]. Der Begriff der Angemessenheit kann einzel- oder kollektivvertragl. konkretisiert werden. Existiert eine tarifvertragl. Regelung, dann beschreibt diese idR auch für nicht tarifgebundene Parteien die angemessene Dauer der Freizeitgewährung[12].

6 **IV. Vergütungsanspruch.** Da § 629 die Frage der Vergütungspflicht ungeregelt lässt, ist hierfür auf § 616 zurückzugreifen[13]. Der Vergütungsanspruch bleibt erhalten, soweit die zur Stellensuche benötigte Freistellung nur eine verhältnismäßig unerhebliche Zeit in Anspruch nimmt[14]. Damit sind Fälle denkbar, in denen die begehrte Freistellung zwar noch „angemessen" iSd. § 629 ist, die vergütungspflichtige Grenze des § 616 aber überschritten wird[15]. Entsprechend hat das BAG[16] für die Dauer einer mehrtägigen Vorstellungsreise entschieden. Ebenso kann § 616 anders als § 629 einzel- oder kollektivvertragl. **abbedungen** bzw. die Vergütungspflicht für die Zeit einer nach § 629 geschuldeten Freistellung kann konkretisiert werden[17]. Ist in einer einzel- oder tarifvertragl. Regelung der Vergütungsfortzahlung zu § 616 die Stellensuche nicht ausdrücklich erwähnt, ist es Frage der Auslegung, ob § 616 damit tatsächlich für den Fall der Freizeitgewährung zur Stellensuche abbedungen ist. Nach dem BAG[18] schließt nicht jede

---

1 Erman/*Belling*, § 629 Rz. 2; *Schaub*, ArbRHdb, § 25 Rz. 18; aA Soergel/*Kraft*, § 629 Rz. 2. ||2 *Schaub*, ArbRHdb, § 25 Rz. 18; *Steinwedel*, DB 1964, 1481 (1484); *Vogt*, DB 1968, 264. ||3 Für befristete ArbVerh ist auf § 15 II TzBfG hinzuweisen. ||4 Vgl. LAG Düss. 15.3.1967 – 3 Sa 40/67, DB 1967, 1227; 11.1.1973 – 3 Sa 521/72, DB 1973, 676; ErfK/*Müller-Glöge*, § 629 BGB Rz. 4. ||5 ArbG Düss. 9.6.1959 – 3 Ca 204/59, BB 1959, 777; ErfK/*Müller-Glöge*, § 629 BGB Rz. 4; MünchArbR/*Richardi*, § 43 Rz. 43. ||6 Vgl. BAG 26.10.1956 – 1 AZR 248/55, DB 1957, 240; ErfK/*Müller-Glöge*, § 629 BGB Rz. 5. ||7 AA MüKoBGB/*Henssler*, § 629 Rz. 18; Staudinger/*Preis*, § 629 Rz. 13. ||8 LAG Düss. 11.1.1973 – 3 Sa 521/72, DB 1973, 676; Erman/*Belling*, § 629 Rz. 4. ||9 ArbG Essen 31.8.1961 – 4 Ca 1516/61, BB 1962, 560; ErfK/*Müller-Glöge*, § 629 BGB Rz. 6; MüKoBGB/*Henssler*, § 629 Rz. 13 ff. ||10 ErfK/*Müller-Glöge*, § 629 BGB Rz. 7; Erman/*Belling*, § 629 Rz. 5. ||11 Staudinger/*Preis*, § 629 Rz. 17; *Steinwedel*, DB 1964, 1481 (1484). ||12 ErfK/*Müller-Glöge*, § 629 BGB Rz. 7; Erman/*Belling*, § 629 Rz. 5. ||13 BAG 11.6.1957 – 2 AZR 15/57, NJW 1957, 1292; 13.11.1969 – 4 AZR 35/69, AP Nr. 41 zu § 616 BGB; ErfK/*Müller-Glöge*, § 629 BGB Rz. 11; Staudinger/*Oetker*, § 616 Rz. 72; aA (Vergütungspflicht bleibt ohne weiteres bestehen) Jauernig/*Schlechtriem*, § 629 Anm. 3. ||14 ErfK/*Müller-Glöge*, § 629 BGB Rz. 11; *Schaub*, ArbRHdb, § 25 Rz. 23. ||15 ErfK/*Müller-Glöge*, § 629 BGB Rz. 11; Staudinger/*Preis*, § 629 Rz. 21. ||16 BAG 13.11.1969 – 4 AZR 35/69, DB 1970, 211; MünchArbR/*Richardi*, § 45 Rz. 46. ||17 BAG 11.6.1957 – 2 AZR 15/57, NJW 1957, 1292; *Brill*, AuR 1970, 8 (15); ErfK/*Müller-Glöge*, § 629 BGB Rz. 12; MünchArbR/*Richardi*, § 45 Rz. 46. ||18 BAG 13.11.1969 – 4 AZR 35/69, DB 1970, 211; MüKoBGB/*Henssler*, § 629 Rz. 29.

Aufzählung von Verhinderungsfällen iSd. § 616, die den Fall der Entgeltfortzahlung wegen Stellensuche nicht nennt, auch tatsächlich einen Anspruch auf Entgeltfortzahlung in den Fällen des § 629 aus, da die Bedeutung des § 616 im Rahmen des § 629 häufig übersehen wird.

Neben dem Vergütungsanspruch gegen den alten ArbGeb aus § 616 hat der Bewerber, der vom neuen potenziellen ArbGeb zur persönlichen Vorstellung aufgefordert wurde, einen Anspruch auf Erstattung seiner notwendigen Aufwendungen, §§ 670, 662[1]. Der **Aufwendungsersatzanspruch** (§ 670) entsteht allerdings nicht schon, wenn der Bewerber ohne Aufforderung allein auf Grund einer Stellenanzeige bzw. eines Hinweises der AA vorspricht[2], der ArbGeb nur in eine vom Bewerber erbetene Vorstellung einwilligt[3] oder der Bewerber sich das Bewerbungsgespräch durch eine vorgetäuschte Qualifikation erschlichen hat. Auch wenn grds. eine Kostenübernahmepflicht besteht, kann der neue ArbGeb eine solche ausschließen, wenn er dies rechtzeitig, dh. idR mit der Aufforderung zur Vorstellung, unmissverständlich zum Ausdruck bringt[4]. Das bloße „Anheimgeben", sich vorzustellen, oder die Aufforderung zur „unverbindlichen Rücksprache" schließt den Kostenerstattungsanspruch nicht aus. Erstattet werden die objektiv erforderlichen Aufwendungen sowie die Aufwendungen, die der ArbN nach sorgfältiger, nach den Umständen des Falles gebotener Prüfung für erforderlich halten durfte[5]. Dies erstreckt sich auf **Fahrt-, Verpflegungs- und Unterbringungskosten**. Erstattungsfähig sind die Kosten, die gewöhnlich für einen Arbeitsuchenden in der betreffenden Situation anfallen würden. Nicht ohne weiteres richten sich die erforderlichen und erstattungsfähigen Kosten nach den für diese Stelle geltenden Bestimmungen über Dienstreisen bzw. nach der für diese Stelle gezahlten Vergütung[6]. Die Kosten der Benutzung des eigenen Kraftfahrzeugs sind in jedem Fall bis zur Höhe der Kosten eines öffentl. Verkehrsmittels erstattungsfähig. Im Zweifel richtet sich die Erstattungshöhe nach steuerlichen Grundsätzen[7]. Gleiches gilt für die Verpflegung. Übernachtungskosten sind zu ersetzen, wenn dem Stellenbewerber die Hin- und Rückreise mit einem öffentl. Verkehrsmittel oder Auto am gleichen Tag wegen der schlechten Verkehrsverbindungen nicht möglich oder zumutbar sind[8]. Wenn eine besondere Vereinbarung getroffen wurde oder unvorhersehbare Ereignisse eintreten, können auch höhere Kosten erstattungsfähig sein[9].

Hat der Bewerber für die Dauer der Freistellung gegen seinen bisherigen ArbGeb keinen Anspruch auf Entgeltfortzahlung nach § 616, ist sein **Verdienstausfall** vom einladenden ArbGeb zu ersetzen, vorausgesetzt, der Bewerber durfte die zum Zweck der Vorstellung in Anspruch genommene Freistellung den Umständen nach für erforderlich halten[10]. Nicht erheblich ist, ob der potenzielle ArbGeb auch mit einem Verdienstausfall gerechnet hat[11]. Will sich der neue ArbGeb vor unliebsamen Überraschungen schützen, muss er den Aufwendungsersatz zuvor ausschließen oder zumindest entsprechend einschränken.

V. Durchsetzung des Anspruchs. Wird dem Dienstverpflichteten die Freistellung unberechtigterweise vom Dienstberechtigten verweigert, erwächst ihm daraus kein Selbstbeurlaubungsrecht[12]. Er ist deshalb grds. darauf verwiesen, seinen Freistellungsanspruch im Wege des **einstw. Rechtsschutzes** durchzusetzen[13]. Umstritten ist, ob der ArbN notfalls seinen Anspruch nach § 629 durch Ausübung eines **Zurückbehaltungsrechts** nach § 273 durchsetzen kann[14]. Dagegen wird vor allem eingewandt, dass das Zurückbehaltungsrecht nicht zur Erfüllung des Anspruchs führen dürfe[15] und wenn, dann nur im Zeitraum vor der begehrten Freistellung bestehen könne. Eine vollständige Erfüllung ist aber nicht zu befürchten, da die Ausübung eines Zurückbehaltungsrechts nur eine Suspendierung der arbeitsvertragl. Pflichten bewirkt[16] und nicht auch automatisch einen Entgeltfortzahlungsanspruch nach sich zieht[17]. Der ArbN ist dann darauf verwiesen, seinen Entgeltanspruch als Schadensersatz einzuklagen. Er trägt zudem das Risiko, zu Unrecht von seinem Zurückbehaltungsrecht Gebrauch und sich ua. deshalb nach §§ 280 I, III, 283 schadensersatzpflichtig gemacht zu haben. Zu gleichen Ergebnissen gelangt *Henssler*[18], wenn er in Notfällen – soweit einstw. Rechtsschutz nicht zu erreichen ist – ein Leistungsver-

---

1 BGH 29.6.1988 – 5 AZR 433/87, NZA 1989, 468; BAG 14.2.1977 – 5 AZR 171/76, DB 1977, 1193. ||2 ErfK/*Müller-Glöge*, § 629 BGB Rz. 13; *Müller*, ZTR 1990, 237 (240). ||3 Vgl. aber LAG Nürnberg 25.7.1995 – 2 Sa 73/94, LAGE § 670 BGB Nr. 12. ||4 ArbG Kempten 12.4.1994 – 4 Ca 720/94, BB 1994, 1504; ErfK/*Müller-Glöge*, § 629 BGB Rz. 13; *Schaub*, ArbRHdb, § 25 Rz. 26. ||5 BAG 14.2.1977 – 5 AZR 171/76, DB 1977, 1193; 16.3.1995 – 8 AZR 260/94, NJW 1995, 2372. ||6 ArbG Hamburg 2.11.1994 – 13 Ca 24/94, NZA 1995, 428 (Flugkosten idR nur bei besonderer Erstattungszusage); *Müller*, ZTR 1990, 237 (240) (immer 2. Klasse); aA (großzügiger) ErfK/*Müller-Glöge*, § 629 BGB Rz. 14. ||7 ErfK/*Müller-Glöge*, § 629 BGB Rz. 14. ||8 ErfK/*Müller-Glöge*, § 629 BGB Rz. 14; RGRK/*Eisemann*, § 629 Rz. 22. ||9 Großzügig ErfK/*Müller-Glöge*, § 629 BGB Rz. 14; aA LAG Nürnberg 25.7.1995 – 2 Sa 73/94, LAGE § 670 BGB Nr. 12 (Steuerpauschale für Dienstreisen). ||10 ErfK/*Müller-Glöge*, § 629 BGB Rz. 15; *Müller*, ZTR 1990, 237 (241); aA *Rothe*, DB 1968, 1906 (1907). ||11 ErfK/*Müller-Glöge*, § 629 BGB Rz. 15; aA Staudinger/*Preis*, § 629 Rz. 25. ||12 ErfK/*Müller-Glöge*, § 629 BGB Rz. 8; aA LAG BW 11.4.1967 – 7 Sa 15/67, EzA § 133b GewO Nr. 3. ||13 *Dütz*, DB 1976, 1480 (1481); ErfK/*Müller-Glöge*, § 629 BGB Rz. 8; *Vogt*, DB 1968, 264 (266). ||14 Für Selbstbeurlaubungsrecht: LAG Düss. 15.3.1967 – 3 Sa 40/67, EzA § 123 GewO Nr. 6; Erman/*Belling*, § 629 Rz. 6; aA nur vor der verlangten Freistellungszeit: ErfK/*Müller-Glöge*, § 629 BGB Rz. 8; *Schaub*, ArbRHdb, § 25 Rz. 24; nur in Extremfällen: *Otto*, AR-Blattei SD 1880, Rz. 79; dagegen Palandt/*Weidenkaff*, § 629 Rz. 2 (kein eigenmächtiges Verlassen oder Fernbleiben); MüKoBGB/*Henssler*, § 629 Rz. 19 (wg. mangelnder Fälligkeit). ||15 *Dütz*, DB 1976, 1480; ErfK/*Müller-Glöge*, § 629 BGB Rz. 8. ||16 BAG 9.5.1996 – 2 AZR 387/95, NJW 1997, 274. ||17 BAG 7.6.1973 – 5 AZR 563/72, DB 1973, 1605; 21.5.1981 – 2 AZR 95/79, NJW 1982, 121. ||18 MüKoBGB/*Henssler*, § 629 Rz. 20.

BGB § 629 Rz. 10   Freizeit zur Stellungssuche

weigerungsrecht nach § 275 III zubilligt. Erkennt man in Notfällen ein Zurückbehaltungsrecht (nur) für die Dauer der begehrten Freistellung an, besteht kein Bedürfnis, ein außerordtl. Kündigungsrecht des Beschäftigten anzuerkennen, weil der ArbGeb den Freistellungsanspruch nicht erfüllt hat[1]. Wird ein Zurückbehaltungsrecht nicht ausgeübt, bleibt ein Schadensersatzanspruch nach § 628 II bzw. §§ 280, 286[2].

10 **VI. Abdingbarkeit.** § 629 ist nicht abdingbar[3]. Lediglich eine Konkretisierung des Begriffs der angemessenen Freizeit nach Dauer, Zeit und Häufigkeit ist im Rahmen billigen Ermessens zulässig[4]. Dieser Rahmen ist überschritten, wenn die Vereinbarung praktisch zu einem Ausschluss des Freistellungsanspruchs zur Stellensuche oder dessen unangemessener Beschränkung führt. Da § 616 dispositiv ist, kann die Vergütungspflicht während der gewährten Freizeit eingeschränkt oder ausgeschlossen werden[5].

11 **VII. Darlegungs- und Beweislast.** Der Dienstverpflichtete hat als Anspruchsteller die Anspruchsvoraussetzungen darzulegen und ggf. zu beweisen. Welche Freistellung nach Lage und Dauer angemessen iSd. § 629 ist, setzt das Gericht nach Maßgabe des § 106 GewO fest.

630 *Pflicht zur Zeugniserteilung*

Bei der Beendigung eines dauernden Dienstverhältnisses kann der Verpflichtete von dem anderen Teil ein schriftliches Zeugnis über das Dienstverhältnis und dessen Dauer fordern. Das Zeugnis ist auf Verlangen auf die Leistungen und die Führung im Dienst zu erstrecken. Die Erteilung des Zeugnisses in elektronischer Form ist ausgeschlossen. Wenn der Verpflichtete ein Arbeitnehmer ist, findet § 109 der Gewerbeordnung Anwendung.

1 Bis zum 31.12.2002 war § 630 die zentrale Vorschrift des Zeugnisrechts für ArbN. Parallelregelungen bestanden für gewerbl. ArbN in § 113 GewO und für Handlungsgehilfen in § 73 HGB. Durch das Dritte Gesetz zur Änderung der Gewerbeordnung und sonstiger gewerberechtl. Vorschriften v. 24.8.2002[6] ist § 630 durch einen S. 4 ergänzt worden, wonach für ArbN § 109 GewO Anwendung findet. § 73 HGB ist aufgehoben worden. Damit soll § 630 nach dem Willen des Gesetzgebers nur noch auf dauernde Dienstverträge mit Selbständigen Anwendung finden[7].

2 Seinem Sinn und Zweck nach ist der Anspruch auf ein Zeugnis auf solche Selbständige zu beschränken, die einem ArbN sozial vergleichbar sind. Dies folgt aus der Funktion des Zeugnisses als Bewerbungsunterlage. Einen Zeugnisanspruch nach dieser Vorschrift haben daher die einem ArbN vergleichbar sozial abhängigen arbeitnehmerähnlichen Personen (§ 5 I 2 ArbGG)[8], Heimarbeiter[9], Einfirmenvertreter (§ 92a HGB[10]) und Organmitglieder juristischer Personen wie GmbH-Geschäftsführer, die nicht zugleich Gesellschafter sind (Fremdgeschäftsführer)[11] oder nur so geringe Gesellschaftsanteile halten, dass sie keinen Einfluss auf die Gesellschafterbeschlüsse haben[12]. Teilnehmer an einer Umschulungsmaßnahme (§§ 1 V, 58 BBiG) haben ebenfalls einen Anspruch auf ein Zeugnis nach § 630[13].

Keinen Anspruch auf Erteilung eines Zeugnisses haben hingegen selbständige Dienstverpflichtete, die kein Zeugnis für ihr berufl. Fortkommen benötigen wie Angehörige der freien Berufe, Personalberater[14], nicht fest angestellte Immobilienberater von Bausparkassen[15] und selbständige Handelsvertreter[16], sofern sie nicht als sog. „kleine" Handelsvertreter (§ 84 II HGB) anzusehen sind[17].

§ 630 BGB findet zudem keine Anwendung auf dienstliche Beurteilungen der Beschäftigten im öffentl. Dienst[18] sowie auf Bescheinigungen über die Tätigkeit als Arzt im Praktikum[19].

3 Der Zeugnisanspruch setzt voraus, dass das Dienstverhältnis von vornherein auf eine gewisse **Dauer** angelegt war[20], nicht notwendigerweise auch, dass es bei Beendigung bereits eine längere Zeit bestanden hat[21]. Voraussetzung ist nur, dass das Dienstverhältnis überhaupt in Vollzug gesetzt worden ist[22], dass also Dienste geleistet worden sind. War das Dienstverhältnis idS ein dauerndes, ist das Zeugnis auf Wunsch des Dienstverpflichteten auf Führung und Leistung zu erstrecken (**qualifiziertes Zeugnis**). Eine Differenzierung, wonach ein einfaches Zeugnis ohne Führungs- und Leistungsbeurteilung bei jedem Dienstverhältnis, ein qualifiziertes Zeugnis aber nur bei solchen von einiger Dauer verlangt werden

---

1 Staudinger/*Preis*, § 629 Rz. 20; aA ErfK/*Müller-Glöge*, § 629 BGB Rz. 10; *Schaub*, ArbRHdb, § 25 Rz. 24; Soergel/*Kraft*, § 629 Rz. 12. ‖ 2 ErfK/*Müller-Glöge*, § 629 BGB Rz. 10. ‖ 3 RAG 2.5.1928, ARS 3, 21 (23); ErfK/*Müller-Glöge*, § 629 BGB Rz. 16; Erman/*Belling*, § 629 Rz. 1. ‖ 4 Erman/*Belling*, § 629 Rz. 1; Staudinger/*Preis*, § 629 Rz. 4. ‖ 5 ErfK/*Müller-Glöge*, § 629 BGB Rz. 16; Erman/*Belling*, § 629 Rz. 7. ‖ 6 BGBl. I S. 3412. ‖ 7 BT-Drs. 14/8796, 29. ‖ 8 LAG Köln 21.11.2007 – 7 Sa 647/07. ‖ 9 MüKoBGB/*Henssler*, § 630 Rz. 9. ‖ 10 Erman/*Belling*, § 630 Rz. 3. ‖ 11 BGH 9.11.1967 – II ZR 64/67, BGHZ 49, 30. ‖ 12 Küttner/*Poeche*, Zeugnis Rz. 5. ‖ 13 BAG 12.2.2013 – 3 AZR 120/11. ‖ 14 MüKoBGB/*Henssler*, § 630 Rz. 9. ‖ 15 LAG Rh.-Pf. 16.2.2012 – 11 Sa 534/11. ‖ 16 OLG Celle 23.5.1967 – 11 U 270/66, AR-Blattei, ES 880.3 Nr. 90. ‖ 17 RGRK/*Eisemann*, § 630 Rz. 9; Staudinger/*Preis*, § 630 Rz. 3; PWW/*Lingemann*, § 630 Rz. 1. ‖ 18 BAG 24.1.2007 – 4 AZR 629/06, NZA-RR 2007, 608. ‖ 19 BAG 9.5.2006 – 9 AZR 182/05, nv. ‖ 20 Küttner/*Poeche*, Zeugnis Rz. 4. ‖ 21 LAG Düss. 14.5.1963 – 8 Sa 177/63, DB 1963, 1260; LAG Köln 30.3.2001 – Sa 1485/00, BB 2001, 1959. ‖ 22 RGRK/*Eisemann*, § 630 Rz. 8 („praktiziert").

kann[1], ist weder mit dem Wortlaut des S. 1 in Einklang zu bringen, noch besteht insoweit ein sozialpolitisches Bedürfnis.

Im Gegensatz zu § 109 GewO setzt § 630 voraus, dass der Dienstverpflichtete ein Zeugnis verlangt. Der entsprechende Wunsch muss daher dem Dienstberechtigten ggü. zum Ausdruck gebracht werden[2], iÜ gelten die Ausführungen zu § 109 GewO. Auch wenn § 630 im Gegensatz zu § 109 GewO nicht ausdrücklich festschreibt, dass das Zeugnis klar und verständlich formuliert sein muss und keine Merkmale oder Formulierungen enthalten darf, die den Zweck haben, eine andere als die aus der äußeren Form oder aus dem Wortlaut ersichtliche Aussage über den ArbN zu treffen, gilt dieser Grundsatz ebenfalls bei § 630.

---

1 So MüKoBGB/*Henssler*, § 630 Rz. 11. ||2 *Bieder*, Anm. zu LAG Hamburg 13.12.2010 – 7 Sa 13/10, jurisPR-ArbR 22/2011 Anm. 2.

Bundesurlaubsgesetz (BUrlG)
Mindesturlaubsgesetz für Arbeitnehmer

vom 8.1.1963 (BGBl. I S. 2),
zuletzt geändert durch Gesetz vom 20.4.2013 (BGBl. I S. 868)

1 *Urlaubsanspruch*
Jeder Arbeitnehmer hat in jedem Kalenderjahr Anspruch auf bezahlten Erholungsurlaub.

1 **I. Zweck des Gesetzes und des Urlaubsanspruchs.** Das Gesetz regelt die **Voraussetzungen und die Höhe des gesetzl. Mindestanspruchs** der ArbN. Die urlaubsrechtl. Grundsätze, die das BUrlG aufstellt (Entstehung, Fälligkeit, Übertragung, Abgeltung, Höhe der Urlaubsvergütung, Unabdingbarkeit), beziehen sich unmittelbar nur auf den gesetzl. Mindesturlaubsanspruch. Für darüber hinausgehende tarifvertragl. oder einzelvertragl. Urlaubsansprüche können die Tarif- bzw. Arbeitsvertragsparteien Voraussetzungen und inhaltliche Ausgestaltung frei vereinbaren. Soweit eigenständige Regelungen im Tarif- oder Einzelarbeitsvertrag nicht bestehen, gelten die Grundsätze des BUrlG auch für die den gesetzl. Mindesturlaub übersteigenden tarifl. oder vertragl. Ansprüche[1]. Eine von den Parteien gewollte Ausnahme muss sich deutlich aus dem Tarif- bzw. Arbeitsvertrag ablesen lassen[2]; arbeitsvertragl. Abweichungen unterliegen ggf. der Inhaltskontrolle gem. § 307 I, II Nr. 1 BGB[3].

2 Neben den Vorschriften des BUrlG ist ein **Rückgriff auf ungeschriebene Regeln** des Arbeitsrechts wie die Fürsorgepflicht oder auf ein Gewohnheitsrecht („hergebrachte Grundsätze des Urlaubsrechts") nicht mehr statthaft[4]. Für Fragen der Erfüllung sowie der Leistungsstörungen gelten die Bestimmungen des bürgerlichen Rechts über Schuldverhältnisse (§ 7 Rz. 3 ff., 133 ff.).

2a Überlagert wird das BUrlG von den **unionsrechtl. Urlaubsbestimmungen**. Art. 7 I RL 2003/88/EG verlangt von den Mitgliedstaaten, für jeden ArbN einen bezahlten Mindestjahresurlaub von vier Wochen vorzusehen. Diese Vorschrift wird vom EuGH extensiv dahin ausgelegt, dass sie auch die Entstehung und das Erlöschen des Urlaubsanspruchs erfasst[5]. Nicht eindeutig geklärt ist bisher die Frage, ob unionsrechtlich der Urlaubsanspruch seine Grundlage im Primärrecht (Art. 31 II GrCh iVm. Art. 6 I EUV) oder allein im Sekundärrecht (Art. 7 RL 2003/88/EG) hat. Der EuGH hat bisher die Gewährleistung des Urlaubsanspruchs aus Art. 7 RL 2003/88/EG hergeleitet, ihn aber als besonders bedeutsamen Grundsatz des Unionsrechts bezeichnet, der nicht eng ausgelegt werden dürfe. Nach Inkrafttreten des Lissabon-Vertrags hat das Gericht zwar ausgeführt, dass der Anspruch auf bezahlten Jahresurlaub in Art. 31 II GrCh verankert sei[6], jedoch vermieden zu klären, ob dies zu einer primärrechtl. unmittelbaren Wirkung zwischen Privaten führe. Sollte dies entscheidungserheblich werden, ist nicht auszuschließen, dass der EuGH den Urlaubsanspruch als primärrechtl. durch Art. 31 II GrCh gewährleistet einordnen wird – mit unmittelbarer Wirkung in Privatrechtsverhältnissen[7]. Der nach Art. 51 GrCh nötige unionsrechtl. Bezug findet sich auch bei der weiten Auslegung dieser Vorschrift durch den EuGH[8] in der RL 2003/88/EG, die auf der Ermächtigung in Art. 153 I Buchst. a AEUV beruht und der Verbesserung des Schutzes der Sicherheit und Gesundheit der ArbN dient[9].

3 Weitere gesetzl. Urlaubsregelungen finden sich im HAG, im JArbSchG und in § 125 SGB IX (s. § 3 Rz. 45).

4 Zweck des Urlaubs nach dem BUrlG ist die gesetzl. gesicherte Möglichkeit für einen ArbN, die ihm eingeräumte **Freizeit selbstbestimmt zur Erholung** zu nutzen[10]. Der Urlaubsanspruch eröffnet dem ArbN in den Grenzen von § 8 die freie Verfügbarkeit über seine Urlaubszeit. Ein wie auch immer definierter Urlaubszweck ist jedoch nicht Tatbestandsmerkmal des Urlaubsanspruchs. Für das Entstehen, den Bestand und die Erteilung des Urlaubs kommt es auf ein konkretes Erholungsbedürfnis des ArbN und die Art der Gestaltung seiner Freizeit nicht an[11]. Das Gesetz stellt vielmehr eine unwiderlegliche Vermutung dahingehend auf, dass ein ArbN bei Fälligkeit seines Anspruchs erholungsbedürftig ist[12]. Deshalb gehört eine auch nur geringfügige Arbeitsleistung im Urlaubsjahr nicht zu den Voraussetzun-

---

1 BAG 18.10.1990 – 8 AZR 490/89, AP Nr. 56 zu § 7 BUrlG Abgeltung. || 2 BAG 7.9.2004 – 9 AZR 587/03, EzA § 7 BUrlG Abgeltung Nr. 12. || 3 Vgl. BAG 24.3.2009 – 9 AZR 983/07, NZA 2009, 538 Rz. 94. || 4 BAG 8.3.1984 – 6 AZR 600/82, AP Nr. 14 zu § 3 BUrlG Rechtsmissbrauch. || 5 EuGH 20.1.2009 – Rs. C-350/06, NZA 2009, 135 – Schultz-Hoff. || 6 EuGH 22.11.2011 – Rs. C-214/10, NZA 2011, 1333 Rz. 31 – KHS; 3.5.2012 – Rs. C-337/10, AP Richtlinie 2003/88/EG Nr. 8 Rz. 40 – Neidel; 21.2.2013 – Rs. C-194/12, NZA 2013, 369 – Maestre García. || 7 Vgl. ErfK/*Gallner*, § 1 BUrlG Rz. 6a; *Höpfner*, RdA 2013, 16. || 8 Vgl. EuGH 26.2.2013 – Rs. C-399/11, NJW 2013, 1215 – Melloni; Rs. C-617/10, NJW 2013, 1415 – Åkerberg Fransson. || 9 ErfK/*Gallner*, § 1 BUrlG Rz. 6a; abl. *Höpfner*, RdA 2013, 16. || 10 BAG 8.3.1984 – 6 AZR 600/82, AP Nr. 14 zu § 3 BUrlG Rechtsmissbrauch; 20.6.2000 – 9 AZR 405/99, AP Nr. 28 zu § 7 BUrlG. || 11 BAG 28.1.1982 – 6 AZR 571/79, NJW 1982, 1548. || 12 *Leinemann/Linck*, § 1 Rz. 3.

gen des Urlaubsanspruchs[1]. Auch unter Hinweis auf Treu und Glauben kann einem ArbN, der während des ganzen Kalenderjahres nicht gearbeitet hat, der Urlaub nicht versagt werden[2].

II. Inhalt des Urlaubsanspruchs. 1. Begriff. Der Urlaubsanspruch des ArbN richtet sich darauf, vom ArbGeb von der nach dem Arbeitsvertrag bestehenden **Arbeitspflicht befreit** zu werden, ohne dass dadurch die Pflicht zur Zahlung des Arbeitsentgelts berührt wird[3]. Äußert der ArbN einen bestimmten Urlaubswunsch, gehört auch die zeitl. Festlegung entsprechend dem Wunsch des ArbN zum Urlaubsanspruch (Einzelheiten s. § 7 Rz. 19).

Mit der Gewährung des Urlaubs entsteht nach der bisherigen Rspr. **kein neuer Entgeltanspruch**. Der ArbN behält vielmehr seinen vertragl. Anspruch auf die regelmäßige Vergütung, deren Höhe sich nach § 11 richtet. Die Formulierung vom bezahlten Erholungsurlaub stellt lediglich sicher, dass die Rechtsfolgen des § 326 I 1 BGB für den Urlaubsanspruch nicht eintreten[4]. Die Rspr. des BAG[5] bis 1982, der Urlaubsanspruch nach dem BUrlG sei ein **Einheitsanspruch**, der aus den Wesenselementen Freizeitgewährung und Zahlung eines Urlaubsentgelts bestehe, war damit überholt.

Allerdings hat der **EuGH** entschieden, dass Jahresurlaub und Zahlung des Urlaubsentgelts in der RL 2003/88 als zwei Aspekte eines einzigen Anspruchs geregelt seien[6] (sog. Einheitstheorie). Der EuGH geht damit wohl von einem aus Freistellung und Entgelt zusammengesetzten Einheitsanspruch aus[7]. Dies bedeutet jedoch nicht zwingend, dass die Einpassung des § 1 in das Leistungsstörungsrecht des BGB unionsrechtswidrig ist. Nach der Rspr. des EuGH soll durch das Erfordernis der Zahlung des Urlaubsentgelts der ArbN während des Jahresurlaubs in eine Lage versetzt werden, die in Bezug auf das Entgelt mit den Zeiten geleisteter Arbeit vergleichbar ist. Dem ist grds. auch mit der Konstruktion des BAG Rechnung getragen. In Einzelfragen kann das Verständnis von der Rechtsnatur des Urlaubsanspruchs allerdings erhebliche praktische Auswirkungen haben (zB Entstehung des Anspruchs, Erfüllung, Pfändung/Aufrechnung, tarifl. Abdingbarkeit/Verfallbarkeit, Insolvenz). Ggf. ist zur Klärung eine erneute Vorlage an den EuGH erforderlich.

Aus der Rechtsnatur des Freistellungsanspruchs folgt, dass Urlaub nicht zu einer Zeit gewährt werden kann, in der der ArbN arbeitsvertragl. nicht zur Arbeitsleistung verpflichtet ist[8] oder diese wegen Arbeitsunfähigkeit nicht erbringen kann[9].

2. Abgrenzung zur Freistellung aus anderen Gründen. a) Gesetzliche Freistellungsansprüche. Neben dem Urlaubsanspruch gibt es eine Reihe weiterer gesetzl. Freistellungsansprüche mit und ohne Auswirkungen auf den Entgeltanspruch. Gesetzl. Freistellungsansprüche sind zB geregelt in §§ 15, 16 BEEG (Elternzeit), § 616 BGB (persönliche Verhinderung), § 629 BGB (Freistellung zur Stellensuche), den Bildungsurlaubsgesetzen der Länder, §§ 9, 10, 16, 17, 18, 43 JArbSchG, § 37 BetrVG.

b) Suspendierung von der Arbeitspflicht. Die Weigerung des ArbGeb, den ArbN vertragsgemäß zu beschäftigen („Suspendierung", Hausverbot etc. nach Ausspruch einer Kündigung), ist regelmäßig keine Erfüllung des Urlaubsanspruchs[10]. Es fehlt an der für die Erfüllung nötigen Leistungshandlung[11]. Soll mit der Suspendierung (auch) der Urlaubsanspruch erfüllt werden, muss der ArbGeb hinreichend deutlich Urlaub erteilen.

Stellt ein ArbGeb einen ArbN unter **Anrechnung auf offene Urlaubsansprüche unwiderruflich** von der Arbeitsleistung frei, ist dies regelmäßig so zu verstehen, dass der ArbGeb sich vorbehaltslos zur Fortzahlung des Entgeltes im Freistellungszeitraum verpflichten will und der ArbN über seine Arbeitskraft frei verfügen kann. Denn einer nicht näher bestimmten Urlaubsfestlegung kann der ArbN entnehmen, dass der ArbGeb es ihm überlässt, die zeitliche Lage seines Urlaubs innerhalb des Freistellungszeitraumes festzulegen. Der Urlaubsanspruch wird damit erfüllt, sofern der ArbN mindestens im zeitlichen Umfang des Urlaubs arbeitsfähig ist[12] und nicht die Annahme verweigert (s. § 7 Rz. 23, 36).

Eine während der Freistellung erklärte rechtsunwirksame fristlose Kündigung des ArbGeb lässt die Arbeitsbefreiung unberührt[13].

III. Entstehung des Urlaubsanspruchs. 1. Bestand eines Arbeitsverhältnisses. Nach § 1 sind alle ArbN anspruchsberechtigt. Anspruchsvoraussetzungen sind daher nur der rechtl. Bestand eines ArbVerh und – für den Vollurlaub – der **Ablauf der Wartezeit** des § 4. Eine tatsächlich erbrachte Arbeitsleistung – in welchem Umfang auch immer – wird vom Gesetz nicht verlangt[14]. Damit ist der Urlaubs-

---

1 BAG 8.3.1984 – 6 AZR 442/83, AP Nr. 15 zu § 13 BUrlG; EuGH 20.1.2009 – Rs. C-350/06, NZA 2009, 135 – Schultz-Hoff. ||2 BAG 28.1.1982 – 6 AZR 571/79, NJW 1982, 1548. ||3 St. Rspr. des BAG seit 1982; BAG 13.5.1982 – 6 AZR 360/80, DB 1982, 2193; 25.1.1994 – 9 AZR 312/92, AP Nr. 16 zu § 7 BUrlG. ||4 BAG 8.3.1984 – 6 AZR 600/82, AP Nr. 14 zu § 3 BUrlG Rechtsmissbrauch. ||5 BAG 3.6.1960 – 1 AZR 251/59, AP Nr. 73 zu § 611 BGB Urlaubsrecht. ||6 EuGH 20.1.2009 – Rs. C-350/06, NZA 2009, 135 – Schultz-Hoff, Rz. 60. ||7 ErfK/*Gallner*, § 1 BUrlG Rz. 8. ||8 BAG 19.4.1994 – 9 AZR 462/92, AP Nr. 2 zu § 74 SGB V. ||9 BAG 8.2.1994 – 9 AZR 332/92, AP Nr. 17 zu § 47 BAT. ||10 BAG 25.1.1994 – 9 AZR 312/92, AP Nr. 16 zu § 7 BUrlG. ||11 BAG 9.6.1998 – 9 AZR 43/97, NZA 1999, 80. ||12 BAG 19.3.2002 – 9 AZR 16/01, BB 2002, 1703. ||13 BAG 23.1.1996 – 9 AZR 554/93, AP Nr. 10 zu § 5 BUrlG; 23.1.2001 – 9 AZR 26/00, NZA 2001, 597. ||14 Dies entspricht Unionsrecht: S. EuGH 20.1.2009 – Rs. C-350/06, NZA 2009, 135 – Schultz-Hoff, Rz. 41.

anspruch nicht wegen Rechtsmissbrauchs ausgeschlossen, wenn ein ArbN im Urlaubsjahr oder im Übertragungszeitraum wegen Krankheit nicht gearbeitet hat[1].

14 Der Urlaubsanspruch entsteht grds. auch, wenn das ArbVerh (zB aufgrund tarifl. Regelung während des Bezugs einer befristeten Erwerbsminderungsrente) ruht. Der Anspruch auf bezahlten Erholungsurlaub und Zusatzurlaub für schwerbehinderte Menschen steht auch dann nicht zur Disposition der TV-Parteien, wenn längere Zeit aus gesundheitlichen Gründen nicht die geschuldete Arbeitsleistung erbracht wurde. Ein anderes Verständnis des Abweichungsverbots in § 13 I 1 würde der Verpflichtung zur unionsrechtskonformen Auslegung des nationalen Rechts nicht gerecht[2]. Die gegenteilige Auffassung, beim Ruhen des ArbVerh fehle es an einem Austauschverhältnis[3], übersieht, dass der Urlaubsanspruch nicht im Synallagma steht. Gegen diese Auffassung spricht auch § 17 I BEEG, wonach auch bei Elternzeit der Urlaubsanspruch entsteht, jedoch gekürzt werden kann[4].

15 Das ArbVerh muss **wenigstens einen vollen Monat** bestanden haben, um einen (Teil-)Urlaubsanspruch zu begründen, § 5 I (s. dort). Bei kürzerem Bestand entsteht kein Teilanspruch.

16 Unerheblich ist, welche rechtl. Qualität das ArbVerh hat. Ein Urlaubsanspruch kann daher in einem **Teilzeitarbeitsverhältnis** unabhängig von der Verteilung der Arbeitszeit (zur Berechnung der Urlaubsdauer s. § 3) und auch bei geringfügiger Beschäftigung, § 8 SGB IV, erworben werden[5]. Anspruchsberechtigt sind weiterhin studentische Hilfskräfte unter der Voraussetzung, dass sie in einem Dauer-ArbVerh stehen[6]; anders ist es bei unregelmäßiger Beschäftigung, wenn stets ein neues befristetes ArbVerh (für weniger als einen Monat) geschlossen wird, es sei denn, die Parteien vereinbaren ein einheitliches ArbVerh auf Abruf gem. § 12 TzBfG. Zu unionsrechtl. Bedenken und zur Missbrauchsproblematik s. § 5 Rz. 11. Auch Reinigungskräfte in einem Haushalt, die zB nur einmal in der Woche arbeiten, haben einen Urlaubsanspruch[7]. **Ein-Euro-Jobber** gem. § 16d SGB II haben kraft ausdrücklicher gesetzl. Anordnung einen Anspruch auf Freistellung von der Arbeitsgelegenheit, obwohl sie nicht in einem ArbVerh zum Träger der Maßnahme stehen.

17 Ohne Bedeutung für den Urlaubsanspruch ist, ob es sich um ein befristetes, unbefristetes oder auflösend bedingtes (§ 21 TzBfG) ArbVerh handelt oder ob der ArbN noch in weiteren ArbVerh steht. In jedem ArbVerh ist gesondert die Entstehung eines Urlaubsanspruchs zu prüfen, auch wenn der ArbN mit der Eingehung eines zweiten ArbVerh einen Pflichtverstoß ggü. dem ersten ArbGeb begangen hat oder gegen Schutzvorschriften des ArbZG verstößt[8].

18 Ein (durch die rechtskräftige Entscheidung über die Kündigungsschutzklage auflösend bedingtes) ArbVerh, das Urlaubsansprüche begründen kann, besteht auch, wenn der ArbN gem. § 102 V BetrVG nach Ablauf der Kündigungsfrist **vorläufig weiterbeschäftigt** wird[9].

18a Dem Entstehen des Urlaubsanspruchs steht nicht entgegen, dass ein ArbN während eines laufenden Kündigungsstreits, den er letztinstanzlich gewinnt, in einem anderweitigen ArbVerh stand. Für das Entstehen der Urlaubsansprüche ist ohne Bedeutung, dass der ArbN seine Pflichten aus beiden ArbVerh nicht gleichzeitig erfüllen konnte[10].

19 **2. Wartezeit.** Der Urlaubsanspruch entsteht gem. § 4 erstmalig nach dem Ablauf der Wartezeit von sechs Monaten. Die Erfüllung der Wartezeit ist **Anspruchsvoraussetzung** für den Vollurlaub (Einzelheiten s. § 4). Die Wartezeit muss nur **einmal** bei Beginn des ArbVerh erfüllt werden; in den darauf folgenden Jahren entsteht der Urlaubsanspruch jeweils am Beginn des Urlaubsjahres.

20 **IV. Fälligkeit.** Da das BUrlG keine Fälligkeitsregelung enthält, kann der ArbN gem. § 271 I BGB die Leistung **sofort verlangen**, der ArbGeb sie sofort bewirken. Der Urlaub kann daher nach einmaliger Erfüllung der Wartezeit bereits mit Beginn der Arbeitspflicht im jeweiligen Kalenderjahr verlangt bzw. gewährt werden[11].

21 **V. Urlaubsdauer.** Nach § 3 I beträgt der gesetzl. Mindesturlaubsanspruch **24 Werktage** (= vier Wochen). Tarifl. oder einzelvertragl. Bestimmungen gehen oft darüber hinaus, teilweise verbunden mit besonderen Regelungen zu Entstehung, Übertragung und Verfall (s. §§ 3, 7 und 13).

22 **VI. Übertragung auf Dritte. 1. Vererblichkeit.** Der Urlaubsanspruch (Freistellungsanspruch) kann nicht vererbt werden. Die Arbeitspflicht ist gem. § 613 BGB an die Person des ArbN gebunden. Deshalb kann auch nur der ArbN, nicht aber sein Erbe freigestellt werden[12]. Da das BAG den **Abgeltungsanspruch** nach § 7 IV nicht mehr als Surrogat des Urlaubsanspruchs ansieht, sondern als reinen Geldanspruch[13], ist er nach seiner Entstehung (Beendigung des ArbVerh zu Lebzeiten des ArbN) vererblich

---

1 St. Rspr. des BAG seit BAG 28.1.1982 – 6 AZR 571/79, NJW 1982, 1548; 8.3.1984 – 6 AZR 442/83, AP Nr. 14 zu § 3 BUrlG Rechtsmissbrauch. ‖ 2 BAG 7.8.2012 – 9 AZR 353/10, NZA 2012, 1216. ‖ 3 LAG Köln 19.8.2011 – 12 Sa 110/11; LAG Düss. 1.10.2010 – 9 Sa 1541/09. ‖ 4 BAG 17.5.2011 – 9 AZR 197/10, DB 2012, 182. ‖ 5 BAG 19.1.1993 – 9 AZR 53/92, AP Nr. 20 zu § 1 BUrlG. ‖ 6 BAG 23.6.1992 – 9 AZR 57/91, AP Nr. 22 zu § 1 BUrlG. ‖ 7 ErfK/*Gallner*, § 1 BUrlG Rz. 17. ‖ 8 ErfK/*Gallner*, § 1 BUrlG Rz. 18. ‖ 9 BAG 12.9.1985 – 2 AZR 324/84, AP Nr. 7 zu § 102 BetrVG 1972 Weiterbeschäftigung. ‖ 10 BAG 21.2.2012 – 9 AZR 487/10, NZA 2012, 793. ‖ 11 *Leinemann/Linck*, § 1 Rz. 70 ff. ‖ 12 BAG 23.6.1992 – 9 AZR 111/91, AP Nr. 59 zu § 7 BUrlG Abgeltung. ‖ 13 BAG 4.5.2010 – 9 AZR 183/09, NZA 2010, 1011.

(Einzelheiten s. § 7 Rz. 118). In den Fällen, in denen das ArbVerh durch den Tod des ArbN endet, geht der Urlaubsanspruch mit dem Tode unter; deshalb ist die Beendigung des ArbVerh nicht ursächlich dafür, dass der Urlaubsanspruch nicht mehr erfüllt werden kann, so dass in diesem Fall kein (vererblicher) Abgeltungsanspruch entsteht[1]. Zur Vererblichkeit von **Schadensersatzansprüchen** s. § 7 Rz. 148. Der **Urlaubsentgeltanspruch** ist wie jeder Vergütungsanspruch vererblich.

2. Abtretung, Pfändung. Es ist streng zu trennen zwischen dem Urlaubsanspruch (= Freistellungsanspruch) und dem Vergütungsanspruch. Der Freistellungsanspruch kann nur in der (praktisch wohl nicht vorkommenden) Weise abgetreten bzw. gepfändet werden, dass der Neugläubiger Freistellung des ArbN verlangen kann[2]. Das **Urlaubsentgelt** kann hingegen – wie sonstiges Entgelt – in den Grenzen der §§ 850ff. ZPO gepfändet[3] und abgetreten werden, mit ihm und gegen ihn kann aufgerechnet werden[4]. Hieran ändert sich durch die Urlaubsdefinition des EuGH nichts; es handelt sich insoweit um eine nach Art. 7 Abs. 1 RL 2003/88 zulässige einzelstaatliche Gepflogenheit, da unionsrechtlich der ArbGeb nur verpflichtet ist, den ArbN während des Urlaubs in eine Lage zu versetzen, die in Bezug auf das Entgelt mit den Zeiten geleisteter Arbeit vergleichbar ist[5]. Vollstreckungsrechtl. Besonderheiten gelten für das zusätzliche Urlaubsgeld; es ist nach Maßgabe des § 850a Nr. 2 ZPO unpfändbar und damit nicht abtretbar.

Urlaubsabgeltung ist wie Urlaubsentgelt zu behandeln, da nach der neueren Rspr. des BAG der Abgeltungsanspruch ein reiner Geldanspruch ist[6].

VII. Erlöschen. 1. Erfüllung. Der Urlaubsanspruch wird dadurch erfüllt, dass der ArbGeb die geschuldete Freistellungserklärung abgibt (**Leistungshandlung**) und der ArbN sodann den Urlaub antritt, dh. seine Arbeitsleistung nicht erbringt (**Leistungserfolg**), § 362 BGB. Erfüllung tritt daher nur ein, wenn der ArbGeb eine § 7 I entsprechende Freistellungserklärung abgibt, die Freistellungserklärung vor dem Fernbleiben des ArbN vom Arbeitsplatz erfolgt und der Freistellungserklärung entnommen werden kann, dass der ArbGeb gerade zur Erfüllung des Urlaubsanspruchs freistellen will (s. § 7).

2. Befristung. Aus § 1 und § 7 III 1 ergibt sich, dass der Urlaubsanspruch **auf das jeweilige Kalenderjahr** bzw. – wenn die gesetzl. Voraussetzungen in § 7 III erfüllt sind – bis zum **Ende des Übertragungszeitraums** befristet ist[7]. Das bedeutet, dass der Anspruch mit Ablauf des Kalenderjahrs bzw. im Falle der Übertragung am 31.3. des Folgejahres erlischt, § 275 I BGB. Dies gilt auch, wenn der ArbN den Urlaub rechtzeitig verlangt, der ArbGeb ihn jedoch nicht gewährt hat. Auch während eines laufenden Kündigungsrechtsstreits erlischt der Urlaubsanspruch mit Ende des jeweiligen Jahres[8]. Tarifl. Urlaubsansprüche erlöschen in gleicher Weise, wenn nicht der TV eine eigenständige Befristungsregelung enthält[9]. Statt des Urlaubsanspruchs kann dem ArbN ein Schadensersatzanspruch gem. §§ 283, 280 I, 249 BGB zustehen (s. § 7). Sonderregelungen gelten nach den Vorgaben des Unionsrechts, wenn ein ArbN wegen **Arbeitsunfähigkeit** den Urlaub bis zum Ende des Befristungszeitraums nicht nehmen kann (s. § 7 Rz. 74a).

3. Tod des Arbeitnehmers. Da der Urlaubsanspruch nicht vererblich ist, **erlischt** er mit dem Tod des ArbN[10]. Dies gilt nicht für Schadensersatzansprüche, die vor dem Tod des ArbN entstanden und deshalb vererblich sind (s. § 7 Rz. 148ff.).

VIII. Besondere Fallgestaltungen. 1. Arbeitskampf. Da der Urlaubsanspruch ein Freistellungsanspruch ist und deshalb die Arbeitspflicht des ArbN voraussetzt, kann während der Teilnahme an einem Streik oder bei Aussperrung des ArbN der Urlaubsanspruch nicht erfüllt werden. Denn während der Teilnahme an einem rechtmäßigen Streik sind die beiderseitigen Rechte und Pflichten aus den ArbVerh suspendiert[11].

IÜ gilt Folgendes:

– Beteiligt sich der ArbN nicht am Streik und wird er nicht ausgesperrt, sondern tritt den Urlaub wie gewährt an, so wird der Urlaubsanspruch unabhängig vom Arbeitskampf ordnungsgemäß erfüllt. Eventuelle streikbedingte Vergütungsausfälle während des Referenzzeitraums vor dem Urlaubsantritt werden bei der Berechnung des Urlaubsentgelts nicht berücksichtigt, § 11 I 3[12].

– Beteiligt sich der ArbN am Streik und beantragt er während der Dauer des Streiks Urlaub, ist eine Erfüllung grds. nicht möglich, da durch den Streik die Arbeitspflicht suspendiert ist; es ist aber zu prüfen, ob in dem Urlaubsantrag gleichzeitig die Erklärung des ArbN zu sehen ist, er wolle mit dem beantragten Urlaubsbeginn seine Streikteilnahme beenden.

– Erklärt der ArbN nach beantragtem und gewährtem Urlaub, sich während der Zeit des Urlaubs an dem Streik beteiligen zu wollen, so ist dies urlaubsrechtl. unerheblich. Der ArbN kann den Urlaub

---

1 BAG 20.9.2011 – 9 AZR 416/10, NZA 2012, 326. ||2 *Leinemann/Linck*, § 1 Rz. 111ff. ||3 BAG 20.6.2000 – 9 AZR 405/99, AP Nr. 28 zu § 7 BUrlG. ||4 ErfK/*Gallner*, § 11 BUrlG Rz. 32; *Leinemann/Linck*, § 11 Rz. 102. ||5 EuGH 20.1.2009 – Rs. C-350/06, NZA 2009, 135 – Schultz-Hoff, Rz. 60. ||6 BAG 19.6.2012 – 9 AZR 652/10, NZA 2012, 1087. ||7 BAG 13.5.1982 – 6 AZR 360/80, DB 1982, 2193. ||8 BAG 17.1.1995 – 9 AZR 664/93, AP Nr. 66 zu § 7 BUrlG Abgeltung. ||9 BAG 24.9.1996 – 9 AZR 364/95, NZA 1997, 507. ||10 BAG 23.6.1992 – 9 AZR 111/91, AP Nr. 59 zu BUrlG § 7 Abgeltung; 20.9.2011 – 9 AZR 416/10. ||11 BAG 22.3.1994 – 1 AZR 622/93, AP Nr. 130 zu GG Art. 9 Arbeitskampf. ||12 *Leinemann/Linck*, § 11 Rz. 81.

nicht „zurückgeben", um sich dann am Streik beteiligen zu können[1]. Eine Nachgewährung von Urlaub kommt nur in Betracht, wenn sich die Parteien darauf verständigen oder durch ein tarifl. Maßregelungsverbot ein neuer Anspruch begründet wird[2].

– Hat der streikende ArbN vor Streikbeginn keinen Urlaub beantragt und dauert der Streik über den 31.12. des Urlaubsjahres bzw. den 31.3. des Folgejahres (Verfallzeitpunkt) hinaus an, so erlischt der Urlaubsanspruch. Ein Schadensersatzanspruch entsteht nur, wenn der ArbN seine Beteiligung am Streik aufgibt und Urlaub verlangt, der ArbGeb aber den Urlaub verweigert und dadurch in Verzug gerät (s. § 7)[3].

30 **2. Insolvenz.** Für die mit dem Urlaub zusammenhängenden **Zahlungsansprüche** (Urlaubsentgelt, zusätzliches Urlaubsgeld, Urlaubsabgeltung) gelten die §§ 35 ff. InsO. Ein bei Verfahrenseröffnung bestehender Urlaubsanspruch muss vom Insolvenzverwalter gewährt werden; er wird Schuldner des noch nicht genommenen Urlaubs, §§ 55 I Nr. 2 Alt. 2, 108 I 1 InsO. IÜ berührt die Eröffnung des Insolvenzverfahrens den Anspruch auf Freistellung nach dem BUrlG nicht[4]. Der Urlaubsanspruch ist demnach **Masseforderung**, selbst wenn er vor Insolvenzeröffnung entstanden und fällig geworden ist. Das gilt auch für übertragene oder durch Vereinbarung begründete Restansprüche aus dem Vorjahr[5]. Wenn das ArbVerh nach Eröffnung des Insolvenzverfahrens beendet worden ist, ist der Urlaubsabgeltungsanspruch nach § 7 IV **Masseverbindlichkeit** iSv. § 55 I Nr. 2 Alt. 2 InsO. Für die Einordnung als Masseverbindlichkeit ist es unerheblich, ob die Zeit nach Eröffnung des Insolvenzverfahrens bis zur Beendigung des ArbVerh ausgereicht hätte, den Urlaubsanspruch durch Freistellung von der Arbeitspflicht zu erfüllen[6]. Wird der ArbN vom Insolvenzverwalter nach Anzeige der **Masseunzulänglichkeit** zur Arbeitsleistung herangezogen, so hat der Insolvenzverwalter noch offene Urlaubsansprüche nach Maßgabe des § 7 I durch Freistellung von der Arbeitspflicht ohne jede Einschränkung zu erfüllen. Für den von ihm gewährten Urlaub gilt, dass der Anspruch auf Urlaubsentgelt nur anteilig als **Neumasseverbindlichkeit** iSv. § 209 II Nr. 3 iVm. I Nr. 2 InsO zu berichtigen ist. Zur Berechnung ist der in Geld ausgedrückte Jahresurlaub des ArbN ins Verhältnis zu der Dauer der nach Anzeige der Masseunzulänglichkeit erbrachten Arbeitsleistung zu setzen. Gleiches gilt für den Anspruch auf Urlaubsabgeltung[7]. Maßgeblich ist das Verhältnis der möglichen Arbeitstage im Jahr zu den vom ArbN nach Anzeige der Masseunzulänglichkeit geleisteten Arbeitstagen. Hierfür ist bei einem in der Fünf-Tage-Woche beschäftigten ArbN das für das gesamte Jahresurlaub zustehende Urlaubsentgelt durch 260 (= regelmäßig anfallende Jahresarbeitstage) zu dividieren und mit den nach der Anzeige der Masseunzulänglichkeit geleisteten Arbeitstagen einschl. entschuldigter Fehlzeiten zu multiplizieren. Bei einer auf mehr oder weniger Arbeitstage in der Woche verteilten Arbeitszeit erhöht oder verringert sich der Divisor entsprechend. Eine Neumasseverbindlichkeit wird dagegen nicht begründet, wenn der Insolvenzverwalter den ArbN unwiderruflich „unter Anrechnung auf offenen Urlaub" von jeder Arbeitsleistung freistellt[8].

30a Bisher ungeklärt ist, ob nach dem Verständnis des EuGH, dass der Urlaubsanspruch ein Einheitsanspruch sei, der Insolvenzverwalter den Urlaubsanspruch nur erfüllt, wenn er nicht nur freistellt, sondern auch die Urlaubsvergütung zahlt. Kann der Urlaubentgeltanspruch und damit der Urlaubsanspruch insg. nach den insolvenzrechtl. Regeln nicht erfüllt werden, entsteht mit Beendigung des ArbVerh ein Abgeltungsanspruch, der nicht durch das Insolvenzgeld abgesichert ist[9]. Dieses für beide Parteien unerfreuliche Ergebnis kann nur vermieden werden, wenn man die bisherige Rspr. des BAG zur Rechtsnatur des Vergütungsanspruchs als gem. Art. 7 I der ArbeitszeitRL zulässige einzelstaatliche Gepflogenheit ansieht. Dies ist im Wege einer Vorlage an den EuGH zu klären.

31 **3. Kündigung.** Trotz wirksamer Kündigung kann nach Ablauf der Kündigungsfrist ein Urlaubsanspruch entstehen, wenn die Parteien das ArbVerh bis zur Beendigung eines darüber geführten Rechtsstreits einvernehmlich fortführen[10] oder wenn die Weiterbeschäftigung auf Grund eines Widerspruchs des BR nach § 102 IV BetrVG erfolgt[11]. Hingegen entsteht mangels ArbVerh kein neuer Urlaubsanspruch, wenn ein ArbN auf Grund einer Verurteilung zur vorläufigen Weiterbeschäftigung während der Rechtsmittelverfahren zur Abwendung der Zwangsvollstreckung beschäftigt wird[12]. Zur Urlaubserteilung im Kündigungsfall s. § 7 Rz. 36.

32 **4. Betriebsübergang.** Im Falle des Betriebsübergangs tritt der **Erwerber** gem. § 613a I 1 BGB in die Rechte und Pflichten aus den im Zeitpunkt des Übergangs bestehenden ArbVerh und damit **auch in die Urlaubsansprüche** ein. Der bisherige ArbGeb haftet neben dem neuen Inhaber nach § 613a II BGB als Gesamtschuldner, soweit Ansprüche vor dem Zeitpunkt des Übergangs entstanden sind und vor Ablauf von einem Jahr nach diesem Zeitpunkt fällig werden. Aus diesen Grundsätzen folgt:

---

1 ErfK/*Gallner*, § 1 BUrlG Rz. 40. || 2 ErfK/*Gallner*, § 1 BUrlG Rz. 40. || 3 BAG 24.9.1996 – 9 AZR 364/95, AP Nr. 22 zu § 7 BUrlG. || 4 BAG 18.12.1986 – 8 AZR 481/84, AP Nr. 19 zu § 11 BUrlG. || 5 BAG 18.11.2003 – 9 AZR 95/03, NZA 2004, 651. || 6 BAG 25.3.2003 – 9 AZR 174/02, NZA 2004, 43. || 7 BAG 21.11.2006 – 9 AZR 97/06, NZA 2007, 696. || 8 BAG 15.6.2004 – 9 AZR 431/03, BAGE 111, 80. || 9 Vgl. BSG 20.2.2002 – B 11 AL 71/01 R, AP SGB III § 184 Nr. 1. || 10 BAG 15.1.1986 – 5 AZR 237/84, AP Nr. 66 zu § 1 LohnFG. || 11 ErfK/*Gallner*, § 1 BUrlG Rz. 28. || 12 BAG 17.1.1991 – 8 AZR 483/89, AP Nr. 8 zu § 611 BGB Weiterbeschäftigungspflicht.

Der **Betriebserwerber** wird Schuldner des noch nicht erteilten Urlaubs. Das gilt auch für übertragene Urlaubsansprüche und für Ansprüche auf Ersatz verfallenen Urlaubs. Geht ein Betrieb in der Insolvenz über, hat der Betriebserwerber für die Erfüllung bestehender Urlaubsansprüche einzutreten[1]. Der Veräußerer haftet nach dem Betriebsübergang nicht mehr für den noch offenen Urlaub, da er nicht mehr von der Arbeitsleistung freistellen kann[2]. **33**

Erlischt der Urlaubsanspruch nach dem Zeitpunkt des Betriebsübergangs durch Zeitablauf, so **haftet der Veräußerer** nicht auf Schadensersatz, weil der Schadensersatzanspruch erst nach dem Betriebsübergang entstanden ist. Der Erwerber hingegen muss es sich zurechnen lassen, wenn der Veräußerer mit der Erfüllung des Urlaubsanspruchs in Verzug geraten ist, weil er ohne Leistungsverweigerungsrecht nach § 7 I dem Urlaubsverlangen des ArbN nicht entsprochen hat; das ArbVerh geht dann ins Stadium des Schuldnerverzugs über, so dass der Erwerber mit dem Erlöschen des Urlaubsanspruchs durch Zeitablauf die Unmöglichkeit gem. § 287 BGB zu vertreten hat, auch wenn er von Urlaubsantrag und Ablehnung durch den Veräußerer keine Kenntnis erhielt. **34**

Für Zahlungsansprüche (Urlaubsentgelt, Abgeltung, zusätzliches Urlaubsgeld, Schadensersatz) kommt eine **gesamtschuldnerische Haftung** unter den Voraussetzungen des § 613a II BGB in Betracht. **35**

Hat der Veräußerer Urlaub für einen Zeitraum nach dem Übergang gewährt, bleibt der Erwerber daran gebunden[3]. **36**

Setzt ein ArbN nach einem Betriebsübergang das ArbVerh trotz wirksamer Kündigung des Veräußerers mit dem Erwerber fort, kann der ArbN nicht etwa Urlaubsabgeltung vom Veräußerer, sondern Erfüllung des Urlaubsanspruchs vom Erwerber verlangen; eine Beendigung des ArbVerh als Voraussetzung für einen Abgeltungsanspruch liegt nicht vor[4]. **37**

Widerspricht der ArbN bei einem Betriebsübergang dem Übergang seines ArbVerh, so läuft eine tarifl. Ausschlussfrist zur gerichtl. Geltendmachung von Ansprüchen ggü. dem bisherigen ArbGeb, die von dem Widerspruch abhängen, grds. erst ab dem Zugang des Widerspruchs[5]. **38**

§ 2 Geltungsbereich

Arbeitnehmer im Sinne des Gesetzes sind Arbeiter und Angestellte sowie die zu ihrer Berufsausbildung Beschäftigten. Als Arbeitnehmer gelten auch Personen, die wegen ihrer wirtschaftlichen Unselbständigkeit als arbeitnehmerähnliche Personen anzusehen sind; für den Bereich der Heimarbeit gilt § 12.

I. Normzweck. § 2 regelt, wer als **ArbN iSd. Urlaubsrechts** gilt, ohne den arbeitsrechtl. ArbN-Begriff selbst zu definieren. Zweck der Vorschrift ist es, den Kreis der Anspruchsberechtigten über die ArbN ieS auf die zu ihrer Berufsausbildung Beschäftigten sowie die arbeitnehmerähnl. Personen auszudehnen. **1**

II. Arbeitnehmerbegriff. 1. Allgemeine Definition. Der urlaubsrechtl. ArbN-Begriff wird in § 2 dahin bestimmt, dass hierunter neben Arbeitern und Angestellten (= ArbN iSd. allg. Arbeitsrechts) auch die zu ihrer Berufsausbildung Beschäftigten sowie arbeitnehmerähnl. Personen fallen. **2**

2. Arbeitnehmer. Der allg. arbeitsrechtl. ArbN-Begriff ist im BUrlG nicht definiert. Es gelten daher die Grundsätze der st. Rspr. des BAG[6]: ArbN ist danach der Beschäftigte, der nach dem Inhalt des Vertrages und der tatsächlichen Gestaltung der Vertragsbeziehung seine Arbeit in **persönlicher Abhängigkeit** leistet. Zu den Einzelheiten s. vor § 611 BGB Rz. 19 ff. **3**

3. Zur Berufsausbildung Beschäftigte. Bei den zur Berufsausbildung Beschäftigten handelt es sich um die Auszubildenden gem. §§ 10 ff. BBiG. Weiterhin gehören hierzu: Krankenpflegeschüler nach dem Krankenpflegegesetz[7]; Volontäre[8]; Praktikanten, sofern sie nicht nur einen Betrieb kennen lernen wollen und aus Gefälligkeit vorübergehend beschäftigt werden; Umschüler. **4**

Schüler, deren weitere berufl. Bildung ausschließlich oder überwiegend in einer Schule vorgenommen wird, werden nicht zu ihrer Berufsausbildung iSd. § 2 beschäftigt und erwerben daher auch keinen Urlaubsanspruch[9]. Erfolgt die Schulausbildung aber als Teil einer betriebl. Ausbildung oder sogar eines ArbVerh, gehört der Schüler zum Geltungsbereich des BUrlG. **5**

4. Arbeitnehmerähnliche Personen. Die Abgrenzung zwischen einer arbeitnehmerähnl. Person iSv. S. 2 und einem Selbständigen bestimmt sich nach den allg. Merkmalen. § 12a TVG ist nicht unmittelbar heranzuziehen. Die Vorschrift enthält keine gesetzl. Definition für alle arbeitsrechtl. Vorschriften, die auf das Rechtsverhältnis einer arbeitnehmerähnl. Person anzuwenden sind; jedoch können die in § 12a **6**

---

1 BAG 18.11.2003 – 9 AZR 95/03, NZA 2004, 651. ‖ 2 BAG 2.12.1999 – 8 AZR 774/98, AP Nr. 202 zu § 613a BGB. ‖ 3 *Leinemann/Linck*, § 1 Rz. 146. ‖ 4 BAG 2.12.1999 – 8 AZR 774/98, AP Nr. 202 zu § 613a BGB. ‖ 5 BAG 16.4.2013 – 9 AZR 731/11, NZA 2013, 850. ‖ 6 BAG 12.9.1996 – 5 AZR 1066/94, AP Nr. 1 zu § 611 BGB Freier Mitarbeiter. ‖ 7 BAG 14.11.1984 – 5 AZR 443/80, AP Nr. 9 zu § 611 BGB Ausbildungsverhältnis. ‖ 8 *Leinemann/Linck*, § 2 Rz. 17. ‖ 9 BAG 16.10.1974 – 5 AZR 575/73, DB 1975, 262.

I Nr. 1a u. b TVG genannten Zeit- und Verdienstrelationen herangezogen werden[1]. An die Stelle der das ArbVerh prägenden persönl. Abhängigkeit tritt bei arbeitnehmerähnl. Personen die wirtschaftl. Abhängigkeit. Wirtschaftl. Abhängigkeit ist regelmäßig gegeben, wenn der Betroffene auf die Verwertung seiner Arbeitskraft und die Einkünfte aus der Dienstleistung zur Sicherung seiner Existenzgrundlage angewiesen ist. Insb. bei der Tätigkeit für nur einen Auftraggeber kann das der Fall sein. Vorausgesetzt wird weiter eine gewisse Dauerbeziehung. Der Beschäftigte muss außerdem seiner gesamten sozialen Stellung nach einem ArbN vergleichbar schutzbedürftig sein. Das ist gegeben, wenn das Maß der Abhängigkeit nach der Verkehrsanschauung einen solchen Grad erreicht, wie er im Allg. nur in einem ArbVerh vorkommt, und die geleisteten Dienste nach ihrer soziologischen Typik mit denen eines ArbN vergleichbar sind. Maßgebend ist eine Gesamtwürdigung aller Umstände des Einzelfalls[2].

7 5. **Einzelfälle von A–Z:**.
- **Aushilfen:** In kurzfristigen AushilfsArbVerh (tage- oder stundenweise Beschäftigung) wird ein Urlaubsanspruch nur erworben, wenn sich bei wiederholter Beschäftigung nicht nur eine Vielzahl von EintagsArbVerh, sondern nach der vertragl. Vereinbarung ein einheitliches ArbVerh von mindestens einem Monat ergibt[3].
- **Dienstordnungsangestellte:** Für Dienstordnungsangestellte gelten die urlaubsrechtl. Vorschriften der jeweiligen Dienstordnung (zB die VO über den Erholungsurlaub des Bundesbeamten und Richter im Bundesdienst), die das BUrlG verdrängen[4].
- **Ein-Euro-Job:** Ein-Euro-Beschäftigte gem. § 16d SGB II haben kraft ausdrücklicher gesetzl. Anordnung einen Anspruch auf Freistellung von der Arbeitsgelegenheit, obwohl sie nicht in einem ArbVerh zum Träger der Maßnahme stehen. Zum Urlaubsentgelt s. § 11 Rz. 26.
- **Familienangehörige:** Bei Familienangehörigen ist danach zu differenzieren, ob sie ohne arbeitsvertragl. Grundlage allein wegen ihrer familiären Bindung (§§ 1353, 1356 II, 1619 BGB) tätig sind oder ob sie in einem ArbVerh mit einem anderen Familienmitglied stehen; nur in letzterem Fall haben sie Ansprüche aus dem BUrlG[5].
- **Ferienarbeiter, Studenten:** §§ 1 und 2 unterscheiden nicht nach haupt- oder nebenberufl. Tätigkeit, auch nicht danach, ob Schüler oder Studenten regelmäßig oder nur während der Ferien arbeiten. Da diese Personengruppen regelmäßig ArbN sind, kommt es für den Urlaubsanspruch nur darauf an, ob es sich um kurzfristige AushilfsArbVerh (tage- oder stundenweise Beschäftigung) oder um ein einheitliches ArbVerh von mindestens einem Monat handelt.
- **Franchisenehmer** sind nur dann ArbN, wenn sie durch eine vertragl. Vereinbarung vollständig in die Organisation des Franchisegebers einbezogen sind und dadurch nicht die Möglichkeit haben, ihre Tätigkeit frei zu gestalten[6]. Regelmäßig sind sie jedoch selbständig und haben daher keine Ansprüche aus dem BUrlG[7].
- **Fußballspieler:** Berufsfußballer (Lizenzspieler) sind ArbN[8] und haben daher gesetzl. Urlaubsansprüche[9]. Vertragsamateure sind zwar keine ArbN, jedoch regelmäßig von ihrem Verein wirtschaftl. abhängig und deshalb arbeitnehmerähnlich[10].
- **Gesetzliche Vertreter juristischer Personen** sind nach deutschem Recht weder ArbN noch arbeitnehmerähnlich[11]. Wegen des unionsrechtl. autonom auszulegenden ArbN-Begriffs kann der von Art. 7 ArbeitszeitRL 2003/88/EG gewährleistete Urlaubsanspruch jedoch auch Fremdgeschäftsführern, Minderheitsgesellschafter-Geschäftsführern oder Vorstandsmitgliedern zustehen. Für unionsrechtl. determinierte Ansprüche ist die ArbN-Eigenschaft eines Mitglieds der Unternehmensleitung einer Kapitalgesellschaft, das dieser ggü. Leistungen erbringt und in sie eingegliedert ist, zu bejahen, wenn es seine Tätigkeit für eine bestimmte Zeit nach der Weisung oder unter der Aufsicht eines anderen Organs dieser Gesellschaft ausübt und als Gegenleistung für die Tätigkeit ein Entgelt erhält[12]. Leitende Angestellte sind ArbN, auch wenn sie ihre Arbeitsleistung als Geschäftsführer einer Niederlassung oder einer Konzerntochter erbringen[13].
- **Heimarbeiter:** § 12 enthält Sonderregelungen für diese ArbN-Gruppe.
- **Helfer in einem freiwilligen sozialen Jahr** haben nach § 13 JFDG Ansprüche nach dem BUrlG, obwohl sie weder ArbN noch Auszubildende sind[14].
- **Journalisten:** Diese Berufsgruppe ist statusrechtl. und damit urlaubsrechtl. problematisch, weil Journalisten als ArbN, arbeitnehmerähnlich oder freiberuflich tätig sein können. Hierzu gibt es eine

---

1 BAG 17.1.2006 – 9 AZR 61/05, EzA § 2 BUrlG Nr. 6. ||2 BAG 17.1.2006 – 9 AZR 61/05, EzA § 2 BUrlG Nr. 6. ||3 BAG 19.1.1993 – 9 AZR 53/92, AP Nr. 20 zu § 1 BUrlG. ||4 BAG 21.9.1993 – 9 AZR 258/91, AP Nr. 68 zu § 611 BGB Dienstordnungsangestellte. ||5 *Leinemann/Linck*, § 2 Rz. 39 mwN. ||6 BAG 16.7.1997 – 5 AZB 29/96, AP Nr. 37 zu § 5 ArbGG 1979. ||7 BAG 24.4.1980 – 3 AZR 911/77, DB 1980, 2039. ||8 BAG 8.12.1998 – 9 AZR 623/97, AP Nr. 15 zu § 611 BGB Berufssport. ||9 BAG 23.4.1996 – 9 AZR 856/94, AP Nr. 40 zu § 11 BUrlG. ||10 BAG 3.5.1994 – 9 AZR 235/92, nv. ||11 Vgl. BAG 26.5.1999 – 5 AZR 664/98, AP Nr. 10 zu § 35 GmbHG. ||12 Vgl. EuGH 11.11.2010 – Rs. C-232/09, NZA 2011, 143 – Danosa; ErfK/*Gallner*, § 1 BUrlG Rz. 15. ||13 *Leinemann/Linck*, § 2 Rz. 37. ||14 BAG 12.2.1992 – 7 ABR 42/91, AP Nr. 52 zu § 5 BetrVG 1972.

reichhaltige Kasuistik sowohl des BAG wie auch des BVerfG[1]. Für arbeitnehmerähnl. Personen im Presse- und Rundfunkwesen gibt es TV mit urlaubsrechtl. Bestimmungen.

- **Lehrkräfte** an allgemeinbildenden Schulen, auch an Abendgymnasien, sind auch in nebenberufl. Tätigkeit regelmäßig ArbN, da sie durch Lehrpläne und sonstige Eingliederung in den Unterrichtsbetrieb persönlich abhängig sind[2]. Volkshochschuldozenten, die außerhalb schulischer Lehrgänge unterrichten, sowie Dozenten an Musikschulen, die nicht als ArbN (zB als sog. Fachbereichsleiter) eingestellt wurden, sind hingegen regelmäßig freie Mitarbeiter[3]; ihnen steht der gesetzl. Urlaubsanspruch nur zu, wenn sie arbeitnehmerähnlich sind[4]. Dozenten an kommunalen Musikschulen, deren Einkünfte aus dieser Tätigkeit den wesentlichen Teil der wirtschaftl. Existenzgrundlage bilden, die also nicht aus einem „Hauptberuf" wirtschaftl. abgesichert sind, sind regelmäßig arbeitnehmerähnlich. Der zeitl. Umfang der Tätigkeit spielt keine Rolle, wenn die Dienstleistung außerhalb der Musikschule realistisch nicht zu verwerten ist. Auch der gleichzeitige Bezug einer Altersrente ist unerheblich, wenn sie zu gering ist, um den Lebensunterhalt zu sichern.
- **Nebenberufliche Tätigkeiten:** §§ 1 und 2 unterscheiden nicht nach haupt- oder nebenberufl. Tätigkeit. Ist ein ArbN in mehreren ArbVerh tätig, hat er gegen jeden ArbGeb, also auch in der Nebentätigkeit, Urlaubsansprüche[5]. Der Umstand, dass der ArbN in mehreren ArbVerh tätig ist, kann bei der Wahl des Urlaubszeitpunkts von Bedeutung werden[6], führt jedoch nicht zur Übertragung des Urlaubs bei dem einen ArbGeb, wenn der andere zu Recht den Urlaubswunsch des ArbN abgelehnt hat[7].
- **Telearbeiter** sind regelmäßig ArbN, wenn Abrufarbeit geleistet wird, kürzere Ankündigungs- und Erledigungsfristen bestehen und eine Anbindung an den Zentralrechner erfolgt[8].
- **Wiedereingliederungsverhältnis:** Nimmt ein arbeitsunfähiger ArbN zum Zweck der Wiedereingliederung in das Erwerbsleben gem. § 74 SGB V auf Veranlassung des Arztes die Tätigkeit teilweise wieder auf, so ruhen während dieser Zeit im Allg. die arbeitsvertragl. Hauptleistungspflichten. Der Beschäftigte bleibt zwar ArbN, erbringt seine Tätigkeit aber nicht im Rahmen eines ArbVerh, sondern im Rahmen einer therapeutischen Maßnahme. Während dieses Wiedereingliederungsverhältnisses ist der Urlaubsanspruch nicht erfüllbar, da der ArbGeb wegen des Ruhens der Hauptleistungspflichten den ArbN nicht von der Arbeitspflicht befreien kann[9].

§ 3 Dauer des Urlaubs
(1) Der Urlaub beträgt jährlich mindestens 24 Werktage.
(2) Als Werktage gelten alle Kalendertage, die nicht Sonn- oder gesetzliche Feiertage sind.

I. Allgemeines 1	4. Arbeitsfreie Tage, Arbeitsausfall 25
1. Entstehungsgeschichte 1	5. Teilzeit 28
2. Normzweck 4	6. Änderung der Arbeitszeit 33
II. Berechnung des Urlaubsanspruchs 7	7. Besonderheiten 38
1. Allgemeines 7	III. Unabdingbarkeit 44
2. Fünf-Tage-Woche 10	IV. Zusatzurlaub für Schwerbehinderte 45
3. Ungleichmäßige Verteilung der Arbeitszeit . 18	

I. Allgemeines. 1. Entstehungsgeschichte. Nach Abs. 1 beträgt der gesetzl. Mindesturlaubsanspruch seit dem 1.1.1995 **bundeseinheitlich 24 Werktage.** Zu dieser Neuregelung war der Bundesgesetzgeber durch die RL 93/104 des Rates der EG v. 23.11.1993 gezwungen.

Bei Inkrafttreten des Gesetzes **1963** wurde der **Grundurlaub mit 15 Werktagen** festgelegt. Eine **Erhöhung** des gesetzl. Mindesturlaubs auf **18 Werktage** musste im Zusammenhang mit der Ratifizierung des Übereinkommens Nr. 132 der Internationalen Arbeitsorganisation (IAO) v. 24.6.1970 erfolgen, da dieses einen Mindesturlaub von drei Wochen forderte. Bei dieser Gesetzeslage blieb es in den alten Bundesländern bis zum 31.12.1994, während in den neuen Bundesländern und im Ostteil von Berlin das Urlaubsrecht der DDR fortgalt mit der Maßgabe, dass der gesetzl. Urlaub in der Zeit vom 3.10.1990 bis 31.12. 1994 mindestens 20 Arbeitstage betrug, wobei von fünf Arbeitstagen in der Woche auszugehen war (§ 3 I iVm. der Anl. I Kap. VIII Sachgeb. A Abschn. III Nr. 5a EVertr).

Die Umsetzung der RL 93/104 brachte dann die **Rechtsvereinheitlichung** zwischen alten und neuen Bundesländern; allerdings gilt die Regelung über den Erholungsurlaub der Kämpfer gegen den Faschis-

---

[1] Vgl. BVerfG 3.12.1992 – 1 BvR 1462/88, AP Nr. 5 zu GG Art. 5 I Rundfunkfreiheit; BAG 16.2.1994 – 5 AZR 402/93, AP Nr. 15 zu § 611 BGB Rundfunk. || [2] BAG 12.9.1996 – 5 AZR 104/95, AP Nr. 122 zu § 611 BGB Lehrer, Dozenten. || [3] BAG 12.9.1996 – 5 AZR 104/95, AP Nr. 122 zu § 611 BGB Lehrer, Dozenten. || [4] BAG 17.1.2006 – 9 AZR 61/05, EzA § 2 BUrlG Nr. 6. || [5] BAG 19.6.1959 – 1 AZR 565/57, AP Nr. 1 zu § 611 BGB Doppelarbeitsverhältnis; Leinemann/Linck, § 1 Rz. 66. || [6] Vgl. Leinemann/Linck, § 1 Rz. 67. || [7] ErfK/Gallner, § 7 BUrlG Rz. 62. || [8] Leinemann/Linck, § 2 Rz. 33. || [9] BAG 19.4.1994 – 9 AZR 462/92, NJW 1995, 1636.

mus und Verfolgte des Faschismus in § 8 der VO über den Erholungsurlaub v. 28.9.1978[1] weiter. Dieser Personenkreis hat einen Urlaubsanspruch von 27 Arbeitstagen.

4 **2. Normzweck.** Die Vorschrift hat zwei Regelungszwecke: Zum einen stellt sie eine unwiderlegliche Vermutung über den **jährlichen Mindesterholungsbedarf** der ArbN auf, zum anderen bestimmt sie, dass der Urlaubsanspruch in Werktagen zu berechnen ist. Abs. 2 definiert für das Urlaubsrecht den Begriff „Werktag".

5 § 3 berechnet den **Urlaubsanspruch in (Werk-)Tagen**. Urlaub kann daher nicht stundenweise berechnet und regelmäßig auch nicht stundenweise gewährt werden. Auch die Befreiung an Teilen eines Tages (halber Tag, Vierteltag) ist zu Urlaubszwecken nicht statthaft, solange der ArbN noch wenigstens Anspruch auf einen Tag Urlaub hat[2]. Hingegen können sich bei der Umrechnung des gesetzl. Urlaubsanspruchs in Arbeitstage und bei der Berechnung von Teilurlaubsansprüchen nach § 5 Bruchteile von Tagen ergeben, so dass der ArbGeb stundenweise Freistellung schuldet (zu Teilurlaubsansprüchen s. § 5 Rz. 34 ff.).

6 In TV können andere Prinzipien vereinbart werden, solange der gesetzl. Mindesturlaub nicht unterschritten wird[3].

7 **II. Berechnung des Urlaubsanspruchs. 1. Allgemeines.** Abs. 1, der zur Berechnung des Urlaubsanspruchs von Werktagen ausgeht, beruht auf der bei Inkrafttreten des Gesetzes (1963) selbstverständlichen **Sechs-Tage-Arbeitswoche**. Der Begriff „Werktag" wird in Abs. 2 dahin legaldefiniert, dass hierunter alle Kalendertage außer Sonn- und Feiertagen fallen. In einer feiertagsfreien Woche sind also die Tage Montag bis Samstag Werktage. Hingegen werden tarifvertragl. Urlaubsansprüche häufig in Arbeits- oder Urlaubstagen bestimmt. Sie sind dann regelmäßig auf die Verteilung der tarifl. Vollzeitarbeit (häufig die Fünf-Tage-Woche) bezogen.

8 **Berechnungsprobleme** ergeben sich beim gesetzl. Urlaubsanspruch, wenn – wie inzwischen weitgehend üblich – in der Woche **weniger Arbeits- als Werktage** anfallen. Es gilt der Grundsatz, dass bei der Bemessung der Urlaubsdauer Arbeitstage und Werktage zueinander rechnerisch in Beziehung zu setzen sind, da der in Werktagen ausgedrückte gesetzl. Urlaubsanspruch der konkreten Arbeitsverpflichtung des ArbN anzupassen ist.

9 Der Bestimmung der Urlaubsdauer muss stets die Klärung vorausgehen, an welchen Tagen eine Verpflichtung des ArbN zur Arbeitsleistung besteht. Wird die geschuldete regelmäßige Arbeitszeit auf eine unterschiedlich große Anzahl von Wochentagen verteilt, so ergibt sich zur Sicherung einer gleichwertigen Urlaubsdauer die Notwendigkeit einer entsprechenden Umrechnung. Das Erfordernis der Umrechnung ist für den Zusatzurlaub der Schwerbehinderten in § 125 S. 1 Hs. 2 SGB IX gesetzl. anerkannt worden. Dort ist geregelt, dass sich entsprechend der Anzahl der Wochentage mit Arbeitspflicht die Anzahl der Urlaubstage erhöht oder vermindert. Arbeitet zB ein ArbN an sechs Tagen in der Woche, erhöht sich sein Freistellungsanspruch, der auf eine Fünf-Tage-Woche bezogen ist, auf $6/5$[4].

10 **2. Fünf-Tage-Woche.** Bei einer Verteilung der Arbeitszeit auf die Wochentage von **Montag bis Freitag** stellt sich das Problem der Berücksichtigung des arbeitsfreien Samstags.

11 Nach der st. Rspr. des BAG[5] ist die Dauer des gesetzl. Urlaubsanspruchs den tatsächlichen Arbeitstagen anzupassen. Das geschieht durch **Umrechnung**, die das Anliegen des Gesetzgebers wahrt, dem ArbN vier Wochen Urlaub zuzusprechen. Dabei werden die im Gesetz genannten Werktage zu den vom ArbN geschuldeten Arbeitstagen rechnerisch in Beziehung gesetzt. Die im Gesetz genannte Dauer des Urlaubs wird durch sechs (Werktage in der Woche) geteilt und mit der Anzahl der Arbeitstage multipliziert, an denen in der Woche eine Arbeitsverpflichtung besteht.

12 ● **Beispiel:** 24 (Werktage gesetzl. Anspruch) : 6 (Werktage pro Woche) × 5 (Arbeitstage pro Woche) = 20 (Arbeitstage, an denen freizustellen ist)

Diese Berechnung führt bei einer regelmäßigen Verteilung der Arbeitszeit auf die Tage von Montag bis Freitag zu einem Anspruch von 20 Urlaubstagen, die bei einer Fünf-Tage-Arbeitswoche vier Wochen Urlaub entsprechen[6].

13 Diese Umrechnungsregel ist auch bei **Urlaubsansprüchen aus TV oder Arbeitsvertrag** anzuwenden, wenn keine abweichende Umrechnungsregelung besteht[7]. Anderweitige tarifl. Umrechnungsregelungen sind zulässig, sofern nicht der gesetzl. Mindesturlaubsanspruch verkürzt wird[8].

14 **Sonn- und Feiertage** werden gem. Abs. 2 nicht auf den Urlaub angerechnet; sie sind nach § 9 I ArbZG regelmäßig arbeitsfrei, so dass an diesen Tagen eine Freistellung zur Erfüllung des Urlaubsanspruchs nicht erfolgen könnte.

---

1 GBl. I S. 365. ||2 ErfK/*Gallner*, § 3 BUrlG Rz. 2. ||3 BAG 22.10.1991 – 9 AZR 621/90, AP Nr. 6 zu § 3 BUrlG. ||4 BAG 8.9.1998 – 9 AZR 161/97, AP Nr. 216 zu § 1 TVG Tarifverträge: Bau. ||5 BAG 27.1.1987 – 8 AZR 579/84, AP Nr. 30 zu § 13 BUrlG; 18.2.1997 – 9 AZR 738/95, AP Nr. 13 zu § 1 TVG Tarifverträge: Chemie. ||6 BAG 18.2.1997 – 9 AZR 738/95, AP Nr. 13 zu § 1 TVG Tarifverträge: Chemie. ||7 BAG 8.5.2001 – 9 AZR 240/00, AP Nr. 1 zu § 1 TVG Tarifverträge: Blumenbinder. ||8 Vgl. BAG 18.2.1997 – 9 AZR 738/95, AP Nr. 13 zu § 1 TVG Tarifverträge: Chemie.

Bei nicht bundeseinheitlichen gesetzl. Feiertagen (Allerheiligen, Buß- und Bettag, Fronleichnam, Heilige Drei Könige, Mariä Himmelfahrt, Reformationstag) gilt grds. das **Feiertagsrecht am Sitz des Betriebes**, nicht am Arbeitsort[1]. Montagearbeiter, die an einem solchen Feiertag an ihrem Arbeitsort frei haben wollen, müssen daher einen Urlaubstag nehmen, wenn der Tag am Ort des Betriebssitzes Werktag ist. Bieten sie hingegen ihre Arbeitsleistung an, die wegen des örtlichen Feiertags nicht angenommen wird, haben sie nach § 615 BGB einen Vergütungsanspruch[2].

Davon zu unterscheiden ist ein Arbeitszeitsystem, in dem an **Sonn- und Feiertagen gearbeitet** wird (zB bei der kontinuierlichen Wechselschicht oder in den Fällen des § 10 I ArbZG). Soweit ein ArbN in einem geplanten Urlaubszeitraum an einem Sonn- oder Feiertag arbeiten müsste, bedarf es einer Freistellung von der Arbeitspflicht auch an diesem Tag; er zählt daher als Urlaubstag[3].

Der ArbN erhält hierfür auch das regelmäßige Arbeitsentgelt nach den Maßstäben des § 11[4].

- **Beispiel:** Ein ArbN in einem Verkehrsbetrieb, der regelmäßig von Mittwoch bis Sonntag arbeitet, hat – unbeschadet der Wirksamkeit der Arbeitszeitverteilung – Anspruch auf 20 (Arbeits-)Tage Urlaub wie sein von Montag bis Freitag arbeitender Kollege. Bliebe der Sonntag bei der Berechnung unberücksichtigt, ergäbe sich nur ein Urlaubsanspruch von 16 Arbeitstagen, obwohl eine fünftägige Arbeitsverpflichtung besteht[5].

3. Ungleichmäßige Verteilung der Arbeitszeit. Ist die regelmäßige Arbeitszeit eines ArbN auf einen Zeitraum verteilt, der **mit einer Kalenderwoche nicht übereinstimmt**, muss für die Umrechnung des Urlaubsanspruchs auf Arbeitstage auf längere Zeitabschnitte als eine Woche, ggf. auf ein Kalenderjahr, abgestellt werden[6]. Kürzere Berechnungszeiträume (zB drei oder sechs Monate) sind für die Umrechnung geeignet, wenn die Verteilung der Arbeitszeit sich jeweils in diesen Zeiträumen wiederholt[7]. Entscheidend ist, dass in solchen Fällen der Urlaubsanspruch mit dem derjenigen ArbN, deren Arbeitszeit regelmäßig verteilt ist, zeitlich gleichwertig sein muss.

In **rollierenden Arbeitszeitsystemen**, die insb. im Einzelhandel verbreitet sind, kommt es regelmäßig zu einer Abfolge von Vier-, Fünf- oder Sechs-Tage-Wochen. Ist der Tarifurlaub nach Werktagen bemessen oder richtet sich der Urlaubsanspruch nach dem Gesetz, so ist er in Arbeitstage umzurechnen, weil die Arbeitszeit im Rahmen des rollierenden Arbeitszeitsystems nicht auf alle Werktage einer Woche gleichmäßig verteilt ist. Dazu sind Arbeitstage und Werktage zueinander rechnerisch in Beziehung zu setzen. Da die Arbeitszeit nicht regelmäßig auf eine Woche verteilt ist, sondern auf vier, auf fünf oder sechs Tage in der Woche, ist die Berechnung auf den kompletten Rollierzyklus, ggf. auf das Jahr zu beziehen[8]. Dabei ist von der konkreten Anzahl der Wochen mit zB vier, fünf oder sechs Arbeitstagen im Jahr auszugehen. Die Zahl der Urlaubstage ist durch die Zahl der Werktage im Umrechnungszeitraum zu teilen und sodann mit der ermittelten Zahl der Arbeitstage desselben Zeitraums zu multiplizieren[9].

- **Beispiel:** Ein ArbN arbeitet regelmäßig in der ersten Woche des Zyklus an vier Tagen, in der zweiten Woche an fünf und in der dritten Woche an sechs Tagen. Danach beginnt wieder ein neuer Zyklus mit einer Vier-Tage-Woche. Der Umrechnungszeitraum beträgt hier drei Wochen. In dieser Zeit arbeitet der ArbN an (4 + 5 + 6 =) 15 Tagen. Diese sind mit den 18 Werktagen dieses Zeitraums in Beziehung zu setzen. Bei einem Jahresurlaubsanspruch von 24 Werktagen ergibt sich folgende Berechnung der Urlaubstage: 24 (Werktage) : 18 Werktage × 15 Arbeitstage = 20 Arbeitstage Freistellungsanspruch. Nimmt der ArbN seinen Urlaub immer nur in einer „kurzen" Woche, so kommt er auf fünf Wochen Urlaub, da er in einer kurzen Woche nur vier Urlaubstage „verbraucht"; nimmt er den Urlaub nur in „langen" Wochen, ergeben sich nur zwei Wochen und zwei Tage. Das ist die Konsequenz der Rechtsnatur des Urlaubs als Freistellungsanspruch.

- **Weiteres Beispiel:** Ein ArbN arbeitet im Kalenderjahr 14 Wochen mit je vier Arbeitstagen und 38 Wochen mit je fünf Arbeitstagen. Es ergibt sich folgender Berechnungsweg:
24 (Werktage) : 312 Jahreswerktage × (14 × 4 = 56 + 38 × 5 = 190; 56 + 190 = 246) 246 Jahresarbeitstage = 18,92 Arbeitstage. Der Bruchteil von 0,92 Arbeitstagen ist nicht nach § 5 II aufzurunden, weil es sich nicht um einen Teilurlaubsanspruch nach § 5 I handelt, es sei denn, eine Rundungsregelung zu Gunsten des ArbN ist (tarifl. oder einzelvertragl.) vereinbart.

In **Wechselschichtsystemen**, in denen es durch die Schichtpläne zu einer ungleichmäßigen Anzahl von Arbeitstagen in der Woche kommt, ist entsprechend zu verfahren.

- **Beispiel:** In einem Wechselschichtsystem wird an zwei bis sechs Tagen in der Woche gearbeitet. Innerhalb von 20 Wochen wird nach dem Schichtplan die geschuldete Arbeitszeit an 90 Arbeitstagen erbracht. Die durchschnittliche regelmäßige Arbeitszeit der in Normalschicht Beschäftigten be-

---

1 *Leinemann/Linck*, § 3 Rz. 22 mwN. || 2 *Leinemann/Linck*, § 3 Rz. 23. || 3 BAG 11.8.1998 – 9 AZR 111/97, nv.; 15.1.2013 – 9 AZR 430/11, ZTR 2013, 312. || 4 ErfK/*Gallner*, § 3 BUrlG Rz. 12. || 5 Vgl. ErfK/*Gallner*, § 3 BUrlG Rz. 11. || 6 BAG 22.10.1991 – 9 AZR 621/90, AP Nr. 6 zu § 3 BUrlG. || 7 BAG 3.5.1994 – 9 AZR 165/91, AP Nr. 13 zu § 3 BUrlG Fünf-Tage-Woche. || 8 Vgl. BAG 14.1.1992 – 9 AZR 148/91, AP Nr. 5 zu § 3 BUrlG. || 9 Vgl. BAG 19.4.1994 – 9 AZR 478/92, AP Nr. 3 zu § 1 BUrlG Treueurlaub.

trägt fünf Tage pro Woche. Für die Normalschicht ist ein Urlaubsanspruch von 30 Arbeitstagen vereinbart.

Als maßgeblicher Zeitraum für die Berechnung der Urlaubstage ist der Rhythmus von 20 Wochen zugrunde zu legen. Während dieser Zeit hat der regelmäßig an fünf Tagen in der Woche beschäftigte ArbN eine Arbeitspflicht an (5 Tage × 20 Wochen =) 100 Arbeitstagen, während der Wechselschichtarbeiter nur an 90 Arbeitstagen zur Arbeit verpflichtet ist. Das Verhältnis von 100 Arbeitstagen zu 90 Arbeitstagen entspricht dem Verhältnis von 30 Urlaubstagen bei Normalschicht zu 27 Urlaubstagen bei Wechselschicht, so dass der Schichtarbeiter Freistellung nur an 27 Arbeitstagen verlangen kann[1]. Das entspricht dem Prinzip, dass für ArbN, deren Arbeitszeit regelmäßig auf mehr als fünf Tage einer Woche verteilt ist, sich eine größere Zahl von Urlaubstagen ergibt, während entsprechend die Dauer des Urlaubsanspruchs geringer ist, wenn der ArbN an weniger als fünf Tagen zu arbeiten hat[2].

21 **Wiederholt sich ein Arbeitsrhythmus nicht innerhalb eines Jahres**, so muss eine Berechnung nach der Arbeitsverpflichtung eines jeden Kalenderjahrs vorgenommen werden[3]. Hierfür ist von einer Arbeitsverpflichtung an 260 Tagen in der Fünf-Tage-Woche (52 × 5) und von 312 Werktagen in der Sechs-Tage-Woche auszugehen[4]. Dabei spielt es keine Rolle, ob das Urlaubsjahr ein Schaltjahr ist. Gesetzl. Wochenfeiertage bleiben unberücksichtigt, da für Feiertage gesetzl. Sonderregelungen sowohl hinsichtlich der Arbeitsbefreiung als auch der Vergütung und ihrer Berechnung bestehen. IÜ fallen gesetzl. Feiertage gleichermaßen für ArbN im Schichtdienst wie für andere ArbN an[5]. Zu diesen 260 Arbeitstagen sind die nach den Schichtplänen möglichen Arbeitstage des Schichtarbeiters rechnerisch in Beziehung zu setzen. Unerheblich ist, dass die von einem ArbN im Schichtdienst zu erbringende Arbeitszeit ggf. im Verhältnis zu der Arbeitszeit anderer ArbN unterschiedlich lang auf die Arbeitstage des Schichtarbeiters verteilt ist oder ob die Arbeitszeit des Schichtarbeiters an einem Arbeitstag beginnt und erst am nächsten endet. Für den Urlaubsanspruch ist nur darauf abzustellen, ob an einem Wochentag der ArbN zur Arbeit verpflichtet ist. Die Dauer der jeweiligen Verpflichtung zur Arbeit ist nicht Inhalt des Anspruchs.

- **Beispiel:** Ein ArbN hat einen tarifl. Grundurlaub von 30 „Urlaubstagen" – bezogen auf eine Fünf-Tage-Woche – sowie einen Zusatzanspruch von drei „Urlaubstagen" für die Beschäftigung in Wechselschicht. Er leistet in einem Kalenderjahr 182 reguläre Schichten sowie drei Zusatzschichten.

  Die Zahl der Schichten, an denen er Freistellung verlangen kann, ist wie folgt zu berechnen: 33 (Urlaubstage) : 260 Arbeitstage eines in Fünf-Tage-Woche Beschäftigten × 185 Schichten = 23,48 Schichten (Urlaubstage)[6].

22 Dies gilt entsprechend auch für Teilzeitbeschäftigte mit wechselnden Arbeitszeiten[7].

23 In **Freischichtmodellen** ist zu beachten, dass die Freischichttage keine Arbeitstage sind und deshalb an diesen Tagen keine Freistellung zur Urlaubsgewährung erfolgen kann. Regelt ein TV die Urlaubsdauer und -berechnung nur für den Fall der üblichen Fünf-Tage-Woche (zB 30 Urlaubstage), muss der Urlaub entsprechend der jeweiligen Arbeitsverpflichtung im Schichtsystem umgerechnet werden[8].

24 - **Beispiel**[9]: In einem TV ist bestimmt, dass die durchschnittliche wöchentl. Arbeitszeit von 38 Stunden in einem Zeitraum von zwölf Monaten zu erreichen ist. Tarifl. sind 30 Urlaubstage vorgesehen.

  Zunächst ist die Zahl der Jahresarbeitsstunden zu ermitteln: 38 × 52 = 1976. Sodann ist die Zahl der jährlich zu leistenden Schichten zu berechnen. Sie ergibt sich aus dem Quotienten von Jahresarbeitsstunden und Schichtdauer. Beträgt die Schichtdauer zB 11,25 Stunden, sind bei einer Jahresarbeitszeit von 1976 Stunden (1976 : 11,25 =) 175,64 Schichten zu leisten. Schließlich ist die Zahl der Jahresschichten ins Verhältnis zu den Jahresarbeitstagen der in Fünf-Tage-Woche Arbeitenden zu setzen: 175,64 Schichten : 260 Jahresarbeitstage × 30 Urlaubstage = 20,27 Tage, an denen der Schichtarbeiter Freistellung verlangen kann. Kontrollüberlegung: An 30 Arbeitstagen (= 6 Wochen) arbeitet ein ArbN in der Fünf-Tage-Woche 228 Stunden (38 × 6); ein Schichtarbeiter leistet in dieser Zeit 20,27 Schichten (175,64 : 52 × 6) zu je 11,25 Stunden, insg. also 228 Stunden. Die Freistellung des Schichtarbeiters an 20,27 Tagen ist also gleichwertig mit der des in Fünf-Tage-Woche Arbeitenden.

25 **4. Arbeitsfreie Tage, Arbeitsausfall.** Für die Berechnung der **individuellen Gesamturlaubsdauer in Arbeitstagen** sind sonstige arbeitsfreie Tage ebenso ohne Bedeutung wie gesetzl. Feiertage. Aus Abs. 2 ergibt sich nicht, dass diese Tage den Urlaubsanspruch verkürzen würden. Der Arbeitsausfall aus sonstigen Gründen (Freistellungen nach Brauchtum [Rosenmontag], Betriebsausflug, Jubiläum) ist erst bei der Erfüllung des Urlaubsanspruchs zu beachten. An Tagen, an denen der ArbN ohnehin keine Arbeitsverpflichtung hat, kann nicht noch einmal die Arbeitspflicht suspendiert werden. Das ist letztlich der Inhalt der Aussage in Abs. 2[10].

---

1 Vgl. BAG 3.5.1994 – 9 AZR 165/91, AP Nr. 13 zu § 3 BUrlG Fünf-Tage-Woche. ||2 BAG 22.10.1991 – 9 AZR 621/90, AP Nr. 6 zu § 3 BUrlG. ||3 BAG 22.10.1991 – 9 AZR 621/90, AP Nr. 6 zu § 3 BUrlG. ||4 BAG 19.4.1994 – 9 AZR 478/92, AP Nr. 3 zu § 1 BUrlG Treueurlaub. ||5 BAG 22.10.1991 – 9 AZR 621/90, AP Nr. 6 zu § 3 BUrlG. ||6 BAG 22.10.1991 – 9 AZR 621/90, AP Nr. 6 zu § 3 BUrlG. ||7 BAG 19.4.1994 – 9 AZR 713/92, AP Nr. 7 zu § 1 TVG Gebäudereinigung. ||8 BAG 3.5.1994 – 9 AZR 165/91, AP Nr. 13 zu § 3 BUrlG Fünf-Tage-Woche. ||9 Nach BAG 28.2.1997 – 9 AZR 738/95, AP Nr. 13 zu § 1 TVG Tarifverträge: Chemie. ||10 *Leinemann/Linck*, § 3 Rz. 57f.

Entsteht nach Erteilung des Urlaubs im Urlaubszeitraum ein **sonstiger arbeitsfreier Tag**, tritt hinsichtlich dieses Tages nachträglich Unmöglichkeit ein, § 275 I BGB; der ArbGeb wird deshalb von der Leistung frei[1].   26

- **Beispiel:** A wird im Februar für Juni Urlaub erteilt, im März wird ein Betriebsausflug an einem Tag im Juni festgelegt. Der ArbGeb hat mit der Urlaubserteilung das zur Leistung seinerseits Erforderliche getan, § 243 II BGB. Durch diese Konkretisierung beschränkt sich die Schuld des ArbGeb, den ArbN von der Arbeit freizustellen, auf den beantragten Zeitraum im Juni. Die Erfüllung dieser konkretisierten Schuld ist durch den Wegfall der Arbeitspflicht am Tag des Betriebsausflugs unmöglich geworden, da zur Erfüllung des Urlaubsanspruchs nur freigestellt werden kann, wenn ansonsten Arbeitspflicht bestünde. Der ArbGeb wird regelmäßig auch nicht zum Schadensersatz verpflichtet sein, da ihn ein Verschulden auch dann nicht trifft, wenn er den Betriebsausflug initiiert hat.

Ebenso wenig haben **unentschuldigte Fehltage** Auswirkungen auf die Urlaubsberechnung. Entgegen einer in der Praxis weit verbreiteten Übung können sie weder durch einseitige Erklärung des ArbGeb noch durch Vereinbarung der Arbeitsvertragsparteien nachträglich auf den gesetzl. Urlaubsanspruch angerechnet werden[2].   27

5. Teilzeit. Die Umrechnungsformel des BAG gilt in gleicher Weise, wenn die Arbeitszeit des ArbN auf **regelmäßig weniger als fünf Arbeitstage** in der Woche verteilt ist (Teilzeitarbeit, Vollzeitarbeit in flexiblen Arbeitszeitsystemen). Das bedeutet: Teilzeitbeschäftigte ArbN, die regelmäßig an weniger Arbeitstagen einer Woche als ein vollzeitbeschäftigter ArbN beschäftigt sind, haben entsprechend der Zahl der für sie maßgeblichen Arbeitstage ebenso Anspruch auf Erholungsurlaub wie vollzeitbeschäftigte ArbN[3].   28

- **Beispiel:** A ist an einem Tag in der Woche mit acht Stunden und einen weiteren Tag mit vier Stunden beschäftigt. Da der Urlaub tage- und nicht stundenweise berechnet wird[4], ist von einem Verhältnis von sechs Werktagen zu zwei Arbeitstagen auszugehen. A kann daher an (24 : 6 × 2 =) 8 Arbeitstagen Freistellung verlangen. Kontrollüberlegung: acht Arbeitstage entsprechen vier Wochen = 24 Werktagen.

Begehrt ein ArbN in diesem Falle ausschließlich oder überwiegend für seine „langen" Tage Urlaub, kann dem der ArbGeb nur über die Vorschriften zur Urlaubserteilung (§ 7 I 1 und II) begegnen[5]. Arbeitszeiten mit unterschiedlichen langen Arbeitstagen berechtigen insb. nicht zur Berechnung des Urlaubsanspruchs nach Stunden[6].   29

Die **Umrechnungsformel für Teilzeitkräfte** gilt grds. auch für tarifl. Urlaubsregelungen[7]. Ergeben sich bei der Umrechnung des Urlaubsanspruchs für Teilzeitbeschäftigte nach der obigen Formel Bruchteile von Arbeitstagen, hat der ArbN Anspruch auf Gewährung in diesem Umfang, es sei denn, der TV regelt dies ausdrücklich anders.   30

- **Beispiel:** Der Tarifurlaub bei einer Fünf-Tage-Woche beträgt 28 Arbeitstage. A, der an zwei Tagen in der Woche acht Stunden und an einem Tag vier Stunden arbeitet, hat einen Anspruch auf (28 : 5 × 3 =) 16,8 Urlaubstage. Am letzten Urlaubstag ist A daher an sechs Stunden und 24 Minuten bzw. drei Stunden und 12 Minuten, je nachdem ob es sich um einen „langen" oder „kurzen" Tag handelt, freizustellen. Der letzte Urlaubstag wird nicht aufgerundet, da § 5 II keine Anwendung findet (s. § 5 Rz. 34)[8].

Bei **bedarf- oder kapazitätsorientierter variabler Arbeitszeit** („KAPOVAZ"; vgl. § 12 TzBfG) ist zunächst ein repräsentativer Durchschnittswert der Jahresarbeitstage im Verhältnis zu den Jahreswerktagen zu bilden und der ArbN in dem errechneten Umfang von der geplanten Arbeit freizustellen. Ist dies nicht möglich, so ist der ArbN unabhängig von seinem Arbeitszeitdeputat für die Dauer des gesetzl. Mindesturlaubs von 24 Werktagen (vier Wochen) bzw. nach etwaigen tarifl. Regelungen für die dort vorgesehene Dauer von der Arbeit freizustellen, wenn der gesamte Urlaub zusammenhängend genommen wird. Für diese Zeit kann er nicht zur Arbeitsleistung in Anspruch genommen werden[9]. Wird der Urlaub tage- oder wochenweise beantragt, ist mangels anderer Anhaltspunkte auf § 12 I 3 und 4 TzBfG abzustellen. Danach gilt mindestens eine tägl. Arbeitszeit von drei und eine wöchentl. von zehn Stunden als vereinbart. Hieraus ergibt sich, dass der ArbN an drei Tagen pro Woche Arbeitsbefreiung verlangen kann. Ist hingegen wenigstens festgestellt worden, dass der ArbN bei einem Einsatz wenigstens fünf Stunden täglich beschäftigt wurde, ist aber eine durchschnittliche wöchentl. Arbeitszeit nicht zu ermitteln, so hat der ArbN – ausgehend von der gesetzl. Mindestarbeitszeit von zehn Stunden wöchentlich – Freistellung an zwei Tagen je Woche zu verlangen[10].   31

---

1 Vgl. BAG 15.6.1993 – 9 AZR 65/90, AP Nr. 3 zu § 1 BildungsurlaubsG NRW; zu den unionsrechtl. Problemen s. § 7 Rz. 141 f. || 2 BAG 25.10.1994 – 9 AZR 339/93, AP Nr. 20 zu § 7 BUrlG. || 3 BAG 20.6.2000 – 9 AZR 309/99, AP Nr. 15 zu § 3 BUrlG Fünf-Tage-Woche. || 4 BAG 28.11.1989 – 1 ABR 94/88, AP Nr. 5 zu § 77 BetrVG 1972 Auslegung. || 5 ErfK/*Gallner*, § 3 BUrlG Rz. 14. || 6 Vgl. BAG 8.5.2001 – 9 AZR 240/00, AP Nr. 1 zu § 1 TVG Tarifverträge: Blumenbinder. || 7 BAG 14.2.1991 – 8 AZR 97/90, AP Nr. 1 zu § 3 BUrlG Teilzeit. || 8 BAG 14.2.1991 – 8 AZR 97/90, AP Nr. 1 zu § 3 BUrlG Teilzeit. || 9 GK-TzA/*Mikosch*, Art. 1 § 4 Rz. 111; teilw. abw. *Leinemann/Linck*, § 3 Rz. 35. || 10 Vgl. *Leinemann/Linck*, § 3 Rz. 35.

32 Von der Berechnung des Urlaubsanspruchs bei Bedarfsarbeit ist die Erfüllbarkeit im konkreten Fall zu unterscheiden. Beantragt der ArbN für einen bestimmten Zeitraum Urlaub, muss der ArbGeb erklären, an wie vielen Tagen bzw. Stunden der ArbN ohne den Urlaub gearbeitet hätte; denn nur durch eine Freistellungserklärung – die sich in einem solchen Fall konkret auf bestimmte, zur Arbeitsleistung an sich vorgesehene Tage beziehen muss – kann eine Erfüllung des Urlaubsanspruchs erfolgen. Teilt der ArbGeb auf den Urlaubswunsch mit, der ArbN sei in diesem Zeitraum nicht zur Arbeitsleistung vorgesehen, tritt keine Erfüllung des Urlaubsanspruchs ein[1].

33 **6. Änderung der Arbeitszeit.** Streitig ist die Berechnung der Urlaubsdauer, wenn sich die Dauer der Arbeitszeit (oder genauer: die Zahl der Arbeitstage, an denen in der Woche Arbeit zu leisten ist) im Laufe des Urlaubsjahrs bzw. im Übertragungszeitraum ändert.

34 Nach der bisherigen **Rspr. des BAG** gilt auch hier der Grundsatz, dass der gesetzl. Urlaub in Werktagen bemessen ist und sich deshalb die individuelle Dauer des einem ArbN zustehenden Urlaubs nach der im Urlaubszeitraum für den ArbN jeweils maßgeblichen Arbeitszeitverteilung richtet[2]. Das gilt entsprechend für den Übertragungszeitraum, so dass sich die Zahl der Urlaubs(Arbeits-)tage nach den Verhältnissen im Übertragungszeitraum und nicht im Entstehungszeitraum richtet[3].

- **Beispiel:** A arbeitet vom 1.1. eines Jahres bis zum 30.6. an einem Tag, vom 1.7. bis zum 31.12. desselben Jahres an fünf Tagen.

  Wenn er im Oktober Urlaub erhält, kann er an 20 Arbeitstagen Freistellung verlangen, obwohl er im ersten Halbjahr nur an einem Tag in der Woche gearbeitet hat, da 24 Werktage im konkreten Urlaubszeitraum 20 Arbeitstagen entsprechen. Die Dauer des Urlaubsanspruchs ist nicht davon abhängig, ob vor dem Urlaubszeitraum Voll- oder Teilzeit geleistet wurde oder wie die Arbeitszeit vor dem Urlaubszeitraum verteilt war.

  Im umgekehrten Fall (zuerst Vollzeit, ab 1.7. Teilzeit) kann A nur vier Freistellungstage verlangen. Sein Urlaubsentgelt wird nach der Arbeitszeit im Urlaubszeitraum berechnet.

35 Der **EuGH** hat jedoch entschieden, dass bei einer Änderung des Beschäftigungsausmaßes eines ArbN das Ausmaß des noch nicht verbrauchten Erholungsurlaubs nicht in der Weise angepasst werden darf, dass der von einem ArbN in der Zeit der Vollzeitbeschäftigung erworbene Urlaubsanspruch reduziert wird oder der ArbN diesen Urlaub nur mit einem geringeren Urlaubsentgelt verbrauchen kann, wenn dem ArbN die Ausübung des auf Basis der Vollzeittätigkeit erworbenen Urlaubsanspruchs während dieser Zeit nicht möglich war[4].

36 Ausgangspunkt dieser Entscheidung war eine Urlaubsregelung, nach der Urlaub stundenweise berechnet wurde. Im deutschen Urlaubsrecht gilt dagegen das Tagesprinzip. Die Dauer des Mindesturlaubs (vier Wochen) wird nicht verringert, wenn der ArbN von Voll- in Teilzeit wechselt. Wenn er in einer Drei-Tage-Woche an zwölf Arbeitstagen freigestellt wird, hat er genauso vier Wochen Urlaub erhalten, wie wenn er während der Vollzeitbeschäftigung an 20 Tagen freigestellt wird. Der Urlaubsanspruch wird daher beim Übergang von Voll- zu Teilzeitarbeit durch die Rspr. des BAG nicht gemindert. Der EuGH hat dies jedoch in der nachfolgenden Entscheidung in Sachen Brandes[5] auf Vorlage eines deutschen ArbG als unzulässige „restriktive Auslegung" angesehen. Dahinter steht offenbar die Vorstellung, dass unionsrechtlich ein durch Vollzeittätigkeit „erarbeiteter" Urlaubsanspruch nicht nachträglich wegen des Wechsels in Teilzeit verringert werden dürfe. Dies ist vielleicht mit einem allg. Gerechtigkeitsgefühl, nicht aber mit dem vom EuGH selbst aufgestellten Grundsatz zu vereinbaren, dass eine Arbeitsleistung nicht Anspruchsvoraussetzung für den Urlaub ist.

- **Beispiel (wie Rz. 34):** Wenn A seinen während der Vollzeittätigkeit entstandenen Urlaubs(teil) erst in der zweiten Jahreshälfte nehmen konnte, hat er für die Vollzeittätigkeit (24 Werktage : $12 \times 6 : 6 \times 5 =$) 10 Freistellungstage zu beanspruchen. Hinzu kommen für die 6 Monate Teilzeit ($24 : 12 \times 6 : 6 \times 1 =$) 2 Freistellungstage, so dass A insgesamt 12 Urlaubstage beanspruchen kann; dies entspricht bei einer Arbeitszeit von einem Tag wöchentlich 12 Wochen Urlaub.

37 In der Lit. werden verschiedene Lösungen angeboten. Auswirkungen auf den Freistellungsanspruch habe der Wechsel in Teilzeit nicht, weil die vorgeschriebene Urlaubsdauer von vier Wochen nicht gekürzt werde[6]. Weiterhin wird darauf hingewiesen, dass die Entscheidungen des EuGH in Fällen übertragenen Urlaubs ergangen seien, eine „Vermehrung" des Freistellungsanspruchs beim Wechsel in Teilzeit im laufenden Urlaubsjahr aber nicht geboten sei[7]. Übertragener Urlaub sei trotz Fortbestehens des ArbVerh abzugelten[8]. Diese Überlegungen sind wohl dem Versuch geschuldet, die betriebl. Auswirkungen der Brandes-Entscheidung zu minimieren. Nach der überaus klaren Diktion des EuGH in der Sache Brandes dürfte kein Weg daran vorbeiführen, dass sich (wie im Bsp. Rz. 36) der Freistellungsanspruch beim Wechsel in Teilzeit erhöht. Einer „Abgeltungslösung" dürfte die Rspr. des EuGH entgegenstehen[9].

---

[1] *Leinemann/Linck*, § 3 Rz. 37. || [2] BAG 28.4.1998 – 9 AZR 314/97, AP Nr. 7 zu § 3 BUrlG. || [3] BAG 28.4.1998 – 9 AZR 314/97, AP Nr. 7 zu § 3 BUrlG. || [4] EuGH 22.4.2010 – Rs. C-486/08, NZA 2010, 557 – Tirol; 13.6.2013 – Rs. C-415/12, NZA 2013, 775 – Bianca Brandes. || [5] EuGH 13.6.2013 – Rs. C-415/12, NZA 2013, 775 – Bianca Brandes. || [6] *Fieberg*, NZA 2010, 925. || [7] *Schubert*, NZA 2013, 1105. || [8] *Schubert*, NZA 2013, 1105. || [9] EuGH 21.2.2013 – Rs. C-194/12, NZA 2013, 369 – Maestre García.

Da sich die Begründung des EuGH weitgehend auf Schlagworte und Hinweise auf frühere Entscheidungen beschränkt, erscheint auch eine kritische Auseinandersetzung mit Methodik und Dogmatik der Rechtsanwendung des EuGH in Gestalt einer neuen Vorlage wenig erfolgversprechend.

Hinsichtlich des **Entgelts** hat der EuGH entschieden, dass der noch nicht „verbrauchte", in der Zeit der Vollzeitbeschäftigung erworbene Urlaubsanspruch von einem ArbN, der von einer Vollzeit- zu einer Teilzeitbeschäftigung übergeht, nicht mit einem geringeren Urlaubsentgelt „verbraucht" werden darf. Urlaubstage, die während einer Vollzeitarbeitsphase entstanden sind, sind also später auch als solche zu „vergüten". Dies ist eine Auswirkung der Rspr. des EuGH, dass der Anspruch auf Jahresurlaub und derjenige auf Zahlung des Urlaubsentgelts zwei Teile eines einheitlichen Anspruchs sind, und beinhaltet die Vorstellung, dass der Urlaubsanspruch jeweils zeitanteilig (der EuGH redet von „Bezugszeitraum") erworben wird. § 11 ist daher unionsrechtskonform dahin auszulegen, dass ArbN nach einem Wechsel von Vollzeit in Teilzeit für den der Zeit der Vollzeitarbeit entsprechenden Urlaubsteil zukünftig ein Urlaubsentgelt auf Vollzeitbasis verlangen können[1]. 37a

Der EuGH beschränkt allerdings seinen Grundsatz, dass nationale Regelungen den teilweisen Verlust eines in einem Bezugszeitraum erworbenen Urlaubsanspruchs nicht vorsehen dürfen, auf die Fälle, in denen der ArbN tatsächlich nicht die Möglichkeit hatte, diesen Anspruch während der Vollzeittätigkeit auszuüben. Die Rechtswohltat der längeren Freistellung und erhöhten Urlaubsvergütung kann daher nur beansprucht werden, wenn der **(Voll-)Urlaubsanspruch** mangels Erfüllung der Wartezeit während der Vollzeittätigkeit **noch nicht entstanden** war oder wenn ein **Übertragungsgrund** iSv. § 7 III 1 bzw. § 17 II BEEG vorliegt. 37b

7. Besonderheiten. a) Kurzarbeit. Wird infolge Kurzarbeit an einigen Tagen der Woche überhaupt nicht gearbeitet, ist zwischen der Berechnung der Urlaubsdauer und der Erfüllung des Urlaubsanspruchs während der Zeit der Kurzarbeit zu trennen. 38

Für die Berechnung der **Urlaubsdauer** ist Kurzarbeit wie eine Verkürzung der Arbeitszeit (Rz. 28) zu behandeln. Das bedeutet, der gesetzl., auf die Sechs-Tage-Woche bezogene Urlaubsanspruch von 24 Werktagen ist zu den Tagen in Beziehung zu setzen, an denen während der Dauer der Kurzarbeit tatsächlich gearbeitet wird[2]. 39

- **Beispiel:** Im Betrieb wird an drei statt bisher an fünf Tagen in der Woche gearbeitet. Der ArbN, der den gesamten Jahresurlaub während der Dauer der Kurzarbeit nimmt, kann an (24 [Werktagen] : 6 [Werktage pro Woche] × 3 [Arbeitstage während der Kurzarbeit] =) 12 Tagen Freistellung verlangen.

Hat der ArbN vor der Zeit der Kurzarbeit bereits Urlaub erhalten oder nimmt er während der Kurzarbeit nur einen Teil seines Urlaubs, ist die Phase der Kurzarbeit gesondert zu bewerten. 40

- **Beispiel:** Der ArbN hat einen Resturlaubsanspruch von sechs Werktagen. Nimmt er ihn während der Kurzarbeit (drei Arbeitstage pro Woche), ist zu rechnen: 6 (Werktage Resturlaub) : 6 (Werktage pro Woche) × 3 (Arbeitstage während der Kurzarbeit) = drei Tage Freistellungsanspruch.
- **Weiteres Beispiel:** Während der Kurzarbeit (drei Tage pro Woche) nimmt der ArbN die Hälfte seines Jahresurlaubs (zwei Wochen); die zweite Hälfte beantragt er für die Zeit nach Rückkehr zur Normalarbeit (Fünf-Tage-Woche). Für die erste Urlaubshälfte benötigt er sechs Tage Freistellung; der Resturlaubsanspruch (zwei Wochen) in der Zeit der Normalarbeit beträgt zehn Arbeitstage, da sich die Zahl der zu beanspruchenden Urlaubstage nach der Zahl der Arbeitstage pro Woche während der Urlaubszeit richtet.

Wird Kurzarbeit nach der Urlaubserteilung eingeführt, so ist die Arbeitsbefreiung an den durch die Kurzarbeit ausfallenden Arbeitstagen nicht möglich, da der ArbN bereits wegen der Kurzarbeit nicht arbeiten müsste. Der ArbGeb wird daher von der Leistung frei, § 275 I BGB[3]. Der ArbN hat ggü. dem ArbGeb einen Anspruch auf Ersatzurlaub nach §§ 283 S. 1, 280 I, 275 I, 249 I BGB. Die Haftung des ArbGeb ist nur ausgeschlossen, wenn er die Unmöglichkeit nicht zu vertreten hat, § 280 I 2 BGB. Führt der ArbGeb aus betriebl. Gründen Kurzarbeit ein, hat er die hierdurch nachträglich eingetretene Unmöglichkeit zu vertreten[4]. 41

- **Beispiel:** Dem ArbN, der in der Fünf-Tage-Woche tätig ist, werden entsprechend seinem Wunsch im Februar für August drei Wochen Urlaub (15 Urlaubstage) erteilt. Im Juni wird für August Kurzarbeit (drei Arbeitstage pro Woche) vereinbart. Der ArbN kann in dieser Zeit nur an drei Tagen in der Woche von der Arbeit freigestellt werden. Für die weiteren zwei Wochentage ist der Freistellungsanspruch gem. § 275 I BGB ausgeschlossen. Da es für den Fall der Kurzarbeit keine dem § 9 entsprechende Vorschrift gibt, muss der ArbGeb diese Urlaubstage auch nicht nachleisten, ggf. aber Schadensersatz in Gestalt von Ersatzurlaub leisten (zur Berechnung des Urlaubsentgelts vgl. § 11 Rz. 44 ff.)[5]. Zur unionsrechtl. Problematik s. § 7 Rz. 141 f.

---

[1] So auch *Powietzka/Chris*, NJW 2010, 3397. || [2] *Leinemann/Linck*, § 3 Rz. 62 ff. || [3] BAG 16.12.2008 – 9 AZR 164/08, NZA 2009, 689; *Leinemann/Linck*, § 3 Rz. 68. || [4] BAG 16.12.2008 – 9 AZR 164/08, NZA 2009, 689. || [5] Vgl. BAG 9.8.1994 – 9 AZR 384/92, AP Nr. 19 zu § 7 BUrlG.

41a Diese Grundsätze gelten entsprechend, wenn rechtmäßig **Kurzarbeit „Null"** angeordnet wird. Allerdings haben sowohl die vom ArbG Passau in seinem Vorlagebeschluss in Sachen Heimann, Toltschin gestellten Fragen („Darf bei Anordnung von Kurzarbeit der Anspruch des Kurzarbeiters auf bezahlten Jahresurlaub pro rata temporis im Verhältnis der Anzahl der Wochenarbeitstage während der Kurzarbeit zu der Anzahl der Wochenarbeitstage eines Vollzeitbeschäftigten angepasst werden, so dass der Kurzarbeiter während der Kurzarbeit nur einen dementsprechend geringeren bzw. während der Kurzarbeit „Null" keinen Urlaubsanspruch erwirbt?") als auch die Antwort des EuGH Verwirrung gestiftet[1]. Entgegen der Auffassung des ArbG Passau bestand keine Veranlassung, die Frage der Entstehung eines Urlaubsanspruchs während der Kurzarbeit „Null" zu problematisieren. Zum einen waren die gestellten Fragen nicht entscheidungserheblich, weil der Sozialplan keine Bestimmungen zur Entstehung des Urlaubsanspruchs während der Kurzarbeit „Null" enthielt (diese wären nach § 13 unwirksam gewesen), sondern zum Erlöschen der entstandenen Ansprüche durch Erfüllung („Einbringen" von Urlaubsansprüchen). Zum anderen entsteht der volle gesetzl. Urlaubsanspruch auch bei Kurzarbeit „Null" während des gesamten Bezugszeitraums, da das Gesetz eine Arbeitsleistung als Anspruchsvoraussetzung nicht vorsieht (s. § 1 Rz. 13 f.). Die Auffassung des EuGH, der Anspruch eines Kurzarbeiters auf bezahlten Jahresurlaub könne pro rata temporis berechnet werden, weil sich der ArbN während der Kurzarbeit ausruhen könne, steht dem nicht entgegen. Diese Aussage beruht auf der nach Maßgabe des deutschen Urlaubsrechts unzutreffenden Fragestellung des ArbG Passau: iÜ sagt der EuGH nur, dass eine Kürzung des Urlaubsanspruchs pro rata temporis unionsrechtlich zulässig sei. Die von Teilen der Lit. nach der Heimann-Entscheidung des EuGH ausgemachten Unklarheiten bestehen nach der eindeutigen Aussage des BAG[2] zum Entstehen des Urlaubsanspruchs während des Ruhens des ArbVerh nicht mehr; dass der deutsche Gesetzgeber dies nach den unionsrechtl. Vorgaben auch anders hätte regeln können, ist ohne Belang.

41b Eine andere Frage ist, ob und wie der Urlaubsanspruch während der Kurzarbeit „Null" erfüllt werden kann. Hier gilt der allg. Grundsatz, dass ein wegen Kurzarbeit „Null" bereits freigestellter ArbN nicht nochmals zum Zwecke der Erfüllung des Urlaubsanspruchs freigestellt werden kann. Steht also die Zeit der Kurzarbeit „Null" vor Urlaubserteilung fest, kann für diesen Zeitraum kein Urlaub gewährt werden. Wird die Kurzarbeit nach der Urlaubserteilung eingeführt, gelten die Ausführungen in Rz. 41, wobei Schadensersatzansprüche zur Disposition der Betriebsparteien stehen.

42 b) **Arbeitskampf.** Die Berechnung des Urlaubsanspruchs wird durch die Teilnahme des ArbN nicht beeinflusst[3]. Auch bei einem rechtswidrigen Streik darf der ArbGeb die ausgefallenen Arbeitstage nicht auf den Urlaub anrechnen; dies entspricht der Rechtslage bei einer sonstigen rechtswidrigen Verletzung der Arbeitspflicht (s. Rz. 27).

43 Da während des Arbeitskampfs die **Hauptleistungspflichten im Arbeitsverhältnis suspendiert** sind, kann der ArbN, der an einem Streik teilnimmt oder von einer Aussperrung betroffen ist, nicht zur Erfüllung des Urlaubsanspruchs freigestellt werden. Tritt der ArbN hingegen den Urlaub vor Beginn des Arbeitskampfs an, ist regelmäßig davon auszugehen, dass er vom Arbeitskampf nicht betroffen ist, so dass Erfüllung eintreten kann (s. § 1 Rz. 29).

44 III. **Unabdingbarkeit.** Die gesetzl. **Urlaubsdauer** von 24 Werktagen kann weder einzelvertraglich noch durch Tarifrecht verkürzt werden, § 13 I 1. Soweit die TV-Parteien nach § 13 I 1 die Befugnis haben, auch ungünstigere Regelungen zu treffen, darf dies nicht dazu führen, dass mittelbar in die unantastbaren Rechte des ArbN nach §§ 1, 2 und 3 I eingegriffen wird[4]. Allein der vertragl. oder tarifl. Mehrurlaub steht zur Disposition. Eine Verkürzung des gesetzl. Mindesturlaubs darf insb. nicht durch eine Kürzung des Urlaubsanspruchs im Austrittsjahr pro rata temporis erfolgen[5].

- **Beispiel:** A hat einen tarifl. Urlaubsanspruch von 36 Werktagen. Der TV bestimmt, dass im Austrittsjahr für jeden vollen Monat des Bestehens des ArbVerh 1/12 des Jahresurlaubs zu gewähren sind. A scheidet zum 31.7. aus.

  Nach dem TV könnte A für (36 : 12 × 7 =) 21 Werktage Urlaub verlangen. Damit wird der gesetzl. Mindesturlaub unterschritten. A kann daher Urlaub für 24 Werktage beanspruchen. Wirksamkeit behielte die Tarifbestimmung, wenn A nach dem 31.8. ausgeschieden wäre: Bei Beendigung des ArbVerh zum 31.10. hätte A einen gekürzten tarifl. Anspruch von 30 Werktagen, womit der gesetzl. Mindestanspruch erfüllt ist.

45 IV. **Zusatzurlaub für Schwerbehinderte.** Schwerbehinderte haben einen Anspruch auf **Zusatzurlaub von fünf Arbeitstagen im Jahr**, § 125 SGB IX. Das Gesetz geht von einem NormalArbVerh mit fünf Arbeitstagen in der Woche aus und bestimmt deshalb in § 125 S. 1 Hs. 2 SGB IX, dass im Falle einer Abweichung der Arbeitszeit sich die Zahl der Zusatzurlaubstage entsprechend erhöht oder vermindert; als Kontrollüberlegung gilt auch hier: Der Zusatzurlaub muss unabhängig von der jeweiligen Arbeits-

---

[1] EuGH 8.11.2012 – Rs. C-229/11 und C-230/11, NZA 2012, 1273 – Heimann, Toltschin; vgl. hierzu *Conze*, öAT 2013, 29; *Powietzka/Christ*, NZA 2013, 18. || [2] BAG 7.8.2012 – 9 AZR 353/10, NZA 2012, 1216. || [3] *Leinemann/Linck*, § 3 Rz. 73. || [4] BAG 10.2.1966 – 5 AZR 408/65, DB 1966, 708. || [5] BAG 8.3.1984 – 6 AZR 442/83, AP Nr. 15 zu § 13 BUrlG.

zeit eine Woche betragen[1]. Der Anspruch auf Zusatzurlaub tritt dem – individuellen – Urlaubsanspruch hinzu, den der Beschäftigte ohne Berücksichtigung seiner Schwerbehinderung verlangen kann. Hat zB ein ArbN einen arbeitsvertragl. vereinbarten Erholungsurlaub von 29 Arbeitstagen in einer Fünf-Tage-Woche, so wird nicht lediglich der gesetzl. Mindesturlaub nach § 3 (24 Werktage = 20 Arbeitstage) aufgestockt mit der Folge, dass § 125 SGB IX den Gesamturlaubsanspruch dieses ArbN nicht erhöhen würde; vielmehr verlängert sich die Dauer des Urlaubs, den der ArbN ohne Behinderung beanspruchen könnte, um die Dauer des Zusatzurlaubs auf insg. 34 Arbeitstage (Gesamturlaub)[2].

Der Anspruch besteht bei **objektivem Vorliegen der Schwerbehinderteneigenschaft**. Die förmliche Anerkennung ist anders als im Falle des Sonderkündigungsschutzes nach §§ 85 ff. SGB IX nicht erforderlich. Der ArbN muss lediglich den Anspruch unter Berufung auf seine Schwerbehinderteneigenschaft geltend machen[3]. Das BAG weist in diesem Zusammenhang zutreffend darauf hin, dass der Bescheid nach § 69 SGB IX lediglich deklaratorische Bedeutung hat. 46

Der Zusatzurlaub folgt den Regeln des Erholungsurlaubs nach dem BUrlG. Deshalb ist auch für den vollen Zusatzurlaub die Wartezeit des § 4 zurückzulegen. Auch iÜ unterliegt der Anspruch auf Zusatzurlaub den allg. Grundsätzen des Urlaubsrechts, soweit nicht in § 125 SGB IX etwas Besonderes bestimmt ist. § 125 II 1 SGB IX enthält eine § 5 ähnelnde Teilurlaubsregelung für die Fälle, in denen die Schwerbehinderung erst im Verlauf des Urlaubsjahres entsteht; der schwerbehinderte Mensch kann dann nur ein Zwölftel des Zusatzurlaubs für jeden vollen Monat der im Beschäftigungsverhältnis vorliegenden Schwerbehinderteneigenschaft verlangen. Nicht eindeutig ist § 125 SGB IX im Falle des Ausscheidens des Schwerbehinderten im laufenden Kalenderjahr. Wortlaut („kann bei einem nicht im ganzen Kalenderjahr bestehenden Beschäftigungsverhältnis nicht erneut gemindert werden") und Gesetzesbegr. des § 125 II 3 Hs. 2 SGB IX legen die Auslegung nahe, dass – wie nach der bis zum 31.3.2004 geltenden Fassung[4] – ein in der zweiten Jahreshälfte nach Erfüllung der urlaubsrechtl. Wartezeit ausscheidender ArbN, der im gesamten Kalenderjahr schwerbehindert war, Anspruch auf den vollen Zusatzurlaub hat; eine Kürzung des Vollurlaubsanspruchs erfolgt nur im Falle des § 5 I Buchst. c bei Ausscheiden in der ersten Jahreshälfte[5]. Damit wirkt sich das Zwölftelungsprinzip in § 125 II SGB IX nur im Jahr der Entstehung der Schwerbehinderung aus. Bei Ausscheiden innerhalb des Kalenderjahres bleibt der Zusatzurlaub von einer etwaigen tarifvertragl. Zwölftelungsregelung unberührt, da es sich hier um einen gesetzl. Urlaubsanspruch handelt, dessen Gehalt durch TV nicht geändert werden kann[6]. 47

§ 125 III SGB IX regelt, dass im Falle einer **rückwirkenden Feststellung der Schwerbehinderteneigenschaft** für die Übertragbarkeit des Zusatzurlaubs die allg. urlaubsrechtl. Vorschriften gelten. Diese Regelung ist missglückt. Eine Übertragung des Zusatzurlaubs allein wegen des Laufs des Feststellungsverfahrens wäre auch ohne die Neuregelung nicht erfolgt; die Ungewissheit über das Ergebnis des Feststellungsverfahrens ist kein in der Person des ArbN liegender Übertragungsgrund[7]. Der in der Gesetzesbegr. genannte Regelungszweck, bei einem sich über mehrere Jahre hinziehenden Feststellungsverfahren solle der Schwerbehinderte den Zusatzurlaub aus den vorvergangenen Jahren nicht beanspruchen können, wird nicht erreicht, wenn der ArbN den Zusatzurlaub sofort nach Antragstellung beim ArbGeb geltend macht. In diesem Falle entsteht nach allg. Urlaubs- bzw. Leistungsstörungsrecht mit dem Erlöschen des Zusatzurlaubsanspruchs durch Zeitablauf ein Schadensersatzanspruch (Ersatzurlaub), der durch § 125 III SGB IX nicht berührt ist. 48

Wegen des Wegfalls des Zusatzurlaubs bei lang andauernder Krankheit und zu den Auswirkungen der Rspr. des EuGH auf den Zusatzurlaub s. § 7 Rz. 74d. 49

4 Wartezeit
Der volle Urlaubsanspruch wird erstmalig nach sechsmonatigem Bestehen des Arbeitsverhältnisses erworben.

I. Dauer der Wartezeit. Der Vollurlaubsanspruch entsteht erstmalig nach dem Ablauf der Wartezeit von **sechs Monaten**. Der Gesetzgeber hat damit zum Ausdruck gebracht, dass die wechselseitigen Beziehungen im ArbVerh bis dahin so locker sind, dass die Lasten einer umfangreichen Freistellung vom ArbGeb noch nicht verlangt werden können[8]. 1

Die Wartezeit ist **Anspruchsvoraussetzung für den Vollurlaub**. Vor ihrem Ablauf kann der ArbN vom ArbGeb keine, auch keine anteilige Befreiung von der Arbeitspflicht verlangen. Während der Wartezeit entsteht weder eine **Anwartschaft** auf den Vollurlaub[9] noch sukzessive für jeden vollen Monat der Dauer des ArbVerh ein Teilurlaubsanspruch. Nur in den gesetzl. besonders geregelten Fällen (§ 5) können **Teilurlaubsansprüche** entstehen; sie unterliegen anderen Regeln bei der Erteilung und Übertragung. 2

---

[1] BAG 19.1.2010 – 9 AZR 246/09, NZA-RR 2010, 473. ||[2] BAG 24.10.2006 – 9 AZR 669/05, NZA 2007, 330. ||[3] BAG 28.1.1982 – 6 AZR 636/79, AP Nr. 3 zu § 44 SchwbG. ||[4] BAG 8.3.1994 – 9 AZR 49/93, NZA 1994, 1095. ||[5] BAG 8.3.1994 – 9 AZR 49/93, NZA 1994, 1095. ||[6] BAG 8.3.1994 – 9 AZR 49/93, NZA 1994, 1095. ||[7] BAG 21.2.1995 – 9 AZR 746/93, NZA 1995, 1008. ||[8] ErfK/*Gallner*, § 4 BUrlG Rz. 1. ||[9] *Leinemann/Linck*, § 4 Rz. 2.

3 Die Wartezeit steht im **Einklang mit EU-Recht**. Zwar hat der EuGH entschieden, dass Art. 7 I RL 2003/88/EG einem Mitgliedstaat nicht erlaubt, eine Regelung zu erlassen, nach der ein ArbN einen Anspruch auf bezahlten Jahresurlaub erst dann erwirbt, wenn er eine ununterbrochene Mindestbeschäftigungszeit von 13 Wochen bei demselben ArbGeb zurückgelegt hat[1]. Dem steht § 4 nicht entgegen, da dem ArbN aus den ersten Monaten des ArbVerh im Falle einer Beendigung vor Ablauf der Wartezeit nach § 5 I ein Teilurlaubsanspruch zusteht[2]. Zur Frage der Vereinbarkeit des § 5 I mit der o.g. RL s. § 5 Rz. 11.

4 In TV findet sich häufig eine Bestimmung, wonach im Eintrittsjahr – ohne Rücksicht auf die Erfüllung der gesetzl. Wartezeit – ein Urlaubsanspruch nur **pro rata temporis** – meist ¹⁄₁₂ des Jahresurlaubs für jeden vollendeten Monat des Bestehens des ArbVerh – entsteht. Solche Quotelungsregelungen sind gem. § 13 I 1 nur wirksam, soweit dadurch in den ersten sechs Monaten des Eintrittsjahrs ein übergesetzl. Teilurlaubsanspruch entsteht. Denn der gesetzl. Mindesturlaub steht auch nicht in der Weise zur Disposition der TV-Parteien, dass ein nach dem Gesetz entstandener Vollurlaubsanspruch durch tarifl. Regelungen teilweise wieder entzogen werden könnte[3].

5 Die Wartezeit selbst kann durch **TV verkürzt oder verlängert** werden; § 4 ist nicht nach § 13 I 1 unabdingbar. Eine Wartezeit von zwölf Monaten ist allerdings nicht zulässig. Sie könnte zur Folge haben, dass ein das ganze Jahr arbeitender ArbN im Kalenderjahr keinen Vollurlaubsanspruch erwirbt. Das wäre mit § 1 nicht vereinbar[4]. Durch Einzelarbeitsvertrag oder durch BV kann von § 4 hingegen nur zu Gunsten der ArbN abgewichen werden, § 13 I 3.

6 **II. Beginn der Wartezeit.** Für die Berechnung der Wartezeit gelten die §§ 187, 188 BGB.

7 Die Wartezeit beginnt regelmäßig mit dem Tag des **vereinbarten rechtl. Beginns des Arbeitsverhältnisses**; sie kann auch an einem Sonn- oder Feiertag beginnen oder enden[5]. Der erste Tag des ArbVerh wird gem. § 187 II BGB bei der Berechnung mitgezählt, auch wenn die Arbeitsaufnahme erst im Laufe des Tages erfolgt[6]. Wird ausnahmsw. als Beginn des ArbVerh nicht nur ein bestimmter Kalendertag, sondern dazu eine Uhrzeit im Laufe dieses Kalendertages (oder eine vergleichbare Zeitangabe, zB: „Beginn der Frühschicht") vereinbart, wird der „erste" Tag nicht mitgezählt, § 187 I BGB[7]. Das gilt auch, wenn der ArbN am selben Tag, an dem er den Arbeitsvertrag schließt, die Arbeit aufnimmt[8].

- **Beispiel:** Ein ArbVerh beginnt am Freitag, dem 1.5. und endet am Sonntag, dem 1.11. Der ArbN hat die Wartezeit erfüllt. Der Umstand, dass sowohl der erste Tag des ArbVerh (Feiertag) wie auch der letzte (Sonntag) arbeitsfrei waren, ist unerheblich, da es nur auf den rechtl. Bestand des ArbVerh ankommt. § 193 BGB findet keine Anwendung (s. Rz. 10), so dass die Wartezeit mit Ablauf des letzten Tags des Monats Oktober erfüllt war, § 188 II Alt. 2 BGB. Der ArbN kann daher den vollen Jahresurlaub (bzw. dessen Abgeltung) verlangen.

8 Da für die Erfüllung der Wartezeit **allein der rechtl. Bestand** des ArbVerh maßgeblich ist und es einer Arbeitsleistung des ArbN nicht bedarf, sind weder Erwerbs- oder Arbeitsunfähigkeit eines ArbN noch verschuldetes Fernbleiben von der Arbeit für das Entstehen des Urlaubsanspruchs von Bedeutung[9].

9 **III. Ende der Wartezeit.** Im Regelfall des **Fristbeginns nach § 187 II BGB** endet die Wartezeit gem. § 188 II Alt. 2 BGB mit Ablauf des letzten Tages im sechsten Monat nach Beginn des ArbVerh.

- **Beispiel:** Das ArbVerh beginnt am 15.3. Die Wartezeit endet mit Ablauf des 14.9., so dass der ArbN am 15.9. den vollen Urlaub verlangen kann. Beginnt hingegen das ArbVerh rechtl. mit der Arbeitsaufnahme im Laufe des 15.3. (§ 187 I BGB), so ist die Wartezeit gem. § 188 II Alt. 1 BGB erst mit Ablauf des 15.9. erfüllt.

10 § 193 BGB findet keine Anwendung, da es weder um die Abgabe einer Willenserklärung noch um die Bewirkung einer Leistung geht[10]. Tatsächliche Unterbrechungen des ArbVerh (Suspendierung, Streik, langandauernde Erkrankung) sind für den Fristablauf ohne Bedeutung.

11 Die Wartezeit kann über **zwei Kalenderjahre** verteilt sein (zB Beginn 1.10.2013, Ende 31.3.2014)[11].

12 Uneinheitlich wird die Frage beantwortet, wann die Wartezeit in einem ArbVerh erfüllt ist, das am **1.7. beginnt**[12]. Da der Zeitpunkt des Ablaufs eines Tages rechtl. noch zu diesem Tag und damit zu der Frist gehört, in der der Tag fällt[13], endet die Wartezeit erst mit Ablauf des 31.12., so dass der ArbN erst im nächsten Jahr den Vollurlaub beanspruchen kann. Im Eintrittsjahr entsteht in diesem Fall nur ein Teilurlaubsanspruch nach § 5 I Buchst. a[14]. Die Auffassung, die den vollen Urlaubsanspruch bereits mit dem 31.12. als entstanden ansieht[15], ist weder mit dem Wortlaut der Norm noch mit der Fristenberechnung nach §§ 187 f. BGB zu vereinbaren[16].

---

1 EuGH 26.6.2001 – Rs. C-173/99, AP Nr. 3 zu EWG-Richtlinie Nr. 93/104. ||2 ErfK/*Gallner*, § 4 BUrlG Rz. 1. ||3 BAG 8.3.1984 – 6 AZR 442/83, AP Nr. 15 zu § 13 BUrlG. ||4 ErfK/*Gallner*, § 13 BUrlG Rz. 10. ||5 *Leinemann/Linck*, § 4 Rz. 8. ||6 ErfK/*Gallner*, § 4 BUrlG Rz. 3. ||7 ErfK/*Gallner*, § 4 BUrlG Rz. 3. ||8 *Leinemann/Linck*, § 4 Rz. 6. ||9 *Leinemann/Linck*, § 4 Rz. 7. ||10 ErfK/*Gallner*, § 4 BUrlG Rz. 4. ||11 *Leinemann/Linck*, § 4 Rz. 9. ||12 Zum Streitstand s. ErfK/*Gallner*, § 5 BUrlG Rz. 9 mwN. ||13 Vgl. BAG 16.6.1966 – 5 AZR 521/65, NJW 1966, 2081. ||14 ErfK/*Gallner*, § 5 BUrlG Rz. 6. ||15 *Neumann/Fenski*, § 5 Rz. 6. ||16 *Leinemann/Linck*, § 4 Rz. 19.

Ist die Wartezeit erfüllt, hat der ArbN Anspruch auf den **vollen Jahresurlaub**, auch wenn das ArbVerh nicht während des ganzen Kalenderjahres bestanden hat. 13

- **Beispiel:** Das ArbVerh beginnt am 1.6. Am 1.12. kann der ArbN 24 Werktage Urlaub verlangen. Wenn der ArbN für dieses Jahr bereits Urlaub von seinem vorigen ArbGeb erhalten hat, ist jedoch § 6 zu beachten.

Die Wartezeit muss **nur im ersten Jahr** des ArbVerh erfüllt werden; in den folgenden Jahren entsteht der volle Urlaubsanspruch jeweils mit dem ersten Tage eines Kalenderjahres in voller Höhe und ist zu diesem Zeitpunkt auch fällig[1]. 14

Scheidet der ArbN während oder mit dem Ablauf der Wartezeit aus dem ArbVerh aus, entsteht kein Vollurlaubsanspruch; er hat jedoch Anspruch auf Teilurlaub nach Maßgabe von § 5. 15

IV. Unterbrechung des Arbeitsverhältnisses. Schließt sich das ArbVerh nahtlos an ein vorhergehendes Ausbildungsverhältnis oder ein Beschäftigungsverhältnis als arbeitnehmerähnl. Person (§ 2) an, so werden diese Zeiten auf die Wartezeit **angerechnet**[2]. Denn § 2 ist zu entnehmen, dass Beschäftigungen im Arbeits- bzw. Ausbildungsverhältnis sowie als arbeitnehmerähnl. Person urlaubsrechtl. einheitlich zu betrachten sind[3]. 16

Kurzfristige **rechtl. Unterbrechungen** des ArbVerh sind – anders als im Kündigungsrecht – dagegen auch dann erheblich, wenn ein enger sachlicher Zusammenhang zwischen früherem und neuerem ArbVerh besteht[4]. Eine Zusammenrechnung rechtl. unterbrochener ArbVerh lässt sich weder mit dem Gesetzeswortlaut vereinbaren noch trüge dies zur Rechtssicherheit bei. Ein Bedürfnis, wie im Falle des § 1 KSchG zu prüfen, ob ein enger sachlicher Zusammenhang zwischen beiden rechtl. getrennten ArbVerh besteht, ist im Urlaubsrecht nicht anzuerkennen, da bei Nichterfüllung der Wartezeit ein Teilurlaubsanspruch besteht. 17

Tatsächliche Unterbrechungen des ArbVerh sind für den Ablauf der Wartezeit ohne Belang. Dies gilt auch, wenn das ArbVerh längere Zeit ruht (zB während eines Arbeitskampfs, wegen unbezahlten Urlaubs, eines Beschäftigungsverbots nach dem MuSchG, im Wehrdienst und während der Elternzeit nach §§ 15 ff. BEEG)[5]. 18

Ein **Verzicht auf die Wartezeit** kann arbeitsvertragl. vereinbart werden, bedarf aber einer eindeutigen Regelung[6]. 19

Ein zwischenzeitlicher **Betriebsübergang** beeinflusst den Lauf der Wartefrist des § 4 nicht, § 613a I 1 BGB. Der in das ArbVerh eintretende Betriebsnachfolger muss den Urlaubsanspruch nach Ablauf der Wartezeit erfüllen[7]. 20

5 Teilurlaub

(1) Anspruch auf ein Zwölftel des Jahresurlaubs für jeden vollen Monat des Bestehens des Arbeitsverhältnisses hat der Arbeitnehmer

a) für Zeiten eines Kalenderjahres, für die er wegen Nichterfüllung der Wartezeit in diesem Kalenderjahr keinen vollen Urlaubsanspruch erwirbt;

b) wenn er vor erfüllter Wartezeit aus dem Arbeitsverhältnis ausscheidet;

c) wenn er nach erfüllter Wartezeit in der ersten Hälfte eines Kalenderjahres aus dem Arbeitsverhältnis ausscheidet.

(2) Bruchteile von Urlaubstagen, die mindestens einen halben Tag ergeben, sind auf volle Urlaubstage aufzurunden.

(3) Hat der Arbeitnehmer im Falle des Absatzes 1 Buchstabe c bereits Urlaub über den ihm zustehenden Umfang hinaus erhalten, so kann das dafür gezahlte Urlaubsentgelt nicht zurückgefordert werden.

I. Allgemeines. §§ 3 und 4 regeln nur die Voraussetzungen und den Umfang des Vollurlaubsanspruchs. Da während des Laufs der Wartezeit keine Anwartschaft entsteht (s. § 4 Rz. 2), bedurfte es einer Sonderregelung über **Entstehung und Umfang von Teilurlaubsansprüchen**, um der allg. Aussage in § 1 Rechnung zu tragen. § 5 berücksichtigt, dass der ArbN auch in den dort geregelten Fällen Freistellung von der Arbeit zur Erholung benötigt, der ArbGeb aber nicht in dem Umfang belastet werden soll wie in einem bereits länger bestehenden ArbVerh[8]. 1

Abs. 1 sieht eine **Zwölftelung des Urlaubsanspruchs** in drei unterschiedl. Fällen vor. Abs. 1 Buchst. a und b begründen einen Teilurlaubsanspruch, während Buchst. c einen nachträglich gekürzten Vollurlaub vorsieht. Der ArbN, der im laufenden Urlaubsjahr wegen Nichterfüllung der Wartezeit keinen 2

---

[1] BAG 18.12.1986 – 8 AZR 502/84, AP Nr. 10 zu § 7 BUrlG. [2] ErfK/*Gallner*, § 4 BUrlG Rz. 5. [3] BAG 29.11.1984 – 6 AZR 238/82, AP Nr. 22 zu § 7 BUrlG Abgeltung. [4] *Leinemann/Linck*, § 4 Rz. 13 ff. [5] *Leinemann/Linck*, § 4 Rz. 12. [6] *Leinemann/Linck*, § 4 Rz. 15. [7] ErfK/*Gallner*, § 4 BUrlG Rz. 5. [8] ErfK/*Gallner*, § 5 BUrlG Rz. 1.

vollen Urlaubsanspruch erwirbt (Abs. 1 Buchst. a), vor erfüllter Wartezeit (Abs. 1 Buchst. b) oder nach erfüllter Wartezeit in der ersten Hälfte eines Kalenderjahres (Abs. 1 Buchst. c) aus dem ArbVerh ausscheidet, hat Anspruch auf ein Zwölftel des Jahresurlaubs für jeden vollen Monat des Bestehens des ArbVerh.

3   In Abs. 2 hat der Gesetzgeber die **Aufrundung** für den Fall, dass sich bei der Berechnung des gesetzl. Teilurlaubs auf Grund des Zwölftelungsprinzips ein Teilurlaubstag von wenigstens einem halben Tag ergibt, angeordnet. Die Vorschrift gilt nur für die dort genannten Fälle.

4   Abs. 3 sieht ein **Rückforderungsverbot** für zuviel gezahltes Urlaubsentgelt im Falle eines nach Abs. 1 Buchst. c (nachträglich) gekürzten Vollurlaubs vor; die Bestimmung ist eine Ausnahmevorschrift zu § 812 BGB.

5   **II. Teilurlaub gem. Abs. 1 Buchst. a. 1. Entstehung.** Der Anspruch nach dieser Vorschrift entsteht mit dem **Beginn des ArbVerh**, wenn zu diesem Zeitpunkt feststeht, dass der ArbN dauerhaft beschäftigt werden soll, die sechsmonatige Wartezeit aber im ersten Jahr nicht mehr erfüllen kann, mithin in allen ArbVerh, die mit Beginn (zum Problem s. § 4 Rz. 11) oder im Laufe des Monats Juli eines Jahres oder danach anfangen[1] und für eine Dauer von mehr als sechs Monaten geplant sind. Wenn das ArbVerh vor dem 1.7. begonnen hat, entsteht ein Vollurlaubsanspruch. Endet ein vor dem 1.7. begonnenes ArbVerh planwidrig vor Ablauf der Wartezeit, richtet sich der Teilurlaubsanspruch nach Buchst. b; Gleiches gilt für Befristungen für weniger als sechs Monate[2].

6   Der Teilurlaub nach Buchst. a entsteht entsprechend der Dauer des ArbVerh insg., nicht sukzessive mit Beginn eines jeden Monats. Das folgt aus dem Teilungsverbot in § 7 II[3].

- **Beispiel:** Ein ArbN beginnt am 1.9. ein ArbVerh. Am 1.9. ist für dieses Kalenderjahr ein Teilurlaubsanspruch von (24 Werktagen jährlich : 12 Monate × 4 Monate =) 8 Werktagen entstanden.

Scheidet der ArbN planwidrig vor Ablauf des Kalenderjahres aus, richtet sich die Höhe des Urlaubsanspruchs nach Buchst. b. Hat der ArbGeb bereits (zuviel) Urlaub nach Buchst. a erteilt, kann er den überschießenden Teil seiner Freistellungserklärung kondizieren; ist der Urlaub bereits genommen und das Entgelt gezahlt, kann er die überzahlte Urlaubsvergütung zurückfordern. Abs. 3 findet auf diese Fallgestaltung keine Anwendung[4].

7   **2. Fälligkeit.** Der Anspruch wird mit seinem Entstehen auch fällig[5]. Der ArbN, dessen ArbVerh im Laufe des zweiten Halbjahrs beginnt, kann – rein rechtl. gesehen – seinen Teilurlaubsanspruch mit Beginn des ArbVerh verlangen. Der ArbGeb muss erfüllen und kann allenfalls die in § 7 I genannten Leistungsverweigerungsrechte geltend machen, nicht aber einwenden, er schulde wegen der kurzen Dauer des ArbVerh keine oder eine geringere Freistellung von der Arbeitsverpflichtung[6]. Ob ein Urlaubsverlangen am Beginn des ArbVerh im Hinblick auf die gesetzl. Probezeit nach § 1 I KSchG ratsam ist, steht auf einem anderen Blatt.

8   **3. Höhe des Teilurlaubsanspruchs.** Der ArbN hat Anspruch auf ein Zwölftel des Jahresurlaubs für jeden **vollen Monat** (nicht: Kalendermonat) des Bestehens des ArbVerh bis zum 31.12. des Eintrittsjahres. Maßgebend ist der rechtl. Bestand des ArbVerh. Die Zahl der vollen Monate wird nach §§ 187, 188 BGB berechnet. Für die Frage, ob der erste Arbeitstag in einem ArbVerh als erster Tag des Monats mitzählt, kommt es darauf an, ob ein Fall des § 187 I oder II BGB vorliegt. Es gelten dieselben Grundsätze wie bei § 4 (s. § 4 Rz. 7).

- **Beispiel:** Ein ArbVerh mit 40-Stunden-Woche (Montag–Freitag) in Wechselschicht beginnt mit Schichtbeginn um 6.00 Uhr am 1.10.

Der ArbGeb schuldet Teilurlaub für (24 Werktage: 6 × 5 Arbeitstage = 20 Urlaubstage Vollurlaub : 12 × 2 volle Monate =) 3,33 Arbeitstage. Der 1.10. wird bei der Berechnung der Monatsfrist gem. § 187 I BGB nicht mitgerechnet, weil das ArbVerh rechtl. nach der vertragl. Vereinbarung im Laufe des 1.10. beginnt. Danach würde gem. § 188 II Alt. 2 BGB der dritte Monat des Bestehens des ArbVerh erst mit Ablauf des 1.1. des Folgejahres enden. Bei Ablauf des 31.12. bestand das ArbVerh also erst zwei volle Monate.

9   Fehlen an einem vollen Beschäftigungsmonat Tage, an denen bei Bestehen des ArbVerh **keine Arbeitspflicht** bestanden hätte (gesetzl. Feiertag, Samstag, Sonntag, freier Tag im Rahmen eines rollierenden Arbeitszeitsystems), entsteht für den nicht vollendeten Monat kein Urlaubsanspruch[7]. Denn es gibt keine gesetzl. Grundlage dafür, Tage vor Beginn bzw. nach Beendigung des ArbVerh der Zeit des rechtl. Bestandes des ArbVerh hinzuzurechnen, nur weil sie arbeitsfrei gewesen wären. Es ist auch grds. nicht rechtsmissbräuchlich, einen Arbeitsvertrag so abzuschließen, dass das ArbVerh mit dem ersten Arbeitstag eines Monats beginnt[8].

---

[1] *Leinemann/Linck*, § 5 Rz. 22f. || [2] ErfK/*Gallner*, § 5 BUrlG Rz. 5. || [3] *Leinemann/Linck*, § 5 Rz. 6. || [4] ErfK/*Gallner*, § 5 BUrlG Rz. 7. || [5] *Leinemann/Linck*, § 5 Rz. 11. || [6] ErfK/*Gallner*, § 5 BUrlG Rz. 7. || [7] BAG 26.1.1989 – 8 AZR 730/87, AP Nr. 13 zu § 5 BUrlG. || [8] *Leinemann/Linck*, § 5 Rz. 18f.

● **Beispiel:** Ein ArbVerh mit 40-Stunden-Woche (Montag–Freitag) beginnt am 4.10. Der 1. und 2.10. (Samstag und Sonntag) wären ebenso arbeitsfrei gewesen wie der 3.10. (Feiertag). Der ArbGeb schuldet Teilurlaub in Höhe von (24 Werktage : 6 × 5 Arbeitstage = 20 Urlaubstage Vollurlaub : 12 × 2 volle Monate =) 3,33 Arbeitstagen.

Ergeben sich bei der Berechnung des Teil- oder des gekürzten Vollurlaubs **Bruchteile von Urlaubstagen**, die mindestens einen halben Tag ergeben, sind sie gem. Abs. 2 auf volle Urlaubstage aufzurunden. Bruchteile von Urlaubstagen nach Abs. 1, die nicht nach Abs. 2 aufgerundet werden müssen, sind dem ArbN entsprechend ihrem Umfang durch (stundenweise) Befreiung von der Arbeitspflicht zu gewähren oder nach dem Ausscheiden aus dem ArbVerh abzugelten; eine Abrundung findet nicht statt[1].

10

Zweifelhaft ist, ob Abs. 1 **mit Art. 7 I RL 2003/88/EG vereinbar** ist, wenn das ArbVerh vor Ablauf eines vollen Monats endet und deshalb ein Teilurlaubsanspruch nicht entsteht. Der EuGH[2] hat entschieden, dass die RL einem Mitgliedstaat nicht erlaubt, eine Regelung zu erlassen, nach der ein ArbN einen Anspruch auf bezahlten Jahresurlaub erst dann erwirbt, wenn er eine ununterbrochene Mindestbeschäftigungszeit bei demselben ArbGeb zurückgelegt hat. Der EuGH weist darauf hin, dass Mindestbeschäftigungszeiten als Voraussetzung für den Urlaubsanspruch Anlass zu Missbräuchen geben, weil die ArbGeb versucht sein können, die Verpflichtung, den jedem ArbN zustehenden bezahlten Jahresurlaub zu gewähren, dadurch zu umgehen, dass sie häufiger auf kurzfristige ArbVerh zurückgreifen. Die RL sei folglich dahin auszulegen, dass sie es den Mitgliedstaaten verwehrt, den allen ArbN eingeräumten Anspruch auf bezahlten Jahresurlaub dadurch einseitig einzuschränken, dass sie eine Voraussetzung für diesen Anspruch aufstellen, die bewirkt, dass bestimmte ArbN von diesem Anspruch ausgeschlossen sind. Daraus folgt, dass ein Teilurlaubsanspruch nicht von einer Mindestarbeitszeit abhängig gemacht werden kann[3]. Zu erwägen ist, ob Abs. 1 richtlinienkonform dahin ausgelegt werden kann, dass auch für Beschäftigungszeiten von weniger als einem Monat ein Teilurlaubsanspruch entsteht.

11

4. Erfüllung, Abgeltung und Übertragung. a) Erfüllung und Abgeltung. Für die Erfüllung und die Abgeltung gelten dieselben Grundsätze wie für den Vollurlaub[4]. Das bedeutet: Der ArbN darf den Zeitpunkt des Urlaubs bestimmen, es sei denn, der ArbGeb hat ein Leistungsverweigerungsrecht nach § 7 I 1. Abgeltung des Teilurlaubsanspruchs kann nur unter den Voraussetzungen des § 7 IV verlangt werden. Ist der Teilurlaubsanspruch nach § 7 III 2 oder 4 übertragen worden, ist der Teilurlaubsanspruch mit dem Urlaubsanspruch des nächsten Jahres abzugelten.

12

b) Übertragung. Der nach Abs. 1 Buchst. a entstandene Teilurlaubsanspruch kann auf zweierlei Weise übertragen werden: zum einen von Gesetzes wegen nach § 7 III 2, zum anderen nach § 7 III 4 auf Verlangen des ArbN. Die Übertragung des Teilurlaubsanspruchs **von Gesetzes wegen gem. § 7 III 2** erfolgt, wenn die Übertragungsvoraussetzungen – dringende betriebl. oder in der Person des ArbN liegende Gründe – vorliegen (s. § 7 Rz. 81)[5]. Eines Übertragungsverlangens bedarf es daher nicht. Zu beachten ist ebenfalls, dass der nach § 7 III 2 übertragene Teilurlaubsanspruch wie ein übertragener Vollurlaub mit Ablauf des 31.3. des Folgejahres erlischt.

13

Daneben gibt es für die Übertragung des Teilurlaubsanspruchs in § 7 III 4 eine Sonderregelung. Nach dieser Vorschrift kann der ArbN allein durch die **Äußerung seines Übertragungswunsches** den Urlaub übertragen. Im Gegensatz zur Übertragung nach § 7 III 2 hängt diese Erweiterung der Anspruchsdauer also von einer entsprechenden Erklärung ggü. dem ArbGeb ab[6]. Das Verlangen ist eine empfangsbedürftige Willenserklärung; der ArbN muss daher den Zugang nachweisen. Der Übertragungswunsch muss bis zum 31.12. des Eintrittsjahres geltend gemacht werden. Er ist nicht an die Voraussetzungen des § 7 III 2 geknüpft, an keine Form gebunden und bedarf keiner Begründung. An das Verlangen sind nur geringe Anforderungen zu stellen. Es muss nicht ausdrücklich erklärt werden; es genügt ein Verhalten des ArbN, das unter Anwendung des § 133 BGB als Verlangen iSd. Gesetzes zu verstehen ist. Damit reicht jede Handlung des ArbN aus, die seinen Wunsch, den Urlaub erst im nächsten Jahr zu nehmen, deutlich macht (zB Urlaubsantrag hinsichtlich des Teilurlaubs für einen Zeitraum im folgenden Jahr). Das Schweigen des ArbN wird allerdings regelmäßig nicht als konkludenter Übertragungswunsch angesehen werden können[7].

14

Wird der Teilurlaubsanspruch auf Grund des Verlangens des ArbN nach § 7 III 4 übertragen, so geht er auf das **gesamte Folgejahr**, nicht nur auf das erste Quartal über. Ist weder ein allg. Übertragungstatbestand (§ 7 III 2) gegeben noch eine Übertragung des Teilurlaubs auf Verlangen des ArbN zustande gekommen, **erlischt** der Teilurlaubsanspruch am Jahresende.

15

5. Abdingbarkeit. Der Teilurlaubsanspruch nach Buchst. a ist **tarifdispositiv**, da durch § 5 ein eigenständiger Anspruch begründet wird, § 13 I 1 aber nur den Vollurlaub nach § 3 schützt. Der Teilurlaub

16

---

1 BAG 26.1.1989 – 8 AZR 730/87, AP Nr. 13 zu § 5 BUrlG. || 2 EuGH 26.6.2001 – Rs. C 173/99, AP Nr. 15 zu EWG-Richtlinie Nr. 93/104. || 3 So auch Schlussantrag der Generalanwältin v. 8.9.2011 in der Rs. C-282/10. || 4 BAG 25.8.1987 – 8 AZR 118/86, AP Nr. 15 zu § 7 BUrlG. || 5 BAG 25.8.1987 – 8 AZR 118/86, AP Nr. 15 zu § 7 BUrlG. || 6 BAG 25.8.1987 – 8 AZR 118/86, AP Nr. 15 zu § 7 BUrlG. || 7 BAG 29.7.2003 – 9 AZR 270/02, NZA 2004, 385.

kann daher auch einer **tarifl. Ausschlussfrist** unterfallen[1]. Ein genereller tarifl. Ausschluss eines Teilurlaubsanspruchs dürfte aber mit der RL 2003/88/EG nicht vereinbar sein (s. Rz. 11).

17 **III. Teilurlaub gem. Abs. 1 Buchst. b. 1. Entstehung und Fälligkeit.** Im Gegensatz zum Teilurlaubsanspruch nach Abs. 1 Buchst. a entsteht der Anspruch nach Buchst. b nicht in jedem Fall bereits mit Beginn des ArbVerh, sondern erst wenn **feststeht**, dass das ArbVerh enden wird und die Wartezeit deshalb nicht erreicht werden kann. Die Entstehung des Anspruchs hängt deshalb davon ab, wie das ArbVerh endet. Ist von Anfang an eine Befristung vereinbart, auf Grund derer das ArbVerh vor Ablauf der Wartezeit endet, entsteht der Anspruch nach Buchst. b bereits mit Beginn des ArbVerh. Endet es hingegen durch Kündigung oder Aufhebungsvertrag, entsteht der Anspruch erst zu diesem Zeitpunkt, weil vorher nicht feststeht, dass der ArbN vor Ablauf der Wartezeit ausscheiden wird.

18 Besteht zwischen den Parteien Streit über die Wirksamkeit der Beendigung des ArbVerh, ist für die Frage, ob dem ArbN Voll- oder Teilurlaub zusteht, allein die **rechtl. Beendigung** (und damit die Wirksamkeit des Beendigungstatbestands) entscheidend, nicht aber das tatsächliche Ausscheiden aus dem Betrieb[2] (s. § 7 Rz. 142 ff., 146).

19 Mit seiner Entstehung wird der Anspruch auch **fällig**, so dass der ArbGeb ihn erteilen bzw. der ArbN ihn verlangen kann[3]. Hinsichtlich der Erfüllung und Abgeltung gelten die Ausführungen zu Buchst. a (s. Rz. 12 ff.) entsprechend.

20 **2. Berechnung des Teilurlaubsanspruchs.** Für die Berechnung der **Dauer des Teilurlaubs** nach Buchst. b gelten die Ausführungen zu Buchst. a (Rz. 8 bis 10) entsprechend. So entsteht auch bei Buchst. b kein Vollurlaub, sondern nur ein Teilurlaub in Höhe von $6/12$, wenn das ArbVerh mit dem Tag des Ablaufs der Wartezeit endet[4].

21 Zu beachten ist, dass ein **einheitlicher Teilurlaub** nach Buchst. b für das ArbVerh auch dann entsteht, wenn es sich über die Jahreswende erstreckt hat[5]. Eine getrennte Berechnung des Teilurlaubsanspruchs nach Buchst. a im Eintrittsjahr und Buchst. b im Folgejahr kommt nicht in Betracht, da sich die in den Buchst. a bzw. b geregelten Fälle gegenseitig ausschließen[6].

- **Beispiel:** Beginn des ArbVerh am 15.10., Ende am 14.3. des Folgejahres. Der ArbN hat die Wartezeit für den Vollurlaub nicht erfüllt, da er mit und nicht nach Ablauf der Wartezeit ausscheidet; er erlangt einen einheitlichen Teilurlaubsanspruch von $6/12$, nicht für das erste Jahr $3/12$ und für das Folgejahr $3/12$.

22 **3. Übertragung.** Die besondere Übertragungsvorschrift in § 7 III 4 (Übertragung auf Verlangen des ArbN, Übertragungszeitraum bis 31.12. des Folgejahres) gilt nach dem eindeutigen Gesetzeswortlaut nur für den Fall des Abs. 1 Buchst. a. Teilurlaubsansprüche nach Buchst. b werden nur unter den Voraussetzungen des § 7 III 2 und 3 übertragen. Es muss daher ein **gesetzl. Übertragungstatbestand** vorliegen; das Verlangen des ArbN reicht nicht. Zudem ist der Übertragungszeitraum auf das erste Quartal des Folgejahres beschränkt[7].

23 Kann der zB nach Ausspruch einer Kündigung entstandene Teilurlaubsanspruch aus Zeitgründen vor Ablauf des 31.12. des Urlaubsjahres nicht mehr oder nur zT genommen werden, liegt ein Übertragungstatbestand nach § 7 III 2 (Grund in der Person des ArbN) vor[8].

- **Beispiel:** Das ArbVerh beginnt am 1.10. Der ArbGeb kündigt am 31.12. zum 31.1. des Folgejahres. Mit Zugang der Kündigung ist der Teilurlaubsanspruch in Höhe von ($4/12$ von 24 =) 8 Werktagen entstanden und fällig geworden. Er würde nach § 7 III 1 mit dem 31.12. erlöschen, ohne dass der ArbN die Möglichkeit gehabt hätte, den Urlaub zu nehmen. Es ist daher gerechtfertigt, hier den Übertragungstatbestand „Grund in der Person des ArbN" iSd. § 7 III 2 anzunehmen. Der ArbN kann den übertragenen Urlaub im Januar des Folgejahres nehmen oder nach Beendigung des ArbVerh Abgeltung verlangen.

24 **4. Abdingbarkeit.** Der Anspruch nach Buchst. b ist wie der nach Buchst. a **tarifdispositiv** (s. Rz. 16).

25 **IV. Gekürzter Vollurlaub nach Abs. 1 Buchst. c. 1. Voraussetzungen.** Entgegen der Überschrift der Norm handelt es sich bei Buchst. c nicht um den dritten Fall eines Teilurlaubsanspruchs, sondern um die gesetzl. angeordnete **Kürzung des bereits entstandenen Vollurlaubs.** Dieser Urlaubsanspruch unterscheidet sich von dem Urlaubsanspruch nach § 3 I nur dadurch, dass er nachträglich kraft Gesetzes in seiner Höhe beschränkt wird. Buchst. c enthält damit hinsichtlich des Mindesturlaubsanspruchs eine auflösende Bedingung für denjenigen Teil des Urlaubs, der infolge des vorzeitigen Ausscheidens des ArbN nicht mehr durch ein bestehendes ArbVerh gedeckt wird. Buchst. c begründet daher – anders als Buchst. a und b – nicht einen eigenen Anspruch, sondern modifiziert den Anspruch aus §§ 1, 3[9].

26 Die Kürzung des Vollurlaubs tritt ein, wenn der ArbN nach erfüllter Wartezeit in der **ersten Hälfte eines Kalenderjahres** ausscheidet. Diese Voraussetzung ist auch erfüllt, wenn das ArbVerh mit Ablauf

---

[1] *Leinemann/Linck*, § 13 Rz. 53 f. ||[2] ErfK/*Gallner*, § 5 BUrlG Rz. 11. ||[3] *Leinemann/Linck*, § 5 Rz. 11. ||[4] *Leinemann/Linck*, § 5 Rz. 28. ||[5] BAG 9.10.1969 – 5 AZR 501/68, DB 1970, 66. ||[6] *Leinemann/Linck*, § 5 Rz. 20, 26. ||[7] ErfK/*Gallner*, § 5 BUrlG Rz. 14. ||[8] *Leinemann/Linck*, § 5 Rz. 32. ||[9] BAG 18.6.1980 – 6 AZR 328/78, DB 1980, 2197.

des 30.6. endet. Denn aus §§ 186, 188 II BGB ergibt sich, dass der Ablauf des in § 188 II BGB genannten Tages zu diesem Tag gerechnet wird und damit Teil der Frist (hier: des ersten Halbjahres) ist[1].

Die Kürzung vollzieht sich **kraft Gesetzes**, sofern die Voraussetzungen vorliegen. Einer Kürzungserklärung des ArbGeb bedarf es daher nicht[2]. 27

Der Vollurlaub wird erst in dem Moment gekürzt, in dem **feststeht**, dass das ArbVerh in der ersten Kalenderjahreshälfte enden wird. Bei einer Befristung ist das bereits mit Beginn des ArbVerh der Fall, ansonsten erst mit dem Entstehen des Beendigungstatbestands (Zugang der Kündigung, Abschluss des Aufhebungsvertrags). Der ArbN kann daher den Vollurlaub auch dann verlangen, wenn er bei Beantragung oder Antritt des Urlaubs bereits vorhat, das ArbVerh noch im ersten Halbjahr zu beenden. Ebenso muss der ArbGeb den Vollurlaub gewähren, wenn er die Beendigung im ersten Halbjahr plant, aber aus Rechtsgründen (zB §§ 111, 112 BetrVG, §§ 85ff. SGB IX) daran gehindert ist, die Kündigung alsbald zu erklären. 28

Durch den **Eintritt der Bedingung** (Entstehen eines Beendigungstatbestands) wird der bei Jahresanfang in voller Höhe bereits entstandene Urlaubsanspruch nur für den Fall reduziert, dass der Urlaubsanspruch bei Ausscheiden aus dem ArbVerh noch nicht voll erfüllt ist[3]. Hat der ArbN zu diesem Zeitpunkt bereits mehr Urlaub erhalten, als ihm nach Buchst. c zustehen würde, verbleibt es dabei; eine Rückabwicklung ist ausgeschlossen, Abs. 3. 29

2. Inhalt des Anspruchs. Der Vollurlaub wird auf so viele **Zwölftel gekürzt**, wie das ArbVerh bei seiner Beendigung im Urlaubsjahr volle Monate bestanden hat. Die Berechnung erfolgt wie bei Buchst. a und b (s. Rz. 8 ff.). 30

- **Beispiel:** Ein ArbVerh beginnt 2007 und endet am 15.4.2014. Für 2014 kann der ArbN den gekürzten Vollurlaub in Höhe von (24 Werktagen : 12 Monate × 3 volle Monate Bestand des ArbVerh in 2014 =) 6 Werktagen verlangen.

Für die **Erteilung und die Abgeltung** finden dieselben Grundsätze wie bei den Buchst. a und b Anwendung (s. Rz. 12ff.). 31

Eine **Übertragung** des gekürzten Urlaubsanspruchs nach Buchst. c ist nicht denkbar, da sich der bei Beendigung des ArbVerh in der ersten Jahreshälfte noch offene Urlaubsanspruch mit der Beendigung in einen Abgeltungsanspruch umwandelt. 32

3. Unabdingbarkeit. Der **gekürzte Vollurlaubsanspruch** unterliegt dem Schutz der Unabdingbarkeit nach § 13 I 1[4]. Damit unterliegt er auch nicht einer tarifl. Ausschlussfrist (s. § 13 Rz. 24). 33

V. Bruchteile von Urlaubstagen (Abs. 2). 1. Anwendungsbereich. Die Aufrundungsregelung in Abs. 2 ist nur anzuwenden auf die Berechnung des Teilurlaubs nach Abs. 1. Abs. 2 enthält kein allg. Prinzip für sonstige Teilurlaubsansprüche (zB § 4 ArbPlSchG, § 17 BEEG, § 19 JArbSchG, § 125 SGB IX). 34

Ebenso wenig werden Bruchteile eines Urlaubstages nach dieser Vorschrift aufgerundet, wenn sie bei der Berechnung des Vollurlaubs auf Grund **individueller urlaubsrechtl. Besonderheiten** entstehen. Das ist insb. dann der Fall, wenn die Arbeit nicht an allen Werktagen der Woche geleistet wird und der Urlaubsanspruch deshalb in Arbeitstage umzurechnen ist (zB bei der Fünf-Tage-Woche – s. § 3 Rz. 8ff. – oder bei Teilzeitarbeit[5], bei ungleichmäßig verteilter Arbeitszeit[6] und bei der Berechnung eines übergesetzl. Zusatzurlaubs[7]). In diesen Fällen ist die Dauer des letzten bzw. ersten Urlaubstags stunden- oder minutengenau auszurechnen und dementsprechend freizustellen; der ArbN kann zB an seinem letzten Arbeitstag früher die Arbeit beenden[8]. 35

2. Aufrundung. Wird die Arbeit regelmäßig an weniger als sechs Tagen in der Woche geleistet oder ist sie unregelmäßig verteilt, können sich bei der Berechnung des Teilurlaubs nach Buchst. a und b sowie des gekürzten Vollurlaubs nach Buchst. c auf Grund des **Zwölftelungsprinzips** Bruchteile von Urlaubstagen ergeben. Bruchteile von mindestens 0,5 sind auf einen vollen Urlaubstag aufzurunden. 36

- **Beispiel:** Ein ArbVerh besteht vom 1.3. bis zum 30.7.; gearbeitet wird in der Fünf-Tage-Woche. Der ArbN kann für (24 Werktage : 6 Werktage × 5 Arbeitstage : 12 Monate × 4 volle Monate Bestand des ArbVerh =) 6,67 Tage Freistellung verlangen. Der Bruchteil von 0,67 ist aufzurunden, so dass der ArbN sieben Urlaubstage zu beanspruchen hat.

3. Bruchteile von weniger als einem halben Tag. Bruchteile von weniger als einem halben Tag werden **nicht abgerundet**[9]. Sie sind entsprechend ihrem Umfang dem ArbN durch Befreiung von der Arbeitspflicht zu gewähren oder nach dem Ausscheiden aus dem ArbVerh abzugelten. Abs. 2 enthält nämlich keinen Kürzungstatbestand für Bruchteile bis zu einem halben Tag, sondern eine Anspruchsgrundlage für die Aufrundung von Bruchteilen von mindestens einem halben Tag. 37

---

[1] BAG 16.6.1966 – 5 AZR 521/65, AP Nr. 4 zu § 5 BUrlG. ||[2] ErfK/*Gallner*, § 5 BUrlG Rz. 16. ||[3] BAG 18.6. 1980 – 6 AZR 328/78, DB 1980, 2197. ||[4] BAG 9.6.1998 – 9 AZR 43/97, AP Nr. 23 zu § 7 BUrlG. ||[5] BAG 14.2. 1991 – 8 AZR 97/90, AP Nr. 1 zu § 3 BUrlG Teilzeit. ||[6] *Leinemann/Linck*, § 3 Rz. 46. ||[7] BAG 19.4.1994 – 9 AZR 478/92, AP Nr. 3 zu § 1 BUrlG Treueurlaub. ||[8] *Leinemann/Linck*, § 5 Rz. 40. ||[9] BAG 26.1.1989 – 8 AZR 730/87, AP Nr. 13 zu § 5 BUrlG.

38 Die Erfüllung von Bruchteilen eines Urlaubstags bereitet in der Praxis keine Schwierigkeiten und widerspricht auch nicht dem **Erholungszweck**[1]. Bei der Berechnung des Urlaubsanspruchs wird sich ein Teil eines Urlaubstags nur einmal pro Jahr ergeben. Die stundenweise Freistellung wird regelmäßig am Anfang oder am Ende des Urlaubs erfolgen, so dass dieser Bruchteil eines Urlaubstags den Erholungszweck nicht beeinträchtigt.

39 **VI. Rückforderungsverbot (Abs. 3). 1. Allgemeines.** Da nach erfüllter Wartezeit der volle Urlaubsanspruch am Anfang eines jeden Kalenderjahres entsteht und fällig wird (s. § 4 Rz. 14), kann dem ArbN im Falle der Beendigung des ArbVerh in der ersten Jahreshälfte bereits mehr Urlaub erteilt worden sein, als ihm nach dem Zwölftelungsprinzip gem. Abs. 1 Buchst. c zusteht. Die ohne Rechtsgrund erfolgte Freistellungserklärung kann der ArbGeb kondizieren, so lange die Freistellung noch nicht tatsächlich erfolgt ist; die Urlaubsvergütung verringert sich dementsprechend, vor Urlaubsantritt geleistete Zahlungen können gem. § 812 I 2 BGB zurückgefordert werden[2]. Nach tatsächlicher Freistellung kommt zwar eine Kondiktion der Erklärung nicht mehr in Betracht; der ArbN ist aber um das zu viel erhaltene Urlaubsentgelt **ungerechtfertigt bereichert**, so dass er an sich nach § 812 I 2 BGB dem ArbGeb zur Rückzahlung verpflichtet wäre. Abs. 3 schließt einen solchen Anspruch des ArbGeb aus; die Vorschrift ist daher eine Sonderregelung zu § 812 BGB.

40 Abs. 3 enthält hingegen keine besondere **Anspruchsgrundlage** für die Zahlung von Entgelt für die Zeit einer Freistellung, die sich nachträglich als urlaubsrechtl. nicht geschuldet erweist[3]. Der ArbGeb, der entgegen § 11 das Urlaubsentgelt nicht vor dem Urlaubsantritt leistet, ist daher nicht zur Zahlung verpflichtet, auch wenn der ArbN den Urlaub tatsächlich genommen hat[4].

41 **2. Voraussetzungen des Rückforderungsverbots.** Abs. 3 erfasst den Fall, dass dem ArbN nur der nach Abs. 1 Buchst. c gekürzte Vollurlaub zusteht, er aber bereits mehr Urlaub sowie die entsprechende Urlaubsvergütung erhalten hat. Voraussetzung ist daher zunächst, dass dem ArbN der Urlaub nicht nur erteilt wurde, sondern dass der ArbN den Urlaub auch genommen hat, indem er der Arbeit ferngeblieben ist. Zudem muss der ArbGeb zum Zeitpunkt der Kürzung des Vollurlaubs (s. Rz. 25 f.) das Urlaubsentgelt bereits geleistet haben. Das Rückforderungsverbot gilt auch dann, wenn der ArbN die Beendigung des ArbVerh herbeigeführt hat, sogar bei einer Kündigung unmittelbar vor oder aus dem Urlaub[5].

42 **3. Vom Rückforderungsverbot nicht erfasste Fälle.** Abs. 3 enthält kein allg. Rückforderungsverbot[6]. Sind die Voraussetzungen des Abs. 3 nicht erfüllt, kommt ein Bereicherungsanspruch des ArbGeb insb. in folgenden Fällen in Betracht:

43 – Gewährt der ArbGeb Urlaub, obwohl der Anspruch noch nicht entstanden ist (zB während des Laufs der Wartezeit oder als „**Vorschuss**" für das kommende Urlaubsjahr), und endet das ArbVerh danach vorzeitig, hat der ArbN das ohne Rechtsgrund gezahlte Urlaubsentgelt (den Bruttobetrag[7]) gem. § 812 I 1 BGB zurückzuzahlen. Er kann ggf. die Einwendung der Kenntnis der Nichtschuld (§ 814 BGB) oder die Einrede der Entreicherung (§ 818 III BGB) geltend machen[8].

44 – Hat der ArbGeb vor Entstehung des Kürzungstatbestands nach Buchst. c Urlaub gewährt, soll der Urlaub aber erst **danach angetreten** werden, so kann der ArbGeb den Teil der Freistellungserklärung, der über das nach Buchst. c Geschuldete hinausgeht, nach § 812 I 2 zurückverlangen. In diesem Fall ist der ArbN verpflichtet, seine Arbeitsleistung zu erbringen[9]; eine Weigerung des ArbN, einer damit verbundenen Aufforderung des ArbGeb zur Arbeitsaufnahme Folge zu leisten, kann ggf. eine außerordentl. Kündigung rechtfertigen. Die Kondiktion der Freistellungserklärung ist nicht zu verwechseln mit der Frage, ob den ArbN gewährten Urlaub widerrufen darf (s. § 7 Rz. 43).

45 – Wird dem ArbN Urlaub gewährt und die Vergütung nach § 11 II vor Beginn des Urlaubs ausgezahlt, entsteht der Kürzungstatbestand aber noch, **bevor der Urlaub vollständig genommen** wurde, kann der ArbGeb den Teil der Freistellungserklärung, der nach Buchst. c nicht mehr geschuldet wird und noch nicht durch tatsächliche Freistellung erledigt ist, kondizieren und in diesem Umfang Rückzahlung der Urlaubsvergütung verlangen[10].

46 Stellt der ArbGeb über das gem. Buchst. c Geschuldete hinaus frei und nimmt der ArbN den gewährten Urlaub auch vollständig, zahlt der ArbGeb jedoch entgegen § 11 II (rechtmäßig – zB wegen einer abweichenden tarifl. Regelung – oder rechtswidrig) **nicht vor Urlaubsantritt**, so kommt mangels eines Bereicherungstatbestandes das Rückforderungsverbot nicht zum Tragen. Andererseits kann der ArbN für die Zeit der nicht geschuldeten Freistellung keine Vergütung aus Abs. 3 verlangen, da die Vorschrift keine eigenständige Anspruchsgrundlage enthält. Auch ein Schadensersatzanspruch des ArbN aus §§ 280 I, 286 BGB dürfte nicht in Betracht kommen. Zwar gerät der ArbGeb in Verzug, wenn er das Ur-

---

[1] Leinemann/Linck, § 5 Rz. 45 ff. ‖ [2] BAG 23.4.1996 – 9 AZR 317/95, AP Nr. 140 zu § 1 TVG Tarifverträge: Metallindustrie. ‖ [3] BAG 23.4.1996 – 9 AZR 317/95, AP Nr. 140 zu § 1 TVG Tarifverträge: Metallindustrie. ‖ [4] BAG 23.1.1996 – 9 AZR 554/93, AP Nr. 10 zu § 5 BUrlG. ‖ [5] ErfK/Gallner, § 5 BUrlG Rz. 19. ‖ [6] Leinemann/Linck, § 5 Rz. 59 mwN. ‖ [7] BAG 24.10.2000 – 9 AZR 610/99, AP Nr. 19 zu § 5 BUrlG. ‖ [8] Leinemann/Linck, § 5 Rz. 59 f. ‖ [9] BAG 23.4.1996 – 9 AZR 317/95, AP Nr. 140 zu § 1 TVG Tarifverträge: Metallindustrie. ‖ [10] BAG 24.10.2000 – 9 AZR 610/99, AP Nr. 19 zu § 5 BUrlG.

laubsentgelt nicht vor Beginn des Urlaubs zahlt[1]. Zwischen dem Verzug und dem Wegfall des Vergütungsanspruchs auf Grund der Kürzung des Vollurlaubs besteht aber kein Rechtswidrigkeitszusammenhang, da Abs. 3 nicht den Schutzzweck hat, dem ArbN den Lebensunterhalt während der Zeit des Urlaubs zu sichern, sondern es dem ArbN zu ersparen, der Forderung des ArbGeb mit dem Einwand der Entreicherung begegnen zu müssen[2].

4. Abdingbarkeit. Abs. 3 steht zur **Disposition der TV-Parteien.** In TV kann daher geregelt werden, 47
dass der ArbN erhaltenes Urlaubsentgelt zurückzahlen muss, wenn der Vollurlaub wegen vorzeitigen Ausscheidens nachträglich gekürzt wird[3]. Durch die Rückforderung wird der gesetzl. Mindesturlaub nicht eingeschränkt, da es um die Vergütung für Urlaubsteile geht, die dem ArbN nach Abs. 1 Buchst. c nicht zustehen. Ein Ausschluss des Rückforderungsverbots durch BV oder Arbeitsvertrag ist hingegen nicht zulässig, § 13 I 3[4].

6 *Ausschluss von Doppelansprüchen*

(1) Der Anspruch auf Urlaub besteht nicht, soweit dem Arbeitnehmer für das laufende Kalenderjahr bereits von einem früheren Arbeitgeber Urlaub gewährt worden ist.

(2) Der Arbeitgeber ist verpflichtet, bei Beendigung des Arbeitsverhältnisses dem Arbeitnehmer eine Bescheinigung über den im laufenden Kalenderjahr gewährten oder abgegoltenen Urlaub auszuhändigen.

I. Allgemeines. 1. Zweck der Vorschrift. Das Entstehen und die Fälligkeit des Vollurlaubsanspruchs 1
nach erfüllter Wartezeit jeweils mit dem ersten Tage eines Kalenderjahres könnte dazu führen, dass der gesetzl. Urlaubsanspruch im selben Kalenderjahr zweimal entsteht.

- **Beispiel:** A ist seit 1998 bei Fa. A beschäftigt. Im Februar 2014 verlangt und erhält er seinen gesamten Jahresurlaub. Das ArbVerh wird im März zum 30.4. gekündigt. Am 1.6.2014 beginnt er ein ArbVerh bei Fa. B.

Abs. 1 verhindert in dieser Situation, dass der ArbN für dasselbe Kalenderjahr zweimal Urlaub verlangen kann. Durch die Vorschrift wird der Anspruch im neuen ArbVerh ganz oder teilweise ausgeschlossen, soweit Urlaubsansprüche des ArbN bereits im früheren ArbVerh erfüllt worden sind und auch im neuen ArbVerh kein Urlaubsanspruch auf eine höhere Zahl von Urlaubstagen als im früheren ArbVerh entsteht[5].

2. Rechtsnatur, Geltungsbereich. Bei dem Ausschluss von Doppelansprüchen handelt es sich um 2
eine **rechtshindernde Einwendung**, für die der ArbGeb grds. die Darlegungs- und Beweislast trägt[6]; zur Bedeutung der Urlaubsbescheinigung in diesem Zusammenhang s. Rz. 24.

Abs. 1 gilt grds. für das **gesamte Urlaubsrecht.** Die Vorschrift ist daher auch für den gesetzl. Zusatz- 3
urlaub der Schwerbehinderten (§ 125 SGB IX) und der Jugendlichen (§ 19 JArbSchG) anzuwenden. Ist in TV nichts Abweichendes geregelt, unterliegt auch ein tarifl. Zusatzurlaub dem Ausschlusstatbestand. Entsprechendes gilt für Mehrurlaubsansprüche, die in einer BV oder im Arbeitsvertrag vorgesehen sind[7].

Abs. 1 betrifft nur das Entstehen von **Urlaubsansprüchen**, nicht von anderen gesetzl., tarifl. oder ver- 4
tragl. Freistellungen (zB „Sonderurlaub" aus persönlichem Anlass).

Ist beim früheren ArbGeb **Urlaub aus dem Vorjahr übertragen** worden, wird insoweit der beim neuen 5
ArbGeb entstehende Urlaubsanspruch nicht berührt; nur der aus dem laufenden Kalenderjahr gewährte Urlaub hindert das Entstehen von Ansprüchen beim neuen ArbGeb[8].

II. Voraussetzungen für den Ausschluss. 1. Zwei aufeinander folgende Arbeitsverhältnisse. Abs. 1 ist 6
nur anwendbar, wenn in zwei aufeinander folgenden ArbVerh **im selben Kalenderjahr** bereits für den Zeitraum des Kalenderjahrs, für das ein weiteres ArbVerh begründet worden ist, vom vorherigen Arb-Geb der gesetzl. Urlaub gewährt wurde. Entstehen hingegen in zwei aufeinander folgenden ArbVerh zwei Teilurlaubsansprüche (weil in beiden ArbVerh die Wartezeit nicht erfüllt wurde), gilt Abs. 1 nicht, auch wenn durch die Aufrundung von Bruchteilen eines Urlaubstags gem. § 5 II der Jahresurlaub insg. höher ist als 24 Werktage[9]. Denn Voraussetzung des Ausschlusses ist, dass sich der vom ersten ArbGeb gewährte Urlaub rechnerisch auch auf einen Zeitraum desselben Urlaubsjahres bezieht, in dem der zweite ArbGeb ebenfalls Urlaub gewähren müsste.

- **Beispiel:** Der ArbN arbeitet vom 1.1. bis 30.6. bei A und vom 1.7. bis 31.12. bei B. Ihm steht in beiden ArbVerh ein Tarifurlaub von 27 Arbeitstagen zu. Im ersten ArbVerh kann der ArbN einen Teilurlaub gem. § 5 I Buchst. a iHv. 14 Arbeitstagen verlangen (27 : 12 × 6 = 13,5, aufgerundet gem. § 5 III auf

---

[1] BAG 18.12.1986 – 8 AZR 481/84, AP Nr. 19 zu § 11 BUrlG. ||[2] BAG 23.4.1996 – 9 AZR 317/95, AP Nr. 140 zu § 1 TVG Tarifverträge: Metallindustrie. ||[3] BAG 23.1.1996 – 9 AZR 554/93, AP Nr. 10 zu § 5 BUrlG. ||[4] *Leinemann/Linck*, § 13 Rz. 67. ||[5] BAG 28.2.1991 – 8 AZR 196/90, AP Nr. 4 zu § 6 BUrlG. ||[6] *Leinemann/Linck*, § 6 Rz. 31f. ||[7] *Leinemann/Linck*, § 6 Rz. 3. ||[8] ErfK/*Gallner*, § 6 BUrlG Rz. 2. ||[9] *Leinemann/Linck*, § 6 Rz. 24.

14 Tage). Im zweiten ArbVerh errechnet sich ein Teilurlaubsanspruch gem. § 5 I Buchst. b in derselben Höhe, so dass der ArbN in diesem Jahr auf insg. 28 Urlaubstage kommt; B kann den einen Tag nicht nach § 6 I kürzen.

7   Abs. 1 ist nicht anwendbar, wenn zwei ArbVerh nebeneinander bestehen (sog. **Doppelarbeitsverhältnis**); in diesem Fall entstehen in beiden ArbVerh unabhängig voneinander Urlaubsansprüche[1].

8   Im Falle eines **Betriebsübergangs** bedarf es des Rückgriffs auf Abs. 1 nicht. Da das ArbVerh nach § 613a I 1 BGB fortbesteht, indem der Betriebsübernehmer in die Rechte und Pflichten des Arbeitsvertrags eintritt, kann dieser sich ohne weiteres auf die Erfüllung des Urlaubsanspruchs durch den Betriebsveräußerer berufen.

9   Abs. 1 ist ebenfalls nicht anwendbar, wenn ein **Auszubildender** beim selben ArbGeb nahtlos in ein ArbVerh übernommen wird; urlaubsrechtl. ist dann von einem einheitlichen ArbVerh auszugehen[2].

10 **2. Gewährung des Urlaubs durch den ersten ArbGeb.** Abs. 1 setzt weiterhin voraus, dass der frühere ArbGeb dem ArbN bereits Urlaub für den Zeitraum gewährt hat, in dem das nachfolgende ArbVerh bestand. Der Urlaubsanspruch muss also durch **Freistellung oder Abgeltung tatsächlich erfüllt** worden sein. Hat der frühere ArbGeb nur anteilig (nach dem Zwölftelungsprinzip) oder gar nicht erfüllt, muss der neue ArbGeb den im nachfolgenden ArbVerh entstandenen Urlaubsanspruch voll erfüllen[3]. Er kann sich insb. nicht darauf berufen, der ArbN müsse zunächst den früheren ArbGeb in Anspruch nehmen. Dies gilt sogar dann, wenn der ArbN bereits gegen den früheren ArbGeb auf Urlaubsabgeltung klagt[4]. Erst wenn der ArbN die Abgeltung erhält, verringert sich der Anspruch gegen den neuen ArbGeb gem. Abs. 1.

11 Erfüllt der frühere ArbGeb den Urlaubs-(abgeltungs-)anspruch, nachdem der neue ArbGeb den Urlaub ohne Kürzung nach Abs. 1 gewährt hat, reduziert sich nachträglich der gegen den neuen ArbGeb entstandene Urlaubsanspruch. Der neue ArbGeb hat dem gem. Abs. 1 zu viel gewährten Urlaub ohne Rechtsgrund gewährt, so dass er das für diesen Zeitraum gezahlte Urlaubsentgelt **kondizieren kann**[5].

12 **III. Umfang der Kürzung.** Der **Urlaubsanspruch beim neuen ArbGeb** entsteht in dem Umfang nicht, wie der frühere ArbGeb Urlaubsansprüche für den Zeitraum gewährt hat, für den beim neuen ArbGeb ohne die Vorschrift des Abs. 1 ebenfalls Urlaubsansprüche entstehen würden.

13 Sind die Urlaubsansprüche in beiden ArbVerh **unterschiedlich hoch**, ist zu beachten, dass ein übergesetzl. Mehrurlaub, den der frühere ArbGeb geleistet hat (zB auf Grund tarifl. oder arbeitsvertragl. Regelung), das Entstehen eines Anspruchs beim neuen ArbGeb nicht hindert.
   ● **Beispiel:** ArbVerh 1 bestand vom 1.1. bis 30.4. in Fünf-Tage-Woche. Der ArbGeb schuldete einen Tarifurlaub von 30 Arbeitstagen im Jahr, von dem er anteilig (30 : 12 × 4 =) 10 Arbeitstage gewährte. Im ArbVerh 2, das vom 1.5. bis 31.12. besteht, erhält der ArbN nur den gesetzl. Urlaub. Beim neuen ArbGeb ist an sich der volle Urlaub entstanden, da der ArbN am 1.11. die Wartezeit erfüllt hat. Der Urlaubsanspruch reduziert sich jedoch um ⁴⁄₁₂, da der ArbN für vier Monate bereits Urlaub erhalten hat. Da der neue ArbGeb nur den gesetzl. Urlaub leistet, hat er für (24 : 12 × 8 = 16 Werktage = 16 : 6 × 5 =) 13,33 Arbeitstage Freistellung zu gewähren.

14 Schuldet der neue ArbGeb **mehr Urlaub** als der frühere, verringert sich der Urlaubsanspruch beim neuen ArbGeb nur um die Urlaubstage, die der ArbN tatsächlich erhalten hat.
   ● **Beispiel:** Der neue ArbGeb hat einen Jahresurlaub von 30 Arbeitstagen zu leisten, während beim früheren ArbGeb nur der gesetzl. Urlaub gewährt wurde. Hat der ArbN beim früheren ArbGeb den gesamten Jahresurlaub erhalten und wird das neue ArbVerh am 1.10. begründet, steht dem ArbN aus diesem ArbVerh ein Freistellungsanspruch in Höhe von (30 : 12 × 3 = 7,5, aufgerundet gem. § 5 II = 8 Arbeitstagen; verringert um den vom früheren ArbGeb gewährten Urlaubsanteil für Oktober bis Dezember: 24 Werktage : 12 × 3 = 6 Werktage, umgerechnet in Arbeitstage: 6 : 6 × 5 = 5 Arbeitstage; 8 – 5 =) 3 Arbeitstagen gegen den neuen ArbGeb zu.

15 **IV. Rechtsposition des früheren Arbeitgebers.** Aus Abs. 1 folgt **keine Kürzungsbefugnis** des früheren ArbGeb für seine noch nicht erfüllte Schuld[6]. Der ArbN ist auch nicht verpflichtet, zunächst den neuen ArbGeb in Anspruch zu nehmen. Bei Zusammentreffen von Urlaubsansprüchen gegen den früheren und gegen den neuen ArbGeb hat der Freizeitanspruch gegen den neuen ArbGeb keinen Vorrang. Danach kann der frühere ArbGeb, der auf Abgeltung in Anspruch genommen wird, den ArbN nicht auf den Urlaubsanspruch gegen den neuen ArbGeb verweisen[7].

16 Zwischen den ArbGeb gibt es **keinen Ausgleich** der an den ArbN gewährten Leistungen. Die ArbGeb können hinsichtl. des Urlaubsanspruchs nicht Gesamtschuldner sein, da der Freistellungsanspruch nicht gesamtschuldfähig ist[8].

---

1 BAG 19.6.1959 – 1 AZR 565/57, AP Nr. 1 zu § 611 BGB Doppelarbeitsverhältnis; 21.2.2012 – 9 AZR 487/10, NZA 2012, 793. ||2 BAG 29.11.1984 – 6 AZR 238/82, AP Nr. 22 zu § 7 BUrlG Abgeltung. ||3 BAG 28.2.1991 – 8 AZR 196/90, AP Nr. 4 zu § 6 BUrlG. ||4 BAG 25.11.1982 – 6 AZR 1254/79, DB 1983, 1155. ||5 ErfK/*Gallner*, § 6 BUrlG Rz. 3. ||6 BAG 28.2.1991 – 8 AZR 196/90, AP Nr. 4 zu § 6 BUrlG. ||7 BAG 28.2.1991 – 8 AZR 196/90, AP Nr. 4 zu § 6 BUrlG. ||8 *Leinemann/Linck*, § 6 Rz. 30 mwN.

Abs. 1 hindert nicht das Entstehen des Urlaubsanspruchs, wenn ein ArbN nach einer Kündigung des ArbGeb ein anderweitiges ArbVerh eingeht und festgestellt wird, dass das zuerst begründete ArbVerh durch die Kündigung nicht aufgelöst ist. Auf den Urlaubsanspruch muss sich der ArbN allerdings in entsprechender Anwendung von § 11 Nr. 1 KSchG und § 615 S. 2 BGB den von dem anderen ArbGeb gewährten Urlaub **anrechnen** lassen, weil er nicht gleichzeitig Pflichten aus beiden ArbVerh hätte erfüllen können[1]. 16a

V. Urlaubsbescheinigung (Abs. 2). 1. Inhalt. Bei der **tatsächlichen Beendigung** des ArbVerh (also auch dann, wenn über die Wirksamkeit des Beendigungstatbestands zwischen den Parteien in einem Kündigungsschutzverfahren gestritten wird) hat der ArbGeb dem ArbN eine Bescheinigung zu erteilen, aus der sich ergibt 17

– der volle Namen, ggf. auch das Geburtsdatum des Adressaten der Bescheinigung,
– das Kalenderjahr, für das sie ausgestellt worden ist,
– der Zeitraum, in dem das ArbVerh bestanden hat,
– die Höhe des in diesem Kalenderjahr entstandenen gesetzl. Mindest- bzw. Mehrurlaubsanspruchs,
– die Angabe des Zeitraums, in dem Urlaub gewährt und genommen worden ist und/oder
– die Anzahl der Tage, für die eine Abgeltung gezahlt worden ist[2].

2. Erfüllung des Anspruchs. Die Bescheinigung ist **schriftlich** zu erteilen. Eine mündliche Auskunft an den ArbN oder den nachfolgenden ArbGeb genügt nicht[3]. Die Urlaubsbescheinigung kann nicht in einem qualifizierten Zeugnis enthalten sein[4]. Str. ist, ob sie in einem einfachen Zeugnis (Arbeitsbescheinigung) erteilt werden kann[5]. Da die Angaben in der Urlaubsbescheinigung nicht identisch sind mit denen im einfachen Zeugnis (es bedarf in der Urlaubsbescheinigung nicht der Darstellung der vom ArbN geleisteten Tätigkeiten), der ArbN die Urlaubsbescheinigung zur Vermeidung von Rechtsnachteilen dem neuen ArbGeb aber auch dann vorlegen wird, wenn dieser keinen Wert auf ein Zeugnis legt, erscheint es richtiger, die Ausstellung der Urlaubsbescheinigung in einer **gesonderten Urkunde** zu verlangen. 18

Der ArbGeb muss die Bescheinigung am **letzten Tag des Arbeitsverhältnisses** unaufgefordert dem ArbN zur Abholung zur Verfügung stellen. Geschieht dies nicht, wird die Pflicht zur Aushändigung zur Schickschuld[6]. Dem ArbGeb steht hinsichtlich der Urlaubsbescheinigung – wie bei sonstigen Arbeitspapieren – kein **Zurückbehaltungsrecht** zu[7]. 19

3. Gerichtliche Durchsetzung des Anspruchs. Der ArbN kann eine **Leistungsklage** auf Herstellung und Herausgabe der Bescheinigung erheben. Besteht zwischen den Parteien kein Streit über den Inhalt der Bescheinigung, ist der Antrag hinreichend bestimmt, wenn ohne näheren Daten auf Erteilung der Bescheinigung geklagt wird. Hingegen muss der Antrag den Wortlaut der geforderten Bescheinigung enthalten, wenn gerade deren Inhalt (zB Zahl der geschuldeten oder gewährten Urlaubstage) zwischen den Parteien streitig ist. 20

Die **Vollstreckung** erfolgt nach § 888 ZPO, da der ArbGeb zur Erteilung einer Wissenserklärung und nicht zur Abgabe einer Willenserklärung verurteilt wird[8]. 21

Der ArbN kann auch auf **Ergänzung und Berichtigung** klagen, wenn die Bescheinigung unzutreffende Angaben oder überflüssige, die Rechte des ArbN beeinträchtigende Informationen enthält[9]. 22

4. Rechtsposition des neuen ArbGeb. Abs. 2 verpflichtet den ArbN nicht, die Urlaubsbescheinigung dem neuen ArbGeb vorzulegen[10]. Abs. 2 begründet daher – anders als im Entgeltfortzahlungsrecht bei Nichtvorlage der Arbeitsunfähigkeitsbescheinigung, § 7 I Nr. 1 EFZG – auch kein **Leistungsverweigerungsrecht** des neuen ArbGeb hinsichtlich der Urlaubsansprüche des ArbN, bis er die Urlaubsbescheinigung vorlegt. 23

Da Abs. 1 eine rechtshindernde Einwendung ist, hat grds. der ArbGeb **vorzutragen und zu beweisen**, dass die Voraussetzungen des Ausschlusstatbestandes vorliegen. Den ArbN trifft aber hinsichtl. der Höhe des bereits erhaltenen Urlaubs eine **prozessuale Mitwirkungspflicht**, die er durch Vorlage der Bescheinigung erfüllen kann[11]. Verweigert der neue ArbGeb ggü. dem ArbN, der eine Urlaubsbescheinigung nicht vorlegt, die Erfüllung des bei ihm entstehenden Urlaubs mit der Begründung, der ArbN habe bereits den vollen Urlaub für das Kalenderjahr erhalten, und legt der ArbN die Urlaubsbescheinigung auch im Rechtsstreit nicht vor, kann das unter dem Gesichtspunkt des Verbots der Beweisvereitelung nach § 286 ZPO gewürdigt werden. Dies setzt freilich voraus, dass der ArbN eine Urlaubsbescheinigung erhalten hat; hierfür trägt der neue ArbGeb die Beweislast. Eine die Umkehr der 24

---

1 BAG 21.2.2012 – 9 AZR 487/10, NZA 2012, 793. || 2 ErfK/*Gallner*, § 6 BUrlG Rz. 4. || 3 *Leinemann/Linck*, § 6 Rz. 39. || 4 ErfK/*Gallner*, § 6 BUrlG Rz. 4. || 5 Bejahend ErfK/*Gallner*, § 6 BUrlG Rz. 4; abl. *Linck/Linck*, § 6 Rz. 40. || 6 *Leinemann/Linck*, § 6 Rz. 42 mwN. || 7 ErfK/*Gallner*, § 6 BUrlG Rz. 5. || 8 *Leinemann/Linck*, § 6 Rz. 45 mwN. || 9 ErfK/*Gallner*, § 6 BUrlG Rz. 5. || 10 *Leinemann/Linck*, § 6 Rz. 46. || 11 ErfK/*Gallner*, § 6 BUrlG Rz. 6.

Beweislast rechtfertigende Vermutung, ArbGeb würden immer ordnungsgemäß Urlaubsbescheinigungen erteilen, kann nicht aufgestellt werden

7 Zeitpunkt, Übertragbarkeit und Abgeltung des Urlaubs

(1) Bei der zeitlichen Festlegung des Urlaubs sind die Urlaubswünsche des Arbeitnehmers zu berücksichtigen, es sei denn, dass ihrer Berücksichtigung dringende betriebliche Belange oder Urlaubswünsche anderer Arbeitnehmer, die unter sozialen Gesichtspunkten den Vorrang verdienen, entgegenstehen. Der Urlaub ist zu gewähren, wenn der Arbeitnehmer dies im Anschluss an eine Maßnahme der medizinischen Vorsorge oder Rehabilitation verlangt.

(2) Der Urlaub ist zusammenhängend zu gewähren, es sei denn, dass dringende betriebliche oder in der Person des Arbeitnehmers liegende Gründe eine Teilung des Urlaubs erforderlich machen. Kann der Urlaub aus diesen Gründen nicht zusammenhängend gewährt werden, und hat der Arbeitnehmer Anspruch auf Urlaub von mehr als zwölf Werktagen, so muss einer der Urlaubsteile mindestens zwölf aufeinander folgende Werktage umfassen.

(3) Der Urlaub muss im laufenden Kalenderjahr gewährt und genommen werden. Eine Übertragung des Urlaubs auf das nächste Kalenderjahr ist nur statthaft, wenn dringende betriebliche oder in der Person des Arbeitnehmers liegende Gründe dies rechtfertigen. Im Fall der Übertragung muss der Urlaub in den ersten drei Monaten des folgenden Kalenderjahres gewährt und genommen werden. Auf Verlangen des Arbeitnehmers ist ein nach § 5 Abs. 1 Buchstabe a entstehender Teilurlaub jedoch auf das nächste Kalenderjahr zu übertragen.

(4) Kann der Urlaub wegen Beendigung des Arbeitsverhältnisses ganz oder teilweise nicht mehr gewährt werden, so ist er abzugelten.

I. Bedeutung der Vorschrift	1
II. Erfüllung des Urlaubsanspruchs	2
1. Allgemeines	2
2. Freistellungserklärung	3
3. Leistungserfolg/Erfüllbarkeit	15
4. Selbstbeurlaubung	16
5. Zeitliche Festlegung des Urlaubs	19
6. Zusammenhängende Urlaubsgewährung (Abs. 2)	45
III. Gerichtliche Durchsetzung	54
1. Leistungsklage mit Zeitangabe	55
2. Leistungsklagen ohne Zeitangabe	58
3. Feststellungsklagen	60
4. Einstweilige Verfügung	61
IV. Befristung und Übertragung (Abs. 3)	70
1. Befristung des Urlaubsanspruchs	70
2. Übertragung	80
V. Abgeltung	93
1. Rechtsnatur	93
2. Anspruchsvoraussetzungen	97
3. Inhalt des Abgeltungsanspruchs	112
4. Vererblichkeit, Pfändbarkeit, Abtretung und Aufrechnung	118
5. Verjährung, Verfall, Abdingbarkeit	124
VI. Leistungsstörungen, Schadensersatz	133
1. Übersicht	133
2. Von keiner Vertragspartei zu vertretende Unmöglichkeit	139
3. Vom Arbeitgeber zu vertretende Unmöglichkeit	142
4. Vererblichkeit des Schadensersatzanspruchs	148
5. Verjährung, Verfall, Abdingbarkeit des Schadensersatzanspruchs	152

1 I. Bedeutung der Vorschrift. Die Vorschrift enthält für die Anwendung des Urlaubsrechts besonders wichtige **Grundregeln**. In Abs. 1 und 2 finden sich die Grundsätze zur Erfüllung des Urlaubsanspruchs, in Abs. 3 zu dessen Befristung und Übertragung und in Abs. 4 zur Abgeltung.

2 II. Erfüllung des Urlaubsanspruchs. 1. Allgemeines. Der ArbGeb erfüllt den Urlaubsanspruch dadurch, dass er den ArbN von der **Arbeitsleistung freistellt** (s. § 1 Rz. 5). Erfüllung tritt ein, wenn der ArbGeb eine Erklärung abgibt, mit der er den ArbN für eine bestimmte Zeit von der vertraglich geschuldeten Arbeitsleistung befreit (Leistungshandlung), und wenn der ArbN den Urlaub „antritt", also auf Grund der Freistellungserklärung der Arbeit fernbleibt (Leistungserfolg). Der ArbGeb ist daher der Schuldner des Anspruchs, den er durch Abgabe der Freistellungserklärung zu erfüllen hat. Weitere Handlungen des ArbGeb verlangt das Gesetz nicht. Mit der Freistellungserklärung hat er die von ihm geschuldete Handlung vorgenommen[1].

3 2. Freistellungserklärung. a) Rechtsnatur. Die Urlaubserteilung ist eine **Willenserklärung**, für die die allg. Grundsätze der §§ 104 ff. BGB, insb. die Bestimmungen über den Zugang, die Auslegung und die Grundsätze der Beweislastverteilung gelten[2].

4 Die Erfüllung des Urlaubsanspruchs kann nur eintreten, wenn aus der Freistellungserklärung **hinreichend deutlich** hervorgeht, dass eine Befreiung von der Arbeitspflicht gerade zur Urlaubserteilung erfolgen soll[3]. Der ArbGeb muss daher zum Ausdruck bringen, dass er als Schuldner des Urlaubs-

---

[1] BAG 9.8.1994 – 9 AZR 384/92, AP Nr. 19 zu § 7 BUrlG. ||[2] BAG 23.1.1996 – 9 AZR 554/93, AP Nr. 10 zu § 5 BUrlG. ||[3] BAG 9.6.1998 – 9 AZR 43/97, AP Nr. 23 zu § 7 BUrlG.

anspruchs die von ihm geschuldete Leistung erbringt und nicht als Gläubiger der Arbeitsleistung auf deren Annahme verzichtet[1]. Denkbar ist ebenfalls, dass der ArbGeb mit der Freistellungserklärung andere Freistellungsansprüche (zB Bildungsurlaub, tarifl. Sonderurlaub[2], Freizeitausgleich wegen Mehrarbeit, in einem gerichtl. Vergleich vereinbarte Freistellung während der Kündigungsfrist[3]) erfüllen will.

Die Freistellung von der Arbeit im Kündigungsschreiben (oder in einem Vergleich in der Güteverhandlung des Kündigungsschutzprozesses) ist auch dann nicht ohne weiteres die Urlaubsgewährung, wenn sie unwiderruflich und unter Fortzahlung der Vergütung erfolgt[4]. Um eine Erfüllung der Urlaubsansprüche zu bewirken, bedarf es einer besonderen Erklärung des ArbGeb, aus der der ArbN entnehmen muss, dass er **unter Anrechnung auf seinen Urlaubsanspruch** von seiner Arbeitspflicht befreit ist (zB: „Mit der Freistellung werden etwa noch offene Urlaubsansprüche sowie ggf. ein während der Kündigungsfrist entstehender Teilurlaubsanspruch erfüllt")[5]. Unklarheiten gehen zu Lasten des ArbGeb[6]. Der Erfüllungswirkung steht nicht entgegen, dass die Freistellungserklärung nicht erkennen lässt, an welchen Tagen (zB einer längeren Kündigungsfrist) der ArbN zur Erfüllung des Urlaubsanspruchs und an welchen Tagen er zu anderen Zwecken freigestellt werden soll. Einer nicht näher bestimmten Urlaubsfestlegung kann der ArbN regelmäßig entnehmen, dass der ArbGeb es ihm überlässt, die zeitliche Lage seines Urlaubs innerhalb des Freistellungszeitraums festzulegen[7].

Auch **sonstige Freistellungserklärungen** (zB Hausverbot, Freistellung einer Schwangeren während eines Beschäftigungsverbots gem. § 3 I MuSchG mit der Begründung, der ArbGeb könne ihr keine andere Tätigkeit anbieten[8], „Suspendierung" oÄ) stellen allein eine Weigerung der Annahme der Arbeitsleistung dar, nicht aber eine Erfüllungshandlung nach § 7 I.

Aus den allg. Grundsätzen der Rechtsgeschäftslehre ergibt sich, dass **Schweigen des ArbGeb** auf einen Urlaubsantrag des ArbN regelmäßig nicht als Urlaubserteilung angesehen werden kann[9], mit der Folge, dass der ArbN, der den angemeldeten Urlaub antritt, in kündigungsrechtl. relevanter Weise seine Hauptpflicht verletzt. Die Anmeldung des Urlaubswunsches in einer vom ArbGeb herumgegebenen **Urlaubsliste** oder das Ausfüllen eines formularmäßigen Urlaubsantrags stellen daher grds. auch dann keine Urlaubserteilung dar, wenn der ArbGeb nicht innerhalb einer bestimmten Frist reagiert[10]. Nur ausnahmsw. kann dem Schweigen des ArbGeb rechtsgeschäftl. Erklärungswert dahingehend beigemessen werden, dass im Betrieb üblicherweise der beantragte – zB in eine Urlaubsliste eingetragene – Urlaub als „genehmigt" gilt, wenn der ArbGeb dem Urlaubsantrag nicht widerspricht[11].

Die Freistellungserklärung kann vom ArbGeb nicht wirksam mit einem **Vorbehalt** oder einer ähnlichen Einschränkung versehen werden. Zwar kann eine Leistung unter Vorbehalt eine ordnungsgemäße Erfüllung sein, wenn der Schuldner lediglich die Wirkung des § 814 BGB ausschließen und sich Bereicherungsansprüche offen halten will, soweit nachträglich das Nichtbestehen einer Forderung auf die erbrachte Leistung festgestellt wird. Ein solcher Vorbehalt bei der Urlaubserteilung scheitert daran, dass die tatsächliche Freistellung von der Arbeitspflicht nicht rückabgewickelt werden und daher einem Anspruch nach § 812 I BGB nicht unterliegen kann[12]. Hat der ArbGeb die Freistellungserklärung mit einem Widerrufsvorbehalt versehen, ist eine zur Erfüllung des Urlaubsanspruchs geeignete Befreiungserklärung nicht gegeben. Die Unwiderruflichkeit ist Voraussetzung einer wirksamen Urlaubserteilung[13].

Eine einseitige „**Umwidmung**" der gewährten Freistellung (zB Sonderurlaub in Erholungsurlaub) ist rechtl. nicht möglich. Hat der ArbGeb als Schuldner des Urlaubsanspruchs seine Erfüllungshandlung erbracht, ist ihm verwehrt, später die Anspruchsgrundlagen für die getilgte Leistung mit einem anderen vom Gläubiger nicht geforderten Anspruch auszutauschen. Die Tilgungsbestimmung hat bei der Leistung und nicht nach der Leistung zu erfolgen (§ 366 I BGB)[14].

b) Zugang. Für die Urlaubsgewährung bedarf es des Zugangs der Freistellungserklärung (§ 130 BGB)[15]. Dies kann bedeutsam werden, wenn der ArbGeb ggü. einer größeren Anzahl von ArbN gleichförmig (zB durch Erklärung auf einer Betriebsversammlung oder Aushang am schwarzen Brett) Urlaub erteilt, einzelne ArbN aber davon keine Kenntnis erlangen.

c) Zeitpunkt. Da der Urlaubsanspruch auf das Urlaubsjahr bezogen ist, kommt zur Erfüllung nur eine Urlaubsgewährung in Betracht, die im Urlaubsjahr oder im Übertragungsfall im gesetzl. oder tarifvertragl. zugelassenen Übertragungszeitraum zu einer Befreiung von der Arbeitspflicht führt. Denn Urlaubsgewährung ist nach Abs. 1 die Befreiung von der Arbeitspflicht für einen bestimmten **zukünftigen Zeitraum**. Da der Urlaubsanspruch nach erfüllter Wartezeit jeweils mit Beginn des Urlaubsjahres ent-

---

1 BAG 25.1.1994 – 9 AZR 312/92, AP Nr. 16 zu § 7 BUrlG. ‖ 2 BAG 1.10.1991 – 9 AZR 290/90, AP Nr. 12 zu § 7 BUrlG. ‖ 3 BAG 31.5.1990 – 8 AZR 132/89, AP Nr. 13 zu § 13 BUrlG Unabdingbarkeit. ‖ 4 *Leinemann/Linck*, § 7 Rz. 10. ‖ 5 BAG 18.12.1986 – 8 AZR 481/84, AP Nr. 19 zu § 11 BUrlG. ‖ 6 BAG 17.5.2011 – 9 AZR 189/10, NZA 2011, 1033. ‖ 7 BAG 19.3.2002 – 9 AZR 16/01, BB 2002, 1703. ‖ 8 BAG 25.1.1994 – 9 AZR 312/92, AP Nr. 16 zu § 7 BUrlG. ‖ 9 BAG 24.9.1996 – 9 AZR 364/95, AP Nr. 16 zu § 7 BUrlG. ‖ 10 BAG 24.9.1996 – 9 AZR 364/95, AP Nr. 16 zu § 7 BUrlG. ‖ 11 ErfK/*Gallner*, § 7 BUrlG Rz. 7. ‖ 12 BAG 1.10.1991 – 9 AZR 290/90, AP Nr. 12 zu § 7 BUrlG. ‖ 13 BAG 14.3.2006 – 9 AZR 11/05, AP Nr. 32 zu § 7 BUrlG. ‖ 14 BAG 1.10.1991 – 9 AZR 290/90, AP Nr. 12 zu § 7 BUrlG. ‖ 15 BAG 23.1.1996 – 9 AZR 554/93, AP Nr. 10 zu § 5 BUrlG.

steht, ist eine Erfüllung außerhalb des Urlaubsjahres mit Ausnahme des auf das Folgejahr zulässigerweise übertragenen Urlaubs ausgeschlossen. So wenig wie eine Urlaubsgewährung im laufenden Jahr im Vorgriff auf das nächste Urlaubsjahr zulässig ist, kann zu viel gewährter Urlaub des Vorjahres auf den Urlaubsanspruch des nächsten Jahres angerechnet werden[1]. Unzulässig ist es – entgegen einer weit verbreiteten Übung – daher, **unentschuldigte Fehltage mit dem Urlaub zu „verrechnen"**. Denn die Freistellungserklärung kann nicht nach der Leistung erfolgen[2]. Die Freistellungserklärung kann jedoch bereits abgegeben werden, **bevor der Urlaub** entstanden und fällig geworden ist, falls der Erfolg erst nach Entstehung des Anspruchs eintreten soll (Urlaubserteilung im Dezember für die Zeit ab dem 7.1. des Folgejahres)[3].

12 d) **Leistungsbestimmung.** Kann der ArbN tarifl. und/oder arbeitsvertragl. **Mehrurlaub** verlangen oder stehen ihm neben dem Urlaub weitere Freistellungsansprüche zu (zB Sonderurlaub, Überstundenausgleich), stellt sich uU die Frage, welche dieser Ansprüche der ArbGeb erfüllen will bzw. erfüllt hat.

13 Als Schuldner des Urlaubsanspruchs obliegt es dem ArbGeb, auf Antrag des ArbN den **Urlaubszeitraum** festzulegen. Kommen für die vom ArbN begehrte Freistellung unterschiedliche Urlaubsansprüche in Betracht, hat der ArbGeb nicht nur zu entscheiden, ob er dem Freistellungsantrag entspricht, sondern auch zu bestimmen, welchen Anspruch des ArbN er erfüllen will[4].

14 Unterscheidet eine arbeits- oder tarifvertragl. Regelung hinsichtlich des Umfangs des Urlaubsanspruchs zwischen gesetzl. und arbeits- oder tarifvertragl. Urlaubsansprüchen und nimmt der ArbGeb keine Leistungsbestimmung vor, ist die **Auslegungsregel des § 366 II BGB** anzuwenden[5]; dasselbe gilt, wenn es um unterschiedliche Freistellungsansprüche (Erholungsurlaub, Sonderurlaub, Überstundenausgleich) geht. Wird jedoch dem ArbN ein den gesetzl. übersteigender Urlaubsanspruch eingeräumt, ohne dass zwischen gesetzl. und arbeits- oder tarifvertragl. Urlaub differenziert wird, gilt § 366 II BGB nicht. Treffen gesetzl. und tarif- oder arbeitsvertragl. Urlaubsansprüche zusammen, handelt es sich, soweit sich diese Ansprüche decken, nicht um selbstständige Urlaubsansprüche, sondern um einen einheitlichen Urlaubsanspruch, der auf verschiedenen Anspruchsgrundlagen beruht. In Höhe des gesetzl. Urlaubs liegt Anspruchskonkurrenz mit der Folge vor, dass ein ArbGeb mit der Freistellung des ArbN auch ohne ausdrückliche oder konkludente Tilgungsbestimmung beide Ansprüche ganz oder teilweise erfüllt[6]. Dies hat erhebliche Bedeutung für die Frage, ob der ArbN auf einen (Rest-)Urlaubsanspruch wirksam verzichten kann, § 13.

15 3. **Leistungserfolg/Erfüllbarkeit.** Der Leistungs-(Erfüllungs-)Erfolg tritt ein, wenn der ArbN auf Grund der Freistellungserklärung der **Arbeit fernbleibt.** Der Leistungserfolg kann jedoch nicht eintreten, wenn der ArbN zum Zeitpunkt des geplanten Urlaubsbeginns bereits aus anderen Gründen, die nach der Gewährung des Urlaubs entstanden sind, von der Arbeitspflicht befreit ist. Denn aus dem Verständnis des Urlaubsanspruchs als Freistellungsanspruch ergibt sich, dass Erfüllung nur möglich ist, wenn der ArbN ohne die Urlaubsgewährung arbeiten müsste. Ist er bereits aus anderen Gründen an der Arbeitsleistung gehindert bzw. von ihr befreit, ist eine Urlaubserteilung unmöglich iSd. § 275 I BGB (s. Rz. 139)[7]. In Betracht kommen: Arbeitsunfähigkeit (s. § 9)[8], Beschäftigungsverbot nach dem MuSchG[9], Gewährung einer Freischicht oder eines freien Tages im Rahmen flexibler oder rollierender Arbeitszeitmodelle[10], Kurzarbeit „Null"[11], Streikteilnahme (s. § 1 Rz. 28 ff.) oÄ. Nach § 38 BetrVG freigestellten Betriebsräten kann Urlaub gewährt werden. Die Befreiung von der Pflicht zur Arbeitsleistung wird bei ihnen durch die Befreiung von der Pflicht ersetzt, sich innerhalb der betriebsüblichen Arbeitszeit den Aufgaben eines BR zu widmen. Da niemand wegen seines betriebsverfassungsrechtl. Amtes besser oder schlechter gestellt werden darf (§ 78 S. 2 BetrVG), ist ein freigestelltes BR-Mitglied urlaubsrechtl. so zu behandeln, als ob es nicht freigestellt worden wäre[12]. Zur Frage der Nachgewährung bzw. eines Schadensersatzanspruchs s. Rz. 139 ff.

15a Ob nach Maßgabe des Art. 7 I der ArbeitszeitRL ein Erfüllungserfolg nur eintreten kann, wenn der ArbN auch das Urlaubsentgelt erhalten hat, ist noch ungeklärt (s. § 1 Rz. 30a).

16 4. **Selbstbeurlaubung.** Nimmt der ArbN **eigenmächtig** Urlaub, fehlt es an einer Leistungshandlung des ArbGeb. Deshalb erlischt durch eine Selbstbeurlaubung nicht der Urlaubsanspruch. Der ArbGeb ist nicht berechtigt, die Fehlzeit – ebenso wenig wie einen unentschuldigten Fehltag – nachträglich als gewährten Erholungsurlaub zu bezeichnen und die Erfüllung des vollen Jahresurlaubs zu verweigern. Es kann auch nicht nachträglich die Erfüllung des gesetzl. oder tarifl. Urlaubsanspruchs vereinbart werden, da Urlaubsgewährung die Befreiung von der Arbeitspflicht für einen bestimmten zukünftigen Zeitraum ist[13]. Eine solche „Anrechnungsvereinbarung" stellt sich demnach als Verzicht des ArbN auf die

---

1 BAG 11.7.2006 – 9 AZR 535/05, nv. ||2 BAG 25.10.1994 – 9 AZR 339/93, AP Nr. 20 zu § 7 BUrlG. ||3 BAG 17.5.2011 – 9 AZR 189/10, NZA 2011, 1032. ||4 BAG 1.10.1991 – 9 AZR 290/90, AP Nr. 12 zu § 7 BUrlG. ||5 BAG 5.9.2002 – 9 AZR 244/01, NZA 2003, 726. ||6 BAG 7.08.2012 – 9 AZR 760/10, NZA 2013, 104. ||7 BAG 10.2.1987 – 8 AZR 529/84, AP Nr. 12 zu § 13 BUrlG Unabdingbarkeit. ||8 BAG 10.2.1987 – 8 AZR 529/84, AP Nr. 12 zu § 13 BUrlG Unabdingbarkeit. ||9 BAG 9.8.1994 – 9 AZR 384/92, AP Nr. 19 zu § 7 BUrlG. ||10 BAG 5.6.1993 – 9 AZR 65/90, AP Nr. 3 zu § 1 BildungsurlaubsG NRW. ||11 ErfK/*Gallner*, § 11 BUrlG Rz. 24. ||12 BAG 20.8.2002 – 9 AZR 261/01, AP Nr. 27 zu § 38 BetrVG 1972. ||13 BAG 25.10.1994 – 9 AZR 339/93, AP Nr. 20 zu § 7 BUrlG.

Urlaubsgewährung dar, die hinsichtlich des gesetzl. Mindesturlaubs gem. § 13 I und des tarifl. Mehrurlaubs nach § 4 IV TVG unwirksam ist. Allein auf einen arbeitsvertragl. Mehrurlaubsanspruch kann wirksam verzichtet werden. Der ArbN kann daher weiterhin Urlaub – bzw. nach Beendigung des ArbVerh Abgeltung – verlangen.

Da durch die Selbstbeurlaubung der Urlaubsanspruch nicht erfüllt wird, steht dem ArbN für diesen Zeitraum **kein Urlaubsentgelt** zu. Mangels Arbeitsleistung schuldet der ArbGeb auch kein Arbeitsentgelt, § 326 I BGB; bereits gezahlte Vergütung kann bei Zahlung vor der Selbstbeurlaubung gem. § 326 IV iVm. § 346 BGB bzw. – bei Zahlung danach – gem. § 812 I BGB zurückgefordert werden[1]. **17**

Die Selbstbeurlaubung des ArbN ist unzulässig und grds. als **Kündigungsgrund** geeignet[2]. Das gilt auch, wenn das Urlaubsjahr abläuft, das Ende des Übertragungszeitraums bevorsteht oder das ArbVerh gekündigt ist und nur noch die Dauer der Kündigungsfrist für eine Urlaubsgewährung zur Verfügung steht[3]. Der ArbN kann sich auch in diesen Fällen nicht auf die Vorschriften des Selbsthilferechts nach §§ 229 ff. BGB und des Zurückbehaltungsrechts nach § 273 BGB berufen, da Abs. 1 und 2 als Spezialregelung anzusehen sind[4]. Daneben kann sich der ArbN aus §§ 275 I, 280 I, 283 BGB schadensersatzpflichtig machen. **18**

5. Zeitliche Festlegung des Urlaubs. a) Allgemeines. Der ArbGeb hat den Zeitpunkt des Urlaubs nach Maßgabe der Abs. 1 und 2 festzulegen. Hierbei steht dem ArbGeb **kein Leistungsbestimmungsrecht** nach § 315 BGB oder Direktionsrecht zu. Denn ein Leistungsbestimmungs- oder Weisungsrecht kann der ArbGeb als Gläubiger der Arbeitsleistung ausüben, wogegen er hinsichtlich des Urlaubsanspruchs Schuldner ist[5]. **19**

Maßgeblich für die zeitliche Festlegung ist nach Abs. 1 S. 1 zunächst der **Urlaubswunsch** des ArbN; nur unter den Voraussetzungen des Abs. 1 S. 1 Hs. 2 kann der ArbGeb sich dem Wunsch des ArbN verweigern. Dem ArbGeb steht hierbei kein Ermessen oder Beurteilungsspielraum zu. **20**

Mit der Festsetzung der Arbeitsbefreiung zum Zwecke des Erholungsurlaubs nimmt der ArbGeb die ihm als Schuldner obliegende erforderliche **Leistungshandlung** iSd. § 243 II BGB vor; geschieht dies unter Beachtung der in Abs. 1 und 2 geregelten Grundsätze, konkretisiert sich der Urlaubsanspruch des ArbN auf diesen Zeitraum mit der Folge, dass der ArbN Änderungswünsche nicht mehr geltend machen und den gewährten Urlaub nicht „zurückgeben" kann. Weiterhin bewirkt die Konkretisierung, dass nach Erteilung des Urlaubs eintretende Leistungshindernisse grds. keinen Anspruch auf Neufestlegung des Urlaubs auslösen, wenn nicht die Voraussetzungen des § 9 erfüllt sind. **21**

b) Urlaubswunsch des ArbN. Die Äußerung des Urlaubswunsches geschieht üblicherweise durch Eintragung in eine zu Beginn des Jahres umlaufende **Urlaubsliste** oder durch das Stellen von „Urlaubsanträgen". Beantragt der ArbN keinen Urlaub, darf der ArbGeb den Urlaubszeitraum zunächst **selbst bestimmen**. Die Erklärung stellt im Grundsatz eine ordnungsgemäße Erfüllung der Schuld dar. Ein „Urlaubsantrag" oder die Äußerung eines Urlaubswunsches ist nicht Voraussetzung für die Erfüllung des Urlaubsanspruchs[6]. Akzeptiert der ArbN die Leistungshandlung des ArbGeb und geht er daraufhin in Urlaub, ist der Anspruch erfüllt[7]. Andererseits ist der ArbGeb nicht verpflichtet, dem ArbN, der keinen Urlaubsanspruch geltend macht, Urlaub zu erteilen; der ArbGeb darf das Erlöschen des Urlaubsanspruchs durch Zeitablauf (s. Rz. 70) abwarten[8]. **22**

Der ArbN verliert aber mit seinem **Schweigen** nicht das Recht, auch noch nach der ihm nicht genehmen Festlegung durch den ArbGeb seine Wünsche zu äußern; er kann hinsichtl. der Urlaubserteilung für den vom ArbGeb bestimmten Zeitpunkt ein **Annahmeverweigerungsrecht** geltend machen[9]. Dies ergibt sich aus den Rechtsgedanken der §§ 293 ff. BGB[10]. Danach gerät der Gläubiger nicht in Annahmeverzug, wenn der Schuldner die Leistung nicht so anbietet, wie sie geschuldet ist. Nach Abs. 1 S. 1 nimmt der ArbGeb seine Leistungshandlung nur dann ordnungsgemäß vor, wenn er den Urlaub nach den Wünschen des ArbN festlegt. **23**

Der ArbN ist mit seinem **nachträglich geäußerten Urlaubswunsch** so frei wie am Beginn des Urlaubsjahres. Er muss keinen wichtigen, sachlichen oder in seiner Person liegenden Grund (Abs. 3 S. 2) geltend machen[11]. Der Vorrang des Urlaubswunsches in Abs. 1 S. 1 ist nach dem klaren Gesetzeswortlaut nicht darauf beschränkt, dass der ArbN den Urlaubsantrag stellt, bevor der ArbGeb den Urlaubszeitraum festlegt. Der ArbGeb kann auch den nachträglichen Urlaubswunsch nur ablehnen, wenn die Voraussetzungen des Leistungsverweigerungsrechts gem. Abs. 1 S. 1 Hs. 2 vorliegen. Ist dies der Fall, so muss sich der ArbN entscheiden, ob er sein Annahmeverweigerungsrecht aufgibt und den zuerst ange- **24**

---

1 MüKoBGB/*Ernst*, § 326 Rz. 99. ||2 BAG 20.1.1994 – 2 AZR 521/93, AP Nr. 115 zu § 626 BGB. ||3 BAG 20.1.1994 – 2 AZR 521/93, AP Nr. 115 zu § 626 BGB. ||4 ErfK/*Gallner*, § 7 BUrlG Rz. 9. ||5 BAG 31.1.1996 – 2 AZR 282/95, EzA § 1 KSchG Verhaltensbedingte Kündigung Nr. 47. ||6 BAG 22.9.1992 – 9 AZR 483/91, AP Nr. 13 zu § 7 BUrlG;. ||7 BAG 23.1.2001 – 9 AZR 26/00, AP Nr. 93 zu § 615 BGB. ||8 BAG 23.6.1992 – 9 AZR 57/91, AP Nr. 22 zu § 1 BUrlG. ||9 BAG 23.1.2001 – 9 AZR 26/00, AP Nr. 93 zu § 615 BGB. ||10 ErfK/*Gallner*, § 7 BUrlG Rz. 13. ||11 ErfK/*Gallner*, § 7 BUrlG Rz. 14; aA *Leinemann/Linck*, § 7 Rz. 52.

25 Zur Urlaubserteilung in der Kündigungsfrist s. Rz. 36.

26 **c) Leistungsverweigerungsrecht des Arbeitgebers.** Abs. 1 S. 1 Hs. 2 und Abs. 2 S. 1 regeln abschließend die Gründe, die eine **Ablehnung des Urlaubswunsches** durch den ArbGeb rechtfertigen können. Danach kann der ArbGeb dringende betriebl. Belange, vorrangige Urlaubswünsche anderer ArbN oder den gesetzl. Vorrang des zusammenhängenden Urlaubs (Abs. 2 S. 1) geltend machen. Hierbei handelt es sich um Leistungsverweigerungsrechte des ArbGeb als Schuldner des Urlaubsanspruchs[2]. Solange der ArbGeb hiervon zu Recht Gebrauch macht, ist der Urlaubsanspruch nicht durchsetzbar; der ArbGeb gerät mit der Urlaubsgewährung nicht in Verzug[3]. Das Leistungsverweigerungsrecht kann bis zum Ablauf des Urlaubsjahres ausgeübt werden; erst im Übertragungszeitraum besteht kein Leistungsverweigerungsrecht mehr, Abs. 3 S. 3. Macht der ArbGeb von seinem Leistungsverweigerungsrecht Gebrauch, so ist der vom ArbN genannte Urlaubswunsch hinfällig. Der ArbGeb ist frei, einen anderen Urlaubszeitraum festzulegen, der ArbN ist frei, einen anderen Wunsch zu äußern.

27 **Dringende betriebliche Belange** liegen nicht bereits dann vor, wenn **personelle Engpässe** oder sonstige Störungen des Betriebsablaufs zu besorgen sind. Dem ArbGeb ist zuzumuten, die regelmäßig durch Urlaub zu erwartenden Engpässe einzukalkulieren und dementsprechend Personal vorzuhalten. Dringend sind daher betriebl. Belange nur dann, wenn **nicht vorhersehbare Umstände** (zB Krankheit) zu Personalmangel führen und dem ArbGeb eine zusätzliche Belastung durch urlaubsbedingte Ausfälle nicht zugemutet werden kann. Anzuerkennen sind auch besondere Gegebenheiten beim ArbGeb (zB Saisonarbeit), die einer Urlaubserteilung zu Zeiten besonderer Personalknappheit entgegenstehen[4]. Auch sonstige Eigenarten der Branche (zB besonders verkaufsstarke Zeiten im Einzelhandel, Vorlesungs- bzw. Unterrichtszeiten in Bildungseinrichtungen, Zeiten besonders starker Inanspruchnahme im Gesundheitswesen – Grippeepidemie[5]) können ein Leistungsverweigerungsrecht begründen.

28 **Betriebsurlaub** kann abweichenden individuellen Urlaubswünschen entgegenstehen, soweit die Anordnung des Betriebsurlaubs selbst betriebsnotwendig ist. Nach Auffassung des ersten Senats des BAG ist eine mitbestimmte BV über Betriebsferien hierfür grds. ausreichend. Die Einführung von Betriebsferien ist danach nicht nur dann zulässig, wenn dafür dringende betriebl. Belange sprechen, vielmehr begründen rechtswirksam eingeführte Betriebsferien solche Belange, hinter denen nach Abs. 1 die individuellen Urlaubswünsche der ArbN zurückstehen müssen[6]. Dies gilt nicht in betriebsratslosen Betrieben. Wegen der zu unterstellenden Verhandlungsparität der Betriebsparteien spricht bei einer mitbestimmten, normativ wirkenden BV über Betriebsferien die Vermutung dafür, dass betriebl. Notwendigkeiten den Betriebsurlaub rechtfertigen. Diese Vermutung kann für vom ArbGeb einseitig angeordnete Betriebsferien nicht gelten.

29 Der Regelungsspielraum der Betriebsparteien bei der Anordnung von Betriebsurlaub ist nicht unbegrenzt. Der Zweck des Urlaubs, sich von der Arbeit zu erholen und über einen Zeitraum für Entspannung und Freizeit zu verfügen[7], der von den Betriebsparteien gem. § 75 I BetrVG zu beachten ist, bedingt ein Mindestmaß an Zeitautonomie des ArbN. Als Faustregel gilt, dass in jedem Fall mindestens die Hälfte des Gesamturlaubs zur freien Verfügung stehen muss.

30 **Urlaubswünsche eines anderen ArbN** stehen einem Urlaubswunsch nur entgegen, wenn der ArbGeb wegen dringender betriebl. Belange nicht beiden ArbN gleichzeitig Urlaub erteilen kann (hierfür gelten die eben dargestellten Grundsätze) und die Wünsche des anderen aus sozialen Gründen den Vorrang haben. Der Begriff „**soziale Gründe**" ist nicht identisch mit § 1 III KSchG; die Betriebszugehörigkeit ist daher bei der Urlaubserteilung grds. unbeachtlich[8]. Soziale Gesichtspunkte können sich insb. aus familiären Umständen (Schulkinder, Urlaub des Partners) ergeben, aber auch aus einem besonderen Erholungsbedürfnis zu einem bestimmten Zeitpunkt (zB aus gesundheitl. Erwägungen).

31 Zu den „sozialen Gründen" können auch **allg. Gerechtigkeitserwägungen** und der **Gleichbehandlungsgrundsatz** gehören. So kann ein allein stehender oder kinderloser ArbN geltend machen, nicht immer im November in den Urlaub gehen zu müssen, insb. wenn Fernreisen in die südliche Hemisphäre aus finanziellen Gründen nicht in Betracht kommen. Der Urlaub in den Sommerferien ist daher nicht generell Eltern mit Schulkindern vorbehalten.

32 Der ArbGeb darf bestimmte soziale Kriterien nicht schematisch anwenden; er hat auch keinen **Beurteilungsspielraum**, denn anders als bei § 1 III KSchG sind soziale Gesichtspunkte bei der Urlaubserteilung nicht nur „ausreichend", sondern objektiv richtig zu berücksichtigen.

33 Die sich hieraus ergebenden Risiken für den ArbGeb bei der Urlaubserteilung können durch eine **mitbestimmte Urlaubsregelung** verringert werden. Nicht nur die kollektive Verteilung des Urlaubs auf das

---

1 ErfK/*Gallner*, § 7 BUrlG Rz. 14. ||2 BAG 18.12.1986 – 8 AZR 502/84, AP Nr. 10 zu § 7 BUrlG. ||3 *Leinemann/Linck*, § 7 Rz. 37. ||4 ErfK/*Gallner*, § 7 BUrlG Rz. 18. ||5 ErfK/*Gallner*, § 7 BUrlG Rz. 18. ||6 BAG 28.7.1981 – 1 ABR 79/79, AP Nr. 2 zu § 87 BetrVG 1972 Urlaub. ||7 EuGH 22.11.2011 – Rs. C-214/10, NZA 2011, 1333 – KHS. ||8 AA ErfK/*Gallner*, § 7 BUrlG Rz. 19.

Urlaubsjahr, insb. die Aufstellung allg. Urlaubsgrundsätze, die Aufstellung eines Urlaubsplans und die Einführung eines Betriebsurlaubs, sondern auch die Festsetzung der zeitlichen Lage des Urlaubs für einzelne ArbN, wenn zwischen dem ArbGeb und den beteiligten ArbN kein Einverständnis erzielt wird, unterliegt der Mitbest. des BR, § 87 I Nr. 5 BetrVG. Zwar sind auch die Betriebsparteien an die Grundsätze des Abs. 1 gebunden; trotz einer für den ArbN ungünstigen Einigung der Betriebspartner bzw. eines ungünstigen Einigungsstellenspruchs kann deshalb der ArbN auf Erteilung des Urlaubs für einen bestimmten Zeitraum unter Berufung auf Abs. 1 im Urteilsverfahren klagen[1]. Jedoch dürfte in der arbeitsgerichtl. Praxis für eine mitbestimmte Urlaubsregelung auch im Einzelfall die Vermutung der Richtigkeit sprechen.

Aus Abs. 2 ergibt sich mittelbar das Recht des ArbGeb, die Gewährung des Urlaubs nach den Wünschen des ArbN zu verweigern, wenn der Grundsatz der **zusammenhängenden Urlaubsgewährung** missachtet würde[2]. Der ArbGeb kann ein eigenes Interesse an zusammenhängender Urlaubsgewährung haben, weil eine Urlaubserteilung, die nicht den Grundsätzen des Abs. 2 S. 1 entspricht, keine ordnungsgemäße Erfüllung des Urlaubsanspruchs ist[3].

d) **Urlaub im Anschluss an medizinische Rehabilitation (Abs. 1 S. 2).** Begehrt der ArbN im Anschluss an eine Maßnahme der medizinischen Vorsorge oder Rehabilitation (s. § 10) Erholungsurlaub, so steht dem ArbGeb nach Abs. 1 S. 2 **kein Leistungsverweigerungsrecht** zu[4]. Damit erschöpft sich der Regelungsgehalt dieser Vorschrift. Insb. begründet Abs. 1 S. 2 keinen besonderen Urlaubsanspruch und hebt auch nicht die Befristung des Urlaubs gem. Abs. 3 auf[5]. Der ArbN kann also nur dann Urlaub im Anschluss an eine derartige Maßnahme verlangen, wenn er zu diesem Zeitpunkt noch einen erfüllbaren Urlaubsanspruch hat. Der ArbGeb muss den noch bestehenden Urlaub im **unmittelbaren Anschluss** an die Maßnahme gewähren, wenn der ArbN das wünscht. Eine Selbstbeurlaubung kommt auch dann nicht in Betracht, wenn der ArbGeb den Urlaub zu Unrecht verweigert[6]; allerdings dürfte ein Antrag auf Erlass einer einstw. Verfügung in diesen Fällen regelmäßig Erfolg haben.

e) **Urlaubserteilung im Kündigungsfall.** Ist der Urlaubszeitpunkt bereits vor Beendigung des ArbVerh auf einen Zeitpunkt nach Ablauf der Kündigungsfrist gelegt, ist zu unterscheiden, ob die Kündigung gerichtl. angegriffen wird oder nicht. Steht die **Beendigung fest**, ist die Urlaubserteilung hinfällig, da wegen der Beendigung eine Freistellung nicht mehr erfolgen kann. Der Urlaub ist neu festzulegen für einen Zeitraum innerhalb der Kündigungsfrist oder abzugelten. Erteilt der ArbGeb den Urlaub neu für die Zeit der Kündigungsfrist, kann der ArbN ggf. ein Annahmeverweigerungsrecht (s. Rz. 23) geltend machen, wenn dieser Urlaubszeitpunkt für ihn unzumutbar ist[7]. Es entsteht dann mit Beendigung des ArbVerh ein Abgeltungsanspruch. Der ArbGeb kann den Urlaubsanspruch des ArbN auch dadurch erfüllen, dass er ihm das Recht einräumt, die konkrete Lage des Urlaubs innerhalb eines bestimmten Zeitraums (zB der Kündigungsfrist) selbst zu bestimmen. Ist der ArbN damit nicht einverstanden, weil er ein Annahmeverweigerungsrecht geltend macht, hat er dies dem ArbGeb unverzüglich mitzuteilen. Unterbleibt eine solche Mitteilung, kann er davon ausgehen, der ArbN lege die Urlaubszeit innerhalb der Kündigungsfrist selbst fest. Ein späteres Urlaubsabgeltungsverlangen des ArbN wäre rechtsmissbräuchlich (§ 242 BGB)[8]. Der ArbN kann die Annahme regelmäßig auch dann nicht verweigern, wenn die Kündigungsfrist so kurz bemessen ist, dass der Urlaub nur in dem vom ArbGeb bestimmten Zeitraum gewährt werden kann. Denn der ArbN hat kein Annahmeverweigerungsrecht, um die Freistellung überhaupt zu verhindern und in den Genuss einer Abgeltung zu kommen. Insoweit verdrängt der urlaubsrechtl. Grundsatz des Vorrangs der Erfüllung durch Freistellung vor der Abgeltung (Abs. 4) die Annahmeverweigerungsregelung des BGB, es sei denn, der ArbN kann geltend machen, er habe im Vertrauen auf den Bestand des ArbVerh bereits Dispositionen für einen Urlaub nach Ablauf der Kündigungsfrist getroffen[9].

Wird dagegen ein **Bestandsschutzstreit** geführt, gelten die allg. Grundsätze. Insb. hat der ArbGeb nicht das Recht, den vor Ausspruch der Kündigung für die Zeit nach Ablauf der Kündigungsfrist festgelegten Urlaub in die Kündigungsfrist zu „verlegen". Ein Rechtssatz, wonach eine Kündigung des ArbGeb eine zuvor bereits gewährte Arbeitsbefreiung „hinfällig" macht, besteht nicht[10]. Zu beachten ist aber, dass der Urlaubsanspruch im Falle eines Kündigungsrechtsstreites das Schicksal der Kündigung teilt:

– Ist die **Kündigung rechtswirksam**, so endet das ArbVerh; damit hat sich auch die Freistellung für die Zeit nach Ablauf der Kündigungsfrist erledigt. Freistellungsansprüche, die zu diesem Zeitpunkt nicht erfüllt sind, sind dann ggf. abzugelten, Abs. 4[11] (s. Rz. 145 f.).

– Erweist sich die **Kündigung** als **rechtsunwirksam**, besteht das ArbVerh unverändert fort. Damit steht dem ArbN für die (ursprünglich vorgesehene) Urlaubszeit das Entgelt nach § 11 zu. Bis zum Ende des Freistellungszeitraumes kommen dagegen Annahmeverzugsansprüche nicht in Betracht[12].

---

1 ErfK/*Kania*, § 87 BetrVG Rz. 46; *Fitting*, § 87 BetrVG Rz. 211. ||2 ErfK/*Gallner*, § 7 BUrlG Rz. 19. ||3 ErfK/*Gallner*, § 7 BUrlG Rz. 26. ||4 *Leinemann/Linck*, § 7 Rz. 48. ||5 ErfK/*Gallner*, § 7 BUrlG Rz. 20. ||6 ErfK/*Gallner*, § 7 BUrlG Rz. 20. ||7 BAG 14.8.2007 – 9 AZR 934/06, nv. ||8 BAG 6.9.2006 – 5 AZR 703/05, NZA 2007, 36. ||9 ErfK/*Gallner*, § 7 BUrlG Rz. 15. ||10 BAG 23.1.2001 – 9 AZR 26/00, AP Nr. 93 zu § 615 BGB. ||11 BAG 23.1.2001 – 9 AZR 26/00, AP Nr. 93 zu § 615 BGB. ||12 Vgl. BAG 23.1.2001 – 9 AZR 26/00, AP Nr. 93 zu § 615 BGB.

40 – Ist der Urlaub nach Erklärung einer fristgerechten Kündigung **noch nicht erteilt**, kann der ArbGeb Urlaub in der Kündigungsfrist erteilen, um Abgeltungsansprüche zu vermeiden. Allerdings kann dem ArbN ein Annahmeverweigerungsrecht zustehen (s. Rz. 36). Erfüllt werden kann auch durch unwiderrufl. Freistellung während der Kündigungsfrist „unter Anrechnung auf den Urlaubsanspruch"[1].

40a Zum Schadensersatzanspruch des ArbN nach erfolgreichem Kündigungsschutzprozess s. Rz. 146.

41 **f) Nachträgliche Änderung des Urlaubszeitraums.** ArbN und ArbGeb sind an den Zeitraum des ordnungsgemäß erteilten Urlaubs **gebunden**; eine einseitige Änderung ist grds. nicht möglich. Denn durch die vom ArbGeb erklärte Freistellung ist eine Konkretisierung des Urlaubsanspruchs auf diesen Zeitraum eingetreten, so dass es einer Vereinbarung der Arbeitsvertragsparteien zur Neubegründung eines Urlaubsanspruchs zu einem anderen Zeitpunkt bedarf.

42 Daher hat der ArbN unter keinem rechtl. Gesichtspunkt einen Anspruch auf **Neuerteilung** des Urlaubs zu einem anderen Zeitpunkt. Der ArbN kann den Urlaub auch nicht „abbrechen" oder „zurückgeben" und seine Arbeit anbieten[2]; der ArbGeb, der ein solches Angebot nicht annimmt, gerät nicht in Annahmeverzug.

43 Entgegen einer in der Praxis weit verbreiteten Auffassung steht dem ArbGeb ein **„Widerrufsrecht"** hinsichtlich des erteilten Urlaubs nicht zu. Nach dem BUrlG besteht kein Anspruch des ArbGeb gegen den ArbN, den gewährten Urlaub abzubrechen oder zu unterbrechen[3]. Hat der ArbGeb die Leistungszeit bestimmt, in der der Urlaubsanspruch des ArbN iSv. § 362 I BGB erfüllt werden soll, und sie dem ArbN auch mitgeteilt, hat er als Schuldner des Urlaubsanspruchs die für die Erfüllung dieses Anspruchs erforderliche Leistungshandlung iSv. Abs. 1 vorgenommen. An den Inhalt dieser Erklärung ist er gebunden. Insb. kann aus § 242 BGB (Treuepflicht) nicht eine Verpflichtung des ArbN, bei Personalengpässen den Urlaub zu verschieben oder gar den Urlaub zu unterbrechen oder abzubrechen, hergeleitet werden[4]. Ob in **echten Notfällen** etwas anderes gilt, hat der Urlaubssenat des BAG bisher ausdrücklich offen gelassen[5]. Dem ArbGeb dürften die allg. Beseitigungsrechte des BGB (Anfechtung, Anpassung wegen Wegfalls der Geschäftsgrundlage [§ 313 BGB], Kondiktion) zur Verfügung stehen, mit deren Hilfe sich auch Notfälle lösen lassen[6].

44 Eine **Vereinbarung**, in der sich der ArbN verpflichtet, den gesetzl. Mindesturlaub im Bedarfsfall abzubrechen, verstößt gegen § 13 I und ist deshalb nichtig[7]. Es ist unerheblich, ob der Urlaub von vornherein im Einvernehmen mit dem ArbN unter Vorbehalt gewährt wird oder ob er zunächst vorbehaltlos bewilligt wird und sich der ArbN erst zeitlich später – vor Urlaubsantritt – verpflichtet, dem ArbGeb auf dessen Verlangen zur Arbeitsleistung zur Verfügung zu stehen. In beiden Fällen bewirkt das vereinbarte Recht des ArbGeb zum Rückruf des ArbN aus dem Urlaub, dass der ArbN für die Dauer der Freistellung entgegen § 1 nicht uneingeschränkt von seiner Arbeitspflicht befreit wird[8].

45 **6. Zusammenhängende Urlaubsgewährung (Abs. 2). a) Inhalt und Zweck.** Der Erholungsurlaub soll den **gesundheitspolitischen Zweck** erfüllen, dem ArbN die Wiederherstellung und Auffrischung der Arbeitskraft zu ermöglichen[9]. Der Vorschrift des Abs. 2 liegt weiterhin die medizinische Erkenntnis zugrunde, dass dem Erholungszweck nur bei einem möglichst zusammenhängenden Urlaub Rechnung getragen werden kann.

46 Zusammenhängend ist nicht nur der **Vollurlaub**, sondern auch ein **Teilurlaub** nach § 5 I zu erteilen[10]. Hingegen bezieht sich Abs. 2 nicht auf übertragenen Urlaub des Vorjahres; eine Verbindung mit dem im laufenden Jahr entstandenen Urlaubsanspruch kann der ArbN nicht verlangen[11].

47 Wird der Urlaub entgegen Abs. 2 in kleineren Einheiten gewährt, steht dem ArbN ein **Annahmeverweigerungsrecht** zu. Selbst wenn der ArbN der Aufspaltung des Urlaubs nicht widerspricht, wird der Urlaubsanspruch des ArbN nicht ordnungsgemäß erfüllt. Er könnte noch einmal verlangt werden[12].

48 Abs. 2 verbietet auch – entgegen einer weit verbreiteten Praxis – die Gewährung von **Bruchteilen eines Urlaubstags**, soweit sie sich nicht nach der Umrechnung bei einer vom Gesetz abweichenden Verteilung der Arbeitszeit ergeben (s. § 5 Rz. 34). Die Arbeitsbefreiung für halbe Tage oder einige Stunden ist keine Erfüllung des gesetzl. Urlaubs. Darüber können die Arbeitsvertragsparteien auch keine Vereinbarung treffen[13].

49 **b) Leistungsverweigerungsrecht des ArbGeb.** Ggü. dem Anspruch des ArbN auf ungeteilten Urlaub des laufenden Urlaubsjahrs in voller Höhe steht dem ArbGeb ein Leistungsverweigerungsrecht aus betriebl. oder in der Person des ArbN liegenden Gründen zu, Abs. 2 S. 1 Hs. 1. Hinsichtlich der betriebl. Gründe gelten die Erläuterungen zu § 7 I (Rz. 26 ff.) entsprechend; für die persönlichen Gründe sind

---

1 BAG 17.5.2011 – 9 AZR 189/10, NZA 2011, 1033. ‖ 2 *Leinemann/Linck*, § 7 Rz. 58. ‖ 3 BAG 20.6.2000 – 9 AZR 405/99, AP Nr. 28 zu § 7 BUrlG; 14.3.2006 – 9 AZR 11/05, AP Nr. 32 zu § 7 BUrlG. ‖ 4 BAG 20.6.2000 – 9 AZR 405/99, AP Nr. 28 zu § 7 BUrlG. ‖ 5 BAG 20.6.2000 – 9 AZR 405/99, AP Nr. 28 zu § 7 BUrlG. ‖ 6 ErfK/*Gallner*, § 7 BUrlG Rz. 27. ‖ 7 BAG 20.6.2000 – 9 AZR 405/99, AP Nr. 28 zu § 7 BUrlG. ‖ 8 BAG 20.6.2000 – 9 AZR 405/99, AP Nr. 28 zu § 7 BUrlG. ‖ 9 BAG 8.3.1984 – 6 AZR 600/82, AP Nr. 14 zu § 3 BUrlG Rechtsmissbrauch. ‖ 10 BAG 10.3.1966 – 5 AZR 498/65, DB 1966, 788. ‖ 11 *Leinemann/Linck*, § 7 Rz. 101. ‖ 12 BAG 9.7.1965 – 5 AZR 380/64, NJW 1965, 2174. ‖ 13 BAG 9.7.1965 – 5 AZR 380/64, NJW 1965, 2174.

nicht Urlaubswünsche anderer ArbN maßgeblich, sondern nur Belange im persönlichen Bereich des ArbN[1].

Das Leistungsverweigerungsrecht steht dem ArbGeb nach dem klaren Wortlaut nur soweit zu, wie die Teilung des Urlaubs aus den in der Norm genannten Gründen **erforderlich** ist. Der ArbGeb darf daher nicht bei Gelegenheit eines dringenden betriebl. Grundes, der der zusammenhängenden Urlaubsgewährung entgegensteht, den Urlaub gegen den Willen des ArbN in mehr oder kleinere Bruchteile aufspalten, als durch den dringenden betriebl. Grund gerechtfertigt ist.

Macht der ArbGeb zu Recht von seinem Leistungsverweigerungsrecht Gebrauch und erteilt er den Urlaub in zwei oder mehr Teilen, so muss einer dieser Urlaubsteile **mindestens zwölf Werktage** (= zwei Wochen) umfassen, Abs. 2 S. 2. Beachtet der ArbGeb bei der Urlaubserteilung diese Vorschrift nicht, kann der ArbN einen zweiwöchigen zusammenhängenden Urlaub nachfordern.

c) **Abdingbarkeit.** Von der Pflicht des ArbGeb in Abs. 2 S. 1, den gesetzl. Mindesturlaub grds. zusammenhängend zu gewähren, kann weder durch TV noch einzelvertraglich abgewichen werden[2]. Abweichende Vereinbarungen sind daher unwirksam, wenn der ArbGeb kein Leistungsverweigerungsrecht nach Abs. 2 S. 1 Hs. 2 hat.

Für den Fall, dass der ArbGeb nach Abs. 2 S. 1 Hs. 2 den Urlaub in mehreren Teilen gewährt, kann von der Pflicht gem. Abs. 2 S. 2, wenigstens zwölf Werktage zusammenhängend zu gewähren, sowohl durch TV wie auch durch Einzelvereinbarung zuungunsten des ArbN abgewichen werden, § 13 I 3. Damit ermöglicht der Gesetzgeber eine Atomisierung des Urlaubsanspruchs, wenn der ArbGeb den Urlaub aus dringenden betriebl. oder Gründen in der Person des ArbN nicht zusammenhängend gewähren muss[3].

III. Gerichtliche Durchsetzung. Der ArbN ist zur Durchsetzung seines Urlaubsanspruchs auf gerichtl. Hilfe angewiesen, da er kein Recht zur Selbstbeurlaubung hat. In Betracht kommen die Leistungsklage mit und ohne bestimmte Zeitangabe sowie in eiligen Fällen der Antrag auf Erlass einer einstw. Verfügung.

1. Leistungsklage mit Zeitangabe. Da die Urlaubserteilung nicht im Ermessen des ArbGeb liegt, kann der ArbN durch Leistungsklage seinen Anspruch auf Urlaubserteilung in einem bestimmten Zeitraum gerichtlich durchsetzen. Der ArbGeb als Schuldner des Urlaubs ist nach Abs. 1 verpflichtet, den ArbN nach seinen Wünschen für die Dauer des Urlaubs von der Arbeitspflicht zu befreien. Seiner Verpflichtung zur Urlaubserteilung kann sich der ArbGeb im Urlaubsjahr nur und nur so lange entziehen, wie ein Leistungsverweigerungsrecht nach Abs. 1 besteht. Ein solches Leistungsverweigerungsrecht kann im Urteilsverfahren nur auf Einrede des beklagten ArbGeb berücksichtigt werden. Eine Gestaltungsklage nach § 315 III 2 BGB wäre dagegen fehlerhaft, da der ArbGeb kein Leistungsbestimmungsrecht hat[4].

● **Formulierungsvorschlag** für den Antrag:
 Die Beklagte wird verurteilt, den Kläger vom 2. bis zum 20.7.201x von der Arbeitsleistung zu befreien.

Die **Vollstreckung** richtet sich in diesem Fall nach § 894 ZPO. Die Freistellungserklärung des ArbGeb gilt daher erst mit Rechtskraft der Entscheidung als abgegeben[5]. Damit ergibt sich häufig das Problem, dass der Anspruch zur Zeit des Eintritts der Rechtskraft nicht mehr erfüllbar wäre. Die Klage wird aber unzulässig, wenn vor der letzten mündlichen Verhandlung (ggf. in der Berufungsinstanz) der beantragte Urlaubszeitraum verstrichen ist.

Zulässig und meist empfehlenswert sind daher Klagen mit dem **Hilfsantrag**, den ArbGeb zu verurteilen, dem ArbN x Tage Urlaub zu gewähren.

● **Formulierungsvorschlag** für den Antrag:
 Die Beklagte wird verurteilt, den Kläger vom 2. bis zum 15.7.201x von der Arbeitsleistung zu befreien; hilfsweise: Die Beklagte wird verurteilt, den Kläger an zwölf aufeinander folgenden Werktagen von der Arbeitsleistung zu befreien.

2. Leistungsklagen ohne Zeitangabe. Klagen auf Urlaubsgewährung ohne Zeitangabe sind **zulässig**[6]. Der ArbGeb hat gem. Abs. 1 als Schuldner die Konkretisierungsbefugnis bei der Erteilung des Urlaubs. Die gerichtl. Anordnung, diese Konkretisierung in dem vom Gericht bestimmten Umfang vorzunehmen, ist hinreichend bestimmt (§ 253 II Nr. 2 ZPO), da zwischen den Parteien regelmäßig nur darüber Streit besteht, ob dem ArbN überhaupt noch Urlaub (ggf. als Schadensersatz) zusteht; der ArbGeb erfüllt die ihm vom Gericht auferlegte Pflicht, wenn er den Urlaub nach den Grundsätzen des Abs. 1 gewährt.

Ein entsprechendes Urteil hat einen **vollstreckungsfähigen Inhalt**. Vollstreckt wird in diesem Fall nach § 888 ZPO[7]. Zwar wird vom ArbGeb die Abgabe einer Willenserklärung verlangt; § 894 ZPO passt

---

1 ErfK/*Gallner*, § 7 BUrlG Rz. 25. ‖ 2 *Leinemann/Linck*, § 7 Rz. 107. ‖ 3 Krit. *Leinemann/Linck*, § 7 Rz. 99. ‖ 4 BAG 18.12.1986 – 8 AZR 502/84, AP Nr. 10 zu § 7 BUrlG. ‖ 5 BAG 12.10.1961 – 5 AZR 294/60, NJW 1962, 270. ‖ 6 BAG 21.2.1995 – 9 AZR 746/93, AP Nr. 8 zu § 47 SchwbG 1986. ‖ 7 Str.; wie hier ErfK/*Gallner*, § 7 BUrlG Rz. 31; aA *Leinemann/Linck*, § 7 Rz. 84 ff.

jedoch nicht, da diese Vorschrift voraussetzt, dass der Inhalt der abzugebenden Willenserklärung im Urteil selbst bestimmt ist, so dass mit Rechtskraft ohne weiteres die Fiktion der Abgabe eintreten kann. Hingegen wird der ArbGeb nach § 888 ZPO zur Vornahme der Handlung „Freistellungserklärung" mit einem vom ArbGeb jedenfalls teilweise zu bestimmenden Inhalt (Zeitpunkt des Urlaubs nach Maßgabe des Abs. 1) angehalten. Zu der von Verfassungs wegen gebotenen **Effektivität des Rechtsschutzes** gehört auch, eine zwangsweise Durchsetzung der gerichtl. Erkenntnis zu ermöglichen. Die sich für konkretisierungsbedürftige Willenserklärungen zwischen §§ 888 und 894 ZPO ergebende Rechtsschutzlücke ist daher verfassungskonform dadurch zu schließen, dass § 888 ZPO als Auffangnorm im Vollstreckungsrecht zu behandeln ist. Ggf. kann der ArbN im Vollstreckungsverfahren mit dem Antrag nach § 888 ZPO die Erteilung des Urlaubs für einen bestimmten Zeitraum verlangen.

60 **3. Feststellungsklagen** können nicht mit dem Hinweis auf den Vorrang der Leistungsklage verworfen werden[1]. Sie helfen im Fall des Obsiegens allerdings häufig nicht, da nicht vollstreckt werden kann. Unzulässig sind Feststellungsklagen, soweit sie sich auf einen in der Vergangenheit liegenden Zeitraum beziehen, es sei denn, es ergeben sich aus der begehrten Feststellung Folgen für die Gegenwart oder Zukunft[2].

61 **4. Einstweilige Verfügung.** Hat der ArbGeb den Urlaubszeitpunkt trotz Urlaubsantrags noch nicht festgelegt, bleibt dem ArbN zur Vermeidung einer Abmahnung oder Kündigung (s. Rz. 18) nur der Antrag auf Erlass einer einstw. Verfügung. In der Lit. ist streitig, ob und in welchen Fällen eine einstw. Verfügung statthaft ist[3]; die arbeitsgerichtl. Praxis ist uneinheitlich[4].

62 **a) Statthaftigkeit.** Gegen die Statthaftigkeit einer einstw. Verfügung wird insb. geltend gemacht, dass die Verpflichtung zur Abgabe einer Willenserklärung wegen der besonderen Vollstreckungsregelung in § 894 ZPO grds. nicht Gegenstand einer einstw. Verfügung sein könne[5]. Außerdem werde durch eine solche einstw. Verfügung der Urlaubsanspruch erfüllt und damit die Hauptsache endgültig erledigt[6].

63 Diesen Bedenken kann ohne Einbuße der Effektivität des Rechtsschutzes dadurch Rechnung getragen werden, dass Gegenstand der richterlichen Anordnung gem. § 938 ZPO nicht die Verpflichtung des ArbGeb zur Freistellung in einem bestimmten Zeitraum ist; es ist hinreichend, wenn das Gericht dem ArbGeb aufgibt, es zu dulden, dass der ArbN von der Arbeit fernbleibt. Eine solche Anordnung wirft keine vollstreckungsrechtl. Probleme auf. Sie erfüllt auch den Zweck, den der ArbN im Wege des vorläufigen Rechtsschutzes erreichen will: Dem ArbN, der die einstw. Verfügung mit zutreffenden Tatsachenangaben erwirkt hat, kann nicht der Vorwurf der Pflichtverletzung gemacht werden, wenn er nunmehr in den Urlaub fährt[7]. Einer Zurückweisung des Antrags iÜ bedarf es auch dann nicht, wenn der ArbN „Erteilung des Urlaubs" oder „Freistellung" verlangt.

64 **b) Verfügungsanspruch.** Der Verfügungsanspruch ist der **materielle Anspruch**, dessen Vereitelung oder Gefährdung durch Zeitablauf die einstw. Verfügung verhindern soll. Der Verfügungsanspruch ist im Urlaubsrecht regelmäßig unproblematisch, da der Urlaubsanspruch nach Erfüllung der Wartezeit mit Jahresbeginn entsteht und fällig wird (s. § 1 Rz. 13). Der ArbN legt also den Verfügungsanspruch schlüssig dar, wenn er die persönlichen Voraussetzungen des Urlaubsanspruchs (s. § 1 Rz. 13 ff.) sowie die Erfüllung der Wartezeit behauptet; der Urlaub steht ihm wegen Abs. 1 (Maßgeblichkeit des Urlaubswunsches, s. Rz. 20) zu dem von ihm gewünschten Zeitpunkt zu. Den Urlaubswunsch – dh. den im Antrag angegebenen Zeitraum des beabsichtigten Fernbleibens – muss der ArbN im Rahmen des Vortrags zum Verfügungsanspruch nicht begründen.

65 Der ArbGeb kann regelmäßig allein Erfüllung einwenden oder von seinem Leistungsverweigerungsrecht aus Abs. 1 (s. Rz. 26 ff.) Gebrauch machen. In diesem Falle hat er die Voraussetzungen des Leistungsverweigerungsrechts darzulegen und glaubhaft zu machen. Da vor dem Erlass einer einstw. Verfügung dem ArbGeb rechtliches Gehör (notfalls telefonisch) zu gewähren ist, kann er ggf. noch zu diesem Zeitpunkt die sein Leistungsverweigerungsrecht begründenden Tatsachen glaubhaft machen und das Recht ausüben. Zu beachten ist allerdings, dass dem ArbGeb im Übertragungszeitraum kein Leistungsverweigerungsrecht mehr zusteht. Der ArbN hingegen muss in seiner Antragsschrift nicht behaupten (und glaubhaft machen), dem ArbGeb stehe kein Leistungsverweigerungsrecht zu.

66 **c) Verfügungsgrund.** In der gerichtl. Praxis werden häufig **zu hohe Anforderungen** an den Verfügungsgrund gestellt; dies beruht meist auf der Annahme, dass durch den Erlass der einstw. Verfügung die Hauptsache vorweggenommen werde. Eilbedürftig ist die Sache immer schon dann, wenn ohne Erlass der einstw. Verfügung die Hauptsache allein wegen Zeitablaufs keinen Erfolg mehr haben könnte.

---

[1] BAG 12.4.2011 – 9 AZR 80/10, NZA 2011, 1050 (Rz. 13). ǁ [2] BAG 22.9.1992 – 9 AZR 404/90, AP Nr. 17 zu § 256 ZPO 1977. ǁ [3] Vgl. ErfK/*Gallner*, § 7 BUrlG Rz. 33; MüKoZPO/*Heinze*, § 935 Rz. 42 f. einerseits; *Leinemann/Linck*, § 7 Rz. 93 ff.; *Corts*, NZA 1998, 357 andererseits. ǁ [4] Vgl. LAG Hamburg 15.9.1989 – 3 Ta 17/89, LAGE § 7 BUrlG Nr. 26; LAG Hamm 2.1.1990 – 3 Sa 1900/89, MDR 1990, 657; LAG Berlin 20.5.1985 – 9 Sa 38/85, LAGE § 7 BUrlG Nr. 9. ǁ [5] Stein/Jonas/*Grunsky*, vor § 935 ZPO Rz. 51. ǁ [6] Vgl. *Corts*, NZA 1998, 357. ǁ [7] Vgl. hierzu BAG 20.1.1994 – 2 AZR 521/93, AP Nr. 115 zu § 626 BGB.

Allerdings ist bei dem Erlass einer einstw. Verfügung auch ohne **Vorwegnahme der Hauptsache** – über 67
die Erfüllung des Urlaubsanspruchs wird bei richtiger Tenorierung nicht entschieden (Rz. 63) – stets zu
beachten, dass dem ArbGeb erhebliche Nachteile entstehen können. Es ist deshalb neben der Prüfung
der Erfolgsaussichten in der Hauptsache eine sorgfältige Interessenabwägung erforderlich, die ohne
mündliche Verhandlung kaum denkbar ist.

Anders liegt der Fall, wenn der ArbGeb den Urlaub bereits „**genehmigt**", dann aber widerrufen hat. Da 68
ein Widerruf regelmäßig nicht zulässig ist (s. Rz. 43), hat der ArbGeb die von ihm geschuldete Leistungshandlung unabänderlich vorgenommen. Wenn der ArbN den so gewährten Urlaub „antritt", also
der Arbeit fernbleibt, handelt es sich nicht um eine kündigungsgeeignete „Selbstbeurlaubung"; damit
besteht keine Veranlassung, den Hauptsacheanspruch durch einstw. Verfügung gegen einen möglichen
Verlust wegen Zeitablaufs zu sichern. Für eine gutachterlich feststellende Verfügung, die ursprüngliche
Freistellungserklärung sei durch den Widerruf nicht beseitigt worden, dürfte regelmäßig kein Rechtsschutzbedürfnis bestehen. Zur Vermeidung nachfolgender Bestandsstreitigkeiten dürfte es sich allerdings empfehlen, in den Gründen der zurückweisenden Entscheidung diese urlaubsrechtl. Grundsätze
kurz darzustellen.

Risikobehaftet ist für den ArbN die Situation nur dann, wenn der ArbN einen arbeitsvertragl. vereinbarten Mehrurlaub nehmen will und der Vertrag insoweit (zulässigerweise) ein Widerrufsrecht des ArbGeb vorsieht. Hier ist im einstw. Verfügungsverfahren zu prüfen, ob der ArbGeb die wirksame Ausübung eines solchen Widerrufsrechts dargelegt und glaubhaft gemacht hat.

Mit Erlass der einstw. Verfügung bleibt der ArbN berechtigt der Arbeit fern, so dass auch bei einer an- 69
derweitigen Beurteilung der Rechtslage in Nachhinein keine (kündigungsrechtl. relevante) schuldhafte
Vertragspflichtverletzung angenommen werden kann.

- **Formulierungsvorschlag** für den Antrag:
  Der Verfügungsbeklagten wird aufgegeben, es zu dulden, dass der Verfügungskläger vom 2. bis zum
  20.7.201x der Arbeit fernbleibt.

IV. Befristung und Übertragung (Abs. 3). 1. Befristung des Urlaubsanspruchs. a) Grundsatz. Gegen 70
teilweise heftige Kritik im Schrifttum[1] und einer Kammer des LAG Düsseldorf[2] vertritt das BAG seit
1982 in st. Rspr.[3] die Auffassung, der gesetzl. Urlaubsanspruch sei auf die **Dauer des Kalenderjahres**, in
dem er entstanden ist, befristet, wenn nicht die Voraussetzungen für die Übertragung vorliegen. Dies
leitet das BAG aus der gesetzl. Regelung in § 1 und § 7 III ab: Danach hat jeder ArbN in jedem Kalenderjahr Anspruch auf bezahlten Erholungsurlaub (§ 1). Nach Abs. 3 muss der Urlaub im laufenden Kalenderjahr gewährt und genommen werden. Der Urlaubsanspruch bestehe deshalb im Urlaubsjahr, nicht
für das Urlaubsjahr.

Der Auffassung des BAG ist zu folgen. Das Hauptargument der Kritik, das BUrlG gebe nichts her für 71
die Annahme, dass der Urlaubsanspruch mit Ablauf des Kalenderjahres untergeht, trägt nicht, da es
bei einer Befristung eines Anspruchs keiner weiteren Vorschrift über das Erlöschen bedarf. Dass die Befristung der Vorstellung des Gesetzgebers entspricht, ergibt sich auch aus **systematischen Überlegungen**. Die Vorschrift des Abs. 3 S. 2 und 3 (Übertragung nur aus den genannten Gründen und nur im genannten Zeitraum) wäre überflüssig, wenn der Urlaub beliebig und ohne zeitliche Begrenzung nach
Ablauf des jeweiligen Urlaubsjahres verlangt werden könnte. Auch die Ausnahmetatbestände in § 4 II
ArbPlSchG und § 17 II BEEG setzen die Befristung des Urlaubsanspruchs voraus, da sie den Zeitraum
der Befristung für die Sonderfälle Grundwehrdienst bzw. Elternzeit verlängern.

Die Rspr. des BAG zur Befristung des Urlaubsanspruchs steht im Einklang mit Art. 9 I des **Überein-** 72
kommens Nr. 132 der Internationalen Arbeitsorganisation v. 24.6.1970[4]. Mit der Ratifizierung des IAO-
Übereinkommens Nr. 132 haben die ArbN keinen unmittelbaren Anspruch auf Bestand ihres Urlaubsanspruchs über das Urlaubsjahr oder den Übertragungszeitraum hinaus erhalten. Die Vorschriften des
IAO-Übereinkommens gebieten auch nicht eine Auslegung des BUrlG, dass der Urlaubsanspruch nicht
am Ende des Urlaubsjahres oder des Übertragungszeitraumes verfällt. Art. 3 III und Art. 9 I des IAO-
Übereinkommens enthalten Regelungen über die Höhe des Urlaubsanspruchs und legen den Beginn
der Frist fest, innerhalb derer der Urlaubsanspruch zu erfüllen ist, sagen aber nichts über dessen zeitlichen Bestand aus[5].

b) Ausnahmen. aa) Deutsches Recht. Durch die Sonderregelungen in **§ 4 II ArbPlSchG, § 17 II BEEG** 73
und § 17 S. 2 MuSchG (s. die Komm. dort) wird der Urlaub in den dort genannten Fällen zum Ablauf

---

[1] GK-BUrlG/*Bachmann*, § 7 Rz. 120 ff.; *Boldt*, Anm. zu AP Nr. 4 zu § 7 BUrlG Übertragung; *Kohte*, BB 1984, 609 (614); *Künzl*, BB 1991, 1630; Staudinger/*Richardi*, § 611 BGB Rz. 901. ‖ [2] LAG Düss. 17.6.1998 – 12 Sa 520/98, LAGE § 7 BUrlG Abgeltung Nr. 10. ‖ [3] BAG 13.5.1982 – 6 AZR 360/80, DB 1982, 2193; 20.6.2000 – 9 AZR 405/99, NZA 2001, 100. ‖ [4] BAG 28.11.1990 – 8 AZR 570/89, AP Nr. 18 zu § 7 BUrlG Übertragung; 7.12.1993 – 9 AZR 683/92, AP Nr. 15 zu § 7 BUrlG; 19.4.1994 – 9 AZR 462/92, NJW 1995, 1636; 9.5.1995 – 9 AZR 552/93, AP Nr. 22 zu § 7 BUrlG Übertragung; 24.9.1996 – 9 AZR 364/95, AP Nr. 16 zu § 7 BUrlG. ‖ [5] BAG 7.12.1993 – 9 AZR 683/92, AP Nr. 15 zu § 7 BUrlG.

des auf die Beendigung des Grundwehrdienstes, der Elternzeit bzw. der Schutzfrist folgenden Jahres befristet. Der Gesetzgeber will damit sicherstellen, dass die Heranziehung zum Grundwehrdienst das Beschäftigungsverbot bzw. die Inanspruchnahme von Elternzeit nicht zum Verfall des Erholungsurlaubs führt. Sie gehen daher als gesetzl. Sonderregelungen der Verfallvorschrift des Abs. 3 (und ggf. entsprechenden tarifl. Bestimmungen) vor. Allerdings ist diese Verlängerung der Befristung abschließend. Eine sich an die Elternzeit etwa anschließende Arbeitsunfähigkeit wegen Krankheit oder die Suspendierung der Arbeitspflicht einer ArbNin auf Grund eines Beschäftigungsverbots nach dem MuSchG ändert daran nach der bisherigen Rspr. nichts[1]. Allerdings dürfte dies nicht mit Unionsrecht vereinbar sein, soweit der Übertragungszeitraum nicht mindestens 15 Monate beträgt (s. Rz. 74aff.).

74 Das BUrlG selbst sieht zwei Ausnahmen von der Regel der Befristung auf das Kalenderjahr vor: Abs. 3 S. 2 bestimmt die **Übertragung** des Urlaubs unter den dort genannten Voraussetzungen auf das erste Quartal des Folgejahres, verlängert also die Befristung des Urlaubsanspruchs um drei Monate. Abs. 3 S. 4 gibt dem ArbN die Möglichkeit, einen nach § 5 I Buchst. a entstandenen Teilurlaubsanspruch durch sein Verlangen auf das gesamte folgende Kalenderjahr zu übertragen (s. § 5 Rz. 13). Dieser Anspruch ist dann bis zu diesem Zeitpunkt befristet.

74a bb) **Unionsrecht.** Nach der Rspr. des EuGH kann der dem ArbN durch Art. 7 I der RL 2003/88 garantierte Anspruch auf bezahlten Jahresurlaub nicht durch nationale Rechtsvorschriften in Frage gestellt werden, die die Begründung oder Entstehung dieses Anspruchs ausschließen. Dies gilt auch für nationale Rechtsvorschriften, die das Erlöschen dieses Anspruchs bei einem ArbN vorsehen, der während des gesamten Bezugszeitraums und/oder über einen Übertragungszeitraum hinaus krankgeschrieben war und seinen Anspruch auf bezahlten Jahresurlaub deshalb nicht ausüben konnte. Das bedeutet: Kann ein ArbN wegen Arbeitsunfähigkeit, die bis zum Ende des Übertragungszeitraums fortgedauert hat, seinen Urlaub tatsächlich nicht nehmen, erlischt der Anspruch nicht mit dem Ende des dreimonatigen Übertragungszeitraums des § 7 III 2.[2] Diese Vorschrift ist unionsrechtskonform dahin auszulegen, dass gesetzl. Urlaubsansprüche 15 Monate nach Ablauf des Urlaubsjahres verfallen, wenn ein ArbN aus gesundheitlichen Gründen an seiner Arbeitsleistung und damit an der Realisierung des Urlaubsanspruchs gehindert ist[3]. Diese Verlängerung des Übertragungszeitraums ist beim Vollurlaubsanspruch (Bezugszeitraum: 12 Monate) einerseits erforderlich, weil der Bezugszeitraum bei einem geringeren Übertragungszeitraum nicht mehr deutlich überschritten würde, andererseits auch ausreichend, weil ein länger Übertragungszeitraum dem Zweck des Urlaubsanspruchs – Gesundheitsschutz des ArbN – nicht mehr Rechnung trüge[4]. Eine Verlängerung des gesetzl. Übertragungszeitraums bei fortdauernder Erkrankung bis zum 31.3. des übernächsten Jahres hat zudem den praktischen Vorteil, dass es einheitlich bei dem 31.3. als Erlöschenszeitpunkt für übertragene Urlaubsansprüche bleibt. Eine Verkürzung des 15-Monatszeitraums dürfte auch TV-Parteien verwehrt sein.

Zum Urlaubsanspruch gehört damit nicht nur der jeweils neueste, am 1. Januar eines jeden Kalenderjahres entstehende Anspruch, sondern auch der infolge der Übertragung hinzutretende, noch zu erfüllende Anspruch aus dem Vorjahr bzw. dem Vorvorjahr. Auf diese kumulierende Weise wächst der Urlaubsanspruch am jeweiligen 1. Januar an, bis der Anspruch aus dem Vorvorjahr am 31.3. erlischt.

74b Im Falle eines Teilurlaubsanspruchs nach § 5 Abs. 1 Buchst. a, in dem der Bezugszeitraum höchstens sechs Monate beträgt, ist zu beachten, dass gem. § 7 III 4 der Übertragungszeitraum auf Antrag des ArbN bis zum 31.12. des Folgejahres verlängert werden kann. Insoweit besteht kein Korrekturbedarf aus unionsrechtl. Sicht, da dem ArbN bereits nach den Vorschriften des BUrlG ein Übertragungszeitraum zur Verfügung steht, der den Bezugszeitraum deutlich übersteigt.

- **Beispiel:** Das ArbVerh beginnt am 1.7.2012. Der ArbN ist ab 1.12.2012 durchgehend bis zum 30.4.2013 krank. Nach der gesetzl. Übertragungsregel des § 7 III 2 und 3 erlischt der Teilurlaubsanspruch für 2012 am 31.3.2013. Der ArbN kann dies jedoch verhindern, indem er die Übertragung bis zum 31.12. 2013 verlangt, § 7 III 4. Gesundet er erst am 31.1.2014, ist der Teilurlaubsanspruch im Zeitpunkt der Genesung am 31.1.2014 bereits erloschen.

In den Fällen des § 5 I 1 Buchst. b und c stellt sich die Problematik der Dauer des Übertragungszeitraums nicht, weil hier das ArbVerh notwendigerweise beendet ist und der zum Beendigungszeitpunkt teilurlaubsberechtigte ArbN einen Abgeltungsanspruch erlangt, der nach der neueren Rspr. des BAG[5] als reiner Geldanspruch auch bei fortbestehender Arbeitsunfähigkeit sofort mit dem Ende des ArbVerh zu erfüllen ist.

74c Da für den Anspruch auf **Zusatzurlaub** für schwerbehinderte Menschen die allg. Grundsätze des Urlaubsrechts gelten, soweit nicht in § 125 SGB IX etwas Besonderes bestimmt ist, unterliegt auch der Zusatzurlaub den vom EuGH aufgestellten Regeln[6].

---

1 BAG 23.4.1996 – 9 AZR 165/95, AP Nr. 6 zu § 17 BErzGG. || 2 EuGH 20.1.2009 – Rs. C-350/06, NZA 2009, 135 – Schultz-Hoff; dem ist das BAG gefolgt: BAG 24.3.2009 – 9 AZR 983/07, NZA 2009, 538. || 3 BAG 7.8.2012 – 9 AZR 353/10, NZA 2012, 1216. || 4 EuGH 22.11.2011 – Rs. C-214/10, NZA 2011, 1333 – KHS. || 5 BAG 4.5.2010 – 9 AZR 183/09, NZA 2010, 1011. || 6 BAG 23.3.2010 – 9 AZR 128/09, NZA 2010, 810.

Soweit nichts Abweichendes bestimmt ist, gelten diese Übertragungsregeln auch für arbeits- und tarifvertragl. Mehrurlaubsansprüche. Die Arbeits- bzw. TV-Parteien können Urlaubs- und Urlaubsabgeltungsansprüche, die den Mindestjahresurlaubsanspruch von vier Wochen übersteigen, frei regeln. Dem vertragl. angeordneten Verfall des übergesetzl. Urlaubsanspruchs und seiner Abgeltung steht nach dem Richtlinienrecht und der Rspr. des EuGH kein Unionsrecht entgegen. Die RL bindet nur den von ihr gewährleisteten Mindesturlaubsanspruch von vier Wochen an die von den nationalen Rechtsvorschriften und/oder Gepflogenheiten vorgesehenen Modalitäten. Für einen Regelungswillen der Parteien, die zwischen gesetzl. und übergesetzl. Ansprüchen unterscheidet, müssen nach der Rspr. des BAG im Rahmen der Auslegung nach §§ 133, 157 BGB allerdings deutliche Anhaltspunkte bestehen[1]. Ein eigenständiger, dem Gleichlauf von Mindest- und Mehrurlaub entgegenstehender Regelungswille ist nicht bereits dann anzunehmen, wenn in einem TV von der Zwölftelungsregelung des § 5 abgewichen wird. Entscheidend ist, ob vom Fristenregime des BUrlG abgewichen oder zumindest durch die Differenzierung zwischen Mindest- und Mehrurlaub erkennbar gemacht wird, dass der ArbN für den Mehrurlaub das Verfallsrisiko tragen soll[2]. 74d

Wird in AGB die Geltung der „alten" Rspr. zum Verfall der Mehrurlaubsansprüche vereinbart, so wird nicht von insoweit dispositiven gesetzl. Bestimmungen abgewichen, sondern ein übergesetzlicher Anspruch mit eigenen Regeln geschaffen, so dass § 307 I 1 BGB keine Anwendung findet, § 307 III BGB[3]. Die Klausel unterliegt jedoch einer eingeschränkten Inhaltskontrolle nach §§ 305 ff. BGB. Es finden ggf. die Unklarheitenregel (§ 305c II BGB) und die Transparenzregel (§ 307 I 2 BGB) Anwendung. 74e

Ausschlussfristen können wegen des eigenen Zeitregimes (Befristung, Übertragung) des BUrlG bei dem Mindesturlaub auch in den Fällen des verlängerten Übertragungszeitraums keine Anwendung finden. Es ist jedoch zu beachten, dass nach Genesung des ArbN noch nicht erloschene Urlaubsansprüche dem Fristenregime des § 7 III 2 unterliegen[4]. 74f

Zu Abgeltungsansprüchen s. Rz. 125.

Verzicht: § 13 verbietet den Verzicht auf den gesetzl. Mindesturlaub. Da der gemeinschaftsrechtl. Mindesturlaub identisch ist mit dem des BUrlG und die Befristungsvorschriften des BUrlG gemeinschaftsrechtskonform auszulegen sind, bleibt auch der im Krankheitsfalle ggf. mehrfach übertragene Urlaub bis zu einem etwaigen Verfall nach Wiederherstellung der Arbeitsfähigkeit unabdingbar. Verzichtbar ist erst ein mit dem Erlöschen des Urlaubsanspruchs ggf. entstandener Schadensersatzanspruch oder nach Beendigung des ArbVerh der Abgeltungsanspruch (s. Rz. 132). 74g

Übertragung: Die kumulierten Urlaubsansprüche werden entsprechend § 7 III 3 übertragen, so lange das Urlaubshindernis besteht[5]. Das bedeutet: Ist der ArbN vom 1.1.2011 bis 28.2.2013 krank, wird der Anspruch für 2011 bis zum 31.3.2013 und der für 2012 bis zum 31.12.2013 übertragen. Der Zeitraum vom 1. bis 31.3.2013 steht nur für ein Mal vier Wochen Urlaub zur Verfügung, so dass der Urlaub für 2012 bis zum nächstmöglichen Erlöschenszeitpunkt, dem 31.12.2013, übertragen werden muss. Jeder andere Übertragungszeitpunkt wäre willkürlich. 74h

c) **Rechtsfolgen.** Die Befristung des Urlaubs hat zur Folge, dass der Anspruch – vorbehaltlich der Sonderregelungen – nur **im laufenden Kalenderjahr** erfüllt werden kann. Mit Ablauf der Befristung erlischt der zu diesem Zeitpunkt noch nicht erfüllte Urlaubsanspruch[6]. Das bedeutet, dass der Urlaub vollständig im Urlaubsjahr gewährt und genommen werden muss, um ein Erlöschen zu vermeiden. Entgegen einer weit verbreiteten Praxis genügt es nicht, den Urlaub im laufenden Kalenderjahr nur „anzutreten"[7]. Abweichendes kann in TV geregelt sein. 75

Der Urlaubsanspruch **erlischt** auch, wenn der ArbN Urlaub verlangt, der ArbGeb ihn aber rechtswidrig verweigert hat. Das gilt sogar, wenn der ArbN den Urlaubsanspruch rechtzeitig gerichtlich geltend macht[8]. An die Stelle des erloschenen Urlaubsanspruchs kann dann jedoch ein Schadensersatzanspruch treten (s. Rz. 142ff.). Unionsrechtlich bestehen keine Bedenken gegen diese Rspr. Der ArbN hat zwar – wie im Falle der Erkrankung – schuldlos keinen Urlaub erhalten; ihm steht aber unter den Voraussetzungen des § 286 BGB ein gleichwertiger Ersatzurlaubsanspruch zu[9]. 76

Aus der Befristung des Urlaubs folgt auch, dass es keinen „**Vorschuss**" auf noch nicht entstandene Ansprüche gibt. Der Urlaubsanspruch kann vor Beginn des jeweiligen Urlaubsjahres (Kalenderjahres) nicht rechtswirksam erfüllt werden, sogar dann nicht, wenn eine BV einen „Urlaub im Vorgriff" für die Zeit einer Betriebskrise vorsieht. Die im Vorgriff gewährten Urlaubstage kann der ArbN im folgenden Urlaubsjahr noch einmal fordern, ohne zur Zurückgewähr des bereits gezahlten Urlaubsentgelts ver- 77

---

1 BAG 24.3.2009 – 9 AZR 983/07, NZA 2009, 538 Rz. 84. || 2 BAG 12.4.2011 – 9 AZR 80/10, NZA 2011, 1050.
|| 3 BAG 24.3.2009 – 9 AZR 983/07, NZA 2009, 538 Rz. 94. || 4 BAG 12.4.2011 – 9 AZR 80/10, NZA 2011, 1050.
|| 5 BAG 12.4.2011 – 9 AZR 80/10, NZA 2011, 1050; 9.8.2011 – 9 AZR 425/10. || 6 BAG 13.5.1982 – 6 AZR 360/80, DB 1982, 2193; 20.6.2000 – 9 AZR 405/99, AP Nr. 28 zu § 7 BUrlG. || 7 Leinemann/*Linck*, § 7 Rz. 115. TV sehen zT andere Regelungen vor; vgl. BAG 18.3.2003 – 9 AZR 190/02, AP Nr. 17 zu § 3 BUrlG Rechtsmissbrauch.
|| 8 St. Rspr. s. BAG 11.4.2006 – 9 AZR 523/05, NZA 2007, 56. || 9 AA *Polzer*, Die Befristung des Urlaubsanspruchs auf das Kalenderjahr, 2011, S. 142ff.

pflichtet zu sein[1]. Anders ist es jedoch im Falle eines jahresübergreifenden Urlaubs. Der ArbN kann zur Gewährleistung eines zusammenhängenden Urlaubs neben dem aus dem laufenden Jahr resultierenden Urlaub auch Urlaub aus dem Folgejahr beantragen. Der ArbGeb kann bei einer jahresübergreifenden Kündigungsfrist den Urlaub auch im Vorgriff auf das nächste Jahr erteilen[2].

78 Ist der Urlaub übertragen worden, wird er aber bis zum 31.3. des Folgejahres nicht genommen, **erlischt er ersatzlos**, es sei denn, ein ArbN war infolge lang dauernder Arbeitsunfähigkeit gehindert, den Urlaub vor Ablauf des Übertragungszeitraums zu nehmen (s. Rz. 74a f.)[3].

79 **d) Einzelvertragliche Abweichungen.** In der betriebl. Praxis wird dem ArbN vom ArbGeb häufig **zugesagt**, dass der ihm zustehende (Rest-)Urlaub nicht am Jahresende verfalle, in das nächste Jahr übertragen werde (ohne dass ein gesetzl. Übertragungstatbestand vorliegt), dem Urlaubskonto für das nächste Jahr gutgeschrieben werde, zu einem bestimmten Zeitpunkt im nächsten Jahr genommen werden könne uÄ. Eine derartige Zusage bzw. Vereinbarung hindert nicht das Erlöschen des gesetzl. oder tarifl. Urlaubs durch Ablauf der Befristung. Jedoch entsteht dann statt des gesetzl. (oder tarifl.) ein einzelvertragl. Urlaubsanspruch. Eine **Übertragungsvereinbarung** kann auch **konkludent** erfolgen, zB wenn ein ArbGeb über längere Zeit in den Lohnabrechnungen des laufenden Jahres den noch nicht erfüllten Urlaub aus dem Vorjahr aufführt und für die gewährten Urlaubstage zuerst den „alten" Urlaub heranzieht. Solche Vereinbarungen sind zulässig. § 13 I 3 steht nicht entgegen. Die Regelung ist für den ArbN günstiger als eine auf den 31.3. des Folgejahres befristete Übertragung. Sie verletzt auch nicht das in §§ 1, 7 III festgelegte Gebot zeitnaher Erfüllung des Urlaubsanspruchs[4]. Von der Auslegung der Vereinbarung hängt es ab, welchen Inhalt dieser Anspruch haben soll, insb. ob er im Falle der Beendigung des ArbVerh abzugelten ist[5]. Kann der ArbN die Freistellung von seiner Arbeitspflicht bis zum 31.12. des Folgejahres beanspruchen, so schließt eine solche Regelung regelmäßig die Verpflichtung des ArbGeb ein, den Urlaub abzugelten, wenn das ArbVerh vor Ablauf der vertragl. Übertragungszeitraumes endet[6]. In Betracht kommt auch eine entsprechende **Betriebsübung** oder ein Anspruch aus dem arbeitsrechtl. **Gleichbehandlungsgrundsatz**. Beruft sich der ArbN auf eine Betriebsübung, bedarf es der konkreten Darlegung, wann und wem vom ArbGeb in der Vergangenheit Urlaub des Vorjahres im Folgejahr gewährt worden ist. Die ArbN sind namentlich zu bezeichnen und hierauf bezogen die Jahre anzugeben, in denen Urlaub des Vorjahres nach dem 31.3. des Folgejahres gewährt und genommen wurde. Das Vorbringen muss den ArbGeb in die Lage versetzen, mögliche Ausschlusstatbestände vorzutragen. Dazu gehört beispielhaft der Einwand, dass er einen vom ArbN verlangten Urlaub entgegen Abs. 1 rechtsgrundlos abgelehnt hat und er deshalb zur unbefristeten Nachgewährung dieses Urlaubs nach den Vorschriften über den Schuldnerverzug verpflichtet war[7].

80 **2. Übertragung. a) Allgemeines.** Unter den Voraussetzungen des Abs. 3 S. 2 erlischt der Urlaubsanspruch nicht bereits am 31.12. des jeweiligen Urlaubsjahres, sondern erst am 31.3. des Folgejahres. Durch die Übertragung des Urlaubs wird also die Befristung in Abs. 1 um drei Monate **verschoben**. Wird der Urlaub auch im Übertragungszeitraum nicht genommen, obwohl kein Urlaubshindernis besteht, verfällt er[8].

81 **b) Voraussetzungen.** Voraussetzungen der Urlaubsübertragung sind gem. Abs. 3 S. 2 entweder dringende betriebl. oder in der Person des ArbN liegende Gründe. Für die **betrieblichen Gründe** gelten grds. dieselben Voraussetzungen wie im Falle des Abs. 1 S. 1 (vgl. Rz. 27); dh., die Interessen des ArbGeb an einer Gewährung von Urlaub im Übertragungszeitraum anstelle des im Urlaubsjahr zu gewährenden Urlaubs müssen das Interesse des ArbN an der fristgerechten Inanspruchnahme des Urlaubs noch innerhalb des Kalenderjahrs objektiv überwiegen (zB Auftragslage, Urlaub anderer ArbN)[9]. Für den ArbN ergibt sich hieraus uU das Dilemma, dass er nicht beurteilen kann, ob die betriebl. Verhältnisse einer Urlaubserteilung im (restlichen) Jahr entgegenstehen. Wenn der ArbGeb mit dieser Begründung den Urlaub im jeweiligen Urlaubsjahr verweigert und der ArbN das Leistungsverweigerungsrecht um des Arbeitsfriedens willen nicht infrage stellt, wird sich der ArbGeb gem. § 242 BGB im Folgejahr nicht darauf berufen können, es habe objektiv kein Übertragungstatbestand vorgelegen.

82 **Persönliche Gründe** liegen vor bei Arbeitsunfähigkeit[10] und Beschäftigungsverboten[11]. Daneben kommen die Erkrankung eines nahen Angehörigen und ähnliche Annahmeverweigerungsgründe in Betracht[12]. Der Wunsch des ArbN, den Urlaub im nächsten Jahr zu nehmen, genügt hingegen nicht[13]. Ebenso wenig rechtfertigen lange vorhersehbare Urlaubshindernisse eine Übertragung, wenn der Urlaub noch im Urlaubsjahr zu einem anderen Zeitpunkt genommen werden kann[14].

---

1 BAG 17.1.1974 – 5 AZR 380/73, DB 1974, 783. || 2 BAG 17.5.2011 – 9 AZR 189/10, NZA 2011, 1032. || 3 BAG 24.3.2009 – 9 AZR 983/07, NZA 2009, 538. || 4 BAG 21.6.2005 – 9 AZR 200/04, AP Nr. 89 zu § 7 BUrlG Abgeltung. || 5 Vgl. BAG 25.8.1987 – 8 AZR 124/85, DB 1987, 2524. || 6 BAG 21.6.2005 – 9 AZR 200/04, AP Nr. 89 zu § 7 BUrlG Abgeltung. || 7 BAG 21.6.2005 – 9 AZR 200/04, AP Nr. 89 zu § 7 BUrlG Abgeltung. || 8 BAG 25.8.1987 – 8 AZR 118/86, AP Nr. 15 zu § 7 BUrlG Übertragung. || 9 ErfK/*Gallner*, § 7 BUrlG Rz. 61. || 10 BAG 5.12.1995 – 9 AZR 871/94, AP Nr. 70 zu § 7 BUrlG Abgeltung. || 11 ErfK/*Gallner*, § 7 BUrlG Rz. 62. || 12 *Leinemann/Linck*, § 7 Rz. 120, 53. || 13 ErfK/*Gallner*, § 7 BUrlG Rz. 61. || 14 Bsp.: Schulpflicht der Kinder, Niederkunft der Ehefrau.

Zu beachten ist, dass der Grund in der Person **ursächlich** dafür sein muss, dass der Urlaub nicht mehr im laufenden Kalenderjahr genommen werden kann. Wird der ArbN so rechtzeitig wieder arbeitsfähig, dass er bis zum Ende des Kalenderjahres seinen noch offenen Urlaub nehmen kann, ist ihm Urlaub zu gewähren; eine Übertragung findet nicht statt. Wird der ArbN so spät im Laufe des Kalenderjahrs gesund, dass er nur einen Teil seines Urlaubs bis zum Jahresende gewährt bekommen kann, wird dieser Teil ebenfalls nicht übertragen. Nutzt der ArbN die verbleibende Zeit des Urlaubsjahres nicht für seinen Urlaub, verfällt er insoweit; er geht nur in Höhe des Teils über, den er wegen der Krankheit bis zum Jahresende nicht nehmen konnte[1]. Auch hier gilt, dass der Wunsch des ArbN, den Urlaub nicht im Anschluss an seine Arbeitsunfähigkeit oder zum Jahresende zu nehmen, die Übertragung nicht rechtfertigt. Anders ist es, wenn nunmehr betriebl. Gründe für die Übertragung des Teils vorliegen, der noch verwirklicht werden könnte[2]. 83

Häufig sehen **TV** abweichende, für ArbN günstigere Übertragungsregelungen vor. 84

Im Unterschied zu Abs. 1 S. 1 trägt für das Vorliegen der Übertragungsvoraussetzungen der ArbN, der sich darauf beruft, dass sein Urlaub nicht am 31.12. des jeweiligen Urlaubsjahrs erloschen sei, die **Darlegungs- und Beweislast**. Da jedoch der ArbN regelmäßig die betriebl. Belange des ArbGeb nicht übersehen kann, wird es ausreichen, wenn der ArbN darlegt (und ggf. beweist), dass ihm unter Hinweis auf betriebl. Belange im Urlaubsjahr kein Urlaub gewährt worden sei. 85

c) Übertragungsvorgang. Für die Übertragung des Urlaubs kommt es allein auf das **Vorliegen der Merkmale** nach Abs. 3 S. 2 an. Es bedarf keiner weiteren Handlungen (Antrag, Vereinbarung) von ArbGeb oder ArbN, um die Übertragung zu bewirken. Das folgt daraus, dass der Gesetzgeber die Wirkungen der Befristung des Urlaubsanspruchs nicht eintreten lassen wollte, wenn die Voraussetzungen nach Abs. 3 S. 2 vorliegen. Damit hängt die Übertragung des Urlaubs am Jahresende allein davon ab, ob der Urlaub im Kalenderjahr aus den Gründen des Abs. 3 S. 2 nicht genommen werden konnte. Die Urlaubsübertragung ist demnach einem „Übertrag" in einer laufenden Rechnung vergleichbar[3]. 86

Der Übergang kraft Gesetzes vollzieht sich auch im Falle des § 17 BEEG[4] sowie des § 17 S. 2 MuSchG. 87

d) Urlaub im Übertragungszeitraum. Abs. 3 S. 3 bestimmt, dass der Urlaub im Übertragungszeitraum nicht nur **gewährt**, sondern auch **genommen** werden muss. Wird bis zum 31.3. (zB wegen Arbeitsunfähigkeit) nur noch ein Teil des übertragenen Urlaubs genommen, so erlischt der Rest[5], wenn nicht ein Ausnahmetatbestand vorliegt. 88

Soweit in der betriebl. Praxis gelegentlich davon abgewichen und der gesamte übertragene Urlaub gewährt wird, wenn er nur bis zum 31.3. angetreten werden kann, kommt eine **konkludente Vereinbarung** übergesetzl. Urlaubs in Betracht (s. Rz. 79). 89

Während des Übertragungszeitraums ist der Urlaub entsprechend dem Wunsch des ArbN zu gewähren; ein Leistungsverweigerungsrecht gem. Abs. 1 S. 1 steht dem ArbGeb nach dem klaren Wortlaut des Abs. 3 S. 3 im Übertragungszeitraum nicht zu. Hat der ArbN den Urlaub im Übertragungszeitraum rechtzeitig geltend gemacht, wird er aber nicht gewährt, kann er wiederum Schadensersatz gem. §§ 283, 280 I BGB verlangen (s. Rz. 142 ff.). 90

Gewährt der ArbGeb im Übertragungszeitraum Urlaub, trifft er aber keine **Leistungsbestimmung** („alter" oder „neuer" Urlaub), so wird gem. § 366 II BGB zunächst der übertragene („alte") Urlaubsanspruch erfüllt[6]. Beantragt der ArbN Gewährung des übertragenen Urlaubs, erteilt der ArbGeb aber ausdrücklich für diesen Zeitraum Urlaub zur Erfüllung des Anspruchs aus dem laufenden Kalenderjahr, steht dies einer Verweigerung des übertragenen Urlaubs gleich, so dass der ArbN nach dem Ablauf des Übertragungszeitraums und dem damit verbundenen Erlöschen des übertragenen Anspruchs Schadensersatz verlangen kann. 91

Wird der Urlaub nach der Rspr. des EuGH und des BAG (s. Rz. 74a) wegen lang andauernder Erkrankung über den 31.3. des Folgejahres übertragen, so gelten nach der Genesung die allg. Regeln: Der Urlaub muss in dem Jahr gewährt und genommen werden, in dem das Urlaubshindernis wegfällt, ansonsten erlischt er mit dem Ende dieses Jahres (s. Rz. 74h)[7]. 91a

- **Beispiel:** A ist vom 1.1.2011 bis 31.8.2013 arbeitsunfähig. Der Urlaub aus 2011 ist nach der 15-Monatsregel am 31.3.2013 erloschen. Die vier Wochen Urlaub aus 2012 muss A bis zum 31.12.2013 nehmen, sonst verfällt der Anspruch. Ein Leistungsverweigerungsrecht steht dem ArbGeb entsprechend § 7 III 3 nicht zu.

e) Übertragung von Teilurlaub nach § 5 I Buchst. a. Der Anspruch kann nach Abs. 3 S. 2 von Gesetzes wegen oder nach der Sonderregelung in Abs. 3 S. 4 auf Antrag des ArbN übertragen werden. Wegen der Einzelheiten s. § 5 Rz. 13 f. 92

---

1 BAG 24.11.1992 – 9 AZR 549/91, NZA 1993, 423. || 2 ErfK/*Gallner*, § 7 BUrlG Rz. 62. || 3 BAG 9.8.1994 – 9 AZR 384/92, AP Nr. 19 zu § 7 BUrlG. || 4 BAG 25.1.1994 – 9 AZR 312/92, AP Nr. 16 zu § 7 BUrlG. || 5 BAG 7.12.1993 – 9 AZR 683/92, AP Nr. 15 zu § 7 BUrlG. || 6 *Leinemann/Linck*, § 7 Rz. 129. || 7 BAG 9.8.2011 – 9 AZR 425/10.

93 **V. Abgeltung. 1. Rechtsnatur.** Nach der früher ständigen Rspr. des BAG war der Abgeltungsanspruch Ersatz („**Surrogat**") für den wegen Beendigung des ArbVerh noch bestehenden, nicht mehr realisierbaren Urlaubsanspruch[1]. Der wegen Beendigung des ArbVerh unmöglich werdende Anspruch auf Arbeitsbefreiung wurde nicht abgefunden, sondern in einen Abgeltungsanspruch umgewandelt[2].

94 Der EuGH hat in der Sache *Schultz-Hoff* entschieden, dass Art. 7 II RL 2003/88 vorsieht, dass der ArbN Anspruch auf eine finanzielle Vergütung hat; damit soll verhindert werden, dass einem ArbN, der wegen der Beendigung des ArbVerh nicht mehr freigestellt werden kann, jeder Genuss dieses Anspruchs, selbst in finanzieller Form, verwehrt wird[3].

95 Das **BAG** hat sich in Urt. v. 24.3.2009[4] dem angeschlossen und die Surrogatstheorie zunächst für die Fälle der andauernden Arbeitsunfähigkeit[5] und sodann generell aufgegeben[6]. Nunmehr gilt: Der Anspruch auf Urlaubsabgeltung entsteht mit dem Ende des ArbVerh als reiner Geldanspruch. Diese auf eine finanzielle Vergütung iSv. Art. 7 II der ArbeitszeitRL 2003/88/EG gerichtete Forderung bleibt in ihrem Bestand unberührt, wenn die Arbeitsunfähigkeit des ArbN bis zum Ende des Übertragungszeitraums am 31. März des dem Urlaubsjahr folgenden Jahres fortdauert[7].

96 Vom originären Abgeltungsanspruch nach Abs. 4 ist der **Schadensersatzanspruch** nach §§ 249 S. 1, 251 BGB zu unterscheiden, der einem ArbN zusteht, wenn der Urlaubsanspruch wegen Zeitablaufs untergegangen ist, der ArbGeb in Verzug gesetzt wurde und das ArbVerh sodann endet.

97 **2. Anspruchsvoraussetzungen. a) Beendigung des Arbeitsverhältnisses.** Der Abgeltungsanspruch entsteht mit der Beendigung des ArbVerh; die Art der Beendigung (Kündigung, Aufhebungsvertrag, Ablauf der Befristung, Eintritt der Bedingung[8], Anfechtung des Arbeitsvertrages, Erreichen der Altersgrenze[9]) ist nicht erheblich. Das gilt auch, wenn das ArbVerh im Anschluss an die Elternzeit nicht fortgesetzt wird[10]. Wenn das ArbVerh nach Eröffnung des Insolvenzverfahrens beendet worden ist, ist der Urlaubsabgeltungsanspruch nach Abs. 4 Masseverbindlichkeit iSv. § 55 I Nr. 2 Alt. 2 InsO[11].

98 Im **bestehenden Arbeitsverhältnis** kann der Urlaubsanspruch nicht wirksam abgegolten werden; dieses Verbot ist Abs. 4 sowie Art. 7 der RL 2003/88/EG zu entnehmen[12]. Die Möglichkeit einer grundlosen Umwandlung des Urlaubsanspruchs in einen Abgeltungsanspruch verstieße daneben mittelbar gegen § 1, weil es sich dabei im Erg. nur um den „**Abkauf**" von Urlaub handeln würde; sie ist gem. § 13 I 1 daher auch durch TV nicht zulässig, soweit der gesetzl. Mindesturlaub betroffen ist[13]. Zahlt der ArbGeb gleichwohl einen Geldbetrag, statt den ArbN freizustellen, wird der Urlaubsanspruch nicht erfüllt; der ArbN kann also weiterhin Freistellung verlangen[14]. Das gilt wegen § 13 I 3 auch, wenn der ArbN mit dieser Verfahrensweise zunächst einverstanden war. Die Geltendmachung des Freistellungsanspruchs nach Abschluss einer solchen Abgeltungsvereinbarung und Auszahlung des Abgeltungsbetrags ist auch dann nicht rechtsmissbräuchlich, wenn dem ArbGeb die Rückforderung der ohne Rechtsgrund geleisteten Abgeltung gem. §§ 814, 817 S. 2 BGB nicht möglich ist[15].

99 Zulässig ist es hingegen, im laufenden ArbVerh durch TV oder Arbeitsvertrag **nach Ende des Übertragungszeitraums** einen Abgeltungsanspruch anstelle des Urlaubsanspruchs zu schaffen. Hierdurch wird der ArbN im Vergleich zur gesetzl. Regelung besser gestellt, da ansonsten der Urlaubsanspruch ersatzlos unterginge[16]. Eine tarifvertragl. Regelung im Baugewerbe, nach der anstelle eines Anspruchs auf Urlaubsabgeltung der Anspruch auf Entschädigung durch eine gemeinsame Einrichtung der TV-Parteien tritt, ist ebenfalls wirksam; sie weicht nicht zuungunsten der ArbN von der gesetzl. Bestimmung des Abs. 4 ab[17].

100 Darüber hinaus kann **tarifl. Mehrurlaub** durch TV und einzelvertragl. Mehrurlaub durch arbeitsvertragl. Vereinbarung auch im bestehenden ArbVerh abgegolten werden. Auf einen tarifl. Anspruch kann hingegen nur nach den Maßgaben des § 4 IV 1 TVG verzichtet werden. Eine Vereinbarung, den tarifl. Urlaubsanspruch im bestehenden ArbVerh abzugelten, ist daher ohne Zustimmung der TV-Parteien unwirksam.

101 Endet das ArbVerh durch den **Tod des ArbN**, entsteht kein Abgeltungsanspruch. Mit dem Tod des ArbN erlischt zugleich mit der Beendigung des ArbVerh der Urlaubsanspruch, da eine Freistellung nicht mehr möglich ist. Ein Abgeltungsanspruch kann daher nicht mehr entstehen[18]. Das gilt auch, wenn der Urlaubsanspruch vom verstorbenen ArbN noch zu Lebzeiten rechtshängig gemacht wurde[19].

---

1 BAG 5.12.1995 – 9 AZR 871/94, NZA 1996, 594. ‖2 BAG 25.6.1996 – 9 AZR 182/95, NZA 1996, 1153. ‖3 EuGH 20.1.2009 – Rs. C-350/06, NZA 2009, 135 – Schultz-Hoff. ‖4 BAG 24.3.2009 – 9 AZR 983/07, NZA 2009, 538 ‖5 BAG 4.5.2010 – 9 AZR 183/09, NZA 2010, 1011 Rz. 18. ‖6 BAG 19.6.2012 – 9 AZR 652/10, NZA 2012, 1087. ‖7 BAG 4.5.2010 – 9 AZR 183/09, NZA 2010, 1011. ‖8 BAG 18.10.1990 – 8 AZR 490/89, AP Nr. 56 zu § 7 BUrlG Abgeltung. ‖9 BAG 21.4.1966 – 5 AZR 510/65, DB 1966, 1199. ‖10 BAG 23.4.1996 – 9 AZR 165/95, AP Nr. 6 zu § 17 BErzGG. ‖11 BAG 25.3.2003 – 9 AZR 174/02, NZA 2004, 43. ‖12 BAG 22.10.1987 – 8 AZR 171/86, AP Nr. 38 zu § 7 BUrlG Abgeltung; EuGH 6.4.2006 – Rs. C-124/05, NZA 2006, 719. ‖13 *Leinemann/Linck*, § 13 Rz. 85. ‖14 *Leinemann/Linck*, § 7 Rz. 198. ‖15 KassHdb/*Schütz*, 2.4. Rz. 445. ‖16 BAG 3.5.1994 – 9 AZR 522/92, AP Nr. 64 zu § 7 BUrlG Abgeltung. ‖17 BAG 26.6.2001 – 9 AZR 347/00, DB 2002, 383; vgl. aber BAG 15.1.2013 – 9 AZR 465/11, ZTR 2013, 393. ‖18 BAG 23.6.1992 – 9 AZR 111/91, AP Nr. 59 zu § 7 BUrlG; 20.9.2011 – 9 AZR 416/10. ‖19 BAG 12.3.2013 – 9 AZR 532/11, NZA 2013, 678.

Nach der Schultz-Hoff-Entscheidung des EuGH mehren sich Stimmen, dass sich ein beim Tod des ArbN bestehender Urlaubsanspruch in einen vererblichen Abgeltungsanspruch wandele[1]. Das BAG hält jedoch mit zutreffenden Argumenten an seiner Rspr. fest[2]. Zur Vererblichkeit des Abgeltungsanspruchs s. Rz. 118.

b) Bestehen eines Urlaubsanspruchs. Ein Abgeltungsanspruch entsteht nur, wenn der ArbN bei der Beendigung des ArbVerh einen noch **nicht erfüllten Urlaubsanspruch** hat. Das ist zB nicht der Fall, wenn der ArbN mit dem Ende des Urlaubsjahrs oder des Übertragungszeitraums ausscheidet und der nicht genommene Urlaub wegen Fristablaufs erlischt[3]. 102

c) Erfüllbarkeit. Nach der früheren Rspr. konnte Abgeltung nur verlangt werden, wenn und soweit der ArbN im hypothetisch fortbestehenden ArbVerh Freistellung hätte verlangen können. 103

Nach der Änderung der Rspr. ist der Abgeltungsanspruch ein reiner Geldanspruch; ob der ArbN bei Beendigung des ArbVerh arbeitsfähig ist und bleibt, ist unerheblich[4]. 104

Einstweilen frei. 105–108

d) Entstehung von Gesetzes wegen. Der noch nicht erfüllte Urlaubsanspruch des ArbN wandelt sich mit der Beendigung des ArbVerh in den Abgeltungsanspruch um, ohne dass es **weiterer Handlungen** des ArbGeb oder des ArbN bedarf[5]. 109

Der Anspruch auf Abgeltung des gesetzl. Mindesturlaubs entsteht auch ohne vorherige Geltendmachung des Freistellungsanspruchs bei Beendigung des ArbVerh. 110

Der **Zusatzurlaub für Schwerbehinderte** entsteht auch dann, wenn der Schwerbehinderte erstmals nach Beendigung des ArbVerh auf seine Schwerbehinderung hinweist[6]. 111

3. Inhalt des Abgeltungsanspruchs. a) Allgemeines. Abs. 4 ist ein im BUrlG besonders geregelter Fall der **Leistungsstörung**; die Norm verdrängt die bürgerl.-rechtl. Vorschriften, die ansonsten bei Unmöglichwerden von Leistungen eingreifen. Die Erfüllung des eigentlichen Urlaubsanspruchs durch Freistellung ist wegen der Beendigung des ArbVerh nicht mehr möglich. An dessen Stelle tritt als Sekundäranspruch die Abgeltung. 112

b) Befristung. Der Abgeltungsanspruch war nach der früheren Rspr. des BAG wie der Urlaubsanspruch auf das Urlaubsjahr oder ggf. auf den Übertragungszeitraum befristet; mit **Fristablauf erlosch** er[7]. 113

Nach der Änderung der Rspr.[8] ist der Abgeltungsanspruch nicht mehr gesetzlich befristet. Stattdessen gelten Verjährungsfrist und ggf. Ausschlussfristen (s. Rz. 124 ff). 114

Einstweilen frei. 115

c) Berechnung. Die Berechnung des Abgeltungsbetrags für jeden abzugeltenden Urlaubstag richtet sich nach § 11 (s. § 11 Rz. 3 ff.). Er entspricht dem Arbeitsentgelt, das dem ArbN während einer urlaubsbedingten Freistellung im Falle des Fortbestands des ArbVerh fortzuzahlen gewesen wäre[9]. 116

Streitig ist die Berechnung des Abgeltungsanspruchs, wenn sich die Dauer der **Arbeitszeit** (genauer: Die Zahl der Arbeitstage, an denen in der Woche Arbeit zu leisten ist) im Laufe des Urlaubsjahrs bzw. im Übertragungszeitraum **geändert** hat. Es gilt auch hier der Grundsatz, dass der gesetzl. Urlaub in Werktagen bemessen ist und sich deshalb die individuelle Urlaubsdauer nicht nach bereits erbrachten Arbeitsleistungen oder nach bereits erledigten Verteilungen der Arbeitszeit, sondern nach der im Urlaubs- bzw. Abgeltungszeitraum **maßgeblichen Arbeitszeitverteilung**, also der vom ArbN an seinen Arbeitstagen zu erbringenden Arbeitsleistung, richtet (s. ausf. § 3 Rz. 33)[10]. Das gilt entsprechend für den Übertragungszeitraum, so dass sich die Zahl der Urlaubs(Arbeits-)tage nach den Verhältnissen im Übertragungszeitraum richtet[11]. Zu den unionsrechtlich gebotenen Ausnahmen s. § 3 Rz. 37 ff. 117

4. Vererblichkeit, Pfändbarkeit, Abtretung und Aufrechnung. Ein bereits entstandener Abgeltungsanspruch erlischt entgegen der früheren Rspr. des BAG[12] nicht mit dem **Tod des ArbN**, da es auf die Erfüllbarkeit eines hypothetischen Freistellungsanspruchs nicht mehr ankommt[13]. Das gilt sowohl für den gesetzl. als auch für einen tarifl. Abgeltungsanspruch, sofern der TV keine abweichenden Regelungen zur Abgeltung enthält. 118

---

1 LAG Hamm 22.4.2010 – 16 Sa 1502/09, NZA 2011, 106; AnwK-ArbR/*Düwell*, § 7 BUrlG Rz. 141; *Polzer*, Die Befristung des Urlaubsanspruchs auf das Kalenderjahr, 2011, S. 196 ff.; *Jesgarzewski*, BB 2012, 1347. ‖2 BAG 12.3.2013 – 9 AZR 532/11, NZA 2013, 678. ‖3 BAG 7.12.1993 – 9 AZR 683/92, AP Nr. 15 zu § 7 BUrlG; 12.3.2013 – 9 AZR 292/11, ZTR 2013, 316. ‖4 BAG 4.5.2010 – 9 AZR 183/09, NZA 2010, 1011. ‖5 BAG 19.1.1993 – 9 AZR 8/92, AP Nr. 63 zu § 7 BUrlG Abgeltung. ‖6 BAG 25.6.1996 – 9 AZR 182/95, AP Nr. 11 zu § 47 SchwbG 1986. ‖7 BAG 28.6.1984 – 6 AZR 521/81, NZA 1985, 28. ‖8 BAG 19.6.2012 – 9 AZR 652/10, NZA 2012, 1087. ‖9 BAG 17.11.1985 – 6 AZR 202/83, AP Nr. 24 zu § 7 BUrlG Abgeltung. ‖10 BAG 28.4.1998 – 9 AZR 314/97, AP Nr. 7 zu § 3 BUrlG; aA ErfK/*Gallner*, § 7 BUrlG Rz. 41. ‖11 BAG 28.4.1998 – 9 AZR 314/97, AP Nr. 7 zu § 3 BUrlG. ‖12 BAG 22.10.1991 – 9 AZR 433/90, AP Nr. 57 zu § 7 BUrlG Abgeltung. ‖13 AnwK-ArbR/*Düwell*, § 7 BUrlG Rz. 141; *Polzer*, Die Befristung des Urlaubsanspruchs auf das Kalenderjahr, 2011, S. 196 ff.; ErfK/*Gallner*, § 7 BUrlG Rz. 81; offengelassen BAG 20.9.2011 – 9 AZR 416/10, NZA 2012, 326.

119, 120 Einstweilen frei.

121 Stellt dagegen die **tarifl. Abgeltungsregelung** entsprechend der früheren Rspr. darauf ab, ob der ArbN bei Ausscheiden oder danach arbeitsfähig und arbeitsbereit ist, so schuldet der ArbGeb Abgeltung des tarifl. Mehrurlaubs nur bei hypothetischer Erfüllbarkeit des Urlaubsanspruchs.

122 In einem TV kann statt der Abgeltung auch eine **Ersatzleistung** an die Hinterbliebenen für einen mit dem Tode des ArbN erloschenen Urlaubsanspruch vorgesehen werden. Dies ist der Fall, wenn die tarifl. Leistung gerade an den Tod des ArbN und in diesem Zeitpunkt noch nicht erfüllte Urlaubsansprüche anknüpft[1].

123 Für **Abtretung, Aufrechnung und Pfändung** gelten dieselben Grundsätze wie für den Urlaubsentgeltanspruch. Es sind daher nur die Grenzen des § 850c ZPO zu beachten[2]. Für die Berechnung des pfändungsfreien Betrags gilt, dass der Abgeltungsbetrag mit seinem Entstehen und seiner Erfüllbarkeit insg. fällig wird, auch wenn die Abgeltung für einen über eine Woche hinausgehenden Zeitraum zu gewähren ist (zB: Es sind drei Wochen Urlaub abzugelten); damit kommt eine Aufteilung des unpfändbaren Betrags auf kürzere Berechnungseinheiten nicht in Betracht[3].

124 5. **Verjährung, Verfall, Abdingbarkeit.** a) **Verjährung.** Der gesetzl. Abgeltungsanspruch unterliegt als reiner Geldanspruch der Verjährung des § 195 BGB. Er entsteht mit dem Ende des ArbVerh, so dass ab diesem Zeitpunkt auch bei anhaltender Arbeitsunfähigkeit die Verjährungsfrist beginnen kann, § 199 I Nr. 1 BGB.

125 b) **Ausschlussfristen.** Nach der früheren Rspr. war eine tarifl. Ausschlussklausel auch hinsichtlich des Abgeltungsanspruchs unwirksam[4].

126 Nachdem nunmehr der Abgeltungsanspruch als reiner Geldanspruch behandelt wird, kann er einer tarifl. Ausschlussklausel unterworfen werden[5]. Dies ist mit Unionsrecht vereinbar, da der EuGH betont, dass Unionsrecht nicht den ArbN schützt, der seinen Anspruch realisieren könnte, aber untätig bleibt[6]. Der vom EuGH aufgestellte Rechtssatz, dass die Dauer des Übertragungszeitraums, innerhalb dessen der Urlaubsanspruch bei durchgängiger Arbeitsunfähigkeit nicht verfallen kann, die Dauer des Bezugszeitraums deutlich übersteigen muss, ist auf die Mindestlänge einer tarifl. Ausschlussfrist für die Geltendmachung des Anspruchs auf Urlaubsabgeltung nicht übertragbar. Solche Ausschlussfristen können deutlich kürzer als ein Jahr sein[7].

127 Dies gilt auch für den Zusatzurlaub nach § 125 SGB IX[8].

128 Durch **einzelvertraglich vereinbarte Ausschlussfristen** werden gesetzl. oder tarifl. Abgeltungsansprüche nicht berührt, § 13 I 3 bzw. § 4 IV TVG[9].

129 c) **Abdingbarkeit, Verzicht.** Die gesetzl. Regelung ist auch für die TV-Parteien zu Gunsten des ArbN unabdingbar iSv. § 13 I 1[10]. Zum **Nachteil der ArbN** kann daher von der Bestimmung des Abs. 4 in TV nicht abgewichen werden.

130 Eine tarifl. Regelung, nach der Abgeltungsansprüche nur entstehen, wenn der Urlaub vor Beendigung des ArbVerh aus **betrieblichen Gründen** nicht gewährt werden konnte, ist unwirksam, soweit durch sie der Abgeltungsanspruch im Umfang des gesetzl. Urlaubs nach §§ 1, 3 gemindert wird[11].

131 Durch eine tarifl. Regelung kann der gesetzl. Abgeltungsanspruch eines ArbN, der **nach erfüllter Wartefrist** unberechtigt vorzeitig aus dem ArbVerh ausscheidet, nicht ausgeschlossen werden; das gilt auch dann, wenn der ArbN nach erfüllter Wartefrist in der ersten Hälfte eines Kalenderjahres aus dem ArbVerh ausscheidet[12].

132 **Nach Entstehung** des gesetzl. Abgeltungsanspruchs kann der ArbN hierauf wirksam verzichten. Gem. § 13 I 3 BUrlG kann von § 7 IV 4 zwar nicht zu Ungunsten des ArbN abgewichen werden. Jedoch hindert diese Regelung nur einzelvertragl. Abreden, die das Entstehen von Abgeltungsansprüchen ausschließen. Hatte der ArbN die Möglichkeit, Urlaubsabgeltung in Anspruch zu nehmen und sieht er davon ab, steht auch Unionsrecht einem Verzicht nicht entgegen[13].

133 VI. **Leistungsstörungen, Schadensersatz. 1. Übersicht.** Auf Leistungsstörungen im Urlaubsrecht (Verzug, Unmöglichkeit) findet grds. das **allg. Schuldrecht** des BGB Anwendung. Abs. 3 S. 2 und insb. § 9 enthalten jedoch Sonderregelungen. Zudem ist auf die Vereinbarkeit des Leistungsstörungsrechts mit Unionsrecht zu achten.

---

1 BAG 26.4.1990 – 8 AZR 517/89, AP Nr. 53 zu § 7 BUrlG Abgeltung. ‖ 2 BAG 28.8.2001 – 9 AZR 611/99, AP Nr. 80 zu § 7 BUrlG Abgeltung. ‖ 3 *Leinemann/Linck*, § 7 Rz. 224. ‖ 4 BAG 23.4.1996 – 9 AZR 165/95, AP Nr. 6 zu § 17 BErzGG. ‖ 5 BAG 9.8.2011 – 9 AZR 352/10. ‖ 6 EuGH 22.4.2010 – Rs. C-486/08, NZA 2010, 557 – Tirol. ‖ 7 BAG 13.12.2011 – 9 AZR 399/10, NZA 2012, 514. ‖ 8 BAG 13.12.2011 – 9 AZR 399/10, NZA 2012, 514. ‖ 9 BAG 5.4.1984 – 6 AZR 443/81, AP Nr. 16 zu § 13 BUrlG. ‖ 10 BAG 5.12.1995 – 9 AZR 871/94, AP Nr. 70 zu § 7 BUrlG Abgeltung. ‖ 11 BAG 10.2.1987 – 8 AZR 529/84, AP Nr. 16 zu § 13 BUrlG Unabdingbarkeit. ‖ 12 BAG 18.6.1980 – 6 AZR 328/78, DB 1980, 2197. ‖ 13 BAG 14.5.2013 – 9 AZR 844/11.

a) Verzug. Da der Urlaubsanspruch mit Ablauf der Wartezeit entstanden und fällig ist bzw. mit Beginn des jeweiligen Urlaubsjahres entsteht und fällig wird (s. § 1 Rz. 13), gerät der ArbGeb, der den beantragten Urlaub ohne Leistungsverweigerungsrecht nicht gewährt, gem. § 286 I BGB in **Schuldnerverzug**. Die Aufforderung des ArbN an den ArbGeb, ihm für einen bestimmten Zeitraum Urlaub zu gewähren („Urlaubsantrag"), ist eine Mahnung iSv. § 286 I BGB[1]. Hieran fehlt es, wenn der ArbN nur die „Abrechnung" seines Anspruchs verlangt[2]. Durch die Erhebung einer **Kündigungsschutzklage** wird der ArbGeb hinsichtlich des Urlaubsanspruchs ebenfalls nicht in Verzug gesetzt[3].

Der ArbGeb gerät nicht bereits deshalb in Verzug, weil er nicht von sich aus Urlaub gewährt oder zumindest angeboten hat. Der ArbGeb als Schuldner des Urlaubsanspruchs kann zwar seine Verpflichtung auch ohne Mahnung des ArbN erfüllen. Er muss den Anspruch aber nicht erfüllen, bevor er vom ArbN als Gläubiger des Freistellungsanspruchs dazu aufgefordert worden ist[4].

Wenn ein ArbN erstmals **Zusatzurlaub** nach § 125 SBG IX verlangt, muss er ihn ggü. dem ArbGeb ausdrücklich geltend machen, dh. er muss sich auf seine Schwerbehinderteneigenschaft berufen und außerdem verlangen, dass der ArbGeb ihm Zusatzurlaub gewährt, und zwar für ein bestimmtes Urlaubsjahr[5].

Will ein **streikender ArbN** mit seinem Urlaubsbegehren den ArbGeb in Verzug setzen, muss er nicht nur erklären, dass er für die Dauer der gewünschten Urlaubsfestsetzung nicht mehr am Streik teilnehmen, sondern auch die während des Streiks suspendierte Arbeitspflicht wieder erfüllen wird[6].

b) Unmöglichkeit. Wegen der gesetzl. **Befristung** des Urlaubsanspruchs auf das Kalenderjahr bzw. den Übertragungszeitraum (s. Rz. 70 ff.) erlischt der Urlaubsanspruch mit Ablauf der Befristung; seine Erfüllung wird damit rechtl. unmöglich iSv. § 275 I BGB. Hat der ArbGeb die Unmöglichkeit zu vertreten, kann der ArbN Schadensersatz gem. §§ 280 I und III, 283 BGB verlangen.

2. Von keiner Vertragspartei zu vertretende Unmöglichkeit. a) Arbeitsunfähigkeit. Ist wirksam Urlaub gewährt worden, wird der ArbN aber danach vor oder während des Urlaubs arbeitsunfähig krank, kann der **Leistungserfolg** nicht eintreten; Arbeitsunfähigkeit und Urlaub schließen sich gegenseitig aus, da der ArbN bereits wegen der Arbeitsunfähigkeit seine Arbeitsleistung nicht erbringen muss und deshalb nicht zur Erfüllung des Urlaubsanspruchs von der Arbeitsleistung freigestellt werden kann. Soweit der ArbGeb die Arbeitsunfähigkeit nicht zu vertreten hat, würde er gem. § 275 I BGB von der Leistung frei. Für die auf krankheitsbedingter Arbeitsunfähigkeit beruhende Unmöglichkeit enthält jedoch § 9 eine **Sonderregelung** zu § 275 I BGB. Legt der ArbN ein ärztliches Attest vor, entsteht nach § 9 ein Anspruch auf Nachgewährung des Urlaubs im laufenden Kalenderjahr bzw. im Übertragungszeitraum. Der ArbGeb wird wieder Schuldner des nicht erfüllten Anspruchs und muss ihn nach den Regeln der Abs. 1 und 2 erneut erteilen (§ 9 Rz. 15 ff.)[7].

Wird der ArbN krank, **bevor Urlaub erteilt** worden ist, kann der Urlaub während der Zeit der Arbeitsunfähigkeit nicht wirksam verlangt oder gewährt werden. Bleibt der ArbN bis zum Ablauf des Urlaubsjahres krank, wird der Urlaub gem. Abs. 3 übertragen. Gesundet er auch bis zum Ablauf des Übertragungszeitraums – 31.3. des Folgejahres – nicht, so erlischt der Urlaubsanspruch spätestens am 31.3. des übernächsten Jahres[8] (s. Rz. 74a).

b) Sonstige Fälle der nicht zu vertretenden Unmöglichkeit. Kommt es nach der Urlaubsgewährung, aber vor dem Antritt des Urlaubs aus anderen Gründen zu einer **Befreiung von der Arbeitspflicht**, kann der Leistungserfolg ebenso wenig eintreten. Da der Urlaubsanspruch sich auf den Zeitraum, für den er erteilt wurde, konkretisiert, § 243 II BGB, wird der ArbGeb nach der bisherigen Rspr. des BAG von der Pflicht zur Urlaubsgewährung nach § 275 I BGB frei, dh. der Urlaubsanspruch geht ersatzlos unter[9]. Dies gilt zB für den Fall, dass nach Urlaubserteilung in den Urlaubszeitraum durch BV eine **Freischicht** gelegt wird[10], **Kurzarbeit „Null"** stattfindet[11] – sofern der ArbGeb die Kurzarbeit nicht zu vertreten hat (zur Berechnung der Urlaubsvergütung s. § 11 Rz. 44) – oder dass während der vorgesehenen Urlaubszeit ein schwangerschaftsbedingtes **Beschäftigungsverbot** besteht[12]. Eine entsprechende Anwendung von § 9 ist in diesen Fällen nicht möglich. Grds. fallen die urlaubsstörenden Ereignisse in den Risikobereich des ArbN. Nur wenn besondere Vorschriften wie § 9 andere Rechtsfolgen anordnen, gilt die allg. Gefahrtragungsregelung nicht, so dass der Urlaub nachgewährt werden muss[13]. Eine derartige Sonderregelung enthält § 3 THW-Helferrechtsgesetz: Zur Vermeidung einer Benachteiligung sind die Tage, an denen ein ehrenamtlicher Helfer des THW während der Dauer seines Erholungsurlaubs zu einem Ein-

---

[1] Vgl. BAG 24.9.1996 – 9 AZR 364/95, AP Nr. 22 zu § 7 BUrlG. ‖ [2] BAG 19.4.1994 – 9 AZR 671/92, nv. ‖ [3] BAG 17.1.1995 – 9 AZR 664/93, AP Nr. 66 zu § 7 BUrlG Abgeltung. ‖ [4] BAG 23.6.1992 – 9 AZR 57/91, AP Nr. 22 zu § 1 BUrlG. ‖ [5] BAG 26.6.1986 – 8 AZR 75/83, AP Nr. 5 zu § 44 SchwbG. ‖ [6] BAG 24.9.1996 – 9 AZR 364/95, AP Nr. 22 zu § 7 BUrlG. ‖ [7] BAG 19.3.1996 – 9 AZR 67/95, AP Nr. 13 zu § 9 BUrlG. ‖ [8] BAG 24.3.2009 – 9 AZR 983/07, NZA 2009, 538; 7.8.2012 – 9 AZR 353/10, NZA 2012, 1216. ‖ [9] BAG 9.8.1994 – 9 AZR 384/92, AP Nr. 19 zu § 7 BUrlG. ‖ [10] BAG 15.6.1993 – 9 AZR 65/90, AP Nr. 3 zu § 1 BildungsurlaubsG NRW. ‖ [11] Vgl. hierzu EuGH 8.11.2012 – Rs. C-229/11 und C-230/11, NZA 2012, 1273 – Heimann, Toltschin. ‖ [12] BAG 9.8.1994 – 9 AZR 384/92, AP Nr. 19 zu § 7 BUrlG. ‖ [13] BAG 9.6.1988 – 8 AZR 755/85, AP Nr. 10 zu § 9 BUrlG; 9.8.1994 – 9 AZR 384/92, AP Nr. 19 zu § 7 BUrlG.

satz herangezogen wird, nicht auf den Urlaubsanspruch anzurechnen. Der herangezogene Helfer hat gegen seinen ArbGeb Anspruch auf erneute Gewährung[1].

141a Zweifelhaft ist, ob diese – nach den Regeln des deutschen Leistungsstörungsrechts konsequente – Rspr. in den Fällen des schwangerschaftsbedingten Beschäftigungsverbots mit Unionsrecht vereinbar ist; dies müsste angesichts der Auslegung der RL 2003/88 durch den EuGH[2] ggf. durch ein Vorabentscheidungsverfahren geklärt werden.

142 **3. Vom Arbeitgeber zu vertretende Unmöglichkeit. a) Urlaub.** Wegen der Befristung des Urlaubs tritt die rechtl. Unmöglichkeit der Erfüllung des Urlaubsanspruchs auch dann ein, wenn der ArbN den Urlaub verlangt bzw. gerichtlich geltend gemacht hat. Allerdings gerät der ArbGeb durch die Geltendmachung nach § 286 I BGB in Verzug. Tritt im **Stadium des Schuldnerverzugs** Unmöglichkeit ein, so haftet der ArbGeb gem. § 287 S. 2 BGB auch ohne eigenes Verschulden[3]. Grds. ist die verzugsbegründende wirksame Geltendmachung eines Urlaubsanspruches nur möglich, wenn dieser bereits entstanden ist. Eine Geltendmachung von Urlaubsansprüchen für spätere Jahre durch eine Kündigungsschutzklage ist danach untauglich, weil der Urlaubsanspruch zum Zeitpunkt der Klageerhebung noch nicht entstanden war[4]. Anders ist es jedoch, wenn ein ArbN seinen Jahresurlaub beantragt, im unmittelbaren Anschluss daran neuen Erholungsurlaub begehrt und sich diese beantragte Gesamturlaubszeit über die Jahreswende erstreckt[5].

143 Nach §§ 280 I und III, 283, 275 I BGB steht dem ArbN statt des erloschenen Urlaubsanspruchs ein Schadensersatzanspruch zu. Nach § 249 BGB schuldet der ArbGeb Naturalrestitution; an die Stelle des ursprünglichen Urlaubsanspruchs tritt ein **(Ersatz-)Urlaubsanspruch** in gleicher Höhe, so dass sich nur der Rechtsgrund, nicht aber der Inhalt des Anspruchs verändert[6]. Der Schadensersatzanspruch unterliegt weder der gesetzl. noch einer etwaigen tarifl. Befristung[7].

144 Kann Urlaub, der als Schadensersatz für verfallenen Urlaub geschuldet wird, wegen Beendigung des ArbVerh nicht mehr gewährt werden, ist der ArbN **in Geld zu entschädigen**, § 251 BGB[8].

145 **b) Urlaubsabgeltung.** Wie beim Urlaubsanspruch kam nach der früheren Rspr. auch anstelle des erloschenen Abgeltungsanspruchs ein Schadensersatzanspruch in Betracht. Für einen solchen Anspruch war erforderlich, dass der aus dem ArbVerh ausgeschiedene ArbN jedenfalls für die Dauer des ihm ursprünglich zustehenden Urlaubsanspruchs arbeitsfähig war und den Abgeltungsanspruch ggü. seinem früheren ArbGeb ohne Erfolg geltend gemacht, ihn also in Verzug gesetzt hat[9]. Da der Abgeltungsanspruch nach neuerer Ansicht nicht mehr befristet ist (s. Rz. 113), erlischt er nicht durch Ablauf einer gesetzl. Frist, so dass ein Schadensersatzanspruch statt der Leistung (§ 283 BGB) nicht entsteht.

146 **c) Schadensersatz im Kündigungsfall.** Da die Grundsätze der Befristung des Urlaubsanspruchs auch gelten, wenn in einem **Kündigungsrechtsstreit** über den Bestand des ArbVerh gestritten wird, muss der ArbN seinen Urlaubsanspruch für Zeiten nach Ablauf der Kündigungsfrist während des Rechtsstreits geltend machen, um im Falle des Obsiegens Schadensersatz fordern zu können. Die **Erhebung der Kündigungsschutzklage** beinhaltet nicht die Geltendmachung des Urlaubsanspruchs und begründet keinen Schuldnerverzug[10]. Begehrt der ArbN Urlaub für einen konkreten Zeitraum, bedarf es gem. § 286 II Nr. 1 BGB keiner Mahnung, um den Schuldnerverzug des ArbGeb zu begründen. Verlangt der ArbN dagegen (zB in der Kündigungsschutzklage) unspezifiziert Urlaub, gerät der ArbGeb erst nach Mahnung in Verzug, § 286 I BGB, es sei denn, der ArbGeb stellt nach einer von ihm erklärten Kündigung den Bestand des ArbVerh in Abrede und erteilt trotz entsprechender Aufforderung des ArbN den verlangten Urlaub nicht[11], § 286 II Nr. 3 BGB.

Das Erlöschen des Urlaubsanspruchs tritt unabhängig vom Ausgang des Kündigungsschutzprozesses mit Ablauf des Urlaubsjahres (ggf. des Übertragungszeitraums) ein. Einigen sich die Parteien nach Erhebung einer Kündigungsschutzklage des ArbN in einem Vergleich über eine rückwirkende Auflösung des ArbVerh, ist der Abgeltungsanspruch bereits mit dem vereinbarten Ende des ArbVerh entstanden.

147 Der ArbGeb kann das Entstehen von **Schadensersatzansprüchen** in dieser Situation nach der bisherigen Rspr. **vermeiden**, indem er den verlangten Urlaub „erteilt", dh. eine Freistellungserklärung für den Fall des Fortbestandes des ArbVerh abgibt, mit der Zahlung der Urlaubsvergütung aber wartet, bis über die Wirksamkeit der Kündigung entschieden wurde[12]. Ungeklärt ist, ob dies angesichts der vom

---

1 BAG 10.5.2005 – 9 AZR 251/04, AP Nr. 4 zu § 8 BUrlG. ‖2 EuGH 20.1.2009 – Rs. C-350/06, NZA 2009, 135 – Schultz-Hoff. ‖3 BAG 24.9.1996 – 9 AZR 364/95, AP Nr. 22 zu § 7 BUrlG; aA Polzer, Die Befristung des Urlaubsanspruchs auf das Kalenderjahr, 2011, S. 142ff. ‖4 BAG 1.12.1983 – 6 AZR 299/80, NZA 1984, 194. ‖5 BAG 11.4.2006 – 9 AZR 523/05, AP Nr. 28 zu § 7 BUrlG Übertragung. ‖6 BAG 7.11.1985 – 6 AZR 169/84, AP Nr. 16 zu § 3 BUrlG Rechtsmissbrauch. ‖7 BAG 11.4.2006 – 9 AZR 523/05, AP Nr. 28 zu § 7 BUrlG Übertragung. ‖8 BAG 26.6.1986 – 8 AZR 75/83, AP Nr. 5 zu § 44 SchwbG. ‖9 BAG 22.10.1991 – 9 AZR 433/90, AP Nr. 57 zu § 7 BUrlG Abgeltung. ‖10 BAG 17.1.1995 – 9 AZR 664/93, AP Nr. 66 zu § 7 BUrlG Abgeltung. Von der im Urt. v. 13.12.2011 – 9 AZR 420/10, Rz. 46 erwogenen Änderung der Rspr. hat das BAG inzwischen Abstand genommen, BAG 14.5.2013 – 9 AZR 760/11, DB 2013, 2155, Rz. 13. ‖11 BAG 14.5.2013 – 9 AZR 760/11, DB 2013, 2155. ‖12 Leinemann/Linck, § 1 Rz. 75.

EuGH entwickelten Doktrin der „zwei Aspekte desselben Anspruchs" aufrecht erhalten werden kann (s. § 1 Rz. 7).

4. Vererblichkeit des Schadensersatzanspruchs. Streitig war bisher, in welchen Fällen ein Schadensersatzanspruch vererblich ist[1]. 148

Ein zu Lebzeiten des ArbN entstandener **Ersatzurlaubsanspruch** (s. Rz. 143) kann ebenso wenig vererbt werden wie der eigentliche Urlaubsanspruch, da auch er die Freistellung des ArbN zum Inhalt hat, § 249 BGB. 149

In Betracht kommt jedoch ein **Schadensersatzanspruch** in Geld gem. § 251 I BGB. Diese Norm erfasst den Anwendungsbereich des § 275 I BGB[2]. Maßgeblicher Zeitpunkt für die Unmöglichkeit ist die letzte mündliche Verhandlung[3]. Ist zu diesem Zeitpunkt die Erfüllung des Ersatzurlaubsanspruchs wegen des Todes des ArbN unmöglich geworden, können die Erben Entschädigung in Geld verlangen. 150

Das Problem eines Schadensersatzanspruchs anstelle der Abgeltung hat sich mit der Aufgabe der Surrogatstheorie erledigt. 151

5. Verjährung, Verfall, Abdingbarkeit des Schadensersatzanspruchs. a) Verjährung. Schadensersatzansprüche statt des Urlaubs unterliegen der **regelmäßigen Verjährung** nach § 195 iVm. § 199 BGB (drei Jahre ab Schluss des Jahres, in dem der Anspruch entstanden ist, wenn der ArbN die anspruchsbegründenden Umstände kennt oder grob fahrlässig nicht kennt)[4]. 152

b) Verfall. Tarifl. Ausschlussfristen können Schadensersatzansprüche statt des Urlaubs umfassen[5]. § 13 I 1 steht dem nicht entgegen, da es sich nicht um einen Anspruch aus dem BUrlG handelt, sondern um einen **Sekundäranspruch** aus dem Leistungsstörungsrecht des BGB. 153

Zur Wahrung einer **ein- oder zweistufigen Ausschlussfrist** genügt regelmäßig die schriftl. Aufforderung (und anschließende Klage) des ArbN, Urlaub zu gewähren. Der Schadensersatzanspruch muss nicht noch einmal als solcher nach seiner Entstehung geltend gemacht werden. Wird der Schuldner einmal gemahnt und damit darauf hingewiesen, dass er zukünftig mit einer Forderung rechnen muss, genügt die Mahnung oder Klage auf Erfüllung von Urlaub den Anforderungen an die tarifl. Ausschlussfrist auch im Bezug auf Ersatzansprüche[6]. Soweit die Entstehung von Urlaubsansprüchen während eines laufenden Kündigungsschutzprozesses von dessen Ausgang abhängt, ist zu beachten, dass aus verfassungsrechtl. Gründen eine gesonderte Leistungsklage auf Gewährung von Ersatzurlaub auch dann nicht erforderlich ist, wenn ein TV das bestimmt[7]. 154

c) Abdingbarkeit. Da Schadensersatzansprüche nicht von § 13 I erfasst sind, kann auf sie rechtswirksam **verzichtet** werden. Sie können also – anders als der Primäranspruch auf Urlaub – insb. Gegenstand einer allg. Ausgleichsklausel sein oder in einem **gerichtlichen Vergleich** sein. Dies gilt regelmäßig auch für tarifl. Mehrurlaubsansprüche; von § 4 IV TVG wird nur der Urlaubsanspruch erfasst, nicht aber der Sekundäranspruch auf Schadensersatz. Das bedeutet für die arbeitsgerichtl. Praxis, dass zum Zeitpunkt des Vergleichsschlusses darauf geachtet werden muss, ob der Primäranspruch bereits durch Zeitablauf erloschen ist und deshalb nur noch ein Schadensersatzanspruch in Betracht kommt. 155

8 Erwerbstätigkeit während des Urlaubs

Während des Urlaubs darf der Arbeitnehmer keine dem Urlaubszweck widersprechende Erwerbstätigkeit leisten.

I. Zweck der Vorschrift, Anwendungsbereich. Durch § 8 wird dem ArbN eine gesetzl. bedingte Pflicht aus seinem ArbVerh auferlegt, während des Urlaubs jedenfalls **urlaubszweckwidrige Tätigkeiten gegen Entgelt** zu unterlassen, gleichgültig, ob sie in einem Arbeits- oder einem anderen Vertragsverhältnis ausgeübt werden[8]. Der ArbN soll während der Freizeit dem Erholungszweck entsprechend seine Kräfte auffrischen und nicht seine Arbeitskraft anderweitig „vermarkten". Zugunsten des ArbGeb soll gewährleistet werden, dass die kostenträchtige Freistellung wirklich dem Urlaubszweck dient und nicht die Leistungsfähigkeit des ArbN beeinträchtigt[9]. 1

Das Verbot bezieht sich nicht auf den mit Beendigung des ArbVerh entstehenden Urlaubsabgeltungsanspruch. Der ArbN kann daher trotz Zahlung einer Urlaubsabgeltung im Anschluss an das bisherige ArbVerh sofort ein neues ArbVerh eingehen[10]. 2

§ 8 findet keine Anwendung, wenn der ArbN **berechtigterweise** auch sonst während des ArbVerh einer anderweitigen Erwerbstätigkeit nachgeht, zB in einem (weiteren) TeilzeitArbVerh oder in einer Nebenerwerbslandwirtschaft[11]. 3

---

1 S. BAG 19.11.1996 – 9 AZR 376/95, AP Nr. 71 zu § 7 BUrlG Abgeltung einerseits, ErfK/*Dörner*, 10. Aufl., § 7 BUrlG Rz. 60 andererseits. ||2 Palandt/*Grüneberg*, § 251 BGB Rz. 3. ||3 MüKoBGB/*Oetker*, § 251 Rz. 7. ||4 BAG 11.4.2006 – 9 AZR 523/05, AP Nr. 28 zu § 7 BUrlG Übertragung. ||5 *Leinemann/Linck*, § 7 Rz. 234. ||6 BAG 16.3.1999 – 9 AZR 428/98, AP Nr. 25 zu § 7 BUrlG Übertragung. ||7 BVerfG 1.12.2010 – 1 BvR 1682/07, NZA 2011, 354. ||8 BAG 25.2.1988 – 8 AZR 596/85, NZA 1988, 607. ||9 BT-Drs. IV/785. ||10 ErfK/*Gallner*, § 8 BUrlG Rz. 3. ||11 KassHdb/*Schütz*, 2.4. Rz. 602.

4 Von dem Verbot des § 8 ist nur eine Erwerbstätigkeit während der Freistellung zur **Erfüllung des Urlaubsanspruchs** erfasst. Ist der ArbN aus anderen Gründen freigestellt und geht er während dieser Zeit einer Erwerbstätigkeit nach, kann § 8 auch nicht analog angewandt werden[1].

5 II. Inhalt der Vorschrift. 1. Erwerbstätigkeit. § 8 untersagt dem ArbN eine dem **Urlaubszweck widersprechende Erwerbstätigkeit**. Als Erwerbstätigkeit ist jede gegen Entgelt ausgeübte Tätigkeit anzusehen ohne Rücksicht darauf, ob sie in einem ArbVerh, freien Dienstverhältnis oder Werkvertragsverhältnis ausgeübt wird[2]. Auf die Art der Tätigkeit (körperliche oder geistige Arbeit, selbständig oder unselbständig) kommt es nicht an[3]. Gegen Entgelt wird eine Tätigkeit ausgeübt, wenn eine dem Wert der Arbeit entsprechende Gegenleistung in Geld oder Sachwerten versprochen ist oder regelmäßig erwartet wird[4].

6 Keine Erwerbstätigkeit iSd. § 8 liegt daher vor, wenn ein ArbN während des Urlaubs (in der Kündigungsfrist) eine Berufsausbildung nach dem BBiG beginnt und Ausbildungsvergütung bezieht[5]. Er darf zu seinem Nutzen an seinem Eigentum (Garten, Haus) arbeiten[6], Gefälligkeitstätigkeiten bei Verwandten, Nachbarn oder karitativen Einrichtungen (auch gegen Kost und Logis) durchführen oder auf Grund familienrechtl. und öffentl.-rechtl. Verpflichtung gegen eine Aufwandsentschädigung tätig sein[7].

7 2. Zweckwidrigkeit. Untersagt ist nach § 8 nicht jede, sondern nur eine dem Urlaubszweck widersprechende Erwerbstätigkeit. Eine Erwerbstätigkeit widerspricht nur dann dem Urlaubszweck, wenn sie die für die Fortsetzung des ArbVerh notwendige **Auffrischung der Arbeitskräfte** des ArbN verhindert[8]. Das ist nach den subjektiven und objektiven Umständen des Einzelfalls zu beurteilen. Maßgebend sind Schwere, Art und Dauer der Erwerbstätigkeit[9].

8 Die Tätigkeit eines ArbN auf seinem Arbeitsgebiet gegen Entgelt muss nicht zweckwidrig sein, wenn sie nur **gelegentlich** (stundenweise an wenigen Tagen) erfolgt. Dagegen wird die Beschäftigung über die volle tägliche Arbeitszeit regelmäßig zweckwidrig sein[10].

9 Auch bei einer Tätigkeit in einem **anderen Berufsfeld** ist zu differenzieren: Die schwere, andauernde körperliche Arbeit eines Büroangestellten (zB auf einer Baustelle) widerspricht dem Urlaubszweck, während gelegentliche Hilfe in der Landwirtschaft ein erholungsfördernder körperlicher Ausgleich sein kann.

10 III. Rechtsfolgen eines Verstoßes gegen § 8. 1. Zweckwidriger Vertrag. § 8 enthält nur eine Regelung über eine **vertragl. Pflicht** des ArbN, bestimmte Erwerbstätigkeiten während des Urlaubs zu unterlassen. Das für die Urlaubsdauer pflichtwidrig vereinbarte Rechtsverhältnis ist nicht nach § 134 BGB nichtig, da § 8 ein gesetzl. Verbot iS dieser Vorschrift nicht entnommen werden kann[11].

11 2. Urlaubsanspruch. Eine nach § 8 unzulässige Erwerbstätigkeit **berührt nicht** den Urlaubsanspruch des ArbN. Weder lebt die suspendierte Arbeitspflicht wieder auf (der ArbGeb kann also nicht den Abbruch des Urlaubs und die Wiederaufnahme der Arbeit bei sich verlangen), noch steht die Erwerbstätigkeit dem Erlöschen des erteilten Urlaubsanspruchs durch Erfüllung entgegen (der ArbN kann also nicht mit der Begründung, er habe keinen „richtigen" Urlaub gehabt, erneut Urlaub verlangen). Das Gesetz stellt den Urlaubsanspruch oder seine Erfüllung nicht unter den Vorbehalt, dass das Verbot des § 8 beachtet werde[12].

12 3. Urlaubsentgelt. Eine zweckwidrige Erwerbstätigkeit lässt den Anspruch auf das **Entgelt** jedenfalls für den gesetzl. Mindesturlaub nicht entfallen[13]. § 8 kann nicht entnommen werden, dass im Falle einer unerlaubten Erwerbstätigkeit der ArbGeb berechtigt sei, das Urlaubsentgelt zu kürzen, oder dass der Anspruch auf Zahlung des Urlaubsentgelts in einem solchen Fall von selbst entfalle.

13 Da § 8 die Rechtsgrundlage für den Anspruch auf Urlaubsentgelt nicht entfallen lässt, kommt ein Anspruch des ArbGeb, der das Urlaubsentgelt bereits vor Urlaubsantritt gezahlt hat, auf **Rückzahlung** der Vergütung nach § 812 I 2 Alt. 1 BGB nicht in Betracht[14].

14 Während des Urlaubs **anderweitig erzielter Verdienst** ist nicht auf das vom ArbGeb geschuldete Arbeitsentgelt anzurechnen[15].

15 In **TV** kann für den tarifl. Mehrurlaub Abweichendes vereinbart werden (s. Rz. 19).

16 4. Ansprüche und Kündigungsrecht des ArbGeb. Mit dem Verstoß gegen § 8 begeht der ArbN eine **Pflichtverletzung** im ArbVerh. Der ArbGeb kann bei unmittelbar bevorstehender oder noch andauernder unzulässiger Erwerbstätigkeit Unterlassung (ggf. im Wege der einstw. Verfügung) verlangen.

---

1 ErfK/*Gallner*, § 8 BUrlG Rz. 3. || 2 Vgl. BAG 20.10.1983 – 6 AZR 590/80, AP Nr. 5 zu § 47 BAT. || 3 *Leinemann/Linck*, § 8 Rz. 5. || 4 ErfK/*Gallner*, § 8 BUrlG Rz. 2. || 5 BAG 20.10.1983 – 6 AZR 590/80, AP Nr. 5 zu § 47 BAT. || 6 ErfK/*Gallner*, § 8 BUrlG Rz. 2. || 7 *Leinemann/Linck*, § 8 Rz. 3. || 8 ErfK/*Gallner*, § 8 BUrlG Rz. 2. || 9 *Leinemann/Linck*, § 8 Rz. 7. || 10 ErfK/*Gallner*, § 8 BUrlG Rz. 2. || 11 BAG 25.2.1988 – 8 AZR 596/85, AP Nr. 3 zu § 8 BUrlG. || 12 ErfK/*Gallner*, § 8 BUrlG Rz. 4. || 13 BAG 25.2.1988 – 8 AZR 596/85, AP Nr. 3 zu § 8 BUrlG. || 14 BAG 25.2.1988 – 8 AZR 596/85, AP Nr. 3 zu § 8 BUrlG. || 15 BAG 19.3.2002 – 9 AZR 16/01, BB 2002, 1703.

Wegen der Pflichtverletzung kann der ArbGeb **abmahnen** und ggf. **kündigen**. Zweckwidrige Urlaubsarbeit stellt einen Grund iSd. § 1 II KSchG dar, der unter Beachtung des Verhältnismäßigkeitsgrundsatzes (vorherige Abmahnung) und nach Abwägung der beiderseitigen Interessen eine ordentl. (verhaltensbedingte) Kündigung sozial rechtfertigen kann[1]. 17

IV. Abdingbarkeit. Der gesetzl. Urlaubs- und Urlaubsentgeltanspruch steht nicht zur Disposition der TV-Parteien. Sie sind daher nicht befugt, eine Regelung zu treffen, nach der ArbN, die ohne Erlaubnis während des Urlaubs gegen Entgelt arbeiten, hierdurch den **Anspruch auf die Urlaubsvergütung** für die Tage der Erwerbstätigkeit verlieren[2]. 18

Dagegen bestehen gegen derartige Tarifbestimmungen keine rechtl. Bedenken, soweit sie Urlaubsansprüche betreffen, die **über den gesetzl.** Urlaub hinaus tarifl. gewährt werden[3]. 19

§ 9 Erkrankung während des Urlaubs

Erkrankt ein Arbeitnehmer während des Urlaubs, so werden die durch ärztliches Zeugnis nachgewiesenen Tage der Arbeitsunfähigkeit auf den Jahresurlaub nicht angerechnet.

I. Zweck der Vorschrift. § 9 ist eine **Sonderbestimmung** zum allg. Leistungsstörungsrecht (§ 275 I bzw. III BGB). 1

Beim **Zusammentreffen von bewilligtem Erholungsurlaub und Erkrankung** kann der mit der Festsetzung des Urlaubs bezweckte Leistungserfolg, die Befreiung des ArbN von der Arbeitspflicht für die Dauer des Urlaubs, nicht eintreten, weil die Arbeitspflicht bereits auf Grund der Arbeitsunfähigkeit wegen Krankheit entfallen ist; die Urlaubserfüllung wird damit unmöglich[4]. Nach dem allg. Leistungsstörungsrecht des BGB würde die Bestimmung des Urlaubszeitpunkts durch den ArbGeb zur Beschränkung seiner Pflicht zur Erteilung des Urlaubs und bei Unmöglichkeit der Leistung zu deren Untergang führen (§ 243 II, § 275 I bzw. III, § 300 II BGB). 2

§ 9 soll demggü. verhindern, dass der ArbN durch krankheitsbedingte Arbeitsunfähigkeit seinen **Urlaubsanspruch verliert**[5]. Die Vorschrift bewirkt, dass die Erfüllung des Urlaubsanspruchs zeitlich innerhalb der gesetzl. oder tarifl. Befristung nachgefordert werden kann, gleichgültig, ob der ArbN im Urlaub erkrankt war (§ 9) oder den Urlaub wegen Arbeitsunfähigkeit nicht hat antreten können. Diese Vorschrift ist unionsrechtlich geboten[6]. 3

II. Arbeitsunfähigkeit während des Urlaubs. 1. Arbeitsunfähigkeit. Der Begriff der Arbeitsunfähigkeit entspricht dem in § 3 **EFZG**[7]. Krankheit und Arbeitsunfähigkeit sind nicht deckungsgleich. Arbeitsunfähigkeit liegt nur vor, wenn der ArbN allein wegen der Erkrankung seine vertragl. geschuldete Tätigkeit objektiv nicht ausüben kann oder objektiv nicht ausüben sollte, weil die Heilung nach ärztlicher Prognose verhindert oder verzögert wird[8]. 4

Nach § 3 II EFZG gilt als Arbeitsunfähigkeit auch eine Arbeitsverhinderung, die infolge einer nicht rechtswidrigen **Sterilisation** oder eines nicht rechtswidrigen **Abbruchs der Schwangerschaft** eintritt. Dies gilt auch für § 9; wird die Sterilisation oder der Schwangerschaftsabbruch im Urlaub vorgenommen, so kann deshalb Nachgewährung des Urlaubs beansprucht werden[9]. 5

§ 9 greift auch dann, wenn die Arbeitsunfähigkeit vom ArbN **verschuldet** iSv. § 3 EFZG war[10]. Eine Beschränkung auf unverschuldete Arbeitsunfähigkeit ist dem Wortlaut nicht zu entnehmen und auch nach dem Gesetzeszweck nicht erforderlich. Der ArbGeb wird dadurch vor Missbrauch geschützt, dass dem ArbN bei selbst verschuldeter Arbeitsunfähigkeit kein Entgeltfortzahlungsanspruch zusteht[11]. 6

Dem ArbN ist es auch nach dem Rechtsgedanken des **§ 162 BGB** nicht verwehrt, die Nachgewährung des Urlaubs gem. § 9 zu verlangen, wenn er die Arbeitsunfähigkeit durch eine medizinisch nicht gebotene Entscheidung, sich während des gewährten Urlaubs einer Operation zu unterziehen, herbeigeführt hat[12]. § 9 stellt keine Rechtspflicht für den ArbN auf, bei der Festlegung des Zeitpunkts der Operation auf den gewährten Urlaub Rücksicht zu nehmen. 7

Nach dem klaren Gesetzeswortlaut ist es unerheblich, ob sich der ArbN trotz der Erkrankung **erholen kann** oder nicht. Das gilt sowohl für den Fall, dass trotz Erkrankung Arbeitsfähigkeit besteht, der Erholungszweck aber nicht erreicht werden kann (dann erlischt der Urlaubsanspruch durch Erfüllung), als auch bei Arbeitsunfähigkeit, wenn diese dem Erholungszweck nicht entgegenstehen würde (dann ist nach § 9 der Urlaub nachzugewähren). Die Vereitelung des Erholungszwecks ist nicht Tatbestandsmerkmal dieser Vorschrift[13]. 8

---

1 BAG 25.2.1988 – 8 AZR 596/85, AP Nr. 3 zu § 8 BUrlG. ‖ 2 BAG 25.2.1988 – 8 AZR 596/85, AP Nr. 3 zu § 8 BUrlG. ‖ 3 BAG 25.2.1988 – 8 AZR 596/85, AP Nr. 3 zu § 8 BUrlG. ‖ 4 BAG 9.6.1988 – 8 AZR 755/85, AP Nr. 10 zu § 9 BUrlG. ‖ 5 BT-Drs. IV/785. ‖ 6 Vgl. EuGH 21.2.2013 – Rs. C-194/12, NZA 2013, 369 – Maestre García. ‖ 7 ErfK/*Gallner*, § 9 BUrlG Rz. 4. ‖ 8 BAG 26.7.1989 – 5 AZR 491/88, AP Nr. 86 zu § 1 LohnFG. ‖ 9 ErfK/*Gallner*, § 9 BUrlG Rz. 4. ‖ 10 *Leinemann/Linck*, § 9 Rz. 7. ‖ 11 ErfK/*Gallner*, § 9 BUrlG Rz. 4. ‖ 12 *Leinemann/Linck*, § 9 Rz. 8. ‖ 13 ErfK/*Gallner*, § 9 BUrlG Rz. 4.

BUrlG § 9 Rz. 9

9 § 9 gilt nur im Falle der krankheitsbedingten Arbeitsunfähigkeit; die Vorschrift ist **nicht analogiefähig**. § 9 enthält keinen allg. urlaubsrechtl. Grundsatz, dass stets im Falle des Zusammentreffens von Urlaub und einem anderen Tatbestand, aus dem sich die Beseitigung der Arbeitspflicht des ArbN ergibt, der ArbGeb den Urlaub nachgewähren muss[1].

10 **2. Während des Urlaubs.** Die zur Arbeitsunfähigkeit führende Erkrankung muss nach dem Gesetzeswortlaut während des Urlaubs, dh. während des Zeitraums der Freistellung von der Arbeit gem. §§ 1, 3 eingetreten sein. Die Formulierung „während des Urlaubs" erfasst zum einen den Fall, dass der ArbN im Urlaub krank wird. Gemeint ist aber auch die Erkrankung, die bereits vor Urlaubsbeginn eintritt und während des festgelegten Freistellungszeitraums andauert; auch dann ist der ArbN während des Urlaubs erkrankt[2].

11 **3. Nachweis der Arbeitsunfähigkeit.** Voraussetzung für die erneute Gewährung des wegen Krankheit nicht erfüllten Urlaubs ist die Vorlage eines **ärztl. Zeugnisses** über die Dauer und den Zeitraum der Arbeitsunfähigkeit. Die Vorlage des ärztlichen Attests ist nicht nur Ordnungsmaßnahme; ohne Attest besteht kein Anspruch auf erneute Urlaubserteilung[3].

12 Aus der ärztl. Bescheinigung muss hervorgehen, dass der ausstellende Arzt den **Unterschied zwischen Arbeitsunfähigkeit und Krankheit** kennt. Das gilt insb. für Atteste aus dem Ausland[4]. Dem genügt nicht ein Attest, das die Erkrankung (Verletzung) beschreibt, aber keine Angaben zu den Folgen der Erkrankung für die Arbeitsfähigkeit macht[5].

13 Die Pflicht zur Vorlage des ärztl. Attestes ist – anders als bei § 5 EFZG – **nicht fristgebunden**. § 5 EFZG ist auch nicht entsprechend anwendbar[6]. Da die Vorlage der Bescheinigung Anspruchsvoraussetzung ist, darf der ArbGeb jedoch so lange die Nachgewährung des Urlaubs verweigern, bis der ArbN das Attest vorlegt[7]. Versäumt der ArbN die Fristen, innerhalb derer der Urlaubsanspruch besteht (31.12.; im Übertragungsfall 31.3. des Folgejahres), erlischt der Anspruch auf Nachgewährung[8].

14 **III. Rechtsfolgen. 1. Schuldrechtliche Bedeutung.** Für die Zeit der nachgewiesenen Arbeitsunfähigkeit wird der ArbGeb abweichend von § 275 I BGB nicht von der Leistung (Urlaubsgewährung) frei. Da Erfüllung auf Grund des Urlaubsanspruchs in Zeiten der Arbeitsunfähigkeit nicht eintreten kann, bleibt der **Urlaubsanspruch bestehen**; der ArbN kann ihn nach seiner Genesung erneut verlangen. Damit erschöpft sich der Regelungsgehalt der Vorschrift. Insb. gelten für den nachzugewährenden Urlaub die sonstigen Vorschriften des BUrlG unverändert.

15 **2. Nachgewährung.** Der ArbGeb hat den gem. § 9 nicht erloschenen Urlaub nach Maßgabe des § 7 zu gewähren, wenn der ArbN dies geltend macht. Allerdings steht dann dem ArbGeb ggf. das **Leistungsverweigerungsrecht** aus § 7 I zur Seite.

16 Auch für den nachzugewährenden Urlaub gilt, dass der ArbN nicht befugt ist, sich **selbst zu beurlauben**; er darf ohne Zustimmung des ArbGeb also nicht den krankheitshalber ausgefallenen Urlaub an die Zeit der Arbeitsunfähigkeit anhängen[9]. Beantragt der ArbN dies noch während der Erkrankung, wird dem ArbGeb, der die pünktliche Rückkehr des ArbN aus dem Urlaub in den Betriebsablauf eingeplant hat, häufig ein Leistungsverweigerungsrecht aus betriebl. Gründen zustehen.

17 Der nach § 9 nicht erloschene Urlaubsanspruch unterliegt der **Befristungsregelung** in § 7 III 1 und wird nach Maßgabe des § 7 III 2 übertragen[10]. War es jedoch dem ArbN wegen fortbestehender Krankheit im Übertragungszeitraum nicht möglich, den Urlaub zu nehmen, verfällt der Anspruch nicht mit dem Ende des Drei-Monats-Zeitraums; der Übertragungszeitraum verlängert sich in unionsrechtskonformer Auslegung der §§ 7, 9 auf längstens 15 Monate[11] (Einzelheiten bei § 7 Rz. 74a ff.).

18, 19 Einstweilen frei.

20 **3. Teilweise Nachgewährung.** Ist der ArbN nur während **eines Teiles** des Urlaubs arbeitsunfähig krank, erlischt der Urlaubsanspruch nur hinsichtlich dieser Tage nicht; iÜ tritt Erfüllung ein. Der ArbN hat daher keinen Anspruch auf Nachgewährung des gesamten Urlaubs. Das gilt auch, wenn der ArbN vor dem Urlaubsantritt erkrankt und absehbar ist, dass er nur einen Teil des festgelegten Zeitraums arbeitsunfähig sein wird. Denn das Gesetz enthält keinen Anhaltspunkt dafür, dass etwaige Schwierigkeiten des ArbN bei der Verwirklichung seiner Urlaubspläne maßgeblich sein sollen; es stellt allein auf die nachgewiesenen Tage der Arbeitsunfähigkeit ab[12].

21 Allerdings darf die Nachgewährung eines Teils des Urlaubs nicht dazu führen, dass entgegen § 7 II 2 kein Teil des Jahresurlaubs **mindestens zwölf Werktage** beträgt. In diesem Fall kann der ArbN die Annahme des nicht von der Arbeitsunfähigkeit betroffenen Urlaubsteils verweigern und die Neufestsetzung dieses Urlaubsblocks verlangen[13].

---

1 BAG 9.8.1994 – 9 AZR 384/92, AP Nr. 19 zu § 7; zu den unionsrechtl. Problemen s. § 7 Rz. 141a. ||2 *Leinemann/Linck*, § 9 Rz. 5. ||3 ErfK/*Gallner*, § 9 BUrlG Rz. 5. ||4 BAG 15.12.1987 – 8 AZR 647/86, DB 1988, 1555. ||5 BAG 15.12.1987 – 8 AZR 647/86, DB 1988, 1555. ||6 ErfK/*Gallner*, § 9 BUrlG Rz. 5. ||7 *Leinemann/Linck*, § 9 Rz. 14. ||8 ErfK/*Gallner*, § 9 BUrlG Rz. 5f. ||9 *Leinemann/Linck*, § 9 Rz. 16. ||10 BAG 21.1.1997 – 9 AZR 791/95, NZA 1997, 889. ||11 BAG 7.8.2012 – 9 AZR 353/10, NZA 2012, 1216. ||12 ErfK/*Gallner*, § 9 BUrlG Rz. 8. ||13 ErfK/*Gallner*, § 9 BUrlG Rz. 8.

IV. Abdingbarkeit. § 9 wird in § 13 I 1 nicht erwähnt und ist damit an sich **tarifdispositiv**. Allerdings ist zu beachten, dass durch eine Tarifvorschrift, die § 9 abändert, nicht mittelbar der gesetzl. Mindesturlaub verkürzt werden darf (s. § 13). IÜ setzt die Vorschrift (teilweise) die Vorgaben der RL 93/104/EG um, so dass eine Kürzung des Mindesturlaubs auch durch tarifl. Verfahrensvorschriften (zB fristgebundene Vorlage eines AU-Nachweises) unzulässig ist[1]. 22

10 Maßnahmen der medizinischen Vorsorge oder Rehabilitation

Maßnahmen der medizinischen Vorsorge oder Rehabilitation dürfen nicht auf den Urlaub angerechnet werden, soweit ein Anspruch auf Fortzahlung des Arbeitsentgelts nach den gesetzlichen Vorschriften über die Entgeltfortzahlung im Krankheitsfall besteht.

I. Gesetzesgeschichte. Die derzeit geltende Gesetzesfassung wurde mWv. 1.6.1994[2] in das Gesetz eingefügt. In der Zeit vom 1.10.1996 (Inkrafttreten des sog. **Arbeitsrechtlichen Beschäftigungsförderungsgesetzes** v. 25.9.1996) bis zum 31.12.1998 galt eine sprachlich und inhaltlich völlig abweichende Version. Seit Inkrafttreten der **Korrekturgesetze** v. 19.12.1998[3] am 1.1.1999 gilt § 10 wieder idF des Gesetzes v. 1.6.1994. 1

Einstweilen frei. 2, 3

II. Gesetzeszweck. § 10 ergänzt § 9 für Maßnahmen der medizinischen Vorsorge oder Rehabilitation. Während § 9 für den Fall der Arbeitsunfähigkeit infolge Krankheit bestimmt, dass der Urlaubsanspruch nicht nach § 275 I BGB erlischt (s. § 9 Rz. 2 f.), sieht § 10 diese Rechtsfolge für die genannten Maßnahmen, die nicht zugleich Arbeitsunfähigkeit iSd. § 3 EFZG begründen, vor. Hieraus folgt, dass nicht § 10, sondern § 9 Anwendung findet, wenn der ArbN während der Maßnahme zugleich arbeitsunfähig krank ist[4]. 4

III. Anwendungsbereich. 1. Maßnahmen der medizinischen Vorsorge oder Rehabilitation. Bei diesen Maßnahmen handelt es sich um die bis 1994 sog. **Kuren und Heilverfahren**. Sie sind nunmehr im SGB V geregelt. Die Begriffe sind inhaltsgleich mit denen in § 9 EFZG. 5

Medizinische Vorsorgeleistungen sollen eine Schwächung der Gesundheit beseitigen, die in absehbarer Zeit voraussichtlich zu einer Krankheit führen würde. Reichen für die Beseitigung der Schwächung Arznei-, Verband-, Heil- und Hilfsmittel (§ 23 I Nr. 1 SGB V) bzw. eine ambulante Vorsorgekur (§ 23 II SGB V) nicht aus, so kann die Krankenkasse eine Behandlung mit Unterbringung und Verpflegung erbringen, § 23 IV SGB V. Daneben kommt eine Vorsorgekur nach § 24 I SGB V in Betracht. 6

Als Leistung der Krankenkasse im Rahmen der Krankenbehandlung (§§ 27 ff. SGB V) kann die **medizinische Rehabilitation** mit Unterbringung und Verpflegung erbracht werden (§ 40 II SGB V), wenn Maßnahmen wie ambulante Krankenbehandlung einschl. ambulanter Rehabilitationsmaßnahmen nicht genügen, um die Ziele der Krankenbehandlung zu erreichen, § 40 I SGB V. 7

Medizinische Rehabilitationsleistungen können von den **RV-Trägern** gem. § 15 SGB VI erbracht werden. Leistungen der Unfallversicherungsträger erfolgen im Rahmen der Heilbehandlung nach Eintritt eines Versicherungsfalls gem. §§ 27, 33, 34 SGB VII. Vgl. die Komm. zu § 9 EFZG. 8

Die Maßnahmen müssen **medizinisch notwendig** sein. Damit fallen Maßnahmen der berufl. oder sozialen Rehabilitation nicht unter diese Vorschrift. 9

Für die Notwendigkeit der Maßnahme spricht eine vom ArbGeb **zu widerlegende Vermutung**, wenn ein **Bewilligungsbescheid** der öffentl.-rechtl. Leistungsträger oder eine ärztliche VO vorliegt. Der ArbGeb kann dem mit der von ihm zu beweisenden Behauptung, es liege eine Täuschungshandlung des ArbN und/oder des behandelnden Arztes vor oder der Arzt bzw. die SozV habe die sozialrechtl. Voraussetzungen völlig verkannt, entgegentreten. Die Erfolgsaussichten sind aber regelmäßig gering. 10

2. Schonzeit. Ärztlich angeordnete Schonungszeiten im Anschluss an eine Maßnahme fallen nicht unter § 10. 11

Seit 1994 sind die Schonzeiten aus dem **sozialrechtl. Maßnahmekatalog gestrichen**. Die zeitgleich in das Gesetz (§ 7 I 2) eingeführte Verpflichtung des ArbGeb, Urlaub unmittelbar nach einer Maßnahme gewähren zu müssen (s. § 7 Rz. 35), soll als Kompensation für den Wegfall der Entgeltfortzahlungspflicht für ärztlich verordnete Schonzeiten gelten und dem ArbN im Anschluss an eine Maßnahme für eine gewisse Zeit die Möglichkeit der Erholung, allerdings zu Lasten seines Urlaubsanspruchs, geben[5]. Deshalb kann ein ArbN auch nicht nach § 616 BGB Freistellung und Vergütung wegen Schonungsbedürftigkeit zwischen Beendigung der Maßnahme und Arbeitsbeginn verlangen[6]. 12

Ist der ArbN während der Schonzeit **arbeitsunfähig krank**, greift § 9. Urlaub kann daher in dieser Zeit nicht wirksam erteilt und auch nicht nach § 7 I 2 verlangt werden; bereits vor Beginn der Schonzeit für 13

---

[1] AA BAG 15.12.1987 – 8 AZR 647/86, AP BUrlG § 9 Nr. 9, allerdings vor der Änderung der Rspr. im Anschluss an die Schultz-Hoff-Entscheidung des EuGH. ||[2] BGBl. I S. 1014, 1068. ||[3] BGBl. I S. 3843. ||[4] ErfK/*Gallner*, § 10 BUrlG Rz. 2. ||[5] S. BT-Drs. 12/5263, 15. ||[6] *Schmitt*, § 9 EFZG Rz. 80.

diesen Zeitraum erteilter Urlaub ist nachzugewähren. Dies gilt unabhängig davon, ob ein Entgeltfortzahlungsanspruch unter den weiteren Voraussetzungen des § 3 EFZG besteht[1].

14 3. **Entgeltfortzahlungsanspruch. a) Gesetzlicher Entgeltfortzahlungsanspruch.** Voraussetzung für die Anwendung des § 10 ist, dass ein Anspruch auf Fortzahlung des Arbeitsentgelts nach den gesetzl. Vorschriften über die Entgeltfortzahlung im Krankheitsfall (§ 9 EFZG) besteht. Vgl. die Komm. zu § 9 sowie § 3 EFZG.

15 b) **Tariflicher Entgeltfortzahlungsanspruch.** § 10 erfasst nicht den Fall, dass durch TV (oder einzelvertragl. Reglung) ein über das Gesetz hinausgehender Entgeltfortzahlungsanspruch (für mehr als sechs Wochen) besteht. Sieht der Tarif- oder Arbeitsvertrag keine § 10 entsprechende Regelung vor, kommen allg. urlaubsrechtl. Grundsätze zur Anwendung. Danach kann der Urlaubsanspruch während der Zeit der Maßnahme nicht erfüllt werden. Bereits erteilter Urlaub erlischt, § 275 BGB, und muss nicht nachgewährt werden.

16 c) **Maßnahmen ohne Entgeltfortzahlungsanspruch.** Hat der ArbN während der Dauer der medizinischen Maßnahme keinen Entgeltfortzahlungsanspruch (mehr), weil entweder der Sechs-Wochen-Zeitraum des § 3 I 1 EFZG abgelaufen ist oder die Maßnahme nicht die Voraussetzungen des § 9 I EFZG erfüllt, (zB Erholungs- oder Badekuren), kommt § 10 ebenfalls nicht zur Anwendung.

17 Hinsichtlich der **Folgen für die Urlaubserteilung** ist zu differenzieren: Ist der ArbN auch ohne Entgeltfortzahlungsanspruch zur Durchführung der Maßnahme von der Arbeitsleistung befreit, weil die sozialrechtl. Voraussetzungen erfüllt sind, kann der Urlaubsanspruch nicht erfüllt werden[2]. Dasselbe gilt, wenn der ArbGeb auf Grund Tarifrechts verpflichtet ist, den ArbN zur Durchführung einer Kur, die nicht die sozialrechtl. Voraussetzungen erfüllt, freizustellen. In diesen Fällen kann der ArbN auch zur finanziellen Absicherung für die fortdauernde Maßnahme der medizinischen Vorsorge und Rehabilitation seinen ihm noch zustehenden Erholungsurlaub nicht einsetzen. Denn zu dieser Zeit besteht immer noch keine Arbeitspflicht, von welcher der ArbGeb den ArbN befreien könnte[3].

18 Ist der ArbGeb hingegen nicht verpflichtet, den ArbN von der Arbeit freizustellen, kann der ArbN seine Kur nur antreten, wenn er **Sonderurlaub** bekommt oder aber seinen Erholungsurlaub hierfür benutzt. Es geht in diesem Falle nicht um „Anrechnung" auf den Urlaub iSv. § 10, sondern um Vorbringen eines Urlaubswunsches und der Erfüllung des Anspruchs durch Freistellung nach Maßgabe des § 7 I 1[4].

19 Stellt sich nach Durchführung der Maßnahme heraus, dass der ArbN keinen Entgeltfortzahlungsanspruch nach § 9 I, §§ 3, 4 EFZG hatte, weil die sozialrechtl. Voraussetzungen nicht gegeben waren, und erweist sich die vom ArbGeb zur Durchführung der Maßnahme gewährte Freistellung damit als **rechtsgrundlos**, kann der ArbGeb die für den Freistellungszeitraum gezahlte Vergütung ggf. nach §§ 812 ff. BGB zurückverlangen[5]. Eine nachträgliche Urlaubserteilung für einen Zeitraum, für den entweder ein anderer Befreiungstatbestand bestanden hat oder in dem der ArbN ohne Berechtigung der Arbeit fern geblieben ist, ist jedenfalls urlaubsrechtl. nicht möglich[6].

20 **IV. Rechtsfolge.** Die gesetzl. Rechtsfolgenanordnung („dürfen nicht auf den Urlaub angerechnet werden") ist missverständlich. Eine **Anrechnungsbefugnis** dergestalt, dass Zeiten einer Maßnahme nachträglich als Erfüllung des Urlaubsanspruch bestimmt werden, stünde dem ArbGeb – auch ohne die Vorschrift des § 10 – in keinem Falle zu, da die Leistungshandlung (Freistellungserklärung) oder Zweckbestimmung nicht nach dem Eintritt des Erfüllungserfolgs geschehen kann (s. § 7 Rz. 11).

21 Die Vorschrift enthält **zwei Komponenten**. Zum einen erfasst sie den Fall, dass der Urlaub zum Zeitpunkt der Bewilligung der Maßnahme noch nicht festgelegt wurde. Insoweit gibt die Vorschrift den allg. urlaubsrechtl. Grundsatz wieder, dass medizinische Maßnahme und Urlaub sich für denselben Zeitraum gegenseitig ausschließen, da eine Urlaubsfreistellung des bereits zur Durchführung der Maßnahme von der Arbeitspflicht befreiten ArbN rechtl. unmöglich ist.

22 Zum anderen hat sie **schuldrechtl. Bedeutung**, wenn Urlaub bereits vor Bewilligung der Maßnahme für denselben Zeitraum gewährt, die Schuld des ArbGeb also auf diesen Zeitabschnitt konkretisiert war. Ohne die Bestimmung des § 10 würde der Urlaubsanspruch ersatzlos erlöschen, da der ArbGeb mit der Freistellungserklärung das seinerseits Erforderliche zur Erfüllung des Urlaubsanspruchs getan und die Unmöglichkeit des Eintritts des Erfüllungserfolgs nicht zu vertreten hat. § 10 bewirkt, dass die Rechtsfolge des § 275 I BGB nicht eintritt, der ArbN also nach Beendigung der Maßnahme (erneut) die Erfüllung seines Urlaubsanspruchs verlangen kann[7].

23 Gem. § 7 I 2 kann der ArbN den nach § 10 nachzugewährenden Urlaub **im unmittelbaren Anschluss** an die Maßnahme verlangen; dem ArbGeb steht ein Leistungsverweigerungsrecht aus betriebl. Gründen oder wegen der Urlaubswünsche anderer ArbN nicht zu. Allerdings darf sich der ArbN auch in diesem Fall nicht selbst beurlauben; er ist ggf. darauf angewiesen, eine einstw. Verfügung zu beantragen (s. § 7 Rz. 18).

---

1 KassHdb/*Schütz*, 2.4. Rz. 389. ||2 ErfK/*Gallner*, § 10 BUrlG Rz. 7. ||3 ErfK/*Gallner*, § 10 BUrlG Rz. 9. ||4 ErfK/*Gallner*, § 10 BUrlG Rz. 10. ||5 MünchArbR/*Leinemann*, § 91 Rz. 68 ff. ||6 BAG 1.10.1991 – 9 AZR 290/90, AP Nr. 12 zu § 7 BUrlG. ||7 *Leinemann/Linck*, § 10 Rz. 13 ff.

11 Urlaubsentgelt

(1) Das Urlaubsentgelt bemisst sich nach dem durchschnittlichen Arbeitsverdienst, das der Arbeitnehmer in den letzten dreizehn Wochen vor dem Beginn des Urlaubs erhalten hat, mit Ausnahme des zusätzlich für Überstunden gezahlten Arbeitsverdienstes. Bei Verdiensterhöhungen nicht nur vorübergehender Natur, die während des Berechnungszeitraums oder des Urlaubs eintreten, ist von dem erhöhten Verdienst auszugehen. Verdienstkürzungen, die im Berechnungszeitraum infolge von Kurzarbeit, Arbeitsausfällen oder unverschuldeter Arbeitsversäumnis eintreten, bleiben für die Berechnung des Urlaubsentgelts außer Betracht. Zum Arbeitsentgelt gehörende Sachbezüge, die während des Urlaubs nicht weitergewährt werden, sind für die Dauer des Urlaubs angemessen in bar abzugelten.

(2) Das Urlaubsentgelt ist vor Antritt des Urlaubs auszuzahlen.

I. Zweck der Vorschrift. Entgegen einer in der arbeitsrechtl. Praxis weit verbreiteten Einschätzung ist § 11 nicht die Anspruchsgrundlage für den Vergütungsanspruch während des Urlaubs, sondern eine **Berechnungsvorschrift**. 1

Der Anspruch auf die Urlaubsvergütung dem Grunde nach rechtfertigt sich aus § 611 BGB iVm. § 1. Mit der Gewährung des Urlaubs entsteht kein neuer Entgeltanspruch. Der ArbN behält vielmehr seinen vertragl. Anspruch auf die regelmäßige Vergütung, deren Höhe sich nach § 11 richtet. Der Urlaubsentgeltanspruch ist nicht Element eines einheitlichen Urlaubsanspruch, sondern hat nur die Funktion, den während der Freistellung gem. § 326 BGB an sich entfallenden Vergütungsanspruch aufrechtzuerhalten[1]. Kann Urlaub mangels bestehender Arbeitspflicht nicht gewährt werden, besteht auch kein Anspruch auf Urlaubsentgelt[2]. 2

II. Grundsätze der Berechnung. 1. Allgemeines. Der als Urlaubsvergütung zu zahlende Betrag ist das Produkt aus dem Geldfaktor, der anhand der Daten in der Vergangenheit errechnet wird, und der in der Zukunft liegenden Arbeitszeit (Zeitfaktor), die im Urlaub ausfallen wird[3]. Bei der Berechnung des Urlaubsentgelts gelangt sowohl das Referenzprinzip (Berechnung nach einem in der Vergangenheit liegenden Zeitraum) als auch das Lohnausfallprinzip (Berechnung der – hypothetischen – Vergütung, die gezahlt worden wäre, wenn der ArbN gearbeitet hätte) zur Anwendung. Das tägliche Urlaubsentgelt berechnet sich nach dem Geldwert und der Anzahl der am konkreten Urlaubstag ausgefallenen Stunden. 3

Zunächst ist der **Geldfaktor** nach dem in § 11 geregelten und modifizierten **Referenzprinzip** zu ermitteln. Abs. 1 sagt nur etwas über den Geldfaktor aus; der Zeitfaktor wird in der Vorschrift nicht erwähnt. 4

Sodann ist die Zahl der durch den Urlaub konkret ausfallenden Tage (bzw. Stunden bei unterschiedlich langen Arbeitstagen) zu berechnen (**Lohnausfallprinzip**) und mit dem Geldfaktor zu multiplizieren. Dieser **Zeitfaktor** ergibt sich aus der Rechtsnatur des Urlaubs als Anspruch auf Freistellung von der Arbeit (s. § 1 Rz. 5 f.). Auf die Arbeitszeit im Bezugszeitraum kommt es nicht an; freigestellt werden kann nur von der während des Urlaubs an sich zu leistenden Arbeit[4]. 5

Keine Unterschiede zwischen Referenz- und Lohnausfallprinzip ergeben sich bei gleich bleibender Arbeitszeit im Referenz- und Urlaubszeitraum, so dass in diesen Fällen während des Urlaubs die gleich bleibende Vergütung weitergezahlt wird; erhebliche Differenzen können sich aber bei veränderlichen Arbeitszeiten errechnen. 6

Einstweilen frei. 7

2. Berechnung des Geldfaktors. a) Grundsatz. Der Geldfaktor ist der Gesamtarbeitsverdienst der letzten 13 Wochen vor Urlaubsbeginn (Abs. 1 S. 1). Es sind die Arbeitsvergütungsbestandteile zugrunde zu legen, die der ArbN im Referenzzeitraum jeweils als Gegenleistung für seine Tätigkeit in den maßgeblichen Abrechnungszeiträumen erhalten hat[5]. Dabei sind alle Entgeltbestandteile zu berücksichtigen, die der ArbN gesetzl. oder vertragl. zu erhalten hatte. Vereinbarte oder vom ArbGeb einseitig veranlasste Zahlungsverzögerungen mindern das Urlaubsentgelt nicht[6]. 8

b) Vergütungsbestandteile. Als Entgelt sind die Vergütungsbestandteile zugrunde zu legen, die der ArbN im Referenzzeitraum als Gegenleistung für seine Tätigkeit in den maßgeblichen Abrechnungszeiträumen erhalten hat[7]. Dazu gehören auch schwankende Verdienstbestandteile wie etwa Akkordlohn, Provisionen oder andere Formen des Leistungslohnes unabhängig davon, ob sie regelmäßig anfallen oder nicht[8]. Zu Überstundenvergütungen s. Rz. 27. 9

---

1 BAG 9.11.1999 – 9 AZR 771/98, AP Nr. 47 zu § 11 BUrlG; zu den unionsrechtl. Problemen s. § 1 Rz. 6. ||2 BAG 19.4.1994 – 9 AZR 713/92, AP Nr. 7 zu § 1 TVG Tarifverträge: Gebäudereinigung. ||3 ErfK/*Gallner*, § 11 BUrlG Rz. 2a. ||4 BAG 9.11.1999 – 9 AZR 771/98, AP Nr. 47 zu § 11 BUrlG. ||5 BAG 17.1.1991 – 8 AZR 644/89, AP Nr. 30 zu § 11 BUrlG. ||6 BAG 11.4.2000 – 9 AZR 266/99, AP Nr. 48 zu § 11 BUrlG. ||7 BAG 17.1.1991 – 8 AZR 644/89, AP Nr. 30 zu § 11 BUrlG. ||8 BAG 24.11.1992 – 9 AZR 564/91, AP Nr. 34 zu § 11 BUrlG; 15.12.2009 – 9 AZR 887/08.

10 Dagegen bleiben Aufwendungsersatz und solche Lohnbestandteile, die dem ArbN zwar auf Grund seines Arbeitsvertrages zufließen, mit denen aber nicht die Arbeitsleistung in durch die Referenzzeiträume bestimmten Abrechnungsabschnitten abgegolten werden, außer Betracht. Das trifft insb. auf Einmalleistungen wie Gratifikationen, Tantiemen und Gewinnbeteiligungen, Jubiläumsgelder sowie beihilfenähnliche Leistungen zu. Diese erhält der ArbN unabhängig davon, ob er Urlaub nimmt oder nicht[1]. Maßgebend ist damit, ob mit einer Zahlung eine auf einen bestimmten Zeitabschnitt entfallende Arbeitsleistung vergütet wird[2].

11 Zum Arbeitsverdienst gehören danach das allg. geschuldete Entgelt (Lohn oder Gehalt), unabhängig davon, in welchen Zeitabschnitten (Stunden, Tage, Wochen, Monat oder Jahr) es berechnet wird[3], der tatsächlich verdiente Leistungs-(Akkord- oder Prämien)lohn[4] sowie zusätzliche Vergütung (Prämien) für im Referenzzeitraum erbrachte und bezahlte besondere Leistungen (Teilbeträge einer gestaffelten Jahresprämie für Berufsfußballer)[5]. Vergütung für Feiertage und bezahlte Krankheitstage fließen ein und sind nicht abzuziehen[6]. Dasselbe gilt für Urlaubstage, die im Referenzzeitraum gewährt und genommen sind[7]. Maßgeblich ist insoweit allein das Urlaubsentgelt; ein zusätzliches Urlaubsgeld wird nicht einbezogen[8].

12 Sieht ein TV **bezahlte Pausen** vor, ist diese Vergütung im Rahmen des Abs. 1 beim Geldfaktor zu berücksichtigen, wenn der TV keine anderweitige Regelung enthält. Es handelt sich trotz fehlender Arbeitsleistung um Arbeitsverdienst, weil mit einer solchen Leistung regelmäßig besondere Belastungen (zB Wechselschichtbetrieb) abgegolten werden sollen[9].

13 **Einmalige jahresbezogene Prämien**, die keine laufende Arbeitsleistung honorieren (zB Meisterschafts-, Nichtabstiegsprämien im Sport), bleiben unberücksichtigt[10].

14 **Provisionen** sind Arbeitsverdienst iSv. § 11. Das gilt sowohl für Provisionen als einziger Gegenleistung des ArbGeb als auch für solche, die neben einem Fixum bezahlt werden. Einzubeziehen sind auch an die jeweilige Arbeitsleistung anknüpfende Umsatzbeteiligungen. Für die Berechnung des Verdienstes sind alle Provisionsleistungen zu berücksichtigen, die ein Handlungsgehilfe für die Vermittlung oder den Abschluss von Geschäften vertragsgemäß erhält. Auch bei stark schwankenden Provisionen sind allein die letzten 13 Wochen vor Urlaubsbeginn maßgeblich. Für den Geldfaktor ist es ohne Bedeutung, dass während des Urlaubs weiterhin Provisionen fällig werden. Diese Provisionen beruhen auf anderen Geschäften. Das Urlaubsentgelt gleicht einen Rückgang des erfolgsbestimmten Provisionseinkommens für die Zeit aus, in der der ArbN urlaubsbedingt keine Geschäfte vermitteln konnte[11].

15 Unberücksichtigt bleiben Vorschüsse: maßgeblich sind die nach der endgültigen Abrechnung in den letzten drei vollen Kalendermonaten vor Urlaubsbeginn tatsächlich verdienten Provisionen[12].

16 Dagegen sind im Bezugszeitraum fällige Ansprüche auf Bezirksprovision iSv. § 87 II HGB (oder Super-, Fremd-, Gebietsprovisionen), die auch für solche Geschäfte anfallen, die ohne Mitwirkung des Handelsvertreters geschlossen werden, für die Durchschnittsberechnung nicht zu berücksichtigen. Sie sind nicht Gegenleistung für eine konkret im Berechnungszeitraum erbrachte Arbeitsleistung[13].

17 **Bedienungsgelder im Gaststättengewerbe**, die neben einem Garantiebetrag den persönlichen Umsatz eines ArbN honorieren, gehören zu den regelmäßigen Gegenleistungen und sind bei der Berechnung der Urlaubsvergütung zu berücksichtigen. Trinkgelder, die persönlich vom Gast zugewendet werden, sind keine Leistungen des ArbGeb und gehören deshalb nicht zum Arbeitsverdienst[14].

18 Bei einem **Troncsystem** kommt es auf dessen Ausgestaltung an. Wird dem Tronc das regelmäßige Entgelt für die Mitarbeiter entnommen, so sind diese Zahlungen Arbeitsvergütung; ist der Tronc nur Sammelstelle für Trinkgelder, die danach aufgeteilt werden, so handelt es sich um nicht berücksichtigungsfähige Leistungen Dritter[15].

19 **Sachbezüge**, die während des Urlaubs nicht weiterbezahlt werden, sind nach Abs. 1 S. 4 angemessen abzugelten. Dabei ist auf die Sätze zurückzugreifen, die in der Beitragsbemessung zur SozV festgesetzt sind[16].

20 **Vermögenswirksame Leistungen** gehören zwar nicht zum Arbeitsverdienst[17]; sie werden aber unabhängig von einer Arbeitsleistung gewährt und deshalb regelmäßig auch im Urlaub weitergezahlt.

---

1 BAG 17.1.1991 – 8 AZR 644/89, AP Nr. 30 zu § 11 BUrlG. ‖ 2 BAG 21.7.1988 – 8 AZR 331/86, AP Nr. 24 zu § 11 BUrlG. ‖ 3 ErfK/*Gallner*, § 11 BUrlG Rz. 6. ‖ 4 ErfK/*Gallner*, § 11 BUrlG Rz. 6. ‖ 5 BAG 23.4.1996 – 9 AZR 856/94, AP Nr. 40 zu § 11 BUrlG. ‖ 6 BAG 24.11.1992 – 9 AZR 564/91, AP Nr. 34 zu § 11 BUrlG. ‖ 7 ErfK/*Gallner*, § 11 BUrlG Rz. 12. ‖ 8 *Leinemann/Linck*, § 11 Rz. 19. ‖ 9 BAG 23.1.2001 – 9 AZR 4/00, AP Nr. 22 zu § 1 TVG Tarifverträge: Holz. ‖ 10 BAG 23.4.1996 – 9 AZR 856/94, AP Nr. 40 zu § 11 BUrlG. ‖ 11 BAG 11.4.2000 – 9 AZR 266/99, AP Nr. 48 zu § 11 BUrlG. ‖ 12 BAG 11.4.2000 – 9 AZR 266/99, AP Nr. 48 zu § 11 BUrlG. ‖ 13 BAG 11.4.2000 – 9 AZR 266/99, AP Nr. 48 zu § 11 BUrlG. ‖ 14 *Leinemann/Linck*, § 11 Rz. 35 f. ‖ 15 ErfK/*Gallner*, § 11 BUrlG Rz. 10. ‖ 16 *Leinemann/Linck*, § 11 Rz. 38. ‖ 17 BAG 17.1.1991 – 8 AZR 644/89, AP Nr. 30 zu § 11 BUrlG.

Vergütungen für **Bereitschaftsdienst, Rufbereitschaft, Hintergrunddienste, Notdienstpauschalen** uÄ fließen in den Geldfaktor ein. Derartige Dienste sind keine Überstunden iSv. Abs. 1 S. 1[1]. Bei einer Notdienstpauschale handelt es sich nicht um Aufwendungsersatz, sondern um Arbeitsentgelt für eine besondere Leistung des ArbN, nämlich für die Verpflichtung, sich außerhalb der regelmäßigen Arbeitszeit für den Arbeitseinsatz zur Verfügung zu halten[2]. 21

Zulagen und Zuschläge im Referenzzeitraum sind Arbeitsentgelt iSv. § 11, es sei denn, sie werden allein als Ausgleich für konkrete Aufwendungen des ArbN (§ 670 BGB) gezahlt. 22

In die Berechnung des Geldfaktors sind daher einzubeziehen: Zuschläge für Nacht-, Sonn- und Feiertagsarbeit[3], sonstige Zulagen (zB Erschwernis- oder Gefahrenzuschläge; Schichtzulagen; Schmutzzulagen, die für unangenehme Arbeitsbedingungen gezahlt werden; um Aufwendungsersatz handelt es sich dagegen, wenn und soweit konkret zusätzliche Reinigungskosten ausgeglichen werden sollen)[4]. Zu beachten ist, dass die Vergütung im Referenzzeitraum geleistet sein muss. Wird sie erst später fällig, so kann sie nicht eingerechnet werden[5]. 23

Gratifikationen und sonstige einmalige Zahlungen (zB Weihnachtsgeld, 13. Gehalt, Urlaubsgeld, Jubiläumszuwendung) sind weder anteilig noch dann zu berücksichtigen, wenn sie im Referenzzeitraum ausgezahlt werden, da diese Leistungen auf Grund der Gesamtarbeitszeit geleistet werden oder keinen Bezug zur erbrachten Arbeitsleistung haben[6]. 24

Einmalige tarifl. Ausgleichszahlungen sind nur dann für die Berechnung der Urlaubsvergütung heranzuziehen, wenn sie wegen ihrer zeitlichen Zuordnung dem Entgelt des ArbN im Bezugszeitraum hinzuzurechnen sind. Dem TV müssen konkrete Anhaltspunkte dafür zu entnehmen sein, dass die Ausgleichszahlung deshalb auf den Referenzzeitraum zu verteilen ist, weil sie als anteilige Lohnerhöhung für diese Zeit gewährt werden soll[7]. 25

Aufwendungsersatz (insb. Spesen und Fahrgeld, auch in pauschalierter Form, sowie Fernauslösungen[8]) ist regelmäßig kein Arbeitsentgelt und fließt nicht in den Geldfaktor ein[9]. Nahauslösungen können im Einzelfall pauschales, zu versteuerndes und damit berücksichtigungsfähiges Entgelt sein[10]. Mehraufwandsentschädigungen nach § 16d SGB II (zum Urlaubsanspruch bei dieser Personengruppe s. § 2 Rz. 7) sind Entgelt iSv. § 11, wenn sie pauschaliert gezahlt werden und mehr sind als reiner Aufwendungsersatz[11]. 26

c) **Mehrarbeit (Abs. 1 S. 1 Hs. 2).** Bei der Einbeziehung der Mehrarbeit in die Urlaubsvergütung ist nach der Gesetzesänderung v. 25.9.1996 (Einfügung des Abs. 1 S. 1 Hs. 2) zwischen Geld- und Zeitfaktor zu unterscheiden. 27

Hinsichtlich des **Zeitfaktors** ist die Verpflichtung des ArbGeb nach § 1, das Entgelt für alle infolge der Arbeitsbefreiung ausfallenden Arbeitsstunden einschl. der Überstunden zu vergüten[12], unberührt geblieben. Abs. 1 S. 1 Hs. 2 will verhindern, dass ein ArbN durch gezielte Leistung von Überstunden im Bezugszeitraum ein höheres Urlaubsentgelt erlangen kann. An dem Grundsatz, dass der ArbN nach § 1 Anspruch hat auf Fortzahlung des Entgelts für die Zeit, die er gearbeitet hätte, wenn er nicht urlaubsbedingt von der Arbeit freigestellt wäre, ist durch die Änderung des § 11 nichts geändert. Dieses Ergebnis entspricht auch der Gesetzesbegr.[13]; danach ist Regelungsziel „die im Bezugszeitraum anfallenden Überstunden" herauszunehmen. Mit dem Hinweis auf den Bezugszeitraum ist allein der Geldfaktor, nicht aber der Zeitfaktor angesprochen. 28

Die Auswirkungen der gesetzl. Änderung auf den **Geldfaktor** sind höchstrichterlich noch nicht eindeutig geklärt. In einer Entscheidung hat das BAG ausgeführt, der ArbN verliere nur die als Zuschläge bezeichneten Zusatzleistungen, nicht jedoch den Anspruch, dass ihm die ausfallenden Überstunden in gleicher Weise wie die sonstigen ausfallenden Arbeitsstunden zu vergüten sind[14]. 29

In der Lit. wird überwiegend die Auffassung vertreten, der Betrag, den der ArbN für Überstunden bekommen hat, bleibe grds. unberücksichtigt, und zwar nicht nur der Überstundenzuschlag, sondern auch der Grundbetrag[15]. Dies wird mit der grammatikalischen Auslegung der Vorschrift (Stellung des Wortes „zusätzlich" im angefügten Hs.) begründet. Hätte nur der Zuschlag entfallen sollen, hätte das Wort „zusätzlich" zwischen den Worten „Überstunden" und „gezahlten" eingeordnet werden müssen. 30

Dieser Auffassung ist zuzustimmen. Im Urteil v. 9.11.1999 verhält sich das BAG nur zur Frage der Berücksichtigung der Überstunden bei der Berechnung des Zeitfaktors. Auch die Entscheidung des BAG 22.2.2000[16] bringt zu diesem Problem keinen Erkenntnisgewinn, da das BAG unter Hinweis auf das Urt. 31

---

1 BAG 24.10.2000 – 9 AZR 634/99, AP Nr. 50 zu § 11 BUrlG. || 2 BAG 21.3.1995 – 9 AZR 953/93, nv. || 3 BAG 12.1.1989 – 8 AZR 404/87, AP Nr. 13 zu § 47 BAT. || 4 *Leinemann/Linck*, § 11 Rz. 33 mwN. || 5 Vgl. BAG 13.2.1996 – 9 AZR 798/93, AP Nr. 19 zu § 47 BAT. || 6 BAG 17.1.1991 – 9 AZR 644/89, AP Nr. 30 zu § 11 BUrlG. || 7 BAG 21.7.1988 – 8 AZR 331/86, AP Nr. 24 zu § 11 BUrlG. || 8 Vgl. BAG 15.6.1983 – 5 AZR 598/80, NJW 1984, 1838. || 9 ErfK/*Gallner*, § 11 BUrlG Rz. 14. || 10 ErfK/*Gallner*, § 11 BUrlG Rz. 14. || 11 Düwell, FA 2006, 2. || 12 Vgl. BAG 7.7.1988 – 8 AZR 198/88, NZA 1989, 65. || 13 BT-Drs. 13/4612, 15. || 14 BAG 9.11.1999 – 9 AZR 771/98, AP Nr. 47 zu § 11 BUrlG. || 15 ErfK/*Gallner*, § 11 BUrlG Rz. 7 mwN. || 16 BAG 22.2.2000 – 9 AZR 107/99, AP Nr. 171 zu § 1 TVG Tarifverträge: Metallindustrie.

32 v. 9.11.1999 allein die (zutreffende) Auffassung vertreten, die Neufassung des Abs. 1 S. 1 habe den „gesetzlichen" Zeitfaktor unberührt gelassen. Zur Berücksichtigung von Überstunden im Referenzzeitraum für die Berechnung des Geldfaktors sagt die Entscheidung nichts.

32 Für die in der Lit. überwiegende Meinung spricht neben der grammatikalischen Auslegung auch Sinn und Zweck der Neuregelung sowie die Gesetzesgeschichte. Abs. 1 S. 1 ist geändert worden, um zu verhindern, dass ein ArbN durch gezielte Leistung von Überstunden im Bezugszeitraum ein höheres Urlaubsentgelt erlangen kann[1]. Diesem Anliegen des Gesetzgebers würde man nur zum (kleineren) Teil gerecht, wenn die Grundvergütung für im Referenzzeitraum geleistete Überstunden in die Berechnung der Urlaubsvergütung einflöße. Auch die amtl. Begründung ist in diesem Punkt eindeutig. Als Regelungsziel ist genannt, „die im Bezugszeitraum anfallenden Überstunden" herauszunehmen; da davon ausgegangen werden darf, dass dem Gesetzgeber der Unterschied zwischen Grundvergütung für Überstunden und Zuschlägen bekannt war, spricht die nicht weiter qualifizierte Ausnahme „der Überstunden" dafür, dass auch die Grundvergütung gemeint ist.

32a Zweifelhaft ist allerdings, ob dieses Regelungsziel mit der RL 2003/88 vereinbar ist. Die Rspr. des EuGH zu der nach Art. 7 II RL 2003/88 geschuldeten finanziellen Vergütung[2] könnte so zu verstehen sein, dass das für die Urlaubszeit zu zahlende „gewöhnliche Entgelt" die dem ArbN gezahlte Mehrarbeitsvergütung im Referenzzeitraum umfasst, jedenfalls dann, wenn er „gewöhnlich" Überstunden leistet. Klarheit dürfte wohl auch hier nur eine erneute Vorlage bringen.

33 Anders ist es bei **Ausgleichszahlungen nach § 37 III 2 BetrVG**, die wie Mehrarbeit zu berechnen sind. Sie gehören zum Arbeitsverdienst iSd. Abs. 1[3]. Die Rechtslage hat sich durch die Gesetzesänderung v. 25.9.1996 nicht geändert[4]. Die Ausgleichszahlung erfolgt nicht für geleistete Überstunden; vielmehr wird die für BR-Tätigkeit aufgewendete Zeit, die nicht durch Freizeit ausgeglichen werden kann, als Mehrarbeit fingiert. Dem Sinn der Regelung, eine Erhöhung des Urlaubsverdienstes durch gezielte Mehrarbeit im Referenzzeitraum zu verhindern, steht die Berücksichtigung der Ausgleichszahlungen nicht entgegen; auch verstößt sie nicht gegen das Begünstigungsverbot des § 78 S. 2 BetrVG. Denn die BR-Mitglieder können auf solche Zahlungsansprüche keinen Einfluss nehmen. Eine zusätzliche Vergütung erhalten sie nur, wenn betriebsbedingte (dh. vom ArbGeb zu vertretende) Gründe eine BR-Tätigkeit außerhalb der Arbeitszeit erzwungen haben und ein Freizeitausgleich aus betriebl. Gründen objektiv unmöglich ist. Damit liegt es nicht in den Händen des BR-Mitglieds, einseitig die Rechtsfolge des § 37 III 2 BetrVG herbeizuführen[5].

34 **d) Berechnungszeitraum.** Das Urlaubsentgelt bemisst sich nach dem durchschnittlichen Arbeitsverdienst, den der ArbN in den letzten 13 Wochen vor dem Beginn des Urlaubs erhalten hat. Das Gesetz stellt also nicht auf den Arbeitsverdienst ab, den der ArbN für die im Bezugszeitraum erbrachte Leistung zu erhalten hatte, sondern auf den Arbeitsverdienst, der dem ArbN im Bezugszeitraum ausgezahlt wurde bzw. – bei Zahlungsverzug – fällig geworden ist. Zugrunde zu legen sind die Arbeitsvergütungen, die der ArbN im Referenzzeitraum jeweils als Gegenleistung für seine Tätigkeit erhalten hat, auch wenn damit zeitlich früher liegende Arbeitsleistungen vergütet werden[6].

- **Beispiel:** Der ArbN macht vom 20.4. bis 17.5. Urlaub. Die Vergütung wird vereinbarungsgemäß jeweils am 10. des Folgemonats gezahlt. Das Märzgehalt zahlt der ArbGeb wegen eines zeitweisen Liquiditätsproblems erst am 22.4. – Die Urlaubsvergütung berechnet sich nach dem für die Monate Januar, Februar und März gezahlten (bzw. für März geschuldeten) Entgelt. Im Referenzzeitraum (21.1. bis 21.4.) sind die Gehälter für Januar, Februar und März fällig geworden. Dass mit dem Januargehalt auch Tage außerhalb des Referenzzeitraums (1. bis 20.1.) abgegolten wurden, ist nach dem Gesetzeswortlaut unbeachtlich. Auch die sich für die Zeit vom 1. bis 21.4. errechnende Vergütung ist irrelevant, da das Aprilgehalt erst nach Urlaubsbeginn fällig wird.

35 Für die Arbeitsvertragsparteien ist der Referenzzeitraum von 13 Wochen in jedem Fall verbindlich; sie können auch bei Schwierigkeiten der Berechnung nicht zum Nachteil des ArbN kürzere oder längere Zeiträume zugrunde legen. Das gilt insb. für stark schwankende Bezüge wie Provisionen (zur Abdingbarkeit s. Rz. 68)[7].

36 **e) Berechnung des durchschnittlichen Verdienstes.** Der für den Referenzzeitraum errechnete Gesamtbetrag muss im Regelfall auf einen Tagesverdienst umgerechnet werden, da Urlaub nicht stunden-, sondern tageweise gewährt wird[8]. Dazu ist der Gesamtbetrag der 13 Wochen durch die Zahl der Tage zu teilen, an denen der jeweilige ArbN im Referenzzeitraum zur Arbeit verpflichtet war (Divisor). Feiertage und bezahlte Krankheitstage sind nicht abzuziehen[9]. Dasselbe gilt für Urlaubstage, die im Referenzzeitraum gewährt und genommen sind (s. Rz. 11).

---

1 BAG 9.11.1999 – 9 AZR 771/98, AP Nr. 47 zu § 11 BUrlG. || 2 EuGH 20.1.2009 – Rs. C-350/06, NZA 2009. 135 – Schultz-Hoff, Rz. 59. || 3 BAG 11.1.1995 – 7 AZR 543/94, AP Nr. 103 zu § 37 BetrVG 1972. || 4 ErfK/*Gallner*, § 11 BUrlG Rz. 8. || 5 BAG 11.1.1995 – 7 AZR 543/94, AP Nr. 103 zu § 37 BetrVG 1972. || 6 BAG 24.11.1992 – 9 AZR 564/91, AP Nr. 34 zu § 11 BUrlG. || 7 *Leinemann/Linck*, § 11 Rz. 49. || 8 ErfK/*Gallner*, § 11 BUrlG Rz. 16. || 9 BAG 24.11.1992 – 9 AZR 564/91, AP Nr. 34 zu § 11 BUrlG.

Bei gleich bleibender Arbeitszeit (zB Fünf-Tage-Woche) ergibt sich daraus folgende **Formel:** Gesamtverdienst im Referenzzeitraum: (13 Wochen × 5 Tage pro Woche =) 65 = Vergütung pro Urlaubstag. Bei Teilzeitkräften (zB Zwei-Tage-Woche) lautet die Formel dementsprechend: Gesamtverdienst: (13 × 2 =) 26 = Vergütung pro Urlaubstag.

In **flexiblen Arbeitszeitsystemen** gilt die Formel entsprechend, wenn nicht im TV zulässigerweise (s. Rz. 68) eine andere Berechnung vorgeschrieben ist. Ist die Arbeitszeit an einzelnen Tagen unterschiedlich, so muss die Berechnung des Zeit- wie des Geldfaktors ggf. stundenweise erfolgen[1].

3. Berechnung des Zeitfaktors. Für den Zeitfaktor ist die Arbeitszeit zu ermitteln, die konkret dadurch ausgefallen ist, dass der ArbN von der Arbeitsleistung befreit wurde. Hierbei sind auch die **Überstunden** zu berücksichtigen, die der ArbN geleistet hätte, wenn er nicht freigestellt worden wäre[2] (s. Rz. 28). Bei gleich bleibender Arbeitszeit und fester regelmäßiger Vergütung ergeben sich keine Berechnungsprobleme, da das laufende Entgelt weitergezahlt wird.

Bei **flexiblen Arbeitszeitmodellen** sind – falls nicht tarifl. Regelungen bestehen – wie bei der Berechnung der Urlaubstage (vgl. § 3 Rz. 18ff.) nur die Tage zu bewerten, an denen der ArbN tatsächlich hätte arbeiten müssen. Tage, in denen ArbN nicht zur Arbeit verpflichtet sind (Freischichten, Rolliertage uÄ) werden daher nicht berücksichtigt[3]; das gilt auch dann, wenn die Freischichten dadurch „verdient" wurden, dass in vorherigen Wochen eine höhere Arbeitsleistung erbracht worden ist[4]. Wäre die Arbeitszeit an den einzelnen Urlaubstagen unterschiedlich gewesen, ist die Zahl der ausfallenden Stunden zu berechnen[5].

4. Verdiensterhöhungen und -kürzungen. a) Verdiensterhöhungen. Nach Abs. 1 S. 2 sind abweichend vom Referenzprinzip Verdiensterhöhungen nicht nur vorübergehender Natur, die während des Berechnungszeitraums oder des Urlaubs eintreten, bei der Berechnung des Urlaubsentgelts zu berücksichtigen. Damit sind nur Gehaltserhöhungen (durch Änderung eines TV, Höhergruppierung, dauerhafte Zahlung einer Zulage, Wechsel vom Ausbildungs- in ein ArbVerh[6] oÄ) gemeint[7]. Verdiensterhöhungen aus Mehrarbeitsstunden fallen nicht hierunter, auch wenn die häufig geleistet werden; sie bleiben „vorübergehend", weil sie nicht zur regelmäßigen Arbeitszeit gehören[8]. Auch eine dauerhafte Erhöhung der Arbeitszeit (zB Übergang von Teilzeit- zu Vollzeitarbeit), die bei gleichem Stundenlohn nicht den Geld-, sondern den Zeitfaktor betrifft[9], führt zu einer dauerhaften Verdiensterhöhung iSv. Abs. 1[10].

Nach dem eindeutigen Wortlaut des Abs. 1 S. 2 wirken die während des Referenzzeitraums oder während des Urlaubs eintretenden Verdiensterhöhungen auf den Beginn des Referenzzeitraums zurück[11]. Für die Berechnung der Arbeitsvergütung ist daher auch dann für den gesamten Berechnungszeitraum von dem erhöhten Verdienst auszugehen, wenn die Verdiensterhöhung erst während des Urlaubs erfolgt; in diesem Fall ist das Urlaubsentgelt neu zu berechnen und der erhöhte Betrag ggf. nachzuzahlen.

b) Verdienstkürzungen. Durch Abs. 1 S. 3 wird das Referenzprinzip weiter zu Gunsten des ArbN modifiziert; Verdienstkürzungen, die während des Berechnungszeitraums eintreten, bleiben unberücksichtigt, wenn sie auf Kurzarbeit, Arbeitsausfällen oder unverschuldeter Arbeitsversäumnis beruhen. Allerdings gilt diese Regelung – anders als S. 2 – nur für den Berechnungszeitraum, nicht für die Zeit des Urlaubs. Kurzarbeit während des Urlaubs ist daher von S. 3 nicht erfasst. Die in S. 3 genannten Tatbestände – Kurzarbeit, unverschuldete Arbeitsversäumnis und Arbeitsausfälle – sind abschließend aufgezählt; Verdienstkürzungen aus anderen Gründen sind in die Feststellung des Geldfaktors nicht einzuberechnen[12].

aa) Kurzarbeit. Leistet der ArbN im Referenzzeitraum Kurzarbeit, würde dies ohne die Vorschrift des S. 3 den Tagesdurchschnitt des Geldfaktors mindern, weil das Kug nach §§ 95ff. SGB III nicht Arbeitsverdienst iSd. Abs. 1 S. 1 ist. Die Norm bewirkt, dass die infolge Kurzarbeit ausgefallenen Arbeitstage nicht abgezogen werden, sondern der ArbN so zu stellen ist, als hätte er voll gearbeitet. Dabei sind die Kurzarbeitstage mit dem Geldbetrag zu berücksichtigen, den der ArbN ohne Kurzarbeit erhalten hätte. So wird für den späteren Urlaub ein Entgelt zugrunde gelegt, als hätte es den Kürzungstatbestand nicht gegeben[13].

Wird Kurzarbeit während des Urlaubs durchgeführt, ist nach der Art der Kurzarbeit zu unterscheiden. Fällt die Arbeit an einem oder mehreren Tagen während des Urlaubs kurzarbeitsbedingt völlig aus (Kurzarbeit „Null"), kann an diesen Tagen keine Freistellung und damit keine Urlaubserfüllung erfolgen. Der ArbN erhält für diese Tage kein Urlaubsentgelt, sondern die Leistungen der BA (ggf. zzgl. des in einer BV vorgesehenen Aufstockungsbetrags des ArbGeb)[14].

---

1 *Leinemann/Linck*, § 11 Rz. 56. || 2 BAG 9.11.1999 – 9 AZR 771/98, AP Nr. 47 zu § 11 BUrlG. || 3 BAG 18.11.1988 – 8 AZR 238/88, AP Nr. 27 zu § 11 BUrlG. || 4 BAG 8.11.1994 – 9 AZR 477/91, AP Nr. 122 zu § 1 TVG Tarifverträge Metallindustrie. || 5 S. BAG 7.7.1988 – 8 AZR 198/88, AP Nr. 23 zu § 11 BUrlG. || 6 *Leinemann/Linck*, § 11 Rz. 58. || 7 ErfK/*Gallner*, § 11 BUrlG Rz. 22. || 8 *Leinemann/Linck*, § 11 Rz. 57. || 9 *Leinemann/Linck*, § 11 Rz. 58. || 10 ErfK/*Gallner*, § 11 BUrlG Rz. 22. || 11 *Leinemann/Linck*, § 11 Rz. 59f. || 12 ErfK/*Gallner*, § 11 BUrlG Rz. 23. || 13 ErfK/*Gallner*, § 11 BUrlG Rz. 24. || 14 BAG 16.12.2008 – 9 AZR 164/08, NZA 2009, 689.

46 Wird die Kurzarbeit „Null" vor Gewährung des Urlaubs angeordnet, bleiben dem ArbN die auf die Kurzarbeitszeit entfallenden Urlaubstage erhalten, da ein Erlöschen durch Erfüllung nicht möglich und eine Konkretisierung noch nicht eingetreten ist. Allerdings ist zu beachten, dass die Kurzarbeitstage bei der Berechnung der Urlaubsdauer in der Kurzarbeitsperiode berücksichtigt werden müssen (zur Berechnung s. § 3 Rz. 38f.).

47 Ist hingegen der Urlaub vor Anordnung der Kurzarbeit bereits festgelegt und damit auf einen bestimmten Zeitraum konkretisiert, so wird die Erfüllung an den Tagen der Kurzarbeit „Null" unmöglich. Der Urlaubsanspruch geht unter; eine Nachgewährungspflicht nach § 9 trifft den ArbGeb nicht (s. § 7 Rz. 141)[1]. Hat der ArbGeb die Kurzarbeit „Null" zu vertreten, kann der ArbN Ersatzurlaub nach §§ 283 S. 1, 280 I, 275 I, 249 I BGB verlangen[2].

48 Verringert sich nur die Arbeitszeit pro Arbeitstag, wird der Urlaubsanspruch erfüllt, der Entgeltanspruch aber entsprechend gekürzt, da sich der Zeitfaktor um die Kurzarbeitsstunden verringert[3].

49 **bb) Unverschuldete Arbeitsversäumnis** liegt bei Arbeitsunfähigkeit ohne Entgeltfortzahlungsanspruch, Freistellung (Sonderurlaub) ohne Vergütungsanspruch, Wahrnehmung ehrenamtl. Tätigkeiten, sonstigen Fällen der nicht verschuldeten Unzumutbarkeit iSv. § 275 III BGB uÄ vor.

50 Zeiten **verschuldeter Arbeitsversäumnis** („Blaumachen") mindern dagegen den Geldfaktor; der Divisor (Rz. 36) wird nicht um die Fehltage verringert, in den Gesamtbetrag der Vergütung wird das für die Fehltage nicht geschuldete Entgelt nicht aufgenommen.

51 **cc) Arbeitsausfälle** im Referenzzeitraum ohne Vergütungsanspruch würden ebenfalls den Geldfaktor mindern; dies will Abs. 1 S. 3 verhindern. Diese Zeiten werden bei der Berechnung des Geldfaktors wie Arbeitstage mit Entgeltanspruch behandelt[4]. Für Arbeitsausfälle, die den Vergütungsanspruch unberührt lassen (s. § 615 S. 3 BGB – Betriebsrisiko des ArbGeb), ist S. 3 nicht erforderlich, da in diesen Fällen keine Verdienstkürzung eintritt[5].

52 Ein Arbeitsausfall iSd. S. 3 ist die Teilnahme an einem **rechtmäßigen Streik** oder die Betroffenheit von einer **rechtmäßigen Aussperrung** im Referenzzeitraum (zu den Auswirkungen eines Arbeitskampfes auf den Urlaubsanspruch s. § 1 Rz. 28ff.; § 3 Rz. 42ff.). Durch Streik oder rechtmäßige Aussperrung entfällt der Vergütungsanspruch; für das Urlaubsentgelt wird der ArbN so gestellt, als hätte er gearbeitet.

53 Durch eine **rechtswidrige Aussperrung** wird der Vergütungsanspruch nicht gemindert; eines Rückgriffs auf S. 3 bedarf es daher nicht. Nimmt der ArbN an einem rechtswidrigen Streik teil, ist die Urlaubsvergütung wie im Falle verschuldeter Arbeitsversäumnis zu kürzen[6].

54 **III. Fälligkeit (Abs. 2).** Abs. 2 bestimmt die Fälligkeit der Urlaubsvergütung auf den Beginn des Urlaubs. Diese Abweichung von der gesetzl. Fälligkeitsregelung in § 614 BGB hat auf die Wirksamkeit der Urlaubserteilung keinen Einfluss. Sie bedeutet nur, dass der ArbGeb sich mit der ihm obliegenden Lohnzahlungsverpflichtung in Verzug befindet, wenn er nicht vor Urlaubsantritt das für die Urlaubszeit weiterzugewährende Entgelt auszahlt; Voraussetzung dafür, dass der Urlaubsanspruch erfüllt wird, ist die Zahlung des Entgelts vor Urlaubsantritt jedoch nicht[7]. Ob dies nach dem Verständnis des EuGH vom Einheitsanspruch des Urlaubs unionsrechtlich anders zu beurteilen ist, bedarf ggf. der Klärung (s. § 1 Rz. 7). Ein Annahmeverweigerungsrecht des ArbN hinsichtlich der Urlaubserteilung ergibt sich aus einer verspäteten Zahlung der Urlaubsvergütung nach der deutschen Rechtslage nicht[8].

55 Dem ArbN kann daraus, dass der ArbGeb erst später den Lohnanspruch des ArbN erfüllt, allenfalls ein Schadensersatzanspruch wegen Verzuges entstehen. Die in der Praxis häufig zu beobachtende Verletzung dieser Vorschrift bleibt damit weitgehend folgenlos.

56 **IV. Zusätzliches Urlaubsgeld.** Ein Anspruch auf ein zusätzliches Urlaubsgeld ergibt sich nicht aus dem Gesetz. Anspruchsgrundlage kann ein TV, in den Grenzen des § 77 III BetrVG eine BV, der Arbeitsvertrag, eine betriebl. Übung oder der arbeitsrechtl. Gleichbehandlungsgrundsatz sein. Auch die Begriffe sind nicht einheitlich; gelegentlich ist von Urlaubsgratifikation, 13. Gehalt oÄ die Rede.

57 Die Parteien der Zusage über das zusätzliche Urlaubsgeld sind im Rahmen des geltenden höherrangigen Rechts frei, Inhalt und Umfang der zusätzlichen Leistung zu bestimmen[9]. Insb. sind die Diskriminierungsverbote des EU-Rechts, des GG, des TzBfG und des AGG zu beachten[10]. Wird ein ArbN unter Verletzung höherrangigen Rechts vom Bezug eines zusätzlichen Urlaubsgeldes ausgenommen, so ist nicht die Zusage insg., sondern nur die Ausschlussnorm nichtig. Der ArbN ist so zu behandeln, als sei er nicht ausgenommen worden[11].

---

1 *Leinemann/Linck*, § 3 Rz. 67ff.; zu den unionsrechtl. Problemen s. § 7 Rz. 141a. ‖ 2 BAG 16.12.2008 – 9 AZR 164/08, NZA 2009, 689. ‖ 3 ErfK/*Gallner*, § 11 BUrlG Rz. 24. ‖ 4 ErfK/*Gallner*, § 11 BUrlG Rz. 26. ‖ 5 *Leinemann/Linck*, § 11 Rz. 67. ‖ 6 ErfK/*Gallner*, § 11 BUrlG Rz. 26. ‖ 7 BAG 18.12.1986 – 8 AZR 481/84, AP Nr. 19 zu § 11 BUrlG. ‖ 8 ErfK/*Gallner*, § 11 BUrlG Rz. 27. ‖ 9 BAG 6.9.1994 – 9 AZR 92/93, AP Nr. 50 zu § 1 TVG Tarifverträge: Einzelhandel. ‖ 10 Vgl. BAG 23.4.1996 – 9 AZR 696/94, AP Nr. 7 zu § 17 BErzGG. ‖ 11 BAG 23.4.1996 – 9 AZR 696/94, AP Nr. 7 zu § 17 BErzGG.

In TV finden sich die unterschiedlichsten Ausgestaltungen der anspruchsbegründenden Tatsachen, Rückzahlungsbestimmungen und Ausschlussklauseln. Das BAG hat hierzu eine Reihe von Auslegungsgrundsätzen aufgestellt: Wird das Urlaubsgeld als Teil oder Aufschlag zum Urlaubsentgelt zugesagt, ist es Teil einer aus Urlaubsentgelt und zusätzlichem Urlaubsgeld bestehenden Urlaubsvergütung. Im Zweifel gelten für den einheitlichen Betrag dieselben Regeln über Entstehung[1], Inhalt und Umfang[2]. Ist das zusätzliche Urlaubsgeld so ausgestaltet, dass darauf unabhängig vom gewährten Urlaub ein Anspruch besteht, kann der Anspruch auf das volle Urlaubsgeld begründet sein, obwohl der Urlaubsanspruch wegen Elternzeit nach § 17 I BEEG gekürzt werden darf[3]. Findet sich keine abweichende Regelung, so fällt das Urlaubsgeld auch für den gesetzl. Zusatzurlaub an[4].

Das Urlaubsgeld kann uneingeschränkt einer tarifl. Ausschlussfrist unterliegen[5].

V. Vererbbarkeit, Abtretung, Pfändung. Ansprüche auf Urlaubsentgelt für genommenen Urlaub sowie auf zusätzliches Urlaubsgeld können vererbt werden[6].

Das Urlaubsentgelt unterliegt als normaler Vergütungsanspruch der Vorschrift des § 850c ZPO; insoweit kann gepfändet, abgetreten und aufgerechnet werden[7]. Das zusätzliche Urlaubsgeld ist nach Maßgabe des § 850a Nr. 2 ZPO unpfändbar und damit nicht abtretbar[8]. Bei einem Anspruch auf eine einheitliche Urlaubsvergütung, die aus Urlaubsentgelt und Urlaubsgeld besteht, muss der unpfändbare Teil abgezogen werden, bevor der pfändbare Nettobetrag aus dem Urlaubsentgelt errechnet werden kann[9]. Zum Unionsrecht s. § 1 Rz. 7.

VI. Verlust der Ansprüche. 1. Verzicht. Wegen § 13 I kann auf das Urlaubsentgelt nicht verzichtet werden. § 13 I iVm. § 1 („bezahlter Erholungsurlaub") schützt das Urlaubsentgelt für den gesetzl. Mindesturlaub, § 4 IV TVG dasjenige für den tarifl. Mehrurlaub in besonderer Weise. Der ArbN kann daher auf seinen Entgeltanspruch weder vorab noch nach Erhalt des Urlaubs verzichten; das gilt gleichermaßen für einen Erlassvertrag, ein negatives Schuldanerkenntnis oder einen Vergleich[10]. Ebenso unwirksam sind einzelvertragl. Vereinbarungen vor Begründung des Anspruchs, wonach ein ArbN während des Urlaubs eine geringere Vergütung erhält als das Gesetz vorschreibt[11].

Das zusätzliche Urlaubsgeld ist von § 13 I nicht erfasst; deshalb kann insoweit ein Vergleich oder eine Ausgleichsquittung wirksam sein, wenn es sich nicht um tarifl. Ansprüche handelt (hier ist wiederum § 4 IV TVG zu beachten)[12].

2. Verwirkung und Verjährung. Ansprüche auf Urlaubsentgelt und Urlaubsgeld unterliegen grds. wie andere Ansprüche der Verwirkung (§ 242 BGB), wenn Zeitmoment und Umstandsmoment (schutzwertes Vertrauen darauf, dass der ArbN diese Ansprüche nicht mehr geltend machen werde) vorliegen. In der arbeitsgerichtl. Praxis scheitert der Einwand der Verwirkung regelmäßig daran, dass der ArbGeb besondere Umstände, die das schutzwürdige Vertrauen begründen könnten, nicht darlegt.

Die Ansprüche verjähren gem. § 195 BGB nach **drei Jahren**; die Verjährungsfrist beginnt im Regelfall mit dem Schluss des Jahres, in dem der Anspruch entstanden ist, § 199 I BGB, da der ArbN regelmäßig von den anspruchsbegründenden Tatsachen Kenntnis haben wird (§ 199 I Nr. 2 BGB); Unkenntnis der Rechtslage ist unerheblich[13].

3. Verfall. Tarifl. Ausschlussklauseln können den Urlaubsentgeltanspruch – auch soweit er für den gesetzl. Mindesturlaub geschuldet ist – erfassen[14]. Dem steht die Rspr. des BAG (s. § 7 Rz. 125 f.) zur Unwirksamkeit tarifl. Ausschlussklauseln, soweit sie den gesetzl. Mindesturlaub erfassen, nicht entgegen. Denn der Anspruch auf Urlaubsentgelt ist der während der Urlaubsgewährung weiterbestehende Anspruch auf Arbeitsentgelt nach § 611 BGB. Er unterscheidet sich deshalb hinsichtlich der Anwendbarkeit von Ausschlussfristen nicht von sonstigen Entgeltansprüchen nach § 611 BGB. Er kann somit – obwohl es sich um einen gesetzl. geregelten unabdingbaren Anspruch handelt – verfallen[15].

Für die Frage, ob und wieweit eine tarifl. Ausschlussklausel den Urlaubsentgelt- oder -geldanspruch erfasst, hat das BAG einige **Auslegungsgrundsätze** aufgestellt: Haben die TV-Parteien den Anspruch auf ein zusätzliches Urlaubsgeld geregelt, so ist im Zweifel anzunehmen, dass innerhalb der für tarifl. Geldansprüche vereinbarten Verfallfrist alle mit der Berechnung und Zahlung des Urlaubsgelds zusammenhängenden Fragen geklärt werden sollen. Dazu gehören insb. Streitigkeiten über die zutreffende Forderungshöhe. Nach Ablauf der Ausschlussfrist ist sowohl die Geltendmachung einer nicht vollständigen Erfüllung des Anspruchs als auch einer Überzahlung ausgeschlossen[16]. Ist in einer tarifl. Bestim-

---

1 BAG 14.8.1996 – 10 AZR 70/96, AP Nr. 19 zu § 15 BErzGG. ‖ 2 BAG 28.7.1992 – 9 AZR 340/91, AP Nr. 3 zu § 17 BErzGG. ‖ 3 BAG 6.9.1994 – 9 AZR 92/93, AP Nr. 50 zu § 1 TVG Tarifverträge: Einzelhandel. ‖ 4 BAG 23.1.1996 – 9 AZR 891/94, AP Nr. 9 zu § 47 SchwbG 1986. ‖ 5 BAG 9.8.1994 – 9 AZR 557/93, nv. ‖ 6 ErfK/*Gallner*, § 11 BUrlG Rz. 31. ‖ 7 BAG 20.6.2000 – 9 AZR 405/99, AP Nr. 28 zu § 7 BUrlG. ‖ 8 S. *Pfeifer*, NZA 1996, 738 (739). ‖ 9 ErfK/*Gallner*, § 11 BUrlG Rz. 32. ‖ 10 BAG 20.1.1998 – 9 AZR 812/96, AP Nr. 45 zu § 13 BUrlG. ‖ 11 BAG 31.5.1990 – 8 AZR 132/89, AP Nr. 11 zu § 13 BUrlG Unabdingbarkeit. ‖ 12 ErfK/*Gallner*, § 11 BUrlG Rz. 33. ‖ 13 AnwK-SchuldR/*Mansel*, § 199 BGB Rz. 46 mwN. ‖ 14 BAG 22.1.2002 – 9 AZR 601/00, DB 2002, 1835. ‖ 15 BAG 22.1.2002 – 9 AZR 601/00, DB 2002, 1835. ‖ 16 BAG 19.1.1999 – 9 AZR 637/97, AP Nr. 34 zu § 1 TVG Tarifverträge: Druckindustrie.

mung der Verfall der Urlaubs- und Urlaubsabgeltungsansprüche geregelt und wird weder zwischen Urlaubsentgelt und Urlaubsgeld noch zwischen bereits erhaltenen und noch offenem Urlaub unterschieden (s. zB § 8 Nr. 8 BRTV Bau), betrifft sie alle Ansprüche, die mit dem Erholungsurlaub in Zusammenhang stehen, also auch Urlaubsvergütung und zusätzliches Urlaubsgeld. Eine kürzere allg. tarifl. Ausschlussfrist (zB § 15 BRTV Bau) wird verdrängt[1].

68 **VII. Abdingbarkeit.** Nach § 13 I 1 können TV von § 11 auch zuungunsten der ArbN abweichen. Allerdings ist zu beachten, dass Abweichungen von §§ 1, 2 und § 3 I zuungunsten der ArbN unzulässig sind. § 1 enthält nicht nur den Anspruch auf Freistellung, sondern erhält auch dem ArbN den Vergütungsanspruch trotz Nichtleistung der Arbeit während des Urlaubs. Daraus folgt, dass der Anspruch des ArbN auf Vergütung der während des Mindesturlaubs ausfallenden Arbeitsstunden von dem in § 13 I 1 iVm. § 1 enthaltenen Abweichungsverbot erfasst wird. Eine Tarifvorschrift, die im Urlaubszeitraum zu leistende Überstunden bei der Berechnung des Zeitfaktors unberücksichtigt lässt, ist daher unwirksam[2]. Hinsichtlich des tarifl. Mehrurlaubs sind die TV-Parteien an die gesetzl. Vorgaben nicht gebunden.

69 Die TV-Parteien machen von ihrer Gestaltungsfreiheit bei der Berechnung des Geldfaktors und des Zeitfaktors regelmäßig Gebrauch; hierzu gibt es eine umfangreiche Kasuistik des BAG[3]. Zu den Einzelheiten s. § 13 Rz. 56.

12 *(nicht kommentiert)*

13 *Unabdingbarkeit*

(1) Von den vorstehenden Vorschriften mit Ausnahme der §§ 1, 2 und 3 Abs. 1 kann in Tarifverträgen abgewichen werden. Die abweichenden Bestimmungen haben zwischen nichttarifgebundenen Arbeitgebern und Arbeitnehmern Geltung, wenn zwischen diesen die Anwendung der einschlägigen tariflichen Urlaubsregelung vereinbart ist. Im Übrigen kann, abgesehen von § 7 Abs. 2 Satz 2, von den Bestimmungen dieses Gesetzes nicht zuungunsten des Arbeitnehmers abgewichen werden.

(2) Für das Baugewerbe oder sonstige Wirtschaftszweige, in denen als Folge häufigen Ortswechsels der von den Betrieben zu leistenden Arbeit Arbeitsverhältnisse von kürzerer Dauer als einem Jahr in erheblichem Umfange üblich sind, kann durch Tarifvertrag von den vorstehenden Vorschriften über die in Absatz 1 Satz 1 vorgesehene Grenze hinaus abgewichen werden, soweit dies zur Sicherung eines zusammenhängenden Jahresurlaubs für alle Arbeitnehmer erforderlich ist. Absatz 1 Satz 2 findet entsprechende Anwendung.

(3) Für den Bereich der Deutsche Bahn Aktiengesellschaft sowie einer gemäß § 2 Abs. 1 und § 3 Abs. 3 des Deutsche Bahn Gründungsgesetzes vom 27. Dezember 1993 (BGBl. I S. 2378, 2386) ausgegliederten Gesellschaft und für den Bereich der Nachfolgeunternehmen der Deutschen Bundespost kann von der Vorschrift über das Kalenderjahr als Urlaubsjahr (§ 1) in Tarifverträgen abgewichen werden.

I. Zweck der Vorschrift 1	4. Teilurlaub (§ 5) 33
II. Abweichende tarifliche Regelungen 5	5. Doppelansprüche (§ 6) 37
1. Regelungsbefugnis 5	6. Erteilung, Befristung, Übertragung und
2. Günstigkeitsvergleich 11	Abgeltung (§ 7) 38
III. Abänderung durch Arbeitsvertrag 16	7. Erwerbstätigkeit während des Urlaubs (§ 8) . . 52
1. Bezugnahme auf Tarifvertrag 16	8. Erkrankung während des Urlaubszeitraums (§ 9) 53
2. Originäre Abweichung im Arbeitsvertrag . . 20	9. Maßnahmen der medizinischen Vorsorge oder Rehabilitation (§ 10) 55
IV. Abweichungen durch Betriebsvereinbarung . 22	10. Urlaubsentgelt (§ 11) 56
V. Einzelfragen 24	VI. Besonderheiten in der Bauwirtschaft (Abs. 2) 64
1. Anspruch auf bezahlten Urlaub (§ 1) 24	VII. Besonderheiten bei Bahn und Post (Abs. 3) . . 67
2. Urlaubsdauer (§ 3) 29	
3. Wartezeit (§ 4) 32	

1 **I. Zweck der Vorschrift.** Abs. 1 S. 1 erklärt die grundlegenden Bestimmungen über den Urlaubsanspruch selbst, über den persönlichen Geltungsbereich sowie über die Mindestdauer des Urlaubs (§§ 1, 2 und 3 I) für tariffest. Damit wird den TV-Parteien für einen großen Teil der Vorschriften Gestaltungsfreiheit eingeräumt. Allerdings darf durch abweichende Tarifregelungen nicht – auch nicht mittelbar – in den Anspruch des ArbN auf den gesetzl. Mindesturlaub eingegriffen werden[4]. Durch die

---

1 BAG 28.4.1998 – 9 AZR 164/97, AP Nr. 211 zu § 1 TVG Tarifverträge: Bau. || 2 BAG 22.2.2000 – 9 AZR 107/99, AP Nr. 171 zu § 1 TVG Tarifverträge: Metallindustrie. || 3 S. die Auflistung bei *Leinemann/Linck*, § 11 Rz. 108 f. und § 13 Rz. 105 ff. || 4 BAG 8.3.1984 – 6 AZR 442/83, AP Nr. 15 zu § 13 BUrlG.

Unabdingbarkeit der in Abs. 1 S. 1 genannten urlaubsrechtl. Kernvorschriften ist die Regelungsmacht der TV-Parteien hinsichtlich des gesetzl. Mindesturlaubs erheblich enger, als es zT in der Tarifpraxis angenommen wird; das BAG hat daher auch immer wieder tarifl. Urlaubsregelungen für unwirksam erachtet.

Abweichende Tarifvorschriften zu Gunsten der ArbN sind an sich unproblematisch; allerdings enthalten TV häufig komplexe Urlaubsregelungen, die nicht zwischen gesetzl. und tarifl. Urlaub differenzieren und zT günstiger, zT aber auch ungünstiger sind als das BUrlG. In diesen Fällen stellt sich die oft schwierige Frage des Günstigkeitsvergleichs (s. Rz. 11 ff.).

Uneingeschränkt zulässig hingegen sind Tarifregelungen zuungunsten der ArbN auch hinsichtlich der Urlaubsdauer, soweit sie sich auf den tarifl. Mehrurlaub beziehen; Anspruchsvoraussetzungen, Berechnung der Urlaubsvergütung sowie Ausschlussfristen können ohne Rücksicht auf das BUrlG ausgestaltet werden[1]. So ist eine Tarifvorschrift wirksam, die bestimmt, dass der ArbN den übergesetzl. Urlaubsanspruch verwirke, wenn er das ArbVerh unbegründet ohne Einhaltung der Kündigungsfrist auflöse[2]. Dasselbe gilt für einen einzelvertragl. vereinbarten zusätzlichen Urlaubsanspruch.

Durch Abs. 1 S. 2 ist nicht organisierten ArbN und ArbGeb die Möglichkeit eingeräumt worden, durch Einzelvertrag tarifvertragl. Regelungen zu übernehmen, auch wenn sie zuungunsten des ArbN von den Vorschriften der §§ 4 ff. abweichen.

II. Abweichende tarifliche Regelungen. 1. Regelungsbefugnis. Im Rahmen der ihnen durch Art. 9 III GG gewährten Tarifautonomie haben die TV-Parteien grds. auch auf dem Gebiet des Urlaubsrechts die Normsetzungsbefugnis. Sie sind allerdings zulässigerweise zum Schutz der ArbN durch Abs. 1 S. 1 in der Weise eingeschränkt worden, dass die TV-Parteien nicht über den gesetzl. Urlaubsanspruch dem Grunde und der Höhe nach verfügen können.

Unzulässig sind auch ungünstigere Tarifnormen, die sich vordergründig mit Materien in den abdingbaren Vorschriften der §§ 4 ff. befassen (zB Abgeltung, § 7 IV), aber mittelbar in die unantastbaren Rechte des ArbN nach §§ 1, 2 und 3 I eingreifen. So ist der Anspruch auf Urlaubsabgeltung eine andere Erscheinungsform des Urlaubsanspruchs (nach §§ 1 und 3 I) und kann deshalb nicht durch Tarifrecht verschlechtert werden[3].

Machen die TV-Parteien von ihrer Rechtsetzungsmacht Gebrauch, so stellt sich die Frage nach dem Verhältnis zwischen tarifl. und gesetzl. Regelung. Dabei ist zu unterscheiden:

Haben die TV-Parteien die Bestimmungen des BUrlG wirksam ausgeschlossen und will die Tarifregelung das gesamte Urlaubsrecht erfassen, so gilt nur der TV. Das Gesetz kann auch nicht ergänzend oder unterstützend zur Auslegung herangezogen werden[4].

Haben die TV-Parteien es unterlassen, vom BUrlG in dem für sie eröffneten Rahmen abweichende Regelungen zu treffen oder haben sie kein eigenes abschließendes Regelwerk geschaffen, ist von der gesetzl. Regelung auch für den tarifl. Urlaubsanspruch auszugehen[5]. Ein Schweigen der TV-Parteien ist deshalb keine Tariflücke; eine analoge Anwendung einer anderen Tarifvorschrift oder des Gesetzes kommt nicht in Betracht, da das BUrlG bei lückenhaften Tarifnormen immer ergänzend anwendbar ist[6]. So sind zB die sich aus § 7 III für die Befristung und die Erfüllbarkeit des Urlaubsanspruchs ergebenden Merkmale auch auf tarifvertragl. Urlaubsansprüche anzuwenden, wenn im TV hiervon nicht abgewichen worden ist. Entsprechendes gilt für den Abgeltungsanspruch[7].

Ist die Tarifvorschrift unwirksam, weil sie in die unabdingbaren Ansprüche des ArbN eingreift, so findet an ihrer Stelle die entsprechende Norm des BUrlG Anwendung[8].

2. Günstigkeitsvergleich. Abs. 1 S. 3 verbietet, dass von den Bestimmungen des BUrlG, auch von den Vorschriften der §§ 1, 2 und 3 I, zuungunsten der ArbN durch TV, BV und Einzelvertrag abgewichen wird. Anders als § 4 III TVG verlangt Abs. 1 S. 3 jedoch nicht, dass die abweichende Regelung günstiger ist; sie ist auch dann wirksam, wenn sie ungünstiger ist als die gesetzl. Regelung. Deshalb sind sog. neutrale – also abweichende, aber nicht ungünstigere – Regelungen, zB die Ausdehnung des Referenzzeitraums des § 11 I auf ein Jahr, zulässig[9].

Trifft ein TV eine urlaubsrechtl. Regelung, die vom BUrlG abweicht, und kann diese Regelung nach Abs. 1 S. 1 nur dann Bestand haben, wenn sie nicht ungünstiger ist als das Gesetz, so ist zur Lösung der Regelungskollision ein **Günstigkeitsvergleich** vorzunehmen.

Der Günstigkeitsvergleich darf nicht zwischen der tarifl. Regelung insg. und dem Gesetz vorgenommen werden. Es ist also nicht zu prüfen, ob die Urlaubsregelungen des TV insg. günstiger sind als die ge-

---

1 BAG 25.8.1992 – 9 AZR 329/91, AP Nr. 60 zu § 7 BUrlG Abgeltung. ||2 BAG 10.2.2004 – 9 AZR 116/03, NZA 2004, 986. ||3 BAG 30.11.1977, AP Nr. 4 zu § 13 BUrlG Unabdingbarkeit. ||4 ErfK/*Gallner*, § 13 BUrlG Rz. 7. ||5 BAG 1828.4.1998 – 9 AZR 314/97, AP Nr. 7 zu § 3 BUrlG. ||6 BAG 28.4.1998 – 9 AZR 314/97, AP Nr. 7 zu § 3 BUrlG. ||7 BAG 18.10.1990 – 8 AZR 490/89, AP Nr. 56 zu § 7 BUrlG Abgeltung. ||8 BAG 8.3.1984 – 6 AZR 442/83, AP Nr. 15 zu § 13 BUrlG. ||9 *Leinemann/Linck*, § 13 Rz. 30 f.

setzl. Regelung oder ob dies jedenfalls für eine Gruppe in einem inneren Zusammenhang stehender Regelungen gilt (sog. Gruppenvergleich). Vielmehr sind nach dem Wortlaut des Abs. 1 S. 1, der sich auf gesetzl. Vorschriften und davon abweichende Vorschriften bezieht, die Auswirkungen der jeweils betroffenen Normen miteinander zu vergleichen. Die unzulässige Benachteiligung eines ArbN durch die Verminderung des gesetzl. Anspruchs wird nicht dadurch aufgehoben, dass der TV ihm Ansprüche einräumt, die im BUrlG nicht vorgesehen sind. So kann eine tarifl. Kürzung der Bemessungsgrundlagen für die Urlaubsvergütung nicht durch eine ggü. dem gesetzl. Mindesturlaubsanspruch höhere Anzahl von Urlaubstagen oder ein zusätzliches Urlaubsgeld ausgeglichen werden[1].

14 Der Günstigkeitsvergleich ist **individuell-objektiv** vorzunehmen, dh. Maßstab ist die Sicht des jeweils betroffenen ArbN unter Berücksichtigung seiner objektiven Interessenlage[2]; die Deutungshoheit hat im Streitfall das Gericht, nicht der ArbN.

15 Erweist sich die abweichende Regelung als ungünstiger und ist nach Abs. 1 die Verschlechterung unzulässig, tritt an ihre Stelle die gesetzl. Regelung. Dies kann dazu führen, dass ArbN die jeweils günstigeren Vorschriften aus TV und Gesetz beanspruchen können[3].

16 **III. Abänderung durch Arbeitsvertrag. 1. Bezugnahme auf Tarifvertrag.** Abs. 1 S. 2 gestattet den Arbeitsvertragsparteien, auch zuungunsten des ArbN vom Gesetz abweichende Bestimmungen einer tarifl. Urlaubsregelung durch vertragl. Vereinbarung zu übernehmen. Dies kann ausdrücklich, durch konkludentes Handeln beider Vertragsparteien, Betriebsübung oder Gesamtzusage geschehen[4]. Die Bezugnahme muss eindeutig und bestimmt sein, anderenfalls ist das Gesetz maßgeblich[5].

17 Die Vereinbarung muss konkret auf den einschlägigen (dh. nach dem zeitlichen, räumlichen, fachlichen und persönlichen Anwendungsbereich zutreffenden) TV Bezug nehmen. Zulässig ist eine dynamische Verweisung („es gelten die Urlaubsregelungen des TV für die XY-Industrie in der jeweiligen Fassung"); im Falle einer Tarifänderung bedarf es dann zur Geltung der geänderten Tarifnormen keiner weiteren einzelvertragl. Umsetzung[6]. Durch Vereinbarung eines nicht einschlägigen TV kann nicht zum Nachteil des ArbN vom BUrlG abgewichen werden. Ergibt der Günstigkeitsvergleich, dass die abweichende Regelung nicht ungünstiger ist, so ist die einzelvertragl. Regelung wirksam, ansonsten gilt die gesetzl. Regelung[7].

18 Nach Abs. 1 S. 2 ist Wirksamkeitsvoraussetzung für einzelvertragl. Abweichungen vom BUrlG, dass die Parteien wenigstens die tarifl. Urlaubsregelung insg. übernehmen[8]. Werden nur einzelne Bestimmungen der tarifl. Urlaubsregelung übernommen, ist die Abweichung nur wirksam, soweit sie sich als günstiger erweist. Ggf. ist durch Auslegung zu ermitteln, ob auf die gesamte tarifl. Urlaubsregelung Bezug genommen werden soll. Der ArbN muss das Angebot des ArbGeb auf Abschluss eines Formulararbeitsvertrages mit einer Klausel, bei der sich der Urlaub nach den Bestimmungen eines TV richtet, regelmäßig als Verweisung auf den gesamten tarifl. Regelungskomplex „Urlaub" verstehen. Dieser Auslegung der Bezugnahmeklausel steht nicht die Unklarheitenregel nach § 305c II BGB entgegen[9]. Eine Inhaltskontrolle der in Bezug genommenen Tarifvorschriften gem. § 307 BGB scheidet nach § 310 IV 1 BGB aus.

19 Abs. 1 S. 2 erlaubt auch die arbeitsvertragl. Vereinbarung nachwirkender Normen einer tarifl. Urlaubsregelung[10].

20 **2. Originäre Abweichung im Arbeitsvertrag.** Abs. 1 S. 3 verbietet hinsichtlich des gesetzl. Mindesturlaubs eine Abweichung zuungunsten des ArbN durch originäre einzelvertragl. Regelung mit Ausnahme der Bestimmung des § 7 II 2. Günstigere Regelungen sind zulässig; ob die abweichende Vereinbarung ungünstiger ist als das Gesetz, ist durch einen Günstigkeitsvergleich zu bestimmen, der nach den oben (Rz. 13 f.) dargestellten Grundsätzen anzustellen ist.

21 Hinsichtlich der einzelvertragl. vereinbarten Mehrurlaubsansprüche sind die Arbeitsvertragsparteien nicht an das BUrlG gebunden. Sie können Voraussetzungen, Inhalt und Ausgestaltung des Anspruchs frei bestimmen, soweit nicht höherrangiges Recht (zB verfassungsrechtl. oder europarechtl. Diskriminierungsverbote) entgegensteht. Dieser Teil des Urlaubsanspruchs kann daher abbedungen, auf ihn kann verzichtet oder für seine Geltendmachung eine Ausschlussfrist vereinbart werden[11]. Formularmäßige Vertragsbestimmungen, die von den Grundsätzen des BUrlG abweichen, unterliegen jedoch einer eingeschränkten Inhaltskontrolle nach §§ 307 I 2, 305c BGB (s. § 7 Rz. 74c).

22 **IV. Abweichungen durch Betriebsvereinbarung.** Die Betriebsparteien dürfen nur in dem Umfang von den Bestimmungen des BUrlG zuungunsten der ArbN abweichen, wie dies den Arbeitsvertragsparteien gestattet ist; damit steht allein § 7 II 2 zur Disposition der Betriebsparteien. Auch eine BV, zu der die Betriebsparteien nach § 77 III 2 BetrVG durch Tariföffnungsklausel ermächtigt wurden, vermag die

---

1 BAG 22.1.2002 – 9 AZR 601/00, DB 2002, 1835. ||2 ErfK/*Gallner*, § 13 BUrlG Rz. 6. ||3 *Leinemann/Linck*, § 13 Rz. 33. ||4 ErfK/*Gallner*, § 13 BUrlG Rz. 20. ||5 BAG 5.12.1995, AP Nr. 70 zu § 7 BUrlG Abgeltung. ||6 ErfK/*Gallner*, § 13 BUrlG Rz. 20. ||7 *Leinemann/Linck*, § 13 Rz. 19. ||8 BAG 17.11.1998 – 9 AZR 584/97, AP Nr. 10 zu § 1 TVG Bezugnahme auf Tarifvertrag. ||9 BAG 17.1.2006 – 9 AZR 41/05, NZA 2006, 923. ||10 BAG 27.6.1978 – 6 AZR 59/77, AP Nr. 12 zu § 13 BUrlG. ||11 KassHdb/*Schütz*, 2.4 Rz. 641.

Vorschriften des BUrlG nicht zuungunsten der ArbN abzuändern; denn nur den TV-Parteien ist durch Abs. 1 S. 1 die Kompetenz eingeräumt worden, von den §§ 4 ff. abzuweichen.

Günstigere BV zum Urlaubsrecht scheitern nicht an Abs. 1 S. 3. Einer konstitutiven Übernahme tarifl. Urlaubsbestimmungen in einem nicht tarifgebundenen Betrieb wird aber regelmäßig § 77 III BetrVG entgegenstehen. § 77 III BetrVG schließt auch eine bloße Aufstockung tarifl. Leistungen durch BV aus. Das gilt auch für die Gewährung allg., nicht an besondere Voraussetzungen gebundener Zusatzleistungen. Eine solche Konkurrenz stellen auch betriebl. Regelungen dar, welche eine tarifl. Leistung lediglich durch gleichartige Ansprüche aufbessert. Eine BV kann dagegen zusätzliche Leistungen vorsehen, die an besondere Voraussetzungen gebunden sind, welche vom TV nicht berücksichtigt werden, oder andersartige Ansprüche begründen[1]. Damit können nicht im TV geregelte zusätzliche Urlaubsleistungen (zB Zusatzurlaub aus persönlichen Gründen oder wegen langjähriger Betriebstreue[2]; zusätzliches Urlaubsgeld, wenn die Zahlung eines Urlaubsgeldes im TV nicht vorgesehen ist) Gegenstand einer BV sein.

V. Einzelfragen. 1. Anspruch auf bezahlten Urlaub (§ 1). a) Entstehung, Ausschlussfrist. In TV kann nicht wirksam vereinbart werden, dass

- der Urlaubsanspruch von der Erbringung einer bestimmten (Mindest-)Arbeitsleistung abhängt, da der Urlaubsanspruch nach dem BUrlG nicht an Arbeitsleistungen des ArbN gebunden ist[3];
- ArbN statt der Freistellung eine Abfindung erhalten[4];
- der Urlaubsanspruch in der gesetzl. Höhe einer tarifl. Ausschlussfrist unterliegt. Eine tarifl. Ausschlussfrist, die die **Geltendmachung aller Ansprüche** aus dem ArbVerh binnen einer bestimmten Frist fordert, ist regelmäßig so auszulegen, dass sie auf Ansprüche, die wie Urlaubsansprüche befristet für einen bestimmten Zeitraum bestehen und deren Erfüllung während dieser Zeit stets verlangt werden kann, keine Anwendung findet. Das folgt aus der Ausgestaltung der Urlaubsvorschriften im Gesetz (Abs. 3 S. 1 und 2), die den ArbN lediglich zwingen, seine Ansprüche rechtzeitig vor Ablauf des Urlaubsjahres oder des Übertragungszeitraumes zu verlangen. Wäre daneben außerdem die tarifl. Ausschlussfrist anzuwenden, müssten die ArbN im Januar jeden Jahres ihre Urlaubsansprüche geltend machen, wollten sie deren Verfall verhindern. Das entspricht regelmäßig nicht den Vorstellungen der TV-Parteien über Bestand und Erlöschen von Urlaubsansprüchen[5].

Der Anspruch eines ArbN auf bezahlten Urlaub im Kalenderjahr darf auch nicht mittelbar ausgeschlossen werden, indem eine tarifl. Regelung von § 11 I abweicht, wenn dadurch zugleich der gesetzl. Urlaubsanspruch verringert wird. Daher ist eine Tarifvorschrift unwirksam, durch die die Urlaubsvergütung verringert wird, wenn der ArbN ohne Erlaubnis während des Urlaubs gegen Entgelt arbeitet[6].

b) Vergleich, Ausgleichsquittung. Der ArbN kann auch in einem gerichtl. oder außergerichtl. **Vergleich** auf den Mindesturlaub nicht verzichten. Weder eine in Vergleichen in Kündigungsprozessen häufig zu lesende allg. Ausgleichsklausel noch die ausdrückliche Vereinbarung eines konstitutiven negativen Schuldanerkenntnisses (zB eine sog. Ausgleichsquittung[7]) verwehren es dem ArbN, nach Beendigung des Rechtsstreits den Urlaubsanspruch geltend zu machen[8]. Dies ist in solchen Fällen auch regelmäßig nicht treuwidrig[9]. Ein Verzicht ist dagegen rechtl. unbedenklich, soweit er vertragl. Urlaubsansprüche betrifft, die über dem gesetzl. Mindesturlaub nach § 1 und § 3 liegen. Beim Verzicht auf Tarifurlaub ist bei beiderseitiger Tarifgebundenheit bzw. Allgemeinverbindlichkeit § 4 IV TVG zu beachten.

Grds. zulässig ist ein Vergleich, in dem die Parteien sich darauf einigen, dass der ArbN den ihm zustehenden Urlaub bereits erhalten habe oder sonstige tatsächliche Anspruchsvoraussetzungen nicht vorlägen (sog. **Tatsachenvergleich**)[10].

- **Beispiel:** Die Parteien sind sich darüber einig, dass der (Rest-)Urlaubsanspruch des Klägers für das Jahr 201x (in Höhe von 10 Arbeitstagen) durch Freistellung vom 2. bis zum 13.12.201x erfüllt ist.

Allerdings ist zu beachten, dass ein Tatsachenvergleich nach § 779 BGB eine Ungewissheit zwischen den Parteien voraussetzt, die im Wege gegenseitigen Nachgebens beseitigt werden soll. Wenn im Streitfall nicht festgestellt werden kann, dass zwischen den Parteien zum Zeitpunkt des Vergleichsschlusses Streit über die Anzahl noch nicht gewährten und damit noch offenen Urlaubstage bestand, wird der insoweit beweisbelastete ArbGeb sich nicht auf den Vergleich berufen können[11]. Zur Abgeltung s. Rz. 48.

---

1 Vgl. zu einer übertarifl. Lohnzulage BAG 9.12.1997 – 1 AZR 319/97, AP Nr. 11 zu § 77 BetrVG 1972 Tarifvorbehalt. ‖2 BAG 19.4.1994 – 9 AZR 478/92, AP Nr. 3 zu § 1 BUrlG Treueurlaub. ‖3 BAG 8.3.1984 – 6 AZR 442/83, AP Nr. 14 zu § 3 BUrlG Rechtsmissbrauch; EuGH 20.1.2009 – Rs. C-350/06, NZA 2009, 135 – Schultz-Hoff, Rz. 41. ‖4 EuGH 21.2.2013 – Rs. C-194/12, NZA 2013, 369 – Maestre García; ErfK/*Gallner*, § 13 BUrlG Rz. 8; *Leinemann/Linck*, § 13 Rz. 39. ‖5 BAG 24.11.1992 – 9 AZR 549/91, AP Nr. 23 zu § 1 BUrlG. ‖6 BAG 25.2.1988 – 8 AZR 596/85, AP Nr. 3 zu § 8 BUrlG. ‖7 BAG 5.4.1984 – 6 AZR 443/81, AP Nr. 16 zu § 13 BUrlG. ‖8 BAG 20.1.1998 – 9 AZR 812/96, AP Nr. 45 zu § 13 BUrlG. ‖9 BAG 20.1.1998 – 9 AZR 812/96, AP Nr. 45 zu § 13 BUrlG. ‖10 BAG 5.11.1997 – 4 AZR 682/95, AP Nr. 17 zu § 4 TVG. ‖11 BAG 20.1.1998 – 9 AZR 812/96, AP Nr. 45 zu § 13 BUrlG.

29 **2. Urlaubsdauer (§ 3).** TV-Parteien dürfen die gesetzl. Mindestdauer des Urlaubs nicht von besonderen Tatbeständen wie dem Lebensalter oder Betriebszugehörigkeit abhängig machen, wohl aber zusätzliche Urlaubsansprüche[1]. Nicht um eine unzulässige Kürzung des Urlaubsanspruchs, sondern um die Anpassung des Urlaubsanspruchs an besondere Arbeitszeitgestaltungen handelt es sich, wenn bei Teilzeit oder flexibler Arbeitszeitverteilung die Urlaubsdauer entsprechend der tatsächlichen Arbeitszeit errechnet wird (s. § 3 Rz. 7ff.). Bei einer Urlaubsstaffelung nach Lebensalter kann jedoch eine gem. § 10 AGG nicht zulässige Altersdiskriminierung vorliegen[2].

30 **Rechtsunwirksam** ist eine tarifl. Regelung, die den gesetzl. Mindesturlaubsanspruch nach erfüllter Wartezeit bei einem Ausscheiden des ArbN
 – auf Grund vertragswidriger Auflösung des ArbVerh ausschließt[3];
 – in der zweiten Kalenderhälfte eines Kalenderjahres nach dem Zwölftelungsprinzip mindert, da die Urlaubsdauer durch eine derartige Regelung ebenfalls unzulässig verkürzt wird[4];
 – im ersten Kalenderhalbjahr mehr als nach § 5 I Buchst. c zulässig kürzt[5].

31 Der gesetzl. Zusatzurlaub nach § 125 SGB IX bleibt von tarifvertragl. Zwölftelungsvorschriften ebenfalls unberührt[6].

32 **3. Wartezeit (§ 4).** Die Dauer der Wartezeit kann ggü. dem Gesetz durch TV verlängert werden. Allerdings darf die Tarifregelung nicht dazu führen, dass in einem ArbVerh, das während des ganzen Jahres besteht, kein Vollurlaubsanspruch begründet werden; dies wäre ein Verstoß gegen § 1[7]. Eine Verlängerung der Wartezeit durch BV oder Arbeitsvertrag ist hingegen nicht zulässig, Abs. 1 S. 3.

33 **4. Teilurlaub (§ 5). a) Teilurlaub (§ 5 I Buchst. a und b).** § 5 I Buchst. a und b begründen einen eigenständigen Anspruch außerhalb von §§ 1 und 3; diese Teilurlaubsansprüche können daher zu Lasten des ArbN durch TV verändert werden. Sowohl das Entstehen wie die Fälligkeit von Teilurlaubsansprüchen kann abweichend vom Gesetz geregelt werden[8]. Scheidet ein ArbN vor Fälligkeit eines solchen Anspruchs aus dem ArbVerh aus, steht ihm der Anspruch nicht zu. Teilurlaubsansprüche können auch einer tarifl. Ausschlussfrist unterliegen[9].

34 **b) Gekürzter Vollurlaub (§ 5 Abs. 1 Buchst. c).** Der nach § 5 I Buchst. c gekürzte Vollurlaub ist nicht tarifdispositiv, obgleich diese Vorschrift in Abs. 1 S. 1 nicht genannt wird. Abs. 1 S. 1 schützt den gekürzten Vollurlaub mittelbar, da es sich hierbei um den Anspruch aus §§ 1, 3 I handelt; § 5 I Buchst. c begründet nicht einen Urlaubsanspruch außerhalb von §§ 1, 3, sondern kürzt diesen Anspruch von Gesetzes wegen[10]. Durch TV kann daher weder über die Zwölftelungsregelung in Buchst. c hinaus gekürzt noch darf der gesetzl. Urlaub bei einem Ausscheiden in der zweiten Jahreshälfte überhaupt verringert werden[11].

35 **c) Aufrundung (§ 5 Abs. 2).** Hinsichtlich des Teilurlaubsanspruchs gem. § 5 I Buchst. a und b sind die TV-Parteien frei, die Aufrundungsregel in § 5 II abzubedingen oder Bruchteile von Urlaubstagen sogar abzurunden[12]. Die Arbeitsvertragsparteien dürfen von § 5 II nicht zuungunsten des ArbN abweichen. Bei dem gekürzten Vollurlaub nach § 5 I Buchst. c ist hingegen die Aufrundungsregelung nicht tarifdispositiv; anderenfalls wäre der gesetzl. Mindesturlaub betroffen[13].

36 **d) Rückforderungsverbot (§ 5 Abs. 3).** § 5 III ist nicht tariffest. In einem TV kann daher geregelt werden, dass der ArbN im Falle einer Kürzung seines Vollurlaubsanspruchs bei Ausscheiden in der ersten Jahreshälfte das zu viel erhaltene Urlaubsentgelt zurückzuzahlen hat[14]. Durch eine derartige Tarifbestimmung wird nicht mittelbar gegen §§ 1, 3 verstoßen, da dem ArbN der zu viel gewährte Urlaub nicht zusteht; gesetzl. Mindesturlaub ist nur der nach § 5 I Buchst. c auf 1/12 pro vollem Monat gekürzte Urlaubsanspruch[15]. Durch BV oder Arbeitsvertrag kann § 5 III nicht abbedungen werden.

37 **5. Doppelansprüche (§ 6).** Im Falle eines ArbGebWechsels kürzt § 6 den Urlaubsanspruch in einem späteren ArbVerh ganz oder teilweise, soweit Urlaubsansprüche des ArbN in demselben Kalenderjahr bereits im früheren ArbVerh erfüllt worden sind[16]. Eine weiter gehende Verringerung des Urlaubsanspruchs in dem späteren als dem früheren ArbGeb darf durch TV nicht bestimmt werden, soweit der gesetzl. Mindesturlaub verkürzt würde.

38 **6. Erteilung, Befristung, Übertragung und Abgeltung (§ 7). a) Erteilung (§ 7 Abs. 1).** § 7 I 1 ist tarifdispositiv. Daher darf in einem TV eine von § 7 I 1 abweichende Bestimmung hinsichtlich des Zeitraums

---

1 Vgl. BAG 19.11.1996 – 9 AZR 712/95, AP Nr. 1 zu § 1 TVG Tarifverträge: Krankenanstalten. ‖ 2 BAG 20.3.2012 – 9 AZR 529/10, NZA 2012, 803. ‖ 3 BAG 18.6.1980 – 6 AZR 328/78, DB 1980, 2197. ‖ 4 BAG 8.3.1984 – 6 AZR 442/83, AP Nr. 15 zu § 13 BUrlG. ‖ 5 BAG 18.6.1980 – 6 AZR 328/78, DB 1980, 2197. ‖ 6 BAG 8.3.1994 – 9 AZR 49/93, AP Nr. 5 zu § 47 SchwbG 1986. ‖ 7 ErfK/*Gallner*, § 13 BUrlG Rz. 10. ‖ 8 BAG 15.12.1983 – 6 AZR 606/80, AP Nr. 14 zu § 13 BUrlG. ‖ 9 BAG 3.12.1970 – 5 AZR 202/70, NJW 1971, 723. ‖ 10 BAG 9.6.1998 – 9 AZR 43/97, AP Nr. 23 zu § 7 BUrlG. ‖ 11 BAG 24.10.2000 – 9 AZR 610/99, AP Nr. 19 zu § 5 BUrlG. ‖ 12 ErfK/*Gallner*, § 13 BUrlG Rz. 11; *Leinemann/Linck*, § 13 Rz. 65. ‖ 13 *Leinemann/Linck*, § 13 Rz. 65. ‖ 14 BAG 23.1.1996 – 9 AZR 554/93, AP Nr. 10 zu § 5 BUrlG. ‖ 15 *Leinemann/Linck*, § 13 Rz. 66. ‖ 16 BAG 28.2.1991 – 8 AZR 196/90, AP Nr. 4 zu § 6 BUrlG.

getroffen werden, in dem Urlaub gewährt und genommen werden kann. So ist zB eine Tarifregelung nicht zu beanstanden, die einen angestellten Lehrer verpflichtet, seinen Urlaub während der unterrichtsfreien Zeit zu nehmen[1].

Grds. zulässig ist die Einführung von Betriebsurlaub durch BV; hierbei handelt es sich nicht um eine Abweichung von § 7 I 1 (s. § 7 Rz. 28)[2]. 39

Nicht zu beanstanden sind auch sonstige kollektive oder arbeitsvertragl. Vereinbarungen, wonach nicht der ArbGeb als Schuldner des Urlaubsanspruchs den Urlaub zu erteilen hat, sondern Urlaub nur im Einvernehmen der Parteien oder auf Grund von BV verabredet wird oder der ArbN die Lage des Urlaubs bestimmen darf[3]. Durch TV können auch die Leistungsverweigerungsrechte des ArbGeb erweitert oder die einzelnen Gründe anders gewichtet werden[4]. 40

b) Zusammenhängende Gewährung (Abs. 2). Eine Tarifregelung, nach der Urlaub stets und ohne die im Gesetz genannten Gründe geteilt gewährt werden darf, ist unwirksam[5]. 41

Liegen die Voraussetzungen des § 7 II 1 für die Aufteilung des Urlaubs vor, so kann durch TV, BV und individuelle Abrede von der Verteilungsregelung in § 7 II 2 zuungunsten des ArbN abgewichen werden, Abs. 1 S. 3. Allerdings besteht die Teilungsmöglichkeit nicht grenzenlos. Eine „Atomisierung" des Erholungsurlaubs mit Zustimmung oder sogar auf Wunsch des ArbN verstieße mittelbar gegen § 1, da in diesem Falle die gesundheitspolitische Zielsetzung des § 1 unterlaufen würde[6]. 42

Eine Aufteilung des Erholungsurlaubs in einzelne Halbtags- und Stundenteile auf Grund einer Vereinbarung zwischen ArbGeb und ArbN ist entgegen einer weit verbreiteten Praxis unzulässig; sie stellt keine wirksame Erfüllung des Anspruchs des ArbN auf den gesetzl. Mindesturlaub dar[7]. 43

c) Befristung und Übertragung. Von der gesetzl. Befristung des Urlaubsanspruchs bis zum 31.12. des jeweiligen Kalenderjahres wird in TV häufig abgewichen. Auf die Befristung kann überhaupt oder in bestimmten Fällen verzichtet werden; ebenso kann der Befristungszeitraum verlängert werden[8]. 44

Durch TV kann die Übertragung des Urlaubs ausgeschlossen werden. Dadurch wird der gesetzl. Urlaub nicht mittelbar beeinträchtigt, da § 1 den Urlaubsanspruch nur im laufenden Jahr garantiert[9]. Die Regelungsmacht der TV-Parteien wird jedoch auch durch Unionsrecht begrenzt. Eine Übertragung kann daher tarifl. nicht ausgeschlossen werden, soweit der ArbN durch Arbeitsunfähigkeit gehindert war, den Urlaub im laufenden Jahr zu nehmen. Der Übertragungszeitraum muss in diesen Fällen für den Mindesturlaub mindestens 15 Monate betragen. 45

Eine Übertragung ohne oder unter erleichterten Voraussetzungen oder für einen längeren Zeitraum ist durch TV zulässig[10]. Von Abs. 1 S. 1 gedeckt ist auch eine Tarifregelung, nach der es ausreicht, dass der Urlaub innerhalb des Übertragungszeitraums angetreten und damit teilweise außerhalb des Übertragungszeitraums erfüllt wird[11]. 46

Zulässig ist es, durch TV die Geltendmachung des Urlaubs (den „Urlaubsantrag") während des Übertragungszeitraums der Schriftform zu unterwerfen. Dies hat zur Folge, dass der Urlaub mit dem Ende des Übertragungszeitraums ersatzlos erlischt, wenn ihn der ArbN nicht vorher schriftl. geltend gemacht hat[12]. Hierdurch wird der Urlaubsanspruch nicht berührt; Rechtsfolge einer solchen Regelung ist, dass der ArbGeb durch eine formlose Geltendmachung nicht in Verzug gesetzt wird, so dass ein Schadensersatzanspruch mit Ablauf des Übertragungszeitraums nicht entsteht. 47

Dies hat zur Folge, dass der Urlaub mit dem Ende des Übertragungszeitraums ersatzlos erlischt, wenn ihn der ArbN nicht vorher schriftl. geltend gemacht hat[13]. Hierdurch wird der Urlaubsanspruch nicht berührt; Rechtsfolge einer solchen Regelung ist, dass der ArbGeb durch eine formlose Geltendmachung nicht in Verzug gesetzt wird, so dass ein Schadensersatzanspruch mit Ablauf des Übertragungszeitraums nicht entsteht.

d) Abgeltung. § 7 IV ist **nicht tarifdispositiv**. Zwar ist § 7 IV in Abs. 1 S. 1 nicht genannt. Jedoch genießt die Abgeltung auch nach Aufgabe der Surrogatstheorie denselben Unabdingbarkeitsschutz des § 1 wie der gesetzl. Urlaubsanspruch selbst[14]. Nach der Rspr. des EuGH sieht Art. 7 II RL 2003/88 vor, dass der ArbN, dem es wegen der Beendigung des ArbVerh nicht mehr möglich ist, tatsächlich bezahlten Jahresurlaub zu nehmen, Anspruch auf eine finanzielle Vergütung hat, um zu verhindern, dass ihm wegen dieser Unmöglichkeit jeder Genuss dieses Anspruchs, selbst in finanzieller Form, verwehrt 48

---

1 BAG 13.2.1996 – 9 AZR 79/95, AP Nr. 12 zu § 47 SchwbG 1968. ||2 BAG 28.7.1981 – 1 ABR 79/79, AP Nr. 2 zu § 87 BetrVG 1972 Urlaub. ||3 BAG 27.1.1987 – 8 AZR 579/84, AP Nr. 30 zu § 13 BUrlG. ||4 *Leinemann/Linck*, § 13 Rz. 70 ff. ||5 ErfK/*Gallner*, § 13 BUrlG Rz. 12. ||6 ErfK/*Gallner*, § 13 BUrlG Rz. 12. ||7 BAG 9.7.1965 – 5 AZR 380/64, NJW 1965, 2174. ||8 ErfK/*Gallner*, § 13 BUrlG Rz. 13. ||9 *Leinemann/Linck*, § 13 Rz. 81. ||10 BAG 9.5.1995 – 9 AZR 552/93, AP Nr. 22 zu § 7 BUrlG Übertragung. ||11 BAG 21.1.1997 – 9 AZR 791/95, NZA 1997, 889. ||12 BAG 14.6.1994 – 9 AZR 284/93, AP Nr. 21 zu § 7 BUrlG Übertragung. ||13 BAG 14.6.1994 – 9 AZR 284/93, AP Nr. 21 zu § 7 BUrlG Übertragung. ||14 ErfK/*Gallner*, § 13 BUrlG Rz. 14; zur früheren Rechtslage BAG 31.5.1990 – 8 AZR 132/89, AP Nr. 13 zu § 13 BUrlG Unabdingbarkeit; zweifelnd AnwK-ArBR/*Düwell*, § 13 BUrlG Rz 14.

wird[1]. Die finanzielle Vergütung ist in der Weise zu berechnen, dass der ArbN so gestellt wird, als hätte er diesen Anspruch während der Dauer seines ArbVerh ausgeübt[2]. Die Ausführungen des EuGH können nur so verstanden werden, dass der Abgeltungsanspruch in der Höhe des Mindesturlaubs denselben unionsrechtl. Schutz genießt wie der Freistellungsanspruch. § 13 muss daher richtlinienkonform so ausgelegt werden, dass der Abgeltungsanspruch dem Grunde nach und in Höhe des gesetzl. Mindesturlaubs nicht tarifl. abdingbaren werden darf. Ein TV kann daher nach erfüllter Wartezeit die Abgeltung weder im Falle eines rechtswidrigen vorzeitigen Ausscheidens (Vertragsbruch) noch nach wirksamer außerordentl. Kündigung des ArbGeb ausschließen[3]. Ebenso sind die Abgeltung des gesetzl. Zusatzurlaub nach dem SGB IX[4] und des gekürzten Vollurlaubs unabdingbar[5]. Von der Frage der Abdingbarkeit zu unterscheiden ist die der Zulässigkeit **tarifl. Ausschlussklauseln** (s. § 7 Rz. 126).

49 Unter der Geltung der Surrogatstheorie konnte auch auf den Abgeltungsanspruch nicht wirksam **verzichtet** werden[6]. Mit Aufgabe der Surrogatstheorie stellt sich die Frage, ob der Anspruch durch eine „Ausgleichsquittung" oder eine Ausgleichsklausel in einem Vergleich zum Erlöschen gebracht werden kann.

50 Unproblematisch ist ein Verzicht auf Abgeltung **vor Entstehung** des Anspruchs, also vor Beendigung des ArbVerh (also auch in einem Vergleich in einem Kündigungsrechtsstreit bei noch laufender Kündigungsfrist) **unwirksam**.

Nach Entstehung des Anspruchs können die Parteien durch Ausgleichsquittung, sonstigen „Verzicht" bzw. Erlass den Abgeltungsanspruch beseitigen[7]. Gem. Abs. 1 S. 3 kann von der Regelung in § 7 IV, wonach der Urlaub abzugelten ist, wenn er wegen Beendigung des ArbVerh ganz oder teilweise nicht mehr gewährt werden kann, zwar nicht zu Ungunsten des ArbN abgewichen werden. Jedoch hindert diese Regelung nur einzelvertragliche Abreden, die das Entstehen von Abgeltungsansprüchen ausschließen. Hatte der ArbN die Möglichkeit, Urlaubsabgeltung in Anspruch zu nehmen und sieht er davon ab, steht auch Unionsrecht einem Verzicht des ArbN auf Urlaubsabgeltung nicht entgegen.

51 Sieht ein TV entgegen § 7 IV die Abgeltung des Urlaubsanspruchs **im laufenden ArbVerh** vor, ist zu unterscheiden: Eine Regelung, die nach Ablauf des Übertragungszeitraums einen Abgeltungsanspruch anstelle des Urlaubsanspruchs im laufenden ArbVerh vorsieht, wenn der Urlaubsanspruch ansonsten ersatzlos unterginge, ist für den ArbN günstiger und damit zulässig[8]. Dagegen verstößt eine Tarifnorm, die die Abgeltung im bestehenden ArbVerh zulässt, obwohl der Urlaubsanspruch noch durch Freistellung erfüllt werden könnte, mittelbar gegen § 1; eine solche Vorschrift würde im Erg. nur den „Abkauf" des Urlaubs gestatten[9].

52 **7. Erwerbstätigkeit während des Urlaubs (§ 8).** § 8 ist grds. tarifdispositiv. Soweit allerdings ein TV bestimmt, dass ein ArbN, der in seinem Urlaub einer dem Urlaubszweck zuwider laufenden Erwerbstätigkeit nachgeht, das Urlaubsentgelt zurückzahlen muss, liegt darin ein mittelbarer Verstoß gegen § 1[10].

53 **8. Erkrankung während des Urlaubszeitraums (§ 9).** § 9 hat als Sonderregelung zu § 275 I bzw. III BGB die Funktion, das Erlöschen des Urlaubsanspruchs wegen der durch die Arbeitsunfähigkeit bedingten Unmöglichkeit der Freistellung zu verhindern (s. § 9 Rz. 14). Daher würde eine Tarifnorm, die entweder eine Kürzung des gesetzl. Urlaubsanspruchs für Zeiten der Arbeitsunfähigkeit oder ein Erlöschen des erteilten Urlaubs wegen der Erkrankung bestimmt, mittelbar gegen § 1 verstoßen[11]. Zulässig sind derartige Kürzungsvorschriften für den tarifl. oder arbeitsvertragl. Mehrurlaub.

54 Das BAG hat eine Tarifregelung, nach der ein Arbeiter seine im Urlaub aufgetretene Erkrankung unverzüglich anzeigen muss, wenn er erreichen will, dass die Tage der Arbeitsunfähigkeit nicht auf den Urlaub angerechnet werden, auch insoweit als wirksam angesehen, wie die Anzeigepflicht sich auf den gesetzl. Mindesturlaub bezieht[12]. Das überzeugt nicht. Die in § 9 nicht vorgesehene Anzeigepflicht kann dazu führen, dass der ArbN in dem betreffenden Urlaubsjahr keinen Urlaub erhält, wenn er während der gesamten in Aussicht genommenen Urlaubszeit tatsächlich krank war und nur wegen der verspäteten Anzeige der Nachgewährsanspruch des § 9 nicht entsteht. Damit wäre § 1 verletzt[13].

55 **9. Maßnahmen der medizinischen Vorsorge oder Rehabilitation (§ 10).** Von dieser Vorschrift kann in TV auch zuungunsten der ArbN abgewichen werden, soweit der gesetzl. Mindesturlaub nicht verkürzt wird. So ist es zulässig, Zeiten medizinischer Maßnahmen auf den tarifl. Mehrurlaub anzurechnen, auch wenn hierfür noch ein Entgeltfortzahlungsanspruch besteht[14].

---

1 EuGH 20.1.2009 – Rs. C-350/06, NZA 2009, 135 – Schultz-Hoff, Rz. 56 ff. ||2 EuGH 20.1.2009 – Rs. C-350/06, NZA 2009, 135 – Schultz-Hoff, Rz. 61. ||3 BAG 18.6.1980 – 6 AZR 328/78, AP Nr. 6 zu § 13 BUrlG Unabdingbarkeit. ||4 BAG 10.2.1987 – 8 AZR 529/84, AP Nr. 12 zu § 13 BUrlG Unabdingbarkeit. ||5 BAG 8.3.1984 – 6 AZR 442/83, AP Nr. 15 zu § 13 BUrlG. ||6 BAG 5.4.1984 – 6 AZR 443/81, AP Nr. 16 zu § 13 BUrlG. ||7 BAG 14.5.2013 – 9 AZR 844/11, NZA 2013, 1098. ||8 BAG 3.5.1994 – 9 AZR 522/92, AP Nr. 64 zu § 7 BUrlG Abgeltung. ||9 EuGH 6.4.2006 – Rs. C-124/05, NZA 2006, 719; 21.2.2013 – Rs. C-194/12, NZA 2013, 369 – Maestre García; ErfK/Gallner, § 13 BUrlG Rz. 14. ||10 BAG 25.2.1988 – 8 AZR 596/85, AP Nr. 3 zu § 8 BUrlG. ||11 Leinemann/Linck, § 13 Rz. 96. ||12 BAG 15.12.1987 – 8 AZR 647/86, AP Nr. 9 zu § 9 BUrlG. ||13 ErfK/Gallner, § 13 BUrlG Rz. 16. ||14 Leinemann/Linck, § 13 Rz. 99.

10. Urlaubsentgelt (§ 11). § 11 ist in Abs. 1 S. 1 nicht genannt. Die TV-Parteien sind allerdings nicht befugt, für den gesetzl. Mindesturlaub von der nach § 1 fortbestehenden Lohnzahlungspflicht abzuweichen. Deshalb sind tarifl. Regelungen, die von § 11 I abweichen, nur zulässig, wenn gewährleistet ist, dass für den gesetzl. Mindesturlaub der Lohnanspruch des ArbN in dem durch § 11 I gegebenen Rahmen erhalten bleibt[1]. Die Gestaltungsfreiheit der TV-Parteien beschränkt sich daher darauf, von der Berechnungsmethode für die Urlaubsvergütung abzuweichen, die in § 11 (teilweise) geregelt ist. Das ist mit der in Art. 9 III GG garantierten Tarifautonomie vereinbar[2] und unionsrechtlich vorgegeben[3].

Die Tarifvertragsparteien sind grds. frei, jede ihnen als angemessen erscheinende andere Berechnungsmethode für das während des Tarifurlaubs fortzuzahlende Entgelt zu vereinbaren. Die gewählte Methode muss jedoch geeignet sein, ein Urlaubsentgelt sicherzustellen, wie es der ArbN bei Weiterarbeit ohne Freistellung voraussichtlich hätte erwarten können. Das entspricht der Vorgabe des EuGH, der in Auslegung von Art. 7 I ArbeitszeitRL erkannt hat, der Begriff des „bezahlten Jahresurlaubs" bedeute, dass der ArbN „für diese Ruhezeit das gewöhnliche Arbeitsentgelt erhalten" müsse[4]. Hieraus folgt für die TV-Parteien ein eingeschränkter Gestaltungsspielraum, der zB die Berechnung des Urlaubsentgelts entsprechend dem konkreten Lohnausfall, die Erweiterung des gesetzl. Referenzzeitraums, eine Vereinfachung der Entgeltberechnung anhand von Pauschalierungen für variable Lohnbestandteile oder auch eine Berücksichtigung von Zeiten der Kurzarbeit beinhalten kann.

Überschritten wird dieser Gestaltungsspielraum mit der zielgerichteten Herausnahme fester Vergütungsbestandteile, die ohne urlaubsbedingte Freistellung angefallen wären, wie etwa Zuschläge für die Lage der Arbeitszeit, die nicht bloß der Abgeltung eines besonderen Aufwands dienen. Nur hinsichtlich des übergesetzlichen Mehrurlaubs sind die Arbeits- und TV-Parteien frei, weiter reichende Abweichungen zu regeln. Die gesetzl. Bestimmungen kommen allerdings dann wieder zur Geltung, wenn hinsichtlich des Mehrurlaubs eigenständige Regelungen fehlen[5].

Bei der Prüfung, ob sich eine abweichende tarifl. Regelung noch in dem zulässigen Rahmen hält oder mittelbar gegen §§ 1, 3 I verstößt, ist zwischen der Berechnung des Geld- und des Zeitfaktors zu unterscheiden.

Der **Geldfaktor** kann durch TV nach dem Lohnausfallprinzip bestimmt werden[6]. § 11 I 2 und 3 finden in diesem Fall mit der Maßgabe Anwendung, dass Berechnungszeitraum und Urlaub in dieselbe Zeit fallen[7]. Bei ungleichmäßig verteilter Arbeitszeit kann sich der Wechsel der Berechnungsmethode für den ArbN im Einzelfall ungünstig auswirken; das ist von Abs. 1 S. 1 gedeckt[8].

Durch TV kann der Referenzzeitraum verlängert[9] oder verkürzt werden[10]; das Entgelt kann auch nach den letzten Abrechnungszeiträumen (drei Monate oder 13 Wochen) berechnet werden[11]. Auch andere abweichende Tarifregelungen (insb. zur Vereinfachung der Berechnung durch Pauschalierung von variablen Lohnbestandteilen) sind zulässig, selbst wenn im Einzelfall eine Verringerung des Entgeltanspruchs eintreten kann[12]. Nicht zur Disposition der TV-Parteien bei der Berechnung des Geldfaktors stehen allerdings einzelne Entgeltbestandteile[13]. So dürfen zB Zuschläge für Nacht-, Sonn- oder Feiertagsarbeit oder Prämien, die im Berechnungszeitraum verdient sind, bei der Vergütung für den gesetzl. Mindesturlaub nicht außer Acht gelassen werden[14]. Urlaubsgratifikationen können – ebenso wie sonstige nicht im BUrlG vorgesehene Leistungen – nicht zur Bestimmung dessen, was tarifl. Urlaubsentgelt ist, herangezogen werden[15].

Da die Mehrarbeitsvergütung einschl. des Zuschlags bereits gem. § 11 I 1 nicht mitgerechnet wird (s. § 11 Rz. 27ff.), können die TV-Parteien hierüber frei verfügen.

§ 11 I 3 (Nichtberücksichtigung von Verdienstkürzungen) ist unabdingbar, da ansonsten der Verdienst iSd. §§ 1, 11 I 1 geschmälert würde[16].

Der **Zeitfaktor** kann von den TV-Parteien nicht zu Lasten der ArbN verändert werden. Die durch den Urlaub ausfallende Zeit gehört zum unabdingbaren Teil des Anspruchs auf bezahlten Urlaub, §§ 1, 3 I. Daher darf ein TV nicht eine geringere Stundenzahl für die Berechnung der Urlaubsvergütung bestimmen, als während des Urlaubszeitraums tatsächlich angefallen wäre[17].

Der Anspruch auf Zahlung von Urlaubsentgelt kann einer tarifl. Ausschlussklausel unterliegen (s. § 11 Rz. 66).

---

1 BAG 25.2.1988 – 8 AZR 596/85, AP Nr. 3 zu § 8 BUrlG. ||2 BAG 22.1.2002 – 9 AZR 601/00, DB 2002, 1835. ||3 EuGH 16.3.2006 – Rs. C-131/04 und C-257/04, Slg. 2006, I-2531, NZA 2006, 481 – Robinson-Steele ua. ||4 EuGH 16.3.2006 – Rs. C-131/04 und C-257/04, Slg. 2006, I-2531 – Robinson-Steele ua., Rz. 50. ||5 BAG 21.9.2010 – 9 AZR 510/09, NZA 2011, 805. ||6 BAG 19.9.1985 – 6 AZR 460/83, AP Nr. 21 zu § 13 BUrlG. ||7 ErfK/Gallner, § 13 BUrlG Rz. 18. ||8 ErfK/Gallner, § 13 BUrlG Rz. 18. ||9 BAG 17.1.1991 – 8 AZR 644/89, AP Nr. 30 zu § 11 BUrlG. ||10 ErfK/Gallner, § 13 BUrlG Rz. 18. ||11 BAG 18.5.1999 – 9 AZR 515/98, AP Nr. 223 zu § 1 TVG Tarifverträge: Bau. ||12 BAG 22.1.2002 – 9 AZR 601/00, DB 2002, 1835. ||13 BAG 22.1.2002 – 9 AZR 601/00, DB 2002, 1835. ||14 BAG 22.1.2002 – 9 AZR 601/00, DB 2002, 1835; 15.12.2009 – 9 AZR 887/08. ||15 BAG 22.1.2002 – 9 AZR 601/00, DB 2002, 1835. ||16 ErfK/Gallner, § 13 BUrlG Rz. 18. ||17 BAG 5.9.2002 – 9 AZR 244/01, NZA 2003, 726; ErfK/Gallner, § 13 BUrlG Rz. 19.

64 **VI. Besonderheiten in der Bauwirtschaft (Abs. 2).** Die Regelungen des BUrlG würden im Baugewerbe und sonstigen Wirtschaftszweigen, in denen wegen eines häufigen Ortswechsels der von den Betrieben zu leistenden Arbeit ArbVerh von kürzerer Dauer als einem Jahr in erheblichem Umfang üblich sind, zu erheblichen Schwierigkeiten führen. Insb. käme es häufig nicht zur Entstehung eines Vollurlaubsanspruchs, da die Wartezeit des § 4 oft nicht erfüllt wird. Deshalb ist es den TV-Parteien gem. Abs. 2 erlaubt, von den ansonsten unabdingbaren Vorschriften des BUrlG abzuweichen, soweit das zur Sicherung eines zusammenhängenden Jahresurlaubs für alle ArbN erforderlich ist. Von dieser Ermächtigung haben neben der Baubranche insb. das Gerüstbauergewerbe und das Maler- und Lackierergewerbe Gebrauch gemacht.

65 Im Baugewerbe finden sich dazu detaillierte Vorschriften in den Rahmen-TV (s. § 8 BRTV-Bau) sowie in den TV zu einer Gemeinsamen Einrichtung „Urlaubskasse" (s. den TV über das Sozialkassenverfahren im Baugewerbe – VTV). Die TV sind im gewerbl. Bereich allgemeinverbindlich.

66 Die Sonderregelungen in der Bauwirtschaft zeichnen sich im Wesentlichen dadurch aus, dass maßgeblich für die Dauer des Urlaubsanspruchs nicht der Bestand eines bestimmten ArbVerh, sondern die Tätigkeit im gesamten Baugewerbe ist; die Beschäftigungszeiten eines ArbN aus allen ArbVerh, die dem BRTV-Bau unterliegen, werden für den Urlaubsanspruch zusammengerechnet. Die in einem ArbVerh angesammelten, nicht erfüllten Urlaubsansprüche nimmt der ArbN im Falle eines ArbGebWechsels mit; der neue ArbGeb hat so Urlaub zu gewähren, als hätte das ArbVerh dauerhaft zu ihm bestanden. Der erforderliche Ausgleich der ArbGeb wird über die Urlaubskasse vorgenommen. Ist der ArbN längere Zeit nicht im Geltungsbereich des BRTV-Bau tätig, entstehen Abgeltungsansprüche[1].

67 **VII. Besonderheiten bei Bahn und Post (Abs. 3).** Im Bereich der privatisierten (Bundes-)Bahn und (Bundes-)Post ist den TV-Parteien nur eine – den dortigen Gepflogenheiten entsprechende – Veränderungsmöglichkeit ggü. § 1 eingeräumt worden: Das Urlaubsjahr muss nicht mit dem Kalenderjahr übereinstimmen.

68 Eine Abs. 1 S. 2 und Abs. 2 S. 2 entsprechende Regelung, wonach mit nicht tarifgebundenen ArbN die Regelungen der TV einzelvertragl. übernommen werden dürfen, fehlt. Streitig ist, ob es sich hier um ein unbeachtliches Redaktionsversehens des Gesetzgebers handelt[2]. In der Praxis hat diese Frage bisher keine Rolle gespielt, da für alle ArbN gleichermaßen von dem tarifl. bestimmten Urlaubsjahr ausgegangen wird.

14–16 *(nicht kommentiert)*

---

1 Zu den Einzelheiten s. *Leinemann/Linck*, § 13 Rz. 121 ff. ||2 Vgl. ErfK/*Gallner*, § 13 BUrlG Rz. 27 einerseits, *Leinemann/Linck*, § 13 Rz. 143 andererseits.

Drittelbeteiligungsgesetz (DrittelbG)
Gesetz über die Drittelbeteiligung der Arbeitnehmer im Aufsichtsrat

vom 18.5.2004 (BGBl. I S. 974),
zuletzt geändert durch Gesetz vom 22.12.2011 (BGBl. I S. 3044)

Vorbemerkungen

Das Drittelbeteiligungsgesetz (DrittelbG) ist Teil des Zweiten Gesetzes zur Vereinfachung der Wahl der Arbeitnehmervertreter in den Aufsichtsrat, mit dem die auch nach Inkrafttreten des BetrVG 1972 fortgeltenden Bestimmungen des BetrVG 1952 abgelöst wurden, und stellt die bis zum 1.7.2004 in den §§ 76–87a BetrVG 1952 geregelte drittelparitätische Mitbest. von ArbN im AR auf eine neue Grundlage, ohne den Rechtszustand grundlegend zu verändern (s. synoptische Darstellung DrittelbG/BetrVG 1952 in der Voraufl. unter Rz. 2). Mit dem DrittelbG verfolgt der Gesetzgeber eine dreifache Zielsetzung: (1) Zuvörderst soll eine **redaktionelle Neufassung und Systematisierung** des unübersichtlichen Regelungsrests in §§ 76 ff. BetrVG 1952 (bei deren grds. inhaltlicher Weitergeltung) erreicht werden. (2) Daneben sollen **Regelungslücken** in Anlehnung an sachlich vergleichbare Bestimmungen im MitbestG und nach Maßgabe der geltenden Rspr. und herrschenden Literaturauffassung **geschlossen** werden. Materiellrechtl. Änderungen des früheren Rechtszustands werden nur in Ausnahmefällen geregelt. (3) Schließlich soll das **Wahlverfahren** unter Berücksichtigung der Ergebnisse des Unternehmensmitbestimmungs-Arbeitskreises **modernisiert** werden.

1

Teil 1. Geltungsbereich

1 *Erfasste Unternehmen*
(1) **Die Arbeitnehmer haben ein Mitbestimmungsrecht im Aufsichtsrat nach Maßgabe dieses Gesetzes in**

1. einer Aktiengesellschaft mit in der Regel mehr als 500 Arbeitnehmern. Ein Mitbestimmungsrecht im Aufsichtsrat besteht auch in einer Aktiengesellschaft mit in der Regel weniger als 500 Arbeitnehmern, die vor dem 10. August 1994 eingetragen worden ist und keine Familiengesellschaft ist. Als Familiengesellschaften gelten solche Aktiengesellschaften, deren Aktionär eine einzelne natürliche Person ist oder deren Aktionäre untereinander im Sinne von § 15 Abs. 1 Nr. 2 bis 8, Abs. 2 der Abgabenordnung verwandt oder verschwägert sind;
2. einer Kommanditgesellschaft auf Aktien mit in der Regel mehr als 500 Arbeitnehmern. Nummer 1 Satz 2 und 3 gilt entsprechend;
3. einer Gesellschaft mit beschränkter Haftung mit in der Regel mehr als 500 Arbeitnehmern. Die Gesellschaft hat einen Aufsichtsrat zu bilden; seine Zusammensetzung sowie seine Rechte und Pflichten bestimmen sich nach § 90 Abs. 3, 4, 5 Satz 1 und 2, nach den §§ 95 bis 114, 116, 118 Abs. 3, § 125 Abs. 3 und 4 und nach den §§ 170, 171, 268 Abs. 2 des Aktiengesetzes;
4. einem Versicherungsverein auf Gegenseitigkeit mit in der Regel mehr als 500 Arbeitnehmern, wenn dort ein Aufsichtsrat besteht;
5. einer Genossenschaft mit in der Regel mehr als 500 Arbeitnehmern. § 96 Abs. 2 und die §§ 97 bis 99 des Aktiengesetzes sind entsprechend anzuwenden. Die Satzung kann nur eine durch drei teilbare Zahl von Aufsichtsratsmitgliedern festsetzen. Der Aufsichtsrat muss zwei Sitzungen im Kalenderhalbjahr abhalten.

(2) Dieses Gesetz findet keine Anwendung auf
1. die in § 1 Abs. 1 des Mitbestimmungsgesetzes, die in § 1 des Montan-Mitbestimmungsgesetzes und die in den §§ 1 und 3 Abs. 1 des Montan-Mitbestimmungsergänzungsgesetzes bezeichneten Unternehmen;
2. Unternehmen, die unmittelbar und überwiegend
    a) politischen, koalitionspolitischen, konfessionellen, karitativen, erzieherischen, wissenschaftlichen oder künstlerischen Bestimmungen oder

b) Zwecken der Berichterstattung oder Meinungsäußerung, auf die Artikel 5 Abs. 1 Satz 2 des Grundgesetzes anzuwenden ist,

dienen.

Dieses Gesetz ist nicht anzuwenden auf Religionsgemeinschaften und ihre karitativen und erzieherischen Einrichtungen unbeschadet deren Rechtsform.

(3) Die Vorschriften des Genossenschaftsgesetzes über die Zusammensetzung des Aufsichtsrats sowie über die Wahl und die Abberufung von Aufsichtsratsmitgliedern gelten insoweit nicht, als sie den Vorschriften dieses Gesetzes widersprechen.

I. Anwendungsbereich 1	3. VVaG 47
1. Allgemeines. 1	4. Genossenschaft 50
2. Ausländische Gesellschaften 2	III. Vorrang anderer Mitbestimmungsgesetze . 51
II. Rechtsform 6	IV. Tendenzschutz 52
1. AG/KGaA. 6	1. Regelungsinhalt 52
2. GmbH 29	2. Tendenzschutz im Konzern 53

1 **I. Anwendungsbereich. 1. Allgemeines.** Ein AR mit Drittelbeteiligung der ArbN ist grds. in allen Unternehmen in der Rechtsform einer AG (einschl. REIT-AG[1]), KGaA, GmbH (einschl. UG[2]), VVaG oder Genossenschaft (Rz. 50) zu bilden, die idR mehr als 500 ArbN beschäftigen und nicht als Tendenzbetriebe (dazu Abs. 2 S. 1 Nr. 2 und Abs. 2 S. 2) zu charakterisieren sind. Durch Abs. 1 Nr. 2 wird klargestellt, dass auch KGaA, die im Handelsregister nach dem 9.8.1994 eingetragen worden sind, nur dann der Verpflichtung zur Besetzung des AR mit ArbN-Vertretern unterliegen, wenn das Unternehmen mehr als 500 ArbN beschäftigt[3]. Bei der Zählung für den Schwellenwert bleiben ArbN von im Ausland belegenen Betrieben eines inländischen Rechtsträgers außer Betracht. Bei Altgesellschaften in der Rechtsform einer AG oder KGaA, dh. Gesellschaften, die vor dem 10.8.1994 in das Handelsregister eingetragen worden waren, sind unabhängig von der ArbN-Zahl 1/3 des AR mit ArbN-Vertretern zu besetzen, es sei denn, es handelt sich um eine Familiengesellschaft (Abs. 1 Nr. 1) (Rz. 14 ff.). Sind die Voraussetzungen für eine Beteiligung von ArbN im AR einer AG bzw. KGaA nicht erfüllt, so sind sämtliche AR-Mitglieder nach § 101 I AktG (iVm. § 278 III AktG für die KGaA) von der Hauptversammlung zu wählen bzw. werden nach § 101 II AktG (iVm. § 278 III AktG für die KGaA) entsandt. Zum Stichtag 31.12.2009 gab es ca. 1500 Unternehmen, deren AR drittelparitätisch zusammengesetzt waren, darunter 695 AG und 715 GmbH[4].

2 **2. Ausländische Gesellschaften.** Das DrittelbG findet wegen des **völkerrechtl. Territorialitätsprinzips** nur auf inländische Unternehmen Anwendung, dh. nur auf Unternehmen mit tatsächlichem Verwaltungssitz im Inland[5]. Dies gilt auch, wenn das ausländische Unternehmen rechtlich unselbständige Betriebe (Niederlassungen) in Deutschland hat[6].

3 Für im EU-Ausland wirksam gegründete Gesellschaften, die ihren tatsächlichen Verwaltungssitz nach Deutschland verlegt haben, gilt nach der **EuGH-Rspr.** die **Gründungstheorie**, wonach alle EU-Mitgliedstaaten diese als Gesellschaft des Gründungsstaates anzuerkennen haben[7]. Eine (analoge) Anwendung der deutschen Bestimmungen der Unternehmensmitbest. auf EU-Kapitalgesellschaften (selbst bei struktureller Vergleichbarkeit) im Wege der Sonderanknüpfung verstieße gegen die von Art. 49, 54 AEUV gewährleistete Niederlassungsfreiheit[8]. Zu Einzelheiten s. § 1 MitbestG Rz. 8 f.

4 Ebenso wenig anwendbar sind die Regeln über die deutsche Unternehmensmitbest. auf **nach US-amerikanischem Recht gegründete Gesellschaften**. Dies folgt aus Art. XXV V 2 des Freundschafts-, Handels- und Schifffahrtsvertrages zwischen der Bundesrepublik Deutschland und den USA v. 29.10.1954, demzufolge der Status einer Gesellschaft, die in dem Gebiet eines Vertragsteils nach dessen Gesetzen und Vorschriften rechtmäßig gegründet worden ist, in dem Gebiet des anderen Staates anzuerkennen ist[9].

5 Auf in einem **EWR-Staat** wirksam gegründete Gesellschaften, die ihren tatsächlichen Verwaltungssitz nach Deutschland verlegt haben, sind die vom EuGH in der Überseering-Entscheidung entwickelten

---

1 *Seibt* in Seibt, Handbuch REIT-AG, 2008, Rz. 48. ||2 *Forst*, GmbHR 2009, 1131 (1132 ff.). ||3 MünchArbR/*Wißmann*, § 285 Rz. 2, 3; vgl. ferner zu § 76 BetrVG 1952 1. Aufl., § 76 BetrVG 1952 Rz. 11; aA *Mengel*, Umwandlung im Arbeitsrecht, 1997, S. 429. ||4 Vgl. die von der Hans-Böckler-Stiftung in 2010 in Auftrag gegebene Studie von *Bayer/Hoffmann*, AG-Report 2010, 151 ff. ||5 ErfK/*Oetker*, Einl. DrittelbG Rz. 3 f.; *Fitting*, § 76 BetrVG 52 Rz. 33; MünchArbR/*Wißmann*, § 383 Rz. 1. ||6 § 1 MitbestG Rz. 7; WHSS/*Seibt*, Rz. F 148 (dort auch mit Hinweisen auf Praxisfälle). ||7 EuGH 5.11.2002 – Rs. C-208/00, NJW 2002, 3614 (3615) – Überseering; 30.9.2003 – Rs. C-167/01, ZIP 2003, 1885 ff. – Inspire Art. ||8 ErfK/*Oetker*, Einf. DrittelbG Rz. 4; *Raiser/Veil*, § 1 DrittelbG Rz. 14; *Junker*, ZfA 2005, 1 (7); *Thüsing*, ZIP 2004, 381 (382); *Eidenmüller*, ZIP 2002, 2233 (2242); *Veit/Wichart*, AG 2004, 14 (16 f.); *Zimmer*, GS Heinze, 2005, S. 1123 (1128); aA *Henssler*, GS Heinze, 2005, S. 333 (343 ff.); *Bayer*, AG 2004, 534 f. ||9 Zu diesem Vertrag und zur Anerkennung nach US-amerikanischem Recht gegründeter Gesellschaften in Deutschland BGH 29.1.2003 – VIII ZR 155/02, IPrax 2003, 265 ff.; 13.10.2004 – I ZR 245/01, NZG 2005, 44; 5.7.2004 – II ZR 389/02, NZG 2004, 1001; vgl. auch *Drouven/Mödl*, NZG 2007, 7 (9 f.).

Rechtsgedanken (Rz. 3) auf der Grundlage des EWR-Abkommens entsprechend anzuwenden[1]. Danach sind solche Gesellschaften nach der **Gründungstheorie** unabhängig von ihrem tatsächlichen Verwaltungssitz als Gesellschaft des Gründungsstaates anzuerkennen und eine Anwendung der deutschen Bestimmungen der Unternehmensmitbest. auf solche Gesellschaften verstieße gegen Art. 31 EWR (der der im Wesentlichen gleich lautenden Vorschrift des Art. 49 AEUV entspricht).

II. Rechtsform 1. AG/KGaA. Bei einer AG oder KGaA ist zwingend ein AR zu bilden (§§ 95 ff., §§ 278 III, 287 AktG). Nach § 4 I muss der AR einer AG oder KGaA zu ⅓ aus Vertretern der ArbN bestehen.

Besteht bei der AG oder KGaA ein AR, der entgegen der gesetzl. Regelung in § 4 I besetzt ist, ist ein **Statusverfahren** nach §§ 97 ff. AktG durchzuführen (hierzu § 6 MitbestG Rz. 2 ff.). Dies gilt – über eine entsprechende Anwendung von § 6 II MitbestG iVm. §§ 97 ff. AktG bzw. über die Vorschriften zur Bildung des ersten AR gem. §§ 30, 31 AktG – auch für die (erstmalige) Bildung eines AR[2].

a) **Gründungsstadium.** Dem AR einer AG oder KGaA im Gründungsstadium müssen auf Grund ausdrücklicher gesetzl. Regelung grds. keine Vertreter der ArbN angehören (§ 30 II AktG). Diese Regelung rechtfertigt sich aus der Überlegung, dass die Amtszeit des ersten AR zeitlich eng begrenzt ist und die noch in Gründung befindliche Gesellschaft archetypisch sehr wenige oder gar keine ArbN beschäftigt[3]. § 30 II AktG gilt aber auch dann, wenn die Gesellschaft im Einzelfall tatsächlich schon eine große Anzahl von ArbN eingestellt hat[4]. Bei einer **Sachgründung**, bei der die Sacheinlage oder Sachübernahme in der Einbringung eines Unternehmens oder eines Teils eines solchen besteht, ist demggü. bei der Bestellung des ersten AR durch die Gründer § 4 I zu berücksichtigen (§ 31 AktG). Die Gründer bestellen gem. § 31 I 1 AktG die Zahl von AR-Mitgliedern, die bei Anwendung der gesetzl. Vorschriften, die nach ihrer Ansicht für die Zusammensetzung des AR maßgeblich sind, von der Hauptversammlung ohne Bindung an Wahlvorschläge bestellt werden könnten, dh. im Fall von § 4 I ⅔ der AR-Mitglieder. Zur Sicherung der Funktionsfähigkeit des ersten AR haben die Gründer indes alle AR-Mitglieder zu bestellen, sofern der AR nach Gesetz oder Satzung nur aus drei Mitgliedern besteht (§ 31 I 2 AktG; § 95 I 1 AktG iVm. § 4 I)[5]. Die Vervollständigung des ersten AR mit ArbN-Vertretern wird durch Durchführung eines Statusverfahrens entsprechend §§ 97–99 AktG mit anschließender Ergänzung (Ergänzungswahl nach §§ 5, 6 und 2 I; ggf. gerichtl. Ersatzbestellung gem. § 104 AktG) oder durch Neuwahl des gesamten AR erreicht (§ 31 III AktG)[6]. Bei einer Bargründung mit anschließender Unternehmenseinbringung durch Sacheinlage (und ggf. Nachgründung iSv. § 52 AktG) findet § 31 AktG auch nicht analog Anwendung[7].

Bei der **formwechselnden Umwandlung** in die AG oder KGaA gilt Folgendes: Besitzt das Unternehmen in der Ausgangsrechtsform bereits einen AR, bleiben die Mitglieder des AR entweder gem. § 203 UmwG im Amt oder der AR muss neu gewählt werden, wenn die Bildung und Zusammensetzung des AR sich durch den Formwechsel ändert[8]. Besteht hingegen beim Unternehmen in der Ausgangsrechtsform kein AR (zB Personengesellschaft), ist § 197 S. 2 UmwG auf Formwechsel von Gesellschaften mit bereits bestehenden AR zu beschränken und § 31 AktG (analog) anzuwenden[9]. Ferner ist § 31 AktG über § 197 S. 1 UmwG auch beim Formwechsel einer gesetzeswidrig nicht mit einem mitbestimmten AR versehenen Gesellschaft in eine AG oder KGaA entsprechend anzuwenden[10].

b) **Neu-Gesellschaften.** AG und KGaA, die im Handelsregister nach dem 9.8.1994 eingetragen worden sind, unterliegen nur dann der Verpflichtung zur Besetzung des AR mit ArbN-Vertretern, wenn das Unternehmen idR mehr als 500 ArbN beschäftigt (Abs. 1 Nr. 1 und Nr. 2).

Für die Feststellung der ArbN-Zahl kommt es auf den **regelmäßigen Beschäftigungsstand im Unternehmen** an[11]. Damit wird dem dynamischen Charakter des Beschäftigungsstandes Rechnung getragen, und es wird ein wiederholter Wechsel von Mitbestimmungsstatuten verhindert. Das Merkmal der Regelmäßigkeit ist nicht nur durch eine Rückschau in die Vergangenheit zu konturieren, sondern vor allem ist eine **Prognose zur zukünftigen ArbN-Entwicklung** erforderlich[12]. Die Prognoseentscheidung der

---

1 BGH 19.9.2005 – II ZR 372/03, NJW 2005, 3351; vgl. auch *Meilicke*, GmbHR 2003, 793 (798); *Wisskirchen/Bissels/Dannhorn*, DB 2007, 2258 (2260).   ‖ 2 Vgl. WHSS/*Seibt*, Rz. F 192; *Göz*, ZIP 1998, 1523 (1524); Baumbach/Hueck/Zöllner/*Noack*, § 52 GmbHG Rz. 15; auch BAG 26.1.2008 – 7 ABR 6/07, BDB 2008, 2182 (2184) m. zust. Anm. *Lembke/Fesenmeyer* (2185); *Lutter*/Hommelhoff/*Lutter*, § 52 GmbHG Rz. 38 (anders noch 16. Aufl. Rz. 22); aA *Fitting*, § 77 BetrVG 52 Rz. 12.   ‖ 3 Der Verweis auf § 41 AktG mit der Behauptung, eine bis zu ihrer Eintragung in das Handelsregister nicht bestehende Gesellschaft könne keine Betriebe haben (so *Dietz/Richardi*, § 76 BetrVG 52 Rz. 37; *Fitting*, § 76 BetrVG 52 Rz. 115), geht allerdings fehl, da auch eine Vorgesellschaft als eigenständige Organisationsform Betriebe führen kann.   ‖ 4 GroßKommAktG/*Röhricht*, § 30 Rz. 7.   ‖ 5 *Bayer* in K. Schmidt/Lutter, § 31 AktG Rz. 9; *Hüffer*, § 31 AktG Rz. 4.   ‖ 6 Hierzu *Oetker*, ZGR 2000, 19 (40 ff.); *Bayer* in K. Schmidt/Lutter, § 31 AktG Rz. 17 ff.; *Hüffer*, § 31 AktG Rz. 10 f.; MüKoAktG/*Pentz*, § 31 Rz. 30.   ‖ 7 MünchGesR/*Hoffmann-Becking*, Bd. 4: AG, § 4 Rz. 20; *Kowalski/Schmidt*, DB 2009, 551.   ‖ 8 WHSS/*Seibt*, Rz. F 72; *Joost*, FS Claussen, 1997, S. 187 (195 ff.); *Raiser/Veil*, § 1 MitbestG Rz. 24; im Erg. auch *Henssler*, ZfA 2000, 241 (257 f.).   ‖ 9 WHSS/*Seibt*, Rz. F 73; *Joost*, FS Claussen, 1997, S. 187 (195 ff.); *Raiser/Veil*, § 1 MitbestG Rz. 24; im Erg. auch *Henssler*, ZfA 2000, 241 (257 f.); aA *Eigenbeis/Ueckert*, FA 2002, 167 (189 f.; für Formwechsel in GmbH).   ‖ 10 WHSS/*Seibt*, Rz. F 74.   ‖ 11 WHSS/*Seibt*, Rz. F 18; ErfK/*Oetker*, § 1 DrittelbG Rz. 26; *Fitting*, § 76 BetrVG 52 Rz. 10; MünchArbR/*Wißmann*, § 383 Rz. 3.   ‖ 12 Vgl. OLG Düss. 9.12.1994 – 19 W 2/94, AG 1995, 328 f. – Milchwerke; WHSS/*Seibt*, Rz. F 18; *Oetker*, ZGR 2000, 19 (29); *Raiser/Veil*, § 1 MitbestG Rz. 18; *Ulmer*, FS Heinsius, 1991, S. 855 (859 ff., 862 ff.).

Geschäftsleitung muss nachvollziehbar sein (ggf. unterlegt durch konkrete Beschlüsse der zuständigen Gesellschaftsorgane); für die Prognose ist ein Referenzzeitraum von 18 bis 24 Monaten angemessen[1].

12 **c) Alt-Gesellschaften.** Bei AG bzw. KGaA, die vor dem 10.8.1994 in das Handelsregister eingetragen worden waren, hängt die Besetzung des AR mit ArbN-Vertretern nicht von einer bestimmten ArbN-Zahl ab, sofern mindestens fünf ArbN ständig beschäftigt oder zugerechnet werden[2] und es sich nicht um eine Familiengesellschaft (dazu Rz. 14 ff.) handelt. Die ungleiche Behandlung von Alt-Gesellschaften zu Neu-Gesellschaften verstößt nicht gegen Art. 3 GG[3]. Bei einer AG ohne ArbN iSv. § 3 I ist kein AR nach Maßgabe des DrittelbG zu bilden[4].

13 **d) Formwechsel.** Für die Qualifikation eines Unternehmens als Neu-Gesellschaft (Rz. 10) oder Alt-Gesellschaft (Rz. 12) ist im Falle eines Formwechsels eines Rechtsträgers in die Rechtsform der AG oder KGaA der **Zeitpunkt der Eintragung der neuen Rechtsform in das Handelsregister maßgeblich** (§ 202 I UmwG). Wird demnach ein zB 1990 nicht dem BetrVG 1952 unterfallendes Unternehmen (zB Personengesellschaft) 1996 in die Rechtsform einer AG formgewechselt, so gilt das Unternehmen trotz des geltenden Identitätsprinzips (vgl. § 202 I Nr. 1 UmwG) als Neu-Gesellschaft und hat den ggf. neu zu bildenden AR nur dann mit ArbN-Vertretern zu besetzen, wenn es mehr als 500 ArbN beschäftigt. Eine Mitbest.-beibehaltungsregelung, wie sie bei § 325 UmwG für die Abspaltung oder Ausgliederung gilt, hat der Gesetzgeber für den Formwechsel nicht verankert; eine entsprechende Anwendung des § 325 I UmwG auf Fälle des Mitbest.-verlusts durch Formwechsel kommt wegen des insoweit eindeutigen Wortlauts dieser Bestimmung und der Gesetzgebungsgeschichte nicht in Betracht[5]. Dieselben Grundsätze gelten beim sog. **Rück-Formwechsel:** Wird zB ein 1990 in der Rechtsform der AG gegründetes Unternehmen 2010 zunächst in die Rechtsform der GmbH formgewechselt, um hiernach 2012 wieder in die Rechtsform der AG rückformgewechselt zu werden, gilt das Unternehmen auch als Neu-Gesellschaft, selbst wenn hierdurch die Unternehmensmitbest. weggefallen sein sollte. Nur in extremen Einzelfällen wird das Registergericht unter Verweis auf das Rechtsinstitut des Rechtsmissbrauchs die Eintragung des Rück-Formwechsels in das Handelsregister versagen dürfen[6].

14 **e) Familiengesellschaft (Abs. 1 Nr. 1 S. 3).** Als Familiengesellschaft zu qualifizierende Alt-Gesellschaften haben ihren AR nicht mit ArbN-Vertretern zu besetzen, sofern sie weniger als 500 ArbN beschäftigen (oder ihnen zugerechnet werden). Ist die Familiengesellschaft Konzernobergesellschaft, so sind die ArbN abhängiger Unternehmen unter den Voraussetzungen des § 2 II hinzuzurechnen. Verliert eine bislang mitbestimmungsfreie Familiengesellschaft in Folge veränderter Aktionärsstruktur diesen Privilegierungsstatus, so hängt die Anwendung der Gesetzesfassung alleine vom Zeitpunkt der Eintragung der Gesellschaft im Handelsregister ab. Ist sie danach eine Altgesellschaft, so ist bei ihr unabhängig von der ArbN-Zahl wegen des Statusverlusts ein nach dem DrittelbG zusammengesetzter AR zu bilden[7]. Tritt der Statusverlust umgekehrt erst nach dem Stichtag 10.8.1994 ein, bleibt es bei der Mitbestimmungsfreiheit nach dem DrittelbG. Erlangt eine AG mit regelmäßig mehr als 500 ArbN den Status als Familiengesellschaft nach diesem Stichtag, entfällt – nach entsprechender Durchführung des Statusverfahrens (§§ 97 ff. AktG) – die AR-Mitbestimmung nach dem DrittelbG[8].

15 Als Familiengesellschaften gelten zunächst diejenigen Unternehmen, deren alleiniger Aktionär eine einzelne natürliche Person ist (Einpersonengesellschaft; Abs. 1 Nr. 1 Var. 1). Eigene Aktien der Gesellschaft sind unschädlich und bleiben für Abs. 1 Nr. 1 außer Betracht. Eine Familiengesellschaft liegt auch vor, wenn alle Aktionäre untereinander iSv. § 15 I Nr. 2–8, II AO verwandt oder verschwägert sind (Abs. 1 Nr. 1 Var. 2). Alle Aktien müssen sich in der Hand dieser Personen befinden; eine Mehrheitsbeteiligung reicht nicht aus[9]. Es müssen indes nicht alle Aktionäre miteinander verwandt oder verschwägert sein, sondern es ist ausreichend, dass ein Aktionär jeweils mit mindestens einem anderen verwandt oder verschwägert ist, der wiederum in dieser Beziehung zu einem weiteren Aktionär steht, so

---

1 WHSS/*Seibt*, Rz. F 18; vgl. auch OLG Düss. 9.12.1994 – 19 W 2/94, AG 1995, 328 (329) – Milchwerke: 17–20 Monate; LG Düss. 19.8.2011 – 33 O 46/11, ZIP 2011, 1712 (1713): 17–20 Monate; ErfK/*Oetker*, § 1 MitbestG Rz. 6: 17–20 Monate; *Rittner*, AG 1983, 99 (102 f.): 18 Monate; *Köstler/Müller/Sick*, Aufsichtsratspraxis, Rz. 156: ca. 18 Monate; abw. *Ulmer*, FS Heinsius, 1991, S. 855 (864): 6–12 Monate; *Theisen*, AG 1998, 153 (157): 3–5 Jahre. ||2 So LG Frankfurt 4.11.1955 – 3/1 T 2/50, NJW 1956, 598; OLG Zweibrücken 18.10.2005 – 3 W 136/05, NZG 2006, 31 (32); OLG Jena 14.6.2011 – 6 W 47/11; WHSS/*Seibt*, Rz. F 3; *Dietz/Richardi*, § 76 BetrVG 52 Rz. 8 f.; *Richardi*, FS Zeuner, 1998, S. 147 ff.; GK-BetrVG/*Kraft*, § 76 BetrVG 52 Rz. 5 ff.; MünchGesR/*Hoffmann-Becking*, Bd. 4: AG, § 28 Rz. 5 und 9; *Rüthers*, BB 1977, 605 (606); *Röder/Gneiting*, DB 1993, 1618 (1619); aA WWKK/*Kleinsorge*, § 1 DrittelbG Rz. 7 f.; MünchArbR/*Wißmann*, § 373 Rz. 2; *Fitting*, § 76 BetrVG 52 Rz. 55 f.; *Köstler/Müller/Sick*, Aufsichtsratspraxis, Rz. 169. ||3 OLG Düss. 27.7.2011 – I-26 W 7/10, ZIP 2011, 1564 m. zust. Anm. *Lutter*, EWiR § 1 DrittelbG 2/11, 637; aA UHH/*Habersack*, § 1 DrittelbG Rz. 14; *Henssler*, ZfA 2000, 241 (258). ||4 OLG Zweibrücken 18.10.2005 – 3 W 136/05, NZG 2006, 31 (32); UHH/*Habersack*, § 1 DrittelbG Rz. 17; WWKK/*Kleinsorge*, § 1 DrittelbG Rz. 8. ||5 Vgl. WHSS/*Seibt*, Rz. F 78; Lutter/*Joost*, § 325 UmwG Rz. 13; *Henssler*, ZfA 2000, 241 (255); *Oetker*, ZGR 2000, 19 (38 f.). ||6 Vgl. WHSS/*Seibt*, Rz. F 78; *Henssler*, ZfA 2000, 241 (259); strenger WWKK/*Kleinsorge*, § 1 DrittelbG Rz. 4. ||7 ErfK/*Oetker*, § 1 DrittelbG Rz. 9; WWKK/*Kleinsorge*, § 1 DrittelbG Rz. 4; aA *Raiser/Veil*, § 1 DrittelbG Rz. 7. ||8 ErfK/*Oetker*, § 1 DrittelbG Rz. 9. ||9 ErfK/*Oetker*, § 1 DrittelbG Rz. 10; WWKK/*Kleinsorge*, § 1 DrittelbG Rz. 11; *Dietz/Richardi*, § 76 BetrVG 52 Rz. 214; MünchArbR/*Wißmann*, § 383 Rz. 6.

dass letztlich alle Aktionäre durch familienrechtl. Verhältnisse miteinander verbunden sind (sog. **Verwandtschaftskette**)[1].

Eine AG ist ferner Familiengesellschaft, wenn deren sämtliche Aktien einer Personen- oder Kapitalgesellschaft gehören, die ihrerseits Familiengesellschaft ist[2]. Ausreichend ist es auch, wenn in einer AG außer den miteinander verwandten oder verschwägerten Personen iSv. § 15 I Nr. 2–8, II AO eine Gesellschaft beteiligt ist, deren Aktionäre ausschließlich dem gleichen Verwandtenkreis wie diese Personen angehören[3]; eine Mehrheitsbeteiligung reicht nicht aus[4].

Bei der KGaA müssen neben den Kommanditaktionären auch die persönlich haftenden Komplementäre in die familienrechtl. Verbindungen einbezogen sein, um sie als Familiengesellschaft zu qualifizieren[5].

f) Binnenorganisation und Aufgaben des Aufsichtsrats (AG/KGaA). aa) Binnenorganisation. Die Binnenorganisation des AR wird durch die §§ 107–110 AktG geregelt. Danach hat der AR einen **Vorsitzenden** und mindestens einen Stellvertreter zu wählen (§ 107 I AktG). Dem Vorsitzenden können und – entsprechend den Empfehlungen und Anregungen des DCGK – sollen neben den vom Gesetz zugewiesenen Aufgaben weitere Kompetenzen (zB Beratung des Vorstandes im Hinblick auf die Strategie, die Geschäftsentwicklung und das Risikomanagement des Unternehmens) insb. durch Geschäftsordnung übertragen werden (s.a. § 27 MitbestG Rz. 8)[6]. Die Satzung bzw. die Geschäftsordnung können dem Vorsitzenden insb. das Recht der Stichentscheidung bei Stimmengleichheit[7] oder – trotz des Kollegialitätsprinzips und anders wegen § 33 MitbestG als bei AR, die dem MitbestG unterfallen – ein aufschiebendes oder sogar endgültiges Vetorecht[8] einräumen.

Der AR kann nach § 107 III AktG **Ausschüsse** bestellen; dies entspricht auch guter Unternehmensführung, um die Effizienz der AR-Tätigkeit zu erhöhen[9]. Über die Einrichtung und Besetzung von Ausschüssen entscheidet der AR autonom, wobei idR die Geschäftsordnung des AR Besetzungsregelungen enthält. Nach zutreffender hM gibt es kein Paritätsgebot, demzufolge die drittelparitätische Besetzung mit ArbN-Vertretern im AR-Plenum in den Ausschüssen in gleicher Weise abgebildet werden müsste. Vielmehr darf nach Aufgabe des Ausschusses und Befähigung der in Betracht kommenden Personen differenziert werden, solange nur sachwidrige Differenzierungen nach Gruppenzugehörigkeit der AR-Mitglieder unterbleiben (Grundsatz des allg. Diskriminierungsverbots)[10]. Auch der DCGK empfiehlt keine Beachtung des Paritätsgebots[11]. Im Regelfall wird allerdings zur Gewährleistung eines ausreichenden Informationsflusses an die ArbN-Vertreter in jeden AR-Ausschuss mindestens ein ArbN-Vertreter zu wählen sein[12]. Für den mitbestimmungsrechtl. besonders wichtigen Personalausschuss des AR hat der BGH dies ausdrücklich so entschieden[13]. Erfolgen die Wahlen zu AR-Ausschüssen entgegen den vorgenannten Grundsätzen, sind diese nichtig[14].

Ziff. 3.6 S. 1 DCGK regt als Maßnahme guter Unternehmensführung an, dass die Vertreter der Anteilseigner und der ArbN die Sitzung des AR jeweils gesondert, ggf. mit den Vorstandsmitgliedern, vorbereiten[15] (Ziff. 3.6 S. 1 DCGK). Diese Anregung soll ebenso wie die Empfehlung der jährlichen Effizienzprüfung der AR-Tätigkeit (Ziff. 5.6 DCGK)[16], periodische in-camera-Sitzungen des AR ohne Vorstand (Ziff. 3.6 S. 2 DCGK) oder gruppenpsychologische Maßnahmen wie Fortbildungskurse, gemeinsame Ausflüge etc. der Schaffung einer offenen und vertrauensvollen Diskussionskultur dienen.

bb) Mitbestimmungsvereinbarungen. Bei der AG sind wegen des dort geltenden Grundsatzes der Satzungsstrenge (§ 23 V AktG) sog. statusändernde Mitbestimmungsvereinbarungen regelmäßig unzu-

---

1 ErfK/*Oetker*, § 1 DrittelbG Rz. 11; WWKK/*Kleinsorge*, § 1 DrittelbG Rz. 11; GK-BetrVG/*Kraft*, § 76 BetrVG 52 Rz. 146; *Dietz/Richardi*, § 76 BetrVG 52 Rz. 221; MünchArbR/*Wißmann*, § 383 BetrVG Rz. 6; MüKoAktG/*Gach*, § 76 BetrVG 1952 Rz. 13. ||2 BAG 6.4.1955 – 1 ABR 25/54, AP Nr. 5 zu § 76 BetrVG 1955; ErfK/*Oetker*, § 1 DrittelbG Rz. 12; GK-BetrVG/*Kraft*, § 76 BetrVG 52 Rz. 147; *Dietz/Richardi*, § 76 BetrVG 52 Rz. 223; MünchArbR/*Wißmann*, § 383 BetrVG Rz. 6; MüKoAktG/*Gach*, § 76 BetrVG 1952 Rz. 16. ||3 ErfK/*Oetker*, § 1 DrittelbG Rz. 12; *Dietz/Richardi*, § 76 BetrVG 52 Rz. 223. ||4 *Köstler/Müller/Sick*, Aufsichtsratspraxis, Rz. 171; aA *Fiegle*, BB 1953, 594. ||5 ErfK/*Oetker*, § 1 DrittelbG Rz. 9; WWKK/*Kleinsorge*, § 1 DrittelbG Rz. 13; GK-BetrVG/*Kraft*, § 76 BetrVG 52 Rz. 148; *Dietz/Richardi*, § 76 BetrVG 52 Rz. 222; MünchArbR/*Wißmann*, § 383 BetrVG Rz. 6; MüKoAktG/*Gach*, § 76 BetrVG 52 Rz. 15. ||6 Hierzu Ziff. 5.2 DCGK; vgl. auch *Seibt/Wilde* in Hommelhoff/Hopt/v. Werder, Handbuch Corporate Governance, 2. Aufl. 2009, S. 391, 405 ff.; *Semler*, Arbeitshdb. AR-Mitglieder, F 1 ff. ||7 GK-BetrVG/*Kraft*, § 76 BetrVG 52 Rz. 35. ||8 Vgl. *Hüffer*, § 77 AktG Rz. 12 f. ||9 Hierzu zB Ziff. 5.3 DCGK; *Lutter*, ZGR 2001, 224 (229); *Semler*, Arbeitshdb. AR-Mitglieder, G 1 ff. ||10 BGH 17.5.1993 – II ZR 89/92, BGHZ 122, 342 (354 ff.) – Hamburg-Mannheimer (zu MitbestG); OLG Hamburg 29.9.1995 – 11 U 20/95, AG 1996, 84 ff. – Volksfürsorge Deutsche Lebensversicherung (zu MitbestG); OLG München 27.1.1995 – 23 U 4282/94, AG 1995, 466 (467) – Voigt Elektronik (zu BetrVG 1952); LG Frankfurt/M. 19.12.1995 – 2/14 O 183/95, ZIP 1996, 1661 – Deutsche Börse (zu BetrVG 1952; Vergleich vor OLG Frankfurt); *Hüffer*, § 107 AktG Rz. 21; *Brandes*, WM 1994, 2177 (2182); *Mertens*, AG 1981, 113 (131); *Zöllner*, AG 1981, 13 (15); UHH/*Ulmer/Habersack*, § 25 MitbestG Rz. 127; aA (Paritätsgebot) GK-MitbestG/*Naendrup*, § 25 MitbestG Rz. 35; *Nagel*, DB 1979, 1799 (1801); *Henssler*, FS BGH II, 2000, S. 387 (395 ff.). ||11 Zutr. *Kremer* in Ringleb/Kremer/Lutter/v. Werder, DCGK, Rz. 982 und 1002. ||12 WHSS/*Seibt*, Rz. F 65; *Seibt*, DB 2002, 529 (531) (zum sog. Übernahmeausschuss; § 27 I WpÜG). ||13 BGH 17.5.1993 – II ZR 89/92, BGHZ 122, 342 (358 ff.) – Hamburg-Mannheimer. ||14 BGH 17.5.1993 – II ZR 89/92, BGHZ 122, 342 (354 ff.) – Hamburg-Mannheimer; WHSS/*Seibt*, Rz. F 57. ||15 Hierzu *v. Werder* in Ringleb/Kremer/Lutter/v. Werder, DCGK, Rz. 403 ff. ||16 Hierzu ausf. *Seibt*, DB 2003, 2107 ff.

lässig und nichtig[1]. Allerdings kann die Hauptversammlung faktisch Mitbest.-Vereinbarungen zur Geltung verhelfen, indem sie im Rahmen der Wahl der Anteilseignervertreter der ArbN-Seite nahe stehende Personen wählen[2]; die in dieser Weise hinzugewählten „ArbN-Vertreter" bleiben allerdings formal Vertreter der Anteilseigner, so dass diese jederzeit mit der Satzungsmehrheit abgerufen werden können (§ 103 I AktG). Nach zutreffender Ansicht sind Satzungsregelungen, die für die Wahl der Anteilseignervertreter im AR den ArbN-Status im Unternehmen als persönliche Voraussetzung (§ 100 IV AktG) festsetzen, als Umgehungstatbestände des Schutzes der Wahlfreiheit der Aktionäre unzulässig[3]. Zur Zulässigkeit privatautonomer Mitbest.-Vereinbarungen zur einvernehmlichen Klärung zweifelhafter Rechts- und Sachfragen, bei denen die Voraussetzungen eines Vergleichs iSv. § 779 BGB erfüllt sind, sowie zur Vereinfachung oder Anpassung gesetzl. Mitbest.-Regelungen (insb. zum Wahlverfahren) an Einzelfallumstände des betroffenen Unternehmens s. § 1 MitbestG Rz. 20.

22 **cc) Rechte, Pflichten und Kompetenzen des Aufsichtsrates.** Die Rechte, Pflichten und Kompetenzen des AR ergeben sich ausschließlich aus dem Aktienrecht. Dem **AR der AG** kommt hiernach zwingend die **Personalkompetenz** über den Vorstand zu (dh. Bestellung und Abberufung der Vorstandsmitglieder sowie Abschluss, Änderung und Beendigung der Vorstands-Anstellungsverträge). Des Weiteren ist der AR verpflichtet, den **Vorstand zu überwachen** (vgl. § 111 I AktG). Hierzu kommen dem AR eine Vielzahl von Informations- und Untersuchungsrechten zu, die entsprechend den Grundsätzen guter Unternehmensführung in einer Informationsordnung zusammengefasst sein sollten[4]. Schließlich kommen dem AR der AG eine Reihe von **Mitentscheidungsrechten** zu, namentlich (1) Zustimmungsvorbehalte bei bestimmten Geschäftsführungsmaßnahmen (vgl. § 111 IV AktG), (2) Feststellung des Jahresabschlusses und Billigung des Konzernabschlusses (vgl. § 171 II 3–5, § 172 I AktG) sowie (3) Gewinnverwendung durch Einstellung in die Rücklagen (vgl. § 58 II AktG).

23 Bei der **KGaA** sind die Kompetenzen des AR kraft Gesetzes deutlich schwächer ausgestaltet als bei der AG. So kommt dem AR bei der KGaA keine Personalkompetenz über den Komplementär zu[5]. Ferner gilt bei der KGaA die Verpflichtung nicht, dass in der Satzung Zustimmungsvorbehalte für bestimmte Geschäftsführungsmaßnahmen zu Gunsten des AR vorgesehen sein müssen (vgl. § 278 II AktG). Vielmehr können die Komplementäre die gewöhnlichen Geschäfte allein ausführen, während zu den außergewöhnlichen Geschäften die Zustimmung der Hauptversammlung notwendig ist (§ 278 II AktG iVm. §§ 116, 164 HGB). Allerdings ist die Zuständigkeitsverteilung bei der KGaA dispositives Recht, so dass die Satzung (nicht allerdings der AR autonom) dem AR zB die Rechte nach § 111 IV 2 AktG oder sogar weiter gehende Geschäftsführungs- und Weisungsbefugnisse ggü. den Komplementären einräumen kann[6]. Schließlich obliegt die Feststellung des Jahresabschlusses bei der KGaA der Hauptversammlung mit Zustimmung der Komplementäre (§ 286 I AktG).

24 **dd) Rechtsstellung der Aufsichtsratsmitglieder.** Die Rechtsstellung der AR-Mitglieder bestimmt sich nach den aktienrechtl. Vorschriften. Danach haben die Mitglieder des AR, gleich ob Anteilseigner- oder ArbN-Vertreter, die gleichen Rechte und Pflichten, insb. stehen ihnen die gleichen Mitwirkungs-, Informations- und Stimmrechte sowie Vergütungs- und Erstattungsansprüche zu, sie sind aber andererseits auch in gleichem Maße zur Amtsausübung verpflichtet und ggü. der Gesellschaft haftungsrechtlich verantwortlich[7].

25 Jedes AR-Mitglied hat dafür zu sorgen, dass die dem AR übertragenen Zuständigkeiten und Aufgaben mit der Sorgfalt eines ordentl. Überwachers und Beraters wahrgenommen werden (**Grundsatz der Gesamtverantwortung**; § 116 AktG). Der Grundsatz der Gesamtverantwortung schließt jedoch nicht aus, dass bestimmte AR-Aufgaben einzelnen AR-Mitgliedern oder einem Ausschuss zugewiesen werden. Bei ernsthaften Zweifeln an der sachgemäßen Erledigung der Aufgaben hat indes jedes AR-Mitglied die Pflicht, der Zuweisung zu widersprechen und den Aufgabenbereich oder die Einzelentscheidung in das Gesamtgremium zurückzuholen. Das einzelne AR-Mitglied haftet nicht für Fehler des betrauten AR-Mitglieds oder der Ausschussmitglieder, wenn es sich auf eine zweckgerechte Erfüllung der Aufgaben verlassen konnte. Es haftet nur bei fehlerhafter Zuweisung, mangelhafter Überwachung, unterlassener Zurückholung in das Gesamtgremium sowie bei versäumter Information der Gesellschaf-

---

[1] Vgl. WHSS/*Seibt*, Rz. F 14; *Seibt*, AG 2005, 413 (415); *Hüffer*, § 96 AktG Rz. 3; KölnKommAktG/*Mertens/Cahn*, § 96 Rz. 15, 17; *Ihrig/Schlitt*, NZG 1999, 333 (334); *Henssler*, ZfA 2000, 241 (262 ff.); hiergegen Entwurf zur Änderung des MitbestG des Arbeitskreises „Unternehmerische Mitbestimmung", *Bachmann ua*., ZIP 2009, 885 ff. ‖2 Vgl. BGH 3.7.1975 – II ZR 35/73, NJW 1975, 1657; WHSS/*Seibt*, Rz. F 14; KölnKommAktG/*Mertens/Cahn*, § 96 Rz. 16; *Hommelhoff*, ZHR 1984, 118 (133); *Ihrig/Schlitt*, NZG 1999, 333 (334); aA *Hüffer*, § 251 AktG Rz. 2. ‖3 So MünchGesR/*Hoffmann-Becking*, Bd. 4: AG, § 28 Rz. 36; *Seibt*, AG 2005, 413 (415); UHH/*Ulmer/Habersack*, § 1 MitbestG Rz. 21 (anders noch Voraufl.); aA *Hoffmann/Lehmann/Weinmann*, § 6 MitbestG Rz. 18, § 1 MitbestG Rz. 42; *Henssler*, ZfA 2000, 241 (263 f.); offen gelassen bei BGH 3.7.1975 – II ZR 35/73, NJW 1975, 1657 (1658); *Ihrig/Schlitt*, NZG 1999, 333 (335). ‖4 Hierzu *Seibt/Wilde* in Hommelhoff/Hopt/v. Werder, Handbuch Corporate Governance, 2. Aufl. 2009, S. 391, 407 ff.; *Lutter*, ZGR 2001, 224 (232); vgl. auch Ziff. 3.4 DCGK. ‖5 *Hüffer*, § 278 Rz. 15; *Kallmeyer*, ZGR 1983, 57 (66). ‖6 GroßKommAktG/*Assmann/Sethe*, § 287 Rz. 44f.; *Kallmeyer*, ZGR 1983, 57 (69); *Raiser/Veil*, § 25 MitbestG Rz. 85. ‖7 Vgl. BGH 25.2.1982 – II ZR 123/81, BGHZ 83, 106 (112 f.) – Siemens; 15.12.1986 – II ZR 18/86, BGHZ 99, 211 (216); 15.11.1993 – II ZR 235/92, BGHZ 124, 111 (127); *Lutter/Krieger*, Rz. 279; MünchGesR/*Hoffmann-Becking*, Bd. 4: AG, § 33 Rz. 1 f.

ter bzw. Einleitung von rechtl. Schritten gegen Organmitglieder[1]. Zur **Weisungsfreiheit** sämtlicher AR-Mitglieder s. § 25 MitbestG Rz. 17.

Die **Verschwiegenheitsverpflichtung** nach § 116 S. 2 AktG gilt für alle AR-Mitglieder in gleicher Weise und zwar ggü. jedermann, namentlich ggü. einzelnen Großaktionären[2], Mitgliedern von Betriebsverfassungsorganen oder einzelnen ArbN. Eine teleologische Reduktion von § 116 S. 2 AktG insoweit, als AR-Mitglieder Mitglieder des BR oder des Wirtschaftsausschusses informieren[3], kommt nicht in Betracht[4], da sich aus § 79 I 4 BetrVG (argumentum e contrario) ergibt, dass zwar eine Information von AR-Mitgliedern durch Mitglieder des BR erlaubt ist, aber eben der umgekehrte Informationsweg durch § 116 S. 2 AktG versperrt wird, um das Vertrauensverhältnis im AR sowie dasjenige zwischen Vorstand und AR zu schützen. Darüber hinaus sind die betriebsverfassungsrechtl. Informationspflichten des Vorstandes ggü. BR und Wirtschaftsausschuss scharf zu trennen von den aktienrechtl. Informationspflichten des Vorstandes ggü. dem AR. 26

Auch bei den **Empfehlungen und Anregungen des DCGK** ist nicht zwischen Anteilseigner- und ArbN-Vertretern zu differenzieren. ArbN-Vertreter genießen insb. keine Sonderstellung im Hinblick auf die Kodex-Bestimmungen zur Vergütung (Ziff. 5.4.6 S. 4 und 5 DCGK) sowie zum Selbstbehalt bei D&O-Versicherungen (Ziff. 3.8 S. 5 DCGK), zur Offenlegung und Behandlung von Interessenkonflikten (Ziff. 5.5.2, 5.5.3 S. 1 DCGK) sowie zur Effizienzprüfung der AR-Tätigkeit (Ziff. 5.6 DCGK; zB Zulässigkeit der Beurteilung der einzelnen AR-Mitglieder[5])[6]. 27

g) **Europäische Aktiengesellschaft.** Die SE ist vom sachl. Anwendungsbereich des DrittelbG nicht erfasst[7]. Zur Unternehmensmitbest. bei der Europäischen Aktiengesellschaft (Societas Europaea; SE) s. die Komm. des SEBG und § 1 MitbestG Rz. 5f. 28

2. GmbH. a) Allgemeines. In Abs. 1 Nr. 3 wird bestimmt, dass in allen Unternehmen mit der Rechtsform einer GmbH ein zu ⅓ mit ArbN-Vertretern zu besetzender AR zu bilden ist, sofern sie mindestens 500 ArbN beschäftigen und nicht als Tendenzbetriebe (dazu Abs. 2 Nr. 2 und Abs. 2 S. 2) zu qualifizieren sind. 29

b) **Anwendungsbereich.** Bei einer GmbH ist abweichend von § 52 GmbHG dann zwingend ein AR zu bilden, wenn das Unternehmen idR mehr als 500 ArbN beschäftigt (Abs. 1 Nr. 3). Die Verpflichtung zur AR-Bildung ergibt sich unmittelbar aus Abs. 1 Nr. 3, ohne dass hierfür eine satzungsrechtl. Grundlage oder ein Gesellschafterbeschluss erforderlich wäre[8]. Zu mit der GmbH vergleichbaren Unternehmen ausländischer Rechtsform, die ihren tatsächlichen Verwaltungssitz im Inland haben, s. Rz. 3ff. Besteht im Falle einer bislang AR-losen GmbH Streit über die Anwendbarkeit des DrittelbG, so ist vor der Wahl ein Statusverfahren nach § 27 EGAktG, §§ 97ff. AktG durchzuführen[9]. 30

c) **Gründungsstadium.** Die errichtete, aber noch nicht in das Handelsregister eingetragene Vor-GmbH unterliegt nach hM nicht Abs. 1 Nr. 3, so dass keine Pflicht zur Bildung eines mitbestimmten AR besteht[10]. Dies gilt auch für den Fall, dass im Rahmen der Sachgründung ein Unternehmen oder Unternehmensteil in die Gesellschaft eingebracht wird. Daher kommt auch eine gerichtl. Bestellung von AR-Mitgliedern entsprechend § 104 II AktG in solchen Fällen nicht in Betracht[11]. Werden im Rahmen einer Sachgründung Betriebe mit mehr als 500 ArbN eingebracht, findet jedoch § 31 AktG entsprechend Anwendung[12] mit der Folge, dass auch eine gerichtl. Bestellung der ArbN-Vertreter bis zur Durchführung der Wahlen möglich ist. 31

d) **Formwechsel.** Bei der formwechselnden Umwandlung in die GmbH gilt Folgendes: Besitzt das Unternehmen in der Ausgangsrechtsform einen AR und findet Abs. 1 Nr. 3 Anwendung, bleiben die Mit- 32

---

1 Vgl. KölnKommAktG/*Mertens/Cahn*, § 107 Rz. 179f.; Scholz/*U.H. Schneider*, § 52 GmbHG Rz. 470; UHH/*Ulmer/Habersack*, § 25 MitbestG Rz. 120.   ‖2 Zu statutarischen Sonderregelungen bei kommunalen Unternehmen *van Kann/Keiluweit*, DB 2009, 2251 ff.   ‖3 So *Nagel*, BB 1979, 1799 (1803); *Spieker*, NJW 1965, 1937 (1941); *Köstler/Müller/Sick*, Aufsichtsratspraxis, Rz. 575; einschr. WWKK/*Koberski*, § 25 MitbestG Rz. 105; rechtspolitisch auch GK-MitbestG/*Naendrup*, § 25 MitbestG Rz. 205.   ‖4 *Richardi/Dietz*, § 76 BetrVG 1952 Rz. 166; *Raiser/Veil*, § 25 MitbestG Rz. 132; UHH/*Ulmer/Habersack*, § 25 MitbestG Rz. 101 (allerdings mit „Nothilferecht" Rz. 110); *Richardi/Thüsing*, § 79 BetrVG Rz. 29; *Lutter/Krieger*, Rz. 249ff.; MüKoAktG/*Habersack*, § 116 AktG Rz. 61; MünchHdbGesR/*Hoffmann-Becking*, Bd. 4: AG, § 33 Rz. 52; *Edenfeld/Neufang*, AG 1999, 47 (52); *Hueck*, RdA 1975, 35 (41f.).   ‖5 Hierzu *Seibt*, DB 2003, 2107 (2109).   ‖6 Hierzu *Seibt*, AG 2003, 465 (476).   ‖7 WWKK/*Kleinsorge* Vorbem. DrittelbG Rz. 10.   ‖8 Vgl. Scholz/*U.H. Schneider*, § 52 GmbHG Rz. 13 und 27; ErfK/*Oetker*, § 1 DrittelbG Rz. 14; *Dietz/Richardi*, § 77 BetrVG 52 Rz. 10.   ‖9 BAG 26.1.2008 – 7 ABR 6/07, BB 2008, 2182 m. Anm. *Lembke/Fesenmeyer* (2185).   ‖10 Vgl. BayObLG 9.6.2000 – 3 Z BR 92/00, BB 2000, 1538ff.; Baumbach/Hueck/*Fastrich*, § 6 GmbHG Rz. 34; Hachenburg/*Ulmer*, § 11 GmbHG Rz. 32; Scholz/*K. Schmidt*, § 11 GmbHG Rz. 63; Scholz/*U.H. Schneider*, § 52 GmbHG Rz. 13; UHH/*Ulmer/Habersack*, § 6 MitbestG Rz. 7; *Eisenbeis/Ueckert*, FA 2002, 168 (169); *Kowalski/Schmidt*, DB 2009, 551 (553); aA Hachenburg/*Raiser*, § 52 GmbHG Rz. 160; *Rowedder/Schmidt-Leithoff/Koppensteiner/Schnorbus*, § 52 GmbHG Rz. 512; *Joost*, FS Claussen, 1997, S. 187 (196) (§ 31 AktG analog); Lutter/*Joost*, § 218 UmwG Rz. 16 (§ 31 AktG analog).   ‖11 So ausdrücklich BayObLG 9.6.2000 – 3 Z BR 92/00, BB 2000, 1538 (1539); WWKK/*Kleinsorge*, § 1 DrittelbG Rz. 16.   ‖12 WHSS/*Seibt*, Rz. F 39; Baumbach/Hueck/*Zöllner/Fastrich*, § 52 GmbHG Rz. 158; *Rowedder/Schmidt-Leithoff/Schmidt-Leithoff*, § 11 GmbHG Rz. 51; aA *Deutler*, Betrieb 1969, 691 (693).

glieder des AR nach § 203 UmwG im Amt. Besteht hingegen beim Unternehmen in der Ausgangsrechtsform kein AR (zB Personengesellschaft), ist § 197 S. 2 UmwG auf den Formwechsel von Gesellschaften mit bereits bestehenden AR zu beschränken und § 31 AktG (analog) anzuwenden (Rz. 9). Wird eine Alt-Gesellschaft in der Rechtsform der AG/KGaA iSv. Abs. 1 Nr. 1 S. 2 mit idR weniger als 501 ArbN in die Rechtsform der GmbH formgewechselt, so erlöschen die Ämter der bisherigen AR-Mitglieder kraft Gesetzes mit Eintragung des Formwechsels im Handelsregister (vgl. auch § 6 MitbestG Rz. 3)[1]; wegen der automatischen Beendigung der AR-Mandate ist kein Statusverfahren nach §§ 97ff. AktG (analog) durchzuführen[2].

33 **e) Binnenorganisation und Aufgaben des Aufsichtsrats (GmbH). aa) Zahl der Aufsichtsratsmitglieder.** Nach § 4 I iVm. § 1 I Nr. 3 besteht der AR zu ⅓ aus Vertretern der ArbN. Für die zwingend durch drei teilbare Gesamtzahl der AR-Mitglieder ist wegen Abs. 1 Nr. 3 iVm. § 95 AktG das AktG und die Satzung maßgeblich.

34 **bb) Mitbestimmungsvereinbarung.** Da die Gesellschafter einer GmbH – anders als bei der AG (§ 23 V AktG) – eine weit gehende Satzungsfreiheit genießen (§ 45 GmbHG)[3], können hier in bestimmten Grenzen privatautonome Mitbest.-Vereinbarungen zur Frage der AR-Zusammensetzung geschlossen werden[4]. Allerdings kann wegen der zwingenden Natur von Abs. 1 Nr. 3 von den dortigen Regelungen nicht zu Lasten der ArbN abgewichen werden[5]. So sind bei der GmbH sowohl Vereinbarungen über die Einrichtung eines mitbestimmten AR zulässig, die an sich nicht Abs. 1 Nr. 3 unterfallen[6], als auch über die Anhebung des mitbestimmungsrechtl. Niveaus (zB Ersetzung der drittelparitätischen Mitbest. nach § 4 I durch paritätische Mitbest. nach MitbestG[7]; Regelung von Mindestbefugnissen des AR, insb. der Personalkompetenz; Besetzung von AR-Ausschüssen mit ArbN-Vertretern)[8]. Es sind indes solche Vereinbarungen nichtig, die gegen zwingende gesellschaftsrechtl. Vorschriften (zB Bestimmung ausschließlicher Zuständigkeit der Anteilseignerversammlung) verstoßen[9]. Eine „Überparität" zu Gunsten der ArbN-Vertreter im AR kann wegen Verstoßes gegen Art. 14 I GG vertragl. nicht zulässig geregelt werden[10]. Die Zuständigkeit zum Abschluss statusändernder Mitbestimmungsvereinbarungen für die Gesellschaft kommt alleine der Gesellschafterversammlung (Beschluss mit satzungsändernder Mehrheit) zu, bei anderen Vereinbarungen den Geschäftsführern[11]; auf ArbN-Seite kommt mangels ausdrücklicher gesetzl. Regelung den im Unternehmen vertretenen Gewerkschaften und dem zuständigen BR, hilfsweise der Unternehmensbelegschaft in ihrer Gesamtheit, eine konkurrierende Regelungskompetenz zu[12].

35 Zur Zulässigkeit privatautonomer Mitbest.-Vereinbarungen zur einvernehmlichen Klärung zweifelhafter Rechts- und Sachfragen, bei denen die Voraussetzungen eines Vergleichs iSv. § 779 BGB erfüllt sind, sowie zur Vereinfachung oder Anpassung gesetzl. Mitbest.-Regelungen (insb. zum Wahlverfahren) an Einzelfallumständen des betroffenen Unternehmens s. § 1 MitbestG Rz. 20.

36 **cc) Änderung der Mitgliederzahl.** Hier gelten die unter § 4 Rz. 3f. aufgeführten Grundsätze.

37 **dd) Beschlussfähigkeit des Aufsichtsrats und Mehrheitsquoren.** Über Abs. 1 Nr. 3 gilt § 108 AktG (dazu § 4 Rz. 6ff.). Im Hinblick auf die Beschlussquoren gelten die unter § 4 Rz. 9 aufgeführten Grundsätze.

38 **ee) Binnenorganisation.** Die Binnenorganisation des AR wird über Abs. 1 Nr. 3 nach den §§ 107ff. AktG bestimmt (dazu Rz. 18ff.).

39 **ff) Rechte, Pflichten und Kompetenzen des Aufsichtsrats.** Im Gegensatz zur AG oder KGaA richten sich die Rechte, Pflichten und Kompetenzen des drittelparitätisch mitbestimmten AR einer GmbH nur nach bestimmten, in Abs. 1 Nr. 3 in Bezug genommenen aktienrechtl. Vorschriften. Ggü. der Vor-

---

1 Vgl. Lutter/Decher, § 203 UmwG Rz. 3 und 8ff.; Kallmeyer/Meister/Klöcker, § 197 UmwG Rz. 65, § 203 UmwG Rz. 2; Semler/Stengel/Simon, § 203 UmwG Rz. 2; Buchner/Schlobach, GmbHR 2004, 1 (3); Krause-Ablaß/Link, GmbHR 2005, 731f. ‖2 WHSS/Seibt, Rz. F 68; Raiser/Veil, § 6 MitbestG Rz. 19; aA Lutter/Decher, § 203 UmwG Rz. 12; Kallmeyer/Meister/Klöcker, § 203 UmwG Rz. 15; Krause-Ablaß/Link, GmbHR 2005, 731f. ‖3 Zur Satzungsfreiheit bei der GmbH zB Lutter/Hommelhoff/Bayer, § 45 GmbHG Rz. 5ff.; Henssler, FS H. P. Westermann, 2008, S. 1024. ‖4 Hierzu Henssler, FS H. P. Westermann, 2008, S. 1024ff. ‖5 Vgl. Ihrig/Schlitt, NZG 1999, 333 (334). ‖6 WHSS/Seibt, Rz. F 14; Seibt, AG 2005, 413 (420). ‖7 Vgl. zum BetrVG 1952 BGH 3.7.1975 – II ZR 35/73, NJW 1975, 1657 (1658); Henssler, FS H. P. Westermann, 2008, S. 1021f. (1028). ‖8 WHSS/Seibt, Rz. F 14; Seibt, AG 2005, 413 (420f.); Hommelhoff, ZHR 1984, 118 (133); Ihrig/Schlitt, NZG 1999, 333 (336); Henssler, ZfA 2000, 241 (265); aA ErfK/Oetker, § 1 DrittelbG Rz. 15ff.; GK-BetrVG/Kraft, § 77 BetrVG 52 Rz. 16. ‖9 WHSS/Seibt, Rz. F 14. ‖10 Vgl. WHSS/Seibt, Rz. F 13; Lutter, ZGR 1977, 194 (202f.); diff. Henssler, ZfA 2000, 241 (261f.); für den Sonderfall von Stimmbindungsverträgen bei öffentl.-rechtl. Unternehmen wurde deren Zulässigkeit wegen des Demokratieprinzips nur für den Fall anerkannt, dass die öffentliche Hand (= Anteilseigner) ihren „letztentscheidenden Einfluss" auf das Unternehmen behält; vgl. OLG Bremen 22.3.1977 – 2 W 102/75, NJW 1977, 1153 (1156) – Bremerhavener Versorgungs- und Verkehrsgesellschaft. ‖11 Vgl. WHSS/Seibt, Rz. F 16; Seibt, AG 2005, 413 (417); KölnKommAktG/Mertens/Cahn, § 96 Rz. 18; Konzern, AG 1983, 289 (294); Beuthien, ZfA 1983, 152; Henssler, ZfA 2000, 241 (265); MünchArbR/Wißmann, § 365 Rz. 20. ‖12 Ausf. Seibt, AG 2005, 413 (418); WHSS/Seibt, Rz. F 16; ähnlich UHH/Ulmer/Habersack, § 5 MitbestG Rz. 76; abweichend (nur Gewerkschaften) Mertens, AG 1982, 141 (150).

gänger-Regelung in § 77 I 2 BetrVG 1952 wird nun zusätzlich auf § 125 IV AktG (Recht auf Mitteilung der auf Gesellschafterversammlungen gefassten Beschlüsse) sowie auf § 170 AktG (Pflicht zur Vorlage des Jahresabschlusses) verwiesen. Weiterhin ist bei der Anwendung der aktienrechtl. Vorschriften die ggü. der AG bei der GmbH andere Kompetenzstruktur (mit der Gesellschafterversammlung als originärem Entscheidungszentrum für alle unternehmensleitenden Entscheidungen) zu berücksichtigen[1].

Nach dem Gesetzesstatut verbleibt die **Personalkompetenz** (Bestellung der Geschäftsführer) bei der Gesellschafterversammlung (§ 46 Nr. 5 GmbHG), da Abs. 1 Nr. 3 nicht auf § 84 AktG verweist[2]. Die Gesellschafterversammlung ist auch im Rahmen einer Annexkompetenz für den Abschluss, die Änderung und die Beendigung von Anstellungsverträgen mit den Geschäftsführern zuständig[3]. Allerdings kann die Zuständigkeit zur Bestellung und dienstrechtl. Anstellung der Geschäftsführer statutarisch auch auf den AR übertragen werden[4], der dann die Gesellschaft ggü. den Geschäftsführern vertritt[5]. Auch über die Gewährung von Krediten an Geschäftsführer bestimmt – anders als bei der AG (vgl. § 89 AktG) – im Normalstatut die Gesellschafterversammlung, sofern sie im Zusammenhang mit der Anstellung steht[6]; bei unabhängig von der Anstellung gewährten Krediten kommt die Kompetenz hierüber den Geschäftsführern zu, es sei denn, das Kreditgeschäft ist eine ungewöhnliche Maßnahme und erfordert daher einen Gesellschafterbeschluss gem. §§ 37, 49 II GmbHG[7]. Allerdings kann die Satzung auch eine andere Kompetenzzuordnung, zB zum AR festlegen[8]. 40

Im Hinblick auf die **Überwachungskompetenz** des AR gilt Folgendes: Nach dem Gesetzesstatut ist die Geschäftsführung nur verpflichtet, auf Anforderung des mitbestimmten AR oder einzelner AR-Mitglieder Berichte über Angelegenheiten der Gesellschaft und die mit ihnen verbundenen Unternehmen vorzulegen (Abs. 1 Nr. 3 iVm. § 90 III, IV, V 1 und 2 AktG). Eine Verpflichtung der Geschäftsführer zu einer periodischen Berichterstattung besteht gesetzl. nicht (Abs. 1 Nr. 3 verweist nicht auf § 90 I und II AktG), kann allerdings durch Regelung in der Satzung oder in der Geschäftsordnung für die Geschäftsführung verankert werden[9]. Darüber hinaus bestehen zu Gunsten des AR und seiner Mitglieder weitere gesetzl. Informationsrechte, insb. das Recht auf Einsichtnahme in die Bücher und Schriften der Gesellschaft (Abs. 1 Nr. 3 iVm. § 111 II AktG), das Teilnahmerecht der AR-Mitglieder an Gesellschafterversammlungen (§ 118 II AktG analog; ohne Antragsrecht)[10], das Recht auf Mitteilung der Tagesordnung der Gesellschafterversammlung (Abs. 1 Nr. 3 iVm. § 125 III AktG) sowie auf Mitteilung der dort gefassten Beschlüsse (Abs. 1 Nr. 3 iVm. § 125 IV AktG)[11]. Obgleich Abs. 1 Nr. 3 auch auf die aktienrechtl. Generalnorm der Geschäftsführungsüberwachung (§ 111 I AktG) verweist, gelten die aktienrechtl. Grundsätze wegen der bei der GmbH anderen Kompetenzstruktur nur mit folgenden Einschränkungen: Der mitbestimmte AR hat seine Überwachungspflicht nach § 111 I AktG ggü. den Geschäftsführern nur dann auszuüben, soweit diesen überhaupt Maßnahmen der Geschäftsführung zustehen. Unterliegen Geschäftsführungsmaßnahmen der Gesellschafterversammlung (zB wegen eines in der Satzung geregelten Zustimmungskatalogs, einer Ad hoc-Unterstellung oder weil es sich um ungewöhnliche oder im Gesellschafterkreis streitig behandelte Maßnahmen handelt), gilt § 46 Nr. 6 GmbHG und dem AR kommt keine Überwachungskompetenz zu[12]. Allerdings kann der nach § 111 IV 2 AktG zwingend vorzusehende Zustimmungskatalog für bestimmte Geschäftsführungsmaßnahmen zu Gunsten des AR[13] nicht durch Satzung verbindlich festgeschrieben oder ausgeschlossen werden; Abs. 1 Nr. 3 enthält an- 41

---

1 Vgl. ErfK/*Oetker*, § 1 DrittelbG Rz. 16; Scholz/*U.H. Schneider*, § 52 GmbHG Rz. 72 f.; Lutter/Hommelhoff/*Lutter*, § 52 GmbHG Rz. 2; Baumbach/Hueck/*Zöllner/Noack*, § 52 GmbHG Rz. 5 ff. ||2 Vgl. Scholz/*U.H. Schneider*, § 52 GmbHG Rz. 166 f.; Lutter/Hommelhoff/*Lutter*, § 52 GmbHG Rz. 77; ErfK/*Oetker*, § 1 DrittelbG Rz. 17; *Deilmann*, BB 2004, 2253. ||3 Vgl. Scholz/*U.H. Schneider/Sethe*, § 35 GmbHG Rz. 194; Scholz/*U.H. Schneider*, § 52 GmbHG Rz. 166; Baumbach/Hueck/*Zöllner/Noack*, § 52 GmbHG Rz. 251; Rowedder/Schmidt-Leithoff/*Koppensteiner/Gruber*, § 35 GmbHG Rz. 18; Lutter/Hommelhoff/*Lutter*, § 52 GmbHG Rz. 77; ErfK/*Oetker*, § 1 DrittelbG Rz. 17; *Dietz/Richardi*, § 77 BetrVG 52 Rz. 22; GK-BetrVG/*Kraft*, § 77 BetrVG 52 Rz. 34; *Deilmann*, BB 2004, 2253; vgl. auch BGH 3.7.2000 – II ZR 282/98, ZIP 2000, 1442 (1443). ||4 Vgl. BGH 17.2.1997 – II ZR 278/95, WM 1997, 1015; OLG Rostock 28.2.2001 – 6 U 227/99, NZG 2001, 813 (Bestätigung der Bestellung durch Gesellschafterversammlung); Scholz/*U.H. Schneider/Sethe*, § 35 GmbHG Rz. 200; Scholz/*U.H. Schneider*, § 52 GmbHG Rz. 167; Lutter/Hommelhoff/*Lutter*, § 52 GmbHG Rz. 13, 77; Baumbach/Hueck/*Zöllner/Noack*, § 52 GmbHG Rz. 251. ||5 Vgl. BGH 17.2.1997 – II ZR 278/95, WM 1997, 1015; Scholz/*U.H. Schneider*, § 52 GmbHG Rz. 168. ||6 Vgl. Scholz/*U.H. Schneider*, § 43a GmbHG Rz. 20. ||7 Scholz/*U.H. Schneider*, § 43a GmbHG Rz. 24 ff.; Lutter/Hommelhoff/*Kleindiek*, § 43a GmbHG Rz. 2. ||8 Vgl. Scholz/*U.H. Schneider*, § 37 GmbHG Rz. 20. ||9 Vgl. Scholz/*U.H. Schneider*, § 52 GmbHG Rz. 107 aE. ||10 Vgl. ErfK/*Oetker*, § 1 DrittelbG Rz. 20; GK-BetrVG/*Kraft*, § 77 BetrVG 52 Rz. 38; Rowedder/Schmidt-Leithoff/*Koppensteiner/Schnorbus*, § 52 GmbHG Rz. 879; Hachenburg/*Raiser*, § 52 GmbHG Rz. 225; aA Baumbach/Hueck/*Zöllner/Noack*, § 52 GmbHG Rz. 138. ||11 Vgl. ErfK/*Oetker*, § 1 DrittelbG Rz. 20; WWKK/*Kleinsorge*, § 1 DrittelbG Rz. 33; GK-BetrVG/*Kraft*, § 77 BetrVG 52 Rz. 38; Baumbach/Hueck/*Zöllner/Noack*, § 52 GmbHG Rz. 138; Hachenburg/*Raiser*, § 52 GmbHG Rz. 226. ||12 Scholz/*U.H. Schneider*, § 52 GmbHG Rz. 88; Lutter/Hommelhoff/*Lutter*, § 52 GmbHG Rz. 17; Baumbach/Hueck/*Zöllner/Noack*, § 52 GmbHG Rz. 242; *Deilmann*, BB 2004, 2253 (2255); ErfK/*Oetker*, § 1 DrittelbG Rz. 16; *Dietz/Richardi*, § 77 BetrVG 52 Rz. 24; GK-BetrVG/*Kraft*, § 77 BetrVG 52 Rz. 31; aA *Bergmann*, NJW 1953, 81 (82 f.). ||13 Die Verpflichtung zur Regelung von Zustimmungsvorbehalten (Änderung von § 111 IV 2 AktG) wurde eingefügt durch das TraPuG v. 19.7.2002 (BGBl. I S. 2681); hierzu *Lange*, DStR 2003, 376 ff.; *Otto*, GmbHR 2003, 6 ff.

ders als § 52 I GmbHG keinen entsprechenden Satzungsvorbehalt[1]. Aus der Kompetenzstruktur der GmbH folgt indes weiterhin, dass die Gesellschafterversammlung nach § 37 GmbHG (1) eine Geschäftsführungsmaßnahme untersagen kann, die die Zustimmung des AR erhalten hatte[2], wie auch (2) einen Veto-Beschluss des AR gegen eine Geschäftsführungsmaßnahme nicht nur auf Verlangen der Geschäftsführer überwinden kann (§ 111 IV 3 und 4 AktG analog), sondern auch auf eigene Initiative durch einen mit einfacher Mehrheit gefassten entsprechenden Weisungsbeschluss[3]. Schließlich bestehen gesetzl. Zustimmungsvorbehalte bei Verträgen mit AR-Mitgliedern (Abs. 1 Nr. 3 iVm. § 114 AktG), nicht jedoch bei Kreditgewährungen an AR-Mitglieder (Abs. 1 Nr. 3 verweist nicht auf § 115 AktG)[4].

42 Im Hinblick auf die **Handlungs- und Mitentscheidungsrechte** des AR gilt Folgendes: Der mitbestimmte AR vertritt die GmbH ggü. den Geschäftsführern (Abs. 1 Nr. 3 iVm. § 112 AktG)[5]. Dies gilt insb. im Hinblick auf Prozesse der Gesellschaft gegen ihre (jetzigen und ehemaligen) Geschäftsführer (§ 46 Nr. 8 GmbHG gilt insofern nicht)[6]. Der AR ist auch für die Prüfung des Jahresabschlusses, des Lageberichts und des Ergebnisverwendungsvorschlags (sowie ggf. des Konzernabschlusses und Konzernlageberichts) zuständig (Abs. 1 Nr. 3 iVm. § 171 AktG). Durch den Verweis auf § 170 AktG stellt Abs. 1 Nr. 3 nunmehr klar, dass hierzu auch die dort genannten Vorlage- und Einsichtsrechte zählen, ohne der AR seiner Prüfungspflicht nicht in sachgerechter Weise nachkommen kann[7]; die Verweisungsauslassung in § 77 I 2 BetrVG 1952 war als Redaktionsversehen zu werten, und dem AR bei der dem BetrVG 1952 unterfallenden GmbH waren die entsprechenden Rechte durch analoge Anwendung der aktienrechtl. Vorschrift zuzubilligen[8]. Demggü. bleibt es für die Feststellung des Jahresabschlusses bei der Zuständigkeit der Gesellschafterversammlung nach § 46 Nr. 1 GmbH (Abs. 1 Nr. 3 verweist nicht auf § 172 AktG), soweit die Satzung keine abweichende, für den AR rechtsbegründende Regelung enthält[9]. Gesetzl. besteht bei der GmbH auch keine Kompetenz von Geschäftsführung und mitbestimmtem AR, ohne Beschluss der Gesellschafterversammlung die Hälfte des Jahresüberschusses in Rücklagen einzustellen (Abs. 1 Nr. 3 verweist nicht auf § 58 II AktG); allerdings kann auch dies durch die Satzung geregelt werden[10].

43 Die zwingenden Kompetenzen und Rechte des drittelparitätisch besetzten AR in der GmbH lassen sich wie folgt zusammenfassen:

Zwingende Kompetenzen und Rechte des AR	§ 1 I Nr. 3	
	ja	nein
Personalkompetenz		
• Bestellung und Abberufung Geschäftsführer (§ 84 AktG)		+
• Abschluss, Änderung, Aufhebung Anstellungsvertrag (Annexkompetenz zu § 84 AktG)		+
• Kreditgewährungen an Vorstandsmitglieder (§ 89 AktG)		+
Überwachungskompetenz		
• Vorstandspflicht zu Periodenberichten (§ 90 I, II AktG)		+
• Vorstandspflicht zu Anforderungsberichten (§ 90 III, IV, V 1 und 2 AktG)		+
• Informationsrechte (§ 125 III, IV, § 118 II AktG)	+	

---

1 Vgl. Scholz/*U.H. Schneider*, § 52 GmbHG Rz. 130; *Rowedder/Schmidt-Leithoff/Koppensteiner/Schnorbus*, § 52 GmbHG Rz. 83; *Baumbach/Hueck/Zöllner/Noack*, § 52 GmbHG Rz. 252 f.; ErfK/*Oetker*, § 1 DrittelbG Rz. 18; GK-BetrVG/*Kraft*, § 77 BetrVG 52 Rz. 36; *Hommelhoff*, ZGR 1978, 119 (150 ff.); *Deilmann*, BB 2004, 2253 (2254); aA *Säcker*, DB 1977, 1845 (1848); *Hölters*, BB 1978, 640 (643); die Möglichkeit der Einschränkung bejaht *Lutter*/Hommelhoff/*Lutter*, § 52 GmbHG Rz. 47. ||2 Scholz/*U.H. Schneider*, § 52 GmbHG Rz. 146; *Deilmann*, BB 2004, 2253 (2256). ||3 Scholz/*U.H. Schneider*, § 52 GmbHG, Rz. 146; *Baumbach/Hueck/Zöllner/Noack*, § 52 GmbHG Rz. 254; *Lutter/Hommelhoff/Lutter*, § 52 GmbHG Rz. 49; *Michalski/Giedinghagen*, § 52 GmbHG Rz. 234; *Roth/Altmeppen/Altmeppen*, GmbHG, 7. Aufl. 2012, § 52 GmbHG Rz. 230; *Rowedder/Schmidt-Leithoff/Koppensteiner/Gruber*, § 37 GmbHG Rz. 34; *Deilmann*, BB 2004, 2253 (2256); *Redlich*, Kompetenzen von Gesellschafterversammlung und Aufsichtsrat, 2003, S. 82 ff.; ErfK/*Oetker*, § 1 DrittelbG Rz. 18; GK-BetrVG/*Kraft*, § 77 BetrVG 52 Rz. 37; *Zöllner*, ZGR 1977, 319 (327); abweichend (3/4-Beschlussmehrheit): UHH/*Ulmer/Habersack*, § 25 MitbestG Rz. 66 f.; Hachenburg/*Raiser*, § 52 GmbHG Rz. 287; *Raiser/Veil*, § 25 MitbestG Rz. 80; *Hommelhoff*, ZGR 1978, 119 (153); *Säcker*, DB 1977, 1845 (1848). ||4 Vgl. *Rowedder/Schmidt-Leithoff/Koppensteiner/Schnorbus*, § 52 GmbHG Rz. 90; *Baumbach/Hueck/Zöllner/Noack*, § 52 GmbHG Rz. 206; *Fitting*, § 77 BetrVG 52 Rz. 19. ||5 Scholz/*U.H. Schneider*, § 52 GmbHG Rz. 182; *Rowedder/Schmidt-Leithoff/Koppensteiner/Schnorbus*, § 52 GmbHG Rz. 37 f.; Hachenburg/*Raiser*, § 52 GmbHG Rz. 223; ErfK/*Oetker*, § 1 DrittelbG Rz. 17. ||6 Scholz/*K. Schmidt*, § 46 GmbHG Rz. 165; *Baumbach/Hueck/Zöllner/Noack*, § 52 GmbHG Rz. 250; ErfK/*Oetker*, § 1 DrittelbG Rz. 17; WWKK/*Kleinsorge*, § 1 DrittelbG Rz. 31; UHH/*Habersack*, § 1 DrittelbG Rz. 36; GK-BetrVG/*Kraft*, § 77 BetrVG 52 Rz. 34. ||7 Vgl. Reg. Begr., BT-Drs. 15/2542, 11; *Seibt*, NZA 2004, 767 (771); *Boewer/Gaul/Otto*, GmbHR 2004, 1065 (1066). ||8 Vgl. *Seibt*, NZA 2004, 767 (771). ||9 Scholz/*U.H. Schneider*, § 52 GmbHG Rz. 157; *Rowedder/Schmidt-Leithoff/Pentz*, § 29 GmbHG Rz. 48; *Baumbach/Hueck/Zöllner/Noack*, § 52 Rz. 247; ErfK/*Oetker*, § 1 DrittelbG Rz. 19; *Dietz/Richardi*, § 77 BetrVG Rz. 23; GK-BetrVG/*Kraft*, § 77 BetrVG 52 Rz. 32. ||10 Scholz/*Verse*, § 29 GmbHG Rz. 40.

Zwingende Kompetenzen und Rechte des AR	§ 1 I Nr. 3	
	ja	nein
• Überwachung der Geschäftsführung (§ 111 I AktG)	[+]	§ 46 Nr. 6 GmbHG
• Einsichts- und Prüfungsrechte (§ 111 II AktG)	+	
• Zustimmungsvorbehalte bei Geschäftsführungsmaßnahmen (§ 111 IV AktG)	[+]	§ 37 GmbHG
• Zustimmungsvorbehalte bei Verträgen mit AR-Mitgliedern (§ 114 AktG)	+	
• Zustimmungsvorbehalte bei Kreditgewährungen an AR-Mitglieder (§ 115 AktG)		+
Mitentscheidungsrechte		
• Vertretung der Gesellschaft ggü. Geschäftsführern (§ 112 AktG)	+	
• Prüfung Jahresabschluss (§ 171 AktG)	+	
• Feststellung Jahresabschluss (§ 172 AktG)		+
• Verwendung Jahresüberschuss (§ 58 II AktG)		+

gg) Rechtsstellung der Aufsichtsratsmitglieder. S. Rz. 24 ff. 44

hh) Schutz der Tätigkeit der Arbeitnehmervertreter. Auch für die ArbN-Vertreter im mitbestimmten 45
AR der GmbH gilt das Behinderungs-, Benachteiligungs- und Bevorzugungsverbot des § 9 unmittelbar.

f) Wahl der Arbeitnehmervertreter und Amtszeit; Wahl der Anteilseignervertreter. Für die Wahl der 46
ArbN-Vertreter einer mitbestimmten GmbH und ihre Amtszeit gelten die §§ 5 ff. Die Mitgliedschaft in
einem Beirat der GmbH schließt die Wählbarkeit für den AR nicht aus[1]. Für die Bestellung der Anteilseignervertreter bleibt die Gesellschafterversammlung zuständig. Statutarische Entsendungsrechte
sind wegen § 1 I Nr. 3 iVm § 101 II 4 AktG auf ein Drittel der Anteilseignervertreter begrenzt[2].

3. VVaG. Die Frage nach der zwingenden Bildung eines AR bei der VVaG ist davon abhängig, ob der 47
Wirkungskreis der VVaG nach seiner Satzung in sachlicher, örtlicher oder personeller Hinsicht beschränkt ist (sog. kleine VVaG) oder ob dies nicht der Fall ist (sog. große VVaG). Große VVaG haben
zwingend einen AR zu bilden (§ 35 VAG), während bei kleinen VVaG die Bildung eines AR fakultativ ist
(§ 53 III VAG).

Beschäftigt ein kleiner VVaG regelmäßig mehr als 500 ArbN und ist ein AR gebildet worden, so findet 48
auf diesen § 4 I Anwendung (Abs. 1 Nr. 4). Bildet ein kleiner VVaG keinen AR, so folgt unabhängig von
der Beschäftigtenzahl aus Abs. 1 Nr. 4 kein mitbestimmungsrechtl. Zwang zur Einrichtung eines AR.

Beschäftigt ein großer VVaG regelmäßig mehr als 500 ArbN, so muss der (zwingend zu bildende) AR nach 49
Abs. 1 Nr. 4 den Anforderungen des § 4 I genügen. Das Gleiche gilt, wenn im Unternehmen regelmäßig
mehr als 2 000 ArbN beschäftigt werden, da § 1 I Nr. 1 MitbestG die Rechtsform des VVaG nicht erfasst.

4. Genossenschaft. Bei Genossenschaften ist die Bildung eines AR zwingend vorgeschrieben (§ 9 I 50
1 GenG; Ausnahme: Verzicht in Satzung und nicht mehr als 20 Mitglieder, § 9 I 2 GenG). Beschäftigt
eine Genossenschaft regelmäßig mehr als 500 ArbN, so muss der AR in jedem Fall (also auch im Falle
des § 9 I 2 GenG) den Anforderungen des § 4 I genügen[3]. Allerdings gelten für die Kompetenzen und
Rechte des AR die §§ 36–41 GenG, soweit nicht das DrittelbG zwingend etwas anderes vorschreibt (Vorrang des DrittelbG). So müssen ArbN-Vertreter im AR abw. von § 9 II 1 GenG keine Mitglieder sein[4].

III. Vorrang anderer Mitbestimmungsgesetze. Entsprechend dem früheren § 85 II BetrVG 1952 51
grenzt Abs. 2 Nr. 1 den Anwendungsbereich des DrittelbG zu den anderen Mitbestimmungsgesetzen
ab. Für eine Übersicht der Anwendungsvoraussetzungen der einzelnen gesetzl. Mitbestimmungsregime s. § 1 MitbestG Rz. 18. Eine Vorrangregelung bzgl. des Genossenschaftsgesetzes findet sich in
Abs. 3.

IV. Tendenzschutz. 1. Regelungsinhalt. Die zuvor in § 81 BetrVG 1952 bestehenden Ausnahmeregelun- 52
gen für Tendenzunternehmen sind mit Abs. 2 S. 1 Nr. 2 und Abs. 2 S. 2 redaktionell neugefasst worden,
ohne dass hierdurch eine inhaltliche Änderung herbeigeführt wird[5]. Vor dem Hintergrund der verfassungsrechtl. Gewährleistungen (Art. 4, 140 GG iVm. Art. 137 III WRV, Art. 5 I 2, Art. 5 III, Art. 21, Art. 9 III

---

1 Baumbach/Hueck/*Zöllner*/*Noack*, § 52 GmbHG Rz. 172; Scholz/*U.H. Schneider*, § 52 GmbHG, Rz. 257; ErfK/
Oetker, § 1 DrittelbG Rz. 21; GK-BetrVG/*Kraft*, § 77 BetrVG Rz. 19. ||2 ErfK/*Oetker*, § 1 DrittelbG Rz. 21;
WWKK/*Kleinsorge*, § 1 DrittelbG Rz. 21; *Raiser*/*Veil*, § 1 DrittelbG Rz. 23; aA UHH/*Habersack*, § 1 DrittelbG
Rz. 28; *Dietz*/*Richardi*, § 77 BetrVG 1952 Rz. 20. ||3 ErfK/*Oetker*, § 1 DrittelbG Rz. 23; aA *Raiser*/*Veil*, § 1 Drit-
telbG Rz. 13. ||4 UHH/*Habersack*, § 1 DrittelbG Rz. 30; WWKK/*Kleinsorge*, § 1 DrittelbG Rz. 40. ||5 Vgl.
Begr. RegE, BR-Drs. 10/04, 21; *Seibt*, NZA 2004, 767 (769); *Boewer*/*Gaul*/*Otto*, GmbHR 2004, 1065 (1066).

GG) entfällt eine Beteiligung der ArbN in AR bei Tendenzunternehmen (Abs. 2 S. 1) und Religionsgemeinschaften sowie deren karitativen und erzieherischen Einrichtungen (Abs. 2 S. 1), wenn die Unternehmen diesen Zwecken unmittelbar und überwiegend dienen[1]. Gemeinsame Einrichtungen der TV-Parteien iSv. § 4 II TVG unterfallen jedenfalls dann dem Tendenzschutz, wenn sie Leistungsansprüche zugunsten tarifgebundener ArbN begründen[2]. Einen inhaltlich vergleichbaren Tendenzschutz enthält § 1 IV MitbestG (dazu § 1 MitbestG Rz. 13) sowie § 118 BetrVG für die betriebl. Mitbest. (dazu § 118 BetrVG). In sprachlicher Anlehnung an § 1 IV MitbestG und in Übereinstimmung mit der überwiegenden Literaturauffassung[3] ist das Erfordernis ausdrücklich verankert worden, dass die Unternehmen Tendenzschutzzwecken „unmittelbar und überwiegend dienen" müssen. Unmittelbarkeit liegt dabei vor, wenn die geschützte Tendenz im statutarischen Unternehmenszweck enthalten ist und die im Unternehmen ablaufenden Arbeits- und Produktionszwecke darauf ausgerichtet sind; nicht ausreichend ist alleine die Gewinnverwendung für einen unter den Tendenzschutz fallenden Zweck (dazu § 1 MitbestG Rz. 13). Der Tendenzzweck wird überwiegend verfolgt, wenn der geistig ideelle Zweck dem Unternehmen im Hinblick auf seine Zielsetzung und seine Tätigkeit das Gepräge gibt (sog. Geprägetheorie), wobei quantitative Gesichtspunkte nach zutreffender Ansicht nicht entscheidend sind (dazu § 1 MitbestG Rz. 13).

53 **2. Tendenzschutz im Konzern. a) Tendenzschutz abhängiger Tendenzunternehmen.** Abhängige Tendenzunternehmen genießen Tendenzschutz nach Abs. 2 S. 1 Nr. 2. Aus dem verfassungsrechtl. zwingend gebotenen Tendenzschutz folgt eine Beschränkung der Konzernleitungsmacht des ggf. mitbestimmten AR der Konzernobergesellschaft[4]. Allerdings sind die ArbN des abhängigen Konzernunternehmens an der Wahl zum AR des herrschenden Unternehmens zu beteiligen (§ 2 I)[5].

54 **b) Tendenzschutz des herrschenden Unternehmens.** Auch eine Konzernobergesellschaft genießt dann Tendenzschutz des Abs. 2 S. 1 Nr. 2, wenn sie selbst ein Tendenzunternehmen mit operativem Geschäftsbereich ist[6]. Aus dem Tendenzschutz für das herrschende Unternehmen folgt allerdings nicht automatisch auch die Mitbest.-Freiheit von AR bei abhängigen Konzernunternehmen, sondern diese müssen selbst Tendenzunternehmen iSv. Abs. 2 S. 1 Nr. 2 sein[7].

55 **c) Holding bei Mischkonzernen.** Für Holdinggesellschaften (einschl. Religionsgemeinschaften iSv. Abs. 2 S. 2) bei Mischkonzernen, bei denen ein Teil der abhängigen Unternehmen Tendenzunternehmen sind, ein anderer Teil jedoch nicht, kommt es nach zutreffender hM auf eine **Gesamtbeurteilung des Konzerns** an (sog. Gesamtgepräge)[8]. Der Konzernobergesellschaft kommt dann Tendenzschutz zu, wenn das dem Gesamtgepräge des Konzerns im Hinblick auf seine Zielsetzung und seine Tätigkeit entspricht; dabei sind quantitative Gesichtspunkte, wie etwa der Umsatz oder die Beschäftigtenzahl der einzelnen Konzernunternehmen, nicht entscheidend[9].

2 *Konzern*

(1) An der Wahl der Aufsichtsratsmitglieder der Arbeitnehmer des herrschenden Unternehmens eines Konzerns (§ 18 Abs. 1 des Aktiengesetzes) nehmen auch die Arbeitnehmer der übrigen Konzernunternehmen teil.

(2) Soweit nach § 1 die Beteiligung der Arbeitnehmer im Aufsichtsrat eines herrschenden Unternehmens von dem Vorhandensein oder der Zahl von Arbeitnehmern abhängt, gelten die Arbeitnehmer eines Konzernunternehmens als solche des herrschenden Unternehmens, wenn zwischen den Unternehmen ein Beherrschungsvertrag besteht oder das abhängige Unternehmen in das herrschende Unternehmen eingegliedert ist.

1 **I. Überblick.** Bei Konzernstrukturen stellen sich im UnternehmensmitbestR zwei strikt voneinander zu trennende Fragen, nämlich (1) nach der aktiven und passiven Wahlberechtigung von in Konzernunternehmen beschäftigten ArbN (hierzu Abs. 1; Rz. 2) sowie (2) nach der Einbeziehung der bei Konzerngesellschaften beschäftigten ArbN bei der Bestimmung der AR-Zusammensetzung (hierzu Abs. 2; Rz. 10). Die Regeln sind gesetzesspezifisch ausgestaltet.

2 **II. Wahl zum Aufsichtsrat eines herrschenden Konzernunternehmens (Abs. 1). 1. Grundsatz der Konzernzurechnung.** § 76 IV BetrVG 1952 ging im Grundsatz davon aus, dass die ArbN aller Konzern-

---

1 Abweichend für eine wortlautgestützte Privilegierung von Religionsgemeinschaften (S. 2) *Thüsing*, ZTR 2002, 56 (64). ||2 *Oetker*, GS Heinze, 2005, S. 597 ff. ||3 Vgl. 1. Aufl., § 81 BetrVG 1952 Rz. 1; MünchArbR/ *Wißmann*, § 383 Rz. 8. ||4 Hierzu *Loritz*, ZfA 1985, 497 (515, 519 ff.); WHSS/*Seibt*, Rz. F 35. ||5 ErfK/*Oetker*, § 1 DrittelbG Rz. 32; GK-BetrVG/*Kraft*, § 81 Rz. 15; *Fitting*, § 76 BetrVG 52 Rz. 103. ||6 BAG 30.6.1981 – 1 ABR 30/79, AP Nr. 20 zu § 118 BetrVG 1972; LG Hamburg 24.6.1999 – 321 T 86/98, NZA-RR 2000, 209 (210) – Stella; WHSS/*Seibt*, Rz. F 35; *Loritz*, ZfA 1985, 497 (501 f.); aA GK-MitbestG/*Schneider*, § 5 Rz. 18. ||7 Vgl. ErfK/ *Oetker*, § 1 DrittelbG Rz. 32; vgl. auch BAG 30.6.1981 – 1 ABR 30/79, AP Nr. 20 zu § 118 BetrVG 1972; BVerfG 29.4.2003 – I BvR 62/99, NJW 2003, 3189 (3190) (Zustellunternehmen für Tageszeitung). ||8 OLG Hamburg 22.1.1980 – 11 W 38/79, NJW 1980, 1803 f. – Polygram; LG Hamburg 24.6.1999 – 321 T 86/98, NZA-RR 2000, 209 (210 f.) – Stella; OLG Dresden 15.4.2010 – 2 W 1174/09, AG 2011, 88, (89) – Elbland-Kliniken; WHSS/*Seibt*, Rz. F 36; *Loritz*, ZfA 1985, 497 (504 ff.); MünchArbR/*Wißmann*, § 367 Rz. 35; *Sieling/Wendeling*, AuR 1977, 240 (241); *Wiedemann*, BB 1978, 5 (9 f.). ||9 OLG Hamburg 22.1.1980 – 11 W 38/79, NJW 1980, 1803 f. – Polygram; WHSS/ *Seibt*, Rz. F 30; aA MünchArbR/*Wißmann*, § 367 Rz. 31.

unternehmen eine einheitliche Konzernbelegschaft bilden, die ihre Vertreter in den AR des herrschenden Unternehmens wählen und verwies für den Konzernbegriff auf § 18 I 1 und 2 AktG (Definition des sog. Unterordnungskonzerns). Zwar verwendet auch § 2 I keinen eigenen Konzernbegriff, verweist aber umfassend auf § 18 I AktG, bezieht somit auch die Konzernvermutung in § 18 I 3 AktG mit ein und stellt – in gleicher Weise wie § 5 I MitbestG – den faktischen Unterordnungskonzern dem Vertragskonzern des § 18 I 2 AktG in jeder Hinsicht gleich[1]. Allerdings ist auch im Rahmen des § 2 I die Vermutung nach § 17 II, § 18 I 3 AktG widerlegbar, wobei entsprechend dem Telos der Unternehmensmitbest. in Konzernen der Gegenstand der Widerlegung der Umstand ist, dass das herrschende Unternehmen eine einheitliche Leitung nicht ausübt[2]. Zur Widerlegung der Vermutung muss der Nachweis erbracht sein, dass das herrschende Unternehmen die Mittel, welche die Ausübung einer einheitlichen Leitung möglich machen, nicht zu diesem Zweck einsetzt, und dass die Bereiche, in denen die einheitliche Leitung üblicherweise sichtbar wird, ausschließlich und nachhaltig nach dem uneingeschränkten Eigeninteresse des abhängigen Unternehmens gesteuert werden, wobei vereinzelte Einflussnahmen der herrschenden Gesellschaft der Widerlegung nicht entgegenstehen[3]. Die Konzernvermutung nach § 18 I 3 AktG kann zB durch den Abschluss eines sog. Entherrschungsvertrages zwischen dem herrschenden und dem bzw. den abhängigen Unternehmen widerlegt werden[4].

2. Konzerntatbestand. a) Abhängiges Unternehmen. Abhängige Unternehmen sind rechtl. selbständige Unternehmen, auf die ein anderes Unternehmen (herrschendes Unternehmen) unmittelbar oder mittelbar einen beherrschenden Einfluss ausüben kann (§ 17 I AktG). Abs. 1 kann dabei auf jede rechtl. besonders organisierte Vermögenseinheit ohne Rücksicht auf Rechtsform (auch ausländische juristische Person mit Sitz im Inland) oder Geschäftsbetrieb oder BR-Fähigkeit Anwendung finden[5]. Dies gilt selbst dann, wenn das abhängige Unternehmen ein Tendenzbetrieb iSv. § 1 II 1 Nr. 2 oder § 1 II 2 ist, dh. die ArbN der Tendenzbetriebe können gleichwohl an der Wahl der ArbN-Vertreter zum AR des herrschenden Unternehmens teilnehmen[6]. Umgekehrt können ArbN abhängiger Unternehmen auch dann nach § 2 I aktiv und passiv wahlberechtigt im Hinblick auf die Wahl des beim herrschenden Unternehmens zu bildenden AR sein, selbst wenn bei dem abhängigen Unternehmen ein mitbestimmter AR gebildet worden ist[7]. 3

b) Herrschendes Unternehmen. Im Rahmen des Abs. 1 ist für die Annahme eines herrschenden Unternehmens vorausgesetzt, dass dieses in der Rechtsform der AG, KGaA, GmbH, VVaG oder Genossenschaft geführt und bei ihm ein AR nach §§ 1 I, 4 I zu bilden und zusammenzusetzen ist. Neben der Rechtsform ist für die Annahme eines „herrschenden Unternehmens" iSv. § 3 I erforderlich, dass dieses die in § 1 I genannten Schwellenwerte überschreitet (mit der Folge, dass dann ArbN abhängiger Unternehmen über § 2 I an der Wahl aktiv und passiv teilnehmen können). In einer ersten Stufe ist daher für Alt-Gesellschaften (§ 1 Rz. 12) zu ermitteln, ob diese mindestens fünf ArbN beschäftigen[8], bei Neu-Gesellschaften regelmäßig 500 ArbN. Ist dies für Neu-Gesellschaften nicht der Fall, ist hier in einer zweiten Stufe zu prüfen, ob und in welchem Ausmaß eine Zurechnung von ArbN bei abhängigen Unternehmen nach § 2 II in Betracht kommt[9]. 4

c) Konzernierung. aa) Konzernbegriff. Zwischen dem herrschenden und dem oder den abhängigen Unternehmen muss ein Konzern iSv. § 18 I 1 AktG bestehen, dh. das oder die abhängigen Unternehmen müssen **unter einer einheitlichen Leitung zusammengefasst** sein (Leitungsmacht). Beim Vertragskonzern beruht die gesetzl. anerkannte Leitungsmacht (§ 308 AktG) des herrschenden Unternehmens auf dem Beherrschungsvertrag (§ 291 I 1, 1. Fall AktG), beim Eingliederungskonzern steht die gesetzl. anerkannte Leitungsmacht der Hauptgesellschaft zu (§ 323 AktG) und beim faktischen Konzern basiert die Leitungsmacht auf einer Mehrheitsbeteiligung und/oder sonstigen Gründen[10]. Allerdings muss für Abs. 1 die einheitliche Leitung tatsächlich ausgeübt werden, die Potenzialität der Ausübung einheitlicher Leitung reicht nicht aus[11]. Zur Konzernvermutung und ihrer Widerlegung Rz. 2. In mehrstufigen Konzernen haben die ArbN der nachgeordneten Konzernunternehmen ein Wahlrecht jedenfalls hinsichtlich der 5

---

1 Vgl. BT-Drs. 15/2739, 3 (zu Art. 1 § 2 I): „Der Konzernbegriff soll in den Mitbestimmungsgesetzen einheitlich geregelt werden. (…) Mit der Verweisung auf den gesamten Absatz des § 18 Aktiengesetz wird eine Angleichung an § 5 Mitbestimmungsgesetz und § 54 Betriebsverfassungsgesetz vollzogen."; *Seibt*, NZA 2004, 767 (770); *Boewer/Gaul/Otto*, GmbHR 2004, 1065 (1066); *Deilmann*, NZG 2005, 659 (663). ‖ 2 Vgl. BayObLG 6.3.2002 – 3 Z BR 343/00, NZG 2002, 579 (581) – Walter Holding II (zu § 5 MitbestG); WHSS/*Seibt*, Rz. F 35a; GroßKommAktG/*Oetker*, § 5 MitbestG Rz. 4; GroßkommAktG/*Windbichler*, § 18 MitbestG Rz. 36 und 38. ‖ 3 Vgl. BayObLG 6.3.2002 – 3 Z BR 343/00, NZG 2002, 579 (581) – Walter Holding II (zu § 5 MitbestG); WHSS/*Seibt*, Rz. F 42. ‖ 4 Vgl. GroßKommAktG/*Windbichler*, § 17 MitbestG Rz. 76; *Seibt*, NZA 2004, 767 (770); WHSS/*Seibt*, Rz. F 42. ‖ 5 ErfK/*Oetker*, § 2 DrittelbG Rz. 4; UHH/*Habersack*, § 2 DrittelbG Rz. 8; WWKK/*Kleinsorge*, § 2 DrittelbG Rz. 13; GK-BetrVG/*Kraft*, § 76 BetrVG 52 Rz. 157. ‖ 6 ErfK/*Oetker*, § 2 DrittelbG Rz. 5; GK-BetrVG/*Kraft*, § 76 BetrVG 52 Rz. 162; MünchArbR/*Wißmann*, § 383 Rz. 17. ‖ 7 ErfK/*Oetker*, § 2 DrittelbG Rz. 5; MünchArbR/*Wißmann*, § 285 Rz. 12. ‖ 8 Vgl. BAG 24.5.1957 – 1 ABR 4/56, AP Nr. 7 zu § 76 BetrVG 1952; GK-BetrVG/*Kraft*, § 76 BetrVG 52 Rz. 153; aA *Fitting*, § 76 BetrVG 52 Rz. 107; MünchArbR/*Wißmann*, § 383 Rz. 4f. ‖ 9 Ebenso MüKoAktG/*Gach*, § 2 DrittelbG Rz. 3 (mit der Unterscheidung zwischen Alt- und Neu-Gesellschaften); zur Berücksichtigung der Zurechnungsnorm des § 2 II zur Schwellenwertbestimmung bei § 1 I Nr.1 LAG München 21.12.2006 – 4 TaBV 61/06; WWKK/*Kleinsorge*, § 2 DrittelbG Rz. 14; ErfK/*Oetker*, § 2 DrittelbG Rz. 7. ‖ 10 Vgl. *Hüffer*, § 18 AktG Rz. 3. ‖ 11 ErfK/*Oetker*, § 2 DrittelbG Rz. 8; *Frisinger/Lehmann*, DB 1972, 2337 (2338).

ArbN-Vertreter, die in den AR des herrschenden Unternehmens zu wählen sind[1]. Zur Wahlberechtigung von ArbN nachgeordneter Konzernunternehmen im Hinblick auf Zwischengesellschaften s. Rz. 7.

6 **bb) Sonderfall: Vermögensholding.** Eine einheitliche Leitung ist zB nicht anzunehmen, wenn es sich bei der Konzernobergesellschaft um eine reine Vermögens-Holding handelt, die sich, ohne Führungsaufgaben in den Tochtergesellschaften wahrzunehmen, auf die bloße Verwaltung ihrer Beteiligung einschl. der damit verbundenen Finanzierungs- und Verwaltungsaufgaben beschränkt. Dabei wird die Annahme einer Vermögens-Holding nicht allein dadurch ausgeschlossen, dass sie die Überwachung der Geschäftsführung in den Tochterunternehmen über von ihr gewählte AR-Mitglieder durchführt[2]. Ferner kann die Ausübung einheitlicher Leitung auch durch Abschluss eines sog. Entherrschungsvertrages zwischen dem herrschenden Unternehmen und dem bzw. den abhängigen Unternehmen ausgeschlossen werden[3].

7 **cc) Sonderfall: Konzern im Konzern.** In mehrstufigen Konzernen stellt sich die Frage, ob auch zwischen nachgeordneten Konzernstufen ein Konzern iSd. Abs. 1 iVm. § 18 I AktG bestehen kann und ob insoweit eine Teilung der „einheitlichen" Leitung des Konzerns zwischen Konzernobergesellschaft und Teilkonzernspitze(n) möglich ist (Problem des Konzern im Konzern). Die hM in der arbeits- und mitbestimmungsrechtl. Lit. bejaht zu Recht die Möglichkeit eines Konzerns im Konzern, jedenfalls dann, wenn die Konzernobergesellschaft die Leitungsbefugnis in vollem Umfang an eine Zwischenholdinggesellschaft abgegeben hat (s.a. § 5 MitbestG Rz. 8)[4]. Allerdings sind in Übereinstimmung mit der Rspr. ordentl. Gerichte[5] strenge Anforderungen an die Subsumtion zu stellen, ob die Zwischen-Holding tatsächlich **eigenverantwortlich einen Konzernteil führt** und es sich eben nicht um eine von der Konzernobergesellschaft delegierte, abgeleitete Leitung handelt. Eine eigenverantwortliche Leitung des Konzernteils durch eine Zwischenholding wird bspw. durch einen Beherrschungsvertrag zwischen der Konzernobergesellschaft der Zwischen-Holding mit zahlreichen Zustimmungsvorbehalten zu Gunsten der Konzernleitung ausgeschlossen[6]. Auch die Personalunion der Führungspersonen in Konzernobergesellschaft und nachgeordneten Gesellschaften oder die Konzernsteuerung mithilfe dafür eingesetzter zentraler Gremien ist ein starkes Indiz für eine fehlende eigenverantwortliche Führung durch eine Zwischen-Holding[7]; das Gleiche gilt bei einem zentralisierten Berichtswesen und Controlling[8]. Diese zum Konzern im Konzern ausgeführten Grundsätze gelten entsprechend für den Fall, dass bei dem herrschenden Unternehmen wegen der Rechtsform oder des Sitzes im Ausland kein AR mit ArbN-Vertretern nach dem DrittelbG gebildet werden kann[9]; insofern gilt der Rechtsgedanke des § 5 III MitbestG entsprechend.

8 **dd) Gemeinschaftsunternehmen.** Wird die einheitliche Leitung durch zwei oder mehrere Gesellschaften gemeinsam ausgeübt (sog. Gemeinschaftsunternehmen), so liegt ein Konzernverhältnis iSd. § 18 I 1 AktG mit sämtlichen Untergesellschaften vor. In diesem Fall nehmen die ArbN des Gemeinschaftsunternehmens an der Wahl der ArbN-Vertreter in den AR aller Obergesellschaften (Trägerunternehmen) teil[10]. Dabei sind an das **Erfordernis einer dauerhaften einheitlichen Leitung** durch mehrere Konzernmütter strenge Anforderungen zu stellen, so dass das Bestehen einer 50:50-Beteiligung ohne weitere Absprachen hierfür jedenfalls nicht ausreicht[11]. Vielmehr bedarf es besonderer satzungsrechtl. oder vertragl. Gestaltungen, wie des Abschlusses eines Konsortial-, Stimmenpool- oder sonstigen Koalitionsvertrages, um eine einheitliche Leitung herzustellen und auf Dauer zu gewährleisten; die bloße Personenidentität der Geschäftsleitungsorgane der gemeinsam mehrheitsbeteiligten Unternehmen reicht ebenso wenig aus (s.a. § 5 MitbestG Rz. 10)[12] wie eine bloße Interessenparallelität im Hinblick auf die Unternehmenspolitik[13].

9 **3. Wahlrecht der Arbeitnehmer der abhängigen Gesellschaften.** Nach Abs. 1 sind die ArbN des abhängigen Unternehmens ebenso wie die ArbN des herrschenden Unternehmens im Hinblick auf die

---

1 Vgl. BAG 18.6.1970 – 1 ABR 3/70, AP Nr. 20 zu § 76 BetrVG 1952; UHH/*Habersack*, § 2 DrittelbG Rz. 9; ErfK/*Oetker*, § 2 DrittelbG Rz. 9. ||2 Vgl. WHSS/*Seibt*, Rz. F 42; BayObLG 24.3.1998 – 3 Z BR 236/96, NZA 1998, 956 (957) – Walter Holding I. ||3 WHSS/*Seibt*, Rz. F 42; folgend *Deilmann*, NZG 2005, 659 (664). ||4 Vgl. OLG Düss. 30.1.1979 – 19 W 17/78, AG 1979, 318 (319) – Hoechst/Herberts; OLG Zweibrücken 9.11.1983 – 3 W 25/83, AG 1984, 80 (81) – Hochtief/Streif; OLG Frankfurt/M. 10.11.1986 – 20 W 27/86, WM 1987, 237 (238) – VDM; LG München I 25.9.1995 – O 21794/93, AG 1996, 186 (187) – RWE/Lech-Elektrizitätswerke; LG Hamburg 26.6.1995 – 321 T 61/94, AG 1996, 89f. – ANB/Volksfürsorge; WHSS/*Seibt*, Rz. F 54; ErfK/*Oetker*, § 2 DrittelbG Rz. 9; *Bayer*, ZGR 1977, 173 (182); GK-BetrVG/*Kraft*, § 76 BetrVG 52 Rz. 153; aA *Dietz*/*Richardi*, § 76 BetrVG 52 Rz. 186; GK-BetrVG/*Kraft*, § 76 BetrVG 52 Rz. 159f. ||5 Zu einer Analyse der Rspr. zB *Richardi*, FS Zeuner, 1994, S. 147 (155); *Oetker*, ZGR 2000, 19 (32ff.). ||6 Vgl. OLG Zweibrücken 9.11.1983 – 3 W 25/83, AG 1984, 80 (81) – Hochtief/Streif; OLG Frankfurt/Main 10.11.1986 – 20 W 27/86, WM 1987, 237 (238) – VDM; WHSS/*Seibt*, Rz. F 54. ||7 Vgl. LG Hamburg 26.6.1995 – 321 T 61/94, AG 1996, 89 (90) – AMB/Volksfürsorge; WHSS/*Seibt*, Rz. F 54. ||8 Vgl. OLG Düss. 27.12.1996 – 19 W 4/96 AktE, AG 1997, 129 (130); LG München I 25.9.1995 – O 21794/93, AG 1996, 186 (187) – RWE/Lech-Elektrizitätswerke; WHSS/*Seibt*, Rz. F 54. ||9 ErfK/*Oetker*, § 2 DrittelbG Rz. 9. ||10 BAG 13.3.2013 – 7 ABR 47/11, NZA 2013, 853; 18.6.1970 – 1 ABR 3/70, AP Nr. 20 zu § 76 BetrVG 1952; ErfK/*Oetker*, § 2 DrittelbG Rz. 10; *Fitting*, § 76 BetrVG 52 Rz. 98; aA GK-BetrVG/*Kraft*, § 76 BetrVG 52 Rz. 162ff. ||11 WHSS/*Seibt*, Rz. F 59; GK-BetrVG/*Kraft*, § 76 BetrVG 52 Rz. 162ff.; *Böttcher*/*Haakon*, NZG 2003, 701 (703); aA ErfK/*Oetker*, § 5 MitbestG Rz. 11. ||12 Vgl. BAG 16.8.1995 – 7 ABR 57/94, AG 1996, 367 (368f.) = AP Nr. 30 zu § 76 BetrVG 1952 m. zust. Anm. *Hueck* = EWiR § 76 BetrVG 1/96, 151 (krit. *Oetker*); WHSS/*Seibt*, Rz. F 59. ||13 Wohl aA BAG 13.10.2004 – 7 ABR 56/03, NZG 2005, 512 (514) zu § 54 BetrVG.

Wahl der ArbN-Vertreter in den AR des herrschenden Unternehmens aktiv und passiv wahlberechtigt. Dabei ist den ArbN des herrschenden Unternehmens keine bestimmte Anzahl von Sitzen vorbehalten[1]. Für die Zwecke der Qualifikation als unternehmensangehörige ArbN iSv. § 4 II sind die ArbN des abhängigen Unternehmens – trotz einer fehlenden Spezialregelung wie in § 5 I 1 MitbestG – als solche zu behandeln, wenn sie für das passive Wahlrecht die zulässigen Voraussetzungen in § 4 III erfüllen[2].

III. Zurechnung von Arbeitnehmern (Abs. 2). 1. Allgemeines. Bei der Frage nach der Zurechnung von ArbN abhängiger Konzernunternehmen zum herrschenden Unternehmen, also für die Frage nach dem Überschreiten der regelmäßigen Beschäftigungszahl von 500 ArbN nach § 1 I, führt die Regelung in Abs. 2 zu keiner Änderung ggü. dem Rechtszustand nach § 77a BetrVG 1952[3]. Eine Zurechnung (dh. Zählung) von ArbN von Konzernunternehmen zur herrschenden Konzernobergesellschaft erfolgt *ausschließlich* dann, wenn (1) zwischen den Unternehmen ein Beherrschungsvertrag besteht oder (2) das abhängige Unternehmen in das herrschende Unternehmen eingegliedert (§§ 319 ff. AktG) ist. ArbN sonstiger abhängiger Konzernunternehmen iSv. § 18 I 1 und 2 AktG bleiben für Zwecke der ArbN-Zurechnung, also anders als bei der Frage nach der Bestimmung des Wahlkörpers (§ 2 I), außer Betracht[4]. Von einer umfassenden Konzernbetrachtung und ArbN-Zurechnung im Konzern hatte bereits der Gesetzgeber des BetrVG 1952 bewusst abgesehen[5]; der Gesetzgeber des DrittelbG hat diese Grundentscheidung nicht ändern und insb. keine faktischen Unternehmensverbindungen erfassen wollen. Insb. kann weder § 4 MitbestG noch § 1 I Nr. 3 auf **Kapitalgesellschaften & Co. KG** entsprechend angewendet werden, die weniger als 2000 ArbN beschäftigten, unabhängig davon, ob die Komplementär-Kapitalgesellschaft die KG tatsächlich beherrscht[6].

2. Beherrschungsvertrag. Nach zutreffender hM greift der Zurechnungstatbestand des Beherrschungsvertrages in Abs. 2 über den aktienrechtl. Begriff iSv. § 291 AktG hinaus und umfasst **alle gesellschaftsrechtl. Organisationsverträge, durch die der Gesellschaftszweck eines Unternehmens dem Konzerninteresse eines anderen Unternehmens unterworfen wird**[7]. Solchermaßen qualifizierte gesellschaftsrechtl. Organisationsverträge können sowohl mit GmbH[8] als auch mit Personenhandelsgesellschaften[9] als herrschendem Unternehmen bestehen. Allerdings muss die Rechtsbeziehung unmittelbar zwischen der Konzernobergesellschaft und dem abhängigen Unternehmen bestehen, dessen ArbN zugerechnet werden sollen[10]. Das Zurechnungsmerkmal des Beherrschungsvertrages ist jedoch nicht erfüllt, wenn eine Konzernobergesellschaft eine nachgeordnete GmbH lediglich kraft Mehrheit der Stimmen und Weisungsrecht nach § 37 I GmbHG beherrscht[11]. Dies gilt selbst dann, wenn darüber hinaus zwischen den Gesellschaften ein (isolierter) Ergebnisabführungsvertrag[12] oder eine (teilweise) Personenidentität von Geschäftsleitungsorganen beim herrschenden und beim abhängigen Unternehmen besteht[13]. Die Beendigung eines Beherrschungsvertrages zur Vermeidung der ArbN-Zurechnung nach Abs. 2 ist anzuerkennen und nicht wegen Rechtsmissbrauchs oder Gesetzesumgehung unbeachtlich[14].

3. Eingliederung. Das Zurechnungsmerkmal der Eingliederung des abhängigen in das herrschende Unternehmen verweist auf die rechtsformspezifischen Vorschriften der §§ 319 ff. AktG. Eine entsprechende Anwendung auf ähnliche Sachverhalte, in denen Gesellschaften in anderer Rechtsform als AG in eine Hauptgesellschaft „eingegliedert", dh. zwar als rechtl. selbständige Gesellschaft, jedoch wirtschaftl. als bloße Betriebsabteilung geführt werden, kommt wegen des eindeutigen Wortlauts nicht in Betracht[15].

---

1 BAG 24.11.1981 – 1 ABR 80/79, AP Nr. 24 zu § 76 BetrVG 1952; 8.12.1981 – 1 ABR 71/79, AP Nr. 25 zu § 76 BetrVG 1952; ErfK/*Oetker*, § 2 DrittelbG Rz. 12; UHH/*Habersack*, § 2 DrittelbG Rz. 11; GK-BetrVG/*Kraft*, § 76 BetrVG 52 Rz. 166 f.; MünchArbR/*Wißmann*, § 383 Rz. 16. ||2 Ebenso ErfK/*Oetker*, § 2 DrittelbG Rz. 13, UHH/*Habersack*, § 2 DrittelbG Rz. 11; WWKK/*Kleinsorge*, § 2 DrittelbG Rz. 22. ||3 *Seibt*, NZA 2004, 767 (770); *Deilmann*, NZG 2005, 659 (600); abw. *Boewer/Gaul/Otto*, GmbHR 2004, 1065 (1067) („redaktionelles Versehen"). ||4 Vgl. OLG Zweibrücken 18.10.2005 – 3 W 136/05, NZG 2006, 31 (32); KG 7.6.2007 – 2 W 8/07, AG 2007, 671 f.; *Deilmann*, NZG 2005, 659; *Lutter/Hommelhoff/Lutter*, § 52 GmbHG Rz. 39; Baumbach/Hueck/*Zöllner/Noack*, § 52 GmbHG Rz. 154; zweifelnd *Boewer/Gaul/Otto*, GmbHR 2004, 1065 (1067). ||5 BayObLG 10.12.1992 – 3 Z BR 130/92, NJW 1993, 1804 (1805); WHSS/*Seibt*, Rz. F 38; KölnKommAktG/*Mertens*, Anh. § 117E BetrVG 1952 Rz. 16; *Deilmann*, NZG 2005, 659 (660). ||6 *Fitting*, § 77 BetrVG 52 Rz. 7. ||7 Vgl. BayObLG 10.12.1992 – 3 Z BR 130/92, NJW 1993, 1804 (1805); WHSS/*Seibt*, Rz. F 39; *Dietz/Richardi*, § 77a BetrVG 52 Rz. 3; GK-BetrVG/*Kraft*, § 77a BetrVG 52 Rz. 7; MünchArbR/*Wißmann*, § 383 Rz. 7; *Deilmann*, NZG 2005, 659 (660). ||8 Vgl. WHSS/*Seibt*, Rz. F 39; Baumbach/Hueck/*Zöllner/Noack*, § 52 GmbHG Rz. 153. ||9 Vgl. BayObLG 10.12.1992 – 3 Z BR 130/92, NJW 1993, 1804 (1805); *Deilmann*, NZG 2005, 659 (660). ||10 Vgl. *Deilmann*, NZG 2005, 659 (660). ||11 OLG Zweibrücken 18.10.2005 – 3 W 136/05, NZG 2006, 31 (32) – Eckes; WHSS/*Seibt*, Rz. F 39; ErfK/*Oetker*, § 2 DrittelbG Rz. 16 und 18; WWKK/*Kleinsorge*, § 2 DrittelbG Rz. 30. ||12 OLG Düss. 27.12.1996 – 19 W 4/96 AktE, NZA-RR 1997, 213 (215); BayObLG 10.12.1992 – 3 Z BR 130/92, NJW 1993, 1804 (1805); WHSS/*Seibt*, Rz. F 39; *Seibt*, NZA 2004, 767 (770); ErfK/*Oetker*, § 2 DrittelbG Rz. 16; UHH/*Habersack*, § 2 DrittelbG Rz. 13; WWKK/*Kleinsorge*, § 2 DrittelbG Rz. 30; *Dietz/Richardi*, § 77a BetrVG 52 Rz. 3; GK-BetrVG/*Kraft*, § 77a BetrVG 52 Rz. 5; *Deilmann*, NZG 2005, 659 (660). ||13 Vgl. WHSS/*Seibt*, Rz. F 39. ||14 OLG Zweibrücken 18.10.2005 – 3 W 136/05, NZG 2006, 31 (32) – Eckes. ||15 Vgl. BayObLG 10.12.1992 – 3 Z BR 130/92, NJW 1993, 1804 (1805); OLG Düss. 27.12.1996 – 19 W 4/96 AktE, NZA-RR 1997, 213, 215; OLG Zweibrücken 18.10.2005 – 3 W 136/05, NZG 2006, 31 (32) – Eckes; OLG Hamburg 29.10.2007 – 11 W 27/07, DB 2007, 2762 (2764); WHSS/*Seibt*, Rz. F 40; ErfK/*Oetker*, § 2 DrittelbG Rz. 17; UHH/*Habersack*, § 2 DrittelbG Rz. 14; *Dietz/Richardi*, § 77a BetrVG 52 Rz. 3; GK-BetrVG/*Kraft*, § 77a BetrVG 52 Rz. 8; Baumbach/Hueck/*Zöllner/Noack*, § 52 GmbHG Rz. 1154; MünchArbR/*Wißmann*, § 383 Rz. 7; *Oetker*, ZGR 2000, 19 (37).

3 *Arbeitnehmer, Betrieb*
(1) Arbeitnehmer im Sinne dieses Gesetzes sind die in § 5 Abs. 1 des Betriebsverfassungsgesetzes bezeichneten Personen mit Ausnahme der in § 5 Abs. 3 des Betriebsverfassungsgesetzes bezeichneten leitenden Angestellten.

(2) Betriebe im Sinne dieses Gesetzes sind solche des Betriebsverfassungsgesetzes. § 4 Abs. 2 des Betriebsverfassungsgesetzes ist anzuwenden.

(3) Die Gesamtheit der Schiffe eines Unternehmens gilt für die Anwendung dieses Gesetzes als ein Betrieb. Schiffe im Sinne dieses Gesetzes sind Kauffahrteischiffe, die nach dem Flaggenrechtsgesetz die Bundesflagge führen. Schiffe, die in der Regel binnen 48 Stunden nach dem Auslaufen an den Sitz eines Landbetriebs zurückkehren, gelten als Teil dieses Landbetriebs.

1 Im Gegensatz zum BetrVG 1952 enthält das DrittelbG mit § 3 **Legaldefinitionen** der Begriffe „Arbeitnehmer" (Abs. 1) und „Betrieb" (Abs. 2 und 3).

2 **Arbeitnehmer** iSd. DrittelbG sind – in Übereinstimmung mit der überwiegenden Auffassung zum BetrVG 1952[1] – die in § 5 I BetrVG bezeichneten Personen, mit Ausnahme der in § 5 III BetrVG bezeichneten **leitenden Angestellten**[2]. Demnach sind alle in § 5 I BetrVG bezeichneten Personen bei der Bestimmung des Schwellenwertes zu berücksichtigen, unabhängig von der Beschäftigungsdauer und Arbeitszeit. Einzurechnen sind teilzeitbeschäftigte ArbN[3], nicht aber ArbN in der Freistellungsphase ihrer ATZ[4]. **Leitende Angestellte** sind demggü. – wie durch Abs. 1 klargestellt – nicht zu berücksichtigen[5]. LeihArbN sind selbst dann nicht bei der Ermittlung der Unternehmensgröße mit einzubeziehen, wenn sie gem. § 5 II 2 iVm. § 7 II BetrVG an der Wahl der ArbN-Vertreter in den AR teilnehmen können; § 14 I AÜG stellt nämlich ausdrücklich klar, dass LeihArbN auch während ihres Aufenthalts im Entleiherbetrieb betriebsverfassungsrechtl. Angehörige des Verleiherbetriebes bleiben[6].

3 Grds. muss mit dem ArbN eine arbeitsvertragl. Verbindung zum Unternehmen bestehen[7]. Bestehen daher **Doppelarbeitsverhältnisse** eines ArbN mit mehr als einem Unternehmen, was durchaus in Konzernen nicht selten vorkommt, ist der ArbN für die Frage nach dem Erfüllen der MindestArbN-Zahl bei allen Unternehmen mitzuzählen, zu denen eine arbeitsvertragl. Beziehung besteht[8]. Bei Gemeinschaftsbetrieben ist eine Zurechnung der ArbN zu allen Trägerunternehmen des Gemeinschaftsbetriebes allerdings unabhängig vom Vorliegen arbeitsvertragl. Bindungen anzunehmen, jedenfalls insoweit, als das betreffende Trägerunternehmen die Leitung über den Gemeinschaftsbetrieb mit den anderen Unternehmen gemeinsam ausübt[9]. Dies ergibt sich aus dem Telos des DrittelbG, die Beteiligung der ArbN in Organen der Unternehmen zu ermöglichen, in denen die für die ArbN wesentlichen Entscheidungen gefällt werden.

4 Es sind nur die ArbN zu berücksichtigen, die **in inländischen Rechtsträgern beschäftigt** sind[10]; keine Berücksichtigung finden solche ArbN, die in unselbständigen Niederlassungen im Ausland tätig sind[11]. Zur Zurechnung von ArbN von Konzernunternehmen s. § 2 Rz. 10 ff.

5 IÜ kann auf die Erläuterungen zu § 5 I BetrVG verwiesen werden. Abs. 1 verzichtet auf die Klarstellung des § 3 I 2 MitbestG, dass die in § 5 II BetrVG genannten Personen nicht zu den ArbN zählen. Eine sachliche Abweichung ist hiermit jedoch nicht verbunden, was sich daraus ergibt, dass Abs. 1 eine abschließende Definition des ArbN-Begriffs mit Verweis auf § 5 I BetrVG enthält[12].

6 Die Regelung des **Betriebsbegriffs** in Abs. 2 entspricht § 3 II MitbestG (dort Rz. 2). Wegen der Unternehmensbezogenheit des DrittelbG[13] ist der Betriebsbegriff nur ausnahmsw. von Bedeutung, nämlich im Zusammenhang mit der Durchführung der Wahlen und bei der Bekanntmachung der Mitglieder des

---

1 1. Aufl., § 76 BetrVG 1952 Rz. 3; GK-BetrVG/*Kraft*, § 76 BetrVG 52 Rz. 145 und § 77 BetrVG Rz. 10; Baumbach/Hueck/*Zöllner/Noack*, § 52 GmbHG Rz. 147 ff.; MünchArbR/*Wißmann*, § 383 Rz. 2; aA *Fitting*, § 76 BetrVG 1952 Rz. 12. ||2 OLG Zweibrücken 18.10.2005 – 3 W 136/05, NZG 2006 31 (32); ErfK/*Oetker*, § 3 DrittelbG Rz. 1; GK-BetrVG/*Kraft*, § 76 BetrVG 52 Rz. 150. ||3 ErfK/*Oetker*, § 1 DrittelbG Rz. 27; GK-BetrVG/*Kraft*, § 76 BetrVG 52 Rz. 151. ||4 Vgl. LAG Düss. 31.10.2002 – 5 TaBV 42/02, AP Nr. 6 zu § 7 BetrVG 1972 (zu § 9 BetrVG). ||5 So zum BetrVG 1952 ErfK/*Oetker*, § 76 BetrVG 1952 Rz. 8; *Fitting*, § 76 BetrVG 52 Rz. 10; aA GK-BetrVG/*Kraft*, § 76 BetrVG 52 Rz. 150; MünchArbR/*Wißmann*, § 383 Rz. 2. ||6 BAG 16.4.2003 – 7 ABR 53/02, AP Nr. 7 zu § 9 BetrVG 1972; OLG Düss. 12.5.2004 – I 19 W 2/04 AktE, GmbHR 2004, 1081 (1082) m. zust. Anm. *Kowanz*; LAG Düss. 31.10.2002 – 5 TaBV 42/02, AP Nr. 6 zu § 7 BetrVG 1972 (zu § 9 BetrVG); ErfK/*Oetker*, § 1 DrittelbG Rz. 27; *Deilmann*, NZG 2005, 659 (664); iE abw. MünchArb/*Schaub*, § 260 Rz. 3. ||7 WHSS/*Seibt*, Rz. F 18; GK-MitbestG/*Rumpff*, § 1 Rz. 15; *Zöllner*, FS Semler, 1993, S. 995 (1012). ||8 WHSS/*Seibt*, Rz. F 18. ||9 § 1 MitbestG Rz. 11. Jetzt ausdrückl. BAG 13.3.2013 – 7 ABR 47/11, NZA 2013, 853 (854f.); WHSS/*Seibt*, Rz. F 18; GK-MitbestG/*Rumpff*, § 1 Rz. 15; ähnlich WWKK/*Wißmann*, § 10 MitbestG Rz. 10f. (anders noch Vorauf., § 10 MitbestG Rz. 13); *Zöllner*, FS Semler, 1993, S. 995 (1012ff.); UHH/*Henssler*, § 10 MitbestG Rz. 7; ErfK/*Oetker*, § 1 DrittelbG Rz. 28; *Hanau*, ZfA 1990, 115 (127); *Hjort*, NZA 2001, 696 (699); *Däubler*, FS Zeuner, 1994, S. 19 (31); aA *Hohenstatt/Schramm*, NZA 2010, 846 (850); *Windbichler*, Arbeitsrecht im Konzern, S. 501. ||10 WHSS/*Seibt*, Rz. F 148f. ||11 WHSS/*Seibt*, Rz. F 150; ErfK/*Oetker*, Einl. DrittelbG Rz. 3; *Raiser/Veil*, § 1 MitbestG Rz. 13; *Birk*, RIW 1975, 594; krit. Staudinger/*Großfeld*, Internationales Gesellschaftsrecht, Rz. 515 ff.; *Großfeld/Erlinghagen*, JZ 1993, 221 ff. ||12 ErfK/*Oetker*, § 3 DrittelbG Rz. 1. ||13 Zur Unternehmensbezogenheit der Unternehmensmitbestimmungsgesetze WHSS/*Seibt*, Rz. F 2.

AR (§ 6 I). Entsprechend der früheren Rechtslage findet das DrittelbG auch auf **Schifffahrtsunternehmen** Anwendung (Abs. 3). Abs. 3 übernimmt die gleich lautende Regelung in § 34 I und II MitbestG, die ihrerseits § 114 III und IV BetrVG entspricht.

Teil 2. Aufsichtsrat

4 *Zusammensetzung*
(1) Der Aufsichtsrat eines in § 1 Abs. 1 bezeichneten Unternehmens muss zu einem Drittel aus Arbeitnehmervertretern bestehen.
(2) Ist ein Aufsichtsratsmitglied der Arbeitnehmer oder sind zwei Aufsichtsratsmitglieder der Arbeitnehmer zu wählen, so müssen diese als Arbeitnehmer im Unternehmen beschäftigt sein. Sind mehr als zwei Aufsichtsratsmitglieder der Arbeitnehmer zu wählen, so müssen mindestens zwei Aufsichtsratsmitglieder als Arbeitnehmer im Unternehmen beschäftigt sein.
(3) Die Aufsichtsratsmitglieder der Arbeitnehmer, die Arbeitnehmer des Unternehmens sind, müssen das 18. Lebensjahr vollendet haben und ein Jahr dem Unternehmen angehören. Auf die einjährige Unternehmensangehörigkeit werden Zeiten der Angehörigkeit zu einem anderen Unternehmen, dessen Arbeitnehmer nach diesem Gesetz an der Wahl von Aufsichtsratsmitgliedern des Unternehmens teilnehmen, angerechnet. Diese Zeiten müssen unmittelbar vor dem Zeitpunkt liegen, ab dem die Arbeitnehmer zur Wahl von Aufsichtsratsmitgliedern des Unternehmens berechtigt sind. Die weiteren Wählbarkeitsvoraussetzungen des § 8 Abs. 1 des Betriebsverfassungsgesetzes müssen erfüllt sein.
(4) Unter den Aufsichtsratsmitgliedern der Arbeitnehmer sollen Frauen und Männer entsprechend ihrem zahlenmäßigen Verhältnis im Unternehmen vertreten sein.

I. Zusammensetzung des Aufsichtsrates. 1. Zahl der Aufsichtsratsmitglieder. a) Allgemeines. Bei der Zusammensetzung des nach dem DrittelbG zu bildenden AR ergeben sich ggü. dem Rechtszustand nach dem BetrVG 1952 keine wesentlichen Änderungen. Nach Abs. 1 besteht der AR zu einem Drittel aus Vertretern der ArbN (sog. **Drittelparität**). Für die Gesamtzahl der AR-Mitglieder sind das AktG und die Satzung maßgeblich. Die Zahl muss durch drei teilbar sein (§ 95 I 3 AktG). Für die AG sowie die KGaA ergibt sich dies unmittelbar aus § 95 I 3 AktG, für die GmbH gilt Entsprechendes wegen § 1 I Nr. 3, für die VVaG folgt das aus § 35 I 3 VAG und für Genossenschaften bestimmt § 1 I Nr. 5 ausdrücklich (§ 36 I GenG enthält keine Regelung), dass das Statut nur eine durch drei teilbare Zahl von AR-Mitgliedern festsetzen kann. Soweit die Satzung keine höhere Zahl festsetzt, besteht der AR aus drei Mitgliedern. Die durch Satzung festlegbare zulässige Höchstzahl von AR-Mitgliedern richtet sich nach der Höhe des Grundkapitals der Gesellschaft (§ 95 S. 3 AktG), nämlich bei einem Grundkapital von bis zu 1,5 Mio. Euro 9 Mitglieder, von mehr als 1,5 Mio. Euro 15 und von mehr als 10 Mio. Euro 21 Mitglieder. 1

In den durch § 95 AktG vorgegebenen Grenzen muss die Satzung eine **genau bestimmte Zahl von Mitgliedern** festsetzen; die Bestimmung einer Mindest- und/oder Höchstzahl reicht nicht aus[1]. Verstöße gegen § 95 S. 1 oder S. 3 AktG führen zur Nichtigkeit entsprechender Satzungsbestimmungen; bei Verstößen gegen § 95 S. 2 oder S. 4 AktG gilt die gesetzl. Regelung anstelle der Satzung[2]. Eine Satzungsbestimmung, der zufolge bei Ausscheiden eines Mitglieds der AR für den Rest der Amtszeit nur aus den verbleibenden Mitgliedern besteht, widerspricht § 95 S. 1–3 AktG und ist unwirksam[3]. 2

b) Änderung der Mitgliederzahl. Eine **Erhöhung** der Zahl der AR-Mitglieder durch Satzungsänderung ist im Rahmen des § 95 AktG möglich. Dabei ist eine umfassende Neuwahl aller AR-Mitglieder nicht erforderlich, sondern es reicht eine Ergänzung durch Nachwahl oder gerichtl. Bestellung[4]. Die Zuwahl der Anteilseignervertreter durch die Hauptversammlung kann gleichzeitig mit dem Änderungsbeschluss, die Zuwahl der ArbN-Vertreter aus Praktikabilitätsgründen sogar hiervor erfolgen, wenn mit hinreichender Wahrscheinlichkeit die Satzungsänderung beschlossen wird[5]. Bis zur Handelsregistereintragung können die zukünftigen Organmitglieder als Gäste an den AR-Sitzungen teilnehmen (Ausnahme zu § 109 I AktG)[6]. Die Amtszeit beginnt jedoch erst mit Eintragung der Satzungsänderung in das Handelsregister (vgl. § 181 III AktG)[7]. Wird die Regelung zur höheren Mitgliederzahl durch Kapitalerhöhung zulässig, so ändert sich hierdurch die Mitgliederzahl im AR nicht, solange die Satzung nicht entsprechend geändert wird[8]. Eine **Verkleinerung** des AR durch **Satzungsänderung** gilt nach hM 3

---

[1] *Hüffer*, § 95 AktG Rz. 3; ErfK/*Oetker*, § 4 DrittelbG Rz. 3; GK-BetrVG/*Kraft*, § 76 BetrVG 52 Rz. 11; *Dietz/Richardi*, § 76 BetrVG 52 Rz. 11; MünchArbR/*Wißmann*, § 383 Rz. 10. || [2] *Hüffer*, § 95 AktG Rz. 7. || [3] BAG 3.10.1989 – 1 ABR 12/88, AP Nr. 28 zu § 76 BetrVG 1952; ErfK/*Oetker*, § 4 DrittelbG Rz. 4; *Dietz/Richardi*, § 76 BetrVG 52 Rz. 11; GK-BetrVG/*Kraft*, § 76 BetrVG 52 Rz. 12; MünchArbR/*Wißmann*, § 383 Rz. 10. || [4] Vgl. WHSS/*Seibt*, Rz. F 150; KölnKommAktG/*Mertens/Cahn*, § 95 Rz. 24; *Hüffer*, § 95 AktG Rz. 5; *Raiser/Veil*, § 7 MitbestG Rz. 5; UHH/*Henssler*, § 7 MitbestG Rz. 29; ErfK/*Oetker*, § 4 DrittelbG Rz. 6; *Dietz/Richardi*, § 76 BetrVG 52 Rz. 126. || [5] Vgl. WHSS/*Seibt*, Rz. F 150. || [6] *Jüngst*, BB 1984, 1583 (1584 f.); *Janberg/Oesterlink*, AG 1960, 240 (242); aA KölnKommAktG/*Mertens/Cahn*, § 109 Rz. 25; *Lutter*, ZIP 1984, 645 (651 f.). || [7] Vgl. *Hüffer*, § 95 AktG Rz. 5. || [8] *Hüffer*, § 95 AktG Rz. 5.

erst mit Ablauf der regulären Amtszeit des AR[1]. Allerdings ist es zulässig, dass die AR-Mitglieder freiwillig aus dem AR ausscheiden[2].

4 Die Durchführung eines **Statusverfahrens** nach §§ 97 ff. AktG ist weder bei einer Vergrößerung noch bei einer Verkleinerung des AR durch Satzungsänderung erforderlich (hierzu § 6 MitbestG Rz. 4).

5 **c) Ergänzungen des Aufsichtsrats.** Fällt ein ArbN während der Amtszeit weg, so wird die Vakanz primär durch **Nachrücken des entsprechenden Ersatzmitglieds** gefüllt; ansonsten hat eine **Nachwahl** zu erfolgen (arg. § 104 V AktG)[3]. Eine solche ist ausnahmsw. nicht notwendig (in der Praxis ist dies allerdings die Regel), wenn ihre Durchführung zB wegen der zeitlichen Nähe zur nächsten turnusmäßigen AR-Wahl oder wegen hoher Kosten unzumutbar wäre (Grundsatz der Verhältnismäßigkeit). In solchen Fällen kommt eine **Ersatzbestellung** durch Gericht gem. § 104 AktG (das nach freiem Ermessen, idR nach Anhörung der Antragsberechtigten nach § 104 I 3 AktG und ohne Bindung an Anträge entscheidet) in Betracht[4].

6 **d) Beschlussfähigkeit des Aufsichtsrats und Mehrheitsquoren.** Die Beschlussfähigkeit des AR beurteilt sich nach der entsprechenden Satzungsregelung, sofern keine vorrangige gesetzl. Vorschrift eingreift (§ 108 II AktG). Zwingend ist die **Untergrenze von drei Mitgliedern** bei der Teilnahme an der Beschlussfassung (§ 108 III 3 AktG); zwei Mitglieder eines dreiköpfigen AR genügen also nicht[5]. Nach jüngerer Rspr. ist ein dreiköpfiger AR beschlussunfähig, wenn ein AR-Mitglied einem Stimmrechtsausschluss unterliegt, was bei der Fassung von Zustimmungsbeschlüssen nach § 114 I AktG der Fall wäre[6]. Richtigerweise führt die Betroffenheit eines AR von einem Beschlussgegenstand iSv. § 34 BGB (zB bei Fassung eines Zustimmungsbeschlusses nach § 114 I AktG) nur zu einer Pflicht zur Stimmenthaltung, so dass auch in einem dreiköpfigen AR trotz § 108 II 2 AktG ein gültiger Beschluss gefasst werden kann[7].

7 Die Satzung kann insb. vorsehen, dass alle AR-Mitglieder (oder jede Art der einfachen oder qualifizierten Mehrheit) an der Beschlussfassung teilnehmen müssen[8]. Bezugsgröße für die mindestens erforderliche Teilnehmerzahl an der Beschlussfassung ist im Zweifel die satzungsmäßige Gesamtmitgliederzahl, nicht die Zahl der sich tatsächlich im Amt befindenden AR-Mitglieder[9]; allerdings kann statutarisch für die Beschlussfähigkeit auch auf die tatsächlich im Amt befindlichen AR-Mitglieder abgestellt werden[10]. Teilnahme ist auch die schriftl. Stimmenabgabe (einschl. Stimmenthaltung), aber nicht bloße passive Anwesenheit[11]. Ferner kann die Satzung bestimmen, dass eine gleichgroße Zahl von Vertretern der Anteilseigner und der ArbN-Vertreter anwesend sein muss[12]. Demggü. ist nach hM eine Satzungsbestimmung wegen Verstoßes gegen den Gleichheitsgrundsatz nichtig, welche die Beschlussfähigkeit von der Anwesenheit eines bestimmten AR-Mitglieds oder ausschließlich von einer bestimmten Zahl von Vertretern der Anteilseigner abhängig macht[13].

8 Bei fehlender Satzungsregelung zur Beschlussfähigkeit ist der AR beschlussfähig, wenn mindestens die Hälfte seiner Mitglieder an der Abstimmung teilnimmt (§ 108 II 2 AktG). Die **Unterbesetzung des AR** führt nicht zur Beschlussunfähigkeit, auch wenn die Gruppenparität nicht gewahrt ist (§ 108 II 4 AktG); dies gilt selbst dann, wenn dem AR überhaupt keine ArbN-Vertreter angehören oder an einer Beschlussfassung teilnehmen[14]. Auch eine **gesetzes- oder satzungswidrige Besetzung** des AR führt nicht zur Beschlussunfähigkeit. Allerdings ist die Untergrenze von drei Mitgliedern in jedem Fall zu beachten (§ 108 II 3 AktG).

---

1 OLG Dresden 18.2.1997 – 14 W 1396/96, ZIP 1997, 589 (591); OLG Hamburg 26.8.1988 – 11 W 53/88, AG 1989, 64 (65 f.); LAG Düss. 18.12.1987 – 10 Ta BV 132/87, AG 1989, 66 (67 f.) – Alexanderwerk (von BAG 3.10.1989 – 1 ABR 12/88, WM 1990, 633 ff. offen gelassen); KölnKommAktG/*Mertens/Cahn*, § 95 Rz. 26; *Hüffer*, § 95 AktG Rz. 5, § 97 AktG Rz. 3; MünchGesR/*Hoffmann-Becking*, Bd. 4: AG, § 28 Rz. 54; ErfK/*Oetker*, § 4 AktG Rz. 5; GK-BetrVG/*Kraft*, § 76 BetrVG 52 Rz. 26; MünchArbR/*Wißmann*, § 383 Rz. 3; aA (automatisches Ausscheiden bei Satzungsänderung) *Dietz/Richardi*, § 76 BetrVG 52 Rz. 125. ‖ 2 Vgl. LAG Düss. 18.12.1987 – 10 Ta BV 132/87, AG 1989, 66 (67 f.) – Alexanderwerk; WHSS/*Seibt*, Rz. F 148; *Hoffmann/Lehmann/Weinmann*, § 7 MitbestG Rz. 53; *Fuchs/Köstler/Pütz*, Rz. 64. ‖ 3 Vgl. LAG Köln 30.6.2000 – 12 (4) Ta BV 11/00, NZA-RR 2001, 317 f. – Deutsche Telekom (zum MitbestG). ‖ 4 Vgl. LAG Köln 30.6.2000 – 12 (4) Ta BV 11/00, NZA-RR 2001, 317 f. – Deutsche Telekom (zum MitbestG); OLG Karlsruhe 10.12.1985 – 8 U 107/85, NJW-RR 1986, 710 (711); BayObLG 20.8.1997 – 3 Z BR 193/97, AG 1998, 36 f. (zum MitbestG); WWKK/*Wißmann*, § 16 MitbestG Rz. 15; MünchArbR/*Wißmann*, § 368 Rz. 48; UHH/*Henssler*, § 22 MitbestG Rz. 20; Scholz/*U.H. Schneider*, § 52 GmbHG Rz. 241. ‖ 5 LG Karlsruhe, 5.5.1993 – O 177/92 KFH III, AG 1994, 87; LG Düss. 13.8.1998 – 30 O 104/97, AG 1999, 134 (135); *Hüffer*, § 108 AktG Rz. 11. ‖ 6 So BayObLG 28.3.2003 – 3 Z BR 199/02, NZG 2003, 691 (692); zust. *Keusch/Rotter*, NZG 2003, 671 (672); OLG Frankfurt/M. 21.9.2005 – 1 U 14/05, NZG 2006, 29 (31) (obiter dictum). ‖ 7 Zutr. *Stadler/Berner*, AG 2004, 27 (28); vgl. auch *Duden*, BB 1950, 803 (zu § 4 I HRBG); KölnKommAktG/*Mertens/Cahn*, § 108 Rz. 66. ‖ 8 *Hüffer*, § 108 AktG Rz. 10; *Fitting*, § 76 BetrVG 52 Rz. 141. ‖ 9 BGH 15.12.1951 – II ZR 137/51, BGHZ 4, 224 (228); GK-BetrVG/*Kraft*, § 76 BetrVG 52 Rz. 15; *Dietz/Richardi*, § 76 BetrVG 52 Rz. 16. ‖ 10 Vgl. Geßler/Hefermehl/Eckhardt/Kropff/*Geßler*, § 108 AktG Rz. 34. ‖ 11 *Hüffer*, § 108 AktG Rz. 10. ‖ 12 GK-BetrVG/*Kraft*, § 76 BetrVG 52 Rz. 16; *Fitting*, § 76 BetrVG 52 Rz. 141. ‖ 13 BGH 25.2.1982 – II ZR 145/80, BGHZ 83, 151 ff. – Bilfinger & Berger (zu MitbestG); *Drygala* in K. Schmidt/Lutter, § 108 AktG Rz. 11; GK-BetrVG/*Kraft*, § 76 BetrVG 52 Rz. 16; *Dietz/Richardi*, § 76 BetrVG 52 Rz. 17; aA AG Detmold 11.11.1981 – 17 HRB 0013, AG 1983, 24 ff. ‖ 14 GK-BetrVG/*Kraft*, § 76 Rz. 14; *Dietz/Richardi*, § 76 BetrVG 52 Rz. 19.

Für Beschlüsse des AR genügt grds. die **einfache Mehrheit** der abgegebenen Stimmen[1]. Die Satzung kann vorsehen, dass bei Stimmengleichheit der Vorsitzende oder das Los entscheidet[2]. Ist eine solche Satzungsregelung nicht vorgesehen, so darf der Vorsitzende oder das Los nur dann den Ausschlag geben, wenn alle AR-Mitglieder damit einverstanden sind. Unzulässig ist eine Satzungsbestimmung, der zufolge die positive Beschlussfassung von der Stimme eines einzelnen AR-Mitgliedes abhängt oder einem einzelnen Mitglied ein Vetorecht eingeräumt wird. Ebenso wenig ist es zulässig, die Zustimmung von der Teilnahme des Vorsitzenden des AR oder von der Mitwirkung eines AR-Mitglieds jeder Gruppe an der Beschlussfassung abhängig zu machen[3].

2. Zusammensetzung der Arbeitnehmervertreter. Für die **Zusammensetzung der ArbN-Vertreter im AR** gilt zwingend Folgendes (besondere Wählbarkeitsvoraussetzung): Sind nur ein oder zwei ArbN-Vertreter in den AR zu wählen, müssen diese ArbN eines Betriebs des Unternehmens sein (Abs. 2 S. 1). Sind demggü. mehr als zwei ArbN-Vertreter zu wählen, müssen von ihnen mindestens zwei ArbN eines Betriebs des Unternehmens sein (Abs. 2 S. 2). Solche einem Betrieb des Unternehmens angehörende ArbN müssen gem. § 3 I ArbN iSv. § 5 I BetrVG sein, so dass leitende Angestellte ausscheiden[4]. Ferner müssen die ArbN im Unternehmen (oder in nachgeordneten Konzernunternehmen iSv. § 2 I; s. § 2 DrittelbG Rz. 9) beschäftigt sein, was bei ruhenden ArbN-Vertretern (zB nach § 38 BetrVG freigestellten BR-Mitglieder) idR zu bejahen ist; dies ist zu verneinen, wenn sich die ArbN in ATZ befinden und feststeht, dass sie für das Unternehmen keine Arbeitsleistung mehr erbringen werden[5]. LeihArbN gelten nicht als unternehmensangehörig, selbst wenn ihnen nach § 5 II 2 iVm. § 7 S. 2 BetrVG das aktive Wahlrecht zukommt[6]. Eine Aufteilung der den unternehmensangehörigen ArbN vorbehaltenen Sitze auf Arbeiter und Angestellte ist nicht notwendig. – Hinsichtlich der weiteren AR-Mitglieder bestehen keine besonderen Voraussetzungen. Sie müssen weder Angehörige des Unternehmens noch ArbN mit einer bestimmten Gruppenzugehörigkeit sein[7]. So sind zB ArbN ausländischer Tochtergesellschaften oder vom EBR vorgeschlagene Repräsentanten wählbar[8]; diese externen Personen müssen von dem nach § 6 S. 1 Vorschlagsberechtigten in einem Wahlvorschlag aufgenommen sein.

II. Voraussetzungen der Wählbarkeit. 1. Passive Wählbarkeit. Die persönlichen Wählbarkeitsvoraussetzungen der unternehmensangehörigen ArbN, sind – neben den anwendbaren aktienrechtl. Bestimmungen – in Anlehnung an § 7 III MitbestG in Abs. 3 bestimmt. Danach sind unternehmensangehörige ArbN als ArbN-Vertreter in den AR wählbar, wenn sie (1) das 18. LJ vollendet haben, (2) ein Jahr dem Unternehmen angehören und (3) – dies in Abweichung zur bisher überwiegenden Literaturauffassung[9] – die weiteren Wählbarkeitsvoraussetzungen des § 8 I BetrVG erfüllen. Die Voraussetzung der einjährigen Unternehmensangehörigkeit ist dann erfüllt, wenn ein ArbN ein Jahr lang (1) in dem Unternehmen, dessen AR neu gewählt wird, auf Grund einer arbeitsvertragl. Verpflichtung tätig ist oder (2) einem anderen Unternehmen angehört, dessen ArbN nach § 2 II an der AR-Wahl teilnehmen dürfen. Ein Prokurist (§ 48 HGB) oder ein zum gesamten Geschäftsbetrieb ermächtigter Handlungsbevollmächtigter der Gesellschaft (§ 54 I HGB) kann nicht zugleich AR-Mitglied der Gesellschaft sein (§ 105 I AktG); die Ausnahmevorschrift des § 6 II 1 MitbestG findet im Rahmen des BetrVG 1952 keine entsprechende Anwendung[10]. Leitende Angestellte iSv. § 5 III und IV BetrVG können auch als Vertreter der ArbN AR-Mitglied werden, es sei denn, sie fallen unter § 105 I AktG[11].

2. Persönliche Eigenschaften. Die gesetzl. geregelten persönlichen Voraussetzungen für die AR-Mitgliedschaft (§ 100 I, II AktG) gelten auch für ArbN-Vertreter. Hingegen kann die Satzung weitere persönliche Voraussetzungen für die ArbN-Vertreter nicht vorsehen (§ 100 IV AktG)[12]. Allerdings gelten die Empfehlungen und Anregungen des DCGK zur Zusammensetzung des AR (Ziff. 5.4.1 bis 5.4.3 DCGK) auch für die ArbN-Vertreter[13].

3. Wahlberechtigung bei Unternehmenskäufen. Bei den Wahlen zum AR sind grds. alle ArbN eines Unternehmens (oder eines Konzernverbundes) wahlberechtigt, die in diesem Unternehmen (oder einem Konzernunternehmen) **zum Zeitpunkt der Wahl beschäftigt** (wobei es bei mehrtägigen Wahlzeiten genügend ist, wenn die Wahlberechtigung am letzten Tag der Abstimmung oder Wahl gegeben ist)[14]

---

1 *Hüffer*, § 108 AktG Rz. 6. ‖ **2** Einschränkend (Losentscheid nur bei Personalfragen) MüKoAktG/*Habersack*, § 108 Rz. 25; aA (für die uneingeschränkte Zulässigkeit des Loses) *Godin/Wilhelmi*, § 108 AktG Anm. 4. ‖ **3** *Geßler/Hefermehl/Eckhardt/Kropff/Geßler*, § 108 AktG Rz. 21; KölnKommAktG/*Mertens/Cahn*, § 108 Rz. 63 ‖ **4** LAG Bremen 15.7.1959 – 1 Sa B1/59, AP Nr. 9 zu § 76 BetrVG 1952; ErfK/*Oetker*, § 4 DrittelbG Rz. 8; WWKK/ *Kleinsorge*, § 4 DrittelbG Rz. 17; GK-BetrVG/*Kraft*, § 76 BetrVG 1952 Rz. 45; *Dietz/Richardi*, § 76 BetrVG 52 Rz. 74. ‖ **5** BAG 25.1.2000 – 7 ABR 18/00, AP Nr. 32 zu § 76 BetrVG 1952; ErfK/*Oetker*, § 4 DrittelbG Rz. 8. ‖ **6** ErfK/*Oetker*, § 2 DrittelbG Rz. 8; WWKK/*Kleinsorge*, § 2 DrittelbG Rz. 18; vgl. auch BAG 17.2.2010 – 7 ABR 51/08, NZA 2010, 832, 833f. ‖ **7** ErfK/*Oetker*, § 4 DrittelbG Rz. 10; *Dietz/Richardi*, § 76 BetrVG 52 Rz. 78. ‖ **8** ErfK/*Oetker*, § 4 DrittelbG Rz. 10; UHH/*Henssler*, § 4 DrittelbG Rz. 13; WWKK/*Kleinsorge*, § 4 DrittelbG Rz. 24; *Raiser/Veil*, § 4 DrittelbG Rz. 12. ‖ **9** Voraufl., § 76 Rz. 40; ErfK/*Oetker*, 4. Aufl., § 4 DrittelbG Rz. 31; GK-BetrVG/*Kraft*, § 76 BetrVG 52 Rz. 45. ‖ **10** GK-BetrVG/*Kraft*, § 76 BetrVG 52 Rz. 48; *Dietz/Richardi*, § 76 BetrVG 52 Rz. 70; MünchArbR/*Wißmann*, § 383 Rz. 25. ‖ **11** GK-BetrVG/*Kraft*, § 76 BetrVG 52 Rz. 41; *Dietz/ Richardi*, § 76 BetrVG 52 Rz. 78; MünchArbR/*Wißmann*, § 383 Rz. 25. ‖ **12** BGH 21.2.1963 – II ZR 76/62, AP Nr. 12 zu § 76 BetrVG 1952; *Fitting*, § 76 BetrVG 52 Rz. 59. ‖ **13** Hierzu *Seibt*, AG 2003, 465 (476). ‖ **14** Vgl. UHH/*Henssler*, § 10 MitbestG Rz. 17 und 18 MitbestG Rz. 5; WWKK/*Wißmann*, § 10 MitbestG Rz. 27.

und in der Wählerliste eingetragen sind. Die Wählerliste ist zu berichtigen oder zu ergänzen, wenn ein ArbN in den Betrieb eintritt oder aus ihm ausscheidet oder wenn sich in sonstiger Weise die Voraussetzungen ändern, auf denen eine Eintragung in der Wählerliste beruht. Hieraus folgt der verallgemeinerungsfähige Grundsatz, dass auch bei Unternehmenskäufen und -verkäufen Änderungen hinsichtlich des zur Wahl der ArbN-Vertreter für den AR zuzulassenden Kreises von ArbN nach Einleitung des Wahlverfahrens soweit wie möglich zu berücksichtigen sind. Dabei bedarf es für eine Berücksichtigung des Unternehmenskaufs, dass das Erwerberunternehmen über die Kaufgesellschaft eine gesellschaftsrechtl. vermittelte Einflussmöglichkeit hat[1]. Etwaige bereits abgeschlossene Wahlabschnitte brauchen nicht wiederholt zu werden[2]. Für die in Abs. 3 statuierte Voraussetzung der einjährigen Unternehmenszugehörigkeit kommt es nicht darauf an, dass das Unternehmen, in dem die Person beschäftigt ist, bereits seit einem Jahr dem Konzernverbund angehört. Vielmehr werden die Zeiten der Angehörigkeit zu dem in den Konzernverbund eintretenden Unternehmen angerechnet, sofern diese unmittelbar vor dem Zeitpunkt liegen, an dem die ArbN zur Wahl von AR-Mitgliedern bei der Konzernmutter berechtigt sind (Abs. 3 S. 3 u. 4)[3]. Dies ergab sich zwar bislang nicht aus einer ausdrücklichen Bestimmung im BetrVG 1952, entsprach aber vielfältiger Unternehmenspraxis[4].

14 **III. Geschlechterverhältnis.** Entsprechend der früheren Rechtslage zielt Abs. 4 darauf ab, eine Vertretung von Männern und Frauen entsprechend ihrem zahlenmäßigen Verhältnis im Unternehmen zu erreichen. Während § 76 II BetrVG 1952 regelte, dass mindestens eine Frau im AR als ArbN-Vertreter vertreten sein soll, wenn mehr als die Hälfte der ArbN im Unternehmen Frauen sind, sieht nun Abs. 4 eine Proportionalitätsregelung vor, der zufolge Frauen und Männer unter den AR-Mitgliedern der ArbN entsprechend ihrem zahlenmäßigen Verhältnis im Unternehmen vertreten sein sollen. Diese Bestimmung ist eine Sollvorschrift, deren Verletzung keine Auswirkungen (insb. keine Anfechtbarkeit der Wahlen) zeitigt[5].

§ 5 Wahl der Aufsichtsratsmitglieder der Arbeitnehmer

(1) Die Aufsichtsratsmitglieder der Arbeitnehmer werden nach den Grundsätzen der Mehrheitswahl in allgemeiner, geheimer, gleicher und unmittelbarer Wahl für die Zeit gewählt, die im Gesetz oder in der Satzung für die von der Hauptversammlung zu wählenden Aufsichtsratsmitglieder bestimmt ist.

(2) Wahlberechtigt sind die Arbeitnehmer des Unternehmens, die das 18. Lebensjahr vollendet haben. § 7 Satz 2 des Betriebsverfassungsgesetzes gilt entsprechend.

1 **I. Wahl der Arbeitnehmervertreter. 1. Wahlgrundsätze.** Die ArbN-Vertreter werden durch die Gesamtheit der wahlberechtigten ArbN der Betriebe des Unternehmens gewählt. Ihre Wahl erfolgt einheitlich für das Unternehmen und nicht getrennt nach einzelnen Betrieben[6]. Die Wahl muss allgemein, gleich, geheim und unmittelbar (dh. keine Zwischenschaltung von Delegierten zulässig) sein (Abs. 1). Alle wahlberechtigten ArbN haben das Recht, sich an der Wahl zu beteiligen, und jede Stimme ist gleichgewichtig in die Auswertung der abgegebenen Stimmen einzubeziehen. Entsprechend § 20 I und II BetrVG (und § 20 I und II MitbestG) ist eine Wahlbehinderung verboten[7].

2 **2. Wahlverfahren.** Das Wahlverfahren regelt die auf der Grundlage von § 13 erlassene VO zur Wahl der Aufsichtsratsmitglieder der ArbN nach dem Drittelbeteiligungsgesetz (**WODrittelbG**) v. 23.6.2004[8]. Diese hat die Erste RechtsVO zur Durchführung des BetrVG v. 18.3.1953 (WO 1953) zum 1.7.2004 abgelöst. Die WODrittelbG ist in vier Teile gegliedert, nämlich in Vorschriften zur Wahl der ArbN-Vertreter (Teil 1), Vorschriften zur Abberufung der ArbN-Vertreter (Teil 2), Sondervorschriften bei Seebetrieben (Teil 3) sowie Schlussbestimmungen (Teil 4). Bei den Vorschriften zur Wahl der ArbN-Vertreter sind in Kapitel 1 Regelungen zur Wahl durch ArbN eines Betriebes und in Kapitel 2 (ergänzende) Bestimmungen zur Wahl durch ArbN mehrerer Betriebe oder mehrerer Unternehmen enthalten. Das Wahlverfahren bleibt gleich strukturiert, es sind nur Fristenänderungen und die Zulassung moderner Informations- und Kommunikationsmittel und -geräte vorgesehen.

3 Das Wahlverfahren wird eingeleitet durch eine **Benachrichtigung** des Vertretungsorgans ggü. dem BR oder – falls ein solcher nicht besteht – den ArbN (zB durch (E-Mail) Rundschreiben oder Anschlag am Schwarzen Brett), wie viele ArbN-Vertreter in den AR zu entsenden sind und wann deren Amtszeit beginnt[9]. In der Phase der Vorgesellschaft sind die Gründer zu dieser Benachrichtigung verpflichtet, soweit die ArbN bereits an der Bildung des ersten AR zu beteiligen sind (§ 31 AktG; hierzu Rz. 8)[10]. Dabei gilt eine Mindest- und Regeldauer des Wahlverfahrens von insg. 14 Wochen von der Mitteilung bis zum

---

1 WHSS/*Seibt*, Rz. F 81; *Raiser/Veil*, § 5 MitbestG Rz. 10. ||2 WHSS/*Seibt*, Rz. F 82; *Hoffmann/Lehmann/Weinmann*, § 9 MitbestG Rz. 87. ||3 *Seibt*, NZA 2004, 767 (771). ||4 Hierzu 1. Aufl., § 76 BetrVG 52 Rz. 44; WHSS/*Seibt*, Rz. F 81f. ||5 Zur Charakterisierung als Sollvorschrift ErfK/*Oetker*, § 4 DrittelbG Rz. 11; UHH/*Henssler*, § 4 DrittelbG Rz. 17; GK-BetrVG/*Kraft*, § 76 BetrVG 52 Rz. 45 und 50; *Dietz/Richardi*, § 76 BetrVG 52 Rz. 79; *Huke/Prinz*, BB 2004, 2633 (2635). ||6 GK-BetrVG/*Kraft*, § 76 BetrVG 52 Rz. 57; WWKK/*Kleinsorge*, § 5 DrittelbG Rz. 3. ||7 GK-BetrVG/*Kraft*, § 76 BetrVG 52 Rz. 74. ||8 BGBl. I S. 1393. ||9 § 1 WODrittelbG. ||10 Vgl. *Fitting*, § 76 BetrVG 52 Rz. 68.

Beginn der Amtszeit der zu wählenden AR-Mitglieder, wobei diese Mindestdauer unabhängig davon gilt, ob die Wahl der AR-Mitglieder durch ArbN eines Betriebs, mehrerer Betriebe oder mehrerer Unternehmen erfolgt. Hieraufhin hat der BR oder – falls ein solcher nicht besteht – eine BV unverzüglich – idR mindestens zehn Wochen vor Beginn der Amtszeit der AR-Mitglieder – einen **Wahlvorstand** einzusetzen, der idR aus drei Mitgliedern besteht[1]. Der (Betriebs-)Wahlvorstand stellt unverzüglich nach seiner Bildung eine **Wählerliste** auf, wobei er sich der im Betrieb vorhandenen Informations- und Kommunikationstechnik bedienen kann[2]. Die Einspruchsfrist gegen die Wählerliste beträgt eine Woche (früher 12 Arbeitstage)[3]. Neu eingeführt ist die Einspruchsmöglichkeit gegen die Berichtigung und Ergänzung der Wählerliste innerhalb einer weiteren Woche[4]. Der (Betriebs-) Wahlvorstand hat spätestens sechs Wochen vor dem ersten Tag der Stimmabgabe das **Wahlausschreiben** zu erlassen[5], wodurch die Wahl eingeleitet ist.

Besteht das **Unternehmen aus mehreren Betrieben**, so erfolgt die Wahl zwar in einem einheitlichen Verfahren, es gelten aber einige Besonderheiten im Hinblick auf die Stellung und die Zuständigkeit des Wahlvorstands sowie der Fristen[6]. 4

3. **Wahlsystem.** Die Wahl erfolgt grds. als Mehrheits-, nicht als Verhältniswahl. Es findet in keinem Fall eine nach den Gruppen der Arbeiter und Angestellten getrennte, sondern insofern immer eine **gemeinsame Wahl** statt[7]. Besonderes ergibt sich nur für das Merkmal der Unternehmenszugehörigkeit, das hinsichtlich des einzigen bzw. von mindestens zwei AR-Mitgliedern der ArbN zu beachten ist (§ 4 II). 5

Das Wahlergebnis hat der (Betriebs-)Wahlvorstand in einer Niederschrift festzustellen[8], und die gewählten AR-Mitglieder sind im Betrieb durch Aushang bekannt zu geben sowie dem Vertretungsorgan der Gesellschaft schriftl. mitzuteilen[9]. Eine Abschrift der Wahlniederschrift ist dem Unternehmen und den im Betrieb vertretenen Gewerkschaften zu übersenden (§ 18 III BetrVG analog). Die vom (Betriebs-)Wahlvorstand an das Unternehmen zu übergebenden Wahlakten sind dort mindestens für die Dauer von fünf Jahren aufzubewahren[10]. 6

II. Voraussetzungen der aktiven Wahlberechtigung. Gem. Abs. 2 sind aktiv wahlberechtigt alle ArbN des Unternehmens, die das 18. LJ vollendet haben. LeihArbN besitzen das aktive Wahlrecht nach dreimonatiger Einsatzzeit[11]. Hinsichtlich der Beteiligung der ArbN von Konzernunternehmen wird Abs. 2 von § 2 I ergänzt. Abs. 2 betrifft jedoch ausschließlich das aktive Wahlrecht, stellt aber nicht mehr pauschal auf die Regeln zur BR-Wahl ab (so noch § 76 II 1 BetrVG 1952). Vielmehr trifft Abs. 2 eine eigenständige Regelung, die inhaltlich § 18 MitbestG entspricht (s. dort Rz. 22). Formell richtet sich die Wahlberechtigung nach der Eintragung in der Wählerliste (vgl. § 4 V WODrittelbG). 7

III. Amtszeit der Arbeitnehmervertreter. Die ArbN-Vertreter werden für die Zeit gewählt, die das Gesetz oder die Satzung des Unternehmens bestimmt (Abs. 1). Die gesetzl. und maximale Amtszeit für AR-Mitglieder dauert bis zur Beendigung der Hauptversammlung, die über die Entlastung für das vierte Geschäftsjahr nach dem Beginn der Amtszeit beschließt, wobei das Geschäftsjahr, in dem die Amtszeit beginnt, nicht mitgerechnet wird (§ 102 I AktG; Ausnahme: Amtszeit des ersten AR, § 30 III 1 AktG). Sind die ArbN-Vertreter in einem anderen Geschäftsjahr als die Vertreter der Anteilseigner gewählt worden, so ist der Zeitpunkt der Hauptversammlungswahl maßgeblich, weil die Amtszeit aller AR-Mitglieder im Zweifel zeitgleich sein soll[12]. Die Satzung kann unterschiedliche Amtszeiten für die AR-Mitglieder festlegen[13]. Allerdings kann eine gespaltene Amtszeitregelung, die für die Länge der Amtszeit danach differenziert, ob es sich um einen Anteilseigner- oder ArbN-Vertreter handelt, durch Satzungsregelung nicht wirksam geregelt werden[14]. Demggü. ist eine Satzungsbestimmung zulässig, die gleich lange, jedoch gestaffelte Amtszeiten (sog. staggered boards) vorsieht[15]. 8

Die Amtszeit des AR-Mitglieds beginnt frühestens und regelmäßig mit der **Annahme der Wahl**[16]. Dabei kann die Annahme auch zuvor aufschiebend bedingt durch die Wahlfeststellung erklärt werden[17]. Die als AR-Mitglied gewählte Person hat sich innerhalb angemessener Frist über die Annahme der Wahl zu erklären[18]. Werden ArbN-Vertreter wie im Regelfall zeitlich früher als die Anteilseignervertreter 9

---

1 § 2 I und II WODrittelbG. ‖2 § 4 WODrittelbG. ‖3 § 6 I WODrittelbG. ‖4 § 6 I 2 WODrittelbG. ‖5 § 5 WODrittelbG. ‖6 Hierzu zB *Fitting*, § 76 BetrVG 52 Rz. 81ff.; WWKK/*Kleinsorge*, § 5 DrittelbG Rz. 25ff. ‖7 BAG 8.12.1970 – 1 ABR 23/70, AP Nr. 21 zu § 76 BetrVG 1952; ErfK/*Oetker*, § 5 DrittelbG Rz. 3; vgl. § 53 I WO 1953. ‖8 § 20 WODrittelbG. ‖9 § 21 II WODrittelbG. ‖10 § 22 I WODrittelbG. ‖11 Vgl. § 7 S. 2 BetrVG; ErfK/*Oetker*, § 5 DrittelbG Rz. 6; GK-BetrVG/*Kraft*, § 76 BetrVG 52 Rz. 10. ‖12 GK-BetrVG/*Kraft*, § 76 BetrVG 52 Rz. 91; *Fuchs/Köstler/Pütz*, Rz. 248. ‖13 BGH 15.12.1986 – II ZR 18/86, BGHZ 99, 211 (215); OLG Frankfurt 19.11.1985 – 5 U 30/85, AG 1987, 159, 160; *Hüffer*, § 102 AktG Rz. 4; Geßler/Hefermehl/Eckhardt/Kropff/*Geßler*, § 102 AktG Rz. 13. ‖14 Vgl. *Hüffer*, § 102 AktG Rz. 4; *Drygala* in K. Schmidt/Lutter, § 102 AktG Rz. 7. ‖15 Vgl. MünchGesR/*Hoffmann-Becking*, Bd. 4: AG, § 30 Rz. 41; *Harrer/Grabowski*, DStR 1992, 1326 (1329); *Schaefer/Eichner*, NZG 2003, 150 (152); GroßkommAktG/*Hopt/Roth/Peddinghaus*, § 102 Rz. 28f., 60; aus der Praxis: § 9 I 4 der Satzung der Deutsche Bank AG. – Nach Ziff. 5.4.6 DCGK ist die Regelung von staggered boards sogar eine Anregung guter Unternehmenspraxis; hierzu zB *Kremer* in Ringleb/Kremer/Lutter/v. Werder, DCGK, Rz. 1075. ‖16 *Hüffer*, § 102 AktG Rz. 3; ErfK/*Oetker*, § 5 DrittelbG Rz. 7; GK-BetrVG/*Kraft*, § 76 BetrVG 52 Rz. 88; MüKoAktG/*Gach*, § 76 BetrVG 1952 Rz. 49. ‖17 Vgl. *Hüffer*, § 101 AktG Rz. 7 aE. ‖18 Vgl. KölnKommAktG/*Mertens/Cahn*, § 101 Rz. 38.

gewählt, so beginnt ihr Amt erst mit Ablauf der Hauptversammlung, die die Anteilseignervertreter wählt[1]. Mit der Satzung kann weiterhin zulässigerweise vorgeschrieben werden, dass die AR-Mitglieder turnusmäßig nach einer Amtszeit aus dem AR ausscheiden; auch hier ist eine Differenzierung zwischen Anteilseigner- und ArbN-Vertreter nicht zulässig[2]. Wird nach Bestellung zum AR durch Satzungsänderung die Amtszeit aller AR-Mitglieder verkürzt, so gilt dies auch für die ArbN-Vertreter[3]. Demggü. soll nach hM die durch Satzungsänderung vorgenommene Verringerung der Zahl der AR-Mitglieder die Amtsstellung und Amtszeit der ArbN-Vertreter nicht berühren, so dass wegen der weiterhin geltenden Paritätsregeln eine AR-Verkleinerung nur mit Zustimmung der betroffenen AR-Mitglieder (Amtsniederlegung) oder zum Ende der laufenden Amtszeit der ArbN-Vertreter realisiert werden kann[4]. Das überzeugt nicht, vielmehr ist in beiden Fällen der **Satzungsautonomie der Hauptversammlung Vorrang vor der Amtsstellung der AR-Mitglieder** einzuräumen, solange keine Differenzierung zwischen Anteilseigner- und ArbN-Vertreter vorgenommen wird.

6 Wahlvorschläge

Die Wahl erfolgt auf Grund von Wahlvorschlägen der Betriebsräte und der Arbeitnehmer. Die Wahlvorschläge der Arbeitnehmer müssen von mindestens einem Zehntel der Wahlberechtigten oder von mindestens 100 Wahlberechtigten unterzeichnet sein.

1 **1. Aufstellung des Wahlvorschlags.** Die Wahl erfolgt auf Grund von Wahlvorschlägen, die innerhalb von zwei Wochen (BetrVG 1952: zwölf Arbeitstage; Ausschlussfrist) nach Erlass des (Betriebs-)Wahlausschreibens schriftl. (per Telefax unzureichend) beim Wahlvorstand einzureichen sind[5]. Der Wahlvorschlag soll doppelt so viele Bewerber aufweisen, wie ArbN-Vertreter in den AR zu wählen sind[6]. Die vom (Betriebs-)Wahlvorstand geprüften und ggf. nachträglich von Mängeln befreiten Wahlvorschläge sind von diesem eine Woche (BetrVG 1952: sechs Arbeitstage) vor dem ersten Tag der Stimmabgabe in gleicher Weise wie das Wahlausschreiben bekannt zu machen[7].

2 **2. Wahlvorschlag des Betriebsrates.** Jeder BR eines Betriebs des Unternehmens kann Wahlvorschläge machen (S. 1); das Gleiche gilt für den GBR in Unternehmen mit mehreren Betrieben[8]. Der KBR kann nur dann einen Wahlvorschlag unterbreiten, wenn ArbN abhängiger Konzernunternehmen nach § 2 I an der Wahl teilnehmen dürfen[9]. Die BR des Unternehmens müssen sich nicht auf einen gemeinsamen Wahlvorschlag einigen[10]. Der für die Ausübung des Vorschlagsrechts erforderliche Beschluss des BR ersetzt funktional das Erfordernis einer Mindestunterstützung. Wegen des abschließenden Charakters von S. 1 haben weder die Gesellschaft noch eine im Unternehmen vertretene Gewerkschaft ein Wahlvorschlagsrecht[11].

3 **3. Wahlvorschlag der Arbeitnehmer.** Wahlvorschläge aus Kreisen der Wahlberechtigten müssen mindestens von $^1/_{10}$ der wahlberechtigten ArbN der Betriebe des Unternehmens oder mindestens von 100 wahlberechtigten ArbN unterzeichnet werden (S. 2). Obwohl der ehemals ein Quorum gleicher Höhe fordernde § 12 I 2 MitbestG für verfassungswidrig erklärt wurde (Grundsatz der Wahlgleichheit) (vgl. § 12 MitbestG)[12], sind die Entscheidungsgründe nicht auf Abs. 2 übertragbar, da sich die hier vorgesehenen Wahlvorschläge nicht auf eine Delegiertenversammlung, sondern auf die Wahl der ArbN-Vertreter in den AR beziehen[13]. Jeder, der nach § 5 II wahlberechtigt ist, kann einen Wahlvorschlag unterzeichnen und einreichen; er muss zur Rechtsausübung in der Wählerliste eingetragen sein (vgl. § 4 V WODrittelbG).

7 Ersatzmitglieder

(1) In jedem Wahlvorschlag kann zusammen mit jedem Bewerber für diesen ein Ersatzmitglied des Aufsichtsrats vorgeschlagen werden. Ein Bewerber kann nicht zugleich als Ersatzmitglied vorgeschlagen werden.

(2) Wird ein Bewerber als Aufsichtsratsmitglied gewählt, so ist auch das zusammen mit ihm vorgeschlagene Ersatzmitglied gewählt.

---

1 ErfK/*Oetker*, § 5 DrittelbG Rz. 7; MüKoAktG/*Gach*, § 76 BetrVG 1952 Rz. 49; *Geßler*, DB 1957, 214; MünchGesR/*Hoffmann-Becking*, Bd. 4: AG, § 30 Rz. 42. ||2 Vgl. ErfK/*Oetker*, § 5 DrittelbG Rz. 7; GK-BetrVG/*Kraft*, § 76 BetrVG 52 Rz. 92; *Fuchs/Köstler/Pütz*, Rz. 245. ||3 So auch ErfK/*Oetker*, § 5 DrittelbG Rz. 8; GK-BetrVG/*Kraft*, § 76 BetrVG 52 Rz. 90; *Dietz/Richardi*, § 76 BetrVG 52 Rz. 124; MüKoAktG/*Gach*, § 76 BetrVG 1952 Rz. 50; aA MünchArbR/*Wißmann*, § 383 Rz. 15. ||4 Hierzu OLG Hamburg 26.8.1988 – 11 W 53/88, AG 1989, 64 (66); WHSS/*Seibt*, Rz. F 196. ||5 § 7 I 2 WODrittelbG. ||6 § 7 II 1 WODrittelbG. ||7 § 12 WODrittelbG. ||8 ErfK/*Oetker*, § 6 DrittelbG Rz. 2; GK-BetrVG/*Kraft*, § 76 BetrVG 52 Rz. 63; *Fitting*, § 76 BetrVG 52 Rz. 74; *Dietz/Richardi*, § 76 BetrVG 52 Rz. 88; MünchArbR/*Wißmann*, § 383 Rz. 27; MüKoAktG/*Gach*, § 76 BetrVG 1952 Rz. 39. ||9 ErfK/*Oetker*, § 6 DrittelbG Rz. 2. ||10 Hierzu ErfK/*Oetker*, § 6 DrittelbG Rz. 2; WWKK/*Kleinsorge*, § 6 DrittelbG Rz. 3; *Dietz/Richardi*, § 76 BetrVG 52 Rz. 88; MünchArbR/*Wißmann*, § 383 Rz. 27; MüKoAktG/*Gach*, § 76 BetrVG 1952 Rz. 39. ||11 ErfK/*Oetker*, § 6 DrittelbG Rz. 1; WWKK/*Kleinsorge*, GK-BetrVG/*Kraft*, § 76 BetrVG 52 Rz. 57 und 61; *Dietz/Richardi*, § 76 BetrVG 52 Rz. 90. ||12 BVerfG 12.10.2004 – 1 BvR 2130/98, NZA 2004, 1395. ||13 Ebenso ErfK/*Oetker*, § 6 DrittelbG Rz. 3; UHH/*Henssler*, § 6 DrittelbG Rz. 3; WWKK/*Kleinsorge*, § 6 DrittelbG Rz. 6.

Im Unterschied zu § 76 BetrVG 1952 enthält das DrittelbG eine ausdrückliche Bestimmung über die **Wahl von Ersatzmitgliedern**, die sich an § 17 MitbestG orientiert. Für die Wahl von Ersatzmitgliedern bestehen keine besonderen Wählbarkeitsvoraussetzungen[1]. Zusammen mit jedem Bewerber kann für diesen eine konkrete Person als Ersatzmitglied vorgeschlagen werden[2]. Eine Überkreuzkandidatur ist unzulässig (Abs. 1 S. 2). Die Bestellung muss gleichzeitig mit der AR-Wahl erfolgen; sie kann nicht nachgeholt werden[3]. Die **Amtszeit** des Ersatzmitglieds beginnt mit dem Tag seines Nachrückens in den AR als Ersatz für ein dauerhaft aus dem AR scheidendes Mitglied[4] und endet – vorbehaltlich Wahlanfechtung (§ 11) und Abberufung (§ 12) – mit Ablauf der Amtperiode.

Bei **Ausscheiden eines Mitglieds** rückt nicht der Bewerber mit der nächsthöheren Stimmenzahl automatisch nach, sofern er nicht als Ersatzmitglied gewählt worden war[5]. Das Ersatzmitglied rückt nur dann in den AR nach, wenn die nach § 4 II erforderliche Mindestrepräsentanz der unternehmensangehörigen ArbN gewahrt bleibt[6].

8 *Bekanntmachung der Mitglieder des Aufsichtsrats*

Das zur gesetzlichen Vertretung des Unternehmens befugte Organ hat die Namen der Mitglieder und der Ersatzmitglieder des Aufsichtsrats unverzüglich nach ihrer Bestellung in den Betrieben des Unternehmens bekannt zu machen und im Bundesanzeiger zu veröffentlichen. Nehmen an der Wahl der Aufsichtsratsmitglieder des Unternehmens auch die Arbeitnehmer eines anderen Unternehmens teil, so ist daneben das zur gesetzlichen Vertretung des anderen Unternehmens befugte Organ zur Bekanntmachung in seinen Betrieben verpflichtet.

Die Vorschrift entspricht – dem in Bezug auf § 25 S. 1 AktG ebenfalls angepassten – § 19 MitbestG (Erl. dort) und verdrängt für die GmbH die allg. Regelung des § 52 II 2 GmbHG. Die Bekanntmachung nach § 8 ist von der Bekanntmachung des Wahlergebnisses zu unterscheiden, die nach §§ 21 I, 31 IV 2 WO-DrittelbG dem Wahlvorstand obliegt.

9 *Schutz von Aufsichtsratsmitgliedern vor Benachteiligung*

Aufsichtsratsmitglieder der Arbeitnehmer dürfen in der Ausübung ihrer Tätigkeit nicht gestört oder behindert werden. Sie dürfen wegen ihrer Tätigkeit im Aufsichtsrat nicht benachteiligt oder begünstigt werden. Dies gilt auch für ihre berufliche Entwicklung.

Nach § 9 (der § 26 MitbestG entspricht; s. Erl. dort) gilt für die ArbN-Vertreter im AR ein **Behinderungs-, Benachteiligungs- und Bevorzugungsverbot**. Der ArbN, der gleichzeitig AR-Mitglied ist, darf in seiner berufl. Entwicklung nicht anders als die übrigen ArbN behandelt werden. Allerdings steht den ArbN-Vertretern im AR kein besonderer Kündigungsschutz zu; § 15 KSchG und § 103 BetrVG sind nicht entsprechend auf die ArbN-Vertreter im AR anzuwenden[7]. Unberührt bleibt selbstverständlich der Kündigungsschutz des ArbN in seiner ggf. gleichzeitigen Eigenschaft als BR-Mitglied[8]. Ausnahmsw. kann allerdings eine Kündigung unwirksam sein, die mit dem Ziel erfolgt, die Tätigkeit des ArbN im AR unmöglich zu machen oder diesen wegen seiner AR-Tätigkeit zu maßregeln. In diesen Fällen folgt aus § 9 ein relativer Kündigungsschutz (s.a. § 26 MitbestG Rz. 6)[9].

10 *Wahlschutz und Wahlkosten*

(1) Niemand darf die Wahl der Aufsichtsratsmitglieder der Arbeitnehmer behindern. Insbesondere darf niemand in der Ausübung des aktiven und passiven Wahlrechts beschränkt werden.

(2) Niemand darf die Wahlen durch Zufügung oder Androhung von Nachteilen oder durch Gewährung oder Versprechen von Vorteilen beeinflussen.

(3) Die Kosten der Wahlen trägt das Unternehmen. Versäumnis von Arbeitszeit, die zur Ausübung des Wahlrechts oder der Betätigung im Wahlvorstand erforderlich ist, berechtigt nicht zur Minderung des Arbeitsentgelts.

Mit § 10 enthält das DrittelbG eine ausdrückliche Regelung über die Kostentragungspflicht für die Durchführung der Wahl der ArbN-Vertreter in den AR, die inhaltlich mit § 20 MitbestG bzw. § 20

---

[1] Ebenso ErfK/*Oetker*, § 7 DrittelbG Rz. 1; aA UHH/*Henssler*, § 7 DrittelbG Rz. 6; WWKK/*Kleinsorge*, § 7 DrittelbG Rz. 5; *Huke/Prinz*, BB 2004, 2633 (2635 f.). ‖ [2] Zur Aufnahme von Ersatzmitgliedern in einen Wahlvorschlag s. § 8 WODrittelbG. ‖ [3] Vgl. *Hüffer*, § 101 AktG Rz. 12; Geßler/Hefermehl/Eckhardt/Kropff/*Geßler*, § 101 AktG Rz. 116; KölnKommAktG/*Mertens/Cahn*, § 101 Rz. 88. ‖ [4] UHH/*Henssler*, § 7 DrittelbG Rz. 9; WWKK/*Kleinsorge*, § 7 DrittelbG Rz. 10. ‖ [5] BAG 21.12.1965 – I ABR 12/65, AP Nr. 14 zu § 76 BetrVG 1952. ‖ [6] Vgl. ErfK/*Oetker*, § 7 DrittelbG Rz. 1; *Raiser/Veil*, § 7 DrittelbG Rz. 2. ‖ [7] ErfK/*Oetker*, § 26 MitbestG Rz. 7; GK-BetrVG/*Kraft*, § 76 BetrVG 52 Rz. 134; Dietz/Richardi, § 76 BetrVG 52 Rz. 177; MünchArbR/*Wißmann*, § 384 Rz. 10, § 380 Rz. 85; aA *Naendrup*, AuR 1979, 204 ff. ‖ [8] BAG 4.4.1974 – 2 AZR 452/73, AP Nr. 1 zu § 626 BGB – Arbeitnehmervertreter im AR; GK-BetrVG/*Kraft*, § 76 BetrVG 52 Rz. 134. ‖ [9] ErfK/*Oetker*, § 26 MitbestG Rz. 7; GK-BetrVG/*Kraft*, § 76 BetrVG 52 Rz. 134; Dietz/Richardi, § 76 BetrVG 52 Rz. 177.

BetrVG identisch ist. Gem. Abs. 3 sind die Kosten, die für die dem Gesetz entsprechende Durchführung der Wahl nach pflichtgemäßem Ermessen des Wahlvorstands in angemessener Höhe anfallen, durch das Unternehmen zu tragen, dessen AR zu wählen ist[1]. Diese Kostentragungspflicht des Unternehmens erstreckt sich auch auf die Kosten einer Wahlanfechtung oder eines Verfahrens zur Feststellung der Nichtigkeit der Wahl, es sei denn, die Verfahrenseinleitung war offensichtlich unbegründet[2].

11 *Anfechtung der Wahl von Aufsichtsratsmitgliedern der Arbeitnehmer*
(1) Die Wahl eines Aufsichtsratsmitglieds oder eines Ersatzmitglieds der Arbeitnehmer kann beim Arbeitsgericht angefochten werden, wenn gegen wesentliche Vorschriften über das Wahlrecht, die Wählbarkeit oder das Wahlverfahren verstoßen worden und eine Berichtigung nicht erfolgt ist, es sei denn, dass durch den Verstoß das Wahlergebnis nicht geändert oder beeinflusst werden konnte.

(2) Zur Anfechtung berechtigt sind
1. mindestens drei Wahlberechtigte,
2. die Betriebsräte,
3. das zur gesetzlichen Vertretung des Unternehmens befugte Organ.

Die Anfechtung ist nur binnen einer Frist von zwei Wochen, vom Tag der Veröffentlichung im Bundesanzeiger an gerechnet, zulässig.

1 **I. Allgemeines. 1. Regelungsinhalt.** Die Möglichkeit einer Anfechtung der Wahl der ArbN-Vertreter in den AR ist in der Rspr. und Lit. anerkannt, war aber im BetrVG 1952 nicht ausdrücklich geregelt. Diese Lücke war durch analoge Anwendung von § 19 BetrVG zu schließen[3]. Die Regelung in § 11 orientiert sich an den entsprechenden Regelungen in § 22 MitbestG und den von der Rspr. und Lit. herausgearbeiteten Grundsätzen[4].

2 **2. Gegenstand der Wahlanfechtung.** Gegenstand der Wahlanfechtung kann die Wahl eines ArbN-Vertreters bzw. eines Ersatzmitglieds oder die Gesamtheit der ArbN-Vertreter im AR sein[5].

3 **II. Anfechtungsberechtigung.** Abs. 2 enthält eine abschließende Aufzählung der zur Anfechtung berechtigten Personen. Danach sind anfechtungsberechtigt (1) mindestens **drei Wahlberechtigte**, (2) die **Betriebsräte** oder (3) das zur gesetzl. Vertretung des Unternehmens befugte **Organ**, dh. der Vorstand einer AG, die Komplementäre einer KGaA sowie die Geschäftsführer einer GmbH. Wahlberechtigt iSv. Abs. 2 S. 1 Nr. 1 ist, wer in der Wählerliste eingetragen ist (§ 4 V WODrittelbG). Entsprechend der früheren Rspr. und korrespondierend mit dem Wahlvorschlagsrecht (§ 6 S. 1) sind auch die (G)BR bzw. die (K)BR anfechtungsberechtigt[6]. Im Anfechtungsverfahren sind nur die Personen zu beteiligen, denen das Gesetz ein Antragsrecht zuerkennt oder deren Rechtsposition durch die gerichtl. Entscheidung beeinträchtigt werden kann[7]. Im Betrieb vertretene Gewerkschaften[8] sowie die BR[9] sind nur zu beteiligen, wenn sie selbst den Anfechtungsantrag gestellt haben.

4 **III. Anfechtungsfrist.** Die Anfechtungsfrist beträgt **zwei Wochen**, berechnet vom Tag der Veröffentlichung im Bundesanzeiger (Abs. 2 S. 2; Ausschlussfrist). Diese gesetzl. Regelung des Beginns der zweiwöchigen Anfechtungsfrist weicht von der früheren Rspr. insoweit ab, als früher Fristbeginn früher die Bekanntgabe des Wahlergebnisses galt[10]. Da die Veröffentlichung der Namen der AR-Mitglieder (vgl. § 8) in der Praxis mindestens zwei Wochen nach Feststellung des Wahlergebnisses erfolgen dürfte, führt dies zu einer (geringfügig) längeren Rechtsunsicherheit über die Verbindlichkeit der AR-Wahlen.

5 **IV. Materielle Voraussetzungen.** Die Anfechtung der Wahl setzt materiell voraus, dass bei ihrer Durchführung gegen wesentliche Vorschriften über das Wahlrecht, die Wählbarkeit, das Wahlverfahren oder gegen Wahlgrundsätze verstoßen wurde, keine Berichtigung erfolgt ist und der Verstoß für das ermittelte Wahlergebnis ursächlich war[11].

---

1 Vgl. GK-BetrVG/*Kraft*, § 76 BetrVG 52 Rz. 85; *Dietz/Richardi*, § 76 BetrVG 52 Rz. 120. ‖ 2 GK-BetrVG/*Kraft*, § 76 BetrVG 52 Rz. 86; *Dietz/Richardi*, § 76 BetrVG 52 Rz. 120; *Fuchs/Köstler/Pütz*, Rz. 605; *Kuhlendahl*, BB 1963, 690 (691). ‖ 3 BAG 21.12.1965 – 1 ABR 12/65, AP Nr. 14 zu § 76 BetrVG 1952; ErfK/*Oetker*, 4. Aufl., § 76 BetrVG 52 Rz. 46; GK-BetrVG/*Kraft*, § 76 BetrVG 52 Rz. 75; *Dietz/Richardi*, § 76 BetrVG 52 Rz. 111; MünchArbR/*Wißmann*, § 383 Rz. 36. ‖ 4 Hierzu 1. Aufl., § 76 BetrVG 1952 Rz. 52ff.; MünchArbR/*Wißmann*, § 383 Rz. 36f. ‖ 5 BAG 30.8.1966 – 1 ABR 1/66, AP Nr. 15 zu § 76 BetrVG 1952; 26.11.1968 – 1 ABR 7/68, AP Nr. 18 zu § 76 BetrVG 1952; 12.8.1970 – 1 ABR 23/70, AP Nr. 21 zu § 76 BetrVG 1952; GK-BetrVG/*Kraft*, § 76 BetrVG 52 Rz. 82. ‖ 6 Vgl. BAG 27.1.1993 – 7 ABR 37/92, AP Nr. 29 zu § 76 BetrVG 1952; ErfK/*Oetker*, § 11 DrittelbG Rz. 2; GK-BetrVG/*Kraft*, § 76 BetrVG 52 Rz. 76. ‖ 7 ErfK/*Oetker*, § 11 DrittelbG Rz. 3; GK-BetrVG/*Kraft*, § 76 BetrVG 52 Rz. 78. ‖ 8 BAG 27.1.1993 – 7 ABR 37/92, AP Nr. 29 zu § 76 BetrVG 1952; aA BAG 20.7.1982 – 1 ABR 19/81, AP Nr. 26 zu § 76 BetrVG 1952. ‖ 9 BAG 12.2.1985 – 7 ABR 11/84, AP Nr. 27 zu § 76 BetrVG 1952; ErfK/*Oetker*, § 11 DrittelbG Rz. 3. ‖ 10 Vgl. BAG 3.12.1954 – 1 ABR 23/54, AP Nr. 3 zu § 76 BetrVG 1952; 15.7.1960 – 1 ABR 3/59, AP Nr. 10 zu § 76 BetrVG 1952; ErfK/*Oetker*, 4. Aufl., § 76 BetrVG 1952 Rz. 49; GK-BetrVG/*Kraft*, § 76 BetrVG 52 Rz. 80; *Dietz/Richardi*, § 76 BetrVG 52 Rz. 111. ‖ 11 BAG 20.7.1982 – 1 ABR 19/81, AP Nr. 26 zu § 76 BetrVG 1952; 27.1.1993 – 7 ABR 37/92, AP Nr. 29 zu § 76 BetrVG 1952; GK-BetrVG/*Kraft*, § 76 BetrVG 52 Rz. 81.

V. Rechtsfolgen der Anfechtung. Mit einer der Anfechtung stattgebenden rechtskräftigen Entscheidung endet das Amt der von der Anfechtung betroffenen AR-Mitglieder ex nunc[1]. An die Stelle der ausscheidenden AR-Mitglieder rücken primär die Ersatzmitglieder (vgl. § 7), andernfalls die Bewerber mit der nächsthöchsten Stimmenzahl nach, sofern diese die persönlichen Voraussetzungen des ursprünglich Gewählten erfüllen; andernfalls wird eine Nachwahl erforderlich[2].

Bis zu einer rechtskräftigen Entscheidung, die der Wahlanfechtung stattgibt, stehen dem AR-Mitglied alle Rechte und Pflichten zu. Im Falle einer stattgebenden rechtskräftigen Entscheidung über die Anfechtung bleiben die **Beschlüsse des AR wirksam**[3].

VI. Nichtigkeit der Wahl. Die Wahl der ArbN-Vertreter ist nichtig, wenn die Voraussetzungen einer Wahl nicht vorlagen oder derart gegen fundamentale Wahlgrundsätze verstoßen wurde, dass nicht einmal mehr der Anschein einer Wahl gegeben ist[4]. Die Nichtigkeit kann jederzeit, von jedermann und in jedem Verfahren geltend gemacht werden[5]. Bei Feststellung der Nichtigkeit gilt die Wahl rückwirkend als unwirksam; AR-Beschlüsse sind dann unwirksam, wenn sie ohne die Stimme des Betroffenen nicht zustande gekommen wären[6].

§ 12 *Abberufung von Aufsichtsratsmitgliedern der Arbeitnehmer*

(1) Ein Aufsichtsratsmitglied der Arbeitnehmer kann vor Ablauf der Amtszeit auf Antrag eines Betriebsrats oder von mindestens einem Fünftel der Wahlberechtigten durch Beschluss abberufen werden. Der Beschluss der Wahlberechtigten wird in allgemeiner, geheimer, gleicher und unmittelbarer Abstimmung gefasst; er bedarf einer Mehrheit von drei Vierteln der abgegebenen Stimmen. Auf die Beschlussfassung findet § 2 Abs. 1 Anwendung.

(2) Absatz 1 ist für die Abberufung von Ersatzmitgliedern entsprechend anzuwenden.

I. Allgemeines. Die Regelung der Abberufung von AR-Mitgliedern in § 12 entspricht im Wesentlichen der früheren Rechtslage nach § 76 V BetrVG 1952. Die Einzelheiten des Abberufungsverfahrens sind in den §§ 32–41 WODrittelbG geregelt. Der Verzicht auf einen Abberufungsgrund entspricht der Regelung in § 103 I AktG und rechtfertigt sich durch den in dem qualifizierten Mehrheitsbeschluss der Wahlberechtigten zum Ausdruck kommenden Vertrauensentzug[7]. Entsprechend der ausdrücklichen Regelung zur Wahl von Ersatzmitgliedern in § 7 bestimmt Abs. 2 die Abberufung von Ersatzmitgliedern.

II. Abberufung. Die ArbN-Vertreter können vor Ablauf ihrer Amtszeit durch Beschluss der wahlberechtigten ArbN des Unternehmens abberufen werden (Abs. 1). Eine Abberufung durch die Hauptversammlung ist demggü. nicht möglich[8]. Die Abberufung bezieht sich zwar nach dem Wortlaut des Abs. 1 nur auf *ein* AR-Mitglied, allerdings ist ein Antrag auf Abberufung aller ArbN-Vertreter im AR ebenfalls zulässig[9].

Der **Beschluss über den Bestellungswiderruf** kann nur auf Antrag der Betriebsräte (wobei jeder BR einschl. GBR oder KBR[10] auf der Grundlage eines entsprechenden Beschlusses [§ 32 I 2 WODrittelbG, § 33 I 1 BetrVG] einzeln und ohne jede Repräsentanzquote antragsberechtigt ist[11]) oder von mindestens ⅕ der Wahlberechtigten gefasst werden. Der Kreis der Wahlberechtigten bestimmt sich nach § 5 II, und zwar bezogen auf den Zeitpunkt der Antragstellung[12]. Der Beschluss zur Abberufung erfordert eine Mehrheit von mindestens ¾ der abgegebenen Stimmen der Wahlberechtigten (Abs. 1 S. 2); ungültige Stimmen sind nicht zu berücksichtigen[13]. Für die Beschlussfassung gelten die gleichen Grundsätze wie für die Wahl der ArbN-Vertreter in den AR (vgl. § 2 Rz. 2 ff.).

Das Amt des durch Beschluss abberufenen AR-Mitglieds endet mit der Mitteilung des Abstimmungsergebnisses durch den Wahlvorstand an das betreffende Mitglied (§ 37 II WODrittelbG iVm. § 21 II WODrittelbG)[14]. An die Stelle des abberufenen AR-Mitglieds tritt das für ihn gewählte Ersatzmitglied,

---

1 ErfK/*Oetker*, § 11 DrittelbG Rz. 4; GK-BetrVG/*Kraft*, § 76 BetrVG 52 Rz. 83; *Dietz/Richardi*, § 76 BetrVG 52 Rz. 118; MünchArbR/*Wißmann*, § 383 Rz. 37. ‖ 2 BAG 21.12.1965 – 12/65, AP Nr. 14 zu § 76 BetrVG 1952; ErfK/*Oetker*, § 11 DrittelbG Rz. 4; GK-BetrVG/*Kraft*, § 76 BetrVG 52 Rz. 83. ‖ 3 UHH/*Henssler*, § 11 DrittelbG Rz. 7; WWKK/*Kleinsorge*, § 11 DrittelbG Rz. 16. ‖ 4 ErfK/*Oetker*, § 11 DrittelbG Rz. 5; GK-BetrVG/*Kraft*, § 76 BetrVG 52 Rz. 84; *Dietz/Richardi*, § 76 BetrVG 52 Rz. 119. ‖ 5 BAG 16.4.2008 – 7 ABR 6/07, DB 2008, 1850; ErfK/*Oetker*, § 11 DrittelbG Rz. 5; GK-BetrVG/*Kraft*, § 76 BetrVG 52 Rz. 84; UHH/*Habersack*, § 11 DrittelbG Rz. 9. ‖ 6 WWKK/*Kleinsorge*, § 11 DrittelbG Rz. 22. ‖ 7 Vgl. ErfK/*Oetker*, § 12 DrittelbG Rz. 2; *Raiser/Veil*, § 12 DrittelbG Rz. 5. ‖ 8 ErfK/*Oetker*, § 12 DrittelbG Rz. 2; *Dietz/Richardi*, § 76 BetrVG 52 Rz. 138. ‖ 9 ErfK/*Oetker*, § 12 DrittelbG Rz. 3; UHH/*Henssler*, § 12 DrittelbG Rz. 6; *Dietz/Richardi*, § 76 BetrVG 52 Rz. 144. ‖ 10 ErfK/*Oetker*, § 12 DrittelbG Rz. 4; *Dietz/Richardi*, § 76 BetrVG 52 Rz. 141; MünchArbR/*Wißmann*, § 383 Rz. 41; aA *Fitting*, § 76 BetrVG 52 Rz. 128; GK-BetrVG/*Kraft*, § 76 BetrVG 52 Rz. 106. ‖ 11 ErfK/*Oetker*, § 12 DrittelbG Rz. 4; UHH/*Henssler*, § 12 DrittelbG Rz. 5; GK-BetrVG/*Kraft*, § 76 BetrVG 52 Rz. 106; *Dietz/Richardi*, § 76 BetrVG 52 Rz. 140; aA *Fitting*, § 76 BetrVG 52 Rz. 128. ‖ 12 ErfK/*Oetker*, § 12 DrittelbG Rz. 4; UHH/*Henssler*, § 12 DrittelbG Rz. 4; WWKK/*Kleinsorge*, § 12 DrittelbG Rz. 8. ‖ 13 ErfK/*Oetker*, § 12 DrittelbG Rz. 6; MünchArbR/*Wißmann*, § 383 Rz. 41. ‖ 14 ErfK/*Oetker*, § 12 DrittelbG Rz. 7; GK-BetrVG/*Kraft*, § 76 BetrVG 52 Rz. 104; *Dietz/Richardi*, § 76 BetrVG 52 Rz. 148; *Fuchs/Köstler/Pütz*, Rz. 582a.

sofern dieses auch die ggf. wegen § 4 II erforderlichen Wählbarkeitsvoraussetzungen des § 4 III erfüllt (§ 7 Rz. 2)[1]; andernfalls hat primär eine Nachwahl, ansonsten eine gerichtl. Bestellung nach § 104 AktG zu erfolgen (vgl. § 4 Rz. 5). Der Beschluss über die Abberufung eines ArbN-Vertreters im AR kann unter den gleichen Voraussetzungen wie dessen Wahl im Beschlussverfahren nach § 2a ArbGG angefochten werden[2].

5 **III. Vorzeitige Beendigung der Amtszeit. 1. Wegfall des Aufsichtsrats bzw. von Voraussetzungen der Unternehmensmitbestimmung.** Fällt die Gesellschaft weg, bei der der AR bestand (zB Vollbeendigung; Verschmelzung), so erlöschen auch die Ämter sämtlicher AR-Mitglieder[3]; das Gleiche gilt bei einem Formwechsel in eine Rechtsform, die im Normalstatut keinen mitbestimmten AR kennt (zB Personenhandelsgesellschaft). Demggü. führen weder Auflösung(sbeschluss[4]) noch Insolvenz[5] zum Amtszeitende. Änderungen der wirtschaftl. oder rechtl. Parameter (zB Rechtsform, Aktionärskreis, Tendenzcharakter, Unternehmensgegenstand, inländischer Sitz des Unternehmens, ArbN-Zahl, Höhe des Gesellschaftskapitals), die für die Anwendbarkeit von Unternehmensmitbestimmungsgesetzen beachtlich sind, können zur Folge haben, dass das Unternehmen daraufhin einem anderen oder keinem Mitbest.-Statut (mehr) unterliegt[6]. Vorbehaltlich der Sonderregelungen beim Formwechsel (§ 203 UmwG) sowie bei der Abspaltung oder Ausgliederung (§ 325 UmwG, § 1 MitbestBeiG), ist bei einem Statutwechsel das sog. **Statusverfahren** nach § 97 AktG einzuleiten (hierzu ausf. § 6 MitbestG Rz. 2 ff.)[7]. Damit erlischt das Amt der AR-Mitglieder spätestens mit Ablauf von sechs Monaten nach der Bekanntmachung des Vorstandes über die neue AR-Zusammensetzung bzw. spätestens sechs Monate nach Rechtskraft einer gerichtl. Entscheidung.

6 **2. Niederlegung.** Das Amt eines AR-Mitglieds endet durch dessen Niederlegung. Die Niederlegungserklärung ist eine zugangsbedürftige Gestaltungserklärung und als solche unanfechtbar und unwiderruflich[8]. Sie ist an die Gesellschaft, vertreten durch den Vorstand zu richten[9] und beendet vorbehaltlich abweichender Satzungsregelung (in der Praxis finden sich häufig Niederlegungsfristen) das Organverhältnis bei Zugang mit sofortiger Wirkung[10]. Nach zutreffender hM ist die Amtsniederlegung auch ohne wichtigen Grund wirksam, sofern sie nicht zur Unzeit erfolgt[11].

7 **3. Wegfall der Wählbarkeit.** Das AR-Amt endet mit dem Wegfall einer Voraussetzung für seine Wählbarkeit (vgl. §§ 100 I und II, 105 I AktG sowie § 4 III)[12]. Die Beendigung des ArbVerh mit einem unternehmensangehörigen ArbN-Vertreter führt zu dessen Amtsbeendigung, jedenfalls dann, wenn dieser notwendiger Unternehmensangehöriger iSv. § 4 II 2 ist[13]. In der Satzung können für ArbN-Vertreter keine zusätzlichen persönlichen Voraussetzungen vorgesehen werden (§ 100 IV AktG; hierzu § 1 Rz. 21).

8 Endet das ArbVerh eines ArbN-Vertreters, der nach § 4 II notwendig in einem Betrieb des Unternehmens beschäftigt sein muss, mit dem Unternehmen, so endet auch sein AR-Amt[14]. Nach hM erlischt das AR-Amt allerdings bei Kündigung des ArbN-Vertreters erst mit Unanfechtbarkeit der Kündigung[15]. Das Beschäftigungserfordernis liegt auch bei einem ruhenden ArbVerh nicht mehr vor, wenn keine gesicherte Rückkehrmöglichkeit besteht (zB Freistellungsphase einer ATZ nach dem sog. Blockmodell)[16]. Demggü. führt die Freistellung des ArbN-Vertreters gem. § 38 BetrVG nicht zur Beendigung des AR-Amtes[17]. Das AR-Amt endet für den ArbN-Vertreter, dem der AR als ArbN notwendig angehört und leitender Angestellter (§ 5 III BetrVG) wird[18]. Das AR-Amt eines ArbN-Vertreters endet weiterhin, wenn er in einem abhängigen Unternehmen beschäftigt ist, das aus dem Konzern ausscheidet und dem AR hierdurch nicht mehr die nach § 4 II erforderlichen zwei in Konzernunternehmen beschäftigten ArbN angehören[19].

---

1 ErfK/*Oetker*, § 12 DrittelbG Rz. 7; UHH/*Henssler*, § 12 DrittelbG Rz. 12; *Fitting*, § 76 BetrVG 52 Rz. 135. ||2 GK-BetrVG/*Kraft*, § 76 BetrVG 52 Rz. 107; *Dietz/Richardi*, § 76 BetrVG 52 Rz. 149; MünchArbR/*Wißmann*, § 383 Rz. 41. ||3 ErfK/*Oetker*, § 12 DrittelbG Rz. 9; GK-BetrVG/*Kraft*, § 76 BetrVG 52 Rz. 93; *Dietz/Richardi*, § 76 BetrVG 52 Rz. 128. ||4 Vgl. BGH 10.3.1960 – II ZR 56/59, BGHZ 32, 114 (117); *Hüffer*, § 102 AktG Rz. 1, § 103 AktG Rz. 16. ||5 Vgl. *Hüffer*, § 102 AktG Rz. 1 und § 103 AktG Rz. 16. ||6 Hierzu ausf. WHSS/*Seibt*, Rz. F 16 und 16b. ||7 WHSS/*Seibt*, Rz. F 140 ff. ||8 ErfK/*Oetker*, § 12 DrittelbG Rz. 10; GK-BetrVG/*Kraft*, § 76 BetrVG 52 Rz. 96; *Dietz/Richardi*, § 76 BetrVG 52 Rz. 132. ||9 *Hüffer*, § 103 AktG Rz. 17; Geßler/Hefermehl/Eckhardt/Kropff/*Geßler*, § 102 AktG Rz. 34. ||10 *Lutter/Krieger*, Rz. 30. ||11 *Hüffer*, § 103 AktG Rz. 17; Geßler/Hefermehl/Eckhardt/Kropff/*Geßler*, § 102 AktG Rz. 30; KölnKommAktG/*Mertens/Cahn*, § 103 Rz. 57; *Singhof*, AG 1998, 318 (321 f.); *Wardenbach*, AG 1999, 74 (75 f.); aA Baumbach/Hueck/*Zöllner/Noack*, § 52 GmbHG Rz. 52: wichtiger Grund erforderlich bei befristeter Bestellung. ||12 BAG 25.10.2000 – 7 ABR 18/00, AP Nr. 32 zu § 76 BetrVG 1952; ErfK/*Oetker*, § 12 DrittelbG Rz. 11; MüKoAktG/*Gach*, § 76 BetrVG 1952 Rz. 54; MünchGesR/*Hoffmann-Becking*, Bd. 4: AG, § 30 Rz. 46. ||13 So einschränkend BGH 21.2.1963 – II ZR 76/62, BGHZ 39, 116; *Meier*, GmbHR 2008, 585 (586); weitergehend Scholz/*U.H. Schneider*, § 52 GmbHG Rz. 274. ||14 BAG 25.10.2000 – 7 ABR 18/00, AP Nr. 32 zu § 76 BetrVG 1952; ErfK/*Oetker*, § 12 DrittelbG Rz. 11; GK-BetrVG/*Kraft*, § 76 BetrVG 52 Rz. 99; *Dietz/Richardi*, § 76 BetrVG 52 Rz. 137. ||15 ErfK/*Oetker*, § 12 DrittelbG Rz. 11; GK-BetrVG/*Kraft*, § 76 BetrVG 52 Rz. 99; MüKoAktG/*Gach*, § 76 BetrVG 1952 Rz. 54. ||16 BAG 25.10.2000 – 7 ABR 18/00, AP Nr. 32 zu § 76 BetrVG 1952; *Haag/Gräter/Dangelmaier*, DB 2001, 702 ff.; *Windbichler*, SAE 2001, 208 ff. ||17 *Windbichler*, SAE 2001, 208 (209); ErfK/*Oetker*, § 12 DrittelbG Rz. 11. ||18 ErfK/*Oetker*, § 12 DrittelbG Rz. 11; GK-BetrVG/*Kraft*, § 76 BetrVG 52 Rz. 99; *Dietz/Richardi*, § 76 BetrVG 52 Rz. 137. ||19 ErfK/*Oetker*, § 12 DrittelbG Rz. 12; *Radke*, AuR 1958, 161 (169).

Diese Grundsätze gelten allerdings nicht, wenn dem AR auch nach Beschäftigungsende eines ArbN-Vertreters noch eine ausreichende Zahl von unternehmensangehörigen ArbN-Vertretern angehören[1]. Denn in diesem Fall ist ein betriebszugehöriges ArbVerh nicht Voraussetzung für die AR-Mitgliedschaft, sondern lediglich Motiv für dessen Wahl in den AR[2]. **9**

4. Gerichtliche Abberufung. ArbN-Vertreter im AR können weiter durch Beschluss des für die Gesellschaft zuständigen Registergerichts (§ 376 I FamFG, § 14 AktG) abberufen werden, wenn in ihrer Person ein **wichtiger Grund** vorliegt (§ 103 III und IV AktG). Für das Vorliegen eines wichtigen Grundes ist jeder Umstand ausreichend, der es **für die Gesellschaft unzumutbar** macht, dass dieses Mitglied weiterhin im AR verbleibt und damit die **Funktionserfüllung des Organs AR erheblich gefährdet** (s.a. § 23 MitbestG Rz. 3 f.)[3]. Als wichtiger Grund anzusehen sind zB die Verletzung der Verschwiegenheitspflicht[4] oder die unzulässige Kontaktaufnahme mit Geschäftspartnern der Gesellschaft[5]. Wesentliche und nicht nur vorübergehende Interessenkonflikte in der Person eines AR-Mitglieds (zB allgemeinpolitische Tätigkeit eines Gewerkschaftsfunktionärs gegen wesentliche Interessen des Unternehmens) können im Einzelfall einen solchen wichtigen Grund bilden[6]. In Ausnahmefällen kann ein wichtiger Grund auch in der mangelnden Qualifikation des AR-Mitglieds liegen, wenn ihm nachweisbar die zur ordnungsgemäßen Wahrnehmung der AR-Tätigkeit erforderlichen Mindestkenntnisse (zB Financial Literacy), Fähigkeiten und fachlichen Erfahrungen fehlen[7]. Bloße Interessengegensätze, die im AR aufeinander stoßen, sind grds. innerhalb des Organs auszutragen und berechtigen nicht zu einem Vorgehen nach § 103 III und IV AktG[8]. Ein Grund, der die fristlose Kündigung eines im Unternehmen beschäftigten ArbN-Vertreters rechtfertigt, stellt nicht zwingend auch einen wichtigen Grund für eine gerichtl. Abberufung dar[9]; allerdings wird er häufig ein Indiz für die Unzumutbarkeit des Verbleibens im AR sein. **10**

Gegen die Entscheidung des Registergerichts ist die Beschwerde statthaft (§ 103 III 4 AktG). Gegen dessen Entscheidung kann wiederum mittels einer Rechtsbeschwerde vorgegangen werden (§§ 70 ff. FamFG). **11**

Teil 3. Übergangs- und Schlussvorschriften

13 *Ermächtigung zum Erlass von Rechtsverordnungen*
Die Bundesregierung wird ermächtigt, durch Rechtsverordnung Vorschriften über das Verfahren für die Wahl und die Abberufung von Aufsichtsratsmitgliedern der Arbeitnehmer zu erlassen, insbesondere über

1. die Vorbereitung der Wahl, insbesondere die Aufstellung der Wählerlisten und die Errechnung der Zahl der Aufsichtsratsmitglieder der Arbeitnehmer;
2. die Frist für die Einsichtnahme in die Wählerlisten und die Erhebung von Einsprüchen gegen sie;
3. die Wahlvorschläge und die Frist für ihre Einreichung;
4. das Wahlausschreiben und die Frist für seine Bekanntmachung;
5. die Teilnahme von Arbeitnehmern eines in § 3 Abs. 3 bezeichneten Betriebs an der Wahl;
6. die Stimmabgabe;
7. die Feststellung des Wahlergebnisses und die Fristen für seine Bekanntmachung;
8. die Anfechtung der Wahl;
9. die Aufbewahrung der Wahlakten.

Auf Grund der Ermächtigung in § 13 ist die VO zum Zweiten Gesetz zur Vereinfachung der Wahl der Arbeitnehmervertreter in den Aufsichtsrat v. 23.6.2004 erlassen worden. Diese enthält als Art. 1 die VO **1**

---

1 ErfK/*Oetker*, § 12 DrittelbG Rz. 12; GK-BetrVG/*Kraft*, § 76 BetrVG 52 Rz. 101; *Dietz/Richardi*, § 76 BetrVG 52 Rz. 137; MünchArbR/*Wißmann*, § 373 Rz. 15. ‖ 2 BGH 21.2.1963 – II ZR 76/62, BGHZ 39, 116 (120). ‖ 3 Vgl. LG Frankfurt 14.10.1986 – 3/11 T 29/85, NJW 1987, 505 f.; *Hüffer*, § 103 AktG Rz. 10; ErfK/*Oetker*, § 12 DrittelbG Rz. 13; GK-BetrVG/*Kraft*, § 76 BetrVG 52 Rz. 108; Scholz/*U.H. Schneider*, § 52 GmbHG Rz. 299; *Hofmann*, BB 1973, 1081 ff. ‖ 4 Vgl. *Hüffer*, § 103 AktG Rz. 11; OLG Stuttgart 7.11.2006 – 8 W 388/06, AG 2007, 218 f.; AG München 2.5.1985 – HRB 2212, WM 1986, 974 (einmalige Bekanntmachung geplanter Dividendenerhöhung und des Abstimmungsverhaltens anderer AR-Mitglieder in Betriebsversammlung soll nicht genügen). ‖ 5 OLG Zweibrücken 28.5.1990 – 3 W 92/90, WM 1990, 1388. ‖ 6 Vgl. auch Ziff. 5.5.3 S. 2 DCGK; hierzu *Seibt*, AG 2003, 465 (472 Fn. 71 und 475 f.); einschr. *Möllers*, NZG 2003, 697 ff. (zum Fall Lufthansa/Bsirske); zur Streikteilnahme von ArbN-Vertretern ausf. *Lutter/Krieger*, Rz. 305; *Fitting*, § 76 BetrVG 52 Rz. 173 ff.; *Köstler/Müller/Sick*, Aufsichtsratspraxis, Rz. 747 ff.; vgl. auch OLG Hamburg 23.1.1990 – 11 W 92/89, NJW-RR 1990, 673 ff. – HEW/Jansen; *Hüffer*, § 103 AktG Rz. 11. ‖ 7 Vgl. BGH 15.11.1982 – II ZR 27/82, BGHZ 85, 293 (295 f.) – Hertie; KölnKommAktG/*Mertens/Cahn*, § 116 Rz. 5 ff.; vgl. auch weitergehend Ziff. 5.4.1 S. 1 DCGK. ‖ 8 Vgl. KölnKommAktG/ *Mertens/Cahn*, § 103 Rz. 33; Scholz/*U.H. Schneider*, § 52 GmbHG Rz. 299. ‖ 9 BGH 21.2.1963 – II ZR 76/62, AP Nr. 12 zu § 76 BetrVG 1952; ErfK/*Oetker*, § 12 DrittelbG Rz. 13; *Dietz/Richardi*, § 76 BetrVG 52 Rz. 150.

zur Wahl der Aufsichtsratsmitglieder der ArbN nach dem Drittelbeteiligungsgesetz (WODrittelbG) und mit Art. 3 das Außerkrafttreten der die WO 1953. § 13 entspricht im Wesentlichen der früheren Regelung in § 87 BetrVG 1952, verzichtet allerdings nach der Kodifikation der Abberufung von AR-Mitgliedern der ArbN in § 12 auf den Katalogtatbestand des „Widerrufs der Bestellung" (zuvor § 87 Buchst. i BetrVG 1952). Die RechtsVO bedarf entgegen § 87 BetrVG 1952 – und in Übereinstimmung mit § 39 MitbestG, § 15 Montan-MitbestG, § 17 MitbestErgG – nicht der Zustimmung des Bundesrates.

14 *Verweisungen*
Soweit in anderen Gesetzen auf Vorschriften verwiesen wird, die durch Artikel 6 Abs. 2 des Zweiten Gesetzes zur Vereinfachung der Wahl der Arbeitnehmervertreter in den Aufsichtsrat aufgehoben werden, treten an ihre Stelle die entsprechenden Vorschriften dieses Gesetzes.

15 *Übergangsregelung*
Auf Wahlen oder Abberufungen, die vor dem 1. Juli 2004 eingeleitet worden sind, ist das Betriebsverfassungsgesetz 1952 in der im Bundesgesetzblatt Teil III, Gliederungsnummer 801-1, veröffentlichten bereinigten Fassung, zuletzt geändert durch Artikel 9 des Gesetzes vom 23. Juli 2001 (BGBl. I S. 1852), auch nach seinem Außerkrafttreten anzuwenden.

Europäische Betriebsräte-Gesetz (EBRG)
Gesetz über Europäische Betriebsräte

in der Fassung vom 7.12.2011 (BGBl. I S. 2650)

I. Allgemeines. 1	6. Ende der Vereinbarung und Ende des EBR kraft Vereinbarung 74
1. Überblick 1	7. Wesentliche Strukturänderung 75
2. Drei Formen des EBR im dreistufigen Regelungssystem 3	8. Wegfall der gesetzlichen Grundlagen für die Bildung eines EBR 86
3. Rechtspolitische Bewertung des EBR 6	9. Das Verfahren zur Unterrichtung und Anhörung nach § 19 87
4. Änderungen durch das 2. EBRG-ÄndG (Umsetzung der EBR-RL 2009/38/EG) 7	V. EBR kraft Gesetzes 88
II. Bestimmung der wichtigsten Begriffe 13	1. EBR kraft Gesetzes als gesetzlicher Auffangtatbestand 88
1. Unterrichtung und Anhörung 13	2. Errichtung des EBR kraft Gesetzes 89
2. „Arbeitnehmer" 17	3. Beginn und Ende der Mitgliedschaft im EBR kraft Gesetzes 100
3. Unternehmen und Unternehmensgruppe . . 18	
4. Zentrale Leitung 21	4. Vertrauensvolle Zusammenarbeit; Geheimhaltung; Vertraulichkeit; Schutz in Deutschland beschäftigter EBR-Mitglieder 103
5. „Besonderes Verhandlungsgremium" (BVG) 23	
III. Erfasste Unternehmen und Unternehmensgruppen 24	5. Unterrichtungs- und Anhörungsrechte des EBR kraft Gesetzes 104
1. Territoriale Geltungsbereiche von EBR-Richtlinie und EBRG 24	6. Änderung der für die EBR-Zusammensetzung maßgeblichen Verhältnisse 114
2. Grenzübergreifende Tätigkeit innerhalb von EU und EWR 25	7. Ende des EBR kraft Gesetzes 118
3. Einzelnes Unternehmen 26	VI. EBR auf Grund am 22.9.1996 bestehender Vereinbarungen 123
4. Unternehmensgruppe 27	1. Übergangstatbestand des § 41 123
5. Anspruch der Arbeitnehmervertretung auf Informationserhebung 29	2. Zeitlicher Rahmen 124
IV. EBR kraft Vereinbarung 36	3. Institutioneller Rahmen 126
1. EBR kraft Vereinbarung als gesetzlicher Regeltatbestand 36	4. Die Vereinbarung, ihr Geltungsbereich und ihre Parteien 127
2. Besonderes Verhandlungsgremium (BVG) . 37	5. Gegenstand und Reichweite der Unterrichtungs- und Anhörungsrechte 129
3. Abschluss der Vereinbarung über den EBR . 50	6. Strukturelle Änderungen 132
4. Inhalt der Vereinbarung über die Errichtung des EBR 53	7. Durchsetzung der Unterrichtungs- und Anhörungsrechte 135
5. Schutz aus Deutschland entsandter EBR-Mitglieder 72	

I. Allgemeines. 1. Überblick. Das am 1.11.1996 in Kraft getretene EBRG beruht ursprünglich auf der europäischen Richtlinie 94/45/EG, der sog. **EBR-Richtlinie**[1]. Diese RL wurde am 6.5.2009 neu gefasst durch die neue EBR-RL 2009/38/EG[2]. Die damit verbundenen Änderungen mussten bis zum 5.6.2011 in nationales Recht umgesetzt werden. Das entsprechende deutsche Umsetzungsgesetz (Zweites Gesetz zur Änderung des Europäische Betriebsräte-Gesetzes, 2. EBRG-ÄndG) trat am 18.6.2011 in Kraft[3]. Die EBR-RL gilt heute für die 28 Staaten der EU sowie die drei Staaten des EWR (Island, Liechtenstein und

---

[1] RL 94/45/EG des Rates v. 22.9.1994 über die Einsetzung eines Europäischen Betriebsrats oder die Schaffung eines Verfahrens zur Unterrichtung und Anhörung der Arbeitnehmer in gemeinschaftsweit operierenden Unternehmen und Unternehmensgruppen, ABl. L 254/64 v. 30.9.1994. Zur historischen Entwicklung bis zum Erlass der EBR-RL *Müller*, Einl. Rz. 1 ff.; *Blanke*, Einl. EBRG Rz. 17 ff.; *Sandmann*, S. 15 ff. Vgl. zu den rechtl. Grundlagen der EBR-Richtlinie und zum Subsidiaritätsgrundsatz *Rademacher*, S. 79 ff.; *Sandmann*, S. 102 ff.; *I. Schmidt*, RdA-Beil. zu Heft 5/2001, 12 (13). S. zur Umsetzung der EBR-RL in den EU/EWR-Mitgliedstaaten *Kolvenbach*, NZA 2000, 518 ff.; *Blanke*, Anhänge 1–23. ‖ 2 RL 2009/38/EG des Europäischen Parlaments und des Rates v. 6.5.2009 über die Einsetzung eines Europäischen Betriebsrats oder die Schaffung eines Verfahrens zur Unterrichtung und Anhörung der Arbeitnehmer in gemeinschaftsweit operierenden Unternehmen und Unternehmensgruppen, ABl. L 122/28 v. 16.5.2009. S. zu den Neuerungen durch die RL *Düwell*, FA 2009, 39; *Funke*, DB 2009, 564; *Franzen*, EuZA 2010, 180 ff.; *Giesen*, NZA 2009, 1174. Ersetzt wird die RL 94/45/EG des Rates v. 22.9.1994, ABl. L 254/64. Dabei wird klargestellt, dass die EU-Regelungen über die allg. Regeln zur ArbN-Anhörung und -unterrichtung, zu Massenentlassungen und zum Betriebsübergang unberührt bleiben und dass die Durchführung der EBR-RL nicht als Rechtfertigung zur Unterschreitung des Arbeitnehmerschutzniveaus dienen darf (Art. 12 IV, V RL 2009/38/EG). ‖ 3 BGBl. I S. 2650, s. dazu näher unter Rz. 7 ff.

Norwegen)[1]. Da die ursprüngliche RL 94/45/EG und die heutige RL 2009/38/EG relativ präzise Vorgaben für die nationalen Gesetzgeber machen, ist das EBRG dem Richtlinienrecht in vielen Teilen wörtlich oder inhaltlich nachgebildet. Die Auslegung der einzelnen Regelungen des EBRG wird deshalb wegen des Gebots der richtlinienkonformen Auslegung in erster Linie von der Rspr. des EuGH abhängen. Dessen Entscheidungen werden von den nationalen Gerichten insb. im Vorabentscheidungsverfahren nach Art. 267 AEUV herbeigeführt[2].

2 Der Europäische Betriebsrat (EBR) wird auf freiwillige Initiative der ArbN- oder ArbGebSeite geschaffen in grenzübergreifend tätigen Unternehmen und Unternehmensgruppen ab 1000 ArbN, von denen mindestens 150 in je zwei EU/EWR-Mitgliedstaaten beschäftigt sein müssen. In diesen Unternehmen und Unternehmensgruppen wird der EBR zusätzlich zu evtl. (zB auf Grund TV, Betriebsverfassungs- oder MitbestR) bereits bestehenden, auf das jeweilige nationale Territorium bezogenen ArbN-Vertretungen gebildet. Seine Befugnisse beschränken sich auf das ggü. der zentralen Leitung des Unternehmens oder der Unternehmensgruppe bestehende Recht auf Unterrichtung und Anhörung. Daher kann der EBR kaum mit dem nach BetrVG zu schaffenden BR oder den gem. MitbestG oder anderen Mitbestimmungsgesetzen bestellten ArbN-Vertretern im AR verglichen werden. Am nächsten liegt noch der Vergleich mit dem Wirtschaftsausschuss nach §§ 106–110 BetrVG. Laut ArbG Hamburg besteht gem. § 37 VI BetrVG bereits in einem Unternehmen, welches (allein oder mit anderen zusammen) die Anwendungsvoraussetzungen des EBRG erfüllt, Anspruch auf Fortbildung über EBR-Recht, auch wenn das EBR-Gründungsverfahren noch nicht begonnen ist[3].

3 **2. Drei Formen des EBR im dreistufigen Regelungssystem.** Die Regelungen über die Schaffung des EBR sind geprägt von dem Bestreben, der ArbGeb- und der ArbN-Seite möglichst viel Raum zu geben für eine freiwillige, speziell auf das jeweilige Unternehmen oder die jeweilige Unternehmensgruppe zugeschnittene Ausgestaltung der ArbN-Vertretung. Deshalb besteht ein im Erg. dreistufiges Optionssystem der Ausgestaltung des EBR. Die „erste Stufe" besteht darin, dass den gemeinschaftsweit operierenden Unternehmen und Unternehmensgruppen per Übergangsrecht bis zum 21.9.1996 die Chance eingeräumt wurde, eigene (oft gar nicht als EBR bezeichnete) **bisherige Vereinbarungen** über die staatenübergreifende Unterrichtung und Anhörung der ArbN aufrecht zu erhalten. Wenn diese Vereinbarungen bestimmte Mindestanforderungen für die Unterrichtung und Anhörung der ArbN erfüllen, gilt für sie das EBRG nicht, § 41 (s. Art. 14 RL 2009/38/EG). Hiervon haben in den 31 EU- und EWR-Staaten (Rz. 1) etwa 400 der ca. 2169 von der RL erfassten Unternehmen und Unternehmensgruppen Gebrauch gemacht. Weil das Übergangsrecht unbefristet gilt und vor allem große Unternehmen und Konzerne von ihm Gebrauch gemacht haben, wird diese Form der ArbN-Vertretung auch noch in den nächsten Jahrzehnten wohl die wichtigste Regelungsvariante des EBR bleiben.

4 Die „zweite Stufe" besteht in der Schaffung des **„Europäischen Betriebsrats kraft Vereinbarung"**. Die für dieses Gremium geltenden Vorschriften werden von einem gem. §§ 8–16 (Art. 5 RL 2009/38/EG) arbeitnehmerseitig gebildeten „Besonderen Verhandlungsgremium" (BVG) mit der zentralen Leitung des Unternehmens bzw. der Unternehmensgruppe vereinbart. Die Vereinbarung lässt sich nicht mehr so frei ausgestalten wie nach § 41, sondern muss den in §§ 17 ff. (Art. 6 RL 2009/38/EG) genannten Vorgaben entsprechen. Dieser „Europäische Betriebsrat kraft Vereinbarung" existiert in ca. 340 der erfassten europäischen Unternehmen und Unternehmensgruppen. Er kann als Vertretungsorgan der ArbN gebildet (das ist die häufigere Variante, § 18) oder durch ein dezentrales Verfahren zur Unterrichtung und Anhörung ersetzt werden (seltener, § 19). In jedem Fall greift das Konsensprinzip, denn es muss eine Vereinbarung zwischen dem BVG und der zentralen Leitung geschlossen werden. Durch das Übergangsrecht nach dem 2. EBR-ÄndG, das seinerseits auf dem Übergangsrecht der RL 2009/38/EG beruht, wird dieses Modell nochmals in zwei unterschiedliche Regelwerke untergliedert, nämlich zum einen diejenigen, die zwischen dem 5.6.2009 und dem 5.6.2011 geschlossen wurden (für sie gelter die §§ 8–16 in der bis zum 17.6.2011 geltenden Fassung) und zum anderen diejenigen, die vor dem 5.6.2009 und nach dem 5.6.2011 geschlossen wurden (für sie gelten die §§ 8–16 in der ab dem 18.6.2011 geltenden Fassung), s. näher unter Rz. 11.

5 Erst wenn die Vereinbarung nicht zustande kommt, ordnet das EBRG als „dritte Stufe" an, dass auf Initiative der ArbN-Seite ein **„Europäischer Betriebsrat kraft Gesetzes"** eingesetzt wird. Dessen Verfas-

---

1 Die Erweiterung des Geltungsbereichs der EBR-RL auf die zehn neuen Mitgliedstaaten erfolgte ohne Änderung des RL-Inhalts und ohne Übergangsfrist zum 1.5.2004, s. dazu *Franzen*, BB 2004, 938. Dasselbe gilt für Bulgarien und Rumänien zum 1.1.2007 sowie für Kroatien zum 1.7.2013, vgl. zu Letzterem Art. 46 der Beitrittsakte Kroatiens, ABl. L 112/21 v. 24.4.2012. || 2 Bisher existiert nur punktuell höchstrichterliche Rspr. zum EBR. S. zum Auskunftsanspruch nach § 5 sowie Art. 11 EBR-RL EuGH 29.3.2001 – Rs. C-62/99, NZA 2001, 506 – bofrost; *Junker*, RdA 2002, 32; *I. Schmidt*, RdA-Beil. zu Heft 5/2001, 12 (15 f.); EuGH 13.1.2004 – Rs. C-440/00, BB 2004, 441 – Kühne & Nagel, dazu BAG 29.6.2004 – 1 ABR 32/99, NZA 2005, 118; *Giesen*, RdA 2004, 307 ff.; EuGH 15.7.2004 – Rs. C-349/01, NZA 2004, 1167 – ADS Anker; s. dazu *Mayr*, ZESAR 2005, 48; *Hanau* in Hanau/Steinmeyer/Wank, § 19 Rz. 52 f.; zur richtlinienkonformen Auslegung des EBRG *Müller*, § 1 Rz. 6 ff.; *Blanke*, Einl. EBRG Rz. 33; zur Zuständigkeit bei der Bestellung von Mitgliedern des EBR nach §§ 18 II, 23 BAG 18.4.2007 – 7 ABR 30/06, AP Nr. 1 zu § 18 EBRG; s.a. EuGH 21.10.1999 – Rs. C-430/98, Slg. 1999, I-7395 – Kommission/Luxemburg. || 3 ArbG Hamburg 13.5.2009 – 13 BV 4/09.

sung und Befugnisse können nicht mehr frei gestaltet werden, sondern ergeben sich aus §§ 1, 21–33 (Art. 7 RL 2009/38/EG sowie deren Anhang). Der „Europäische Betriebsrat kraft Gesetzes" muss idR also gegen den Willen einer uneinsichtigen ArbGebSeite durchgefochten werden. Da die Bildung der genannten Gremien von der Initiative der ArbN bzw. ihrer Vertreter oder der ArbGeb abhängt[1], existieren weiterhin viele Unternehmen und Unternehmensgruppen, bei denen **kein** entsprechendes **Gremium oder Unterrichtungs- und Anhörungssystem** besteht. Ihre Zahl wird auf etwa 1430 geschätzt. Insg. sollen über 11 Mio. Beschäftigte durch EBR aller Art vertreten werden[2].

3. Rechtspolitische Bewertung des EBR. Das soeben Rz. 3 beschriebene gestufte System, insb. die auf Art. 13 RL 94/45/EG und auf Art. 14 RL 2009/38/EG beruhende Übergangsregelung des § 41, wird in der rechtspolitischen Bewertung gelobt, da es für die ArbGeb- wie für die ArbN-Seite erhebliche Anreize zur Einigung bietet. Dennoch wird die Tätigkeit des EBR von vielen ArbGeb auch als Hemmnis gesehen. Teilweise besteht die Befürchtung, dass sich die Offenlegung von Unternehmensplanungen ggü. dem EBR schädlich auf die unternehmerische Tätigkeit auswirkt. Zudem klagt man wegen des Aufwandes für Reisen, Unterbringung, Dolmetschen und Übersetzungen immer wieder über die (vom ArbGeb zu tragenden) erheblichen Kosten der Sitzungen des EBR und seiner Ausschüsse[3].

4. Änderungen durch das 2. EBRG-ÄndG (Umsetzung der EBR-RL 2009/38/EG). Die RL 94/95/EG wurde am 6.5.2009 durch die RL 2009/38/EG ersetzt. Am 18.6.2011 ist das deutsche Umsetzungsgesetz, das 2. EBRG-ÄndG, in Kraft getreten (Rz. 1)[4]. Es setzt die Regelungstechnik des alten deutschen EBRG fort, möglichst viele RL-Regelungen text- und systemtreu ins deutsche Recht zu übertragen, ohne allzu große Bezüge zum herkömmlichen deutschen Kollektivarbeitsrecht herzustellen. Lediglich mit § 37 wurde stark von den RL-Vorgaben abgewichen (s. dazu Rz. 75 ff.). Die durch die RL 2009/38/EG vorgegebenen Änderungen waren nach näherer Maßgabe der Art. 16 I, 18 RL 2009/38/EG bis zum 5.6.2011 in nationales Recht umzusetzen, wobei auch die Umsetzung durch Sozialpartnervereinbarung zugelassen war[5]. Der deutsche Gesetzgeber hat die Umsetzungsfrist demnach knapp überschritten. Problematisch dürfte diese Verzögerung aber lediglich bei solchen Vereinbarungen sein, die zwischen dem 5.6.2011 und dem 17.6.2011 geschlossen oder geändert wurden. Mir sind solche Vereinbarungen nicht bekannt. Rechtstechnisch unterscheidet die neue RL jeweils zwischen einerseits denjenigen Vorschriften, die im Vergleich zur alten RL Änderungen bringen (Art. 16 I RL 2009/38/EG), und andererseits denjenigen Vorschriften, bei denen dies nicht der Fall ist, weil sie den alten Text wiederholen oder lediglich redaktionelle Modifizierungen enthalten (Art. 18 II RL 2009/38/EG). Das bedeutet aber auch, dass sich im Hinblick auf Letztere uU die Notwendigkeit einer angepassten richtlinienkonformen Auslegung ergeben kann. Nach Art. 15 RL 2009/38/EG muss die Kommission bis spätestens 5.6.2016 einen **Bericht über die Umsetzung der Richtlinie** vorlegen und ggf. geeignete Änderungsvorschläge machen.

Im Wesentlichen wurden durch das 2. EBRG-ÄndG und die RL 2009/38/EG folgende Punkte geändert: Durch neue Definitions- und Verfahrensregelungen wurden die **Modalitäten der Unterrichtung und Anhörung** sowie die betreffenden Zuständigkeiten auf Seiten von Unternehmen bzw. Unternehmensgruppe konkretisiert und teils auch modifiziert. Insb. wurde dabei ein ausreichender zeitlicher Vorlauf angeordnet, um den ArbN-Vertretern genügend Gelegenheit vor allem zur Bewertung zu verschaffen. Das geschah durch die Neufassung der Vorschriften über die allg. Zuständigkeit des EBR, über die Definition von „Unterrichtung" und „Anhörung" sowie über deren Abstimmung mit nationalen ArbN-Vertretungen in § 1 II, IV, V, VII, Art. 1 II–IV, Art. 2 Buchst. f, g RL 2009/38/EG). Der bisher nur den EuGH richterrechtlich erweiterte **Auskunftsanspruch** der ArbN-Vertreter (s.u. Rz. 29–32) über die für die Einleitung des Errichtungsverfahrens erforderlichen Daten wurde konkretisiert und in einen Informationserhebungsanspruch umgeändert (§ 5 I, III Art. 4 IV RL 2009/38/EG). Die **Zahl der Mitglieder des Besonderen Verhandlungsgremiums (BVG)** wurde erweitert; außerdem wurden die **Verfahrensregeln für das BVG** modifiziert, wobei ua. die Sitzungsanlässe geregelt und Sachverst. sowie Gewerkschaftsvertreter zugelassen wurden (§ 10 I, § 13 I 2, IV, Art. 5 II Buchst. b, c, IV RL 2009/38/EG). Auch der **Inhalt der EBR-Vereinbarung** wurde näher geregelt. Gegenstände waren dabei die Repräsentation der Geschlechter und sonstiger unterschiedlicher ArbN-Gruppen, die Koordination mit den nationalen ArbN-Vertretungen, die Verfahrensregeln für den engeren Ausschuss sowie die ggf. notwendige Neuverhandlung der

---

1 Wenn von keiner Seite die Errichtung eines EBR betrieben wird, kommt es trotz der imperativen Formulierung des § 1 I 2 nicht zur Schaffung eines EBR, auch nicht zum EBR kraft Gesetzes nach § 21 ff., s. im Einzelnen *Blanke*, § 21 Rz. 13 ff., 17. ‖ 2 Sämtliche Zahlenangaben in dieser Rz. beruhen auf den – teilweise geschätzten – Daten bei *Blanke*, Einl. EBRG Rz. 36 ff.; *Altmeyer*, AiB 2003, 308; *Schiek*, RdA 2001, 218 (219, Fn. 4 mwN); s.a. *Klebe/Roth*, AiB 2000, 749 (750); *Lecher/Platzer/Rüb/Weimer*, Beachtliche Dynamik, Die Mitbestimmung 12/2000, 28 ff. Nach Angaben der EU-Kommission bestehen nur in etwa 650 Unternehmen und Unternehmensgruppen alte und neue EBR-Vereinbarungen, s. FAZ v. 27.4.2004, S. 19. ‖ 3 Zur rechtspolitischen Bewertung des EBR eingehend *Schiek*, RdA 2001, 218 (219 ff.) mwN. Die Kosten der EBR-Einrichtung wurden seinerzeit von der EU-Kommission auf jährlich 10 ECU (heute Euro) pro ArbN geschätzt, s. BT-Drs. 13/44520, 1. Das ist gerade für mittlere und kleinere Unternehmensgruppen im unteren EBRG-Geltungsbereich unrealistisch niedrig. ‖ 4 S. dazu die Entwurfsbegr. BT-Drs. 17/4808; *Giesen*, NZA 2009, 1174; *Hayen*, AiB 2011, 15. ‖ 5 S. näher EuGH 18.12.2008 – Rs. C-306/07 – Andersen; 30.1.1985 – Rs. C-143/83, Slg. 1985, 427 – Komm./Dänemark, Tz. 8 ff.; 10.7.1986 – Rs. 235/84, Slg 1986, 2291 – Komm./Italien, Tz. 20; 28.10. 1999 – Rs. C-187/98, Slg. 1999, I-7713 – Komm./Griechenland, Tz. 46.

EBR-Vereinbarung (§ 1 VII, § 18 I 2 Nr. 3, Nr. 4, Art. 6 II Buchst. b, c, e, g, Art. 12 II RL 2009/38/EG). Die **Aufgaben der ArbN-Vertreter** wurden erweitert und ihre **Position** wurde gestärkt. Die EBR-Mitglieder haben die ArbN-Vertreter der nationalen Betriebe (bzw. bei Fehlen von Vertretern: die Belegschaften unmittelbar) über Unterrichtungen und Anhörungen zu informieren. Außerdem werden Unterrichtung und Anhörung auf europäischer sowie auf nationaler Ebene aufeinander abgestimmt. Den EBR-Mitgliedern wurden Mittel zugewiesen, welche sie zur Erfüllung ihrer Aufgaben nach der RL benötigen. Sowohl BVG-Mitglieder als auch EBR-Mitglieder können an **Schulungen** teilnehmen (§ 13 I 2, § 36, § 38, § 40, Art. 10 I, II, IV, Art. 12 I–III RL 2009/38/EG). Mit dem neuen § 37 (Art. 13 RL 2009/38/EG) wird das **Verfahren** geregelt, welches **bei wesentlichen Änderungen der Unternehmensstrukturen** eingreift. In diesem Fall wird eine modifizierte Regelung des BVG-Einsetzungsverfahrens angeordnet, allerdings nur, wenn keine diesbezüglichen Regelungen in den EBR-Vereinbarungen vorgesehen sind (s. dazu näher unten Rz. 73). Im Hinblick auf die zwingenden subsidiären Regelungen des **EBR kraft Gesetzes** (§§ 21 ff.) greifen ebenfalls Änderungen. Hier wird die Mitgliederzahl des EBR und diejenige des Ausschusses neu geregelt (§ 22 II, § 26, Nr. 1 Buchst. c, d Anh. I RL 2009/38/EG; s.a. die Änderung in Nr. 3). Weiter wird das **Verhältnis der Richtlinie zu anderen EU-Rechtsakten** normiert. Hier wird klargestellt, dass die EU-Vorschriften über die allg. Regeln zur ArbN-Anhörung und -unterrichtung, zu Massenentlassungen und zum Betriebsübergang unberührt bleiben und dass die Durchführung der EBR-RL nicht als Rechtfertigung zur Unterschreitung des ArbN-Schutzniveaus dienen darf (Art. 12 IV, V RL 2009/38/EG).

9 **Übergangsrecht für Regelungen aus der Zeit vor dem 22.9.1996.** Mit § 41, Art. 14 RL 2009/38/EG wird Übergangsrecht geschaffen. Zum einen stellen die Regelungen klar, dass weiterhin alte, bis zum 21.9. 1996 (in Großbritannien: bis zum 14.12.1999) geschlossene Vereinbarungen über die grenzübergreifende Unterrichtung und Anhörung der ArbN fortbestehen können, wobei aber seit dem 18.6.2011 gem. §§ 41 I 1, 37 nF die Regeln über Strukturänderungen zu beachten sind (s. dazu näher Rz. 123–135).

10 **Übergangsrecht für Regelungen aus der Zeit vor dem 18.6.2011 (Übergang zum 2. EBRG-ÄndG und zur „neuen" RL 2009/38/EG).** Grundsätzlich gelten die neuen Vorschriften, die mit dem 2. EBRG-ÄndG (s.o. Rz. 1) eingeführt wurden, seit dem 18.6.2011. Das bedeutet bspw., dass für die Bildung neuer EBR seit dem 18.6.2011 die neuen Auskunftsregelungen des § 5 nF eingreifen, auch wenn der Antrag auf Bildung eines BVG nach § 9 schon vorher gestellt wurde. Soweit ein BVG bereits vor dem 18.6.2011 gebildet wurde, bleibt es aber bei seiner Zusammensetzung nach § 10 aF. Unklar ist, was gilt, wenn die Bestellungsvorgänge in den einzelnen Mitgliedstaaten (s. für Deutschland § 11) noch nicht abgeschlossen waren. Hier wird man davon ausgehen müssen, dass vor dem 18.6.2011 begonnene Bestellungsverfahren, für welche bereits die Zahl der zu benennenden BVG-Mitglieder festgelegt war, nicht neu begonnen werden und auch keinen neuen Verfahrensregelungen unterworfen werden müssen, dass hier also das alte Recht der §§ 10, 13 aF weiter gilt. Andere Vorschriften wiederum, welche nicht die Konstituierung des EBR, sondern seine materiellen Aufgaben und Pflichten, Befugnisse und Rechte betreffen, dürften unmittelbar am 18.6.2011 in Kraft getreten sein. Das gilt etwa für die neuen Definitionen von Unterrichtung und Anhörung nach § 1 IV, V nF oder für die Pflicht zur rechtzeitigen Unterrichtung der örtlichen ArbN-Vertreter nach § 1 VII, 36 nF sowie § 37 VI 1, 2 BetrVG. Für die inhaltl. Anforderungen an EBR-Vereinbarungen nach § 18 I 2 Nrn. 3, 5 nF gilt, dass es sich um „Soll"-Regelungen handelt. Sie sind, wenn sie vor dem 18.6. 2011 erlassen wurden, weiter wirksam. Wenn entsprechende Vereinbarungen seit dem 18.6.2011 erlassen wurden, gelten zwar § 18 I 2 Nrn. 3, 5 nF, aber ihre Anwendung führt nicht zur Unwirksamkeit der Vereinbarungen. § 37 nF über Strukturänderungen einschl. Übergangsmandat des bisherigen EBR dürfte erst für Strukturänderungen iSd. Regelung gelten, welche seit dem 18.6.2011 eingetreten sind. So zieht also bspw. eine Betriebsstilllegung iSd. § 37 I Nr. 4, die bereits vor dem 18.6.2011 gesellschaftsrechtl. verbindlich entschieden wurde, nicht mehr die Rechtsfolgen der neuen Regelung nach sich. Auch wenn die im Mai 2011 verbindlich entschiedene Verlegung zB erst im Juli 2011 begonnen und im November 2011 abgeschlossen wurde, konnte das neue Recht noch nicht angewandt werden. In gleicher Weise muss auch für andere EBR-Formen zwischen Vorschriften über die Konstituierung und Vorschriften über Beteiligungsrechte unterschieden werden. Im Hinblick auf den EBR kraft Gesetzes folgt daraus: Sollten nach §§ 22, 23 aF Bestellungsverfahren vor dem 18.6.2011 bereits begonnen gewesen sein, wird man davon ausgehen müssen, dass für sie weiter altes Recht gilt (§ 22 aF); hier müssen daher auch nicht die ergänzenden Regelungen zur Zusammensetzung (§ 23 V Hs. 1 nF) eingehalten werden. Ebenso gilt § 26 nF nur für Ausschüsse, die seit dem 18.6.2011 konstituiert wurden; alte Ausschüsse bleiben den alten Regelungen unterworfen. Die neuen, in §§ 29f. nF enthaltenen Regeln über die Mitwirkungsrechte des EBR kraft Gesetzes sind dagegen sofort mit dem 18.6.2011 anzuwenden gewesen.

11 Des Weiteren gilt das alte Recht der RL 94/45/EG und des EBRG mit Stand vor Erlass des 2. EBRG-ÄndG für **„EBR kraft Vereinbarung"**, bei denen die betreffenden Vereinbarungen **zwischen dem 5.6. 2009 und dem 5.6.2011** unterzeichnet oder überarbeitet wurden. Nach § 41 VIII, Art. 14 I 1 Buchst. b RL 2009/38/EG bleiben das neue EBRG und die neue RL für solche nach Art. 6 RL 94/45/EG abgeschlossenen Vereinbarungen unanwendbar, die „zwischen dem 5. Juni 2009 und dem 5. Juni 2011 ... unterzeichnet oder überarbeitet" wurden. Das betrifft somit zum einen neue Vereinbarungen aus dieser Zeit; für sie sind die alten Regeln der §§ 17–21 aF bzw. des Art. 6 RL 94/45/EG weiter anzuwenden. Selbiges gilt aber auch für ältere „EBR kraft Vereinbarung" aus der Zeit vor dem 5.6.2009, die zwischen dem 5.6.2009 und dem 5.6.2011 überarbeitet oder zumindest neu unterzeichnet wurden[1]. In jedem Fall wird gem. § 41 VIII auch für die weiter geltenden alten Vorschriften die Regelung des § 37 nF für anwendbar erklärt. Es sind also jedenfalls – unabhängig davon, wann eine Vereinbarung getroffen oder überarbeitet worden ist – seit dem 18.6.2011 gem. § 41 I 1, 37 nF die Regeln über Strukturänderungen zu beachten (s. dazu näher Rz. 123–135).

Das hier dargelegte Übergangsrecht ist insofern Unsicherheiten unterworfen gewesen, als sich der Europäische RL-Geber nicht klar geäußert hat. Gem. Tz. 41 der Begründungserwägungen der RL 2009/38/EG ist nämlich vorgesehen, dass keine allg. Verpflichtung bestehen soll, Neuverhandlungen über Vereinbarungen vorzunehmen, die zwischen dem 22.9.1996 und dem 5.6.2011 geschlossen wurden. Man könnte annehmen, dass demnach das neue Recht nicht für diejenigen „EBR kraft Vereinbarung" gilt, die bisher nach §§ 17–21 aF (s. entspr. Art. 6 RL 94/45/EG) geschlossen worden sind. Das ist aber – wie sich deutlich aus Art. 14 I 1 Buchst. b RL 2009/38/EG ergibt – nicht der Fall. Man kann wohl lediglich annehmen, dass der Richtliniengeber keinen Anpassungsbedarf für bisherige Regelungen gesehen hat. Das mag so sein, ändert aber nichts daran, dass auch für EBR kraft Vereinbarung aus der Zeit vor dem 5.6.2009 heute die neuen Vorschriften insb. der §§ 1 IV, V, VII, 17 ff., 36 ff. gelten. – Soweit für „EBR kraft Vereinbarung", die zwischen dem 5.6.2009 und dem 5.6.2011 abgeschlossen oder überarbeitet wurden, altes Recht gilt, wird auf die Komm. in der 4. Aufl. 2010 verwiesen.

II. Bestimmung der wichtigsten Begriffe. 1. Unterrichtung und Anhörung. Zentrale Zielsetzung der Mitbest.-Systeme ist die „Unterrichtung und Anhörung" des EBR. Der EBR hat – anders als die ArbN-Vertretungen nach dem BetrVG – keine tatsächlichen Zugriffsmöglichkeiten auf die Gestaltung der arbeitgeberischen Aktivitäten, sondern ausschließlich Unterrichtungs- und Anhörungsrechte, also einen fast „passiven" Status, der es ihm lediglich ermöglicht, informiert zu werden und sich äußern zu können. **Mit dem 2. EBR-ÄndG** (s. näher Rz. 7) wurden die Begriffe der **Unterrichtung** und der **Anhörung** entsprechend den wörtlichen RL-Vorgaben (Art. 1 II 2, III, IV, Art. 2 I Buchst. f, g RL 2009/38/EG) **neu definiert.** Die diesbezügliche Definition **gilt nach der hier vertretenen Ansicht nicht für Altvereinbarungen nach § 41** (Rz. 129 ff.).

Unterrichtung und Anhörung werden gesetzl. in der Weise umschrieben, dass nicht nur Information geliefert werden muss, sondern auch ein echter **Dialog zwischen den Beteiligten** entsteht. Nach § 1 IV ist **Unterrichtung** „die Übermittlung von Informationen durch die zentrale Leitung oder eine andere geeignete Leitungsebene an die Arbeitnehmervertreter, um ihnen Gelegenheit zur Kenntnisnahme und Prüfung der behandelten Frage zu geben. Die Unterrichtung erfolgt zu einem Zeitpunkt, in einer Weise und in einer inhaltlichen Ausgestaltung, die dem Zweck angemessen sind und es den Arbeitnehmervertretern ermöglichen, die möglichen Auswirkungen eingehend zu bewerten und ggf. Anhörungen mit dem zuständigen Organ des gemeinschaftsweit tätigen Unternehmens oder der gemeinschaftsweit tätigen Unternehmensgruppe vorzubereiten." Nach § 1 V ist **Anhörung** umschrieben als der „Meinungsaustausch und die Einrichtung eines Dialogs zwischen den Arbeitnehmervertretern und der zentralen Leitung oder einer anderen geeigneten Leitungsebene zu einem Zeitpunkt, in einer Weise und in einer inhaltlichen Ausgestaltung, die es den Arbeitnehmervertretern auf der Grundlage der erhaltenen Informationen ermöglichen, innerhalb einer angemessenen Frist zu den vorgeschlagenen Maßnahmen, die Gegenstand der Anhörung sind, eine Stellungnahme abzugeben, die innerhalb des gemeinschaftsweit tätigen Unternehmens oder der gemeinschaftsweit tätigen Unternehmensgruppe berücksichtigt werden kann. Die Anhörung muss den Arbeitnehmervertretern gestatten, mit der zentralen Leitung zusammenzukommen und eine mit Gründen versehene Antwort auf ihre etwaige Stellungnahme zu erhalten"[2]. Die bloß formale Bereitschaft der zentralen Leitung, sich als schweigende „Ölgötzen" Stellungnahmen und Meinungsäußerungen der EBR-Mitglieder anzuhören, reicht deshalb nicht aus, um eine ordnungsgemäße Anhörung durchzuführen. Bereits nach altem Recht (Rz. 7) war man sich einig, dass die betreffende Unterrichtung und Anhörung **rechtzeitig** sein muss. Sie hatte so früh zu erfolgen, dass die zentrale Leitung auf entsprechende Anregungen oder Vorschläge des EBR zumindest noch reagieren *konnte*[3]. Das wird durch die neuen Regeln ausdrücklich normiert. Für die Auslegung der Begriffe „Unterrichtung und Anhörung" kann man sich zudem an den Beratungs- und Unterrichtungsrechten des Wirtschaftsausschusses nach § 106 BetrVG orientieren. Jedoch ist zu beachten, dass das EBRG nicht nur im nationalen Zusammenhang mit § 108 BetrVG, sondern auch nach Maßgabe der EBR-RL richtlinienkonform auszulegen ist. Mit dem EuGH wird hierüber ein Gericht zu entscheiden haben, das nicht im BetrVG „zu Hause" ist[4].

---

1 Dazu im Einzelnen *Giesen*, NZA 2009, 1174; *Hayen*, AiB 2011, 15 (18). ||2 S. näher LAG Köln 8.9.2011 – 13 Ta 267/11, ZIP 2011, 2121; *Franzen*, EuZA 2010, 180 (184 ff.); die Entwurfsbegr. hierzu ist relativ nichtssagend und verweist vor allem darauf, dass die RL-Text umgesetzt werde, s. BT-Drs. 17/4808, 10. Vgl. zum alten Rechtsstand *Müller*, § 1 Rz. 13 ff.; *Blanke*, § 1 Rz. 20 ff., § 32 Rz. 9 ff., § 33 Rz. 12, § 41 Rz. 12; *Klinkhammer* in Klinkhammer/Welslau, S. 65 (70 f.); *Rademacher*, Der Europäische Betriebsrat, S. 115 f. ||3 LAG Köln 8.9.2011 – 13 Ta 267/11, ZIP 2011, 2121; MünchArbR/*Joost*, § 274 Rz. 113; ebenso wohl auch *Müller*, § 18 Rz. 7. ||4 Für eine Erweiterung des Begriffs der „Anhörung" nach dem EBRG ggü. der „Anhörung" nach § 102 BetrVG plädiert *Blanke*, § 32 Rz. 10.

15 Ein besonderes Problem ergibt sich nach dem neuen Recht des 2. EBRG-ÄndG (Rz. 7) aus § 1 VII. Dort heißt es, dass die „Unterrichtung und Anhörung des Europäischen Betriebsrats ... **spätestens gleichzeitig mit der der nationalen Arbeitnehmervertretungen durchzuführen**" seien. Aus dem Wort „spätestens" folgt dabei, dass laut EBRG die nationale ArbN-Vertretung nach dem EBR unterrichtet und angehört werden darf, aber nicht vor dem EBR. Dem EBR werden auf diese Weise Unterrichtungs- und Anhörungsansprüche verschafft, deren frühester Erfüllungszeitpunkt sich aus § 1 IV, V und mittelbar aus den nationalen Regelungen ergibt. Denn wenn die zentrale Leitung eine Verletzung des nationalen Rechts der nationalen ArbN-Vertretungen vermeiden will, wird sie diese nach den jeweiligen nationalen Pünktlichkeitsvorgaben rechtzeitig unterrichten und anhören und somit dann auch mindestens gleichzeitig den EBR unterrichten und anhören.

16 Dabei richtet sich der **Begriff der „Arbeitnehmervertreter"** nach Art. 2 I Buchst. d RL 2009/38/EG; dies sind die „nach den Rechtsvorschriften und/oder Gepflogenheiten der Mitgliedstaaten vorgesehenen Vertreter der Arbeitnehmer" (s. Rz. 30). Für das deutsche Recht ist deshalb festzuhalten, dass hiermit nicht die ArbN- und Gewerkschaftsvertreter in mitbestimmten AR gemeint sind und auch nicht tarifvertragl. Informationspflichten ggü. Gewerkschaften, die bspw. im Rahmen von Sanierungsregelungen oder Vereinbarungen über gewerkschaftl. Vertrauensleute normiert sind. Es geht vielmehr um die nach dem BetrVG zuständigen ArbN-Vertretungen. Je nach Fall sind für die Unterrichtung insb. die Rechtzeitigkeitsanforderungen nach §§ 106 II 1, 111 I 1 BetrVG zu achten und für die Anhörung §§ 108, 111 I 1 BetrVG. Bei alledem bedeutet „spätestens gleichzeitig" nicht, dass die Gremien in einer gemeinsamen Sitzung unterrichtet und ggf. in einer weiteren gemeinsamen Sitzung angehört werden müssen. Es dürfte genügen, wenn die Sitzungen getrennt und am selben Tag stattfinden.

17 2. „Arbeitnehmer" sind gem. § 4 die in § 5 I BetrVG genannten Personen (s. dazu im Einzelnen die Komm. zu § 5 BetrVG). Demnach sind **Teilzeitbeschäftigte wie Vollzeitbeschäftigte** zu zählen, während insb. **die leitenden Angestellten** gem. § 5 III BetrVG **nicht erfasst** sind. Leitende Angestellte können aber nach § 11 IV in das BVG aufgenommen werden; zudem können sie nach § 23 VI Gastvertreter in den EBR kraft Gesetzes entsenden. Die Anknüpfung bei der ArbN-Definition an § 5 I BetrVG ist zulässig, da Art. 2 I RL 2009/38/EG hinsichtlich der Zählung auf das jeweilige mitgliedstaatl. Recht verweist[1]. Für die Qualifizierung und Zählung von **im Ausland beschäftigten ArbN** gilt dementsprechend das dortige Recht, § 2 IV. Hat also ein deutsches Unternehmen Beschäftigte in einem französischen Betrieb, muss für die Zählung der dortigen ArbN und für die Entsendung ihrer Vertreter an französisches Recht angeknüpft werden und nicht an § 5 I BetrVG, auch wenn der EBR nach deutschem Recht in Deutschland gebildet wird. Die **ArbN-Zählung** erfolgt nach § 4 unter Zugrundelegung des **Durchschnitts der letzten zwei Jahre**. Es müssen im Zweifel also zum Stichzeitpunkt der Initiative bzw. des Antragszugangs nach § 9 die Beschäftigungstage aller ArbN addiert und dann durch die Zahl der auf die letzten zwei Jahre entfallenden Tage (730) dividiert werden[2]. Alternativ dürfte auch die Zugrundelegung von Wochen, Monaten oder notfalls von Schätzungen zulässig sein[3]. Die auf den Zwei-Jahres-Durchschnitt abstellende Regelung wird mit Blick auf den damit uU verbundenen Zählaufwand und die fehlende Berücksichtigung aktueller Entwicklungen (zB nach Unternehmensumstrukturierungen) häufig kritisiert. Deshalb plädiert die hM zu Recht für eine am Sinn und Zweck orientierte Gesetzesauslegung, die bei erheblichen Änderungen in der letzten Zeit vor der Berechnung den letzten Stand der Beschäftigtenzahlen zugrunde legt[4]. Das ist wegen der deutlichen Formulierung des Art. 2 II RL 2009/38/EG problematisch; jedoch kann nur so die praktische und effiziente Anwendbarkeit von EBRG und EBR-RL sichergestellt werden. Freilich führt diese Lösung zu Rechtsunsicherheit und zwangsläufig zu einem gewissen Ermessensspielraum bei der Berechnung der ArbN-Zahlen.

18 3. Unternehmen und Unternehmensgruppe. „**Unternehmen**" ist die jeweils den ArbN beschäftigende rechtl. Einheit, also eine natürliche oder juristische Person. Diese muss „unternehmerisch" tätig sein. Wenn auch der Unternehmensbegriff des EBRG nicht näher definiert ist, empfiehlt sich ein Rückgriff auf das EU-Wettbewerbsrecht (Art. 101ff. AEUV)[5]. Unternehmen ist nach der diesbezüglichen EuGH-Rspr. „**jede eine wirtschaftliche Tätigkeit ausübende Einheit**", unabhängig von ihrer Rechtsform und der Art ihrer Finanzierung"[6]. Damit können auch staatl. Unternehmen erfasst sein, selbst wenn sie in öffentl.-rechtl. Form, zB als Anstalten oder als Behörden, betrieben werden[7]. Nicht erfasst sind hoheitli-

---

[1] *Müller*, § 4 Rz. 1ff.; DKKW/*Däubler*, § 3 EBRG Rz. 2; *Hanau* in Hanau/Steinmeyer/Wank, § 19 Rz. 55, 92; *I. Schmidt*, RdA-Beil. zu Heft 5/2001, 12 (14f.). ||[2] *Fitting*, Übersicht EBRG Rz. 21; *Blanke*, § 4 Rz. 2; MünchArbR/*Joost*, § 274 Rz. 25ff.; EAS/*Oetker/Schubert*, B 8300 Rz. 48ff. ||[3] Für die Zulässigkeit von Schätzungen DKKW/*Däubler*, § 4 EBRG Rz. 2. ||[4] EAS/*Oetker/Schubert*, B 8300 Rz. 50; *Rademacher*, S. 91ff.; *Müller*, § 4 Rz. 5; *Fitting*, Übersicht EBRG Rz. 21; *Tap*, S. 29f.; vgl. auch *Hanau* in Hanau/Steinmeyer/Wank, § 19 Rz. 56; *Bachner/Kunz*, AuR 1996, 81 (83). ||[5] *Müller*, § 3 Rz. 1; *Blanke*, § 1 Rz. 13, § 2 Rz. 13; *Giesen*, RdA 2000, 298 (299). Teilweise wird aber auch nicht an das Wettbewerbsrecht angeknüpft, s. etwa DKKW/*Däubler*, § 2 EBRG Rz. 2. ||[6] St. Rspr., s. zB EuGH 11.12.1997 – Rs. C-55/96, Slg. 1997, I-7119 (7147) – Job Centre, Hervorhebung durch den Verf.; *Emmerich* in Dauses (Hrsg.), Handbuch des EG-Wirtschaftsrechts, 2009, H I Rz. 60ff.; *Giesen*, RdA 2000, 298 (299); s. zur Anwendung dieses Unternehmensbegriffs im Arbeitsrecht EuGH 8.6.1994 – Rs. C-382/92, Slg. 1994, I-2435 (2472f.) – Kommission/Vereinigtes Königreich. ||[7] *Hanau* in Hanau/Steinmeyer/Wank, § 19 Rz. 33f.; *I. Schmidt*, RdA-Beil. zu Heft 5/2001, 12 (15). AA *Müller*, § 2 Rz. 9, der nur Unternehmen mit privater Rechtsform erfasst sieht (s. aber *Müller*, § 3 Rz. 1).

che Einrichtungen und Kirchen, da diese keine unternehmerische Tätigkeit entfalten. Damit ist wohl eine dem § 118 II BetrVG entsprechende Ausnahmenorm im EBRG nicht erforderlich (vgl. zu § 118 I BetrVG, § 31 unten Rz. 113). Von der Möglichkeit, Ausnahmen zu Gunsten der Seeschifffahrt zu treffen (Art. 1 VII RL 2009/38/EG), hat der deutsche Gesetzgeber keinen Gebrauch gemacht.

„Unternehmensgruppe" ist eine Gruppe, die aus einem herrschenden Unternehmen und den von diesem abhängigen Unternehmen besteht, § 6 I EBRG, Art. 2 Ib RL 2009/38/EG[1]. Damit ist für die Annahme einer Unternehmensgruppe die Feststellung der Möglichkeit des beherrschenden Einflusses eines Unternehmens entscheidend. Das ist unabhängig von der Rechtsform des Unternehmens[2]. Diese wird nach § 6 II (Umsetzung von Art. 3 RL 2009/38/EG) vermutet, wenn das Unternehmen bei dem abhängigen Unternehmen mehr als die Hälfte der Verwaltungs-, Leitungs- oder Aufsichtsorganmitglieder bestellen kann oder über eine Stimmrechts- oder Kapitalmehrheit verfügt (vgl. zur Zurechnung mittelbarer Beteiligungen und sonstiger mittelbarer Einflussmöglichkeiten § 6 III)[3]. Im Fall der Mehrfacherfüllung dieser Kriterien bei unterschiedlichen Personen kommt es gem. § 6 II 2 auf die Rangfolge der in § 6 II 1 genannten Nummern an. Wenn also ein Unternehmen die Stimmrechtsmehrheit (Nr. 2) innehat und ein anderes Unternehmen über die Kapitalmehrheit (Nr. 3) verfügt, ist das erstgenannte Unternehmen dasjenige mit dem beherrschenden Einfluss. Bei genau gleich hoher 50 %-Erfüllung sämtlicher Bewertungskritierien durch zwei Beteiligte (möglich etwa im Fall von Joint Ventures) greift die Vermutung des § 6 II nicht; soweit auch iÜ ein überwiegender beherrschender Einfluss eines der beiden Beteiligten nicht festgestellt werden kann, liegt keine Unternehmensgruppe vor, auf die das EBRG angewandt werden könnte[4]. Zur Vermeidung der Annahme von Unternehmensgruppen auf Grund der Beteiligung institutioneller Anleger wird in § 6 IV auf die entsprechende Ausnahmeregelung bei der europäischen Fusionskontrolle verwiesen. In Art. 3 V Buchst. a FusionskontrollVO Nr. 139/2004 werden Finanzinstitute oder Versicherungsgesellschaften von der Fusionskontrolle freigestellt, wenn sie vorübergehend für fremde Rechnung Anteile an Unternehmen halten; Buchst. c enthält eine ähnliche Regelung für Beteiligungsgesellschaften.

Auch wenn die Vorschriften über den beherrschenden Einfluss nach § 6 I mit den Vermutungsregeln gem. § 6 II–IV selbständig auszulegen sind[5], gelten bei der Frage nach der Beherrschung im Prinzip ähnliche Grundbedingungen wie bei der Feststellung eines Unterordnungskonzerns nach § 18 I AktG, der gem. § 54 I 1 BetrVG Voraussetzung für die Bildung des KBR ist. Deshalb finden nach zutreffender Ansicht des BAG EBRG und EBR-RL auf Gleichordnungskonzerne iSd. § 18 II AktG keine Anwendung[6]. Die Gegenansicht knüpft an § 17 I AktG an, will aber offenbar nicht die Zugehörigkeit zur Unternehmensgruppe iSd. § 6 mit derjenigen zum Bereich der einheitlichen Leitung iSd. § 18 I AktG vergleichen[7]. Auf dieser Grundlage wird dann teilweise angedeutet, dass auch bei „Mehrmütterschaften" der Zuordnungstatbestand des EBR-Rechts greife[8]. Dieses letztere Ergebnis ist abzulehnen, weil sich aus § 6 II 2 der deutliche Wille des Gesetzgebers ergibt, für jedes Unternehmen nur eine einzige Gruppenzugehörigkeit herzustellen und nicht mehrere Gruppenzugehörigkeiten, die zu einer Vertretung der ArbN eines Unternehmens in verschiedenen EBR führen würde.

4. Zentrale Leitung. Die „zentrale Leitung" ist nach § 1 VI entweder ein Unternehmen selbst oder das herrschende Unternehmen einer Unternehmensgruppe (s. soeben Rz. 18 f.). Damit ist der Rechtsträger des Unternehmens als natürliche oder juristische Person gemeint und nicht etwa – wie der Begriff zunächst vermuten lässt – ein für ihn tätiges Organ. Dennoch ist die Aufgabe faktisch bei juristischen Personen vom jeweiligen Vertretungsorgan zu erfüllen (zB Vorstand bei der AG, Geschäftsführer bei der GmbH), wobei je nach Gegenstand der Aufgaben auch eine andere geeignete Leitungsebene eingesetzt werden kann (§ 1 IV). Die Gegenansicht, nach der das jeweilig gem. der Unternehmensverfassung zuständige Organ selbst die „zentrale Leitung" ist, hätte die wenig nachvollziehbare Folge, dass zur Durchsetzung von Rechten nach dem EBRG jeweils nicht Unternehmen verklagt werden müssten, sondern ihre Organe, also der Vorstand, der Geschäftsführer etc[9]. Die „zentrale Leitung" ist in allen Regelungen des EBRG über die Schaffung des EBR (insb. durch das BVG) im Zweifel die einschlägige aktiv- und passivlegitimierte Person, egal, ob es etwa um die Erfüllung von Unterrichtungs- und Anhörungsrechten, den Abschluss diesbezüglicher Vereinbarungen oder die Übernahme von Geldleistungspflichten bei der Finanzierung des BVG sowie des EBR geht[10].

„Zentrale Leitung" bei Unternehmen und Gruppen aus Drittstaaten. Um eine innerhalb des EU/EWR-Raums effiziente Gesetzesanwendung zu gewährleisten, werden nach § 2 II bei außerhalb dieses

---

1 *Blanke*, § 1 Rz. 14 f.   ‖ 2 BAG 30.3.2004 – 1 ABR 61/01, NZA 2004, 863.   ‖ 3 S. dazu, insb. im Vergleich zu § 17 II AktG, BAG 30.3.2004 – 1 ABR 61/01, NZA 2004, 863; *Frost*, ZESAR 2011, 154 (158 ff.).   ‖ 4 BT-Drs. 13/4520, 20; *Fitting*, Übersicht EBRG Rz. 30; *B. Gaul*, NJW 1996, 3378 (3379); *Hanau* in Hanau/Steinmeyer/Wank, § 19 Rz. 45; *Müller*, § 6 Rz. 13; aA *Blanke*, § 6 Rz. 13; DKKW/*Bachner*, § 6 EBRG Rz. 7.   ‖ 5 *Frost*, ZESAR 2011, 154 (158 ff.). m.w.N.   ‖ 6 BAG 30.3.2004 – 1 ABR 61/01, NZA 2004, 863; *Blanke*, § 6 Rz. 4 f.; *Fitting*, Übersicht EBRG Rz. 29; *Hanau* in Hanau/Steinmeyer/Wank, § 19 Rz. 47; MünchArbR/*Joost*, § 274 Rz. 16 f.; *Tap*, S. 19 ff.; idS auch BT-Drs. 13/4520, 20.   ‖ 7 EAS/*Oetker/Schubert*, B 8300 Rz. 35, 41 ff.; DKKW/*Bachner*, § 6 EBRG Rz. 3; *Müller*, § 6 Rz. 5.   ‖ 8 DKKW/*Bachner*, § 6 EBRG Rz. 7.   ‖ 9 Wie hier *Hanau* in Hanau/Steinmeyer/Wank, § 19 Rz. 37; aA MünchArbR/*Joost*, § 274 Rz. 28; *Müller*, § 1 Rz. 10.   ‖ 10 *Müller*, § 1 Rz. 10 ff.; *Blanke*, § 1 Rz. 18 f.; *Rademacher*, S. 100 ff.

Gebietes ansässigen Unternehmen oder bei außerhalb dieses Gebietes ansässigen herrschenden Unternehmen von Unternehmensgruppen eigene zentrale Leitungen begründet, s. die entsprechende Fiktion in § 2 II 4. Hier kommt es darauf an, in welchem Mitgliedstaat die nachgeordnete Leitung (zB Europa-Zentrale) liegt, ob ein Vertreter benannt wurde oder wo die meisten ArbN des Unternehmens oder der Unternehmensgruppe beschäftigt sind, § 2 II 1–3 (vgl. Art. 2 I Buchst. e, Art. 4 RL 2009/38/EG)[1]. Diese Inpflichtnahme eines im EU/EWR-Gebiet gelegenen Unternehmens oder Betriebes als „zentrale Leitung" kraft gesetzl. Fiktion dient der **lückenlosen Durchsetzung von Unterrichtungs- und Anhörungssystemen**. Deshalb unterliegen auch fingierte „zentrale Leitungen" iSd. § 2 II in vollem Maße der Informationserhebungspflicht nach § 5. Noch unter Geltung von § 5 aF hatten sich in den Fällen „Kühne & Nagel" sowie „ADS Anker" die in Deutschland ansässigen zentralen Leitungen iSd. § 2 II darauf berufen, sie könnten keine Auskünfte erteilen, weil die außerhalb des EU/EWR-Gebietes ansässige Konzernmutter keine Information herausgebe. Hier hat der EuGH entschieden, dass auch gegen zentrale Leitungen iSd. § 2 II Auskunftsansprüche nach § 5 aF bestehen, selbst wenn diese im Innenverhältnis keine herrschende Position innehaben[2]. Diese Rspr. ist in die Neufassung von § 5 (Umsetzung von Art. 4 IV RL 2009/38/EG) einbezogen worden, indem dort nicht mehr nur von einer Auskunftpflicht, sondern von einer Informationserhebungspflicht die Rede ist (zu § 5 unten Rz. 29 ff.).

23 5. „**Besonderes Verhandlungsgremium**" (BVG) ist das in §§ 8–16 (vgl. Art. 5 RL 2009/38/EG) vorgesehene, besonders zu bildende Organ der ArbN des Unternehmens oder der Unternehmensgruppe, welches befugt ist, mit der „zentralen Leitung" (oben Rz. 21 f.) eine Vereinbarung über die Bildung eines „EBR kraft Vereinbarung" abzuschließen (s. näher unten Rz. 37 ff.).

24 **III. Erfasste Unternehmen und Unternehmensgruppen. 1. Territoriale Geltungsbereiche von EBR-Richtlinie und EBRG.** EBR werden nach der EBR-RL gebildet in allen innerhalb des Gebietes von EU und EWR (dazu oben Rz. 1) grenzübergreifend tätigen Unternehmen und Unternehmensgruppen (s. dazu oben Rz. 18). Sämtliche erfassten Staaten sind gem. Art. 11, 16 RL 2009/38/EG verpflichtet, jeweils für ihre Territorien die RL durch nationale Rechtsvorschriften umzusetzen. Das führt dazu, dass in den EU/EWR-Mitgliedstaaten jeweils eigene EBR-Vorschriften zur Umsetzung der EBR-RL erlassen worden sind; in Deutschland ist dies das EBRG. Die Gesetze regeln prinzipiell nach dem Territorialitätsprinzip das EBR-Recht im jeweiligen nationalen Staatsgebiet[3]. Deshalb gilt das deutsche EBRG gem. seinem § 2 grds. für alle in Deutschland zu bildenden EBR, also für all diejenigen, bei denen die zentrale Leitung gem. §§ 2 ff. (Rz. 21 f.) in Deutschland belegen ist. Ausnahmsw. existieren deutsche Vorschriften, welche für ausländische EBR gelten und ausländische Vorschriften, welche für deutsche EBR gelten. So sind die §§ 11, 18 II, 23 anzuwenden bei der Bestellung der aus Deutschland entsandten Mitglieder für (iÜ nach ausländischem EBR-Recht zu bildende) ausländische BVG oder EBR. Umgekehrt sind die entsprechenden ausländischen Vorschriften anzuwenden bei der Bestellung von aus dem Ausland nach Deutschland entsandten Mitgliedern von (iÜ nach deutschem Recht zu bildenden) deutschen BVG oder EBR. Gleiches gilt nach § 4 für die ArbN-Zählung. Der individualarbeitsrechtl. Schutz der BVG- und EBR-Mitglieder gem. § 40 richtet sich nach der Anwendung deutschen Rechts auf das jeweilige ArbVerh, Art. 8 Rom-I-VO. Durch die **EU-Osterweiterung** (s.o. Rz. 1) können sich folgende Auswirkungen auf das EBR-Recht ergeben: Soweit sich der Zuständigkeitsbereich **bereits bestehender EBR** erweitert und eine bestehende Vereinbarung dies nicht berücksichtigt, muss der EBR kraft Vereinbarung (Rz. 36 ff.) nach § 18 I Nr. 7 (ehemals § 18 I Nr. 6) umstrukturiert werden; der EBR kraft Gesetzes muss nach §§ 21 f. (Rz. 88 ff.) umstrukturiert werden, wobei die Prüfungsfrist des § 36 II gelten dürfte. Bestehende Vereinbarungen nach § 41 (Rz. 123 ff.) sind ggf. anzupassen, wobei hierfür die sechsmonatige Übergangsfrist § 41 III gelten muss. Soweit durch die EU-Osterweiterung die **Anwendungsvoraussetzungen des EBRG erstmals erfüllt werden**, bestehen die entsprechenden Initiativrechte der ArbN bzw. ArbN-Vertreter nach § 9 seit dem 1.5.2004 bzw. seit dem 1.1.2007[4].

25 2. **Grenzübergreifende Tätigkeit innerhalb von EU und EWR.** Der Geltungsbereich des EBRG erstreckt sich nach § 2 auf gemeinschaftsweit tätige Unternehmen mit Sitz in Deutschland und auf gemeinschaftsweit tätige Unternehmensgruppen, bei denen der Sitz des herrschenden Unternehmens in Deutschland liegt. Soweit die zentrale Leitung (s. dazu oben Rz. 21 f.) einer Unternehmensgruppe außerhalb des EU/EWR-Gebiets liegt (also zB in den USA, in Japan oder in der Schweiz), greift § 2 II. Danach gilt in diesem Fall das deutsche EBRG, wenn die nachgeordnete Leitung (zB die Europazentrale eines US-Konzerns) in Deutschland liegt. Soweit eine solche Leitung nicht existiert, kommt es gem. § 2 II 2 auf einen von der zentralen Leitung benannten Vertreter an, der zur Anwendung des EBRG seinen

---

1 Vgl. MünchArbR/*Joost*, § 274 Rz. 13; *Müller*, § 2 Rz. 3 f.; DKKW/*Däubler*, § 2 EBRG Rz. 3 f.; *Blanke*, § 2 Rz. 3 ff.; *Hanau* in Hanau/Steinmeyer/Wank, § 19 Rz. 42. ‖ 2 EuGH 13.1.2004 – Rs. C-440/00, BB 2004, 441 – Kühne & Nagel; 15.7.2004 – Rs. C-349/01, NZA 2004, 1167 – ADS Anker; BAG 29.6.2004 – 1 ABR 32/99, NZA 2005, 118; s. *Junker*, RdA 2002, 32; *Giesen*, RdA 2004, 307; *Hanau* in Hanau/Steinmeyer/Wank, § 19 Rz. 52 f.; *Thüsing*, NZA-Beil. zu Heft 16/2003, 41. ‖ 3 S. zur Anknüpfung an das nationale Territorium bei der Anwendung des Betriebsverfassungsrechts BAG 27.5.1982 – 6 ABR 28/80, AP Nr. 3 zu § 42 BetrVG 1972; 7.12.1989 – 2 AZR 228/89, AP Nr. 27 zu Internat. Privatrecht, Arbeitsrecht m. Anm. *Lorenz*; *Fitting*, § 109 BetrVG Rz. 6 ff.; krit. dazu DKKW/*Däubler*, Einl. BetrVG Rz. 234 ff.; DKKW/*Trümner*, § 1 BetrVG Rz. 27 ff.; *Fischer*, RdA 2002, 160 (162 ff.). ‖ 4 *Franzen*, BB 2004, 938.

Sitz in Deutschland haben muss. Mangels Vertreters ist nach Maßgabe von § 2 II 3 das deutsche EBRG anzuwenden, wenn die Unternehmensgruppe in Deutschland mehr Beschäftigte hat als in anderen EU/EWR-Staaten (s. zur Verantwortung der zentralen Leitung iSd. § 2 II oben Rz. 22)[1]. Die außerhalb des EU/EWR-Gebietes liegende zentrale Leitung kann die Aufgabe des Vertreters iSd. § 2 II 2 nicht an sich ziehen. Eine solche Möglichkeit ist im Gesetz nicht vorgesehen und würde dem Sinn und Zweck der Vorschrift zuwiderlaufen, die Rechtsdurchsetzung zu erleichtern[2].

3. Einzelnes Unternehmen. Ein einzelnes Unternehmen muss, um dem EBRG zu unterliegen, mindestens 1 000 ArbN im EU/EWR-Gebiet haben, von denen mindestens 150 in je zwei EU/EWR-Mitgliedstaaten beschäftigt sind, § 3 I (deutsche ArbN sind gem. § 4 zu zählen, s.o. Rz. 17). 26

- **Beispiel:** Das Unternehmen X mit Sitz in Deutschland hat innerhalb von EU und EWR insg. 1 000 ArbN; davon beschäftigt es in Frankreich 150 ArbN und in Deutschland 150 ArbN; der Rest ist in kleineren Gruppen von jeweils weniger als 150 ArbN auf die EU verteilt. Hier greift das Gesetz gem. § 3 I ein. Wenn aber zB auch in Frankreich weniger als 150 ArbN beschäftigt sind (also die Zahl 150 nur in einem Staat erreicht wird), gilt das EBRG nicht, auch wenn insg. weit über 150 ArbN im EU/EWR-Gebiet außerhalb Deutschlands beschäftigt sind[3]. Die Zahl der ArbN außerhalb des EU/EWR-Gebiets ist ohnehin unerheblich.

4. Unternehmensgruppe. Bei einer Unternehmensgruppe müssen gem. § 3 II ebenfalls mindestens 1 000 ArbN im EU/EWR-Gebiet beschäftigt sein, wobei ihr mindestens zwei Unternehmen mit Sitz in verschiedenen Mitgliedstaaten angehören müssen, die jeweils mindestens 150 ArbN in verschiedenen Mitgliedstaaten beschäftigen (Umsetzung von Art. 2 I Buchst. a, c RL 2009/38/EG). 27

- **Beispiel 1:** Die Unternehmensgruppe Z steht unter Führung der Z-Holding-GmbH in Deutschland (zentrale Leitung). Die Z-Holding-GmbH hat in Deutschland 40 ArbN. Das in Frankreich ansässige Tochterunternehmen F hat 500 ArbN und das in Italien ansässige Tochterunternehmen I hat 460 ArbN. Hier gilt gem. §§ 2, 3 II das deutsche EBRG, so dass in Deutschland ein EBR gebildet werden kann.
- **Beispiel 2:** Wie soeben, nur hat Z 700 ArbN in Deutschland. Außerdem hat F 100 ArbN in Frankreich und zusätzlich 60 ArbN in Italien. Weiter hat I in Italien 100 ArbN und 60 ArbN in Frankreich. Hier greift § 3 II nicht ein, da keines der Unternehmen „je 150 ArbN in verschiedenen Mitgliedstaaten" beschäftigt. Das entspricht dem Text des Art. 2 I Buchst. c, 3. Spiegelstrich der RL 2009/38/EG. Deshalb greift § 3 nicht ein (str.)[4].
- **Beispiel 3:** Das deutsche Mutterunternehmen M (850 ArbN) hat ein US-Tochterunternehmen U. U wiederum hat ein Tochterunternehmen F mit Sitz in Frankreich (Enkelunternehmen von M), das 150 ArbN in Frankreich beschäftigt. Hier sind die Anwendungsvoraussetzungen für das EBRG nach § 3 II erfüllt (str.)[5]. Sie würden nur dann nicht greifen, wenn U seine Beschäftigten in Frankreich selbst beschäftigen würde und nicht ein in Frankreich sitzendes Unternehmen. Freilich ist der Unterhalt größerer Betriebsstätten ohne am Ort sitzende Gesellschaften selten.
- **Beispiel 4:** Das Schweizer Mutterunternehmen M hat ein deutsches Tochterunternehmen D, das 700 ArbN in Deutschland und weitere 300 ArbN in Frankreich beschäftigt. Hier greift § 3 II nicht ein, wohl aber – mit D als gemeinschaftsweit tätigem Unternehmen iSd. § 2 I – die Regelung des § 3 I (str.)[6]. Wenn M dagegen ein französisches Tochterunternehmen F mit 300 ArbN und ein deutsches Tochterunternehmen D mit 700 ArbN hat, greift § 3 II, wobei die zentrale Leitung nach § 2 II zu bestimmen ist, im Zweifel also in Deutschland liegt.

Soweit ein dem EBR-Recht unterliegendes Unternehmen oder eine dem EBR-Recht unterliegende Unternehmensgruppe selbst Mitglied einer dem EBR-Recht unterliegenden Unternehmensgruppe ist, wird ein EBR nur auf der höchsten Ebene gebildet; eine „**Verschachtelung**" **mehrerer EBR** nach dem Muster des „Konzerns im Konzern" ist also nicht vorgesehen (vgl. § 7, Art. 1 I RL 2009/38/EG). Sie kann aber – ebenso wie ein dezentrales Verfahren – im Rahmen der Vereinbarung nach §§ 17 ff. freiwillig vereinbart werden[7]. 28

5. Anspruch der Arbeitnehmervertretung auf Informationserhebung. a) Nach § 5 I. Zur Sicherstellung der aus dem EBRG folgenden Rechte verleiht § 5 I 1 einen Anspruch auf Informationserhebung der ArbN-Vertretung ggü. der in Deutschland ansässigen zentralen Leitung über die für die Aufnahme von Verhandlungen zur Bildung eines EBR erforderlichen Fakten. Dazu gehören nach § 5 I 2 insb. die durchschnittliche Gesamtzahl der ArbN und ihre Verteilung auf die Mitgliedstaaten, die Unternehmen und Betriebe sowie die Struktur des Unternehmens oder der Unternehmensgruppe. Umgesetzt wird hierbei Art. 4 IV RL 2009/38/EG, der seinerseits EuGH-Rspr. konkretisiert (s. näher Rz. 31). 29

---

[1] Vgl. BT-Drs. 13/4520, 18; *Müller*, § 2 Rz. 1 ff.; *Blanke*, § 2 Rz. 1 ff. || [2] AA *Hanau* in Hanau/Steinmeyer/Wank, § 19 Rz. 42. || [3] *Blanke*, § 3 Rz. 6. || [4] *Müller*, § 3 Rz. 6; aA mit Blick auf Sinn und Zweck der Regelung DKKW/*Däubler*, § 3 EBRG Rz. 5; ebenso wohl *Blanke*, § 3 Rz. 9. || [5] DKKW/*Däubler*, § 3 EBRG Rz. 6; aA *Müller*, § 3 Rz. 7. || [6] *Sandmann*, S. 143; aA *Blanke*, § 3 Rz. 8, der aus Gründen der Gesetzessystematik § 3 II anwenden will. || [7] *Müller*, § 7 Rz. 1 ff.

30 **Berechtigte und Verpflichtete des Informationserhebungsanspruchs. Gläubiger des Informationserhebungsanspruchs** nach § 5 I 1 ist die „**ArbN-Vertretung**". Der Begriff der „Arbeitnehmervertreter" richtet sich nach Art. 2 I Buchst. d RL 2009/38/EG; dies sind die „nach den Rechtsvorschriften und/oder Gepflogenheiten der Mitgliedstaaten vorgesehenen Vertreter der Arbeitnehmer". Damit ist jede nach deutschem oder ausländischem Recht gebildete ArbN-Vertretung erfasst, welche ArbN des betreffenden Unternehmens oder der Unternehmensgruppe repräsentiert[1]. In Deutschland sind dies der BR, der GBR und der KBR. Hinzu kommen auch evtl. bereits nach dem EBRG konstituierte Organe wie das BVG und der EBR. Der SprAu vertritt keine „ArbN" iSd. EBRG (s.a. Rz. 17) und ist damit nicht berechtigt. Mangels betriebsverfassungsrechtl. Zuständigkeit sind auch die in §§ 42ff., 60ff., 72f., 73af., 106ff. BetrVG sowie in §§ 94ff. SGB IX vorgesehenen Gremien nicht auskunftsberechtigt. Dasselbe gilt für nicht gesetzl. berufene Vertreter, also bspw. Gewerkschaften oder gewerkschaftliche Vertrauensleute[2]. Die Gegenansicht[3] hat keine Grundlage im Gesetz. **Schuldner des Informationserhebungsanspruchs** ist nach § 5 I die „zentrale Leitung". S. zum Begriff der „zentralen Leitung" oben Rz. 21f.

31 **Gegenstand und Reichweite des Informationserhebungsanspruchs. Gegenstand** sind nach § 5 I 1 die für die Aufnahme von Verhandlungen zur Bildung eines EBR erforderlichen Informationen. Zu den erforderlichen Informationen gehören nach § 5 I 2 insb. die durchschnittliche Gesamtzahl der ArbN und ihre Verteilung auf die Mitgliedstaaten, die Unternehmen und Betriebe sowie die Struktur des Unternehmens oder der Unternehmensgruppe. Erfasst sind damit inhaltlich die Modalitäten für die Anwendung des EBRG nach §§ 1 III, 2–4 und 6. Damit sind gem. der EuGH-Rspr. zur alten Regelung des Art. 11 II RL 94/45/EG nicht nur die Identität der Unternehmen gemeint, sondern auch ihre nach § 6 relevanten Beherrschungsstrukturen einschl. der ggf. entscheidenden Fakten über die Vermutungstatbestände des § 6 II und III. Nur so lässt sich das gesetzl. Ziel erreichen, einen exakt auf das betreffende Unternehmen bzw. die betreffende Unternehmensgruppe zugeschnittenen EBR zu bilden[4]. Laut EuGH können darüber hinaus auch Namen und Anschriften der ausländischen ArbN-Vertretungen verlangt werden[5]. Diese Rspr. ist durch die Neufassung von Art. 4 IV RL 2009/38/EG und die präzise Umsetzung in § 5 bestätigt und konkretisiert worden[6]. Dabei wird durch die Neufassung, die nicht mehr nur Auskunft, sondern ausdrücklich Informationserhebung zum Gegenstand hat, verdeutlicht, dass die betreffenden Fakten dem Informationsschuldner nicht bekannt sein müssen. Er schuldet sie auch dann, wenn er sie nicht kennt, aber eben erheben und somit beibringen kann. Damit wird dem Informationsschuldner eine Erkundigungspflicht (keine Ermittlungspflicht) auferlegt bzgl. aller für die Auskünfte erforderlicher Informationen und Unterlagen. Dieser Erkundigungspflicht kann er nicht zuletzt aufgrund seines eigenen Informationserhebungsanspruchs aus § 5 III gegen andere Unternehmen entsprechen (s. dazu Rz. 33).

32 Die **Durchsetzung** erfolgt im **Beschlussverfahren**, § 2a Nr. 3b ArbGG. S. zur Parteifähigkeit der beteiligten Personen und Stellen § 10 ArbGG; örtlich zuständig ist nach § 82 II 1 ArbGG das Gericht, in dessen Bezirk sich die auskunftspflichtige zentrale Leitung (= Unternehmenssitz) bzw. die auskunftspflichtige örtliche Betriebs- oder Unternehmensleitung befindet[7]. Das Verfahren kann auch von gem. EBRG berechtigten **ausländischen ArbN-Vertretungen** geführt werden[8]. Für eine **einstw. Verfügung** dürfte es regelmäßig am Verfügungsgrund fehlen[9]. Eine Sicherung des Auskunftsanspruchs erfolgt auch durch die Bußgeldvorschrift des § 45 I Nr. 1. Schwierigkeiten können sich ergeben bei der Durchsetzung des Auskunftsanspruchs gegen eine „zentrale Leitung" iSd. § 2 II, also wenn sich die Führung des Unternehmens oder der Unternehmensgruppe **außerhalb des EU/EWR-Gebiets** befindet. Auch in dieser Situation muss von der unbeschränkten Auskunftspflicht der „zentralen Leitung" iSd. § 2 II ausgegangen werden, selbst wenn die „zentrale Leitung" nicht alle Informationen von der Unternehmens- oder Gruppenleitung erhalten hat (oben Rz. 22). Für den Streitwert gelten dieselben Grundsätze wie beim Streit über einen BR nach BetrVG[10].

33 **b) Nach § 5 II.** Zusätzlich kann der betreffende Anspruch nach § 5 II bei der „örtliche Betriebs- oder Unternehmensleitung" geltend gemacht werden[11]. In § 5 I heißt es klar, dass die betreffenden Informationen von der zentralen Leitung bzw. der Unternehmensleitung geschuldet werden. Das ist mit der Formulierung „kann ... geltend machen" anders formuliert, wohl weil die Regelung einen Fall der gesetzl. Prozessstandschaft annimmt. Unabhängig davon wird hier aber jedenfalls ein Anspruch des BR

---

1 *Müller*, § 5 Rz. 2; DKKW/*Däubler*, § 5 EBRG Rz. 2; *Blanke*, § 5 Rz. 2. ||2 *Müller*, § 5 Rz. 2. ||3 DKKW/*Däubler*, § 5 EBRG Rz. 2; *Blanke*, § 5 Rz. 2. ||4 EuGH 29.3.2001 – Rs. C-62/99, NZA 2001, 506ff. – bofrost; bestätigt in EuGH 15.7.2004 – Rs. C-349/01, NZA 2004, 1167 – ADS Anker; BAG 30.3.2004 – 1 ABR 61/01, NZA 2004, 863; *Junker*, RdA 2002, 32; *Hanau* in Hanau/Steinmeyer/Wank, § 19 Rz. 51. ||5 EuGH 13.1.2004 – Rs. C-440/00, BB 2004, 441 – Kühne & Nagel, dazu *Franzen*, EuZA 2010, 180 (186f.); *Giesen*, RdA 2004, 308; BAG 29.6.2004 – 1 ABR 32/99, NZA 2005, 118; 30.3.2004 – 1 ABR 61/01, NZA 2004, 863; LAG Hamburg 30.6.1999 – 8 TaBV 4/99, AiB 2000, 43 (40) m. Anm. *Kunz*. Vorlagebeschluss BAG 27.6.2000 – 1 ABR 32/99 (A), BB 2001, 414; dazu *Hanau* in Hanau/Steinmeyer/Wank, § 19 Rz. 52f. ||6 S. näher *Franzen*, EuZA 2010, 180 (186f.). ||7 Vgl. *Hanau* in Hanau/Steinmeyer/Wank, § 19 Rz. 41; EAS/*Oetker*/*Schubert*, B 8300 Rz. 242ff.; BT-Drs. 13/4520, 29; s.a. LAG Köln 8.9.2011 – 13 Ta 267/11, ZIP 2011, 2121. ||8 DKKW/*Däubler*, § 5 EBRG Rz. 10f.; *Blanke*, § 5 Rz. 6f. ||9 Für die Durchsetzung im Wege der einstw. Verfügung äußert sich *Blanke*, § 5 Rz. 6. ||10 LAG Hamm 28.4.2005 – 10 TaBV 35/05, AE 2007, 99. ||11 § 5 geht insofern wohl über die Anforderungen der EBR-RL hinaus, vgl. *Franzen*, SAE 2004, 335 (338).

bzw. GBR bei der örtlichen Betriebs- oder Unternehmensleitung normiert, so dass die Genannten auch Parteien des betreffenden Beschlussverfahrens sind. Der Begriff der „örtlichen Betriebs- oder Unternehmensleitung" nach § 5 II definiert dabei das jeweilige arbeitgeberseitige Gegenüber des (G)BR. Er umfasst also beim BR den oder die Betriebsinhaber und beim GBR das Unternehmen iSd. § 47 I BetrVG. Durch § 5 II wird es den Vertretungsorganen ermöglicht, ausschließlich in Deutschland und mit deutschen Beteiligten einen Prozess über die Auskunftserteilung zu führen, was insb. dann von Vorteil ist, wenn die Frage nach der Verortung der zentralen Leitung nicht klar zu beantworten ist[1]. Mit § 5 II Hs. 2 wird der örtlichen Leitung eine **Erkundigungspflicht** auferlegt bzgl. aller für die Auskünfte erforderlichen Informationen und Unterlagen. Dieser Erkundigungspflicht kann sie nicht zuletzt aufgrund ihres eigenen Informationserhebungsanspruchs aus § 5 III gegen andere Unternehmen entsprechen (s. dazu Rz. 34).

c) **Informationserhebungsanspruch von Unternehmen gegen andere Unternehmen, § 5 III.** Aus § 5 III folgt ein dem § 5 I entsprechender Informationserhebungsanspruch der gem. § 5 I auf Auskunftserteilung in Anspruch genommenen **Unternehmen gegen die anderen Unternehmen** einer Unternehmensgruppe[2]. In § 5 III wird hier genannt die „Leitung eines Unternehmens einer gemeinschaftsweit tätigen Unternehmensgruppe". Diese ist die Leitung eines Unternehmens iSd. der Definition oben Rz. 18. Was die „Leitung" betrifft, gilt das oben Rz. 21 Gesagte entsprechend. Das bedeutet, dass damit der Rechtsträger des Unternehmens als natürliche oder juristische Person gemeint ist und nicht etwa – wie der Begriff zunächst vermuten lässt – ein für ihn tätiges Organ. Das Unternehmen selbst (also die GmbH, die AG, die OHG, die KG oder auch die natürliche Person als Inhaber) ist daher passivlegitimiert und somit Antragsgegner im entsprechenden Beschlussverfahren. Die ArbN-Vertretung hat allerdings keinen Anspruch aus § 5 III. Die Vorschrift vermeidet im Gegensatz zu § 5 I, II die Nennung der ArbN-Vertretung als aktivlegitimierte Institution, so dass es sich ausschließlich um einen Informationserhebungsanspruch der zentralen Leitung bzw. der Unternehmensleitung iSd. § 5 I handelt. Dies umfasst auch Ansprüche der „zentralen Leitung" iSd. § 2 II gegen die übrigen innerhalb des EU/EWR-Raums ansässigen Unternehmen und der örtlichen Leitung ggü. der zentralen Leitung iSd. § 2 II. Der Anspruch ist nicht zuletzt dann von Bedeutung, wenn sich die zentrale Leitung oder die örtliche Leitung ggü. dem BR oder GesamtBR auf die fehlende Beschaffbarkeit von Informationen und Unterlagen berufen. Soweit sie entsprechende Erkundigungs- und Recherchemöglichkeiten haben, können sie sich deshalb wegen des Informationserhebungsanspruchs nicht auf Unvermögen nach § 275 BGB berufen[3]. Freilich ist § 5 III nicht auf diese Situation beschränkt. Der Anspruch kann auch geltend gemacht werden, noch bevor der Anspruchsinhaber von der ArbN-Vertretung in Anspruch genommen wird.

Informationserhebungspflicht trotz Ungewissheit über die Anwendbarkeit des EBRG. Probleme ergeben sich, wenn nicht das „Wie" der EBR-Bildung fraglich ist, sondern bereits das „Ob". Dann kann im Zweifel erst die Auskunft nach § 5 klären, ob das EBRG anzuwenden ist oder nicht. Nur nach Prüfung der ArbN-Zahlen und der Beherrschungsverhältnisse in einem Unternehmen oder einer Unternehmensgruppe kann die Frage beantwortet werden, ob die Voraussetzungen der §§ 1 VI, 2–4 und 6 erfüllt sind. Nach den Vorgaben der richtlinienkonformen Auslegung ist § 5 mithilfe von Art. 4 IV RL 2009/38/EG (vgl. früher anderslautend Art. 11 I, II RL 94/45/EG, im hiesigen Ergebnis aber ohne Unterschied) auszulegen. Zur alten Regelung des Art. 11 I, II RL 94/45/EG hat der EuGH mit Blick auf die praktische Wirksamkeit („effet utile") der RL entschieden, dass ein zu einer Unternehmensgruppe gehörendes Unternehmen auch dann zur Auskunftserteilung verpflichtet war, „wenn noch nicht feststeht, ob es sich bei der Unternehmensleitung, an die sich die ArbN wenden, um die Leitung eines innerhalb der Unternehmensgruppe herrschenden Unternehmens handelt." Hierzu gehörte auch die Übermittlung von Unterlagen, welche die für die Feststellung der jeweiligen Tatbestände (insb. der Beherrschungsverhältnisse) notwendigen Fakten präzisieren und verdeutlichen[4]. Das bedeutete laut BAG, dass der Auskunftsanspruch bereits dann bestand, wenn die Anwendbarkeit des EBRG mit einer „gewissen tatsächlichen Wahrscheinlichkeit" gegeben war[5]. Das gilt nach der Änderung von § 5 durch das 2. EBRG-ÄndG und nach Erlass der neu gefassten RL 2009/38/EG (Rz. 1) auch weiterhin. Zwar haben sich der RL-Geber und der deutsche Gesetzgeber mit der Neufassung von Art. 4 IV RL 2009/38/EG und § 5 (s. zum 2. EBRG-ÄndG oben Rz. 7) nicht dafür entschieden, die betreffende EuGH-Rspr. in den neuen Wortlaut der Regelungen aufzunehmen. Aber auch nach dem neuen Text ist es zwecks Sicherung der praktischen Anwendbarkeit erforderlich, dass die Informationserhebung zur Prüfung der

---

1 MünchArbR/*Joost*, § 274 Rz. 43; DKKW/*Däubler*, § 5 EBRG Rz. 7; *Blanke*, § 5 Rz. 3; idS auch EuGH 15.7.2004 – Rs. C-349/01, NZA 2004, 1167 – ADS Anker. ||2 So noch zur alten Fassung die Rspr. des EuGH (richtlinienkonforme Auslegung von Art. 4, 14 RL 94/45/EG) EuGH 13.1.2004 – Rs C-440/00, BB 2004, 441 – Kühne & Nagel; 15.7.2004 – Rs. C-349/01, NZA 2004, 1167 – ADS Anker; BAG 29.6.2004 – 1 ABR 32/99, NZA 2005, 118; *Giesen*, RdA 2004, 307; *Stoffels*, GS Heinze, 2004, S. 885 (896f.). S. zum österreichischen Recht OGH v. 31.1.2007 – 8 ObA 107/06b, ZESAR 2007, 331 m. Anm. *Risak*, EuZA 2008, 409. ||3 BAG 29.6.2004 – 1 ABR 32/99, NZA 2005, 118; *Giesen*, RdA 2004, 307. ||4 EuGH 15.7.2004 – Rs. C-349/01, NZA 2004, 1167 – ADS Anker; 29.3.2001 – Rs. C-62/99, NZA 2001, 506 – bofrost; BAG 30.3.2004 – 1 ABR 61/01, NZA 2004, 863; ebenso *Joost*, ZIP 2004, 1034; *Junker*, RdA 2002, 32; MünchArbR/*Joost*, § 274 Rz. 44. den Vorlagebeschluss BAG 27.6.2000 – 1 ABR 32/99 (A), BB 2001, 414; *Hanau* in Hanau/Steinmeyer/Wank, § 19 Rz. 52f. S. dazu aus Schweizer Sicht *Stöckli*, RdA-Beil. zu Heft 5/2001, 5 (9f.). ||5 BAG 30.3.2004 – 1 ABR 61/01, NZA 2004, 863.

Frage dient, ob die EBR-Regelungen überhaupt eingreifen. Der nunmehr normierte Informationserhebungsanspruch ist somit deutlich auch weiterhin darauf gerichtet, die Frage des „Ob" der EBRG-Anwendbarkeit klären zu helfen.

36 **IV. EBR kraft Vereinbarung. 1. EBR kraft Vereinbarung als gesetzlicher Regeltatbestand.** Bereits oben Rz. 3 ist das dreistufige Regelungssystem zur Schaffung des EBR dargestellt worden. EBRG und EBR-RL gehen vom EBR kraft Vereinbarung als Regeltatbestand aus (§§ 8–20, Art. 5 RL 2009/38/EG). Die Vertretungsgremien aus der Zeit bis zum 21.9.1996 sind trotz fortbestehender Bedeutung nur in Übergangsvorschriften geregelt (s. dazu § 41, Art. 14 RL 2009/38/EG, unten Rz. 123 ff.), und der EBR kraft Gesetzes wird subsidiär für den – unerwünschten – Fall gebildet, dass sich die Beteiligten nicht auf eine Vereinbarung verständigen (§§ 1 I, 21–33, Art. 7 RL 2009/38/EG und Anh., unten Rz. 88 ff.). S. zur **EU-Osterweiterung** Rz. 24. Beim EBR kraft Vereinbarung ist zu beachten, dass kraft Übergangsrechts für **EBR-Vereinbarungen, die zwischen dem 5.6.2009 und dem 5.6.2011 abgeschlossen oder überarbeitet wurden,** altes Recht gilt (s. näher Rz. 11). Die diesbezüglichen Regelungen werden hier nicht mehr kommentiert. Es sei auf die Komm. in der 4. Auflage 2010 verwiesen.

37 **2. Besonderes Verhandlungsgremium (BVG). a) Allgemeines.** Die Entstehung des EBR kraft Vereinbarung erfolgt nach §§ 8–16 (Art. 5 RL 2009/38/EG) durch einen Vertrag (deshalb „Vereinbarung") zwischen der zentralen Leitung des Unternehmens bzw. der Unternehmensgruppe (s. dazu oben Rz. 21 f.) und dem BVG. Das BVG ist ein gesetzl. **Gründungsorgan**; es wird gem. § 8 I ausschließlich zum Zweck des Vereinbarungsschlusses mit der zentralen Leitung über den EBR gebildet. Nur der EBR kraft Gesetzes hat nach § 33 bei der Aufnahme neuerlicher Verhandlungen über die Einsetzung eines EBR kraft Vereinbarung weitgehend gleiche Aufgaben und Rechte wie das BVG[1].

38 Ähnlich wie sonst im Betriebsverfassungsrecht sind zentrale Leitung und BVG nach § 8 III zur **vertrauensvollen Zusammenarbeit** verpflichtet. Das BVG hat zur Erfüllung seiner Aufgaben gegen die zentrale Leitung einen Auskunftsanspruch nach § 8 II, der (auch nach der Neufassung von § 5 vergleichbar mit dem dort geregelten Anspruch, s.o. Rz. 29 ff., zur Neufassung Rz. 7) aufgabenbezogen ist. Er umfasst zum einen diejenigen Gegenstände, welche als Tatbestände der §§ 1 ff. Voraussetzungen für die Erfüllung der gesetzl. Rahmenbedingungen einer wirksamen und rechtmäßigen Vereinbarung sind. Weiter ist für alle Gegenstände der §§ 8–16 ein Informationsanspruch begründet, der sich bspw. auf die Nennung der in § 11 erfassten ArbN-Vertreter bezieht[2]. IÜ bestehen gesonderte Auskunftsansprüche nach §§ 9 III, 12 S. 2. Entsprechend den Informationsmöglichkeiten des BVG besteht die Verschwiegenheitspflicht seiner Mitglieder nach §§ 35 III Nr. 1, 44.

39 **b) Schutz aus Deutschland entsandter BVG-Mitglieder.** Die in Deutschland beschäftigten BVG-Mitglieder eines in- oder ausländischen BVG genießen den gleichen persönlichen **Schutz wie BR-Mitglieder**[3]. Ob ein ArbVerh deutschem Recht unterliegt, richtet sich nach Art. 8 Rom-I-VO (für Vertragsschlüsse bis zum 17.12.2009 Art. 27 ff., 30 EGBGB). Zugunsten der BVG-Mitglieder greift nach § 40 der Kündigungsschutz gem. § 15 KSchG. IÜ gelten für sie gem. § 40 EBRG die §§ 37 I–V, 78, 103 BetrVG. Das BVG kann nach Maßgabe von §§ 38 I, II, 40 I 2 iVm. 37 VI 1, 2 BetrVG Mitglieder zur **Teilnahme an Schulungs- und Bildungsveranstaltungen** bestimmen, soweit diese Kenntnisse vermitteln, die für die BVG-Arbeit erforderlich sind[4]. Zur notwendigen Erforderlichkeit s. die Komm. zu § 37 II BetrVG. Dabei ist zu beachten, dass BVG-Mitglieder Fortbildung ausschließlich zu dem Zweck in Anspruch nehmen können, der ihre Aufgabe betrifft. Es geht also lediglich um die Erstellung einer Gründungsvereinbarung für den EBR kraft Vereinbarung nach § 8, s. iÜ Rz. 73. Die **Behinderung der Arbeit** der Mitglieder eines gem. EBRG errichteten BVG stellt nach Maßgabe der §§ 43–45 einen Bußgeld- oder Straftatbestand dar.

40 **c) Die Bildung des BVG** erfolgt nach §§ 9 f. Sie wird von den ArbN oder ihren Vertretern (s. dazu oben Rz. 22, 30) schriftl. bei der zentralen Leitung beantragt oder erfolgt auf Initiative der zentralen Leitung. Der ArbN-Antrag und die Initiative der zentralen Leitung bewirken den Beginn der Sechs-Monats-Frist und der Drei-Jahres-Frist des § 21, nach deren Ablauf der EBR kraft Gesetzes zu errichten ist (s.u. Rz. 89)[5]. Der ArbN-Antrag muss von mindestens 100 ArbN oder ihren Vertretern aus mindestens zwei Betrieben oder Unternehmen verschiedener Mitgliedstaaten unterschrieben werden, s. im Einzelnen § 9. Die ArbN-Zahlen aus mehreren Anträgen können nach § 9 II 2 addiert werden; jedoch müssen die Anträge in einem zeitlichen Zusammenhang gestellt worden sein, um als Einheit zusammengenommen werden zu können[6]. Weiter ist bei Auslaufen einer bestehenden Vereinbarung nach § 41 bzw. Art. 14 RL 2009/38/EG auch das hiernach gebildete Vertretungsgremium antragsberechtigt, § 41 VI 2.

---

1 *Müller*, § 37 Rz. 2; *Blanke*, § 37 Rz. 4 f. || 2 *Müller*, § 8 Rz. 2. Teilweise wird der Auskunftsanspruch auf ausländische Sachverhalte ausgedehnt, welche die von dort entsandten BVG-Mitglieder kennen, zB die Aufzählungen bei DKKW/*Bachner*, § 6 EBRG Rz. 4 ff.; *Blanke*, § 8 Rz. 6 ff. || 3 Vgl. dazu EAS/*Oetker/Schubert*, B 8300 Rz. 234 ff.; MünchArbR/*Joost*, § 274 Rz. 89 ff.; *Blanke*, § 40 Rz. 2 ff. || 4 Laut ArbG Hamburg 13.5.2009 – 13 BV 4/09, besteht gem. § 37 VI BetrVG bereits in einem Unternehmen, welches (allein oder mit anderen zusammen) die Anwendungsvoraussetzungen des EBRG erfüllt, Anspruch auf Fortbildung über EBR-Recht, auch wenn das EBR-Gründungsverfahren noch nicht begonnen ist. || 5 *Müller*, § 21 Rz. 3; *Blanke*, § 21 Rz. 8; DKKW/*Bachner*, § 21 EBRG Rz. 5; s.a. *Kunz*, AiB 1997, 267 (273 f.). || 6 EAS/*Oetker/Schubert*, B 8300 Rz. 85; *Müller*, § 9 Rz. 4; *Blanke*, § 9 Rz. 2; DKKW/*Klebe*, § 9 EBRG Rz. 3.

● **Beispiel zur Stimmenzählung nach § 9:** Eine Unternehmensgruppe mit zentraler Leitung in Deutschland hat einen Betrieb mit 99 ArbN sowie einen weiteren Betrieb mit 51 ArbN in Deutschland; des Weiteren hat sie einen Betrieb mit 850 ArbN in Frankreich. § 3 ist damit erfüllt. Wenn ein Antrag von dem 99 deutsche ArbN repräsentierenden BR des erstgenannten Betriebs und ein weiterer Antrag von einem einzelnen französischen ArbN gestellt wird, ist das BVG gem. § 9 wirksam beantragt[1]. S. zur Zählung der deutschen ArbN oben Rz. 17.

Die **Zusammensetzung des BVG** richtet sich nach § 10 (Umsetzung von Art. 5 II Buchst. b RL 2009/38/EG). Danach ist pro Staat für jede angefangene 10 % der in den 31 EU/EWR-Mitgliedstaaten beschäftigten ArbN ein Mitglied zu entsenden. In dem soeben in Rz. 41 genannten Beispiel des deutsch-französischen Unternehmens erfolgt die Bildung des BVG in Deutschland. Das Unternehmen hat insg. 1 000 ArbN, von denen 85 % in Frankreich und 15 % in Deutschland beschäftigt sind. Das bedeutet, dass neun BVG-Mitglieder aus Frankreich und zwei BVG-Mitglieder aus Deutschland entsandt werden, insgesamt also elf BVG-Mitglieder. Die Entwurfsbegr.[2] liefert folgendes weiteres **Berechnungsbsp.:** Eine Unternehmensgruppe beschäftigt im EU/EWR-Raum 4 500 ArbN, davon 2 000 in Deutschland, 1 100 in Italien, 900 in Frankreich und 500 in Polen. Damit entfallen auf Deutschland 44,4 %, auf Italien 24,4 %, auf Frankreich 20 % und auf Polen 11,1 %, und daraus ergeben sich folgende Mitgliederzahlen: Deutschland 5, Italien 3, Frankreich 2 und Polen 2, insg. also 12 BVG-Mitglieder. In extremen Fällen können sich bei relativ kleinen Unternehmen bzw. Unternehmensgruppen relativ große BVG ergeben. Hierzu ein zugegeben rein theoretischer Fall: Ein Unternehmen hat insg. 1 029 ArbN, davon 150 ArbN in Staat A, 150 ArbN in Staat B, jeweils 101 ArbN in den sieben Staaten C bis I und jeweils einen ArbN in den restlichen 22 EU/EWR-Mitgliedstaaten. Da in den neun Staaten A bis I jeweils über 10 %, aber nicht mehr als 20 % beschäftigt werden, sind von dort jeweils zwei Vertreter zu entsenden, also 18. Aus den restlichen 22 Staaten ist jeweils ein Vertreter zu entsenden, so dass das relativ kleine Unternehmen die Höchstzahl von 40 BVG-Vertretern erreicht. Der extreme Gegenfall ist etwa derjenige eines Unternehmens, das in Deutschland 53 000 und in Frankreich 47 000 ArbN beschäftigt. Hier werden aus Deutschland sechs Vertreter und aus Frankreich fünf Vertreter entsandt, insg. also elf BVG-Mitglieder. Nach § 10 II können (und sollten, um eine effektive ArbN-Vertretung sicherzustellen) zusätzlich **Ersatzmitglieder** bestellt werden[3]. Deren Bestellung ist im Einzelnen nicht geregelt. Sie muss sich jeweils auf bestimmte Mandate von einzelnen ArbN-Vertretern oder auf jeweilige Gruppen national bestellter ArbN-Vertreter beziehen, weil das Verfahren der Mitgliederbestellung gem. § 10, Art. 5 II Buchst. b RL 2009/38/EG nach Staaten aufgeteilt ist.

Für die **Kosten der Antragstellung** besteht entgegen einer Gegenansicht[4] keine Ersatzpflicht des ArbGeb. Sie sind nicht durch § 16 erfasst und auch nicht durch die 2011 (Rz. 7) neu gefasste Regelung des § 39 (dazu Rz. 99)[5]. Streitigkeiten über die Antragstellung sind im arbeitsgerichtl. **Beschlussverfahren** zu entscheiden, § 2a Nr. 3b ArbGG[6]. S. zur Parteifähigkeit der beteiligten Personen und Stellen § 10 ArbGG; örtlich zuständig ist nach § 82 II 1 ArbGG das Gericht, in dessen Bezirk sich der Antragsgegner befindet, also der Unternehmenssitz des Unternehmens, das vom Antragsteller als zentrale Leitung angesehen wird[7]. Sofern es um besondere Beteiligungsrechte von deutschen ArbN-Vertretungen etwa nach § 11 II geht, gelten die für sie einschlägigen Zuständigkeitsregeln, § 82 I ArbGG (s.a. Rz. 93)[8].

Die **Bestellung der BVG-Mitglieder** richtet sich gem. Art. 5 II Buchst. a RL 2009/38/EG nach den jeweiligen Regeln in demjenigen Mitgliedstaat, aus dessen Gebiet die Mitglieder entsandt werden. Deshalb regelt § 11 auch nur die Bestellung von BVG-Mitgliedern aus Deutschland[9]. Das bedeutet, dass in dem oben Rz. 41 genannten Beispiel die Errichtung des BVG und die Entsendung der zwei Mitglieder aus Deutschland nach deutschem Recht erfolgt. Die Bestellung der neun französischen Mitglieder richtet sich dagegen nach französischem Recht. Ist andererseits ein BVG im EU/EWR-Ausland zu bilden und sollen deutsche Mitglieder entsandt werden, gilt umgekehrt für deren Bestellung § 11. Gem. § 11 I ist bei Unternehmen zunächst der GBR zuständig und ersatzweise der BR. Bei Unternehmensgruppen ist nach näherer Maßgabe von § 11 II, III zunächst der KBR zuständig. Soweit dieser nicht alle ArbN repräsentiert, greift subsidiär die Zuständigkeit der nächstkleineren Organe, also der jeweils die gruppenzugehörigen ArbN repräsentierenden GBR und BR[10]. Nach § 11 IV sind auch **leitende Angestellte** in das BVG wählbar, obwohl sie nicht wahlberechtigt sind (s.o. Rz. 17; vgl. zur Entsendung leitender Angestellter zum EBR kraft Gesetzes § 23 VI, dazu Rz. 17, 100). **Frauen und Männer** sind nach § 11 V entspre-

---

1 Bsp. nach *Fitting*, Übersicht EBRG Rz. 43; vgl. auch *Blanke*, § 9 Rz. 3. ‖ 2 BT-Drs. 17/4808, 10; s.a. *Franzen*, EuZA 2010, 180 (187ff.). ‖ 3 Vgl. *Blanke*, § 10 Rz. 9ff.; *Müller*, § 11 Rz. 2ff. ‖ 4 DKKW/*Klebe*, § 9 EBRG Rz. 3; *Blanke*, § 9 EBG Rz. 8. ‖ 5 Daran ändert auch der im Rahmen der EBR-Reform hinzugefügte Art. 10 I RL 2009/38/EG nichts. Nach ArbG Hamburg 17.4.1997 – 4 BV 1/97, ArbuR 1997, 374, fallen die Reisekosten, die ein KBR-Mitglied bei der Reise zu einem EBR-Vorbereitungstreffen verursacht, als notwendige Kosten des KBR dem ArbGeb zur Last. Dem steht der klare Wortlaut der §§ 40 I, 59 I BetrVG entgegen. ‖ 6 *Blanke*, § 9 Rz. 10; s.a. LAG Köln 8.9.2011 – 13 Ta 267/11, ZIP 2011, 2121. ‖ 7 Vgl. *Hanau* in Hanau/Steinmeyer/Wank, § 19 Rz. 41; EAS/*Oetker*/Schubert, B 8300 Rz. 242ff.; BT-Drs. 13/4520, 29; s.a. LAG Köln 8.9.2011 – 13 Ta 267/11, ZIP 2011, 2121. ‖ 8 IdS BAG 18.4.2007 – 7 ABR 30/06, AP Nr. 1 zu § 18 EBRG, betr. den Streit um die Zusammensetzung eines EBR nach §§ 18 II, 23. ‖ 9 *Fitting*, Übersicht EBRG Rz. 48; DKKW/*Klebe*, § 11 EBRG Rz. 1; *Müller*, § 11 Rz. 1. ‖ 10 S. näher EAS/*Oetker*/Schubert, B 8300 Rz. 92ff.; *Müller*, § 11 Rz. 4ff.; MünchArbR/*Joost*, § 274 Rz. 53ff.; *Blanke*, § 11 Rz. 5ff.; *Tap*, S. 45ff.

chend ihrem **zahlenmäßigen Verhältnis** zu bestellen. Da es sich um eine „Soll"-Vorschrift handelt, ist ihre Nicht-Befolgung allerdings (wie bei § 15 II BetrVG aF) sanktionslos[1]. Eine ausgewogene Vertretung der ArbN nach ihrer Tätigkeit wird für das BVG (anders als für den EBR kraft Gesetzes, § 23 V) nicht verlangt. Durch Vereinbarung zwischen zentraler Leitung und BVG können gem. § 14 auch **BVG-Mitglieder aus Drittstaaten** einbezogen werden[2]. §§ 9 ff. beschränken den Kreis der möglichen BVG-Mitglieder (anders als beim EBR kraft Gesetzes nach § 22 I 1, s.u. Rz. 97) nicht auf die Beschäftigten des Unternehmens bzw. der Unternehmensgruppe, so dass auch externe Vertreter, zB aus Gewerkschaften, entsandt werden können.

45 Das BVG hat – ähnlich wie der BR – keine Rechtspersönlichkeit, sondern lediglich eine aufgabenbezogene beschränkte **Rechtsfähigkeit**[3]. Das BVG **endet** mit dem Abschluss einer Vereinbarung nach §§ 17 ff., mit der Bildung eines EBR kraft Gesetzes nach §§ 21 ff. oder mit der Beschlussfassung nach § 15 (arg. § 15 II)[4]. **Streitigkeiten über die Wirksamkeit der Bildung des BVG** sind nach § 19 BetrVG analog und im arbeitsgerichtl. **Beschlussverfahren** zu entscheiden, § 2a Nr. 3b ArbGG[5]. Hinsichtlich der Rechtmäßigkeit der Bestellung der ArbN-Vertreter gelten die Grundsätze über die Anfechtung von BR-Wahlen entsprechend[6]. S. zur Parteifähigkeit der beteiligten Personen und Stellen § 10 ArbGG; örtlich zuständig ist gem. § 82 II 1 ArbGG das Gericht, in dessen Bezirk sich die zentrale Leitung befindet, bei der das BVG eingerichtet wird; soweit dies streitig ist, ist entscheidend der Unternehmenssitz des Unternehmens, das vom Antragsteller als zentrale Leitung angesehen wird[7].

46 d) Die **Stimmgewichtung** im BVG richtet sich nach den Köpfen des BVG, welches gem. § 13 III **mit einfacher Mehrheit** entscheidet. Dabei kommt es – anders als bei § 28 S. 1 – nicht auf die Mehrheit der anwesenden Mitglieder an, sondern auf die Mehrheit der BVG-Mitglieder (vgl. die 2/3-Regelung beim Beschluss über die Beendigung von Verhandlungen nach § 15 I 1)[8].

47 § 11 I–III ist wegen der möglichen **Verletzung des demokratischen Prinzips** sowie des Gleichheitssatzes nicht unproblematisch. Zum einen ist es denkbar, dass in Gemeinschaftsbetrieben Vertreter von BR entsandt werden, die nicht (nur) von Unternehmensangehörigen gewählt wurden. Zum anderen werden auch solche ArbN durch das BVG repräsentiert, die in Betrieben ohne BR tätig sind und deshalb nicht – auch nicht mittelbar – auf die Konstituierung des EBR durch das BVG Einfluss nehmen können[9]. Weitere Ungleichgewichte ergeben sich daraus, dass im BVG die Menge der vertretenen ArbN nur unzureichend in § 10 I berücksichtigt wird, da sich die Stimmgewichtung nicht nach der Zahl der vertretenen ArbN, sondern nach den Köpfen des BVG richtet. Zur Rechtfertigung dessen wird meist angeführt, dass der Grundsatz der nationalen **Repräsentativität** (also der Vertretung der ArbN jedes Mitgliedstaates durch mindestens ein BVG-Mitglied) Vorrang haben dürfe vor dem Grundsatz der **Proportionalität** (der Stimmverteilung der BVG-Mitglieder nach ArbN-Zahlen)[10]. Das ist fragwürdig, denn es ist denkbar, dass selbst bei einem Ein-Mann-Betrieb aus einem Mitgliedstaat der dort beschäftigte ArbN sich selbst in das BVG entsenden kann[11]. Im theoretischen Extremfall ist so die Dominierung eines 39-Personen-BVG durch 29 sich selbst vertretende ArbN aus 29 Staaten möglich, welche ohne Mühe zehn andere Mitglieder (§ 10 I) überstimmen können, die gemeinsam evtl. tausende ArbN aus den zwei weiteren Mitgliedstaaten vertreten.

48 e) **Konstituierung und Verfassung des BVG.** Das BVG informiert die zentrale Leitung gem. § 12 über seine Zusammensetzung, und die zentrale Leitung hat diese Informationen an die in den einzelnen Staaten befindlichen örtlichen Leitungen, ArbN-Vertretungen (s.o. Rz. 30) und die dort vertretenen Gewerkschaften weiterzureichen. Nach § 13 I 1 **lädt die zentrale Leitung** unverzüglich nach Benennung der BVG-Mitglieder **zur konstituierenden Sitzung ein**. Soweit die Ladung nicht unverzüglich erfolgt, muss das BVG selbst die Aufgabe der Ladung übernehmen, da es ansonsten zu unzulässigen Verzögerungen der Zusammenkunft kommen könnte[12]. Außerdem hat die zentrale Leitung nach § 13 I 1 idF von 2011 (Rz. 7) auch **die zuständigen europäischen Gewerkschaften und ArbGebVerbände** über

---

1 *Müller*, § 11 Rz. 11; MünchArbR/*Joost*, § 274 Rz. 65, § 367 Rz. 12; EAS/*Oetker*/*Schubert*, B 8300 Rz. 96. || 2 *Müller*, § 14 Rz. 1 f.; *Fitting*, Übersicht EBRG Rz. 57; *Blanke*, § 14 Rz. 2 f. || 3 Hier gilt dasselbe wie zum EBR, dazu DKKW/*Däubler*, § 18 EBRG Rz. 15. || 4 EAS/*Oetker*/*Schubert*, B 8300 Rz. 79; *Müller*, § 8 Rz. 1, § 15 Rz. 3; aA *Weiss*, AuR 1995, 438 (441). || 5 *Blanke*, § 11 Rz. 20 f.; *Müller*, § 11 Rz. 12 f.; DKKW/*Klebe*, § 11 EBRG Rz. 11. || 6 BAG 18.4.2007 – 7 ABR 30/06, AP Nr. 1 zu § 18 EBRG; *Blanke*, § 23 Rz. 10; *Müller*, § 23 Rz. 6 (betr. den EBR kraft Vereinbarung bzw. kraft Gesetzes). || 7 Vgl. *Hanau* in Hanau/Steinmeyer/Wank, § 19 Rz. 41; EAS/*Oetker*/*Schubert*, B 8300 Rz. 242 ff.; s.a. LAG Köln 8.9.2011 – 13 Ta 267/11, ZIP 2011, 2121. || 8 DKKW/*Klebe*, § 13 EBRG Rz. 9 f.; vgl. auch *Müller*, § 10 Rz. 3, § 17 Rz. 6. || 9 Kritik hieran bei *B. Gaul*, NJW 1996, 3378 (3380); *Bachner*/*Kunz*, AuR 1996, 81 (84). || 10 Vgl. *Blanke*, § 10 Rz. 2 ff.; *Müller*, § 10 Rz. 2 ff.; *Tap*, S. 40 ff. || 11 Dieser Fall ist nicht theoretisch. So berichtet *Tom Hayes*, Richtlinie und Realität: Eindrücke von EBR-Verhandlungen in den letzten fünf Jahren, in EGB (Hrsg.), Europäische Betriebsräte, Konferenz Paris, 20./21.11.2000, S. 23, von einem BVG, welches nur 700 von 20000 ArbN repräsentierte. „Dazu kam es, weil das Gros der Belegschaft in drei Ländern konzentriert war, das Unternehmen jedoch Vertriebs- und Marketingstrukturen in praktisch allen anderen EU-Ländern hatte. In einem der Länder gab nur einen Angestellten, der beschloss, an den BVG-Sitzungen teilzunehmen und darum über eine Stimme verfügte. Dies ist das drastischste Beispiel, das ich erlebt habe, aber ich habe viele Fälle gesehen, wo die BVG äußerst ungleich zusammengesetzt waren. Das BVG-Verfahren verleiht Minderheiten unverhältnismäßig großen Einfluss." || 12 EAS/*Oetker*/Schubert, B 8300 Rz. 99.

den Beginn der Verhandlungen und die BVG-Zusammensetzung zu unterrichten. Diese sind laut Entwurfsbegr. diejenigen Verbände, welche gem. Art. 154 AEUV von der Kommission gehört werden. Die Kommission unterhält eine entsprechend aktuell gehaltene Liste im internet (http://ec.europa.eu/social/main.jsp?catId=522&langId=en). Außerdem haben die europäischen Dachverbände entsprechende E-mail-Adressen angelegt (ewc@etuc. org; ewc@business-europe. eu). An diese Adressen kann die Mitteilung durch die zentrale Leitung erfolgen[1].

Die **Bestellung eines BVG-Vorsitzenden**, der (freigestellte) Erlass einer Geschäftsordnung, die Unterstützung durch Sachverst. (unter Einschluss von Beauftragten von Gewerkschaften) und die Durchführung von Verhandlungen richten sich nach § 13. Die Wahl eines **stellvertretenden Vorsitzenden** ist zulässig (auch ohne gesetzl. Regelung) und empfiehlt sich aus praktischen Gründen[2]. Zu beachten ist, dass wie bei § 80 III BetrVG **Sachverständige nur bei entsprechender Erforderlichkeit** herangezogen werden können. Die Erforderlichkeit muss sich aus der Erheblichkeit und der Schwierigkeit der jeweiligen Fragen ergeben[3]. Die Ansicht, dass die Erforderlichkeit eines Sachverst. grds. immer gegeben sei und nicht begründet werden müsse[4], hat keine gesetzl. Grundlage; dasselbe gilt für den Wunsch nach einer Vermehrung der Sachverständigenzahlen[5]. Nach § 13 II ist jeweils nur eine BVG-Sitzung vor und nach einer Verhandlung mit der zentralen Leitung zugelassen[6]. Da eine Vorschrift über **Öffentlichkeit oder Nichtöffentlichkeit** der Sitzung fehlt (vgl. zB § 27 I 5), dürfte diese Frage dem BVG überlassen sein, und zwar für alle in § 13 II genannten Sitzungsteile, dh. ohne und mit zentraler Leitung. Jedoch besteht bei hergestellter Öffentlichkeit nach § 35 nur eine beschränkte Offenbarungspflicht der zentralen Leitung (s. Rz. 64). Teilweise wird dagegen vertreten, BVG und zentrale Leitung hätten gemeinsam darüber zu befinden[7] oder das Gesetz (§ 30 S. 4 BetrVG analog) sehe die Nichtöffentlichkeit vor[8]. **Kosten und Sachaufwand des BVG** trägt nach § 16 I die zentrale Leitung. Diese Verpflichtung umfasst insb. „in erforderlichem Umfang" die für die Sitzungen benötigten Räume, sachlichen Mittel, Dolmetscher und Büropersonal sowie die erforderlichen Reise-, Verpflegungs- und Aufenthaltskosten der BVG-Mitglieder. In der zugrunde liegenden RL heißt es dazu, dass ihnen die Nutzung der dazu „erforderlichen Kommunikationsmittel" zusteht, welche die Unternehmensgruppe bzw. das Unternehmen zu tragen haben (Art. 5 V Unterabs. 2 RL 2009/38/EG). Des Weiteren können nach § 13 IV 3 bei den BVG-Verhandlungen **Sachverständige und Gewerkschaftsvertreter** (s.a. Art. 5 V Unterabs. 2 RL 2009/38/EG). Die Auswahl obliegt vor allem dem BVG und ist anlassunabhängig[9]. Die **Kostenpflicht** für Sachverst. nach § 13 IV beschränkt sich auf einen **Sachverständigen**[10]. Zu den Kosten iSd. § 16 und auch des § 39 (dazu Rz. 99) zählen wie bei § 40 BetrVG auch die **Kosten der Rechtsverfolgung**; das BVG und der EBR können daher Rechtsfragen auf Kosten der zentralen Leitung klären lassen[11]. Der ArbGeb eines aus dem Inland entsandten BVG-Mitglieds oder EBR-Mitglieds haftet für dessen Kosten neben der zentralen Leitung als Gesamtschuldner, §§ 16 II, 39 I 4 EBRG, §§ 421–426 BGB; im Innenverhältnis trägt im Zweifel die zentrale Leitung die Kosten, da ihr die primäre Zuständigkeit für die Erfüllung der im EBRG angelegten Pflichten zugewiesen ist[12].

3. Abschluss der Vereinbarung über den EBR. a) Die **Aufgabe des BVG** besteht darin, mit der zentralen Leitung diejenige Vereinbarung zu schließen, welche die Gründung des EBR kraft Vereinbarung zum Gegenstand hat. Das Gesetz ermöglicht zwei Varianten, nämlich den eigentlichen **EBR kraft Vereinbarung** (§ 18) und das **Verfahren zur Unterrichtung und Anhörung** (§ 19). Im ersteren Fall wird mit dem EBR ein eigenes Organ der ArbN-Vertretung geschaffen, welches selbst Unterrichtungs- und Anhörungsrechte innehat; dieser EBR hat – ähnlich wie der BR – keine Rechtspersönlichkeit, sondern eine aufgabenbezogen beschränkte **Rechtsfähigkeit**[13]. Im letzteren Fall ist es nicht ein neu zu schaffendes Organ, sondern es sind die bereits existierenden nationalen ArbN-Vertretungen, die insb. über grenzübergreifende Angelegenheiten unterrichtet werden, hierüber beraten und angehört werden. Sie machen dementsprechend die ihnen nach § 19 eingeräumten Rechte im eigenen Namen geltend, s. dazu Rz. 87.

b) Beschluss über die Beendigung oder die Nicht-Aufnahme von Verhandlungen. Es ist den Parteien möglich, die Vereinbarung nach §§ 17 ff. zu vermeiden. Das erfolgt gem. § 15 durch Beschluss der Beendigung oder der Nicht-Aufnahme von Verhandlungen über eine Vereinbarung zur Schaffung eines EBR kraft Vereinbarung oder über ein Verfahren zur Unterrichtung und Anhörung. Dieser Beschluss wird vom BVG mit **zwei Dritteln** der Stimmen **seiner Mitglieder** (nicht der erschienenen Mitglieder, sondern

---

1 BT-Drs. 17/4808, 10. ||2 MünchArbR/*Joost*, § 274 Rz. 70; *Müller*, § 13 Rz. 1f. ||3 *Müller*, § 13 Rz. 6; MünchArbR/*Joost*, § 274 Rz. 74; *Tap*, S. 60 ff. ||4 DKKW/*Klebe*, § 13 EBRG Rz. 11. ||5 Für einen Sachverst. für jeden Beratungs- bzw. Verhandlungsgegenstand plädiert *Blanke*, § 13 Rz. 20, § 16 Rz. 7; deutlich dagegen spricht die Gesetzgebungsgeschichte, s. BT-Drs. 13/4520, 18. ||6 Nach den Regelungen vor dem 2. EBRG-ÄndG (Rz. 4) war nur eine Sitzung vor jeder Verhandlung mit der zentralen Leitung – und nicht danach – zugelassen. Deshalb hat man in der Lit. auch zusätzliche BVG-Sitzungen für zulässig gehalten, so EAS/*Oetker*/*Schubert*, B 8300 Rz. 102; *B. Gaul*, NJW 1996, 3378 (3380); ebenso die Vorauf. Nach der Neuerung wird das nur noch in seltenen Ausnahmefällen denkbar sein. ||7 *Blanke*, § 13 Rz. 13. ||8 DKKW/*Klebe*, § 13 EBRG Rz. 5. ||9 *Müller*, § 16 Rz. 1ff.; MünchArbR/*Joost*, § 274 Rz. 80 ff. ||10 Vgl. EAS/*Oetker*/Schubert, B 8300 Rz. 107f. ||11 *Müller*, § 16 Rz. 2, 4; MünchArbR/*Joost*, § 274 Rz. 85. ||12 Ebenso *Müller*, § 16 Rz. 6; vgl. zur Person der jeweils haftenden örtl. ArbGeb *Tap*, S. 62f. ||13 DKKW/*Däubler*, § 18 EBRG Rz. 15.

der tatsächlichen Mitglieder) gefasst. Beschluss und Abstimmungsergebnis müssen schriftl. niedergelegt, vom Vorsitzenden und einem weiteren Mitglied unterzeichnet und in Abschrift der zentralen Leitung zugeleitet werden[1]. Fraglich ist, was passiert, wenn die letztgenannten Formalien nicht eingehalten werden. Obwohl die zugrunde liegende Regelung des Art. 5 V RL 2009/38/EG dieses Verfahren nicht anordnet, ist doch davon auszugehen, dass ohne Einhaltung der Formvorschriften und der Zuleitungsverpflichtung der **Beschluss unwirksam** ist. Denn die Formvorschriften haben sicherzustellen, dass die Entscheidung über die Nicht-Verhandlung mit ihren einschneidenden Rechtsfolgen – dazu sogleich – ohne Zweifel dokumentiert ist. Sie dienen letztendlich der ordnungsgemäßen und rechtssicheren Umsetzung der RL (vgl. Art. 11 RL 2009/38/EG). Die **Rechtsfolgen** des wirksamen Beschlusses über die Beendigung oder die Nicht-Aufnahme von Verhandlungen sind in §§ 15 II, 21 II geregelt: Ein **neuer Antrag** auf Bildung eines BVG kann (soweit nicht anders vereinbart) erst wieder **nach zwei Jahren** gestellt werden. Außerdem wird die **Erzwingung** des EBR kraft Gesetzes innerhalb der Fristen nach § 21 I gem. § 21 II **ausgesetzt** (vgl. Rz. 89).

52 c) **Rechtsnatur der Vereinbarung.** Der EBR kraft Vereinbarung wird gem. §§ 17f. durch schriftl. Vertrag eingerichtet. Der Vertrag ist **privatrechtl.** und **kollektivarbeitsrechtl.** Natur. Vielfach geht man außerdem von einer **normativen Wirkung** der Vereinbarung aus. Dem ist zu **widersprechen**. Hierfür fehlt es bereits an einer entsprechenden gesetzl. Anordnung, wie dies etwa beim TV oder der BV der Fall ist. Zudem besteht auch keine dogmatische Notwendigkeit, die normative Natur der Vereinbarung anzunehmen, zumal dies dem Grundprinzip der Freiwilligkeit und der Gestaltungsfreiheit widerspräche. Das gilt umso mehr deswegen, weil in den meisten EU/EWR-Staaten gar keine tarifl. oder betriebsverfassungsrechtl. Systeme bekannt sind, die normative Vereinbarungen vorsehen[2]. Allerdings ändert die fehlende normative Wirkung nichts daran, dass die zentrale Leitung die Durchsetzung der Vereinbarung für deren gesamte Geltungsdauer und auf allen Leitungsebenen sicherstellen muss[3].

53 4. **Inhalt der Vereinbarung über die Errichtung des EBR. a) Grundsatz der Gestaltungsfreiheit.** Hinsichtlich des **Inhalts der Vereinbarung** von BVG und zentraler Leitung gilt zunächst der Grundsatz der Gestaltungsfreiheit. Insb. greifen nicht die für den EBR kraft Gesetzes gültigen Bindungen der §§ 21 ff. (Ausnahme ist § 18 II iVm. § 23). Auch der in § 18 I 2 enthaltene Katalog von Vereinbarungsinhalten stellt lediglich eine „Soll"-Regelung dar, führt also bei Nicht-Beachtung nicht zur Unwirksamkeit oder sonstigen Rechtswidrigkeit der Vereinbarung[4]. Freilich ist in dem zugrunde liegenden Art. 6 II RL 2009/38/EG nicht von „soll" die Rede; vielmehr werden dort die Anforderungen des § 18 I 2 fast wortgleich ohne ein „soll" statuiert. Deshalb wird teilweise vertreten, die RL sei nicht ordnungsgemäß umgesetzt[5]. Andererseits dürfte auch eine richtlinienkonforme Auslegung dahin gehend möglich sein, dass die wesentlichen in Art. 6 II RL 2009/38/EG festgelegten Punkte geregelt sein müssen und nicht mehr, zumal bei offenen Fragen der Vierte Teil des EBRG herangezogen werden kann (s. sogleich Rz. 55). In der Praxis sind die Vereinbarungen nach § 18 ohnehin meist sehr viel ausführlicher als in dessen Abs. 1 S. 2 vorgegeben. Zudem existieren auch nach dem EBRG für den EBR kraft Vereinbarung zwingende Einzelregelungen. So ist die Bestellung der EBR-Mitglieder aus Deutschland unabdingbar und präzise in § 18 II iVm. § 23 geregelt.

54 **Unabhängig vom Vereinbarungsinhalt** gelten jedenfalls die Grundsätze der §§ 34–36 und §§ 38–40 über die vertrauensvolle Zusammenarbeit, die Wahrung der Betriebs- oder Geschäftsgeheimnisse, die Unterrichtung der örtlichen ArbN-Vertreter, die Fortbildung und den Schutz der ArbN-Vertreter. Sie sind ebenfalls nicht abdingbar. Sie können deshalb auch nicht in einer Vereinbarung nach §§ 17 ff. abgeändert werden, lassen sich aber auf Grund ihrer offenen Formulierung und mit Blick auf die Besonderheiten der jeweiligen Unternehmensstrukturen im Einzelnen noch weiter präzisieren. Eine Sonderregelung stellt die Vorschrift des § 37 über wesentliche Strukturänderungen dar, da sie subsidiär gilt, aber Abweichungen zulässt. Wegen der Vereinbarungsfreiheit ist die Wahl fremden Rechts zulässig[6], auch wenn sich dies mit Blick auf die praktisch erschwerte Rechtsverfolgung nicht empfiehlt.

55 **Bei offenen Auslegungsfragen** oder bei **Regelungslücken** der Vereinbarung dürfte sich der **Vierte Teil des Gesetzes** als hilfreich erweisen. Immer dann, wenn die Vereinbarung nicht weiterhilft, steht mit den Vorschriften der §§ 21 ff. über den EBR kraft Gesetzes ein subsidiäres Regelungsprogramm zur Ver-

---

1 Vgl. *Fitting*, Übersicht EBRG Rz. 61; *Blanke*, § 15 Rz. 2. ||2 Vgl. *Schiek*, RdA 2001, 218 (223 ff.); *Krause*, Jahrbuch Junger Zivilrechtswissenschaftler 1997, S. 91 (98 ff.). ||3 Gegen normative Wirkung EAS/*Oetker/Schubert*, B 8300 Rz. 117 ff.; *I. Schmidt*, RdA-Beil. zu Heft 5/2001, 12 (17); ebenso *Rademacher*, S. 120 f., der aber die Mitgliedstaaten für verpflichtet hält, die Vereinbarungen mit normativer Wirkung auszustatten. Für normative Wirkung plädieren DKKW/*Däubler*, § 17 EBRG Rz. 7 ff.; *Blanke*, § 17 Rz. 14; *Müller*, § 17 Rz. 3; MünchArbR/*Joost*, § 274 Rz. 98; *Schiek*, RdA 2001, 218 (231 ff.). Nach *Schiek* lässt sich die normative Wirkung zwar nicht aus der EBR-RL herleiten; jedoch seien diejenigen Staaten, welche die normative Wirkung von TV und BV kennen, also insb. Deutschland, im Interesse der effektiven RL-Umsetzung verpflichtet, den Vereinbarungen nach § 17 ff., 41 normative Wirkung zu verleihen (s. dort auch zur Frage, ob diese normative Wirkung auch im Ausland greift). ||4 *Müller*, § 18 Rz. 2 ff.; DKKW/*Däubler*, § 18 EBRG Rz. 4 ff. ||5 *Krause*, Jahrbuch Junger Zivilrechtswissenschaftler 1997, S. 91 (111 f.); *Bachner/Kunz*, AuR 1996, 81 (85); *Bachner/Nielebock*, AuR 1997, 129 (133); offen *I. Schmidt*, RdA-Beil. zu Heft 5/2001, 12 (18). ||6 *Rademacher*, S. 121 f.; *Blanke*, § 17 Rz. 13; *Müller*, § 17 Rz. 2; DKKW/*Däubler*, § 17 EBRG Rz. 4 f.

fügung, in welcher die Einzelheiten von Konstituierung, Organisation und Ausübung von Unterrichtungs- und Anhörungsrechten präzise geregelt sind[1]. Soweit sich aus den Besonderheiten der freiwilligen Gestaltbarkeit des EBR kraft Vereinbarung nichts anderes ergibt, können diese Vorschriften entsprechend herangezogen werden[2].

Wenn die Vereinbarung (zB wegen Verfahrensverstößen bei ihrem Erlass) **rechtswidrig** ist, entfaltet sie **keine der im EBRG vorgesehenen Wirkungen.** Eine Regelung über die Bestandskraft rechtswidriger Verträge existiert nicht; insb. die entsprechende Anwendung von § 19 BetrVG ist nicht möglich. Mangels der Entfaltung von Rechtswirkungen nach dem EBRG bleibt das BVG im Amt und kann eine neue Vereinbarung treffen[3]. Eventuelle Wirkungen auf Grund anderer Vorschriften, zB als Verträge nach nationalem Recht, bleiben zwar unberührt. Jedenfalls nach deutschem Recht kommt eine solche Aufrechterhaltung der Vereinbarung – etwa als Vertrag mit tarifrechtl. oder betriebsverfassungsrechtl. Charakter – aber kaum in Betracht (vgl. zum entsprechenden Problem bei unwirksamen Vereinbarungen nach § 41 unten Rz. 123). 56

b) **Regelungen über die Errichtung des EBR kraft Vereinbarung.** In organisatorischer Hinsicht müssen von der Vereinbarung sämtliche im EU/EWR-Gebiet befindlichen Betriebe erfasst sein; darüber hinausgehende Erweiterungen auf außerhalb des EU/EWR-Gebiets liegende Betriebe sind nach § 14 zulässig[4]. Es muss ein funktionsfähiges ArbN-Organ gebildet werden, das über alle erfassten grenzüberschreifenden (s.u. Rz. 66) Sachverhalte der Unternehmens- oder Gruppenleitung informiert und angehört wird. Dies „soll" nach Maßgabe des Regelungskatalogs des § 18 I 2 erfolgen, wobei dessen Beachtung wegen des „soll" nicht Wirksamkeitsvoraussetzung ist[5] (s.o. Rz. 52). Viele der dort genannten Einzelpunkte haben aber bereits aus praktischen Gründen erhebliche Bedeutung für die Installation des EBR kraft Vereinbarung. Schon zur Vorbeugung von Streitigkeiten sollten Dinge wie der Zuständigkeitsbereich, die Zusammensetzung und die Mandatsstellung, das Verfahren der Anhörung und Information, die Sitzungen und die Sach- sowie Finanzausstattung vereinbart werden. 57

Die **Zusammensetzung des EBR** ist grds. frei vereinbar; sie unterliegt insb. nicht den Vorschriften über den EBR kraft Gesetzes nach §§ 21 ff. Dennoch bietet es sich an, ähnlich wie in § 22 bei der Zusammensetzung die Verteilung der ArbN in den beteiligten Staaten zugrunde zu legen. Hierbei ist es zulässig, wie bei § 14 in der Vereinbarung auch die Bestellung von **EBR-Mitgliedern aus Drittstaaten** anzuordnen (vgl. §§ 1 II, 18 I Nr. 1)[6]. Das **Stimmrecht** der EBR-Mitglieder kann in der Vereinbarung gem. § 18 nach Köpfen verteilt werden oder nach der Zahl der von ihnen repräsentierten Beschäftigten. Letzteres empfiehlt sich nicht zuletzt deshalb, weil auch beim EBR die Frage nach der **Verletzung des demokratischen Prinzips sowie des Gleichheitssatzes** stellt. Hier sollten solche extremen Ungleichgewichtslagen wie bei der Bestellung der BVG-Mitglieder vermieden werden (s. Rz. 46 f.). Andererseits ist es wohl grds. zulässig, das Prinzip der nationalen **Repräsentativität** teilweise ggü. der reinen **Proportionalität** nach ArbN-Zahlen durchzusetzen, also kleinere ArbN-Gruppen in einzelnen Staaten stärker zu repräsentieren als größere ArbN-Gruppen in anderen Staaten. Ähnliche Konstellationen ergeben sich auch im föderalen System der Bundesrepublik (vgl. zB die ebenfalls asymmetrischen Repräsentationsstrukturen im Bundesrat, Art. 51 II GG). 58

Gem. § 18 I Nr. 5 (Umsetzung von Art. 6 II Buchst. e RL 2009/38/EG) ist es insb. möglich, durch **Bildung von Ausschüssen** Aufgaben innerhalb der EBR-Organisation zu konzentrieren, um somit das große Gremium des EBR zu entlasten. Hier sind zB Regelungen denkbar, wie sie für den EBR kraft Gesetzes in § 26 vorgesehen sind (vgl. dazu auch §§ 27 II, 30 II, 36, 39, unten Rz. 93). Da solche Ausschüsse materiell Teil des EBR ist, gelten, soweit passend, die diesbezüglichen Regelungen, insb. die Bußgeldvorschrift des § 45 I Nr. 2. 59

Eine Verpflichtung zur Errichtung eines Ausschusses besteht nicht. Das ergibt sich nicht zuletzt aus dem Wörtchen „gegebenenfalls" zu Beginn von Art. 6 II Buchst. e RL 2009/38/EG, folgt aber auch daraus, dass ein Ausschuss stets nicht mehr Befugnisse haben kann als der EBR selbst. Es handelt sich also lediglich um eine Option, die insb. zur Reduzierung von Kosten und zur Beschleunigung von Entscheidungsprozessen vor allem bei großen EBR dienen kann.

Eine **Delegation** der Befugnis des BVG, Vereinbarungen nach §§ 17 ff. zu schließen, ist grds. nicht erlaubt. Deshalb darf das BVG dem EBR diesbezüglich keine Rechte einräumen. Dennoch dürfte es zulässig sein, in der Vereinbarung anzuordnen, dass der EBR Einzelfragen der Unterrichtung und Anhörung durch Absprache mit der zentralen Leitung oder anderen Ansprechpartnern regeln kann. Allerdings ist dies nur schuldrechtl. möglich und nicht normativ; das Gesetz bietet hierfür keine Rechtsgrundlage. Deshalb ist insb. eine **„Betriebsvereinbarung"** nicht denkbar[7]. 60

c) **Beginn und Ende der Mitgliedschaft im EBR kraft Vereinbarung.** Die Bestellung und Abberufung von EBR-Mitgliedern (einschl. der Ersatzmitglieder) richtet sich jeweils nach dem Recht des Mitglied- 61

---

1 Ähnlich DKKW/*Däubler*, § 17 EBRG Rz. 17; offener *Blanke*, § 17 Rz. 16; *Müller*, § 17 Rz. 10. || 2 Vgl. EAS/*Oetker*/Schubert, B 8300 Rz. 135; BT-Drs. 13/5021, 8. || 3 DKKW/*Däubler*, § 17 EBRG Rz. 17. || 4 *Müller*, § 17 Rz. 5.
|| 5 *Fitting*, Übersicht EBRG Rz. 65; MünchArbR/*Joost*, § 274 Rz. 108. || 6 MünchArbR/*Joost*, § 274 Rz. 109.
|| 7 MünchArbR/*Joost*, § 274 Rz. 114; für normative Regelungsbefugnisse DKKW/*Däubler*, § 18 EBRG; Rz. 14.

staates, aus dem sie entsandt werden, §§ 18 II, 23; s.a. Nr. 1b Anh. I RL 2009/38/EG. Die genannten Vorschriften beschränken den Kreis der möglichen EBR-Mitglieder (anders als beim EBR kraft Gesetzes nach § 22 I 1, s.u. Rz. 97) nicht auf die Beschäftigten des Unternehmens bzw. der Unternehmensgruppe, so dass auch externe Vertreter, zB aus Gewerkschaften, in den EBR entsandt werden können[1]. In der Lit. werden teilweise Vorschläge über Vereinbarungen zur Durchführung von Bestellungen gemacht[2]. Ein solches Vorgehen ist nach deutschem Recht, wenn sich daraus Abweichungen vom Bestellungsverfahren des § 23 ergeben, unzulässig. Daneben wurde unter Verweis auf Art. 6 III RL 94/45/EG (entsprechend heute Art. 6 III RL2009/38/EG) die Meinung vertreten, die Vereinbarungsparteien könnten bei der Regelung der Mitgliederbestellung auch von § 23 abweichen[3]. Dem steht aber entgegen, dass sich Art. 6 III RL 94/45/EG nur auf das eigenständige Unterrichtungs- und Anhörungsverfahren bezieht, welches im deutschen Recht durch § 19 ermöglicht wird (s.u. Rz. 87); die Vereinbarung nach §§ 17 f. ist nicht erfasst. Hinsichtlich der Rechtmäßigkeit der Bestellung der EBR-Mitglieder gelten die Grundsätze über die Anfechtung von BR-Wahlen entsprechend[4].

62 Nach der Vorgabe des Art. 6 II Buchst. b RL 2009/38/EG ist bei Regelung der EBR-Zusammensetzung „so weit als möglich eine **ausgewogene Vertretung der Arbeitnehmer nach Tätigkeit, Arbeitnehmerkategorien und Geschlecht** zu berücksichtigen". Diese Vorschrift ist nicht ausdrücklich ins EBRG übernommen worden. Jedoch ergibt sich zumindest für die Bestellung der inländischen Vertreter gem. § 18 II iVm. § 23, dass die deutschen entsendenden ArbN-Vertretungen insb. an das betriebsverfassungsrechtl. Gleichheitsgebot des § 75 BetrVG gebunden sind. Dieses ist somit bei der Benennung richtlinienkonform derart auszulegen, dass den Anforderungen des Art. 6 II Buchst. b RL 2009/38/EG Folge geleistet wird. Bei alledem ergibt sich aus dem Wortwahl „so weit als möglich", dass das Erfordernis des Art. 6 II Buchst. b RL 2009/38/EG nicht zur Rückstellung demokratischer Repräsentationsanforderungen zwingt. Wo also eine nationale ArbN-Vertretung den dezidierten Wunsch hat, bestimmte Personen in den EBR zu entsenden, kann sie nicht zwecks Verfolgung der genannten Proporzregel davon abgehalten werden. Das würde dem Grundanliegen der ArbN-Vertretung im EBR zuwiderlaufen. Dennoch wird man zumindest die Verpflichtung sehen müssen, die betreffenden Anforderungen zu achten und sie bei der Entsendungsentscheidung zu wägen.

63 d) **Vertrauensvolle Zusammenarbeit; Geheimhaltung; Vertraulichkeit.** Entsprechend § 2 I BetrVG gilt auch für den EBR nach § 34 der Grundsatz der vertrauensvollen Zusammenarbeit[5]. Zu Einzelheiten s. die Komm. zu § 2 I BetrVG.

64 Ebenso wie zB gem. § 106 II BetrVG sind für den EBR Unterrichtungsrechte nach § 35 I nur so weit gewährleistet, wie es der **Schutz von Betriebs- und Geschäftsgeheimnissen** zulässt. Zudem werden die EBR-Mitglieder gem. näherer Maßgabe des § 35 II nach außen zur Verschwiegenheit verpflichtet, soweit sie nicht örtliche ArbN-Vertretungen zu informieren haben. Entsprechende Verpflichtungen zur Wahrung der Vertraulichkeit bestehen gem. § 35 III für BVG-Mitglieder, örtliche ArbN-Vertreter, Sachverst. und Dolmetscher. § 35 IV begründet Ausnahmen zur Ermöglichung der Arbeit von Sachverst., Dolmetschern und ArbN-Vertretern; vgl. dazu auch die Strafvorschriften der §§ 43 f.[6]

65 e) **Unterrichtungs- und Anhörungsrechte des EBR kraft Vereinbarung.** Trotz des Grundsatzes der Gestaltungsfreiheit (oben Rz. 52) muss die Vereinbarung garantieren, dass tatsächlich eine Unterrichtung und Anhörung der EBR-Mitglieder stattfindet. Hier gilt das Rz. 13 Gesagte. Es muss entsprechend § 1 IV (Umsetzung von Art. 2 I Buchst. f RL 2009/38/EG) bei der Unterrichtung sichergestellt sein, dass die Übermittlung von Informationen den ArbN-Vertretern hinreichend Gelegenheit bietet, die jeweils behandelten Themen zur Kenntnis zu nehmen und zu prüfen. Bei der Anhörung müssen entsprechend § 1 V (Umsetzung von Art. 2 I Buchst. g RL 2009/38/EG) Meinungsaustausch und Dialog mit geeigneten Mitgliedern der zentralen Leitung oder einer anderen geeigneten Leitungsebene zu einem Zeitpunkt erfolgen, dass Stellungnahmen noch berücksichtigt werden und auf Rückfragen Antworten gegeben werden können. S. zur parallelen Fragestellung bei §§ 32 f. und § 41 unten Rz. 105, 131. Zudem muss der EBR gem. § 1 VII spätestens gleichzeitig mit der der nationalen ArbN-Vertretungen unterrichtet bzw. angehört werden.

66 Der **sachliche Gegenstand der Unterrichtungs- und Anhörungsrechte** wird in §§ 17 ff. nicht näher umschrieben. Die Ausgestaltung obliegt den Vereinbarungsparteien, wobei insb. der für den EBR kraft Gesetzes gültige Katalog der §§ 29 f. im Rahmen der §§ 17 ff. nicht erfüllt werden muss. Zulässig ist etwa die Festlegung bestimmter Kennzahlen über das Unternehmen und die Unternehmensgruppe, die bekannt gegeben werden. Weiter können auch konkrete Grenzkriterien für das Bestehen von Informationspflichten vereinbart werden, etwa in Bezug auf Betriebs- und Unternehmensgrößen. So kann man etwa die für die Auslösung von Unterrichtungspflichten erforderliche Zahl von Entlassungen oder be-

---

1 EAS/*Oetker*/Schubert, B 8300 Rz. 130. || 2 DKKW/*Däubler*, § 17 EBRG Rz. 13 f. || 3 *Blanke*, § 18 Rz. 6. || 4 BAG 18.4.2007 – 7 ABR 30/06, AP Nr. 1 zu § 18 EBRG; *Blanke*, § 23 Rz. 10; *Müller*, § 23 EBRG Rz. 6. || 5 Vgl. *Hanau* in Hanau/Steinmeyer/Wank, § 19 Rz. 78; *Fitting*, Übersicht EBRG Rz. 94; *Müller*, § 38 Rz. 2; EAS/*Oetker*/*Schubert*, B 8300 Rz. 217 ff.; *Weiss*, AuR 1995, 438 (439). || 6 S. zu alledem näher DKKW/*Bachner*, § 35 EBRG Rz. 1 ff.; *Fitting*, Übersicht EBRG Rz. 95; *Müller*, § 39 Rz. 2 ff.; MünchArbR/*Joost*, § 274 Rz. 126, § 275 Rz. 72; *Blanke*, § 39 Rz. 5 ff.; EAS/*Oetker*/*Schubert*, B 8300 Rz. 220 ff.

triebsbedingten Kündigungen, Änderungskündigungen, Umsetzungen etc. vereinbaren. Weiter ist es möglich, dass nur einige der in §§ 29 f. genannten Punkte zum Gegenstand von Unterrichtung und Anhörung gemacht werden. Ebenso können über § 35 hinaus oder zu dessen Konkretisierung Gegenstände definiert werden, die dem Geheimschutz unterliegen. Im Einzelnen ist hier vieles noch ungeklärt, und die Lit. hält sich bei der Umschreibung der Unterrichtungs- und Anhörungsgegenstände zurück[1].

Zudem gilt für jede Sachfrage, dass diese nur dann in den Zuständigkeitsbereich des EBR fällt, wenn sie zusätzlich **von der allgemeinen Zuständigkeitsregel des § 1 II 1 erfasst** ist. Nach ihr ist der EBR „zuständig in Angelegenheiten, die das gemeinschaftsweit tätige Unternehmen oder die gemeinschaftsweit tätige Unternehmensgruppe insgesamt oder mindestens zwei Betriebe oder zwei Unternehmen in verschiedenen Mitgliedstaaten betreffen". Daraus ist zu schließen, dass die Angelegenheiten, die der EBR bearbeitet, stets einen **grenzübergreifenden** Charakter haben müssen (abw. zum alten Recht die 4. Aufl.). Die **Beschränkung** einer unternehmerischen Entscheidung **auf einen Staat** hat keinen grenzübergreifenden Charakter, also zB die Schließung eines Betriebes durch ein Tochterunternehmen ohne eine entsprechende Anweisung des Mutterunternehmens in einem anderen Staat, was bei kleineren Betrieben denkbar ist. Erforderlich ist vielmehr, dass eine bestimmte Entscheidung unmittelbar die Beschäftigung in mehreren Staaten betrifft. Teils wird die Ansicht geäußert, die unternehmerischen Entscheidungen müssten sich in mindestens zwei Mitgliedstaaten „auswirken"[2]. Das erscheint zumindest unscharf, denn auch rein nationale Maßnahmen wirken sich häufig in irgendeiner Weise im Ausland aus. Präziser erscheint der Ansatz der wohl hM, wonach ein grenzüberschreitender Charakter neben der unmittelbaren Auswirkung auf die Beschäftigung in mindestens zwei Staaten auch dann gegeben ist, wenn eine unternehmerische Entscheidung **in einem Staat gefällt und in einem anderen Staat umgesetzt** wird[3]. Das dürfte mit Blick auf den Schutzzweck der EBR-RL zutreffen, dem es ua. darum geht, grenzübergreifende Entscheidungen dem Unterrichtungs- und Anhörungsverfahren zugänglich zu machen, welche von den territorial beschränkten Mitbestimmungssystemen nicht ausreichend erfasst werden können.

In § 1 II 2 findet sich eine Sonderregelung für Unternehmen und Unternehmensgruppen iSd. § 2 II, also solche, deren **zentrale Leitung sich außerhalb des EU/EWR-Raums** befindet (s. Rz. 22). Für sie greift die EBR-Zuständigkeit bereits in solchen Angelegenheiten, die sich „auf das Hoheitsgebiet der Mitgliedstaaten erstrecken". Das bedeutet, dass sich die Angelegenheit, die außerhalb des EU/EWR-Raums (mit-)entschieden wurde, auf das EU/EWR-Gebiet auswirken muss, aber **nicht** auf das Gebiet **mehrerer** EU/EWR-Staaten; einer genügt. Das entspricht systematisch der soeben für den EU/EWR-Raum geäußerten Ansicht, nach der es reicht, dass eine unternehmerische Entscheidung in einem Staat gefällt und in einem anderen Staat umgesetzt wird.

Zudem lässt sich in der EBR-Vereinbarung stets freiwillig auch ein größerer Geltungsbereich vereinbaren (§§ 1 II 2 aE, 1 III aE). Das bedeutet, dass auch rein innerstaatliche Angelegenheiten des Unternehmens oder Unternehmensgruppen zum Gegenstand von Unterrichtung und/oder Anhörung gemacht werden können. So können etwa Entscheidungen über Unternehmensumstrukturierungen oder Personalabbau, die nur in einem Staat getroffen und dort auch nur umgesetzt werden, bei Überschreitung bestimmter Kennzahlen unterrichtungs- oder anhörungspflichtig gemacht werden. Ggf. lässt sich auf diese Weise evtl. sogar Streit um die Frage vermeiden, ob die „eigentliche" Entscheidung für diesen Schritt nicht vielleicht doch außerhalb des betreffenden Staates getroffen wurde.

Weiter ergibt sich aus dem Regelungsziel der §§ 17 ff. sowie des Art. 6 RL 2009/38/EG auch ein **Höchstmaß an Regelungsinhalten**. Zwar können im Rahmen der §§ 17 ff. viele weiter gehende Bestimmungen über Schulungs- und Weiterbildungsmaßnahmen, über die Intensivierung und Verstetigung von Unterrichtung und Anhörung, über die Beilegung von Meinungsstreitigkeiten, über zusätzlichen Schutz von EBR-Mitgliedern usw. vereinbart werden[4]. Die hier ermöglichten Unterrichtungs- und Anhörungssysteme bieten aber keine Rechtsgrundlage für die Schaffung von Vorschriften, nach welchen dem EBR über den Regelungszusammenhang von Unterrichtung und Anhörung hinaus noch weitere Gestaltungs- oder MitbestR eingeräumt werden. Das bedeutet nicht, dass EBRG oder EBR-RL solche Vereinbarungen verbieten. Jedoch stehen sie außerhalb des EBR-rechtl. Rahmens. Ihre Zulässigkeit richtet sich nach nationalem Recht; weder EBR-RL noch EBRG haben die Funktion, Änderungen des dafür bestehenden Regelungsrahmens anzuordnen. Nach deutschem Recht dürfte es aber kaum Möglichkeiten geben, weitere MitbestR des EBR kraft Vereinbarung zu statuieren, da dem BVG hierfür die Legitimation fehlt[5].

f) Durchsetzung der Unterrichtungs- und Anhörungsrechte. Für die Durchsetzung der Unterrichtungs- und Anhörungsrechte des EBR kraft Vereinbarung dürften ähnliche Grundsätze gelten, wie sie

---

1 Vgl. *Blanke*, Einl. EBRG Rz. 55 ff., § 17 Rz. 10 ff.; *Müller*, § 1 Rz. 13 ff.; § 17 EBRG Rz. 7 ff.; DKKW/*Däubler*, § 17 EBRG Rz. 12 ff.; MünchArbR/*Joost*, § 274 Rz. 101, 111 f.; s. das Bsp. der Vereinbarung bei der Deutschen Telekom bei *Klemm/Siebens*, AiB 2004, 355. || 2 So wohl MünchArbR/*Joost*, § 274 Rz. 100, 111. || 3 *Blanke*, § 17 EBG Rz. 5; DKKW/*Däubler*, § 1 EBRG Rz. 4; *B. Gaul*, NJW 1996, 3378 (3383). || 4 Vgl. *Müller*, § 17 Rz. 7 ff.; MünchArbR/*Joost*, § 274 Rz. 107 ff. || 5 IdS auch DKKW/*Däubler*, § 18 EBRG Rz. 13; EAS/*Oetker*/Schubert, B 8300 Rz. 127.

für die gesetzl. Verpflichtung zur Unterrichtung und Anhörung beim EBR kraft Gesetzes aus §§ 29 f. folgen (s.u. Rz. 110 f.; vgl. dort insb. zur Ablehnung eines Unterlassungsanspruchs aus § 30 durch das LAG Köln). Allerdings lässt sich nur aus der jeweilig abgeschlossenen Vereinbarung selbst ein möglicherweise durch Leistungsklage durchsetzbarer **Erfüllungsanspruch auf Unterrichtung und Anhörung** herleiten. Dieser müsste sich aus dem Wortlaut einer Vereinbarung unmittelbar oder auch konkludent ergeben. Ansprüche auf **Unterlassung geplanter Maßnahmen**, über welche nicht nicht informiert oder beraten wurde, dürften nicht gegeben sein, solange sie nicht ausdrücklich vereinbart sind (s. zur parallelen Fragestellung beim EBR kraft Gesetzes und bei Vereinbarungen iSd. § 41 unten Rz. 111, 132)[1]. Dasselbe gilt bspw. für die Verpflichtung zur Leistung von **Vertragsstrafen**. Die Durchsetzung sämtlicher Rechte aus der Vereinbarung erfolgt beim ArbG im **Beschlussverfahren**, § 2a Nr. 3b ArbGG. S. zur Parteifähigkeit der beteiligten Personen und Stellen § 10 ArbGG; örtlich zuständig ist nach § 82 II 1 ArbGG das Gericht, in dessen Bezirk sich die zentrale Leitung befindet (= Unternehmenssitz), bei welcher der EBR eingerichtet ist[2]. Sofern es um besondere Beteiligungsrechte von ArbN-Vertretungen etwa nach §§ 18, 23 II geht, gelten die für sie einschlägigen Zuständigkeitsregeln, § 82 I ArbGG[3]. Des Weiteren besteht Schutz durch die **Straf- und Bußgeldvorschriften** der §§ 42 ff., insb. nach § 44 I Nr. 2 iVm. § 42[4].

72 5. **Schutz aus Deutschland entsandter EBR-Mitglieder.** Für die EBR-Mitglieder, die in Deutschland beschäftigt sind, greifen nach § 40 die Schutzvorschriften der §§ 37 I–V, 78, 103 BetrVG und das Kündigungsschutzrecht des § 15 I, III–V KSchG, s.o. Rz. 39. Die genannten Regelungen gelten jeweils für die aus Deutschland entsandten EBR-Mitglieder, unabhängig davon, ob der EBR in Deutschland errichtet ist oder im EU/EWR-Ausland. Die aus dem Ausland zu einem deutschen EBR entsandten Mitglieder genießen den jeweiligen Schutz nach den nationalen Vorschriften ihrer Beschäftigungsstaaten, Art. 10 III RL 2009/38/EG.

73 Der EBR kann nach Maßgabe von §§ 38 I, 40 I 2 iVm. 37 VI 1 u. 2 BetrVG Mitglieder zur **Teilnahme an Schulungs- und Bildungsveranstaltungen** bestimmen, soweit diese Kenntnisse vermitteln, die für die EBR-Arbeit erforderlich sind. Zur notwendigen Erforderlichkeit s. die Komm. zu § 37 II BetrVG. Etwas unscharf ist die entsprechende Formulierung des Art. 10 IV RL 2009/38/EG, nach welcher dasjenige Maß an Ausbildung zuzulassen ist, welches „zur Wahrnehmung ihrer Vertretungsaufgaben in einem internationalen Umfeld erforderlich ist" – der Besuch von Sprachkursen ist hier nicht gemeint. Bei der zeitlichen Planung der Fortbildung sind die betriebl. Notwendigkeiten zu berücksichtigen, und der EBR hat Teilnahme und Zeitraum rechtzeitig der zentralen Leitung mitzuteilen. Die **Kosten der Fortbildung sind nicht vom Arbeitgeber zu tragen**. Dieser muss lediglich nach Maßgabe von § 40 I 2 iVm. § 37 VI 1, 2 BetrVG den entsprechenden **Entgeltausfall** übernehmen (Umsetzung Art. 10 IV aE RL 2009/38/EG). Die **Behinderung der Arbeit** der Mitglieder eines gem. EBRG errichteten EBR stellt nach Maßgabe der §§ 43–45 einen Bußgeld- oder Straftatbestand dar.

74 6. **Ende der Vereinbarung und Ende des EBR kraft Vereinbarung.** Wenn nichts anderes vereinbart ist (s. § 18 I Nr. 7, § 20 S. 5), richtet sich der Rechtszustand ab dem Ende der Vereinbarung nach § 20 S. 1–4. Es greift also die **Fortgeltung der Vereinbarung**. Diese ist abhängig von der Wahrnehmung des Antrags- oder Initiativrechts nach § 9 I, welches die zentrale Leitung, die ArbN-Vertretungen und auch der auf Grund der Vereinbarung errichtete EBR ausüben können. Die so ausgelöste Fortgeltung endet mit dem Abschluss einer neuen Vereinbarung oder der Beschlussfassung nach § 15. Es empfiehlt sich, eine ausdrückliche Übergangsregelung nach § 20 S. 5 zu vereinbaren, in welcher die (zeitlich begrenzte) Fortgeltung bis zu einer neuen Vereinbarung oder der Bildung des EBR kraft Gesetzes festgesetzt wird. Auf diese Weise kann sichergestellt werden, dass der alte EBR die Geschäfte bis zur Bestellung des neuen EBR weiterführt. Ohne eine solche Rechtsgrundlage für die Geschäftsführung des alten EBR fällt dieser **mit Abschluss der neuen Vereinbarung** weg, ohne dass der neue EBR eingesetzt ist (§ 20 S. 3)[5]. Insb. kommt in dieser Situation **kein Übergangsmandat nach § 37 III 1** in Betracht (dazu sogleich Rz. 75). Die dortige Regelung ist deutlich nur auf Änderungen in der Struktur des Unternehmens bzw. der Unternehmensgruppe bezogen, aber nicht auf das bloße Ende einer EBR-Vereinbarung.

75 7. **Wesentliche Strukturänderung. a) Allgemeines.** Mit dem seit 2011 durch das 2. EBRG-ÄndG (Rz. 7) eingeführten neuen § 37 wird das **Verfahren** geregelt, welches **bei wesentlichen Änderungen der**

---

1 Einen Unterlassungsanspruch aus einer Vereinbarung nach Art. 13 EBR-RL (dazu unten Rz. 123 ff.) verneinte der Cour d'Appel de Paris v. 5.8.1998 – 98/12502 im Fall Panasonic France SA, berichtet nach *Blanke*, § 32 Rz. 39. AA zuvor ebenfalls zu Art. 13 EBR-RL das Tribunal de Grande Instance von Nanterre v. 4.4.1997 – BO: 97/00992 im Fall Renault/Vilvoorde, berichtet nach *Lorenz/Zumfelde*, RdA 1998, 168 ff.; *Kolvenbach/Kolvenbach*, NZA 1997, 695 (697). ||2 Vgl. EAS/*Oetker*/Schubert, B 8300 Rz. 242 ff.; *Hanau* in Hanau/Steinmeyer/Wank, § 19 Rz. 41.; *Tap*, S. 122 f.; BT-Drs. 13/4520, 29; s.a. LAG Köln 8.9.2011 – 13 Ta 267/11, ZIP 2011, 2121. ||3 BAG 18.4.2007 – 7 ABR 30/06, AP Nr. 1 zu § 18 EBRG, dort auch zur Beteiligungsbefugnis einzelner betroffener Unternehmen. ||4 S. dazu EAS/*Oetker*/Schubert, B 8300 Rz. 249 ff. sowie bei DKKW/*Klebe*, *Müller* und *Blanke* die Komm. zu §§ 42 ff. ||5 Vgl. *Müller*, § 20 Rz. 1 f.; MünchArbR/*Joost*, § 274 Rz. 122 f.; DKKW/*Däubler*, § 20 EBRG Rz. 2 f.; *Blanke*, § 20 Rz. 2 ff.; vgl. zur Kündigungsmöglichkeit von unbefristet getroffenen Vereinbarungen DKKW/*Däubler*, § 20 EBRG Rz. 4 und *Blanke*, § 18 Rz. 20.

Unternehmensstrukturen eingreift.[1] In diesem Fall wird eine modifizierte Regelung des BVG-Einsetzungsverfahrens angeordnet (dazu näher Rz. 83). Zusätzlich erhält der bestehende EBR zwecks Kontinuitätsgewährleistung ein Übergangsmandat bis zur Einsetzung des neuen EBR (dazu näher Rz. 84). Im Gegensatz zu den meisten anderen Gesetzesregelungen ist § 37 stark abweichend von der umzusetzenden RL-Regelung des Art. 13 RL 2009/38/EG formuliert worden. Dabei wurde besonderes Gewicht auf eine Definition der „wesentlichen Strukturänderung" gelegt, was freilich zu erheblichen Schwierigkeiten bei der Gesetzesanwendung führt (dazu sogleich). Der Fall der „wesentlichen Strukturänderung" kann bereits im Vorhinein in der EBR-Vereinbarung geregelt werden, was sich wegen der unzureichenden Gesetzesregelung empfiehlt (dazu Rz. 81).

b) Begriff der „wesentlichen Strukturänderung" iSd. § 37. Während im zugrunde liegenden Art. 13 RL 2009/38/EG keine Umschreibung der „wesentlichen Strukturänderung" erfolgt ist, enthält § 37 I eine nähere Konkretisierung. Zunächst wird in § 37 I 1 – wie in der RL – der Begriff vorausgesetzt; dann aber ist in § 37 I 2 Nrn. 1–4 ein **Beispielskatalog** aufgeführt. Dieser wird mit dem Wort „insbesondere" begonnen, so dass auch außerhalb dieser Aufzählung „wesentliche Strukturänderungen" in Betracht kommen, die ihrerseits dann wieder richtlinienkonform unter Beachtung von Art. 13 RL 2009/38/EG zu bestimmen sind. Nach § 37 I 2 Nrn. 1–4 gelten als „wesentliche Strukturänderungen" insb. der Zusammenschluss von Unternehmen oder Unternehmensgruppen, deren Spaltung, Verlegung in einen anderen Staat, ihre Stilllegung sowie die Verlegung oder Stilllegung von Betrieben, soweit sie Auswirkungen auf die Zusammensetzung des EBR haben können. Diese Begriffe sind u.a. im UmwG konkretisiert. Freilich führt die in § 37 I 2 Nrn. 1–4 enthaltene Aufzählung in vielen Unternehmensgruppen zur äußerst häufigen Anwendbarkeit von § 37. Gerade in größeren Konzernen kommt es immer wieder – teils wöchentlich – zu Spaltungen, Verlegungen und Zusammenschlüssen von Tochtergesellschaften, die manchmal keine oder nur kleine Belegschaften haben. Das gilt nicht nur für Vorrats- oder Briefkastengesellschaften. Es wäre völlig überzogen, jeden dieser Fälle zum Ausgangspunkt einer Neukonstituierung der europäischen ArbN-Vertretung im EBR zu machen. Das Verfahren des § 37 ist durchaus aufwendig, da es jedes Mal zur kompletten Neuverhandlung einer EBR-Vereinbarung kommt, bei deren Scheitern automatisch die Vorschriften über den EBR kraft Gesetzes zur Anwendung kommen (§§ 37 IV, 21 I, 22 f., s. dazu unter Rz. 89 ff.). Für die **Korrektur dieser überzogenen Regelung im deutschen EBRG** lässt sich auch nicht auf die Zuständigkeitsregel des § 1 II rekurrieren. Denn in vielen Unternehmensgruppen sind die eben genannten unternehmerischen Strukturmaßnahmen überwiegend von der allg. Zuständigkeitsregel des § 1 II 1 erfasst (dazu Rz. 67). Wenn bspw. ein Handelskonzern in einem Jahr im Ausland (genauer: auf Veranlassung der zentralen Leitung außerhalb ihres Sitzstaates) zwei Dutzend Filialen errichtet, ein weiteres Dutzend schließt und dabei stets Gesellschaftsgründungen und -auflösungen vornehmen muss, ist die Zuständigkeitsregel des EBR begründet. Trotzdem ist es kaum hilfreich, 36mal im Jahr ein neues EBR-Vereinbarungsverfahren mit einem jeweils neu zu schaffenden BVG durchzuführen. Das belastet nicht nur die Spesenkasse des ArbGeb, sondern führt auch dazu, dass die ArbN-Vertreter nur noch mit den Fragen der organisatorischen Selbstkonstituierung befasst und somit blockiert sind. Insg. würde die skizzierte Auslegung von § 37 I 2 also dem Grundgedanken der RL 2009/38/EG zuwiderlaufen, nach welchem der EBR kraft Vereinbarung ein dauerhaft zu bildendes Organ der grenzübergreifenden ArbN-Repräsentation zu sein hat (s. insb. Tz. 10 ff. der Begründungserwägungen zur RL). Die RL würde ihrer praktischen Wirksamkeit beraubt.

Die Vermeidung dieser richtlinienwidrigen Ausweitung des Begriffs der „wesentlichen Strukturänderung" kann nur unter Rückgriff auf den **Sinn und Zweck** von § 37 und Art. 13 RL 2009/38/EG gelingen. Die Vorschriften haben die Funktion, für den Fall einer bzgl. der EBR-Zusammensetzung erheblichen Änderung der Umstände vorzusorgen. Es geht um **Veränderungen in der Struktur des Unternehmens bzw. der Unternehmensgruppe**, die so weit gehen, dass eine bestehende EBR-Vereinbarung, da sie nicht für diesen Fall Vorsorge getroffen hat und von schlechthin anderen Belegschaften geschaffen wurde, nicht mehr als Grundlage für die Organisation von Unterrichtungs- und Anhörungsrechten dienen kann. Legt man dies zugrunde, dann gilt zunächst, dass strukturelle Änderungen, die für die EBR-Konstituierung irrelevant sind, auch nicht zu einer Neuschaffung des EBR-Systems zwingen dürfen. Wesentliche Änderungen können deshalb nur dort angenommen werden, wo aufgrund Zuwachs oder Schrumpfung in einem oder mehreren Staaten die Grundlagen für die EBR-Zusammensetzung verschoben werden. Das kommt in § 37 I 2 Nr. 4 zum Ausdruck, wenn es dort (allerdings nur für Betriebsverlegungen und -stilllegungen) heißt, die Veränderungen müssten Auswirkungen haben können „auf die Zusammensetzung des EBR". Dieses Erfordernis kann demnach generalisiert werden als Merkmal jeder „wesentlichen Strukturänderung" iSd. § 37. Demnach können nur solche Änderungen im Unternehmen oder in der Unternehmensgruppe von § 37 erfasst sein, die dazu führen, dass sich **die Kennzahlen für die EBR-Zusammensetzung** ändern. Wenn also bspw. die EBR-Vereinbarung eine Regelung enthält, welche dem § 22 II entspricht, kann sich eine Änderung ergeben, sobald durch eine der in § 37 I 2 Nrn. 1–4 genannten Maßnahmen der Anteil der ArbN in einem bestimmten Mitgliedstaat von 19 % auf 21 % steigt. Dies führt dazu, dass sich die Zusammensetzung des entsprechenden EBR ändert. Somit

---

[1] S. dazu BT-Drs. 17/4808, 12. Vor Geltung von § 37 wurde die entsprechende Anwendung von § 36 II erwogen, s. 4. Aufl., Rz. 48; DKKW/*Däubler*, § 18 EBRG Rz. 21; *Blanke*, § 18 Rz. 16.

ist nach § 37 eine neue Vereinbarung zu verhandeln. Dieses Ergebnis folgt nicht zuletzt aus der Parallele von § 37 zu § 18 III SEBG, der nach dem Recht der SE bei „strukturellen Änderungen der SE" Neuverhandlungen des Beteiligungsstatuts anordnet, wenn diese „geeignet sind, Beteiligungsrechte der Arbeitnehmer zu mindern". Eine solche Eignung ergibt sich auch dann, wenn die Änderungen Auswirkungen auf die Zusammensetzung des EBR haben können. Das alles entspricht auch der Auslegung von Art. 13 RL 2009/38/EG, der im Lichte des Begriffs der Strukturänderung iSd. § 18 III SEBG und der zugrunde liegenden RL 2001/86/EG zu lesen ist[1].

78 Bei alledem ist insb. die Situation denkbar, in der zwar Betriebe oder verbundene Unternehmen in großem Maße erworben und veräußert werden, sich aber insg. die Relationen für die Besetzung des EBR nicht ändern.

- **Beispiel:** Eine Unternehmensgruppe mit insg. 12000 ArbN, von denen 6000 beim Tochterunternehmen A im Staat Y beschäftigt sind, veräußert das Tochterunternehmen A und erwirbt gleichzeitig ein neues Tochterunternehmen B, welches ebenfalls 6000 ArbN hat. Numerisch hat dieses Vorgehen auf den ersten Blick zwar keine Auswirkungen auf die Zusammensetzung des EBR; man muss aber angesichts der Auswechselung der beteiligten Belegschaften dennoch von einer „wesentlichen Strukturänderung" sprechen. Dieses Problem ist in der Weise zu lösen, dass die Erwerbs- und Veräußerungsvorgänge auch bei Gleichzeitigkeit hintereinandergeschaltet werden. Da die Unternehmensgruppe im Staat Y zunächst 6000 ArbN verliert und damit eine Änderung der Kennzahlen für die EBR-Zusammensetzung einhergeht, kann hierin ohne weiteres ein Fall der „wesentlichen Strukturänderung" gesehen werden. Vorsicht ist nur dann geboten, wenn zwar Tochtergesellschaften veräußert und erworben werden, damit in Wirklichkeit aber nur ein Konzernrevirement verbunden ist, welches hinsichtlich der betroffenen Belegschaften nicht zum beschriebenen Repräsentationseinschnitt führt. Werden also (zB aufgrund von Betriebsübergängen oder wegen der Übertragung von Enkelgesellschaften) 5000 von den zunächst beim Tochterunternehmen A Beschäftigten später auch beim neuen Tochterunternehmen B beschäftigt sein, ist keine wesentliche Strukturänderung anzunehmen (auch wenn dieser Vorgang unterrichtungs- und anhörungspflichtig ist).

79 c) **Wechsel der zentralen Leitung in einen anderen Staat.** Insb. wenn nur die **zentrale Leitung in einen anderen Staat** innerhalb des Gebietes von EU und EWR **wechselt**, bleibt es bei der bisherigen Vereinbarung, soweit nicht aufgrund zusätzlicher Tatbestände der eben gegebenen Definition eine „wesentliche Strukturänderung" gegeben oder etwas anderes vereinbart ist. Das gilt auch im Fall der Verlegung in einen Staat außerhalb des EU/EWR-Gebietes, wobei dann die Verortung der zentralen Leitung nach § 2 II erfolgt[2].

80 Freilich ist mit dem Staatenwechsel auch ein **Wechsel des Staates der Leitungsverantwortung nach § 2** gegeben und damit ein **Wechsel der nationalen Rechtsordnung**. In diesem Fall sind die Voraussetzungen für die Anwendung des deutschen EBRG nach § 2 nicht mehr erfüllt. Es gelten stattdessen die Vorschriften desjenigen Staates, in dem die zentrale Leitung ihren Sitz hat bzw. für den Sitz der zentralen Leitung fingiert wird (Art. 3 VI RL 2009/38/EG, in Deutschland umgesetzt durch § 2 II, s.o. Rz. 22). Das gilt auch, wenn die Europazentrale für Unternehmensgruppen unter Führung aus Drittstaaten von einem Mitgliedstaat in einen anderen verlegt wird, vgl. § 2 II 1 (s.o. Rz. 22, 25 f.). Andererseits ist auf Grund der uneingeschränkten Umsetzungsverpflichtung der EBR-RL für alle EU/EWR-Mitgliedstaaten sichergestellt, dass in jedem dieser Staaten Normen über wesentliche Strukturänderungen unter Einschluss des EBR-Übergangsmandates bestehen (Art. 13 RL 2009/38/EG, in Deutschland umgesetzt durch § 37, s.o. Rz. 75 ff.)[3]. Deswegen wird man nicht von einer strukturellen Änderung ausgehen können, wenn keine weiteren Faktoren hinzutreten, die als solche diese Annahme rechtfertigen.

81 d) **Abweichende Vereinbarungen zu „wesentlichen Strukturänderungen".** Das Beispiel des Sprungs von 19 % auf 21 % in Rz. 76 ff. zeigt, dass auch auf der Grundlage der hier vertretenen Auslegung des Begriffs der „wesentlichen Strukturänderungen" von § 37 I schon bei relativ geringfügigen Änderungen der ArbN-Zahlen die Neukonstituierung der EBR-Vereinbarung zwingend werden kann. Aus diesem Grunde empfiehlt es sich, von der Möglichkeit Gebrauch zu machen, in der EBR-Vereinbarung Vorsorge zu treffen für den Fall wesentlicher Strukturänderungen. Das ist in den meisten EBR-Vereinbarungen so auch schon geschehen. IdR enthalten die betreffenden Regelungen Klauseln etwa über die „Anpassung des EBR" bei wesentlichen Strukturänderungen oder bei Strukturänderungen. Für diesen Fall wird teilweise nur die Situation des Hinzukommens von Unternehmen oder Betrieben in der Weise geregelt, dass dann nach den Regelungen der Vereinbarungen EBR-Vertreter hinzuzuwählen sind. Der Wegfall von Unternehmen oder Betrieben findet oft keine gesonderte Berücksichtigung, führt aber auch ohne Regelung zum Wegfall der betreffenden Repräsentation im nächsten Wahlgang. Solche Vorschriften erfüllen die Anforderungen des § 37 I 1 an zur wesentlichen Strukturänderung bestehenden

---

1 So zutreffend *Franzen*, EuZA 2010, 180 (194 f.), unter Verweis auf *Oetker* in Lutter/Hommelhoff, SE Kommentar, § 18 SEBG Rz. 15 ff.; vgl. auch MüKoAktG/*Jacobs*, § 18 SEBG Rz. 6 ff. ‖ 2 DKKW/*Däubler*, § 18 EBRG Rz. 24; idS auch *Hanau* in Hanau/Steinmeyer/Wank, § 19 Rz. 54. ‖ 3 S. zum alten Recht, vor dem 2. EBRG-ÄndG (Rz. 4), die 4. Aufl., Rz. 71; *Hanau* in Hanau/Steinmeyer/Wank, § 19 Rz. 54.

Regelungen. Fraglich ist, wie EBR-Vereinbarungen zu beurteilen sind, die für den Fall wesentlicher Strukturänderungen nur eine Verpflichtung zur Aufnahme von Verhandlungen über die daraus folgende Anpassung der EBR-Vereinbarung vorsehen. Hier ist zunächst zu prüfen, ob nicht anderweitig Regelungen in der EBR-Vereinbarung zu finden sind, welche etwa beim Hinzuerwerb von Unternehmen anzuwenden sind. Soweit solche Regelungen nicht existieren, ist die Anordnung nur von Neuverhandlungen, wenn sie sich nicht konkretisieren lässt, nicht aussagefähig genug, um eine anderweitige Regelung iSd. § 37 I 1 zu sein. Man kann ihr aber bspw. dann einen konkreten Regelungsgehalt entnehmen, wenn sich in der EBR-Vereinbarung zusätzliche Vorschriften über die Änderung der in ihr enthaltenen Regelungen finden. Hier ergibt sich dann aus der Neuverhandlungspflicht ggf. die Anwendung der betreffenden Regelungen.

Allerdings greift diese Freistellung von § 37 wegen abweichender Vereinbarungen über „wesentliche Strukturänderungen" in den Fällen nicht ein, in denen solche Strukturänderungen iSd. § 37 I (bspw. ein Unternehmenszusammenschluss) **mehrere Unternehmen bzw. Unternehmenszusammenschlüsse mit jeweils eigenen EBR-Vereinbarungen** betreffen. Soweit die EBR-Vereinbarungen der beteiligten Unternehmen bzw. Unternehmensgruppen Regelungen für den Fall wesentlicher Strukturänderungen enthalten, **welche sich widersprechen**, gilt § 37. Es ist dann nach Maßgabe dieser Vorschrift (und nicht der EBR-Vereinbarungen) zu verfahren. Freilich besteht auch die Möglichkeit, Vorsorge für den Fall sich widersprechender EBR-Vereinbarungen zu treffen und somit diese Widersprüche auszuräumen. So können **Kollisionregeln in EBR-Vereinbarungen** bspw. vorsehen, dass im Fall wesentlicher Strukturänderungen, welche von der eigenen und von einer fremden EBR-Vereinbarung erfasst werden und zu einem Überschneiden beider Geltungsbereiche führen, ausschließlich die EBR-Vereinbarung des im EU/EWR-Gebiet arbeitnehmerstärkeren Unternehmens bzw. der im EU/EWR-Gebiet arbeitnehmerstärkeren Unternehmensgruppe zur Anwendung kommt. Das kann an die Bedingung geknüpft werden, dass aufgrund der betreffenden EBR-Vereinbarung die Anhörung und Unterrichtung auch der eigenen EBR-Vertreter vorgesehen ist und bei den nächsten Wahlen der EBR-Vertreter die Repräsentation der neu hinzugetretenen Belegschaften sichergestellt wird. Umgekehrt sollte sich somit aus den EBR-Vereinbarungen der sich durchsetzenden Unternehmen und Unternehmesgruppen ergeben, dass nach wesentlichen Strukturänderungen künftig auch die Unterrichtung und Anhörung unter Beteiligung der Belegschaften aufgenommener Unternehmen und Unternehmensteile sichergestellt wird.

e) **Modifizierte Regelung des BVG-Einsetzungsverfahrens.** Liegt keine Regelung in geltenden Vereinbarungen vor, so muss bei wesentlichen Strukturänderungen iSd. § 37 I gem. § 37 I, II vorgegangen werden. Das bedeutet, dass nach §§ 37 I 1, 9 die EBR-Gründung initiiert werden kann. **Initiativberechtigt sind dabei die zentrale Leitung und die in § 9 genannten Arbeitnehmer und Arbeitnehmervertreter** (dazu Rz. 40), aber nicht der EBR. Sie bilden ein neues BVG und nehmen die Verhandlungen um eine neue EBR-Vereinbarung iSd. §§ 18f. auf. Hierzu gilt das oben Rz. 50ff. Gesagte, wobei aber jeder von der Strukturänderung betroffene EBR drei zusätzliche Mitglieder ins BVG entsendet, § 37 II. Dieses trifft dann für das neu strukturierte Unternehmen mit dessen zentraler Leitung oder für die neu strukturierte Unternehmensgruppe mit deren zentraler Leitung eine neue EBR-Vereinbarung. Soweit die Vereinbarung nicht zustande kommt, wird gem. §§ 37 IV, 21 I ein EBR kraft Gesetzes gebildet (dazu Rz. 88ff.).

f) **Übergangsmandat des bestehenden EBR für die Dauer der Verhandlungen über eine neue EBR-Vereinbarung.** Nach § 37 III bleibt für die Dauer der Verhandlungen über den neuen EBR jeder von der Strukturänderung betroffene EBR bis zur Errichtung eines neuen EBR im Amt (Übergangsmandat). Diese Formulierung ist zumindest missverständlich. Denn das Übergangsmandat besteht bereits mit Eintreten einer Strukturänderung, und somit auch, bevor überhaupt Verhandlungen begonnen worden sind. Nach § 37 III 2 können Sondervereinbarungen über die Wahrnehmung des Übergangsmandats getroffen werden. Diese betreffen laut Gesetzestext die Frage, nach welchen Bestimmungen und in welcher Zusammensetzung das Übergangsmandat wahrgenommen wird. Sie können insb. die Unterrichtung und Anhörung von nationalen ArbN-Vertretungen regeln, die bisher nicht zum Unternehmen bzw. zum Unternehmensverbund gehören. Außerdem können sie klarstellen, bis zu welchem Zeitpunkt das Übergangsmandat dauert. In der Entwurfsbegr. heißt es, eine Vereinbarung nach § 37 III 2 könne, wenn mehrere EBR betroffen seien, nur von allen EBR gemeinsam geschlossen werden[1]. Das ergibt sich freilich weder aus § 37 noch aus Art. 13 III RL 2009/38/EG. Bei Abschluss von Übergangsvereinbarungen mit einem EBR dürfen und können eben nur nicht die Rechte anderer EBR (mit oder ohne Übergangsmandat) beschränkt werden, insb. nicht deren Unterrichtungs- und Anhörungsrechte. Wird eine Sondervereinbarung nach § 37 III 2 nicht getroffen, bleibt es bei der Mandatswahrnehmung durch den EBR nach den Regelungen der bestehenden EBR-Vereinbarung (§ 37 III). Das Übergangsmandat besteht laut dem eindeutigen Text von § 37 III 1 und Art. 13 III RL 2009/38/EG nur für die Dauer der Verhandlungen. Das bedeutet, dass das Übergangsmandat mit dem Ende der Verhandlungen ebenfalls erlischt; es endet nach § 37 III 4 auch dann, wenn das BVG einen Beschluss über die Beendigung der Verhandlungen nach § 15 I trifft (dazu Rz. 51, vgl. auch Rz. 45). In einer Sondervereinbarung nach § 37 III 2 oder

---

1 BT-Drs. 17/4808, 12.

bereits in der EBR-Vereinbarung sollte deshalb dem bisherigen EBR noch ein **zusätzliches Übergangsmandat** eingeräumt werden **für die Zeit zwischen Abschluss der EBR-Vereinbarung bis zur Konstituierung des neuen EBR.**

85 Das Übergangsmandat dürfte auch dort greifen, **wo die Beteiligten zu Unrecht die Anwendungsvoraussetzungen von § 37 verneinen oder ignorieren.** In der Praxis dürfte es (vor allem, wenn man sich einer sehr weiten Definition der „wesentlichen Strukturänderung" iSd. § 37 I anschließt, dazu oben Rz. 75 ff.) dazu kommen, dass die Voraussetzungen des § 37 I gegeben sind, man sich aber nicht (oder nicht schnell genug) Neuverhandlungen einer neuen EBR-Vereinbarung zuwendet. In diesen Fällen ist eine faktische Verstetigung des Übergangsmandates nach § 37 II denkbar. Die Regelung des § 37 II dürfte daher auch dann entsprechend anwendbar sein, wenn nach einer wesentlichen Strukturänderung keine neue EBR-Vereinbarung getroffen wird und anschließend (auf der Grundlage der rechtswidrig nicht geänderten EBR-Vereinbarung) ein neuer EBR gewählt wird. Dieser ist dann nach Durchführung der Neuverhandlungen über eine EBR-Vereinbarung abzulösen, nimmt aber bis dahin die Repräsentation der ArbN nach § 37 II analog übergangsweise wahr.

86 **8. Wegfall der gesetzlichen Grundlagen für die Bildung eines EBR.** Sobald die gesetzl. **Grundlagen für die Errichtung eines EBR nicht mehr gegeben sind**, ist auch der Vereinbarung über den EBR die Grundlage entzogen, weshalb die zentrale Leitung dann ein Recht zur **fristlosen Kündigung der Vereinbarung** hat[1]. Mit Wirksamwerden dieser Kündigung entfällt der EBR. Ein solcher Kündigungsgrund ist demnach bspw. gegeben, wenn gem. § 3 **keine gemeinschaftsweite** Tätigkeit mehr gegeben ist, wenn also etwa die dort genannten ArbN-Zahlen unterschritten werden oder wenn wegen Wegfalls des beherrschenden Einflusses keine in § 6 verklammerte Unternehmensgruppe mehr besteht. Wenn dagegen lediglich **Umstrukturierungen** innerhalb des Unternehmens oder innerhalb der Unternehmensgruppe stattfinden, wird der EBR entsprechend der Vereinbarung ebenfalls umstrukturiert; fehlt es an einer diesbezüglichen Regelung in der Vereinbarung, gilt § 37 (oben Rz. 75 ff.).

87 **9. Das Verfahren zur Unterrichtung und Anhörung nach § 19.** Das Verfahren zur Unterrichtung und Anhörung nach § 19 kann gem. § 17 S. 3 als gleichwertige Alternative **statt des EBR kraft Vereinbarung** vereinbart werden. Hier wird also kein neues Organ geschaffen, sondern die **bereits existierenden nationalen ArbN-Vertretungen** werden selbst zu Akteuren des Verfahrens von Unterrichtung und Anhörung. Die Errichtung erfolgt durch schriftl. Vertrag, für den ebenfalls der Grundsatz der Gestaltungsfreiheit gilt (s.o. Rz. 52–56). Anders als bei § 18 I 2 gibt es hier keinen „Soll"-Katalog von Vereinbarungsinhalten. § 19 schreibt lediglich vor, dass geregelt werden muss, wann Beratungs- und Erörterungspflichten begründet werden. Eine Mindestregelung für **Inhalte der Unterrichtung** enthält § 19 S. 2, wonach sich diese auf grenzübergreifende (s.o. Rz. 66) Angelegenheiten zu erstrecken hat, „die erhebliche Auswirkungen auf die Interessen der ArbN haben". Dieser Satz bezieht sich (entsprechend Art. 6 III 3 RL 2009/38/EG) **nicht** auf die Inhalte der **Anhörung**. Dennoch ist zu beachten, dass das in §§ 17 und 19 S. 1 (vgl. Art. 6 III 1, 2 RL 2009/38/EG) vorgesehene Verfahren zwingend ausgeht von einer **Anhörung und Unterrichtung**. Letztendlich wird man daher annehmen müssen, dass den ArbN-Vertretern – wie auch immer – zu den genannten grenzübergreifenden Angelegenheiten Gehör verschafft werden muss. Deshalb ist davon auszugehen, dass trotz der nur rudimentären Regelung – wie bei § 18 – einige entscheidende Eckdaten in der Vereinbarungsvereinbarung des § 19 aufzunehmen sind. Diese beziehen sich, ähnlich wie bei § 18 (s.o. Rz. 57 ff.), auf die Benennung der am Verfahren beteiligten Stellen (insb. nationale ArbN-Vertretungen und Leitungsinstanzen des Unternehmens oder der Unternehmensgruppe), deren Zuständigkeitsbereich, das Verfahren der Anhörung und Unterrichtung sowie den damit – zB für Reisekosten oder Übersetzungen – anfallenden Sach- und Finanzaufwand, wobei hier zwingend § 39 zu beachten ist (dazu Rz. 99). Es sollte nach Möglichkeit auch die Form der Unterrichtung und der Anhörung (schriftl., mündl., verwendete Sprachen) geregelt werden, ebenso wie die Zeitpunkte der regelmäßigen sowie außerordentl. Anlässe von Unterrichtungen und Anhörungen[2]. Dabei ist sicherzustellen, dass die ArbN-Vertreter die Unterrichtungsinhalte auch untereinander beraten können[3]. Zur Rechtzeitigkeit der Information und Anhörung sowie zu den weiteren Regelungsinhalten oben Rz. 66 f. Soweit Unklarheiten bei der **Auslegung** einer Vereinbarung nach § 19 bestehen oder die Vereinbarung **lückenhaft** ist, wird man ebenfalls subsidiär auf den Vierten Teil des Gesetzes zurückgreifen müssen. Weil § 19 aber nicht die Schaffung eines eigenen Organs vorsieht, sind lediglich §§ 29–31 heranzuziehen.

88 **V. EBR kraft Gesetzes. 1. EBR kraft Gesetzes als gesetzlicher Auffangtatbestand.** Innerhalb des oben Rz. 3 dargestellten dreistufigen Regelungssystems zur Schaffung des EBR stellt der EBR kraft Gesetzes die Auffangregelung dar, welche für den – gesetzgeberisch an sich unerwünschten – Fall zur Anwendung kommt, dass die ersten beiden „Stufen" nicht eingreifen, also kein Vertretungsgremium aus der Zeit bis zum 21.9.1996 existiert (§ 41 EBRG, Art. 14 RL 2009/38/EG) und auch kein EBR kraft Vereinbarung zustande kommt (§§ 8–16 EBRG, Art. 5 RL 2009/38/EG). Gesetzl. geregelt ist der EBR kraft Gesetzes in §§ 1, 21–33, wo die Vorgaben aus Art. 7 RL 2009/38/EG sowie des Anhangs der RL

---

1 DKKW/*Däubler*, § 18 EBRG Rz. 22; *Rademacher*, S. 120; aA *Blanke*, § 18 Rz. 17. ||2 Vgl. *Müller*, § 19 Rz. 2 ff.; MünchArbR/*Joost*, § 274 Rz. 125 ff.; *Blanke*, § 19 Rz. 3 ff. ||3 *Fitting*, Übersicht EBRG Rz. 69; *Blanke*, § 19 Rz. 4; EAS/*Oetker*/*Schubert*, B 8300 Rz. 142.

2009/38/EG umgesetzt werden. Zusätzlich gelten auch die gemeinsamen Bestimmungen der §§ 34–40 für den EBR kraft Gesetzes. Obwohl der EBR kraft Gesetzes die seltenste EBR-Form ist, musste er wegen der fehlenden Möglichkeit freiwilliger Gestaltung gesetzl. präzise geregelt werden. Dabei macht der Anhang der RL 2009/38/EG in die Einzelheiten gehende Vorgaben. Die Bedeutung des EBR kraft Gesetzes sollte trotz seiner Seltenheit nicht unterschätzt werden, denn die §§ 21 ff. gelten bei Scheitern von Vereinbarungslösungen und wirken dadurch mittelbar immer auch auf deren Inhalt ein. Zur **EU-Osterweiterung** s. Rz. 24.

2. Errichtung des EBR kraft Gesetzes. a) Allgemeines. Die Entstehung des EBR kraft Gesetzes wird eingeleitet, wenn die Bildung **des EBR kraft Vereinbarung** zwischen dem BVG und der zentralen Leitung des Unternehmens bzw. der Unternehmensgruppe **gescheitert** ist. Im Einzelnen existieren mehrere Entstehungsvarianten. Der erste Entstehungstatbestand greift, wenn innerhalb von sechs Monaten nach Antragstellung gem. § 9 die zentrale Leitung die Aufnahme von Verhandlungen verweigert hat (§ 21 I 1); die beharrliche Nicht-Auskunftserteilung nach § 5 steht dieser Weigerung nicht gleich[1]. Fristauslösend ist nach hM nicht nur die Antragstellung durch die ArbN-Seite, sondern auch die Gründungsinitiative der zentralen Leitung nach § 9 I[2], genauer: der Zugang der entsprechenden Erklärung bei einer ArbN-Vertretung, etwa nach § 130 BGB[3]. Im Fall der Verweigerung ist kein BVG zu bilden, sondern sofort der EBR kraft Gesetzes[4]. Die zweite Variante besteht darin, dass innerhalb von drei Jahren nach Antragstellung kein EBR kraft Vereinbarung zustande kommt (§ 21 I 2 Alt. 1)[5]. Drittens kommt es zum EBR kraft Gesetzes, wenn BVG und zentrale Leitung die Verhandlungen für gescheitert erklären (§ 21 I 2 Alt. 2). Viertens kann die zentrale Leitung den EBR kraft Gesetzes verlangen (§ 21 I 3). Das **BVG** kann in allen diesen vier Fällen gem. § 21 II innerhalb der in § 21 I genannten Fristen den Beschluss nach § 15 I fassen und damit eine (nach Maßgabe des § 15 befristete) **Sperre der EBR-Bildung** errichten[6].

Die Geltung der Vorschriften über den EBR kraft Gesetzes können zudem – gewissermaßen als fünfte Variante – gem. § 18 **freiwillig** vereinbart werden, auch wenn das EBRG diesen Fall nicht ausdrücklich vorsieht[7]. Wenn von keiner Seite die Errichtung eines EBR betrieben wird, kommt es trotz der imperativen Formulierung des § 1 I 2 nicht zum EBR kraft Gesetzes[8]. Aufgrund der genannten Regelungen kommt es auch zur Bildung des EBR kraft Gesetzes, wenn **nach einer wesentlichen Strukturänderung** bisherige EBR-Vereinbarungen enden und es **nicht zum Abschluss einer neuen Vereinbarungen kommt**, §§ 37 IV, 21 I (Rz. 75 ff., insb. Rz. 83).

b) Die Zusammensetzung des EBR kraft Gesetzes richtet sich nach § 22. Gem. § 22 I 1 können in den EBR nur Personen berufen werden, die **ArbN des Unternehmens bzw. der Unternehmensgruppe** sind. Ihre Bestellung richtet sich jeweils nach dem Recht des Mitgliedstaates, aus dem sie entsandt werden, § 23 EBRG, Nr. 1b Anh. RL 2009/38/EG. Die Bestellung von **Ersatzmitgliedern** (§ 22 I 2) ist im Einzelnen nicht geregelt. Sie muss sich jeweils auf bestimmte Mandate von einzelnen ArbN-Vertretern oder auf jeweilige Gruppen national bestellter ArbN-Vertreter beziehen, weil das Verfahren der Mitgliederbestellung gem. § 23 EBRG, Nr. 1b Anh. RL 2009/38/EG nach Staaten aufgeteilt ist.

Die **Zahl der Mitglieder** aus den einzelnen Mitgliedstaaten wird in § 22 II näher festgesetzt. Die Mitglieder werden aus den einzelnen EU/EWR-Mitgliedstaaten entsandt, in denen das Unternehmen oder die Unternehmensgruppe Betriebe hat (s. zur Zählung der deutschen ArbN oben Rz. 17). Je nach ArbN-Verteilung und ArbN-Konzentration können dabei EBR kraft Gesetzes von einer Größe bis 39 Mitgliedern entstehen. Für die Zählung gilt gem. § 22 II dasselbe wie für die Zählung der BVG-Mitglieder nach § 10, s. dazu im Einzelnen Rz. 42 f. Bei alledem besteht für die Ermittlung der Voraussetzungen und Modalitäten der EBR-Errichtung gegen die zentrale Leitung der Informationserhebungsanspruch nach § 5, s.o. Rz. 29 ff.; vgl. auch §§ 8 II, 12 S. 2.

c) Konstituierung und Geschäftsführung des EBR kraft Gesetzes. Die zentrale Leitung wird gem. § 24 über die Namen und Adressen der EBR-Mitglieder informiert. Schuldner dieses Informationsanspruchs dürften die jeweiligen nationalen Gremien sein, welche über die Entsendung von Mitgliedern entscheiden, also in Deutschland die in § 23 für zuständig erklärten ArbN-Vertretungen. Die zentrale Leitung hat die Informationen an die in den einzelnen Staaten befindlichen örtlichen Leitungen, ArbN-Vertretungen (s.o. Rz. 30) und die dort vertretenen Gewerkschaften weiterzureichen. Nach § 25 wird dann von der zentralen Leitung unverzüglich die konstituierende Sitzung einberufen; notfalls steht dem EBR die Einladung auch selbst zu[9]. Dort wählt der EBR dann seinen **Vorsitzenden** und den **Stellvertreter**, die das Gremium nach Maßgabe des § 21 II **gesetzl. vertreten.** Für diese Wahl gelten keine Sonderregelungen, weswegen man hier auch nicht-geheime Verfahren einschl. der Wahl durch Zuruf für zulässig hält[10].

---

1 EAS/*Oetker/Schubert*, B 8300 Rz. 146; aA *Blanke*, § 21 Rz. 7; *Kunz*, AiB 1997, 267 (272); *Büggel/Buschak*, AiB 2000, 418 (420 f.). ||2 *Müller*, § 21 Rz. 3; *Blanke*, § 21 Rz. 8; DKKW/*Bachner*, § 21 EBRG Rz. 5. ||3 *Blanke*, § 21 Rz. 8; DKKW/*Bachner*, § 21 EBRG Rz. 5. ||4 *Hanau* in Hanau/Steinmeyer/Wank, § 19 Rz. 62. ||5 Vgl. zum Fristbeginn und zum Fristlauf *Blanke*, § 21 Rz. 8. ||6 Vgl. *Müller*, § 20 Rz. 1 ff.; MünchArbR/*Joost*, § 274 Rz. 2 ff.; *Blanke*, § 21 Rz. 18 f. ||7 *Müller*, § 20 Rz. 3. ||8 S. im Einzelnen *Blanke*, § 21 Rz. 13 ff., 17. ||9 MünchArbR/*Joost*, § 275 Rz. 14; DKKW/*Bachner*, § 25 EBRG Rz. 2; *Blanke*, § 25 Rz. 3; EAS/*Oetker/Schubert*, B 8300 Rz. 162. ||10 *Müller*, § 25 Rz. 3; auf Verlangen eines EBR-Mitglieds hält *Blanke* die geheime Abstimmung für geboten, *Blanke*, § 25 Rz. 7.

94 In jedem EBR kraft Gesetzes wird gem. § 26 (Umsetzung von Nr. 1c, d Anh. I zur RL 2009/38/EG) ein **Ausschuss** gebildet, der die **laufenden Geschäfte** des EBR führt. Die „laufenden Geschäfte" sind diejenigen Aufgaben, die nicht zwingend eine Beschlussfassung erfordern, wie zB Vorbereitung von EBR-Beschlüssen, Terminfestsetzungen, Vorbesprechungen, Einholung von Auskünften etc. Der Ausschuss besteht laut § 26 S. 2 aus dem Vorsitzenden und mindestens zwei, höchstens vier weiteren zu wählenden Ausschussmitgliedern. Die neben dem Vorsitzenden weiteren zwei oder vier Ausschussmitglieder sollen laut § 26 S. 3 in verschiedenen Mitgliedstaaten beschäftigt sein, wobei wegen des „soll" eine einseitige Besetzung nicht zur rechtswidrigen Besetzung führt. Die Entscheidung, ob es zwei oder vier sein sollen, soll der EBR in seiner schriftlichen Geschäftsordnung nach § 28 S. 2 treffen (zur Geschäftsordnung Rz. 98). Da es in § 28 S. 2 „soll" heißt, ist auch die Entscheidung durch gewöhnlichen Beschluss nach § 28 S. 1 wirksam. Die Entscheidung, wer in den Ausschuss gelangt, wird dagegen nach § 28 S. 1 getroffen, wobei umgekehrt wiederum die Beschlussfassung im Rahmen der Geschäftsordnungsregelung nicht schadet.

95 **Streitigkeiten** über die Wirksamkeit der **Wahl des Vorsitzenden oder des Ausschusses** sind nach § 19 BetrVG analog im arbeitsgerichtl. **Beschlussverfahren** zu entscheiden, § 2a Nr. 3b ArbGG[1]. S. zur Parteifähigkeit der beteiligten Personen und Stellen § 10 ArbGG. Die Beteiligungsbefugnis richtet sich nach der möglichen Berührung kollektivrechtl. Rechtspositionen. Für einzelne Unternehmen kann sie sich insb. aus Kostenlasten nach §§ 16 II, 39 ergeben[2]. Örtlich zuständig ist gem. § 82 II 1 ArbGG das Gericht, in dessen Bezirk sich die zentrale Leitung befindet (= Unternehmenssitz), bei welcher der EBR kraft Gesetzes eingerichtet ist bzw. eingerichtet wird[3]. Sofern es um besondere Beteiligungsrechte von ArbN-Vertretungen etwa nach § 23 II geht, gelten die für sie einschlägigen Zuständigkeitsregeln, § 82 I ArbGG[4].

96 Die **Sitzungen des EBR kraft Gesetzes** werden nach § 27 im Zusammenhang mit der jährlichen oder der außerordentl. Unterrichtung und Anhörung gem. §§ 29 f. durchgeführt. Auf den Sitzungen tagen zunächst der EBR und der Ausschuss ohne Anwesenheit der zentralen Leitung, die später zur Durchführung von Unterrichtung und Anhörung hinzukommt (vgl. Anh. Nr. 4 S. 2 RL 2009/38/EG). Weitere Sitzungen können mit der zentralen Leitung vereinbart werden. Bei alledem sind die Termine nach dem Grundsatz der vertrauensvollen Zusammenarbeit mit der zentralen Leitung abzustimmen[5]. Die Sitzungen des EBR sowie des Ausschusses sind **nicht öffentl.**; von der Nicht-Öffentlichkeit kann nicht abgewichen werden[6]. Ausgenommen sind Büropersonal und Dolmetscher (arg. § 39 I 2). Ein Beteiligungsrecht oder eine Beteiligungsmöglichkeit für Gewerkschaftsvertreter, die nicht EBR-Mitglieder sind, besteht im Rahmen des § 39 II 2: Hiernach können Gewerkschaftsvertreter als Sachverst. zugezogen werden. Zusätzliche Rechte von Gewerkschaftsvertretern bestehen nicht[7].

97 Die **Beschlüsse** des EBR werden nach § 28 S. 1 grds. mit der **Mehrheit der Stimmen der anwesenden Mitglieder** gefasst (Ausnahmen: § 28 S. 2 und § 33 S. 1). Enthaltungen wirken wie Ablehnungen, da sie den jeweiligen Beschluss nicht mittragen. Es existieren keine Vorgaben über die Zahl der notwendigerweise anwesenden Mitglieder. Dennoch wird teilweise die Ansicht vertreten, es müssten mindestens die Hälfte der EBR-Mitglieder (oder ihre Vertreter) anwesend sein, damit die **Beschlussfähigkeit** hergestellt ist[8]. Dem ist mit Blick auf die knappe Fassung des § 28 und die anderenfalls entstehenden Legitimationsprobleme bei der Willensbildung des EBR zuzustimmen, zumal die EBR-RL keine diesbezüglichen Vorgaben macht.

98 Nach § 28 S. 2 wird eine schriftl. **Geschäftsordnung** beschlossen, in der die Durchführung von Sitzungen, die Bestimmung der Tagesordnung oder einer Rednerliste etc. geregelt werden kann[9]. Dieser Beschluss erfolgt – als Ausnahme von der Mehrheitsregel des § 28 S. 1 – mit der Mehrheit der Stimmen aller Mitglieder und nicht nur der anwesenden Mitglieder des EBR.

99 **Kosten und Sachaufwand des EBR kraft Gesetzes** trägt nach § 39 I, II 2 die **zentrale Leitung**. Diese Verpflichtung umfasst insb. die für die Sitzungen benötigten Räume, sachlichen Mittel, Dolmetscher und Büropersonal sowie die erforderlichen Reise- und Aufenthaltskosten der Mitglieder. Die **Kostenpflicht für Sachverständige** nach § 39 II 2 beschränkt sich auf *einen* Sachverst. Diese Beschränkung ist wohl dahin gehend zu verstehen, dass pro Beratungsgegenstand jeweils nur ein Sachverst. bezahlt werden kann. Gleichzeitig ist die Erforderlichkeit der Beauftragung zu beachten. Deshalb kann die Möglichkeit der kostenpflichtigen Beauftragung eines Sachverst. nicht alle in §§ 29 f. genannten Einzel-

---

1 *Blanke*, § 25 Rz. 16, § 26 EBRG Rz. 9; *Müller*, § 25 Rz. 5, § 26 Rz. 6. ||2 BAG 18.4.2007 – 7 ABR 30/06, AP Nr. 1 zu § 18 EBRG. ||3 Vgl. *Hanau* in Hanau/Steinmeyer/Wank, § 19 Rz. 41; EAS/*Oetker/Schubert*, B 8300 Rz. 242 ff.; s.a. LAG Köln 8.9.2011 – 13 Ta 267/11, ZIP 2011, 2121. ||4 BAG 18.4.2007 – 7 ABR 30/06, AP Nr. 1 zu § 18 EBRG. ||5 Vgl. *Müller*, § 27 Rz. 1; *Fitting*, Übersicht EBRG Rz. 85; MünchArbR/*Joost*, § 275 Rz. 22 ff.; *Blanke*, § 27 Rz. 3; EAS/*Oetker/Schubert*, B 8300 Rz. 163 f. ||6 MünchArbR/*Joost*, § 275 Rz. 27; *Müller*, § 27 Rz. 2; EAS/*Oetker*, B 8300 Rz. 165. ||7 S. zum alten Recht (aus der Zeit vor dem 2. EBRG-Ändg, Rz. 4) EAS/*Oetker/Schubert*, B 8300 Rz. 256 f.; MünchArbR/*Joost*, § 275 Rz. 77; *Müller*, § 29 Rz. 15; *Blanke*, § 27 Rz. 9 ff.; *Däubler*, AuR 1996, 303 (304 f.), alle mwN. ||8 *Müller*, § 28 Rz. 1; MünchArbR/*Joost*, § 275 Rz. 29. ||9 S. zu deren möglichen Inhalten *Müller*, § 28 Rz. 2; EAS/*Oetker/Schubert*, B 8300 Rz. 169; *Blanke*, § 28 Rz. 6 ff.; MünchArbR/*Joost*, § 275 Rz. 28 orientiert sich an der Geschäftsordnung des deutschen BR.

punkte erfassen, sondern, abhängig vom jeweiligen Einzelfall, nur ausgewählte, aufklärungsbedürftige Fragestellungen[1]. Die Ansicht, dass die Erforderlichkeit eines Sachverst. immer gegeben sei und nicht begründet werden müsse[2], hat keine gesetzl. Grundlage. Zu den Kosten iSd. § 39 zählen wie bei § 40 BetrVG auch die **Kosten der Rechtsverfolgung**; der EBR kraft Gesetzes kann daher Rechtsfragen auf Kosten der zentralen Leitung klären lassen[3]. Der ArbGeb eines aus dem Inland entsandten EBR-Mitglieds haftet für dessen Kosten neben der zentralen Leitung als Gesamtschuldner, §§ 39 I 4, 16 II EBRG, §§ 421–426 BGB. Im Innenverhältnis trägt im Zweifel die zentrale Leitung die Kosten, da sie nach dem EBRG für die Gewährleistung der ordnungsgemäßen Unterrichtung und Anhörung verantwortlich ist[4].

3. Beginn und Ende der Mitgliedschaft im EBR kraft Gesetzes. a) Die **Bestellung der Mitglieder** des EBR kraft Gesetzes erfolgt gem. Nr. 1b S. 2 Anh. RL 2009/38/EG nach den jeweiligen Regeln desjenigen Mitgliedstaats, aus dessen Gebiet sie entsandt werden. Deshalb regelt § 23 auch nur die Bestellung von EBR-Mitgliedern aus Deutschland. § 23 ist weitgehend textgleich mit § 11, in dem die Bestellung der BVG-Mitglieder geregelt ist. Deshalb gelten zunächst die zum BVG gemachten Ausführungen oben Rz. 40 ff. Das betrifft insb. auch die mögliche Verletzung von **Demokratieprinzip und Gleichheitssatz**, oben Rz. 46 f. (vgl. auch Rz. 57). Folgende Unterschiede zwischen der BVG-Mitgliederbestellung nach § 11 und der EBR-Mitgliederbestellung nach § 23 sind zu beachten: Zunächst wird gem. § 23 IV auch die **Abberufung** von EBR-Mitgliedern ermöglicht, die für das BVG in § 11 nicht vorgesehen ist. Weiter ermöglicht § 23 VI die **Entsendung eines SprAuMitgliedes als Gast** zum EBR kraft Gesetzes, wenn mindestens fünf ArbN-Vertreter aus Deutschland entsandt werden. Außerdem muss das SprAuGremium eingerichtet sein bei demjenigen Unternehmen oder der Unternehmensgruppe, für die auch der EBR kraft Gesetzes eingerichtet wird; das Bestehen eines SprAu bei einem deutschen Tochterunternehmen reicht also nicht aus. Unklar ist, ob unabhängig davon **leitende Angestellte als Mitglieder** zum EBR kraft Gesetzes entsandt werden können[5]. Das ist zu verneinen, da „Arbeitnehmer" gem. § 4 die in § 5 I BetrVG genannten Personen sind (s.o. Rz. 17). Weil § 23 eine dem § 11 IV entsprechende Regelung gerade nicht enthält, muss davon ausgegangen werden, dass der Gesetzgeber es mit Bedacht bei der Repräsentationsmöglichkeit leitender Angestellter gem. § 23 VI belassen wollte.

§ 23 V Hs. 1 verlangt eine ausgewogene Vertretung der ArbN nach ihrer Tätigkeit; und gem. § 23 V Hs. 2 sollen Frauen und Männer entsprechend ihrem zahlenmäßigen Verhältnis bestellt werden. Da es sich in beiden Fällen um „Soll"-Vorschriften handelt, ist ihre Nicht-Befolgung allerdings (wie bei § 15 II BetrVG aF) sanktionslos[6]. Hinsichtlich der Rechtmäßigkeit der Bestellung der EBR-Mitglieder gelten die Grundsätze über die Anfechtung von BR-Wahlen entsprechend[7].

b) Dauer der Mitgliedschaft. Der EBR kraft Gesetzes wird nicht als Gremium regelmäßig neu gewählt, sondern ist eine **Dauereinrichtung ohne feste Amtszeit**, deren Bestand unabhängig ist vom Bestand der Mitgliedschaftsverhältnisse[8]. Die EBR-Mitgliedschaft beginnt mit der Bestellung zum Mitglied gem. § 23. Sie dauert nach § 32 I grds. **vier Jahre** ab Bestellung (die Berechnung erfolgt gem. § 188 BGB)[9]. Um einen vertretungslosen Zustand zu vermeiden, muss also vor Ablauf des Mandats für die aus Deutschland Entsandten nach § 23 (sowie für die aus anderen Staaten Entsandten nach den parallelen ausländischen Vorschriften) die Neubestellung der bisherigen oder neuer Mitglieder erfolgen. Die Mitgliedschaft endet **vorzeitig** durch **Abberufung**, wobei diese für die aus Deutschland Entsandten gem. § 23 IV nach denselben Regeln erfolgt wie die Bestellung. Dh., dass die entsendenden Gremien jederzeit die Möglichkeit haben, EBR-Mitglieder durch Abberufung und Neubestellung auszutauschen[10]. Die Mitgliedschaft kann daneben aus **anderen Gründen vorzeitig enden**, also etwa wegen Todes, Amtszeitendes auf Grund Umstrukturierung nach § 32 II, Abschluss einer Vereinbarung nach § 33 S. 3 und auch wegen Amtsniederlegung[11]. Das **Ende des Arbeitsverhältnisses** allein bewirkt noch nicht das Ende der EBR-Mitgliedschaft.

4. Vertrauensvolle Zusammenarbeit; Geheimhaltung; Vertraulichkeit; Schutz in Deutschland beschäftigter EBR-Mitglieder. Wie für den EBR kraft Vereinbarung gelten auch für den EBR kraft Gesetzes die Grundsätze der §§ 34 ff. über die vertrauensvolle Zusammenarbeit, die Wahrung der Vertraulichkeit und der Geheimhaltung (s. Rz. 63). Ebenso stehen seine Mitglieder unter demselben **Schutz**, wie ihn die anderen ArbN-Vertreter nach nationalem Recht oder nationalen Gepflogenheiten genießen, s. zum Kündigungsschutz sowie zum sonstigen Schutz nach §§ 40 EBRG, 15 KSchG, 37 I–V, 78, 103 BetrVG oben Rz. 39. Zudem stellt die **Behinderung der Arbeit** des EBR kraft Gesetzes nach Maßgabe der §§ 43–45 einen Bußgeld- oder Straftatbestand dar.

---

1 *Müller*, § 30 Rz. 3; MünchArbR/*Joost*, § 275 Rz. 31; *Blanke*, § 29 Rz. 3; ähnlich EAS/*Oetker/Schubert*, B 8300 Rz. 175; vgl. auch BT-Drs. 13/5021, 8. ‖ 2 DKKW/*Klebe*, § 13 EBRG Rz. 11; DKKW/*Bachner*, § 39 Rz. 4. ‖ 3 *Müller*, § 30 Rz. 5. ‖ 4 *Müller*, § 16 Rz. 6, § 30 Rz. 7. ‖ 5 Gegen die Zulassung leitender Angestellter als EBR-Mitglieder *Blanke*, § 23 Rz. 6; MünchArbR/*Joost*, § 275 Rz. 9; *Tap*, S. 86 ff.; für die Zulassung wohl DKKW/*Bachner*, § 23 EBRG Rz. 2 aE. ‖ 6 *Müller*, § 11 Rz. 11; MünchArbR/*Joost*, § 274 Rz. 65, § 367 Rz. 12; EAS/*Oetker/Schubert*, B 8300 Rz. 96. ‖ 7 BAG 18.4.2007 – 7 ABR 30/06, AP Nr. 1 zu § 18 EBRG; *Blanke*, § 23 Rz. 10; *Müller*, § 23 Rz. 6. ‖ 8 *Fitting*, Übersicht EBRG Rz. 56; *Blanke*, § 36 Rz. 1; *Müller*, § 36 Rz. 1; *Tap*, S. 93 f. ‖ 9 *Blanke*, § 36 Rz. 2. ‖ 10 DKKW/*Bachner*, § 32 EBRG Rz. 2; MünchArbR/*Joost*, § 275 Rz. 85; *Blanke*, § 25 Rz. 9. ‖ 11 DKKW/*Bachner*, § 32 EBRG Rz. 2; MünchArbR/*Joost*, § 275 Rz. 85; *Blanke*, § 36 Rz. 2 ff.

104 **5. Unterrichtungs- und Anhörungsrechte des EBR kraft Gesetzes.** Die Zuständigkeit des EBR kraft Gesetzes wird in §§ 1 II, 29–31 im Einzelnen geregelt. Zunächst ist stets zu fragen, ob eine Angelegenheit von **der allgemeinen Zuständigkeitsregel des § 1 II 1 erfasst** ist, s. dazu Rz. 67. Dabei kann ggf. auch die Sonderregelung des § 1 II 2 greifen für Unternehmen und Unternehmensgruppen iSd. § 2 II, also solche, deren **zentrale Leitung sich außerhalb des EU/EWR-Raums** befindet. S. dazu Rz. 22, 25f., 68. Des Weiteren muss zusätzlich ein Tatbestand der §§ 29f. eingreifen. Die beiden Regelungen enthalten die **eigentliche materielle Zweckbestimmung des EBR**. Dieser hat nämlich – anders als die ArbN-Vertretungen nach dem BetrVG – keinen Zugriff auf die Gestaltung irgendwelcher arbeitgeberischer Aktivitäten, sondern ausschließlich Unterrichtungs- und Anhörungsrechte.

105 **a) Begriff der Unterrichtung und Anhörung.** S. hierzu im Einzelnen oben Rz. 13. Bzgl. der **Gegenstände der Unterrichtung und Anhörung** unterscheidet das EBRG zwischen denjenigen, die der jährlichen Unterrichtung und Anhörung unterliegen (§ 29, sogleich Rz. 108), und solchen Angelegenheiten, die als außergewöhnliche Umstände Gegenstand der besonderen Unterrichtung und Anhörung sind (§ 30, unten Rz. 109). Sowohl nach § 29 I als auch gem. § 30 I 1 hat die zentrale Leitung die für die Einschätzung der Situation erforderlichen Unterlagen vorzulegen. Eine Pflicht zur Übersetzung sämtlicher Unterlagen besteht nicht[1]; jedoch müssen die Unterlagen und die dazu gegebenen Auskünfte in der Weise vorgelegt werden, dass dem Erfordernis der Information Genüge getan ist (s.o. Rz. 13). Zudem müssen die Unterlagen nach §§ 1 IV, 29 I, 30 I 2 rechtzeitig vorgelegt werden. Die EBR-Mitglieder müssen sie so frühzeitig erhalten, dass vor der Sitzung genügend Zeit ist, sich – ggf. unter Beteiligung des Sachverst. – angemessen vorzubereiten[2]. Außerdem haben Unterrichtung und Anhörung auch der Sache nach rechtzeitig zu erfolgen.

106 Das bedeutet ähnlich wie bei § 106 BetrVG, dass der EBR noch im Stadium der Planung, also **vor einer Entscheidung (und ohnehin vor ihrer Umsetzung)** unterrichtet und angehört werden muss. Dieser Aspekt ist durch die Ergänzung von § 30 I 1 durch das 2. EBRG-ÄndG (dazu Rz. 7) ausdrücklich ausgewiesen worden. Dort sind nunmehr ausdrücklich neben unterrichtungs- und anhörungspflichtigen „außergewöhnlichen Umständen" auch Entscheidungen erfasst, „die erhebliche Auswirkungen auf die Interessen der Arbeitnehmer haben". Dabei ist davon auszugehen, dass die betreffenden Entscheidungen nicht „außergewöhnlich" sein müssen. Das ergibt sich zwar nicht aus § 30 I 1, aber aus dem zugrunde liegenden Text von Nr. 3 S. 1 Anh. RL 2009/38/EG. In § 30 II 3 wird dementsprechend ergänzt, dass bei den betreffenden Ausschusssitzungen auch diejenigen EBR-Mitglieder zu beteiligen sind, die von den Maßnahmen und Entscheidungen betroffen sind.

107 Die Anhörung muss iÜ in der Weise und so frühzeitig erfolgen, dass sie ihrem Sinn und Zweck noch entsprechen kann, nämlich die unternehmerische Entscheidung evtl. zu beeinflussen; Unterlagen sind ggf. für die Sitzung zu aktualisieren (s. zur parallelen Fragestellung beim EBR kraft Vereinbarung und bei § 41 oben Rz. 70 sowie unten Rz. 131)[3].

108 **b) Gegenstand der jährlichen Unterrichtung und Anhörung** sind nach § 29 I die Entwicklung der Geschäftslage und die Perspektiven des gemeinschaftsweit tätigen Unternehmens bzw. der gemeinschaftsweit tätigen Unternehmensgruppe. Die Begriffe „Entwicklung der Geschäftslage" und „Perspektiven" werden in § 29 II anhand eines nicht abschließenden („insbesondere"), aber weitgehend anschaulichen Beispielskatalogs konkretisiert. Dabei geht es ua. um die unternehmerische Struktur und Organisation, die Finanz- und Beschäftigungslage einschl. der jeweiligen Aussichten. Auch das laufende operative Geschäft wird angesprochen, wie sich etwa aus der Nennung der Absatzlage oder der Einführung neuer Fertigungsverfahren ergibt. Die in § 29 II Nr. 10 genannten „Massenentlassungen" sind in Übereinstimmung mit der Massenentlassungs-RL nach § 17 KSchG zu bestimmen[4]. Der Beispielskatalog ähnelt zwar demjenigen des § 106 III, 111 S. 3 BetrVG, ist aber nicht damit identisch. Deswegen kann das BetrVG zwar zur Auslegung von § 29 II herangezogen werden. Es ist aber zu berücksichtigen, dass das EBRG nach Maßgabe der EBR-RL richtlinienkonform ausgelegt werden muss. Da der Wortlaut des § 29 II wörtlich weitgehend aus Nr. 2 II Anh. RL 2009/38/EG übernommen worden ist, wird mit dem EuGH ein Gericht zu entscheiden haben, das sich sicherlich nicht in erster Linie am deutschen BetrVG orientiert[5].

109 **c) Zur Unterrichtung und Anhörung über außergewöhnliche Umstände** ist die zentrale Leitung nach § 30 verpflichtet. Die Umstände müssen nicht nur außergewöhnlich sein, sondern auch „erhebliche Auswirkungen auf die Interessen der ArbN haben". Dieser Begriff wird in § 30 I 2 – ähnlich wie in § 29 II –

---

1 AA DKKW/*Bachner*, § 29 EBRG Rz. 6. ||2 *Müller*, § 32 Rz. 2; DKKW/*Bachner*, § 29 EBRG Rz. 7. ||3 *Müller*, § 33 Rz. 2; *Blanke*, § 31 Rz. 4, § 33 Rz. 10, 12; DKKW/*Bachner*, § 30 EBRG Rz. 5; MünchArbR/*Joost*, § 275 Rz. 50, 52, 61. ||4 MünchArbR/*Joost*, § 275 Rz. 49; *Blanke*, § 32 Rz. 30; s. dazu EuGH 27.1.2005 – Rs. C-188/03, NZA 2005, 213 – Junk; BAG 23.3.2006 – 2 AZR 343/05, NZA 2006, 971; RL 75/120/EWG des Rates v. 17.2.1975 zur Angleichung der Rechtsvorschriften der Mitgliedstaaten über Massenentlassungen, ABl. L 48/29 v. 22.2.1975. ||5 *Eine tendenzielle Orientierung an §§ 106 III, 111 S. 3 BetrVG vertreten Blanke*, § 32 Rz. 15; MünchArbR/*Joost*, § 275 Rz. 39ff.; *Fitting*, Übersicht EBRG Rz. 89; *Hanau* in Hanau/Steinmeyer/Wank, § 19 Rz. 92; *Müller*, § 32 Rz. 4ff.; EAS/*Oetker/Schubert*, B 8300 Rz. 187ff. Die uneingeschränkte Anknüpfung an §§ 106 III, 111 S. 3 BetrVG findet sich bei DKKW/*Bachner*, § 29 EBRG Rz. 4; ebenso wohl auch *U. Mayer*, BB 1995, 1794 (1796).

durch einen nicht abschließenden Beispielskatalog konkretisiert, wo als außergewöhnliche Umstände die Verlegung und Stilllegung von Unternehmen, Betrieben oder wesentlichen Betriebsteilen sowie Massenentlassungen genannt werden[1]. „Massenentlassungen" sind wie bei § 29 II Nr. 10 auch bei § 30 I Nr. 3 nach der Massenentlassungs-RL zu bestimmen[2]. Nach § 30 II 1 ist der gem. § 26 errichtete Ausschuss zu beteiligen[3]. Die **Einberufung zur Sitzung** erfolgt nach § 29 II 2, 3 iVm. § 27 I 2–5.

d) **Durchsetzung der Unterrichtungs- und Anhörungsrechte.** Nach Art. 11 RL 2009/38/EG sind die Mitgliedstaaten verpflichtet sicherzustellen, dass die von den Umsetzungsgesetzen erfassten Unternehmen, ArbN und ArbN-Vertreter ihre sich aus der RL ergebenden Verpflichtungen tatsächlich erfüllen. Das schließt nach Art. 11 II, III RL 2009/38/EG auch die gerichtl. Durchsetzung ein. Für die Durchsetzung der Unterrichtungs- und Anhörungsrechte des EBR kraft Gesetzes aus §§ 29 f. hat der deutsche Gesetzgeber die **Straf- und Bußgeldvorschriften** der §§ 42 ff. erlassen[4]. Insb. der Straftatbestand des § 44 I Nr. 2 iVm. § 42 sowie der Bußgeldtatbestand des § 45 I Nr. 2 stellen die Befolgung der Pflichten nach §§ 29 f. sicher. Zusätzlich besteht auch – was in der Lit. meist nicht angesprochen wird – unmittelbar aus §§ 29 f. ein **Erfüllungsanspruch auf Vornahme von Unterrichtung und/oder Anhörung**[5]. Ein solcher Anspruch wird nach deutschem Recht zur Durchsetzung des Auskunftsanspruchs aus § 106 BetrVG angenommen, wenn auch hier gem. § 109 BetrVG uU noch ein – im EBRG nicht vorgesehenes – vorgeschaltetes Einigungsstellenverfahren durchzuführen ist[6]. Der Anspruch ist im **Beschlussverfahren** geltend zu machen, § 2a Nr. 3b ArbGG; seine Durchsetzung erfolgt nach § 888 ZPO[7]. S. zur Parteifähigkeit der beteiligten Personen und Stellen § 10 ArbGG; örtlich zuständig ist gem. § 82 II 1 ArbGG das Gericht, in dessen Bezirk sich die zentrale Leitung befindet (= Unternehmenssitz), bei welcher der EBR kraft Gesetzes eingerichtet ist[8].

Allerdings ist die Frage umstritten, ob zusätzlich hierzu auch ein **Anspruch auf Unterlassung** solcher geplanter Maßnahmen besteht, über die noch nicht unterrichtet oder beraten wurde (der Anspruch wäre ebenfalls im Beschlussverfahren geltend zu machen, § 2a Nr. 3b, § 10, § 82 II ArbGG[9]). In der Lit. wurde in Parallele zum Streit um das Bestehen eines allg. betriebsverfassungsrechtl. Unterlassungsanspruchs nach dem BetrVG[10] auch die Frage eines Unterlassungsanspruchs nach dem EBRG diskutiert[11]. Die besseren Argumente sprechen **gegen** einen solchen **Unterlassungsanspruch**. Ein solcher wird insb. vom LAG Köln abgelehnt.[12] Nachdem beim Erlass des EBRG die Diskussion um den allg. Unterlassungsanspruch bekannt war und den Mitgliedstaaten nach Art. 11 RL 94/45/EG eine ausdrückliche Verpflichtung aufgegeben worden war, die RL-Einhaltung sicherzustellen, kann man nicht von einer Gesetzeslücke sprechen. Das gilt nicht zuletzt deshalb, weil 2009 bei der Reform der EBR-RL keine entsprechende Regelung hinzugefügt wurde. Art. 11 RL 2009/38/EG ist ggü. dem alten Art. 11 RL 94/45/EG von 1994 zwar teils verändert, aber gerade nicht in dieser Hinsicht ergänzt worden. Wenn der deutsche Gesetzgeber des 2. EBRG-ÄndG von 2011 (vgl. dazu Rz. 7) einen Unterlassungsanspruch hätte gewähren wollen, wäre eine ausdrückliche Regelung etwa nach dem Muster des § 23 III BetrVG ohne weiteres möglich gewesen. Hinzu kommt, dass die Gewährung eines Unterlassungsanspruchs und seine Durchsetzung – etwa im Verfahren des einstw. Rechtsschutzes – erhebliche Schäden für Unternehmen und Unternehmensgruppen nach sich ziehen kann. Das Hinauszögern von unter §§ 29 f. fallenden Umstrukturierungsmaßnahmen schon um wenige Monate kann bei dringendem Sanierungsbedarf existenzvernichtend sein. Außerdem ist zu überlegen, was der Gesetzgeber überhaupt tun soll, wenn er einen Unterlassungsanspruch ganz bewusst nicht gewähren möchte. Es bleibt ihm nur die Möglichkeit, das Gesetz mit dem geltenden Wortlaut zu erlassen, denn eine ausdrückliche gesetzl. Klar-

---

1 S. dazu *Blanke*, § 33 Rz. 18 ff.; *Müller*, § 33 Rz. 1; *Fitting*, Übersicht EBRG Rz. 90; EAS/*Oetker*/*Schubert*, B 8300 Rz. 200 ff. ||2 DKKW/*Bachner*, § 30 EBRG Rz. 2. § 17 KSchG setzt die Massenentlassungs-RL um, s. dazu EuGH 27.1.2005 – Rs. C-188/03, NZA 2005, 213 – Junk; BAG 23.3.2006 – 2 AZR 343/05, nv.; *Bauer*/*Krieger*/*Powietzka*, DB 2005, 445. ||3 Vgl. *Blanke*, § 33 Rz. 21 ff. ||4 S. dazu EAS/*Oetker*/*Schubert*, B 8300 Rz. 249 ff. sowie bei DKKW/*Klebe*, *Müller* und *Blanke* die Komm. zu §§ 42 ff. ||5 So zu Recht *Hanau* in Hanau/Steinmeyer/Wank, § 19 Rz. 99. ||6 BAG 11.7.2000 – 1 ABR 43/99, NZA 2001, 402; *Fitting*, § 109 BetrVG Rz. 9; Richardi/*Richardi*/*Annuß*, § 109 BetrVG Rz. 21. S. zum französischen Betriebsverfassungsrecht die einstw. Verfügung des Tribunal de Grande Instance de Paris v. 9.4.2001 – 01/54016, AuR 2002, 32 – Marks & Spencer France I. ||7 Vgl. entsprechend für den Anspruch aus § 106 BetrVG *Fitting*, § 109 BetrVG Rz. 12 f.; Richardi/*Richardi*/*Annuß*, § 109 BetrVG Rz. 22. ||8 Vgl. EAS/*Oetker*/*Schubert*, B 8300 Rz. 242 ff.; *Hanau* in Hanau/Steinmeyer/Wank, § 19 Rz. 41. ||9 LAG Köln 8.9.2011 – 13 Ta 267/11, ZIP 2011, 2121; ArbG Köln 25.5.2012 – 5 BV 208/11, AiB 2012, 688. ||10 Für einen Unterlassungsanspruch bei Verstößen gegen das BetrVG plädieren *Fitting*, § 111 BetrVG Rz. 113 f.; DKKW/*Trittin*, § 23 BetrVG Rz. 326 ff., 347 ff.; dagegen *Walker*, DB 1995, 1961 (1965); *Prütting*, RdA 1995, 257 (261); *Giesen*, BuW 1997, 351 (352). ||11 Für einen Unterlassungsanspruch bei der Verletzung von Informations- und Anhörungsrechten nach dem EBRG plädieren DKKW/*Däubler* Vorbem. EBRG Rz. 23; DKKW/*Bachner*, § 30 EBRG Rz. 6; *Bachner*/*Nielebock*, AuR 1997, 129 (134 f.); *Lorenz*/*Zumfelde*, RdA 1998, 168 (171); dagegen *Hanau* in Hanau/Steinmeyer/Wank, § 19 Rz. 99; MünchArbR/*Joost*, § 275 Rz. 73; *Hromadka*, DB 1995, 1125 (1130); *Müller*, § 33 Rz. 6; EAS/*Oetker*/*Schubert*, B 8300 Rz. 209 f.; *Blanke*, § 32 Rz. 32 ff.; *Blanke* behauptet oder Unterlassungsansprüche gegen öffentl. Unternehmen und Staatshaftungsansprüche gegen die Bundesrepublik wegen fehlender ins EBRG aufgenommener Unterlassungsansprüche. Weiter will er § 23 III BetrVG und §§ 823, 1004 BGB entsprechend anwenden bei massiven Behinderungen. Offen äußert sich *I. Schmidt*, RdA-Beil. zu Heft 5/2001, 12 (22). ||12 LAG Köln 8.9.2011 – 13 Ta 267/11, ZIP 2011, 2121; ebenso ArbG Köln 25.5.2012 – 5 BV 208/11, AiB 2012, 688.

112 e) Unterrichtung der örtlichen Arbeitnehmervertreter bzw. Arbeitnehmer. Der EBR oder der Ausschuss (§§ 30 II, 26, Rz. 94f.) sind gem. § 36 I den örtlichen ArbN-Vertretern zur Berichterstattung über die Unterrichtung und Anhörung verpflichtet. In der Praxis bietet es sich an, dass die Unterrichtung von den aus den jeweiligen Staaten entsandten EBR-Mitgliedern übernommen wird. Die örtlichen ArN-Vertreter sind die nach nationalem Recht jeweils zuständigen Vertreter, also in Deutschland – je nach Zuständigkeit gem. BetrVG – der KBR, der GBR oder der BR (s. näher Rz. 30). Fehlt es an einer solchen Vertretung, sind die Belegschaften unmittelbar zu unterrichten. Die Unterrichtung erfolgt formlos. Insb. wenn mangels ArbN-Vertretungen alle ArbN zu unterrichten sind, kann dies mündlich auf Belegschaftsversammlungen oder schriftl. durch Rundschreiben oder Aushänge (ebenso denkbar: Flugblätter, Zeitungsanzeigen, E-Mail, Internet-Seiten etwa des jeweiligen Unternehmens oder der Unternehmensgruppe etc.) geschehen. Da bei bestehenden nationalen ArbN-Vertretungen diese zu unterrichten sind und nicht die ArbN unmittelbar, hat der EBR keinen Anspruch auf Ermöglichung einer solchen Unterrichtung durch die zentrale Leitung oder durch die örtlichen Unternehmen. Das ArbG Lörrach hat deshalb zu Recht einen Antrag des EBR abgelehnt, der darauf gerichtet war, diesem eine eigene Seite im Unternehmens-Intranet einzurichten[1]. Die Pflicht zur Berichterstattung besteht nach näherer Maßgabe des § 36 II 1 auch ggü. dem SprAu[2]. Das Mitglied des EBR oder des Ausschusses, das den örtlichen ArbN-Vertretungen im Inland berichtet, hat nach dieser Regelung dem Bericht in Betrieben oder Unternehmen, in denen SprAu existieren, auf einer gemeinsamen Sitzung iSd. § 2 II SprAuG zu erstatten. Dies gilt nicht, wenn ein nach § 23 VI bestimmter Angestellter an der Sitzung zur Unterrichtung und Anhörung des EBR teilgenommen hat. Wird der Bericht nach § 36 I nur schriftlich erstattet, ist er gem. § 36 II 2 auch dem zuständigen SprAu zuzuleiten. Bei der Unterrichtung ist der Schutz der Vertraulichkeit nach § 35 zu beachten[3]. Teilweise wird die Ansicht vertreten, dass nicht nur bei der Unterrichtung der Belegschaften, sondern auch dem SprAu ggü. wegen der fehlenden ArbN-Eigenschaft leitender Angestellter (s.o. Rz. 17) die volle Geheimhaltungspflicht greife, weil sie nicht unter die Ausnahmeregelung des § 35 II 4 fielen[4]. Das dürfte freilich kaum dem Sinn und Zweck des § 35 entsprechen, da die SprAu als „Arbeitnehmervertretungen" anzusehen sind und gem. § 35 III Nr. 4 ihrerseits der Pflicht zur Vertraulichkeit unterliegen[5].

113 f) Tendenzunternehmen. Die Unterrichtungs- und Anhörungsrechte des EBR kraft Gesetzes werden in Tendenzunternehmen durch § 31 eingeschränkt (vgl. zur Nichtgeltung von EBR-RL und EBRG in „Nicht-Unternehmen" wie Hoheitseinrichtungen und Kirchen oben Rz. 18). Unter Anknüpfung an die Definition der Tendenzunternehmen in § 118 I 1 Nr. 1, 2 BetrVG (s. dazu die Komm. dort) sind demnach nur die in § 29 II Nrn. 5–10, § 30 genannten Gegenstände unterrichtungs- und anhörungspflichtig[6]. § 31 bezieht sich, auch wenn von Unternehmen und herrschenden Unternehmen der Unternehmensgruppen die Rede ist, auf die zentrale Leitung (vgl. Art. 8 III RL 2009/38/EG[7]). Diese ist, wenn für sie das EBRG gilt (sie also ihren Sitz in Deutschland hat), gem. § 31 nur beschränkt unterrichtungs- und anhörungsverpflichtet[8]. Umstritten ist die Frage, ob § 31 richtlinienkonform ist, denn Art. 8 III RL 2009/38/EG lässt Ausnahmen zu Gunsten von Tendenzunternehmen nur zu mit Blick auf „Berichterstattung und Meinungsäußerung". Damit sind die in § 118 I 1 Nr. 1 BetrVG genannten „politischen, koalitionspolitischen, konfessionellen, karitativen, erzieherischen, wissenschaftlichen oder künstlerischen" Unternehmen nicht ausdrücklich mit genannt worden, weswegen manche hier von der Richtlinienwidrigkeit von § 34 ausgehen[9]. Das Problem – offenbar ein Versehen (!) – ist auf europäischer Ebene erkannt worden, weshalb am 22.9.1994 eine Protokollerklärung abgegeben wurde, in der die genannten Regelungspunkte aus § 118 I 1 Nr. 1 BetrVG dem Geltungsbereich des Art. 8 III RL 94/45/EG (s. heute textlich unverändert Art. 8 III RL 2009/38/EG) unterworfen wurden[10]. Zwar vermag eine solche Protokollerklärung nichts am Inhalt der Richtliniennorm zu ändern; es dürfte sich aber um einen deutlichen Hinweis für die historische Auslegung der Vorschrift handeln, welche eine extensive Auslegung von Art. 8 III RL 2009/38/EG auch und gerade iSd. deutschen § 118 BetrVG darstellt. Deshalb ist § 31 noch als richtlinienkonform anzusehen[11].

---

1 ArbG Lörrach 26.6.2013 – 5 BV 7/12. ||2 Vgl. DKKW/*Bachner*, § 36 EBRG Rz. 6; *Fitting*, Übersicht EBRG Rz. 99; *Blanke*, § 35 Rz. 4. ||3 Vgl. *Müller*, § 35 Rz. 1, 4; MünchArbR/*Joost*, § 367 Rz. 63ff., 67ff.; *Blanke*, § 35 Rz. 2ff. ||4 EAS/*Oetker*/Schubert, B 8300 Rz. 216. ||5 MünchArbR/*Joost*, § 275 Rz. 72. ||6 S. näher *Fitting*, Übersicht EBRG Rz. 92; *Müller*, § 34 Rz. 2ff.; MünchArbR/*Joost*, § 366 Rz. 31, § 367 Rz. 74. ||7 Der Begriff „zentrale Lösung" im deutschen Text des Art. 8 III EBR-RL ist ein redaktioneller Fehler. ||8 Vgl. EAS/*Oetker*/Schubert, B 8300 Rz. 56ff.; MünchArbR/*Joost*, § 275 Rz. 75; BT-Drs. 13/5021, 8. ||9 DKKW/*Bachner*, § 31 EBRG Rz. 4; *Kohte*, BB 1999, 1110 (1115); *Lörcher*, AuR 1996, 297 (300f.). ||10 Ratsdokument Nr. 9067/94, S. 8, abgedr. in BT-Drs. 13/5021 sowie bei *Müller*, Anh. 1 zum EBRG und bei *Blanke*, EBRG, S. 56; teilw. zit. in BT-Drs. 13/5021, 8. ||11 Ebenso im Erg. *Müller*, § 34 Rz. 2; EAS/*Oetker*/Schubert, B 8300 Rz. 56ff.; *Hanau* in Hanau/Steinmeyer/Wank, § 19 Rz. 96; *Wirmer*, DB 1994, 2134 (2136); *Tap*, S. 109f.; offen äußert sich MünchArbR/*Joost*, § 275 Rz. 75.

6. Änderung der für die EBR-Zusammensetzung maßgeblichen Verhältnisse. Nach näherer Maßgabe 114
des § 32 II prüft die zentrale Leitung alle zwei Jahre, ob sich die ArbN-Zahlen in den einzelnen EU/EWR-
Mitgliedstaaten derart geändert haben, dass sich hieraus gem. § 22 II (oben Rz. 91) eine andere EBR-
Zusammensetzung ergibt. Dabei hat sie ua. den Berechnungsmodus nach § 4 einzuhalten, also auf den
Durchschnitt der letzten zwei Jahre abzustellen (s. näher oben Rz. 17)[1]. Sie hat das Ergebnis dem EBR
mitzuteilen, der ggf. die Neuzusammensetzung des EBR veranlasst. Dies geschieht durch entspre-
chende Aufforderung an diejenigen Stellen, die zuständig sind zur Bestellung eventueller neuer und zur
Abberufung evtl. wegfallender EBR-Mitglieder. Das sind für die aus Deutschland zu entsendenden Mitglieder die in § 23 I–IV genannten Gremien (vgl. Nr. 1b S. 2 Anh. RL 2009/38/EG)[2]. Die Mitgliedschaft
evtl. abzuberufender Vertreter endet nach § 32 II 3 Hs. 2 erst mit der Neubestellung eventueller neuer
Mitglieder. Soweit also ein EBR-Mitglied einen Nachfolger aus dem eigenen Mitgliedstaat erhält, bleibt
sein Status bis zur Neubestellung unberührt, so dass es unverändert mit Stimmrecht im EBR bleibt. In
allen anderen Fällen (wenn also die Zahl der EBR-Mitglieder reduziert wird oder anstelle von ausscheidenden Mitgliedern lediglich Mitglieder aus anderen Mitgliedstaaten hinzukommen) ist davon auszugehen, dass das Mandat mit der unverzüglichen Abberufung endet, allerdings nicht bereits mit der
Mitteilung nach § 32 II 2 (vgl. auch oben Rz. 100 f.). Wenn aufgrund der Änderungen aus bisher nicht
entsendenden Staaten Mitglieder zu bestellen sind, gilt dieses Verfahren entsprechend, § 32 II 4.

Verhältnis der Reorganisationsregelung des § 32 II zu § 37 (Regelung zu „wesentlichen Strukturände- 115
rungen"). Mit dem durch das 2. EBRG-ÄndG (Rz. 7) eingeführten neuen § 37 wird das **Verfahren** geregelt, welches **bei wesentlichen Änderungen der Unternehmensstrukturen** eingreift (Rz. 75 ff.). Diese
Regelung gilt als eine der „gemeinsamen Bestimmungen" (Überschrift zu §§ 34 ff.) auch für den EBR
kraft Gesetzes. Der Wortlaut könnte zwar dagegen sprechen, weil § 37 I „Vereinbarungen" nennt, die
beim EBR kraft Gesetzes idR nicht vorliegen. Das ist aber nicht zwingend, weil § 37 das Fehlen von Vereinbarungen voraussetzt, was beim EBR kraft Gesetzes ja der Fall ist. Deswegen ist von der Anwendbarkeit des § 37 auch auf den EBR kraft Gesetzes auszugehen.

Nach § 37 wird bei wesentlichen Strukturänderungen eine modifizierte Regelung des BVG-Einset- 116
zungsverfahrens angeordnet, und der bestehende EBR erhält zwecks Kontinuitätsgewährleistung ein
Übergangsmandat bis zur Einsetzung des neuen EBR (dazu näher Rz. 83, 84). Die Konkurrenz zwischen § 32 II und § 37 ist mE in folgender Weise aufzulösen: Zunächst gilt § 37 uneingeschränkt. Das bedeutet, dass im Fall wesentlicher Strukturänderungen (zum Begriff Rz. 75 f.) das Verfahren nach § 37
durchgeführt werden kann (dazu Rz. 81, 83). Soweit dies nicht getan wird, schadet das insofern nicht,
als der bisherige EBR ohnehin ein Übergangsmandat nach § 37 III innehat (dazu Rz. 84). Sobald dann
der Fall und der Termin des § 32 II 1 eintritt, muss die zentrale Leitung nach § 32 II 1, 2 initiativ werden
(dh. sie muss die ArbN-Zahlen prüfen und sie dem EBR mitteilen). Der EBR seinerseits muss dann
nach § 32 II 3 die Neubestellung von EBR-Mitgliedern nach den neuen Anforderungen veranlassen, indem er nach Art. Nr. 1b S. 2 Anh. RL 2009/38/EG die zuständigen ArbN-Vertretungen (in Deutschland:
nach § 23) zur Mitgliederbestimmung auffordert. Das bedeutet, dass bei Eintritt des Zeitpunktes nach
§ 32 II das dort geregelte Verfahren durchgeführt werden muss und kann, und dass es dann demjenigen
nach § 37 vorgeht. Es ist also insb. kein neues BVG zu bestellen.

Allerdings setzt § 32 II immer den Fortbestand der bisherigen zentralen Leitung voraus. Wenn eine 117
Umstrukturierung so tiefgreifend ist, dass nicht nur eine örtliche Verlegung (dazu Rz. 79, 120), sondern
ein **Wechsel zu einer neuen zentralen Leitung** erfolgt, fehlt es an der Grundlage für die EBR-Errichtung,
so dass der bisherige EBR wegfällt. Das kann durch Unternehmens- oder Betriebsveräußerungen geschehen oder wenn sich die Mehrheits- oder Einflussverhältnisse nach § 6 innerhalb der Unternehmensgruppe verschieben. In diesen Fällen greift nur § 37.

7. Ende des EBR kraft Gesetzes. a) Wegfall der gesetzlichen Grundlagen. Sobald die gesetzl. Grund- 118
lagen für die Errichtung eines EBR nicht mehr bestehen, entfällt auch der EBR[3]. Das ist insb. der Fall,
wenn gem. § 3 **keine gemeinschaftsweite** Tätigkeit mehr gegeben ist, also etwa die dort genannten
ArbN-Zahlen unterschritten werden oder wenn wegen Wegfalls des beherrschenden Einflusses keine
nach § 6 verklammerte Unternehmensgruppe mehr besteht (s.o. Rz. 24 ff.). Das Ende des EBR tritt unmittelbar mit dem Wegfall der gesetzl. Grundlagen ein, so dass insb. ein Übergangsmandat nach § 37 III
1 analog nicht in Betracht kommt. Es fragt sich aber, was geschieht, wenn gerade derjenige **Tatbestand,
der zum Entfallen** der Anwendungsvoraussetzungen **des EBRG geführt hat, nicht zum Gegenstand
von Unterrichtung und Anhörung gemacht wurde.**

- *Beispiel: Es werden Betriebsstilllegungen, Unternehmensveräußerungen oder Massenentlassungen
vorgenommen, über welche entgegen § 30 I Nr. 2 und 3 der EBR nicht informiert oder angehört wird,
die aber gleichzeitig zur Unterschreitung der ArbN-Zahlen nach § 3 führen. In diesem Fall wird der
„wegfallende" EBR mit Blick auf den Schutzzweck des EBRG und der EBR-RL noch insoweit fort-*

---

[1] *Müller*, § 36 Rz. 1; aA *Blanke*, § 36 Rz. 5 und DKKW/*Bachner*, § 32 EBRG Rz. 5, die auf den Zeitpunkt der Prü-
fung abstellen wollen. || [2] Vgl. *Müller*, § 36 Rz. 3 ff.; MünchArbR/*Joost*, § 275 Rz. 86; *Blanke*, § 36 Rz. 4 ff.
|| [3] *Müller*, § 37 Rz. 1; *Fitting*, Übersicht EBRG Rz. 79.

bestehen müssen, als er seine Unterrichtungs- und Anhörungsansprüche sowie ggf. seine Rechte aus deren Verletzung geltend machen kann (s. dazu oben Rz. 110 f.)[1].

119 Wegfall der gesetzl. Grundlagen bedeutet bei alledem, dass kein Betrieb mehr – ggf. zusammen mit anderen, neu hinzugekommenen Betrieben – die gesetzl. Grundlagen für die Errichtung eines EBR erfüllt. Wenn also **Umstrukturierungen** stattfinden, die als Ergebnis eine andere Form des Unternehmens oder der Unternehmensgruppe oder gänzlich neue Unternehmen oder Unternehmensgruppen mit teilweisem Fortbestand der bisherigen Betriebe haben, welche ihrerseits die Voraussetzungen für eine EBR-Errichtung erfüllen, greift ein Fall des § 37; s. dazu im Einzelnen Rz. 75 ff.; s. zu § 32 II soeben Rz. 114 f.

120 Wenn die **zentrale Leitung in einen anderen Staat** innerhalb des Gebietes von EU und EWR **wechselt**, kommt es zu einem **Wechsel des Staates der Leitungsverantwortung nach § 2**. Damit gilt das Recht des Staates, in den die zentrale Leitung verlegt wird, s. näher Rz. 79.

121 b) **Schaffung eines EBR kraft Vereinbarung**. Gem. § 33 S. 1 beschließt der EBR vier Jahre nach der konstituierenden Sitzung mit der Mehrheit der Stimmen seiner Mitglieder (es reicht *nicht* die Mehrheit der anwesenden Mitglieder nach § 28 S. 1), ob mit der zentralen Leitung eine Vereinbarung nach § 17 ausgehandelt werden soll, mit der ein EBR kraft Vereinbarung oder ein Verfahren zur Unterrichtung und Anhörung geschaffen werden kann. Soweit sich der EBR für die Verhandlungsaufnahme entscheidet, erhält er nach § 37 S. 2 zusätzlich die **rechtl. Position eines BVG** iSd. §§ 8, 13, 14, 15 I, 16–19 (s.o. Rz. 37 ff.). Das Amt des EBR kraft Gesetzes endet gem. § 33 S. 3, wenn eine **Vereinbarung nach § 17** geschlossen worden ist. Soweit die Vereinbarung scheitert, besteht der EBR kraft Gesetzes dagegen fort[2]. Es empfiehlt sich, in die Vereinbarung nach § 17 eine ausdrückliche Übergangsregelung nach § 20 S. 5 analog aufzunehmen, nach welcher der alte EBR kraft Gesetzes die Geschäfte bis zur Bestellung des neuen EBR kraft Vereinbarung weiterführt. Denn ohne eine solche Rechtsgrundlage für die Geschäftsführung des alten EBR fällt dieser nach dem klaren (wenn auch wenig sinnvollen) § 33 S. 3 mit Abschluss der neuen Vereinbarung weg, noch bevor der neue EBR eingesetzt ist[3].

122 c) **Sonstige Beendigungsgründe?** Ein Ende des EBR auf Grund **Selbstauflösung** ist gesetzl. nicht vorgesehen und daher unzulässig. Der Fortbestand des EBR ist selbst dann anzunehmen, wenn **keine EBR-Mitglieder** mehr existieren, weil bspw. wegen Desinteresses keine Mitglieder entsandt werden und die Amtszeit der alten Mitglieder abgelaufen ist. Zwar werden dann die Unterrichtungs- und Anhörungspflichten leer laufen, weil sie nicht mehr erfüllt werden können. Jedoch kann das Organ EBR durch Entsendung neuer Mitglieder jederzeit reaktiviert werden.

123 **VI. EBR auf Grund am 22.9.1996 bestehender Vereinbarungen. 1. Übergangstatbestand des § 41.** Nach dem dreistufigen Regelungssystem für die EBR-Errichtung wird als „erste Stufe" den von der EBR-RL bzw. dem EBRG erfassten Unternehmen und Unternehmensgruppen die Möglichkeit gegeben, bis zum 21.9.1996 (in Großbritannien: bis zum 14.12.1999) geschlossene Vereinbarungen über die grenzübergreifende Unterrichtung und Anhörung der ArbN aufrecht zu erhalten. § 41 bzw. Art. 14 RL 2009/38/EG schließen für diese häufig gar nicht als EBR bezeichnete Einrichtungen die Geltung des EBRG und der RL aus[4]. § 41 enthält in Ausführung von Art. 14 RL 2009/38/EG (früher Art. 13 RL 94/45/EG) einige Sondervorschriften, um die Ausnahme auch dann aufrecht erhalten zu können, wenn nicht alle betroffenen ArbN beim Abschluss repräsentiert bzw. erfasst waren, bei Umstrukturierungen der Unternehmen und Unternehmensgruppen sowie nach dem Ende der betreffenden Vereinbarungen. Die Befreiung von der Geltung des EBRG ist nach § 41 an mehrere Voraussetzungen geknüpft (dazu sogleich Rz. 124 ff.). Soweit diese **Voraussetzungen nicht erfüllt** sind, **gilt das EBRG**, und zwar ohne Einschränkungen. Deshalb kann bspw. das gemäß der Vereinbarung errichtete Vertretungsgremium auch keine Funktionen bei der (nach dem EBRG zu erfolgenden) Aushandlung einer Vereinbarung oder der Bildung eines EBR erfüllen. Die Vereinbarung selbst wird im Zweifel als unwirksam anzusehen sein, da sie die Funktion der gesetzesverdrängenden Wirkung nach § 41 nicht erfüllt. Abweichende Abreden sind aber möglich, also insb. Vertragsklauseln, nach denen auch bei Nichterfüllung von § 41 die vereinbarten Regelungen (zB bis zur Bildung eines EBRG-konformen Unterrichtungs- und Anhörungssystems) Geltung behalten sollen[5]. S. zur **EU-Osterweiterung** Rz. 24.

124 2. **Zeitlicher Rahmen.** Das jeweilige Unterrichtungs- und Anhörungssystem muss auf einer vor dem 22.9.1996 (in Großbritannien: vor dem 15.12.1999) bestehenden Vereinbarung beruhen. Die Gegenansicht, welche mit Blick auf die **verspätete Umsetzung** in Deutschland noch den Abschluss vor dem

---

[1] Wie hier *Blanke*, § 36 Rz. 2. ||[2] *Fitting*, Übersicht EBRG Rz. 80; *Müller*, § 37 Rz. 2. ||[3] Unklar *Müller*, § 37 Rz. 2, der entgegen dem Wortlaut des § 33 S. 3 (seinerzeit § 37 S. 3) meint, der alte EBR entfalle erst dann, wenn „die vereinbarte grenzübergreifende Unterrichtung und Anhörung der Arbeitnehmer wirksam wird". ||[4] Vgl. die Praxisbsp. für entsprechende Vereinbarungen bei *Blank/Geissler/Jaeger*, Euro-Betriebsräte, 1996 (BASF, Bayer, Benckiser, DEC, Grundig, Myllykoski, Schmalbach-Lubeca/Continental Can Europe, Usinor Sacilor sowie der Mustertext der IG Metall); *Klinkhammer/Welslau*, S. 137 ff. (Europipe); s. weiter die Aufzählungen bei *Tap*, S. 124 ff.; vgl. zur Struktur dieser EBR eingehend *Lecher/Platzer/Rüb/Weiner*, Europäische Betriebsräte – Perspektiven ihrer Entwicklung und Vernetzung, 1999; weitere Nachw. bei *Blanke*, Einl. EBRG Rz. 45 ff. ||[5] *Hanau* in Hanau/Steinmeyer/Wank, § 19 Rz. 72–74.

Inkrafttreten am 1.11.1996 für zulässig hält[1], widerspricht der eindeutigen Vorgabe des § 41 und der Art. 13 RL 94/45/EG, Art. 14 I RL 2009/38/EG, welcher auf das in Art. 14 RL 94/45/EG genannte Datum des 22.9.1996 verweist[2]. „**Bestehen**" bedeutet, dass die Vereinbarung bis zum Ende des 21.9.1996 geschlossen sein musste. Sie musste noch nicht umgesetzt sein (zB durch Einsetzung von ArbN-Vertretern), wie sich aus dem Wortlaut des § 41 I 2 („ermöglichen") und des Art. 13 I RL 94/45/EG („vorgesehen") ergibt. Zudem muss das betreffende Unternehmen bzw. die Unternehmensgruppe, für welche die Vereinbarung getroffen worden ist, die Anwendungsvoraussetzungen des EBRG erfüllen; ein späteres „Hineinwachsen" in das Gesetz reicht nicht aus[3].

Nach dem Ende der Vereinbarung greift ihre **Fortgeltung** nach § 41 VI. § 41 VI entspricht fast § 20; s. dazu oben Rz. 74[4]. Einzige Ausnahme ist das Fehlen einer dem § 20 S. 5 vergleichbaren Vorschrift, so dass in den bestehenden Vereinbarungen keine besonderen zusätzlichen Übergangsvorschriften zugelassen sind. Soweit allerdings Regelungen existieren, die den Fortbestand einer Vereinbarung anordnen und iÜ den Anforderungen des § 41 I–VI entsprechen, sind sie auf Grund dessen auch zulässig. Sollte das nicht der Fall sein, empfiehlt es sich, eine dem EBRG entsprechende Vereinbarung so schnell zu treffen oder den EBR kraft Gesetzes so schnell zu erzwingen, dass die Geschäfte nahtlos vom alten, nicht dem EBRG unterliegenden System auf den neuen, nach dem EBRG geschaffenen EBR übergehen können.

3. Institutioneller Rahmen. § 41 spricht nur von einer „Vereinbarung über grenzübergreifende Unterrichtung und Anhörung" und nicht von einem „Europäischen Betriebsrat" oÄ. Daraus folgt, dass (wie auch bei § 19, s.o. Rz. 87) kein eigenes Gremium und auch kein einheitliches System der grenzübergreifenden Unterrichtung und Anhörung geschaffen werden muss. Ebenso gut möglich ist ein dezentrales, an bestehende nationale Gremien anknüpfendes Netzwerk der Unterrichtung und Anhörung. Deshalb bestehen auch keine Vorgaben etwa über die Bestellung der EBR-Mitglieder (§§ 18 II, 23 gelten nicht), und auch die Grundsätze der §§ 38 ff. sind nicht anzuwenden. Dennoch wird man aus diesen Grundsätzen auch im Rahmen des § 41 jedenfalls im Prinzip Vorgaben für eine funktionierende Unterrichtung und Anhörung herleiten können. So gilt im Zweifel auch im Rahmen des § 41 der Grundsatz der vertrauensvollen Zusammenarbeit[5]. Dennoch können hinsichtlich der institutionellen Vorschriften gerade keine Anleihen im Recht des EBR kraft Vereinbarung oder gar beim Recht des EBR kraft Gesetzes (§§ 17 ff., 21 ff.) gemacht werden. Das würde dem Sinn und Zweck des § 41 und der Art. 14 I RL 2009/38/EG, Art. 13 RL 94/45/EG zuwiderlaufen, die sich bewusst gegen die dortigen institutionellen Zwänge entschieden haben. Deshalb ist auch der Rechtsansicht zu widersprechen, nach der auf Grund der Vereinbarung eingesetzte ArbN-Vertreter **Kündigungsschutz** entsprechend § 40 EBRG, § 15 KSchG (s.o. Rz. 39) haben[6]. Das widerspricht der Freistellung von der Gesetzesgeltung nach § 41. Es kann aber ein Kündigungsschutz kraft Vereinbarung oder nach §§ 242, 612a BGB in Betracht kommen.

4. Die Vereinbarung, ihr Geltungsbereich und ihre Parteien. Das System der Unterrichtung und Anhörung beruht auf einer **Vereinbarung**. Entgegen einer häufig geäußerten Ansicht hat die „Vereinbarung" nach § 41 **keinen normativen Charakter**[7]. Dafür fehlt es bereits an einer entsprechenden gesetzl. Anordnung wie etwa beim TV oder der BV. Es besteht auch keine dogmatische Notwendigkeit, die normative Natur der Vereinbarung anzunehmen, zumal dies dem Grundprinzip der Freiwilligkeit und der Gestaltungsfreiheit widerspräche (s.o. Rz. 52). Entscheidend ist lediglich das Vorliegen eines (regelmäßig, aber nicht notwendig privatrechtl.) Vertrages, der **wirksam** ist und aus dem die Beteiligten die ihnen zugewiesene Unterrichtung und Anhörung, wie sie in § 41 vorausgesetzt werden, auch tatsächlich erlangen können. Es muss des Weiteren irgendeine **Sanktionsmöglichkeit** mit dem Ergebnis der gerichtl. Geltendmachung geben, denn anderenfalls ist die Vereinbarung von Unterrichtung und Anhörung im Rechtsstaat wertlos[8]. „Vereinbarung" bedeutet darüber hinaus auch, dass einseitig von Unternehmerseite installierte oder nur faktisch akzeptierte Unterrichtungs- und Anhörungssysteme nicht ausreichen[9]. Der **Geltungsbereich** der Vereinbarung muss sich grds. auf alle ArbN des Unternehmens oder der Unternehmensgruppe iSd. §§ 2, 3 beziehen. In Übereinstimmung mit § 17 S. 2 ist § 41 I 2 so auszulegen, dass die Vereinbarung nur für diejenigen Staaten gelten muss, in denen das Unternehmen bzw. die Unternehmensgruppe einen Betrieb hat; die Vertretung einzelner ArbN in Staaten ohne Betrieb muss also nicht von der Vereinbarung gewährleistet sein[10]. Weiter ergibt sich aus § 41 III und IV,

---

1 EAS/*Oetker*/Schubert, B 8300 Rz. 63 f.; *Bachner/Nielebock*, AuR 1997, 129 (135); noch weiter gehend *Hromadka*, DB 1995, 1125 (1127), der die Umsetzung der RL in allen Mitgliedstaaten abwarten wollte. ||2 *Blanke*, Einl. EBRG Rz. 40, § 41 Rz. 4; DKKW/*Däubler*, § 41 EBRG Rz. 3; *Müller*, § 41 Rz. 4. Vgl. die Vorgenannten auch zu der teils geäußerten Ansicht, abweichende Vereinbarungen seien zulässig bis zur Umsetzung von Art. 13 EBR-RL in allen Mitgliedstaaten. ||3 *Rademacher*, S. 153; DKKW/*Däubler*, § 41 EBRG Rz. 5; aA *Wuttke*, DB 1995, 774 (777, Fn. 32). ||4 Vgl. *Blanke*, § 41 Rz. 27 f.; EAS/*Oetker*/Schubert, B 8300 Rz. 71. ||5 Vgl. *Hanau* in Hanau/Steinmeyer/Wank, § 19 Rz. 68. ||6 DKKW/*Däubler*, § 41 EBRG Rz. 7, der seine Meinung damit begründet, die Unterrichtungs- und Anhörungsrechte nach § 41 seien sonst nicht hinreichend gesichert. ||7 *Rademacher*, S. 160 f.; *Hanau* in Hanau/Steinmeyer/Wank, § 19 Rz. 68; *I. Schmidt*, RdA-Beil. zu Heft 5/2001, 12 (17); *Tap*, S. 140 ff. Für die Annahme normativer Wirkung aber *Müller*, § 41 Rz. 3; *Schiek*, RdA 2001, 218 (231 ff.); *Blanke*, § 41 Rz. 31. ||8 *Blanke*, § 41 Rz. 11; aA *Sandmann*, S. 175, der bei Verstößen gegen die Vereinbarung aber zumindest ein Kündigungsrecht gewähren möchte. ||9 *Blanke*, § 41 Rz. 10; *Rademacher*, S. 151; *Hromadka*, DB 1995, 1125 (1127); DKKW/*Däubler*, § 41 EBRG Rz. 9. ||10 *Blanke*, § 41 Rz. 14 ff., insb. Rz. 16.

dass **keine einheitliche Vereinbarung** für das gesamte Unternehmen bzw. die gesamte Unternehmensgruppe bestehen muss und dass auch noch nicht erfasste Bereiche insb. nach Umstrukturierungen später einbezogen werden können[1].

128 Die **Vertragspartner der Vereinbarung** sind in § 41 nicht präzise vorgegeben. Auf **ArbGebSeite** muss es sich nicht um die zentrale Leitung iSd. § 1 III handeln. Andere Vertreter von Unternehmen, Unternehmensgruppen oder von Verbänden können die betreffende Vereinbarung ebenfalls geschlossen haben, wobei dies nach deutschem oder ausländischem Recht auf Grund organschaftlicher, tarifvertragl. und sonstiger rechtsgeschäftlicher oder gesetzl. Vertretungsmacht geschehen sein kann, vgl. § 41 II 2. Auch hier folgt aus § 41 III, IV, dass eine nicht flächendeckende Vereinbarung ergänzt und nach Umstrukturierungen auf sämtliche Unternehmen oder Betriebe eines Unternehmens oder einer Unternehmensgruppe ausgeweitet werden kann[2] (s. zur Geltung von § 37 im Rahmen von § 41 unten Rz. 133). Dennoch muss die Vereinbarung – unabhängig von der Leitungsebene – durch Repräsentanten der beteiligten Unternehmen oder Unternehmensgruppen geschlossen worden sein. Auf **ArbN-Seite** muss keine volle Repräsentativität vorliegen, wie sich ebenfalls aus § 41 II und III ergibt[3]. Auch hier können sich unterschiedliche Repräsentationsmittel ergeben, aus denen heraus die Vereinbarung geschlossen wurde, also insb. auch einzelvertragl. Vertretungen sowie tarifvertragl. und betriebsverfassungsrechtl. Systeme, s. zu Letzterem § 41 II 1. Problematisch ist hierbei die Situation, dass Vereinbarungen nur mit einer Minderheit der ArbN bzw. ihrer Vertreter geschlossen werden, zB mit einer Gewerkschaft, die lediglich einen kleinen Teil der ArbN vertritt. Hier ergeben sich auf den ersten Blick ähnliche Bedenken hinsichtlich einer möglichen Verletzung von **Demokratieprinzip und Gleichheitssatz** wie oben Rz. 46, 57, 100 bereits geäußert. Andererseits wird mit Blick auf § 41 und die Entstehungsgeschichte von Art. 13 RL 94/45/EG (vgl. zu dessen Fortgeltung heute Art. 14 I RL 2009/38/EG) die Meinung geäußert, es komme nicht auf das Zustandekommen der Vereinbarung an. Diese Regelungen verlangten vielmehr nur **im Ergebnis** ein System, welches den Anforderungen von Unterrichtung und Anhörung entspricht[4]. Soweit man das akzeptiert, muss aber durch die Vereinbarung die breite Unterrichtung und Anhörung aller ArbN bzw. ihrer Vertreter im Unternehmen bzw. in der Unternehmensgruppe sichergestellt werden[5]. Daraus folgt das weitere Erfordernis der **Proportionalität** und der **Repräsentativität** des geschaffenen Gremiums oder Anhörungssystems im Hinblick auf die betroffenen ArbN. Diese müssen sich in einem Gremium oder bei der Wahrnehmung ihrer Unterrichtungs- und Anhörungsrechte gem. § 41 I 2 möglichst gut vertreten wiederfinden, ohne dass aber die Besetzungs- und Bestellungsregeln nach §§ 10f., 18 II, 22f. eingehalten sein müssten[6]. In der Praxis werden oft spezielle unternehmens- oder konzernspezifische Strukturen vereinbart, wobei meist – zulässigerweise – für die Entsendung von Vertretern Mindestzahlen festgesetzt werden[7]. **Änderungen in der Struktur des Unternehmens oder der Unternehmensgruppe**, welche zeitlich nach den Stichdaten des § 41 I, VII eingetreten sind, können im Rahmen des § 41 III, IV berücksichtigt werden[8].

129 5. **Gegenstand und Reichweite der Unterrichtungs- und Anhörungsrechte** sind in § 41 nicht näher umschrieben. Die Vereinbarung muss den ArbN des Unternehmens oder der Unternehmensgruppe eine „angemessene Beteiligung an der Unterrichtung und Anhörung ermöglichen". Nach dem Wortlaut, den die Regelung bis zum 2. EBRG-ÄndG hatte (vgl. Rz. 7), ist die 4. Aufl. dieses Kommentars davon ausgegangen, dass § 41 keinen eigenen – abgeschwächten – **Begriff der Unterrichtung und Anhörung** statuiere.[9] Das war bereits seinerzeit umstritten gewesen; manche waren bei der Anwendung von § 41 von geringeren Anforderungen an die Unterrichtungs- und Anhörungspflichten ausgegangen[10]. **Nach der Einführung von § 1 V, VI durch das 2. EBRG-ÄndG** (wörtl. Umsetzung von Art. 2 I Buchst. f, g RL 2009/38/EG, s. dazu näher Rz. 13) wird man nicht mehr davon ausgehen können, dass die Ermöglichung einer „angemessenen Beteiligung an der Unterrichtung und Anhörung" iSd. § 41 I 1 gleichzusetzen ist mit der dortigen Definition von „Unterrichtung und Anhörung". Das würde dem Übergangscharakter des § 41 widersprechen, wie er sich aus der alten Ausnahmeregelung der Art. 13 RL 94/45/EG ergab. Dementsprechend ist also auch nach dem 2. EBRG-ÄndG an der Auslegung festzuhalten, wie sie in der 4. Aufl. für das bis dahin geltende Recht vertreten wurde. Demnach ist die Formulierung „angemessene Beteiligung an der Unterrichtung und Anhörung ermöglichen" richtlinienkonform der Vorgabe von Art. 2 I Buchst. f RL 94/45/EG zu unterwerfen, es gilt also **nicht** von § 1 V, VI heutiger Fassung als wörtl. Umsetzung von Art. 2 I Buchst. f, g RL 2009/38/EG. Art. 2 I Buchst. f RL 94/45/EG definierte die

---

1 Näher EAS/*Oetker/Schubert*, B 8300 Rz. 68ff.; *Müller*, § 41 Rz. 13ff. ||2 *Müller*, § 41 Rz. 9f.; *Eckert*, S. 31ff. ||3 *Müller*, § 41 Rz. 11. ||4 *Heinze*, AG 1995, 396 (400); *Hromadka*, DB 1995, 1125 (1127); *Hanau* in Hanau/Steinmeyer/Wank, § 19 Rz. 69; *Müller*, § 41 Rz. 5f., 11; *Blanke*, § 41 Rz. 7; DKKW/*Däubler*, § 41 EBRG Rz. 11; *Eckert*, S. 39ff.; *Rademacher*, S. 151f.; für eine Repräsentation aller ArbN *Klinkhammer* in Klinkhammer/Welslau, S. 65 (68). Vgl. zu dem Problem auch *Sandmann*, S. 165f., der jedenfalls ausschließt, dass eine Minderheit auf ArbN-Seite später eine Vereinbarung zunichte machen kann. ||5 *Müller*, § 41 Rz. 11; *Rademacher*, S. 154ff. ||6 *Blanke*, § 41 Rz. 19f. ||7 *Blanke*, § 41 Rz. 18, 21, berichtet von vereinbarten Mindestgrößen für Tochterunternehmen oder Mindestbeschäftigtenzahlen pro Staat zwischen 20 und 500 Beschäftigten; die häufigsten Schwellenwerte liegen bei 100 bis 150 ArbN. ||8 S. im Einzelnen EAS/*Oetker*/Schubert, B 8300 Rz. 68ff.; *Müller*, § 41 Rz. 13ff.; *Blanke*, § 41 Rz. 25ff. ||9 DKKW/*Däubler*, § 41 EBRG Rz. 6; *Tap*, S. 133ff.; im Erg. auch *Blanke*, § 41 Rz. 12; *Willemsen/Hohenstatt*, NZA 1995, 399 (402). ||10 *Sandmann*, S. 169ff. (insb. S. 170); ebenso wohl auch *Müller*, § 41 Rz. 7; *Hanau* in Hanau/Steinmeyer/Wank, § 19 Rz. 71.

„Unterrichtung" nicht und umschrieb die „Anhörung" als „Meinungsaustausch und die Einrichtung eines Dialogs". Insb. die strengen Anforderungen der § 1 V, VI an die umfassende und frühzeitige Lieferung von Informationen und die demnach hinreichende Zeit, die bis zur Umsetzung der betreffenden Planungen vergangen sein muss (dazu näher Rz. 131), wird auf der Grundlage von § 41 I nicht gefordert werden können. Unterrichtung und Anhörung bedeuten demnach, dass Information geliefert werden muss und dass auch ein echter Dialog zwischen den Beteiligten vorgesehen wird[1]. Die bloß formale Bereitschaft der zentralen Leitung, Stellungnahmen und Meinungsäußerungen der EBR-Mitglieder anzuhören, reicht nicht aus[2].

Der **sachliche Gegenstand der Unterrichtungs- und Anhörungsrechte** wird in § 41 nicht im Einzelnen umschrieben. Klar muss aber sein, dass grds. alle wesentlichen Fragen der Betriebs- und Unternehmensführung, welche einen grenzübergreifenden Bezug haben, Gegenstand dieser Rechte sein müssen. Die Frage nach dem mindestens erfassten Gegenstand von Unterrichtung und Anhörung ist in der Lit. wohl noch nicht geklärt[3]. Die einzelne Ausgestaltung obliegt den Vereinbarungsparteien, wobei insb. der für den EBR kraft Gesetzes gültige Katalog der §§ 29 f. im Rahmen des § 41 gerade **nicht** erfüllt sein muss. Dasselbe gilt auch für den Gegenstand der Unterrichtungs- und Anhörungsrechte nach §§ 17 ff., wobei hier die Abgrenzung aber im Einzelnen nicht leicht sein dürfte (s. Rz. 65 ff.). Die Definition des „**Grenzübergreifenden**" kann an die diesbezüglichen Ausführungen zu §§ 17 ff. anknüpfen (s. Rz. 66 f.)[4]. 130

Umstritten ist, ob die Unterrichtung und Anhörung in irgendeiner Weise **rechtzeitig** erfolgen müssen. Vor dem 2. EBRG-ÄndG (Rz. 7, s. dazu vor allem Rz. 129) wurde das teils abgelehnt[5]. Die Gegenansicht stellte wohl nicht in Abrede, dass § 41 andere Anforderungen an die Rechtzeitigkeit stellt als die relativ strikten §§ 29 f. (heute muss man auf § 1 V, VI verweisen). Jedoch stand man auf dem Standpunkt, dass die **Anhörung beginnen** müsse, **bevor die endgültige Entscheidung in der Sache getroffen ist**[6]. Dem ist unter dem Gesichtspunkt der richtlinienkonformen Auslegung zuzustimmen. Wenn Art. 2 I Buchst. f RL 94/45/EG (zur Nichtanwendbarkeit von Art. 2 I Buchst. f, g RL 2009/38/EG s.o. Rz. 129) die „Anhörung" definiert als „Meinungsaustausch und die Einrichtung eines Dialogs", dann kann dies nicht nur zurückliegende Sachverhalte betreffen. Hier wird die Anhörung nicht mit dem Zweck der retrospektiven, quasi „historischen" Betrachtung unternehmerischen Verhaltens begriffen, sondern als vorausschauende – wenn auch faktisch „passive" – Beteiligung an der unternehmerischen Entscheidung. 131

6. Strukturelle Änderungen. Nach der **EBR-Reform** (Rz. 7) gilt auch für Vereinbarungen iSd. § 41, dass § 37, also die Vorschrift über strukturelle Änderungen, anzuwenden ist („... außer in den Fällen des § 37 ..."). Diese Vorschrift steht in Übereinstimmung mit der Vorgabe des Art. 14 I Eingangssatz RL 2009/38/EG („Unbeschadet des Artikels 13 ...", in Art. 13 wird ein eigenes Regularium für strukturelle Änderungen angeordnet). Freilich ist diese Ausnahme im deutschen Recht insofern problematisch, als sich der deutsche Gesetzgeber entschlossen hat, einen richtlinienwidrig überzogenen Begriff der „strukturellen Änderung" in § 37 I aufzunehmen. 132

Gem. § 37 gilt Folgendes: Bei wesentlichen Änderungen der Unternehmensstrukturen wird eine modifizierte Regelung des BVG-Einsetzungsverfahrens angeordnet. Zusätzlich erhält der bestehende EBR zwecks Kontinuitätsgewährleistung ein Übergangsmandat bis zur Einsetzung des neuen EBR, s. näher Rz. 75 ff. Auch zu § 41 gilt dabei, dass das Übergangsmandat dort greift, wo die Beteiligten zu Unrecht die Anwendungsvoraussetzungen von § 37 verneinen oder ignorieren, s. dazu oben Rz. 84. In welcher Weise der Begriff der „strukturellen Änderung" nach Art. 13 RL 2009/38/EG richtlinienkonform auszulegen ist, wurde hier bei Rz. 76 ff. dargelegt. Der Begriff betrifft danach gemäß der hier vertretenen Auffassung Änderungen im Unternehmen oder in der Unternehmensgruppe, die dazu führen, dass sich die Kennzahlen für die EBR-Zusammensetzung ändern. 133

Allerdings ergibt sich aus dem Verweis von § 41 auf § 37 ebenfalls, dass abweichende Vereinbarungen zu „wesentlichen Strukturänderungen" zugelassen sind und bleiben. Das ist in den meisten Vereinbarungen, die von § 41 erfasst sind, auch geschehen. IdR enthalten die betreffenden Regelungen Klauseln etwa über die „Anpassung des EBR". Hier gilt Rz. 81 zu Sondervereinbarungen bzgl. wesentlicher Strukturänderungen. 134

7. Für die **Durchsetzung der Unterrichtungs- und Anhörungsrechte** aus der Vereinbarung iSd. § 41 ist grds. auf die Vereinbarung selbst als Anspruchsgrundlage zurückzugreifen (s. zur Durchsetzung von 135

---

[1] Vgl. *Müller*, § 1 Rz. 13 ff.; DKKW/*Däubler*, § 1 EBRG Rz. 11 f.; *Blanke*, § 1 Rz. 20 ff., § 32 Rz. 9 ff., § 33 Rz. 12, § 41 Rz. 12; *Klinkhammer* in Klinkhammer/Welslau, S. 65 (70 f.); *Krause*, Jahrbuch Junger Zivilrechtswissenschaftler 1997, S. 91 (114 f.); *Tap*, S. 9 ff.; teilw. abw. *Rademacher*, Der Europäische Betriebsrat, S. 115 f. || [2] Die englische Fassung des Art. 2 I Buchst. f RL 94/45/EG spricht von „the right to information and to consultation" und definiert „consultation" als „the exchange of views and establishment of dialogue". Die französische Fassung spricht von „le droit à l'information et à la consultation" und definiert „consultation" als „l'échange de vues et l'établissement d'un dialogue". || [3] Vgl. DKKW/*Däubler*, § 41 EBRG Rz. 6; *Müller*, § 41 Rz. 7 ff.; *Blanke*, § 41 Rz. 12 f.; *Hanau* in Hanau/Steinmeyer/Wank, § 19 Rz. 68; *Hromadka*, DB 1995, 1125 (1130); *Willemsen*/*Hohenstatt*, NZA 1995, 399 (402); *Eckert*, S. 89 ff. || [4] Ebenso *Rademacher*, S. 157. || [5] *Müller*, § 41 Rz. 7.
|| [6] DKKW/*Däubler*, § 41 EBRG Rz. 6; *Hromadka*, DB 1995, 1125 (1130); *Willemsen*/*Hohenstatt*, NZA 1995, 399 (402).

Vereinbarungen nach §§ 17 ff. und der Rechte des EBR kraft Gesetzes nach §§ 29 f. oben Rz. 71, 110 f.). Aus dieser muss sich im Einzelfall ein möglicherweise durch Leistungsklage durchsetzbarer Erfüllungsanspruch auf Unterrichtung und Anhörung ergeben oder ein Unterlassungsanspruch gegen geplante Maßnahmen, über welche vereinbarungswidrig noch nicht informiert oder beraten wurde[1] (vgl. zur entsprechenden Fragestellung beim EBR kraft Gesetzes und beim EBR kraft Vereinbarung oben Rz. 71, 110 f.). Da die Vereinbarung nach § 41 gerade zur Nicht-Geltung des EBR-Rechts führt, greifen die für die Durchsetzung einschlägigen prozessrechtl. Vorschriften über das **Beschlussverfahren** nach dem Wortlaut zwar nicht ein. Jedoch sprechen Sinn und Zweck der Regelungen für die analoge Anwendung von § 2a Nr. 3b ArbGG[2]. Allerdings kann sich die Parteifähigkeit der beteiligten Personen und Stellen nicht nach § 10 ArbGG, sondern nur nach den allg. Regeln sowie der zugrunde liegenden Vereinbarung richten. Die örtliche Zuständigkeit ist in § 82 II 2 ArbGG geregelt (s.a. Rz. 93). Die **Straf- und Bußgeldvorschriften** der §§ 42 ff. sind auf die Einhaltung von Vereinbarungen nach § 41 schon wegen des strafrechtl. Analogieverbots nicht anzuwenden.

---

1 Einen Unterlassungsanspruch aus einer Vereinbarung nach Art. 13 EBR-RL verneinte der Cour d'Appel de Paris v. 5.8.1998 – 98/12502 im Fall Panasonic France SA, berichtet nach *Blanke*, § 32 Rz. 39. AA ebenfalls zu Art. 13 EBR-RL zuvor das *Tribunal de Grande Instance* von Nanterre v. 4.4.1997 – BO: 97/00992 im Fall *Renault/Vilvoorde*, berichtet nach *Lorenz/Zumfelde*, RdA 1998, 168 ff.; *Kolvenbach/Kolvenbach*, NZA 1997, 695 (697).
||2 *Hanau* in Hanau/Steinmeyer/Wank, § 19 Rz. 68; vgl. auch BT-Drs. 13/4520, 29; EAS/*Oetker*/Schubert, B 8300 Rz. 242 ff.

Entgeltfortzahlungsgesetz (EFZG)
Gesetz über die Zahlung des Arbeitsentgelts an Feiertagen und im Krankheitsfall

vom 26.5.1994 (BGBl. I S. 1014, 1065),
zuletzt geändert durch Gesetz vom 21.7.2012 (BGBl. I S. 1601)

1 *Anwendungsbereich*
(1) Dieses Gesetz regelt die Zahlung des Arbeitsentgelts an gesetzlichen Feiertagen und die Fortzahlung des Arbeitsentgelts im Krankheitsfall an Arbeitnehmer sowie die wirtschaftliche Sicherung im Bereich der Heimarbeit für gesetzliche Feiertage und im Krankheitsfall.

(2) Arbeitnehmer im Sinne dieses Gesetzes sind Arbeiter und Angestellte sowie die zu ihrer Berufsbildung Beschäftigten.

I. Entstehung und Ziele des EFZG. Das Entgeltfortzahlungsgesetz (EFZG) v. 26.5.1994 ist als Art. 53 des Pflegeversicherungsgesetzes – PflegeVG – verkündet worden und am 1.6.1994 in Kraft getreten[1]. Es verfolgt im Wesentlichen vier Ziele: (1) die Beseitigung der bis dahin unterschiedlichen, teilweise gleichheitswidrigen Behandlung verschiedener ArbN-Gruppen[2], (2) die Einbeziehung kurzzeitig und geringfügig Beschäftigter in die Entgeltfortzahlung im Krankheitsfall, (3) die Beseitigung der unterschiedlichen Rechtslage in den alten Bundesländern und im Beitrittsgebiet sowie – als flankierende Maßnahme – (4) einen Ausgleich der Mehrbelastung der ArbGeb durch die sog. ArbGebAnteile der Beiträge zur gleichzeitig neu eingeführten gesetzl. Pflegeversicherung[3]. ArbGeb, die idR nicht mehr als 30 ArbN beschäftigen, nehmen zwecks Ausgleichs der durch das EFZG bedingten Leistungen nach Maßgabe des AufwendungsausgleichsG (AAG) seit dem 1.1.2006 an einem Umlageverfahren teil[4]. **1**

II. Zweck des Gesetzes. Abs. 1 bestimmt den Gesetzeszweck ieS. Es regelt zwei verschiedene Arten der Entgeltfortzahlung an ArbN, nämlich die „Zahlung des Arbeitsentgelts an gesetzl. Feiertagen" und die „Fortzahlung des Arbeitsentgelts im Krankheitsfall". Ausdrücklich zum Gesetzeszweck zählen auch die wirtschaftl. Sicherung der in Heimarbeit Beschäftigten und der ihnen Gleichgestellten im Krankheitsfall sowie die Feiertagsbezahlung der in Heimarbeit Beschäftigten. Gleichzeitig bezweckt das Gesetz die Entlastung der gesetzl. KV. Nach § 49 I Nr. 1 SGB I ruht der Anspruch auf Krankengeld, soweit und solange der Versicherte Arbeitsentgelt bezieht. **2**

§ 1 erweckt den **Anschein einer abschließenden gesetzl. Regelung** der Entgeltfortzahlung im Krankheitsfall. Der Schein trügt. Nach wie vor gelten ergänzende Regelungen, so zB § 616 BGB für den Fall **krankheitsbedingter Arbeitsverhinderungen**, die keine Arbeitsunfähigkeit bedeuten, wie der Arztbesuch. Für den Anspruch auf Krankenfürsorge bei der Aufnahme des ArbN **in die häusliche Gemeinschaft** gelten nach wie vor §§ 617, 619 BGB bzw. für jugendliche ArbN in häuslicher Gemeinschaft § 30 JArbSchG. Für **Schiffsleute und Kapitäne auf Kauffahrteischiffen** gelten die §§ 104–106 SeeArbG[5]. Zudem sind Abweichungen vom EFZG zu Gunsten der ArbN erlaubt; sehr häufig finden sich solche **Abweichungen in TV**, seltener in Arbeitsverträgen. Abweichungen zu Ungunsten sind allerdings nur für § 4 IV möglich. **3**

III. Persönlicher Anwendungsbereich. 1. Arbeitnehmer. Der persönliche Anwendungsbereich erfasst alle ArbN iSd. EFZG, nämlich Arbeiter und Angestellte sowie die zur ihrer Berufsausbildung Beschäftigten (S. 2). Wie andere arbeitsrechtl. Normen auch enthält das EFZG keine Definition der genannten Begriffe. Vielmehr setzt das Gesetz den **allg. Begriff des ArbN** (vgl. vor § 611 BGB Rz. 19ff.) voraus: ArbN ist, wer auf privatvertragl. Grundlage im Dienste eines anderen zur Leistung von Arbeit verpflichtet ist[6]; dies erfordert einen hinreichenden Grad persönlicher Abhängigkeit des zur Arbeitsleistung verpflichteten Menschen[7]. **4**

Der Begriff des ArbN ist kein Statusbegriff, sondern die Bezeichnung der natürlichen Person, die sich in einem **Arbeitsvertrag** zur Leistung von Arbeit verpflichtet hat. Ausreichend ist auch ein **faktisches ArbVerh**. Es setzt voraus, dass die Parteien auf den Abschluss des Arbeitsvertrags gerichtete Willens- **5**

---

[1] BGBl. 1994 I S. 1013, 1065 ff., 1070. || [2] Vgl. BAG 5.8.1987 – 5 AZR 189/86 (A), BAGE 54, 374; aufgegeben durch BAG 8.4.1992 – 5 AZR 189/86 (B), NZA 1992, 838 f. || [3] BT-Drs. 12/5263 (Gesetzentwurf der Fraktionen der CDU/CSU und der FDP); BR-Drs. 506/93 (wortgleicher Gesetzentwurf der BReg.); BT-Drs. 12/5798 (Bericht und Beschlussempfehlung des Ausschusses für Arbeit und Soziales). || [4] Gesetz über den Ausgleich von Arbeitgeberaufwendungen und zur Änderung weiterer Gesetze v. 22.12.2005, BGBl. I S. 3686, zuletzt geändert durch G v. 12.4.2012 (BGBl. I S. 579). || [5] Seearbeitsgesetz – Art. 1 G zur Umsetzung des Seearbeitsübereinkommens 2006 der Internationalen Arbeitsorganisation v. 20.4.2013 (BGBl. I S. 868). || [6] BAG in st. Rspr., statt vieler BAG 16.2.2000 – 5 AZB 71/99, AP Nr. 70 zu § 2 ArbGG 1979; vgl. zum Begriff des ArbN ausf. ArbR-BGB/*Schliemann*, § 611 Rz. 166–214. || [7] BAG 30.9.1998 – 5 AZR 563/97, AP Nr. 103 zu § 611 BGB Abhängigkeit.

erklärungen abgegeben haben, sich aber mindestens eine dieser Erklärungen als rechtsunwirksam erweist, zB infolge einer wirksamen Anfechtung. Verstößt der Arbeitsvertrag gegen die guten Sitten, so ist er unheilbar nichtig; es entsteht dann auch kein faktisches ArbVerh[1]. Die **vorläufige Weiterbeschäftigung** eines gekündigten ArbN während des Kündigungsschutzprozesses führt, wenn sich die Kündigung als wirksam erweist, weder zur „bedingten Fortsetzung des bisherigen Arbeitsverhältnisses noch zum faktischen Arbeitsverhältnis, sondern löst nur einen Anspruch des ArbN auf Ersatz des Wertes der geleisteten Arbeit nach § 818 I 1, II BGB aus"[2]. Hat der ArbN in dieser Zeit wegen eines gesetzl. Feiertages oder wegen krankheitsbedingter Arbeitsunfähigkeit keine Arbeit geleistet, so ist der ArbGeb auch nicht durch eine Arbeitsleistung bereichert. Deshalb stehen dem ArbN für solche Zeiträume auch keine Ansprüche auf Entgeltfortzahlung nach § 2 bzw. § 3 zu.

6   **2. Arbeiter und Angestellte.** Abs. 2 zählt Arbeiter und Angestellte zu den ArbN iSd. EFZG. Auf die Unterscheidung zwischen Arbeitern und Angestellten[3] kommt es für die Entgeltfortzahlung – bis auf gelegentlich noch anzutreffende Unterscheidungen in tarifvertragl. Regelungen – nicht mehr an.

7   **3. Zu ihrer Berufsausbildung Beschäftigte.** Zu den ArbN iSd. EFZG zählen auch zu ihrer **Berufsausbildung Beschäftigte**. Der Begriff der Berufbildung iSd. BBiG umfasst nach § 1 BBiG die Berufsausbildung, die berufl. Fortbildung, die berufl. Umschulung und die Berufsausbildungsvorbereitung. Die Beschäftigung muss auf privatrechtl. Grundlage erfolgen und einem der vier Ziele dienen. Damit fallen nicht nur Auszubildende zu ihrer (förmlichen) Berufsausbildung, sondern auch Auszubildende in anderen privatrechtl. Vertragsverhältnissen (§ 19 BBiG), insb. **Volontäre, Praktikanten, Umschüler** usw., unter den Anwendungsbereich des EFZG.

8   **4. Persönliche Unanwendbarkeit des EFZG.** Unanwendbar ist das EFZG dagegen auf Personen, die nicht zum o.g. Kreis der ArbN iS dieses Gesetzes zu rechnen sind. Dies betrifft alle Personen, die Arbeits- oder Dienstleistungen zwar persönlich, aber auf anderen als arbeitsrechtl. Rechtsgrundlagen erbringen[4], zB **Beamte, Richter, Soldaten, Wehr- und Zivildienstleistende, Entwicklungshelfer**[5], **Helfer im freiwilligen** sozialen oder ökologischen **Jahr**[6], sog. **Ein-Euro-Kräfte** (§ 16d SGB II), **krankheitsbedingt arbeitsunfähige ArbN, die zur Wiedereingliederung** beschäftigt werden (§ 74 SGB V)[7], **Rehabilitanden**, sofern sie nicht zu ihrer Berufsausbildung beschäftigt werden, und **Strafgefangene**, wenn sie im besonderen Gewaltverhältnis tätig sind. Insb. findet das EFZG keine Anwendung auf **freie Dienstnehmer, arbeitnehmerähnliche Personen** oder sonst (wirtschaftl.) abhängige Beschäftigte (vgl. § 7 IV SGB IV), weil bei ihnen der für ArbN vorausgesetzte hinreichende Grad persönlicher Abhängigkeit nicht vorliegt.

9   **5. Heimarbeit.** Für den Bereich der Heimarbeit enthalten die §§ 10 und 11 besondere Regelungen einschl. der Bestimmung des jeweiligen persönlichen Anwendungsbereichs.

10 **IV. Räumlicher Geltungsbereich.** Das EFZG gilt uneingeschränkt im Hoheitsgebiet der Bundesrepublik Deutschland. Der räumliche Geltungsbereich richtet sich nach den allg. Regeln. Deutsches Arbeitsrecht gilt für alle Personen ohne Rücksicht auf ihre Staatsangehörigkeit, deren Arbeitsplatz in Deutschland liegt[8], es sei denn, dass sich bei einer Auslandsberührung anderes aus den Umständen[9] oder einer ausdrücklichen Vereinbarung ergibt. Das ArbVerh kann dem Recht eines anderen Staates wirksam unterstellt werden. Allerdings hat dies nicht die Unanwendbarkeit der Bestimmungen über die Entgeltfortzahlung im Krankheitsfall (§§ 3 ff.) oder über mutterschutzbedingte Leistungen (§ 14 MuSchG) zur Folge, denn diese Bestimmungen sind Eingriffsnormen iSd. Art. 8 Rom-I-VO iVm. Art. 30 EGBGB, weil sie zugleich öffentl. Interessen (Entlastung der Krankenkassen) dienen[10]. Für **Staatsangehörige der EU-Mitgliedstaaten** ordnet Art. 7 VO 492/2011 (früher VO 1612/68) deren Gleichbehandlung mit inländischen ArbN, auch hinsichtlich der Entgeltfortzahlung, an[11].

11 Bei einer **vorübergehenden Entsendung** aus Deutschland in das Ausland bleibt regelmäßig das Recht am Sitz des entsendenden Unternehmens maßgeblich[12]. Bei **ständig wechselnden Auslandseinsätzen** sind für das international anzuwendende Recht der Sitz des ArbGeb[13] bzw. der Einstellungsort maßgebend. Dagegen ist bei einem reinen **AuslandsArbVerh** idR das Recht des Staates anzuwenden, in dem das ArbVerh liegt, wenn ein ArbN (mit deutscher oder anderer Staatsangehörigkeit) lediglich für einen Einsatz in dem betreffenden Staat angestellt wird; dies gilt auch umgekehrt, wenn zB auslän-

---

1 Vgl. insg. ArbR-BGB/*Schliemann*, § 611 Rz. 443 mwN.   ‖2 BAG 17.1.1991 – 8 AZR 483/89, BAGE 67, 88 (90 ff.).   ‖3 Vgl. zu den Begriffen ArbR-BGB/*Schliemann*, § 611 Rz. 335 ff.   ‖4 Vgl. dazu insg. ArbR-BGB/*Schliemann*, § 611 Rz. 227–289.   ‖5 BAG 27.4.1977 – 5 AZR 129/76, AP Nr. 1 zu § 611 BGB Entwicklungshelfer (*Herschel*).   ‖6 BAG 12.2.1991 – 7 ABR 42/91, AP Nr. 52 zu § 5 BetrVG 1972.   ‖7 BAG 29.1.1992 – 5 AZR 37/91, AP Nr. 1 zu § 74 SGB V.   ‖8 BAG 13.5.1959 – 1 AZR 258/57, BAGE 7, 362.   ‖9 Vgl. BAG 3.5.1995 – 5 AZR 15/94, AP Nr. 32 zu Internat. Privatrecht Arbeitsrecht (*Lorenz*).   ‖10 Vgl. für eine in Frankfurt/M. stationierte Flugbegleiterin einer amerikanischen Luftfahrtgesellschaft BAG 12.12.2001 – 5 AZR 255/00, AP Nr. 10 zu Art. 30 EGBGB nF; für portugiesisches Bauunternehmen BAG 18.4.2012 – 10 AZR 200/11, NZA 2012, 1152.   ‖11 VO 492/2011 v. 5.4.2011 über die Freizügigkeit der Arbeitnehmer innerhalb der Union, ABl. EU L 141/1.   ‖12 BAG 25.4.1978 – 5 AZR 2/77, AP Nr. 16 zu Internat. Privatrecht Arbeitsrecht (*Simitis*).   ‖13 Zu Art. 30 EGBGB aF: BAG 27.8.1964 – 5 AZR 364/63, AP Nr. 9 zu Internat. Privatrecht Arbeitsrecht; 13.5.1959 – 1 AZR 258/57, AP Nr. 4 zu Internat. Privatrecht Arbeitsrecht.

dische Staaten **Ortskräfte im Inland** mit nicht hoheitlichen Aufgaben einstellen[1]. Gleiches gilt, wenn es sich bei dem ArbGeb im Ausland um ein ausländisches Unternehmen handelt.

2 *Entgeltzahlung an Feiertagen*

(1) Für Arbeitszeit, die infolge eines gesetzlichen Feiertages ausfällt, hat der Arbeitgeber dem Arbeitnehmer das Arbeitsentgelt zu zahlen, das er ohne den Arbeitsausfall erhalten hätte.

(2) Die Arbeitszeit, die an einem gesetzlichen Feiertag gleichzeitig infolge von Kurzarbeit ausfällt und für die an den anderen Tagen als den gesetzlichen Feiertagen Kurzarbeitergeld geleistet wird, gilt als infolge eines gesetzlichen Feiertages nach Absatz 1 ausgefallen.

(3) Arbeitnehmer, die am letzten Arbeitstag vor oder am ersten Arbeitstag nach Feiertagen unentschuldigt der Arbeit fernbleiben, haben keinen Anspruch auf Bezahlung für diese Feiertage.

I. Normzweck 1	IV. Kurzarbeit 37
II. Entgeltfortzahlung an gesetzlichen Feiertagen 2	1. Normzweck 38
1. Anspruchsberechtigung 3	2. Entgeltfortzahlung in Höhe des Kurzarbeitergeldes 39
2. Beschäftigungsverbote an gesetzl. Feiertagen 5	3. Sozialversicherungsbeiträge, Lohnsteuer . . 40
3. Gesetzliche Feiertage 6	V. Unentschuldigtes Fernbleiben von der Arbeit (Abs. 3) 41
4. Arbeitsausfall infolge des gesetzlichen Feiertages 12	1. Normzweck 42
III. Fortzuzahlendes Arbeitsentgelt 25	2. Arbeitstage vor und nach dem gesetzlichen Feiertag 43
1. Arbeitsentgelt 26	3. Fernbleiben von der Arbeit 44
2. Monatsgehalt 27	4. Unentschuldigt 47
3. Variable Vergütungen 28	5. Rechtsfolgen des unentschuldigten Fernbleibens 49
4. Pauschalierte Entgeltfortzahlung 36	6. Darlegungs- und Beweislast 50

I. Normzweck. Der Zweck des § 2 liegt in der Sicherung des Arbeitseinkommens der ArbN an den gesetzl. Feiertagen. Für HeimArbN regelt § 11 die Entgeltfortzahlung an Feiertagen. Ohne Feiertagsvergütungsregelung müsste der ArbGeb nach § 326 I 1 BGB kein Arbeitsentgelt zahlen, wenn der ArbN an dem Feiertag seiner ohne die Arbeitsbefreiung am Feiertag gegebenen Pflicht zur Erbringung der Arbeitsleistung nicht nachkommt: „Ohne Arbeit kein Lohn[2]." 1

II. Entgeltfortzahlung an gesetzlichen Feiertagen. Der Anspruch auf Entgeltfortzahlung an Feiertagen nach Abs. 1 setzt voraus, dass ein **Arbeitsverhältnis besteht**, welches den gesetzl. Feiertag einschließt, und dass die Arbeitszeit ausschließlich infolge des gesetzl. Beschäftigungsverbots am gesetzl. Feiertag (§ 9 ArbZG, § 8 I 1 MuSchG, §§ 17, 18 JArbSchG) ausgefallen ist. Ob zu arbeiten gewesen wäre, hängt von der konkreten Arbeitszeitgestaltung ab. Wird am gesetzl. Feiertag gearbeitet, so richtet sich die Bezahlung nach anderen Bestimmungen. 2

1. Anspruchsberechtigung. Anspruchsberechtigt sind ArbN iSd. EFZG (vgl. § 1 II), soweit der Feiertag in die Zeit des Bestehens des ArbVerh, nicht aber, wenn er in die Zeit des Ruhens der Beschäftigung zB wegen Sonderurlaubs fällt[3]. Beginnt das ArbVerh am 1. Januar, so steht dem ArbN für diesen Tag bereits Entgeltfortzahlung nach Abs. 1 zu, wenn die Voraussetzungen iÜ gegeben sind. Keine Besonderheiten sind bei **(Teilzeit-)ArbVerh** zu beachten, die auf unbestimmte Zeit („auf Dauer") oder länger **befristet** abgeschlossen worden sind und in denen der ArbN an einem oder mehreren bestimmten[4] oder bestimmbaren einzelnen Tagen oder nach Bedarf des ArbGeb (**AbrufArbVerh**[5]) zu arbeiten hat. Ob in solchen ArbVerh ein Anspruch nach Abs. 1 besteht, richtet sich wie sonst auch danach, ob der ArbN an dem Tag, auf den der gesetzl. Feiertag fällt, sonst gearbeitet oder zu arbeiten gehabt hätte oder nicht[6]. 3

Kritischer sind **EintagsArbVerh** oder sonst befristete ArbVerh im Hinblick auf Abs. 1 einzuordnen, wenn die Befristung am Tag vor dem gesetzl. Feiertag endet und ein „neues" ArbVerh am Tag nach dem gesetzl. Feiertag beginnt. Grds. besteht für den dazwischenliegenden gesetzl. Feiertag kein Anspruch auf Entgeltfortzahlung[7]. Indessen ist eine missbräuchliche und deshalb nach §§ 242, 249, 252 BGB zum Schadensersatz führende Vertragsgestaltung nicht ausgeschlossen, so dass dem ArbN unter 4

---

1 BAG 20.11.1997 – 2 AZR 631/96, AP Nr. 1 zu § 18 GVG. ‖ 2 St. Rspr., statt vieler BAG 7.6.1963 – 1 AZR 253/62, BAGE 14, 200 (201). ‖ 3 BAG 10.1.2007 – 5 AZR 84/06, ZTR 2007, 334. ‖ 4 BAG 10.7.1996 – 5 AZR 113/95, BAGE 83, 283. ‖ 5 BAG 24.10.2001 – 5 AZR 245/00, AP Nr. 8 zu § 2 EntgeltFG; 3.5.1983 – 3 AZR 100/81, AP Nr. 39 zu § 1 Feiertagslohnzahlungsg. ‖ 6 Vgl. für Arbeit nur am langen Sonnabend: BAG 10.7.1996 – 5 AZR 113/95, BAGE 83, 283; für Arbeit auf Abruf: BAG 24.10.2001 – 5 AZR 245/00, AP Nr. 8 zu § 2 EntgeltFG einerseits und BAG 3.5.1983 – 3 AZR 100/81, AP Nr. 39 zu § 1 Feiertagslohnzahlungsg andererseits. ‖ 7 BAG 14.7.1967 – 3 AZR 436/66, AP Nr. 24 zu § 1 Feiertagslohnzahlungsg.

diesem rechtl. Gesichtspunkt ein Anspruch in Höhe der Entgeltfortzahlung für den Feiertag zustehen kann[1].

5   **2. Beschäftigungsverbote an gesetzl. Feiertagen.** Der Arbeitsausfall an den gesetzl. Feiertagen muss auf dem ihrem Schutz dienenden gesetzl. Beschäftigungsverbot **beruhen**. Das gesetzl. Verbot der Beschäftigung von ArbN an Sonntagen und an gesetzl. Feiertagen ist vor allem im ArbZG geregelt[2]. **Jugendliche** dürfen nach näherer Maßgabe von § 17 I, § 18 I JArbSchG nicht an Sonn- und Feiertagen beschäftigt werden. Mit wesentlichen Ausnahmen und Ausgleichsvorschriften dürfen **werdende und stillende Mütter** nach näherer Maßgabe des § 8 MuSchG ebenfalls nicht an Sonn- und Feiertagen beschäftigt werden.

6   **3. Gesetzliche Feiertage.** Das EFZG enthält keine abstrakte Definition des gesetzl. Feiertages. Insoweit muss auf die **staatlichen gesetzl. Feiertagsregelungen** zurückgegriffen werden. Gesetzl. sind Feiertage nur dann, wenn sie durch ein staatliches Gesetz als solche angeordnet und bezeichnet werden. Zwar finden die meisten gesetzl. Feiertage in Deutschland (und in Europa) ihre Ursprünge im Christentum, in Deutschland vor allem in der röm.-kath. Kirche und in den ev. Kirchen. Gleichwohl sind Feiertage, die **nur kirchlich bzw. kirchenrechtl. geschützt** sind, nicht schon deshalb gesetzl. Feiertage iSd. §§ 2 und 11. Die sonstigen, zT kirchlichen Feiertage lösen keine Ansprüche auf Entgeltfortzahlung iS dieser Bestimmungen aus.

7   **Bundesrechtlich** ist der 3.10. als Tag der deutschen Einheit ein bundesweiter gesetzl. Feiertag[3]. Durch die **Feiertagsgesetze der Länder** sind bundeseinheitlich als gesetzl. Feiertage bestimmt: **1.1.** (Neujahr), **Karfreitag, Ostermontag, 1.5.** (Tag der Arbeit), **Christi Himmelfahrt, Pfingstmontag** (nicht: Pfingstsonntag[4]), **Erster und Zweiter Weihnachtsfeiertag.** Zusätzlich gibt es in einzelnen Bundesländern länderweite oder regionale gesetzl. **Feiertage: 6.1.** (Heilige drei Könige) in BW, Bayern und Sa.-Anh.; **Fronleichnam** in BW, Bayern, Hessen, NW, Rh.-Pf., Saarl. sowie – in Gemeinden mit überwiegend katholischer Bevölkerung – in Thüringen sowie in Sachsen in einzelnen Gemeinden der Landkreise Bautzen und Westlausitz; **Mariä Himmelfahrt** (15.8.) im Saarl. und – in Gemeinden mit überwiegend katholischer Bevölkerung – in Bayern; **Reformationstag** (31.10.) in Bbg., MV, Sachs., Sa.-Anh. und Thüringen; **Allerheiligen** (1.11.) in BW, Bayern, NW, Rh.-Pf. und im Saarl.; **Buß- und Bettag** in Sachsen, das **Friedensfest** (8.8.) in der Stadt Augsburg.

8   Für **Seeleute** (Schiffsleute und Kapitäne auf den Kauffahrteischiffen) besteht eine besondere Feiertagsregelung. Nach § 2 Nr. 8 SeeArbG sind Feiertage auf See und im Ausland die gesetzl. Feiertage des Registerhafens des Seeschiffes und in Deutschland die gesetzl. Feiertage des Liegeortes.

9   Beim **Auseinanderfallen von Arbeitsort und Wohnsitz** des ArbN ist nicht die Feiertagsregelung für den Wohnsitz entscheidend, sondern die für den Arbeitsort. Dies gilt nach interlokalem Recht im Inland. **Beispiel 1:** Der ArbN wohnt in Hessen, sein Arbeitsort liegt in Niedersachsen. Fronleichnam ist gesetzl. Feiertag in Hessen, nicht aber in Nds. Der ArbN hat für Fronleichnam keinen Anspruch nach Abs. 1. **Beispiel 2:** Der ArbN wohnt in Niedersachsen, sein Arbeitsort liegt in Hessen. Er hat Anspruch nach Abs. 1 für den Arbeitsausfall an Fronleichnam.

10 Für ArbVerh, bei denen der **Arbeitsort im Ausland** liegt, setzt ein Anspruch nach Abs. 1 voraus, dass das EFZG überhaupt anwendbar ist (vgl. § 1). Beim vorübergehenden Auslandseinsatz in einem dem deutschen Recht unterliegenden ArbVerh kommt es auch dann nicht zu einem Arbeitsausfall iSd. Abs. 1, wenn der ausländische Feiertag zugleich mit dem inländischen gesetzl. Feiertag übereinstimmt[5], es sei denn, dass wegen der Kurzzeitigkeit des Einsatzes auf den inländischen Betriebsort abzustellen ist. Denn der Feiertag im Ausland ist kein „gesetzlicher" nach deutschem Recht. Allerdings steht dem ArbN, der wegen des Feiertages im Ausland dort nicht arbeiten kann, in aller Regel ein Anspruch auf Arbeitsentgelt infolge Annahmeverzuges (§ 615 BGB) zu. Das Risiko, dass die Arbeit wegen des Feiertages im Ausland nicht erbracht werden kann, ist vom ArbGeb zu tragen[6], weil es seinem Direktionsrecht unterliegt, wann er den ArbN im Ausland einsetzt. § 616 BGB ist nicht einschlägig[7]. Der ausländische Feiertag stellt keinen in der Person des ArbN liegenden Grund für die Nichterbringung der Arbeitsleistung dar. Arbeitsvertragl. kann wirksam vereinbart werden, dass für die ausländischen Feiertage Entgeltfortzahlung nach § 2 geleistet wird.

11 **Ausländische ArbN** im inländischen ArbVerh haben Anspruch auf Entgeltfortzahlung nicht hinsichtlich der Feiertage ihres Heimatlandes, sondern nur für den Arbeitsausfall an den inländischen Feiertagen. Allerdings kann ein Anspruch auf Entgeltfortzahlung nach § 616 BGB bestehen, wenn der ArbN aus einem in seiner Person liegenden Grund ohne sein Verschulden an der Arbeitsleistung verhindert ist. Dies kann auch wegen Erfüllung religiöser Pflichten der Fall sein[8].

---

1 Vgl. im Erg. BAG 14.7.1967 – 3 AZR 436/66, AP Nr. 24 zu § 1 FeiertagslohnzahlungsG. || 2 Vgl. zu den Einzelheiten *Schliemann*, §§ 9, 10, 13 ArbZG. || 3 Kap. I Art. 2 II EVertr v. 31.8.1990 iVm. Art. 1 G v. 23.9.1990 (BGBl. II S. 885, 890). || 4 BAG 13.4.2005 – 5 AZR 475/04, nv. || 5 Vgl. ErfK/*Dörner/Reinhard*, § 2 EFZG Rz. 6. || 6 AA die überwiegende Ansicht, statt vieler *Schmitt*, § 2 Rz. 13 mwN. || 7 AA ErfK/*Dörner/Reinhard*, § 2 EFZG Rz. 6. || 8 BAG 27.4.1983 – 4 AZR 506/80, AP Nr. 61 zu § 616 BGB.

4. Arbeitsausfall infolge des gesetzlichen Feiertages. Der Entgeltfortzahlungsanspruch nach Abs. 1 setzt den feiertagsbedingten Arbeitsausfall voraus. Allein der gesetzl. Feiertag darf für das Ausfallen der Arbeitsleistung kausal sein; das ist der Fall, wenn der ArbN ohne das gesetzl. Arbeitsverbot an dem gesetzl. Feiertag zu arbeiten gehabt hätte[1]. 12

a) Arbeitsleistung am Feiertag. Ist Feiertagsarbeit geleistet worden, so steht dem ArbN hierfür ein Anspruch auf Bezahlung der geleisteten Arbeit zu, nicht aber zusätzlich ein Anspruch auf Entgeltfortzahlung für den Feiertag[2]. Der Feiertag hat dann nicht zum Arbeitsausfall geführt. Unerheblich ist, ob die Feiertagsarbeit arbeitsschutzrechtl. erlaubt war oder nicht[3]. Der ihm für die Feiertagsarbeit zustehende Ersatzruhetag (§ 11 III ArbZG) kann auch an einem ohnehin arbeitsfreien Werktag gewährt werden; eine bezahlte Freistellung kann nicht verlangt werden[4]. 13

b) Arbeitsausfall aus anderen Gründen. Es fehlt an der Monokausalität für den Arbeitsausfall, wenn der Ausfall der Arbeit an dem gesetzl. Feiertag auch auf einem anderen Grund als dem feiertagsbedingten Beschäftigungsverbot beruht[5]. In solchen Fällen besteht kein Anspruch nach Abs. 1. 14

aa) Arbeitsunfähigkeit. Das strenge Prinzip der Monokausalität hat der Gesetzgeber für den Fall des Zusammentreffens von krankheitsbedingter Arbeitsunfähigkeit und gesetzl. Beschäftigungsverbots an Feiertagen aufgegeben. Gem. § 4 II richtet sich die Höhe des fortzuzahlenden Arbeitsentgeltes nach § 2, wenn die Arbeitszeit gleichzeitig infolge krankheitsbedingter Arbeitsunfähigkeit und infolge eines gesetzl. Feiertages ausgefallen ist. Das Arbeitsentgelt ist dann nach § 3 fortzuzahlen. 15

bb) Erholungsurlaub, Sonderurlaub. Fällt ein gesetzl. Feiertag, an dem der ArbN wegen des gesetzl. Beschäftigungsverbotes nicht zu arbeiten gehabt hätte, in den Zeitraum des Erholungsurlaubes, so hat der ArbN für diesen Tag Anspruch auf Entgeltfortzahlung nach Abs. 1. Wegen des gesetzl. Beschäftigungsverbotes konnte der gesetzl. Feiertag nicht als Urlaub gewährt werden. Denn Urlaub wird gewährt, indem der ArbGeb den ArbN von der Arbeitspflicht befreit[6]. Er kann nur an solchen Werk- oder Arbeitstagen gewährt werden, an denen für den ArbN Arbeitspflicht bestand. Daran fehlt es aber wegen des gesetzl. Verbotes der Feiertagsarbeit. Hätte für den beurlaubten ArbN indessen Arbeitspflicht am gesetzl. Feiertag bestanden, so besteht kein Anspruch nach Abs. 1. Denn dann ist nicht das gesetzl. Beschäftigungsverbot am gesetzl. Feiertag allein kausal für den Arbeitsausfall, sondern die Urlaubsgewährung[7]. Sieht ein Arbeitsvertrag für die Dauer von **Betriebsferien zwischen Weihnachten und Neujahr** unbezahlten Sonderurlaub vor, weil der ArbN seinen vollen Jahresurlaub schon genommen hat, so wird durch eine solche Regelung der gesetzl. Anspruch auf Feiertagsbezahlung nicht berührt[8]. 16

Fällt der gesetzl. Feiertag in den Zeitraum eines **unbezahlten Sonderurlaubs**, so besteht kein Anspruch nach Abs. 1[9]. Dagegen besteht Anspruch auf Entgeltfortzahlung nach Abs. 1, wenn der unbezahlte Sonderurlaub erst am Tag nach dem gesetzl. Feiertag, an dem der ArbN nicht zu arbeiten hat, beginnt bzw. am Tag davor endet. Ob dies der Fall ist, hängt vom Inhalt der Sonderurlaubsvereinbarung ab. 17

cc) Schichtarbeit. Findet Schichtarbeit an gesetzl. Feiertagen statt, so entsteht regelmäßig kein Anspruch nach Abs. 1. Hat der ArbN nach dem Schichtplan am gesetzl. Feiertag zu arbeiten, so fällt für ihn die Arbeit nicht aus (s. Rz. 13). Hat er planmäßig an dem Tag nicht zu arbeiten, so ist nicht das gesetzl. Beschäftigungsverbot für den Arbeitsausfall allein kausal, sondern der Schichtplan; dies betrifft auch sog. Freischichtmodelle[10]. Allerdings ist dies nur dann der Fall, wenn sich die Arbeitsbefreiung aus einem Schema ergibt, das unabhängig von der gesetzl. Feiertagsruhe erstellt worden ist[11]. Fällt zB die Spätschicht an einem Feiertag vor einem arbeitsfreien Wochenende aus, so hat der davon betroffene ArbN einen Anspruch nach Abs. 1, und zwar für die gesamte Dauer der ausgefallenen Schicht[12], auch wenn die ausfallende Schicht nach § 9 II ArbZG um bis zu sechs Stunden vor- oder zurückverlegt worden ist[13]. Anstelle infolge des Feiertags ausfallender Arbeit darf der ArbGeb nicht Rufbereitschaft anordnen[14]. 18

In **Freischichtmodellen** mit einer Tagesarbeitszeit von acht Stunden und einer 40 Stunden unterschreitenden Wochenarbeitszeit ist die wegen des gesetzl. Feiertags ausgefallene Arbeitszeit mit acht Stunden anzusetzen und nicht mit der durchschnittlichen auf fünf Arbeitstage verteilten regelmäßigen 19

---

1 BAG 9.10.1996 – 5 AZR 35/95, AP Nr. 3 zu § 2 EntgeltFG; 10.7.1996 – 5 AZR 113/95, BAGE 83, 283; 31.5.1988 – 1 AZR 200/87, AP Nr. 56 zu § 1 Feiertagslohnzahlungsg. || 2 BAG 19.9.2012 – 5 AZR 727/11, ZTR 2013, 24; 5.2.1965 – 3 AZR 497/63, AP Nr. 17 zu § 1 Feiertagslohnzahlungsg. || 3 BAG 5.2.1965 – 3 AZR 497/63, AP Nr. 17 zu § 1 Feiertagslohnzahlungsg. || 4 BAG 12.12.2001 – 5 AZR 294/00, AP Nr. 1 zu § 11 ArbZG. || 5 St. Rspr., vgl. statt vieler BAG 24.10.2001 – 5 AZR 245/00, AP Nr. 8 zu § 2 EntgeltFG; 20.9.2000 – 5 AZR 25/99, AP Nr. 1 zu § 8 BMT-G II; 10.7.1996 – 5 AZR 113/95, BAGE 83, 283; 31.5.1988 – 1 AZR 200/87, BAGE 58, 310. || 6 BAG in st. Rspr. seit BAG 13.5.1982 – 6 AZR 360/80, BAGE 39, 53. || 7 BAG 15.1.2013 – 9 AZR 430/11, ZTR 2013, 78; 14.5.1964 – 5 AZR 239/63, AP Nr. 94 zu § 611 BGB Urlaubsrecht. || 8 BAG 6.4.1982 – 3 AZR 1079/79, BAGE 38, 255. || 9 BAG 27.7.1973 – 3 AZR 604/72, AP Nr. 30 zu § 1 Feiertagslohnzahlungsg. || 10 BAG 13.6.2007 – 5 AZR 849/06, NZA 2007, 1016; 24.1.2001 – 4 AZR 538/99, AP Nr. 5 zu § 2 EntgeltFG. || 11 BAG 9.10.1996 – 5 AZR 35/95, AP Nr. 3 zu § 2 EntgeltFG; auch schon BAG 27.9.1983 – 3 AZR 159/81, BAGE 44, 160 (162). || 12 BAG 26.1.1962 – 1 AZR 461/60, SAE 1962, 213. || 13 Vgl. schon zum früheren Recht (§ 105b I 4 GewO): BAG 17.5.1973 – 3 AZR 376/72, AP Nr. 29 zu § 1 Feiertagslohnzahlungsg. || 14 BAG 9.10.2003 – 6 AZR 447/02, BAGE 108, 62.

Wochenarbeitszeit[1]; in einer BV kann allerdings geregelt werden, dass angesichts der allg. feiertagsbedingten Betriebsruhe die Zeitgutschrift nur für Tage der tatsächlichen Arbeitsleistung bzw. mit dem Tagesdurchschnittswert der regelmäßigen Wochenarbeitszeit erfolgen soll[2]. Fällt auf den Feiertag dagegen kein Freischichttag, sondern planmäßig ein schichtplanmäßiger Arbeitstag, so darf der ArbGeb wegen des feiertagsbedingten Arbeitsausfalles das Zeitkonto des ArbN nicht kürzen[3].

20 **dd) Streik, Aussperrung.** Weil das feiertagsbedingte Beschäftigungsverbot für den Arbeitsausfall monokausal sein muss, ist ein Anspruch nach Abs. 1 nicht gegeben, wenn der ArbN in einen Arbeitskampf verwickelt ist, sei es, dass er streikt[4], sei es, dass er ausgesperrt worden ist[5]. Dies gilt auch dann, wenn der Feiertag selbst noch in den Arbeitskampf fällt und für den nächsten Tag (einen sog. „Brückentag") auf Grund einer BV Betriebsurlaub (unter Anrechnung auf den Tarifurlaub) vereinbart worden ist[3]. Die Streikaussetzung nur an gesetzl. Feiertagen hat keinen Anspruch auf Entgeltfortzahlung für diese Feiertage[7] zur Folge. Dagegen ist für den gesetzl. Feiertag das Arbeitsentgelt fortzuzahlen, wenn der rechtmäßige Arbeitskampf am Tag vorher endet oder er erst am übernächsten Tag nach dem Feiertag erneut aufgenommen wird, weil dann eine Streikunterbrechung vorliegt[8].

21 **ee) Variable Arbeitszeiten.** Steht die Lage der Arbeitszeit am gesetzl. Feiertag nicht fest, zB bei kapazitätsorientierter variabler Arbeitszeit (KAPOVAZ), bei individueller regelmäßiger variabler Arbeitszeit (IRVAZ) oder bei Abrufarbeit, so ist schwer feststellbar, ob der ArbN an dem Tag, auf den der gesetzl. Feiertag fällt, zur Arbeit herangezogen worden wäre oder gearbeitet hätte[9]. Häufig werden Tatsachen, aus denen dies für die Zukunft zu schließen sein kann, fehlen. Dann kann notfalls aus einer Betrachtung des Verhaltens in der Vergangenheit, an welchen Wochentagen (Werktagen) der ArbN für gewöhnlich gearbeitet hat oder nicht, darauf geschlossen werden, dass sich dieses regelmäßige Verhalten wiederholt hätte, wenn auf den Tag nicht der gesetzl. Feiertag gefallen wäre[10]. Entsprechendes gilt für den die Heranziehung von ArbN in einem „rollierenden System"[11].

22 Einstweilen frei.

23 **ff) Vor- und Nachholen der Feiertagsarbeitszeit.** Die infolge des Feiertags ausfallende Arbeitszeit kann entgeltlich vor- und nachgeholt werden. Dadurch entfällt jedoch der Anspruch auf Entgeltfortzahlung für den feiertagsbedingten Arbeitsausfall nicht[12].

24 **c) Darlegungs- und Beweislast.** Der ArbN hat die Tatsachen darzulegen und ggf. zu beweisen, aus denen er herleiten will, dass die Arbeit für ihn feiertagsbedingt ausgefallen ist[13].

25 **III. Fortzuzahlendes Arbeitsentgelt.** Nach Abs. 1 richtet sich die Höhe der Entgeltfortzahlung an Feiertagen nach dem Entgeltausfallprinzip, dh. der ArbN hat Anspruch auf eine Zahlung in der Höhe des Entgeltes, das ihm im Fall der Arbeitsleistung zugestanden hätte[14].

26 **1. Arbeitsentgelt.** Gegenständlich gehört zum nach Abs. 1 fortzuzahlenden Arbeitsentgelt alles, was der ArbN als Gegenleistung für seine Arbeitsleistung zu erhalten hätte, wenn er zu arbeiten gehabt hätte (vgl. auch § 4 Rz. 16 ff.)[15]. Dies umfasst alle entgeltlichen oder auch geldwerten Vorteile, vor allem auch Provisionen[16], Gratifikationen, Familienzulagen, Ortszuschläge, Vergütung für sog. „Fahrleistungen"[17] usw. Anders als bei der Entgeltfortzahlung im Krankheitsfall (§ 4 Ia 1) gehören Überstundenvergütungen, aber auch steuerpflichtige Teile tarifvertragl. geschuldeter Nahauslösungen zum nach § 2 fortzuzahlenden Arbeitsentgelt[18].

27 **2. Monatsgehalt.** Wird das Arbeitsentgelt ohne Rücksicht auf die tatsächlich anfallenden Arbeitstage und -stunden in monatlich gleicher Höhe gezahlt (Monatsgehalt), so ist damit auch der Anspruch auf Entgeltfortzahlung nach Abs. 1 erfüllt. Wird bei (monatlich oder für die Entgeltperiode) ungleichmäßigen Arbeitsleistungen das monatliche Entgelt gleich bleibend gezahlt, so erfüllt der ArbGeb seine Pflicht aus Abs. 1 nicht schon mit der gleich bleibenden Zahlung, sondern erst dann, wenn der feiertagsbedingte Arbeitsausfall zutreffend im **Arbeitszeitkonto** des ArbN berücksichtigt wird.

---

1 BAG 2.12.1987 – 5 AZR 471/86, AP Nr. 52 zu § 1 FeiertagslohnzahlungsG m. krit. Anm. *Wank* zu Nr. 52, 53 und 54; aA *Klischan*, DB 1988, 331 ff. ‖ 2 BAG 25.11.1989 – 5 AZR 692/87, BAGE 60, 300. ‖ 3 BAG 14.8.2002 – 5 AZR 417/01, AP Nr. 10 zu § 2 EntgeltFG. ‖ 4 BAG 1.3.1995 – 1 AZR 786/94, BAGE 79, 230. ‖ 5 BAG 31.5.1988 – 1 AZR 192/87, BAGE 58, 315. ‖ 6 BAG 31.5.1988 – 1 AZR 192/87, BAGE 58, 315. ‖ 7 BAG 1.3.1995 – 1 AZR 786/94, BAGE 79, 230. ‖ 8 BAG 11.5.1993 – 1 AZR 649/92, BAGE 73, 14. ‖ 9 BAG 24.10.2001 – 5 AZR 245/00, AP Nr. 8 zu § 2 EntgeltFG; 3.5.1983 – 3 AZR 100/81, BAGE 42, 324. ‖ 10 KDHK/*Kleinsorge*, § 2 Rz. 26. ‖ 11 Vgl. BAG 27.9.1983 – 3 AZR 159/81, BAGE 44, 160. ‖ 12 BAG 17.4.1975 – 3 AZR 289/74, AP Nr. 32 zu § 1 FeiertagslohnzahlungsG. ‖ 13 BAG 8.3.1992 – 4 AZR 387/91, AP Nr. 64 zu § 1 FeiertagslohnzahlungsG; 26.3.1985 – 3 AZR 239/83, AP Nr. 47 zu § 1 FeiertagslohnzahlungsG. ‖ 14 BAG 9.10.1996 – 5 AZR 35/95, AP Nr. 3 zu § 2 EntgeltFG; vgl. zur früheren Rechtslage: BAG 10.7.1996 – 5 AZR 113/95, BAGE 83, 283; 19.4.1989 – 5 AZR 248/88, AP Nr. 62 zu § 1 FeiertagslohnzahlungsG. ‖ 15 BAG 1.2.1995 – 5 AZR 847/93, AP Nr. 67 zu § 1 FeiertagslohnzahlungsG; 24.9.1986 – 4 AZR 543/85, AP Nr. 50 zu § 1 FeiertagslohnzahlungsG; 27.9.1983 – 3 AZR 159/81, BAGE 44, 160 (162). ‖ 16 BAG 25.6.1985 – 3 AZR 347/83, BAGE 49, 120. ‖ 17 BAG 16.1.2002 – 5 AZR 303/00, AP Nr. 7 zu § 2 EngeltFG. ‖ 18 BAG 1.2.1995 – 5 AZR 847/93, AP Nr. 67 zu § 1 FeiertagslohnzahlungsG; 24.9.1986 – 4 AZR 543/85, AP Nr. 50 zu § 1 FeiertagslohnzahlungsG.

3. Variable Vergütungen. Anders verhält es sich dagegen bei variablen Vergütungen, die nach geleisteten Arbeitsstunden bemessen oder – wie zB Akkordlöhne oder Provisionen – leistungsabhängig sind. Grds. bemisst sich in solchen Fällen das fortzuzahlende Entgelt nach zwei Faktoren, nämlich dem Zeitfaktor für die infolge des gesetzl. Feiertages ausgefallene Arbeitszeit und dem Geldfaktor für den zugrunde zu legenden Stundensatz oder nach dem erzielbaren Leistungsentgelt. 28

a) Zeitfaktor. Der Zeitfaktor ist, wenn nur das Arbeitsentgelt variiert (zB bei Akkordentlohnung) leicht feststellbar, wenn die hypothetische Arbeitszeit, zB auf Grund durchlaufender Schichtpläne, festliegt. Solche Schichtpläne, die auf gesetzl. Feiertage keine Rücksicht nehmen, dürften jedoch nur selten vorliegen. Schwieriger ist die Bestimmung des Zeitfaktors, wenn die Möglichkeit der Leistung von **variablen Tagesarbeitszeitmengen**, **Mehrarbeit** oder von **Überstunden** ohne einen auf den gesetzl. Feiertag nicht abstellenden Arbeitszeitplan in Betracht kommt. Insoweit ist wiederum eine hypothetische Feststellung zu treffen. Dabei kann die regelmäßige Ableistung von Arbeitsmenge oder Mehrarbeit oder Überstunden an dem betreffenden Wochentag in der Vergangenheit ein Indiz dafür sein, dass sich dies auch an dem Tag wiederholt hätte, auf den der Feiertag fällt[1]. Werden ArbN regelmäßig samstags zu Mehrarbeit herangezogen, im Einzelfall nicht aber an einem Samstag, auf den ein gesetzl. Feiertag fällt, so haben sie normalerweise Anspruch auf Entgeltfortzahlung in Höhe der entgangenen Mehrarbeitsvergütung. 29

Ruht dagegen die Arbeit vor und nach dem betreffenden Feiertag wegen Betriebsstilllegung auch an diesen Tagen, so besteht kein Anspruch nach § 2[2]. Das Vor- und Nachholen feiertagsbedingten Arbeitsausfalles erhöhen dessen Zeitfaktor nicht[3]. Der Vergütungsanspruch für regelmäßig anfallende Zusatzarbeiten kann nach § 12 nicht für Tage, an denen die Arbeit wegen des Feiertages ausfällt, ausgeschlossen werden[4]. 30

Bei **Gleitzeitarbeit mit variabler Tagesarbeitszeitmenge** kommt es für die Bemessung des Zeitfaktors ebenfalls auf die Feststellung der hypothetisch geleisteten Arbeitsmenge an. Insoweit ist jedoch zu berücksichtigen, dass die Arbeitszeitmenge idR dem Arbeitsbedarf angepasst werden soll. Von daher kann es vor und nach einem gesetzl. Feiertag durchaus zu größeren Tagesarbeitsmengen kommen, ohne dass daraus zwingend zu schließen wäre, eine derart erhöhte Arbeitsmenge wäre auch am gesetzl. Feiertag angefallen oder geleistet worden. Insoweit kann eine längerfristige Betrachtung der Arbeitsstundenverteilung in der Vergangenheit hilfreich sein. Bei einem **Freischichtsystem** bemisst sich der Zeitfaktor grds. nach der ausgefallenen Schichtarbeitszeit. Tarifvertraglich oder im Wege der BV kann jedoch bestimmt werden, dass sich der Zeitfaktor nach der gleichmäßigen rechnerischen Verteilung der regelmäßigen durchschnittlichen Arbeitszeit bestimmt. 31

b) Geldfaktor. Der Geldfaktor bestimmt den Entgeltwert des Zeitfaktors. Für den Geldfaktor sind alle entgeltwerten, auf die ausgefallene Arbeitszeit bezogenen Bestandteile der Arbeitsvergütung zugrunde zu legen. Insb. sind beim Geldfaktor auch etwaige **Mehrarbeits- oder Überstundenzuschläge** mitzurechnen, wenn an dem gesetzl. Feiertag Überstunden angefallen wären[5]. Insoweit unterscheidet sich die Entgeltfortzahlung an Feiertagen von der wegen krankheitsbedingter Arbeitsunfähigkeit. 32

Bei **leistungsbezogenen Entgelten** ist, sofern weder ein TV noch eine BV anderes regeln, der durch den Feiertag entstandene Entgeltausfall auf Grund der Durchschnittsverdienste einer oder mehrerer relevanter Bezugsperiode(n) zu ermitteln; im Streitfall notfalls entsprechend § 287 II ZPO. Dies betrifft Einzel-Akkordvergütungen[6] ebenso wie Provisionen[7]. Beim Gruppenakkord ist eine gleichmäßige Verteilung des ausgefallenen Gruppenakkordverdienstes auf alle Mitglieder der Gruppe geboten, wenn für den ArbGeb nicht erkennbar ist, welches Gruppenmitglied an dem Feiertag gearbeitet hätte[8]. 33

● **Beispiel:** In einer Akkordkolonne mit insg. 20 Mitgliedern arbeiten in der jeweiligen Schicht 17 ArbN. Dem ArbGeb ist nicht bekannt, welche Kolonnenmitglieder in welcher Schicht tätig sind. Als Entgeltfortzahlung für den gesetzl. Feiertag hat jedes Kolonnenmitglied 1/20 des Tagesverdienstes zu erhalten, den die Akkordkolonne ohne die Feiertagsruhe erzielt hätte. 34

c) Darlegungs- und Beweislast. Der ArbN hat die Tatsachen darzulegen und ggf. zu beweisen, aus denen er die Höhe der geschuldeten Entgeltfortzahlung herleiten will[9]. 35

4. Pauschalierte Entgeltfortzahlung. Eine Pauschalierung des für den feiertagsbedingten Arbeitsausfall fortzuzahlenden Arbeitsentgeltes ist grds. möglich. Sie muss allerdings deutlich erkennen lassen, inwieweit und in welcher Höhe die Entgeltfortzahlung an gesetzl. Feiertagen durch die Pauschale ausgeglichen werden soll[10] und darf nicht gegen § 12 (vgl. dort) verstoßen. 36

---

1 BAG 28.2.1964 – 1 AZR 464/63, AP Nr. 16 zu § 1 FeiertagslohnzahlungsG. ‖ 2 BAG 26.3.1985 – 3 AZR 239/83, AP Nr. 47 zu § 1 Feiertagslohnzahlungs.G. ‖ 3 ErfK/*Dörner/Reinhard*, § 2 EFZG Rz. 15; HzA/*Vossen*, Gruppe 2 Rz. 819. ‖ 4 BAG 16.1.2002 – 5 AZR 303/00, AP Nr. 7 zu § 2 EntgeltFG. ‖ 5 BAG 25.6.1985 – 3 AZR 347/83, BAGE 49, 120. ‖ 6 BAG 29.9.1971 – 3 AZR 163/71, AP Nr. 28 zu § 1 FeiertagslohnzahlungsG. ‖ 7 BAG 17.4.1975 – 3 AZR 289/74, AP Nr. 32 zu § 1 FeiertagslohnzahlungsG. ‖ 8 BAG 28.2.1984 – 3 AZR 103/83, AP Nr. 43 zu § 1 FeiertagslohnzahlungsG. ‖ 9 BAG 10.7.1996 – 5 AZR 113/95, BAGE 83, 283 (288). ‖ 10 BAG 28.2.1984 – 3 AZR 103/83, AP Nr. 43 zu § 1 FeiertagslohnzahlungsG.

37 **IV. Kurzarbeit.** Das Zusammentreffen von Kurzarbeit und Entgeltfortzahlung an gesetzl. Feiertagen hat der Gesetzgeber in Abs. 2 einer besonderen Regelung unterworfen.

38 **1. Normzweck.** Mit der Regelung in Abs. 2 hat der Gesetzgeber das Prinzip der Monokausalität für die Entgeltfortzahlung an Feiertagen bei gleichzeitigem Arbeitsausfall wegen Kurzarbeit durchbrochen. Die Regelung dient, wie ihre Vorgängerbestimmung in S. 2 des § 1 I FeiertagslohnzahlungsG, der Entlastung der ArblV.

39 **2. Entgeltfortzahlung in Höhe des Kurzarbeitergeldes.** Im Fall des Abs. 2 erhält der ArbN nicht Kurzarbeitergeld (Kug), sondern Entgeltfortzahlung vom ArbGeb, dies allerdings nur in Höhe des Kug und nicht etwa in der Höhe des ohne Kurzarbeit feiertagsbedingt ausgefallenen Arbeitsentgeltes[1]. Bei **arbeitskampfbedingter Kurzarbeit** hat der ArbGeb ebenfalls die Entgeltfortzahlung in Höhe des Kug zu leisten, obwohl er ohne den feiertagsbedingten Arbeitsausfall berechtigt wäre, wegen der arbeitskampfbedingte Kurzarbeit die Zahlung von Arbeitsentgelt zu verweigern[2]. Fallen **Kurzarbeit, krankheitsbedingte Arbeitsunfähigkeit und gesetzl. Feiertag zusammen**, so hat der ArbN Anspruch auf Entgeltfortzahlung im Krankheitsfall[3], und zwar in Höhe des Kug. Denn die Höhe der Entgeltfortzahlung im Krankheitsfall bemisst sich bei gleichzeitigem feiertagsbedingtem Arbeitsausfall gem. § 4 II, III 2 nach § 2 und damit wegen der Kurzarbeit nach Abs. 2.

40 **3. Sozialversicherungsbeiträge, Lohnsteuer.** Die auf die in Höhe des Kug zu zahlende Entgeltfortzahlung entfallenden SozV-Beiträge für die gesetzl. RV hat der ArbGeb im Verhältnis zum ArbN allein zu tragen (§ 168 I Nr. 1a SGB VI); Gleiches gilt für den Beitrag zur gesetzl. KV (§ 249 II SGB V). Dagegen ist die LSt vom ArbN zu tragen[4].

41 **V. Unentschuldigtes Fernbleiben von der Arbeit (Abs. 3).** Die Regelung über die Entgeltfortzahlung bei unentschuldigtem Fehlen vor und nach dem gesetzl. Feiertag entspricht dem vormaligen § 1 III FeiertagslohnG[5].

42 **1. Normzweck.** Die Bestimmung soll „Arbeitsbummelei" im Zusammenhang mit den gesetzl. Feiertagen verhindern. Bleibt der ArbN am letzten Arbeitstag vor oder am ersten Arbeitstag nach dem gesetzl. Feiertag, der das gesetzl. Beschäftigungsverbot zur Folge hat, der Arbeit unentschuldigt fern, so verliert er den Anspruch auf Entgeltfortzahlung nach Abs. 3, dem sog. **„Bummelparagraphen"**.

43 **2. Arbeitstage vor und nach dem gesetzlichen Feiertag.** Maßgeblich sind diejenigen Arbeitstage, an denen der einzelne ArbN nach seiner individuellen Arbeitsverpflichtung zu arbeiten hatte[6]. Diese Arbeitstage müssen nicht unmittelbar kalendarisch mit dem gesetzl. Feiertag verbunden sein, wohl aber müssen der Feiertag und der Fehltag insoweit miteinander zusammenhängen, als für den ArbN an den dazwischenliegenden Kalendertagen keine Arbeitspflicht bestanden hat[7]. Gleiches hat zu gelten, wenn die gesetzl. Feiertage durch für den betreffenden ArbN arbeitsfreie Tage miteinander verbunden sind[8].

44 **3. Fernbleiben von der Arbeit.** Der ArbN verliert den Anspruch nur, wenn er an dem maßgeblichen Arbeitstag der von ihm geschuldeten Arbeit fernbleibt. Das Tatbestandsmerkmal des Fernbleibens von der Arbeit ist ohne weiteres erfüllt, wenn der ArbN an dem Tag, an dem er zu arbeiten gehabt hätte, überhaupt nicht zur Arbeit erscheint[9]. Indessen ist das völlige Fernbleiben von der Arbeit nicht erforderlich; es genügt, wenn der ArbN seiner Arbeitspflicht an dem Arbeitstag teilweise nicht nachkommt[10].

45 Derartiges teilweises Fehlen erfüllt nach dem Stand der Rspr. grds. die Voraussetzungen des Fernbleibens von der Arbeit; allerdings ist der Tatbestand des Fernbleibens nicht erfüllt, wenn der ArbN eine verhältnismäßig erhebliche Arbeitsleistung an den maßgeblichen Arbeitstagen vor und nach dem gesetzl. Feiertag erbracht hat[11].

46 Das **zeitweilige Fernbleiben** von der Arbeit erfüllt den Tatbestand des Fernbleibens am Arbeitstag, wenn der ArbN mehr als die Hälfte seiner individuellen Arbeitszeit nicht gearbeitet hat[12]. Bloße körperliche Anwesenheit ohne Arbeitsleistung ist als Fernbleiben von der Arbeit zu bewerten[13]. Unerheblich ist, ob die erhebliche Arbeitsversäumnis zu Beginn, während oder zum Ende der Arbeitszeit des säumigen ArbN eintritt[14]. Zwischen dem Fernbleiben von der Arbeit und dem gesetzl. Feiertag bzw. dem feiertagsbedingten Arbeitsausfall braucht **kein ursächlicher Zusammenhang** zu bestehen[15].

47 **4. Unentschuldigt.** Der Verlust des Anspruchs nach Abs. 1 tritt nach Abs. 3 nur ein, wenn das Fernbleiben von der Arbeit unentschuldigt ist. Unentschuldigt iSd. Abs. 3 bleibt ein ArbN, wenn für ihn kein

---

1 BAG 20.7.1982 – 1 AZR 404/80, BAGE 39, 191. ||2 BAG 20.7.1982 – 1 AZR 404/80, BAGE 39, 191. ||3 BAG 8.5.1984 – 3 AZR 194/82, BAGE 46, 13. ||4 BAG 8.5.1984 – 3 AZR 194/82, BAGE 46, 13. ||5 V. 20.8.1951 (BGBl. I S. 479). ||6 BAG 16.6.1965 – 1 AZR 56/65, BAGE 17, 201. ||7 Vgl. BAG 16.6.1965 – 1 AZR 56/65, BAGE 17, 201. ||8 Vgl. BAG 6.4.1982 – 3 AZR 1036/79, BAGE 38, 251. ||9 So schon RAG 13.2.1942, RAGE 26, 89. ||10 BAG 20.10.1966 – 3 AZR 186/66, BAGE 19, 115 (117). ||11 BAG 20.10.1966 – 3 AZR 186/66, BAGE 19, 115 (118/119) im Anschluss an BAG 4.3.1960 – 1 AZR 18/58, BAGE 9, 100 (102). ||12 BAG 20.10.1966 – 3 AZR 186/66, BAGE 19, 115 (118/119) im Anschluss an BAG 4.3.1960 – 1 AZR 18/58, BAGE 9, 100 (102). ||13 LAG Düss. 11.10.1957 – 5 Sa 397/57, BB 1958, 157. ||14 BAG 20.10.1966 – 3 AZR 186/66, BAGE 19, 115 (118/119). ||15 BAG 20.10.1966 – 3 AZR 186/66, BAGE 19, 115 (118/119).

stichhaltiger Grund für sein Fernbleiben von der Arbeit bestanden hat[1]. Hierzu muss das Fernbleiben von der Arbeit für den ArbN subjektiv schuldhaft iS eines Vertretenmüssens sein[2]. § 3 verpflichtet den ArbN nicht, den Entschuldigungsgrund für sein Fernbleiben von der Arbeit unverzüglich mitzuteilen. Eine solche generelle Verpflichtung, den ArbGeb unverzüglich von der vorhersehbaren oder bereits eingetretenen Arbeitsverhinderung zu **unterrichten**, besteht jedoch für den ArbN als **arbeitsvertragl. Nebenpflicht**[3] nach § 241 II BGB. Ihre Verletzung zieht die allg. Folgen wie Abmahnung, ggf. Kündigung, ggf. Schadensersatz nach sich. Auch für die Frage, ob das Fernbleiben von der Arbeit unentschuldigt ist oder nicht, kommt es **nicht** darauf an, ob zwischen Arbeitsversäumnis und feiertagsbedingtem Arbeitsausfall ein **ursächlicher Zusammenhang** besteht[4]. Liegt ein vom ArbN **subjektiv nicht zu vertretender Grund** für die Nichtleistung der Arbeit vor, so ist sein Anspruch auf Entgeltfortzahlung für den gesetzl. Feiertag nicht nach Abs. 3 ausgeschlossen. Dies kann insb. in den Fällen des § 616 BGB der Fall sein, zB weil der ArbN infolge plötzlicher extremer Straßenglätte nicht zur Arbeitsstelle gelangen kann.

Aus Abs. 3 folgt im Fall des unentschuldigten Fernbleibens von der Arbeit, dass dem ArbN kein Anspruch auf Entgeltfortzahlung für den gesetzl. Feiertag zusteht. Dies betrifft das gesamte Arbeitsentgelt, das sonst für den Feiertag fortzuzahlen gewesen wäre, und zwar auch dann, wenn der ArbN am maßgebenden Arbeitstag vor oder nach dem Feiertag seine Arbeit nur zum Teil versäumt hat[5]. Eine gleich bleibende Monatsvergütung (Gehalt) ist in der Weise zu kürzen, dass der Tagessatz für jeden Feiertag auf die in dem betreffenden Monat konkret anfallenden Arbeitstage einschl. der darauf entfallenden Feiertage berechnet wird. Indessen stellt Abs. 3 nicht die einzige Rechtsfolge dar. Im Umfang der unentschuldigten Arbeitsversäumnis braucht der ArbGeb nach dem Grundsatz „ohne Arbeit kein Lohn"[6] (vgl. § 611 BGB) ebenfalls keine Vergütung zu zahlen. 48

5. Rechtsfolgen des unentschuldigten Fernbleibens. Zudem kann die unentschuldigte Arbeitsversäumnis auch andere Folgen, wie Abmahnung, ggf. Kündigung des ArbVerh oder Schadensersatz, nach sich ziehen. 49

6. Darlegungs- und Beweislast. Bei Abs. 3 handelt es sich um einen **anspruchsvernichtenden Tatbestand**. Der **ArbGeb** trägt die Beweislast. Die Darlegungslast ist gespalten. Der ArbGeb hat zunächst zu behaupten und zu beweisen, dass der ArbN am maßgeblichen Tag zu arbeiten gehabt habe. Behauptet der ArbGeb, der ArbN sei am maßgeblichen Tag der Arbeit unentschuldigt fern geblieben, so hat der ArbN substantiiert darzulegen, dass bzw. von wann bis wann er zur Arbeit erschienen sei. Dem hat der ArbGeb substantiiert zu entgegnen und die dazu dienenden Tatsachen zu beweisen. Entsprechendes gilt für das Unentschuldigtsein des Fernbleibens. 50

3 *Anspruch auf Entgeltfortzahlung im Krankheitsfall*
(1) Wird ein Arbeitnehmer durch Arbeitsunfähigkeit infolge Krankheit an seiner Arbeitsleistung verhindert, ohne dass ihn ein Verschulden trifft, so hat er Anspruch auf Entgeltfortzahlung im Krankheitsfall durch den Arbeitgeber für die Zeit der Arbeitsunfähigkeit bis zur Dauer von sechs Wochen. Wird der Arbeitnehmer infolge derselben Krankheit erneut arbeitsunfähig, so verliert er wegen der erneuten Arbeitsunfähigkeit den Anspruch nach Satz 1 für einen weiteren Zeitraum von höchstens sechs Wochen nicht, wenn

1. er vor der erneuten Arbeitsunfähigkeit mindestens sechs Monate nicht infolge derselben Krankheit arbeitsunfähig war oder
2. seit Beginn der ersten Arbeitsunfähigkeit infolge derselben Krankheit eine Frist von zwölf Monaten abgelaufen ist.

(2) Als unverschuldete Arbeitsunfähigkeit im Sinne des Absatzes 1 gilt auch eine Arbeitsverhinderung, die infolge einer nicht rechtswidrigen Sterilisation oder eines nicht rechtswidrigen Abbruchs der Schwangerschaft eintritt. Dasselbe gilt für einen Abbruch der Schwangerschaft, wenn die Schwangerschaft innerhalb von zwölf Wochen nach der Empfängnis durch einen Arzt abgebrochen wird, die schwangere Frau den Abbruch verlangt und dem Arzt durch eine Bescheinigung nachgewiesen hat, dass sie sich mindestens drei Tage vor dem Eingriff von einer anerkannten Beratungsstelle hat beraten lassen.

(3) Der Anspruch nach Absatz 1 entsteht nach vierwöchiger ununterbrochener Dauer des Arbeitsverhältnisses.

I. Normzweck und -entstehung	1	1. Anspruchsberechtigte	3
II. Entgeltfortzahlung wegen krankheitsbedingter Arbeitsunfähigkeit (Abs. 1)	2	2. Entgeltfortzahlungsanspruch	4

---

1 BAG 14.6.1957 – 1 AZR 97/56, AP Nr. 2 zu § 1 FeiertagsLohnzahlungsG. ‖ 2 BAG 20.10.1966 – 3 AZR 186/66, BAGE 19, 115 (118/119). ‖ 3 BAG 15.7.1992 – 7 AZR 466/91, AP Nr. 9 zu § 611 BGB Abmahnung. ‖ 4 BAG 20.10.1966 – 3 AZR 186/66, BAGE 19, 115 (118/119). ‖ 5 BAG 20.10.1966 – 3 AZR 186/66, BAGE 19, 115 (118/119). ‖ 6 St. Rspr., statt vieler BAG 7.6.1963 – 1 AZR 253/62, BAGE 14, 200 (201).

3. Arbeitsverhinderung infolge krankheitsbedingter Arbeitsunfähigkeit 11	7. Wiederholte Arbeitsunfähigkeit infolge derselben Krankheit 96
4. Krankheitsbedingte Arbeitsunfähigkeit . . . 33	III. Sterilisation und Schwangerschaftsabbruch (Abs. 2) 112
5. Unverschulden des Arbeitnehmers 50	
6. Beginn, Dauer und Ende des Anspruchs auf Entgeltfortzahlung 73	IV. Wartezeit (Abs. 3) 114

1 **I. Normzweck und -entstehung.** § 3 bildet die Grundnorm für den Anspruch auf Entgeltfortzahlung infolge Arbeitsverhinderung wegen krankheitsbedingter Arbeitsunfähigkeit. Diese Bestimmung regelt den Sachverhalt **abschließend**. Auf § 616 BGB kann für die Fortzahlung des Arbeitsentgeltes nicht zurückgegriffen werden, das EFZG ist insoweit lex specialis. Allerdings fällt eine krankheitsbedingte Arbeitsverhinderung, die keine Arbeitsunfähigkeit nach sich zieht, unter § 616 BGB[1]

2 **II. Entgeltfortzahlung wegen krankheitsbedingter Arbeitsunfähigkeit (Abs. 1).** Gem. Abs. 1 S. 1 hat ein ArbN Anspruch auf Entgeltfortzahlung gegen den ArbGeb **bis zur Dauer von sechs Wochen**, wenn er durch Arbeitsunfähigkeit infolge Krankheit an seiner Arbeitsleistung verhindert wird, ohne dass ihn ein Verschulden trifft. Im Fall der erneuten Arbeitsunfähigkeit wegen derselben Krankheit verliert der ArbN diesen Anspruch für einen weiteren Zeitraum von höchstens sechs Wochen nach näherer Maßgabe von Abs. 1 S. 2 nicht.

3 **1. Anspruchsberechtigte.** Anspruchsberechtigt sind **alle ArbN** (§ 1 II). Für den Bereich der **Heimarbeit** enthält § 10 eigene Regelungen.

4 **2. Entgeltfortzahlungsanspruch.** Das Recht auf Entgeltfortzahlung wegen krankheitsbedingter Arbeitsunfähigkeit setzt grds. das Bestehen des ArbVerh voraus; nach näherer Maßgabe von § 8 kann der Anspruch auch trotz Beendigung des ArbVerh bestehen.

5 **a) Rechtsnatur.** Das Recht auf Entgeltfortzahlung (Abs. 1 S. 1) stellt keinen eigenständigen Anspruch dar, sondern bedeutet nur, dass der Anspruch auf Arbeitsentgelt nicht dadurch verloren geht, dass der ArbN wegen Arbeitsunfähigkeit infolge unverschuldeter Erkrankung gehindert war, seine Arbeit zu leisten. Umfang und Höhe des Anspruchs auf Arbeitsentgelt können auch für den Fall des § 3 tarifvertragl. gestaltet sein[2]. Der Entgeltfortzahlungsanspruch ist kein Lohnersatzanspruch, sondern der Anspruch auf das **arbeitsvertragl. geschuldete Entgelt**. Die Besonderheit besteht nur darin, dass der ArbGeb es ohne Arbeitsleistung und damit abweichend vom Grundsatz „ohne Arbeit kein Lohn"[3] zu zahlen hat.

6 Einstweilen frei.

7 **b) Rechtliche Behandlung als Arbeitsentgelt.** Da es sich bei Abs. 1 S. 1 lediglich um die Aufrechterhaltung des ansonsten geschuldeten Vergütungsanspruchs handelt, sind die normalen rechtl. Regelungen für den Vergütungsanspruch anzuwenden[4]. Die Zahlung ist an **den normalen Vergütungsterminen fällig**[5]; der Anspruch unterliegt der regelmäßigen **Verjährung** (§§ 194, 195, 199 BGB) ebenso wie tarifvertragl. oder arbeitsvertragl. **Ausschlussfristen**[6]. Der Anspruch kann in den Grenzen des § 400 BGB **abgetreten** und verpfändet werden; er unterliegt in den Grenzen des § 850c ZPO **der Lohnpfändung**. Von einer vorangegangenen Lohnpfändung werden auch die auf den Entgeltfortzahlungszeitraum entfallenden Teile des Vergütungsanspruchs erfasst. Mit der Vereinbarung der Suspendierung unter Vergütungsfortzahlung wird regelmäßig keine Rechtgrundlage für eine eigenständige Entgeltfortzahlung im Krankheitsfall geschaffen, die über die gesetzl. Pflicht hinausgeht[7].

8 **c) Anspruchsübergang auf die Krankenkasse.** Nach den §§ 44ff. SGB V haben ArbN als Mitglieder der in § 4 II SGB V genannten Krankenkassen und Ersatzkassen im Fall krankheitsbedingter Arbeitsunfähigkeit **Anspruch auf Krankengeld**. Unterliegt das ArbV deutschem Recht, so stellt § 3 eine sog. Eingriffsnorm iSd. (vormaligen) Art. 34 EGBGB dar[8]. Diesem Anspruch ggü. hat der Anspruch des ArbN auf Entgeltfortzahlung Vorrang. Krankengeld hat eine Entgeltersatzfunktion; es ist erst zu leisten, wenn der Versicherte seines arbeitsrechtl. Anspruchs auf Entgeltfortzahlung wegen krankheitsbedingter Arbeitsunfähigkeit verlustig ist oder er ihn nicht durchsetzen kann, zB während der Wartefrist des Abs. 3 oder nach Erschöpfung des Entgeltfortzahlungsanspruchs oder in Fällen des § 8. Nach § 49 Nr. 1 SGB V ruht der Anspruch auf Krankengeld, soweit und solange der ArbN während seiner Erkrankung Entgeltfortzahlung tatsächlich erhält. Erhält der ArbN vom ArbGeb trotz entsprechenden Anspruchs keine Entgeltfortzahlung im Krankfall, so hat die faktische Undurchsetzbarkeit dieses Anspruchs zur Folge, dass die Krankenkasse zur Zahlung von Krankengeld verpflichtet ist. Dies ist nicht selten bei einer Beendigung des ArbVerh anlässlich einer Erkrankung des ArbN (vgl. § 8) gegeben.

---

1 BAG 29.2.1984 – 5 AZR 92/84, AP Nr. 22 zu § 1 TVG Tarifverträge: Metallindustrie. ‖2 BAG 16.1.2002 – 5 AZR 430/00, AP Nr. 13 zu § 3 EntgeltFG. ‖3 St. Rspr., statt vieler BAG 7.6.1963 – 1 AZR 253/62, BAGE 14, 200 (201). ‖4 BAG 21.12.1972 – 5 AZR 319/72, AP Nr. 1 zu § 9 LohnFG. ‖5 BAG 27.4.1994 – 5 AZR 747/93 (A), BAGE 76, 306. ‖6 BAG 5.11.2003 – 5 AZR 676/02, NZA 2005, 64; 16.1.2002 – 5 AZR 430/00, AP Nr. 13 zu § 3 EntgeltFG; aA *Kunz/Wedde*, § 3 Rz. 22. ‖7 BAG 29.9.2004 – 5 AZR 99/04, NZA 2005, 104. ‖8 BAG 18.4.2012 – 10 AZR 200/11 – NZA 2012, 1152.

Soweit der ArbN Anspruch auf Entgeltfortzahlung hat, geht der Entgeltfortzahlungsanspruch **in Höhe des gezahlten Netto-Krankengeldes**, nicht jedoch in Höhe der von der Krankenkasse geleisteten SozVBeiträge (RV: § 176 I SGB VI, ArbeitslosenV: § 347 Nr. 5 SGB III, Pflegeversicherung: § 59 II SGB XI) auf die Krankenkasse über (§ 115 I SGB X)[1]. Allerdings führt der Anspruchsübergang nicht dazu, dass der ArbGeb von den Beiträgen entlastet wäre, die sich aus dem geschuldeten Bruttobetrag der Entgeltfortzahlung wegen krankheitsbedingter Arbeitsunfähigkeit ergeben, denn insoweit schuldet er der Krankenkasse die Leistung der hierauf entfallenden SozV-Beiträge, soweit sie vom ArbGeb zu tragen sind[2]. Im Rahmen des Anspruchsübergangs erhält die Krankenkasse hinsichtlich des Entgeltfortzahlungsanspruchs dieselbe Rechtsstellung wie der ArbN[3].

Nach § 404 iVm. § 412 BGB kann der ArbGeb der Krankenkasse ggü. alle **Einwendungen** erheben, die zur Zeit des Forderungsübergangs gegen den ArbN begründet waren; dabei ist der Begriff der Einwendungen im weitesten Sinn zu verstehen[4]. Dies gilt auch hinsichtlich einer kollektiv- oder einzelvertragl. begründeten **Ausschlussfrist**[5]. Nach dem Forderungsübergang kann der ArbN hinsichtlich der übergegangenen Teile seines Entgeltfortzahlungsanspruchs nicht mehr verfügen, insb. kann er hierauf nicht mehr verzichten oder der Forderung die Rechtsgrundlage dadurch entziehen, dass er einen Aufhebungsvertrag abschließt, wenn dem ArbN der Anspruchsübergang bekannt war[6]. 9

d) Rechtsmissbrauch. Die Geltendmachung des Anspruchs auf Entgeltfortzahlung kann wegen Verstoßes gegen Treu und Glauben (§ 242 BGB) rechtsmissbräuchlich sein. Liegt bereits ein **Verschulden des ArbN** an seiner krankheitsbedingten Arbeitsunfähigkeit vor, so ist für die Prüfung, ob die Geltendmachung der Entgeltfortzahlung gegen § 242 BGB verstößt, kein Raum[7]. Dagegen liegt ein Rechtsmissbrauch vor, wenn sich der ArbN das ArbVerh in Kenntnis seiner Arbeitsunfähigkeit erschlichen hat, zB wenn er bereits bei Abschluss des ArbVerh arbeitsunfähig erkrankt war und dies noch bei Ablauf der Wartezeit des Abs. 3 andauert[8] oder wenn er seinen Anspruch auf Entgeltfortzahlung verwirkt hat[9]. 10

3. Arbeitsverhinderung infolge krankheitsbedingter Arbeitsunfähigkeit. Der Entgeltfortzahlungsanspruch nach Abs. 1 setzt voraus, dass der ArbN **allein durch seine Arbeitsunfähigkeit** infolge Krankheit verhindert ist, die geschuldete Arbeit zu leisten. Diese **Monokausalität** ist unter mehreren Gesichtspunkten zu prüfen. 11

a) Prinzip der Monokausalität. Die krankheitsbedingte Arbeitsunfähigkeit muss die **alleinige Ursache** der Arbeitsverhinderung sein, um einen Anspruch nach Abs. 1 auszulösen[10]. Grds. gilt dasselbe Prinzip der Monokausalität wie bei der Entgeltfortzahlung an Feiertagen. Durch **TV** kann allerdings zu Gunsten des ArbN vom Grundsatz der Monokausalität abgewichen werden[11]. 12

b) Arbeitsausfall aus anderen Gründen. Ein Anspruch auf Entgeltfortzahlung ist nach Abs. 1 nicht gegeben, wenn die Arbeit (auch) aus einem anderen Grund als der krankheitsbedingten Arbeitsunfähigkeit des ArbN ausgefallen wäre. Ob sich ein Entgelt(fort)zahlungsanspruch wegen des anderen Grundes des Arbeitsausfalls ergibt, ist eine hiervon zu trennende Frage. Die Unterscheidung ist deswegen bedeutsam, weil die Rechtsfolgen unterschiedlich sein können, vor allem im Verhältnis zwischen mutterschutzbedingtem Arbeitsausfall und krankheitsbedingtem Arbeitsausfall. Liegt **Doppel- oder Mehrfachkausalität** für den Arbeitsausfall vor, so verliert der ArbN seinen Anspruch auf Entgeltfortzahlung im Krankheitsfall. Er hat jedoch einen Entgeltanspruch zu behalten, wenn beide Leistungshindernisse Entgeltfortzahlungsansprüche auslösen[12]. Regelmäßig ist dies der Anspruch, der ohne die Arbeitsverhinderung infolge krankheitsbedingter Arbeitsunfähigkeit gegeben wäre. 13

aa) Annahmeverzug. Befindet sich der ArbGeb hinsichtlich der Arbeitsleistung des ArbN in Annahmeverzug, so hat der ArbN nach § 615 S. 1 BGB Anspruch auf Bezahlung des Arbeitsentgeltes. Erkrankt der ArbN in diesem Zeitraum arbeitsunfähig, so kann der ArbN für diesen Zeitraum seine Arbeitsleistung nicht anbieten (§ 297 BGB), so dass ein Anspruch nach § 615 BGB ausscheidet. Jedoch hat er Anspruch auf Entgeltfortzahlung gem. § 3; der Höhe nach richtet sich der Anspruch nach § 4, ggf. iVm. tarifvertragl. Regelungen. 14

bb) Arbeitskampf. Ist Arbeitskampf die Ursache für den Arbeitsausfall, so entfällt der Anspruch auf Entgeltfortzahlung im Krankheitsfall sowohl beim Streik des ArbN[13] als auch im Fall der Aussperrung[14]. Im Fall des Streiks besteht allerdings ein Anspruch auf Entgeltfortzahlung im Krankheitsfall, wenn die Beschäftigung des nicht am Streik teilnehmenden ArbN ohne seine Arbeitsunfähigkeit möglich gewesen wäre[15]. Dagegen besteht kein Anspruch auf Entgeltfortzahlung im Krankheitsfall, wenn der Betrieb 15

---

1 BAG 2.12.2002 – 7 AZR 437/01, AP Nr. 24 zu § 2 BAT SR 2y. ‖2 BSG 26.11.1985 – 12 RK 51/83, DB 1986, 867. ‖3 BAG 18.1.1995 – 5 AZR 818/93, BAGE 79, 122 (127). ‖4 BAG 30.3.1994 – 7 ABR 45/93, BAGE 76, 214 (226). ‖5 BAG 7.12.1983 – 5 AZR 425/80, BAGE 44, 337. ‖6 BAG 9.10.1996 – 5 AZR 246/95, AP Nr. 9 zu § 115 SGB X; 20.8.1980 – 5 AZR 227/79, BAGE 34, 128. ‖7 BAG 21.4.1982 – 5 AZR 1019/79, BAGE 38, 309. ‖8 BAG 26.7.1989 – 5 AZR 491/88, EzA § 1 LohnFG Nr. 110. ‖9 BAG 27.8.1971 – 1 AZR 107/71, BAGE 23, 411. ‖10 St. Rspr., zuletzt BAG 28.1.2004 – 5 AZR 58/03, AP Nr. 21 zu § 3 EngeltFG; 26.6.1996 – 5 AZR 872/94, BAGE 83, 229. ‖11 BAG 9.10.2002 – 5 AZR 356/01, AP Nr. 63 zu § 4 EntgeltFG. ‖12 Belling/Hartmann, ZfA 1994, 519 (522); Reinecke, DB 1991, 1168. ‖13 BAG 8.3.1972 – 5 AZR 491/72, AP Nr. 29 zu § 1 LohnFG. ‖14 BAG 7.6.1988 – 1 AZR 597/86, AP Nr. 107 zu Art. 8 und 9 GG Arbeitskampf. ‖15 BAG 1.10.1991 – 1 AZR 147/91, AP Nr. 121 zu Art. 9 GG Arbeitskampf.

infolge des Streiks stillliegt oder wenn – ohne dass dies der Fall ist – der arbeitsunfähig kranke ArbN am Streik teilnimmt oder während der Streikteilnahme arbeitsunfähig krank wird[1].

16 Ob ein Anspruch auf Entgeltfortzahlung wegen krankheitsbedingter Arbeitsunfähigkeit besteht, wenn der streikende ArbN sodann erklärt, sich nicht mehr am Streik beteiligen zu wollen, ist umstritten. Erklärt jedoch der ArbN, sich am Arbeitskampf beteiligen zu wollen, so entsteht für ihn kein Anspruch auf Entgeltfortzahlung im Krankheitsfall[2].

17 **cc) Arbeitsunwilligkeit.** Erklärt sich ein ArbN vor Beginn der krankheitsbedingten Arbeitsunfähigkeit arbeitsunwillig, indem er zB erklärt, er werde „krank sein", wenn er eine bestimmte Tätigkeit ausüben müsse, so kann es deswegen an der Monokausalität fehlen. Denn zu den Voraussetzungen des Entgeltfortzahlungsanspruchs wegen krankheitsbedingter Arbeitsunfähigkeit gehört, dass der ArbN ungeachtet der krankheitsbedingten Arbeitsunfähigkeit jedenfalls arbeitswillig war[3]. Hat der ArbN längere Zeit „gebummelt" und ist er dann arbeitsunfähig krank geworden, so muss er, wenn der ArbGeb entsprechende Zweifel darlegt, vortragen und ggf. beweisen, dass er während der Zeit der krankheitsbedingten Arbeitsunfähigkeit arbeitswillig war; hierdurch kann er sich des Vortrags von Hilfstatsachen bedienen[4]. Davon zu trennen ist die Frage, ob in den Fällen angekündigter Arbeitsunfähigkeit der Beweiswert des ärztlichen Attestes so erschüttert ist, dass es anderen Beweises bedarf.

18 **dd) Beschäftigungsverbote.** Entfällt die Arbeitsleistung infolge eines gesetzl. Beschäftigungsverbotes, so hat dies grds. den Wegfall eines Entgeltfortzahlungsanspruchs wegen krankheitsbedingter Arbeitsunfähigkeit zur Folge. Denn der Arbeitsausfall beruht dann nicht mehr allein auf der krankheitsbedingten Arbeitsunfähigkeit.

19 Dies gilt uneingeschränkt für die Fälle des **mutterschutzrechtl. Verbotes** während der Schutzfristen nach § 3 bzw. § 6 MuSchG[5], und zwar auch dann, wenn die arbeitsunfähig erkrankte ArbNin keinen Anspruch auf Mutterschafts- oder Entbindungsgeld hat. Eine auf einer Schwangerschaft beruhende krankheitsbedingte Arbeitsunfähigkeit und ein ärztliches Beschäftigungsverbot wegen Gefährdung des Lebens oder der Gesundheit von Mutter und Kind nach § 3 I MuSchG schließen sich gegenseitig aus[6]. Beruhen die Beschwerden auf der Schwangerschaft, so kommt es darauf an, ob es sich um einen krankhaften Zustand handelt, der zur Arbeitsunfähigkeit der Schwangeren führt. Ist dies der Fall, so ist kein Beschäftigungsverbot auszusprechen, sondern krankheitsbedingte Arbeitsunfähigkeit zu bescheinigen. Haben die Schwangerschaftsbeschwerden dagegen keinen Krankheitswert oder führen sie nicht zur Arbeitsunfähigkeit, so kommt das Beschäftigungsverbot nach § 3 I MuSchG in Betracht. Je nachdem hat die Schwangere entweder einen – gesetzl. auf sechs Wochen beschränkten – Anspruch auf Entgeltfortzahlung gegen den ArbGeb (§ 3) und anschließend auf Krankengeld gegen die Krankenkasse (§ 44 SGB V), oder sie hat gegen den ArbGeb einen – nicht auf sechs Wochen beschränkten – Anspruch auf Mutterschutzlohn nach § 11 I 1 MuSchG[7]. Bei dieser Bewertung steht dem Arzt ein Beurteilungsspielraum zu[8]. Bewirkt eine bestehende Krankheit erst bei Fortführung der Beschäftigung die weitere Verschlechterung der Gesundheit und dadurch die Unfähigkeit zur Arbeitsleistung, so kommt es darauf an, ob die Ursache hierfür ausschließlich in der Schwangerschaft liegt. In diesem Fall ist der Anspruch auf Mutterschutzlohn ggü. dem Anspruch auf Entgeltfortzahlung im Krankheitsfall vorrangig[9].

20 Bei einem **seuchenpolizeilichen Beschäftigungsverbot** wird der Anspruch auf Entgeltfortzahlung im Krankheitsfall dann nicht ausgeschlossen, wenn das Beschäftigungsverbot die Folge der zur Arbeitsunfähigkeit geführt habenden Erkrankung ist[10].

21 Ein **arbeitsförderungsrechtl. Beschäftigungsverbot** (vgl. § 284 SGB III) steht dem Anspruch auf Entgeltfortzahlung im Krankheitsfall grds. entgegen, weil die Einhaltung des Beschäftigungsverbotes einen Grund für die Nichtleistung der Arbeit darstellt[11]. Hiervon ist jedoch nicht auszugehen, wenn der ArbN (und der ArbGeb) dieses Beschäftigungsverbot (wissentlich oder unbemerkt) nicht beachten[12]. Ob das Fehlen der Arbeitserlaubnis eine der Entgeltfortzahlung im Krankheitsfall entgegenstehende weitere Ursache dafür darstellt, dass keine Arbeitsleistung erbracht wird, ist nach den gesamten Umständen des Einzelfalles anhand des hypothetischen Kausalverlaufs zu prüfen; ergibt diese Prüfung, dass die Arbeitserlaubnis sofort antragsgemäß erteilt worden wäre, so ist das Fehlen der Arbeitserlaubnis für den Arbeitsausfall nicht mitursächlich[13].

22 **ee) Bezahlte Arbeitsfreistellung.** Während einer bezahlten Arbeitsfreistellung ist das Arbeitsentgelt fortzuzahlen, soweit der ArbN zu dieser Zeit arbeitsunfähig krank wird, und zwar auch über die Dauer

---

1 BAG 1.10.1991 – 1 AZR 147/91, AP Nr. 121 zu Art. 9 GG Arbeitskampf; 8.3.1973 – 5 AZR 491/72, AP Nr. 29 zu § 1 LohnFG. ‖ 2 BAG 15.1.1991 – 1 AZR 178/90, AP Nr. 114 zu Art. 9 GG Arbeitskampf. ‖ 3 BAG 4.12.2002 – 5 AZR 494/01, AP Nr. 17 zu § 3 EntgeltFG; 20.3.1985 – 5 AZR 229/83, AP Nr. 64 zu § 1 LohnFG. ‖ 4 BAG 20.3.1985 – 5 AZR 229/83, AP Nr. 64 zu § 1 LohnFG. ‖ 5 BAG 12.3.1997 – 5 AZR 226/96, AP Nr. 16 zu § 14 MuSchG 1968. ‖ 6 St. Rspr., statt vieler BAG 1.10.1997 – 5 AZR 685/96, BAGE 86, 347 (351). ‖ 7 BAG 1.10.1997 – 5 AZR 685/96, BAGE 86, 347 (351); 12.3.1997 – 5 AZR 766/95, BAGE 85, 237. ‖ 8 BAG 5.7.1995 – 5 AZR 135/94, BAGE 80, 248 (253). ‖ 9 BAG 13.2.2002 – 5 AZR 588/00, AP Nr. 22 zu § 11 MuSchG 1968. ‖ 10 BAG 26.4.1978 – 5 AZR 7/77, AP Nr. 6 zu § 6 LohnFG. ‖ 11 BAG 26.6.1996 – 5 AZR 872/94, BAGE 83, 229 (233). ‖ 12 Vgl. zum Bestand eines solchen ArbVerh BAG 16.12.1976 – 3 AZR 716/75, AP Nr. 4 zu § 19 AFG. ‖ 13 BAG 26.6.1996 – 5 AZR 72/94, BAGE 83, 229 (233).

von sechs Wochen hinaus. Der Anspruch richtet sich nicht nach § 3, denn der Arbeitsausfall beruht nicht auf der Arbeitsunfähigkeit infolge Krankheit, sondern auf der vertragl. Vereinbarung. Aus ihr folgt, ob und inwieweit dem ArbN die Fortzahlung der Bezüge zusteht oder nicht[1]. Für bezahlte Freischichttage hat der ArbN grds. keinen Anspruch auf Entgeltfortzahlung nach § 3 oder Nachgewährung der Freistellung nach Wiedereintritt der Arbeitsfähigkeit[2], wohl aber den ohne die Arbeitsunfähigkeit gegebenen Zahlungsanspruch.

ff) Elternzeit. Befindet sich der ArbN in Elternzeit (§§ 15 ff. BEEG), so steht ihm, wenn er während dieser Zeit arbeitsunfähig krank wird, kein Anspruch auf Entgeltfortzahlung gegen den ArbGeb zu, weil die beiderseitigen Hauptpflichten ruhen[3]. Übt der in Elternzeit befindliche Elternteil dagegen eine **Teilzeittätigkeit** aus, so kann aus diesem TeilzeitArbVerh ein Anspruch nach Abs. 1 gegeben sein. 23

gg) Gesetzliche Feiertage. Treffen Entgeltfortzahlung im Krankheitsfall und Entgeltfortzahlung an Feiertagen zusammen, so wären nach dem Grundsatz der Monokausalität sowohl der Anspruch auf Entgeltfortzahlung am Feiertag (§ 2 I) als auch der auf Fortzahlung des Arbeitsentgeltes (Abs. 1) ausgeschlossen. Beide Vorschriften sind indessen zum Schutz von ArbN ergangen. Dies hindert die Annahme, dass wegen der Doppelkausalität des Arbeitsausfalls keiner der beiden Ansprüche gegeben sei. Die Kollision ist dahin gehend aufgelöst worden, dass der ArbN Entgeltfortzahlung nach Abs. 1 zu leisten hat, sich aber die Höhe der Entgeltfortzahlung nach § 2 I bemisst[4]. 24

hh) Kurzarbeit. Im Rahmen zulässiger Kurzarbeit hat der ArbN, der an einer Leistung der Kurzarbeit infolge krankheitsbedingter Arbeitsunfähigkeit verhindert ist, grds. einen Entgeltfortzahlungsanspruch; die Höhe dieses Anspruchs bemisst sich indessen nach § 4 III. Ist die Kurzarbeit so gestaltet, dass die Arbeit an einem Tag, an welchem der ArbN arbeitsunfähig erkrankt ist, gänzlich ruht, so hat der ArbN für diesen Tag bzw. für diesen Zeitraum auch keinen Anspruch auf Entgeltfortzahlung gegen den ArbGeb. 25

ii) Ruhen des Arbeitsverhältnisses. Ruht das ArbVerh, zB wegen der Ableistung von **Wehr- oder Zivildienst**, so besteht kein Anspruch auf Entgeltfortzahlung im Krankheitsfall[5]. Insoweit kann auf die Rspr. zum Ruhen des ArbVerh während der Elternzeit[6] zurückgegriffen werden. 26

jj) Schulungsteilnahme. Erkrankt ein ArbN während der Teilnahme an einer Schulung, so hängt die Frage, ob ihm ein Anspruch nach § 3 zusteht oder nicht, davon ab, ob das Arbeitsentgelt während der Schulungsteilnahme weiterzuzahlen war oder nicht. Nimmt ein **BR-Mitglied** unter den Voraussetzungen des § 37 VI oder VII BetrVG an einer Schulungs- oder Bildungsveranstaltung teil, so hat es gem. § 37 II BetrVG Anspruch auf Fortzahlung seiner Vergütung. Nimmt das BR-Mitglied trotz krankheitsbedingter Arbeitsunfähigkeit an der Schulung weiterhin teil, so berührt dies seinen Anspruch nach § 37 II BetrVG nicht. Stellt es dagegen die Schulungsteilnahme ein, weil es – ohne die Schulungsteilnahme – wegen krankheitsbedingter Arbeitsunfähigkeit an der Arbeit verhindert wäre, so kann es sich insoweit nicht mehr auf § 37 II BetrVG stützen, sondern nur noch auf § 3. Dies setzt aber voraus, dass das BR-Mitglied – vergleichbar wie im Fall der Teilnahme oder Nichtteilnahme am Arbeitskampf – dem ArbGeb mitteilt, dass es infolge krankheitsbedingter Arbeitsunfähigkeit seine Schulungsteilnahme einstellt, er deswegen auch seine ansonsten geschuldete Arbeit nicht leisten kann und dass er seine krankheitsbedingte Arbeitsunfähigkeit nachweist. 27

kk) Urlaub. Wird ein ArbN während des (bezahlten) **Erholungsurlaubs** arbeitsunfähig krank, so werden ihm die durch ärztliches Zeugnis nachgewiesenen Tage der Arbeitsunfähigkeit auf den Jahresurlaub nicht angerechnet (§ 9 BUrlG). Dies gilt auch, wenn die Arbeitsunfähigkeit während der Betriebsferien eintritt[7]. Ist der Urlaubszeitpunkt bestimmt und erkrankt der ArbN vor Urlaubsantritt oder während des Urlaubs, so dass er deswegen arbeitsunfähig ist, so ist die Erfüllung des Urlaubsanspruchs während der krankheitsbedingten Arbeitsunfähigkeit unmöglich[8]. Für die Tage der krankheitsbedingten Arbeitsunfähigkeit, die in den Zeitraum des bewilligten Erholungsurlaubs fallen, richtet sich die Entgeltfortzahlung nach § 3. 28

Bei krankheitsbedingter Arbeitsunfähigkeit während des **Betriebsurlaubs** ist dem arbeitsunfähig erkrankten ArbN das Arbeitsentgelt wegen Annahmeverzugs fortzuzahlen, wenn der ArbN keinen Erholungsurlaub in die Zeit der Betriebsferien mehr einbringen konnte[9]. Allerdings können die Arbeitsvertragsparteien bei Begründung des ArbVerh vereinbaren, dass der ArbN während des durch Erholungsurlaub nicht mehr gedeckten Teiles der Betriebsferien unbezahlten Sonderurlaub nimmt[10]. Bei krankheitsbedingter Arbeitsunfähigkeit während eines **unbezahlten Sonderurlaubs** gilt § 9 BUrlG ent- 29

---

1 AA LAG Hamm 24.1.2007 – 6 Sa 1393/06, NZA-RR 2007, 401. || 2 BAG 21.8.1991 – 5 AZR 91/91, AP Nr. 4 zu § 1 TVG Tarifverträge: Schuhindustrie. || 3 BAG 22.6.1988 – 5 AZR 526/87, BAGE 59, 62 (64). || 4 BAG 15.9.1989 – 5 AZR 248/88, AP Nr. 62 zu § 1 FeiertagslohnzahlungsG; auch schon BAG 5.7.1979 – 3 AZR 173/78, AP Nr. 33 zu § 1 FeiertagslohnzahlungsG. || 5 BAG 3.3.1961 – 1 AZR 76/60, BAGE 11, 19; 2.3.1971 – 1 AZR 284/70, AP Nr. 1 zu § 1 ArbPlSchG. || 6 BAG 17.10.1990 – 5 AZR 10/90, BAGE 66, 126. || 7 BAG 16.3.1972 – 5 AZR 357/71, AP Nr. 3 zu § 9 BUrlG. || 8 BAG 9.6.1988 – 8 AZR 755/85, AP Nr. 10 zu § 9 BUrlG. || 9 BAG 30.6.1976 – 5 AZR 246/75, AP Nr. 3 zu § 7 BUrlG Betriebsferien. || 10 BAG 30.6.1976 – 5 AZR 246/75, AP Nr. 3 zu § 7 BUrlG Betriebsferien.

sprechend, wenn der ArbN, weil das ArbVerh in der ersten Hälfte eines Kalenderjahres endet, nur einen Anspruch auf Teilurlaub hat und der ArbGeb ihm zusätzlich unbezahlten Sonderurlaub gewährt, so dass der ArbN insg. drei Wochen zT bezahlten, zT unbezahlten Erholungsurlaub hat. Der Sonderurlaub wird, wenn die Voraussetzungen des § 9 BUrlG erfüllt sind, durch die Krankheit unterbrochen; der ArbN kann dann Anspruch auf Fortzahlung des Arbeitsentgelts nach Maßgabe der einschlägigen Vorschriften haben[1]. Diente der unbezahlte Sonderurlaub dagegen nicht Erholungszwecken, sondern anderen Zwecken, ist kein Entgeltfortzahlungsanspruch für den Fall krankheitsbedingter Arbeitsunfähigkeit während der Dauer des unbezahlten Sonderurlaubs gegeben, es sei denn, die Parteien hätten anderes vereinbart[2]. Findet sich der ArbN in einem **Bildungsurlaub** nach den entsprechenden landesrechtl. Bestimmungen, so wird er an der Arbeitsleistung nicht dadurch verhindert, dass er zeitgleich arbeitsunfähig krank wird. Folglich entfällt der Anspruch nach Abs. 1. Soweit nach den landesrechtl. Bestimmungen allerdings § 9 BUrlG entsprechend anzuwenden ist, ist die Anwendbarkeit des § 3 nicht ausgeschlossen.

30 ll) **Unbezahlter Arbeitsausfall.** Ist kollektiv- oder einzelvertragl. vereinbart, dass für bestimmte Tage die Arbeit ohne Entgelt ersatzlos ausfällt[3] oder vor- oder nachgeholt wird[4], so besteht kein Anspruch auf Entgeltfortzahlung für den Krankheitsfall für die Tage der Freistellung, weil die Ursache des Arbeitsausfalls nicht die Krankheit, sondern die andere Verteilung der Arbeitszeit ist.

31 mm) **Verhinderung aus persönlichen Gründen.** Fällt in die Zeit der Arbeitsverhinderung wegen krankheitsbedingter Arbeitsunfähigkeit zugleich ein Leistungshindernis aus persönlichen Gründen iSd. § 616 I BGB, so liegt wiederum eine Doppelkausalität vor mit der Folge, dass weder der eine noch der andere Verhinderungsgrund allein für den Arbeitsausfall kausal wäre. Dies hätte den völligen Entgeltausfall zur Folge. Ein solches Ergebnis ist jedoch im Hinblick darauf, dass es sich bei beiden Bestimmungen um Schutznormen zu Gunsten der ArbN-Seite handelt, mit den gesetzl. Zielrichtungen unvereinbar. Mit Rücksicht auf Abs. 1 und den damit verbundenen Schutzzweck, nämlich dem ArbN eine rasche Gesundung frei von krankheitsbedingten wirtschaftl. Sorgen zu ermöglichen, ist ein Anspruch nach § 3 nicht ausgeschlossen.

32 nn) **Witterungsbedingter Arbeitsausfall.** Bei einem witterungsbedingten Arbeitsausfall besteht grds. kein Entgeltfortzahlungsanspruch nach § 3, weil die Arbeitsunfähigkeit des ArbN nicht die alleinige Ursache für den Arbeitsausfall ist[5]. Anders verhält es sich dagegen, wenn der ArbGeb infolge von Witterungseinflüssen nicht in der Lage ist, den ArbN zu beschäftigen; dann wird er von der Verpflichtung, das vereinbarte Entgelt zu zahlen, nicht frei[6]. Häufig sind insoweit **TV-Regelungen** zu beachten.

33 4. **Krankheitsbedingte Arbeitsunfähigkeit.** Ein Anspruch nach Abs. 1 setzt voraus, dass Arbeitsunfähigkeit infolge Krankheit vorliegt. Dabei dürfen Krankheit und Arbeitsunfähigkeit nicht miteinander gleichgesetzt werden. Nicht jede Krankheit führt zur Arbeitsunfähigkeit. Nur wenn die Krankheit zur Arbeitsunfähigkeit führt und diese Arbeitsunfähigkeit eine Verhinderung des ArbN an der geschuldeten Arbeitsleistung zur Folge hat, besteht Anspruch auf Entgeltfortzahlung nach Abs. 1.

34 a) **Begriff der Krankheit.** Der Begriff der Krankheit ist gesetzl. nicht definiert. Arbeitsrechtl. ist vom **medizinischen Begriff der Krankheit** auszugehen[7]. Dabei ist der Begriff nicht statisch, sondern entsprechend der Fortentwicklung der Medizin von den jeweiligen Erkenntnissen abhängig. Eine Krankheit ist hiernach (wie für die dem EFZG vorangegangenen Bestimmungen[8]) anzunehmen, wenn ein **regelwidriger Körper- oder Geisteszustand** vorliegt, **der einer Heilbehandlung bedarf**[9]. Die Behandlungsbedürftigkeit ist für den Begriff der Krankheit unverzichtbar. Nicht jeder regelwidrige Körperzustand stellt eine Krankheit dar. Dies gilt insb. für Infektionen. Krankheitswert kommt einer Infektion erst zu, wenn sie in eine behandlungsbedürftige Erkrankung umgeschlagen ist. Auch eine Behinderung (vgl. § 2 SGB IX) stellt für sich allein keine Krankheit dar.

35 aa) **Regelwidriger Körper- und Geisteszustand.** Ein regelwidriger Körper- oder Geisteszustand kann einem **gesunden Menschen** widerfahren, er kann auch **angeboren** sein oder auf Geburtsfehlern beruhen[10], zB extremer Kleinwuchs[11]. Auch **Unfruchtbarkeit** ist eine Krankheit im medizinischen Sinn. Deshalb stellt eine homologe In-Vitro-Fertilisation eine medizinisch notwendige Heilbehandlung einer Krankheit dar[12]. Krankheiten stellen nicht nur herkömmliche **Geisteserkrankungen** wie Epilepsie dar, sondern auch psychische Erkrankungen[13]. Das **Fehlen von Zähnen** stellt erst dann eine Krankheit dar, wenn dadurch die natürliche Funktion des Kauens, Beißens oder Sprechens nicht unerheblich gestört wird und die Funktionsstörungen durch eine zahnprothetische Versorgung behoben werden können[14].

---

1 BAG 1.7.1974 – 5 AZR 600/73, AP Nr. 5 zu § 9 BUrlG. ||2 BAG 25.5.1983 – 5 AZR 236/80, BAGE 43, 1. ||3 BAG 9.5.1984 – 5 AZR 412/81, BAGE 46, 1. ||4 BAG 7.9.1988 – 5 AZR 558/87, AP Nr. 79 zu § 1 LohnFG. ||5 BAG 24.6.1965 – 2 AZR 354/64, AP Nr. 23 zu § 2 ArbKrankhG. ||6 BAG 18.5.1999 – 9 AZR 13/98, AP Nr. 7 zu § 1 TVG Tarifverträge: Betonsteingewerbe. ||7 BAG 9.1.1985 – 5 AZR 415/82, BAGE 48, 1 (3). ||8 *Schliemann*, AuR 1994, 317 (319). ||9 BAG 7.8.1991 – 5 AZR 410/90, BAGE 68, 196 (198). ||10 BSG 28.10.1960 – 3 RK 29/59, BSGE 13, 134. ||11 BSG 10.2.1993 – 1 RK 14/92, BSGE 72, 96. ||12 BAG 17.12.1986 – 4 AZR 78/85, NJW 1987, 703; ArbG Düss. 5.6.1986 – 2 Ca 1567/86, NJW 1986, 239; aA *Müller/Berenz*, § 3 Rz. 20. ||13 BSG 16.5.1972 – 9 RV 556/71, EEK I S. 254; 10.2.1993 – 1 RK 14/92, BSGE 72, 96. ||14 *Reinecke*, DB 1998, 130 (131) unter Hinweis auf BSG 4.10.1973 – 3 RK 37/92 (Rz. 21).

Ein Zustand, der lediglich Anlass für eine **Schönheitsoperation** gibt, ist idR **nicht** als Krankheit anzusehen[1], wohl aber wenn eine äußerlich verwachsene Nase zugleich die **Nasenatmung** behindert[2] oder **angeborenes Schielen** die Sehfähigkeit beeinträchtigt und deswegen eine Operation zur Verbesserung der Sehfähigkeit erforderlich ist[3]. Das **altersbedingte Nachlassen** der körperlichen Fähigkeiten ist keine Krankheit.

Keinen Krankheitswert hat die normal verlaufende **Schwangerschaft**[4]. Klagt eine Schwangere über Beschwerden, die auf der Schwangerschaft beruhen, kommt es rechtl. darauf an, ob es sich um einen krankhaften Zustand handelt, der zur Arbeitsunfähigkeit führt. Falls Ja, ist krankheitsbedingte Arbeitsunfähigkeit zu bescheinigen; allerdings kann ein Arzt ein Beschäftigungsverbot nach § 3 I MuSchG mit den Wirkungen der §§ 11, 21 MuSchG unabhängig von einer krankheitsbedingten Arbeitsunfähigkeit der ArbNin aussprechen[5]. 36

Organspenden zu Gunsten Dritter führen beim Spender regelmäßig zu einer Krankheit. Durch den Eingriff entsteht ein regelwidriger Körperzustand und damit eine Krankheit iSd. § 3[6]. Die Rechtslage wegen der Entgeltfortzahlung für den Organspender war unbefriedigend. Seit dem 1.8.2012 richtet sich der Entgeltfortzahlungsanspruch des Organspenders nach § 3a[7]. 37

bb) Ursache der Krankheit. Die Ursache der Erkrankung ist für die Begriffsbestimmung der Krankheit ohne Bedeutung. Auch **Suchterkrankungen** fallen unter den Begriff der Krankheit[8]. Unerheblich ist auch, ob die Krankheitsentstehung auf der **Ausübung einer Nebentätigkeit** beruht[9]. 38

b) Geschuldete Arbeitsleistung und Arbeitsunfähigkeit. Der Anspruch nach Abs. 1 setzt voraus, dass der ArbN infolge der krankheitsbedingten Arbeitsunfähigkeit nicht in der Lage ist, die geschuldete Arbeitsleistung zu erbringen. Er muss nämlich an der von ihm konkret geschuldeten Arbeitsleistung verhindert sein[10]. Der Arzt muss prüfen, welche Arbeitsleistung vom ArbN geschuldet wird, um beurteilen zu können, ob der ArbN infolge krankheitsbedingter Arbeitsunfähigkeit gehindert ist, die geschuldete Arbeitsleistung zu erbringen. Dies schließt aus, generell anzunehmen, dass oder wann eine Krankheit Arbeitsunfähigkeit zur Folge hat. Je nach Art der Tätigkeit kann der ArbN infolge krankheitsbedingter Arbeitsunfähigkeit gehindert sein, seine Tätigkeit auszuüben oder auch nicht. 39

Auch der **zeitliche Umfang** und die Lage **der geschuldeten Arbeitsleistung** ist zu berücksichtigen. So kann der erkrankte ArbN ggf. eine auf wenige Stunden am Tag beschränkte Teilzeittätigkeit noch ausüben, während er als arbeitsunfähig krank anzusehen wäre, wenn er gegenständlich dieselbe Tätigkeit vollschichtig ausüben müsste. Diese Unterscheidung ist von der Frage einer Teilarbeitsunfähigkeit (Rz. 46) zu trennen. 40

Welche Tätigkeit der ArbN konkret auszuüben hat, hängt auch von der Ausübung des **Direktionsrechts** des ArbGeb ab. Es kann durch Gesetz, TV, BV oder Einzelarbeitsvertrag eingeschränkt sein; soweit es danach besteht, darf es nur nach billigem Ermessen ausgeübt werden[11]. Dies gilt auch, wenn der ArbN wegen seiner Erkrankung bestimmte, von ihm geschuldete Tätigkeiten nicht mehr leisten kann, aber andere, die ihm im Rahmen des Direktionsrechts zugewiesen werden können. 41

Eine solche **differenzierte Prüfung** wird tatsächlich idR bei der üblichen ärztlichen Bescheinigung krankheitsbedingter Arbeitsunfähigkeit kaum vorgenommen, obwohl die auf Grund des § 92 I SGB V erlassenen **Arbeitsunfähigkeitsrichtlinien** dem Arzt vorschreiben, dass er den Versicherten über Art und Umfang der tätigkeitsbedingten Anforderungen und Belastungen zu befragen und das Ergebnis der Befragung bei der Beurteilung von Grund und Dauer der Arbeitsunfähigkeit zu berücksichtigen hat. Konnte der ArbN die nach dem Direktionsrecht des ArbGeb konkret geschuldete Tätigkeit trotz seiner Erkrankung ausüben, so steht ihm ein Anspruch nach Abs. 1 nicht zu. 42

c) Arbeitsunfähigkeit. Eine Krankheit, die nicht zur Arbeitsunfähigkeit geführt hat, hat grds. keinen Anspruch aus § 3 zur Folge[12]. Eine **gesetzl. Bestimmung** des Begriffs der Arbeitsunfähigkeit gibt es nicht. **Arbeitsunfähig infolge** Krankheit ist ein ArbN dann, wenn ein Krankheitsgeschehen ihn außerstande setzt, die ihm nach dem **Arbeitsvertrag obliegende Arbeit** zu verrichten oder wenn er die Arbeit nur unter der Gefahr fortsetzen könnte, in absehbarer Zeit seinen Zustand zu verschlimmern[13]. Dabei berücksichtigt die Begriffsbestimmung den Umstand, dass die Arbeitsunfähigkeit nicht den gesundheitlichen Zusammenbruch voraussetzt, der den ArbN unmittelbar daran hindert, die vertragsgemäße Arbeitsleistung zu erbringen[14]. Der Schutz des erkrankten ArbN setzt vielmehr früher ein. Für die Fra- 43

---

1 LAG Hamm 23.7.1986 – 1 (9) Sa 528/86, NJW 1986, 2906. ‖ 2 LAG Hamm 9.3.1988 – 1 Sa 2102/87, LAGE § 1 LohnFG Nr. 18. ‖ 3 BAG 5.4.1976 – 5 AZR 397/75, AP Nr. 40 zu § 1 LohnFG. ‖ 4 St. Rspr., BAG 14.11.1984 – 5 AZR 394/82, BAGE 47, 195. ‖ 5 BAG 9.10.2002 – 5 AZR 443/01, AP Nr. 23 zu § 11 MuSchG 1968; vgl. auch *Schliemann/König*, NZA 1998, 1030 (1033). ‖ 6 BAG 6.8.1986 – 5 AZR 607/85, BAGE 52, 313 (315). ‖ 7 § 3a eingeführt durch Art. 1a Nr. 1 Gesetz v. 21.7.2012 (BGBl. I S. 1601). ‖ 8 BAG in st. Rspr.; statt vieler BAG 7.8.1991 – 5 AZR 410/90, BAGE 68, 196 (198). ‖ 9 BAG 21.4.1982 – 5 AZR 1019/79, BAGE 38, 309 (311); krit. *Boecken*, NZA 2001, 233 ff. ‖ 10 BAG 29.1.1993 – 5 AZR 37/91, BAGE 69, 272 (275). ‖ 11 St. Rspr., statt vieler BAG 7.12.2000 – 6 AZR 444/99, AP Nr. 61 zu § 611 BGB Direktionsrecht. ‖ 12 BAG 13.2.2002 – 5 AZR 588/00, AP Nr. 22 zu § 11 MuSchG. ‖ 13 BAG 7.8.1991 – 5 AZR 410/90, BAGE 68, 196 (198). ‖ 14 BAG 26.7.1989 – 5 AZR 301/88, AP Nr. 86 zu § 1 LohnFG.

ge, ob Arbeitsunfähigkeit vorliegt oder nicht, ist auf **objektive Gesichtspunkte** abzustellen. Die Kenntnis oder subjektive Wertung des ArbN oder der Arbeitsvertragsparteien ist für das Vorliegen von Arbeitsunfähigkeit nicht ausschlaggebend[1]. Maßgeblich ist vielmehr die (vom Arzt) nach objektiven medizinischen Kriterien vorzunehmende Bewertung[2].

44 Die krankheitsbedingte Arbeitsunfähigkeit ist nicht identisch mit der **Minderung der Erwerbsfähigkeit** iSd. § 43 SGB VI. Zwar liegt der Erwerbsminderung in aller Regel eine Krankheit zugrunde; aus ihr folgt jedoch nicht unmittelbar die Arbeitsunfähigkeit, denn dieser Gesundheitszustand ist derzeit nicht derart behandlungsbedürftig, dass dies als Krankheit anzusehen wäre. Auch die **volle Erwerbsminderung** iSd. RV-Rechts löst für sich allein keine krankheitsbedingte Arbeitsunfähigkeit aus[3].

45 **Keine Arbeitsunfähigkeit** liegt vor, wenn der ArbN krankheitsbedingt lediglich den **Weg zur Arbeit** nicht zurücklegen kann[4]. **Ambulante Behandlungen** beim Arzt oder durch medizinische Hilfspersonen wie Physiotherapeuten haben nur dann Arbeitsunfähigkeit zur Folge, wenn der ArbN während dieser Zeit bereits arbeitsunfähig erkrankt ist[5]. Liegt keine Arbeitsunfähigkeit vor, haben **Arztbesuche** und **Dauerbehandlungen** grds. außerhalb der Arbeitszeit zu erfolgen. Ist dies nicht möglich, hat der ArbN ggf. Anspruch auf Entgeltfortzahlung nach § 616 BGB bzw. nach tarifl. Bestimmungen[6]. Allerdings setzt ein Anspruch nach § 616 I BGB voraus, dass die Terminkollision für den ArbN unvermeidbar ist.

46 **d) Teilarbeitsunfähigkeit** Teilarbeitsunfähigkeit liegt vor, wenn der ArbN nicht in der Lage ist, die geschuldete Arbeit in vollem Umfang seiner Arbeitszeit oder zur zeitlich geschuldeten Lage bzw. hinsichtlich der technischen Anforderungen zu erbringen, wohl aber ein geringeres Maß an Arbeitsleistung zu ggf. anderen Zeiten und mit – was die körperliche Leistungsfähigkeit betrifft – verringerten Anforderungen. Sie stellt Arbeitsunfähigkeit iSd. § 3 dar[7]. Soweit es um die körperlichen Anforderungen an mehrere verschiedene, vom ArbN geschuldete Tätigkeiten geht, bleibt zwar zu prüfen, inwieweit er mit einem geringeren Maß an körperlichen Anforderungen eingesetzt werden kann. Von der Teilarbeits(un)fähigkeit ist die Teiltätigkeit im Rahmen einer betriebl. Wiedereingliederungsmaßnahme zu unterscheiden.

47 **e) Ersatztätigkeit.** Der ArbGeb ist nicht gehindert, dem ArbN im Rahmen des Arbeitsvertrags gem. § 106 GewO eine Ersatztätigkeit zuzuweisen, an deren Ausübung er durch seine Krankheit nicht gehindert wird. Vergleichbar den mutterschutzrechtl. Beschäftigungsverboten, die eine mutterschutzrechtskonforme anderweitige Beschäftigung der werdenden Mutter ermöglichen[8], ist auch eine Tätigkeit im Rahmen des bestehenden ArbVerh möglich, bei deren Ausübung der ArbN nicht infolge seiner Krankheit behindert ist[9]. Diese Auffassung entspricht indessen noch nicht dem Stand der Rspr., wonach es sowohl in qualitativer Hinsicht als auch in quantitativer Hinsicht aus systematischen Gründen nur die Möglichkeit der Arbeitsfähigkeit oder der totalen Arbeitsunfähigkeit gebe, nicht aber eine dazwischen liegende Möglichkeit der teilweisen Arbeitsfähigkeit bzw. teilweisen Arbeitsunfähigkeit[10]. Diese Rspr. übersieht den Einfluss des Direktionsrechts des ArbGeb. Krankheitsbedingte Arbeitsunfähigkeit liegt nur vor, wenn der ArbN die geschuldete Arbeitsleistung infolge seiner Erkrankung nicht erbringen kann. Welche Arbeitsleistung er konkret schuldet, richtet sich danach, welche Aufgaben ihm der ArbGeb im Einzelfall zugewiesen hat. Wenn dem ArbN in Rahmen seines Arbeitsvertrags andere Aufgaben zugewiesen werden können, an deren Erfüllung er trotz bestehender Krankheit nicht gehindert ist, liegt kein Fall der Arbeitsverhinderung infolge der Erkrankung des ArbN vor.

48 Die Annahme, eine Krankheit hindere den ArbN stets daran, die geschuldete Arbeit zu erbringen, ist rechtl. unzutreffend. Vielmehr muss **zwischen Krankheit und Arbeitsunfähigkeit differenziert** werden. Der Arzt hat nach den AU-Richtlinien[11] den Versicherten über Art und Umfang der tätigkeitsbedingten Anforderungen und Belastungen zu befragen und das Ergebnis der Befragung bei der Beurteilung von Grund und Dauer der Arbeitsunfähigkeit zu berücksichtigen (§ 2 AU-Richtlinien). Indessen muss es mit der Feststellung der Arbeitsunfähigkeit durch den Arzt nicht sein Bewenden haben; ArbN und ArbGeb können ihrerseits prüfen, ob der ArbN im Rahmen seines Arbeitsvertrages anderweitig eingesetzt werden kann, ohne hieran durch krankheitsbedingte Arbeitsunfähigkeit gehindert zu sein. Ggf. muss dann erneut eine Klärung mit dem Arzt des ArbN erfolgen. Letztlich sind die Parteien des ArbVerh frei, die Arbeitsaufgabe im Rahmen des Arbeitsvertrages oder den Arbeitsvertrag selbst dementsprechend (vorübergehend) zu ändern.

49 **f) Wiedereingliederungsverhältnisse.** Nach § 74 SGB V kann der krankheitsbedingt arbeitsunfähige ArbN stufenweise in das Erwerbsleben – auch bei seinem derzeitigen Arbeitgeber – wieder eingegliedert

---

1 BAG 26.7.1989 – 5 AZR 301/88, AP Nr. 86 zu § 1 LohnFG. || 2 AU-Richtlinien, BAnz. Nr. 61 v. 27.3.2004, S. 6501. || 3 BAG 29.9.2004 – 5 AZR 538/03, NZA 2005, 225. || 4 BAG 7.8.1970 – 3 AZR 484/69, BAGE 22, 418. || 5 BAG 7.3.1990 – 5 AZR 189/89, AP Nr. 83 zu § 616 BGB. || 6 BAG 25.11.1998 – 5 AZR 305/98, AP Nr. 6 zu § 1 TVG Tarifverträge: Gartenbau. || 7 BAG 26.6.1981 – 6 AZR 60/78, AP Nr 52 zu § 616 BGB. || 8 BAG 15.11.2000 – 5 AZR 365/99, BAGE 96, 228 (231). || 9 *Gitter*, ZfA 1995, 123 (153). || 10 BAG 29.1.1992 – 5 AZR 37/91, BAGE 69, 272 (275); 19.4.1994 – 9 AZR 462/92, AP Nr. 2 zu § 74 SGB V – beide zum Fall der Teilzeit-Arbeitsfähigkeit; LAG Rh.-Pf. 4.11.1991 – 7 Sa 421/91, NZA 1992, 169 (170). || 11 Richtlinien des Bundesausschusses für Ärzte und Krankenkassen über die Beurteilung der Arbeitsunfähigkeit und die Maßnahme der stufenweisen Wiedereingliederung (AU-Richtlinien), BAnz. Nr. 61 v. 27.3.2004, S. 6501.

werden (Wiedereingliederungsverhältnis). Hierzu bedarf es neben einer entsprechenden ärztlichen Attestierung der Begründung eines besonderen Wiedereingliederungsverhältnisses zwischen ArbN und ArbGeb. Ein solches Rechtsverhältnis ist kein ArbVerh, sondern ein **Rechtsverhältnis eigener Art,** bei dem die vom Arzt attestierte Arbeitsunfähigkeit des ArbN noch (vollkommen) andauert[1]. Es dient der Erprobung, ob eine Wiedereingliederung nach Beendigung der Arbeitsunfähigkeit möglich ist[2]. Weil die Arbeitsleistung vom ArbN weder verlangt werden kann, noch der ArbGeb die Annahme der Arbeitsleistung vom ArbN schuldet, besteht auch kein Anspruch auf Arbeitsentgelt und folglich auch kein Anspruch auf Entgeltfortzahlung im Krankheitsfall[3]. Entsprechendes gilt für ein **betriebl. Eingliederungsmanagement (BEM)** nach § 84 IV SGB IX. Es vollzieht sich während einer länger als sechs Wochen andauernden krankheitsbedingten Arbeitsunfähigkeit. Auf eine Schwerbehinderung des ArbN kommt es trotz der Einordnung der Rechtsgrundlage im Recht der Menschen mit Behinderungen (SGB IX) nicht an[4].

5. Unverschulden des Arbeitnehmers. Der Entgeltfortzahlungsanspruch nach Abs. 1 S. 1 setzt voraus, dass der ArbN durch Arbeitsunfähigkeit infolge Krankheit an seiner Arbeitsleistung verhindert wird, ohne dass ihn ein Verschulden trifft. Dies gilt generell für alle Ansprüche auf Entgeltfortzahlung im Krankheitsfall; für die Fälle der nicht rechtswidrigen Sterilisation bzw. des nicht rechtswidrigen Schwangerschaftsabbruch wird das Unverschulden durch Abs. 2 S. 1 fingiert. 50

a) Begriff des Verschuldens. Der Begriff des Verschuldens iSd. Abs. 1 S. 1 ist ein anderer als der in § 276 I 1 BGB. Dieser auf das Verschulden des Schuldners gerichtete Verschuldensbegriff ist im Rahmen von Abs. 1 S. 1 nicht anwendbar. Es geht nicht darum, dass ein Schuldner seine Pflichten verletzt, sondern darum, dass der ArbN nicht **schuldhaft gegen sich selbst** handelt. Schuldhaft iSd. Abs. 1 handelt der ArbN, der **gröblich gegen das von einem verständigen Menschen im eigenen Interesse zu erwartende Verhalten verstößt**[5]. Dabei kann – in Grenzen – an die Rspr. zum Mitverschulden nach § 254 I BGB angeknüpft werden, weil es sich in beiden Fällen um ein „Verschulden gegen sich selbst" handelt[6]. 51

aa) Ursächlichkeit des Verschuldens des Arbeitnehmers. Der Wortlaut des Abs. 1 S. 1 lässt offen, worauf genau sich das Verschulden des ArbN zu beziehen hat. In Betracht kommt insoweit seine Verhinderung an der Arbeitsleistung, die Arbeitsunfähigkeit und schließlich die zur Arbeitsunfähigkeit führende Erkrankung. Nach allg. Ansicht genügt, dass das Verschulden einen dieser drei Punkte betrifft. Ein Verschulden wird zwar relativ selten hinsichtlich der durch die Arbeitsunfähigkeit bedingten Verhinderung der Leistung von Arbeit anzunehmen sein, aber häufig bei der Erkrankung und/oder bei der Herbeiführung der Arbeitsunfähigkeit. Nicht erforderlich ist, dass sich das Verschulden auf alle drei tatbestandlichen Voraussetzungen für Entgeltfortzahlungsanspruch bezieht, insb. brauchen nicht kumulativ Krankheit und Arbeitsunfähigkeit auf Verschulden des ArbN zu beruhen. Es genügt, wenn der ArbN seine Erkrankung schuldhaft verursacht hat, dies zur Arbeitsunfähigkeit geführt hat und er infolge dessen verhindert war, sein Arbeit zu leisten[7]. Das Verhalten des ArbN, welches unmittelbar zu Erkrankung oder zu einem Unfall mit Krankheitsfolge geführt hat, stellt oft ein Verschulden iSd. Abs. 1 S. 1 dar. Dabei handelt ein ArbN auch dann schuldhaft, wenn er in einem hinreichenden Verschuldensgrad Vorkehrungen unterlässt, durch die der Unfall oder seine Arbeitsunfähigkeit vermieden worden wären oder nur in zeitlich geringerem Umfang eingetreten wären[8]. Ebenso kann sich das Verschulden des ArbN aber darauf beziehen, dass er den Heilungsprozess verzögert und er dadurch die krankheitsbedingte Arbeitsunfähigkeit länger andauern lässt[9]. Stets aber ist ein Verhalten erforderlich, das sich als gröblicher Verstoß gegen das von einem verständigen Menschen im eigenen Interesse zu erwartende Verhalten darstellt. 52

bb) (Mit-)Verschulden Dritter. Eine Mitschuld Dritter an der Arbeitsunfähigkeit des ArbN steht der Annahme eines den Entgeltfortzahlungsanspruch ausschließenden Eigenverschuldens des ArbN nicht grds. entgegen[10]. Ist allerdings das Eigenverschulden des ArbN in einer solchen Situation derart gering, dass es den Anforderungen des Abs. 1 S. 1 nicht entspricht, so wird hierdurch sein Anspruch auf Entgeltfortzahlung im Krankheitsfall nicht berührt; ggf. ist in einem solchen Fall auch zu prüfen, ob und inwieweit dem ArbN Schadensersatzansprüche gegen den Dritten zustehen, die in Höhe der geleisteten Entgeltfortzahlung gem. § 6 (s. dort) auf den ArbGeb übergehen. Dabei ist allerdings, soweit es sich um Berufsunfälle handelt, das Haftungsprivileg der §§ 104, 105 SGB VII zu beachten. 53

b) (Mit-)Verschulden des Arbeitgebers, Arbeitsunfall. Soweit den ArbGeb ein Verschulden an der Erkrankung oder an der Arbeitsunfähigkeit des ArbN trifft, zB bei einem Arbeitsunfall, ist danach zu unterscheiden, ob den ArbGeb ein Alleinverschulden trifft oder lediglich ein Mitverschulden. Im Fall des Alleinverschuldens behält der ArbN seinen Anspruch auf Arbeitsentgelt nach § 326 II BGB. Trifft den ArbGeb dagegen nur ein – nicht überwiegendes – Mitverschulden, so richtet sich nach § 3, ob dem 54

---

1 BAG 29.1.1992 – 5 AZR 37/91, BAGE 69, 272 (276ff.). || **2** BAG 28.7.1999 – 4 AZR 192/98, BAGE 92, 140 (143). || **3** BAG 19.4.1994 – 9 AZR 462/92, AP Nr. 2 zu § 74 SGB V. || **4** BAG 28.4.2011 – 8 AZR 515/10 – NJW 2011, 2458 || **5** Statt vieler: BAG 30.3.1988 – 5 AZR 42/87, BAGE 57, 380 (382); 7.10.1981 – 5 AZR 1113/79, BAGE 36, 376 (379). || **6** BAG 7.10.1981 – 5 AZR 1113/79, BAGE 36, 376 (381). || **7** BAG 7.10.1981 – 5 AZR 1113/79, BAGE 36, 376 (378). || **8** BAG 7.10.1981 – 5 AZR 1113/79, BAGE 36, 376 (378). || **9** BAG 26.8.1993 – 2 AZR 154/93, BAGE 74, 127 (139). || **10** BAG 23.11.1971 – 1 AZR 388/70, AP Nr. 8 zu § 1 LohnFG.

ArbN ein Entgeltfortzahlungsanspruch gegen den ArbGeb zusteht oder nicht. Denn eine Quotierung der Schadensanteile nach § 254 BGB kommt nicht in Betracht, auch nicht unter Berücksichtigung des Rechtsgedankens des § 6. Ist bei einem (einfachen) Mitverschulden des ArbGeb ein grobes Mitverschulden des ArbN festzustellen, so entfällt dessen Anspruch nach Abs. 1 S. 1[1].

55 c) **Einzelfälle.** Ob ein die Entgeltfortzahlung ausschließendes Verschulden des ArbN vorliegt, lässt sich immer nur im jeweiligen **Einzelfall anhand aller Umstände** beurteilen. Dementsprechend hat sich zum Verschulden eine kaum noch zu übersehende Rspr. entwickelt. Die nachfolgende, auf Sachverhaltsgruppen ausgerichtete Darstellung kann deshalb nicht alle möglichen Sachverhalte wiedergeben; ebenso ist vor einer die Umstände des Einzelfalles außer Betracht lassenden typisierenden Einordnung zu warnen.

56 aa) **Unfälle.** Beruht die krankheitsbedingte Arbeitsunfähigkeit auf einem Unfall des ArbN, so ist grds. für die Verschuldensfrage unerheblich, wann und bei welcher Gelegenheit sich der Unfall ereignet hat, etwa auf der Arbeitsstelle, auf dem Weg zwischen Wohnung und Arbeitsstelle, in der Freizeit, im Urlaub oder während einer Nebentätigkeit[2]. Ist der Unfall durch einen Dritten verursacht bzw. verschuldet worden, so kann ein Anspruchsübergang gegen den Schädiger nach § 6 in Betracht kommen.

57 (1) **Arbeitsunfall.** Bei einem Arbeitsunfall liegt idR ein Verschulden iSd. Abs. 1 S. 1 vor, wenn der ArbN gröblich gegen **Unfallverhütungsvorschriften** und/oder die (auch) seiner Sicherheit dienenden Anordnungen des ArbGeb verstößt und es deshalb zu einem Unfall mit daraus resultierender Arbeitsunfähigkeit kommt, so zB bei Übermüdung wegen grober nachhaltiger Überschreitung der gesetzl. zulässigen Arbeitszeit[3]; Nichttragen von vom ArbGeb zur Verfügung gestellter Schutzkleidung, zB Knieverätzung bei Betonarbeiten ohne Knieschutz[4]; Fußverletzung bei Arbeiten ohne Sicherheitsschuhe[5]; vorschriftswidrige Benutzung einer Kreissäge[6].

58 (2) **Straßenverkehrsunfall.** Die zur Arbeitsunfähigkeit führende Erkrankung infolge eines selbst verursachten Verkehrsunfalls ist als selbstverschuldet anzusehen, wenn der ArbN **Verkehrsvorschriften grob fahrlässig oder vorsätzlich verletzt** hat, dies den Unfall verursacht hat, und der ArbN dabei seine Gesundheit leichtfertig aufs Spiel gesetzt hat[7], wie Nichtanlegen eines Sicherheitsgurtes[8]; Vorfahrtverletzung[9]; unachtsames Überqueren einer Straße[10]; Überanstrengung wegen überlanger, pausenloser Autofahrt[11]; Telefonieren während der Fahrt ohne Freisprecheinrichtung[12]; überhöhte Geschwindigkeit ohne ausreichende Sichtverhältnisse[13].

59 (3) **Trunkenheitsunfall.** Unfälle, auch Verkehrsunfälle infolge Trunkenheit sind, sofern der ArbN nicht an Alkoholabhängigkeit erkrankt ist, **regelmäßig als selbstverschuldet anzusehen**[14]. Ein Verschulden iSd. Abs. 1 liegt auch vor, wenn ein ArbN in Kenntnis seiner Alkoholabhängigkeit in noch steuerungsfähigem Zustand mit seinem Kraftfahrzeug zur Arbeitsstelle fährt, dort während der Arbeitszeit dem Alkohol erheblich zuspricht, mit seinem Kraftfahrzeug sodann den Rückweg antritt und dabei einen Verkehrsunfall verursacht, bei dem er selbst verletzt wird[15], wie dies rgelmäßig bei einer **Trunkenheitsfahrt**[16] oder bei einem **Trunkenheitssturz** in einer Gaststätte[17] der Fall ist.

60 (4) **Sportunfall.** Sportunfälle werden im Grundsatz als nicht selbstverschuldet iSd. Abs. 1 angesehen. Jede sportliche Betätigung birgt die Gefahr einer Verletzung in sich. Dieses allg. Verletzungsrisiko wird nicht als grobes Verschulden gegen sich selbst verstanden. Jedoch nimmt das BAG grds. Selbstverschulden in folgenden drei Fallgruppen an: (1) Der ArbN verletzt sich bei einer sog. **besonders gefährlichen Sportart**, (2) er betätigt sich in einer Weise sportlich, die seine **Fähigkeiten und Kräfte deutlich übersteigt**, oder (3) er **verstößt** in besonders grober Weise und leichtsinnig **gegen die anerkannten (Gesundheits-)Regeln der jeweiligen Sportart**[18].

61 Die **Unterscheidung** zwischen sog. **besonders gefährlichen** und anderen **Sportarten** erscheint angesichts dessen, dass bisher kaum eine Sportart als besonders gefährlich angesehen worden ist, als wenig aussagefähig. Sie sollte aufgegeben werden. Lediglich **Kickboxen** wurde gerichtl. als eine gefährliche Sportart eingeordnet[19].

---

1 Str., vgl. ErfK/*Dörner/Reinhard*, § 3 EFZG Rz. 24; *Schmitt*, § 3 Rz. 127; MünchArbR/*Boecken*, § 83 Rz. 98; *Vogelsang*, Entgeltfortzahlung, Rz. 129. ‖ 2 BAG 7.11.1975 – 5 AZR 459/74, AP Nr. 38 zu § 1 LohnFG; 24.2.1972 – 5 AZR 446/71, AP Nr. 17 zu § 1 LohnFG. ‖ 3 BAG 21.4.1982 – 5 AZR 1019/79, BAGE 38, 309 (313). ‖ 4 ArbG Passau 10.11.1988 – 2 Ca 344/88 D, BB 1989, 70. ‖ 5 LAG Berlin 31.3.1981 – 3 Sa 54/80, DB 1982, 707; LAG BW 26.9.1978 – 7 Sa 18/78, DB 1979, 1044. ‖ 6 BAG 25.6.1964 – 2 AZR 421/63, BB 1964, 1044. ‖ 7 BAG 23.11.1979 – 1 AZR 388/70, AP Nr. 8 zu § 1 LohnFG. ‖ 8 BAG 7.10.1981 – 5 AZR 1113/79, BAGE 36, 376. ‖ 9 LAG Sachs. 8.11.2000 – 2 Sa 112/00, LAGE § 3 EntgFG Nr. 3; LAG Bayern 2.12.1964 – 4 Sa 782/64, EEK I/088. ‖ 10 BAG 23.11.1971 – 1 AZR 388/70, AP Nr. 8 zu § 1 LohnFG. ‖ 11 LAG Düss. 1.6.1966 – 8 Sa 56/66, DB 1966, 1484. ‖ 12 KDHK/*Dunkl*, § 3 Rz. 104; vgl. zur Arbeitnehmerhaftung: BAG 12.11.1998 – 8 AZR 221/97, EzA § 611 BGB Arbeitnehmerhaftung Nr. 66. ‖ 13 BAG 5.4.1962 – 2 AZR 182/61, AP Nr. 28 zu § 63 HGB. ‖ 14 Allg. Ansicht, statt vieler KDHK/*Dunkl*, § 3 Rz. 112. ‖ 15 BAG 30.3.1988 – 5 AZR 42/87, BAGE 57, 380; aA *Künzl*, BB 1989, 60. ‖ 16 LAG Hess. 23.7.1997 – 1 Sa 2416/96, NZA-RR 1999, 15; LAG Düss. 18.5.1971 – 11 Sa 983/70, DB 1971, 2022. ‖ 17 BAG 11.3.1987 – 5 AZR 739/85, AP Nr. 71 zu § 1 LohnFG. ‖ 18 Zusammenfassend BAG 7.10.1981 – 5 AZR 338/79, BAGE 36, 371. ‖ 19 ArbG Hagen 15.9.1989 – 4 Ca 648/87, NZA 1990, 311.

bb) Suchterkrankungen. Die verbreitetste Suchterkrankung ist die **Trunksucht**. Suchterkrankungen sind aber auch krankhafte Abhängigkeiten von **Nikotin**[1], **Drogen**[2] oder Arzneimitteln, vor allem von **Tabletten**; zuweilen treten solche Abhängigkeiten multipel auf. Von der Annahme, Trunksucht sei erfahrungsgemäß als selbstverschuldet anzusehen, hat sich die Rspr. gelöst. Vielmehr ist jeweils auf die Umstände des Einzelfalles abzustellen, um erkennen zu können, ob die Suchtkrankheit – hier: Trunksucht – selbstverschuldet ist oder nicht[3]. Dabei trifft den ArbGeb die Beweislast, den ArbN aber die Last der Mitwirkung an der Aufklärung der für die Verschuldensprüfung erforderlichen Tatsachen[4]. Dagegen ist auch dann, wenn die Trunksucht selbst unverschuldet ist, ein auf Trunkenheit des Trunksüchtigen zurückzuführender Unfall regelmäßig selbstverschuldet iSd. Abs. 1[5].

Der **Rückfall des trunksüchtigen ArbN**, der sich einer angeblich erfolgreichen Langzeittherapie unterzogen hatte und fünf Monate abstinent war, ist als **selbstverschuldet** eingeordnet worden[6]. Befindet sich ein alkoholkranker ArbN nach einer Entziehungskur dagegen weiterhin in einem Zustand, in dem er auf sein Verhalten wegen mangelnder Steuerungsfähigkeit willentlich keinen Einfluss nehmen kann, so kann ihm ein Rückfall in den Alkoholmissbrauch nicht iS eines Verschuldens gegen sich selbst vorgeworfen werden[7].

Eine infolge **Tabakrauchens** aufgetretene krankheitsbedingte Arbeitsunfähigkeit ist als **selbstverschuldet** angesehen worden, weil das ärztliche Rauchverbot nicht beachtet wurde[8].

Auch **Drogensucht** kann iSd. Abs. 1 **selbstverschuldet** sein, jedoch wird bei Jugendlichen nicht dasselbe Maß an Einsichtsfähigkeit vorauszusetzen sei wie bei Erwachsenen[9], so dass von einem hinreichenden Selbstverschulden nicht ohne weiteres ausgegangen werden kann.

cc) Organ- und Transplantatspende. Die durch einen komplikationslos verlaufenden Eingriff zum Zweck der Organspende vom ArbN herbeigeführte krankheitsbedingte Arbeitsunfähigkeit führte nach dem bis zum 31.7.2011 geltenden Recht nicht zum Anspruch auf Entgeltfortzahlung gegen den ArbGeb[10]. Soweit das BAG ein Verschulden verneint, gleichwohl aber den Entgeltfortzahlungsanspruch abgelehnt hat[11], war ihm nach damaligem Recht nur im Erg. zu folgen. Seit dem 1.8.2011 steht dem Spender eines Organs oder Transplants ein Entgeltfortzahlungsanspruch nach Maßgabe von § 3a zu.

dd) Suizidversuch. Die auf einem Versuch der Selbsttötung beruhende krankheitsbedingte Arbeitsunfähigkeit ist regelmäßig als iSd. Abs. 1 unverschuldet anzusehen, weil Suizid erfahrungsgemäß in einem die freie Willensbestimmung ausschließenden Zustand vorgenommen wird[12].

ee) Tätlichkeit, Schlägerei. Inwieweit bei krankheitsbedingter Arbeitsunfähigkeit, die auf eine Verletzung bei einer Schlägerei oder Tätlichkeit zurückzuführen ist, ein hinreichendes Eigenverschulden des ArbN vorliegt oder nicht, hängt von den Umständen des Einzelfalles ab[13]. Einen Erfahrungssatz, dass die Teilnahme an einer Schlägerei idR selbstverschuldet sei, gibt es nicht[14]. Vielmehr kommt es darauf an, ob der ArbN die Schlägerei selbst begonnen oder provoziert hat[15].

ff) Fertilisationsbehandlung. Eine Arbeitsunfähigkeit infolge von Erkrankungen, die auf eine Hormonbehandlung zur Beseitigung von Unfruchtbarkeit zurückzuführen sind, ist nicht verschuldet iSd. EFZG[16]. Gleiches gilt für eine künstliche Befruchtung, die im Rahmen eines von der Krankenkasse genehmigten Behandlungsplans durchgeführt wird und eine krankheitsbedingte Arbeitsunfähigkeit zur Folge hat[17].

gg) Gesundheitsgefährdendes und heilungswidriges Verhalten. Der ArbGeb kann zwar im Rahmen der Arbeitssicherheitsvorschriften anweisen, wie sich der ArbN sicherheitsgerecht zu verhalten hat. Er kann jedoch keinem ArbN vorschreiben, wie er sich in seiner Freizeit hinsichtlich seiner Gesundheit zu verhalten hat. **Nicht jedes gesundheitswidriges Verhalten ist schon deshalb als grobes Verschulden gegen sich selbst** iSd. Abs. 1 zu werten, weil der ArbN dadurch seine Gesundheit gefährdet. Indessen kann dasselbe Verhalten, das ohne vorhandene Erkrankung nicht zum Vorwurf des Selbstverschuldens gereicht, anders zu bewerten sein, wenn bereits eine Erkrankung vorliegt und das Verhalten diese Erkrankung verschlimmert oder (wesentlich) verlängert. Denn während eines Heilungsprozesses trifft den ArbN eine erhöhte Sorgfaltspflicht gegen sich selbst[18]. Ob die Pflicht zum heilungsfördernden oder – zumindest – zum nicht heilungsverzögernden Verhalten eine allg. Arbeitsvertragspflicht[19] oder eine arbeitsvertragl. Nebenpflicht ist[20], ist unter kündigungsschutzrechtl. Gesichtspunkten bedeutsam. Eine

---

1 BAG 17.4.1985 – 5 AZR 497/83, ArbuR 1985, 193. ||2 LAG Düss. 19.4.1972 – 12 Sa 726/71, DB 1972, 1073.
||3 BAG 7.8.1991 – 5 AZR 410/90, BAGE 68, 196 (198). ||4 BAG 7.8.1991 – 5 AZR 410/90, BAGE 68, 196 (198).
||5 BAG 11.3.1987 – 5 AZR 739/85, AP Nr. 71 zu § 1 LohnFG. ||6 BAG 11.11.1987 – 5 AZR 497/86, BAGE 56, 321.
||7 BAG 27.5.1992 – 5 AZR 297/91, EzA § 1 LohnFG Nr. 123. ||8 BAG 17.4.1985 – 5 AZR 497/83, ArbuR 1985, 193. ||9 LAG Düss. 19.4.1972 – 12 Sa 726/71, DB 1972, 1073. ||10 BSG 12.12.1972 – 3 RK 47/70, BSGE 35, 102.
||11 BAG 6.8.1986 – 5 AZR 607/85, BAGE 52, 313. ||12 BAG 28.2.1979 – 5 AZR 611/77, BAGE 31, 331 unter ausdrücklicher Aufgabe der früheren, entgegenstehenden Rspr. ||13 BAG 13.11.1974 – 5 AZR 54/74, AP Nr. 45 zu § 616 BGB. ||14 AA LAG Hamm 27.4.1988 – 1 Sa 2349/87, EzBAT § 37 BAT Nr. 16. ||15 BAG 13.11.1974 – 5 AZR 54/74, AP Nr. 45 zu § 616 BGB. ||16 LAG Hess. 26.11.2008 – 6/18 Sa 740/08, ZM 2009, 104. ||17 LAG Düss. 13.6.2008 – 10 Sa 449/08. ||18 BAG 21.1.1976 – 5 AZR 593/74, AP Nr. 39 zu § 1 LohnFG. ||19 ZB LAG Düss. 17.5.1978 – 15 Sa 82/78, BB 1978, 1264. ||20 BAG 13.11.1979 – 6 AZR 934/77, AP Nr. 15 zu § 1 KSchG 1969 Krankheit.

solche Pflichtenzuordnung ist indessen für das EFZG entbehrlich, denn für die Feststellung, ob der ArbN seine Krankheit oder deren Dauer iSd. Abs. 1 selbstverschuldet hat, kommt es allein darauf an, ob der ArbN seinen (objektivierten) Gesundheitsinteressen gröblich zuwidergehandelt hat. Allenfalls könnte man aus § 241 II BGB eine Pflicht des ArbN ableiten, sich auch im Interesse des ArbGeb an einer möglichst nur kurzen krankheitsbedingten Arbeitsverhinderung heilungsfördernd zu verhalten. IdR hat eine schuldhafte Verzögerung des Heilungsverlaufs durch selbstverschuldetes Verhalten des ArbN nur zur Folge, dass er keinen Anspruch auf Entgeltfortzahlung im Krankheitsfall für den Zeitraum hat, um den der Heilungsverlauf kausal verzögert worden ist.

71 **hh) Erkrankung bei oder infolge Nebentätigkeit.** Ob sich die zur Arbeitsunfähigkeit führende Erkrankung während oder anlässlich einer genehmigten oder nicht genehmigten Nebentätigkeit des ArbN ereignet hat, ist für die Frage des Selbstverschuldens ohne rechtl. Bedeutung[1]. Indessen kann Übermüdung des ArbN, die auf seine **übermäßige Arbeitsbelastung** infolge der Nebentätigkeit zurückzuführen ist, als Selbstverschulden einzuordnen sein, wenn der ArbN infolge der Übermüdung einen (Arbeits-)Unfall verursacht oder seine Gesundheit gefährdet[2]. Es muss dann aber eine erhebliche Übermüdung infolge Arbeit unter massiver, nachhaltiger Überschreitung der Höchstarbeitszeiten des ArbZG vorliegen.

72 **d) Darlegungs- und Beweislast.** Der ArbN hat darzulegen und zu beweisen, dass er infolge Krankheit an der Arbeitsleistung verhindert war (vgl. für den Nachweis §§ 5, 7). Dagegen ist es Sache des ArbGeb bzw. im Fall des Anspruchsübergangs nach § 115 SGB X der Krankenkasse, darzulegen und zu beweisen, dass der ArbN seine krankheitsbedingte Arbeitsunfähigkeit schuldhaft herbeigeführt hat, denn es handelt sich insoweit um einen anspruchsvernichtenden Einwand[3]. Insoweit ist allerdings der ArbN gehalten, an der Aufklärung des Sachverhalts mitzuwirken, anderenfalls kann ihm bei plausibler Geschehensschilderung durch den ArbGeb der Einwand des Selbstverschuldens der krankheitsbedingten Arbeitsunfähigkeit entgegengehalten werden.

73 **6. Beginn, Dauer und Ende des Anspruchs auf Entgeltfortzahlung.** Nach der vierwöchigen Wartezeit (Abs. 3) hat der ArbN für die Dauer von sechs Wochen Anspruch auf Entgeltfortzahlung im Krankheitsfall. Insoweit ist – mit arbeitsrechtl. begründeten Modifikationen – auf die Regeln über die Berechnung von Fristen (§§ 186 ff. BGB) abzustellen[4].

74 **a) Beginn.** Der Anspruch beginnt mit dem Eintritt der krankheitsbedingten Arbeitsunfähigkeit. Insoweit kommt es auf den **objektiven Eintritt der Arbeitsunfähigkeit** an, mag sie auch erst nachträglich vom Arzt festgestellt worden sein. Hat der ArbN trotz objektiv bestehender krankheitsbedingter Arbeitsunfähigkeit seine Arbeitsleistung erbracht, so steht ihm kein Anspruch auf Fortzahlung des Arbeitsentgeltes nach § 3 zu, sondern nach § 611 BGB der Anspruch auf Arbeitsentgelt. Von der Frage des Beginns der krankheitsbedingten Arbeitsunfähigkeit ist die Frage des entsprechenden Nachweises zu trennen. Auf ihn kommt es grds. nicht allein an, sondern auf den objektiven Eintritt der krankheitsbedingten Arbeitsunfähigkeit. Verlangt der ArbGeb für die ersten drei Tage der krankheitsbedingten Arbeitsunfähigkeit keinen Nachweis durch ärztliches Attest, so schuldet er gleichwohl Entgeltfortzahlung nach Abs. 1 S. 1.

75 Tritt die **Arbeitsunfähigkeit während der Arbeitsleistung**, also nach der arbeitstäglichen Arbeitsaufnahme ein, so beginnt die Frist für die Entgeltfortzahlung erst am nächsten Kalendertag; für die Zeit der teilweisen Arbeitsleistung hat der ArbN Anspruch auf Arbeitsentgelt nach § 611 BGB[5]. Dagegen beginnt die Frist für die Entgeltfortzahlung bereits an dem Tag, an welchem die **Arbeitsunfähigkeit vor Beginn der Arbeitszeit** eintritt[6].

76 Bei einem **ruhenden Arbeitsverhältnis** beginnt die Fortzahlungsfrist nicht mit dem Tag des Eintritts der krankheitsbedingten Arbeitsunfähigkeit, sondern erst an dem Tag, an welchem der Ruhenstatbestand sein Ende gefunden hat[7]. Insoweit kommt es zu einer Verschiebung des Anspruchszeitraumes. Ruhenstatbestände sind vor allem der **unbezahlte Sonderurlaub**, sofern er nicht Erholungszwecken dient[8], **Grundwehrdienst und Wehrübung** (§ 1 I ArbPlSchG[9]) sowie die Fälle des § 16a ArbPlSchG (Zeitsoldat für zunächst sechs Monate bzw. auf die Dauer von nicht mehr als zwei Jahren), die Zeiten der **mutterschutzrechtl. Schutzfristen** (§§ 3 II, 6 I MuSchG) und die Zeiten der **Elternzeit** (§ 15 BEEG)[10] sowie der Pflegezeit (§ 3 PflegeZG), sofern die Arbeit beim selben ArbGeb nicht als Teilzeittätigkeit fortgesetzt wird. Die Fortzahlungsfrist beginnt auch nicht während der Teilnahme an einem **Arbeitskampf**[11]. Ein ArbN, der während eines Urlaubs, der vor Beginn eines Streiks gewährt wird, arbeitsunfähig erkrankt, behält seinen Anspruch auf Entgelt, solange er sich nicht am Streik beteiligt[12]. Das Arb-

---

1 BAG 21.4.1982 – 5 AZR 1019/79, BAGE 38, 309; krit. hinsichtlich Arbeitsunfällen bei der Nebentätigkeit und mit Vorschlägen de lege ferenda *Boecken*, NZA 2001, 233. ||2 BAG 21.4.1982 – 5 AZR 1019/79, BAGE 38, 309. ||3 BAG 7.8.1991 – 5 AZR 410/90, BAGE 68, 196. ||4 BAG 22.2.1973 – 5 AZR 461/72, AP Nr. 28 zu § 1 LohnFG. ||5 BAG 22.2.1973 – 5 AZR 461/72, AP Nr. 28 zu § 1 LohnFG; 4.5.1971 – 1 AZR 305/70, BAGE 23, 340. ||6 BAG 21.9.1971 – 1 AZR 65/71, BAGE 23, 444. ||7 BAG 14.6.1974 – 5 AZR 467/73, AP Nr. 36 zu § 1 LohnFG. ||8 BAG 14.6.1974 – 5 AZR 467/73, AP Nr. 36 zu § 1 LohnFG. ||9 BAG 3.3.1961 – 1 AZR 76/60, BAGE 11, 19. ||10 BAG 29.9.2004 – 5 AZR 558/03, NZA 2005, 225. ||11 BAG 7.6.1988 – 1 AZR 597/86, BAGE 58, 332. ||12 BAG 1.10.1991 – 1 AZR 147/91, BAGE 68, 299.

Verh zum Stammbetrieb ruht auch während der Freistellung eines Bauarbeiters zur Arbeitsleistung an eine Arbeitsgemeinschaft[1]. Dagegen liegt **kein Ruhenstatbestand** vor bei einem Arbeitsausfall infolge **Schlechtwetters**[2], jedoch kommt es zur Verschiebung des Entgeltfortzahlungszeitraums auf die Zeit ab Ende der Unterbrechung[3].

b) Dauer und Ende. Der Anspruch auf Entgeltfortzahlung nach Abs. 1 S. 1 währt höchstens sechs Wochen; er endet, wenn der Zustand der krankheitsbedingten Arbeitsunfähigkeit beendet ist oder wenn der Anspruchszeitraum erschöpft ist. 77

aa) Ende der krankheitsbedingten Arbeitsunfähigkeit. Für die Beendigung des Entgeltfortzahlungsanspruchs wegen Beendigung der krankheitsbedingten Arbeitsunfähigkeit ist – wie bei der Entstehung des Anspruchs – zwischen dem Ende der Krankheit und dem Ende der krankheitsbedingten Arbeitsunfähigkeit zu unterscheiden. Die Krankheit kann, zB als Grundleiden oder in abgeschwächter Form weiter bestehen; gleichwohl kann die darauf beruhende Arbeitsunfähigkeit entfallen. 78

Über die Dauer der Arbeitsunfähigkeit infolge Krankheit und damit über das Ende des Verhinderungsfalles **entscheidet der Arzt.** Enthält die ärztliche Bescheinigung nur die Angabe eines Kalendertages, wird idR Arbeitsunfähigkeit bis zum Ende der vom erkrankten Arbeiter üblicherweise an diesem Kalendertag zu leistenden Arbeitsschicht bescheinigt[4]. 79

Sehr häufig wird **krankheitsbedingte Arbeitsunfähigkeit bis einschließlich Freitag** attestiert. Dann endet die Arbeitsunfähigkeit an diesem Tag frühestens mit dem Ende der für den ArbN an diesem Tag geltenden Arbeitszeit. Daran ändert nichts, wenn der Arzt davon ausgeht, der ArbN habe am anschließenden Wochenende nicht zu arbeiten. Einen Erfahrungssatz, dass Arbeitsunfähigkeit, deren Ende für einen Freitag bescheinigt ist, erst am folgenden Sonntag endet, gibt es nicht[5]. Will der Arzt erreichen, dass dem ArbN die aus dem Vorverständnis des Arztes oder tatsächlich „an sich arbeitsfreien" Tage noch aus medizinischen Gründen zur notwendigen Schonung oder restlichen Ausheilung zur Verfügung stehen, so muss er für diese Tage krankheitsbedingte Arbeitsunfähigkeit attestieren[6]. Entsprechendes gilt, wenn der ArbN am letzten Tag der attestierten Arbeitsunfähigkeit planmäßig nicht zu arbeiten gehabt hätte. 80

Die krankheitsbedingte Arbeitsunfähigkeit kann nach oder vor ihrem vom Arzt attestierten Ablauf enden, zB wenn der Arzt dies dem ArbN auf Grund einer Zwischen- oder Schlussuntersuchung mitteilt. Das ärztliche Attest bescheinigt idR nur eine voraussichtliche Dauer der Arbeitsunfähigkeit. Diese Prognose kann der Arzt ändern. Erweist sie sich nachträglich als zu kurz, so kann er die Bescheinigung der Dauer der Arbeitsunfähigkeit durch ein **Anschlussattest** verlängern. Bei einem vorzeitigem Ende der Erkrankung kann die Attestierung der Arbeitsunfähigkeit entsprechend formlos verkürzt oder – in der Praxis selten – durch eine sog. ärztliche **Gesundschreibung** aufgehoben werden. 81

Kehrt der ArbN nach dem Ende der attestierten Arbeitsunfähigkeit an seinen Arbeitsplatz zurück, so darf und hat der ArbGeb grds. davon auszugehen, dass der ArbN nicht mehr arbeitsunfähig krank ist. Nur in begründeten Ausnahmefällen darf der ArbGeb von ArbN verlangen, sich die **Wiederherstellung seiner Arbeitsfähigkeit ärztlich bescheinigen** zu lassen[7]. 82

Die krankheitsbedingte Arbeitsunfähigkeit endet aber auch, wenn der ArbN uneingeschränkt seine Arbeit trotz ärztlich attestierter Arbeitsunfähigkeit aufnimmt, denn dadurch zeigt der ArbN, dass er sich nicht infolge seiner Erkrankung gehindert sieht, seine Arbeitsleistung zu erbringen. Die Wiederaufnahme der Arbeit vor dem attestierten Ende der Arbeitsunfähigkeit löst zwar immer wieder Befürchtungen aus, bei einem Krankheitsrückfall verliere der ArbN seinen Anspruch aus Abs. 1 S. 1 wegen Selbstverschuldens, der ArbGeb schulde wegen Verschlechterung des Gesundheitszustand des ArbN Schadensersatz und der gesetzl. Berufsunfallschutz sei eingeschränkt. Solche Befürchtungen sind in aller Regel – von Fällen der offensichtlichen Arbeitsunfähigkeit abgesehen – nicht begründet[8]. Eine andere Frage ist es, ob der Gesundheitszustand des ArbN Sicherheitsanforderungen zB in Verkehrsberufen wie Kraftfahrer, Busfahrer, Lokführer, Pilot genügt. Insoweit kann eine betriebsärztliche Kontrolluntersuchung aus konkretem Anlass geboten sein. 83

bb) Ende des aktiven ArbVerh. Ferner besteht der Anspruch nach Abs. 1 S. 1 nur, solange das ArbVerh besteht, soweit nicht der Sonderfall des § 8 vorliegt. Dementsprechend endet dieser Anspruch grds. mit dem Ende des ArbVerh, mit dessen Übergang in ein Ruhestandsverhältnis, aber auch mit dem Beginn des Ruhens des ArbVerh. 84

cc) Dauer der Entgeltfortzahlung – Fortsetzungskrankheit. Das Gesetz begrenzt den Anspruchszeitraum für die auf derselben Krankheit beruhende Arbeitsunfähigkeit auf **sechs Wochen**. Damit sind 85

---

1 BAG 23.12.1971 – 1 AZR 126/71, BAGE 24, 90. ||2 BAG 27.8.1971 – 1 AZR 69/71, BAGE 23, 406. ||3 BAG 22.8.2001 – 5 AZR 699/99, BAGE 98, 375. ||4 BAG 12.7.1989 – 5 AZR 377/88, AP Nr. 77 zu § 616 BGB; 2.12.1981 – 5 AZR 89/80, BAGE 37, 172. ||5 BAG 12.7.1989 – 5 AZR 377/88, AP Nr. 77 zu § 616 BGB. ||6 BAG 12.7.1989 – 5 AZR 377/88, AP Nr. 77 zu § 616 BGB. ||7 LAG Berlin 10.5.2001 – 10 Sa 2695/00, NZA-RR 2002, 23. ||8 *Schmitt,* § 3 Rz. 217ff.

42 **Kalendertage** gemeint[1]. Dieser Umstand ist von Bedeutung, wenn es sich um Fortsetzungserkrankungen mit zeitweiligen Unterbrechungen oder mehrfache Erkrankungen handelt. Der Entgeltfortzahlungszeitraum beginnt mit dem Tag der Arbeitsunfähigkeit (Rz. 74), wenn diese vor Arbeitsbeginn eintritt bzw. mit dem darauf folgenden Tag, wenn sie erst nach Arbeitsbeginn eintritt. Er endet nach § 188 II BGB nach sechs Wochen oder nach § 188 I BGB, wenn die Summe von 42 Kalendertagen erreicht ist.

86   In den Engeltfortzahlungszeitraum werden **Sonn- und Feiertage** eingerechnet; § 193 BGB ist nicht anwendbar, denn es geht nicht um die Abgabe von Willenserklärungen. Ebenso werden **arbeitsfreie Tage** eingerechnet, auch wenn der ArbN an diesem Tag wegen anderweitiger Umverteilung keine Arbeit zu leisten und demgemäß auch keinen Entgeltanspruch gehabt hätte[2]. Dies gilt auch, wenn die freien Tage durch BV festgelegt worden sind[3]. Ebenso werden Tage, an denen dem ArbN **Erholungsurlaub** gewährt worden ist, in den Sechs-Wochen-Zeitraum eingerechnet. Insoweit wird jedoch der Urlaubsanspruch nicht verbraucht, denn der ArbN kann rechtlich keinen Erholungsurlaub machen, wenn er arbeitsunfähig krank ist[4].

87   **(1) Dieselbe Krankheit – Fortsetzungskrankheit.** Beruhen die unterschiedlichen Zeiten der Arbeitsunfähigkeit auf derselben Krankheit (Fortsetzungskrankheit), so hat der ArbN nach Abs. 1 S. 1 insg. einen Anspruch auf Entgeltfortzahlung für höchstens 42 Kalendertage.

88   **Dieselbe Krankheit** liegt vor, wenn die Krankheit zwischen dem Ende der vorherigen Arbeitsunfähigkeit, die auf diese Krankheit zurückzuführen war, und der erneuten Arbeitsunfähigkeit **nicht vollständig ausgeheilt** war, sondern als **Grundleiden fortbesteht**. Bei Arbeitsunfähigkeit „infolge derselben Krankheit" behält der Arbeiter den Lohnanspruch innerhalb eines Zeitraumes von zwölf Monaten nur für die Dauer von insg. sechs Wochen (Abs. 1 S. 2 Hs. 1). Wird er innerhalb der Frist eines Jahres wegen derselben Krankheit wiederholt arbeitsunfähig, so braucht der ArbGeb ihm nur für insg. sechs Wochen das Arbeitsentgelt weiterzugewähren[5]. Diese Regelung beruht auf einer besonderen Zumutbarkeitserwägung des Gesetzgebers, die den ArbGeb entlasten soll[6]. Nicht erforderlich ist, dass die Symptome der Krankheit einheitlich auftreten[7].

89   Derselbe rechtl. **Zusammenhang** besteht insb. zwischen **akuten Erkrankungen** und zeitlich nicht anschließenden **Maßnahmen der medizinischen Vorsorge und Rehabilitation** (§ 9) – vormals „Kuren" –, die auf demselben Grundleiden beruhen[8].

90   Der **Zeitraum** von 42 Kalendertagen kann **unterbrochen** werden. Führt dieselbe Krankheit zu mehreren Zeiten der Arbeitsunfähigkeit, so sind diese **mehreren Zeiten** zu **addieren**; Entgeltfortzahlung steht dem ArbN für insg. höchstens 42 Kalendertage zu, soweit nicht die Voraussetzungen des Abs. 1 S. 2 Nr. 1 oder 2 vorliegen[9].

91   ● **Beispiel:** Jeweils nach Arbeitsantritt erkrankt der ArbN an derselben Krankheit vom 1. April bis zum 15. April (14 Kalendertage), vom 3. Mai bis zum 13. Mai (10 Kalendertage) und vom 4. Juni bis zum 5. Juli (31 Kalendertage). Weil der Anspruch auf Entgeltfortzahlung hat der ArbN nur für insg. 42 Kalendertage besteht, endet der Anspruchszeitraum mit Ablauf des 22. Juni. Für die Zeit vom 23. Juni bis zum 5. Juli besteht kein Anspruch auf Entgeltfortzahlung.

92   **(2) Mehrere aufeinander folgende Krankheiten.** Jede Arbeitsunfähigkeit, die auf jeweils einer **anderen Krankheit** beruht, löst für sich grds. den **vollen Anspruch auf Entgeltfortzahlung** nach Abs. 1 S. 1 aus. Solche Zeiten der krankheitsbedingten Arbeitsunfähigkeit werden nicht zusammengerechnet, wenn sich die Krankheiten nicht überschneiden, sondern der ArbN in der Zwischenzeit wieder (vollständig) arbeitsfähig war[10]. Nicht erforderlich ist, dass der ArbN zwischen beiden Zeiten krankheitsbedingter Arbeitsunfähigkeit tatsächlich gearbeitet hat[11].

93   **(3) Mehrere sich überschneidende Krankheiten.** Überschneiden sich mehrere Krankheiten, die jeweils für sich zur Arbeitsunfähigkeit führen, so ist der Anspruch auf Entgeltfortzahlung nach Abs. 1 S. 1 nach dem **Grundsatz der Einheit des Verhinderungsfalles** auf insg. sechs Wochen begrenzt[12]. In solch einem Fall kann der ArbN bei entsprechender Dauer der durch beide Erkrankungen verursachten Arbeitsverhinderung die Sechs-Wochen-Frist nur einmal in Anspruch nehmen[13].

94   Unter dem rechtl. Gesichtspunkt der Einheitlichkeit des Verhinderungsfalles führt ein sog. **Arbeitsversuch**, bei dem der ArbN für ein paar Tage trotz Fortbestehens der Erkrankung versucht, die Arbeitsunfähigkeit zu überwinden, nicht zu einer neuen Periode der Entgeltfortzahlung nach Beendigung des

---

1 BAG 22.8.2001 – 5 AZR 699/99, BAGE 98, 375; 22.2.1973 – 5 AZR 461/72, AP Nr. 28 zu § 1 LohnFG. ||2 BAG 8.3.1989 – 5 AZR 116/88, AP Nr. 17 zu § 2 LohnFG. ||3 BAG 7.9.1988 – 5 AZR 558/87, AP Nr. 79 zu § 1 LohnFG; 8.3.1989 – 5 AZR 116/88, AP Nr. 17 zu § 2 LohnFG. ||4 BAG 10.2.1987 – 8 AZR 529/84, BAGE 54, 184. ||5 BAG 18.1.1995 – 5 AZR 818/93, BAGE 79, 122. ||6 BAG 27.7.1977 – 5 AZR 318/76, AP Nr. 43 zu § 1 LohnFG. ||7 BAG 14.11.1984 – 5 AZR 394/82, BAGE 47, 195. ||8 BAG 18.1.1995 – 5 AZR 818/93, BAGE 79, 122. ||9 BAG 22.3.1973 – 5 AZR 461/72, AP Nr. 28 zu § 1 LohnFG. ||10 BAG 2.12.1981 – 5 AZR 89/80, BAGE 37, 172. ||11 BAG 2.12.1981 – 5 AZR 89/80, BAGE 37, 172. ||12 BAG 26.2.1992 – 5 AZR 120/91, EEK I/1071; 10.6.1991 – 5 AZR 304/90, BAGE 68, 115; 2.12.1981 – 5 AZR 89/80, BAGE 37, 172. ||13 BAG 26.2.1992 – 5 AZR 120/91, EEK I/1071.

Arbeitsversuches[1]. Vielmehr steht dem ArbN für die Tage des Arbeitsversuches ein Anspruch auf Entgeltfortzahlung zu, soweit der Anspruchszeitraum noch nicht erschöpft war. Auch stellt eine Beschäftigung zur Wiedereingliederung (§ 74 SGB V) kein ArbVerh dar.

c) Darlegungs- und Beweislast. Grds. trägt der **ArbN** die Darlegungs- und Beweislast für alle Voraussetzungen, die für die Entstehung und Dauer des Anspruchs nach Abs. 1 S. 1 erfüllt sein müssen. Dies betrifft auch den Fall, dass die erste Arbeitsunfähigkeit beendet war, bevor die zweite, auf anderer Krankheit beruhende Arbeitsunfähigkeit eingetreten ist. Denn insoweit handelt es sich nicht um einen anspruchsvernichtenden, sondern um einen anspruchsbegründenden Tatbestand. IdR wird der Nachweis des Vorliegens der krankheitsbedingten Arbeitsunfähigkeit durch ärztliches Attest erbracht (vgl. § 5).

7. Wiederholte Arbeitsunfähigkeit infolge derselben Krankheit. Von der grds. Anordnung des Entgeltfortzahlungsanspruchs auf sechs Wochen für jede Erkrankung (Abs. 1 S. 1) macht das Gesetz zwecks Begrenzung der wirtschaftl. Belastung des ArbGeb[2] in Abs. 1 S. 2 im Wege des Ausschlusses von Ansprüchen **zwei Ausnahmen** für die mehrfache Arbeitsunfähigkeit infolge derselben Erkrankung im selben ArbVerh. Grds. hat der ArbN für jede krankheitsbedingte Arbeitsunfähigkeit einen Anspruch auf Entgeltfortzahlung für die Dauer von höchstens sechs Wochen. Anders verhält es sich jedoch, wenn die erneute Arbeitsunfähigkeit auf derselben Krankheit, dh. demselben Grundleiden beruht. Grds. hat der ArbN in solchen Fällen keinen erneuten Anspruch auf Entgeltfortzahlung. Ausnahmsw. steht ihm eine solcher Anspruch jedoch für einen weiteren Zeitraum von sechs Wochen dann zu, wenn er entweder zuvor sechs Monate nicht infolge derselben Krankheit arbeitsunfähig krank war (Nr. 1) oder wenn seit dem Beginn der ersten Arbeitsunfähigkeit infolge derselben Krankheit eine Frist von zwölf Monaten abgelaufen ist (Nr. 2).

a) Dasselbe Arbeitsverhältnis. Die Bestimmungen des Abs. 1 S. 2 sind im selben ArbVerh des ArbN mit demselben ArbGeb anzuwenden[3]. Geht das ArbVerh infolge **Betriebsübergangs** (§ 613a BGB) bzw. in einer zur Anwendung des § 613a BGB führenden **Umwandlung** (§ 324 UmwG) auf einen neuen ArbGeb über, so sind diese Bestimmungen ebenso anzuwenden wie im Fall der Begründung eines **ArbVerh im Anschluss an das Ausbildungsverhältnis**[4]. Trotz formaler Beendigung und anschließender Begründung eines weiteren ArbVerh zum selben ArbGeb liegt unter dem Gesichtspunkt der Entgeltfortzahlung ein einheitliches ArbVerh vor, wenn zwischen beiden ein enger sachlicher Zusammenhang besteht[5]. Fehlt es an solchem engen sachlichen Zusammenhang oder wird ein ArbVerh mit einem anderen ArbGeb begründet, so ist für eine Anwendung der Regelungen des Abs. 1 S. 2 kein Raum. Vielmehr steht dem ArbN – nach Ablauf der Wartezeit (Abs. 3) – der uneingeschränkte Anspruch auf Entgeltfortzahlung bis zu sechs Wochen auch in dem Fall zu, in welchem er infolge derselben Krankheit wie im vorherigen ArbVerh erkrankt.

b) Erneuter Anspruch nach sechs Monaten. Auch wenn die erneute Arbeitsunfähigkeit auf derselben Krankheit beruht (**Fortsetzungserkrankung**) und dieser Umstand grds. einen erneuten Anspruch auf Entgeltfortzahlung wegen Erschöpfung des Sechs-Wochen-Zeitraumes ausschließt, steht dem ArbN nach Abs. 1 S. 2 Nr. 1 wegen des Fortsetzungszusammenhangs ein erneuter Anspruch auf Entgeltfortzahlung zu, wenn er wegen Fortsetzungserkrankung sechs Monate nicht arbeitsunfähig war[6].

aa) Fortsetzungszusammenhang. Der Fortsetzungszusammenhang zwischen mehreren auf demselben nicht ausgeheilten Grundleiden beruhenden Erkrankungen (Abs. 1 S. 2 Nr. 1) wird nur dadurch unterbrochen, dass der ArbN vor der erneuten Arbeitsunfähigkeit mindestens sechs Monate nicht infolge derselben Krankheit arbeitsunfähig war[7]. Diese Regelung gilt auch, wenn auf Grund derselben Erkrankung eine Maßnahme der medizinischen Vorsorge und Rehabilitation zum Anspruch auf Entgeltfortzahlung führt (§ 9). Der SozV-Träger ist ggü. dem ArbGeb des Versicherten nicht verpflichtet, dafür zu sorgen, dass eine auf derselben Krankheit beruhende Kur (Maßnahme der medizinischen Rehabilitation) binnen sechs Monaten nach dem Ende der früheren Erkrankung begonnen wird, um einen erneuten Lohnfortzahlungsanspruch unter dem Gesichtspunkt der Wiederholungserkrankung zu vermeiden[8]. Tritt eine Krankheit, die sich später als Fortsetzungskrankheit herausstellt, zu einer bereits bestehenden, zur Arbeitsunfähigkeit führenden Krankheit hinzu und dauert sie über deren Ende hinaus an, so ist sie für die Zeit, in der sie die alleinige Ursache der Arbeitsunfähigkeit war und damit zum Anspruch auf Entgeltfortzahlung geführt hat, als Teil der späteren Fortsetzungserkrankung zu werten[9].

● **Beispiel:** Ein ArbN ist vom 21.1. bis zum 2.3. desselben Jahres wegen einer Rippenfraktur arbeitsunfähig krank. In der Zeit vom 19.2. bis zum 12.3. trat ein ebenfalls zur krankheitsbedingten Arbeitsunfähigkeit führendes Handekzem hinzu. Vom 17.4. bis zum 19.5. und dann wieder vom 7. bis zum 19.11. desselben Jahres war der ArbN erneut wegen des Handekzems arbeitsunfähig krank. Das Hand-

---

1 BAG 1.6.1983 – 5 AZR 468/80, BAGE 43, 46. ‖ 2 BAG 18.1.1995 – 5 AZR 818/93, BAGE 79, 122. ‖ 3 BAG 23.12.1971 – 1 AZR 126/71, BAGE 24, 90. ‖ 4 Vgl. BAG 20.8.2003 – 5 AZR 436/02, BAGE 107, 172. ‖ 5 BAG 22.8.2001 – 5 AZR 699/99, BAGE 98, 375. ‖ 6 BAG 18.1.1995 – 5 AZR 818/93, BAGE 79, 122. ‖ 7 BAG 22.8.1984 – 5 AZR 489/81, BAGE 46, 253. ‖ 8 BAG 18.1.1995 – 5 AZR 818/93, BAGE 79, 122. ‖ 9 BAG 2.2.1994 – 5 AZR 345/93, BAGE 75, 340.

ekzem stellt insoweit einen Teil der späteren Fortsetzungserkrankung dar, als der ArbN deswegen (ab 3.3.) Anspruch auf Entgeltfortzahlung hatte. Entgeltfortzahlung wegen des Handekzems steht ihm nur für sechs Wochen, dh. bis zum 9.11. zu.

101 Eine **Vorerkrankung** kann dann nicht als Teil einer Fortsetzungserkrankung angesehen werden, wenn sie lediglich zu einer bereits bestehenden, ihrerseits zur Arbeitsunfähigkeit führenden Krankheit hinzugetreten ist, ohne einen eigenen Anspruch auf Lohnfortzahlung auszulösen[1].

102 bb) **Unterbrechung des Fortsetzungszusammenhangs.** Der Fortsetzungszusammenhang gilt auch als unterbrochen, wenn der ArbN wegen derselben Krankheit (mindestens) sechs Monate nicht arbeitsunfähig krank war. Dies gilt auch und gerade dann, wenn das Grundleiden nicht ausgeheilt war[2]. Die spätere Arbeitsunfähigkeit ist dann eine neue Krankheit iSd. § 3[3].

103 Dagegen wird der **Fortsetzungszusammenhang nicht unterbrochen**, wenn während einer Maßnahme der medizinischen Vorsorge und Rehabilitation nach § 9, die wegen des Grundleidens gewährt wurde, eine **weitere Krankheit** als selbständiger Verhinderungstatbestand bestanden hat[4].

104 Für die **Sechs-Monats-Frist** kommt es nicht darauf an, ob der ArbN tatsächlich gearbeitet hat. Eine zwischenzeitliche anderweitige Erkrankung, die als Fortsetzungserkrankung nicht in Betracht kommt, hemmt den Fristablauf nicht[5]. Dies gilt auch, wenn die Arbeitsunfähigkeit und eine nachfolgende Maßnahme der medizinischen Vorsorge oder Rehabilitation auf derselben Erkrankung beruhen. Liegen zwischen dem Ende der Erkrankung und dem Beginn der Maßnahme sechs Monate, in denen der ArbN wegen dieser Krankheit nicht arbeitsunfähig war, so hat er Anspruch auf Entgeltfortzahlung wegen der Teilnahme an der Maßnahme.

105 c) **Erneuter Anspruch nach zwölf Monaten.** Unabhängig davon, ob bei der Fortsetzungserkrankung ein neuer Anspruch auf Entgeltfortzahlung deshalb gegeben ist, weil der ArbN wegen derselben Krankheit mindestens sechs Monate nicht arbeitsunfähig war, hat der ArbN nach Ablauf von zwölf Monaten seit dem Beginn der ersten Krankheitsperiode einen neuen Anspruch auf Entgeltfortzahlung für die Dauer von höchstens sechs Wochen (Abs. 1 S. 2 Nr. 2). Dies stellt der Sache nach eine **Rückausnahme von Abs. 1 S. 1 und S. 2 Nr. 1** dar.

106 aa) **Erneute Arbeitsunfähigkeit infolge Fortsetzungskrankheit.** Der Anspruch nach Abs. 1 S. 2 Nr. 2 setzt eine erneute Erkrankung des ArbN voraus. Daher entsteht kein solcher Anspruch, wenn die Erkrankung über ein Jahr hindurch ohne Unterbrechung andauert. Der Anspruch nach Abs. 1 S. 2 Nr. 2 kommt zum Tragen, wenn der ArbN infolge desselben Grundleidens mehrfach arbeitsunfähig ist und er deshalb keinen Anspruch auf Entgeltfortzahlung mehr hat, weil der **Anspruchszeitraum erschöpft** ist und zwischen den einzelnen Zeiten der auf dieser Krankheit beruhenden Arbeitsunfähigkeit keine sechs Monate ohne eine hierdurch bedingte Arbeitsunfähigkeit liegen (Abs. 1 S. 1 u. 2 Nr. 1).

107 • **Beispiel:** Der ArbN ist seit dem 21.3.2012 vier Wochen arbeitsunfähig erkrankt. Ab 19.8.2012 ist er weitere drei Wochen, ab 12.12.2012 noch weitere vier Wochen wegen derselben Krankheit arbeitsunfähig. Seit dem 21.3.2013 ist er wiederum wegen derselben Krankheit arbeitsunfähig. Für die Zeit ab 21.3. 2012 hat er für vier Wochen, für die Zeit ab 19.8.2012 für weitere zwei Wochen Entgeltfortzahlung zu erhalten. Für die nachfolgenden Zeiten steht ihm wegen des Grundsatzes, dass für dieselbe Krankheit nur einmal Entgeltfortzahlung zu leisten ist und weil zwischen den Zeiten der hierdurch bedingten Arbeitsunfähigkeit keine sechs Monate liegen, kein Anspruch zu. Gleichwohl hat der ArbN für die erneute Arbeitsunfähigkeit am 21.3.2013 wegen Ablaufs der Zwölf-Monats-Frist einen neuen Anspruch auf Entgeltfortzahlung bis zur Dauer von sechs Wochen.

108 bb) **Zwölfmonatige Rahmenfrist.** Zudem müssen zwischen dem Beginn der ersten Erkrankung und dem Beginn der erneuten Fortsetzungserkrankung zwölf Monate liegen. Diese Frist stellt eine Rahmenfrist dar; sie beginnt mit dem Beginn der „ersten" Erkrankung und wird von dort aus „vorausberechnet"[6]. Die Frist beginnt zugleich mit der Sechs-Wochen-Frist für den Anspruch auf Entgeltfortzahlung für die erste Periode der Arbeitsunfähigkeit; der Ablauf dieser Frist richtet sich nach § 188 II BGB. Es entsteht kein neuer Anspruch auf Entgeltfortzahlung, wenn die Arbeitsunfähigkeit infolge derselben Krankheit vor Ablauf der Rahmenfrist eingetreten ist[7]. Wenn die letzte Arbeitsunfähigkeitsperiode vor Ablauf der Zwölf-Monats-Frist beginnt und nach deren Ablauf noch andauert, entsteht auch kein Anspruch mit dem Tag nach dem Ablauf der Rahmenfrist[8].

109 • **Beispiel:** Wie vor, jedoch beginnt die letzte Periode der Arbeitsunfähigkeit bereits am 11.3.2013: Die Zwölf-Monats-Frist began mit der ersten auf derselben Krankheit beruhenden Arbeitsunfähigkeit (21.3.2012).

---

1 BAG 19.6.1991 – 5 AZR 304/90, BAGE 68, 115. ||2 BAG 6.10.1976 – 5 AZR 500/75, AP Nr. 41 zu § 1 LohnFG. ||3 BAG 29.9.1982 – 5 AZR 130/80, BAGE 40, 171. ||4 BAG 22.8.1984 – 5 AZR 489/81, BAGE 46, 253. ||5 BAG 29.9.1982 – 5 AZR 130/80, BAGE 40, 171. ||6 *Schliemann*, ArbuR 1994, 317 (321). ||7 BAG 14.3.2007 – 5 AZR 514/06, ZTR 2007, 509. ||8 BAG 14.3.2007 – 5 AZR 514/06, ZTR 2007, 509; aA ErfK/*Dörner/Reinhard*, § 3 EFZG Rz. 40.

cc) Erste Arbeitsunfähigkeit. Die Zwölf-Monats-Frist knüpft an die „erste" Arbeitsunfähigkeit an. Damit ist nicht die zeitlich erste gemeint, sondern die erste Arbeitsunfähigkeit, die unter Beachtung des Grundsatzes der Einheit des Verhinderungsfalles auf dieselbe Erkrankung zurückzuführen ist und für die Entgeltfortzahlung, sei es nach S. 1, sei es nach S. 2 Nr. 1 des Abs. 1 zu leisten war. Trotz des insoweit ggü. dem LFZG geänderten Wortlautes ist an der dazu ergangenen st. Rspr.[1] fest zu halten[2].

d) Darlegungs- und Beweislast. Eine Fortsetzungserkrankung stellt einen den **Entgeltfortzahlungsanspruch ausschließenden Umstand** dar. Deshalb trifft die objektive Beweislast für das Bestehen einer Fortsetzungskrankheit idR den **ArbGeb**. Der ArbN hat die anspruchsbegründenden Tatsachen seines Entgeltfortzahlungsanspruchs darzulegen und ggf. zu beweisen. Ist er innerhalb der Zeiträume des Abs. 1 S. 2 länger als sechs Wochen arbeitsunfähig krank, muss er darlegen, dass keine Fortsetzungskrankheit vorliegt. Wird dies vom ArbGeb bestritten, so obliegt dem ArbN die Darlegung der Tatsachen, die den Schluss erlauben, es habe keine Fortsetzungserkrankung vorgelegen. Der ArbN hat dabei den Arzt von seiner Schweigepflicht zu entbinden[3]. Solange der ArbN die Mitwirkung ablehnt, kann der ArbGeb die Fortzahlung des Arbeitsentgelts verweigern. Die Befreiung von der Schweigepflicht erstreckt sich nur auf die Frage, ob eine Fortsetzungskrankheit vorliegt. Weitere Auskünfte (insb. über den Krankheitsbefund) kommen nicht in Betracht[4]. Für die Antwort auf die Frage, ob der ArbN infolge einer Fortsetzungskrankheit arbeitsunfähig ist, bedarf die Krankenkasse nach § 69 IV SGB X nicht (mehr) der Entbindung von der Schweigepflicht.

III. Sterilisation und Schwangerschaftsabbruch (Abs. 2). Nach Abs. 2 gilt als unverschuldete Arbeitsunfähigkeit iSd. Abs. 1 auch eine Arbeitsverhinderung, die auf nicht rechtswidriger **Sterilisation** beruht. Dasselbe gilt für einen **Schwangerschaftsabbruch**, wenn ein Arzt den Abbruch innerhalb von zwölf Wochen nach der Empfängnis durchführt, die Frau den Abbruch verlangt und sie dem Arzt durch eine Bescheinigung nachgewiesen hat, eine Schwangerschaftsberatung durch eine anerkannte Beratungsstelle mindestens drei Tage vor dem Abbruch erfahren zu haben. Mit diesen beiden Tatbeständen wird (lediglich) die tatbestandl. Voraussetzung des **Unverschuldetseins** der zur Arbeitunfähigkeit führenden Erkrankung durch eine **gesetzl. Fiktion** ersetzt.

Die Regelung über die Entgeltfortzahlung infolge Arbeitsunfähigkeit wegen eines nicht rechtswidrigen Schwangerschaftsabbruchs ist **verfassungskonform**. Ein iSd. Abs. 2 nicht rechtswidriger Abbruch einer Schwangerschaft wegen einer Notlagenindikation setzt voraus, dass die Notlage in einem schriftl. ärztlichen Attest festgestellt worden ist[5]. Das EFZG enthält keine Bestimmung darüber, wann ein Schwangerschaftsabbruch nicht rechtswidrig ist. Ein nicht rechtswidriger Abbruch einer Schwangerschaft iSd. Abs. 2 ist nur anzunehmen, wenn es sich um einen iSd. § 218a StGB nicht strafbaren Schwangerschaftsabbruch handelt[6]. Auch nach den mehrfachen Änderungen der einschlägigen strafrechtl. Bestimmungen, wie sie im Urteil des BAG 14.12.1994 im Einzelnen nachgezeichnet sind[7], ist ein Schwangerschaftsabbruch iSd. Abs. 2 nur dann nicht rechtswidrig, wenn der Schwangerschaftsabbruch objektiv nicht strafbar war, nicht aber schon dann, wenn aus Gründen der §§ 16 ff. StGB von einer Bestrafung im Einzelfall abgesehen wird[8].

IV. Wartezeit (Abs. 3). Nach Abs. 3 entsteht der Anspruch auf Entgeltfortzahlung erst nach einer **vierwöchigen ununterbrochenen Dauer des ArbVerh**. Wenn ein Auszubildender in ein ArbVerh übernommen wird, löst dies keine neue Wartezeit aus[9]. Besteht zwischen einem beendeten und einem neu begründeten ArbVerh zu demselben ArbGeb ein **enger zeitlicher und sachlicher Zusammenhang**, wird der Lauf der Wartezeit des Abs. 3 in dem neuen ArbVerh nicht erneut ausgelöst[10].

Erkrankt ein ArbN während der Wartezeit des Abs. 3 und dauert die Arbeitsunfähigkeit über den Ablauf der Wartezeit hinaus an, so entsteht der Anspruch auf Entgeltfortzahlung nach Abs. 1 für die Dauer von sechs Wochen ab Ende der Wartezeit. In die Wartezeit fallende Krankheitstage sind nicht anzurechnen[11]. Das gilt wegen § 8 I 1 auch dann, wenn das ArbVerh durch eine aus Anlass der Arbeitsunfähigkeit ausgesprochene Kündigung noch innerhalb der Wartezeit beendet worden ist.

3a *Anspruch auf Entgeltfortzahlung bei Spende von Organen oder Geweben*

(1) Ist ein Arbeitnehmer durch Arbeitsunfähigkeit infolge der Spende von Organen oder Geweben, die nach den §§ 8 und 8a des Transplantationsgesetzes erfolgt, an seiner Arbeitsleistung verhindert, hat er Anspruch auf Entgeltfortzahlung durch den Arbeitgeber für die Zeit der Arbeitsunfähigkeit bis zur Dauer von sechs Wochen. § 3 Absatz 1 Satz 2 gilt entsprechend.

---

1 BAG 16.12.1987 – 5 AZR 510/86, AP Nr. 73 zu § 1 LohnFG; 6.10.1976 – 5 AZR 500/75, AP Nr. 41 zu § 1 LohnFG. ‖2 *Schliemann*, AuR 1994, 317 (321). ‖3 BAG 13.7.2005 – 5 AZR 389/04, BB 2005, 2642 = SAE 2006, 147 m. zust. Anm. *Joussen* – teilw. Aufgabe von BAG 4.12.1985 – 5 AZR 656/84, AP Nr. 42 zu § 63 HGB. ‖4 BAG 19.3.1986 – 5 AZR 86/85, BAGE 51, 308. ‖5 BAG 14.12.1994 – 5 AZR 524/89, BAGE 79, 12. ‖6 BAG 5.4.1989 – 5 AZR 495/87, BAGE 61, 249. Die gegen diese Entscheidung eingelegte Verfassungsbeschwerde hat das BVerfG nicht zur Entscheidung angenommen (BVerfG 18.10.1989 – 1 BvR 1013/89, AP Nr. 84a zu § 1 LohnFG). ‖7 BAG 14.12.1994 – 5 AZR 524/89, BAGE 79, 12. ‖8 BAG 14.12.1994 – 5 AZR 524/89, BAGE 79, 12. ‖9 BAG 20.8.2003 – 5 AZR 436/02, BAGReport 2004, 65. ‖10 BAG 22.8.2001 – 5 AZR 699/99, BAGE 98, 375. ‖11 BAG 26.5.1999 – 5 AZR 476/98, BAGE 91, 370.

(2) Dem Arbeitgeber sind von der gesetzlichen Krankenkasse des Empfängers von Organen oder Geweben das an den Arbeitnehmer nach Absatz 1 fortgezahlte Arbeitsentgelt sowie die hierauf entfallenden vom Arbeitgeber zu tragenden Beiträge zur Sozialversicherung und zur betrieblichen Alters- und Hinterbliebenenversorgung auf Antrag zu erstatten. Ist der Empfänger von Organen oder Geweben gemäß § 193 Absatz 3 des Versicherungsvertragsgesetzes bei einem privaten Krankenversicherungsunternehmen versichert, erstattet dieses dem Arbeitgeber auf Antrag die Kosten nach Satz 1 in Höhe des tariflichen Erstattungssatzes. Ist der Empfänger von Organen oder Geweben bei einem Beihilfeträger des Bundes beihilfeberechtigt oder berücksichtigungsfähiger Angehöriger, erstattet der zuständige Beihilfeträger dem Arbeitgeber auf Antrag die Kosten nach Satz 1 zum jeweiligen Bemessungssatz des Empfängers von Organen oder Geweben; dies gilt entsprechend für sonstige öffentlich-rechtliche Träger von Kosten in Krankheitsfällen auf Bundesebene. Unterliegt der Empfänger von Organen oder Geweben der Heilfürsorge im Bereich des Bundes oder der truppenärztlichen Versorgung, erstatten die zuständigen Träger auf Antrag die Kosten nach Satz 1. Mehrere Erstattungspflichtige haben die Kosten nach Satz 1 anteilig zu tragen. Der Arbeitnehmer hat dem Arbeitgeber unverzüglich die zur Geltendmachung des Erstattungsanspruches erforderlichen Angaben zu machen.

1   **I. Normzweck und -entstehung.** Die seit dem 1.8.2011 geltende Vorschrift regelt den **Anspruch eines Transplantatspenders auf Entgeltfortzahlung** für seine durch die Transplantatspende herbeigeführte Arbeitsunfähigkeit und die Erstattung der Entgeltfortzahlung durch den Kostenträger des Spendenempfängers. Zuvor hatte der Transplantatspender keinen Anspruch auf Entgeltfortzahlung wegen krankheitsbedingter Arbeitsunfähigkeit gegen seinen ArbGeb, weil er seine Arbeitsunfähigkeit durch seine Einwilligung in die Transplantatentnahme aus seinem Körper willentlich und insoweit bewusst und selbstverschuldet herbeigeführt hatte[1]. Die Kosten der Transplantatentnahme waren ebenso Kosten der Krankenhilfe des Transplantatempfängers wie der Ersatz des Arbeitsentgeltes, das dem Transplantatspender infolge der Transplantatentnahme entging[2]. Sie waren von der Krankenkasse bzw. der Berufsgenossenschaft, bei der der Transplantatempfänger versichert war, zu tragen. Dies hielt der Gesetzgeber im Laufe des Gesetzgebungsverfahrens für nicht mehr erträglich[3]. Mit dem **Gesetz zur Änderung des Transplantationsgesetzes** v. 21.7.2012 fügte er mWv. 1.8.2012 den § 3a in das EFZG ein[4]. Damit ist er – ohne Not, jedoch um die Spendenbereitschaft zu fördern[5] – von der früheren Grundregel abgerückt, wonach der Transplantatempfänger bzw. dessen Krankenkasse, Krankenversicherung oder Beihilfestelle unmittelbar die mit der Transplantatgewinnung verbundenen Kosten einschl. des Ausfalls des Arbeitsentgeltes beim Transplantatspender zu tragen hat[6]. Stattdessen erfolgt die Kostentragung bzw. Kostenerstattung nunmehr auf einem komplizierteren Weg unter wesentlicher Einschaltung des ArbGeb des organ- oder gewebespendenden ArbN.

2   **II. Entgeltfortzahlungsanspruch des Transplantatspenders.** Abs. 1 verschafft – entgegen der bisherigen Rechtslage – dem **Transplantatspender einen Anspruch auf Entgeltfortzahlung** wegen der Transplantatspende gegen seinen ArbGeb. Voraussetzung für den Anspruch ist, dass die Transplantatspende nach den §§ 8 und 8a TPG[7] zur Arbeitsunfähigkeit des Transplantatspenders geführt hat. Nach dem Wortlaut des Abs. 1 führt die bloße Entnahme von Organen und Gewebe zwecks Transplantation nach den §§ 8, 8a TPG zum Entgeltfortzahlungsanspruch. Ob das entnommene Organ oder Gewebe nach der Entnahme tatsächlich transplantiert wird oder ob dies aus medizinischen Gründen unterbleibt, ist für den Anspruch des spendenden ArbN nach Abs. 1 rechtlich ohne Bedeutung[8]. Für die Bestimmung der Begriffe in Abs. 1 ist das TPG heranzuziehen. Das TPG bestimmt, was Organe bzw. Gewebe sind (§ 1a Nr. 1, 2 und 4 TPG). Dagegen bestimmt das TPG nicht, was unter der „Spende" solcher Organe und Gewebe zu verstehen ist. Insoweit kommt es nur darauf an, dass der ArbN sich das Organ oder Gewebe entnehmen lässt, damit es auf einen anderen Menschen transplantiert werden kann. Dies folgt aus dem Verweis des Abs. 1 auf die §§ 8, 8a TPG. Beide Bestimmungen sind mit der gesetzl. Überschrift „Entnahme ..." versehen. Als „Entnahme" definiert § 1a Nr. 6 TPG die „Gewinnung von Organen und Geweben".

3   Die Entnahme solcher Transplantate dürfte regelmäßig auch zu einer **Krankheit** des Transplantatspenders führen; für den Entgeltfortzahlungsanspruch nach Abs. 1 ist indessen eine Krankheit nicht vorausgesetzt; erforderlich und ausreichend ist, dass die Arbeitsunfähigkeit auf der Transplantatspende beruht[9]. Der Gesetzgeber hat nicht geregelt, ob die Transplantatspende die **alleinige Ursache** sein muss, um den Entgeltfortzahlungsanspruch nach Abs. 1 auszulösen. Hiervon dürfte jedoch angesichts der Systematik des EFZG für den Entgeltfortzahlungsanspruch wegen krankheitsbedingter Arbeitsunfähigkeit (vgl. § 3 I) auszugehen sein, zumal der Anspruch verschuldensunabhängig ist[10]. Insoweit wird auf die Erläuterungen zu § 3 (§ 3 Rz. 11 ff.) verwiesen.

---

1 BAG 6.8.1986 – 5 AZR 607/85, BAGE 52, 313. ||2 BSG 12.12.1973 – 3 RK 47/70, BSGE 35, 102. ||3 Vgl. BT-Drs. 17/9773, 19, 33 f. ||4 Art. 1a Nr. 1 Gesetz v. 21.7.2012 (BGBl. I S. 1601) mWv 1.8.2012. ||5 BT-Drs. 17/9773, 33, 34. ||6 Krit. *Link/van Dorp*, AuA 2012, 284. ||7 Gesetz über die Spende, Entnahme und Übertragung von Organen und Geweben – Transplantationsgesetz (TPG) idF v. 4.9.2007 (BGBl. I S. 2206), zuletzt geändert durch Gesetz v. 15.7.2013 (BGBl. I S. 2423). ||8 *Knorr*, NZA 2012, 1132 (1134). ||9 ErfK/*Dörner/Reinhard*, § 3a EFZG Rz. 2. ||10 ErfK/*Dörner/Reinhard*, § 3a EFZG Rz. 3.

Für den Entgeltfortzahlungsanspruch ist wesentlich, dass die **Entnahme nach den §§ 8, 8a TPG** erfolgt. Fehlt es daran, ist ein Anspruch nach Abs. 1 nicht gegeben. Maßgebend für den Anspruch nach Abs. 1 wie auch für die Erstattung der Entgeltfortzahlung ist indessen nur die Entnahme der Organe oder Gewebe. Kommt es nicht zur Verpflanzung des Transplantats auf den bei der Entnahme vorgesehenen Empfänger, so hindert dies den Anspruch aus Abs. 1 nicht[1]. 4

Die **Anspruchsvoraussetzungen** sind in Abs. 1 unter Verweisung auf die §§ 8, 8a TPG geregelt. Sind sie nicht gegeben, so entfällt der Anspruch nach Abs. 1[2]. Das Vorliegen der Voraussetzung des Abs. 1 iVm. den §§ 8, 8a TPG kann und muss der ArbGeb weder kennen noch beurteilen können. Dieselbe Lage trifft den spendenbereiten ArbN; auch wird das Vorliegen der gesetzl. Voraussetzungen für den Entgeltfortzahlungsanspruch ebenfalls nicht, zumindest nicht vollständig beurteilen können. Der Gesetzgeber hat zwar angeordnet, dass der spendende ArbN dem ArbG „unverzüglich die zur Geltendmachung des Erstattungsanspruchs erforderlichen Angaben zu machen hat" (Abs. 2 S. 6). Das aber betrifft nur die Erstattung nach Abs. 2, nicht aber die Frage, ob der ArbN Anspruch auf Entgeltfortzahlung nach Abs. 1 hat. Das Gesetz regelt nicht expressis verbis, ob und wie der ArbN darlegen oder nachweisen muss, wegen der Entnahme arbeitsunfähig zu sein. Nach der allg. Regel, wonach der Anspruchsteller die Voraussetzungen für seinen Anspruch nachzuweisen hat, wird es der ArbN sein, der darlegen und ggf. beweisen muss, dass die Transplantatentnahme nach den Regeln der §§ 8, 8a TPG erfolgen soll bzw. erfolgt ist. Ob der Nachweis nur unter Einschaltung des Versicherungsträgers des Organempfängers möglich ist[3], erscheint zweifelhaft. Auch dieser Versicherungsträger kann aus eigener Kenntnis nicht beurteilen, ob die Voraussetzungen der §§ 8, 8a TPG für die Transplantatspende vorliegen. Dies wird letztlich nur der für die Transplantatentnahme verantwortliche Arzt beurteilen können. Der spendende ArbN dürfte deshalb gehalten sein, seinem ArbGeb ein entsprechendes ärztliches Attest dieses Arztes vorzulegen. Dem ArbGeb dürfte entsprechend § 7 I das Recht zustehen, die Entgeltfortzahlung so lange zu verweigern, bis ihm ein Attest oder Zeugnis vorgelegt wird, wonach für den transplantatspenden ArbN die Voraussetzungen des Abs. 1 einschl. der darin in Bezug genommenen §§ 8, 8a TPG vorliegen. Im Hinblick auf die Erstattung der nach Abs. 1 geleisteten Entgeltfortzahlung gem. Abs. 2 dürfte es sinnvoll sein, dass der spendenbereite ArbN zudem eine entsprechende Bestätigung des nach Abs. 2 Erstattungsverpflichteten herbeiführt, wonach dieser zumindest dem Grunde nach zur Erstattung bereit ist. 5

Ungeregelt lässt das Gesetz auch den Entgeltfortzahlungsanspruch beim **fehlgeschlagenen Versuch der Entnahme von Organ oder Gewebe** und bei der **Voruntersuchung**, die in einem ärztlichen Eingriff zwecks Prüfung der Transplantationsfähigkeit des potenziellen Spendenorganes bestehen kann. Dies scheint im Hinblick auf die gleichzeitige Neuregelung des § 12a SGB VII, wonach Versicherungsschutz (durch die gesetzl. Unfallversicherung) auch besteht, „wenn es nach der Voruntersuchung nicht zur Spende kommt", eine planwidrige Lücke zu sein. Insoweit dürfte Abs. 1 auf die Voruntersuchung und auf den fehlgeschlagenen Versuch der Entnahme zumindest entsprechend anzuwenden sein[4]. 6

§ 3a enthält keine dem § 3 III entsprechende Regelung über eine **Wartezeit**. Angesichts des Schweigens der Motive ist nicht zu erkennen, ob insoweit eine planwidrige, ausfüllbare Lücke des Gesetzes vorliegt oder ob der Gesetzgeber auf die Anordnung einer Wartezeit bewusst verzichtet hat. Im Hinblick auf den Erstattungsanspruch nach Abs. 2 lässt sich argumentieren, dass keine planwidrige Lücke vorliegt, weil der ArbGeb grds. einen Erstattungsanspruch hat[5]. 7

Die **Höchstdauer des Entgeltfortzahlungsanspruchs** nach Abs. 1 beträgt sechs Wochen. Für das Ende des Anspruchs gelten dieselben Gründe wie für das Endes des Anspruchs auf Entgeltfortzahlung wegen krankheitsbedingter Arbeitsunfähigkeit (vgl. § 3 Rz. 77 ff.). 8

III. Erstattungsanspruch. Nach Abs. 2 steht dem ArbGeb für die nach Abs. 1 geleistete Entgeltfortzahlung wegen Transplantatentnahme ein **Erstattungsanspruch** zu. 9

Gegenstand der Erstattung sind die **Aufwendungen** des ArbGeb für die Entgeltfortzahlung, die er dem transplantatspendenden ArbN geleistet hat, nämlich der Bruttobetrag des fortgezahlten Arbeitsentgeltes einschl. der hierauf entfallenden SozV-Beiträge (Arbeitgeberanteil) sowie die Beiträge zur betriebl. Alters- und Hinterbliebenenversorgung (Abs. 2 S. 1). **Erstattungsberechtigt** ist jeder ArbGeb; auf seine Beschäftigtenzahl kommt es – anders als beim Ausgleichsanspruch für die Entgeltfortzahlung wegen krankheitsbedingter Arbeitsunfähigkeit nach § 1 I AAG[6] – nicht an. 10

Erstattungsverpflichtet ist nicht etwa der Transplantatempfänger persönlich. Vielmehr haben die Krankenkassen (Abs. 2 S. 2) bzw. die privaten Krankenversicherer (Abs. 2 S. 3) oder die Beihilfeträger des Bundes oder sonstigen öffentl.-rechtl. Träger von Kosten in Krankheitsfällen die Erstattung (Abs. 3 S. 4) oder – im Bereich des Bundes – die Träger der Heilfürsorge oder der truppenärztlichen Versorgung (Abs. 2 S. 5) zu leisten. Eine entsprechende Verpflichtung der Länder ist in das EFZG aus Gründen der 11

---

1 Vgl. *Knorr*, NZA 2012, 1132 (1134) mit Bsp. der planwidrigen Nichtverpflanzung. ‖ 2 *Knorr*, NZA 2012, 1132 (1135). ‖ 3 So ErfK/*Dörner/Reinhard*, § 3a EFZG Rz. 2. ‖ 4 Vgl. *Knorr*, NZA 2012, 1132 (1135). ‖ 5 Ähnlich ErfK/*Dörner/Reinhard*, § 3a EFZG Rz. 3.   ‖ 6 Gesetz über den Ausgleich der Arbeitgeberaufwendungen für Entgeltfortzahlung Aufwendungsausgleichsgesetz – AAG – v. 22.12.2005 (BGBl. I S. 3686), zuletzt geändert durch Gesetz v. 12.4.2012 (BGBl. I S. 579).

Gesetzgebungskompetenz nicht aufgenommen worden; die Länder haben vielmehr nach Ansicht des Bundestags entsprechende Regelungen zu treffen[1]. Sind dem Empfänger des Transplantats die mit seiner Krankheit verbundenen Kosten von verschiedenen Trägern zu erstatten, zB ein Anteil im Wege der Beihilfe, ein anderer durch eine private KV, so trifft diese Kostenträger mit gleichen Anteilen auch die Erstattungspflicht nach Abs. 2[2].

12 Die Erstattung wird nur auf **Antrag des ArbGeb** geleistet (Abs. 2 S. 1). Der transplantatspendende ArbN hat dem ArbGeb unverzüglich „die zur Geltendmachung des Erstattungsanspruchs erforderlichen Angaben" zu machen (Abs. 2 S. 6). In aller Regel ist die Lebendspende mit erheblichen Vorbereitungen verbunden; deshalb wird es unter dem Gesichtspunkt der Unverzüglichkeit vielfach geboten sein, dem ArbGeb die notwendigen Angaben bereits vor Beginn der Organentnahme zu machen.

4 Höhe des fortzuzahlenden Arbeitsentgelts

(1) Für den in § 3 Abs. 1 oder in § 3a Absatz 1 bezeichneten Zeitraum ist dem Arbeitnehmer das ihm bei der für ihn maßgebenden regelmäßigen Arbeitszeit zustehende Arbeitsentgelt fortzuzahlen.

(1a) Zum Arbeitsentgelt nach Absatz 1 gehören nicht das zusätzlich für Überstunden gezahlte Arbeitsentgelt und Leistungen für Aufwendungen des Arbeitnehmers, soweit der Anspruch auf sie im Falle der Arbeitsfähigkeit davon abhängig ist, dass dem Arbeitnehmer entsprechende Aufwendungen tatsächlich entstanden sind, und dem Arbeitnehmer solche Aufwendungen während der Arbeitsunfähigkeit nicht entstehen. Erhält der Arbeitnehmer eine auf das Ergebnis der Arbeit abgestellte Vergütung, so ist der von dem Arbeitnehmer in der für ihn maßgebenden regelmäßigen Arbeitszeit erzielbare Durchschnittsverdienst der Berechnung zugrunde zu legen.

(2) Ist der Arbeitgeber für Arbeitszeit, die gleichzeitig infolge eines gesetzlichen Feiertages ausgefallen ist, zur Fortzahlung des Arbeitsentgelts nach § 3 oder nach § 3a verpflichtet, bemisst sich die Höhe des fortzuzahlenden Arbeitsentgelts für diesen Feiertag nach § 2.

(3) Wird in dem Betrieb verkürzt gearbeitet und würde deshalb das Arbeitsentgelt des Arbeitnehmers im Falle seiner Arbeitsfähigkeit gemindert, so ist die verkürzte Arbeitszeit für ihre Dauer als die für den Arbeitnehmer maßgebende regelmäßige Arbeitszeit im Sinne des Absatzes 1 anzusehen. Dies gilt nicht im Falle des § 2 Abs. 2.

(4) Durch Tarifvertrag kann eine von den Absätzen 1, 1a und 3 abweichende Bemessungsgrundlage des fortzuzahlenden Arbeitsentgelts festgelegt werden. Im Geltungsbereich eines solchen Tarifvertrages kann zwischen nichttarifgebundenen Arbeitgebern und Arbeitnehmern die Anwendung der tarifvertraglichen Regelung über die Fortzahlung des Arbeitsentgelts im Krankheitsfalle vereinbart werden.

I.	Normzweck und -entstehung	1	V. Krankheitsbedingte Arbeitsverhinderung bei Kurzarbeit	42
II.	Modifiziertes Entgeltausfallprinzip	2	VI. Tarifvertragl. Abweichungen	43
III.	Fortzuzahlendes Arbeitsentgelt	4	1. Bemessungsgrundlage	46
	1. Zeitfaktor	5	2. Anspruchsvoraussetzungen, Berechnungsgrundlage	48
	2. Geldfaktor	16		
	3. Leistungsabhängiges Entgelt	32	3. Vereinbarte Anwendung abweichender Tarifregelungen	50
	4. Exkurs: Zuschuss zum Krankengeld	39		
IV.	Krankheitsbedingte Arbeitsverhinderung an Feiertagen	41		

1 **I. Normzweck und -entstehung.** Die Vorschrift hat in kurzen Abständen unterschiedliche Fassungen erfahren. Sie regelt die **Höhe des** wegen krankheitsbedingter Arbeitsunfähigkeit (§ 3) oder der Transplantatentnahme (§ 3a) **fortzuzahlenden** Arbeitsentgeltes und zwar für die ganze mögliche Zeit der Entgeltfortzahlung aus dem jeweiligen Anlass.

2 **II. Modifiziertes Entgeltausfallprinzip.** Abs. 1 und 1a regeln die Höhe des fortzuzahlenden Arbeitsentgeltes für jene Fälle, in denen die krankheitsbedingte Arbeitsunfähigkeit oder die Transplantatentnahme die alleinige Ursache für die Arbeitsverhinderung ist, die Arbeitsverhinderung nicht auf einen gesetzl. Feiertag fällt (dazu Abs. 2), der Betrieb nicht verkürzt arbeitet (dazu Abs. 3) und keine abweichende tarifvertragl. Regelung besteht (Abs. 4).

3 Einheitlich für alle Arten von ArbN gilt nunmehr das modifizierte **Entgeltausfallprinzip**. Im Gegensatz zum **Referenzprinzip** des Bundesurlaubsrechts (§ 11 I BUrlG) oder des Mutterschutzrechts (§ 11 I 1 MuSchG) und des Krankengeldes (§ 47 II SGB V) will das **Entgeltausfallprinzip** den ArbN fiktiv finanziell so stellen, als wäre er nicht infolge krankheitsbedingter Arbeitsunfähigkeit an der Leistung seiner Arbeit gehindert gewesen. Würde das Entgeltausfallprinzip puristisch durchgeführt, so müsste für die Bemessung der ausgefallenen Arbeitszeit auf die jeweilige individuelle hypothetische Arbeitszeit für jeden Tag des Entgeltfortzahlungszeitraumes abgestellt werden, also auch auf unregelmäßig anfallende

---

1 Vgl. BT-Drs. 17/9773, 34. ||2 *Knorr*, NZA 2012, 1132 (1135).

Mehrarbeitsstunden oder Überstunden. Davon geht das EFZG jedoch nicht aus. Vielmehr ist das Entgeltausfallprinzip **modifiziert**, indem für das fortzuzahlende Arbeitsentgelt die **für den ArbN maßgebende regelmäßige Arbeitszeit** zugrunde gelegt wird (Abs. 1) und hierzu nicht das **zusätzlich für Überstunden gezahlte Arbeitsentgelt** zählt (Abs. 1a S. 1 Hs. 1)[1].

III. Fortzuzahlendes Arbeitsentgelt. Das fortzuzahlende Arbeitsentgelt wird, soweit der ArbN keine auf das Ergebnis der Arbeit abstellende Vergütung erhält (Abs. 1a S. 2), in der Weise ermittelt, dass der **Zeitfaktor** und der **Geldfaktor** ermittelt und beide multipliziert werden[2]. Die Bestimmung dieser beiden maßgeblichen Faktoren ist für den Bereich der Überstunden insoweit vereinfacht worden, als der Gesetzgeber einerseits auf die für den ArbN regelmäßige Arbeitszeit abgestellt hat (Abs. 1) und daneben bestimmt hat, dass das zusätzlich für Überstunden gezahlte Arbeitsentgelt nicht zum fortzuzahlenden Arbeitsentgelt nach Abs. 1 gehört (Abs. 1a S. 1 Hs. 1). Gleichwohl werfen die Bestimmungen sowohl des Zeitfaktors als auch des Geldfaktors nach wie vor nicht unerhebliche Schwierigkeiten auf. Die Rspr. versucht diese Schwierigkeiten in der Weise zu bewältigen, dass sie – soweit nötig – Durchschnittsbetrachtungen für die Vergangenheit zulässt, mithin eine Betrachtungsweise, die dem Referenzprinzip entspricht, nicht aber einem (puristischen) Entgeltfortzahlungsprinzip.

1. Zeitfaktor. Nach Abs. 1 hat der **ArbN** für den Zeitraum, in welchem ihm nach § 3 I Entgeltfortzahlung zusteht, Anspruch auf das ihm bei der **für ihn maßgebenden** regelmäßigen **Arbeitszeit** zustehende Arbeitsentgelt.

a) Regelmäßige Arbeitszeit. Es kommt für § 3 I weder auf die gesetzl. Höchstarbeitszeit noch auf die tarifl. Wochenarbeitszeiten noch eine betriebsübliche tägliche Arbeitszeit an. Von all diesen Arbeitszeiten kann die individuelle regelmäßige Arbeitszeit eines ArbN abweichen; entscheidend ist, welche regelmäßige Arbeitszeit im individuellen ArbVerh angefallen wäre. Grundlage hierfür können eine **ausdrückliche oder konkludente Vereinbarung** oder eine **tatsächliche oder betriebliche Übung** sein. Etwaige gesetzl. oder tarifl. Höchstarbeitszeiten dienen dem Schutz des ArbN; sie bewahren den ArbGeb jedoch nicht vor der Verpflichtung, etwa darüber hinausgehende Arbeitszeiten zu vergüten[3]. Als regelmäßig wird ein Geschehen angesehen, das nach einer bestimmten festen Ordnung in gleichmäßigen Abständen und gleichförmiger aufeinander folgend wiederkehrt; entscheidend ist also die Gleichförmigkeit des Geschehens über eine bestimmte Zeit hinweg, so dass eine **gewisse Stetigkeit und Dauer** vorauszusetzen ist[4]. Endet der Gehaltsfortzahlungsanspruch eines mit arbeitstäglich gleichmäßiger Arbeitszeit tätigen Angestellten im Krankheitsfall an einem Tag während des laufenden Monats, so ist der anteilige Gehaltsanspruch in der Weise zu berechnen, dass das monatliche Bruttogehalt durch die in dem betreffenden Monat tatsächlich anfallenden Arbeitstage geteilt und der sich danach ergebende Betrag mit der Anzahl der krankheitsbedingt ausgefallenen Arbeitstage multipliziert wird (konkrete Berechnungsweise auf Grundlage des Lohnausfallprinzips)[5].

b) Gleichbleibende Arbeitszeit. Die Feststellung der regelmäßigen Arbeitszeit ist unproblematisch, wenn der ArbN gleich bleibend eine bestimmte Stundenzahl pro Arbeitstag arbeitet. Dabei ist gleichgültig, ob es sich um die vertragl. vereinbarte Normalarbeitszeit handelt oder ob hierin in Form sog. Überstunden regelmäßig anfallende Mehrarbeit enthalten sind[6]. Als regelmäßig und damit im Grunde gleich bleibend ist es auch anzusehen, wenn ein ArbN auf Grund einer besonderen Vereinbarung nach § 5 Nr. 3 Abs. 2 BRTV-Bau **regelmäßig zusätzlich vergütete Arbeitsleistungen** (Fahrten mit Kollegen zur Baustelle und zurück) erbringt[7]. Eine während des Entgeltfortzahlungszeitraumes wirksam werdende **dauernde Veränderung der regelmäßigen Arbeitszeit** des betroffenen ArbN ist bei der Bemessung des Zeitfaktors zugrunde zu legen.

c) Schichtarbeit. Die Feststellung des Zeitfaktors macht keine Schwierigkeiten, soweit der ArbN in Schichtarbeit während der gesamten Zeit seiner Arbeitsverhinderung infolge krankheitsbedingter Arbeitsunfähigkeit in einem **Schichtplan** eingeteilt war. Dann ist seine Arbeitszeit nach dem Schichtplan zugrunde zu legen. Weicht hiervon – wie häufig bei **Wechselschichten** – infolge einer Verstetigung die Zahlung des Arbeitsentgeltes ab und wird für den ArbN ein **Zeitkonto** geführt, so ist das verstetigte Arbeitsentgelt fortzuzahlen und das Zeitkonto entsprechend den Einsätzen, die der ArbN zu leisten gehabt hätte, fortzuführen. Bei **Freischichtmodellen** ist in gleicher Art und Weise zu verfahren. Erkrankt ein ArbN indessen an einem Freischichttag, so hat er grds. keinen Anspruch auf Entgeltfortzahlung nach § 3 oder auf Nachgewährung der Freistellung nach Wiederherstellung seiner Arbeitsfähigkeit[8]. Hiervon kann allerdings durch **TV abgewichen** werden. Erhält der ArbN zB nach einer tarifl. Bestimmung als Entgeltfortzahlung für jeden Kalendertag krankheitsbedingter Arbeitsunfähigkeit $\frac{1}{364}$ des Bruttoarbeitsentgeltes der letzten zwölf Abrechnungsmonate, so wird der Anspruch nicht dadurch ausgeschlossen, dass der ArbN ohne die krankheitsbedingte Arbeitsunfähigkeit wegen von vornherein festgelegter Freischichten nicht gearbeitet hätte; durch eine solche Regelung wird nicht nur der Geld-

---

[1] Vgl. BAG 21.11.2001 – 5 AZR 296/00, BAGE 100, 25 mwN. ||[2] BAG 21.11.2001 – 5 AZR 296/00, BAGE 100, 25.
||[3] BAG 21.11.2001 – 5 AZR 296/00, BAGE 100, 25. ||[4] BAG 3.5.1989 – 5 AZR 249/88, AP Nr. 19 zu § 2 LohnFG.
||[5] BAG 14.8.1985 – 5 AZR 384/84, AP Nr. 40 zu § 63 HGB. ||[6] BAG 26.5.2002 – 5 AZR 153/01, AP Nr. 62 zu § 4 EntgeltFG. ||[7] BAG 16.1.2002 – 5 AZR 303/00, AP Nr. 7 zu § 2 EntgeltFG. ||[8] BAG 21.8.1991 – 5 AZR 91/91, AP Nr. 4 zu § 1 Tarifverträge: Schuhindustrie.

faktor, sondern auch der Zeitfaktor zur Bestimmung der Entgeltfortzahlung iSv. Abs. 4 abweichend geregelt[1]. Andererseits hat ein ArbN, dessen persönliche regelmäßige Arbeitszeit unter 40 Wochenstunden liegt, der aber an den für ihn maßgebenden Arbeitstagen zB im Schichtbetrieb acht Stunden zu arbeiten hat, einen Zeitfaktor von acht Stunden für jeden Tag, an dem er wegen der krankheitsbedingten Arbeitsunfähigkeit an der Arbeitsleistung verhindert ist[2]. Auch insoweit kommt es indessen vorrangig auf tarifvertragl. Regelungen nach Abs. 4 an, insb. hinsichtlich der Frage, ob die die regelmäßige wöchentliche Arbeitszeit überschreitende tatsächliche Arbeitszeit durch unbezahlte Freizeit oder durch Freischichten ausgeglichen wird. Aber auch tarifvertragl. Vorschriften können insoweit Unklarheiten bieten[3].

9   d) **Wechselnde Arbeitszeiten.** Bei wechselnden Arbeitszeiten ist zu unterscheiden, ob es sich um (arbeitstäglich) wechselnde Arbeitszeiten handelt oder um mehr oder weniger saisonale Schwankungen oder langzyklische Festlegungen. Bei **langzyklischen Festlegungen** ist ebenso wie bei **saisonal festgelegten** Arbeitszeiten für den Zeitfaktor auf den Zeitraum abzustellen, in den die Zeit der krankheitsbedingten Arbeitsunfähigkeit fällt. Insoweit ist es wegen Verstoßes gegen das modifizierte Entgeltausfallprinzip des Abs. 1 nicht zulässig, durch eine betriebl. Regelung über die flexible Verteilung der Arbeitszeit anzuordnen, dass sich in der Phase der verkürzten Arbeitszeit ergebende Zeitschuld nur durch tatsächliche Arbeitsleistung, nicht aber durch krankheitsbedingter Arbeitsunfähigkeit während der Phase der verlängerten Arbeitszeit ausgeglichen wird[4]. Bei **ständig wechselnden Arbeitszeiten**, wie sie bei Gleitzeit, Jahresarbeitszeit und anderen Formen flexibler Arbeitszeit gebräuchlich sind, steht in aller Regel nicht fest, welche regelmäßige Arbeitszeit für den ArbN während der Dauer seiner krankheitsbedingten Arbeitsunfähigkeit tatsächlich angefallen wäre. Insoweit ist eine **vergangenheitsbezogene Durchschnittsbetrachtung** geboten. Maßgebend ist der Durchschnitt der vergangenen zwölf Monate[5]. Krankheits- und Urlaubstage sind nicht in die vergangenheitsbezogene Durchschnittsberechnung einzubeziehen, soweit die ausgefallene Arbeitszeit selbst auf einer Durchschnittsberechnung beruht. Nimmt der ArbN Freizeitausgleich in Anspruch, so mindert dies seine regelmäßige Arbeitszeit, soweit nicht nur Überstundenzuschläge „abgefeiert" werden[6].

10   Einstweilen frei.

11   Bei der Bemessung des **Vergleichszeitraums** zur Ermittlung der für den ArbN regelmäßigen Arbeitszeit durch eine Vergangenheitsbetrachtung ist zu berücksichtigen, dass das ArbVerh mit seinen Besonderheiten möglichst umfassend in den Blick kommt und Zufallsergebnisse vermieden werden. Es handelt sich nicht lediglich um einen Referenzzeitraum zur praktikablen Berechnung des Lohnausfalles, sondern um eine rechtl. Bestimmung der regelmäßigen Arbeitszeit des betroffenen ArbN. Deshalb genügt es nicht, einen Zeitraum von drei Monaten zugrunde zu legen, wie das BAG zuvor angenommen hatte[7]. Wie sich gerade aus Abs. 1a ergibt, muss die Ständigkeit der Arbeitsleistung – im Hinblick auf mögliche, eben nicht zu berücksichtigende Überstunden und sonstige Zufallsschwankungen – für eine längere Dauer festgestellt werden. Nur dann lässt sich eine „Regelmäßigkeit" iSv. Abs. 1 annehmen. Das führt in Anlehnung an die frühere Rspr. zum Arbeiterkrankheitsgesetz[8] zu einem Vergleichszeitraum von zwölf Monaten vor Beginn der Arbeitsunfähigkeit. Dieser Zeitraum wird besonderen Eigenarten eines ArbVerh gerecht und vermeidet unbillige Zufallsergebnisse. Hat das ArbVerh bei Beginn der Arbeitsunfähigkeit weniger als ein Jahr gedauert, ist dessen gesamter Zeitraum maßgebend[9].

12   e) **Überstunden.** Das zusätzlich für **nicht regelmäßige Überstunden** gezahlte Arbeitsentgelt gehört nicht zu dem nach Abs. 1 fortzuzahlenden Arbeitsentgelt (Abs. 1a S. 1). Nach früherem Recht war die Berücksichtigung von Überstunden nicht ausdrücklich untersagt. Vielmehr wurden regelmäßig anfallende „Überstunden" zu dem nach § 1 LFZG fortzuzahlenden Arbeitsverdienst gerechnet[10]. Daran hat Abs. 1a nichts geändert. Abs. 1a S. 1 Hs. 1 umfasst nach seinem Wortlaut und seinem Sinn und Zweck auch **wiederholt, aber nicht regelmäßig geleistete Überstunden**[11]. Die Bestimmung erfasst alles zusätzlich für Überstunden gezahlte Entgelt, nicht nur alle Überstundenzuschläge, sondern auch die Grundvergütung für diese Überstunden[12]. Für den **Begriff „Überstunde"** im Zusammenhang des § 4 kommt es entscheidend darauf an, ob damit eine generelle, vornehmlich tarifl. oder betriebsübliche Arbeitszeit oder die individuelle regelmäßige Arbeitszeit des betroffenen ArbN gemeint ist. Das Wort Überstunde ist nicht eindeutig. Es kann die Mehrarbeit bezeichnen, die über die regelmäßige Arbeitszeit nach dem anwendbaren TV oder nach der sonst im Betrieb geltenden Regelung hinausgeht[13]. Über-

---

1 BAG 9.10.2002 – 5 AZR 356/01, AP Nr. 63 zu § 4 EntgeltFG. || 2 BAG 14.6.1989 – 5 AZR 505/88, AP Nr. 18 zu § 2 LohnFG. || 3 BAG 5.10.1988 – 5 AZR 322/87, BAGE 60, 14; 10.7.1996 – 5 AZR 284/95, AP Nr. 142 zu § 1 TVG Tarifverträge: Metallindustrie einerseits und BAG 8.11.1994 – 9 AZR 477/91, BAGE 78, 213 andererseits; vgl. dazu insg. *Leinemann*, FS Schaub, 1998, S. 443. || 4 BAG 13.2.2002 – 5 AZR 470/00, BAGE 100, 256. || 5 BAG 21.11.2001 – 5 AZR 296/00, BAGE 100, 25; 26.6.2002 – 5 AZR 511/00, AuA 2003, 57 (Kurzwiedergabe m. Anm. *Borck*). || 6 BAG 26.6.2001 – 5 AZR 592/00, AP Nr. 61 zu § 4 EntgeltFG; vgl. auch BAG 26.6.2002 – 5 AZR 511/00, AuA 2003, 57 (Kurzwiedergabe m. Anm. *Borck*). || 7 BAG 8.5.1972 – 5 AZR 428/71, AP Nr. 3 zu § 2 LohnFG (zu 2b d. Gr.); 3.5.1989 – 5 AZR 249/88, AP Nr. 19 zu § 2 LohnFG. || 8 BAG 5.11.1964 – 2 AZR 494/63, AP Nr. 21 zu § 2 ArbKrankG. || 9 BAG 21.11.2001 – 5 AZR 296/00, BAGE 100, 25. || 10 ZB BAG 16.3.1988 – 5 AZR 40/87, AP Nr. 78 zu § 1 LohnFG; 3.5.1989 – 5 AZR 249/88, AP Nr. 19 zu § 2 LohnFG. || 11 *Löwisch*, BB 1999, 102 (105). || 12 BAG 21.11.2001 – 5 AZR 296/00, BAGE 100, 25 mwN. || 13 So wohl BAG 16.3.1988 – 5 AZR 40/87, AP Nr. 78 zu § 1 LohnFG.

stunden können sich nach dem Wortlaut des Gesetzes aber ebenso gut auf den ArbN beziehen, dem das Gesetz einen Anspruch auf Entgeltfortzahlung einräumt; maßgebend ist dann dessen individuelle regelmäßige Arbeitszeit. Der gesetzl. Zusammenhang spricht für die Annahme, dass auf die **individuelle regelmäßige Arbeitszeit** des betroffenen ArbN abzustellen ist. Die Einschränkung des Abs. 1a bezieht sich auf den Entgeltfortzahlungsanspruch nach Abs. 1; dort ist die persönliche regelmäßige Arbeitszeit des ArbN zugrunde gelegt[1].

Einstweilen frei. 13

Die Rspr. des BAG zu der Überstundengrundvergütung und zu den Überstundenzuschlägen erscheint nicht völlig konsequent. Wenn das, was die Parteien des Arbeitsvertrages Überstunden nennen und was – gemessen zB an der tarifüblichen regelmäßigen oder arbeitszeitl. Arbeitszeit – Überstunden sind, kraft arbeitsvertragl. Vereinbarung oder kraft gelebten Arbeitsvertrages der Parteien zu der für den ArbN maßgebenden regelmäßigen Arbeitszeit zu rechnen ist, so ist es nicht konsequent, dem ArbN hierfür die „Überstundenzuschläge" zu versagen. Entweder stellen diese Mehrarbeitszeiten in Relation der Abs. 1 und 1a keine Überstunden dar – dann wird insoweit das vereinbarte Entgelt uneingeschränkt geschuldet – oder sie sind Überstunden mit der Folge, dass für die Bemessung des Zeitfaktors diese Überstunden ebenso wenig heranzuziehen sind wie für die Bemessung des Geldfaktors, diese Überstunden dann also völlig außer Betracht bleiben. 14

f) Darlegungs- und Beweislast. Grds. hat der **ArbN** darzulegen und ggf. zu beweisen, was im Entgeltfortzahlungszeitraum die für ihn maßgebende **regelmäßige Arbeitszeit** war. Lässt sich diese lediglich aus einer Vergangenheitsbetrachtung ermitteln, so genügt der ArbN seiner Darlegungs- und Beweislast im Normalfall dadurch, dass er den Arbeitszeitdurchschnitt der vergangenen zwölf Monate darlegt und ggf. unter Beweis stellt. Das Maß der zu fördernden Substantiierung richtet sich nach der Einlassung des ArbGeb[2]. Dagegen trägt der **ArbGeb**, der eine aus **Überstunden** resultierende Minderung der zu berücksichtigenden durchschnittlichen Arbeitszeit geltend machen will, hierfür die Darlegungs- und Beweislast. Insoweit handelt es sich – nach Feststellung der durchschnittlich in den vergangenen zwölf Monaten geleisteten Arbeitsstunden – um einen Einwendungstatbestand, es sei denn, dass sich bereits aus dem Vortrag des ArbN ergibt, dass nicht alle von ihm als geleistet behaupteten Arbeitsstunden der für ihn maßgebenden regelmäßigen Arbeitszeit zuzuordnen sind[3]. 15

2. Geldfaktor. Der Geldfaktor, mit dem der Zeitfaktor zu multiplizieren ist, um die geschuldete Entgeltfortzahlung im Krankheitsfall zu berechnen, besteht aus dem kongruent auf die Zeitdimension des Zeitfaktors heruntergebrochenen **Arbeitsentgelt**. Das EFZG bestimmt nicht positiv, was zum fortzuzahlenden Arbeitsentgelt gehört, sondern grenzt hiervon in Abs. 1a S. 1 die Überstunden und den Aufwendungsersatz aus. Welche dem ArbN zufließenden Zahlungen Arbeitsentgelt sind und welche Aufwendungsersatz darstellen, ist im Einzelfall nicht immer einfach zu beurteilen, insb. dann nicht, wenn insoweit Pauschalzahlungen erfolgen. Grds. erhält das Entgeltausfallprinzip dem ArbN die volle Vergütung einschl. etwaiger Zuschläge[4]. 16

a) Arbeitsentgelt. Für den Geldfaktor sind grds. alle nach dem Arbeitsvertrag, TV, ggf. nach BV und/ oder nach betriebl. Übung zu leistenden, auf den Zeitraum der Entgeltfortzahlung bezogenen Bestandteile des Arbeitsentgeltes zugrunde zu legen. Dazu zählen alle **laufenden (Geld-)Bezüge** (Gehalt, Monatslohn, Stundenlohn usw.), aber auch alle Zulagen und Zuschläge (außer für Überstunden – Abs. 1a S. 1 Hs. 1)[5]. Zum Arbeitsentgelt sind auch die **Sachbezüge** zu rechnen, zB Kost und Logis oder die Benutzung des Dienstwagens für private Zwecke. Dagegen gehören Sondervergütungen als neben dem laufenden Arbeitsentgelt erbrachte Leistungen nicht zum Arbeitsentgelt iSd. Abs. 1. 17

b) Aufwendungsersatz. Nicht zum fortzuzahlenden Arbeitsentgelt gehört der Ersatz von Aufwendungen des ArbN, soweit der Anspruch auf sie im Falle der Arbeitsfähigkeit davon abhängig ist, dass sie dem ArbN tatsächlich entstanden sind, und sie ihm während der Arbeitsunfähigkeit nicht entstehen (Abs. 1a S. 1 Hs. 2). 18

c) Einzelfragen. Bei der Zuordnung der einzelnen im ArbVerh üblichen Zahlungen oder entgeltwerten Leistungen ist stets zu berücksichtigen, dass der Entgeltfortzahlung im Krankheitsfall ein **modifiziertes Entgeltausfallprinzip** zugrunde liegt. Dies betrifft nicht nur die Nichtberücksichtigung von Überstunden und Überstundenvergütungen sowie von Aufwendungsersatz, sondern auch die Differenzierung zwischen den nicht zu berücksichtigenden und den für die Entgeltfortzahlung zu berücksichtigenden Zahlungen und Leistungen des ArbGeb an den ArbN. Nicht zuletzt ist in dem Zusammenhang auch an den **Vorrang abweichender tarifvertragl. Regelungen** nach Abs. 4 zu denken. In Grenzen lassen sich unter Beachtung der o.g. Grundsätze Parallelen ziehen zur Rspr. hinsichtlich der Entgeltfortzahlung an Feiertagen und zur Rspr. hinsichtlich der Aufrechterhaltung des Entgeltanspruchs bei Befreiung für erforderliche BR-Tätigkeiten (§ 37 II BetrVG). 19

---

1 BAG 21.11.2001 – 5 AZR 296/00, BAGE 100, 25 mwN. ||2 BAG 21.11.2001 – 5 AZR 296/00, BAGE 100, 25. ||3 BAG 21.11.2001 – 5 AZR 457/00, ArbuR 2001, 509; 21.11.2001 – 5 AZR 296/00, BAGE 100, 25. ||4 BAG 14.1.2009 – 5 AZR 89/08, EzA § 4 EntgeltfortzG Nr. 14. ||5 BAG 14.1.2009 – 5 AZR 89/08, EzA § 4 EntgeltfortzG Nr. 14.

20 aa) **Antrittsgebühr.** Im Druckereigewerbe ist es üblich, ArbN in der Druckerei eine Antrittsgebühr zu zahlen. Sie zählt zum fortzuzahlenden Arbeitsentgelt[1]. Hiervon kann jedoch wiederum durch TV abgewichen werden[2], wenn die Antrittsgebühr ihrerseits auf (demselben) TV beruht.

21 bb) **Auslösung.** In vielen **gewerblichen Bereichen**, insb. im **Montagebau** und im **Baugewerbe**, sind Auslösungen tarifvertragl. geregelt bzw. üblich. Inwieweit sie bei krankheitsbedingter Arbeitsunfähigkeit fortzuzahlen sind, richtet sich in erster Linie nach den Bestimmungen des jeweiligen TV. Mangels entsprechender Bestimmungen ist zu prüfen, ob und inwieweit eine Auslösung zum fortzuzahlenden Arbeitsentgelt zu rechnen ist oder ob ihr der Charakter einer nicht hierzu zählenden Aufwendung iSd. Abs. 1a S. 1 Hs. 2 zukommt. Eine generelle Einteilung, dass etwa Nahauslösungen stets zum fortzuzahlenden Arbeitsentgelt zu rechnen sind, dagegen Fernauslösungen nicht[3], ist rechtl. nicht haltbar. Vielmehr kommt es darauf an, ob die Aufwendung tatsächlich entstehenden Mehraufwand abgelten soll oder ob sie ohne Rücksicht auf das tatsächliche Entstehen von Mehraufwand generell gezahlt wird. Ob und in welchem Umfang die Nahauslösung nur dem Ersatz entstehender Aufwendungen dient, beurteilt sich nach den tarifvertragl. Bestimmungen[4]. So zählt zu dem fortzuzahlenden Arbeitsentgelt auch der steuerpflichtige Teil der Nahauslösungen nach § 7 Bundes-Montage-TV[5]. Eine **Fernauslösung** nach § 6 Bundes-Montage-TV ist eine pauschalierte Aufwandsentschädigung; sie zählt nicht zum fortzuzahlenden Arbeitsentgelt[6]. Daran ändert nichts, dass diese Fernauslösung auch bei – an sich unzumutbarer – täglicher tatsächlicher Heimfahrt auch für die arbeitsfreien Tage zu zahlen ist[7].

22 cc) **Einsatz- und Anwesenheitsprämien.** Insb. zur Motivation der ArbN bedienen sich ArbGeb gern der Auslobung von Anwesenheits- oder Einsatzprämien. Sie sind insb. im Berufssport (und dort im Mannschaftssport) anzutreffen. Sie gehören zum fortzuzahlenden Arbeitsentgelt[8]. Anders verhält es sich dagegen, wenn unklar bleibt, ob der Berufsspieler eingesetzt worden wäre oder ob dies – zB wegen eines Formtiefs – nicht der Fall gewesen wäre[9]. Die tatsächliche Ungewissheit über den Einsatz eines Spielers und den Spielverlauf rechtfertigt indessen nicht, für die Entgeltfortzahlung im Krankheitsfall anstelle des Entgeltausfallprinzips allein das auf die Vergangenheit bezogene Referenzprinzip zu vereinbaren[10].

23, 24 Einstweilen frei.

25 **Anwesenheitsprämien** zählen, wenn sie nicht als Sonderleistung iSd. § 4a erbracht werden, zum fortzuzahlenden Arbeitsentgelt[11]. Es kommt insoweit auf den Zweck, die Anknüpfungspunkte und die Ausgestaltung der Anwesenheitsprämie an. Zuvor hatte das BAG allerdings noch angenommen, dass Anwesenheitsprämien grds. nicht zum fortzuzahlenden Arbeitsentgelt zu rechnen seien[12]. Von der Frage, ob Anwesenheitsprämien grds. zum fortzuzahlenden Arbeitsentgelt zu rechnen sind oder nicht, ist die Frage zu trennen, ob und inwieweit sie im Hinblick auf krankheitsbedingte Fehlzeiten gekürzt werden können (vgl. § 4a).

26 dd) **Reisekosten, Wegegeld.** IdR sind Reisekosten und Wegegeld **Aufwendungsersatz**. Hat der ArbN tatsächlichen Aufwand bereits vor Beginn der krankheitsbedingten Arbeitsunfähigkeit gehabt, zB eine Fahrkarte erworben, und kann diese nicht kostenfrei zurückgegeben werden, so steht dem ArbN insoweit Aufwendungsersatz nach § 670 BGB zu.

27 **Pauschalierte Reisekosten, Spesen und Wegegelder** zählen indessen zum fortzuzahlenden Arbeitsentgelt, wenn sie **ohne den Nachweis tatsächlicher Aufwendungen** gezahlt werden und der Betroffene die Möglichkeit hat, diese Zahlung zur Verbesserung seines Lebensstandards zu verwenden[13]. Einzelvertragl. vereinbarte „Wege- und Fahrgelder" gehören zum fortzuzahlenden Arbeitsentgelt, wenn und soweit sie einem gesunden Arbeiter unabhängig von notwendigen Aufwendungen gezahlt werden. Eine Vergütung für **Wegezeit** ist stets fortzuzahlendes Arbeitsentgelt[14].

28 ee) **Sachbezüge.** Sachbezüge zählen in aller Regel zum fortzuzahlenden Arbeitsentgelt. Kann der ArbN sie infolge seiner krankheitsbedingten Arbeitsunfähigkeit nicht in Anspruch nehmen, so hat er Anspruch auf einen entsprechenden Geldbetrag. Insoweit ist als Hilfsgröße die auf Grund von § 17 Nr. 3 SGB IV jährlich angepasste **Sachbezugsverordnung** heranzuziehen. Für **Kapitäne und Besatzungsmitglieder von Kauffahrteischiffen** richtet sich die Entgeltfortzahlung nach § 104 SeeArbG.

---

1 So zu § 37 II BetrVG: BAG 13.7.1994 – 7 AZR 477/93, BAGE 77, 195; 12.9.1959 – 2 AZR 50/59, AP Nr. 9 zu § 2 ArbKrankhG. ‖ 2 BAG 21.9.1971 – 1 AZR 336/70, BAGE 23, 430. ‖ 3 So die allg. Ansicht, vgl. ErfK/*Dörner/Reinhard*, § 4 EFZG Rz. 12 mwN. ‖ 4 BAG 19.11.1992 – 10 AZR 144/91, EEK I/1113. ‖ 5 BAG 1.2.1995 – 5 AZR 847/93, AP Nr. 67 zu § 1 FeiertagslohnzahlungsG; 24.9.1986 – 4 AZR 543/85, AP Nr. 50 zu § 1 FeiertagslohnzahlungsG; anders noch BAG 15.6.1983 – 5 AZR 399/82, BAGE 43, 95. ‖ 6 So zu § 37 II BetrVG: BAG 18.9.1991 – 7 AZR 41/90, BAGE 68, 292. ‖ 7 BAG 28.6.1989 – 4 AZR 226/89, AP Nr. 22 zu § 1 TVG Auslösung. ‖ 8 Vgl. BAG 6.12.1995 – 5 AZR 237/94, BAGE 81, 357. ‖ 9 Vgl. insoweit BAG 22.8.1984 – 5 AZR 539/81, AP Nr. 65 zu § 616 BGB. ‖ 10 BAG 6.12.1995 – 5 AZR 237/94, BAGE 81, 357. ‖ 11 Vgl. BAG 19.5.1982 – 5 AZR 466/80, BAGE 39, 67. ‖ 12 BAG 9.11.1972 – 5 AZR 144/72, AP Nr. 6 zu § 611 BGB Anwesenheitsprämie. ‖ 13 BAG 8.11.1962 – 2 AZR 109/62, DB 1963, 207; LAG Düss. 6.9.1971 – 12 Sa 233/71, DB 1972, 50. ‖ 14 BAG 11.2.1976 – 5 AZR 615/74, AP Nr. 10 zu § 611 BGB Anwesenheitsprämie.

Firmenfahrzeuge, die (nicht frei widerruflich[1]) als Sachbezug zum unbeschränkten privaten Gebrauch überlassen worden sind, gehören zum fortzuzahlenden Arbeitsentgelt[2]. Voraussetzung hierfür ist allerdings, dass der Gebrauch des Firmenfahrzeuges zu privaten Zwecken unwiderruflich eingeräumt worden ist. Insoweit sind indessen abweichende Abmachungen möglich. Bei Firmenfahrzeugen, die vorwiegend im Außendienst eingesetzt werden oder – wie bei Automobilverkäufern – als Vorführfahrzeuge dienen, kann der Wegfall der privaten Nutzung für die Zeit krankheitsbedingter Arbeitsunfähigkeit vereinbart werden, wenn die private Nutzung nur ein Nebeneffekt ist. Dagegen ist eine solche Vereinbarung wegen Verstoßes gegen § 12 nach § 134 BGB unwirksam, wenn das Firmenfahrzeug nicht in klar erkennbarer Weise zu dienstlichen Zwecken eingesetzt wird, sondern sein privater Gebrauch mehr oder minder eine zusätzliche Vergütung darstellt. Hat der ArbGeb dem ArbN **Schadensersatz** wegen unterbliebener Bereitstellung des Pkws auch zur privaten Nutzung zu leisten, so kann der ArbN im Fall der tatsächlichen Nutzung seines gleichwertigen privaten Pkw nur die hierfür aufgewendeten Kosten ersetzt verlangen; eine abstrakt nach der Tabelle *Sanden/Danner/Küppersbusch* ermittelte **Nutzungsausfallentschädigung** steht ihm nicht zu[3]. Kann der ArbN das unwiderruflich zur privaten Nutzung überlassene Firmenfahrzeug infolge seiner krankheitsbedingten Arbeitsunfähigkeit tatsächlich nicht nutzen, obwohl es ihm zur Verfügung steht, so steht ihm insoweit kein (Ersatz-)Anspruch gegen den ArbGeb zu. Entzieht der ArbGeb dem ArbN dagegen das unwiderruflich zur Privatnutzung überlassene Kraftfahrzeug wegen der krankheitsbedingten Arbeitsunfähigkeit, so hat der ArbN Anspruch auf einen angemessenen Ausgleich in Geld[4].

ff) Trinkgeld. Zum fortzuzahlenden Arbeitsentgelt gehören Trinkgelder, die nur auf freiwilligen Leistungen der Gäste beruhen, idR nicht[5]. Dagegen gehören Trinkgelder zum fortzuzahlenden Arbeitsentgelt, wenn sie – wie in Spielbanken üblich – vom Publikum „für die Angestellten" in einen **Tronc** gezahlt werden, denn hieraus wird die Angestelltenvergütung gezahlt.

gg) Zulagen, Zuschläge. Inwieweit Zulagen oder Zuschläge zum fortzuzahlenden Arbeitsentgelt zählen, hängt wesentlich von deren Zweck ab. In tarifvertragl. Regelungen ist sehr häufig bestimmt, inwieweit welche Zulagen oder Zuschläge bei der Entgeltfortzahlung im Krankheitsfall zu zahlen sind oder nicht. **Überstundenzuschläge** gehören grds. nicht zum fortzuzahlenden Arbeitsentgelt (Abs. 1a S. 1 Hs. 1). In aller Regel gehören **Erschwerniszulagen, Leistungszulagen und Gefahrenzulagen** als Gegenleistung für die Tätigkeit des ArbN und damit zu dessen fortzuzahlenden Arbeitsentgelt, ebenso **Nachtschichtzuschläge**, soweit sie nicht im TV von der Entgeltfortzahlung ausgenommen worden sind[6], wie auch eine **Notdienstpauschale** nach §§ 11 und 12 MTV Metall Nordwürttemberg/Nordbaden[7]. Bei **Schmutzzulagen** ist danach zu differenzieren, ob sie tatsächlich dem Ausgleich einer Mehrbelastung des ArbN durch Aufwendungen zur Beseitigung von Schmutz, etwa zum Reinigen seiner Arbeitskleidung dienen und deswegen als Aufwendungsersatz nicht zum fortzuzahlenden Arbeitsentgelt zu rechnen sind oder ob sie für die tatsächlich erschwerten, nämlich „schmutzigen" Arbeitsbedingungen gezahlt werden und deswegen Teil der Arbeitsvergütung sind.

3. Leistungsabhängiges Entgelt. Für den Geldfaktor wird auf den vom ArbN in der für ihn maßgebenden regelmäßigen Arbeitszeit erzielbaren Durchschnittsverdienst abgestellt, wenn er eine auf das Ergebnis der Arbeit abgestellte Vergütung zu erhalten hat (Abs. 1a S. 2). Die Bestimmung betrifft alle auf das Ergebnis der Arbeit abstellende Vergütungen, mithin nicht nur **Akkord- und Prämienlohn**, sondern auch andere erfolgsabhängige Vergütungen wie **Provisionen, Tantiemen, Prämien**. Dem Tatbestandsmerkmal der Arbeitszeit kommt für einen derart im Leistungslohn tätigen ArbN insoweit Bedeutung zu, als die Höhe des erzielbaren Entgeltes ggf. durch die Arbeitszeitmenge begrenzt sein kann. Denn die **Arbeitsmenge**, auf der der Leistungslohn berechnet wird, ist bei längerer Arbeitszeit idR größer als bei einer kürzeren Arbeitszeit. In der Praxis wirkt sich indessen der Zeitfaktor dann nicht aus, wenn der Leistungslöhner stets nur in der für ihn maßgebenden regelmäßigen Arbeitszeit zu arbeiten hat, ohne dass sich diese ändert.

a) Entgeltausfallprinzip, Referenzprinzip. Weil der vom ArbN erzielbare Durchschnittsverdienst zugrunde zu legen ist (Abs. 1a S. 2), ist auch beim Leistungslohn das Entgeltausfallprinzip maßgebend[8]. Es gilt für den Anspruch auf Entgeltfortzahlung im Krankheitsfall vorrangig[9]. Indessen ist nicht zu übersehen, dass die Leistungsentgelte schwer zu prognostizieren sind, weil das erzielbare Entgelt durch eine nicht vorhersehbare Veränderung von Parametern, nicht zuletzt durch eine nicht vorhersehbare Veränderung der menschlichen Leistungsfähigkeit, höchst unterschiedlich ausfallen kann. Deshalb wird **im Einzelfall** zulässigerweise auch auf eine **Vergangenheitsbetrachtung** (Referenzprinzip) zurückgegriffen, wenn nicht die erzielten Leistungen der tatsächlich arbeitenden Kollegen geeignet sind, um aus ihnen den hypothetischen Leistungslohn, ggf. im Wege der Schätzung nach § 287 ZPO, abzuleiten.

Einstweilen frei.

---

1 Vgl. zur Widerruflichkeit: BAG 19.12.2006 – 9 AZR 294/06, NZA 2007, 809. ||2 BAG 14.12.2010 – 9 AZR 631/09, NZA 2011, 569. ||3 BAG 16.11.1995 – 8 AZR 240/95, BAGE 81, 294. ||4 Vgl. insg. *Fischer*, FA 2003, 105. ||5 So zu § 37 II BetrVG: BAG 28.6.1995 – 7 AZR 1001/94, BAGE 80, 230. ||6 BAG 13.3.2002 – 5 AZR 648/00, AP Nr. 58 zu § 4 EntgeltFG. ||7 BAG 20.10.1993 – 5 AZR 674/92, EZA § 2 LohnFG Nr. 24. ||8 BAG 26.2.2003 – 5 AZR 162/02, nv. ||9 BAG 13.2.2002 – 5 AZR 588/00, AP Nr. 22 zu § 11 MuSchG 1968.

36 **b) Akkord, Leistungslohn.** Abs. 1a S. 2 erfasst zunächst den Leistungslohn. Er ist – im Gegensatz zum Zeitentgelt – dadurch bestimmt, dass nicht die Arbeitszeit den (primären) Anknüpfungspunkt für den Lohn bietet, vielmehr wird beim **Geldakkord** für jedes gefertigte Stück ein Geldbetrag gezahlt, beim **Zeitakkord** wird für jedes Stück eine bestimmte Minutenzahl festgesetzt. Der hieraus resultierende Betrag wird gezahlt, gleichgültig, wie viel Zeit der ArbN für die Fertigstellung der jeweiligen Stücke tatsächlich benötigt hat. Ferner ist zu differenzieren zwischen **Einzelakkord**, bei dem ein einzelner ArbN die Arbeit leistet und hierfür vergütet wird, und dem **Gruppenakkord**, bei dem eine Gruppe von ArbN die Arbeit gemeinsam leistet und das Entgelt unter ihnen nach Köpfen oder nach einem bestimmten Verteilungsschlüssel verteilt wird.

37 Beim Akkordlohn muss der Lohn weitergezahlt werden, den der Akkordarbeiter erzielt hätte, wenn er nicht infolge krankheitsbedingter Arbeitsunfähigkeit gehindert gewesen wäre, seine Arbeit zu leisten. Dieser zu § 2 I 3 LFZG entwickelte Grundsatz[1] gilt auch für Abs. 1a S. 2[2]. Beim **Gruppenakkord** ist idR der Vergleich mit den Verdiensten der übrigen Gruppenmitglieder sachgerecht. Ausnahmsw. kann er erzielbare Durchschnittsverdienst aus einem Bezugszeitraum ermittelt werden, insb. wenn zB zwei von drei Gruppenmitgliedern erkranken und dem Arbeiter ein Ersatzmann zugeteilt wird[3]. Dabei sind Änderungen in Arbeits- und Verdienstbedingungen im Vergleich zum Bezugszeitraum zu berücksichtigen[4]. Regelmäßig werden Akkordgruppen aus ungefähr gleich leistungsstarken ArbN gebildet. Es ist wahrscheinlich, dass der erkrankte ArbN eine dem Verdienst der übrigen ArbN entsprechende Vergütung erzielt hätte[5]. Sache des ArbN ist es, einen Ausnahmefall darzulegen, der es rechtfertigt, auf den höheren Verdienst als den in der Vergangenheit abzustellen[6]. Auch akkordähnliche **tarifl. Leistungszuschläge** sind während einer krankheitsbedingten Arbeitsunfähigkeit fortzuzahlen[7].

38 **c) Provisionen, Abschlussprämien.** Für die Dauer des Anspruchszeitraumes sind auch Abschlussprovisionen fortzuzahlen[8]. Lässt sich die Höhe der Provisionen nicht durch das Entgeltausfallprinzip ermitteln, so ist sie unter Berücksichtigung der in der Vergangenheit verdienten Provisionen – bei stark schwankenden Provisionen während eines ganzen Jahres – zu schätzen[9]. Gleiches gilt für **Inkassoprämien**[10]. Auch **Bezirksprovisionen, Boni** und **Prämien**, die während des Entgeltfortzahlungszeitraumes angefallen wären, sind weiter zu gewähren. Unabhängig von der Entgeltfortzahlung im Krankheitsfall sind Provisionen, die **vor Beginn der Arbeitsunfähigkeit** verdient worden sind und erst während der krankheitsbedingten Arbeitsunfähigkeit fällig werden, zu zahlen. Hat der ArbN trotz krankheitsbedingter Arbeitsunfähigkeit Geschäfte abgeschlossen und hierfür Provisionen zu erhalten, so steht ihm dieser Anspruch nicht als Entgeltfortzahlung wegen krankheitsbedingter Arbeitsunfähigkeit, sondern als Entgelt für seine Arbeitsleistung zu[11].

39 **4. Exkurs: Zuschuss zum Krankengeld.** In der gesetzl. KV versicherte ArbN haben Anspruch auf Krankengeld, wenn sie infolge Krankheit arbeitsunfähig sind oder sie auf Kosten der Krankenkasse stationär in einem Krankenhaus oder einer Vorsorge- oder Rehabilitationseinrichtung behandelt werden (§ 44 I 1 SGB V). Dieser Anspruch ruht, soweit und solange der Versicherte beitragspflichtiges Arbeitsentgelt oder Arbeitseinkommen erhält (§ 49 I Nr. 1 SGB V), vor allem also während der Dauer der Entgeltfortzahlung im Krankheitsfall nach §§ 3 und 4. Nach Ablauf der längstmöglichen Entgeltfortzahlung im Krankheitsfall hat der in der gesetzl. KV pflichtversicherte ArbN Anspruch auf Krankengeld; die Höhe des Krankengeldes beträgt **70 % des erzielten Bruttoarbeitsentgeltes, darf aber 90 % des Nettoarbeitsentgeltes nicht übersteigen** (§ 47 SGB V). In den meisten Fällen hat daher der ArbN dann einen **Einnahmeverlust** hinzunehmen, wenn er im Anschluss an die Entgeltfortzahlung im Krankheitsfall Krankengeld bezieht.

40 In vielen **TVen** ist deshalb bestimmt, dass ArbN – insb. solche mit längerer Betriebszugehörigkeit – im Anschluss an die Entgeltfortzahlung im Krankheitsfall einen Zuschuss zum Krankengeld zu erhalten haben. Der Zuschuss wird in aller Regel bemessen als volle oder anteilige Differenz zwischen dem Krankengeld und dem Betrag der vorherigen Entgeltfortzahlung im Krankheitsfall bzw. dem daraus resultierenden Nettobetrag. Ist in einem TV geregelt, dass ArbN „wenn sie **dem Betrieb mindestens fünf Jahre angehören**, im Anschluss an die gesetzl. Gehaltsfortzahlung während der ersten sechs Wochen den Unterschiedsbetrag zwischen ihrem Nettogehalt und dem Krankengeld aus der gesetzl. RV" auf die Dauer von höchstens sieben Wochen zu erhalten haben, so muss die Erfüllung der fünfjährigen Betriebszugehörigkeit nach Ablauf der sechswöchigen Gehaltsfortzahlung vorliegen[12]. Ist im TV der „Unterschiedsbetrag zwischen dem Krankengeld und 90 % des Nettoeinkommens" als Zuschuss zum Krankengeld vorgesehen, so liegt mangels anderer Anhaltspunkte das Krankengeld iSd. §§ 44 ff., 47 SGB V, dh. das sog. **Bruttokrankengeld,** zugrunde. Der Sinn einer solchen tarifl. Zuschussregelung besteht nicht ohne

---

1 BAG 15.2.1978 – 5 AZR 739/76, AP Nr. 8 zu § 2 LohnFG; 22.10.1980 – 5 AZR 438/78, AP Nr. 10 zu § 2 LohnFG. ||2 BAG 26.2.2003 – 5 AZR 162/02, nv. ||3 BAG 22.10.1980 – 5 AZR 438/78, AP Nr. 10 zu § 2 LohnFG. ||4 BAG 22.10.1980 – 5 AZR 438/78, AP Nr. 10 zu § 2 LohnFG. ||5 BAG 22.10.1980 – 5 AZR 438/78, AP Nr. 10 zu § 2 LohnFG. ||6 BAG 26.2.2003 – 5 AZR 162/02, nv. ||7 BAG 1.3.1990 – 6 AZR 447/88, AP Nr. 2 zu § 20 BMT-G II. ||8 BAG 5.6.1985 – 5 AZR 459/83, AP Nr. 39 zu § 63 HGB; 12.10.1956 – 1 AZR 464/54, AP Nr. 4 zu § 63 HGB. ||9 BAG 5.6.1985 – 5 AZR 459/83, AP Nr. 39 zu § 63 HGB. ||10 BAG 11.1.1978 – 5 AZR 829/76, AP Nr. 7 zu § 2 LohnFG. ||11 BAG 22.9.1960 – 2 AZR 507/59, AP Nr. 27 zu § 616 BGB. ||12 BAG 12.12.2001 – 5 AZR 238/00, AP Nr. 179 zu § 1 TVG Auslegung.

weiteres darin, dem ArbN im Erg. den Bezug eines bestimmten Prozentsatzes seines Nettoeinkommens uneingeschränkt zu garantieren[1].

IV. Krankheitsbedingte Arbeitsverhinderung an Feiertagen. Nach dem **Prinzip der Monokausalität** 41 sowohl für die Entgeltfortzahlung an Feiertagen als auch für die Entgeltfortzahlung infolge krankheitsbedingter Arbeitsunfähigkeit hätte ein ArbN, wenn beide Tatbestände auf denselben Tag zusammentreffen, keinen Anspruch auf Entgeltfortzahlung. Um ein solches Ergebnis zu vermeiden, ist der Gesetzgeber insoweit vom Prinzip der Monokausalität abgerückt. Er hat grds. der krankheitsbedingten Entgeltfortzahlung den Vorrang eingeräumt, in Abs. 2 aber bestimmt, dass sich die Höhe des krankheitsbedingt fortzuzahlenden Arbeitsentgeltes – wie im vorangegangenen Recht[2] – nach den Bestimmungen über die Entgeltfortzahlung an Feiertagen richtet.

V. Krankheitsbedingte Arbeitsverhinderung bei Kurzarbeit. Abs. 3 enthält Regelungen über das Zu- 42 sammentreffen von krankheitsbedingter Arbeitsunfähigkeit und Kurzarbeit iSd. §§ 95 ff. SGB III. Andere Formen oder Anlässe für eine Verkürzung der regelmäßigen Arbeitszeit im Betrieb führen nicht zur Anwendung des Abs. 3. Ist Kurzarbeit iSd. SGB III im Betrieb rechtswirksam eingeführt worden, so wird für den **Zeitfaktor** die verkürzte Arbeitszeit als die für den ArbN maßgebende regelmäßige Arbeitszeit iSd. Abs. 1 angesehen (Abs. 3 S. 1). Insoweit ist zu unterscheiden, in welcher Form Kurzarbeit durchgeführt wird. Wird in der Weise verkürzt gearbeitet, dass die Arbeit für einen bestimmten Zeitabschnitt ganz ruht, so hat der in dieser Zeit erkrankte ArbN keinen Anspruch auf Entgeltfortzahlung, weil er auch infolge der Arbeitsunfähigkeit keinen Lohnanspruch hätte; er erhält vielmehr nach den Bestimmungen des SGB III Krankengeld in Höhe des Kug[3]. Eine besondere Regelung enthält Abs. 3 S. 2 für den Fall, dass **krankheitsbedingte Arbeitsunfähigkeit, Kurzarbeit und ein gesetzl. Feiertag zusammentreffen**. Bei einem solchen Fall verweist Abs. 2 S. 2 auf die Bestimmungen über die Entgeltfortzahlung an Feiertagen in § 2 II. Treffen diese drei Tatbestände zusammen, so hat der ArbN Anspruch auf Entgeltfortzahlung im Krankheitsfall, allerdings dies nur in Höhe des Kug, das er, wenn kein gesetzl. Feiertag gewesen wäre, von der BA zu beanspruchen gehabt hätte[4]. Dabei hat der ArbGeb die SozV-Beiträge, die hierauf entfallen, grds. zu tragen, während LSt einzubehalten und abzuführen ist, ohne dass der ArbGeb hierfür einen Ausgleich an den ArbN zahlen müsste[5].

VI. Tarifvertragl. Abweichungen. Grds. kann von den Bestimmungen des EFZG zu Gunsten des 43 ArbN abgewichen werden. § 12 (s. dort) verbietet grds. jede Abweichung zu Lasten des ArbN und macht hiervon eine Ausnahme nur für Vereinbarungen der TV-Parteien nach Abs. 4. Abs. 4 regelt, inwieweit durch TV von den Bestimmungen des EFZG (auch) zu Ungunsten des ArbN abgewichen werden darf und inwieweit derartige tarifvertragl. Abweichungen zwischen nicht tarifgebundenen ArbN und ArbGeb anwendbar sind.

Abweichungen zu Gunsten des ArbN bedürfen zu ihrer Rechtswirksamkeit nicht der Form des TV. Sie 44 können auch **einzelvertragl.** vereinbart werden, aber auch in Form einer **BV**[6]. Durch eine **ablösende BV** können derart begründete bessere Ansprüche wieder auf das gesetzl. Maß zurückgeführt werden[7]. Auch in **TV** kann zu Gunsten des ArbN von den gesetzl. Bestimmungen des EFZG abgewichen werden.

Durch **kirchl. Arbeitsrechtsregelungen** (zB AVR Caritas, AVR Diakonie, BAT-KF) kann, da sie keine 45 TV darstellen, nicht vom EFZG zu Lasten der ArbN abgewichen werden. Im Gegensatz zu anderen Öffnungsklauseln (zB § 7 ArbZG) ist diese Möglichkeit für kirchl. Arbeitsrechtsregelungen vorliegend nicht eröffnet. Fraglich ist indessen, ob insoweit eine planwidrige Lücke vorliegt[8]. Von Planwidrigkeit dürfte indessen nicht auszugehen sein, weil der Gesetzgeber anscheinend nach seinem Belieben mal Abweichungen durch kirchl. Arbeitsrechtsregelungen erlaubt, mal aber auch nicht[9].

1. Bemessungsgrundlage. Die Bemessungsgrundlage des fortzuzahlenden Arbeitsentgeltes kann 46 durch TV abweichend von den Abs. 1, 1a und 3 festgelegt werden. Dies stellt ggü. der Erwähnung im LFZG eine **Vergrößerung der Abweichungsspielräume** zu Gunsten der TV-Parteien dar. Nach altem Recht (§ 2 III 1 LFZG) konnten die TV-Parteien nur die Berechnungsmethoden, nicht aber die Rechnungsgrundlage zu Lasten des ArbN verändern[10]. TVe dürfen gem. Abs. 4 Entgeltbestandteile aus der Entgeltfortzahlung ausnehmen[11].

Der ggü. der früheren Formulierung des § 2 III 1 LFZG abweichende Wortlaut der Bestimmung des 47 Abs. 4 S. 1 ist vom Gesetzgeber bewusst gewählt worden[12]. Der **Gesetzgeber hat** insoweit **korrigierend eingegriffen.** Nach seiner Auffassung soll im TV die der Berechnung zugrunde liegende Zusammenset-

---

1 BAG 13.2.2002 – 5 AZR 604/00, AP Nr. 82 zu § 1 TVG Tarifverträge: Einzelhandel; 24.4.1996 – 5 AZR 798/94, AP Nr. 96 zu § 616 BGB; 21.8.1997 – 5 AZR 517/96, AP Nr. 98 zu § 616 BGB. || 2 Vgl. dazu BAG 15.9.1989 – 5 AZR 248/88, AP Nr. 62 zu § 1 Feiertagslohnzahlungsg; auch schon BAG 5.7.1979 – 3 AZR 173/78, AP Nr. 33 zu § 1 FeiertagslohnzahlungsG. || 3 BAG 6.10.1976 – 5 AZR 503/75, AP Nr. 6 zu § 2 LohnFG. || 4 BAG 8.5.1984 – 3 AZR 194/82, BAGE 46, 13. || 5 BAG 8.5.1984 – 3 AZR 194/82, BAGE 46, 13. || 6 BAG 15.11.2000 – 5 AZR 310/99, BAGE 96, 249. || 7 BAG 15.11.2000 – 5 AZR 310/99, BAGE 96, 249. || 8 Vgl. zu kirchl. Öffnungsklauseln für Arbeitsrechtsregelungen Dütz, FS Schaub, 1998, S. 157. || 9 Vgl. BAG 25.3.2009 – 7 AZR 710/07, NZA 2009, 1417. || 10 St. Rspr., BAG 16.7.1997 – 5 AZR 780/96, EEK I/1194; 3.3.1993 – 5 AZR 132/92, BAGE 72, 297. || 11 BAG 1.12.2004 – 5 AZR 68/04, AP Nr. 68 zu § 4 EngeltFG. || 12 Vgl. BT-Drs. 12/5798, 26.

zung des fortzuzahlenden Arbeitsentgeltes abweichend von Abs. 1, 1a und 3 festgelegt werden können, zB hinsichtlich Überstunden- und Nachtarbeitsvergütung.

48 **2. Anspruchsvoraussetzungen, Berechnungsgrundlage.** Abs. 4 S. 1 eröffnet den TV-Parteien eine Abweichungsmöglichkeit nur hinsichtlich der Umstände, die die Bemessungsgrundlage bilden, nicht aber von den in § 3 geregelten Voraussetzungen der Entgeltfortzahlung im Krankheitsfall. Eine Abweichung von § 3 erlaubt das Gesetz auch den TV-Parteien nicht. Sie können daher zu Lasten des ArbN die in § 3 genannten Fristen für die Entgeltfortzahlung im Normalfall bzw. im Wiederholungsfall nicht zu Lasten des ArbN verändern[1]. Aber auch die Eckwerte des Abs. 1 stehen nicht zur Disposition der TV-Parteien. So ist eine TV-Regelung, die dem ArbGeb das Recht einräumt, für jeden Tag der Entgeltfortzahlung im Krankheitsfall den ArbN 1,5 Stunden nacharbeiten zu lassen bzw., sofern ein Arbeitszeitkonto vorhanden ist, hiervon eine bestimmte Stundenzahl in Abzug zu bringen, wegen Abweichung zu Ungunsten der ArbN von Abs. 1 nach § 12 EFZG iVm. § 134 BGB unwirksam; eine derartige Kürzung von Arbeitszeitguthaben infolge krankheitsbedingter Arbeitsunfähigkeit ist auch durch TV nicht zulässig[2]. Durch TV kann abweichend vom Gesetz geregelt werden, dass sich die Entgeltfortzahlung im Krankheitsfall nicht nach der individuellen, sondern nach der regelmäßigen tarifl. Arbeitszeit bestimmt[3]. Auf jeden Fall bedarf es einer klaren Regelung im Tarifvertrag, wenn eine von Abs. 1 abweichende Bemessungsgrundlage vereinbart werden soll[4].

49 Die TV-Parteien können – hiervon wird häufig Gebrauch gemacht – **anstelle** des modifizierten **Entgeltausfallprinzips** (Abs. 1) **das Referenzprinzip** vereinbaren. Sie können zB wirksam vereinbaren, dass ArbN als Entgeltfortzahlung **für jeden Krankheitstag** (= Kalendertag) 1/364 **des Bruttoarbeitsentgelts** der letzten zwölf Abrechnungsmonate zu erhalten haben; mit einer solcher Regelung wird nicht nur der Geldfaktor, sondern auch der Zeitfaktor zur Bestimmung der Entgeltfortzahlung durch eine Tarifregelung nach Abs. 4 abweichend geregelt.[5] Ebenso können sie vereinbaren, dass der „Durchschnitt" des Verdienstes der letzten (abgerechneten) drei Monate für die Entgeltfortzahlung im Krankheitsfall zugrunde zu legen ist[6]. Sie können auch vereinbaren, **tarifl. Zuschläge**, die im ArbVerh regelmäßig anfallen, von der Entgeltfortzahlung im Krankheitsfall auszunehmen; sie müssen bei einer Mehrzahl tarifl. Zuschläge auch nicht einzelne hiervon für die Entgeltfortzahlung berücksichtigen[7]. Ebenso dürfen TV gem. Abs. 4 Entgeltbestandteile aus der Entgeltfortzahlung ausnehmen[8]. Ebenso sind tarifvertragl. Regelungen über die Erstreckung des Referenzzeitraumes auf zwölf Monate und die Anknüpfung an Kalendertage durch die Tariföffnung des Abs. 4 S. 1 gedeckt[9].

50 **3. Vereinbarte Anwendung abweichender Tarifregelungen.** Wie alle tarifvertragl. Normen, die den Inhalt von TV regeln, gelten auch die nach Abs. 4 vom EFZG abweichenden Tarifnormen nur zwischen den beiderseits Tarifgebundenen, die unter den Geltungsbereich des TV fallen (Abs. 1 S. 1, § 3 TVG). ArbGeb und ArbN können – unbeschadet, ob sie tarifgebunden sind oder nicht – im Geltungsbereich des für sie einschlägigen TV dessen Anwendung im Arbeitsvertrag vereinbaren. Dies setzt voraus, dass zumindest der ArbGeb vom sachlichen, räumlichen und persönlichen Geltungsbereich des TV erfasst ist. Die arbeitsvertragl. **Übernahme von Tarifregelungen** iSd. Abs. 4 **aus anderen Branchen** ist durch Abs. 4 S. 2 nicht gedeckt. Die arbeitsvertragl. Vereinbarung der Anwendbarkeit der abweichenden Tarifbestimmungen kann sich – wie häufig – auf den TV insg. beziehen. Abs. 4 S. 2 ermöglicht auch, die Bestimmungen des TV nicht insg. zu übernehmen, sondern daraus nur **alle Bestimmungen, die die Entgeltfortzahlung im Krankheitsfall regeln**. Dagegen ist von Abs. 4 S. 2 nicht gedeckt, mit dem ArbN nur die Anwendung der ihn belastenden Vorschriften zu vereinbaren.

4a Kürzung von Sondervergütungen

Eine Vereinbarung über die Kürzung von Leistungen, die der Arbeitgeber zusätzlich zum laufenden Arbeitsentgelt erbringt (Sondervergütungen), ist auch für Zeiten der Arbeitsunfähigkeit infolge Krankheit zulässig. Die Kürzung darf für jeden Tag der Arbeitsunfähigkeit infolge Krankheit ein Viertel des Arbeitsentgelts, das im Jahresdurchschnitt auf einen Arbeitstag entfällt, nicht überschreiten.

1 **I. Normzweck und -entstehung.** Die Vorschrift trug ursprünglich die Bezeichnung „§ 4b"; ihre Zählung wurde mWv. 1.1.1999 in „**§ 4a**" **geändert**[10]. Der Gesetzgeber hat mit der Regelung die **Rechtsgrundlage für die Kürzung von Sondervergütungen** wegen krankheitsbedingter Fehlzeiten klarstellen und die Schwankungen der Rspr.[11] beseitigen wollen[12]. Allerdings hat der Gesetzgeber den **Maßstab für die Kürzungen neu** festgelegt. Die Rspr. stellte früher auf den Kürzungsanteil an der Sondervergütung ab;

---

1 Vgl. § 1 LohnFG: BAG 16.12.1987 – 5 AZR 510/86, AP Nr. 73 zu § 1 LohnFG. || 2 BAG 26.9.2001 – 5 AZR 539/00, AP Nr. 55 zu § 4 EntgeltFG. || 3 BAG 24.3.2004 – 5 AZR 346/03, BB 2004, 1572. || 4 BAG 20.1.2010 – AZR 53/09, AP Nr. 69 zu § 4 EntgeltFG. || 5 BAG 9.10.2002 – 5 AZR 356/01, AP Nr. 63 zu § 4 EntgeltFG. || 6 BAG 1.9.2010 – 5 AZR 557/09, NZA 2010, 1360 m.w.N. || 7 BAG 13.3.2002 – 5 AZR 648/00, AP Nr. 58 zu § 4 EntgeltFG. || 8 BAG 1.12.2004 – 5 AZR 68/04, AP Nr. 68 zu § 4 EngeltFG; 13.3.2002 – 5 AZR 648/00, EzA § 4 EntgeltfortzG Nr. 6. || 9 BAG 19.1.2010 – 9 AZR 426/09, nv. || 10 Art. 7 Nr. 2 und 3 G v. 19.12.1998, BGBl. I S. 3843. || 11 BAG 15.2.1990 – 6 AZR 381/88, BAGE 64, 179. || 12 BT-Drs. 13/4612, 2 und 11.

der Gesetzgeber begrenzt die Kürzungsmöglichkeiten dagegen auf ein Viertel des Arbeitsentgeltes, das im Jahresdurchschnitt auf einen Arbeitstag entfällt.

II. Kürzungsgegenstand: Sondervergütungen. S. 1 erlaubt die Kürzung von Sondervergütungen. Das Gesetz enthält insoweit eine Grobdefinition, indem es mit dem Klammerzusatz Sondervergütungen als die **Leistungen, die der ArbGeb zusätzlich zum laufenden Arbeitsentgelt erbringt,** umschreibt. Damit wird lediglich klargestellt, dass das laufende Arbeitsentgelt, dh. die versprochene Vergütung für bestimmte Zeitabschnitte oder die Vergütung für eine bestimmte Leistung innerhalb einer genau bemessenen Zeit, von § 4a nicht berührt werden[1]. Diese Legaldefinition ist unpräzise und geradezu „schillernd"[2]. Insb. ist die Reduzierung auf etwaige „Prämienzahlungen" oder „Gratifikationen" durch den Wortlaut des S. 1 nicht geboten. Als zusätzlich zum laufenden Arbeitsentgelt können alle Leistungen angesehen werden, die der ArbGeb dem ArbN ohne Bezug zur Arbeitsleistung innerhalb der laufenden Abrechnungsperiode, dh. dem Abrechnungsmonat oder der Lohnwoche, erbringt. In aller Regel wird es sich um Einmalzahlungen handeln, in Frage kommen aber auch sonstige Sonderzahlungen, die zwar in der laufenden Abrechnungsperiode erbracht werden, von ihrem Anlass her – zB als Vorschuss auf eine Jahresleistung – aber zu ihr keinen (ausschließlichen) Bezug haben. Insb. fallen **Gratifikationen, Jahressonderzahlungen, Weihnachtsgeld, Urlaubsgeld,** aber auch **Erfolgs- und Anwesenheitsprämien** unter diesen Begriff, wie zB Weihnachtsgeld mit Kürzung wegen krankheitsbedingter Fehltage[3] oder freiwillige jederzeit widerrufliche Jahressonderzahlungen[4].

Einstweilen frei.

Zu solchen Sondervergütungen gehören auch mit „vereinbarter" Kürzungsmöglichkeit **Prämien, die nur dann entstehen,** wenn der ArbN innerhalb des Referenzzeitraumes **keine (krankheitsbedingten) Fehltage** aufweist, denn es ist gleichgültig, ob der Anspruch erst durch die ungeschmälerte Anwesenheit des ArbN am Arbeitsplatz entsteht oder ob ein anderweitig entstandener Anspruch in Folge krankheitsbedingter Fehltage gekürzt wird[5].

• **Beispiel:** Der ArbGeb zahlte pro Quartal eine freiwillige Sonderprämie von 500 Euro unter der Voraussetzung, dass im vorausgegangenen Quartal keine Fehltage infolge unentschuldigter Abwesenheit oder infolge krankheitsbedingter Arbeitsunfähigkeit angefallen waren; waren solche Tage angefallen, wurde die Prämie überhaupt nicht gezahlt, auch nicht anteilig[6].

Anders verhält es sich dagegen, wenn ein **13. Monatsgehalt als arbeitsleistungsbezogene Sonderzahlung** vereinbart wird. Ist ein Vergütungsbestandteil zB als 13. Monatsgehalt in das vertragl. Austauschverhältnis von Vergütung und Arbeitsleistung eingebunden und wird mit dieser Zahlung kein weiter gehender Zweck verfolgt, so handelt es sich um eine arbeitsleistungsbezogene Sonderzahlung[7]. In einem solchen Fall entsteht kein Anspruch auf das 13. Monatsgehalt für Zeiten der Arbeitsunfähigkeit, in denen kein Anspruch auf Entgeltfortzahlung im Krankheitsfall iSd. § 3 I 1 besteht. Arbeitsleistungsbezogene Sonderzahlungen ohne tatsächliche Arbeitsleistung sind nur dann fortzuzahlen, wenn die Entgeltfortzahlung auf Grund gesetzl., tarifl. oder sonstiger Regelungen zu leisten ist[8]. Diese Rechtsfolge entsteht kraft Gesetzes, ohne dass es einer gesonderten vertragl. Kürzungsvereinbarung bedarf[9].

• **Beispiel:** Mit dem ArbN war ein 13. Monatsgehalt vereinbart. Er war von Oktober 1997 bis 17.6.1998 arbeitsunfähig krank. Die Beklagte kürzte das 13. Monatsgehalt (1998) anteilig um $^{5,5}/_{12}$. Ein weiter gehender Anspruch stand dem ArbN nicht zu; § 4a (damals: § 4b) war nicht einschlägig[10].

Im Gegensatz zur früheren Rspr. sind **Kleingratifikationen** nach dem Wortlaut des § 4a nicht mehr geschützt. Solche Kleingratifikationen von 100 Euro[11] waren auch nach der gewandelten Rspr. des BAG von der Möglichkeit, sie wegen krankheitsbedingter Arbeitsunfähigkeit zu kürzen, ausgenommen worden[12]. Angesichts des Umstandes, dass die Grenzen der Kürzungsmöglichkeiten sich nicht mehr an der Höhe der Sondervergütung orientieren, sondern am jahresdurchschnittlichen Verdienst eines Arbeitstages, trifft zwar die Annahme zu, dass bereits bei nur wenigen Fehltagen die gesamte Kleingratifikation auf null gekürzt werden könnte. Gleichwohl kann hieraus nicht geschlossen werden, dass nach wie vor die Kürzungsmöglichkeiten bei Kleingratifikation entfielen, denn der Gesetzgeber hat nicht nur die Rspr. sichern wollen, sondern zugleich für die Kürzung einen völlig neuen Maßstab gesetzt. Hieraus kann ebenso gut geschlossen werden, dass künftig auch Kleingratifikationen der Kürzung unterworfen sein sollen[13], mag auch eine solche Kürzung die Grenze zur Lächerlichkeit ggf. überschreiten. Indessen

---

1 BAG 25.7.2001 – 10 AZR 502/00. || 2 *Preis*, NJW 1996, 3369. || 3 BAG 15.12.1999 – 10 AZR 626/98, AP Nr. 221 zu § 611 BGB Gratifikation. || 4 BAG 7.8.2002 – 10 AZR 709/01, AP Nr. 2 zu § 4a EntgeltFG. || 5 BAG 25.7.2001 – 10 AZR 502/00, BAGE 98, 245; *Giesen*, RdA 1997, 193 (200); aA *Bauer/Lingemann*, BB-Beil. 17/1996, 8. || 6 Sachverhalt analog BAG 25.7.2001 – 10 AZR 502/00, BAGE 98, 245. || 7 Vgl. BAG 21.3.2001 – 10 AZR 28/00, BAGE 97, 211; auch BAG 25.11.1998 – 10 AZR 595/97, AP Nr. 212 zu § 611 BGB Gratifikation. || 8 BAG 21.3. 2001 – 10 AZR 28/00, BAGE 97, 211. || 9 BAG 19.5.1995 – 10 AZR 49/94, AP Nr. 173 zu § 611 BGB Gratifikation. || 10 Im Anschluss an den Sachverhalt in BAG 21.3.2001 – 10 AZR 28/00, BAGE 97, 211. || 11 Vgl. BAG 21.5. 2003 – 10 AZR 390/02, AP Nr. 250 zu § 611 BGB Gratifikation unter II 2b. || 12 BAG 15.2.1990 – 6 AZR 381/88, BAGE 64, 179. || 13 *Bauer/Lingemann*, BB-Beil. 17/1996, 8; *Vogelsang*, Entgeltfortzahlung, Rz. 594; aA ErfK/ *Dörner/Reinhard*, § 4a EFZG Rz. 7.

kann eine **Kleingratifikation** zB bei einem **geringfügig Beschäftigten** durchaus einen relativ hohen Stellenwert haben.

9 **III. Kürzungsmethode: Vereinbarung.** Unter Vereinbarungen sind alle **arbeitsvertragl. Abreden** zu verstehen, aber auch **TV** und **BV**[1]. Ebenso zählen dazu **Gesamtzusagen** des ArbGeb.

10 Einstweilen frei.

11 Auch **einseitige Zusagen des ArbGeb**, ja sogar die Zusage freiwilliger Leistungen unter jederzeitigem Widerrufsvorbehalt fallen unter die „Vereinbarung" iSd. S. 1. Entscheidend ist allein, dass eine Regelung vorhanden ist, die einerseits eine Sondervergütung auswirft und andererseits den ArbGeb berechtigt, die Sondervergütung wegen krankheitsbedingter Fehltage zu kürzen, oder aber eine Regelung existiert, die eine Sondervergütung entstehen lässt oder steigert, wenn krankheitsbedingte Fehltage nicht oder nur in geringem Umfang anfallen. Der Tatbestand der Vereinbarung ist insoweit nicht rechtstechnisch zu verstehen, sondern lediglich als eine im Voraus feststehende, für den ArbN wie auch für den ArbGeb gültige Regelung.

12 ● **Beispiel:** Die ArbGeb zahlte ihren ArbN jeweils eine Weihnachtszuwendung in Höhe eines festen Betrages. Die ArbN unterzeichneten jeweils eine Erklärung, wonach es sich um eine freiwillige Leistung der Beklagten handele, auf die kein Rechtsanspruch bestehe und deren Wiederholung sich die Beklagte für die Folgejahre vorbehalte. Die Beklagte pflegte bei der Festlegung der Weihnachtszuwendung individuelle Kriterien zu berücksichtigen, wie Leistungen, Fehlzeiten, betriebl. Verhalten, alkoholbedingte Auffälligkeiten und persönlichen Einsatz des ArbN. Dies war allen ArbN des Betriebes bekannt und wurde seit Jahren derart praktiziert; eine schriftl. Festlegung gab es nicht. Das BAG hat diese betriebl. Handhabe als Rechtsgrundlage für eine Kürzung der Sondervergütung als ausreichend angesehen[2].

13 Unter diesem Gesichtspunkt genügt auch eine **betriebliche Übung** als Rechtsgrundlage für eine Kürzungsvereinbarung, wenn sie in ihrer Ausgestaltung eine Kürzung der Leistungen im Falle krankheitsbedingter Arbeitsunfähigkeit vorsieht. Als Kürzungsvereinbarung ist auch angesehen worden, wenn durch eine **Formulierung von Anspruchsvoraussetzungen** dieselbe Rechtswirkung erreicht wird, die bei einer Formulierung als Kürzungsmöglichkeit gegeben wäre[3].

14 Die **Kürzungsvereinbarung muss in ihrer rechtl. Wertigkeit der Rechtsgrundlage** der Sondervergütung (mindestens) **entsprechen**. So kann eine tarifl. Sondervergütung nur auf Grund entsprechender Tarifnorm, nicht aber durch eine BV gekürzt werden und eine Sondervergütung auf Grund einer BV nur durch eine BV. Ist die Sondervergütung einzelvertragl. zugesagt worden, muss auch die Kürzung im Einzelarbeitsvertrag geregelt sein. Gleiches gilt für Gesamtzusagen oder betriebl. Übungen. Denn die Vereinbarung über die Kürzung muss sich auf die Sondervergütung beziehen und daher muss gewährleistet sein, dass die Kürzungsvereinbarung auch rechtl. in der Lage ist, die Sondervergütung zu kürzen.

15 **IV. Kürzungsgrund: Krankheitsbedingte Fehlzeiten.** § 4a regelt nur die Kürzung von Sondervergütungen wegen krankheitsbedingter Fehlzeiten. Eine (vereinbarte) Kürzung von Sondervergütungen aus anderen Gründen wird durch § 4a nicht erfasst. Nach § 4a ist die Kürzung der Sondervergütung nicht davon abhängig, dass die Krankheitszeit von einem Entgeltfortzahlungsanspruch des ArbN begleitet wird. Vielmehr sind **alle krankheitsbedingten Fehlzeiten zu berücksichtigen**, auch solche, für die der ArbN einen Anspruch auf Entgeltfortzahlung im Krankheitsfall nicht mehr hat. § 4a unterscheidet nicht nach dem **Anlass für die krankheitsbedingte Fehlzeit**. Eine Sondervergütung kann auch für solche arbeitsunfähigkeitsbedingte Fehlzeiten des ArbN gekürzt werden, die auf einem beim selben ArbGeb erlittenen **Arbeitsunfall** beruhen[4].

16 Die Kürzung der Sondervergütung kann auch für solche Fehlzeiten vereinbart werden, die auf **Maßnahmen der medizinischen Vorsorge und Rehabilitation** iSd. § 9 beruhen. § 4a gilt hierfür entsprechend (§ 9 I). Indessen liegt in der Vereinbarung, dass krankheitsbedingte Fehltage zur Kürzung der Sondervergütung führen können, nicht schon die Vereinbarung, dass dies auch für Fehltage auf Grund derartiger Maßnahmen der medizinischen Vorsorge und Rehabilitation gilt. Vielmehr bedarf es hier nicht zuletzt wegen der Zweifelsregel des § 305c II BGB und des Transparenzgebotes (§ 307 I 2 BGB) einer klarstellenden Regelung im Verhältnis zwischen ArbGeb und ArbN[5].

17 Die Kürzung von Sondervergütungen wegen **Fehltagen aus anderen Anlässen** als dem der krankheitsbedingten Arbeitsunfähigkeit bzw. der Maßnahme der medizinischen Vorsorge und Rehabilitation wird von § 4a nicht berührt. Dies gilt insb. für Fehltage auf Grund von **mutterschutzrechtl. Beschäftigungsverboten**[6]. Mit Rücksicht auf § 7 I AGG dürfte eine solche Kürzungsmöglichkeit jedoch ausscheiden.

---

1 BAG 26.10.1994 – 10 AZR 482/93, BAGE 78, 174. || 2 BAG 7.8.2002 – 10 AZR 709/01, AP Nr. 2 zu § 4a EntgeltFG. || 3 Vgl. BAG 25.7.2001 – 10 AZR 502/00, BAGE 98, 245. || 4 BAG 15.12.1999 – 10 AZR 626/98, AP Nr. 221 zu § 611 BGB Gratifikation. || 5 BAG 24.10.2007 – 10 AZR 825/06, NZA 2008, 40; 11.4.2006 – 9 AZR 557/05, NZA 2006, 1149. || 6 *Bauer/Lingemann*, BB-Beil. 17/1996, 8.

Ungeklärt ist die **Kumulierung** der Anrechnung von Fehltagen unterschiedlicher Art auf die Sondervergütung. Dies ist nicht nur eine Frage des Grundes für das Erlaubtsein der Anrechnung der jeweiligen einzelnen unterschiedlichen Fehlzeit, sondern der Grenzen der Kumulation unterschiedlicher, jeweils für sich anrechenbarer Fehlzeiten. 18

V. Kürzungsgrenzen. S. 2 setzt für die Kürzung für jeden Tag der Arbeitsunfähigkeit infolge Krankheit eine Grenze: Die Kürzung darf **für jeden Fehltag ein Viertel des Arbeitsentgeltes**, das im **Jahresdurchschnitt** auf einen Arbeitstag entfällt, nicht überschreiten. Für die Kürzung auf Grund anderer Fehltage enthält § 4a keine Regelung. 19

1. Bezugspunkt der Kürzungsgrenze. Die Rspr. zum Rechtsstand vor Inkrafttreten dieser gesetzl. Bestimmung hatte mit Fällen zu tun, in denen die Kürzung bezogen war auf die Sondervergütung selbst (Kürzung von 1/60 bzw. 1/30 der versprochenen Sondervergütung pro krankheitsbedingtem Fehltag)[1]. Dagegen hat das Gesetz einen **neuen Bezugspunkt** angeordnet, indem es auf den jahresdurchschnittlichen arbeitstäglichen Verdienst abstellt; die Kürzung darf ein Viertel eines solchen jahresdurchschnittlichen arbeitstäglichen Verdienstes nicht überschreiten. 20

2. Ermittlung der Kürzungsgrenze. Die Obergrenze der höchstzulässigen Kürzung nach S. 2 ist wie folgt zu ermitteln: Das auf den Jahreszeitraum entfallende Jahresarbeitsentgelt ist durch die auf denselben Zeitraum entfallende Zahl der Arbeitstage (einschl. Urlaubstage) zu teilen; dies ergibt das Tagesarbeitsentgelt. Für jeden krankheitsbedingten Fehltag darf ein Viertel des Betrages des Tagesarbeitsentgeltes von der Sondervergütung abgezogen werden. Dabei kommt es auf die Verhältnisse im Zeitpunkt der zur Kürzung führenden Fehltage an; rückwirkende, aber zu dieser Zeit nicht vorhersehbare Änderungen zB der Entgelthöhe sind aus Gründen der Rechtssicherheit unbeachtlich. 21

a) Maßgeblicher Jahreszeitraum. Das maßgebliche Jahr, das der Berechnung des Durchschnitts zugrunde zu legen ist, ist im Gesetzeswortlaut nicht näher bestimmt. Der Jahresdurchschnitt kann einmal auf ein volles Jahr in der Vergangenheit abstellen. Dabei bleibt dann noch zu klären, ob auf das vergangene Kalenderjahr oder auf das Zeitjahr abzustellen ist. Es kann mit Jahresdurchschnitt aber auch das laufende Jahr gemeint sein, dies wiederum mit den beiden aufgezeigten Varianten. 22

Das **BAG** hat diese Frage bisher nicht geklärt. In seiner Entscheidung v. 15.12.1999 ist es allerdings davon ausgegangen, dass der ArbN dort nach einer Weihnachtsgeldabrechnung von November 1996 in diesem Monat eine Bruttomonatsvergütung von 3 854,50 DM erzielt hatte; es hat dann zu Gunsten des Klägers angenommen, dass bei der Berechnung des Jahresentgeltes nur die laufenden Monatsvergütungen, nicht jedoch gewährte Sondervergütung zu berücksichtigen sind und hat den Jahresverdienst des Klägers dann selbst mit der Multiplikation von 12 × 3 854,50 DM errechnet[2]. Damit scheint das BAG – ohne dies näher zu problematisieren – in dieser Entscheidung zumindest davon ausgegangen zu sein, dass der Jahresdurchschnitt sich (zumindest auch) auf einen Jahreszeitraum berechnen lässt, der unmittelbar vor der Fälligkeit der Sondervergütung bzw. vor deren Berechnung liegt. Eine solche Möglichkeit wird auch im **Schrifttum** angenommen[3]. Andere Teile des Schrifttums halten es dagegen für sinnvoll, auf den Verdienst des vergangenen Kalenderjahres abzustellen[4]. Zulässig und im Interesse der Rechtsklarheit sinnvoll ist es, den Bezugszeitraum in der Kürzungsvereinbarung selbst festzulegen[5]. 23

b) Arbeitsentgelt. Der Begriff des Arbeitsentgeltes ist derselbe wie in § 4 I. Konsequenterweise ist die zu kürzende **Sondervergütung** selbst **nicht einzubeziehen**[6]. Für eine Einbeziehung könnte zwar sprechen, dass S. 2 von „Arbeitsentgelt" und nicht wie S. 1 vom „laufenden" Arbeitsentgelt spricht. Indessen korrespondiert die Formulierung „Arbeitsentgelt" mit dem Begriff, wie er in § 4 I verwendet wird. Diese Vorschrift erfasst Sondervergütungen jedoch gerade nicht. Außerdem können die Ansichten, die einerseits auf das vergangene Kalenderjahr zur Berechnung des Durchschnittswertes abstellen wollen, andererseits die im laufenden Kalenderjahr zu kürzende Sondervergütung einbeziehen wollen, auf einen logisch unlösbaren Widerspruch stoßen. Die Berücksichtigung von Sondervergütung bei der Ermittlung der im Jahresdurchschnitt auf einen Arbeitstag entfallenden Vergütung könnte des Weiteren dazu führen, dass fehlzeitbedingte Kürzungen der Sondervergütung im Vorjahr eine Verringerung der Kürzungsmöglichkeit im Folgejahr bewirken[7]. 24

c) Arbeitstage im Referenzzeitraum. Der derart ermittelte Jahresverdienst ist umzurechnen auf denjenigen Betrag, der auf einen Arbeitstag (Urlaubstag) entfällt, dh. der errechnete Jahresentgeltbetrag ist durch die Zahl der in den Berechnungszeitraum fallenden Arbeitstage (einschl. der Urlaubstage) zu teilen. Dabei muss die individuelle Arbeitsverpflichtung des ArbN zugrunde gelegt werden. Zugrunde 25

---

[1] BAG 15.2.1990 – 6 AZR 83/88, BAGE 64, 179; 26.10.1994 – 10 AZR 482/93, BAGE 78, 174. || [2] BAG 15.12.1999 – 10 AZR 626/98, AP Nr. 221 zu § 611 BGB Gratifikation. || [3] KDHK/*Hold*, § 4a Rz. 21. || [4] ErfK/*Dörner/Reinhard*, § 4a EFZG Rz. 12; HzA/*Lipke*, Gruppe 3 Rz. 229 ff.; *Vogelsang*, Entgeltfortzahlung, Rz. 583; *Bauer/Lingemann*, BB-Beil. 17/1996, 8; *Müller/Berenz*, § 4a Rz. 12. || [5] ErfK/*Dörner/Reinhard*, § 4a EFZG Rz. 12; *Vogelsang*, Entgeltfortzahlung, Rz. 583. || [6] Ausdrücklich offen gelassen von BAG 15.12.1999 – 10 AZR 626/98, AP Nr. 221 zu § 611 BGB Gratifikation; für Einbeziehung: *Bauer/Lingemann*, BB-Beil. 17/1996, 8. || [7] Ausf. *Vogelsang*, Entgeltfortzahlung, Rz. 584.

zu legen sind alle Tage, für die dem ArbN ein **Entgeltanspruch** zugestanden hat, sei es unmittelbar aus § 611 BGB, sei es als Urlaubsvergütung, als Entgeltfortzahlung im Krankheitsfall, aus Gründen des Mutterschutzes, der BR-Tätigkeit usw. **Nicht zu den Arbeitstagen** zählen solche Tage, an denen der ArbN nicht zu arbeiten hatte oder aus anderen Gründen **keinen Vergütungsanspruch** erworben hat, zB wegen unentschuldigten Fehlens, unbezahlter Freistellung, krankheitsbedingter Arbeitsunfähigkeit außerhalb der Entgeltfortzahlungszeit. Soweit Autoren pauschalierte Berechnungsgrundlagen anwenden wollen, zB im Jahresdurchschnitt 230 Arbeitstage[1], wird übersehen, dass das Gesetz auf den Jahresdurchschnittsverdienst des betreffenden ArbN selbst abstellt, der auf Arbeitstage umzurechnen ist. Hiermit verträgt es sich nicht, auf eine andere Zahl der Arbeitstage abzustellen, als sie vom ArbN zu leisten waren. Besonders deutlich wird der Auffassungsunterschied bei **Teilzeitkräften**, die in der Kalenderwoche an weniger als sechs bzw. fünf Tagen zu arbeiten haben.

26 ● **Beispiel:** Ein ArbN ist teilzeitbeschäftigt; er arbeitet regelmäßig drei Tage in der Woche. Sein Monatsverdienst beträgt 1 500 Euro. Hinzu kommt eine Sondervergütung. Der Jahresbetrag des Arbeitsentgeltes (ohne die Sondervergütung) beträgt 18 000 Euro. Bei drei Arbeitstagen pro Woche hat der ArbN 138 Tage im Referenzjahr gearbeitet. Das jahresdurchschnittliche Tagesentgelt beträgt mithin 115,39 Euro. Der Höchstbetrag der Kürzung pro Fehltag beläuft sich auf 28,85 Euro. Wollte man von pauschal 230 Arbeitstagen ausgehen, so betrüge der Tagesverdienst nur 78,26 Euro, so dass pro Fehltag höchstens 19,56 Euro gekürzt werden dürften.

27 **3. Überschreitung der Kürzungsgrenzen.** Die Kürzungsgrenzen des § 4a sind zwingenden Rechts; eine sie überschreitende **Kürzungsvereinbarung** ist rechtsunwirksam (§ 12 EFZG, § 134 BGB). Dies wirft die Frage auf, ob eine Kürzungsvereinbarung, die die gesetzl. Kürzungsgrenzen überschreitet, insg. unwirksam ist oder ob sie nur insoweit **teilunwirksam** ist. Im Hinblick darauf, dass sich die unterschiedlichen Jahresverdienste und deren Begrenzungen höchst unterschiedlich auf die Kürzungen auswirken können und die Kürzungsgrenzen vor allem nicht mehr von der Höhe der Sondervergütung abhängig sind, dürfte Letzteres anzunehmen sein. Denn die Zahlung der Sondervergütung und deren Kürzungsmöglichkeit sind als einheitliches Rechtsgeschäft mit der Folge anzusehen, dass der ArbGeb nicht nur den ihn belastenden Teil aufrechterhalten möchte, sondern – soweit das Gesetz dies erlaubt – auch den Teil der Abrede, die die Kürzung ermöglicht. Ist dies nicht anzunehmen, so kann die gesamte Vereinbarung über die Sonderzahlung nichtig sein. Indessen wird eine Abrede über die Sondervergütung nicht als insg. nichtig anzusehen sein, wenn diese Abrede ausdrücklich als zusätzliche Höchstgrenze die Grenzen des § 4a für den Fall aufführt, dass die sonst beschriebene Kürzung diese Grenzen im Einzelfall überschreitet. Dies gilt auch für in der Vergangenheit abgeschlossene Kürzungsvereinbarungen. Für **TV** ist wegen der Tarifautonomie insoweit die **geltungserhaltende Reduktion** der tarifvertragl. Regelungen geboten.

5 *Anzeige- und Nachweispflichten*

(1) Der Arbeitnehmer ist verpflichtet, dem Arbeitgeber die Arbeitsunfähigkeit und deren voraussichtliche Dauer unverzüglich mitzuteilen. Dauert die Arbeitsunfähigkeit länger als drei Kalendertage, hat der Arbeitnehmer eine ärztliche Bescheinigung über das Bestehen der Arbeitsunfähigkeit sowie deren voraussichtliche Dauer spätestens an dem darauf folgenden Arbeitstag vorzulegen. Der Arbeitgeber ist berechtigt, die Vorlage der ärztlichen Bescheinigung früher zu verlangen. Dauert die Arbeitsunfähigkeit länger als in der Bescheinigung angegeben, ist der Arbeitnehmer verpflichtet, eine neue ärztliche Bescheinigung vorzulegen. Ist der Arbeitnehmer Mitglied einer gesetzlichen Krankenkasse, muss die ärztliche Bescheinigung einen Vermerk des behandelnden Arztes darüber enthalten, dass der Krankenkasse unverzüglich eine Bescheinigung über die Arbeitsunfähigkeit mit Angaben über den Befund und die voraussichtliche Dauer der Arbeitsunfähigkeit übersandt wird.

(2) Hält sich der Arbeitnehmer bei Beginn der Arbeitsunfähigkeit im Ausland auf, so ist er verpflichtet, dem Arbeitgeber die Arbeitsunfähigkeit, deren voraussichtliche Dauer und die Adresse am Aufenthaltsort in der schnellstmöglichen Art der Übermittlung mitzuteilen. Die durch die Mitteilung entstehenden Kosten hat der Arbeitgeber zu tragen. Darüber hinaus ist der Arbeitnehmer, wenn er Mitglied einer gesetzlichen Krankenkasse ist, verpflichtet, auch dieser die Arbeitsunfähigkeit und deren voraussichtliche Dauer unverzüglich anzuzeigen. Dauert die Arbeitsunfähigkeit länger als angezeigt, so ist der Arbeitnehmer verpflichtet, der gesetzlichen Krankenkasse die voraussichtliche Fortdauer der Arbeitsunfähigkeit mitzuteilen. Die gesetzlichen Krankenkassen können festlegen, dass der Arbeitnehmer Anzeige- und Mitteilungspflichten nach den Sätzen 3 und 4 auch gegenüber einem ausländischen Sozialversicherungsträger erfüllen kann. Absatz 1 Satz 5 gilt nicht. Kehrt ein arbeitsunfähig erkrankter Arbeitnehmer in das Inland zurück, so ist er verpflichtet, dem Arbeitgeber und der Krankenkasse seine Rückkehr unverzüglich anzuzeigen.

---

1 *Bauer/Lingemann*, BB-Beil. 17/1996, 8.

I. Normzweck und -entstehung	1	1. Mitteilungspflicht	44	
II. Anwendungsbereich	2	2. Nachweispflicht	47	
III. Krankheitsbedingte Arbeitsunfähigkeit im Inland (Abs. 1)	4	3. Beweiswert der ausländischen Arbeitsunfähigkeitsbescheinigung	49	
1. Mitteilungspflicht	5	4. Mitteilungspflicht bei Rückkehr aus dem Ausland	52	
2. Nachweis der krankheitsbedingten Arbeitsunfähigkeit	17	V. Verzicht des ArbGeb auf eine Arbeitsunfähigkeitsbescheinigung	53	
3. Verletzung der Nachweispflicht	42	VI. Kontrolluntersuchung durch den medizinischen Dienst	54	
IV. Krankheitsbedingte Arbeitsunfähigkeit im Ausland (Abs. 2)	43			

I. Normzweck und -entstehung. Die Bestimmung regelt die **Anzeige- und Nachweispflichten** des arbeitsunfähig erkrankten ArbN. Für pflichtversicherte ArbN sind die Kosten der ärztlichen Bescheinigung der krankheitsbedingten Arbeitsunfähigkeit von der Krankenkasse zu tragen. In deren Kosteninteresse hat der Gesetzgeber davon Abstand genommen, von Gesetzes wegen einen ärztlichen Nachweis bereits für die ersten drei Tage krankheitsbedingter Arbeitsunfähigkeit vorzuschreiben, und die aus seiner Sicht kostengünstigere, flexible, aber zur Missbrauchsbekämpfung gezielt einsetzbare Regelung in § 5 geschaffen[1]. Abs. 2 regelt die vom EuGH aufgezeigte Möglichkeit der Gegenuntersuchung[2] bei Erkrankungen im Ausland. Zudem regelt § 5 – bruchstückhaft – bestimmte Pflichten des Arztes und gesetzl. krankenversicherter ArbN ggü. der Krankenkasse. 1

II. Anwendungsbereich. Der Anwendungsbereich des § 5 erstreckt sich auf **alle ArbN** (§ 1 II) ohne Rücksicht darauf, ob ihnen ein Anspruch auf Entgeltfortzahlung zusteht oder nicht[3]. Die Anzeige- oder Mitteilungspflicht des ArbN soll es dem ArbGeb ermöglichen, möglichst frühzeitig die entsprechenden Dispositionen zu treffen, und zwar unabhängig davon, ob Entgeltfortzahlung im Krankheitsfall zu leisten ist oder nicht. Anzeige- und nachweispflichtig sind daher auch ArbN, die innerhalb der vierwöchigen Wartezeit arbeitsunfähig werden[4]. Ebenso trifft die Anzeige- und Nachweispflicht ArbN, die über die Dauer der Entgeltfortzahlung hinaus arbeitsunfähig krank sind[5] oder die infolge einer Fortsetzungskrankheit gar keinen Anspruch auf Entgeltfortzahlung wegen darauf beruhenden Arbeitsunfähigkeit mehr haben. Die Anzeige- und Nachweispflichten bestehen für den ArbN auch dann, wenn der ArbGeb über die krankheitsbedingte Arbeitsunfähigkeit bereits **anderweitig Kenntnis** hatte, zB dann, wenn sie auf einem **Betriebsunfall** beruht. 2

Der sachliche Anwendungsbereich des § 5 ist auf die krankheitsbedingte Arbeitsunfähigkeit begrenzt. Für Zeiten der Arbeitsunfähigkeit, die auf einer Teilnahme an einer **Maßnahme der medizinischen Vorsorge und Rehabilitation** beruhen, enthält § 9 II besondere Bestimmungen (vgl. § 9 Rz. 34 f.). Für die Entnahme von Organen und Geweben gem. § 3a ist im Gesetz keine besondere Mitteilungs- und Nachweispflicht vorgesehen. Insoweit dürfte eine versehentliche Lücke vorliegen. Angesichts der relativen Parallelität von krankheitsbedingter Arbeitsunfähigkeit und einer Arbeitsunfähigkeit, die auf einer Transplantatentnahme beruht, ist es angemessen, § 5 insoweit entsprechend anzuwenden, als es um die Meldung und den Nachweis geht, dass der ArbN wegen der Transplantatentnahme der Arbeit zu Recht fernbleibt. 3

III. Krankheitsbedingte Arbeitsunfähigkeit im Inland (Abs. 1). § 5 unterscheidet hinsichtlich der Mitteilungs- und Nachweispflichten zwischen den Fällen, in denen die krankheitsbedingte Arbeitsunfähigkeit im Inland eintritt (Abs. 1), und den Fällen, in denen sie im Ausland eintritt (Abs. 2). Dabei baut die Regelung in Abs. 2 gedanklich auf der Regelung in Abs. 1 auf[6]. Für beide Konstellationen unterscheidet das Gesetz zwischen den Anzeige- oder Mitteilungspflichten und den Nachweispflichten des ArbN. Beide Pflichten sind systematisch als **arbeitsvertragl. Nebenpflichten** zu charakterisieren; sie sind jedoch **nicht einklagbar**. 4

1. Mitteilungspflicht. Die **Mitteilungspflicht**, auch **Anzeigepflicht** genannt, trifft jeden ArbN bei jeder Erkrankung. Nach dem Wortlaut des Abs. 1 S. 1 hat der ArbN dem ArbGeb die Arbeitsunfähigkeit und deren voraussichtliche Dauer unverzüglich mitzuteilen. 5

a) **Inhalt der Mitteilung.** Nach dem Wortlaut des Gesetzes hat der ArbN dem ArbGeb nur die **krankheitsbedingte Arbeitsunfähigkeit** mitzuteilen. Der genaue Inhalt der Mitteilung ist gesetzl. nicht vorgeschrieben; er hängt von den näheren Umständen des Einzelfalles ab. Nach Abs. 1 S. 1 hat der ArbN nicht erst die vom Arzt festgestellte Arbeitsunfähigkeit mitzuteilen, sondern schon dann eine entsprechende Mitteilung zu machen, wenn er zunächst den Arzt aufsucht, um feststellen zu lassen, ob er ar- 6

---

[1] LAG Nürnberg 18.6.1997 – 4 Sa 139/95, NZA-RR 1998, 51. ||[2] EuGH 3.6.1992 – Rs. C-45/90, AP Nr. 1 zu Art. 18 EWG-Verordnung Nr. 574/72 – Paletta I. ||[3] *Bauer/Lingemann*, BB-Beil. 17/1996, 8; *Hanau*, RdA 1997, 205; *Vossen*, NZA 1998, 154. ||[4] *Hanau*, RdA 1997, 205; aA *Buschmann*, ArbuR 1996, 285. ||[5] LAG Köln 2.11.1988 – 2 Sa 850/88, LAGE § 3 LohnFG Nr. 2; LAG Sa.-Anh. 24.4.1996 – 3 Sa 449/95, LAGE § 626 BGB Nr. 99; *Lepke*, NZA 1995, 1084. ||[6] Vgl. für § 3 LFZG: BAG 18.9.1985 – 5 AZR 240/84, EzA Nr. 11 zu § 3 LohnFG; vgl. zu § 5 EFZG: BT-Drs. 12/5263.

beitsunfähig krank ist oder nicht, und er bereits deswegen nicht zur Arbeit erscheint. Zudem ergibt sich xeine solche Verpflichtung als arbeitsvertragl. Nebenpflicht, nämlich als **Rücksichtnahmepflicht** aus § 241 II BGB. Will der ArbN zunächst keinen Arzt aufsuchen, so muss er selbst entscheiden, ob er sich als krankheitsbedingt arbeitsunfähig erachtet oder nicht. Erachtet er sich als krankheitsbedingt arbeitsunfähig und bleibt er deswegen der Arbeit fern, so hat er dies dem ArbGeb unverzüglich mitzuteilen.

7   Hat der **ArbN den Arzt aufgesucht** und hat dieser ihm krankheitsbedingte Arbeitsunfähigkeit mitgeteilt oder bescheinigt, so hat der ArbN den ArbGeb nunmehr erneut darüber zu informieren, dass krankheitsbedingte Arbeitsunfähigkeit vorliegt und wie lange diese voraussichtlich andauern wird. Diese Mitteilungspflicht trifft den ArbN in jedem Fall und nicht etwa nur dann, wenn die Eigenprognose des ArbN und die Einschätzung durch den Arzt auseinander fallen. Der Inhalt der Anzeige darf sich allerdings grds. auf den Umstand beschränken, mitzuteilen, dass krankheitsbedingte Arbeitsunfähigkeit besteht und wie lange diese voraussichtlich andauern wird. Angaben über **Art und Ursache der Erkrankung** schuldet der ArbN in aller Regel nicht[1]. Ausnahmsw. hat der ArbN jedoch bereits bei der Mitteilung der krankheitsbedingten Arbeitsunfähigkeit und deren voraussichtlicher Dauer auch eine Angabe zur Art der Erkrankung zu machen, nämlich dann, wenn es sich um eine **ansteckende Erkrankung** handelt, die Schutzmaßnahmen des ArbGeb für andere oder gar seuchenpolizeiliche Maßnahmen erfordert. Diese Pflicht besteht – unabhängig von der Mitteilungspflicht nach Abs. 1 S. 1 – nach § 241 II BGB (Rücksichtnahmepflicht), zB wenn der ArbN an einer ansteckenden Krankheit leidet, die sofortige Desinfektionsmaßnahmen in der Umgebung des betroffenen Erkrankten erfordert.

8   Ist der ArbN an einer **Fortsetzungserkrankung** erkrankt, so hat er diesen Umstand dem ArbGeb mit Rücksicht auf die Begrenzung der Verpflichtung zur Entgeltfortzahlung mitzuteilen[2]. Diese Verpflichtung beruht allerdings ebenfalls nicht auf Abs. 1 S. 5, sondern wiederum als arbeitsvertragl. Nebenpflicht auf § 241 II BGB. Der Umstand, dass der ArbGeb bei Fortsetzungserkrankungen einen entsprechenden **Auskunftsanspruch gegen die Krankenkasse** (§ 69 IV SGB X) hat, hat nicht zur Folge, dass der ArbN, wenn ihm der Fortsetzungszusammenhang bekannt ist, diese Tatsache ggü. dem ArbGeb einfach verschweigen darf[3]. Davon zu trennen ist die Frage, ob der ArbN in der Lage ist, zu erkennen, dass es sich um eine Fortsetzungserkrankung handelt oder ob der Arzt ihm dies mitgeteilt hat. Ist dem ArbN der Umstand nicht bekannt, so kann er hierauf auch nicht hinweisen. Zudem ist der ArbN nach § 6 II gehalten, den ArbGeb darüber zu unterrichten, ob die krankheitsbedingte Arbeitsunfähigkeit auf einer **Schädigung durch einen Dritten** beruht. Schließlich trifft den ArbN die Obliegenheit, den ArbGeb davon zu unterrichten, wenn die Krankheit vom ArbN **selbstverschuldet** ist[4].

9   **b) Zeitpunkt, Form und Empfänger der Mitteilung.** Die Mitteilung hat **unverzüglich** zu erfolgen, mithin **ohne schuldhaftes Zögern** (§ 121 I BGB). Wann dieser Zeitpunkt erreicht ist, hängt von den **Umständen des Einzelfalles** und dem Inhalt der notwendigen Unterrichtung ab. Keineswegs wird die Unterrichtungspflicht erst dann ausgelöst, wenn der ArbN auf Grund ärztlicher Untersuchung Klarheit darüber erfahren hat, dass er arbeitsunfähig krank ist und wie lange dieser Zustand andauern wird. Bereits der eigene Entschluss des ArbN, wegen seiner Erkrankung die Arbeit nicht aufzunehmen, löst die Unterrichtungspflicht aus.

10 Abs. 1 kann durchaus eine **mehrfache Unterrichtung des ArbGeb** durch den ArbN etwa am Beginn einer Arbeitsunfähigkeit erforderlich machen, so zB zunächst die Unterrichtung, er werde nicht zur Arbeit erscheinen, sondern einen Arzt aufsuchen und – nach dem Besuch beim Arzt – die weitere Unterrichtung darüber, ob der Arzt krankheitsbedingte Arbeitsunfähigkeit attestiert hat und wie lange diese voraussichtlich andauern wird. Unverzüglich wird diese (erste) Mitteilung an den ArbGeb am ersten Arbeitstag vor Beginn der Arbeit oder in den ersten Arbeitsstunden möglich sein[5]. Unverzüglich bedeutet nicht unbedingt sofort, jedoch muss der ArbGeb innerhalb einer angemessenen, die Umstände des Einzelfalls berücksichtigenden Frist informiert werden[6]. In aller Regel wird eine **telefonische Unterrichtung** des ArbGeb die angemessene Art der Mitteilung sein; ein Brief entspricht den Anforderungen der unverzüglichen Unterrichtung nicht[7]. **Beginnt die Arbeitsunfähigkeit während arbeitsfreier Tage** und kann der ArbN absehen, dass er auch noch bei dem Beginn seiner nächsten Arbeitszeit arbeitsunfähig krank sein wird, so darf der ArbN nicht erst bis zu seinem individuellen Arbeitsbeginn mit seiner Unterrichtung warten, sondern er muss den ArbGeb unverzüglich unterrichten. Entsprechendes gilt, wenn die krankheitsbedingte Arbeitsunfähigkeit **während des Urlaubs** des ArbN eintritt und voraussichtlich über das Ende des Urlaubs hinaus andauern wird.

11 Für die Beurteilung, ob die Mitteilung unverzüglich erfolgt ist, kommt es auf den **Zugang der Mitteilung beim ArbGeb** an. Dies setzt indessen voraus, dass auch der ArbGeb eine entsprechende **empfangsbereite Organisation** vorhält. Dazu ist erforderlich, die ArbN darüber zu unterrichten, welche Person (oder Stelle, Abteilungsleiter usw.) beim ArbGeb von der krankheitsbedingten Arbeitsunfähigkeit zu

---

1 BAG 31.8.1989 – 2 AZR 13/89, EzA § 1 KSchG Verhaltensbedingte Kündigung Nr. 27. || 2 *Lepke*, NZA 1995, 1084. || 3 AA anscheinend *KDHK/Kleinsorge*, § 5 Rz. 11. || 4 BAG 1.6.1983 – 5 AZR 536/80, BAGE 43, 54. || 5 BAG 31.8.1989 – 2 AZR 13/89, AP Nr. 23 zu § 1 KSchG 1969 Verhaltensbedingte Kündigung. || 6 BAG 20.5. 1988 – 2 AZR 739/87, AP Nr. 16 zu § 9 MuSchG 1968. || 7 BAG 31.8.1989 – 2 AZR 13/89, AP Nr. 23 zu § 1 KSchG 1969 Verhaltensbedingte Kündigung.

unterrichten ist. Dies betrifft insb. die Fälle der telefonischen Mitteilung. Je nach betriebl. Organisation kann der Leiter der Personalabteilung oder der unmittelbare Vorgesetzte des ArbN zu unterrichten sein. Vom ArbGeb ist auch die Installation eines Anrufaufzeichners oder einer Mailbox zu erwarten, insb. dann, wenn die sonst hierzu autorisierten Empfangspersonen erst mit dem allg. Arbeitsbeginn im Betrieb zu erscheinen pflegen. Dagegen genügt es idR nicht, wenn der ArbN Arbeitskollegen, Pförtner, BR-Mitglieder oder Telefonisten von der krankheitsbedingten Arbeitsunfähigkeit unterrichtet. Diese Personen können Boten sein. Die Mitteilung an einen Boten ist aber noch nicht dem Zugang der Nachricht beim Empfänger gleichzusetzen; das Risiko der Rechtzeitigkeit und Richtigkeit der Übermittlung trägt in solchen Fällen der ArbN.

Ist der ArbN nicht in der Lage, dem ArbGeb die Mitteilung sofort zu machen, so kann er gehalten sein, **dritte Personen** hierzu einzuschalten, zB Ehe- und Lebenspartner, Familienangehörige, Nachbarn, um den ArbGeb möglichst frühzeitig von der Arbeitsverhinderung zu unterrichten. Nutzt der ArbN solche ihm zur Verfügung stehenden Möglichkeiten nicht und wird dadurch die Mitteilung verzögert, so hat der ArbN nicht unverzüglich gehandelt, weil ihm schuldhaftes Zögern (§ 121 I BGB) zur Last fällt. Dagegen ist ihm ein solcher Verschuldensvorwurf nicht zu machen, wenn der ArbN aus gesundheitlichen Gründen nicht in der Lage ist, die entsprechende Mitteilung selbst zu machen oder auch nur zu organisieren. 12

Ein **LeihArbN** steht im ArbVerh zu seinem Verleiher. Dementsprechend hat er die Mitteilung auch an den Verleiher zu richten. Eine Unterrichtung lediglich des Entleihers genügt für Abs. 1 S. 1 nicht; sie kann jedoch als zusätzliche Unterrichtung nützlich und ggf. sogar nach § 241 BGB oder arbeitsvertraglich geschuldet sein. Hat der LeihArbN den Verleiher unterrichtet, so ist es idR dessen Sache, dem Entleiher eine Ersatzkraft zur Verfügung zu stellen. 13

c) **Erstmitteilung, Folgemitteilung.** Analog Abs. 1 S. 1 hat der ArbGeb auch Anspruch auf jede Folgemitteilung. Der Wortlaut des § 5 lässt unklar, ob nur eine Erstmitteilung oder auch entsprechende Folgemitteilungen vom ArbN geschuldet werden, wenn die krankheitsbedingte Arbeitsunfähigkeit länger andauert, als zunächst mitgeteilt oder als vom Arzt in der Arbeitsunfähigkeitsbescheinigung angenommen worden ist. Insoweit ist eine analoge Anwendung von Abs. 1. S. 1 geboten. Denn die Interessenlage ist dieselbe wie bei der Erstmitteilung: Der ArbGeb hat ein rechtl. geschütztes Interesse daran, von seinem ArbN so früh wie möglich zu erfahren, ob er zur Arbeit erscheint bzw. ob er (weiterhin) an der Arbeitsaufnahme durch krankheitsbedingte Arbeitsunfähigkeit gehindert ist[1]. Gleiches folgt auch aus § 241 II BGB. 14

● **Beispiel 1:** Der ArbN wacht am Montagmorgen mit starken Erkältungssymptomen auf; er fühlt sich matt und beschließt nicht zur Arbeit zu gehen. Er unterrichtet hierüber seinen ArbGeb mit dem Bemerken, er meine, am Donnerstag seine Arbeit wieder aufnehmen zu können. Am Mittwoch derselben Woche sind die Symptome nicht wesentlich zurückgegangen; der ArbN beschließt, nunmehr doch einen Arzt aufzusuchen. Der Arzt attestiert noch am Mittwoch eine Bronchitis und bescheinigt krankheitsbedingte Arbeitsunfähigkeit bis zum Ende der folgenden Woche. Der ArbN hat nunmehr dem ArbGeb unverzüglich mitzuteilen, dass die krankheitsbedingte Arbeitsunfähigkeit noch länger andauert. Die bloße Übersendung der AU-Bescheinigung genügt der Mitteilungspflicht nicht. 15

● **Beispiel 2:** Wie vor. Am Freitag der nächsten Woche sucht der ArbN den Arzt erneut auf. Dieser stellt fest, dass die Krankheitserscheinungen noch nicht hinreichend abgeklungen sind und attestiert dem ArbN für eine weitere Woche krankheitsbedingte Arbeitsunfähigkeit. Am Wochenende hat der ArbN nicht zu arbeiten. Seiner Pflicht zur unverzüglichen Mitteilung an den ArbGeb genügt er nicht, wenn er den ArbGeb erst am Montag über die Fortdauer der krankheitsbedingten Arbeitsunfähigkeit unterrichtet. Er hat vielmehr zu versuchen, den ArbGeb hierüber noch am Freitag zu unterrichten. Ebenso wenig genügt es, wenn der ArbN nur die Folgebescheinigung übersendet.

d) **Verletzung der Mitteilungspflicht.** Die Verletzung der Mitteilungspflicht nach Abs. 1 S. 1 steht der Entstehung eines Entgeltfortzahlungsanspruches nach § 3 nicht entgegen[2]. Bei einer **Inlandserkrankung** folgt aus einem Verstoß gegen Abs. 1 auch **kein Leistungsverweigerungsrecht** des ArbGeb. Das in § 7 I Nr. 1 normierte Leistungsverweigerungsrecht bezieht sich nicht auf die Mitteilung (Anzeige), sondern auf den fehlenden Nachweis der krankheitsbedingten Arbeitsunfähigkeit. Entsprechendes gilt für die fehlende Mitteilung der Teilnahme an einer Maßnahme der medizinischen Vorsorge und Rehabilitation (§ 9 II). Auch hierfür ist ein Leistungsverweigerungsrecht nur vorübergehend, nämlich so lange vorgesehen, als der nötige Nachweis nicht erbracht ist. Dagegen kann der ArbGeb gegen den ArbN einen **Schadensersatzanspruch** nach § 280 I BGB haben, wenn der ArbN seine Pflicht aus Abs. 1 S. 1 zur unverzüglichen Mitteilung schuldhaft, dh. zumindest fahrlässig (§ 276 BGB) verletzt hat und hieraus für den ArbGeb ein darauf zurückzuführender Schaden entstanden ist[3]. Dabei muss der Schaden gerade dadurch entstanden sein, dass der ArbN seiner Mitteilungspflicht nicht hinreichend nachgekommen ist, dh. dass der Schaden nicht eingetreten wäre, wenn der ArbN seiner Mitteilungspflicht hinreichend 16

---

1 BAG 31.8.1989 – 2 AZR 13/89, AP Nr. 23 zu § 1 KSchG 1969 Verhaltensbedingte Kündigung. ||2 BAG 27.8.1971 – 1 AZR 107/71, BAGE 23, 411. ||3 BAG 27.8.1971 – 1 AZR 107/71, BAGE 23, 411; *Worzalla*, NZA 1996, 61.

nachgekommen wäre. Ferner kann die schuldhafte Verletzung der Pflicht zur unverzüglichen Mitteilung auch eine **Kündigung** des ArbVerh nach sich ziehen, idR allerdings erst nach einer vorherigen vergeblichen Abmahnung[1]. Eine solche ordentl. Kündigung setzt nicht voraus, dass es gerade durch die Verletzung der Mitteilungspflicht zu einer Störung des Betriebsablaufs oder des Betriebsfriedens gekommen ist[2]. In Extremfällen ist auch eine außerordentl. Kündigung denkbar[3].

17   2. **Nachweis der krankheitsbedingten Arbeitsunfähigkeit.** Im Inland hat der ArbN das Bestehen einer krankheitsbedingten Arbeitsunfähigkeit durch eine **ärztliche Bescheinigung („Attest")** nach näherer Maßgabe von Abs. 1 S. 2 **nachzuweisen**. Diese Nachweispflicht besteht neben der Mitteilungspflicht. Ebenso wie die Mitteilungspflicht trifft auch die **Nachweispflicht jeden ArbN**, gleichgültig, ob ihm ggü. dem ArbGeb ein Anspruch auf Entgeltfortzahlung im Krankheitsfall zusteht oder nicht. Für die Seeschifffahrt richtet sich die Pflicht zum Nachweis der krankheitsbedingten Arbeitsunfähigkeit nach § 104 SeeArbG.

18   a) **Bedeutung des Nachweises.** Die ärztliche Bescheinigung der krankheitsbedingten Arbeitsunfähigkeit („Attest") ist das **gesetzl. vorgesehene Mittel**, mit welchem der ArbN dem ArbGeb die krankheitsbedingte Arbeitsunfähigkeit und deren voraussichtliche Dauer nachweist[4]. Der ArbGeb hat idR ein Interesse daran, den Nachweis rechtzeitig zu erhalten[5]. Das ärztliche Attest ist jedoch **nicht das einzig mögliche Beweismittel** für das Vorliegen krankheitsbedingter Arbeitsunfähigkeit; vielmehr kann ein solcher Beweis auch durch andere Beweismittel geführt werden[6].

19   b) **Ärztliche Bescheinigung.** Der Aussteller einer solchen Arbeitsunfähigkeitsbescheinigung muss stets ein **approbierter Arzt** sein. Ärztliches Hilfspersonal, ein Heilpraktiker oder ein nicht approbierter Arzt können eine solche Bescheinigung nicht wirksam ausstellen[7]. Der ArbN hat das **Recht auf freie Wahl des Arztes**, auch des Arztes, der seine krankheitsbedingte Arbeitsunfähigkeit bescheinigen soll. Der ArbGeb kann dem ArbN nicht vorschreiben, einen bestimmten Arzt zu konsultieren; entsprechende arbeitsvertragl. Regelungen oder BV sind unzulässig. Dies gilt auch für den Fall, dass der ArbGeb erreichen möchte, dass sich der ArbN zusätzlich einem Arzt der Wahl des ArbGeb stellt, auch wenn dessen Äußerung keine entgeltfortzahlungsrechtl. Konsequenzen haben soll[8]. Hiervon zu unterscheiden ist die Verpflichtung des in der gesetzl. KV versicherten ArbN, sich einer Untersuchung durch den **medizinischen Dienst** nach § 275 SGB V zu stellen (vgl. Rz. 54). Sind von Gesetzes wegen an einen ArbN besondere gesundheitliche Anforderungen zu stellen, so sind entsprechende **betriebsärztliche** Untersuchungen von ihm hinzunehmen; solche Untersuchungen sind jedoch deutlich von der Frage der krankheitsbedingten Arbeitsunfähigkeit und deren Nachweis zu trennen.

20   **Inhalt und Form** der ärztlichen Bescheinigung sind durch Abs. 1 S. 2 insoweit vorgegeben, als die Bescheinigung der Schriftform und der eigenhändigen Unterzeichnung durch den Arzt bedarf und dass sie das Bestehen von krankheitsbedingter Arbeitsunfähigkeit sowie deren voraussichtliche Dauer anzugeben hat. Der Arzt hat die Tatsache der Arbeitsunfähigkeit des namentlich genannten Patienten (ArbN) und nicht nur dessen Erkrankung zu attestieren sowie die voraussichtliche Dauer der krankheitsbedingten Arbeitsunfähigkeit zu bescheinigen. Die Bescheinigung muss das Datum ihrer Ausstellung aufweisen, auch wenn dies nicht ausdrücklich im Gesetz genannt worden ist. Ferner ist der Beginn der krankheitsbedingten Arbeitsunfähigkeit anzugeben, sei es unter Nennung eines bestimmten Datums, sei es mit dem Zusatz ab heute. Denkbar, aber ungewöhnlich, ist die Angabe einer bestimmten Uhrzeit für den Beginn und für das Ende der krankheitsbedingten Arbeitsunfähigkeit. Ergibt sich aus ihr – wie üblich – lediglich ein Tagesdatum als das voraussichtliche Ende der krankheitsbedingten Arbeitsunfähigkeit, so wird damit im Zweifel die Arbeitsunfähigkeit bis zum Ende der betriebsüblichen Arbeitszeit bzw. bis zum Ende der Arbeitsschicht des ArbN an diesem Tag bescheinigt[9].

21   • **Beispiel:** Dem ArbN ist krankheitsbedingte Arbeitsunfähigkeit bis einschl. Freitag bescheinigt worden. Er ist Nachtschichtarbeiter, seine Nachtschicht hätte an diesem Freitag um 22.00 Uhr begonnen und sich bis in den Sonnabend hinein erstreckt. Weil ihm krankheitsbedingte Arbeitsunfähigkeit einschl. des Freitags attestiert worden ist, hat er die Freitagsschicht nicht anzutreten, sondern ist erst mit dem Beginn der nächsten für ihn einschlägigen Schicht wieder zur Arbeitsleistung verpflichtet[10].

22   Diese Rspr. des BAG ist nur im Erg. zu teilen. Nahe liegender ist es, anzunehmen, dass die Bescheinigung krankheitsbedingter Arbeitsunfähigkeit, deren voraussichtliches Ende nicht näher als mit einem Kalendertag bezeichnet worden ist, die gesamte Dauer dieses Tages bis 24.00 Uhr umschließt.

---

1 BAG 16.8.1991 – 2 AZR 604/90, AP Nr. 27 zu § 1 KSchG 1969 Verhaltensbedingte Kündigung; 31.8.1989 – 2 AZR 13/89, AP Nr. 23 zu § 1 KSchG 1969 Verhaltensbedingte Kündigung.   ‖ 2 BAG 16.8.1991 – 2 AZR 604/90, AP Nr. 27 zu § 1 KSchG 1969 Verhaltensbedingte Kündigung.   ‖ 3 BAG 15.1.1986 – 7 AZR 128/83, AP Nr. 93 zu § 626 BGB.   ‖ 4 BAG 1.10.1997 – 5 AZR 726/96, BAGE 86, 357.   ‖ 5 BAG 31.8.1989 – 2 AZR 13/89, AP Nr. 23 zu § 1 KSchG 1969 Verhaltensbedingte Kündigung.   ‖ 6 BAG 1.10.1997 – 5 AZR 499/96, AP Nr. 4 zu § 5 EntgeltFG.   ‖ 7 Lepke, NZA 1995, 1084.   ‖ 8 AA Schmitt, § 5 Rz. 99.   ‖ 9 BAG 12.7.1989 – 5 AZR 377/88, AP Nr. 77 zu § 616 BGB; 2.12.1981 – 5 AZR 89/80, BAGE 37, 172.   ‖ 10 Sachverhalt nach BAG 2.12.1989 – 5 AZR 89/80, BAGE 37, 172.

Eine **rückwirkende Bescheinigung** krankheitsbedingter Arbeitsunfähigkeit ist grds. unzulässig. Der 23
Arzt darf die Bescheinigung grds. nur auf Grund einer eigenen Untersuchung des ArbN ausstellen, es
sei denn, dass er auf andere Art und Weise Gewissheit über das Vorliegen krankheitsbedingter Arbeitsunfähigkeit erlangt hat. Nach Nr. 15 der **Arbeitsunfähigkeits-Richtlinien** der Ärzte und Krankenkassen
ist jedoch in Grenzen auch eine rückwirkende Bescheinigung möglich, dies allerdings nur ausnahmsw.
und nach gewissenhafter Prüfung und idR nur bis zu zwei Tagen[1].

Zum Inhalt der Arbeitsunfähigkeitsbescheinigung, die für den ArbGeb bestimmt ist, gehören **nicht** 24
Art und Ursache der Erkrankung. Ohne Einwilligung des erkrankten ArbN darf der Arzt solche Informationen weder in das Attest aufnehmen noch sie auf andere Weise an den ArbGeb weitergeben, weil
er sonst seine Schweigepflicht verletzt und sich nach § 203 I 1 StGB strafbar macht[2]. Ist der ArbN **Mitglied einer gesetzl. Krankenkasse**, so muss die ärztliche Bescheinigung zudem einen Vermerk des behandelnden Arztes darüber enthalten, dass der Krankenkasse unverzüglich eine Bescheinigung über
die Arbeitsunfähigkeit mit Angaben über den Befund und die voraussichtliche Dauer der Arbeitsunfähigkeit übersandt wird. Der ArbGeb erhält aber nur diesen Hinweis, nicht aber eine Durchschrift der
für die Krankenkasse bestimmten Meldung. Auf Grund des Hinweises erfährt der ArbGeb, dass die
Krankenkasse informiert wird; dies setzt ihn in die Lage, dort nachzufragen, ob es sich um eine Folgeerkrankung handelt (vgl. § 69 SGB X), und die gesetzl. Krankenkasse ggf. aufzufordern, nach § 275
SGB V zu verfahren. Bei gesetzl. krankenversicherten ArbN kommt auch die Möglichkeit der **Wiedereingliederung in das Erwerbsleben** während der an sich noch bestehenden krankheitsbedingten Arbeitsunfähigkeit in Betracht. Nach § 74 SGB V soll der Arzt bei solchen ArbN ggf. in der Arbeitsunfähigkeitsbescheinigung Art und Umfang der möglichen Tätigkeit angeben und dabei in geeigneten Fällen
die Stellungnahme des Betriebsarztes oder mit Zustimmung der Krankenkasse die Stellungnahme des
medizinischen Dienstes einholen.

Die notwendigen Angaben hat der Arzt sowohl in der **Erstbescheinigung** als auch in **Folgebescheini-** 25
gungen zu machen. Eine Folgebescheinigung hat der ArbN vorzulegen, wenn die Arbeitsunfähigkeit
länger andauert, als in der zuvor erteilten Arbeitsunfähigkeitsbescheinigung vom Arzt angegeben worden ist. Die Folgebescheinigung soll sich unmittelbar an die vorangegangene ärztliche Bescheinigung
der krankheitsbedingten Arbeitsunfähigkeit anschließen. Diesem Erfordernis ist in aller Regel auch
noch dann Genüge getan, wenn die Erstbescheinigung die Zeit bis einschl. Freitag erfasst und die Folgebescheinigung wegen derselben Erkrankung am Montag ausgestellt wird, sie aber rückwirkend auch
das Wochenende erfasst. Bei entsprechendem Krankheitsverlauf kann der Arzt gerade in solchen Fällen von Nr. 15 der Arbeitsunfähigkeits-Richtlinien[3] Gebrauch machen. Dies setzt allerdings voraus,
dass der Arzt den Patienten am Montag erneut untersucht hat.

Bei Verwendung des **Vordrucks für Arbeitsunfähigkeitsbescheinigungen** wird der Arzt angehalten, 26
alle erforderlichen Angaben auf dem Vordruck zu machen. Dieser Vordruck wird in aller Regel von Kassenärzten für gesetzl. krankenversicherte ArbN verwendet. Die Verwendung über diesen Kreis hinaus
ist jedoch nicht unüblich. Indessen bedarf es der Verwendung des Vordruckes nicht, um ggü. dem ArbGeb die notwendigen Angaben nach Abs. 1 S. 2 u. 5 zu machen. Auch jede andere schriftl. Erklärung
mit den notwendigen Inhalten genügt den Erfordernissen dieser Bestimmung. Darüber, ob die ärztliche
Bescheinigung in deutscher Sprache abgefasst sein muss, besagt § 5 nichts. Indessen ist bei einer im Inland ausgestellten Bescheinigung von der Verwendung der deutschen Sprache auszugehen.

Die **Kosten der Arbeitsunfähigkeitsbescheinigung** sind gem. § 73 II 1 Nr. 9 SGB V zur kassenärztlichen 27
Versorgung zu rechnen. Gehört der ArbN nicht der gesetzl. KV an, so sind die Kosten des Attestes vom
ArbN zu tragen[4].

c) Zeitpunkt für die Vorlage des Nachweises. Hinsichtlich der Bescheinigung krankheitsbedingter 28
Arbeitsunfähigkeit sind drei Zeitpunkte zu unterscheiden. Der eine Zeitpunkt markiert den Tag des Beginns der krankheitsbedingten Arbeitsunfähigkeit, der andere den Tag der Ausstellung der Bescheinigung, der dritte die Vorlage der Arbeitsunfähigkeitsbescheinigung beim ArbGeb.

aa) Vorlage im gesetzlichen Regelfall. Dauert die krankheitsbedingte Arbeitsunfähigkeit **nicht länger** 29
als drei Kalendertage, so muss der ArbN – vorbehaltlich eines anderweitigen Verlangens des ArbGeb –
keine Arbeitsunfähigkeitsbescheinigung vorlegen. Dies folgt sowohl aus dem Wortlaut als auch aus der
Entstehungsgeschichte der Bestimmung. Der ursprüngliche Gesetzentwurf sah eine Vorlage ab dem
ersten Kalendertag vor, hierauf wurde jedoch wegen der befürchteten Kostenbelastung für die Krankenkasse bewusst verzichtet[5]. Dauert die Arbeitsunfähigkeit nur bis zu drei Kalendertagen, so besteht
keine Nachweispflicht; die Anzeigepflicht bleibt hiervon aber unberührt.

---

1 Nr. 15 Richtlinien des Bundesausschusses für Ärzte und Krankenkassen über die Beurteilung der Arbeitsunfähigkeit und die Maßnahme der stufenweisen Wiedereingliederung (AU-Richtlinien) idF v. 1.12.2003, BAnz. Nr. 61 v. 27.3.2004, S. 6501. ||2 BAG 19.4.1986 – 5 AZR 86/85, BAGE 51, 308. ||3 Nr. 15 Richtlinien des Bundesausschusses für Ärzte und Krankenkassen über die Beurteilung der Arbeitsunfähigkeit und die Maßnahme der stufenweisen Wiedereingliederung (AU-Richtlinien) idF v. 1.12.2003, BAnz. Nr. 61 v. 27.3.2004, S. 6501. ||4 *Schmitt*, § 5 Rz. 102 ff. mwN auch der abw. Ansichten. ||5 Vgl. BT-Drs. 12/5263, 10; s. a. LAG BW 18.6.1997 – 4 Sa 139/95, NZA-RR 1998, 51.

30 Dauert die Arbeitsunfähigkeit **länger als drei Kalendertage,** ist der Nachweis obligatorisch, falls nicht der ArbGeb hierauf ausnahmsw. verzichtet. Wie die Drei-Tage-Dauer der krankheitsbedingten Arbeitsunfähigkeit zu berechnen ist, ist im EFZG selbst nicht geregelt. Die Fristberechnung selbst erfolgt in Kalendertagen. Nach dem Wortlaut des Abs. 1 S. 2 dauert eine krankheitsbedingte Arbeitsunfähigkeit länger als drei Kalendertage nur dann an, wenn sie auch am vierten Tage noch vorliegt; der darauf folgende Arbeitstag für die Vorlage der krankheitsbedingten Arbeitsunfähigkeitsbescheinigung wäre dann frühestens der fünfte Kalendertag[1]. Dieses Verständnis entspricht jedoch nicht der Gesetzesbegründung; aus ihr ergibt sich, dass mit darauf folgendem Arbeitstag grds. der vierte Tag der Arbeitsunfähigkeit gemeint ist[2]. Das Gesetz stellt für den Drei-Tage-Zeitraum der krankheitsbedingten Arbeitsunfähigkeit nicht auf Arbeitstage, sondern auf **Kalendertage** ab. Ist ein Kalendertag auch nur teilweise mit krankheitsbedingter Arbeitsunfähigkeit belegt, so ist er uneingeschränkt mitzuzählen. Bei der Dauer der kalendertäglichen krankheitsbedingten Arbeitsunfähigkeit iSd. Abs. 1 S. 2 handelt es sich nicht um eine gesetzl. Frist, sondern schlicht um eine rein tatsächliche Voraussetzung, die dazu führt, dass im Regelfall die Vorlage einer Arbeitsunfähigkeitsbescheinigung nicht erforderlich ist. Von daher sind die Regelungen über die Fristberechnung des BGB (§§ 187 f. BGB) nicht anzuwenden. Unangebracht ist auch, die Rspr. zur Berechnung der Frist für die Entgeltfortzahlung entsprechend anzuwenden, denn es geht hier nicht darum, festzustellen, inwieweit der ArbN infolge krankheitsbedingter Arbeitsunfähigkeit gehindert war, seine Arbeitsleistung zu erbringen und ihm deshalb ein Entgeltfortzahlungsanspruch zusteht, sondern allein um die Frage, für welche Dauer der krankheitsbedingten Arbeitsunfähigkeit selbst der ArbN zur Vorlage einer entsprechenden Bescheinigung nicht verpflichtet ist, und zwar ohne Rücksicht darauf, ob die krankheitsbedingte Arbeitsunfähigkeit ihn an der Arbeitsleistung gehindert hat oder nicht.

31 **Dauert** die krankheitsbedingte Arbeitsunfähigkeit auch noch **am vierten Kalendertag an**, so hat der ArbN eine ärztliche Bescheinigung über das Bestehen krankheitsbedingter Arbeitsunfähigkeit vorzulegen. Faktisch bedeutet dies, dass der ArbN spätestens am vierten Kalendertag seit Beginn der Erkrankung einen Arzt aufsuchen muss, um von ihm feststellen zu lassen, ob krankheitsbedingte Arbeitsunfähigkeit vorliegt, und sich diese ggf. auch bescheinigen zu lassen.

32 ● **Beispiel:** Der ArbN wacht am Montagmorgen auf und verspürt starke Erkältungssymptome. Er hält sich für arbeitsunfähig krank und pflegt seine Gesundheit zu Hause. Am Donnerstag derselben Woche stellt er fest, dass die Krankheitssymptome nicht geringer geworden sind. An diesem Tag muss er einen Arzt aufsuchen, um sich von diesem untersuchen zu lassen, damit der Arzt feststellen kann, ob krankheitsbedingte Arbeitsunfähigkeit vorliegt.

33 Das Gesetz fordert vom ArbN, diese ärztliche Arbeitsunfähigkeitsbescheinigung am **nächsten Arbeitstag vorzulegen**. Auf welchen Kalendertag dieser Arbeitstag fällt, richtet sich nach der den ArbN persönlich treffenden Verpflichtung zur Arbeitsleistung.

34 In allen Fällen ist der ArbN jedoch gehalten, den ArbGeb nach Abs. 1 S. 1 jeweils unverzüglich darüber zu unterrichten, dass er überhaupt arbeitsunfähig krank ist und diese Arbeitsunfähigkeit nach seiner persönlichen Einschätzung (einen Arzt sucht er zunächst nicht auf) wohl drei Tage dauern werde; sodann muss er vor Arbeitsbeginn am vierten Tag den ArbGeb darüber unterrichten, dass er nunmehr einen Arzt aufsuchen wird, und schließlich muss er den ArbGeb über das Ergebnis der ärztlichen Untersuchung hinsichtlich des Bestehens und der voraussichtlichen Dauer krankheitsbedingter Arbeitsunfähigkeit unterrichten.

35 Für die Erfüllung der Pflicht zur Vorlage der Arbeitsunfähigkeitsbescheinigung kommt es nicht darauf an, wann der ArbN die Bescheinigung auf den Weg bringt, sondern auf deren **Zugang beim ArbGeb**. Die Erfüllung der Nachweispflicht bereitet dem ArbN kaum Schwierigkeiten, wenn er den Arzt bereits am ersten Tag der Erkrankung aufsucht. Hält sich der ArbN an das Gesetz und begibt er sich erst am vierten Kalendertag der Krankheit zum Arzt, so muss er das Problem lösen, diese Bescheinigung noch am selben Tag dem ArbGeb vorzulegen, wenn dieser Tag ein Arbeitstag für den ArbN ist. Benutzt er den normalen Postweg, so wird diese Bescheinigung frühestens am darauf folgenden Tag beim ArbGeb eintreffen. Indessen folgt aus der Fristversäumnis nur ein zeitweiliges Zurückbehaltungsrecht an der Entgeltfortzahlung. Dieses erlischt, sobald die Arbeitsunfähigkeitsbescheinigung nachträglich vorgelegt wird.

36 bb) **Vorzeitige Vorlage auf Verlangen des Arbeitgebers.** Nach Abs. 1 S. 3 ist der ArbGeb berechtigt, die Vorlage der ärztlichen Bescheinigung früher zu verlangen, auch für den ersten Tag der Arbeitsunfähigkeit[3]. Auch insoweit ist zwischen dem Zeitpunkt, auf den sich die krankheitsbedingte Arbeitsunfähigkeit beziehen muss, und dem Zeitpunkt ihrer Vorlage beim ArbGeb zu differenzieren[4]. Das Verlangen nach einer früheren Vorlage der Arbeitsunfähigkeitsbescheinigung kann sich auf beide Gesichtspunkte beziehen[5]. Dabei stellt es keine prinzipielle Überforderung des ArbN dar, wenn ihm ab-

---

[1] Diller, NJW 1994, 1690. ||[2] Schliemann, ArbuR 1994, 317. ||[3] BAG 14.11.2012 – 5 AZR 886/11, NZA 2013, 322; 1.10.1997 – 5 AZR 726/96, BAGE 86, 357; Schliemann, ArbuR 1994, 317. ||[4] BAG 1.10.1997 – 5 AZR 726/96, BAGE 86, 357. ||[5] BAG 25.1.2000 – 1 ABR 3/99, BAGE 93, 276.

verlangt wird, bereits am ersten Tag der Erkrankung einen Arzt aufzusuchen und die Bescheinigung über das Bestehen der krankheitsbedingten Arbeitsunfähigkeit noch am selben Tag an den ArbGeb zu übermitteln[1]. Ist der ArbN darauf angewiesen, die Arbeitsunfähigkeitsbescheinigung per Post zu übermitteln, so trifft ihn an der dadurch bedingten Verzögerung kein Verschulden, so dass er hierfür auch nicht einzustehen hat[2]. Das **Verlangen des ArbGeb** ist dem ArbN **so rechtzeitig** zu übermitteln, dass er diesem nachkommen kann. Rechtzeitig kann das Verlangen auch dann noch sein, wenn der ArbN bspw. am Morgen des ersten Tages der Erkrankung vom ArbGeb aufgefordert wird, einen Arzt aufzusuchen und sich untersuchen zu lassen, damit der Arzt entscheiden kann, ob krankheitsbedingte Arbeitsunfähigkeit vorliegt, und ein entsprechendes Attest vorzulegen. Das Verlangen kann aber auch vorher und „**abstrakt**" vom ArbGeb gestellt werden, zB durch eine arbeitsvertragl. Vereinbarung[3]. Es bedarf auch **keiner Begründung**, um wirksam zu sein. Insb. bedarf es keiner, schon gar keiner begründeten Zweifel des ArbGeb am Bestehen der krankheitsbedingten Arbeitsunfähigkeit; eine dem § 275 I Nr. 3b iVm. Ia SGB V entsprechende Voraussetzung hat der Gesetzgeber für Abs. 1 S. 3 nicht aufgestellt. Die Ausübung des dem ArbGeb nach § 5 I 3 eingeräumten Rechts steht im nicht gebundenen Ermessen des ArbGeb. Das ergibt sich aus dem Fehlen von Ausübungsvoraussetzungen in der Norm selbst und wird wiederum bestätigt durch die Entstehungsgeschichte. Soll der ArbGeb „in jedem Fall" die Möglichkeit haben, eine Bescheinigung der Arbeitsunfähigkeit ab dem ersten Tag der Erkrankung zu verlangen[4], verbietet es sich, das Verlangen des ArbGeb einer Billigkeitskontrolle zu unterwerfen[5]. An die Methode oder **Form des Verlangens** nach Abs. 1 S. 3 stellt das Gesetz keine besonderen Anforderungen. Das Verlangen kann in Form des Leistungsbestimmungsrechts durch den ArbGeb gestellt werden. Es kann aber auch arbeitsvertragl. vereinbart werden[6], es kann im TV vereinbart sein[7], aber auch in einer BV. Verlangt der ArbGeb generell die vorzeitige Vorlage ärztlicher Arbeitsunfähigkeitsbescheinigungen, so muss er das **MitbestR** des BR nach § 87 I Nr. 1 BetrVG beachten[8].

Für den **Inhalt der Verpflichtung** zur früheren Vorlage kann unterschieden werden zwischen der Anforderung, auf welchen Tag der Arbeitsunfähigkeit sich das ärztliche Attest zu beziehen hat, und dem Zeitpunkt der Vorlage der ärztlichen Bescheinigung. Möglich ist auch, die Vorlagepflicht generell für bestimmte Tage, zB für **Brückentage**, für Arbeitstage vor oder nach dem Wochenende usw. zu verlangen. Wird die Vorlage für verschiedene Gruppen von ArbN im Betrieb unterschiedlich verlangt, so muss hierbei der Gleichbehandlungsgrundsatz beachtet werden. 37

d) Beweiswert der ärztlichen Arbeitsunfähigkeitsbescheinigung. Für das Vorliegen krankheitsbedingter Arbeitsunfähigkeit als dem Grund für die Verhinderung der Arbeitsleistung ist der ArbN beweispflichtig. Diesen Beweis führt er idR durch die ärztliche Arbeitsunfähigkeitsbescheinigung[9]. Auf eine solche Arbeitsunfähigkeitsbescheinigung darf sich der ArbGeb ebenso verlassen wie der ArbN; sie bietet Beweis auch ggü. einem zB als Schädiger beteiligten Dritten[10]. Auch bei psychischen Erkrankungen, deren Diagnose im Wesentlichen auf nicht objektiven Befunden, sondern subjektiven Angaben des Patienten beruht, bringt die ärztliche Arbeitsunfähigkeitsbescheinigung idR einen ausreichenden Beweis für die krankheitsbedingte Arbeitsunfähigkeit; der Gefahr, dass Erkrankungen dieser Art leicht vorgetäuscht werden können, ist im Rahmen der Prüfung Rechnung zu tragen, ob objektive Umstände zu ernsthaften Zweifeln am Vorliegen von krankheitsbedingter Arbeitsunfähigkeit Anlass geben[11]. Die ärztliche Arbeitsunfähigkeitsbescheinigung ist Beweismittel nicht nur im **außerprozessualen Umgang**, sondern auch in **prozessualen Streitigkeiten**. Sie ist das gegebene Beweismittel sowohl im Streit zwischen ArbN und ArbGeb bzw. ArbGeb und Krankenkasse des ArbN, aber auch im Verhältnis zu etwa einem zB als Schädiger beanspruchten Dritten[12]. 38

Allerdings kann der ArbGeb geltend machen, die ärztliche **Arbeitsunfähigkeitsbescheinigung sei zu Unrecht** ausgestellt worden. Nach der Rspr. kommt einer im Inland ausgestellten ärztlichen Arbeitsunfähigkeitsbescheinigung als dem Ergebnis der richterlichen Beweiswürdigung (§ 286 I ZPO) ein **hoher Beweiswert** zu; mit der Ausstellung der ordnungsgemäßen Arbeitsunfähigkeitsbescheinigung besteht zwar keine gesetzl. Vermutung iSd. § 292 ZPO, wohl aber eine **tatsächliche Vermutung**, dass der ArbN infolge Krankheit arbeitsunfähig war[13]. Will der ArbGeb derartige Zweifel geltend machen, so muss er nicht den Beweis des Gegenteils als Hauptbeweis führen, sondern er kann Tatsachen vortragen und beweisen, aus denen das Gericht schließen kann, dass der **Beweiswert der ärztlichen Arbeitsunfähigkeitsbescheinigung erschüttert** ist, weil auf Grund der festgestellten Tatsachen **ernsthafte Zweifel** an der sachlichen Richtigkeit der krankheitsbedingten Arbeitsunfähigkeit bestehen[14]. Ist es gelungen, die tat- 39

---

1 AA *Hanau/Kramer*, DB 1995, 94; *Lepke*, NZA 1995, 1084. ‖ 2 BAG 1.10.1997 – 5 AZR 726/96, BAGE 86, 357. ‖ 3 BAG 1.10.1997 – 5 AZR 726/96, BAGE 86, 357. ‖ 4 Beschlussempfehlung des Ausschusses für Arbeit und Sozialordnung, BT-Drs. 12/5798, 26. ‖ 5 BAG 14.11.2012 – 5 AZR 886/11, NZA 2013, 892 unter ausdrücklicher Ablehnung der hier in der Voraufl. vertretenen Ansicht. ‖ 6 S. BAG 1.10.1997 – 5 AZR 726/96, BAGE 86, 357. ‖ 7 BAG 26.2.2003 – 5 AZR 112/02, DB 2003, 1395. ‖ 8 BAG 25.1.2000 – 1 ABR 3/99, BAGE 93, 276. ‖ 9 BAG 1.10.1997 – 5 AZR 726/96, BAGE 86, 357. ‖ 10 BGH 16.10.2001 – VI ZR 408/00, AP Nr. 6 zu § 5 EntgeltFG. ‖ 11 LAG Sa.-Anh. 8.9.1998 – 8 Sa 676/97, DB 1999, 1561. ‖ 12 BGH 16.10.2001 – VI ZR 408/00, AP Nr. 6 zu § 5 EntgeltFG; BAG 1.10.1997 – 5 AZR 726/96, BAGE 86, 357. ‖ 13 BAG 19.2.1997 – 5 AZR 83/96, BAGE 85, 167; 21.3.1996 – 2 AZR 543/95, AP Nr. 42 zu § 123 BGB; 15.7.1992 – 5 AZR 312/91, BAGE 71, 9. ‖ 14 BAG 26.8.1993 – 2 AZR 154/93, AP Nr. 112 zu § 616 BGB; 15.7.1992 – 5 AZR 312/91, BAGE 71, 9.

sächliche Richtigkeitsvermutung so zu erschüttern, dass an der Richtigkeit der erteilten Arbeitsunfähigkeitsbescheinigung ernsthafte Zweifel bestehen, so ist es **Sache des ArbN**, seinerseits für das Vorliegen krankheitsbedingter Arbeitsunfähigkeit **Beweis** zu erbringen, um seinen Anspruch auf Entgeltfortzahlung im Krankheitsfall durchzusetzen[1].

40 Der Rspr. ist eine reichhaltige **Kasuistik** dazu zu entnehmen, **wann ernsthafte Zweifel anzunehmen sind** bzw. was der ArbGeb vorzutragen und ggf. zu beweisen hat, wenn dieses anzunehmen ist. Aus der **Sphäre des ArbN** können folgende Umstände zu ernsthaften Zweifeln an der Richtigkeit der Arbeitsunfähigkeitsbescheinigung führen: Der ArbN kündigt sein Fernbleiben an, nachdem der ArbGeb ihm zum gewünschten Termin keinen Urlaub gewährt hat. Der ArbN kündigt nach einer Auseinandersetzung mit dem ArbGeb an, er werde nicht zur Arbeit kommen[2]. Dem ArbN (und seiner Familie) wird regelmäßig am Ende des Urlaubs oder im unmittelbaren Anschluss daran krankheitsbedingte Arbeitsunfähigkeit attestiert[3]. Der ArbN legt nach inhaltlicher Auseinandersetzung mit dem ArbGeb, vorheriger Eigenkündigung, Mitnahme aller persönlichen Gegenstände drei aufeinander folgende Erstbescheinigungen zweier verschiedener Ärzte vor[4]. Der ArbN legt ein Verhalten an den Tag, das dem Vorliegen krankheitsbedingter Arbeitsunfähigkeit klar widerspricht, zB durch eine Nebentätigkeit für einen anderen ArbGeb, oder das mit einem heilungsgerechten Verhalten unvereinbar ist[5]. Der ArbN stellt sich auf Vorladung nicht zur Untersuchung durch den medizinischen Dienst[6]. Daneben dürften auch die Fälle des § 275 Ia SGB V (auffallend häufig, auffallend häufig nur für kurze Dauer oder als Beginn der Arbeitsunfähigkeit häufig auf einen Arbeitstag am Beginn oder Ende einer Woche attestierte Arbeitsunfähigkeit) als Tatsachen gelten, die zu ernstlichen Zweifeln an der Richtigkeit der Arbeitsunfähigkeitsbescheinigung führen können. Ernsthafte Zweifel an der Richtigkeit der ärztlichen Arbeitsunfähigkeitsbescheinigung können sich auch aus der **Sphäre des Arztes** ergeben, insb. bei Ausstellung einer solchen Bescheinigung ohne vorhergehende Untersuchung[7] oder bei vorschriftswidriger Rückdatierung der Arbeitsunfähigkeitsbescheinigung[8]. Dasselbe gilt, wenn die Arbeitsunfähigkeit von einem Arzt festgestellt worden ist, der durch die Krankenkasse wegen der von ihm ausgestellten Bescheinigungen über Arbeitsunfähigkeit auffällig geworden ist (§ 275 Ia 1 Buchst. b SGB V).

41 Bereits bei **einfachen Zweifeln** am Vorliegen einer krankheitsbedingten Arbeitsunfähigkeit darf der ArbGeb von der Krankenkasse verlangen, eine **gutachtliche Stellungnahme des medizinischen Dienstes** der KV einzuholen (§ 275 I, Ia 3 SGB V). Der ArbGeb darf aber auch die **Entgeltfortzahlung** (vorläufig) **verweigern**. In diesem Fall nimmt er aber das Risiko einer gerichtl. Auseinandersetzung auf sich. Diese Auseinandersetzung wird idR – wegen des Anspruchsübergangs infolge zwischenzeitlicher Zahlung von Krankengeld durch die Krankenkasse – von der Krankenkasse gegen den ArbGeb geführt werden. Der ArbGeb muss dann spätestens in diesem Prozess die Tatsachen darlegen und ggf. unter Beweis stellen, aus denen auf ernsthafte Zweifel an der Richtigkeit der Attestierung krankheitsbedingter Arbeitsunfähigkeit zu schließen ist. Gelingt ihm dies, so obliegt es wiederum dem ArbN bzw. an dessen Stelle der Krankenkasse, mit den sonstigen Beweismitteln unter Beweis zu stellen und ggf. zu beweisen, dass tatsächlich krankheitsbedingte Arbeitsunfähigkeit bestanden hat. Zu den üblicherweise angebotenen Beweismitteln gehört insb. die Vernehmung der behandelnden Arztes, idR auch das Angebot des Zeugnisses von Ehepartnern oder Lebenspartnern. Der ArbGeb muss, um diesen Weg beschreiten zu dürfen, indessen nicht erst versucht haben, eine ärztliche Untersuchung des ArbN durch den medizinischen Dienst nach § 275 SGB V herbeizuführen.

42 **3. Verletzung der Nachweispflicht.** Solange der ArbN seiner Pflicht zur Vorlage der ärztlichen Arbeitsunfähigkeitsbescheinigung nach Abs. 1 S. 2 und 3 schuldhaft nicht nachgekommen ist, steht dem ArbGeb ein **zeitweiliges Leistungsverweigerungsrecht** nach § 7 zu. Die Rspr. und ein Teil des Schrifttums halten es überdies für möglich, dass dem ArbGeb wegen Nichtvorlage der ärztlichen Arbeitsunfähigkeitsbescheinigung **Schadensersatzansprüche** zustehen können[9]. Inwieweit dem ArbGeb dadurch Schaden entstehen kann, dass der ArbN keinen Nachweis der krankheitsbedingten Arbeitsunfähigkeit durch ärztliche Arbeitsunfähigkeitsbescheinigungen erbringt, erscheint indessen zweifelhaft. Die Verletzung der Nachweispflicht soll überdies eine verhaltensbedingte oder gar außerordentl. **Kündigung** nach sich ziehen können. Insoweit gelten jedoch vergleichbare Überlegungen wie beim Schadensersatz. Indessen kann das Erschleichen einer ärztlichen Arbeitsunfähigkeitsbescheinigung und damit das Vortäuschen krankheitsbedingter Arbeitsunfähigkeit durchaus eine verhaltensbedingte ordentl., uU sogar eine außerordentl. Kündigung rechtfertigen[10]. Ist allerdings der Beweiswert der ärztlichen Arbeitsunfähigkeitsbescheinigung nicht erschüttert, sondern besteht insoweit lediglich ein gewisser Anfangsverdacht, der ArbN könne eine Erkrankung vorgetäuscht haben, so ist der ArbGeb regelmäßig verpflichtet, die Verdachtsmomente (zB durch Befragung des ArbN über die Art der Erkrankung) näher aufzuklä-

---

1 BAG 11.10.1997 – 5 AZR 499/96, AP Nr. 4 zu § 5 EntgeltFG. || 2 BAG 4.10.1978 – 5 AZR 326/77, AP Nr. 3 zu § 3 LohnFG. || 3 BAG 20.2.1985 – 5 AZR 180/83, BAGE 48, 115. || 4 LAG Nds. 7.5.2007 – 6 Sa 1045/05. || 5 BAG 26.8.1993 – 2 AZR 154/93, BAGE 74, 127. || 6 BAG 11.8.1976 – 5 AZR 422/75, BAGE 28, 144. || 7 BAG 11.8.1976 – 5 AZR 422/75, BAGE 28, 144. || 8 *Lepke*, NZA 1995, 1084. || 9 BAG 27.8.1971 – 1 AZR 107/71, BAGE 23, 141; ErfK/*Dörner/Reinhard*, § 5 EFZG Rz. 18; *Worzalla*, NZA 1996, 61. || 10 BAG 26.8.1993 – 2 AZR 154/93, BAGE 74, 127.

ren, ehe er mit einer fristlosen Kündigung droht und den ArbN dadurch zum Abschluss eines Aufhebungsvertrags veranlasst[1].

IV. Krankheitsbedingte Arbeitsunfähigkeit im Ausland (Abs. 2). Hält sich der ArbN bei Beginn seiner krankheitsbedingten Arbeitsunfähigkeit im Ausland auf, so hat er sich zunächst nach den Regeln des Abs. 2 zu verhalten. Diese Regeln entsprechen grds. denen des Abs. 1, sie werden jedoch für das Ausland ergänzt bzw. modifiziert, um den Besonderheiten Rechnung zu tragen, die sich beim Aufenthalt des ArbN im Ausland ergeben. Abs. 2 knüpft allein an den Aufenthaltsort bei Beginn der krankheitsbedingten Arbeitsunfähigkeit an; die Nationalität des ArbN spielt keine Rolle. Entscheidend ist allerdings, dass auf das ArbVerh überhaupt die Bestimmungen des EFZG anzuwenden sind. 43

1. Mitteilungspflicht. Hält sich der ArbN bei Beginn der Arbeitsunfähigkeit im Ausland auf, so hat er nicht nur die – ebenso nach Abs. 1 erforderlichen – Mitteilungen über die Arbeitsunfähigkeit und deren voraussichtliche Dauer zu machen, sondern zusätzlich die **Adresse am Aufenthaltsort** anzugeben, und dies durch die **schnellstmögliche Art der Übermittlung** (Abs. 2 S. 1). Dazu hat der ArbGeb zudem die schnellstmögliche Art der Übermittlung zu wählen (zB Telefon, SMS, E-Mail, Telefax, ggf. Telegramm). Die hierdurch entstandenen (Mehr-)Kosten hat der ArbGeb zu tragen (Abs. 2 S. 2). Will der ArbGeb geltend machen, dass die Bescheinigung der krankheitsbedingten Arbeitsunfähigkeit zu Unrecht erfolgt sei, so kann er – dem dient die Mitteilung der Adresse am Aufenthaltsort – vom ArbN verlangen, sich einer **zusätzlichen ärztlichen Untersuchung** durch einen Arzt nach Wahl des ArbGeb zu stellen. 44

Unabhängig von der Mitteilung an den ArbGeb muss der ArbN der **Krankenkasse**, sofern er deren Mitglied ist, die Arbeitsunfähigkeit und deren voraussichtliche Dauer **unverzüglich anzeigen** (Abs. 2 S. 3). Indessen kann die Krankenkasse festlegen, dass der ArbN diese Anzeige- und Mitteilungspflicht auch ggü. einem ausländischen SozV-Träger erfüllen kann (Abs. 2 S. 5). Die Verpflichtung des ArbN zur Information der Krankenkasse bzw. des ausländischen SozV-Trägers bei Erkrankungen im Ausland beruht darauf, dass der inländische Gesetzgeber den ausländischen Ärzten keine sozialversicherungsrechtl. Verpflichtung auferlegen kann, entsprechend den Regeln des deutschen Rechtes über die gesetzl. KV die Krankenkasse selbst zu unterrichten und diese Unterrichtung dem ArbGeb nach Abs. 1 S. 5 mitzuteilen. 45

Dauert die Arbeitsunfähigkeit länger als angezeigt, so ist der ArbN verpflichtet, der gesetzl. Krankenkasse die voraussichtliche Fortdauer der Arbeitsunfähigkeit mitzuteilen (Abs. 2 S. 4). Diese Regelung ist lückenhaft. Der Gesetzgeber hat unverständlicherweise dem ArbN scheinbar nur die Verpflichtung auferlegt, bei Fortdauer der Arbeitsunfähigkeit seine Krankenkasse zu informieren, nicht aber seinen ArbGeb. Ähnlich wie bei der insoweit unvollständigen Regelung des Abs. 1 S. 4 sind die Bestimmungen über die Mitteilungspflichten des ArbN nach Abs. 1 S. 1 u. 2 entsprechend anzuwenden. Dh., der ArbN muss auch dann, wenn er im Ausland erkrankt ist, den ArbGeb in vergleichbarer Weise nicht nur unverzüglich, sondern sogar schnellstmöglich unterrichten, wenn bei ihm krankheitsbedingte Arbeitsunfähigkeit vorliegt und wie lange sie voraussichtlich andauert, aber auch, wenn diese länger andauert als bis mitgeteilt. 46

2. Nachweispflicht. Für den **Nachweis der krankheitsbedingten Arbeitsunfähigkeit** enthält Abs. 2 keine von Abs. 1 grds. abweichende Regelung. Auch im Rahmen des Abs. 2 sind die Regelungen des Abs. 1 S. 2 hinsichtlich der Pflicht zur Vorlage des ärztlichen Nachweises bei einer länger als drei Kalendertage andauernden krankheitsbedingten Arbeitsunfähigkeit (vgl. Rz. 29 ff.) bzw. des Abs. 1 S. 3 zur früheren Vorlage auf Verlangen des ArbGeb (Rz. 36 f.) anzuwenden. 47

Der Nachweis wird auch bei einer Erkrankung im Ausland grds. durch eine **ärztliche Arbeitsunfähigkeitsbescheinigung** geführt. Der ArbN muss dafür Sorge tragen, dass er vom Arzt eine den Anforderungen des Abs. 1 entsprechende Arbeitsunfähigkeitsbescheinigung erhält. Diese Bescheinigung muss erkennen lassen, dass der Arzt zwischen Erkrankung und auf ihr beruhender Arbeitsunfähigkeit unterschieden hat[2]. **Zwischenstaatliche SozV-Abkommen** können bestimmen, dass ArbN vom Arzt eine Arbeitsunfähigkeitsbescheinigung auf einem Vordruck erhalten. Diese Vordrucke entsprechen in ihrer Gliederung idR den Anforderungen des Abs. 1 S. 2. Werden sie verwendet, so ist damit vergleichbar wie im Inland die krankheitsbedingte Arbeitsunfähigkeit nachgewiesen[3]. Entspricht die Bescheinigung dem inhaltlich nicht, so ist sie als Nachweis untauglich[4]. Indessen ist der ArbN nicht auf die Vorlage einer den deutschen Anforderungen genügenden ärztlichen Bescheinigung angewiesen. Auch bei einer Erkrankung im Ausland kann er den Beweis für das Vorliegen der krankheitsbedingten Arbeitsunfähigkeit durch **andere Beweismittel** führen[5]. 48

3. Beweiswert der ausländischen Arbeitsunfähigkeitsbescheinigung. Der ausländischen Arbeitsunfähigkeitsbescheinigung kommt, sofern sie erkennen lässt, dass der Arzt zwischen Krankheit und daraus 49

---

1 BAG 21.3.1996 – 2 AZR 543/95, AP Nr. 42 zu § 123 BGB. ||2 BAG 1.10.1997 – 5 AZR 499/96, AP Nr. 4 zu § 5 EntgeltFG; s. a. BAG 1.10.1997 – 5 AZR 726/96, BAGE 86, 357. ||3 Vgl. BAG 1.10.1997 – 5 AZR 499/96, AP Nr. 4 zu § 5 EntgeltFG; 1.10.1997 – 5 AZR 726/96, BAGE 86, 357. ||4 BAG 1.10.1997 – 5 AZR 499/96, AP Nr. 4 zu § 5 EntgeltFG. ||5 BAG 1.10.1997 – 5 AZR 499/96, AP Nr. 4 zu § 5 EntgeltFG.

resultierender Arbeitsunfähigkeit hinreichend unterschieden hat, grds. derselbe Beweiswert zu wie einer inländischen Arbeitsunfähigkeitsbescheinigung. Zwar hat der **EuGH** in seiner Entscheidung **Paletta I** erkannt, dass der ArbGeb „in tatsächlicher und rechtl. Hinsicht an die vom Träger des Wohnorts getroffene ärztliche Feststellung über den Eintritt und die Dauer der Arbeitsunfähigkeit gebunden ist, sofern er – der ArbGeb – nicht von der vorgesehenen Möglichkeit Gebrauch macht, dem Betroffenen durch einen Arzt seiner Wahl untersuchen zu lassen"[1]. Angesichts dieser Entscheidung hat das BAG dem EuGH weitere Fragen zum Beweiswert der Arbeitsunfähigkeitsbescheinigung nach EG-Recht vorgelegt[2]. Hierauf hat der EuGH durch das Urteil **Paletta II** seine Rspr. insoweit korrigiert, als er erkannt hat, EG-Recht verwehre es dem ArbGeb nicht, Nachweise zu erbringen, anhand deren das nationale Gericht ggf. feststellen kann, dass der ArbN missbräuchlich oder betrügerisch eine offiziell festgestellte Arbeitsunfähigkeit angegeben hat, ohne krank gewesen zu sein[3]. Nach Zugang der vorgenannten Entscheidung des EuGH hat das BAG über die bei ihm anhängige Revision in der Sache selbst entschieden und den Rechtsstreit an die Vorinstanz zurückverwiesen (**Paletta III**)[4]. Es hat erkannt, die in Bezug genommene Rspr. des EuGH bedeute, dass der ArbN dann keinen Anspruch auf Entgeltfortzahlung im Krankheitsfall trotz der EU-rechtlichen Bindungswirkung der Arbeitsunfähigkeitsbescheinigung nach nationalem Recht hat, wenn er in Wirklichkeit nicht arbeitsunfähig krank war und sein Verhalten missbräuchlich oder betrügerisch war.

50 Damit ist – im Erg. – die **Beweislage** für den ArbN, dessen krankheitsbedingte Arbeitsunfähigkeit im EU-Ausland attestiert wird, **relativ günstiger** als die Beweislage bei Vorlage einer inländischen Arbeitsunfähigkeitsbescheinigung. Möglich ist, solche Umstände, die bisher nur als Widerlegung der tatsächlichen Vermutung gewertet wurden, als solche anzunehmen, die auch eine rechtl. Vermutung widerlegen, so dass künftig bei Inlandsbescheinigungen wie bei Auslandsbescheinigungen solche Tatsachen als Beweis des Gegenteils angesehen werden[5]. Mit eben dieser Begründungsstruktur hat auch das LAG BW den Fall Paletta abschließend entschieden[6].

51 **Für nicht dem EU-Recht unterliegende** ausländische Arbeitsunfähigkeitsbescheinigungen ist es bei der Rspr. verblieben, sie prinzipiell ebenso zu behandeln wie inländische Arbeitsunfähigkeitsbescheinigungen, wie das BAG zeitgleich – mit seiner Entscheidung Paletta III[7] – erkannt hat[8]; diese Entscheidung betraf eine Arbeitsunfähigkeitsbescheinigung aus der Türkei. Derartigen ausländischen Arbeitsunfähigkeitsbescheinigungen kommt daher nur die Vermutung ihrer tatsächlichen Richtigkeit zu, so dass diese Vermutung auch aus dem Inhalt der Bescheinigungen selbst (Zweifel an ihrer sachlichen Richtigkeit) und aus weiteren besonderen Umständen (innerhalb von sechs Jahren zum vierten Mal im Erholungsurlaub in der Heimat erkrankt) beeinträchtigt werden[9].

52 **4. Mitteilungspflicht bei Rückkehr aus dem Ausland.** Kehrt der ArbN aus dem Ausland zurück und ist er immer noch arbeitsunfähig krank, so ist er verpflichtet, dem ArbGeb und der Krankenkasse seine Rückkehr unverzüglich anzuzeigen (Abs. 2 S. 7). Hierdurch soll erreicht werden, dass die Krankenkasse in die Lage versetzt ist, nunmehr eine Begutachtung durch den medizinischen Dienst der Krankenversicherung durchzuführen zu lassen (§ 275 SGB V) und – den dadurch überflüssig gewordenen – Verwaltungsaufwand für das Veranlassen einer Begutachtung im Ausland zu vermeiden. Zur Mitteilung der Rückkehr des ArbN gehört auch, dass er mitteilt, ob er weiterhin arbeitsunfähig krank ist und wie lange dies voraussichtlich andauern wird. Der Nachweis der krankheitsbedingten Arbeitsunfähigkeit ist hiervon unabhängig zu erbringen; insoweit ist ein unmittelbarer Anschluss an den vorherigen Nachweis erforderlich.

53 **V. Verzicht des ArbGeb auf eine Arbeitsunfähigkeitsbescheinigung.** Verzichtet der ArbGeb auf eine Arbeitsunfähigkeitsbescheinigung oder fordert er eine solche bei einer Kurzerkrankung iSd. Abs. 1 S. 2 nicht an, so können sich hieraus **weitere Beweisfragen** für das Vorliegen krankheitsbedingter Arbeitsunfähigkeit ergeben. Denkbar ist, dass dem ArbGeb nachträglich Umstände bekannt werden, die berechtigte Zweifel am Vorliegen der vom ArbN behaupteten krankheitsbedingten Arbeitsunfähigkeit hervorrufen. § 5 besagt nichts ausdrücklich darüber, welche Arbeitsvertragspartei in solchen Fällen welche Beweislast trägt. Grds. muss der ArbN die Tatsachen beweisen, aus denen die krankheitsbedingte Arbeitsunfähigkeit folgt. Aus dem Umstand, dass der ArbGeb – insb. bei einer Kurzerkrankung – nicht die Vorlage einer ärztlichen Arbeitsunfähigkeitsbescheinigung verlangt hat, lässt sich keine gesetzl. Vermutung iSd. § 292 ZPO über das tatsächliche Bestehen der mitgeteilten Arbeitsunfähigkeit ableiten. Andererseits hat der ArbN ohne die entsprechende Aufforderung des ArbGeb bei einer Kurzerkrankung keinen Anlass, einen Arzt aufzusuchen, um sich krankheitsbedingte Arbeitsunfähigkeit bescheinigen zu lassen. Die Lösung dieser Problematik dürfte darin liegen, die Sachlage so zu behandeln, dass für das Vorliegen der nur mitgeteilten krankheitsbedingten Arbeitsunfähigkeit eine **tatsächliche Ver-**

---

1 EuGH 3.6.1992 – Rs. C-45/90, AP Nr. 1 zu Art. 18 EWG-Verordnung Nr. 574/72 – Paletta I. || 2 BAG 27.4.1994 – 5 AZR 747/93 (A), BAGE 76, 306. || 3 EuGH 2.5.1996 – Rs. C 206/94, AP Nr. 2 zu Art. 18 EWG-Verordnung Nr. 574/72 – Paletta II. || 4 BAG 19.2.1997 – 5 AZR 747/93, BAGE 85, 140 – Paletta III. || 5 *Heinze/Giesen*, BB 1996, 1830. || 6 LAG BW 9.5.2000 – 10 Sa 85/97, NZA-RR 2000, 514. || 7 BAG 19.2.1997 – 5 AZR 747/93, BAGE 85, 140 – Paletta III. || 8 BAG 19.2.1997 – 5 AZR 83/96, BAGE 85, 167. || 9 BAG 18.9.1985 – 5 AZR 240/84, EzA § 3 LohnFG Nr. 11.

VI. Kontrolluntersuchung durch den medizinischen Dienst. Nach § 275 I Nr. 3b SGB V sind die Krankenkassen in den gesetzl. bestimmten Fällen oder wenn es nach Art, Schwere, Dauer oder Häufigkeit der Erkrankung oder nach dem Krankheitsverlauf erforderlich ist, verpflichtet, bei Arbeitsunfähigkeit zur Beseitigung von Zweifeln an der Arbeitsunfähigkeit eine **gutachtliche Stellungnahme** des medizinischen Dienstes der KV (Medizinischer Dienst) einzuholen. Solche Zweifel sind insb. in den Fällen anzunehmen, in denen der versicherte ArbN auffällig häufig oder auffällig häufig nur für kurze Dauer arbeitsunfähig ist oder der Beginn der Arbeitsunfähigkeit häufig auf einen Arbeitstag am Beginn oder Ende einer Woche fällt oder die Arbeitsunfähigkeit von einem Arzt festgestellt worden ist, der durch die Häufigkeit der von ihm ausgestellten Arbeitsunfähigkeitsbescheinigungen auffällig geworden ist (§ 275 Ia 1 SGB V). Dabei hat die Prüfung unverzüglich nach Vorlage der ärztlichen Feststellung über die Arbeitsunfähigkeit zu erfolgen. Der ArbGeb kann verlangen, dass die Krankenkasse eine gutachtliche Stellungnahme des medizinischen Dienstes zur Überprüfung der Arbeitsunfähigkeit einholt (§ 275 Ia 3 SGB V). Andererseits kann die Krankenkasse von einer Beauftragung des medizinischen Dienstes absehen, wenn sich die medizinischen Voraussetzungen der Arbeitsunfähigkeit eindeutig aus den der Krankenkasse vorliegenden ärztlichen Unterlagen ergeben. § 275 Ia SGB V zählt nur sog. **Regelbeispiele** auf, bei denen vom Vorliegen von Zweifeln auszugehen ist. Indessen können auch andere Umstände geeignet sein, eine medizinische Untersuchung zu veranlassen, zB ein deutlich mit der angeblich vorliegenden krankheitsbedingten Arbeitsunfähigkeit unvereinbares Verhalten des ArbN. Die **Krankenkasse darf das Begehren des ArbGeb nur ablehnen**, wenn nach bei ihr vorliegenden Unterlagen die Krankheitsbedingtheit der Arbeitsunfähigkeit eindeutig anzunehmen ist. Sie hat jedoch der Zweifel des ArbGeb einzugehen, und dies nicht erst dann, wenn sie selbst Krankengeld zu leisten hat. Wenn sich der **ArbN weigert**, sich einer Begutachtung durch den medizinischen Dienst zu stellen, ist zwar die Krankenkasse berechtigt, die von ihr zu gewährenden Leistungen zu versagen (§ 66 II SGB I). Ein gleiches Recht steht dem ArbGeb indessen nicht zu; diese Bestimmungen sind für den ArbGeb auch nicht analog anwendbar[1]. Indessen bekundet ein solches Verhalten des ArbN erhebliche Zweifel an der Richtigkeit der ärztlichen Arbeitsunfähigkeitsbescheinigung.

6 Forderungsübergang bei Dritthaftung

(1) Kann der Arbeitnehmer auf Grund gesetzlicher Vorschriften von einem Dritten Schadensersatz wegen des Verdienstausfalls beanspruchen, der ihm durch die Arbeitsunfähigkeit entstanden ist, so geht dieser Anspruch insoweit auf den Arbeitgeber über, als dieser dem Arbeitnehmer nach diesem Gesetz Arbeitsentgelt fortgezahlt und darauf entfallende vom Arbeitgeber zu tragende Beiträge zur Bundesagentur für Arbeit, Arbeitgeberanteile an Beiträgen zur Sozialversicherung und zur Pflegeversicherung sowie zu Einrichtungen der zusätzlichen Alters- und Hinterbliebenenversorgung abgeführt hat.

(2) Der Arbeitnehmer hat dem Arbeitgeber unverzüglich die zur Geltendmachung des Schadensersatzanspruchs erforderlichen Angaben zu machen.

(3) Der Forderungsübergang nach Absatz 1 kann nicht zum Nachteil des Arbeitnehmers geltend gemacht werden.

I. Normzweck und -entstehung. § 6 regelt für alle ArbN den gesetzl. Übergang der Schadensersatzansprüche wegen Verdienstausfalls auf den ArbGeb.

Sinn und Zweck der Regelung liegen darin zu vermeiden, dass der geschädigte ArbN zugleich seinen Anspruch auf Entgeltfortzahlung gegen den ArbGeb und einen auf Verdienstausfall gerichteten Schadensersatzanspruch gegen den Schädiger geltend machen kann, und zudem darin, einen sachgerechten Interessenausgleich zwischen Schädiger, geschädigten ArbN und ArbGeb zu ermöglichen. Abs. 1 ordnet einen **gesetzl. Forderungsübergang** an, und zwar auf den ArbGeb, soweit er Entgeltfortzahlung geleistet hat. Damit kann sich der Schädiger nicht darauf berufen, dass dem ArbN infolge der Entgeltfortzahlung kein Schaden entstehe[2]. Der ArbN erlangt andererseits keine doppelte Entschädigung für den Verdienstausfall; er braucht jedoch das Risiko der Durchsetzung des Schadensersatzanspruches wegen Ausfalls des Arbeitsentgeltes gegen den Schädiger nicht zu tragen, weil ihm der ArbGeb Entgeltfortzahlung im Krankheitsfall schuldet. Der ArbGeb hat die Möglichkeit, insoweit Schadensersatz vom Schädiger zu verlangen. Um den ArbGeb hierzu in die Lage zu versetzen, treffen den ArbN **Mitteilungs- und Mitwirkungspflichten** nach näherer Maßgabe von Abs. 2. Soweit und solange der ArbN diesen Obliegenheiten schuldhaft nicht nachkommt, kann der ArbGeb die Entgeltfortzahlung nach näherer Maßgabe von § 7 I Nr. 2 verweigern.

II. Übergang des gesetzlichen Schadensersatzanspruchs (Abs. 1). Nach Abs. 1 geht der gesetzl. Schadensersatzanspruch wegen des Verdienstausfalls, den der ArbN gegen den schädigenden Dritten hat

---

1 BAG 11.8.1976 – 5 AZR 422/75, BAGE 28, 144. || 2 BGH 22.6.1956 – VI ZR 140/55, BGHZ 21, 112.

und der ihm durch die Arbeitsunfähigkeit entstanden ist, insoweit auf den ArbGeb über, als dieser dem ArbN nach dem Gesetz Arbeitsentgelt fortgezahlt und Versicherungsbeiträge geleistet hat[1]. Für die Erstattung des ArbGebAufwands im Fall der Transplantatentnahme enthält § 3a II eine speziellere Regelung; sie hat Vorrang.

4 1. Gesetzlicher Schadensersatzanspruch wegen des Verdienstausfalls. Abs. 1 regelt nur den Übergang des gesetzl. Schadensersatzanspruchs des geschädigten ArbN gegen den Dritten, dies aber auch nur, soweit der Schadensersatzanspruch wegen eines Verdienstausfalls des geschädigten ArbN besteht. Sonstige Ansprüche des geschädigten ArbN gegen den Dritten, etwa auf Ersatz von Sachschaden, Schmerzensgeld, Kosten der Heilbehandlung usw. werden von Abs. 1 nicht erfasst. Soweit es um Kosten der Krankenbehandlung und sonstige SozV-Leistungen geht, können Ansprüche des geschädigten pflichtversicherten ArbN nach § 116 SGB X auf den jeweiligen SozV-Träger übergehen.

5 a) Schadensersatz auf Grund gesetzlicher Vorschriften. Rechtsgrundlage für den Anspruch auf Schadensersatz wegen Verdienstausfalls sind zunächst die Bestimmungen über die **unerlaubte Handlung** gem. §§ 823ff. BGB, sei es nach § 823 I BGB wegen Verletzung des Körpers oder der Gesundheit des ArbN, sei es nach § 823 II BGB wegen Verletzung eines Schutzgesetzes. Zu den Ansprüchen aus unerlaubter Handlung zählen auch solche aus **Amtspflichtverletzungen** gem. § 839 BGB, Art. 34 GG. Insoweit sind Ansprüche des ArbN nach dem EFZG keine anderweitige Ersatzmöglichkeit iSd. § 839 I 2 BGB. Zu den gesetzl. Schadensersatzansprüchen zählen auch solche aus **Gefährdungshaftung**, vor allem aus **straßenverkehrsrechtl. Gefährdungshaftung** (§ 7 StVG) und aus **Tierhalterhaftung** (§ 833 S. 1 BGB), nach dem **Haftpflichtgesetz** und nach anderen Gefährdungshaftungsregelungen. Zu den gesetzl. Ansprüchen auf Schadensersatz zählen iSv. § 6 auch **Ansprüche wegen Vertragsverletzung**. Dagegen fällt ein Anspruch auf **Vertragserfüllung**, zB auf Erfüllung von Ansprüchen **aus Versicherungsverträgen**, nicht unter § 6. Denn insoweit handelt es sich nicht um einen Schadensersatzanspruch. Hat der ArbN auf Grund **Privatversicherungsvertrages** einen Anspruch auf Erstattung des Verdienstausfalls, so kann ihm der Schädiger diesen Umstand nicht entgegenhalten. Allerdings ist dann zu prüfen, inwieweit der Versicherungsvertrag seinerseits einen Anspruchsübergang gegen den Schädiger regelt. **Öffentl.-rechtl. Versorgungsansprüche**, zB aus Wehrdienstbeschädigung, fallen nicht unter § 6, wohl aber der Schadensersatzanspruch eines als Mitglied der Freiwilligen Feuerwehr tätigen ArbN, der bei einem **Feuerwehreinsatz** verletzt wurde und deswegen einen Verdienstausfall erleidet[2].

6 b) Verdienstausfallschaden. Der Anspruchsübergang nach § 6 umfasst ausschließlich Ansprüche wegen des Verdienstausfalls infolge der vom Schädiger verursachten Arbeitsunfähigkeit. Der Schadensersatzanspruch des ArbN gegen den Dritten kann auf den ArbGeb gem. § 6 EFZG, § 412 BGB nur insoweit übergehen, als er dem ArbN zusteht. Gem. § 412 BGB kann sich der Dritte ggü. dem ArbGeb auf die Schuldnerschutzvorschriften nach §§ 406 bis 409 BGB berufen: vor allem kann er dem ArbGeb sämtliche **Einwendungen** entgegenhalten, die zur Zeit des Forderungsüberganges gegen geschädigten ArbN begründet waren. Dies gilt vor allem auch für die **Einrede der Verjährung**[3]. Der Dritte kann auch ein **Mitverschulden des geschädigten ArbN** entgegenhalten, ebenso **Abzüge für ersparte Aufwendungen**, weil der ArbN tatsächlich nicht arbeiten musste, vor allem ersparte Fahrt- und Verpflegungskosten[4]. Tritt ein **neues Schadenereignis** ein, das für sich allein gleichfalls krankheitsbedingte Arbeitsunfähigkeit auslösen würde, oder tritt eine entsprechende neue Krankheit hinzu, so ist der Schadensersatz insoweit auf die Schadensfolgen der ursprünglich allein kausalen krankheitsbedingten Arbeitsunfähigkeit beschränkt. Für die Durchsetzung des Anspruchs sind deswegen die **Gerichte zuständig**, die auch ohne den gesetzl. Forderungsübergang zuständig wären.

7 2. Der Dritte als Schädiger. Jede natürliche oder juristische Person, ausgenommen der ArbGeb selbst, ist Dritter und kommt deshalb als schadensersatzverpflichteter Schädiger in Betracht. Zu den Dritten zählen auch Familienangehörige und Arbeitskollegen; für sie gelten jedoch teilweise abweichende Regelungen.

8 a) Familienangehörige in häuslicher Gemeinschaft. Familienangehörige nehmen als Dritte iSd. § 6 eine **Sonderstellung** ein. Der gesetzl. Anspruchsübergang ist nach § 116 SGB X und § 86 III VVG für den Fall eingeschränkt, dass zum Schadensersatz ein Familienangehöriger verpflichtet ist, der mit dem Geschädigten oder seinen Hinterbliebenen in häuslicher Gemeinschaft lebt. Eine dementsprechende Regelung findet sich in § 6 nicht. Insoweit hat die Rspr. eine ausfüllungsbedürftige Lücke angenommen und die Bestimmungen des § 116 VI 1 SGB X und des § 67 II VVG aF (jetzt: § 86 III VVG) auf den Anspruchsübergang gem. § 6 entsprechend angewendet[5], und zwar selbst dann, wenn das Familienmitglied durch eine Haftpflichtversicherung geschützt ist[6]. Dies gilt auch, wenn die häusliche Gemeinschaft erst nach dem Schadensereignis, aber vor Erfüllung der Schadensersatzansprüche begründet worden ist. Als Familienangehörige sind der **Ehegatte** sowie **Verwandte und Verschwägerte** des ArbN

---

[1] BGH 23.5.1989 – IV ZR 284/88, DB 1989, 1565; 22.6.1956 – VI ZR 140/55, BGHZ 21, 112. ||[2] Vgl. LAG Hess. 17.11.2000 – 2 Sa 2265/99, NZA-RR 2001, 545 für einen Anspruch nach § 18 III des Hess. Gesetz über Brandschutz und die Hilfeleistungen der Feuerwehren (Brandschutzhilfegesetz) v. 5.10.1970 – GVBl. HE I S. 585. ||[3] BGH 4.4.1978 – IV ZR 252/76, EEK I/599. ||[4] Vgl. dazu *Benner*, DB 1999, 482. ||[5] BGH 4.3.1976 – VI ZR 60/70, BGHZ 66, 104. ||[6] BGH 9.1.1968 – VI ZR 44/66, NJW 1968, 649.

anzusehen; auf den Grad der Verwandtschaft oder Schwägerschaft kommt es nicht an; **Pflegekinder** können Familienangehörige sein, wenn sie mit dem geschädigten ArbN in einer Weise zusammenleben, die einem Familienverband ähnelt[1]. Entsprechendes gilt für den **Partner einer eingetragenen Lebenspartnerschaft**; ihnen steht das Familienprivileg des § 11 I LPartG zur Seite. Dagegen zählen die **Partner einer nicht eingetragenen** nichtehelichen **Lebensgemeinschaft** nicht zu den Familienangehörigen; auf sie ist § 116 VI SGB X weder unmittelbar noch analog anwendbar[2]. Insoweit bleibt die künftige Rechtsentwicklung zur nichtehelichen Lebensgemeinschaft und deren Gleichbehandlung mit einer ehelichen Lebensgemeinschaft[3] abzuwarten. Voraussetzung für das Haftungsprivileg ist jedoch, dass die Familienangehörigen mit dem Geschädigten in **häuslicher Gemeinschaft** leben. Eine solche liegt vor, wenn zwischen den Beteiligten eine wirtschaftl. Gemeinschaft mit gemeinsamem Wohnen betrieben wird, wie es üblicherweise zwischen Ehegatten und Eltern und Kindern der Fall ist. Die häusliche Gemeinschaft darf nicht nur vorübergehend, sondern muss auf Dauer angelegt sein.

b) **Arbeitskollegen.** Auch Arbeitskollegen nehmen als Dritte iSd. § 6 insoweit eine Sonderstellung ein, als dass Ansprüche gegen sie häufig durch die **Haftungsprivilegien des gesetzl. Berufsunfallschutzes** (§ 105 SGB VII) ausgeschlossen sind[4]. Voraussetzung für den Eintritt der Haftungsprivilegien ist, dass es sich bei dem Geschädigten und dem Schädiger um Versicherte desselben Betriebes handelt. Ebenso werden in den Betrieb eingegliederte LeihArbN von der Haftung freigestellt, wenn sie durch eine betriebl. Tätigkeit einen Arbeitsunfall bei einem betriebsangehörigen ArbN herbeigeführt haben. Dagegen sind nur räumlich im Betrieb tätige fremde ArbN nicht mit diesem Privileg versehen, zB der Monteur einer fremden Firma. Bei einem **Wegeunfall** greift die Haftungsprivilegierung nicht ein, wenn sich der Unfall dadurch ereignet hat, dass die ArbN wie sonstige Verkehrsteilnehmer am Verkehrsgeschehen teilnehmen. Ebenso wenig greift die Haftungsprivilegierung ein, wenn der Schaden **vorsätzlich** herbeigeführt worden ist. 9

3. **Umfang des Anspruchsübergangs.** Nach Abs. 1 geht zum einen der Anspruch des ArbN auf Ersatz des Verdienstausfallschadens auf den ArbGeb über, soweit der ArbGeb dem ArbN nach diesem Gesetz Arbeitsentgelt fortgezahlt hat. Dabei belässt es das Gesetz jedoch nicht, sondern der ArbGeb kann vom Schädiger auch die darauf entfallenden vom ArbGeb zu tragenden Beiträge zur gesetzl. SozV, zur PflegeV und zu einer zusätzlichen Alters- und Hinterbliebenenversorgung verlangen. 10

a) **Gesetzlich fortgezahltes Arbeitsentgelt.** Der Begriff des Arbeitsentgeltes iSd. Abs. 1 stimmt mit demselben Begriff in § 4 Ia überein[5]. Zum Verdienstausfall iSd. § 6 zählen auch Einmalzahlungen oder sonstige Leistungen mit Entgeltcharakter, wie zB Prämien[6], Weihnachtsgeld[7] oder laufend gewährte Gewinnbeteiligungen[8], ebenso die Kürzungsbeträge von Sonderzahlungen (vgl. § 4a). Sind für den ArbN nachweislich **unregelmäßig anfallende Überstunden** ausgefallen, so hat der Schädiger dem ArbN auch den hierdurch verursachten Verdienstausfall zu ersetzen; diese Ersatzansprüche gehen nicht auf den ArbGeb über, weil dieser hierfür von Gesetzes wegen keine Entgeltfortzahlung im Krankheitsfall zu leisten hat (§ 4 Ia 1). 11

Soweit der ArbGeb dem ArbN **außerhalb der Bestimmungen des EFZG** Entgeltfortzahlung leistet, zB über den gesetzl. Zeitraum hinaus oder in Form eines Zuschusses zum Krankengeld, gehen Ansprüche des ArbN hierauf nicht von Gesetzes wegen nach Abs. 1 auf den ArbGeb über. Allerdings kann in der Rechtsgrundlage für eine solche Zahlung des ArbGeb, zB im Arbeitsvertrag, im TV oder in einer BV, vereinbart sein, so dass auch insoweit Ansprüche des ArbN gegen den dritten Schädiger auf den ArbGeb zu übertragen sind. Es handelt sich dann aber nicht um einen gesetzl. Forderungsübergang, sondern um eine Verpflichtung zur schuldrechtl. Anspruchsübertragung. Zum Übergang der Forderung auf den ArbGeb bedarf es eines Abtretungsvertrages mit dem ArbN. 12

b) **Beiträge zur gesetzlichen Pflichtversicherung.** Ein Forderungsübergang findet auch statt, soweit der ArbGeb auf das fortzuzahlende Arbeitsentgelt entfallende, an sich von ihm zu tragende Beiträge zur gesetzl. Pflichtversicherung geleistet hat, nämlich den Beitrag zur BA (ArblV), die ArbGebAnteile an Beiträgen zur SozV (RV, KV) und zur PflegeV. Die Beiträge des ArbGeb zur gesetzl. Unfallversicherung kann der ArbGeb jedoch vom Schädiger nicht erstattet erhalten, denn diese Beiträge hat er ohnehin stets selbst und allein zu tragen. 13

c) **Arbeitgeberanteile an Beiträgen zur Einrichtung der zusätzlichen Alters- und Hinterbliebenenversorgung.** Schließlich erfasst der Anspruchsübergang auch abgeführte ArbGebAnteile an Beiträgen zur Einrichtung der zusätzlichen Alters- und Hinterbliebenenversorgung, zB zur Zusatzversorgungskasse des Bundes und der Länder, zur Höherversicherung in der gesetzl. RV, zur betriebl. Alters-, Invaliditäts- oder Hinterbliebenenversicherungen oder -versorgungen. Die Rechtsgrundlage für diese Leistungen oder Beiträge ist unerheblich. Auch Aufwendungen des ArbGeb für seine Beiträge zur Lohnausgleichs- 14

---

[1] BGH 15.1.1980 – VI ZR 181/78, NJW 1980, 1468. || [2] BGH 11.12.1987 – VI ZR 50/87, NJW 1988, 1091. || [3] Vgl. dazu BVerfG 17.11.1992 – 1 BvL 8/87, NJW 1993, 643; BVerwG 17.5.1995 – 5 C 16/93, NJW 1995, 2802. || [4] Vgl. ausf. *Rolfs*, NJW 1966, 3177. || [5] BGH 11.11.1975 – VI ZR 128/74, NJW 1976, 326; BAG 23.6.1994 – 8 AZR 292/93, EEK I/1448. || [6] BAG 6.12.1995 – 5 AZR 237/94, BAGE 81, 357. || [7] BGH 18.5.1965 – VI ZR 262/63, AP Nr. 8 zu § 1542 RVO. || [8] *Benner*, DB 1999, 482.

und Urlaubskasse im Baugewerbe, nicht aber die Umlage für produktive Winterbauförderung haben den Forderungsübergang nach § 6 zur Folge[1].

15 **4. Zeitpunkt des Anspruchsübergangs.** Der Anspruchsübergang nach Abs. 1 findet in dem Zeitpunkt statt, in welchem der ArbGeb die Entgeltfortzahlung geleistet hat. Angesichts der verschiedenen Fälligkeiten der Entgeltfortzahlungen kommen dabei durchaus unterschiedliche Zeitpunkte – je nach erbrachter Leistung des ArbGeb – in Betracht. Dies hat zur Folge, dass über einen längeren Zeitraum immer wieder Teile des Schadensersatzanspruchs auf den ArbGeb übergehen können, nämlich jeweils nach Erfüllung des Entgeltfortzahlungsanspruchs. Im Verhältnis zum gesetzl. Anspruchsübergang nach § 116 SGB X und § 76 BBG befindet sich der ArbGeb insoweit in einem zeitlichen Nachrang, denn nach diesen Bestimmungen gehen die Ansprüche gegen den Schädiger bereits mit dem schädigenden Ereignis auf den SozV-Träger bzw. den Dienstherrn über. Dieser Zeitrang kann von Bedeutung sein, wenn der Schädiger nicht hinreichend zahlungsfähig ist. Andererseits kann auch der entgeltfortzahlungsberechtigte geschädigte ArbN deshalb, weil seine Forderungen erst mit der Leistung der Entgeltfortzahlung auf den ArbGeb übergehen, für die Zukunft auf Ersatzansprüche gegen den Schädiger verzichten; verzichtet er derart, muss uU ggf. in Kauf nehmen, dass der ArbGeb keine oder nur geringere Leistungen der Entgeltfortzahlung im Krankheitsfall zu erbringen hat (s. § 7).

16 **III. Auskunftspflicht des Arbeitnehmers (Abs. 2).** Nach Abs. 2 ist der ArbN verpflichtet, dem ArbGeb unverzüglich die zur Geltendmachung des Schadensersatzanspruchs erforderlichen Angaben zu machen. Diese Auskunftspflicht besteht bereits dann, wenn eine Schadensersatzverpflichtung des Dritten als möglich in Betracht kommt, denn der ArbGeb soll durch die Angaben des ArbN auch in die Lage versetzt werden, zu prüfen, ob ein Schadensersatzanspruch gegen einen Dritten besteht und ob dessen Verfolgung sinnvoll ist, mithin im Zeitpunkt des schadenstiftenden Ereignisses und nicht erst im Moment des Forderungsübergangs. Inhaltlich entspricht die Auskunftspflicht derjenigen des Zedenten ggü. dem Zessionar nach § 402 BGB. Anzugeben hat der ArbN insb. das Schadensereignis, die Schadensursache, Namen, Anschrift und sonstige Identifikationsmerkmale des Schädigers und etwaiger Geschehenszeugen, Ermittlungsergebnisse und etwaige Beweisurkunden. Allerdings beschränkt sich die Auskunftspflicht des ArbN auf die erforderlichen Angaben, die er aus eigenem Wissen machen kann. Je nach den Umständen des Einzelfalles sind ihm jedoch auch Maßnahmen der Beweissicherung und besondere Erkundigungen zuzumuten. Die Angaben sind unverzüglich zu erteilen, dh. ohne schuldhaftes Zögern (§ 121 II BGB). Erfährt der ArbN erst nach und nach einzelne Umstände, die auf eine Haftung des Dritten schließen lassen, so hat er eben diese Umstände jeweils unverzüglich dem ArbGeb mitzuteilen. Der ArbN handelt keineswegs unverzüglich, wenn er zunächst lange abwartet, bis er die nach seiner Ansicht „letzte" Information hat, um dann den ArbGeb zu unterrichten. Kommt der ArbN seiner Verpflichtung aus Abs. 2 nicht nach, so steht dem ArbGeb insoweit ein **vorläufiges Leistungsverweigerungsrecht** für die Entgeltfortzahlung zu (§ 7 I Nr. 1).

17 **IV. Nachteilsverbot.** Nach Abs. 3 darf der Forderungsübergang nach Abs. 1 nicht zum Nachteil des ArbN geltend gemacht werden. Diese Bestimmung hat vor allem Bedeutung, wenn der Schädiger nicht verpflichtet oder nicht in der Lage ist, den Schaden insg. zu ersetzen. Eine Begrenzung der Haftung des Schädigers kann sich einerseits durch eine Summenbegrenzung, zB bei der Gefährdungshaftung nach § 12 StVG, ergeben. Sie kann aber auch darin liegen, dass den Geschädigten ein zur Schadensteilung führendes Mitverschulden trifft. Ist der Schädiger nicht in der Lage, den gesamten Schaden zu tragen, stellt sich die Frage nach **Rangfolgen des Zugriffs auf den Schädiger.** Solche Rangfolgenfragen treten vor allem dann auf, wenn der Schädiger selbst neben dem auf den ArbGeb übergehenden Anspruch auf Ersatz des Verdienstausfalles weitere Schadensersatzforderungen geltend zu machen hat, etwa erhebliche Sachschäden, Schmerzensgeld uÄ. Reicht in solchen Fällen die vom Schädiger aufbringbare Ersatzsumme nicht aus, um alle Schäden abzudecken, darf der ArbGeb sich aus dem gesetzl. übergegangenen Teil der Schadensersatzforderung nicht zum Nachteil des geschädigten ArbN selbst befriedigen.

18 **V. Konkurrierende Forderungsübergänge.** Neben dem Anspruch des ArbN auf Ersatz des Verdienstausfalls, der im Fall der Entgeltfortzahlung nach Abs. 1 auf den ArbGeb übergegangen ist, und den Ansprüchen des ArbN auf Schadensersatz unter anderen Gesichtspunkten, zB Ersatz des Sachschadens oder auf Schmerzensgeld, können auch **Trägern der SozV** Ansprüche gegen den Dritten wegen der von ihnen an den ArbN gewährten Leistungen zustehen (§ 116 SGB X). Dies betrifft insb. die Krankenkasse. Eine **Gläubigerkonkurrenz** scheidet insofern regelmäßig aus, weil sich die verschiedenen Schadensersatzforderungen sowohl zeitlich als auch sachlich nicht decken, sondern auf unterschiedliche Gegenstände und Leistungen gerichtet sind. IdR genießt insoweit der Forderungsübergang auf die KV zeitlichen Vorrang, denn dieser Forderungsübergang vollzieht sich bereits zur Zeit des schädigenden Ereignisses, während der Anspruch auf Verdienstausfall erst dann auf den ArbGeb übergeht, wenn dieser – im Zeitpunkt der jeweiligen Fälligkeit – Entgeltfortzahlung im Krankheitsfall und die hierauf entfallenden Beiträge bzw. ArbGebAnteile an Beiträgen iSd. Abs. 1 geleistet hat. Insb. im Fall einer Schadenssummenbegrenzung zwischen Schädiger und ArbN nach § 12 StVG kann der ArbGeb leer

---

[1] BGH 28.1.1986 – VI ZR 30/85, DB 1988, 1015.

ausgehen, wenn und weil zur Zeit der Entgeltfortzahlung kein Anspruch mehr übergehen kann und dem ArbN insoweit der erste Zugriff auf die begrenzte Schadensersatzsumme zusteht[1].

Keine solche Konkurrenzsituation entsteht, wenn der **ArbGeb sich weigert**, dem geschädigten ArbN in einem solchen Fall Entgeltfortzahlung im Krankheitsfall zu leisten. In solchen Fällen erhält der ArbN Krankengeld von der Krankenkasse, wenn er deren Mitglied ist. Insoweit gehen die Ansprüche des ArbN gegen den ArbGeb auf Entgeltfortzahlung im Krankheitsfall nach § 115 SGB X auf die Krankenkasse über. Sie kann diese dann ihrerseits ggü. dem ArbGeb verfolgen, auf den dann – aber erst im Zeitpunkt der Befriedung – etwaige Ansprüche des geschädigten ArbN gegen den Schädiger nach Abs. 1 übergehen. In einem solchen Fall ist anzunehmen, dass sich die Krankenkasse an den halten wird, von dem sie am ehesten die Befriedung ihrer Forderung erwartet. Dies kann der ArbGeb, aber auch der zum Schadensersatz verpflichtete Dritte bzw. die hinter diesem stehende Haftpflichtversicherung sein. 19

7 *Leistungsverweigerungsrecht des Arbeitgebers*

(1) Der Arbeitgeber ist berechtigt, die Fortzahlung des Arbeitsentgelts zu verweigern,

1. **solange der Arbeitnehmer die von ihm nach § 5 Abs. 1 vorzulegende ärztliche Bescheinigung nicht vorlegt oder den ihm nach § 5 Abs. 2 obliegenden Verpflichtungen nicht nachkommt;**
2. **wenn der Arbeitnehmer den Übergang eines Schadensersatzanspruchs gegen einen Dritten auf den Arbeitgeber (§ 6) verhindert.**

(2) Absatz 1 gilt nicht, wenn der Arbeitnehmer die Verletzung dieser ihm obliegenden Verpflichtungen nicht zu vertreten hat.

I. Normzweck und -entstehung. § 7 dient der Sicherung des ArbGeb vor ungerechtfertigten Aufwendungen bei der Entgeltfortzahlung im Krankheitsfall. Abs. 1 Nr. 1 soll sicherstellen, dass der ArbGeb von seinem ArbN einen hinreichenden Nachweis des Vorliegens krankheitsbedingter Arbeitsunfähigkeit erhält und – bei Auslandserkrankungen – auch die nötige Unterrichtung, um ggf. eine Kontrolluntersuchung durchführen zu können. Abs. 1 Nr. 2 sichert die Durchsetzbarkeit des nach § 6 auf den ArbGeb übergegangenen Schadensersatzanspruchs wegen Verdienstausfalls gegen den schädigenden Dritten. Auf den Fall der Transplantatentnahme (§ 3a) dürfte die Bestimmung insoweit entsprechend anzuwenden sein, als der ArbGeb die Entgeltfortzahlung verweigern darf, bis der ArbN ihm die nötigen Nachweise nach § 3a II vorgelegt hat. 1

II. Konkurrenzen. Neben § 7 kann auch ein **Zurückbehaltungsrecht** des ArbGeb **nach § 273 BGB** in Betracht kommen, zB wenn der ArbGeb einen Schadensersatzanspruch gegen den ArbN geltend machen kann. Die bloße Nichtvorlage der ärztlichen Arbeitsunfähigkeitsbescheinigung bzw. des SozV-Nachweises für sich alleine löst indessen kein Zurückbehaltungsrecht des ArbGeb nach § 273 BGB aus, weil es sich insoweit nur um Nebenpflichten bzw. Obliegenheiten des ArbN handelt. Über § 7 hinaus kann die **Verletzung der Mitteilungspflicht** auch im Inland für den ArbN negative Rechtsfolgen nach sich ziehen (vgl. § 5 Rz. 16). 2

III. Leistungsverweigerungsrechte. § 7 gewährt dem ArbGeb **zwei grundlegend unterschiedliche Leistungsverweigerungsrechte**. Nach Abs. 1 Nr. 1 steht dem ArbGeb nur ein vorläufiges Leistungsverweigerungsrecht zu, nach Abs. 1 Nr. 2 dagegen ein endgültiges. Beide Leistungsverweigerungsrechte setzen indessen voraus, dass der ArbN die Verletzung der ihm obliegenden Verpflichtungen zu vertreten hat (Abs. 2). 3

1. Vorläufiges Leistungsverweigerungsrecht. Das Recht, die Leistung vorläufig verweigern zu dürfen, steht dem ArbGeb zur Seite, soweit und solange der ArbN nach Beginn der krankheitsbedingten Arbeitsunfähigkeit im Inland seine Nachweispflicht und bei einer Erkrankung im Ausland seine Mitteilungs- und/oder Nachweispflichten schuldhaft verletzt. Greifen Ausschlussfristen oder Verjährungsvorschriften ein, so kann es zu einem endgültigen Leistungsverweigerungsrecht erstarken. 4

a) Verletzung der Nachweispflicht bei Erkrankung im Inland. § 5 I Nr. 1 knüpft nur an die Nachweispflicht für die Erkrankung im Inland an, nicht aber an die Mitteilungspflicht. Die Verletzung nur der **Mitteilungspflicht** führt nicht, auch nicht nur zu einem vorübergehenden Leistungsverweigerungsrecht. Es besteht aber für den ArbGeb ein vorübergehendes Leistungsverweigerungsrecht, solange der ArbN die in § 5 I 2 vorgesehene ärztliche Bescheinigung nicht vorlegt. Im Regelfall, also ohne Verlangen des ArbGeb nach einer früheren Vorlage der ärztlichen Bescheinigung, kann der ArbGeb demnach vom vierten Tag des Beginns der Erkrankung an die Entgeltfortzahlung so lange vorläufig verweigern, bis ihm die ärztliche Bescheinigung vorgelegt wird[2]. Hat der ArbGeb dagegen verlangt, die ärztliche Arbeitsunfähigkeitsbescheinigung früher vorzulegen, so steht ihm das Leistungsverweigerungsrecht entsprechend früher zu. Ist die ärztliche **Arbeitsunfähigkeitsbescheinigung unvollständig**, so steht dem ArbGeb solange das Leistungsverweigerungsrecht zu, bis ihm eine vollständige und ordnungsgemäße 5

---

1 BGH 3.4.1984 – VI ZR 253/82, NJW 1984, 2628. || 2 Vgl. zum alten Recht: BAG 27.8.1971 – 1 AZR 107/71, BAGE 23, 411.

ärztliche Bescheinigung vorgelegt wird. Dies gilt auch für den in § 5 I 5 vorgesehenen Vermerk des Arztes über die Benachrichtigung der gesetzl. Krankenkasse des ArbN. Allerdings setzt ein auf die Nichtvorlage oder Unvollständigkeit der ärztlichen Arbeitsunfähigkeitsbescheinigung gestütztes Leistungsverweigerungsrecht voraus, dass der ArbN die Unvollständigkeit der ärztlichen Arbeitsunfähigkeitsbescheinigung zu vertreten hat. Abs. 1 Nr. 1 greift auch ein, wenn der ArbN es versäumt hat, die **Fortdauer der Arbeitsunfähigkeit** durch eine neue ärztliche Bescheinigung nachzuweisen[1].

6   Das auf Abs. 1 Nr. 1 beruhende vorläufige Leistungsverweigerungsrecht erlischt, wenn der ArbN dem ArbGeb die krankheitsbedingte Arbeitsunfähigkeit **anders nachweist**[2]. Dagegen ist es für die Ausübung der Rechte nach Abs. 1 iVm. § 5 I ohne Bedeutung, ob und wie der ArbGeb auf andere Weise von der Arbeitsunfähigkeit Kenntnis bekommen hat. Steht jedoch – (auch) für den ArbGeb – fest, dass der ArbN infolge Krankheit arbeitsunfähig war, so hat dieser auch dann Anspruch auf Entgeltfortzahlung, wenn er kein ärztliches Attest vorlegt[3], denn das Leistungsverweigerungsrecht nach Abs. 1 Nr. 1 ist dem ArbGeb nur deshalb und auch nur insoweit und so lange gegeben, als eben die Tatsache der krankheitsbedingten Arbeitsunfähigkeit für den ArbGeb nicht feststeht. Der bloße Formalverstoß – Nichtvorlage einer entsprechenden ärztlichen Bescheinigung – genügt in solchem Fall nicht mehr, um ein vorläufiges Leistungsverweigerungsrecht zu begründen.

7   Hinsichtlich der Entgeltfortzahlung wegen Teilnahme an einer **Maßnahme der medizinischen Vorsorge und Rehabilitation** steht dem ArbGeb nach § 9 I 1 ebenfalls ein vorläufiges Leistungsverweigerungsrecht zu, solange der ArbN die Krankenkassenbescheinigung über die Bewilligung der Maßnahme oder ein entsprechendes ärztliches Attest über die Erforderlichkeit der Maßnahme nicht gem. § 9 II vorgelegt hat[4].

8   b) **Verletzung der Mitteilungs- und Nachweispflichten bei Erkrankung im Ausland.** Bei einer Erkrankung im Ausland steht dem ArbGeb ein vorläufiges Leistungsverweigerungsrecht nicht nur zu, solange ihm der Nachweis nicht vorgelegt worden ist, sondern auch solange, als der ArbN seinen Mitteilungspflichten nicht oder nicht hinreichend nachgekommen ist (Abs. 1 Nr. 2 iVm. § 5 II). Die Verletzung der Mitteilungspflicht über den Beginn und ggf. über die Fortdauer der Erkrankung kann insb. darin liegen, dass der ArbN es unterlässt, dem ArbGeb seine Anschrift am ausländischen Aufenthaltsort mitzuteilen, so dass der ArbGeb nicht in der Lage ist, eine entsprechende Kontrolluntersuchung durch einen Arzt seiner Wahl zu organisieren. Darüber hinaus hat angesichts des klaren Wortlauts des Gesetzes auch die Verletzung der Pflicht zur Mitteilung der Rückkehr ins Inland ein Leistungsverweigerungsrecht zur Folge. Allerdings gilt – gleichermaßen wie bei der Verletzung der Nachweispflicht bei einer krankheitsbedingten Arbeitsunfähigkeit im Inland –, dass alle diese vorläufigen Leistungsverweigerungsrechte des ArbGeb erlöschen, sobald der ArbN den Umstand, dass er arbeitsunfähig krank ist, anderweitig bewiesen hat oder dieser Umstand anderweitig für den ArbGeb als unstreitig feststeht.

9   Zu den zum Leistungsverweigerungsrecht des ArbGeb führenden Obliegenheitsverletzungen des ArbN zählt auch, wenn er die **Krankenkasse nicht unverzüglich benachrichtigt** hat. Ebenso besteht für den ArbGeb ein Leistungsverweigerungsrecht, wenn der ArbN bei Erkrankung im Ausland die notwendigen Mitteilungen an den ArbGeb unterlässt und/oder er ihm die Fortdauer nicht durch Vorlage einer entsprechenden ärztlichen Folgebescheinigung nachweist.

10 c) **Gegenstand, Dauer und Umfang des Leistungsverweigerungsrechts.** Gegenstand des Leistungsverweigerungsrechts ist nur die Entgeltfortzahlung im Krankheitsfall, nicht aber andere Leistungen, die der ArbGeb dem ArbN schuldet. Die **Dauer** des vorläufigen Leistungsverweigerungsrechts ist auf die Zeit beschränkt, bis der fehlende Nachweis erbracht oder die Tatsache der krankheitsbedingten Arbeitsunfähigkeit bewiesen oder unstreitig ist. Wenn eine dieser Voraussetzungen vorliegt, so erlischt das Leistungsverweigerungsrecht auch für die davor liegende Zeit. Der ArbGeb muss nunmehr die Entgeltfortzahlung im Krankheitsfall leisten, und zwar in dem Umfang und für den Zeitraum, der sich aus §§ 3 und 4 ergibt. Der **Umfang** des Leistungsverweigerungsrechts ist auf den Zeitraum der krankheitsbedingten Arbeitsunfähigkeit beschränkt, für den der Nachweis nicht erbracht ist; insoweit muss Konnexität bestehen. Die **rechtmäßige Ausübung des Leistungsverweigerungsrechts** hat zur Folge, dass der ArbGeb mangels Verschuldens für dessen Dauer nicht in Schuldnerverzug gerät, so dass die Forderung des ArbN für die Zeit bis dahin nicht zu verzinsen ist.

11 Das **vorläufige Leistungsverweigerungsrecht** nach Abs. 1 Nr. 1 kann **faktisch** zu einem **dauernden** Leistungsverweigerungsrecht werden, nämlich dann, wenn der ArbN die zwischen ArbN und ArbGeb strittige Tatsache des Vorliegens krankheitsbedingter Arbeitsunfähigkeit nicht bewiesen hat, oder wenn der ArbN bei der Geltendmachung seines Anspruchs auf Entgeltfortzahlung im Krankheitsfall die tarifl. (oder auch einzelvertragl. vereinbarten) Ausschlussfristen nicht gewahrt hat.

12 **2. Endgültiges Leistungsverweigerungsrecht.** Ein endgültiges Leistungsverweigerungsrecht steht dem ArbGeb zu, wenn der ArbN den Übergang des Schadensersatzanspruchs gegen den Dritten auf

---

1 LAG Saarbrücken 10.3.1971 – 1 Sa 2/71, EEK I/152. || 2 BAG 1.10.1997 – 5 AZR 726/96, BAGE 86, 357; 1.10.1997 – 5 AZR 499/96, AP Nr. 4 zu § 5 EntgeltFG. || 3 BAG 12.6.1996 – 5 AZR 960/94, BAGE 83, 168. || 4 So zur Vorgängerregelung in § 7 LFZG: BAG 5.5.1972 – 5 AZR 447/71, AP Nr. 1 zu § 7 LohnFG.

den ArbGeb (§ 6) verhindert (Abs. 1 Nr. 2). Die Verhinderung kann auf Rechtsgründen beruhen; das Leistungsverweigerungsrecht des Abs. 1 Nr. 2 steht dem ArbGeb aber auch dann zu, wenn der ArbN durch sein Verhalten den Übergang der Forderung bzw. deren Durchsetzung durch sein tatsächliches Verhalten verhindert.

a) **Rechtliche Verhinderung.** Solange der ArbGeb noch keine Entgeltfortzahlung geleistet hat, kann der ArbN den Forderungsübergang rechtl. verhindern, zB indem er auf seine Schadensersatzforderung verzichtet oder diese an einen anderen abtritt. In der Praxis häufig ist der Fall der Verhinderung iSd. Abs. 1 Nr. 2 durch den mit der Haftpflichtversicherung des schädigenden Dritten vor Beendigung der Entgeltfortzahlung abgeschlossenen **Abfindungsvergleich**[1]. 13

Einstweilen frei. 14

Die **zwischenzeitliche Verfügung** des geschädigten ArbN über seinen Schadensersatzanspruch wegen Verdienstausfalls ist solange rechtl. möglich, als ihm noch keine Entgeltfortzahlung vom ArbGeb geleistet worden ist. Der ArbN darf über die Schadensersatzforderung verfügen und somit einen Anspruchsübergang auf den ArbGeb verhindern; er muss dann aber in Kauf nehmen, keine Entgeltfortzahlung vom ArbGeb (mehr) zu erhalten, weil dieser von seinem endgültigen Leistungsverweigerungsrecht nach Abs. 1 Nr. 2 Gebrauch macht. Wegen dieser nicht nur theoretischen Möglichkeit der Verfügung über die Schadensersatzforderung kann es angebracht sein, den ArbN vor jeder (größeren) Leistung von Entgeltfortzahlung zu befragen, ob er noch Inhaber des Schadensersatzanspruchs gegen den Schädiger ist. Der ArbGeb kann sich hinsichtlich der **künftig fällig werdenden Zahlungen** an den ArbN dessen Ansprüche gegen den Schädiger zusätzlich durch einen Abtretungsvertrag sichern. 15

Hat der ArbGeb in Unkenntnis seines endgültigen Leistungsverweigerungsrechts (Abs. 1 Nr. 2) Entgeltfortzahlung an den ArbN geleistet, so kann er das Geleistete vom ArbN unter dem Gesichtspunkt der **ungerechtfertigten Bereicherung** (§ 812 BGB) zurückverlangen[2]. 16

Hat der ArbN (wirksam) über seine Schadensersatzforderung gegen den Dritten verfügt, zB durch **Abfindungsvergleich** oder eine sonstige Abtretung, so bleibt ihm gleichwohl sein **Krankengeldanspruch** gegen die Krankenkasse (§ 44 I SGB V) erhalten[3]. 17

Nach dem Wortlaut von Abs. 1 Nr. 2 ist der ArbGeb auch berechtigt, auf Grund seines Leistungsverweigerungsrechts die Entgeltfortzahlung in vollem Umfang zu verweigern, auch wenn der vorübergehende Anspruch nur einen Teil des fortzuzahlenden Arbeitsentgeltes abdeckt. Dies betrifft insb. die Fälle des **Mitverschuldens des ArbN** an dem schädigenden Ereignis; solches Mitverschulden führt in aller Regel zu einer Reduzierung seines Schadensersatzanspruchs. Dann stellt sich die Frage, ob der ArbGeb die gesamte Entgeltfortzahlung unter Berufung auf Abs. 1 Nr. 2 verweigern darf, auch wenn er aus übergegangenem Recht zumindest eine Schadensquote geltend machen könnte. Die Auffassungen hierzu sind geteilt. Für die Annahme eines umfassenden endgültigen Leistungsverweigerungsrechts spricht, dass der ArbGeb grds. ohne Rücksicht auf die Höhe des etwaigen Schadensersatzes zur vollen Entgeltfortzahlung verpflichtet ist; dann muss ihm umgekehrt aber auch ein entsprechend volles Leistungsverweigerungsrecht zugebilligt werden, wenn der ArbN infolge Mitverschuldens nur einen Teilanspruch gegen den Schädiger auf Entgeltfortzahlung hat[4]. Nach anderer Ansicht wird dem ArbGeb nur ein der Höhe nach begrenztes Leistungsverweigerungsrecht eingeräumt[5]. Mit Rücksicht auf den Wortlaut des § 7 und auf die Tatsache, dass dem ArbN auf jeden Fall ein Krankengeldanspruch gegen die Krankenkasse zusteht, wenn er deren Mitglied ist, ist der zuerst genannten Auffassung der Vorzug zu geben. 18

b) **Tatsächliche Verhinderung.** In den Vorgängerbestimmungen des § 7, nämlich in § 5 I Nr. 2 Alt. 3 LFZG (§ 115o S. 1a Alt. 2 AGB-DDR), war ein vorläufiges Leistungsverweigerungsrecht für die Fälle geregelt, dass der ArbN dem ArbGeb nicht unverzüglich die zur Durchsetzung eines Schadensersatzanspruchs erforderlichen Angaben gemacht hat. Eine solche Bestimmung ist in das EFZG, insb. in § 7, nicht übernommen worden. Hieraus wird geschlossen, dass die Verletzung der nunmehr in § 6 II normierten Unterrichtspflicht durch den ArbN kein Leistungsverweigerungsrecht zur Folge hätte[6]. Diese Konsequenz ist indessen nicht zwingend. Der Anspruchsübergang nach § 6 I kann nicht nur durch ein entsprechendes Rechtsgeschäft rechtl. verhindert werden, sondern er kann auch dadurch tatsächlich verhindert werden, dass der ArbN den ArbGeb mangels entsprechender Auskunftserteilung überhaupt nicht in die Lage versetzt, einen auf ihn nach § 6 I übergegangenen oder übergehenden Schadensersatzanspruch geltend zu machen[7]. Allerdings steht dem ArbGeb insoweit nur ein zeitweiliges Leistungsverweigerungsrecht zu, wenn er lediglich vorübergehend durch die Nichterteilung der Auskünfte gehindert war, Schadensersatzforderungen gegen den Schädiger geltend zu machen. Erfolgt die Unterrichtung dagegen so spät, dass der Schädiger nicht mehr in Anspruch genommen werden kann, zB wegen Verjährung, oder dass der Anspruch nicht mehr bewiesen werden kann, so erstarkt das vorläufige zum endgültigen Leistungsverweigerungsrecht. 19

---

1 BAG 7.12.1988 – 5 AZR 757/87, BAGE 60, 259. || 2 BAG 7.12.1988 – 5 AZR 757/87, BAGE 60, 259. || 3 BSG 13.5.1992 – 1/3 RK 10/90, NZA 1993, 142. || 4 ErfK/*Dörner/Reinhard*, § 7 EFZG Rz. 13. || 5 *Kunz/Wedde*, § 7 Rz. 28; *Schmitt*, § 7 Rz. 48 ff. || 6 *Kunz/Wedde*, § 7 Rz. 27. || 7 *Boecken*, NZA 1999, 673.

20 **IV. Verschulden des Arbeitnehmers.** Nach Abs. 2 gilt Abs. 1 nicht, wenn der ArbN die Verletzung dieser ihm obliegenden Verpflichtungen nicht zu vertreten hat. Dies betrifft sowohl das vorläufige als auch das endgültige Leistungsverweigerungsrecht. Der **Verschuldensmaßstab** ist der des allg. bürgerlichen Rechts[1]. Der ArbN verhindert zB fahrlässig den Übergang des ihm gegen den Dritten zustehenden Schadensersatzanspruchs auf den ArbGeb, wenn er bei Abschluss des Abfindungsvergleichs noch hätte damit rechnen müssen, dass aus dem Schadensfall noch nicht erledigte Schadensfolgen resultieren oder weiterhin Arbeitsunfähigkeit andauern würde, die einen Anspruch auf Entgeltfortzahlung entstehen lässt[2]. Nach der Formulierung des Abs. 2 hat der ArbN **darzulegen und ggf. zu beweisen**, dass ihn an der zur Leistungsverweigerung des ArbGeb führenden Pflichtverletzung kein Verschulden trifft.

8 Beendigung des Arbeitsverhältnisses

(1) Der Anspruch auf Fortzahlung des Arbeitsentgelts wird nicht dadurch berührt, dass der Arbeitgeber das Arbeitsverhältnis aus Anlass der Arbeitsunfähigkeit kündigt. Das Gleiche gilt, wenn der Arbeitnehmer das Arbeitsverhältnis aus einem vom Arbeitgeber zu vertretenden Grunde kündigt, der den Arbeitnehmer zur Kündigung aus wichtigem Grund ohne Einhaltung einer Kündigungsfrist berechtigt.

(2) Endet das Arbeitsverhältnis vor Ablauf der in § 3 Abs. 1 oder in § 3a Absatz 1 bezeichneten Zeit nach dem Beginn der Arbeitsunfähigkeit, ohne dass es einer Kündigung bedarf, oder infolge einer Kündigung aus anderen als den in Absatz 1 bezeichneten Gründen, so endet der Anspruch mit dem Ende des Arbeitsverhältnisses.

I. Normzweck und -entstehung	1		III. Ende der Entgeltfortzahlung wegen Beendigung des ArbVerh	30
II. Entgeltfortzahlung trotz Beendigung des ArbVerh	5		1. Beendigung des ArbVerh ohne Kündigung	31
1. Kündigung aus Anlass der Arbeitsunfähigkeit	6		2. Kündigung aus anderem Anlass	33
2. (Außerordentliche) Kündigung durch den Arbeitnehmer	25			

1 **I. Normzweck und -entstehung.** § 8 regelt, in welchen Fällen dem ArbN **trotz Beendigung des ArbVerh der Entgeltfortzahlungsanspruch erhalten bleibt** (Abs. 1) und in welchen Fällen der Beendigung des ArbVerh dies nicht der Fall ist (Abs. 2). Die Bestimmung dient der Entlastung der Krankenkassen: Entgegen der Grundregel, wonach der Anspruch auf Arbeitsentgelt und damit der auf Entgeltfortzahlung im Krankheitsfall auf die Dauer des aktiven ArbVerh beschränkt ist (vgl. § 3), bestimmt Abs. 1 S. 1 eine Ausnahme hiervon, wenn das ArbVerh durch Kündigung des ArbGeb aus Anlass der Arbeitsunfähigkeit beendet worden ist. Eine zweite Ausnahme regelt Abs. 1 S. 2 im Fall der außerordentl. Eigenkündigung des ArbN. In beiden Fällen entfällt der Entgeltfortzahlungsanspruch nicht infolge der Beendigung des ArbVerh.

2 Die Regelungen in § 8 **entsprechen inhaltlich früheren gesetzl. Regelungen**, vor allem in § 6 LFZG[3] und in § 616 II 4 und 5 BGB, § 63 I 3 und 4 HGB, § 133c S. 2 und 3 GewO und § 48 I 2 SeemG[4] sowie § 115e AGB-DDR[5]. Insoweit kann auf die frühere Rspr. zu diesen Normen zurückgegriffen werden.

3 Infolge der Beendigung von ArbVerh aus Anlass der krankheitsbedingten Arbeitsunfähigkeit des ArbN kommt es häufig zu Rechtsstreitigkeiten, bei denen die Krankenkasse Entgeltfortzahlungsansprüche des ArbN gegen den ArbGeb aus übergegangenem Recht (§ 115 SGB X) verfolgt. Nach § 49 I Nr. 1 Hs. 1 SGB V ruht der Anspruch auf Krankengeld, solange Versicherte beitragspflichtiges Arbeitsentgelt oder Arbeitseinkommen erhalten. Insoweit genügt es, dass der ArbN rein tatsächlich während der krankheitsbedingten Arbeitsunfähigkeit kein Arbeitsentgelt gezahlt erhält, mag er hierauf auch einen Anspruch gegen den ArbGeb haben. Derartige Fälle treten insb. dann auf, wenn für das ArbVerh noch kurze Kündigungsfristen gelten und die krankheitsbedingte Arbeitsunfähigkeit den durch eine Kündigung des ArbGeb bestimmten Beendigungszeitpunkt des ArbVerh überdauert.

4 • **Beispiel:** Der ArbN ist am 2.1. mit einer Probezeit von drei Monaten eingestellt worden. Am 8.1. teilt er dem ArbGeb mit, arbeitsunfähig krank zu sein. Der ArbGeb kündigt ihm daraufhin noch am selben Tag unter Einhaltung der 14-tägigen Kündigungsfrist während der Probezeit (§ 622 III BGB) zum 23.1. Die krankheitsbedingte Arbeitsunfähigkeit dauert bis zum 9.2. Für die Zeit ab 24.1. leistet die Krankenkasse Krankengeld. Sie nimmt den ArbGeb insoweit aus übergegangenem Recht auf Entgeltfortzahlung in Anspruch.

---

[1] *BAG* 7.12.1988 – 5 AZR 757/87, BAGE 60, 259. ‖ [2] *BAG* 7.12.1988 – 5 AZR 757/87, BAGE 60, 259. ‖ [3] Lohnfortzahlungsgesetz (LFZG) v. 27.7.1969, BGBl. I S. 946. ‖ [4] Jeweils eingefügt durch das Erste ArbeitsrechtsbereinigungsG v. 14.8.1969, BGBl. I S. 1106. ‖ [5] Arbeitsgesetzbuch – AGB – der DDR v. 16.6.1977 idF v. 22.6.1990 (GBl. I S. 371) und des Einigungsvertrages v. 31.8.1990 (BGBl. II S. 889).

II. Entgeltfortzahlung trotz Beendigung des ArbVerh. Die Verhinderung an der geschuldeten Arbeitsleistung setzt voraus, dass noch ein ArbVerh besteht, auf Grund dessen der ArbN im Entgeltfortzahlungszeitraum zur Leistung von Arbeit verpflichtet ist[1]. Der Grundgedanke der Beendigung des Anspruchs auf Entgeltfortzahlung mit Beendigung des ArbVerh kommt auch in Abs. 2 zum Ausdruck. Indessen macht Abs. 1 hiervon für zwei Fälle Ausnahmen, indem dort der Entgeltfortzahlungsanspruch über die Beendigung des ArbVerh hinaus andauern kann.

1. Kündigung aus Anlass der Arbeitsunfähigkeit. Der Entgeltfortzahlungsanspruch wird nicht dadurch berührt, dass der ArbGeb aus Anlass der Arbeitsunfähigkeit kündigt und dass auf Grund dieser Kündigung das ArbVerh während der krankheitsbedingten Arbeitsunfähigkeit endet, die der ArbGeb zum Anlass für die Kündigung genommen hat. Für die Zeit der krankheitsbedingten Arbeitsunfähigkeit bis zum Wirksamwerden dieser Kündigung richtet sich der Anspruch des ArbN auf Entgeltfortzahlung allein nach §§ 3 und 4; eines Rückgriffs auf Abs. 1 S. 1 bedarf es nicht. Dies gilt auch für andere Fälle der Beendigung des ArbVerh. Für die Zeit danach bedarf es des Rückgriffs auf Abs. 1 S. 1.

a) Kündigung durch den Arbeitgeber. Der Wortlaut des Abs. 1 S. 1 stellt allein darauf ab, dass der ArbGeb das ArbVerh kündigt. Die krankheitsbedingte Arbeitsunfähigkeit des ArbN hindert den ArbGeb rechtlich nicht, seinerseits – sogar wegen der krankheitsbedingten Arbeitsunfähigkeit! – zu kündigen[2]. Ist die **Kündigung unwirksam**, so führt sie nicht zur Beendigung des ArbVerh mit der Folge, dass es eines Rückgriffs auf Abs. 1 S. 1 wiederum nicht bedarf[3]. Bei der Unwirksamkeit der Kündigung sind absolute Unwirksamkeitsgründe von solchen zu unterscheiden, die der Geltendmachung durch den ArbN bedürfen. Der betroffene ArbN ist unter dem Gesichtspunkt des Abs. 1 S. 1 bzw. unter dem Gesichtspunkt der Rücksichtnahme im SozV-Verhältnis mit der gesetzl. Krankenkasse nicht gehalten, die Unwirksamkeit der Kündigung geltend zu machen. Nimmt der ArbN die Kündigung hin, zB indem er keine Kündigungsschutzklage erhebt, so ist für die Anwendung des Abs. 1 S. 1 grds. von einer Wirksamkeit der Kündigung auszugehen[4]. Auch wenn der ArbN sich gegen die Kündigung selbst nicht oder nicht mehr zur Wehr setzen kann, kann er gleichwohl geltend machen, dass sein Anspruch auf Entgeltfortzahlung durch die Beendigung des ArbVerh infolge der Kündigung durch den ArbGeb unberührt sei, weil der ArbGeb aus Anlass der krankheitsbedingten Arbeitsunfähigkeit gekündigt hat; es darf lediglich die Geltendmachung dieses Entgeltfortzahlungsanspruchs selbst noch nicht verwirkt sein[5].

Macht der ArbN dagegen die Unwirksamkeit der Kündigung geltend und dringt er hiermit durch, so ist insoweit kein Raum für die Anwendung des Abs. 1 S. 1, denn dann steht fest, dass die umstrittene Kündigung, mag sie auch aus Anlass krankheitsbedingter Arbeitsunfähigkeit vom ArbGeb erklärt worden sein, nicht zur Beendigung des ArbVerh geführt hat. In einem solchen Fall richtet sich der Entgeltfortzahlungsanspruch allein nach § 3 EFZG iVm. § 611 BGB. Bleibt die Geltendmachung der Unwirksamkeit der Kündigung dagegen erfolglos, so hindert dies allein den ArbN nicht, seinerseits geltend zu machen, dass der ArbGeb die Kündigung aus Anlass der Arbeitsunfähigkeit ausgesprochen hat.

Aus Anlass krankheitsbedingter Arbeitsunfähigkeit kann auch eine **Änderungskündigung** ausgesprochen worden sein. Nimmt der ArbN sie – ggf. unter dem Vorbehalt der sozialen Rechtfertigung – hin, so wird das ArbVerh nach Ablauf der Kündigungsfrist zu geänderten Bedingungen fortgesetzt. Sind die Entgeltbedingungen zu Lasten des ArbN verändert worden und geht der Entgeltfortzahlungszeitpunkt über den Zeitpunkt des Wirksamwerdens der Änderungskündigung zeitlich hinaus, so stellt sich die Frage, ob der (restliche) Fortzahlungsanspruch nach Abs. 1 S. 1 in ursprünglicher Höhe fortbesteht[6], oder ob das ArbVerh lediglich zu den geänderten Bedingungen fortbesteht mit der Folge, dass auch der Entgeltfortzahlungsanspruch geändert worden ist[7]. Die Antwort hängt davon ab, ob mit der Änderungskündigung eine Reduzierung der Arbeitszeit des ArbN bezweckt wird – dies stünde wirtschaftlich einer Teilbeendigung des ArbVerh gleich – oder lediglich eine sonstige Veränderung der Arbeitsbedingungen. Im ersteren Fall bleibt der Entgeltfortzahlungsanspruch ungeschmälert bestehen, im letzteren Fall richtet er sich nach den neuen Arbeitsbedingungen.

b) Andere Beendigungstatbestände. Abs. 1 S. 1 regelt nach seinem Wortlaut nur die Unerheblichkeit einer vom ArbGeb aus Anlass der krankheitsbedingten Arbeitsunfähigkeit ausgesprochenen **Kündigung**. In Rspr. und Schrifttum wird weitgehend angenommen, dass unter Abs. 1 S. 1 auch andere Beendigungstatbestände fallen können, vor allem der Aufhebungsvertrag (Auflösungsvertrag) und die Anfechtung des Arbeitsvertrags, wenn die krankheitsbedingte Arbeitsunfähigkeit Anlass hierfür waren. Die Anwendung des Abs. 1 S. 1 auf solche anderen Beendigungstatbestände ist **problematisch**. Letztlich spricht Abs. 2 dagegen, Abs. 1 S. 1 auf andere Beendigungstatbestände als die Kündigung durch den ArbGeb anzuwenden.

aa) Aufhebungsvertrag. Ein Aufhebungsvertrag (Auflösungsvertrag) fällt als sonstiger Tatbestand der Beendigung eines ArbVerh dem Grunde nach nicht unter Abs. 1, sondern unter Abs. 2 mit der Fol-

---

[1] BAG 22.8.2001 – 5 AZR 699/99, BAGE 98, 375 (unter I 3c); *Schmitt*, § 8 Rz. 57. ||[2] *Müller-Glöge*, RdA 2006, 105 (111). ||[3] *Müller-Glöge*, RdA 2006, 105 (111). ||[4] BAG 28.11.1979 – 5 AZR 849/77, AP Nr. 9 zu § 6 LohnFG; 26.4.1978 – 5 AZR 7/77, AP Nr. 6 zu § 6 LohnFG. ||[5] BAG 29.11.1978 – 5 AZR 457/77, AP Nr. 7 zu § 6 LohnFG. ||[6] *Kunz/Wedde*, § 8 Rz. 15. ||[7] *Müller-Glöge*, RdA 2006, 105 (111); aA ErfK/*Dörner/Reinhard*, § 8 EFZG Rz. 3.

ge, dass mit der Wirksamkeit des Auflösungsvertrages und der darin vereinbarten Beendigung des ArbVerh ein Anspruch auf Entgeltfortzahlung im Krankheitsfall entfällt. Denn das ArbVerh wird nicht durch eine Kündigung des ArbGeb, sondern durch übereinstimmende Willenserklärung der Parteien zu dem von ihnen vereinbarte Zeitpunkt beendet[1]. Gleichwohl hat die Rspr. **§ 6 I 1 LFZG** (nunmehr § 8 I EFZG) **analog** angewendet, wenn der ArbGeb die Arbeitsunfähigkeit des ArbN zum Anlass nahm, mit diesem einen Auflösungsvertrag zu vereinbaren. Dabei spielte es in der Rspr. keine Rolle, ob dem Aufhebungsvertrag eine Anlasskündigung iSv. § 6 I LFZG vorausgegangen war[2] oder nicht[3].

12   Zwar ist nicht anzunehmen, dass allein das Inkrafttreten des EFZG Anlass gibt, die bisherige Rspr. zu ändern. Indessen bestehen erhebliche **Bedenken, den Abschluss eines Vertrages mit dem Ausspruch einer Kündigung gleichzusetzen**, mag dem auch eine Anlasskündigung vorangegangen sein. Beim Ausspruch einer Kündigung ist es allein der ArbGeb, der eine rechtl. irrelevante Willensbetätigung vornimmt; seine Motivation, zu kündigen, weil der ArbN krankheitsbedingt arbeitsunfähig ist, wird vom Gesetzgeber nicht respektiert, wie Abs. 1 S. 1 zeigt. Allein dieser Umstand ändert nichts daran, dass es sich bei einem Auflösungsvertrag nicht (mehr) um eine (einseitige) Kündigung handelt, sondern eben um das Einverständnis beider Arbeitsvertragsparteien. Hätte der Gesetzgeber auch den Aufhebungsvertrag wegen der (einseitigen?) Motivation des ArbGeb unter Abs. 1 S. 1 fallen lassen wollen, so hätte es einer entsprechenden Klarstellung im Gesetz bedurft. Der Abschluss eines Aufhebungsvertrages verstößt nicht gegen § 12, weil darin nicht auf Ansprüche auf Entgeltfortzahlung im Krankheitsfall verzichtet wird, sondern weil die Grundlage hierfür, nämlich das Bestehen des ArbVerh, einvernehmlich beseitigt wird. Trotz dieser Bedenken[4] wird der Rspr. des BAG im Schrifttum weitgehend zugestimmt, weil nicht auf die „formelle Seite", sondern auf den materiellen Auflösungsgrund abzustellen sei[5]. Dem kann nicht gefolgt werden; das Gesetz stellt auf die Methode der Beendigung, nämlich auf die Kündigungserklärung des ArbGeb ab.

13   bb) **Anfechtung des Arbeitsvertrages.** Durch die Anfechtung des Arbeitsvertrages wegen Irrtums (§ 119 BGB) oder wegen arglistiger Täuschung bzw. widerrechtl. Drohung (§ 123 BGB) wird der Arbeitsvertrag insoweit rückwirkend beseitigt, als er noch nicht in Vollzug gesetzt worden ist[6]. Leistet der ArbN krankheitsbedingt keine Arbeit, so wirkt insoweit die während dieser krankheitsbedingten Arbeitsunfähigkeit erklärte Anfechtung auf den letzten Tag vor Eintritt der krankheitsbedingten Arbeitsunfähigkeit zurück. Diese Wirkung veranlasst gelegentlich ArbGeb, einen Arbeitsvertrag anzufechten, um auf diese Art und Weise wegen (rückwirkender) Beendigung des ArbVerh keine Entgeltfortzahlung im Krankheitsfall leisten zu müssen. Vor diesem Hintergrund und wegen der kündigungsähnlichen Wirkung einer Anfechtung will ein Teil des Schrifttums Abs. 1 S. 1 auf den Fall entsprechend anwenden, dass der ArbGeb den Arbeitsvertrag aus Anlass der krankheitsbedingten Arbeitsunfähigkeit anficht[7]. Dem kann nicht gefolgt werden. Der Gesetzgeber hat im Wortlaut des Abs. 1 S. 1 ausdrücklich auf eine Kündigung durch den ArbGeb abgestellt; alle anderen Beendigungstatbestände sind dort nicht erwähnt. Hätte der Gesetzgeber den Entgeltfortzahlungsanspruch immer dann unberührt sein lassen wollen, wenn es nur auf den Anlass des ArbGeb für die Beendigung des ArbVerh, nicht aber auf die Beendigungsmethode angekommen wäre, so hätte der Gesetzgeber dies bei der Schaffung von § 8 durchaus zum Ausdruck bringen können; er hat es nicht getan. Von daher kann nicht davon ausgegangen werden, dass § 8 unbewusst lückenhaft und deshalb einer Analogie zugänglich wäre.

14   cc) **Gerichtliche Auflösung des ArbVerh.** Nach näherer Maßgabe von § 9 KSchG kann ein ArbVerh gerichtl. aufgelöst werden. In einem solchen Fall wird das ArbVerh nicht durch die vorangegangene, im Klageverfahren angefochtene Kündigung aufgelöst, ebenso wenig durch einen Auflösungsvertrag, sondern durch eine gerichtl. Entscheidung. Dies erfüllt weder den Tatbestand der Kündigung aus Anlass der Arbeitsunfähigkeit durch den ArbGeb (Abs. 1 S. 1) noch den Tatbestand der Kündigung durch den ArbN wegen eines vom ArbGeb gesetzten wichtigen Grundes (Abs. 1 S. 2). Gleichwohl soll in diesen Fällen Abs. 1 S. 1 analog anzuwenden sein, weil die Beendigung des ArbVerh letztlich auf eine Kündigung des ArbGeb zurückzuführen ist, auch wenn sie formell erst auf Grund des Auflösungsurteils eintritt. Auch dem ist nicht zu folgen. Die vom ArbGeb erklärte Kündigung selbst hat nicht zur Beendigung des ArbVerh geführt. Ihre Unwirksamkeit mangels sozialer Rechtfertigung ist vielmehr nach § 9 KSchG die Voraussetzung dafür, dass das Gericht überhaupt bei richterlicher Entscheidung das ArbVerh auflösen darf. Den Auflösungsgrund muss der ArbN gesetzt haben.

15   c) **Kündigungsmotiv: Arbeitsunfähigkeit.** Die Kündigung muss der ArbGeb aus Anlass der (krankheitsbedingten) Arbeitsunfähigkeit ausgesprochen haben. Der Begriff **aus Anlass** wird weit ausgelegt. Die Arbeitsunfähigkeit muss nicht der erklärte Grund oder gar das alleinige Motiv oder der unmittelbar leitende Beweggrund für die Kündigung gewesen sein; es genügt, wenn die Kündigung ihre objektive Ursache in der Arbeitsunfähigkeit hat; innerhalb der Ursachenkette muss die Arbeitsunfähigkeit aber

---

1 BAG 12.1.2000 – 7 AZR 48/99, BAGE 93, 162. || 2 BAG 20.8.1980 – 5 AZR 1086/78, AP Nr. 13 zu § 6 LohnFG. || 3 BAG 20.8.1980 – 5 AZR 589/79, AP Nr. 15 zu § 6 LohnFG. || 4 Vgl. *Schmitt*, § 8 Rz. 20 f. || 5 KDHK/*Dunkl*, § 8 Rz. 10; *Schmitt*, § 8 Rz. 20 f, 61 ff.; wohl auch HzA/*Vossen*, Gruppe 2 Rz. 411. || 6 BAG 3.12.1998 – 2 AZR 554/97, BAGE 90, 251. || 7 HzA/*Vossen*, Gruppe 2 Rz. 388; *Schmitt*, § 8 Rz. 63; *Helml*, § 8 Rz. 22; KDHK/*Dunkl*, § 8 Rz. 10.

eine die Kündigung maßgeblich mitbestimmende Bedingung darstellen; sie muss den entscheidenden Anstoß für den Kündigungsausspruch gegeben haben[1]. Ist die Krankheit für die Kündigung wesentlich mitbestimmend, so ist der Tatbestand des Abs. 1 S. 1 erfüllt.

Der ArbGeb hat aber nicht nur aus Anlass der Arbeitsunfähigkeit gekündigt, wenn er den Eintritt der krankheitsbedingten Arbeitsunfähigkeit als Anlass für die Kündigung wählt, sondern auch dann, wenn die **Fortdauer der Arbeitsunfähigkeit** ihn veranlasst, nunmehr zu kündigen[2]. Treten zur bestehenden Arbeitsunfähigkeit andere Umstände hinzu und löst erst das Zusammenspiel dieser Umstände den Kündigungsentschluss aus, so kann Abs. 1 S. 1 gleichwohl erfüllt sein, nämlich dann, wenn diese Umstände ihrerseits im Zusammenhang mit der Arbeitsunfähigkeit stehen. Wegen der gebotenen weiten Auslegung des Begriffes „aus Anlass" ist letztlich maßgebend, ob die krankheitsbedingte Arbeitsunfähigkeit des ArbN objektiv einen Geschehensablauf in Gang setzt, der schließlich die Entscheidung des ArbGeb auslöst, diesem ArbN zu kündigen. 16

- **Beispiel 1:** Die Kündigung wird ausgesprochen, um durch Besetzung des verwaisten Arbeitsplatzes des erkrankten ArbN weitere Betriebsstörungen zu vermeiden[3]. 17
- **Beispiel 2:** Dem arbeitsunfähig erkrankten ArbN wird wegen dringender betriebl. Erfordernisse ordentl. gekündigt, obwohl die Kündigung bei Beachtung der Anforderungen an die soziale Auswahl einen anderen ArbN hätte treffen müssen[4].
- **Beispiel 3:** Der ArbGeb nimmt die Krankheit des ArbN zum Anlass einer betriebl. Umorganisation und kündigt – aus diesem Grund – auch das ArbVerh des arbeitsunfähigen ArbN[5].
- **Beispiel 4:** Dem ArbN wird gekündigt, weil infolge der Erkrankung, die bisher nur zur Arbeitsunfähigkeit geführt hat, Berufs- oder Erwerbsunfähigkeit zu befürchten war[6].

Maßgeblich für die Frage, inwieweit **objektive Umstände** dem ArbGeb Anlass für die Kündigung gegeben haben (können) ist der **Zeitpunkt, in dem die Kündigung ausgesprochen wird**. Bei – notwendig (§ 623 BGB) – schriftl. Kündigungen ist dies der Moment, in welchem das Kündigungsschreiben den Machtbereich des ArbGeb verlässt; später eintretende Umstände können den gefassten und im – entäußerten – Kündigungsschreiben hervorgetretenen Entschluss des ArbGeb zur Kündigung nicht mehr bestimmen[7]. Die Anlasskündigung setzt indessen eine im Zeitpunkt des Kündigungsausspruchs objektiv bestehende Arbeitsunfähigkeit des ArbGeb nicht voraus, auch eine unmittelbar und absehbar bevorstehende Arbeitsunfähigkeit, zB auf Grund eines geplanten ärztlichen Eingriffs, kann (objektiv) den Anlass für die Kündigung des ArbVerh durch den ArbGeb bieten[8]. Eine Anlasskündigung liegt jedoch nicht bereits dann vor, wenn sie zwar in einem gewissen zeitlichen Zusammenhang mit der Krankheit steht, sie aber durch die krankheitsbedingte Arbeitsunfähigkeit nicht (allein) oder nicht wesentlich ausgelöst worden ist, sondern durch andere Umstände[9]. Maßgeblich ist insoweit, ob die Kündigung auf Grund dieser anderen Umstände iSd. § 1 KSchG bzw. iSd. § 626 BGB gerechtfertigt ist. Bedarf eine ordentl. Kündigung keiner sozialen Rechtfertigung, so ist zu prüfen, ob der – vom ArbGeb angeführte – Kündigungsgrund für sich allein hinreichend plausibel ist[10]. 18

Einstweilen frei. 19

d) **Subjektiver Beweggrund des Arbeitgebers.** Die Kündigung des ArbGeb aus Anlass der krankheitsbedingten Arbeitsunfähigkeit des ArbN setzt voraus, dass der ArbGeb hiervon auch subjektiv maßgeblich bestimmt worden ist. Eine solche maßgebliche Bestimmung ist anzunehmen, wenn der ArbGeb vom Bestehen der krankheitsbedingten Arbeitsunfähigkeit **Kenntnis** hat[11]. Maßgeblich ist insoweit die Kenntnis derjenigen Person, die die Kündigung ausspricht. Dem steht gleich, wenn der ArbGeb mit einer bevorstehenden Arbeitsunfähigkeit des ArbN auf Grund entsprechender Mitteilungen sicher rechnen muss[12]. Als eine Anlasskündigung wird es auch angesehen, wenn der ArbGeb kündigt, ohne den Zeitpunkt für die Vorlage der Arbeitsunfähigkeitsbescheinigung abzuwarten. Dieser Zeitpunkt richtet sich danach, ob der ArbN die ärztliche Arbeitsunfähigkeitsbescheinigung nur und erst vorzulegen hat, wenn die Arbeitsunfähigkeit länger als drei Kalendertage gedauert hat oder ob der ArbGeb die frühere Vorlage der ärztlichen Arbeitsunfähigkeitsbescheinigung verlangt hat. Die frühere Rspr., wonach der ArbGeb eine Anlasskündigung ausspricht, wenn er die Frist zur Vorlage der Arbeitsunfähigkeitsbescheinigung nicht zuvor abwartet, bevor er sich der Kündigungserklärung entäußert[13], ist insoweit im Hinblick auf die Neuregelung in § 5 I über die Vorlage des ärztlichen Attestes zu modifizieren. 20

Dagegen kann weiterhin von der bisherigen Rspr. zur Anlasskündigung ausgegangen werden, wenn der ArbGeb einem erkrankten ArbN **zum voraussichtlichen Ende der Arbeitsunfähigkeit kündigt**, ohne 21

---

1 BAG in st. Rspr.; statt vieler BAG 5.2.1998 – 2 AZR 270/97, AP Nr. 3 zu § 1 TVG Tarifverträge: Apotheken; 20.8.1980 – 5 AZR 227/79, BAGE 34, 128. ‖ 2 BAG 29.8.1980 – 5 AZR 1051/79, AP Nr. 18 zu § 6 LohnFG. ‖ 3 BAG 26.10.1971 – 1 AZR 40/71, BAGE 24, 1. ‖ 4 BAG 28.11.1979 – 5 AZR 725/77, AP Nr. 8 zu § 6 LohnFG. ‖ 5 BAG 6.10.1961 – 1 AZR 349/60, BAGE 11, 297. ‖ 6 BAG 22.12.1971 – 1 AZR 180/71, BAGE 24, 84. ‖ 7 BAG 20.8.1980 – 5 AZR 227/79, BAGE 34, 128. ‖ 8 BAG 17.2.2002 – 5 AZR 2/00, AP Nr. 1 zu § 8 EntgeltFG. ‖ 9 BAG 26.4.1978 – 5 AZR 7/77, AP Nr. 6 zu § 6 LohnFG. ‖ 10 Vgl. BAG 29.8.1980 – 5 AZR 1051/79, AP Nr. 18 zu § 6 LohnFG. ‖ 11 BAG 26.4.1978 – 5 AZR 5/77, AP Nr. 5 zu § 6 LohnFG. ‖ 12 BAG 17.4.2002 – 5 AZR 2/01, AP Nr. 1 zu § 8 EntgeltFG. ‖ 13 BAG 20.8.1980 – 5 AZR 186/78, AP Nr. 13 zu § 6 LohnFG.

abzuwarten, ob die Arbeitsunfähigkeit über das zunächst angenommene Datum hinaus andauert, und der ArbN über diesen Zeitpunkt hinaus arbeitsunfähig krank bleibt; der Umstand, dass der ArbGeb die Arbeitsunfähigkeit zunächst ohne Kündigung hingenommen hatte, schließt nicht aus, die sodann erklärte Kündigung als eine Anlasskündigung zu bewerten[1]. Dasselbe gilt für den Fall, dass der ArbGeb **nach Ende der zunächst bescheinigten Dauer** der Arbeitsunfähigkeit kündigt, ohne abzuwarten, ob der ArbN ihm die Fortdauer der Arbeitsunfähigkeit anzeigt[2]. Eine Wartefrist von drei Tagen ist insoweit entgegen dem BAG[3] nicht vorauszusetzen. Dies folgt bereits aus der Erforderlichkeit der unverzüglichen Mitteilung über das Fortbestehen der Krankheit (vgl. § 5 Rz. 14f.). Ebenso wenig muss er die Frist des § 5 I 2 abwarten[4]. Diese Frist gilt für die Erstbescheinigung, nicht aber für die Folgebescheinigung.

22   e) **Dauer des Entgeltfortzahlungsanspruchs.** Der nach Abs. 1 S. 1 von der Anlasskündigung unberührt bleibende Anspruch auf Entgeltfortzahlung hat dieselbe Dauer als wenn das ArbVerh nicht gekündigt worden wäre. Solange Entgeltfortzahlung im Krankheitsfall auch beim **Zusammentreffen mehrerer Krankheiten** nach dem Grundsatz der Einheit des Verhinderungsfalles vom ArbGeb geschuldet wird, bleibt dieser Entgeltfortzahlungsanspruch von der Anlasskündigung unberührt; dagegen hat er für einen sich nur **anschließenden neuen Fall krankheitsbedingter Arbeitsunfähigkeit** keine Entgeltfortzahlung zu leisten[5].

23   f) **Darlegungs- und Beweislast.** Steht fest, dass das ArbVerh durch Kündigung des ArbGeb beendet worden ist, sei es weil diese wirksam war oder weil der ArbN diese hingenommen hat, so hat der **ArbN** nicht nur die Voraussetzungen für den Entgeltfortzahlungsanspruch wegen krankheitsbedingter Arbeitsunfähigkeit zu beweisen, sondern auch die Tatsachen darzulegen und zu beweisen, aus denen sich ergibt, dass der ArbGeb die Kündigung aus Anlass der Erkrankung ausgesprochen hat. Der Beweis für die tatsächliche Motivation des ArbGeb wird dem ArbN idR nicht gelingen. Von daher hat es die Rspr. dabei belassen, dass der ArbN Hilfstatsachen darlegt und ggf. beweist, aus denen zu schließen ist, dass der ArbGeb die Kündigung aus Anlass der krankheitsbedingten Arbeitsunfähigkeit des ArbN ausgesprochen hat[6]. Das BAG bezeichnet dies als **Beweis des ersten Anscheins**[7], es sind jedoch (nur) **Indiztatsachen**.

24   Der ArbGeb kann hierauf zunächst dadurch entgegnen, dass er die Indiztatsachen bestreitet. Gelingt es dann dem ArbN nicht, die Existenz dieser Indiztatsachen zu beweisen, so scheidet schon dann die Annahme einer Anlasskündigung aus, es sei denn, dass sich aus anderen Umständen ergibt, dass der ArbGeb die krankheitsbedingte Arbeitsunfähigkeit zum Anlass für die Kündigung genommen hat. Eine solche Möglichkeit besteht insb., wenn die krankheitsbedingte Arbeitsunfähigkeit bei Entäußerung der Kündigungserklärung noch nicht bestanden hat und der ArbN behauptet, der ArbGeb habe aus Anlass einer bevorstehenden Arbeitsunfähigkeit gekündigt. In solchen Fällen reichen bloße Vermutungen oder vage Ankündigungen des ArbN nicht aus, um anzunehmen, dass die Arbeitsunfähigkeit objektiv Ursache der Kündigung ist[8]. Des Weiteren kann der ArbGeb die Indizwirkung der unstreitigen oder nach Beweisaufnahme festgestellten Umstände der zeitlichen Nähe zur bestehenden oder mit Sicherheit zu erwartenden krankheitsbedingten Arbeitsunfähigkeit erschüttern, indem er seinerseits Tatsachen vorträgt und ggf. beweist, aus denen zu schließen ist, dass die Kündigung keine Anlasskündigung darstellt, sondern auf andere Gründe, die mit der krankheitsbedingten Arbeitsunfähigkeit nichts zu tun haben, gestützt ist. Die Beweislast für das Vorliegen der Voraussetzungen des Abs. 1 S. 1 trägt der ArbN, so dass der für die Zeit nach Beendigung des ArbVerh geltend gemachte (Teil des) Entgeltfortzahlungsanspruch(es) abzuweisen ist, wenn der Beweis nicht erbracht worden ist. Allerdings ist zu beachten, dass Entgeltfortzahlungsansprüche für den Fall des Abs. 1 S. 1 sehr häufig von Krankenkassen geltend gemacht werden, auf die infolge der Leistung von Krankengeld (§§ 44ff., § 49 I Nr. 1 SGB V) der nicht erfüllte Anspruch auf Entgeltfortzahlung im Krankheitsfall nach § 115 SGB X übergegangen ist. In solchen Fällen ist der ArbN nicht Partei des Rechtsstreits, sondern kann als **Zeuge** im Prozess auftreten.

25   2. **(Außerordentliche) Kündigung durch den Arbeitnehmer.** Der Anspruch auf Entgeltfortzahlung wird ebenso nicht berührt, wenn der ArbN das ArbVerh außerordentl. (fristlos) kündigt, weil der ArbGeb hierfür einen Grund gesetzt hat, der den ArbN zur Kündigung aus wichtigem Grund ohne Einhaltung einer Kündigungsfrist berechtigt (Abs. 1 S. 2). Sinn dieser Vorschrift ist es, zu vermeiden, dass der ArbN, der einen vom ArbGeb zu vertretenden wichtigen Grund iSv. § 626 BGB zur außerordentl., fristlosen Kündigung hat, nicht durch den dadurch drohenden Verlust des Entgeltfortzahlungsanspruch von einer solchen Kündigung abgehalten wird[9]. Diese Bestimmung entspricht der des § 628 II BGB; hiernach ist der Kündigungsgegner zum Schadensersatz verpflichtet, wenn er die außerordentl. Kündigung durch vertragswidriges Verhalten veranlasst hat.

---

1 BAG 20.8.1980 – 5 AZR 896/79, AP Nr. 16 zu § 6 LohnFG. ||2 BAG 29.8.1980 – 5 AZR 1051/79, AP Nr. 18 zu § 6 LohnFG. ||3 BAG 29.8.1980 – 5 AZR 1051/79, AP Nr. 18 zu § 6 LohnFG. ||4 So aber *Schmitt*, § 8 Rz. 35. ||5 BAG 2.12.1981 – 5 AZR 953/79, BAGE 37, 189. ||6 BAG 2.12.1981 – 5 AZR 953/79, AP Nr. 19 zu § 6 LohnFG; 20.8.1980 – 5 AZR 218/78, AP Nr. 11 zu § 6 LohnFG. ||7 Vgl. BAG 5.2.1998 – 2 AZR 270/97, AP Nr. 3 zu § 1 TVG Tarifverträge: Apotheken. ||8 BAG 17.4.2002 – 5 AZR 2/01, AP Nr. 1 zu § 8 EntgeltFG. ||9 HzA/*Vossen*, Gruppe 2 Rz. 412.

a) **Kündigung aus wichtigem Grund.** Voraussetzung für das Unberührtbleiben des Entgeltfortzahlungsanspruchs ist, dass der ArbN wirksam gekündigt hat und dass diese Kündigung auf vom ArbGeb zu vertretenden Gründen beruht, die den ArbN berechtigten, aus wichtigem Grund ohne Einhaltung einer Kündigungsfrist zu kündigen (§ 626 BG). 26

Abs. 1 S. 2 erfordert eine **wirksame Kündigung** des ArbVerh durch den ArbN. Hat der ArbN keine Kündigung erklärt, sondern ist das ArbVerh aus anderem Grund beendet worden, so ist Abs. 1 S. 2 nicht anwendbar. Dies betrifft insb. die Fälle der **einvernehmlichen Auflösung** des ArbVerh, vor allem unter Nichteinhaltung der vom ArbN einzuhaltenden Kündigungsfrist. 27

Der Entgeltfortzahlungsanspruch bleibt nur unberührt, wenn der ArbN aus einem vom ArbGeb zu vertretenden Grund kündigt, der den ArbN **zur Kündigung aus wichtigem Grund berechtigt**. Der vom ArbGeb zu vertretende Grund muss daher das Gewicht und die Bedeutung eines Grundes haben, der die außerordentl. (fristlose) Kündigung nach § 626 I BGB rechtfertigt. Damit muss dieser wichtige Grund so gewichtig sein, dass dem ArbN die Fortsetzung des ArbVerh auch nur bis zum Fristablauf bei ordentl. Kündigung oder bis zur Befristung des ArbVerh unter Abwägung der beiderseitigen Interessen nicht zugemutet werden kann. Hat der ArbGeb derartige Umstände zu vertreten, so steht es dem ArbN hinsichtlich Abs. 1 S. 2 frei, ob er die Kündigung als außerordentl. (fristlose) Kündigung aussprechen will, dann muss er auch die Kündigungserklärungsfrist des § 626 II BGB einhalten, oder ob er die Kündigung nur unter Einhaltung der Kündigungsfrist als **ordentl. Kündigung erklärt**. Die Möglichkeit zur ordentl. Kündigung eröffnet Abs. 1 S. 2 deswegen, weil es nicht darauf ankommt, dass der ArbN aus wichtigem Grund außerordentl. (fristlos) gekündigt hat, sondern nur, dass er hierzu berechtigt war. Damit kann ein ArbN während seiner krankheitsbedingten Arbeitsunfähigkeit das ArbVerh auch dann (ordentl.) aus wichtigem Grund kündigen, wenn ihm der wichtige Grund länger als zwei Wochen bekannt ist (vgl. § 626 II BGB), ohne seinen Entgeltfortzahlungsanspruch zu verlieren. Indessen bleibt, je länger der ArbN nach Ablauf der zweiwöchigen Frist des § 626 II BGB wartet, immer weniger Raum für die Annahme, es sei dem ArbN unter Abwägung der beiderseitigen Interessen unzumutbar, das ArbVerh bis zum Ablauf der Kündigungsfrist fortzusetzen. 28

b) **Darlegungs- und Beweislast.** Die Darlegungs- und Beweislast dafür, dass der ArbN die Kündigung erklärt hat, sie das ArbVerh aufgelöst hat und dass hierfür ein wichtiger, vom ArbGeb zu vertretender Grund vorlag, liegt beim **ArbN**[1]. 29

III. Ende der Entgeltfortzahlung wegen Beendigung des ArbVerh. Obwohl sich bereits aus § 3 I zwingend ergibt, dass ein Entgeltfortzahlungsanspruch nur solange besteht, wie das ArbVerh andauert, weil der ArbN sonst keine Arbeitsleistung mehr schuldet, an deren Erbringung er durch die krankheitsbedingte Arbeitsunfähigkeit verhindert ist, hat es der Gesetzgeber für nötig befunden, in Abs. 2 nochmals anzuordnen, dass der Anspruch auf Entgeltfortzahlung endet, wenn das ArbVerh vor Ablauf der in Abs. 1 bezeichneten Zeit nach dem Beginn der Arbeitsunfähigkeit endet. Er ordnet dies ausdrücklich an für die Fälle, in denen das ArbVerh endet, ohne dass es einer Kündigung bedarf oder in denen es in Folge einer Kündigung aus anderen als den in Abs. 1 bezeichneten Gründen endet. 30

1. **Beendigung des ArbVerh ohne Kündigung.** Ein ArbVerh endet, ohne dass es einer Kündigung bedarf (Abs. 2 Alt. 1), durch **Zeitablauf**, wenn es entsprechend **befristet** ist, durch **Zweckerreichung**, durch **Eintritt einer Bedingung** und durch den **Tod des ArbN**. Die vereinbarten Beendigungstatbestände (Befristung, Zweckerreichung, Eintritt einer Bedingung) führen nur dann zur Beendigung des ArbVerh, wenn sie ihrerseits **wirksam** sind. Insoweit gelten indessen vergleichbare Überlegungen wie für die Wirksamkeit der Kündigung. Macht der ArbN die Unwirksamkeit der Befristung, Zweckerreichung oder Auflösungsbedingungen für das ArbVerh nicht geltend, so endet es mit Fristablauf bzw. Zweckerreichung oder Bedingungseintritt. Wird dagegen durch gerichtl. Entscheidung die **Unwirksamkeit der Befristung** festgestellt, so hat sie nicht zur Beendigung des ArbVerh geführt; dies hat zur Folge, dass der Entgeltfortzahlungsanspruch des ArbN durch die (unwirksame) Befristung nicht berührt ist[2]. 31

Unerwähnt gelassen hat der Gesetzgeber alle anderen Auflösungstatbestände außerhalb der Kündigung, insb. die **Anfechtung** des ArbVerh, die **Auflösung** des ArbVerh **durch Gerichtsurteil** und die einvernehmliche Beendigung des ArbVerh durch **Aufhebungsvertrag**. Alle diese Tatbestände haben ebenfalls grds. die Beendigung des ArbVerh ohne Kündigung zur Folge, so dass sie den Anforderungen des Abs. 2 Alt. 1 genügen, soweit nicht angenommen wird, dass sie entsprechend Abs. 1 S. 1 zu behandeln sind. 32

2. **Kündigung aus anderem Anlass.** Wird die Kündigung nicht aus Anlass der krankheitsbedingten Arbeitsunfähigkeit ausgesprochen, so fällt sie nicht unter Abs. 1 S. 1, sondern unter Abs. 2 Alt. 2. Demgemäß führt sie zur Beendigung des ArbVerh mit der Folge, dass mit der Beendigung des ArbVerh der Anspruch auf Entgeltfortzahlung erlischt. Auch insoweit kommt es allerdings auf die Wirksamkeit der Kündigung an. Wird in einem Kündigungsschutzprozess der ArbGeb zur **vorläufigen Weiterbeschäftigung** des ArbN verurteilt und wird der ArbN während dieser Zeit arbeitsunfähig krank, so steht ihm für 33

---

1 ErfK/*Dörner/Reinhard*, § 8 EFZG Rz. 11; *Schmitt*, § 8 Rz. 54. ||2 Vgl. BAG 4.12.2002 – 7 AZR 737/01, nv.

die Erkrankung Entgeltfortzahlung nach § 3 zu, auch wenn sich später die Kündigung als wirksam erweist[1].

9 Maßnahmen der medizinischen Vorsorge und Rehabilitation

(1) Die Vorschriften der §§ 3 bis 4a und 6 bis 8 gelten entsprechend für die Arbeitsverhinderung infolge einer Maßnahme der medizinischen Vorsorge oder Rehabilitation, die ein Träger der gesetzlichen Renten-, Kranken- oder Unfallversicherung, eine Verwaltungsbehörde der Kriegsopferversorgung oder ein sonstiger Sozialleistungsträger bewilligt hat und die in einer Einrichtung der medizinischen Vorsorge oder Rehabilitation durchgeführt wird. Ist der Arbeitnehmer nicht Mitglied einer gesetzlichen Krankenkasse oder nicht in der gesetzlichen Rentenversicherung versichert, gelten die §§ 3 bis 4a und 6 bis 8 entsprechend, wenn eine Maßnahme der medizinischen Vorsorge oder Rehabilitation ärztlich verordnet worden ist und in einer Einrichtung der medizinischen Vorsorge oder Rehabilitation oder einer vergleichbaren Einrichtung durchgeführt wird.

(2) Der Arbeitnehmer ist verpflichtet, dem Arbeitgeber den Zeitpunkt des Antritts der Maßnahme, die voraussichtliche Dauer und die Verlängerung der Maßnahme im Sinne des Absatzes 1 unverzüglich mitzuteilen und ihm

a) eine Bescheinigung über die Bewilligung der Maßnahme durch einen Sozialleistungsträger nach Absatz 1 Satz 1 oder

b) eine ärztliche Bescheinigung über die Erforderlichkeit der Maßnahme im Sinne des Absatzes 1 Satz 2

unverzüglich vorzulegen.

I. Normzweck und -entstehung 1	1. Entsprechende Geltung des § 3 18
II. Maßnahmen der medizinischen Vorsorge und Rehabilitation 5	2. Entsprechende Geltung des § 4 27
	3. Entsprechende Geltung des § 4a 28
III. Bewilligung, Verordnung 11	4. Entsprechende Geltung des § 6 29
1. Bewilligungsbefugnis 12	5. Entsprechende Geltung des § 7 30
2. Zeitpunkt und Wirkung der Bewilligung . . . 13	6. Entsprechende Geltung des § 8 32
3. Ärztliche Verordnung 15	VI. Unterrichtung und Nachweis 34
IV. Schonungszeiten, „Nachkur" 16	1. Mitteilung 35
V. Entsprechend anzuwendende Bestimmungen des EFZG 17	2. Nachweis 36
	3. Pflichtverletzungen 37

1 **I. Normzweck und -entstehung.** Die Teilnahme an Maßnahmen **der medizinischen Vorsorge und Rehabilitation** (vormals: Kur) hat idR zur Folge, dass der ArbN **an der Arbeitsleistung gehindert** ist. Auch dies hätte – wie bei der Arbeitsverhinderung infolge krankheitsbedingter Arbeitsunfähigkeit – zur Folge, dass dem ArbN kein Anspruch auf Arbeitsentgelt zustünde. Gleichermaßen wie im Fall krankheitsbedingter Arbeitsunfähigkeit hat der Gesetzgeber indessen nach näherer Maßgabe von § 9 angeordnet, dass dem ArbN dieser Anspruch erhalten bleibt. § 9 hat insoweit **einheitliches Recht für alle ArbN** geschaffen[2].

2, 3 Einstweilen frei.

4 Der Entgeltfortzahlungsanspruch nach Abs. 1 iVm. § 3 besteht unabhängig davon, ob der ArbN **arbeitsunfähig krank** ist. Ist der ArbN während einer Maßnahme nach Abs. 1 zudem arbeitsunfähig krank, so geht Abs. 1 als speziellere Bestimmung vor.

5 **II. Maßnahmen der medizinischen Vorsorge und Rehabilitation.** Mit dem Begriffspaar „Maßnahme der medizinischen Vorsorge" und „Rehabilitation" in S. 1 und S. 2 des Abs. 1 ist – der Sache nach – dasselbe gemeint. Der Unterschied der Regelungen in S. 1 und 2 betrifft allein den Umstand, dass sich S. 1 mit ArbN befasst, die Mitglieder der gesetzl. Krankenkassen sind, S. 2 dagegen mit ArbN, die nicht gesetzl. krankenversichert sind.

6 Das Gesetz erfasst **zwei Arten von Maßnahmen**, nämlich die **medizinische Vorsorge** und die **medizinische Rehabilitation**. Beide stehen hinsichtlich der entgeltfortzahlungsrechtl. Folgen gleich. Die frühere Anforderung, dass die Maßnahmen **stationär** durchzuführen waren[3], ist mWv. 1.7.2001 entfallen[4], so dass Maßnahmen der medizinischen Vorsorge und Rehabilitation auch dann unter § 9 fallen, wenn sie nicht mehr stationär, sondern **teilstationär** oder **ambulant** durchgeführt werden. Erforderlich ist aber weiterhin, dass die Maßnahme in einer Einrichtung der medizinischen Vorsorge oder Rehabilitation durchgeführt wird. § 9 definiert diesen Begriff nicht; wegen der Neuformulierung dieser Bestim-

---

1 BAG 15.1.1986 – 5 AZR 237/84, BAGE 50, 370. ||2 Vgl. zur Entstehungsgeschichte und zum vorherigen Rechtsstand die 3. Aufl., Rz. 2 und 3. ||3 Vgl. dazu BAG 19.1.2000 – 5 AZR 685/98, AP Nr. 1 zu § 9 LohnFG; Schliemann, ArbuR 1994, 317. ||4 Art. 38 über das SGB IX v. 19.6.2001, BGBl. I S. 1045.

mung im Hinblick auf eine formale Anpassung an die sozialversicherungsrechtl. Regelungen[1] ist insoweit auf die sozialrechtl. Legaldefinition in § 107 II SGB V zurückzugreifen.

Maßnahmen der medizinischen Vorsorge dienen dazu, eine Schwächung der Gesundheit zu beseitigen, die in absehbarer Zeit voraussichtlich zu einer Krankheit führen würde (vgl. § 23 I Nr. 1 SGB V). Hierzu zählt die ärztliche Behandlung und Versorgung mit Arznei-, Verband-, Heil- und Hilfsmitteln, die ambulante Vorsorgekur, die Behandlung mit Unterkunft und Verpflegung in einer Versorgungseinrichtung (vgl. näher § 23 SGB V) aber auch die (stationäre) Vorsorgekur für Mütter und Väter (§ 24 SGB V) sowie die Vorsorgekuren der sog. Kriegsopferversorgung (§ 11 II 1 BVG).

Abs. 1 befasst sich allein mit der medizinischen Rehabilitation; andere Formen oder Ziele der Rehabilitation, insb. die berufliche Rehabilitation, fallen nicht unter Abs. 1[2]. **Maßnahmen der medizinischen Rehabilitation** der Krankenkasse sind Teil der Krankenbehandlung (§§ 27ff. SGB V). Auch sie können ambulant (§ 40 I SGB V), teilstationär oder, falls dies zur Erreichung der in §§ 11 II, 27 I SGB V genannten Ziele nicht ausreicht, im Rahmen einer stationären Behandlung mit Unterkunft und Verpflegung (§ 40 II SGB V) durchgeführt werden. RV-Träger können Rehabilitationsleistungen gem. § 15 SGB VI erbringen, UV-Träger solche nach den §§ 27, 33, 34 SGB VII. Medizinische Rehabilitationsmaßnahmen dienen dazu, eine Erkrankung zu erkennen, sie zu heilen oder ihre Verschlimmerung zu verhüten, Krankheitsbeschwerden zu lindern oder eine Behinderung oder Pflegebedürftigkeit zu vermeiden oder nach deren Eintritt zu beseitigen oder deren Verschlimmerung zu verhüten (§§ 11 II, 40 I, 27 I SGB V, § 9 I SGB VI, § 27 SGB VII). Zu den medizinischen Rehabilitierungsmaßnahmen zählen auch Entziehungskuren[3]. Für die Maßnahmen der medizinischen Rehabilitation können auch solche auf Grund einer Sterilisation oder eines Schwangerschaftsabbruchs zählen, wenn sie dazu dienen, die Folgen solcher Eingriffe auszuheilen.

Keine Maßnahme der medizinischen Vorsorge oder Rehabilitation sind die sog. **Erholungskuren**. Hierunter sind Kuren zu verstehen, die ohne akuten Krankheitsanlass durchgeführt werden und nur der Vorbeugung gegen allg. Abnutzungserscheinungen oder lediglich der Verbesserung des Allgemeinbefindens zu dienen bestimmt sind.

Für die Frage, ob eine Maßnahme der **medizinischen** Vorsorge oder Rehabilitation vorliegt, kommt es nicht auf die Bezeichnung der Maßnahme an, sondern allein darauf, ob sie als **gezielte therapeutische Maßnahme in Bezug auf ein bestimmtes Krankheitsgeschehen** einzuordnen ist[4]. Für Abs. 1 ist – wegen der Gleichartigkeit der Rechtsfolgen – die sozialversicherungsrechtl. häufig schwierige Abgrenzung zwischen einer Maßnahme der medizinischen Vorsorge und einer solchen der medizinischen Rehabilitation unerheblich.

III. Bewilligung, Verordnung. Der Entgeltfortzahlungsanspruch setzt voraus, dass die Maßnahme entweder vom zuständigen Sozialleistungsträger bewilligt (Abs. 1 S. 1) oder – bei nicht gesetzl. kranken- oder rentenversicherten ArbN – vom Arzt verordnet (Abs. 1 S. 2) worden ist.

1. Bewilligungsbefugnis. Die Sozialleistungsträger sind die Träger der gesetzl. KV (§ 21 II SGB I, § 4 II SGB V), der gesetzl. RV (§ 23 II SGB I), der gesetzl. UV (§ 22 II SGB I, § 114 I SGB VII), eine Verwaltungsbehörde der Kriegsopferversorgung (§ 24 II SGB I) oder ein sonstiger Sozialleistungsträger. Solche sonstigen Sozialleistungsträger sind alle übrigen öffentl.-rechtl. Einrichtungen, die eine medizinische Vorsorge- oder Rehabilitationsmaßnahme bewilligen können. Dies sind die öffentl.-rechtl. Träger, insb. die Träger der Sozialhilfe. Private sog. Sozialleistungsträger, wie zB private KV, Verbände der freien Wohlfahrtspflege, das Müttergenesungswerk, Einrichtungen und Verbände in Caritas und Diakonie, das Deutsche Rote Kreuz u.a. sind rechtl. nicht in der Lage, iSd. Abs. 1 Maßnahmen der medizinischen Vorsorge und Rehabilitation zu bewilligen. Dagegen steht einem Anspruch nach § 9 nicht entgegen, wenn diese freien Träger der Wohlfahrtspflege oder freien Träger von Sozialleistungen eine von einem öffentl.-rechtl. Träger der Sozialleistung bewilligte oder von einem Arzt verordnete Maßnahme der medizinischen Vorsorge und Rehabilitation durchführen.

2. Zeitpunkt und Wirkung der Bewilligung. Der Anspruch auf Entgeltfortzahlung nach Abs. 1 S. 1 iVm. § 3 setzt voraus, dass der (zuständige) öffentl.-rechtl. Sozialleistungsträger die Maßnahme der medizinischen Vorsorge und Rehabilitation **vor deren Antritt** bewilligt hat. Unter Bewilligung ist eine vorherige Zustimmung zu verstehen, nicht aber eine nachträgliche Genehmigung. Der **Bewilligungsbescheid** des öffentl.-rechtl. Sozialleistungsträgers hat insoweit **Tatbestandswirkung**; deswegen kann er von den Gerichten für Arbeitssachen im Prozess über die Entgeltfortzahlung wegen Teilnahme an einer Maßnahme der medizinischen Vorsorge und Rehabilitation nur auf Nichtigkeit geprüft werden; ansonsten müssen die Gerichte (und damit auch der ArbGeb) von einer anspruchsbegründenden Arbeitsverhinderung ausgehen. Der ArbGeb hat keine Möglichkeit, den Bewilligungsbescheid selbst anzufechten. Insb. kann er im Prozess nach Abs. 1 S. 1 nicht geltend machen, die Maßnahme sei zu Unrecht bewilligt worden[5].

---

1 BT-Drs. 12/5263, 15. ||2 BT-Drs. 12/5263, 15. ||3 BAG 27.5.1992 – 5 AZR 297/91, EzA § 1 LohnFG Nr. 123. ||4 BAG 29.11.1973 – 5 AZR 205/73, AP Nr. 2 zu § 7 LohnFG. ||5 Vgl. BAG 10.5.1978 – 5 AZR 15/77, AP Nr. 3 zu § 7 LohnFG.

14 Hat der ArbGeb **Zweifel an der medizinischen Erforderlichkeit** oder Zweckmäßigkeit der bewilligten oder verordneten Maßnahme iSd. Abs. 1, so kann er diesen nicht im Wege des § 275 SGB V nachgehen. Er hat auch keinen rechtl. Einfluss auf den Zeitpunkt der Bewilligung und der Durchführung der Maßnahme der medizinischen Vorsorge und Rehabilitation. Die Sozialleistungsträger sind nicht gehalten, etwa zwecks Vermeidung eines erneuten Entgeltfortzahlungsanspruchs unter dem Gesichtspunkt der Fortsetzungserkrankung dafür Sorge zu tragen, dass eine auf derselben Krankheit beruhende Maßnahme der medizinischen Vorsorge oder Rehabilitation binnen sechs Monaten nach dem Ende der früheren Erkrankung auf Grund desselben Grundleidens zur Wiederholungserkrankung (§ 3 I 2 Nr. 2) wird[1]. Im Rahmen der ihm obliegenden Treuepflicht (§ 242 BGB) bzw. Rücksichtnahmepflicht (§ 241 II BGB) kann der ArbN indessen gehalten sein, den Zeitpunkt des Antritts der Maßnahme, soweit er hierauf Einfluss hat und sein Gesundheitszustand dies zulässt, so zu legen, dass dringende betriebl. Interessen nicht übermäßig beeinträchtigt werden. Hat ein ArbN auf Befragen bei der Einstellung erklärt, er sei gesund, wird ihm dann aber auf einen zuvor gestellten Antrag nach Beginn des ArbVerh eine Maßnahme der medizinischen Vorsorge und Rehabilitation bewilligt, so kann der ArbGeb die während der Rehabilitationsmaßnahme zu gewährende Entgeltfortzahlung nicht als Schaden geltend machen[2].

15 **3. Ärztliche Verordnung.** Nach Abs. 1 S. 2 tritt bei ArbN, die nicht Mitglied einer gesetzl. Krankenkasse oder nicht in der gesetzl. RV versichert sind, anstelle der behördlichen Bewilligung die ärztliche Verordnung. Auch sie erzeugt eine **Tatbestandswirkung** im Prozess um die Entgeltfortzahlung nach Abs. 1 und muss vor Antritt der Maßnahme der medizinischen Vorsorge und Rehabilitation vorliegen.

16 **IV. Schonungszeiten, „Nachkur".** Das EFZG kennt **keinen Entgeltfortzahlungsanspruch** für Schonungszeiten, früher „Nachkur" genannt. Insoweit entspricht das Arbeitsrecht dem SozV-Recht, das ebenfalls keine Schonungszeiten mehr vorsieht[3]. Um den ArbN im Anschluss an eine Maßnahme der medizinischen Vorsorge oder Rehabilitation gleichwohl noch die Möglichkeit zur Erholung einzuräumen, ist der ArbGeb nach § 7 I 2 BUrlG verpflichtet, dem ArbN auf dessen Verlangen im Anschluss an eine Maßnahme der medizinischen Vorsorge oder Rehabilitation **Erholungsurlaub** zu gewähren. Maßnahmen der medizinischen Vorsorge oder Rehabilitation dürfen nicht auf den Urlaub angerechnet werden, soweit ein Anspruch auf Entgeltfortzahlung nach den gesetzl. Vorschriften über die Entgeltfortzahlung im Krankheitsfall besteht. Daraus folgt im Umkehrschluss, dass für sog. Schonungszeiten bzw. die sog. Nachkur kein Anspruch auf Entgeltfortzahlung mehr gegeben ist, auch nicht nach allg. Vorschriften wie § 615 BGB.

17 **V. Entsprechend anzuwendende Bestimmungen des EFZG.** Nach Abs. 1 gelten die Vorschriften der §§ 3–4a und 6–8 entsprechend für die Arbeitsverhinderung infolge einer Maßnahme der medizinischen Vorsorge und Rehabilitation. Die unterschiedliche Fassung der S. 1 und 2 des Abs. 1 ist insoweit ohne Bedeutung. Auch im Fall der vom Arzt verordneten Maßnahme der medizinischen Vorsorge und Rehabilitation gelten die Vorschriften nach §§ 3–4a und 6–8 für die Arbeitsverhinderung infolge einer solchen Maßnahme.

18 **1. Entsprechende Geltung des § 3.** Die entsprechende Geltung des § 3 für Maßnahmen der medizinischen Vorsorge und Rehabilitation erfordert verschiedene **Anpassungen**.

19 **a) Monokausalität.** Der Anspruch auf Entgeltfortzahlung setzt voraus, dass die Durchführung der Maßnahme der medizinischen Vorsorge und Rehabilitation überhaupt eine **Arbeitsverhinderung** zur Folge hat. Werden solche Maßnahmen ambulant durchgeführt, so muss dies nicht notwendig zur Arbeitsverhinderung führen. Insb. bei **ambulanten Maßnahmen** der medizinischen Vorsorge und Rehabilitation ist zu prüfen, ob und inwieweit die Maßnahme derart durchführbar sind, dass der ArbN durch deren Durchführung nicht oder möglichst nicht an seiner Arbeitsleistung verhindert wird.

20 Ist der ArbN im Zeitpunkt der Durchführung der Maßnahme der medizinischen Vorsorge und Rehabilitation zugleich **arbeitsunfähig krank**, so hat die Regelung des § 9 infolge ihrer Spezialität Vorrang. Die Frage der Monokausalität spielt unter diesen Gesichtspunkten insb. dann eine Rolle, wenn der ArbN unter dem Gesichtspunkt der Fortsetzungserkrankung für die Maßnahme keinen Entgeltfortzahlungsanspruch (mehr) hat, er aber zugleich auf Grund einer anderen Erkrankung arbeitsunfähig krank ist, für die er – wäre sie die alleinige Ursache für die Arbeitsverhinderung – Entgeltfortzahlung im Krankheitsfall beanspruchen könnte. Auf den **Grundsatz der Einheit des Verhinderungsfalls** kann in diesem Fall nur dann zurückgegriffen werden, wenn die andere Krankheit bereits vor Beginn der Maßnahme nach § 9 zu einem Anspruch nach Entgeltfortzahlung nach § 3 I geführt hat. Umgekehrt bleibt es dabei, dass dem ArbN, tritt die andere Krankheit erst nach Beginn dieser Maßnahme hinzu, kein Anspruch auf Entgeltfortzahlung im Krankheitsfall für die Dauer der Teilnahme an der Maßnahme nach § 9 I zusteht.

21 **b) Verschulden des ArbN.** Auch die Grundsätze über das Verschuldetsein der Krankheit durch den ArbN (vgl. § 3) sind entsprechend anzuwenden. Hatte der ArbN die zur Arbeitsunfähigkeit führende

---

1 BAG 18.1.1995 – 5 AZR 818/93, BAGE 79, 122. || 2 BAG 27.3.1991 – 5 AZR 58/90, AP Nr. 92 zu § 1 LohnFG. || 3 BT-Drs. 12/5263, 15.

Krankheit selbst verschuldet, so dass ihm deswegen kein Anspruch auf Entgeltfortzahlung zusteht, so steht ihm ein solcher auch nicht zu für eine Maßnahme der medizinischen Rehabilitation, die auf derselben Erkrankung beruht. Indessen ist zu bedenken, dass insb. **Entziehungskuren**, die auf Alkoholabhängigkeit oder auf Drogensucht zurückzuführen sind, idR dann, wenn sie erstmalig durchgeführt werden, auf einer idR unverschuldeten Suchterkrankung beruhen. Anders kann es liegen, wenn nach einer erfolgreichen Entziehungskur ein Rückfall eingetreten ist, der zu einer erneuten Entziehungskur führt.

c) **Beginn, Dauer und Ende des Entgeltfortzahlungsanspruchs.** Auch die Bestimmungen des § 3 I über Beginn, Dauer und Ende des Entgeltfortzahlungsanspruchs sind entsprechend anzuwenden. Wegen der Gleichsetzung der Verhinderungsfälle des § 3 I und des Abs. 1 ist erheblich, inwieweit die vorhergehende krankheitsbedingte Arbeitsunfähigkeit und die medizinische Maßnahme iSd. Abs. 1 auf **dieselbe Erkrankung** bzw. dasselbe Grundleiden zurückzuführen sind oder ob jeweils eine andere Krankheit zugrunde liegt. Bei einer wiederholten, auf demselben Grundleiden beruhenden Arbeitsverhinderung wegen (zunächst) Arbeitsunfähigkeit und einer nachfolgenden Maßnahme der medizinischen Rehabilitation unterliegt der Entgeltfortzahlungsanspruch nach Abs. 1 auf Grund der Gleichsetzung beider Verhinderungsfälle sehr häufig den in § 3 I 2 genannten **Beschränkungen**. Liegt zwischen dem Ende der krankheitsbedingten Arbeitsunfähigkeit und dem Beginn der auf diese Krankheit zurückzuführenden medizinischen Rehabilitationsmaßnahme ein Zeitraum von weniger als sechs Monaten, steht dem ArbN für die Dauer der Maßnahme kein Anspruch auf Entgeltfortzahlung zu; ist der Zeitraum dagegen mindestens sechs Monate lang, steht ihm ein solcher Anspruch zu[1]. Ob inzwischen eine andere Erkrankung eingetreten ist, ist für den Fortsetzungszusammenhang zwischen krankheitsbedingter Arbeitsunfähigkeit und Maßnahmen iSd. Abs. 1 ohne Bedeutung[2].

Einstweilen frei.

Umgekehrt gilt Entsprechendes: Wird ein ArbN nach einer Maßnahme der medizinischen Vorsorge oder Rehabilitation innerhalb von zwölf Monaten wegen derselben Krankheit erneut arbeitsunfähig, für deren Abwendung die Maßnahme bewilligt worden war, besteht ein Entgeltfortzahlungsanspruch ebenfalls nur unter den Voraussetzungen des § 3 I 2 Nr. 1 in entsprechender Anwendung, dh. nur dann, wenn zwischen dem Ende der Maßnahme und dem Beginn der erneuten krankheitsbedingten Arbeitsunfähigkeit ein Zeitraum von mehr als sechs Monaten liegt. Für die Frage, welche von mehreren Krankheiten einer Maßnahme nach Abs. 1 zugrunde liegt, muss auf das Hauptleiden abgestellt werden, welches den Anlass für die Bewilligung oder Verordnung der Maßnahme abgegeben hat[3].

Für die **Berechnung** von Beginn, Dauer und Ende der Entgeltfortzahlung wegen Arbeitsverhinderung infolge Teilnahme an einer Maßnahme der medizinischen Vorsorge und Rehabilitation ist nicht auf den Zeitpunkt der Bewilligung dieser Maßnahme abzustellen, sondern auf den **Zeitpunkt ihrer Durchführung**[4].

Im Rahmen des Abs. 1 sind auch die Bestimmungen des § 3 II entsprechend anzuwenden; wird eine Maßnahme der medizinischen Rehabilitation zur Ausheilung der Folgen der **Sterilisation** oder eines **Schwangerschaftsabbruchs** bewilligt oder verordnet, so besteht unter dem Gesichtspunkt der Fortsetzungserkrankung ein Anspruch auf Entgeltfortzahlung für die Dauer der Maßnahme nur dann, wenn die Sterilisation oder der Schwangerschaftsabbruch ihrerseits zu einem Anspruch auf Entgeltfortzahlung nach § 3 geführt haben oder – falls hiermit keine Arbeitsunfähigkeit oder Arbeitsverhinderung verbunden waren – geführt hätten. Entsprechend anzuwenden sind auch die Bestimmungen über die **Wartezeit** (§ 3 III).

2. **Entsprechende Geltung des § 4.** Das vom ArbN im Wege der Entgeltfortzahlung zu beanspruchende **Entgelt** richtet sich bei einer Maßnahme der medizinischen Vorsorge oder Rehabilitation nach den selben Bestimmungen wie das Entgelt, das wegen Arbeitsverhinderung infolge krankheitsbedingter Arbeitsunfähigkeit fortzuzahlen ist.

3. **Entsprechende Geltung des § 4a.** Eine **Kürzung einer Sondervergütung** wegen einer Teilnahme an einer Maßnahme der medizinischen Vorsorge oder Rehabilitation ist nur im Rahmen des § 4a zulässig; die Kürzung setzt voraus, dass eine entsprechende Regelung mit dem ArbN vereinbart oder getroffen ist, die ausdrücklich auch Maßnahmen iSd. § 9 erfasst[5].

4. **Entsprechende Geltung des § 6.** Entsprechend § 6 geht der **Anspruch** des ArbN **gegen einen Dritten auf Schadensersatz** wegen Verdienstausfalls auch insoweit auf den ArbGeb über, als der geschädigte ArbN wegen seiner auf das schädigende Ereignis zurückzuführenden Erkrankung an einer Maßnahme der medizinischen Rehabilitation teilnimmt. Insb. bei komplizierten Gesundheitsbeschädigungen infolge von Unfällen mit langfristigen traumatischen Schädigungen, Nervenschädigungen usw. kommen derartige Konstellationen in Betracht. Deshalb ist stets zu prüfen, ob etwa mit dem Dritten oder dessen Versicherung ein Abfindungsvergleich geschlossen worden ist oder geschlossen werden soll. Inso-

---

1 Vgl. BAG 18.1.1995 – 5 AZR 818/93, BAGE 79, 122. ||2 BAG 22.8.1984 – 5 AZR 489/81, BAGE 46, 253. ||3 BAG 26.2.1992 – 5 AZR 120/91, EEK I/1071. ||4 BAG 10.6.1971 – 1 AZR 114/71, AP Nr. 4 zu § 1 LohnFG; 18.1.1995 – 5 AZR 818/93, BAGE 79, 122. ||5 *Bauer/Lingemann*, BB-Beil. 17/1996, 8; *Lorenz*, DB 1996, 1973.

weit trifft den ArbN insb. auch die Unterrichtungspflicht des § 6 II, wenn – später – eine Maßnahme nach Abs. 1 bewilligt und durchgeführt wird, die auf ein Ereignis zurückzuführen ist, auf Grund dessen Ansprüche des ArbN auf Verdienstausfall auf den ArbGeb übergegangen sind oder übergehen können.

30 **5. Entsprechende Geltung des § 7.** Gleichermaßen wie bei der krankheitsbedingten Arbeitsunfähigkeit steht dem ArbGeb das Recht zu, die Entgeltfortzahlung **vorläufig zu verweigern**, wenn der ArbN seinen Pflichten über die **Vorlage der Bewilligung oder ärztlichen Verordnung** nicht nachkommt. § 7 verweist zwar insoweit nur auf § 5 I und nicht auf § 9 II. Die gebotene entsprechende Anwendung des § 7 gebietet jedoch, insoweit auf eine Verletzung der Pflicht zur Vorlage der Bewilligung bzw. ärztlichen Verordnung nach Abs. 2 abzustellen. Dagegen führt die Verletzung der bloßen Mitteilungspflicht des Abs. 2 ebenso wenig zur vorläufigen Entgeltfortzahlung im Fall des Abs. 1 wie die Verletzung der Mitteilungspflicht bei einer Erkrankung im Inland im Fall der unmittelbaren Anwendung des § 7 I Nr. 1.

31 Ein **endgültiges Leistungsverweigerungsrecht** steht dem ArbGeb auch im Fall des Abs. 1 zu, wenn der ArbN den Übergang des Schadensersatzanspruchs nach § 6 verhindert (vgl. § 7), zB durch einen Abfindungsvergleich mit dem Schädiger. Entsprechend anzuwenden ist auch die Regelung des § 7 II über das **Nichtvertreten der Pflichtverletzung** durch den ArbN.

32 **6. Entsprechende Geltung des § 8.** Erklärt der **ArbGeb** eine Kündigung des ArbVerh **aus Anlass der** ggf. auch nur bevorstehenden Teilnahme des ArbN an einer **Maßnahme** der medizinischen Vorsorge oder Rehabilitation, so bleibt der Anspruch des ArbN auf Entgeltfortzahlung wegen der hierauf beruhenden Arbeitsverhinderung durch diese Kündigung entsprechend § 8 I 1 unberührt. Gleiches gilt für den Fall, dass der ArbN entsprechend § 8 I 2 aus wichtigem Grund kündigt. Andererseits hat eine während der Teilnahme an der Maßnahme nach Abs. 1 eintretende Beendigung des ArbVerh aus Gründen des § 8 II zur Folge, dass vom Zeitpunkt der Beendigung des ArbVerh an keine Entgeltfortzahlung mehr vom ArbGeb zu leisten ist. Wegen der Gleichstellung von krankheitsbedingter Arbeitsunfähigkeit und Arbeitsunfähigkeit auf Grund der Teilnahme an einer Maßnahme nach Abs. 1 ist die Rspr. zu § 8 bzw. der Vorgängerbestimmung – § 6 LFZG – heranziebar.

33 Einstweilen frei.

34 **VI. Unterrichtung und Nachweis.** Nach Abs. 2 hat der ArbN dem ArbGeb den **Zeitpunkt** des Antritts der Maßnahme, deren voraussichtliche **Dauer** und eine evtl. **Verlängerung der Maßnahme** iSd. Abs. 1 unverzüglich mitzuteilen und ihm die Bewilligungsbescheinigung bzw. die ärztliche Bescheinigung über die Erforderlichkeit der Maßnahme iSd. Abs. 1 S. 2 unverzüglich vorzulegen. Die Vorschrift ist § 5 I nachgebildet. Als **speziellere Norm** geht sie dieser Bestimmung vor.

35 **1. Mitteilung.** Die erforderliche Mitteilung über Beginn, Dauer und ggf. Verlängerung (!) der Maßnahme nach Abs. 1 hat der ArbN dem ArbGeb **unverzüglich** zu machen. Gleichermaßen wie in § 5 bedeutet unverzüglich rechtl. nicht sofort, sondern iSd. Legaldefinition des § 121 II BGB lediglich „ohne schuldhaftes Zögern". In aller Regel erfüllt der ArbN seine Mitteilungspflicht, wenn er seinen ArbGeb am Tag nach Erhalt der Bewilligung oder der Verordnung unterrichtet. Die **Form** einer solchen Mitteilung ist nicht vorgeschrieben. Zum **Inhalt** der Mitteilung gehört das Datum des Beginns der Maßnahme und die voraussichtliche Dauer sowie – ausdrücklich – deren eventuelle Verlängerung. Den medizinischen Grund für die Bewilligung oder Verordnung der Maßnahme braucht der ArbN dem ArbGeb nicht mitzuteilen. Wegen der Klärung der Frage, ob es sich um eine **Fortsetzungserkrankung** handelt, kann sich der ArbGeb an die Krankenkasse wenden; er darf aber insoweit auch den ArbN befragen. Insoweit gilt grds. nichts anderes als im Fall krankheitsbedingter Arbeitsunfähigkeit. Daneben kann den ArbN eine Mitteilungspflicht entsprechend § 6 treffen.

36 **2. Nachweis.** Hat ein öffentl.-rechtl. Sozialleistungsträger einen **Bewilligungsbescheid** erlassen, so hat der ArbN diesen Bescheid ohne schuldhaftes Zögern (unverzüglich) seinem ArbGeb vorzulegen. Der ArbN genügt der Verpflichtung idR, wenn er den Bescheid dem ArbGeb übersendet, nachdem er ihn selbst erhalten hat. Für **Folgebescheinigungen** gilt Entsprechendes, auch wenn sie – anders als in § 5 I – hier im Gesetz nicht ausdrücklich erwähnt sind[1]. Bei einer **ärztlichen Verordnung** gilt Entsprechendes. Enthält die Mitteilung nicht alle vollständigen Angaben, so kann der ArbGeb diese Mitteilung als unvollständig und damit als nicht hinreichend erfolgt zurückweisen.

37 **3. Pflichtverletzungen.** Solange der ArbN den Bewilligungsbescheid oder die ärztliche Bescheinigung nicht vorlegt, steht dem ArbGeb entsprechend § 7 I Nr. 1 ein **vorläufiges Leistungsverweigerungsrecht** zur Seite. Sobald der Nachweis indessen vorgelegt wird, fällt sein vorläufiges Leistungsverweigerungsrecht mit der Folge weg, dass er für den zurückliegenden Zeitraum, aber mit Verzugsfolgen erst ab Wegfall des vorläufigen Leistungsverweigerungsrechts Entgelt fortzuzahlen hat, wenn hierfür die Voraussetzungen iÜ gegeben sind[2].

38 Keineswegs mehr unverzüglich, sondern **verspätet** ist es, wenn der ArbN dem ArbGeb die Bewilligung oder ärztliche Verordnung erst nach Antritt der Maßnahme vorlegt oder gar erst nach deren Beendi-

---

1 *Schliemann*, ArbuR 1994, 317. ||2 Vgl. insoweit BAG 5.5.1972 – 5 AZR 447/71, AP Nr. 1 zu § 7 LohnFG.

gung. Indessen steht dem ArbGeb auch in solchen Fällen nur ein vorläufiges Leistungsverweigerungsrecht analog § 5 I Nr. 1 zu. Dagegen wird kein Entgeltfortzahlungsanspruch ausgelöst, wenn die Maßnahme erst nach deren Durchführung nachträglich bewilligt oder verordnet wird. Die bloße Verletzung der Mitteilungspflicht führt – wie im Fall des § 5 I – nicht zu einem vorläufigen oder gar endgültigen Leistungsverweigerungsrecht.

10 Wirtschaftliche Sicherung für den Krankheitsfall im Bereich der Heimarbeit

(1) In Heimarbeit Beschäftigte (§ 1 Abs. 1 des Heimarbeitsgesetzes) und ihnen nach § 1 Abs. 2 Buchstabe a bis c des Heimarbeitsgesetzes Gleichgestellte haben gegen ihren Auftraggeber oder, falls sie von einem Zwischenmeister beschäftigt werden, gegen diesen Anspruch auf Zahlung eines Zuschlags zum Arbeitsentgelt. Der Zuschlag beträgt

1. für Heimarbeiter, für Hausgewerbetreibende ohne fremde Hilfskräfte und die nach § 1 Abs. 2 Buchstabe a des Heimarbeitsgesetzes Gleichgestellten 3,4 vom Hundert,
2. für Hausgewerbetreibende mit nicht mehr als zwei fremden Hilfskräften und die nach § 1 Abs. 2 Buchstabe b und c des Heimarbeitsgesetzes Gleichgestellten 6,4 vom Hundert

des Arbeitsentgelts vor Abzug der Steuern, des Beitrags zur Bundesagentur für Arbeit und der Sozialversicherungsbeiträge ohne Unkostenzuschlag und ohne die für den Lohnausfall an gesetzlichen Feiertagen, den Urlaub und den Arbeitsausfall infolge Krankheit zu leistenden Zahlungen. Der Zuschlag für die unter Nummer 2 aufgeführten Personen dient zugleich zur Sicherung der Ansprüche der von ihnen Beschäftigten.

(2) Zwischenmeister, die den in Heimarbeit Beschäftigten nach § 1 Abs. 2 Buchstabe d des Heimarbeitsgesetzes gleichgestellt sind, haben gegen ihren Auftraggeber Anspruch auf Vergütung der von ihnen nach Absatz 1 nachweislich zu zahlenden Zuschläge.

(3) Die nach den Absätzen 1 und 2 in Betracht kommenden Zuschläge sind gesondert in den Entgeltbeleg einzutragen.

(4) Für Heimarbeiter (§ 1 Abs. 1 Buchstabe a des Heimarbeitsgesetzes) kann durch Tarifvertrag bestimmt werden, dass sie statt der in Absatz 1 Satz 2 Nr. 1 bezeichneten Leistungen die den Arbeitnehmern im Falle ihrer Arbeitsunfähigkeit nach diesem Gesetz zustehenden Leistungen erhalten. Bei der Bemessung des Anspruchs auf Arbeitsentgelt bleibt der Unkostenzuschlag außer Betracht.

(5) Auf die in den Absätzen 1 und 2 vorgesehenen Zuschläge sind die §§ 23 bis 25, 27 und 28 des Heimarbeitsgesetzes, auf die in Absatz 1 dem Zwischenmeister gegenüber vorgesehenen Zuschläge außerdem § 21 Abs. 2 des Heimarbeitsgesetzes entsprechend anzuwenden. Auf die Ansprüche der fremden Hilfskräfte der in Absatz 1 unter Nummer 2 genannten Personen auf Entgeltfortzahlung im Krankheitsfall ist § 26 des Heimarbeitsgesetzes entsprechend anzuwenden.

I. Normzweck und -entstehung. Zwecks wirtschaftl. Sicherung im Fall krankheitsbedingter Arbeitsunfähigkeit der in Heimarbeit Beschäftigten normiert § 10 einen Anspruch auf einen Zuschlag zum Entgelt. Alternativ lässt Abs. 4 zu, durch TV eine Entgeltfortzahlung im Krankheitsfall nach den für ArbN geltenden gesetzl. Regelungen zu vereinbaren. Für den Fall der Transplantatentnahme (§ 3a) enthält § 10 keine spezielle Regelung.

Die **Grundsicherung** im Falle krankheitsbedingter Arbeitsunfähigkeit besteht für in Heimarbeit Beschäftigte grds. in einem **Anspruch auf Krankengeld** (§§ 44 ff. SGB V) **aus der gesetzl. KV**; der Personenkreis ist grds. in der gesetzl. KV pflichtversichert (§ 5 SGB V), weil sie sozialversicherungsrechtl. als abhängig Beschäftigte gelten (§ 12 II SGB IV). Ist ein in Heimarbeit Beschäftigter arbeitsunfähig krank, so erhält er das Krankengeld bei einer Krankenhausbehandlung oder bei einer Behandlung in einer Vorsorge- oder Rehabilitationseinrichtung von Beginn der Behandlung an, iÜ von dem Tag an, der auf den Tag der ärztlichen Feststellung der krankheitsbedingten Arbeitsunfähigkeit folgt (§ 46 S. 1 SGB V). Die **Versorgungslücke** zwischen dem tatsächlich ausgefallenen Arbeitsentgelt und dem gezahlten Krankengeld soll nach der Konzeption des Gesetzes durch den in § 10 normierten **Zuschlag zum Arbeitsentgelt geschlossen** oder verringert werden (sog. „gespaltene" Lösung). Der Zuschlag wird nicht etwa nur für die Dauer des Bezugs von Krankengeld gezahlt, sondern völlig unabhängig vom Vorliegen krankheitsbedingter Arbeitsunfähigkeit als ständiger Arbeitsentgeltzuschlag. Der Zuschlag ist auch zu zahlen, wenn der in Heimarbeit Beschäftigte, zB wegen Geringfügigkeit, nicht Mitglied der gesetzl. Krankenkasse ist und deshalb keinen Krankengeldanspruch hat[1].

Die heutige Regelung des § 10 entspricht im Wesentlichen ihrer Vorgängerregelung (§ 8 LFZG)[2]. § 10 (wie auch § 11) bedient sich der Legaldefinitionen des Heimarbeitsgesetzes (HAG). Sie gelten ohne jede Einschränkung.

---

1 BAG 21.4.1961 – 1 AZR 100/60, BAGE 11, 105. ||2 Lohnfortzahlungsgesetz (LFZG) v. 27.7.1969, BGBl. I S. 946.

4 II. Zuschlag zum Arbeitsentgelt. Abs. 1 beschreibt in S. 1 abschließend den Kreis der Anspruchsberechtigten wie auch den Kreis der Anspruchsverpflichteten für die Zahlung des Zuschlags zum Arbeitsentgelt und bestimmt in S. 2 unterschiedliche Höhen für die zu zahlenden Zuschläge.

5 1. Anspruchsberechtigte. Der Kreis der Anspruchsberechtigten umfasst gem. Abs. 1 S. 1 die in Heimarbeit Beschäftigten iSd. § 1 I HAG und die ihnen nach § 1 II Buchst. a–c HAG Gleichgestellten. Keinen Anspruch auf den in § 10 normierten Zuschlag haben Zwischenmeister, auch wenn sie nach § 1 II Buchst. d HAG gleichgestellt sind, denn auf diese Bestimmung verweist Abs. 1 S. 1 nicht.

6 a) In Heimarbeit Beschäftigte. Nach § 1 I HAG sind in Heimarbeit Beschäftigte die Heimarbeiter und die Hausgewerbetreibenden. **Heimarbeiter** ist nach § 2 I HAG, wer in selbst gewählter Arbeitsstätte, dh. in seiner eigenen Wohnung oder in einer selbst gewählten Betriebsstätte, allein oder mit seinen Familienangehörigen im Auftrag von Gewerbetreibenden oder Zwischenmeistern erwerbsmäßig arbeitet, jedoch die Verwertung der Arbeitsergebnisse dem unmittelbar oder mittelbar auftraggebenden Gewerbetreibenden überlässt; beschafft der Heimarbeiter die Rohstoffe selbst, so wird hierdurch seine Eigenschaft als Heimarbeiter nicht beeinträchtigt. Nach dieser Legaldefinition kommt es auf Dauer und Umfang der Tätigkeit oder die Höhe der erzielten Einkünfte nicht an, auch eine geringfügige Tätigkeit kann Heimarbeit sein, sofern sie auf eine gewisse Dauer angelegt ist und zum Lebensunterhalt beitragen soll[1]. Vom ArbN unterscheidet sich der Heimarbeiter im Wesentlichen dadurch, dass er von seinem Auftraggeber zwar wirtschaftl., nicht aber persönlich abhängig ist. Er ist vor allen Dingen keinen Weisungen des Auftraggebers hinsichtlich der Lage seiner Arbeitszeit unterworfen[2]. Für die Zuordnung der Beschäftigten zum Kreis der Heimarbeiter kommt es auf den tatsächlichen Inhalt des Rechtsverhältnisses und seine Durchführung an, nicht aber auf die von den Parteien des Rechtsverhältnisses gewählte Bezeichnung oder auf die von ihnen gewünschte Rechtsfolge[3]. Vom Gewerbetreibenden oder Unternehmer unterscheidet sich der Heimarbeiter dadurch, dass er das kaufmännische Risiko der Verwertung seiner Arbeitsergebnisse nicht selbst trägt, sondern die Verwertung der Arbeitsergebnisse seinem Auftraggeber überlässt.

7 Hausgewerbetreibender iSd. HAG wie auch iSd. § 10 ist, wer in eigener Arbeitsstätte (eigener Wohnung oder Betriebsstätte) mit nicht mehr als zwei fremden Hilfskräften (§ 2 VI HAG) oder Heimarbeitern (§ 2 I HAG) im Auftrag von Gewerbetreibenden oder Zwischenmeistern Waren herstellt, bearbeitet oder verpackt, wobei er selbst wesentlich am Stück mitarbeitet, jedoch die Verwertung der Arbeitsergebnisse dem unmittelbar oder mittelbar auftraggebenden Gewerbetreibenden überlässt; beschafft der Hausgewerbetreibende Roh- und Hilfsstoffe selbst oder arbeitet er vorübergehend unmittelbar für den Absatzmarkt, so wird hierdurch seine Eigenschaft als Hausgewerbetreibender nicht beeinträchtigt (§ 2 II HAG). Die Definition des Hausgewerbetreibenden ähnelt der des Heimarbeiters. Vom Heimarbeiter unterscheidet er sich aber insoweit, als der Hausgewerbetreibende mit nicht mehr als zwei fremden Hilfskräften oder Heimarbeitern tätig wird, sowie dadurch, dass der Gegenstand seiner Betätigung auf die Herstellung, Bearbeitung oder Verpackung von Waren beschränkt ist, wobei er selbst wesentlich am Stück mitarbeitet. Wer Angestelltentätigkeiten ausübt, ist wegen dieser gegenständlichen Beschränkung der Betätigung kein Hausgewerbetreibender[4]. Der Hausgewerbetreibende ist prinzipiell ein (kleiner) selbständiger Unternehmer; unerheblich ist, ob er einen Gewerbebetrieb angemeldet hat oder in die Handwerksrolle eingetragen ist[5].

8 b) Gleichgestellte. Einen Anspruch auf Zuschuss haben auch die den in Heimarbeit Beschäftigten nach § 1 II Buchst. a–c HAG Gleichgestellten. Für die Anspruchsberechtigung auf den Zuschuss kommt es nicht darauf an, ob die Personen gleichgestellt werden können, sondern ob sie zu den in § 1 II Buchst. a, b oder c HAG genannten Personenkreis gehören und gleichgestellt worden sind. Die **Gleichstellung** erfolgt in einem im HAG geregelten Verfahren durch einen die Rechtsstellung begründenden **Verwaltungsakt** gem. § 1 IV, § 3 I und § 4 HAG[6]. Die Gleichstellung erstreckt sich, wenn in ihr nichts anderes bestimmt ist, auf die **allgemeinen Schutzvorschriften** und die Vorschriften über die **Entgeltregelung**, den **Entgeltschutz** und die **Auskunftspflicht über Entgelte** (Dritter, Sechster, Siebenter und Achter Abschnitt des HAG). Sie kann sich auf einzelne dieser Vorschriften beschränken oder auf weitere Vorschriften des Gesetzes ausgedehnt werden (§ 1 III 1 und 2 HAG). Ist eine Gleichstellung behördlich angeordnet worden, so folgt hieraus, dass nicht nur die Schutzbestimmungen des HAG in dem in der Gleichstellungsentscheidung bestimmten Umfang gelten, sondern ihnen auch der Schutz des § 10 zur Seite steht. Im Unterschied zu § 11 I 2 (Feiertagsbezahlung) und zu § 12 I 1 BUrlG (Urlaubserteilung) ist in § 10 nicht vorgesehen, dass es einer ausdrücklichen Gleichstellung hinsichtlich dieser Bestimmung bedarf. Der Verwaltungsakt hat **Tatbestandswirkung**; insb. können die nach § 10 Anspruchsverpflichteten den Verwaltungsakt aus eigenem Recht nicht anfechten. Keinen Anspruch auf den Zuschlag nach Abs. 1 haben die in § 1 II Buchst. d HAG aufgezählten **Zwischenmeister**. Sie sind in Abs. 1 nicht erwähnt, sondern nur in Abs. 2.

---

1 BAG 12.7.1988 – 3 AZR 569/86, AP Nr. 10 zu § 2 HAG. ||2 ArbR-BGB/*Schliemann*, § 611 Rz. 285 f. ||3 BAG 3.4.1990 – 3 AZR 258/88, BAGE 65, 80. ||4 BAG 25.3.1992 – 7 ABR 52/91, BAGE 70, 104; *Schmitt*, § 10 Rz. 17. ||5 BAG 15.12.1960 – 5 AZR 437/58, AP Nr. 2 zu § 2 HAG. ||6 Vgl. zur Verfassungskonformität BVerfG 27.2.1973 – 2 BvL 27/69, BVerfGE 34, 307.

c) Personen ohne Anspruchsberechtigung. Anspruch auf Zuschlag zum Arbeitsentgelt nach Abs. 1 S. 1 haben nur die darin abschließend aufgezählten Personen. Hierzu gehören nicht gleichgestellte **Zwischenmeister** (§ 1 II Buchst. d HAG), **Familienangehörige** iSv. § 2 V HAG, **fremde Hilfskräfte** iSd. § 2 VI HAG und die sog. **AußenArbN**. AußenArbN werden – vor allem im Kontext des Heimarbeitsrechts – solche ArbN genannt, die sich von Betriebsarbeitern oder Angestellten dadurch unterscheiden, dass sie außerhalb des Betriebes tätig sind; sie sind aber den Weisungen ihres ArbGeb unterworfen und insoweit von ihm persönlich abhängig. Deshalb sind auf sie die für ArbN geltenden Vorschriften des EFZG anzuwenden.

2. Anspruchsverpflichtete. Der Anspruch auf Zuschlag zum Arbeitsentgelt richtet sich gegen den **Auftraggeber** oder, falls die Beschäftigung bei einem Zwischenmeister erfolgt, gegen den **Zwischenmeister** (Abs. 1 S. 1). Auftraggeber ist, wer die Heimarbeit vergibt. Auch **Hausgewerbetreibende** und ihnen **Gleichgestellte** können Auftraggeber sein, wenn sie ihrerseits Heimarbeiter beschäftigen; sie haben dann eine Doppelstellung. Zwischenmeister ist nach der Legaldefinition in § 2 III HAG, wer, ohne ArbN zu sein, die ihm von Gewerbetreibenden übertragene Arbeit an Heimarbeiter oder Hausgewerbetreibende lediglich „weitergibt". Bedient sich der Auftraggeber eines Zwischenmeisters, so richtet sich der Anspruch auf den Zuschlag grds. gegen den Zwischenmeister. Zahlt der Auftraggeber allerdings dem Zwischenmeister ein Entgelt, von dem er weiß oder den Umständen nach annehmen muss, dass es zur Zahlung des in der Entgeltregelung festgesetzten Entgeltes einschl. der Zuschläge an die Beschäftigten nicht ausreicht, oder zahlt er an einen Zwischenmeister, dessen Unzuverlässigkeit er kennt oder kennen muss, so haftet er neben dem Zwischenmeister für diese Entgelte, mithin auch für den Zuschlag (§ 21 II HAG).

3. Rechtsnatur und Höhe des Zuschlags. Der Zuschlag stellt **Arbeitsentgelt** iSd. Heimarbeitsgesetzes dar; insoweit ist er ebenso pfändbar bzw. abtretbar wie sonstiges Arbeitsentgelt. Die Bestimmungen über den **Pfändungsschutz** für Arbeitseinkommen (§§ 850 ff. ZPO) gelten für den Zuschlag entsprechend (§ 27 HAG). Der Zuschlag ist auch der Bemessung der **ESt** bzw. **LSt** zugrunde zu legen, **nicht aber** dem sozialversicherungsrechtl. Arbeitsentgelt.

Die **Höhe des Zuschlages** ist unterschiedlich bestimmt. Für Heimarbeiter, für Hausgewerbetreibende ohne fremde Hilfskräfte und die nach § 1 II Buchst. a HAG Gleichgestellten beträgt der Zuschlag 3,4 % des maßgeblichen Arbeitsentgeltes (Abs. 1 S. 2 Nr. 1). Dagegen ist der Zuschlag mit Rücksicht darauf, dass Hilfskräfte beschäftigt werden, die ihrerseits als ArbN Anspruch auf Entgeltfortzahlung im Krankheitsfall haben, für Hausgewerbetreibende mit nicht mehr als zwei fremden Hilfskräften und für die nach § 1 II Buchst. b u. c HAG Gleichgestellten auf 6,4 % des maßgeblichen Arbeitsentgeltes festgesetzt. Denn der Zuschlag für diese Personen dient zugleich der Sicherung der Ansprüche der von ihnen Beschäftigten (Abs. 1 S. 3). Das maßgebliche Arbeitsentgelt ist das Bruttoarbeitsentgelt ohne Unkostenzuschlag und ohne die für den Lohnausfall an gesetzl. Feiertagen, Urlaub und Arbeitsausfall infolge Krankheit zu leistenden Zahlungen; dabei ist das Bruttoarbeitsentgelt der Betrag vor Abzug von Steuern, des Beitrages zur BA und der SozV-Beiträge (Abs. 1 S. 2).

Die **Zahlung** des Zuschlages erfolgt von Gesetzes wegen **ohne jede Verwendungsbindung**; es bleibt dem Anspruchsberechtigten überlassen, wie er den Zuschlag wirtschaftl. verwendet.

III. Ausgleichsanspruch der gleichgestellten Zwischenmeister. Nach Abs. 2 haben Zwischenmeister, die den in Heimarbeit Beschäftigten nach § 1 II Buchst. d HAG gleichgestellt sind, gegen ihren Auftraggeber ihrerseits Anspruch auf Vergütung der von ihnen nach Abs. 1 nachweislich zu zahlenden Zuschläge. Diese Zwischenmeister selbst sind nicht zuschlagsberechtigt; sie haben nur für ihre eigene Zuschlagspflicht einen Ausgleichsanspruch gegen ihren Auftraggeber. Dies setzt allerdings voraus, dass diese Zwischenmeister nach § 1 II Buchst. d HAG gleichgestellt sind. Auch insoweit kommt es allein auf die Tatbestandswirkung des gleichstellenden Verwaltungsaktes an.

IV. Behördliche Überwachung. Im Hinblick auf die Schutzbedürftigkeit der Heimarbeiter und Hausgewerbetreibenden und der ihnen Gleichgestellten unterliegen nicht nur die Zahlung und Abrechnung des Arbeitsentgeltes, sondern auch die der Zuschläge der behördlichen Überwachung durch die einschlägigen Aufsichtsbehörden. Dies folgt aus Abs. 5 S. 1, wonach die **Schutzvorschriften des Siebten und Achten Abschnittes des HAG über den Entgeltschutz** auf die Zuschläge nach Abs. 1 u. 2 für entsprechend anwendbar erklärt worden sind. Der Durchführung dieser behördlichen Aufsicht dient die gesonderte Aufzeichnungspflicht der Zuschläge in den Entgeltbelegen und Entgeltbüchern nach Abs. 3. Fehlt es an einem gesonderten Eintrag im Entgeltbeleg oder im Entgeltbuch, so hat der Anspruchsverpflichtete (Auftraggeber oder Zwischenmeister) darzulegen und zu beweisen, dass die Zuschläge tatsächlich korrekt gezahlt worden sind[1].

V. Entgeltfortzahlungsanspruch durch Tarifvertrag. Nach Abs. 4 kann **nur für Heimarbeiter** (§ 1 I Buchst. a HAG) und damit nicht für Hausgewerbetreibende oder Gleichgestellte durch einen TV bestimmt werden, dass sie anstelle der in Abs. 1 S. 1 Nr. 2 bezeichneten Leistungen, also anstelle des Zu-

---

1 BAG 21.1.1965 – 5 AZR 228/64, AP Nr. 1 zu § 1 HAG; 13.3.1963 – 4 AZR 415/61, BAGE 14, 132.

schlags zum Arbeitsentgelt, die ArbN im Fall ihrer Arbeitsunfähigkeit nach den im Gesetz zustehenden Leistungen erhalten; bei der Bemessung des Anspruchs auf Arbeitsentgelt bleibt wiederum der Unkostenzuschlag außer Betracht.

17 Mit „Tarifvertrag" ist nicht der TV iSd. TVG angesprochen. Denn ein solcher kann nur Rechtsnormen enthalten, die den Inhalt, den Abschluss und die Beendigung von ArbVerh sowie betriebl. und betriebsverfassungsrechtl. Fragen ordnen können bzw. arbeitnehmerähnliche Personen (§ 12a TVG) betreffen. Bei einem HeimArbVerh handelt es sich indessen gerade nicht um ein ArbVerh, auch nicht um arbeitnehmerähnliche Personen. Vielmehr sind mit Abs. 4 die Vereinbarungen angesprochen, die nach § 17 I HAG als TV gelten, nämlich Vereinbarungen zwischen Gewerkschaften einerseits und Auftraggebern und deren Vereinigungen andererseits über Inhalt, Abschluss oder Beendigung von Vertragsverhältnissen der in Heimarbeit Beschäftigten oder der Gleichgestellten mit ihren Auftraggebern. Zwingend und unmittelbar gelten solche TV analog § 4 I TVG nur zwischen den beiderseits Tarifgebundenen. Indessen kann die Anwendbarkeit eines derartigen TV auch mit einem nicht tarifgebundenen HeimArbN einzelvertragl. vereinbart werden. Durch eine BV kann ein solcher TV indessen nicht auf nicht tarifgebundene Heimarbeiter oder gar auf andere in Heimarbeit Beschäftigte oder Gleichgestellte ausgedehnt werden. Soweit ein solcher TV Entgeltfortzahlung im Krankheitsfall anordnet, steht dem dadurch Begünstigten kein Anspruch auf eine entsprechende Zulage nach Abs. 1 zu.

11 Feiertagsbezahlung der in Heimarbeit Beschäftigten

(1) Die in Heimarbeit Beschäftigten (§ 1 Abs. 1 des Heimarbeitsgesetzes) haben gegen den Auftraggeber oder Zwischenmeister Anspruch auf Feiertagsbezahlung nach Maßgabe der Absätze 2 bis 5. Den gleichen Anspruch haben die in § 1 Abs. 2 Buchstabe a bis d des Heimarbeitsgesetzes bezeichneten Personen, wenn sie hinsichtlich der Feiertagsbezahlung gleichgestellt werden; die Vorschriften des § 1 Abs. 3 Satz 3 und Abs. 4 und 5 des Heimarbeitsgesetzes finden Anwendung. Eine Gleichstellung, die sich auf die Entgeltregelung erstreckt, gilt auch für die Feiertagsbezahlung, wenn diese nicht ausdrücklich von der Gleichstellung ausgenommen ist.

(2) Das Feiertagsgeld beträgt für jeden Feiertag im Sinne des § 2 Abs. 1 0,72 vom Hundert des in einem Zeitraum von sechs Monaten ausgezahlten reinen Arbeitsentgelts ohne Unkostenzuschläge. Bei der Berechnung des Feiertagsgeldes ist für die Feiertage, die in den Zeitraum vom 1. Mai bis 31. Oktober fallen, der vorhergehende Zeitraum vom 1. November bis 30. April und für die Feiertage, die in den Zeitraum vom 1. November bis 30. April fallen, der vorhergehende Zeitraum vom 1. Mai bis 31. Oktober zugrunde zu legen. Der Anspruch auf Feiertagsgeld ist unabhängig davon, ob im laufenden Halbjahreszeitraum noch eine Beschäftigung in Heimarbeit für den Auftraggeber stattfindet.

(3) Das Feiertagsgeld ist jeweils bei der Entgeltzahlung vor dem Feiertag zu zahlen. Ist die Beschäftigung vor dem Feiertag unterbrochen worden, so ist das Feiertagsgeld spätestens drei Tage vor dem Feiertag auszuzahlen. Besteht bei der Einstellung der Ausgabe von Heimarbeit zwischen den Beteiligten Einvernehmen, das Heimarbeitsverhältnis nicht wieder fortzusetzen, so ist den Berechtigten bei der letzten Entgeltzahlung das Feiertagsgeld für die noch übrigen Feiertage des laufenden sowie für die Feiertage des folgenden Halbjahreszeitraumes zu zahlen. Das Feiertagsgeld ist jeweils bei der Auszahlung in die Entgeltbelege (§ 9 des Heimarbeitsgesetzes) einzutragen.

(4) Übersteigt das Feiertagsgeld, das der nach Absatz 1 anspruchsberechtigte Hausgewerbetreibende oder im Lohnauftrag arbeitende Gewerbetreibende (Anspruchsberechtigte) für einen Feiertag auf Grund des § 2 seinen fremden Hilfskräften (§ 2 Abs. 6 des Heimarbeitsgesetzes) gezahlt hat, den Betrag, den er auf Grund der Absätze 2 und 3 für diesen Feiertag erhalten hat, so haben ihm auf Verlangen seine Auftraggeber oder Zwischenmeister den Mehrbetrag anteilig zu erstatten. Ist der Anspruchsberechtigte gleichzeitig Zwischenmeister, so bleibt hierbei das für die Heimarbeiter oder Hausgewerbetreibenden empfangene und weiter gezahlte Feiertagsgeld außer Ansatz. Nimmt ein Anspruchsberechtigter eine Erstattung nach Satz 1 in Anspruch, so können ihm bei Einstellung der Ausgabe von Heimarbeit die erstatteten Beträge auf das Feiertagsgeld angerechnet werden, das ihm auf Grund des Absatzes 2 und des Absatzes 3 Satz 3 für die dann noch übrigen Feiertage des laufenden sowie für die Feiertage des folgenden Halbjahreszeitraumes zu zahlen ist.

(5) Das Feiertagsgeld gilt als Entgelt im Sinne der Vorschriften des Heimarbeitsgesetzes über Mithaftung des Auftraggebers (§ 21 Abs. 2), über Entgeltschutz (§§ 23 bis 27) und über Auskunftspflicht über Entgelte (§ 28); hierbei finden die §§ 24 bis 26 des Heimarbeitsgesetzes Anwendung, wenn ein Feiertagsgeld gezahlt ist, das niedriger ist als das in diesem Gesetz festgesetzte.

1 **I. Normzweck.** ArbN erhalten nach § 2 Entgeltfortzahlung an Feiertagen. Die in Heimarbeit Beschäftigten sind keine ArbN und erhalten folglich keine Entgeltfortzahlung an Feiertagen nach § 2. Stattdessen steht ihnen ein **pauschaliertes Feiertagsgeld** nach näherer Maßgabe des § 11 zu. Diese Vorschrift ist, dem § 10 vergleichbar, den Bedürfnissen der Heimarbeit angepasst[1].

---

1 Zur Entstehungsgeschichte s. 3. Aufl., § 11 EFZG Rz. 1.

II. Anspruch auf Feiertagsgeld (Abs. 1). Dem Grunde nach ist der Anspruch auf Feiertagsgeld in Abs. 1 geregelt. Hiervon ist der in Abs. 4 normierte **Ausgleichsanspruch** zu unterscheiden. Dieser Ausgleichsanspruch ist dafür gegeben, dass anspruchsberechtigte Hausgewerbetreibende oder im Lohnauftrag arbeitende Gewerbetreibende ihrerseits ihren sog. fremden Hilfskräften Entgeltfortzahlung an Feiertagen nach § 2 geleistet haben.

1. Anspruchsberechtigte. Der Kreis der Anspruchsberechtigten umfasst zum einen alle diejenigen, die auch nach § 10 anspruchsberechtigt sind, zusätzlich aber auch **gleichgestellte Zwischenmeister**, denn Abs. 1 S. 2 verweist ausdrücklich auch auf § 1 II Buchst. d HAG. Anders als in § 10 sind **Gleichgestellte** nur dann Anspruchsberechtigte, wenn sie (auch) hinsichtl. der Feiertagsbezahlung gleichgestellt worden sind (§ 10 I 2 Hs. 2). Dabei gilt eine Gleichstellung für die Entgeltregelung auch für die Feiertagsbezahlung, wenn diese nicht ausdrücklich von der Gleichstellung ausgenommen worden ist. Die Gleichstellung erfolgt durch eine Gleichstellungsbescheid, mithin einen **Verwaltungsakt** der Aufsichtsbehörde für Heimarbeit, und entfaltet für § 11 eine **Tatbestandswirkung** (vgl. § 10 Rz. 8). Zum Kreis der **nicht Anspruchsberechtigten** zählen vor allem **AußenArbN**, **Familienangehörige** und **fremde Hilfskräfte** (vgl. § 10 Rz. 9). **Gleichgestellte** sind nur anspruchsberechtigt, wenn sich ihre Gleichstellung auch auf die Feiertagsentlohnung bezieht.

2. Anspruchsverpflichtete. Gleichermaßen wie in § 10 sind Schuldner des Feiertagsgeldes die **Auftraggeber** und die **Zwischenmeister**, soweit der in Heimarbeit Beschäftigte für sie tätig ist (Abs. 1) oder war (Abs. 3 S. 2 und 3). **Zwischenmeister**, die auch hinsichtlich der Entgeltregelung bzw. der Regelung über den Feiertagslohn den Heimarbeiter gleichgestellt sind, haben insoweit eine Doppelstellung. Zum einen haben sie einen Anspruch auf Feiertagsgeld gegen ihren Auftraggeber, zum anderen sind sie aber Schuldner für das Feiertagsgeld ggü. denen, die sie wiederum in Heimarbeit beschäftigen.

3. Voraussetzungen und Umfang des Anspruchs. Die sachlichen Anspruchsvoraussetzungen und der Umfang des Anspruchs sind in Abs. 2 geregelt. Umstritten ist, inwieweit der Anspruch auf Feiertagsgeld voraussetzt, dass die **Arbeit nur wegen des Feiertages ausgefallen** ist. Nach Abs. 2 S. 1 beträgt das Feiertagsgeld für jeden Feiertag iSd. § 2 I einen bestimmten Prozentsatz aus dem Entgelt des Referenzzeitraumes. Hieraus schließt ein Teil des Schrifttums, dass die Zahlung des Feiertagsgeldes keinen tatsächlichen Arbeits- oder Entgeltausfall infolge des Feiertages voraussetze, sondern die Feiertage nur als Maßstab für die Berechnung des Feiertagsgeldes seien[1]. Diese Ansicht wird im Wesentlichen auf die Erwägung gestützt, dass viele Heimarbeiter Sonn- und Feiertage auch zur Arbeit mitbenutzen und sich daher kaum feststellen lässt, ob infolge des Feiertages Arbeit ausgefallen ist. Aus dieser Ansicht folgt, dass in Heimarbeit Beschäftigte Feiertagsgeld auch für Feiertage zu erhalten haben, an denen sie arbeitsunfähig erkrankt sind oder Urlaub machen. Dasselbe gilt konsequenterweise dann auch für Sonntage. Die Gegenansicht vertritt dagegen das Prinzip der Monokausalität des feiertagsbedingten Entgeltausfalls[2]. Nach noch aA haben ArbN keinen Anspruch auf Feiertagsvergütung für solche Feiertage, die auf einen Sonntag fallen, es sei denn, sie hätten am Sonntag gearbeitet und diese Arbeit wäre arbeitszeitrechtl. zulässig; grds. werde also Feiertagsgeld für gesetzl. Wochenfeiertage geleistet[3].

Die Formulierung „**für jeden Feiertag im Sinne des § 2 I**" ist nicht dahin gehend zu verstehen, dass die darin genannte Voraussetzung der Feiertagsbedingtheit des Arbeitsausfalls auf § 11 zu übertragen ist[4]. Ein Feiertag iSd. § 2 I ist ein gesetzl. Feiertag, dh. ein Tag, der nach den staatlichen gesetzl. Feiertagsregelungen als solcher geschützt ist. Eine solche Verweisung ist nicht etwa sinnleer, weil § 2 I nicht definiert, welche Tage gesetzl. Feiertage sind. Der Sinn der Verweisung liegt vielmehr darin, dass sich das Feiertagsgeld nach § 11 nach den gesetzl. Feiertagen zu richten hat, die für das jeweilige HeimArbVerh maßgeblich sind. Maßgeblich sind die Feiertage am Arbeitsort des Anspruchsberechtigten Den nach § 11 Anspruchsberechtigten steht daher für solche Feiertage ein Anspruch auf Feiertagsgeld zu, die an seinem Arbeitsort nach staatl. Recht gesetzl. Feiertage sind. Insoweit erfolgt eine analoge Behandlung wie bei ArbN und ArbGeb.

Monokausalität kann darüber hinaus auch deswegen nicht vom Gesetzgeber vorausgesetzt sein, weil für diejenigen, die nach § 11 anspruchsberechtigt sind, kein gesetzl. Verbot besteht, an Feiertagen zu arbeiten. Ein solches Verbot ist nur in § 9 I ArbZG enthalten; es betrifft nur ArbN. Die nach § 11 Anspruchsberechtigten sind indessen keine ArbN. Die Befürchtung einer Besserstellung der nach § 11 Anspruchsberechtigten ggü. ArbN für den Fall, dass Heimarbeit auch an gesetzl. Feiertagen geleistet wird, hat im geltenden Recht keine Grundlage. Heimarbeit und Arbeit in ArbVerh sind unterschiedliche Betätigungskreise. Kann ein inhaftierter Heimarbeiter tatsächlich seine Arbeiten für den ArbGeb nicht ausüben, so führt ein solches Verständnis des § 11 nicht zu dessen ungerechtfertigter Bevorzugung. Entweder hat der inhaftierte Heimarbeiter noch einen nachträglich zu erfüllenden Anspruch auf Feiertagsgeld nach Abs. 3 oder aber ihm steht, weil er überhaupt keine Arbeitsleistung mehr erbringt, auch kein Entgeltanspruch mehr zu.

---

[1] Schmidt/Koberski/Tiemann/Wascher, § 19 HAG Anh. Rz. 79 mwN. || [2] BAG 26.7.1979 – 3 AZR 813/78, AP Nr. 34 zu § 1 FeiertagslohnzahlungsG m. Anm. Bernert; Schmitt, § 11 Rz. 35; ErfK/Dörner/Reinhard, § 11 EFZG Rz. 4; Vogelsang, Entgeltfortzahlung, Rz. 960. || [3] Müller/Berenz, § 11 Rz. 6. || [4] AA Vogelsang, Entgeltfortzahlung, Rz. 960.

8 **III. Höhe des Feiertagsgeldes, Referenzzeitraum.** Die Höhe des Feiertagsgeldes ist für alle Anspruchsberechtigten ohne Unterschied auf **0,72 %** des durchschnittlichen **Bruttoarbeitsentgeltes ohne Unkostenzuschläge** (§ 10 Rz. 12) im maßgeblichen Referenzzeitraum festgesetzt. Unter dem ausgezahlten reinen Arbeitsentgelt ist nicht der Nettobetrag nach Abzug von Steuern und SozV-Beträgen zu verstehen, sondern der Bruttobetrag nach Abzug sog. Unkostenzuschläge, die zB zur Beschaffung von Arbeitsmaterial gezahlt werden.

9 Der **Zuschlag** wird auf Grund der Verdienste im vergangenen Referenzzeitraum berechnet und insoweit nachträglich gezahlt. Fällt der gesetzl. Feiertag in die Zeit vom 1.5. bis zum 31.10., so ist Referenzzeitraum der vorangegangene Sechs-Monats-Zeitraum vom 1.11. bis zum 30.4.; fällt der gesetzl. Feiertag in den Zeitraum vom 1.11. bis zum 30.4., so ist der vorangegangene Sechs-Monats-Zeitraum vom 1.5. bis zum 31.10. Referenzzeitraum (Abs. 2 S. 2). Auf Grund dieser relativ langen Referenzzeiträume können kurzfristige Verdienstunterschiede weniger durchschlagen; damit bleibt das Feiertagsgeld für beide Seiten kalkulierbar. Nach Abs. 2 S. 3 ist der Anspruch unabhängig davon, ob im laufenden Halbjahreszeitraum noch Beschäftigung in Heimarbeit für den Auftraggeber stattfindet. Das bedeutet, dass für den HeimArbN der Anspruch auf Feiertagsgeld auch noch nach Beendigung des HeimArbVerh mit dem betreffenden ArbGeb erhalten bleibt.

10 **IV. Fälligkeit.** Im Regelfall ist das Feiertagsgeld im laufenden Beschäftigungsverhältnis vom Anspruchsverpflichteten mit der letzten Zahlung von Arbeitsentgelt vor dem jeweiligen Feiertag zu zahlen (Abs. 3 S. 1). Ist indessen in dem für die Entgeltzahlung vor dem Feiertag maßgeblichen Zeitraum keine Heimarbeit ausgeführt worden, ohne dass das HeimArbVerh beendet worden ist oder beendet werden sollte, muss das Feiertagsgeld spätestens drei Tage vor dem Feiertag gezahlt werden. Werden sich die Parteien des HeimArbVerh über dessen Beendigung einig, so ist dem Anspruchsberechtigten bei der letzten Entgeltzahlung auch das gesamte noch offene Feiertagsgeld zu zahlen, dh. alle noch nicht gezahlten Beträge des laufenden Halbjahres, aber auch noch die offenen Beträge des nachfolgenden Halbjahres (Abs. 3 S. 3).

11 **V. Ausgleichsanspruch.** Abs. 4 normiert einen nachträglichen Ausgleichsanspruch für **Hausgewerbetreibende** oder im Lohnauftrag arbeitende Gewerbetreibende. Hausgewerbetreibende und im Lohnauftrag arbeitende Gewerbetreibende sind einerseits Anspruchsberechtigte nach Abs. 1, sofern sie dementsprechend gleichgestellt sind. Ggü. ihren eigenen sog. fremden Hilfskräften (§ 2 VI HAG) sind sie aber auch verpflichtet, Entgeltfortzahlung an gesetzl. Feiertagen nach § 2 zu leisten, denn diese sind ihre ArbN. Übersteigen diese gesetzl. Leistungen den Betrag, den die Hausgewerbetreibenden oder im Lohnauftrag arbeitenden Gewerbetreibenden ihrerseits auf Grund der Abs. 2 u. 3 erhalten haben, so haben auf ihr Verlangen ihre Auftraggeber oder Zwischenmeister den Mehrbetrag anteilig zu erstatten (Abs. 4 S. 1). Dabei bleibt das für Heimarbeiter und Hausgewerbetreibenden empfangene und weitergezahlte Feiertagsgeld außer Ansatz, wenn der Anspruchsberechtigte selbst gegenüber Zwischenmeister ist (Abs. 4 S. 2). Die Anrechnungsregelung des Abs. 4 S. 3 dient der Vermeidung von Doppelansprüchen.

12 **VI. Schutzbestimmungen.** Nach Abs. 3 S. 4 ist das Feiertagsgeld bei jeder Auszahlung in die Entgeltbelege (§ 9 HAG) einzutragen. Das Feiertagsgeld gilt als Entgelt iSd. Vorschriften des HAG über die Mithaftung des ArbGeb, den Entgeltschutz und die Auskunftspflicht; ggf. kann es auch nach den §§ 24–26 HAG durchgesetzt werden (Abs. 5).

12 Unabdingbarkeit

Abgesehen von § 4 Abs. 4 kann von den Vorschriften dieses Gesetzes nicht zuungunsten des Arbeitnehmers oder der nach § 10 berechtigten Personen abgewichen werden.

1 **I. Normzweck und -entstehung.** § 12 normiert die ausnahmslose Unabdingbarkeit der gesetzl. Entgeltfortzahlungsregelungen durch einzelvertragl. Vereinbarungen[1] und erlaubt Abweichungen durch tarifvertragl. Normen nur im Rahmen des § 4 IV. Diese massiven Einschränkungen der Vertragsfreiheit dienen der Sicherung des gesetzl. Mindeststandards für die Entgeltfortzahlung im Krankheitsfall und an Feiertagen für ArbN (§ 1) und der in Heimarbeit Beschäftigten (§§ 10, 11). Dagegen bezweckt die in § 12 normierte Unabdingbarkeit nicht den Schutz der Krankenkassen[2] oder anderer Dritter.

2 **II. Unabdingbare/Abweichungsverbote.** Alt. 1 betrifft das Verbot, durch Rechtsgeschäft von den Bestimmungen des EFZG zu Lasten des ArbN abzuweichen. Soweit es um Ansprüche der nach § 10 berechtigten in Heimarbeit Beschäftigten geht, lässt § 12 keinerlei Abweichungen zu deren Ungunsten zu. Allerdings sind hinsichtlich der Leistungen für die Sicherung im Fall krankheitsbedingter Arbeitsunfähigkeit Abweichungen von den materiellen gesetzl. Regelungen im Rahmen der Öffnungsklausel des § 10 IV möglich; dagegen sind keine ausdrücklichen Abweichungen hinsichtlich der Entgeltfortzahlung für gesetzl. Feiertage für nach § 11 Berechtigte geregelt.

---

1 BAG 9.10.2002 – 5 AZR 356/01, BAGE 103, 60. ||2 BAG 11.6.1976 – 5 AZR 506/75, AP Nr. 2 zu § 9 LohnFG.

Unabdingbarkeit   Rz. 11 § 12 EFZG

1. Gegenstand und Umfang des Abweichungsverbots. § 12 bezieht sich nur auf die Bestimmungen des **3**
EFZG. Sonstige Bestimmungen über die Entgeltfortzahlung im Verhinderungsfall aus anderen Gründen, etwa § 616 BGB, sind von § 12 ebenso wenig erfasst wie sonstige Ansprüche des geschädigten ArbN, zB auf unfallbedingten sonstigen Schadensersatz. Ausdrücklich nimmt § 12 Tarifregelungen gem. § 4 IV über die Entgeltfortzahlung wegen krankheitsbedingter Arbeitsunfähigkeit oder an Feiertagen vom Abweichungsverbot aus. Die Wirksamkeit von Vereinbarungen, die von solchen Tarifregelungen abweichen, ist nicht an § 12 zu messen, sondern an § 4 III TVG.

Das Gesetz verbietet nicht jede Abweichung, sondern nur Abweichungen zu Ungunsten des ArbN **4**
und der nach § 10 und § 11 Anspruchsberechtigten. Hiervon macht das Gesetz eine einzige Ausnahme, nämlich für tarifvertragl. Vereinbarungen iSd. § 4 IV. Obwohl – im Gegensatz zu § 4 IV – in § 12 nicht erwähnt, sind auch Vereinbarungen über die frühere Vorlage von Arbeitsunfähigkeitsbescheinigungen oder die Ausübung eines entsprechenden Weisungsrechtes durch den ArbGeb vom Abweichungsverbot des § 12 nicht erfasst[1]. Auch (tarifvertragl.) Ausschlussfristen stellen keine Abweichung iSd. § 12 dar[2]. Dies setzt voraus, dass die Ausschlussfrist den normalen Vergütungsanspruch erfasst. Gleiches gilt für die Einrede der Verjährung.

Ebenso wenig sind von § 12 Vereinbarungen über Sondervergütungen erfasst, in denen unter Beachtung der Regelungen in § 4a gleichzeitig die Kürzung wegen Arbeitsverhinderung infolge krankheitsbedingter Arbeitsunfähigkeit und/oder infolge Teilnahme an einer Maßnahme der medizinischen Vorsorge und Rehabilitation (§ 9) vereinbart worden ist. Auch insoweit handelt es sich lediglich um die Ausschöpfung des gesetzl. Gestaltungsrahmens des EFZG. **5**

2. Art und Inhalt von Abweichungsvereinbarungen. Das Abweichungsverbot des § 12 erfasst alle Arten von Vereinbarungen, vor allem den Arbeitsvertrag und alle anderen Individualvereinbarungen zwischen ArbN und ArbGeb, BV[3]. Auch TV werden von der Unabdingbarkeitsregel erfasst, wenn sich die darin enthaltenen Abweichungen nicht im Rahmen des § 4 IV halten[4]. Alle Vereinbarungen, die von vornherein die Entstehung von Ansprüchen nach dem EFZG vermeiden oder beschneiden sollen, verstoßen gegen das Unabdingbarkeitsgebot des § 12[5]. Dies gilt auch für den Fall des Verzichtes auf Ansprüche vor deren Fälligkeit, gleichgültig, ob der Verzicht in einem Verzichtsvertrag (§ 397 BGB), einer im Arbeitsleben üblichen Ausgleichsquittung (idR ein formloser Verzichtsvertrag) oder in einem gerichtlichen oder außergerichtlichen Vergleich (§ 779 BGB) erfolgt[6]. Dagegen kann der ArbN auf entstandene und fällig gewordene Ansprüche nach dem EFZG verzichten, wenn dieser Verzicht anlässlich oder nach Beendigung des ArbVerh erklärt wird[7]. **6**

Dagegen ist es nach der Rspr. des BAG mit der Unabdingbarkeitsregel des Entgeltfortzahlungsrechts **7**
unvereinbar, während des Bestehens des ArbVerh auf einen entstandenen, fällig gewordenen Entgeltfortzahlungsanspruch wegen krankheitsbedingter Arbeitsunfähigkeit zu verzichten[8]. Das BAG hat sich von dem Gedanken leiten lassen, die Unabdingbarkeit der gesetzl. Ansprüche solle der bis zum letzten Tag des ArbVerh bestehenden Abhängigkeit des ArbN vom ArbGeb entgegenwirken.

Von § 12 unberührt bleiben sog. Tatsachenvergleiche, dh. Vergleiche, die zur Beilegung von Meinungsverschiedenheiten geschlossen werden, wenn unter den Beteiligten streitig ist, ob die für die Entgeltfortzahlung vorausgesetzten Tatsachen vorliegen[9]. **8**

Einstweilen frei. **9**

3. Abweichungen zu Ungunsten des Arbeitnehmers. Um erkennen zu können, ob eine Regelung oder **10**
Vereinbarung zu Ungunsten des ArbN von den Bestimmungen des EFZG abweicht, bedarf es eines Günstigkeitsvergleichs. Bei punktuellen Benachteiligungen ist der Günstigkeitsvergleich einfach zu vollziehen; insoweit wird nur die Regelung mit der Gesetzeslage verglichen. Bei der vergleichenden Abwägung komplexer Regelungen könnten zwar begünstigende und belastende Regelungen uU als insg. (latent) zu Gunsten des ArbN vom Gesetz abweichend verstanden werden. Eine solche Betrachtung ist rechtl. jedoch unzulässig[10].

Arbeitsvertragl. kann der Anspruch auf Bezahlung regelmäßiger zusätzlicher Arbeitsleistungen nicht **11**
für Tage ausgeschlossen werden, an denen der ArbN feiertagsbedingt nicht arbeitet[11]. Als Abweichung zu Lasten des ArbN ist auch angesehen worden, wenn die Entgeltfortzahlung von einer zusätzlichen

---

[1] BAG 25.1.2000 – 1 ABR 3/99, BAGE 93, 276; 1.10.1997 – 5 AZR 726/96, BAGE 86, 357. ||[2] BAG 25.5. 2005 – 5 AZR 572/04, EzA § 307 BGB 2002 Nr. 3; 16.1.2002 – 5 AZR 430/00, AP Nr. 13 zu § 3 EntgeltFG. ||[3] BAG 13.2. 2002 – 5 AZR 470/00, BAGE 100, 256. ||[4] BAG 26.9.2001 – 5 AZR 539/00, BAGE 99, 112. ||[5] BAG in st. Rspr., statt vieler BAG 20.8.1980 – 5 AZR 218/78, AP Nr. 11 zu § 6 LohnFG. ||[6] BAG in st. Rspr., statt vieler BAG 20.8.1980 – 5 AZR 218/78, AP Nr. 11 zu § 6 LohnFG. ||[7] BAG 20.8.1980 – 5 AZR 955/78, AP Nr. 12 zu § 6 LohnFG; 20.8.1980 – 5 AZR 218/78, AP Nr. 11 zu § 6 LohnFG; 11.6.1976 – 5 AZR 506/75, AP Nr. 2 zu § 9 LohnFG; aA *Trieschmann*, Anm. zu AP Nr. 18 zu § 6 LohnFG; ErfK/*Dörner*, § 12 EFZG Rz. 6; *Vogelsang*, Entgeltfortzahlung, Rz. 869; *Kunz/Wedde*, § 12 Rz. 26. ||[8] BAG 28.11.1979 – 5 AZR 955/77, AP Nr. 10 zu § 6 LohnFG. ||[9] BAG 21.12.1972 – 5 AZR 319/72, AP Nr. 1 zu § 9 LohnFG. ||[10] BAG 22.8.2001 – 5 AZR 699/99, NZA 2002, 610. ||[11] BAG 16.1.2002 – 5 AZR 303/00, AP Nr. 7 zu § 2 EntgeltFG.

weiteren ärztlichen Untersuchung abhängig gemacht wird[1]. Ebenso weicht die Vereinbarung über die Nichtberücksichtigung von Wegegeldern, die unabhängig von tatsächlichen Aufwendungen gezahlt werden, zu Lasten des ArbN vom Entgeltfortzahlungsrecht ab[2]. Das Gleiche gilt, wenn eine laufend gezahlte Anwesenheitsprämie bei der Berechnung des Entgeltfortzahlungsanspruchs nicht berücksichtigt wird[3]. Dagegen liegt kein Verstoß gegen das EFZG vor, wenn eine Sonderzahlung im Rahmen des § 4a wegen krankheitsbedingter Arbeitsunfähigkeit vereinbarungsgemäß gekürzt wird.

12 Die Rechtsfolge einer gegen § 12 verstoßenden Vereinbarung liegt darin, dass sie nach § 134 BGB nichtig ist. Bei einer Individualvereinbarung ist dann zu prüfen, ob die Vereinbarung, dh. der ganze Vertrag, nichtig ist oder ob insoweit ein Fall der Teilnichtigkeit vorliegt und inwieweit die Vereinbarung auch ohne den nichtigen Teil aufrecht zu erhalten ist (§ 139 BGB). Bei Abweichungen in BV und TV gilt Vergleichbares. In aller Regel genügt hier jedoch, die gegen § 12 verstoßende Regelung nicht und an deren Stelle das Gesetz anzuwenden[4].

13 **III. Unabdingbarkeit/Abweichungsverbot in HeimArbVerh.** Nach § 12 darf von den Vorschriften des EFZG auch nicht zu Ungunsten der nach § 10 berechtigten Personen abgewichen werden. Dies betrifft die in Heimarbeit Beschäftigten hinsichtlich des Anspruchs auf einen Zuschlag wegen krankheitsbedingter Arbeitsunfähigkeit. Scheinbar anders ist es hinsichtlich des Anspruchs auf Feiertagsbezahlung nach § 11, der in § 12 nicht erwähnt ist. Konsequenterweise müsste man annehmen, dass von den Regelungen über das Feiertagsgeld zu Lasten der in Heimarbeit Beschäftigten abgewichen werden dürfe. Dies trifft nicht zu. Vielmehr handelt es sich bei der Nichtwähnung des § 11 in § 12 um ein Redaktionsversehen des Gesetzgebers und nicht um eine bewusst unterschiedliche Behandlung der in Heimarbeit Beschäftigten im Fall der krankheitsbedingten Arbeitsunfähigkeit und im Fall des Feiertagsgeldes.

14 Im Unterschied zum Entgeltfortzahlungsrecht für ArbN hat das BAG angenommen, in Heimarbeit Beschäftigte könnten auf den Zuschlag nach § 10 I 1 nicht wirksam verzichten; dabei hat es allerdings offen gelassen, ob gleichwohl ein Erlassvertrag nach § 397 BGB zu dem Zeitpunkt möglich ist, in dem sich entweder der in Heimarbeit Beschäftigte bzw. Gleichgestellte oder sein Auftraggeber offensichtlich endgültig aus der Betätigung in Heimarbeit zurückgezogen haben[5]. Ebenso hat es die Unverzichtbarkeit auch für einen bereits entstandenen und fällig gewordenen Anspruch auf Feiertagsgeld angenommen.

13 *Übergangsvorschrift*
Die Vorschrift ist durch Zeitablauf gegenstandslos geworden. Vom Abdruck wurde deshalb abgesehen.

---

1 BAG 4.10.1978 – 5 AZR 326/77, AP Nr. 3 zu § 3 LohnFG. || 2 BAG 11.2.1976 – 5 AZR 615/74, AP Nr. 10 zu § 611 BGB Anwesenheitsprämie. || 3 BAG 4.10.1978 – 5 AZR 886/77, AP Nr. 11 zu § 611 BGB Anwesenheitsprämie.
|| 4 Vgl. für einen TV BAG 26.9.2001 – 5 AZR 539/00, BAGE 99, 112; für eine BV BAG 13.2.2002 – 5 AZR 470/00, BAGE 100, 256. || 5 BAG 28.7.1966 – 5 AZR 63/66, BAGE 19, 34.

Einkommensteuergesetz (EStG)

in der Fassung der Bekanntmachung vom 8.10.2009 (BGBl. I S. 3366, 3862),
zuletzt geändert durch Gesetz vom 18.12.2013 (BGBl. I S. 4318)

– Auszug –

19 *[Nichtselbständige Arbeit]*
(1) Zu den Einkünften aus nichtselbständiger Arbeit gehören
1. Gehälter, Löhne, Gratifikationen, Tantiemen und andere Bezüge und Vorteile für eine Beschäftigung im öffentlichen oder privaten Dienst;
2. Wartegelder, Ruhegelder, Witwen- und Waisengelder und andere Bezüge und Vorteile aus früheren Dienstleistungen, auch soweit sie von Arbeitgebern ausgleichspflichtiger Personen an ausgleichsberechtigte Personen infolge einer nach § 10 oder § 14 des Versorgungsausgleichsgesetzes durchgeführten Teilung geleistet werden;
3. laufende Beiträge und laufende Zuwendungen des Arbeitgebers aus einem bestehenden Dienstverhältnis an einen Pensionsfonds, eine Pensionskasse oder für eine Direktversicherung für eine betriebliche Altersversorgung. (…)

Es ist gleichgültig, ob es sich um laufende oder um einmalige Bezüge handelt und ob ein Rechtsanspruch auf sie besteht.

(2) (…)

38 *Erhebung der Lohnsteuer*
(1) Bei Einkünften aus nichtselbständiger Arbeit wird die Einkommensteuer durch Abzug vom Arbeitslohn erhoben (Lohnsteuer), (…)

(2)–(4) (…)

I. Übersicht über die Besteuerung des Arbeitslohnes 1	2. Zufluss 48
1. Allgemeines 1	3. Sondervorschriften für einzelne Vergütungsformen 61
2. Einkommensteuer 6	4. ABC der Vergütungsformen 67
3. Lohnsteuer 13	5. Verhältnis der Bemessungsgrundlagen im Steuerrecht und im Sozialversicherungsrecht 67a
4. Umsatzsteuer 36	
II. Arbeitnehmer 37	IV. Werbungskosten 68
1. Begriffsmerkmale und Verhältnis zum Zivilrecht 37	1. Allgemeines 68
2. Steuerfolgen bei Scheinselbständigkeit 39	2. ABC typischer Erwerbsaufwendungen 69
III. Arbeitslohn 44	V. Auswirkungen der Besteuerung auf das Arbeitsverhältnis 70
1. Allgemeines und Verhältnis zum Zivilrecht . 44	

I. Übersicht über die Besteuerung des Arbeitslohnes. 1. Allgemeines. Das ArbVerh ist nicht nur Gegenstand des Arbeitsrechts, sondern auch des Steuerrechts. Hierbei ist Arbeitslohn vor allem der **ESt** unterworfen, wobei der ArbGeb einen Steuerabzug vom Arbeitslohn (LStEinbehalt) vorzunehmen hat. Die **Lohnsteuer** ist daher keine besondere Steuerart, sondern lediglich eine besondere Form der ESt-Vorauszahlung für Einkünfte aus nichtselbständiger Arbeit. Als sog. Annex- bzw. Zuschlagsteuern der ESt (vgl. § 51a) unterliegt Arbeitslohn grds. auch dem **Solidaritätszuschlag** (SolZG), der 5,5 % der ESt beträgt, und uU auch der **Kirchensteuer** (landesrechtl. Kirchensteuergesetze), die je nach Bundesland 8 % oder 9 % der ESt beträgt, aber andererseits als Sonderausgabe abzugsfähig ist. **1**

Beim ArbGeb stellt der Arbeitslohn idR eine für ihn abzugsfähige **Betriebsausgabe** dar, die seinen steuerpflichtigen Gewinn mindert, worauf nachfolgend aber grds. nicht weiter eingegangen wird. Hierbei gibt es allerdings kein Korrespondenzprinzip in dem Sinne, dass die Steuerpflicht beim ArbN mit der Abzugsfähigkeit beim ArbGeb zusammen hängen würde. **2**

Bei der **Umsatzsteuer** ist Arbeitslohn zwar grds. nicht steuerbar; in Ausnahmefällen, insb. bei Sachbezügen, kann er jedoch umsatzsteuerpflichtig sein. Vgl. Rz. 36. **3**

Das Steuerrecht betrifft zwar primär das Verhältnis zwischen Finanzbehörde und ArbN und/oder das Verhältnis zwischen Finanzbehörde und ArbGeb. Allerdings hat das Steuerrecht auch **Auswirkungen auf das Rechtsverhältnis zwischen ArbN und ArbGeb**. Bspw. können sich bei einer lohnsteuerlichen Haftungsinanspruchnahme des ArbGeb durch das Finanzamt Rückgriffsansprüche des ArbGeb gegen den ArbN ergeben. Vgl. Rz. 70 ff. **4**

5 Angesichts des Umfangs und der Komplexität des Steuerrechts im Allg. und der Besteuerung des Arbeitslohns im Besonderen können die nachfolgenden Ausführungen nur einen **Überblick und ersten Einstieg** bieten. Bei Bedarf können Einzelheiten durch zitierte Quellen und/oder über Kommentierungen der zitierten Gesetzesstellen in einschlägigen steuerrechtl. Kommentaren erschlossen werden.

6 **2. Einkommensteuer.** Der ESt unterliegen u.a. gem. § 2 II Nr. 4 Einkünfte aus nichtselbständiger Arbeit, die der Steuerpflichtige während seiner unbeschränkten **EStPflicht** oder als inländische Einkünfte während seiner beschränkten EStPflicht erzielt. Inlandsansässigkeit durch Wohnsitz oder gewöhnlichen Aufenthalt führt zur unbeschränkten EStPflicht (§ 1), bei der dann grds. das weltweite Einkommen steuerpflichtig ist. Im Falle der Auslandsansässigkeit des ArbN führen hingegen nur inländische Einkünfte zur beschränkten EStPflicht in Deutschland. Derartige inländische Einkünfte liegen vor allem bei Tätigkeiten eines ArbN vor, die im Inland ausgeübt oder verwertet werden (§ 49 I Nr. 4). Bei **grenzüberschreitenden Sachverhalten** kann zudem ein bilaterales Abkommen zur Vermeidung von Doppelbesteuerung (Doppelbesteuerungsabkommen, DBA) zwischen Deutschland und dem entsprechenden ausländischen Staat ein deutsches Besteuerungsrecht einschränken. Derartige DBA sehen für Arbeitslohn idR ein vorrangiges Besteuerungsrecht des Tätigkeitsstaates vor, wobei dies jedoch grds. nicht für Dienstreisen und kurzfristige Entsendungen bis 183 Tage gilt (vgl. Art. 15 des OECD-Musterabkommens)[1].

7 Das einkommensteuerliche Begriffsverständnis des ArbVerh deckt sich weitgehend, aber nicht vollständig, mit dem arbeitsrechtl. Begriffsverständnis. Vgl. Rz. 37f.

8 Einkünfte sind der Überschuss der Einnahmen (Arbeitslohn) über die Werbungskosten (Aufwendungen zur Erwerbung, Sicherung und Erhaltung der Einnahmen), § 2 II Nr. 2 (sog. **Einkünfteermittlung durch Überschussrechnung**).

9 Grds. stellen alle Einnahmen in Geld oder Geldeswert, die durch ein individuelles ArbVerh veranlasst sind, **Arbeitslohn** dar. Dieser ist bei Inlandsbezug grds. einkommensteuerpflichtig, wobei Steuerschuldner in aller Regel der ArbN ist.

10 Für bestimmte **Vergütungsformen** bestehen allerdings Sonderregelungen, insb. hinsichtlich Steuerbefreiungen (vor allem in § 3 u. § 3b), Bewertung (vor allem in § 8) oder Pauschalierung (vor allem §§ 37b, 40, 40a und 40b). Vgl. Rz. 44ff. und insb. das dortige **ABC des Arbeitslohns** (Rz. 67).

11 Arbeitslohn unterliegt grds. der LSt, einer Art Quellensteuer, die eine Steuervorauszahlung auf die ESt bezweckt. Anders als beim ESt-Vorauszahlungsverfahren wird beim LStAbzugsverfahren die Steuer (unmittelbar) an der Quelle unter Einschaltung eines Dritten, des ArbGeb, erhoben. Abhängig von den Umständen des Einzelfalls kann es so liegen, dass der ArbN keiner **Pflicht zur Abgabe einer EStErklärung** unterliegt und eine **Veranlagung zur ESt** nicht durchgeführt wird (vgl. § 46). In einem solchen Fall hat dann die LSt Abgeltungswirkung, dh. die ESt, die auf die während des Kalenderjahres zugeflossenen Einkünfte aus nichtselbständiger Arbeit entfällt, gilt als durch den LStAbzug abgegolten. Allerdings besteht auch in Fällen mangelnder Veranlagungspflicht regelmäßig ein Wahlrecht des ArbN zur Veranlagung bzw. Abgabe der Steuererklärung (§ 46 II Nr. 8). In einem solchen Fall, ebenso wie in Fällen obligatorischer Veranlagungen (zB bei Vorhandensein auch anderer Einkünfte, Lohn von mehreren ArbGeb oder bestimmter LStKlassenwahl bei Eheleuten, s. Rz. 24), wird die LSt auf die ESt angerechnet (§ 36 II Nr. 2). Es kann dann nach Anrechnung der Steuervorauszahlungen bzw. Steuerabzugsbeträge je nach Einzelfall zu Steuererstattungen für den Steuerpflichtigen oder zu Nachzahlungspflichten kommen.

12 Die ESt entsteht grds. mit Ablauf des Veranlagungszeitraums, der dem Kalenderjahr entspricht, wohingegen die LSt bereits im Zeitpunkt des Lohnzuflusses entsteht. Fällig wird die veranlagte ESt einen Monat nach Bekanntgabe des EStBescheids, soweit sie nicht durch Vorauszahlung und andere Verrechnungsbeträge gedeckt ist.

13 **3. Lohnsteuer. a) Rechtsquellen und anwendbare Vorschriften.** Der Steuerabzug vom Arbeitslohn, die LSt, ist in §§ 38–42g geregelt. Daneben sind als gesetzl. Vorschriften für das LStRecht vor allem die Lohnsteuerdurchführungsverordnung (LStDV) und vereinzelte EStVorschriften relevant, bspw. Steuerbefreiungen nach § 3 oder § 3b. Allerdings sind nicht alle Vorschriften, welche die Besteuerung des Arbeitslohns betreffen, auch für das LStRecht relevant. So werden insb. die individuellen Werbungskosten des ArbN im LStVerfahren grds. nicht berücksichtigt; dies geschieht hingegen bei einer Veranlagung zur ESt.

14 Für die Praxis des LStRechts sind neben der einschlägigen finanzgerichtl. Rspr. die **Lohnsteuerrichtlinien** (LStR)[2] als allg. Verwaltungsvorschrift (vgl. Art. 108 VII GG) und Erlasse bzw. Schreiben der Finanzbehörden, insb. des BMF, von Bedeutung[3]. Die LStR sind, ebenso wie andere Verwaltungsanweisungen, für die Gerichte grds. nicht verbindlich; sie binden nur die Finanzverwaltung. Die **Lohnsteuerhinweise** (LStH), welche die LStR ergänzen, enthalten vor allem Hinweise auf Rspr. und Erlasse.

---

[1] Vgl. ausführlich BMF v. 14.9.2006, BStBl. I 2006, 532. || [2] S. LStR 2013, BStBl. I 2007, Sondernummer 1/2007 idF LStÄR 2013 v. 8.7.2013, BStBl. I 2013, 851. || [3] BMF-Schreiben sind auch weitgehend online unter www.bundesfinanzministerium.de verfügbar.

b) Anwendungsbereich. Die LSt findet Anwendung, soweit Arbeitslohn von einem **inländischen Arb-** **15** **Geb** oder einem ausländischen Verleiher gezahlt wird (näher § 38 I). Der lohnsteuerliche ArbGebBegriff entspricht hierbei weitgehend dem zivilrechtl. ArbGebBegriff. Inländischer ArbGeb kann aber in Fällen der grenzüberschreitenden Personalentsendung auch ein in Deutschland ansässiger Entleiher als wirtschaftl. ArbGeb sein.

Der LSt unterliegt auch der im Rahmen des Dienstverhältnisses **von einem Dritten gewährte Arbeits-** **16** **lohn**, wenn der ArbGeb weiß oder erkennen kann, dass derartige Vergütungen erbracht werden; dies ist insb. anzunehmen, wenn ArbGeb und Dritter verbundene Unternehmen iSd. § 15 AktG sind. Darüber hinaus unterliegt auch Lohn, bei dem der Dritte lediglich als Zahlstelle des ArbGeb fungiert, der LSt (sog. unechte Lohnzahlung durch Dritte). Bei Lohnzahlungen durch Dritte ist der LStEinbehalt seitens des ArbGeb von dem von ihm geschuldeten Barlohn vorzunehmen; reicht dieser nicht aus, so ist § 38 IV zu beachten. Auch ist bei Lohnzuwendungen Dritter zu beachten, dass der ArbN gem. § 38 IV 3 verpflichtet ist, dem ArbGeb die von einem Dritten gewährten Bezüge am Ende des jeweiligen Lohnzahlungszeitraums anzugeben. Nach Auffassung der Finanzverwaltung muss der ArbGeb seine ArbN auf ihre gesetzl. Verpflichtung hinweisen[1]. Wenn der ArbN keine Angabe oder eine erkennbar unrichtige Angabe macht, hat der ArbGeb dies dem Betriebsstättenfinanzamt anzugeben. Bei unterlassenen oder falschen Angaben des ArbN kann uU ein Verdacht auf LStHinterziehung vorliegen.

Der LSt unterliegen neben Barlöhnen **auch Sachbezüge und Nutzungsvorteile**. Der LStEinbehalt ist **17** insoweit dann vom übrigen Barlohn vorzunehmen; reicht dieser nicht aus, so ist § 38 IV zu beachten.

c) Übersicht über das Lohnsteuerverfahren. Arbeitslohn unterliegt grds. der LSt. Hierbei handelt es **18** sich um keine eigene Steuerart, sondern um eine Art Quellensteuer, die eine Steuervorauszahlung auf die ESt bezweckt.

Die LSt entsteht in dem Zeitpunkt, in dem der Arbeitslohn dem ArbN zufließt (§ 38 II 2). Damit liegt **19** der **Entstehungszeitpunkt** früher als bei der erst am Jahresende entstehenden ESt, was aber dem Vorauszahlungscharakter der LSt entspricht.

Die **Höhe der LSt** ergibt sich grds. aus (Jahres-, Monats-, Wochen- oder Tages-)Tabellen unter Be- **20** rücksichtigung der elektronischen LStAbzugsmerkmale (insb. Steuerklasse, ggf. Faktor, Familienstand, Kinder, Hinzurechnungsbetrag oder steuerfreier Betrag, vgl. § 39 VI), den sog. ELStAM (s. Rz. 28)[2]. Die Jahreslohnsteuer wird dabei nach dem Jahresarbeitslohn so bemessen, dass sie der ESt entspricht, die der ArbN schuldet, wenn er ausschließlich Einkünfte aus nichtselbständiger Arbeit erzielt (vgl. § 38a II).

Die **LStTabellen** sind aus dem EStTarif abgeleitet und zwar die Steuerbeträge der LStKlassen I, II **21** und IV aus dem EStTarif für Einzelveranlagte (§ 32a I) und die Steuerbeträge der LStKlasse III aus dem Splitting-Verfahren für zusammen veranlagte Ehegatten (§ 32a V), wobei eingetragene Lebenspartner nach § 2 VIII inzwischen gleichgestellt sind. Für die LStKlassen V und VI gelten Besonderheiten (§ 39b II 7). Neben den allg. LStTabellen gibt es besondere LStTabellen für bestimmte ArbN, die in der gesetzl. RV nicht versicherungspflichtig sind.

In die Tabellen sind neben dem einkommensteuertarifl. Grundfreibetrag (§ 32a I) von 8130 Euro (ab **22** VZ 2014: 8354 Euro) in den LStKlassen I, II und IV sowie dem zweifachen Betrag in der LStKlasse III auch bestimmte Pauschbeträge wie insb. der ArbN-Pauschbetrag für Werbungskosten iHv. grds. 1000 Euro (§ 9a) und eine Vorsorgepauschale (§ 10c) eingearbeitet. Höhere tatsächliche **Werbungskosten** können auf Antrag des ArbN uU als steuerfreier Betrag in Form eines LStAbzugsmerkmals berücksichtigt werden (§ 39a); ansonsten werden sie erst bei und nur im Falle einer Veranlagung berücksichtigt. Ähnlich wie bei dem nachfolgend angesprochenen LStKlassenwahlrecht hat der ArbN auch hier eine Art Wahlrecht, mit dem er die Höhe des Nettolohns (vor Veranlagung) beeinflussen kann. Soweit der Nettolohn Anknüpfungspunkt für Regelungen ist, stellt sich auch hier die Frage, ob die Wahlrechtsausübung des ArbN für außersteuerliche Zwecke beachtlich ist oder nicht (vgl. Rz. 24).

Bisweilen werden Anknüpfungen an einen Nettolohn so ausgelegt, dass alle anderen individuellen **23** Steuermerkmale als die Steuerklasse außer Ansatz bleiben[3].

Die Einreihung der ArbN in grds. sechs verschiedene **LStKlassen** ergibt sich aus § 38b. In die Steuer- **24** klasse I gehören hiernach u.a. ledige ArbN, in Steuerklasse II ArbN mit einem Entlastungsbetrag für Alleinerziehende, in Steuerklasse VI ArbN, die nebeneinander von mehreren ArbGeb Arbeitslohn beziehen, hinsichtlich ihres zweiten und weiteren Dienstverhältnisses. Ehegatten (oder nach § 2 VIII gleichgestellte eingetragene Lebenspartner), die beide unbeschränkt steuerpflichtig sind, nicht dauernd getrennt leben und beide Arbeitslohn aus einem aktiven Beschäftigungsverhältnis beziehen, können für den LStAbzug wählen, ob sie beide in die Steuerklasse IV eingeordnet werden wollen oder ob einer von

---

1 R 38.4 II 3 LStR 2013. Krit. zum Aufbau eines Kontroll- und Überwachungssystems aber Schmidt/*Krüger*, § 38 Rz. 7. ‖ 2 Berechnungen sind auch kostenlos via Internet mit Berechnungsprogrammen der Finanzverwaltung möglich, zB bei www.bmf-steuerrechner.de. ‖ 3 Vgl. BAG 17.1.2006 – 9 AZR 558/04, NZA 2006, 1001 in Zusammenhang mit einem Aufstockungsbetrag bei einer ATZ.

ihnen nach Steuerklasse III (sinnvollerweise der Höherverdienende) und der andere nach Steuerklasse V besteuert werden soll. Die Steuerklassenkombination III/V ist so gestaltet, dass die Summe der Steuerabzugsbeträge beider Ehegatten in etwa der zu erwartenden Jahressteuer entspricht, wenn der in Steuerklasse III eingestufte Ehegatte ca. 60 % und der in Steuerklasse V eingestufte ca. 40 % des gemeinsamen Arbeitseinkommens erzielt. Es bleibt den Ehegatten unbenommen, sich trotzdem für die Steuerklassenkombination IV/IV zu entscheiden, wenn sie den höheren Steuerabzug bei dem Ehegatten mit der Steuerklasse V vermeiden wollen; dann entfällt jedoch für den anderen Ehegatten die günstigere Steuerklasse III. Die für die Ehegatten günstigste Steuerklassenkombination hängt in erster Linie von der Höhe ihrer Arbeitslöhne, vom Verhältnis dieser Arbeitslöhne zueinander und von der Inanspruchnahme eines etwaigen Freibetrags und seiner Verteilung auf die Ehegatten ab. Zur günstigsten Steuerklassenwahl wird jährlich ein BMF-Merkblatt veröffentlicht; teilweise sind Vorteilhaftigkeitsberechnungen auch via Internet kostenlos möglich[1]. Seit 2010 ist daneben für Ehegatten als weitere Möglichkeit anstelle der Steuerklassenkombination III/V auf Antrag ein Faktorverfahren nach § 39f möglich. Hierdurch soll der Splitting-Vorteil grds. bedarfsgerecht auf beide Ehegatten verteilt werden können. Dies kann zu einem genaueren Einbehalt von LSt bzw. zu genaueren Vorauszahlungen auf die ESt-Jahresschuld führen, wenn die zu erwartenden Bruttolöhne und etwaigen Steuerermäßigungen zutreffend prognostiziert werden[2]. Die **Steuerklassenwahl** hat uU auch Auswirkung auf die EStVeranlagungspflicht; bei der Steuerklassenkombination IV/IV ist diese nur in Ausnahmefällen gegeben (insb. jedoch bei Eintragung eines Faktors gem. § 39f), bei der Kombination III/V hingegen stets (vgl. § 46 II Nr. 3a). Die Wahl der Lohnsteuerklasse hat zwar im Falle einer EStVeranlagung steuerlich nur temporäre Auswirkungen. Sie hat teilweise aber auch endgültige finanzielle Auswirkungen und zwar steuerlich im Falle einer Nichtveranlagung und insb. außersteuerlich, vor allem beim Alg oder beim Elterngeld[3]. Mitunter üben ArbN das Wahlrecht aus außersteuerlichen Gründen zweckwidrig aus, um bspw. außersteuerliche Vorteile zu erreichen. Schuldet etwa der ArbGeb nettolohnbezogene Leistungen, so hat er ihrer Berechnung – soweit keine besonderen Bemessungsbestimmungen getroffen sind – grds. die LStMerkmale zu Grunde zu legen[4]. Einer ihn belastenden Änderung der LStKlasse kann er uU den Einwand des Rechtsmissbrauchs entgegenhalten. Die Wahl der LStKlassenkombination IV/IV ist dabei jedoch regelmäßig nicht missbräuchlich[5]. S.a. § 611 BGB Rz. 99. Auch in anderen Zusammenhängen kann die Wahl der LStKlasse rechtsmissbräuchlich bzw. treuwidrig und damit unbeachtlich sein[6]. In der ArblV ist insb. § 153 III SGB III zu beachten[7].

25 Bei der Berechnung der LSt ist zwischen **laufendem Arbeitslohn** (der dem ArbN regelmäßig zufließt) und **sonstigen Bezügen** zu unterscheiden[8], weil hierfür jeweils unterschiedliche Regeln bzw. Berechnungsweisen gelten. Für den LStEinbehalt vom laufenden Arbeitslohn gilt § 39b II, für den LStEinbehalt von sonstigen Bezügen § 39b III. Vom laufenden Arbeitslohn wird die LSt jeweils mit dem auf den Lohnzahlungszeitraum fallenden Teilbetrag der Jahreslohnsteuer erhoben, die sich bei Umrechnung des laufenden Arbeitslohns auf einen Jahresarbeitslohn ergibt. Von sonstigen Bezügen wird die LSt mit dem Betrag erhoben, der zusammen mit der LSt für den laufenden Arbeitslohn des Kalenderjahres und für etwa im Kalenderjahr bereits gezahlte sonstige Bezüge die voraussichtliche Jahreslohnsteuer ergibt (§ 38a III).

26 Das LStRecht sieht für bestimmte Fälle Möglichkeiten der **Pauschalierung** vor (§§ 37b, 40, 40a und 40b). Bei einer Pauschalierung kommt grds. ein vom einzelnen ArbN losgelöster LStSatz zur Anwendung. Die ab 2007 eingeführte Möglichkeit der Pauschalierung der ESt bei **Sachzuwendungen** nach § 37b mit einem Pauschsteuersatz von 30 % gilt bei ArbN nicht für alle, sondern nur für bestimmte Sachzuwendungen; außerdem ist das Wahlrecht ggf. einheitlich für alle innerhalb eines Wirtschaftsjahres nach dieser Vorschrift pauschalierungsfähigen Zuwendungen auszuüben[9]. Für **Teilzeitbeschäftigte und geringfügig Beschäftigte** kann der ArbGeb uU nach § 40a einen Pauschsteuersatz anwenden, dessen Höhe für diverse Fallgruppen unterschiedlich ist (zB bei Minijob mit max. 450 Euro monatlichem Entgelt 2 % einheitliche Pauschsteuer (zzgl. pauschaler Sozialabgaben, s.a. die Komm. von § 8 SGB IV) und ohne pauschale Sozialabgaben 20 % Pauschsteuer[10]; bei Aushilfskräften in der Land- und Forstwirtschaft 5 % Pauschsteuer; bei **kurzfristig Beschäftigten** 25 % Pauschsteuer)[11]; der durchschnittliche Stundenlohn darf jeweils max. 12 Euro betragen. Bei bestimmten **Zukunftssicherungsleistungen** (Beiträge an eine Unfallversicherung, an eine Pensionskasse und, bei Altfällen, auch Beiträge an eine Direktversicherung) kann der ArbGeb uU nach § 40b bzw. § 40b aF und bis zu Höchstbeträgen von grds.

---

[1] S. BMF v. 6.11.2013, abrufbar über www.bundesfinanzministerium.de. Kostenlose Online-Berechnung zB auf www.bmf-steuerrechner.de unter Faktorverfahren. S.a. *Beyer-Petz/Ende*, DStR 2009, 2583. ||[2] Schmidt/*Krüger*, § 39f Rz. 1. ||[3] Zur fehlenden Rechtsmissbräuchlichkeit eines Wechsels in Steuerklasse III für die Elterngeld-Bemessung s. BSG 25.6.2009 – B 10 EG 3/08 R, DStR 2009, 2263. ||[4] LAG Düss. 19.4.2011 – 16 Sa 1570/10, DStR 2011, 1579. ||[5] BAG 13.6.2006 – 9 AZR 423/05, NZA 2007, 275 mwN; s.a. BAG 15.11.2005 – 9 AZR 530/04, NZA 2006, 568. ||[6] BVerwG 11.10.2012 - 5 C 22.11, NJW 2013, 629; BGH 4.10.2005 – VII ZB 26/05, NJW-RR 2006, 569 bzgl. Pfändbarkeit des Arbeitseinkommens; zu den verschiedenen Einzelfällen s.a. *Gläser/Schöllhorn*, DStR 2013, 312. ||[7] S.a. BSG 16.3.2005 – B 11a/11 AL 41/03 R, NZS 2006, 159 zur besonderen Beratungspflicht. ||[8] Zur Abgrenzung R 39b.2 LStR 2013. ||[9] Vgl. auch BMF v. 29.4.2008, BStBl. I 2008, 566. S. ergänzend OFD Frankfurt/M. v. 10.10.2012, StEK EStG § 37b Nr. 10. ||[10] S. zu Minijobs auch *v. Stein/Beyer-Petz*, DStR 2011, 977. ||[11] Übersicht bei Schmidt/*Krüger*, § 40a Rz. 2.

1 752 Euro im Kalenderjahr einen 20%igen Pauschsteuersatz anwenden. Nach § 40 II ist die Anwendung eines Pauschsteuersatzes von 25 % uU bei **Mahlzeiten, Betriebsveranstaltungen, Erholungsbeihilfen, Vergütungen für Verpflegungsmehraufwendungen und Übereignung von Personalcomputern uÄ** möglich; ein Pauschsteuersatz von 15 % ist uU möglich bei unentgeltlichen oder verbilligten **Beförderungen zwischen Wohnung und Arbeitsstätte** [ab 2014: **erster Tätigkeitsstätte**] oder Zuschüssen hierzu. Nach § 40 I kann der ArbGeb auch eine Pauschalierung für bestimmte **andere Fälle** beantragen, nämlich der Gewährung von sonstigen Bezügen in einer größeren Zahl von Fällen oder in Fällen der Nacherhebung von LSt in einer größeren Zahl von Fällen, weil der ArbGeb die LSt nicht vorschriftsmäßig einbehalten hat, wobei letztere Situation sich häufig nach einer LStAußenprüfung stellt. Die Pauschalierungsmöglichkeit nach § 40 I steht allerdings im Ermessen des Finanzamts; bei ihr kommt kein fester, sondern ein im Einzelfall geschätzter Pauschsteuersatz zur Anwendung (der an eine individuelle LSt der ArbN-Gruppe anknüpft). Pauschalierungen führen grds. dazu, dass die **Steuerschuldnerschaft** aus steuerrechtl. Sicht auf den ArbGeb wechselt. Die pauschalbesteuerten Bezüge sind dann bei der Veranlagung des ArbN außer Ansatz zu lassen. Gleiches gilt hinsichtlich der pauschalen LSt, soweit sie nicht auf den ArbN übergewälzt wird. Aus arbeitsrechtl. Sicht soll der Übergang der Steuerschuldnerschaft für steuerrechtl. Zwecke aber nicht zwangsläufig bedeuten, dass der ArbGeb im Innenverhältnis zum ArbN die Steuer zu tragen hätte. Dies soll grds. nur dann der Fall sein, wenn eine Nettolohnvereinbarung vorliegt. Allerdings soll die Abwälzungsbefugnis des ArbGeb nur so lange bestehen, wie dem ArbN das Recht vorbehalten bleibt, eine Besteuerung nach seiner individuellen Steuerklasse zu verlangen. Komme der ArbGeb einem solchen Wunsch des ArbN nicht nach, habe er die Pauschalbesteuerung auch im Innenverhältnis zu tragen[1]. Falls der ArbGeb LSt in einem Pauschalierungsverfahren (nach-)entrichtet, kann dies im Hinblick auf einen etwaigen Rückgriffsanspruch gegen den ArbN daher uU ungünstiger sein als eine Haftungsinanspruchnahme nach der allg. Vorschriften ohne Pauschalierung[2]. Jedenfalls dürfte sich für den ArbGeb empfehlen, den ArbN im Hinblick auf eine beabsichtigte Pauschalierung zu unterrichten und eine Pauschalierung dann ggf. nur einvernehmlich vorzunehmen. Die Pauschalversteuerung durch den ArbGeb führt übrigens häufig zur Beitragsfreiheit in der SozV (vgl. § 1 I SvEV).

Durch das LStVerfahren wird der ArbGeb in die Besteuerung des Arbeitslohnes einbezogen. Die **Pflichten des ArbGeb** sind zahlreich: Er hat grds. Arbeitslohn beim zuständigen Finanzamt anzumelden (dh. eine LStErklärung abzugeben und die LSt hierbei auch selbst zu berechnen), und er muss die LSt für Rechnung des ArbN einbehalten und an das Finanzamt abführen (§ 38 III u. § 41a). Darüber hinaus hat der ArbGeb weitere Pflichten wie zB Aufzeichnungspflichten durch Führen von Lohnkonten zu erfüllen (§ 41) und LStBescheinigungen auszufüllen; auch hat er bei Beginn und Beendigung des Dienstverhältnisses wegen des ELStAM-Verfahrens (s. Rz. 28) elektronisch zu kommunizieren. Teilweise sehen übrigens auch außersteuerliche Pflichten, wie diejenige zur Abrechnung des Arbeitsentgelts nach § 108 GewO iVm. der Entgeltbescheinigungsverordnung (EBV), vor, dass der ArbGeb dem ArbN bestimmte steuerliche Angaben mitteilt. 27

Anstelle der früheren LStKarten sind nun spätestens ab Dezember 2013 grds. die **elektronischen LStAbzugsmerkmale (ELStAM)** anzuwenden (vgl. § 39e; Übergangsvorschriften in § 52b).[3] Hierbei hat dann der ArbGeb dem ArbN zum Zwecke des Abrufs der LStAbzugsmerkmale beim Bundeszentralamt für Steuern seine Identifikationsnummer sowie den Tag seiner Geburt mitzuteilen (§ 39e IV). Die abgerufenen elektronischen LStAbzugsmerkmale entfalten grds. Bindungswirkung (§ 39e VI). Lediglich in Härtefällen kann der ArbGeb beim Finanzamt beantragen, von der Anwendung des ELStAM-Verfahrens befreit zu werden (§ 39e VII). Der ArbGeb darf die ELStAM nur für die Einbehaltung der LSt verwerten; er darf sie ohne Zustimmung des ArbN nur offenbaren, soweit dies gesetzlich zugelassen ist (§ 39 VIII). Nach Beendigung des Dienstverhältnisses oder des Kalenderjahres hat der ArbGeb das Lohnkonto des ArbN abzuschließen und bis zum 28. Februar des Folgejahres eine elektronische **Lohnsteuerbescheinigung** zu übermitteln und auch dem ArbN einen Ausdruck auszuhändigen oder elektronisch bereit zu stellen (§ 41b I). 28

Solange für einen ArbN ein ELStAM-Abruf nicht möglich ist, insb. weil der ArbN die ihm zugeteilte Identifikationsnummer und den Geburtstag dem ArbGeb schuldhaft nicht mitteilt, hat der ArbGeb die LSt grds. nach der Steuerklasse VI zu ermitteln (die zu hohen Steuerabzügen führt), vgl. näher § 39c. 29

Für **beschränkt einkommensteuerpflichtige ArbN**, dh. Personen ohne Wohnsitz oder gewöhnlichen Aufenthalt in Deutschland, gelten Besonderheiten (vgl. §§ 39 II u. III, 39a IV). 30

Der ArbGeb kann nach § 42b I 2 zu einem **LStJahresausgleich** verpflichtet sein. Hierbei wird grds. die für das Ausgleichsjahr einbehaltene LSt insoweit erstattet, als sie die auf den Jahresarbeitslohn entfallende Jahreslohnsteuer übersteigt. Es gibt allerdings zahlreiche Fälle, in denen ein LStJahresausgleich nicht durchgeführt werden darf. 31

Steuerschuldner der LSt ist, entsprechend der Lage bei der ESt, grds. der ArbN (§ 38 II). Auch Nettolohnvereinbarungen zwischen ArbGeb und ArbN ändern nichts daran, dass der ArbN Steuerschuldner 32

---

1 BAG 1.2.2006 – 5 AZR 628/04, NZA 2006, 682. ||2 Schmidt/*Krüger*, § 40 Rz. 7 mwN. ||3 Vgl. das Startschreiben BMF v. 19.12.2012, BStBl. I 2012, 1258 und das Anwendungsschreiben BMF v. 7.8.2013, BStBl. I, 951.

ist. Lediglich bei vereinzelten Pauschalierungstatbeständen ist der ArbGeb ausnahmsweise selbst Steuerschuldner (vgl. § 37b III, § 40 III, § 40a V u. § 40b V; s.a. Rz. 26). Beim Normalfall der Steuerschuldnerschaft des ArbN ist der ArbGeb als Dritter insoweit in das Besteuerungsverfahren einbezogen, als dass er die Besteuerungsgrundlagen ermitteln und die Steuer berechnen, einbehalten und abführen muss. Der ArbGeb wird dabei als durch Gesetz Beauftragter sowohl für die Finanzbehörde als auch für den ArbN tätig[1].

33 Wenn dem ArbGeb beim LStVerfahren Fehler unterlaufen, haftet er uU ggü. den Finanzbehörden nach § 42d (**LStHaftung**). Die Haftung ist grds. verschuldensunabhängig. Soweit die Haftung reicht, sind ArbGeb und ArbN ggü. den Finanzbehörden grds. Gesamtschuldner hinsichtlich der LSt. Die Inanspruchnahme des ArbGeb steht im Ermessen des Finanzamts. Vgl. Rz. 74 zum Rückgriff des ArbGeb in LStHaftungsfällen gegen den ArbN. Der ArbGeb kann sich auch ggü. seinem ArbN schadensersatzpflichtig machen (vgl. Rz. 75). Neben dem ArbGeb haftet bei AÜ nach näherer Maßgabe des 42d VI uU auch der Entleiher. Auch ein Betriebsübernehmer haftet uU nach Maßgabe des § 75 AO für die LSt, die seit dem Beginn des letzten vor der Übereignung liegenden Kalenderjahres entstanden ist.

34 Das Finanzamt kann durch eine **LStAußenprüfung** (§ 42f), die grds. in den Geschäftsräumen des ArbGeb stattfindet, überprüfen, ob der ArbGeb die LSt zutreffend angemeldet, einbehalten und abgeführt hat. Neuerdings ist auch eine sog. **Lohnsteuer-Nachschau** (§ 42g) möglich.

35 Der ArbGeb und/oder der ArbN können beim zuständigen Betriebsstättenfinanzamt nach § 42e eine lohnsteuerliche **Anrufungsauskunft** beantragen, dh. eine Auskunft darüber, ob und inwieweit im einzelnen Fall LStVorschriften anzuwenden sind. Diese Anrufungsauskunft ist gebührenfrei; auf die Erteilung der Auskunft besteht ein Rechtsanspruch. Die Auskunft ist ein Verwaltungsakt, so dass sie uU per Einspruch und Klage angefochten und somit vom Gericht inhaltlich überprüft werden kann[2]. Eine rechtl. Bindungswirkung entfaltet die Auskunft allerdings nur für das LStVerfahren, nicht jedoch für das einkommensteuerliche Veranlagungsverfahren. Durch die Beantragung und Beachtung einer Anrufungsauskunft kann der ArbGeb sein lohnsteuerliches Haftungsrisiko ggf. vermeiden.

36 **4. Umsatzsteuer.** Der umsatzsteuerliche ArbN-Begriff bzw. die Unselbständigkeit natürlicher Personen ist für die Umsatzsteuer grds. nach denselben Grundsätzen wie bei der ESt und Gewerbesteuer zu beurteilen[3]. ArbN sind mangels Selbständigkeit grds. keine Unternehmer iSd. Umsatzsteuerrechts (§ 2 UStG), so dass ihre Dienstleistungen nicht umsatzsteuerpflichtig sind (vgl. § 1 I Nr. 1 UStG). Umgekehrt ist auch die Arbeitslohnzahlung durch den ArbGeb grds. nicht umsatzsteuerpflichtig, weil es sich hier bei Barlohnzahlungen nur um eine Entgeltentrichtung und nicht um eine Leistung im wirtschaftl. Sinne handelt. Anders liegt es jedoch bei Arbeitslohn in Form der **Zuwendung von Sachen oder Nutzungsvorteilen**. Hier liegt oftmals ein tauschähnlicher Umsatz vor, bei welchem der Leistung des ArbGeb eine Gegenleistung des ArbN gegenübersteht, die in einem Teil von dessen Arbeitstätigkeit zu sehen ist (insb. bei Vereinbarung im Arbeitsvertrag)[4]. So kann bspw. die Überlassung eines betriebl. Pkw für Privatfahrten eine umsatzsteuerpflichtige Leistung des ArbGeb an den ArbN darstellen (es ist also nicht etwa die Arbeitsleistung umsatzsteuerpflichtig, sondern diese stellt das Entgelt für die umsatzsteuerpflichtige Fahrzeugüberlassung dar). Neben bzw. anstelle dieser normalen Umsatzbesteuerung können auch Sondervorschriften für sog. unentgeltliche Wertabgaben (§ 3 Ib u. IXa UStG) oder die Mindestbemessungsgrundlage (§ 10 V UStG) greifen[5]. Umsatzsteuerpflichtig ist übrigens idR die Gestellung von Personal (AÜ). Umsatzsteuerschuldner ist in den vorgenannten Fällen grds. der ArbGeb. Nicht umsatzsteuerbar sind Aufmerksamkeiten und Leistungen, die überwiegend durch das betriebl. Interesse des ArbGeb veranlasst sind (vgl. auch Rz. 46f.). Zu den umsatzsteuerlichen Folgen bei Scheinselbständigkeit s. Rz. 39ff. und bei einem Wettbewerbsverbot s. Rz. 67.

37 **II. Arbeitnehmer. 1. Begriffsmerkmale und Verhältnis zum Zivilrecht.** S.a. Vor § 611 BGB Rz. 20. Der Begriff des ArbN ist nicht im EStG, sondern in § 1 LStDV geregelt. Dort wird, wie sich bereits aus dem Begriff der nichtselbständigen Arbeit ergibt, im Wesentlichen auf ein **Über- und Unterordnungsverhältnis**, dh. auf eine fremdbestimmte Tätigkeit abgestellt. Für die Einordnung als ArbN kommt es dabei auf das Gesamtbild der Verhältnisse im Einzelfall an. Für eine ArbN-Eigenschaft können insb. folgende **Merkmale** sprechen: persönliche Abhängigkeit, Weisungsgebundenheit hinsichtlich Ort, Zeit und Inhalt der Tätigkeit, feste Arbeitszeiten, Ausübung der Tätigkeit gleich bleibend an einem bestimmten Ort, feste Bezüge, Urlaubsanspruch, Anspruch auf sonstige Sozialleistungen, Fortzahlung der Bezüge im Krankheitsfall, Überstundenvergütung, zeitlicher Umfang der Dienstleistungen, Unselbständigkeit in Organisation und Durchführung der Tätigkeit, kein Unternehmerrisiko, keine Unternehmerinitiative, kein Kapitaleinsatz, keine Pflicht zur Beschaffung von Arbeitsmitteln, Notwendigkeit der engen ständigen Zusammenarbeit mit anderen Mitarbeitern, Eingliederung in den Betrieb, Schulden der Ar-

---

1 Schmidt/*Krüger*, § 38 Rz. 1. ||2 BFH 30.4.2009 – VI R 54/07, BStBl. II 2010, 996; 2.9.2010 – VI R 3/09, BStBl. II 2011, 233. ||3 Abschn. 2.2 Abs. 2 UStAE v. 1.10.2008, BStBl. I 2010, 846, auch zum Ausnahmefall eines GmbH-Geschäftsführers, der aus umsatzsteuerlicher Sicht selbständig tätig sein kann. ||4 S. näher Abschn. 1.8 UStAE v. 1.10.2008, BStBl. I 2010, 846. S.a. BMF v. 11.4.2001, BB 2001, 1188 zur Umsatzsteuerpflichtigkeit der privaten Nutzung betriebl. Personalcomputer und Telekommunikationsgeräte durch ArbN. ||5 Vgl. zu den unentgeltlichen Wertabgaben und dem Vorsteuerabzug BFH 9.12.2010 – V R 17/10, DStR 2011, 460.

beitskraft und nicht eines Arbeitserfolges, Ausführung von einfachen Tätigkeiten, bei denen eine Weisungsabhängigkeit die Regel ist[1]. Diese Merkmale ergeben sich regelmäßig aus dem der Beschäftigung zugrunde liegenden Vertragsverhältnis, sofern die Vereinbarungen ernsthaft gewollt sind und tatsächlich durchgeführt werden. Dabei sind die für oder gegen ein Dienstverhältnis sprechenden Merkmale ihrer Bedeutung entsprechend gegeneinander abzuwägen. Für persönliche Selbständigkeit und damit gegen eine nichtselbständige Tätigkeit sprechen Selbständigkeit in der Organisation und der Durchführung der Tätigkeit, Unternehmerinitiative, Bindung nur für bestimmte Tage an den Betrieb, geschäftliche Beziehungen zu mehreren Vertragspartnern sowie Handeln auf eigene Rechnung und Eigenverantwortung[2].

Auch wenn die arbeitsrechtl. und sozialversicherungsrechtl. Behandlung für das Steuerrecht nicht maßgeblich ist, entspricht der einkommen- und lohnsteuerliche ArbN-Begriff im Kern damit doch dem des Arbeitsrechts[3]. Es gibt allerdings bestimmte **Unterschiede zum arbeitsrechtlichen ArbN-Begriff**, wobei der **lohnsteuerliche ArbN-Begriff grds. weiter ist als der des Arbeitsrechts**. So erfasst der steuerliche ArbN-Begriff neben den privaten Dienstverhältnissen auch öffentl. Dienstverhältnisse, insb. Beamte. Zudem sind auch Rechtsnachfolger von ArbN erfasst, soweit diese Arbeitslohn aus dem früheren Dienstverhältnis ihres Rechtsvorgängers beziehen (zB Witwenrente). Da aus lohnsteuerlicher Sicht schließlich Arbeitslohn auch bei freiwilligen Zahlungen vorliegen kann und auch bei Einnahmen in Hinblick auf ein künftiges oder früheres Dienstverhältnis, ergibt sich auch hieraus ein ggü. dem Zivilrecht erweiterter ArbN-Begriff. Schließlich können aus steuerlicher Sicht auch Geschäftsführer, einschl. von beherrschenden oder nicht-beherrschenden Gesellschafter-Geschäftsführern einer Kapitalgesellschaft, ArbN sein. Andererseits sind gewisse **Einschränkungen des steuerlichen ArbN-Begriffes** ggü. dem zivilrechtl. ArbN-Begriff zu beachten. So werden ArbVerh zwischen Angehörigen grds. nur dann als ArbVerh anerkannt, wenn sie fremdüblich ausgestaltet und durchgeführt werden[4]. Mitarbeiter einer gewerblichen Personengesellschaft (sog. Mitunternehmerschaft), die an dieser beteiligt sind, werden auf Grund einer Sonderregelung in § 15 I Nr. 2 uU von ArbN in sog. Mitunternehmern umqualifiziert (mit der Folge, dass sie keinen Arbeitslohn, sondern Einkünfte aus Gewerbebetrieb erzielen und ihre Vergütung bei der Gewinnermittlung des Dienstgebers ertragsteuerlich, insb. gewerbesteuerlich, keine abziehbare Betriebsausgabe darstellt). Auf Gesetz- oder Sittenwidrigkeit des ArbVerh oder der Vergütung kommt es im Steuerrecht übrigens grds. nicht an (vgl. § 40 AO). Auch ist eine etwaige zivilrechtl. Unwirksamkeit grds. unerheblich, soweit und solange die Beteiligten das wirtschaftliche Ergebnis dieses Rechtsgeschäfts gleichwohl eintreten und bestehen lassen. Scheingeschäfte sind allerdings für die Besteuerung unerheblich; maßgebend für die Besteuerung ist vielmehr ein hierdurch uU verdecktes Rechtsgeschäft (§ 41 AO).

2. Steuerfolgen bei Scheinselbständigkeit. Bei Scheinselbständigkeit handelt es sich um Fälle, in denen ein in Wirklichkeit bestehendes ArbVerh von den Parteien zu Unrecht als selbständiges Dienstverhältnis behandelt wird (verdecktes ArbVerh). Im Steuerrecht ist insoweit der steuerliche Begriff des ArbN relevant; die Vermutungen des § 7 IV SGB IV aF sind irrelevant[5].

Scheinselbständigkeit führt nicht nur im Arbeitsrecht[6] und im SozVersR (vgl. vor allem § 28g SGB IV und, bei Vorsatz, § 14 II SGB IV), sondern auch im Steuerrecht zu gravierenden Rechtsfolgen.[7] Zunächst einmal haftet der ArbGeb für die zu Unrecht nicht einbehaltene und daher auch nicht angemeldete und nicht abgeführte LSt nach § 42d; auf ein Verschulden kommt es hierbei grds. nicht an. Die **LStHaftung des ArbGeb** (insoweit gesamtschuldnerisch mit dem ArbN) kann, wenn ihn die Finanzbehörde in Anspruch nimmt, zudem zur Zuwendung weiteren steuerpflichtigen Arbeitslohns führen[8]; grds. hat der ArbGeb allerdings einen **Rückgriffsanspruch gegen den ArbN** (vgl. Rz. 74)[9]. Auch die Pflicht zur (Nach-)Entrichtung von SozV-Beiträgen kann uU, insb. bei Bösgläubigkeit, zu weiteren steuerpflichtigen Lohnzuwendungen führen[10].

Auch hat der ArbGeb uU zu Unrecht einen Vorsteuerabzug hinsichtlich von Umsatzsteuer geltend gemacht, die ihm der Scheinselbständige in Rechnung gestellt hatte (falls dieser nicht die sog. Kleinunternehmerregelung in Anspruch genommen hat). Insoweit drohen beim ArbGeb **Vorsteuerkorrekturen**. Grds. hat der ArbGeb insoweit einen Rückforderungsanspruch gegen den ArbN (es liegt idR ein die Geschäftsgrundlage betreffender beidseitiger Irrtum der Vertragsparteien über die steuerlichen Folgen vor, wobei auch eine ergänzende Vertragsauslegung zu ähnlichen Ergebnissen gelangt)[11]. Der ArbN schuldet die Umsatzsteuer trotz Scheinselbständigkeit grds. zunächst weiterhin ggü. dem Finanzamt, denn auch die Ausstellung von Rechnungen mit unberechtigtem Umsatzsteuerausweis ist umsatzsteuerpflichtig. Der ArbN kann sich aber uU um eine Berichtigung bemühen, um die Umsatz-

---

1 H 19.0 LStH 2013 „Allgemeines". || 2 BFH 20.10.2010 – VIII R 34/08, DStR 2011, 911. || 3 Vgl. BFH 25.6.2009 – V R 37/08, BStBl. II 2009, 873; s.a. BFH 2.12.1998 – X R 83/96, BStBl. II 1999, 534, wo der arbeitsrechtl. Einordnung eine Indizfunktion für das Steuerrecht beigemessen wird. || 4 Vgl. R 4.8 EStR 2012 und H 4.8 EStH 2012. || 5 BFH 2.12.1998 – X R 83/96, BStBl. II 1999, 534. || 6 S. zB BAG 12.12.2001 – 5 AZR 257/00, NZA 2002, 1338; 12.1.2005 – 5 AZR 144/04, AP Nr. 69 zu § 612 BGB. || 7 Vgl. auch *Heidl*, NWB 2013, 1323. || 8 Vgl. BFH 29.10.1993 – VI R 26/92, BStBl. II 1994, 197. || 9 Vgl. Palandt/*Weidenkaff*, § 611 BGB Rz. 66. || 10 BFH 21.2.1992 – VI R 41/88, BStBl. II 1992, 443; 29.10.1993 – VI R 4/87, BStBl. II 1994, 194. || 11 Vgl. Palandt/*Grüneberg*, § 313 BGB Rz. 38 und Palandt/*Ellenberger*, § 157 BGB Rz. 13 mwN.

steuer vom Finanzamt erstattet zu bekommen, wenn ihm die Beseitigung der Gefährdung des Steueraufkommens gelingt (§ 14c II UStG).[1]

42 Die Steuerfolgen können uU auch Steuerzinsen auslösen (insb. § 233a AO).

43 Bei Verdacht auf Vorsatz oder Leichtfertigkeit (grobe Fahrlässigkeit) des ArbGeb droht zudem ein Verfahren wegen einer **Steuerstraftat** (§ 370 AO) oder einer Steuerordnungswidrigkeit (§ 378 AO). Bei Verdacht auf eine entsprechende subjektive Tatseite des ArbN droht uU auch diesem ein entsprechendes Verfahren, insb. wegen Teilnehmerschaft. Hinsichtlich der etwaigen Vorenthaltung von SozVers-Beiträgen ist auf § 266a StGB hinzuweisen.

43a Bei Zweifelsfällen kann es empfehlenswert sein, für sozialversicherungsrechtl. Zwecke eine Statusklärung nach § 7a SGB IV und für lohnsteuerliche Zwecke eine Anrufungsauskunft nach § 42e zu beantragen.

44 III. Arbeitslohn. 1. **Allgemeines und Verhältnis zum Zivilrecht.** Der Begriff des Arbeitslohns ist insb. durch § 19 I EStG und § 2 LStDV näher bestimmt. Danach sind Arbeitslohn grds. alle Einnahmen in Geld oder Geldeswert, die durch ein individuelles ArbVerh veranlasst sind. Ein **Veranlassungszusammenhang** zwischen Einnahmen und einem Dienstverhältnis ist anzunehmen, wenn die Einnahmen dem Empfänger nur mit Rücksicht auf das Dienstverhältnis zufließen und sich als Ertrag seiner nichtselbständigen Arbeit darstellen. Die letztgenannte Voraussetzung ist erfüllt, wenn sich die Einnahmen im weitesten Sinne als Gegenleistung für das Zurverfügungstellen der individuellen Arbeitskraft erweisen[2].

45 Im Kernbereich besteht damit Übereinstimmung des einkommen- bzw. lohnsteuerlichen Arbeitslohnbegriffs mit dem arbeitsrechtl. Arbeitslohnbegriff. Allerdings gibt es auch **Unterschiede zum arbeitsrechtlichen Arbeitslohnbegriff.** So können, wie in Rz. 38 ausgeführt, Unterschiede hinsichtlich der Qualifizierung als ArbVerh bestehen. Auch erfasst der steuerliche Arbeitslohnbegriff insb. Vergütungen von Dritten, dh. anderen Personen als dem ArbGeb, wenn die Vergütung durch das individuelle Dienstverhältnis veranlasst ist. Beispiele sind insoweit vor allem Vergütungen durch andere Konzerngesellschaften, insb. durch die Muttergesellschaft des ArbGeb. Auch sind steuerlich, anders als zivilrechtlich, Vergütungen ohne Rechtsanspruch erfasst. Umgekehrt ist bei Gesellschafter-Geschäftsführern von Kapitalgesellschaften, die steuerlich in aller Regel ArbN sind, häufig zu prüfen, ob und inwieweit eine Vorteilsgewährung durch den ArbGeb ihre Veranlassung im Gesellschaftsverhältnis statt im ArbVerh aufweist, also eine sog. verdeckte Gewinnausschüttung (vGA) anstelle von Arbeitslohn vorliegt, was zB bei fremdunüblich hohen Bezügen der Fall sein kann.

46 Zuwendungen auf Grund eines ganz überwiegend betriebl. Interesses des ArbGeb stellen ertragsteuerlich keinen Arbeitslohn dar[3]. Ein derartiges **eigenbetriebliches Interesse**, das über das an jeder Lohnzahlung bestehende betriebl. Interesse deutlich hinausgehen muss, ist vorhanden, wenn sich aus den Begleitumständen wie zB Anlass, Art und Höhe des Vorteils, Auswahl der Begünstigten, freie oder nur gebundene Verfügbarkeit, Freiwilligkeit oder Zwang zur Annahme des Vorteils und seine besondere Geeignetheit für den jeweils verfolgten betriebl. Zweck ergibt, dass diese Zielsetzung ganz im Vordergrund steht und ein damit einhergehendes eigenes Interesse des ArbN, den betreffenden Vorteil zu erlangen, vernachlässigt werden kann. Gemeint sind etwa Fälle, in denen ein Vorteil der Belegschaft als Gesamtheit zugewendet wird oder in denen dem ArbN ein Vorteil aufgedrängt wird, ohne dass ihm eine Wahl bei der Annahme des Vorteils bleibt und ohne dass der Vorteil eine Marktgängigkeit besitzt.

47 Auch bloße **Aufmerksamkeiten** sollen nach Auffassung der Finanzverwaltung nicht als Arbeitslohn erfasst werden, wobei hierunter Sachleistungen des ArbGeb verstanden werden, die auch im gesellschaftlichen Verkehr üblicherweise ausgetauscht werden und zu keiner ins Gewicht fallenden Bereicherung führen[4]. Aufmerksamkeiten sollen insb. Sachzuwendungen bis zu einem Wert von 40 Euro sein, die dem ArbN oder seinen Angehörigen aus Anlass eines besonderen persönlichen Ereignisses zugewendet werden (zB Blumen).

48 2. **Zufluss. a) Allgemeines.** Einkommensbesteuerung und LStAbzug setzen den Zufluss von Arbeitslohn voraus (§ 11 und § 38a I 2 u. 3).

49 Laufender Arbeitslohn, also regelmäßig zufließender und bestimmten Lohnzahlungszeiträumen zuzuordnender Arbeitslohn, gilt in dem Kalenderjahr als bezogen, in dem der Lohnzahlungszeitraum endet. Wird dem ArbN innerhalb der ersten drei Wochen des Kalenderjahres Arbeitslohn für einen Lohnzahlungszeitraum des abgelaufenen Kalenderjahres gezahlt, soll dieser daher als im abgelaufenen Kalenderjahr zugeflossen gelten[5]. Bei **Zahlungen um den Jahreswechsel** herum sind daher Besonderheiten zu beachten. Arbeitslohn, der nicht als laufender Arbeitslohn gezahlt wird (sonstige Bezüge), wird in dem Kalenderjahr bezogen, in dem er dem ArbN zufließt.

---

[1] Vgl. *Obenhaus*, BB 2012, 1130. || [2] H 19.3 LStH 2013 „Allgemeines zum Arbeitslohnbegriff". || [3] H 19.3 LStH 2013 „Allgemeines zum Arbeitslohnbegriff"; Schmidt/*Krüger*, § 19 Rz. 55 mwN. || [4] R 19.6 LStR 2013. || [5] S. zur Drei-Wochen-Frist R 39b.2 Abs. 1 Nr. 7 LStR 2013.

Zufluss von Einnahmen erfolgt grds. erst mit der Erlangung der **wirtschaftlichen Verfügungsmacht** des ArbN über ein in Geld oder in Geldeswert bestehendes Wirtschaftsgut[1]. Verfügungsmacht wird idR erlangt im Zeitpunkt des Eintritts des Leistungserfolges oder der Möglichkeit, den Leistungserfolg herbeizuführen. Sie muss nicht endgültig erlangt sein. Demgemäß führt im Regelfall noch nicht das Entstehen oder Fälligwerden von Ansprüchen des ArbN gegen den ArbGeb zum Zufluss, sondern erst deren Erfüllung (Zahlung oder Zahlungssurrogat). Von diesem Grundsatz bestehen allerdings einige **Ausnahmen**. So wird Lohnzufluss auf Grund einer Lohnverwendungsabrede bspw. in Form eines abgekürzten Zahlungsflusses durch Zahlung des ArbGeb an Dritte angenommen, wenn, wie bei Beiträgen an eine Direktversicherung, der ArbGeb dem ArbN durch die Beitragszahlung eigene Rechtsansprüche gegen den Dritten (hier: Versicherungsunternehmen) verschafft. Auch kann Zufluss durch eine Novation (Schuldumschaffung) zwischen ArbGeb und ArbN bewirkt werden, insb. durch Schuldumschaffung einer Arbeitslohnforderung in ein Vereinbarungsdarlehen des ArbN an den ArbGeb (Zufluss des Arbeitslohns mit einem gleichzeitigen Wiederabfluss beim ArbN). Hier kommt es auf die Umstände des Einzelfalls an. Auch wird Zufluss bisweilen über sog. Vorausverfügungen angenommen, bei denen Verfügungsabsprachen bereits in Vereinbarungen vor Entstehen des Arbeitslohnanspruchs gesehen werden. Allerdings sieht die neuere Rspr. eine Fälligkeitsvereinbarung vor Entstehung der Forderung in Fällen des Hinausschiebens der Fälligkeit nicht als wirtschaftliche Verfügung an, so dass eine steuerwirksame Gestaltung des Zuflusszeitpunkts möglich ist[2]. 50

Beim Zufluss von Sachlohn oder Nutzungsvorteilen tun sich häufig praktische Schwierigkeiten deswegen auf, weil von einem derartigen Arbeitslohn naturgemäß kein Geldeinbehalt gemacht werden kann, so dass sich uU ein **Liquiditätsproblem** ergeben kann. Dennoch unterfallen derartige Vergütungsformen grds. dem LStAbzug, so dass der ArbGeb dann einen entsprechend höheren Einbehalt von einem etwaigen Barlohn machen muss; notfalls muss er diesen vollständig einbehalten. Gleiches gilt uU für Arbeitslohn, der nicht vom ArbGeb, sondern von Dritten gewährt wird. Soweit der vom ArbGeb geschuldete Barlohn auch bei vollständigem Einbehalt nicht für den geschuldeten LStEinbehalt ausreicht, ist der ArbN vom ArbGeb zu einer Zahlung des Differenzbetrages aufzufordern. Soweit der ArbN dem nicht nachkommt, hat der ArbGeb dies dem Finanzamt anzuzeigen (welches dann ggf. die LSt direkt beim ArbN beitreibt); vgl. § 38 IV. 51

Auf den ArbN abgewälzte pauschale LSt gilt als zugeflossener Arbeitslohn (§ 11 I 4 iVm. § 40 III 2). 52

Im Falle der **Abtretung einer Arbeitslohnforderung** ist steuerlich grds. die dem Abtretungsempfänger zufließende Einnahme weiterhin dem ArbN zuzurechnen; auch bei entgeltlicher Abtretung soll nach vorherrschender Ansicht das Abtretungsentgelt keinen Arbeitslohn darstellen, sondern der ArbN hat den Arbeitslohnzufluss beim Abtretungsempfänger zu versteuern[3]. Auch der ArbGeb als Schuldner des Arbeitslohns hat übrigens den LStAbzug ungeachtet der Abtretung vorzunehmen. 53

b) Betriebliche Altersversorgung. Die Besteuerung der betrAV, insb. der Zeitpunkt des Zuflusses von Arbeitslohn, unterscheidet sich je nach **Durchführungsform** (dh. Direktzusage, Unterstützungskasse, Pensionskasse, Direktversicherung oder Pensionsfonds). Neben die Regelungen in § 19 I Nr. 2 und 3 treten zahlreiche andere Vorschriften. Die nachfolgende Übersicht soll die **Besteuerung der verschiedenen Durchführungswege** veranschaulichen, wobei zur besseren Verständlichkeit nicht nur der Zeitpunkt des Arbeitslohnzuflusses dargestellt ist, sondern auch andere Steueraspekte[4]: 54

Durch-führungs-weg:	Steuerliche Behandlung der Beiträge		Steuerliche Behandlung der Erträge (aus dem Investment von Deckungsmitteln):	Steuerliche Behandlung der Leistungen:
	beim ArbN:	beim ArbGeb:		
Direktzusage (unmittelbare Versorgungszusage)	kein Lohnzufluss	abzugsfähig durch Pensionsrückstellung im Rahmen des § 6a	kein Lohnzufluss beim ArbN. Unterliegen grds. der Steuer im Unternehmen (Ausnahme: insb. § 8b KStG).	Einkünfte aus nichtselbständiger Arbeit (§ 19 I Nr. 2), aber Versorgungs-Freibetrag und WK-Pauschbetrag. Differenz zwischen Leistungen und Rückstellungsauflösung ist Betriebsausgabe beim ArbGeb.
Unter-stützungs-kasse	kein Lohnzufluss	abzugsfähig im Rahmen des § 4d	kein Lohnzufluss beim ArbN. Bei der Ukasse grds. steuerfrei (§ 5 I Nr. 3 KStG, § 3 Nr. 9 GewStG).	Einkünfte aus nichtselbständiger Arbeit (§ 19 I Nr. 2), aber Versorgungs-Freibetrag und WK-Pauschbetrag.

---

1 H 11 EStH 2012 „Allgemeines"; H 11 LStH 2013; R 38.2 LStR und H 38.2 LStH 2013. || 2 S. BFH 11.11.2009 – IX R 1/09, BStBl. II 2010, 746 und Schmidt/*Krüger*, § 11 Rz. 12 mwN. || 3 Schmidt/*Krüger*, § 19 Rz. 100 „Abtretung einer Gehaltsforderung"; Blümich/*Thürmer*, § 19 Rz. 229. || 4 S.a. *Kirschenmann*, BB 2011, 1687.

Durch-führungs-weg:	Steuerliche Behandlung der Beiträge		Steuerliche Behandlung der Erträge (aus dem Investment von Deckungsmitteln):	Steuerliche Behandlung der Leistungen:
	beim ArbN:	beim ArbGeb:		
Pensionskasse	Lohnzufluss, aber uU Steuerbegünstigung: Steuerbefreiung nach § 3 Nr. 63 Sonderausgabenabzug/Altersvorsorgezulage nach §§ 10a, 79ff. oder Pauschalbesteuerung nach § 40b aF für Altzusagen oder nach § 40b für umlagefinanzierte Neuzusagen oder normaler LStAbzug und kein(e) Sonderausgabenabzug/Altersvorsorgezulage	abzugsfähig gem. § 4c	kein Lohnzufluss beim ArbN. Bei der Pensionskasse grds. steuerfrei (§ 5 I Nr. 3 KStG, § 3 Nr. 9 GewStG).	Soweit Beiträge steuerbefreit oder durch Sonderaugabenabzug/Altersvorsorgezulage begünstigt waren: Sonstige Einkünfte in vollem Umfang (nachgelagerte Besteuerung, § 22 Nr. 5). In den übrigen Fällen: Renten sind lediglich mit Ertragsanteil sonstige Einkünfte (§ 22 Nr. 1 S. 3 Buchst. a). Kapitalzahlungen sind bei Altzusagen idR steuerfrei nach § 20 I Nr. 6 S. 2 aF; ansonsten Besteuerung der Zinsen auf Sparanteile.
Direktversicherung	Lohnzufluss, aber uU Steuerbegünstigung: Steuerbefreiung nach § 3 Nr. 63 oder Sonderausgabenabzug/Altersvorsorgezuschlag nach §§ 10a, 79ff. oder Pauschalbesteuerung nach § 40b aF für Altzusagen oder normaler LStAbzug und kein(e) Sonderausgabenabzug/Altersvorsorgezulage	abzugsfähig; vgl. auch § 4b	kein Lohnzufluss beim ArbN. Regelmäßig keine Ertragsteuerlast beim Versicherungsunternehmen.	Soweit Beiträge steuerbefreit oder durch Sonderausgabenabzug/Altersvorsorgezulage begünstigt waren: Sonstige Einkünfte in vollem Umfang (nachgelagerte Besteuerung, § 22 Nr. 5). In den übrigen Fällen: Renten sind lediglich mit Ertragsanteil sonstige Einkünfte (§ 22 Nr. 1 S. 3 Buchst. a). Kapitalzahlungen sind bei Altzusagen idR steuerfrei nach § 20 I Nr. 6 S. 2 aF; ansonsten Besteuerung der Zinsen auf Sparanteile.
Pensionsfonds	Lohnzufluss, aber uU Steuerbegünstigung: Steuerbefreiung nach § 3 Nr. 63 oder Sonderausgabenabzug/Altersvorsorgezulage nach §§ 10a, 79ff. oder normaler LStAbzug und kein(e) Sonderausgabenabzug/Altersvorsorgezulage	abzugsfähig gem. § 4e	kein Lohnzufluss beim ArbN. Regelmäßig keine Ertragsteuerlast beim Pensionsfonds.	Soweit Beiträge steuerbefreit oder durch Sonderausgabenabzug/Altersvorsorgezulage begünstigt waren: Sonstige Einkünfte in vollem Umfang (nachgelagerte Besteuerung, § 22 Nr. 5). In den übrigen Fällen: Renten sind lediglich mit Ertragsanteil sonstige Einkünfte (§ 22 Nr. 1 S. 3 Buchst. a).

Unmittelbare Versorgungszusage und Unterstützungskassenzusage führen grds. erst bei Leistungszahlung zum Zufluss von steuerpflichtigem Arbeitslohn (sog. nachgelagerte Besteuerung). 55

Die Steuerfolgen einer unmittelbaren Versorgungszusage ändern sich idR auch nicht, wenn insoweit eine **Rückdeckungsversicherung** abgeschlossen und an den ArbN verpfändet wird. 56

Bei der **Unterstützungskasse** ist zu beachten, dass mit Ausnahme einer rückdeckungsversicherten U-Kasse eine steuerlich wirksame volle Anwartschaftsfinanzierung in der Anwartschaftsphase nicht möglich ist, sondern erst bei Eintritt des Versorgungsfalls möglich wird. 57

Bei **Pensionskasse, Direktversicherung und Pensionsfonds** hingegen stellen Beiträge gem. § 19 I Nr. 3 grds. steuerpflichtigen Arbeitslohn dar (sog. vorgelagerte Besteuerung). Allerdings erfährt dieser Grundsatz durch zahlreiche Ausnahmetatbestände Durchbrechungen, die in der obigen Tabelle dargestellt sind, wobei diese regelmäßig betrags- und antragsabhängig sind. Bspw. ist eine jährliche Steuerbefreiung nach § 3 Nr. 63 grds. nur bis zu einer Höhe von 4 % der BBG in der allg. Rentenversicherung möglich. Die Besteuerung der Beiträge wirkt sich dann ggf. auch auf die Besteuerung der Leistungen aus. 58

Die Rechtsfolgen einer **Entgeltumwandlung** in betriebl. Altersversorgung hängen vor allem vom Durchführungsweg und ggf. auch vom Zeitpunkt der Umwandlungsvereinbarung ab[1]. 59

Für bestimmte Aspekte bestehen zudem **Sondervorschriften:** Bestimmte Fälle von Übertragungen und Wechseln des Durchführungsweges sind nach § 3 Nr. 55 und § 3 Nr. 66 für den ArbN steuerneutral möglich. § 3 Nr. 65 sieht bestimmte Steuerbefreiungen aus eher systematischen Gründen im Fall der Insolvenz uÄ vor. 60

3. Sondervorschriften für einzelne Vergütungsformen. Für einzelne Vergütungsformen bestehen Sondervorschriften, insb. in Gestalt von Steuerbefreiungen, Bewertungsvorschriften (bei Sachbezügen einschl. von Nutzungsvorteilen) oder Pauschalierungsmöglichkeiten. 61

Auf die **Steuerbefreiungen** für einzelne Vergütungsformen, die sich vor allem in § 3 und § 3b finden, wird unten im ABC der Vergütungsformen (Rz. 67) eingegangen. 62

Vereinzelt wird steuerbefreiter Lohn einem sog. **Progressionsvorbehalt** unterworfen (vgl. § 32b), dh. es wird zwar nicht der steuerbefreite Lohn besteuert, aber der Steuersatz auf das übrige steuerpflichtige Einkommen erhöht sich ggf. dadurch, dass die steuerfreien Bezüge für Zwecke der Ermittlung des Steuersatzes berücksichtigt werden[2]. Dies gilt bspw. für steuerbefreite Aufstockungen oder Zuschläge bei der Altersteilzeit. Vor allem gilt es bei Fällen mit Auslandsberührung, in denen Arbeitslohn nach einem DBA steuerbefreit ist. Der Progressionsvorbehalt betrifft daneben vor allem Leistungen der gesetzl. SozV wie Alg, Kug, Insolvenzgeld, Elterngeld und Krankengeld. Unter Progressionsvorbehalt steuerbefreite Einkünfte führen gem. § 46 II Nr. 1 grds. zu einer EStVeranlagungspflicht (vgl. Rz. 11). Bei einer EStVeranlagung können sich daher zB bei Bezug von Kug EStNachzahlungspflichten im Falle einer gemeinsamen Veranlagung von Ehegatten ergeben (vgl. Rz. 11). 63

Bewertungsvorschriften für Sachbezüge (einschl. von Nutzungsvorteilen) finden sich vor allem in § 8, teilweise durch Verweis auf die SvEV – vor allem Verpflegung (monatlicher Gesamtwert 229 Euro: Frühstück täglich 1,63 Euro/monatlich 49 Euro, Mittagessen und Abendessen jeweils täglich 3,00 Euro/jeweils monatlich 90 Euro), Unterkunft (monatlicher Wert 221 Euro) und Wohnung (grds. der ortsübliche Mietpreis) – und bzgl. der privaten Nutzung eines Dienstwagens (s. Rz. 67) auch durch Verweis auf § 6 I Nr. 4. Im Bereich der Mitarbeiterkapitalbeteiligung finden sich Bewertungsvorschriften in § 3 Nr. 39. Für Sachbezüge gilt eine Freigrenze (kein Freibetrag) von insg. 44 Euro im Kalendermonat (§ 8 II 11). Ob bei Warengutscheinen Barlohn oder ein Sachbezug vorliegt, hängt davon ab, was der ArbN vom ArbGeb beanspruchen kann[3]. 64

Hinsichtlich von **Pauschalierungsmöglichkeiten** bei der LSt wird auf die Ausführungen in Rz. 26 verwiesen. 65

Für Entschädigungen, die als Ersatz für entgangene oder entgehende Einnahmen oder für die Aufgabe oder Nichtausübung einer Tätigkeit gewährt werden, kann, ebenso wie für Vergütungen für mehrjährige Tätigkeiten, eine Progressionsmilderung in Gestalt der sog. **Fünftelungsregelung für außerordentliche Einkünfte** anwendbar sein (§ 34 I)[4]. Die Fünftelungsregelung, die gem. § 39b III 9 möglicherweise auch im LStVerfahren anwendbar ist, kann vor allem **Entlassungsabfindungen und Karenzentschädigungen** erfassen. Die Fünftelungsregelung kommt bei Entschädigungen allerdings nur im Falle einer Zusammenballung von Einkünften zur Anwendung, was zB bei Entlassungsabfindungen zum einen voraussetzt, dass grds. die gesamte Entschädigung innerhalb eines einzigen Kalenderjahres dem ArbN zufließt, und zum anderen, dass grds. die Summe aus Arbeitslohn und Lohnersatzleistungen einschl. der Entlassungs- 66

---

1 S. näher BMF v. 24.7.2013, BStBl. I 2013, 1022 in Rz. 291–295. || 2 Ein kostenloses Berechnungsprogramm findet sich unter http://www.finanzamt.bayern.de/Informationen/Steuerinfos/Steuerberechnung/Progressionsvorbehalt/default.php. || 3 BFH 11.11.2010 – VI R 21/09, BStBl. II 2011, 383. || 4 S. ausf. die Komm. zu §§ 24/34 EStG in der 2. Aufl.

entschädigung im laufenden Jahr höher ist als die Einkünfte, die der ArbN bei Fortbestand des Vertragsverhältnisses bezogen hätte. Für letztgenannte Prognose wird grds. auf die Einkünfte des Vorjahres abgestellt, es sei denn, die Einnahmesituation ist in diesem Jahr durch außergewöhnliche Ereignisse geprägt. Auch bei Vergütungen für mehrjährige Tätigkeiten wird grds. verlangt, dass die gesamte Zahlung innerhalb eines Kalenderjahres erfolgt[1]. Die Fünftelungsregelung wirkt sich grds. nicht aus, wenn das zu versteuernde Einkommen abzüglich der außerordentlichen Einkünfte (Entschädigung bzw. Vergütung für mehrjährige Tätigkeit) den Spitzensteuersatz erreicht. Wenn die Fünftelungsregelung zur Anwendung kommt, berechnet sich die Steuer wie folgt: Für Zwecke der Steuerberechnung nach § 34 I ist zunächst für das Kalenderjahr, in dem die außerordentl. Einkünfte erzielt worden sind, die EStSchuld zu ermitteln, die sich ergibt, wenn die in dem zu versteuernden Einkommen enthaltenen außerordentl. Einkünfte nicht in die Bemessungsgrundlage einbezogen werden (Schritt 1). Sodann ist in einer Vergleichsberechnung die ESt zu errechnen, die sich unter Einbeziehung eines Fünftels der außerordentl. Einkünfte ergibt (Schritt 2). Bei diesen nach den allg. Tarifvorschriften vorzunehmenden Berechnungen sind dem Progressionsvorbehalt (§ 32b) unterliegende Einkünfte zu berücksichtigen[2]. Der Unterschiedsbetrag zwischen beiden Steuerbeträgen ist zu verfünffachen (Schritt 3); er stellt die ESt dar, die auf die außerordentl. Einkünfte entfällt. Schließlich ist der sich ergebende Steuerbetrag der im ersten Schritt ermittelten ESt hinzuzurechnen (Schritt 4). Der so ermittelte Betrag ist für das Jahr des Zuflusses der außerordentl. Einkünfte zu zahlen. Die mitunter verwendete Bezeichnung als „rechnerische Verteilung auf fünf Jahre" ist insoweit missverständlich, weil die Steuer nicht fünf Jahre lang, sondern in einer Summe zu entrichten ist. Die außerordentl. Einkünfte werden also nicht auf fünf Veranlagungszeiträume (Jahre) verteilt. Wird die Fünftelungsregelung im LStVerfahren angewendet, besteht gem. § 46 II Nr. 5 Pflicht zur EStVeranlagung (s. Rz. 11).

67   **4. ABC der Vergütungsformen**[3].

– **Abfindungen:** S. „Entlassungsabfindungen".

– **Abtretung einer Arbeitslohnforderung:** S.o. Rz. 53.

– **AGG-Entschädigung** (§ 15 AGG): S. „Schadensersatz".

– **Aktienoptionsrecht:** S. arbeitsrechtlich die Komm. bei § 611 BGB Rz. 125. Zum steuerpflichtigen Arbeitslohn kommt es in aller Regel erst bei der Übertragung des wirtschaftl. Eigentums an den Aktien auf den ArbN nach Optionsausübung[4]. Steuerpflichtig ist dabei idR der geldwerte Vorteil zwischen dem Verkehrswert (Börsenpreis) der Aktien im Zeitpunkt der (Aktien-)Übertragung und dem Optionsausübungspreis. Die Sonderregelungen des § 3 Nr. 39 sind ggf. zu beachten (in Altfällen ggf. § 19a aF, vgl. § 52 XXXV); insb. kann der dort geregelte Steuerfreibetrag von maximal 360 Euro zur Anwendung kommen, wenn zutreffend für die Angebotsbekanntgabe iSd. § 3 Nr. 39 S. 2 auf die Optionsgewährung abgestellt wird. Im Einzelfall kann eine Progressionsmilderung in Gestalt der sog. Fünftelungsregelung für Vergütungen für mehrjährige Tätigkeiten (§ 34 I und II Nr. 4) anwendbar sein[5]. Ein zeitweiliges Veräußerungsverbot für den ArbN schiebt weder den Zuflusszeitpunkt hinaus noch rechtfertigt es einen Bewertungsabschlag für die Bemessung des geldwerten Vorteils. Nach einer zweifelhaften Entscheidung soll es aber bei dinglichen Verfügungsbeschränkungen hinsichtlich der Aktien anders liegen[6]. Eine spätere Veräußerung der Aktien durch den ArbN ist grds. nicht mehr eine durch das ArbVerh veranlasste Einnahme, sondern ein Gewinn aus der Veräußerung von Privatvermögen, der nach den dafür geltenden Regeln uU steuerpflichtig sein kann (idR § 20 II Nr. 1, dh. Abgeltungsteuer, bei nach 2008 erworbenen Aktien). Im Falle der Steuerpflicht des Veräußerungsgewinns führt ein vorheriger geldwerter Vorteil aus dem verbilligten Aktienerwerb grds. zu (veräußerungsgewinn- und damit steuermindernden) Anschaffungskosten[7]. Im Kapitalertragsteuerverfahren kann dies aber uU problematisch werden, wenn die depotführende Bank diese Anschaffungskosten nicht berücksichtigt.

– **Altersteilzeit:** § 3 Nr. 28 sieht eine Steuerbefreiung vor für die Aufstockungsbeträge iSd. § 3 I Nr. 1a sowie die Beiträge und Aufwendungen iSd. § 3 I Nr. 1b und des § 4 II ATZG, die Zuschläge, die versicherungsfrei Beschäftigte iSd. § 27 I Nr. 1–3 SGB III zur Aufstockung der Bezüge bei Altersteilzeit nach beamtenrechtl. Vorschriften oder Grundsätzen erhalten, sowie die Zahlungen des ArbGeb zur Übernahme der Beiträge iSd. § 187a SGB VI, soweit sie 50 vH der Beiträge nicht übersteigen. Die Leistungen sind auch dann steuerfrei, wenn ein Förderanspruch des ArbGeb ggü. der BA nicht besteht[8]. Die nach § 3 Nr. 28 steuerfreien Aufstockungsbeträge oder Zuschläge unterliegen aber nach § 32b I Nr. 1 Buchst. g dem sog. Progressionsvorbehalt, erhöhen also uU den anzuwendenden Steuersatz auf das steuerpflichtige Einkommen. Bei einem ATZ-ArbVerh im sog. Blockmodell kommt es während der Arbeitsphase uU noch nicht zum Lohnzufluss hinsichtlich der erst in der Freistellungsphase auszuzahlenden Beträge.

---

[1] Schmidt/Wacker, § 34 Rz. 42. ||[2] R 34.2 I 3 EStR 2012. ||[3] S. näher Blümich/Thürmer, § 19 Rz. 280; Hartz/Meeßen/Wolf, ABC-Führer Lohnsteuer; Schmidt/Krüger, § 19 Rz. 100. ||[4] FinMin NRW v. 27.3.2003, DStR 2003, 689 und zu grenzüberschreitenden Fällen BMF v. 14.9.2006, BStBl. I 532 unter Tz. 6.6. S.a. Schmidt/Krüger, § 19 Rz. 100 „Aktien" und „Ankaufsrecht". ||[5] BFH 19.12.2006 – VI R 136/01, BStBl. II 2007, 456. ||[6] BFH 30.6.2011 – VI R 37/09, BStBl. II 2011, 2127. ||[7] BMF v. 25.10.2004, BStBl. I 2004, 1034 unter Rz. 14. ||[8] R 3.28 Abs. 2 LStR 2013.

- **Altersversorgung:** S. „Betriebliche Altersversorgung" und „Gesetzliche Rentenversicherung".
- **Arbeitsessen:** S. „Bewirtung".
- **Arbeitskleidung:** Typische Berufskleidung, die der ArbGeb seinem ArbN überlässt, ist nach § 3 Nr. 31 einkommensteuerbefreit. Die Überlassung anderer (bürgerlicher) Kleidung kann demggü. steuerpflichtigen Arbeitslohn darstellen[1].
- **Arbeitslosengeld:** S. „Schadensersatz".
- **Arbeitszeitkonten:** Bei einer Gutschrift auf einem Arbeitszeitkonto kommt es uU noch nicht zum Lohnzufluss. Bei Anlage des Guthabens bei einem Dritten darf der ArbN zur Vermeidung eines Lohnzuflusses aber keinen unmittelbaren Rechtsanspruch ggü. dem Dritten haben. Die Finanzverwaltung verlangt zudem, dass unabhängig vom Erfolg des Investments der ArbN mindestens Anspruch auf die dem Zeitwertkonto zugeführten Arbeitslohnbeträge hat (Zeitwertkontengarantie)[2].
- **Aufmerksamkeiten:** Bloße Aufmerksamkeiten werden von der Finanzverwaltung nicht als steuerpflichtiger Arbeitslohn behandelt. S. Rz. 44 ff., 47.
- **Auslagenersatz:** Beträge, die der ArbN von seinem ArbGeb erhält, um sie für ihn auszugeben (durchlaufende Gelder) und Beträge, durch die Auslagen des ArbN für den ArbGeb ersetzt werden (Auslagenersatz), sind gem. § 3 Nr. 50 steuerfrei.
- **Auslandstätigkeit:** Die deutsche Steuerpflicht kann bei inlandsansässigen und damit unbeschränkt einkommensteuerpflichtigen ArbN im Falle einer Auslandstätigkeit insb. auf Grund eines DBA eingeschränkt sein. Vgl. Rz. 6.
- **Beihilfen:** Beihilfen an ArbN, insb. Krankheitsbeihilfen, sind grds. steuerpflichtiger Arbeitslohn (vgl. nur § 2 II Nr. 5 LStDV). Die Finanzverwaltung sieht entsprechend § 3 Nr. 11 bei bestimmten Voraussetzungen und bis zu bestimmten Beträgen Unterstützungen in Krankheits- und Unglücksfällen aber als steuerfrei an[3].
- **Beiträge zur gesetzl. Sozialversicherung:** Der ArbGebAnteil am GesamtSozV-Beitrag ist entweder schon kein Arbeitslohn oder er ist nach § 3 Nr. 62 steuerbefreit. Der ArbN-Anteil ist grds. steuerpflichtiger Arbeitslohn. Der ArbN kann ihn im Rahmen seiner EStVeranlagung grds. bei den Sonderausgaben geltend machen, wobei dort uU Deckelungen bestehen (vgl. § 10). Das beitragspflichtige Arbeitsentgelt in der SozVers weicht übrigens in vielerlei Hinsicht von dem steuerpflichtigen Arbeitslohn ab. Vgl. Rz. 67a.
- **Betriebliche Altersversorgung:** Die Besteuerung der betrAV unterscheidet sich bei den einzelnen Durchführungswegen voneinander. S. Rz. 54 ff.
- **Betriebsveranstaltungen:** Zuwendungen des ArbGeb an seine ArbN anlässlich von Betriebsveranstaltungen (zB Weihnachtsfeier) gehören nicht zum Arbeitslohn, wenn sich Zuwendungen und Veranstaltungen nach Art, Teilnehmerkreis, Häufigkeit und Dauer im Rahmen des Üblichen (Herkömmlichen) halten; in einem solchen Fall schließt das ganz überwiegend eigenbetriebl. Interesse des ArbGeb die Annahme von Arbeitslohn aus[4]. Hierbei ist eine Freigrenze von 110 Euro pro ArbN je Veranstaltung zu beachten.
- **Bewirtung:** Eine betriebl. veranlasste Bewirtung (insb. ein Essen mit Kunden und ein Essen während einer betriebl. veranlassten Auswärtstätigkeit) ist wegen des ganz überwiegenden eigenbetriebl. Interesses des ArbGeb grds. kein Arbeitslohn, andere Mahlzeiten können es unter gewissen Umständen jedoch sein[5]. Die wegen eines außergewöhnlichen Arbeitseinsatzes (Besprechung/Sitzung) erfolgte Bewirtung stellt grds. keinen Arbeitslohn dar[6]. S.a. Rz. 64.
- **Computer uÄ:** Die Vorteile des ArbN aus der privaten Nutzung von betriebl. Datenverarbeitungsgeräten sowie deren Zubehör sind nach § 3 Nr. 45 steuerbefreit; Voraussetzung ist aber, dass es sich um Geräte des ArbGeb handelt. Ebenfalls steuerbefreit sind Vorteile aus der Privatnutzung von überlassenen System- und Anwendungsprogrammen, die der ArbGeb auch in seinem Betrieb einsetzt. Vgl. auch Rz. 36.
- **Darlehen an einen ArbN:** S. arbeitsrechtlich § 611 BGB Rz. 153. Bei ArbGebDarlehen bemisst sich der steuerpflichtige geldwerte Vorteil nach dem Unterschiedsbetrag zwischen dem marktüblichen Zins und dem Zins, den der ArbN im konkreten Einzelfall zahlt. Allerdings lässt die Finanzverwaltung hier bestimmte Typisierungen und Vereinfachungen zu[7].

---

1 S. näher *Hartz/Meeßen/Wolf*, ABC-Führer Lohnsteuer, Stichwort „Berufskleidung" Rz. 27f. || 2 S. näher BMF v. 17.6.2009, BStBl. I 2009, 1286; Schmidt/*Krüger*, § 19 Rz. 100 „Arbeitszeitkonten". || 3 S. näher R 3.11 Abs. 2 LStR 2013. || 4 St. Rspr., vgl. zB BFH 25.5.1992 – VI R 85/90, BStBl. II 1992, 655 und 12.12.2012 – VI R 79/10, BFH/NV 2013, 637. Ähnlich und detaillierter R 19.5 LStR 2013. || 5 Näher R 8.1 Abs. 8 LStR 2013. S.a. Blümich/*Thürmer*, § 19 Rz. 280 Stichwort „Bewirtung" und Schmidt/*Krüger*, § 19 Rz. 100 Stichwort „Bewirtung". || 6 Vgl. R 19.6 Abs. 2 LStR 2013 mit einer Limitierung auf 40 Euro. Blümich/*Thürmer*, § 19 Rz. 280 Stichwort „Bewirtung" und Schmidt/*Krüger*, § 19 Rz. 100 Stichwort „Bewirtung". || 7 BMF v. 1.10.2008, BStBl. I 2008, 892.

- **Deferred Compensation:** Mit deferred compensation werden üblicherweise Fälle bezeichnet, bei denen nicht nur die Auszahlung der Vergütung, sondern auch deren Besteuerung aufgeschoben wird. Hiermit ist vor allem der Fall einer Umwandlung von Barvergütung in Versorgungslohn (betrAV in Form der Direktzusage und Unterstützungskassenzusage) gemeint. Vgl. Rz. 54ff.
- **Dienstwagen:** S. arbeitsrechtlich § 611 BGB Rz. 88. Die unentgeltliche oder verbilligte Überlassung eines Kfz durch den ArbGeb an den ArbN für dessen Privatfahrten führt grds. zu steuerpflichtigem Arbeitslohn. Hierbei begründet bereits die im Arbeitsvertrag oder zumindest konkludent getroffene Vereinbarung einer derartigen Nutzungsmöglichkeit einen steuerpflichtigen Vorteil; es bedarf also für die Besteuerung grds. keiner tatsächlichen Privatfahrten[1]. Steht hingegen nicht fest, dass der ArbGeb dem ArbN eine Privatnutzung ermöglicht hat, kann auch der Beweis des ersten Anscheins diese fehlende Feststellung nicht ersetzen. Die Besteuerung des geldwerten (Nutzungs-)Vorteils ist in § 8 II geregelt sowie in der dort in Bezug genommenen Vorschrift des § 6 I Nr. 4 S. 2[2]. Die Berechnung des geldwerten Vorteils erfolgt hiernach grds. pauschal mit der sog. 1 %-Regelung, dh. der private Nutzungswert wird mit monatlich 1 % des inländischen Listenpreises des Kfz angesetzt. Alternativ ist ein Einzelnachweis mit Fahrtenbuch möglich, wobei der ArbN gegen seinen ArbGeb einen Auskunftsanspruch hinsichtlich der Kfz-Kosten hat[3]. Die Anforderungen für ein ordnungsgemäßes Fahrtenbuch sind allerdings sehr hoch und daher in der Praxis nur schwer zu erfüllen[4]. Kann das Kfz auch zu Fahrten zwischen Wohnung und Arbeitsstätte genutzt werden, so ist diese Nutzungsmöglichkeit unabhängig von der Nutzung des Fahrzeugs zu Privatfahrten zusätzlich mit monatlich 0,03 % des inländischen Listenpreises des Kraftfahrzeugs für jeden Kilometer der Entfernung zwischen Wohnung und Arbeitsstätte zu bewerten und dem Arbeitslohn zuzurechnen. Wird das Kfz zu Heimfahrten im Rahmen einer doppelten Haushaltsführung genutzt, erhöht sich uU der Wert für jeden Kilometer der Entfernung zwischen dem Beschäftigungsort und dem Ort des eigenen Hausstands um 0,002 % des inländischen Listenpreises für jede Fahrt. Der ArbGeb ist hinsichtlich der Kfz-Überlassung grds. umsatzsteuerpflichtig; vgl. Rz. 36.
- **Durchlaufende Gelder:** S. „Auslagenersatz".
- **Eigenbetriebliches Interesse:** Ein ganz überwiegend betriebl. Interesse des ArbGeb kann dazu führen, dass ein Vorteil nicht als Arbeitslohn anzusehen ist. Vgl. Rz. 46.
- **Elterngeld:** Elterngeld nach BEEG ist nach § 3 Nr. 67 steuerfrei, unterliegt jedoch dem Progressionsvorbehalt (vgl. Rz. 63).
- **Entlassungsabfindungen:** Entlassungsabfindungen, die idR steuerpflichtiger Lohn sind, können uU als Entschädigung iSd. § 24 Nr. 1 unter die Progressionsmilderung in Gestalt der sog. Fünftelungsregelung fallen (§ 34 I)[5]; vgl. auch Rz. 66. S.a. § 10 KSchG Rz. 18ff. u. Anh. § 9 KSchG Rz. 40.
- **Entschädigung:** S. „Schadensersatz".
- **Essen:** S. „Bewirtung".
- **Fahrtkostenerstattung und -zuschüsse:** S. „Reisekostenerstattung" und „Sammelbeförderung".
- **Geburtsbeihilfen:** S. „Gratifikation".
- **Gehaltsfortzahlung bei Krankheit oder Tod:** Diese führt grds. zu steuerpflichtigem Arbeitslohn.
- **Gehaltsnachzahlung:** Ein Zufluss und damit eine lohn- bzw. einkommensteuerliche Erfassung erfolgt regelmäßig erst im Zeitpunkt der Zahlung. Insb. bei Zahlungen von laufendem Arbeitslohn um den Jahreswechsel herum können Besonderheiten zu beachten sein; vgl. Rz. 49. Gehaltsnachzahlungen können uU auch eine Vergütung für mehrjährige Tätigkeit darstellen, die der Fünftelungsregelung unterliegt; vgl. Rz. 66. Bzgl. Steuernachteilen durch verspätete Lohnzahlung s. Rz. 81.
- **Gehaltsverzicht:** Ein Verzicht auf Arbeitslohn (durch Erlassvertrag, § 397 BGB) ist grds. möglich, ohne dass es zu einem Lohnzufluss kommt, wenn der Verzicht bedingungsfrei, insb. ohne Verwendungsauflagen erfolgt[6].
- **Geringfügige Beschäftigungsverhältnisse:** Bei geringfügigen Beschäftigungsverhältnissen ist eine LSt-Pauschalierung nach näherer Maßgabe des § 40a möglich. S.a. Rz. 26. Wird hiervon Gebrauch gemacht, entfällt die Besteuerung beim ArbN.
- **Gesetzliche Rentenversicherung:** S. „Beiträge zur gesetzl. Sozialversicherung" und „Leistungen der gesetzl. Rentenversicherung".
- **Gesundheitsförderung:** Sach- oder Barleistungen des ArbGeb zur Verbesserung des allg. Gesundheitszustandes und der betriebl. Gesundheitsförderung können nach näherer Maßgabe des § 3 Nr. 34

---

[1] S. BFH-Pressemitteilung Nr. 38 v. 10.7.2013 zu diversen BFH-Urteilen. || [2] S.a. R 8.1 Abs. 9 LStR 2013. || [3] BAG 19.4.2005 – 9 AZR 188/04, NZA 2005, 983. || [4] Vgl. BFH 1.3.2012 – VI R 33/10, DStR 2012, 1011 m. Anm.; Bingel/Göttsching, DStR 2013, 690. S.a. R 8.1 Abs. 9 Nr. 2 LStR 2013. || [5] S. ausf. die Komm. von §§ 24/34 EStG in der 2. Aufl. dieses Kommentars. S.a. BMF v. 1.11.2013, DStR 2013, 2459. || [6] Schmidt/*Krüger*, § 11 Rz. 50 Stichwort „Verzicht"; Schmidt/*Krüger*, § 19 Rz. 100 Stichwort „Gehaltsverzicht"; Blümich/*Thürmer*, § 19 Rz. 280 Stichwort „Gehaltsverzicht".

bis zu 500 Euro im Kalenderjahr steuerbefreit sein, wobei diese aber hinsichtlich Qualität, Zweckbindung und Zielgerichtetheit den Anforderungen der §§ 20, 20a SGB V genügen müssen und es sich nicht um Entgeltumwandlung handeln darf. Nicht begünstigt ist die schlichte Übernahme von Mitgliedsbeiträgen für Sportvereine oder Fitnessstudios.

- **Gratifikation:** S. arbeitsrechtlich § 611 BGB Rz. 101. Vergütungen aus besonderen Anlässen, insb. Urlaubs- und Weihnachtsgeld oder 13. Monatsgehalt, sind grds. steuerpflichtiger Arbeitslohn. Keinen Arbeitslohn sollen dagegen aus besonderem Anlass wie zB einem Geburtstag gewährte bloße Aufmerksamkeiten darstellen, wenn es sich um Sachzuwendungen bis zu einem Wert von 40 Euro handelt[1]. Geburts- und Heiratsbeihilfen bis 315 Euro waren früher nach § 3 Nr. 15 aF steuerbefreit; die Steuerbefreiung ist jedoch mit Wirkung ab 2006 aufgehoben worden. Auch Jubiläumszuwendungen genossen einmal eine inzwischen aufgehobene Steuerbefreiung (§ 3 Nr. 52 EStG aF und § 3 LStDV aF); seit 1999 sind sie grds. voll steuerpflichtig, wobei aber uU noch eine betraglich begrenzte Belohnung im Rahmen von Betriebsveranstaltungen von der Finanzverwaltung als steuerfrei behandelt wird.
- **Heimarbeitszuschläge:** Lohnzuschläge, die Heimarbeitern zur Abgeltung der mit der Heimarbeit verbundenen Aufwendungen neben dem Grundlohn gezahlt werden, sind insg. nach Auffassung der Finanzverwaltung aus Vereinfachungsgründen steuerfrei, soweit sie 10 % des Grundlohns nicht übersteigen[2].
- **Heiratsbeihilfen:** S. „Gratifikation".
- **Internet:** S. „Computer uÄ". Vgl. auch „Telefon".
- **Jobticket:** Vereinbarungen des ArbGeb mit einem Verkehrsbetrieb hinsichtlich vergünstigter Netzkarten für ArbN können einen Sachbezug darstellen (vgl. Rz. 64). Der steuerpflichtige geldwerte Vorteil aus einer Jahresnetzkarte kann einem ArbN dabei bereits mit deren Erwerb zufließen (also nicht etwa monatlich)[3].
- **Jubiläumszuwendung:** S. „Gratifikation".
- **Karenzentschädigung:** S. „Wettbewerbsverbote".
- **Kaufkraftausgleich bei Auslandsentsendung:** Hierfür sieht § 3 Nr. 64 uU eine Steuerbefreiung vor, die von der Finanzverwaltung uU auch bei ArbN außerhalb des öffentl. Dienstes gewährt wird[4].
- **Kindergarten, Kindertagesstätten uÄ:** Nach § 3 Nr. 33 sind zusätzlich zum ohnehin geschuldeten Arbeitslohn erbrachte Leistungen des ArbGeb zur Unterbringung und Betreuung von nicht schulpflichtigen Kindern der ArbN in Kindergärten oder vergleichbaren Einrichtungen einkommensteuerbefreit. Hierbei ist gleichgültig, ob es sich um betriebl. oder außerbetriebl. Einrichtungen handelt[5].
- **Kundenbindungsprogramme:** § 3 Nr. 38 sieht eine Steuerbefreiung vor für Sachprämien, die der Steuerpflichtige für die persönliche Inanspruchnahme von Dienstleistungen von Unternehmen unentgeltlich erhält, die diese zum Zwecke der Kundenbindung in allg. Geschäftsverkehr in einem jedermann zugänglichen planmäßigen Verfahren gewähren, soweit der Wert der Prämien 1 080 Euro im Kalenderjahr nicht übersteigt. Für den darüber hinausgehenden Teil der Prämien kommt uU eine Pauschalierung der ESt durch das Unternehmen, das Sachprämien gewährt, nach näherer Maßgabe des § 37a in Betracht. Durch Steuerbefreiung und Pauschalierung kann uU verhindert werden, dass zB Freiflüge eines ArbN, die durch vom ArbGeb bezahlte Dienstreisen erworben wurden, zum steuerpflichtigen Arbeitslohn werden.
- **Kurzarbeitergeld:** Dieses ist als Sozialversicherungsleistung nach § 3 Nr. 2 von der ESt befreit (allerdings unter Progressionsvorbehalt)[6]. S. Rz. 63.
- **Kurzfristige Beschäftigung:** S. Rz. 26.
- **Leistungen der gesetzl. Rentenversicherung:** Diesen fehlt der Arbeitslohncharakter. Die Rentenleistungen sind aber idR als sog. sonstige Einkünfte nach § 22 Nr. 1 steuerpflichtig, wobei der Besteuerungsanteil vom Jahr des Rentenbeginns abhängt.
- **Lohnsteuernachforderung:** S. Rz. 74.
- **Minijob:** S. Rz. 26.
- **Mitarbeiterkapitalbeteiligung:** Mitarbeiterkapitalbeteiligung kann zu steuerpflichtigem Arbeitslohn führen, insb. durch unentgeltliche oder verbilligte Einräumung von Beteiligungen[7]. In solchen Fällen ist grds. der geldwerte Vorteil zwischen dem Verkehrswert der Beteiligung im Zeitpunkt der Übertragung des wirtschaftlichen Eigentums an der Beteiligung auf den ArbN und dem etwaig vom ArbN gezahlten Erwerbspreis ein Sachbezug, der durch das individuelle ArbVerh veranlasst ist und Arbeits-

---

1 R 19.6 LStR 2013. || 2 R 9.13 LStR 2013. || 3 BFH 14.11.2012 – VI R 56/11, DStR 2013, 353. || 4 R 3.64 LStR 2013. || 5 S. näher R 3.33 LStR 2013 zum Verständnis der Finanzverwaltung. || 6 S. mit Beispielsberechnungen *Hansche/Daub*, DStR 2009, 1926. || 7 S. näher *Fischer* in Lüdicke/Sistermann, Unternehmenssteuerrecht, 2008, S. 656 ff.

lohn darstellt. Etwaige Verfügungsbeschränkungen hindern grds. weder den Zufluss, noch bewirken sie eine Minderung des steuerpflichtigen geldwerten Vorteils. § 3 Nr. 39 sieht für den geldwerten Vorteil uU einen geringen Freibetrag vor (bis zu 360 Euro im Jahr), vorausgesetzt, dass die Möglichkeit des Beteiligungserwerbs allen gegenwärtigen ArbN offen steht[1]. Als Wert der Vermögensbeteiligung ist der gemeine Wert anzusetzen. Für gewisse Altfälle gilt während eines Übergangszeitraums gem. § 52 XXXV uU noch § 19a aF. Außersteuerlich kann der Erwerb von Vermögensbeteiligungen durch ArbN, welche bestimmte Einkommensgrenzen nicht überschreiten, noch durch das 5. VermBG begünstigt sein; § 13 des 5. VermBG sieht eine staatl. ArbN-Sparzulage vor.

- **Nebenberufliche Tätigkeiten:** § 3 Nr. 26 sieht eine Steuerbefreiung vor für Einnahmen aus nebenberuflichen Tätigkeiten als Übungsleiter, Ausbilder, Erzieher, Betreuer oder vergleichbaren nebenberuflichen Tätigkeiten, aus nebenberuflichen künstlerischen Tätigkeiten oder der nebenberuflichen Pflege alter, kranker oder behinderter Menschen im Dienst oder im Auftrag einer inländischen juristischen Person des öffentl. Rechts oder einer unter § 5 I Nr. 9 KStG fallenden Einrichtung zur Förderung gemeinnütziger, mildtätiger und kirchlicher Zwecke (§§ 52–54 AO) bis zur Höhe von insg. 2400 Euro im Jahr.

- **Nettolohnvereinbarungen:** S. arbeitsrechtlich § 611 BGB Rz. 96. S.a. Rz. 71. Bei einer Nettolohnvereinbarung bleibt der ArbN im Verhältnis ggü. den Finanzbehörden Steuerschuldner, auch wenn im Innenverhältnis zwischen ArbGeb und ArbN der ArbGeb die Steuerlast zu tragen hat. Die vom ArbGeb übernommene LSt führt hierbei zu zusätzlichem Lohnzufluss, so dass eine Hochrechnung erforderlich ist[2]. Etwaige spätere Steuererstattungen, die der ArbN seinem ArbGeb abtritt, können dann Werbungskosten oder negativer Arbeitslohn sein[3].

- **Parkplatzgestellung für Privat-Pkw:** Wenn diese betriebsfunktional bedingt ist, führt sie wohl nicht zu Arbeitslohn. Die Rechtslage ist hier aber nicht nur einzelfallabhängig, sondern auch zT unklar[4].

- **Pauschalversteuerung:** S. Rz. 26.

- **Personalrabatte:** S. arbeitsrechtlich § 611 BGB Rz. 92. Personalrabatte, die der ArbGeb seinen ArbN einräumt, führen grds. zu steuerpflichtigem Arbeitslohn. § 8 III sieht neben besonderen Bewertungsregeln uU auch einen Steuerfreibetrag von bis zu 1080 Euro im Jahr vor. Personalrabatte, die nicht vom ArbGeb, sondern von Dritten eingeräumt werden (einschl. von mit dem ArbGeb verbundenen Unternehmen), sind Arbeitslohn, wenn sie ihre Ursache im ArbVerh haben[5]. Hierfür gilt dann aber nicht der vorerwähnte Steuerfreibetrag. Es besteht hierbei uU ein Wahlrecht des ArbN, den geldwerten Vorteil wahlweise nach § 8 II ohne Bewertungsabschlag und ohne Rabattfreibetrag mit dem günstigsten Preis am Markt als Vergleichspreis oder aber mit diesen Abschlägen auf der Grundlage des Endpreises des ArbGeb nach § 8 III bewerten zu lassen[6].

- **Rabatte:** S. „Personalrabatte".

- **Reisekostenerstattung:** Die Erstattung von Reisekosten ist im Rahmen von § 3 Nr. 16 steuerfrei.

- **Rückzahlung von Vergütung:** S. arbeitsrechtlich § 611 BGB Rz. 158. S.a. Rz. 77.

- **Sachbezüge:** S. Rz. 64.

- **Sammelbeförderung:** Nach § 3 Nr. 32 ist die unentgeltliche oder verbilligte Sammelbeförderung eines ArbN zwischen Wohnung und Arbeitsstätte mit einem vom ArbGeb gestellten Beförderungsmittel steuerbefreit, soweit die Sammelbeförderung für den betriebl. Einsatz des ArbN notwendig ist.

- **Schadensersatz:** An den ArbN geleisteter Schadensersatz kann uU steuerpflichtigen Arbeitslohn darstellen. So gehören nach § 24 Nr. 1 bzw. auch § 2 II Nr. 4 LStDV auch Entschädigungen für entgangenen oder entgehenden Arbeitslohn oder Entschädigungen für die Aufgabe oder Nichtausübung einer ArbN-Tätigkeit zum Arbeitslohn. **Arbeitslosengeld** als Sozialversicherungsleistung ist allerdings nach § 3 Nr. 2 von der ESt befreit (allerdings unter Progressionsvorbehalt, § 32b I Nr. 1, dh. unter Erhöhung des Steuersatzes auf das steuerpflichtige Einkommen, vgl. Rz. 63). Für die **AGG-Entschädigungen** nach § 15 II AGG wird, anders als bei solchen nach § 15 I AGG, unter Berufung darauf, dass es sich um immateriellen Schadensersatz handele, im Schrifttum die Auffassung vertreten, dass diese einkommensteuerfrei seien (s. § 15 AGG Rz. 9 mwN). Nach der älteren Rspr. wurden zwar auch Schadensersatzzahlungen eines ArbGeb an seinen ArbN wegen Verletzung von dessen allg. Persönlichkeitsrecht als steuerpflichtig angesehen[7]. Aber es lässt sich argumentieren, dass dies überholt ist und derartige Zahlungen trotz eines gewissen Zusammenhangs zum ArbVerh auch nicht im weitesten Sinne eine Gegenleistung für das Zurverfügungstellen der individuellen Arbeitskraft darstellen[8].

---

1 S. hierzu näher BMF v. 8.12.2009, BStBl. I 2009, 1513 und *Wünnemann*, DStR 2010, 31. ‖ 2 R 39b.9 LStR 2013. S.a. Schmidt/*Krüger*, § 39b Rz. 10 ff. ‖ 3 BFH 21.1.2010 – VI R 2/08, BStBl. 2010, 639. S.a. *Gelsheimer/Meyen*, DB 2010, 2581. ‖ 4 S. die Nachw. von Rspr. und Finanzverwaltung bei Schmidt/*Krüger*, § 19 Rz. 100 „Kraftfahrzeuggestellung" und Blümich/*Thürmer*, § 19 Rz. 280 „Parkplätze". ‖ 5 BFH 18.10.2012 – VI R 64/11, BFH/NV 2013, 131 zieht den Kreis steuerbarer Personalrabatte von Dritten deutlich enger als die Finanzverwaltung, derzufolge es genügen soll, dass der ArbGeb an der Rabattverschaffung mitgewirkt habe. ‖ 6 Vgl. näher das BMF-Schreiben v. 16.5.2013, BStBl. I 2013, 729. ‖ 7 Vgl. BFH 29.10.1963 – VI 290/62 U, BStBl. III 1964, 12. ‖ 8 Vgl. Schmidt/*Krüger*, § 19 Rz. 40 und Schmidt/*Wacker*, § 24 Rz. 4.

- **Schwarzlohn:** S. Rz. 82.
- **Sozialplan:** Zahlungen auf Grund eines Sozialplans sind grds. Arbeitslohn[1].
- **Sozialversicherung:** S. „Beiträge zur gesetzl. Sozialversicherung" und „Leistungen der gesetzl. Sozialversicherung".
- **Stock Options:** S. „Aktienoptionsrecht".
- **Tantieme:** S. arbeitsrechtlich § 611 BGB Rz. 117. Tantiemen stellen steuerpflichtigen Arbeitslohn dar.
- **Teilzeitbeschäftigte:** Bei Teilzeit-Beschäftigungsverhältnissen ist uU eine LSt-Pauschalierung nach näherer Maßgabe des § 40a möglich. Wird hiervon Gebrauch gemacht, entfällt die Besteuerung beim ArbN. S.a. Rz. 26.
- **Telefon:** Die Vorteile des ArbN aus der privaten Nutzung von betriebl. Telekommunikationsgeräten sowie deren Zubehör ist nach § 3 Nr. 45 steuerbefreit; Voraussetzung ist aber, dass es sich um Geräte des ArbGeb handelt. S.a. Rz. 36.
- **Trinkgeld** und Bedienungsgeld: S. arbeitsrechtlich § 611 BGB Rz. 142. Trinkgelder, die anlässlich einer Arbeitsleistung dem ArbN von Dritten freiwillig und ohne dass ein Rechtsanspruch auf sie besteht, zusätzlich zu dem Betrag gegeben werden, der für diese Arbeitsleistung zu zahlen ist, sind nach § 3 Nr. 51 steuerbefreit. Freiwillige Sonderzahlungen einer Gesellschaft an ArbN eines konzernverbundenen Unternehmens sind aber idR keine steuerfreien Trinkgelder[2].
- **Überstundenvergütungen:** S. arbeitsrechtlich § 611 BGB Rz. 134. Diese sind steuerpflichtiger Arbeitslohn. S.a. „Zuschläge für Sonntags-, Feiertags- und Nachtarbeit".
- **Unfallversicherung:** Ob Beiträge zu einer Unfallversicherung oder Leistungen hieraus Arbeitslohn darstellen, hängt, ebenso wie die etwaige Frage eines Werbungskosten- oder Sonderausgabenabzuges beim ArbN, von der Ausgestaltung im Einzelfall ab[3].
- **Urlaubsabgeltung:** Die finanzielle Abgeltung eines nicht in Anspruch genommenen Urlaubs ist steuerpflichtiger Arbeitslohn[4].
- **Urlaubsgeld:** S. „Gratifikation".
- **Vergütung für mehrjährige Tätigkeit:** Mehrjährig ist eine Tätigkeit, soweit sie sich über mindestens zwei Veranlagungszeiträume (Kalenderjahre) erstreckt und einen Zeitraum von mehr als zwölf Monaten umfasst. Derartige Vergütungen können nach § 34 I iVm. II Nr. 4 unter die sog. Fünftelungsregelung fallen. S. Rz. 66.
- **Versorgungsbezüge:** Von Versorgungsbezügen bleiben ein Versorgungsfreibetrag und ein Zuschlag zum Versorgungsfreibetrag steuerfrei. Die Höhe des Versorgungsfreibetrages und des Zuschlags hierauf hängen u.a. vom Jahr des Versorgungsbeginns ab. S. näher § 19 II.
- **Vorschuss:** Von Vorschüssen ieS sind Abschlagzahlungen und Darlehen zu unterscheiden. Vorschüsse unterliegen grds. bereits bei Zahlung der Besteuerung, weil es auf den Zufluss ankommt und nicht etwa darauf, ob der Arbeitslohn bereits verdient ist. Bei Abschlagzahlungen sieht § 39b V gewisse Sonderregelungen hinsichtlich der lohnsteuerlichen Erfassung vor.
- **Warengutscheine:** S. „Personalrabatte".
- **Weihnachtsgeld:** S. „Gratifikation".
- **Weiterbildung:** Bei betriebl. Weiterbildung liegt häufig, insb. bei Bildungsmaßnahmen während der Arbeitszeit, ein ganz überwiegendes betriebl. Interesse des ArbGeb vor, so dass die Weiterbildung dann nicht zu steuerpflichtigem Arbeitslohn führt[5].
- **Werbungskostenersatz:** Leistungen des ArbGeb, mit denen er Werbungskosten des ArbN ersetzt, sind nur steuerfrei, soweit dies gesetzl. bestimmt ist[6]; iÜ sind sie steuerpflichtiger Arbeitslohn. S. insb. „Reisekostenerstattung".
- **Werkswohnung:** S. arbeitsrechtlich § 611 BGB Rz. 91. Nach § 3 Nr. 59 kann ein Mietvorteil uU steuerfrei sein[7].
- **Werkzeuggeld:** Entschädigungen für die betriebl. Benutzung von Werkzeugen eines ArbN (Werkzeuggeld), sind nach § 3 Nr. 30 steuerbefreit, soweit sie die entsprechenden Aufwendungen des ArbN nicht offensichtlich übersteigen.

---

1 Schmidt/Krüger, § 19 Rz. 100 „Sozialplan" mwN. ||2 BFH 3.5.2007 – VI R 37/05, BStBl. II 2007, 712. ||3 BMF v. 17.7.2000, BStBl. I 2000, 1204 mit Ergänzung BMF v. 4.2.2002, StEK EStG § 19 Nr. 369; Schmidt/Krüger, § 19 Rz. 100 Stichwort „Unfallversicherung" mwN. Vgl. auch § 40b III EStG. ||4 R 19.3 Abs. 1 LStR 2013; Schmidt/Krüger, § 19 Rz. 100 „Urlaubsgelder" mwN. ||5 S. näher Schmidt/Krüger, § 19 Rz. 100 „Betriebl. Weiterbildung" mwN und R 19.7 LStR 2013 zur Ansicht der Finanzverwaltung. ||6 R 19.3 Abs. 3 LStR 2013. ||7 S. näher R 3.59 LStR 2013.

- **Wettbewerbsverbote:** Karenzentschädigungen können steuerpflichtiger Arbeitslohn sein oder aber, bei umfassender Ausgestaltung (Verbot auch selbständiger Konkurrenztätigkeiten), nach § 22 Nr. 3 als sog. sonstige Bezüge steuerpflichtig sein[1]. Im Einzelfall kann ein Wettbewerbsverbot auch umsatzsteuerpflichtig sein[2].
- **Zeitwertkonten:** S. „Arbeitszeitkonten".
- **Zulagen:** S. arbeitsrechtlich § 611 BGB Rz. 115. Zulagen sind grds. steuerpflichtiger Arbeitslohn. S. aber nachfolgend „Zuschläge für Sonntags-, Feiertags- und Nachtarbeit".
- **Zuschläge für Sonntags-, Feiertags- und Nachtarbeit:** Diese können innerhalb bestimmter Höchstbeträge nach § 3b steuerbefreit sein. Steuerfrei sind Zuschläge, die für tatsächlich geleistete Sonntags-, Feiertags- oder Nachtarbeit neben dem Grundlohn gezahlt werden, soweit sie
  - für Nachtarbeit (20 Uhr bis 6 Uhr) 25 %,
  - für vor 0 Uhr aufgenommene Nachtarbeit von 0 Uhr bis 4 Uhr 40 %,
  - für Sonntagsarbeit 50 %,
  - für gesetzliche Feiertage und Silvester ab 14 Uhr 125 %
  - und für Heiligabend ab 14 Uhr, Weihnachten sowie am 1. Mai 150 % des Grundlohns

  nicht übersteigen.

67a **5. Verhältnis der Bemessungsgrundlagen im Steuerrecht und im Sozialversicherungsrecht.** Die Bemessungsgrundlage und damit die Beitragspflichtigkeit von Arbeitsentgelt in der gesetzl. SozV lehnt sich teilweise an steuerliche Regelungen an, so dass sich das sozialversicherungsrechtl. Entgelt grds. mit dem lohnsteuerrechtl. Entgelt deckt. Vgl. vor allem § 14 SGB IV und § 1 SvEV. Auch wenn es damit Überschneidungen hinsichtlich der Bemessungsgrundlage beider Rechtsgebiete gibt, verbleiben doch zahlreiche Unterschiede[3]. So ist in der SozV, anders als im Einkommen- und Lohnsteuerrecht, das beitragspflichtige Arbeitsentgelt durch die Beitragsbemessungsgrenzen gedeckelt, so dass Arbeitseinkommen oberhalb dieser Grenze(n) nicht beitragspflichtig ist. Auch ist zu beachten, dass das Einkommen- und Lohnsteuerrecht für den Besteuerungszeitpunkt an den Zufluss des Arbeitslohnes anknüpft (sog. Zuflussprinzip, vgl. Rz. 48ff.), wohingegen eine Beitragspflicht in der SozV einen derartigen Zufluss grds. nicht voraussetzt, sondern jedenfalls für laufendes Arbeitsentgelt an das Entstehen des Anspruchs anknüpft (sog. Entstehungsprinzip)[4]. Auch sind echte Entlassungsabfindungen in der SozV nicht beitragspflichtig (s. § 10 KSchG Rz. 20). Pauschalversteuerter Lohn ist grds. beitragsfrei (vgl. näher § 1 I SvEV).

68 **IV. Werbungskosten. 1. Allgemeines.** Da die einkommensteuerpflichtigen Einkünfte aus nichtselbständiger Arbeit der Überschuss der Einnahmen über die Werbungskosten sind, mindern Werbungskosten die steuerpflichtige Bemessungsgrundlage des ArbN. Werbungskosten sind Aufwendungen zur Erwerbung, Sicherung und Erhaltung der Einnahmen, hier also des Arbeitslohns. Für bestimmte Werbungskosten enthalten § 9 oder dort in Bezug genommene Vorschriften wie insb. § 4 V Sonderregelungen. Auch ist § 12 zu beachten, der allerdings entgegen der früheren Rechtspraxis kein allg. Aufteilungs- und Abzugsverbot für gemischt veranlasste Aufwendungen beinhaltet[5]. Hiernach gehören Aufwendungen für die Lebensführung, die die wirtschaftliche oder gesellschaftliche Stellung des Steuerpflichtigen mit sich bringt, grds. zu den nicht abzugsfähigen Kosten der privaten Lebensführung, selbst wenn sie auch zur Förderung des Berufs oder der Tätigkeit des Steuerpflichtigen erfolgen. Gleiches gilt für unverzichtbare Aufwendungen der Lebensführung, wie zB für eine Brille oder für bürgerliche Kleidung; auch der Erwerb eines Pkw-Führerscheins dürfte grds. weiterhin dem Abzugsverbot unterfallen. Eine Ausnahme gilt aber jedenfalls, wenn sich bei gemischt veranlassten Aufwendungen eine Trennung nach objektiven Merkmalen leicht und einwandfrei durchführen lässt; in einem solchen Fall kann dann der Teil der Aufwendungen, der ggf. als Werbungskosten abziehbar ist, geschätzt werden[6]. Die individuellen Werbungskosten des ArbN werden im LStVerfahren grds. nicht berücksichtigt, wohl aber bei einer Veranlagung zur ESt. In Ausnahmefällen können jedoch Werbungskosten als steuerfreier Betrag auf der LStKarte bzw. den elektronischen Lohnsteuerabzugsmerkmalen (ELStAM) eingetragen werden, vgl. Rz. 22. Bei der Umstellung der LStKarte zum elektronischen Verfahren müssen uU zuvor vorhandene Freibeträge neu beantragt werden. Ein Werbungskostenabzug entfällt, soweit Aufwendungen mit pauschal besteuertem Arbeitslohn zusammenhängen.

69 **2. ABC typischer Erwerbsaufwendungen[7].**
- **Arbeitsmittel:** Aufwendungen für Arbeitsmittel, zB für Werkzeuge und typische Berufskleidung, zählen grds zu den Werbungskosten. Allerdings ist bei Aufwendungen, welche die Lebensführung betref-

---

[1] Vgl. BFH 23.2.1999 – IX R 86/95, BStBl. II 1999, 590. ||[2] Teilweise aA unten *Diller*, § 74 HGB Rz. 127. ||[3] Vgl. das Vergütungs-ABC von *Benner/Niermann*, BB-Spezial 2 (zu BB 2008, Heft 6). ||[4] Näher *Küttner/Schlegel*, Lohnzufluss Rz. 20ff. mwN. ||[5] BFH 21.9.2009 – GrS 1/06, BStBl. II 2010, 672. ||[6] S. näher R 12.1 EStR 2008 und BMF v. 6.7.2010, BStBl. I 2010, 614. ||[7] Vgl. *Blümich/Thürmer*, § 9 Rz. 600; *Hartz/Meeßen/Wolf*, ABC-Führer Lohnsteuer; *Schmidt/Krüger*, § 19 Rz. 110.

fen, das Abzugsverbot des § 12 zu beachten, so dass ein Büroangestellter zB nicht den Kaufpreis seines Anzugs absetzen kann. Auch ist zu beachten, dass bei abnutzbaren beweglichen Wirtschaftsgütern mit Anschaffungskosten von mehr als 410 Euro (ohne USt) uU eine Verteilung des Aufwands analog der Abschreibungsvorschriften über mehrere Jahre erfolgen muss (§ 9 I 3 Nr. 7). So kann zB ein ausschließlich berufl. genutzter Computer, den der ArbN für 600 Euro im Neuzustand erwirbt, über drei Jahre abzuschreiben sein.

- **Arbeitszimmer:** Der Gesetzgeber hat den Abzug von Aufwendungen für ein häusliches Arbeitszimmer sowie die Kosten der Ausstattung untersagt, es sei denn, dass für die berufl. Betätigung kein anderer Arbeitsplatz zur Verfügung steht (§ 9 V iVm. § 4 V 1 Nr. 6b). In letztgenanntem Falle ist die Höhe der abziehbaren Aufwendungen auf 1250 Euro begrenzt, es sei denn, dass das Arbeitszimmer den Mittelpunkt der gesamten betriebl. und berufl. Betätigung bildet.

- **Berufsausbildung und -fortbildung:** Gem. § 12 Nr. 5 und § 9 VI sind Aufwendungen für die erstmalige Berufsausbildung und für ein Erststudium nicht abzugsfähig, wenn diese nicht im Rahmen eines Dienstverhältnisses stattfinden. In Betracht kommt in Fällen, in denen das vorgenannte Abzugsverbot eingreift, dann aber uU ein begrenzter Sonderausgabenabzug nach § 10 I Nr. 7 bis zu 6000 Euro im Kalenderjahr für Aufwendungen für die eigene Berufsausbildung. Anders als die Berufsausbildung und ein Erststudium ist die Berufsfortbildung zu beurteilen. Diese kann grds. zu abzugsfähigen Werbungskosten des ArbN führen.

- **Bewirtung:** Aufwendungen, die der ArbN für Bewirtungen trägt (zB von Kollegen), können im Einzelfall Werbungskosten darstellen; sie können aber auch nicht abzugsfähige Kosten der privaten Lebensführung darstellen. Für die Beurteilung kommt es auf diverse Umstände an, insb. auf Anlass der Bewirtung, Teilnehmerkreis, Stellung des einladenden ArbN und Vorhandensein erfolgsabhängiger Vergütungsbestandteile des ArbN[1].

- **Doppelte Haushaltsführung:** Gem. § 9 I 3 Nr. 5 zählen notwendige Mehraufwendungen, die einem ArbN wegen einer aus berufl. Anlass begründeten doppelten Haushaltsführung entstehen, zu den Werbungskosten, und zwar unabhängig davon, aus welchen Gründen die doppelte Haushaltsführung beibehalten wird. Eine doppelte Haushaltsführung liegt nur vor, wenn der ArbN außerhalb des Ortes, in dem er einen eigenen Hausstand unterhält, beschäftigt ist und auch am Beschäftigungsort wohnt. Zum Verpflegungsmehraufwand beinhaltet § 9 V iVm. § 4 V Nr. 5 Sonderregelungen (vor allem in Gestalt von Pauschbeträgen). Daneben kommen bestimmte Fahrtkosten, Telefonkosten, Aufwendungen für die Zweitwohnung (bis max. 1000 Euro monatlich) und Umzugskosten als abzugsfähige Posten in Betracht[2].

- **Einkommensteuer bzw. Lohnsteuer:** Gem. § 12 Nr. 3 ist diese nicht abzugsfähig.

- **Entfernungspauschale:** S. „Fahrtkosten".

- **Fahrtkosten:** Hier muss nach dem Anlass der Fahrt unterschieden werden. Für die Aufwendungen des ArbN für die Wege zwischen Wohnung und regelmäßiger Arbeitsstätte (ab 2014: erster Tätigkeitsstätte) hat der Gesetzgeber, nachdem er vorübergehend die Entfernungspauschale in verfassungsrechtl. unzulässiger Weise eingeschränkt hatte, weitgehend wieder den alten Rechtszustand hergestellt (§ 9 I 3 Nr. 4 und § 9 II). Hiernach ist grds. für jeden vollen Entfernungskilometer pro Arbeitstag ein verkehrsmittelunabhängiger Pauschbetrag von 0,30 Euro anzusetzen. Aufwendungen für die Benutzung öffentl. Verkehrsmittel können angesetzt werden, soweit sie den als Entfernungspauschale abziehbaren Betrag übersteigen. Für wöchentliche Familienheimfahrten bei doppelter Haushaltsführung (s. „Doppelte Haushaltsführung") ist eine Pauschale von 0,30 Euro je Entfernungskilometer anzusetzen (§ 9 I 3 Nr. 5). Gleiches gilt uU, wenn der ArbN keine erste Tätigkeitsstätte hat, er jedoch typischerweise arbeitstäglich denselben Ort aufzusuchen hat (§ 9 I 3 Nr. 4a S. 3). Bei einer berufl. veranlassten Auswärtstätigkeit, insb. einer Dienstreise, sind für Fahrtkosten andere, höhere Pauschbeträge abzugsfähig: Bei Pkw-Benutzung sind es 0,30 Euro je Fahrtkilometer, also wegen Hin- und Rückfahrt quasi 0,60 Euro je Entfernungskilometer[3]. Dies gilt nicht bei einem vom ArbGeb zur Verfügung gestellten Kfz.

- **Kinderbetreuungskosten:** Erwerbsbedingte Kinderbetreuungskosten wie zB Aufwendungen für Kindergärten sind uU als Sonderausgaben abzugsfähig (§ 10 I Nr. 5). Das Kind darf grds. das 14. LJ noch nicht vollendet haben. Der jährliche Abzug ist auf zwei Drittel der Aufwendungen und höchstens 4000 Euro je Kind beschränkt. Der Steuerpflichtige muss von der Betreuungsperson eine Rechnung erhalten und die Zahlung auf ihr Konto erbracht haben.

- **Pauschbetrag:** Wenn ein ArbN keine höheren Werbungskosten nachweist, wird bei aktiven ArbVerh gem. § 9a grds. ein Pauschbetrag für Werbungskosten iHv. 1000 Euro abgezogen, wohingegen bei Versorgungsbezügen der Pauschbetrag lediglich 102 Euro beträgt.

---

[1] Vgl. Schmidt/*Krüger*, § 19 Rz. 110 „Bewirtung" zur neueren Rspr., die aus Sicht der Steuerpflichtigen günstiger geworden ist. || [2] S. näher R 9.11 Abs. 5 LStR 2013. || [3] R 9.5 Abs. 1 S. 5 LStR 2013 und H 9.5 LStH 2013 „Pauschale Kilometersätze". Ab 2014: § 9 I 3 Nr. 4a. S.a. BMF v. 30.9.2013, BStBl. I 2013, 1279.

- **Reisekosten:** Bis einschl. 2007 wurde für die steuerliche Berücksichtigung von Reisekosten zwischen einer Dienstreise, Fahrtätigkeit oder Einsatzwechseltätigkeit unterschieden. Seit 2008 wird stattdessen auf die berufl. veranlasste Auswärtstätigkeit abgestellt, die vorliegt, wenn der ArbN vorübergehend außerhalb seiner Wohnung und seiner regelmäßigen Arbeitsstätte (ab 2014: „erste Tätigkeitsstätte") beruflich tätig wird. Reisekosten sind Fahrtkosten (s.o.), Verpflegungsmehraufwendungen (s.u.), Übernachtungskosten (s.u.) und Reisenebenkosten, wenn diese durch eine so gut wie ausschließlich berufl. veranlasste Auswärtstätigkeit des ArbN entstehen[1]. Teilweise können hierbei Pauschbeträge angesetzt werden. Teilweise ist auch eine steuerfreie Erstattung durch den ArbGeb nach § 3 Nr. 16 möglich.
- **Studium:** S. „Berufsausbildung und -fortbildung".
- **Übernachtungskosten:** Diese können als Reisekosten (s.o.) abzugsfähig sein; allerdings nur in Ausnahmefällen (insb. bei vom ArbN getragenen Auslandsübernachtungen) basierend auf Pauschbeträgen[2].
- **Umzugskosten:** Kosten, die einem ArbN durch einen berufl. veranlassten Wohnungswechsel entstehen, sind Werbungskosten[3]. Kosten eines privat veranlassten Umzugs können uU nach § 35a begünstigt sein, wenn sie per Überweisung bezahlt werden[4].
- **Verpflegungsmehraufwendungen:** Diese sind als Reisekosten (s.o.) unter den Voraussetzungen des § 4 V 1 Nr. 5 (ab 2014: § 9 IVa) mit den dort genannten Pauschsätzen anzusetzen (24 Euro bei 24-stündiger Abwesenheit, ansonsten, bis 2013: 12 Euro bei mindestens 14-stündiger Abwesenheit bzw. 6 Euro bei mindestens 8-stündiger Abwesenheit; ab 2014: grds. 12 Euro bei mindestens 8-stündiger Abwesenheit oder bei An- oder Abreisetagen im Falle auswärtiger Übernachtungen). Bei Auswärtstätigkeiten im Ausland gelten Besonderheiten bzw. idR höhere Pauschbeträge[5].

70 **V. Auswirkungen der Besteuerung auf das Arbeitsverhältnis.** Das LStVerfahren wirkt sich nicht nur auf das (öffentl.-rechtl.) Verhältnis vom ArbN ggü. der Finanzbehörde und vom ArbGeb ggü. der Finanzbehörde aus, sondern vereinzelt auch auf das (zivilrechtl.) Verhältnis zwischen ArbGeb und ArbN.

71 Im Verhältnis zwischen ArbGeb und ArbN ist grds. allein der ArbN Schuldner der Steuerforderung[6]. Nach Auffassung der arbeitsgerichtl. Rspr. soll dies grds. sogar in Fällen der **Lohnsteuerpauschalierung** gelten, bei welchen der ArbGeb aus steuerrechtl. Sicht zum Steuerschuldner wird. S. näher Rz. 26. Im arbeitsrechtl. Verhältnis zwischen ArbGeb und ArbN (nicht jedoch aus steuerlicher Sicht) wird der ArbGeb ausnahmsweise dann zum Steuerschuldner, wenn eine sog. **Nettolohnvereinbarung** vorliegt. S.a. Rz. 67. Da Bruttolohnvereinbarungen der Regelfall sind, stellen Nettolohnvereinbarungen Ausnahmefälle dar. Für deren Vorliegen ist der ArbN darlegungs- und beweisbelastet (s. § 611 BGB Rz. 96 ff. mwN). Für eine etwaige Feststellungsklage, ob ein Nettolohn vereinbart ist, ist der Rechtsweg zu den ArbG, nicht den Finanzgerichten, gegeben. Bei in Entsendungsfällen häufigen Nettolohnvereinbarungen sind zT verbreitete Nebenabreden, wonach der ArbN seine Steuererklärung durch einen vom ArbGeb beauftragten Steuerberater vorbereiten lassen muss, häufig unwirksam[7].

72 Die dem ArbGeb auferlegte Pflicht zum LStEinbehalt führt beim Regelfall einer Bruttolohnvereinbarung dazu, dass der ArbGeb dem ArbN nur den Nettolohn auszahlen muss.

73 Im Regelfall des Bruttolohns ergeben sich in der Praxis aber durchaus Schwierigkeiten, zB bei arbeitsgerichtl. Lohnklagen und Zwangsvollstreckungen hieraus[8]. Der ArbN wird seine Klage auf einen Bruttolohnbetrag richten, s.a. § 611 BGB Rz. 97. Bei einer entsprechenden Verurteilung des ArbGeb zur Lohnzahlung ist ein Abzug der LSt im Urteilstenor nicht vorzunehmen, sondern es wird der Bruttolohn tituliert[9]. Der ArbGeb ist durch seine **Verurteilung zur Zahlung des Bruttolohns** aber nicht von seiner ihm durch das Steuergesetz auferlegten Pflicht befreit, die LSt abzuführen. Dies gilt auch dann, wenn ein entsprechender Vorbehalt im Urteil fehlt. Bei entsprechendem Steuerzahlungsnachweis durch den ArbGeb führt dies zu einer Minderung des vollstreckbaren Betrags (vgl. § 775 Nr. 4 u. 5 ZPO)[10]. Soweit der ArbGeb die LSt nicht abgeführt hat oder dies nicht nachweisen kann, muss der volle Bruttolohn beigetrieben werden. Der Gerichtsvollzieher meldet dies allerdings dem Finanzamt (§ 86 Gerichtsvollzieherordnung). Dieses wird dann im Regelfall einen LStNachforderungsbescheid gegen den ArbN erlassen.

74 Bei Fällen, in denen ein ArbGeb LSt an die Finanzbehörden nachentrichtet, ist zunächst einmal steuerlich auf § 41c I 1 Nr. 2 hinzuweisen, der unter gewissen Umständen zu einem **nachträglichen LStEinbehalt** bei einer nachfolgenden Lohnzahlung ermächtigt, wenn der ArbGeb erkennt, dass er die LSt bis-

---

1 R 9.4 LStR 2013. S.a. BMF v. 30.9.2013, BStBl. I 2013, 1279. || 2 R 9.7 LStR 2013. || 3 S. näher R 9.9 LStR 2013. || 4 BMF v. 24.2.2009, BStBl. I 2009, 440 in Rz. 8. || 5 R 9.6 Abs. 3 LStR 2013 iVm. BMF v. 17.12.2012, BStBl. I 2013, 60. || 6 BAG 16.6.2004 – 5 AZR 521/03, NJW 2004, 3588. || 7 BAG 23.08.2012 – 8 AZR 804/11, DStR 2013, 831 m. Anm. Pelke. || 8 S. näher Laschet/Kontny, DStZ 2007, 607. || 9 BGH 21.4.1966 – VII ZB 3/66, AP Nr. 13 zu § 611 BGB Lohnanspruch. || 10 BAG 14.1.1964 – 3 AZR 55/63, NJW 1964, 1338; vgl. auch BGH 12.5.2005 – VII ZR 97/04, DStRE 2005, 1334; Hartz/Meeßen/Wolf, Lohnsteuer-ABC, Stichwort „Pfändung von Arbeitslohn" Rz. 2.

her nicht vorschriftsmäßig einbehalten hat. Nach Ablauf des Kalenderjahres oder nach Beendigung des Dienstverhältnisses ist dies aber nur bis zur Übermittlung oder Ausschreibung der LStBescheinigung zulässig; der ArbGeb muss den Nichteinbehalt dann dem Betriebsstättenfinanzamt anzeigen (§ 41c IV). Darüber hinaus ist darauf hinzuweisen, dass die Zahlung der LSt ihrerseits eine (steuerpflichtige) Lohnzuwendung darstellen kann, weil die Steuer mit Ausnahme von Pauschalierungsfällen vom ArbN zu tragen ist. Der ArbGeb wird daher regelmäßig an einem **Rückgriff gegen den ArbN** hinsichtlich der nachentrichteten LSt interessiert sein. Grds. ist ein solcher Rückgriffsanspruch mit Ausnahme von Fällen einer Nettolohnvereinbarung auch anerkannt, wobei die Rechtsgrundlage teilweise in § 670 BGB analog und teilweise in § 426 I 1 BGB iVm. § 42d I Nr. 1 gesehen wird[1]. Ein solcher Rückgriffsanspruch besteht auch unabhängig davon, ob der ArbGeb freiwillig oder auf Grund eines Haftungsbescheids des Finanzamts eine Steuerforderung für den ArbN erfüllt. Der Anspruch ist allerdings aus dem ArbVerh begründet und unterliegt daher etwaigen Ausschlussfristen[2]. Nach der arbeitsgerichtl. Rspr. kann ein solcher Rückgriffsanspruch sogar bei Fällen der Lohnsteuerpauschalierung gegeben sein, obwohl hier der ArbGeb ausnahmsweise selbst Steuerschuldner wird; vgl. Rz. 26.

Der ArbGeb ist nicht nur ggü. den Finanzbehörden, sondern auch im Verhältnis zum ArbN verpflichtet, die abzuführende LSt richtig zu berechnen (**Pflicht zum richtigen Lohnsteuerabzug**); s. § 611 BGB Rz. 164 u. 100. Insb. hat er sich um die sachgerechte Bearbeitung und Behandlung der LSt seiner ArbN zu bemühen. Bei Verletzung dieser Pflicht können ggf. Schadensersatz-Ansprüche aus § 280 BGB entstehen[3]. Der ArbGeb handelt jedoch bei einer objektiv fehlerhaften Berechnung der abzuführenden LSt regelmäßig nicht schuldhaft, wenn er sich auf die Berechnung des Finanzamts zur Nachentrichtung der LSt verlässt und sich diese zu eigen macht. Wenn der ArbGeb wegen unrichtigem Lohnsteuerabzug schadensersatzpflichtig ist, führt die Schadensersatzzahlung grds. nicht zu einem weiteren Lohnzufluss[4]. 75

Wehrt sich der ArbN gegen einen seiner Auffassung nach überhöhten Steuerabzug durch den ArbGeb, so ist streitig, ob der **Rechtsweg** zu den ArbG oder den Finanzgerichten gegeben ist und ob der ArbN sich an den ArbGeb oder das Finanzamt wenden muss[5]. Zur Problematik des richtigen Rechtsweg s.a. ausführlicher § 2 ArbGG Rz. 27 und Rz. 88 mwN. 76

Hat der ArbGeb gegen den ArbN einen Anspruch auf **Lohnrückzahlung**, insb. aus ungerechtfertigter Bereicherung, so richtet sich dieser Anspruch grds. auf den Bruttolohn, beinhaltet also an das Finanzamt abgeführte LSt[6]. Dies ist auch sachgerecht, weil Schuldner der LSt und auch etwaiger Erstattungsberechtigter abgesehen von Pauschalbesteuerungsfällen der ArbN ist. Auch führt die Lohnrückzahlung beim ArbN idR zu negativem Arbeitslohn, der dessen zu versteuerndes Einkommen mindert. 77

Zur nach Auffassung der Finanzverwaltung bestehenden Pflicht des ArbGeb, seine ArbN über die gesetzl. Pflicht zu belehren, dass diese ihm Lohnzuwendungen Dritter anzeigen müssen, s. Rz. 16. IÜ treffen den ArbGeb ggü. dem ArbN nur in Ausnahmefällen **Aufklärungspflichten über die Besteuerung** der Arbeitseinkünfte (s.a. § 611 BGB Rz. 244ff.)[7]. 78

Zur den Pflichten des ArbN und des ArbGeb bzgl. **LStKarte und LStBescheinigung** sowie hiermit verbundenen Datenschutz s. Rz. 28. Eine Klage auf Berichtigung einer LStBescheinigung ist idR unzulässig, weil diese nur den tatsächlichen LStAbzug dokumentiert, nicht aber den Abzugsbetrag, der richtig wäre[8]. 79

Zum **LStKlassenwahlrecht** bei verheirateten ArbN und einem etwaigen Rechtsmissbrauch zum Nachteil des ArbGeb oder Dritten sowie zum Wahlrecht zur Berücksichtigung eines Freibetrags durch Ermittlung eines LStAbzugsmerkmals s. Rz. 22 u. 24. 80

Steuerliche Nachteile durch eine **verspätete Lohnzahlung** (insb. durch Progressionswirkung) führen uU als Verzugsschaden zum Schadensersatzanspruch des ArbN gegen den ArbGeb (s.a. § 614 BGB Rz. 11). Dies gilt aber mangels Verschulden u.a. dann nicht, wenn der Verzug auf einem entschuldbaren Rechtsirrtum des ArbGeb beruht[9]. 81

Zu den Auswirkungen einer **Schwarzgeldabrede** auf die Wirksamkeit des Arbeitsvertrages insb. im Hinblick auf § 134 BGB s. § 611 BGB Rz. 71[10]. Soweit der ArbGeb als Haftender nachträglich LSt an das Finanzamt zahlen muss, stellt sich die in Rz. 74 erwähnte Rückgriffsthematik. Anders als nach § 14 II 2 SGB IV gilt lohnsteuerlich bei Schwarzarbeit keine Nettolohnabrede als vereinbart; gleiches gilt arbeitsrechtlich[11]. 82

---

1 Für Letzteres: BAG 16.6.2004 – 5 AZR 521/03, NZA 2004, 1274. ||2 Palandt/*Weidenkaff*, § 611 BGB Rz. 66. ||3 BAG 16.6.2004 – 5 AZR 521/03, NZA 2004, 1274. ||4 BFH 20.9.1996 – VI R 57/95, BStBl. II 1997, 144. ||5 BAG 7.5.2013 – 10 AZB 8/13, DStR 2013, 1345; s.a. Schmidt/*Krüger*, § 38 Rz. 1. ||6 Ausführlich und mwN BGH 26.11.2007 – II ZR 161/06, DStR 2008, 158; BAG 5.4.2000 – 10 AZR 257/99, NZA 2000, 1008; aA *Lüderitz*, BB 2010, 2629. ||7 BAG 22.1.2009 – 8 AZR 161/08, NJW 2009, 2616. ||8 BAG 7.5.2013 – 10 AZB 8/13, DStR 2013, 1345. ||9 LAG Rh.-Pf. 19.8.2011 – 9 Sa 155/11, DStR 2012, 195. ||10 S.a. BGH 1.8.2013 – VII ZR 6/13 zum Werkvertrag; vgl. aber auch BGH 24.4.2008 – VII ZR 42/07, NJW-RR 2008, 1050. ||11 BAG 17.3.2010 – 5 AZR 301/09, NJW 2010, 2604; Schmidt/*Krüger*, § 29b Rz. 13.

Vertrag über die Europäische Union (EUV)

idF des Vertrags von Lissabon zur Änderung des Vertrags über die
Europäische Union und des Vertrags zur Gründung der Europäischen Gemeinschaft
v. 13.12.2007, ABl. EU 2007 C 306/1, konsolidierte Fassung ABl. EU 2012 C 326/1

– Auszug –

6
(1) Die Union erkennt die Rechte, Freiheiten und Grundsätze an, die in der Charta der Grundrechte der Europäischen Union vom 7. Dezember 2000 in der am 12. Dezember 2007 in Straßburg angepassten Fassung niedergelegt sind; die Charta der Grundrechte und die Verträge sind rechtlich gleichrangig.

Durch die Bestimmungen der Charta werden die in den Verträgen festgelegten Zuständigkeiten der Union in keiner Weise erweitert.

Die in der Charta niedergelegten Rechte, Freiheiten und Grundsätze werden gemäß den allgemeinen Bestimmungen des Titels VII der Charta, der ihre Auslegung und Anwendung regelt, und unter gebührender Berücksichtigung der in der Charta angeführten Erläuterungen, in denen die Quellen dieser Bestimmungen angegeben sind, ausgelegt.

(2) Die Union tritt der Europäischen Konvention zum Schutz der Menschenrechte und Grundfreiheiten bei. Dieser Beitritt ändert nicht die in den Verträgen festgelegten Zuständigkeiten der Union.

(3) Die Grundrechte, wie sie in der Europäischen Konvention zum Schutz der Menschenrechte und Grundfreiheiten gewährleistet sind und wie sie sich aus den gemeinsamen Verfassungsüberlieferungen der Mitgliedstaaten ergeben, sind als allgemeine Grundsätze Teil des Unionsrechts.

I. Allgemeines	1	1. Anwendbarkeit	8
II. Allgemeine Grundsätze des Unionsrechts (Abs. 3)	3	2. Rechtswirkungen	10
		IV. EMRK (Abs. 2, 3 und Art. 52 III, 53 GrCh)	13
III. Charta der Grundrechte (Abs. 1)	8	V. Verhältnis der Grundrechtsordnungen	15

1   **I. Allgemeines.** Zum europäischen Arbeitsrecht vgl. zunächst die Vorbemerkungen zum **Vertrag über die Arbeitsweise der Europäischen Union (AEUV)** (Vorb. AEUV Rz. 5 ff.). Dem europäischen Primärrecht gehört auch der für das Arbeitsrecht zunehmend relevante **Art. 6 des Vertrags über die Europäische Union (EUV)** an, der den **Grundrechtsschutz in der EU** regelt. Die Norm ist aus sich selbst heraus wenig verständlich. Der Grundrechtsschutz wird in der EU auf drei Ebenen erreicht: Zum einen über die **allg. Grundsätze des Unionsrechts (Abs. 3)**. Diese ungeschriebenen Grundrechte waren bereits vor dem Vertrag von Lissabon (vgl. Vorb. AEUV Rz. 6) durch den EuGH entwickelt worden. Für das Arbeitsrecht hat dieser Grundrechtsschutz die bislang größte Bedeutung. Weiter wird der Grundrechtsschutz über die **Charta der Grundrechte der EU** v. 7.12.2000 (GrCh)[1] gewährleistet, welche nach **Abs. 1 S. 1** selbst zum Primärrecht der EU gehört und welche auch für das Arbeitsrecht von wachsender Bedeutung ist. **Abs. 2** schafft die unionsrechtliche Grundlage für den Beitritt der Union zur Europäischen Konvention zum Schutz der Menschenrechte und Grundfreiheiten (**EMRK**) v. 4.11.1950[2]. Doch hatte die EMRK schon bislang für die Entwicklung des ungeschriebenen Grundrechtsschutzes gem. Abs. 3 Bedeutung.

2   Maßgeblich für die Anwendung der europäischen Grundrechte ist die Frage ihrer **Rechtswirkung**. Ebenso wie bei den nationalen Grundrechten, die das Grundgesetz gewährleistet, ist bei der Heranziehung europäischer Grundrechtsnormen zu prüfen, ob diese im jeweiligen Rechtsverhältnis anwendbar sind. In arbeitsrechtl. Streitigkeiten geht es in der Regel um das Rechtsverhältnis von ArbGeb und ArbN, also um Privatpersonen. Da die Grundrechte in erster Linie nur Hoheitsträger verpflichten, kann sich der Bürger ggü. einem anderen Bürger nicht auf sie berufen (vgl. Art. 3 GG Rz. 5). Dies gilt auch für die europäischen Grundrechte, doch gibt es wie beim nationalen Grundrechtsschutz Ausnahmen. Zum einen hat der EuGH bestimmten Grundsätzen des Unionsrechts **horizontale Direktwirkung** zugesprochen, so dass diese auch im Verhältnis Privater anwendbar sind. Die Rspr. des EuGH ist hier im Fluss (Rz. 6). Zum anderen können die europäischen Grundrechte im Rahmen der **unionsrechtskonformen Auslegung** relevant werden. Schließlich werden die Grundrechte von der Rspr. als Rechtserkenntnisquelle und damit vielfach als **Argumentationshilfe** herangezogen.

3   **II. Allgemeine Grundsätze des Unionsrechts (Abs. 3).** Abs. 3 übernimmt den schon vor dem Vertrag von Lissabon bestehenden Grundrechtsschutz. Nach dieser Vorschrift sind die Grundrechte, wie sie in

---

1 ABl. 2000 C 364/1,, konsolidierte Fassung ABl. 2012 C 326/391. ‖2 BGBl. 1952 II S. 685, Neubekanntmachung v. 22.10.2010, BGBl. II S. 1198, ergänzt durch Protokoll Nr. 14 v. 13.5.2004, BGBl. 2006 II S. 138. Das Protokoll ist am 1.6.2010 in Kraft getreten. Zuletzt geändert durch Protokolle Nr. 14bis, 15, 16 v. 27.5.2009, 24.6.2013, 2.10.2013, welche noch nicht in Kraft getreten sind.

der EMRK und den Grundfreiheiten gewährleistet sind und wie sie sich aus den gemeinsamen Verfassungsüberlieferungen der Mitgliedstaaten ergeben, als **allgemeine Grundsätze** Teil des Unionsrechts. Auch diese allg. Grundsätze gehören dem **Primärrecht** an. Die Herleitung der allg. Grundsätze erfolgte unterschiedlich. So griff der EuGH auf die Verfassungsüberlieferungen der Mitgliedstaaten[1], auf die in der EMRK gewährten Grundrechte[2] sowie auf die Charta der Grundrechte zurück; letzteres zu einem Zeitpunkt, zu dem die Charta noch kein verbindliches Primärrecht war[3].

Zunächst werden **rechtsstaatliche Garantien** durch den EuGH als allg. Grundsätze des Unionsrechts eingeordnet, wie der Grundsatz der **Verhältnismäßigkeit**[4], der **Vertrauensschutz** (vgl. dazu auch Art. 267 AEUV Rz. 20) und das Gebot der **Rechtssicherheit**[5]. Macht ein Bürger Ansprüche aus dem Unionsrecht geltend, darf die verfahrensrechtliche Durchsetzung nicht ungünstiger sein als bei entsprechenden Sachverhalten, die nur innerstaatliches Recht betreffen (**Äquivalenzgrundsatz**), und die innerstaatlichen Verfahrensregeln dürfen die Ausübung der durch das Unionsrecht verliehenen Rechte nicht praktisch unmöglich machen oder übermäßig erschweren (**Effektivitätsgrundsatz**)[6]. Zudem nimmt der EuGH ein Grundrecht auf ein **faires Verfahren** an[7]. 4

Weiter besteht nach der Rspr. des EuGH ein allgemein zu wahrender Rechtsgrundsatz der **freien Berufsausübung**[8] sowie ein Grundrecht des ArbN auf **freie Wahl des ArbGeb**[9]. Als Grundrecht werden auch die **Vereinigungsfreiheit**[10], die **negative Koalitionsfreiheit**[11] und das **Recht auf Durchführung einer kollektiven Maßnahme einschl. des Streikrechts**[12] bezeichnet. 5

Als zu den „Grundprinzipien des Gemeinschaftsrechts" gehörend hat der EuGH auch schon früh den **allgemeinen Gleichheitssatz** anerkannt, nach welchem vergleichbare Sachverhalte nicht unterschiedlich behandelt werden dürfen, es sei denn, dass eine Differenzierung objektiv gerechtfertigt wäre.[13] Als allg. Grundsätze des Unionsrechts nennt der EuGH zudem die Grundsätze der **Gleichbehandlung und Nichtdiskriminierung**[14]. Den Bereich der Nichtdiskriminierung hat der EuGH weiter ausdifferenziert. Zunächst betraf die Rspr. die **Gleichbehandlung der Geschlechter**. Allerdings konnte der EuGH hier auf (den heutigen) Art. 157 AEUV sowie auf das dazugehörige Sekundärrecht, insb. die (heutige) RL 2006/54 (vgl. Art. 157 AEUV Rz. 2) zurückgreifen. Art. 157 I und II AEUV betreffen das Arbeitsentgelt. Diese Bestimmungen haben **horizontale Direktwirkung**. Ob es daneben einen allg. primärrechtl. Grundsatz der Gleichbehandlung der Geschlechter in allen Arbeitsbedingungen gibt, welcher die Mitgliedstaaten bindet, ist weiterhin umstritten (vgl. Art. 157 AEUV Rz. 39 sowie unten Rz. 7). Für das Diskriminierungsmerkmal Alter hat der EuGH in mehreren Entscheidungen klargestellt, dass das **Verbot der Diskriminierung wegen des Alters einen allg. Grundsatz des Unionsrechts** darstellt[15]. Dieser Grundsatz habe **unmittelbar horizontale Direktwirkung**, wenn eine Anknüpfung zum Unionsrecht gegeben sei. Eine Anknüpfung bestehe, wenn die im Streit stehende nationale Norm bzw. die jeweilige nationale Maßnahme in den sachlichen und zeitlichen **Anwendungsbereich des Unionsrechts** falle. Der Anwendungsbereich werde durch die entsprechenden EU-Richtlinien (vgl. § 2 AGG Rz. 1 ff.) **konkretisiert**[16]. 6

Diese Rspr. lässt es als naheliegend erscheinen, dass nach Ansicht des EuGH ein entsprechender allg. Grundsatz des Unionsrechts für alle **sonstigen in Art. 10 AEUV** bzw. **in Art. 21 GrCh** (dazu unten Rz. 11 f.) genannten **Diskriminierungsmerkmale** besteht. Diesen allg. Grundsätzen müsste der EuGH konsequent ebenfalls **unmittelbar horizontale Direktwirkung** zusprechen. Damit bestünde u.a. auch ein **Verbot der Diskriminierung wegen des Geschlechts als allg. Grundsatz des Unionsrechts**, dem horizontale Direktwirkung zukäme. 7

---

1 EuGH 14.5.1974 – Rs. C-4/73, Slg. 1974, 492 (Rz. 13 f.) – Nold; 22.11.2005 – Rs. C-144/04, Slg. 2005 I, 9981 (Rz. 74) – Mangold. ||2 Art. 11 EMRK: EuGH 9.3.2006 – Rs. C-499/04, Slg. 2006 I, 2397 (Rz. 33) – Werhof; 15.12.1995 – Rs. C-415/93, Slg. 1995 I, 4921 (Rz. 79) – Bosmann. Art. 6 EMRK: EuGH 16.6.2005 – Rs. C-105/03, Slg. 20005 I, 5285 (Rz. 58) – Pupino. ||3 EuGH 11.12.2007 – Rs. C-438/05, Slg. 2007 I, 10779 (Rz. 43) – Viking; 18.12.2007 – Rs. C-341/05, Slg. 2007 I, 11767 (Rz. 91) – Laval. ||4 EuGH 11.1.2000 – Rs. C-285/98, Slg. 2000 I, 69 (Rz. 23) – Kreil. Später verzichtet der EuGH auf diese Begründung, vgl. EuGH 22.11.2005 – Rs. C-144/04, Slg. 2005 I, 9981 (Rz. 65) – Mangold. ||5 EuGH 26.4.2005 – Rs. C-376/02, Slg. 2005 I, 3445 (Rz. 32) – Goed Wonen; 15.4.2008 – Rs. C-268/06, Slg. 2008 I, 2483 (Rz. 100) – Impact. ||6 EuGH 4.7.2006 – Rs. C-212/04, Slg. 2006 I, 6057 (Rz. 95) – Adeneler; 14.12.1995 – Rs. C-312/93, Slg. 1995 I, 4599 (Rz. 12) – Peterbroeck. ||7 EuGH 16.6.2005 – Rs. C-105/03, Slg. 20005 I, 5285 (Rz. 58) – Pupino. ||8 EuGH 8.10.1986 – Rs. C-234/8, Slg. 1986, 2909 (Rz. 8) – Keller; 14.5.1974 – Rs. C-4/73, Slg. 1974, 492 (Rz. 13 f.) – Nold. ||9 EuGH 16.12.1992 – Rs. C-132/91, Slg. 1992 I, 6577 (Rz. 32) – Katsikas (betr. Betriebsübergang); 14.5.1974 – Rs. C-4/73, Slg. 1974, 492 (Rz. 13 f.) – Nold. ||10 EuGH 15.12.1995 – Rs. C-415/93, Slg. 1995 I, 4921 (Rz. 79) – Bosmann. ||11 EuGH 9.3.2006 – Rs. C-499/04, Slg. 2006 I, 2397 (Rz. 33) – Werhof. ||12 EuGH 11.12.2007 – Rs. C-438/05, Slg. 2007 I, 10779 (Rz. 44) – Viking; 18.12.2007 – Rs. C-341/05, Slg. 2007 I, 11767 (Rz. 91) – Laval (betr. Betriebsblockade). Zu diesen Urt. *Kocher*, AuR 2008, 13 ff.; *Zwanziger*, DB 2008, 294 ff.; *Schlachter*, in Blanpain, The Laval and Viking Cases, 2009, S. 63 ff. ||13 EuGH 19.10.1977 – Rs. 117/76, Slg. 1977, 1753 (Rz. 7) – Ruckdeschel. ||14 EuGH 13.9.2007 – Rs. C-307/05, Slg. 2007 I, 7109 (Rz. 27) – Del Cerro Alonso; 22.12.2010 – Rs. C-444/09, Slg. 2010 I, 14031 (Rz. 41) – Iglesias Torres. ||15 EuGH 22.11.2005 – Rs. C-144/04, Slg. 2005 I, 9981 (Rz. 75) – Mangold; 13.9.2011 – Rs. C-447/09, Slg. 2011 I, 8003 (Rz. 38 f.) – Prigge. ||16 EuGH 26.9.2013 – Rs. C-546/11, NVwZ 2013, 1401 (Rz. 32, 37, 69) – HK Danmark; 19.1.2010 – Rs. C-555/07, Slg. 2010 I, 365 (Rz. 21) – Kücükdeveci; 23.9.2008 – Rs. C-427/06, Slg. 2008 I, 7245 (Rz. 14, 24) – Bartsch; 5.3.2009 – Rs. C-388/07, Slg. 2009 I, 1569 (Rz. 21 ff.) – Age Concern; vgl. auch *P. M. Huber*, NJW 2011, 2385 (2386).

8 III. Charta der Grundrechte (Abs. 1). 1. Anwendbarkeit. Nach Abs. 1 erkennt die EU weiter die Charta der Grundrechte (Rz. 1) an. Diese wird dadurch rechtsverbindlicher Teil des Primärrechts. Die Charta enthält zahlreiche arbeitsrechtl. relevante Grundrechte:

TITEL II FREIHEITEN

...

Artikel 8 Schutz personenbezogener Daten

(1) Jede Person hat das Recht auf Schutz der sie betreffenden personenbezogenen Daten.

(2) Diese Daten dürfen nur nach Treu und Glauben für festgelegte Zwecke und mit Einwilligung der betroffenen Person oder auf einer sonstigen gesetzlich geregelten legitimen Grundlage verarbeitet werden. Jede Person hat das Recht, Auskunft über die sie betreffenden erhobenen Daten zu erhalten und die Berichtigung der Daten zu erwirken.

(3) Die Einhaltung dieser Vorschriften wird von einer unabhängigen Stelle überwacht.

Artikel 10 Gedanken-, Gewissens- und Religionsfreiheit

(1) Jede Person hat das Recht auf Gedanken-, Gewissens- und Religionsfreiheit. Dieses Recht umfasst die Freiheit, die Religion oder Weltanschauung zu wechseln, und die Freiheit, seine Religion oder Weltanschauung einzeln oder gemeinsam mit anderen öffentlich oder privat durch Gottesdienst, Unterricht, Bräuche und Riten zu bekennen.

(2) Das Recht auf Wehrdienstverweigerung aus Gewissensgründen wird nach den einzelstaatlichen Gesetzen anerkannt, welche die Ausübung dieses Rechts regeln.

Artikel 11 Freiheit der Meinungsäußerung und Informationsfreiheit

(1) Jede Person hat das Recht auf freie Meinungsäußerung. Dieses Recht schließt die Meinungsfreiheit und die Freiheit ein, Informationen und Ideen ohne behördliche Eingriffe und ohne Rücksicht auf Staatsgrenzen zu empfangen und weiterzugeben.

(2) Die Freiheit der Medien und ihre Pluralität werden geachtet.

Artikel 12 Versammlungs- und Vereinigungsfreiheit

(1) Jede Person hat das Recht, sich insbesondere im politischen, gewerkschaftlichen und zivilgesellschaftlichen Bereich auf allen Ebenen frei und friedlich mit anderen zu versammeln und frei mit anderen zusammenzuschließen, was das Recht jeder Person umfasst, zum Schutz ihrer Interessen Gewerkschaften zu gründen und Gewerkschaften beizutreten.

(2) Politische Parteien auf der Ebene der Union tragen dazu bei, den politischen Willen der Unionsbürgerinnen und Unionsbürger zum Ausdruck zu bringen.

Artikel 15 Berufsfreiheit und Recht zu arbeiten

(1) Jede Person hat das Recht, zu arbeiten und einen frei gewählten oder angenommenen Beruf auszuüben.

(2) Alle Unionsbürgerinnen und Unionsbürger haben die Freiheit, in jedem Mitgliedstaat Arbeit zu suchen, zu arbeiten, sich niederzulassen oder Dienstleistungen zu erbringen.

(3) Die Staatsangehörigen dritter Länder, die im Hoheitsgebiet der Mitgliedstaaten arbeiten dürfen, haben Anspruch auf Arbeitsbedingungen, die denen der Unionsbürgerinnen und Unionsbürger entsprechen.

Artikel 16 Unternehmerische Freiheit

Die unternehmerische Freiheit wird nach dem Unionsrecht und den einzelstaatlichen Rechtsvorschriften und Gepflogenheiten anerkannt.

TITEL III GLEICHHEIT

Artikel 20 Gleichheit vor dem Gesetz

Alle Personen sind vor dem Gesetz gleich.

Artikel 21 Nichtdiskriminierung

(1) Diskriminierungen insbesondere wegen des Geschlechts, der Rasse, der Hautfarbe, der ethnischen oder sozialen Herkunft, der genetischen Merkmale, der Sprache, der Religion oder der Weltanschauung, der politischen oder sonstigen Anschauung, der Zugehörigkeit zu einer nationalen Minderheit, des Vermögens, der Geburt, einer Behinderung, des Alters oder der sexuellen Ausrichtung sind verboten.

(2) Unbeschadet besonderer Bestimmungen der Verträge ist in ihrem Anwendungsbereich jede Diskriminierung aus Gründen der Staatsangehörigkeit verboten.

Artikel 23 Gleichheit von Frauen und Männern

Die Gleichheit von Frauen und Männern ist in allen Bereichen, einschließlich der Beschäftigung, der Arbeit und des Arbeitsentgelts, sicherzustellen.

Der Grundsatz der Gleichheit steht der Beibehaltung oder der Einführung spezifischer Vergünstigungen für das unterrepräsentierte Geschlecht nicht entgegen.

Artikel 26 Integration von Menschen mit Behinderung

Die Union anerkennt und achtet den Anspruch von Menschen mit Behinderung auf Maßnahmen zur Gewährleistung ihrer Eigenständigkeit, ihrer sozialen und beruflichen Eingliederung und ihrer Teilnahme am Leben der Gemeinschaft.

TITEL IV SOLIDARITÄT

Artikel 27 Recht auf Unterrichtung und Anhörung der Arbeitnehmerinnen und Arbeitnehmer im Unternehmen

Für die Arbeitnehmerinnen und Arbeitnehmer oder ihre Vertreter muss auf den geeigneten Ebenen eine rechtzeitige Unterrichtung und Anhörung in den Fällen und unter den Voraussetzungen gewährleistet sein, die nach dem Unionsrecht und den einzelstaatlichen Rechtsvorschriften und Gepflogenheiten vorgesehen sind.

Artikel 28 Recht auf Kollektivverhandlungen und Kollektivmaßnahmen

Die Arbeitnehmerinnen und Arbeitnehmer sowie die Arbeitgeberinnen und Arbeitgeber oder ihre jeweiligen Organisationen haben nach dem Unionsrecht und den einzelstaatlichen Rechtsvorschriften und Gepflogenheiten das Recht, Tarifverträge auf den geeigneten Ebenen auszuhandeln und zu schließen sowie bei Interessenkonflikten kollektive Maßnahmen zur Verteidigung ihrer Interessen, einschließlich Streiks, zu ergreifen.

Artikel 30 Schutz bei ungerechtfertigter Entlassung

Jede Arbeitnehmerin und jeder Arbeitnehmer hat nach dem Unionsrecht und den einzelstaatlichen Rechtsvorschriften und Gepflogenheiten Anspruch auf Schutz vor ungerechtfertigter Entlassung.

Artikel 31 Gerechte und angemessene Arbeitsbedingungen

(1) Jede Arbeitnehmerin und jeder Arbeitnehmer hat das Recht auf gesunde, sichere und würdige Arbeitsbedingungen.
(2) Jede Arbeitnehmerin und jeder Arbeitnehmer hat das Recht auf eine Begrenzung der Höchstarbeitszeit, auf tägliche und wöchentliche Ruhezeiten sowie auf bezahlten Jahresurlaub.

Artikel 32 Verbot der Kinderarbeit und Schutz der Jugendlichen am Arbeitsplatz

Kinderarbeit ist verboten. Unbeschadet günstigerer Vorschriften für Jugendliche und abgesehen von begrenzten Ausnahmen darf das Mindestalter für den Eintritt in das Arbeitsleben das Alter, in dem die Schulpflicht endet, nicht unterschreiten.

Zur Arbeit zugelassene Jugendliche müssen ihrem Alter angepasste Arbeitsbedingungen erhalten und vor wirtschaftlicher Ausbeutung und vor jeder Arbeit geschützt werden, die ihre Sicherheit, ihre Gesundheit, ihre körperliche, geistige, sittliche oder soziale Entwicklung beeinträchtigen oder ihre Erziehung gefährden könnte.

Artikel 33 Familien- und Berufsleben

(1) Der rechtliche, wirtschaftliche und soziale Schutz der Familie wird gewährleistet.
(2) Um Familien- und Berufsleben miteinander in Einklang bringen zu können, hat jeder Mensch das Recht auf Schutz vor Entlassung aus einem mit der Mutterschaft zusammenhängenden Grund sowie den Anspruch auf einen bezahlten Mutterschaftsurlaub und auf einen Elternurlaub nach der Geburt oder Adoption eines Kindes.

Artikel 45 Freizügigkeit und Aufenthaltsfreiheit

(1) Die Unionsbürgerinnen und Unionsbürger haben das Recht, sich im Hoheitsgebiet der Mitgliedstaaten frei zu bewegen und aufzuhalten.
(2) Staatsangehörigen von Drittländern, die sich rechtmäßig im Hoheitsgebiet eines Mitgliedstaats aufhalten, kann nach Maßgabe der Verträge Freizügigkeit und Aufenthaltsfreiheit gewährt werden.

TITEL VII ALLGEMEINE BESTIMMUNGEN ÜBER DIE AUSLEGUNG UND ANWENDUNG DER CHARTA

Artikel 51 Anwendungsbereich

(1) Diese Charta gilt für die Organe, Einrichtungen und sonstigen Stellen der Union unter Wahrung des Subsidiaritätsprinzips und für die Mitgliedstaaten ausschließlich bei der Durchführung des Rechts der Union. Dementsprechend achten sie die Rechte, halten sie sich an die Grundsätze und fördern sie deren Anwendung entsprechend ihren jeweiligen Zuständigkeiten und unter Achtung der Grenzen der Zuständigkeiten, die der Union in den Verträgen übertragen werden.
(2) Diese Charta dehnt den Geltungsbereich des Unionsrechts nicht über die Zuständigkeiten der Union hinaus aus und begründet weder neue Zuständigkeiten noch neue Aufgaben für die Union, noch ändert sie die in den Verträgen festgelegten Zuständigkeiten und Aufgaben.

Artikel 52 Tragweite und Auslegung der Rechte und Grundsätze

(1) Jede Einschränkung der Ausübung der in dieser Charta anerkannten Rechte und Freiheiten muss gesetzlich vorgesehen sein und den Wesensgehalt dieser Rechte und Freiheiten achten. Unter Wahrung des Grundsatzes der Verhältnismäßigkeit dürfen Einschränkungen nur vorgenommen werden, wenn sie erforderlich sind und den von der Union anerkannten dem Gemeinwohl dienenden Zielsetzungen oder den Erfordernissen des Schutzes der Rechte und Freiheiten anderer tatsächlich entsprechen.

(2) Die Ausübung der durch diese Charta anerkannten Rechte, die in den Verträgen geregelt sind, erfolgt im Rahmen der in den Verträgen festgelegten Bedingungen und Grenzen.

(3) Soweit diese Charta Rechte enthält, die den durch die Europäische Konvention zum Schutz der Menschenrechte und Grundfreiheiten garantierten Rechten entsprechen, haben sie die gleiche Bedeutung und Tragweite, wie sie ihnen in der genannten Konvention verliehen wird. Diese Bestimmung steht dem nicht entgegen, dass das Recht der Union einen weiter gehenden Schutz gewährt.

(4) Soweit in dieser Charta Grundrechte anerkannt werden, wie sie sich aus den gemeinsamen Verfassungsüberlieferungen der Mitgliedstaaten ergeben, werden sie im Einklang mit diesen Überlieferungen ausgelegt.

(5) Die Bestimmungen dieser Charta, in denen Grundsätze festgelegt sind, können durch Akte der Gesetzgebung und der Ausführung der Organe, Einrichtungen und sonstigen Stellen der Union sowie durch Akte der Mitgliedstaaten zur Durchführung des Rechts der Union in Ausübung ihrer jeweiligen Zuständigkeiten umgesetzt werden. Sie können vor Gericht nur bei der Auslegung dieser Akte und bei Entscheidungen über deren Rechtmäßigkeit herangezogen werden.

(6) Den einzelstaatlichen Rechtsvorschriften und Gepflogenheiten ist, wie es in dieser Charta bestimmt ist, in vollem Umfang Rechnung zu tragen.

(7) Die Erläuterungen, die als Anleitung für die Auslegung dieser Charta verfasst wurden, sind von den Gerichten der Union und der Mitgliedstaaten gebührend zu berücksichtigen.

Artikel 53 Schutzniveau

Keine Bestimmung dieser Charta ist als eine Einschränkung oder Verletzung der Menschenrechte und Grundfreiheiten auszulegen, die in dem jeweiligen Anwendungsbereich durch das Recht der Union und das Völkerrecht sowie durch die internationalen Übereinkünfte, bei denen die Union oder alle Mitgliedstaaten Vertragsparteien sind, darunter insbesondere die Europäische Konvention zum Schutz der Menschenrechte und Grundfreiheiten, sowie durch die Verfassungen der Mitgliedstaaten anerkannt werden.

9 Gem. Art. 51 I 1, 2 gilt die Charta für die Mitgliedstaaten „ausschließlich bei der **Durchführung**" von Unionsrecht[1]. „Dementsprechend" haben die Mitgliedstaaten die „Rechte" zu „achten". Offensichtlich versteht der EuGH den Begriff „Durchführung" aus Art. 51 I 1, 2 GrCh **weit**, nämlich im oben beschriebenen Sinne, dass die Maßnahme in den Anwendungsbereich des Unionsrechts fällt (Rz. 8)[2]. Dabei beruft er sich auf die Erläuterungen zur Charta[3], welche gem. Art. 6 I Unterabs. 3 EUV, Art. 52 VII GrCh zu berücksichtigen sind, und in denen es heißt, dass „[d]ie Verpflichtung zur Einhaltung der im Rahmen der Union definierten Grundrechte für die Mitgliedstaaten ... nur dann [gilt], wenn sie im Anwendungsbereich des Unionsrechts handeln". Daraus schließt der EuGH, dass, wenn eine nationale Rechtsvorschrift in den Geltungsbereich des Unionsrechts fällt, keine Fallgestaltungen denkbar seien, die vom Unionsrecht erfasst würden, ohne dass die Grundrechte der Charta anwendbar wären. Die Anwendbarkeit des Unionsrechts umfasse die Anwendbarkeit der durch die Charta garantierten Grundrechte[4]. Mit anderen Worten ist die **Charta stets anzuwenden, wenn der Anwendungsbereich des Unionsrechts eröffnet ist**. Um in den Anwendungsbereich des Unionsrechts zu fallen, ist es **nicht** erforderlich, dass die nationale Norm zur Umsetzung des Unionsrechts, insb. von RL, erlassen wurde[5]. Es genügt offenbar, dass das nationale Recht in einen Bereich fällt, der vom Unionsrecht geregelt wird. Da das Unionsrecht viele arbeitsrechtliche Regelungen, insb. RL, enthält, dürfte im Ergebnis die **Charta in weiten Bereichen des deutschen Arbeitsrechts anwendbar sein**.

10 **2. Rechtswirkungen.** Davon abzugrenzen ist die Frage, welche Rechtswirkungen die Charta hat. Bislang ist weitgehend unklar, inwieweit die Mitgliedstaaten bzw. öffentl. ArbGeb (vertikale Direktwirkung, vgl. auch Art. 45 AEUV Rz. 18 ff.) oder sogar Private (horizontale Direktwirkung)[6] durch die Charta gebunden werden. Der EuGH zieht die Charta jedenfalls als Rechtsquelle heran. So hat er im Zusammenhang mit der Altersdiskriminierung auf Art. 21 GrCh „hingewiesen"[7]; das Verbot der Altersdiskriminierung sei in der Norm „verankert"[8]. Das Recht zu arbeiten sei in Art. 15 I GrCh anerkannt[9]. Zudem sei das europäische Sekundärrecht iSd. Charta **auszulegen**[10].

11 Darüber hinaus geht der EuGH offenbar davon aus, dass ein nationales Gericht eine den in der Charta verbürgten Rechten entgegenstehende nationale Norm „aus eigener Entscheidungsbefugnis unange-

---

1 Hervorhebung durch Verf. Dies betont auch EuGH 1.3.2011 – Rs. C-457/09, Slg. 2011 I, 819 (Rz. 23 f.) – Chartry. ‖2 Calliess/Ruffert/*Kingreen*, Art. 51 GrCh Rz. 8. Vgl. auch EuGH 22.12.2010 – Rs. C-279/09, Slg. 2010 I, 13849 – DEB; 16.9.2010 – Rs. C-149/10, Slg. 2010 I, 8489 – Chatzi. Eine engere Auffassung findet sich in EuGH 8.5.2013 – Rs. C-87/12, InfAuslR 2013, 259 (Rz. 41 f.) – Ymeraga. ‖3 ABl. 2007 C 303/17. ‖4 EuGH 26.2.2013 – Rs. C-617/10, NJW 2013, 1415 (Rz. 17 ff.) – Åkerberg Fransson; 26.9.2019 – Rs. C-418/11, IStR 2013, 922 (Rz. 73) – Texdata. ‖5 EuGH 26.2.2013 – Rs. C-617/10, NJW 2013, 1415 (Rz. 28) – Åkerberg Fransson. Anders in der Tendenz aber EuGH 8.11.2012 – Rs. C-40/11, NVwZ 2013, 357 (Rz. 79) – Iida: Es sei zu prüfen, ob „mit der in Rede stehenden nationalen Regelung eine Durchführung einer Bestimmung des Unionsrechts bezweckt wird". Ebenso EuGH 8.5.2013 – Rs. C-87/12, InfAuslR 2013, 259 (Rz. 41 f.) – Ymeraga. ‖6 Dagegen Calliess/Ruffert/*Kingreen*, Art. 51 GRCh Rz. 18 mwN. ‖7 EuGH 19.1.2010 – Rs. C-555/07, Slg. 2010 I, 365 (Rz. 22) – Kücükdeveci; 13.9.2011 – Rs. C-447/09, Slg. 2011 I, 8003 (Rz. 38) – Prigge. ‖8 EuGH 26.9.2013 – Rs. C-546/11, NVwZ 2013, 1401 (Rz. 37) – HK Danmark; 8.9.2011 – Rs. C-297/10 u.a., Slg. 2011 I, 7965 (Rz. 52, 78) – Hennigs. Für das Recht zu arbeiten (Art. 15 GrCh) EuGH 5.7.2012 – Rs. C-141/11, NZA 2012, 785 (Rz. 37) – Hörnfeldt. ‖9 EuGH 5.7.2012 – Rs. C-141/11, NZA 2012, 785 (Rz. 37) – Hörnfeldt. ‖10 EuGH 18.7.2013 – Rs. C-426/11, NZA 2013, 835 (Rz. 30 ff.) – Alemo-Herron.

wandt lässt, ohne dass es die vorherige Beseitigung dieser Bestimmung auf gesetzgeberischem Wege oder durch irgendein anderes verfassungsrechtliches Verfahren beantragen oder abwarten müsste".[1] Dies würde bedeuten, dass eine **den Grundrechten der Charta widersprechende Norm des deutschen Arbeitsrechts unanwendbar wäre** (zum Vorrang des Unionsrechts allgemein Vorb. AEUV Rz. 27 ff.). Diese Unanwendbarkeit bestünde dann auch im horizontalen Verhältnis von ArbGeb und ArbN. Die Grundrechte der Charta sind freilich wenig präzise formuliert und daher auslegungsbedürftig. Es ist denkbar, dass der EuGH wie bei der Konkretisierung allg. Grundsätze des Unionsrechts (oben Rz. 6 aE) zur Konkretisierung auf das Sekundärrecht, insbes. das Richtlinienrecht, zurückgreifen wird[2].

Die **Auslegung** der in der Charta verbürgten Grundrechte richtet sich u.a. nach deren **Erläuterungen**[3], in denen vielfach auf die bisherige Rspr. des EuGH, die EMRK sowie andere internationale Vertragswerke Bezug genommen wird. Die in **Art. 15 GrCh** geregelte **Berufsfreiheit** erfasst nach Abs. 1 sowohl die Berufswahl als auch die Berufsausübungsfreiheit. Ein Recht auf Verschaffung eines Arbeitsplatzes ergibt sich aus ihr nicht[4]. Zur **Unternehmerfreiheit** in **Art. 16 GrCh** hat der EuGH entschieden, dass diese insb. auch die **Vertragsfreiheit** des Unternehmers umfasse[5]. Den Grundsatz der **Nichtdiskriminierung** in **Art. 21 GrCh** zieht der EuGH neben dem Verbot der Diskriminierung als allg. Grundsatz des Unionsrechts (oben Rz. 6 f.) heran[6]. Auf das in **Art. 28 GrCh** normierte Recht auf Kollektivverhandlungen sowie Kollektivmaßnahmen [7] nahm der EuGH schon vor Inkrafttreten der Charta Bezug[8]. **Art. 31 GrCh** regelt das Recht auf gerechte und angemessene **Arbeitsbedingungen**. Für das Recht auf bezahlten **Jahresurlaub** hat der EuGH wiederholt auf Art. 31 II GrCh Bezug genommen[9]. 12

IV. EMRK (Abs. 2, 3 und Art. 52 III, 53 GrCh). Abs. 2 enthält den Auftrag an die Union, der Europäischen Konvention zum Schutz der Menschenrechte und Grundfreiheiten (**EMRK**) v. 4.11.1950[10] beizutreten. Dieser **Beitritt** wird zurzeit noch verhandelt[11]. Bislang hatte die EMRK gem. Abs. 3 für die Herausbildung des ungeschriebenen Grundrechtsschutzes Bedeutung[12]. Auch für die Interpretation der Charta der Grundrechte wird auf die EMRK und damit auf die Rspr. des EGMR zurückgegriffen (oben Rz. 11)[13]. Dabei bildet die **EMRK** nach Art. 52 Abs. 3, 53 GrCh einen materiellen **Mindeststandard**[14]. Weiter ist zu beachten, dass auch Deutschland selbst der EMRK beigetreten ist (Vorb. Art. 45 AEUV Rz. 2). Auch der EuGH weist darauf hin, dass die Mitgliedstaaten, die sämtlich der EMRK beigetreten sind, die EMRK entsprechend bei der Auslegung ihres nationalen Rechts zu beachten hätten, auch wenn der Rechtsstreit nicht in den Anwendungsbereich des Unionsrechts falle[15]. 13

Arbeitsrechtlich relevant sind vor allem die in **Art. 11 EMRK** geregelte **Versammlungs- und Vereinigungsfreiheit** sowie das in **Art. 14 EMRK** normierte **Diskriminierungsverbot**. Bei der Auslegung der Grundrechte der EMRK greift der **EuGH** auf die **Rechtsprechung des EGMR** zurück[16]. Der EGMR hat Art. 11 EMRK durch zahlreiche arbeitsrechtl. Entscheidungen konkretisiert[17]. **Art. 14 EMRK** enthält ein **akzessorisches Diskriminierungsverbot**. Die Anwendung der Norm setzt grds. voraus, dass die Benachteiligung des Bürgers im Rahmen der Ausübung eines durch die EMRK oder die Protokolle garan- 14

---

1 EuGH 26.2.2013 – Rs. C-617/10, NJW 2013, 1415 (Rz. 45 f.) – Åkerberg Fransson. ‖ 2 Dahingehend nun EuGH 26.9.2013 – Rs. C-546/11, NVwZ 2013, 1401 (Rz. 32, 37, 69) – HK Danmark. ‖ 3 ABl. 2007 C 303/17. Vgl. EuGH 18.7.2013 – Rs. C-426/11, NZA 2013, 835 (Rz. 32) – Alemo-Herron. ‖ 4 Meyer/*Bernsdorff*, Charta der Grundrechte der Europäischen Union, 3. Aufl. 2011, Art. 15 Rz. 15. ‖ 5 EuGH 18.7.2013 – Rs. C-426/11, NZA 2013, 835 (Rz. 32) – Alemo-Herron; 22.1.2013 – Rs. C-283/11, EuZW 2013, 347 (Rz. 41 ff.) – Sky Österreich; 17.10. 2013 – Rs. C-101/12, nv. (Rz. 25) – Schaible. ‖ 6 EuGH 26.9.2013 – Rs. C-546/11, NVwZ 2013, 1401 (Rz. 32 ff.) – HK Danmark; 8.9.2011 – Rs. C-297/10 u.a., Slg. 2011 I, 7965 (Rz. 52, 78) – Hennigs; 19.1.2010 – Rs. C-555/07, Slg. 2010 I, 365 (Rz. 22) – Kücükdeveci; 13.9.2011 – Rs. C-447/09, Slg. 2011 I, 8003 (Rz. 38) – Prigge. ‖ 7 Dazu EuGH 13.9.2011 – Rs. C-447/09, Slg. 2011 I, 8003 (Rz. 47) – Prigge; 8.9.2011 – Rs. C-297/10 u.a., Slg. 2011 I, 7965 (Rz. 66 f., 78 ff., 99) – Hennigs. Weiterführend *Schubert*, ZfA 2013, 1; *Seifert*, EuZA 2013, 205; *Thüsing/Traut*, RdA 2012, 65. Ausführlich *Hergenröder* in Oetker/Preis, EAS, B 8400, Stand 3/10. Vgl. auch den Vorschlag für eine VO über die Ausübung des Rechts auf Durchführung kollektiver Maßnahmen im Kontext der Niederlassungs- und Dienstleistungsfreiheit (Entwurf Monti II-VO) v. 21.3.2012, COM (2012) 130 final; dazu *Schubert*, Der Vorschlag der EU-Kommission für eine Moni-II-Verordnung, 2012. ‖ 8 EuGH 11.12.2007 – Rs. C-438/05, Slg. 2007 I, 10779 (Rz. 44) – Viking; 18.12.2007 – Rs. C-341/05, Slg. 2007 I, 11767 (Rz. 91) – Laval. ‖ 9 EuGH 13.6.2013 – Rs. C-415/12, NZA 2013, 775 (Rz. 28) – Brandes; 21.2.2013 – C-194/12, NZA 2013, 369 (Rz. 17) – Maestre García; 8.11. 2012 – Rs. C-229/11, NZA 2012, 1273 (Rz. 22) – Heimann; 15.9.2011 – Rs. C-155/10, Slg. I 2011, 8409 (Rz. 18) – Williams. ‖ 10 BGBl. 1952 II S. 685, Neubekanntmachung v. 22.10.2010, BGBl. II S. 1198, ergänzt durch Protokoll Nr. 14 v. 13.5.2004, BGBl. 2006 II S. 138. Das Protokoll ist am 1.6.2010 in Kraft getreten. Zuletzt geändert durch Protokolle Nr. 14bis, 15, 16 v. 27.5.2009, 24.6.2013, 2.10.2013, welche noch nicht in Kraft getreten sind. ‖ 11 Zur Rechtslage nach einem Beitritt vgl. *P. M. Huber*, NJW 2011, 2385; *Obwexer*, EuR 2012, 115; *Spiekermann*, Die Folgen des Beitritts der EU zur EMRK für das Verhältnis des EuGH zum EGMR und damit einhergehenden Individualrechtsschutz, 2013. Zum Verhandlungsstand vgl. http://www.coe.int/t/dghl/standardsetting/hrpolicy/Accession/Meeting_reports_en.asp. ‖ 12 *Nußberger*, RdA 2012, 270. ‖ 13 Vgl. nur EuGH 15.11.2011 – Rs. C-256/11, NVwZ 2012, 97 (Rz. 70) – Dereci; 5.10.2010 – Rs. C-400/10 PPU, Slg. 2010 I, 88965 (Rz. 53) – J. McB. ‖ 14 Calliess/Ruffert/*Kingreen*, Art. 6 EUV Rz. 27. ‖ 15 EuGH 15.11.2011 – Rs. C-256/11, NVwZ 2012, 97 (Rz. 72 f.) – Dereci. ‖ 16 Vgl. nur EuGH 5.10.2010 – Rs. C-400/10 PPU, Slg. 2010 I, 88965 (Rz. 54 ff.) – J. McB. (auch für Art. 14 EMRK); 9.11.2010 – Rs. C-92/09, Slg. I 2010, 11063 (Rz. 52 ff.) – Volker und Markus Schecke; 19.7.2012 – Rs. C-264/11 P, nv. (Rz. 58) – Kaimer ua./Kommission. ‖ 17 Vgl. *Meyer-Ladewig*, EMRK, 3. Aufl. 2011, Art. 11 Rz. 18 ff.

tierten Rechts oder eng mit der Ausübung verbundenen Rechts stattfindet[1]. Allerdings legt der EGMR diese Akzessorietät weit aus[2].

15 **V. Verhältnis der Grundrechtsordnungen.** Zunächst ist das Verhältnis des **nationalen** Grundrechtsschutzes, der in Deutschland durch das GG gewährt wird, zum Grundrechtsschutz der Union und damit verbunden das Verhältnis von EuGH zum BVerfG weiterhin ungeklärt, vgl. dazu Vorb. Art. 45 AEUV Rz. 29. Zudem ist eine Erweiterung der durch den AEUV garantierten Grundfreiheiten (hier insb. Art. 45 AEUV) gem. Art. 52 II GrCh nicht möglich[3].

16 Das Verhältnis des Grundrechtsschutzes nach der **Charta der Grundrechte** zum sonstigen in der Union gewährten Grundrechtsschutz nach Art. 6 II und III EUV wird durch Art. 52 und 53 GrCh geregelt. Das Verhältnis der **Charta** zum bislang anhand (des heutigen) Art. 6 III entwickelten **ungeschriebenen Grundrechtsschutz** (oben Rz. 3 ff.) ist nicht endgültig geklärt[4]. Art. 52 IV GrCh bestimmt nur, dass die Grundrechte der Charta im Einklang mit dem bislang entwickelten Grundrechtsschutz auszulegen ist. Damit ist schon fraglich, ob diese Norm auch die vom EuGH entwickelten Grundsätze des Unionsrechts (vgl. insb. oben Rz. 6 f.) einbezieht[5]. Die Frage bleibt, ob der EuGH auf Grundlage des Art. 6 III EUV einen über die Charta hinausgehenden Grundrechtsschutz entwickeln könnte. Auch wenn sich aus deutscher Sicht grundrechtsdogmatisch gut begründen lässt, dass die Charta für den EuGH insoweit als Schranke anzusehen sei[6], bleibt überaus fraglich, ob der EuGH diesen Standpunkt teilen wird[7]. Die Erläuterungen zur Charta enthalten insoweit auch keinen Hinweis auf eine Einschränkung[8].

17 Das Verhältnis der **Charta der Grundrechte** zur **EMRK**[9] ist gem. Art. 52 III GrCh kein Rang- oder Spezialitätsverhältnis. Vielmehr soll zwischen beiden Grundrechtswerken **Kohärenz** geschaffen werden. Die in der Charta enthaltenen Rechte, die eine Entsprechung in der EMRK finden, sollen die gleiche „Bedeutung und Tragweite, einschließlich der zugelassenen Einschränkungen, besitzen, wie sie ihnen in der EMRK verliehen" wird[10]. Über die genaue Bedeutung der in Art. 52 III 1 GrCh enthaltenen Transferregel besteht keine Einigkeit[11]. Nach Art. 52 III 2 GrCh darf der durch die Charta gewährte Schutz jedenfalls nicht geringer sein als der durch die EMRK verliehene[12]. Für das Arbeitsrecht stellen die Erläuterungen dazu fest, dass Art. 12 I GrCh dem Art. 11 EMRK entspreche, doch sei der Anwendungsbereich des Art. 12 I GrCh auf die Ebene der Union ausgedehnt worden[13].

---

1 EGMR 25.10.2005, 59140/00, NVwZ 2006, 917 (Rz. 67 f.) – Okpisz. ‖ 2 EGMR 22.1.2008, 43546/02, NJW 2009, 3637 (Rz. 48 ff.) – E. B.; *Meyer-Ladewig*, EMRK, 3. Aufl. 2011, Art. 11 Rz. 5 ff. ‖ 3 So auch EuGH 4.7.2013 – Rs. C-233/12, ZESAR 2013, 465 (Rz. 39) – Gardella. ‖ 4 Dazu Calliess/Ruffert/*Kingreen*, Art. 6 EUV Rz. 15 ff.; Grabitz/Hilf/Nettesheim/*Schorkopf*, Art. 6 EUV Rz. 29; ErfK/*Wißmann* Vorb. AEUV Rz. 9 ff.; *Hanau*, NZA 2010, 1; *Krebber*, EuZA 2013, 188. ‖ 5 Vgl. *Meyer/Borowsky*, Charta der Grundrechte der Europäischen Union, 3. Aufl. 2011, Art. 52 Rz. 44b. ‖ 6 Calliess/Ruffert/*Kingreen*, Art. 6 EUV Rz. 17; ErfK/*Wißmann* Vorb. AEUV Rz. 10. ‖ 7 *Meyer/Borowsky*, Charta der Grundrechte der Europäischen Union, 3. Aufl. 2011, Art. 52 Rz. 44a. ‖ 8 ABl. 2007 C 303/17, 34. ‖ 9 Dazu *Ziegenhorn*, Der Einfluss der EMRK im Recht der EU-Grundrechtecharta: Genuin chartarechtlicher Grundrechtsschutz gemäß Art. 52 III GrCh, 2009; *Schneiders*, Die Grundrechte der EU und die EMRK, 2010. Zur Rechtslage nach dem Beitritt der Union zur EMRK *Vondung*, Die Architektur des europäischen Grundrechtsschutzes nach dem Beitritt der EU zur EMRK, 2012. ‖ 10 Erläuterungen ABl. 2007 C 303/17, 33. ‖ 11 *Meyer/Borowsky*, Charta der Grundrechte der Europäischen Union, 3. Aufl. 2011, Art. 52 Rz. 29 ff. ‖ 12 Zur Bedeutung dieses Vorschrift im Rahmen von Privatrechtsverhältnissen Streinz/Streinz/*Michl*, EUV/AEUV, Art. 52 GrCH Rz. 12. ‖ 13 Erläuterungen ABl. 2007 C 303/17, 34.

Gewerbeordnung

in der Fassung der Bekanntmachung vom 22.2.1999 (BGBl. I S. 202),
zuletzt geändert durch Gesetz vom 6.9.2013 (BGBl. I S. 3556)

– Auszug –

Vor §§ 105–110

Durch Art. 1 Nr. 2, 19 und 20 des Dritten Gesetzes zur Änderung der Gewerbeordnung und sonstiger gewerberechtl. Vorschriften v. 24.8.2002[1] wurde die aus dem Jahr 1869 stammende GewO mWv. 1.1.2003 in arbeitsrechtl. Hinsicht entrümpelt und auf **sechs zentrale Vorschriften (§§ 105–110)** reduziert, welche die „Grundprinzipien des Arbeitsvertragsrechts" regeln[2]. Darin liegt ein **erster** zaghafter **Versuch zur Kodifizierung eines Arbeitsvertragsgesetzbuchs**[3]. Dies bringt die (ur)alte Forderung nach einer einheitlichen Kodifikation des Arbeitsrechts (Art. 157 II WRV) bzw. des Arbeitsvertragsrechts (Resolution des Deutschen Reichstags v. 11.12.1896; Art. 30 I Nr. 1 EVertr) in Erinnerung[4]. Die §§ 105–110 gelten **für alle ArbN** (§ 6 II)[5]. 1

Titel VII. Arbeitnehmer

I. Allgemeine arbeitsrechtliche Grundsätze

105 *Freie Gestaltung des Arbeitsvertrages*
Arbeitgeber und Arbeitnehmer können Abschluss, Inhalt und Form des Arbeitsvertrages frei vereinbaren, soweit nicht zwingende gesetzliche Vorschriften, Bestimmungen eines anwendbaren Tarifvertrages oder einer Betriebsvereinbarung entgegenstehen. Soweit die Vertragsbedingungen wesentlich sind, richtet sich ihr Nachweis nach den Bestimmungen des Nachweisgesetzes.

I. Arbeitsvertragsfreiheit (S. 1). Nach S. 1 können ArbGeb und ArbN privatautonom bestimmen, **ob, mit wem und wie** sie einen Arbeitsvertrag abschließen, soweit nicht zwingende gesetzl. Vorschriften, Bestimmungen eines anwendbaren TV oder einer BV entgegenstehen. Überschreiten die Arbeitsvertragsparteien die Grenzen der in S. 1 geregelten Arbeitsvertragsfreiheit, gelten die geschilderten allg. Vorschriften über die Unwirksamkeit der Vereinbarungen (v.a. § 134 BGB, § 4 III TVG, § 77 IV BetrVG)[6]. S. 1 regelt – rein deklaratorisch[7] – den **Grundsatz der Vertragsfreiheit im Arbeitsrecht**[8] und seine Schranken und spiegelt letztlich die arbeitsrechtl. Rechtsquellenlehre wider (näher dazu Vor § 611 BGB Rz. 132 ff.). Die Vertragsfreiheit umfasst die Freiheit der Entscheidung, ob überhaupt ein Arbeitsvertrag abgeschlossen werden soll (**Abschlussfreiheit ieS**) und mit wem (**Auswahlfreiheit**)[9] sowie die **Gestaltungsfreiheit**, die sich auf Inhalt und Form des Arbeitsvertrags bezieht. Nicht explizit in S. 1 geregelt ist die **Vertragsbeendigungsfreiheit**, die ebenfalls zum Grundsatz der Vertragsfreiheit gehört[10]. 1

Die Abschlussfreiheit des ArbGeb kann durch gesetzl. sowie kollektiv- und individualvertragl. Regelungen **eingeschränkt** sein, wie etwa **Abschlussverbote**[11] (zB § 5 I JArbSchG; Auswahlrichtlinien eines TV oder einer BV nach § 95 BetrVG) oder Vorschriften, die einen **Kontrahierungszwang** begründen, wie zB § 10 I AÜG, § 613a I 1 BGB oder § 24 BBiG, § 625 BGB, § 15 V TzBfG; allg. Weiterbeschäftigungsanspruch[12]; Weiterbeschäftigungsansprüche nach § 78a II BetrVG und § 102 V BetrVG; Wiedereinstellungsansprüche nach § 91 VI SGB IX oder § 2 V ArbPlSchG, im Falle der Verdachtskündigung bei sich später herausstellender Unschuld[13], im Falle der betriebsbedingten Kündigung bei Wegfall des Kündigungsgrundes innerhalb der Kündigungsfrist[14] oder Eintritt eines Betriebsübergangs (grds. nur) bis zum Ablauf der Kündigungsfrist[15] – nicht hingegen bei Wegfall des Befristungsgrunds nach Ablauf der 2

---

[1] BGBl. I S. 3412. ||[2] So BT-Drs. 14/8796, 16. ||[3] *Wisskirchen*, DB 2002, 1886; vgl. auch *Perreng*, AiB 2002, 521: „Samenkorn eines Arbeitsgesetzbuches"; *Düwell*, FA 2003, 2: „Neues Grundgesetz des Arbeitsrechts". ||[4] Zur Geschichte arbeitsvertragl. Kodifikationsvorhaben *Kühl*, AuA 2000, 68 ff.; *Neumann*, DB 2008, 60; zum „Diskussionsentwurf eines Arbeitsvertragsgesetzes" NZA Beil. 1/2007 zu Heft 21. ||[5] Zur Entstehungsgeschichte des § 6 II BT-Drs. 14/8796, 6, 16 f., 31, 34; BT-Drs. 14/9254, 7 (9). ||[6] Vgl. BT-Drs. 14/8796, 24; *Schöne*, NZA 2002, 829 (830). ||[7] *Bauer/Opolony*, BB 2002, 1590; *Wisskirchen*, DB 2002, 1886. ||[8] BT-Drs. 14/8796, 23; dazu näher *Boemke*, NZA 1993, 523 ff.; *Thüsing*, FS Wiedemann, 2002, S. 559. ||[9] BT-Drs. 14/8796, 24. ||[10] *Boemke*, NZA 1993, 532 (537 f.). ||[11] Vgl. nur BAG 3.11.2004 – 5 AZR 592/03, BB 2005, 782 (783); Palandt/*Ellenberger*, § 134 BGB Rz. 15 mwN. ||[12] Dazu BAG 27.2.1985 – GS 1/84, AP Nr. 14 zu § 611 BGB Beschäftigungspflicht; Schaub/*Linck*, ArbRHdb, § 125 Rz. 16 ff. ||[13] BAG 20.8.1997 – 2 AZR 620/96, AP Nr. 27 zu § 626 BGB Verdacht strafbarer Handlung; *Lembke*, RdA 2013, 82 (84). ||[14] BAG 28.6.2000 – 7 AZR 904/98, AP Nr. 6 zu § 1 KSchG 1969 Wiedereinstellung. ||[15] BAG 25.10.2007 – 8 AZR 989/06, NZA 2008, 357; 13.5.2004 – 8 AZR 198/03, ZIP 2004, 1610 (1615 f.); 28.10.2004 – 8 AZR 199/04, NZA 2005, 405 (407); allg. zum Wiedereinstellungsanspruch *Linck*, FA 2000, 334 ff.

Befristung[1] –; tarifl. Wiedereinstellungsansprüche für die Zeit nach Beendigung eines Arbeitskampfes oder einer länger andauernden Betriebsstörung, für den Fall der Wiederherstellung der Berufs- oder Erwerbsfähigkeit (zB § 33 Nr. 3 TVöD); Wiedereinstellungsansprüche in BV[2] oder Sozialplänen, etwa für den Fall von Neueinstellungen nach Beendigung einer freiwillig gewährten Elternzeit oder nach einer Massenentlassung.

3   Bei der **Auswahl**, mit wem der ArbGeb einen Arbeitsvertrag abschließen will, ist er nicht an den arbeitsrechtl. Gleichbehandlungsgrundsatz gebunden, sondern hat nur die Diskriminierungsverbote zu beachten, wie etwa die der § 7 I AGG, § 81 II SGB IX, Art. 9 III 2 GG, § 78 S. 2 BetrVG[3]. IÜ ist es dem ArbGeb nicht untersagt, die Auswahl bei der Einstellung eines Bewerbers nach anderen als sachbezogenen Gründen vorzunehmen[4].

4   Als Teil der in S. 1 gewährleisteten **Gestaltungsfreiheit** können die Arbeitsvertragsparteien im Rahmen der vorgegebenen Schranken den Inhalt des ArbVerh frei ausgestalten und insb. Arbeitsvergütung, Inhalt der geschuldeten Tätigkeit, Arbeitszeit, Laufzeit des Vertrages, Kündigungsfristen, Urlaub und Nebenpflichten vereinbaren. Anstatt die Arbeitsbedingungen selbst zu bestimmen, können die Arbeitsvertragsparteien auch die Anwendung tarifl. Normen vereinbaren mit der Folge, dass die Tarifregelungen individualrechtlich gelten. Die Bezugnahme kann sich auch auf bereits gekündigte oder abgelaufene TV beziehen[5]. Hinsichtlich des Inhalts des Arbeitsvertrags ergeben sich gesetzl. Schranken aus den **arbeitsrechtl. Schutzgesetzen** (zB ArbZG, BUrlG, EFZG, KSchG, MuSchG, SGB IX, TzBfG). Dazu zählen auch **Gesetze im materiellen Sinne**, wie etwa die von den Berufsgenossenschaften erlassenen Unfallverhütungsvorschriften (§ 15 SGB VII)[6]. Bei der Gestaltung der Arbeitsbedingungen durch vorformulierte (Standard-)Arbeitsverträge sind ferner die Regelungen zur **AGB-Kontrolle** (§§ 305 ff. BGB) zu beachten[7].

5   Für den Arbeitsvertrag als solchen sieht das Gesetz – anders als für den Aufhebungsvertrag als actus contrarius (§ 623 BGB) – keine besondere **Form** vor. Lediglich bestimmte Abreden wie die Befristung oder auflösende Bedingung des Arbeitsvertrags bedürfen zu ihrer Wirksamkeit der Schriftform (§§ 14 IV, 21 TzBfG, § 126 BGB). Auch das nachvertragl. Wettbewerbsverbot bedarf der Schriftform sowie zusätzlich der Aushändigung einer vom ArbGeb unterschriebenen Vertragsurkunde an den ArbN (§ 110 GewO iVm. § 74 I HGB). Tarifvertragl. Regelungen (sog. Abschlussnormen) über eine bestimmte Form für den Arbeitsvertragsabschluss sind regelmäßig nur deklaratorischer Natur und begründen lediglich einen Anspruch des ArbN auf formgerechte Vertragsniederlegung, führen aber nicht zur Nichtigkeit des formwidrig abgeschlossenen Arbeitsvertrags, da dem ArbN sonst „Steine statt Brot" gegeben würde[8]. Konstitutive tarifvertragl. Formvorschriften, welche bei Nichtbeachtung zur Nichtigkeit der Vereinbarung führen (§ 125 S. 1 BGB) und das Entstehen einer betriebl. Übung verhindern[9], finden sich praktisch nur hinsichtlich arbeitsvertragl. Nebenabreden (zB § 2 III TVöD)[10]. Eine BV kann für den Abschluss des Arbeitsvertrags keine bestimmte Form vorsehen, da sie für noch nicht betriebsangehörige ArbN keine normative Wirkung entfaltet[11].

6   **II. Nachweis wesentlicher Arbeitsbedingungen (S. 2).** Hinsichtlich des Nachweises der wesentlichen Vertragsbedingungen enthält S. 2 aus Klarstellungsgründen[12] einen **deklaratorischen Verweis auf das NachwG**. Danach hat der ArbGeb spätestens einen Monat nach dem vereinbarten Beginn des ArbVerh (§ 2 I NachwG) oder einen Monat nach einer Änderung (§ 3 NachwG) eine schriftl. Niederschrift über die (vereinbarten bzw. geänderten) wesentlichen Vertragsbedingungen auszuhändigen. Wegen Einzelheiten s. Komm. zum NachwG. Ähnliche Nachweispflichten finden sich in § 11 I AÜG und § 11 BBiG. Auf Grund dieser Nachweispflichten verzichtete der Gesetzgeber auf das Erfordernis der Erfüllung der Hinweis- und Kenntnisverschaffungspflicht nach § 305 II BGB hinsichtlich der wirksamen Vereinbarung vorformulierter Klauseln in (Standard-)Arbeitsverträgen (§ 310 BGB IV 2 Hs. 2)[13]. Voraussetzung für die Geltung der allg. Arbeitsbedingungen ist aber trotzdem das Einverständnis des ArbN mit ihnen[14].

106 Weisungsrecht des Arbeitgebers

Der Arbeitgeber kann Inhalt, Ort und Zeit der Arbeitsleistung nach billigem Ermessen näher bestimmen, soweit diese Arbeitsbedingungen nicht durch den Arbeitsvertrag, Bestimmungen einer Betriebsvereinbarung, eines anwendbaren Tarifvertrages oder gesetzliche Vorschriften festgelegt sind. Dies gilt auch hinsichtlich der Ordnung und des Verhaltens der Arbeitnehmer im Betrieb. Bei der

---

1 BAG 20.2.2002 – 7 AZR 600/00, BB 2002, 1648 ff.   ‖ 2 Vgl. BAG 24.4.2013 – 7 AZR 523/11; 19.10.2005 – 7 AZR 32/05, NZA 2006, 393.   ‖ 3 Vgl. Boemke, § 105 Rz. 38 ff.   ‖ 4 Boemke, NZA 1993, 532 (535).   ‖ 5 BAG 20.9.2006 – 10 AZR 715/05, AP Nr. 44 zu § 1 TVG Bezugnahme auf TV.   ‖ 6 Boemke, § 105 Rz. 14.   ‖ 7 Zu den Grundzügen Lembke, FA 2009, 336; Lembke, Arbeitsvertrag für Führungskräfte, S. 21 ff.; näher Clemenz/Kreft/Krause, AGB-Arbeitsrecht.   ‖ 8 BAG 24.6.1981 – 24.6.1981, AP Nr. 2 zu § 4 TVG Formvorschriften; Schaub/Linck, ArbRHdb, § 32 Rz. 47.   ‖ 9 BAG 18.9.2002 – 1 AZR 477/01, DB 2003, 776; LAG Köln 26.7.2002 – 11 Ta 224/02, NZA-RR 2003, 577, LS 2.   ‖ 10 Vgl. BAG 18.9.2002 – 1 AZR 477/01, BB 2003, 795 (796); 7.5.1986 – 4 AZR 556/83, AP Nr. 12 zu § 4 BAT.   ‖ 11 Boemke, § 105 Rz. 30; aA Schaub/Linck, ArbRHdb, § 32 Rz. 46.   ‖ 12 BT-Drs. 14/8796, 24.   ‖ 13 BT-Drs. 14/6857, 54.   ‖ 14 Boemke, § 105 Rz. 78.

I. Vorbemerkungen 1	III. Grenzen des Weisungsrechts 54
1. Entstehungsgeschichte 1	1. Arbeitsvertrag 55
2. Sinn und Zweck 3	2. Betriebsvereinbarung 88
3. Bedeutung und Rechtsnatur des Weisungsrechts ... 5	3. Anwendbarer Tarifvertrag 95
	4. Gesetzliche Vorschriften 104
II. Gegenstand des Weisungsrechts 12	IV. Ausübung nach billigem Ermessen 115
1. Inhalt der Arbeitsleistung 15	1. Grundsatz billigen Ermessens (§ 315 BGB) . 119
2. Ort der Arbeitsleistung 24	2. Mittelbare Drittwirkung der Grundrechte . 125
3. Zeit der Arbeitsleistung 32	3. Rücksichtnahme auf Behinderungen des
4. Ordnung und Verhalten der ArbN im Betrieb ... 43	Arbeitnehmers (S. 3) 128
	V. Rechtsstreitigkeiten 132

I. Vorbemerkungen. 1. Entstehungsgeschichte. § 106 wurde mWv. 1.1.2003 in die GewO eingefügt[1]. Er regelt die Grundsätze des arbeitsrechtl. Direktionsrechts und übernimmt im Wesentlichen den Inhalt des früheren § 121[2]. Die Vorschrift **gilt in allen Arbeitsverhältnissen** (§ 6 II).

Während der Text des aufgehobenen § 121 die Gehorsamspflicht des ArbN bei Ausübung des Direktionsrechts durch den ArbGeb in den Vordergrund stellte, betont S. 1 des § 106 das Weisungsrecht des ArbGeb und seine Schranken. In S. 2 und 3 besonders herausgehoben werden das Direktionsrecht bzgl. der Ordnung und des Verhaltens der ArbN im Betrieb sowie die Pflicht zur Rücksichtnahme auf Behinderungen des ArbN. Materiell hat sich allerdings dadurch nichts geändert, so dass auf die **frühere Rspr. zum Weisungsrecht** uneingeschränkt zurückgegriffen werden kann[3].

2. Sinn und Zweck. Das **Weisungsrecht** des ArbGeb hinsichtlich Inhalt, Ort und Zeit der Arbeitsleistung ist ein wesentlicher Bestandteil des ArbVerh und **jedem Arbeitsverhältnis immanent**[4]. Das folgt schon aus der Definition des ArbN; ArbN ist, wer auf Grund eines Dienstvertrags nach §§ 611ff. BGB für einen anderen persönlich abhängige, fremdbestimmte Arbeit leistet, wobei sich die persönliche Abhängigkeit – in Abgrenzung zum selbständigen Dienstleister – aus dem Unterworfensein unter Weisungen hinsichtlich Inhalt, Ort und Zeit der Arbeitsleistung ergibt (vgl. § 84 I 2 HGB). Näher zum ArbN-Begriff Vor § 611 BGB Rz. 19ff.

§ 106 hat folglich rein **deklaratorischen Charakter**[5]. Voraussetzung und damit Grundlage für das Direktionsrecht des ArbGeb ist der Arbeitsvertrag. Dennoch hielt der Gesetzgeber eine ausdrückliche Regelung von Inhalt und Grenzen des Weisungsrechts im Interesse von **Rechtsklarheit** und **Rechtssicherheit** im ArbVerh für geboten[6].

3. Bedeutung und Rechtsnatur des Weisungsrechts. Das Weisungsrecht des ArbGeb ist ein wichtiger Gestaltungsfaktor im Arbeitsrecht. Durch den Abschluss des Arbeitsvertrags verpflichtet sich der ArbN zur Arbeitsleistung nach näherer Bestimmung durch den ArbGeb. Durch die Ausübung des Weisungsrechts **konkretisiert** der ArbGeb die **Pflicht zur Arbeitsleistung** hinsichtlich Art der Tätigkeit (**was, wie**), Ort (**wo**) und Zeit (**wann, wie lange**) der Arbeitsleistung und füllt den arbeitsvertragl. Rahmen aus. Das Weisungsrecht kann sich zudem auf eine nicht abschließend aufzählbare, je nach den Umständen näher zu bestimmende Vielzahl von Pflichten beziehen, deren Erfüllung unumgänglich ist, um den Austausch der Hauptleistungen sinnvoll zu ermöglichen (**leistungssichernde Verhaltenspflichten**)[7]. Es umfasst die Berechtigung, den ArbN zur Teilnahme an Gesprächen (**Personalgesprächen**) zu verpflichten, in denen der ArbGeb Weisungen in einem der o.g. Bereiche vorbereiten, erteilen oder ihre Nichterfüllung beanstanden will[8]. Nicht vom Direktionsrecht gedeckt ist hingegen die Weisung, an Gesprächen teilzunehmen, die mit den im Gesetz genannten Zielen nicht im Zusammenhang stehen, wie zB Gespräche mit dem einzigen Ziel einer vom ArbN bereits abgelehnten Vertragsänderung[9]. Nicht zulässig ist auch die Weisung an den ArbN, seine Einkommensteuererklärung durch eine bestimmte, vom ArbGeb beauftragte Steuerberatungsgesellschaft erstellen zu lassen. In den Bereich der **privaten Lebensführung** darf dagegen durch das Weisungsrecht grds. **nicht** eingegriffen werden[10]. Bei der Ausübung des Direktionsrechts hat der ArbGeb die arbeitsrechtl. Rechtsquellenlehre (Vor § 611 BGB Rz. 132ff.) und mithin den Vorrang höherrangiger Bestimmungen in Gesetz, TV und BV zu beachten.

---

1 BGBl. 2002 I S. 3412. ||2 BT-Drs. 14/8796, 24. ||3 *Lakies*, BB 2003, 364; *Boemke/Keßler*, § 106 Rz. 1. ||4 BT-Drs. 14/8796, 24; BAG 12.4.2011 – 9 AZR 14/10, NZA 2012, 97 (100), Rz. 29: „Direktionsrecht als Wesensmerkmal eines jeden Arbeitsverhältnisses". ||5 BAG 13.10.2009 – 9 AZR 722/08, NZA 2010, 327 Rz. 18; *Boemke/Keßler*, § 106 Rz. 1. ||6 BT-Drs. 14/8796, 24. ||7 BAG 23.6.2009 – 2 AZR 606/08, NZA 2009, 1011 (1012), Rz. 17. ||8 *Hartmann*, DB 2013, 1416. ||9 BAG 23.6.2009 – 2 AZR 606/08, NZA 2009, 1011 (1012). ||10 BAG 23.8.2013 – 8 AZR 804/11, NZA 2013, 268 (270).

6 Das Weisungsrecht ist ein **einseitiges Leistungsbestimmungsrecht** iSd. § 315 BGB[1] und daher nach billigem Ermessen auszuüben (S. 1; s. Rz. 115 ff.). Die Leistungsbestimmung durch Erteilung einer Weisung stellt eine **einseitige empfangsbedürftige Willenserklärung** dar[2].

7 Ebenso wie das Leistungsbestimmungsrecht auch einem Dritten zustehen kann (§ 317 BGB), kann das Weisungsrecht mit Zustimmung des ArbN vom ArbGeb an einen Dritten übertragen werden. Das ist etwa bei der **Arbeitnehmerüberlassung** der Fall. Hier übt der Entleiher ggü. dem LeihArbN das ihm vom Verleiher übertragene Direktionsrecht aus[3]. Erforderlich ist jedoch die Zustimmung des ArbN. Denn aus § 613 S. 2 BGB folgt, dass sich das Direktionsrecht grds. nur auf die Arbeitsleistung des ArbN beim VertragsArbGeb bezieht. Daher ist auch die Versetzung eines ArbN in ein anderes konzernangehöriges Unternehmen grds. nicht vom Direktionsrecht umfasst[4]. Etwas anderes kommt nur in Betracht, wenn die Arbeitsvertragsparteien eine wirksame **Konzernversetzungsklausel** vereinbart haben, wonach der ArbGeb berechtigt ist, den ArbN auch bei einem anderen Unternehmen innerhalb des Konzerns zu beschäftigen[5] (s.a. Rz. 74).

8 Mit dem Weisungsrecht des ArbGeb korrespondiert eine entsprechende **Leistungs- bzw. Gehorsamspflicht des ArbN**[6] (vgl. § 13 S. 2 Nr. 3 BBiG). Daher stellt die **Nichtbefolgung** einer rechtmäßigen Weisung eine **Arbeitsvertragsverletzung** dar, die eine Abmahnung und ggf. eine verhaltensbedingte Kündigung zur Folge haben kann[7]. Ist die Weisung jedoch nicht rechtmäßig, muss der ArbN sie nicht befolgen; eine wegen Nichtbefolgung der Weisung ausgesprochene Abmahnung ist aus der Personalakte zu entfernen[8].

9 Hingegen ist eine **rechtswidrige bzw. nicht billigem Ermessen entsprechende Weisung** unverbindlich (§ 315 III 1 BGB), und der ArbN hat ein **Leistungsverweigerungsrecht**[9] sowie grds. Anspruch auf vertragsgemäße Beschäftigung[10] (s.a. Rz. 116 f.).

10 Hinsichtlich des Weisungsrechts stellt sich in der Praxis insb. die Frage, ob eine Maßnahme des ArbGeb von seinem **Direktionsrecht** umfasst ist **oder** ob die **Zustimmung des ArbN** erforderlich bzw. eine **Änderungskündigung** (§ 2 KSchG) auszusprechen ist. Sofern Zweifel verbleiben, ist eine (schriftl.) Weisung verbunden mit dem hilfsweisen Ausspruch einer Änderungskündigung oder umgekehrt eine Änderungskündigung und hilfsweise eine Weisung (für den Fall, dass die Änderungskündigung wegen Bestehens des Direktionsrechts **überflüssig** sein sollte[11]) anzuraten. Insoweit sind freilich etwaige MitbestR des BR nach §§ 99, 102 BetrVG zu beachten.

11 Praktisch wichtig ist die Bestimmung des Umfangs des Weisungsrechts auch im Hinblick auf die **Vergleichbarkeit der ArbN** im Rahmen der **Sozialauswahl** nach § 1 III 1 KSchG bei betriebsbedingten Kündigungen. An der Vergleichbarkeit fehlt es, wenn der ArbGeb den ArbN nicht einseitig kraft Direktionsrechts auf den anderen Arbeitsplatz um- oder versetzen kann[12]. Demggü. erweitert eine weite Versetzungsklausel den Kreis der Sozialauswahl[13]. Der ArbGeb kann sich nicht auf die Unwirksamkeit der von ihm vorformulierten Versetzungsklausel nach AGB-Grundsätzen (§§ 305 ff. BGB) berufen[14], um die fehlende Vergleichbarkeit des ArbN mit anderen ArbN im Rahmen der Sozialauswahl zu begründen[15]. Allerdings ist die Sozialauswahl bei einer betriebsbedingten Kündigung auf den Betrieb beschränkt, in dem der zu kündigende ArbN beschäftigt ist. Dies gilt selbst dann, wenn der ArbGeb den ArbN auf Grund einer Versetzungsklausel in andere Betriebe des Unternehmens versetzen kann[16].

12 **II. Gegenstand des Weisungsrechts.** Nach S. 1 kann der ArbGeb in dem von Arbeitsvertrag, einschlägigen BV, TV und gesetzl. Bestimmungen vorgegebenen Rahmen Inhalt, Ort und Zeit der Arbeitsleistung nach billigem Ermessen näher bestimmen. Dies gilt nach S. 2 auch hinsichtlich der Ordnung und des Verhaltens der ArbN im Betrieb. Dabei gilt der **Grundsatz: Je enger die Leistungspflicht im Arbeitsvertrag festgelegt ist, desto enger sind die Grenzen des Weisungsrechts. Dies gilt auch umgekehrt**, dh. je offener und allgemeiner die zu leistenden Dienste beschrieben sind, desto weiter ist die Weisungsbefugnis des ArbGeb[17]. Die Arbeitsvertragsparteien können direktionsrechtlich erweiternde Vereinbarungen treffen, die das Leistungsbestimmungsrecht des ArbGeb hinsichtlich der Hauptleistungspflichten regeln[18].

---

1 *Lakies*, BB 2003, 364. || 2 *Boemke/Keßler*, § 106 Rz. 6; *Palandt/Grüneberg*, § 315 BGB Rz. 11; DFL/*Kolbe*, § 106 GewO Rz. 5; MünchArbR/*Reichold*, § 36 Rz. 21. || 3 *Boemke/Lembke*, AÜG, § 1 Rz. 32, § 12 Rz. 37; *Lembke*, BB 2012, 2497. || 4 LAG Hamm 11.12.2008 – 11 Sa 817/08; *Schüren/Hamann*, § 1 AÜG Rz. 520; *Grimm/Brock*, Praxis der Arbeitnehmerüberlassung, § 3 Rz. 42; *Preis*, Der Arbeitsvertrag, II D 30 Rz. 110. || 5 *Schüren/Hamann*, § 1 AÜG Rz. 520; *Grimm/Brock*, Praxis der Arbeitnehmerüberlassung, § 3 Rz. 42. || 6 Vgl. *Tettinger/Wank/Ennuschat*, § 106 Rz. 2. || 7 BAG 12.5.2010 – 2 AZR 845/08, NZA 2011, 1348. || 8 BAG 23.6.2009 – 2 AZR 606/08, NZA 2009, 1011. || 9 Zum Ganzen auch *Boemke/Keßler*, § 106 Rz. 55 f. || 10 LAG München 18.9.2002 – 5 Sa 619/02, NZA-RR 2003, 269 (270). || 11 Vgl. BAG 19.7.2012 – 2 AZR 25/11, NZA 2012, 1038 (1039); 26.1.2012 – 2 AZR 102/11, NZA 2012, 856. || 12 BAG 2.3.2006 – 2 AZR 23/05, NZA 2006, 1350 (1351). || 13 BAG 11.4.2006 – 9 AZR 557/05, NZA 2006, 1149 (1152). || 14 BAG 27.10.2005 – 8 AZR 3/05, NZA 2006, 257 (258), Rz. 16; *Lembke*, FA 2009, 335 (338). || 15 Vgl. LAG Hess. 31.10.2008 – 10 Sa 1096/06, BB 2009, 1242 (1244), wonach eine ergänzende Vertragsauslegung vorzunehmen sei. || 16 BAG 15.12.2005 – 6 AZR 199/05, NZA 2006, 590. || 17 *Boemke/Keßler*, § 106 Rz. 7; *Lakies*, BB 2003, 364; MünchArbR/*Reichold*, § 36 Rz. 14. || 18 BAG 16.10.2007 – 9 AZR 239/07, NZA 2008, 289 (291).

Das Weisungsrecht gibt dem ArbGeb aber **nicht** die **Befugnis, einseitige** Anordnungen zu treffen, die 13
den **Wert von Leistung und Gegenleistung** nachhaltig **beeinträchtigen**. Mithin unterliegt der Umfang
der beiderseitigen Hauptleistungspflichten (Vergütungs- und Arbeitspflicht) nicht dem Weisungsrecht
des ArbGeb¹. Die Regelung der beiderseitigen Hauptleistungspflichten gehört zum Kernbereich des
ArbVerh mit der Folge, dass diese Arbeitsbedingungen lediglich durch Gesetz, Kollektiv- oder Einzelarbeitsvertrag gestaltbar sind². Insb. kann der **zeitliche Umfang der Arbeitszeit nicht einseitig** kraft Direktionsrechts **geändert** werden, weil ansonsten der (Änderungs-) Kündigungsschutz nach dem
KSchG umgangen werden könnte³ (s.a. Rz. 34). Möglich ist aber zB eine Vereinbarung der Arbeitsvertragsparteien über ein Leistungsbestimmungsrecht des ArbGeb, die Arbeitszeit bei entsprechendem
Bedarf befristet zu erhöhen⁴. Zulässig ist es auch, die Zahlung eines Bonus in Abhängigkeit einer Zielvorgabe zu vereinbaren. Dann ist der Bonusanspruch aufschiebend bedingt durch die Erreichung von
Zielen, die einseitig vom ArbGeb festgelegt werden. In diesem Fall bestimmt der ArbGeb die Ziele einseitig in Ausübung seines Direktionsrechts. Die Zielvorgabe unterliegt daher der gerichtl. Billigkeitskontrolle nach § 315 III BGB⁵.

Ist hinsichtlich der Art der Bezahlung nichts Näheres vereinbart oder geregelt, so kann der ArbGeb 14
einem ursprünglich mit Akkordarbeit beschäftigten ArbN jedoch auch kraft Direktionsrechts Zeitlohn-
tätigkeiten zuweisen, sofern die Zeitlohnarbeiten mit dem Akkorddurchschnitt vergütet werden und
dem ArbN keine Entgeltnachteile entstehen⁶.

1. Inhalt der Arbeitsleistung. Das Weisungsrecht bezieht sich zunächst auf den Inhalt der Arbeitsleis- 15
tung. Im Rahmen der einschlägigen Kollektiv- und Individualvereinbarungen und Gesetze kann der
ArbGeb dem ArbN Anordnungen hinsichtlich der **Art der Tätigkeit** (was) und der **konkreten Ausübung
der Tätigkeit** (wie) geben. Dies umfasst das Recht, den ArbN anzuweisen, die von ihm erbrachten Arbeitsleistungen in Tätigkeitsberichten zu dokumentieren (zB zur Überprüfung der Arbeitsergebnisse,
zur Gewährleistung der zutreffenden Eingruppierung)⁷. Zulässig ist zB auch die Weisung an den ArbN,
bei einem Zertifizierungsdiensteanbieter eine qualifizierte elektronische Signatur iSd. SigG zu beantragen und eine elektronische Signaturkarte bei seiner Tätigkeit zu nutzen, wenn dies für die Erbringung
der Arbeitsleistung erforderlich und dem ArbN zumutbar ist; Letzteres erfordert, dass der Schutz der
zu übermittelnden personenbezogenen Daten des ArbN hinreichend sichergestellt ist⁸.

a) Generelle Tätigkeitsbeschreibung. Je ungenauer und allgemeiner die vom ArbN zu leistenden 16
Dienste im Arbeitsvertrag beschrieben sind, desto weiter geht die Befugnis des ArbGeb, dem ArbN unterschiedliche Aufgaben im Wege des Direktionsrechts zuzuweisen (Extrembeispiel: „Faktotum")⁹. Ist
die Art der Dienstleistung abgesehen von einer allg. Beschreibung (zB Angestellter, Arbeiter) nicht näher geregelt, hat der ArbN die mit der generell beschriebenen Tätigkeit **üblicherweise zu erbringenden
Dienste** auf entsprechende Weisung zu leisten (vgl. § 59 S. 1 HGB)¹⁰. Ist zB der ArbN einer Bausparkasse als „kaufmännischer Angestellter" ohne nähere Festlegung des Aufgabengebiets eingestellt worden, kann der ArbGeb ihm grds. jede Beschäftigung im Rahmen der Verwendungsmöglichkeiten eines
kaufmännischen Angestellten (etwa die Tätigkeit als Kreditsachbearbeiter) zuweisen¹¹, nicht jedoch
die eines Arbeiters¹². Bei ArbVerh von Filmschauspielern kann der ArbGeb den Kern der vereinbarten
Rolle nicht einseitig kraft Direktionsrechtsausübung ändern¹³. Bestehen keine vertragl. oder sonstigen
Beschränkungen, darf der ArbGeb kraft Direktionsrechts auch einen **Wechsel in der Art der Beschäftigung** vorschreiben oder den **Arbeitsbereich verkleinern**¹⁴. Im Rahmen der vertragl. vereinbarten Tätigkeit kann der ArbGeb den ArbN auch kraft Direktionsrechtsausübung **einem Betriebsteil** vor einem Betriebsteilübergang **zuordnen**¹⁵. Zu Versetzungs-/Umsetzungsklauseln s. Rz. 57ff.

Die vom ArbGeb einseitig angeordnete Umgestaltung der arbeitsvertragl. Leistungspflichten findet 17
aber ihre **Grenze**, wo sie zu einer dauerhaften Absenkung des qualitativen Niveaus der Arbeitsleistung
(sog. **Sozialbild**) führt, selbst wenn die bisherige Vergütung der Höhe nach nicht reduziert wird¹⁶, denn

---

1 BAG 23.6.2009 – 2 AZR 606/08, NZA 2009, 1011 (1012), Rz. 17; 12.12.1984 – 7 AZR 509/83, AP Nr. 6 zu § 2 KSchG 1969; LAG Düss. 30.8.2002 – 9 Sa 709/02, NZA-RR 2003, 407 (408); *Lakies*, BB 2003, 364. ||2 BAG 12.12.1984 – 7 AZR 509/83, AP Nr. 6 zu § 2 KSchG 1969. ||3 BAG 12.12.1984 – 7 AZR 509/83, AP Nr. 6 zu § 2 KSchG 1969; LAG Düss. 30.8.2002 – 9 Sa 709/02, NZA-RR 2003, 407 (408); *Boemke/Keßler*, § 106 Rz. 78; *Lakies*, BB 2003, 364 (367). ||4 BAG 14.8.2007 – 9 AZR 18/07, NZA 2008, 1194 (1197ff.). ||5 BAG 12.12.2007 – 10 AZR 97/07, NZA 2008, 409 (410), Rz. 16; *Lembke*, NJW 2010, 321 (325). ||6 Vgl. ArbG Regensburg 17.12.1990 – 6 Ca 683/90, BB 1991, 682 (LS); *Hunold*, NZA-RR 2001, 337 (342); s. aber Schaub/*Linck*, ArbRHdb, § 45 Rz. 24b. ||7 BAG 19.4.2007 – 2 AZR 78/06, AP Nr. 71 zu § 611 BGB Direktionsrecht, Rz. 23ff. ||8 BAG 25.9.2013 – 10 AZR 270/12, NZA 2014, 41. ||9 BAG 19.1.2011 – 10 AZR 738/09, NZA 2011, 631 (632), Rz. 17; 25.8.2010 – 10 AZR 275/09, NZA 2010, 1355 (1358), Rz. 22; *Boemke*, NZA 1993, 532 (536); *Preis*, Der Arbeitsvertrag, II D 30 Rz. 5. ||10 Vgl. Schaub/*Linck*, ArbRHdb, § 45 Rz. 24; *Reinecke*, NZA-RR 2013, 393. ||11 BAG 27.3.1980 – 2 AZR 506/78, AP Nr. 26 zu § 611 BGB Direktionsrecht; LAG Hamm 8.3.2005 – 19 Sa 2128/04, NZA-RR 2005, 462 (463). ||12 *Lakies*, BB 2003, 364 (365). ||13 BAG 13.6.2007 – 5 AZR 564/06, AP Nr. 11 zu § 611 BGB Direktionsrecht m. Anm. *Lembke*. ||14 BAG 27.3.1980 – 2 AZR 506/78, AP Nr. 26 zu § 611 BGB Direktionsrecht; 23.6.1993 – 5 AZR 337/92, BB 1993, 2019; *Lakies*, BB 2003, 364 (367). ||15 BAG 21.2.2013 – 8 AZR 877/11, NZA 2013, 617. ||16 BAG 12.12.1984 – 7 AZR 509/83, AP Nr. 6 zu § 2 KSchG 1969 mwN; 30.8.1995 – 1 AZR 47/95, AP Nr. 44 zu § 611 BGB Direktionsrecht; *Hunold*, NZA-RR 2001, 337 (341); *Boemke/Keßler*, § 106 Rz. 60; *Lakies*, BB 2003, 364 (367).

der ArbGeb kann nicht über das Weisungsrecht den Umfang der Hauptleistungspflichten (hier: Art der Beschäftigung) einseitig verändern (s. Rz. 13). Die Art der Beschäftigung wird aber geändert, wenn die übertragene unterschiedliche Tätigkeit nicht gleichwertig ist. **Gleichwertigkeit** bestimmt sich mangels anderer Anhaltspunkte grds. aus der auf den Betrieb abgestellten Verkehrsauffassung und dem sich daraus ergebenden Sozialbild[1]. Kriterien für die Gleichwertigkeit nach der Sozial- bzw. Verkehrsanschauung sind zB Vergütungsgruppen in TV oder BV[2], die Anzahl der unterstellten Mitarbeiter, der Umfang der Entscheidungsbefugnisse über den Einsatz von Sachmitteln oder Personalkapazität[3] oder Hierarchieebenen nach dem Organigramm des Betriebs[4].

18 Den **Angestellten im öffentl. Dienst** können idR durch ArbGebWeisung alle Tätigkeiten übertragen werden, welche die Merkmale der für sie maßgebenden Vergütungsgruppe des BAT bzw. TVöD erfüllen (s. Rz. 97f.)[5]. Entsprechendes dürfte grds. auch für die **Privatwirtschaft** gelten. Vielfach spezifizieren die tarifl. Vergütungsgruppen die Tätigkeiten genauer und enthalten somit Kriterien für die Sozialanschauung und die Tätigkeiten, die als gleichwertig anzusehen sind[6]. Eine **Prokura** kann aber in jedem Fall ohne Rücksicht auf den Arbeitsvertrag widerrufen werden[7].

19 Gehören die Arbeiten, die dem ArbN übertragen werden sollen, zu seinem Berufsbild, verfügt er aber nicht über die erforderlichen Fähigkeiten und Kenntnisse (zB wegen der Entwicklung neuer Techniken), so kann der ArbGeb den ArbN **anweisen**, zur Vorbereitung auf die Arbeit eine entsprechende **Schulung** zu absolvieren[8].

20 **b) Enge Tätigkeitsbeschreibung.** Je enger und konkreter die Arbeitspflicht vertragl. fixiert ist, desto geringer ist der dem Direktionsrecht belassene Spielraum[9]. Ist die konkrete Tätigkeit vereinbart oder ist der Tätigkeitsbereich eines ArbN durch eine **Stellenbeschreibung** als Bestandteil des Arbeitsvertrags genau bestimmt, so bedeutet jede Zuweisung einer anderen Tätigkeit und eines anderen Arbeitsplatzes eine Änderung des Arbeitsvertrags, die nicht durch Weisungsrecht herbeigeführt werden kann, sondern einer Änderungsvereinbarung mit dem ArbN oder einer Änderungskündigung bedarf[10].

21 **c) Notfall.** Eine Ausnahme besteht insoweit in Notfällen, dh. bei unvorhersehbaren willensunabhängigen äußeren Ereignissen, die zu erheblichen Schäden beim ArbGeb führen können (zB Naturkatastrophen; wenn Rohstoffe oder Lebensmittel zu verderben oder Arbeitsergebnisse zu misslingen drohen, vgl. § 14 I ArbZG). Hier kann der ArbGeb dem ArbN ausnahmsw. vorübergehend anderweitige, von ihm nicht geschuldete Tätigkeiten übertragen; der ArbN ist auf Grund seiner Treuepflicht verpflichtet, den Weisungen Folge zu leisten und Schaden für den Betrieb des ArbGeb abzuwenden (vgl. auch § 241 II BGB)[11].

22 **d) Ersatztätigkeit bei mutterschutzrechtlichem Beschäftigungsverbot.** Eine Besonderheit gilt ggü. ArbNinnen, die während der Schwangerschaft auf Grund eines mutterschutzrechtl. Beschäftigungsverbots (§§ 3, 4, 8 MuSchG) daran gehindert sind, die vertragl. geschuldete Arbeitsleistung zu erbringen. Hier kann der ArbGeb im Wege des Weisungsrechts der ArbNin **für die Zeit des Beschäftigungsverbots** eine **Ersatztätigkeit** zuweisen, die an sich nicht vom Vertrag gedeckt und daher **an sich auch nicht vom Direktionsrecht umfasst** ist[12]. In der Praxis hat der ArbGeb aber darauf zu achten, dass er die Weisung so konkret erteilt (v.a. bestimmte Tätigkeit, bestimmter Umfang, bestimmte Zeit), dass beurteilt werden kann, ob billiges Ermessen gewahrt ist[13]. Tut er dies nicht, behält die ArbNin ihren Anspruch auf Mutterschutzlohn aus § 11 MuSchG[14].

23 **e) Mitbestimmungsrecht des Betriebsrats nach § 99 BetrVG.** Die Zuweisung einer anderen Tätigkeit kann eine **Versetzung im betriebsverfassungsrechtl. Sinne** gem. § 95 III BetrVG sein und somit das MitbestR des BR nach § 99 BetrVG auslösen (s.a. Rz. 106). Die fehlende Zustimmung des BR zur Versetzung hat die Folge, dass die Versetzung auch individualrechtl. unwirksam ist und der ArbN das Recht hat, die Arbeit zu den geänderten Bedingungen zu verweigern[15]. Die **Versetzung** eines **BR-Mitglieds** oder einer anderen in § 103 I BetrVG genannten Person bedarf grds. der Zustimmung des BR (§ 103 III BetrVG).

---

1 BAG 30.8.1995 – 1 AZR 47/95, AP Nr. 44 zu § 611 BGB Direktionsrecht; Schaub/*Linck*, ArbRHdb, § 45 Rz. 24; *Preis*, Der Arbeitsvertrag, II D 30 Rz. 47.   ‖ 2 Boemke/*Keßler*, § 106 Rz. 60, 62.   ‖ 3 LAG Köln 11.12.2009 – 10 Sa 328/09; *Hunold*, NZA-RR 2001, 347 (341); vgl. auch LAG Hamm 9.1.1997 – 17 Sa 1554/96, NZA-RR 1997, 337 (LS).   ‖ 4 Vgl. LAG Köln 22.12.2004 – 7 Sa 839/04, BB 2005, 2196.   ‖ 5 BAG 25.9.2013 – 10 AZR 270/12, NZA 2014, 41 (42), Rz. 18; 17.8.2011 – 10 AZR 322/10, NZA-RR 2012, 106 (107), Rz. 15; 2.3.2006 – 2 AZR 23/05, NZA 2006, 1350 (1351).   ‖ 6 So auch Boemke/*Keßler*, § 106 Rz. 62.   ‖ 7 BAG 28.6.1986 – 3 AZR 94/85, NZA 1987, 202 ff.   ‖ 8 ArbG Bonn 4.7.1990 – 4 Ca 751/90, NZA 1991, 512; *Hunold*, NZA-RR 2001, 337 (345); Schaub/*Linck*, ArbRHdb, § 45 Rz. 24a; aA Boemke/*Keßler*, § 106 Rz. 68.   ‖ 9 *Boemke*, NZA 1993, 532 (536); *Preis*, Der Arbeitsvertrag, II D 30 Rz. 5.   ‖ 10 BAG 2.3.2006 – 2 AZR 23/05, NZA 2006, 1350 (1351); *Hunold*, NZA-RR 2001, 337 (342).   ‖ 11 BAG 15.9.2009 – 9 AZR 757/08, NZA 2009, 1333 (1334), Rz. 32; ArbG Leipzig 4.2.2003 – 7 Ca 6866/02, DB 2003, 1279; Boemke/*Keßler*, § 106 Rz. 5; *Lakies*, BB 2003, 364 (366f.).   ‖ 12 BAG 15.11.2000 – 5 AZR 365/98, BB 2001, 527 (528); 21.4.1999 – 5 AZR 174/98, AP Nr. 5 zu § 4 MuSchG 1968.   ‖ 13 BAG 15.11.2000 – 5 AZR 365/98, BB 2001, 527 f.   ‖ 14 Zum Anspruch auf Mutterschutzlohn BAG 13.2.2002 – 5 AZR 588/00, NZA 2002, 739 ff.; *Lembke*, NZA 1998, 349 ff.   ‖ 15 BAG 22.4.2010 – 2 AZR 491/09, NZA 2010, 1235 (1236), Rz. 13.

2. Ort der Arbeitsleistung. Das Weisungsrecht des ArbGeb umfasst auch die Frage, wo der ArbN die geschuldete Arbeit verrichten soll. 24

a) Ausdrückliche Vereinbarung zum Arbeitsort. Regelmäßig ist der Arbeitsort im Arbeitsvertrag vereinbart. Dabei kann der Ort der Arbeitsleistung etwa auf einen bestimmten Betrieb des ArbGeb oder sogar auf einen konkreten Arbeitsplatz (im räumlichen Sinne) innerhalb des Betriebs beschränkt sein. Die Beschäftigung an einem anderen Ort bedarf in diesem Fall der Zustimmung des ArbN oder einer Änderungskündigung. Ist als Arbeitsort ein bestimmter Betrieb vereinbart und unterhält der Vertrags-ArbGeb mit einem anderen Unternehmen einen Gemeinschaftsbetrieb, so kann der ArbN innerhalb des Gemeinschaftsbetriebs kraft Direktionsrechts versetzt werden[1]. 25

Möglich ist es auch, als Arbeitsort sämtliche Betriebe des ArbGeb oder wechselnde, im Voraus nicht näher bestimmte Einsatzorte zu vereinbaren[2]. Hier ist das Weisungsrecht des ArbGeb in örtlicher Hinsicht entsprechend umfangreicher (zu Versetzungsklauseln s. Rz. 73). 26

b) Keine ausdrückliche Vereinbarung zum Arbeitsort. Enthält der Arbeitsvertrag keine ausdrückliche Regelung zum Ort der Arbeitsleistung, ist der Vertrag nach §§ 133, 157 BGB nach Treu und Glauben unter Berücksichtigung der Verkehrssitte **auszulegen**. Dabei sind alle Begleitumstände zu würdigen, die von Bedeutung sind, welchen Willen der Erklärende bei seiner Erklärung gehabt hat und wie der Empfänger diese Erklärung verstanden hat oder verstehen musste[3]. Ergibt die Auslegung, dass der Vertrag eine nähere Festlegung des Orts der Tätigkeit enthält, so unterliegt diese keiner Angemessenheitskontrolle iSv. § 307 I 1 BGB, weil es sich um die Bestimmung des Inhalts der Hauptpflicht handelt[4]. 27

Sind arbeitsvertragl. **Außendiensttätigkeiten** oder **Bau- und Montagearbeiten** geschuldet, ergibt die Vertragsauslegung, dass die Arbeit an wechselnden Orten zu erbringen ist. Auf Anordnung des ArbGeb muss der ArbN die Arbeitsstelle aufsuchen, an der jeweils die vertragl. geschuldete Leistung zu erbringen ist[5]. Dies gilt etwa auch für eine in einem Gebäudereinigungsunternehmen tätige **Raumpflegerin**; sie kann an verschiedene Arbeitsstätten entsandt werden[6]. Gehören zum Berufsbild bzw. zur Tätigkeit typischerweise **Geschäftsreisen im In- und Ausland**, kann der ArbGeb diese im Wege des Direktionsrechts anordnen[7]. 28

Ist der Erfüllungsort für die Arbeitsleistungspflicht weder einzel- noch kollektivvertragl. ausdrücklich bestimmt noch auf Grund Auslegung zu ermitteln, bezieht sich die Arbeitspflicht aus der Natur des Schuldverhältnisses (vgl. § 269 I BGB) auf den **Sitz des Betriebs**, für den der ArbN eingestellt ist, sofern der ArbN dort **ständig beschäftigt** wird[8]. Fehlen klare Anhaltspunkte dafür, dass der ArbN ausschließlich an einem Ort eingesetzt werden soll, ist das Weisungsrecht des ArbGeb allerdings auf der ersten Stufe („Ob") in örtlicher Hinsicht nicht beschränkt (§ 106 S. 1)[9]; auf der zweiten Stufe der Ausübungskontrolle („Wie") hat der ArbGeb freilich nach billigem Ermessen zu handeln. Anders formuliert: **Fehlt es an einer Festlegung des Orts der Leistungspflicht im Arbeitsvertrag**, ergibt sich der Umfang der Weisungsrechte des ArbGeb aus § 106. Je allgemeiner der Ort der Arbeitsleistung im Arbeitsvertrag festgelegt ist, desto weiter geht die Befugnis des ArbGeb, dem ArbN einen bestimmten (anderen) Arbeitsort einseitig zuzuweisen; auf die Zulässigkeit eines außerdem vereinbarten Versetzungsvorbehalts kommt es dann nicht an[10]. 29

c) Betriebsverlegung. Bei der Verlegung eines Betriebs oder Betriebsteils an einen anderen Ort sind ebenfalls die individual- bzw. kollektivvertragl. Grenzen hinsichtlich des Orts der Arbeitsleistung festzustellen. Eine **allgemeine Folgepflicht des ArbN** und eine entsprechende Weisungsbefugnis des ArbGeb unabhängig von der Entfernung zwischen altem und neuem Betriebssitz gibt es **nicht**[11]. Vielmehr kommt es mangels spezieller Vereinbarungen darauf an, ob auf Grund des längeren Wegs zur Arbeitsstätte die vertragl. geschuldete Arbeitsleistung wesentlich geändert wird[12] und ob der ArbN durch die Betriebsverlegung seinen bisherigen Lebenskreis verlassen muss oder nicht[13]. Insoweit ist **darauf abzustellen, ob** ein verständiger objektiver Dritter wegen der örtlichen Veränderung des Arbeitsplatzes einen **Umzug** der Wohnung durchführen würde. Wird der Betrieb am selben Ort oder in unmittelbarer Nachbarschaft verlegt, kann der ArbGeb regelmäßig eine Versetzung vornehmen[14]. Maßgeblich sind die **Verkehrsverbindungen**[15]. Bei einer einfachen Fahrtzeit von einer Stunde zwischen Wohnung und neuer 30

---

1 Lermen/Schönhöft, BB 2008, 2515 (2516). ||2 Boemke/Keßler, § 106 Rz. 93. ||3 BAG 29.10.1997 – 5 AZR 573/96, AP Nr. 51 zu § 611 BGB Direktionsrecht. ||4 BAG 26.1.2012 – 2 AZR 102/11, NZA 2012, 856 (858), Rz. 18. ||5 Boemke/Keßler, § 106 Rz. 94. ||6 LAG Berlin 25.4.1988 – 9 Sa 15/88, DB 1988, 1228; Hunold, NZA-RR 2001, 337 (343). ||7 Boemke/Keßler, § 106 Rz. 94; Schaub/Linck, ArbRHdb, § 45 Rz. 31. ||8 BAG 3.12.1985 – 4 AZR 325/84, AP Nr. 5 zu § 1 TVG Tarifverträge Großhandel; LAG BW 10.12.2010 – 18 Sa 310/10; LAG Nürnberg 17.2.2004 – 6 Sa 518/03, NZA-RR 2004, 628; Boemke/Keßler, § 106 Rz. 95; MünchArbR/Reichold, § 36 Rz. 46. ||9 BAG 26.1.2012 – 2 AZR 102/11, NZA 2012, 856 (858), Rz. 19; 11.4.2006 – 9 AZR 557/05, NZA 2006, 1149 (1153). ||10 BAG 26.1.2012 – 2 AZR 102/11, NZA 2012, 856 (858), Rz. 19; 10.7.2013 – 10 AZR 915/12, NZA 2013, 1142 (1144), Rz. 18f.; 18.10.2012 – 6 AZR 86/11, AP GewO § 106 Nr. 23, Rz. 21ff.; Boemke, RdA 2013, 240. ||11 LAG Hess. 14.6.2007 – 11 Sa 296/06; Preis/Preis, Der Arbeitsvertrag, II D 30 Rz. 111; aA wohl LAG Berlin 29.11.1999 – 9 Sa 1277/99, NZA-RR 2000, 131 (132)f.; Lakies, BB, 2003, 364 (367); weitgehend auch ErfK/Preis, § 106 GewO Rz. 18. ||12 Schaub/Linck, ArbRHdb, § 45 Rz. 20. ||13 Hueck/Nipperdey, ArbR I, 7. Aufl. 1963, § 33 V, S. 205f. ||14 Schaub/Linck, ArbRHdb, § 45 Rz. 20. ||15 Schaub/Linck, ArbRHdb, § 45 Rz. 20.

Arbeitsstätte dürfte ein Umzug regelmäßig nicht erforderlich und der ArbGeb daher berechtigt sein, die Versetzung zur neuen Betriebsstätte kraft Direktionsrechts anzuordnen. Dies entspricht auch ungefähr der Regelung zum sog. **„zumutbaren Pendelbereich"** nach § 140 IV 2 SGB III. Allerdings ist das BAG der Auffassung, dass die sozialrechtl. Regelungen der Zumutbarkeit von Fahrzeiten nicht als belastbarer Maßstab für die arbeitsrechtl. Beurteilung des Weisungsrechts im Rahmen der Ausübungskontrolle herangezogen werden können[1]. Macht der ArbN bei einer Betriebsverlegung konkrete alternative (heimatnahe) Beschäftigungsmöglichkeiten geltend, hat der ArbGeb im Rahmen der Ausübung billigen Ermessens diese Einsatzmöglichkeiten ernsthaft zu prüfen[2]. Falls die Wirksamkeit einer Versetzung im Einzelfall zweifelhaft ist, sollte hilfsweise auch eine Änderungskündigung ausgesprochen werden[3].

31 **d) Mitbestimmungsrecht des Betriebsrats nach § 99 BetrVG.** Auch bei Weisungen bzgl. der Veränderung des Arbeitsorts ist das MitbestR des BR hinsichtlich Versetzungen nach §§ 95 III, 99 BetrVG zu beachten (s.a. Rz. 23, 106).

32 **3. Zeit der Arbeitsleistung.** Gegenstand des arbeitgeberseitigen Weisungsrechts ist auch die Dauer und Lage der Arbeitszeit. **Arbeitszeit** ist idR die Zeit vom Beginn bis zum Ende der Arbeit ohne Ruhepausen (vgl. § 2 I 1 ArbZG)[4].

33 **a) Dauer der Arbeitszeit.** IdR ist der Umfang der Arbeitszeit **individual- oder kollektivvertragl.** geregelt. Bestehen keine ausdrücklichen vertragl. Vereinbarungen über die Dauer der Arbeitszeit, so ist anzunehmen, dass die Parteien die **betriebsübliche** Arbeitszeit vereinbaren wollen[5]. Bei Fehlen einer Teilzeitvereinbarung wird im Zweifel ein VollzeitArbVerh begründet[6].

34 Die Dauer der Arbeitszeit ist ein wesentlicher Faktor der Leistung, für die der ArbGeb das vereinbarte Arbeitsentgelt zahlt. Ihre Bestimmung betrifft daher die Hauptleistungspflichten im ArbVerh, die dem Weisungsrecht des ArbGeb entzogen sind (s. Rz. 13). **Der ArbGeb kann** daher die **Dauer** der Arbeitszeit grds. **nicht einseitig** durch Ausübung des Direktionsrechts **reduzieren oder verlängern**[7]. Umgekehrt wird der Grundsatz der Vertragsbindung (pacta sunt servanda) durch den Anspruch des ArbN auf Verringerung und anderweitige Verteilung der Arbeitszeit nach § 8 TzBfG durchbrochen[8].

35 **aa) Überstunden.** Der ArbGeb ist daher zur Anordnung von Überstunden kraft Weisungsrechts nur befugt, wenn ihm diese Befugnis im Arbeitsvertrag, TV oder BV eingeräumt wird (zu Überstundenklauseln Rz. 78; zur Vergütung von Überstunden Rz. 78f.). Ohne **ausdrückliche Regelung** ist der ArbN nicht zur Leistung von Überstunden verpflichtet[9]. Überstunden liegen vor, wenn die Dauer der individuellen durch Kollektiv- oder Einzelarbeitsvertrag festgelegten Regelarbeitszeit wegen besonderer Umstände vorübergehend überschritten wird[10]. Hingegen liegt **Arbeit auf Abruf** iSd. § 12 TzBfG vor, wenn vereinbart ist, dass für den ArbN eine selbständige, nicht auf Unregelmäßigkeit oder Dringlichkeit beschränkte Verpflichtung besteht, auf Anforderung des ArbGeb zu arbeiten[11].

36 **bb) Kurzarbeit.** Kurzarbeit ist die vorübergehende Verkürzung der individuellen Arbeitszeit des ArbN (bei entsprechender Minderung der Vergütung)[12]. Der ArbGeb kann Kurzarbeit nicht allein kraft seines Direktionsrechts einführen. Vielmehr bedarf es dazu einer **ausdrücklichen Regelung** im Arbeitsvertrag (vgl. Rz. 80) oder im anwendbaren Kollektivvertrag (TV, BV). Fehlt eine entsprechende Regelung, ist die Einführung von Kurzarbeit nur durch einvernehmliche Vertragsänderung oder ggf. im Wege der Änderungskündigung möglich[13].

37 **cc) Mitbestimmungsrecht des Betriebsrats nach § 87 Abs. 1 Nr. 3 BetrVG.** Sofern Überstunden und Kurzarbeit auf Grund entsprechender Regelungen im Individual- oder Kollektivvertrag zulässig sind, hat der ArbGeb bei dessen Anordnung das MitbestR des BR nach § 87 I Nr. 3 BetrVG zu beachten. Danach ist die Zustimmung des BR erforderlich hinsichtlich der vorübergehenden Verkürzung oder Verlängerung der betriebsüblichen Arbeitszeit (s.a. Rz. 105).

38 **b) Lage der Arbeitszeit.** Das Weisungsrecht des ArbGeb hinsichtlich der Lage der Arbeitszeit betrifft die **Verteilung der Arbeitszeit auf die einzelnen Wochentage** sowie die Festlegung des Zeitpunkts von **Beginn und Ende der täglichen Arbeitszeit** und der **Unterbrechung durch Pausen**[14]. Der ArbGeb kann nach billigem Ermessen auch Pausen von mehr als 30 Min. Dauer (vgl. § 4 ArbZG) anordnen[15]. Soweit

---

[1] BAG 17.8.2011 – 10 AZR 202/10, NZA 2012, 265 (266), Rz. 25f.; aA LAG Hamm 24.5.2007 – 8 Sa 51/07, NZA-RR 2008, 175 (176); LAG Rh.-Pf. 9.12.2004 – 6 Sa 326/04. ‖ [2] BAG 17.8.2011 – 10 AZR 202/10, NZA 2012, 265 (267), Rz. 32. ‖ [3] Vgl. zur Änderungskündigung bei Betriebsverlegung BAG 12.8.2010 – 2 AZR 558/09, NJW 2011, 251. ‖ [4] ErfK/*Preis*, § 611 BGB Rz. 654. ‖ [5] BAG 15.5.2013 – 10 AZR 325/12, DB 2013, 2215, Rz. 21; Boemke/*Keßler*, § 106 Rz. 76; *Lakies*, BB 2003, 364 (365). ‖ [6] BAG 15.5.2013 – 10 AZR 325/12, DB 2013, 2215, Rz. 19. ‖ [7] BAG 12.12.1984 – 7 AZR 509/83, AP Nr. 6 zu § 2 KSchG 1969; Boemke/*Keßler*, § 106 Rz. 78; *Lakies*, BB 2003, 364 (365); ErfK/*Preis*, § 106 GewO Rz. 20. ‖ [8] BAG 8.5.2007 – 9 AZR 1112/06, AP Nr. 21 zu § 8 TzBfG. ‖ [9] Boemke/*Keßler*, § 106 Rz. 82; *Lakies*, BB 2003, 364 (365). ‖ [10] BAG 18.4.2012 – 5 AZR 195/11, NZA 2012, 796 (797), Rz. 20; 11.11.1997 – 9 AZR 566/96, AP Nr. 25 zu § 611 BGB Mehrarbeitsvergütung; ErfK/*Preis*, § 611 BGB Rz. 663. ‖ [11] BAG 7.12.2005 – 5 AZR 535/04, NZA 2006, 423 (425). ‖ [12] Boemke/*Keßler*, § 106 Rz. 84. ‖ [13] BAG 16.12.2008 – 9 AZR 164/08, NZA 2009, 689 (691), Rz. 27; *Hunold*, NZA-RR 2001, 337 (344). ‖ [14] Boemke/*Keßler*, § 106 Rz. 90. ‖ [15] BAG 16.12.2009 – 5 AZR 157/09, NZA 2010, 505.

die Lage der Arbeitszeit einzel- oder kollektivvertragl. nicht oder nur rahmenmäßig festgelegt ist, kann der ArbGeb die Lage der Arbeitszeit im Wege des Weisungsrechts näher bestimmen und einseitig verändern[1]. Dies gilt in betriebsratlosen Betrieben auch für die Einführung von **Gleitzeit- oder Schichtarbeit**[2], die zeitliche Zuweisung von grds. vereinbarter **Rufbereitschaft** bzw. **Bereitschaftsdienst**[3] sowie die Festlegung der Anzahl der in Folge zu leistenden **Nachtschichten**[4]. In Betrieben mit BR ist dabei das MitbestR des BR nach § 87 I Nr. 2 BetrVG zu beachten. Die Vereinbarung, an welchen Wochentagen die Arbeitsleistung zu erbringen ist, kann ausdrücklich oder konkludent getroffen werden. Regelmäßig beschreiben die Parteien im Arbeitsvertrag nur die Arbeitszeiten, die bei Vertragsschluss im Betrieb gelten. Treffen die Vertragsparteien keine ausdrückliche Abrede über die Verteilung der Arbeitszeit, gilt zunächst die bei Vertragsschluss **betriebsübliche** Arbeitszeit. Der ArbGeb darf die Arbeitszeitverteilung jedoch durch Weisung ändern. Inhalt der getroffenen Vereinbarung ist lediglich, dass die vereinbarte Arbeitsleistung zu den jeweils wirksam bestimmten betriebl. Arbeitszeiten zu erbringen ist. Wollen die Vertragsparteien das Weisungsrecht des ArbGeb für die Arbeitszeitverteilung durch eine konstitutive Regelung einschränken, müssen sie das hinreichend deutlich zum Ausdruck bringen[5]. Das gilt auch für den Ausschluss von **Sonn- und Feiertagsarbeit**[6]. Wird dem ArbN zum Abbau eines Zeitguthabens auf dem Arbeitszeitkonto im Rahmen einer **widerruflichen Freistellung** Freizeitausgleich gewährt, handelt es sich regelmäßig um eine Weisung zur Verteilung der Arbeitszeit iSd. § 106 S. 1. Mit dem Vorbehalt der widerruflichen Freistellung erklärt der ArbGeb, für die Zeit des Freistellungszeitraums nicht auf sein Weisungsrecht zu verzichten und den ArbN ggf. auch im Freistellungszeitraum zur Arbeitsleistung auffordern zu können. Das ist rechtlich nicht zu beanstanden; denn das Weisungsrecht des ArbGeb umfasst nicht nur die Befugnis, den ArbN an bestimmten Tagen von der Arbeit freizustellen, sondern auch das Recht, ihn an bisher „freien" Tagen zur Arbeitsleistung heranzuziehen[7].

aa) Schichtarbeit. Der ArbGeb kann ferner – im Rahmen der gesetzl., kollektiv- oder einzelvertragl. Regelungen – den **Wechsel von Tag- und Nachtschicht und umgekehrt** anordnen[8] und zwar **auch, wenn** dem ArbN **Einkommensverluste** etwa durch Wegfall der Nachtschichtzulage entstehen. Zulagen etwa für Nachtschichtarbeit gelten nur besondere Beschwernisse ab, soweit diese tatsächlich gegeben sind. Mittelbare Folgen der Veränderung der Arbeitszeitlage, wie der Wegfall von Zulagen, schränken das Weisungsrecht nicht per se ein, sind jedoch im Rahmen billigen Ermessens zu berücksichtigen[9]. Im Einzelfall sollte der ArbGeb bei einer finanziell belastenden Weisung daher die Zahlung eines (ggf. vorübergehenden) Ausgleichsbetrags erwägen.

bb) Betriebsferien. In betriebsratlosen Betrieben, in denen § 87 I Nr. 5 BetrVG nicht gilt, kann der ArbGeb Betriebsferien **kraft** des **Weisungsrechts** einführen. In dieser Maßnahme liegen dringende betriebl. Belange, die der Berücksichtigung anderweitiger Urlaubsansprüche der ArbN – mit Ausnahme von Härtefällen – entgegenstehen[10]. Dieser Auffassung ist zuzustimmen, falls man die Urlaubsgewährung durch den ArbGeb (dh. die Festlegung der Zeiten, in denen der ArbN wegen des Urlaubs nicht zu arbeiten braucht) gleichsam als „Spiegelbild" zur Arbeitszeitbestimmung kraft Direktionsrechts ansieht[11].

Ob das BAG dem folgen wird, ist allerdings **zweifelhaft**, da es die Urlaubsgewährung nach § 7 I BUrlG nicht mehr als Ausübung des Direktionsrechts, sondern als Erfüllung des gesetzl. Anspruchs auf Erholungsurlaub und Konkretisierung einer nur der Gattung und dem Umfang nach bestimmten Pflicht ansieht[12].

cc) Mitbestimmungsrecht des Betriebsrats nach § 87 Abs. 1 Nr. 2 BetrVG. In Betrieben mit BR hat der ArbGeb bei der Bestimmung der Arbeitszeitlage das MitbestR nach § 87 I Nr. 2 BetrVG zu beachten. Danach ist die Zustimmung der BR bei der Festlegung von Beginn und Ende der täglichen Arbeitszeit einschl. der Pausen sowie Verteilung der Arbeitszeit auf die einzelnen Wochentage erforderlich (s.a. Rz. 105).

4. Ordnung und Verhalten der ArbN im Betrieb. Nach S. 2 kann der ArbGeb die Ordnung und das Verhalten der ArbN im Betrieb nach billigem Ermessen näher bestimmen, soweit nicht Arbeitsvertrag,

---

1 BAG 18.4.2012 – 5 AZR 195/11, NZA 2012, 796 (797), Rz. 20; 15.9.2009 – 9 AZR 757/08, NZA 2009, 1333 (1336); 17.7.2007 – 9 AZR 819/06, NZA 2008, 118 (119); 11.2.1998 – 5 AZR 472/97, AP Nr. 54 zu § 611 BGB Direktionsrecht; *Lakies*, BB 2003, 364 (367); *Hunold*, NZA-RR 2001, 337 (343). ‖2 *Boemke/Keßler*, § 106 Rz. 90. ‖3 BAG 25.4.2007 – 6 AZR 799/06, NZA 2007, 1108 (1109); 25.10.1989 – 2 AZR 633/88, AP Nr. 36 zu § 611 BGB Direktionsrecht. ‖4 BAG 11.2.1998 – 5 AZR 472/97, AP Nr. 54 zu § 611 BGB Direktionsrecht. ‖5 BAG 19.7.2012 – 2 AZR 25/11, NZA 2012, 1038 (1039), Rz. 22. ‖6 BAG 15.9.2009 – 9 AZR 757/08, NZA 2009, 1333 (1336). ‖7 BAG 19.5.2009 – 9 AZR 433/08, NZA 2009, 1211 (1213), Rz. 28. ‖8 LAG Köln 26.7.2002 – 11 Ta 224/02, NZA-RR 2003, 577; *Lakies*, BB 2003, 364 (367) mwN; *Leßmann*, DB 1992, 1137 (1138). ‖9 Vgl. LAG Berlin 24.9.2004 – 6 Sa 1116/04, NZA-RR 2005, 197; LAG Rh.-Pf. 15.5.2001 – 5 Sa 271/01, NZA-RR 2002, 120; LAG Köln 14.2.1997 – 11 Sa 1002/96, NZA-RR 1997, 391; LAG Hamm 30.6.1994 – 4 Sa 2017/93, LAGE § 611 BGB Direktionsrecht Nr. 17; *Hunold*, NZA-RR 2001, 337 (341). ‖10 BAG 12.10.1961 – 5 AZR 423/60, AP Nr. 84 zu § 611 BGB Urlaubsrecht, LS 2; LAG Düss. 20.6.2002 – 11 Sa 378/02, BB 2003, 156ff. ‖11 BAG 12.10.1961 – 5 AZR 423/60, AP Nr. 84 zu § 611 BGB Urlaubsrecht, LS 3; *v. Hase/Lembke*, BB 1997, 1095 (1098); vgl. auch BAG 30.8.2003 – 5 AZR 610/02, NZA 2004, 39. ‖12 BAG 18.12.1986 – 8 AZR 502/84, AP Nr. 10 zu § 7 BUrlG; 9.8.1994 – 9 AZR 3884/92, AP Nr. 19 zu § 7 BUrlG.

BV, TV oder gesetzl. Bestimmungen Abweichendes regeln. Nach der Gesetzesbegr. regelt S. 2 **betriebsbezogene Weisungen**, wozu bspw. die Erteilung von Rauchverboten, die Durchführung von Eingangskontrollen oder die Weisung, Schutzkleidung zu tragen, gehören[1]. Das betriebsbezogene Direktionsrecht war bereits vor Einführung des S. 2 anerkannt[2].

44 Das Direktionsrecht bzgl. Ordnung und Verhalten der ArbN im Betrieb berechtigt nicht nur zu **individuell-konkreten Weisungen** ggü. einem ArbN im Einzelfall, sondern auch zur **Schaffung allgemein gültiger, verbindlicher Verhaltensregeln**[3]. Ähnlich wie die Allgemeinverfügung im Verwaltungsrecht (§ 35 S. 2 VwVfG) kann der ArbGeb eine (Sammel-)Weisung ggü. allen ArbN des Betriebs oder bestimmten Abteilungen erteilen. Neu eintretenden ArbN ggü. gilt die Weisung freilich nur, falls sie diesen bekannt gegeben wird. Abgesehen von zu beachtenden MitbestR des BR (zB nach § 87 I Nr. 1 und 6 BetrVG) kann der ArbGeb also Verhaltensregeln für Mitarbeiter etwa in einem **Verhaltenskodex ("Code of Conduct")** festhalten und im Rahmen des Weisungsrechts einführen[4].

45 S. 2 hat **denselben Regelungsgegenstand wie § 87 I Nr. 1 BetrVG**[5]. Inhaltlich geht es daher um die Gestaltung des Zusammenlebens und Zusammenwirkens der ArbN im Betrieb sowie die Nutzung der betriebl. Einrichtungen[6]. Der ArbGeb kann einerseits Verhaltensvorschriften aufstellen und andererseits Kontrollregelungen treffen.

46 a) **Verhaltensvorschriften.** Weisungen bzw. Verhaltensvorschriften bzgl. der Ordnung und des Verhaltens der ArbN im Betrieb können zB folgende Regelungsgegenstände betreffen:

– **Alkoholverbot**[7];

– **Verbot der Diskriminierung und Belästigung von Mitarbeitern am Arbeitsplatz**[8];

– **Rauchverbot**; im Rahmen der Ausübung billigen Ermessens ist eine Interessenabwägung vorzunehmen zwischen dem sich aus dem Persönlichkeitsrecht ableitenden Recht der Raucher auf Handlungsfreiheit und den Interessen anderer ArbN (zB Gesundheitsschutz) sowie des ArbGeb (zB Schutz der Kunden; Arbeitssicherheit)[9];

– **Benutzung des Telefons oder Computers** mit Internet-Zugang für private Zwecke;

– **Radiohören** im Betrieb;

– Kommunikation im Betrieb in einer bestimmten **Sprache** (zB Englisch)[10];

– bestimmte **Arbeitskleidung**[11] und **äußeres Erscheinungsbild**. Der ArbGeb kann den „Stil des Hauses" vorgeben und ist grds. berechtigt, seine ArbN mit Kundenkontakt anzuweisen, sich dem Charakter des Handelsgeschäfts und dessen Kundenstamm entsprechend branchenüblich zu kleiden[12]. Der ArbGeb kann zB einem Verkaufsmitarbeiter untersagen, in Gegenwart von Kunden in Jeans, Turnhosen, mit offenem Kragen, ohne Krawatte und ohne Sakko aufzutreten[13]. Ein ArbGeb, in dessen Betrieb Möbel gehobenen Genres hergestellt werden, kann seine Verkaufsmitarbeiter anweisen, bei Gesprächen mit Kunden entsprechend gepflegt und in einer Art und Weise gekleidet zu sein, wie sie dem vom ArbGeb festgelegten Charakter der Produkte entspricht[14]. Das Tragen einer einheitlichen vom ArbGeb kostenlos zur Verfügung gestellten **Dienstkleidung**, welche einem bestimmten Marketingkonzept entspricht, kann grds. ebenfalls vom ArbGeb angewiesen werden. Der ArbN kann dies nur ablehnen, falls sein Persönlichkeitsrecht nachhaltig beeinträchtigt wird[15]. Auch das (Nicht-)Tragen eines **Bartes** oder **langer Haare** kann bei entsprechendem betriebl. Interesse des ArbGeb (zB einem speziellen Marketingkonzept; Branchenüblichkeit) Gegenstand einer zulässigen Weisung sein. Im Rahmen der Ausübung billigen Ermessens (§ 315 BGB) sind aber insb. die betroffenen Grundrechte des ArbN und etwaige durch § 1 AGG geschützte Merkmale zu berücksichtigen (s. Rz. 125 ff.).

– **Parkplatzordnung** und Abstellen von Kraftfahrzeugen.

47 Dem Weisungsrecht unterliegt hingegen **grds. nicht** das **außerdienstliche Verhalten** des ArbN[16]. Dies gilt jedenfalls, solange es keine Auswirkungen auf die arbeitsvertragl. geschuldete Leistung hat. Zuläs-

---

1 BT-Drs. 14/8796, 24. ‖ 2 Einschr. Borgmann/Faas, NZA 2004, 241 (242f.). ‖ 3 Boemke/Keßler, § 106 Rz. 99. ‖ 4 Borgmann, NZA 2003, 352 (353); Mengel, Compliance und Arbeitsrecht, 2009, Kap. 1 Rz. 4; Mengel/Hagemeister, BB 2007, 1386 (1387ff.); Schuster/Darsow, NZA 2005, 273ff.; Wisskirchen/Jordan/Bissels, DB 2005, 2190. ‖ 5 DFL/Kolbe, § 106 GewO Rz. 34. ‖ 6 Vgl. BAG 18.7.2006 – 1 AZR 578/05, NZA 2007, 462 (464); Boemke/Keßler, § 106 Rz. 99. ‖ 7 Dazu Schaub/Linck, ArbRHdb, § 53 Rz. 13. ‖ 8 Dazu Schneider/Sittard, NZA 2007, 654ff. ‖ 9 Hunold, NZA-RR 2001, 337 (345) mwN; Lakies, BB 2003, 364 (367); zum Nichtraucherschutz am Arbeitsplatz BAG 19.5.2009 – 9 AZR 241/08, NZA 2009, 775; Bergwitz, NZA-RR 2004, 169; Buchner, BB 2002, 2382; Lorenz, DB 2003, 721; Uhl/Polloczek, BB 2008, 1114; Wellenhofer-Klein, RdA 2003, 155. ‖ 10 Vgl. LAG Köln 9.3.2009 – 5 TaBV 114/08, ArbRB 2009, 266; ErfK/Kania, § 87 BetrVG Rz. 18; Diller/Powietzka, DB 2000, 718 (721); Rieble, FS Löwisch, 2007, S. 229 (231). ‖ 11 Vgl. BAG 13.2.2007 – 1 ABR 18/06, NZA 2007, 640 (641); näher Brose/Greiner/Preis, NZA 2011, 369. ‖ 12 Vgl. BAG 10.10.2002 – 2 AZR 472/01, DB 2003, 830 (831); Lakies, BB 2003, 364 (367). ‖ 13 LAG Hamm 22.10.1991 – 13 Ta BV 39/91, DB 1992, 280; Hunold, NZA-RR 2001, 337 (345); Schaub/Linck, ArbRHdb, § 53 Rz. 23. ‖ 14 LAG Hamm 22.10.1991 – 13 Ta BV 39/91, DB 1992, 280. ‖ 15 LAG Hamm 7.7.1993 – 14 Ta 435/93, LAGE § 611 BGB Direktionsrecht Nr. 14; Hunold, NZA-RR 2001, 337 (345). ‖ 16 Vgl. BAG 18.7.2006 – 1 AZR 578/05, NZA 2007, 462 (464).

sig dürfte aber zB die Weisung eines Fußballvereins der Bundesliga ggü. seinen Profifußballspielern sein, sich nicht in der Öffentlichkeit zu betrinken oder an Schlägereien zu beteiligen, weil dies rufschädigend für den Verein ist und zu erheblichen wirtschaftl. Konsequenzen (zB durch Verlust von Werbeeinnahmen, Sponsoren und Zuschauern) führen kann.

b) Kontrollmaßnahmen. Gegenstand von betriebsbezogenen Weisungen können auch Kontrollmaßnahmen sein, mit denen die Einhaltung der auf das Ordnungsverhalten bezogenen Weisungen und Regeln überwacht werden. In Betracht kommen zB folgende Maßnahmen[1]: 48

– **Werksausweis;**
– **Torkontrollen**[2];
– stichprobenartige **Taschenkontrollen** im Betrieb;
– **Blutentnahme** zur Überprüfung von Drogen- oder Alkoholmissbrauch;
– **Berichtspflichten** von Mitarbeitern bei Verstößen anderer Mitarbeiter[3].

Insb. bei Weisungen hinsichtlich Kontrollmaßnahmen ist auf die Einhaltung **billigen Ermessens** zu achten (s. Rz. 115 ff.). So ist zB die generelle Anordnung, dass sich alle ArbN, die unter Waffen als Wachleute beschäftigt werden, einer gesundheitlichen Untersuchung auf Drogen- oder Alkoholabhängigkeit unter Entnahme von Blut unterziehen müssen, ohne besonderen Anlass im Verhalten oder in der Person des ArbN zumindest unbillig iSd. § 315 I BGB[4]. 49

c) Sonstige Weisungen. Bei Streitigkeiten oder Spannungen zwischen ArbN kann es auf Grund der Fürsorgepflicht des ArbGeb sogar geboten sein, eine Weisung bzgl. des Verhaltens im Betrieb zu geben oder einen ArbN auf einen anderen Arbeitsplatz **umzusetzen** oder ihn an einen anderen Arbeitsort zu versetzen. Eine derartige Weisung ist zulässig[5]. Der ArbGeb ist nicht gehalten, anstelle der Umsetzung eine Abmahnung auszusprechen[6]. Die Pflicht des ArbGeb zum Eingreifen bei **gegen § 7 I AGG verstoßenden Benachteiligungen** (wie zB sexuelle Belästigung, § 3 IV AGG) folgt aus § 12 III AGG. 50

Nicht vom betriebsbezogenen Weisungsrecht nach S. 2 **umfasst** ist die Aufstellung einer **Betriebsbußordnung** und die Verhängung einer **Betriebsbuße**[7]. Der ArbGeb ist auf die individualarbeitsrechtl. Maßnahmen der Abmahnung und Kündigung zu verweisen. Freilich kann er es auch bei einer geringeren Sanktionierung der Pflichtverletzung etwa durch eine bloße Ermahnung belassen. Nicht möglich ist hingegen die Verhängung einer Geldbuße kraft Weisungsrechts. Denn bereits die Vereinbarung einer Vertragsstrafe ist nur unter engen Voraussetzungen möglich (vgl. nur § 309 Nr. 6 BGB)[8]. 51

d) Mitbestimmungsrecht des Betriebsrats nach § 87 Abs. 1 Nr. 1 BetrVG. Der ArbGeb hat bei betriebsbezogenen Weisungen das MitbestR des BR nach § 87 I Nr. 1 BetrVG hinsichtlich Fragen der Ordnung des Betriebs und des Verhaltens der ArbN im Betrieb zu beachten. S. 2 schränkt dieses MitbestR des BR nicht ein[9]. 52

Soweit es um die Einführung und Anwendung technischer Kontrolleinrichtungen geht, die zur Überwachung des Verhaltens (oder der Leistung) der ArbN geeignet sind, kommt **ggf. auch** das MitbestR nach § 87 I Nr. 6 BetrVG in Betracht (s.a. Rz. 105). 53

III. Grenzen des Weisungsrechts. S. 1 nennt als Grenzen des arbeitgeberseitigen Direktionsrechts den Arbeitsvertrag, Bestimmungen einer BV, eines anwendbaren TV oder gesetzl. Vorschriften. Die Schranken können sich auf Inhalt, Ort und Zeit der Arbeitsleistung sowie Ordnung und Verhalten der ArbN im Betrieb beziehen. Welche Schranke im Einzelfall greift, bestimmt sich nach der arbeitsrechtl. **Rechtsquellenlehre** (s. Vor § 611 BGB Rz. 132 ff.). 54

1. Arbeitsvertrag. Der Arbeitsvertrag gibt den individualrechtl. Rahmen für das Weisungsrecht des ArbGeb vor. Dieser Rahmen kann enger oder weiter gefasst sein[10]. In Betracht kommt auch eine konkludente Vereinbarung der Vertragsparteien über die Grenzen des Weisungsrechts (sog. **Konkretisierung** – s. Rz. 60 ff., 75 f., 83 ff.). 55

a) Inhalt der Arbeitsleistung. Nach § 2 I Nr. 5 NachwG ist die vom ArbN zu leistende Tätigkeit in der dem ArbN auszuhändigenden Niederschrift kurz zu charakterisieren und zu beschreiben. Da die Nachweispflicht durch die Aushändigung eines schriftl. Arbeitsvertrages erfüllt werden kann (§ 2 IV NachwG), enthalten Arbeitsverträge in der Praxis regelmäßig Regelungen zum Inhalt der Arbeitspflicht. Sie können 56

---

1 Vgl. ErfK/*Kania*, § 87 BetrVG Rz. 20. ||2 BT-Drs. 14/8796, 24. ||3 Dazu *Schuster/Darsow*, NZA 2005, 273 (276). ||4 *Hunold*, NZA-RR 2001, 337 (345) mwN; vgl. auch BAG 12.8.1999 – 2 AZR 55/99, NZA 1999, 1209 ff. ||5 LAG Köln 27.11.1998 – 4 Sa 1814/97, LAGE § 315 BGB Nr. 6; LAG München 18.9.2002 – 5 Sa 619/02, NZA-RR 2003, 269 (271); LAG Schl.-Holst. 2.5.2007 – 6 Sa 504/06, NZA-RR 2007, 402; *Hunold*, NZA-RR 2001, 337 (342 f.) mwN. ||6 BAG 24.4.1996 – 5 AZR 1031/94, AP Nr. 48 zu § 611 BGB Direktionsrecht. ||7 ErfK/*Kania*, § 87 BetrVG Rz. 22; *Fitting*, § 87 BetrVG Rz. 79. ||8 Näher zu Vertragsstrafen in Arbeitsverträgen BAG 21.4.2005 – 8 AZR 425/04, NZA 2005, 1053; 4.3.2004 – 8 AZR 196/03, NZA 2004, 727; *Thüsing*, AGB-Kontrolle im Arbeitsrecht, Rz. 423 ff. ||9 *Bauer/Opolony*, BB 2002, 1590 (1591). ||10 Zu vertragl. Direktionsrechtserweiterungen *Preis/Genenger*, NZA 2008, 969.

enger oder weiter gefasst sein (s. Rz. 12, 16ff.). Das Transparenzgebot (§ 307 I 2 BGB) verlangt vom ArbGeb nicht, alle möglichen Konkretisierungen der Arbeitspflicht und des Weisungsrechts ausdrücklich zu regeln. Die Arbeitsvertragsparteien können es bei der Regelung des § 106 belassen[1].

57 **aa) Versetzungs- bzw. Umsetzungsklauseln.** Arbeitsverträge können vorsehen, dass der ArbGeb berechtigt ist, dem ArbN nach billigem Ermessen unter Beibehaltung der vertragl. Vergütung (1) ein anderes Aufgabengebiet (Ressort, Arbeitsgebiet) innerhalb der vertragl. vereinbarten Art der Tätigkeit oder (2) eine andere gleichwertige Tätigkeitsart zuzuweisen. Derartige Versetzungs- bzw. Umsetzungsklauseln halten der Inhaltskontrolle nach § 307 BGB stand, wenn sie eine Leistungsbestimmung unter Berücksichtigung der ArbN-Interessen vorsehen und einen angemessenen Ausgleich der beiderseitigen Interessen im Rahmen der Ausübungskontrolle ermöglichen[2]. Eine Versetzungsklausel, nach welcher der ArbGeb eine andere Art der Tätigkeit als die vertraglich vereinbarte zuweisen kann, ist zudem nur wirksam, wenn gewährleistet ist, dass die andere Tätigkeit gleichwertig ist[3] (zur Gleichwertigkeit s. Rz. 17). Die konkreten Versetzungsgründe müssen in der Versetzungsklausel nicht genannt werden[4]. § 308 Nr. 4 BGB steht Versetzungsklauseln nicht entgegen, da sich die Vorschrift explizit nur auf Änderungsvorbehalte hinsichtlich der Leistung des Verwenders, beim ArbGeb also hinsichtlich der Entgeltzahlungspflicht, bezieht[5].

58 Grds. **unwirksam** gem. § 307 BGB sind aber Versetzungsklauseln, die den ArbGeb berechtigen, dem ArbN eine **geringerwertige Tätigkeit unter Minderung des Arbeitsentgelts** (ieS) zuzuweisen[6] (s.a. Rz. 99).

59 Als **wirksam** sieht das BAG in seiner bisherigen Rspr. allerdings die für **Chefarztverträge** typischen **Entwicklungs- und Anpassungsklauseln** an, auf deren Grundlage der ArbGeb den Aufgabenbereich des Chefarztes mit der Folge von Einkommensverlusten um 35–40 % kraft Weisungsrechts beschränken kann. Die **Ausübung** des Weisungsrechts auf Grund einer derartigen Klausel darf jedoch nicht zu einer grundlegenden Störung des Gleichgewichts zwischen Leistung und Gegenleistung führen, was im Rahmen **billigen Ermessens** nach § 315 BGB zu überprüfen ist[7].

60 **bb) Konkretisierung. (1) Abgrenzung zur betriebl. Übung.** Vereinzelt wird auch die betriebl. Übung als Grenze des Weisungsrechts angesehen[8]. Dem ist jedoch nicht zu folgen, da die betriebl. Übung **anspruchsbegründenden** und **nicht** unmittelbar **weisungsbeschränkenden** Charakter hat. Unter einer betriebl. Übung ist die regelmäßige Wiederholung bestimmter Verhaltensweisen des ArbGeb zu verstehen, aus denen die ArbN schließen können, ihnen solle eine Leistung oder Vergünstigung auf Dauer gewährt werden[9].

61 **(2) Voraussetzungen.** Der Sachverhalt, dass sich das ursprünglich veränderungsoffene ArbVerh durch mehrjährige praktische Übung auf bestimmte Arbeitsbedingungen konkretisiert bzw. verengt und das Weisungsrecht des ArbGeb entsprechend einschränkt, wird als Konkretisierung bezeichnet[10].

62 Wie bei der betriebl. Übung[11] ist streitig, ob **dogmatische** Grundlage für die Konkretisierung der Arbeitsbedingungen **vertrauensgesichtspunkte**[12] oder eine konkludente Vertragsänderung sind (**Vertragstheorie**)[13]. Das **BAG** vertritt wie bei der betriebl. Übung zutreffend (allerdings nicht einheitlich) die Vertragstheorie und sieht in der Konkretisierung die Änderung der ursprünglich vereinbarten Rechte und Pflichten aus dem Arbeitsvertrag hin zu einem einseitig nicht veränderbaren Vertragsinhalt[14].

63 Eine Konkretisierung setzt voraus, dass der ArbN zum einen **längere Zeit in derselben Weise eingesetzt** wurde (Zeitmoment) **und** dass zum anderen **besondere Umstände hinzutreten**, aus denen sich ergibt, dass der ArbN nicht in anderer Weise eingesetzt werden soll (Umstandsmoment)[15].

64 Der reine Zeitablauf bewirkt noch keine das Weisungsrecht beschränkende Konkretisierung[16]. Die **langjährige Beschäftigung auf** einem **bestimmten Arbeitsplatz** schränkt die **einseitige Umsetzungs-**

---

1 BAG 13.6.2007 – 5 AZR 564/06, NZA 2007, 974 (975f.). ||2 BAG 25.8.2010 – 10 AZR 275/09, NZA 2010, 1355 (1358); 11.4.2006 – 9 AZR 557/05, NZA 2006, 1149 (1151f.); 3.12.2008 – 5 AZR 62/08, AP Nr. 42 zu § 307 BGB Rz. 33. ||3 BAG 25.8.2010 – 10 AZR 275/09, NZA 2010, 1355 (1358); 9.5.2006 – 9 AZR 424/05, NZA 2007, 145 (146f.); *Dzida/Schramm*, BB 2007, 1221; s.a. *Hunold*, BB 2011, 693. ||4 BAG 25.8.2010 – 10 AZR 275/09, NZA 2010, 1355 (1358); 11.4.2006 – 9 AZR 557/05, NZA 2006, 1149 (1152). ||5 BAG 11.4.2006 – 9 AZR 557/05, NZA 2006, 1149 (1151). ||6 *Boemke*, § 105 Rz. 101; *Dzida/Schramm*, BB 2007, 1221 (1225); *Lakies*, BB 2003, 364 (366). ||7 BAG 28.5.1997 – 5 AZR 125/96, AP Nr. 36 zu § 611 BGB Arzt-Krankenhaus-Vertrag; 13.3.2003 – 6 AZR 557/01, NZA 2004, 735; dazu *Hümmerich/Bergwitz*, BB 2005, 997; *Reinecke*, NJW 2005, 3383. ||8 BT-Drs. 14/8796, 24; *Boemke/Keßler*, § 106 Rz. 24; DFL/*Kolbe*, § 106 GewO Rz. 39; *Tettinger/Wank/Ennuschat*, § 106 Rz. 23. ||9 BAG 7.12.2000 – 6 AZR 444/99, NZA 2001, 780 (781); 24.6.2003 – 9 AZR 302/02, DB 2003, 2339 (2340). ||10 Allg. zur Konkretisierung *Hennige*, NZA 1999, 281 (285ff.). ||11 Vgl. dazu nur Schaub/*Koch*, ArbRHdb, § 110 Rz. 2ff. ||12 So Boemke/Keßler, § 106 Rz. 18. ||13 *Lakies*, BB 2003, 364 (365); ErfK/*Preis*, § 611 BGB Rz. 221. ||14 BAG 11.2.1998 – 5 AZR 472/97, AP Nr. 54 zu § 611 BGB Direktionsrecht; aA BAG 3.6.2004 – 2 AZR 577/03, NZA 2005, 175 (177). ||15 BAG 7.12.2000 – 6 AZR 444/99, NZA 2001, 780 (781); 11.2.1998 – 5 AZR 472/97, AP Nr. 54 zu § 611 BGB Direktionsrecht; LAG Hamm 8.3.2005 – 19 Sa 2128/04, NZA-RR 2005, 462 (463); Boemke/Keßler, § 106 Rz. 20ff.; *Lakies*, BB 2003, 364 (365) mwN; MünchArbR/*Reichold*, § 36 Rz. 16. ||16 BAG 17.8.2011 – 10 AZR 202/10, NZA 2012, 265 (266), Rz. 19; 7.12.2000 – 6 AZR 444/99, NZA 2001, 780 (781); 11.2.1998 – 5 AZR 472/97, AP Nr. 54 zu § 611 BGB Direktionsrecht.

befugnis daher im Zweifel noch **nicht ein**[1]. ZB lässt sich allein daraus, dass ein als Mülllader eingesetzter ArbN sieben Jahre als Kraftfahrer beschäftigt worden ist, eine Vereinbarung über seine Lenktätigkeit nicht entnehmen[2]. Die zehnjährige Beschäftigung einer schwerbehinderten Küchenhilfe des öffentl. Dienstes mit den Tätigkeiten einer Kaffeeköchin bewirkt keine Einengung der Arbeitspflicht auf Kaffeekochen[3]. Allein der 13-jährige Einsatz als Kundenberater reicht bei einem als „Angestellten" nach dem BAT eingestellten ArbN zur Konkretisierung nicht aus[4]. Allein die 25-jährige Beschäftigung auf einem bestimmten Arbeitsplatz (Reifenentwickler) bewirkt keine Konkretisierung dahingehend, dass ein anderer gleichwertiger Arbeitsplatz in einer anderen Abteilung (Heizer) nicht zugewiesen werden kann[5]. Die Verrichtung einer Zusatzaufgabe (Schlüsseldienst) über 18 Jahre und deren Vergütung als Überstunden führt nicht zu einer einvernehmlichen Vertragsänderung[6].

Zu dem Zeitablauf (im vorliegenden Fall fast 20 Jahre) müssen besondere Umstände hinzutreten, die den ArbN zu der schutzwürdigen Annahme berechtigen, dass ihn der ArbGeb künftig nur noch zu bestimmten Arbeitsbedingungen beschäftigen werde; **solche Umstände werden**, wenn es um die Konkretisierung hinsichtlich der Art der Arbeit geht, **in der Praxis selten vorliegen**[7]. Sie können jedoch zB bei Zuweisung einer erkennbar höher qualifizierten Tätigkeit und gleichzeitiger Erhöhung der Vergütung gegeben sein[8]. Das Fehlen eines Vorbehalts seitens des ArbGeb hinsichtlich der möglichen Zuweisung einer anderen Tätigkeit in der Zukunft stellt keinen vertrauensbegründenden Umstand dar. In der Praxis ist es dem ArbGeb zur sicheren Vermeidung der Konkretisierung jedoch zu empfehlen, vorsorglich einen entsprechenden **Vorbehalt** zu erklären[9].

(3) Rechtsfolgen. Ist eine Konkretisierung der Arbeitsbedingungen eingetreten, so ist die **Weisung** des ArbGeb, die Tätigkeit unter anderen Arbeitsbedingungen auszuüben, **unzulässig**. Vielmehr bedarf es einer einvernehmlichen Vertragsänderung oder einer Änderungskündigung.

Fehlt es an den Voraussetzungen der Konkretisierung, ist die langjährige Praxis dennoch im Rahmen billigen Ermessens nach § 315 BGB zu berücksichtigen[10].

(4) Risikominimierung durch Schriftformklausel. Eine qualifizierte, doppelte Schriftformklausel im Arbeitsvertrag kann die Konkretisierung der Arbeitsbedingungen verhindern[11]. Denn die Schriftformklausel verhindert grds., dass der ArbN zur schutzwürdigen Annahme berechtigt ist, die nicht schriftl. festgehaltene langjährige Übung werde auch zukünftig beibehalten. **Im Einzelfall** kann allerdings der **Vorrang der Individualabrede** (§ 305b BGB) greifen.

cc) **Selbstbindung des ArbGeb.** Das Weisungsrecht des ArbGeb ist ferner im Falle der Selbstbindung des ArbGeb eingeschränkt. Anders als bei der Konkretisierung, wo es um eine konkludente Vertragsänderung im Hinblick auf die Arbeitsbedingungen geht, wird das Direktionsrecht bei der Selbstbindung **auf der Ebene der Ermessensausübung** beschränkt, und zwar dadurch, dass sich der ArbGeb selbst Ermessensgrenzen setzt[12]. Bei der Selbstbindung des ArbGeb handelt es sich letztlich um eine Fallgruppe des „venire contra factum proprium"[13]. Ein Anspruch des ArbN auf eine bestimmte Weisung besteht trotz einer Selbstbindung des ArbGeb allerdings nicht, wenn der BR seine für die Umsetzung der Weisung erforderliche Zustimmung nach § 99 II BetrVG verweigert[14].

Der ArbGeb kann sich bei der Ausübung des Direktionsrechts **durch Erklärungen ggü. dem ArbN** selbst binden, insb. die Ausübung auf bestimmte Fälle beschränken[15]. Überträgt der ArbGeb dem ArbN zB vorläufig eine höherwertige Aufgabe und macht er die Übertragung auf Dauer nur davon abhängig, dass sich der ArbN fachlich bewährt, so darf er dem ArbN die höherwertige Aufgabe nicht aus anderen Gründen wieder entziehen[16].

Selbstbindung des ArbGeb kann im öffentl. Dienst auch dadurch eintreten, dass sich die Verwaltung in der Ausübung ihres Ermessens selbst bindet, insb. durch entsprechende **Verwaltungsvorschriften**[17].

b) Ort der Arbeitsleistung. Regelmäßig enthält der Arbeitsvertrag nähere Bestimmungen zum Arbeitsort (vgl. § 2 I Nr. 4 NachwG). Die arbeitsvertragl. Regelungen stellen den individualrechtl. Rahmen für die Ausübung des Weisungsrechts dar.

---

1 BAG 11.4.2006 – 9 AZR 557/05, NZA 2006, 1149 (1153); Boemke/Keßler, § 106 Rz. 22. ||2 LAG Hess. 13.6.1995 – 9 Sa 2054/94, NZA-RR 1996, 210; Hunold, NZA-RR 2001, 337 (342). ||3 LAG Schl.-Holst. 3.12.1992 – 4 Sa 311/92, DB 1993, 284; Hunold, NZA-RR 2001, 337 (339). ||4 LAG Rh.-Pf. 5.7.1996 – 10 Sa 165/96, BB 1997, 474 (LS); Hunold, NZA-RR 2001, 337 (339). ||5 LAG Hess. 12.12.2002 – 5 Sa 688/02, NZA-RR 2003, 545. ||6 BAG 22.4.2009 – 5 AZR 133/08, DB 2009, 1652. ||7 LAG Düss. 20.6.1994 – 12 Sa 489/94, LAGE § 611 BGB Direktionsrecht Nr. 18; Hunold, NZA-RR 2001, 337 (340). ||8 Vgl. LAG Rh.-Pf. 13.10.1987 – 3 Sa 457/87, NZA 1988, 471 (472). ||9 Vgl. BAG 17.1.2006 – 9 AZR 226/05, AP Nr. 6 zu § 24 BAT-O, Rz. 32. ||10 Vgl. LAG Köln 14.2.1997 – 11 Sa 1002/96, NZA-RR 1997, 391. ||11 LAG Köln 14.2.1997 – 11 Sa 1002/96, NZA-RR 1997, 391; Hunold, NZA-RR 2001, 337 (340); aA Hennige, NZA 1999, 281 (286f.); zur AGB-Kontrolle einer doppelten Schriftformklausel BAG 20.5.2008 – 9 AZR 382/07, NZA 2008, 1233. ||12 BAG 17.12.1997 – 5 AZR 332/96, AP Nr. 52 zu § 611 BGB Direktionsrecht. ||13 Vgl. BAG 16.3.2010 – 3 AZR 31/09, NZA 2010, 1028 (1030), Rz. 26. ||14 BAG 16.3.2010 – 3 AZR 31/09, NZA 2010, 1028. ||15 BAG 17.12.1997 – 5 AZR 332/96, AP Nr. 52 zu § 611 BGB Direktionsrecht, LS 1. ||16 BAG 17.12.1997 – 5 AZR 332/96, AP Nr. 52 zu § 611 BGB Direktionsrecht, LS 2; Boemke/Keßler, § 106 Rz. 19; Lakies, BB 2003, 364 (365). ||17 BAG 17.12.1997 – 5 AZR 332/96, AP Nr. 52 zu § 611 BGB Direktionsrecht.

73 **aa) Versetzungsklausel.** Vielfach wird das Weisungsrecht des ArbGeb in örtlicher Hinsicht durch eine Versetzungsklausel erweitert bzw. gewährleistet, wonach der ArbGeb befugt ist, den ArbN nach billigem Ermessen auch an einen anderen Arbeitsort zu versetzen. Derartige Versetzungsklauseln halten der **Inhaltskontrolle** nach § 307 I 1 BGB stand, sofern sie eine Leistungsbestimmung unter Berücksichtigung der ArbN-Interessen vorsehen und einen angemessenen Ausgleich der beiderseitigen Interessen im Rahmen der Ausübungskontrolle ermöglichen[1]. Eine ausdrückliche Festlegung in der Vertragsklausel, dass die Versetzung nur nach billigem Ermessen erfolgen kann, ist nicht zwingend erforderlich, aber zu empfehlen, um Auslegungsstreitigkeiten und Zweifel iSd. § 305c II BGB zu vermeiden[2]. Die Versetzungsklausel muss weder die Gründe für die Änderung des Beschäftigungsortes angeben[3] noch eine Ankündigungsfrist enthalten[4]. Dies gilt auch, wenn sie die Versetzung an einen weit entfernen Ort zulässt. Dieser Umstand ist nur im Rahmen billigen Ermessens zu berücksichtigen. Auf Grund der Versetzung entstehende höhere Fahrtkosten hat der ArbGeb nach allg. Grundsätzen (§ 670 BGB analog) zu ersetzen[5]. Die Bestimmung eines Orts der Arbeitsleistung in Kombination mit einer im Arbeitsvertrag durch Versetzungsvorbehalt geregelten Einsatzmöglichkeit im gesamten Unternehmen verhindert also regelmäßig die vertragl. Beschränkung auf den im Vertrag genannten Ort der Arbeitsleistung[6].

74 **bb) Konzernversetzungsklausel.** Ein arbeitsvertragl. vereinbarter Konzernvorbehalt enthält entweder die Einwilligung des ArbN, dass der ArbGeb ihn anweisen kann, als LeihArbN im Rahmen konzerninterner AÜ (§ 1 III Nr. 2 AÜG[7]) bei einem anderen Konzernunternehmen tätig zu werden, oder die Zustimmung, an einem späteren ArbGebWechsel mitzuwirken[8]. Die Wirksamkeit von Konzernversetzungsklauseln, die auf einen Wechsel des ArbGeb abzielen, bemisst sich nach §§ 305c, 307 BGB und nicht nach § 309 Nr. 10 BGB (vgl. § 309 BGB Rz. 13)[9]. Die Wirksamkeit derartiger „Arbeitgeberwechselklauseln" ist zweifelhaft[10]. Hingegen dürfte eine Klausel, welche die Versetzung des ArbN zu anderen Konzernunternehmen auf Grund vorübergehender AÜ im Rahmen billigen Ermessens erlaubt, wegen arbeitsrechtl. Besonderheiten (§ 310 IV 2 BGB) grds. zulässig sein[11]; § 11 AÜG spricht für die Zulässigkeit der arbeitsvertragl. vereinbarten Möglichkeit einer „Versetzung" zu einem anderen Unternehmen, und § 1 III Nr. 2 AÜG, der allerdings europarechtswidrig ist[12], privilegiert zudem die vorübergehende konzerninterne AÜ.

75 **cc) Konkretisierung.** Das Weisungsrecht kann kraft Konkretisierung auf einen bestimmten Arbeitsort beschränkt sein. Die Voraussetzungen für eine Konkretisierung sind jedoch hoch[13] (allg. zur Konkretisierung Rz. 60 ff.) Die Befugnis, kraft Direktionsrechts Ort und Zeit der Arbeitsleistung festzulegen, ist nicht dadurch eingeschränkt, dass der ArbGeb bei Arbeitsvertragsschluss auf die für den Arbeitsbereich des ArbN (hier: Kontrollschaffner) geltende betriebl. Regelung über Zeit und des Beginns und Endes der täglichen Arbeit hingewiesen hat[14]. Allein aus der Beibehaltung der betriebl. Regelung hinsichtlich Ort und Zeit der Arbeitsleistung über einen längeren Zeitraum hinweg (hier: 14,5 Jahre) kann der ArbN nach Treu und Glauben nicht auf den für die Konkretisierung erforderlichen Willen des ArbGeb schließen, diese Regelung auch künftig unverändert beizubehalten[15].

76 Im **öffentl. Dienst** darf der ArbN auch bei langjährigem Verzicht des ArbGeb auf Ausübung seines Direktionsrechts ohne besondere Anhaltspunkte nicht darauf vertrauen, die Übung sei Vertragsinhalt geworden und bestehe unbefristet fort[16]. Mangels Vorliegens der Voraussetzungen für die Konkretisierung hindert eine langjährige Übung, wonach ein Teil der Arbeitszeit außerhalb des Dienstgebäudes abgeleistet werden darf, den ArbGeb des öffentl. Dienstes nicht daran, den ArbN anzuweisen, in Zukunft die gesamte Arbeitszeit im Dienstgebäude abzuleisten[17].

77 **c) Zeit der Arbeitsleistung.** Der Arbeitsvertrag, sofern er schriftl. abgeschlossen wurde, trifft regelmäßig Regelungen über die Dauer und ggf. auch Lage der Arbeitszeit (vgl. § 2 I Nr. 7 NachwG). Weisungen des ArbGeb hinsichtlich der Arbeitszeit sind im Rahmen der vertragl. Vereinbarung und sonstigen Schranken zulässig (vgl. Rz. 32 ff.).

---

1 BAG 26.1.2012 - 2 AZR 102/11, NZA 2012, 856 (858), Rz. 21; 13.3.2007 – 9 AZR 433/06, AP Nr. 26 zu § 307 BGB, Rz. 40 f. m. Anm. *Lembke*; *Boemke*, § 105 Rz. 101; *Schnitker/Grau*, BB 2002, 2120 (2125 f.); s.a. BAG 19.1.2011 – 10 AZR 738/09, NZA 2011, 631. ||2 *Lembke*, Arbeitsvertrag für Führungskräfte, S. 65. ||3 BAG 26.1.2012 - 2 AZR 102/11, NZA 2012, 856 (858), Rz. 21; 13.3.2007 – 9 AZR 433/06, DB 2007, 1985, Rz. 46. ||4 BAG 13.4.2010 – 9 AZR 36/09, Rz. 31 f. ||5 Schaub/*Linck*, ArbRHdb, § 45 Rz. 21. ||6 BAG 12.11.2013 – 10 AZR 605/12, Rz. 18; 13.6.2012 – 10 AZR 296/11, NZA 2012, 1154 (1156), Rz. 17; krit. hierzu *Hromadka*, NZA 2012, 233 (237 f.). ||7 Dazu *Boemke/Lembke*, AÜG, § 1 Rz. 213 ff.; *Lembke*, BB 2012, 2497 (2498 f.). ||8 Küttner/*Röller*, KonzernArbVerh Rz. 5; zum Ganzen auch *Preis*, Der Arbeitsvertrag, II D 30 Rz. 211 ff.; *Rüthers/Bakker*, ZfA 1990, 245 ff. ||9 ErfK/*Preis*, §§ 305–310 BGB Rz. 86; aA *Worzalla*, NZA Beil. 3/2006, 122 (131). ||10 *Dzida/Schramm*, BB 2007, 1221 (1227). ||11 Offengelassen von BAG 13.4.2010 – 9 AZR 36/09, Rz. 20. ||12 *Boemke/Lembke*, AÜG, § 1 Rz. 195; *Lembke*, DB 2011, 414 (416); *Lembke*, FA 2011, 290 (291). ||13 Vgl. auch BAG 17.8.2011 – 10 AZR 202/10, NZA 2012, 265 (266), Rz. 18 f. ||14 BAG 7.12.2000 – 6 AZR 444/99, NZA 2001, 780. ||15 BAG 7.12.2000 – 6 AZR 444/99, NZA 2001, 780 (781); s.a. BAG 28.8.2013 – 10 AZR 569/12, Rz. 33; 18.10.2012 – 6 AZR 86/11, AP GewO § 106 Nr. 23, Rz. 25 f.; 13.3.2007 – 9 AZR 433/06, DB 2007, 1985, Rz. 50 f. ||16 BAG 11.10.1995 – 5 AZR 802/94, NZA 1996, 718 (720). ||17 BAG 11.10.1995 – 5 AZR 802/94, NZA 1996, 718; allg. *Lakies*, BB 2003, 364 (367).

aa) Dauer der Arbeitszeit. Vielfach wird das Weisungsrecht des ArbGeb durch **Überstundenklauseln** 78
im Arbeitsvertrag erweitert, wonach der ArbN verpflichtet ist, auch über den vereinbarten regelmäßigen Arbeitszeitumfang hinaus tätig zu werden. Soweit arbeitsvertragl. Überstundenklauseln lediglich die **Befugnis** des ArbGeb **zur Anordnung** von Überstunden, dh. zur Verlängerung der Arbeitszeit über die regelmäßige Arbeitszeit hinaus, nach billigem Ermessen vorsehen und sich am materiellen Gehalt des § 106 orientieren, halten sie einer AGB-Kontrolle stand. Problematisch sind hingegen Vertragsklauseln, die in das Synallagma zwischen Arbeit und Entgelt eingreifen, wie zB **Überstundenabgeltungsklauseln**, die regeln, dass die Leistung von Überstunden – zumindest teilweise – mit dem vertragl. vereinbarten Arbeitsentgelt abgegolten sind und nicht gesondert vergütet oder in bezahlter Freizeit abgegolten werden. Eine arbeitsvertragl. Überstundenabgeltungsklausel, wonach die erforderlichen Überstunden mit dem Monatsgehalt abgegolten sind, ist wegen Verstoßes gegen das Transparenzgebot (§ 307 I 2 BGB) unwirksam, wenn sich der Umfang der danach ohne zusätzliche Vergütung zu leistenden Überstunden nicht hinreichend deutlich aus dem Arbeitsvertrag ergibt[1]. Um dem Transparenzgebot zu genügen, ist es denkbar, die Überstundenabgeltung auf die nach § 3 ArbZG zulässige Höchstarbeitszeit zu begrenzen[2]. Nach hM unterliegt die Überstundenabgeltungsklausel als sog. Preisnebenabrede auch der Inhaltskontrolle (§ 307 I 1, II BGB)[3]. Insoweit wird vertreten, dass die Höchstgrenze für ausgleichsfreie, mit dem vereinbarten Arbeitsentgelt abgegoltene Überstunden grds. bei etwa 10 % über der regelmäßigen Arbeitszeit liegen dürfe, weil ansonsten ein unangemessener Eingriff in das Äquivalenzverhältnis von Leistung und Gegenleistung vorliege[4]. Bei Führungskräften und leitenden Angestellten könne die Höchstgrenze der abgegoltenen Überstunden allerdings auch darüber liegen (vgl. Anh. §§ 305–310 BGB Rz. 39)[5]. Letzteres folgt mittelbar aus § 18 I Nr. 1 und 2 ArbZG.

Im Falle der Unwirksamkeit der Überstundenabgeltungsklausel kann der ArbN eine **Vergütung der** 78a
Überstunden nach § 612 I BGB verlangen. Allerdings kann es bei Führungskräften oder Diensten höherer Art an der erforderlichen **Vergütungserwartung** fehlen[6]. An der objektiven Vergütungserwartung **fehlt** es auch, wenn insg. eine deutlich herausgehobene Vergütung gezahlt wird; davon ist regelmäßig auszugehen, wenn das Entgelt die **Beitragsbemessungsgrenze in der gesetzl. RV überschreitet**[7]. Der Anspruch auf Vergütung von Überstunden setzt neben deren Leistung voraus, dass die Überstunden vom ArbGeb angeordnet, gebilligt, geduldet oder jedenfalls zur Erledigung der geschuldeten Arbeit notwendig gewesen sind; die **Darlegungs- und Beweislast** hierfür trägt der ArbN.[8]

Bei der **Ausübung** des arbeitsvertragl. vereinbarten Rechts zur Überstundenanordnung hat die entsprechende Weisung billigem Ermessen zu entsprechen. Dies erfordert idR eine **Ankündigungsfrist**; die Zuweisung von Überstunden für den laufenden Arbeitstag kann nur bei deutlich überwiegenden betriebl. Interessen billigem Ermessen entsprechen[9]. 79

Von Überstunden abzugrenzen ist die **Arbeit auf Abruf gem. § 12 TzBfG** (s. Rz. 35). Vertragsklauseln 79a
über Arbeit auf Abruf sind mit § 307 BGB vereinbar, wenn die einseitig vom ArbGeb abrufbare Arbeit nicht mehr als 25 % der vereinbarten wöchentl. Mindestarbeitszeit beträgt[10]. In einem TeilzeitArbVerh können die Parteien eine Vertragsklausel vereinbaren, wonach der ArbGeb die Wochenarbeitszeit nach seinem Bedarf – über die 25 %-Grenze hinaus – einseitig befristet verlängern kann, wenn diese Vereinbarung in Umsetzung eines kollektiven Interessenausgleichs (zB Vereinbarung zwischen Land und Lehrerverband über sozialverträglichen Personalabbau) geschlossen wird[11].

Die Dauer der Arbeitszeit wird auch durch arbeitsvertragl. **Kurzarbeitsklauseln** geregelt, welche dem 80
ArbGeb die Einführung von Kurzarbeit kraft Weisungsrechts eröffnen[12]. In Standardarbeitsverträgen dürften sie der Inhaltskontrolle nach § 307 BGB standhalten, wenn Kurzarbeit nur aus dringenden betriebl. Gründen eingeführt werden kann und die Voraussetzung für den Bezug von Kug (§§ 95 ff. SGB III) vorliegen[13].

bb) Lage der Arbeitszeit. Regelmäßig werden in Arbeitsverträgen auch Klauseln aufgenommen, wonach der ArbN verpflichtet ist, neben Überstunden- auch **Nacht-, Schicht-, Wochenend- und Feiertagsarbeit** zu leisten. Durch derartige Klauseln wird einerseits das Weisungsrecht des ArbGeb entspre- 81

---

1 BAG 17.8.2011 – 5 AZR 406/10, NZA 2011, 1335 (1336), Rz. 10 ff.; 1.9.2010 – 5 AZR 517/09, NZA 2011, 575 (576), Rz. 15; 20.4.2011 – 5 AZR 200/10, DB 2011, 1639 f., Rz. 16.   ‖ 2 Vgl. BAG 17.8.2011 – 5 AZR 406/10, NZA 2011, 1335 (1336), Rz. 15; 1.9.2010 – 5 AZR 517/09, NZA 2011, 575 (576), Rz. 16; *Lembke*, Arbeitsvertrag für Führungskräfte, S. 112.   ‖ 3 AA für die reine Überstundenabgeltungsklausel ohne Überstundenanordnungsbefugnis des ArbGeb BAG 16.5.2012 – 5 AZR 331/11, NZA 2012, 908.   ‖ 4 DBD/*Bonin*, § 310 BGB Rz. 182; ErfK/*Preis*, §§ 305–310 BGB Rz. 92; vgl. auch LAG Hamm 18.3.2009 – 2 Sa 1108/08; 11.7.2007 – 6 Sa 410/07; LAG Köln 20.12.2001 – 6 Sa 965/01, AuR 2002, 193; offen gelassen von BAG 28.9.2005 – 5 AZR 52/05, NZA 2006, 149; dahin tendierend jedoch BAG 31.8.2005 – 5 AZR 545/04, NZA 2006, 324 (328), Rz. 49.   ‖ 5 *Lembke*, Arbeitsvertrag für Führungskräfte, S. 112; ErfK/*Preis*, § 611 BGB Rz. 488; vgl. auch *Kock*, DB 2012, 1328.   ‖ 6 BAG 17.8.2011 – 5 AZR 406/10, NZA 2011, 1335 (1337).   ‖ 7 BAG 22.2.2012 – 5 AZR 765/10, NZA 2012, 861 (862), Rz. 21.   ‖ 8 Grundlegend BAG 10.4.2013 – 5 AZR 122/12, NZA 2013, 1100.   ‖ 9 ArbG Frankfurt 26.11.1998 – 2 Ca 4267/98, NZA-RR 1999, 357; ErfK/*Preis*, § 611 BGB Rz. 663.   ‖ 10 BAG 7.12.2005 – 5 AZR 535/04, NZA 2006, 423 (425); bestätigt durch BVerfG 23.11.2006 – 1 BvR 1909/06, NZA 2007, 85.   ‖ 11 BAG 14.8.2007 – 9 AZR 58/07, NZA-RR 2008, 129.   ‖ 12 Vgl. dazu Schaub/*Linck*, ArbRHdb, § 47 Rz. 2, 7, 9.   ‖ 13 Vgl. *Preis*, Der Arbeitsvertrag, II A 90 Rz. 106; strenger LAG Bln.-Bbg. 7.10.2010 – 3 Sa 1230/10, DB 2011, 420.

chend untermauert (vgl. Rz. 38) und andererseits Streit bzgl. einer etwaigen Konkretisierung der Arbeitszeitlage bei langjähriger Übung vermieden. **Änderungsvorbehalte** in Standardarbeitsverträgen, welche die Lage der Arbeitszeit betreffen, sind grds. wirksam[1].

82 Klauseln, welche die Möglichkeit der einseitigen Änderung der Arbeitszeitlage durch den ArbGeb bei **Teilzeitarbeit** vorsehen, sollten allerdings sicherheitshalber eine **Ankündigungsfrist** von mindestens vier Tagen im Voraus analog § 12 II TzBfG vorsehen.

83 cc) **Konkretisierung.** Eine Beschränkung des arbeitgeberseitigen Weisungsrechts im Hinblick auf Dauer und Lage der Arbeitszeit kann durch Konkretisierung eintreten (allg. zur Konkretisierung Rz. 60 ff.).

84 (1) **Dauer der Arbeitszeit.** Allerdings kommt eine Konkretisierung des ArbVerh auf ein bestimmtes **Mindestmaß an Überstunden** regelmäßig nicht in Betracht[2]. Denn die Schwankungen der Überstunden je nach dem aktuellen Mehrarbeitsbedarf verhindern, dass der ArbN in schutzwürdiger Weise annimmt, künftig sei eine Mindestanzahl an Überstunden zu leisten. Wird jedoch ein ArbN entgegen der schriftl. Vertragsabrede nicht zehn Stunden wöchentlich, sondern **von Beginn** des ArbVerh **an** über 1 ½ Jahre wöchentlich durchgehend mindestens 20 Stunden beschäftigt, ist der ArbGeb verpflichtet, den ArbN auch zukünftig mit 20 Stunden pro Woche zu beschäftigen; er kann nicht einseitig eine geringere Arbeitszeit anordnen[3]. Dabei handelt es sich nicht um eine Konkretisierung, sondern vielmehr um einen Fall der „falsa demonstratio non nocet"[4]. Allein das mehrjährige, aber nicht näher spezifizierte Überschreiten der arbeitsvertragl. vereinbarten Arbeitszeit ergibt keine Vertragsänderung, auch wenn der ArbN die Arbeit widerspruchslos verrichtet hat[5].

85 (2) **Lage der Arbeitszeit.** Die Konkretisierung der Lage der Arbeitszeit ist nur unter engen Voraussetzungen möglich. **Reiner Zeitablauf genügt nicht, vielmehr müssen besondere Umstände hinzutreten**, aus denen sich ergibt, dass der ArbN nicht in anderer Weise eingesetzt werden soll (s. Rz. 64 f.). Allein aus der Beibehaltung einer betriebl. Regelung hinsichtlich der Arbeitszeitlage über einen längeren Zeitraum hinweg (hier: 14,5 Jahre) kann ein ArbN nach Treu und Glauben nicht auf den Willen des ArbGeb schließen, die durch entsprechende Weisung eingeführte Regelung auch künftig beizubehalten[6]. Der ArbGeb muss nicht etwa in bestimmten zeitlichen Abständen darauf hinweisen, er beabsichtige, von seinem Weisungsrecht ggf. weiterhin Gebrauch zu machen[7].

86 Daher führt eine 4 ½-jährige Beschäftigung auf derselben Position in Abend-, Wochenend- und Feiertagsarbeit nicht ohne Weiteres zur entsprechenden Konkretisierung des ArbVerh[8]. Allein aus der Tatsache, dass der ArbN über einen längeren Zeitraum (hier: acht Jahre) überwiegend nachts beschäftigt worden ist, ergibt sich noch nicht eine Konkretisierung[9], und zwar danach auch dann nicht, wenn der ArbGeb keinen Vorbehalt erklärt hat, den ArbN ggf. wieder tagsüber zu beschäftigen[10]. Ein ArbGeb kann einen ArbN, der kraft Arbeitsvertrags im Ein- bis Drei-Schicht-Betrieb zu arbeiten hat, auch dann von der Nachtschicht in die Tagschicht versetzen, wenn er seit Bestehen des ArbVerh über zehn Jahre lang ausschließlich in der Nachtschicht gearbeitet hat[11]. Mangels besonderer Umstände führt die langjährige Beschäftigung eines ArbN ausschließlich in einer Schicht (hier: 4 ½ Jahre Frühschicht) nicht zur Konkretisierung des ArbVerh hinsichtlich der Arbeitszeitlage[12]. Entsprechendes gilt für einen ArbN, für den 30 Jahre lang keine Sonn- und Feiertagsarbeit angeordnet wurde[13].

87 d) **Ordnung und Verhalten der Arbeitnehmer im Betrieb.** Arbeitsvertragl. Regelungen bzgl. der Ordnung und des Verhaltens der ArbN im Betrieb sind denkbar (zB bzgl. Arbeitskleidung bei Hostessen, Mannequins oder Verkäufern; regelmäßiger Gesundheitsprüfungen; „Bußgeldern" bei Fußballprofis), kommen in der Praxis aber eher selten vor. Soweit vorhanden, begrenzen sie das Weisungsrecht des ArbGeb.

88 2. **Betriebsvereinbarung.** S. 1 nennt neben Arbeitsvertrag, TV und Gesetz auch Bestimmungen einer BV als Grenze für das Weisungsrecht des ArbGeb. BV enthalten normalerweise generell-abstrakte Regelungen und gelten im ArbVerh der in den Geltungsbereich der BV fallenden ArbN unmittelbar und zwingend, wirken also wie Gesetze (§ 77 IV 1 BetrVG). BV können Regelungen hinsichtlich Inhalt, Ort und Zeit der Arbeitsleistung sowie hinsichtlich der Ordnung und des Verhaltens der ArbN im Betrieb enthalten, welche – neben dem MitbestR des BR als solchen (vgl. Rz. 105 f.) – den betriebsverfassungsrechtl. Rahmen für das Weisungsrecht des ArbGeb vorgeben.

---

1 Vgl. ErfK/*Preis*, §§ 305–310 BGB Rz. 55 ff. || 2 LAG Köln 21.1.1999 – 6 Sa 1252/98, NZA-RR 1999, 517; vgl. auch BAG 25.4.2007 – 5 AZR 504/06, NZA 2007, 801; 7.11.2002 – 2 AZR 742/00, NZA 2003, 1139. || 3 LAG Bremen 20.5.1999 – 4 Sa 2/99, NZA-RR 2000, 14; s.a. LAG Düss. 30.8.2002 – 9 Sa 709/02, NZA-RR 2003, 407 f. || 4 Insoweit unsauber das obiter dictum des LAG Bremen 20.5.1999 – 4 Sa 2/99, NZA-RR 2000, 14 (16). || 5 BAG 26.9.2012 – 10 AZR 336/11, DB 2013, 290 (291), Rz. 18; 25.4.2007 – 5 AZR 504/06, NZA 2007, 801 (802). || 6 BAG 7.12.2000 – 6 AZR 444/99, NZA 2001, 780 (781); ebenso v. 29.9.2004 – 5 AZR 559/03, NZA 2005, 184. || 7 BAG 19.7.2012 – 2 AZR 25/11, NZA 2012, 1038 (1040), Rz. 27. || 8 AA LAG Nürnberg 5.11.1997 – 4 Sa 796/96, AiB 1998, 711. || 9 LAG Berlin 29.4.1991 – 9 Sa 9/91, DB 1991, 2193 (LS). || 10 AA ArbG Freiburg 15.9.1987 – 2 Ca 175/87, DB 1988, 184. || 11 LAG Düss. 23.10.1991 – 4 Sa 789/91, LAGE § 611 BGB Direktionsrecht Nr. 10; *Hunold*, NZA-RR 2001, 337. || 12 AA ArbG Lingen 30.11.1988 – 2 Ga 7/88, AiB 1989, 91. || 13 BAG 15.9.2009 – 9 AZR 757/08, NZA 2009, 1333 (1336), Rz. 53 ff.

Der BR kann seine Mitwirkungs- und MitbestR in Form der **Regelungsabrede** ausüben, und zwar auch, wenn der Abschluss einer BV möglich ist[1]. Zwar stellen sie nur eine schuldrechtl. Abrede zwischen ArbGeb und BR dar, jedoch begrenzen sie ebenfalls das Weisungsrecht des ArbGeb, weil auch durch eine Regelungsabrede die MitbestR des BR, deren Nichtbeachtung ggf. zur individualrechtl. Unwirksamkeit der Weisung führt (s. Rz. 105 f.), ausgeübt werden können. Da Regelungsabreden nicht normativ auf das ArbVerh einwirken und den Arbeitsvertrag verändern, können sie das Weisungsrecht des ArbGeb allerdings nicht erweitern. Vereinbaren ArbGeb und BR zB per Regelungsabrede die Einführung von Kurzarbeit, bedarf es bei Fehlen einzelvertragl. Kurzarbeitsklauseln (dazu Rz. 80) auf individualrechtl. Ebene der Zustimmung der ArbN oder des Ausspruchs von Änderungskündigungen[2]. 89

a) Inhalt der Arbeitsleistung. BV können Bestimmungen enthalten, die bei Weisungen hinsichtlich des Inhalts der Arbeitsleistung zu beachten sind. Praktisch relevant sind zB Gehaltsgruppen in betriebl. **Vergütungsordnungen** nach § 87 I Nr. 10 BetrVG. Darin sind regelmäßig bestimmte **Tätigkeitsmerkmale** beschrieben, auf die bei der Bestimmung der Grenzen des Weisungsrechts hinsichtlich der Art der Tätigkeit zurückgegriffen werden kann. Grundlage für die Anwendbarkeit der Tätigkeitsmerkmale ist aber stets die individualrechtl. Abrede der Arbeitsvertragsparteien über die vom ArbN zu leistende Tätigkeit. Sie kann zB auf eine Gehaltsgruppe Bezug nehmen. 90

Das Weisungsrecht begrenzen können auch BV, welche die Grundsätze über die Durchführung von **Gruppenarbeit** (dh. die eigenverantwortl. Erledigung einer Aufgabe durch eine Gruppe) regeln (§ 87 I Nr. 13 BetrVG). 91

b) Ort der Arbeitsleistung. BV oder Regelungsabreden, die das Weisungsrecht des ArbGeb hinsichtlich des Orts der Arbeitsleistung begrenzen, finden sich etwa in **Auswahlrichtlinien** betr. die Versetzung (§ 95 I BetrVG) oder im **Interessenausgleich** (§ 112 I 1 BetrVG). 92

c) Zeit der Arbeitsleistung. Gegenstand von BV und Regelungsabreden können auch die Arbeitszeitlage, namentlich Beginn und Ende der täglichen Arbeitszeit einschl. der Pausen sowie die Verteilung der Arbeitszeit auf die einzelnen Wochentage (§ 87 I Nr. 2 BetrVG) sowie die Arbeitszeitdauer, namentlich die vorübergehende Verkürzung oder Verlängerung der betriebsüblichen Arbeitszeit (§ 87 I Nr. 3 BetrVG) sein. Bspw. geben Regelungen über **Gleitzeitmodelle** dem ArbN Möglichkeiten zur flexiblen eigenverantwortlichen Arbeitszeitgestaltung und grenzen das Weisungsrecht des ArbGeb entsprechend ein. 93

d) Ordnung und Verhalten der Arbeitnehmer im Betrieb. Ordnung und Verhalten der ArbN im Betrieb können Gegenstand einer BV oder Regelungsabrede nach § 87 I Nr. 1 BetrVG sein. Sofern es um die Einführung und Anwendung von technischen Einrichtungen geht, die geeignet sind, die Leistung und das Verhalten der ArbN zu überwachen, kommen auch Regelungen nach § 87 I Nr. 6 BetrVG in Betracht (s. Rz. 53). 94

3. Anwendbarer Tarifvertrag. Das Weisungsrecht des ArbGeb ist auch durch Regelungen eines anwendbaren TV begrenzt. Anwendbar ist ein TV auf kollektivrechtl. Grundlage bei Tarifbindung beider Arbeitsparteien (§§ 3 I, 4 I TVG) – bei Tarifnormen über betriebl. oder betriebsverfassungsrechtl. Fragen auch bei bloßer Tarifbindung des ArbGeb (§§ 3 II, 4 I TVG) – sowie bei Allgemeinverbindlichkeit für alle ArbVerh im Geltungsbereich des TV (§ 5 IV TVG) oder nach §§ 3, 8 AEntG. 95

Auf individualrechtl. Grundlage anwendbar sind Regelungen eines TV im Falle der Bezugnahme auf den TV; insoweit stellt jedoch der Arbeitsvertrag dogmatisch die Grenze des Weisungsrechts dar. 96

a) Inhalt der Arbeitsleistung. Tarifvertragl. Regelungen begrenzen das Direktionsrecht hinsichtlich des Inhalts der Arbeitsleistung vielfältig. Nehmen die Arbeitsvertragsparteien auf die **tarifl. Vergütungsgruppe** Bezug, so kann der ArbGeb dem ArbN grds. alle Tätigkeiten zuweisen, welche die Merkmale der einschlägigen Vergütungsgruppe erfüllen (s. Rz. 18). 97

Dieser Grundsatz gilt insb. im **öffentl. Dienst** im Hinblick auf die Vergütungsgruppen des BAT bzw. TVöD[3]. Das Direktionsrecht des ArbGeb des öffentl. Dienstes erlaubt es diesem nicht, dem ArbN eine Tätigkeit zu übertragen, die geringerwertigen Merkmalen entspricht und nur im Wege des Bewährungsaufstiegs die Eingruppierung in die maßgebliche Vergütungsgruppe ermöglicht[4]. Der ArbGeb kann bspw. nicht kraft seines Direktionsrechts dem ArbN der bisherige Sachgebietsleitung mit Weisungsbefugnis ggü. den vier Mitarbeitern des Sachgebiets entziehen, weil damit eine nicht unerhebliche Herabstufung innerhalb der Behördenhierarchie verbunden ist[5]. Sofern allerdings die neu zugewiesene Tätigkeit die Merkmale der bisherigen Vergütungsgruppe erfüllt, ist das Direktionsrecht des öffentl. ArbGeb nicht dadurch beschränkt, dass aus der bisherigen Fallgruppe ein Bewährungsaufstieg möglich war, der aus der nunmehr zugewiesenen Tätigkeit verwehrt ist[6]. 98

---

1 *Fitting*, § 77 BetrVG Rz. 223, § 87 BetrVG Rz. 580. ||2 ErfK/*Preis*, § 611 BGB Rz. 661. ||3 BAG 23.11.2004 – 2 AZR 38/04, NZA 2005, 986 (990); 24.4.1996 – 4 AZR 976/94, AP Nr. 49 zu § 611 BGB Direktionsrecht; 30.8.1995 – 1 AZR 47/95, AP Nr. 44 zu § 611 BGB – Direktionsrecht; Boemke/*Keßler*, § 106 Rz. 40 ff. ||4 BAG 23.11.2004 – 2 AZR 38/04, NZA 2005, 986 (990); 24.4.1996 – 4 AZR 976/94, AP Nr. 49 zu § 611 BGB Direktionsrecht, LS 1; 30.8. 1995 – 1 AZR 47/95, AP Nr. 44 zu § 611 Direktionsrecht, LS 2. ||5 LAG Hamm 9.1.1997 – 17 Sa 1554/96, NZA-RR 1997, 337; *Hunold*, NZA-RR 2001. ||6 BAG 21.11.2002 – 6 AZR 82/01, DB 2003, 1630.

99 **Tarifvertragl. Versetzungsklauseln** können das Weisungsrecht des ArbGeb weiter fassen als arbeitsvertragl. (zu arbeitsvertragl. Versetzungsklauseln s. Rz. 57 ff.). Das BAG hält tarifvertragl. Regelungen (wie zB § 16 I LTV DB) für zulässig, wonach der ArbGeb unter bestimmten Voraussetzungen dem ArbN einseitig eine andere, auch nach einer niedrigeren Lohngruppe zu vergütende Tätigkeit zuweisen kann[1]. Grund für diese Ansicht ist die dem TV innewohnende Ausgewogenheits- und Richtigkeitsvermutung. Str. ist, ob und unter welchen Voraussetzungen ein TV (hier: § 5 I TV Ratio-alt) das Direktionsrecht des ArbGeb zur Versetzung des ArbN in eine BQG vorsehen kann, in welcher die ArbN qualifiziert, vermittelt oder im Wege der AÜ anderweitig eingesetzt werden (hier: Vivento)[2].

100 **b) Ort der Arbeitsleistung.** TV können **Regelungen über den Erfüllungsort** treffen und damit den Arbeitsort näher bestimmen[3]. Außerdem können sie **Versetzungsklauseln** enthalten und damit die Grenze des Weisungsrechts in örtlicher Hinsicht bestimmen (vgl. zB § 16 I LTV DB)[4]. Soll im öffentl. Dienst die kraft arbeitsvertragl. Bezugnahmevereinbarung geltende tarifvertragl. Befugnis des ArbGeb ausgeschlossen werden, den ArbN an eine Dienststelle auch außerhalb des bisherigen Dienstortes zu versetzen, bedarf es dazu eindeutiger Absprachen[5].

101 **c) Zeit der Arbeitsleistung.** Typischerweise enthalten TV und insb. MantelTV Regelungen zur Dauer und Lage der Arbeitszeit. Hinsichtlich der **Dauer** der Arbeitszeit wird vor allem die wöchentl. Arbeitszeit, die Möglichkeit zur Anordnung von Überstunden (bei Zahlung entsprechender Zuschläge) sowie zur Anordnung von Kurzarbeit[6] geregelt. Tarifvertragl. Regelungen, wie zB § 7.1.3 MTV der Metallindustrie in Nord-Württemberg/Nordbaden, die vorsehen, dass die durch individuelle Vereinbarung auf 40 Wochenstunden verlängerte Arbeitszeit auf Wunsch des ArbGeb (oder des ArbN) mit einer Ankündigungsfrist von drei Monaten geändert werden kann, begründen ein Recht zur Absenkung der regelmäßigen Arbeitszeit nach freiem Ermessen, das nicht am Maßstab von § 315 III BGB, § 106 zu messen ist[7].

102 Im Hinblick auf die **Lage** der Arbeitszeit enthalten (Mantel-)TV regelmäßig Regelungen zu Schichtarbeit, Nacht-, Sonntags- und Feiertagsarbeit und sehen entsprechende Zuschläge vor.

103 **d) Ordnung und Verhalten der Arbeitnehmer im Betrieb.** Auch Ordnung und Verhalten der ArbN im Betrieb können theoretisch Gegenstand tarifvertragl. **Betriebsnormen** (zB Tarifregelungen zu Torkontrollen, Kleiderordnungen, Rauchverbote[8]) sein und das betriebsbezogene Weisungsrecht des ArbGeb entsprechend begrenzen.

104 **4. Gesetzliche Vorschriften.** Grenzen des arbeitgeberseitigen Weisungsrechts ergeben sich auch aus gesetzl. Vorschriften. Nach S. 1 und 2 kann der ArbGeb Inhalt, Ort und Zeit der Arbeitsleistung sowie Ordnung und Verhalten im Betrieb näher bestimmen, soweit diese Arbeitsbedingungen – abgesehen von den anderen Schranken – nicht durch gesetzl. Vorschriften festgelegt sind.

105 Das Direktionsrecht als einseitiges Bestimmungsrecht ist gesetzl. auch durch die **MitbestR des BR** eingeschränkt[9]. Im Bereich der **erzwingbaren Mitbest.** (zB § 87 BetrVG) sind zum Nachteil des ArbN getroffene Maßnahmen des ArbGeb ohne Zustimmung des BR individualrechtl. unwirksam (**Theorie der Wirksamkeitsvoraussetzung**)[10]. Dies gilt sowohl für einseitige Maßnahmen, die in Ausübung des Direktionsrechts vorgenommen werden, als auch für einzelvertragl. Vereinbarungen[11].

106 Im Bereich der **personellen Einzelmaßnahme** nach § 99 BetrVG hat die fehlende Zustimmung des BR zur Versetzung zur Folge, dass die Versetzung auch individualrechtl. unwirksam ist und der ArbN das Recht hat, die Arbeit zu geänderten Bedingungen zu verweigern[12]. Bei fehlender Zustimmung des BR zur **Einstellung** des ArbN bleibt der Arbeitsvertrag hingegen wirksam, und der ArbN kann sich auf das betriebsverfassungsrechtl. **Beschäftigungsverbot** iS eines Arbeitsverweigerungsrechts nur berufen, wenn der BR die Verletzung des MitbestR geltend macht und die Aufhebung der Einstellung verlangt[13].

107 Allg. gesetzl. Grenzen des Weisungsrechts stellen auch die Vorschriften über **Leistungsverweigerungsrechte** nach §§ 273, 275 II und III, 320 BGB, § 14 AGG, § 21 VI GefStoffVO dar, weil insoweit das Ob der Arbeitsleistung infrage steht.

108 **a) Inhalt der Arbeitsleistung.** Bei einer Weisung hinsichtlich des Inhalts der Arbeitsleistung hat der ArbGeb insb. folgende gesetzl. Vorschriften zu beachten[14]:

---

1 BAG 23.9.2004 – 6 AZR 442/03, NZA 2005, 475 (477); 22.5.1985 – 4 AZR 88/84, AP Nr. 6 zu § 1 TVG Tarifverträge: Bundesbahn; 22.5.1985 – 4 AZR 427/81, AP Nr. 7 zu § 1 TVG Tarifverträge: Bundesbahn. ||2 Dagegen etwa LAG Bbg. 30.6.2005 – 9 Sa 79/05, BB 2005, 2017; aA *Hümmerich/Welslau*, NZA 2005, 610 (613 ff.) mwN; dazu auch *Trebeck*, NZA 2009, 513. ||3 BAG 3.12.1985 – 4 AZR 325/84, AP Nr. 5 zu § 1 TVG Tarifverträge: Großhandel, LS 2. ||4 Vgl. BAG 22.5.1985 – 4 AZR 88/84, AP Nr. 6 zu § 1 TVG Tarifverträge: Bundesbahn. ||5 BAG 21.1. 2004 – 6 AZR 583/02, NZA 2005, 61. ||6 Zu tarifl. Kurzarbeitsklauseln Schaub/*Linck*, ArbRHdb, § 47 Rz. 3 ff. ||7 BAG 14.1.2009 – 5 AZR 75/08, ArbRB 2009, 164. ||8 ErfK/*Franzen*, § 1 TVG Rz. 46. ||9 BT-Drs. 14/8796, 24; *Düwell*, FA 2003, 2 (4); *Schöne*, NZA 2002, 829 (830). ||10 BAG 3.12.1991 – GS 2/90, AP Nr. 51 zu § 87 BetrVG 1972 Lohngestaltung; *Fitting*, § 87 BetrVG Rz. 599 ff. mwN. ||11 BAG 11.6.2002 – 1 AZR 390/01, DB 2002, 2725 (2726); 18.9.2002 – 1 AZR 668/01, BB 2003, 740 (741). ||12 BAG 5.4.2001 – 2 AZR 580/99, BB 2001, 2115 (2116). ||13 BAG 5.4.2001 – 2 AZR 580/99, BB 2001, 2115 (2116). ||14 Vgl. Boemke/*Keßler*, § 106 Rz. 25 ff.

Beschäftigungsverbote etwa nach §§ 3, 4, 6, 8 MuSchG oder §§ 22 ff. JArbSchG, **datenschutzrechtl. Be-** 109
stimmungen[1], **Diskriminierungsverbote** etwa nach § 7 I AGG, § 4 TzBfG, § 81 II SGB IX, Art. 9 III 2 GG,
das **Maßregelungsverbot** des § 612a BGB (zB bei Zuweisung von Überstunden)[2], **Unfallverhütungsvorschriften** (§ 15 SGB VII) sowie **sonstige Regelungen**, die das Weisungsrecht im Einzelfall begrenzen (zB § 7 ArbSchG) bzw. von einem eingeschränkten Weisungsrecht ausgehen (etwa § 3 ProstitutionsG). Das **Benachteiligungsverbot nach § 7 I AGG** führt zu einer Art „unmittelbaren Drittwirkung" von Grundrechten (vgl. Art. 3 II und III GG) im ArbVerh. Eine Weisung, die den ArbN wegen eines in § 1 AGG genannten Merkmals benachteiligt, entspricht nicht billigem Ermessen und ist unwirksam, es sei denn, sie ist nach AGG gerechtfertigt (vgl. §§ 3 II, 5, 8, 9, 10 AGG)[3].

Weisungen, **Straftaten oder Ordnungswidrigkeiten zu begehen** oder sonst gesetzeswidrig zu handeln, 110
sind unzulässig und nach § 134 BGB nichtig[4].

b) **Ort der Arbeitsleistung.** Eine besondere gesetzl. Bestimmung über den Erfüllungsort gibt es für 111
ArbVerh nicht. Bestehen weder einzel- noch kollektivvertragl. Regelungen zum Erfüllungsort, befindet sich der Erfüllungsort gem. § 269 BGB nach der Natur des ArbVerh idR am Betriebssitz, an dem der ArbN ständig beschäftigt ist[5] (vgl. Rz. 29).

c) **Zeit der Arbeitsleistung.** Gesetzl. Vorschriften, die der ArbGeb bei Weisungen hinsichtlich der 112
Dauer bzw. der Lage der Arbeitszeit zu beachten hat, sind insb. die Regelungen des **ArbZG**, des Fahrpersonalrechts[6], die Vorschriften über **Teilzeitansprüche** (§ 8 TzBfG, § 15 V–VII BEEG, § 81 V 3 SGB IX), über **Arbeitszeitgestaltung** ggü. **schwerbehinderten** Menschen (§ 81 IV Nr. 4, § 124 SGB IX[7]) und über **Arbeit auf Abruf** (§ 12 TzBfG).

Die Vorschriften der §§ 95 ff. SGB III über **Kug** enthalten keine Ermächtigungsgrundlage für die Ein- 113
führung von Kurzarbeit kraft Direktionsrechts[8].

d) **Ordnung und Verhalten der Arbeitnehmer im Betrieb.** Gesetzl. Vorschriften, die betriebsbezogene 114
Weisungen hinsichtlich Ordnung und Verhalten der ArbN im Betrieb begrenzen, sind insb. § 87 I Nr. 1 u. 6 BetrVG (s. Rz. 52 f.) sowie § 5 **ArbStättV** hinsichtlich des **Nichtraucherschutzes** am Arbeitsplatz (s.a. Rz. 46).

IV. Ausübung nach billigem Ermessen. Der ArbGeb darf sein Weisungsrecht auch bei Beachtung der 115
gesetzl., einzel- oder kollektivvertragl. Grenzen gem. S. 1 nur nach billigem Ermessen (§ 315 BGB) ausüben. Das dem ArbGeb eingeräumte Leistungsbestimmungsrecht erlaubt aber nicht nur eine einzige Regelung. Vielmehr steht dem ArbGeb regelmäßig ein **weiter Spielraum** zur einseitigen Gestaltung der Arbeitsbedingungen zu[9] (vgl. Rz. 132). Das folgt schon daraus, dass der ArbN im Rahmen seiner Privatautonomie sich zur Ausübung fremdbestimmter Dienste verpflichtet hat.

Die Weisung ist gem. § 315 III 1 BGB aber nur verbindlich, wenn sie der **Billigkeit** entspricht. Ob dies 116
der Fall ist, kann gerichtlich überprüft werden (§ 315 III 2 BGB)[10] (vgl. Rz. 132). Maßgeblich ist der Zeitpunkt, in dem der ArbGeb sein Direktionsrecht ausübt[11]. **Überschreitet** der ArbGeb die **Grenzen seiner Weisungsbefugnis**, ist der ArbN zur **Verweigerung** der zugewiesenen Arbeit **berechtigt**[12].

Demggü. vertritt der 5. Senat des **BAG** die Auffassung, der ArbN sei an eine Weisung des ArbGeb, die 116a
nicht aus sonstigen Gründen unwirksam sei, **vorläufig gebunden**, bis durch ein rechtskräftiges Urteil gem. § 315 III 2 BGB die Unverbindlichkeit der Leistungsbestimmung festgestellt werde[13]. Diese Auffassung **überzeugt** jedoch **nicht**[14]. Bereits aus dem Wortlaut des § 315 III 1 BGB folgt, dass die einseitige Leistungsbestimmung (hier: des ArbGeb) „für den anderen Teil" (hier: den ArbN) „nur verbindlich [ist], wenn sie der Billigkeit entspricht". Entspricht die Ausübung des Direktionsrechts nicht der Billigkeit (was ggf. erst später im Rahmen eines Gerichtsverfahrens festgestellt wird), ist sie für den ArbN *von Anfang an* unverbindlich. § 315 III 1 BGB ordnet gerade keine (für den Fall der rechtskräftigen Feststellung der Unbilligkeit der Leistungsbestimmung) auflösend bedingte Verbindlichkeit der Leistungsbestimmung an.

§ 106 begründet **keinen Anspruch** des ArbN gegen den ArbGeb **auf Ermessensausübung in einer be-** 117
stimmten Art und Weise[15]. Die Vorschrift unterwirft lediglich das Ermessen des ArbGeb bei der Aus-

---

1 Vgl. BAG 25.9.2013 – 10 AZR 270/12, NZA 2014, 41 (42), Rz. 22 ff. ‖ 2 BAG 7.11.2002 – 2 AZR 742/00, DB 2003, 828. ‖ 3 Vgl. BAG 22.1.2009 – 8 AZR 906/07, NZA 2009, 945. ‖ 4 Küttner/*Griese*, Weisungsrecht Rz. 16; Boemke/*Keßler*, § 106 Rz. 27. ‖ 5 BAG 3.12.1985 – 4 AZR 325/84, AP Nr. 5 zu § 1 TVG Tarifverträge: Großhandel. ‖ 6 BAG 18.11.2008 – 9 AZR 737/07, AP ArbZG § 2 Nr. 3. ‖ 7 Dazu etwa BAG 3.12.2004 – 9 AZR 462/01, NZA 2004, 1219. ‖ 8 LAG Rh.-Pf. 7.10.1996 – 9 Sa 703/96, NZA-RR 1997, 331; *Hunold*, NZA-RR 2001, 337 (343). ‖ 9 BAG 16.10.2007 – 9 AZR 144/07, AP GewO § 106 Nr. 3, Rz. 54; 29.8.1991 – 6 AZR 593/88, AP Nr. 38 zu § 611 BGB Direktionsrecht; 27.3.1980 – 2 AZR 506/78, AP Nr. 26 zu § 611 BGB Direktionsrecht; *Lakies*, BB 2003, 364 (366). ‖ 10 BAG 29.8.1991 – 6 AZR 593/88, AP Nr. 38 zu § 611 BGB Direktionsrecht. ‖ 11 BAG 24.2.2011 – 2 AZR 636/09, NZA 2011, 1087 (1088), Rz. 17; abl. *Boemke*, jurisPR-ArbR 30/2012, Anm. 1. ‖ 12 DFL/*Kolbe*, § 106 GewO Rz. 60; Schaub/*Linck*, ArbRHdb, § 45 Rz. 19. ‖ 13 BAG 22.2.2012 – 5 AZR 249/11, NZA 2012, 858 (860), Rz. 24. ‖ 14 Zutr. ausf. *Boemke*, NZA 2013, 6; DFL/*Kolbe*, § 106 GewO Rz. 60; Schaub/*Linck*, ArbRHdb, § 45 Rz. 19. ‖ 15 *Bauer/Opolony*, BB 2002, 1590 (1591); Tettinger/Wank/*Ennuschat*, § 106 Rz. 35.

übung des Direktionsrechts der Billigkeit und damit der Kontrolle der Einzelfallgerechtigkeit. Sie hat ausschließlich begrenzende, nicht anspruchsbegründende Funktion[1].

118 Das in der Gesetzesbegr. zu § 106 propagierte „moderne Verständnis der arbeitsrechtlichen Beziehungen" als partnerschaftliches Miteinander von ArbGeb und Beschäftigten, in dessen Rahmen der ArbGeb zu prüfen habe, ob die Beschäftigten einen eigenverantwortl. Entscheidungsspielraum erhalten könnten oder entsprechend ihrer Fähigkeiten eingesetzt würden[2], hat im Gesetzestext bewusst keinen Niederschlag gefunden und somit keine rechtl. Bedeutung[3].

119 **1. Grundsatz billigen Ermessens (§ 315 BGB).** Die Weisung des ArbGeb entspricht billigem Ermessen, wenn **die wesentlichen Umstände des Falles abgewogen und die beiderseitigen Interessen angemessen berücksichtigt** sind[4]. Die Rücksichtnahme auf die schutzwürdigen Interessen des anderen Vertragsteils folgt iÜ auch aus § 241 II BGB. Die Leistungsbestimmung nach billigem Ermessen verlangt eine Abwägung der wechselseitigen Interessen nach den verfassungsrechtl. und gesetzl. Wertentscheidungen, den allg. Wertungsgrundsätzen der Verhältnismäßigkeit und Angemessenheit sowie der Verkehrssitte und Zumutbarkeit. Das gebietet eine Berücksichtigung und Verwertung der Interessen unter Abwägung aller Umstände des Einzelfalls. Hierzu gehören im Arbeitsrecht die Vorteile aus einer Regelung, die Risikoverteilung zwischen den Vertragsparteien, die beiderseitigen Bedürfnisse, außervertragliche Vor- und Nachteile, Vermögens- und Einkommensverhältnisse sowie soziale Lebensverhältnisse wie familiäre Pflichten und Unterhaltsverpflichtungen[5]. **Je einschneidender die Auswirkungen** der auf dem Direktionsrecht beruhenden Maßnahme für den ArbN sind, **desto sorgfältiger** muss die Abwägung der wechselseitigen Interessen erfolgen. Eine Versetzung, die für den ArbN eine tiefgreifende Veränderung der Arbeitsumstände mit sich bringt, ist nur dann gerechtfertigt, wenn die zugrunde liegende unternehmerische Entscheidung die Versetzung auch angesichts der für den ArbN entstehenden Nachteile nahelegt und sie nicht willkürlich oder missbräuchlich erscheinen lässt. Eine unternehmerische Entscheidung, die erkennbar nur für unerhebliche, leicht überbrückbare Zeiträume gelten soll oder deren Rücknahme erkennbar ist, kann ein Anhaltspunkt für eine willkürliche Ausübung des Direktionsrechts sein[6]. Die Grenzen billigen Ermessens sind zB überschritten, wenn eine Arbeit zugewiesen wird, die eine Arbeitszeit von 1,5 Stunden, jedoch einen Anfahrtsweg von 4,5 Stunden erfordert[7] (vgl. Rz. 30).

120 **Auf Seiten des ArbGeb** sind zB eine unternehmerische Entscheidung des ArbGeb[8], das Interesse des ArbGeb an einem ungestörten und geordneten Arbeitsablauf, berechtigte Belange anderer ArbN, Betriebsfrieden[9], Sicherheit im Betrieb, Vermeidung unnötiger Kosten, Abwehr von Schäden und Gefahren sowie Vertraulichkeit von Geschäfts- und Betriebsgeheimnissen zu berücksichtigen. Daher ist billiges Ermessen bspw. gewahrt, wenn der ArbN, der zu einem Konkurrenzunternehmen wechseln will, auf einem neu geschaffenen Arbeitsplatz beschäftigt werden soll mit der Zielsetzung, Geschäftskontakte im alten Arbeitsbereich zu unterbinden und seine weitere Tätigkeit zu kontrollieren[10].

121 **Auf Seiten des ArbN** zu beachten sind zB das Interesse an der Fortsetzung einer über längere Zeit ausgeübten Tätigkeit[11] (s. Rz. 67), familiäre Verpflichtungen[12], grundrechtl. geschützte Belange (s. Rz. 125 ff.) und gesundheitliche Beschwerden. Ist der ArbN aus in seiner Person liegenden Gründen nicht mehr in der Lage, die vom ArbGeb auf Grund seines Direktionsrechts nach § 106 S. 1 näher bestimmte Leistung zu erbringen, kann es § 241 II BGB gebieten, dass der ArbGeb von seinem Direktionsrecht erneut Gebrauch macht und dem ArbN einen **„leidensgerechten" Arbeitsplatz** zuweist; dies setzt voraus, dass der ArbN die Umsetzung verlangt hat und dass sie dem ArbGeb zumutbar ist, dh. dass keine betriebl. (zB wirtschaftl. Erwägungen, Rücksichtnahmepflichten ggü. anderen ArbN) oder rechtl. Gründe (zB Zustimmungsverweigerung des BR) entgegenstehen[13]. Nicht erforderlich ist hingegen die übermäßige Berücksichtigung privater Interessen zu Lasten berechtigter dienstl. Belange. Bei arbeitszeitbezogenen Weisungen kann sich ein ArbN, der in Kenntnis der Wegeprobleme einen weit vom Betrieb gelegenen Wohnsitz wählt, nicht auf seinen langen Anfahrtsweg berufen[14]. Nicht zu berücksichtigen sind die dem ArbGeb unbekannten persönlichen Umstände in der Lebensführung des ArbN[15].

---

1 Boemke/Keßler, § 106 Rz. 44; Schöne, NZA 2002, 829 (831). ||2 BT-Drs. 14/8796, 24. ||3 Bauer/Opolony, BB 2002, 1590 (1591); Boemke/Keßler, § 106 Rz. 45; Schöne, NZA 2002, 829 (831); Tettinger/Wank/Ennuschat, § 106 Rz. 36 unter Verweis auf den ursprünglichen RefE. ||4 BAG 19.1.2011 – 10 AZR 738/09, NZA 2011, 631 (632), Rz. 18; 21.7.2009 – 9 AZR 404/08, NZA 2009, 1369 (1371 f.), Rz. 22; 11.4.2006 – 9 AZR 557/05, NZA 2006, 1149 (1152 f.). ||5 BAG 12.11.2013 – 10 AZR 605/12, Rz. 39; 10.7.2013 – 10 AZR 915/12, NZA 2013, 1142 (1145), Rz. 28; 21.7.2009 – 9 AZR 404/08, NZA 2009, 1369 (1372), Rz. 22. ||6 BAG 26.9.2012 – 10 AZR 412/11, AP GewO § 106 Nr. 22, OS 3. ||7 LAG Hess. 21.8.2006 – 19 (11) Sa 2008/05, NZA-RR 2007, 186 (187). ||8 BAG 28.8.2013 – 10 AZR 569/12, Rz. 41 f. ||9 BAG 23.9.2004 – 6 AZR 567/04, NZA 2005, 359; LAG Köln 14.8.2009 – 9 Ta 264/09; vgl. auch LAG Schl.-Holst. 2.5.2007 – 6 Sa 504/06, NZA-RR 2007, 402. ||10 LAG Nds. 12.10.1998 – 13 Sa 103/98, LAGE § 315 BGB Nr. 5, LS 2; Hunold, NZA-RR 2001, 337 (341). ||11 Boemke/Keßler, § 106 Rz. 23. ||12 BAG 23.9.2004 – 6 AZR 567/04, NZA 2005, 359; LAG Hess. 15.2.2011 – 13 SaGa 1934/10; LAG Rh.-Pf. 19.1.2005 – 10 Sa 820/04, DB 2005, 1522. ||13 BAG 19.5.2010 – 5 AZR 162/09, NZA 2010, 1119 (1121 f.); s.a. BAG 8.11.2006 – 5 AZR 51/06, AP Nr. 120 zu § 615 BGB, Rz. 16; Mückl/Hiebert, NZA 2010, 1259; Kleinebrink, FA 2011, 66. ||14 Vgl. ArbG Marburg 4.11.2003 – 2 Ca 212/03, DB 2004, 1563 (1564). ||15 BAG 11.4.2006 – 9 AZR 557/05, NZA 2006, 1149 (1153), Rz. 52.

Umstände in der Person des ArbN können nur berücksichtigt werden, wenn sich der ArbN bei Erteilung der Weisung darauf beruft; ein Nachschieben solcher persönlichen Umstände ist rechtl. unbeachtlich[1].

Überträgt der ArbGeb **im öffentl. Dienst im Rahmen des § 24 BAT bzw. § 14 TVöD** eine höherwertige Tätigkeit vorübergehend auf einen ArbN, so ist eine **doppelte Billigkeitsprüfung** vorzunehmen, ob die Tätigkeitsübertragung „an sich" und die „Nicht-Dauerhaftigkeit" der Übertragung billigem Ermessen (§ 315 BGB) entsprechen[2]. Die frühere Rspr., wonach eine vorübergehend übertragene Tätigkeit als auf Dauer übertragen galt, wenn die vorübergehende Übertragung nicht durch einen sachlichen Grund gerechtfertigt und daher rechtsmissbräuchlich war, hat das BAG aufgegeben[3]. Die nur vorübergehende Übertragung einer höherwertigen Tätigkeit ist im Grundsatz sachlich begründet und entspricht – auf der zweiten Prüfungsstufe – billigem Ermessen, wenn der ArbGeb geltend machen kann, aufgrund seiner im Zeitpunkt der Übertragung getroffenen und durch hinreichende Tatsachen gestützte Prognose werde eine dauerhafte Beschäftigung des ArbN mit der übertragenen höherwertigen Tätigkeit nicht möglich sein[4]. Es widerspricht grds. nicht billigem Ermessen, wenn der ArbGeb einem ArbN eine höher bewertete Tätigkeit deshalb nur vorübergehend überträgt, weil die betreffende Arbeit bei einem anderen ArbGeb zu verrichten ist[5]. 122

Bei der Ausübung billigen Ermessens ist auch das in vergleichbaren Fällen Übliche zu berücksichtigen[6]. Außerdem ist der **arbeitsrechtl. Gleichbehandlungsgrundsatz** zu beachten[7]. Daher darf der ArbGeb nicht ohne sachlichen Grund einen einzelnen ArbN von der Ableistung von Überstunden ausschließen, wenn alle vergleichbaren Mitarbeiter durch die Heranziehung zu Überstunden eine erhebliche Lohnsteigerung erzielen können[8]. Erfordert die Weisung (zB hinsichtl. Arbeitszeitverteilung, Versetzung) eine persönliche Auswahlentscheidung des ArbGeb zwischen mehreren ArbN, finden die Grundsätze zur **sozialen Auswahl** im Rahmen einer betriebsbedingten Kündigung **keine Anwendung**[9]. Die Leistungsbestimmung ist aber ggü. demjenigen ArbN zu treffen, dessen Interessen weniger schutzwürdig sind[10]. 123

Entspricht die Weisung billigem Ermessen, kann sich aus der vertragl. Rücksichtnahmepflicht (§ 241 II BGB) die Verpflichtung des ArbGeb ergeben, **nach angemessener Zeit zu überprüfen**, ob durch erneute Ausübung des Weisungsrechts eine den ArbN weniger belastende Gestaltung der Arbeitsbedingungen herbeigeführt werden kann[11]. War die Zuweisung der Arbeit zunächst rechtmäßig, kann der ArbGeb verpflichtet sein, dem ArbN in Ausübung seines Weisungsrechts eine andere vertragsgemäße und zumutbare Arbeit auf einem **leidensgerechten Arbeitsplatz** zu übertragen, wenn der ArbN die geschuldete Arbeit auf dem bisherigen Arbeitsplatz aus gesundheitlichen Gründen nicht mehr ausüben kann[12] (vgl. Rz. 121). 124

2. Mittelbare Drittwirkung der Grundrechte. Der in der Generalklausel des § 315 BGB enthaltene unbestimmte Rechtsbegriff des billigen Ermessens ist eine Einbruchstelle für die mittelbare Drittwirkung der Grundrechte im Privatrecht. Die im Einzelfall betroffenen Grundrechte des ArbGeb und des ArbN sind im Rahmen der **Interessenabwägung** zu berücksichtigen und **im Falle einer Kollision** im Wege **praktischer Konkordanz** so zum Ausgleich zu bringen, dass die geschützten Rechtspositionen möglichst weitgehend wirksam werden[13]. 125

Zu berücksichtigen sind etwa das **allg. Persönlichkeitsrecht** nach Art. 2 I GG (zB Recht auf Rauchen)[14], das Recht auf **informationelle Selbstbestimmung**[15], das **Recht auf körperliche Unversehrtheit** (Art. 2 II GG), die **besonderen Gleichheitssätze** des Art. 3 II und III GG, die **Gewissensfreiheit** (Art. 4 I GG)[16], die **Glaubens- und Bekenntnisfreiheit** (Art. 4 I GG) und die **Religionsausübungsfreiheit** (Art. 4 II GG)[17], die **Kunstfreiheit** (Art. 5 III GG, zB Recht des ArbGeb zur Aufführung einer Oper)[18], die **Rund- 126

---

1 LAG Nürnberg 9.1.2007 – 7 Sa 79/06, NZA-RR 2007, 357. ||2 BAG 4.7.2012 – 4 AZR 759/10, AP TVöD § 14 Nr. 1, Rz. 17 ff.; 18.4.2012 – 10 AZR 134/11, NZA 2012, 927 (928), Rz. 19 ff.; 17.1.2006 – 9 AZR 226/05, AP Nr. 6 zu § 24 BAT-O, Rz. 37; 17.4.2002 – 4 AZR 174/01, NZA 2003, 159. ||3 BAG 17.4.2002 – 4 AZR 174/01, NZA 2003, 159 (161). ||4 BAG 4.7.2012 – 4 AZR 759/10, AP TVöD § 14 Nr. 1, Rz. 24. ||5 BAG 18.4.2012 – 10 AZR 134/11, NZA 2012, 927, OS 3. ||6 Palandt/*Grüneberg*, § 315 BGB Rz. 10. ||7 BAG 17.12.1997 – 5 AZR 332/96, AP Nr. 52 zu § 611 BGB Direktionsrecht; 11.10.1995 – 5 AZR 1009/94, AP Nr. 45 zu § 611 BGB Direktionsrecht; LAG Bln.-Bbg. 30.10.2008 – 14 Sa 452/08; *Lakies*, BB 2003, 364 (369). ||8 LAG Köln 22.6.1994 – 2 Sa 1087/93, LAGE § 611 BGB Direktionsrecht Nr. 19; *Lakies*, BB 2003, 364 (367). ||9 BAG 17.8.2011 – 10 AZR 202/10, NZA 2012, 265 (266), Rz. 22; 23.9.2004 – 6 AZR 567/04, NZA 2005, 359. ||10 BAG 10.7.2013 – 10 AZR 915/12, NZA 2013, 1142 (1145), Rz. 29. ||11 LAG Köln 22.6.1994 – 2 Sa 1087/93, LAGE § 611 BGB Direktionsrecht Nr. 19; *Hunold*, NZA-RR 2001, 337 (344). ||12 BAG 29.1.1997 – 2 AZR 9/96, NZA 1997, 709; LAG Hess. 2.4.1993 – 9 Sa 815/91, LAGE § 611 BGB Direktionsrecht Nr. 15; *Lakies*, BB 2003, 364 (369). ||13 BVerfG 30.7.2003 – 1 BvR 792/03, NJW 2003, 2815; BAG 10.10.2002 – 2 AZR 472/01, DB 2003, 830 (832) mwN. ||14 Vgl. LAG Hess. 11.8.2000 – 2 Sa 1000/99, DB 2001, 387 (LS). ||15 Vgl. BAG 25.9.2013 – 10 AZR 270/12, NZA 2014, 41 (44), Rz. 44 ff. ||16 BAG 24.2.2011 – 2 AZR 636/09, NZA 2011, 1087 zum Glaubenskonflikt eines Muslim beim Umgang mit Alkoholika; BAG 20.12.1984 – 2 AZR 436/83, AP Nr. 27 zu § 611 BGB Direktionsrecht zur Gewissensnot eines Druckers beim Drucken eines gewaltverherrlichenden Flugblatts; LAG Düss. 7.8.1992 – 9 Sa 794/92, NZA 1993, 411 zur Mitwirkung eines gläubigen Orchestermusikers bei einer blasphemischen Operninszenierung; s.a. Boemke/*Keßler*, § 106 Rz. 35 ff. ||17 BAG 10.10.2002 – 2 AZR 472/01, DB 2003, 830 (831 f.) zum Tragen eines islamischen Kopftuchs durch eine Verkäuferin; gebilligt durch BVerfG 30.7.2003 – 1 BvR 792/02, NJW 2003, 2815; LAG Hamm 20.4.2011 – 4 Sa 2230/10, NZA-RR 2011, 640 zum Unterlassen der Abschiedsformel „Jesus hat Sie lieb". ||18 LAG Düss. 7.8.1992 – 9 Sa 794/92, NZA 1993, 411.

GewO § 106 Rz. 127

funkfreiheit (Art. 5 I GG)¹, **Schutz von Ehe und Familie** (Art. 6 GG²), die **Koalitions(betätigungs)freiheit** (Art. 9 III GG)³ und die **unternehmerische Betätigungsfreiheit** (Art. 12 I GG)⁴. Durch das **Benachteiligungsverbot des § 7 I AGG** wurde der Grundrechtsschutz im ArbVerh verstärkt und eine Art unmittelbare Drittwirkung der Grundrechte herbeigeführt, welche die Merkmale des § 1 AGG schützen (s. Rz. 109).

127 Bei der Interessenabwägung sind insb. die Fragen der **Vorhersehbarkeit** und **Vermeidbarkeit des Interessenkonflikts** zwischen ArbGeb und ArbN bei Beginn des ArbVerh und die **Gefahr seiner Wiederholung** zu berücksichtigen⁵.

128 **3. Rücksichtnahme auf Behinderungen des Arbeitnehmers (S. 3).** Nach S. 3 hat der ArbGeb bei der Ausübung des Weisungsrechts nach billigem Ermessen auch auf Behinderungen des ArbN Rücksicht zu nehmen. Die Vorschrift setzt die Grundsätze aus Art. 3 III 2 GG sowie §§ 81 II und IV, 124 SGB IX (s. Rz. 112) für das Weisungsrecht um⁶. Ist es dem ArbGeb möglich und zumutbar, dem nur eingeschränkt leistungsfähigen ArbN Arbeiten zuzuweisen, die seiner verbleibenden Leistungsfähigkeit entsprechen, ist die Zuweisung anderer Arbeiten nach S. 1 unbillig⁷.

129 Zu beachten ist, dass S. 3 sich allg. auf Behinderte bezieht, während das Diskriminierungsverbot bei Weisungen nach § 81 II Nr. 1 SGB IX nur ggü. schwerbehinderten Menschen (§ 2 II SGB IX) und gleichgestellten behinderten Menschen (§ 2 III iVm. § 68 III SGB IX) gilt.

130 Der Begriff der „**Behinderung**" iSd. S. 3 entspricht dem des **§ 2 I 1 SGB IX**⁸. Die Behinderungen können sowohl genetisch als auch krankheits-, unfall- oder altersbedingt sein⁹.

131 Behinderte können auf Grund von S. 3 **keinen besonderen Schutz** in Anspruch nehmen¹⁰. Denn im Rahmen billigen Ermessens hat der ArbGeb ohnehin alle schutzwürdigen Interessen des ArbN zu berücksichtigen, selbst wenn sie nicht den Grad einer Behinderung erreichen¹¹. S. 3 hat daher rein deklaratorischen bzw. programmatischen Charakter.

132 **V. Rechtsstreitigkeiten.** Die Ausübung des Weisungsrechts unterliegt **gerichtlicher Kontrolle**, insb. auch hinsichtlich der Frage, ob billiges Ermessen eingehalten wurde (§ 315 III 2 BGB)¹². Dem Gericht obliegt allerdings nicht die Prüfung, ob die Weisung der Beklagten die beste, effizienteste oder wirtschaftlich vernünftigste Lösung darstellt. Im Rahmen der Ausübung des Direktionsrechts steht dem **Arbeitgeber** ein nach billigem Ermessen auszufüllender **Entscheidungsspielraum** zu. Innerhalb dieses Spielraums können ihm mehrere Entscheidungsmöglichkeiten zur Verfügung stehen. Dem Gericht obliegt (lediglich) die Prüfung, ob der ArbGeb als Gläubiger die Grenzen seines Bestimmungsrechts beachtet hat¹³. Der ArbGeb trägt die **Darlegungs- und Beweislast** dafür, dass die Leistungsbestimmung im Rahmen der gesetzl., einzel- und kollektivvertragl. Grenzen erfolgt ist sowie billigem Ermessen entspricht¹⁴. Maßgeblicher Beurteilungszeitpunkt ist der Zeitpunkt der Ausübung des Direktionsrechts, nicht die Interessenlage der Parteien im Zeitpunkt der letzten mündlichen Verhandlung¹⁵.

133 Die gerichtl. Überprüfung kann **inzidenter** stattfinden, etwa im Rahmen einer Kündigungsschutzklage, einer Klage auf Beschäftigung mit bestimmten Tätigkeiten¹⁶ oder nur an bestimmten Tagen¹⁷ oder einer Klage auf Entfernung einer Abmahnung, die wegen Nichtbefolgung einer Weisung ausgesprochen wurde¹⁸. Der ArbN kann sich jedoch auch mit einer **Feststellungsklage** gegen die Änderung von Arbeitsbedingungen kraft Weisungsrechts wenden, solange er von der Maßnahme betroffen ist¹⁹. Das Recht des ArbN zur Klage kann **verwirken**, zB bei zweijähriger widerspruchsloser Kooperation mit dem ArbGeb oder bei jahrelangem Untätigbleiben des ArbN²⁰.

---

1 LAG Rh.-Pf. 13.4.1989 – 5 Sa 1031/88, NZA 1990, 527 zum Entzug einer Moderation kraft Weisungsrechts. ‖2 Zur Arbeitszeitbestimmung ggü. berufstätigen Müttern LAG Nürnberg 8.3.1999 – 6 Sa 259/97, NZA 2000, 263; ArbG Bonn 21.9.2000 – 1 Ca 3447/99, NZA-RR 2001, 132; ArbG Hamburg 4.12.1995 – 21 Ca 290/95, NZA-RR 1996, 365; *Hunold*, NZA-RR 2001, 337 (338ff.). ‖3 BAG 13.8.2010 – 1 AZR 173/09, NZA-RR 2010, 640, Rz. 10. ‖4 BAG 10.10.2002 – 2 AZR 472/01, DB 2003, 830 (832). ‖5 BAG 20.10.1984 – 2 AZR 436/83, AP Nr. 27 zu § 611 BGB Direktionsrecht. ‖6 Vgl. BT-Drs. 14/8796, 24; *Boemke/Keßler*, § 106 GewO Rz. 46. ‖7 BAG 4.10.2005 – 9 AZR 632/04, DB 2006, 902 (903). ‖8 *Bauer/Opolony*, BB 2002, 1590 (1591); *Lakies*, BB 2003, 364 (366); *Schöne*, NZA 2002, 829 (831); unscharf BT-Drs. 14/8796, 24. ‖9 BT-Drs. 14/8796, 24. ‖10 *Bauer/Opolony*, BB 2002, 1590 (1591); *Boemke/Keßler*, § 106 Rz. 47; aA *Düwell*, FA 2003, 2 (4); *Schöne*, NZA 2002, 829 (831). ‖11 Zutr. *Bauer/Opolony*, BB 2002, 1590 (1591); *Boemke/Keßler*, § 106 Rz. 48. ‖12 BAG 17.12.1997 – 5 AZR 332/96, AP Nr. 52 zu § 611 BGB Direktionsrecht; *Lakies*, BB 2003, 364 (366); zum Prüfungsumfang in der Revisionsinstanz BAG 18.4.2012 – 10 AZR 134/11, NZA 2012, 927 (928), Rz. 23. ‖13 BAG 25.9.2013 – 10 AZR 270/12, NZA 2014, 41 (44), Rz. 42. ‖14 BAG 13.3.2007 – 9 AZR 433/06, DB 2007, 1985, Rz. 81; 17.1.2006 – 9 AZR 226/05, AP Nr. 6 zu § 24 BAT-O, Rz. 36. ‖15 BAG 23.9.2004 – 6 AZR 567/04, NZA 2005, 359 (361). ‖16 Vgl. LAG Hamm 8.3.2005 – 19 Sa 2128/04, NZA-RR 2005, 462. ‖17 Vgl. BAG 15.9.2009 – 9 AZR 757/08, NZA 2009, 1333 (1334). ‖18 Vgl. BAG 23.6.2009 – 2 AZR 606/08, NZA 2009, 1011. ‖19 BAG 25.8.2010 – 10 AZR 275/09, NZA 2010, 1355 (1356); 26.9.2002 – 6 AZR 523/00, BB 2003, 587 (588). ‖20 BAG 3.12.2008 – 5 AZR 62/08, AP Nr. 42 zu § 307 BGB Rz. 36; 12.12.2006 – 9 AZR 747/06, NZA 2007, 396; LAG Nürnberg 20.7.2005 – 9 (6) Sa 120/03, NZA-RR 2006, 162.

§ 107 Berechnung und Zahlung des Arbeitsentgelts

(1) Das Arbeitsentgelt ist in Euro zu berechnen und auszuzahlen.

(2) Arbeitgeber und Arbeitnehmer können Sachbezüge als Teil des Arbeitsentgelts vereinbaren, wenn dies dem Interesse des Arbeitnehmers oder der Eigenart des Arbeitsverhältnisses entspricht. Der Arbeitgeber darf dem Arbeitnehmer keine Waren auf Kredit überlassen. Er darf ihm nach Vereinbarung Waren in Anrechnung auf das Arbeitsentgelt überlassen, wenn die Anrechnung zu den durchschnittlichen Selbstkosten erfolgt. Die geleisteten Gegenstände müssen mittlerer Art und Güte sein, soweit nicht ausdrücklich eine andere Vereinbarung getroffen worden ist. Der Wert der vereinbarten Sachbezüge oder die Anrechnung der überlassenen Waren auf das Arbeitsentgelt darf die Höhe des pfändbaren Teils des Arbeitsentgelts nicht übersteigen.

(3) Die Zahlung eines regelmäßigen Arbeitsentgelts kann nicht für die Fälle ausgeschlossen werden, in denen der Arbeitnehmer für seine Tätigkeit von Dritten ein Trinkgeld erhält. Trinkgeld ist ein Geldbetrag, den ein Dritter ohne rechtliche Verpflichtung dem Arbeitnehmer zusätzlich zu einer dem Arbeitgeber geschuldeten Leistung zahlt.

I. **Vorbemerkungen** 1	1. Normzweck 48
1. Entstehungsgeschichte 2	2. Warenüberlassung auf Kredit 49
2. Sinn und Zweck 5	V. **Anrechnung von Waren auf das Arbeitsentgelt** 57
3. Geltungsbereich 6	
II. **Truckverbot (Abs. 1)** 10	1. Normzweck 58
1. Normzweck 11	2. Anrechnungsvereinbarung (Abs. 2 S. 3) ... 59
2. Berechnung und Zahlung des Arbeitsentgelts 12	3. Rechtsfolge bei Verstößen 66
	4. Beschaffenheit der geleisteten Ware (Abs. 2 S. 4) 68
III. **Sachbezüge** 21	
1. Normzweck 22	5. Höchstgrenze für die Anrechnung (Abs. 2 S. 5) 69
2. Sachlicher Geltungsbereich 23	
3. Vereinbarung über Sachbezüge 25	VI. **Trinkgeld (Abs. 3)** 71
4. Beschaffenheit der Sachbezüge (Abs. 2 S. 4) 35	1. Normzweck 72
	2. Begriff des Trinkgelds (S. 2) 74
5. Pfändungsfreigrenzen (Abs. 2 S. 5) 40	3. Verbot des Ausschlusses von Arbeitsentgelt (S. 1) 75
IV. **Kreditierungsverbot (Abs. 2 S. 2)** 47	

I. Vorbemerkungen. Die Vorschrift regelt die **Grundsätze der Zahlung des Arbeitsentgelts** (ieS) in Form der Geldzahlung, des Sachbezugs und der Überlassung von Waren in Anrechnung auf das Arbeitsentgelt. 1

1. Entstehungsgeschichte. § 107 wurde mWv. 1.1.2003[1] völlig **neu gefasst**. Die Bestimmung übernimmt in Abs. 1 im Wesentlichen das sog. „**Truckverbot**" des § 115 I 1 aF und regelt in Abs. 2 S. 2 das **Kreditierungsverbot** des aufgehobenen § 115 II 1 aF. Die Norm enthält ferner **neue Regelungen** zur Zulässigkeit der Vereinbarung von **Sachbezügen** (Abs. 2 S. 1, 4 und 5), zur **Anrechnung von Waren** auf das Arbeitsentgelt (Abs. 2 S. 3–5) und zur Behandlung von **Trinkgeld** (Abs. 3). 2

Ersatzlos gestrichen wurden die §§ 115a–119b aF, die der Gesetzgeber inhaltlich nicht mehr für die Praxis des Arbeitsvertragsrechts erforderlich hielt[2]. Damit sind die **Rechtsfolgenregelungen** der §§ 116, 117 I, 118 aF **entfallen**, so dass auf die allg. zivilrechtl. Vorschriften (insb. 134 BGB[3]) zurückzugreifen ist. 3

Ferner ist das **Verbot von Lohnverwendungsabreden** nach § 117 II aF **ersatzlos weggefallen**. Die damit verbundenen Probleme, wie sie sich etwa im Zusammenhang mit Aktienoptionsplänen stellten[4], sind damit erledigt. 4

2. Sinn und Zweck. § 107 dient der **Lohnsicherung**[5]. Er soll sicherstellen, dass der ArbN über einen gewissen Betrag des Arbeitsentgelts in Form von Geld tatsächlich verfügen kann; außerdem soll der ArbN durch das Kreditierungsverbot **vor Verschuldung** und damit vor weiterer Abhängigkeit vom ArbGeb geschützt werden[6]. Mithin soll das Trucksystem (engl. Truck = Tausch) verhindert werden, dass sich der ArbGeb der Pflicht zur Zahlung von Arbeitsentgelt in Form von Geld über die Gewährung von Naturallohn oder den Verkauf eigener Waren – möglicherweise auf Kredit – unter Verrechnung mit dem Lohn bzw. Gehalt entzieht und den ArbN dadurch zwingt, die erhaltenen Gegenstände uU zu ungünstigeren Preisen selbst am Markt zu veräußern[7]. Dadurch wird nämlich in unzulässiger Weise das Wirtschaftsrisiko auf den ArbN überbürdet. 5

---

1 BGBl. 2002 I S. 3412. ||2 BT-Drs. 14/8796, 26. ||3 Schöne, NZA 2002, 829 (832). ||4 Dazu Lembke, BB 2001, 1469 (1476). ||5 BAG 23.9.1992 – 5 AZR 569/91, AP Nr. 1 zu § 611 BGB Arbeitnehmerdarlehn. ||6 BT-Drs. 14/8796, 24f.; BVerfG 24.2.1992 – 1 BvR 980/88, BB 1992, 780; BAG 23.9.1992 – 5 AZR 569/91, AP Nr. 1 zu § 611 BGB Arbeitnehmerdarlehn; Wisskirchen, DB 2002, 1886 (1888). ||7 BVerfG 24.2.1992 – 1 BVR 980/88, BB 1992, 780; Boemke, § 107 Rz. 2.

6 **3. Geltungsbereich. a) Persönlicher Geltungsbereich.** Die Norm gilt **für alle ArbN** (§ 6 II). Die früheren Ausnahmebestimmungen (etwa §§ 6, 154 aF) wurden aufgehoben. Dies ist im Hinblick auf den Gleichbehandlungsgrundsatz (Art. 3 I GG) zu begrüßen[1].

7 **b) Sachlicher Geltungsbereich.** Die Lohnsicherungsvorschriften der §§ 115 ff. aF bezogen sich nur auf den vereinbarten Lohn (dh. auf Arbeitsentgelt ieS), nicht hingegen auf freiwillige zusätzliche Leistungen im Rahmen von ArbVerh (dh. Arbeitsentgelt iwS)[2]. Dies gilt auch für § 107[3]. Die Vorschrift **gilt also nur für Arbeitsentgelt ieS**, dh. für jede Leistung eines geldwerten Vorteils durch den ArbGeb, die ausschließlich die unmittelbare Abgeltung der in einem bestimmten Zeitraum erbrachten Arbeitsleistung zum Gegenstand hat und in das vertragl. Synallagma eingebunden ist.

8 **Nicht erfasst** wird hingegen **Arbeitsentgelt iwS**, dh. alle sonstigen vom ArbGeb mit Rücksicht auf das ArbVerh gewährten Geld- oder Sachzuwendungen, die über die periodische Abgeltung der Arbeitsleistung hinausgehen und außerhalb des vertragl. Synallagmas stehen[4]. Zu Letzterem zählen etwa Gratifikationen oder Sonderzahlungen mit Gratifikations- bzw. Mischcharakter.

9 Problematisch ist die **Abgrenzung der Entgeltbegriffe** insb. bei ergebnis- oder gewinnorientierten Vergütungsbestandteilen. Entscheidend ist insoweit, ob der jeweilige ArbN einen maßgeblichen Einfluss auf das Erreichen des jeweiligen Ziels hat (dann: Arbeitsentgelt ieS) oder nicht (dann: Arbeitsentgelt iwS)[5]. Zusammenfassend lässt sich festhalten, dass individualleistungsbezogene Vergütungsbestandteile unter Arbeitsentgelt ieS fallen, wohingegen an den Erfolgszielen größerer Einheiten (Abteilung, Betrieb, Unternehmen, Konzern) anknüpfende Vergütungen Arbeitsentgelt iwS darstellen, wenn der Mitarbeiter keinen maßgeblichen Einfluss auf das Erreichen des jeweiligen Ziels hat[6].

10 **II. Truckverbot (Abs. 1).** Nach Abs. 1 hat der ArbGeb dem ArbN das Arbeitsentgelt in Euro zu berechnen und auszuzahlen.

11 **1. Normzweck.** Zweck der Vorschrift ist es, zum einen sicherzustellen, dass der ArbN das Arbeitsentgelt (ieS) tatsächlich **in Geld ausbezahlt** erhält und **darüber frei verfügen** kann (vgl. Rz. 5)[7]. Zum anderen soll der (in Deutschland arbeitende) ArbN, auf dessen ArbVerh deutsches Recht Anwendung findet, durch die Pflicht zur Berechnung und Zahlung des Entgelts in Euro **vor finanziellen Nachteilen etwa durch Währungsumtauschgebühren geschützt** werden[8].

12 **2. Berechnung und Zahlung des Arbeitsentgelts. a) Geldzahlungspflicht.** Abs. 1 stellt die grundsätzliche Pflicht auf, das Arbeitsentgelt ieS (s. Rz. 7) durch eine Geldzahlung in Euro zu leisten. Dies kann entweder in Form einer **Barzahlung, bargeldloser Überweisung** auf das Konto des ArbN oder per **Scheck** geschehen, nicht jedoch durch Hingabe eines Wechsels, von Anweisungen oder Gutscheinen[9].

13 Ausgeschlossen ist im **Grundsatz** eine Tilgung des Anspruchs auf Arbeitsentgelt durch eine Leistung an Erfüllung statt (§ 364 I BGB)[10]. Nach Abs. 1 ist es dem ArbGeb also nicht erlaubt, das Arbeitsentgelt ieS durch Sach- oder Dienstleistungen (dh. Naturallohn/Naturalvergütung) zu erfüllen.

14 Das Gesetz sieht jedoch **Ausnahmen** von diesem Grundsatz vor. Nach Maßgabe der S. 1, 3–5 des Abs. 2 kann der ArbGeb mit dem ArbN die Gewährung von Sachbezügen als Teil des Arbeitsentgelts oder die Überlassung von Waren in Anrechnung auf das Arbeitsentgelt vereinbaren.

15 Das dargestellte Regel-Ausnahme-Verhältnis gibt zugleich die **Beweislastverteilung** im Falle eines Rechtsstreits um Zahlung des Arbeitsentgelts wider: Beruft sich der ArbGeb auf die Ausnahmetatbestände, hat er ihre Voraussetzungen darzulegen und zu beweisen.

16 **b) Währung.** Nach Abs. 1 ist das Arbeitsentgelt ieS (s. Rz. 7) in **Euro** zu berechnen und auszuzahlen. Die Regelung ist **zwingend**, dh. abweichende Vereinbarungen sind nichtig (§ 134 BGB)[11]. Unzulässig ist also zB die Vereinbarung eines ausländischen ArbGeb mit dem in Deutschland tätigen ArbN, das in ausländischer Währung vereinbarte Arbeitsentgelt auch in ausländischer Währung auszuzahlen. Hat der ArbN seine Arbeitsleistung allerdings länger als einen Monat außerhalb Deutschlands zu erbringen, kann das Arbeitsentgelt auch in der Währung des jeweiligen Einsatzlandes ausbezahlt werden. Dies folgt aus § 2 II Nr. 2 NachwG[12].

---

1 Vgl. *Lembke*, BB 2001, 1469 (1476). ‖ 2 BAG 23.9.1992 – 5 AZR 569/91, AP Nr. 1 zu § 611 BGB Arbeitnehmerdarlehn; *Lembke*, BB 2001, 1469 (1476) mwN. ‖ 3 Vgl. nur BT-Drs. 14/8796, 25; *Boemke*, § 107 Rz. 16 f.; Landmann/Rohmer/*Neumann*, § 107 Rz. 17; *Wisskirchen*, DB 2002, 1886 (1888). ‖ 4 Zu den Entgeltbegriffen näher BAG 25.4.2007 – 5 AZR 627/05, NZA 2007, 853;; *Lembke*, NJW 2010, 257 (258 ff.) mwN.; zur neuesten Rechtsprechungsentwicklung der Entgeltbegriffe s. BAG 14.11.2012 – 10 AZR 793/11, NZA 2013, 273, Rz. 14 ff.; 18.1.2012 – 10 AZR 667/10, NZA 2012, 620, Rz. 10; 7.6.2011 – 1 AZR 412/09, NZA 2011, 989 (991), Rz. 25 ‖ 5 *Lembke*, NJW 2010, 257 (259); *Lembke*, BB 2001, 1469 (1470 f.); *Swoboda/Kinner*, BB 2003, 418 (419). ‖ 6 Näher LAG Nds. 5.7.2002 – 10 Sa 657/02, DB 2003, 99 f.; *Lembke*, BB 2008, 168 (170); *Lembke*, BB 2001, 1469 (1470 f.) mwN; *Swoboda/Kinner*, BB 2003, 418 (419). ‖ 7 *Bauer/Opolony*, BB 2002, 1590 (1592). ‖ 8 Vgl. ErfK/*Preis*, § 107 GewO Rz. 2. ‖ 9 *Boemke*, § 107 Rz. 13; Landmann/Rohmer/*Neumann*, § 107 Rz. 15 ff. ‖ 10 *Bauer/Opolony*, BB 2002, 1590 (1592); Landmann/Rohmer/*Neumann*, § 107 Rz. 16. ‖ 11 Dies ergab sich früher aus § 117 I aF; *Bauer/Opolony*, BB 2002, 1590 (1592); *Boemke*, § 107 Rz. 10; aA ErfK/*Preis*, § 107 Rz. 2; *Wisskirchen*, DB 2002, 1886 (1887). ‖ 12 Ähnlich DFL/*Kolbe*, § 107 GewO Rz. 13.

Ansonsten hat die **Zahlung mit ausländischer Währung** keine Erfüllungswirkung iSv. § 362 I BGB, so 17
dass der ArbN sowohl für die Vergangenheit als auch für die Zukunft die Zahlung des Arbeitsentgelts in
Euro verlangen kann. Hinsichtlich des an den ArbN gezahlten Gelds in ausländischer Währung hat der
ArbGeb einen Herausgabeanspruch aus einer Leistungskondiktion (§ 812 I 1 Alt. 1 BGB). Der **Bereicherungsanspruch** kann im Einzelfall aber gem. § 817 S. 2 BGB ausgeschlossen sein, wenn der ArbGeb vorsätzlich gegen Abs. 1 verstoßen hat. Bloßes Kennenmüssen des Verbots reicht im Rahmen des § 817 S. 2
BGB jedoch nicht aus[1].

Zulässig ist es hingegen, dass ArbGeb und ArbN die **Höhe des Arbeitsentgelts in** einer **ausländischen** 18
Währung (zB US-Dollar) vereinbaren[2]. Der ArbGeb ist in diesem Fall nach S. 1 jedoch verpflichtet, das
Arbeitsentgelt **umzurechnen** und in Euro auszubezahlen. Die Abrechnung des Arbeitsentgelts (§ 108)
muss ebenfalls die Beträge in Euro ausweisen.

Zulässig ist es ferner, Gratifikationen und sonstiges **Arbeitsentgelt iwS** (zum Begriff Rz. 8) in einer an- 19
deren Währung als Euro auszubezahlen, da § 107 nur für Arbeitsentgelt ieS gilt (s. Rz. 7). So kann bspw.
ein US-amerikanisches Unternehmen seinen ArbN in Deutschland Weihnachtsgeld in US-Dollar ausbezahlen.

c) **Sonstiges.** Hinsichtlich **Zeit und Ort der Entgeltzahlung** gelten die allg. Vorschriften (zB §§ 614, 269 20
BGB)[3]. Insoweit und hinsichtlich der Art der Auszahlung (in bar oder bargeldlos) besteht ein **MitbestR
des BR** nach § 87 I Nr. 4 BetrVG.

III. Sachbezüge. Nach Abs. 2 S. 1 können die Arbeitsvertragsparteien Sachbezüge vereinbaren, wenn 21
dies dem Interesse des ArbN oder der Eigenart des ArbVerh entspricht.

1. Normzweck. Die Vorschrift dient der **Lohnsicherung** des ArbN und dem Schutz vor dem Trucksys- 22
tem (s. Rz. 5).

2. Sachlicher Geltungsbereich. Abs. 2 S. 1 und 5 gelten nur für **Vereinbarungen** über Sachbezüge als 23
Teil des Arbeitsentgelts ieS (s. Rz. 7), die **zwischen ArbGeb und ArbN** getroffen werden. **Nicht** erfasst
werden hingegen Regelungen über die Gewährung von Sachbezügen in **TV oder BV**[4]. Insoweit gelten
also insb. die einschränkenden Voraussetzungen des Abs. 2 S. 1 nicht.

Unberührt bleibt auch die lex specialis des § 17 II BBiG, wonach Sachbezüge 75 % der Bruttover- 24
gütung eines Auszubildenden nicht übersteigen dürfen[5].

3. Vereinbarung über Sachbezüge. a) Begriff der Sachbezüge. Sachbezug ist jede Zuwendung des 25
ArbGeb an den ArbN, die zwar eine geldwerte Leistung darstellt, aber nicht in Geld erbracht wird[6]. Umfasst sind damit nicht nur Sachleistungen, sondern **auch Dienstleistungen** des ArbGeb, obwohl dies
nach dem Wortlaut des Gesetzes („Sachbezüge") nicht eindeutig ist[7]. Vorzugswürdig wäre der Begriff
der „Naturalvergütung" gewesen[8]. Sachbezüge iSd. Gesetzes sind aber nur solche, die Arbeitsentgelt
ieS darstellen und nicht außerhalb des vertragl. Synallagmas stehende Zusatzleistungen sind (s.
Rz. 7 ff.)[9].

Beispiele für Sachbezüge sind die Überlassung des Dienstwagens auch zur privaten Nutzung[10], kos- 26
tenloser Werksbusverkehr[11], Personalrabatte[12], Werkdienstwohnung (§ 576b BGB – nicht: Werkmietwohnung, §§ 576 f. BGB)[13], Deputate in der Landwirtschaft, Kohlen im Bergbau (Hausbrand), Kost (zB
Haustrunk im Brauereigewerbe), Heizung und Beleuchtung[14], je nach Ausgestaltung (ausnahmsw.)
auch Aktienoptionen[15] und Aktien.

Nicht darunter fallen zB die Überlassung von **Dienstkleidung**[16] **und Arbeitsgeräten** oder die Berechti- 27
gung des ArbN zur Teilhabe an **betrieblichen Sozialeinrichtungen** (wie Kantine, Sportanlage, Kindergarten, Bücherei)[17].

b) Zulässigkeitsvoraussetzungen. Voraussetzung dafür, dass die Vereinbarung von Sachbezügen als 28
Teil des Arbeitsentgelts in Abweichung von der grundsätzlichen Geldzahlungspflicht (Abs. 1) zulässig
ist, ist nach Abs. 2 S. 1, dass der jeweilige Sachbezug dem Interesse des ArbN oder der Eigenart des ArbVerh entspricht.

---

1 Palandt/*Sprau*, § 817 BGB Rz. 11, 19. || 2 Ähnlich ErfK/*Preis*, § 107 GewO Rz. 2. || 3 Näher *Boemke*, § 107
Rz. 11 f. || 4 BT-Drs. 14/8796, 25; *Wisskirchen*, DB 2002, 1886 (1888). || 5 BT-Drs. 14/8796, 25. || 6 BT-Drs.
14/8796, 24; *Bauer/Opolony*, BB 2002, 1590 (1593); *Boemke*, § 107 Rz. 15. || 7 BAG 17.2.2009 – 9 AZR 676/07,
NZA 2010, 99 (100), Rz. 14. || 8 Vgl. Schaub/*Linck*, ArbRHdb, § 68 Rz. 1. || 9 BT-Drs. 14/8796, 25; BAG 24.3.
2009 – 9 AZR 733/07, NZA 2009, 861 (862), Rz. 12; 17.2.2009 – 9 AZR 676/07, NZA 2010, 99 (100), Rz. 14; *Boemke*,
§ 107 Rz. 16 f.; *Wisskirchen*, DB 2002, 1886 (1888). || 10 BAG 19.12.2006 – 9 AZR 294/06, BB 2007, 1624 (1625) m.
Anm. *Lembke*. || 11 LAG Nürnberg 29.10.2004 – 2 Sa 828/02, NZA-RR 2005, 291 (293). || 12 BAG 13.12.2006 –
10 AZR 792/05, NZA 2007, 325 (326); Schaub/*Linck*, ArbRHdb, § 68 Rz. 8; Personalrabatte sind jedoch idR Entgelt iwS (s. BAG 7.9.2004 – 9 AZR 631/03, NZA 2005, 941), welche nicht unter § 107 fallen. || 13 *Boemke*, § 107
Rz. 16; Landmann/Rohmer/*Neumann*, § 107 Rz. 35. || 14 *Boemke*, § 107 Rz. 16; ErfK/*Preis*, § 107 GewO Rz. 4.
|| 15 LAG Düss. 30.10.2008 – 5 Sa 977/08, Rz. 44; DFL/*Kolbe*, § 107 GewO Rz. 19; *Lembke*, BB 2001, 1469 (1470 f.);
Annuß/Lembke, BB 2003, 2230 ff.; *Lembke*, NJW 2010, 257 (258). || 16 BAG 17.2.2009 – 9 AZR 676/07, NZA 2010,
99 (100) Rz. 15. || 17 *Boemke*, § 107 Rz. 17; ErfK/*Preis*, § 107 GewO Rz. 4.

29 **aa) Im Interesse des Arbeitnehmers.** Ob der Sachbezug dem Interesse des ArbN entspricht, ist nicht vom subjektiven Standpunkt des ArbN zu bestimmen, sondern **aus Sicht des objektivierten Empfängerhorizonts eines verständigen ArbN in vergleichbarer Lage**[1]. Dabei können durchaus auch konkrete Umstände (zB Höhe der Sachleistung im Verhältnis zum in Geld verbleibenden Arbeitsentgelt) berücksichtigt werden[2].

30 Im Regelfall wird man vom Vorliegen des Interesses des ArbN ausgehen können, wenn er die Sachleistung mit dem ArbGeb vereinbart hat und diese für ihn objektiv von Nutzen ist. Dies gilt etwa bei der **Überlassung** eines **Firmenwagens**[3], **Mobiltelefons** oder **Laptops auch zu privaten Zwecken**[4]. Im Insolvenzfall des ArbGeb kann es im Interesse des ArbN liegen, vom ArbGeb statt des Entgelts Sachleistungen wie etwa Computer oder Einrichtungsgegenstände zu erhalten[5].

31 Insg. ist Zurückhaltung bei der Verneinung des ArbN-Interesses geboten, da es um den Schutz des ArbN vor sich selbst geht und daher eine Bevormundung droht. Sachgerecht dürfte es sein zu überprüfen, ob der ArbN durch die Vereinbarung des Sachbezugs als solchem unangemessen benachteiligt wird, was nur ausnahmsw. der Fall sein dürfte. Nicht im objektiven ArbN-Interesse liegt die Vereinbarung, dass über 50 % der monatlichen Grundvergütung in Aktienoptionen bzw. Aktien ausbezahlt werden, wenn deren Werthaltigkeit äußerst unsicher ist, etwa weil sie von einem Start-up begeben werden[6].

32 **bb) Eigenart des Arbeitsverhältnisses.** Der Sachbezug ist unabhängig vom Interesse des ArbN auch zulässig, wenn er der Eigenart des ArbVerh entspricht, dh. bei Anlegen eines **objektiven Maßstabs** mit der **Verkehrssitte** übereinstimmt. Danach ist die in bestimmten Branchen übliche Gewährung von Sachbezügen als Teil des Arbeitsentgelts (zB Gewährung von Deputaten in der Gastronomie, im Brauerei- oder Tabakgewerbe) zulässig[7]. Dasselbe gilt etwa für die Überlassung einer Dienstwohnung für eine Hausmeister- oder Pförtnertätigkeit[8].

33 **cc) Rechtsfolgen bei Verstößen.** Liegen die Voraussetzungen für die Zulässigkeit der Sachbezugsvereinbarung nicht vor, so ist die Vereinbarung gem. **§ 134 BGB nichtig**, einen Teil des Arbeitsentgelts durch Sachbezug zu tilgen. Der ArbN muss die Sachleistung nicht als Arbeitsentgelt akzeptieren und kann daher den Wert der Naturalleistung, dh. des Sachbezugs, gem. dem Grundsatz des Abs. 1 in Geld verlangen[9].

34 Die Übereignung einer als Sachbezug geleisteten Sache (§ 929 BGB) ist hingegen rechtl. neutral und bleibt wirksam. Jedoch kann der ArbGeb eine **Leistungskondiktion** ggü. dem ArbN geltend machen und die Sache herausverlangen, falls nicht § 817 S. 2 BGB eingreift (s. Rz. 17).

35 **4. Beschaffenheit der Sachbezüge (Abs. 2 S. 4).** Nach Abs. 2 S. 4 müssen die geleisteten Gegenstände mittlerer Art und Güte sein (§ 243 I BGB), soweit die Arbeitsvertragsparteien nicht ausdrücklich eine andere Vereinbarung getroffen haben. Die Norm gilt ausweislich der Gesetzesbegr.[10] nicht nur für die nach S. 3 in Anrechnung auf das Arbeitsentgelt überlassenen Waren, sondern auch für die nach S. 1 als Sachbezüge geleisteten Gegenstände[11].

36 **a) Normzweck.** Die Norm soll sicherstellen, dass den ArbN keine Nachteile dadurch entstehen, dass sie die Waren bzw. Gegenstände nicht anderweitig erwerben[12].

37 **b) Gegenstände mittlerer Art und Güte.** Der Begriff „mittlerer Art und Güte" entspricht dem in § 243 I BGB verwandten Begriff. Die überlassenen Gegenstände dürfen daher – mangels abweichender ausdrücklicher Vereinbarung – nicht minderwertig, sondern müssen **einwandfrei** sein[13]. Bei Mangelhaftigkeit der als Sachbezug überlassenen Gegenstände finden die §§ 434 ff., 536 ff. BGB – soweit sachgerecht – entsprechende Anwendung[14].

38 **c) Abweichende Vereinbarung.** Nach Abs. 2 S. 4 können die Parteien jedoch vereinbaren, dass die überlassenen Gegenstände **von besserer Beschaffenheit** sein müssen **oder** – praktisch bedeutsamer – eine **schlechtere Qualität** als mittlere Art und Güte haben können. Der Bezug von minderwertigen und daher billigeren Gegenständen (zB 2. Wahl, B-Sortierung) kann nämlich gerade im Interesse des ArbN liegen[15].

39 Erforderlich ist nach Abs. 2 S. 4 aber eine **ausdrückliche Vereinbarung**; eine konkludente Abänderung des Qualitätsmaßstabs ist hingegen nicht möglich[16].

---

1 LAG Düss. 30.10.2008 – 5 Sa 977/08, Rz. 46; *Bauer/Opolony*, BB 2002, 1590 (1593); *Boemke*, § 107 Rz. 18; Landmann/Rohmer/*Neumann*, § 107 Rz. 39; ErfK/*Preis*, § 107 GewO Rz. 4. || 2 Vgl. BT-Drs. 14/8796, 24, wo ebenfalls auf das „konkrete" Interesse des ArbN abgestellt wird. || 3 BAG 24.3.2009 – 9 AZR 733/07, NZA 2009, 861 (862), Rz. 15. || 4 BT-Drs. 14/8796, 24; *Boemke*, § 107 Rz. 18; *Schöne*, NZA 2002, 829 (831). || 5 *Boemke*, § 107 Rz. 18. || 6 LAG Düss. 30.10.2008 – 5 Sa 977/08, DB 2009, 687 (688). || 7 BT-Drs. 14/8796, 24. || 8 *Boemke*, § 107 Rz. 19. || 9 LAG Düss. 30.10.2008 – 5 Sa 977/08, DB 2009, 687; *Perreng*, AiB 2002, 521 (522). || 10 BT-Drs. 14/8796, 25. || 11 *Boemke*, § 107 Rz. 32. || 12 BT-Drs. 14/8796, 25. || 13 *Schöne*, NZA 2002, 829 (832). || 14 *Boemke*, § 107 Rz. 36; MünchArbR/*Krause*, § 60 Rz. 3. || 15 BT-Drs. 14/8796, 25. || 16 *Boemke*, § 107 Rz. 34; *Schöne*, NZA 2002, 829 (832).

5. Pfändungsfreigrenzen (Abs. 2 S. 5). Der Wortlaut von Abs. 2 S. 5 ist missglückt und unverständlich. 40
Gemeint ist, dass der ArbGeb das Arbeitsentgelt ieS (s. Rz. 7) sowohl bei der Vereinbarung eines Sachbezugs als auch bei der vereinbarten Überlassung von Waren in Anrechnung auf das Arbeitsentgelt mindestens in Höhe des Pfändungsfreibetrags (§ 850c ZPO) in Geld leisten muss[1]. Dem ArbN muss der unpfändbare Teil seines Arbeitsentgelts verbleiben[2]. Insofern handelt es sich um eine Rückausnahme zur Geldzahlungspflicht des Abs. 1.

Werden zB Aktien vom ArbGeb verbilligt, dh. mit einem Abschlag auf den sonst üblichen Kaufpreis, 41
an ArbN veräußert und vereinbaren die Arbeitsvertragsparteien, dass der Kaufpreis (bzw. eine dafür vorgesehene Sparsumme) vom – über dem Pfändungsfreibetrag liegenden – Fixgehalt einbehalten wird, so stellt nur der in der Differenz zwischen üblichem und tatsächlichem Kaufpreis liegende geldwerte Vorteil Sachbezug dar. Der Sachverhalt, dass dem ArbN ggf. auf Grund des Einbehalts der Kaufpreissumme vom Gehalt nicht mehr das Arbeitsentgelt in Höhe des Pfändungsfreibetrags verbleibt, wird von Abs. 2 S. 5 nicht erfasst, weil das Fixgehalt (Arbeitsentgelt ieS) dem ArbN zur freien Verwendung verbleibt. Es ist dem ArbN unbenommen, sein Arbeitsentgelt für den Kauf von Aktien des ArbGeb einzusetzen. Die Vereinbarung der Arbeitsvertragsparteien, einen Teil des Fixgehalts zur Finanzierung der Gegenstände (zB Aktien) zu verwenden, ist nach Aufhebung des Verbot von Lohnverwendungsabreden (§ 117 II aF) zulässig (s. Rz. 4). Durch den Einbehalt der Kaufpreissumme vom Fixgehalt wird lediglich ein Hin- und Herüberweisen des Geldes vermieden.

a) Normzweck. Zweck der Vorschrift ist es zu vermeiden, dass ArbN in eine Lage geraten, in der sie 42
die Gegenstände, die sie als Naturallohn erhalten haben, erst verkaufen müssen, bevor ihnen Geld zur Verfügung steht[3].

b) Rechtsfolgen bei Verstößen. Haben die Arbeitsvertragsparteien Sachbezug als Teil des Arbeitsentgelts ieS vereinbart, liegt aber der in Geld zu leistende Teil des Arbeitsentgelts unterhalb der Pfändungsfreigrenzen, verstößt die Sachbezugsvereinbarung gegen Abs. 2 S. 5. Die Vereinbarung, die Pflicht zur Zahlung von Arbeitsentgelt durch den Sachbezug teilweise zu tilgen, ist gem. **§ 134 BGB nichtig**[4]. 43

Bei Teilbarkeit des Sachbezugs tritt **Teilnichtigkeit** ein[5], dh. das Arbeitsentgelt ist bis zur Pfändungsfreigrenze in Geld zu leisten, und der Sachbezug wird entsprechend gekürzt. 44

Bei **Unteilbarkeit** des Sachbezugs (zB Firmenfahrzeug auch zur privaten Nutzung) ist die gesamte 45
Sachbezugsvereinbarung nichtig, dh. der Sachbezug hat keine Erfüllungswirkung hinsichtlich des Anspruchs auf Arbeitsentgelt. Der Wert des Sachbezugs ist in Geld auszuzahlen[6].

Liegt das Arbeitsentgelt (ieS) insg. unterhalb der Pfändungsfreigrenze, ist die Vereinbarung von 46
Sachbezügen und Anrechnung von Waren auf das Arbeitsentgelt generell unzulässig und nichtig (§ 134 BGB)[7]. Das gesamte Entgelt ist hier in Geld auszuzahlen.

IV. Kreditierungsverbot (Abs. 2 S. 2). Abs. 2 S. 2 regelt, dass ArbGeb ihren ArbN keine Waren auf Kredit überlassen dürfen. 47

1. Normzweck. Zweck ist es, die Umgehung des Truckverbots zu verhindern[8] und den ArbN vor Verschuldung und weiterer Abhängigkeit vom ArbGeb zu schützen (s. Rz. 5). 48

2. Warenüberlassung auf Kredit. Das Kreditierungsverbot verbietet die Überlassung **eigener Waren** 49
des ArbGeb an den ArbN auf Kredit.

a) Begriff der Ware. Waren sind handelbare bewegliche Sachen[9]. Darunter fallen zB Druckschriften, 50
elektrischer Strom, Gas, Wasser, Fernwärme und Software, nicht hingegen Grundstücke, Forderungen, Aktienoptionen und Geschäftsanteile an einer GmbH[10]. Unbeachtlich ist, ob die Waren im Betrieb des ArbGeb hergestellt werden oder nicht[11].

Bei der Überlassung der Waren schließt der ArbGeb mit dem ArbN regelmäßig einen **Kaufvertrag** iSd. 51
§§ 433 ff. BGB ab, welcher der Inhaltskontrolle nach §§ 305 ff. BGB unterliegt[12]. Die Regelungen zum **Verbrauchsgüterkauf** (§§ 474 ff. BGB) sind ebenso zu beachten wie das **Widerrufsrecht** des Verbrauchers bei Haustürgeschäften (§§ 312, 355 BGB). Ggf. kann auch ein **Mietvertrag** (§§ 535 ff. BGB) vorliegen.

b) Auf Kredit. Warenüberlassung auf Kredit liegt vor, wenn der ArbGeb die **Bezahlung des Kaufprei-** 52
ses oder Mietpreises stundet[13]. Dasselbe gilt, wenn der ArbGeb dem ArbN **Gutscheine oder Marken als Lohnvorschuss** gibt, die der ArbGeb bei Warenausgabe an Zahlungs statt annimmt und sodann bei der

---

1 BT-Drs. 14/8796, 25; BAG 24.3.2009 – 9 AZR 733/07, NZA 2009, 861 (862); 17.2.2009 – 9 AZR 676/07, NZA 2010, 99 (100), Rz. 14; *Bauer/Opolony*, BB 2002, 1590 (1594); Schöne, NZA 2002, 829 (832). ‖ 2 MünchArbR/*Krause*, § 60 Rz. 1. ‖ 3 BT-Drs. 14/8796, 25; *Boemke*, § 107 Rz. 37; Schöne, NZA 2002, 829 (832). ‖ 4 BAG 24.3.2009 – 9 AZR 733/07, NZA 2009, 861 (863). ‖ 5 Zutr. *Boemke*, § 107 Rz. 39; vgl. auch Palandt/*Ellenberger*, § 139 BGB Rz. 14. ‖ 6 *Boemke*, § 107 Rz. 40. ‖ 7 *Boemke*, § 107 Rz. 41. ‖ 8 BGH 12.5.1975 – III ZR 39/73, AP Nr. 3 zu § 115 GewO; *Tettinger/Wank/Ennuschat*, § 107 Rz. 7. ‖ 9 *Baumbach/Hopt*, HGB, Überbl. v. § 373 Rz. 8; Landmann/Rohmer/*Neumann*, § 107 Rz. 42. ‖ 10 Vgl. *Boemke*, § 107 Rz. 21; Landmann/Rohmer/*Neumann*, § 107 Rz. 42. ‖ 11 Landmann/Rohmer/*Neumann*, § 107 Rz. 47. ‖ 12 BAG 26.5.1993 – 5 AZR 219/92, BB 1993, 1659. ‖ 13 *Bauer/Opolony*, BB 2002, 1590 (1592); *Boemke*, § 107 Rz. 22.

Lohnzahlung in Anrechnung bringt[1]. Schließlich fällt auch der Abschluss eines **Darlehensvertrags** (§§ 488 ff., 491 II BGB) mit dem ArbGeb im Zusammenhang mit der Warenüberlassung unter das Kreditierungsverbot.

53 **Zulässig** ist hingegen der Kauf von Waren durch ArbN beim ArbGeb, wenn der Kaufpreis nicht durch den ArbGeb, sondern ein **Kreditinstitut kreditiert** wird. Das gilt selbst dann, wenn es sich beim Kreditunternehmen um eines handelt, das – wie beim Abzahlungskauf typisch – in ständiger Geschäftsbeziehung mit dem ArbGeb steht[2] und zwar grds. auch dann, wenn der ArbGeb über einen Konzernverbund an dem Kreditinstitut beteiligt ist[3]. Die relative weite Umgehungsvermeidungsnorm des § 119 aF wurde ersatzlos gestrichen. Eine Zurechnung von Verhalten unterschiedlicher Rechtsträger im Konzernverbund kommt nach allg. Grundsätzen allenfalls in den Fällen des qualifizierten faktischen Konzerns in Betracht. Der ArbN ist aber über § 358 BGB bei derartigen verbundenen Geschäften geschützt.

54 Nicht vom Kreditierungsverbot erfasst wird die Überlassung der Waren gegen **Barzahlung** des ArbN[4].

55 **c) Rechtsfolge bei Verstößen.** Bei einem Verstoß gegen das Kreditierungsverbot ist die **Stundungsabrede** im Rahmen des Kaufvertrags bzw. Mietvertrags gem. § 134 BGB **nichtig** und mithin auch der gesamte **Kaufvertrag** bzw. **Mietvertrag** (§ 139 BGB), weil die Stundungsabrede und der zugrunde liegende Kauf- oder Mietvertrag nach dem Parteiwillen als Einheit anzusehen sind[5]. Der ArbGeb kann vom ArbN die Rückgewähr der Waren nach § 812 I 1 Alt. 1 BGB verlangen, es sei denn, § 817 S. 2 BGB steht dem entgegen (vgl. Rz. 17, 34).

56 Hat der ArbGeb mit dem ArbN zusätzlich neben dem Kaufvertrag einen **Darlehensvertrag** zur Finanzierung des Kaufpreises geschlossen, sind beide Vereinbarungen **nichtig** (§§ 134, 139 BGB), da sie von den Parteien als Einheit angesehen werden[6].

57 **V. Anrechnung von Waren auf das Arbeitsentgelt.** Abs. 2 S. 3 enthält eine weitere **Ausnahme vom Geldzahlungsgebot** nach Abs. 1. Danach darf der ArbGeb auf Grund einer entsprechenden Vereinbarung mit dem ArbN Waren an den ArbN in Anrechnung auf das Arbeitsentgelt (ieS) überlassen, wenn die Anrechnung zu den durchschnittlichen Selbstkosten erfolgt.

58 **1. Normzweck.** Zweck des Abs. 2 S. 3 ist die **Lohnsicherung** und Vermeidung der Umgehung des Truckverbots (s. Rz. 5).

59 **2. Anrechnungsvereinbarung (Abs. 2 S. 3). a) Überlassung von Waren.** Die Norm erfasst die Überlassung von **eigenen Waren des ArbGeb** an den ArbN auf Grund eines Kauf- oder Mietvertrags (s. Rz. 49 ff.). Überlassen werden kann jegliche Ware (zum Begriff der Ware Rz. 50); die früheren Beschränkungen des § 115 II 2 aF gelten nicht mehr.

60 **b) In Anrechnung auf das Arbeitsentgelt.** Die Norm erfasst nur Arbeitsentgelt ieS (s. Rz. 7). Eine Vereinbarung über die Überlassung von Waren in Anrechnung auf **Arbeitsentgelt iwS** (zB auf das Weihnachtsgeld) ist daher ohne Weiteres zulässig.

61 Anrechnung ist eine **Abzugsmöglichkeit sui generis** (vgl. auch §§ 615 S. 2 BGB, 74c I HGB, 11 KSchG[7]) und mithin keine Aufrechnung iSd. §§ 387 ff. BGB[8].

62 **c) Nach Vereinbarung.** Erforderlich für die Anrechnung des Kaufpreises (bzw. Mietpreises) auf das Arbeitsentgelt ist eine entsprechende Anrechnungsvereinbarung zwischen ArbGeb und ArbN. Eine einseitige Anrechnungsbefugnis des ArbGeb besteht nicht[9].

63 **d) Zu den durchschnittlichen Selbstkosten.** Zulässigkeitsvoraussetzung für die Anrechnungsvereinbarung ist, dass der Kaufpreis (Mietzins) für die überlassenen Waren die durchschnittlichen Selbstkosten des ArbGeb nicht übersteigt. Damit ist nicht der Einkaufs- oder Herstellungswert, sondern der Preis gemeint, zu dem der ArbGeb die Ware veräußern kann, ohne Gewinn oder Verlust zu machen[10]. Der durchschnittliche Selbstkostenpreis umfasst auch die Kosten für die Anschaffung der Ware, Transport und Lagerung, sonstige Unterhaltung sowie aufgelaufene Zinsen der Anschaffungskosten[11].

64 Die bloße Einräumung von **Rabatten** etwa im Rahmen des Werksverkaufs ist unzureichend und entspricht nicht per se den Erfordernissen des durchschnittlichen Selbstkostenpreises[12].

---

1 Landmann/Rohmer/*Neumann*, § 107 Rz. 43. || 2 BGH 12.5.1975 – III ZR 39/73, AP Nr. 3 zu § 115 GewO; *Bauer/Opolony*, BB 2002, 1590 (1592); *Tettinger/Wank/Ennuschat*, § 107 Rz. 10; zweifelnd *Boemke*, § 107 Rz. 25. ||3 Ebenso DFL/*Kolbe*, § 107 GewO Rz. 26; aA *Boemke*, § 107 Rz. 25. || 4 BVerfG 24.2.1992 – 1 BvR 980/88, BB 1992, 780 (781); *Boemke*, § 107 Rz. 22; Landmann/Rohmer/*Neumann*, § 107 Rz. 45; *Tettinger/Wank/Ennuschat*, § 107 Rz. 7. ||5 Ähnlich *Boemke*, § 107 Rz. 23. ||6 Ähnlich *Boemke*, § 107 Rz. 23. ||7 Vgl. ErfK/*Preis*, § 615 BGB Rz. 83. ||8 *Tettinger/Wank/Ennuschat*, § 107 Rz. 15; aA *Boemke*, § 107 Rz. 28; *Schöne*, NZA 2002, 829 (831). ||9 *Bauer/Opolony*, BB 2002, 1590 (1593); *Tettinger/Wank/Ennuschat*, § 107 Rz. 12. ||10 *Boemke*, § 107 Rz. 29; *Wisskirchen*, DB 2002, 1886 (1888). ||11 *Boemke*, § 107 Rz. 29; *Schöne*, NZA 2002, 829 (831). ||12 Unzutr. BT-Drs. 14/8796, 25; wie hier *Bauer/Opolony*, BB 2002, 1590 (1593); *Wisskirchen*, DB 2002, 1886 (1888).

Im Rechtsstreit um Zahlung des Arbeitsentgelts in Form von Geld trifft den **ArbGeb** die **Darlegungs- und Beweislast** hinsichtlich der Frage, ob die überlassenen Waren zum durchschnittlichen Selbstkostenpreis überlassen wurden[1] (Rz. 15). 65

3. Rechtsfolge bei Verstößen. Wird der durchschnittliche Selbstkostenpreis nicht eingehalten, ist die Anrechnungsabrede insoweit nichtig (§ 134 BGB), dh. die **Anrechnungsabrede und** der **Kaufvertrag** (bzw. Mietvertrag) **sind hinsichtlich des den durchschnittlichen Selbstkostenpreis übersteigenden Betrags unwirksam**[2]. Der ArbGeb kann also das Arbeitsentgelt (nur) in Höhe des durchschnittlichen Selbstkostenpreises einbehalten. Den darüber liegenden Kaufpreis kann er allerdings nicht einklagen; insoweit erfasst auf Grund der Einheitlichkeit von Anrechnungsabrede und Kaufvertrag die (Teil-)Nichtigkeit der Anrechnungsabrede auch den Kaufvertrag (§ 139 BGB)[3]. Eine Totalnichtigkeit von Anrechnungsabrede und Kaufvertrag tritt nicht ein; vielmehr wird ein Rechtsgeschäft bei Verstößen gegen Preisvorschriften grds. mit dem zulässigen Preis aufrecht erhalten[4]. 66

Im Hinblick auf den eindeutigen Wortlaut von Abs. 2 S. 3 („durchschnittliche Selbstkosten") kann der Ansicht nicht gefolgt werden, wonach eine Anrechnungsvereinbarung auch zu höheren als den Selbstkostenpreisen immer zulässig ist, wenn dem ArbN noch der Lohn bis zur Pfändungsfreigrenze ausgezahlt wird[5]. 67

4. Beschaffenheit der geleisteten Ware (Abs. 2 S. 4). Die überlassenen Waren müssen gem. Abs. 2 S. 4 **mittlerer Art und Güte** sein, sofern nicht ausdrücklich eine andere Vereinbarung getroffen worden ist (näher Rz. 35 ff.). Sind sie das nicht, greifen die §§ 434 ff. bzw. §§ 536 ff. BGB. 68

5. Höchstgrenze für die Anrechnung (Abs. 2 S. 5). Nach – dem missverständlich formulierten – Abs. 2 S. 5 muss der ArbGeb dem ArbN auch im Falle der vereinbarten Anrechnung von Waren auf das Arbeitsentgelt das Arbeitsentgelt mindestens in Höhe des **Pfändungsfreibetrags** (§ 850c ZPO) in Geld leisten (s. Rz. 40), dh. die Anrechnung des Kaufpreises der überlassenen Ware darf nicht den in Geld zu leistenden unpfändbaren Teil des Arbeitsentgelts erfassen. 69

Ansonsten ist die Anrechnungsabrede unwirksam (§ 134 BGB) und damit idR auch der Kaufvertrag (§ 139 BGB), da die Parteien die Anrechnungsabrede und den Kaufvertrag nur einheitlich gewollt haben. Etwas anderes kann nur gelten, falls Anhaltspunkte dafür bestehen, dass der ArbN den nicht anrechenbaren Teil des Kaufpreises bar bezahlen möchte. 70

VI. Trinkgeld (Abs. 3). Nach Abs. 3 kann die Zahlung eines regelmäßigen Arbeitsentgelts nicht ausgeschlossen werden, wenn der ArbN von Dritten Trinkgeld erhält. 71

1. Normzweck. Die – erst auf Vorschlag des Ausschusses für Wirtschaft und Technologie eingefügte – Vorschrift stellt klar, dass ArbN nicht ausschließlich auf Trinkgeldzahlungen verwiesen werden dürfen. Dadurch soll vermieden werden, dass dem ArbN (im Gastronomiegewerbe) das **Betriebs- und Wirtschaftsrisiko** auferlegt wird[6]. 72

Andererseits soll wohl auch einer **Umgehung der Steuerpflicht** von Arbeitslohn durch Vereinbarung der Arbeitsvertragsparteien, das Trinkgeld als Arbeitsentgelt zu behandeln, vermieden werden[7]. Denn Trinkgelder sind mit Wirkung ab dem 1.1.2002[8] in unbegrenzter Höhe steuerfrei (§ 3 Nr. 51 EStG). 73

2. Begriff des Trinkgelds (S. 2). Trinkgeld ist nach der Legaldefinition des S. 2 ein Geldbetrag, den ein Dritter ohne rechtl. Verpflichtung dem ArbN zusätzlich zu einer dem ArbGeb geschuldeten Leistung zahlt. Trinkgeld hat mangels anderweitiger Vereinbarung nicht den Charakter von Arbeitsentgelt[9]. 74

3. Verbot des Ausschlusses von Arbeitsentgelt (S. 1). Nach seinem eindeutigen Wortlaut verbietet S. 1 nicht die Anrechnung von Trinkgeldern auf das Arbeitsentgelt per se[10], sondern nur den völligen Ausschluss von regelmäßigem Arbeitsentgelt ieS (Rz. 7) durch die Vereinbarung der Anrechnung von Trinkgeld[11]. 75

Nichtig gem. § 134 BGB sind daher Klauseln im Gaststättenbereich, wonach der ArbN ausschließlich sein Trinkgeld als Vergütung erhält[12] ebenso wie Klauseln bei Spielbanken, wonach der Croupier ausschließlich von dem Trinkgeldaufkommen (Tronc) vergütet wird. Hier hat der ArbGeb eine feste regelmäßige Vergütung in üblicher Höhe (§ 612 II BGB) zu zahlen. Das Trinkgeld steht mangels wirksamer Anrechnungsabrede dem ArbN zu. 76

Zulässig ist hingegen eine Vereinbarung, wonach der ArbGeb einen Festbetrag als Arbeitsentgelt garantiert, das erhaltene Trinkgeld aber in Höhe dieses Festbetrags angerechnet wird, da hier ein regel- 77

---

1 *Bauer/Opolony*, BB 2002, 1590 (1593); *Boemke*, § 107 Rz. 28. ‖ 2 Ähnlich *Boemke*, § 107 Rz. 30. ‖ 3 AA *Boemke*, § 107 Rz. 30. ‖ 4 *Palandt/Ellenberger*, § 139 BGB Rz. 18. ‖ 5 *Boemke*, § 107 Rz. 31; aA *Bauer/Opolony*, BB 2002, 1590 (1593). ‖ 6 BT-Drs. 14/9254, 14. ‖ 7 *Schöne*, NZA 2002, 829 (832); wohl auch *Düwell*, FA 2002, 2 (3). ‖ 8 BGBl. 2002 I S. 3111. ‖ 9 Vgl. BAG 28.6.1995 – 7 AZR 1001/94, NZA 1996, 252; LAG Rh.-Pf. 9.12.2010 – 10 Sa 483/10, DB 2011, 881; *Fitting*, § 37 BetrVG Rz. 65; *Boemke*, § 107 Rz. 42. Ausf. zum Trinkgeld im Rahmen des Troncsystems *Salje*, DB 1989, 321 ff. ‖ 10 AA wohl *Düwell*, FA 2002, 2 (3). ‖ 11 *Boemke*, § 107 Rz. 43; *Schöne*, NZA 2002, 829 (832); vgl. auch BT-Drs. 14/9254, 14. ‖ 12 *Bauer/Opolony*, BB 2002, 1590 (1592).

mäßiges Arbeitsentgelt gezahlt wird und dem ArbN nicht das Wirtschaftsrisiko überbürdet wird[1]. Insg. darf das Arbeitsentgelt aber nicht sittenwidrig niedrig iSd. § 138 BGB sein[2].

108 Abrechnung des Arbeitsentgelts

(1) Dem Arbeitnehmer ist bei Zahlung des Arbeitsentgelts eine Abrechnung in Textform zu erteilen. Die Abrechnung muss mindestens Angaben über Abrechnungszeitraum und Zusammensetzung des Arbeitsentgelts enthalten. Hinsichtlich der Zusammensetzung sind insbesondere Angaben über Art und Höhe der Zuschläge, Zulagen, sonstige Vergütungen, Art und Höhe der Abzüge, Abschlagszahlungen sowie Vorschüsse erforderlich.

(2) Die Verpflichtung zur Abrechnung entfällt, wenn sich die Angaben gegenüber der letzten ordnungsgemäßen Abrechnung nicht geändert haben.

(3) Das Bundesministerium für Arbeit und Soziales wird ermächtigt, das Nähere zum Inhalt und Verfahren einer Entgeltbescheinigung, die zu Zwecken nach dem Sozialgesetzbuch verwendet werden kann, durch Rechtsverordnung zu bestimmen. Der Arbeitnehmer kann vom Arbeitgeber zu anderen Zwecken eine weitere Entgeltbescheinigung verlangen, die sich auf die Angaben nach Absatz 1 beschränkt.

1 **I. Vorbemerkungen.** Abs. 1 und 2 regeln den Anspruch des ArbN ggü. seinem ArbGeb auf Abrechnung des Arbeitsentgelts. Abs. 3 wurde mWv. 3.12.2011[3] wieder in die Fassung gebracht, wie sie vor Aufhebung des – erst mWv. 2.4.2009 eingeführten[4] – ELENA-Verfahrens bestand[5]. Abs. 3 S. 1 enthält eine VO-Ermächtigung (Art. 80 I GG) für das BMAS zur Regelung einer einheitlichen Entgeltbescheinigung für Zwecke der SozV (vgl. Rz. 14). Sie gehört systematisch eigentlich in das SGB IV (zB in §§ 17, 28n SGB IV). Abs. 3 S. 2 regelt – überflüssigerweise – einen Anspruch des ArbN auf eine weitere Entgeltbescheinigung.

2 **1. Entstehungsgeschichte.** Abs. 1 und 2 wurden **mit Wirkung ab dem 1.1.2003 eingeführt**[6] und regelt erstmals die allg. arbeitsrechtl. Pflicht des ArbGeb zur schriftl. Abrechnung des Arbeitsentgelts ggü. jedem ArbN (vgl. § 6 II).

3 Ergänzend gelten die §§ 87c, 65 HGB hinsichtlich der Provisionsabrechnung ggü. Handlungsgehilfen, § 9 HAG im Bereich der Heimarbeit sowie die – auch in betriebsratslosen Betrieben über § 242 BGB bestehende[7] – Pflicht zur Erläuterung der Berechnung und Zusammensetzung des Arbeitsentgelts (§ 82 II 1 BetrVG).

4 **2. Sinn und Zweck.** Die Regelung soll die ArbN in die Lage versetzen, mittels der ordnungsgemäßen Abrechnung des Arbeitsentgelts die **Berechnung** ihres Entgeltanspruchs **nachvollziehen und überprüfen** zu können[8].

5 Die Regelung bezieht sich nicht nur auf **Arbeitsentgelt ieS** (dh. jede Leistung eines geldwerten Vorteils durch den ArbGeb, die ausschließlich der unmittelbaren Abgeltung der in einem bestimmten Zeitraum erbrachten Arbeitsleistung zum Gegenstand hat und in das vertragl. Synallagma eingebunden ist), sondern auch auf **Arbeitsentgelt iwS** (dh. auf alle vom ArbGeb an den ArbN mit Rücksicht auf das bestehende ArbVerh gewährten Geld- oder Sachzuwendungen, die über die periodische Abgeltung der Arbeitsleistung hinausgehen und außerhalb des vertragl. Synallagmas stehen[9]); vgl. zum Begriff des Arbeitsentgelts § 107 Rz. 7ff. Dies folgt aus dem Normzweck sowie aus dem Wortlaut des Abs. 1 S. 3 („sonstige Vergütungen").

6 **3. Rechtsnatur.** Der Sache nach ist der Abrechnungsanspruch des ArbN ein **Auskunftsanspruch** hinsichtlich des vom ArbGeb im Abrechnungszeitraum an den ArbN gezahlten Arbeitsentgelts und der jeweiligen Abzüge[10]. Die Abrechnung dient aber nicht dazu, den ArbN davon zu entlasten, die Höhe seines Gehalts selbst zu ermitteln, falls er eine Leistungsklage auf Entgeltzahlung erheben möchte[11].

7 Die Abrechnung ist idR **kein Schuldanerkenntnis**. Ein abstraktes Schuldanerkenntnis iSd. § 781 BGB scheidet regelmäßig aus, weil die Schriftform nach §§ 781, 126 BGB nicht eingehalten wird und die Arbeitsentgeltabrechnung keine Abrechnung iSd. § 782 BGB ist, an welcher der ArbN mitgewirkt hat[12].

8 Die Arbeitsentgeltabrechnung ist mangels besonderer Anhaltspunkte auch kein deklaratorisches Schuldanerkenntnis[13]. Sie hat nicht den Zweck, streitig gewordene Ansprüche endgültig festzulegen.

---

1 Ebenso *Schöne*, NZA 2002, 829 (832); *Tettinger/Wank/Ennuschat*, § 107 Rz. 17. ||2 Zum Lohnwucher BAG 17.10.2012 – 5 AZR 792/11, NZA 2013, 266 (267), Rz. 18ff. ||3 BGBl. I S. 2298; dazu BT-Drs. 17/7200. ||4 BGBl. 2009 I S. 634. ||5 BGBl. 2007 I S. 3024; zu ELENA *Wedde*, AuR 2010, 94. ||6 BGBl. 2002 I S. 3412. ||7 LAG Köln 31.5.2007 – 9 Ta 27/07; *Boemke*, AR-Blattei SD 320 Rz. 59; HLS/*Rambach*, § 82 BetrVG Rz. 3. ||8 BT-Drs. 14/8796, 25; BAG 7.9.2009 – 3 AZB 19/09, NZA 2010, 61 (62); 10.1.2007 – 5 AZR 665/06, NZA 2007, 679 (680); 12.7.2006 – 5 AZR 646/05, NZA 2006, 1294 (1295); *Boemke*, § 108 Rz. 2. ||9 Zu den Entgeltbegriffen *Lembke*, NJW 2010, 257 (258ff.). ||10 Vgl. BAG 9.11.1999 – 9 AZR 771/98, NZA 2000, 1335 (1336); Schaub/*Linck*, ArbRHdb, § 71 Rz. 13. ||11 BAG 10.1.2007 – 5 AZR 665/06, NZA 2007, 679 (680); 12.7.2006 – 5 AZR 646/05, NZA 2006, 1294 (1295); 9.11.1999 – 9 AZR 771/98, NZA 2000, 1335 (1336). ||12 BAG 10.3.1987 – 8 AZR 610/84, NZA 1987, 557 (558); LAG Rh.-Pf. 9.10.2002 – 9 Sa 654/02, DB 2003, 156. ||13 BAG 10.3.1987 – 8 AZR 610/84, NZA 1987, 557 (558); LAG Rh.-Pf. 9.10.2002 – 9 Sa 654/02, DB 2003, 156; *Boemke*, § 108 Rz. 3.

Mangels besonderer Anhaltspunkte stellt die Abrechnung keine Willenserklärung auf Abschluss eines bestätigenden Schuldanerkenntnisvertrags dar, sondern ist vielmehr – wie jede Auskunft[1] – eine bloße Wissenserklärung. Der ArbN muss die in der Entgeltabrechnung ausgewiesene Entgeltforderung nicht noch einmal geltend machen, um eine Ausschlussfrist zu wahren[2].

II. Anspruch auf Abrechnung des Arbeitsentgelts. 1. Anspruchsinhaber und -gegner. Die Vorschrift findet auf alle ArbN Anwendung (§ 6 II). Folglich kann jeder ArbN ggü. seinem ArbGeb verlangen, eine Abrechnung des Arbeitsentgelts nach § 108 zu erhalten, unabhängig davon, wie viele ArbN der ArbGeb im jeweiligen Betrieb beschäftigt[3]. 9

Im Falle der AÜ trifft die auf das Grundverhältnis (Arbeitsvertrag) bezogene Abrechnungspflicht den Verleiher und nicht den Entleiher. 10

2. Abrechnung des Arbeitsentgelts. a) Fälligkeit des Abrechnungsanspruchs (Abs. 1 S. 1). Dem ArbN ist die Abrechnung des Arbeitsentgelts gem. Abs. 1 S. 1 „**bei Zahlung des Arbeitsentgelts**" zu erteilen. Entgegen der ursprünglichen Entwurfsfassung[4], aber wie im früheren § 134 II ist der Abrechnungsanspruch nicht im Zeitpunkt der Fälligkeit des Arbeitsentgelts, sondern im Zeitpunkt der Auszahlung des Entgelts zu erfüllen[5]. Dies sichert die Möglichkeit zeitnaher Kontrolle von ausgezahltem und abgerechnetem Entgelt[6]. Wenn streitiges Arbeitsentgelt nicht ausgezahlt wurde, ist eine Klage auf Abrechnung unbegründet; zu erheben ist vielmehr sogleich eine Zahlungsklage[7]. Die Abrechnung kann nicht selbständig vor der Zahlung zur Vorbereitung eines Anspruchs gefordert werden[8]. 11

Bei bargeldloser Überweisung des Arbeitsentgelts muss die Abrechnung dem ArbN spätestens mit der Gutschrift des Entgelts auf dem Konto zugehen; bei Barauszahlung ist die Abrechnung dem ArbN mit der Auszahlung zu überreichen[9]. 12

Der Abrechnungsanspruch wird nur dann fällig, wenn dem ArbN ein Entgeltbestandteil ausgezahlt wird bzw. zufließt. Anders als nach § 134 II aF besteht die Abrechnungspflicht nicht nur bei „regelmäßigen" Lohnzahlungen, sondern **bei jeder Zahlung** von Arbeitsentgelt (zum Begriff des Arbeitsentgelts Rz. 5). Dies gilt auch, wenn der ArbGeb die Vergütung rechtsgrundlos gezahlt hat[10]. Im Falle von Entgeltzahlungen außerhalb der regelmäßigen Zahlungszeiträume, zB bei Gehaltsvorschüssen oder Abschlagszahlungen (dazu Rz. 22), ist eine Abrechnung sowohl bei der Zahlung als auch am Ende des regulären Abrechnungszeitraums zu erteilen[11]. 13

b) Form (Abs. 1 S. 1). Entgegen der ursprünglichen Entwurfsfassung[12] ist für die Abrechnung nicht die Schriftform (§ 126 BGB) vorgeschrieben; vielmehr genügt die Einhaltung der **Textform** gem. **§ 126b BGB**[13]. Ausreichend ist also eine lesbare, aber unterschriftslose Erklärung, die auf eine zur dauerhaften Wiedergabe in Schriftzeichen geeignete Weise abgegeben wird (zB Kopie, Fax, E-Mail) und bei der die Person des Erklärenden irgendwo im Text so angegeben ist, dass der Aussteller erkennbar ist; ferner muss der Abschluss der Erklärung in geeigneter Weise erkennbar gemacht sein (zB durch Namensnennung, Faksimile, Datierung, Grußformel oder den Zusatz „Die Erklärung ist nicht unterschrieben")[14]. Diese Voraussetzungen werden von den üblichen Abrechnungssystemen (wie zB DATEV) normalerweise gewahrt. 14

c) Inhalt der Abrechnung (Abs. 1 S. 2 u. 3). Die Abrechnung muss mindestens Angaben über Abrechnungszeitraum und Zusammensetzung des Arbeitsentgelts enthalten (Abs. 1 S. 2). Das Nähere zum Inhalt und Verfahren für die Entgeltbescheinigung nach Abs. 1 regelt die nach Abs. 3 S. 1 erlassene **Entgeltbescheinigungsverordnung (EBV)**[15]. 15

aa) Abrechnungszeitraum. Der Abrechnungszeitraum beträgt **regelmäßig einen Monat**[16]. Mangels anderweitiger Regelung in Arbeitsvertrag, BV (§ 87 I Nr. 4 BetrVG), TV oder Gesetz (zB § 11 II BUrlG) ist das Arbeitsentgelt regelmäßig am Monatsende fällig (§ 614 BGB). Insoweit richtet sich die Dauer des Abrechnungszeitraums nach der vereinbarten Fälligkeit der Vergütung[17]. Wird die Vergütung am Monatsanfang oder zum 15. eines Monats fällig, ändert dies grds. nichts daran, dass Abrechnungszeitraum der jeweilige Kalendermonat ist. 16

Ist jedoch eine **wochenweise** Auszahlung des Arbeitsentgelts geschuldet, umfasst der Abrechnungszeitraum jeweils eine Woche. Ist die Vergütung nach **längeren Zeitabständen** als ein Monat bemessen (zB vierteljährlich, halbjährlich) – was bei Handlungsgehilfen unzulässig ist (§ 64 HGB) –, verlängert sich auch der Abrechnungszeitraum entsprechend[18]. 17

---

1 Vgl. Palandt/*Grüneberg*, § 260 BGB Rz. 14. ‖ 2 BAG 28.7.2010 – 5 AZR 521/09, NZA 2010, 1241. ‖ 3 *Schöne*, NZA 2002, 829 (832). ‖ 4 Vgl. BT-Drs. 14/8796, 8. ‖ 5 BT-Drs. 14/9254, 14f.; BAG 7.9.2009 – 3 AZB 19/09, NZA 2010, 61 (62). ‖ 6 *Perreng*, AiB 2002, 521 (522). ‖ 7 LAG Rh.-Pf. 12.3.2008 – 7 Sa 8/08; LAG Hamm 18.3.2009 – 6 Sa 1284/08. ‖ 8 BAG 12.7.2006 – 5 AZR 646/05, NZA 2006, 1294 (1295), Rz. 14. ‖ 9 *Boemke*, § 108 Rz. 8; *Tettinger/Wank/Ennuschat*, § 108 Rz. 3. ‖ 10 Vgl. LAG Köln 12.4.2002 – 11 Sa 1327/01, NZA-RR 2003, 128 (129). ‖ 11 *Boemke*, § 108 Rz. 5; vgl. auch ArbG Wilhelmshaven 10.12.1964 – Ca 423/64, DB 1965, 1182f. ‖ 12 Vgl. BT-Drs. 14/8796, 8. ‖ 13 BT-Drs. 14/9254, 14f.; LAG Hamm 18.3.2009 – 6 Sa 1284/08. ‖ 14 BT-Drs. 14/4987, 20; Palandt/*Ellenberger*, § 126b BGB Rz. 1, 3ff. ‖ 15 Verordnung zur Erstellung einer Entgeltbescheinigung nach § 108 Absatz 3 Satz 1 der Gewerbeordnung v. 19.12.2012, BGBl. I S. 2712; eine Kommentierung hierzu findet sich auf www.bmas.de. ‖ 16 BT-Drs. 14/8796, 25. ‖ 17 Vgl. BT-Drs. 14/8796, 25; *Boemke*, § 108 Rz. 4. ‖ 18 *Boemke*, § 108 Rz. 5.

18 **bb) Zusammensetzung des Arbeitsentgelts (Abs. 1 S. 3).** Die Abrechnung bezieht sich auf **sämtliche Entgeltbestandteile**, dh. auf Arbeitsentgelt im engeren und weiteren Sinne (s. Rz. 5), sowie auf **sämtliche Abzüge**.

19 Als Mindestinhalt hinsichtlich der Zusammensetzung des Arbeitsentgelts sieht Abs. 1 S. 3 vor, dass die Abrechnung Angaben über **Art und Höhe der Zuschläge** (zB Nachtzuschläge, Zuschläge für Sonn- und Feiertagsarbeit), **Zulagen** (zB Erschwernis-, Gefahrenzulage), sonstige Vergütungen, Art und Höhe der Abzüge, Abschlagszahlungen und Vorschüsse enthalten muss. Wie sich aus dem Wortlaut („insbesondere") ergibt, ist die Aufzählung nicht abschließend.

20 Anzugeben ist zunächst der **Bruttobetrag** des Arbeitsentgelts ieS. Darunter fällt etwa das Bruttomonatsgrundgehalt sowie alle Leistungen des ArbGeb, die auf die individuelle Leistung des jeweiligen ArbN bezogen sind[1]. Letzteres können auch Sachbezüge (zB Dienstwagen) sein (zum Begriff § 107 Rz. 25 ff.). Bei **zeitbestimmter Vergütung** sind die geleisteten Stunden und der Stundensatz, bei **Leistungslohn** die geleistete Arbeitsmenge sowie die entsprechenden Zeit- und Geldfaktoren aufzuführen[2].

21 Unter **sonstige Vergütungen** fallen alle Arten von Arbeitsentgelt iwS (zum Begriff Rz. 5) wie zB Sachleistungen in Form von vergünstigten Darlehenszinsen, Aktienoptionen[3], vermögenswirksamen Leistungen, Weihnachtsgeld, Urlaubsgeld und sonstigen Gratifikationen. Liegen bei Sachbezügen keine Vereinbarungen über den anzurechnenden Wert vor, ist nach dem Rechtsgedanken des § 612 II BGB der übliche Wert der Sachleistung anzusetzen. Als üblich können die in der – auf Grundlage von § 17 I SGB IV erlassenen – **SachbezugsVO** aufgeführten Werte zugrunde gelegt werden[4].

22 **Vorschüsse** sind Vorauszahlungen des ArbGeb auf noch nicht fällige Vergütungsansprüche, wohingegen sich **Abschlagszahlungen** auf bereits erdiente und fällige, aber noch nicht endgültig abgerechnete Vergütungsansprüche beziehen[5]. Werden Vorschüsse und Abschlagszahlungen außerhalb des regelmäßigen Abrechnungszeitraums ausbezahlt, ist eine Abrechnung einmal im Zeitpunkt der Auszahlung und nochmals mit der Zahlung des sonstigen Entgelts als Schlussabrechnung zu erstellen (s. Rz. 13).

23 Nicht anzugeben sind die noch offenen Urlaubstage, wohl aber das Urlaubsentgelt (§ 11 BUrlG) sowie etwaiges Urlaubsgeld und im Falle des § 7 IV BUrlG Urlaubsabgeltung.

24 Die Abrechnung hat ferner Angaben zur Art und Höhe der **Abzüge** zu enthalten. Unter Abzüge fallen alle Arten von Abzugsposten wie etwa Beiträge zur betrAV auf Grund Entgeltumwandlung, Anrechnung von überlassenen Waren auf das Arbeitsentgelt (vgl. § 107 II), Gehaltsabtretungen, Vertragsstrafen, Darlehensrückzahlungen, vermögenswirksame Leistungen (§ 15 I 5. VermBG) und insb. die steuerrechtl. und sozialversicherungsrechtl. Abgaben[6].

25 Vom Bruttoentgelt des ArbN werden LSt, Kirchensteuer und Solidaritätszuschlag sowie die ArbN-Anteile zur SozV (Kranken-, Pflege-, Renten- und ArbIV) abgeführt und so das **Nettoarbeitsentgelt** ermittelt, welches ebenfalls anzugeben ist[7]. Der ArbGeb hat die Pflicht, die abzuführende LSt richtig zu berechnen[8].

26 **3. Entfall der Abrechnungspflicht (Abs. 2).** Kein Abrechnungsanspruch des ArbN und damit auch keine entsprechende Abrechnungspflicht des ArbGeb bestehen nach Abs. 2, wenn sich die **Angaben** ggü. der letzten ordnungsgemäßen Abrechnung **nicht geändert** haben. Dadurch soll unnötiger bürokratischer Aufwand vermieden werden.

27 **Ordnungsgemäß** ist die **Abrechnung** immer dann, wenn der ArbGeb seine Abrechnungspflicht erfüllt hat und in Textform Auskunft mindestens über Abrechnungszeitraum und Zusammensetzung des gezahlten Arbeitsentgelts nach Abs. 1 gegeben hat. Dies gilt selbst dann, wenn dem ArbN eigentlich eine höhere Vergütung zustünde[9] oder wenn die Entgeltzahlung rechtsgrundlos erfolgte[10], dh. die **Unrichtigkeit der Auskunft** schadet der Ordnungsgemäßheit der Abrechnung grds. nicht. Ein Anspruch auf Neuerstellung einer Abrechnung besteht nur, wenn die vorgelegte Abrechnung des ArbGeb völlig unbrauchbar ist. § 108 gibt dem ArbN nämlich keinen Anspruch ggü. dem ArbGeb, dass dieser die rechnerische Vorarbeit für eine Leistungsklage des ArbN leistet[11].

---

1 Vgl. LAG Nds. 5.7.2002 – 10 Sa 657/02, DB 2003, 99 f.; *Lembke*, BB 2001, 1469 (1470 f.). ‖ 2 *Boemke*, § 108 Rz. 6; Schaub/*Linck*, ArbRHdb, § 71 Rz. 15. ‖ 3 Abzurechnen ist der bei Ausübung von Aktienoptionen zufließende geldwerte Vorteil, und zwar aus steuerrechtl. Gründen auch, wenn die Aktienoptionen von der ausländischen Konzernmutter stammen. Hierbei handelt es sich zwar nicht um Arbeitsentgelt im arbeitsrechtl. Sinne (BAG 12.2.2003 – 10 AZR 299/02, BB 2003, 1068 (1070); LAG Hess. 19.11.2001 – 16 Sa 971/01, ZIP 2002, 1049 (1050); *Annuß*/*Lembke*, BB 2003, 2230 ff.; *Lembke*, NJW 2010, 257 (258); aA *Lipinski*/*Melms*, BB 2003, 150 ff.), wohl aber um einen nach lohnsteuerrechtl. Grundsätzen zu versteuernden geldwerten Vorteil (BFH 24.1.2001 – I R 119/98, BB 2001, 1180 ff.). ‖ 4 *Boemke*, § 108 Rz. 6; Küttner/*Griese*, Sachbezug Rz. 2. ‖ 5 Küttner/*Griese*, Vorschuss Rz. 1; Schaub/*Linck*, ArbRHdb, § 70 Rz. 12 f. ‖ 6 Landmann/Rohmer/*Gotthardt*, § 108 Rz. 15. ‖ 7 Vgl. BAG 24.6.2003 – 9 AZR 302/02, DB 2003, 2339. ‖ 8 BAG 16.6.2004 – 5 AZR 521/03, DB 2004, 2272 (2273). ‖ 9 Zutr. *Boemke*, § 108 Rz. 9; DFL/*Kolbe*, § 108 GewO Rz. 8. ‖ 10 Vgl. LAG Köln 12.4.2002 – 11 Sa 1327/01, NZA-RR 2003, 128 (129). ‖ 11 BAG 7.9.2009 – 3 AZB 19/09, NZA 2010, 61 (62); 10.1.2007 – 5 AZR 665/06, NZA 2007, 679 (680); 12.7.2006 – 5 AZR 646/05, NZA 2006, 1294 (1295); 9.11.1999 – 9 AZR 771/98, NZA 2000, 1335 (1336).

Weiterhin setzt das Entfallen der Abrechnungspflicht voraus, dass sich die der Abrechnung zugrunde 28
liegenden Umstände nicht geändert haben und die Angaben im späteren Abrechnungszeitraum daher
noch zutreffend sind. Bei jeder noch so geringfügigen Änderung dieser Umstände greift die Pflicht zur
Abrechnung nach Abs. 1[1].

4. Verletzung der Abrechnungspflicht. Erfüllt der ArbGeb die Abrechnungspflicht überhaupt nicht 29
oder nicht ordnungsgemäß (s. Rz. 27), besteht zunächst ein **Erfüllungsanspruch**. Die Abrechnungspflicht ist eine nicht vertretbare Handlung, die nach § 888 ZPO zu vollstrecken ist[2]. IÜ ist die Verletzung des § 108 nicht sanktionslos[3]. In Betracht kommen sowohl ein **Zurückbehaltungsrecht** des ArbN hinsichtlich seiner Arbeitsleistung (§ 273 I BGB) als auch ein **Schadensersatzanspruch** des ArbN nach § 280 I BGB (zB wenn der ArbN auf Grund der Nichtaushändigung der Arbeitsentgeltabrechnung ein zinsgünstiges Darlehen von der Bank nicht erhält). Falls Grund zur Annahme besteht, dass die Abrechnung nicht mit der erforderlichen Sorgfalt erstellt worden ist, hat der ArbN einen Anspruch gegen den ArbGeb auf Abgabe einer eidesstattlichen Versicherung (§ 259 II BGB)[4]. Der Anrechnung einer Tariflohnerhöhung auf anrechenbare übertarifl. Vergütung steht es nicht entgegen, dass die Abrechnung den übertarifl. Lohn nicht gesondert ausweist[5].

Umgekehrt ist der ArbN grds. nicht verpflichtet, aus Anlass der Gehaltsüberweisung die ihm erteilte 30
Entgeltabrechnung zu **überprüfen** und den ArbGeb auf mögliche Fehler hinzuweisen. Etwas anderes
gilt nur, wenn der ArbN ohne ersichtlichen Grund eine ungewöhnlich hohe Zahlung oder von ihm bemerkte, laufende evident rechtsgrundlose Lohnüberzahlungen erhält[6].

III. Anspruch auf Entgeltbescheinigung (Abs. 3 S. 2). Nach dem wieder in die aF gebrachten (Rz. 1) 31
Abs. 3 S. 2 hat der ArbN einen Anspruch auf eine Entgeltbescheinigung, die mindestens den Inhalt des
Abs. 1 widerspiegelt. In der Sache geht es wohl um einen Anspruch auf Erstellung einer Kopie der letzten Entgeltabrechnung (vgl. Rz. 34).

1. Anspruchsvoraussetzung ist lediglich, dass der ArbN die Entgeltbescheinigung **für andere Zwecke** 32
als die Zwecke nach dem SGB benötigt. Dies kommt zB in Betracht, wenn der neue ArbGeb dem ArbN
den Bonus zahlt, der dem ArbN beim alten ArbGeb auf Grund des Arbeitsplatzwechsels entgeht. Weitere Beispiele sind, dass der ArbN einen Entgeltnachweis ggü. der Bank bei einer Darlehensaufnahme oder ggü. dem Vermieter vor Abschluss des Mietvertrags benötigt. Verlangt der ArbN eine Entgeltbescheinigung ohne sachliche Begründung, hat er allerdings keinen Anspruch, zumal er bereits die Abrechnung nach Abs. 1 erhält[7].

2. Inhalt und Umfang des Anspruchs. Der Anspruch ist sofort fällig (§ 271 I BGB). Die Entgeltbescheinigung ist schon vom Wortlaut nicht identisch mit der in Textform zu erteilenden Abrechnung nach 33
Abs. 1. Inhaltlich muss sie das Arbeitsentgelt bescheinigen, wobei es ausreicht, dass sie den Inhalt der
Abrechnung nach Abs. 1 umfasst. Insoweit ist wohl die letzte ordnungsgemäße Abrechnung gemeint (vgl.
Abs. 2), es sei denn, der ArbN hat einen sachlichen Grund für die Bescheinigung über älteres Arbeitsentgelt. Der ArbN kann nicht verlangen, dass über die in Abs. 1 enthaltenen Angaben (dh. Abrechnungszeitraum und Zusammensetzung des Arbeitsentgelts) hinaus weitere Informationen aufgenommen werden,
wie etwa Zuwendungen Dritter (zB Aktienoptionen oder Sonderleistungen der Muttergesellschaft).

Die Entgeltbescheinigung muss ihrem Sinn nach in einer **Urkunde** erstellt werden, bedarf aber nicht 34
der Textform iSd. § 126b BGB. Denn Abs. 3 S. 2 verweist bzgl. der Form nicht auf Abs. 1. **Ausreichend**
ist also die Anfertigung einer **Kopie der** letzten oder – bei berechtigtem Interesse des ArbN auch – einer
früheren **Abrechnung nach Abs. 1**.

Der Anspruch besteht auf „**eine** weitere" Entgeltbescheinigung. Dies ist zahlenmäßig zu verstehen. 35
Benötigt der ArbN – abgesehen von der Entgeltbescheinigung für Zwecke des SGB nach Abs. 3 S. 1 –
mehr als eine weitere Entgeltbescheinigung, hat er die entsprechenden Kopien selbst zu fertigen.

109 Zeugnis

(1) Der Arbeitnehmer hat bei Beendigung eines Arbeitsverhältnisses Anspruch auf ein schriftliches Zeugnis. Das Zeugnis muss mindestens Angaben zu Art und Dauer der Tätigkeit (einfaches Zeugnis) enthalten. Der Arbeitnehmer kann verlangen, dass sich die Angaben darüber hinaus auf Leistung und Verhalten im Arbeitsverhältnis (qualifiziertes Zeugnis) erstrecken.

(2) Das Zeugnis muss klar und verständlich formuliert sein. Es darf keine Merkmale oder Formulierungen enthalten, die den Zweck haben, eine andere als aus der äußeren Form oder aus dem Wortlaut ersichtliche Aussage über den Arbeitnehmer zu treffen.

(3) Die Erteilung des Zeugnisses in elektronischer Form ist ausgeschlossen.

---
[1] *Boemke*, § 108 Rz. 9. ||[2] BAG 7.9.2009 – 3 AZB 19/09, NZA 2010, 61. ||[3] AA ohne Begr. *Boemke*, § 108 Rz. 2; *Schöne*, NZA 2002, 829 (832). ||[4] Vgl. LAG Hamm 26.11.2004 – 10 Sa 2236/03, AuA 2005, 240. ||[5] BAG 1.3.2006 – 5 AZR 540/05, NZA 2006, 688 (690). ||[6] BAG 28.8.2008 – 2 AZR 15/07, NZA 2009, 193 (194); 10.3.2005 – 6 AZR 217/04, NZA 2005, 812 (813); 1.6.1995 – 6 AZR 912/94, NZA 1996, 135f.; *Küttner/Reinecke*, Anzeigepflichten Arbeitnehmer Rz. 6. ||[7] Landmann/Rohmer/*Gotthardt*, § 108 Rz. 19.

GewO § 109 Rz. 1 — Zeugnis

I.	Entstehungsgeschichte	1	V. Zeugnisberichtigung	36
II.	Inhalt und Zweck	2	1. Wesen des Berichtigungsanspruches	36
III.	Allgemeines	3	2. Beweislast	37
	1. Geltungsbereich	3	VI. Widerruf	38
	2. Maßgebliche Grundsätze	4	VII. Bindung und Auskünfte	39
	3. Person des Ausstellers	8	1. Bindung	39
	4. Formelle Anforderungen	14	2. Auskünfte	40
	5. Entstehung und Fälligkeit des Zeugnisanspruches	15	VIII. Haftung	41
	6. Erfüllungsort	17	1. Schadensersatzanspruch des Arbeitnehmers	41
	7. Abdingbarkeit	18	2. Schadensersatzanspruch des neuen Arbeitgebers	45
	8. Ausschlussfristen	19	IX. Prozessuales	47
	9. Verwirkung	20	1. Allgemeines	47
	10. Einreden	21	2. Klageanträge	48
IV.	Arten von Zeugnissen	23	3. Streitwert	53
	1. Das einfache Zeugnis	24	4. Zwangsvollstreckung	54
	2. Das qualifizierte Zeugnis	25	5. Prozesskostenhilfe	57
	3. Zwischenzeugnis	34		
	4. Ausbildungszeugnis	35		

1 I. Entstehungsgeschichte[1]. Bis zum 31.12.2002 war § 630 BGB die zentrale Vorschrift des Zeugnisrechts[2]. § 630 BGB wurde mWv. 1.1.2003 durch einen S. 4 ergänzt, wonach für ArbN § 109 Anwendung findet[3]. Damit gilt § 630 BGB nur noch für Dienstverträge mit Selbständigen[4]. Zeugnisansprüche sind ferner für Entwicklungshelfer in § 18 EhfG und für Auszubildende in § 16 BBiG (s. Rz. 35) geregelt. Da sich die Vorschriften weitgehend entsprechen, ist von einem **einheitlichen Zeugnisrecht** auszugehen. Ein Unterschied besteht allerdings insoweit, als § 109 im Gegensatz zu § 630 BGB nicht ein auf Dauer angelegtes Vertragsverhältnis voraussetzt (s. Rz. 15 und § 630 BGB Rz. 3).

2 II. Inhalt und Zweck. Bei Beendigung eines ArbVerh hat der ArbN einen Anspruch auf ein schriftl. Zeugnis über das ArbVerh und dessen Dauer (sog. **einfaches Zeugnis**). Auf Wunsch des ArbN ist das Zeugnis auf seine Leistungen und die Führung im Dienste zu erstrecken (sog. **qualifiziertes Zeugnis**). Das Zeugnis dient zum einen dem ArbN als **Unterlage für eine neue Bewerbung**[5]; es ist gleichsam die Visitenkarte des ArbN[6]. Das Zeugnis ist damit für das berufl. Fortkommen des ArbN von großer Bedeutung[7]. Zum anderen dient es der **Information des möglichen neuen ArbGeb**[8], der ein schutzwürdiges Interesse an einer möglichst wahrheitsgemäßen Unterrichtung über die fachlichen und persönlichen Qualifikationen des ArbN hat[9]. Schließlich gibt es dem ArbN Aufschluss, wie der ArbGeb seine Leistung und sein Sozialverhalten beurteilt[10]. Aus diesen mit dem Zeugnis verfolgten Zwecken bestimmt sich sein notwendiger Inhalt[11].

Zeugnisse sind zu unterscheiden von den **dienstlichen Beurteilungen** der Beschäftigten **im öffentl. Dienst**. Diese Beurteilungen dienen allein dem internen Verwaltungsgebrauch zur Feststellung der Verwendungsmöglichkeiten der Beschäftigten und ggf. der Bemessung leistungsbezogener Besoldungselemente[12]. Nicht zu den Zeugnissen gehört auch die **Bescheinigung über die Tätigkeit als Arzt im Praktikum**, da sie ausschließlich der Information der zuständigen Behörde im Rahmen deren Entscheidung über die Erteilung der Approbation dient[13]. Besatzungsmitglieder von Kauffahrteischiffen haben neben ihrem Zeugnisanspruch aus § 109 nach § 33 SeeArbG zusätzlich einen Anspruch gegen den Reeder auf eine sog. **Dienstbescheinigung**.

3 III. Allgemeines. 1. Geltungsbereich. § 109 gilt grds. nur für **ArbN**, nicht hingegen für andere Dienstverpflichtete. Zu den ArbN zählen nicht Teilnehmer von betriebl. Eingliederungsmaßnahmen nach § 45 SGB III, denn diesen Maßnahmen liegt regelmäßig nur ein von Rechtssätzen des öffentl. Rechts geprägtes Rechtsverhältnis und kein ArbVerh zugrunde[14]. Teilnehmer an einer Umschulungsmaßnahme (§§ 1 Abs. 5, 58 BBiG)[15] haben einen Zeugnisanspruch aus § 630 BGB.

4 2. Maßgebliche Grundsätze. a) Wahrheitsgrundsatz und Klarheitsgrundsatz. Aus Sinn und Zweck des Zeugnisses folgt als „oberster Grundsatz der Zeugniserteilung", dass das Zeugnis wahr sein muss[16]

---

1 Zur Geschichte des Zeugnisrechts s. *Schleßmann*, Historisches zum Arbeitszeugnis, NZA 2006, 1392. ‖2 Parallelregelungen bestanden für gewerbl. ArbN in § 113 und für Handlungsgehilfen in § 73 HGB. ‖3 Drittes Gesetz zur Änderung der Gewerbeordnung und sonstiger gewerberechtlicher Vorschriften v. 24.8.2002, BGBl. I S. 3412. ‖4 BT-Drs. 14/8796, 29. ‖5 BAG 21.6.2005 – 9 AZR 352/04, DB 2005, 2360; 23.6.1960 – 5 AZR 560/58, AP Nr. 1 zu § 73 HGB. ‖6 BAG 3.3.1993 – 5 AZR 182/92, AP Nr. 29 zu § 630 BGB. ‖7 BT-Drs. 14/8796, 25. ‖8 BAG 21.6.2005 – 9 AZR 352/04, DB 2005, 2360; 23.6.1960 – 5 AZR 560/58, AP Nr. 1 zu § 73 HGB. ‖9 BT-Drs. 14/8796, 25. ‖10 BAG 21.6.2005 – 9 AZR 352/04, DB 2005, 2360. ‖11 BAG 21.6.2005 – 9 AZR 352/04, DB 2005, 2360. ‖12 BAG 24.1.2007 – 4 AZR 629/06, NZA-RR 2007, 608. ‖13 BAG 9.5.2006 – 9 AZR 182/05, nv. ‖14 BAG 19.3.2008 – 5 AZR 535/07, NZA 2008, 760; ArbG Dessau 13.2.2008 – 8 Ca 253/07. ‖15 BAG 12.2.2013 – 3 AZR 120/11. ‖16 BAG 23.6.1960 – 5 AZR 560/58, AP Nr. 1 zu § 73 HGB.

(**Wahrheitsgrundsatz**). Dies gilt ebenso für die Beschreibung des ArbVerh und seiner Dauer wie für die Beurteilung der Führung und Leistung. Wird der ArbN unterbewertet, sind seine Belange gefährdet; wird der ArbN überbewertet, sind die Belange des möglichen neuen ArbGeb gefährdet[1]. Die Wahrheitspflicht bedeutet nicht, dass sich der ArbGeb in dem Zeugnis über alle günstigen und ungünstigen Vorkommnisse und Beobachtungen schonungslos aussprechen muss; Grundlage des Zeugnisses ist vielmehr das Verhalten, das für den ArbN **kennzeichnend** ist[2]. Zudem muss das Zeugnis nach dem ausdrücklichen Wortlaut des Gesetzes klar und verständlich formuliert sein (**Klarheitsgrundsatz**). Im Rahmen dieser Grundsätze ist der ArbGeb frei in der Wahl seiner Formulierungen. Weder Wortwahl noch Auslassungen dürfen aber dazu führen, dass bei Dritten, den Lesern des Zeugnisses, der Wahrheit nicht entsprechende Vorstellungen entstehen können. Maßgeblich ist nicht, welche Vorstellungen der Zeugnisverfasser mit seiner Wortwahl verbindet, sondern die **Sicht eines Zeugnislesers**[3] mit Berufs- und Branchenkenntnissen[4].

b) **Wohlwollensgrundsatz.** Das Zeugnis soll von verständigem Wohlwollen für den ArbN getragen sein und ihm sein weiteres Fortkommen nicht unnötig erschweren[5]. Zwischen dem Wahrheitsgrundsatz und dem Grundsatz des verständigen Wohlwollens besteht ein **Spannungsverhältnis**[6], dessen Auflösung in der Praxis häufig nicht unerhebliche Schwierigkeiten bereitet, weil der ArbN glaubt, zu schlecht bewertet zu sein, während der ArbGeb meint, auf die Darstellung vermeintlicher Schwächen des ArbN nicht verzichten zu können. Ausgangspunkt für die Auflösung des Spannungsverhältnisses zwischen Wahrheitsmaxime und Wohlwollensgrundsatz muss stets die Erkenntnis sein, dass ein Zeugnis nur im **Rahmen der Wahrheit** verständig **wohlwollend** sein kann[7]. Hieraus folgt zunächst, dass das Zeugnis **keine unrichtigen Tatsachen** enthalten darf. Ferner darf das Zeugnis **keine Auslassungen** enthalten, wo der Leser eine positive Hervorhebung erwartet[8]. Schwieriger wird es bei der Formulierung von **Werturteilen**, die objektiv nur umständlich belegbar sind, bei der sich aber keine Partei eine Bewertung vorschreiben lassen möchte. Hier sollte sich der ArbGeb bewusst sein, dass er einen relativ weiten **Beurteilungsspielraum**[9] (s. Rz. 29) hat und diesen im Zweifelsfalle wohlwollend zu Gunsten des ArbN ausnutzen. 5

c) **Vollständigkeitsgrundsatz.** Das Zeugnis muss alle wesentlichen Tatsachen und Bewertungen enthalten, die für die Gesamtbeurteilung des ArbN von Bedeutung und für potenzielle neue ArbGeb von Interesse sind[10]. 6

d) **Einheitlichkeitsgrundsatz.** Der ArbGeb darf einem ArbN nicht getrennte Zeugnisse für verschiedene ausgeübte Tätigkeiten (Mischtätigkeiten) erteilen, selbst wenn er dies mit dem ArbN vereinbart. Dies ist unmittelbare Folge der dem ArbGeb obliegenden Wahrheitspflicht, da das Zeugnis alle wesentlichen Tatsachen und Bewertungen enthalten muss, die für die Beurteilung des ArbN von Bedeutung sind[11]. 7

3. **Person des Ausstellers. a) Natürliche und juristische Personen.** Grds. ist das Zeugnis vom **ArbGeb** selbst auszustellen, bei juristischen Personen von ihrem **Vertretungsorgan** (Vorstand, Geschäftsführer). Fallen Dienstvorgesetzteneigenschaft und Fachvorgesetzteneigenschaft auseinander, kann sich eine abweichende Praxis und Verkehrsanschauung ergeben. So ist etwa im Bereich der Krankenhausärzte eine **Mitunterzeichnung** des Arbeitszeugnisses durch den Chefarzt üblich, da die Verantwortung im medizinischen Bereich nicht dem Krankenhausgeschäftsführer übertragen ist[12]. Mit einem **Betriebsübergang** geht die Pflicht zur Zeugniserstellung auf den Betriebsnachfolger über, und zwar unabhängig davon, wie lange das ArbVerh zu ihm bestanden hat. Reichen seine Kenntnisse über den ArbN zur Erteilung des Zeugnisses nicht aus, hat er gegen den Betriebsveräußerer einen entsprechenden Auskunftsanspruch[13]. Will der ArbGeb oder der gesetzl. Vertreter der juristischen Person das Zeugnis nicht persönlich erteilen, kann er sich eines **angestellten Vertreters** bedienen. Der Erfüllungsgehilfe muss jedoch erkennbar ranghöher als der ArbN sein[14]. Zudem muss sich seine Stellung als **Vorgesetzter** des ArbN aus dem Zeugnis ablesen lassen. Eine beliebige Delegation der Unterschriftsbefugnis ist nicht möglich[15]. So reicht es nicht aus, wenn ein lediglich betriebsintern ranghöherer Prokurist das Zeugnis für einen anderen Prokuristen unterzeichnet[16]. Ist der Name des Ausstellers in Maschinenschrift unter dem Zeugnistext angeführt, darf das Zeugnis nicht von einem anderen unterzeichnet sein[17], selbst wenn dieser seine Vertretung kenntlich macht. War der ArbN unmittelbar der Geschäftsleitung unterstellt, so ist das Zeugnis von einem Mitglied der Geschäftsleitung unter Hinweis auf seine Position aus- 8

---

1 BAG 23.6.1960 – 5 AZR 560/58, AP Nr. 1 zu § 73 HGB. ||2 BAG 21.6.2005 – 9 AZR 352/04, DB 2005, 2360. ||3 BAG 21.6.2005 – 9 AZR 352/04, DB 2005, 2360. ||4 BAG 12.8.2008 – 9 AZR 632/07, NZA 2008, 1349 zur Belastbarkeit in Stresssituationen bei Tageszeitungsjournalisten. ||5 BGH 26.11.1963 – VI ZR 221/62, AP Nr. 10 zu § 826 BGB. ||6 BAG 9.9.1992 – 5 AZR 509/91, AP Nr. 19 zu § 630 BGB. ||7 BAG 9.9.1992 – 5 AZR 509/91, AP Nr. 19 zu § 630 BGB. ||8 BAG 29.7.1971 – 2 AZR 250/70, AP Nr. 6 zu § 630 BGB. ||9 BAG 12.8.1976 – 3 AZR 720/75, AP Nr. 11 zu § 660 BGB; 14.10.2003 – 9 AZR 12/03, NZA 2004, 842. ||10 BAG 23.6.1960 – 5 AZR 560/58, AP Nr. 1 zu § 73 HGB. ||11 BAG 23.1.1968 – 5 Sa 373/67, AP Nr. 5 zu § 630 BGB. ||12 LAG Hamm 14.1.2010 – 8 Sa 1132/09. ||13 BAG 16.10.2007 – 9 AZR 248/07, DB 2008, 245. ||14 BAG 16.11.1995 – 8 AZR 983/94, EzA § 630 BGB Nr. 20; ArbG Hannover 31.7.2003 – 6 Ca 140/03, NZA-RR 2004, 127. ||15 BAG 4.10.2005 – 9 AZR 507/04, NZA 2006, 436. ||16 BAG 16.11.1995 – 8 AZR 983/94, EzA § 630 BGB Nr. 20. ||17 ArbG München 18.8.2010 – 21 Ca 12890/09.

zustellen[1]. **Unternehmensfremden Dritten**, wie etwa einem Rechtsanwalt, darf die Ausstellung des Zeugnisses nicht übertragen werden[2].

9   b) **Insolvenz.** In Fällen der Insolvenz ist zu unterscheiden: **aa)** Eröffnung des Insolvenzverfahrens oder Bestellung eines „starken" vorläufigen Insolvenzverwalters vor Beendigung des ArbVerh. In diesem Fall muss der (vorl.) Insolvenzverwalter das Zeugnis auch hinsichtlich Führung und Leistung des ArbN in der Zeit vor Eröffnung des Insolvenzverfahrens erteilen[3]. Diese Verpflichtung trifft den Insolvenzverwalter unabhängig davon, ob der ArbN nach Eröffnung des Insolvenzverfahrens weiterbeschäftigt worden ist oder nicht[4]. Der Insolvenzverwalter muss sich die für die Beurteilung des ArbN erforderlichen Angaben aus Personalakten oder durch Befragen der Vorgesetzten beschaffen. Ggf. hat er entsprechende Auskünfte von dem Insolvenzschuldner einzuholen und bei der Fassung des Zeugnisses darauf hinzuweisen, dass er die Beurteilung nicht aus eigener Sachkunde abgibt, sondern dass sie auf den Angaben des Insolvenzschuldners beruht[5]. Weigert sich der Insolvenzschuldner, die notwendigen Angaben zu machen, hat der Insolvenzverwalter seinen Auskunftsanspruch nach §§ 97, 98 InsO vor dem Insolvenzgericht durchzusetzen[6]. Steht endgültig fest, dass er die Auskünfte nicht erhält, muss er ein Zeugnis erteilen, in dem er darauf hinweist, dass er die Informationen vom Insolvenzschuldner nicht erhalten hat (zur Zwangsvollstreckung gegen den Insolvenzverwalter s. Rz. 56). Die vorgenannten Grundsätze gelten auch bei der Bestellung eines „starken" vorläufigen Insolvenzverwalters, auf den die Verwaltungs- und Verfügungsbefugnis in Bezug auf die ArbVerh übergegangen ist[7].

10 **bb) Eröffnung des Insolvenzverfahrens nach Beendigung des ArbVerh.** Wird das Insolvenzverfahren erst nach Beendigung des ArbVerh eröffnet, muss der **Insolvenzschuldner** das Zeugnis erteilen[8], auch wenn der Insolvenzverwalter bei Beendigung des ArbVerh schon zum „schwachen" vorläufigen Insolvenzverwalter bestellt war[9]. Ein bereits anhängiger Zeugnisrechtsstreit gegen ihn wird nicht gem. § 240 ZPO unterbrochen[10].

11 c) **Löschung einer GmbH.** Ist eine GmbH im Handelsregister als vermögenslos gelöscht worden, besteht der Zeugnisanspruch fort. Entsprechend § 273 IV AktG ist in diesem Falle ein **Nachtragsliquidator** zu bestellen, der das Zeugnis zu erteilen hat und sich ggf. die notwendigen Kenntnisse von den Leistungen und der Führung des ArbN durch Einholung von Auskünften bei der früheren Geschäftsführung verschaffen muss[11].

12 d) **Tod des Arbeitgebers.** Beim Tod des ArbGeb geht die Verpflichtung zur Zeugniserteilung auf den **Erben** über. Dieser muss sich anhand aller für ihn erreichbaren Erkenntnisquellen eigenes Wissen über das ArbVerh und dessen Dauer sowie ggf. über die Leistungen und die Führung des ArbN verschaffen[12]. Ist er hierzu trotz zumutbarer Bemühungen nicht in der Lage, muss er dies im Zeugnis vermerken[13].

13 e) **Leiharbeitnehmer.** Bei LeihArbN ist der Verleiher zur Erteilung des Zeugnisses verpflichtet. Der Entleiher ist allerdings auf Grund einer Nebenpflicht aus dem Überlassungsvertrag gehalten, dem Verleiher seine Beurteilung des ArbN mitzuteilen[14].

14 4. **Formelle Anforderungen.** Aus dem Zweck des Zeugnisses, dem ArbN eine Bewerbungsunterlage zu bieten, die sein berufl. Fortkommen nicht unnötig erschwert, ergeben sich zugleich die Anforderungen an die äußere Form des Zeugnisses[15]. Insb. darf durch die äußere Form des Zeugnisses nicht der Eindruck erweckt werden, der ArbGeb distanziere sich von seiner Erklärung[16]. Zu beachten ist also:

– Das Zeugnis ist **schriftlich** und in **deutscher Sprache** zu erteilen[17]. Entsprechend dem heutigen Standard muss es mindestens **maschinenschriftlich**[18], besser unter Verwendung eines Textverarbeitungsprogramms erstellt werden. Dabei ist ein im Geschäftsleben gängiger **einheitlicher Schrifttyp**[19] und im Fließtext eine **übliche Schriftgröße**[20] (12 Pkt.) zu verwenden. Eine Erteilung in elektronischer Form (§ 126a BGB) ist durch Abs. 3 ausgeschlossen[21].

---

1 BAG 26.6.2001 – 9 AZR 392/00, NZA 2002, 33.   ‖2 Erman/*Belling*, § 630 BGB Rz 4.   ‖3 BAG 23.6.2004 – 10 AZR 495/03, NZA 2004, 1392; 30.1.1991 – 5 AZR 32/90, AP Nr. 18 zu § 630 BGB; LAG Köln 30.7.2001 – 2 Sa 1457/00, DB 2002, 433; *Stiller*, Der Zeugnisanspruch in der Insolvenz des Arbeitgebers, NZA 2005, 330 (332).   ‖4 BAG 23.6.2004 – 10 AZR 495/03, NZA 2004, 1392; *Stiller*, NZA 2005, 330 (334f.); aA LAG Nürnberg 5.12.2002 – 2 Ta 137/02, LAGE § 240 ZPO Nr. 2.   ‖5 BAG 30.1.1991 – 5 AZR 32/90, AP Nr. 18 zu § 630 BGB.   ‖6 BAG 23.6.2004 – 10 AZR 495/03, NZA 2004, 1392.   ‖7 BAG 23.6.2004 – 10 AZR 495/03, NZA 2004, 1392.   ‖8 LAG Hamm 30.1.2006 – 4 Ta 830/05, nv.; LAG Nürnberg 5.12.2002 – 2 Ta 137/02, LAGE § 240 ZPO Nr. 2; *Stiller*, NZA 2005, 330 (331).   ‖9 BAG 23.6.2004 – 10 AZR 495/03, NZA 2004, 1392.   ‖10 LAG Hamm 30.1.2006 – 4 Ta 830/05, nv.; LAG Nürnberg 5.12.2002 – 2 Ta 137/02, LAGE § 240 ZPO Nr. 2.   ‖11 KG Berlin 9.1.2001 – 1 W 2002/00, GmbHR 2001, 252.   ‖12 ArbG Münster 10.4.1990 – 3 Ca 2109/89, BB 1990, 2266.   ‖13 Nach *Schleßmann*, S. 158, entfällt der der Zeugnisanspruch in diesem Falle.   ‖14 Im Erg. ebenso *Schleßmann*, S. 156.   ‖15 BAG 3.3.1993 – 5 AZR 182/92, AP Nr. 20 zu § 630 BGB.   ‖16 BAG 3.3.1993 – 5 AZR 182/92, AP Nr. 29 zu § 630 BGB.   ‖17 Staudinger/*Preis*, § 630 BGB Rz. 25; MüKoBGB/*Henssler*, § 630 Rz. 46.   ‖18 MüKoBGB/*Henssler*, § 630 Rz. 47.   ‖19 BAG 3.3.1993 – 5 AZR 182/92, AP Nr. 20 zu § 630 BGB.   ‖20 LAG Hess. 13.8.2002 – 16 Ta 255/02, nv., und MüKoBGB/*Henssler*, § 630 Rz. 47 lassen Schriftgröße 10 Pkt. durchgehen (bedenklich).   ‖21 Die Erteilung eines Zeugnisses in elektronischer Form soll nach dem Willen des Gesetzgebers ausgeschlossen sein, *weil sich diese Form mangels entsprechender technischer Einrichtungen insb. bei Klein- und Mittelbetrieben noch nicht etabliert habe und das Erscheinungsbild eines schriftl. Zeugnisses bei Bewerbungen eine Rolle spiele*, BT-Drs. 14/4987, 22, BT-Drs. 14/8796, 25f.

- Das Zeugnis muss in einer **Überschrift** als solches ausgewiesen sein[1].
- Auf die **Angabe der Anschrift** des ArbN sollte – wenigstens im Briefkopffeld – **verzichtet** werden, da ansonsten der Eindruck erweckt werden könnte, dem ArbN sei das Zeugnis erst nach einer (gerichtl.) Auseinandersetzung postalisch übermittelt worden[2].
- Es ist **haltbares Papier von guter Qualität** zu benutzen[3]. Werden üblicherweise vom ArbGeb **Firmenbögen** verwendet, so muss auch das Zeugnis auf diesem Geschäftspapier geschrieben sein[4]. Auf der Rückseite der Firmenbögen dürfen keine AGB oÄ abgedruckt sein.
- Die **Kopie** eines Firmenbogens ist nur zulässig, wenn die Kopie eine gute Qualität aufweist und mit einer Originalunterschrift versehen ist[5].
- Das Zeugnis muss sauber und ordentl. geschrieben sein. Insb. darf es **keine Flecken, Radierungen, Verbesserungen, Durchstreichungen** usw. enthalten[6]. Das Zeugnis darf auch **keine Beschädigungen** aufweisen, wie sie etwa durch das Heften an ein Begleitschreiben entstehen.
- Das Zeugnis darf keine ins Gewicht fallenden **Rechtschreib- und Grammatikmängel** haben[7]. Welche kleineren Unvollkommenheiten der ArbN hinnehmen muss, kann im Einzelfall schwierig zu entscheiden sein[8], zumal nach der Rechtschreibreform bzgl. der richtigen Schreibweise vielfach eine große Verunsicherung herrscht. Richtigerweise ist hier darauf abzustellen, welche Tätigkeit der ArbN ausgeübt hat. Gehörte die richtige Verwendung der Schriftsprache zu den Pflichten aus dem ArbVerh, wie etwa bei einer Sekretärin oder einer Schreibkraft, ist ein strengerer Maßstab anzulegen.
- Im Zeugnis ist der ArbN grds. in der **3. Person** zu beschreiben. Eine persönliche Anredeform ist „deplatziert"[9].
- Der Aussteller muss das Zeugnis **eigenhändig** mit **Tinte** oder **Kugelschreiber** unterschreiben[10]. Eine **Paraphe**[11] reicht ebenso wenig aus wie eine Unterschrift mit **Bleistift**[12]. Die Unterschrift darf **nicht beliebig** gestaltet sein. Eine Handschrift, die den Verdacht aufkommen lassen kann, der ArbGeb wolle sich von dem Zeugnisinhalt distanzieren (etwa Kinderschrift oder bloße überdimensionierte Auf- und Abwärtslinien) ist nicht zulässig[13].

Hingegen ist nach Ansicht des BAG nicht zu beanstanden, wenn der ArbGeb den Zeugnisbogen zweimal **faltet**, um ihn in einem Umschlag kleineren Formats unterzubringen[14], zumal die Knicke bei den üblicherweise vom ArbN bei Bewerbungen vorgelegten Kopien ohnehin nicht zu sehen sind. Allerdings hinterlässt es einen besseren Eindruck, wenn der ArbN in einem Vorstellungsgespräch, bei dem sich der ArbGeb das Original vorlegen lassen sollte (vgl. Rz. 46), ein ungefaltetes Zeugnis vorweisen kann.

5. Entstehung und Fälligkeit des Zeugnisanspruches. a) Entstehung. Der Zeugnisanspruch entsteht bei Beendigung eines jeden ArbVerh und zwar unabhängig davon, ob es sich um ein Teilzeit- oder VollzeitArbVerh und ob es sich um eine haupt- oder nebenberufl. Tätigkeit handelte. Der Anspruch entsteht auch im **faktischen Arbeitsverhältnis**[15]. Eine gewisse Mindestdauer des ArbVerh wird **nicht vorausgesetzt**[16] (zum Inhalt des qualifizierten Zeugnisses bei kurzzeitigen ArbVerh s. Rz. 25). Hat der ArbVerh nur rechtlich bestanden, ohne dass es je zu irgendwelchen Arbeitsleistungen gekommen ist (etwa bei Beschäftigungsverboten), ist gleichwohl ein Zeugnis zu erteilen, damit der ArbN seinen berufl. Werdegang vollständig dokumentieren kann. Dieses Zeugnis hat freilich mehr Bescheinigungscharakter. Der ArbGeb kann sich darauf beschränken, den rechtl. Bestand des ArbVerh und die vorgesehenen Aufgaben zu dokumentieren.

b) Fälligkeit. Der Zeugnisanspruch entsteht gem. dem Wortlaut des § 109 „bei" und nicht erst nach der **Beendigung des Arbeitsverhältnisses**[17]. Beide Zeitpunkte fallen bei der außerordentl., fristl. Kündigung nicht auseinander. Hier kann der ArbN sofort ein Zeugnis beanspruchen. Fraglich ist, ob der ArbN im ordentl. gekündigten ArbVerh im Hinblick darauf, dass sich die Verhältnisse bis zum Ablauf der Kündigungsfrist noch ändern können, lediglich einen Anspruch auf ein „Zwischenzeugnis" hat, oder ob er schon mit Beginn der Kündigungsfrist ein Endzeugnis verlangen kann. Nach richtiger Ansicht entsteht der Zeugnisanspruch schon **mit Ausspruch der Kündigung**. Dies ergibt sich aus dem Zusammen-

---

1 LAG Düss. 23.5.1995 – 3 Sa 253/95, LAGE § 630 BGB Nr. 24; aA MüKoBGB/*Henssler*, § 630 Rz. 46. ||**2** KassHdb/*Haupt*, 6.1, Rz. 254; MüKoBGB/*Henssler*, § 630 Rz. 47. ||**3** Staudinger/*Preis*, § 630 BGB Rz. 26. ||**4** BAG 3.3.1993 – 5 AZR 182/92, AP Nr. 20 zu § 630 BGB; LAG Köln 26.2.1992 – 7 SA 1007/91, LAGE § 630 BGB Nr. 15. ||**5** MüKoBGB/*Henssler*, § 630 Rz. 47. ||**6** BAG 3.3.1993 – 5 AZR 182/92, AP Nr. 20 zu § 630 BGB mwN aus dem Schrifttum. ||**7** MüKoBGB/*Henssler*, § 630 Rz. 48. ||**8** Vgl. den Fall ArbG Düss. 19.12.1984 – 6 Ca 5682/84, NZA 1985, 812: Dort wehrte sich eine Vorstandssekretärin im Erg. fruchtlos gegen die ihrer Ansicht nach falsche Schreibweise von „auf Grund ... ihres integeren Verhaltens". Sie wollte das Wort „integeren" durch „integren" ersetzt haben. ||**9** LAG Düss. 23.5.1995 – 3 Sa 253/95, LAGE § 630 BGB Nr. 24. ||**10** Erman/*Belling*, § 630 BGB Rz. 16. ||**11** Erman/*Belling*, § 630 BGB Rz. 16. ||**12** MüKoBGB/*Henssler*, § 630 Rz. 47. ||**13** LAG Nürnberg 3.8.2005 – 4 Ta 153/05, NZA-RR 2006, 13. ||**14** BAG 21.9.1999 – 9 AZR 893/98, NZA 2000, 257. ||**15** Küttner/*Poeche*, Zeugnis Rz. 4. ||**16** MüKoBGB/*Henssler*, § 630 Rz. 10; Küttner/*Poeche*, Zeugnis Rz. 4. ||**17** BAG 27.2.1987 – 5 AZR 710/85, AP Nr. 16 zu § 630 BGB.

hang mit § 629 BGB[1]. Denn die Pflicht des ArbGeb zur Gewährung von Freizeit zur Stellungssuche ist wenig sinnvoll, wenn der ArbN kein aktuelles Zeugnis bei seiner Bewerbung vorlegen kann[2].

16a Da der ArbN ein Wahlrecht zwischen einem einfachen und einem qualifizierten Zeugnis hat, hängt die Erfüllbarkeit des Zeugnisanspruchs nach Ansicht des BAG davon ab, ob der ArbN sein **Wahlrecht** bereits ausgeübt hat (sog. verhaltener Anspruch)[3]. Demggü wird im Schrifttum die Auffassung vertreten, dass es einer ausdrücklichen Geltendmachung des Anspruches auf ein einfaches Zeugnis durch den ArbN nicht bedürfe. Nur wenn der ArbN ein qualifiziertes Zeugnis wünsche, müsse er dieses Verlangen ggü. dem ArbGeb zum Ausdruck bringen. Der ArbGeb dürfe die Erteilung eines einfachen Zeugnisses nicht mit der Begründung hinauszögern, der ArbN habe ihm noch nicht mitgeteilt, ob er ein einfaches oder ein qualifiziertes Zeugnis begehre[4]. In jedem Fall ist einem ArbGeb bei Beendigung des ArbVerh zu raten, sich bei dem ArbN zu erkundigen, welche Art von Zeugnis er begehrt.

16b Befürchtet der ArbGeb, die Beurteilungsgrundlagen würden sich bis zur rechtl. Beendigung des ArbVerh noch ändern, kann er das Zeugnis als „**Vorläufiges Zeugnis**"[5] bezeichnen und später bei Erteilung des endgültigen Zeugnisses herausverlangen[6]. Nach Ablauf der Kündigungsfrist oder nach dem tatsächlichen Ausscheiden des ArbN, besteht der Anspruch auf ein qualifiziertes Zeugnis[7] unabhängig davon, ob zwischen den Parteien ein **Kündigungsschutzrechtstreit** geführt wird[8]. Für die Erstellung des Arbeitszeugnisses darf der ArbGeb eine angemessene **Bearbeitungszeit** in Anspruch nehmen, die im Regelfall **wenige Tage** nicht überschreiten sollte. Lediglich in besonderen Ausnahmefällen kann sie auch länger sein[9]. Der ArbGeb kann bei **Verlust oder Beschädigung des Originalzeugnisses** auf Grund seiner nachwirkenden Fürsorgepflicht gehalten sein, dem ArbN unabhängig von einem etwaigen Verschulden[10] auf dessen Kosten ein **neues Zeugnis** zu erteilen, sofern ihm dies noch billigerweise zugemutet werden kann. Dasselbe gilt, wenn das Originalzeugnis den Eingangsstempel einer Gewerkschaft aufweist[11] oder der ArbN auf Grund einer Geschlechtsumwandlung einen neuen Namen trägt[12].

17 6. **Erfüllungsort.** Grds. hat der ArbN keinen Anspruch darauf, dass ihm das Zeugnis zugeschickt wird. Er hat es, wie die anderen Arbeitspapiere, bei dem ArbGeb **abzuholen** (§ 269 BGB)[13]. Wer ohne vorherigen Abholversuch ein Zeugnis einklagt, läuft Gefahr, die Kosten tragen zu müssen[14]. Jedoch kann der ArbN nach Treu und Glauben im Einzelfall verpflichtet sein, das Zeugnis dem ArbN nachzuschicken[15], etwa wenn die Abholung für den ArbN mit unverhältnismäßig hohen Kosten oder besonderen Mühen verbunden wäre[16] oder sonstige besondere Umstände die Abholung unzumutbar machen würden[17]. Eine Pflicht zur Nachsendung wird insb. dann anzunehmen sein, wenn der ArbN das Zeugnis vor Beendigung des ArbVerh verlangt hat und es aus Gründen, die in der Sphäre des ArbGeb liegen, nicht rechtzeitig bereit gelegen hat[18]. Befindet sich der ArbGeb beim Abgang des ArbN mit der Aushändigung des Zeugnisses in **Verzug**, muss er die Kosten für die Übersendung tragen[19]. Hat sich der ArbGeb in einem **Vergleich** zur „Erteilung" eines Zeugnisses verpflichtet, hat er damit zugleich die Verpflichtung übernommen, dem ArbN das Zeugnis zukommen zu lassen[20].

18 7. **Abdingbarkeit.** § 109 ist **zwingend**. Daraus folgt, dass der ArbN jedenfalls vor Beendigung des ArbVerh nicht wirksam auf ein Zeugnis verzichten kann[21]. Für entsprechende Vereinbarungen, die anlässlich oder nach Beendigung des ArbVerh geschlossen werden, ist dies fraglich[22]. So hat das BAG ausgeführt, dass die Arbeitsvertragsparteien den Zeugnisanspruch für die Zeit nach Beendigung des ArbVerh einschränken können[23]. Nach Auffassung des LAG Köln kann bei hinreichender Klarheit aus Anlass der Beendigung des ArbVerh in einer **Ausgleichsquittung** auf den Zeugnisanspruch verzichtet werden. Eine vergleichbare Lage wie im bestehenden, ungekündigten ArbVerh, bei dem der ArbN auf die Vergütung angewiesen sei und sich in sozialer Abhängigkeit vom ArbGeb befinde, bestehe mit dem Ausscheiden und der faktischen Abwicklung des ArbVerh nicht mehr[24]. Allgemein gehaltene **Ausgleichsklauseln**, wie sie häufig bei gerichtl. Vergleichen in Kündigungsschutzprozessen verwendet werden (etwa: „Damit sind alle Ansprüche aus dem Arbeitsverhältnis erledigt."), können hingegen

---

1 MüKoBGB/*Henssler*, § 630 Rz. 13. ||2 *Schleßmann*, S. 132. ||3 BAG 12.2.2013 – 3 AZR 120/11 zu § 630 BGB. ||4 *Bieder*, Anm. zu LAG Hamburg 13.12.2010 – 7 Sa 13/10, jurisPR-ArbR 22/2011 Anm. 2; aA ErfK/*Müller-Glöge*, § 109 GewO Rz. 7. ||5 Küttner/*Poeche*, Zeugnis Rz. 10; die Bezeichnung empfiehlte sich zur Unterscheidung von dem Zwischenzeugnis im ungekündigten ArbVerh. Demgemäß unterscheidet § 35 TV-L/TVöD zutreffend zwischen dem Zwischenzeugnis, das Beschäftigte aus triftigen Gründen auch während des ArbVerh verlangen können, und dem vorläufigen Zeugnis, das ihnen bei bevorstehender Beendigung des ArbVerh zusteht. ||6 MüKoBGB/*Henssler*, § 630 Rz. 14; gegen eine Herausgabepflicht des vorläufigen Zeugnisses *Schleßmann*, S. 135; in der Praxis dürfte die Frage keine Rolle spielen. ||7 LAG Köln 11.9.2002 – 7 Sa 530/02, nv. ||8 BAG 27.2.1987 – 5 AZR 710/85, AP Nr. 16 zu § 630 BGB. ||9 LAG Schl.-Holst. 1.4.2009 – 1 Sa 370/08, AuA 2009, 485. ||10 LAG Hess. 7.2.2011 – 16 Sa 1195/10. ||11 LAG Hamm 15.7.1986 – 13 Sa 2289/85, LAGE § 630 BGB Nr. 5. ||12 LAG Hamm 17.12.1998 – 4 Sa 1337/98, NJW 1999, 3435. ||13 BAG 8.3.1995 – 5 AZR 848/93, AP Nr. 21 zu § 630 BGB. ||14 LAG Bln.-Bbg. 6.2.2013 – 10 Ta 31/13. ||15 BAG 8.3.1995 – 5 AZR 848/93, AP Nr. 21 zu § 630 BGB. ||16 ArbG Wetzlar 21.7.1971 – Ga 3/71, BB 1972, 222. ||17 LAG Bln.-Bbg. 6.2.2013 – 10 Ta 31/13. ||18 LAG Köln 26.4.1010 – 2 Ta 24/10; LAG Hess. 1.3.1984 – 10 Sa 858/83, DB 1984, 2200 (2201). ||19 LAG Hess. 1.3.1984 – 10 Sa 858/83, DB 1984, 2200 (2201). ||20 LAG Düss. 15.3.2001 – 7 Ta 60/01, nv. ||21 *BAG 16.9.1974 – 5 AZR 255/74, AP Nr. 9 zu § 630 BGB.* ||22 Offen gelassen bei BAG 16.9.1974 – 5 AZR 255/74, AP Nr. 9 zu § 630 BGB. ||23 BAG 4.12.1985 – 5 AZR 607/84, nv. ||24 LAG Köln 17.6.1994 – 4 Sa 185/94, LAGE § 630 BGB Nr. 22.

nicht ohne weiteres dahin ausgelegt werden, dass sie auch einen Verzicht auf ein (qualifiziertes) Zeugnis[1] oder auf einen Zeugnisberichtigungsanspruch[2] enthalten (str.)[3]. Zudem unterliegen formularmäßige Ausgleichsquittungen der **Inhaltskontrolle nach § 307 BGB**[4], was im Falle einer unangemessenen Benachteiligung des ArbN zur Unwirksamkeit der Klausel führt.

8. Ausschlussfristen. Ob tarifl. oder einzelvertragl. Ausschlussklauseln den Zeugnisanspruch untergehen lassen können, ist streitig. Teilweise wird vertreten, dass der Zeugnisanspruch als höchstpersönlicher Anspruch von solchem Gewicht sei, dass er von tarifl. Verfallfristen nicht erfasst werde[5]. Nach richtiger Auffassung ist zunächst vom Wortlaut der Ausschlussfrist auszugehen und zu prüfen, ob Ansprüche, die erst bei Beendigung des ArbVerh entstehen, von der Norm überhaupt erfasst werden[6]. Nach Auffassung des BAG handelt es sich bei dem Zeugnisanspruch um einen **Anspruch aus dem Arbeitsverhältnis**, auch wenn er erst mit Beendigung des ArbVerh entsteht[7]. Demgemäß hat es mehrfach entschieden, dass der Anspruch auf Erteilung eines qualifizierten Zeugnisses der Ausschlussfrist des § 70 II BAT (jetzt § 37 TVöD/TV-L) unterliegt[8]. Die Frist beginnt mit Ende des Zeitraums, für den das Zeugnis begehrt wird[9]. Erteilt der ArbGeb innerhalb der Ausschlussfrist ein Zeugnis, das der ArbN nicht als Erfüllung seines Zeugnisanspruches akzeptiert, beginnt die Ausschlussfrist für den Berichtigungsanspruch (vgl. Rz. 36) mit Erhalt des Zeugnisses[10]. Zur Wahrung der Frist reicht es aus, wenn der ArbN das Zeugnis beanstandet und ein neues verlangt. Die ausdrückliche Rüge einzelner, genau bezeichneter Mängel des Zeugnisses ist zur Wahrung der Ausschlussfrist nicht erforderlich[11].

9. Verwirkung. Der Anspruch auf Erteilung eines Zeugnisses kann unter engen Voraussetzungen verwirkt sein. Das setzt voraus, dass der ArbN längere Zeit kein Zeugnis beansprucht hat und dadurch bei dem ArbGeb die Überzeugung hervorgerufen hat, er werde auch keins mehr verlangen[12]. Hier kann im Einzelfall schon ein Zeitraum ab fünf Monaten zum Anspruchsverlust führen (sehr str.)[13], regelmäßig dürften jedoch Zeiträume von weniger als einem Jahr für eine Verwirkung ausscheiden. Ferner muss sich der ArbGeb darauf eingerichtet haben, dass der ArbN kein Zeugnis wünscht, und die Erfüllung des Zeugnisanspruches muss ihm nach Treu und Glauben und unter Berücksichtigung aller Umstände des Falles nicht mehr zugemutet werden können[14]. Insoweit ist von Bedeutung, welche Seite die zeitlichen Verzögerungen verursacht hat[15]. Nach Auffassung des LAG Hamm soll von einer Verwirkung ausgegangen werden, wenn sich der ArbN zunächst darauf berufen hat, selbständiger Subunternehmer zu sein[16].

10. Einreden. a) Verjährung. Der Zeugnisanspruch verjährt gem. § 195 BGB nach drei Jahren.

b) Zurückbehaltungsrecht. Ein Zurückbehaltungsrecht des ArbGeb nach § 320 BGB besteht nicht, da es sich bei dem Zeugnisanspruch um eine synallagmatische Verpflichtung handelt[17]. Auf ein Zurückbehaltungsrecht nach § 273 BGB kann sich der ArbGeb mangels Konnexität[18] und auf Grund seiner Fürsorgepflicht[19] nicht berufen. Insb. kann er die Erteilung des Zeugnisses nicht mit der Begründung verweigern, es liege ihm kein Zeugnis des Vorarbeitgebers vor[20].

IV. Arten von Zeugnissen. Abs. 1 selbst unterscheidet zwischen dem Zeugnis, das sich lediglich über Art und Dauer der Tätigkeit verhält (sog. „**einfaches Zeugnis**") und dem Zeugnis, das sich auch auf Leistung und Verhalten des ArbN im ArbVerh erstreckt (sog. „**qualifiziertes Zeugnis**").

1. Das einfache Zeugnis. Das sog. „einfache Zeugnis" enthält keine Wertungen und stellt eine reine **Faktendokumentation**[21] dar. Es bestätigt Art und Dauer des Dienstverhältnisses und enthält eine vollständige und genaue Beschreibung der von dem ArbN während der Dauer des ArbVerh ausgeübten Tätigkeiten. Der ArbGeb muss diese Tätigkeiten so **vollständig und genau** beschreiben, dass sich der künftige ArbGeb ein klares Bild machen kann. Unerheblich ist, ob die Tätigkeiten bedeutungsvoll waren. Entscheidend ist, ob sie für einen zukünftigen ArbGeb interessant sind[22]. Eine erteilte **Prokura** ist

---

1 BAG 16.9.1974 – 5 AZR 255/74, AP Nr. 9 zu § 630 BGB. ||2 LAG Düss. 23.5.1995 – 3 Sa 253/95, LAGE § 630 BGB Nr. 24. ||3 AA LAG Bln.-Bbg. 6.12.2011 – 3 Sa 1300/11, BB 2012, 380. ||4 BAG 6.9.2007 – 2 AZR 722/06, NZA 2008, 219. ||5 LAG Düss. 6.5.1981 – 15 Sa 305/81, nv.; ArbG Hamburg 5.3.1997 – 21 Ca 89/97, EzA § 4 TVG Nr. 126; s.a. schon ArbG Siegen 30.5.1980 – 3 Ca 190/80, EzA § 4 TVG Nr. 43; zu einzelvertragl. Ausschlussklauseln s. LAG Nürnberg 18.1.1994 – 6 Sa 270/92, LAGE § 630 BGB Nr. 20. ||6 Vgl. Schaub/Linck, ArbRHdb, § 147 Rz. 12. ||7 BAG 23.2.1983 – 5 AZR 515/80, AP Nr. 10 zu § 70 BAT; 8.2.1984 – 5 AZR 58/82, nv.; 30.1.1991 – 5 AZR 32/90, AP Nr. 18 zu § 630 BGB. ||8 BAG 23.2.1983 – 5 AZR 515/80, AP Nr. 10 zu § 70 BAT; so auch LAG Köln 11.9.2002 – 7 Sa 530/02, nv. ||9 So auch LAG Köln 11.9.2002 – 7 Sa 530/02, nv. ||10 BAG 4.10.2005 – 9 AZR 507/04, NZA 2006, 436; 8.2.1984 – 5 AZR 58/82, nv. ||11 BAG 4.10.2005 – 9 AZR 507/04, NZA 2006, 436. ||12 BAG 16.10.2007 – 9 AZR 248/07, DB 2008, 245; 4.10.2005 – 9 AZR 507/04, NZA 2006, 436; 17.2.1988 – 5 AZR 638/86, NZA 1988, 427. ||13 MüKoBGB/Henssler, § 630 Rz. 61; LAG Hess. 22.1.2007 (mehr als sieben Monate); BAG 17.2.1988 – 5 AZR 638/86, NZA 1988, 427 (zehn Monate); LAG Düss. 11.4.1994 – 17 Sa 1158/94, DB 1995, 1135 (elf Monate); LAG Hamm 3.7.2002 – 3 Sa 248/02, NZA-RR 2003, 73 (15 Monate); LAG München 11.2.2008 – 6 Sa 539/07, nv. (21 Monate); LAG Hess. 16.1.2013 – 18 Sa 602/12 (32 Monate). ||14 BAG 17.2.1988 – 5 AZR 638/86, NZA 1988, 427. ||15 BAG 16.10.2007 – 9 AZR 248/07, DB 2008, 245. ||16 LAG Hamm 9.9.1999 – 4 Sa 714/99, NZA-RR 2000, 575 (578). ||17 Erman/Belling, § 630 BGB Rz. 19; MüKoBGB/Henssler, § 630 Rz. 53. ||18 Erman/Belling, § 630 BGB Rz. 18. ||19 MüKoBGB/Henssler, § 630 Rz. 53. ||20 LAG Hamm 4.8.2010 – 1 Ta 270/10. ||21 Staudinger/Preis, § 630 BGB Rz. 36. ||22 BAG 12.8.1976 – 3 AZR 720/75, AP Nr. 11 zu § 660 BGB.

aufzunehmen[1]. Unerwähnt bleiben muss hingegen eine Tätigkeit oder Mitgliedschaft im **BR**[2]. Anzugeben ist stets, wie lange das ArbVerh rechtl. bestanden hat[3], nicht wie lange der ArbN tatsächlich beschäftigt war[4]. Nur auf Wunsch des ArbN sind aber der **Beendigungsgrund**[5] und – nach teilweise vertretener Auffassung[6] – der **Beendigungstatbestand** ins Zeugnis aufzunehmen. Letzteres wird man jedenfalls dahingehend einschränken müssen, dass nur der explizite Beendigungstatbestand (etwa vertragswidrige außerordentl. Kündigung des ArbN, fristl. Kündigung aus wichtigem Grund durch den ArbGeb[7]) unerwähnt bleiben muss, nicht hingegen, auf wessen Veranlassung das ArbVerh endete. Ein vom ArbGeb veranlasster **Aufhebungsvertrag** berechtigt nicht die Formulierung, das ArbVerh habe **auf Wunsch** des ArbN geendet[8]. Ist das ArbVerh hingegen auf den Auflösungsantrag des ArbN durch Urteil aufgelöst worden, kann der ArbN beanspruchen, dass der Beendigungsgrund mit der Formulierung erwähnt wird, das ArbVerh sei „auf seinen Wunsch beendet" worden[9]. Wenn der ArbGeb auf Wunsch des ArbN einen Aufhebungsvertrag mit ungewöhnlichem Beendigungszeitpunkt schließt, um dem ArbN eine kurzfristige berufl. Neuorientierung zu ermöglichen, ist er gehalten, den Verdacht einer außerordentl. Kündigung auch ohne ausdrückliches Verlangen des ArbN durch eine entsprechende Formulierung im Arbeitsvertrag zu vermeiden („im besten Einvernehmen auf Wunsch des Arbeitnehmers")[10]. Schließen ArbN und ArbGeb nach Kündigung durch den ArbGeb einen **Abfindungsvergleich**, ist dies als einvernehmliche Trennung anzusehen[11].

Weitgehend üblich und bedenkenfrei sind folgende Formulierungen der Beendigungstatbestände[12]:

● **Formulierungsbeispiele:**

Formulierung	Bedeutung
verlässt uns auf eigenen Wunsch	Kündigung durch den ArbN
das Arbeitsverhältnis endet am	Kündigung durch den ArbGeb
das Arbeitsverhältnis endet im besten beiderseitigen Einvernehmen	einvernehmliche Trennung
einvernehmlich getrennt	Aufhebungsvertrag auf Veranlassung des ArbGeb

25 **2. Das qualifizierte Zeugnis.** Das sog. „qualifizierte Zeugnis" erstreckt sich auch auf **Leistung** und **Verhalten** (Führung) des ArbN und muss über die Angaben des einfachen Zeugnisses hinaus hierzu Tatsachen nebst einer Beurteilung enthalten[13]. Bei **Arbeitsverhältnissen von nur kurzer Dauer** kann dies schwer fallen. Gleichwohl kann der ArbN ein qualifiziertes Zeugnis verlangen[14]. Hier mag im Ausnahmefall, in dem eine zuverlässige Beurteilung des ArbN nicht möglich ist, der Hinweis genügen, dass von einer Leistungsbeurteilung abgesehen wird[15].

26 **a) Notwendiger Inhalt. aa) Leistungsbeurteilung.** Maßgebliche Faktoren zur Beurteilung der **Leistung** sind Arbeitsbefähigung, Arbeitsumfang, Arbeitsbereitschaft, Einsatz, Ausdauer, Sorgfältigkeit, Arbeitsergebnisse, Ausdrucksvermögen, Verhandlungsgeschick usw.[16] Bei Angestellten mit Leitungsfunktion sind auch deren Führungsfähigkeit und die Führungserfolge zu beurteilen[17]. Von großer Bedeutung sind insoweit die Auswirkungen auf die Motivation und die Arbeitsleistung der Mitarbeiter[18]. Üblicherweise werden sehr gute Leistungen mit der Betonung des Zeitmoments und nachfolgendem Superlativ gekennzeichnet, wobei schlechtere Beurteilungsstufen durch Einschränkungen eines der beiden Beurteilungskriterien verdeutlicht werden.

● **Formulierungsbeispiele**[19]**:**

Formulierung	Bedeutung
stets absolut sicher und selbständig, immer sehr zielstrebig und rationell, jederzeit äußerst gründlich und genau	sehr gute Arbeitsweise
stets zuverlässig, sehr gründlich	gute Arbeitsweise

---

1 Zur Angabe über die Dauer der Prokura s. LAG BW 19.6.1992 – 15 Sa 19/92, LAGE § 630 BGB Nr. 17. ||2 Schaub/*Linck*, ArbRHdb, § 147 Rz. 18. ||3 BAG 23.6.1960 – 5 AZR 560/58, AP Nr. 1 zu § 73 HGB. ||4 LAG Köln 4.3.2009 – 3 Sa 1419/08. ||5 ArbG Frankfurt/M. 6.10.2003 – 1 Ca 7578/02, nv.; Küttner/*Poenche*, Zeugnis Rz. 33; Schaub/*Linck*, ArbRHdb, § 147 Rz. 18. ||6 Küttner/*Poeche*, Zeugnis Rz. 33. ||7 So wohl auch LAG Köln 8.11.1989 – 5 Sa 799/89, BB 1990, 856. ||8 LAG Rh Pf 2.7.2012 – 5 Sa 186/12 m. zust. Anm. von *Dahl*, Formulierung des Beendigungsgrundes im Arbeitszeugnis, jurisPR-ArbR 14/2013. ||9 LAG Köln 29.11.1990 – 10 Sa 801/90. ||10 Ähnlich RGRK/*Eisemann*, § 630 BGB Rz. 30. ||11 LAG Berlin 25.1.2007 – 5 Sa 1442/06, NZA-RR 2007, 973. ||12 MüKoBGB/*Henssler*, § 630 BGB Rz. 101. ||13 Schaub/*Linck*, ArbRHdb, § 147 Rz. 19. ||14 LAG Köln 30.3.2001 – 3 Sa 1485/00, BB 2001, 1959. ||15 Küttner/*Poeche*, Zeugnis Rz. 4. ||16 Schaub/*Linck*, ArbRHdb, § 147 Rz. 22; LAG Hamm 1.12.1994 – 4 Sa 1631/94, LAGE § 630 BGB Nr. 28. ||17 KassHdb/*Haupt*, 6.1, Rz. 279. ||18 Düwell/*Dahl*, Leistungs- und Verhaltensbeurteilung, NZA 2011, 958 (960). ||19 In Anlehnung an *Schleßmann*, S. 187 ff.

Formulierung	Bedeutung
routiniert und effizient, sicher und selbständig	befriedigende Arbeitsweise
zufriedenstellend	ausreichende Arbeitsweise
im Großen und Ganzen zufriedenstellende Arbeitsweise, im Allgemeinen gründlich und zuverlässig	mangelhafte Arbeitsweise
jederzeit äußerst engagiert und fleißig	sehr gute Arbeitsbereitschaft
stets fleißig	gute Arbeitsbereitschaft
fleißig	befriedigende Arbeitsbereitschaft
erfüllte die Aufgaben mit der nötigen Arbeitsbereitschaft	ausreichende Arbeitsbereitschaft
war überwiegend bereit, seine Aufgaben zu erfüllen	mangelhafte Arbeitsbereitschaft
umfassende und vielseitige Kenntnisse, die er/sie stets sicher einsetzte, überragendes Organisationstalent	sehr gute Arbeitsbefähigung
gründliche Kenntnisse	gute Arbeitsbefähigung
solides Fachwissen	steht nicht in Widerspruch zu einer guten Gesamtbeurteilung[1]
gute Kenntnisse	befriedigende Arbeitsbefähigung
erforderliche Fachkenntnisse, kam mit den Anforderungen zurecht	ausreichende Arbeitsbefähigung
im Großen und Ganzen hinreichende Fachkenntnisse	mangelhafte Fachkenntnisse
erzielte stets optimale Lösungen	sehr guter Arbeitserfolg
stets gute Ergebnisse	guter Arbeitserfolg
erzielte gute Lösungen	befriedigender Arbeitserfolg
die erzielten Ergebnisse erfüllten unsere Ansprüche	ausreichender Arbeitserfolg
erfüllte im Allgemeinen unsere Ansprüche	mangelhafter Arbeitserfolg
verstand es stets, Mitarbeiter hervorragend zu motivieren, setzte immer klare Ziele, denkt und arbeitet stets außergewöhnlich kostenbewusst und wirtschaftlich	sehr gutes Führungsverhalten
verstand es, Mitarbeiter nachhaltig zu motivieren	gutes Führungsverhalten
führte seine/ihre Mitarbeiter zielbewusst zu voll zufriedenstellenden Leistungen	befriedigendes Führungsverhalten
motivierte seine/ihre Mitarbeiter zu zufriedenstellenden Leistungen	ausreichendes Führungsverhalten
er/sie verstand es, durch ausreichende Motivation der Mitarbeiter, die gesteckten Ziele im Wesentlichen zu erreichen	mangelhaftes Führungsverhalten

bb) Verhaltens(Führungs-)beurteilung. Die Verhaltensbeurteilung widmet sich dem Sozialverhalten des ArbN[2] und bezieht sich nur auf den dienstlichen Bereich. Sie umfasst das Verhalten zu Vorgesetzten, Kollegen, Mitarbeitern und Dritten (Kunden) sowie das Einfügen in den betriebl. Arbeitsablauf[3].

- **Formulierungsbeispiele** für das Verhalten ggü. Vorgesetzten, Kollegen und Mitarbeitern[4]:

Formulierung	Bedeutung
stets vorbildlich	sehr gut
vorbildlich, stets höflich und korrekt	gut
stets, immer, durchweg, ausnahmslos, einwandfrei[5]	keinerlei Anlass zu Beanstandungen
höflich und korrekt	befriedigend
gab keinen Anlass zu Beanstandungen, reibungslos und ungetrübt	ausreichend

---

[1] LAG Rh.-Pf. 26.3.2013 – 10 Sa 546/12. ||[2] KassHdb/*Haupt*, 6.1, Rz. 286. ||[3] BT-Drs. 14/8796, 25; LAG Hamm 1.12.1994 – 4 Sa 1631/94, LAGE § 630 BGB Nr. 28. ||[4] In Anlehnung an *Schleßmann*, S. 202 ff. ||[5] BAG 21.6.2005 – 9 AZR 352/04, DB 2005, 2360.

Formulierung	Bedeutung
einwandfrei	kleine Auffälligkeiten oder einmaliges Fehlverhalten
im Großen und Ganzen zufriedenstellend	mangelhaft

- **Formulierungsbeispiele** für das Verhalten ggü. Dritten (Kunden)[1]:

Formulierung	Bedeutung
immer sicher und zuvorkommend, wegen seiner/ihrer freundlichen Art sehr beliebt	sehr gut
beliebt und angesehen	gut
stets sicher und freundlich	befriedigend
gab keinen Anlass zu Beanstandungen	ausreichend
war um Freundlichkeit bemüht	mangelhaft

28 **cc) Einzelfragen. Einmalige Vorfälle oder Umstände**, die für den ArbN, seine Führung und Leistung nicht charakteristisch sind – seien sie für ihn vorteilhaft oder nachteilig – gehören nicht in das Zeugnis[2]. Zudem dürfen weder Wortwahl noch Satzstellung noch Auslassungen dazu führen, dass bei Dritten der Wahrheit nicht entsprechende Vorstellungen entstehen[3].

Hat der ArbN **Straftaten** begangen ist zu unterscheiden: Vorstrafen haben keinen Bezug zum ArbVerh und müssen im Zeugnis unerwähnt bleiben[4]. Dasselbe gilt für Straftaten, die in keinem Zusammenhang mit dem ArbVerh stehen[5]. Straftaten gegen den ArbGeb dürfen nur dann aufgeführt werden, wenn sie für das ArbVerh charakteristisch waren oder wegen der Schwere des Vorfalls nicht verschwiegen werden können[6]. Laufende Strafverfahren dürfen nach einer älteren Entscheidung des BAG[7] erwähnt werden, wenn die Führungsbeurteilung des ArbN entscheidend von dem Ausgang des Strafverfahrens abhängt (Strafverfahren gegen einen Heimerzieher wegen sittlicher Verfehlungen an seinen Pfleglingen)[8]. Dem wird entgegengehalten, dass der Ausgang des Ermittlungsverfahrens idR offen ist, wohingegen das Arbeitszeugnis für den Rest des Berufslebens als Bewerbungsgrundlage dienen muss. Daher dürfe ein staatsanwaltschaftl. Ermittlungsverfahren nicht erwähnt werden. Bestätige sich der Verdacht, müsse der ArbGeb das Zeugnis widerrufen[9]. Dem ist im Grundsatz zuzustimmen. Ist der den Ermittlungen zugrunde liegende Tatverdacht allerdings von solcher Brisanz und Tragweite, dass schon die Einleitung des Ermittlungsverfahrens von erheblicher Bedeutung für einen neuen ArbGeb ist, darf das Ermittlungsverfahren in dem Zeugnis Erwähnung finden[10]. Daher ist der ArbGeb berechtigt, im (Zwischen-)Zeugnis für eine Krankenschwester ein gegen sie laufendes Ermittlungsverfahren wegen Mordversuchs an Patienten zu erwähnen[11]. In einem solchen Fall erscheint es sachgerechter, den ArbG zur Berichtigung des Zeugnisses zu verpflichten, wenn das Ermittlungsverfahren eingestellt oder der ArbN freigesprochen wird. Der bloße Verdacht einer strafbaren Handlung hingegen darf im Zeugnis selbst dann nicht erwähnt werden, wenn er dringend war und zu einer Kündigung geführt hat[12]. Dies gilt auch dann, wenn die Verdachtskündigung in einem arbeitsgerichtl. Verfahren als gerechtfertigt angesehen wurde.

Da **Ausfallzeiten** (etwa krankheitsbedingte Fehlzeiten) nicht charakteristisch für Leistung und Führung des ArbN sind, dürfen sie keine Erwähnung finden[13]. Eine Ausnahme wird man nur dann machen müssen, wenn die Ausfallzeiten einen solchen Umfang angenommen haben, dass sie das ArbVerh mitgeprägt haben und ohne ihre Erwähnung ein falsches Bild vom ArbVerh entstehen würde (etwa im Hinblick auf den suggerierten Beurteilungszeitraum oder die Berufserfahrung des ArbN)[14]. Hiervon ist auszugehen, wenn der ArbN mehr als die Hälfte des Beschäftigungszeitraums arbeitsunfähig war[15]. Dasselbe gilt für Zeiten der Elternzeit[16] und für den Fall, dass die Ausfallzeiten hauptsächlich in die Schlussphase des ArbVerh fielen[17]. Eine Tätigkeit oder Mitgliedschaft im BR oder Personalrat muss

---

1 In Anlehnung an *Schleßmann*, S. 204f. ||**2** BAG 23.6.1960 – 5 AZR 560/58, AP Nr. 1 zu § 73 HGB; 21.6.2005 – 9 AZR 352/04, DB 2005, 2360. ||**3** BAG 23.6.1960 – 5 AZR 560/58, AP Nr. 1 zu § 73 HGB. ||**4** RGRK/*Eisemann*, § 630 BGB Rz. 41; Staudinger/*Preis*, § 630 BGB Rz. 45. ||**5** RGRK/*Eisemann*, § 630 BGB Rz. 41. ||**6** RGRK/*Eisemann*, § 630 BGB Rz. 41. ||**7** BAG 5.8.1976 – 3 ZR 491/75, BB 1977, 297. ||**8** BAG 5.8.1976 – 3 ZR 491/75, BB 1977, 297. ||**9** LAG Düss. 3.5.2005 – 3 Sa 359/05, DB 2005, 1799; ArbG Düss. 15.12.2003 – 7 Ca 9224/03, NZA-RR 2004, 294. ||**10** Offen gelassen von LAG Düss. 3.5.2005 – 3 Sa 359/05, DB 2005, 1799. ||**11** LAG BW 29.11.2007 – 11 Sa 53/07, DB 2008, 480. ||**12** RGRK/*Eisemann*, § 630 BGB Rz. 41; Staudinger/*Preis*, § 630 BGB Rz. 41. ||**13** LAG Sachs. 30.1.1996 – 5 Sa 996/95, NZA 1997, 47. ||**14** BAG 10.5.2005 – 9 AZR 261/04, DB 2005, 2474; LAG Hess. 19.2.2004 – 11 Sa 734/03, nv. ||**15** *Schleßmann*, S. 66; LAG Hess. 19.2.2004 – 11 Sa 734/03, nv. (2/3 der Beschäftigungszeit). ||**16** BAG 10.5.2005 – 9 AZR 261/04, DB 2005, 2474 (Elternzeit 2/3 des ArbVerh). ||**17** Vgl. LAG Köln 30.8.2007 – 10 Sa 482/07.

hingegen unerwähnt bleiben[1], auch wenn der ArbN lange freigestellt war[2]. Herausragende Einzelleistungen wie Erfindungen und prämierte Verbesserungsvorschläge sind zu erwähnen[3].

Ein qualifiziertes Zeugnis muss keine **Schlussformel** enthalten, in der dem ArbGeb dem ausscheidenden ArbN für seine Dienste dankt und/oder für die Zukunft alles Gute wünscht[4]. Eine entsprechende Abschlussformulierung ist indes ein Gebot der Höflichkeit und weitgehend üblich. Sie ist – ebenso wie die Abschlussformel in einem Geschäftsbrief („Mit freundlichen Grüßen") – nicht zwingend die Kundgabe wirklicher oder vorgeblicher Empfindungen, sondern sie soll allgemeine Standards und Höflichkeitsformen wahren[5]. Insoweit kann ihr Fehlen die Aufmerksamkeit kundiger Zeugnisleser erregen[6] und einen Verstoß gegen den Wohlwollensgrundsatz darstellen. Demgemäß kann ein ArbN nach zutreffender Auffassung jedenfalls dann die Aufnahme einer Abschlussklausel in sein Zeugnis verlangen, wenn sich der ArbGeb in einem gerichtl. Vergleich verpflichtet hatte, dem ArbN ein wohlwollendes Zeugnis zu erteilen, das dem berufl. Fortkommen förderlich ist[7]. Zu berücksichtigen ist dabei, dass ca. 80 % der Arbeitszeugnisse eine Abschlussformulierung enthalten, in der Dank, Bedauern und Zukunftswünsche zum Ausdruck gebracht werden[8]. Nicht zu beanstanden ist es, wenn sich die Schlussformel auf die berufliche Tätigkeit beschränkt. Sie muss nicht auch private Wünsche umfassen[9]. Ist der ArbN mit einer vom ArbGeb in das Zeugnis aufgenommenen Schlussformel nicht einverstanden, kann er nach der nicht überzeugenden[10] Ansicht des BAG nur die Erteilung eines Zeugnisses ohne diese Formulierung verlangen[11], auch wenn eine Schlussformel üblich ist. Das vom BAG angeführte Argument, ein kundiger Zeugnisleser wisse, dass sich aus dem Gesetz nach der Rspr. des BAG kein Anspruch auf den Ausdruck persönlicher Empfindungen in einer Schlussformel ergebe[12], ist aber in dieser Allgemeinheit nicht zutreffend. So findet sich in dem Leitfaden für Führungskräfte eines großen Unternehmens der ausdrückliche Hinweis, dass die Schlussformulierung für das Entschlüsseln von Zeugnissen „besonders wichtig" sei und dass keine Schlussformulierung der Note 6 entspreche. Um die Note 4 zu dokumentieren, müssten wenigstens gute Zukunftswünsche ausgesprochen werden[13]. Der Verweis des BAG auf den kundigen Zeugnisleser könnte iÜ zur Stützung der Gegenansicht herangezogen werden: Der kundige Zeugnisleser erkennt, dass der ArbGeb seinem ArbN nur ein Zeugnis mit dem gesetzl. geschuldeten Mindestinhalt erteilen wollte und nicht mehr.

In keinem Fall darf eine Schlussformel im Widerspruch zum sonstigen Zeugnisinhalt stehen. Wünscht der ArbGeb einem ansonsten überdurchschnittlich beurteilten ArbN für die Zukunft alles Gute, ohne zugleich Dank für die geleisteten Dienste auszusprechen, erweckt er den Eindruck, dass Verhalten und Leistung im ArbVerh nicht immer beanstandungsfrei waren. In diesem Fall kann der ArbN auch die Aufnahme einer Dankesfomel in sein Zeugnis verlangen[14]. Andererseits kann der allenfalls mittelmäßig beurteilte ArbN keine überschwängliche Schlussformel erwarten[15]. Verwendet der ArbGeb böswillig eine ersichtlich ironische Schlussformel („Wir danken Herrn A für seine Mitarbeit und hoffen, dass er in unserem Unternehmen für seinen weiteren Berufsweg gelernt hat"), muss er auf Wunsch des ArbN ein neues Zeugnis mit einer unverfänglichen Schlussformel erteilen. Er kann sich in diesem Fall entgegen der Ansicht des BAG[16] wegen seiner eigenen Treuwidrigkeit nicht darauf berufen, eine Schlussformel sei nicht geschuldet.

b) Formulierung durch den Arbeitgeber. Es ist Sache des ArbGeb, das Zeugnis im Einzelnen zu formulieren[17]. Dazu gehört auch die Entscheidung darüber, welche positiven oder negativen Leistungen und Eigenschaften er mehr hervorheben will als andere, solange das Zeugnis wahr bleibt[18]. Maßstab ist der eines wohlwollenden verständigen ArbGeb[19]. Der ArbGeb hat insoweit einen **Beurteilungsspielraum** ähnlich wie bei einer Leistungsbestimmung nach § 315 BGB[20]. Insb. die Formulierung von **Werturteilen** im Zeugnis lässt sich nicht bis in die Einzelheiten regeln und vorschreiben[21]; ein relativ großer Beurteilungsspielraum ist hier unvermeidlich, zumal jede Beurteilung von einer Vielzahl von Faktoren abhängig ist und zwangsläufig von den Erfahrungen des ArbGeb geprägt wird, die er mit der Leistung einzelner ArbN gewonnen hat[22]. Diesen Beurteilungsspielraum dürfte der ArbGeb dann überschritten haben, wenn er von einem unrichtigen Sachverhalt ausgegangen ist, allgemein- und/oder branchenübliche Bewertungsmaßstäbe verletzt oder sich von sachfremden Erwägungen hat leiten lassen[23]. Die entsprechende Darlegung wird den ArbN indes regelmäßig schwer fallen[24].

---

1 BAG 19.8.1992 – 7 AZR 262/91, NZA 1993, 222; Schaub/*Linck*, ArbRHdb, § 147 Rz. 18; aA LAG Hess. 10.3.1977 – 6 Sa 779/76, DB 1978, 167.   ‖2 ArbG Augsburg 12.4.2006 – 5 Ca 166/06.   ‖3 KassHdb/*Haupt*, 6.1, Rz. 280.   ‖4 BAG 11.12.2012 – 9 AZR 227/11, NZA 2013, 324; 20.2.2001 – 9 AZR 44/00, NZA 2001, 843; aA ArbG Darmstadt 22.12.2000 – 3 Ca 444/00, DB 2001, 931.   ‖5 LAG Düss. 3.11.2010 – 12 Sa 974/10, NZA-RR 2011, 123.   ‖6 LAG Düss. 21.5.2008 – 12 Sa 505/08, NZA-RR 2009, 178.   ‖7 LAG Hamm 8.9.2011 – 8 Sa 509/11, NZA-RR 2012, 71.   ‖8 *Düwell/Dahl*, Leistungs- und Verhaltensbeurteilung, NZA 2011, 958 (961).   ‖9 LAG Düss. 21.5.2008 – 12 Sa 505/08, NZA-RR 2009, 178.   ‖10 Krit. auch *Dahl*, Anm. zu BAG 11.12.2012 – 9 AZR 227/11, jurisPR-ArbR 8/2013 Anm. 2.   ‖11 BAG 11.12.2012 – 9 AZR 227/11, NZA 2013, 324.   ‖12 So BAG 11.12.2012 – 9 AZR 227/11, NZA 2013, 324.   ‖13 *Sieg*, Arbeitsrecht – Leitfaden für Führungskräfte, hrsg. vom KSpA/GSpA der Siemens AG, 13. Aufl. 2009, S. 118.   ‖14 LAG Köln 29.2.2008 – 4 Sa 1315/07; LAG Düss. 3.11.2010 – 12 Sa 974/10, NZA-RR 2011, 123.   ‖15 LAG Düss. 21.5.2008 – 12 Sa 505/08, NZA-RR 2009, 178.   ‖16 BAG 11.12.2012 – 9 AZR 227/11, NZA 2013, 324.   ‖17 BAG 12.8.2008 – 9 AZR 632/07, NZA 2008, 1349.   ‖18 BAG 29.7.1971 – 2 AZR 250/70, AP Nr. 6 zu § 630 BGB; 23.9.1992 – 5 AZR 573/91; § 630 BGB Nr. 16.   ‖19 BAG 12.8.2008 – 9 AZR 632/07, NZA 2008, 1349.   ‖20 BAG 17.2.1988 – 5 AZR 638/86, NZA 1988, 427.   ‖21 BAG 12.8.1976 – 3 AZR 720/75, AP Nr. 11 zu § 660 BGB.   ‖22 BAG 14.10.2003 – 9 AZR 12/03, NZA 2004, 842.   ‖23 *Gäntgen*, Anm. zu BAG 14.10.2003 – 9 AZR 12/03, RdA 2005, 181 (184).   ‖24 So auch *Müller*, BB 2004, 1503 (1504), der nur noch „ausnahmsweise" einen Anspruch auf eine überdurchschnittliche Beurteilung sieht.

Verpflichtet sich der ArbGeb in einem gerichtl. Vergleich, dem ArbN nach dessen Entwurf ein Zeugnis zu erteilen, darf er von dem vorgelegten Entwurf nur aus wichtigem Grund abweichen. Das ist der Fall, wenn der Entwurf Schreibfehler bzw. grammatikalische Unrichtigkeiten oder falsche Tatsachendarstellungen enthält[1]. Gleiches gilt, wenn sich die Vorlage als rechtsmissbräuchlich darstellt[2].

Das Zeugnis darf keine Auslassungen enthalten, wo der Leser eine positive Hervorhebung erwartet. Insb. bei ArbN, denen Geld- oder Vermögenswerte anvertraut waren (Kassierer, Verkäufer, Buchhalter usw.), wird eine Aussage zur Ehrlichkeit erwartet[3], bei verantwortungsvollen Tätigkeiten (etwa Personalsachbearbeiter) eine Aussage zur Zuverlässigkeit[4]. Soweit für eine Berufsgruppe oder in einer Branche der allg. Brauch besteht, bestimmte Leistungen oder Eigenschaften des ArbN im Zeugnis zu erwähnen, ist deren Auslassung regelmäßig ein (versteckter) unzulässiger Hinweis, der ArbN sei in diesem Merkmal unterdurchschnittlich oder allenfalls durchschnittlich zu bewerten (beredtes Schweigen)[5].

30 c) **Zeugnissprache und Geheimzeichen.** Die Zeugnissprache muss klar und eindeutig sein. Merkmale, die den ArbN in einer aus dem Wortlaut des Zeugnisses nicht ersichtlichen Weise kennzeichnen (Geheimzeichen), waren für gewerbl. ArbN schon nach § 113 III ausdrücklich verboten. Diese Vorschrift wurde als Ausdruck der allg. Fürsorgepflicht des ArbGeb angesehen. Abs. 2 greift dieses Verbot auf und ergänzt es durch die **allgemeine Verpflichtung, das Zeugnis klar und verständlich zu formulieren**[6]. Ein senkrechter Strich vor der Unterschrift (Gewerkschaftsmitglied) ist daher nach wie vor nicht zulässig. Dasselbe gilt für **Anführungszeichen, Unterstreichungen, Fettdruck** einzelner Worte sowie **ungewöhnliche Satzstellung oder Wortwahl**[7]. Der Hinweis im Zeugnis, der ArbGeb stehe für nähere Auskünfte zur Verfügung, kann so verstanden werden, dass die im Zeugnis enthaltene Leistungsbeurteilung nicht den wirklichen Leistungen des ArbN entspricht, und ist damit unzulässig[8].

In der Praxis haben sich verschiedene Formulierungstechniken[9] durchgesetzt, um negative Eigenschaften und Merkmale positiv zu formulieren, ohne dass sich diese immer als unzulässige Geheimzeichen charakterisieren ließen[10]. Das BAG ist demgemäß bei der Bejahung von sog. Geheimcodes zurückhaltend und sieht auch die gängigen Übersetzungslisten kritisch[11]. Werden

- Selbstverständlichkeiten als einzige Leistungsbeschreibung besonders hervorgehoben („gewissenhaft und pünktlich"),
- positive Eigenschaften im Wege der doppelten Verneinung ausgedrückt („nicht unbrauchbar"),
- positive Aussagen eingeschränkt („stets zur vollen Zufriedenheit seines direkten Vorgesetzten", „im Rahmen seiner Fähigkeiten")[12]
- oder das Fehlen negativer Eigenschaften ausdrücklich betont („an seiner beruflichen Weiterentwicklung sehr interessiert, ohne dabei penetrant zu werden"),

können dies Hinweise auf Mängel in Führung und Leistung des ArbN sein. Gleiches gilt für die durchgehende Verwendung der Passivform, die auf mangelnde Eigeninitiative oder fehlende Antriebskraft schließen lassen kann. Auch der gutwillige ArbGeb der solche Formulierungen verwendet, läuft Gefahr, mit Berichtigungsverlangen oder Schadensersatzansprüchen konfrontiert zu werden.

31 d) **Beispiele** für positive Formulierungen mit negativem Inhalt[13]:
- Formulierungsbeispiele:

Formulierung	Bedeutung
„gründlich, fleißig und gewissenhaft" als einzige Leistungsbeschreibung	kaum brauchbar
die ihm/ihr übertragenen Aufgaben	sonst keine Aufgaben
in der ihm/ihr eigenen Art	uneffektiv
ordentliche Aufgabenerledigung	bürokratisch
genaue Arbeitsweise	unterdurchschnittliches Arbeitstempo

---

1 LAG Köln 2.1.2009 – 9 Ta 530/08, LAGE § 109 GewO 2003 Nr. 7. ||2 ArbG Berlin 2.4.2008 – 29 Ca 13850/07, DB 2008, 1580. ||3 BAG 29.7.1971 – 2 AZR 250/70, AP Nr. 6 zu § 630 BGB; LAG Hamm 29.7.2005 – 4 Ta 594/04, nv. ||4 Staudinger/*Preis*, § 630 BGB Rz. 48. ||5 BAG 12.8.2008 – 9 AZR 632/07, NZA 2008, 1349 zur Belastbarkeit in Stresssituationen bei Tageszeitungsjournalisten. ||6 BT-Drs. 14/8796, 25. ||7 Staudinger/*Preis*, § 630 BGB Rz. 28. ||8 ArbG Herford 1.4.2009 – 2 Ca 1502/08. ||9 Hierzu *Weuster*, Zeugnisgestaltung und Zeugnissprache zwischen Informationsfunktion und Werbefunktion, BB 1992, 58. ||10 Manche machen sich hierüber lustig. *Vec*, FAZ 5.9.2001, S. 56, ist etwa der Auffassung, dass sich der Code zu einer vollständigen Geheimsprache verfeinert habe, die für Außenstehende nicht mehr entschlüsselbar sei und deren Potential – etwa für militärische Zwecke (Chiffriersysteme) – nur unzureichend genutzt werde. ||11 BAG 15.11.2011 – 9 AZR 386/10, NZA 2012, 448 zur Formulierung „kennen gelernt". ||12 *Weuster*, Zeugnisgestaltung und Zeugnissprache zwischen Informationsfunktion und Werbefunktion, BB 1992, 58 (60). ||13 Nach *Schleßmann*, S. 199 f.; *Eckert*, Arbeitszeugnisse schreiben und verstehen, 2000, S. 148–151.

Formulierung	Bedeutung
mit Interesse	ohne Erfolg
begreift das Wesentliche	eher schwache Auffassungsgabe
anspruchsvoll und kritisch	Nörgler, eigensüchtig, pocht auf sein Recht[1]
gesundes Selbstvertrauen	klopft große Sprüche[2]
wusste sich gut zu verkaufen	unangenehmer Zeitgenosse und Wichtigtuer mit fehlender Kooperationsbereitschaft[3]
„aufrichtige und anständige Gesinnung" ohne weitere Leistungsbeschreibung	kein Fleiß
umgänglich	nicht sehr beliebt, lieber von hinten als von vorne gesehen[4]
ist mit seinen Vorgesetzten gut zurecht gekommen	angepasst
Fähigkeit zu delegieren	faul
zeichnete sich durch viele Verbesserungsvorschläge zur Arbeitsvereinfachung aus	bequem
verständnisvolle(r) und tolerante(r) Vorgesetzte(r)/kooperativer Führungsstil	kein Durchsetzungsvermögen
im Kollegenkreis als tolerante(r) Mitarbeiter(in) angesehen	für Vorgesetzte ein schwerer Brocken[5]
in der Lage, seine/ihre eigene Meinung zu vertreten	hat eine hohe Meinung von sich und vermag sachliche Kritik nicht zu akzeptieren[6]
Engagement für die Interessen der ArbN	BR-Mitglied
Engagement für die Interessen der ArbN auch außerhalb des Unternehmens	Gewerkschaftsmitglied
Neuem ggü. aufgeschlossen	konnte Neuerungen nicht nutzen
bei Kunden schnell beliebt	zu viele Zugeständnisse
zeigt erfrischende Offenheit	vorlaut
selbstbewusst	arrogant
bewies Einfühlungsvermögen	hatte Liebschaft(en)
gesellige Art/„sie stand stets voll hinter uns"	Alkohol im Dienst
galt als	war es nicht
durchaus	mit Einschränkungen
vertrat immer offen seine/ihre Meinungen	Querulant, Nörgler, Wichtigtuer
im Rahmen seiner/ihrer Kenntnisse	geringe Kenntnisse
die ihm gemäßen Aufgaben	anspruchslose Aufgaben
ArbGeb wünscht in der Schlussformel Gesundheit	krankheitsbedingte Fehlzeiten
Erwähnung von Mitarbeitern vor Vorgesetzten (etwa „bei Mitarbeitern und Vorgesetzten sehr geschätzt")	bei Vorgesetzten weniger[7]
insgesamt	teilweise nicht
nicht unwesentlich	nicht sonderlich

---

1 LAG Hamm 17.12.1998 – 4 Sa 630/98, MDR 1999, 1073; diff. LAG Düss. 23.7.2003 – 12 Sa 232/03, LAGReport 2004, 14. ||2 LAG Hamm 17.12.1998 – 4 Sa 630/98, MDR 1999, 1073. ||3 LAG Hamm 17.12.1998 – 4 Sa 630/98, MDR 1999, 1073. ||4 LAG Hamm 17.12.1998 – 4 Sa 630/98, MDR 1999, 1073. ||5 LAG Hamm 17.12.1998 – 4 Sa 630/98, MDR 1999, 1073. ||6 LAG Hamm 17.12.1998 – 4 Sa 630/98, MDR 1999, 1073. ||7 AA LAG Köln 30.8.2007 – 10 Sa 482/07.

32 e) **Gesamtbeurteilung.** Qualifizierte Zeugnisse enthalten idR eine Gesamtbeurteilung des ArbN („**Schlussnote**"). Diese Schlussnote muss mit der Beurteilung der einzelnen Leistungen vereinbar sein. Denn das Zeugnis darf nicht in sich widersprüchlich sein (Gebot der Zeugnisklarheit)[1]. Gängiges Beurteilungssystem ist dabei die sog. „**Zufriedenheitsskala**"[2], bei der die Schlussbewertungen „zur vollen Zufriedenheit" und „stets zur Zufriedenheit" der Schul- und Prüfungsnote „befriedigend" und damit einer durchschnittlichen Leistungsbeurteilung entsprechen[3].

● **Formulierungsbeispiele:**

Formulierung	Bedeutung
sehr gut	stets zu unserer vollsten Zufriedenheit
gut	stets zu unserer vollen Zufriedenheit
befriedigend	zu unserer vollen Zufriedenheit[4], stets zu unserer Zufriedenheit[5]
ausreichend	zu unserer Zufriedenheit[6]
mangelhaft	im Großen und Ganzen (insgesamt) zu unserer Zufriedenheit[7]
ungenügend	hat sich bemüht, die ihm/ihr übertragenen Aufgaben zu unserer Zufriedenheit auszuführen/führte die ihm/ihr übertragene Aufgabe mit großem Fleiß und Interesse durch[8]

Der ArbGeb kann andere Formulierungen verwenden und/oder auf andere Beurteilungssysteme zurückgreifen. So kann er bei Führungskräften besonders gute Leistungen durch individuelle Formulierungen zum Ausdruck bringen[9]. Entscheidet er sich für ein übliches Beurteilungssystem, muss er sich systemkonform verhalten. Denn das Zeugnis ist so zu lesen, wie es dieser Üblichkeit entspricht. Die gilt auch für eine zusammenfassende Endbeurteilung, die für das weitere berufl. Fortkommen des ArbN von erheblicher Bedeutung ist[10].

Zuweilen entsteht Streit über die vom ArbN gewünschte und in der Zeugnissprache weithin akzeptierte[11] Bewertung „zur vollsten Zufriedenheit", weil sich der ArbGeb darauf beruft, das Wort „voll" gehöre zu den nicht steigerungsfähigen Adjektiven. Die Formulierung „zur vollen Zufriedenheit" entspricht aber nach der Rspr. „lediglich" einer guten, nicht einer sehr guten Bewertung[12]. Hier ist der ArbGeb, der seinem ArbN sehr gute Leistungen bescheinigen, das grammatikalisch unrichtige Wort „vollste" nicht verwenden will, gehalten, die sehr gute Leistung mit anderen Worten zu bescheinigen[13]. Er kann dies etwa mit den Worten „höchste" oder „außerordentliche" Zufriedenheit machen.

33 f) **Muster.** Ein qualifiziertes Zeugnis könnte wie folgt aufgebaut sein[14]:

● **Muster:**

Firmenbriefkopf

Überschrift (Zeugnis – Zwischenzeugnis – Ausbildungszeugnis)

Eingang (Personalien des ArbN inkl. akademischer Titel; Dauer des ArbVerh)

Aufgabenbeschreibung (Unternehmen, Branche, hierarchische Position, Berufsbezeichnung, Art der Tätigkeit, berufl. Entwicklung)

Leistungsbeurteilung (Arbeitsbefähigung, Arbeitsbereitschaft, Einsatz, Ausdauer, Sorgfältigkeit, Arbeitsergebnisse, ggf. Führung und Motivation der Mitarbeiter und zusammenfassende Bewertung [Gesamtbeurteilung])

Verhaltensbeurteilung (Loyalität, Ehrlichkeit, Pflichtbewusstsein, Gewissenhaftigkeit, Verhalten zu Vorgesetzten, Kollegen, Mitarbeitern und Dritten [Kunden])

Beendigungsmodalität bzw. Grund für Zwischenzeugnis

Schlussformel (Dankes-Bedauern-Formel, Zukunftswünsche)

34 **3. Zwischenzeugnis.** Das Zwischenzeugnis ist im Gegensatz zum Endzeugnis eine Beurteilung des ArbN bei bestehendem und ungekündigtem ArbVerh[15]. Hierdurch unterscheidet es sich vom vorläu-

---

1 BAG 14.10.2003 – 9 AZR 12/03, NZA 2004, 842. ‖ 2 Küttner/*Poeche*, Zeugnis Rz. 31. ‖ 3 BAG 14.10.2003 – 9 AZR 12/03, NZA 2004, 842. ‖ 4 BAG 14.10.2003 – 9 AZR 12/03, NZA 2004, 842; LAG Köln 18.5.1995 – 5 Sa 41/95, LAGE § 630 BGB Nr. 23. ‖ 5 BAG 14.10.2003 – 9 AZR 12/03, NZA 2004, 842; LAG Köln 2.7.1999 – 11 Sa 255/99, NZA-RR 2000, 235. ‖ 6 LAG Köln 2.7.1999 – 11 Sa 255/99, NZA-RR 2000, 235. ‖ 7 Küttner/Poeche, Zeugnis Rz. 31; Schaub/Linck, ArbRHdb, § 147 Rz. 23. ‖ 8 Küttner/Poeche, Zeugnis Rz. 31; Schaub/Linck, ArbRHdb, § 147 Rz. 23. ‖ 9 *Düwell/Dahl*, Leistungs- und Verhaltensbeurteilung, NZA 2011, 958 (959). ‖ 10 BAG 14.10.2003 – 9 AZR 12/03, NZA 2004, 842. ‖ 11 BAG 23.9.1992 – 5 AZR 573/91, EzA § 630 BGB Nr. 16. ‖ 12 BAG 23.9.1992 – 5 AZR 573/91, EzA § 630 BGB Nr. 16. ‖ 13 BAG 23.9.1992 – 5 AZR 573/91, EzA § 630 BGB Nr. 16; 21.6.2005 – 9 AZR 352/04, DB 2005, 2360. ‖ 14 In Anlehnung an LAG Hamm 1.12.1994 – 4 Sa 1631/94, LAGE § 630 BGB Nr. 28. ‖ 15 LAG Hamm 1.12.1994 – 4 Sa 1540/94, LAGE § 630 BGB Nr. 25.

figen Zeugnis, das bei längerer Kündigungsfrist schon vor der rechtl. Beendigung des ArbVerh erteilt wird (s. Rz. 16). Ein Anspruch auf ein Zwischenzeugnis setzt ein **berechtigtes Interesse** des ArbN voraus[1] und besteht nur anlassbezogen in **Ausnahmefällen**[2] auf Grund einer arbeitsvertragl. Nebenverpflichtung oder wegen einschlägiger tarifvertragl. Bestimmungen[3]. Der Anspruch ist ggü. dem gesetzl. Zeugnisanspruch subsidiär. Er endet mit dem Zugang einer Beendigungskündigung, da der ArbN ab diesem Zeugnis ein Endzeugnis, ggf. in der Form einer vorläufigen Zeugnisses, verlangen kann. Höchstrichterlich ist die Frage aber nicht geklärt. Soweit angenommen wird, der Anspruch ende erst mit Ablauf der Kündigungsfrist einer vom ArbGeb ausgesprochenen Kündigung[4], beruht diese Ansicht auf einer fehlenden begrifflichen Trennung zwischen vorläufigem Zeugnis und Zwischenzeugnis. Ausnahmefälle, in denen ein Anspruch auf Erteilung eines Zwischenzeugnisses bestehen kann, liegen etwa vor, (wenn)

– der ArbGeb dem ArbN eine **Kündigung** in Aussicht gestellt hat[5],
– bei erstinstanzlichem Obsiegen des ArbN im **Kündigungsschutzprozess**[6],
– ein langjähriger Vorgesetzter des ArbN durch einen **neuen Vorgesetzten** ersetzt wird[7],
– bei einem **Betriebsübergang**[8] wegen der nicht voraussehbaren Folgen[9] (zweifelhaft),
– sich der ArbN um eine **neue Stelle** bewirbt[10],
– das Zwischenzeugnis zur **Vorlage bei Behörden und Gerichten** benötigt wird[11],
– das Zwischenzeugnis zur Stellung eines **Kreditantrages** vorgelegt werden soll[12],
– strukturelle Änderungen innerhalb des Betriebsgefüges erfolgen[13],
– persönliche Veränderungen des ArbN bevorstehen[14],
– längere Arbeitsunterbrechungen geplant sind[15], etwa vor einer Elternzeit[16],
– das Zwischenzeugnis für **Fortbildungskurse** oder den Besuch einer **Fach- oder Hochschule** erforderlich ist[17],
– eine **Versetzung** bevorsteht[18],
– eine **Umwandlung** der Gesellschaft, eine Fusionen oder ein Inhaberwechsel erfolgt (bei Führungskräften)[19].

Ein triftiger Grund für die Erteilung eines Zwischenzeugnisses liegt hingegen nicht vor, wenn der Angestellte das Zeugnis allein deshalb verlangt, weil er es in einem Rechtsstreit, in dem er seine Höhergruppierung anstrebt, als Beweismittel verwenden will[20]. Ein Anspruch auf ein Zwischenzeugnis besteht auch nicht nach Ausspruch einer Kündigung mit langer Kündigungsfrist. In diesem Fall kann der ArbN ein vorläufiges Endzeugnis verlangen (s. Rz. 16)[21]. Für das Zwischenzeugnis gelten hinsichtlich Form und Inhalt im Wesentlichen dieselben Grundsätze wie für das Zeugnis[22]. Liegt zwischen dem Zeitpunkt der Erteilung eines Zwischenzeugnisses und der Erteilung des Endzeugnisses ein vergleichsweise kurzer Zeitraum, ist der ArbGeb in aller Regel an den Inhalt des Zwischenzeugnisses gebunden[23]. Dies gilt auch, wenn das Zwischenzeugnis vor einem Betriebsübergang erteilt worden ist, und der ArbN nunmehr von dem Betriebserwerber ein Endzeugnis verlangt[24]. Jedenfalls muss der ArbGeb Tatsachen vortragen und beweisen, die den geänderten Inhalt des neuen (schlechteren) Zeugnisses rechtfertigen[25], etwa dass ihm maßgebliche Umstände erst nachträglich bekannt geworden sind[26]. Das können nur solche Umstände sein, die das Verhalten und die Leistung des ArbN in dem von dem Zwischenzeugnis erfassten Zeitraum betreffen. Verfehlungen in einem vorangegangenen ArbVerh bleiben außer Betracht[27].

4. Ausbildungszeugnis. Der Ausbildende hat dem Auszubildenden nach § 16 I BBiG bei Beendigung des Berufsausbildungsverhältnisses auch **ohne ausdrückliches Verlangen** ein schriftl. Zeugnis auszustellen. Hat der Ausbildende die Berufsausbildung nicht selbst durchgeführt, soll auch der Ausbilder

---

1 MüKoBGB/*Henssler*, § 630 Rz. 18. ||2 Krit. insoweit etwa Küttner/*Poeche*, Zeugnis Rz. 11, da ein Zwang zur Offenbarung eines berechtigten Interesses ohne Not ein ArbVerh gefährden könne. ||3 Etwa § 35 TVöD. ||4 LAG Hess. 28.3.2003 – 12 SaGa 1744/02, LAGReport 2004, 215; LAG Hamm 13.2.2007 – 19 Sa 1589/06, NZA-RR 2007, 486. ||5 Schaub/*Linck*, ArbRHdb, § 147 Rz. 9. ||6 LAG Hess. 28.3.2003 – 12 SaGa 1744/02, LAGReport 2004, 215; nach LAG Hamm 13.2.2007 – 19 Sa 1589/06, nv., soll der Anspruch schon mit der Einleitung des Kündigungsschutzprozesses entstehen. ||7 BAG 1.10.1998 – 6 AZR 176/97, AP Nr. 2 zu § 61 BAT; MüKoBGB/*Henssler*, § 630 Rz. 18. ||8 MüKoBGB/*Henssler*, § 630 Rz. 18. ||9 Küttner/*Poeche*, Zeugnis Rz. 11. ||10 BAG 21.1.1993 – 6 AZR 171/92, AP Nr. 1 zu § 61 BAT. ||11 BAG 21.1.1993 – 6 AZR 171/92, AP Nr. 1 zu § 61 BAT. ||12 BAG 21.1.1993 – 6 AZR 171/92, AP Nr. 1 zu § 61 BAT. ||13 BAG 21.1.1993 – 6 AZR 171/92, AP Nr. 1 zu § 61 BAT. ||14 BAG 21.1.1993 – 6 AZR 171/92, AP Nr. 1 zu § 61 BAT. ||15 BAG 21.1.1993 – 6 AZR 171/92, AP Nr. 1 zu § 61 BAT. ||16 LAG Köln 30.8.2007 – 10 Sa 482/07. ||17 MüKoBGB/*Henssler*, § 630 Rz. 19. ||18 MüKoBGB/*Henssler*, § 630 Rz. 19. ||19 MüKoBGB/*Henssler*, § 630 Rz. 19. ||20 BAG 21.1.1993 – 6 AZR 171/92, AP Nr. 1 zu § 61 BAT. ||21 So richtig *Schleßmann*, S. 132. ||22 LAG Hamm 1.12.1994 – 4 Sa 1540/94, LAGE § 630 BGB Nr. 25; MüKoBGB/*Henssler*, § 630 Rz. 21. ||23 BAG 16.10.2007 – 9 AZR 248/07, DB 2008, 245; LAG Köln 8.7.1993 – 10 Sa 275/93, LAGE § 630 BGB Nr. 18. ||24 BAG 16.10.2007 – 9 AZR 248/07, DB 2008, 245. ||25 LAG Hamm 1.12.1994 – 4 Sa 1540/94, LAGE § 630 BGB Nr. 25. ||26 BAG 16.10.2007 – 9 AZR 248/07, DB 2008, 245. ||27 LAG Schl.-Holst. 23.6.2010 – 6 Sa 391/09.

das Zeugnis unterschreiben. Das Ausbildungszeugnis muss nach § 16 II BBiG Angaben über Art, Dauer und Ziel der Berufsausbildung sowie über die erworbenen berufl. Fertigkeiten, Kenntnisse und Fähigkeiten der Auszubildenden enthalten. Auf Verlangen des Auszubildenden sind Angaben über Verhalten und Leistung aufzunehmen. Die Erteilung in elektronischer Form ist auch beim Ausbildungszeugnis ausgeschlossen (§ 16 I 2 BBiG). Zu den Berufsausbildungsverhältnissen zählen nicht Umschulungs- oder Qualifizierungsmaßnahmen, die als Vorstufe eines ArbVerh einem ArbVerh angenähert sind. Hier ergibt sich ein Zeugnisanspruch aus einer analogen Anwendung des § 109[1].

36 **V. Zeugnisberichtigung. 1. Wesen des Berichtigungsanspruches.** Einen Anspruch auf Berichtigung eines Zeugnisses enthält § 109 nach seinem Wortlaut nicht. Bei dem Wunsch nach Berichtigung eines bereits ausgestellten Zeugnisses handelt es sich vielmehr um die Geltendmachung eines **Erfüllungs- anspruchs**. Der ArbN begehrt nichts anderes, als ihm ein nach Form und Inhalt den gesetzl. Vorschriften entsprechendes Zeugnis zu erteilen[2]. Da das Zeugnis als einheitliches Ganzes ohne Gefahr der Sinnentstellung auseinander gerissen werden kann, sind die Gerichte befugt, ggf. das gesamte Zeugnis zu überprüfen und uU selbst neu zu formulieren[3]. Der ArbGeb muss in diesem Fall hinnehmen, dass in seine durch Art. 5 I GG geschützte Meinungsfreiheit eingegriffen und er mit von ihm nicht vertretenen Meinungen identifiziert wird. Denn das Grundrecht auf Meinungsfreiheit, das in einem solchen Fall im Spannungsverhältnis zum Grundrecht des ArbN auf Berufsfreiheit (Art. 12 I GG) steht, besteht nach Art. 5 II GG ohnehin nur im Rahmen der allg. Gesetze, zu denen auch § 109 gehört[4]. Ein so berichtigtes Zeugnis muss der ArbGeb auf das ursprüngliche Ausstellungsdatum **zurückdatieren**, wenn die verspätete Ausstellung nicht vom ArbN zu vertreten ist[5].

36a Für die Berichtigung eines Zwischenzeugnisses gelten dieselben Grundsätze. Zu den prozessualen Auswirkungen einer überholenden Beendigungskündigung s. Rz. 50a.

37 **2. Beweislast.** Da es sowohl bei der Klage auf Erteilung eines Zeugnisses als auch bei der Berichtigungsklage um einen Erfüllungsanspruch des ArbN geht, trägt der **ArbGeb** für seine Behauptung, dass er ein formell und inhaltlich richtiges Zeugnis erteilt und damit seine Verpflichtungen erfüllt habe, grds. die Darlegungs- und Beweislast (§ 362 BGB)[6]. Besteht Streit darüber, welche Tätigkeiten der ArbN ausgeübt hat, lässt sich dieser Grundsatz leicht durchhalten. Anders ist dies bei **Werturteilen** über den ArbN. Hier würde die völlige Ansiedlung der Beweislast beim ArbGeb dem Umstand nicht gerecht, dass der Zeugnisaussteller oft nur schwer oder mit unverhältnismäßigem Aufwand die Vorkommnisse darlegen und beweisen kann, die zu seiner Beurteilung geführt haben. Das BAG differenziert daher wie folgt[7]:

– Der **ArbGeb** muss in dem Berichtigungsrechtsstreit darlegen und beweisen, dass er ein **formell ordnungsgemäßes Zeugnis** mit dem allg. erforderlichen Inhalt zu Art und Dauer des ArbVerh sowie zur Führung und Leistung des ArbN erteilt hat.

– Erstrebt der **ArbN** eine **überdurchschnittliche Beurteilung** und macht er einen Anspruch auf eine konkrete Zeugnisformulierung geltend, hat er die hierfür erforderlichen Tatsachen vorzutragen. Erst wenn der ArbN dargelegt hat, nur eine überdurchschnittliche Beurteilung sei leistungsgerecht, muss der ArbGeb die Tatsachen vortragen, die dem entgegenstehen sollen.

– Den **ArbGeb** trifft hingegen die Beweislast, wenn er dem ArbN nur eine **unterdurchschnittliche Leistung** bescheinigen will.

Angesichts der inflationären Häufung überdurchschnittlicher Beurteilungen ist nicht ausgeschlossen, dass die Trenngrenze der Darlegungs- und Beweislast zukünftig bei einer guten Leistungsbeurteilung gezogen wird[8]. Die Beweislastverteilung des BAG greift nicht in dem scheinbar exotischen, gleichwohl hin und wieder vorkommenden Fall, dass der ArbGeb dem im Streit nach dauernden Querelen ausgeschiedenen ArbN ein mit Superlativen überfrachtetes Zeugnis erteilt. In diesem Fall kann der ArbN ohne weitere Beweiserhebung ein in den Formulierungen und der Bewertung auf das vom ArbN als angemessen angesehene Maß zurückgestutztes Zeugnis verlangen.

38 **VI. Widerruf.** Stellt sich nachträglich heraus, dass das Zeugnis wesentliche Unrichtigkeiten enthält, kann es der ArbGeb widerrufen und vom ArbN herausverlangen[9]. Das gilt auch bei einem bewusst wahrheitswidrig ausgestellten Gefälligkeitszeugnis, wenn die Verwendung des Zeugnisses gegen die guten Sitten verstößt[10]. Bei groben Unrichtigkeiten ist er sogar verpflichtet, den neuen (potentiellen) ArbGeb des ArbN zu warnen[11].

---

1 LAG Hamburg 13.12.2010 – 7 Sa 13/10. || 2 BAG 23.6.1960 – 5 AZR 560/58, AP Nr. 1 zu § 73 HGB; 17.2.1988 – 5 AZR 638/86, AP Nr. 17 zu § 630 BGB. || 3 BAG 23.6.1960 – 5 AZR 560/58, AP Nr. 1 zu § 73 HGB. || 4 LAG Hamburg 6.12.2007 – 8 Sa 51/07. || 5 BAG 9.9.1992 – 5 AZR 509/91, AP Nr. 19 zu § 630 BGB; LAG Nürnberg 13.9.1994 – 6 Ta 118/94, LAGE § 630 BGB Nr. 21; LAG Düss. 23.5.1995 – 3 Sa 253/95, LAGE § 630 BGB Nr. 24. || 6 BAG 23.6.1960 – 5 AZR 560/58, AP Nr. 1 zu § 73 HGB; 23.9.1992 – 5 AZR 573/91, EzA § 630 BGB Nr. 16; LAG Düss. 23.5.1995 – 3 Sa 253/95, LAGE § 630 BGB Nr. 24. || 7 BAG 14.10.2003 – 9 AZR 12/03, NZA 2004, 842. || 8 *Düwell/Dahl*, Leistungs- und Verhaltensbeurteilung, NZA 2011, 958 (960); so schon ArbG Berlin 26.10.2012 – 28 Ca 18230/11 (n.rkr.). || 9 ArbG Passau 5.10.1990 – 2 Ca 354/90, BB 1991, 350; MüKoBGB/*Henssler*, § 630 Rz. 64, 66. || 10 MüKoBGB/*Henssler*, § 630 Rz. 65. || 11 BGH 15.5.1979 – VI ZR 230/76, AP Nr. 13 zu § 630 BGB.

VII. Bindung und Auskünfte. 1. Bindung. Hat der ArbGeb dem ArbN ein Zeugnis erteilt, das teilweise **39**
der Korrektur bedurfte, darf er bei **Erteilung des neuen Zeugnisses** den unbeanstandeten Zeugnistext nicht (zum Nachteil des ArbN) ändern, es sei denn, dass erst nachträglich Umstände bekannt geworden sind, die das Verhalten oder die Leistung des ArbN in einem anderen Licht erscheinen lassen[1]. Der Inhalt des Zeugnisses kann zudem unter dem Gesichtspunkt des **Verbots widersprüchlichen Verhaltens** dergestalt Bindungswirkung entfalten, dass sich der ArbGeb ggü. dem ArbN nicht auf Umstände berufen kann, die im Zeugnis nicht ihren Niederschlag gefunden haben. Wird ein Mitarbeiter als „ehrlich und gewissenhaft" bezeichnet, darf er damit rechnen, dass der ArbGeb ihn nicht mehr wegen eines bereits vor Erteilung des Zeugnisses festgestellten **Warenfehlbestands** haftbar machen wird[2]. Umgekehrt kann der ArbN bei **Eingruppierungsstreitigkeiten** zum Nachweis seiner Tätigkeiten auf ein Zeugnis mit entsprechendem Inhalt verweisen[3]. Stellt der ArbGeb dem ArbN trotz Kenntnis aller Umstände, die eine (außerordentl.) **Kündigung** rechtfertigen können, ein **Gefälligkeitszeugnis** aus, muss er sich nach teilweise vertretener Auffassung hieran ggf. im Kündigungsschutzprozess festhalten lassen (Verbot des widersprüchl. Verhaltens)[4]. Das soll auch dann gelten, wenn er das Zeugnis in der Hoffnung auf eine einvernehmliche Lösung nur deswegen mit diesem Inhalt erteilt hat, um dem ArbN das berufl. Fortkommen nicht zu erschweren[5]. Eine Ausnahme von der Bindungswirkung wird man indes dann machen müssen, wenn sie zu grob unbilligen oder sittenwidrigen Ergebnissen führen würde[6]. Von einem **Gefälligkeitszeugnis** ist daher abzuraten, zumal sich der ArbGeb ggü. nachfolgenden ArbGeb schadensersatzpflichtig machen kann (s. Rz. 45).

2. Auskünfte. Auf Grund der nachwirkenden Fürsorgepflicht des ArbGeb ist er auf Verlangen des **40**
ArbN verpflichtet, einem potenziellen neuen ArbGeb sorgfältig und wahrheitsgemäß Auskunft über Leistung und Verhalten des ArbN während des ArbVerh zu erteilen[7]. Hierzu soll der ArbGeb nach einer älteren Entscheidung des **BAG** selbst ohne Einverständnis des ArbN berechtigt sein[8]. Dies folgt nach Auffassung des BAG aus den Grundsätzen der Sozialpartnerschaft. Angehörige der Arbeitgeberschaft seien danach ebenso wie Angehörige der Arbeitnehmerschaft berechtigt, sich jeweils untereinander gegenseitig zur Wahrung ihrer Belange zu unterstützen[9]. Wegen des vertraulichen Charakters der Auskunft sollen sogar Umstände mitgeteilt werden dürfen, die in ein wohlwollendes Zeugnis üblicherweise nicht aufgenommen werden[10]. Diese Auffassung wird mittlerweile unter Hinweis auf das allg. Persönlichkeitsrecht des ArbN und auf die Umgehung des § 109 ganz überwiegend und **zu Recht abgelehnt**[11]. Dem ArbGeb ist daher dringend zu raten, Auskünfte über den ArbN **nur bei** dessen vorliegendem **Einverständnis** zu erteilen[12] und ansonsten auf den Inhalt des Zeugnisses zu verweisen. In jedem Falle sind aber datenschutzrechtl. Bestimmungen zu beachten. Unzulässig ist es, wenn der ArbGeb im Arbeitszeugnis anbietet, künftigen Arbeitgebern für telefonische Nachfragen über die Arbeitsqualität des ArbN zur Verfügung zu stehen[13]. Auf Verlangen muss er dem ArbN Kenntnis von den Auskünften geben, die er über ihn erteilt hat[14]. Die Herausgabe der **Personalakte** an einen Dritten ist ohne Zustimmung des ArbN unzulässig[15].

VIII. Haftung. 1. Schadensersatzanspruch des Arbeitnehmers. Verletzt der ArbGeb schuldhaft seine **41**
Pflichten aus § 109 dadurch, dass er das Zeugnis nicht gehörig (fehlerhaft oder unvollständig) oder verspätet ausstellt, ist er dem ArbN zum Ersatz des dadurch entstehenden Schadens wegen Schlechterfüllung nach § 280 I BGB oder wegen Schuldnerverzugs nach §§ 280 II, 286 BGB verpflichtet[16]. Regelmäßig setzt ein Schadensersatzanspruch eine **Mahnung** durch den ArbN voraus, insbesondere dann, wenn er dem ArbGeb nicht mitgeteilt hat, ob er lediglich ein einfaches oder ein qualifiziertes Zeugnis verlangt[17]. Die **Darlegungs- und Beweislast** dafür, dass die Nichterteilung, die verspätete Erteilung oder die Erteilung eines unrichtigen Zeugnisses für einen Schaden des ArbN ursächlich gewesen ist, liegt gem. allg. Grundsätzen beim ArbN[18].

a) Verdienstausfall. Begehrt der ArbN Schadensersatz wegen Verdienstausfalles, muss er darlegen **42**
und ggf. beweisen, dass ein bestimmter ArbGeb ihn nur wegen des fehlenden Zeugnisses nicht eingestellt hat[19]. Dabei gibt es selbst bei leitenden Angestellten keinen Erfahrungssatz, dass allein das Fehlen

---

1 BAG 21.6.2005 – 9 AZR 352/04, DB 2005, 2360. ||2 BAG 8.2.1972 – 1 AZR 189/71, AP Nr. 7 zu § 630 BGB. ||3 LAG Hamm 4.11.1999 – 4 Sa 960/97, nv. ||4 LAG Bremen 22.11.1983 – 4 Sa 167/82, BB 1984, 473; LAG Hamm 4.11.1999 – 4 Sa 960/97, nv. ||5 LAG Bremen 22.11.1983 – 4 Sa 167/82, BB 1984, 473. ||6 S.a. MüKoBGB/*Henssler*, § 630 Rz. 65; BGH 15.5.1979 – VI ZR 230/76, AP Nr. 13 zu § 630 BGB. ||7 BAG 25.10.1957 – 1 AZR 434/55, AP Nr. 1 zu § 630 BGB; BGH 10.7.1959 – VI ZR 149/58, AP Nr. 2 zu § 630 BGB. ||8 BAG 25.10.1957 – 1 AZR 434/55, AP Nr. 1 zu § 630 BGB; 18.12.1984 – 3 AZR 389/83, NZA 1985, 811; LAG Hamburg 16.8.1984 – 2 Sa 144/83, DB 1985, 284 (285). ||9 BAG 25.10.1957 – 1 AZR 434/55, AP Nr. 1 zu § 630 BGB; 18.12.1984 – 3 AZR 389/83, NZA 1985, 811. ||10 LAG Hamburg 16.8.1984 – 2 Sa 144/83, DB 1985, 284 (285). ||11 Etwa ArbG Stuttgart 1.2.2001 – 28 Ca 8988/00, NZA-RR 2002, 153; MüKoBGB/*Henssler*, § 630 Rz. 80; diff. *Schleßmann*, S. 254f. ||12 S.a. *Schleßmann*, S. 256. ||13 ArbG Herford 1.4.2009 – 2 Ca 1502/08. ||14 BGH 10.7.1959 – VI ZR 149/58, AP Nr. 2 zu § 630 BGB; *Schleßmann*, S. 256f. ||15 BAG 18.12.1984 – 3 AZR 389/83, NZA 1985, 811; 14.9.1994 – 5 AZR 632/93, NZA 1995, 220. ||16 BAG 25.10.1967 – 3 AZR 456/66, AP Nr. 6 zu § 73 HGB; LAG Hamm 11.7.1996 – 4 Sa 1534/95, LAGE § 630 BGB Nr. 29. ||17 LAG Schl.-Holst. 1.4.2009 – 1 Sa 370/08. ||18 BAG 24.3.1977 – 3 AZR 232/76, AP Nr. 12 zu § 630 BGB. ||19 BAG 25.10.1967 – 3 AZR 456/66, AP Nr. 6 zu § 73 HGB; LAG Hamm 11.7.1996 – 4 Sa 1534/95, LAGE § 630 BGB Nr. 29; LAG Düss. 23.7.2003 – 12 Sa 232/03, LAGReport 2004, 14.

des Zeugnisses für die erfolglose Bewerbung ursächlich gewesen ist. Allerdings helfen dem ArbN die **Beweiserleichterungen** nach § 252 S. 2 BGB und § 287 ZPO[1], wenn er dem Gericht zunächst die tatsächlichen Grundlagen für die zu treffende Beurteilung oder Schätzung liefert. Der ArbN muss Anhaltspunkte vortragen und beweisen, dass es gerade wegen des fehlenden Zeugnisses nicht zu einer Einstellung gekommen ist[2]. Ausreichend und notwendig ist eine gewisse Wahrscheinlichkeit des Ursachenzusammenhangs[3]. Hier kann schon der Vortrag, ein bestimmter ArbGeb sei „ernsthaft interessiert" gewesen und die „Zeugnisfrage sei zur Sprache gebracht worden", ausreichen[4].

43 b) **Zeitnahe Geltendmachung.** Der ArbN ist gehalten, sein Verlangen nach einem ordnungsgemäßen Zeugnis zeitnah geltend zu machen. Dabei hat er seine Beanstandungen ggü. dem ArbGeb zu konkretisieren, damit dieser genau erkennen kann, welche Änderungen begehrt werden. Der Hinweis auf einen eigenen Zeugnisentwurf allein ist nicht ausreichend[5]. Wartet der ArbN mehrere Monate, läuft er Gefahr, dass sein Verhalten als widersprüchlich aufgefasst wird und Schadensersatzansprüche nach § 242 BGB ausgeschlossen sind[6].

44 c) **Falsche Auskünfte.** Ist eine Auskunft, die der ArbGeb ggü. einem zur Einstellung des ArbN bereiten ArbGeb erteilt, falsch und wird der ArbN wegen der falschen Auskunft nicht eingestellt, so muss der ArbGeb dem ArbN als Schaden die Vergütung ersetzen, die dieser bei Erteilung einer ordnungsgemäßen Auskunft verdient hätte[7].

45 2. **Schadensersatzanspruch des neuen Arbeitgebers. a) Gegenüber dem alten Arbeitgeber.** Der ArbGeb darf nicht wahrheitswidrige Angaben in das Zeugnis aufnehmen und ein Urteil abgeben, das nicht seiner Überzeugung entspricht oder sich vernünftigerweise nicht aufrecht erhalten lässt. Tut er dies dennoch, kann er im Hinblick auf den „vertrauenheischenden Bescheinigungscharakter"[8] des Zeugnisses einem zukünftigen ArbGeb des ArbN ggü. schadensersatzpflichtig sein[9]. So haftet ein ArbGeb, der erhebliche Unterschlagungen oder andere Vermögensstraftaten seines ehemaligen Mitarbeiters im Zeugnis nicht ausweist, dem neuen ArbGeb ggf. wegen sittenwidriger Schädigung nach **§ 826 BGB**[10] oder nach **vertragl. bzw. vertragsähnl. Grundsätzen**[11]. Bescheinigt ein ArbGeb seinem ArbN äußerste Zuverlässigkeit in einer treu erfüllten Vertrauensstellung, obwohl dieser einen größeren Geldbetrag entwendet hatte, ist das Zeugnis grob falsch und geeignet, einen neuen ArbGeb zu täuschen. Stellt der neue ArbGeb den ArbN im Vertrauen auf die Richtigkeit des Zeugnisses ein und stiehlt der ArbN beim neuen ArbGeb ebenfalls, haftet der alte ArbGeb als Zeugnisaussteller[12].

46 b) **Gegenüber dem Arbeitnehmer.** Die modernen Textverarbeitungsprogramme erleichtern es, **Zeugnisse zu fälschen** und Unterschriften einzuscannen. Da den Bewerbungsschreiben üblicherweise nur Zeugniskopien beigefügt werden, sollte der vorsichtige ArbGeb den Bewerber bitten, bei dem Vorstellungsgespräch die Originalzeugnisse vorzulegen. Bewirbt sich ein ArbN mit einem gefälschten Zeugnis bei einem neuen ArbGeb und erlangt er auf diese Weise seine Einstellung, ist er nach § 823 II BGB, § 263 StGB zum Schadensersatz verpflichtet. Der zu ersetzende Schaden kann in der **Erstattung der aufgewendeten Vergütung** liegen, wenn der ArbN nicht kostendeckend gearbeitet hat, etwa weil seine Tätigkeit zu keinen Einnahmen geführt hat. Hier soll nicht die Vermutung eingreifen, dass sich vereinbarte Leistung und Gegenleistung im ArbVerh entsprechen, so dass der ArbN für die Vorteilsausgleichung die Beweislast trägt[13]. Zudem kann der ArbGeb den Abschluss des Arbeitsvertrages selbst nach mehrjähriger Tätigkeit des ArbN nach § 123 I BGB **anfechten**[14].

47 **IX. Prozessuales. 1. Allgemeines.** Zuständig für Klagen auf Erteilung bzw. Berichtigung eines Zeugnisses sind gem. § 2 I Nr. 3e ArbGG die Gerichte für Arbeitssachen. Demggü. sind Einwendungen gegen die inhaltliche Richtigkeit einer Bescheinigung über die Tätigkeit als **Arzt im Praktikum** im verwaltungsgerichtl. Verfahren gegen die Verweigerung der Approbation geltend zu machen[15].

48 2. **Klageanträge.** Richtige Klageart für die Erteilung oder Berichtigung eines Zeugnisses ist die Leistungsklage gem. § 253 ZPO[16].

49 a) **Erteilungsklage.** Der **Klageantrag** lautet bei begehrter (erstmaliger) Erteilung eines Zeugnisses,

- **Formulierungsvorschlag** für ein einfaches Zeugnis:
  den Beklagten zu verurteilen, dem/der Kläger(in) ein Zeugnis zu erteilen, das sich auf Art und Dauer erstreckt.

---

1 BAG 24.3.1977 – 3 AZR 232/76, AP Nr. 12 zu § 630 BGB. ‖ 2 BAG 25.10.1967 – 3 AZR 456/66, AP Nr. 6 zu § 73 HGB. ‖ 3 LAG Hess. 30.7.2003 – 2 Sa 159/03, nv. ‖ 4 BAG 25.10.1967 – 3 AZR 456/66, AP Nr. 6 zu § 73 HGB; 16.11.1995 – 8 AZR 983/94, EzA § 630 BGB Nr. 20. ‖ 5 LAG Düss. 23.7.2003 – 12 Sa 232/03, LAGReport 2004, 14. ‖ 6 BAG 17.10.1972 – 1 AZR 86/72, AP Nr. 8 zu § 630 BGB. ‖ 7 LAG Hamburg 16.8.1984 – 2 Sa 144/83, DB 1985, 284 (285). ‖ 8 BGH 15.5.1979 – VI ZR 230/76, AP Nr. 13 zu § 630 BGB. ‖ 9 BGH 26.11.1963 – VI ZR 221/62, AP Nr. 10 zu § 826 BGB; 15.5.1979 – VI ZR 230/76, AP Nr. 13 zu § 630 BGB. ‖ 10 BGH 26.11.1963 – VI ZR 221/62, AP Nr. 10 zu § 826 BGB. ‖ 11 BGH 15.5.1979 – VI ZR 230/76, AP Nr. 13 zu § 630 BGB; OLG München 30.3.2000 – 1 U 6245/99, OLGReport München 2000, 337. ‖ 12 OLG München 30.3.2000 – 1 U 6245/99, OLGReport München 2000, 337. ‖ 13 LAG Köln 16.6.2000 – 11 Sa 1511/99, NZA-RR 2000, 630 (631). ‖ 14 LAG BW 13.10.2006 – 5 Sa 25/06, MDR 2007, 532. ‖ 15 BAG 9.5.2006 – 9 AZR 182/05, nv. ‖ 16 *Göldner*, ZfA 1991, 225 (249f.).

- **Formulierungsvorschlag** für ein qualifiziertes Zeugnis:
  den Beklagten zu verurteilen, dem/der Kläger(in) ein Zeugnis zu erteilen, das sich auf Art und Dauer sowie auf Führung und Leistung erstreckt.

Zulässig ist auch ein auf Erteilung eines einfachen bzw. qualifizierten Zeugnisses gerichteter Klageantrag. Hingegen kann der ArbN bei unterlassener (erstmaliger) Zeugniserteilung nicht auf einen von ihm vorformulierten Zeugnisinhalt klagen, da es dem ArbGeb obliegt, das Zeugnis zu formulieren[1]. Zusätze und Umschreibungen wie „wohlwollend" oder „das den Kläger in seinem beruflichen Fortkommen nicht hindert" sind mangels ausreichender Bestimmtheit unzulässig.

b) Berichtigungsklage. Der Antrag muss bei begehrter Berichtigung des Zeugnisses das **konkrete Berichtigungsbegehren** ganz oder in einzelnen Punkten selbst enthalten[2]. Keine Bedenken bestehen dagegen, dass der ArbN das Zeugnis, so wie er es erteilt haben möchte, in den Klageantrag aufnimmt. Der **Antrag** würde dann lauten, 50

- **Formulierungsvorschlag:**
  den Beklagten zu verurteilen, dem/der Kläger(in) ein Zeugnis folgenden Inhalts zu erteilen: ...

Zulässig sind auch Anträge wie:

- **Formulierungsvorschlag:**
  den Beklagten zu verurteilen, das am ... erteilte Zeugnis wie folgt zu ergänzen/in folgenden Punkten zu berichtigen: ...

Möglich ist zudem die Bezugnahme auf eine Anlage zur Klageschrift mit dem vollständigen Zeugniswortlaut. Im Urteil selbst ist der Text des Zeugnisses jedoch in den Tenor oder in eine mit dem Titel fest verbundene Anlage[3] aufzunehmen, da das Urteil ansonsten mangels Bestimmtheit nicht vollstreckbar wäre[4].

Auch wenn es dem ArbN nur darum geht, dass das Zeugnis bestimmte Sachverhalte und Bewertungen zum Ausdruck bringt, und er die Formulierung dem ArbGeb selbst überlassen will, muss er gleichwohl eine konkrete Formulierung in seinen Antrag aufnehmen. Denn nur wenn Antrag und Tenor eine konkrete Zeugnisformulierung enthalten, ist gewährleistet, dass sich der Streit über den Zeugnisinhalt nicht in das Vollstreckungsverfahren verlagert[5]. Ist das Zeugnis unvollständig, weil es sich nur auf die Leistung und nicht auf die Führung bezieht, muss der gewünschte Inhalt nicht in den Antrag aufgenommen werden. Da der Anspruch auf Erteilung eines qualifizierten Zeugnisses in diesem Falle noch gar nicht erfüllt ist, kann der ArbN auf Erteilung eines qualifizierten Zeugnisses klagen[6].

Der Berichtigungsantrag muss nicht den Zusatz enthalten, dass der ArbGeb nur Zug-um-Zug gegen Herausgabe des alten Zeugnisses zur Berichtigung verurteilt wird[7]. Denn der ArbN hat an einem inhaltlich richtigen Zeugnis kein Zurückbehaltungsrecht. IÜ dürfte der ArbGeb auf die Herausgabe des alten Zeugnisses regelmäßig schon deshalb keinen Wert legen, da er nicht ernsthaft damit rechnen kann, der ArbN werde dieses bei einer Bewerbung anstelle des verbesserten Zeugnisses vorlegen[8].

Für die Durchsetzung eines Berichtigungsanspruchs wegen eines **Zwischenzeugnisses** gelten dieselben Grundsätze. Hat der ArbN einen Berichtigungsanspruch bereits gerichtlich anhängig gemacht und spricht der ArbGeb im Verlauf des Rechtsstreits eine Beendigungskündigung aus, wird regelmäßig der für den Anspruch auf ein Zwischenzeugnis erforderliche triftige Grund entfallen, da der ArbN ab diesem Zeitpunkt einen Anspruch auf ein Endzeugnis hat (Rz. 16). Der mit der Berichtigungsklage geltend gemachte Erfüllungsanspruch ist nicht mehr gegeben. Der ArbN müsste in diesem Fall den Rechtsstreit für erledigt erklären. Ein Wahlrecht zwischen Endzeugnis und Zwischenzeugnis besteht hingegen nicht[9]. Höchstrichterlich ist die Frage allerdings noch nicht geklärt. 50a

c) Einstweilige Verfügung. Eine einstw. Verfügung auf **Erteilung** eines Zeugnisses kommt in Betracht, wenn der ArbN glaubhaft macht, er sei für seine Bewerbungen dringend auf die Vorlage eines Zeugnisses angewiesen, bzw. ein potenzieller neuer ArbGeb mache seine Einstellung von der Vorlage eines Zeugnisses abhängig. Dagegen ist die **Berichtigung** eines Zeugnisses nur ausnahmsw. im vorläufigen Rechtsschutz durchsetzbar. Voraussetzung wäre hier die Glaubhaftmachung, dass ein Obsiegen im Hauptverfahren überwiegend wahrscheinlich ist und dass das erteilte Zeugnis schon nach der äußeren Form oder nach seinem Inhalt keine geeignete Grundlage für eine Bewerbung ist[10]. 51

d) Zwischenzeugnis. Auf Erteilung eines Zwischenzeugnisses kann wegen der Subsidiarität des Anspruchs ggü. dem gesetzl. Zeugnisanspruch nur im **unbeendeten Arbeitsverhältnis** geklagt werden. Nach Ablauf der Kündigungsfrist einer vom ArbGeb ausgesprochenen Kündigung kann ein Zwischen- 52

---

1 BAG 29.7.1971 – 2 AZR 250/70, AP Nr. 6 zu § 630 BGB. || 2 BAG 14.3.2000 – 9 AZR 246/99, AuR 2000, 361. || 3 LAG Rh.-Pf. 1.4.2009 – 3 Ta 40/09. || 4 LAG Köln 8.1.2003 – 6 Ta 386/02, MDR 2003, 778. || 5 BAG 14.3.2000 – 9 AZR 246/99, AP Nr. 26 zu § 630 BGB. || 6 LAG Köln 30.3.2001 – 4 Sa 1485/00, BB 2001, 1959. || 7 AA LAG Hamm 23.2.1992 – 4 Sa 1077/91, LAGE § 630 BGB Nr. 16. || 8 LAG Hamburg 6.12.2007 – 8 Sa 51/07; LAG Hess. 28.3.2003 – 12 SaGa 1744/02, LAGReport 2004, 215. || 9 AA LAG Hamm 13.2.2007 – 19 Sa 1589/06, NZA-RR 2007, 486, das in der Sache allerdings nicht zwischen Zwischenzeugnis und vorläufigem Zeugnis unterscheidet. || 10 Vgl. LAG Köln 5.5.2003 – 12 Ta 133/03, LAGE Nr. 1 zu § 630 BGB 2002.

zeugnis nur im Rahmen eines Kündigungsschutzverfahrens eingeklagt werden[1], wobei es sich empfiehlt, den Antrag als uneigentlichen Hilfsantrag für den Fall der Stattgabe des Kündigungsschutzantrages zu formulieren.

53 **3. Streitwert.** Klagen auf Erteilung, Berichtigung oder Ergänzung eines Zeugnisses stellen jeweils vermögensrechtl. Streitigkeiten dar[2], deren streitwertmäßige Behandlung durch die LAG nicht einheitlich erfolgt.

Im Grundsatz gehen die Gerichte von einem Streitwert in Höhe einer **Bruttomonatsvergütung** des ArbN[3] aus, wobei bei besonderen Fallgestaltungen teilweise Abschläge gemacht werden. Die von der Konferenz der Präsidentinnen und Präsidenten der LAG im Mai 2012 eingesetzte **Streitwertkommission** hat nunmehr folgende, die Gerichte freilich nicht bindende Vorschläge zur Vereinheitlichung der Rspr. gemacht[4]:

Erteilung oder Berichtigung eines **einfachen Zeugnisses**	10 % einer Monatsvergütung des ArbN
Erteilung oder Berichtigung eines **qualifizierten Zeugnisses**	eine Monatsvergütung unabhängig von Art und Inhalt eines Berichtigungsverlangens sowie von der Dauer des ArbVerh
Zwischenzeugnis	½ Monatsvergütung
Zwischen- und Endzeugnis (kumulativ oder hilfsweise)	insg. eine Monatsvergütung
Titulierungsinteresse bei **Vergleich** über unstreitigen Zeugnisanspruch	20 % einer Monatsvergütung
Titulierungsinteresse bei **Vergleich** über unstreitigen Zeugnisanspruch mit **inhaltlichen Festlegungen**	eine Monatsvergütung

54 **4. Zwangsvollstreckung. a) Zeugniserteilung als unvertretbare Handlung.** Die Erteilung eines Zeugnisses stellt eine unvertretbare Handlung dar[5]. Ist der ArbGeb auf Grund eines Urteils oder Vergleichs zur Erteilung eines Zeugnisses verpflichtet, richtet sich die Vollstreckung demgemäß nach **§ 888 ZPO**. Verpflichtet sich ein ArbGeb in einem gerichtl. Vergleich zur „**Erteilung**" eines Zeugnisses, übernimmt er damit nach richtiger Ansicht auch die Verpflichtung, dem ArbN das Zeugnis zukommen zu lassen. Insoweit liegt eine einheitliche Verpflichtung vor, die insg. über § 888 ZPO zu vollstrecken ist[6]. Ist der Titel auf Erteilung eines „wohlwollenden" (qualifizierten) Zeugnisses gerichtet, ist er teilweise unbestimmt, da der Begriff „wohlwollend" die vom ArbGeb geschuldete Leistung nicht ausreichend konkretisiert[7]. In diesem Fall ist der Erzwingungsbeschluss nach § 888 ZPO auf die Erteilung eines (qualifizierten) Zeugnisses zu beschränken[8].

Ein gerichtl. Vergleich, wonach der ArbGeb ein Zeugnis entsprechend einem vom ArbN noch vorzulegenden Entwurf zu erteilen hat, ist hinreichend bestimmt. Es liegt dann beim ArbN, darüber zu entscheiden, welche positiven oder negativen Leistungen er stärker hervorheben will. Allerdings darf und muss der ArbGeb auch in diesem Fall prüfen, ob der Entwurf den gesetzl. Vorgaben in § 109 entspricht, insb. ob das vom ArbN begehrte Zeugnis dem Grundsatz der Zeugniswahrheit entspricht. Ggf. muss er das Zeugnis anpassen. Der ArbGeb ist auch nicht verpflichtet, Grammatik-, Rechtschreib- oder Zeichensetzungsfehler zu übernehmen[9]. Ein Titel, der darauf gerichtet ist, dem Kläger ein wohlwollendes, qualifiziertes Zeugnis entsprechend der Schulnote „gut" auf der Basis des im Antrag der Klageschrift bezeichneten Zeugnisses zu erteilen, ist hingegen nicht bestimmt genug, um Grundlage einer Zwangsvollstreckung zu sein[10].

55 **b) Materiellrechtliche Einwendungen.** Im Vollstreckungsverfahren nach § 888 ZPO sind materiellrechtl. Einwendungen wie der Vortrag, das Zeugnis sei bereits erteilt oder seine Erteilung sei gestundet, nur dann erheblich, wenn die Tatsachen **unstreitig** sind[11]. Ist dies nicht der Fall, muss der jeweilige Einwand im Wege der Vollstreckungsgegenklage nach § 767 ZPO geltend gemacht werden. Nach früher teilweise vertretener Auffassung ist im Vollstreckungsverfahren auch zu prüfen, ob das erteilte Zeugnis

---

1 LAG Hess. 28.3.2003 – 12 SaGa 1744/02, LAGReport 2004, 215. ‖ 2 BAG 13.2.1984 – 7 AZB 22/83, nv. ‖ 3 LAG Hamburg 29.12.2010 - 4 Ta 27/10, NZA-RR 2011, 152; LAG Rh.-Pf. 6.8.2007 – 1 Ta 181/07; LAG Köln 28.4.1999 – 13 Ta 96/99, NZA-RR 2000, 218; 29.12.2000 – 8 Ta 230/00, NZA-RR 2001, 324. ‖ 4 Einzelheiten bei *Bader/Jörchel*, NZA 2013, 809. ‖ 5 BAG 23.6.2004 – AZR 495/03, NZA 2004, 1392; LAG Nürnberg 13.9.1994 – 6 Ta 118/94, LAGE § 630 BGB Nr. 21. ‖ 6 LAG Düss. 15.3.2001 – 7 Ta 60/01, nv. ‖ 7 LAG Köln 3.9.2013 – 11 Ta 202/13; LAG Hamm 4.8.2010 – 1 Ta 310/10. ‖ 8 LAG Rh.-Pf. 25.3.2008 – 8 Ta 39/08; LAG Hess. 23.9.2008 – 12 Ta 250/08. ‖ 9 BAG 9.9.2011 – 3 AZB 35/11, NZA 2012, 1244. ‖ 10 LAG Köln 4.7.2013 – 4 Ta 155/13. ‖ 11 LAG Hess. 13.8.2002 – 16 Ta 255/02, nv.; LAG Düss. 15.3.2001 – 7 Ta 60/01, nv.; LAG Köln 6.6.2001 – 11 Ta 120/01, nv.; zum Meinungsstand bei LAG Nürnberg 13.9.1994 – 6 Ta 118/94, LAGE § 630 BGB Nr. 21.

ordnungsgemäß ist[1]. Diese Auffassung dürfte mittlerweile überholt sein. Nach richtiger Ansicht ist im Vollstreckungsverfahren nach § 888 ZPO nur zu prüfen, ob das Zeugnis **formal** dem Titel entspricht, nicht ob es inhaltlich richtig ist[2]. Ist das Zeugnis falsch, muss auf Berichtigung des Zeugnisses geklagt werden[3]. Ein Zwangsmittel darf daher nicht verhängt werden, wenn das Beendigungsdatum unrichtig angegeben ist, weil es sich hierbei, anders als bei der falschen Schreibweise des Namens, nicht um einen formalen, sondern um einen inhaltlichen Mangel handelt (str.)[4]. Dasselbe gilt, wenn der ArbGeb der Verpflichtung aus einem Vergleich zuwider bei der Formulierung des Zeugnisses von einem Vorschlag des ArbN abweicht, obwohl er hierzu nur bei grober Unrichtigkeit berechtigt sein soll[5]. Die Frage, ob ein vom ArbN entworfenes Zeugnis dem Grundsatz der Zeugniswahrheit entspricht, kann im Vollstreckungsverfahren nicht geklärt werden. Trägt der ArbGeb Umstände vor, wonach das Zeugnis nicht der Wahrheit entspricht, ist ein Zwangsgeldantrag zurückzuweisen. Der ArbN muss dann eine Zeugnisberichtigung im Wege eines neuen Erkenntnisverfahrens durchsetzen[6].

Die inhaltliche Frage der groben Unrichtigkeit ist nicht im Vollstreckungsverfahren zu klären. Ein qualifiziertes Zeugnis, das zwar eine Führungsbeurteilung, jedoch keine Leistungsbewertung enthält, genügt hingegen ebenso wenig den formalen Anforderungen[7] wie ein Zeugnis, das grob unsachlich und in ironischem Stil gehalten ist oder sich in Beschimpfungen des ArbN erschöpft[8]. Hier ist auf Antrag ein Zwangsgeld nach § 888 ZPO festzusetzen.

c) **Zwangsvollstreckung in der Insolvenz.** Soll der titulierte Zeugnisanspruch **gegen den Insolvenzverwalter** durchgesetzt werden und beruft sich dieser bei der erforderlichen Anhörung nach § 891 ZPO darauf, er müsse die notwendigen Informationen erst vom Insolvenzschuldner einholen, ist die Zwangsvollstreckung einstweilen unzulässig[9]. Zwangsgeld oder Zwangshaft dürfen nicht verhängt werden, solange der Insolvenzverwalter sich noch um die Einholung der Auskünfte bemüht. Sind alle zumutbaren Anstrengungen des Insolvenzverwalters fruchtlos geblieben, muss er ein Zeugnis erteilen, in dem er auf die Vergeblichkeit seiner Bemühungen hinweist (s. Rz. 8). Anderenfalls können Zwangsmittel verhängt werden.

Ist der Zeugnisanspruch gegen den Insolvenzschuldner durchzusetzen, kommt das Vollstreckungsverbot des § 89 InsO nicht zur Anwendung[10].

5. **Prozesskostenhilfe.** Die Bewilligung von PKH wird regelmäßig dann wegen **Mutwilligkeit** iSd. § 114 ZPO abzulehnen sein, wenn der ArbN, ohne dass ein solches Verlangen vorgerichtlich ergebnislos geblieben wäre, sofort Klage auf Erteilung eines qualifizierten Zeugnisses erhebt[11]. Dasselbe gilt, wenn die Klage auf Erteilung eines Zeugnisses mit einer Kündigungsschutzklage verbunden wird, der Anspruch vorher nicht außergerichtlich geltend gemacht worden war und keine Anhaltspunkte dafür bestehen, dass der ArbGeb den Anspruch nicht erfüllen will[12].

Streiten die Parteien um die Formulierung eines qualifizierten Zeugnisses, ist in aller Regel die **Beiordnung eines Rechtsanwalts** gem. § 121 II ZPO erforderlich. Wird hingegen nur ein allg. Antrag auf Erteilung eines qualifizierten Zeugnisses gestellt, der ebenso gut zu Protokoll der gerichtl. Rechtsantragstelle hätte erklärt werden können, dürfte die Beiordnung eines Rechtsanwalts nicht erforderlich sein[13].

110 Wettbewerbsverbot
Arbeitgeber und Arbeitnehmer können die berufliche Tätigkeit des Arbeitnehmers für die Zeit nach Beendigung des Arbeitsverhältnisses durch Vereinbarung beschränken (Wettbewerbsverbot). Die §§ 74 bis 75f des Handelsgesetzbuches sind entsprechend anzuwenden.

Die §§ 74ff. HGB galten ursprünglich nur für kaufmännische Angestellte. Seit langem hat jedoch das BAG[14] im Wege der Analogie die **§§ 74ff. HGB unmittelbar auf alle ArbN** angewendet. Dies hat § 110 übernommen.

Unglücklich ist, dass der Gesetzgeber in S. 1 die Gesetzestechnik der Klammerdefinition wählt, obwohl der so definierte **Begriff „Wettbewerbsverbot"** in keiner anderen Vorschrift eine Rolle spielt. Dadurch wird der Blick dafür verstellt, dass § 110 GewO, §§ 74ff. HGB eben nicht nur für die klassischen Konkurrenzklauseln gelten, die dem ArbN den Wechsel zu einem Wettbewerber verbieten, sondern auch für Sperrklauseln hinsichtlich Kunden, Lieferanten, Zulieferern etc., die keine Wettbewerber sind[15].

---

1 LAG Düss. 8.1.1958 – 6 Ta 64/57, AP Nr. 3 zu § 630 BGB. ||2 MüKoBGB/*Henssler*, § 630 Rz. 57. ||3 *Wieser*, § 630 BGB Rz. 4. ||4 AA LAG Hess. 23.9.2008 – 12 Ta 250/08, das beide Fehler als formelle Mängel wertet. ||5 AA LAG Hamm 4.8.2010 – 1 Ta 196/10. ||6 BAG 9.9.2011 – 3 AZB 35/11, NZA 2012, 1244. ||7 LAG Köln 17.6.2010 – 7 Ta 352/09. ||8 LAG Schl.-Holst. 15.12.2003 – 1 Ta 232/03, nv. ||9 *Stiller*, Der Zeugnisanspruch in der Insolvenz des Arbeitgebers, NZA 2005, 330 (335). ||10 LAG Köln 19.5.2008 – 11 Ta 119/08. ||11 LAG Hamm 16.12.2004 – 4 Ta 355/04. ||12 LAG Berlin 13.8.2002 – 16 Ta 255/02, nv. ||13 LAG Schl.-Holst. 27.12.2007 – 1 Ta 258/07. ||14 BAG 13.9.1969 – 3 AZR 138/68, AP Nr. 24 zu § 611 BGB Konkurrenzklausel. ||15 Ausf. zu solchen Konstellationen *Bauer/Diller*, Rz. 251.

3 § 110 beschreibt das Wettbewerbsverbot anders als § 74 I HGB. § 74 I HGB spricht von einer Vereinbarung, die den ArbN („Handlungsgehilfen") „in seiner **gewerblichen** Tätigkeit beschränkt". Demggü. spricht § 110 weitergehend von einer Beschränkung „der **beruflichen** Tätigkeit". § 110 stellt dadurch klar, dass die §§ 74 ff. HGB zB auch für freie Berufe gelten[1], obwohl diese nach allg. Anschauung kein „Gewerbe" betreiben (vgl. § 2 BRAO), und überdies auch die mögliche nicht-selbständige Betätigung erfassen, insb. als ArbN[2]. §§ 74 ff. HGB, § 110 GewO erfassen also allgemein jede Vereinbarung, die geeignet ist, den ArbN „in seiner beruflichen Betätigung und in seinem Fortkommen" zu behindern[3].

4 Überflüssigerweise regelt S. 2, dass die §§ 74–75f HGB nur „**entsprechend**" anzuwenden sein sollen. Gewollt ist unstreitig die unmittelbare, vollständige und direkte Anwendung der §§ 74 ff. HGB. Soweit auch auf § 75f HGB verwiesen wird, der Sperrabreden zwischen zwei ArbGeb betrifft, wird klargestellt, dass dieser für alle ArbGeb gilt, egal ob sie kaufmännische oder technische Angestellte oder sonstige ArbN beschäftigen.

5 Unglücklich ist weiter, dass § 110 nur auf die Regeln zum **nachvertraglichen** Wettbewerbsverbot (§§ 74 ff. HGB) verweist, nicht aber auf das **gesetzliche** Wettbewerbsverbot aus **§ 60 HGB**, welches während der Dauer des ArbVerh gilt. Dies ändert aber nichts daran, dass entsprechend der bisherigen Rspr. die §§ 60 f. HGB für alle ArbN gelten (s. dort Rz. 1).

6 Der Verweis auf die §§ 74–75f HGB bedeutet im Einzelnen, dass

- das Verbot **Schriftform** sowie **Aushändigung** einer original unterzeichneten **Urkunde** an den ArbN voraussetzt (§ 74 II HGB),
- das Verbot nur verbindlich ist, wenn der ArbGeb eine **Karenzentschädigung** von 50 % der letzten Bezüge zusagt (§ 74 II HGB),
- das Verbot unverbindlich ist, wenn es nicht dem **Schutz eines berechtigten geschäftlichen Interesses** des ArbGeb dient, oder unter Berücksichtigung der gewährten Entschädigung eine **unbillige Erschwerung des Fortkommens** des ArbN darstellt (§ 74a I 1 und 2 HGB),
- das Verbot nicht auf einen Zeitraum von mehr als **zwei Jahren** nach Ende des Arbeitsverhältnisses erstreckt werden darf (§ 74a I 3 HGB),
- das Verbot nichtig ist, wenn der ArbN beim Vertragsschluss **minderjährig** ist (§ 74a II 1 HGB),
- das Verbot nichtig ist, wenn ein **Dritter** anstelle des ArbN das Verbot eingeht (§ 74a II 2 HGB),
- die Karenzentschädigung nach Maßgabe des § 74b HGB zu berechnen ist,
- **anderweitiger Erwerb** sowie böswillig unterlassener anderweitiger Erwerb auf die Karenzentschädigung anzurechnen ist, soweit Entschädigung und neuer Verdienst zusammen 110 % (bei Wohnsitzwechsel 125 %) der bisherigen Bezüge übersteigen (§ 74c I HGB),
- der ArbN über **anderweitigen Erwerb Auskunft** erteilen muss (§ 74c II HGB),
- im Falle einer **außerordentl. Kündigung** wegen vertragswidrigen Verhaltens des anderen Teils der Kündigende binnen Monatsfrist sich schriftl. von dem Verbot **lossagen** kann (§ 75 I und III HGB),
- der ArbN bei Ausspruch einer **betriebsbedingten** oder einer anderen **nicht-personenbedingten ordentl. Kündigung** sich von dem Verbot schriftl. binnen eines Monats **lossagen** kann, sofern nicht der ArbGeb bei der Kündigung die Fortzahlung der vollen zuletzt bezogenen Vergütung zusagt (§ 75 II HGB),
- der ArbGeb vor Beendigung des Dienstverhältnisses **mit Jahresfrist** auf das Verbot **verzichten** kann (§ 75a HGB),
- nach Maßgabe des § 75c HGB eine **Vertragsstrafe** vereinbart werden kann, und
- gem. § 75d HGB die Vorschriften der §§ 74–74c HGB nicht zum Nachteil des ArbN **abbedungen** werden können.

7 Aus der Verweisung auf § 75d HGB ergibt sich unmittelbar, dass von § 110 nicht zuungunsten des ArbN abgewichen werden darf. Die Anwendung der §§ 74 ff. HGB ist also zu Gunsten des ArbN **zwingend**. S. iÜ die Komm. zu §§ 74 ff. HGB.

---

1 BAG 13.9.1969 – 3 AZR 138/68, AP Nr. 24 zu § 611 BGB Konkurrenzklausel. ‖2 *Bauer/Diller*, Rz. 231. ‖3 *Bauer/Diller*, Rz. 231.

Grundgesetz für die Bundesrepublik Deutschland

vom 23.5.1949 (BGBl. I S. 1),
zuletzt geändert durch Gesetz vom 11.7.2012 (BGBl. I S. 1478)

– Auszug –

3 Gleichheit
(1) Alle Menschen sind vor dem Gesetz gleich.

(2) Männer und Frauen sind gleichberechtigt. Der Staat fördert die tatsächliche Durchsetzung der Gleichberechtigung von Frauen und Männern und wirkt auf die Beseitigung bestehender Nachteile hin.

(3) Niemand darf wegen seines Geschlechtes, seiner Abstammung, seiner Rasse, seiner Sprache, seiner Heimat und Herkunft, seines Glaubens, seiner religiösen oder politischen Anschauungen benachteiligt oder bevorzugt werden. Niemand darf wegen seiner Behinderung benachteiligt werden.

I. Allgemeiner Gleichheitssatz (Abs. 1)	1	2. Recht der Europäischen Union	69
1. Zweck und Anwendungsbereich	1	3. Beeinträchtigung	70
2. Recht der Europäischen Union	9	4. Gleichstellung	79
3. Auswirkungen	11	**III. Diskriminierungsverbote (Abs. 3)**	96
4. Rechtfertigung durch sachlichen Grund	39	1. Unterscheidung nach Geschlecht, Abstammung, Rasse, Sprache, Heimat, Herkunft, Glauben, religiöser oder politischer Anschauung (Abs. 3 S. 1)	96
5. Berufung auf Differenzierungsgründe	50		
6. Rechtsfolgen von Verstößen	56		
II. Gleichberechtigung von Frau und Mann (Abs. 2 bzw. Abs. 3 S. 1)	64	2. Benachteiligung wegen Behinderung (Abs. 3 S. 2)	109
1. Bedeutung und Abgrenzung zu anderen Vorschriften	64		

I. Allgemeiner Gleichheitssatz (Abs. 1). 1. Zweck und Anwendungsbereich. a) Normzweck. Abs. 1 bringt den allg. Gleichheitssatz als **positives Recht** ins GG. Er wird vom BVerfG als „überpositiver Rechtsgrundsatz" qualifiziert, der schon aus dem Wesen des Rechtsstaates und der allg. Gerechtigkeit folge[1]. Der allg. Gleichheitssatz ist Teil der objektiven Wertordnung, die als verfassungsrechtl. Grundentscheidung für alle Bereiche des Rechts gilt. Er ist Ausdruck des Gerechtigkeitsgedankens und gebietet Rechtsetzungs- und Rechtsanwendungsgleichheit[2]. Damit beinhaltet der allg. Gleichheitssatz sowohl ein Grundrecht des Einzelnen, dh. ein **subjektives Recht**, als auch einen **Verfassungsgrundsatz**. Außerdem schließt das BVerfG aus Abs. 1 ein allg. Willkürverbot. Somit dürfen (auch) ArbN nicht ohne sachlichen Grund ungleich behandelt werden. Der Gleichheitssatz aus Abs. 1 gewährt jedoch keinen Anspruch darauf, dass der Staat absolute Gleichheit ohne soziale oder sonstige Unterschiede herstellt[3]. 1

b) Funktion. Allgemein wird Abs. 1 als **subjektiv-öffentl. Recht auf Gleichbehandlung** anerkannt. Als solches vermittelt die Vorschrift ein gerichtlich durchsetzbares Recht auf Gleichbehandlung gegen alle Grundrechtsadressaten, solange kein Differenzierungsgrund besteht. Hierin liegt keine Besonderheit ggü. anderen Grundrechten, sie sind alle in erster Linie Abwehrrechte des Einzelnen gegen den Staat (Abwehrfunktion)[4]. Doch wird auch die Ansicht vertreten, dass der Gleichheitssatz nur modales Abwehrrecht sei, dh. nicht das „Wie", sondern nur das „Ob" betreffe[5]. Weiterhin verpflichtet er die Gesetzgebung (und die Rspr.), bei der **Ausgestaltung der Privatrechtsordnung** gleichheitswidrige Regelungen zu unterlassen. Denn die Grundrechte enthalten nicht nur Eingriffsverbote und Abwehrrechte, sondern auf Grund ihres Charakters als objektive Grundsatznormen auch Schutzpflichten des Staates. Insoweit beinhaltet Abs. 1 – aber insb. auch Abs. 2 und 3 – Schutzpflichten zur Herstellung rechtl. Gleichheit (**Schutzfunktion**)[6]. Gravierende Unterschiede sollen durch den Staat ausgeglichen werden. Zudem ist Art. 3 Grundlage der **Wahlgleichheit**, wenn spezielle Vorschriften (Art. 28 I, 38 I) nicht bestehen. Dies ist insb. bei Wahlen der sozialversicherungsrechtl. Selbstverwaltung, der Personalvertretung und der ArbN-Kammern der Fall[7]. In diesem Bereich kann es mitunter zu Kollisionen von Gleichstellung und Wahlrechtsgleichheit kommen; § 15 II BetrVG und § 15 V WO sind aber verfassungsgemäß[8]. 2

c) Schutzbereich. Abs. 1 beinhaltet das Gebot, „**Gleiches gleich, Ungleiches seiner Eigenart entsprechend verschieden zu behandeln**"[9]. Dies wird auch mit der Formel ausgedrückt, Abs. 1 gebiete, „weder 3

---

1 BVerfG 5.4.1952 – 2 B vH 1/52, E 1, 208 (233). ||2 BAG 19.4.1983 – 1 AZR 489/81, AP Nr. 124 zu Art. 9 GG; BGH 20.9.2006 – IV ZR 304/04, ZTR 2007, 87. ||3 ErfK/*Schmidt*, Art. 3 GG Rz. 4. ||4 BAG 28.7.1992 – 3 AZR 173/92, AP Nr. 18 zu § 1 BetrAVG Gleichbehandlung. ||5 Dreier/*Heun*, Art. 3 Rz. 17, 65. ||6 Vgl. ErfK/*Schmidt*, Art. 3 GG Rz. 11; Dreier/*Heun*, Art. 3 GG Rz. 66. ||7 ErfK/*Schmidt*, Art. 3 GG Rz. 12. ||8 BAG 16.3.2005 – 7 ABR 40/04, AP Nr. 3 zu § 15 BetrVG 1972; ähnlich LAG Köln 31.3.2004 – 3 TaBV 12/03, ArbuR 2004, 397; aA noch LAG Köln 13.10.2003 – 2 TaBV 1/03, ArbuR 2004, 111; *Brors*, NZA 2004, 472 (472 ff.) mwN; krit. *Kamanabrou*, RdA 2006, 186. ||9 BVerfG 24.3.1976 – 2 BvR 804/75, E 42, 64 (72).

wesentlich Gleiches willkürlich ungleich, noch wesentlich Ungleiches willkürlich gleich zu behandeln"[1]. Willkürlich ist eine Ungleichbehandlung, „wenn sich ein vernünftiger, aus der Natur der Sache sich ergebender oder sonst wie sachlich einleuchtender Grund für die Differenzierung nicht finden lässt"[2]. Beeinträchtigt ist der allg. Gleichheitssatz, wenn aus der Ungleichbehandlung eine Benachteiligung folgt.

4   d) **Grundrechtsadressaten.** Nach Art. 1 III ist die **gesamte öffentl. Gewalt unmittelbar an die Grundrechte** – somit auch an Abs. 1 – **gebunden**. Die Intensität der Bindung ist dabei immer gleich. Zusätzlich müssen nach der Rspr. auch die Träger kollektiver Ordnungen, dh. auch die **Tarifparteien**, den allg. Gleichheitssatz beachten. Die konstruktive Begründung und Wirkungsweise dieser Grundrechtsbindung ist umstritten (s. Rz. 29). Wegen der unmittelbaren, uneingeschränkten Bindung auch des Zivilrechtsgesetzgebers sind privatrechtl. – und damit arbeitsrechtl. – Vorschriften selbst unmittelbar an den Grundrechten (Abs. 1) zu messen. Die Grundrechtsbindung ist nicht dadurch geringer, dass es um Konflikte zwischen Privaten geht.

5   Anders ist die Situation in ihrer Anwendung, wobei für den Gleichheitssatz eine Besonderheit besteht. Nach der Rspr. des BVerfG und der hL entwickeln die Grundrechte eine **mittelbare Drittwirkung** (Ausstrahlungswirkung), so dass sie über die Generalklauseln des BGB angewendet werden[3]. Und gerade im Arbeitsrecht wurde diese Ausstrahlungswirkung vergleichsweise früh anerkannt, wobei das BAG ursprünglich sogar von einer unmittelbaren Geltung der Grundrechte im Arbeitsrecht ausgegangen war[4]. Indes drängt sich die Frage auf, ob der Gleichheitssatz überhaupt auf **privatrechtl. Beziehungen** anwendbar ist, nachdem doch der Grundsatz der Vertragsfreiheit gilt. Eine generelle Bindung der Privatrechtssubjekte an den Gleichheitssatz würde die privatrechtl. Vertragsfreiheit zunichte machen. Privat muss man grds. auch willkürliche Entscheidungen treffen dürfen. Die Vertragsfreiheit muss also idR Vorrang haben[5]. Relativiert wird dies nun freilich durch das am 18.6.2006 in Kraft getretene AGG, welches zumindest für das Arbeits- (und Zivil-)Recht strenge Vorgaben zur Verhinderung von Diskriminierungen macht. Einen allg. Gleichheitssatz schreibt das AGG indes dennoch nicht vor[6].

6   Außerdem bestehen (weitere) Ausnahmen: Eine davon ist der **arbeitsrechtl. Gleichbehandlungsgrundsatz**; weiter ist zu fordern, dass derjenige, welcher ein Monopol besitzt, den Gleichheitssatz zu beachten hat[7]. Denn „das dem Vertragsrecht zugrunde liegende Prinzip der Privatautonomie kann hinreichenden Schutz nur gewährleisten, soweit die Bedingungen freier Selbstbestimmung gegeben sind. Wo es an einem annähernden Kräftegleichgewicht der Beteiligten fehlt, ist mit den Mitteln des Vertragsrechts allein kein sachgerechter Ausgleich der Interessen zu gewährleisten. Das ist beim Abschluss von Arbeitsverträgen typischerweise der Fall"[8]. Wiederum ist nun die Anwendung des AGG zu bedenken.

7   e) **Grundrechtsträger.** Art. 3 gilt für alle **natürlichen Personen**, auch für Ausländer, ebenso wie für inländische **juristische Personen** des Privatrechts, Handelsgesellschaften und Personengemeinschaften[9], sowie juristische Personen der EU-Mitgliedstaaten, soweit sich der Sachverhalt im Anwendungsbereich des Unionsrechts realisiert[10].

8   f) **Konkurrenzen.** Im Verhältnis zu den **spezielleren Gleichheitsgrundrechten** tritt Art. 3 I bzgl. seines Regelungsinhalts zurück. Damit gehen inn. Art. 3 II und III, aber zB auch Art. 6 V und Art. 33 I–III[11], sowie Art. 21 und Art. 38 I vor[12]. Hingegen schließen sich Freiheits- und Gleichheitsrechte nicht aus, sondern ergänzen sich. Der allg. Gleichheitssatz steht selbständig neben den Freiheitsrechten[13].

9   **2. Recht der Europäischen Union.** Während weder die EMRK noch der AEUV einen dem Abs. 1 entsprechenden allg. Gleichheitssatz enthalten, finden sich im **AEUV** mehrere konkrete Gleichheitssätze, vgl. Art. 18, 45, 49, 57, 157 AEUV. Aus diesen Einzelbestimmungen folgert der EuGH für das Europäische Unionsrecht die Geltung eines allg. Gleichheitssatzes, nach dem vergleichbare Sachverhalte nicht unterschiedlich behandelt werden dürfen, es sei denn, die Differenzierung wäre objektiv gerechtfertigt[14]. Indes werden dadurch nur die Organe der Europäischen Union gebunden, die Mitgliedstaaten nur dann, wenn sie europäisches Unionsrecht ausführen[15]. Einen allg. Gleichheitssatz enthält auch Art. 20 GrCh.

10   Insb. verbietet das EU-Recht nicht die **Inländerdiskriminierung**, also nationale Regelungen, die Inländer ggü. Ausländern benachteiligen. Ob Abs. 1 in diesem Fall Anwendung findet, ist umstritten, mit der hM[16] aber zu bejahen.

---

1 BVerfG 20.3.1979 – 1 BvR 111/74 u. 283/78, E 51, 1 (23). ||2 St. Rspr. seit BVerfG 23.10.1951 – 2 BvG 1/51, E 1, 14 (52). ||3 *Bleckmann*, Die Struktur des allgemeinen Gleichheitssatzes, 1995, S. 109. ||4 BAG 15.1.1955 – 1 AZR 305/54, AP Nr. 4 zu Art. 3 GG. ||5 Dreier/*Heun*, Art. 3 Rz. 69. ||6 Vgl. auch *Wiedemann*, RdA 2007, 65 (68). ||7 BAG 16.9.1987 – 4 AZR 265/87, AP Nr. 15 zu § 4 TVG Effektivklausel; Jarass/Pieroth/*Jarass*, Art. 3 Rz. 13. ||8 BVerfG 28.1.1992 – 1 BvR 1025/82, 1 BvL 16/83 u. 10/91, AP Nr. 2 zu § 19 AZO. ||9 v. Münch/Kunig/*Boysen*, Art. 3 Rz. 24 ff. ||10 BVerfG 19.7.2011 – 1 BvR 1916/09, NJW 2011, 3428; Jarass/Pieroth/*Jarass*, Art. 19 Rz. 23 mwN. ||11 Für den Zugang zu Ämtern im öffentl. Dienst insoweit ErfK/*Schmidt*, Art. 3 GG Rz. 7. ||12 Jarass/Pieroth/*Jarass*, Art. 3 Rz. 2 f.; v. Münch/Kunig/*Boysen*, Art. 3 Rz. 202. ||13 Dreier/*Heun*, Art. 3 Rz. 16. ||14 EuGH 19.10.1977 – Rs. 117/76 u. 16/77, EuGHE 1977, 1753 (1769 f.) – Ruckdeschel; 16.10.1980 – Rs. 147/79, EuGHE 1980, 3005 (3019) – Hochstrass. ||15 EuGH 30.9.1987 – Rs. 12/86, EAS EG-Vertrag Art. 238 Nr. 1 – Demirel; Dreier/*Heun*, Art. 3 Rz. 10. ||16 Vgl. näher Sachs/*Osterloh*, Art. 3 Rz. 71; *Runggaldier/Reissner*, EAS B 2000, 2008, Rz. 146 ff.

3. Auswirkungen. Alle **Grundrechtsadressaten** sind an den allg. Gleichheitssatz gebunden. Doch auch für andere – insb. Tarifparteien – hat der allg. Gleichheitssatz Auswirkungen.

a) Gesetzgebung. aa) Grundlagen. Der allg. Gleichbehandlungsgrundsatz aus Abs. 1 verbietet die **unterschiedliche Behandlung verschiedener Normadressaten**, wenn zwischen ihnen keine rechtfertigenden sachlichen Unterschiede bestehen. Das muss der Gesetzgeber bei der Rechtsetzung berücksichtigen. Dennoch bleibt der Legislative ein erheblicher Gestaltungsspielraum. Zum einen besteht ein Beurteilungs- und Prognosespielraum bzgl. der tatsächlichen Grundlagen einer Regelung und für die Einschätzung der voraussichtlichen Wirkungen. Und zum anderen hat der Gesetzgeber bei der Normsetzung selbst große Freiheiten. So vermag er über das „Ob" einer Regelung, über ihren zeitlichen und sachlichen Regelungsbereich und vor allem über Differenzierungsziel und Differenzierungsmerkmale zu entscheiden. Damit kann er beim Vergleich verschiedener Lebenssachverhalte die Unterscheidungskriterien festlegen. Dabei darf jedoch nicht *willkürlich* vorgegangen werden[1]. Nimmt der Gesetzgeber an sich zulässige Differenzierungen nicht vor, stellt dies keine Verletzung des allg. Gleichheitssatzes dar[2].

Unterschiede bestehen beim **Maßstab der Kriterienbildung**. Können die von der Norm Betroffenen den maßgeblichen Lebenssachverhalt selbst beeinflussen, besteht nur ein Willkürverbot. Werden die Gruppen jedoch nach Kriterien gebildet, auf welche die Betroffenen keinen Einfluss nehmen können, oder wenn Grundrechtsbezug besteht, müssen Gründe solcher Art und Gewicht vorliegen, dass die unterschiedlichen Rechtsfolgen gerechtfertigt werden können. Dabei muss auch der Verhältnismäßigkeitsgrundsatz beachtet werden. Außerdem kann der Gesetzgeber die **Anforderungen** durch einfachgesetzl. Gleichheitsvorschriften (Differenzierungsverbote oder -gebote) erhöhen oder die für eine Gleichheitsbetrachtung beachtlichen Faktoren begrenzen (§ 1 III, IV KSchG)[3].

Das gilt auch für die **Unionsgesetzgebung**. Dabei muss der nationale Gesetzgeber die Durchsetzbarkeit unionsrechtl. Gleichheitsgebote gewährleisten und auch ggü. den Tarifparteien sicherstellen[4]. Ebenso können die **Tarifparteien** durch konkretisierende einfachgesetzl. Gleichheitsregeln gebunden werden, da die Tarifautonomie gesetzl. ausgestaltet werden muss. Dabei sind jedoch immer die Grenzen des Art. 9 III zu beachten[5]. In die koalitionsrechtl. Struktur des Tarifsystems darf das Unionsrecht nicht eingreifen (Art. 153 V AEUV)[6].

Gebunden ist nur der jeweilige Normgeber im Rahmen seines Zuständigkeitsbereiches, der Gleichheitssatz ist also **kompetenzakzessorisch**. So können zB in unterschiedlichen Bundesländern auch unterschiedliche Regelungen gelten[7]. Der Gesetzgeber muss nicht die zweckmäßigste, vernünftigste oder gerechteste Lösung wählen. Die Gerichte sind nicht befugt, Gesetze unter dem Gesichtspunkt „allg. Gerechtigkeit" zu prüfen. Vielmehr geht es nur darum, ob der Gesetzgeber die äußersten Grenzen seines Ermessensbereiches überschritten hat[8].

bb) Einzelfälle. (1) Beschäftigungsgruppen. Besonders problematisch ist die Differenzierung nach Statusmerkmalen verschiedener Beschäftigungsgruppen. Beispiele dafür sind die Unterscheidung nach **Handelsvertretern, Heimarbeitern, Beamten, Organmitgliedern** und insb. **Angestellten und Arbeitern**[9]. Der allg. Gleichheitssatz gebietet nicht, Beamte deshalb als ArbN iSv. § 5 BetrVG zu behandeln, weil sie in einen von einem privaten Rechtsträger allein oder gemeinsam mit einem öffentl. Rechtsträger geführten Betrieb eingegliedert sind[10]. Auch dass bei einem privaten ArbGeb beschäftigte Minderbehinderte einen gesetzl. Zusatzurlaub beanspruchen können, nicht aber im öffentl. Dienst tätige Angehörige dieser Personengruppe, verstößt nicht gegen Art. 3[11]. Das BVerfG[12] hat aber unterschiedliche **Kündigungsfristen** in § 622 II BGB aF für Angestellte und Arbeiter wegen Verstoßes gegen Art. 3 für verfassungswidrig erklärt. Eine Differenzierung, die allein an die Zugehörigkeit zur Gruppe „Angestellter" oder „Arbeiter" anknüpft, ist – wegen der Auswirkung auf das berufl. Fortkommen der ArbN – nicht sachgerecht. Zulässig sind dagegen kürzere Kündigungsfristen für Heimarbeiter[13].

(2) Betriebs- und Unternehmensgröße. Im Zusammenhang mit der Betriebsgröße stellt sich vor allem die Frage nach der Verfassungsmäßigkeit der sog. **Kleinbetriebsklausel**. Fraglich ist, ob § 23 I 2, 3 KSchG mit Art. 3 vereinbar ist und Betriebe mit idR zehn oder weniger Beschäftigten aus dem Bereich des KSchG herausgenommen werden dürfen. Das BVerfG hat hierzu festgestellt, dass dies bei verfassungskonformer Auslegung der Fall ist. Zwar werden durch die Kleinbetriebsklausel in entsprechenden Betrieben tätige ArbN anders behandelt als solche, welche in großen Betrieben arbeiten, doch ist dies

---

1 BAG 1.11.1995 – 5 AZR 273/94, AP Nr. 13 zu § 14 MuSchG 1968; Kittner/Zwanziger/Deinert/*Zwanziger*, ArbR, § 92 Rz. 7. ||2 ErfK/*Schmidt*, Art. 3 GG Rz. 16. ||3 ErfK/*Schmidt*, Art. 3 GG Rz. 17. ||4 EuGH 27.6.1990 – Rs. C-33/89, AP Nr. 21 zu Art. 119 EWG-Vertrag – Kowalska; BAG 26.5.1993 – 5 AZR 184/92, AP Nr. 42 zu Art. 119 EWG-Vertrag; ErfK/*Schmidt*, Art. 3 GG Rz. 17. ||5 ErfK/*Schmidt*, Art. 3 GG Rz. 17. ||6 BAG 20.11.2012 – 1 AZR 611/11, NZA 2013, 437 (445). ||7 ErfK/*Schmidt*, Art. 3 GG Rz. 15f. ||8 St. Rspr. seit BVerfG 17.12.1953 – 1 BvR 323/51 ua., E 3, 162 (182). ||9 ErfK/*Schmidt*, Art. 3 GG Rz. 63; vgl. bspw. BAG 8.5.2007 – 9 AZR 777/06, AP Nr. 15 zu § 611 BGB Arbeitnehmerähnlichkeit; 15.11.2011 – 3 AZR 869/09, ZTR 2012, 291. ||10 BAG 28.3.2001 – 7 ABR 21/00, AP Nr. 5 zu § 7 BetrVG 1972. ||11 BAG 5.9.2002 – 9 AZR 355/01, AP Nr. 2 zu § 1 SonderUrlG Saarl. ||12 BVerfG 30.5.1990 – 1 BvL 2/83 ua., E 82, 126 (insb. 127 u. 146). ||13 BAG 24.6.1986 – 3 AZR 1/85, AP Nr. 2 zu § 29 HAG.

durch die besondere Interessenlage der ArbGeb in kleineren Betrieben sachlich gerechtfertigt. In Kleinbetrieben beruht die Zusammenarbeit auf einem besonders engen persönlichen Vertrauensverhältnis zwischen ArbGeb und ArbN. Außerdem sind Kosten und Verwaltungsaufwand für ArbGeb kleiner Betriebe relativ gesehen höher und der Finanzrahmen kleiner Betriebe idR geringer, als dies bei großen Betrieben der Fall ist (s.a. Art. 12 Rz. 46, sowie 73, 75)[1].

18 Dementsprechend ist auch § 622 V 1 Nr. 2 BGB verfassungskonform. Hiernach kann für ArbN in kleinen Betrieben (bis zu 20 Beschäftigte) die Grundkündigungsfrist hinsichtlich des Kündigungstermins durch arbeitsvertragl. Vereinbarung verkürzt werden. Damit zusammenhängend stellt sich die grds. Frage, ob an dem Unterscheidungsmerkmal „**Betrieb**" festzuhalten ist oder nicht vielmehr auf das **Unternehmen** abgestellt werden müsste. Die Rspr. hält im Erg. am Kriterium des „Betriebes" fest, wobei sie den Betriebsbegriff verfassungskonform auslegt[2]. In der Lit. wird demggü. postuliert, nicht mehr am Betriebsbegriff festzuhalten[3]. Zudem wird in vielen Fällen ohnehin schon von Gesetzes wegen auf die Unternehmensgröße und nicht auf den Betrieb abgestellt, so etwa bei § 111 S. 1 BetrVG. Soweit Umlagen an die Betriebsgröße geknüpft werden, muss die Verteilung der Umlagelast den Erfordernissen des Art. 3 gerecht werden[4].

19 (3) **Teilzeitarbeit.** Bei der Differenzierung nach Beschäftigungsgruppen spielen die Teilzeitbeschäftigten eine besondere Rolle[5]. Hier stellt sich nämlich insb. die Frage nach der **mittelbaren Diskriminierung** von Frauen. Unter diesem Gesichtspunkt liegt bei Teilzeitarbeit oft ein Verstoß gegen Art. 3 nahe. Darauf ist im Zusammenhang mit Abs. 2 näher einzugehen (Rz. 74).

20 (4) **Mitbestimmung.** Das BVerfG hat Teile des **Mitbestimmungsergänzungsgesetzes** wegen Verstoßes gegen Art. 3 für verfassungswidrig erklärt. Die Ausweitung der Montan-Mitbest. auf Konzernobergesellschaften sei nur mit Art. 3 vereinbar, wenn diese einen ausreichenden Montan-Bezug aufwiesen. Da es für die Abgrenzung keine exakten Kriterien gibt, hat der Gesetzgeber einen weiten Einschätzungsspielraum, doch sind nur solche Abgrenzungskriterien zulässig, die gerade auf die Montan-Industrie zutreffen. Dem hat § 3 II 1 iVm. § 16 Montan-MitbestErgG nicht in allen Teilen entsprochen[6].

21 (5) **Seeleute.** Es verstößt nicht gegen den allg. Gleichheitssatz, dass nach **§ 21 IV FlaggRG** ausländische Seeleute auf deutschen Handelsschiffen zu Heimatheuern beschäftigt werden können. Die Ungleichbehandlung knüpft insoweit an Unterschiede an, die unter Berücksichtigung der Besonderheit des zu regelnden Sachverhalts die Differenzierung rechtfertigen[7]. Die Heimatheuern sind dem Lohnniveau in den Herkunftsländern der Seeleute angepasst und entsprechen den dortigen wirtschaftl. und gesellschaftl. Verhältnissen.

22 (6) **Beratungs-, Prozesskostenhilfe.** Gem. § 2 II Nr. 1 BerHG wird Beratungshilfe auch in Angelegenheiten gewährt, für deren Entscheidung die Arbeitsgerichtsbarkeit zuständig ist. Die diesbezügliche frühere Einschränkung des Beratungshilfegesetzes war verfassungswidrig[8]. Abs. 1 verstärkt den durch Art. 19 IV garantierten **gleichen Zugang zum Gericht**, was insb. auch für die Auslegung und Anwendung der Vorschriften über die PKH von Bedeutung ist[9].

23 cc) **Auslegung.** Bei der Auslegung von Gesetzen (und TV) – insb. von Generalklauseln – sind die **Grundsätze der Verfassung zu verwirklichen**. Deshalb sind Normen des einfachen Rechts unter Berücksichtigung des allg. Gleichheitsgrundsatzes anzuwenden und auszulegen. Dies muss vor allem bei rechtsfortbildender Konkretisierung einer Vorschrift gelten. So ist bspw. die **Kleinbetriebsklausel** des § 23 KSchG (Rz. 17 u. Art. 12 Rz. 46) im Lichte des Gleichbehandlungsgrundsatzes auszulegen[10].

24 b) **Rechtsprechung.** Auch die Rspr. muss – selbstredend – den Gleichheitsgrundsatz beachten. Dabei hat Abs. 1 für **arbeitsrechtl. Normen** besonders große Bedeutung. Die Rspr. darf keine Differenzierungen zugrunde legen, die – als Norm formuliert – dem Gesetzgeber nicht erlaubt wären[11]. Dennoch müssen die Gerichte **nicht Rechtsprechungsgleichheit** iS einer gerichtsübergreifend gleichheitskonformen Rechtsanwendung sicherstellen, denn ihre Entscheidungen sind grds. Einzelfallbetrachtungen. Hat die Rspr. an sich verfassungskonform geurteilt, liegt kein Gleichheitsverstoß vor. Dies gilt selbst dann, wenn andere Gerichte dieselbe Rechtsvorschrift in vergleichbaren Fällen anders auslegen. Sichergestellt wird die Rechtsprechungseinheit, der insb. die obersten Gerichtshöfe des Bundes verpflichtet sind (Art. 95 III), durch das Rechtsmittelrecht (Divergenzberufung, -revision, §§ 64 III Nr. 3, 72 II Nr. 2 ArbGG), Vorlagepflichten (§ 132 II GVG, § 45 II ArbGG; Gesetz zur Wahrung der Einheitlichkeit der Rechtsprechung der obersten Gerichte des Bundes) sowie Konzentrationsermächtigungen[12].

---

1 BVerfG 27.1.1998 – 1 BvL 15/87, E 97, 35; *Hergenröder*, ZfA 2002, 355 (379f.). ‖ 2 BVerfG 27.1.1998 – 1 BvL 15/87, E 97, 35. ‖ 3 ErfK/*Schmidt*, Art. 3 GG Rz. 61. ‖ 4 BVerfG 15.12.1987 – 1 BvR 563/85, E 77, 308 (335, 338). ‖ 5 BAG 11.12.2003 – 6 AZR 64/03, AP Nr. 7 zu § 4 TzBfG. ‖ 6 BVerfG 2.3.1999 – 1 BvL 2/91, E 99, 367 (392ff.). ‖ 7 Die gegen § 21 IV FlaggRG erhobenen verfassungsrechtl. Bedenken hat das BVerfG nur im Hinblick auf Art. 9 III 1 hinsichtlich S. 3 geteilt, vgl. Urt. v. 10.1.1995 – 1 BvF 1/90, 1 BvR 342/90 ua., AP Nr. 76 zu Art. 9 GG. ‖ 8 BVerfG 2.12.1992 – 1 BvR 296/88, AP Nr. 1 zu § 2 BeratungshilfeG. ‖ 9 BVerfG 13.3.1990 – 2 BvR 94/88 ua., E 81, 347 (356f.); 10.8.2001 – 2 BvR 569/01, AP Nr. 295 zu Art. 3 GG; ErfK/*Schmidt*, Art. 3 GG Rz. 13. ‖ 10 BAG 25.4.2001 – 5 AZR 360/99, AP Nr. 14 zu § 242 BGB Kündigung; *Hergenröder*, ZfA 2002, 355 (379f.). ‖ 11 BVerfG 11.6.1991 – 1 BvR 538/90, E 84, 197 (199); ErfK/*Schmidt*, Art. 3 GG Rz. 20. ‖ 12 *Hergenröder*, Zivilprozessuale Grundlagen, S. 21ff., 76ff., 88ff., 107ff.

Zudem sind die Gerichte an eine einmal feststehende Rspr. nicht gebunden, wenn neue Erkenntnisse 25
oder veränderte Verhältnisse dem entgegenstehen würden; es besteht gerade **keine formelle Präjudizienbindung**[1]. Die Rspr. muss nicht Rechtseinheit in zeitlicher Hinsicht gewährleisten. Gegen den
Gleichheitssatz verstoßen nur einzelne objektiv willkürliche Entscheidungen. Zu berücksichtigen sein
kann jedoch ein Vertrauensschutz in die gefestigte Rspr. (Rechtsstaatsprinzip)[2]. Insg. haben die Gerichte einen weiten Spielraum bei ihrer Rspr. Erst wenn eine fehlerhafte Rechtsanwendung unter Berücksichtigung der das GG beherrschenden Gedanken nicht mehr verständlich ist und daher der
Schluss nahe liegt, dass sie auf sachfremden Erwägungen beruht, kommt eine Verletzung des Gleichheitssatzes unter dem Gesichtspunkt des Willkürverbots in Betracht[3].

c) **Verwaltung.** Da auch die öffentl. Verwaltung zu den Grundrechtsadressaten gehört, haben auch 26
die im Bereich des Arbeitsrechts tätigen **Behörden** den Gleichheitssatz zu beachten. Dies gilt insb. bei
der Ausfüllung von Beurteilungs- und Ermessensspielräumen, bspw. bei der Aufsichtstätigkeit im
Bereich des Arbeitsschutzes oder der Zustimmung zu Kündigungen[4]. Außerdem muss die öffentl. Verwaltung beim Erlass von VO und Satzungen den ihr durch die Verordnungsermächtigung belassenen
Gestaltungsspielraum gleichheitskonform ausfüllen. Bei ihrer normsetzenden Tätigkeit ist sie unmittelbar grundrechtsgebunden, es gelten die Grundsätze der Bindung des Gesetzgebers entsprechend[5].
Ein Sonderfall staatl. Normsetzung ist die **Allgemeinverbindlichkeitserklärung** von TV nach § 5 TVG.
Die Letzt- und Alleinverantwortlichkeit liegt beim BMAS bzw. bei der obersten Arbeitsbehörde eines
Landes, welche den TV auf Übereinstimmung mit Abs. 1 überprüfen müssen[6]. IÜ gilt der Grundsatz der
Selbstbindung der Verwaltung[7].

d) **Tarifverträge.** Die Anwendbarkeit des allg. Gleichheitssatzes auf TV ist in jeder Hinsicht („Ob" 27
und „Wieweit") problematisch. Denn obwohl die Tarifparteien nicht zu den Grundrechtsadressaten (öffentl. Gewalt) gehören, gibt es außer Art. 3 keine rechtl. Grundlage, um TV am **allgemeinen Gleichbehandlungsgrundsatz** zu messen. Eine dem § 75 BetrVG vergleichbare Regelung existiert nicht. Allein
der Diskriminierungsschutz des AGG ist auch auf tarifl. Regelungen anzuwenden. Zudem ist Art. 9 III
zu beachten. Wegen des hohen Ranges der Tarifautonomie stellt sich die Frage nach dem Verhältnis
dieses Grundrechts zu Art. 3. Die Tarifparteien sollen deshalb bei der Frage des „Ob" einer Regelung,
dh. bei der **Festlegung des Geltungsbereichs** eines TV, von der Bindung an Art. 3 bis zur Grenze der
Willkür freigestellt sein. Es gehört zu dem durch das GG geschützten Kernbereich der Koalitionsfreiheit, dass die TV-Parteien frei bestimmen, **ob und für welche Berufsgruppen** sie überhaupt tarifl. Regelungen treffen oder nicht treffen wollen. So wurde die Herausnahme von Werkstudenten oder Lektoren
aus dem persönlichen Geltungsbereich eines TV nicht beanstandet[8]. Bei Zulagen kann nach bestimmten Personengruppen differenziert werden[9]. Auch die **Unterlassung einer tarifl. Regelung** fällt grds. in
den Bereich der geschützten Koalitionsfreiheit[10].

Ungeachtet dessen wird man tarifvertragl. Regelungen, die materielle Arbeitsbedingungen[11] enthal- 28
ten und gegen den **Gleichheitssatz verstoßen**, im Erg. als **unwirksam** zu betrachten haben, wenn keinerlei inhaltliche Gründe für die Differenzierung erkennbar sind[12]. Dasselbe gilt beim Verweis einer Tarifnorm auf eine gleichheitswidrige gesetzl. Bestimmung[13]. Außerdem muss Abs. 1 bei der Auslegung
von TV-Regelungen beachtet werden (verfassungskonforme Auslegung), wodurch Gleichheitsverstöße
vermieden werden können. Zudem kann Abs. 1 zur Ergänzung von TV führen[14].

Umstritten ist, auf welchem **dogmatischen Weg** der Gleichheitssatz auf die TV einwirkt (s.a. Einl. TVG 29
Rz. 15ff.). Das BAG hatte Abs. 1 seit seiner grundlegenden Entscheidung v. 15.1.1955[15] grds. auf TV **direkt angewandt**[16]. Der 1. Senat vertrat insoweit die Auffassung, dass die Grundrechte nicht nur die
staatl. Gewalt, sondern auch die TV-Parteien unmittelbar binden würden, da TV Gesetze im materiellen Sinne seien und die Tarifparteien Recht kraft staatlicher Delegation („Delegationstheorie") setzten.
Zumindest bei der Festlegung der Inhalte des TV müssten die Tarifparteien die Grundrechte ihrer Mitglieder achten. Außerdem folge die Bindung aus der Eigenschaft des Gleichheitssatzes als Bestandteil

---

1 *Hergenröder*, Zivilprozessuale Grundlagen, S. 6f., 49ff., 191ff. ||2 St. Rspr., vgl. zB BVerfG 11.11.1964 – 1 BvR 488/62, E 18, 224 (240); BAG 20.11.1990 – 3 AZR 613/89, AP Nr. 8 zu § 1 BetrAVG Gleichberechtigung.
||3 BVerfG 18.2.1993 – 1 BvR 1594/92, AP Nr. 25 zu § 2 BeschFG 1985; ErfK/*Schmidt*, Art. 3 GG Rz. 21.
||4 ErfK/*Schmidt*, Art. 3 GG Rz. 23. ||5 BAG 4.8.1988 – 6 AZR 10/86, AP Nr. 3 zu § 40 BAT. ||6 BAG 28.3.1990 – 4 AZR 536/89, AP Nr. 25 zu § 5 TVG. ||7 v. Münch/Kunig/*Boysen*, Art. 3 Rz. 76ff. mwN. ||8 BAG 30.8.2000 – 4 AZR 563/99, AP Nr. 25 zu § 4 TVG Geltungsbereich; 27.5.2004 – 6 AZR 129/03, AP Nr. 5 zu § 1 TVG Gleichbehandlung; vgl. aber auch BAG 20.1.2004 – 9 AZR 291/02, AP Nr. 1 zu § 112 LPVG Rh.-Pf.; 27.5.2004 – 6 AZR 129/03, AP Nr. 5 zu § 1 TVG Gleichbehandlung; die Senate entscheiden uneinheitlich; Überblick bei *Dieterich*, RdA 2005, 177. ||9 BAG 24.2.2010 – 10 AZR 1038/08, AP Nr. 320 zu Art. 3 GG (Sicherheitszulage). ||10 BAG 24.4.1985 – 4 AZR 457/83, AP Nr. 4 zu § 3 BAT; anders jedoch BAG 30.7.1992 – 6 AZR 11/92, AP Nr. 1 zu § 1 TVAng-Bundespost. ||11 S.a. BAG 24.4.1985 – 4 AZR 457/83, AP Nr. 4 zu § 3 BAT. ||12 *Wiedemann*, TVG, Einl. Rz. 212; *Wiedemann*, RdA 1997, 100 (101 mwN). ||13 BAG 18.3.2010 – 6 AZR 434/07, AP Nr. 321 zu Art. 3 GG.
||14 BAG 14.12.1982 – 3 AZR 251/80, AP Nr. 1 zu § 1 BetrAVG Besitzstand. ||15 BAG 15.1.1955 – 1 AZR 305/54, AP Nr. 4 zu Art. 3 GG. ||16 S.a. BAG 9.3.1994 – 4 AZR 301/93, AP Nr. 31 zu § 23a BAT; 13.3.1997 – 2 AZR 175/96, AP Nr. 54 zu 2 BeschFG 1985; 4.4.2000 – 3 AZR 729/98, AP Nr. 2 zu § 1 TVG Gleichbehandlung (noch in Bezug auf die Freiheitsrechte).

der Verteilungsgerechtigkeit. Zwischenzeitlich haben einige Senate den traditionellen Ansatz des BAG aufgegeben und darauf abgestellt, dass Tarifautonomie **kollektive Privatautonomie** sei[1]. Danach unterliegen die Tarifparteien jedenfalls einer mittelbaren Bindung an Art. 3[2]. Vor diesem Hintergrund ist ihr Gestaltungsspielraum naturgemäß größer als der des Gesetzgebers. Die Bindung der Tarifparteien an den Gleichheitssatz aus Abs. 1 wird auch als ungeschriebene Kompetenzgrenze verstanden, welche die Rspr. auf Grund der Schutzfunktion des Art. 3 und der praktischen Konkordanz von Art. 3 und 9 III entwickeln musste[3].

30 Dabei ist das Gleichheitsgebot nicht auf eine Kollektivvereinbarung und ein Unternehmen zu beschränken. **Vergleichbare ArbN-Gruppen** müssen auch in unterschiedlichen TV gleich behandelt werden[4]. Dies gilt insb., wenn dieselben Tarifparteien für unterschiedliche ArbN-Gruppen derselben Branche oder Berufsgruppe je eigenständige TV schließen[5]. Wegen der unterschiedlichen Tarifzuständigkeit auf Seiten der Vertragspartner lässt sich allerdings das Gleichheitsgebot nicht für den gesamten Tarifzuständigkeitsbereich durchhalten.

31 Beispielhaft für **verfassungswidrige TV-Regelungen** sind Verstöße bei der **Ungleichbehandlung von Teilzeitarbeit**[6], bei der Benachteiligung von Personen, die aus den **neuen Bundesländern** stammen und auf Dauer im Westen tätig sind[7], sowie bei der **Anrechnung übertarifl. Zulagen**[8] und (Weihnachts-)**Gratifikationen**[9]. Auch in TV muss selbstverständlich **Lohngleichheit** (für Männer und Frauen) herrschen. Aus dem Gleichheitssatz folgt aber nicht das Gebot zur Gleichstellung von ArbGeb und ArbN, auch wenn dies regelungstechnisch möglich wäre, wie zB bei tarifl. Ausschlussfristen[10]. Soweit TV auch heute noch – wie § 622 BGB aF[11] – **unterschiedliche Kündigungsfristen für Arbeiter und Angestellte** vorsehen, hält das BAG die entsprechende Differenzierung unter bestimmten Umständen für zulässig. So könnten funktions-, branchen- oder betriebsspezifische Interessen bzw. besondere Flexibilitätserfordernisse im Geltungsbereich des TV verkürzte Kündigungsfristen für Arbeiter rechtfertigen[12]. Auch sonst ist die Differenzierung zwischen Arbeitern und Angestellten nicht von vorneherein ausgeschlossen[13]. Nicht gegen Art. 3 verstößt zudem, wenn ein tarifl. Sonderkündigungsschutz im Einzelfall von der Anzahl der im Unternehmen beschäftigten **Vollzeitbeschäftigten** ohne die – ggf. anteilige – Einbeziehung von **Teilzeitbeschäftigten** abhängig gemacht wird[14].

32 e) **Betriebsvereinbarungen.** Auch die Betriebsparteien gehören nicht zu den Grundrechtsadressaten. Deshalb gilt der verfassungsrechtl. Gleichbehandlungsgrundsatz für BV zumindest **nicht unmittelbar**[15]. Das soll nach allerdings bestrittener Ansicht auch der Fall sein, wenn sie auf einem Spruch der Einigungsstelle beruhen[16]. Im Erg. ist jedoch allg. anerkannt, dass die Grundrechte zu beachten sind; strittig ist nur die Legitimationsgrundlage[17]. Gem. § 75 I BetrVG haben ArbGeb und BR darüber zu wachen, dass alle im Betrieb tätigen Personen nach den Grundsätzen von **Recht und Billigkeit** behandelt werden. Dies gilt auch in Bezug auf den Abschluss von BV. Zu den Grundsätzen von Recht und Billigkeit gehört der allg. Gleichheitssatz, wie er in Abs. 1 verkörpert ist. § 75 BetrVG erklärt also die verfassungsrechtl. Gleichberechtigungs- und Gleichbehandlungsgrundsätze für die Betriebsparteien als verbindlich, wobei die Vorschrift sogar über den verfassungsrechtl. Gewährleistungsinhalt hinausgeht[18]. Soweit es um die **gesetzl. Festlegung der Betriebsvereinbarungsautonomie** geht, gelten die Grundrechte gem. Art. 1 III unmittelbar.

33 Praktische Auswirkungen hat der Gleichbehandlungsgrundsatz vor allem bei **Sozialplänen**, welche die Wirkung einer BV haben (§ 112 I 3 BetrVG). So sind die Betriebsparteien beim Abschluss eines Sozialplans zwar grds. frei in ihren Entscheidungen, doch dürfen sie keine Beschäftigten ohne sachlichen Grund aus dem Sozialplan ausschließen. Zulässig ist die Unterscheidung zwischen älteren und jüngeren ArbN, zwischen ArbN, die freiwillig gekündigt haben, und solchen, denen gekündigt wurde – jedenfalls wenn die Eigenkündigung nicht durch den ArbGeb veranlasst war –, die Unterscheidung in Bezug

---

1 BAG 11.3.1998 – 7 AZR 700/96, AP Nr. 12 zu § 1 TVG Tarifverträge: Luftfahrt; 4.4.2000 – 3 AZR 729/98, AP Nr. 2 zu § 1 TVG Gleichbehandlung; 30.8.2000 – 4 AZR 563/99, AP Nr. 25 zu § 4 TVG Geltungsbereich. ‖ 2 BAG 5.11. 2008 – 5 AZR 56/08, AP Nr. 211 zu § 1 TVG Auslegung mwN; 21.2.2013 – 6 AZR 539/11, NZA-RR 2013, 296. ‖ 3 Vgl. BAG 27.5.2004 – 6 AZR 129/03, AP Nr. 5 zu § 1 TVG Gleichbehandlung; BGH 20.9.2006 – IV ZR 304/04, ZTR 2007, 87; s.a. ErfK/*Schmidt*, Art. 3 GG Rz. 25. ‖ 4 BAG 17.12.1992 – 6 AZR 91/92, AP Nr. 1 zu § 2 BAT SR 2e II Nr. 1; 17.10.1995 – 3 AZR 882/94, AP Nr. 132 zu § 242 BGB Gleichbehandlung. ‖ 5 ErfK/*Schmidt*, Art. 3 GG Rz. 27. ‖ 6 BAG 18.9.1997 – 2 AZR 592/96, AP Nr. 5 zu § 53 BAT. ‖ 7 BAG 30.7.1992 – 6 AZR 11/92, AP Nr. 1 zu § 1 TVAngBundespost. ‖ 8 BAG 6.2.1985 – 4 AZR 370/83, AP Nr. 16 zu § 4 TVG Übertarifl. Lohn u. Tariflohnerhöhung. ‖ 9 BAG 18.11.1961 – 1 AZR 75/61, E 11, 338 (141). ‖ 10 Kittner/Zwanziger/Deinert/*Zwanziger*, ArbR, § 92 Rz. 20. ‖ 11 Ein entsprechendes Differenzierungsverbot für TV offenlassend BVerfG 30.5. 1990 – 1 BvL 2/83 ua., AP Nr. 28 zu § 622 BGB. ‖ 12 S. etwa BAG 4.3.1993 – 2 AZR 355/93, AP Nr. 40 zu § 622 BGB m. Anm. *Hergenröder*; 11.8.1994 – 2 AZR 9/94, AP Nr. 31 zu § 1 KSchG 1969 Krankheit. Zum Ganzen eingehend Wiedemann/*Thüsing*, § 1 TVG Rz. 692ff. ‖ 13 Bspw. BAG 22.12.2009 – 3 AZR 895/07, AP Nr. 319 zu Art. 3 GG. ‖ 14 BAG 14.3.2001 – 4 AZR 161/00, AP Nr. 4 zu § 620 BGB Schuldrechtliche Kündigungsbeschränkungen. ‖ 15 BVerfG 23.4.1986 – 2 BvR 487/80, E 73, 261 (268). ‖ 16 BAG 27.5.1986 – 1 ABR 48/84, AP Nr. 15 zu § 87 BetrVG 1972 Überwachung; ErfK/*Schmidt*, Art. 3 GG Rz. 28. S. aber Kittner/Zwanziger/Deinert/*Deinert*, ArbR, § 10 Rz. 48. ‖ 17 ErfK/*Dieterich*/*Schmidt*, Einl. GG Rz. 59. ‖ 18 BAG 19.4.1983 – 1 AZR 498/81, AP Nr. 124 zu Art. 9 GG m. Anm. *Kraft*; 22.3.2005 – 1 AZR 49/04, AP Nr. 48 zu § 75 BetrVG 1972 mwN; Löwisch/Kaiser/*Löwisch*, § 75 BetrVG Rz. 8.

auf ArbN, die einer Weiterarbeit nach Betriebsübergang beim neuen Inhaber zustimmen, und solchen, die dies nicht tun. Unzulässig ist dagegen bspw. der generelle Ausschluss von ArbN, die eine Kündigungsschutzklage erhoben haben[1].

f) Arbeitsverträge. Im Rahmen der (individuellen) arbeitsrechtl. Vertragsfreiheit hat Abs. 1 nur **Ausstrahlungswirkung**. Doch hat die Rspr. zusätzlich einen einfachgesetzl. Gleichheitssatz entwickelt. Dabei bejaht sie aber den **grds. Vorrang der Vertragsfreiheit** vor dem arbeitsrechtl. Grundsatz der Gleichbehandlung[2]. Dieser einfachgesetzl. **arbeitsrechtl. Gleichbehandlungsgrundsatz** ist zwar im Erg. allg. anerkannt, gehört unangefochten seit Jahrzehnten (seit 1938) zu den grundlegenden Rechtsgründen des Arbeitsrechts und wird sogar zu den „tragenden Prinzipien des Arbeitsrechts" gezählt[3], doch ist seine dogmatische Grundlage umstritten. Klarzustellen ist, dass er nicht direkt aus der Verfassung folgen kann, da diese sich nur an die öffentl. Gewalt richtet[4]. Die heute ganz überwiegende Meinung sieht den **Geltungsgrund im Gewohnheitsrecht**; die Rspr. gibt keine Begründung mehr. Grundlage seiner Anwendung ist eine verteilende Entscheidung des ArbGeb[5]. Nach st. Rspr. des BAG wird der arbeitsrechtl. Gleichbehandlungsgrundsatz **inhaltlich** von dem allg. Gleichheitssatz des Abs. 1 und vor allem auch vom Gleichberechtigungsgrundsatz des Abs. 2 und vom Benachteiligungsverbot des Abs. 3 geprägt[6]. Er verbietet sowohl die sachfremde Schlechterstellung einzelner ArbN ggü. anderen ArbN in vergleichbarer Lage als auch die sachfremde Differenzierung zwischen ArbN in einer bestimmten Ordnung. Eine Gruppenbildung muss sachlichen Kriterien entsprechen. Eine Differenzierung ist dann sachfremd, wenn es für die unterschiedliche Behandlung keine billigenswerten Gründe gibt[7].

Der (arbeitsrechtl.) Gleichbehandlungsgrundsatz verbietet dem ArbGeb, Einzelne oder Gruppen von ArbN ohne sachlichen Grund von allg. **begünstigenden Regelungen auszuschließen** oder sie anderweitig schlechter zu stellen. Er erstreckt sich auf alle rechtl. und tatsächl. **Arbeitsbedingungen**, bei denen der ArbGeb die Möglichkeit hat, die ArbN gleich oder ungleich zu behandeln (Anwendungsbeispiele sind Entgelt sowie Ordnungs- und Verhaltensvorschriften), jedoch gilt er nicht für Einstellungen. Er setzt voraus, dass der ArbGeb ausdrücklich oder schlüssig eine Regel aufstellt (bzw. Leistungen nach einem erkennbaren Prinzip gewährt). Eine Gruppenbildung muss sachgerecht sein. Wendet der ArbGeb – ggf. auch nur durch Bezugnahme – tarifvertragl. Normen an, gilt der allg. Gleichbehandlungsgrundsatz nicht[8]. Es handelt sich dann um bloßen Normvollzug.

Einzelvertragl. Begünstigungen bleiben erlaubt[9]. Aus dem allg. arbeitsrechtl. Gleichbehandlungsgrundsatz folgt auch keine Verpflichtung des ArbGeb, **Gewerkschaftsmitglieder** und **Außenseiter** gleich zu behandeln. Nach § 3 I TVG gilt der TV grds. nur für beiderseits tarifgebundene ArbVerh und der ArbGeb ist nicht verpflichtet, den nicht organisierten ArbN die gleichen Leistungen zu gewähren wie den organisierten. Diese Regel darf durch den arbeitsrechtl. Gleichbehandlungsgrundsatz nicht „umgangen" werden. Schließlich zahlen die Mitglieder auch Beiträge. So wäre eher eine Gleichbehandlung als Verletzung des Gleichheitssatzes zu werten, obwohl dies häufig praktiziert wird[10] – oder (praktisch) sogar werden muss[11].

Rechtsfolge eines Verstoßes gegen den arbeitsrechtl. Gleichbehandlungsgrundsatz ist regelmäßig ein **Anspruch des Benachteiligten** auf die ihm zunächst verwehrte Vergünstigung[12]. Doch weil die Handlungs- und Vertragsfreiheit des ArbGeb eingeschränkt wird, darf die Bindung an den Gleichheitssatz nicht weiter gehen als zum Schutz des ArbN erforderlich. Infolgedessen ist er auch in gewissem Rahmen – nicht in seiner Gesamtheit – abdingbar (§ 138 BGB). Zudem ist er subsidiär. Auch gibt der Gleichbehandlungsgrundsatz dem ArbN keinen Anspruch auf ein bestimmtes Tun, bei dem „Ob" ist der ArbGeb frei[13]. Wie der ArbGeb eine grundlose Ungleichbehandlung beseitigt, ist – im Rahmen des rechtl. Zulässigen – seinem Ermessen überlassen.

Ursprünglich gingen Rspr. und hL davon aus, dass der arbeitsrechtl. Gleichbehandlungsgrundsatz grds. nur innerhalb eines **Betriebes** Anwendung findet. Nun bezieht das BAG den Gleichbehandlungsgrundsatz idR auf das **Unternehmen**[14]. Der Gleichbehandlungsgrundsatz sei seinem Wesen nach kompetenzbezogen und beziehe sich deshalb auf den Bereich, auf den sich die gebundene Regelungskompetenz erstrecke; maßgeblich sei insoweit das Unternehmen. Im Hinblick darauf, dass es oft eher zufällig ist, ob man eine Abteilung als „Betriebsteil" oder als „selbstständigen Betrieb" zu qualifizieren hat und in beiden Fällen die Abhängigkeit von einem **Entscheidungszentrum** dieselbe ist, ist dem zuzu-

---

1 Kittner/Zwanziger/Deinert/*Deinert*, ArbR, § 10 Rz. 62 ff. Zahlreiche Differenzierungskriterien bei Löwisch/Kaiser/*Löwisch*, § 112 BetrVG Rz. 57 ff.; aus neuerer Zeit vgl. etwa BAG 13.2.2007 – 1 AZR 163/06, AP Nr. 185 zu § 112 BetrVG 1972.   ‖ 2 BAG 28.7.1992 – 3 AZR 173/92, AP Nr. 18 zu § 1 BetrAVG Gleichbehandlung.   ‖ 3 *Maute*, Gleichbehandlung von Arbeitnehmern, 1993, S. 6.   ‖ 4 ErfK/*Schmidt*, Art. 3 GG Rz. 29.   ‖ 5 BAG 14.3.2007 – 5 AZR 420/06, AP Nr. 204 zu § 242 BGB Gleichbehandlung.   ‖ 6 BAG 25.8.1982 – 5 AZR 107/80, AP Nr. 53 zu § 242 BGB Gleichbehandlung.   ‖ 7 BAG 28.7.1992 – 3 AZR 173/92, AP Nr. 18 zu § 1 BetrAVG Gleichbehandlung.   ‖ 8 BAG 22.12.2009 – 3 AZR 895/07, AP Nr. 319 zu Art. 3 GG.   ‖ 9 BAG 13.2.2002 – 5 AZR 713/00, AP Nr. 184 zu § 242 BGB Gleichbehandlung.   ‖ 10 BAG 20.7.1960 – 4 AZR 199/59, AP Nr. 7 zu § 4 TVG; ausfl. *Wiedemann*, RdA 2007, 65.   ‖ 11 Dazu nur *Franzen*, RdA 2006, 1 ff.   ‖ 12 BAG 9.9.1981 – 5 AZR 1182/79, AP Nr. 117 zu Art. 3 GG.   ‖ 13 BAG 9.9.1981 – 5 AZR 1182/79, AP Nr. 117 zu Art. 3 GG; 28.7.1992 – 3 AZR 173/92, AP Nr. 18 zu § 1 BetrAVG Gleichbehandlung.   ‖ 14 BAG 17.11.1998 – 1 AZR 147/98, AP Nr. 162 zu § 242 BGB Gleichbehandlung; ErfK/*Schmidt*, Art. 3 GG Rz. 29. Eingehend *Bepler*, NZA-Sonderbeil. zu Heft 18/2004, 3 (7 ff.).

stimmen. Allerdings wird häufig ein sachlicher Grund für eine Differenzierung innerhalb eines Unternehmens vorliegen. Jedoch gilt der Gleichbehandlungsgrundsatz nicht im **Konzern**, die Konzernunternehmen sind rechtl. selbständig (vgl. § 18 AktG [iVm. § 17 I AktG]). Soweit der **Staat** als privatrechtl. ArbGeb auftritt, ist er ebenfalls (nur) an den arbeitsrechtl. Gleichbehandlungsgrundsatz gebunden[1].

39 4. **Rechtfertigung durch sachlichen Grund. a) Grundlagen.** Eine Ungleichbehandlung vergleichbarer Sachverhalte stellt nicht automatisch eine **Verletzung** des allg. Gleichbehandlungsgrundsatzes dar. Abs. 1 verlangt noch nicht einmal die zweckmäßigste und gerechteste Lösung[2]. Voraussetzung einer zulässigen Differenzierung ist nur, dass sie sachlich vertretbar ist. Als Differenzierungsgrund kommt grds. jede vernünftige Erwägung in Frage[3]. Liegt jedoch eine unzulässige Differenzierung vor und stellt die Ungleich-(Gleich-)Behandlung einen Nachteil für den Betroffenen dar, ist der Gleichbehandlungsgrundsatz beeinträchtigt[4].

40 b) **Vergleichsgruppen.** Die Verletzung des Gleichbehandlungsgrundsatzes setzt voraus, dass **vergleichbare Personen, Gruppen oder Sachverhalte** ungleich behandelt werden bzw. dass nicht vergleichbare Personen, Gruppen oder Sachverhalte gleich behandelt werden. Schwierig ist hierbei die Vergleichsgruppenbildung, auch weil es manchmal kaum möglich ist, zwischen Vergleichsgruppenbildung und Rechtfertigung klar zu trennen[5]. Beispiele solcher Gruppen sind Angestellte und Arbeiter, Vollzeit- und Teilzeitbeschäftigte[6], ArbGeb, die bestimmte Formen von Betriebsrenten anbieten (§ 10 BetrAVG)[7]. Dabei sind die Anforderungen an die **Vergleichsgruppenbildung** nicht einheitlich zu beurteilen. So haben die **Tarifparteien** bei der Gruppenbildung grds. wohl einen weiteren Spielraum als der einzelne ArbGeb. Zweifelhaft ist, ob der einzelne ArbGeb sich auf das Vorbild einer tarifl. Regel berufen kann, um damit die eigene Ungleichbehandlung zu rechtfertigen[8]. Ein TV kann als solcher nicht als sachlicher Differenzierungsgrund wirken (s. aber Rz. 35)[9].

41 c) **Prüfungsmaßstab.** Die ältere Rspr. des BVerfG nahm grds. nur eine Willkürprüfung vor, dh., sie suchte nach einem irgendwie gearteten sachlichen Differenzierungsgrund. Heute tritt die sog. „**neue Formel**" hinzu, zu der das BVerfG seit 1980 übergegangen ist[10]. Danach sind die Anforderungen an den Differenzierungsgrund unterschiedlich. Je nach Regelungsgegenstand und Differenzierungsgründen können sie vom bloßen Willkürverbot bis zu einer strengen Verhältnismäßigkeitsprüfung reichen[11]. Der allg. Gleichbehandlungsgrundsatz ist nach der Rspr. des BVerfG vor allem dann verletzt, wenn eine Gruppe von Normadressaten anders behandelt wird, obwohl zwischen beiden Gruppen keine Unterschiede von solcher Art und solchem Gewicht bestehen, dass sie die ungleiche Behandlung rechtfertigen könnten[12]. Also muss bei der Entscheidung, welcher **Prüfungsmaßstab** anzulegen ist, zuerst nach dem Differenzierungsgrund gefragt werden. Insoweit gelten für die Prüfungsintensität folgende „Richtlinien": Werden verschiedene **Personengruppen** – die keinen oder nur schwer Einfluss auf das entsprechende Kriterium haben (etwa Angestellte und Arbeiter) – und nicht nur verschiedene **Sachverhalte** ungleich behandelt, ist eine strenge Prüfung notwendig. Außerdem ist eine genaue Untersuchung geboten, wenn die fragliche Maßnahme in den Schutzbereich eines anderen Grundrechts eingreift[13]. Damit sind dem gesetzgeberischen Gestaltungsspielraum dort enge Grenzen gezogen, wo es sich um Regelungen handelt, die Auswirkungen auf die durch Art. 12 I geschützte Freiheit der berufl. Tätigkeit haben[14]. Hingegen kann bei komplexen Zusammenhängen wieder großzügig geprüft werden. Ebenso findet eine bloße Willkürprüfung statt, wenn ohne benannte Differenzierungskriterien nach dem Zufallsprinzip vorgegangen wird[15].

42 Das BAG folgt dieser Rspr. nicht uneingeschränkt. So übernimmt es die „neue Formel" zwar gelegentlich und betont dabei sogar, dass Art. 3 mehr als ein **Willkürverbot** bedeute[16]. In einigen Entscheidungen gebraucht das BAG aber auch die „neue Formel" wieder nur als Willkürverbot, wenn unter dem Gesichtspunkt der Ermessensüberschreitung gefragt wird, ob gewichtige, tatsächliche Gleichheiten oder Ungleichheiten hinreichend beachtet werden[17]. So hat das BAG die neue Formel zwar bei der Prüfung unterschiedlicher Kündigungsfristen von Angestellten und Arbeitern zugrunde gelegt, eine Überprüfung anhand des Übermaßverbots erfolgte aber nicht, sondern eine nicht „beträchtliche" Ungleichbehandlung wurde als hinnehmbar und zulässig beurteilt. Ungleichbehandlung und rechtl. Grund müss-

---

[1] BVerfG 2.3.1993 – 1 BvR 1213/85, E 88, 103 (116). ‖ [2] BVerfG 26.3.1980 – 1 BvR 121, 122/76, E 54, 11 (25f.); BAG 25.2.1987 – 8 AZR 430/84, AP Nr. 3 zu § 52 BAT. ‖ [3] BVerfG 9.3.1994 – 2 BvL 43/92 ua., 2 BvR 2031/92, E 90, 145 (196); BAG 14.10.2003 – 9 AZR 146/03, AP Nr. 9 zu § 3 ATG. ‖ [4] ErfK/*Schmidt*, Art. 3 GG Rz. 34. ‖ [5] ErfK/*Schmidt*, Art. 3 GG Rz. 33. ‖ [6] S. aber BAG 13.6.2006 – 9 AZR 588/05, AP Nr. 30 zu § 1 TVG Altersteilzeit. ‖ [7] BVerfG 16.7.2012 – 1 BvR 2983/10, NZA 2013, 193. ‖ [8] *Gamillscheg*, Grundrechte, S. 52. ‖ [9] BAG 28.7.1992 – 3 AZR 173/92, AP Nr. 18 zu § 1 BetrAVG Gleichbehandlung. ‖ [10] Dreier/*Heun*, Art. 3 Rz. 21. ‖ [11] BVerfG 27.1.1998 – 1 BvL 15/87, E 97, 169; 21.6.2011 – 1 BvR 2035/07, NVwZ 2011, 1316; BAG 9.3.1994 – 4 AZR 301/93, AP Nr. 31 zu § 23a BAT. ‖ [12] St. Rspr., vgl. zB BVerfG 27.2.2007 – 1 BvR 1982/01, E 117, 272 (300); BAG 16.1.1992 – 2 AZR 657/87, AP Nr. 12 zu § 2 Angestelltenkündigungsg. ‖ [13] BVerfG 18.7.2006 – 1 BvL 1/04, E 116, 243 (269); ErfK/*Schmidt*, Art. 3 GG Rz. 38. ‖ [14] BAG 9.3.2011 – 7 AZR 728/09, NZA 2011, 911. ‖ [15] BVerfG 22.2.1994 – 1 BvL 21/85 u. 4/92, E 90, 46 (56). ‖ [16] BAG 9.3.1994 – 4 AZR 301/93, AP Nr. 31 zu § 23a BAT; 20.1.2004 – 9 AZR 291/02, AP Nr. 1 zu § 112 LPVG Rh.-Pf. ‖ [17] BAG 4.8.1988 – 6 AZR 10/86, AP Nr. 3 zu § 40 BAT; s.a. BAG 30.8.2000 – 4 AZR 563/99, AR-Blattei ES 1550. 1. 4 Nr. 5; 29.11.2001 – 4 AZR 762/00, AP Nr. 296 zu Art. 3 GG.

ten (nur) in einem angemessenen Verhältnis zueinander stehen[1]. Ob die „neue Formel" die frühere „Willkürformel" ersetzt oder ergänzt, wird in der Lit. unterschiedlich beurteilt[2]. Außerdem wird die Auffassung vertreten, es sei eine generelle Überprüfung nach dem Verhältnismäßigkeitsgrundsatz vorzunehmen[3]. Gegen die „neue Formel" wird eingewandt, dass sie den Blick auf die unterschiedliche Rechtfertigungskonstellation verdunkle, anstatt die verfassungsrechtl. Kontrolle auszudehnen[4].

d) Differenzierungsgrund. Nicht gleichheitswidrig ist eine Ungleichbehandlung (Gleichbehandlung), wenn sie gerechtfertigt ist, dh. ein **sachlicher Differenzierungsgrund** vorliegt. Dabei führen Mängel der Motive des Gesetzgebers für sich besehen nicht zur Verletzung des Gleichheitssatzes, wenn die Differenzierung in der Sache objektiv gerechtfertigt ist[5]. Auch ist auf den Zweck der Regelung abzustellen[6]. Da im Arbeitsrecht ein breiter Gestaltungs- und Differenzierungsbedarf zur Verwirklichung unterschiedlichster wirtschafts-, beschäftigungs-, sozial- und gesellschaftspolitischer Vorstellungen besteht, dürfen auch wirtschafts- und beschäftigungspolitische Differenzierungsziele berücksichtigt werden. So kann der Gesetzgeber funktions- oder auch betriebsspezifische Interessen der ArbGeb an größerer personalwirtschaftl. Beweglichkeit berücksichtigen und kürzere Kündigungsfristen zulassen. Dabei müssen jedoch immer die anderen Grundrechte – im Arbeitsrecht insb. Art. 12 für den ArbGeb – und die aus dem Sozialstaatsprinzip folgenden Schutzpflichten – für den ArbN – berücksichtigt werden[7]. 43

Kein sachlicher Differenzierungsgrund ist das Anknüpfen an die **pauschale Gruppenzugehörigkeit**[8]. Somit ist bspw. die unterschiedliche Behandlung von ArbN, weil sie (nur) Teilzeit arbeiten, unzulässig (Rz. 84 ff.). 44

Erlaubte Differenzierungsgründe sind hingegen: Gekündigtes – ungekündigtes ArbVerh, Dienstalter (problematisch nun aber die sog. „Altersdiskriminierung"; vgl. § 1 AGG Rz. 11, § 10 AGG Rz. 1 ff.), Stammbelegschaft – übernommene Belegschaft, Führungskräfte[9]. Außerdem sind manche Differenzierungsmerkmale in Gesetz und TV fest verwurzelt und damit auch dem ArbGeb als Unterscheidung erlaubt. Wichtigstes Bsp. dafür ist die Betriebszugehörigkeit, obwohl diese Eigenschaft mit Art und Umfang der Arbeit vielfach nichts zu tun hat (vgl. § 10 KSchG, § 622 BGB). Zulässige sachliche Gründe sind ferner Arbeitsleistung, Qualifikation, Berufserfahrung oder unterschiedliche Anforderungen am Arbeitsplatz. Dies gilt auch dann, wenn dadurch vorwiegend Teilzeitkräfte anders behandelt werden[10]. 45

e) Typisierung und Stichtage. Zwar stellen Typisierungen nach hM Eingriffe in das Recht auf Gleichbehandlung dar, doch sind sie unter bestimmten Voraussetzungen zulässig[11]. So kann bei der **Rechtfertigung einer Ungleichbehandlung** ein ausreichender Differenzierungsgrund in der Typisierung und Generalisierung von Sachverhalten liegen. Jede gesetzl. Regelung muss generalisieren. Der Gesetzgeber darf dabei an ein typisches Erscheinungsbild des Regelungsgegenstands und vorliegende Erfahrungen anknüpfen, auch wenn er dadurch nicht jeder Besonderheit gerecht wird. Er kann von Differenzierungen absehen, die der Verständlichkeit und Praktikabilität entgegenstehen. Dies ist besonders bei der Regelung von Massenerscheinungen von Bedeutung, um die es gerade im Arbeitsrecht häufig geht[12]. 46

Voraussetzung einer zulässigen Typisierung ist in erster Linie die Orientierung am **typischen Fall** und das Erfassen der **meisten Sachverhalte**, wobei eine Ausblendung atypischer Fälle dennoch nicht unbegrenzt möglich ist. In Betracht kommt nur die Benachteiligung einer verhältnismäßig kleinen Gruppe. Der Gleichheitsverstoß darf nicht sehr intensiv sein[13]. Eine Rolle spielen auch die Nachteile im Einzelfall und die Dauerhaftigkeit. Außerdem darf der hinnehmbare Anteil derjenigen, welche durch die Typisierung benachteiligt werden, nicht abstrakt bestimmt werden. Vielmehr ist auf Art und Gewicht der eintretenden Härten und Ungerechtigkeiten und auf die Vermeidbarkeit abzustellen[14]. Härteklauseln und Billigkeitsregelungen können dabei den Typisierungsspielraum erweitern[15]. Die Vorteile der Typisierung müssen im rechten Verhältnis zu den mit ihr verbundenen Ungerechtigkeiten stehen (Erforderlichkeitsprüfung). 47

Die Grundsätze der Typisierung gelten auch für die **Verwaltung**[16] und die **TV-Parteien**[17]. Auch in TV sind Typisierungen nur sachlich gerechtfertigt, wenn sie hinreichend gruppenspezifisch ausgestaltet sind, also entweder nur eine verhältnismäßig kleine Gruppe nicht intensiv benachteiligen oder funktions-, branchen- oder betriebsspezifischen Interessen im Geltungsbereich des TV entsprechen[18]. 48

---

1 BAG 23.1.1992 – 2 AZR 470/91, AP Nr. 37 zu § 622 BGB, hier bezieht sich das BAG auf BVerfG 30.5.1990 – 1 BvL 2/83 ua., E 82, 126 (146). || 2 S. nur ErfK/*Schmidt*, Art. 3 GG Rz. 32; v. Münch/Kunig/*Boysen*, Art. 3 Rz. 54 ff. || 3 Sachs/*Osterloh*, Art. 3 Rz. 15. || 4 *Neumann*, DVBl 1997, 92 (95). || 5 BVerfG 26.4.1978 – 1 BvL 29/76, E 48, 227 (237); ErfK/*Schmidt*, Art. 3 GG Rz. 37. || 6 BAG 13.12.2005 – 9 AZR 220/05, AP Nr. 27 zu § 1 TVG Altersteilzeit. || 7 BVerfG 30.5.1990 – 1 BvL 2/83 ua., E 82, 126 (153). || 8 BAG 21.3.1991 – 2 AZR 323/84 (A), AP Nr. 29 zu § 622 BGB. || 9 BAG v. v. 29.8.2001 – 4 AZR 352/00, AP Nr. 291 zu Art. 3 GG; 14.10.2003 – 9 AZR 146/03, AP Nr. 9 zu § 3 ATG; 19.11.2003 – 7 AZR 296/03, AP Nr. 3 zu § 17 TzBfG. || 10 BAG 28.7.1992 – 3 AZR 173/92, AP Nr. 18 zu § 1 BetrAVG Gleichbehandlung. || 11 Vgl. in Bezug auf § 23 I 3 KSchG BAG 27.11.2008 – 2 AZR 790/07, NZA 2009, 484. || 12 St. Rspr. seit BVerfG 24.7.1963 – 1 BvL 11/61, E 17, 1 (23) mwN. || 13 ErfK/*Schmidt*, Art. 3 GG Rz. 45. || 14 BVerfG 2.7.1969 – 1 BvR 669/64, E 26, 265 (276). || 15 BVerfG 15.12.1987 – 1 BvR 563/85 ua., E 77, 308 (335, 338). || 16 Jarass/Pieroth/*Jarass*, Art. 3 Rz. 30. || 17 BAG 28.7.1992 – 9 AZR 308/90, AP Nr. 10 zu § 1 TVG Tarifverträge: Seniorität; ErfK/*Schmidt*, Art. 3 GG Rz. 45. || 18 BAG 21.3.1991 – AZR 323/84 (A), AP Nr. 29 zu § 622 BGB.

49 Ebenso sind **Stichtagsregelungen** für die Schaffung von Ansprüchen und das Inkrafttreten belastender Regelungen – trotz der damit verbundenen Härten – grds. zulässig[1]. Das gilt sogar dann, wenn sie von finanziellen oder finanzpolitischen Erwägungen getragen werden. Die Wahl des Stichtags muss sich allerdings am gegebenen Sachverhalt orientieren und die Interessenlage der Betroffenen angemessen berücksichtigen, wobei Übergangsregelungen geboten sein können[2].

50 **5. Berufung auf Differenzierungsgründe. a) Materiell-rechtliche Hinweisobliegenheit.** Der ArbGeb hat eine materiell-rechtl. Pflicht (Dokumentationsobliegenheit), die Gründe für die Ungleichbehandlung schnell **offen zu legen**, sobald der ArbN eine unzulässige Differenzierung rügt. Tut er dies nicht, kann er sich später auch nicht auf die entsprechenden Gründe berufen. Dabei soll die Berufung auf einen TV oder eine BV zumeist ausreichen[3].

51 **b) Darlegungs- und Beweislast.** Es ist nach der Grundlage, auf der die Ungleichbehandlung basiert, zu unterscheiden.

52 **aa) Auslegung.** Zunächst sind Differenzierungsgrund bzw. -zweck durch Auslegung zu ermitteln. Besonders ältere Urteile waren insoweit großzügig, da sie von einer **Richtigkeitsgewähr** in Bezug auf die staatliche und tarifl. Normsetzung ausgingen. Bei allg. tarifl. Regelungen könne ein sachgerechter Interessenausgleich vermutet werden[4]. Erst wenn eine Auslegung nicht zum Ziel führt, ist auf Darlegung und Beweise abzustellen[5]. Eine haushaltsrechtl. Befristung nach § 14 I 2 Nr. 7 TzBfG ist etwa wegen einer Ungleichbehandlung ggü. ArbN eines privatrechtl. ArbGeb dahingehend auszulegen, dass sie nur eingreift, wenn der Haushaltsplangeber demokratisch legitimiert und nicht mit dem ArbGeb identisch ist[6].

53 **bb) Tarifverträge.** Bei TV (und BV) gelten die Grundsätze des § 293 ZPO. Bei TV-Normen, die ein ArbVerh regeln, handelt es sich nicht um staatl. Gesetzesrecht, sondern um kraft des TVG von den Tarifparteien gesetztes autonomes Recht, das als statutarisches Recht nach den Grundsätzen des § 293 ZPO zu behandeln ist. Somit wird nicht nur die Verfassungskonformität der Entscheidungsgrundlage (inzident) von Amts wegen geprüft, sondern auch die tatsächliche Grundlage der benannten Zwecke bzw. Differenzierungsziele, die für die verfassungsrechtl. Beurteilung erheblich sind, werden nach dem Amtsermittlungsgrundsatz ermittelt[7]. Das bedeutet, dass die ArbG **von Amts wegen** die näheren für die unterschiedliche Behandlung maßgeblichen Umstände, die für und gegen eine Verfassungswidrigkeit sprechen, zu untersuchen haben. Vorausgesetzt wird aber, dass die Parteien ausreichend Anhaltspunkte für eine Nachforschung liefern – wobei entsprechender Vortrag zunächst dem ArbN obliegt – oder zumindest das Gericht selbst an der Verfassungsmäßigkeit zweifelt. Die Rechtslage ist hier nicht anders, als wenn die Rechtmäßigkeit eines TV in Rede steht[8]. Normstützende Rechtstatsachen können auch noch in der Revisionsinstanz ermittelt werden[9]. Das BAG ist nur an die tatsächlichen Feststellungen des LAG gebunden, nicht jedoch an die Auslegung des TV. Auch hier wirkt sich der Gestaltungsspielraum des Normgebers aus[10].

54 Dennoch besteht die Möglichkeit, dass entscheidungserhebliche Tatsachen sich nicht aufklären lassen (non liquet). Dieses Risiko – **objektive Beweislast** – muss eine Partei tragen. Rügt ein ArbN eine diskriminierende Behandlung durch Anwendung einer seiner Meinung nach gleichheitswidrigen Bestimmung eines TV, gelten für die Verteilung der Beweislast grds. die allg. Regeln. Als Anspruchsvoraussetzung muss der betreffende ArbN beweisen, dass eine tatsächliche Ungleichbehandlung überhaupt vorliegt. Dabei muss er konkret darlegen, inwieweit die Gruppen, die ungleich behandelt werden, vergleichbar sind. Ausnahmsw. entfällt diese Verpflichtung jedoch, wenn dem ArbN die Beweisführung nicht zumutbar ist. Liegen die tatbestandlichen Voraussetzungen vor, muss der ArbGeb beweisen, dass die tatsächliche Ungleichbehandlung durch einen sachlichen Grund gerechtfertigt werden kann. IdR muss also diejenige Partei, welche die Regelung angreift, auch das Risiko der Ungewissheit in Bezug auf die Ungleichbehandlung tragen. Demggü. hat diejenige Partei, die sich auf die Regelung beruft, das Risiko der Ungewissheit, welche in Bezug auf die sachlichen Gründe einer Differenzierung verblieben ist, zu übernehmen[11].

55 **cc) Arbeitsrechtlicher Gleichbehandlungsgrundsatz.** Anders sieht es im Rechtsstreit um die Verletzung des arbeitsrechtl. Gleichbehandlungsgrundsatzes aus. Nachdem es insoweit um individualarbeitsrechtl. Fragen geht, ist das Urteilsverfahren eröffnet, es gilt der zivilprozessuale **Beibringungsgrundsatz**, zudem ist das Revisionsgericht an die tatrichterlichen Feststellungen gebunden. Doch wird dem ArbN die Darlegung einer sachwidrigen Benachteiligung meistens nicht in allen Einzelheiten gelin-

---

[1] BAG 12.12.2012 – 10 AZR 718/11, NZA 2013, 577. || [2] BVerfG 29.11.2001 – 4 AZR 762/00, AP Nr. 296 zu Art. 3 GG; BAG 6.7.2005 – 4 AZR 27/04, AP Nr. 166 zu § 611 BGB Lehrer, Dozenten. || [3] BAG 9.9.1981 – 5 AZR 1182/79, AP Nr. 117 zu Art. 3 GG. || [4] BAG 16.9.1993 – 2 AZR 697/92, AP Nr. 42 zu § 622 BGB. || [5] BVerfG 22.2.1994 – 1 BvL 21/85 ua., E 90, 46 (57); ErfK/*Schmidt*, Art. 3 GG Rz. 51. || [6] BAG 9.3.2011 – 7 AZR 728/09, NZA 2011, 911. || [7] BAG 29.3.1957 – 1 AZR 208/55, AP Nr. 4 zu § 4 TVG Tarifkonkurrenz; 16.9.1993 – 2 AZR 697/92, AP Nr. 42 zu § 622 BGB; BLAH/*Hartmann*, § 293 ZPO Rz. 2. || [8] BAG 4.3.1993 – 2 AZR 355/92, AP Nr. 40 zu § 622 BGB m. Anm. *Hergenröder*; Kittner/Zwanziger/Deinert/*Zwanziger*, ArbR, § 92 Rz. 35. || [9] ErfK/*Schmidt*, Art. 3 GG Rz. 48; *Hergenröder*, Zivilprozessuale Grundlagen, S. 441 ff. || [10] ErfK/*Schmidt*, Art. 3 GG Rz. 49. || [11] ErfK/*Schmidt*, Art. 3 GG Rz. 49; *Wiedemann*, RdA 1997, 100 (108).

gen. Deshalb hilft die Rspr. mit einer abgestuften Beweislast und Vermutungen¹. Denn bei der Anwendung des arbeitsrechtl. Gleichbehandlungsgrundsatzes muss die Darlegungs- und Beweislast so verteilt werden, dass eine am materiellen Recht orientierte Entscheidung auch praktisch möglich ist. Dem ArbN dürfen keine übertriebenen Anforderungen an seinen Vortrag aufgebürdet werden, um ihm eine Chance im Prozess zu geben. Aus diesen Gründen obliegt es dem ArbN, darzulegen und zu beweisen, dass eine Ungleichbehandlung nahe liegt. Der ArbGeb muss dann die Rechtfertigung für die Ungleichbehandlung darlegen und beweisen.

6. Rechtsfolgen von Verstößen. a) Gleichheitswidrige Gesetze. Gleichheitswidrige Gesetze werden vom BVerfG im Rahmen einer Normenkontrolle nach Art. 100 oder einer Verfassungsbeschwerde mit dem Verdikt der Verfassungswidrigkeit belegt. Dabei ist eine verfassungswidrige Norm grds. für **nichtig** zu erklären (§ 82 I iVm. § 78 I BVerfGG)². Etwas anderes gilt nach st. Rspr. des BVerfG, wenn sich ein Verfassungsverstoß aus dem Zusammenwirken mehrerer Vorschriften ergibt und/oder eine Korrektur auf verschiedene Weise vorgenommen werden kann³. Mit Rücksicht auf die Gestaltungsmöglichkeiten des Gesetzgebers ist dann ausnahmsweise von einer Nichtigkeitserklärung abzusehen und die Möglichkeit zur verfassungsgemäßen Neuregelung zu geben⁴. **56**

Gleichheitswidrige Regelungen können auf verschiedene Arten behoben und mit dem Gleichheitssatz in Übereinstimmung gebracht werden. So können ungleiche Belastungen sowohl gänzlich beseitigt als auch auf alle „gleichen" Personen ausgedehnt werden. Und gleichheitswidrige Begünstigungen können ebenfalls auf die bislang (gleichheitswidrig) Ausgeschlossenen ausgedehnt oder überhaupt weggelassen werden. Damit sind die gegen den allg. Gleichheitssatz verstoßenden Regelungen idR nur mit Art. 3 unvereinbar und nicht nichtig⁵. Für nichtig erklärt werden kann eine Regelung bei einem Gleichheitsverstoß nur, wenn mit Sicherheit anzunehmen ist, dass der Gesetzgeber bei Beachtung des Art. 3 die nach der Nichtigkeitserklärung verbleibende Fassung der Norm wählen würde⁶. So kann ausnahmsw. eine **(Teil-)Nichtigkeitserklärung** erfolgen mit der Konsequenz, dass alle Betroffenen in den Genuss der weniger belastenden Regelung kommen oder aber, dass für alle die mehr belastende Regelung gilt⁷. **57**

Ist eine **Unvereinbarkeitserklärung** erfolgt, so muss der Gesetzgeber die Gleichheitswidrigkeit – in angemessener Frist (Beseitigungsfrist) – beseitigen und die Rechtslage unverzüglich mit dem GG in Einklang bringen (Korrekturpflicht). Ob er dafür die eine Gruppe ebenso wie die andere, die andere wie die eine oder beide auf eine dritte Weise behandelt, bleibt seiner Entscheidung überlassen. Bei einer Neuregelung hat der Gesetzgeber auch für die Vergangenheit eine den Grundsätzen des Art. 3 entsprechende Regelung zu finden. Dies gilt vor allem für alle nicht bestands- und rechtskräftig abgeschlossenen Sachverhalte⁸. Soweit demggü. Bestands- oder Rechtskraft eingetreten ist, kann von der Neuregelung abgesehen werden⁹. **58**

Bis zu einer Neuregelung sind **anhängige Verfahren**, die von der verfassungswidrigen Norm abhängen, auszusetzen. Kommt der Normgeber der Beseitigungspflicht nicht in einer angemessenen Frist nach, dann müssen die Gerichte die bei ihnen anhängigen Rechtsstreitigkeiten fortführen und verfassungskonform entscheiden¹⁰. Ausnahmsweise können auch Übergangsregelungen getroffen werden¹¹. **59**

b) Exekutive. Beim Normerlass durch die Exekutive gilt dasselbe wie für die förmliche Gesetzgebung. Verletzen jedoch Einzelmaßnahmen den Gleichheitssatz, ist als einzige Rechtsfolge häufig nur die Ausweitung der Begünstigung möglich¹². **60**

c) Tarifverträge. Bei gleichheitswidrigen TV kann jedes ArbG die Grundrechtswidrigkeit feststellen und hat auch selbst die **Verwerfungskompetenz**¹³. Die Überprüfung von Tarifnormen anhand der Grundrechte erfolgt inzident in jedem Rechtsstreit, in welchem Tarifnormen streitentscheidend sind. Nach der Rspr. des BAG kann keine direkte Verfassungsbeschwerde gem. Art. 93 I Nr. 4a erhoben werden¹⁴. Art. 100 könne nicht herangezogen werden, da er nur für staatl. Gesetze gelte¹⁵. Und auch ein spezielles Normenkontrollverfahren existiert nicht (Ausnahme: Verfahren nach § 2 I Nr. 1 ArbGG, wenn die Tarifparteien über das Bestehen oder Nichtbestehen von TV streiten; eine in diesem Verfahren festgestellte Grundrechtswidrigkeit ist wegen § 9 TVG auch für andere Rechtsstreitigkeiten bindend). Dadurch haben die ArbG aber auch keine Möglichkeit, den TV-Parteien **spezielle Normierungspflichten** **61**

---

1 BAG 20.11.1990 – 3 AZR 613/89, AP Nr. 8 zu § 1 BetrAVG Gleichberechtigung; ErfK/*Schmidt*, Art. 3 GG Rz. 50. Vgl. auch BAG 29.9.2004 – 5 AZR 43/04, AP Nr. 192 zu § 242 BGB Gleichbehandlung. ||2 BVerfG 28.1.1992 – 1 BvR 1025/82 ua., E 85, 191 (211). ||3 BVerfG 30.5.1990 – 1 BvL 2/83 ua., E 82, 126 (154f.). ||4 ErfK/*Schmidt*, Art. 3 GG Rz. 52. ||5 BVerfG 12.10.2004 – 1 BvR 2130/98, DB 2004, 2480f. ||6 BVerfG 28.1.1992 – 1 BvR 1025/82 ua., E 85, 191 (212). ||7 Jarass/Pieroth/*Jarass*, Art. 3 Rz. 42. ||8 BVerfG 8.10.1980 – 1 BvR 122/78 ua., E 55, 100 (110f.); 25.9.1992 – 2 BvL 5/91 ua., E 87, 153 (178). ||9 BVerfG 12.3.1996 – 1 BvR 606/90 ua., E 94, 241 (266f.). ||10 BVerfG 30.5.1990 – 1 BvL 2/83 ua., E 82, 126 (154). ||11 BVerfG 5.3.1991 – 1 BvL 83/86, 24/88, E 84, 9 (22). ||12 BVerwG 28.4.1978 – 4 C 49.76, E 55, 349 (351ff.); Jarass/Pieroth/*Jarass*, Art. 3 Rz. 43. ||13 BAG 25.1.2012 – 4 AZR 147/10, NZA-RR 2012, 530; ErfK/*Schmidt*, Art. 3 GG Rz. 56. ||14 BAG 19.12.1991 – 2 AZR 466/91, AP Nr. 27 zu § 72a ArbGG 1979; aA etwa *Löwisch/Rieble*, TVG, 1992, § 9 Rz. 83, 85. ||15 BAG 15.1.1955 – 1 AZR 305/54, AP Nr. 4 zu Art. 3 GG.

aufzuerlegen[1]. Nach st. Rspr. ist Folge der Grundrechtswidrigkeit einer Tarifnorm daher in erster Linie die Unanwendbarkeit und grds. auch die Nichtigkeit der Norm (gem. § 134 BGB). Das BAG erklärt gleichheitswidrige Tarifbestimmungen idR für ganz (oder teilweise) nichtig[2].

62 Problematisch ist, dass durch die Nichtigkeitserklärung eine **(ungewollte) Regelungslücke** entsteht. Zunächst ist diese Regelungslücke von den Gerichten durch **ergänzende Auslegung** zu schließen, wenn sich unter Berücksichtigung von Treu und Glauben ausreichende Anhaltspunkte für den mutmaßlichen Willen der Tarifpartner ergeben und zu ersehen ist, welche Regelung sie getroffen hätten, wenn ihnen die Nichtigkeit bekannt gewesen wäre[3]. Dabei müssen ausreichende Umstände für eine bestimmte Ergänzungsregelung sprechen oder diese nach objektiver Betrachtung zwingend geboten sein. Grds. ist jedoch davon auszugehen, dass die TV-Parteien bei Kenntnis des Verfassungsverstoßes eine andere verfassungskonforme Regelung getroffen hätten. Entscheidend kann dafür sein, ob es sich um eine deklaratorische oder eine eigenständige Tarifregelung handelt. In manchen Fällen kann es somit notwendig sein, auf die Neuregelung zu warten (Konsequenz aus der Rspr. des BVerfG). Hier wird es sich idR um ungewollte Lücken handeln.

63 Dagegen dürfen **gewollte Lücken** grds. nicht durch die Gerichte geschlossen werden[4]. Insoweit ist bei der Schließung der Regelungslücke zwischen Vergangenheit und Zukunft zu unterscheiden. Immer besteht jedoch die Pflicht, den Gleichheitsverstoß zu beseitigen. Für die **Vergangenheit** ist die verfassungsrechtl. gebotene Gleichbehandlung dadurch wiederherzustellen, dass die Benachteiligten auch in den Genuss der Begünstigung kommen. Dies gilt unabhängig davon, dass die TV-Parteien für die Zukunft die Möglichkeit haben, eine neue Regelung zu finden. Das BAG gewährt dem in der Vergangenheit diskriminierten ArbN regelmäßig direkt einen Anspruch[5]. Soweit die Ausnahmeregelung als teilnichtig angesehen wird, folgt dieser unmittelbar aus der weiter bestehenden Grundnorm, sofern nicht eine ergänzende Vertragsauslegung eingreift[6]. Letztere muss allerdings gerade bei einer damit verbundenen Erweiterung des Kostenrahmens die durch Art. 9 III den Tarifparteien eingeräumte Autonomie zur Gestaltung der kollektivvertragl. Beziehungen beachten[7]. Ein Anspruch auf Gleichstellung kann auch nicht am fehlenden Verschulden scheitern, da es sich nicht um einen Schadensersatzanspruch handelt. Die objektive Verletzung des Gleichheitsgebots reicht aus, und außerdem besteht ein genereller Erfüllungsanspruch immer dann, wenn keine andere Möglichkeit der Beseitigung des Gleichheitsverstoßes besteht[8]. Anders sieht es für eine **zukünftige Regelung** aus. Insb. ist insoweit Art. 9 III zu berücksichtigen. So kann für die Beseitigung des Gleichheitsverstoßes in der Zukunft aus Art. 9 III iVm. dem Verhältnismäßigkeitsgrundsatz folgen, dass das Verfahren auszusetzen und den Tarifparteien für einen befristeten Zeitraum die Möglichkeit einer Neuregelung zu geben ist[9]. Ausdrücklich hat das BAG klargestellt, dass die ArbG nicht befugt sind, anstelle der unwirksamen Tarifnorm eine andere – möglicherweise sehr viel höhere Kosten verursachende – Regelung von sich aus zu setzen[10].

64 **II. Gleichberechtigung von Frau und Mann (Abs. 2 bzw. Abs. 3 S. 1). 1. Bedeutung und Abgrenzung zu anderen Vorschriften. a) Abgrenzung und Normzweck.** Die **Grundlage des Grundrechts** der Gleichberechtigung von Frau und Mann liegt in Abs. 2. Hinzuzuziehen ist zudem Abs. 3 S. 1 Alt. 1. Dies gilt insb., soweit dort eine Diskriminierung auf Grund des Geschlechts verboten wird. Denn Abs. 2 schließt auch die Diskriminierungen wegen des Geschlechts aus, die Abs. 3 verbietet, er enthält in dieser Hinsicht keine weiter gehenden oder speziellen Anforderungen[11]. Dies ist freilich nicht unbestritten. Vertreten wird auch der Vorrang des Abs. 2 oder die Unterscheidung nach verschiedenen Wirkrichtungen der Absätze. Abs. 3 sei lex specialis für das Verbot geschlechtsspezifischer Diskriminierung, während die sog. faktische Gleichberechtigung der Frauen aus Abs. 2 abgeleitet werden solle. Die unmittelbare Diskriminierung falle unter Abs. 3 und die mittelbare unter Abs. 2[12].

65 Einhellige Ansicht ist jedoch, dass Abs. 2 weiter geht als Abs. 3. Er beinhaltet über das Diskriminierungsverbot hinaus einen **Handlungsauftrag für den Staat zur Förderung der Gleichberechtigung**. Er stellt ein Gleichberechtigungsgebot auf und erstreckt dieses auf die gesellschaftliche Wirklichkeit. Dies ist inzwischen durch die Anfügung des S. 2 in Abs. 2 als Staatsziel ausdrücklich klargestellt worden[13]. Auch hatte das BVerfG schon erstmals mit der Entscheidung zum *Nachtarbeitsverbot* in diesem Sinne entschieden und beide Absätze nicht mehr gleich bedeutend behandelt, sondern in Abs. 2 ein Gleichberechtigungsgebot und in Abs. 3 ein Differenzierungsverbot gesehen. Abs. 2 wird dabei als **Rechtfertigungstatbestand** interpretiert, der ausnahmsw. frauenbegünstigende Regelungen zulässt[14] (s.a. § 5 AGG).

---

1 BAG 14.12.1982 – 3 AZR 251/80, AP Nr. 1 zu § 1 BetrAVG Besitzstand; 13.11.1985 – 4 AZR 234/84, AP Nr. 136 zu Art. 3 GG; ErfK/*Schmidt*, Art. 3 GG Rz. 56. AA *Wiedemann*, TVG, Einl. Rz. 248. ‖ 2 Vgl. nur BAG 13.3.1997 – 2 AZR 175/96, AP Nr. 54 zu § 2 BeschFG 1985; *Wiedemann*, RdA 1997, 100 (106 f.). Für Nichtigkeit einer Tarifnorm unmittelbar wegen des Verstoßes gegen höherrangiges Recht etwa *Baumann*, RdA 1994, 272 (275). ‖ 3 S.a. ErfK/*Schmidt*, Art. 3 GG Rz. 56, 57. ‖ 4 BAG 21.3.1991 – 2 AZR 616/90, AP Nr. 31 zu § 622 BGB. ‖ 5 BAG 13.3.1997 – 2 AZR 175/96, AP Nr. 54 zu 2 BeschFG 1985. ‖ 6 BAG 7.3.1995 – 3 AZR 282/94, AP Nr. 26 zu § 1 BetrAVG Gleichbehandlung; 13.5.1997 – 3 AZR 66/96, AP Nr. 36 zu § 1 BetrAVG Gleichbehandlung. ‖ 7 S. nur ErfK/*Schmidt*, Art. 3 GG Rz. 57 f. ‖ 8 BAG 28.7.1992 – 3 AZR 173/92, AP Nr. 18 zu § 1 BetrAVG Gleichbehandlung. ‖ 9 ErfK/*Schmidt*, Art. 3 GG Rz. 59. ‖ 10 BAG 20.4.1977 – 4 AZR 732/75, AP Nr. 111 zu Art. 3 GG. ‖ 11 Vgl. nur BVerfG 28.1.1992 – 1 BvR 1025/82 ua., E 85, 191 (206 f.). ‖ 12 *Ebsen*, RdA 1993, 11 (11 u. 13). ‖ 13 BVerfG 24.1.1995 – 1 BvL 18/93 ua., E 92, 91 (109). ‖ 14 ErfK/*Schmidt*, Art. 3 GG Rz. 82.

Somit reicht Abs. 2 auch wesentlich über den allg. Gleichheitssatz aus Abs. 1 und insb. den arbeits- 66
rechtl. Gleichbehandlungsgrundsatz hinaus. Die **Gestaltungsfreiheit des ArbGeb** wird dahingehend
eingeschränkt, dass er nicht mehr aus sachlichen Gründen bis zur Grenze der Willkür differenzieren
darf, soweit das Geschlecht als Unterscheidungsmerkmal dient. Die biologischen und funktionalen Unterschiede der Geschlechter sind nach der Verfassung grds. unbeachtlich bzw. verbieten unterschiedliche Regelungen sogar[1]. Das Grundrecht der Gleichbehandlung enthält ein subjektives Recht, auch soweit es um den Auftrag des Staates zur Angleichung der Lebensverhältnisse geht, und eine objektive
Wertentscheidung, was insb. für mittelbar Betroffene von Bedeutung ist[2].

b) **Schutzbereich.** Geschützt wird die **Eigenschaft als Frau oder Mann**, sowohl Männer wie Frauen 67
sollen vor Benachteiligung bewahrt werden. Dennoch zielt Abs. 2 insb. auf den Abbau der uralten und
tiefverwurzelten Benachteiligung von Frauen ab, weshalb Abs. 2 heute vorherrschend als eine spezielle
Schutzpflicht zu Gunsten der Frauen interpretiert wird, die über das allg. Diskriminierungsverbot hinausgeht[3].

c) **Wirkung.** Das Grundrecht hat in allen Teilen **unmittelbare Geltung**. Jede gegen das Grundrecht 68
verstoßende Norm ist unwirksam. Auch privatrechtl. Vorschriften sind in vollem Umfang an Abs. 2 zu
messen. Dies gilt insb. für zwingende Regelungen. Benachteiligen sie ein Geschlecht, sind sie verfassungswidrig. Gesetze zur Gleichstellung von Frau und Mann haben regelmäßig Vorrang vor der Vertragsfreiheit. Für die Ausstrahlung von Abs. 2 auf die Anwendung privatrechtl. Vorschriften gilt grds.
das zu Abs. 1 Angeführte (Rz. 5), wobei Abs. 2 jedoch intensiver wirkt[4].

2. Recht der Europäischen Union. Auch das Unionsrecht kennt dem Abs. 2 vergleichbare Vorschrif- 69
ten. Zum einen enthält es in Art. 157 AEUV eine primärrechtliche – unmittelbar wirkende[5] – Verpflichtung zur **Gleichbehandlung beim Arbeitsentgelt** und des Weiteren zahlreiche sekundärrechtl. Verbote
der unmittelbaren und mittelbaren Diskriminierung von Frauen und Männern. Abs. 2 ist richtiger Ansicht nach unionsfreundlich auszulegen[6]. Voraussetzung einer Vorlage an das BVerfG ist, dass der unionsrechtl. Einfluss zuvor geklärt worden ist[7]. Soweit das Entgelt einheitlich durch Rechtsvorschriften
oder Kollektivverträge festgelegt wird, verbietet Art. 157 AEUV nach der Rspr. des EuGH Diskriminierungen „nicht nur auf der Ebene der einzelnen Unternehmen, sondern auch auf der Ebene ganzer Gewerbe-
zweige und der gesamten Wirtschaft"[8]. Auf der Grundlage des Art. 157 AEUV wurden verschiedene
Richtlinien erlassen, die nun ihrerseits mit dem AGG umgesetzt wurden[9]. Ähnliche Garantien gibt es
auch im **Völkerrecht**. So ist etwa die Lohngleichheit von Mann und Frau durch das ILO-Übereinkom-
men Nr. 100 und durch Teil II Art. 4 I Nr. 3 ESC abgesichert[10].

3. Beeinträchtigung. Voraussetzung einer Beeinträchtigung ist, dass Frauen **anders als Männer be-** 70
handelt werden und daraus ein **Nachteil** entspringt[11]. Es ist immer auf das Ergebnis der Behandlung
und nicht nur auf die Maßnahme selbst abzustellen, denn eine zunächst unterschiedliche Behandlung
könnte auch durch eine weitere Maßnahme ausgeglichen werden, so dass Gleichheit wiederhergestellt
wäre. Auch ist nicht erforderlich, dass die Benachteiligung sofort eintritt. Es reicht aus, wenn nach allg.
Lebenserfahrung zu erwarten ist, dass die Benachteiligung in Zukunft gegeben sein wird[12].

a) **Unmittelbare Diskriminierung.** Eine unmittelbare Diskriminierung liegt vor, wenn die fragliche 71
Maßnahme ausdrücklich das **Geschlecht als Differenzierungsmerkmal** einsetzt oder die Differenzie-
rung zumindest vom Geschlecht mit abhängt. Es kommt nicht darauf an, ob daneben auch andere
Gründe maßgeblich waren[13].

Ursprünglich überprüfte das BVerfG **Regelungen und Maßnahmen, die nach dem Geschlecht unter-** 72
scheiden, nur mit einer sehr großzügigen Formel. Sie seien verfassungsgemäß, wenn objektive, biologische oder funktionale Unterschiede dies rechtfertigten. Dabei müssten diese Unterschiede das zu ord-
nende Lebensverhältnis so entscheidend prägen, dass etwa vergleichbare Elemente daneben
vollkommen zurückträten[14]. Heute legt das Gericht einen äußerst strengen Prüfungsmaßstab zugrunde. Das Geschlecht darf als Differenzierungskriterium nur ausnahmsw. verwendet werden, „soweit es
zur Lösung von Problemen, die ihrer Natur nach nur entweder bei Männern oder bei Frauen auftreten
können, zwingend erforderlich" ist[15]. Funktionale (arbeitsteilige) Unterschiede können eine Ungleich-

---

1 BVerfG 29.7.1959 – 1 BvR 205/58 ua., E 10, 59 (73); BAG 6.4.1982 – 3 AZR 134/79, AP Nr. 1 zu § 1 BetrAVG – Gleichbehandlung. ‖ 2 BVerfG 24.7.1963 – 1 BvL 30/57, 11/61, E 17, 1 (27); 16.11.1993 – 1 BvR 258/86, E 89, 276 (285 ff.). ‖ 3 Jarass/Pieroth/*Jarass*, Art. 3 Rz. 79. ‖ 4 Jarass/Pieroth/*Jarass*, Art. 3 Rz. 80, 92, 101 ff. ‖ 5 BAG 20.11.1990 – 3 AZR 613/89, AP Nr. 8 zu § 1 BetrAVG Gleichberechtigung; 19.8.2008 – 3 AZR 530/06, AP Nr. 18 zu Art. 141 EG. ‖ 6 ErfK/*Schmidt*, Art. 3 GG Rz. 84. ‖ 7 BAG 20.11.1990 – 3 AZR 613/89, AP Nr. 8 zu § 1 BetrAVG Gleichberechtigung. ‖ 8 EuGH 8.4.1976 – Rs. 43/75, NJW 1976, 2068 (2070) – Defrenne II. ‖ 9 S. *Bauer/Göpfert/Krieger*, Einl. AGG Rz. 16 ff. ‖ 10 S. *Boehmert*, Das Recht der ILO und sein Einfluss auf das deutsche Arbeitsrecht im Zeichen der europäischen Integration, 2002, S. 118 ff. ‖ 11 Jarass/Pieroth/*Jarass*, Art. 3 Rz. 88 ff. ‖ 12 *Mohn*, Der Gleichheitssatz im Gemeinschaftsrecht, 1990, S. 103 f. ‖ 13 BVerfG 16.11.1993 – 1 BvR 258/86, E 89, 276 (288). ‖ 14 BVerfG 10.5.1957 – 1 BvR 550/52, E 6, 389 (422 f.); BAG 20.11.1990 – 3 AZR 613/89, AP Nr. 8 zu § 1 BetrAVG Gleichberechtigung. ‖ 15 BVerfG 24.1.1995 – 1 BvL 18/93 ua., E 92, 91 (109).

behandlung nicht (mehr) rechtfertigen[1]. In jedem Fall muss eine strenge Verhältnismäßigkeitsprüfung bzgl. der auf die Unterschiede bezogenen Rechtsfolgen erfolgen[2].

73 Wenn keine zwingenden Gründe für eine Ungleichbehandlung vorliegen, können unmittelbare Diskriminierungen – wie alle Grundrechtsbeeinträchtigungen – im Wege der **praktischen Konkordanz** gerechtfertigt werden[3]. Ist der Grund der Differenzierung gerade eine Angleichung, also die Überwindung der vorgefundenen Rollenmodelle, kommt insoweit vor allem das Gleichberechtigungsgebot des Abs. 2 in Betracht. Die Vorschrift verpflichtet und berechtigt ja dazu, faktische Nachteile, die typischerweise Frauen treffen, durch begünstigende Regelungen auszugleichen[4]. Da der Ausgleich faktischer Nachteile für Frauen durch begünstigende Regelungen zulässig ist, sind unter bestimmten Voraussetzungen auch Regelungen möglich, die auf einen höheren Frauenanteil bei beruflichen Tätigkeiten abzielen (zB Quotenregelungen, s. Rz. 88 ff.). Dabei ist darauf zu achten, dass die Rollenverteilung nicht noch verfestigt wird.

74 **b) Mittelbare Diskriminierung.** Mittelbare Diskriminierung ist gegeben, wenn eine **geschlechtsneutral formulierte Regelung überwiegend ein Geschlecht (praktisch: Frauen) trifft** und dies auf natürliche oder gesellschaftliche Unterschiede zwischen den Geschlechtern zurückzuführen ist[5]. Ausreichend sei, dass das in Frage stehende Kriterium bei wertender typisierender Betrachtung geeignet ist, die geschützten Personen härter zu treffen als die nicht geschützten[6]. So liegt in der Zahlung eines unterschiedlichen Entgelts für Voll- und TeilzeitArbN dann eine verbotene mittelbare Diskriminierung, wenn sie in Wirklichkeit nur ein indirektes Mittel dafür ist, das Lohnniveau der TeilzeitArbN deshalb zu senken, weil Teilzeitkräfte fast ausschließlich Frauen sind. Problematisch ist insoweit auch die Berücksichtigung der unterschiedlichen Lebenserwartung bei betrAV[7]. Nach dem EuGH sind ab dem 21.12.2012 geschlechtsspezifische Versicherungsklauseln unzulässig[8]. Dies muss auch bei der betrAV gelten[9].

75 Bei der mittelbaren Diskriminierung ist es schwierig, **genaue Maßstäbe der Rechtfertigung** aufzustellen. Die Rspr. hat sich insoweit den Grundsätzen des EuGH angeschlossen. Eine lediglich mittelbar diskriminierende Maßnahme soll zulässig sein, wenn sie „einem wirklichen Bedürfnis des Unternehmens dient und für die Erreichung dieses Ziels erforderlich ist". Ein „wirkliches Bedürfnis" in diesem Sinne setzt voraus, dass die Maßnahme „durch objektive Faktoren, die nichts mit einer Diskriminierung auf Grund des Geschlechts zu tun haben, gerechtfertigt ist". Dabei ist immer eine Verhältnismäßigkeitsprüfung vorzunehmen. Die Maßnahme muss angemessen und notwendig sein und darf keine unverhältnismäßigen Folgen haben, bzw. die Gruppenbildung muss geeignet und erforderlich sein, um dem „objektiven Bedürfnis" zu genügen[10].

76 Der deutliche **Unterschied zwischen den Voraussetzungen einer Rechtfertigung** bei der unmittelbaren und der mittelbaren Diskriminierung erklärt sich durch die unterschiedlichen Anforderungen bei einem Differenzierungsverbot und einem Ausgleichsgebot. Es ist etwas anderes, ob den Normadressaten verboten wird, an das Geschlecht für Ungleichbehandlungen anzuknüpfen, oder ob ihnen geboten wird, der faktischen Benachteiligung von Frauen entgegenzuwirken[11].

77 **c) Individuelle Auswahlentscheidungen.** Das Hauptproblem bei der Benachteiligung von Frauen sind jedoch nicht Gesetze oder TV, sondern individuelle Auswahlentscheidungen, vor allem bei Einstellungen, Beförderungen und Kündigungen[12]. Hier knüpft nun das AGG an (s. dazu insb. § 2 AGG Rz. 3; s.a. Rz. 9). Die Gleichstellung der Frau im Arbeitsleben ist auch Gegenstand des § 75 I BetrVG[13].

78 **d) Beweislast.** Bei der Ungleichbehandlung von Männern und Frauen muss der **ArbGeb das Vorliegen sachlicher Gründe beweisen**. Dabei ist ein strenger Maßstab anzulegen. Kann der ArbGeb sachliche Gründe dafür nicht vorbringen, dass die von den Männern geleistete Arbeit anders zu bewerten ist als die von Frauen geleistete, ist von einer – zumindest mittelbaren – Diskriminierung der Frauen auszugehen[14]. § 22 AGG enthält insoweit eine eigenständige Beweislastregelung.

79 **4. Gleichstellung. a) Benachteiligungsverbot.** Gesetzl. Vorschriften des Arbeitsrechts sind uneingeschränkt an Abs. 2 zu messen. Auch TV müssen Abs. 2 genügen. Dies gilt entsprechend dem zu Abs. 1 Gesagten (Rz. 27 ff.), wobei die Wirkung des Abs. 2 stärker ausfällt. Bei der Anwendung arbeitsrechtl. Normen ist die Ausstrahlungswirkung des Abs. 2 zu beachten, weiter ist zu berücksichtigen, dass der arbeitsrechtl. Gleichbehandlungsgrundsatz durch den verfassungsrechtl. Gleichbehandlungsgrundsatz geprägt wird[15].

---

1 BAG 6.4.1982 – 3 AZR 134/79, AP Nr. 1 zu § 1 BetrAVG Gleichbehandlung. ‖ 2 ErfK/*Schmidt*, Art. 3 GG Rz. 88. ‖ 3 *Ebsen*, RdA 1993, 11 (15). ‖ 4 BVerfG 24.1.1995 – 1 BvL 18/93 ua., E 92, 91 (109). ‖ 5 BVerfG 27.11.1997 – 1 BvL 12/91, E 97, 35 (43); BAG 20.6.1995 – 3 AZR 684/93, AP Nr. 11 zu § 1 TVG Tarifverträge: Chemie. ‖ 6 BAG 22.4.2010 – 6 AZR 966/08, AP Nr. 322 zu Art. 3 GG. ‖ 7 ErfK/*Schmidt*, Art. 3 GG Rz. 85 mN; *Raulf/Gunia*, NZA 2003, 534 ff. ‖ 8 EuGH 1.3.2011 – Rs. C-236/09, NJW 2011, 907. ‖ 9 ErfK/*Schmidt*, Art. 3 GG Rz. 85 mN. ‖ 10 BAG 5.10.1993 – 3 AZR 695/92, AP Nr. 20 zu § 1 BetrAVG Lohnversicherung; ErfK/*Schmidt*, Art. 3 GG Rz. 89. ‖ 11 *Ebsen*, RdA 1993, 11 (14). ‖ 12 ErfK/*Schmidt*, Art. 3 GG Rz. 87. ‖ 13 Löwisch/Kaiser/*Löwisch*, § 75 BetrVG Rz. 18. ‖ 14 BAG 25.8.1982 – 5 AZR 107/80, AP Nr. 53 zu § 242 BGB Gleichbehandlung; Jarass/Pieroth/*Jarass*, Art. 3 Rz. 86. ‖ 15 BAG 25.8.1982 – 5 AZR 107/80, AP Nr. 53 zu § 242 BGB Gleichbehandlung.

Insb. ergibt sich aus dem Grundrecht (und aus § 2 I Nr. 2 AGG) der Grundsatz der **Lohngleichheit von** 80 **Mann und Frau**. Der Lohn darf nur nach der zu leistenden Arbeit und muss ohne Rücksicht darauf bestimmt werden, ob sie von einem Mann oder einer Frau erbracht wird. Eine Arbeitsmarktzulage für Männer ist unzulässig, auch wenn diese nicht bereit sind, für den „normalen" Lohn zu arbeiten[1]. Ebenso ungerechtfertigt ist eine Arbeitsmarktzulage für Männer, die deren höhere Bewertung durch den Arbeitsmarkt ausdrücken soll oder eine „Zulage nach Art des Hauses", wenn sie im konkreten Fall nicht durch Tatsachen belegt werden kann[2]. Rechtswidrig sind ebenfalls Formulararbeitsbedingungen, wonach alle verheirateten männlichen Angestellten eine „Ehefrauenzulage" erhalten, Frauen aber keine „Ehemännerzulage" bekommen[3]. Dagegen ist die Einführung von Vätermonaten beim Elterngeld und dessen Ausgestaltung als Einkommensersatz zur Überwindung der ursprünglichen Rollenverteilung zulässig[4]. Im öffentl. Dienst wurden Ungleichbehandlungen bei Pensionen bzw. bei der Witwen-/Witwerversorgung festgestellt[5]. Der Grundsatz der Lohngleichheit ist auch zu beachten, wenn der ArbGeb für bestimmte Gruppen **übertarifl. Leistungen** gewährt[6]. Für nichtig erklärt wurden demgemäß prozentuale Lohnabschläge für Arbeiterinnen in TV. Die Verletzung von Abs. 2 durch die tarifl. Frauenlohnklauseln brachte den Durchbruch der Drittwirkungslehre[7]. Dass Frauenarbeitsschutz (etwa während einer Schwangerschaft) für den ArbGeb mit Kosten verbunden ist, darf nicht zu einer schlechteren Vergütung führen.

Selbstredend verbietet sich auch jegliche Diskriminierung im **Einstellungsverfahren**[8] (nun auch § 2 I 81 Nr. 1 AGG). Die Frage nach einer Schwangerschaft ist unzulässig[9]. Weiter sind aus Gründen direkter Ungleichbehandlung Arbeitsschutzvorschriften, welche die berufl. Tätigkeit von Frauen beschränken, generell verfassungswidrig, es sei denn, es geht um den Schutz der Mutterschaft. Allerdings kann sogar das MuSchG[10] selbst diskriminierend wirken. Gegen Abs. 2 bzw. Abs. 3 S. 1 verstößt ein generelles Nachtarbeitsverbot für Frauen[11]. Unzulässig ist aber genauso die Nichtzulassung von Männern als Hebamme[12].

Dagegen ist die **Zahlung übertarifl. Zulagen** an Beschäftigte, welche nur Nachtschicht fahren, durch 82 die Besonderheit der Nachtarbeitszeit gedeckt[13]. Nicht gegen das Verbot der mittelbaren Diskriminierung verstoßen auch Vergütungsmerkmale eines Lohntarifvertrages, die bzgl. der Eingruppierung auf körperlich schwere Arbeit abstellen. Allerdings lässt der Lohngleichheitssatz eine Lohnstaffelung allein nach der muskulären Belastung nur dann zu, wenn das Gesamtsystem der Lohnstaffelung auch qualifizierende Merkmale enthält, die mehr Personen weiblichen Geschlechts zugeordnet werden, also etwa Geschicklichkeit[14]. Mit dem Gleichbehandlungsgebot ist es auch zu vereinbaren, wenn einer bestimmten Gruppe von ArbN eine Zulage gewährt wird, weil ohne ihr zu besetzenden oder besetzten Arbeitsplätze ohne einen zusätzlichen finanziellen Anreiz keine Arbeitskräfte zu bekommen oder zu halten sind[15]. Und gegen Art. 3 verstößt es auch nicht, wenn ArbN, die **nach der Elternzeit aus dem Betrieb ausscheiden**, anders behandelt werden als solche, die aus anderen Gründen (Arbeitsunfähigkeit, Erwerbsunfähigkeit, Alter, Vorruhestand) das ArbVerh beenden[16].

Beschränkungen können durch **kollidierendes Verfassungsrecht** gerechtfertigt sein. Wegen Art. 6 IV 83 sind somit Sonderregelungen im Zusammenhang mit einer Schwangerschaft wie bspw. Mutterschaftsurlaub erlaubt[17]. Art. 6 IV enthält einen für den gesamten Bereich des privaten und öffentl. Rechts verbindlichen Schutzauftrag, der sich auf Mütter und schwangere Frauen erstreckt[18].

Besondere Aufmerksamkeit im Zusammenhang mit der mittelbaren Frauendiskriminierung gilt der 84 Behandlung von **Teilzeitkräften**. Die unterschiedliche Behandlung von Teilzeit- und Vollzeitkräften – zum Nachteil der Teilzeitkräfte – stellt oftmals eine Schlechterstellung von Frauen dar. Teilzeitkräfte sind nämlich vorwiegend weiblichen Geschlechts. Deshalb ist aus Gründen des Verbots der mittelbaren Diskriminierung eine Benachteiligung der TeilzeitArbN häufig unzulässig. Richtungweisend war insoweit insb. die „Bilka-Entscheidung" des EuGH[19]. Die dort aufgestellten Grundsätze zum Verbot der mittelbaren Diskriminierung wurden vom BAG in der Folge übernommen. Einfachgesetzl. konkretisieren §§ 1, 4 I TzBfG als Ausschnitt des Gleichheitssatzes das Gebot der Gleichbehandlung für den Be-

---

1 BAG 15.1.1955 – 1 AZR 305/54, AP Nr. 4 zu Art. 3 GG; 6.4.1982 – 3 AZR 134/79, AP Nr. 1 zu § 1 BetrAVG Gleichbehandlung. ||2 *Däubler*, Arbeitsrecht, Rz. 1083. ||3 BAG 13.11.1985 – 4 AZR 234/84, AP Nr. 136 zu Art. 3 GG. ||4 BVerfG 9.11.2011 – 1 BvR 1853/11, NJW 2012, 214. ||5 BVerfG 12.3.1975 – 2 BvL 10/74, E 39, 196 (204); BAG 5.9.1989 – 3 AZR 575/88, AP Nr. 8 zu § 1 BetrAVG Hinterbliebenenversorgung; 7.9.2004 – 3 AZR 550/03, AP Nr. 15 zu § 1 BetrAVG Gleichberechtigung. ||6 BAG 9.9.1981 – 5 AZR 1182/79, AP Nr. 117 zu Art. 3 GG. ||7 Beginnend mit BAG 15.1.1955 – 1 AZR 305/54, AP Nr. 4 zu Art. 3 GG. ||8 BVerfG 16.11.1993 – 1 BvR 258/86, E 89, 276 (287f.). ||9 ErfK/*Preis*, § 611 BGB Rz. 274 mN. ||10 BVerfG 11.11.2003 AP Nr. 23 zu § 14 MuSchG 1968. ||11 BVerfG 28.1.1992 – 1 BvR 1025/82 ua., E 85, 191 (210). ||12 Jarass/Pieroth/*Jarass*, Art. 3 Rz. 107; aA BVerwG 21.3.1972 – I C 13.71, E 40, 17 (24). ||13 BAG 25.8.1982 – 5 AZR 107/80, AP Nr. 53 zu § 242 BGB Gleichbehandlung. ||14 BAG 29.7.1992 – 4 AZR 502/91, AP Nr. 32 zu § 1 TVG Tarifverträge: Einzelhandel. ||15 EuGH 31.3.1981 – Rs. 96/80, AP Nr. 2 zu Art. 119 EWG-Vertrag – Jenkins; BAG 25.8.1982 – 5 AZR 107/80, AP Nr. 53 zu § 242 BGB Gleichbehandlung. ||16 BAG 28.7.1992 – 9 AZR 340/91, AP Nr. 3 zu § 17 BErzGG. ||17 BAG 31.1.1985 – 2 AZR 486/83, AP Nr. 6 zu § 8a MuSchG 1968. ||18 BAG 1.11.1995 – 5 AZR 273/94, AP Nr. 13 zu § 14 MuSchG 1968. ||19 EuGH 13.5.1986 – Rs. 170/84, AP Nr. 10 zu Art. 119 EWG-Vertrag – Bilka.

reich der Teilzeitarbeit. Darüber hinaus verstößt der sachfremde Ausschluss teilzeitbeschäftigter ArbN von bestimmten Leistungen gegen den arbeitsrechtl. Gleichbehandlungsgrundsatz[1].

85 Eine Beschränkung der betrAV auf Vollzeitkräfte kann auch nicht mit erhöhten Personalkosten für Teilzeitbeschäftigung gerechtfertigt werden. Nicht jeder **geringfügige finanzielle Vor- oder Nachteil** stellt ein wirkliches Bedürfnis für eine diskriminierende Regelung dar und nach dem Verhältnismäßigkeitsgrundsatz kommt das Lohngleichheitsgebot nicht erst bei Kostenneutralität zum Zuge[2]. Grundlegend war insoweit der Fall „Rinner-Kühn"[3], wo es vom EuGH als mittelbar diskriminierend angesehen wurde, Teilzeitbeschäftigte von der Entgeltfortzahlung im Krankheitsfall auszuschließen. Mittelbar diskriminierend sind Regelungen, nach denen Teilzeitbeschäftigte beim Ausscheiden aus dem ArbVerh kein Übergangsgeld bekommen sollen und doppelt so lange auf den Aufstieg in die nächsthöhere Vergütungsgruppe warten müssten[4]. Auch die Herausnahme der Teilzeitkräfte bei der Festlegung der Betriebsgröße[5] und der Ausschluss von einer Zusatzversorgung bei mehreren geringfügigen Beschäftigungen verstößt gegen Art. 3[6]. Sachliche Gründe, welche die unterschiedliche Behandlung rechtfertigen könnten, bestehen nicht, wenn die Differenzierung nur nach den Kriterien Voll- und Teilzeit erfolgt[7]. Ebenso wenig kann die Begründung, Teilzeitbeschäftigte seien weniger in den Betrieb eingegliedert[8] oder hätten ein geringeres Arbeitspensum als Vollzeitbeschäftigte, eine unterschiedliche Behandlung rechtfertigen[9].

86 Doch sind auch Fälle denkbar, in denen der ArbGeb **Teilzeitkräfte anders als Vollzeitkräfte** behandeln bzw. bezahlen darf. Dies ist der Fall, wenn dafür objektiv gerechtfertigte wirtschaftl. Gründe vorliegen oder ein Anreiz zur Vollzeitarbeit gegeben werden soll. Darin darf aber kein indirektes Mittel zur Frauendiskriminierung liegen. Sachgründe sind auch Arbeitsleistung, Qualifikation, Berufserfahrung oder unterschiedliche Anforderungen am Arbeitsplatz sowie Anreiz zur Leistungssteigerung und Motivation oder Ausgleich der Mehrbelastung[10]. Auch wurde aus § 611a BGB (aufgehoben; vgl. nun die Regelungen des AGG) keine Pflicht des ArbGeb gelesen, Teilzeit- in Vollzeitarbeitsplätze umzuwandeln, weil die damit verbundenen Tätigkeiten vermehrt von Frauen wahrgenommen werden[11]; dies wird sich auf das AGG übertragen lassen. Eine Haushaltszulage ist zulässig, wenn sie derjenige bekommt, der den Haushalt zum größten Teil finanziert, egal ob Mann oder Frau[12].

87 **b) Frauenförderung.** Die Umsetzung des Abs. 2 S. 2 ist nicht allein durch Diskriminierungsverbote möglich, zusätzlich sind **positive Förderungsmaßnahmen** erforderlich (nun auch § 5 AGG). Problematisch ist, dass Maßnahmen der Frauenförderung Männer benachteiligen können. Damit stellt sich die Frage, inwieweit ein Gebot faktischer Gleichberechtigung die Beeinträchtigung des Diskriminierungsverbots aus Abs. 3 ggü. Männern rechtfertigen kann[13]. Als Rechtfertigung von Maßnahmen der Frauenförderung kommen vor allem das Sozialstaatsprinzip sowie Abs. 2 in Betracht. Dagegen kann aus Abs. 3 kein Rechtfertigungstatbestand abgeleitet werden, denn aus ein und derselben Norm kann nicht ein Prinzip und sein Gegenteil, nämlich ein Recht auf Gleichbehandlung und auf Herstellung faktischer, sozialer Gleichheit, entnommen werden[14].

88 Diskussionsbedürftig sind im Zusammenhang mit der Frauenförderung insb. **Quotenregelungen** zur Ermöglichung besserer Einstellungs- und Aufstiegschancen für Frauen. Quotenregelungen gibt es in unterschiedlicher Ausprägung. Am weitesten gehen **starre Ergebnisquoten**. Diese schreiben für die Stellen ein bestimmtes Verhältnis von Frauen und Männern – ohne Rücksicht auf die konkrete Entscheidungssituation, also etwa Bewerberzahlen – vor. Sie gelten allg. als unzulässig[15]. Starre Quoten gab es vor allem bei Ausbildungsplätzen[16].

89 Problematisch sind ferner **leistungsabhängige Entscheidungsquoten**[17]. Dabei werden Frauen bei gleicher Qualifikation bevorzugt, solange sie im entsprechenden Bereich unterrepräsentiert sind. Solche Quoten gibt es in verschiedenen Landesgesetzen. Doch sind sie recht unpraktikabel, da der Begriff „Qualifikation" einerseits sehr dehnbar ist und es andererseits auch zu wenig flexibel ist, Entscheidungen allein von Qualifikation und Gesetz abhängig zu machen. Der EuGH[18] hat deshalb eine entsprechende Regelung im Bremer Gleichstellungsgesetz beanstandet („Kalanke"). Daraufhin hat auch das BAG leistungsabhängige Entscheidungsquoten für unanwendbar erklärt[19].

---

1 BAG 28.7.1992 – 3 AZR 173/92, AP Nr. 18 zu § 1 BetrAVG Gleichbehandlung. ||2 BAG 20.11.1990 – 3 AZR 613/89, AP Nr. 8 zu § 1 BetrAVG Gleichberechtigung. ||3 EuGH 13.7.1989 – Rs. 171/88, AP Nr. 16 zu Art. 119 EWG-Vertrag Rinner-Kühn. ||4 EuGH 27.6.1990 – Rs. C-33/89, AP Nr. 21 zu Art. 119 EWG-Vertrag – Kowalska; 7.2.1991 – Rs. C-184/89, AP Nr. 25 zu § 23a BAT – Nimz. ||5 BVerfG 27.1.1998 – 1 BvL 22/93, E 97, 186. ||6 BAG 16.3.1993 – 2 AZR 389/92, AP Nr. 6 zu § 1 BetrAVG Teilzeit. ||7 BAG 13.3.1997 – 2 AZR 175/96, AP Nr. 54 zu § 2 BeschFG 1985. ||8 *Wisskirchen*, Mittelbare Diskriminierung von Frauen im Erwerbsleben, 1994, S. 36f. ||9 BAG 13.3.1997 – 2 AZR 175/96, AP Nr. 54 zu § 2 BeschFG 1985. ||10 BAG 13.3.1997 – 2 AZR 175/96, AP Nr. 54 zu § 2 BeschFG 1985. ||11 BAG 18.2.2003 – 9 AZR 272/01, AP Nr. 22 zu § 611a BGB. ||12 BAG 20.4.1977 – 4 AZR 732/75, AP Nr. 111 zu Art. 3 GG. ||13 *Ebsen*, RdA 1993, 11 (11 u. 15f.). ||14 Dreier/*Heun*, Art. 3 Rz. 68. ||15 ErfK/*Schmidt*, Art. 3 GG Rz. 92. ||16 Dazu näher *Pfarr/Bertelsmann*, Diskriminierung im Erwerbsleben, 1989, S. 90f. ||17 ErfK/*Schmidt*, Art. 3 GG Rz. 92. ||18 EuGH 17.10.1995 – Rs. C-450/93, EAS RL 76/207 – Art. 2 Nr. 11 – Kalanke. ||19 BAG 5.3.1996 – 1 AZR 590/92 (A), AP Nr. 226 zu Art. 3 GG.

Anders ist die Situation bei **flexiblen Entscheidungsquoten**, wie sie in der Landesgesetzgebung auch 90
verwendet werden. Hier wird ausdrücklich zugelassen, dass „sonstige Gründe" in einer Person eines
männlichen Mitbewerbers zu dessen Gunsten den Ausschlag geben können („Marschall"[1]). In dieser
Form sind Quoten vom EuGH nicht beanstandet worden und sind auch verfassungsrechtl. zu billigen[2].
Freilich sind sie praktisch kaum wirksam kontrollierbar.

Deshalb setzen sich immer mehr sog. **Zielvorgaben** durch. Diese werden von den dafür zuständigen 91
Stellen selbst entwickelt und in Gleichstellungsplänen entsprechend den personalwirtschaftl. Möglichkeiten und Bedürfnissen festgelegt; ihre Einhaltung wird kontrolliert und sanktioniert. Sie können aber
auch ein Ziel festlegen, welches sich bspw. auf den zu erreichenden Anteil der Geschlechter bezieht und
dabei auf Regelungen, wie dieses zu erreichen sei, verzichten (**Ergebnisquoten**). Oder sie werden nur als
anzustrebender Orientierungsmaßstab formuliert, wobei ihre Erfüllung auf rein freiwilliger Basis bleibt.
Verfassungsrechtl. dürfte dies nicht zu beanstanden sein[3].

Zudem gibt es (nur) **wirtschaftl. bindende Quoten**, deren Nichterfüllung zur Folge hat, dass Subven- 92
tionen/finanzielle Vergünstigungen/Steuervorteile, für welche die Voraussetzungen iÜ vorliegen, nicht
in Anspruch genommen werden können[4]. Private Aktivitäten zu Gunsten der tatsächlichen Gleichberechtigung dürften in großem Umfang zulässig sein.

Quotenregelungen im **öffentl. Dienst** sind zulässig, sofern sie in Bereichen, in denen weniger Frauen 93
als Männer beschäftigt sind – sofern es genügend qualifizierte Bewerberinnen gibt –, Frauen nur bei gleicher Eignung bevorzugen und zudem gegenläufige Gesichtspunkte Berücksichtigung finden, wenn sie
von vergleichbarem Gewicht sind[5]. Doch auch hier besteht Streit um die Verfassungsmäßigkeit der
Quoten. Ein Verstoß gegen Art. 2 I, Art. 3 II u. III, Art. 6 I, Art. 9 III, Art. 12 I, Art. 14 I und Art. 33 II wird
diskutiert[6].

Frauenförderungsmaßnahmen sind auch **nicht uneingeschränkt als positiv** zu bewerten. So sind un- 94
terschiedliche Altersgrenzen krit. zu betrachten. Verfehlt ist auch der Versuch, bezahlte Hausarbeits-
tage für Frauen einzuführen, da diese dadurch nur weiter in ihre Rolle hineingedrängt werden[7]. Legt der
Gesetzgeber in Erfüllung seines Schutzauftrags aus Abs. 2 zu Gunsten der Mutter dem ArbGeb Lasten
auf, ist durch geeignete Regelungen der Gefahr zu begegnen, dass sich Schutzvorschriften auf ArbN-
Seite faktisch diskriminierend auswirken. Demgemäß hat das BVerfG die gegenwärtige gesetzl. Ausgestaltung der **Zuschusspflicht des ArbGeb zum Mutterschaftsgeld** beanstandet; dem ist mit dem
AAG nachgekommen worden (Art. 12 Rz. 45 u. § 14 MuSchG Rz. 1).

c) **Rechtsfolgen von Verstößen**. Bei einem Gleichheitsverstoß **kann der Benachteiligte verlangen, mit** 95
den Bevorzugten gleichgestellt zu werden. So können zB Versorgungsansprüche[8], Zulagen[9] oder Unkündbarkeitsregelungen[10] beansprucht bzw. geltend gemacht werden. Dies gilt zumindest rückwirkend. Für die Zukunft steht es dem Normgeber grds. frei, eine neue Regelung zu treffen. Dies gilt für Gesetze, TV, BV und (Formular-)Arbeitsbedingungen gleichermaßen. Diese Auffassung wird auch vom
EuGH geteilt[11]. Außerdem können bei einer Ungleichbehandlung Ansprüche auf Entschädigung aus
§ 15 AGG entstehen[12]. Im öffentl. Dienst kommt im Ausnahmefall ein Einstellungsanspruch in Betracht[13].

III. Diskriminierungsverbote (Abs. 3). 1. Unterscheidung nach Geschlecht, Abstammung, Rasse, 96
Sprache, Heimat, Herkunft, Glauben, religiöser oder politischer Anschauung (Abs. 3 S. 1). a) Bedeu-
tung und Abgrenzung zu anderen Vorschriften. Abs. 3 wurde vor allem mit Blick auf die **Verfolgung**
und Benachteiligung von Minderheiten im Nationalsozialismus ins GG aufgenommen und steht in engem
Zusammenhang mit der Menschenwürde. Ähnliche Vorschriften enthalten die Menschenrechtskonvention und der Internationale Pakt über wirtschaftl., soziale und kulturelle Rechte[14]. Abs. 3 enthält ein Grundrecht sowie eine objektive Wertentscheidung, spielt aber trotz dieser Bedeutung in der
Rspr. des BVerfG immer noch eine eher geringe Rolle, auch wenn sich nunmehr ein Wandel abzuzeich-
nen scheint[15]. Die große Bedeutung des Abs. 3 im Arbeitsrecht resultiert aus dem Gleichbehandlungsgrundsatz und § 75 BetrVG. Außerdem ist hier wiederum der einfachgesetzl. § 1 AGG zu nennen. Abs. 3
S. 1 hat **Vorrang** vor Abs. 1, **Konkurrenz** besteht jedoch im Verhältnis zu Abs. 2 (s. Rz. 64 ff.) und zu
Art. 33[16].

---

1 EuGH 11.11.1997 – Rs. C-409/95, EAS RL 76/207 – Art. 2 Nr. 12 – Marshall. ||2 BAG 21.1.2003 – 9 AZR 307/02,
AP Nr. 60 zu Art. 33 Abs. 2 GG; Sachs/*Osterloh*, Art. 3 Rz. 286; aA v. Mangoldt/Klein/*Starck*, Art. 3 Rz. 289.
||3 ErfK/*Schmidt*, Art. 3 GG Rz. 93. ||4 EuGH 28.3.2000 – Rs. C 158/97, AP Nr. 20 zu EWG-Richtlinie
Nr. 76/207 – Badek. ||5 BAG 21.1.2003 – 9 AZR 307/02, AP Nr. 60 zu Art. 33 II GG. ||6 Zum Ganzen näher
Pfarr/*Bertelsmann*, Diskriminierung im Erwerbsleben, 1989, S. 90. ||7 ErfK/*Schmidt*, Art. 3 GG Rz. 90.
||8 BAG 28.7.1992 – 3 AZR 173/92, AP Nr. 18 zu § 1 BetrAVG Gleichbehandlung. ||9 BAG 25.8.1982 – 5 AZR
107/80, AP Nr. 53 zu § 242 BGB Gleichbehandlung. ||10 BAG 13.3.1997 – 2 AZR 175/96, AP Nr. 54 zu § 2
BeschFG 1985. ||11 EuGH 8.4.1976 – Rs. 43/75, Rs. 43/75, NJW 1976, 2068 – Defrenne II. ||12 BAG 14.3.1989
– 8 AZR 447/87, AP Nr. 5 zu § 611a BGB. ||13 ErfK/*Schmidt*, Art. 3 GG Rz. 7; vgl. auch *Beyer*/*Möllers*, JZ 1991,
24 (28). ||14 ErfK/*Schmidt*, Art. 3 GG Rz. 65. ||15 Jarass/Pieroth/*Jarass*, Art. 3 Rz. 114. ||16 Vgl. etwa
BAG 7.9.2004 – 9 AZR 537/03, AP Nr. 61 zu Art. 33 II GG.

97 b) Schutzbereich. Von Abs. 3 werden **alle Menschen** und auch einzelne juristische Personen und Personenvereinigungen (zB Glaubensgemeinschaften und politische Vereinigungen) geschützt[1]. Der Schutzbereich ist eröffnet, wenn es auf bestimmte Eigenschaften (oder Aktivitäten) des Grundrechtsinhabers ankommt, „auf deren Vorhandensein oder Fehlen der Einzelne keinen oder nur schwer Einfluss nehmen kann"[2]. Die in Abs. 3 genannten Merkmale dürfen nicht als **Anknüpfungspunkt** für differenzierende Regelungen herangezogen werden. Das soll auch dann gelten, wenn die Regelung nicht auf eine Ungleichbehandlung abzielt, sondern andere Zwecke verfolgt[3].

98 c) Wirkung. Das Diskriminierungsverbot des Abs. 3 richtet sich vor allem gegen Bevorzugungen oder Benachteiligungen der bezeichneten Gruppen durch den **Staat (Abwehrfunktion)**. Darüber hinaus hat auch Abs. 3 **Schutzfunktion**. Diese gebietet, gesellschaftliche Diskriminierung nicht zu dulden und hat zentrale Bedeutung für die Verfassungswirklichkeit[4]. Abs. 3 verstärkt den allg. Gleichheitssatz durch konkrete Diskriminierungsverbote[5]. Doch verlangt Abs. 3 **nicht die Förderung der geschützten Personengruppen bzw. einen Abbau der tatsächlichen Unterschiede**. Es lassen sich also keine subjektiven Ansprüche aus Abs. 3 ableiten, wobei dieser Unterschied zu Abs. 2 und sogar Abs. 3 S. 2 schwer verständlich erscheint[6]. Allerdings ergeben sich wichtige Vorgaben für die Ausgestaltung der Zivilrechtsordnung, welche vor allem durch die Generalklauseln vermittelt werden. Abs. 3 bindet auch den **Privatrechtsgesetzgeber**. Insb. ergibt sich aus Abs. 3 S. 1 ein Auftrag an den Staat, Diskriminierungen anhand der in dieser Vorschrift genannten Kriterien durch Private entgegenzuwirken[7]. Die Ausstrahlung auf die Anwendung des Privatrechts fällt stärker aus als bei Abs. 1, aber schwächer als bei Abs. 2[8].

99 Außerdem richten sich die Diskriminierungsverbote an den ArbGeb, weil der **arbeitsrechtl. Gleichbehandlungsgrundsatz** durch Abs. 3 und damit auch durch die besonderen Diskriminierungsverbote geprägt ist. Für die **Betriebsparteien** gilt er nach § 75 BetrVG[9]. Wegen des grds. Charakters der besonderen Diskriminierungsverbote gelten sie auch ggü. den **Tarifparteien**[10].

100 d) Beeinträchtigung/Verletzung. Die Beeinträchtigung des Abs. 3 setzt zunächst voraus, dass die Maßnahme Personen anhand der geschützten Eigenschaften **ungleich behandelt**. Das kann unmittelbar dadurch geschehen, dass die Regelung ausdrücklich oder implizit auf eine solche Eigenschaft abzielt (direkte Ungleichbehandlung); oder aber, wenn sie zwar nicht an eines der problematischen Differenzierungskriterien unmittelbar anknüpft, im Erg. aber immer oder in den meisten Fällen auf eine Verwendung des betreffenden Kriteriums hinausläuft (indirekte Ungleichbehandlung). Abs. 3 schützt auch vor einer mittelbaren Beeinträchtigung[11]. Als Benachteiligung oder Bevorzugung genügt jede **Differenzierung**. Es reicht aus, wenn eine Person in ihren wirtschaftl., ideellen oder emotionalen Interessen unmittelbar oder mittelbar berührt wird. Wenn Gruppen mit Hilfe unzulässiger Merkmale gebildet werden, indiziert dies zumeist einen Verfassungsverstoß und erfordert eine Rechtfertigung[12]. Weitere Voraussetzung einer Beeinträchtigung ist ein – wenn auch nur geringfügiger – Nachteil für die betroffene Person. Zwischen Schlechterstellung und Verwendung der verbotenen Kriterien muss Kausalität bestehen[13]. Diesem umfassenden Schutz gegen jegliche Form der Benachteiligung von Menschen durch Abs. 3 (und § 75 BetrVG) hat sich der europäische Gesetzgeber mit den **RL 2000/43/EG**[14] und **2000/78/EG**[15] angeschlossen, die im AGG umgesetzt worden sind (s.a. Rz. 96).

101 e) Gruppenmerkmale. Der Katalog der Merkmale gilt als abschließend[16]. Gruppen die nicht hierunter fallen, werden am Maßstab des Abs. 1 gemessen[17]. Am Anfang der unzulässigen Gruppenmerkmale steht das **Geschlecht**. Dies entspricht auch seiner großen Bedeutung. Diskriminierend ist danach etwa eine Nichtberücksichtigung von Mutterschutzzeiten bei der betriebl. Zusatzversorgung[18]. Problematisch ist hier das Verhältnis zu Abs. 2 (s. Rz. 64ff.).

102 Unter **Abstammung** sind die natürlichen biologischen Beziehungen eines Menschen zu seinen Vorfahren und alle sonstigen familienrechtl. Beziehungen zu den Eltern („Sippenhaft") zu verstehen. Der Begriff hat eine gewisse Nähe zum Merkmal der Herkunft, welche die soziale, sozial-ökonomische oder ständische Verwurzelung meint. Demggü. ist Heimat örtlich iSv. Geburtsort definiert. Der Begriff bezieht sich auf die örtliche Herkunft nach Geburt oder Ansässigkeit[19] (früher bedeutend insb. im Zusammenhang mit der DDR[20] und Aussiedlern; vgl. ebenso die Problematik bzgl. der sog. „Landeskinderprivilegien"[21]). Heimat meint nicht den Wohnsitz oder gewöhnlichen Aufenthaltsort. Arbeitsrechtl.

---

1 ErfK/*Schmidt*, Art. 3 GG Rz. 67. ||2 Jarass/Pieroth/*Jarass*, Art. 3 Rz. 120. ||3 BVerfG 27.1.1998 – 1 BvL 22/93, E 97, 186 (197). ||4 ErfK/*Schmidt*, Art. 3 GG Rz. 67. ||5 BVerfG 27.1.1998 – 1 BvL 22/93, E 97, 186. ||6 Jarass/Pieroth/*Jarass*, Art. 3 Rz. 132. ||7 ErfK/*Schmidt*, Art. 3 GG Rz. 67. ||8 Jarass/Pieroth/*Jarass*, Art. 3 Rz. 133. ||9 Löwisch/Kaiser/*Löwisch*, § 75 BetrVG Rz. 8. ||10 Kittner/Zwanziger/Deinert/*Zwanziger*, ArbR, § 92 Rz. 4. ||11 Bejahend BVerfG 18.6.2008 – 2 BvL 6/07, E 121 (241, 254f.); Jarass/Pieroth/*Jarass*, Art. 3 Rz. 119. ||12 ErfK/*Schmidt*, Art. 3 GG Rz. 68. ||13 Jarass/Pieroth/*Jarass*, Art. 3 Rz. 130f. ||14 V. 29.6.2000, ABl. L 180/22. ||15 V. 27.11.2000, ABl. L 303/21. ||16 BAG 16.2.1989 – 2 AZR 347/88, AP Nr. 46 zu § 138 BGB. ||17 BVerfG 18.6.2008 – 2 BvL 6/07, E 121, 241 (254). ||18 BVerfG 28.4.2011 – 1 BvR 1409/10, NZA 2011, 857. ||19 BVerfG 25.5.1956 – 1 BvR 83/65, E 5, 17 (22); BVerwG 27.9.1988 – 1 C 52.87, E 80, 233 (243). ||20 BVerfG 28.1.2003 – 1 BvR 487/01, E 107, 133; 12.2.2003 – 2 BvR 709/99, E 107, 257; 9.9.2004 – 2 BvR 669/02 nv.; BAG 15.5.2001 – 1 AZR 672/00, AP Nr. 176 zu § 242 BGB Gleichbehandlung. ||21 ErfK/*Schmidt*, Art. 3 GG Rz. 70.

Sonderregelungen für das Gebiet der neuen Bundesländer waren also nur zulässig, wenn sie durch sachgerechte Differenzierungsmerkmale gerechtfertigt waren, die nicht allein auf den Besonderheiten von Heimat und Herkunft beruhten. Möglich waren Gründe, die sich aus den gravierenden Problemen ergaben, die mit den Veränderungen in der Wirtschafts-, Sozial- und Arbeitsordnung bei der Einigung Deutschlands zusammenhingen und zeitlich begrenzt waren[1].

Das Merkmal der **Rasse** bezieht sich auf Gruppen mit bestimmten wirklich oder vermeintlich biologisch vererbbaren Merkmalen[2]. Das Kriterium **Sprache** stellt auf die Muttersprache ab. Dennoch darf die Kenntnis der deutschen Sprache als Eignungsvoraussetzung bei personellen Maßnahmen vorausgesetzt werden, was auch innerhalb der EU gilt[3]. Auch die Tatsache, dass Deutsch Gerichtssprache ist, verletzt Abs. 3 nicht[4]. **Glauben, religiöse und politische Anschauungen** werden nicht nur durch Abs. 3, sondern auch durch andere Grundrechte geschützt und stellen nicht allein auf die innere Einstellung, sondern auch auf die Betätigung ab[5]. Doch können sich bzgl. des grds. Differenzierungsverbots auf Grund der Religion insb. in Tendenzbetrieben (§ 118 BetrVG) Einschränkungen ergeben, soweit dies die Tendenz des Betriebs erfordert[6]. Aus jüngerer Zeit ist in diesem Zusammenhang die Rspr. zum Verbot des Kopftuchtragens am Arbeitsplatz zu nennen[7]. 103

Problematisch ist die Frage der Benachteiligung wegen der **Staatsangehörigkeit**, da die Staatsangehörigkeit nicht von Abs. 3 erfasst ist. Zudem setzt das GG die Staatszugehörigkeit als Gruppenmerkmal sogar voraus (Art. 116; „Deutschengrundrechte"). Daraus folgt, dass Begrenzungen der Aufenthalts- und Arbeitserlaubnis für Ausländer grds. zulässig sind. Anders sieht es bei Ungleichheiten hinsichtlich der Abwicklung von ArbVerh aus, da derartige Unterscheidungen gegen den allg. Gleichheitssatz verstoßen[8]. Es könnte allerdings immer Abs. 1 einschlägig sein[9]. Entsprechend Abs. 3 verbietet auch § 75 BetrVG die unterschiedliche Behandlung wegen der Nationalität. 104

Ein Sonderfall sind **Angehörige der EU**. Für diese verbietet Art. 7 EU-FreizügigkeitsVO 492/2011[10] die unterschiedliche Behandlung hinsichtlich der Beschäftigungs- und Arbeitsbedingungen auf Grund der Staatsangehörigkeit. Insb. bestehen die Diskriminierungsverbote und Grundfreiheiten der EU, die sowohl die unmittelbare als auch die mittelbare Diskriminierung verbieten[11]. Gleiches gilt für ArbN aus Staaten, die mit der EU Assoziierungsabkommen abgeschlossen haben (zB die Türkei). Was neue EU-Staaten betrifft, ist allerdings zu beachten, dass für diese die ArbN-Freizügigkeit noch eingeschränkt sein kann[12]. 105

f) **Anknüpfungspunkt und Rechtfertigung.** Differenziert beantwortet wird die Frage, wie zu beurteilen ist, dass nur die Unterscheidung *wegen* der genannten Merkmale verboten ist. Einer Auffassung nach handelt es sich um ein **absolutes Anknüpfungsverbot**, das jede Regelung oder Maßnahme verbietet, die eines dieser Merkmale verwendet[13]. Diese Meinung ist zu wenig flexibel. Außerdem lässt sich dieses System nicht ausreichend abwägungsoffen praktizieren und die Schutzfunktion bei der mittelbaren Diskriminierung ist dabei nicht zu verwirklichen[14]. 106

Die skizzierten Nachteile vermeidet das **Abwägungsmodell**. Danach dürfen die verbotenen Merkmale zwar grds. nicht als Anknüpfungspunkt dienen, ihre Verwendung kann aber gerechtfertigt sein[15]. Dies erscheint als praktikable und effiziente Lösung. Hierbei können je nach Differenzierungsmerkmal bzw. Schutzzweck unterschiedliche Anforderungen an die Rechtfertigungsgründe gestellt werden. Ein „gemeinsamer Nenner" könnte sein, dass der Einsatz der (grds.) unzulässigen Differenzierungskriterien ausnahmsw. zulässig ist, wenn dies zur Lösung von Problemen notwendig ist, die ihrer Natur nach nur bei Personen der einen Gruppe auftreten können; wenn das Kriterium das „konstituierende Element des zu regelnden Lebenssachverhalts bildet"[16]. Die Diskriminierung unterliegt dabei einer strengen Verhältnismäßigkeitsprüfung. Und für direkte Ungleichbehandlungen wird man eine ausreichend bestimmte gesetzl. Grundlage brauchen. Weniger streng ist die Prüfung in Fällen mittelbarer Diskriminierung[17]. Für Frauen gilt (zusätzlich) der Abs. 2 und für Menschen mit Behinderung der Abs. 3 S. 2 als Sondertatbestand des Art. 3. 107

Ermächtigungsgrundlage für **Eingriffe** in Abs. 3 ist auch das Gleichbehandlungsgebot und das Nachteilsausgleichgebot aus Abs. 2 (Rz. 64ff.). Bspw. hat das BVerfG im Rentenalter-Beschluss eine Durchbrechung des Anknüpfungsverbots zugelassen, wenn der Gesetzgeber „einen sozialstaatlich motivierten typisierenden Ausgleich von Nachteilen anordnet, die ihrerseits auch auf biologische Unterschiede zurückgehen"[18]. Wegen Verstoßes gegen Abs. 3 für verfassungswidrig erklärt wurden demggü. die Vor- 108

---

1 BVerfG 24.4.1991 – 1 BvR 1341/90, E 84, 133. ||2 Jarass/Pieroth/*Jarass*, Art. 3 Rz. 123. ||3 ErfK/*Schmidt*, Art. 3 GG Rz. 73. ||4 BVerfG 17.5.1983 – 2 BvR 731/80, E 64, 135 (156f.). ||5 ErfK/*Schmidt*, Art. 3 GG Rz. 74. ||6 Löwisch/Kaiser/*Löwisch*, § 118 BetrVG Rz. 25. ||7 Vgl. BVerfG 24.9.2003 – 2 BvR 1436/02, E 108, 282 (284, 294); BVerwG 24.6.2004 – 2 C 45/03, DVBl. 2004, 1424ff. ||8 ErfK/*Schmidt*, Art. 3 GG Rz. 71. ||9 BVerfG 20.3.1979 – 1 BvR 111/74 u. 283/78, E 51, 1 (30); BVerwG 27.9.1988 – 1 C 52.87, E 80, 233 (243). ||10 ABl. 2011 L 141/1. ||11 Hierzu näher *Runggaldier/Reissner*, EAS B 2000 (2008) Rz. 115ff. ||12 S. *Franzen*, EuZA 2011, 293. ||13 v. Mangoldt/Klein/*Starck*, Art. 3 Rz. 264. ||14 ErfK/*Schmidt*, Art. 3 GG Rz. 75. ||15 Sachs/*Osterloh*, Art. 3 Rz. 239ff., 254. ||16 BVerfG 28.1.1992 – 1 BvR 1025/82 ua., E 85, 191 (207). ||17 Jarass/Pieroth/*Jarass*, Art. 3 Rz. 134f.; vgl. auch BVerfG 18.6.2008 – 2 BvL 6/07, E 121, 241 (257ff.). ||18 BVerfG 28.1.1987 – 1 BvR 455/82, E 74, 163 (180); vgl. auch BAG 23.9.2003 – 3 AZR 304/02, AP Nr. 14 zu § 1 BetrAVG Gleichberechtigung.

schriften des baden-württembergischen und bayerischen Landesrechts über die Erhebung einer auf Männer beschränkten Feuerwehrabgabe bzw. die alleinige Feuerwehrpflichtigkeit für Männer[1].

109 **2. Benachteiligung wegen Behinderung (Abs. 3 S. 2)**[2]. **a) Bedeutung.** Abs. 3 S. 2 wurde im Rahmen der Verfassungsreform von 1994 eingefügt. Die Stellung behinderter Menschen in Recht und Gesellschaft soll gestärkt werden und eine **gesellschaftl. und rechtl. Ausgrenzung** dieser Personengruppe verhindert werden. Abs. 3 S. 2 enthält ein **Gleichheitsrecht zu Gunsten Behinderter** sowie einen **Auftrag an den Staat** (dies ist mehr als in S. 1), auf die gleichberechtigte Teilhabe behinderter Menschen hinzuwirken, dh. eine Lebensumwelt zu schaffen, die keine Mobilitäts- und Entfaltungsbeschränkungen für Behinderte verursacht. Diesbezügliche Gehalte des Sozialstaatsprinzips werden verstärkt und ergänzt. Es handelt sich um ein subjektives Abwehrrecht[3]. Bei der Auslegung und Anwendung privatrechtl. Normen kommt wiederum der Ausstrahlungswirkung Bedeutung zu. Und auch in diesem Bereich kommt das AGG zum Tragen (s. § 1 AGG Rz. 8, § 3 AGG Rz. 11, § 7 AGG Rz. 3). Eine Bevorzugung behinderter Menschen ist ausdrücklich nicht untersagt (s.a. § 5 AGG Rz. 3)[4].

110 Vielmehr werden auch gerade **arbeitsrechtl. Schutzvorschriften und Integrationshilfen** vorausgesetzt. Es besteht jedoch keine Pflicht, sondern nur eine verfassungsrechtl. Legitimation, für Ausgleichsmaßnahmen zu Gunsten von Behinderten zu sorgen. Doch dürfen Behinderte nicht von Entfaltungs- und Betätigungsmöglichkeiten ausgeschlossen werden, ohne dass dies anderweitig ausgeglichen und durch auf Behinderte bezogene Förderungsmaßnahmen kompensiert wird[5]. Das Gebot, Behinderte besonders zu schützen, hat arbeitsrechtl. vor allem im SGB IX Ausdruck gefunden. Außerdem wurde die Definition des Begriffs „Behinderung" aus § 2 SGB IX übernommen. Das BVerfG hat für die Schwerbehinderten einen besonderen Schutz bei der Beendigung des ArbVerh eingefordert[6], einfachrechtl. trägt der Sonderkündigungsschutz in den §§ 85 ff. SGB IX diesem Postulat Rechnung. Darüber hinaus erklärt § 80 I Nr. 4 BetrVG die Eingliederung schwerbehinderter Personen zur allg. Aufgabe des BR. Zudem besteht eine Pflicht, schwerbehinderte Menschen zu beschäftigen bzw. ansonsten Ausgleichszahlungen zu leisten[7].

111 **b) Schutzbereich.** Der Schutzbereich ist eröffnet, wenn es um die Behinderung des Grundrechtsinhabers geht. **Behinderung** ist definiert als Auswirkung einer nicht nur geringfügigen, nicht vorübergehenden Funktionsbeeinträchtigung, die auf einem regelwidrigen körperlichen, geistigen oder seelischen Zustand beruht[8]. Geschützt werden nur natürliche Personen, nicht Verbände von Behinderten[9].

112 **c) Beeinträchtigung/Verletzung.** Das Grundrecht wird beeinträchtigt, wenn Regelungen oder andere Maßnahmen der öffentl. Gewalt **an die Behinderung anknüpfen** und ein Behinderter dadurch **benachteiligt** wird[10]. Dies gilt ohne weiteres für die unmittelbare Diskriminierung, muss aber – schon um Umgehungen zu vermeiden – auch für die mittelbare Diskriminierung angenommen werden. Außerdem ist eine Beeinträchtigung wegen einer Behinderung nicht nur dann gegeben, wenn eine benachteiligende Regelung an die „Behinderung schlechthin" anknüpft, sondern eine solche liegt auch vor, wenn konkret wegen einer bestimmten Behinderung benachteiligt wird[11].

113 Allerdings kann auch eine Schlechterstellung von Behinderten im Vergleich zu Nichtbehinderten **gerechtfertigt** sein. Doch muss die Maßnahme unerlässlich sein, um behinderungsbedingten Besonderheiten Rechnung zu tragen[12]. Bei direkten Ungleichbehandlungen wird eine gesetzl. Grundlage notwendig sein. Von arbeitsrechtl. Relevanz ist insb. die **Frage nach der Schwerbehinderteneigenschaft** bei der Einstellung. So lässt das BAG diese Frage auch dann zu, wenn die Behinderung tätigkeitsneutral ist[13]. Dies wird mit den besonderen gesetzl. Verpflichtungen begründet, welche für den ArbGeb durch die Beschäftigung Schwerbehinderter entstehen. Angesichts der rechtl. und wirtschaftl. Tragweite und der betriebl. Auswirkungen der Einstellung schwerbehinderter ArbN sei ein berechtigtes Interesse des ArbGeb an der wahrheitsgemäßen Beantwortung der Frage nach der Schwerbehinderteneigenschaft anzuerkennen[14]. Diese Rspr. wird teilweise als verfassungswidrig angesehen, weil die Verfassungsergänzung durch Abs. 3 S. 2 hier vernachlässigt zu werden scheint[15]. Auch im Hinblick auf das AGG scheint man sie anzweifeln zu können.

114 Entscheidend ist auch der **Zeitpunkt des Vorliegens** der Schwerbehinderteneigenschaft. Dies kann im Falle von Stichtagsregelungen relevant werden. Stichtagsregelungen können hier bedeuten, dass nur diejenigen Betriebsangehörigen, die im Zeitpunkt der Aufstellung des Sozialplans behördlich anerkannte Schwerbehinderte sind, in den Genuss der Sonderabfindung kommen. Da nach der Rspr. des

---

1 BVerfG 24.1.1995 – 1 BvL 18/93 ua., E 92, 91 (108). ||2 Ausführl. *Welti*, Behinderung und Rehabilitation im sozialen Rechtsstaat, 2005, passim. ||3 Jarass/Pieroth/*Jarass*, Art. 3 Rz. 142. ||4 ErfK/*Schmidt*, Art. 3 GG Rz. 77. ||5 BVerfG 8.10.1997 – 1 BvR 9/97, E 96, 288 (301 ff.). ||6 BVerfG 24.4.1991 – 1 BvR 1341/90, E 84, 133 (LS 3, 154); vgl. auch *v. Wickede*, S. 329 ff., 438 ff. ||7 BVerfG 1.10.2004 – 1 BvR 2221/03, AP Nr. 1 zu § 72 SGB IX; s.a. BVerfG 10.11.2004 – 1 BvR 1785/01 ua., AP Nr. 1 zu § 74 SGB IX; krit. *Deinert*, ZSR 2005, Sonderheft, 104 (115 f.). ||8 BVerfG 8.10.1997 – 1 BvR 9/97, E 96, 288 (301). ||9 Jarass/Pieroth/*Jarass*, Art. 3 Rz. 143. ||10 v. Münch/Kunig/*Boysen*, Art. 3 Rz. 1195 f. ||11 Sachs/*Osterloh*, Art. 3 Rz. 311. ||12 Jarass/Pieroth/*Jarass*, Art. 3 Rz. 149. ||13 BAG 5.10.1995 – 2 AZR 923/94, AP Nr. 40 zu § 123 BGB; 16.2.2012 – 6 AZR 553/10, NZA 2012, 555; Jarass/Pieroth/*Jarass*, Art. 3 Rz. 148; abw. LAG Hamm 19.10.2006 – 15 Sa 740/06, BGleiG E. II.2.6 SGB IX § 81 Nr. 3. ||14 Zum Ganzen *C. S. Hergenröder*, AR-Blattei SD 715 (2007) Rz. 41 ff.; s. aber auch *Thüsing/Lambrich*, BB 2002, 1146 (1148 f.), die auf § 81 II SGB IX hinweisen. ||15 ErfK/*Schmidt*, Art. 3 GG Rz. 79.

BVerfG Stichtagsregelungen grds. zulässig sind, kann auch ein Sozialplan mit der Regelung, dass es auf das behördliche Vorliegen der Schwerbehinderteneigenschaft ankommt, als BV abgeschlossen werden. Anders sieht es aus mit Ansprüchen, die aus dem SGB IX folgen, hierfür kommt es (nur) auf das objektive Vorliegen der Schwerbehinderteneigenschaft an[1].

9 Vereinigungsfreiheit

(1) Alle Deutschen haben das Recht, Vereine und Gesellschaften zu bilden.

(2) Vereinigungen, deren Zwecke oder deren Tätigkeit den Strafgesetzen zuwiderlaufen oder die sich gegen die verfassungsmäßige Ordnung oder gegen den Gedanken der Völkerverständigung richten, sind verboten.

(3) Das Recht, zur Wahrung und Förderung der Arbeits- und Wirtschaftsbedingungen Vereinigungen zu bilden, ist für jedermann und für alle Berufe gewährleistet. Abreden, die dieses Recht einschränken oder zu behindern suchen, sind nichtig, hierauf gerichtete Maßnahmen sind rechtswidrig. Maßnahmen nach den Artikeln 12a, 35 Abs. 2 und 3, Art. 87a Abs. 4 und Artikel 91 dürfen sich nicht gegen Arbeitskämpfe richten, die zur Wahrung und Förderung der Arbeits- und Wirtschaftsbedingungen von Vereinigungen im Sinne des Satzes 1 geführt werden.

I. Allgemeine Vereinigungsfreiheit (Abs. 1) .. 1	3. Allgemeine Grundsätze des Arbeitskampfrechts 165
1. Systematik und Zweck 1	4. Arbeitskampf und Zivilrechtsdogmatik ... 175
2. Grundrechtsträger 2	5. Richterrechtlich anerkannte (privilegierte) Kampfrechte der Arbeitnehmerseite zur Durchsetzung tarifvertraglicher Regelungsziele 178
3. Grundrechtsadressat und Schutzbereich .. 3	
II. Verbotene Vereinigungen (Abs. 2) 8	
III. Koalitionsfreiheit (Abs. 3) 10	
1. Begriff 10	6. Reaktionsmöglichkeiten der Arbeitgeberseite 209
2. Rechtsgrundlagen des Koalitionsrechts ... 12	
3. Entwicklung der Koalitionsfreiheit 18	7. Boykott 240
4. Struktur und Systematik des Abs. 3 25	8. Druckausübung zur Durchsetzung einzelvertraglicher Regelungsziele außerhalb der Verbände 248
5. Voraussetzungen der Koalitionseigenschaft 31	
6. Tariffähige Koalition (Gewerkschaft) 48	
7. Gewährleistungsinhalt des Abs. 3 65	9. Gemeinsam ausgeübtes Zurückbehaltungsrecht bei Pflichtverletzungen des Arbeitgebers 254
8. Regelungsauftrag zur Schaffung eines einfachgesetzlichen Unterbaus 79	
9. Schranken der Koalitionsfreiheit 80	10. Grenzen des Arbeitskampfes 258
10. Verhältnis von Gesetzgeber und Richter bei der Normkonkretisierung 85	11. Rechtsfolgen unzulässiger Arbeitskämpfe . 295
	12. Arbeitskampf im öffentlichen Dienst 320
11. Rechtsbehelfe bei Verletzung der Koalitionsfreiheit 89	13. Arbeitskampf in der Betriebs-, Dienststellen- und Unternehmensverfassung 323
12. Aufgaben und Zuständigkeiten der Koalitionen 96	14. Arbeitskampf und Sozialrecht 330
	15. Arbeitskampf und öffentliche Ordnung ... 341
13. Innere Struktur der Koalitionen 98	16. Arbeitskampf und internes Verbandsrecht . 346
14. Internationales Koalitionsrecht 105	17. Arbeitskampf und Prozess 349
IV. Tarifautonomie 107	18. Europäisches und Internationales Arbeitskampfrecht 356
1. Sinn der Tarifautonomie 107	
2. Reichweite der Tarifautonomie 110	VI. Schlichtungsrecht 366
3. Grenzen der Tarifautonomie 132	1. Begriff und Funktion der Schlichtung 366
4. Tarifkontrolle und Durchsetzung 144	2. Grundlagen des Schlichtungsrechts 368
V. Arbeitskampf 146	3. Staatliche Schlichtung 370
1. Begriff und Arten 146	4. Vertragliche Schlichtung 373
2. Rechtsgrundlagen des Arbeitskampfrechts . 149	

I. Allgemeine Vereinigungsfreiheit (Abs. 1). 1. Systematik und Zweck. Durch Art. 9 werden mit der freien Vereins- (Abs. 1) und Koalitionsbildung (Abs. 3) zwei inhaltlich zusammengehörige, aber tatbestandlich selbständig ausgestaltete grundrechtl. Gewährleistungen verbürgt. Mit dem „Prinzip freier Gruppenbildung" garantiert Art. 9 eine freiheitliche Ordnung, welche im Gegensatz steht zu einem System, „in dem das Volk von oben her in ständisch-korporative Gruppen gegliedert und nur noch in dieser von vornherein durch obrigkeitliche Lenkung kanalisierten Form an der öffentl. Meinungs- und Entscheidungsbildung beteiligt wird"[2]. Gewährleistet wird das Recht, „sich zu billigen Zwecken mit anderen in Vereinen, Verbänden und Assoziationen aller Art zusammenzuschließen"[3]. Dabei ist nicht nur

---

[1] BVerfG 27.6.1961 – 1 BvL 17, 20/58, E 13, 31 (38); BAG 19.4.1983 – 1 AZR 489/81, AP Nr. 124 zu Art. 3 GG; vgl. aber auch LAG Hamm 6.11.2003 – 8 (16) Sa 1072/03, LAGReport 2004, 230 ff. || [2] Vgl. BVerfG 18.12.1974 – 1 BvR 430/65 ua., E 38, 281 (303). || [3] BVerfG 18.12.1974 – 1 BvR 430/65 ua., E 38, 281 (303).

der freie Zusammenschluss zum Zwecke des demokratischen Willensbildungsprozesses geschützt, sondern jegliche Verbandsbildung ohne Vorgabe von Zielen. Eine Schranke stellt insoweit nur Abs. 2 auf.

2 **2. Grundrechtsträger.** Die Vereinigungsfreiheit steht nach dem Wortlaut des Abs. 1 nur **Deutschen** iSd. Art. 116 I zu. Ausländer können sich auf Art. 2 I berufen, wonach ihnen bei der vereinsmäßigen Betätigung eine grundrechtl. zugesicherte Garantie der Gesetzmäßigkeit der Verwaltung als Ausdruck der Persönlichkeitsentfaltung zusteht. Fraglich ist, inwieweit sich EU-Bürger auf Abs. 1 berufen können. Es handelt sich um ein auch bei anderen Deutschen-Grundrechten auftretendes Problem (Art. 12 Rz. 16). Hier wird man jedenfalls dann, wenn das Recht der EU entsprechende Verbürgungen enthält, Abs. 1 idS über seinen Wortlaut hinaus auslegen können[1]. Will man dem nicht folgen, so müssen EU-Ausländer über Art. 2 I entsprechenden Schutz genießen[2]. Für inländische juristische Personen des Privatrechts sowie juristische Personen der EU-Mitgliedstaaten, soweit sich der Fall im Anwendungsbereich des Unionsrechts bewegt[3], gilt Abs. 1 über Art. 19 III.

3 **3. Grundrechtsadressat und Schutzbereich.** Aus Abs. 1 folgt ein individuelles Abwehrrecht, das den Staat verpflichtet, **Eingriffe zu unterlassen**. Geschützt ist nicht nur die Vereinsbildung, sondern auch die Freiheit zum Beitritt zu bestehenden Vereinen, zum Verbleib in diesen, zur freien Betätigung iSd. Teilnahme der Mitglieder an der „Selbstbestimmung über die eigene Organisation, das Verfahren ihrer Willensbildung und die Führung ihrer Geschäfte"[4]. Neben dem Individualrecht, sich in Vereinen und Gesellschaften zusammenzuschließen, wird durch Abs. 1 auch das Recht dieser Vereinigungen, unbeschadet der Frage ihrer Rechtsfähigkeit, auf Entstehen und Bestehen geschützt[5].

4 Geschützt ist auch die **negative Vereinsfreiheit**, mithin das Recht auf Austritt aus privaten Verbänden sowie das Recht, privaten Verbänden fernzubleiben[6]. Abs. 1 ist indes kein Leistungsrecht, aus der Vorschrift folgt also nicht die Pflicht des Staates zur Vereinsförderung durch Subventionen oder steuerliche Gemeinnützigkeitsprivilegien[7]. Ebenso wenig enthält Abs. 1 eine Instituts- oder institutionelle Garantie des überkommenen Vereins- und Gesellschaftsrechts.

5 Vereinigungen iSd. Abs. 1 sind **Vereine und Gesellschaften**. Der Schutz der Vereinigungsfreiheit greift ein, wenn es um einen Zusammenschluss natürlicher oder juristischer Personen geht, der auf Dauer angelegt ist und auf der Basis der Freiwilligkeit erfolgt. Nicht einheitlich beantwortet wird die Frage nach der erforderlichen Mindestzahl der Mitglieder. Jedenfalls die Ein-Mann-Gesellschaft stellt ungeachtet ihrer Verankerung im Gesellschaftsrecht keine Vereinigung iSv. Abs. 1 dar. IÜ wird für eine Mindestzahl von zwei Mitgliedern[8] plädiert, die Gegenauffassung verlangt drei Mitglieder[9]. Zudem stellt sich die Frage nach einem verfassungsrechtl. Schutz von großen Kapitalgesellschaften, bei denen der personale Bezug weitgehend fehlt[10]. Richtigerweise wird man ihnen den grundrechtl. Schutz nicht grds. versagen dürfen, indes ist ihren Besonderheiten bei der gesetzl. Ausgestaltung Rechnung zu tragen[11].

6 Weiter ist die Verfolgung eines **gemeinsamen Zwecks und eine organisierte Willensbildung** konstitutiv[12]. Voraussetzung für den verfassungsrechtl. Schutz ist die Dauerhaftigkeit des Verbandes, welche in Abgrenzung zur Versammlung zu sehen ist. Zwar darf der Zweck ein vorübergehender sein, indes muss die Zweckverfolgung sich über eine organisierte Willensbildung im rechtl. stabilisierten Verband niederschlagen. Unverzichtbar für den Begriff der Vereinigung ist ferner das Postulat der Freiwilligkeit. Es geht um freie soziale Gruppenbildungen, öffentl.-rechtl. Zwangsverbände unterfallen nicht Art. 9 I[13]. Nachdem sich der gemeinsame Zweck sachlich nicht beschränken lässt, kommen insoweit politische, wissenschaftliche, künstlerische, wohltätige, sportliche und andere Zwecksetzungen in Betracht. Einzige Grenze bildet Abs. 2. Die weitere Voraussetzung der organisierten Willensbildung ist Ausdruck des Bestrebens nach einer gewissen „organisatorischen Stabilität"[14].

7 Die Handlungsfähigkeit der Vereinigung im Rechtsverkehr und die Anerkennung als Rechtssubjekt kann nur kraft rechtl. Ordnung erreicht werden. Daher bedarf es der **normativen Ausgestaltung** der Vereinigungsfreiheit. Die staatliche Pflicht zur Schaffung einer ausreichenden Grundlage stellt insoweit keine Beeinträchtigung dar, da durch sie vielmehr ein Vollzug des Grundrechtes stattfindet[15]. Trotz eines weiten Gestaltungsspielraums des Gesetzgebers bedarf dieser und auch die richterliche Rechtsfortbildung der Legitimation vor dem Grundrecht.

8 **II. Verbotene Vereinigungen (Abs. 2).** Durch Abs. 2 werden Vereinigungen mit einer **bestimmten Zwecksetzung verboten**. Die Zwecke einer Vereinigung ergeben sich aus der Niederlegung in der Satzung oder einem Programm, können aber auch aus dem Verhalten des Vereins folgen. Abs. 2 erfasst Ver-

---

1 Vgl. eingehend v. Münch/Kunig/*Löwer*, Art. 9 Rz. 14. ‖2 IdS ErfK/*Dieterich*, Art. 9 GG Rz. 8. ‖3 BVerfG 19.7.2011 – 1 BvR 1916/09, NJW 2011, 3428; Jarass/Pieroth/*Jarass*, Art. 19 Rz. 23 mwN. ‖4 BVerfG 1.3.1979 – 1 BvR 532/77 ua., E 50, 290 (354). ‖5 BVerfG 18.10.1961 – 1 BvR 730/57, E 13, 174 (175); 1.3.1979 – 1 BvR 532/77 ua., E 50, 290 (353f.). ‖6 BVerfG 10.3.1992 – 1 BvR 454/91 ua., E 85, 360 (370). ‖7 v. Münch/Kunig/*Löwer*, Art. 9 Rz. 29. ‖8 So etwa v. Münch/Kunig/*Löwer*, Art. 9 Rz. 36. ‖9 So BGH 11.10.1978 – 3 StR 105/78, BGHSt 28, 147 (149). ‖10 Vgl. auch BVerfG 1.3.1979 – 1 BvR 532/77 ua., E 50, 290 (355f.). ‖11 Dreier/*Bauer*, Art. 9 Rz. 30. ‖12 v. Münch/Kunig/*Löwer*, Art. 9 Rz. 35. ‖13 BVerfG 18.12.1974 – 1 BvR 430/65, 259/69, E 38, 281 (297f.). ‖14 v. Münch/Kunig/*Löwer*, Art. 9 Rz. 40. ‖15 BVerfG 19.1.2001 – 1 BvR 1759/91, NJW 2001, 2617.

einigungen, deren Zwecke oder deren Tätigkeit den Strafgesetzen zuwiderlaufen. Dabei sind Strafgesetze idS nur Normen, deren Tatbestandsverwirklichung als strafbare Verbrechen oder Vergehen iSd. § 12 StGB zu ahnden sind. Weiter werden Vereinigungen erfasst, die sich gegen die verfassungsmäßige Ordnung oder gegen den Gedanken der Völkerverständigung richten.

Ungeachtet seiner systematischen Stellung gilt Abs. 2 nicht nur für Vereinigungen iSd. Abs. 1, sondern richtiger Ansicht nach auch für **Koalitionen nach Abs. 3**[1]. Das Verbot der Vereinigung tritt nicht ipso iure ein, vielmehr bedarf es einer konstitutiv wirkenden Feststellungsverfügung in der Gestalt einer Allgemeinverfügung[2]. Allerdings dürfte Abs. 2 in Bezug auf Koalitionen kaum praktische Bedeutung haben. 9

III. Koalitionsfreiheit (Abs. 3). 1. Begriff. Zum Koalitionsrecht gehören alle Normen, welche die **Entstehung und Rechtsstellung der arbeitsrechtl. Koalitionen** regeln. Von diesem Koalitionsrecht im objektiven Sinn ist das subjektive Koalitionsrecht zu unterscheiden, also das Recht bzw. die Freiheit, sich zur Wahrung und Förderung der Arbeits- und Wirtschaftsbedingungen zusammenzuschließen und als Koalition zu betätigen. 10

Zu den Koalitionen zählen **Gewerkschaften und ArbGeb-Vereinigungen**. Geschichtlich bedingt bevorzugt das GG im Anschluss an die Weimarer Reichsverfassung in Abs. 3 den Begriff „Vereinigung". In der WRV ersetzte man den bis dahin üblichen Begriff Koalition durch den Begriff Vereinigung, um zu vermeiden, dass auf eine Garantie der Koalitionsmittel, insb. des Arbeitskampfes, geschlossen würde[3]. Heute werden die Begriffe Koalition und Vereinigung gleichbedeutend verwandt. 11

2. Rechtsgrundlagen des Koalitionsrechts. Versuche, ein **Verbandsgesetz** zu erlassen, das die Rechtsstellung der Koalitionen regelt, sind bisher nicht sehr weit gediehen[4], auch wenn die Rspr. die Notwendigkeit einer gesetzl. Regelung des Koalitionswesens betont hat[5]. Das Recht der Koalitionen folgt deshalb aus der Verfassung und einer Vielzahl einfachgesetzl. Regelungen; hinzu kommen zwischen- und überstaatl. Gewährleistungen der Koalitionsfreiheit. Die Grundnorm für das Recht der Koalitionen ist Abs. 3. 12

Auf der Ebene des **einfachen Bundesrechts** finden sich spezielle Regelungen für die Betätigung der Koalitionen: einmal im Bereich der spezifisch koalitionsgemäßen Betätigung (Tarifautonomie, Betriebsverfassung, Personalvertretung, Unternehmensmitbestimmung, Prozessvertretung), zum anderen im Bereich der Mitwirkung an staatlichen Aufgaben, und zwar beim Erlass von Rechtsnormen, in der Gerichtsbarkeit und in der Verwaltung (Rz. 96f.). Soweit keine Sonderbestimmungen bestehen, gelten die allg. Regeln, so für die Gründung und die Organisation des Verbandes das Vereins- bzw. Gesellschaftsrecht des BGB. 13

Nahezu alle **Landesverfassungen** enthalten ebenfalls Gewährleistungen der Koalitionsfreiheit[6] (zB Art. 114, 170 BayVerf., Art. 17, 48 BremVerf., Art. 15, 36 HessVerf., Art. 13, 66 I Rh.-Pf. Verf., Art. 7, 56, 57 SaarlVerf.). Art. 2 I BWVerf., Art. 5 MVVerf., Art. 3 Nds. Verf. und Art. 4 NWVerf. erklären die Grundrechte des GG, also auch Art. 9 III, zum Bestandteil der Landesverfassung. Im Aussagegehalt decken sich die landesverfassungsrechtl. Gewährleistungen mit Art. 9 III. Nach Art. 142 bleiben sie auch insoweit in Kraft. Praktische Bedeutung hat dies insofern, als der Rechtsweg zu den Landesverfassungsgerichten eröffnet wird. 14

Mehrere **völkerrechtl. Regelwerke** statuieren den Schutz der Koalitionsfreiheit. Zu nennen sind Art. 23 IV der UN-Menschenrechtsdeklaration, wobei diese Bestimmung unstreitig nur eine rechtl. Empfehlung darstellt, also nur eine „Proklamation gemeinsamer Richtlinien"[7]. Unmittelbar innerstaatlich anwendbares Recht enthält demggü. Art. 11 EMRK[8]. Um eine Verpflichtung der vertragsschließenden Staaten, also nicht um unmittelbar anwendbares Recht, handelt es sich auch bei Teil II Art. 5 ESC[9]. Umstritten ist die innerstaatl. Anwendbarkeit in Bezug auf Art. 8 des Internationalen Paktes über wirtschaftliche, soziale und kulturelle Rechte[10]. Demggü. stellt Art. 22 des Internationalen Paktes über bürgerliche und politische Rechte nach einer verbreiteten Meinung unmittelbar geltendes Recht in den Unterzeichnerstaaten dar, seine Bestimmungen räumen den Begünstigten subjektive Rechte ein[11]. Zu nennen sind ferner die Abkommen Nr. 87, 98 sowie 135 der ILO. Die ILO-Abkommen begründen als völkerrechtl. Verträge die Pflicht der Staaten, ihre Normen an den Standard der Abkommen anzupassen; Individualrechte räumen sie demggü. nicht ein[12]. 15

Gem. Art. 8 I VO (EU) 492/2011 über die **Freizügigkeit der ArbN in der Union**[13] hat ein ArbN, welcher die Staatsangehörigkeit eines Mitgliedstaates besitzt und im Hoheitsgebiet eines anderen Mitgliedstaates beschäftigt ist, Anspruch auf gleiche Behandlung hinsichtlich der Zugehörigkeit zu Gewerk- 16

---

1 *Henssler*, ZfA 1998, 1 (6f.); v. Münch/Kunig/*Löwer*, Art. 9 Rz. 110; aA Jarass/Pieroth/*Jarass*, Art. 9 Rz. 49. ‖ 2 BVerwG 25.1.1978 – 1 A 3.76, E 55, 175 (178). ‖ 3 Vgl. *Seiter*, Streikrecht, S. 59f. mwN. ‖ 4 Vgl. den Gesetzentwurf der FDP, RdA 1977, 235; dazu auch *Kissel*, ArbeitskampfR, § 4 Rz. 46ff. ‖ 5 S. etwa BVerfG 2.3. 1993 – 1 BvR 1213/85, E 88, 103 (115). ‖ 6 Übersicht bei *Kissel*, ArbeitskampfR, § 4 Rz. 8. ‖ 7 *Gamillscheg*, Kollektives Arbeitsrecht, § 1 III 3. ‖ 8 EuGMR v. 6.2.1976 – Rs. 2/1974/13/20, EAS C EMRK Art. 11 Nr. 2. ‖ 9 So die hM, zum Streitstand *Kissel*, ArbeitskampfR, § 20 Rz. 12ff. ‖ 10 Dazu *Hergenröder*, EAS B 8400 Rz. 10. ‖ 11 *Nowak*, EuGRZ 1980, 532 (533). ‖ 12 *Böhmert*, Das Recht der ILO und sein Einfluss auf das deutsche Arbeitsrecht im Zeichen der europäischen Integration, 2002, S. 107ff., 150ff., 221ff. ‖ 13 ABl. L 141/1 v. 27.5.2011.

schaften und der Ausübung gewerkschaftl. Rechte einschl. des Wahlrechts sowie des Zugangs zur Verwaltung oder Leitung von Gewerkschaften. Die Bestimmung statuiert ein Diskriminierungsverbot, räumt also den ArbN aus EU-Staaten im jeweiligen Gaststaat das Recht ein, die Koalitionsfreiheit im gleichen Maße auszuüben wie die einheimischen ArbN. Die VO (EU) 492/2011 ist innerstaatlich unmittelbar geltendes Recht.

17 Die nicht verbindliche **Gemeinschaftscharta der sozialen Grundrechte der ArbN** v. 9.12.1989[1] garantiert in Nr. 11 die positive und die negative Koalitionsfreiheit. Geltung in den Mitgliedstaaten beansprucht die **Charta der Grundrechte der EU** v. 12.12.2007[2], welche die Vereinigungsfreiheit in Art. 12, 28 gewährleistet. IÜ ist auf **Art. 153 V AEUV** hinzuweisen, wonach das Koalitionsrecht ausdrücklich der Rechtsetzungskompetenz der EU entzogen ist[3].

18 **3. Entwicklung der Koalitionsfreiheit.** Nach st. Rspr. des BVerfG[4] ist bei der **Bestimmung der Tragweite des Grundrechts** aus Abs. 3 seine historische Entwicklung zu berücksichtigen. Drei entwicklungsgeschichtl. Abschnitte lassen sich insoweit unterscheiden: Die Phase der Koalitionsverbote, die Phase der Duldung der Koalitionen sowie die Phase der Anerkennung der Koalitionen.

19 **a) Koalitionsverbote.** Für die **erste Phase** wird man ideengeschichtlich zwei Strömungen anführen können, nämlich einmal das absolutistische, obrigkeitsstaatliche Denken (Unterdrückung von Gruppierungen, welche der Staatsmacht gefährlich werden können), zum anderen frühliberales Rechtsdenken (die Freiheit des Einzelnen soll nicht durch Kollektive beeinträchtigt werden)[5]. Charakteristisch für die Phase der Koalitionsverbote ist neben dem bayerischen Koalitionsverbot von 1809 insb. die Allgemeine (preußische) Gewerbeordnung von 1845, welche in den §§ 181 ff. die Bildung von „Verabredungen" und „Verbindungen" unter Strafe stellte.

20 **b) Duldung der Koalitionen.** Die sich anschließende Phase wurde eingeleitet durch die **Reichsgewerbeordnung von 1869** mit den §§ 152, 153, durch welche die Weichen für ein modernes kollektives Arbeitsrecht gestellt wurden. § 152 I stellte den Freiraum für Zusammenschlüsse und Kampfmaßnahmen wieder her, aber nur innerhalb der allg. Gesetze. Ein Streik war daher nur nach ordentl. Kündigung der Arbeitsverträge zulässig; ein Streikrecht im heutigen Sinne konnte der Regelung nicht entnommen werden.

21 Auffällig ist in § 152 I die **enge Verbindung von Koalition und Arbeitskampf.** In der damaligen Rechtswirklichkeit entstanden Gewerkschaften vielfach aus Streiks, indem sich die Notwendigkeit einer Organisation und einer die Streiks überdauernden Streikkassenbildung zeigte. Nach Streikbeendigung wurde der Zusammenschluss dann beibehalten. Die „Verabredung" entwickelte sich zur „Vereinigung". Indes fand die Rechtspraxis nach 1869 in den §§ 152 und 153 ausreichend Ansatzpunkte, um die Bildung von Koalitionen und ihre Betätigung zu erschweren oder zu unterdrücken[6]. Dies erklärt den oft zitierten Ausspruch von *Lotmar*: „Die Koalitionen sind frei, nämlich vogelfrei, und ein Koalitionsrecht ist erst noch zu schaffen"[7]. Trotz der Behinderungen, zu denen zeitweise noch die Sozialistengesetze *Bismarcks* kamen, war die Koalitionsentwicklung nicht aufzuhalten. Hand in Hand mit ihr gingen die erfolgreich ausgehandelten TV. Einer der ersten war der Buchdrucker-Tarif von 1873.

22 **c) Anerkennung der Koalitionen.** Noch während des Ersten Weltkriegs wurde der Übergang zur nächsten Entwicklungsstufe vorbereitet. Dies geschah durch die einfachgesetzl. Anerkennung der Gewerkschaften im Hilfsdienst-Gesetz von 1916[8] und die gegenseitige Anerkennung der ArbN- und ArbGeb-Koalitionen in der sog. „Arbeitsgemeinschaft" von 1918. Den eigentlichen Durchbruch brachte die **Weimarer Reichsverfassung von 1919**, deren Art. 159 lautete: „Die Vereinigungsfreiheit zur Wahrung und Förderung der Arbeits- und Wirtschaftsbedingungen ist für jedermann und für alle Berufe gewährleistet. Alle Abreden und Maßnahmen, welche diese Freiheit einzuschränken oder zu behindern suchen, sind rechtswidrig." Art. 165 I 2 WRV enthält eine Anerkennung der Koalitionen und der von ihnen geschlossenen Vereinbarungen, womit TV gemeint sind. Auf einfachgesetzl. Ebene war bereits 1918 die Tarifvertrags-Verordnung (TVVO) ergangen, welche den Tarifen normative Wirkung verlieh. Tarifregelungen bedurften daher nicht mehr der Bezugnahme im Arbeitsvertrag, um für ein ArbVerh verbindlich zu werden, und sie konnten nicht mehr zu Ungunsten der ArbN einzelvertragl. abbedungen werden.

23 Aus der Entstehungsgeschichte ergibt sich eindeutig, dass in Art. 159 WRV nur die **Koalitionsbildung** mit dem umschriebenen Zweck geschützt und mit Drittwirkung im Privatrechtsverkehr ausgestattet werden sollte. Demgü. sollten die Koalitionsmittel zur Erreichung des Koalitionszwecks, insb. der Arbeitskampf, nicht durch Art. 159 WRV gewährleistet werden[9]. Trotz der Anerkennung der Koalitionen und ihrer Verträge in Art. 162 I 2 WRV blieb in der Weimarer Zeit unklar, ob neben der individuellen Koalitionsfreiheit auch die Koalition als solche verfassungsrechtl. abgesichert war. Die Rspr. hat keine einheitliche Linie gefunden[10].

---

1 KOM (89) 248 endg.; dazu *Hergenröder*, EAS B 8400 Rz. 21 f. ‖ 2 ABl. C 303/1 v. 14.12.2007. ‖ 3 *Raab*, FS Schröder, 2012, S. 251. ‖ 4 BVerfG 18.11.1954 – 1 BvR 629/52, E 4, 96 (106, 108); 1.3.1979 – 1 BvR 532/77 ua., E 50, 290 (307). ‖ 5 Eingehend hierzu *Gamillscheg*, Kollektives Arbeitsrecht, § 21b. ‖ 6 Vgl. hierzu näher *Seiter*, Streikrecht, S. 55 ff. mwN. ‖ 7 Arch.f. soz. Ges.u. Stat. Bd. 15, S. 63. ‖ 8 Dazu *Gamillscheg*, Kollektives Arbeitsrecht, § 24a. ‖ 9 *Seiter*, Streikrecht, S. 59 ff. mwN. ‖ 10 Eher bejahend RG v. 2.7.1925 – IV 154/25, RGZ 111, 199 (202); verneinend dagegen RG v. 11.2.1926 – IV 402/25, RGZ 113, 33 (36).

Das GG hat Art. 159 WRV nahezu wortgleich übernommen, aber grundrechtssystematisch in Zusammenhang mit der allg. Vereinigungsfreiheit gebracht. Regelungen wie die des Art. 165 WRV wurden im Grundrechtskatalog nicht aufgenommen. Damit fehlt im GG gerade die Bestimmung, aus der am ehesten eine Garantie der Koalitionsmittel gefolgert werden könnte. Gleichwohl hat das BVerfG in seiner ersten Entscheidung zu Abs. 3 v. 18.11.1954[1] aus der Koalitionsfreiheit die Garantie des TV-Systems abgeleitet und damit den entscheidenden Schritt über den Rechtszustand der Weimarer Zeit hinaus getan. Die rechtl. Anerkennung der Koalition war damit abgeschlossen.

4. Struktur und Systematik des Abs. 3. a) Schutzrichtung. Nach hM[2] ist die Koalitionsfreiheit ein durch den Koalitionszweck (Wahrung und Förderung der Arbeits- und Wirtschaftsbedingungen) geprägter **Spezialfall der Vereinigungsfreiheit.** Bei den Abweichungen der beiden Grundrechtsgewährleistungen handelt es sich lediglich um Modifikationen in der Ausgestaltung, der Grundtatbestand des Zusammenschlusses zu einem Verband ist der Gleiche. Davon geht auch der Gesetzgeber im Vereinsgesetz von 1964 aus; die dort in § 2 enthaltene Definition der Vereinigung gilt auch für Abs. 3.

b) Grundrechtsträger. Die aus Abs. 3 fließenden Rechte gelten für **ArbN und ArbGeb gleichermaßen.** Abs. 3 ist also insb. kein „Arbeitnehmergrundrecht", wie dies teilweise behauptet wird[3]. Auch das BVerfG hat sich dafür ausgesprochen, dass der Gewährleistungsinhalt von Abs. 3 beide sozialen Gegenspieler erfasst[4]. Auf Grund der „Jedermann"-Benennung steht die Koalitionsfreiheit In- und Ausländern zu. Minderjährige stehen ab dem Alter unter dem Schutz des Abs. 3, ab dem die Rechtsordnung sie für berufseintrittsfähig hält[5]. Neben den Arbeitsvertragsparteien können sich Beamte, Richter und Soldaten[6] auf die Koalitionsfreiheit berufen, weiter werden Arbeitnehmerähnliche, Heimarbeiter (vgl. auch § 12a TVG)[7] sowie Arbl. und Rentner[8] geschützt. Abgrenzungsschwierigkeiten zwischen selbstständigen Unternehmern und der (an sich zu diesen zählenden) Gruppe der Arbeitnehmerähnlichen sind vor dem Hintergrund zu lösen, dass Abs. 3 den Ausgleich individueller Verhandlungsschwäche auf kollektiver Ebene ermöglichen will, wenn die persönl. Arbeitsleistung in wirtschaftl. Abhängigkeit erbracht wird[9].

Über Art. 19 III gilt Art. 9 III für **inländische juristische Personen**, die hM billigt den Grundrechtsschutz auch ausländischen juristischen Personen zu[10]. Für juristische Personen der EU-Mitgliedstaaten wurde dies auch vom BVerfG anerkannt[11]. **Öffentl.-rechtl.** juristische Personen *mit* Dienstherrenfähigkeit können sich ungeachtet einer bestehenden Tariffähigkeit ggü. ihren ArbN nicht auf Abs. 3 berufen[12]; dies gilt nach hM[13] auch für entsprechende Tarifgemeinschaften. Ihnen kommt aber das aus Abs. 3 entwickelte Koalitionsrecht iVm. dem TVG zugute[14]. Demggü. sind öffentl.-rechtl. juristische Personen *ohne* Dienstherrenfähigkeit (zB manche Landesmedienanstalten) selbstständige gesellschaftliche und eigenständige rechtl. Gebilde, denen viele nicht spezifisch hoheitliche Aufgaben obliegen. Ihnen wird man die Rechte aus Abs. 3 daher grds. zuzubilligen haben. Die autonome Gestaltung der Arbeits- und Wirtschaftsbedingungen ist für sie unabdingbare Voraussetzung der Teilhabe an der Grundrechtsverwirklichung[15] im Aufgabenbereich.

c) Konkurrenzen zu anderen Grundrechten und Verfassungsinhalten. Abs. 3 ist lex specialis zur allg. Vereinigungsfreiheit des Abs. 1. Gleichwohl wird auf beide Grundrechte Abs. 2 angewendet (Rz. 9). Abs. 3 verdrängt darüber hinaus als spezielles Grundrecht Art. 2 I[16].

Unklar ist, in welchem Verhältnis Art. 9 III zu **Art. 3 I** steht. Das BVerfG schwankt: Einer älteren Entscheidung zufolge[17] soll Art. 9 III eine Ausprägung des Gleichheitssatzes sein. Bei der Frage der Ungleichbehandlung von ArbGeb und Gewerkschaften im Hinblick auf die Tariffähigkeit prüft das BVerfG[18] neben Art. 9 III auch Art. 3 I. In einer arbeitskampfrechtl. Entscheidung[19] behandelt das Gericht die einschlägigen Fragen, insb. die Kampfmittelparität, im Rahmen des Art. 9 III; auf Art. 3 wurde nicht eingegangen, obwohl eine Verletzung dieses Grundrechts gerügt worden war.

Art. 33 V schränkt als speziellere Norm Art. 9 III ein. IÜ sind allg. Prinzipien und Wertentscheidungen des GG bei der Auslegung des Abs. 3 zu berücksichtigen. Das gilt insb. für die Achtung der Menschenwürde (Art. 1 I), das Sozialstaatsprinzip (Art. 20 I, 28 I) und die Staatszielbestimmung des gesamtwirtschaftl. Gleichgewichts (Art. 109 II).

5. Voraussetzungen der Koalitionseigenschaft. Verfassung und einfaches Bundesrecht weisen den Koalitionen eine Vielzahl von Rechten zu. Die Bejahung der Koalitionseigenschaft hat daher weit gehende Folgen für den Verband, für Dritte und die Allgemeinheit. Abs. 3 lässt sich einmal entnehmen,

---

1 BVerfG 18.11.1954 – 1 BvR 629/52, E 4, 96. || 2 BVerfG 26.6.1991 – 1 BvR 779/85, E 84, 212 (224); *Kissel,* ArbeitskampfR, § 4 Rz. 7. || 3 So etwa *Hoffmann* in Kittner (Hrsg.), Streik und Aussperrung, 1974, S. 47 ff. (65 ff.). || 4 BVerfG 26.6.1991 – 1 BvR 779/85, E 84, 212 (225). || 5 v. Münch/Kunig/*Löwer*, Art. 9 Rz. 103. || 6 BVerfG 7.4.1981 – 2 BvR 446/80, E 57, 29 (35). || 7 BVerfG 27.2.1973 – 2 BvL 8, 9/72, E 34, 307. || 8 *Gamillscheg,* Kollektives Arbeitsrecht, § 4 I 3g. || 9 ErfK/*Dieterich,* Art. 9 GG Rz. 28. || 10 ErfK/*Dieterich,* Art. 9 GG Rz. 29. || 11 BVerfG 19.7.2011 – 1 BvR 1916/09, NJW 2011, 3428. || 12 BVerfG 13.1.1982 – 1 BvR 848/77, E 59, 231 (255); dazu *Rieble,* FS Stahlhacke, 1995, S. 459 (469 ff.). || 13 ErfK/*Dieterich,* Art. 9 GG Rz. 29; Sachs/*Höfling,* Art. 9 Rz. 114; aA *Depenheuer,* ZTR 1993, 364. || 14 v. Münch/Kunig/*Löwer*, Art. 9 Rz. 104. || 15 Vgl. *Hoffmann-Riem,* Personalrecht der Rundfunkaufsicht, 1991, S. 89. || 16 v. Münch/Kunig/*Löwer*, Art. 9 Rz. 116. || 17 BVerfG 18.12.1953 – 1 BvL 106/53, E 3, 225 (240). || 18 BVerfG 20.10.1981 – 1 BvR 404/78, E 58, 233 (256). || 19 BVerfG 19.2.1975 – 1 BvR 418/71, E 38, 386.

dass eine „Vereinigung" gegeben sein muss; zum anderen muss der Zweck dieser Vereinigung in der „Wahrung und Förderung der Arbeits- und Wirtschaftsbedingungen" bestehen. Aus der Umschreibung der Grundrechtsträger (jedermann und alle Berufe) folgt die Berufsbezogenheit der Koalition; diese ergibt sich auch aus dem Koalitionszweck. Rspr. und Lehre haben darüber hinaus weitere Merkmale aufgestellt, die man unter dem Gesichtspunkt der **Unabhängigkeit** zusammenfassen kann. Auslegungs- bzw. Rechtsermittlungskriterien sind neben dem Wortlaut die geschichtliche Entwicklung und der Zweck der Koalitionsfreiheit. Für die Konkretisierung des verfassungsrechtl. Begriffs der Vereinigungsfreiheit findet sich in § 2 I VereinsG eine Legaldefinition, die für Vereinigungen nach Abs. 1 und nach Abs. 3 gleichermaßen gilt.

32 **a) Vereinigung. aa) Zusammenschluss mehrerer Personen zu einem gemeinsamen Zweck ohne Rücksicht auf die Rechtsform.** Die Vereinigung setzt einen Zusammenschluss mehrerer Personen voraus, welcher **korporativen Charakter** haben muss, dh. Handlungsfähigkeit durch Organe und Unabhängigkeit des Zusammenschlusses vom Mitgliederwechsel[1]. Nicht erforderlich ist die Rechtsfähigkeit des Verbandes; eine bestimmte Rechtsform ist deshalb nicht vorgeschrieben. In der Rechtswirklichkeit sind ArbGeb-Verbände als eingetragene und damit rechtsfähige Vereine organisiert. Über Jahrzehnte hinweg waren die meisten Gewerkschaften traditionsgemäß nichtrechtsfähige Vereine. Der Konzentrationsprozess in der Gewerkschaftslandschaft warf die Frage nach der zweckmäßigen rechtl. Gestaltung des Zusammenschlusses auf. Nachdem eine Verschmelzung gem. § 3 I Nr. 4 UmwG nur dem eingetragenen Verein offen steht, kam es zu Änderungen der jahrzehntelangen Praxis[2].

33 **bb) Auf freiwilliger, privatrechtlicher Grundlage.** Abs. 3 setzt für die Koalitionen **Freiwilligkeit des Beitritts** voraus[3]. Den inneren Grund für die Eliminierung der öffentl.-rechtl. Körperschaften mit Zwangsmitgliedschaft aus dem Koalitionsbegriff wird man darin sehen müssen, dass diese staatlicher Aufsicht unterstehen und die Koalitionen gerade unabhängig vom Staat sein sollen, um ihren Aufgaben im Bereich der Arbeitsbedingungen gerecht zu werden. Keine Koalitionen sind deshalb zB Handwerksinnungen, Ärztekammern, Berufsgenossenschaften sowie Industrie- und Handelskammern. Auch die in Bremen und im Saarland auf Grund landesgesetzl. Regelungen bestehenden ArbN-Kammern sind keine Koalitionen iSd. Abs. 3, da es sich bei ihnen um öffentl.-rechtl. Körperschaften handelt, deren Mitglieder kraft Gesetzes alle ArbN des Landes sind[4].

34 **cc) Für längere Zeit, was Unabhängigkeit des Verbandes vom Wechsel der Mitglieder voraussetzt.** In einer frühen Entscheidung[5] hatte das BAG ausgeführt, dass sich der Schutz des Abs. 3 nicht auf die Gewerkschaften und ihre Mitglieder beschränke, sondern sich jedenfalls in gewissem Umfang auch auf andere Vereinigungen zur Wahrung und Förderung der Arbeitsbedingungen und auf diejenigen, die an solchen Vereinigungen teilnehmen, erstrecke, selbst wenn es sich um einen nur vorübergehenden Zusammenschluss einer Anzahl von ArbN desselben Betriebs zur Erreichung eines einmaligen Zieles handele. In seiner späteren Rspr. hat das BAG diesen Gedanken nicht wieder aufgegriffen. In der Lit. wird **die Lehre von der Ad-hoc-Koalition überwiegend abgelehnt**[6]. Die Befürworter des verfassungsrechtl. Schutzes von Ad-hoc-Gruppierungen nennen als Beispiel Unterschriftsaktionen von Belegschaften oder Betriebsversammlungen außerhalb des vom BetrVG vorgegebenen Rahmens[7].

35 Die Legaldefinition des § 2 VereinsG verlangt einen Zusammenschluss **„für längere Zeit"**. Dieses einschränkende Merkmal hätte sich der Gesetzgeber sparen können, wenn auch der noch so kurzfristige Zusammenschluss unter den Begriff der Vereinigung fallen würde. Darüber hinaus muss der Zusammenschluss auf einem rechtl. bindenden Vertrag beruhen und die organisierte Willensbildung muss für die Mitglieder verbindlich sein. Beides fehlt bei Ad-hoc-Gruppen, die Teilnehmer haben keinen Rechtsbindungswillen und idR nicht einmal ein Erklärungsbewusstsein[8]. Auch Sinn und Zweck der Koalitionsfreiheit führen zu keinem anderen Ergebnis: Einigkeit besteht darin, dass Ad-hoc-Gruppen nicht tariffähig sein können. Damit kann sich nur die Frage stellen, ob es sinnvoll ist, sie als nicht tariffähige Koalitionen anzusehen. Die Rechtsordnung hat den Koalitionen eine Vielzahl von Aufgaben und Rechten verliehen, die einen rechtl. verfestigten Verband erfordern, der auf Dauer angelegt ist. Nur ein solcher Verband soll auch durch die Drittwirkungsklausel des Abs. 3 S. 2 besonders abgesichert sein.

36 Das BVerfG[9] hat allerdings in der Anschlussaussperrung eines Außenseiterarbeitgebers ein **Kampfbündnis mit dem ArbGeb-Verband** gesehen und dieses unter den Schutz des Abs. 3 gestellt (Rz. 230). Indes darf nicht verkannt werden, dass es in den entsprechenden Fällen um die Anlehnung an einen bereits bestehenden tariffähigen Verband geht, während die Ad-hoc-Koalition einen solchen eben nicht darstellt.

37 **dd) Mit organisierter Willensbildung, wobei demokratische Grundsätze einzuhalten sind.** Weitere Voraussetzung für die Koalitionseigenschaft ist, dass es sich um eine **demokratisch verfasste Institu-**

---

[1] *Gamillscheg*, Kollektives Arbeitsrecht, § 9 II 4. || [2] *Kempen/Lörcher/Platow/Tiefenbacher/Trümmer*, Jb ArbR Bd. 39 (2002), S. 65. || [3] ErfK/*Dieterich*, Art. 9 GG Rz. 22. || [4] BVerfG 18.12.1974 – 1 BvR 430/65 ua., E 38, 281. || [5] BAG 28.4.1966 – 2 AZR 176/65, AP Nr. 37 zu Art. 9 GG Arbeitskampf; s.a. BAG 14.2.1978 – 1 AZR 76/76, AP Nr. 58 zu Art. 9 GG Arbeitskampf: Wilder Streik sei „Ad-hoc-Koalition". || [6] *Gamillscheg*, Kollektives Arbeitsrecht, § 9 II 3a; *Seiter*, Streikrecht, S. 76 ff., 83. || [7] Vgl. etwa *Däubler/Hege*, Koalitionsfreiheit, 1976, Rz. 109. || [8] *Seiter*, Streikrecht, S. 82. || [9] BVerfG 26.6.1991 – 1 BvR 779/85, E 84, 212 (225); krit. *Gamillscheg*, Kollektives Arbeitsrecht, § 9 II 3b.

tion handelt[1]. Verlangt wird insoweit, dass die Mitglieder an der Willensbildung teilnehmen können. Sie müssen zumindest durch die Verbandsorgane auf die TV Einfluss nehmen können.

b) **Koalitionszweck: Wahrung und Förderung der Arbeits- und Wirtschaftsbedingungen der Mitglieder gerade in deren Eigenschaft als ArbGeb oder ArbN.** Das Begriffspaar „Arbeits- und Wirtschaftsbedingungen" wird für **zwei unterschiedliche Fragestellungen** herangezogen: Einmal bei der Begriffsbestimmung der Koalition für die Umschreibung des Koalitionszwecks, zum anderen zur Abgrenzung des den Koalitionen eingeräumten Betätigungsbereichs. Für die Deutung des Begriffs aufschlussreich ist auch hier die **geschichtliche Entwicklung**: § 152 I GewO 1869, die Bezugsnorm des Art. 159 WRV, betraf nur ArbN in ihrer Rolle als ArbN und ArbGeb in ihrer Rolle als ArbGeb, also des sozialen Gegenspieler am Arbeitsmarkt. Nicht gemeint waren die Arbeitsvertragsparteien in ihrer Rolle als Wettbewerber oder Verbraucher. Daran wollten auch Art. 159 WRV und Art. 9 III nichts ändern. § 152 I GewO hatte den Koalitionszweck mit Lohn- und Arbeitsbedingungen umschrieben. Wie bereits ausgeführt (Rz. 20), wurde diese Umschreibung mit koalitionsfeindlicher Tendenz restriktiv ausgelegt. Um das zu verhindern, fasste man in der Weimarer Verfassung den Koalitionszweck weiter: Den Gewerkschaften sollte die Interessenvertretung ihrer Mitglieder auch im wirtschafts- und sozialpolitischen Raum ermöglicht werden. Nicht daran gedacht war jedoch, Verbände zu schützen, deren Hauptzweck außerhalb der Arbeitsbeziehungen lag. 38

Daraus folgt, dass Arbeits- und Wirtschaftsbedingungen jedenfalls als **einheitliche Koalitionszweckumschreibung** zu verstehen sind. Verbände, deren Zweck nur auf die Wirtschaftsbedingungen gerichtet ist, fallen nicht unter Abs. 3. Das ist besonders relevant für Kartelle, deren Begrenzung durch das GWB sonst gegen Abs. 3 verstoßen würde und verfassungswidrig wäre[2]. Umgekehrt bewahrt Abs. 3 die kartellähnliche Regelung der Arbeitsbedingungen durch TV vor der Anwendung der Kartellverbotsgesetzgebung[3]. 39

Nach hM[4] hat man unter Arbeits- und Wirtschaftsbedingungen die Gesamtheit derjenigen Bedingungen zu verstehen, unter denen abhängige Arbeit geleistet und eine sinnvolle Ordnung des Arbeitslebens ermöglicht wird: Richtigerweise sind allerdings die Wirtschaftsbedingungen nichts anderes als die Kehrseite der Arbeitsbedingungen. Zu beachten ist, dass es für die Koalitionseigenschaft genügt, wenn die Wahrung und Förderung der Arbeits- und Wirtschaftsbedingungen den Hauptzweck eines Verbandes bildet. Die Verfolgung von darüber hinausgehenden Zwecken (zB ArbGebVerband = Wirtschaftsverband; Gewerkschaft äußert sich zu allg. politischen Fragen) ist unschädlich. Insoweit entfällt jedoch der besondere Grundrechtsschutz durch Abs. 3. 40

c) **Unabhängigkeit. aa) Gegnerunabhängigkeit, insb. Gegnerreinheit.** Zentrale Voraussetzung nicht nur der Tariffähigkeit, sondern auch der Koalitionseigenschaft ist die Unabhängigkeit[5]. Sie ist Mindestvoraussetzung, um auf der Ebene der TV-Verhandlungen **aus der prinzipiellen Position des Machtgleichgewichts** heraus die Interessen der Mitglieder wahrzunehmen und mit den Interessen des sozialen Gegenspielers zum Ausgleich zu bringen. Unabhängigkeit ist damit Funktionsvoraussetzung der Tarifautonomie. Auch bei (noch) nicht tariffähigen Koalitionen kann hierauf nicht verzichtet werden. Denn auch außerhalb des Tarifbereichs wird die Koalition die ihr von der Rechtsordnung eingeräumten Rechte im Interesse der Mitglieder ausüben. Ein von Dritten abhängiger Verband ist stets in Gefahr, im Falle von Interessenkollisionen die Interessen der Dritten den Interessen der Mitglieder voranzustellen. Die Unabhängigkeit vom Gegenspieler gehört nach zutreffender Auffassung des BVerfG zum Garantiegehalt des Abs. 3[6]. Es handelt sich um die zentrale Funktionsvoraussetzung des auf dem Konfrontationsprinzip beruhenden kollektiven Arbeitsrechts. 41

So darf eine Koalition **nicht rechtl. vom Gegenspieler oder von Dritten abhängig sein**. Diesen dürfen also keine Leitungsbefugnisse oder Stimm- und Beratungsrechte mit innerverbandlicher Wirkung eingeräumt werden. Der Gesichtspunkt der Unabhängigkeit in der Form der Gegnerunabhängigkeit spielt eine zentrale Rolle im Rahmen der Mitbest. im Unternehmen. Kraft Gesetzes werden hier nämlich Personen in die Willensbildungsorgane eines Unternehmens delegiert, welche interessenmäßig der ArbN-Seite zuzuordnen sind. Es lässt sich nicht völlig ausschließen, dass solche Personen auch in die Organe der ArbGeb-Verbände gelangen. Das BVerfG hat für die Unternehmensmitbestimmung nach dem MitbestG 1976 noch keine Verletzung der Unabhängigkeit festgestellt[7]. Eine der Mitbest. verwandte Problematik ergibt sich bei der Interessenvertretung der Beschäftigten in gewerkschaftseigenen Unternehmen. Nach der Rspr. ist es diesen indes nicht verwehrt, einen Verband zur Wahrung ihrer Interessen ggü. ihrem ArbGeb zu gründen[8]. Str. ist, ob ein Verband, der im Wesentlichen nur einen ArbGeb Mitglieder hat, als unabhängig anzusehen ist[9]. Richtigerweise kann nur eine Einzelfallbetrachtung entscheiden. 42

---

1 *Gamillscheg*, Kollektives Arbeitsrecht, § 9 II 5a. ||2 S. nur BGH 5.2.1980 – VI ZR 174/78, AP Nr. 32 zu Art. 9 GG. ||3 Vgl. *Söllner*, NZA-Beil. zu Heft 24/2000, 33 (37f.). ||4 *Zachert*, AR-Blattei SD 1650.1 (2001) Rz. 170ff.; zu den Wirtschaftsbedingungen als Kehrseite der Arbeitsbedingungen Zöllner/Loritz/Hergenröder/*Hergenröder*, § 9 III.1. ||5 BVerfG 20.10.1980 – 1 BvR 404/78, E 58, 233 (247); BAG 6.6.2000 – 1 ABR 10/99, AP Nr. 55 zu § 2 TVG. ||6 BVerfG 1.3.1979 – 1 BvR 532/77 ua., E 50, 290 (373); vgl. *Seiter*, AöR 109 (1984), 88 (100ff.). ||7 BVerfG 1.3.1979 – 1 BvR 532/77 ua., E 50, 290, (376). ||8 BAG 17.2.1998 – 1 AZR 364/97, AP Nr. 87 zu Art. 9 GG. ||9 Bejahend LAG Hess. 22.7.2004 – 9 SaGa 593/04, AP Nr. 168 zu Art. 9 GG Arbeitskampf; verneinend LAG Rh.-Pf. 22.6.2004 – 115a 2096/03, AP Nr. 169 zu Art. 9 GG Arbeitskampf mwN.

43 Das Postulat der Gegnerreinheit kann auch bei solchen Verbänden in Frage gestellt sein, denen **leitende Angestellte** iSd. § 5 III BetrVG angehören. Diese sind zwar nach allg. Auffassung ArbN; sie nehmen aber auch in gewissem Umfang ArbGeb-Funktionen wahr. Man wird insoweit zu differenzieren haben: Schließen sich nur leitende Angestellte zu einem Verband zusammen, so kann dessen Koalitionseigenschaft iSd. Abs. 3 nicht bezweifelt werden. Diese Koalition vertritt die Gruppe der leitenden Angestellten ggü. dem ArbGeb und bringt echte ArbN-Interessen zum Ausdruck. Fraglich ist, welche Konsequenzen im Hinblick auf die Gegnerfreiheit eines solchen Verbandes zu ziehen sind, wenn einzelne Mitglieder „koalitionsrechtl. Doppelrollen" einnehmen, also einerseits Mitglied des Verbands sind, andererseits bei der Verhandlungsführung aktiv auf der ArbGeb-Seite beteiligt sind. Beide Funktionen sind grds. unvereinbar. Zur Vermeidung von Interessenkonflikten dürfte eine strikte Inkompatibilitätsregelung die beste Lösung sein.

44 Davon zu unterscheiden ist ein **Verband, der sowohl leitende Angestellte als auch andere ArbN organisiert**. Praktisch wird es sich bei Letzteren um ArbN handeln, deren Arbeits- und Wirtschaftsbedingungen außertarifl. ausgehandelt werden (sog. AT-Angestellte) und die deshalb ihre Interessen durch die „normalen" Gewerkschaften nicht gewahrt sehen. Das BAG hat die Koalitionseigenschaft eines entsprechenden Zusammenschlusses bejaht, indem es auf die gleiche Interessenlage seiner Mitglieder verwiesen hat[1]. Von Gegnerfreiheit könne allerdings dann nicht mehr gesprochen werden, wenn die der Koalition angehörenden leitenden Angestellten neben ihrer Unternehmer- und ArbGeb-Funktion im Betrieb auch Aufgaben in Unternehmer- oder ArbGeb-Organisationen wahrzunehmen hätten, welche auf die arbeitsrechtl. und wirtschaftl. Situation der vom Verband erfassten außertarifl. und leitenden Angestellten einwirken können.

45 Die notwendige Unabhängigkeit fehlt, wenn ein Verband **finanziell vom Gegenspieler so abhängig** ist, dass seine Bereitschaft oder Fähigkeit, die Mitgliederinteressen nachhaltig und wirksam zu vertreten, gravierend beeinträchtigt wird[2]. In diesem Zusammenhang stellt sich die Frage, ob die Einziehung der Gewerkschaftsbeiträge durch die ArbGeb (etwa auf Grund eines entsprechenden TV) nicht die Gewerkschaft in eine für die Koalitionseigenschaft schädliche Abhängigkeit bringt[3]. Bislang ist allerdings noch keiner Gewerkschaft, die ihre Beiträge über die ArbGeb einziehen lässt, die Koalitionseigenschaft aus diesem Grunde streitig gemacht worden.

46 bb) **Unabhängigkeit von Staat, Kirchen und Parteien.** Die Koalition muss von staatlichen, parteipolitischen oder kirchlichen Weisungen unabhängig sein[4]. Soweit eine entsprechende Weisungsabhängigkeit besteht, wäre die **freie Verbandsentscheidung zumindest eingeschränkt oder gar unmöglich**. Soweit also Vereinigungen von staatlichen Einheitsparteien beherrscht oder gesteuert werden, handelt es sich nicht um Koalitionen. Der Grundsatz der Weisungsfreiheit steht der Anerkennung sog. Richtungsgewerkschaften nicht entgegen. Bei Letzteren handelt es sich um Organisationen, welche sich an bestimmten parteipolitischen oder weltanschaulichen Prinzipien orientieren[5].

47 cc) **Überbetrieblichkeit.** Eine Koalition muss nach hM eine überbetriebl. (richtiger: eine nicht auf das Unternehmen beschränkte) Organisation haben[6], wonach der Verband nach der Satzung überbetrieblich angelegt ist, dh. **für ArbN anderer Unternehmen offen stehen muss**. Dieses nicht zuletzt durch Erfahrungen aus der Weimarer Zeit aufgestellte Erfordernis für arbeitsrechtl. Koalitionen ist auch dadurch gerechtfertigt, dass überbetriebl. Koalitionen eher ein gesamtwirtschaftl. sinnvolles Verhalten gewährleisten, Betriebsgewerkschaften demggü. zu „Betriebsegoismus" neigen. Überdies besteht die Gefahr, dass sich Belegschaften leistungsfähiger Unternehmen zusammenschließen könnten, um für ihren Teilbereich günstigere Bedingungen auszuhandeln, als es den überbetriebl. Tarifparteien möglich ist, die auch die weniger leistungsfähigen Mitglieder berücksichtigen müssen. Damit würden den überbetriebl. Gewerkschaften wiederum Mitglieder entzogen.

48 6. **Tariffähige Koalition (Gewerkschaft). a) Fähigkeit, Druck und Gegendruck auszuüben (soziale Mächtigkeit, Verbandsmacht).** Nach st. Rspr. muss eine Koalition, die Tariffähigkeit für sich in Anspruch nimmt und TV abzuschließen beabsichtigt, in der Lage sein, auf den, den sie zum Partner eines von ihr angestrebten TV machen will, einen im Rahmen der Rechtsordnung zulässigen fühlbaren Druck auszuüben und ihn **so zur Aufnahme von TV-Verhandlungen oder zum Abschluss von TV zu veranlassen**[7]. Anderenfalls sei die Schaffung einer sinnvollen Ordnung des Arbeitslebens nicht gewährleistet.

---

1 BAG 16.11.1982 – 1 ABR 22/77, AP Nr. 32 zu § 2 TVG; vgl. auch BAG 14.12.2004 – 1 ABR 51/03, AP Nr. 1 zu § 2 TVG Tariffähigkeit. ||2 BAG 14.12.2004 – 1 ABR 51/03, AP Nr. 1 zu § 2 TVG Tariffähigkeit; BVerfG 10.12.1935 – 1 BvR 1724/83, AP Nr. 20a zu § 40 BetrVG 1972. ||3 Eingehend hierzu *Gamillscheg*, Kollektives Arbeitsrecht, § 9 III 1d mwN. ||4 *Gamillscheg*, Kollektives Arbeitsrecht, § 9 II 9, 10. ||5 Zum Marburger Bund BAG 21.11.1975 – 1 ABR 12/75, AP Nr. 6 zu § 118 BetrVG 1972; zur CGM BAG 28.3.2006 – 1 ABR 58/04, AP Nr. 4 zu § 2 TVG Tariffähigkeit. ||6 BVerfG 1.3.1979 – 1 BvR 532/77 ua., E 50, 290 (368); *Gamillscheg*, Kollektives Arbeitsrecht, § 9 II 7. Von einer „Indiztatsache" spricht ErfK/*Dieterich*, Art. 9 GG Rz. 25. ||7 Vgl. etwa BAG 15.3.1977 – 1 ABR 16/75, AP Nr. 24 zu Art. 9 GG; 28.3.2006 – 1 ABR 58/04, AP Nr. 4 zu § 2 TVG Tariffähigkeit; 5.10.2010 – 1 ABR 88/09, NZA 2011, 300. Bestätigend BVerfG 24.2.1999 – 1 BvR 123/93, E 100, 214 (221, 223); 31.7.2007 – 2 BvR 1834/06, AP Nr. 2 zu § 22 LPVG NW. S.a. BAG 19.9.2006 – 1 ABR 53/05, AP Nr. 5 zu § 2 BetrVG 1972.

Maßgeblich ist nach dem BAG insoweit die **Gesamtstruktur des Verbandes**[1]. Insb. sei der Abschluss von Anschluss- bzw. Gefälligkeitstarifverträgen kein Beweis für das Vorliegen einer Verbandsmacht. Neben der Mitgliederzahl und der Beteiligung an TV sowie der Zahl der errungenen BR-Sitze soll für die Beurteilung der Mächtigkeit insb. die finanzielle und sachliche Ausstattung der ArbN-Vereinigung von Bedeutung sein; demggü. komme es auf die Arbeitskampfbereitschaft und die Mitgliedschaft in einem übernationalen Gewerkschaftsverband nicht an. Auch muss der Verband organisatorisch in der Lage sein, für die Durchführung der abgeschlossenen TV zu sorgen. Dabei ist zu betonen, dass auch Verbände mit verhältnismäßig wenigen Mitgliedern Mächtigkeit innehaben können, sofern sich ihr Mitgliederbestand aus ArbN zusammensetzt, die kraft ihrer Stellung im Arbeitsleben einen besonderen Einfluss ggü. der ArbGeb-Seite ausüben können[2]. Dies kann insb. für die sog. Spartengewerkschaften von Bedeutung sein[3]. Die Frage, ob der Verband sich als mächtig genug erweisen werde, sei nicht einer gesicherten Feststellung, sondern nur einer Prognose zugänglich; wenn diese zu seinen Gunsten getroffen werden könne, reiche das für die Bejahung der Mächtigkeit aus[4]. Entscheidend sei, dass die Gewerkschaft aktiv in den Prozess der tarifl. Regelung der Arbeitsbedingungen eingreife und auch mit ihr Arbeits- und Wirtschaftsbedingungen geregelt werden sollen. Dabei sei unerheblich, ob diese TV die Arbeitsbedingungen der Mitglieder dieser Gewerkschaft in optimaler Weise oder auch nur ähnlich günstig regelten wie die von großen und anerkannten Gewerkschaften geschlossenen TV; es reiche aus, wenn sie mit dem sozialen Gegenspieler ausgehandelt würden[5]. Soweit Anschlusstarifverträge abgeschlossen wurden, prüft das BAG, welchen Zweck die ArbGeb-Seite mit dem Abschluss verfolgt hat. Immerhin soll ein Anschlusstarifvertrag ein Indiz für Durchsetzungskraft sein, dies macht jedoch nicht die Prüfung überflüssig, ob er tatsächlich „ausgehandelt" wurde. 49

Das BVerfG hat diese Rspr. ausdrücklich gebilligt[6]. Mit dem Grundrecht der Koalitionsfreiheit sei es vereinbar, die Tariffähigkeit von **gewissen Mindestvoraussetzungen** abhängig zu machen und nur solche Koalitionen an der Tarifautonomie teilnehmen zu lassen, welche in der Lage seien, den von der staatlichen Rechtsordnung freigelassenen Raum des Arbeitslebens durch TV sinnvoll zu gestalten, um so die Gemeinschaft sozial zu befrieden. Zu diesen zulässigen Mindestvoraussetzungen gehöre eine Durchsetzungskraft ggü. dem sozialen Gegenspieler, die sicherstelle, dass dieser wenigstens Verhandlungsangebote nicht übersehen könne; ein angestrebter Interessenausgleich durch TV könne nur dann zustande kommen, wenn eine ArbN-Koalition so leistungsfähig sei, dass sich die ArbGeb-Seite veranlasst sehe, auf Verhandlungen über tarifl. Regelungen einzugehen und zum Abschluss eines TV zu kommen. Ob danach Durchsetzungsfähigkeit angenommen werden könne, sei jeweils im Einzelfall konkret zu beurteilen. 50

Diese Rspr. ist seit jeher äußerst umstritten. Neben grds. Erwägungen aus dem Gewährleistungsinhalt des Art. 9 heraus ist insb. eingewandt worden, dass damit die **Neugründung anderer Gewerkschaften eingeschränkt werde**; neu gebildete Koalitionen hätten keine Chance, die Monopolstellung bestehender Gewerkschaften zu durchbrechen[7]. Rein systematisch ist nicht von der Hand zu weisen, dass die Rspr. den Eindruck erweckt, als stünde die Tariffähigkeit zur Disposition des Gesetzgebers bzw. Richters und als seien Einschränkungen der Tariffähigkeit nur noch an äußerste Missbrauchsgrenzen gebunden. Richtig wäre es gewesen, von Abs. 3 als einem Freiheitsrecht auszugehen. Das Recht zum Abschluss von TV ist den Koalitionen als spezifisch koalitionsgemäße Betätigung aber gewährleistet (Rz. 76). Im Grundsatz ist also von der Tariffähigkeit jeder Koalition auszugehen. Der spezifisch koalitionsgemäßen Betätigung, also auch der Tariffähigkeit, dürfen nur solche Schranken gezogen werden, die von der Sache her geboten sind. Die Einschränkung ist damit die Ausnahme. Sie bedarf der Rechtfertigung: Beschränkungen als Ausnahme vom Grundsatz müssen, gemessen am Zweck der Koalitionsfreiheit, geeignet, erforderlich und verhältnismäßig sein. Die „Beweislast" trägt, wer die Koalitionsfreiheit beschränken will. Bleiben Zweifel, so darf die Koalitionsfreiheit, hier also die Tariffähigkeit der Koalition, nicht eingeschränkt werden. Die Rspr. müsste also ins Feld führen können, dass die Funktionsfähigkeit der Tarifautonomie bedroht wäre, wenn die Tariffähigkeit auch Verbänden verliehen würde, die sozial nicht mächtig genug sind, um Druck und Gegendruck auszuüben. Diesen Beweis kann man schwerlich als erbracht ansehen. 51

Abzulehnen ist eine „**relative (partielle) Tariffähigkeit**", also die Beurteilung der Durchsetzungsfähigkeit im Hinblick auf die angestrebte Kollektivvereinbarung: Verbands- oder FirmenTV[8]. Schon das Gebot der Rechtssicherheit verlangt eine einheitliche Bewertung der Tariffähigkeit, da bei jedem FirmenTV die Voraussetzungen anders sein können. 52

---

1 Zum Folgenden näher *Gamillscheg*, Kollektives Arbeitsrecht, § 9 IV 3c. || 2 BAG 14.12.2004 – 1 ABR 51/03, AP Nr. 1 zu § 2 TVG Tariffähigkeit. || 3 Vgl. etwa BAG 28.3.2006 – 1 ABR 58/04, AP Nr. 4 zu § 2 TVG Tariffähigkeit; s.a. *Bayreuther*, BB 2005, 2633 ff. || 4 BAG 16.11.1982 – 1 ABR 22/78, AP Nr. 32 zu § 2 TVG. || 5 BAG 10.9.1985 – 1 ABR 32/83, AP Nr. 34 zu § 2 TVG. || 6 BVerfG 20.10.1981 – 1 BvR 404/78, E 58, 233 (247 ff.). || 7 So schon *Mayer-Maly*, RdA 1966, 201 (204); vgl. weiter *I. Schmidt*, FS Richardi, 2007, S. 765 (769). || 8 So schon *Stahlhacke*, DB 1964, 697; vgl. ferner BAG 28.3.2006 – 1 ABR 58/04, AP Nr. 4 zu § 2 TVG Tariffähigkeit; LAG Bln.-Bbg. 16.2.2010 – 19 SaGa 2480/09, AiB 2012, 690; Wiedemann/*Oetker*, § 2 TVG Rz. 394; aA *Dütz*, DB 1996, 2385 (2388 ff.).

53 Wurde die Gewerkschaftseigenschaft einer Koalition einmal gerichtlich bejaht oder verneint, so ist die **materielle Rechtskraft** dieser Entscheidung in zeitlicher Hinsicht grds. nicht begrenzt. Da es sich aber um eine gerichtl. Entscheidung mit Dauerwirkung handelt, wirkt die materielle Rechtskraft nur so lange, wie sich die entscheidungserheblichen tatsächl. oder rechtl. Verhältnisse nicht wesentlich ändern. Es müssen sich gerade diejenigen Tatsachen gewandelt haben, die für die in der früheren Entscheidung ausgesprochene Rechtsfolge als maßgeblich angesehen worden waren. Unter den genannten Voraussetzungen kann also die Tariffähigkeit einer ArbN-Koalition trotz eines einmal ergangenen ablehnenden oder bejahenden Beschlusses erneut gerichtlich überprüft werden[1].

54 **b) Keine soziale Mächtigkeit auf Arbeitgeberseite.** Das BAG verzichtet auf das Kriterium der Mächtigkeit bei **ArbGeb-Koalitionen**[2]. § 2 I TVG erklärt auch den einzelnen ArbGeb für tariffähig. Billigt die Rechtsordnung schon dem EinzelArbGeb Tariffähigkeit zu, so muss dies für einen – wenn auch schwachen – Zusammenschluss von ArbGeb erst recht gelten. Angesichts der eindeutigen legislativen Konzeption kann die diesbezügliche Kritik im Schrifttum[3] nicht überzeugen.

55 **c) Weitere Voraussetzungen der Tariffähigkeit. aa) Anerkennung des geltenden Tarif-, Arbeitskampf- und Schlichtungsrechts.** Die Rspr. nennt zwar nur das Tarifrecht[4], sinnvollerweise kann aber in Bezug auf das Arbeitskampf- und Schlichtungsrecht nichts anderes gelten. Festzuhalten ist, dass dieses Merkmal erst für tariffähige Koalitionen praktische Bedeutung erlangen kann. IÜ gilt das Tarif-, Schlichtungs- und Arbeitskampfrecht wie jedes Recht unabhängig davon, ob die Normadressaten dieses Recht „anerkennen". Darin kann sich die Bedeutung dieses Merkmals also nicht erschöpfen. Es soll vielmehr einen Filter ggü. solchen Verbänden bilden, die nach ihrer Satzung oder ihrem bisherigen Auftreten keine Gewähr bieten, dass sie die Spielregeln der tarifl. Normsetzung einhalten.

56 **bb) Tarifwilligkeit und gewollte Tarifunfähigkeit.** Tarifwilligkeit ist gegeben, wenn zu den satzungsmäßigen Aufgaben eines Verbandes der Abschluss von TV gehört. Dieses Merkmal kann sinnvollerweise nur Voraussetzung der tariffähigen Koalition sein, nicht aber Voraussetzung der Koalitionseigenschaft schlechthin[5]. Den Hintergrund dieser Unterscheidung bildet die Erkenntnis, dass die Wahrung und Förderung der Arbeits- und Wirtschaftsbedingungen nicht notwendig durch Abschluss von TV erfolgen muss. Den tieferen Grund für dieses Erfordernis wird man im Gedanken der Legitimation sehen müssen: Die Mitglieder, die einen Verband gründen oder ihm beitreten, müssen aus der Satzung ersehen können, ob sie von der Normsetzung des Verbands möglicherweise betroffen sind.

57 Man wird es zuzulassen haben, dass ein Verband in der Satzung die **Tariffähigkeit ausschließt**, gleichwohl aber nicht tariffähige Koalition bleibt[6]. Dies leuchtet ein, wenn man die Tarifwilligkeit als Voraussetzung der Tariffähigkeit und nicht als Voraussetzung der Koalitionseigenschaft einordnet. Aus Abs. 3 folgt keine Verpflichtung für einen Verband, an tarifl. Auseinandersetzungen teilzunehmen. Den Gewerkschaften wird dadurch zwar ein möglicher TV-Partner genommen; ihnen stehen jedoch weiterhin die einzelnen ArbGeb zur Verfügung, deren Tariffähigkeit nicht ausgeschlossen werden kann. Die Situation ist nicht anders, als wenn der ArbGeb-Verband überhaupt nicht gegründet worden wäre. IÜ kann ein ArbGeb grds. einvernehmlich und ohne Beachtung der satzungsmäßigen Kündigungsfrist aus einem Verband austreten. Beschränkungen gelten etwa bei besonderen Anhaltspunkten in der Satzung[7].

58 Zweifelhaft ist allerdings die weitere Frage, ob die Tariffähigkeit eines Verbandes auf **bestimmte Sachgebiete beschränkt** werden kann oder ob einzelne Bereiche (zB Vermögensbildung) von der Tariffähigkeit ausgenommen werden können („Teil-Tariffähigkeit"). Dagegen spricht, dass mit Zulassung einer solchen partiellen Tariffähigkeit unterschiedlichsten Umfangs die Rechtssicherheit bedroht wäre, insb. bei der Beurteilung der Rechtmäßigkeit von Arbeitskämpfen[8].

59 Fraglich ist, ob ein ArbGeb-Verband eine **Mitgliedschaft ohne Tarifbindung (OT-Mitgliedschaft)** vorsehen kann. Hintergrund entsprechender Gestaltungsformen[9] ist der Versuch, unzufriedene ArbGeb im Verband zu halten bzw. für den Verband zu gewinnen. Während mitgliedschaftsrechtl. gegen eine OT-Mitgliedschaft keinerlei Bedenken bestehen, stellt sich die Frage der Vereinbarkeit mit §§ 3, 4 TVG, wonach die Tarifbindung dem Wortlaut nach jedes Verbandsmitglied erfasst. Mit der hM ist eine OT-Mitgliedschaft als zulässig anzusehen, sofern die Satzung dies vorsieht und sicherstellt, dass die OT-Mitglieder keinen unmittelbaren Einfluss auf tarifpolitische Entscheidungen nehmen können[10]. Abs. 3

---

1 BAG 6.6.2000 – 1 ABR 21/99, AP Nr. 9 zu § 97 ArbGG 1979; best. durch BVerfG 23.2.2001 – 1 BvR 4/01, AP Nr. 32 zu Art. 20 GG. ‖ 2 BAG 20.11.1990 – 1 ABR 87/89, EzA § 2 TVG Nr. 20 (*Hergenröder*). ‖ 3 Wiedemann/*Oetker*, § 2 TVG Rz. 396. ‖ 4 BAG 6.6.2000 – 1 ABR 10/99, AP Nr. 55 zu § 2 TVG. ‖ 5 *Kissel*, ArbeitskampfR, § 4 Rz. 15. ‖ 6 Wiedemann/*Oetker*, § 2 TVG Rz. 26. ‖ 7 BAG 18.5.2011 – 4 AZR 457/09, NZA 2011, 1378. ‖ 8 Abl. insoweit *Löwisch*, ZfA 1974, 29 (35ff.); *Wiedemann*, RdA 1975, 78 (80); dazu krit. Zöllner/Loritz/Hergenröder/*Loritz*, § 35 I 2b. Gegen „eine partielle, auf bestimmte Regionen, Berufskreise oder Branchen beschränkte Tariffähigkeit" BAG 28.3.2006 – 1 ABR 58/04, AP Nr. 4 zu § 2 TVG Tariffähigkeit mwN. ‖ 9 Zu nennen sind das Parallelverbandsmodell, das Aufspaltungsmodell und das Tarifgemeinschaftsmodell, vgl. *Melot de Beauregard*, Mitgliedschaft in Arbeitgeberverbänden und Tarifbindung, 2002, S. 66ff., 95ff., 106ff. ‖ 10 BAG 4.6.2008 – 4 AZR 419/07, AP Nr. 38 zu § 3 TVG; 25.2.2009 – 4 AZR 986/07, AP Nr. 40 zu § 3 TVG; s.a. BVerfG 1.12.2010 – 1 BvR 2593/09, NZA 2011, 60; *Deinert*, RdA 2007, 83 (86). AA *Däubler*, NZA 1996, 225 (231).

räumt dem Verband das Recht ein, seine Struktur autonom zu bestimmen (Rz. 98). Dem lässt sich auch der Ordnungszweck der §§ 3, 4 TVG nicht entgegenhalten, die Bestimmungen sind insoweit verfassungskonform auszulegen. Immerhin ist denkbar, dass bei einer übergroßen Zahl von OT-Mitgliedern die Tarifwilligkeit fraglich werden kann[1]. Jedenfalls stellt die Zulassung der OT-Mitgliedschaft keine Störung der Verhandlungsparität dar (Rz. 166), auch nicht unter dem Gesichtspunkt, dass der ArbGeb-Verband TV nur für diejenigen Mitglieder schließt, die dies wollen, er sich aber bei Arbeitskämpfen der finanziellen und ideellen Unterstützung der OT-Mitglieder bedient[2]. IÜ steht es der Gewerkschaft jederzeit frei, das OT-Mitglied mit der Zielsetzung eines FirmenTV zu bestreiken. Bei einem Wechsel in die OT-Mitgliedschaft bedarf es allerdings einer rechtzeitigen Bekanntmachung. Ist diese nicht erfolgt, besteht die Tarifgebundenheit vorübergehend für den Tarifvertrag fort, der Gegenstand der Verhandlungen zur Zeit des Statuswechsels ist[3]. Bei rechtzeitiger Kundgabe des Blitzaustritts sind Arbeitskampfmaßnahmen zur Durchsetzung eines VerbandsTV unzulässig[4].

cc) Arbeitskampfbereitschaft. Nach der Rspr. des BVerfG[5] schließt der Begriff der „Gewerkschaft" und damit der tariffähigen Koalition auch **kampfunwillige ArbN-Koalitionen** ein. Die Argumentation lässt sich auf den kurzen Nenner bringen, dass die Kampfbereitschaft (genauer: die in der Satzung festgelegte Kampfbereitschaft) zur Erreichung des Koalitionszwecks (Wahrung und Förderung der Arbeits- und Wirtschaftsbedingungen) und zur Erhaltung der Funktionsfähigkeit der Tarifautonomie nicht erforderlich sei. Für den Schutz der Koalitionsfreiheit sei es nicht nötig, dass die Tariffähigkeit auf die kampfbereiten Koalitionen beschränkt werde. Das Recht zum Arbeitskampf schließe nicht die Pflicht zur Kampfbereitschaft ein. Insoweit komme es auch nicht darauf an, ob der kampfunwillige Verband sachliche Gründe für seine Kampfunwilligkeit anführen kann. Dem stehe der freiheitliche Charakter des Koalitionsgrundrechts entgegen. 60

In späteren Entscheidungen hat das BAG das Erfordernis der **Druckfähigkeit** aufgestellt[6] (Rz. 48). Insoweit bestehen aber Unterschiede zur Arbeitskampfbereitschaft: Die Rspr. verlangt für die soziale Mächtigkeit Druckfähigkeit im objektiven Sinne. Auf eine satzungsmäßig festgelegte Druckbereitschaft (Druckwilligkeit) kommt es offenbar nicht an. Außerdem ist die Druckfähigkeit umfassender als die Druckbereitschaft. Insg. mutet der Streit um die Arbeitskampfbereitschaft etwas theoretisch an. Letztendlich geht es hier nur um das Bekenntnis zum Arbeitskampf in der Satzung, die sich normalerweise den Vorstellungen der Rspr. entsprechend gestalten lässt. 61

d) Einheitlicher Gewerkschaftsbegriff. Die Rspr. vertritt darüber hinaus die These vom einheitlichen, durch das **Wesensmerkmal der Tariffähigkeit** geprägten Gewerkschaftsbegriff. Schon in der Entscheidung v. 6.7.1956 hatte das BAG klargestellt, der Gewerkschaftsbegriff könne in der arbeitsrechtl. Gesetzgebung nur einheitlich dahin aufgefasst werden, dass zu seinen Wesensmerkmalen die Tariffähigkeit gehöre[7]. Dass der Gewerkschaftsbegriff im Bereich der staatlichen Normsetzung einheitlich zu verstehen ist, folgert das BAG daraus, dass der Begriff seinen Ausgangspunkt im TV-Recht habe und die weiteren besonderen Regelungen der Rechtsstellung der Gewerkschaften im BetrVG und ArbGG um dieser Tariffähigkeit willen bestünden. Gesetzgeberischer Grund dieser Regelung sei die aus dem TVG sich ergebende Rechtsfähigkeit der Gewerkschaften auf dem Gebiet des kollektiven Arbeitsrechts[8]. Demggü. hat das BVerfG ausdrücklich offen gelassen, ob das durch Abs. 3 gewährleistete Recht der Koalitionen auf Betätigung es zulässt, den Gewerkschaftsbegriff für das TV-Recht und das Betriebsverfassungsrecht einheitlich zu bestimmen[9]. 62

e) Die nicht tariffähige Koalition. Das BAG unterscheidet zwischen tariffähigen Koalitionen, welche die Bezeichnung „Gewerkschaften" tragen und sonstigen, also nicht tariffähigen Koalitionen. Geht man zudem von der **Einheitlichkeit des Gewerkschaftsbegriffs** aus, so hat das die praktisch sehr bedeutsame Folge, dass einfachgesetzl. festgelegte Befugnisse, die vom Gesetzgeber den „Gewerkschaften" verliehen sind, nur noch den sozial mächtigen, also tariffähigen Koalitionen zustehen. Das BAG hat diese Folgerung bislang mehrmals konsequent gezogen[10]. So wird für die Vertretung von Mitgliedern vor dem LAG nach § 11 II 2 Nr. 4, IV 2 ArbGG eine tariffähige Gewerkschaft verlangt. Im Schrifttum wird diese Rspr. heftig kritisiert. Das Merkmal „Fähigkeit zur Ausübung von Druck und Gegendruck" sei auf die Tarif- und Arbeitskampffähigkeit (Rz. 48 ff.) ausgerichtet. Allenfalls dort habe dieses Erfordernis seinen Sinn[11]. 63

---

1 *Kissel*, ArbeitskampfR, § 7 Rz. 15; *Bayreuther*, BB 2007, 325 (328). ||2 BAG 4.6.2008 – 4 AZR 419/07, AP Nr. 38 zu § 3 TVG; *Bayreuther*, BB 2007, 325 (327). ||3 BAG 21.11.2012 – 4 AZR 27/11 DB 2013, 1735. ||4 BAG 19.6.2012 – 1 AZR 775/10, NZA 2012, 1372. Zur Frage der Zulässigkeit eines entsprechenden Sympathiestreiks *Willemsen/Mehrens*, NZA 2013, 79. ||5 BVerfG 6.5.1964 – 1 BvR 79/62, E 18, 18 (26 ff.); ebenso BAG 14.3.1978 – 1 ABR 2/76, AP Nr. 30 zu § 2 TVG; anders noch BAG 19.1.1962 – 1 ABR 14/60, AP Nr. 13 zu § 2 TVG. ||6 BAG 9.7.1968 – 1 ABR 2/67, AP Nr. 25 zu § 2 TVG; 6.6.2000 – 1 ABR 10/99, AP Nr. 55 zu § 2 TVG. ||7 BAG 6.7.1956 – 1 AZB 18/55, AP Nr. 11 zu § 11 ArbGG 1953; in Bezug auf das Erfordernis der Tariffähigkeit auch BAG 22.12.1960 – 2 AZR 140/58, AP Nr. 25 zu § 11 ArbGG 1953; zuletzt BAG 19.9.2006 – 1 ABR 53/05, AP Nr. 5 zu § 2 BetrVG 1972. ||8 BAG 6.7.1956 – 1 AZB 18/55, AP Nr. 11 zu § 11 ArbGG 1953; 23.4.1971 – 1 ABR 26/70, AP Nr. 2 zu § 97 ArbGG 1953; 15.3.1977 – 1 ABR 16/75, AP Nr. 24 zu Art. 9 GG. ||9 BVerfG 20.10.1981 – 1 BvR 404/78, E 58, 233 (250 ff.). ||10 Vgl. BAG 23.4.1971 – 1 ABR 26/70, E 23, 320 (323 f.); 19.9.2006 – 1 ABR 53/05, AP Nr. 5 zu § 2 BetrVG 1972; 13.3.2013 – 5 AZR 954/11, NZA 2013, 680. ||11 *Gamillscheg*, Kollektives Arbeitsrecht, § 9 IV 3e mwN.

64 Auch auf der Grundlage der Rspr. kann die nicht tariffähige Koalition aber jedenfalls die **unmittelbar aus Abs. 3 fließenden Rechte** geltend machen. So muss die nicht tariffähige Koalition durch die Drittwirkungsklausel des Abs. 3 S. 2 gegen Beeinträchtigung beitrittswilliger oder beigetretener Mitglieder geschützt sein. Die Notstandsklausel schützt Arbeitskämpfe von Koalitionen iSd. S. 1 gegen bestimmte Notstandsmaßnahmen. Da zu den Koalitionen iSd. S. 1 auch nicht tariffähige Koalitionen zählen, gilt der Schutz dem Wortlaut nach auch für (rechtswidrige) Kampfmaßnahmen nicht tariffähiger Koalitionen[1]. Schließlich ist das aus Abs. 3 unmittelbar gefolgerte Recht zur Werbung von Mitgliedern im Betrieb und an der Dienststelle (Rz. 76) für eine im Aufbau befindliche Koalition existenznotwendig. Die Ausübung des Rechts zur Mitgliederwerbung weist keinen unmittelbaren Bezug zur Tariffähigkeit auf und kann daher nicht auf tariffähige Koalitionen beschränkt sein[2].

65 **7. Gewährleistungsinhalt des Abs. 3. a) Positive individuelle Koalitionsfreiheit.** Abs. 3 S. 1 gewährleistet das Recht, **Koalitionen zu bilden**. Dieses Grundrecht umfasst (1) die Gründung einer Koalition, also den Zusammenschluss als solchen und die dazu erforderlichen Maßnahmen; (2) den späteren Beitritt in eine bereits bestehende Koalition, dies kann man noch als „Bildung" einer Vereinigung ansehen; (3) schließlich das Verbleiben in der Koalition. Gewährleistet wird also zunächst ein Individualgrundrecht. Die Freiheit umfasst auch das Recht zur Spaltung und Verschmelzung von Verbänden[3].

66 **b) Negative individuelle Koalitionsfreiheit. aa) Grundlagen.** Nach der Rspr.[4] schützt Abs. 3 S. 1 auch das Recht bzw. die Freiheit des Einzelnen, **einer Koalition fernzubleiben**. Diese Formel passt für den Fall eines rechtl. Zwanges zum Verbandsbeitritt. Praktisch bedeutsam sind jedoch meist nur Sachverhalte, in denen ein ArbN oder ArbGeb zwar einer Koalition fernbleiben kann, dann aber Nachteile hinzunehmen hat. Es geht also richtiger um die Freiheit, einer Koalition **ohne Nachteile** fernzubleiben. Das Fernbleiberecht umfasst auch das Recht, sich nicht zu einer Koalition zusammenzuschließen. Schließlich gehört zur negativen Koalitionsfreiheit auch das Recht, aus einer Koalition ohne Nachteile auszutreten[5].

67 Nicht jede Beeinflussung in der negativen Koalitionsfreiheit ist allerdings schon ein Verletzungstatbestand, der die Rechtsfolgen des Abs. 3 S. 2 auslöst. Verlangt wird eine **gewisse Intensität des Drucks**. Ein „gewisser Druck" ist hinzunehmen[6]. Das BAG differenziert zwischen einem sozialadäquaten Druck, dem man sich nicht entziehen kann und einem sozialinadäquaten Druck, der rechtswidrig und zu missbilligen ist. Letzterer wird angenommen, wenn das Gerechtigkeitsempfinden gröblich verletzt ist[7]. Diese Formel ist nicht sonderlich genau und räumt dem Richter einen erheblichen Beurteilungsspielraum ein. Probleme mit der negativen Koalitionsfreiheit stellen sich insb. bei Außenseitern.

68 **bb) Einzelfälle.** Durch tarifl. Regelungen dürfen Außenseiter ggü. Organisierten nicht dergestalt schlechter gestellt werden, dass einzelne Leistungen bzw. der Arbeitsplatz schlechthin den Koalitionsmitgliedern vorbehalten bleiben. Mit der negativen Koalitionsfreiheit unvereinbar sind deshalb wohl **qualifizierte**[8] **tarifl. Differenzierungsklauseln**[9] (§ 1 TVG Rz. 107) sowie **Organisations- und Absperrklauseln**[10]. Auf der anderen Seite verstößt es nicht gegen Abs. 3, wenn Außenseiter vom ArbGeb anders behandelt werden als Organisierte, ihnen also tarifl. Leistungen versagt bleiben[11]. Dies ist insb. der Fall, wenn nur ein Ausgleich der mitgliedschaftlichen Nachteile erfolgt, etwa mit einer einfachen Differenzierungsklausel über 260 Euro jährlich[12]. Insoweit liegt auch kein Verstoß gegen den Gleichbehandlungsgrundsatz vor, die Gewerkschaftszugehörigkeit ist sachlicher Differenzierungsgrund (Art. 3 Rz. 36).

69 Zu lange **Kündigungsfristen** sind mit Abs. 3 S. 1 ebenso wenig vereinbar wie die Ausübung finanziellen Drucks auf die Mitglieder, um sie damit von einem Austritt abzuhalten.

70 Ferner ist die **gesetzl. Erstreckung der Tarifwirkungen auf Außenseiter** ein Problem der negativen Koalitionsfreiheit. Für die Allgemeinverbindlicherklärung nach § 5 TVG (§ 5 TVG Rz. 7 ff.) wurde vom BVerfG[13] ein Verstoß verneint, ebenso für die Nachwirkung von Tarifnormen gem. § 4 V TVG (§ 4 TVG Rz. 5 ff.). Nicht beanstandet wurde ferner die auf § 1 IIIa AEntG aF beruhende VO über zwingende Arbeitsbedingungen im Baugewerbe v. 25.8.1999[14]. Nicht anders ist für die Weitergeltung der Tarifbindung beim Verbandsaustritt nach § 3 III TVG (§ 3 TVG Rz. 38 ff.) sowie insb. die Erstreckung der Tarifwirkun-

---

1 Rechtswidrig deshalb, weil nicht tariffähige Verbände kein Streikrecht haben. Art. 9 III 3 gilt auch für rechtswidrige Arbeitskämpfe, vgl. *Seiter*, Streikrecht, S. 70 f. mwN. ||2 So zB *Buchner*, FS 25 Jahre BAG, 1979, S. 56 ff. ||3 *Gamillscheg*, Kollektives Arbeitsrecht, § 6 I 1a. ||4 BVerfG 14.11.1995 – 1 BvR 601/92, E 93, 352 (357 f.); BAG 29.11.1967 – GS 1/67, AP Nr. 13 zu Art. 9 GG; 17.2.1998 – 1 AZR 364/97, AP Nr. 87 zu Art. 9 GG. Dagegen und für Schutz durch Art. 2 I *Gamillscheg*, Kollektives Arbeitsrecht, § 84b mwN. ||5 Vgl. zuletzt etwa BAG 19.9.2006 – 1 ABR 2/06, AP Nr. 22 zu § 3 TVG Verbandszugehörigkeit. ||6 BVerfG 19.10.1966 – 1 BvL 24/65, E 20, 312 (321 f.); BAG 21.1.1987 – 4 AZR 547/86, AP Nr. 47 zu Art. 9 GG. ||7 BAG (GS) 29.11.1967 – GS 1/67, AP Nr. 13 zu Art. 9 GG. ||8 Anders nunmehr für einfache Differenzierungsklauseln BAG 18.3.2009 – 4 AZR 64/08, AP Nr. 41 zu § 3 TVG; 22.9.2010 – 4 AZR 117/09, nv. ||9 BAG (GS) 29.11.1967 – GS 1/67, AP Nr. 13 zu Art. 9 GG; 21.1.1987 – 4 AZR 547/86, AP Nr. 47 zu Art. 9 GG; 9.5.2007 – 4 AZR 275/06, AP Nr. 23 zu § 3 TVG Verbandszugehörigkeit; 23.3.2011 – 4 AZR 366/09, NZA 2011, 920 (Spannenklausel); *Franzen*, RdA 2006, 1. ||10 *Gamillscheg*, Kollektives Arbeitsrecht, § 86b. ||11 BVerfG 20.7.1971 – 1 BvR 13/69, E 31, 297 (302). ||12 Vgl. BAG 23.3.2011 – 4 AZR 366/09, NZA 2011, 920. ||13 BVerfG 3.7.2000 – 1 BvR 945/00, AP Nr. 36 zu § 4 TVG Nachwirkung. ||14 BVerfG 18.7.2000 – 1 BvR 948/00, AP Nr. 4 zu § 1 AEntG.

gen auf die Außenseiter bei Betriebs- und Betriebsverfassungsnormen eines TV (§ 1 TVG Rz. 51 ff.) zu entscheiden[1].

Auch das Problem der **Tariftreueregelungen** wird unter dem Gesichtspunkt eines Eingriffs in die negative Koalitionsfreiheit diskutiert[2]. Die negative Koalitionsfreiheit gewährleistet jedoch nur das Recht des einzelnen ArbN und ArbGeb, einer Koalition fernzubleiben oder aus ihr auszutreten. Werden über eine Tariftreueerklärung ArbGeb faktisch an die in einem TV festgelegte Mindestlohnhöhe gebunden, so ist nach der Rspr. des BVerfG[3] schon der Schutzbereich der negativen Koalitionsfreiheit nicht eröffnet. Nimmt man jedoch die Eröffnung des Schutzbereiches an, begründet der Druck, einer tarifschließenden Koalition beizutreten, um ggf. auf die in Bezug genommene Tarifregelung Einfluss zu gewinnen, noch keinen Eingriff. Auch nach Scheitern des Bundestariftreuegesetzes[4] im Bundesrat im Juli 2002 hat die Thematik durch verschiedene landesrechtl. Regelungen[5] nicht an Brisanz verloren.

Nach einer Auffassung im Schrifttum[6] stellt allerdings eine staatl. Verpflichtung zur Zahlung der örtlichen Tariflöhne eine unzulässige Beschränkung des **freien Dienstleistungsverkehrs iSd. Art. 56 AEUV** dar. Nicht das Fehlen einer solchen konstitutiven Tariftreueverpflichtung im deutschen Recht, sondern deren Schaffung durch Gesetz führe zu einer „unzulässigen Wettbewerbsverzerrung". Im Rahmen der Rechtfertigung des Tariftreuekriteriums scheide nach der st. Rspr. des EuGH der Aspekt des Schutzes deutscher Unternehmen vor der EU-ausländischen Konkurrenz von vornherein als unzulässiger „wirtschaftlicher Grund" aus[7].

c) Kollektive Koalitionsfreiheit. aa) Bestandsgarantie. Während der Weimarer Zeit war umstritten (Rz. 23), ob mit der kollektiven Koalitionsfreiheit ein **eigener Grundrechtsschutz** verbunden sein sollte, so dass sich auch die Koalition gegen Beeinträchtigungen durch den Staat oder Dritte unter Berufung auf das Grundrecht zur Wehr setzen konnte. Nach st. Rspr. des BVerfG gehört demggü. zur Gewährleistung des Abs. 3 „der Schutz der Koalition als solche"[8], es handelt sich also um ein Doppelgrundrecht. Mit dieser Bestandsgarantie ist das Recht der Koalition gemeint, in ihrem Bestand (in ihrer Existenz) nicht beeinträchtigt zu werden. Dazu gehört vor allem der Mitgliederbestand. Die kollektive Koalitionsfreiheit ist als Ergänzung erforderlich, damit die individuelle Freiheit effektiv geschützt wird.

bb) Betätigungsgarantie. Abs. 3 garantiert aber auch das Recht der Koalition, durch **spezifisch koalitionsgemäße Betätigungen** die in Abs. 3 genannten Zwecke zu verfolgen[9]. Ist einmal der Schritt von der individuellen Koalitionsfreiheit zum Schutz des Bestandes der Koalition getan, ist es konsequent, in den Schutzbereich auch die Betätigung der Koalition einzubeziehen. Der verfassungsrechtl. Schutz des Bestandes der Koalition würde leer laufen, wenn nicht auch die Betätigung den gleichen Schutz genösse. Denn ohne die Möglichkeit zur koalitionsgemäßen Betätigung wäre der Bestand einer Koalition über kurz oder lang in Frage gestellt.

Die entscheidende Frage lautet, welche **koalitionsgemäßen Betätigungen unter den Grundrechtsschutz fallen** und mit welchen Auslegungsmethoden dies zu ermitteln ist. Bei der historischen Interpretation wird gefragt, ob die betreffende Betätigung in der Vergangenheit von den Koalitionen erlaubtermaßen wahrgenommen worden ist. Aber nicht alle historisch gewordenen oder von den Koalitionen angemaßten Betätigungen sind verfassungsrechtl. geschützt; umgekehrt muss es auch möglich sein, neue Betätigungen in den Grundrechtsschutz einzubeziehen. Nach Aufgabe der Kernbereichstheorie durch das BVerfG[10] wird man alle koalitionsgemäßen Betätigungen als geschützt anzusehen haben, die geeignet und erforderlich sind, um den Koalitionszweck, die Wahrung und Förderung der Arbeits- und Wirtschaftsbedingungen, wirksam zu verfolgen bzw. die Existenz der Koalition wirksam zu sichern und zu erhalten. Unverkennbar wendet das Gericht bei der Ermittlung der geschützten Betätigungen den Grundsatz der Verhältnismäßigkeit iwS (Übermaßverbot) an[11]. Hieran hat auch die Aufgabe der Kernbereichsrechtsprechung (Rz. 83) jedenfalls in Bezug auf den Konflikt Tarifrecht – staatliches Recht nichts geändert[12]. Weitere Begrenzungen der Betätigungsgarantie ergeben sich aber aus der Abwägung

---

1 BAG 18.8.1987 – 1 ABR 30/86, AP Nr. 23 zu § 77 BetrVG 1972; 26.4.1990 – 1 ABR 84/87, AP Nr. 57 zu Art. 9 GG. ‖2 BGH 18.1.2000 – KVR 23/98, AP Nr. 1 zu § 20 GWB; *Kling*, Die Zulässigkeit vergabefremder Regelungen, 2. Aufl. 2003, S. 388 ff. ‖3 So im Hinblick auf § 4 V TVG BVerfG 3.7.2000 – 1 BvR 945/00, AP Nr. 36 zu § 4 TVG – Nachwirkung. S. zur Tariftreueregelung nach Berliner Vergabegesetz BVerfG 11.7.2006 – 1 BvL 4/00, AP Nr. 129 zu Art. 9 GG (Vorlagebeschl. BGH 18.1.2000 – KVR 23/98, AP Nr. 1 zu § 20 GWB). ‖4 Gesetz zur verstärkten Entlohnung bei öffentlichen Aufträgen und zur Einrichtung eines Registers über unzuverlässige Unternehmen, BT-Drs. 14/7796 (Beschlussempfehlung und Bericht BT-Drs. 14/8896). ‖5 § 1 I 2 VergabeG Berlin, vergleichbare Regelungen auch in Bayern und Nds. ‖6 Eingehend *Krebber*, EuZA 2013, 434 ff. mwN; s.a. schon *Kling*, EuZW 2002, 229 (236). ‖7 EuGH 25.10.2001 – Rs. C-49/98, 50/98, 52–54/98, 68–71/98, EAS C EG-Vertrag Art. 59 Nr. 43 – Finalarte; 24.1.2002 – Rs. C-164/99, EAS C EG-Vertrag Art. 59 Nr. 44 – Portugaia; 3.4.2008 – Rs. C-346/06, EAS C EG-Vertrag Art. 49 Nr. 23 – Rüffert. ‖8 BVerfG 18.11.1954 – 1 BvR 629/52, E 4, 96 (101 f.); 26.6.1991 – 1 BvR 779/85, E 84, 212 (225); 4.7.1995 – 1 BvR 2/86 ua., E 92, 365 (393). ‖9 BVerfG 4.7.1995 – 1 BvF 2/86, E 92, 365 (393); 9.1.2007 – 1 BvR 3068/06, NZA 2007, 514. ‖10 BVerfG 14.11.1995 – 1 BvR 601/92, E 93, 352 (357 f.); vgl. hierzu näher *Konzen*, FS 50 Jahre BAG, 2004, S. 513 (522 ff.). ‖11 Vgl. dazu näher *Seiter*, Streikrecht, S. 108 ff.; *Seiter*, AöR 109 (1984), 88 (96 ff.). ‖12 BVerfG 24.4.1996 – 1 BvR 712/96, E 94, 268 (284); 27.4.1999 – 1 BvR 2203/93, E 100, 271 (285 ff.); Nachw. zur Kritik bei *Zachert*, AR-Blattei SD 1650.1 (2001) Rz. 166.

mit kollidierenden Grundrechten Dritter bzw. sonstigen mit Verfassungsrang ausgestatteten Rechte anderer (s. noch Rz. 80 ff.).

76 **cc) Anerkannte Betätigungen.** Folgende spezifisch koalitionsgemäße Betätigungen sind durch die Rspr. anerkannt: **Tarifvertragl. Normsetzung**[1]; **Koalitionsbetätigung im Personalwesen**, insb. Werbung vor Personalratswahlen in der Dienststelle[2]; **Koalitionsbetätigung in der Betriebsverfassung**, insb. Werbung vor BR-Wahlen im Betrieb[3]; **Mitgliederwerbung**, auch im Betrieb[4] und während der Arbeitszeit, sofern der Betriebsablauf nicht leidet[5] sowie an **betriebl. Mailadressen**[6]; **Zutrittsrecht zum Betrieb**, jedenfalls außerhalb kirchlicher Einrichtungen[7], auch für externe Gewerkschaftsbeauftragte[8]; **Arbeitskampf** zur Durchsetzung von TV[9]. Auch die Rechtsberatung sowie die Vertretung im gerichtl. Verfahren sind in den Grenzen der koalitionsspezifischen Tätigkeit geschützt[10]. Demggü. darf der **für dienstliche Zwecke zur Verfügung gestellte E-Mail-Account** eines ArbN nicht für die betriebsinterne Verbreitung eines Streikaufrufs genutzt werden[11].

77 Die Einschränkung der koalitionsmäßigen Betätigung im Rahmen der tarifvertragl. Normsetzung durch die frühere Rspr.[12] zum sog. **Grundsatz der Tarifeinheit im Betrieb**, wonach bei einer Tarifpluralität in jedem Betrieb nur ein TV zur Anwendung kommen durfte, ist mit der Aufgabe dieses Grundsatzes durch das BAG[13] nunmehr gegenstandslos (§ 4 TVG Rz. 40 ff.). Ob die bis dato geltende Rechtslage – ggf. modifiziert – legislativ wieder hergestellt wird, ist derzeit offen[14]. Arbeitskampfrechtlich wirft der tarifplurale Betrieb viele Fragen auf (Rz. 283).

78 **d) Individuelles Teilnahmerecht an der geschützten Koalitionsbetätigung.** Es gibt Betätigungen, die nur von der Koalition als solcher vorgenommen werden können, etwa auf ArbN-Seite der Abschluss von TV. Bei der Werbung oder dem Arbeitskampf **muss der Verband hingegen idR (auch) seine Mitglieder einschalten**. Beeinträchtigungen der Koalitionsbetätigung treffen hier sogar in erster Linie die einzelnen Mitglieder. Das BVerfG hat festgestellt, dass Abs. 3 auch dem Einzelnen das Recht zusichert, an der spezifischen Tätigkeit der Koalition in dem Bereich teilzunehmen, der für die Koalition verfassungsrechtl. geschützt ist[15]. Das BVerfG sieht insoweit also offenbar die kollektive Koalitionsfreiheit als primär an; die individuelle Rechtsposition wird dann als „Teilnahmerecht" daraus abgeleitet. Zwar unterfällt auch die Teilnahme an einer Gewerkschaftssitzung der Koalitionsbetätigungsfreiheit. Ein Gewerkschaftsmitglied hat während der Arbeitszeit jedoch weder nach Art. 9 III GG noch aus § 275 III BGB deshalb per se einen Anspruch auf (unbezahlte) Freistellung. Der Koalitionsbetätigungsfreiheit ist insoweit über die Ausübung des Weisungsrechts durch den ArbGeb angemessen Rechnung zu tragen[16].

79 **8. Regelungsauftrag zur Schaffung eines einfachgesetzlichen Unterbaus.** Grundrechte bedürfen in aller Regel einer Vielzahl **einfachgesetzlicher Regelungen**, damit der Grundrechtsinhaber von ihnen wirksam Gebrauch machen kann; dies gilt auch für die allg. Vereinigungsfreiheit (Rz. 7). Die Notwendigkeit des Unterbaues wird besonders dann spürbar, wenn der einfache Gesetzgeber wie etwa im Arbeitskampfrecht untätig geblieben ist. Das BVerfG hat idS ausgeführt, dass Abs. 3 garantiere, dass ein TV-System iSd. modernen Arbeitsrechts staatlicherseits überhaupt bereitzustellen sei[17]. Mehr noch als die in Abs. 1 gewährleistete allg. Vereinigungsfreiheit bedarf die Koalitionsfreiheit der gesetzl. Ausgestaltung. Diese besteht nicht nur in der Schaffung der Rechtsinstitute und Normenkomplexe, die erforderlich sind, um die grundrechtl. garantierten Freiheiten ausüben zu können. Die Bedeutung und Vielzahl der von der Tätigkeit der Koalitionen berührten Belange namentlich im Bereich der Wirtschafts- und Sozialordnung machen vielmehr vielfältige gesetzl. Regelungen notwendig, die der Koalitionsfreiheit auch Schranken ziehen können; dies umso mehr, als der Gegenstand der Gewährleistung auf sich wandelnde wirtschaftl. und soziale Bedingungen bezogen ist, die mehr als bei anderen Freiheitsrechten die Möglichkeit zu Modifikationen und Fortentwicklungen lassen müssen[18]. In jüngerer Zeit ist der Ruf nach dem Gesetzgeber im Hinblick auf den tarifpluralen Betrieb wieder lauter geworden[19].

80 **9. Schranken der Koalitionsfreiheit. a) Kein Gesetzesvorbehalt.** Abs. 3 enthält keinen **ausdrücklichen Vorbehalt** für eine gesetzl. Regelung oder in Bezug auf die Einschränkung des Grundrechts. Für

---

1 BVerfG 10.1.1995 – 1 BvF 1/90 ua., AP Nr. 76 zu Art. 9 GG. ‖ 2 BVerfG 23.3.1982 – 2 BvL 1/81, E 60, 162 (170). ‖ 3 BAG 14.2.1967 – 1 AZR 494/65, AP Nr. 10 zu Art. 9 GG. ‖ 4 BAG 28.2.2006 – 1 AZR 460/04, AP Nr. 127 zu Art. 9 GG; s.a. BAG 31.5.2005 – 1 AZR 141/04, AP Nr. 124 zu Art. 9 GG; 22.5.2012 – 1 ABR 11/11, NJW 2012, 3325 und BVerfG 6.2.2007 – 1 BvR 978/05, NZA 2007, 394 ff. ‖ 5 BVerfG 14.11.1995 – 1 BvR 601/92, E 93, 352; BAG 22.6.2010 – 1 AZR 179/09, AP Nr. 142 zu Art. 9 GG. ‖ 6 BAG 20.1.2009 – 1 AZR 515/08, NZA 2009, 615. ‖ 7 Abl. BVerfG 17.2.1981 – 2 BvR 384/78, E 57, 220 (247); BAG 26.1.1982 – 1 AZR 610/80, AP Nr. 35 zu Art. 9 GG. ‖ 8 BAG 28.2.2006 – 1 AZR 460/04, AP Nr. 127 zu Art. 9 GG. ‖ 9 BAG 10.6.1980 – 1 AZR 822/79, 1 AZR 168/79, AP Nr. 64, 65, zu Art. 9 GG Arbeitskampf; BSG 15.12.1971 – 3 RK 87/68, AP Nr. 46 zu Art. 9 GG Arbeitskampf. ‖ 10 BVerfG 26.1.1995 – 1 BvR 2071/94, AP Nr. 77 zu Art. 9 GG. ‖ 11 BAG 15.10.2013 – 1 ABR 31/12. ‖ 12 So zB noch BAG 26.1.1994 – 10 AZR 611/92, AP Nr. 22 zu § 4 TVG Tarifkonkurrenz. ‖ 13 BAG 27.1.2010 – 4 AZR 549/08, AP Nr. 46 zu § 3 TVG; 23.6.2010 – 10 AS 2/10, NZA 2010, 778; 7.7.2010 – 4 AZR 549/08, NZA 2010, 1068. ‖ 14 Vgl. nur *Henssler*, RdA 2011, 65; Carl Friedrich von Weizsäcker-Stiftung (Hrsg.), Tarifpluralität als Aufgabe des Gesetzgebers, 2011, S. 23 ff.; jew. mwN. ‖ 15 BVerfG 30.11.1965 – 2 BvR 54/62, E 19, 303 (312). ‖ 16 BAG 13.8.2010 – 1 AZR 173/09, AP Nr. 141 zu Art. 9 GG. ‖ 17 BVerfG 18.11.1954 – 1 BvR 629/52, E 4, 96; s.a. *Konzen*, FS 50 Jahre BAG, 2004, S. 513 (523 ff.). ‖ 18 BVerfG 1.3.1979 – 1 BvR 532/77 ua., E 50, 290 (368). ‖ 19 S. nur Carl Friedrich von Weizsäcker-Stiftung (Hrsg.), Tarifpluralität als Aufgabe des Gesetzgebers, 2011, passim.

die ausdrücklich geregelte Koalitionsbildungsfreiheit hielt der Grundgesetzgeber einen ausdrücklichen Vorbehalt auch nicht für nötig. Aus ihrer vorbehaltlosen Gewährleistung kann man daher nicht auf eine ebenso vorbehaltlose Gewährleistung der Koalitionsbetätigungsfreiheit schließen. Daran hat das BVerfG auch keine Zweifel gelassen. Im Mitbestimmungsurteil wurde ausdrücklich die Schrankenziehung angesprochen[1]. Für den (aus der Sicht des Gerichts hypothetischen) Fall einer Verfassungsgarantie des Arbeitskampfes wird festgestellt, Abs. 3 räume den geschützten Personen „nicht mit Verfassungsrang einen inhaltlich unbegrenzten und gesetzlich unbegrenzbaren Handlungsspielraum ein". Diese Aussage dürfte für gesetzl. Einschränkungen des Arbeitskampfrechts im tarifpluralen Betrieb[2] noch von Bedeutung sein.

b) **Schranken aus dem Grundgesetz.** Eine wichtige **grundrechtsimmanente Schranke** enthält Abs. 3 in der Umschreibung des Koalitionszwecks und der Koalitionsbetätigung mit „Wahrung und Förderung der Arbeits- und Wirtschaftsbedingungen". Unter dem Aspekt der Einheit der Verfassung kommen auch verfassungsimmanente Schranken in Betracht, die in konkurrierenden Verfassungsregelungen außerhalb Abs. 3 enthalten sind. Als Beispiel ist Art. 33 V zu nennen, wonach das Recht des öffentl. Dienstes „unter Berücksichtigung der hergebrachten Grundsätze des Berufsbeamtentums" ausgelegt werden muss. Zu diesen Grundsätzen gehört das Verbot des Beamtenstreiks, welches die Koalitionsfreiheit der Beamten einschränkt (Rz. 320). 81

Zweifelhaft ist, ob und inwieweit **sonstige Schrankenvorbehalte** in anderen Grundrechten auf die Koalitionsfreiheit übertragen werden können. Für die Schrankentrias des Art. 2 I wird dies vom BVerfG abgelehnt[3]: „Betätigungsfreiheit der Koalitionen im Rahmen des Art. 2 I GG". Richtig ist, dass die Koalitionsfreiheit nicht schlechthin unter den Vorbehalt des Art. 2 I in der üblichen weiten Auslegung gestellt werden kann. Gleichwohl ist nicht zu verkennen, dass man sich bei der Ausgestaltung der Koalitionsbetätigung im Bereich der Rechtsfortbildung bewegt. Art. 2 I kann hier als Wertungsgrundlage dienen. So muss angenommen werden, dass sich die Koalitionsbetätigung nicht über gleiche oder höhere Rechte anderer hinwegsetzen darf. Die verfassungsmäßige Ordnung ieS ist schon nach Art. 9 II als Schranke zulässig (Rz. 8). Auch ein sittenwidriges Verhalten ist nicht gewährleistet. In diesen Zusammenhang gehört auch das Missbrauchsverbot[4]. 82

c) **Methode der Schrankenziehung durch das BVerfG.** Das BVerfG geht für die Koalitionsbetätigungsgarantie von einem **weiten Regelungsspielraum** des einfachen Gesetzgebers aus. Dieses Regelungsermessen bezieht sich allerdings nicht nur auf die Schranken, sondern in erster Linie auf die schon behandelte betätigungsfördernde Regelung, bei welcher die Koalitionsfreiheit nicht begrenzt, sondern entfaltet wird. Regelungen und Schranken dürfen dem Betätigungsrecht der Koalitionen allerdings nur solche Grenzen ziehen, die zum Schutz anderer Rechtsgüter von der Sache her geboten sind. Regelungen, die nicht in dieser Weise gerechtfertigt sind, sind mit Abs. 3 nicht vereinbar. In seiner früheren Rspr. hatte das BVerfG dabei noch auf einen sog. unantastbaren Kern der Koalitionsbetätigung rekurriert, der ihre Grenze der gesetzgeberischen Regelung und Schrankenziehung darstelle[5]. Zu diesem „Kernbereich" sollten diejenigen Tätigkeiten zählen, für welche die Koalitionen gegründet worden waren und die für die Erhaltung und Sicherung ihrer Existenz als unerlässlich betrachtet werden müssen. Nach dieser Kernbereichslehre war bereits der Schutzbereich der Koalitionsfreiheit selbst begrenzt, so dass lediglich dann, wenn wirklich der Kernbereich betroffen war, man zu einer Abwägung mit anderen Rechtsgütern gelangte[6]. 83

Inzwischen sieht das BVerfG im Schutzbereich der Koalitionsfreiheit **alle koalitionsspezifischen Betätigungen als von Abs. 3 geschützt** an. Dies gilt insb. auch für die Mitgliederwerbung als solche[7] (vgl. Rz. 76). Das Recht auf Koalitionsbetätigung sei allerdings nicht schrankenlos gewährleistet, sondern so zu behandeln wie jedes andere Freiheitsgrundrecht auch. Einschränkungen sind damit nur auf der Ebene der Grundrechtsschranken möglich[8]. Auf der anderen Seite betont das BVerfG auch die Ausgestaltungsbefugnis des Gesetzgebers bzgl. der Koalitionsfreiheit, der nur so viel Handlungsspielraum hat, wie dies zum Schutz anderer Rechtsgüter von der Sache her geboten ist[9]. Hinsichtlich der Schrankensystematik wird man zwischen der Ausgestaltung durch den Gesetzgeber und einem Eingriff in das Grundrecht auf Koalitionsbetätigung zu unterscheiden haben: Eine Ausgestaltung ist zulässig, solange dies zum Schutz anderer Rechtsgüter geboten ist, was ohnedies der allg. Grundrechtsdogmatik entspricht, da Abs. 3 ein stark normgeprägtes Grundrecht ist[10]. Der Gesetzgeber muss jedoch alle betreffenden Rechtsgüter beachten und gegeneinander abwägen[11]. IÜ gelten die Regeln der praktischen Konkordanz. Im Unterschied zur Ausgestaltung des Grundrechts muss hier nicht auf alle Rechtsgüter Rücksicht genommen werden, sondern nur auf die Grundrechte anderer und Rechtsgüter von Verfassungsrang[12]. 84

---

1 BVerfG 1.3.1979 – 1 BvR 532/77 ua., E 50, 290 (308). ||2 S. nur *Henssler*, RdA 2011, 65 (69ff.). ||3 BVerfG 30.11.1965 – 2 BvR 54/62, E 19, 303 (314); aA beiläufig BAG 2.8.1963 – 1 AZR 9/63, AP Nr. 5 zu Art. 9 GG. ||4 *Seiter*, Streikrecht, S. 112f.; *Seiter*, AöR 109 (1984), 88 (98f.). ||5 BVerfG 1.3.1979 – 1 BvR 532/77 ua., E 50, 290 (368f.). ||6 So explizit BAG 14.2.1967 – 1 AZR 494/65, E 19, 217 (226); s.a. BAG 23.9.1986 – 1 AZR 597/85, E 53, 89 (93). ||7 BVerfG 14.11.1995 – 1 BvR 601/92, E 93, 352 (357f.). ||8 ErfK/*Dieterich*, Art. 9 GG Rz. 49 ||9 BVerfG 14.11.1995 – 1 BvR 601/92, E 93, 352 (359). ||10 BVerfG 14.11.1995 – 1 BvR 601/92, E 93, 352 (369); *Thüsing*, EzA Art. 9 GG Nr. 60, S. 9 (13). ||11 ErfK/*Dieterich*, Art. 9 GG Rz. 49. ||12 *Thüsing*, EzA Art. 9 GG Nr. 60, S. 9 (14).

85 **10. Verhältnis von Gesetzgeber und Richter bei der Normkonkretisierung.** Zunächst ist es Sache des Gesetzgebers, die **Befugnisse der Koalitionen und deren Schranken** bei der Wahrung und Förderung der Arbeits- und Wirtschaftsbedingungen im Einzelnen zu regeln. Im Tarifrecht hat der Gesetzgeber seiner Regelungspflicht Genüge getan. Anders ist es dagegen im Berufsverbandsrecht, im Arbeitskampfrecht und auch im Schlichtungsrecht. Hier steht der Richter nicht selten vor der grds. Frage, wie er sich zu verhalten hat, wenn der Gesetzgeber untätig bleibt. Denkbar wäre, sich streng am Bestand der vorhandenen Normen zu orientieren und die sich daraus ergebenden Rechtsfolgen auszusprechen, auch wenn diese nicht den rechtspolitischen Vorstellungen des Richters und der beteiligten Kreise entsprechen. Die Rspr. des BAG ist einen anderen Weg gegangen. Das Gericht hat das Recht nicht nur durch Auslegung, Analogie und Reduktion, sondern auch durch rechtspolitische Programmbildungen in Bereichen, in denen der Gesetzgeber untätig geblieben ist (Rechtsfortbildung praeter legem) fortgebildet[1]. Anfangs versuchte die Rspr., den Eindruck der Einmischung in gesetzgeberische Kompetenzen durch Begründungen und rechtsdogmatisch klingende Konstruktionen zu verschleiern (Bsp.: die kollektive Handlungstheorie und die Einheitslehre bei der Entwicklung des Streikrechts).

86 Im Laufe der Zeit trat die dogmatische Begründung zurück und machte dem mehr oder weniger offenen Bekenntnis zur richterlichen **„Ersatzgesetzgebung"** Platz. Einen Höhepunkt dieser Entwicklung bildete die Äußerung des Großen Senats des BAG im Arbeitskampfbeschluss von 1971, wonach „auf dem Gebiet des Arbeitskampfrechts die Rspr. an die Stelle (!) des untätigen Gesetzgebers getreten ist"; das Gericht bezeichnet seine Rspr. als „gesetzesvertretendes Richterrecht"[2]. In methodischer Hinsicht fällt auf, dass die Rspr. vorwiegend allg. Grundsätze oder Prinzipien zur Begründung heranzieht (im Arbeitskampfrecht zB: Grundsatz der Kampfparität, der staatlichen Neutralität, der Solidarität und der Verhältnismäßigkeit) oder sich auf zivilrechtl. Ebene Generalklauseln schafft, die dann konkretisiert werden wie die sog. Sozialadäquanz. Die allg. Grundsätze sind ihrerseits mehr oder weniger an der Verfassung orientiert. Insb. Abs. 3 wurde zunehmend zur Legitimationsgrundlage und Direktive für richterliche Ersatzgesetzgebung im kollektiven Arbeitsrecht.

87 Damit stellt sich die Frage, ob nicht eine **Verpflichtung des Gesetzgebers zum Tätigwerden** besteht[3] und der richterlichen Rechtsfortbildung aus diesem Grunde immanente Grenzen gesetzt sind. Zwar ist die grds. Aufgabe und Befugnis der Arbeitsgerichtsbarkeit zur Rechtsfortbildung allg. anerkannt. Indes sind dieser Fortbildung des Rechts Grenzen gesetzt: Zum einen darf eine richterliche Rechtsfortbildung nicht die im GG verankerte Zuständigkeitsverteilung zwischen Legislative und Judikative verletzen. Zum Zweiten hat der Richter bei seiner Rechtsfortbildung die Wertentscheidungen und Vorgaben der Rechtsordnung zu berücksichtigen. Die gewonnenen Ergebnisse dürfen also nicht im Widerspruch zu diesen normativen Prämissen stehen.

88 Ob der Rspr. unter dem Gesichtspunkt der funktionellen Aufteilung zwischen Gesetzgeber und Richter bei der Gestaltung der Rechtsordnung Grenzen gezogen sind, ist zumindest fraglich[4]. In seiner Aussperrungsentscheidung v. 26.6.1991[5] hatte das BVerfG die Anwendung der sog. **„Wesentlichkeitstheorie"** auf das Verhältnis Legislative – Judikative noch mit der Begründung abgelehnt, diese gelte „nur für das Verhältnis zwischen Staat und Bürger", nicht aber zwischen gleichgeordneten Grundrechtsträgern. Auch wo eine gesetzl. Regelung etwa wegen einer verfassungsrechtl. Schutzpflicht notwendig wäre, müsse der Richter das materielle Recht trotz der unzureichenden gesetzl. Vorgaben aus den allg. Rechtsgrundlagen ableiten. Hinter dieser Aussage steht das Rechtsverweigerungsverbot, wonach die Gerichte die ihnen vom GG auferlegte Pflicht zu erfüllen haben, einen vorliegenden Rechtsstreit zu entscheiden. Das setzt indes voraus, dass sich materielles Arbeitskampfrecht überhaupt aus „allg. Rechtsgrundlagen" ableiten lässt. Allerdings erklärte das BVerfG unter ausdrücklicher Berufung auf die Wesentlichkeitstheorie die Zulassung des Einsatzes von Beamten auf bestreikten ArbN-Dienstposten (Rz. 321) ohne gesetzl. Regelung für mit dem GG unvereinbar[6].

89 **11. Rechtsbehelfe bei Verletzung der Koalitionsfreiheit. a) Schutz gegen den Staat.** Die Koalitionsfreiheit ist zunächst ein **Abwehrrecht ggü. dem Staat**. Gegen Normen (Gesetze im formellen und materiellen Sinn) unmittelbar kommt die Verfassungsbeschwerde nach Art. 93 Nr. 4a, §§ 90 ff. BVerfGG nur in Betracht, wenn die Norm selbst die Koalitionsfreiheit beeinträchtigt und nicht erst eines Vollzugsaktes bedarf. IdR muss die Unvereinbarkeit des Gesetzes mit Abs. 3 im Rahmen eines Rechtsstreits geltend gemacht werden. Gelangt der Richter zu der Auffassung, dass das Gesetz verfassungswidrig ist, so setzt er (bei nachkonstitutionellem Recht) den Rechtsstreit aus und legt ihn dem BVerfG nach Art. 100 I vor. Hält der Richter die Norm für verfassungsgemäß, kann der in seinem Grundrecht Verletzte nach Erschöpfung des Rechtswegs Verfassungsbeschwerde beim BVerfG erheben. Beschwerdeberechtigt sind Koalitionsmitglieder, Nichtmitglieder (negative Koalitionsfreiheit) und die Koalitionen selbst.

---

1 Konzen, FS 50 Jahre BAG, 2004, S. 519 ff. || 2 BAG (GS) 21.4.1971 – GS 1/68, AP Nr. 43 zu Art. 9 GG Arbeitskampf. || 3 Vgl. dazu Konzen, FS 50 Jahre BAG, 2004, S. 519 (526 ff.); Seiter, RdA 1986, 165. || 4 Dazu eingehend Hergenröder, Zivilprozessuale Grundlagen, S. 197 ff. || 5 BVerfG 26.6.1991 – 1 BvR 779/85, E 84, 212 (226 f.). || 6 BVerfG 2.3.1993 – 1 BvR 1213/85, E 88, 103.

Die Verfassungsbeschwerde ist auch gegen Gerichtsentscheidungen zulässig, wenn der Richter bei **Rechtsfortbildungen die Bindung an Abs. 3 nicht beachtet** hat[1]. Ferner kann die Exekutive gegen die Koalitionsfreiheit verstoßen, soweit sie nicht lediglich Gesetze anwendet, sondern Ermessen ausübt (bspw. polizeiliches Vorgehen gegen Streikende). Gegen Akte der Exekutive muss jedoch ebenfalls der Rechtsweg durchlaufen werden.

b) Schutz gegen Private („Drittwirkung"). Bedingt durch die besondere Gefährdung der Ausübung der Koalitionsfreiheit gerade durch Maßnahmen auf privatrechtl. Ebene hat bereits die WRV in verfassungssystematisch ungewöhnlicher Weise dem **Koalitionsrecht privatrechtl. Wirkungen verliehen**; das GG hat dies in Abs. 3 S. 2 übernommen. Danach sind Abreden (= Verträge), welche dieses Recht (nämlich das Koalitionsrecht iSd. S. 1) einschränken oder zu behindern suchen, nichtig, hierauf gerichtete Maßnahmen rechtswidrig („unmittelbare Drittwirkung"). Die Drittwirkungsklausel des S. 2 nimmt auf das Koalitionsverhalten des S. 1 Bezug; sie erweitert also nicht den Gewährleistungsinhalt der Koalitionsfreiheit. Andererseits umfasst die Klausel alle Rechte des S. 1, also nicht nur die ausdrücklich gewährleistete Koalitionsbildungsfreiheit, sondern auch die aus S. 1 erst im Wege der Interpretation entnommenen Grundrechtspositionen[2].

Was die **Schutzrichtung der Drittwirkung** anbelangt, so gilt sie ohne weiteres im Verhältnis der sozialen Gegenspieler zueinander. So verletzen beispielsweise rechtswidrige Arbeitskämpfe die Gegenseite in ihrem Recht auf koalitionsmäßige Betätigung[3]. Auch darf der ArbGeb die Einstellung eines Bewerbers nicht davon abhängig machen, dass dieser nicht Gewerkschaftsmitglied ist[4] oder aus der Gewerkschaft austritt[5]. Die Drittwirkung gilt jedoch auch, wenn das Koalitionsrecht auf der Seite eines sozialen Gegenspielers verletzt wird, also zwischen konkurrierenden Gewerkschaften[6]. Darüber hinaus ist die Koalitionsfreiheit auch im Verhältnis zu sonstigen Dritten geschützt. Deshalb kann ein von negativen Auswirkungen von TV betroffener Bürger keine Unterlassungs- oder Ersatzansprüche gegen die tarifschließenden Parteien geltend machen[7].

Hinsichtlich der **Rechtsfolgen** gilt: Die Nichtigkeit koalitionswidriger Verträge ergibt sich unmittelbar aus Abs. 3 S. 2; einseitige Rechtsgeschäfte sind als Maßnahmen rechtswidrig und über § 134 BGB nichtig. Nach hM ist die Koalitionsfreiheit ein absolutes Recht iSd. § 823 I BGB und ein Schutzgesetz iSd. § 823 II BGB. Der Verletzte hat also Unterlassungsansprüche und ggf. Schadensersatzansprüche[8]. So kann sich die Koalition selbst dagegen wehren, dass der Abschluss des Arbeitsvertrages eines Mitglieds von seinem Austritt aus der Gewerkschaft abhängig gemacht wird[9]. Gleiches gilt für den Rechtsschutz ggü. tarifwidrigen betriebl. Regelungen[10].

c) Aktive Parteifähigkeit der Gewerkschaften im Zivilprozess. Gewerkschaften sind traditionell nichtrechtsfähige Vereine (Rz. 32). Probleme ergaben sich bei der aktiven Parteifähigkeit im Zivilprozess, nachdem diese gem. **§ 50 ZPO aF Rechtsfähigkeit** voraussetzte. Für das arbeitsgerichtl. Verfahren hatte der Gesetzgeber in § 10 ArbGG Gewerkschaften, Vereinigungen von ArbGeb und Zusammenschlüssen solcher Verbände demggü. die Parteifähigkeit verliehen. Auch nach § 70 Nr. 2 SGG, § 61 Nr. 2 VwGO, § 58 II FGO sind nichtrechtsfähige Gewerkschaften parteifähig. Nachdem der BGH im Anschluss an die Rspr. zur Rechtsfähigkeit der (Außen-)GbR[11] allg. die aktive Parteifähigkeit eines nichtrechtsfähigen Vereins anerkannt hatte[12], waren schon bislang auch die regelmäßig in dieser Form organisierten Gewerkschaften als aktiv parteifähig anzusehen. Durch § 50 II Hs. 1 ZPO wird dies nun auch gesetzlich ausdrücklich klargestellt.

d) Nachweis des Vertretenseins. Das Zutrittsrecht einer Gewerkschaft zu einem Betrieb nach § 2 II BetrVG zur Wahrnehmung der ihr gesetzl. zugewiesenen Aufgaben setzt voraus, dass sie im Betrieb vertreten ist, **also mindestens ein Mitglied hat** (s. aber auch Rz. 76). Das BVerfG hat es nicht beanstandet, wenn im Rechtsstreit über dieses Zugangsrecht der Nachweis des Vertretenseins durch Einvernahme eines Notars geführt wird, welchem zuvor von dem betreffenden ArbN die Gewerkschaftsmitgliedschaft nachgewiesen wurde[13].

12. Aufgaben und Zuständigkeiten der Koalitionen. Die Rechtsordnung räumt den Gewerkschaften und ArbGeb-Verbänden eine Vielzahl von Aufgaben und Zuständigkeiten ein. Diese Funktionen werden autonom, dh. weder staatlich beaufsichtigt noch dirigiert, wahrgenommen. Zu nennen sind zunächst **Aufgaben außerhalb öffentl.-rechtl. Institutionen**, vorwiegend im Bereich des Arbeitslebens, so die Tarifautonomie (§§ 2 ff. TVG), die tarifvertragl. Verlängerung der Arbeitszeit (§§ 7, 12 ArbZG) und

---

1 Vgl. etwa BVerfG 19.2.1975 – 1 BvR 418/71, E 38, 386 ff. zu BAG 21.4.1971 – GS 1/68, AP Nr. 43 zu Art. 9 GG Arbeitskampf („Spielbanken-Fall"). ‖2 Zum Ganzen näher *Cherdron*, S. 168 ff.; *Höfling/Burkiczak*, RdA 2004, 263. ‖3 BAG 24.4.2007 – 1 AZR 252/06, AP Nr. 2 zu § 1 TVG Sozialplan. ‖4 BAG 28.3.2000 – 1 ABR 16/99, AP Nr. 27 zu § 99 BetrVG 1972 Einstellung. ‖5 BAG 2.6.1987 – 1 AZR 651/85, AP Nr. 49 zu Art. 9 GG (*Rüthers*). ‖6 BAG 11.11.1968 – 1 AZR 16/65, AP Nr. 14 zu Art. 9 GG. ‖7 BGH 14.3.1978 – VI ZR 68/76, NJW 1978, 2031. ‖8 BAG 24.4.2007 – 1 AZR 252/06, AP Nr. 2 zu § 1 TVG Sozialplan (Unterlassungsanspruch). ‖9 BAG 2.6.1987 – 1 AZR 651/85, zu Art. 9 GG. ‖10 BAG 20.4.1999 – 1 AZR 72/98, AP Nr. 89 zu Art. 9 GG; hierzu *Dieterich*, AuR 2005, 121. ‖11 BGH 29.1.2001 – II ZR 331/00, AP Nr. 9 zu § 50 ZPO. ‖12 BGH 2.7.2007 – II ZR 111/05, NJW 2008, 69 (74) mwN. ‖13 BVerfG 21.3.1994 – 1 BvR 1485/93, AP Nr. 4a zu § 2 BetrVG 1972; zuvor schon BAG 25.3.1992 – 7 ABR 65/90, AP Nr. 4 zu § 2 BetrVG 1972.

weit reichende Befugnisse im Bereich der Betriebsverfassung (Zugangsrecht zum Betrieb, § 2 II BetrVG; BR-Wahlen und Wahlanfechtung, §§ 14 V, 17 III, 18, 19 II BetrVG; Einfluss auf die Arbeit des BR, §§ 31, 34 II, 35 I, 37 VII BetrVG; tarifl. Regelung betriebsverfassungsrechtl. Fragen, §§ 3, 47 IV, 55 IV, 72 IV, 76 VIII, 86 BetrVG). Im Bereich der Unternehmensmitbestimmung ist das Recht zur Einreichung von Wahlvorschlägen bzw. die Entsendung von Aufsichtsratsvertretern zu erwähnen (§ 7 II, IV MitbestG; § 6 III Montan-MitbestG; § 6 I, III Montan-MitbestErgG). Schließlich ist die Prozessvertretung im arbeitsgerichtl. Verfahren von Bedeutung (§ 11 I 2 Nr. 4, IV 2 ArbGG).

97 Weiter nehmen die Verbände aber auch **Funktionen in öffentl.-rechtl. Einrichtungen** wahr, so steht ihnen bspw. ein Vorschlagsrecht für die Besetzung der Organe der BA zu, § 379 I SGB III. Eine Vielzahl gesetzl. Vorschriften normiert Rechte der Koalitionen zur Benennung oder Entsendung von Vertretern in sonstige öffentl.-rechtl. Institutionen. Aus dem Bereich Arbeit und Soziales sind das Vorschlagsrecht für Arbeits- und Sozialrichter zu nennen (§§ 16, 20 ArbGG, §§ 13, 14 SGG), weiter der Tarifausschuss (§ 5 I, V TVG), die Haupt- und Fachausschüsse zur Festsetzung von Mindestarbeitsbedingungen (§§ 2, 5, 6 MiArbBedG), die Heimarbeits- und Entgeltausschüsse (§§ 5 I, 18 HAG) sowie die Massenentlassungsausschüsse (§§ 18, 20 KSchG). Im Bereich der **Wirtschaft** sind die tariffähigen Koalitionen in verschiedenen Verwaltungsräten und Beiräten, so etwa nach § 7 I Nr. 7 KredAnstWiAG (Gesetz über die Kreditanstalt für Wiederaufbau) und nach § 4 III Nr. 6 BStatG (Gesetz über die Statistik für Bundeszwecke), vertreten. Im Hinblick auf die Beamten ist hier der Bundespersonalausschuss nach dem BBG zu erwähnen, im Bereich der **Kultur** sind sie in Rundfunkräten der öffentl.-rechtl. Rundfunkanstalten und des Fernsehrates des ZDF vertreten, auch besteht nach § 20 I Nr. 7 JuSchG ein Vorschlagsrecht für die Besetzung der Bundesprüfstelle für jugendgefährdende Medien. Darüber hinaus kommt den Gewerkschaften und ArbGeb-Verbänden eine Vielzahl von Anhörungs- und Antragsrechten ggü. öffentl.-rechtl. Institutionen zu, so nach dem BPersVG, nach dem BetrVG, schließlich ist die Beteiligung bei der AVE nach § 5 I TVG zu erwähnen, weitere Rechte folgen aus § 7 MiArbG, §§ 11, 30 ArbnErfG, §§ 1, 3 StabG sowie § 3 Va GüKG.

98 **13. Innere Struktur der Koalitionen. a) Satzungsautonomie.** Abs. 3 garantiert den Koalitionen die „**Selbstbestimmung über ihre eigene Organisation**, das Verfahren ihrer Willensbildung und die Führung ihrer Geschäfte"[1]. Gewerkschaften entscheiden also autonom darüber, ob sie sich nach dem Berufsverbands- oder dem Industrieverbandsprinzip organisieren[2]. Art. 9 räumt den Koalitionen wiederum das Recht der Selbstverwaltung im Rahmen der für alle geltenden Gesetze ein. Schranken des Selbstbestimmungsrechts der Koalitionen ergeben sich aus konkurrierenden Grundrechtspositionen anderer Rechtssubjekte[3].

99 **b) Die Mitgliedschaft in den Koalitionen. aa) Erwerb der Mitgliedschaft.** Den Koalitionen obliegt es im Rahmen ihrer Satzungsautonomie, Erwerb und Beendigung der Mitgliedschaft selbst zu regeln. Dabei kann die kollektive Koalitionsfreiheit der Koalition mit der individuellen Koalitionsfreiheit eines **aufnahmewilligen ArbN** in Konflikt kommen. Soweit einer tariffähigen Koalition eine Monopolstellung zukommt[4], besteht ein Aufnahmeanspruch, sofern die Organisation nicht besondere Gründe geltend machen kann[5]. Im Einzelfall ist zwischen den konkurrierenden, jeweils aus Abs. 3 folgenden Grundrechtspositionen abzuwägen.

100 § 113 I BGB ermöglicht **minderjährigen ArbN** (nach ganz hM[6]), auch ohne Einwilligung der gesetzl. Vertreter einer Gewerkschaft beizutreten. Nachdem die Arbeitsbedingungen überwiegend tarifl. geregelt sind und auch nur tarifgebundene, also gewerkschaftlich organisierte ArbN Anspruch auf die tarifvertragl. Leistungen geltend machen können, ist das Beitrittsrecht notwendiger Annex der den Minderjährigen durch § 113 I BGB eingeräumten Gestaltungsfreiheit in Bezug auf das ArbVerh[7]. Es kommt nicht darauf an, ob im konkreten Fall nicht tarifgebundene ArbN schlechter gestellt sind als Gewerkschaftsmitglieder[8].

101 **bb) Rechte und Pflichten des Mitglieds.** Die Mitglieder der Koalitionen haben insb. die Pflicht, **Kampfbeschlüsse** ihrer Organisation zu befolgen[9]. Dies gilt freilich nur, wenn jene in dem dafür vorgesehenen satzungsgemäßen Verfahren ordnungsgemäß zustande gekommen sind.

102 **cc) Beendigung der Mitgliedschaft.** Soweit Mitglieder einer Koalition aus dieser austreten wollen, darf ihr **Kündigungsrecht** nur in Grenzen durch satzungsgemäße Bestimmungen beschnitten werden. Nicht zu beanstanden ist eine Kündigungsfrist von drei Monaten, eine Austrittsfrist von 15 Monaten verstößt gegen das Recht auf individuelle Koalitionsfreiheit[10]. Rechtswidrig ist es, für den Fall eines Austritts die Rückzahlung von Streikunterstützung vorzusehen[11].

---

1 BVerfG 24.2.1999 – 1 BvR 123/93, AP Nr. 18 zu § 20 BetrVG 1972; BAG 10.2.2009 – 1 ABR 36/08, AP Nr. 138 zu Art. 9 GG (Tarifzuständigkeit). ‖2 *Henssler*, RdA 2011, 65 (72). ‖3 BVerfG 4.7.1995 – 1 BvF 2/86 ua., E 92, 365. ‖4 Bejahend in Bezug auf DGB-Gewerkschaften *Zachert*, AR-Blattei SD 1650.1 (2001) Rz. 116. ‖5 BGH 10.12.1984 – II ZR 91/84, BGHZ 93, 151. ‖6 ErfK/*Preis*, § 113 BGB Rz. 9 mwN. ‖7 LG Essen v. 18.3.1965 – 11 T 633/64, NJW 1965, 2302; MüKoBGB/*Schmitt*, § 113 Rz. 24. ‖8 LG Frankfurt v. 5.4.1967 – 1 S 471/66, FamRZ 1967, 680. ‖9 Dazu für die ArbGebSeite instruktiv *G. Löwisch*, ZfA 2002, 552 (554f.). ‖10 BGH 22.9.1980 – II ZR 34/80, AP Nr. 33 zu Art. 9 GG. ‖11 ArbG Ahrensburg 12.4.1996 – 9 C 128/96, NJW 1996, 2516.

Die spiegelbildliche Fragestellung zum Aufnahmeanspruch stellt sich beim **Ausschluss** von Verbandsangehörigen. Besitzt die Koalition überragende Bedeutung, ist sie trotz ihrer durch Abs. 3 gewährleisteten Autonomie auch beim Ausschluss von Mitgliedern nicht frei. Im Einzelfall bedarf es der Abwägung der konkurrierenden Grundrechtspositionen von Verband und Mitglied. Selbstredend müssen die formalen Voraussetzungen eines Ausschlusses eingehalten werden, so muss die Satzung eine entsprechende Grundlage enthalten, weiter muss das satzungsgemäß vorgeschriebene Verfahren beachtet werden, welches seinerseits elementaren rechtsstaatlichen Grundlagen entsprechen muss[1]. 103

Nachdem der BGH lange Zeit die Auffassung vertreten hatte, dass die **bloße Kandidatur von Gewerkschaftsmitgliedern auf einer gewerkschaftsfremden Liste** in Konkurrenz zur Gewerkschaftsliste nicht zu beanstanden sei, solange sich die Kandidatur nicht über den Wettbewerb um Stimmen hinaus gegen die Gewerkschaft richte[2], steht das BVerfG auf dem Standpunkt, dass eine solche BR-Kandidatur auf einer konkurrierenden Liste mit einem Gewerkschaftsausschluss geahndet werden kann. § 20 II BetrVG werde dadurch nicht verletzt[3]. Maßgeblich wird insoweit auf das Postulat einer Geschlossenheit der ArbN-Koalition abgestellt. Anerkannt ist weiterhin, dass sich die Gewerkschaften von Mitgliedern trennen können müssen, welche sich aktiv in Parteien betätigen, die fundamental gegen die Grundprinzipien der Koalition verstoßen[4]. 104

14. Internationales Koalitionsrecht. Anwendbarkeit und Aussagegehalt von Abs. 3 sind bei jedem Sachverhalt mit Auslandsberührung im Einzelfall zu ermitteln; eine abstrakte Konkretisierung ist nicht möglich. Entscheidend für den Anwendungswillen der Verfassung bei Auslandsfragen ist neben dem persönlichen und räumlichen Aspekt der Koalitionsfreiheit vor allem das sachliche Moment. Es muss sich insoweit um die Wahrung und Förderung „inländischer" Arbeits- und Wirtschaftsbedingungen handeln[5]. Soweit die Ausübung der Koalitionsfreiheit zwangsläufig die Rechtsordnung anderer Staaten berührt und widerstreitende Interessen von Trägern des Grundrechts aus Abs. 3 in einem Raum ausgetragen werden, welcher von der deutschen Rechtsordnung nicht mit alleingültigem Anspruch beherrscht wird, ist die Gestaltungsbefugnis des Gesetzgebers größer als bei Regelungen von Rechtsbeziehungen mit inländischem Schwerpunkt. Ungeachtet dessen bleibt der Staat aber verpflichtet, den aus Abs. 3 folgenden Gewährleistungen unter den gegebenen Bedingungen die größtmögliche Anwendung zu sichern. Vor diesem Hintergrund wurde Art. 9 III als durch § 21 IV 3 FlaggRG als verletzt angesehen[6]. 105

Allerdings hat die **Garantie der Koalitionsfreiheit auf überstaatlicher Ebene** einerseits (Rz. 15 ff.) sowie die Einräumung einer Autonomie der Sozialpartner auf Unionsebene durch Art. 153 AEUV auf der anderen Seite[7] für die Auslegung des Begriffs der Arbeits- und Wirtschaftsbedingungen in Abs. 3 eine wichtige Konsequenz. Berücksichtigt man diese überstaatl. Wertungen, so ergibt sich, dass der Schutzbereich der Koalitionsfreiheit sich nicht nur auf die tarifautonome Gestaltung der Arbeits- und Wirtschaftsbedingungen durch inländische Koalitionen bezieht, sondern auch Gestaltungsformen auf internationaler Ebene vom Garantiegehalt erfasst werden können. Man wird allerdings als Grundvoraussetzung für eine solche Erweiterung des Schutzbereichs von Abs. 3 annehmen müssen, dass die entsprechende überstaatl. Regelung zumindest auch „inländische Arbeits- und Wirtschaftsbedingungen" erfasst[8]. 106

IV. Tarifautonomie. 1. Sinn der Tarifautonomie. Das Recht der Koalitionen, „autonom" – weitestgehend ohne Einflussnahme des Staates – Arbeitsbedingungen zu regeln, ist durch Abs. 3 als Betätigungsrecht der Koalitionen (Rz. 76) mit Verfassungsrang garantiert[9]. Der kraft dieser Legitimation geschlossene TV stellt ein **arbeitsrechtl. Schutzinstrument** und **Ordnungsmittel** dar. Durch das Verbot, Bedingungen des TV individualvertragl. zum Nachteil des ArbN zu ändern (§ 4 III TVG), wird eine gerechtere Bewertung der Arbeit und der Schutz des ArbN erreicht. Die Wahrnehmung dieses Schutzes wird durch die Freiheit der Koalitionen, TV abzuschließen, ermöglicht. 107

Darüber hinaus erspart der Abschluss oder die Änderung eines TV Einwirkungen auf die Einzelarbeitsverträge. Die Tarifautonomie fungiert als **Gestaltungsmittel allgemeiner Arbeitsbedingungen**. Gewerkschaften und ArbGeb-Verbände erhalten als sachkundige Parteien die Möglichkeit, eigene Angelegenheiten interessengerecht zu regeln. Von solchen Regelungen sind kraft Tarifgebundenheit und einzelvertragl. Bezugnahme zahlreiche ArbVerh betroffen. Der TV als Ergebnis der Wahrnehmung der Tarifautonomie verleiht ihr durch diese Wirkung auch eine erhebliche Ordnungsfunktion (Einl. TVG Rz. 11). 108

Die autonome Wahrnehmung der TV-Freiheit kann jedoch nur gewährleistet werden, wenn den Koalitionen auch Mittel zur Verfügung stehen, die eigenen Ziele und Interessen ggü. dem sozialen Gegen- 109

---

1 BGH 27.9.1993 – II ZR 25/93, AP Nr. 70 zu Art. 9 GG. ||**2** Vgl. nur BGH 30.5.1983 – II ZR 138/82, BGHZ 87, 337 (340f.). ||**3** BVerfG 24.2.1999 – 1 BvR 123/93, E 100, 214. ||**4** BGH 15.10.1990 – II ZR 255/89, EzA Art. 9 GG Nr. 50; BVerfG 21.12.1992 – 1 BvR 1357/90, AP Nr. 61 zu Art. 9 GG. ||**5** Vgl. *Hergenröder*, EAS B 8400 Rz. 78 ff. ||**6** BVerfG 10.1.1995 – 1 BvF 1/90 ua., E 92, 26. ||**7** *Schwarze*, EAS B 8100 (2012) Rz. 14 ff. ||**8** Dazu näher *Hergenröder*, EAS B 8400 Rz. 146 ff. ||**9** BVerfG 24.5.1977 – 2 BvL 11/74, E 44, 322 (342); 26.6. 1991 – 1 BvR 779/85, E 84, 212 (229); einschr. BVerfG 17.2.1981 – 2 BvR 384/78, E 57, 220 (247); *Seiter*, Streikrecht, S. 110.

spieler wirksam durchzusetzen. Tarifautonomie kann nur funktionieren, wenn Gewerkschaften und ArbGeb-Verbände die Möglichkeit haben, zur Erreichung von Tarifabschlüssen Druck und Gegendruck auszuüben. Als Hilfsmittel der Tarifautonomie ist daher der Arbeitskampf von der Betätigungsfreiheit der Koalitionen umfasst. Ohne eine solche Einwirkungsmöglichkeit wären die TV-Parteien auf „kollektives Betteln"[1] beschränkt. Das Verhältnis von Regelungsbefugnis und Einwirkungsmöglichkeit zur Schaffung von Verhandlungsparität ist somit durch die **Wechselbeziehung von Tarifautonomie und Arbeitskampf** geprägt.

110   2. **Reichweite der Tarifautonomie. a) Sachliche Reichweite.** Sie ergibt sich aus der Verfassung. Abs. 3 gewährt über die individuelle Vertragsfreiheit hinaus den Koalitionen das Recht, durch den **autonomen Abschluss** von TV eine gleichgewichtige Verhandlungssituation zu erreichen[2]. Entgegen der früheren Auffassung des BVerfG[3] beruht diese „Funktion der Koalitionen, in dem von der staatlichen Rechtssetzung freigelassenen Raum das Arbeitsleben ... zu ordnen" nicht auf einer öffentl. Aufgabe, sondern stellt sich als privatrechtl. Ausübung der Vertragsfreiheit dar[4].

111   Originäre Grenze der Tarifautonomie ist die Zweckbindung des Abs. 3 S. 1 auf den Bereich der **Arbeits- und Wirtschaftsbedingungen**. Dazu zählen trotz einiger Abgrenzungsschwierigkeiten (Rz. 40) alle Faktoren, die im Zusammenwirken die Voraussetzungen und Bedingungen abhängiger Arbeit beeinflussen[5]. Auf diesem Gebiet herrscht die besondere Sachnähe der Koalitionen, auf Grund derer sich der Staat mit dezidierten Regelungen zurückzuhalten hat. Darüber hinausgehende Ziele können daher nicht durch die Tarifautonomie geschützt sein.

112   Die verfassungsrechtl. Garantie zur autonomen Wahrnehmung von Tarifkompetenzen könnte auch die Pflicht eröffnen, von der übertragenen Normsetzungsbefugnis Gebrauch zu machen. Im Schrifttum wird eine solche **Pflicht zur Tarifautonomie** als Geschäftsgrundlage der Betätigungsfreiheit eingeordnet[6]. Trotz der weit reichenden sozialen Bedeutung stellt Abs. 3 ein Freiheitsrecht dar. Den TV-Parteien wird nicht die Aufgabe übertragen, Arbeitsbedingungen zu gestalten, sondern die auf die Regelungswirkung bezogene Rechtsetzungsbefugnis[7]. Daraus resultiert kein Normsetzungsmonopol[8]. Würden die TV-Parteien ihrer Verantwortung nicht nachkommen, entstünde somit kein Rechtsetzungsvakuum, da die Kompetenz weiterhin beim Staat liegt (Art. 74 I Nr. 12 GG). Auch das spricht dafür, keine Pflicht der Tarifparteien anzunehmen, sondern lediglich die Gewährleistung der Freiheit, Arbeitsbedingungen durch Verhandlungen und TV-Abschlüsse unabhängig zu regeln[9].

113   Die Entscheidung zum Abschluss eines TV und somit über die Wahrnehmung der Tarifautonomie im konkreten Fall stellt eine **verbandsinterne Entscheidung** dar, auf die der Staat unmittelbar keinen Einfluss nehmen darf. Eine Kontrolle von Tarifforderungen ist nur im Rahmen der Überprüfung drohender Arbeitskampfmaßnahmen möglich[10], auch ein rechtl. durchsetzbarer Verhandlungsanspruch wird von der Rspr. abgelehnt[11]. Insoweit stellt die Abschlussfreiheit eine ungestörte Wahrnehmung der mitgliedschaftlichen Interessen sicher. Im Zuge der Überlegungen zum Arbeitskampfrecht im tarifpluralen Betrieb wird aber teilweise ein Verhandlungsanspruch aller im Betrieb vertretenen Gewerkschaften bejaht[12].

114   Der so geschaffene Gestaltungsspielraum kann jedoch nur **tariffähigen Koalitionen** zustehen, welche diesen auch effektiv nutzen und die ihnen übertragene Verantwortung angemessen wahrnehmen können. Insoweit wurden vom BAG besonders bei der Auslegung des Gewerkschaftsbegriffes nach § 2 I TVG neben den allg. Koalitionsmerkmalen weitere Voraussetzungen aufgestellt (Rz. 48 ff.). Diese Rspr. hat das BVerfG gebilligt, wobei es letztendlich von einer verfassungsrechtl. notwendigen Begrenzung ausgeht[13]. Bei ArbGeb-Verbänden ist die Tariffähigkeit schon aus dem Umkehrschluss aus § 2 I TVG abzuleiten (vgl. Rz. 54).

115   b) **Personelle Reichweite.** Insoweit bezieht sich die Tarifautonomie im Grundsatz als **Teil der Betätigungsfreiheit der Koalitionen** auf deren Mitglieder. Die kollektive Koalitionsfreiheit als Verstärkung der individuellen Koalitionsfreiheit wird daher auf personeller Ebene durch mitgliedschaftliche Legitimation begrenzt[14]. Dementsprechend unterliegen der Regelungsbefugnis der TV-Parteien auch die (Betriebs-)Rentner[15].

116   Darüber hinaus könnte jedoch aus der Konkretisierung der Tarifautonomie durch das TVG (Rz. 79) eine **Ausdehnung der personellen Reichweite** folgen. Gem. § 3 II TVG gelten Rechtsnormen des TV

---

1 BAG 12.3.1985 – 1 AZR 636/82, AP Nr. 84 zu Art. 9 GG Arbeitskampf. ||2 BVerfG 4.7.1995 – 1 BvF 2/86 ua., E 92, 365 (394f.); s.a. BVerfG 10.9.2004 – 1 BvR 1191/03, AP Nr. 167 zu Art. 9 GG Arbeitskampf. ||3 BVerfG 26.5.1970 – 2 BvR 664/65, E 28, 295. ||4 *Kissel*, ArbeitskampfR, § 8 Rz. 16. ||5 BAG 28.6.2001 – 6 AZR 114/00, AP Nr. 24 zu § 611 BGB Arbeitszeit. ||6 *Gamillscheg*, Kollektives Arbeitsrecht, § 7 II 1e. ||7 MünchArbR/ *Rieble/Klumpp*, § 163 Rz. 18. ||8 BVerfG 24.4.1996 – 1 BvR 712/96, E 94, 268. ||9 So auch BVerfG 19.10.1966 – 1 BvL 24/65, E 20, 312 (320); BAG 24.4.1985 – 4 AZR 457/83, AP Nr. 4 zu § 3 BAT. ||10 BVerfG 26.6.1991 – 1 BvR 779/85, E 84, 212 (231); BAG 3.4.1990 – 1 AZR 123/89, AP Nr. 56 zu Art. 9 GG. ||11 BAG 14.2.1989 – 1 AZR 142/88, AP Nr. 52 zu Art. 9 GG; s.a. BVerfG 20.10.1982 – 1 BvR 1423/81, AP Nr. 2 zu § 1 TVG Verhandlungspflicht; aA etwa *Gamillscheg*, Kollektives Arbeitsrecht, § 7 I 4a; *Seiter*, FS zum 125-jährigen Bestehen der Juristischen Gesellschaft Berlin, 1984, S. 729 ff. ||12 *Henssler*, RdA 2011, 65 (75). ||13 BVerfG 6.5.1964 – 1 BvR 79/62, E 18, 18; 20.10.1981 – 1 BvR 404/78, E 58, 233; 24.2.1999 – 1 BvR 123/93, E 100, 214. ||14 BVerfG 14.6.1983 – 2 BvR 488/80, E 64, 208; *Waltermann*, ZfA 2000, 53 (61). ||15 BAG 17.6.2008 – 3 AZR 409/06, AP Nr. 136 zu Art. 9 GG.

über betriebl. und betriebsverfassungsrechtl. Fragen für alle Betriebe tarifgebundener ArbGeb. Eine betriebseinheitliche Anwendung der getroffenen Vereinbarungen stellt jedoch keine Ausweitung der Regelungsbefugnis in Bezug auf Außenseiter dar, sondern eine gebotene Unterstützung der Durchführbarkeit der getroffenen Regelungen. Indes sind sowohl der verfassungsrechtl. Rahmen als auch die erforderlichen Voraussetzungen insoweit umstritten[1]. So wird angeführt, dass der Gesetzgeber nicht gehindert sei, durch das TVG die Tarifparteien auf Grund ihrer tatsächlichen Stellung für eigene Zwecke in Dienst zu nehmen, ihnen also über die Betriebsnormen Regelungskompetenz in Bezug auf Außenseiter zuzubilligen. Dies habe mit der verfassungsrechtl. Garantie der Tarifautonomie nichts zu tun[2].

c) **Unmittelbare Wirkung.** Die Tarifautonomie bedarf jedoch einer **einfachgesetzl. Ausgestaltung**, um die Vereinbarungen der Tarifparteien auch im Rechtsverkehr zu schützen[3]. Dieser Schutz wird durch die unmittelbare und zwingende Wirkung nach §§ 1 I, 4 I TVG und den Vorrang des TV vor der BV nach § 77 III BetrVG erreicht. Insoweit ist sichergestellt, dass den Vereinbarungen der TV-Parteien sowohl ggü. den Arbeitsvertragsparteien als auch den Betriebsparteien umfassende Rechtswirkung zukommt. 117

Die Ausnahmen von den o.g. Vorschriften, die eine Auflockerung der zwingenden Wirkung mit Einverständnis der TV-Parteien zulassen, gewährleisten das erforderliche Maß an Flexibilität und Zukunftsoffenheit von tarifvertragl. Regelungen. Das in § 4 III TVG verankerte **Günstigkeitsprinzip** (§ 4 TVG Rz. 29) ist eine am Zweck des ArbN-Schutzes ausgerichtete Maßnahme zur Ermöglichung günstigerer individualvertragl. Abreden. Insoweit stellt die Vorschrift eine gesetzl. Öffnungsklausel und einen legislativen Eingriff in die Tarifautonomie dar[4]. Die Tarifautonomie erlangt damit die Funktion, Regelungen über Mindestarbeitsbedingungen herbeizuführen, ohne die darüber hinausgehende individualvertragl. Ausgestaltung des ArbVerh zu blockieren. 118

Fraglich ist, ob aus der Tarifautonomie selbst **Vorgaben für den Günstigkeitsvergleich im Einzelfall** zu entnehmen sind. Das BAG[5] stellt für den Charakter der Günstigkeit zum einen auf den Standpunkt eines objektiven Betrachters ab, nicht also auf die subjektive Meinung der Beteiligten. Zum anderen ist ein Gruppenvergleich vorzunehmen, bei dem zusammengehörige Regelungen in Arbeits- und TV in ihrer Gesamtheit gegeneinander abzuwägen sind (§ 4 TVG Rz. 30 ff.). Stimmen im Schrifttum wollen demggü. auch Aspekte der Beschäftigungssicherung in den Günstigkeitsvergleich einbeziehen und damit etwa untertarifl. Leistungen rechtfertigen[6]. Die Gegenmeinung[7] sieht in solchen Vorschlägen die Funktionsfähigkeit der Tarifautonomie im Kern getroffen. 119

Richtigerweise wird man die Frage **nicht losgelöst vom Inhalt des TV** beantworten dürfen. Wird das Arbeitsplatzrisiko von den Tarifparteien etwa durch Kündigungsausschlüsse selbst thematisiert, besteht keinerlei Veranlassung, entsprechende arbeitsvertragl. Gestaltungsformen nicht in den Günstigkeitsvergleich mit einzubeziehen. Ob darüber hinaus die Berücksichtigung von Arbeitsplatzgarantien vor dem Hintergrund des Abs. 3 Bedenken im Hinblick auf die Repräsentationsfunktion der Koalitionen weckt, wird man nur im Einzelfall entscheiden können. 120

d) **Verhältnis von tariflicher und betrieblicher Normsetzung.** Tarifrecht und Betriebsverfassung stehen sich **grds. getrennt** ggü. Während vom TV nur die Tarifgebundenen (§ 4 TVG) betroffen sind, gilt die betriebl. Regelung für alle ArbN des Betriebes (§ 77 IV BetrVG). Sowohl TV als auch Vereinbarungen der Betriebsverfassung gelten zwingend und unmittelbar. Obwohl die §§ 77 III, 87 I BetrVG einen Tarifvorrang festschreiben, bedarf es einer Abgrenzung der Kompetenzen. Leitprinzip muss insoweit Abs. 3 sein. Während die Tarifautonomie durch Abs. 3 verfassungsrechtl. gewährleistet wird, genießt die Betriebsautonomie keinen Grundrechtsschutz[8]. 121

Daraus folgt der im BetrVG geregelte Tarifvorrang[9] als Grundsatzentscheidung des Gesetzgebers. Die §§ 77 III, 87 I BetrVG dienen dem **Schutz des freiwilligen kollektiven Verbundes** vor den normativen Regelungen der betriebsverfassungsrechtl. Zwangsgemeinschaft und gewährleisten die in Abs. 3 verankerte Tarifautonomie[10]. Bei konkurrierenden kollektiven Regelungen findet daher das Günstigkeitsprinzip zu Lasten der tarifvertragl. Regelung keine Anwendung. 122

Diese Rspr. ist erheblichen Angriffen ausgesetzt[11]. Vor allem unter dem Aspekt der **Flexibilisierung** wird ein Abrücken vom System des FlächenTV hin zu Regelungen mit größerer Betriebsnähe angestrebt. Abzuwarten bleibt, welche Auswirkungen diese Diskussion auf die – bis jetzt eindeutige – Gesetzeslage haben wird. 123

---

1 Eingehend *Ingelfinger*, Arbeitsplatzgestaltung durch Betriebsnormen, 1996, S. 161 ff. (199 ff.). ‖ 2 ErfK/*Dieterich*, Art. 9 GG Rz. 59. ‖ 3 BVerfG 24.5.1977 – 2 BvL 11/74, E 44, 322 (340 f.); BAG 20.4.1999 – 1 ABR 72/98, AP Nr. 89 zu Art. 9 GG; ErfK/*Dieterich*, Art. 9 GG Rz. 60. ‖ 4 Näher ErfK/*Dieterich*, Art. 9 GG Rz. 63 mwN. ‖ 5 BAG 20.4.1999 – 1 ABR 72/98, AP Nr. 89 zu Art. 9 GG. ‖ 6 S. etwa *Picker*, NZA 2002, 761 (766 ff.); *Niebler/Schmiedl*, BB 2001, 1631 (1635). ‖ 7 ErfK/*Dieterich*, Art. 9 GG Rz. 65; *Söllner*, NZA-Beil. zu Heft 24/2000, 33. ‖ 8 BAG 17.11.1998 – 1 ABR 12/98, AP Nr. 79 zu § 87 BetrVG 1972 Arbeitszeit. ‖ 9 BAG 22.6.1993 – 1 ABR 62/92, AP Nr. 22 zu § 23 BetrVG 1972; 17.5.2011 – 1 AZR 473/09, NZA 2011, 1169. ‖ 10 BAG 24.2.1987 – 1 ABR 18/85, AP Nr. 21 zu § 77 BetrVG 1972; 3.12.1991 – GS 2/90, AP Nr. 51 zu § 87 BetrVG 1972 Lohngestaltung. ‖ 11 Dazu etwa *Andelewski/Eckert*, NZA 2005, 662.

124 Eine andere **Kollisionsquelle** stellt § 1 I TVG dar. Die Norm erklärt auch betriebl. und betriebsverfassungsrechtl. Fragen zum tarifvertragl. Regelungsziel. Zu klären ist, ob durch Wahrnehmung der Tarifautonomie auch die Mitbestimmungsbefugnisse des BR verändert werden können. Gegen die Meinung[1], dass insoweit die Regelungsbefugnisse der TV-Parteien auf alle Betriebsangehörigen ausgeweitet würden und den Hinweis auf den zwingenden Charakter des BetrVG, welches nicht durch privatautonomen TV modifiziert werden dürfe, hat sich eine befürwortende Rspr. des BAG etabliert. Danach ist zwar ein gesetzl. Ausschluss der Mitbestimmungserweiterung durchaus zulässig[2], in der Entscheidung zum „*Leber/Rüthers*-Kompromiss" hat das BAG aber auch klargestellt, dass es sich bei § 1 I TVG um geltendes Recht handele und eine tarifvertragl. Regelung betriebsverfassungsrechtl. Fragen danach möglich sei[3]. In der Folge wurde dieser Grundsatz bestätigt, jedoch auch differenzierter entschieden[4].

125 **e) Abs. 3 als Grenze der Delegationsbefugnis der Tarifparteien auf die Betriebspartner.** Mit **tarifvertragl. Öffnungsklauseln** können die TV-Parteien im TV festhalten, dass von bestimmten getroffenen tarifl. Regelungen auf Betriebsebene abgewichen werden kann (§ 4 TVG Rz. 28). Insoweit setzen die TV-Parteien keine zwingende Tarifnorm, sondern dispositives Recht.

126 Durch einen Verzicht auf zwingende eigene inhaltliche Regelungen kommt es zu einer **Delegation** der durch die Tarifautonomie zugesicherten Rechte an die Betriebspartner[5]. Die Zulässigkeit solcher Vereinbarungen ergibt sich aus der inhaltlichen Freiheit der TV-Parteien. Da jedoch nur den tariffähigen Koalitionen das Betätigungsrecht der Tarifautonomie zusteht, stellt sich die Frage, in welchem Rahmen die Tarifparteien ihre Befugnisse auf die Betriebspartner delegieren dürfen. Dazu müssen die verschiedenen Möglichkeiten tarifvertragl. Öffnungsklauseln ins Auge gefasst werden.

127 **aa) Allgemeine Öffnungsklauseln.** Diese enthalten die **allgemein gültige Zulassung**, tarifvertragl. Regelungen auf betriebl. Ebene durch BV zu modifizieren, ohne dass dafür bestimmte tatbestandliche Voraussetzungen vereinbart werden.

128 Nach einer im Schrifttum vertretenen Ansicht sind solche Vereinbarungen als **Verzicht der Tarifparteien auf ihre Normsetzungsprärogative** zulässig. Abs. 3 gewährleiste die selbständige Auswahl der Mittel zur Wahrung der Arbeits- und Wirtschaftsbedingungen. Eine Rechtspflicht der Koalitionen zur aktiven Wahrnehmung ihrer Normsetzungskompetenz bestehe nicht[6].

129 Andererseits wird vertreten, dass solch weite Öffnungsklauseln gegen die Tarifautonomie verstoßen. Das Recht, die Arbeits- und Wirtschaftsbedingungen zu ordnen, stehe den Koalitionen zu. Daraus folge auch der **Vorrang des TV** vor der betriebl. Rechtsetzung. Eine zu weite Delegation der Gestaltungsbefugnisse auf die Betriebspartner sei jedoch nicht Ausfluss der inhaltlichen Freiheit der TV-Parteien, sondern gefährde vielmehr den verfassungsrechtl. geschützten Vorrang der tarifautonom vereinbarten Regelungen[7].

130 Letzterer Auffassung wird man zuzustimmen haben: Die Delegation der Normsetzungsmacht des Staates auf die Tarifparteien berechtigt diese nicht ohne weiteres dazu, die ihnen übertragenen Kompetenzen **unbesehen und ohne präzisierende Vorgaben ihrerseits an die Betriebsparteien weiterzugeben**. Für eine so geartete „Subdelegation" von Normsetzungsmacht kann Abs. 3 nicht ins Feld geführt werden. Die Vorschrift geht gerade von einer Regelung der Arbeits- und Wirtschaftsbedingungen durch die Koalitionen selbst aus und gerade daher rührt deren verfassungsrechtl. privilegierte Rechtsstellung ggü. dem Staat. Garantiert wird „eine Ordnung des Wirtschaftslebens, bei welcher der Staat seine Zuständigkeit zur Rechtsetzung weit zurückgenommen und die Bestimmung über die regelungsbedürftigen Einzelheiten des Arbeitsvertrages grds. den Koalitionen überlassen hat"[8]; den Koalitionen also – nicht den Betriebsparteien! Dass es den Koalitionen selbstredend überlassen bleibt, ob sie sich einer Thematik überhaupt annehmen, führt im genannten Zusammenhang zu keinem anderen Ergebnis.

131 **bb) Sonstige Öffnungsklauseln.** Praxisrelevanz erlangen indes die sonstigen Formen von Öffnungsklauseln. Deren Zulässigkeit als Ausfluss der inhaltlichen Freiheit der TV-Parteien steht im Grundsatz außer Frage. Probleme eröffnen sich indes im Hinblick auf die **negative Koalitionsfreiheit der Außenseiter**. Die tarifl. Regelungen treffen grds. nur die tarifgebundenen ArbN. Bei einer tarifvertragl. Öffnungsklausel wird jedoch die Sperrwirkung des § 77 III BetrVG aufgehoben und die betroffene Thematik einer Regelung durch die Betriebspartner zugänglich gemacht. Die geschlossenen BV finden auch auf die ArbVerh der Außenseiter Anwendung[9], obwohl eine Kompetenz der Betriebspartner durch § 77 III BetrVG an sich ausgeschlossen war. Dies ist nach der Rspr. jedoch zulässig, da letztendlich die uneinge-

---

1 Zum Streitstand Wiedemann/*Thüsing*, § 1 TVG Rz. 765 ff. || 2 BAG 15.7.1986 – 1 AZR 654/84, AP Nr. 1 zu Art. 3 LPVG Bayern. || 3 BAG 18.8.1987 – 1 ABR 30/86, AP Nr. 23 zu § 77 BetrVG 1972. || 4 BAG 11.11.1998 – 4 AZR 40/97, AP Nr. 18 zu § 50 BetrVG 1972: keine Änderung der gesetzl. Kompetenzaufteilung zwischen GesamtBR und BR; 9.6.1999 – 7 ABR 66/97, AP Nr. 66 zu § 40 BetrVG 1972: keine tarifvertragl. Beschränkung der Rechte aus § 40 II BetrVG; 21.6.2000 – 4 AZR 379/99, AP Nr. 21 zu § 102 BetrVG 1972: Mitwirkung des § 102 BetrVG kann erweitert werden. || 5 HM, vgl. *Kissel*, ArbeitskampfR, § 12 Rz. 22; s. aber etwa BAG 10.10.2006 – 1 AZR 811/05, AP Nr. 85 zu § 75 BPersVG für das BPersVG; aA GK-BetrVG/*Kreutz*, § 77 Rz. 156. || 6 Dazu GK-BetrVG/*Kreutz*, § 77 Rz. 156. || 7 *Henssler*, ZfA 1994, 487 (498). || 8 BVerfG 24.5.1977 – 2 BvL 11/74, E 44, 322 (340 f.). || 9 BAG 18.8.1987 – 1 ABR 30/86, AP Nr. 23 zu § 77 BetrVG 1972.

schränkte betriebl. Regelungsautonomie wiederhergestellt wird und auch bei der BV ggü. individuellen Abreden das Günstigkeitsprinzip Anwendung findet. Einer betriebl. Regelung durch die Betriebspartner seien alle ArbN des Betriebes ausgesetzt, insoweit werde die Rechtsstellung der Außenseiter nicht verschlechtert.

3. Grenzen der Tarifautonomie. Eine beliebige Regelung der unterschiedlichsten Gegenstände durch die TV-Parteien ist nicht möglich. Der Tarifautonomie sind vielmehr verschiedene Grenzen gesetzt (s.a. Einl. TVG Rz. 14 ff.). Diese müssen oft auf den einzelnen Sachverhalt bezogen erörtert werden und sind mitnichten klar und deutlich gezeichnet. Durch den unmittelbaren Einfluss auf die oben dargestellte Reichweite der Tarifautonomie kommt der Bestimmung der einzuhaltenden Grenzen, gerade auf Grund der wirtschaftspolitischen Bedeutung der tarifautonomen Regelungen, ein hoher Stellenwert in Rspr. und Lit. zu. 132

a) Recht der EU. Auch für die TV-Parteien beanspruchen die Normen des Unionsrechts Geltung. Einschlägig ist hier insb. das **Prinzip der Entgeltgleichheit** aus Art. 157 AEUV sowie der RL 2006/54/EG[1] (Art. 157 AEUV Rz. 4 ff.). Der Begriff des Entgeltes in Art. 157 II AEUV ist weit zu verstehen und umfasst alle Arten der vom ArbGeb auf Grund des Dienstverhältnisses gewährten Vergünstigungen. Anwendung findet dieses Entgeltgleichheitsgebot auch auf die mittelbare Diskriminierung wegen des Geschlechts (Art. 3 Rz. 74 ff.)[2]. Innerstaatlich tritt das AGG hinzu (vgl. § 3 AGG Rz. 6)[3]. 133

Der EuGH bejaht den **Vorrang des Unionsrechts ggü. TV** in st. Rspr.[4]. Dabei wird den Tarifparteien im Verhältnis zum staatl. Gesetzgeber keine Sonderstellung eingeräumt. Der den Koalitionen von der deutschen Rechtsordnung im Hinblick auf die Tarifautonomie zugestandene Gestaltungs- und Beurteilungsspielraum etwa im Hinblick auf den Gleichheitssatz (Art. 3 Rz. 27) findet in der EuGH-Judikatur keine Entsprechung[5]. 134

b) Verfassung. Die Begrenzung der Tarifautonomie durch kollidierendes Verfassungsrecht wirft die Frage nach der **Grundrechtsbindung der TV-Parteien** auf (s.a. Art. 3 Rz. 27 ff. zum Gleichheitssatz). Obschon die Koalitionen beim Abschluss von TV kollektive Privatautonomie ausüben, ging der traditionelle Ansatz des BAG dahin, eine unmittelbare Grundrechtsbindung der Tarifparteien zu bejahen[6], da es sich bei der Tarifautonomie um staatlich delegierte Normsetzungsmacht handele.[7] 135

Nach einem neueren Ansatz ist die **Tarifautonomie privatautonom legitimiert**. Durch den Verbandsbeitritt beschränkten die Mitglieder als Grundrechtsträger selbst ihre ihnen durch das GG gewährten Freiheiten, insb. die Vertrags- und die Berufsfreiheit[8]. Damit liege keine Gesetzgebung iSv. Art. 1 III vor, es komme nur eine mittelbare Grundrechtsbindung in Betracht. Das bundesverfassungsgerichtl. Gebot vom Schutzauftrag der Grundrechte verpflichte den Staat, die Durchsetzung der Grundrechte auch im privatrechtl. Bereich zu gewährleisten[9]. Dies führt dazu, dass die Gerichte auch bei der Anwendung der letztendlich privatautonom herbeigeführten TV grundrechtl. Kollisionen überprüfen müssen. 136

Der 3. Senat hat in jüngerer Zeit noch zwischen Art. 3 und den Freiheitsrechten unterschieden und die Tarifautonomie im Gegensatz zu den Freiheitsgrundrechten unmittelbar durch den Gleichheitssatz des Art. 3 als begrenzt angesehen[10]. Bzgl. der **Gleichheitskontrolle** von TV ist eine Überprüfung ohne weiteres geboten. Entgegen der früheren Auffassung des BAG[11] muss sich der sachlich vernünftige Grund für eine Ungleichbehandlung aus dem Regelungszusammenhang des betreffenden TV ergeben und darf nicht lediglich unter koalitionsspezifischen Gesichtspunkten nicht willkürlich sein[12]. Sie muss, soweit sie nicht allein personen-, sondern sachverhaltsbezogen ist, von einem sachbezogenen Grund getragen sein, jedoch nicht die zweckmäßigste, vernünftigste und gerechteste Lösung darstellen. Insoweit wird auf Grund der Schutzgebotsfunktion der Grundrechte die Tarifautonomie jedenfalls mittelbar durch Art. 3 begrenzt (vgl. Art. 3 Rz. 29)[13]. 137

In Bezug auf die **Freiheitsgrundrechte** sind vor allem die individuelle Berufsfreiheit aus Art. 12 I und die Tarifautonomie in Einklang zu bringen. Insoweit gehen verschiedene Entscheidungen des BAG ent- 138

---

1 RL 2006/54/EG v. 26.7.2006, ABl. EU 2006 Nr. L 204/23. ||2 BAG 5.3.1997 – 7 AZR 581/92, AP Nr. 123 zu § 37 BetrVG 1972. ||3 Vgl. BAG 20.3.2012 – 9 AZR 529/10, NZA 2012, 803. ||4 Vgl. nur EuGH 15.1.1998 – Rs. C-15/96, AP Nr. 1 zu Art. 48 EG-Vertrag – Schöning-Kougebetopoulou. ||5 S. nur BAG 19.8.2008 – 3 AZR 530/06, NZA 2009, 785 (versicherungsmathematische Abschläge in Betriebsrenten). ||6 BAG seit 15.1.1955 – 1 AZR 305/54, AP Nr. 4 zu Art. 3 GG; 23.1.1992 – 2 AZR 470/91, AP Nr. 37 zu § 622 BGB; 28.6.2001 – 6 AZR 114/00, AP Nr. 24 zu § 611 BGB Arbeitszeit. ||7 Vgl. *Gornik*, NZA 2012, 1399. ||8 BAG 25.2.1998 – 7 AZR 641/96, AP Nr. 11 zu § 1 TVG Tarifverträge: Luftfahrt; 11.3.1998 – 7 AZR 700/96, AP Nr. 12 zu § 1 TVG Tarifverträge: Luftfahrt; ErfK/*Dieterich/Schmidt*, Einl. GG Rz. 47 ff., 64, 67. ||9 So auch BAG 25.2.1998 – 7 AZR 641/96, AP Nr. 11 zu § 1 TVG Tarifverträge: Luftfahrt. ||10 BAG 4.4. 2000 – 3 AZR 729/98, AP Nr. 2 zu § 1 TVG Gleichbehandlung; vgl. auch v. 31.7.2002 – 7 AZR 140/01, AP Nr. 14 zu § 1 TVG Tarifverträge: Luftfahrt. Krit. *Gornik*, NZA 2012, 1399 (1403). ||11 BAG 30.8.2000 – 4 AZR 563/99, AP Nr. 12 zu § 1 TVG Bezugnahme auf Tarifvertrag (Herausnahme von Werkstudenten aus dem persönlichen Geltungsbereich eines TV; Bezug nehmend auch BAG 4.4. 2001 – 4 AZR 232/00, AP Nr. 2 zu § 12 DienstVO ev. Kirche. ||12 *Löwisch*, SAE 2001, 289 (295 f.). ||13 BAG 27.5. 2004 – 6 AZR 129/03, AP Nr. 5 zu § 1 TVG Gleichbehandlung; 5.11.2008 – 5 AZR 56/08, AP Nr. 211 zu § 1 TVG Auslegung.

gegen der hergebrachten Rspr. von einer mittelbaren Grundrechtsbindung aus[1]. Richtigerweise wird man den Tarifparteien jedenfalls einen weiten Regelungsspielraum zuzubilligen haben, dies erscheint allerdings auch im Rahmen einer staatsanalogen Bindung denkbar[2] (s.a. Art. 12 Rz. 54 ff.).

139 Die widerstreitenden dogmatischen Ansichten spielen jedoch in der **tarifl. Praxis** nur eine untergeordnete Rolle. Was den Kontrollmaßstab im Hinblick auf die Überprüfung in Bezug auf Gleichheitsverstöße betrifft, besteht im Erg. weitgehend Einigkeit. Aber auch die Freiheitsgrundrechte richten sich an die staatl. Gewalt. Neben den Abwehrrechten der Bürger begründen sie auch Schutzpflichten. Eine Durchsetzung der Grundrechte muss daher auch in entsprechenden Privatrechtsverhältnissen gewährleistet sein. Die Gerichte als staatl. Grundrechtsadressaten gem. Art. 1 III haben daher bei der Anwendung und Auslegung von TV als Ergebnis kollektiv ausgeübter Privatautonomie die Vereinbarkeit mit den Grundrechten zu überprüfen[3]. Insoweit ist (zumindest) von einer mittelbaren Grundrechtsbindung der TV-Parteien auszugehen (s.a. Einl. TVG Rz. 17).

140 c) **Einfache Gesetze.** Als vorbehaltlos gewährtes Grundrecht können der Tarifautonomie als Ausfluss der Koalitionsbetätigungsgarantie nur zur Wahrung verfassungsrechtl. geschützter Güter Schranken gesetzt werden. Nun bedarf die Tarifautonomie aber der **gesetzl. Ausgestaltung** als Funktionsvoraussetzung (Rz. 117). Hält sich das solchermaßen konkretisierende Gesetz unter Wahrung des Schutzbereiches an Abs. 3, sind dagegen verstoßende TV unwirksam[4]. Eine entsprechende Norm stellt das TVG dar. Mit diesem ist der Gesetzgeber seiner Ausgestaltungspflicht nachgekommen; wobei es sich dabei allerdings wohl nur um die Ausgestaltung der Möglichkeit, Regelungen mit normativer Wirkung zu treffen, handelt. Hat der Staat für bestimmte Bereiche von seiner Normsetzungsbefugnis keinen konkretisierenden Gebrauch gemacht, müssen entstehende Probleme richterrechtl. entschieden werden. Insoweit treffen die Gerichte vergleichbare Ausgestaltungsaufgaben wie die Gesetzgebung.

141 Neben der Ausgestaltung der Tarifautonomie selbst wirkt der Gesetzgeber **auch durch Regelungen von Arbeits- und Wirtschaftsbedingungen auf die Autonomie der Tarifparteien ein.** Sofern es um den Schutz von Gemeinwohlbelangen mit Verfassungsrang geht, können auch Fragen geregelt werden, die Gegenstand von TV sein können[5]. Diese Einschränkungen müssen im Rahmen der Verhältnismäßigkeit erfolgen. Die Befristung der ArbVerh wissenschaftl. Mitarbeiter nach dem HRG wurde mit der Wissenschaftsfreiheit gerechtfertigt[6], vor allem Gesetze mit beschäftigungspolitischer Zielsetzung wurden unter Heranziehung des Sozialstaatsprinzips als verhältnismäßig gekennzeichnet[7]. Die bereits bzgl. der negativen Koalitionsfreiheit (Rz. 71) besprochenen Tariftreueregelungen entfalten ihre eigentliche Brisanz erst im Rahmen eines Eingriffes in die Tarifautonomie[8]. In den vorhandenen und diskutierten Regelungen wird bzgl. der zur Tariftreue zu verpflichtenden Adressaten nicht unterschieden, ob diese bereits anderweitig an TV gebunden sind. Dies wird man als Eingriff in die Tarifautonomie zu werten haben[9]. Des Weiteren erfolgt keine Beteiligung der TV-Parteien. Auch muss dieser Eingriff im Rahmen der Verhältnismäßigkeit erfolgen. Tragende Rechtfertigungsgründe konnten in der Lit. noch nicht dargelegt werden[10].

142 d) **Gemeinwohlbindung.** Die Ordnungsfunktion der tarifautonomen Regelungen, die übergreifende Reichweite des TV und eine gesamtwirtschaftl. Verantwortung der TV-Parteien führen zu der verbreiteten Annahme, dass die **Tarifautonomie durch Aspekte des Gemeinwohls begrenzt werden könne**[11]. Die Rspr.[12] nimmt vor allem im Zusammenhang mit Arbeitskämpfen (Rz. 276) eine Gemeinwohlbindung der TV-Parteien an. Schon die Grundüberlegung kann jedoch jedenfalls in Bezug auf die Tarifautonomie nicht überzeugen. „Gemeinwohl" versagt als Definition einer justiziablen Grenze. Hierbei handelt es sich um einen höchst unbestimmten Wert, der von vielerlei Faktoren abhängig ist. Eine positive Bestimmung des Gemeinwohlbegriffes ist in einer pluralistischen Demokratie weitestgehend unmöglich[13]. Die Gemeinwohlverträglichkeit tarifl. Normsetzung kann nicht durch richterliche Kontrolle erreicht werden, die rechtspolitische Bewertung von Tarifergebnissen ist der arbeitsgerichtl. Überprüfung entzogen[14].

143 Vielmehr **bedarf es einer gesetzgeberischen Regelung, in welcher sich die jeweiligen Inhalte des Gemeinwohls niederschlagen**. Insoweit handelt es sich um eine legislative Ausgestaltung oder eine Einschränkung der Tarifautonomie. Eine Wahrung des Gemeinwohles soll nach dem Grundkonzept der Tarifautonomie durch das antagonistische Zusammenwirken der Sozialpartner erreicht werden[15]. Eine

---

1 BAG 25.2.1998 – 7 AZR 641/96, AP Nr. 11 zu § 1 TVG Tarifverträge: Luftfahrt; 24.4.2001 – 3 AZR 729/98, AP Nr. 2 zu § 1 TVG Gleichbehandlung; 27.5.2004 – 6 AZR 129/03, AP Nr. 5 zu § 1 TVG Gleichbehandlung. || 2 *Cherdron*, S. 202 ff. || 3 BAG 11.3.1998 – 7 AZR 700/96, AP Nr. 12 zu § 1 TVG Tarifverträge: Luftfahrt; 10.11.2011 – 6 AZR 481/09, NZA-RR 2012, 100. || 4 BAG 25.4.1979 – 4 AZR 791/77, AP Nr. 49 zu § 611 BGB Dienstordnungsangestellte; 26.9.1984 – 4 AZR 343/83, AP Nr. 21 zu § 1 TVG. || 5 BAG 26.9.2001 – 5 AZR 539/00, AP Nr. 55 zu § 4 EntgeltFG. || 6 BVerfG 24.4.1996 – 1 BvR 712/86, E 94, 268. || 7 BVerfG 27.4.1999 – 1 BvR 2203/93, E 100, 271; 3.4.2001 – 1 BvL 32/97, AP Nr. 2 zu § 10 BUrlG Kur. || 8 *Scholz*, RdA 2001, 193 (196). || 9 So *Seifert*, ZfA 2001, 1 (19 ff.); aA *Schwab*, NZA 2001, 701 (705). || 10 S. nun aber BVerfG 11.7.2006 – 1 BvL 4/00, AP Nr. 129 zu Art. 9 GG. || 11 *Gamillscheg*, Kollektives Arbeitsrecht, § 7 III 1; *Seiter*, Streikrecht, S. 542 ff.; *Zöllner/Loritz/Hergenröder/Loritz*, § 39 V. || 12 BAG 21.4.1971 – GS 1/68, AP Nr. 43 zu Art. 9 GG Arbeitskampf; s. aber auch BVerfG 18.12.1974 – 1 BvR 430/65 u. 259/66, E 38, 281 (303). || 13 Vgl. *Hufen*, NJW 1994, 2918; krit. auch *Britz/Volkmann*, Tarifautonomie in Deutschland und Europa, 2003, S. 10 f. || 14 ErfK/*Dieterich*, Art. 9 GG Rz. 81; *Henssler*, ZfA 1998, 1 (21 f.). || 15 ErfK/*Dieterich*, Art. 9 GG Rz. 80.

ohne staatl. Direktiven anzunehmende Pflicht zur Orientierung am Gemeinwohl widerspräche jedoch der Tarifautonomie. Gerade bei Interessenkonflikten der TV-Parteien kommt es immer wieder zu Verhandlungsergebnissen oder Kompromissen, welche gerade nicht am Wohle der Allgemeinheit ausgerichtet sind, sondern sich vielmehr auf die mitgliedschaftlichen Interessen der TV-Parteien beziehen. Eine verpflichtende Gemeinwohlbindung der TV-Parteien würde sich jedenfalls ohne legislative oder richterrechtl. Vorgaben als Eingriff in die Tarifautonomie darstellen, welcher die angestrebte Vertragsparität auf kollektiver Ebene letztendlich gravierend beeinträchtigen würde.

4. Tarifkontrolle und Durchsetzung. Aus der verfassungsrechtl. Garantie der Tarifautonomie folgt die gebotene **Zurückhaltung bei der gerichtlichen Kontrolle von TV**. Ein Verhandlungsanspruch zwischen den Tarifgegnern wird ohne ausdrückliche vertragl. Regelung abgelehnt (siehe aber auch Rz. 113), auch die Besetzung der Verhandlungskommissionen unterliegt nicht der gerichtl. Nachprüfung. Die Einhaltung der o.g. rechtl. Grenzen wird in vollem Umfang kontrolliert, die Zweckmäßigkeit der Regelung wird hingegen nicht geprüft[1]. Sowohl auf der Stufe der Entscheidungsfindung als auch bei der Kontrolle des Verhandlungsergebnisses soll damit eine Tarifzensur vermieden werden. 144

Individualvertragl. kann der **ArbN** die durch wirksam geschlossenen TV zustande gekommenen Rechte gerichtlich geltend machen. Des Weiteren können die **TV-Parteien** die gegenseitige Durchführung des TV als vertragl. Nebenpflicht fordern (§ 1 TVG Rz. 69 ff.). TV-Parteien haben auch für tarifvertragskonformes Verhalten ihrer Mitglieder zu sorgen. Dieser Anspruch kann von der anderen Partei im Wege der Einwirkungsklage geltend gemacht werden. Ohne konkrete Festlegung der Art der Einwirkung ist diese Klage als Leistungsklage zulässig, das zu wählende Mittel muss nicht mit angegeben werden, um die erforderliche Bestimmtheit festzulegen (§ 1 TVG Rz. 69). Allein die Forderung der Einwirkung auf die Mitglieder genügt. Ebenso ist ein Unterlassungsanspruch gegen Beeinträchtigungen des TV durch betriebl. Regelungen anerkannt[2]. 145

V. Arbeitskampf. 1. Begriff und Arten. Nach dem **weiten Arbeitskampfbegriff** der hM[3] liegt ein Arbeitskampf vor, wenn die Kampfparteien mittels kollektiver Maßnahmen die Arbeitsbeziehungen stören, um ein bestimmtes Ziel zu erreichen. Zu den Kampfparteien wiederum zählen ArbGeb und ArbN sowie deren Koalitionen. Nachdem jede kollektive Maßnahme zur Störung der Arbeitsbeziehungen als Kampfmittel anzusehen ist, gehören zu diesen Streik, Aussperrung und Boykott, aber auch die kollektive Ausübung von Individualrechten[4]. Zu den Kampfmitteln zählen weiter sonstige Aktionsformen wie Urabstimmungen[5] (Rz. 287), Blockaden, Betriebsbesetzungen, Streikbruchprämien sowie Flashmob-Aktionen[6], zudem wird man bestimmte kampfrechtl. Gestaltungsrechte einzelner ArbGeb und ArbN unter den Kampfmittelbegriff zu subsumieren haben. 146

Nach der **organisatorischen Trägerschaft** ist zu unterscheiden zwischen Arbeitskämpfen, welche von einem ArbGeb-Verband oder einer Gewerkschaft geführt werden, sowie sog. „wilden" Arbeitskämpfen, hinter denen keine tariffähigen Koalitionen stehen. Daneben gibt es „Anschlussstreiks" bzw. „Anschlussaussperrungen", also Kampfmaßnahmen von Außenseitern, die ohne mitgliedschaftlichen Zwang Kampfbeschlüsse der Verbände befolgen. 147

Die **Zielsetzung des Arbeitskampfes** kann arbeitsrechtl., politischer oder wirtschaftl. Natur sein. Schließlich ist noch zwischen Angriffs- und Abwehrkämpfen sowie Haupt- oder Nebenarbeitskämpfen (Sympathie-, Solidaritäts-, Unterstützungsarbeitskämpfen) zu differenzieren. 148

2. Rechtsgrundlagen des Arbeitskampfrechts. a) Koalitionsbetätigungsgarantie. Rspr.[7] und hM[8] sehen als zentrale Norm des Arbeitskampfrechts Abs. 3 an. Das GG bezieht zur Frage der **Zulässigkeit des Arbeitskampfes** als Mittel zur kollektiven Wahrnehmung von ArbN- und ArbGeb-Interessen nicht ausdrücklich Stellung. Zwar war die verfassungsrechtl. Absicherung des Streikrechts Gegenstand der Beratungen des parlamentarischen Rates. Eine entsprechende normative Regelung kam aber nicht zustande[9]. Demzufolge ist im GG der Arbeitskampf nur gegen Notstandsmaßnahmen durch den 1968 eingefügten S. 3 des Abs. 3 ausdrücklich geschützt. Entgegen Stimmen im Schrifttum[10] hat man im Hinblick auf die Entstehungsgeschichte des Abs. 3 S. 3 und die diesbezüglichen Erörterungen im Parlament eine ausdrückliche Garantie des Arbeitskampfes bzw. einzelner Kampfformen durch die Verfassung selbst abzulehnen. Ebenso wenig wie der Verfassungsgeber von 1949 in Abs. 3 hat auch der Notstandsgesetzgeber von 1968 mit der Einführung des S. 3 eine Aussage über die grundgesetzliche Absicherung des Arbeitskampfes treffen wollen[11]. 149

---

1 *Kissel*, ArbeitskampfR, § 10 Rz. 51 ff. ||2 BAG 17.5.2011 – 1 AZR 473/09, NZA 2011, 1169. ||3 Brox/Rüthers/*Brox*, Rz. 17; *Seiter*, Streikrecht, S. 568 ff. ||4 *Kissel*, ArbeitskampfR, § 14 Rz. 19 f.; *Otto*, § 1 Rz. 9 ff. AA bzgl. der gemeinsamen Wahrnehmung arbeitsvertraglicher Rechte ErfK/*Dieterich*, Art. 9 GG Rz. 94 f. ||5 BAG 31.10.1958 – 1 AZR 632/57, AP Nr. 2 zu § 1 TVG Friedenspflicht; *Seiter*, Streikrecht, S. 516. ||6 BAG 22.9.2009 – 1 AZR 972/08, AP Nr. 174 zu Art. 9 GG Arbeitskampf. ||7 Vgl. nur BVerfG 4.7.1995 – 1 BvF 2/86 ua., E 92, 365; s.a. schon BAG 10.6.1980 – 1 AZR 822/79, 1 AZR 168/79, AP Nr. 64, 65 zu Art. 9 GG Arbeitskampf. ||8 Brox/Rüthers/*Rüthers*, Rz. 78 f.; *Konzen*, FS 50 Jahre BAG, 2004, S. 514 (518 ff.). ||9 Zur Entstehungsgeschichte näher *Seiter*, Streikrecht, S. 63 f. ||10 So etwa *Lerche*, Verfassungsrechtliche Zentralfragen des Arbeitskampfes, 1968, S. 89. ||11 BAG 9.7.1968 – 1 ABR 2/67, AP Nr. 25 zu § 2 TVG; *Seiter*, Streikrecht, S. 71 ff.

150 Nachdem Koalitionsfreiheit und Tarifautonomie für sich besehen noch keinen **autonomen Auseinandersetzungsprozess** gewährleisten können und wenn man weiter in Betracht zieht, dass staatlicher Zwang zur Erreichung eines Tarifabschlusses nicht zulässig ist, müssen den Koalitionen Mittel zur Verfügung stehen, um den sozialen Gegenspieler dazu zu bringen, eine Kollektivvereinbarung zu unterzeichnen. Grundvoraussetzung des Funktionierens der Tarifautonomie ist die Fähigkeit von Gewerkschaften und ArbGeb-Verbänden, zur Erreichung von Tarifabschlüssen Druck und Gegendruck auszuüben (Rz. 48). Der Arbeitskampf ist also Hilfsmittel der Tarifautonomie, die ohne das konfliktentscheidende Kampfmittelinstrumentarium als ultima ratio nicht funktionsfähig wäre[1]. Die verfassungsrechtl. Garantie der Tarifauseinandersetzung muss sich daher auf die Mittel zur Durchführung dieser Auseinandersetzung erstrecken.

151 **b) Überstaatliche Regelungen.** Mit Fragen des Arbeitskampfes[2] und insb. der Koalitionsfreiheit befassen sich **im Arbeitsvölkerrecht** Art. 23 IV der Deklaration der allgemeinen Menschenrechte v. 10.12. 1948[3], Art. 8 des Internationalen Paktes über wirtschaftl., soziale und kulturelle Rechte v. 19.12.1966[4] und Art. 22 des Internationalen Paktes über bürgerliche und politische Rechte v. 16.12.1966[5]. Nach ganz hM[6] stellt Art. 23 IV der Deklaration der allgemeinen Menschenrechte nur eine rechtl. Empfehlung dar, es handelt sich also lediglich um eine „Proklamation gemeinsamer Richtlinien". Unstreitig verpflichten die beiden UN-Pakte dagegen den nationalen Gesetzgeber dazu, seine Normen an das Arbeitsvölkerrecht insoweit anzugleichen. Umstritten ist, ob Art. 8 des Sozialpaktes und Art. 22 des politischen Paktes dem einzelnen Bürger einklagbare, subjektive Rechte einräumen, also im Verhältnis Staat – Bürger Wirkung entfalten. Während für den Sozialpakt allg. eine solche innerstaatl. Anwendbarkeit abgelehnt wird, soll einer Meinung im Schrifttum zufolge Art. 8 des Paktes den innerstaatl. Richter unmittelbar binden, also den betroffenen Bürger bzw. der betroffenen Koalition eine Rechtsposition einräumen[7]. Demggü. stellt der politische Pakt nach der ganz überwiegenden Meinung in seiner Gesamtheit unmittelbar geltendes Recht in den Unterzeichnerstaaten dar, seine Bestimmungen räumen dem Begünstigten subjektive Rechte ein[8].

152 Auch mehrere Abkommen und Empfehlungen der **Internationalen Arbeitsorganisation** regeln Koalitionsfreiheit und Streikrecht. Zu nennen sind insb. das Abkommen Nr. 87 v. 9.7.1948[9] sowie das Abkommen Nr. 98 v. 1.7.1949[10]. Beide IAO-Abkommen begründen als völkerrechtl. Verträge die Pflicht der Staaten, ihre Normen entsprechend anzupassen. Individualrechte räumen sie demggü. nicht ein. Zwar ist im Schrifttum umstritten, ob die genannten IAO-Abkommen eine Arbeitskampfgarantie enthalten, die mit der Überwachung der Einhaltung der Bestimmungen der IAO-Abkommen in den Vertragsstaaten befassten Gremien gehen aber in ihrer ständigen Rechtspraxis von einer Gewährleistung von Kampfmaßnahmen, insb. des Streikrechts, aus[11]. Allerdings fehlt diesen Institutionen die Kompetenz zur verbindlichen Auslegung[12].

153 Aus dem Recht des **Europarates** sind für Arbeitskämpfe Art. 11 EMRK[13] sowie Teil II Art. 5 iVm. Art. 6 IV ESC[14] von Bedeutung. Während im Hinblick auf Art. 11 EMRK lange umstritten war, ob die Vorschrift eine Arbeitskampfrechtsgewährleistung enthält[15], garantiert die Sozialcharta ausdrücklich das Streikrecht (dazu noch Rz. 261 f.). Obwohl die Aussperrung nicht ausdrücklich genannt wird, wird davon ausgegangen, dass auch sie als Kampfmittel der ArbGeb-Seite von Teil II Art. 6 IV ESC umfasst wird[16]. Im Gegensatz zu Art. 11 EMRK, der unmittelbar geltendes Recht im Range eines einfachen Gesetzes ist, enthält die Sozialcharta nach hM nur eine völkerrechtl. Staatenverpflichtung, die nationalen Rechtsnormen an den Standard der Charta anzupassen[17].

154 Anders als die bislang erörterten Abkommen enthält der AEUV keine Bestimmungen, die unmittelbar die Koalitionsfreiheit oder gar das Recht auf Arbeitskampf betreffen[18]. Im Gegenteil bestimmt Art. 153 V AEUV ausdrücklich, dass der EU auf dem Gebiet des Streikrechts sowie des Aussperrungsrechts keinerlei Rechtsetzungskompetenzen zukommen. Demggü. ist der Arbeitskampf in der Gemeinschaftscharta der sozialen Grundrechte der ArbN v. 9.12.1989 verankert[19], ebenso findet sich seine Gewähr-

---

1 *Seiter*, NJW 1980, 1905 (1906); *Söllner*, RdA 1980, 14 (19). ‖ 2 Zum Folgenden *Hergenröder*, EAS B 8400 Rz. 5 ff. ‖ 3 UN Doc. A/811. ‖ 4 In Kraft getreten am 3.1.1976, BGBl. 1973 II, S. 1569. ‖ 5 In Kraft getreten am 23.3.1976, BGBl. 1973 II, S. 1534 ff. ‖ 6 *Gitter*, ZfA 1971, 127 (132). ‖ 7 Dazu *Hergenröder*, EAS B 8400 Rz. 8 ff. mwN. ‖ 8 *Beyerlin* in Max-Planck-Institut (Hrsg.), Die Koalitionsfreiheit des Arbeitnehmers, 1980, Teil 2, S. 1161 (1171 f.). ‖ 9 BGBl. 1956 II, S. 2000 ff., in der BRD in Kraft seit 20.3.1958. ‖ 10 BGBl. 1955 II, S. 122 ff., in der BRD in Kraft seit 8.6.1957. ‖ 11 ILO, Freedom of Association and Collective Bargaining, Report III (4 B), ILC, 69th session, 1983, S. 62 ff., Nr. 199 ff. ‖ 12 ErfK/*Dieterich*, Art. 9 GG Rz. 107; aA *Däubler*, FS 100 Jahre Arbeitsgerichtsbarkeit, 1994, S. 619 (629). ‖ 13 BGBl. 1952 II, S. 686, 953, in der BRD in Kraft seit 3.9.1953. Dazu *Seifert*, EuZA 2013, 205 (207 ff.). ‖ 14 BGBl. 1964 II, S. 12, 61 ff., in der BRD in Kraft seit 26.2.1965. ‖ 15 Bejahend nunmehr EGMR 21.4.2009 – No. 68959/01, NZA 2010, 1423 – Enerji Yapi-Yol Sen; 12.11.2008 – No. 34504/97, NZA 2010, 1425 – Demir und Baykara. Dazu *Franzen*, EuZA 2010, 453; *Fütterer*, EuZA 2011, 505 (511 ff.); *Laubinger*, FS Klein, 2013, S. 1141; *Seifert*, EuZA 2013, 205 (216 ff.). ‖ 16 S. Brox/Rüthers/*Rüthers*, Rz. 124. ‖ 17 Brox/Rüthers/*Rüthers*, Rz. 124; *Seiter*, Streikrecht, S. 137 mwN. ‖ 18 Vgl. *Hergenröder*, EAS B 8400 Rz. 26 ff. ‖ 19 KOM (89) S. 248 endg. abgedr. in EAS A 1500. Dazu *Rebhahn*, GS Heinze, 2005, S. 649.

leistung in Art. 28 GrCh¹. Inzwischen anerkennt der EuGH unter Berufung auf das Recht der IAO, der ESC sowie der Gemeinschaftscharta der sozialen Grundrechte, welche in Art. 151 AEUV aufgeführt sind, ein Recht auf Durchführung kollektiver Maßnahmen². Darüber hinaus schützen Art. 7 IV und Art. 8 VO 492/2011³ die Koalitionsfreiheit der WanderArbN. Soweit Art. 8 der VO von „der Ausübung gewerkschaftlicher Rechte" spricht, wird man hierunter auch die Teilnahme von ausländischen Staatsangehörigen an Arbeitskämpfen im Gaststaat fassen müssen. Insoweit statuiert die Vorschrift also ein Diskriminierungsverbot⁴.

Festzuhalten ist, dass der Gewährleistungsinhalt des europäischen und internationalen Arbeitsrechts gegenwärtig wohl **nicht über Abs. 3 hinausgeht**⁵. Soweit internationale Abkommen Staatenverpflichtungen begründen, wird man richtiger Ansicht nach allerdings nicht nur den Gesetzgeber, sondern auch den rechtsschöpfenden Richter an die entsprechenden Dokumente binden müssen⁶. Da Arbeitskampfrecht nahezu völlig Richterrecht ist (Rz. 85 ff., 164), ist diese Aussage auch durchaus von Bedeutung. Allerdings darf nicht verkannt werden, dass die entsprechenden Vertragswerke auf Grund ihres Kompromisscharakters häufig sehr unbestimmt sind. Dies ruft die Gefahr einer gewissen Beliebigkeit der auf diese Art und Weise hervorgebrachten Ergebnisse hervor.

c) Einfachgesetzliche Regelungen. Nur **vereinzelte Teilaspekte des Arbeitskampfes** werden von einfachgesetzl. Regelungen normiert. So statuieren etwa § 74 II 1 BetrVG und § 66 II 2, 3 BPersVG ein Kampfverbot im Bereich der Betriebsverfassung sowie der Personalvertretung. § 25 KSchG bestimmt, dass bei Kampfkündigungen des ArbGeb das KSchG zu Gunsten der ArbN nicht eingreift. Den Rechtsweg zur Arbeitsgerichtsbarkeit bei kampfweisen Auseinandersetzungen eröffnet § 2 I Nr. 2 ArbGG. §§ 36 III, 100, 160 SGB III konkretisieren die Neutralitätspflicht der BA. Einen Wiedereinstellungsanspruch Schwerbehinderter regelt für den Fall kampfweiser Entlassungen § 91 VI SGB IX. § 11 V AÜG wiederum billigt einem LeihArbN ein Arbeitsverweigerungsrecht zu, sofern er bei einem Entleiher tätig werden soll, der durch einen Arbeitskampf unmittelbar betroffen ist. Auf sein Arbeitsverweigerungsrecht ist der betreffende LeihArbN hinzuweisen. Schließlich ordnet § 192 I Nr. 1 SGB V an, dass die Mitgliedschaft Versicherungspflichtiger in der Krankenkasse erhalten bleibt, solange sie sich in einem rechtmäßigen Arbeitskampf befinden. Von einer gesetzl. Gesamtregelung des Arbeitskampfes kann also keine Rede sein.

Über die jeweilige Einzelaussage hinaus lässt sich den einschlägigen Gesetzesbestimmungen aber immerhin entnehmen, dass der Gesetzgeber entweder den Begriff „Arbeitskampf", unter dem auch die Aussperrung zu verstehen ist, oder, wie in § 91 VI SGB IX, sogar die Begriffe „Streik" und „Aussperrung" verwendet. Gesetzestexte, welche noch aus der Weimarer Zeit oder den Anfängen der Bundesrepublik Deutschlands stammen, wurden wortgleich aufrechterhalten, um zu dokumentieren, **dass der Gesetzgeber an dem diffizilen Kräfteverhältnis nichts ändern wollte**. Darüber hinaus setzen die Bestimmungen notwendig voraus, dass die Aussperrung – sogar in ihrer lösenden Form (Rz. 235) – zulässig ist. Sonst wäre die Rechtsfolgenregelung nicht sinnvoll. Daraus ergibt sich, dass der Inhalt der Parität vom einfachen Gesetzgeber in Übereinstimmung mit Abs. 3 ausgefüllt worden ist, und zwar iSd. strengen formalen Rechtsgleichheit.

d) Länderverfassungen. Diese enthalten zT **ausdrückliche Streikgarantien**, vgl. etwa Art. 29 IV Hess. Verf., Art. 27 II Bln. Verf., Art. 51 III Brem. Verf., Art. 66 II Rh.-Pf. Verf., Art. 56 II Saarl Verf. Darüber hinaus bestimmt Art. 29 V Hess. Verf.: „Die Aussperrung ist rechtswidrig". Dem Landesverfassungsrecht kommt keine praktische Bedeutung zu. Gem. Art. 31 GG gilt Landesrecht nur insoweit, als Bundesrecht nichts anderes bestimmt. Nachdem die Aussperrung nach der Rspr. des BAG unter gewissen Voraussetzungen rechtmäßig ist und Richterrecht zum Bundesrecht Teil des Bundesrechts ist⁷, wird das hessische Aussperrungsverbot von der bundesarbeitsgerichtl. Gewährleistung der Aussperrung verdrängt.

e) Kollektivvertragliche Arbeitskampfordnungen. aa) Tarifautonome Regelungen. Das BAG hat die Tarifparteien mehrfach aufgefordert, **tarifvertragl. Arbeitskampfordnungen** zu schaffen, ohne allerdings die Grenzen der solchermaßen eingeräumten Vereinbarungsbefugnis abzustecken⁸. Im Grundsatz steht damit fest, dass zumindest in gewissem Umfang das Arbeitskampfrecht zur Disposition der Tarifparteien steht, es sich also nicht zur Gänze um ius cogens handelt. In der Praxis hat dies insb. in

---

1 ABl. C 364/1 v. 18.12.2000 abgedr. in EAS A 1510. Dazu *Sagan*, Das Gemeinschaftsgrundrecht auf Kollektivmaßnahmen, 2008; *Seifert*, EuZA 2013, 205 (210 ff.). ‖ 2 EuGH 11.12.2007 – Rs. C-438/05, DB 2008, 198 – Viking; 18.12.2007 – Rs. C-341/05, DB 2008, 71 – Laval. Dazu *Hergenröder*, EAS B 8400 (2010) Rz. 93 ff., 111 ff.; *Konzen*, FS Säcker, 2011, 229 (233 ff.); *Maeßen*, Auswirkungen der EuGH-Rechtsprechung auf das deutsche Arbeitskampfrecht, 2010, S. 67 ff.; *Wagner*, Der Arbeitskampf als Gegenstand des Rechts der Europäischen Union, 2010, S. 97 ff. ‖ 3 ABl. L 141/1 v. 27.5.2011. ‖ 4 S.a. EuGH 28.10.1975 – Rs. 36/75, EuR 1976, 242 – Rutili. ‖ 5 Vgl. aber in Bezug auf transnationale Arbeitskämpfe *Hergenröder*, EAS B 8400 Rz. 149 f. ‖ 6 Zur ESC als Auslegungshilfe insoweit BAG 12.9.1984 – 1 AZR 342/83 AP Nr. 81 zu Art. 9 GG Arbeitskampf. S.a. *Seifert*, EuZA 2013, 205 (214 ff.). ‖ 7 BAG 10.6.1980 – 1 AZR 822/79, AP Nr. 64 zu Art. 9 GG Arbeitskampf. ‖ 8 BAG (GS) 21.4.1971 – GS 1/68, AP Nr. 43 zu Art. 9 GG Arbeitskampf; BAG 10.6.1980 – 1 AZR 822/79, AP Nr. 64 zu Art. 9 GG Arbeitskampf.

Bezug auf Abkommen über die Friedenspflicht sowie über Schlichtungsfragen Relevanz gewonnen. Weiter sind Abmachungen über Erhaltungsmaßnahmen für bestreikte Betriebe, Kampfverbote für lebenswichtige Versorgungsbetriebe, bestimmte Kampfformen und Kampfziele, Streikposten und Schadensbegrenzungsmaßnahmen denkbar[1].

160 **bb) Betriebsvereinbarungen.** Weitgehend ungeklärt ist, ob und inwieweit auch in BV **Fragen des Arbeitskampfrechts geregelt werden können.** Diskutiert wird in erster Linie die damit verwandte Frage nach den Beteiligungsrechten des BR im Arbeitskampf (Rz. 325 f.). Klargestellt hat das BAG, dass die MitbestR des BR im Arbeitskampf eingeschränkt sind, soweit die Beteiligung des BR die Freiheit des ArbGeb, Arbeitskampfmaßnahmen zu ergreifen oder Folgen eines Arbeitskampfes zu begegnen, unmittelbar beeinträchtigen würde. Dies folge aus der Chancengleichheit als Funktionsvoraussetzung der Tarifautonomie. Keiner Einschränkung der Beteiligungsrechte bedürfe es indes, wenn die entsprechenden Maßnahmen des ArbGeb mit der Kampfabwehr nichts zu tun hätten und keine Wirkungen auf das Kampfgeschehen entfalteten[2].

161 Relevant geworden ist die Frage nach der Zulässigkeit betrieblicher Arbeitskampfregelungen bisher[3] bei **BV über Gleitzeitregelungen**[4] (s.a. Rz. 192), **Notstands- und Erhaltungsarbeiten**[5], **Anwesenheitsprämien**[6] sowie **Maßregelungsverboten**[7]. Im Hinblick auf Gleitzeitregelungen hält das BAG freiwillige BV für zulässig, ob dagegen der BR eine Gleitzeitvereinbarung auf Grund bestehender MitbestR nach § 87 I Nr. 2 und 3 BetrVG über die Einigungsstelle durchsetzen kann, wurde ausdrücklich offen gelassen[8].

162 Richtigerweise wird man zunächst danach zu differenzieren haben, ob es sich um BV mit nicht beabsichtigter Auswirkung auf Arbeitskämpfe handelt, solche mit Geltung für Zeiten ohne Bezug zum Arbeitskampf und für Zeiten des Arbeitskampfes sowie schließlich solche mit Regelungen speziell über Arbeitskämpfe[9]. Ausgangspunkt jeglicher Argumentation muss sein, dass dem **BR keine Rechte aus Abs. 3** zustehen, er ist Repräsentant der Gesamtbelegschaft und damit auch der Außenseiter. Legislatorischer Hintergrund von § 74 II 1 BetrVG ist weiter, dass der BR bei Arbeitskämpfen seine Stellung als Repräsentant aller Belegschaftsmitglieder wahren muss und die Grenzen seiner Legitimation nicht überschreiten darf[10]. Schon aus der Hierarchie der Rechtsquellen folgt, dass entsprechende BV damit an Abs. 3 zu messen sind. Zwar besteht grds. keine unmittelbare Bindung der BV an die Grundrechte (Art. 3 Rz. 32), dies spielt in Bezug auf die Koalitionsfreiheit aber wegen der in S. 2 angeordneten Drittwirkung (Rz. 91 ff.) keine Rolle.

163 Nachdem Tarifautonomie das Bestehen von Kampf- bzw. Verhandlungsparität zwischen den beteiligten Parteien voraussetzt (Rz. 166), **müssen entsprechende Vereinbarungen der Betriebsparteien mit diesem obersten Grundsatz des Arbeitskampfrechts vereinbar** sein. Dies gilt insb., wenn betriebl. Vereinbarungen ihrem Gegenstand nach eine abstrakte Regel für zukünftige Arbeitskämpfe aufstellen; es also nicht mehr – wie etwa bei Maßregelungsverboten oder Vereinbarungen über Erhaltungsarbeiten – darum geht, eine konkrete Arbeitskampfmaßnahme des ArbGeb bzw. deren Folgen in Bezug auf Beteiligungsrechte des BR zu regeln oder wenn bei Abschluss der BV der Arbeitskampfbezug nicht offensichtlich war. Entsprechende BV werden damit regelmäßig in die Gestaltungsbefugnis des einzelnen ArbGeb im Arbeitskampf bzw. in diejenige der Verbände eingreifen und damit Bedenken im Hinblick auf Abs. 3 wecken[11].

164 **f) Arbeitskampf und Richterrechtsordnung.** Die fehlende gesetzl. Regelung des Arbeitskampfrechts und die damit verbundene vom BVerfG[12] gebilligte **Ersatzgesetzgebung des BAG** (Rz. 86) beruhen vor allem auf der Tatsache, dass das an sich zur Entscheidung berufene Parlament einer solchen Kodifikation wegen aus dem Wege gegangen ist. Zum einen sind die Hauptbetroffenen selbst, nämlich ArbGeb-Verbände und Gewerkschaften, an einer Kodifizierung nicht interessiert[13], zum anderen ist die Wahrscheinlichkeit, einen breiten gesellschaftlichen Konsens zu einer bestimmten gesetzl. Regelung des Arbeitskampfrechts zu finden, äußerst gering. Dies erklärt, warum Arbeitskampfrecht seit jeher weitgehend Richterrecht ist. Nach Aufgabe des Grundsatzes der Tarifeinheit durch das BAG (Rz. 77) ist allerdings der Ruf nach dem Gesetzgeber wieder laut geworden[14].

---

1 Wiedemann/*Thüsing*, § 1 TVG Rz. 945 ff. ||2 BAG 30.8.1994 – 1 ABR 10/94, AP Nr. 132 zu Art. 9 GG Arbeitskampf. ||3 Rspr.-Überblick bei *Maulshagen*, Betriebliche Arbeitskampfregelungen, 2003, S. 34 ff. ||4 BAG 30.8.1994 – 1 AZR 765/93, AP Nr. 131 zu Art. 9 GG Arbeitskampf; LAG Hess. 3.10.1984 – 2 Sa 310/84, DB 1986, 178. ||5 BVerfG 19.2.1975 – 1 BvR 418/71, E 38, 386 (395 f.); BAG (GS) 21.4.1971 – GS 1/68, AP Nr. 43 zu Art. 9 GG Arbeitskampf; BAG 14.2.1978 – 1 AZR 154/76, AP Nr. 57 zu Art. 9 GG Arbeitskampf. ||6 BAG 31.10.1995 – 1 AZR 217/95, AP Nr. 140 zu Art. 9 GG Arbeitskampf. ||7 LAG Hess. 3.10.1984 – 2 Sa 310/84, DB 1986, 178. ||8 BAG 30.8.1994 – 1 ABR 10/94, AP Nr. 132 zu Art. 9 GG Arbeitskampf; dazu *Hergenröder*, SAE 1996, 326. ||9 Vgl. *Maulshagen*, Betriebliche Arbeitskampfregelungen, 2003, S. 76 ff. ||10 *Schulin*, Mitbestimmung im Arbeitskampf, in Lieb/v. Stebut/Zöllner (Hrsg.), Arbeitskampfrecht, 1990, S. 191 ff. ||11 S.a. *Hergenröder*, SAE 1996, 326 ff. Anders aber *Maulshagen*, Betriebliche Arbeitskampfregelungen, 2003, S. 282 ff. ||12 BVerfG 26.6.1991 – 1 BvR 779/85, E 84, 212 (226 f.). Zum Problemkreis *Konzen*, FS 50 Jahre BAG, 2004, S. 513 (514 ff.). ||13 *Raiser*, JZ 1989, 405 (407 f.); *Seiter*, RdA 1986, 165 (174 f.). ||14 Vgl. nur Carl Friedrich von Weizsäcker-Stiftung (Hrsg.), Tarifpluralität als Aufgabe des Gesetzgebers, 2011, passim.

3. Allgemeine Grundsätze des Arbeitskampfrechts. a) Grundsatz der freien Kampfmittelwahl. 165
Eines der **zentralen Prinzipien des Arbeitskampfrechts** ist der Grundsatz der freien Wahl der Kampfmittel[1]. Nach dem Großen Senat des BAG[2] beruht die freie Wahl der Kampfmittel auf den Grundsätzen des freiheitlichen und sozialen Rechtsstaates (Art. 18, 20, 21, 28), insb. der allg. Entfaltungsfreiheit (Art. 2 I) sowie dem Gesamtzusammenhang der wirtschafts- und sozialverfassungsrechtl. Grundprinzipien. Teilweise wird der Grundsatz der freien Kampfmittelwahl auch unmittelbar in Abs. 3 verortet[3]. Auch das BAG sieht nunmehr diese Wahlfreiheit als Teil der in Abs. 3 zu verortenden Betätigungsfreiheit der Koalitionen an[4]. Ob dieser Grundsatz den Kampfparteien lediglich die Freiheit in der Auswahl aus den historisch überkommenen Kampfmitteln (Grundsatz der freien Typenauswahl)[5] zubilligt oder ob er darüber hinaus die Möglichkeit zur Bildung neuer Arbeitskampfformen erfasst (Grundsatz der freien Typenbildung)[6], ist umstritten, aber im letzteren Sinne zu entscheiden. Jedenfalls obliegt es den beiden Seiten, die freie Wahl der Kampftaktik, dh. die Art und Weise des Kampfmitteleinsatzes selbst zu bestimmen. Insoweit kommt es darauf an, Kampfmittel so einzusetzen, dass mit möglichst geringem Aufwand eine maximale Wirkung erreicht wird[7]. Klarzustellen ist, dass durch den Grundsatz der freien Kampfmittelwahl nicht die Auswahl rechtl. unzulässiger Kampfmittel gestattet ist; nur von der Arbeitskampfrechtsordnung gebilligte Kampfformen dürfen gewählt werden[8].

b) Grundsatz der Verhandlungsparität. Oberstes Prinzip des Arbeitskampfrechts ist der Grundsatz 166
der Verhandlungsparität (Kampfparität, Waffengleichheit), welcher unmittelbar aus Abs. 3 folgt. Die erforderlichen Kampfmittel sind an diesem Grundsatz auszurichten. Insoweit sind verschiedene Paritätsmodelle zu unterscheiden: Der Rspr. von RG und RAG lag ein **formelles („liberales") Verständnis von Parität** zugrunde. Streik und Aussperrung wurden als gleichwertige Waffen verstanden und bei gesetzl. oder richterrechtl. Regelungen möglichst gleich behandelt[9]. Im Vordergrund stand die Kampfparität („Waffengleichheit"), nicht die Verhandlungsparität und damit auch nicht die Berücksichtigung der tatsächlichen Kräfteverhältnisse. Dieses formelle Paritätsverständnis ist inzwischen auf nahezu allg. Ablehnung gestoßen[10].

Durchgesetzt hat sich in Rspr. und Lit. ein sog. **materielles Paritätsverständnis**, dieses beruht auf der 167
Unterscheidung von Kampfparität und Verhandlungsparität[11]. Entscheidend ist danach, dass auf Verhandlungsebene möglichst gleiche Verhandlungschancen bestehen. Nach diesem Konzept dürfen typische Ungleichgewichte in den Kräfteverhältnissen über das Kampfmittelsystem ausgeglichen werden. Man verlangt im Prinzip ein „tatsächliches Gleichgewicht der sozialen Gegenspieler" als Leitbild für die Ausgestaltung des Arbeitskampfrechts, und zwar auf Verhandlungsebene[12]. Das BSG bezeichnet diese Konzeption als „fördernde Neutralität"[13]: Dem Staat werde das „Recht zuerkannt, Regelungen zu treffen, durch die ausgeglichene Verhältnisse der Tarifpartner untereinander (Kampfparität) garantiert sind". Im Erg. besteht Einigkeit darüber, dass die grundgesetzlich gewährleistete Tarifautonomie gleichwertige Verhandlungschancen voraussetzt und dass dem Arbeitskampfrecht als Institution die Aufgabe zufällt, dieses Gleichgewicht der Kräfte herzustellen[14]. Deutlich wird, dass die Ausgestaltung des Arbeitskampfes das entscheidende Mittel ist, um die Richtigkeitsgewähr der Tarifautonomie (die Verhandlungsparität) zu gewährleisten. Die vertragl. Richtigkeitsgewähr ist die Zielvorstellung der Verhandlungsparität und damit auch der Kampfparität. Vor diesem Hintergrund wird man die herkömmlichen Grundsätze auch im tarifpluralen Betrieb anwenden können, die Aufgabe des Grundsatzes der Tarifeinheit führt zu keinen Auswirkungen auf die paritätsbeeinflussenden Faktoren. Dies gilt nicht nur im Hinblick auf die vielbeschworene Gefahr einer Entsolidarisierung durch Spartengewerkschaften, sondern auch bzgl. der Abwehrmöglichkeiten der ArbGebSeite[15].

Von der Leitvorstellung der Verhandlungsparität darf nicht mehr erwartet werden, als sie zu leisten 168
imstande ist und leisten soll. Deshalb hat die Rspr. die Parität auch nur mit „annäherndem" Kräftegleichgewicht und ähnlichen Ausdrücken umschrieben. Darüber hinaus hat die Rspr. weitere Präzisierungen vorgenommen: Sie hat es zu Recht abgelehnt, mit den Vertretern einer **sog. Gesamtparität** sämtliche Machtfaktoren in die Beurteilung des Kräftegleichgewichts aufzunehmen[16]. Zu berücksichtigen sind nur solche Faktoren, die im Hinblick auf die Durchsetzung von TV Bedeutung erlangen können (tarifvertragsbezogene Parität). Das BAG hat es auf der anderen Seite abgelehnt, den Paritätsmaßstab beim konkreten Arbeitskampf heranzuziehen. Die Funktion des Maßstabs erschöpfe sich in der

---

1 *Gamillscheg*, Kollektives Arbeitsrecht, § 21 I; *Otto*, § 4 Rz. 26; krit. *Jacobs*, ZfA 2011, 71 (78 f.). ‖ 2 BAG (GS) 28.1.1955 – GS 1/54, AP Nr. 1 zu Art. 9 GG Arbeitskampf (unter II 1). ‖ 3 *Däubler/Bieback/Wroblewski*, ArbeitskampfR, § 17 Rz. 8; aA *Otto*, § 4 Rz. 26, § 10 Rz. 25. ‖ 4 BAG 19.6.2007 – 1 AZR 396/06, AP Nr. 173 zu Art. 9 GG Arbeitskampf. ‖ 5 So *Gamillscheg*, Kollektives Arbeitsrecht, § 21 I; *Konzen*, DB-Beil. 6/1990, 8. ‖ 6 Vgl. *Däubler/Bieback/Wroblewski*, ArbeitskampfR, § 17 Rz. 13. ‖ 7 BAG 21.6.1988 – 1 AZR 651/86, AP Nr. 108 zu Art. 9 GG Arbeitskampf (A I 4); *Seiter*, Streikrecht, S. 541. ‖ 8 *Otto*, § 4 Rz. 26; *Seiter*, Streikrecht, S. 143; aA etwa *Däubler/Bieback/Wroblewski*, ArbeitskampfR, § 17 Rz. 10 f. ‖ 9 Nachw. aus der Rspr. bei *Seiter*, Streikrecht, S. 157 f. ‖ 10 BAG 10.6.1980 – 1 AZR 822/79, AP Nr. 64 zu Art. 9 GG Arbeitskampf mwN. ‖ 11 Richtungsweisend *Rüthers*, Jura 1970, 85 (102 ff.). ‖ 12 So BAG 10.6.1980 – 1 AZR 822/79, AP Nr. 64 zu Art. 9 GG Arbeitskampf. ‖ 13 BSG 9.9.1975 – 7 RAr 5/73, AP Nr. 1 zu § 116 AFG. ‖ 14 BAG 10.6.1980 – 1 AZR 822/79, AP Nr. 64 zu Art. 9 GG – Arbeitskampf; *Konzen* FS 50 Jahre BAG, 2004, S. 513 (529 ff.). ‖ 15 Vgl. näher *Krüger*, Der Grundsatz der Tarifeinheit und die Folgen seiner Aufgabe für das Arbeitskampfrecht, 2013, S. 195 ff., (223 ff. mwN. ‖ 16 BAG 10.6.1980 – 1 AZR 822/79, AP Nr. 64 zu Art. 9 GG Arbeitskampf.

abstrakten, typisierenden Beurteilung von Kampfmitteln und Kampfgrenzen. Das BAG hat damit stets die öffentl.-rechtl. Funktion des Paritätsgrundsatzes (bei der Rechtsfortbildung) betont. Dementsprechend war bislang Bezugspunkt der Prüfung, ob ein bestimmtes Kampfmittel erforderlich ist, um eine gleichgewichtige Auseinandersetzung zu gewährleisten, die Verhandlungsparität[1]. Obschon das BAG auch weiterhin betont, dass die Tarifautonomie nur bei Vorliegen einer Parität funktionsfähig bleibt, hat es dieses Kriterium im Rahmen der Rechtmäßigkeitsprüfung eines Streiks für sich als regelmäßig nicht ausreichend angesehen, sondern zum einen insoweit eine absolute Grenze erkannt, iÜ allerdings den Grundsatz der Verhältnismäßigkeit iwS als zentralen Maßstab betont[2].

169 c) **Grundsatz der Verhältnismäßigkeit im weiteren Sinne (Übermaßverbot).** Auch wenn eine Kampfmaßnahme vor dem Hintergrund der Kampfparität erforderlich ist, so darf sie darüber hinaus nicht gegen den Grundsatz der Verhältnismäßigkeit verstoßen[3]. Abs. 3 gewährleistet nur solche Koalitionsbetätigungen, die **geeignet und erforderlich** sind, um den Koalitionszweck wirksam verfolgen zu können. Überdies dürfen sie den Kampfgegner nicht unverhältnismäßig schädigen, müssen also auch **proportional** sein. Insoweit „erforderliche" Kampfmittel sind den Tarifparteien vom Gesetzgeber bzw. vom rechtsfortbildenden Richter zur Verfügung zu stellen. Da es sich insoweit um eine Grundrechtskonkretisierung handelt, spricht man vom öffentl.-rechtl. Übermaßverbot. Dieses ist also Leitlinie für die Installation des Kampfmittelsystems schlechthin[4]. Davon zu trennen ist das privatrechtl. Übermaßverbot, welches sich unmittelbar an die Kampfparteien richtet und von ihnen fordert, nur geeignete und erforderliche Kampfmaßnahmen einzusetzen, die überdies proportional sind, also den Gegner nicht unverhältnismäßig schädigen[5]. Eine verbreitete Meinung will dieses privatrechtl. Übermaßverbot allerdings nicht anerkennen[6]. Das privatrechtl. Übermaßverbot ist Rechtsausübungsschranke im Einzelfall.

170 Als **Bezugspunkt des Übermaßverbots** bezieht sich das BAG nunmehr auf das **Kampfziel**. Das Kampfmittel müsse geeignet, erforderlich und proportional sein, um das rechtmäßige Kampfziel zu erreichen. Namentlich im Rahmen der Rechtmäßigkeitsprüfung eines Streiks berücksichtigt das BAG auch weiterhin den Aspekt, eine **Parität** zwischen den Tarifparteien zu gewährleisten, allerdings als Grenze, die durch die gerichtliche Ausgestaltung nicht überschritten werden darf[7]. Auch im tarifpluralen Betrieb stellt der Verhältnismäßigkeitsgrundsatz eine ausreichende Schranke zulässiger Kampfmaßnahmen dar[8].

171 d) **Grundsatz der staatlichen Neutralität.** Die Staatsneutralität im Arbeitskampf folgt unmittelbar aus der Wertentscheidung der Verfassung, deren freiheitliche Ordnung die **generelle staatliche Lohnregelung durch Zwangsschlichtung verwirft**[9]. Vielmehr garantiert Abs. 3 „eine Ordnung des Wirtschaftslebens, bei welcher der Staat seine Zuständigkeit zur Rechtsetzung weit zurückgenommen und die Bestimmung über die regelungsbedürftigen Einzelheiten des Arbeitsvertrages den Koalitionen überlassen hat"[10]. Das BVerfG führt insoweit an, dass den Koalitionen die im öffentl. Interesse liegende Aufgabe übertragen ist, die materiellen Arbeitsbedingungen in einem von staatl. Rechtsetzung freigelassenen Raum in eigener Verantwortung und im Wesentlichen ohne staatl. Einflussnahme durch Kollektivvereinbarungen zu ordnen. Die Festlegung der Arbeits- und Wirtschaftsbedingungen durch TV wird von der grundgesetzl. Ordnung also den Gewerkschaften und ArbGeb-Verbänden überlassen. Demnach gewährleistet Abs. 3 ein autonomes Handlungssystem außerhalb staatl. Ordnung.

172 Seinen **gesetzl. Niederschlag** hat der Grundsatz der staatl. Neutralität in den §§ 36 III sowie §§ 100, 160 SGB III gefunden. Der BA ist es untersagt, durch Arbeitsvermittlung und Leistungen in Arbeitskämpfe einzugreifen (Rz. 331 ff.). Als Ausdruck passiver Neutralität lässt sich auch § 25 KSchG begreifen, wonach Kampfkündigungen nicht am Maßstab des KSchG zu messen sind. Die Schranken der Kündigungsbefugnis des ArbGeb sollen im Arbeitskampf nicht gelten, weil sonst die Kräfteverhältnisse zu Lasten der ArbGebSeite verschoben werden könnten. Neutralitätswahrende Eingriffe beruhen aber nicht nur auf Gesetz, sondern auch auf Richterrecht. Als Beispiel kann hier die Einschränkung der betriebsverfassungsrechtl. MitbestR bei kampfbezogenen Maßnahmen des ArbGeb genannt werden[11].

173 Die arbeitskampfrechtl. Neutralitätspflicht trifft nach alledem nicht nur den Gesetzgeber und den rechtsfortbildenden Richter, sondern auch die Exekutive. Das BSG differenziert darüber hinaus zwischen einer „**erhöhten (passiven) Neutralitätspflicht**" und einer „**fördernden Neutralität**"[12]. Unter der passiven Neutralitätsverpflichtung versteht das BSG, dass der BA kein Spielraum für wertende Rege-

---

1 BAG 12.3.1985 – 1 AZR 636/82, AP Nr. 84 zu Art. 9 GG Arbeitskampf. ‖ 2 BAG 19.6.2007 – 1 AZR 396/06, AP Nr. 173 zu Art. 9 GG Arbeitskampf. Dazu *Jacobs*, ZfA 2011, 71 (78f.). ‖ 3 Grundl. BAG 10.6.1980 – 1 AZR 822/79, AP Nr. 64 zu Art. 9 GG Arbeitskampf; ferner v. 11.5.1993 – 1 AZR 649/92, AP Nr. 63 zu § 1 FeiertagslohnzahlungsG. ‖ 4 Zum Ganzen ausf. *Seiter*, Streikrecht, S. 148 ff.; s.a. *Konzen*, FS 50 Jahre BAG, 2004, S. 513 (531 ff.). ‖ 5 Dazu näher *Seiter*, Streikrecht, S. 150 ff. ‖ 6 Vgl. etwa *Säcker*, GewMH 1972, 287 (297); *Pfarr/Brandt*, AuR 1981, 325 ff. ‖ 7 BAG 19.6.2007 – 1 AZR 396/06, AP Nr. 173 zu Art. 9 GG - Arbeitskampf. Krit. *Jacobs*, ZfA 2011, 71 (79 ff.). ‖ 8 *Krüger*, Der Grundsatz der Tarifeinheit und die Folgen seiner Aufgabe für das Arbeitskampfrecht, 2013, S. 251 ff.; krit. *Greiner*, Rechtsfragen der Koalitions-, Tarif- und Arbeitskampfpluralität, 2010, S. 465 f. ‖ 9 Brox/Rüthers/*Rüthers*, Rz. 85. ‖ 10 BVerfG 24.5.1977 – 2 BvL 11/74, E 44, 322 (340 f.). ‖ 11 *Seiter*, Staatsneutralität im Arbeitskampf, 1986, S. 2. ‖ 12 BSG 9.9.1975 – 7 RAr 5/73, AP Nr. 1 zu § 116 AFG.

lungen bei der Ausfüllung der entsprechenden sozialversicherungsrechtl. Tatbestände zustehen darf[1]. Die BA als Mittler zwischen ArbGeb- und ArbN-Interessen soll also aus dem arbeitskampfrechtl. Interessenkonflikt herausgehalten werden. §§ 100, 160 I 1 SGB III sagen darüber hinaus, dass durch die Gewährung von Alg nicht in Arbeitskämpfe eingegriffen werden darf. Passive Neutralität in diesem Sinne hat zur Folge, dass der Staat die bestehenden Kräfteverhältnisse der sozialen Gegenspieler im Arbeitskampf zu respektieren hat[2]. Es darf also auch dann nicht mit entlastenden Regelungen oder staatl. Leistungen zu Gunsten einer Partei eingegriffen werden, wenn zwischen den Kampfparteien keine Parität besteht.

e) **Grundsatz der Solidarität.** Insb. im Zusammenhang mit der **Verweigerung von Streikarbeit** (Rz. 206) stellt sich die Frage, ob ein „Solidaritätsprinzip" anzuerkennen ist, welches es bspw. ArbN unmöglich macht, den streikenden Kollegen dadurch in den Rücken zu fallen, dass sie bislang von diesen verrichtete Arbeiten nunmehr auf Anweisung des ArbGeb erledigen. Insoweit ist festzuhalten, dass nach der Rspr.[3] sowie Stimmen in der Lit.[4] der Solidaritätsgedanke ungeeignet ist, um als Rechtsprinzip anerkannt zu werden. 174

4. **Arbeitskampf und Zivilrechtsdogmatik. a) Die kollektivrechtliche Einheitstheorie des BAG.** Das BAG hat mit dem Arbeitskampfrecht einen „**Sonderrechtskreis**"[5] eigener Art geschaffen. Durften bis zur Grundsatzentscheidung des Großen Senats v. 28.1.1955[6] Kampfmaßnahmen zulässigerweise nur unter der Voraussetzung einer vorherigen Kündigung durchgeführt werden – nämlich als „Kündigungsstreik" bzw. „Kündigungsaussperrung" –, so modifizierte das BAG diese Sichtweise durch seine kollektivrechtl. Einheitstheorie, welche sich in drei Thesen zusammenfassen lässt[7]: Danach ist der Streik eine einheitliche kollektive Handlung (1); diese einheitliche Handlung kann nur einheitlich rechtmäßig oder rechtswidrig sein (2); maßgeblich für diese Bewertung ist das kollektive Recht (3). Der gewerkschaftlich beschlossene und durchgeführte legitime Streik berechtigte also den ArbGeb nicht mehr zur fristlosen Kündigung einzelner ArbN wegen Vertragsbruchs[8]. Der Arbeitskampf als „einheitlicher" Lebenssachverhalt konnte fürderhin bei kollektivrechtl. Zulässigkeit nicht individualvertragl. als Verletzung des Einzelarbeitsvertrages angesehen werden. Die Streikteilnahme der einzelnen ArbN tritt hinter den Kollektivakt „Streik", der sich aus allen Arbeitsniederlegungen zusammensetzt, zurück[9]. Die Prüfung, ob die Arbeitsniederlegung eines ArbN einen Vertragsbruch oder eine unerlaubte Handlung ggü. seinem ArbGeb darstellt, hängt damit zunächst vom kollektiven Rechtskreis ab. 175

b) **Der Arbeitskampf im deliktischen Haftungssystem.** Nach der Arbeitskampfkonzeption des BAG[10] stehen dem **Kollektivhandeln im Arbeitskampf** nur die besonderen (tarifvertragl.) und die allg. (deliktsrechtl.) kollektiven Verhaltenspflichten entgegen. Nach dem BAG[11] stellt der Streik einen Eingriff in das Recht zum eingerichteten und ausgeübten Gewerbebetrieb dar; offen ist dabei, ob der Verletzungstatbestand die Rechtswidrigkeit indiziert[12] oder diese gesondert festzustellen ist[13]. Nach beiden Auffassungen ergibt sich die Rechtmäßigkeit oder Rechtswidrigkeit einer Arbeitskampfmaßnahme aber nicht aus dem Deliktsrecht. Vielmehr werden die „normalen" zivilrechtl. Grundsätze insoweit durch die Anerkennung von Koalitionsfreiheit und Tarifautonomie außer Kraft gesetzt; der Arbeitskampf als bewusste und gezielte Schädigung des sozialen Gegenspielers zieht keine schadensrechtl. (und vertragl.) Konsequenzen nach sich, solange er sich an der von der Rspr. aufgestellten Rahmenbedingungen hält[14]. Wann ein Delikt (und damit eine Arbeitsvertragsverletzung) vorliegt, entscheiden zunächst die kollektiven Kriterien; die dem kollektiven Rechtskreis angehörenden Normen überlagern die an sich zur Regelung von Leistungsstörungen und unerlaubten Handlungen berufenen Vorschriften des BGB. Insofern ist der Arbeitsvertrag als konstituierendes Element des ArbVerh nicht die einzige Einbruchstelle des kollektiven Arbeitsrechts. Auch die Wertungen des Deliktsrechts werden durch die kollektivistischen Bestimmungsgründe des EinzelArbVerh modifiziert[15]. 176

c) **Kritik an der „kollektivrechtlichen Einheitslehre".** Die kollektivrechtl. Einheitslehre des BAG hat in der Lit.[16] Kritik erfahren. Zum einen führt diese Rspr. zu **Abgrenzungsschwierigkeiten und Wertungswidersprüchen im Hinblick auf verbandsfreie Kampfmaßnahmen**, insb. hinsichtlich der kollektiven Ausübung von Individualrechten. Der zweite Einwand ist rechtsdogmatischer Natur. Für die Beurteilung der Rechtmäßigkeit eines Arbeitskampfes bedient sich das BAG nicht des zivilrechtl. Haftungssys- 177

---

1 BSG 9.9.1975 – 7 RAr 5/73, E 40, 190 (198). ||2 So schon *Seiter*, Arbeitskampfparität und Übermaßverbot, 1979, S. 15 ff. (18). ||3 So im Hinblick auf die Arbeitskampfrisikolehre grundl. BAG 22.12.1980 – 1 ABR 2/79, AP Nr. 70 zu Art. 9 GG Arbeitskampf; Ansätze schon in BAG 7.11.1975 – 5 AZR 61/75, AP Nr. 30 zu § 615 BGB Betriebsrisiko. ||4 S. etwa *Seiter*, Arbeitskampfparität und Übermaßverbot, 1979, S. 49 mwN. ||5 Vgl. nur *Richardi*, ZfA 1985, 101 (102 f.); s.a. *Konzen*, FS 50 Jahre BAG, 2004, S. 513 (514 ff.). ||6 BAG (GS) 28.1.1955 – GS 1/54, AP Nr. 1 zu Art. 9 GG Arbeitskampf. ||7 *Seiter*, Streikrecht, S. 19; vgl. ferner Brox/Rüthers/*Brox*, Rz. 334 f. ||8 BAG (GS) 28.1.1955 – GS 1/54, AP Nr. 1 zu Art. 9 GG Arbeitskampf. ||9 BAG (GS) 28.1.1955 – GS 1/54, AP Nr. 1 zu Art. 9 GG Arbeitskampf. ||10 Grundl. BAG 28.1.1955 – GS 1/54, AP Nr. 1 zu Art. 9 GG Arbeitskampf; vgl. dazu näher Brox/Rüthers/*Brox*, Rz. 337 ff. ||11 BAG (GS) 28.1.1955 – GS 1/54, AP Nr. 1 zu Art. 9 GG Arbeitskampf; 21.3.1978 – 1 AZR 11/76, AP Nr. 62 zu Art. 9 GG Arbeitskampf. ||12 So etwa *Lieb*, ZfA 1982, 113 (121 f.). ||13 So Brox/Rüthers/*Brox*, Rz. 335. ||14 Dazu umfassend *Seiter*, Streikrecht, S. 443 ff. ||15 Zur dogmengeschichtlichen Entwicklung *Seiter*, Streikrecht, S. 443 ff. ||16 Grundl. *Seiter*, Streikrecht, S. 19 ff.; vgl. auch *Richardi*, ZfA 1985, 101 (107 ff.).

tems. Vielmehr werden die Grundsätze der Zivilrechtsdogmatik durch eine spezifische arbeitskampfrechtl. Risikozuordnung ersetzt. Insb. wird allen zivilrechtl. Grundsätzen zuwider die Verletzung des Arbeitsvertrages von der Einordnung eines bestimmten Verhaltens als Delikt abhängig gemacht. Das Recht der Leistungsstörungen hat seine Bedeutung zu Gunsten des von der Rspr. etablierten Sonderrechtskreises verloren.

178 5. **Richterrechtlich anerkannte (privilegierte) Kampfrechte der Arbeitnehmerseite zur Durchsetzung tarifvertraglicher Regelungsziele. a) Streikrecht. aa) Begriff und Arten.** Der Streik ist das althergebrachte **Hauptdruckmittel der ArbN-Seite im Arbeitskampf**. Er liegt vor, wenn eine Mehrzahl von ArbN gegen den Willen des ArbGeb planmäßig und gemeinsam ohne vorherige Kündigung gänzlich oder teilweise die Arbeit einstellt, um ein bestimmtes Ziel zu erreichen. Regelmäßig wird der Streik Angriffscharakter haben und eröffnet damit den Arbeitskampf, er ist aber auch als Abwehrmittel gegen eine vorhergehende Aussperrung der ArbGeb-Seite denkbar.

179 Beim **verbandsgetragenen Streik** obliegt die Leitung des Kampfmittels einer Gewerkschaft. Während bei **Vollstreiks** alle organisierten ArbN des Tarifgebiets oder alle ArbN eines Betriebes die Arbeit niederlegen, zeichnen sich **Teil- oder Schwerpunktstreiks** dadurch aus, dass nur ein Teil der Arbeitnehmerschaft auf Betriebs- bzw. Verbandsebene streikt. In der Praxis kommen darüber hinaus eine Vielzahl von Streikformen vor, so etwa Bummel-, Nadelstich-, Stotter-, Wellen- sowie rollierende Streiks. Das Kampfziel kann entweder arbeitsrechtl. oder politischer Natur sein. Weiter ist nach dem Grad der Selbständigkeit zu differenzieren: Während der **Hauptstreik** der Durchsetzung eigener Zielsetzungen dient, wird mit dem **Sympathie- oder Solidaritätsstreik** kein eigenes Kampfziel verfolgt. Vielmehr dienen entsprechende Unterstützungskampfmaßnahmen der Druckverstärkung zu Gunsten eines außerhalb des Tarifgebiets stattfindenden Hauptarbeitskampfes.[1] Erreicht ein Unterstützungsstreik allerdings das Gewicht eines Hauptarbeitskampfes, wird er für unverhältnismäßig gehalten[2].

180 Dabei obliegt es der kampfführenden Gewerkschaft im Rahmen der Freiheit der Kampfmittelwahl, welche Streikform sie wählt. Ausschlaggebend hierfür werden regelmäßig taktische Überlegungen sein. So kommen Streikformen vor, bei denen die Arbeitsleistung nicht ganz verweigert wird, sondern die **ArbN den Weisungen des ArbGeb nur teilweise** nachkommen (Weigerung, nur bestimmte Arbeiten nicht zu leisten)[3]. Allerdings kann die Grenze von der Nicht- zur Schlechtleistung in entsprechenden Fällen fließend sein (Singen mit halber Stimme, Befüllen von Bierkrügen nur zur Hälfte), was unter dem Gesichtspunkt der Rechtmäßigkeit entsprechender Maßnahmen von Bedeutung ist.

181 Von diesen Fällen der offenen Leistungsbeschränkung sind Kampfformen zu trennen, die sich durch eine **verdeckte Leistungsbeschränkung** auszeichnen[4]. Umstritten sind vor allem die Zulässigkeit von Bummelstreiks[5] sowie der im öffentl. Dienst praktizierte Dienst nach Vorschrift[6].

182 **bb) Grundsätzliche Zulässigkeit und Rechtsgrundlage.** Das BAG lässt sich bei der **Ausgestaltung des Kampfmittelsystems** von der zentralen Frage leiten, welche Kampfmaßnahme unter dem Gesichtspunkt der Erforderlichkeit für die Herstellung bzw. Erhaltung der Verhandlungsparität zwischen den Tarifparteien notwendig ist. Im Streikrecht sieht das BAG[7] eine von Abs. 3 grds. gewährleistete koalitionsmäßige Betätigung, deren Rechtmäßigkeit sich maßgeblich an der Verhältnismäßigkeit des Kampfmittels zur Erreichung eines Kampfziels orientiert (Rz. 168). Ohne das Druckmittel des Streiks soll die Tarifautonomie nicht wirksam werden können. Den Gewerkschaften wird also vom BAG die Angreiferrolle zugestanden, was einer verfassungsrechtl. Vorabgarantie des Streikrechts gleichkommt, vor deren Hintergrund das Recht zur Aussperrung überhaupt erst legitimiert werden muss[8].

183 Der rechtmäßige Streik ist nach geltendem Richterrecht auch **grds. verhältnismäßig**[9]. Insb. kommt eine quantitative Begrenzung bei Angriffsstreiks etwa in Form von Teilnehmerquoten nicht in Betracht[10]. Aus der Freiheit der Wahl der Kampfmittel und der Kampftaktik folgt das Recht der angreifenden Gewerkschaft, die ihrer Ansicht nach angemessene Streikform zu wählen[11].

184 **cc) Gewerkschaftliche Organisation.** Grundvoraussetzung für die Anerkennung des Streiks durch die Rspr. ist, dass er von einer Gewerkschaft, also einer tariffähigen Koalition (Rz. 48ff.) geführt wird[12]. **Die alleinige Privilegierung des gewerkschaftlichen Streiks** lässt sich schon daraus ableiten, dass der Arbeitskampf Hilfsmittel der Tarifautonomie ist und nur Gewerkschaften bzw. deren Spitzenorganisationen[13]

---

1 *Meyer*, NZA 2011, 1392. ‖ 2 ArbG Frankfurt 28.2.2012 – 9 Ga 25/12, NZA 2012, 579; *Meyer*, SAE 2012, 35. ‖ 3 S.a. ErfK/*Dieterich*, Art. 9 GG Rz. 272; *Otto*, § 10 Rz. 49. ‖ 4 So die Differenzierung bei ErfK/*Dieterich*, Art. 9 GG Rz. 273f. ‖ 5 Für rechtswidrig halten Bummelstreiks BGH 31.1.1978 – VI ZR 32/77, AP Nr. 61 zu Art. 9 GG Arbeitskampf; ErfK/*Dieterich*, Art. 9 GG Rz. 273; *Otto*, § 10 Rz. 48. AA *Däubler*, ArbeitskampfR, § 29 Rz. 21; *Löwisch/Rieble*, AR-Blattei SD 170.2 (1994) Rz. 256. ‖ 6 Diff. ErfK/*Dieterich*, Art. 9 GG Rz. 274, der diese Kampfform jedenfalls dann für rechtmäßig hält, wenn klare Anweisungen wörtlich genommen werden, obschon dies zu einer Verzögerung des Arbeitsablaufs führt. ‖ 7 BAG 10.6.1980 – 1 AZR 822/79, AP Nr. 64 zu Art. 9 GG Arbeitskampf. ‖ 8 *Konzen*, SAE 1986, 57; *Seiter*, AfP 1985, 186 (188f.). ‖ 9 BAG 10.6.1980 – 1 AZR 822/79, AP Nr. 64 zu Art. 9 GG Arbeitskampf. ‖ 10 Best. BVerfG 26.6.1991 – 1 BvR 779/85, E 84, 212 (231). ‖ 11 Brox/*Rüthers/Rüthers*, Rz. 207. ‖ 12 BAG 7.6.1980 – 1 AZR 372/86, AP Nr. 106 zu Art. 9 GG Arbeitskampf. Zum Aussagehalt von Art. 11 EMRK *Seifert*, EuZA 2013, 205 (214f.). ‖ 13 Zu den Anforderungen an eine Spitzenorganisation BAG 14.12.2010 – 1 ABR 19/10, NZA 2011, 289 – CGZP.

nach § 2 TVG als TV-Parteien für die ArbGebSeite in Betracht kommen. Entscheidend ist, dass der Streikaufruf von dem nach der **Gewerkschaftssatzung zuständigen Organ** erlassen wurde[1], wobei dieses freilich die Befugnis zum Streikaufruf in Bezug auf die Modalitäten delegieren kann. Beim Aufruf zum Streik handelt es sich zumindest um eine rechtsgeschäftsähnliche Handlung, so dass er der ArbGebSeite zugehen muss[2]. Insoweit lässt sich auch das Ultima-ratio-Prinzip ins Feld führen.

Klargestellt werden muss, von wem der Beschluss stammt, wer damit angesprochen wird, um welche Kampfmaßnahme es geht und wann die Maßnahmen beginnen bzw. enden sollen. **Regeln über die Art der Bekanntmachung bzw. die Möglichkeit der Kenntnisnahme** existieren nicht. Sogar eine Verlautbarung über die Medien soll unter bestimmten Umständen in Betracht kommen[3]. Nicht zulässig ist die betriebsinterne Verbreitung eines Streikaufrufs über den **für dienstliche Zwecke zur Verfügung gestellten E-Mail-Account** eines ArbN[4]. Ob eine rückwirkende Heilung bei Bekanntmachungsfehlern in Betracht kommt, ist umstritten[5], dürfte aber wohl nur im Hinblick auf die relevante Fragestellung entschieden werden können[6]. 185

Liegt keine gewerkschaftliche Organisation im genannten Sinne vor, spricht man auch von einem grds. rechtswidrigen[7] "**wilden**" **Streik**. Eine gewerkschaftliche Führung im genannten Sinne liegt auch dann nicht vor, wenn in Betrieben die Arbeit niedergelegt wird, in denen nicht zum Streik aufgerufen wurde. Die wild streikenden ArbN bilden selbst keine Koalition iSd. Abs. 3, da sie keinen auf längere Zeit angelegten Zusammenschluss darstellen (Rz. 34). „Wilde" Streiks können allerdings durch empfangsbedürftige Erklärung der jeweiligen tarifzuständigen Gewerkschaft ggü. dem bekämpften ArbGeb oder ArbGebVerband nachträglich übernommen werden[8], was die rückwirkende Beseitigung der Rechtswidrigkeit entsprechend § 184 I BGB nach sich zieht. Voraussetzung hierfür ist allerdings, dass der „wilde" Streik als gewerkschaftlich geführter rechtmäßig gewesen wäre, weiter darf er noch nicht beendet sein. Auch muss der Übernahmezeitpunkt erklärt werden[9]. Das Übernahmerecht der Gewerkschaft ist dabei im Zusammenhang mit deren Konfliktlösungsfunktion zu sehen. 186

Umgekehrt dürfen bei entsprechendem Aufruf neben den organisierten ArbN auch die **Außenseiter** dem gewerkschaftlichen Appell zur Niederlegung der Arbeit folgen und streiken[10]. Das BAG hatte das Streikrecht der Außenseiter mit der nicht unzweifelhaften Überlegung begründet, dass ansonsten in Branchen mit geringem gewerkschaftlichen Organisationsgrad die Erfolgsaussichten des Arbeitskampfs in Frage gestellt wären. Nach dem BVerfG[11] ist demggü. im Kampfbündnis eines Außenseiters mit einem tariffähigen Verband eine Vereinigung iSd. Abs. 3 zu sehen, sofern es um den Abschluss eines TV im Interesse des jeweiligen Außenseiters geht. Ausreichend sei insoweit die generelle Vereinbarung der VerbandsTV in den Arbeitsverträgen. Von diesen Grundsätzen ist auch im tarifpluralen Betrieb nicht abzurücken[12]. 187

dd) Kampfgegner. Sofern die kampfführende Gewerkschaft einen **VerbandsTV** erstrebt, ist Kampfgegner der tarifzuständige ArbGebVerband. Die Betriebe verbandsangehöriger ArbGeb können jederzeit ganz oder teilweise bestreikt werden. Soweit eine Allgemeinverbindlicherklärung zu erwarten steht oder der TV in einem nicht dem Verband angehörigen Unternehmen angewendet wird, hält die hM[13] auch die Bestreikung des AußenseiterArbGeb für zulässig. Das BAG[14] hat sich für die Zulässigkeit eines entsprechenden Vorgehens der Gewerkschaft jedenfalls dann ausgesprochen, wenn ein mit dem AußenseiterArbGeb abgeschlossener ungekündigter FirmenTV keine eigenständigen inhaltlichen Regelungen enthält, sondern lediglich auf die jeweils geltenden VerbandsTV verweist. Gesehen werden muss, dass damit die Grenzen zum Sympathiearbeitskampf (Rz. 270f.) verwischt werden, wobei das BAG[15] diesen mittlerweile nicht mehr für grds. unzulässig hält. 188

---

1 *Kissel*, ArbeitskampfR, § 42 Rz. 2 ff. || 2 BAG 23.10.1996 – 1 AZR 269/96, AP Nr. 146 zu Art. 9 GG Arbeitskampf; *Kissel*, ArbeitskampfR, § 42 Rz. 15; vgl. auch *Seiter*, Streikrecht, S. 249 ff. || 3 BAG 23.10.1996 – 1 AZR 269/96, AP Nr. 146 zu Art. 9 GG Arbeitskampf. || 4 BAG 15.10.2013 – 1 ABR 31/12. || 5 Verneinend *Otto*, § 7 Rz. 39; bejahend *Löwisch*, AR-Blattei ES 170.1 Nr. 42 unter 3. || 6 S.a. ErfK/*Dieterich*, Art. 9 GG Rz. 140. || 7 BAG 31.10.1995 – 1 AZR 217/95, AP Nr. 140 zu Art. 9 GG Arbeitskampf. || 8 BAG 20.12.1963 – 1 AZR 428/62, AP Nr. 32 zu Art. 9 GG Arbeitskampf. || 9 BAG 31.10.1995 – 1 AZR 217/95, AP Nr. 140 zu Art. 9 GG Arbeitskampf. || 10 BAG (GS) 21.4.1971 – GS 1/68, AP Nr. 43 zu Art. 9 GG Arbeitskampf. Dazu eingehend *Wietfeld*, Die rechtliche Zulässigkeit von Arbeitnehmeraußenseitern im Spartenarbeitskampf, 2010, S. 104 ff. || 11 BVerfG 26.6.1991 – 1 BvR 779/85, E 84, 212 (222, 225 f.); BAG 22.3.1994 – 1 AZR 622/93, AP Nr. 130 zu Art. 9 GG Arbeitskampf. || 12 *Krüger*, Der Grundsatz der Tarifeinheit und die Folgen seiner Aufgabe für das Arbeitskampfrecht, 2013, S. 214 ff.; abl. im Hinblick auf die Andersorganisierten *Meyer*, SAE 2013, 30 (31 ff.). || 13 *Gamillscheg*, Kollektives Arbeitsrecht, § 21 II 5b; *Otto*, § 6 Rz. 21; *Seiter*, EzA Art. 9 GG Arbeitskampf Nr. 21; aA *Lieb*, FS Kissel, 1994, S. 653 (661 ff.); *Thüsing*, Der Außenseiter im Arbeitskampf, 1996, S. 133 ff.; diff. *Häuser*, FS Kissel, 1994, S. 297 (316 ff.). || 14 BAG 18.2.2003 – 1 AZR 142/02, AP Nr. 163 zu Art. 9 GG Arbeitskampf (Verfassungsbeschwerde nicht angenommen, vgl. BVerfG 22.7.2004 – 9 SaGa 593/04, AP Nr. 167 zu Art. 9 GG Arbeitskampf); tendenziell auch schon BAG 9.4.1991 – 1 AZR 332/90, AP Nr. 116 zu Art. 9 GG Arbeitskampf. Zu undifferenziert allerdings BGH 19.1.1978 – II ZR 192/76, AP Nr. 56 zu Art. 9 GG Arbeitskampf. Zum Ganzen *Konzen*, GS Heinze, 2005, S. 515. || 15 BAG 19.6.2007 – 1 AZR 396/06, AP Nr. 137 zu Art. 9 GG Arbeitskampf; dazu *Konzen*, SAE 2008, 1.

189 Beim Arbeitskampf um einen **FirmenTV** ist Kampfgegner der tarifschließende EinzelArbGeb. Gehört dieser keinem ArbGeb-Verband an oder handelt es sich um eine OT-Mitgliedschaft[1] (Rz. 59), stellen sich keine weiteren Probleme. Fraglich ist, ob auch ein Verbandsmitglied mit dem Ziel eines FirmenTV bestreikt werden darf. Die hM[2] lässt dies zu, nachdem die Tariffähigkeit des ArbGeb trotz der Verbandsmitgliedschaft erhalten bleibt. Ein entsprechendes Verbot in der Satzung des ArbGebVerbandes hat nur vereinsinterne Bedeutung. Allerdings kann die Friedenspflicht aus einem VerbandsTV dem Arbeitskampf gegen ein Mitglied entgegenstehen. Ist eine bestimmte Materie im VerbandsTV geregelt oder war sie Gegenstand der TV-Verhandlungen, ist ein Streik mit einer entsprechenden Zielsetzung grds. rechtswidrig[3]. Etwas anderes gilt, wenn der VerbandsTV eine Öffnungsklausel enthält. Ob auch die Tatsache, dass ein Unternehmen seit langem vom Verbandstarif abweichende FirmenTV schließt, eine Ausnahme rechtfertigen kann[4], erscheint eher fraglich, da es dem Mitglied auf Grund des Abs. 3 jederzeit freistehen muss, sich unter den Schutz des Verbandes zu begeben.

190 **ee) Rechtsfolgen für das Einzelarbeitsverhältnis. (1) Ausübung eines subjektiv-privaten Gestaltungsrechts.** Der von einem rechtmäßigen Streikbeschluss erfasste ArbN hat das Recht, diesem zu folgen. Mit der Erklärung, seinerseits streiken zu wollen, übt er privatrechtsdogmatisch ein subjektiv-privates Gestaltungsrecht[5] aus, **mittels dessen die hauptsächlichen Rechte und Pflichten aus dem bestehenden Arbeitsverhältnis suspendiert werden**[6]. Die Suspendierungswirkung trifft die Arbeitspflicht und die damit korrespondierende Lohnzahlungspflicht. Das ArbVerh selbst bleibt in seinem Bestand unverändert. Dabei braucht die Streikteilnahme nicht ausdrücklich ggü. dem ArbGeb kundgetan zu werden, Nichterscheinen am Arbeitsplatz reicht als konkludente Manifestation aus[7]. Einer Klarstellung bedarf es allerdings dann, wenn etwa urlaubs- oder krankheitsbedingt ohnedies keine Arbeitspflicht besteht. Gleiches gilt, wenn die Arbeitsleistung wie bei Monteuren oder Fahrpersonal außerhalb des Betriebes zu erbringen ist, der ArbGeb also nicht ohne weiteres erkennen kann, dass gestreikt wird[8]. Will ein ArbN seinen Arbeitsplatz verlassen, um zu streiken, muss er bei Existenz eines betriebl. Zeiterfassungssystems ausstempeln[9]. Meldet sich ein ArbN im Rahmen einer betriebl. **Gleitzeitregelung** zulässigerweise aus dem Zeiterfassungssystem ab, streikt er nach BAG im Rechtssinne nicht[10].

191 Streiken dürfen **alle Beschäftigten, die dazu aufgerufen wurden**, also auch die leitenden Angestellten; die Auszubildenden dann, wenn es um ihre Arbeitsbedingungen geht[11]. Wegen § 12a TVG steht auch arbeitnehmerähnl. Personen ein Streikrecht zu[12].

192 **(2) Lohnanspruch.** Der selbst am Streik teilnehmende ArbN hat keinen Lohnanspruch. Der Lohnanspruch entfällt, streng streikbedingt, nur dann, **wenn der Arbeitsausfall allein auf der Streikteilnahme beruht**. Für die Höhe des Entgeltausfalls ist die Dauer des Streiks maßgeblich. Soweit es sich um Leistungen nach wiederkehrenden Zeitabschnitten handelt, ist die Berechnung auf der Grundlage der regelmäßigen Arbeitszeit vorzunehmen. In Bezug auf **Gleitzeitkonten** kann auch ein durch Streikteilnahme entstandener Rückstand durch Guthaben auf dem Gleitzeitkonto ausgeglichen oder die Streikzeit im Folgemonat nachgeholt werden. Diese Verrechnung verlagert den Verlust des Vergütungsanspruches lediglich auf eine andere Ebene und hat nach der Rspr. keinen Einfluss auf die Arbeitskampfparität[13], da der ArbN auf jeden Fall unbezahlte Arbeitszeit einsetzen muss (s.a. Rz. 161, 190). Eine Lohnkürzung erfolgt nicht, wenn der ArbN sich ordnungsgemäß aus der Zeiterfassung abmeldet[14]. Ebenso entfällt ein Vergütungsanspruch nach § 615 BGB, wenn der ArbN in der Zeit bis zu seinem erfolgreichen Kündigungsschutzprozess am Streik teilnimmt[15].

193 **(3) Urlaub.** Was das Verhältnis von Urlaub und Streik anbelangt, **ist auf den Zeitpunkt der Urlaubsgewährung abzustellen**. Beantragt ein ArbN während der Streikbeteiligung Urlaub, so braucht ihn der ArbGeb nicht zu gewähren. Da das ArbVerh suspendiert ist, scheidet eine Urlaubsgewährung aus[16]. Zur Gewährung des Urlaubs müsste der ArbN seine Streikbeteiligung aufgeben und den Willen zur Erfüllung seiner Arbeitspflicht mitteilen[17]. Eine solche individualrechtl. Beendigungserklärung darf jedoch nicht schon im Urlaubsantrag gesehen werden. Lehnt der ArbGeb diesen nach § 7 I BUrlG ab, so wäre der ArbN zur Erbringung der Arbeitsleistung verpflichtet, da er nicht mehr am Streik teilnimmt[18].

194 Wurde der Urlaub bereits **vor Streikbeginn** genehmigt und angetreten, so hat der Streik auf die Zahlung des Urlaubsentgelts keine Auswirkungen. Durch den Urlaub ist der ArbN von der Erbringung sei-

---

1 S.a. Otto, § 6 Rz. 19. || 2 BAG 10.12.2002 – 1 AZR 96/02, AP Nr. 162 zu Art. 9 GG Arbeitskampf; s.a. schon BAG 25.9.1996 – 1 ABR 4/96, AP Nr. 10 zu § 2 TVG Tarifzuständigkeit; *Jacobs*, ZTR 2001, 249 (250f.); aA *Buchner*, RdA 2003, 363 (365). || 3 BAG 10.12.2002 – 1 AZR 96/02, AP Nr. 162 zu Art. 9 GG Arbeitskampf (*Thüsing*). || 4 So ErfK/*Dieterich*, Art. 9 GG Rz. 169. || 5 Grundl. *Seiter*, Streikrecht, S. 271. || 6 St. Rspr., BAG 20.12.1995 – 10 AZR 742/94, AP Nr. 141 zu Art. 9 GG Arbeitskampf. || 7 BAG 15.1.1991 – 1 AZR 178/90, AP Nr. 114 zu Art. 9 GG Arbeitskampf. || 8 ErfK/*Dieterich*, Art. 9 GG Rz. 173. || 9 ArbG Herford 30.10.2003 – 1 Ca 912/02, BB 2003, 2574. || 10 BAG 26.7.2005 – 1 AZR 133/04, AP Nr. 170 zu Art. 9 GG Arbeitskampf. || 11 BAG 30.8.1994 – 1 AZR 765/93, AP Nr. 131 zu Art. 9 GG Arbeitskampf. || 12 ErfK/*Dieterich*, Art. 9 GG Rz. 164. || 13 BAG 30.8.1994 – 1 ABR 10/94, AP Nr. 132 zu Art. 9 GG Arbeitskampf; *Hergenröder*, SAE 1996, 326. || 14 BAG 26.7.2005 – 1 AZR 133/04, AP Nr. 170 zu Art. 9 GG Arbeitskampf. || 15 BAG 17.7.2012 – 1 AZR 563/11, NZA 2012, 1432. || 16 *BAG 15.6.1964 – 1 AZR 356/63, AP Nr. 35 zu Art. 9 GG Arbeitskampf.* || 17 BAG 24.9.1996 – 9 AZR 364/95, AP Nr. 22 zu § 7 BUrlG. || 18 LAG Nürnberg 25.1.1995 – 4 Sa 1118/93, NZA 1995, 854; GK-BUrlG/*Bleistein*, § 1 Rz. 147ff.

ner Arbeitsleistung befreit. Der ArbGeb kann auch nicht unter Berufung auf das Arbeitskampfrisiko die Zahlung des Urlaubsentgeltes verweigern, wenn der Betrieb stillgelegt wird. Mangels Leistungspflicht liegt auch keine Leistungsstörung vor[1]. Ebenso ist der ArbN, dessen Urlaub bereits genehmigt wurde, berechtigt, diesen auch anzutreten. Keine Rolle kann die Überlegung spielen, dass sich der ArbN am Streik beteiligt hätte (zB auf Grund einer engagierten Mitwirkung im Vorfeld des Streiks), wenn er nicht in Urlaub gehen würde.

Will sich der **beurlaubte ArbN am Streik beteiligen**, muss er sich dem Streik durch Erklärung ggü. dem ArbGeb anschließen. Eine solche einseitige Änderung der Urlaubsbewilligung muss im Hinblick auf Abs. 3 S. 1 möglich sein, damit der ArbN sein Recht zum Streik wahrnehmen kann[2]. Die Erklärung kann auch konkludent ergehen, wenn sich der beurlaubte ArbN für den ArbGeb erkennbar aktiv am Streik beteiligt. Bloßes Fernbleiben vom Arbeitsplatz reicht hier nicht aus. Schließt sich der ArbN dem Streik an, endet seine urlaubsbedingte Arbeitsfreistellung. Den restlichen Urlaub kann er dann zu einer anderen Zeit nehmen[3].

Die Wartezeit des § 4 BUrlG wird durch den Streik nicht unterbrochen, da sie nur an das Bestehen des ArbVerh anknüpft[4]. Die Streikteilnahme kann sich jedoch auf die Höhe des **Urlaubsentgeltes** gem. § 11 BUrlG auswirken. Nimmt der ArbN an einem Streik teil und kann seinen Urlaub daher wahrnehmen, richtet sich die Übertragung des Urlaubsanspruches auf das nächste Kalenderjahr nach § 7 III BUrlG, der Streik stellt insb. keinen dringenden in der Person des ArbN liegenden Rechtfertigungsgrund für eine solche Übertragung dar[5]. Durch die Suspendierung des ArbVerh während des Streiks wird auch der Verfall von Urlaubsansprüchen nicht ausgeschlossen[6]. Schadensersatz wegen des Verfalls hat der ArbGeb nur zu leisten, wenn er sich im Verzug befunden hatte[7].

(4) **Krankheit.** Erkrankt ein ArbN während der Streikteilnahme, hat er grds. **keinen Anspruch aus § 3 I EFZG**. Die Arbeitsleistung entfällt nicht wegen der Arbeitsunfähigkeit auf Grund der Krankheit, vielmehr ist die Pflicht zur Arbeitsleistung bereits wegen des Streiks suspendiert. Er kann jedoch seine Teilnahme am Streik beenden, wodurch der ArbGeb zur Entgeltfortzahlung verpflichtet wird[8]. Beginnt ein Streik während der Erkrankung des ArbN, bleibt sein Entgeltfortzahlungsanspruch gegen den ArbGeb ebenfalls bestehen. Jedoch kann sich der ArbN dem Streik anschließen (vgl. Rz. 190), was zu einem Wegfall des Anspruchs aus § 3 EFZG führt[9].

Darüber hinaus entfällt der Entgeltfortzahlungsanspruch, wenn der ArbN auf Grund des Arbeitskampfes nicht mehr beschäftigt werden kann, es finden die Grundsätze der Arbeitskampfrisikolehre (Rz. 215) Anwendung. Gleiches gilt, wenn der ArbGeb von seinem Stilllegungsrecht (Rz. 211) Gebrauch macht[10]. Die streikbedingte Stilllegung des Betriebes ist auch bei der Berechnung der **Sechs-Wochen-Frist des § 3 I EFZG zu** beachten. Eine Verlängerung der Frist um die Streiktage findet nicht statt[11].

(5) **Mutterschaftsentgelt.** Für den Anspruch aus **§ 11 MuSchG** gelten diese Grundsätze entsprechend, ein Anspruch besteht nicht, wenn die Nichtleistung nicht ausschließlich auf einem Beschäftigungsverbot beruht[12]. Dies ist bei einer Streikteilnahme der Fall.

(6) **Feiertage.** Nach dem Lohnausfallprinzip hat der ArbGeb gem. **§ 2 I EFZG** für gesetzl. Feiertage den üblichen Lohn zu zahlen, wenn die Arbeitszeit infolge des Feiertages ausfällt. Fällt die Arbeitszeit auf Grund des Arbeitskampfes aus, ist ein solcher Anspruch nicht gegeben[13]. Der Anspruch auf Feiertagslohn besteht jedoch, wenn der Arbeitskampf unmittelbar nach einem Feiertag beginnt oder vorher endet[14]. Die gezielte Aussparung eines Feiertages stellt nach der zutreffenden Rspr. des BAG[15] jedoch keine wirksame Unterbrechung des Arbeitskampfes dar.

(7) **Zulagen.** Bei Zulagen und Zuschlägen ist danach zu differenzieren, ob an **die tatsächlich erbrachte Leistung, an die Zeiten der Arbeitspflicht oder an die Betriebszugehörigkeit** angeknüpft wird. Allgemeine Zulagen und Zuschläge sind regelmäßig an die unmittelbare Arbeitsleistung gebunden und entfallen bei einer Streikteilnahme[16]. Dies gilt insb. auch für sog. Anwesenheitsprämien[17]. Ausnahmen bilden lediglich die tarifvertragl. oder durch BV festgelegten jährlichen Gratifikationen. Diese knüpfen regelmäßig an das bestehende ArbVerh an, welches durch die Streikteilnahme nicht betroffen wird[18].

---

1 BAG 9.2.1982 – 1 AZR 567/79, AP Nr. 16 zu § 11 BUrlG. ‖ 2 Vgl. BAG 24.9.1996 – 9 AZR 364/95, AP Nr. 22 zu § 7 BUrlG. ‖ 3 *Gamillscheg*, Kollektives Arbeitsrecht, § 25 I 2c (2); *Seiter*, Streikrecht, S. 302; aA *Kissel*, ArbeitskampfR, Rz. 52. ‖ 4 BAG 28.1.1982 – 6 AZR 571/79, AP Nr. 11 zu § 3 BUrlG. ‖ 5 LAG Nürnberg 25.1. 1995 – 4 Sa 1118/93, NZA 1995, 854. ‖ 6 ErfK/*Dieterich*, Art. 9 GG Rz. 209. ‖ 7 BAG 24.9.1996 – 9 AZR 364/95, AP Nr. 22 zu § 7 BUrlG. ‖ 8 BAG 15.1.1991 – 1 AZR 178/90, AP Nr. 114 zu Art. 9 GG Arbeitskampf; *Seiter*, Streikrecht, S. 310. ‖ 9 BAG 1.10.1991 – 1 AZR 147/91, AP Nr. 121 zu Art. 9 GG Arbeitskampf. ‖ 10 *Kissel*, ArbeitskampfR, § 46 Rz. 18. ‖ 11 BAG 8.3.1973 – 5 AZR 491/72, AP Nr. 29 zu § 1 LFZG; aA mwN *Kissel*, ArbeitskampfR, § 46 Rz. 20. ‖ 12 BAG 5.7.1995 – 5 AZR 135/94, AP Nr. 7 zu § 3 MuSchG. ‖ 13 BAG 11.5.1993 – 1 AZR 649/92, AP Nr. 63 zu § 1 FeiertagslohnzahlungsG; 23.10.1996 – 1 AZR 269/96, AP Nr. 146 zu Art. 9 GG Arbeitskampf. ‖ 14 BAG 11.5.1993 – 1 AZR 649/92, AP Nr. 63 zu § 1 FeiertagslohnzahlungsG. ‖ 15 BAG 1.3. 1995 – 1 AZR 786/94, AP Nr. 68 zu § 1 FeiertagslohnzahlungsG. ‖ 16 BAG 13.2.2007 – 9 AZR 374/06, AP Nr. 18 zu § 1 TVG Tarifverträge: Presse; ErfK/*Dieterich*, Art. 9 GG Rz. 201. ‖ 17 BAG 31.10.1995 – 1 AZR 217/95, AP Nr. 140 zu Art. 9 GG Arbeitskampf. ‖ 18 BAG 5.8.1992 – 10 AZR 88/90, AP Nr. 143 zu § 611 BGB Gratifikation; 11.10.1995 – 10 AZR 985/94, AP Nr. 133 zu § 1 TVG Tarifverträge: Metallindustrie Nr. 133.

Soweit indes Zeiten eines „ruhenden ArbVerh" ausdrücklich als anspruchsverringernd gelten, gilt dies auch für Fehlzeiten anlässlich eines Streiks, eine unzulässige Maßregelung ist darin nicht zu sehen[1].

202 (8) **Beihilfen im Krankheitsfall.** Soweit für den Anspruch auf Beihilfe keine über das Bestehen des ArbVerh hinausgehenden Voraussetzungen bestehen, bleibt er auch für Streikzeiten bestehen[2]. Ist jedoch eine Gleichstellung mit den „im Dienst befindlichen Beamten" vorgesehen, entfällt der Anspruch, da der Streikende nicht „im Dienst" ist[3].

203 (9) **Entgeltanspruch während Freistellungszeiten.** Wurde ein ArbN vor Streikbeginn für eine **Schulungsveranstaltung** nach § 37 VI BetrVG freigestellt, so verliert er seinen Entgeltfortzahlungsanspruch für diesen Zeitraum nicht alleine dadurch, dass während dieser Zeit der Betrieb bestreikt wird. Ob er sich am Streik beteiligt hätte, wenn er nicht von der Arbeitspflicht befreit gewesen wäre, ist unerheblich[4]. Gleiches galt für eine Arbeitsfreistellung nach § 15a BAT[5].

204 ff) **Beendigung des Streiks.** Zu differenzieren ist zwischen der Beendigung des Streiks als Kollektivakt und der Beendigung der Streikteilnahme durch den einzelnen ArbN. Den Streik insg. kann nur die kampfführende Gewerkschaft endgültig oder vorübergehend[6] beenden, der entsprechende Beschluss muss für die ArbGeb-Seite klar erkennbar sein (s. Rz. 185) und gilt für alle Streikteilnehmer[7]. Demggü. kann das einzelne Gewerkschaftsmitglied jederzeit während des Arbeitskampfes die Arbeit wieder aufnehmen.

205 b) **Recht zur Abkehr.** Sofern ArbN suspendierend ausgesperrt sind, billigt ihnen die Rspr.[8] das Recht zur „Abkehr" zu. Durch einseitige empfangsbedürftige Willenserklärung ggü. dem ArbGeb kann das durch die Aussperrung suspendierte ArbVerh **fristlos gelöst** werden. Die Abkehr hat die Wirkung einer außerordentl. Kündigung und ist auch ein Gestaltungsrecht, setzt allerdings keinen wichtigen Grund voraus. Der aussperrende ArbGeb riskiert also, bewährte Arbeitskräfte sofort zu verlieren.

206 c) **Verweigerung von Streikarbeit.** Im Erg. besteht in Rspr.[9] und Lit.[10] Übereinstimmung darüber, dass die Leistung sog. **„direkter" Streikarbeit** verweigert werden kann. Hierunter sind solche Verrichtungen zu subsumieren, welche bisher von Streikenden besorgt worden waren und nunmehr wegen des Arbeitskampfes anderen ArbN vom ArbGeb übertragen werden. Demggü. spricht man von „indirekter", nicht zur Arbeitsverweigerung berechtigender Streikarbeit, wenn es sich lediglich um eine Fortsetzung bisher geleisteter Arbeiten handelt, zu denen die Vorarbeiten von anderen als den bisherigen, nunmehr streikenden ArbN erbracht worden waren.

207 Strittig ist die **Rechtsgrundlage** für die Verweigerung von Streikarbeit. Der hM nach hätte man § 275 III BGB anzuwenden, der die Verweigerung unzumutbarer Leistung erlaubt[11]. Die Erklärung wird mit einer teilweise vertretenen Ansicht weiterhin darin gesehen werden können, dass für die Berechtigung zur Ablehnung der geforderten Arbeitsleistung das Solidaritätsprinzip ausschlaggebend wäre, welches es den ArbN unmöglich machte, ihren streikenden Kollegen in den Rücken zu fallen. Die Verweigerung von Streikarbeit wäre damit rechtsdogmatisch ausschließlich der Individualrechtsebene zuzurechnen. Hieran würde sich nichts ändern, wenn mehrere ArbN (kollektiv) die ihnen angetragene Streikarbeit zurückwiesen[12]. Nach § 326 I BGB müsste allerdings der Lohnanspruch entfallen, solange man nicht Verzug oder Vertretenmüssen des ArbGeb bejaht. Letzteres aber entspricht wohl der Arbeitskampf- und Betriebsrisikolehre (auch § 615 S. 3 BGB), so dass der Lohnanspruch ausnahmsweise erhalten bleiben könnte[13].

208 Demggü. will die Gegenmeinung[14] die Verweigerung von Streikarbeit den weiteren Formen von Unterstützungskampfmaßnahmen im Hinblick auf die Rechtsgrundlage gleichstellen, betont also den **kollektiven Aspekt** des Arbeitskampfes. Im Gegensatz zum „echten" Sympathiestreik wäre allerdings der bestreikte ArbGeb in der Lage, die Forderung der ArbN zu erfüllen, nämlich die Anordnung von Streikarbeit zu unterlassen – was das BAG nun aber wohl ohnehin nicht mehr fordert (s. zum Sympathiestreik Rz. 270). Anders als bei der individualrechtl. Begründung der Zulässigkeit der Verweigerung von Streikarbeit müsste freilich bei Zubilligung eines entsprechenden – nicht an die Zustimmung der kampfführenden Gewerkschaft gebundenen – suspendierenden Gestaltungsrechts der Vergütungsanspruch der betreffenden ArbN entfallen.

209 6. **Reaktionsmöglichkeiten der Arbeitgeberseite.** a) **Durchhaltetaktik.** Der bestreikte ArbGeb kann versuchen, den Betriebsablauf mit Hilfe der nicht streikenden ArbN aufrechtzuerhalten. Nachdem durch das Streikrecht die Hauptleistungspflichten aus dem ArbVerh suspendiert werden (Rz. 190), ent-

---

1 BAG 3.8.1999 – 1 AZR 735/98, AP Nr. 156 zu Art. 9 GG Arbeitskampf. ‖ 2 BAG 5.11.1992 – 6 AZR 311/91, AP Nr. 7 zu § 40 BAT. ‖ 3 BAG 5.11.1992 – 6 AZR 311/91, AP Nr. 7 zu § 40 BAT; dazu krit. ErfK/*Dieterich*, Art. 9 GG Rz. 205. ‖ 4 BAG 15.1.1991 – 1 AZR 178/90, AP Nr. 114 zu Art. 9 GG Arbeitskampf. ‖ 5 BAG 7.4.1992 – 1 AZR 377/91, AP Nr. 122 zu Art. 9 GG Arbeitskampf. ‖ 6 BAG 1.3.1995 – 1 AZR 786/94, AP Nr. 68 zu § 1 Feiertagslohnzahlungsg. ‖ 7 BAG 1.10.1991 – 1 AZR 147/91, AP Nr. 121 zu Art. 9 GG Arbeitskampf. ‖ 8 BAG (GS) 21.4.1971 – GS 1/68, AP Nr. 43 zu Art. 9 GG Arbeitskampf; vgl. näher *Kissel*, ArbeitskampfR, § 46 Rz. 110, § 57 Rz. 8; *Seiter*, Streikrecht, S. 275f. ‖ 9 BAG 25.7.1957 – 1 AZR 194/56, AP Nr. 3 zu § 615 BGB Betriebsrisiko. ‖ 10 *Kissel*, ArbeitskampfR, § 42 Rz. 91; *Otto*, § 12 Rz. 32; ErfK/*Preis*, § 615 BGB Rz. 102. ‖ 11 S. APS/*Dörner*, § 626 BGB Rz. 200a; *Lieb*, ZfA 1982, 113 (161). ‖ 12 S. nur *Rüthers*, ZfA 1972, 403 (425); vgl. auch *Otto*, § 12 Rz. 32. ‖ 13 Vgl. *Otto*, § 16 Rz. 12ff. ‖ 14 *Birk*, Die Rechtmäßigkeit gewerkschaftlicher Unterstützungskampfmaßnahmen, 1978, S. 120ff.

fällt der Entgeltanspruch der Streikenden. Auf der anderen Seite bleibt der ArbGeb zur Zahlung des Lohnes verpflichtet, sofern Arbeitswillige auch tatsächlich beschäftigt werden können.

Vielfach wird es freilich in seinem Interesse sein, für die Weiterarbeit **zusätzliche Prämien und Leistungen** zu gewähren. Dies ist, auch mit Blick auf § 612a BGB, möglich, wenn mit den Zusatzzahlungen besondere Erschwernisse abgegolten werden sollen, die durch den Streik für die Arbeitswilligen entstehen. Allerdings müssen diese Belastungen erheblich sein und über das normale Maß hinausgehen, welches mit jeder Streikarbeit verbunden ist[1]. Über diesen Sonderfall hinaus hatte sich das BAG zunächst ablehnend ggü. der Zulässigkeit der Zahlung von weiteren Arbeitsprämien geäußert[2]. Zwischenzeitlich erkennt es die Zahlung von Streikbruchprämien vor dem Hintergrund des Grundsatzes der freien Kampfmittelwahl als zulässiges Arbeitskampfmittel an[3]. Ein Verstoß gegen Abs. 3 S. 2 liege jedenfalls dann nicht vor, wenn die entsprechende Zuwendung unterschiedslos allen ArbN angeboten werde. Die notwendige Begrenzung dieses Kampfmittels sei über den Grundsatz der Verhältnismäßigkeit zu gewährleisten. Damit entsprechende Prämien als Arbeitskampfmittel anerkannt werden können, wird man aber zu verlangen haben, dass sie vom ArbGeb als solches kenntlich gemacht werden, also vor Erbringung der Arbeitsleistung ausgelobt werden[4]. Liegt ein Verstoß gegen § 612a BGB vor, ist die Zuwendung auch an denjenigen zu erbringen, die gestreikt haben[5].

210

b) Recht zur Stilllegung des Betriebes. Beim Streik ist der ArbGeb nicht verpflichtet, seinen Betrieb oder Betriebsteil so weit wie möglich aufrechtzuerhalten. Das BAG[6] billigt ihm das Recht zu, **sich dem gewerkschaftlichen Streik zu beugen und seinen Betrieb stillzulegen**. Mit seinem Stilllegungsbeschluss suspendiert der ArbGeb die beiderseitigen Hauptpflichten aus dem ArbVerh, was zur Folge hat, dass auch arbeitswillige ArbN ihren Lohnanspruch verlieren. Der ArbGeb braucht seine Stilllegungserklärung nicht nachträglich zu begründen und zu rechtfertigen. Erforderlich ist jedoch, dass die betriebl. Tätigkeit bis auf Notstands- und Erhaltungsmaßnahmen weder vom ArbGeb noch von einem seinerseits beauftragten Dritten ausgeführt wird[7]. Ob er also beim Vorliegen der Voraussetzungen iÜ von seinem Stilllegungsrecht Gebrauch macht oder nicht, ist gerichtlicher Nachprüfung damit entzogen. Es kommt nicht darauf an, ob dem ArbGeb die Heranziehung der Arbeitswilligen möglich und zumutbar ist.

211

Das Stilllegungsrecht besteht indes nur im **Rahmen des gewerkschaftlichen Streikbeschlusses**. Das bedeutet, dass es für das Bestehen dieses Rechts unschädlich ist, dass tatsächlich nicht vom Streikaufruf Betroffene vom ArbGeb beschäftigt werden. Um die Suspendierungswirkung herbeizuführen, bedarf es der Erklärung ggü. den von der Stilllegung betroffenen ArbN. Für nicht erforderlich, aber auch nicht ausreichend hält das BAG eine entsprechende Willensäußerung ggü. der kampfführenden Gewerkschaft. Dies soll daraus folgen, dass es sich um keine „Arbeitskampfmaßnahme" handelt. Das BAG lässt es zu, dass eine solche Erklärung „stillschweigend" erfolgt. Ausreichend ist, dass „das gesamte Verhalten des ArbGeb hinreichend deutlich macht, dass er sich dem Streik beugen und den Betrieb deshalb nicht weiterführen will"[8]. Die Bekanntgabe muss in betriebsüblicher Weise geschehen, einer individuellen Benachrichtigung der einzelnen ArbN bedarf es dagegen nicht[9]. Richtigerweise wird man dem ArbGeb auch beim Streik einer Spartengewerkschaft im Grundsatz ein Stilllegungsrecht einräumen haben[10]. Andersorganisierte können nicht anders behandelt werden als Außenseiter.

212

Das Stilllegungsrecht ist im Schrifttum heftiger Kritik ausgesetzt[11]. Nachdem die Stilllegung faktisch in erster Linie die Außenseiter trifft, handelt es sich quasi um eine **„Selektivsuspendierung" der Nichtorganisierten**. Bedenkt man, dass das BAG die Selektivaussperrung der Organisierten mit Abs. 3 für unvereinbar hält (Rz. 224), so kann man in der Tat entsprechende verfassungsrechtl. Bedenken hegen.

213

Soweit allerdings der ArbGeb den ArbN zuvor die Weiterbeschäftigung zugesichert hatte, scheidet ein Stilllegungsrecht aus. Indes sind an eine solche Zusicherung strenge Anforderungen zu stellen. Demggü. billigt das BAG dem bestreikten ArbGeb das Stilllegungsrecht auch dann zu, wenn er an der Weiterführung des Betriebes durch **rechtswidrige Kampfmaßnahmen** wie etwa eine Blockade der Zugänge durch Streikposten gehindert wird. Eine Verpflichtung des ArbGeb, sich zu Gunsten der Arbeitswilligen gegen rechtswidrige Streiks zur Wehr zu setzen, sieht das BAG nicht[12]. Das Stilllegungsrecht besteht nicht nur ggü. Streiks, man wird es auf andere Kampfformen der ArbN-Seite wie Boykottaufrufe zu erstrecken haben.

214

c) Lohnverweigerungsrecht nach der Arbeitskampfrisikolehre. Sowohl im **mittelbar** als auch im **unmittelbar kampfbetroffenen Betrieb** ist der ArbGeb zur Lohnverweigerung nach der Arbeitskampfrisikolehre berechtigt, wenn er ohne eigenes Verschulden arbeitskampfbedingt seine Produktion einstellen

215

---

1 BAG 28.7.1992 – 1 AZR 87/92, AP Nr. 123 zu Art. 9 GG Arbeitskampf. ‖ 2 BAG 11.8.1992 – 1 AZR 103/92, AP Nr. 124 zu Art. 9 GG Arbeitskampf. ‖ 3 BAG 13.7.1993 – 1 AZR 676/92, AP Nr. 127 zu Art. 9 GG Arbeitskampf. ‖ 4 BAG 11.8.1992 – 1 AZR 103/92, AP Nr. 124 zu Art. 9 GG Arbeitskampf. ‖ 5 BAG 13.7.1993 – 1 AZR 676/92, AP Nr. 127 zu Art. 9 GG Arbeitskampf. ‖ 6 BAG 31.1.1995 – 1 AZR 142/94, AP Nr. 135 zu Art. 9 GG Arbeitskampf. ‖ 7 BAG 13.12.2011 – 1 AZR 495/10, NZA 2012, 995. ‖ 8 BAG 11.7.1995 – 1 AZR 63/95 und 1 AZR 161/95, EzA Art. 9 GG Arbeitskampf Nr. 121, 122 (Hergenröder). ‖ 9 BAG 13.12.2011 – 1 AZR 495/10, NZA 2012, 995. ‖ 10 Meyer, SAE 2013, 30 (33 f.); aA Henssler, RdA 2011, 65 (69). ‖ 11 Vgl. nur Konzen, FS 50 Jahre BAG, 2004, S. 513 (550 f.); aA etwa ErfK/Dieterich, Art. 9 GG Rz. 220. ‖ 12 BAG 11.7.1995 – 1 AZR 63/95, AP Nr. 138 zu Art. 9 GG Arbeitskampf; vgl. auch Lieb, SAE 1996, 182 (188).

muss, sei es, dass die benötigten Rohstoffe nicht mehr geliefert werden oder aber eine Weiterproduktion deshalb nicht sinnvoll ist, weil die Abnehmer in einen Arbeitskampf verwickelt sind. Seit der Entscheidung des Reichsgerichts im „Kieler Straßenbahnfall"[1] war das Recht des ArbGeb zur Lohnverweigerung bei Verwirklichung von Arbeitskampfrisiken im Grundsatz anerkannt. Das Lohnverweigerungsrecht nach der Arbeitskampfrisikolehre hat man richtigerweise als subjektiv-privates Gestaltungsrecht zu begreifen[2]. Das BAG[3] hat sich von den früher im Vordergrund stehenden Prämissen der Sphärentheorie sowie des Solidaritätsgedankens abgewandt und das Recht des ArbGeb zur Lohnverweigerung ausschließlich mit dem Gedanken der Kampfparität begründet.

216 Genau dieser Gesichtspunkt ist für das BAG auch für die Frage entscheidend, in welchem Umfang und in welchem räumlichen Ausmaß der ArbGeb zur Lohnverweigerung berechtigt ist. Treffend wird die Rspr. von *Seiter*[4] als **„Dreizonenmodell"** wiedergegeben: Die „erste Zone" bildet dabei der räumliche und fachliche Geltungsbereich des umkämpften TV. Hier steht sowohl unmittelbar als auch mittelbar kampfbetroffenen ArbGeb ein Lohnverweigerungsrecht zu, sofern ihnen die Beschäftigung arbeitswilliger ArbN unmöglich oder unzumutbar ist. Außerhalb dieser ersten Zone besteht ein Lohnverweigerungsrecht bei Drittbetroffenheit dann, wenn bei typisierender Betrachtung ansonsten die Fernwirkungen des Arbeitskampfes unmittelbar oder mittelbar zu einer Beeinträchtigung des Verhandlungsgleichgewichts im Tarifgebiet führen würden[5]. Diese „zweite Zone" zeichnet sich durch koalitionspolitische Verbindungen sowie wirtschaftl. Abhängigkeiten aus, wie sie etwa in einem Konzernunternehmen oder innerhalb derselben Branche gegeben sind. In der „dritten Zone" schließlich entfällt ein Lohnverweigerungsrecht des ArbGeb. Trotz kausal kampfbedingten Arbeitsausfalls lassen sich bei der Weiterzahlung des Entgelts keine Paritätsbeeinträchtigungen im Tarifgebiet feststellen, so dass es bei den allg. Grundsätzen des Betriebs- und Wirtschaftsrisikos bleibt. Auch im **tarifpluralen Betrieb** wird man die nicht am Arbeitskampf beteiligten ArbN beim Streik einer Gewerkschaft mit dem Arbeitskampfrisiko zu belasten haben[6]. Zwar gibt es keine „Einheit" der Belegschaft mehr, indes sprechen Paritätsgesichtspunkte für die Entlastung des ArbGeb von der Entgeltzahlungspflicht.

217 Für den Sonderfall eines **Wellenstreiks** hat das BAG[7] weitergehend judiziert, dass die ArbN-Seite auch das Entgeltrisiko insoweit tragen muss, als die Unmöglichkeit oder Unzumutbarkeit ihrer Beschäftigung in einem engen zeitlichen und organisatorischen Zusammenhang zu einer Abwehrmaßnahme steht, die der ArbGeb als unbedingt erforderlich ansehen durfte. Dies ist etwa dann der Fall, wenn der ArbGeb die Produktion mittels Aushilfskräften oder einer Fremdvergabe von Aufträgen aufrechterhalten hat und die Streikenden die Arbeit nunmehr überraschend wieder anbieten.

218 Das Lohnverweigerungsrecht nach der Arbeitskampfrisikolehre ist nicht davon abhängig, **ob der Streik rechtmäßig oder rechtswidrig ist**[8]. Ebenso wenig kommt es darauf an, ob die Kampfbetroffenheit auf einem Streik, einer Aussperrung oder einem sonstigen Kampfmittel beruht[9]. Voraussetzung für die Zubilligung des Lohnverweigerungsrechts ist allerdings, dass die Beschäftigung arbeitswilliger ArbN ohne Vertretenmüssen des ArbGeb unmöglich bzw. sinnlos ist. Weiter muss der Arbeitskampf kausal für die Unmöglichkeit der Beschäftigung sein. Das Lohnverweigerungsrecht besteht auch ggü. den Außenseitern[10].

219 Nach dem BAG darf sich der ArbGeb bei einer **streikbedingten Verringerung des Personalbedarfs** in aller Regel nicht darauf beschränken, dessen Umfang bekannt zu geben und den ArbN dann die Auswahl derjenigen zu überlassen, die zur Arbeit herangezogen werden sollen. Vielmehr muss er auch in dieser Situation sein Direktionsrecht ausüben und die benötigten ArbN selbst aussuchen[11].

220 **d) Suspendierende Abwehraussperrung. aa) Grundsätzliche Zulässigkeit und Rechtsgrundlage.** Unter einer Aussperrung versteht man die von einem oder mehreren ArbGeb **planmäßig und willentlich erfolgte Arbeitsausschließung der ArbN** zur Erreichung eines Zieles ohne vorherige Kündigung. Mit der Verweigerung der Beschäftigung geht regelmäßig auch die Einstellung der Lohnzahlung einher, begrifflich zwingend ist dies jedoch nicht[12]. Während eine Mindermeinung in der Lit. die Aussperrung für verfassungswidrig hält, da sie sich gegen die Koalitionsbetätigungsfreiheit der ArbN richte[13], erkennt die hM[14]

---

1 RG v. 6.2.1923 – III 93/22, RGZ 106, 272 ff.   ‖ 2 AA insoweit etwa *Lieb*, NZA 1990, 239: individualrechtl. Institut.   ‖ 3 BAG 22.12.1980 – 1 ABR 2/79 und 1 ABR 76/79, AP Nr. 70, 71 zu Art. 9 GG Arbeitskampf.   ‖ 4 Nach *Seiter*, DB 1981, 578 (587); *Seiter*, Staatliche Neutralität im Arbeitskampf, S. 8 f.   ‖ 5 BAG 22.12.1980 – 1 ABR 2/79, AP Nr. 70 zu Art. 9 GG Arbeitskampf.   ‖ 6 So etwa *Henssler*, RdA 2011, 65 (69); *Krüger*, Der Grundsatz der Tarifeinheit und die Folgen seiner Aufgabe für das Arbeitskampfrecht, 2013, S. 241 ff.; *Meyer*, SAE 2013, 30 (34 ff.); *Willemsen/Mehrens*, NZA 2010, 1313 (1320); eingehend dazu *Wietfeld*, Die rechtliche Zulässigkeit von Arbeitnehmeraußenseitern im Spartenarbeitskampf, 2010, S. 189 ff.; aA etwa *Giesen*, NZA 2009, 11; *v. Steinau-Steinrück/Brugger*, NZA Beil. 2010, 127 (132).   ‖ 7 BAG 17.2.1998 – 1 AZR 386/97, SAE 1999, 51 (*Hergenröder*). Eingehend hierzu *Auktor*, Der Wellenstreik im System des Arbeitskampfrechts, 2002, S. 80 ff.   ‖ 8 BAG 11.7.1995 – 1 AZR 161/95, EzA Art. 9 GG Arbeitskampf Nr. 122 (*Hergenröder*); s. zuvor noch BAG 22.12.1980 – 1 ABR 2/79 und 1 ABR 76/79, AP Nr. 70, 71 zu Art. 9 GG Arbeitskampf, wo noch von „legitimen" Streiks und Abwehraussperrungen die Rede war.   ‖ 9 BAG 22.10.1986 – 5 AZR 550/85, AP Nr. 4 zu § 14 MuSchG 1968.   ‖ 10 *Zöllner/Loritz/Hergenröder/Zöllner*, § 19 V 2a.   ‖ 11 BAG 17.2.1998 – 1 AZR 386/97, SAE 1999, 51 (*Hergenröder*).   ‖ 12 *Brox/Rüthers/Brox*, Rz. 45; *Seiter*, Streikrecht, S. 277.   ‖ 13 *Däubler/Wolter*, ArbeitskampfR, § 21 Rz. 13 ff.   ‖ 14 *Seiter*, Streikrecht, S. 314 ff.

die Aussperrung als zulässiges Kampfmittel an. Diese Wertung findet in einer Vielzahl arbeitsrechtl. Normen ihre Entsprechung, in welchen von „Arbeitskampf" und eben nicht nur von „Streik" die Rede ist (vgl. § 2 I Nr. 2 ArbGG, § 74 II BetrVG, § 66 II BPersVG, Art. 1 § 11 V AÜG, § 25 KSchG). § 91 VI SGB IX spricht sogar ausdrücklich von Streiks und Aussperrungen.

Die Abwehraussperrung setzt schon begrifflich einen (Angriffs-)Streik voraus, auf den die ArbGeb-Seite ihrerseits mit Arbeitsausschließungen reagiert. Das BAG sieht diese Aussperrungsform unter bestimmten Voraussetzungen **aus Gründen der Parität und im Rahmen der Verhältnismäßigkeit – gerade zur Abwehr begrenzter Teilstreiks – als gewährleistet** an. Ihre Funktion besteht darin, ein kampftaktisch erzieltes Verhandlungsübergewicht der Gewerkschaften zu kompensieren, also Verhandlungsparität wiederherzustellen. Damit gründet sich die Aussperrungsbefugnis auf die Tarifautonomie, die durch Abs. 3 gewährleistet ist und in den Einzelheiten durch das TVG geregelt wird. Ein generelles Aussperrungsverbot würde zur Störung der Verhandlungsparität führen und wäre deshalb mit den tragenden Grundsätzen des Tarifrechts unvereinbar. Das BVerfG[1] hat diese Sichtweise ausdrücklich bestätigt. Ob nach Aufgabe des Grundsatzes der Tarifeinheit die Aussperrung im tarifpluralen Betrieb konzeptionell überdacht werden muss, wird abzuwarten sein. 221

bb) Ausübung durch einseitige, empfangsbedürftige Willenserklärung. Voraussetzung des Eintritts der Suspendierungswirkung ist die **Erklärung der Aussperrung in hinreichend klarer Form** durch den einzelnen ArbGeb[2]. Die Erklärung kann auch konkludent erfolgen, allerdings muss für die ArbN-Seite schon wegen ihrer Reaktionsmöglichkeiten eindeutig erkennbar sein, dass es sich um eine Kampfmaßnahme handelt[3]. Bei der Verbandsaussperrung muss der ArbGeb deshalb darauf hinweisen, dass er einem Beschluss seiner Koalition Folge leistet, es sei denn, die Mitwirkung des ArbGeb-Verbandes ergibt sich aus den Umständen[4]. 222

Erklärungsempfänger ist der einzelne ArbN, in dessen ArbVerh gestaltend eingegriffen wird. Das BAG lässt aber die Abgabe der Aussperrungserklärung ggü. bevollmächtigten Streikleitungen zu[5]. Für das Wirksamwerden der Aussperrungserklärung sind iÜ die §§ 130 ff. BGB maßgeblich. 223

Ausgesperrt werden können **nicht nur die Gewerkschaftsmitglieder, sondern auch die Außenseiter**[6]. Im Gegenteil ist nach der Rspr. die gezielte Arbeitsausschließung nur der Organisierten eine unzulässige Selektivaussperrung[7]. Im tarifpluralen Betrieb lässt sich diese Auffassung freilich nicht aufrechterhalten, dem zu unterschiedlichen Zeitpunkten von verschiedenen Gewerkschaft bestreikten ArbGeb kann nicht angesonnen werden, jedesmal die Außenseiter und Andersorganisierten mit auszusperren[8]. Demggü. kann die Aussperrung auf die Streikenden beschränkt werden[9]. Suspendierend ausgesperrt werden dürfen auch BR-Mitglieder[10], Erkrankte[11], Schwangere[12] und Schwerbehinderte[13]. 224

Das **Ende der Aussperrung** muss von dem kampfführenden ArbGeb-Verband bzw. dem im Kampf um einen FirmenTV stehenden EinzelArbGeb in hinreichend klarer Form erklärt werden. Wie beim Streik dem einzelnen ArbN steht es einem Verbandsmitglied freilich jederzeit offen, den Aussperrungsbeschluss der ArbGeb-Koalition nicht mehr zu befolgen und die Aussperrung zurückzunehmen (s. aber Rz. 253). Mit dem Ende der Kampfmaßnahme endet die Suspendierungswirkung, die ArbN sind zur Wiederaufnahme der Arbeit verpflichtet. 225

cc) Grenzen. Die Aussperrung unterliegt Außen- und Innengrenzen. Zumindest nach der bisherigen Arbeitskampfkonzeption des BAG war das **Tarifgebiet grds. Außengrenze** des Kampfgebietes, weil der räumliche und fachliche Geltungsbereich eines TV auf beiden Seiten den Mitgliederbestand der unmittelbaren Verhandlungspartner und damit einen wesentlichen Faktor des Kräfteverhältnisses bestimme. Jedenfalls bei Schwerpunktstreiks innerhalb des Tarifgebietes wurden daher Abwehraussperrungen räumlich auf dieses beschränkt. Soweit Kampfmaßnahmen diese Außengrenze überschritten, wurden sie vom BAG als regelmäßig nicht erforderlich angesehen, um das Verhandlungsgleichgewicht wiederherzustellen[14]. Sympathieaussperrungen waren damit – unbeachtet der konjunkturellen Lage sowie der Konkurrenzsituation, denn diese seien einer generalisierenden Betrachtung nicht zugänglich – als kampfgebietsausweitende Maßnahmen regelmäßig rechtswidrig[15]. Ob dies nach der neuen Rspr.[16] 226

---

1 BVerfG 26.6.1991 – 1 BvR 779/85, E 84, 212. || 2 BAG 26.10.1971 – 1 AZR 113/68, AP Nr. 44 zu Art. 9 GG Arbeitskampf; *Seiter*, Streikrecht, S. 351 ff. || 3 BAG 27.6.1995 – 1 AZR 1016/94, AP Nr. 137 zu Art. 9 GG Arbeitskampf; 31.10.1995 – 1 AZR 217/95, AP Nr. 140 zu Art. 9 GG Arbeitskampf. || 4 S. nur BAG 31.10.1995 – 1 AZR 217/95, AP Nr. 140 zu Art. 9 GG Arbeitskampf: öffentl. Ankündigung von Aussperrungen für den Fall von Kurzstreiks. || 5 BAG 26.10.1971 – 1 AZR 113/68, AP Nr. 44 zu Art. 9 GG Arbeitskampf; dazu krit. *Seiter*, Streikrecht, S. 353. || 6 BAG 21.4.1971 – GS 1/68, AP Nr. 43 zu Art. 9 GG Arbeitskampf. || 7 BAG 10.6.1980 – 1 AZR 331/79, AP Nr. 66 zu Art. 9 GG Arbeitskampf. || 8 *Wietfeld*, Die rechtliche Zulässigkeit von Arbeitnehmeraußenseitern im Spartenarbeitskampf, 2010, S. 222 f. || 9 BAG 11.8.1992 – 1 AZR 103/92, AP Nr. 124 zu Art. 9 GG Arbeitskampf. Ebenso im Rahmen der Verhältnismäßigkeit LAG Hamm 14.11.2001 – 18 Sa 530/01, AP Nr. 159 zu Art. 9 GG Arbeitskampf. || 10 BAG 25.10.1988 – 1 AZR 368/87, AP Nr. 110 zu Art. 9 GG Arbeitskampf. || 11 BAG 7.6.1988 – 1 AZR 597/86, AP Nr. 107 zu Art. 9 GG Arbeitskampf. || 12 BAG 22.10.1986 – 5 AZR 550/85, AP Nr. 4 zu § 14 MuSchG 1968. || 13 BAG 7.6.1988 – 1 AZR 597/86, AP Nr. 107 zu Art. 9 GG Arbeitskampf. || 14 BAG 10.6.1980 – 1 AZR 822/79, AP Nr. 64 zu Art. 9 GG Arbeitskampf. || 15 Zu möglichen Ausnahmen *Lieb*, DB-Beil. 12/1984, 6 f.; *Seiter*, RdA 1981, 65 (85). || 16 BAG 19.6.2007 – 1 AZR 396/06, AP Nr. 173 zu Art. 9 GG Arbeitskampf; dazu *Konzen*, SAE 2008, 1.

zu Unterstützungsstreiks noch genauso zu beurteilen ist, ist zumindest zweifelhaft. Ohnehin werden Aussperrungen zur Unterstützung eines bestreikten EinzelArbGeb teilweise für zulässig gehalten[1].

227 Die Begrenzung des Arbeitskampfes auf das Tarifgebiet ermöglicht nach Auffassung des BAG[2] „noch kein abgestuftes Kampfmittelsystem, wie es die Proportionalität im Rahmen des Übermaßverbotes gebietet". Gradmesser dieser Verhältnismäßigkeitsprüfung ieS soll das Verhältnis zwischen Streikenden und nach dem Verbandsbeschluss auszusperrenden ArbN sein[3]. Danach gilt als Innengrenze der Aussperrung ein **Quotenmodell:** Werden durch einen Streikbeschluss weniger als ein Viertel der ArbN des Tarifgebiets zur Arbeitsniederlegung aufgefordert, ist eine Ausdehnung um 25 % der tarifbetroffenen ArbN durch Aussperrung nicht unproportional. Ruft die Gewerkschaft mehr als ein Viertel der ArbN des Tarifgebiets zum Streik auf, darf nur bis zur Höchstgrenze von 50 % der tarifbetroffenen ArbN ausgesperrt werden. Darüber hinaus soll eine Aussperrung regelmäßig unverhältnismäßig sein.

228 Im Schrifttum ist diese **Arbeitskampfarithmetik** des BAG heftig kritisiert worden[4]. In der Tat kann man schon aus methodischen Gründen erhebliche Bedenken an der richterlichen Festsetzung von Zahlenschlüsseln ohne nähere empirische Grundlage hegen[5]. Allerdings ist gegenwärtig unklar, ob das BAG an den skizzierten Quoten überhaupt noch festhält[6]; außer Frage steht, dass es sich nur um Indizwerte handeln kann, die bei besonderen Fallgestaltungen der Modifikation bedürfen. Im tarifpluralen Betrieb lässt sich beim Streik einer Spartengewerkschaft eine Eingrenzung der Abwehraussperrung durch Kampfquoten nicht mehr begründen[7].

229 e) **Einzelaussperrung.** Denkbar sind auch Aussperrungen von einzelnen ArbGeb außerhalb oder sogar gegen den Willen des Verbandes.

230 aa) **Anschlussaussperrung.** So hat die sog. Anschlussaussperrung mit der Verbandsaussperrung gemein, dass sie der Verbreiterung der Kampffront und damit der Intensivierung des Drucks auf den Kampfgegner dient. Allerdings wird sie von **Außenseitern** und eben nicht von Mitgliedern des kämpfenden Verbandes durchgeführt. Das BVerfG[8] anerkennt die Anschlussaussperrung gleichwohl als koalitionsgemäße Betätigung iSd. Abs. 3 S. 1, sofern das Kampfmittel als Reaktion auf gewerkschaftliche Teil- und Schwerpunktstreiks erklärt wird. Dieser Rspr. liegt die Überlegung zugrunde, dass das Kampfbündnis eines Außenseiters mit einem tariffähigen ArbGeb-Verband eine Vereinigung iSd. Abs. 3 darstellt, sofern es dem Abschluss eines TV im Interesse des Außenseiters dient. Ausreichend ist insoweit die generelle Vereinbarung der VerbandsTV in den Arbeitsverträgen.

231 bb) **Aussperrung um einen Firmentarifvertrag.** Nachdem § 2 I TVG auch den einzelnen ArbGeb für tariffähig erklärt, kann es auch in der Auseinandersetzung um einen FirmenTV zu Aussperrungen kommen. Nachdem Abs. 3 nur von „Vereinigungen" zur Wahrung und Förderung der Arbeits- und Wirtschaftsbedingungen, also von den Koalitionen, nämlich ArbGeb-Verbänden und Gewerkschaften spricht, stellt sich bei Einzelaussperrungen um einen FirmenTV wiederum die Frage der Rechtsgrundlage. Das BAG[9] stützte das Recht des um einen FirmenTV angegangenen AußenseiterArbGeb zur Aussperrung als Abwehrmaßnahme gegen gewerkschaftliche Streiks auf „das geltende Tarifrecht". Ergänzend wird auf die Vorschriften des Bundesrechts verwiesen, in welchen die Zulässigkeit der Aussperrung vorausgesetzt wird.

232 Im Schrifttum wird mit unterschiedlicher Begründung[10] die **verfassungsrechtl. Verankerung** auch des Aussperrungsrechts des einzelnen ArbGeb um einen FirmenTV bejaht. Dem wird man zuzustimmen haben. Bereits im Urt. v. 14.7.1981[11] hat das BAG nämlich klargestellt, dass die Tariffähigkeit des einzelnen ArbGeb zum Kernbereich seiner Betätigungsfreiheit aus Abs. 3 gehöre und er zwar keine Koalition sei, als TV-Partei ggü. dem Tarifgegner aber die gleichen Rechte haben müsse wie ein ArbGeb-Verband.

---

1 Vgl. etwa *Fischinger*, ZTR 2006, 518 (526 f.); *Lobinger*, RdA 2006, 12 (18 f.); *Otto*, § 6 Rz. 19; s.a. BAG 10.6.1980 – 1 AZR 822/79, 1 AZR 168/79, AP Nr. 64, 65 zu Art. 9 GG Arbeitskampf.   ‖2 BAG 10.6.1980 – 1 AZR 822/79, 1 AZR 168/79, AP Nr. 64, 65 zu Art. 9 GG Arbeitskampf; Krit. *Konzen*, FS 50 Jahre BAG, 2004, S. 513 (533 ff.).   ‖3 BAG 12.3.1985 – 1 AZR 636/82, AP Nr. 84 zu Art. 9 GG Arbeitskampf; 7.6.1988 – 1 AZR 597/86, AP Nr. 107 zu Art. 9 GG Arbeitskampf.   ‖4 *Brox/Rüthers/Rüthers*, Rz. 212 f.; *Seiter*, RdA 1981, 65.   ‖5 *Hergenröder*, Zivilprozessuale Grundlagen, S. 329 ff.   ‖6 So wurden die Kampfquoten in der Folgeentscheidung BAG 12.3.1985 – 1 AZR 636/82, AP Nr. 84 zu Art. 9 GG Arbeitskampf, die denselben Arbeitskampf wie in den Urt. v. 10.6.1980 betraf, nicht mehr zur Beurteilung der in Frage stehenden Aussperrung herangezogen. Und auch in den Judikaten v. 31.5.1988 – 1 AZR 192/87, AP Nr. 57 zu § 1 FeiertagslohnzahlungsG und v. 7.6.1988 – 1 AZR 597/86, AP Nr. 107 zu Art. 9 GG – Arbeitskampf, ließ der 1. Senat nicht erkennen, dass die zahlenmäßige Beschränkung der Aussperrung noch „geltendes Recht sei". In dem zweitgenannten Urt. findet sich lediglich der Hinweis, dass der Senat Bedenken habe, ob an den Maßstäben der Entscheidung v. 10.6.1980 noch festzuhalten sei.   ‖7 *Franzen*, RdA 2008, 193 (202); *Krüger*, Der Grundsatz der Tarifeinheit und die Folgen seiner Aufgabe für das Arbeitskampfrecht, 2013, S. 195 ff. (225 ff.); *Wietfeld*, Die rechtliche Zulässigkeit von Arbeitnehmerausensseitern im Spartenarbeitskampf, 2010, S. 223 ff.   ‖8 BVerfG 26.6.1991 – 1 BvR 779/85, E 84, 212 (225 f.). Krit. *Konzen*, SAE 1991, 335 (341).   ‖9 BAG 11.8.1992 – 1 AZR 103/92, AP Nr. 124 zu Art. 9 GG Arbeitskampf; vgl. auch BAG 26.4.1988 – 1 AZR 399/86, AP Nr. 101 zu Art. 9 GG Arbeitskampf; 27.6.1995 – 1 AZR 1016/94, AP Nr. 137 zu Art. 9 GG Arbeitskampf.   ‖10 Vgl. nur *Seiter*, Streikrecht, S. 90 ff.; *Seiter*, AfP 1985, 186 (188); zum Streitstand eingehend *Hergenröder*, SAE 1993, 57 (61 ff.).   ‖11 BAG 14.7.1981 – 1 AZR 159/78, AP Nr. 1 zu § 1 TVG Verhandlungspflicht (*Wiedemann*).

Der verfassungsrechtl. geschützte Kernbereich der koalitionsgemäßen Betätigung einer Gewerkschaft ggü. dem einzelnen ArbGeb sei daher nicht anders zu bestimmen als ggü. einer Vereinigung von ArbGeb. Das BVerfG selbst[1] hatte schon früher ausgeführt, die Ausdehnung der Tariffähigkeit auf den einzelnen ArbGeb begünstige den Abschluss von TV und diene damit mittelbar der Koalitionsfreiheit. Wenn dem aber so ist, so genießt der einzelne ArbGeb bei der kampfweisen Auseinandersetzung um einen FirmenTV den Schutz des Abs. 3.

Einigkeit dürfte darin bestehen, dass die für die Verbandsaussperrung vom BAG aufgestellten **Kampfquoten** für die Einzelaussperrung eines ArbGeb um einen FirmenTV nicht gelten können. Auf der anderen Seite gilt auch hier der Grundsatz der Proportionalität. Das BAG hat es jedenfalls für unverhältnismäßig gehalten, wenn mit einer Abwehraussperrung von 13,25 Stunden auf einen halbstündigen Streik reagiert wird[2]. Angesichts der Tatsache, dass beim Kampf um einen FirmenTV ein unbestreitbar vorhandenes Übergewicht der kampfführenden Gewerkschaft ggü. dem AußenseiterArbGeb gegeben ist, hat das BAG aber ebenso klargestellt, dass jedenfalls länger ausgesperrt werden dürfe, als zuvor gestreikt wurde. Letztendlich läuft alles auf eine Abwägung im Einzelfall hinaus. 233

cc) **Wilde Aussperrung.** Rechtswidrig ist dagegen die sog. wilde Aussperrung. Entsprechende Kampfmittel verbandsangehöriger ArbGeb ohne bzw. gegen den Willen ihrer Koalition können nicht anders behandelt werden als nicht gewerkschaftlich organisierte Streiks[3]. Auch hier kann der zuständige ArbGeb-Verband aber den Arbeitskampf rückwirkend übernehmen. 234

f) **Lösende Abwehraussperrung.** Die lösende Aussperrung führt zur **Beendigung des Arbeitsverhältnisses**, nach Kampfbeendigung besteht eine grds. Wiedereinstellungspflicht hinsichtlich der lösend ausgesperrten ArbN. Das BAG[4] hat in Ausnahmefällen die Aussperrung auch mit Lösungswirkung für zulässig erklärt, so als Abwehrmittel gegen rechtswidrige Streiks bzw. bei Sachverhalten, in welchen der ArbGeb zur Fortsetzung des Betriebs während eines Streiks Rationalisierungen und eine anderweitige Besetzung der Arbeitsplätze vornehmen will. Legt man zugrunde, dass angesichts der Vorabgarantie des Streiks (Rz. 182) die Aussperrung unter dem Gesichtspunkt der Erforderlichkeit zur Herstellung von Kampfparität erst gerechtfertigt werden muss, so wird eine lösende Aussperrung regelmäßig gegen den Verhältnismäßigkeitsgrundsatz verstoßen[5]. Zulässig kann sie nur da sein, wo die Suspendierungswirkung in Bezug auf die ArbVerh nicht mehr ausreicht, um einen paritätischen Auseinandersetzungsprozess zu gewährleisten[6]. Vertreten wird dies bei Streiks von Berufsgruppengewerkschaften im tarifpluralen Betrieb[7]. 235

g) **Einzellösungsrecht des Arbeitgebers.** Fällt im Rahmen eines Arbeitskampfes ein Arbeitsplatz weg, so stellt sich die Frage, ob der ArbGeb kündigen muss oder aber das ArbVerh mit **sofortiger Wirkung lösen kann**[8]. Das entsprechende Einzellösungsrecht des ArbGeb wäre als Pendant zum Abkehrrecht des ArbN (Rz. 205) zu sehen. Das BAG hat sich unklar ausgedrückt, man wird ihn den ArbGeb auf die betriebsbedingte Kündigung verweisen müssen. Allerdings wäre dann zu verlangen, dass entsprechende Fälle von § 25 KSchG erfasst werden, um ein wirksames Mittel zu gewährleisten. Dies wird allerdings überwiegend abgelehnt. 236

h) **Aussperrung zur Abwehr rechtswidriger Kampfmaßnahmen.** Das BAG hat es der ArbGeb-Seite freigestellt, auf unzulässige Kampfmaßnahmen der Gegenseite mit einer Aussperrung zu antworten[9]. Sogar ArbN, welche sich an den rechtswidrigen Kampfmaßnahmen nicht beteiligen, sollen ausgesperrt werden dürfen. Dies folge daraus, dass der ArbGeb **beim rechtswidrigen Streik nicht schlechter stehen dürfe als bei einem rechtmäßigen Ausstand**. Diese Rspr. hat im Schrifttum vor dem Hintergrund Zustimmung erfahren, dass prozessuale Rechtsbehelfe bzw. individualrechtl. Reaktionen des betroffenen ArbGeb ggü. rechtswidrigen Streiks nicht ausreichend seien[10]. Nach der Gegenmeinung liegt schon kein tarifl. regelbares Ziel vor, sondern ein Rechtsstreit, der vor den Gerichten auszutragen ist[11]. 237

i) **Angriffsaussperrung.** Regelmäßig wird die Aussperrung als Abwehrkampfmittel eingesetzt, sie ist aber auch als Angriffsaussperrung **ohne vorhergehende Kampfmaßnahme der ArbN** denkbar. Die hM grenzt dabei beide Aussperrungsformen allein nach der zeitlichen Folge der Kampfmaßnahmen ab[12]. Die Gegenmeinung stellt darauf ab, ob mit dem Kampfmittel eigene Zielsetzungen verfolgt werden[13]. 238

---

1 BVerfG 19.10.1966 – 1 BvL 24/65, E 20, 312 (318). ‖ 2 BAG 11.8.1992 – 1 AZR 103/92, AP Nr. 124 zu Art. 9 GG Arbeitskampf; ein Verhältnis von 9:1 hätte das BAG akzeptiert (unter I 3e). Für die Zulässigkeit einer einstündigen Aussperrung ggü. einem halbstündigen Streik LAG Hamm 14.11.2001 – 18 Sa 530/01, AP Nr. 159 zu Art. 9 GG Arbeitskampf. ‖ 3 BAG 31.10.1995 – 1 AZR 217/95, AP Nr. 140 zu Art. 9 GG Arbeitskampf; LAG Hamm 21.8.1980 – 8 Sa 66/80, EzA Art. 9 GG Arbeitskampf Nr. 41; *Seiter*, Streikrecht, S. 340. ‖ 4 BAG (GS) 21.4.1971 – GS 1/68, AP Nr. 43 zu Art. 9 GG Arbeitskampf. ‖ 5 Eingehend *Kissel*, ArbeitskampfR, § 52 Rz. 6 ff. ‖ 6 Vgl. Brox/Rüthers/*Rüthers*, Rz. 205 f.; *Seiter*, Streikrecht, S. 361 ff. ‖ 7 *Greiner*, Rechtsfragen der Koalitions-, Tarif- und Arbeitskampfpluralität, 2010, S. 479; *Krüger*, Der Grundsatz der Tarifeinheit und die Folgen seiner Aufgabe für das Arbeitskampfrecht, 2013, S. 227 ff. ‖ 8 BAG (GS) 21.4.1971 – GS 1/68, AP Nr. 43 zu Art. 9 GG Arbeitskampf. ‖ 9 BAG 21.4.1971 – GS 1/68, AP Nr. 43 zu Art. 9 GG Arbeitskampf; 14.2.1978 – 1 AZR 76/76, AP Nr. 58 zu Art. 9 GG Arbeitskampf. ‖ 10 *Löwisch/Rieble*, AR-Blattei SD 170.2 (1994) Rz. 102 ff., die dem BAG allerdings nur in der ersten Aussage folgen. ‖ 11 ErfK/*Dieterich*, Art. 9 GG Rz. 245. ‖ 12 Brox/Rüthers/*Brox*, Rz. 57. ‖ 13 S. etwa *Otto*, § 10 Rz. 56 ff.

Vergegenwärtigt man sich die typische Arbeitskampfsituation, so erscheint es allerdings richtiger darauf abzustellen, ob sich die ArbGeb-Seite auf ein bloßes Bestreiten der gewerkschaftlichen Forderungen beschränkt oder aber eigene, unter das Tarifniveau gehende Vorstellungen verfolgt. Das alleinige Abstellen auf den zeitlichen Rahmen erscheint jedenfalls nicht als gerechtfertigt. Darauf hinzuweisen ist, dass konjunkturell bedingt die Angriffsaussperrung in den letzten Jahrzehnten in Deutschland praktisch keine Rolle mehr gespielt hat.

239 Jedenfalls muss der ArbGeb-Seite unter dem Gesichtspunkt einer funktionsfähigen Tarifautonomie bei einer einschneidenden Verschlechterung der wirtschaftl. Lage die Notwendigkeit eingeräumt werden, mittels der Angriffsaussperrung den **Abbau tarifl. Leistungen** im Interesse der Erhaltung des Unternehmens und damit der Arbeitsplätze durchzusetzen. Das BAG hatte die Angriffsaussperrung zunächst noch ausdrücklich anerkannt[1], später die Frage aber offen gelassen[2]. Im Schrifttum wird ihre grds. Zulässigkeit ganz überwiegend bejaht[3]. Wie schon bei der lösenden Aussperrung sind allerdings auch hier die Verhältnismäßigkeit und damit die Erforderlichkeit dieser Kampfmaßnahme zu prüfen. Nachdem sich freilich die Änderungskündigung im Nachwirkungsstadium eines TV nach § 4 V TVG in der Praxis als wenig tauglich erwiesen hat, um die Arbeitsbedingungen anzupassen, mag bei einer entsprechenden konjunkturellen Lage der Angriffsaussperrung ein Anwendungsspielraum verbleiben[4].

240 **7. Boykott. a) Begriff und Systematik.** Unter den Begriff des „Boykotts" subsumiert man die **Verhängung einer Sperre über den Boykottierten**, welche dessen Aussperrung vom Verkehr mit anderen Personen bezweckt. Auf den Boykottierten soll durch die Verhinderung von Rechtsgeschäften Druck dahingehend ausgeübt werden, dass er eine bestimmte Maßnahme vornimmt oder unterlässt. Wesensmerkmal ist, dass ein größerer Personenkreis aufgefordert wird (Verruf), geschäftliche Beziehungen als Konsument von Ware und Arbeit mit dem Boykottierten (Verrufenen) zu unterlassen. Im Arbeitskampfrecht stellt der Boykott die Ächtung der Gegenpartei durch ArbGeb oder ArbN dar, die es ablehnen, mit dem Boykottierten in Beziehung zu treten, und die, um ein bestimmtes Kampfziel zu erreichen, Dritte auffordern, sich an dieser Ächtung zu beteiligen[5]. Ziel des Boykotts ist also die Abschottung des Kampfgegners vom geschäftlichen Verkehr.

241 Der arbeitsrechtl. Boykott kann im Kampfmittelsystem auf eine lange Tradition zurückblicken. In früherer Zeit war insb. die **Zuzugssperre** von Bedeutung, wonach im Ausstand befindliche ArbN ihre Kollegen aufforderten, mit dem bestreikten ArbGeb keine neuen Arbeitsverträge abzuschließen, umgekehrt versuchte die ArbGeb-Seite über „schwarze Listen", die anderweitige Einstellung Streikender zu verhindern. Durch die Einführung suspendierender Kampfrechte hat der Boykott in neuerer Zeit an Bedeutung verloren. Regelmäßig ist er nur noch Nebenkampfmittel zu Streik und Aussperrung. Klarzustellen ist allerdings schon an dieser Stelle, dass die Rechtmäßigkeit des Boykotts unabhängig vom Hauptkampfmittel festzustellen ist[6].

242 Umstritten ist die Einordnung des Boykotts in das arbeitskampfrechtl. System, insb. das **Verhältnis zu Streik und Aussperrung**. Es stellt sich die Frage, ob der Boykott als dritte, eigenständige Kampfform neben Streik und Aussperrung einzuordnen ist[7] oder Streik und Aussperrung nur besondere Formen des arbeitsrechtl. Boykotts sind[8]. Ebenso umstritten ist, ob die Herbeiführung der Sperre über den Boykottierten auch im Wege eines Sympathiearbeitskampfes zulässig ist bzw. ob ein entsprechendes Verhalten überhaupt unter den Boykottbegriff subsumiert werden kann. Während die Rspr.[9] sowie Stimmen in der Lit.[10] von einem Boykott ausgehen, sieht die Gegenmeinung[11] in Arbeitsniederlegungen von ArbN, die selbst in keinerlei Vertragsbeziehungen zu solchermaßen „Boykottierten" stehen, keinen Boykotttatbestand. Der „Verruf" ist demnach ein schlichter Aufruf zum Unterstützungsarbeitskampf (Rz. 270).

243 Teilweise wird diesbezüglich auch zwischen **Boykott im „weiteren" und im „engeren" Sinne** differenziert: Während letzterer Begriff nur die Unterlassung von Vertragsschlüssen umfasst, bezeichnet der weitere Boykottbegriff alle Formen der Meidung des rechtsgeschäftlichen Verkehrs sowie den Aufruf hierzu. Neben dem Boykott im „engeren" Sinne sind auch Streik und Aussperrung durch nur zeitweise Entziehung der vertragl. geschuldeten Hauptleistung Bestandteil des Boykotts im „weiteren" Sinne[12].

244 **b) Rechtmäßigkeit.** Der Boykott ist als zulässiges Mittel des Arbeitskampfes in Rspr.[13] und Lit.[14] allg. anerkannt, wobei allerdings der Verhältnismäßigkeitsgrundsatz zu beachten ist. Vom BAG wird er als „**geschichtlich überkommene Arbeitskampfmaßnahme**", die innerhalb der von der Rechtsordnung ge-

---

1 BAG (GS) 28.1.1955 – GS 1/54, AP Nr. 1 zu Art. 9 GG Arbeitskampf. ||2 BAG 10.6.1980 – 1 AZR 822/79, AP Nr. 64 zu Art. 9 GG Arbeitskampf. ||3 Löwisch/Rieble, AR-Blattei SD 170.1 (1993) Rz. 52 ff. ||4 So im Erg. auch ErfK/Dieterich, Art. 9 GG Rz. 249. ||5 Birk, AuR 1974, 289 (297f.); Seiter, Arbeitskampfparität, S. 28. ||6 Diff. Konzen, FS Molitor, 1988, S. 181 (182). ||7 So etwa Brox/Rüthers/Brox, Rz. 66. ||8 Dazu eingehend Seiter, Arbeitskampfparität, S. 36 ff. ||9 BAG 19.10.1976 – 1 AZR 611/75, AP Nr. 6 zu § 1 TVG Form. ||10 Däubler/Wolter, ArbeitskampfR, § 17 Rz. 93; Binkert, Gewerkschaftliche Boykottmaßnahmen im System des Arbeitskampfrechts, 1981, S. 178 ff. ||11 Seiter, Arbeitskampfparität, S. 27 ff. (30 ff.). ||12 Seiter, Arbeitskampfparität, S. 37. ||13 BAG 19.10.1976 – 1 AZR 611/75, AP Nr. 6 zu § 1 TVG Form. ||14 Brox/Rüthers/Brox, Rz. 65 ff.; Seiter, Arbeitskampfparität, S. 45.

währleisteten Arbeitskampffreiheit nicht ausgeschlossen sei, bezeichnet[1]. Richtigerweise wird man im Hinblick auf den gegenwärtigen Rechtszustand allerdings differenzieren müssen: Im Grundsatz unstreitig zulässig ist der Boykott ieS, also die tatsächliche Herbeiführung der Sperre durch einen Zuzugs- oder Wirtschaftsboykott. Als noch offen muss dagegen die Frage bezeichnet werden, ob einem (Boykott-)Aufruf zu Sympathiekampfmaßnahmen die gleiche Bewertung zuteil wird. Doch im Hinblick auf die neue Rspr. des BAG zur Rechtmäßigkeit des Sympathiestreiks (Rz. 270) wird man solche Boykotts iwS wohl zulassen können.

Der Boykott besteht aus **zwei Teilakten:** dem Verrufsakt sowie den auf diesen hin durchgeführten Sperrmaßnahmen der Adressaten. Zwar werden beide Teilakte begriffl. zu einem einheitl. sozialen Geschehen „Boykott" zusammengefasst, rechtl. besehen handelt es sich aber um zwei selbständige Kampfhandlungen. So ist schon der Verruf als solcher durchaus geeignet, den Kampfgegner zum Einlenken zu zwingen, ohne dass es überhaupt der Herbeiführung der Sperre durch die Adressaten bedarf[2].

c) **Akzessorietät.** Umstritten ist, ob zwischen Verruf und Herbeiführung der Sperre Akzessorietät dergestalt besteht, dass die Rechtswidrigkeit der Durchführungsmaßnahmen auch zur Rechtswidrigkeit des Boykottaufrufs führt[3]. Richtigerweise gilt Folgendes: **Verruf und tatsächliche Herbeiführung der Sperre** sind zwei voneinander unabhängige und damit selbständig zu beurteilende Teilakte des Boykotts. Allerdings hängt die Rechtmäßigkeit des Aufrufs zum Boykott bzw. zum Sympathiearbeitskampf von der rechtl. Zulässigkeit derjenigen Handlungen ab, zu denen aufgerufen wird. Erklärt die Rechtsordnung die Durchführungsaktion für rechtswidrig, kann die Drohung mit dieser oder der Aufruf zu dieser nicht rechtmäßig sein. Auf der anderen Seite ist zu berücksichtigen, dass das, was den Adressaten des Verrufs im Rahmen der Privatautonomie freisteht, nämlich den Boykottierten zu sperren, mit ihm also keine Vertragsbeziehungen einzugehen, als Aufforderung hierzu im Rahmen des geltenden Rechts missbilligt werden bzw. gar spezialgesetzlich verboten sein kann.

Getrennt beurteilt werden muss aber die Frage, ob einzelne, im Rahmen des Boykotts auftretende **rechtswidrige Aktionen** dem Verrufer auch dann zugerechnet werden können, wenn er selbst diese Durchführungshandlungen gar nicht gewollt hat. Insoweit geht es freilich um das allg. Problem, inwieweit der Anstifter für den Erfolg seines Tuns auch dann zu haften hat, wenn die Ausführungshandlungen den beabsichtigten Rahmen überschreiten. Insb. das Verschulden des Verrufers ist in diesen Fällen besonders sorgfältig zu prüfen.

8. Druckausübung zur Durchsetzung einzelvertraglicher Regelungsziele außerhalb der Verbände.
a) **Massenänderungskündigung des Arbeitgebers.** Durch sie kann der ArbGeb, auch ohne in einer Koalition organisiert zu sein, kollektiven Druck ausüben. Die Änderungskündigung stellt ein **individualrechtl. Gestaltungselement** dar. Nach der hM in Rspr.[4] und Lit.[5] ist auch die Massenänderungskündigung als individualvertragl. Maßnahme zu sehen. Da es sich somit nicht um eine Arbeitskampfmaßnahme iSd. § 25 KSchG handelt, findet der gesamte Kündigungsschutz Anwendung. Werden Individualrechte gebündelt ausgeübt, reicht dies nicht aus, um eine kollektivrechtl. Zulässigkeitsbetrachtung durchzuführen. Allerdings kommt eine solche Kündigung nur im Hinblick auf den Abbau übertarifl. Leistungen in Betracht.

b) **Massenänderungskündigung der Arbeitnehmer.** Bei der kollektiven Änderungskündigung durch die ArbN stellt sich das Problem, dass durch das koordinierte Zusammenwirken der verschiedenen ArbN die **gemeinsame Ausübung eines Individualrechtes Arbeitskampfcharakter** gewinnt. Während der ArbGeb ein ihm in jedem einzelnen Vertragsverhältnis zustehendes Recht geltend macht, müssen die ArbN gebündelt zusammenwirken. Das BAG hat die gebündelte Änderungskündigung von 29 Estrichlegern als Arbeitskampfmaßnahme eingeordnet[6].

Im Schrifttum besteht jedoch überwiegend Einigkeit, dass der ArbN ihm selbst zustehende Rechte **auch gebündelt mit anderen ArbN geltend machen darf.** Auch hier wird der Schwerpunkt der Maßnahme auf den individualvertragl. Charakter der Änderungskündigung gelegt[7]. Davon abgesehen verstößt ein Verband gegen seine Friedenspflicht, wenn er zur Massenänderungskündigung tarifvertragl. geregelter Ziele aufruft[8]. Für den einzelnen ArbN kann dies jedoch nicht gelten[9].

c) **Problem des „wilden Streiks" bzw. der „wilden Aussperrung".** Bei einem **wilden Streik** handelt es sich um eine Arbeitskampfmaßnahme außerhalb einer Gewerkschaft. Die zusammengeschlossenen ArbN erklären den Streik ohne gewerkschaftliche Organisation. Eine solche Betätigung ohne Mitwir-

---

1 BAG 19.10.1976 – 1 AZR 611/75, AP Nr. 6 zu § 1 TVG Form. ||2 *Seiter*, Arbeitskampfparität, S. 38. ||3 Abl. *Binkert*, Gewerkschaftliche Boykottmaßnahmen im System des Arbeitskampfrechts, 1981, S. 177ff. ||4 BAG (GS) 28.1.1955 – GS 1/54, AP Nr. 1 zu Art. 9 GG Arbeitskampf; BAG 1.2.1957 – 1 AZR 521/54, AP Nr. 4 zu § 56 BetrVG. ||5 MüKoBGB/*Hergenröder*, § 25 KSchG Rz. 10ff.; *Kissel*, ArbeitskampfR, § 62 Rz. 22 mwN. ||6 BAG 28.4.1966 – 2 AZR 176/65, AP Nr. 37 zu Art. 9 GG Arbeitskampf. ||7 *Otto*, § 11 Rz. 36ff.; *Gamillscheg*, Kollektives Arbeitsrecht, § 21 II 2a; aA *Hueck/Nipperdey*, II/2, 1016f., 1021f. ||8 *Kissel*, ArbeitskampfR, § 61 Rz. 50. ||9 *Kissel*, ArbeitskampfR, § 61 Rz. 47; *Seiter*, Streikrecht, S. 415; aA Zöllner/Loritz/Hergenröder/*Loritz*, § 42 V 2a; *Otto*, § 11 Rz. 37.

GG Art. 9 Rz. 252

kung einer Koalition kann nicht von der Vereinigungsfreiheit des Abs. 3 gedeckt sein, nicht zuletzt auch deshalb, weil wegen des fehlenden organisierten Ansprechpartners keine Konfliktlösungsfunktion besteht (Rz. 184). Der Abschluss eines TV ist mangels tariffähiger Koalition als Gegenspieler nicht möglich.

252 Aus dieser Konfliktlösungsfunktion ergibt sich aber auch die Möglichkeit der **rückwirkenden Übernahme** durch die Gewerkschaft[1]. Nach der Übernahme steht ein tariffähiger Verhandlungspartner zur Verfügung, der Abschluss eines TV, um den Konflikt zu beenden, ist möglich. Eine solche Übernahme kann jedoch nur zulässig sein, wenn der Streik noch nicht beendet und als gewerkschaftlich geführter Streik rechtmäßig ist (vgl. Rz. 186).

253 Ähnliches gilt auch für die **wilde Aussperrung**. Wird der Arbeitskampf von einem ArbGeb-Verband geführt, können die einzelnen ArbGeb ohne Verbandsbeschluss keine zulässigen Aussperrungen erklären. Auch hier ist eine Konfliktlösung nur zwischen den Verbänden möglich. Als Ausnahme hiervon gelten Fälle, in denen der ArbGeb durch parallel abzuschließende HausTV als tariffähige Person angesprochen ist (vgl. Rz. 231).

254 **9. Gemeinsam ausgeübtes Zurückbehaltungsrecht bei Pflichtverletzungen des Arbeitgebers.** Die kollektive Ausübung von Zurückbehaltungsrechten ist von der Durchführung eines Streiks nicht immer zu unterscheiden. In beiden Fällen kommt es zu Arbeitsniederlegungen. Auch für das ArbVerh ist die Anwendung von Zurückbehaltungsrechten anerkannt[2]. Schuldrechtl. Grundlage dafür sind die §§ 273, 320 BGB. In den meisten Fällen bezieht sich das BAG auf die Geltendmachung des § 273 BGB. Ein solches Zurückbehaltungsrecht muss ausdrücklich erklärt werden (Einrede, vgl. § 274 I BGB). Bei Anwendung des § 320 BGB ist eine solche Geltendmachung entbehrlich, die Nichtleistung der Arbeitserbringung ist schon bei objektivem Vorliegen der Voraussetzungen legitimiert[3]. Die Ausübung eines Zurückbehaltungsrechtes nach § 320 BGB ist bzgl. des Arbeitslohnes wegen § 614 BGB nur für die vergangene Lohnperiode möglich.

255 Besteht ein individualvertragl. Grund für die Zurückbehaltung der Leistung, so kann diese – auch **mit gewerkschaftlicher Unterstützung – kollektiv verweigert** werden, es ist jedoch jedes geltend gemachte Zurückbehaltungsrecht einzeln zu begutachten[4]. Zur Abgrenzung vom Streik bedarf es nach dem BAG allerdings einer **ausdrücklichen Erklärung** des ArbN, dass er sich auf ein Zurückbehaltungsrecht stützt[5]. In der Lit. wird dem nicht gefolgt[6] oder zwischen § 320 BGB und § 273 BGB unterschieden. Entfällt die Leistungspflicht ipso iure, sei keine Anzeige beim ArbGeb erforderlich. In den Fällen des § 273 BGB sei der Grund und die Ausübung eines Zurückbehaltungsrechtes schon wegen § 273 III BGB (Einrede durch Sicherheitsleistung) zu nennen[7].

256 Letztendlich muss der Gläubiger wissen, warum der Schuldner die Leistung verweigert, vor allem zur Unterscheidung vom Streik bedarf es einer **Erklärung ggü. dem ArbGeb**[8]. Die Qualifikation der getroffenen Maßnahme kann nicht allein einer Ex-post-Betrachtung im gerichtlichen Verfahren vorbehalten bleiben. Folge einer berechtigten Ausübung des Zurückbehaltungsrechtes durch den ArbN ist der Annahmeverzug des ArbGeb. Der Lohnanspruch des ArbN bleibt gem. § 615 BGB bestehen. Besteht das Zurückbehaltungsrecht nicht, verletzt der ArbN seinen Arbeitsvertrag und verliert seinen Lohnanspruch.

257 Geht man davon aus, dass die ArbN die Ausübung eines Zurückbehaltungsrechts erkennbar anzeigen müssen, kommt ein **Zurückbehaltungsrecht nach erklärtem Streik** nicht in Betracht[9]. Eine solche Arbeitsniederlegung würde dann einen rechtswidrigen wilden Streik (Rz. 251) darstellen. Gehen die ArbN irrtümlich vom Vorliegen der Voraussetzungen eines Zurückbehaltungsrechtes aus und erklären auch die Wahrnehmung dieses Zurückbehaltungsrechts, ist dies individualvertragl. zu bewerten. Sanktionen wegen eines wilden Streiks dürften dann regelmäßig schon deshalb ausscheiden, weil die ArbN wegen eines **Rechtsirrtums** (Rz. 298) kein Verschulden trifft. Bei Verletzung **betriebsverfassungsrechtl. Pflichten** ohne individualrechtl. Bezug ist ein Zurückbehaltungsrecht der ArbN zu verneinen[10].

258 **10. Grenzen des Arbeitskampfes. a) Zulässigkeit der Begrenzung allgemein. aa) Schranken aus dem Grundgesetz.** Auch der Arbeitskampf muss sich in die Schranken der Verfassung weisen lassen. Die Verortung in Abs. 3 und die Gewährleistung zur Regelung der Arbeits- und Wirtschaftsbedingungen lassen erkennen, dass es um die Durchsetzung tarifl. Regelungen geht[11]. Dies führt – zumindest[12] – zu der schon aus der Koalitionsfreiheit selbst folgenden immanenten Schranke, dass **alleinige Zielset-

---

1 BAG 31.10.1995 – 1 AZR 217/95, AP Nr. 140 zu Art. 9 GG Arbeitskampf; zur Frage der Rückwirkung *Löwisch/ Rieble*, AR-Blattei SD 170.2 (1994) Rz. 72 ff. ||2 BAG 20.12.1963 – 1 AZR 428/62, AP Nr. 32 zu Art. 9 GG Arbeitskampf. ||3 *Kissel*, ArbeitskampfR, § 61 Rz. 15. ||4 BAG 14.2.1978 – 1 AZR 76/76, AP Nr. 58 zu Art. 9 GG Arbeitskampf; *Seiter*, Streikrecht, S. 430 ff. ||5 BAG 20.12.1963 – 1 AZR 428/62, AP Nr. 32 zu Art. 9 GG Arbeitskampf; leichte Einschränkung in BAG 14.2.1978 – 1 AZR 76/76, AP Nr. 58 zu Art. 9 GG Arbeitskampf: wesentliche Erkennbarkeit reiche aus. ||6 *Gamillscheg*, Kollektives Arbeitsrecht, § 22 III 6 d. ||7 *Otto*, § 11 Rz. 62. ||8 *Kissel*, ArbeitskampfR, § 61 Rz. 15 ff. ||9 AA *Otto*, § 11 Rz. 62. ||10 BAG 14.2.1978 – 1 AZR 76/76, AP Nr. 58 zu Art. 9 GG Arbeitskampf. ||11 BVerfG 26.6.1991 – 1 BvR 779/85, E 84, 212. ||12 Zur Trennung von Regel- und Erstreikbarkeit vgl. *Cherdron*, S. 303 ff. mwN.

zung eines zulässigen Arbeitskampfes nur ein TV sein kann[1]. Der Arbeitskampf ist Annex der Tarifautonomie, folglich darf er sich – zumindest grds. – auch nur gegen einen tarifzuständigen Vertragspartner richten.

Ebenso ergeben sich Schranken aus kollidierendem Verfassungsrecht. Im Bereich von kirchlichen Einrichtungen folgt dies etwa aus dem **Selbstbestimmungsrecht der Religionsgemeinschaften nach Art. 140 GG iVm. Art. 137 III WRV.** Nach der Rspr. des BAG ist die Begrenzung vor allem bei Arbeitskämpfen zur Durchsetzung einer Tarifforderung zu prüfen, falls sich die Einrichtung zur Regelung der Arbeitsrechtsbeziehungen auf der Grundlage des TVG mit entsprechender Modifizierung nach dem Leitbild der Dienstgemeinschaft entschieden hat (sog. **Zweiter Weg**). Von einer Einschränkung der Koalitionsfreiheit muss insb. dann ausgegangen werden, wenn bei einem Scheitern der Tarifverhandlungen der Interessenkonflikt mittels eines geeigneten obligatorischen Schlichtungsverfahrens gelöst werden kann, das die strukturelle Verhandlungsschwäche der ArbN-Seite berücksichtigt. Geeignet ist etwa eine vereinbarte Zwangsschlichtung, deren Schlichtungskommission der Gewerkschaft uneingeschränkt offen steht sowie mit einem unabhängigen und neutralen Vorsitzenden besetzt ist[2]. Einschränkungen können sich zudem bei einer Entscheidung der kirchlichen Einrichtung, die Arbeitsbedingungen in einer am Leitbild der Dienstgemeinschaft ausgerichteten von Dienstnehmer- und Dienstgeberseite paritätisch besetzten Kommission gemeinsam auszuhandeln und einen Konflikt durch den neutralen Vorsitzenden in einer Schlichtungskommission zu lösen, ergeben (sog. **Dritter Weg**). Voraussetzung ist allerdings auch in diesem Fall, dass das Verfahren zur Herstellung eines Verhandlungsgleichgewichts geeignet ist und die Einleitung des Schlichtungsverfahrens der Dienstnehmerseite uneingeschränkt offensteht sowie die Schlichtungskommission mit einem unabhängigen und neutralen Vorsitzenden besetzt ist. Auf Seiten der Dienstnehmer darf eine gewerkschaftliche Unterstützung selbst in den Kommissionen nicht direkt oder indirekt verhindert werden. Schließlich muss das Ergebnis dieser Verhandlung nebst ggf. erforderlicher Schlichtung verbindlich und einer einseitigen Abänderung durch den Dienstgeber entzogen sein. Eine nicht am Leitbild der Dienstgemeinschaft orientierte Festlegung der Arbeitsbedingungen, vor allem eine in Form des sog. Ersten Weges, rechtfertigt dagegen keine Einschränkung der Koalitionsfreiheit[3]. Die bisherige hM in der Lit.[4] verneint dagegen noch die Zulässigkeit von Arbeitskampfmaßnahmen gegen kirchliche Einrichtungen wegen des kirchlichen Selbstbestimmungsrechts.

Inwieweit nach **Aufgabe des Grundsatzes der Tarifeinheit** (Rz. 77) Einschränkungen des Streikrechts geboten sind, wird gegenwärtig heftig diskutiert[5]. Das Nebeneinander zwischen Berufsverbands- und Industriegewerkschaften verlangt hier angemessene Lösungen. Insoweit bleibt die weitere Entwicklung abzuwarten. Über das Arbeitskampfziel hinaus kann der Arbeitskampf mit den **Grundrechten Dritter** kollidieren. Auch hier ist eine interessengerechte Lösung im Wege der praktischen Konkordanz zu finden. Schon deshalb bedarf es iSd. **verfassungsrechtl. Übermaßverbotes** einer Arbeitskampfmaßnahme, die innerhalb ihrer Funktion, wirtschaftl. Druck zur Lösung eines Tarifkonfliktes auszuüben, geeignet, erforderlich und verhältnismäßig ist (s. Rz. 169).

bb) Art. 31 Europäische Sozialcharta. Teil II Art. 6 Nr. 4 ESC normiert das Recht auf Kollektivverhandlungen (Rz. 153). Gem. Teil III Art. 31 I ESC ist eine **Einschränkung dieser Rechte** nur zulässig, wenn „diese gesetzl. vorgeschrieben und in einer demokratischen Gesellschaft zum Schutze der Rechte und Freiheiten anderer oder zum Schutz der öffentl. Sicherheit und Ordnung, der Sicherheit des Staates, der Volksgesundheit und der Sittlichkeit notwendig sind". Die Einhaltung der ESC wird durch einen Sachverständigenausschuss des Europarates überwacht. Dessen Spruchpraxis läuft in einigen Punkten dem deutschen Arbeitskampfrecht zuwider[6]. So erkennt der Ausschuss auch nicht organisierten ArbN ein Streikrecht zu, dies führt zu einer Legitimation des wilden Streiks. Des Weiteren wird auch eine Arbeitsniederlegung zur Durchsetzung außertarifl. Regelungsziele für rechtmäßig gehalten. Ferner sieht der Sachverständigenausschuss in dem grds. Verbot des Beamtenstreiks einen Verstoß gegen Teil II Art. 6 IV ESC. Damit ist fraglich, ob die dem zuwiderlaufende Ausgestaltung des deutschen Arbeitskampfrechts eine unzulässige Begrenzung der in Teil II Art. 6 IV ESC geregelten Rechte darstellt.

Die hiermit aufgeworfene **Frage der Verbindlichkeit der ESC** wird heftig diskutiert. Weder das BVerfG[7] noch das BAG[8] haben dazu abschließend entschieden. In der Lit. werden die unterschiedlichsten Ansätze vertreten[9]. Solange es keine gesetzl. Regelung des Arbeitskampfrechts gibt, müssen sich

---

1 BAG (GS) 21.4.1971 – GS 1/68, AP Nr. 43 zu Art. 9 GG Arbeitskampf; 5.3.1985 – 1 AZR 468/83, AP Nr. 85 zu Art. 9 GG Arbeitskampf; *Otto*, § 5 Rz. 2. ||2 BAG 20.11.2012 – 1 AZR 611/11, NZA 2013, 437. ||3 BAG 20.11.2012 – 1 AZR 179/11, NZA 2013, 448; dazu *Reichold*, NZA 2013, 585. ||4 Vgl. nur *Waldhoff*, GS Heinze, 2005, S. 995 ff.; eingehend *Robbers*, Streikrecht in der Kirche, 2010 mwN; *Willemsen/Mehrens*, NZA 2011, 1205; zur Gegenmeinung etwa *Gamillscheg*, Kollektives Arbeitsrecht, § 33K mwN. ||5 *Boemke*, ZfA 2009, 131; *Franzen*, RdA 2008, 193; *Greiner*, NZA 2012, 529; s. *Henssler*, RdA 2011, 65 (69 ff.); *Jacobs/Krois*, FS Bepler, 2012, S. 241; *Kamanabrou*, ZfA 2008, 241; *Krüger*, Der Grundsatz der Tarifeinheit und die Folgen seiner Aufgabe für das Arbeitskampfrecht, 2013, S. 250 ff.; *Wietfeld*, Die rechtliche Zulässigkeit von Arbeitnehmeraußenseitern im Spartenarbeitskampf, 2010, S. 87 ff. Zu den Auswirkungen bei der Entgeltfindung *Schmidt*, NZA 2012, 123. ||6 Vgl. *Otto*, § 4 Rz. 55. ||7 BVerfG 20.10.1981 – 1 BvR 404/78, E 58, 233; 2.3.1993 – 1 BvR 1213/85, E 88, 103. ||8 BAG 12.9.1984 – 1 AZR 342/83, AP Nr. 81 zu Art. 9 GG; 10.12.2002 – 1 AZR 96/02, AP Nr. 162 zu Art. 9 GG Arbeitskampf. ||9 Vgl. dazu nur *Kissel*, ArbeitskampfR, § 20 Rz. 12 ff.

die Gerichte auch an die ESC halten. Allerdings gewinnt die Vorschrift lediglich als Auslegungshilfe Bedeutung, die Spruchpraxis des Sachverständigenausschusses kann nicht zu einer authentischen Interpretation der ESC herangezogen werden. Folgen jedoch weitere **Empfehlungen des Ministerkomitees des Europarates**, wie die zum Streik für außertarifl. Regelungsziele[1] nach Teil IV Art. 29 ESC, stellt dies eine authentische Interpretation der ESC dar[2]. Einzige Möglichkeit der Bundesregierung[3], auf die Rspr. des BAG Einfluss zu nehmen[4], wäre ein Gesetzentwurf, welcher dem Inhalt der Empfehlungen entspricht.

263 **b) Einzelne Schranken. aa) Verbot nicht erforderlicher Kampfmaßnahmen.** Arbeitskämpfe haben weit reichende Konsequenzen auch über die beteiligten Koalitionen hinaus. Das BAG hat Arbeitskämpfe daher als unerwünscht bezeichnet, „da sie volkswirtschaftliche Schäden mit sich bringen und den im Interesse der Gesamtheit liegenden sozialen Frieden beeinträchtigen". Als Hilfsmittel der Tarifautonomie sind Arbeitskämpfe notwendig, jedoch dürfen sie nur die ultima ratio sein. Das **Ultima-ratio-Prinzip** prägt die st. Rspr. des BAG und kann als Kern des Verhältnismäßigkeitsgrundsatzes angesehen werden[5]. Die Erforderlichkeit eines Arbeitskampfmittels ist demnach erst gegeben, wenn alle Verhandlungs- und Verständigungsmöglichkeiten ausgeschöpft sind. Dies ist der Fall, wenn die Verhandlungen endgültig gescheitert sind. Die Feststellung dieses Zeitpunktes liegt in den Händen der TV-Parteien und ist nicht immer eindeutig möglich.

264 Das Für und Wider des Ultima-ratio-Prinzips wird vor allem am Problem des **Warnstreiks** diskutiert. Bei diesen ruft die Gewerkschaft bereits vor dem Scheitern der Verhandlungen zu kurzfristigen Arbeitsniederlegungen auf. In den ersten drei Warnstreikentscheidungen[6] hatte das BAG Kurzzeitstreiks bis zu drei Stunden aus dem Anwendungsbereich des Ultima-ratio-Prinzips herausgenommen. Faktisch wurden diese Streiks privilegiert, obwohl sie durch die Taktik der „neuen Beweglichkeit" ebenso empfindlichen Druck ausübten wie „normale" Erzwingungsstreiks. Nach heftiger Kritik in der Lit. hat das BAG diese Privilegierung unter Modifikation des Ultima-ratio-Prinzips ausdrücklich aufgegeben[7]. Seitdem sieht die Rspr. in der Durchführung von Kurzzeitstreiks die Feststellung der Gewerkschaft, dass die Verhandlungen gescheitert sind. Im Schrifttum wird eine solche konkludente Erklärung des Scheiterns krit. betrachtet. Wenn man den Warnstreik als „normalen" Streik werte, bedürfe es auch eines förmlichen Streikaufrufs, die dann erforderliche Erklärung stünde damit einer konkludenten Handlung der Gewerkschaft entgegen[8]. Richtigerweise wird man jedenfalls verlangen müssen, dass vor Streikbeginn wenigstens einmal verhandelt wurde, allerdings auch nur dann, wenn die erhobenen Forderungen von der Gegenseite nicht von vornherein und vollständig abgelehnt worden waren[9].

265 **bb) Verbot des Einsatzes unlauterer Kampfmittel.** Die gezielte Einsetzung unlauterer Kampfmittel ist verboten. Hierbei ist jedoch das Verhältnis von Arbeitskampf und Strafrecht zu beachten (Rz. 341 ff.). Als strafbare Handlungen im Verlauf eines Arbeitskampfes kommen vor allem Körperverletzung (§ 223 StGB), Nötigung (§ 240 StGB) oder Beleidigungen (§ 185 StGB) durch Streikposten in Frage. Die **gezielte kampftaktische Einbeziehung strafrechtl. Handlungen** der Mitglieder durch den Verband führt zur Rechtswidrigkeit des Arbeitskampfes[10]. Eine **Duldung strafbarer Handlungen** führt jedoch erst zur Rechtswidrigkeit des Arbeitskampfes, wenn sich diese häufen und das Gesamtbild des Arbeitskampfes prägen[11].

266 Des Weiteren müssen **Betriebsbesetzungen** (Art. 14 Rz. 38) und **Betriebsblockaden** grds. als unlautere und verbotene Arbeitskampfmaßnahmen angesehen werden. Diskutiert wird die Zulässigkeit entsprechender Kampfmittel vor dem Hintergrund, dass die Gewerkschaften ihrer bedürfen, um in bestimmten branchentypischen Einzelfällen Kampfparität herstellen zu können[12]. So ist es etwa in der Druckindustrie durch Auslieferung sog. Notexemplare üblich, das Erscheinen der Publikationen in reduzierter Form zu ermöglichen. Entsprechende Überlegungen können jedoch nur in ganz engen Grenzen Anwendung finden[13]. Letztendlich können dadurch die Eingriffe in die Grundrechte der ArbGeb aus Art. 13, 14 GG jedenfalls gegenwärtig nicht gerechtfertigt werden. Darüber hinaus stellt die Betriebsbesetzung tatbestandlich einen Hausfriedensbruch dar und begründet Unterlassungs- und Schadensersatzansprüche der ArbGeb. Die Gewährleistung des Arbeitskampfmittels der Betriebsbesetzung durch Abs. 3 ist daher nach hM nicht gegeben[14]. Gleiches gilt auch für die Betriebsblockade, bei

---

1 Empfehlung v. 2.3.1998, AuR 1998, 154 f. ||2 *Kissel*, ArbeitskampfR, § 20 Rz. 33; *Otto*, § 4 Rz. 55. ||3 Diese hat die Empfehlung abgelehnt und keinen Handlungsbedarf gesehen, BT-Drs. 13/11415 v. 3.9.1998, S. 17f. ||4 Zur legislativen Korrektur von Richterrecht *Hergenröder*, Zivilprozessuale Grundlagen, S. 198 f. ||5 Zweifelnd im Hinblick auf die Vereinbarkeit mit Art. 31 ESC BAG 12.9.1984 – 1 AZR 342/83, AP Nr. 81 zu Art. 9 GG Arbeitskampf. Dagegen *Kissel*, ArbeitskampfR, § 30 Rz. 5. ||6 BAG 17.12.1976 – 1 AZR 605/75, AP Nr. 51 zu Art. 9 GG Arbeitskampf; 12.9.1984 – 1 AZR 342/83, AP Nr. 81 zu Art. 9 GG Arbeitskampf; 29.1.1985 – 1 AZR 179/84, AP Nr. 83 zu Art. 9 GG Arbeitskampf; eingehend hierzu *Seiter*, Die Warnstreikentscheidungen des Bundesarbeitsgerichts, 1986, S. 61 ff. ||7 BAG 21.6.1988 – 1 AZR 651/86, AP Nr. 108 zu Art. 9 GG Arbeitskampf. ||8 Vgl. näher *Konzen*, FS 50 Jahre BAG, 2004, S. 513 (541 ff.). ||9 S.a. BAG 9.4.1991 – 1 AZR 332/90, AP Nr. 116 zu Art. 9 GG Arbeitskampf; ErfK/*Dieterich*, Art. 9 GG Rz. 133. ||10 *Seiter*, Streikrecht, S. 525. ||11 *Gamillscheg*, Kollektives Arbeitsrecht, § 23 II 3b. S.a. BAG 21.6.1988 – 1 AZR 651/86, AP Nr. 108 zu Art. 9 GG Arbeitskampf. ||12 Vgl. *Treber*, Aktiv produktionsbehindernde Maßnahmen, 1996, S. 461 ff. ||13 LAG Hamburg 6.2.2013 – 5 SaGa 1/12, ArbRB 2013, 147. ||14 *Kissel*, ArbeitskampfR, § 61 Rz. 57 ff.; *Otto*, § 11 Rz. 9.

der die streikenden ArbN den Zugang zum Betrieb von außen verhindern, um Streikbrecherarbeit, Aus- und Anlieferungen zu unterbrechen[1]. Demggü. hat die Rspr.[2] **Flashmob**(Blitzpöbel)-Aktionen als streikbegleitende Maßnahmen im Einzelhandel nicht als grds. rechtswidrig angesehen. Anderes muss für das sog. **Bossnapping** (Managerfestsetzung) gelten.

cc) Verbot des Kampfes um unwirksame Regelungsziele. Ziele, die nicht wirksam zwischen den Parteien vereinbart werden können, dürfen auch nicht mit dem von Abs. 3 geschützten Arbeitskampf durchgesetzt werden. Was wegen Verstoßes gegen höherrangiges Recht nicht tariflich regelbar ist, ist dem Streik entzogen. So ist eine Arbeitsniederlegung rechtswidrig, mit welcher die Transformation eines tarifl. Kündigungsschutzes in die Arbeitsverträge durchgesetzt werden soll[3]. Gleiches gilt für die Forderung, der ArbGeb müsse im ArbGeb-Verband bleiben[4]. Dieselbe Konsequenz hat das LAG Hamm[5] in Bezug auf die streikweise Durchsetzung einer **Standortsicherungsklausel** gezogen. Seit einiger Zeit ist die Diskussion für Fälle eröffnet, in denen neben Sozialplan und Interessenausgleich zusätzlich sog. **Sozialplantarifverträge** erstreikt werden sollen. Insoweit werden Grundrechtspositionen der ArbGeb-Seite aus Art. 12, 14 tangiert (s. noch Rz. 281). 267

dd) Verbot des Kampfes um Ziele, die nicht unter Einsatz von Druck durchgesetzt werden dürfen. § 74 II 1 BetrVG verbietet die Anwendung von Arbeitskampfmaßnahmen zwischen ArbGeb und BR (Rz. 324). Das Gleiche gilt für die Erzwingung der **Entlassung einzelner ArbN** durch Arbeitskampfmaßnahmen. 268

ee) Verbot der Existenzvernichtung des Gegners. Arbeitskämpfe, welche die Vernichtung des Gegners zum Ziel haben, sind unzulässig. Sie stellen unverhältnismäßige Eingriffe in Art. 14 GG bei Gefährdung des Betriebes und Abs. 3 bei Gefährdung des Verbandes dar. Darüber hinaus ist ein solcher Arbeitskampf rechtsmissbräuchlich[6]. Eine **Existenzgefährdung** kann jedoch noch nicht zur Unzulässigkeit von Arbeitskämpfen führen. Die Gefährdung eines Betriebes durch die Durchführung von Arbeitskampfmaßnahmen könnte letztendlich immer angenommen werden. Dem Arbeitskampf als Druckmittel ist eine gewisse Schädigung des Gegners immanent. Würde man die Zulässigkeit von potenziell existenzgefährdenden Arbeitskampfmaßnahmen verneinen, würde dies die Möglichkeiten der TV-Parteien erheblich minimieren. Konkret auftretenden Problemen der Existenzgefährdung muss im Rahmen von Erhaltungsarbeiten entgegengewirkt werden. 269

ff) Verbot des Kampfes um unbeeinflussbare Ziele. (1) Sympathiekampfmaßnahmen. Arbeitskämpfe zur Unterstützung von „Hauptarbeitskämpfen" ohne eigenes Regelungsziel nennt man Sympathie-, Solidaritäts- oder Unterstützungsarbeitskämpfe. Praktische Bedeutung hat der Sympathiearbeitskampf insb. dann erlangt, wenn es sich um kleine Betriebe oder bestimmte Branchen handelt, für welche ein TV abgeschlossen werden soll, und sich die ArbN-Seite auf Grund der konkreten gewerkschaftlichen Organisationsstruktur dabei Problemen ausgesetzt sieht. Ein weiteres Anwendungsfeld für Unterstützungskampfmaßnahmen ist gegeben, wenn die ArbGeb-Seite in besonderem Maße einem Streik standhalten kann. Obschon entsprechende Kampfmaßnahmen nicht gegen die relative Friedenspflicht verstoßen (vgl. aber auch Rz. 285)[7], wurden sie vom BAG grds. als unzulässig angesehen, da der tatsächlich bestreikte ArbGeb idR keine Einflussmöglichkeit auf den Verlauf des Hauptarbeitskampfes habe[8]. Die Gegenansicht[9] stützt ihre Überzeugung von der Zulässigkeit des Sympathiearbeitskampfes neben kampftaktischen Überlegungen auf überstaatliches Recht, insb. die ESC und das ILO-Abkommen Nr. 87 (Rz. 152f.), des Weiteren wird auf einen allg. Solidaritätsgedanken abgehoben. Zwischenzeitlich lehnt das BAG den Sympathiearbeitskampf **nicht mehr grds. ab**, sondern stellt für dessen Zulässigkeit auf eine Verhältnismäßigkeitsprüfung insb. nach den Kriterien „Nähe bzw. Weite zum Hauptarbeitskampf" ab[10]. 270

Doch auch schon zuvor wurden von der grds. Unzulässigkeit des Sympathiearbeitskampfes **Ausnahmen** gemacht[11]. Übernimmt ein ArbGeb außerhalb des umkämpften Tarifgebietes einverständlich(!) die Produktion eines bestreikten ArbGeb, um dessen Lieferverpflichtungen zu erfüllen, so soll dieser Neutralitätsverletzung von der betroffenen Belegschaft mit einem Sympathiestreik begegnet werden können. Man spricht insoweit von sog. „Neutralitätsstreiks" zur Verhinderung von Streikarbeit. Des Weiteren könnte die wirtschaftl. (Konzern) oder verbandsmäßige Verflechtung einen Sympathie- 271

---

1 BAG 14.2.1978 – 1 AZR 76/76, AP Nr. 58 zu Art. 9 GG Arbeitskampf; 11.7.1995 – 1 AZR 63/95, AP Nr. 138 zu Art. 9 GG Arbeitskampf. || 2 BAG 22.9.2009 – 1 AZR 972/08, AP Nr. 174 zu Art. 9 GG Arbeitskampf. AA *Franzen*, JbArbR 2010, 119 (131ff.); *Konzen*, FS Reuter, 2010, S. 603ff.; *Jacobs*, ZfA 2011, 71 (86f.). || 3 BAG 10.12.2002 – 1 AZR 96/02, AP Nr. 162 zu Art. 9 GG Arbeitskampf. || 4 BAG 10.12.2002 – 1 AZR 96/02, AP Nr. 162 zu Art. 9 GG Arbeitskampf. || 5 LAG Hamm 31.5.2000 – 18 Sa 858/00, AP Nr. 158 zu Art. 9 GG Arbeitskampf; aA *Wolter*, RdA 2002, 218 (226). || 6 BAG (GS) 21.4.1971 – GS 1/68, AP Nr. 43 zu Art. 9 GG Arbeitskampf; 11.5.1993 – 1 AZR 649/92, AP Nr. 63 zu § 1 FeiertagslohnzahlungsG. || 7 BAG 21.12.1982 – 1 AZR 411/80, AP Nr. 76 zu Art. 9 GG Arbeitskampf. || 8 BAG 5.3.1985 – 1 AZR 468/83, AP Nr. 85 zu Art. 9 GG Arbeitskampf; 12.1.1988 – 1 AZR 219/86, AP Nr. 90 zu Art. 9 GG Arbeitskampf. || 9 Vgl. etwa *Plander*, ZTR 1989, 135 (138). || 10 BAG 19.6.2007 – 1 AZR 396/06, AP Nr. 173 zu Art. 9 GG Arbeitskampf; dazu *Jacobs*, ZfA 2011, 71 (86ff.); *Konzen*, SAE 2008, 1; *Hohenstatt/Schramm*, NZA 2007, 1034. || 11 Vgl. BAG 5.3.1985 – 1 AZR 468/83, AP Nr. 85 zu Art. 9 GG Arbeitskampf.

arbeitskampf rechtfertigen. Die Grenzen können hier aber wohl nicht eindeutig gezogen werden[1]. Eine sinnvolle Druckausübung ist darüber hinaus nur dann gewährleistet, wenn die Betriebsabläufe empfindlich gestört werden können. Beim Vertretensein mehrerer Gewerkschaften im Betrieb könnte sich so ein Sympathiestreik begründen lassen. Das dahinter stehende Problem der inkongruenten Tarifzuständigkeit[2] hat sich allerdings nicht zuletzt durch den Konzentrationsprozess in der deutschen Gewerkschaftslandschaft entschärft.

272 **(2) Politische Arbeitskampfmaßnahmen.** Diese richten sich vornehmlich auf die **allgemeinpolitische Gestaltung.** Die benannten Ziele können nur vom Gesetzgeber durch gerichtliche Entscheidungen oder durch Verwaltungshandeln verwirklicht werden[3], der Abschluss eines TV wird vom Kampfgegner erst gar nicht verlangt. Entsprechende Arbeitskämpfe finden damit nicht in den Grenzen des Abs. 3 statt, des Weiteren haben die Betroffenen keine Einwirkungsmöglichkeit auf die angegangenen Institutionen. Der politische Streik ist daher nach nahezu einhelliger Auffassung als unzulässiges Arbeitskampfmittel zu werten[4].

273 **(3) Demonstrationsarbeitskämpfe.** Des Weiteren können **gebündelte Meinungsäußerungen** unter Hinweis auf bestehende Missstände auch keine sog. Demonstrationsarbeitskämpfe rechtfertigen[5]. Wie beim politischen Streik fehlt es auch hier am tarifvertragl. Regelungsziel.

274 **gg) Verbot von Kampfmaßnahmen, die unbeteiligte Dritte unverhältnismäßig hart treffen.** Arbeitskämpfe treffen immer, mehr oder minder stark, die **Rechte und Interessen Dritter.** Ein ggü. dem Kampfgegner geführter rechtmäßiger Arbeitskampf kann jedoch nicht schon durch die Beeinträchtigung von Drittinteressen als rechtswidrig gekennzeichnet werden. Vor allem im Bereich des öffentl. Dienstes sind häufig die Gebiete der sog. **Daseinsvorsorge** betroffen[6]. Stimmen im Schrifttum halten auch hier einen Arbeitskampf für zulässig, Extremsituationen sollen über den Notdienst entschärft werden[7]. Dem wird entgegengehalten, dass gerade die existenziellen Bedürfnisse Dritter nicht tangiert werden dürfen[8], überdies würden die betroffenen Bürger von den Streikenden als „Geiseln" benutzt, um dadurch indirekt psychologischen Druck auf den ArbGeb auszuüben[9]. Denn die Arbeitskampfmaßnahmen träfen in erster Linie die Bürger, denen ein Ausweichen auf andere Anbieter im Bereich der Daseinsvorsorge kaum möglich sei.

275 Durch die fortlaufende Privatisierung ehemals traditioneller Bereiche der Daseinsvorsorge ist die dargestellte Frage jedoch losgelöst vom öffentl. Dienst zu betrachten. Eine umfassende Schaffung **arbeitskampfneutraler Bereiche** bei Tangierung elementarer Drittinteressen ist vor dem Hintergrund des Abs. 3 nicht legitimierbar. Das BAG verlangt von den Tarifparteien daher, dass diese selbst durch die Herausnahme für die Allgemeinheit lebensnotwendiger Betriebe aus dem Arbeitskampf sowie die Organisation von Notdienstarbeiten ein Mindestmaß an existenzieller Versorgung gewährleisten. Dies gebiete schon der Grundsatz der Verhältnismäßigkeit[10]. Weiter gehend hielt allerdings der BGH[11] einen Fluglotsenstreik für rechtswidrig und sogar sittenwidrig, weil Unbeteiligte weit über das mit Streiks sonst verbundene Maß belastet wurden[12]. Im Falle eines Lokführerstreiks wurde im Rahmen der Verhältnismäßigkeitsprüfung auf eine vorhandene Grundversorgung abgestellt[13]. Richtigerweise wird man auftretende Probleme nach den allg. Grundsätzen (Rz. 260) zu lösen haben: Sind verfassungsrechtl. geschützte Positionen Dritter, wie etwa das Recht auf körperliche Unversehrtheit und Leben, betroffen, sind die konkurrierenden Grundrechte im Wege der praktischen Konkordanz gegeneinander abzuwägen. Insoweit bedarf es einer genauen Einzelfallbetrachtung[14].

276 **hh) Gesamtwirtschaftliches Gleichgewicht.** Darüber hinaus ist die Beachtung des gesamtwirtschaftl. Gleichgewichts bei der Durchführung von Arbeitskämpfen nicht zu fordern[15]. Lediglich im Rahmen einer **Gemeinwohlbindung** des Arbeitskampfes können konkrete gemeinwirtschaftl. Auswirkungen des Arbeitskampfes Beachtung finden. Im Gegensatz zur Tarifautonomie (Rz. 142 f.) muss sich die Durchführung des Arbeitskampfes am Gemeinwohl messen lassen[16]. Rechtsfolge dessen kann jedoch nicht

---

[1] Vgl. näher *Otto*, § 10 Rz. 40. ||[2] Hierzu *Konzen*, DB-Beil. 6/1990, 1; *Lieb*, RdA 1991, 145. ||[3] Wie die Arbeitsniederlegung gegen den Irak-Krieg, zu der die DGB-Mitgliedsgewerkschaften am 12.3.2003 aufgerufen hatten, gezeigt hat, kann sogar ein Verhalten einer ausländischen Staatsgewalt verlangt werden. ||[4] ArbG Hagen 23.1.1991 – 1 Ca 66/87, AP Nr. 118 zu Art. 9 GG Arbeitskampf; *Otto*, § 5 Rz. 38 ff. ||[5] BAG 23.10.1984 – 1 AZR 126/81, AP Nr. 82 zu Art. 9 GG Arbeitskampf; ErfK/*Dieterich*, Art. 9 GG Rz. 122. ||[6] Empirische Daten bei *Lieb*, Der Arbeitskampf im öffentlichen Dienst, 2003, S. 276 ff.; *Scherer*, Grenzen des Streikrechts in den Arbeitsbereichen der Daseinsvorsorge, 2000, S. 21 ff. ||[7] *Däubler/Hensche*, ArbeitskampfR, § 18 Rz. 4 ff. ||[8] IdS mit Modifikationen im Einzelnen Brox/Rüthers/*Schlüter*, Rz. 539; *Löwisch/Krauß*, AR-Blattei SD 170.9 (2005) Rz. 28 ff.; *Seiter*, Streikrecht, S. 553. ||[9] S. nur *Lieb*, Der Arbeitskampf im öffentlichen Dienst, 2003, S. 276 ff. ||[10] BAG 21.4.1971 – GS 1/68, AP Nr. 43 zu Art. 9 GG Arbeitskampf (unter III A). ||[11] BGH 31.1.1977 – VI ZR 32/77, AP Nr. 61 zu Art. 9 GG Arbeitskampf; s. aber auch LAG Hess. 22.7.2004 – 9 SaGa 593/04, NZA-RR 2005, 262 ff. ||[12] Zur Schadensersatzpflicht ggü. Dritten BGH 21.8.2012 – X ZR 138/11, NJW 2013, 374; ArbG Frankfurt 25.3.2013 – 9 Ca 5558/12, BB 2013, 1204; unter dem Gesichtspunkt der VO (EG) 261/2004 hierzu EuGH 4.10.2012 – Rs. C-22/11, NJW 2013, 361. ||[13] LAG Sachs. 2.11.2007 – 7 SaGa 19/07, NZA 2008, 59 (68 f.); ErfK/*Dieterich*, Art. 9 GG Rz. 134. ||[14] Eingehend *Franzen/Thüsing/Waldhoff*, Arbeitskampf in der Daseinsvorsorge, 2013, S. 33 ff., 82 ff. ||[15] *Kissel*, ArbeitskampfR, § 27 Rz. 3. ||[16] BAG (GS) 21.4.1971 – GS 1/68, AP Nr. 43 zu Art. 9 GG Arbeitskampf; s.a. zum Ganzen *Thüsing*, FS 50 Jahre BAG, 2004, S. 889 (900 ff.).

die umfassende Unzulässigkeit des Arbeitskampfes sein. Auch hier muss im Wege der praktischen Konkordanz ein angemessener Ausgleich stattfinden. Insoweit kann es lediglich zu einer interessengerechten Einschränkung von Arbeitskampfmaßnahmen kommen.

ii) Kampfbeschränkungen durch die Tarifautonomie. Als Hilfsmittel der Tarifautonomie ergeben sich für den Arbeitskampf gewisse Einschränkungen direkt aus der gesetzl. Ausgestaltung und den Grundsätzen der Tarifautonomie selbst (s. Rz. 111). 277

(1) Tarifvertragliches Regelungsziel. Das Ziel eines Arbeitskampfes muss der Regelung in einem TV zugänglich sein. Arbeitskämpfe sind das Instrument zur Durchsetzung tarifl. Regelungen[1] und finden nach st. Rspr. des BAG auch in diesem Rahmen ihre Grenze[2]. Diese Tarifbezogenheit des Arbeitskampfes bedeutet zugleich, dass Arbeitskämpfe – grds. – nur zur Durchsetzung oder Abwehr tarifvertragl. regelbarer Gegenstände zulässig sind (Rz. 184). Arbeitskämpfe mit anderer Zielsetzung stehen somit nicht unter dem kollektivrechtl. Schutz des Abs. 3[3]. An diesem Grundsatz dürfte auch die neue Rspr. zum Sympathiestreik (Rz. 270) nichts ändern. 278

Nach der Rspr. des BAG muss für die Beurteilung der Rechtmäßigkeit eines Arbeitskampfes bei **mehreren Kampfzielen** festgestellt werden, welches Hauptziel den Arbeitskampf prägt[4]. Nach aA trägt die Gewerkschaft auch das Risiko rechtswidriger Nebenziele, der Arbeitskampf um mehrere Kampfziele ist rechtswidrig, wenn nur ein einziges Kampfziel rechtswidrig ist („Rühreitheorie")[5]. Neben der möglichen Rechtfertigung unzulässiger Arbeitskampfziele durch ein zulässiges Hauptziel sprechen auch die schwierige Differenzierung in Haupt- und Nebenziele sowie die Aufspaltung eines Arbeitskampfes um einen TV in unterschiedlich zu betrachtende Tarifziele gegen die Geprägetheorie. 279

(2) Erkämpfbarkeit schuldrechtlicher Vereinbarungen. Auch die schuldrechtl. Vereinbarungen eines TV sind nach hM grds. erkämpfbar, **wenn sie zum Bereich der Arbeits- und Wirtschaftsbedingungen gehören**[6]. Darunter fallen Wiedereinstellungsgebote, schuldrechtl. Maßregelungsverbote etc. Einschränkend wird vertreten, dass nur solche schuldrechtl. Regelungen erkämpfbar seien, die zumindest einen „mittelbaren Bezug zu Tarifnormen" hätten, also in erster Linie „Tarifnormen ersetzende Regelungen" bzw. diesen „dienende Regelungen"[7]. Fest steht aber, dass jedenfalls solche Regelungen, die als Tarifnormen unzulässig wären, nicht über den Umweg über den schuldrechtl. Teil faktisch erzwungen werden dürfen. 280

Darüber hinaus ist die Vereinbarungsmacht der Tarifparteien für den schuldrechtl. Teil durch die Vertragsfreiheit praktisch unbegrenzt (§ 1 TVG Rz. 72 ff.). Es können auch sog. **außertarifl.** Regelungen getroffen werden. Darunter sind Regelungen zu verstehen, welche über den Rahmen der Arbeits- und Wirtschaftsbedingungen hinausgehen. Diese Regelungen sind jedoch nicht durch zulässige Arbeitskampfmaßnahmen durchzusetzen[8]. Darunter fällt zB die Verpflichtung, eine Betriebsgründung im Ausland zu unterlassen. Ein Arbeitskampf, der auf die schuldrechtl. Regelung eines solchen Sachverhalts gerichtet ist, untersteht nicht dem Schutz des Abs. 3 und ist daher rechtswidrig. Selbst wenn man aber entsprechende Kampfziele noch als durch Abs. 3 erfasst ansieht, wären Kampfmaßnahmen wegen der konkurrierenden Grundrechtspositionen der Gegenseite aus Art. 12, 14 GG ausgeschlossen. Problematisch, aber durch das BAG[9] im Wesentlichen gebilligt, sind sog. Sozialplantarifverträge. Jedenfalls wenn durch die Forderung exorbitant langer Kündigungsfristen, hoher Abfindungen und kostspieliger Qualifizierungsmaßnahmen der ArbGeb so stark belastet wird, dass die Verlagerung ins Ausland faktisch unmöglich gemacht wird, entsteht ein Konflikt mit der verfassungsrechtl. garantierten Unternehmensautonomie (vgl. aber noch Rz. 357). Ob ein derartiger Streik zulässig ist, wird nach dem konkreten Inhalt der Streikforderung im Einzelfall zu entscheiden sein, wobei das BAG eine gerichtliche Kontrolle des Umfangs von Streikforderungen, die auf tariflich regelbare Ziele gerichtet sind, für mit Art. 9 III unvereinbar hält[10]. 281

(3) Tariffähige Koalition. Aus diesen Grundsätzen folgt auch, dass sich der Arbeitskampf auf ArbN-Seite gegen eine tariffähige Koalition richten und von einer tariffähigen Koalition ausgehen muss. Bestreikt werden kann auch der AußenseiterArbGeb mit dem Ziel eines FirmenTV bzw. unter bestimmten Voraussetzungen auch im Rahmen eines Verbandsarbeitskampfes (Rz. 188, 270 f.). Aufseiten der ArbN besteht daher ein „gewerkschaftliches Streikmonopol"[11]. Nicht durch die Gewerkschaft geführte 282

---

1 BVerfG 26.6.1991 – 1 BvR 779/85, E 84, 212. || 2 Vgl. BAG 5.3.1985 – 1 AZR 468/83, AP Nr. 85 zu Art. 9 GG Arbeitskampf; so auch die hM im Schrifttum, *Löwisch/Rieble*, AR-Blattei SD 170.1 (1993) Rz. 45. || 3 BAG (GS) 21.4.1971 – GS 1/68, AP Nr. 43 zu Art. 9 GG Arbeitskampf; *Kissel*, ArbeitskampfR, § 24 Rz. 15. || 4 BAG 4.5.1955 – 1 AZR 493/54, AP Nr. 2 zu Art. 9 GG Arbeitskampf; 10.12.2002 – 1 AZR 96/02, AP Nr. 162 zu Art. 9 GG Arbeitskampf. || 5 Vgl. *Kissel*, ArbeitskampfR, § 24 Rz. 11; *Seiter*, Streikrecht, S. 495; vermittelnd *Gamillscheg*, Kollektives Arbeitsrecht, § 22 I 2. || 6 *Otto*, § 5 Rz. 19; aA *Mayer-Maly*, BB 1965, 829 (833). || 7 Vgl. Münch ArbR/*Rieble*/*Klumpp*, § 163 Rz. 18, 23. || 8 *Otto*, § 5 Rz. 19. || 9 BAG 24.4.2007 – 1 AZR 252/06, AP Nr. 2 zu § 1 TVG Sozialplan; s.a. LAG Nds. 2.6.2004 – 7 Sa 819/04, AP Nr. 164 zu Art. 9 GG Arbeitskampf; LAG Schl.-Holst. 27.3.2003 – 5 Sa 137/03, AP Nr. 165 zu Art. 9 GG Arbeitskampf. || 10 BAG 24.4.2007 – 1 AZR 252/06, AP Nr. 2 zu § 1 TVG Sozialplan. Zum Ganzen *Cherdron*, S. 168 ff.; *Franzen*, FS Reuter, 2010, S. 479. || 11 BAG 7.6.1988 – 1 AZR 372/86, AP Nr. 106 zu Art. 9 GG Arbeitskampf; 15.11.2006 – 10 AZR 665/05, AP Nr. 34 zu § 4 TVG Tarifkonkurrenz.

Kampfmaßnahmen stellen einen „wilden Streik" dar und sind als solche rechtswidrig (Rz. 251 f.). Auf der ArbGeb-Seite ist zwischen Verbands- und FirmenTV zu unterscheiden. Wird ein Arbeitskampf von der ArbGeb-Seite geführt, ist der einzelne ArbGeb nur für den Abschluss eines FirmenTV zuständig. Auch die Übernahme einer nicht verbandsgetragenen Aussperrung durch die ArbGeb-Koalition muss möglich sein (Rz. 253).

283 **(4) Tarifpluralität und Arbeitskampf.** Der Grundsatz der Tarifeinheit (§ 4 TVG Rz. 72) kann nach seiner Aufgabe durch das BAG und vorbehaltlich einer gesetzl. Neuregelung (Rz. 77) Streiks nicht mehr entgegenstehen. Allerdings stellen sich im tarifpluralen Betrieb vielfältige arbeitskampfrechtliche Fragen, die nicht zuletzt durch den Konflikt der Organisationsmodelle auf Gewerkschaftsseite (Industrieverbandsprinzip – Berufsverbandsprinzip) bedingt sind und allesamt noch einer Lösung harren. Zur Diskussion stehen insb. Einschränkungen des Streikrechts nach Abschluss eines TV, Erweiterungen der Aussperrungsbefugnis der ArbGeb-Seite sowie Konsequenzen für einzelne arbeitskampfrechtl. Institute wie das Stilllegungsrecht sowie die Arbeitskampfrisikolehre[1] (s. Rz. 211, 216, 221, 224, 228, 260, 285).

284 **(5) Arbeitskämpfe zur Durchsetzung von Rechtsansprüchen.** Arbeitskämpfe sind auf den Abschluss von TV zu richten, **es geht um die Gestaltung künftigen Rechts**. Arbeitskämpfe zur Durchsetzung bestehender Rechte sind rechtswidrig[2]. Streiks mit dem Ziel der Wiedereinstellung gekündigter ArbN, der Rücknahme eines Ersetzungsantrags nach § 103 II BetrVG oder der Klärung von Rechtsfragen sind daher unzulässig, insoweit ist der Rechtsweg einzuschlagen. Während für den Neuabschluss eines wirksam gekündigten TV gestreikt werden darf, ist die Wirksamkeit der Kündigung gerichtlich zu überprüfen. Einzige Ausnahme von diesem Grundsatz ist der Abwehrkampf gegen unzulässige Kampfmaßnahmen. Hier kann die betroffene Gegenseite nach der Rspr. neben prozessualen Rechtsbehelfen auch das kollektive Mittel des Arbeitskampfes verwenden (Rz. 235).

285 **(6) Einhaltung der tariflichen Friedenspflicht.** Die Ordnungs- und Befriedungsfunktion der Tarifautonomie wird durch die tarifvertragl. Friedenspflicht ermöglicht und begründet. Jeder TV eröffnet für die Parteien eine **relative Friedenspflicht**. Danach ist beiden Tarifparteien untersagt, während eines geltenden TV Arbeitskampfmaßnahmen bzgl. im TV geregelter Arbeits- und Wirtschaftsbedingungen durchzuführen. Eine nachträgliche Anpassung der Streikziele heilt keine verwirklichte Verletzung der Friedenspflicht[3]. Neben dieser **Unterlassungspflicht** trifft die TV-Parteien darüber hinaus eine **Handlungspflicht** bei Friedenspflichtverstößen ihrer Mitglieder, danach ist ihnen die Auszahlung von Streik- oder Gemaßregeltenunterstützung untersagt. Auch das Mittel der Massenänderungskündigung oder sonstige Maßnahmen anstelle eines Arbeitskampfes unterliegen während der laufenden Friedenspflicht einem **Substitutionsverbot**. Eine **absolute Friedenspflicht** schließt dagegen jeden Arbeitskampf zwischen den TV-Parteien aus und kann nur ausdrücklich vereinbart werden. Ob man indes über das Institut der Erstreckung der Friedenspflicht eines einmal geschlossenen TV auf Folgeverhandlungen anderer Gewerkschaften die Probleme im tarifpluralen Betrieb lösen kann[4], erscheint eher zweifelhaft. Über gewisse Einschränkungen des Arbeitskampfes mag man reden können[5].

286 **(7) Einhaltung verfahrensmäßiger Voraussetzungen.** Für einen rechtmäßigen Arbeitskampf müssen einige verfahrensmäßige Voraussetzungen eingehalten werden (Rz. 184 f.). Wegen der erheblichen Rechtswirkung auf Beteiligte, Gegner und Dritte müssen Beginn, Ende, Umfang und die beteiligten Koalitionen erkennbar sein. Daraus ergibt sich die Notwendigkeit eines **Arbeitskampfbeschlusses** des zuständigen Verbandsorgans[6]. Dieser Kampfbeschluss muss im Interesse der Arbeitskampfgegner, aber auch der eigenen Verbandsmitglieder bekannt gegeben werden, insoweit wird die Möglichkeit der Kenntnisnahme als ausreichend angesehen. Eine genaue Ankündigung der gewählten Kampfmaßnahmen ist selbstredend nicht notwendig[7].

287 Ob dieser Erklärung eine **Urabstimmung** vorausgehen muss, ist strittig. Weder aus Abs. 3 noch aus der historischen Betrachtung oder der erforderlichen demokratischen Binnenstruktur der Koalition ergibt sich eine solche Pflicht zur konkreten Meinungsbestimmung der Mitglieder. Auch im Hinblick auf das Ultima-ratio-Prinzip und den Verhältnismäßigkeitsgedanken lässt sich eine zwingende Klärung der Arbeitskampfbereitschaft innerhalb des Verbandes nicht begründen. Sieht man in der Urabstimmung eine Kampfmaßnahme[8], folgt dieses Ergebnis schon aus dem Grundsatz der freien Wahl der Kampfmittel (Rz. 165). Teilweise wird ihr Erfordernis jedoch als satzungsmäßige Beschränkung der Vertretungsmacht angesehen. Eine solche Beschränkung iSd. § 26 II 2 BGB bedarf aber der ausdrücklichen und ein-

---

1 Dazu *Henssler*, RdA 2011, 65; *Konzen*, JZ 2010, 1036 (1044 f.); *Wietfeld*, Die rechtliche Zulässigkeit vor. Arbeitnehmeraußenseitern im Spartenarbeitskampf, 2010, S. 87 ff.; vgl. auch Carl Friedrich von Weizsäcker-Stiftung (Hrsg.), Tarifpluralität als Aufgabe des Gesetzgebers, 2011, S. 56, 84 ff.   ‖2 BAG 14.2.1978 – 1 AZR 76/76, AP Nr. 58 zu Art. 9 GG Arbeitskampf.   ‖3 ArbG Frankfurt 29.2.2012 – 9 Ga 24/12; dazu *Meyer*, SAE 2012, 35 (36).   ‖4 Dazu Carl Friedrich von Weizsäcker-Stiftung (Hrsg.), Tarifpluralität als Aufgabe des Gesetzgebers, 2011, S. 26 ff.   ‖5 Dazu näher *Henssler*, RdA 2011, 65 (72).   ‖6 BAG 31.10.1995 – 1 AZR 217/95, AP Nr. 140 zu Art. 9 GG Arbeitskampf.   ‖7 LAG Nds. 1.2.1980 – 10 Sa 110/79, AP Nr. 69 zu Art. 9 GG Arbeitskampf.   ‖8 BAG 31.10.1958 – 1 AZR 632/57, AP Nr. 2 zu § 1 TVG Friedenspflicht; *Seiter*, Streikrecht, S. 516.

deutigen Regelung in der Satzung[1]. Wenigstens der rechtsgeschäftsähnliche Charakter des Streikaufrufs würde dann die Unwirksamkeit des auch im Außenverhältnis erforderlichen Streikaufrufs begründen können[2]. Von diesem Sonderfall abgesehen, ist mit der hM davon auszugehen, dass für die Zulässigkeit eines Streiks keine Urabstimmung erforderlich ist[3].

Das Fehlen der satzungsgemäß vorgeschriebenen Urabstimmung hat also **keine Außenwirkung (relative Rechtswidrigkeit)**. Bei einem satzungswidrigen Streik muss aber der ArbN dem Streikaufruf der Gewerkschaft nicht folgen, er handelt dann nicht verbandswidrig[4]. Diese Rechtsfolge betrifft freilich nur das Innenverhältnis des Mitglieds zu seiner Koalition. 288

(8) Räumlicher und fachlicher Geltungsbereich des umkämpften Tarifvertrags. Der funktionelle Zusammenhang von TV und Arbeitskampf rechtfertigt grds. auch eine **Beschränkung des Einsatzes von Kampfmitteln auf den räumlichen und fachlichen Geltungsbereich eines TV**[5]. Eine Beschränkung lediglich auf Grund der Tarifzuständigkeit[6] kann demggü. angesichts der gewerkschaftlichen Konzentration von Tarifzuständigkeiten in ver. di nicht uneingeschränkt überzeugen. Wenn freilich die Möglichkeit eines Sympathiearbeitskampfes bejaht wird[7] (Rz. 270 f.), kommt auch ein rechtmäßiger Streik außerhalb der o.g. Grenzen in Betracht. Dies gilt insb. bei konzernbezogenen Sachverhalten, welche Arbeitskampfmaßnahmen in anderen Gebieten zur Wahrung der Arbeitskampfparität erforderlich machen. Zudem steht es den Gewerkschaften auf Grund ihrer Satzungsautonomie frei, ihren Zuständigkeitsbereich zu ändern[8]. Die Festlegung des Organisationsbereichs muss jedoch den Bestimmtheitsgrundsatz wahren. Andernfalls besteht keine Tarifzuständigkeit[9]. 289

jj) Pflicht zu Erhaltungs- und Notdienstarbeiten. Die Begrenzung des Arbeitskampfes durch das Verbot der Existenzvernichtung (Rz. 269) und der unverhältnismäßigen Schädigung Dritter (Rz. 274 f.) macht es erforderlich, **bestimmte Arbeiten trotz des Arbeitskampfes durchzuführen**. Dazu gehört zum einen die Erhaltung der Betriebsbasis zur Fortführung der Arbeit nach Ende des Arbeitskampfes (sog. Erhaltungsarbeiten). Zudem bedarf es der Fortsetzung existenzieller Dienste (sog. Notdienstarbeiten). 290

Erhaltungsarbeiten erhalten und sichern die Existenz des Betriebs[10], ihre Notwendigkeit ist im Erg. von Rspr., Lehre und den Sozialpartnern anerkannt[11]. Strittig sind in der Praxis häufig die Art der zur Erhaltung erforderlichen Arbeit und deren nähere Bestimmung, soweit sie nicht auf Grund öffentl.-rechtl. Vorschriften geboten und konkretisiert sind. Durch Erhaltungsarbeiten soll die sächliche Basis des Betriebs während des Arbeitskampfs gesichert werden, die wirtschaftl. Nachteile infolge des Streiks gehören nicht zu den zu verhindernden Schäden[12]. Was jeweils zu diesen Arbeiten zu zählen hat, richtet sich nach den betrieblich-organisatorischen Gegebenheiten des Einzelfalls, kann sich also im Laufe des Arbeitskampfes ändern. Klassische Beispiele sind die Beschickung von Hochöfen, der Schutz überflutungsgefährdeter Bergwerke oder Maßnahmen in der Viehwirtschaft. Hierher gehört auch das Verladen oder Verarbeiten verderblicher Waren, soweit es sich nicht um arbeitskampfimmanente Schäden handelt. In Betracht kann auch die eingeschränkte Weiterproduktion kommen, sofern diese aus betrieblich-technischen Gründen erforderlich ist. 291

Notdienstarbeiten sind dagegen auf die existenziellen Lebensverhältnisse Dritter ausgerichtet. Aus der Gemeinwohlbindung des Arbeitskampfes ergibt sich die Verpflichtung, auch während des Arbeitskampfes die erforderlichen Dienste vorzuhalten. Das Recht zur koalitionsgemäßen Betätigung aus Abs. 3 hat hinter den konkurrierenden Grundrechtspositionen der Betroffenen zurückzutreten. Auch hier ist vor allem die Konkretisierung der erforderlichen Lebensnotwendigkeiten schwierig[13], die Notwendigkeit an sich jedoch allg. anerkannt[14]. Zu nennen ist insb. die ärztliche Versorgung der Bevölkerung. 292

Regelmäßig ist die tatsächliche Ausgestaltung und Abwicklung von Erhaltungs- und Notdienstarbeiten schon vorher in **vertragl. Abreden** zwischen den Tarifparteien geregelt oder wird aus Anlass eines Arbeitskampfes vereinbart, etwa zwischen der örtlichen Streikleitung und dem ArbGeb, teilweise auch unter Beteiligung des BR. In Bezug auf die einzelnen ArbN stellt eine solche Vereinbarung eine Beschränkung des Streikaufrufs dar, die durch den ArbGeb konkretisiert wird. Sie sind dann zur Ableistung der Arbeiten arbeitsvertragl. verpflichtet, wobei ihre Auswahl nach sachlichen, arbeitsplatzbezogenen Gesichtspunkten vorzunehmen ist[15]. 293

---

1 S. hierzu *Otto*, § 7 Rz. 33. ||2 Zweifelnd aber *Kissel*, ArbeitskampfR, § 40 Rz. 20. ||3 *Kissel*, ArbeitskampfR, § 40 Rz. 17, 19. ||4 *Kissel*, ArbeitskampfR, § 40 Rz. 18. ||5 BAG 10.6.1980 – 1 AZR 822/79, 1 AZR 168/79, AP Nr. 64, 65 zu Art. 9 GG Arbeitskampf; Brox/Rüthers/*Rüthers*, Rz. 146, 204; aA *Eichmanns*, RdA 1977, 135 (140). ||6 *Löwisch/Rieble*, AR-Blattei SD 170.2 Rz. 142. ||7 S. BAG 19.6.2007 – 1 AZR 396/06, AP Nr. 173 zu Art. 9 GG Arbeitskampf; dazu *Konzen*, SAE 2008, 1. ||8 S. etwa BAG 27.9.2005 – 1 ABR 41/04, AP Nr. 18 zu § 2 TVG Tarifzuständigkeit. ||9 BAG 17.4.2012 – 1 ABR 5/11, NZA 2012, 1104. ||10 BAG 30.3.1982 – 1 AZR 265/80, AP Nr. 74 zu Art. 9 GG Arbeitskampf (*v. Stebut*). ||11 BAG 14.12.1993 – 1 AZR 550/93, AP Nr. 129 zu Art. 9 GG Arbeitskampf; *Kraus*, Erhaltungsarbeiten im Streik, 2000, S. 15 ff. ||12 BAG 30.3.1982 – 1 AZR 265/80, AP Nr. 74 zu Art. 9 GG Arbeitskampf (*v. Stebut*); 31.1.1995 – 1 AZR 142/94, AP Nr. 135 zu Art. 9 GG Arbeitskampf. ||13 Einzelbeispiele bei *Kissel*, ArbeitskampfR, § 43 Rz. 126 ff. ||14 BAG 31.1.1995 – 1 AZR 142/94, AP Nr. 135 zu Art. 9 GG Arbeitskampf. ||15 BAG 31.1.1995 – 1 AZR 142/94, AP Nr. 135 zu Art. 9 GG Arbeitskampf; LAG Hamm 16.7.1993 – 18 Sa 201/93, NZA 1994, 430.

294 Fehlen solche Vereinbarungen oder kann keine rechtzeitige Einigung der Kampfparteien gefunden werden, ist fraglich, wer die konkrete Ausführung der Erhaltungsarbeiten festlegen darf. Hier beanspruchen sowohl die Gewerkschaften als auch die ArbGeb das **Ausgestaltungsrecht** für sich. In der Lit. überwiegen die Argumente für die Zuständigkeit des ArbGeb[1]. Durch die genaue Kenntnis der betriebl. Situation kann der ArbGeb idR schnellere Maßnahmen treffen; iVm. dem arbeitsvertragl. Direktionsrecht ergibt sich eine praktikable Einwirkungsmöglichkeit. Die erforderlichen Einschränkungen ergeben sich aus der Verpflichtung des ArbGeb, seine Entscheidung über die zu leistenden Arbeiten nach „billigem Ermessen" iSd. § 315 BGB zu treffen. Danach ist der ArbGeb etwa verpflichtet, zunächst arbeitswillige ArbN einzusetzen[2]. Neueinstellungen muss er nicht vornehmen. Eine Beschränkung nur auf gewerkschaftlich oder nicht organisierte ArbN ist unzulässig.

295 **11. Rechtsfolgen unzulässiger Arbeitskämpfe.** Während durch zulässige Arbeitskampfmaßnahmen die Pflichten aus dem ArbVerh suspendiert werden, richten sich die Rechtsfolgen eines unzulässigen Arbeitskampfes **nach der jeweiligen verletzten Rechtsnorm**. Insoweit kann eine verfassungswidrige, betriebsverfassungswidrige, strafbare, beamtenrechtswidrige, friedenspflichtwidrige, verbandswidrige, arbeitsvertragswidrige und/oder deliktische Kampfmaßnahme vorliegen.

296 a) **Folgen für die Arbeitsvertragsparteien. aa) Der rechtswidrige Streik.** Jede Verweigerung der vertragl. geschuldeten Leistung greift an sich **verletzend in bestehende Rechte und Rechtsverhältnisse ein.** Dies gilt auch in der arbeitsvertragl. Beziehung zwischen ArbGeb und ArbN. Handelt es sich jedoch um einen rechtmäßigen Streik, liegt kein Verstoß gegen vertragl. Pflichten vor, die Hauptpflichten aus dem ArbVerh werden durch die Ausübung des subjektiv-privaten Gestaltungsrechts Streik suspendiert (Rz. 190). Für die rechtswidrige Arbeitsniederlegung besteht eine solche Privilegierungswirkung indes nicht.

297 Der weiter bestehende **Anspruch auf Arbeitsleistung** des ArbGeb aus § 611 BGB ist eine nicht vertretbare Handlung und gem. § 888 III ZPO nicht vollstreckbar, so dass eine Klage auf Erfüllung wenig Sinn macht. Es kann allerdings bei weiter andauernder Leistungsverweigerung eine Entschädigung iSd. § 61 II ArbGG zugesprochen werden. Auf Grund der Unmöglichkeit der Erbringung der Leistung verliert der ArbN gem. § 326 I BGB seinen Lohnanspruch, genauso wie Entgeltfortzahlungsansprüche, Zuschläge etc. Das zum rechtmäßigen Streik Gesagte gilt insoweit entsprechend (Rz. 192).

298 Des Weiteren kann sich der ArbN wegen **Unmöglichkeit schadensersatzpflichtig** machen, §§ 280 I, III, 283, 275 BGB. Durch den Fixschuldcharakter der Arbeitsleistung wird diese unmöglich, wenn der ArbN auf Grund eines Streiks die Arbeit niederlegt. In § 280 I 2 BGB wird grds. vom Vertretenmüssen des Schuldners ausgegangen. Gem. § 619a BGB trägt diese Beweislast jedoch der ArbGeb. In diesem Zusammenhang stellt sich auch die Frage eines **Rechtsirrtums** des ArbN hinsichtlich der Rechtswidrigkeit des Streiks. Nach der Rspr. des BAG eröffnet die gewerkschaftliche Durchführung eines Streiks die **Vermutung seiner Rechtmäßigkeit**[3] oder zumindest die **fehlende Erkennbarkeit der Rechtswidrigkeit**[4]. Weitere Nachforschungen des ArbN vor Befolgung des Streikaufrufs sind ohne Vorliegen besonderer Umstände nicht erforderlich. In den meisten Fällen ist ein Schadensersatzanspruch des ArbGeb daher mangels Vertretenmüssens zu verneinen.

299 Hat der ArbN über die reine Arbeitsverweigerung hinaus Rechte des ArbGeb beeinträchtigt, kommt ein Schadensersatzanspruch aus § 280 I BGB wegen **positiver Vertragsverletzung** in Betracht.

300 Darüber hinaus können sich auch **deliktische Ansprüche** des ArbGeb ergeben. Nach der Rspr. des BAG stellt ein rechtswidriger Streik einen Eingriff in das durch § 823 BGB geschützte Recht am eingerichteten und ausgeübten Gewerbebetrieb dar. Bzgl. des oben dargestellten Verschuldenszusammenhangs trifft die Verantwortlichkeit den ArbN aber auch nur bei einer bereits ergangenen einstw. Verfügung oder offensichtlicher Rechtswidrigkeit des Arbeitskampfes, also etwa einem politischen Streik. Ein solcher deliktischer Anspruch wird von einem Großteil der Lit.[5] anerkannt, jedoch ist fraglich ob sich aus der reinen Streikteilnahme des ArbN neben einer Verletzung des Arbeitsvertrages auch noch eine deliktische Handlung konstruieren lässt[6]. Weitere Deliktsansprüche können sich aus § 823 II iVm. einem Schutzgesetz oder § 826 BGB[7] ergeben.

301 Dem ArbGeb steht gegen den ArbN ein **Unterlassungsanspruch** zu[8]. Diesen kann er sowohl auf eine Verletzung des Arbeitsvertrages als auch auf eine unerlaubte Handlung des ArbN stützen.

---

1 *Kissel*, ArbeitskampfR, § 43 Rz. 101 ff.; ErfK/*Dieterich*, Art. 9 GG Rz. 188; aA *Kraus*, Erhaltungsarbeiten im Streik, 2000, S. 69 ff.; diff. *Oetker*, Die Durchführung von Not- und Erhaltungsarbeiten bei Arbeitskämpfen, 1984, S. 76, 80. || 2 *Löwisch/Mikosch*, ZfA 1978, 153 (162); *Heckelmann*, Erhaltungsarbeiten im Arbeitskampf, 1984, S. 23. || 3 BAG 19.6.1973 – 1 AZR 521/72, AP Nr. 47 zu Art. 9 GG Arbeitskampf. || 4 BAG 29.11.1983 – 1 AZR 469/82, AP Nr. 78 zu § 626 BGB; s.a. BAG 14.2.1978 – 1 AZR 76/76, AP Nr. 58 zu Art. 9 GG Arbeitskampf. Zur Annahme eines unverschuldeten Rechtsirrtums krit. *Kliemt/Vollstädt*, NZA 2003, 357 (361 ff.). || 5 *Kissel*, ArbeitskampfR, § 47 Rz. 35. || 6 *Otto*, § 15 Rz. 42. || 7 So der BGH 31.1.1977 – VI ZR 32/77, AP Nr. 61 zu Art. 9 GG Arbeitskampf (Fluglotsenstreik). || 8 BAG 27.6.1989 – 1 AZR 404/88, AP Nr. 113 zu Art. 9 GG Arbeitskampf.

Letztendlich kann der ArbGeb dem ArbN wegen der Vertragsverletzung ggf. auch **ordentl. verhaltens-** 302
bedingt oder außerordentl. kündigen. Dabei ist das KSchG bzw. sind die Tatbestandsvoraussetzungen
des § 626 BGB zu beachten. § 25 KSchG findet mangels inneren Arbeitskampfbezuges keine Anwendung[1]. Neben der Frage der Notwendigkeit einer Abmahnung stellt sich damit die Frage, wie die Abwägung der Interessen der Parteien im Einzelfall ausfällt. Zu berücksichtigen sind hier insb. einerseits der
Grad der Beteiligung des ArbN an der Arbeitsniederlegung sowie die Erkennbarkeit der Rechtswidrigkeit, andererseits ein etwaiges eigenes rechtswidriges Verhalten des ArbGeb im Verlaufe des Arbeitskampfes[2]. Bei „bloßer Streikteilnahme" kann der Gesichtspunkt der Solidarität für den ArbN sprechen[3].

bb) **Die rechtswidrige Aussperrung.** Auch sie stellt eine **ungerechtfertigte Verletzung** arbeitsvertragl. 303
Pflichten dar. Auf Grund des Annahmeverzugs des ArbGeb besteht ein Anspruch auf Arbeitslohn aus
§ 615 BGB. Darüber hinaus hat der ArbN nach hM einen Anspruch auf tatsächliche Beschäftigung, ferner steht ihm ein Unterlassungsanspruch zu[4].

Den ArbGeb treffen auch **Schadensersatzansprüche** auf Grund der Vertragsverletzung. Ist dem ArbN 304
infolge der Nichtbeschäftigung ein Schaden (Berufssportler/Künstler) entstanden, kann er diesen gem.
§ 280 I BGB geltend machen. Des Weiteren kann jeder ArbN die Verzugszinsen für den gesamten Bruttobetrag[5] gem. §§ 286, 288 BGB verlangen.

Auch dem ArbN steht das **Recht zur Kündigung** des ArbVerh zu[6]. Ein durch eine außerordentl. Kündi- 305
gung iSd. § 626 BGB erlittener Schaden kann über § 628 II BGB geltend gemacht werden.

b) **Folgen für die Verbände. aa) Der rechtswidrige Streik.** Wird auf Grund des Drucks eines rechts- 306
widrigen Streiks ein TV abgeschlossen, eröffnet sich unter Umständen die Möglichkeit, ihn **wegen Drohung gem. § 123 I BGB anzufechten.** Während das Tatbestandsmerkmal der Drohung ohne weiteres
erfüllt ist, bedarf es zur Bejahung der Widerrechtlichkeit eines eindeutigen Verstoßes gegen die Arbeitskampfrechtsordnung[7].

Gegen einen rechtswidrigen Streik hat der ArbGeb-Verband einen **Unterlassungsanspruch**. Soweit 307
noch Friedenspflicht besteht, folgt dieser aus dem zugrunde liegenden TV bzw. aus einer entsprechenden vertragl. Vereinbarung. Darüber hinaus billigt das BAG auch der ArbGeb-Koalition selbst einen
Anspruch aus §§ 1004, 823 I BGB iVm. Art. 9 III zu. Verletztes Rechtsgut ist das Koalitionsbetätigungsrecht, das auch ggü. dem sozialen Gegenspieler geschützt ist[8]. Bei Vorliegen eines rechtl. Interesses ist
auch an einen vorbeugenden Unterlassungsanspruch zu denken. Nach der Rspr. des BAG kann der
ArbGeb-Verband darüber hinaus zur Abwehr eines rechtswidrigen Streiks ebenfalls zu **Arbeitskampfmaßnahmen** greifen (Rz. 235).

Bei Friedenspflichtverletzungen kann, soweit ein Schaden eingetreten ist, dem ArbGeb-Verband ein 308
Schadensersatzanspruch gem. § 280 I BGB (pVV des TV) zustehen. Des Weiteren können sich Schadensersatzansprüche aus § 823 I BGB iVm. Art. 9 III ergeben. Ein Schadensersatzanspruch über § 823
II BGB kommt vor allem iVm. strafrechtl. Normen als Schutzgesetz in Frage (§§ 240, 253 StGB).

Da die genannten Schadensersatzansprüche an ein Verschulden geknüpft sind, stellt sich häufig die 309
Frage eines **schuldausschließenden Rechtsirrtums der kampfführenden Gewerkschaft.** Zwischenzeitlich steht das BAG auf dem Standpunkt, dass bei unsicherer Rechtslage einer Gewerkschaft grds. nicht
zugemutet werden könne, zur Durchsetzung ihrer Forderungen ohne weiteres auf Arbeitskampfmaßnahmen zu verzichten[9]. Insoweit ist zu berücksichtigen, dass oft erst Jahre nach einem Streik oder
einer Aussperrung eine höchstrichterliche Entscheidung zur Zulässigkeit der entsprechenden Kampfmaßnahme ergeht. Allerdings darf bei unsicherer Rechtslage vom Mittel des Streiks nur Gebrauch gemacht
werden, wenn für die Zulässigkeit der tarifl. Regelung sehr beachtliche Gründe sprechen und weiter
eine Klärung der Rechtslage anders nicht zu erreichen ist[10].

Ein – ggf. vorbeugender[11] – Unterlassungsanspruch steht auch **dem rechtswidrig bestreikten ArbGeb** 310
selbst zu. Der ArbGeb kann diesen auf die Schutzwirkung der zwischen den TV-Parteien bestehenden
Friedenspflicht[12] bzw. auf §§ 1004, 823 I BGB iVm. dem Recht am eingerichteten und ausgeübten Gewerbebetrieb stützen[13] (s.a. Art. 14 Rz. 23ff.). Darüber hinaus kommen auch aus § 823 II iVm. Schutzgesetzen, §§ 824 und 826 BGB Unterlassungsansprüche in Betracht.

---

1 *Kissel*, ArbeitskampfR, § 47 Rz. 77. ||2 ErfK/*Dieterich*, Art. 9 GG Rz. 226. ||3 S. nur BAG 14.2.1978 – 1
AZR 76/76, AP Nr. 58 zu Art. 9 GG Arbeitskampf; 29.11.1983 – 1 AZR 469/82, AP Nr. 78 zu § 626 BGB. ||4 *Kissel*, ArbeitskampfR, § 58 Rz. 4, 6. ||5 BAG (GS) 7.3.2001 – GS 1/99, AR-Blattei ES 1860 Nr. 20 (*Hergenröder*);
aA *Löwisch*, RdA 2002, 182. ||6 *Kissel*, ArbeitskampfR, § 58 Rz. 7. ||7 BAG 20.11.1969 – 2 AZR 51/69, AP
Nr. 16 zu § 123 BGB; *Löwisch/Krauß*, AR-Blattei SD 170.3.3 (2004) Rz. 3f. ||8 BAG 26.4.1988 – 1 AZR 399/86,
AP Nr. 101 zu Art. 9 GG Arbeitskampf; 27.6.1989 – 1 AZR 404/88, AP Nr. 113 zu Art. 9 GG Arbeitskampf.
||9 BAG 10.12.2002 – 1 AZR 96/02, AP Nr. 162 zu Art. 9 GG Arbeitskampf. Zum Ganzen eingehend *Kissel*, ArbeitskampfR, §§ 15ff. ||10 BAG 10.12.2002 – 1 AZR 96/02, AP Nr. 162 zu Art. 9 GG Arbeitskampf. ||11 ErfK/
Dieterich, Art. 9 GG Rz. 224. ||12 Str., wie hier ErfK/*Dieterich*, Art. 9 GG Rz. 225; *Gamillscheg*, Kollektives
Arbeitsrecht, § 22 II 3a; *Löwisch/Krauß*, AR-Blattei SD 170.3.3 (2004) Rz. 16ff.; aA Brox/Rüthers/*Rüthers*,
Rz. 220; *Otto*, § 15 Rz. 4. ||13 BAG 12.9.1984 – 1 AZR 342/83, AP Nr. 81 zu Art. 9 GG Arbeitskampf; 9.4.1991 – 1
AZR 332/90, AP Nr. 116 zu Art. 9 GG Arbeitskampf.

GG Art. 9 Rz. 311   Vereinigungsfreiheit

311   Dem **einzelnen ArbGeb** kann weiter ein Schadensersatzanspruch gegen die Gewerkschaft zustehen, sei es aus § 280 I BGB wegen Verletzung der in einem TV vereinbarten Friedenspflicht[1], sei es aus § 823 I BGB iVm. dem Recht am eingerichteten und ausgeübten Gewerbebetrieb, sei es aus § 823 II BGB iVm. Schutzgesetzen. Voraussetzung für die Haftung ist jedoch das Vertretenmüssen der Gewerkschaft. Auch hier ist an einen unverschuldeten Rechtsirrtum zu denken (Rz. 309).

312   Der **personelle Haftungsumfang der Gewerkschaft** umfasst ihre Organe nach § 31 BGB. Für Verrichtungsgehilfen (Streikposten) gilt § 831 BGB, die Haftung für Erfüllungsgehilfen folgt aus § 278 BGB.

313   **bb) Die rechtswidrige Aussperrung.** Der Gewerkschaft stehen ebenfalls die zwischen den Verbänden beim rechtswidrigen Streik gegebenen Schadensersatzansprüche zu (Rz. 308).

314   Die Gewerkschaft, deren Mitglieder ausgesperrt werden, hat ein Hauptinteresse an der Beendigung der rechtswidrigen Aussperrung. Insoweit kann sie einen **Unterlassungsanspruch** geltend machen. Dieser kann sich auf die Verletzung der Friedenspflicht des TV stützen und stellt damit einen vertragl. Unterlassungsanspruch dar. Er ist jedoch praktisch nicht relevant, da Angriffsaussperrungen fast nie vorkommen. Darüber hinaus wird vom BAG ein deliktischer Unterlassungsanspruch aus §§ 1004, 823 I BGB iVm. Art. 9 III anerkannt (Rz. 307).

315   **c) Einzelprobleme. aa) Gesamthandlung – Einzelhandlung.** Strafbare Handlungen Einzelner beeinträchtigen die Rechtmäßigkeit des Streiks nur, wenn die Gewerkschaft ein solches Vorgehen wissentlich in ihre Arbeitskampftaktik einbezogen hat bzw. sich die Straftaten so häufen, dass das Bild des Ganzen davon geprägt wird[2]. Die Gewerkschaft ist zum Einschreiten gegen strafbare Handlungen ihrer Mitglieder verpflichtet, wenn solche Verstöße bereits absehbar waren[3]. Außerhalb dieses Rahmens kann die kollektive Rechtmäßigkeit nicht von strafrechtl. Verfehlungen Einzelner betroffen werden.

316   **bb) Gesamtschuldnerische Haftung des Arbeitnehmers.** Während bei deliktischen Schadensersatzansprüchen die gesamtschuldnerische Haftung schon aus §§ 830, 840 BGB folgt[4], ist für eine gesamtschuldnerische Haftung der ArbN im vertragl. Bereich ein höherer Begründungsaufwand nötig. Nach der hM in Rspr. und Lehre haften die ArbN für die durch einen rechtswidrigen Streik begangenen Vertragsverletzungen gesamtschuldnerisch[5]. Die Zulässigkeit einer gesamtschuldnerischen Haftung wird mit der **gemeinsamen Schadenszufügung** durch die rechtswidrig streikenden ArbN gerechtfertigt[6]. Im Erg. kann sich der ArbGeb wegen des entstandenen Schadens an einen einzelnen, besonders vermögenden ArbN halten.

317   **cc) Begrenzung des Schadensumfangs durch Kündigung.** Die Haftung der ArbN zeitlich auf die für sie geltende **Kündigungsfrist** zu beschränken[7], ist nach der Rspr. des BAG wohl nicht möglich[8].

318   **d) Arbeitsvertragliche und tarifliche Disposition der Rechtsfolgen.** Die oben aufgezeigten Ansprüche und Rechtsfolgen eines Arbeitskampfes unterliegen **im Rahmen des zwingenden Rechts und der guten Sitten iSd. § 138 BGB** der Disposition der Vertragsparteien. Es ist daher möglich und üblich, nach dem Ende eines Arbeitskampfes sog. „Maßregelungsverbote" zu vereinbaren. Damit sollen über den Arbeitskampf hinausgehende Konflikte zwischen den TV-Parteien und vor allem den ArbGeb und ArbN verhindert werden.

319   Der **Ausgleich durch den Streik verlorener Lohnansprüche**[9] kann nur ausdrücklich vereinbart werden; dies gilt auch für den Verzicht auf Ansprüche aus Arbeitskampfexzessen[10]. Regelmäßig schaffen solche Vereinbarungen Wiedereinstellungsansprüche, den Verzicht auf Kündigungen und Schadensersatz. Unmittelbare Wirkung entfalten die Regelungen nur im Verhältnis der Tarifschließenden. Der Schutz der ArbN (um den es in den meisten Fällen geht), lässt sich nur durch schuldrechtl. Regelungen erreichen. Eine normativ wirkende Beschränkung der Ansprüche würde einen Vertrag zu Lasten Dritter darstellen und muss daher mit der hM[11] abgelehnt werden.

320   **12. Arbeitskampf im öffentlichen Dienst. a) Beamte.** Nach der gefestigten und st. Rspr. des BVerfG, des BAG, des BVerwG und des BGH ist es Beamten durch die nach Art. 33 V GG maßgeblichen hergebrachten Grundsätze des Berufsbeamtentums **verfassungsrechtlich verboten zu streiken**[12]. Ebenso

---

1 Anders für den Fall einer in einem Schlichtungsabkommen besonders vereinbarten Friedenspflicht BAG 31.10.1958 – 1 AZR 632/57, AP Nr. 2 zu § 1 TVG Friedenspflicht. || 2 LAG Köln 2.7.1984 – 9 Sa 602/84, EzA Art. 9 GG Arbeitskampf Nr. 53; *Seiter*, Streikrecht, S. 526. || 3 *Kissel*, ArbeitskampfR, § 34 Rz. 28; *Seiter*, Streikrecht, S. 525. || 4 BAG 20.12.1963 – 1 AZR 428/62, AP Nr. 32 zu Art. 9 GG Arbeitskampf. || 5 BAG 7.6.1988 – 1 AZR 372/86, AP Nr. 106 zu Art. 9 GG Arbeitskampf; *Kissel*, ArbeitskampfR, § 47 Rz. 48; aA *Löwisch/Krauß*, AR-Blattei SD 170.3.1 (2005) Rz. 53; *Seiter*, Streikrecht, S. 470 ff.; *Otto*, § 15 Rz. 41. || 6 *Löwisch/Krauß*, AR-Blattei SD 170.3.1 (2005) Rz. 53. || 7 *Seiter*, Streikrecht, S. 474 ff. S.a. *Löwisch/Krauß*, AR-Blattei SD 170.3.1 (2005) Rz. 55. || 8 BAG 17.12.1958 – 1 AZR 349/57, AP Nr. 3 zu § 1 TVG Friedenspflicht; 20.12.1963 – 1 AZR 428/62, AP Nr. 32 zu Art. 9 GG Arbeitskampf. || 9 BAG 17.6.1997 – 1 AZR 674/96, AP Nr. 150 zu Art. 9 GG Arbeitskampf. || 10 BAG 8.11.1988 – 1 AZR 417/86, AP Nr. 111 zu Art. 9 GG Arbeitskampf. || 11 BAG 8.11.1988 – 1 AZR 417/86, AP Nr. 111 zu Art. 9 GG Arbeitskampf; *Kissel*, ArbeitskampfR, § 46 Rz. 81; *Seiter*, Streikrecht, S. 531 f.; aA *Gamillscheg*, Kollektives Arbeitsrecht, § 26 Vd. || 12 BVerfG 18.11.1954 – 1 BvR 629/52, E 4, 96; BVerwG 10.5.1984 – 2 C 18.82, AP Nr. 87 zu Art. 9 GG; BGH 16.6.1977 – III ZR 179/75, AP Nr. 53 zu Art. 9 GG Arbeitskampf; BAG 10.9.1985 – 1 AZR 262/84, AP Nr. 86 zu Art. 9 GG Arbeitskampf. Zuletzt OVG Lüneburg 12.6.2012 – 20 BD 7/11, NdsVBl. 2012, 266; aA VG Kassel 27.7.2011 – 28 K 1208/10. KS. D, AuR 2011, 375.

hat der EGMR ein gültiges Streikverbot für Angehörige des öffentl. Dienstes anerkannt, die im Namen des Staates Hoheitsgewalt ausüben[1]. Aus den gleichen Gründen ist eine Aussperrung von Beamten unzulässig. Dagegen dürfen Beamte außerhalb der Dienstzeit als Beauftragte ihrer Gewerkschaft zu zulässigen Streiks von ArbN aufrufen und sich auch an der Organisation beteiligen[2]. Als Reaktion auf einen unzulässigen Beamtenstreik bleiben dem Dienstherrn die Mittel des Beamtenrechts, eine Abwehraussperrung kommt nicht in Betracht[3].

Der **Einsatz von Beamten auf einem arbeitskampfbedingt unbesetzten Arbeitsplatz** durch den nicht unmittelbar beteiligten Dienstherrn kollidiert mit der staatlichen Neutralitätspflicht. Wird der Dienstherr unmittelbar bestreikt, ist die Anordnung von Streikarbeit durch Einsatz nicht streikender Beamter gegen deren Willen unzulässig. Insoweit hält das BVerfG eine entsprechende gesetzl. Regelung für erforderlich, jedenfalls kraft Richterrechts könne wegen der Wesentlichkeitstheorie (Rz. 88) eine entsprechende Rechtsregel nicht aufgestellt werden[4]. Dienstbereite Beamte dürfen entsprechend beschäftigt werden.

b) **Arbeitnehmer im öffentlichen Dienst.** Arbeiter und Angestellte des öffentl. Dienstes dürfen wie andere ArbN grds. streiken. Für sie gilt das allg. Arbeitsrecht und damit haben sie auch die Rechte aus Abs. 3. IÜ wäre ein allg. Streikverbot für Angehörige des öffentl. Dienstes auch ein Verstoß gegen Art. 11 EMRK[5]. Da sich die Tätigkeiten des öffentl. Dienstes jedoch häufig auf Bereiche der Daseinsvorsorge erstrecken, werden Arbeitskämpfe durch Gemeinwohlbelange begrenzt (Rz. 274f.).

13. Arbeitskampf in der Betriebs-, Dienststellen- und Unternehmensverfassung. a) Arbeitskampf in der Betriebsverfassung. Das Verhältnis von ArbGeb und BR beruht gem. § 2 I BetrVG auf **vertrauensvoller Zusammenarbeit** zum Wohl der ArbN und des Betriebs. Dagegen ist der Arbeitskampf von einem Interessengegensatz geprägt. Arbeitskampf und Betriebsverfassung stehen sich somit als zwei unterschiedliche und unabhängige Regelungskomplexe ggü. Tatsächlich bestehen zwischen Arbeitskampf und Betriebsverfassung jedoch zahlreiche Verzahnungen und Überschneidungen. So werden im Arbeitskampf auch Interessen des Betriebs und des BR betroffen, darüber hinaus haben die Gewerkschaften in den Gremien der Betriebsverfassung häufig einen sehr hohen Organisationsgrad. Eine Ordnung dieser doppelfunktionellen Spannungslage versuchen § 2 I BetrVG und § 74 II 1 BetrVG.

aa) Betriebliche Friedenspflicht. Gem. § 74 II 1 BetrVG sind Maßnahmen des Arbeitskampfes zwischen ArbGeb und BR verboten. Insoweit besteht eine **absolute Friedenspflicht** der Betriebspartner. Darüber hinaus wird häufig auch eine mit § 77 III BetrVG vergleichbare Schutzfunktion in Bezug auf die Kompetenzen der TV-Parteien angeführt. Sowohl ArbGeb als auch BR sind zur Regelung von Differenzen auf die betriebsverfassungsrechtl. Zwangsschlichtung verwiesen. Der Einsatz von Arbeitskampfmitteln zwischen den Betriebsparteien ist untersagt. Diese Verpflichtung trifft auch die einzelnen BR-Mitglieder[6]. Diese können jedoch als ArbN an einem Arbeitskampf teilnehmen, solange sie nicht ihr BR-Mandat für den Arbeitskampf missbrauchen[7]. Eine lösende Aussperrung der BR-Mitglieder ist jedoch wegen ihres Sonderkündigungsschutzes (§ 15 KSchG) nicht möglich[8].

bb) Beteiligungsrechte im Arbeitskampf. Während des Arbeitskampfes bleibt der BR im Amt. Eine ausdrückliche Begrenzung der Kompetenzen des BR im Falle eines Arbeitskampfes ist im BetrVG nicht geregelt[9]. Insoweit stehen dem BR auch während Streik und Aussperrung die Rechte der Betriebsverfassung zu. Besteht bei den während des Arbeitskampfes durchgeführten Maßnahmen kein Arbeitskampfbezug, ist der BR uneingeschränkt zu beteiligen[10]. In unmittelbar kampfbetroffenen Betrieben muss die Mitbest. des BR im Interesse der Kampfparität aber dann entfallen, wenn einzelne Maßnahmen des ArbGeb arbeitskampfbedingt sind und auf diesen einwirken. Der ArbGeb muss die Kampfmittel autonom festlegen können. Die MitbestR des BR treten für die Zeit des Arbeitskampfes zurück[11]. Dies setzt freilich voraus, dass die Kampfmaßnahmen der ArbGeb-Seite rechtmäßig sind[12].

In **mittelbar vom Arbeitskampf betroffenen** Betrieben stellt sich die Frage der Mitbest. bei der Einführung von Kurzarbeit. Nach der Rspr. kommt hier ein Mitbestimmungsausschluss im Interesse der Kampfparität nicht in Frage, vielmehr ist zwischen dem „Ob" der Maßnahme und dem „Wie" der Durchführung zu unterscheiden. Der ArbGeb muss frei in seiner Entscheidung sein, wie er auf die Fernwirkungen des Arbeitskampfes reagieren will. Die konkrete Durchführung der Kurzarbeit unterliegt jedoch der betriebsverfassungsrechtl. Mitbest.[13]. Anderes gilt nur, wenn die arbeitskampfbedingte Stö-

---

1 EGMR 21.4.2009 – 68959/01, NZA 2010, 1423; dazu *Laubinger*, FS Klein, 2013, S. 1141 (1146ff.); *Seifert*, EuZA 2013, 205 (216ff.). ||2 *Löwisch/Krauß*, AR-Blattei SD 170.9 (2005) Rz. 8. ||3 *Kissel*, ArbeitskampfR, § 53 Rz. 57. ||4 BVerfG 2.3.1993 – 1 BvR 1213/85, E 88, 103; anders noch BAG 10.9.1985 – 1 AZR 262/84, AP Nr. 86 zu Art. 9 GG Arbeitskampf; BVerwG 10.5.1984 – 2 C 18.82, AP Nr. 87 zu Art. 9 GG. ||5 EGMR 21.4.2009 – 68959/01, NZA 2010, 1423. ||6 BVerfG 28.4.1976 – 1 BvR 71/73, E 42, 133; BAG 21.2.1978 – 1 ABR 54/76, AP Nr. 1 zu § 74 BetrVG 1972. ||7 *Kissel*, ArbeitskampfR, § 36 Rz. 19ff., 24. ||8 BVerfG 19.2.1975 – 1 BvR 418/71, E 38, 386; BAG 21.4.1971 – GS 1/68, AP Nr. 43 zu Art. 9 GG Arbeitskampf; 25.10.1988 – 1 AZR 368/87, AP Nr. 110 zu Art. 9 GG Arbeitskampf. ||9 BAG 5.5.1987 – 1 AZR 292/85, AP Nr. 4 zu § 44 BetrVG 1972. ||10 BAG 22.12.1980 – 1 ABR 2/79, AP Nr. 70 zu Art. 9 GG Arbeitskampf; ErfK/*Kania*, § 74 BetrVG Rz. 14; *Seiter*, Streikrecht, S. 371. ||11 BAG 22.12.1980 – 1 ABR 2/79, AP Nr. 70 zu Art. 9 GG Arbeitskampf. ||12 ErfK/*Dieterich*, Art. 9 GG Rz. 270. ||13 BAG 22.12.1980 – 1 ABR 2/79, 1 ABR 76/79, AP Nr. 70, 71 zu Art. 9 GG Arbeitskampf.

rung so unvermittelt und unvermeidbar eintritt, dass es zu einer innerbetriebl. Automatik kommt, also eine Konkretisierung der Arbeitskampffolgen durch den ArbGeb erst gar nicht möglich ist[1].

327 **cc) Einzelfälle.** Bei **personellen Einzelmaßnahmen** ist die Mitbest. des BR im Wege der teleologischen Reduktion während des Arbeitskampfes einzuschränken. Doch nur bzgl. arbeitskampfbedingter **Einstellungen, Versetzungen** und (soweit zulässig) **Kündigungen** bestehen die MitbestR nicht. Für arbeitskampfbedingte Versetzungen von arbeitswilligen ArbN in einen bestreikten Betrieb gilt dies unabhängig davon, ob der abgebende Betrieb sich im Arbeitskampf befindet oder nicht[2]. Kündigungen ohne Arbeitskampfbezug unterliegen der Beteiligung des BR[3]. IÜ kann eine Solidaritätserklärung eines BR zu einem Streik in einem anderen Betrieb eine fristlose Kündigung rechtfertigen, wenn dieser zu einer Schädigung des ArbGebBetriebes führt und dies bewusst in Kauf genommen wurde[4]. Werden nur Teile der Belegschaft ausgesperrt, unterliegt die entsprechende Kennzeichnung der **Werksausweise** nicht der Mitbest.[5]. Werden für arbeitswillige ArbN **Überstunden** angeordnet, besteht kein MitbestR nach § 87 I Nr. 3 BetrVG[6]. Ebenso wenig hat der BR beim Einsatz von **Streikbrechern** mitzubestimmen. Allerdings billigt das BAG[7] dem BR auch während des Arbeitskampfes den **Unterrichtungsanspruch** nach § 80 II 1 BetrVG zu. Es obliegt aber dem ArbGeb, wie kurzfristig vorweg er den BR über geplante Maßnahmen informiert. **Betriebsversammlungen** können auch während eines Arbeitskampfes im Betrieb abgehalten werden. Das Verbot des § 74 II 1 BetrVG ist zu beachten. Der Anspruch auf Vergütung nach § 44 BetrVG besteht auch für teilnehmende ArbN, die sich im Streik befinden[8]. Eine Beeinträchtigung der Kampfparität ist nicht gegeben, wenn es sich um eine sachliche Informationsveranstaltung handelt.

328 **b) Dienststellenverfassung und Arbeitskampf.** Das Personalvertretungsrecht korrespondiert mit dem BetrVG. Während eine generelle Vergleichbarkeit nicht gegeben ist, überschneiden sich die Regelungen bzgl. der Arbeitskämpfe. Insoweit ergeben sich aus dem Gebot der **vertrauensvollen Zusammenarbeit** des § 2 I BPersVG auch bzgl. des Arbeitskampfes die oben dargestellten Verpflichtungen. Flankierend ist auch die **absolute Friedenspflicht** in § 66 I 2 BPersVG ausgestaltet. Ebenso entsteht bei der Teilnahme an **Personalversammlungen** während des Streiks ein Vergütungsanspruch nach § 50 I BPersVG.

329 **c) Arbeitskampf in der Unternehmensverfassung.** Für die Unternehmensmitbestimmung in gesellschaftsrechtl. Organen sind keine vergleichbaren Vorschriften vorhanden. Auch hier können die schon skizzierten Interessenkonflikte (Rz. 323) während eines Arbeitskampfes entstehen. Von der Lit. wird daher eine Reduktion der Informations- und Beratungsrechte im Lichte des Abs. 3 S. 1 gefordert. Insoweit ist für beschränkende Maßnahmen auf die Umstände des Einzelfalles abzustellen[9].

330 **14. Arbeitskampf und Sozialrecht. a) Hilfe zum Lebensunterhalt, Grundsicherung.** Nach § 19 SGB XII ist demjenigen **Hilfe zum Lebensunterhalt zu leisten,** der seinen notwendigen Lebensunterhalt nicht oder nicht ausreichend aus eigenen Kräften und Mitteln beschaffen kann. Eine entsprechende Regelung enthalten §§ 7, 9 SGB II für erwerbsfähige Hilfebedürftige. Dies gilt auch dann, wenn die Einkommenslosigkeit unmittelbare oder mittelbare Folge eines Arbeitskampfes ist. Damit steht das Gebot der staatlichen Neutralität der Gewährung von Leistungen nicht entgegen[10]. Anders als das SGB III kennen SGB II und SGB XII keine Neutralitätsregelung. Unter dem Gesichtspunkt von Abs. 3 bestehen dagegen keine Bedenken, da eine Verschiebung der Gewichtsverhältnisse zu Lasten der ArbGeb-Seite durch Leistungen der Sozialhilfe nicht zu befürchten steht.

331 **b) Arbeitsförderung. aa) Arbeitsvermittlung.** Nach § 320 V SGB III sind bei Ausbruch und Beendigung eines Arbeitskampfes die ArbGeb verpflichtet, dem für den Betrieb zuständigen AA **schriftl. Anzeige zu machen.** Ist eine Anzeige über den Ausbruch eines Arbeitskampfes erfolgt, so hat die BA in dem durch den Arbeitskampf unmittelbar betroffenen Betrieb Arbeit nur dann zu vermitteln, wenn der Arbeitsuchende und der ArbGeb dies trotz eines Hinweises der BA auf den Arbeitskampf verlangen, § 36 III SGB III.

332 Vermittelt die BA in Unkenntnis des Arbeitskampfes einen Arbeitsuchenden auf einen durch den Arbeitskampf frei gewordenen Arbeitsplatz, liegt für die Dauer des Arbeitskampfes ein **wichtiger Grund** iSd. § 159 I SGB III vor. Der Arbeitsuchende kann die angebotene Arbeit ablehnen, solange der Arbeitskampf andauert, ohne dass er eine Sperrzeit zu befürchten hätte[11]. Ob ArbGeb und ArbN mittelbar vom Arbeitskampf betroffener Betriebe von der Vorschrift des § 36 III SGB III erfasst werden, ist umstritten[12].

---

1 BAG 22.12.1980 – 1 ABR 76/79, AP Nr. 71 zu Art. 9 GG Arbeitskampf. ||2 BAG 13.12.2011 – 1 ABR 2/10, NZA 2012, 571. ||3 BAG 6.3.1979 – 1 AZR 866/77, AP Nr. 20 zu § 102 BetrVG. ||4 Vgl. BAG 20.3.1979 – 1 AZR 450/76; dazu *Däubler*, AiB 2012, 604. ||5 BAG 16.12.1986 – 1 ABR 35/85, AP Nr. 13 zu § 87 BetrVG 1972 Ordnung des Betriebes. ||6 BAG 5.5.1987 – 1 AZR 292/85, AP Nr. 4 zu § 44 BetrVG 1972. ||7 BAG 10.12.2002 – 1 ABR 7/02, AP Nr. 59 zu § 80 BetrVG 1972; dazu *Hergenröder*, SAE 2003, 348. ||8 BAG 5.5.1987 – 1 AZR 292/85, AP Nr. 4 zu § 44 BetrVG 1972; aA *Caspers*, AR-Blattei SD 170.4 (2005) Rz. 36 ff. ||9 *Gamillscheg*, Kollektives Arbeitsrecht, § 282e; *Zöllner/Loritz/Hergenröder/Loritz*, § 41 VII 2; aA *Kissel*, ArbeitskampfR, § 36 Rz. 25. ||10 *Seiter*, Staatsneutralität, S. 147f. ||11 *Bittner*, AR-Blattei SD 170.5 (2007) Rz. 46. ||12 Unter Hinweis auf Abs. 3 verneinend *Bittner*, AR-Blattei SD 170.5 (2007) Rz. 47; Nachw. zur Gegenmeinung bei *Otto*, § 2 Rz. 88 mit Fn. 203.

bb) Staatliche Lohnersatzleistungen. Als Ausdruck der Neutralitätspflicht der BA bestimmt § 160 I **333** SGB III, dass durch die Zahlung von Alg nicht in Arbeitskämpfe eingegriffen werden darf. Für den Fall der **unmittelbaren Beteiligung eines ArbN an einem inländischen Arbeitskampf**[1] sieht § 160 II SGB III das Ruhen der Leistungsgewährung bis zur Beendigung der Auseinandersetzung vor.

Ein Anspruch auf Alg entfällt demggü. bei lediglich **mittelbarer Kampfbetroffenheit** nur unter den Vor- **334** aussetzungen des § 160 III SGB III. Danach ruht der Anspruch auf Alg bis zur Beendigung des Arbeitskampfes nur, wenn der Betrieb, in dem der Arbl. zuletzt beschäftigt war, dem räumlichen und fachlichen Geltungsbereich des umkämpften TV (§ 160 III 1 Nr. 1 SGB III) oder nicht dem räumlichen, aber dem fachlichen Geltungsbereich des umkämpften TV zuzuordnen ist und im räumlichen Geltungsbereich des TV, welchem der Betrieb zuzuordnen ist, eine Forderung erhoben worden ist, die einer Hauptforderung des Arbeitskampfes nach Art und Umstand gleich ist, ohne mit ihr übereinstimmen zu müssen, und das Arbeitskampfergebnis aller Voraussicht nach in dem räumlichen Geltungsbereich des nicht umkämpften TV im Wesentlichen übernommen wird (§ 160 III 1 Nr. 2 SGB III). Eine Forderung ist nach § 160 III 2 SGB III erhoben, wenn sie von der zur Entscheidung berufenen Stelle beschlossen worden ist oder auf Grund des Verhaltens der TV-Partei im Zusammenhang mit dem angestrebten Abschluss des TV als beschlossen anzusehen ist. Der Entzug der Leistungen ist nach § 160 III 3 SGB III darüber hinaus davon abhängig, dass die umkämpften oder geforderten Arbeitsbedingungen nach Abschluss eines entsprechenden TV für den betreffenden ArbN gelten oder auf ihn angewendet würden. Die Bestimmung wurde vom BVerfG ausdrücklich für verfassungsgemäß erklärt[2]. Außerhalb des räumlichen und fachlichen Geltungsbereichs des umkämpften TV besteht dagegen immer ein Anspruch auf Gewährung der Leistungen.

Die Voraussetzungen für die Gewährung von **Alg** sind in § 136 SGB III abschließend geregelt. Wich- **335** tigstes Tatbestandsmerkmal der Vorschrift ist das Vorliegen von „Arbeitslosigkeit" iSv. § 137 SGB III. Am Arbeitskampf beteiligte ArbN sind immer „arbeitslos", obwohl ihre ArbVerh nur suspendiert sind[3]. Eine solche Beteiligung am Arbeitskampf ist wiederum dann gegeben, wenn die betreffenden ArbN selbst streiken oder ausgesperrt sind, und zwar gleichgültig, ob innerhalb des Kampfgebietes oder im Wege eines Sympathiestreiks oder einer Sympathieaussperrung außerhalb des Geltungsbereichs des umkämpften TV. Demggü. sind ArbN, die wegen mittelbarer Auswirkungen eines Arbeitskampfes nicht beschäftigt werden können, regelmäßig nicht „arbeitslos". Nachdem ihr Beschäftigungsverhältnis fortbesteht, richten sich ihre Ansprüche in erster Linie auf Kug (§ 95 SGB III).

Gem. § 100 SGB III gelten die Vorschriften über das Ruhen des Anspruchs auf Alg bei Arbeitskämpfen **336** entsprechend für den Anspruch auf **Kug**, soweit der Arbeitsausfall Folge eines inländischen Arbeitskampfes ist, an welchem der ArbN nicht beteiligt ist.

Im Zusammenhang mit mittelbar kampfbetroffenen ArbN ist aber die Verzahnung des § 160 III **337** SGB III mit den **Grundsätzen der Arbeitskampfrisikolehre** (Rz. 215) zu beachten. Ein Anspruch der mittelbar kampfbetroffenen ArbN auf staatl. Lohnersatzleistungen kommt nur dann in Betracht, wenn die allg. Gefahrtragungsregel des § 615 BGB von den Grundsätzen des Arbeitskampfrisikos überlagert wird oder die Betriebsparteien anlässlich des Arbeitskampfes einverständlich Kurzarbeit vereinbart haben[4]. Erst wenn der Lohnanspruch entfällt, ist die Leistungspflicht der BA in Erwägung zu ziehen. Und diese Leistungspflicht wird durch § 160 III SGB III entsprechend dem Neutralitätsgebot des Staates weiter eingeschränkt. Soweit man im tarifpluralen Betrieb dem ArbGeb beim Streik einer Spartengewerkschaft ein Lohnverweigerungsrecht nach der Arbeitskampfrisikolehre ggü. den Anders- und Nichtorganisierten zubilligt, wird man jedenfalls gegenwärtig auch in Bezug auf die Gewährung staatl. Lohnersatzleistungen an den skizzierten Grundsätzen festzuhalten haben. Im mittelbar kampfbetroffenen Betrieb besteht ohnedies kein Anlass, davon abzurücken[5].

c) Krankenversicherung, Pflegeversicherung. Gem. § 192 I Nr. 1 SGB V bleibt das Versicherungsver- **338** hältnis bei einem rechtmäßigen Arbeitskampf **auch ohne Beitragsleistung bestehen**[6]. Dies gilt durch den Verweis in § 49 II 1 SGB XI auch für die soziale Pflegeversicherung. Bei der Beteiligung an einem rechtswidrigen Streik bleibt die Mitgliedschaft auf Grund des Fortbestehens des Beschäftigungsverhältnisses ohne Anspruch auf Arbeitsentgelt (Rz. 190, 192) gem. der allg. Regelung des § 7 III 1 SGB IV für die Dauer eines Monats bestehen[7], wobei es unschädlich ist, dass bei Streikbeginn die Dauer des Arbeitskampfes nicht absehbar ist. Darüber hinaus kann sich der ArbN auch freiwillig weiterversichern. Die Mitgliedschaft wird auch nicht betroffen, wenn iSd. § 192 I Nr. 2 SGB V bereits ein Anspruch auf Krankengeld besteht[8].

---

1 Dazu *Hergenröder*, S. 322 ff.; *Seiter*, Staatsneutralität, S. 237 ff. || 2 BVerfG 4.7.1995 – 1 BvF 2/86 ua., E 92, 365. || 3 *Seiter*, Staatsneutralität, S. 152 ff.; *Bittner*, AR-Blattei SD 170.5 (2007) Rz. 62. || 4 S. *Seiter*, Staatsneutralität, S. 146. Vgl. auch *Böhm*, NZS 2007, 404. || 5 Vgl. zum Streitstand *Giesen*, NZA 2009, 11; *Krüger*, Der Grundsatz der Tarifeinheit und die Folgen seiner Aufgabe für das Arbeitskampfrecht, 2013, S. 234 ff.; *Wietfeld*, Die rechtliche Stellung von Arbeitnehmeraußenseitern im Spartenarbeitskampf, 2010, S. 148 ff. || 6 *Otto*, § 18 Rz. 2. || 7 Kassler SozVersR/*Peters*, 76. Erg. 2012, § 192 SGB V Rz. 9, 8. || 8 Vgl. *Otto*, § 18 Rz. 18.

339 **d) Rentenversicherung.** Der Bestand des Versicherungsverhältnisses der unmittelbar kampfbetroffenen ArbN wird nicht betroffen. Es tritt lediglich eine Suspendierung ein. Mangels eines Entgeltanspruchs besteht für die Zeit des Arbeitskampfes jedoch **keine Versicherungspflicht** im Rahmen des § 1 Nr. 1 SGB VI, diese Zeit wird daher nicht als **Wartezeit** iSd. §§ 50 ff. SGB VI angerechnet. Abweichend davon wird für den Zeitraum von einem Monat gem. § 7 III 1 SGB IV auch bei Fortfall der Entgeltpflicht trotz Weiterbestehens des Beschäftigungsverhältnisses das Bestehen einer Beschäftigung gegen Arbeitsentgelt iSd. § 1 Nr. 1 SGB VI fingiert. Besteht die Entgeltpflicht nur für einen **Teilmonat**, so wird dieser Monat gleichwohl rentenrechtlich als voller Kalendermonat für die Wartezeiten iSd. §§ 50 ff. SGB VI angerechnet, vgl. die Berechnungsnorm des § 122 I SGB VI). Eine freiwillige Weiterversicherung ist möglich.

340 **e) Gesetzliche Unfallversicherung.** Der Schutz der gesetzl. Unfallversicherung gilt gem. §§ 7, 8 SGB VII nur für Unfälle von ArbN bei den versicherten Tätigkeiten. Während des Arbeitskampfes besteht daher **kein Unfallversicherungsschutz** für ArbN[1]. Dies gilt naturgemäß nicht, wenn es im Rahmen von erforderlichen Erhaltungs- oder Notdienstarbeiten zu Unfällen kommt. Die Fiktionswirkung des § 7 III 1 SGB IV bei Fortfall der Entgeltanspruchs greift im Rahmen der Unfallversicherung, welche vom Merkmal der Entgeltlichkeit unabhängig ist, nicht.

341 **15. Arbeitskampf und öffentliche Ordnung. a) Arbeitskampf und Strafrecht.** Zu unterscheiden ist die Verwirklichung von Straftatbeständen durch den Arbeitskampf einerseits sowie die Strafbarkeit einzelner Arbeitskampfmittel andererseits.

342 **aa) Arbeitskampf als Straftat.** Schon der Arbeitskampf an sich kann bestimmte Straftatbestände erfüllen. Für die **Bejahung des § 240 StGB** (Nötigung) bedarf es einer Veranlassung zu einer Handlung, Duldung oder Unterlassung durch Anwendung von Gewalt oder Drohung mit einem empfindlichen Übel. Allein die Nichterfüllung der arbeitsvertragl. Pflichten kann jedoch, nach Ablehnung des psychischen Gewaltbegriffes durch das BVerfG[2], noch keine Gewalt iSd. § 240 StGB darstellen. Beim Einsatz planmäßiger Gewalt zur Durchführung des Arbeitskampfes (Stürmung von Verbandsbüros, Entfernung von Streikposten durch Schlägertrupps, gewaltsame Hinderung Arbeitswilliger, das Gelände zu betreten) ist der Tatbestand der Nötigung mit Gewalt erfüllt. Eine **Drohung mit einem empfindlichen Übel** ist durch das Inaussichtstellen erheblicher wirtschaftl. Nachteile auch beim Arbeitskampf zu bejahen. Neben der Tatbestandsmäßigkeit ist jedoch auch die Rechtswidrigkeit der Nötigung gesondert festzustellen. Insoweit muss der Arbeitskampf „verwerflich" sein. Ein verwerfliches Mittel kann bei der gezielten Planung von strafbaren Handlungen bejaht werden. Verwerfliche Zwecke sind nicht schon durch die Verfolgung arbeitsrechtl. unzulässiger Kampfziele anzunehmen. Das Ziel muss vielmehr in besonderer Weise zu missbilligen sein. Eine **Erpressung** ist darüber hinaus bei Arbeitskämpfen um vermögenswerte Arbeitsbedingungen möglich, wenn der nötigende Arbeitskampf dadurch auf eine Vermögensverfügung gerichtet ist.

343 Einen Sonderstatus nehmen **Arbeitskämpfe um politische Zielsetzungen** ein. Hier könnte bei Vorliegen der tatbestandlichen Merkmale eine Bestrafung nach §§ 81, 82 StGB (Hochverrat)[3] sowie § 105 StGB (Nötigung von Verfassungsorganen[4]) erfolgen.

344 **bb) Straftaten im Rahmen von Arbeitskämpfen.** Hier sind **neben der Nötigung besonders Körperverletzungs- und Beleidigungsdelikte sowie Sachbeschädigungen** durch Streikposten bzw. den Werkschutz des ArbGeb zu beachten. Zugespitzte Äußerungen sind dagegen zulässig[5]. Darüber hinaus können Handlungen bei Arbeitskämpfen auch den Tatbestand des Landfriedensbruchs iSd. § 125 StGB verwirklichen bzw. einen Hausfriedensbruch (§ 123 StGB) zu Lasten des ArbGeb darstellen. Eine **Rechtfertigung der Straftaten** durch den Arbeitskampf kann nicht angenommen werden, Abs. 3 schützt insoweit nur Maßnahmen innerhalb der Strafrechtsordnung.

345 **b) Arbeitskampf und Polizeirecht.** Der Arbeitskampf muss sich im Rahmen der **öffentl. Sicherheit und Ordnung** halten. Bei Gefährdung zentraler Rechtsgüter wie Leben, Gesundheit, Freiheit, Ehre, Eigentum und Vermögen des Einzelnen sowie der Unversehrtheit der Rechtsordnung, staatl. Einrichtungen oder der Gesamtheit der ungeschriebenen Regeln, die nach den herrschenden Anschauungen zum geordneten Zusammenleben in einem Gebiet unerlässlich sind, können die Ordnungsbehörden zur Gefahrenabwehr einschreiten. Nach dem Opportunitätsprinzip steht es im pflichtgemäßen Ermessen der Polizei, gegen solche Gefährdungen vorzugehen. Bei besonders schweren Verstößen kann es zu einer Ermessensreduzierung auf null kommen, welche eine Pflicht zum Einschreiten begründet. Ein Anspruch des Einzelnen auf ermessensfehlerfreie Entscheidung ist zu bejahen, wenn die betroffene Rechtsvorschrift auch subjektive Interessen schützt[6]. Unterbleibt ein gebotenes Einschreiten der Polizei, kann dies Amtshaftungsansprüche begründen.

---

1 Brox/Rüthers/*Jülicher*, Rz. 824; *Bittner*, AR-Blattei SD 170.5 (2007) Rz. 40 unter Hinweis darauf, dass Streikhelfer über die Berufsgenossenschaft der streikführenden Gewerkschaft versichert sein können. Versicherungsschutz für *Wegeunfälle bei Warnstreiks hält Otto*, § 18 Rz. 5, für denkbar. ||2 BVerfG 10.1.1995 – 1 BvR 718, E 95, 1. ||3 BGH 4.6.1955 – StE 1/52, AP Nr. 1 zu § 80 StGB. ||4 Vgl. *Löwisch/Krauß*, AR-Blattei SD 170.10 (2005) Rz. 23. ||5 LAG Düss. 17.8.2012 – 8 SaGa 14/12, AuR 2012, 375 (die ArbGebin „bescheiße und betrüge die Arbeitnehmer"). ||6 *Götz*, Allgemeines Polizei- und Ordnungsrecht, 13. Aufl. 2008, Rz. 275.

16. Arbeitskampf und internes Verbandsrecht. a) Entscheidung über Arbeitskampfmaßnahmen. Die 346
entscheidungsbefugten Gremien der Verbände sind in den Satzungen bezeichnet. Die Entscheidung über Kampfmaßnahmen wird vom **Vorstand der jeweiligen Gewerkschaft oder des ArbGeb-Verbandes** getroffen. Dieser Entscheidung geht in den meisten Fällen auf Gewerkschaftsseite eine Mehrheitsentscheidung in Form der Urabstimmung voraus. Dabei handelt es sich um verbandsrechtl. Formalien, eine zwingende Erforderlichkeit der Urabstimmung im Verhältnis zur Gegenseite ist nicht anzunehmen (Rz. 287f.). Auf der ArbGeb-Seite wird eine stärkere Beteiligung der Mitglieder durch Mitentscheidung größerer Ausschüsse erreicht.

b) Unterstützungsleistungen. Nach der Satzung zahlen die **Gewerkschaften** für den Fall von Streik 347
oder Aussperrung freiwillige Unterstützungsleistungen. IdR geschieht dies unter Abtretung der Ansprüche gegen den ArbGeb. Auf **ArbGebSeite** sind Unterstützungsfonds eingerichtet, aus denen den Mitgliedern die laufenden Kosten ersetzt werden. Der durch den Produktionsausfall entstandene Schaden wird nur in Sonderfällen übernommen, so etwa bei besonders langen Streiks oder Existenzgefährdung des Betriebs[1].

c) Pflicht zur Befolgung von Kampfbeschlüssen. Durch die Koalitionssatzung wird den Mitgliedern 348
idR eine **Folgepflicht** auferlegt[2]. Danach müssen die Kampfbeschlüsse des Verbandes durch das Mitglied vollzogen werden. Eine solche Verpflichtung kann nur bei rechtmäßigen Arbeitskampfmaßnahmen anzunehmen sein. Darüber hinaus muss der Kampfbeschluss auch formal satzungsgemäß erfolgt sein. Ein Verstoß gegen diese Folgepflicht kann mit den Mitteln der Vereinsgewalt geahndet werden. Dazu ist in den Satzungen häufig die Rückerstattung der Unterstützungszahlungen oder der Ausschluss aus dem Verband vorgesehen.

17. Arbeitskampf und Prozess. a) Rechtsweg. § 2 I Nr. 2 ArbGG eröffnet für bürgerliche Rechtsstrei- 349
tigkeiten zwischen tariffähigen Parteien oder diesen und Dritten aus unerlaubter Handlung den Rechtsweg zur Arbeitsgerichtsbarkeit, soweit es sich um **Maßnahmen zum Zwecke des Arbeitskampfes** oder um Fragen der Vereinigungsfreiheit handelt. Der Begriff der unerlaubten Handlung ist wie bei § 32 ZPO weit auszulegen[3]. Dabei handelt es sich nicht nur um unter § 823 BGB zu subsumierende Verhaltensweisen, sondern jede Handlung, die sich als Maßnahme des Arbeitskampfes oder der Betätigung der Koalition als rechtswidrig erweisen kann, kommt in Betracht. Darüber hinaus muss diese unerlaubte Handlung zum Zwecke des Arbeitskampfes begangen worden sein. Darunter ist ein Verhalten zu verstehen, welches darauf abzielt, den Ausgang des Arbeitskampfes zu beeinflussen[4].

Nach hM ist § 2 I Nr. 2 ArbGG auf den **politischen Streik** nicht anwendbar[5]. Wenn man den Arbeits- 350
kampfzweck jedoch wie o.g. Rahmen weit auslegt, spricht vieles dafür, letztendlich alle Streitigkeiten aus Arbeitskämpfen vor den ArbG zu verhandeln[6]. Die **internationale Zuständigkeit** nationaler ArbG bei grenzüberschreitenden Arbeitskämpfen (Rz. 359ff.) kann sich aus Art. 5 Nr. 3 EuGVÜ bzw. Art. 5 Nr. 3 VO Nr. 44/2001 ergeben[7].

b) Einstweilige Verfügungen gegen Arbeitskampfmaßnahmen. § 62 II ArbGG verweist bzgl. der 351
einstw. Verfügung auf §§ 935ff. ZPO. Speziellere Regelungen sind im ArbGG nicht vorgesehen. De lege lata ist auch im arbeitsgerichtl. Verfahren eine einstw. Verfügung in der Form der Sicherungsverfügung (§ 935 ZPO) oder der Leistungsverfügung (§ 940 ZPO) zulässig. Auch im Falle des Unterlassungsanspruchs handelt es sich im Erg. um **Leistungsverfügung**, da sie jedenfalls zur zeitweisen Erfüllung des Anspruchs führt[8]. Bei der Formulierung des Antrags ist zu beachten, dass dem Bestimmtheitsgebot des § 253 II Nr. 2 ZPO Rechnung getragen wird[9].

Praktisch nimmt die einstw. Verfügung bzgl. der Unterlassung ganzer Arbeitskämpfe die **Haupt-** 352
sacheentscheidung vorweg[10]. Hat der Arbeitskampfgegner mit einem solchen Antrag Erfolg, scheitert der konkret angestrengte Arbeitskampf meist endgültig. Im Lichte des Abs. 3 ist daher zu beachten, dass solche einstw. Verfügungen, je nach Umfang des Antrags, die Arbeitskampfmöglichkeiten der zukünftigen TV-Parteien erheblich einschränken können[11]. Darüber hinaus muss es den Koalitionen auch erlaubt sein, arbeitskampfrechtl. Neuland zu betreten, ohne durch einstw. Verfügungen daran gehindert zu werden. Rspr. wird teilweise geschlossen, dass eine einstw. Verfügung nur zulässig ist, wenn die Rechtswidrigkeit des Streiks ohne rechtsfortbildende Erwägungen feststellbar ist[12]. Ungeachtet verschiedener Reformvorschläge ist im Erg. gleichwohl auch im Arbeitskampf von der Zu-

---

1 *Löwisch*, AcP 174 (1974), 217ff.   ‖ 2 *Rieble/Bitterberg*, AR-Blattei SD 170.6 (2005) Rz. 27f.; aA *Seiter*, Streikrecht, S. 104ff.   ‖ 3 BAG 10.9.1985 – 1 AZR 262/84, AP Nr. 86 zu Art. 9 GG Arbeitskampf; GMP/*Matthes*, § 2 ArbGG Art. 33f.   ‖ 4 *Kissel*, ArbeitskampfR, § 63 Rz. 10.   ‖ 5 BGH 29.9.1954 – VI ZR 232/53, AP Nr. 2 zu § 2 ArbGG; Brox/Rüthers/*Brox*, Rz. 718; Hueck/Nipperdey, Bd. II § 17 II 3c; aA GMP/*Matthes*, § 2 ArbGG Rz. 36; *Kissel*, ArbeitskampfR, § 63 Rz. 11.   ‖ 6 So schon Brox/Rüthers/*Brox*, Rz. 718 aE.   ‖ 7 EuGH 5.2.2004 – Rs. C-18/02, GPR 2005, 33.   ‖ 8 Vgl. LAG Mannheim 19.12.1979 – 9 Sa 1015/79, EzA Art. 9 GG Arbeitskampf Nr. 35; *Otto*, § 19 Rz. 29.   ‖ 9 Vgl. etwa LAG Hess. 2.5.2003 – 9 Sa Ga 638/03, BB 2003, 1229: „sonstige Arbeitskampfmaßnahmen".   ‖ 10 Zur Frage, ob das Gericht bei einem Unterlassungsantrag nur einen Teil zusprechen kann, *Backsmeier*, Das „Minus" beim unterlassungsrechtlichen Globalantrag, 2000, S. 21ff. (93ff.), 120ff.; *Loritz*, ZfA 1985, 185ff.   ‖ 11 *Otto*, § 19 Rz. 27.   ‖ 12 So ErfK/*Dieterich*, Art. 9 GG Rz. 229 mwN.

lässigkeit einstw. Verfügungen auszugehen. Anders ist ein **effektiver Rechtsschutz** nicht zu gewährleisten[1].

353 Die Abwägung der Konsequenzen einer Entscheidung ist bei der Feststellung des **Verfügungsgrundes** zu treffen. In einer Gesamtbewertung der tatsächlichen Situation muss unter Beachtung der Befriedigungswirkung einer Entscheidung geklärt werden, ob die einstw. Verfügung zur Abwendung wesentlicher Nachteile nötig erscheint. Je mehr die Kampfführung der Gewerkschaft betroffen ist, desto schwerer muss der mit dem Streik verbundene Nachteil für den ArbGeb sein[2].

354 Darüber hinaus ist die besondere Entscheidungssituation im einstw. Rechtsschutzverfahren zu beachten, neben der **fehlenden Möglichkeit einer höchstrichterlichen Klärung** der geltend gemachten Ansprüche (§ 72 IV ArbGG) muss die gesamte Entscheidung unter Zeitdruck und oft erschwerten Prozessbedingungen getroffen werden. Daher wird für die Feststellung des Verfügungsanspruches teilweise die offensichtliche Rechtswidrigkeit der angegangenen Maßnahme gefordert[3]. Das Vertreten divergierender Rechtsauffassungen darf jedoch nicht zum Scheitern des Antrags führen. Eine solche Einschränkung ist daher im Interesse effektiven Rechtsschutzes zu verneinen[4].

355 **c) Rechtsschutz über die Gewährung von Leistungen nach dem SGB III.** Die Entscheidung über das Vorliegen der Voraussetzungen des § 160 III 1 Nr. 2a und b SGB III (Rz. 334) trifft der **Neutralitätsausschuss**, §§ 160 V, 380 SGB III. Auf Grund der allg. Bedeutung der Rechtsfragen entscheidet gem. § 160 VI 4 SGB III das BSG im ersten und letzten Rechtszug über Klagen der Fachspitzenverbände der an einem Arbeitskampf beteiligten Parteien gegen eine Entscheidung des Neutralitätsausschusses nach § 160 V SGB III. Dies gilt auch in Bezug auf den Erlass einstw. Anordnungen, § 160 VI 6 SGB III.

356 **18. Europäisches und Internationales Arbeitskampfrecht. a) EU-Grundfreiheiten und Arbeitskampf.** Arbeitskampfmaßnahmen etwa im Transportgewerbe können zu einer vorübergehenden **Beeinträchtigung des Handels zwischen den Mitgliedstaaten** führen. Nach der Rspr. des EuGH[5] verstößt ein Staat gegen seine Verpflichtungen aus Art. 34 AEUV iVm. 4 Abs. 3 EUV, wenn er es versäumt, alle erforderlichen und angemessenen Maßnahmen zu ergreifen, damit der freie Warenverkehr nicht durch Handlungen von Privatpersonen beeinträchtigt werde. Eine Ausnahme macht der EuGH nur für den Fall, dass das Tätigwerden für den Mitgliedstaat Folgen für die öffentl. Ordnung hätte, die er mit seinen Mitteln nicht bewältigen könnte.

357 Zwar erkennt der EuGH das Recht auf Durchführung kollektiver Maßnahmen als Grundrecht an (Rz. 154), ausdrücklich wird aber darauf hingewiesen, dass dessen Ausübung bestimmten Beschränkungen unterworfen ist. Angesprochen sind damit insb. die Niederlassungs- und die Dienstleistungsfreiheit. So sei Art. 49 AEUV jedenfalls grds. auf Kampfmaßnahmen einer nationalen Gewerkschaft anwendbar, die darauf abzielen, ein Unternehmen zu einem Tarifvertragsabschluss zu veranlassen, der geeignet ist, das Unternehmen davon abzuhalten, von der Niederlassungsfreiheit Gebrauch zu machen[6]. In Bezug auf Art. 56 AEUV weist der EuGH darauf hin, dass kollektive Maßnahmen zum Schutz vor Sozialdumping bei entsandten ArbN eine Beschränkung des freien Dienstleistungsverkehrs darstellen können, welche durch Ziele des Allgemeininteresses gerechtfertigt sein können[7]. Die entscheidende Frage, ob dem Recht auf Arbeitskampf oder der Dienst- bzw. Niederlassungsfreiheit der Vorrang einzuräumen ist, ist letztlich durch Abwägung in jedem Einzelfall zu entscheiden. Mit dem Verhältnis zwischen derartigen kollektiven Maßnahmen und den Grundfreiheiten beschäftigt sich zudem der Entwurf zu der Monti-II-Verordnung. Es bleibt allerdings abzuwarten, ob und wie dieser nach der gegenwärtigen Ablehnung umgesetzt wird[8].

358 Soweit es um das Verhältnis der **deutschen Arbeitskampfrechtsordnung zu den EU-Grundfreiheiten** geht, kann festgehalten werden, dass Konflikte durchaus denkbar sind. Bzgl. der Straßenblockaden französischer Bauern und Fernfahrer als Protest gegen die Einfuhr landwirtschaftlicher Erzeugnisse aus anderen Mitgliedstaaten[9] wären die in Frage stehenden Maßnahmen allerdings schon von der Ko-

---

1 BAG 21.3.1978 – 1 AZR 11/76, AP Nr. 62 zu Art. 9 GG Arbeitskampf; LAG Hess. 2.5.2003 – 9 Sa Ga 638/03, BB 2003, 1229; 22.7.2004 – 9 SaGa 593/04, AP Nr. 168 zu Art. 9 GG Arbeitskampf; LAG Sachs. 2.11.2007 – 7 SaGa 19/07, NZA 2008, 59 (61); aA *Blanke*, NZA-Beil. 2/1988, 15 (16). ||2 ErfK/*Dieterich*, Art. 9 GG Rz. 230; GMP/*Germelmann*, § 62 ArbGG Rz. 91; s.a. LAG Köln 14.6.1996 – 4 Sa 177/96, LAGE Art. 9 GG Arbeitskampf Nr. 63; LAG Hess. 2.5.2003 – 9 Sa Ga 638/03, BB 2003, 1229. ||3 *Dorndorf/Weiss*, Warnstreiks und vorbeugender Rechtsschutz gegen Streiks, 1983 S. 56f. Das LAG Sachs. 2.11.2007 – 7 SaGa 19/07, NZA 2008, 59 (61), verlangt im Hinblick auf Art. 9 III eine eindeutige Rechtswidrigkeit des zu untersagenden Streiks. ||4 *Kissel*, ArbeitskampfR, § 65 Rz. 28; *Otto*, § 19 Rz. 31. ||5 EuGH 9.12.1997 – Rs. C-265/95, EuZW 1998, 84 – Kommission/Frankreich; zum Ganzen *Birk*, FS 50 Jahre BAG, 2004, S. 1165ff.; *Hergenröder*, EAS B 8400 (2010) Rz. 80ff. ||6 EuGH 11.12.2007 – Rs. C-438/05, DB 2008, 124 – Viking; dazu auch *Hergenröder*, EAS B 8400 (2010) Rz. 93ff., 111ff.; *Konzen*, FS Säcker, 2011, 229 (233ff.); *Konzen*, FS Buchner, 2009, S. 461; *Maeßen*, Auswirkungen der EuGH-Rechtsprechung auf das deutsche Arbeitskampfrecht, 2010, S. 67ff.; *Wagner*, Der Arbeitskampf als Gegenstand des Rechts der Europäischen Union, 2010, S. 97ff. ||7 EuGH 18.12.2007 – Rs. C-341/05, DB 2008, 71 – Laval. ||8 Vgl. *Schubert*, Der Vorschlag der EU-Kommission für eine Monti-II-Verordnung – eine kritische Analyse unter Einbeziehung der Überlegungen zu der Enforcement-Richtlinie, 2012, S. 11ff. ||9 Dazu EuGH 9.12.1997 – Rs. C-265/95, EuZW 1998, 84 – Kommission/Frankreich.

alitionsbetätigungsgarantie des Abs. 3 nicht gedeckt gewesen. Nachdem die Blockade der Zufahrten zum Betrieb des bekämpften ArbGeb vom BAG als rechtswidrig erachtet wird (Rz. 266), muss dies erst recht für das Unpassierbarmachen öffentl. Straßen gelten. Für Arbeitskämpfe gegen Standortverlagerungen gilt dasselbe (Rz. 267). Sollte in Bezug auf *an sich* rechtmäßige Kampfmaßnahmen aber ein entsprechender Konflikt mit den Grundfreiheiten drohen – theoretisch denkbar wäre dies im Hinblick auf das Kampfmittel des Boykotts (Rz. 240 ff.) –, wird diesem durch unionsrechtskonforme[1] richterliche Weiterbildung des deutschen Arbeitskampfrechts Rechnung zu tragen sein.

b) Die kollisionsrechtliche Behandlung des Arbeitskampfes. Meistens finden Arbeitskämpfe im rein nationalen Bereich statt und auch dort nur auf begrenztem Gebiet. Gemeinschaftliche Aktionen von Gewerkschaften auf europäischer bzw. internationaler Ebene sind eher selten, kommen aber gleichwohl immer häufiger vor[2]. Insoweit stellt sich die Frage, wie Rechtmäßigkeit, individualrechtl. Folgen und eventuelle Haftungsfragen von Arbeitskämpfen mit Auslandsberührung[3] zu beurteilen sind. Welche Rechtsordnung insoweit zur Entscheidung berufen ist, richtet sich nach den Grundsätzen **des Internationalen Privatrechts**[4]. Drei Fallgruppen hat man zu unterscheiden[5]: Kampfmaßnahmen deutscher Arbeitskampfparteien im Ausland sowie ausländischer Arbeitskampfparteien im In- und Ausland, die Einbeziehung ausländischer Arbeitskampfparteien in nationale Arbeitskämpfe sowie Arbeitskämpfe auf internationaler Ebene etwa zur Durchsetzung eines internationalen TV[6]. 359

Hinsichtlich der Kampffolgen auf dem Gebiet des Deliktsrechts ergibt sich das anwendbare Recht seit dem 11.1.2009 aus der vorrangig anwendbaren Rom-II-VO[7]. Nach deren Art. 9 ist auf außervertragl. Schuldverhältnisse in Bezug auf die Haftung einer Person in ihrer Eigenschaft als ArbN oder ArbGeb oder der Organisation, die deren berufl. Interessen vertreten, für Schäden, die aus bevorstehenden oder durchgeführten Arbeitskampfmaßnahmen entstanden sind, das Recht des Staates anzuwenden, in dem die Arbeitskampfmaßnahmen erfolgen sollen oder erfolgt sind. Der Anknüpfung an den Kampfort geht das nach Art. 4 II Rom-II-VO anzuwendende Recht des Staates, in dem die Arbeitskampfparteien zum Zeitpunkt des Schadenseintritts ihren gemeinsamen Aufenthalt haben, vor (sog. lex communis habitationis). 360

Das nach der Rom-II-VO anzuwendende Recht regelt alle im Rahmen der deliktischen Haftung aufgeworfenen Fragen, insb. auch die Frage der Rechtmäßigkeit des Arbeitskampfes, der zu dem Schaden geführt hat. Nicht erfasst wird dagegen im Fall eines Sympathiestreikes die als Vorfrage zu beurteilende Frage der Rechtmäßigkeit des Hauptarbeitskampfes; insoweit gilt das Trennungsprinzip[8]. 361

Die Beurteilung der Rechtmäßigkeit des Hauptarbeitskampfes richtet sich wie die übrigen durch den Arbeitskampf hervorgerufenen Rechtsfolgen, die außerhalb des Anwendungsbereichs der Rom-II-VO liegen, nach dem allg. Arbeitskampfstatut. Richtigerweise wird man diesbezüglich kollisionsrechtl. weiterhin auf den **Schwerpunkt der Arbeitskampfmaßnahmen** abzustellen haben. Danach ist diejenige Rechtsordnung anwendbar, deren Arbeits- und Wirtschaftsordnung der Sachverhalt zuzurechnen ist, wobei sämtliche kollektiven und individuellen Anknüpfungsgesichtspunkte heranzuziehen sind[9]. Dem so ermittelten Arbeitskampfstatut unterfallen nicht nur die abstrakt, unabhängig von deliktischen Rechtsfolgen zu ermittelnden Rechtmäßigkeitsvoraussetzungen kampfweiser Auseinandersetzungen, sondern auch deren einzelvertragl. Rechtsfolgen. Hängt die Zulässigkeit einer inländischen Arbeitskampfmaßnahme von der rechtl. Beurteilung eines ausländischen Arbeitskampfes ab (Akzessorietät), so entscheidet über Letzteren die anwendbare ausländische Rechtsordnung[10]. 362

Bei der Anwendung ausländischen Arbeitskampfrechts bleibt für den inländischen Rechtsanwender stets die Vereinbarkeit des gefundenen Ergebnisses mit dem nationalen ordre public (Art. 26 Rom-II-VO) zu prüfen[11]. Überdies kommt eine Sonderanknüpfung nationalen Rechts nach Art. 16 Rom-II-VO in Betracht[12]. 363

c) Arbeitskampf um einen internationalen Tarifvertrag[13]. Grundvoraussetzung eines entsprechenden Arbeitskampfes wäre die Rechtmäßigkeit dieses Kampfziels. Gegenwärtig sind **entsprechende Kol-** 364

---

1 S. *Zwanziger*, DB 2008, 294 (297 f.). || 2 Aus jüngerer Zeit ist zu nennen der europaweite Warnstreik zum Standortsicherungsvertrag für die Werke von General Motors-Europe am 25.1.2001, dazu *Röper*, Euro-AS 5/2001, 87 ff.; s.a. LAG Schl.-Holst. 24.3.2005 – 2 Sa 139/05, AR-Blattei ES 170.1 Nr. 52. || 3 Zum Kriterium der Auslandsberührung eingehend *Hergenröder*, Arbeitskampf, S. 117 ff. || 4 Dazu eingehend *Hergenröder*, Arbeitskampf, passim; *Hergenröder*, AR-Blattei SD 170.8 (2000) Rz. 26 ff.; *Junker*, Internationales Arbeitsrecht im Konzern, 1992, S. 465 ff.; *Otto*, § 13 Rz. 1 ff.; jew. mwN. || 5 *Hergenröder*, Arbeitskampf, S. 134 f.; *Otto*, § 13 Rz. 2. || 6 Dazu näher *Hergenröder*, Arbeitskampf, S. 393 ff.; zur Frage der Durchsetzbarkeit von Vereinbarungen nach Art. 155 AEUV *Hergenröder*, EAS B 8400 (2010) Rz. 63 ff. || 7 VO (EG) Nr. 864/2007 des Europäischen Parlaments und des Rates v. 11.7.2007 über das auf außervertragliche Schuldverhältnisse anzuwendende Recht („Rom II"). Dazu *Zelfel*, Der internationale Arbeitskampf nach Art. 9 II Rom II-VO, 2011, S. 58 ff. || 8 *Knöfel*, EuZA 2008, 228 (237, 241 f.). || 9 *Hergenröder*, S. 204 ff. (213 ff.); *Hergenröder*, AR-Blattei SD 170.8 (2000) Rz. 37 ff.; s.a. *Zelfel*, Der internationale Arbeitskampf nach Art. 9 II Rom II-VO, 2011, S. 116 ff.; aA aber *Heinze*, RabelsZ 73 (2009), 770 (790). || 10 *Hergenröder*, S. 286 ff.; *Hergenröder*, AR-Blattei SD 170.8 (2000) Rz. 63 ff. || 11 *Zelfel*, Der internationale Arbeitskampf nach Art. 9 II Rom II-VO, 2011, S. 126 ff. || 12 Dazu näher *Zelfel*, Der internationale Arbeitskampf nach Art. 9 II Rom II-VO, 2011, S. 122 ff. || 13 Dazu eingehend *Hergenröder*, EAS B 8400 (2010) Rz. 159 ff.; *Hergenröder*, AR-Blattei SD 1550.15 (2004) Rz. 128 ff. mwN.

lektivvereinbarungen innerstaatlich nur mit schuldrechtl. bzw. mittelbarer Wirkung denkbar[1]. Keine Bedenken bestehen gegen einen „europäischen" TV jedenfalls dann, wenn er aus einem Bündel gleich lautender nationaler Kollektivvereinbarungen bestünde. Praktisch wäre dies dergestalt denkbar, dass sich die Sozialpartner auf überstaatlicher Ebene einigen und das entsprechende Vertragsmuster dann ihren nationalen Verbandsmitgliedern zur Annahme empfehlen. Kampfmaßnahmen auf nationaler Ebene liefen dann nach den normalen einzelstaatl. Regeln ab, Probleme träten nur dann auf, wenn die Beendigung von Streiks und Aussperrungen nicht nur an das Nachgeben des jeweils eigenen nationalen Gegners geknüpft wäre, sondern an das Einlenken von ausländischen gegnerischen Verbänden in deren Tarifgebieten[2].

365 Entsprechende Arbeitskampfmaßnahmen werden insb. auch nicht durch **Art. 155 AEUV ausgeschlossen**, da die Vorschrift den hier interessierenden Typus europäischer TV nicht erfasst[3]. Indes ist mit entsprechenden Kollektivvereinbarungen eine Vielzahl von Problemen verbunden, die noch der Klärung harren. Erwähnt seien hier nur die Frage der Mächtigkeit eines überstaatlichen Zusammenschlusses von ArbN sowie die entsprechenden Arbeitskämpfen zugrunde liegende Paritätskonzeption[4]. Insoweit bleibt die weitere Entwicklung abzuwarten.

366 **VI. Schlichtungsrecht. 1. Begriff und Funktion der Schlichtung.** Die Schlichtung dient zur Überwindung eines tarifvertragslosen Zustands etwa nach Auslaufen oder Kündigung eines TV sowie zur Vermeidung bzw. Beendigung von Arbeitskämpfen. Grds. ist es im Interesse aller Beteiligten, Regelungsfragen ohne kosten- und aufwandsintensive Arbeitskampfmaßnahmen zu klären. Der Schlichtung kommt insoweit eine **Regelungsaufgabe** zu. Der verbindlich ergangene Schlichtungsspruch hat die Wirkung eines TV[5]. Im von § 4 I TVG vorgegebenen Rahmen entfaltet auch der Schlichtungsspruch Rechtsnormwirkung. Insoweit handelt es sich auch um eine **rechtsgestalterische Tätigkeit**.

367 Im Verlauf des **Schlichtungsverfahrens** können sich die Beteiligten entweder gemeinsam auf einen Kompromiss einigen oder das Schlichtungsverfahren wird durch einen Schlichtungsspruch beendet (Rz. 373 f.). Letztendlich stellt das Schlichtungsverfahren ein Hilfsmittel zum Erreichen vertragl. Regelungen dar. Darin ist auch eine wirkungsvolle Alternative zum Arbeitskampf zu sehen. Ein gesetzl. Schlichtungsverfahren ist jedoch keine Rechtmäßigkeitsvoraussetzung eines Arbeitskampfes.

368 **2. Grundlagen des Schlichtungsrechts.** Die vertragl. Vereinbarkeit von Schlichtungsabkommen ist **Ausfluss der verfassungsrechtl. gewährleisteten Tarifautonomie.** Neben der Gewährleistung von Arbeitskampfmitteln ist durch Abs. 3 auch die gemeinsame Gestaltung durch Einigung und Zusammenwirken zu schützen. Diesem Grundgedanken entspricht das Schlichtungsverfahren. **Teil II Art. 6 Nr. 3 ESC** (s.a. Rz. 15, 153) verpflichtet die Vertragsparteien ausdrücklich, „die Einrichtung und die Benutzung geeigneter Vermittlungs- und freiwilliger Schlichtungsverfahren zur Beilegung von Arbeitsstreitigkeiten zu fördern". Auch Nr. 13 der Gemeinschaftscharta der Sozialen Grundrechte der ArbN v. 9.12.1989 (Rz. 17, 154) dient der Erleichterung einer arbeitskampffreien Einigung durch Vermittlungs-, Schlichtungs- und Schiedsverfahren. Ein über die Gewährleistung des Abs. 3 hinausgehender Inhalt kommt diesen Vorschriften im Bereich des Schlichtungsrechts allerdings nicht zu.

369 Mit dem Schutz der Tarifautonomie und dem Gebot staatlicher Neutralität wäre die Zulässigkeit **staatlicher Zwangsschlichtung** nicht zu vereinbaren[6]. Ein solches Vorgehen würde dem Staat erlauben, aktiv in Regelungsstreitigkeiten der TV-Parteien eingreifen zu können. Ausnahmen werden in bestimmten Extremsituationen befürwortet, bei denen überragend wichtige Gemeinschaftsgüter gefährdet sind. Dazu gibt es mannigfaltige Lösungs- und Abgrenzungsmodelle[7]. Für den tarifpluralen Betrieb wird neuerdings eine verbindliche Schlichtung propagiert[8].

370 **3. Staatliche Schlichtung. a) Schlichtung nach dem KRG Nr. 35**[9]. Das Kontrollratsgesetz von 1946 ermöglicht es **den Ländern, Schlichtungsstellen einzurichten**. Diese Stellen beraten über Fragen der Arbeitsbeziehungen mit ArbGeb und ArbN oder deren Organisationen. Auf den Arbeitskampf können diese Stellen durch Mustervorschläge und Vermittlungsgespräche einwirken. Dies ist auch außerhalb des förmlichen Schlichtungsverfahrens im freien Schiedsverfahren möglich. Das Verfahren findet vor Schiedsausschüssen bei den Landesarbeitsbehörden statt, wenn beide Parteien die Streitigkeit vorlegen oder die eine Partei der Vorlage der anderen Partei zustimmt. Eine Zwangsschlichtung ist somit nicht vorgesehen, jedoch kann das Ultima-ratio-Prinzip dafür herangezogen werden, dass sich der Tarifgegner auf eine angetragene Schlichtung einlassen muss, bevor Arbeitskampfmittel ergriffen werden dürfen[10]. Das Verfahren endet mit einer Einigung der Parteien oder dem Schiedsspruch der Schlichtungsstelle. Auch dieser Spruch ist nur nach Annahme bzw. Unterwerfung der Tarifgegner verbindlich.

---

1 *Schwarze*, EAS B 8100 (2012) Rz. 33 ff.; s.a. HMB/*Tillmanns*, Teil 17 Rz. 67 f. ||2 Vgl. näher *Hergenröder*, EAS B 8400 (2010) Rz. 162. ||3 *Schwarze*, EAS B 8100 (2012) Rz. 3 f., 34. ||4 Dazu nur *Hergenröder*, EAS B 8400 (2010) Rz. 166 ff.; *Hergenröder*, AR-Blattei SD 1550.15 (2004) Rz. 152 f.; *Junker*, Internationales Arbeitsrecht im Konzern, 1992, S. 445 ff.; jew. mwN. ||5 *Kissel*, ArbeitskampfR, § 69 Rz. 48; *Otto*, § 20 Rz. 9. ||6 S. *Löwisch/Rieble*, AR-Blattei SD 170.1 (1993) Rz. 32; *Otto*, § 20 Rz. 14. ||7 Vgl. *Otto*, § 20 Rz. 15 ff. ||8 Dazu etwa *Buchner*, BB 2007, 2520 (2521); *Kamanabrou*, ZfA 2008, 241 (275 ff.). ||9 Vgl. *Lembke*, RdA 2000, 223 ff. ||10 *Löwisch/Rieble*, AR-Blattei SD 170.1 (1993) Rz. 74.

b) Schlichtung nach der Landesschlichtungsordnung Baden[1]. Das Schlichtungsverfahren nach der Landesschlichtungsordnung Baden umfasst im Gegensatz zum KRG Nr. 35 nicht auch Arbeitsstreitigkeiten, sondern nur Konflikte über Gesamtvereinbarungen, **im Ergebnis also Tarifstreitigkeiten**. Das Verfahren kann auf Antrag nur einer Partei und bei wesentlicher öffentl. Bedeutung auch von Amts wegen eingeleitet werden (§ 12 LSchlO). Eine bindende Wirkung des Schiedsspruchs ist auch hier nur unter bestimmten Voraussetzungen (Rz. 373) gegeben. 371

Die **praktische Bedeutung dieser staatlichen Schlichtungsmöglichkeiten ist eher gering**. Diskutiert wird unter dem Stichwort „obligatorisches Schlichtungsverfahren", ob der Gesetzgeber ein Schlichtungsverfahren einführen kann, auf das sich die TV-Parteien generell oder auf Antrag einer Partei einlassen müssen, bzw. ob die TV-Parteien dazu verpflichtet sind, ein freiwilliges Schlichtungsverfahren zu vereinbaren, um die Gefahr von Arbeitskämpfen zu verringern. Diese Maßnahme erscheint zumindest vor dem Hintergrund der Tarifautonomie als verfassungsrechtl. fragwürdig und ist daher nur bei einer Gefährdung überragend wichtiger Rechtsgüter zu rechtfertigen[2]. 372

4. Vertragliche Schlichtung. Arbeitskämpfe sind für beide Tarifparteien unerwünscht und mit Nachteilen verbunden. Aus diesem Grund werden ad hoc oder vorbeugend vertragl. vereinbarte Schlichtungsverfahren durchgeführt. Diese autonomen Schlichtungsabkommen sind TV und bedürfen als solche der Schriftform. Bei der **einfachen Schlichtung** können sich die Parteien der Schlichtung bedienen, ohne dass ein Zwang besteht. Bei vorgesehenem **Schlichtungszwang** sind die Parteien verpflichtet, auf Antrag des Gegners ein Schlichtungsverfahren durchzuführen, darüber hinaus kann auch eine **Zwangsschlichtung** vereinbart werden, welche eine verbindliche Entscheidung durch die Schlichtungsinstanz erfordert. Diese Verfahren enden mit einer gemeinsamen Einigung oder dem Spruch des Schlichtungsorgans. Die Verbindlichkeit dieses Spruchs hängt von der Ausgestaltung des Verfahrens ab. Während sich die Parteien regelmäßig im Voraus dem Spruch unterwerfen oder diesen nachträglich annehmen, kann auch die verbindliche Wirkung des Schlichterspruchs vereinbart werden. 373

Haben sich die TV-Parteien dem Schlichterspruch unterworfen, gehören Streitigkeiten gem. § 2 I Nr. 1 ArbGG vor die ArbG[3]. In Betracht kommt eine **Inzidentkontrolle** des verbindlichen Schlichtungsspruchs im Individualprozess oder die **Feststellungsklage** der Verbände über das Bestehen oder Nichtbestehen des durch den Schlichtungsspruch gestalteten Rechtsverhältnisses[4]. Eine Aufhebungsklage nach § 110 ArbGG kommt mangels Entscheidung eines Rechtsstreits nicht in Frage. 374

12 Berufsfreiheit

(1) Alle Deutschen haben das Recht, Beruf, Arbeitsplatz und Ausbildungsstätte frei zu wählen. Die Berufsausübung kann durch Gesetz oder auf Grund eines Gesetzes geregelt werden.

(2) Niemand darf zu einer bestimmten Arbeit gezwungen werden, außer im Rahmen einer herkömmlichen allgemeinen, für alle gleichen öffentlichen Dienstleistungspflicht.

(3) Zwangsarbeit ist nur bei einer gerichtlich angeordneten Freiheitsentziehung zulässig.

I. Berufsfreiheit 1	II. Ausbildungsfreiheit 82
1. Bedeutung und Konkurrenzen 1	1. Bedeutung und Abgrenzung 82
2. Gewährleistungsinhalt 8	2. Schutzbereich 83
3. Beeinträchtigung/Verletzung 20	3. Beeinträchtigung 84
4. Rechtfertigung 24	III. Arbeitszwang und Zwangsarbeit (Abs. 2 und 3) 86
5. Auswirkungen 39	1. Bedeutung und Abgrenzung 86
6. Rechtsfolgen eines Verstoßes 81	2. Schutzbereich und Beeinträchtigung 87

I. Berufsfreiheit. 1. Bedeutung und Konkurrenzen. a) Allgemeine Bedeutung. Art. 12 kann als *die* zentrale **Grundsatznorm für das Arbeits- und Wirtschaftsleben** bezeichnet werden, so dass ihm im arbeitsrecht überragende Bedeutung zukommt. Neben Art. 12 tritt Art. 14 in diesem Zusammenhang in den Hintergrund[5]. Während sich zunächst die meisten Entscheidungen des BVerfG auf Fragen der selbständigen Arbeit bezogen, gilt heute Art. 12 als das „Grundrecht der Arbeit". Es ist anerkannt, dass Art. 12 auch den klassischen Bereich vertragl. vereinbarter (unselbständiger) Arbeitsleistung umfasst[6]. Dass das BAG bei seinen Entscheidungen idR das einfache Recht und nicht direkt Art. 12 anwendet, resultiert aus der Aufgabe der Fachgerichte, den Grundrechten im einfachen Recht Geltung zu verschaffen, und widerspricht nicht der arbeitsrechtl. Bedeutung der Berufsfreiheit[7]. 1

Es gibt **kein Grundrecht auf Arbeit** und Art. 12 begründet keinen Anspruch auf Bereitstellung eines Arbeitsplatzes eigener Wahl. Auch enthält das Grundrecht keine (absolute) Bestandsgarantie und 2

---

1 *Arnold*, RdA 1996, 356ff. ||2 Dazu *Otto*, § 22 Rz. 31. ||3 *Kissel*, ArbeitskampfR, § 69 Rz. 58; *Otto*, § 21 Rz. 47. ||4 *Kissel*, ArbeitskampfR, § 69 Rz. 58. ||5 BVerfG 6.10.1987 – 1 BvR 1086/82 ua., E 77, 84 (117f.); *Scholz*, ZfA 1981, 265 (266). ||6 *Bryde*, NJW 1984, 2177 (2178); ErfK/*Schmidt*, Art. 12 GG Rz. 1. ||7 *Bryde*, NJW 1984, 2177 (2178); ErfK/*Schmidt*, Art. 12 GG Rz. 3.

schützt nicht unmittelbar vor Arbeitsplatzverlust[1]. Doch ist ein Recht auf Arbeit eine verfassungsrechtl. Staatszielbestimmung und es besteht eine Verpflichtung des Staates zu arbeitsmarktpolitischer Aktivität (Art. 109 II)[2]. Einige Landesverfassungen gehen hier weiter. Insb. verpflichtet Art. 12 iVm. dem Sozialstaatsprinzip, gegen die Arbeitslosigkeit vorzugehen[3]. Art. 12 steht in engem Zusammenhang mit der Persönlichkeit des Menschen[4].

3   Wie alle Grundrechte ist auch Art. 12 in erster Linie **Abwehrrecht** gegen den Staat. Doch gefährden gerade im Bereich der abhängigen Arbeit vor allem private Träger wirtschaftl. und sozialer Macht die Berufsfreiheit. Bedeutsam wird hier die – grds. allen Grundrechten immanente – **Schutzfunktion**, dh. die aus Art. 12 erwachsenden (Schutz-)Pflichten des Staates. Dieser muss tätig werden, wenn die Berufsfreiheit durch die Privatautonomie gravierend beschränkt wird und die Betreffenden ihre Berufsfreiheit nicht alleine wahrnehmen können[5]. Insb. muss der Staat für einen gewissen Kündigungs- bzw. Bestandsschutz für den Arbeitsplatz sorgen, obwohl jeder Bestandsschutz die Berufsfreiheit des ArbGeb berührt und ggf. sogar als Zugangshindernis für andere Arbeitsplatzbewerber wirkt[6]. Aber nicht nur der ArbN, sondern auch die ArbGeb fallen in den Schutzbereich und auch ihre Interessen an berufsgrundrechtl. Freiheit müssen berücksichtigt werden. Staatliche Aufgabe ist es, beides in ein ausgeglichenes Verhältnis zu bringen.

4   Außerdem enthält Art. 12 eine „verfassungsrechtl. Grundentscheidung" iS einer **objektiven Wertordnung**[7]. Und das BVerfG hat aus Art. 12 ein Teilhaberecht abgeleitet[8]. Weiterhin ist die Berufsfreiheit bei der Auslegung und Anwendung privatrechtl. Vorschriften zu beachten. Bei der Ausgestaltung der Privatrechtsordnung müssen die Grundrechte im Wege der sog. mittelbaren Drittwirkung über die Generalklauseln und bei der Interpretation unbestimmter Rechtsbegriffe angewendet werden[9]. Diese Meinung liegt auch der Rspr. des BAG zugrunde[10].

5   b) **Berufswahl und Berufsausübung**. Abs. 1 enthält ein **einheitliches Grundrecht**, das die Freiheit der Wahl und der Ausübung von erwerbsbezogenen Tätigkeiten im Ganzen schützt. Dies hat das BVerfG schon im Apotheken-Urteil klargestellt. Denn obwohl der Wortlaut des Art. 12 zwischen Wahl und Ausübung unterscheidet, kann zwischen diesen zwei Entscheidungsstadien grds. nicht so klar getrennt werden, dass jede von ihnen nur eine bestimmte zeitliche Phase des Berufslebens bezeichnet, die sich mit der anderen nicht überschnitte. Die beiden Begriffe erfassen den einheitlichen Komplex „berufliche Betätigung" von verschiedenen Blickwinkeln her[11]. Von der Berufsfreiheit ieS zu unterscheiden ist jedoch der Bereich der beruflichen Ausbildung[12].

6   c) **Verhältnis zu anderen Grundrechten**. Konkurrenz besteht zu Art. 2 I, zu Art. 14, zu Art. 33 und auch zu Art. 4, 5 und 11. Ggü. der durch Art. 2 I geschützten Handlungsfreiheit ist Art. 12 lex specialis, sofern die Berufsfreiheit beeinträchtigt ist[13]. Als Rechtsgrundlage des allg. Persönlichkeitsrechts bleibt Art. 2 I neben Abs. 1 jedoch wirksam. Art. 12 konkretisiert das Grundrecht auf freie Entfaltung der Persönlichkeit im Bereich der individuellen Leistung und Existenzerhaltung[14]. So hat auch der Große Senat des BAG die rechtsfortbildende Schöpfung eines Beschäftigungsanspruchs mit dem grundrechtl. garantierten Persönlichkeitsschutz und nicht mit der Berufsfreiheit begründet[15].

7   Art. 4, 5 sind neben Art. 12 in Idealkonkurrenz anzuwenden, wenn der Regelungsbereich sich auf beide Grundrechte erstreckt. Ist dagegen die Zielsetzung einer Maßnahme nur oder ganz überwiegend auf einen Schutzbereich gerichtet, beurteilt sich die Rechtmäßigkeit der Maßnahme allein nach dem betreffenden Grundrecht, der Gewährleistungsinhalt des anderen Grundrechts ist daneben zu berücksichtigen[16]. Bei der Abgrenzung zu **Art. 14** kommt es vor allem darauf an, ob es um den Erwerb oder das Erworbene geht. Nach dem BVerfG schützt Art. 12 den Erwerb und Art. 14 das Erworbene[17]. Es gilt die Meistbetroffenheitsregel[18]. Auch eine gleichzeitige Geltung ist denkbar[19]. **Art. 33 II** ist parallel anzuwenden (im Einzelnen str.) und Art. 33 V modifiziert Art. 12[20].

8   2. **Gewährleistungsinhalt. a) Schutzbereich**. Art. 12 sichert „die Freiheit des Bürgers, grds. jede Tätigkeit, für die er sich geeignet glaubt, als Beruf zu ergreifen, dh. zur Grundlage seiner Lebensführung

---

1 Vgl. nur BVerfG 10.3.1992 – 1 BvR 454/91 ua., E 85, 360 (373). ||2 ErfK/*Schmidt*, Art. 12 GG Rz. 5. ||3 Jarass/Pieroth/*Jarass*, Art. 12 Rz. 24; zur entsprechenden völkerrechtl. Verpflichtung M. *Körner*, Das internationale Menschenrecht auf Arbeit, 2004. ||4 BVerfG 11.6.1958 – 1 BvR 596/56, AP Nr. 13 zu Art. 12 GG; Dreier/*Wieland*, Art. 12 Rz. 49. ||5 Vgl. nur BVerfG 7.2.1990 – 1 BvR 26/84, E 81, 242 (254f.). ||6 BVerfG 27.1.1998 – 1 BvL 15/87, E 97, 169 (176); *Hergenröder*, ZfA 2002, 355 (372f.). ||7 BVerfG 27.1.1998 – 1 BvL 15/87, E 97, 169 (176). ||8 BVerfG 18.7.1972 – 1 BvL 32/70, E 33, 303; ErfK/*Schmidt*, Art. 12 GG Rz. 4. ||9 Grundl. das „Lüth-Urteil" des BVerfG 15.1.1958 – 1 BvR 400/51, E 7, 198 (206); s. ferner BVerfG 8.7.1997 – 1 BvR 1243/95, E 96, 152 (164); BGH 28.4.1986 – II ZR 254/85, NJW 1986, 2944f. ||10 BAG 20.12.1984 – 2 AZR 436/83, AP Nr. 27 zu § 611 BGB Direktionsrecht. ||11 St. Rspr. seit BVerfG 11.6.1958 – 1 BvR 596/56, E 7, 377 (400ff.). ||12 Jarass/Pieroth/*Jarass*, Art. 12 Rz. 1. ||13 Vgl. nur BVerfG 21.10.1981 – 1 BvR 52/81, E 58, 358 (363). ||14 BVerfG 18.6.1980 – 1 BvR 697/77, E 54, 301 (313). ||15 BAG 27.2.1985 – GS 1/84, AP Nr. 14 zu § 611 BGB Beschäftigungspflicht. ||16 BVerfG 10.3.1992 – 1 BvR 454/91 ua., E 85, 360 (382). ||17 BVerfG 24.4.1991 – 1 BvR 1341/90, E 84, 133 (157). ||18 ErfK/*Schmidt*, Art. 12 GG Rz. 16. ||19 *Lerche*, FS R. Schmidt, 2006, S. 377 (382f.). Offen gelassen in BVerfG 14.3.2006 – 1 BvR 2087/03, E 115, 205 (248). ||20 Jarass/Pieroth/*Jarass*, Art. 12 Rz. 4.

zu machen"[1]. **Beruf** ist jede Tätigkeit, die in ideeller wie in materieller Hinsicht der Schaffung und Erhaltung einer Lebensgrundlage dient[2]. Ob die Tätigkeit selbständig oder unselbständig ausgeübt wird, ist unbeachtlich[3] (s. Rz. 1).

Auch Tätigkeiten im **öffentl. Dienst** sind Berufe iSd. Art. 12, wobei Art. 33 hinzuzuziehen ist[4]. Nach dem BVerfG sollen auch für dem öffentl. Dienst ähnliche Berufe Sonderregelungen in Anlehnung an Art. 33 möglich sein. Die Anforderungen an die nach Abs. 1 S. 2 gebotene gesetzl. Regelung sind für alle Bereiche die gleichen[5]. In der Lit. wird demggü. vertreten, die „staatlich gebundenen Berufe" ausschließlich unter Art. 12 fallen zu lassen[6].

Umstritten ist, ob die Tätigkeit **dauerhaft** sein muss. Nach der Rspr. muss die Tätigkeit nachhaltig sein und über einen einmaligen Erwerbsakt hinausgehen. Nebentätigkeiten (insb. die von Beamten) sollen dementsprechend nur durch Art. 2 I geschützt werden[7]. Dies wird in der Lit. angezweifelt. Zumindest sollten jedenfalls die Anforderungen nicht zu hoch sein und Nebentätigkeiten, Doppel- und Nebenberufe, Ferien- und Aushilfsjobs sowie Beschäftigungsverhältnisse auf Probe unter Art. 12 fallen. Denn auch eine zusätzliche Erwerbsmöglichkeit trägt zur Schaffung und Erhaltung des Lebensunterhalts bei (dies soll auch für Beamte gelten).

Dies entspricht der allg. Vorgehensweise, den Begriff des Berufs generell **weit auszulegen**[8]. Berufe iSd. Art. 12 sind auch Tätigkeiten, die über die typischen, traditionell oder rechtl. fixierten Berufsbilder hinausgehen. Ein Berufserfindungsrecht besteht jedoch wohl nicht und der Gesetzgeber hat das Recht, **Typisierungen** vorzunehmen[9]. Ebenfalls umstritten ist, ob es sich um eine erlaubte bzw. sittliche Tätigkeit handeln muss. Diese Frage betrifft jedoch die Schranken des Schutzbereichs und nicht den Schutzbereich selbst. Der Gesetzgeber darf nicht durch bestimmte Berufsverbote den Schutzbereich der Berufsfreiheit einengen[10].

b) Geschützte Tätigkeit. Die Berufsfreiheit schützt die freie **Wahl eines Berufs** und die freie **Wahl eines Arbeitsplatzes**. Die Arbeitsplatzwahl ist der Berufswahl nachgeordnet und konkretisiert diese. Geschützt ist die Befugnis, einen konkreten Arbeitsplatz in dem gewählten Beruf nach eigener Wahl anzunehmen und beizubehalten. Für abhängig Beschäftigte bedeutet dies vor allem die freie Wahl des Vertragspartners (Vertragsfreiheit) mit allen dazu notwendigen Voraussetzungen, insb. den Zutritt zum Arbeitsmarkt. Arbeitsplatz ist sowohl der räumliche Ort, dh. die Stelle, an welcher der Beruf ausgeübt wird, als auch das gesamte berufl. Umfeld der Betätigung und der Aufgabenkreis. Der Begriff „Arbeitsplatz" ist nicht im arbeitsrechtl. Sinne zu verstehen, sondern umfasst jede Arbeitsmöglichkeit unabhängig von der Vertragsform (Werk-, Dienst- oder Arbeitsvertrag)[11]. Mit der Wahlfreiheit ist weder ein Anspruch auf Bereitstellung eines Arbeitsplatzes eigener Wahl noch eine Bestandsgarantie für den einmal gewählten Arbeitsplatz verbunden. Es gibt auch keinen unmittelbaren Schutz gegen den Arbeitsplatzverlust auf Grund privater Dispositionen[12].

Unter die Berufswahlfreiheit fällt auch die Entscheidung, überhaupt einen Beruf zu ergreifen oder aber darauf zu verzichten bzw. den Beruf aufzugeben. Geschützt ist also gleichermaßen **die negative Berufsfreiheit**[13]. Damit ist aber nicht verbunden, dass der Staat derartige Entscheidungen finanziell unterstützen muss[14]. Weiterhin umfasst die Berufswahlfreiheit die Kombination verschiedener Berufe sowie den Berufswechsel.

Neben der Berufswahl wird auch die **Ausübung des Berufs** geschützt. Dies meint die gesamte berufl. Tätigkeit[15], insb. Form, Mittel und Umfang sowie Inhalt der Betätigung, die Beschäftigung von Personen, die berufl. Werbung, das Führen einer berufl. Bezeichnung und auch die Unternehmerfreiheit. Obwohl die Unternehmerfreiheit nicht ausdrücklich gewährleistet wird, sieht sie das BVerfG als einen Teilbereich der Berufsfreiheit. Die Unternehmerfreiheit wird dabei insb. als Gründungs- und Führungsfreiheit verstanden, sofern die Tätigkeiten die allg. Voraussetzungen der Berufsfreiheit erfüllen. Entsprechend fallen darunter die Organisations-, die Dispositions-, die Produktions-, die Preis- und die Vertragsfreiheit[16]. Weiterer geschützter Teilbereich ist die Wettbewerbsfreiheit (str.)[17]. Dabei können wettbewerbsrelevante Tatsachen, die nicht direkt die Tätigkeit des Unternehmers betreffen, auch unter Art. 14 fallen[18]. Die allg. Gegebenheiten des Arbeitsmarktes fallen nicht in den Schutzbereich der Berufsfreiheit[19].

---

1 St. Rspr. seit BVerfG 11.6.1958 – 1 BvR 596/56, E 7, 377 (397); vgl. auch BVerfG 18.6.1980 – 1 BvR 697/77, E 54, 301 (313). ||2 BVerfG 17.2.1998 – 1 BvF 1/91, E 97, 228 (252). ||3 BVerfG 18.6.1980 – 1 BvR 697/77, E 54, 301 (322). ||4 St. Rspr. seit BVerfG 11.6.1958 – 1 BvR 596/56, E 7, 377 (397). ||5 BVerfG 1.7.1980 – 1 BvR 247/75, E 54, 237 (246). ||6 Dreier/*Wieland*, Art. 12 Rz. 59. ||7 BVerfG 17.2.1998 – 1 BvF 1/91, E 97, 228 (253); 19.2.2003 – 2 BvR 1413/01, NVwZ 2003, 1504ff.; abw. BVerfG 16.3.2004 – 1 BvR 1778/01, E 110, 141 (157). ||8 BVerfG 28.11.1984 – 1 BvL 13/81, E 68, 272 (281). ||9 BVerfG 18.6.1980 – 1 BvR 697/77, E 54, 301. ||10 BVerwG 4.11.1965 – I C 6/63, AP Nr. 36 zu Art. 12 GG; Jarass/Pieroth/*Jarass*, Art. 12 Rz. 9; AA BVerwG 23.8.1994 – 1 C 18/91, E 96, 293 (296f.). ||11 BVerfG 24.4.1991 – 1 BvR 1341/90, E 84, 133 (146). ||12 BVerfG 27.1.1998 – 1 BvL 15/87, E 97, 169 (175). ||13 BVerfG 21.10.1981 – 1 BvR 52/81, E 58, 358 (364). ||14 ErfK/*Schmidt*, Art. 12 GG Rz. 10. ||15 ErfK/*Schmidt*, Art. 12 GG Rz. 9. ||16 BVerfG 1.3.1979 – 1 BvR 532/77 ua., E 50, 290 (363). ||17 BVerfG 12.10.1977 – 1 BvR 217/75 ua., E 46, 120 (137). ||18 *Wunderlich*, Das Grundrecht der Berufsfreiheit im EG-Recht, 2000, S. 29. ||19 ErfK/*Schmidt*, Art. 12 GG Rz. 7.

15 **c) Grundrechtsadressaten.** Nach Art. 1 III ist die **gesamte öffentl. Gewalt** unmittelbar an die Grundrechte und somit an Art. 12 gebunden. Auch für den Privatrechtsgesetzgeber gilt nichts anderes[1]. Außerdem haben (zumindest) über die zivilrechtl. Generalklauseln auch die TV-Parteien die Grundrechte zu beachten (mittelbare Drittwirkung). Für den normativen Teil eines TV folgt die Grundrechtsbindung nach teilweise vertretener Ansicht schon aus dem Rechtsnormcharakter dieser Regelungen (s. Art. 3 Rz. 29). BV sind über § 75 I und II BetrVG mittelbar an die Grundrechte gebunden[2].

16 **d) Grundrechtsträgerschaft und Unionsrecht.** Träger des Art. 12 sind alle **Deutschen** iSd. Art. 116. Problematisch ist jedoch, ob nicht auch **EU-Ausländer** zu den Grundrechtsträgern gehören müssten. Der EuGH betrachtet die Berufsfreiheit jedenfalls als einen allg. Grundsatz des Unionsrechts[3]. Die Berufsfreiheit besteht somit auch als Unionsgrundrecht und den EU-Ausländern muss in diesem Bereich der gleiche Schutz gewährt werden wie den Deutschen[4]. Umstritten ist, auf welchem dogmatischen Weg dies erfolgen soll. Zum einen wird vertreten, die EU-Bürger in den Schutzbereich des Art. 12 aufzunehmen und Deutschen als Inhaber der Berufsfreiheit gleichzustellen[5]. Diese Vorgehensweise widerspricht dem Wortlaut des Art. 12 und damit der Verfassung. Für EU-Ausländer kann daher zunächst nichts anderes gelten als für andere Ausländer und Staatenlose. Auch sie können nur durch Art. 2 I geschützt werden, ihnen muss aber eine den Deutschen **vergleichbare Rechtsstellung** eingeräumt werden. Dies ist auch ohne weiteres möglich. Soweit nämlich das Diskriminierungsverbot des Unionsrechts reicht, haben EU-Bürger durch Art. 2 I bei Beruf, Arbeit und Ausbildung den gleichen Schutz wie Deutsche[6]. Andere Ausländer werden im Bereich der Freiheit von Beruf, Arbeit und Ausbildung – wenngleich weniger intensiv – (nur) durch Art. 2 I geschützt[7].

17 Für **Strafgefangene** ist Abs. 3 lex specialis. Auch **arbeitnehmerähnliche Personen** genießen den Schutz des Art. 12[8].

18 Zudem fallen gem. Art. 19 III auch **inländische juristische Personen** und Personenvereinigungen des Privatrechts sowie juristische Personen der EU-Mitgliedstaaten, soweit sich der Sachverhalt im Anwendungsbereich des Unionsrechts realisiert[9], unter den Schutz der Berufsfreiheit. Voraussetzung ist dabei, dass die Führung eines Geschäftsbetriebs zu ihren satzungsmäßigen Zwecken gehört oder sie einer Erwerbstätigkeit nachgehen, die ebenso von einer natürlichen Person ausgeübt werden könnte[10]. Dabei zählen auch Handels-, offene Handels- und Kommanditgesellschaften dazu, obwohl die zivilrechtl. Terminologie hier abweichend ist[11]. Zusätzlich hat das BVerfG Berufsorganisationen als Träger der Berufsfreiheit anerkannt. Dabei soll es sogar unbeachtlich sein, wenn sie Körperschaften des öffentl. Rechts sind[12]. ArbGeb-Verbände und Gewerkschaften fallen unter Art. 2 I und nicht unter Abs. 1, da sie keinen Beruf ausüben[13].

19 Streng genommen ist es missverständlich, **ArbGeb und ArbN als Grundrechtsträger** zu bezeichnen (so aber das BVerfG[14]), ebenso wie der Begriff des „Arbeitgebers" nicht mit „Unternehmer" gleichgesetzt werden sollte. Die Begriffe „Arbeitgeber" und „Arbeitnehmer" drücken nur eine arbeitsvertragl. Stellung aus und sind eine bestimmte Form der Berufsausübung, aber kein Beruf. Die Arbeitsvertragsfreiheit ist Teil der Berufsfreiheit[15]. Entsprechendes gilt für die Unternehmerstellung und die dazugehörige Unternehmerfreiheit[16].

20 **3. Beeinträchtigung/Verletzung. a) Eingriff.** Die Berufsfreiheit kann unmittelbar, aber auch mittelbar beeinträchtigt werden. Art. 12 schützt vor Maßnahmen, welche die **Wahlfreiheit** beschränken[17]. Regelungen mit direktem Berufsbezug beeinträchtigen die Berufsfreiheit unmittelbar[18]. Eingriffe, die nicht primär auf die Regelung eines Berufes abzielen, können die Berufsfreiheit mittelbar beeinträchtigen. Voraussetzung ist dabei, dass ihre Auswirkungen von einigem Gewicht sind und sie „zumindest eine objektiv berufsregelnde Tendenz haben"[19]. Jedenfalls bei Steuern und Abgaben wird dies kaum der Fall sein[20]. Nach einer neueren Entscheidung des BVerfG soll jedoch die Berufsfreiheit eines ArbGeb – durch die Auferlegung von Kostentragungspflichten – auch dann berührt sein können, wenn die beeinträchtigende Regelung keine berufsregelnde Tendenz hat[21]. Kein Eingriff liegt allerdings vor, wenn die

---

1 *Hergenröder*, ZfA 2002, 355 (367). ‖2 Löwisch/Kaiser/*Löwisch*, § 75 BetrVG Rz. 1, § 77 BetrVG Rz. 25. ‖3 EuGH 15.10.1987 – Rs. 222/86, EAS EG-Vertrag Art. 48 Nr. 40 (LS) Heylens, Tz. 14. Auch Art. 15 GrCh (v. 7.12.2000, ABl. C 364/1) gewährleistet die Berufsfreiheit neben der in Art. 16 garantierten unternehmerischen Freiheit. ‖4 Sachs/*Mann*, Art. 12 Rz. 33 ff. ‖5 Jarass/Pieroth/*Jarass*, Art. 12 Rz. 12. ‖6 Dreier/*Wieland*, Art. 12 Rz. 72. ‖7 BVerfG 10.5.1988 – 1 BvR 482/84 u. 1166/85, E 78, 179 (196 f.). ‖8 ErfK/*Schmidt*, Art. 12 GG Rz. 40. ‖9 BVerfG 19.7.2011 – 1 BvR 1916/09, NJW 2011, 3428; Jarass/Pieroth/*Jarass*, Art. 19 Rz. 23 mwN. ‖10 St. Rspr. vgl. nur BVerfG 19.10.1983 – 2 BvR 298/81, E 65, 196 (209 f.). ‖11 *Wunderlich*, Das Grundrecht der Berufsfreiheit im EG-Recht, 2000, S. 34. ‖12 BVerfG 14.5.1985 – 1 BvR 449, 523, 700, 728/82, E 70, 1 (15 ff.). ‖13 BVerfG 26.5.1981 – 1 BvR 56–58/78, E 57, 139 (158). ‖14 BVerfG 15.12.1987 – 1 BvR 563/85, 582/85, 974/86, E 88, 598. ‖15 BVerfG 7.2.1990 – 1 BvR 26/84, E 81, 242 (255). ‖16 BVerfG 1.3.1979 – 1 BvR 532/77 ua., E 50, 290; BAG 3.4.1990 – 1 AZR 123/89, AP Nr. 56 zu Art. 9 GG 223. ‖17 BVerfG 10.3.1992 – 1 BvR 454/91 ua., E 85, 360 (373). ‖18 BVerfG 12.6.1990 – 1 BvR 355/86, E 82, 209 (223). ‖19 BVerfG 17.2.1998 – 1 BvF 1/91, E 97, 228 (254) mwN. ‖20 BVerfG 29.11.1989 – 1 BvR 1402, 1528/87, E 81, 108 (121 f.); ErfK/*Schmidt*, Art. 12 GG Rz. 18; v. Münch/Kunig/*Kämmerer*, Art. 12 Rz. 48. ‖21 BVerfG 18.11.2003 – 1 BvR 302/96, AP Nr. 23 zu § 14 MuSchG 1968; abw. von BVerfG 23.4.1974 – 1 BvL 19/73, E 37, 121 (131).

Verwendung der Abgabe sich in nicht erheblicher Weise auf die Berufsausübung auswirken kann[1]. Weiterhin stand Abs. 1 im Vordergrund bei der Beurteilung der Erstattungspflichten des ArbGeb nach § 147a SGB III aF[2]. Zudem können Beeinträchtigungen auch von Realakten (zB durch Öffentlichkeitsarbeit) oder von Verwaltungsvorschriften ausgehen. Voraussetzung ist wiederum eine objektiv berufsregelnde Tendenz[3].

Die (zwingenden) **Vorschriften des Arbeitsrechts** haben regelmäßig berufsregelnde Tendenz, wobei 21 sich grds. Beeinträchtigungen für ArbGeb und ArbN gleichermaßen – auch durch ein und dieselbe gesetzl. oder tarifvertragl. Regelung – ergeben können. Derartige Regelungen sind nicht grenzenlos möglich. Die Verfassung gibt den gebotenen Mindestschutz (Untermaßverbot) und die maximal zulässige Freiheitsbeschränkung (Übermaßverbot) vor[4]. Dabei ist es Sache des einfachen Gesetzgebers sowie der gesetzeskonkretisierenden Rspr., die Grundrechtspositionen im Einzelfall zu einem sachgemäßen Ausgleich zu bringen.

b) **Einzelfälle. Beeinträchtigungen** ergeben sich, wenn der Staat den Einzelnen an der Aufnahme 22 einer konkreten Beschäftigungsmöglichkeit hindert, ihn zur Annahme eines bestimmten Arbeitsplatzes zwingt, die Aufgabe eines Arbeitsplatzes verlangt oder ihn daran hindert. Arbeitsrechtl. Vorschriften beschränken zumeist die Berufsfreiheit des ArbGeb. So wird er bspw. gehindert, andere Vertragsgestaltungen, andere betriebl. Organisationsstrukturen oder eine andere Art der Unternehmensführung zu wählen oder auch sein Direktionsrecht beliebig einzusetzen[5]. Einschränkungen für die ArbN ergeben sich ua. aus Vorgaben des ArbZG, Beschäftigungsverboten (s. § 3 und § 4 MuSchG) und gesetzl. Formen und Fristen[6], aber auch aus dem Übergang ihrer ArbVerh durch § 613a BGB[7]. Sofern die gesetzl. Überleitung von Beschäftigten einer Gebietskörperschaft auf einen anderen Rechtsträger dazu dient, eine **Privatisierung** vorzubereiten bzw. umzusetzen, verstößt es gegen Art. 12, wenn den betroffenen ArbN nicht das Recht eingeräumt wird, nach ihrer Wahl im öffentl. Dienst zu bleiben[8]. Der Gesetzgeber muss aber keine Regelung schaffen, die dem § 613a BGB entspricht[9]. Auch Besetzungsregeln und Einstellungsrichtlinien, die unmittelbar in den Wettbewerb um vorhandene Arbeitsplätze eingreifen, tangieren die Berufsfreiheit[10]. Die Berufsfreiheit des ArbN ist aber auch dann beeinträchtigt, wenn das soziale Übergewicht des ArbGeb bei Abschluss des Arbeitsvertrags und der vertragl. Regelung von Arbeitsbedingungen unkontrolliert zur Durchsetzung einseitiger Interessenwahrnehmung genutzt werden kann[11].

Im Schrifttum wird diskutiert, ob der gesetzl. Kündigungsschutz als **Marktzutrittsschranke für Ar-** 23 **beitsuchende** fungiert, also deren Rechte aus Abs. 1 berührt. Indes wird man erst bei einer Überdehnung des Bestandsschutzes einen unverhältnismäßigen Eingriff in die Arbeitsplatzwahlfreiheit der Arbeitsuchenden annehmen können. Demgemäß verletzt der gegenwärtige Kündigungsschutz nicht die Berufsfreiheit potenzieller Arbeitsplatzbewerber, die auf frei werdende Stellen hoffen[12]. Staatl. Maßnahmen der Arbeitsmarktpolitik berühren Art. 12 nicht[13].

4. **Rechtfertigung.** a) **Gesetzliche Grundlagen gem. Abs. 1 S. 2.** Gem. Abs. 1 S. 2 kann „die Berufsaus- 24 übung durch Gesetz oder auf Grund eines Gesetzes geregelt werden". Doch betrachten Rspr. und Lehre die Berufsfreiheit als **einheitliches Grundrecht** und beziehen deshalb den (Gesetzes)Vorbehalt – entgegen seinem Wortlaut – nicht nur auf die Berufsausübung, sondern auf die gesamte Berufsfreiheit. Eine klare Grenzziehung zwischen den einzelnen Garantien sei nicht möglich[14]. Eingriffe können daher mit entsprechender gesetzl. Grundlage im gesamten Schutzbereich der Berufsfreiheit verfassungsmäßig sein. Doch sind die Anforderungen an die Verhältnismäßigkeit unterschiedlich, sie sind bei der Berufs- und Arbeitsplatzwahl höher als bei der Ausübung[15].

b) **Anforderungen an die gesetzliche Grundlage.** Grds. ist für jede Einschränkung ein formelles Ge- 25 setz erforderlich[16]. Das Parlament muss die **wesentlichen Fragen** selbst regeln (Parlamentsvorbehalt) und das einschränkende Gesetz muss hinreichend bestimmt sein[17]. Neben förmlichen Gesetzen können aber auch berufsregelnde RechtsVO Eingriffsgrundlage sein, wenn sie sich auf eine ausreichende Ermächtigung iSv. Art. 80 stützen können, da sie „auf Grund eines Gesetzes" ergehen. Inhalt, Zweck und Ausmaß der Ermächtigung müssen bestimmt sein[18]. Zudem sind Eingriffe durch vorkonstitutionelles Gewohnheitsrecht oder – in bestimmten Grenzen – auf Grund autonomen Satzungsrechts von Berufsverbänden möglich. Insb. können die Berufskammern Einzelheiten der Berufsregelung durch Satzung

---

1 BVerfG 16.7.2012 – 1 BvR 2983/10, NZA 2013, 193. || 2 BVerfG 10.11.1998 – 1 BvR 2296/96; 1081/97, E 99, 202. || 3 BVerwG 6.11.1986 – BVerwG 3 C 72/84, E 75, 109 (115). || 4 BVerfG 23.1.1990 – 1 BvL 44/86, 48/87, E 81, 156 (200). || 5 ErfK/*Schmidt*, Art. 12 GG Rz. 20; BVerfG 8.11.2010 – 1 BvR 1287/08, NJW 2011, 665. || 6 ErfK/*Schmidt*, Art. 12 GG Rz. 20. || 7 Vgl. dazu BAG 28.9.2006 – 8 AZR 441/05, AP Nr. 26 zu § 419 BGB Funktionsnachfolge mwN. || 8 BVerfG 25.1.2011 – 1 BvR 1741/09, NZA 2011, 400; 15.5.2012 – 1 BvR 2819/09. Anders noch BAG 18.12.2008 – 8 AZR 660/07, AP Nr. 366 zu § 613a BGB. || 9 BAG 19.10.2011 – 5 AZR 161/11, AP Nr. 147 zu Art. 12 GG. || 10 ErfK/*Schmidt*, Art. 12 GG Rz. 11. || 11 Sachs/*Mann*, Art. 12 GG Rz. 101. || 12 *Hergenröder*, ZfA 2002, 355 (360f.). || 13 ErfK/*Schmidt*, Art. 12 GG Rz. 11. || 14 St. Rspr. seit BVerfG 11.6.1958 – 1 BvR 596/56, E 7, 377 (401f.); BGH 16.7.1962 – AnwZ (B) 9/62, AP Nr. 27 zu Art. 12 GG. || 15 BVerfG 21.2.1995 – 1 BvR 1397/93, E 92, 140. || 16 BVerwG 11.11.1993 – 3 C 45/91, E 94, 269 (277). || 17 BVerfG 27.1.1976 – 1 BvR 2325/73, E 41, 251 (265). || 18 BVerfG 8.11.1983 – 1 BvR 1249/81, E 65, 248 (258).

regeln[1]. Hingegen reichen Standesrichtlinien allein nicht aus[2]. Und auch Verwaltungsvorschriften genügen idR nicht[3].

26 Umstritten ist, ob **Richterrecht** mit berufsregelnder Wirkung verfassungsmäßig ist[4]. Dafür spricht, dass es im Berufsrecht viele konkretisierungsbedürftige Generalklauseln gibt und diesbezügliche Gerichtsentscheidungen auch „auf Grund eines Gesetzes" ergehen. Somit kann die Berufsfreiheit im Rahmen der herkömmlichen Rspr. eingeschränkt werden[5].

27 Problematisch ist, ob **VerbandsTV** als Eingriffsermächtigung genügen. Sie sind keine formellen Gesetze, und auch die Tatsache, dass § 4 TVG zur Vereinbarung unmittelbar und zwingend geltender Regelungen ermächtigt, kann darüber nicht hinweghelfen. Dennoch ist der ArbGeb wie durch ein Gesetz verpflichtet und TV sollen berufsregelnd wirken können. Wie die berufsregelnde Wirkung zu legitimieren ist, ist umstritten[6]. Für diejenigen Autoren, welche von einer unmittelbaren Grundrechtswirkung ausgehen[7], ergibt sich die Legitimation zur Berufsregelung daraus, dass sie TV wie Gesetze behandeln. Dementsprechend können TV die Berufsfreiheit unter den Voraussetzungen der Drei-Stufen-Lehre einschränken. Das BVerfG hat dies etwas eingeschränkt und entschieden, dass Koalitionen ebenso wie die öffentl.-rechtl. Berufsorganisationen nur befugt sind, Berufsausübungsregelungen und keine statusbildenden Berufswahlregelungen zu erlassen[8]. Nach der Gegenmeinung ergibt sich die Legitimation aus der privatautonomen Beitrittserklärung der Verbandsmitglieder, die als (inhaltlich begrenzte) Unterwerfung unter bestehendes und zukünftiges TV-Recht anzusehen ist. Die Arbeitsvertragspartei ist der Koalition freiwillig beigetreten und muss sich deshalb gewisse Einschränkungen ihrer Berufsfreiheit gefallen lassen. Doch ist diese Unterwerfung nicht grenzenlos. Werden die Verbandsmitglieder unzumutbar eingeengt, muss ihnen der Staat helfend zur Seite stehen. Dabei gelten (zumindest) die Grundsätze der Drittwirkung[9].

28 **Firmen- bzw. HausTV** wird man wie Individualverträge und BV behandeln können. Wie bei der Inhaltskontrolle von Arbeitsverträgen muss dann die schwächere Partei – hier der ArbGeb – geschützt werden. Aufgabe des Staates bzw. der Rspr. ist umso mehr die Herstellung von Verhandlungs- und Kampfparität (Rz. 166f.).

29 Nach Ansicht des BVerfG sind **Allgemeinverbindlichkeitserklärungen** „ausreichend demokratisch legitimiert". Die AVE ist im Verhältnis zu den nicht tarifgebundenen ArbN ein Rechtsetzungsakt eigener Art zwischen autonomer Regelung und staatlicher Rechtsetzung, der seine eigenständige Grundlage in Art. 9 III findet und nicht an Art. 80 gemessen werden kann. Die für allgemeinverbindlich erklärten Tarifnormen unterliegen der Bindung an die Grundrechte nach Art. 1 III[10].

30 Bei **BV** bzw. **Sozialplänen** ist der ArbGeb direkt beteiligt. Sie kommen wie ein „normaler" Vertrag durch beiderseitige Einigung zustande. Die Verpflichtungen des ArbGeb bestehen also nicht, weil er durch Verbandsbeitritt normunterworfen ist, sondern weil er seine Privatautonomie ausgenutzt und sich vertragl. gebunden hat. Die Situation ist hier die gleiche wie bei Individualverträgen. Somit muss bei Auslegung und Anwendung von betriebl. Vorschriften die Ausstrahlungswirkung der Grundrechte schützend beachtet werden. Diese Ansicht teilt auch das BVerfG[11].

31 Anders sieht es jedoch aus, wenn die BV nicht auf vertragl. Einigung, sondern auf einem Spruch der **Einigungsstelle** beruht. Denn die Einigungsstelle kann dem ArbGeb eine betriebl. Regelung aufzwingen. Im Schrifttum wird deshalb vertreten, dass die Bindung an die Grundrechte in diesem Falle unmittelbar aus Art. 1 III folge[12]. Soweit das ArbG im Beschlussverfahren eine entsprechende Regelung treffen kann, an die der ArbGeb gebunden ist, ist dem ohne weiteres zuzustimmen. Davon einmal abgesehen, müssen aber auch bei Einschaltung der Einigungsstelle die Grundsätze der mittelbaren Drittwirkung gelten[13]. Dass die BV auf einem Einigungsstellenspruch beruht, kann der Regelung keinen neuen Rechtscharakter geben.

32 c) **Stufenlehre.** Jede Beeinträchtigung der Berufsfreiheit muss **verhältnismäßig** sein[14]. Dabei müssen die Gründe für die Beeinträchtigung umso schwerer wiegen, je intensiver die Berufsfreiheit eingeschränkt wird, und desto strenger ist auch die Verhältnismäßigkeitsprüfung des BVerfG. Grds. ist das BVerfG allerdings zurückhaltend, wenn es gesetzgeberische Ziele, Lagebeurteilungen und Prognosen bewertet, wobei der Gestaltungsspielraum bei der Verfolgung wirtschafts-, arbeitsmarkt- und sozialpolitischer Ziele besonders weit sein soll, weil der Gesetzgeber bei der Regelung von wirtschaftl. Sach-

---

1 BVerfG 21.6.1989 – 1 BvR 32/87, E 80, 257 (268). || 2 BVerfG 20.4.1982 – 1 BvR 522/78, E 60, 215 (229). || 3 BVerwG 6.11.1986 – 3 C 72/84, NVwZ 1987, 315 (316). || 4 Verneinend v. Münch/Kunig/*Kämmerer*, Art. 12 Rz. 53; zweifelnd auch Sachs/*Mann*, Art. 12 Rz. 120. || 5 BVerfG 4.7.1989 – 1 BvR 1460/85, E 80, 269 (279). || 6 Vgl. etwa Wiedemann/*Wiedemann*, TVG, Einl. Rz. 297ff. || 7 *Säcker*/*Oetker*, Grundlagen und Grenzen der Tarifautonomie, S. 242. || 8 BVerfG 9.5.1972 – 1 BvR 518/62 ua., E 33, 125 (157ff.). || 9 *Stein*, AR-Blattei SD 830 (2001) Rz. 534; modifizierend *Löwisch*, ZfA 1996, 293 (300); s.a. *Cherdron*, S. 212ff. || 10 BVerfG 15.7.1980 – 1 BvR 24/74 ua., E 55, 7 – allerdings jeweils ohne Prüfung am Maßstab des Art. 12; *Jarass*, NZA 1990, 505 (508f.). || 11 BVerfG 23.4.1986 – 2 BvR 487/80, E 73, 261 (269). || 12 *Canaris*, JuS 1989, 161 (167). || 13 So auch BAG 27.5.1986 – 1 ABR 48/84, AP Nr. 15 zu § 87 BetrVG 1972 Überwachung. || 14 BVerfG 22.5.1996 – 1 BvR 744/88 ua., E 94, 372 (389f.).

verhalten naturgemäß auf Prognosen angewiesen ist[1]. Noch weiter ist der Gestaltungsspielraum, wenn die Regelung keinen unmittelbar berufsregelnden Charakter hat. Gesichtspunkte der Zweckmäßigkeit dürfen im Vordergrund stehen[2]. Neue Anforderungen bedürfen idR einer angemessenen Übergangsregelung[3]. Um die Eingriffsintensität bzw. die Anforderungen an die Verhältnismäßigkeit prüfen zu können, hat das BVerfG die sog. „Stufenlehre" entwickelt[4]. Sie sei das Ergebnis einer strikten Anwendung des Verhältnismäßigkeitsprinzips[5]. Die Stufenlehre[6] unterscheidet drei Arten von Beeinträchtigungen der Berufsfreiheit.

Auf der ersten Stufe stehen die **(subjektiven und objektiven) Berufsausübungsbeschränkungen**, welche die Wahl des Berufs nicht beeinflussen und bei denen daher die Beeinträchtigung der Berufsfreiheit relativ gering ist. Hierher gehören bspw. Anordnungen über die Produktqualität und Werbebeschränkungen[7]. Reine Berufsausübungsbeschränkungen können durch jede vernünftige Erwägung des Gemeinwohls gerechtfertigt werden[8], dabei dürfen auch Zweckmäßigkeitserwägungen im Vordergrund stehen[9]. 33

Die zweite Stufe bilden die **subjektiven Berufswahlbeschränkungen**, bei denen ein mittleres Beeinträchtigungsniveau besteht. Sie beeinflussen die Berufswahl anhand persönlicher Eigenschaften, Fähigkeiten, erworbener Abschlüsse oder erbrachter Leistungen[10]. Sie sind zum Schutz überragender Gemeinschaftsgüter zulässig[11]. 34

Auf der letzten Stufe liegen die **objektiven Berufswahlbeschränkungen**. Durch sie wird die Berufsfreiheit am stärksten beeinträchtigt. Sie beeinflussen die Berufswahl anhand objektiver Kriterien, die weder mit den Eigenschaften und Qualifikationen des Betroffenen zu tun haben noch von ihm beeinflusst werden können. Ein typischer Fall sind Bedürfnisprüfungen. Deshalb sind sie nur „zur Abwehr nachweisbarer oder höchst wahrscheinlicher schwerer Gefahren für ein überragend wichtiges Gemeinschaftsgut" und unter strikter Beachtung des Grundsatzes der Verhältnismäßigkeit statthaft[12]. Abs. 1 schließt eine (bedarfsorientierte) Berufslenkung aus[13]. Manchmal können Übergangs- und Härteausgleichsregelungen geboten sein[14]. 35

Doch sind die drei Stufen der „Stufentheorie" nicht mehr als eine **Richtschnur**. Es hat sich nämlich gezeigt, dass drei Stufen nicht ausreichen, um die vielen staatlichen Interventionsmöglichkeiten zu erfassen und Eingriffsintensitäten zuverlässig messen zu können. Oft kann wegen des weiten Berufsbegriffs zwischen den Stufen gar nicht klar getrennt werden. So können Regeln der Berufsausübung bspw. wie Zugangsvoraussetzungen wirken[15]. Qualitative Besetzungsregelungen belegen die Vielschichtigkeit der Maßnahmen. Richtiger Auffassung nach begründen sie aus ArbN-Sicht Berufszulassungsbeschränkungen und aus ArbGeb-Sicht Berufsausübungsbeschränkungen, da sie Einstellungsvorgaben machen; ähnlich wirken Personenauswahlrichtlinien[16]. IÜ müssen die Beschränkungen auch in sonstiger Hinsicht verfassungsgemäß sein, insb. gleichheitsgemäß ausgestaltet[17]. 36

Deshalb arbeitet das BVerfG heute nicht mehr ausschließlich mit den drei Stufen, sondern berücksichtigt die tatsächlichen Auswirkungen einer Maßnahme für die Normadressaten und nimmt eine differenzierende Gesamtabwägung vor[18]. Außerdem bewirkt der große **Gestaltungsspielraum im Arbeitsrecht**, dass die gerichtl. Nachprüfbarkeit auf eine Vertretbarkeitskontrolle beschränkt wird[19]. 37

d) Kollidierendes Verfassungsrecht. Ebenso wie andere Grundrechte kann auch Art. 12 durch (kollidierendes) Verfassungsrecht **beschränkt** werden. So enthält Art. 48 Schutzvorschriften für Abgeordnete, an die auch private ArbGeb gebunden sind. Ebenso ist der Mutterschutz aus Art. 6 zu berücksichtigen. Weiterhin schützt Art. 140 iVm. Art. 139 WRV den Sonntag und staatl. anerkannte Feiertage als Tage, an denen grds. nicht gearbeitet werden darf. Dadurch wird die Berufsfreiheit beider Arbeitsvertragsparteien eingeschränkt. Zu berücksichtigen sein können auch **Art. 5**[20] und **Art. 4 I**[21]. Für den öffentl. Dienst bildet Art. 33 eine zusätzliche Schranke, indem die Möglichkeit zu Sonderregelungen eröffnet wird. Kollidierende Grundrechte müssen von Gesetzgeber und Rspr. nach den Grundsätzen praktischer Konkordanz in Einklang gebracht werden[22]. So ist auch der Konflikt zwischen der **Berufsfreiheit des ArbN und des ArbGeb** im Wege der praktischen Konkordanz aufzulösen[23]. 38

---

[1] Vgl. etwa BVerfG 23.1.1990 – 1 BvL 44786 ua., E 81, 156 (189). || [2] BVerfG 7.2.1990 – 1 BvR 26/84, E 81, 242 (255). || [3] BVerfG 4.5.2012 – 1 BvR 367/12, NJW 2012, 1941. || [4] Vgl. zB BVerfG 18.12.1968 – 1 BvL 5, 14/64, 5, 11, 12/65, E 25, 1 (11f.). || [5] BVerfG 18.12.1968 – 1 BvL 5, 14/64, 5, 11, 12/65, E 25, 1 (12). || [6] Grundl. BVerfG 11.6.1958 – 1 BvR 596/56, E 7, 377 (405ff.). || [7] BVerfG 20.4.1982 – 1 BvR 522/78, E 60, 215 (229). || [8] BVerfG 10.5.1988 – 1 BvR 111/77, E 78, 155 (162); 2.3.2010 – 1 BvR 256/08, NJW 2010, 833 (850). || [9] BVerfG 15.12.1987 – 1 BvR 563/85, 582/85, 974/86, E 77, 308 (332). || [10] BVerfG 16.6.1959 – 1 BvR 71/57, E 9, 338 (345). || [11] BVerfG 12.3.1985 – 1 BvL 25, 45, 52/83, E 69, 209 (218). || [12] BVerfG 29.10.1997 – 1 BvR 780/87, E 97, 12 (26). || [13] *Papier*, RdA 2000, 1 (6). || [14] BVerfG 18.6.1980 – 1 BvR 697/77, E 54, 301 (331). || [15] BVerfG 4.11.1992 – 1 BvR 79/85, 643/89, 238, 1258/90 ua., E 87, 287. || [16] *Säcker/Oetker*, S. 256 mwN. || [17] BVerfG 24.1.2012 – 1 BvL 21/11, NVwZ-RR 2012, 257. || [18] BVerfG 23.3.1960 – BvR 216/51, E 11, 30 (42). || [19] ErfK/*Schmidt*, Art. 12 GG Rz. 26. || [20] BVerfG 13.1.1982 – 1 BvR 848/77 ua., E 59, 231ff.; BAG 2.7.2003 – 7 AZR 612/02, AP Nr. 29 zu § 620 BGB Bedingung. || [21] BVerfG 30.7.2003 – 1 BvR 792/03, AP Nr. 134 zu Art. 12 GG; BAG 10.10.2002 – 2 AZR 472/01, AP Nr. 44 zu § 1 KSchG 1969 Verhaltensbedingte Kündigung; BVerwG 4.7.2002 – 2 C 21/01, NJW 2002, 3344ff.; vgl. aber auch EGMR 15.2.2001 – 42393/98, EuGRZ 2003, 595. || [22] ErfK/*Schmidt*, Art. 12 GG Rz. 29. || [23] BVerfG 27.1.1998 – 1 BvL 15/87, E 97, 169 (176).

39 **5. Auswirkungen. a) Gesetze.** Alle **Normen des Arbeitsrechts** müssen sich an Art. 12 messen lassen und müssen den Anforderungen der Stufenlehre entsprechen.

40 **aa) Abschlussfreiheit.** Wichtiger Inhalt der Berufsfreiheit des ArbGeb ist seine Abschlussfreiheit, dh. die Freiheit zu entscheiden, ob und mit wem er **Arbeitsverträge** abschließen will. In diese Freiheit greifen eine Reihe von Vorschriften und Grundsätzen des Arbeitsrechts ein. So bestehen Verfahrensvorschriften, Vorgaben für das Auswahlermessen, Abschlussverbote und sogar Übernahmepflichten oder kollektivrechtl. Mitbestimmungsmöglichkeiten, wie zB §§ 75, 78a, 95 BetrVG, § 10 AÜG, §§ 1, 2, 7 AGG, 613a I BGB[1]. Dennoch sind diese Regelungen durch „vernünftige Erwägungen des Gemeinwohls" gerechtfertigt und halten sich im Rahmen des Übermaßverbots, zumal der Gesetzgeber hier einen weiten Gestaltungsfreiraum hat[2] (näher zum AGG vgl. insb. § 2 AGG Rz. 3). Ggf. sind die Vorschriften verfassungskonform auszulegen[3], so etwa zur Vermeidung eines unbeschränkten Vorbeschäftigungsverbots bei § 14 II 2 TzBfG[4].

41 Problematisch sind in diesem Zusammenhang auch echte individualrechtl. **Kontrahierungszwänge**, deren Verfassungsmäßigkeit umstritten ist. Für manche Autoren sind sie generell verfassungswidrig[5]. Andere halten sie als Sanktion bei Verstößen gegen Diskriminierungsverbote des Art. 3 II u. III für geboten[6], wollen sie zur Sicherung verfassungsrechtl. Grundsatzentscheidungen (zB Art. 3 II, III; Art. 5 I; Art. 9 III) im Rahmen der Verhältnismäßigkeit zulassen[7] oder erkennen überhaupt nur sachbezogene Gründe bei der Einstellungsentscheidung an[8]. Für die Möglichkeit von Kontrahierungszwängen spricht, dass der Gesetzgeber das Untermaßverbot zu Lasten diskriminierter Bewerber oder Bewerberinnen verletzen würde, wenn er keinen Abschlusszwang vorsehen und auch ansonsten keine anderen wirkungsvollen Sanktionen (insb. Schadensersatzansprüche) schaffen würde. Die Rspr. muss die ihr gebotenen Instrumente einsetzen[9]. Allerdings wurde nun ausdrücklich § 15 VI AGG eingeführt (dazu näher § 15 AGG Rz. 15). Auch die Pflicht von ArbGeb zur Annahme eines Angebots auf Entgeltumwandlung über eine Direktversicherung (§ 1a I BetrAVG) ist vor dem Hintergrund von Art. 12 gerechtfertigt[10].

42 Somit ist zwar ein genereller Abschlusszwang (auch aus der Sicht des ArbN) verfassungswidrig, ein Abschlusszwang für schutzbedürftige ArbN unter gewissen Voraussetzungen jedoch wohl als zulässig zu erachten. Immer ist eine **gesetzl. Grundlage** erforderlich.

43 **bb) Arbeitnehmerschutz.** Auch Schutzvorschriften zu Gunsten der ArbN müssen im Rahmen des durch Art. 12 Erlaubten bleiben, da sie regelmäßig in die Berufsfreiheit des ArbGeb eingreifen. Zulässig sind Vorschriften zur **Arbeitszeit**. Sie halten sich im Rahmen des Gemeinwohls, da sie dem Schutz der ArbN gegen übermäßige Ausnutzung und Abnutzung ihrer Arbeitskraft und Erhaltung ihrer Gesundheit dienen und den ArbGeb nicht übermäßig belasten[11]. Somit sind auch das Nachtbackverbot sowie das Ausfahr- und Sonntagsbackverbot für Bäckereien und Konditoreien als Berufsausübungsregelung[12] und die Bestimmungen zum Ladenschluss zulässig[13]. Außerdem sei die Möglichkeit einer Verringerung der Arbeitszeit nach § 8 I TzBfG, die unter Umständen den ArbGeb in seinen Dispositionsmöglichkeiten beeinträchtigen kann, verfassungsgemäß[14]. Auch die Verpflichtung, schwerbehinderte Menschen zu beschäftigen bzw. ansonsten Ausgleichszahlungen zu leisten, sei nicht zu beanstanden[15]. Weiterhin sind Beschäftigungsverbote bei gesundheitlichen Bedenken rechtmäßig[16].

44 Ebenso ist das **Verleihverbot** für ArbN im Baubereich rechtmäßig. Die Entscheidung, ein ArbVerh als Leiharbeiter aufzunehmen, ist kein Akt der Berufswahl. Dieselbe Tätigkeit kann auch als Direktangestellter im Baubereich ausgeübt werden. Ebenso wenig betroffen ist die Arbeitsplatzwahl[17]. Weiter ist die in § 14 AEntG geregelte **Bürgenhaftung des Bauunternehmers** mit Art. 12 I und Art. 56 AEUV vereinbar[18]. Das Verleihverbot verletzt auch nicht die Unternehmerfreiheit[19].

45 Ebenfalls zulässig ist das **Mutterschaftsgeld**. Zwar ist die Berufsfreiheit des ArbGeb durch die Verpflichtung zur Zahlung von Mutterschaftsgeld nach § 14 I 1 MuSchG berührt, doch ist dies grds. durch Gründe des Allgemeinwohls gerechtfertigt. Der Schutz der Mutter ist schon auf Grund Art. 6 IV erforderlich, werdende Mütter sind vor Überforderung und Gesundheitsschäden zu bewahren[20]. Den Bean-

---

[1] *Hillgruber*, ZRP 1995, 6 (7). Speziell zu § 613a BGB *Hergenröder*, AR-Blattei SD 500.1 (2007) Rz. 93 ff. ‖ [2] ErfK/*Schmidt*, Art. 12 GG Rz. 30. ‖ [3] BAG 29.6.2011 – 7 ABR 15/10, NJW 2012, 873. ‖ [4] BAG 21.9.2011 – 7 AZR 375/10, NZA 2012, 255. ‖ [5] MünchArbR/*Buchner*, § 30 Rz. 17. ‖ [6] *Hanau*, FS Kahn-Freund, 1980, S. 457 (470). ‖ [7] ErfK/*Schmidt*, Art. 12 GG Rz. 31. ‖ [8] *Gamillscheg*, FS Weber, 1974, S. 793 (802). ‖ [9] BVerfG 16.11.1993 – 1 BvR 258/86, E 89, 276; ErfK/*Schmidt*, Art. 12 GG Rz. 31. ‖ [10] BVerfG 7.5.2012 – 1 BvR 2653/08. ‖ [11] BVerfG 3.5.1967 – 2 BvR 134/63, E 22, 1 (20 f.). ‖ [12] BVerfG 17.11.1992 – 1 BvR 168, 1509/89 u. 639/90, E 87, 363 (368 ff.). ‖ [13] BVerfG 9.6.2004 – 1 BvR 636/02, AP Nr. 135 zu Art. 12 GG; dazu auch *Fuchs*, NvWZ 2005, 1026. ‖ [14] BAG 18.2.2003 – 9 AZR 164/02, AP Nr. 2 zu § 8 TzBfG. ‖ [15] BVerfG 1.10.2004 – 1 BvR 2221/03, AP Nr. 1 zu § 72 SGB IX. ‖ [16] BAG 15.6.2004 – 9 AZR 483/03, DB 2004, 2643 f. ‖ [17] BVerfG 6.10.1987 – 1 BvR 1086, 1468, 1623/82, E 77, 84 (116 f.). Vgl. auch AÜG BVerfG 29.12.2004 – 1 BvR 2283/03, 2504/03, 2582/03, NZA 2005, 153 (153 f.). ‖ [18] EuGH 12.10.2004 – Rs. C-60/03, AP Nr. 9 zu Art. 49 EG – Wolff & Müller; BAG 12.1.2005 – 5 AZR 617/01, AP Nr. 2 zu § 1a AEntG; s.a. BVerfG 20.3.2007 – 1 BvR 1047/05, NZA 2007, 609 ff. ‖ [19] Vgl. BVerfG 29.12.2004 – 1 BvR 2283/03, AP Nr. 2 zu § 3 AEntG. ‖ [20] BAG 1.11.1995 – 5 AZR 273/94, E 81, 222 (225 ff.).

standungen des BVerfG[1] an der Ausgestaltung der Zuschusspflicht des ArbGeb hat der Gesetzgeber durch die Einführung des AAG Rechnung getragen (§ 14 MuSchG Rz. 1).

Weiterhin verfassungsmäßig ist die **Kleinbetriebsklausel** des KSchG[2]. Nach § 23 I 2 u. 3 KSchG gilt der Kündigungsschutz des KSchG nicht für Kleinbetriebe. Damit wird der Bestandsschutz und somit die Existenzgrundlage für diese ArbN besonders gefährdet, was jedoch durch die besondere Interessenlage im Kleinbetrieb gerechtfertigt ist. Der gleichwohl durch die zivilrechtl. Generalklauseln der §§ 138 und 242 BGB vermittelte verfassungsrechtl. gebotene Kündigungsschutz (Vor § 1 KSchG Rz. 11) ist umso schwächer, je stärker die mit der Kleinbetriebsklausel geschützten Grundrechtspositionen im Einzelfall betroffen sind. Es geht vor allem darum, ArbN vor willkürlichen oder auf sachfremden Motiven beruhenden Kündigungen zu schützen, zB vor Diskriminierungen iSv. Art. 3 III GG[3]. Das AGG ist allerdings gem. § 2 IV AGG ausdrücklich nicht auf Kündigungen anwendbar (s. aber § 2 AGG Rz. 12 ff.). 46

cc) **Werbebeschränkungen und Sozietätsverbote.** An Art. 12 sind auch Werbebeschränkungen und Sozietätsverbote zu messen. Sozietätsverbote, Werbeverbote in gewissem Rahmen und Regelungen zur Führung zusätzlicher Berufsbezeichnungen sind Berufsausübungsbeschränkungen, die aus Gründen des Gemeinwohls zulässig und zumutbar sein können, wie zB für Steuerberater. Hier sollen besondere Vertrauensgründe in den Berufsstand geschaffen werden[4]. Zulässig ist auch das Verbot einer Sozietät zwischen einem Anwaltsnotar und einem Wirtschaftsprüfer, um Unabhängigkeit und Unparteilichkeit der Notare zu gewährleisten[5]. 47

dd) **Mitbestimmung.** Ebenso beschränkt die **Mitbest. auf Unternehmensebene** die Unternehmerfreiheit nicht unrechtmäßig, da sie durch Allgemeinwohlbelange gedeckt ist. Wegen der Größe der Unternehmen fehlt weitgehend der personale Bezug und Unternehmen können nur mit Hilfe der ArbN funktionieren[6]. 48

ee) **Bildung.** Auch die Entgeltfortzahlungspflicht für **Bildungsurlaub** ist in gewissem Maße zulässig. Zwar ist die Berufsausübung der ArbGeb dadurch berührt, dass ihnen zusätzliche Freistellungs- und Kostenlasten aufgebürdet werden, doch bleiben sie im Rahmen der zulässigen Berufsausübungsregelungen. Die Freistellung und die Kosten für den ArbGeb liegen im Interesse des Allgemeinwohls. Es muss die zumutbare Möglichkeit für ArbN bestehen, sich weiterzubilden und damit sich den Entwicklungen auf dem Arbeitsmarkt und der Gesellschaft anzupassen. Den Interessen des ArbGeb ist dadurch Rechnung zu tragen, dass die Bildungstage begrenzt sind und ihre zeitliche Lage mit den betriebl. Belangen in Einklang stehen muss[7]. 49

Mit Abs. 1 S. 2 ist allerdings eine gesetzl. Regelung nicht vereinbar, welche den ArbGeb Entgeltfortzahlungspflichten für den **Zusatzurlaub** pädagogischer Mitarbeiter auferlegt, ohne zugleich Ausgleichsmöglichkeiten vorzusehen[8]. 50

ff) **Sozialleistungen.** Der **Verfall betrieblicher Versorgungsanwartschaften** kann unzulässig sein. IdR wird der ArbN nicht in der Lage sein – trotz eigentlich freier Vertragsgestaltung – Vereinbarungen über die Aufrechterhaltung von Versorgungsanwartschaften bei vorzeitigem Ausscheiden privatautonom auszuhandeln und mitzugestalten. Hier schützt ihn Art. 12 vor einem Verfall von betriebl. Versorgungsanwartschaften, soweit dadurch die freie Wahl eines anderen Arbeitsplatzes in unverhältnismäßiger Weise eingeschränkt wird und er faktisch an einer Beendigung des ArbVerh gehindert wird[9]. 51

Hingegen ist die Überbürdung des **Alg** auf den ArbGeb bei älteren ArbN nur zulässig, soweit ihn eine besondere Verantwortung für die Arbeitslosigkeit trifft[10]. Andererseits ist die Pflichtmitgliedschaft in den Sozialkassen des Baugewerbes keine Berufsregelung, da eine objektiv berufsregelnde Tendenz fehlt. Die Zahlungspflichten beschränken weder unmittelbar den Zugang zu einer Tätigkeit im Bausektor noch berühren sie mittelbar die Ausübung einer dortigen Tätigkeit. Zulässig sind damit Urlaubskassen, Zusatzversorgungskassen und Lohnausgleichskassen[11]. Ebenfalls unzulässig ist die Verpflichtung zu übermäßigen Sozialleistungen[12]. 52

gg) **Ehrenamtliche Tätigkeiten.** Unzulässig ist es, dem ArbGeb die Zahlung des Arbeitsentgelts während eines Sonderurlaubs für ehrenamtliche Tätigkeiten im Bereich der **Jugendarbeit** aufzuerlegen. Denkbar wäre aber zB eine Sozialkasse aller ArbGeb für diese Kosten. Die Freistellung für die Tätigkeit in der Jugendarbeit ist hingegen zulässig. Zwar berührt sie die Berufsfreiheit des ArbGeb, doch ist der 53

---

1 BVerfG 18.11.2003 – 1 BvR 302/96, AP Nr. 23 zu § 14 MuSchG 1968. || 2 BVerfG 27.1.1998 – 1 BvL 15/87, E 97, 169 (177 ff.); BAG 21.2.2001 – 2 AZR 15/00, AP Nr. 12 zu § 242 BGB Kündigung. || 3 BAG 21.2.2001 – 2 AZR 15/00, AP Nr. 12 zu § 242 BGB Kündigung; Hergenröder, ZfA 2002, 355 (379 f.). || 4 BVerfG 16.5.2001 – 1 BvR 2252/00, NJW 2001, 2461 f. mwN; 8.1.2002 – 1 BvR 1147/01, NJW 2002, 1331 f.; s. nun BVerfG 28.7.2004 – 1 BvR 159/04, NJW 2004, 2656 (nur Verbot berufswidriger Werbung). || 5 BVerfG 1.7.1980 – 1 BvR 247/75, E 54, 237 (249); abw. aber BVerfG 8.4.1998 – 1 BvR 1773/96, E 98, 49 (59 ff.). || 6 BVerfG 1.3.1979 – 1 BvR 532/77 ua., E 50, 290. || 7 BVerfG 15.12.1987 – 1 BvR 563/85, 582/85, 974/86, E 77, 308 (332 ff.). || 8 BVerfG 15.12.1987 – 1 BvR 563/85, 582/85, 974/86, E 77, 308 (336 ff.). – § 3 I Hessisches Gesetz über den Anspruch auf Bildungsurlaub. || 9 BVerfG 15.7.1998 – 1 BvR 1554/89 ua., E 98, 365 (395 ff.), vgl. aber auch BAG 20.4.2004 – 3 AZR 297/03, AP Nr. 33 zu § 17 BetrAVG. || 10 BVerfG 23.1.1990 – 1 BvL 44/86, 48/87, E 81, 156 (188 ff.). || 11 BVerfG 15.7.1980, 1 BvR 24/74, 439/79, E 55, 7 (10 f., 25 ff.). || 12 BVerfG 23.1.1990 – 1 BvL 44/86, 48/87, E 81, 156 (197 ff.).

Eingriff durch Belange des Gemeinwohls gerechtfertigt. Denn ehrenamtliche Tätigkeiten im Bereich der Jugendpflege sind zu fördern[1]. Nicht mehr mit der Berufsfreiheit vereinbar ist auch die Pflicht zur **unentgeltlichen Kurzberichterstattung** bei berufsmäßig durchgeführten Veranstaltungen. Sie beeinträchtigt die berufl. Dispositionsfreiheit des Ereignisveranstalters[2].

54 b) **Tarifverträge.** Im Zusammenhang mit Art. 12 steht auch die Frage nach der Reichweite der **Tarifautonomie** (Art. 9 Rz. 110 ff.). Art. 9 III gibt den Koalitionen das Recht, die „Arbeits- und Wirtschaftsbedingungen" zu regeln und überträgt ihnen damit zugleich die Befugnis, die Berufsfreiheit der Arbeitsvertragsparteien auszugestalten (vgl. auch zur Frage der Grundrechtsbindung Rz. 15). Eben jene Berufsfreiheit bildet aber aus Sicht der Grundrechtsträger (Normunterworfene und Außenseiter) auch das Gegengewicht hierzu und verhindert eine zu weit gehende Einschränkung der grundrechtl. geschützten Rechtsstellung von ArbGeb und ArbN durch die tarifl. Regelungsmacht. Art. 12 ist hier auch Schutznorm ggü. der Privatautonomie der Tarifparteien[3]. Somit beschränkt Art. 12 einerseits den Gestaltungsspielraum der TV-Parteien, andererseits stehen Koalitions- und Berufsfreiheit in funktionalem Zusammenhang. Die Koalitionsfreiheit ist auch ein Mittel zur Realisierung der Berufsfreiheit[4]. Im Erg. muss ein Ausgleich gefunden werden zwischen dem Interesse des ArbGeb an einem großen unternehmerischen Autonomiebereich, dem Interesse der ArbN an einer kollektivfreien Individualsphäre sowie der Tarifautonomie.

55 Um die **Grenze der Tarifautonomie** abzustecken, ist auf die Begriffe „Arbeits- und Wirtschaftsbedingungen" in Art. 9 III (Art. 9 Rz. 38 ff.) abzustellen: Dort wird bestimmt, was als koalitionsmäßige Betätigung gelten und Gegenstand tarifl. Regelungen sein kann. An diese Vorgaben muss sich ein TV halten. Es kommt zunächst nicht auf iSd. Art. 12 rechtfertigende Gemeinwohlbelange an. Doch soll zusätzlich zu der Grenze des Art. 9 III aus Art. 12 innerhalb des Bereichs der Arbeits- und Wirtschaftsbedingungen ein kollektivfreier Bereich folgen[5]. Eine klare Grenzziehung ist schwierig, wenn nicht sogar unmöglich und wohl nur anhand konkreter Fälle vorzunehmen[6]. Der überwiegenden Meinung entspricht es, den TV-Parteien einen weiten Regelungsbereich zuzubilligen[7]. Einige Autoren wollen – vor allem zum Schutze der Unternehmerfreiheit – weiter gehende Einschränkungen der Tarifautonomie zulassen[8].

56 Unzulässig sind jedenfalls Tarifregelungen, die außerordentl. **Kündigungen** aus wichtigem Grund (generell) verbieten[9]. Die ordentl. Kündigung hingegen kann durch Tarifnormen untersagt werden, weil die Möglichkeit der außerordentl. Kündigung fortbesteht (str.)[10]. Es ist in TV durchaus üblich, betriebsbedingte Kündigungen ab einem bestimmten Alter und/oder einer bestimmten Betriebszugehörigkeitsdauer auszuschließen bzw. an die Zustimmung des BR zu knüpfen[11]. Der Bestandsschutz obliegt der Regelungsautonomie der Tarifparteien. Insoweit spielt der Kündigungsausschluss (für eine bestimmte Zeit) neuerdings vermehrt in sog. SozialplanTV eine Rolle. Ebenso wird die Änderungsmöglichkeit bei den Befristungen iSd. § 14 II 3 TzBfG durch Art. 12 begrenzt[12].

57 Zulässig sind grds. auch **Altersgrenzenregelungen**[13] (s. aber auch § 10 AGG Rz. 3 ff.). Indes ist eine Altersgrenzenregelung nicht durch Einführung pauschaler Vorschriften möglich, sondern sie muss – um als subjektive Zulassungsvoraussetzung gerechtfertigt zu sein – die Besonderheiten des konkreten Berufs und die Leistungsfähigkeit des ArbN beachten, was auch aus dem engen Zusammenhang mit dem Persönlichkeitsrecht folgt. Eine gesetzl. Zwangspensionierung verstößt gegen Art. 12[14]. Gleiches gilt bei einem hierdurch hervorgerufenen Verlust einer Jahressonderzahlung, die auch der künftigen Betriebstreue dient[15]. Regelmäßig wirksam ist eine tarifl. Regelung, welche die Beendigung des ArbVerh bei Bewilligung einer Rente wegen **Berufsunfähigkeit** vorsieht. Allerdings endet das ArbVerh dann nicht, wenn der ArbN auf seinem bisherigen oder einem anderen freien Arbeitsplatz weiterbeschäftigt werden kann und er noch vor Zustellung des Rentenbescheids die Weiterbeschäftigung verlangt[16]. Auch **Rückzahlungsklauseln** sind unbedenklich, sofern sie verhältnismäßig sind (dazu auch Rz. 68 f.)[17]. Unwirksam ist eine Rückzahlungsklausel bspw., wenn sie sich auf Umzugskosten bezieht, die durch eine Versetzung aus dienstlichen Gründen veranlasst worden waren, da darin eine unzulässige Kündigungserschwerung liegt[18].

---

1 BVerfG 11.2.1992 – 1 BvR 890/84 u. 74/87, E 85, 226 (233 ff.); BAG 3.8.1989 – 8 AZR 335/87, AP Nr. 4 zu § 7 BildungsurlaubsG NRW. ‖ 2 BVerfG 17.2.1998 – 1 BvF 1/91, E 97, 228 (253 f.). ‖ 3 *Säcker/Oetker*, Grundlagen und Grenzen der Tarifautonomie, S. 251. ‖ 4 BVerfG 24.5.1977 – 2 BvL 11/74, E 44, 322 (341). ‖ 5 *Wiedemann*, RdA 1986, 231; vgl. auch. *Cherdron*, S. 237 f. ‖ 6 ErfK/*Schmidt*, Art. 12 GG Rz. 43, 45. ‖ 7 ErfK/*Schmidt*, Art. 12 GG Rz. 44; *Löwisch/Rieble*, § 1 TVG Rz. 56 f. ‖ 8 S. *Säcker/Oetker*, Grundlagen und Grenzen der Tarifautonomie, S. 285 ff.; zurückhaltend ErfK/*Schmidt*, Art. 12 GG Rz. 45. ‖ 9 *Hergenröder*, ZfA 2002, 355 (373). ‖ 10 BAG 5.2.1998 – 2 AZR 227/97, AP Nr. 143 zu § 626 BGB. ‖ 11 BAG 21.6.2000 – 4 AZR 379/99, AP Nr. 121 zu § 102 BetrVG 1972. ‖ 12 BAG 15.8.2012 – 7 AZR 184/11, NZA 2013, 45. ‖ 13 EuGH 13.9.2011 – Rs. C-447/09, NZA 2011, 1039; BAG 25.3.1971 – 2 AZR 185/70, AP Nr. 5 zu § 57 BetrVG – für (Gesamt)Betriebsvereinbarung; 19.11.2003 – 7 AZR 296/03, AP Nr. 3 zu § 17 TzBfG; 21.7.2004 – 7 AZR 589/03, NZA 2004, 1352; 21.9.2011 – 7 AZR 134/10, NZA 2012, 271; 18.1.2012 – 7 AZR 112/08, NZA 2012, 575; Wiedemann/*Wiedemann*, TVG, Einl. Rz. 306; s. a. BVerfG 26.1.2007 – 2 BvR 2408/06, GewArch 2007, 149. ‖ 14 *Linnenkohl/Rauschenberg/Jacobi*, BB 1984, 603 (607 f.). ‖ 15 BAG 12.12.2012 – 10 AZR 718/11, NZA 2013, 577. ‖ 16 BAG 31.7.2002 – 7 AZR 118/01, AP Nr. 19 zu § 620 BGB Altersgrenze. ‖ 17 BVerfG 21.6.1989 – 1 BvR 32/87, E 80, 257 (263); BAG 24.6.2004 – 6 AZR 383/03, AP Nr. 34 zu § 611 BGB Ausbildungsbeihilfe. ‖ 18 BAG 21.3.1973 – 4 AZR 187/72, AP Nr. 4 zu § 44 BAT.

Zudem können TV in gewissem Rahmen Kriterien für die **Besetzung von Arbeitsplätzen** festlegen[1]. So verstoßen qualitative Besetzungsklauseln nicht gegen Art. 12, wenn sie eine Berufsgruppe schützen sollen, deren Qualifikationen auf Grund neuer Technologien überflüssig zu werden drohen. Der Schutz muss jedoch idR zeitlich befristet sein und Außenseiter dürfen nicht völlig ausgeschlossen werden[2]. Quantitative Besetzungsklauseln sind dagegen unzulässig, wenn sie dem ArbGeb die Einstellung nicht benötigter Arbeitskräfte vorschreiben[3]. 58

Grds. denkbar sind auch Regelungen zur Lage der **Arbeitszeit**[4]. Die tarifl. Regelung von Zeitzuschlägen innerhalb eines Personalbemessungssystems verstößt nicht gegen die Unternehmerfreiheit. Es handelt sich um tarifl. regelbare „Arbeits- und Wirtschaftsbedingungen"[5]. Durch TV können auch die Beteiligungsrechte des BR jedenfalls in gewissem Rahmen erweitert werden[6]. 59

c) **Betriebsverfassung.** Auch die **betriebliche Mitbest.** greift in die Berufsfreiheit – des ArbGeb – ein, wenn die ArbN an Entscheidungen der Betriebsorganisation, der Personalwirtschaft und der Unternehmensführung beteiligt sind. Dennoch soll dies durch den „sozialen Bezug" und die „soziale Funktion" des Unternehmerberufs grds. gerechtfertigt sein. Ein Unternehmen könne nämlich nur mit Hilfe anderer betrieben werden, die ihrerseits durch Art. 12 geschützt sind[7]. Es gibt keinen Grundsatz der Mitbestimmungsfreiheit unternehmerischer Entscheidungen[8]. Doch dürfen Regelungen nicht gegen das Übermaßverbot verstoßen, wobei dessen Reichweite noch ungeklärt ist. Das BVerfG hat in seinem Mitbestimmungsurteil nicht einmal einen „unantastbaren Kernbereich" (mitbestimmungsfreien Bereich) festgelegt, sondern nur über die Eingriffsintensität des MitbestG referiert, um die Entscheidungserheblichkeit zu klären[9]. Auch die Rspr. des BAG setzt der Mitbest. keine klaren Grenzen. Doch hat es anerkannt, dass die betriebl. Mitbest. auch Fragen von großer unternehmerischer Bedeutung betreffen kann[10]. 60

Allerdings müssen die ArbG bei der **Auslegung der einzelnen Mitbestimmungstatbestände** darauf achten, dass der Grundsatz der Verhältnismäßigkeit nicht verletzt wird. Eine gesetzl. Regelung, die für unternehmerische Entscheidungen keinen angemessenen Spielraum lässt, ist im Zweifel unverhältnismäßig; die unternehmerische Entscheidungsfreiheit – insb. in wirtschaftl. Angelegenheiten – darf nicht völlig eingeschränkt sein[11]. IÜ dürfen auch Regelungen der Betriebsparteien die Berufsfreiheit der ArbN nicht unverhältnismäßig behindern. Daher ist bspw. die Aus- bzw. Rückzahlung verdienten Entgelts idR nicht von der Erfüllung weiterer Zwecke abhängig zu machen, insb. nicht von einem ungekündigten ArbVerh bis zu einem außerhalb des Bezugszeitraums liegenden Stichtag[12]. 61

Das gilt auch für die Regelungen durch zwingende Sprüche von **Einigungsstellen**[13]. Die Einschaltung einer Einigungsstelle als solche ist zulässig. Art. 12 lässt Raum, um durch Einschaltung einer Einigungsstelle nach § 76 V BetrVG eine Konkordanz der Berufsfreiheit von ArbGeb und ArbN herzustellen[14]. 62

d) **Arbeitsverträge.** Bei der Anwendung des Arbeitsrechts hat Art. 12 Ausstrahlungswirkung (insb. über §§ 138, 242, 315 BGB, § 106 GewO). Dies ist insb. bei der **richterlichen Inhaltskontrolle** von Arbeitsverträgen bedeutsam geworden. Hintergrund dieser Angemessenheitskontrolle ist die vom BVerfG postulierte „strukturelle Unterlegenheit" einer Vertragspartei, die durch das Recht kompensiert werden müsse[15]. Dabei hat sich verbreitet die Meinung durchgesetzt, im Verhältnis ArbGeb – ArbN liege generell ein solches strukturelles Ungleichgewicht vor, welches die richterliche Inhaltskontrolle jedenfalls bei vorformulierten Vertragsbedingungen erfordere[16]. 63

Ein richterlicher Eingriff in einen Vertrag ist dabei ein **Grundrechtseingriff** in die Vertrags- und in die Berufsfreiheit sowohl des ArbGeb als auch des ArbN. Grds. muss das Gericht die im Rahmen der Privatautonomie getroffenen Regelungen respektieren. Die Vertragsfreiheit von ArbGeb und ArbN zum Abschluss arbeitsvertragl. Vereinbarungen ist durch Art. 2, 12 geschützt. In der Praxis wird jedoch der Vertragsinhalt regelmäßig nicht individuell ausgehandelt, sondern vom ArbGeb jedenfalls weitgehend vorgegeben[17]. Diese ungleiche Verhandlungsstärke und insb. einseitig und übermäßig stark belastende Vertragsinhalte zu Lasten des unterlegenen Teils sollen deshalb nach der Rspr. des BVerfG (und des 64

---

1 BAG 26.4.1990 – 1 ABR 84/87, AP Nr. 57 zu Art. 9 GG; 22.1.1991 – 1 ABR 19/90, AP Nr. 67 zu Art. 12 GG. ‖2 Eingehend Wiedemann/*Wiedemann*, TVG, Einl. Rz. 322 ff. ‖3 *Löwisch*, ZfA 1996, 293 (314); *Säcker/Oetker*, Grundlagen und Grenzen der Tarifautonomie, S. 319; aA LAG Hessen 9.8.2011 – 9 SaGa 1147/11. ‖4 Dazu Wiedemann/*Wiedemann*, TVG, Einl. Rz. 319 f. ‖5 BAG 3.4.1990 – 1 AZR 123/89, AP Nr. 56 zu Art. 9 GG. ‖6 S. Löwisch/Kaiser/*Löwisch*, § 87 BetrVG Rz. 11, vor § 92 BetrVG Rz. 2, vor § 106 BetrVG Rz. 3, § 118 BetrVG Rz. 3. ‖7 BVerfG 1.3.1979 – 1 BvR 532/77 ua., E 50, 290 (365); ErfK/*Schmidt*, Art. 12 GG Rz. 41. ‖8 BVerfG 18.12.1985 – 1 BvR 143/83, AP Nr. 15 zu § 87 BetrVG 1972 Arbeitszeit. ‖9 ErfK/*Schmidt*, Art. 12 GG Rz. 41. ‖10 BAG 31.8.1982 – 1 ABR 27/80, AP Nr. 8 zu § 87 BetrVG 1972 Arbeitszeit (regelmäßige Arbeitszeit in einem Kaufhaus), Verfassungsbeschwerde nicht angenommen, BVerfG 18.12.1985 – 1 BvR 143/83, AP Nr. 15 zu § 87 BetrVG 1972 Arbeitszeit; 4.3.1986 – 1 ABR 15/84, AP Nr. 3 zu § 87 BetrVG 1972 Kurzarbeit (Initiativrecht des BR zur Einführung von Kurzarbeit). ‖11 BAG 16.12.1986 – 1 ABR 26/85, AP Nr. 8 zu § 87 BetrVG 1972 Prämie; *Säcker/Oetker*, Grundlagen und Grenzen der Tarifautonomie, S. 318; wohl aA *Däubler*, Tarifvertragsrecht, Rz. 1110 ff. ‖12 BAG 12.4.2011 – 1 AZR 412/09, NZA 2011, 989; 5.7.2011 – 1 AZR 94/10, AP Nr. 139 zu § 87 BetrVG 1972 Lohngestaltung. ‖13 ErfK/*Schmidt*, Art. 12 GG Rz. 41. ‖14 BVerfG 18.12.1985 – 1 BvR 143/83, AP Nr. 15 zu § 87 BetrVG 1972 Arbeitszeit. ‖15 BVerfG 7.2.1990 – 1 BvR 26/84, E 81, 242 (254 f.); 19.10.1993 – 1 BvR 567/89, E 89, 214. ‖16 Vgl. näher *Dieterich*, RdA 1995, 129 (135); *Fastrich*, RdA 1997, 65 (75 ff.). ‖17 ErfK/*Schmidt*, Art. 12 GG Rz. 33.

BAG) zumindest im Rahmen der Generalklauseln ausgeglichen werden. Dies fordere auch die Schutzpflicht der Grundrechte. Eine gerichtl. Korrektur von Vertragsbedingungen kann geboten sein[1].

65 Nach der Rspr. trägt iÜ der ArbGeb die **Beweislast** dafür, dass es sich um eine nicht paritätsgestörte Individualabrede handelt. Dabei reicht schon das Vorliegen einer bestimmten vertragl. Klausel aus, um eine Vermutung dafür zu begründen, dass die Rspr. einschreiten muss, um das durch Art. 12 geschützte Recht auf freie Wahl des Arbeitsplatzes, aber auch auf Aufgabe eines Arbeitsplatzes für den ArbN durchzusetzen[2].

66 Nach § 310 IV BGB findet seit dem Schuldrechtsmodernisierungsgesetz das **Recht der Allgemeinen Geschäftsbedingungen** auch auf Arbeitsverträge Anwendung, wobei jedoch die im Arbeitsrecht geltenden Besonderheiten angemessen zu berücksichtigen sind. Gem. § 305b BGB unterliegen echte Individualabreden nach wie vor nicht der Anwendung der §§ 305ff. BGB. Soweit die Schutzgebotsfunktion der Grundrechte dies im Einzelfall gebietet, kann richtigerweise eine Inhaltskontrolle nicht ausgeschlossen sein[3].

67 Das BAG hat schon früher arbeitsvertragl. Regelungen überprüft und korrigiert, und dazu häufig Art. 12 herangezogen, auch wenn die Begründung nicht immer einheitlich war. Besondere Bedeutung hat die Berufsfreiheit im Zusammenhang mit **der Beendigung** von arbeitsrechtl. Verträgen. Abs. 1 gebietet, dass man sich aus einer langfristigen vertragl. Bindung wieder lösen kann und dadurch keine unangemessenen Nachteile entstehen. Somit beruft sich das BAG vor allem auf die Ausstrahlungswirkung des Art. 12, wenn es um Kündigungserschwerungen für den ArbN geht. Diese wurden in Rückzahlungsklauseln[4], aber auch in nachvertragl. Wettbewerbsverboten[5], insb. Karenzentschädigungen gesehen[6]. Zudem spielt Art. 12 bei der Kontrolle von Befristungen[7], bei der Verfallbarkeit von Versorgungsanwartschaften[8], der nachträglichen Anpassung von Betriebsrenten[9] und Sonderzahlungen[10] eine Rolle.

68 Eine (freiwillige) **Beschränkung der Kündigungsmöglichkeiten** ist nur rechtmäßig, wenn sie dem ArbN unter Berücksichtigung des Einzelfalls nach Treu und Glauben zumutbar ist und vom Standpunkt eines verständigen Betrachters einem begründeten und zu billigenden Interesse des ArbGeb entspricht[11]. Demnach ist bspw. eine Rückzahlungspflicht von Weiterbildungskosten nur zulässig, wenn die erworbenen Kenntnisse und Fähigkeiten auch außerhalb des Betriebs verwertet und zum beruflichen Aufstieg führen können, nicht jedoch wenn es um nur innerbetrieblichen Nutzen geht[12]. Ausbildungskosten können zurückverlangt werden, wenn der ArbN das ArbVerh vor Ablauf einer bestimmten Frist beendet. Richtschnur ist eine Bindung von drei Jahren. Außerdem muss der ArbN eine angemessene Gegenleistung erhalten, dh. eine Ausbildung, die ihm auf dem allg. Arbeitsmarkt berufliche Möglichkeiten bzw. geldwerte Vorteile eröffnet[13].

69 Demgemäß sind auch **Wettbewerbsverbote** (zB § 90a HGB) nur in gewissem Rahmen zulässig. Denn obwohl der (frühere) ArbGeb ein berechtigtes Interesse an einer derartigen Abrede haben kann, ist die Berufsfreiheit des betroffenen Handelsvertreters ähnlich einer Berufswahlbeschränkung eingeengt und seine Existenzgrundlage bedroht, wenn er zwei Jahre nicht in seiner Branche arbeiten darf. Voraussetzungen einer rechtmäßigen Wettbewerbsabrede sind: Schriftform, begrenzte Dauer und in begrenztem Gebiet sowie eine Entschädigung, die ausnahmsw. entfallen kann, nicht jedoch generell bei einer außerordentl. Kündigung[14]. Überdies zeichnet sich eine Tendenz zur Notwendigkeit eines unmittelbaren Wettbewerbsbezuges ab[15]. Auch das entschädigungslose Wettbewerbsverbot unter der Voraussetzung, dass der ArbN eine Tätigkeit außerhalb von Europa angenommen hat (vgl. § 75b S. 1 HGB aF), verstößt gegen Art. 12[16].

70 **Nebentätigkeitsverbote** sind nur wirksam, soweit berechtigte Interessen des ArbGeb bestehen[17]. Ebenso dürfen dem ArbN **Haftungsrisiken** nur begrenzt auferlegt werden. Jedenfalls darf bei weitgehend fremdbestimmter Arbeit kein krasses Missverhältnis zwischen Schadensrisiko und Einkommen

---

1 BVerfG 19.10.1993 – 1 BvR 567/89, E 89, 214; BAG 16.3.1994 – 5 AZR 339/92, AP Nr. 18 zu § 611 BGB Ausbildungsbeihilfe. ‖ 2 BAG 16.3.1994 – 5 AZR 339/92, AP Nr. 18 zu § 611 BGB Ausbildungsbeihilfe; 21.11.2001 – 5 AZR 158/00, AR-Blattei ES 1340 Nr. 18 m. Anm. *Hergenröder*. ‖ 3 *Thüsing/Leder*, BB 2005, 938 (940f.). AA insoweit *Gotthardt*, Schuldrechtsreform, Rz. 220. ‖ 4 BAG 28.3.2007 – 10 AZR 261/06, AP Nr. 265 zu § 611 BGB Gratifikation; 15.9.2009 – 3 AZR 173/08, NZA 2010, 342 – Fortbildungskosten. ‖ 5 BAG 16.10.1980 – 3 AZR 202/79, AP Nr. 15 zu § 75b HGB; BVerfG 7.2.1990 – 1 BvR 26/84, E 81, 242 (260ff.); BGH 28.4.86 – II ZR 254/85, AP Nr. 57 zu Art. 12 GG. ‖ 6 *Scholz*, ZfA 1981, 265, (272). ‖ 7 BAG 26.7.2006 – 7 AZR 495/05, AP Nr. 25 zu § 14 TzBfG; 18.10.2006 – 7 AZR 419/05, AP Nr. 1 zu § 14 TzBfG Haushalt; 10.10.2012 – 7 AZR 602/11, NZA 2013, 344; *Schmidt*, FS Dieterich, 1999, S. 585. ‖ 8 BAG 9.10.2012 – 3 AZR 477/10, NZA-RR 2013, 150. ‖ 9 BAG 19.6.2012 – 3 AZR 464/11, NZA 2012, 1291. ‖ 10 BAG 7.6.2011 – 1 AZR 807/09, NZA 2011, 1234; 18.1.2012 – 10 AZR 612/10, NJW 2012, 1532. ‖ 11 BAG 24.2.1975 – 5 AZR 235/74, AP Nr. 50 zu Art. 12 GG. ‖ 12 BAG 21.11.2001 – 5 AZR 158/00, AR-Blattei ES 1340 Nr. 18 m. Anm. *Hergenröder*. ‖ 13 BAG 23.2.1983 – 5 AZR 531/80, AP Nr. 6 zu § 611 BGB Ausbildungsbeihilfe; 19.1.2011 – 3 AZR 621/08, DB 2011, 1338. ‖ 14 BVerfG 7.2.1990 – 1 BvR 26/84, E 81, 242 (252ff.); *Hergenröder*, AR-Blattei SD 880.3 (2001) Rz. 98. ‖ 15 BAG 24.3.2010 – 10 AZR 66/09, NZA 2010, 693. ‖ 16 BAG 16.10.1980 – 3 AZR 202/79, AP Nr. 15 zu § 75b HGB. ‖ 17 BAG 28.2.2002 – 6 AZR 357/01, AP Nr. 129 zu Art. 12 GG; 13.3.2003 – 6 AZR 585/01, AP Nr. 7 zu § 11 BAT; 24.3.2010 – 10 AZR 66/09, NZA 2010, 693; s. a. für anderen Zusammenhang BVerfG 16.2.2006 – 2 BvR 951/04, 2 BvR 1087/04, NJW 2006, 1502.

bestehen[1]. Außerdem verstoßen **Transferentschädigungen** im Bereich des Berufssports (meist Fußball) gegen Art. 12, wenn sie einem Berufsverbot gleichkommen. Doch ist in diesem Bereich noch vieles ungeklärt[2]. Für den grenzüberschreitenden Transfer in Europa gilt auch Art. 45 AEUV[3]. Demggü. wurden **Verfallsklauseln** in Versorgungszusagen nicht an Art. 12 gemessen[4].

e) **Kündigungsfreiheit und Kündigungsschutz.** Besonders große Bedeutung hat Art. 12 für den arbeitsrechtl. Kündigungsschutz. Die Rspr. sieht in Art. 12 (iVm. dem Sozialstaatsprinzip) die **verfassungsrechtl. Grundlage des Kündigungsschutzes** und entsprechender Umgehungsverbote. Abs. 1 gewährt einen gewissen Bestandsschutz des ArbVerh und damit ein Mindestmaß an Kündigungsschutz[5]. Unter Einbeziehung weiterer Grundrechte wie zB Art. 3 III 2, 6 IV, 12 II, 12a, 48 II 2 wird Entsprechendes in Bezug auf einen Sonderkündigungsschutz erörtert[6]. Eine ähnliche Erweiterung erfolgt bei Kündigungen von kirchlichen Einrichtungen[7]. Bei Kündigungsfragen sind beide Vertragsparteien im Schutzbereich der Berufsfreiheit und es ist sowohl die Abwehr- als auch die Schutzfunktion der Berufsfreiheit betroffen. Aus der Sicht der ArbGeb darf es keine unbegrenzte und übermäßige Bindung an einmal begründete ArbVerh geben und aus der Sicht der ArbN muss ein gewisser Bestandsschutz bestehen. Dieser Konflikt ist im Wege praktischer Konkordanz zu lösen[8]. 71

Für den Bereich des **KSchG** (und sonstigen Kündigungsschutzrechts) ist allg. anerkannt, dass es den Inhalt des Art. 12 ausreichend berücksichtigt und damit der dem Staat obliegenden Schutzpflicht ausreichend gerecht wird. Weder das Übermaßverbot noch das Untermaßverbot wird durch die gesetzl. Regelungen verletzt. Dabei ist das geltende Recht des Kündigungsschutzes in seiner konkreten Ausgestaltung nicht verfassungsrechtl. geboten. Eine Überschreitung des Mindestmaßes stellt zB § 102 BetrVG dar[9]. Dass der **Bestandsschutz des KSchG** das Recht der ArbGeb auf freie unternehmerische Tätigkeit iVm. dem Recht am eingerichteten und ausgeübten Gewerbebetrieb (Art. 2 I, Art. 12 I, Art. 14 I) berührt, ist mit den Belangen des Gemeinwohls im Rahmen der Drei-Stufen-Theorie gerechtfertigt. Nicht mehr gerechtfertig wäre es, wenn dem ArbGeb jegliche Lösung von einem ArbVerh untersagt wäre[10]. Der ArbN ist nicht dadurch in seiner Berufsfreiheit verletzt, dass ihm überhaupt gekündigt werden kann[11]. Somit hat die Berufsfreiheit bei der Anwendung des KSchG idR keine Bedeutung mehr. 72

Anders gestaltet sich die Lage **außerhalb des KSchG**. Hier müssen die ArbG die Generalklauseln verfassungskonform auslegen und anwenden, um ein Mindestmaß an Kündigungsschutz zu gewährleisten[12]. Dabei ist zu beachten, dass die Kündigungsfreiheit einerseits selbst durch Art. 2 I und Art. 12 I als Teil der Vertragsfreiheit geschützt ist und andererseits schwerwiegende Ungleichgewichtslagen nicht zugelassen werden dürfen. Sowohl ein Übermaß an Kündigungsschutz zu Lasten des ArbGeb als auch ein Untermaß zu Lasten des ArbN sind mit dem GG unvereinbar. Es muss ein Mittelweg gefunden werden, der die gegenläufigen Grundrechtspositionen ausgleicht. Gründe, die mit dem ArbVerh nichts zu tun haben, dürfen dabei nicht berücksichtigt werden[13]. Die Anwendung der Generalklauseln darf jedoch nicht dazu führen, dass der Schutz außerhalb des gesetzl. Kündigungsschutzes genau derselbe ist wie nach dem KSchG[14]. 73

Diese Grundsätze sind auch bei der Auslegung des **§ 626 I BGB** zu berücksichtigen. Die Möglichkeit zur außerordentl. Kündigung muss (beiden Seiten) immer erhalten bleiben; unzumutbare ArbVerh aufrechtzuerhalten verstößt gegen Art. 12[15]. Dem steht nicht entgegen, dass die Kündigungsmöglichkeit von der Zustimmung Dritter abhängig gemacht wird, wie zB bei der Kündigung von Behinderten oder Schwangeren und gem. § 103 BetrVG bei BR-Mitgliedern[16]. Das BAG hat auf diesem Wege den Tatbestand der Verdachtskündigung eingegrenzt[17], bei Fehlgehen der Prognose bei einer betriebsbedingten Kündigung einen Wiedereinstellungsanspruch zugebilligt[18], die Schutzfunktion des Art. 12 zur Kontrolle befristeter Arbeitsverträge berücksichtigt[19] und die außerordentliche Kündigung des ArbN bei ausgeschlossener ordentlicher Kündigungsmöglichkeit zugelassen[20]. 74

---

1 BAG 12.6.1992 – GS 1/89, AP Nr. 101 zu § 611 BGB Haftung des Arbeitnehmers; 27.9.1994 – GS 1/89, AP Nr. 103 zu § 611 BGB Haftung des Arbeitnehmers. || 2 BAG 15.11.1989 – 5 AZR 590/88, AP Nr. 6 zu § 611 BGB Berufssport. Eingehend zum Problemkreis *Arens/Scheffer*, AR-Blattei SD 1480.2 (1999) Rz. 257 ff., 277 ff. || 3 EuGH 15.12.1995 – Rs. C-415/93, AP Nr. 10 zu § 611 BGB Berufssport – Bosman. || 4 BAG 10.3.1973 – 3 AZR 278/71, AP Nr. 156 zu § 242 BGB Ruhegehalt. || 5 BVerfG 13.1.1982 – 1 BvR 848/77 ua., E 59, 231 ff.; BAG 14.9.1994 – 2 AZR 164/94, AP Nr. 24 zu § 626 BGB Verdacht strafbarer Handlung; *Hergenröder*, ZfA 2002, 355 (359 f.). || 6 *v. Wickede*, S. 200 ff. || 7 BAG 8.9.2012 – AZR 543/10, NZA 2012, 443. || 8 BVerfG 30.7.2003 – 1 BvR 792/03, AP Nr. 134 zu Art. 12 GG mwN. || 9 *Oetker*, RdA 1997, 9 (18). || 10 *Hergenröder*, ZfA 2002, 355 (374). || 11 BVerfG 27.1.1998 – 1 BvL 15/87, E 97, 169 (175); BAG 23.9.1976 – 2 AZR 309/75, AP Nr. 1 zu § 1 KSchG 1969 Wartezeit; 20.7.1977 – 4 AZR 142/76, AP Nr. 3 zu Art. 33 II GG; *v. Wickede*, S. 275. || 12 BVerfG 27.1.1998 – 1 BvL 15/87, E 97, 169; beispielhaft *v. Wickede*, S. 149 ff. || 13 BVerfG 24.4.1991 – 1 BvR 1341/90, E 84, 133; 27.1. 1998 – 1 BvL 15/87, E 97, 169 (176 f.). || 14 *v. Wickede*, S. 133 f.; Rspr.-Übersicht bei *Lettl*, NZA-RR, 2004, 57. || 15 *Papier*, RdA 2000, 1 (4); *v. Wickede*, S. 273. || 16 *Hergenröder*, ZfA 2002, 355 (373). || 17 BAG 14.9.1994 – 2 AZR 164/94, AP Nr. 24 zu § 626 BGB Verdacht strafbarer Handlung; ErfK/*Schmidt*, Art. 12 GG Rz. 36. || 18 BAG 27.2.1997 – 2 AZR 160/96, AP Nr. 1 zu § 1 KSchG 1969 Wiedereinstellung. || 19 BAG 15.2.2012 – 10 AZR 111/11, NZA 2012, 733; ErfK/*Schmidt*, Art. 12 GG Rz. 36; *Schmidt*, FS Dieterich, 1999, S. 585. || 20 BAG 22.11.2012 – 2 AZR 673/11, NZA 2013, 730.

75 Problematisch sind besonders **betriebsbedingte Kündigungen** außerhalb des KSchG. IdR sind sie als freie Unternehmerentscheidung unangreifbar. Dem ArbGeb muss die Möglichkeit erhalten bleiben, sein Unternehmen aufzugeben. Dazu muss er wirksam kündigen können. Er muss aber auch über die Größe seines Unternehmens entscheiden können. Wird jedoch nicht der gesamte Betrieb geschlossen, ist die Frage nach der Auswahl der zu kündigenden ArbN zu beantworten. Zum einen wird bei derartigen Auswahlentscheidungen der Gleichheitssatz (Art. 3 I) berührt, weshalb sie nach § 242 iVm. § 315 BGB nicht willkürlich sein dürfen[1]. Doch auch der durch Art. 12 gewährleistete Mindestschutz beeinflusst den Grundsatz von Treu und Glauben. Die Auswahlentscheidung muss wenigstens erkennen lassen, dass die Belange besonders schutzbedürftiger ArbN nicht völlig unberücksichtigt geblieben sind[2]. Das BVerfG verlangt diese besondere Berücksichtigung bei Schwangeren und Müttern nach der Entbindung, Schwerbehinderten, älteren ArbN, Alleinerziehenden[3] und ArbN mit langer Betriebszugehörigkeit[4].

76 Außerdem muss die **Darlegungs- und Beweislastverteilung** mit der Schutzwirkung des Art. 12 vereinbar sein, dh. eine abgestufte Verteilung der Last ist geboten[5].

77 **f) Scheinselbständigkeit.** Das Vorliegen eines **Arbeitsverhältnisses** und damit die Anwendbarkeit des gesamten Arbeitsrechts hängen nicht davon ab, ob unselbständige Arbeit erbracht wird. Dabei sind die tatsächlichen Verhältnisse maßgebend[6]. Die Bezeichnung als „freier Mitarbeiter" in einem Vertrag ist nicht ausschlaggebend, sondern hat allenfalls Indizwirkung[7]. Für die Beurteilung, ob ein ArbVerh vorliegt, kommt es vor allem auf die persönliche Abhängigkeit an. Liegen die Voraussetzung eines ArbVerh vor, muss der ArbN in den Schutz des Arbeitsrechts kommen. Dies entspricht auch dem Gemeinwohlinteresse. Die Berufsfreiheit des ArbGeb rechtfertigt insb. nicht die Einstellung von ArbN unter dem Deckmantel der freien Mitarbeit mit dem Argument, ein solches Vorgehen sei seine Art der Unternehmensführung.

78 Besonderheiten ergeben sich für den Bereich der **Medien**. Hier muss Art. 5 Berücksichtigung finden. Dementsprechend haben insb. programmgestaltende Mitarbeiter von Rundfunk- und Fernsehanstalten kein Recht auf unbefristete Anstellung, soweit die verfassungsrechtl. geschützte Position des ArbGeb dies hindert[8], vgl. auch § 14 I Nr. 4 TzBfG[9].

79 **g) Öffentlicher Dienst.** Für Berufe des öffentl. Dienstes eröffnet Art. 33 die Möglichkeit zu **Sonderregelungen**. Ähnliches soll nach teilweise vertretener Ansicht für staatlich gebundene Berufe gelten. Nach dem BVerfG fordert Art. 33 umso mehr Beachtung, je näher der Beruf dem öffentl. Dienst ist. Der Gewährleistungsinhalt von Art. 12 bleibt unberührt[10]. Geht es also um die Auslegung von arbeitsrechtl. Kündigungsvorschriften im öffentl. Dienst, müssen die Gerichte auch den Schutz aus Art. 12 beachten. Mithin darf man etwa das im **Einigungsvertrag vorgesehene Sonderkündigungsrecht** für ArbN im öffentl. Dienst nicht zu extensiv verstehen. So dürfen zwar nach Art. 33 bestimmte Eignungsanforderungen erwartet werden, wozu auch die Verfassungstreue gehört. Doch kann diese ehemaligen Angestellten des öffentl. Dienstes in der DDR nicht automatisch abgesprochen werden, auch wenn sie parteipolitisch tätig waren[11]. Berücksichtigt werden müssen auch die Belange von besonders schutzwürdigen ArbN, wie zB Schwerbehinderten, älteren ArbN, Schwangeren und Alleinerziehenden[12].

80 Obwohl der Staat als **öffentl. ArbGeb** dem privaten ArbGeb grds. gleichgestellt sein soll, können Gesetzgeber und Tarifparteien das Arbeitsschutzniveau im öffentl. Dienst erhöhen, da materielle Grundrechtspositionen des ArbGeb nicht berücksichtigt werden müssen[13]. IÜ gilt prinzipiell die Mitbestimmung der Betriebspartner auch bei Zuweisung von Beamten und Angestellten an private Kooperationspartner, insb. bei innerbetrieblichen Versetzungen[14].

81 **6. Rechtsfolgen eines Verstoßes.** Grds. ist eine Vorschrift, die gegen Art. 12 verstößt, **nichtig**. Ausnahmsw. kann eine bloße **Verfassungswidrigkeitserklärung verbunden mit einer befristeten Nachbesserungspflicht** ausgesprochen werden, wenn mehrere Möglichkeiten zur Verfügung stehen, um Verfassungskonformität herzustellen. Dies ist auch im Bereich der Berufsfreiheit der Fall, weil der Gesetzgeber die Verbesserung des Schutzes der Berufsfreiheit auf verschiedene Weise erreichen kann[15]. Bis zur Herstellung eines verfassungsmäßigen Zustands durch den Gesetzgeber reduzieren sich die Befugnisse der Behörden und Gerichte auf das, was im konkreten Fall für die geordnete Weiterführung eines funktionsfähigen Betriebs unerlässlich ist[16].

---

1 BAG 19.1.1995 – 8 AZR 914/93, AP Nr. 12 zu § 13 Einigungsvertrag. ‖ 2 BAG 21.1.2001 – 2 AZR 15/00, AP Nr. 12 zu § 242 BGB Kündigung; *Hergenröder*, ZfA 2002, 355 (380). ‖ 3 BVerfG 24.4.1991 – 1 BvR 1341/90, E 84, 133 (154f.). ‖ 4 BVerfG 27.1.1998 – 1 BvL 15/87, E 97, 169 (179); vgl. auch *v. Wickede*, S. 152f. ‖ 5 BVerfG 27.1.1998 – 1 BvL 15/87, E 97, 169 (179); 22.10.2004 – 1 BvR 1944/01, AP Nr. 49 zu § 9 KSchG 1969. ‖ 6 BAG 19.11.1997 – 5 AZR 653/96, AP Nr. 90 zu § 611 BGB Abhängigkeit, st. Rspr. ‖ 7 Dazu näher *Henrici*, Der rechtliche Schutz für Scheinselbständige, 2002, S. 35ff., 65ff. ‖ 8 BAG 30.11.1994 – 5 AZR 704/93, AP Nr. 74 zu § 611 BGB Abhängigkeit; vgl. auch BAG 2.7.2003 – 7 AZR 612/02, AP Nr. 29 zu § 620 Bedingung. ‖ 9 Vgl. BT-Drs. 14/4374, 19; APS/*Backhaus*, § 14 TzBfG Rz. 94. ‖ 10 BVerfG 24.4.1991 – 1 BvR 1341/90, E 84, 133 (147). ‖ 11 BVerfG 21.2.1995 – 1 BvR 1397/93, E 92, 140 (153ff.). ‖ 12 BVerfG 10.3.1992 – 1 BvR 454/91 ua., E 85, 360 (373ff.). ‖ 13 BVerfG 15.7.1998 – 1 BvR 1554/89 ua., E 98, 365 (400). ‖ 14 BAG 4.5.2011 – 7 ABR 3/10, NZA 2011, 1373. ‖ 15 Vgl. nur BVerfG 15.7.1998 – 1 BvR 1554/89 ua., E 98, 365 (402). ‖ 16 BVerfG 27.1.1976 – 1 BvR 2325/73, E 41, 251 (267).

II. Ausbildungsfreiheit. 1. Bedeutung und Abgrenzung. Abs. 1 schützt die gesamte **Freiheit der beruflichen Ausbildung**. Auch die Ausbildungsfreiheit wird über den Wortlaut hinaus generell als Abwehrrecht[1] gegen Freiheitsbeschränkungen im Ausbildungswesen verstanden und enthält ein Recht auf sachgerechte Teilhabe an staatl. Ausbildungseinrichtungen. Bei nicht berufsbezogener Ausbildung kommt Art. 2 I zur Anwendung[2]. 82

2. Schutzbereich. Die Berufsfreiheit erfasst nur **berufsbezogene Ausbildungsstätten**, dh. Einrichtungen, die Kenntnisse und Fähigkeiten für einen oder mehrere Berufe vermitteln und damit über das Angebot der allg. Bildung hinausgehen (Hochschulen, Fachhochschulen, staatl. Vorbereitungsdienste, betriebl. und überbetriebl. Ausbildungslehrgänge, Lehrstellen, Sprachschulen, Stellen des Zweiten Bildungswegs)[3]. Geschützt ist in der Praxis in erster Linie der Eintritt in eine Ausbildungsstätte, erfasst werden aber auch in diesem Rahmen notwendig werdende Tätigkeiten[4]. Zudem müssen uU neue Ausbildungsberufe ermöglicht werden[5]. Grundrechtsträger sind alle Deutschen. Nicht geschützt sind die Träger der Ausbildungsstätten[6]. 83

3. Beeinträchtigung. Die Ausbildungsfreiheit aus Art. 12 wird durch jede **belastende Regelung** beeinträchtigt, die unmittelbar die geschützte Tätigkeit in einer Ausbildungsstätte betrifft. Zudem stellen sonstige Maßnahmen eine Beeinträchtigung dar, wenn sie berufsbezogen belastend sind und den weiteren Berufs- und Lebensweg des Betroffenen beeinflussen[7]. Dabei gilt der Vorbehalt des Abs. 1 S. 2 auch im Ausbildungsbereich, insb. müssen Eingriffe also verhältnismäßig sein, sie dürfen nicht der Berufslenkung dienen[8]. 84

Wie in die Berufsfreiheit ieS stellen sich Eingriffe in die Ausbildungsfreiheit als objektive und subjektive Zulassungsschranken, Ausübungsregelungen, mittelbare Beeinträchtigungen und Realakte dar. Klassisches Beispiel ist der sog. **numerus clausus**[9]. Auf der anderen Seite greift die Berufsschulpflicht ihrerseits – wenn auch gerechtfertigt – in die Berufsfreiheit der Ausbildungsbetriebe ein[10]. 85

III. Arbeitszwang und Zwangsarbeit (Abs. 2 und 3). 1. Bedeutung und Abgrenzung. Abs. 2 und Abs. 3 enthalten ein **einheitliches Grundrecht** (str.), das den Grundsatz der Menschenwürde konkretisiert. Erklärtes Ziel des Verfassungsgebers war es, eine Herabwürdigung der Person durch Anwendung bestimmter Methoden des Arbeitseinsatzes, wie sie in totalitär beherrschten Staaten üblich sind, auszuschließen. Deshalb wurde jeglicher Zwang zur Arbeit grds. untersagt[11]. Im Verhältnis zu Abs. 1 besteht nach teilweise vertretener Ansicht Idealkonkurrenz, sofern beide Vorschriften eingreifen[12]. Sofern nach Abs. 3 Zwangsarbeit ausnahmsw. zulässig ist, liegt kein Verstoß gegen Art. 4 EMRK vor, denn das dort normierte Verbot der Zwangsarbeit greift nicht bei Verbüßung einer gerichtlich angeordneten Freiheitsstrafe, Art. 4 IIIa EMRK. 86

2. Schutzbereich und Beeinträchtigung. a) Schutzbereich. Arbeitszwang ist die einseitige Verpflichtung zu einer selbstständigen Arbeit, die der Erfüllung rechtl. Pflichten des Staates dienen soll und die Menschenwürde verletzt. Dabei muss der Staat mit hoheitlichen Mitteln gewirkt und dem Grundrechtsträger persönlich Nachteile angedroht haben. Das Grundrecht schützt nur vor Zwang zu einer bestimmten Arbeit. **Zwangsarbeit** ist die Pflicht zur Bereitstellung der gesamten Arbeitskraft für grds. unbegrenzte Tätigkeiten und zur Herbeiführung eines bestimmten Erfolgs (str.), zB Arbeitslager, geschlossene Arbeitseinheiten[13]. Grundrechtsträger ist jedermann[14]. 87

b) Rechtfertigung. Herkömmliche Dienstpflichten, die auf einer formell-gesetzl. Ermächtigung beruhen, sind unter bestimmten Voraussetzungen zulässig[15]. Ebenso zulässig ist die Verleihung staatlicher **Ehrenämter**[16], wenn auch hier zum Teil auf Art. 33 abgestellt wird[16]. Problematisch war früher die grds. Arbeitspflicht bzw. die Heranziehung von Sozialhilfeempfängern zu gemeinnütziger Arbeit nach §§ 18, 19 BSHG (aufgehoben). Doch galt diese Regelung zumindest als gerechtfertigt. Durch die Einbeziehung der erwerbsfähigen Sozialhilfeempfänger in das Alg II ist die Regelung der früheren §§ 18, 19 BSHG nicht mehr notwendig. Allerdings besteht eine ähnliche Regelung heute in § 11 III SGB XII[17]. 88

Nicht verboten ist die Marktregulierung bei der Telekommunikation[18], Inanspruchnahme der Banken zum Abzug der **Kapitalertragsteuer**, die Heranziehung der ArbGeb beim **LStAbzug**, bei der Abführung von SozV-Beiträgen; dies alles fällt unter Abs. 1[19]. Zudem lässt Abs. 3 ausdrücklich gerichtl. angeordnete Zwangsarbeit als Folge einer begangenen Straftat zu[20]. Dies gilt insb. zur Erziehung von Jugend- 89

---

1 BVerfG 18.7.1972 – 1 BvL 32/70, 25/71, E 33, 303 (329). || 2 Jarass/Pieroth/*Jarass*, Art. 12 Rz. 93. || 3 ErfK/*Schmidt*, Art. 12 GG Rz. 8. || 4 Dreier/*Wieland*, Art. 12 Rz. 66. || 5 *Hufen*, FS Selmer, 2004, S. 109 (115 f. mN). || 6 Jarass/Pieroth/*Jarass*, Art. 12 Rz. 96. || 7 BVerfG 20.10.1981 – 1 BvR 640/80, E 58, 257 (273). || 8 BVerfG 18.7.1972 – 1 BvL 32/70 ua., E 33, 303 (336). || 9 BVerfG 18.7.1972 – 1 BvL 32/70 ua., E 33, 303. || 10 *Hufen*, FS Selmer, 2004, S. 109 (116), der im Folgenden ua. auch die Vereinbarkeit von Volljährigkeit und (Berufs-)Schulpflicht problematisiert. || 11 BVerfG 13.1.1987 – 2 BvR 209/84, E 74, 102 (120). || 12 Vgl. dazu Jarass/Pieroth/*Jarass*, Art. 12 Rz. 113 mN. || 13 Dreier/*Wieland*, Art. 12 Rz. 68 f. || 14 Jarass/Pieroth/*Jarass*, Art. 12 Rz. 114. || 15 BVerfG 13.1.1987 – 2 BvR 209/84, E 74, 102 (118). || 16 *Gusy*, JuS 1989, 710 (713). || 17 *Temme*, Vom BSHG zum SGB XII, Synopse, 2004, S. 9. || 18 BVerfG 8.12.2011 – 1 BvR 1932/08, NVwZ 2012, 694. || 19 BVerfG 29.11.1967 – 1 BvR 175/66, E 22, 380 (383); Dreier/*Wieland*, Art. 12 Rz. 92. || 20 BVerfG 13.1.1987 – 2 BvR 209/84, E 74, 102.

lichen[1]. Unzulässig ist im Hinblick auf Abs. 1 der Arbeitszwang als **Mittel der Arbeitsdisziplin**, im Hinblick auf Art. 9 III der Arbeitszwang als **Sanktion für die Teilnahme an einem Streik**[2].

14 Eigentum, Erbrecht und Enteignung

(1) Das Eigentum und das Erbrecht werden gewährleistet. Inhalt und Schranken werden durch die Gesetze bestimmt.

(2) Eigentum verpflichtet. Sein Gebrauch soll zugleich dem Wohle der Allgemeinheit dienen.

(3) Eine Enteignung ist nur zum Wohle der Allgemeinheit zulässig. Sie darf nur durch Gesetz oder auf Grund eines Gesetzes erfolgen, das Art und Ausmaß der Entschädigung regelt. Die Entschädigung ist unter gerechter Abwägung der Interessen der Allgemeinheit und der Beteiligten zu bestimmen. Wegen der Höhe der Entschädigung steht im Streitfalle der Rechtsweg vor den ordentlichen Gerichten offen.

I. Eigentumsgarantie 1	2. Grundrechtsadressaten 57
1. Bedeutung 1	3. Grundrechtsträger 59
2. Normstruktur und Besonderheiten 7	III. Beeinträchtigungen 60
3. Konkurrenzen 9	IV. Inhaltsbestimmung und Schrankensetzung 62
4. Eigentum im internationalen Recht 14	1. Abgrenzung 62
II. Anwendungsbereich 16	2. Grenzen der Beschränkbarkeit 65
1. Schutzbereich 16	V. Enteignung 68

1 I. Eigentumsgarantie. 1. Bedeutung. Das BVerfG sieht sie als „**ein elementares Grundrecht**", das eine „Wertentscheidung von besonderer Bedeutung für den sozialen Rechtsstaat" beinhaltet[3]. Es wird jedoch nicht einheitlich beurteilt, inwieweit daraus – bzw. aus dem GG überhaupt – wirtschaftsrechtl. Vorgaben abzuleiten sind. Im Erg. wird man festzuhalten haben, dass das GG zwar wirtschaftspolitisch „neutral", aber auch nicht völlig inhalts- und entscheidungslos ist[4]. Die Verfassung tendiert zu einer marktmäßig und wettbewerblich organisierten Wirtschaftsordnung, indem es mit Art. 14 auch das unternehmerische Eigentum und dessen ökonomische Verfügbarkeit gewährleistet. Das BVerfG spricht nicht von einer Wirtschaftsverfassung, sondern von einem Wirtschaftssystem oder der momentanen Wirtschafts- und Sozialordnung. Dabei bleibt immer gegenwärtig, dass dieses System nicht das einzig mögliche ist, sondern theoretisch jederzeit in ein anderes System umgewandelt werden könnte, soweit das die Grundrechte zulassen.

2 Die **bestehende Wirtschaftsordnung** ist im Zusammenhang mit allen – neben Abs. 1 – wirtschaftl. relevanten Grundrechtsgewährleistungen, der Rechts- und Sozialstaatlichkeit, dem Prinzip der Sozialbindung aus Abs. 2 und dem Enteignungsvorbehalt in Abs. 3 sowie Art. 15 zu sehen[5]. Die Eigentumsgarantie steht in enger Beziehung zu der persönlichen Freiheit, einschl. der wirtschaftl. Betätigungsfreiheit. Sie soll dem Träger des Grundrechts eine eigenverantwortliche Gestaltung seines Lebens sichern. Hierbei ist unbeachtlich, ob es sich um den privaten oder wirtschaftl. Bereich handelt. Damit ist das verfassungsrechtl. geschützte Eigentum durch Privatnützigkeit und Verfügungsbefugnis gekennzeichnet[6]. Privatnützig bedeutet dabei die Zuordnung zu einem Rechtsträger, der das Eigentum als Grundlage privater Initiative und im eigenverantwortlichen Interesse nutzen soll. Die grds. Verfügungsbefugnis ist davon nicht immer deutlich abgrenzbar[7].

3 Art. 14 enthält in erster Linie ein **subjektiv-öffentl. Abwehrrecht** gegen staatl. Eingriffe und darüber hinaus nach hM eine Einrichtungs- und Institutsgarantie für das Privateigentum[8]. Die Institutsgarantie sichert einen Grundbestand an subjektiven Privatrechten, die das Eigentum iSd. Art. 14 bezeichnen und Möglichkeit zur individuellen Mitgestaltung der Sozial- und Wirtschaftsordnung geben. Außerdem enthält Art. 14 einen Auftrag an den Gesetzgeber, Inhalt und Schranken des Eigentums zu bestimmen (Abs. 1 S. 2)[9]. Dieser ist verpflichtet, das Eigentum als Rechtsinstitut normativ so auszugestalten, dass seine Kernelemente (Privatnützigkeit und Verfügungsbefugnis) zur Geltung kommen. Mithin ist eine verfahrensrechtl. Absicherung erforderlich, insb. in Hinblick auf eine gerichtl. Überprüfbarkeit[10]. Die inhaltsbestimmenden Rechte müssen ihrerseits verfassungskonform sein (Wechselwirkung)[11]. Zugleich soll der Gebrauch des Eigentums dem Allgemeinwohl dienen (Abs. 2 S. 2). Das Allgemeinwohl ist also Grund und Grenze für die Beschränkung eines Eigentümers[12].

---

1 Dreier/*Wieland*, Art. 12 Rz. 92. ‖ 2 BVerfG 13.1.1987 – 2 BvR 209/84, E 74, 102 (121f.). ‖ 3 Vgl. nur BVerfG 7.8.1962 – 1 BvL 16/60, E 14, 263 (277); Sachs/*Wendt*, Art. 14 Rz. 4. ‖ 4 BVerfG 1.3.1979 – 1 BvR 532/77 ua., E 50, 290 (338); ErfK/*Schmidt*, Art. 14 GG Rz. 1. ‖ 5 BVerfG 7.8.1962 – 1 BvL 16/60, E 14, 263 (275). ‖ 6 BVerfG 7.7.1971 – 1 BvR 765/66, E 31, 229 (240); 1.3.1979 – 1 BvR 532/77 ua., E 50, 290; Sachs/*Wendt*, Art. 14 Rz. 5. ‖ 7 BVerfG 1.3.1979 – 1 BvR 532/77 ua., E 50, 290; 4.12.1985 – 1 BvL 23/84 ua., E 71, 230 (246). ‖ 8 Dreier/*Wieland*, Art. 14 Rz. 125. ‖ 9 BVerfG 18.12.1968 – 1 BvR 638/64 ua., E 24, 367 (389); Sachs/*Wendt*, Art. 14 Rz. 7 u. 54. ‖ 10 BVerfG 24.5.2012 – 1 BvR 3221/10, NZG 2012, 1035. ‖ 11 BVerfG 7.7.1971 – 1 BvR 765/66, E 31, 229 (240); Dreier/*Wieland*, Art. 14 Rz. 29. ‖ 12 BVerfG 1.3.1979 – 1 BvR 532/77 ua., E 50, 290; 4.12.1985 – 1 BvL 23/84 ua., E 71, 230 (246).

Die konkrete Reichweite des Schutzes durch die Eigentumsgarantie ergibt sich also aus der **Inhalts- und Schrankenbestimmung durch den Gesetzgeber**; erst Normen des einfachen Rechts schaffen den Schutzbereich des Art. 14[1]. Abs. 1 S. 1 ist damit Transformationsnorm. Über sie bekommen private Rechte auch im Verfassungsrecht Tatbestandswirkung und gelten dann nicht nur ggü. Privaten, sondern schützen auch ggü. dem Staat[2]. Eine gewohnheitsrechtl. Erweiterung der Eigentumsbefugnisse kann zwar möglich sein, fällt wohl aber nicht automatisch in den Schutzbereich des Art. 14[3]. Der Einzelne hat einen Anspruch darauf, dass die verfassungsrechtl. Vorgaben beachtet werden.

Abs. 1 S. 1 gewährleistet das **Privateigentum**, also sowohl als Rechtsinstitut als auch in seiner konkreten Form beim einzelnen Eigentümer[4]. Außerdem können aus Art. 14 Schutz- und Förderpflichten abgeleitet werden, etwa für eine gleichmäßige Vermögenslage zu sorgen[5]. Und durch die Heranziehung des Art. 14 für den Schutz von sozialversicherungsrechtl. Positionen besteht ein unverbindliches Teilhaberecht an staatlicher Leistung[6]. Des Weiteren hat Art. 14 Ausstrahlungswirkung, die bei der Anwendung privatrechtl. Vorschriften beachtet werden muss.

Auch im **Arbeitsrecht** sind sowohl Inhalt und Schranken als auch die Bestandsgarantie – unter Berücksichtigung der Sozialbindung des Eigentums – durch die Gesetze zu bestimmen. Das Arbeitsrecht konkretisiert die Sozialbindung, ohne den ArbN ein Nutzungsrecht am ArbGebEigentum zu gewähren[7]. Dennoch ist die Eigentumsgarantie für arbeitsrechtl. Fragen im Allg. kein Prüfungsmaßstab, da Art. 14 nur das Erworbene, nicht aber den Erwerb – der unter Art. 12 fällt – schützt. Somit fallen insb. Fragen und Streitigkeiten bzgl. des Arbeitsplatzes der ArbN aus dem Bereich des Art. 14 heraus (vgl. Art. 12 Rz. 12ff.)[8]. Art. 14 wird von der Rspr. selbst dann nicht als Prüfungsmaßstab herangezogen, wenn es um gesetzl. Einschränkungen von ArbGebBefugnissen geht. Im Schrifttum wird dies teilweise mit der Begründung angezweifelt, letztendlich seien die ArbGebBefugnisse auch auf das Eigentum an Produktionsmitteln zurückzuführen, was den Anwendungsbereich des Art. 14 eröffnen müsste[9].

2. Normstruktur und Besonderheiten. Die Normstruktur des Art. 14 weist ggü. anderen Freiheitsrechten Besonderheiten auf. Sein Schutzgegenstand muss nämlich zunächst **normativ geschaffen** werden und erst das einfache Recht formuliert, was verfassungsrechtl. abgesichert wird (Rz. 4)[10]. Weitere Besonderheit ist die Drittgerichtetheit des Eigentums. Sie unterscheidet die Eigentumsgarantie von anderen Freiheitsrechten, die primär gegen den Staat gerichtet sind. Das Eigentum stellt Zurechnungsbeziehungen zwischen Rechtsträgern und Gegenständen her und begründet Rechte des Eigentümers gegen andere Rechtsträger. Doch ist diese Wirkung der „normalen" Schutzwirkung und dem objektivrechtl. Gehalt ähnlich[11].

Zudem ist Art. 14 das einzige Grundrecht, dessen Schrankenvorbehalt durch die **Betonung der Gemeinwohlbindung** und damit durch Bezugnahme auf die Sozialstaatlichkeit formuliert ist. Aber auch insoweit kann ein Vergleich mit anderen Grundrechten mit Gesetzesvorbehalt vorgenommen werden. Denn die anderen Freiheitsgrundrechte sind ebenfalls gemeinschaftsgebunden. Die Notwendigkeit der besonderen Betonung der Gemeinwohlbindung bei Art. 14 resultiert nur daraus, dass der Inhalt des Eigentums erst bestimmt werden muss, wofür gerade auch die Gemeinwohlbindung maßgebend sein soll[12].

3. Konkurrenzen. Überschneidungen mit **Schutzbereichen anderer Grundrechte** sind häufig und vielfältig. Vor allem überschneidet sich der Schutzbereich der Eigentumsgarantie mit der Handlungsfreiheit. Dies liegt auch nahe, da die durch Art. 14 geschützten Vermögenswerte häufig als der Ausübung von Freiheitsrechten eingesetzt werden und geschützte Rechtspositionen oft die materielle Grundlage der Freiheitsausübung bilden. Beispielhaft ist hier das Eigentum an Produktionsmitteln, das Grundlage der Ausübung der Berufsfreiheit ist, oder die Führung von Presseunternehmen, wo es zu Konflikten bzgl. des Eigentums an Urheberrechten kommt[13]. Zunächst ist danach zu unterscheiden, welcher Schutzbereich am meisten betroffen ist. Steht in dem betreffenden Fall die Ausübung des Freiheitsrechts im Vordergrund, ist dieses anzuwenden. Hingegen kommt Art. 14 zum Tragen, wenn der geldwerte Aspekt überwiegt[14].

Problematisch ist die Abgrenzung zur **Berufsfreiheit** aus Art. 12. Das Verhältnis zwischen Art. 14 und Art. 12 ist noch nicht abschließend geklärt. Das BVerfG tendiert dazu, keine Unterschiede zu anderen Grundrechten zu machen und beide Schutzbereiche voneinander abzugrenzen. Faustformel des BVerfG für eine Abgrenzung ist dabei, dass Art. 12 den Erwerb und Art. 14 das Erworbene schützt (Art. 12 Rz. 7)[15].

---

[1] BVerfG 1.3.1979 – 1 BvR 532/77 ua., E 50, 290; 15.7.1981 – 1 BvL 77/78, E 58, 300 (330ff.). ‖ [2] Sachs/*Wendt*, Art. 14 Rz. 21ff. ‖ [3] BVerfG 7.7.1971 – 1 BvR 765/66, E 31, 229 (237). ‖ [4] BVerfG 18.12.1968 – 1 BvR 638/64 ua., E 24, 367 (389). ‖ [5] Jarass/Pieroth/*Jarass*, Art. 14 Rz. 34. ‖ [6] *Papier*, FS Leisner, 1999, S. 721 (724). ‖ [7] S.a. LAG Berlin 15.1.2002 – 12 Sa 2251/01, ZIP 2002, 1546: Sozialbindung des Eigentums hindert den ArbGeb nicht an einer Betriebsschließung und der Kündigung der ArbVerh der Beschäftigten. Den gebotenen arbeitsrechtl. Interessenausgleich regelt § 112 BetrVG. ‖ [8] BVerfG 24.4.1991 – 1 BvR 1341/90, E 84, 133 (157). ‖ [9] So etwa *Beuthien*, ZfA 1988, 1 (2); dagegen *Söllner*, NZA 1992, 721 (730). ‖ [10] *Böhmer*, NJW 1988, 2561 (2562); ErfK/*Schmidt*, Art. 14 GG Rz. 2. ‖ [11] ErfK/*Schmidt*, Art. 14 GG Rz. 2. ‖ [12] ErfK/*Schmidt*, Art. 14 GG Rz. 3. ‖ [13] ErfK/*Schmidt*, Art. 14 GG Rz. 9. ‖ [14] Jarass/Pieroth/*Jarass*, Art. 14 Rz. 5. ‖ [15] BVerfG 24.4.1991 – 1 BvR 1341/90, E 84, 133 (157); ErfK/*Schmidt*, Art. 12 GG Rz. 16.

11 Dagegen nehmen Stimmen im Schrifttum deshalb **Idealkonkurrenz** an, weil auch beide Grundrechte gleichermaßen tangiert sein können, wenn das Eigentum die Basis der Berufsausübung bildet. Derjenige, dessen Eigentum entzogen wird, kann dadurch auch in seiner Berufsfreiheit beschränkt werden. Und zudem ist eine zulässige Berufsausübungsregelung oft auch eine zulässige Eigentumsbeschränkung. In diesen Fällen soll eine Prüfung am Maßstab beider Grundrechte zu erfolgen haben[1].

12 Dementsprechend wird vertreten, dass gerade die **Unternehmerfreiheit** nicht nur in den Schutzbereich des Art. 12, sondern in gleicher Weise oder sogar vorrangig in den Bereich des Art. 14 fallen müsse. Denn für die ArbGeb gehe es bei ihrer unternehmerischen Betätigung vor allem um die privatnützige Verwendung der Betriebsmittel[2]. Dagegen bleibt das BVerfG der Ansicht, dass aus Art. 14 kein übergreifender Schutz ökonomisch sinnvoller und rentabler Eigentumsnutzung und unternehmerischer Dispositionsbefugnis folge[3]. Einen umfassenden Schutzbereich „Wirtschaftsfreiheit", der gleichermaßen von Art. 2, 12 und 14 erfasst würde, gäbe es jedoch ebenso wenig wie eine entsprechend auf Art. 12, 14 und 9 I fußende „Unternehmerfreiheit"[4].

13 Für **Beamte** hat Art. 33 V Vorrang[5]. **Art. 1** und **Art. 2 I** sind idR subsidiär, doch kann es zu Zuordnungsproblemen bei den Immaterialgüterrechten kommen, bei denen Persönlichkeits- und Vermögenselemente zusammentreffen. Denkbar sind auch Überschneidungen mit Art. 4, 13 und 5 I 2[6].

14 4. **Eigentum im internationalen Recht.** Das Recht auf Eigentum ist auch im internationalen Recht anerkannt. Dort ist es in zahlreichen Erklärungen und Konventionen gewährleistet, wie bspw. in Art. 17 I der **Allgemeinen Menschenrechtskonvention** und im Zusatzprotokoll zur EMRK, auf das sich auch der EuGH bezieht. Und nach st. Rspr. des EuGH[7] zählt das Eigentum zu den von der Unionsrechtsordnung geschützten Grundrechten, wobei der Eigentumsschutz auf Unionsebene jedoch tendenziell weniger weit reicht als im GG[8]. Dem Verhältnismäßigkeitsgrundsatz entsprechende Einschränkungen im Allgemeinwohlinteresse sind auch nach Unionsrecht zulässig. Somit kann die Ausübung des Eigentumsrechts bspw. im Rahmen einer gemeinsamen Marktorganisation eingeschränkt werden.

15 Auf unionsrechtl. Ebene ist auch der **Bestand eines Betriebs** geschützt sowie mit dem Unternehmen eng verbundene Vermögensrechte, nicht jedoch bloße kaufmännische Interessen und Aussichten oder ein Recht an einem Marktanteil[9]. Die mitgliedstaatlichen Eigentumsordnungen sind iÜ vom Unionsrecht deutlich beeinflusst[10].

16 II. **Anwendungsbereich. 1. Schutzbereich. a) Eigentum im verfassungsrechtlichen Sinne.** Verfassungsrechtl. geschütztes Eigentum ist mehr als Eigentum im bürgerlichen Recht, also insb. mehr als Sacheigentum iSd. § 903 BGB. Unter dem Schutz des Abs. 1 steht jedes vermögenswerte Recht. Voraussetzung ist nur, dass das Recht seinem Inhaber von der Rechtsordnung ausschließlich wie Eigentum an einer Sache zur privaten Nutzung und eigener Verfügung zugeordnet ist. Ausschlaggebend ist mithin die Privatnützigkeit eines vermögenswerten Rechts. Dabei ist es unbeachtlich, ob es sich um ein absolutes Recht oder eine bloße Forderung handelt[11].

17 Doch gilt dies nicht für das Vermögen als solches, denn Art. 14 schützt nur eigentumsfähige Positionen in ihrem konkreten, gesetzl. ausgestalteten Bestand (**konkrete Rechtspositionen**)[12]. Von Art. 14 erfasst werden Innehabung, Nutzung und Verfügung („Haben" und „Ausnutzendürfen")[13]. Der Eigentumserwerb gehört nicht dazu[14]. Außerdem können Entziehungen und Beeinträchtigungen als Enteignung (Abs. 3) oder Vergesellschaftung (Art. 15 GG) gerechtfertigt sein[15].

18 b) **Eigentumspositionen des Arbeitgebers.** Die Eigentumsgarantie ist (neben der Berufsfreiheit aus Art. 12 I) besonders für die ArbGeb-Seite von Bedeutung.

19 aa) **Produktion.** Dadurch dass zu den schutzfähigen Rechtspositionen **alle vermögenswerten Rechte** gehören, die das bürgerliche Recht einem privaten Rechtsträger als Eigentum zuordnet, ist auch das Eigentum an materiellen und immateriellen Produktionsmitteln (zB Rohstoffe und Halbfertigprodukte), die im Betrieb organisatorisch zusammengefasst werden, geschützt. Art. 14 gewährleistet die Privatnützigkeit des Eigentums an Produktionsmitteln. Das gilt auch für das Eigentum der Unternehmensträger (Aktien, Rechte als Mitglied einer Gesamthandsgemeinschaft[16]), Rechte an Warenzeichen[17] und andere Rechte. Insoweit erscheint die Frage diskussionswürdig, ob gesetzl. Regelungen, welche den Einsatz von Produktionsmitteln einschränken (wie zB das Ladenschlussgesetz, das Verbot der Sonn-, Feiertags- und Nachtarbeit), neben Art. 12 auch an Art. 14 zu messen sind (vgl. Rz. 40 f.).

---

1 Sachs/*Wendt*, Art. 14 Rz. 186. ‖ 2 *Beuthien*, ZfA 1988, 1 (1 f.). ‖ 3 BVerfG 6.10.1987 – 1 BvR 1086/82 ua., E 77, 84 (118); *Söllner*, NZA 1992, 721 (731); aA *Scholz*, NJW 1986, 1587 ff. ‖ 4 Dreier/*Wieland*, Art. 14 Rz. 184; so aber *Beuthien*, ZfA 1988, 1 (1 f.). ‖ 5 BVerfG 30.9.1987 – 2 BvR 933/82, E 76, 256 (294); Sachs/*Wendt*, Art. 14 Rz. 186. ‖ 6 Sachs/*Wendt*, Art. 14 Rz. 185. ‖ 7 EuGH 13.12.1979 – Rs. 44/79, EAS EG-Vertrag Art. 164 Nr. 9, Tz. 17 ff. – Hauer. ‖ 8 Dreier/*Wieland*, Art. 14 Rz. 19. ‖ 9 EuGH 5.10.1994 – Rs. C-280/93, NJW 1995, 945 (948) – Bundesrepublik Deutschland/Rat; Sachs/*Wendt*, Art. 14 Rz. 20a ff. mN. ‖ 10 Dreier/*Wieland*, Art. 14 Rz. 22. ‖ 11 BVerfG 27.4.1999 – 1 BvR 1613/94, E 100, 289 (301); 6.10.2009 – 2 BvR 693/09, NJW 2010, 220; Dreier/*Wieland*, Art. 14 Rz. 48. ‖ 12 BAG 26.6.2007 – 1 BvR 2204/00 ua., DVBl 2007, 1048; BVerfG 1.10.2012 – 1 BvR 3046/11. ‖ 13 Jarass/Pieroth/*Jarass*, Art. 14 Rz. 6, 18. ‖ 14 Sachs/*Wendt*, Art. 14 Rz. 43. ‖ 15 *Hesse*, Grundzüge des VerfR, 20. Aufl. 1999, Rz. 446. ‖ 16 BVerfG 18.12.1968 – 1 BvR 638/64 ua., E 24, 367 (384). ‖ 17 BVerfG 22.5.1979 – 1 BvL 9/75, E 51, 193 (216 ff.).

Des Weiteren ordnet die Rechtsordnung dem ArbGeb idR auch die **Produktionsergebnisse** zu, die somit in den Schutzbereich der Eigentumsgarantie fallen. Dem ArbGeb gehört sowohl das Arbeitsergebnis als auch das Recht am Arbeitsergebnis. Dieses Ergebnis entspricht dem arbeitsvertragl. Austauschgedanken. Der ArbGeb zahlt Arbeitslohn, für welchen der ArbN die Arbeitsleistung erbringt. In Bezug auf das Sacheigentum an neuen Sachen folgt dies auch schon aus der Anwendung des § 950 BGB, bei dem der ArbGeb einhellig als „Hersteller" angesehen wird[1]. Diese Grundsätze gelten auch für ArbN-Erfindungen, so dass der ArbGeb Eigentum auch bspw. an Mustern, Modellen und Zeichnungen erwirbt. Einschränkungen sind möglich[2]. 20

Anders gelagert ist die Situation bei **Immaterialgüterrechten** wie insb. **Urheberrechten**. Diese stehen dem ArbN zu („Schöpferprinzip"). Somit können Sacheigentum und Urheberrecht am arbeitsvertragl. geschuldeten Werk eines angestellten Urhebers auseinander fallen. Doch bestehen grds. Nutzungsgewährungspflichten des Urhebers ggü. dem ArbGeb[3]. 21

Auch die **Festsetzung von Betriebsgrößen** oder **Begünstigungen** durch den Gesetzgeber können den Unternehmer neben Art. 12 in Art. 14 beeinträchtigen; wenn nämlich der Inhaber gezwungen wäre, seinen Betrieb zu verkleinern, um in den Genuss von Fördermitteln zu kommen. Hingegen gewährt Art. 14 kein Recht auf Eigentumszuerwerb, so dass Art. 14 nicht betroffen ist, wenn Betriebe nicht größer werden dürfen[4]. 22

bb) **Eingerichteter und ausgeübter Gewerbebetrieb.** Strittig ist, ob das Unternehmen als „eingerichteter und ausgeübter Gewerbebetrieb" unter die Eigentumsgarantie des Art. 14 fällt. Zunächst war das BVerfG der Ansicht, dass der Gewerbebetrieb als Sach- und Rechtsgesamtheit dem reinen Sacheigentum gleichgestellt werden kann und somit in den Schutzbereich des Art. 14 fällt[5]. Später hat das BVerfG seine Rspr. geändert. Es hat die Anwendbarkeit von Art. 14 bis heute offen gelassen und dabei sogar Zweifel an einer Einbeziehung in den Schutzbereich geäußert[6]. Außerdem hat es bestehende Geschäftsverbindungen, einen erworbenen Kundenstamm oder die Marktstellung eines Unternehmens als bloße Chancen und tatsächliche Gegebenheiten, innerhalb deren ein Unternehmer tätig wird, sowie jenseits der Vermögenssphäre eines Unternehmens bestehende Rechte oder Interessen ausdrücklich aus dem Schutzbereich des Art. 14 ausgeschlossen[7]. 23

Grundlage der Argumentation war, dass Art. 14 das Eigentum so schützt, wie es das **bürgerliche Recht** und **die gesellschaftlichen Anschauungen** geformt haben. Verfassungsrechtl. gewährleistet werden kann nur, was die Rechtsordnung als einzelnes Vermögensrecht anerkennt, nicht aber das Vermögen als solches. Zum Vermögen als solchem zählen aber auch Interessen, Chancen und Verdienstmöglichkeiten[8], wie zB die Erhaltung oder Wiederherstellung möglichst optimaler Absatzchancen[9]. 24

Dennoch wird die Anwendbarkeit des Art. 14 auf den eingerichteten und ausgeübten Gewerbebetrieb – wenn auch mit Einschränkungen – weithin bejaht[10]. Für die grds. Einbeziehung in den Schutzbereich des Art. 14 ist anzuführen, dass das Recht am eingerichteten und ausgeübten Gewerbebetrieb zu den **„sonstigen Rechten" iSd. § 823 I BGB** gezählt wird. Es wurde als Auffangrecht durch richterliche Ausfüllung des unbestimmten Begriffs „sonstiges Recht" entwickelt und gehört zu den – als Eigentum geschützten – Rechten des Privatrechts. Das Recht bezieht sich auf die Sach- und Rechtsgesamtheit eines wirtschaftl. Unternehmens. Der Wert der Gesamtheit „Gewerbebetrieb" geht über den Wert der einzelnen, zum Betrieb gehörenden Güter weit hinaus. Dieser Umstand darf nicht übergangen werden und hat auch – wenn nicht sogar besonders – für das Verfassungsrecht zu gelten[11]. Die Schutzwirkung der Eigentumsgarantie muss über den Schutz der ohnehin gewährleisteten Einzelrechte hinausgehen[12]. 25

Gerade im Arbeitsrecht ist zudem der **Betrieb** als gefestigte Position anerkannt. Nach st. Rspr. des BAG ist ein Betrieb diejenige organisatorische Einheit, mittels derer ein Unternehmer allein oder in Gemeinschaft mit seinen Mitarbeitern mit sächlichen und immateriellen Mitteln bestimmte arbeitstechnische Zwecke fortgesetzt verfolgt, die sich nicht in der Befriedigung von Eigenbedarf erschöpfen[13]. Insoweit kann nicht davon gesprochen werden, der Begriff des (Gewerbe-)Betriebs sei nicht verfestigt genug. Eine Einbeziehung des Gewerbebetriebs in den Schutzbereich des Art. 14 erscheint mithin angebracht. 26

Die Aufnahme in den Gewährleistungsinhalt der Eigentumsgarantie ist auch vor dem Hintergrund zu sehen, dass das BVerfG den Gesetzgeber mittlerweile auf das Schutzbedürfnis von Betrieben hingewie- 27

---

1 Zöllner/Loritz/Hergenröder/*Zöllner*, § 15 II. || 2 Zöllner/Loritz/Hergenröder/*Zöllner*, § 15 III 3. || 3 Zöllner/Loritz/Hergenröder/*Zöllner*, § 15 IV 2. || 4 *Leisner*, Eigentum, 1996, S. 794 f. || 5 BVerfG 30.4.1952 – 1 BvR 14, 25, 167/52, E 1, 264 (277 f.). || 6 BVerfG 25.1.1984 – 1 BvR 272/81, E 66, 116 (145); 22.5.1979 – 1 BvL 9/75, E 51, 193 (221 f.); ähnlich BVerfG 6.10.1987 – 1 BvR 1086/82 ua., E 77, 84 (118). || 7 BVerfG 25.1.1984 – 1 BvR 272/81, E 66, 116 (145 f.); 18.12.1985 – 1 BvR 143/83, NJW 1986, 1601 (1601); aA bzgl. Kundenstamm zB BVerwG 27.5.1981 – 7 C 34/77, E 62, 224 (226 f.). || 8 BVerfG 19.10.1983 – 2 BvR 298/81, E 65, 196 (209). Dazu aber auch v. Münch/Kunig/*Bryde*, Art. 14 Rz. 21. || 9 BVerfG 23.1.1990 – 1 BvR 306/86, E 81, 208 (227 f.). || 10 BGH 28.1.1957 – III ZR 141/55, BGHZ 23, 157 (162 f.); BVerwG 27.5.1981 – 7 C 34/77, E 62, 224 (226); 4.4.1983 – 4 C 76/80, E 67, 93 (96). || 11 Vgl. dazu aber auch v. Münch/Kunig/*Bryde*, Art. 14 Rz. 18 ff. || 12 BGH 7.6.1990 – III ZR 74/88, BGHZ 111, 349 (356); Sachs/*Wendt*, Art. 14 Rz. 26, 67. || 13 BAG 25.9.1986 – 6 ABR 68/84, AP Nr. 7 zu § 1 BetrVG 1972.

sen hat, auch wenn dabei nicht ausdrücklich auf Art. 14 Bezug genommen wurde. Doch scheint es dem BVerfG um die Erhaltung des Gewerbebetriebs als **wirtschaftl. Einheit** zu gehen. Das BVerfG hat insoweit ausgeführt, dass der Gesetzgeber bei der Steuergesetzgebung berücksichtigen muss, dass „die Existenz von bestimmten Betrieben – insb. von mittelständischen Unternehmen – durch zusätzliche finanzielle Belastungen gefährdet werden kann. Derartige Betriebe, die durch ihre Widmung für einen konkreten Zweck verselbständigt und als wirtschaftl. zusammengehörige Funktionseinheit organisiert sind, sind in besonderer Weise gemeinwohlgebunden und gemeinwohlverpflichtet: Sie unterliegen als Garant von Produktivität und Arbeitsplätzen insb. durch Verpflichtungen ggü. den ArbN, durch das Betriebsverfassungsrecht, das Wirtschaftsverwaltungsrecht und durch die langfristigen Investitionen einer gesteigerten rechtl. Bindung". Jene habe zur Folge, dass die – im zur Entscheidung stehenden Fall – durch die Erbschaftsteuer erfasste finanzielle Leistungsfähigkeit des Erben nicht seinem durch den Erbfall erworbenen Vermögenszuwachs entspreche. Die Verfügbarkeit über den Betrieb und einzelne dem Betrieb zugehörige Wirtschaftsgüter sei beschränkter als bei betriebl. ungebundenem Vermögen[1].

28 Aus Sicht der Gegenstimmen spricht gegen eine Einbeziehung vor allem, dass es aus verfassungsrechtl. Sicht an einer entsprechenden **Inhaltsbestimmung des Eigentums** durch den Gesetzgeber fehle. Es gäbe keine gesetzl. Grundlage. Die ausschließlich im Richterrecht (des Zivilrechts) liegende Basis des Rechts am eingerichteten und ausgeübten Gewerbebetrieb könne verfassungsrechtl. nicht genügen. Für eine verfassungsrechtl. Anerkennung müsse der Begriff „eingerichteter und ausgeübter Gewerbebetrieb" noch weiter verfestigt werden. Bis jetzt gäbe es nur einen Sammelbegriff für wirtschaftl. verbundene Betriebsmittel, Rechte, Chancen und faktische Gegebenheiten und kein konkretes Rechtsinstitut „Unternehmen". Und dabei seien gerade das Vermögen und die Erwerbschancen vom BVerfG definitiv aus dem Schutzbereich ausgeschlossen worden. Außerdem falle die unternehmerische Tätigkeit einschl. ihrer Funktionsvoraussetzungen unter den Schutz des Art. 12[2].

29 Die **Erforderlichkeit der Abgrenzung von Art. 14 und Art. 12** wird jedoch auch von Befürwortern der Einbeziehung des Gewerbebetriebs in den Bereich des Art. 14 kaum bestritten. Es ist weithin anerkannt, dass die Grenze zu Art. 12 beachtet werden muss, weil Art. 14 nur Bestandsschutz, nicht aber Erwerbsschutz bietet. Geschützt ist „nur das Recht auf Fortsetzung des Betriebs im bisherigen Umfang nach den schon getroffenen betriebl. Maßnahmen"[3]; also allein der konkrete Bestand eines Betriebs (bzw. überhaupt nur entstandene Positionen)[4].

30 Deshalb sind bloße **Gewinnchancen, Zukunftshoffnungen**, nicht gesicherte Erwartungen auf den Fortbestand eines Vertragsverhältnisses, Verdienstmöglichkeiten sowie Lagevorteile, innerhalb deren der Unternehmer seine Tätigkeit entfaltet, nicht von Art. 14 umfasst[5]. Dies gilt jedenfalls, soweit sie sich aus dem bloßen Fortbestand einer günstigen Gesetzeslage ergeben und „keinen Bezug zu einem bestimmten einzelnen Gewerbebetrieb haben". Und es ändert sich auch nichts, wenn sie für das Unternehmen und seine Rentabilität von erheblicher Bedeutung sind oder die Folge einer bestimmten Rechtslage darstellen. Der Schutz des Gewerbebetriebs darf nicht weiter reichen als der seiner wirtschaftl. Grundlage[6]. Rechtl. Schutz könnten derartige Gegebenheiten und Vorteile nur ausnahmsw. erlangen, wenn der Betriebsinhaber auf deren Bestand vertrauen durfte[7].

31 Weitgehend unbestritten ist, dass Art. 14 nicht vor **Konkurrenz** (auch nicht seitens der öffentl. Hand) schützt[8]. Außerdem ist nur der berechtigte Betrieb geschützt; Genehmigungen müssen eingeholt werden[9]. Nicht einheitlich wird dagegen beurteilt, ob die Einführung eines Anschluss- und Benutzungszwangs Art. 14 berührt. Dies soll jedenfalls nicht der Fall sein, wenn er bei Errichtung des Betriebs bereits möglich war[10]. Insb. ein Eingriff in die Substanz der Sach- und Rechtsgesamtheit „Gewerbebetrieb" kann ein Eingriff in Art. 14 sein[11]. Das Recht am eingerichteten und ausgeübten Gewerbebetrieb kommt auch freien Berufen zugute[12].

32 cc) **Betriebsgeheimnisse.** Umstritten ist, wie Betriebs- und Geschäftsgeheimnisse grundrechtl. gesichert werden sollen. „Betriebs- und Geschäftsgeheimnisse sind Tatsachen, die nur einem beschränkten Personenkreis bekannt sind, mit einem Geschäft zusammenhängen und an **deren Geheimhaltung der Unternehmer ein berechtigtes wirtschaftl. Interesse** hat"[13]. Manche Autoren wollen insoweit die Eigentumsgarantie heranziehen. Dafür werden vielfältige Begründungen gegeben; so zB die große wirtschaftl. Bedeutung der Betriebs- und Geschäftsgeheimnisse für die Unternehmen, ihre den Immaterialgüterrechten vergleichbare Funktion, ihre Anerkennung durch die Rechtsordnung in § 30 VwVfG, § 17

---

[1] BVerfG 22.6.1995 – 2 BvR 552/91, E 93, 165 (175f.). ||[2] ErfK/*Schmidt*, Art. 14 GG Rz. 5. ||[3] BGH 18.9.1986 – III ZR 83/85, BGHZ 98, 341 (351). ||[4] BVerfG 26.5.1993 – 1 BvR 208/93, E 89, 1 (7) zum Mietrecht. ||[5] S. aber auch v. Münch/Kunig/*Bryde*, Art. 14 Rz. 21, der insoweit auf Art. 12 verweist. ||[6] BVerfG 15.7.1981 – 1 BvL 77/78, E 58, 300 (353); BVerwG 4.4.1983 – 4 C 76/80, E 67, 93 (96). ||[7] Sachs/*Wendt*, Art. 14 Rz. 47f. ||[8] BVerwG 22.2.1972 – I C 24/69, E 39, 329 (337). ||[9] BVerwG 1.12.1982 – 7 C 100/79, E 66, 301 (303ff.). ||[10] BVerwG 27.5.1981 – 7 C 34/77, E 62, 224 (226); Jarass/Pieroth/*Jarass*, Art. 14 Rz. 26; aA Sachs/*Wendt*, Art. 14 Rz. 50. ||[11] BVerfG 29.11.1961 – 1 BvR 148/57, E 13, 225 (229f.); BVerwG 22.4.1994 – 8 C 29/92, E 95, 341 (348). ||[12] BGH 4.6.1981 – III ZR 31/80, BGHZ 81, 21 (33). ||[13] Schönke/Schröder/*Lenckner*, 28. Aufl. 2010, § 203 StGB Rz. 11.

UWG und § 203 StGB sowie ihr Charakter als „geronnene wirtschaftl. Leistung"[1]. Man kann aber auch Art. 12 anwenden[2].

Andere sehen in der Einbeziehung in Art. 14 mit Recht eine **problematische Aufweichung** des Eigentumsbegriffs und eine Grenzverwischung zu Art. 12. Betriebs- und Geschäftsgeheimnisse vermitteln gerade kein absolutes Recht auf Benutzung, wie das bspw. bei Immaterialgüterrechten der Fall ist. Sie sind dem Berechtigten nicht wie Urheber- bzw. Patentrechte zugeordnet. Und es besteht keine Pflicht aus Art. 14, alle Vermögensgüter, die auf eigener Leistung beruhen und vor strafrechtl. Verletzung geschützt sind, als verfassungsrechtl. geschütztes Eigentum anzuerkennen[3]. 33

dd) Anteilseigentum. Gesellschaftsrechtl. Anteile (Aktien) an Unternehmen sind von der Eigentumsgarantie mitumfasst[4]. Sie fallen in den von Art. 14 geschützten Bereich, da sie dem Aktionär neben Mitgliedschaftsrechten auch **vermögensrechtl. Ansprüche** auf Gewinnbeteiligung gewähren und insofern gesellschaftsrechtl. vermitteltes Eigentum sind, das als Vermögensrecht den Schutz des Art. 14 genießt[5]. Doch sind dabei der besondere soziale Bezug und die soziale Funktion zu beachten. Denn das Anteilseigentum ist in seinem mitgliedschaftsrechtl. und seinem vermögensrechtl. Element gesellschaftsrechtl. vermitteltes Eigentum. Nutzungen und Verfügungen wirken nicht nur für den Eigentümer, sondern berühren die Belange Dritter. Dementsprechend hat der Gesetzgeber das Gesellschaftsrecht ausgestaltet und die Rechte des Anteilseigners so bestimmt und beschränkt, dass er sein Eigentum zumeist nicht unmittelbar nutzen bzw. die mit dem Eigentum verbundenen Verfügungsbefugnisse nicht unbeschränkt wahrnehmen kann. Genutzt werden kann nur der Vermögenswert[6]. 34

Mit der „bedeutenden sozialen Funktion" und dem „weit tragenden sozialen Bezug" des Anteilseigentums argumentiert das BVerfG vor allem im Mitbestimmungsurteil und rechtfertigt so die weit reichenden **MitbestR der ArbN-Seite**. Das MitbestG wird als zulässige Inhalts- und Schrankenbestimmung iSd. Art. 14 interpretiert. Denn um das Anteilseigentum nutzen zu können, ist die Hilfe der ArbN notwendig und deren Grundrechtssphäre wird durch die Ausübung der eigentümerischen Verfügungsbefugnisse berührt. Dennoch dürfen MitbestR nicht dazu führen, dass gegen den Willen der Anteilseigner entschieden wird[7]. 35

ee) Eigentum und Koalitionsfreiheit. Probleme entstehen, wenn der Eigentumsschutz durch Rechtsgrundsätze des Arbeitsrechts berührt oder sogar überlagert wird. Das ist zB im **Arbeitskampfrecht** der Fall, welches eine Konkordanz von Art. 14 I und Art. 9 III erfordert[8]. Zwar ist die Koalitions- bzw. Gewerkschaftsfreiheit nicht nur ein Gegenrecht zum Privateigentum, sondern in gewissem Sinne auch Eigentumsgarantie, da eine übermäßige Belastung der privaten Eigentumsordnung den Gewerkschaften die Grundlage ihrer Tätigkeiten entzöge[9]. Doch beeinträchtigen gerade Arbeitskampfmaßnahmen idR das Eigentum des ArbGeb und sind deshalb nicht unbegrenzt möglich. 36

So war schon früh anerkannt, dass **bewusste Sachbeschädigung** von Arbeitsmitteln, Arbeitsgegenständen und Arbeitsprodukten kein zulässiges Arbeitskampfmittel ist[10]. Darüber hinaus können während eines Arbeitskampfes Erhaltungs- sowie Notstandsarbeiten geboten sein. Dabei wirkt der Notdienst (Art. 9 Rz. 290 ff.) als Beschränkung der Streikfreiheit des Art. 9 III zu Gunsten des Eigentums (Art. 14) und/oder anderer höherrangiger Rechtsgüter Dritter[11]. Gerechtfertigt wird die Beschränkung der Koalitionsfreiheit damit, dass schon die streikbedingte Stilllegung der Produktion bei manchen Anlagen und Verfahrensabläufen zu irreparablen Sachschäden führen kann. Eine Freiheit darf aber nie so weit gehen, dass sie eine andere grundrechtl. geschützte Position verdrängt. Insb. darf die Existenz eines Betriebs nicht in Frage gestellt werden (Art. 9 Rz. 269). 37

Stimmen im Schrifttum zufolge sollen **Betriebsbesetzungen** (Art. 9 Rz. 266) und ihre rechtl. Begrenzung keine Fragen des Eigentumsschutzes, sondern der Berufsfreiheit sein[12]. Dem kann nicht zugestimmt werden. Richtigerweise wird man insoweit die Schutzbereiche von Art. 9 III sowie Art. 12, 14 gegeneinander abzuwägen haben. So begrenzt das Eigentumsrecht des ArbGeb auch das Recht der ArbN, sich im Betrieb aufzuhalten. Den ArbN steht selbst dann kein Verweilrecht im Betrieb zu, wenn sie sich im Arbeitskampf befinden. Insb. hat die ArbN-Seite kein entgegenstehendes Recht am Arbeitsplatz (s. Rz. 54). Das Aufenthaltsrecht der ArbN endet immer mit Beendigung des ArbVerh, ihnen steht nur noch die Zeit zu, die sie zum Packen oder für sonstige notwendige Verrichtungen brauchen[13]. 38

Fragen der Kollision des Eigentumsschutzes aus Art. 14 und der Koalitionsfreiheit aus Art. 9 III können auch außerhalb des Arbeitskampfes auftreten. So kann sich die Frage stellen, ob die Koalitionsbetätigungsgarantie dem ArbGeb als Eigentümer der Betriebsmittel **Duldungspflichten gem. § 1004 II** 39

---

1 Zum Ganzen näher *Wolff*, NJW 1997, 98 (99 mwN). ‖2 Vgl. etwa BVerfG 14.3.2006 – 1 BvR 2087/03, 1 BvR 2111/03, E 115, 205 (228 ff.). ‖3 ErfK/*Schmidt*, Art. 14 GG Rz. 6. ‖4 BVerfG 27.4.1999 – 1 BvR 1613/94, E 100, 289 (301 f.). ‖5 BVerfG 7.8.1962 – 1 BvL 16/60, E 14, 263 (276 f.). ‖6 BVerfG 1.3.1979 – 1 BvR 532/77 ua., E 50, 290 (341 ff.); *Dreier/Wieland*, Art. 14 Rz. 49. ‖7 BVerfG 1.3.1979 – 1 BvR 532/77 ua. E 50, 290; *Sachs/Wendt*, Art. 14 Rz. 118 f.; dagegen *Leisner*, Eigentum, 1996, S. 130 ff. ‖8 ErfK/*Schmidt*, Art. 14 GG Rz. 21. ‖9 *Leisner*, Eigentum, 1996, S. 62. ‖10 *Seiter*, Streikrecht und Aussperrungsrecht, 1975, S. 143. ‖11 *Otto*, § 8 Rz. 22. ‖12 ErfK/*Schmidt*, Art. 14 GG Rz. 21. ‖13 Leipziger Kommentar zum StGB/*Lilie*, 12. Aufl. 2008, § 123 Rz. 73.

BGB aufzwingt. Dies könnte bspw. bei gewerkschaftlichen Werbemaßnahmen im Betrieb (Anschlägen am schwarzen Brett, Aufnähern und Buttons an der Dienstkleidung) und Veranstaltungen in den Räumlichkeiten des Betriebs der Fall sein[1] (vgl. Art. 9 Rz. 80ff.).

40 **ff) Arbeitnehmerschutz.** Die Nutzungsmöglichkeiten des ArbGeb werden auch durch **Sicherheitsvorschriften** eingeschränkt. Nachdem es sich insoweit regelmäßig um Eingriffe in die von Art. 12 geschützte unternehmerische Berufsfreiheit handeln wird, sind sie dann nicht an Art. 14 zu messen[2]. Dementsprechend betreffen auch Arbeitszeitregelungen – wie bspw. das Ladenschlussgesetz (s. Rz. 19 und Art. 12 Rz. 43) – nicht das Eigentum am Betrieb, sondern die unternehmerische Betätigung. Dem ArbGeb wird nämlich untersagt, die Arbeitsleistung von ArbN zu einem bestimmten Zeitpunkt zu verlangen. Dieses Recht folgt aber nicht aus dem Eigentum, sondern aus dem Arbeitsvertrag. Keinesfalls handelt es sich um einen Eingriff in die Substanz des Betriebs[3]. Ebenso betreffen Fälle der Einschränkung der Möglichkeit zur LeihArbN-Beschäftigung nicht die Eigentumsgarantie[4].

41 Doch ist die genannte Sichtweise nicht unbestritten. Denn die Eigentumsgarantie und die Berufsfreiheit stehen in engem Zusammenhang und eine strikte Trennung dürfte nicht immer möglich sein. Ob Art. 14 unter dem Gesichtspunkt „Eigentum an Produktionsmitteln bzw. Recht am eingerichteten und ausgeübten Gewerbebetrieb" für die Beurteilung von **Arbeitsschutz- und Arbeitszeitregelungen** wie auch der Mitbest. heranzuziehen ist, bleibt weiterhin diskussionswürdig[5].

42 **c) Eigentumspositionen der Arbeitnehmer. aa) Überblick.** Auch für die ArbN sind Inhaltsbestimmung und Schutz ihrer Eigentumspositionen zunächst Aufgaben des allg. Zivilrechts. Doch liegen für sie besonders wichtige Eigentumspositionen im Arbeitsrecht (zB **Lohn- und betriebliche Versorgungsansprüche**)[6]. Entsprechende Rechte haben die Aufgabe der Existenzsicherung übernommen und sind zumeist an die Stelle von Sacheigentum getreten. Da Eigentum im verfassungsrechtl. Sinne auch andere private Rechte als Sacheigentum umfasst (vgl. Rz. 16f.), fallen derartige Vermögenspositionen unter Art. 14. Das gilt auch für vermögenswerte (subjektiv-)öffentl. Rechte[7], wie zB SozV-Ansprüche, Anwartschaften auf Renten[8] und Alg[9]. Denn die Eigentumsgarantie gewährleistet den Erhalt des konkreten, durch Arbeit und Leistung erworbenen Bestands an vermögenswerten Gütern[10]. Allerdings fallen Versorgungsbezüge als öffentl.-rechtl. vermögensrechtl. Ansprüche, die ihre Grundlage in einem öffentl.-rechtl. Dienstverhältnis haben, unter Art. 33 V als lex specialis[11].

43 Außerdem ist der Schutz von Eigentumspositionen der ArbN nicht unbegrenzt. Ihm steht idR die **Erhaltung des Betriebs** entgegen. Mit dieser Feststellung korrespondierend steht die Höhe der gesetzl. Personalzusatzkosten in der Diskussion. Es stellt sich nämlich die Frage, ob insoweit nicht schon die Grenze der Belastbarkeit überschritten und die Wettbewerbsfähigkeit der Wirtschaft gefährdet ist[12]. Gegenwärtig wird man dies aber wohl nicht sagen können.

44 **bb) (Öffentlich-rechtliche) Versorgungsansprüche und Anwartschaften.** IdR besitzen **arbeitsvertragl. Sonder- bzw. Zusatzansprüche** – ebenso wie Versorgungsansprüche – einen Vermögenswert[13]. Somit könnte ein Abbau derartiger Abmachungen schon am Bestandsschutz des Art. 14 scheitern. Dies wird jedoch in Rspr. und Lit. nicht einheitlich beurteilt. Unbestritten sind allerdings bereits entstandene, aus dem ArbVerh herausgetretene Individualansprüche der ArbN geschützt[14]. Insoweit wird freilich nicht immer ausdrücklich auf Art. 14 rekurriert, nachdem deren Schutz als selbstverständlich angenommen wird[15].

45 Fraglich ist jedoch die Einbeziehung von **Anwartschaften auf künftig fällig werdende Leistungen** in den Schutzbereich des Art. 14. Ein Rückgriff auf Art. 14 könnte hier daran scheitern, dass er nur eine Bestands-, jedoch keine Erwerbsgarantie darstellt. Zur Lösung dieser Problematik wäre eine Übertragung der Grundsätze zum eingerichteten und ausgeübten Gewerbebetrieb auf das ArbVerh denkbar. Für ihn gilt unbestritten, dass bloße Chancen und Erwartungen eines Gewerbebetriebs nicht schutzwürdig sind. Hingegen kann der schon eingerichtete und ausgeübte Gewerbebetrieb geschützt sein (str.; vgl. Rz. 23ff.). Gegen die Einbeziehung künftiger Leistungen spricht, dass ihr Entstehen ungewiss

---

1 BVerfG 21.11.1980 – 1 BvR 589/79, AP Nr. 30a zu Art. 9 GG; BAG 8.12.1978 – 1 AZR 303/77, AP Nr. 28 zu Art. 9 GG (Konzen); 23.2.1979 – 1 AZR 172/78, AP Nr. 30 zu Art. 9 GG. ||2 ErfK/*Schmidt*, Art. 14 GG Rz. 20. ||3 BVerfG 18.12.1985 – 1 BvR 143/83, AP Nr. 15 zu § 87 BetrVG 1972 Arbeitszeit; *Söllner*, NZA 1992, 721 (731); aA *Scholz*, NJW 1986, 1587ff. ||4 BVerfG 6.10.1987 – 1 BvR 1086, 1468, 1623/82, E 77, 84 (118). ||5 Eingehend dazu *Scholz*, NJW 1986, 1587ff. ||6 *Stein*, AR-Blattei SD 830 (2001) Rz. 627. ||7 BVerfG 28.2.1980 – 1 BvL 17/77 ua., E 53, 257 (290); 16.7.1985 – 1 BvL 5/80, 1 BvR 1023, 1052/83 u. 1227/84, E 69, 272 (303); BAG 12.3.1996 – 3 AZR 963/94, AP Nr. 1 zu § 3 RuhegeldG Hamburg; Sachs/*Wendt*, Art. 14 Rz. 34 mN; dagegen *Herzog*, NZA 1989, 1 (3). ||8 Ausf. *Gurlit* in Ministerium der Justiz Rh.-Pf. (Hrsg.), „Mainzer Runde 2003", 2003, S. 13ff. ||9 Nach der Reform des Arbeitslosen- und Sozialhilferechts (Hartz IV) ist allerdings zu beachten, dass es sich hierbei wohl nicht um das Alg II handeln kann, da im Anspruch darauf jedem erwerbsfähigen Arbl. zwischen 15 und 65 Jahren zusteht, und zwar unabhängig davon, ob ein Anspruch auf Alg erdient wurde (§ 7 SGB II) vgl. BVerfG 7.12.2010 – 1 BvR 2628/07, NJW 2011, 1058. ||10 BVerfG 7.7.1971 – 1 BvR 765/66, E 31, 229 (239). ||11 BVerfG 30.9.1987 – 2 BvR 933/82, E 76, 256 (294). ||12 *Leisner*, NJW 1996, 1511ff. ||13 Vgl. BVerfG 28.2.1980 – 1 BvL 17/77 ua., E 53, 257 (292). ||14 S.a. ErfK/*Schmidt*, Art. 14 GG Rz. 23. ||15 So aber BSG 31.7.2002 – B 4 RA 120/00 R, NJW 2003, 1474 (1474, 1476ff.).

ist (ebenso wie bloße Erwerbschancen des Betriebs); Änderungen müssen möglich bleiben. Andererseits kann derartigen Leistungen nicht jeglicher wirtschaftl. Wert abgestritten werden. Ihrem Grunde nach bestehen sie ja bereits. In diese Richtung geht auch die Rspr. des BAG[1], wobei Gegenstand der Beurteilung zumeist Fragen der RV waren. Dabei unterscheidet das BAG grds. zwischen dem bereits erdienten und dem noch nicht erdienten Teil eines Versorgungsrechts. Ersterer verdiene den Schutz durch die Eigentumsgarantie.

Doch wurde der Schutz aus Art. 14 zunächst auf **unverfallbare Versorgungsanwartschaften** beschränkt. Hat ein ArbN die erwartete Betriebstreue erbracht und sein aktives Arbeitsleben beendet, so hat er seine Versorgungsanwartschaft in vollem Umfang erdient. Die Versorgungsansprüche sind bereits fällig und der Bestandsschutz ist gegeben. Hierüber besteht – wie schon angesprochen – kein Streit. Anders ist die Situation der aktiven ArbN. Um einen vollen Rentenanspruch zu erwerben, müssen sie noch bis zum Versorgungsfall weiterarbeiten. Dennoch steht ihnen eine stetig anwachsende Anwartschaft zu, die im Verhältnis der insg. erwarteten Betriebszugehörigkeit zur bereits geleisteten Dienstzeit immer weiter erdient wird. In diesem Verhältnis wächst also auch der Schutz durch die Eigentumsgarantie, der sich immer auf den erdienten Teil der Anwartschaft erstreckt. Kürzungen sind hier nur begrenzt möglich. Der noch nicht erdiente Teil des Versorgungsanspruchs ist hingegen wenig geschützt[2]. Geschützt ist allerdings selbst bei unverfallbaren Anwartschaften auf eine dynamische Versorgungsrente keine bestimmte Höhe. Möglich ist daher grds. eine rückwirkende Umstellung des Berechnungssystems, durch welche die Rentenhöhe bei Bezug geringer ausfällt[3]. Auch die Anhebung des Rentenzutrittsalters für Frauen soll mit dem GG vereinbar sein[4], wobei nunmehr die allg. (stufenweise) Anhebung des Rentenalters auf 67 Jahre zu thematisieren ist[5]. Die genannten Grundsätze können auch auf andere Sozialleistungen übertragen werden. Auch diese Ansprüche werden im Verhältnis zur bereits erbrachten Betriebstreue erdient, so dass ihr Bestandsschutz proportional ansteigt. Änderungen sind auch dort nicht grenzenlos zulässig[6].

Größere Probleme bereitet jedoch der Schutz für eine in Zukunft zu erwartende **verfallbare Anwartschaft**. Im Erg. müssen auch für diese Fälle prinzipiell dieselben Grundsätze gelten wie für die unverfallbaren Anwartschaften, wenn auch mit minderem Bestandsschutz. Denn selbst dann, wenn die Wartezeit noch nicht erfüllt ist und noch kein effektiver Versicherungsschutz eingreift, liegt ein konkreter Vermögenswert vor, der unter Art. 14 fallen muss[7]. Dementsprechend billigt das BVerfG Ansprüchen aus Versicherungsrenten schon dann Bestandsschutz zu, wenn die Wartezeit noch nicht vollständig abgelaufen ist[8]. Diese Rspr. wird man auf andere betriebl. Sozialleistungen übertragen können. Daraus folgt dann ein gewisser Bestandsschutz bspw. auch für Jubiläumsgratifikationen, Weihnachtsgeld und betriebl. Versorgungszusagen[9]. Anders als das BVerfG verlangt das BAG zumindest den Ablauf der Wartezeit, bevor es eine schutzwürdige, gefestigte Rechtsposition anerkennt. Sobald die Wartezeit verstrichen ist, sei aber auch die arbeitsrechtl. Zusatzversorgung durch Arbeitsleistung erdient und keine bloße Ermessensentscheidung mehr, so dass der Schutzbereich des Art. 14 eröffnet ist. Regelungen im Rahmen des Abs. 2 bleiben dennoch möglich[10].

Allerdings hat das BVerfG weitere Voraussetzungen entwickelt, die **vermögenswerte öffentl.-rechtl. Ansprüche** und **Anwartschaften** wie sozialversicherungsrechtl. Positionen erfüllen müssen, um den Schutz von Art. 14 genießen zu können[11]. Das BVerfG billigt ihnen Eigentumsschutz nur dann zu, wenn sie eine vermögensrechtl. Position darstellen, die nach Art eines Ausschließlichkeitsrechts dem Rechtsträger als privatnützig zugeordnet ist, also dem Eigentum entspricht. Zudem müssen sie auf eigenen Leistungen des Berechtigten beruhen und der Existenzsicherung dienen[12]. In der Lit. wird gerade das Merkmal der „Existenzsicherung" angezweifelt. Denn darin liege eigentlich der Grund der Einbeziehung in den Schutzbereich und kein Abgrenzungstatbestand. Diskussionswürdig ist auch die Frage, ob Schutzobjekt der im konkreten Versicherungsfall entstehende Leistungsanspruch oder der allg. bestehende Versicherungsschutz ist[13].

Wegen Fehlen des Merkmals „auf eigener Leistung beruhen" genießen reine (steuerfinanzierte) **Fürsorgeleistungen** des Staates keinen Eigentumsschutz[14]. Das Gleiche gilt für Rechtspositionen, über die deren Inhaber nicht verfügen kann[15]. Hinterbliebenenrenten gelten bspw. als vorwiegend fürsorgerisch

---

[1] BAG 20.4.2004 – 3 AZR 297/03, AP Nr. 33 zu § 17 BetrAVG. ||[2] BAG 16.9.1986 – GS 1/82, AP Nr. 17 zu § 77 BetrVG; 15.2.2005 – 3 AZR 298/04, AP Nr. 48 zu § 2 BetrAVG; 18.9.2012 – 3 AZR 382/10, AP Nr. 56 zu § 1 BetrAVG Ablösung; BSG 31.7.2002 – B 4 RA 120/00 R, NJW 2003, 1474f. (1476f.). ||[3] BVerfG 17.12.2012 – 1 BvR 488/10, NVwZ 2013, 575. ||[4] BVerfG 3.2.2004 – 1 BvR 2491/97, NVwZ 2004, 604; vgl. auch BAG 18.10.2005 – 3 AZR 506/04, AP Nr. 13 zu § 1 BetrAVG Unverfallbarkeit. ||[5] Sodan, NZS 2005, 561ff. ||[6] BAG 16.9.1986 – GS 1/82, AP Nr. 17 zu § 77 BetrVG. ||[7] Vgl. auch ErfK/*Schmidt*, Art. 14 GG Rz. 23. ||[8] Insoweit ist aber festzustellen, dass das BVerfG (v. 15.7.1998 – 1 BvR 1554/89 ua., E 98, 365) zwar § 18 BetrAVG für verfassungswidrig erklärt hat, dies aber allein mit Art. 3 und Art. 12 begründete; s.a. ErfK/*Schmidt*, Art. 14 GG Rz. 23. ||[9] BVerfG 28.2.1980 – 1 BvL 17/77 ua., E 53, 257 (289ff.). ||[10] BAG 12.3.1996 – 3 AZR 963/94, AP Nr. 1 zu § 3 RuhegeldG Hamburg; 15.2.2005 – 3 AZR 298/04, AP Nr. 48 zu § 2 BetrAVG. ||[11] Dazu auch ErfK/*Schmidt*, Art. 14 GG Rz. 7. ||[12] BVerfG 18.2.1998 – 1 BvR 1318/86 ua., E 97, 271 (284); 27.2.2007 – 1 BvL 10/00, NJW 2007, 1577ff. (1578). ||[13] *Herzog*, NZA 1989, 1 (3). ||[14] BVerfG 8.11.2011 – 1 BvR 2007/11, NZS 2012, 176. ||[15] Dreier/*Wieland*, Art. 14 Rz. 62.

motiviert[1]. Hingegen schadet es sozialversicherungsrechtl. Ansprüchen im Allg. nicht, dass sie auch mit staatl. Zuschüssen finanziert werden. Sie sind sogar dann durch Art. 14 geschützt, wenn die staatl. Zuschüsse den Beitragsanteil übersteigen. Geschützt ist der gesamte Rentenanspruch oder die Anwartschaft, mitsamt den Teilen, die nicht auf eigener Leistung beruhen. Ebenso werden die ArbGeb-Anteile zur gesetzl. RV und KV den eigentumsrelevanten Eigenleistungen des ArbN zugerechnet. Der Eigentumsschutz ist jedoch umso stärker, je höher der eigene Anteil ist[2]. Eine Anrechnung der gesetzl. Rente auf das nach § 14 III BeamtVG geminderte Ruhegehalt ist jedoch gem. Art. 14 zulässig[3].

50 Als von Art. 14 umfasst gelten auch Anwartschaften auf **Alg**[4] (vgl. auch Rz. 42) sowie auf **Erwerbsunfähigkeitsrenten**[5]. Dem **betrieblichen Altersruhegeld** wird ebenfalls Entgeltcharakter beigemessen[6]. Und auch für die in der ehemaligen DDR erworbenen Ansprüche gelten die genannten Grundsätze. Der Einigungsvertrag hat in der DDR erworbene Rentenanwartschaften denjenigen der alten Bundesländer gleichgestellt und ihnen damit den Schutz des Art. 14 verschafft[7]. Hingegen hat das BVerfG bei Ansprüchen auf Kug Zweifel geäußert, ob sie nach Voraussetzung und Zweck als eigentumsähnliche Rechtsposition gelten können[8]. Bzgl. vermögensrechtl. Ansprüche von Angehörigen des öffentl. Dienstes, die sich aus einem öffentl.-rechtl. Dienstverhältnis ergeben und die deshalb unter Art. 33 V fallen sollen, soll der Schutz aus Art. 33 dem Schutz des Art. 14 entsprechen[9].

51 Grds. wird eine den Eingriff in Art. 14 begründende erdrosselnde Wirkung einer Zahlungsverpflichtung erst angenommen, wenn diese die Fortführung von Unternehmen regelmäßig unmöglich macht[10]. Trotz allem sind Änderungen bei der Gewährung von **Versicherungs-, Sozial- und sonstigen Leistungen** nicht völlig ausgeschlossen. Dem Bestandsschutz stehen die Interessen des ArbGeb bzw. des Betriebs, aber auch der anderen ArbN – die ihren Arbeitsplatz bedroht sehen – entgegen. Hier hat ein Ausgleich im Wege der praktischen Konkordanz zu erfolgen. Eingriffe in den Schutzbereich des Art. 14 können erforderlich werden, wenn das Unternehmen in gravierenden wirtschaftl. Schwierigkeiten steckt. Zur Rettung eines Betriebes oder zumindest dessen ordnungsgemäßer Abwicklung kann bspw. ein Verzicht auf Weihnachtsgeld oder Jubiläumssonderzuwendungen geboten sein oder sogar eine Neuregelung von Versorgungsanwartschaften vorgenommen werden[11]. Auch gewährleistet das GG keinen unbegrenzten Bestandsschutz der Versorgungsanwartschaften im Insolvenzfall[12]. Bei Betriebsrenten erfolgt dagegen eine gewöhnliche Anpassung in verfassungskonformer Weise nach § 16 BetrAVG[13].

52 Außerdem kann der Gesetzgeber seinen **Gestaltungsspielraum** aus Abs. 1 S. 2 zur Inhalts- und Schrankenbestimmung ausnutzen. Dabei ist es zulässig, den Bestandsschutz der zukünftig zu erwartenden Leistungen an Obergrenzen zu knüpfen bzw. von Anrechnungsvorbehalten sowie Widerrufs- oder Ablösungstatbeständen abhängig zu machen, auch wenn dadurch die Versorgungsrechte eingeschränkt werden. Dies rechtfertigt ein ausgewogener Ausgleich zwischen den Belangen der Allgemeinheit und den Individualinteressen. Dabei ist der Schutz umso größer, je mehr es sich um bereits erdiente wirtschaftl. Werte handelt bzw. je größer der soziale Bezug ist[14].

53 Doch ist der Gesetzgeber trotz eines weiten Gestaltungsspielraums auch auf dem Gebiet der wirtschaftl. Angelegenheiten nicht völlig frei. Dies hat im Zusammenhang mit den **Personalzusatzkosten** besondere Bedeutung. Hier setzen vor allem die wirtschaftl. Grundrechte wie gerade Art. 14 Grenzen. Dabei ergibt sich eine verfassungsrechtl. Belastungsgrenze nicht nur für Steuern, sondern auch für Sozialabgaben und Personalzusatzkosten. Wo genau die Grenze der Belastbarkeit liegt, kann jedoch schwer festgelegt werden. Eine Existenzgefährdung für die betroffenen Betriebe ist jedenfalls immer unzulässig. Von den auferlegten Geldleistungspflichten darf keine Erdrosselungswirkung ausgehen[15].

54 cc) **Arbeitsplatz.** Auch die zivilrechtl. Institute **Werk-, Dienst- und Arbeitsvertrag** – und damit ua. die Begründungsmöglichkeit von Lohnforderungen – werden in ihrem Kern durch Art. 14 institutionell gewährleistet[16]. Dagegen wird der Besitzstand durch bisherige tarifvertragl. Ansprüche grds. nicht erfasst (sog. Vergütungserwartung), wenn eine wirksame Ablösung mit einem neuen (ungünstigeren) Vergütungssystem erfolgt[17]. Entsprechendes gilt für andere arbeitsvertragl. Regelungen, sofern kein schützenswertes Vertrauen besteht[18]. Allerdings könnte möglicherweise ein entschädigungsloser Verlust des Arbeitsplatzes vorliegen, wenn einem ArbN ohne soziale Rechtfertigung gekündigt wird. Dennoch ist der Schutzbereich des Art. 14 in diesen Fällen erst gar nicht betroffen, womit Art. 14 als Prüfungsmaß-

---

1 BVerfG 18.2.1998 – 1 BvR 1318/86 ua., E 97, 271 (284ff.). ||2 BVerfG 28.2.1980 – 1 BvL 17/77 ua., AP Nr 25 zu Art 14 GG; Sachs/*Wendt*, Art. 14 Rz. 28ff. ||3 BAG 9.10.2012 – 3 AZR 528/10, NZA-RR 2013, 94. ||4 BVerfG 10.2.1987 – 1 BvL 15/83, E 74, 203 (213ff.). ||5 BVerfG 8.4.1987 – 1 BvR 564/84, E 75, 78 (96f.). ||6 BVerfG 19.10.1983 – 2 BvR 298/81, E 65, 196 (213); s.a. BAG 12.6.2007 – 3 AZR 14/06, AP Nr. 1 zu § 1a BetrAVG. ||7 BVerfG 28.4.1999 – 1 BvL 32/95, 1 BvR 2105/95, E 100, 1 (33ff.). ||8 BVerfG 4.7.1995 – 1 BvF 2/86 ua., E 92, 365 (405f.); dazu auch ErfK/*Schmidt*, Art. 14 GG Rz. 7. ||9 BVerfG 30.9.1987 – 2 BvR 933/82, E 76, 256 (294). ||10 BVerfG 29.2.2012 – 1 BvR 2378/10, NZA 2012, 788. ||11 BAG 16.9.1986 – GS 1/82, AP Nr. 17 zu § 77 BetrVG; 12.3.1996 – 3 AZR 963/94, AP Nr. 1 zu § 3 RuhegeldG Hamburg. ||12 BAG 4.4.2000 – 3 AZR 458/98, AP Nr. 32 zu § 2 BetrAVG. ||13 BAG 19.6.2012 – 3 AZR 464/11, NZA 2012, 1291. ||14 BVerfG 3.2.2004 – 1 BvR 2491/97, NVwZ 2004, 604; BAG 12.3.1996 – 3 AZR 963/94, AP Nr. 1 zu § 3 RuhegeldG Hamburg. ||15 BVerfG 19.10.1983 – 2 BvR 298/81, E 65, 196 (207); ausf. *Leisner*, Eigentum, S. 799ff. ||16 Sachs/*Wendt*, Art. 14 Rz. 64. ||17 BAG 9.6.2011 – 6 AZR 867/09, NZA-RR 2012, 276; 21.2.2013 – 6 AZR 539/11, NZA-RR 2013, 296. ||18 BAG 17.7.2012 – 1 AZR 476/11, NZA 2013, 338.

stab für den Erhalt von Arbeitsplätzen ausscheidet. Denn dabei geht es um den Erwerb einer Eigentumsposition (Arbeitsentgelt), der von Art. 12 erfasst wird. Art. 14 schützt (nur) das Erworbene, also die Ergebnisse geleisteter Arbeit[1]. Allerdings könnte man aus der verfassungsgerichtlichen Rspr. zum Mietrecht, wo die Formel vom „Mieter-Eigentümer" geprägt wurde[2], entsprechende Schlüsse auch für das Arbeitsrecht ziehen[3]. Dem „Mieter-Eigentümer" entspräche also der „Arbeitnehmer-Eigentümer"! Auch wenn das BAG[4] die Frage zuletzt offen gelassen hat, so kommt eine solche eigentumsähnliche ArbN-Position nicht in Betracht. Dies ergibt sich aus der Systematik des Eigentumsschutzes im Dauerschuldverhältnis iVm. der Rspr. des BVerfG zum Schutz des Arbeitsplatzes. Künftige Ansprüche genießen keinen Eigentumsschutz, die Freiheit der Wahl des Arbeitsplatzes schützt nicht den einmal gewählten Arbeitsplatz[5].

Dementsprechend besteht auch keine generelle **Abfindungspflicht** als Ausgleich für jeglichen Arbeitsplatzverlust. Eine eigentumsähnliche Rechtsposition ist allerdings der durch die §§ 9, 10 KSchG vorgesehene Abfindungsanspruch, den das Gericht bei rechtswidrigen Kündigungen auf Antrag festsetzen kann. Die Abfindung ist gesetzl. Wertersatz für den nicht mehr zumutbar anzutretenden Arbeitsplatz und soll dem ArbN Genugtuung für erlittenes Unrecht verschaffen. Er ist vom ArbN erarbeitet und verdient deshalb Eigentumsschutz[6]. Aus diesem Grund war auch seine Anrechnung auf das Alg, wie sie § 140 SGB III aF vorsah, verfassungsrechtl. nicht unbedenklich[7]. Auch der Abfindungsanspruch aus § 1a I KSchG ist eine eigentumsähnliche Rechtsposition. Der ArbN kann jedoch keinen reinen Bestandsschutz für seinen Arbeitsplatz beanspruchen. Es entspricht dem Gestaltungsspielraum des Gesetzgebers, wenn er anstelle des Bestandsschutzes einen Abfindungsanspruch treten lässt. Darin liegt keine Enteignung[8]. 55

dd) **Sonstige Rechte.** Nach Rspr. und hM fällt auch das **Urheberrecht** unter Art. 14 (vgl. Rz. 21), da es um die wirtschaftl. Verwertung geistiger Leistung geht. Auf Grund der Eigentumsgarantie hat der Urheber grds. einen Anspruch darauf, dass ihm der wirtschaftl. Nutzen seiner Arbeit zugeordnet wird[9]. 56

2. Grundrechtsadressaten. Gem. Art. 1 III ist die **gesamte öffentl. Gewalt** unmittelbar an die Grundrechte und somit an Art. 14 gebunden. Auch für den Privatrechtsgesetzgeber gilt nichts anderes. Darüber hinaus haben auch die TV-Parteien die Grundrechte (zumindest) über die zivilrechtl. Generalklauseln zu beachten (s. Art. 3 Rz. 27 ff. für den Gleichheitssatz und Art. 12 Rz. 15 für die Freiheitsrechte). Die Fachgerichte müssen bei der Auslegung und Anwendung von Gesetzen, welche Inhalt und Schranken von Eigentumspositionen bestimmen, die Grundsätze des Art. 14 beachten und Ergebnisse vermeiden, die zu übermäßigen Beschränkungen führen[10]. 57

Aber es ist nicht die spezifische Funktion des **Arbeitsrechts**, Eigentumspositionen auszugestalten und zu schützen, vielmehr geht es darum, die Freiheit beruflicher Betätigung für ArbN und ArbGeb zu sichern und deren grds. Interessen zum Ausgleich zu bringen. Art. 14 umfasst nur den konkreten Bestand an Eigentumspositionen. Die arbeitsrechtl. Relevanz der Eigentumsgarantie resultiert daraus, dass es das Ziel der Berufsausübung ist, Eigentumspositionen zu schaffen[11]. 58

3. Grundrechtsträger sind **alle natürlichen Personen** sowie gem. Art. 19 III **inländische juristische Personen** und Personenvereinigungen sowie juristische Personen der EU-Mitgliedstaaten, soweit sich der Fall im Anwendungsbereich des Unionsrechts bewegt[12]. Hingegen fallen andere ausländische juristische Personen nicht in den personellen Schutzbereich der Eigentumsgarantie. Hier kann Art. 3 I helfen. Ebenfalls genießen juristische Personen des öffentl. Rechts grds. keinen Eigentumsschutz, dennoch wurde die Grundrechtsfähigkeit von Handwerksinnungen[13] bejaht[14]. 59

III. Beeinträchtigungen können sich für das Eigentum aus unterschiedlichen Regelungen ergeben. Insb. können **Normen** (auf entsprechender gesetzl. Ermächtigung also auch RechtsVO und Satzungen[15]) **als Inhalts- und Schrankenbestimmungen** das Eigentum beeinträchtigen. Des Weiteren können Beschränkungen von Einzelfallregelungen ohne Enteignungscharakter, die eine Eigentumsposition entziehen bzw. deren Nutzung, Verfügung oder Verwertung einer rechtl. Beschränkung unterwerfen, oder von einer Enteignung ausgehen. Und darüber hinaus können auch faktische oder indirekte Einwirkungen das Eigentum beeinflussen[16]. 60

Auf die Abgrenzung kommt es aber für die Annahme einer **Beeinträchtigung** nicht entscheidend an. Die Differenzierung wird erst im Rahmen der Rechtfertigung bzw. der Schranken bedeutsam[17]. 61

---

1 BVerfG 24.4.1991 – 1 BvR 1341/90, E 84, 133 (146 ff.); s. BAG 22.9.2005 – 6 AZR 526/04, AP Nr. 1 zu § 323 UmwG. ||2 Vgl. BVerfG 26.5.1993 – 1 BvR 208/93, E 89, 1 (5 ff.). ||3 Zum Ganzen *Schmidt-Preuß*, AG 1996, 1 (3 ff.). ||4 BAG 4.6.1998 – 8 AZR 786/96, AP Nr. 7 zu § 823 BGB zur Frage eines Rechts am Arbeitsplatz als absolutes Recht iSd. § 823 I BGB. ||5 So im Erg. auch ErfK/*Schmidt*, Art. 14 GG Rz. 23 f. ||6 *Hergenröder*, ZfA 2002, 355 (363). ||7 ErfK/*Schmidt*, Art. 14 GG Rz. 24. ||8 BAG 16.5.1984 – 7 AZR 280/82, AP Nr. 12 zu § 9 KSchG 1969. ||9 BVerfG 7.7.1971 – 1 BvR 765/66, E 31, 229 (238 f., 243). ||10 BVerfG 10.3.1989 – 1 BvR 558/89, E 81, 29 (31 ff.); 2.3.1999 – 1 BvL 7/91, E 100, 226 ff.; ErfK/*Schmidt*, Art. 14 GG Rz. 13. ||11 ErfK/*Schmidt*, Art. 14 GG Rz. 19. ||12 BVerfG 19.7.2011 – 1 BvR 1916/09, NJW 2011, 3428; Jarass/Pieroth/*Jarass*, Art. 19 Rz. 23 wN. ||13 BVerfG 14.5.1985 – 1 BvR 449, 523, 700, 728/82, E 70, 1 (20). ||14 Jarass/Pieroth/*Jarass*, Art. 14 Rz. 27 f. ||15 BVerfG 10.7.1958 – 1 BvF 1/58, E 8, 71 (79). ||16 Sachs/*Wendt*, Art. 14 Rz. 52 mN. ||17 Jarass/Pieroth/*Jarass*, Art. 14 Rz. 29.

62 IV. Inhaltsbestimmung und Schrankensetzung. 1. Abgrenzung. Das Eigentum ist das wichtigste Rechtsinstitut zur Abgrenzung privater Vermögensbereiche und bedarf deshalb besonders der **Ausgestaltung durch die Rechtsordnung**. Demzufolge enthält Abs. 1 S. 2 die Ermächtigung an den Gesetzgeber, Inhalt und Schranken des Eigentums zu bestimmen[1]. Dabei handelt es sich grds. um zwei gesetzgeberische Aufgaben, die zwar unterschiedliche Ziele haben, sich aber hinsichtlich ihrer Konsequenzen kaum trennen lassen.

63 **Inhaltsbestimmung** ist die generelle und abstrakte Festlegung von Rechten und Pflichten durch den Gesetzgeber hinsichtlich solcher Rechtsgüter, die als Eigentum iSd. Verfassung zu verstehen sein sollen; sie ist zukunftsgerichtet[2].

64 Demggü. setzen **Schrankennormen** eine Eigentumsposition voraus und beschränken sie durch Handlungs-, Duldungs- und Unterlassungspflichten, um entgegenstehende Rechtspositionen und Interessen auszugleichen[3]. Im Schrifttum wird diskutiert, ob diese Unterscheidung praktische Bedeutung hat und sich daraus im Streitfall ein unterschiedliches Prüfungsprogramm und Ergebnis ergibt[4]. Jedenfalls ist der Gesetzgeber weder bei der Inhalts- noch bei der Schrankenbestimmung völlig frei. Wo die Grenze verläuft, ist eine allein praktisch bedeutsame Frage[5].

65 2. Grenzen der Beschränkbarkeit. Zunächst scheint der Wortlaut der Regelungsbefugnis dem Gesetzgeber keine Schranken zu setzen. Dennoch ist die Legislative nicht gänzlich frei. Allerdings besteht ein **weiter Gestaltungsspielraum**[6]. Grds. ist die Regelungsbefugnis des Gesetzgebers umso weiter, je mehr das Eigentumsobjekt in einem sozialen Bezug und einer sozialen Funktion steht[7]. Es kommt also nicht nur auf die Intensität der Beschränkung und das Gewicht der angestrebten Ziele, sondern auch darauf an, welche Bedeutung das Eigentumsrecht für die betroffenen Grundrechtsträger und Dritte hat[8].

66 Das BVerfG unterscheidet auch nicht zwischen Inhalts- und Schrankenbestimmung, sondern nimmt immer eine **Abwägung** vor, die sich nach der jeweils umstrittenen Rechtsposition richtet. Belange der Allgemeinheit und Individualinteressen müssen in ein ausgewogenes Verhältnis gebracht werden. Der Gesetzgeber muss bei der Inhalts- und Schrankenbestimmung das Sozialmodell verwirklichen, dessen normative Elemente sich einerseits aus der grundgesetzlichen Anerkennung des Privateigentums und dessen Bestandsgarantie durch Abs. 1 und andererseits aus der verbindlichen Richtschnur des Sozialgebots des Abs. 2 ergeben[9].

67 Außerdem muss jede Inhalts- und Schrankenbestimmung dem Grundsatz der **Verhältnismäßigkeit** genügen, dh. die betreffende Regelung muss geeignet und erforderlich sein. Auch muss die Belastung des Eigentümers in einem angemessenen Verhältnis zu den mit der Regelung verfolgten Interessen stehen[10]. Zudem dürfen keine anderen Grundrechte verletzt werden[11]. Manchmal kann ein finanzieller Ausgleich geboten sein[12]. Ein hoher sozialer Bezug besteht bspw. beim Eigentum an Produktionsmitteln, da es Macht über Dritte verleiht[13], und bei (Renten-)Versicherungsansprüchen und -anwartschaften, so dass die Bedeutung für die Solidargemeinschaft berücksichtigt werden muss. Deshalb rechtfertigt das Ziel, die Leistungsfähigkeit des Systems zu sichern, weit gehende Einschränkungen[14].

68 V. Enteignung. Von der Beschränkung des Eigentums durch Inhalts- und Schrankenbestimmungen nach Abs. 1 S. 2 und Abs. 2 ist die Enteignung zu trennen. Sie stellt eine **besonders schwere Eigentumsbeeinträchtigung** dar und ist nur unter den strengen Voraussetzungen des Abs. 3 zulässig[15].

69 Bei der **Abgrenzung** von Inhalts- und Schrankenbestimmung und Enteignung wird oft nach dem Abgrenzungskriterium (entschädigungslose) Sozialbindung oder (entschädigungspflichtige) Enteignung vorgegangen[16]. Dabei unterscheidet sich die Enteignung von der Inhaltsbestimmung des Eigentums nicht nur durch ihre Eingriffsintensität, sondern vor allem durch ihren Zweck. Sie dient nicht dem generellen Ausgleich gegenläufiger Interessen, um sie in ein ausgewogenes Verhältnis zu bringen, sondern der konkreten Durchsetzung des einen Interesses auf Kosten eines anderen[17]. Dem entspricht eine grds. andere Form des Interessenausgleichs: „Die Bestandsgarantie des Abs. 1 S. 1 wandelt sich bei zulässiger Enteignung in eine Eigentumswertgarantie"[18].

---

1 BVerfG 7.8.1962 – 1 BvL 16/60, E 14, 263 (277f.); v. Münch/Kunig/*Bryde*, Art. 14 Rz. 47. ‖2 BVerfG 12.3.1986 – 1 BvL 81/79, E 72, 66 (76); ErfK/*Schmidt*, Art. 14 GG Rz. 10. ‖3 ErfK/*Schmidt*, Art. 14 GG Rz. 10; Sachs/ *Wendt*, Art. 14 Rz. 55. ‖4 Dagegen Dreier/*Wieland*, Art. 14 Rz. 74. ‖5 ErfK/*Schmidt*, Art. 14 GG Rz. 10. ‖6 BVerfG 12.1.1967 – 1 BvR 169/63, E 21, 73 (82f.); BVerwG 27.5.1981 – 7 C 34/77, E 62, 224 (228); v. Münch/Kunig/*Bryde*, Art. 14 Rz. 47. ‖7 BVerfG 1.3.1979 – 1 BvR 532/77 ua., E 50, 290; ähnlich BVerfG 7.7.1971 – 1 BvR 765/66, E 31, 229 (242). ‖8 BVerfG 14.7.1981 – 1 BvL 24/78, E 58, 137 (147ff.); Sachs/*Wendt*, Art. 14 Rz. 111. ‖9 St. Rspr., vgl. BVerfG 16.1.2004 – 1 BvR 2285/03, NJW-RR 2004, 440; 23.2.2010 – 1 BvR 2736/08, NVwZ 2010, 512. ‖10 BVerfG 26.4.1995 – 1 BvL 19/94 u. 1 BvR 1454/94, E 92, 262 (273). ‖11 BVerfG 12.1.1967 – 1 BvR 169/63, E 21, 73 (82f.); Jarass/Pieroth/*Jarass*, Art. 14 Rz. 48. ‖12 Jarass/Pieroth/*Jarass*, Art. 14 GG Rz. 54. ‖13 BVerfG 1.3.1979 – 1 BvR 532/77 ua., E 50, 290; Jarass/Pieroth/*Jarass*, Art. 14 Rz. 42. ‖14 BVerfG 1.7.1981 – 1 BvR 874/77, 1 BvL 33/80, E 58, 81 (119); 3.2.2004 – 1 BvR 2491/97, NVwZ 2004, 604; ErfK/*Schmidt*, Art. 14 GG Rz. 12. ‖15 Jarass/Pieroth/*Jarass*, Art. 14 Rz. 69. ‖16 *Böhmer*, NJW 1988, 2561 (2567). ‖17 Sachs/*Wendt*, Art. 14 Rz. 77. ‖18 BVerfG 10.3.1981 – 1 BvR 92, 96/71, E 56, 249 (260f.); ErfK/*Schmidt*, Art. 14 GG Rz. 16.

Für die Enteignung gibt es allerdings **keine Legaldefinition**. Nach der Rspr. des BVerfG ist eine Enteignung die vollständige oder teilweise Entziehung konkreter subjektiver Eigentumspositionen iSv. Abs. 1 zum Zwecke der Erfüllung bestimmter öffentl. Aufgaben[1]. Diese können auch mittelbar mit Hilfe privater Unternehmen angestrebt werden[2]. Somit kann die Enteignung auf Grund ihres Zwecks und ihrer Entschädigungspflicht aus Abs. 3 S. 2 auch nicht als Instrument der sozialen Umverteilung vermögenswerter Rechte eingesetzt werden. Da sie nur zur Erfüllung bestimmter öffentl. Aufgaben zulässig ist, kann sie nicht dem sozialpolitischen Ziel einer Vermögensumschichtung dienen[3].

Für das **Arbeitsrecht** spielen die weit reichenden Rechtsprobleme der Enteignung (zB Rechtsgrundlage, formelle und materielle Voraussetzungen, Entschädigung, Rückübereignung) jedoch keine Rolle.

---

[1] BVerfG 30.11.1988 – 1 BvR 1301/84, E 79, 174 (191). ||[2] BVerfG 24.3.1987 – 1 BvR 1046/85, E 74, 264 (280).
||[3] ErfK/*Schmidt*, Art. 14 GG Rz. 17.

Handelsgesetzbuch (HGB)

vom 10.5.1897 (RGBl. S. 219),
zuletzt geändert durch Gesetz vom 4.10.2013 (BGBl. I S. 3746)

– Auszug –

Vor § 59

1 **I. Bedeutung.** Im Laufe der Zeit haben die arbeitsrechtl. Regeln des HGB erheblich **an Bedeutung verloren.** Das Konzept eines segmentierten Arbeitsrechts (für kaufmännische Angestellte im HGB, für technische Angestellte in der GewO, für alle übrigen ArbN in §§ 611ff. BGB) hat sich nicht bewährt und ist im Laufe der Zeit stillschweigend aufgegeben worden. Demzufolge sind im Laufe der Zeit diverse Vorschriften aus den §§ 59ff. aufgehoben worden, sofern sie mit spezialgesetzl. Regelungen oder den arbeitsrechtl. Regelungen des BGB in Widerspruch standen (zB die §§ 63, 66–73 sowie 76–82). Soweit die arbeitsrechtl. Regelungen des HGB in Kraft geblieben sind, haben sie überwiegend nur noch sehr begrenzte oder gar keine Bedeutung.

Ganz anders verlief die Entwicklung hinsichtlich der Regelungen zum **gesetzl.** und **nachvertragl. Wettbewerbsverbot** (§§ 60, 74ff.) sowie zu **Provisionsvereinbarungen** (§ 65 iVm. §§ 87ff.). Diese Materien sind bis heute nicht spezialgesetzlich geregelt worden. Stattdessen gelten die Regelungen des HGB auf Grund Rspr. oder gesetzlicher Verweisung (§ 110 GewO) über den Bereich der kaufmännischen Angestellten hinaus mittlerweile für alle ArbN[1].

2 **II. Geltungsbereich.** Abzugrenzen ist der in den §§ 59ff. geregelte kaufmännische Angestellte („Handlungsgehilfe") vom **Handelsvertreter**, der in den §§ 84ff. geregelt ist. Die Abgrenzung zwischen kaufmännischen Angestellten und Handelsvertretern ist identisch mit der allg. Abgrenzung zwischen ArbN und Selbständigen, deshalb kann insoweit auf die Komm. vor § 611 BGB verwiesen werden.

3 Die Vorschriften des sechsten Abschnitts gelten nach der gesetzl. Konzeption ausschließlich für „Handlungsgehilfen", also für kaufmännische Angestellte. Gem. § 83 sollte es hinsichtlich **anderer ArbN**, die in einem Handelsgewerbe tätig sind, bei den allg. arbeitsrechtl. Vorschriften bleiben. Dies betraf insb. die im kaufmännischen Betrieb tätigen Arbeiter und technischen Angestellten. Diese Einschränkung ist heute bedeutungslos, und konsequenterweise ist auch § 83 in den neuen Bundesländern nicht in Kraft gesetzt worden.

4 **III. Drittbeziehungen (§§ 75f–h).** Ein Fremdkörper innerhalb des sechsten Abschnitts sind die §§ 75f, g und h. Sie regeln nicht das unmittelbare Rechtsverhältnis zwischen ArbGeb und ArbN, sondern **Drittbeziehungen.** Während § 75f das Verhältnis zwischen mehreren ArbGeb betrifft, regeln §§ 75g und h die Vertretungsmacht des Handlungsgehilfen ggü. Dritten.

Sechster Abschnitt. Handlungsgehilfen und Handlungslehrlinge

59 *Handlungsgehilfe*
Wer in einem Handelsgewerbe zur Leistung kaufmännischer Dienste gegen Entgelt angestellt ist (Handlungsgehilfe), hat, soweit nicht besondere Vereinbarungen über die Art und den Umfang seiner Dienstleistungen oder über die ihm zukommende Vergütung getroffen sind, die dem Ortsgebrauch entsprechenden Dienste zu leisten sowie die dem Ortsgebrauch entsprechende Vergütung zu beanspruchen. In Ermangelung eines Ortsgebrauchs gelten die den Umständen nach angemessenen Leistungen als vereinbart.

1 **I. Bedeutung.** § 59 definiert den „Handlungsgehilfen" und enthält subsidiäre Regelungen zur Art der geschuldeten Dienste sowie zur Vergütung.

2 **II. „Handlungsgehilfe".** Die Definition des „Handlungsgehilfen" ist mittlerweile **ohne Bedeutung**, da die Rspr. flächendeckend für alle Arten von ArbN gleiche Regelungen anwendet (s. vor § 59 Rz. 1ff.).

3 **III. Umfang der Dienstleistungspflicht.** § 59 verweist zunächst auf den **Arbeitsvertrag**. Sofern dieser keine besonderen Vereinbarungen enthält (was nach dem Inkrafttreten des NachwG nicht mehr zulässig ist), schuldet der ArbN „die dem Ortsgebrauch entsprechenden Dienste". Maßgeblich ist insoweit die Auffassung des Handelsverkehrs am Ort der Betriebsstätte, insoweit kann auf Auskünfte der zuständigen IHK zurückgegriffen werden[2]. Lässt sich ein Ortsgebrauch nicht feststellen, hat der ArbN

---

[1] Vgl. zu §§ 74ff. BAG 13.9.1969 – 3 AZR 138/68, NJW 1970, 626. | [2] *v. Hoyningen-Huene*, § 59 Rz. 170; Heymann/*Henssler*, § 59 Rz. 52.

nach S. 2 „angemessene" Dienstleistungen zu erbringen. Der ArbGeb hat nicht das Recht, den Inhalt der Leistungspflicht einseitig nach § 315 BGB festzulegen. Vielmehr gilt das als vereinbart, was üblicherweise in vergleichbaren Positionen als Dienst zu leisten ist[1]. Das allg. arbeitsrechtl. Weisungsrecht (s. die Erl. zu § 611 BGB und § 106 GewO) bleibt allerdings von S. 2 unberührt.

IV. Vergütungsanspruch. Nach § 59 besteht mangels besonderer Vereinbarung Anspruch auf die **dem Ortsgebrauch entsprechende Vergütung**. Will sich der ArbN auf § 59 berufen, muss er **beweisen**, dass keine ausdrückliche Vereinbarung über die Vergütungshöhe getroffen war[2]. Ein wichtiges Indiz für die ortsübliche Vergütung sind **TV**[3]. Dabei darf allerdings nicht nur auf den tarifl. Grundlohn abgestellt werden, sondern auf die Summe der tarifl. Leistungen[4]. Zahlen ortsansässige vergleichbare ArbGeb mehr als die tarifl. vorgesehene Vergütung, ist diese übertarifl. Vergütung „ortsüblich". Bei Zuweisung einer anderen Tätigkeit auf Grund des arbeitsrechtl. Weisungsrechts kann evtl. eine andere Vergütung „ortsüblich" werden. Die Auffangregel des § 612 BGB ist enger als § 59, weil nicht auf die Ortsüblichkeit abgestellt wird. Im Bereich des § 59 ist deshalb § 612 BGB nicht anwendbar[5]. Lässt sich eine ortsübliche Vergütung nicht feststellen, ist nach S. 2 die „angemessene" Vergütung geschuldet (vgl. die Komm. zu § 612 BGB). 4

60 Gesetzliches Wettbewerbsverbot

(1) Der Handlungsgehilfe darf ohne Einwilligung des Prinzipals weder ein Handelsgewerbe betreiben noch in dem Handelszweige des Prinzipals auf eigene oder fremde Rechnung Geschäfte machen.

(2) Die Einwilligung zum Betrieb eines Handelsgewerbes gilt als erteilt, wenn dem Prinzipal bei der Anstellung des Gehilfen bekannt ist, dass er das Gewerbe betreibt, und der Prinzipal die Aufgabe des Betriebs nicht ausdrücklich vereinbart.

I. Bedeutung. § 60 ist (neben §§ 74 ff.) die heute wichtigste arbeitsrechtl. Vorschrift des HGB. Die Rspr. hat in der Vergangenheit die Vorschrift über den Kreis der Handlungsgehilfen hinaus auf **alle ArbN** angewandt[6]. Mit der Entscheidung des BAG v. 24.3.2010[7] deutet sich allerdings ein **Rechtsprechungswandel** an. Das BAG scheint für Mitarbeiter, die keine Handlungsgehilfen iSd. HGB sind, das Wettbewerbsverbot nunmehr aus § 241 II BGB (Treuepflicht) herzuleiten[8]. Die Frage nach der Grundlage des Wettbewerbsverbots ist keinesfalls akademisch. Zum einen stellt sich die Frage, ob bei einer Herleitung aus § 241 II BGB dann auf der Rechtsfolgenseite das Schadensersatzrecht des § 280 BGB und die Verjährung des § 195 BGB die besonderen Vorschriften des § 61 HGB verdrängen[9]. Überdies stellt sich die – in Schrifttum und Rspr. bislang nur wenig diskutierte – Frage, ob der sachliche Geltungsbereich von § 60 und § 241 II BGB deckungsgleich ist oder ob § 241 II BGB neben § 60 einen eigenen Anwendungsbereich hat (ausführlich dazu Rz. 25 ff.). 1

§ 60 enthält **kein generelles Nebentätigkeitsverbot**. Wegen Art. 12 GG kann der ArbGeb grds. dem ArbN nicht pauschal sämtliche Nebentätigkeiten verbieten (sofern diese nicht die Arbeitsfähigkeit des ArbN zu stark beeinträchtigen). § 60 bezweckt nur die Vermeidung von **Interessenkollisionen**[10]. Soweit Nebentätigkeiten von § 60 nicht erfasst werden, richtet sich ihre Zulässigkeit nach allg. Arbeitsrecht (s. Rz. 25 ff.). 2

§ 60 ist im Zusammenhang mit § 61 zu sehen. § 60 regelt den **Inhalt** des Verbots, § 61 die **Folgen von Verstößen**. 3

II. „Prinzipal". § 60 spricht in der altmodischen Sprache des vorvorigen Jahrhunderts vom „Prinzipal", damit ist der **vertragl. ArbGeb** gemeint (Handelsgesellschaft oder Einzelkaufmann). Soweit das HGB den Begriff des „Prinzipals" in Bezug auf bestimmte Verhaltenspflichten verwendet, treffen diese Pflichten bei einer Handelsgesellschaft deren **Organe** (Geschäftsführer, Vorstand etc.). 4

§ 60 ist **kein Verbotsgesetz** iSv. § 134 BGB, so dass verbotswidrige Rechtsgeschäfte des Handlungsgehilfen wirksam sind. 5

III. Zeitlicher Anwendungsbereich. § 60 gilt für die **Dauer des ArbVerh**. Danach gelten die §§ 74 ff. Auch während einer **Freistellung** gilt § 60, nicht §§ 74 ff.[11]. Die Obliegenheit, gem. § 615 S. 2 BGB wäh- 6

---

1 v. Hoyningen-Huene, § 59 Rz. 171. || 2 Heymann/Henssler, § 59 Rz. 103. || 3 BAG 26.9.1990 – 5 AZR 112/90, DB 1991, 391. || 4 ArbG Essen 1.2.1977 – 6 Ca 3134/76, BB 1978, 255. || 5 Heymann/Henssler, § 59 Rz. 103; zur Ortsüblichkeit s.a. Gumpert, BB 1978, 265. || 6 Seit BAG 17.10.1969 – 3 AZR 442/68, DB 1970, 497; vgl. BAG 21.10.1970 – 3 AZR 479/69, DB 1971, 50. || 7 BAG 24.3.2010 – 10 AZR 66/09, NZA 2010, 693; dazu Diller, FA 2011, 11; unklar auch BAG 17.10.2012 – 10 AZR 809/11, NZA 2013, 207. || 8 Dazu Diller, FA 2011, 11 sowie Anm. zu BAG AP Nr. 142 zu Art. 12 GG; mit § 241 II BGB argumentieren zB auch LAG Düss. 15.4.2011 – 6 Sa 857/10, NZA-RR 2011, 531 und LAG Schl.-Holst. 26.5.2011 – 3 SaGa 3/11. || 9 Ausf. dazu Diller, FA 2011, 11; s.a. § 61 Rz. 2. || 10 BAG 5.5.1970 – 3 AZR 384/69, AP Nr. 4 zu § 60 HGB; 3.5.1983 – 3 AZR 62/81, AP Nr. 10 zu § 60 HGB; LAG Rh.-Pf. 24.8.2012 9 Sa 80/12, DB 2013, 127. || 11 BGH 16.11.1954 – I ZR 180/53, AP Nr. 1 zu § 60 HGB; Heymann/Henssler, § 60 Rz. 6; BAG 3.6.1958 – 2 AZR 406/55, AP Nr. 9 zu § 59 HGB; aA LAG BW 12.9.2011 – 9 Sa 45/11.

rend der Freistellung eine anderweitige Tätigkeit aufzunehmen, ändert an der Geltung des § 60 nichts. Der ArbN muss sich also auf konkurrenzfreie Tätigkeiten beschränken[1].

7 § 60 gilt erst ab Beginn der Tätigkeit (**Arbeitsaufnahme**). Wird der Arbeitsvertrag vorher geschlossen, gilt § 60 in der Zeit bis zur Arbeitsaufnahme nicht, allerdings kann die allg. Treuepflicht Wettbewerbshandlungen des ArbN entgegenstehen. § 60 gilt unabhängig davon, ob der ArbN den Dienst antritt oder (unter **Vertragsbruch**) die Aufnahme des Dienstes verweigert.

8 Kündigt der ArbGeb wegen Vertragsverletzung **fristlos**, so kann aus § 628 II BGB die Pflicht des ArbN folgen, sich bis zum nächsten ordentl. Kündigungstermin entsprechend § 60 einer Konkurrenztätigkeit zu enthalten[2].

9 Akzeptiert der ArbN eine **unwirksame arbeitgeberseitige Kündigung**, kann § 60 ab dem Beendigungszeitpunkt nicht mehr gelten[3]. Wehrt sich dagegen der ArbN durch Kündigungsschutzklage, so verhält er sich widersprüchlich, wenn er gleichzeitig gegen § 60 verstößt. Ebenso widersprüchlich handelt allerdings auch der ArbGeb, wenn er sich einerseits auf die Beendigung des ArbVerh beruft, andererseits aber den ArbN an § 60 festhalten will. Nach Auffassung des BAG[4] gilt § 60 für die Dauer des Kündigungsschutzverfahrens fort. Verstöße der ArbN dagegen, könne der ArbGeb je nach den Umständen mit einer neuen fristlosen Kündigung reagieren.

10 Erfährt der ArbGeb von einer unerlaubten Konkurrenztätigkeit, versucht der ArbN nicht selten, durch **fristlose Eigenkündigung** Unterlassungsansprüche auszuhebeln und die Rechtsfolgen des § 61 zu vermeiden. Nach richtiger Auffassung obliegt hier die Darlegungs- und Beweislast für die Wirksamkeit der Kündigung dem ArbN[5]. Während des **Ruhestands** gilt § 60 nicht, auch wenn eine Betriebsrente gezahlt wird[6].

11 § 60 wird im **Teilzeitarbeitsverhältnis** nicht per se hinfällig, allerdings kann die Besonderheit des TeilzeitArbVerh eine großzügige Anwendung von § 60 bedingen[7].

12 **IV. Reichweite des Verbots.** Inhaltlich enthält § 60 zwei verschiedene Verbote. Zum einen ist der Betrieb eines jeglichen **Handelsgewerbes** verboten, zum anderen das **Geschäftemachen** im Handelszweig des Prinzipals. Zu den Rechtsfolgen von Verstößen gegen § 60 s. die Erl. zu § 61.

13 **1. Betrieb eines anderen Handelsgewerbes. a) Verfassungskonforme Einschränkung (Konkurrenzschutz).** Das allgemeine Verbot, neben dem ArbVerh zum Prinzipal jedwedes andere Handelsgewerbe zu betreiben, ist nach einhelliger Auffassung **mit der Berufsfreiheit des Art. 12 GG unvereinbar**. Deshalb muss unstreitig diese Alternative des § 60 **verfassungskonform** dahin gehend **ausgelegt** werden, dass der Betrieb eines Handelsgewerbes dem ArbN nur dann verboten ist, wenn es ein Handelsgewerbe **im Handelszweig** des ArbGeb ist und deshalb eine Schädigungsgefahr besteht[8]. Alle anderen Handelsgewerbe kann der ArbN ohne Verstoß gegen § 60 betreiben, jedoch können sich zur Vermeidung von Interessenkollisionen Beschränkungen aus § 241 II BGB ergeben (s. Rz. 25 ff). Auch vertragliche Nebentätigkeitsklauseln können in gewissem Umfang weitergehende Einschränkungen vorsehen (s. Rz. 25).

14 **b) Handelsgewerbe.** „Handelsgewerbe" ist nach § 1 II jeder Gewerbebetrieb, sofern er nach Art oder Umfang einen kaufmännischen Geschäftsbetrieb erfordert. Der kaufmännische Geschäftsbetrieb ist gekennzeichnet durch kaufmännische Buchführung und Bilanzierung sowie kaufmännische Bezeichnung[9]. Maßgeblich ist stets das Gesamtbild[10]. Nach der Rspr.[11] ist regelmäßig ein mindestens sechsstelliger Jahresumsatz erforderlich. Auf die Art des Gewerbes (Branche, Art der Tätigkeit) kommt es seit der grundlegenden Änderung der §§ 1 ff. durch das Handelsrechtsreformgesetz von 1998[12] nicht mehr an. Soweit § 60 für alle ArbN gilt (s. Rz. 1), bezieht sich das Verbot des § 60 auf das jeweilige Gewerbe unabhängig davon, ob es ein **Handels**gewerbe ist. § 60 gilt auch im Betrieb eines Freiberuflers (zB Anwaltssozietät), auch wenn der freie Beruf nicht als Gewerbe angesehen wird (vgl. § 2 BRAO)[13].

15 **c) Betreiben/Vorbereitung.** § 60 verbietet den „Betrieb" des anderweitigen Handelsgewerbes. Das erfasst sowohl die **einzelkaufmännische** Tätigkeit als auch die Tätigkeit als persönlich haftender **Gesellschafter einer oHG oder KG** sowie die Tätigkeit als **Vertretungsorgan einer juristischen Person**[14]. Dagegen soll eine nur **kapitalmäßige Beteiligung** (Aktionär, stiller Gesellschafter, Kommanditist) von § 60 nicht erfasst sein[15], weil der ArbN auf die Entscheidungen des Unternehmens keinen Einfluss habe. Richtigerweise kann ein „Betreiben" je nach den Umständen auch hier vorliegen, insb. bei entsprechender Regelung der Stimm- und Geschäftsführungsbefugnis im Gesellschaftsvertrag. Unabhängig davon

---

1 Str., einschr. v. *Hoyningen-Huene*, § 60 Rz. 15; Heymann/*Henssler*, § 60 Rz. 7. ||2 BAG 9.5.1975 – 3 AZR 352/74, AP Nr. 8 zu § 628 BGB. ||3 Heymann/*Henssler*, § 60 Rz. 8. ||4 BAG 25.4.1991 – 2 AZR 624/90, AP Nr. 104 zu § 626 BGB; 28.1.2010 – 2 AZR 1008/08, EzA § 626 BGB 2002 Nr. 30; ausf. *Salamon/Fuhlrott*, BB 2011, 1018. ||5 LAG Hamm 4.9.2012 – 14 SaGa 9/12. ||6 v. *Hoyningen-Huene*, § 60 Rz. 23. ||7 Ausf. *Kempen/Kreuder*, AuR 1994, 218 ff. ||8 BAG 25.5.1970 – 3 AZR 384/69, AP Nr. 4 zu § 60 HGB; 7.9.1972 – 2 AZR 486/71, AP Nr. 7 zu § 60 HGB; 3.5.1983 – 2 AZR 62/81, AP Nr. 10 zu § 60 HGB. ||9 *Baumbach/Hopt*, § 1 Rz. 23. ||10 BGH 28.4.1960 – II ZR 239/58, BB 1960, 917; OLG Stuttgart 15.10.1973 – 8 W 169/73, OLGZ 1974, 132. ||11 Bsp. bei *Baumbach/Hopt*, § 1 Rz. 24. ||12 BGBl. I S. 1474. ||13 Dazu BAG 26.9.2007 – 10 AZR 511/06, AP Nr. 4 zu § 61 HGB. ||14 BAG 15.2.1962 – 5 AZR 79/61, AP Nr. 1 zu § 61 HGB. ||15 v. *Hoyningen-Huene*, § 60 Rz. 36.

kann die finanzielle Beteiligung an einem anderen Unternehmen als „Geschäftemachen" iSv. Abs. 1 Alt. 2 (s. Rz. 21 ff.) angesehen werden[1].

Nach einhelliger Auffassung bedeutet § 60 nicht, dass der ArbN während der Dauer des ArbVerh keine **Vorbereitungshandlungen** für eine erst nach Ende des ArbVerh beginnende Konkurrenztätigkeit treffen darf. Die Einzelheiten sind streitig. Ohne weiteres zulässig ist der **Abschluss vorbereitender Verträge**, solange noch keine werbende Tätigkeit entfaltet wird. So darf der ArbN bspw. **Geschäftsräume** mieten[2], **Vorstellungsgespräche** bei Konkurrenzunternehmen führen[3], die **Berufszulassung** betreiben[4], **Waren kaufen oder Mitarbeiter anwerben**[5]. Zulässig ist auch der **Abschluss eines GmbH-Vertrages** nebst **Eintragung ins Handelsregister**[6] (nicht aber die Übernahme des Geschäftsführeramts[7]), der **Erwerb eines Konkurrenzunternehmens**[8], der **Abschluss eines Franchisevertrags**[9], der Eintrag eines **Warenzeichens**[10] oder die Registrierung einer **Internet-Domain**[11]. Zulässig sein müssen auch das **Einholen von Geschäftsinformationen**, **Messebesuche**, **Kreditaufnahme** etc. Entscheidend ist jeweils die aktuelle Interessengefährdung aus Sicht des ArbGeb[12]. Der ArbN darf während des ArbVerh noch nicht für sein künftiges Unternehmen **werben**[13] oder konkret versuchen, **Kunden**[14] oder **Mitarbeiter des ArbGeb abzuwerben**[15]. **16**

Verboten ist auch der Betrieb durch **Bevollmächtigte** oder **Treuhänder (Strohmann)**[16]. Ob der ArbN das Handelsgewerbe für **eigene oder fremde Rechnung** führt, ist unerheblich[17]. **17**

d) **Konkurrenzsituation.** Maßgeblich ist – in Anlehnung an die Fusionskontrolle des GWB – der **relevante Markt**. So kann bspw. ein Konkurrenzverhältnis zwischen einem Groß- und einem Einzelhändler regelmäßig nicht vorliegen. Soweit es um Herstellung oder Vertrieb technisch verschiedener Produkte geht, kann durchaus ein Konkurrenzverhältnis vorliegen, wenn die verschiedenen Produkte am Markt substituierbar sind, was insb. für Vertriebsmitarbeiter von Bedeutung ist[18]. Von besonderen Ausnahmen abgesehen wird ein Konkurrenzverhältnis auch nicht dadurch ausgeschlossen, dass beide Unternehmen in verschiedenen Preissegmenten tätig sind, ihre Marktbekanntheit unterschiedlich ist oder sie in unterschiedlichem Umfang Eigenherstellung betreiben oder zukaufen[19]. **18**

Ändert sich der Geschäftsgegenstand des ArbGeb während des ArbVerh, kommt es immer auf den **aktuellen Stand** an. Eine ursprünglich zulässige Nebentätigkeit kann also im Laufe der Zeit unzulässig werden (zu beachten ist allerdings Abs. 2!)[20]. Ein genereller Bestandsschutz zu Gunsten des ArbN kommt nicht in Betracht[21], im Einzelfall kann aber Rücksichtnahme des ArbGeb geboten sein, insb. wenn der ArbN erhebliche Investitionen in seine Nebentätigkeit getätigt hat. Wird im Zuge eines **Betriebsübergangs** der Betrieb in eine größere betriebl. Einheit überführt, erstreckt sich auch das gesetzl. Verbot aus § 60 auch auf die neu hinzugekommenen Geschäftszweige, was dazu führen kann, dass der ArbN ein bislang zulässiges Gewerbe aufgeben muss[22]. Im Einzelfall kann ein dem Betriebsübergang widersprechender ArbN gehalten sein, für eine Übergangszeit auch dem Betriebserwerber keine Konkurrenz zu machen[23]. **19**

2. Verbot des Geschäftemachens. Nach Abs. 1 Alt. 2 darf der ArbN auch nicht „für eigene oder fremde Rechnung Geschäfte machen". Das Verbot erfasst die Tätigkeit **im eigenen wie im fremden Namen**. Der ArbN darf also insb. nicht als ArbN, Handlungsgehilfe oÄ für ein Konkurrenzunternehmen tätig werden[24]. Auch das Handeln durch Strohmänner ist verboten[25]. **20**

a) **Geschäftemachen.** Der Begriff des Geschäftemachens setzt voraus, dass ArbGeb und ArbN als Wettbewerber auftreten. Daran fehlt es, wenn der ArbN dem ArbGeb als **Abnehmer oder Anbieter** gegenübertritt[26], solche Aktivitäten können aber nach § 241 II BGB verboten sein (s. Rz. 25). Erforderlich ist eine echte Teilnahme am Geschäftsverkehr mit Gewinnerzielungsabsicht[27]. Nicht erfasst ist deshalb eine Tätigkeit, die nur der **Befriedigung privater Bedürfnisse** dient (der Angestellte eines Autohauses verkauft seinen Privat-Pkw). Ebenso wenig untersagt sind Tätigkeiten für ein Konkurrenzunternehmen ohne **spekulativ-unternehmerische Komponente** (zB **Schreib- oder Buchhaltungsarbeiten**). Im Einzel- **21**

---

1 v. *Hoyningen-Huene*, § 60 Rz. 36. ||2 BAG 30.1.1963 – 2 AZR 319/62, AP Nr. 3 zu § 60 HGB. ||3 *Grunsky*, S. 17. ||4 BAG 13.6.1958 – 1 AZR 491/57, BB 1958, 877. ||5 BAG 12.5.1972 – 3 AZR 401/71, AP Nr. 6 zu § 60 HGB; LAG Kiel 24.1.1956 – 2 Sa 224/55, AP Nr. 2 zu § 60 HGB. ||6 BAG 7.9.1972 – 2 AZR 486/71, AP Nr. 7 zu § 60 HGB; LAG Kiel 24.1.1956 – 2 Sa 224/55, AP Nr. 2 zu § 60 HGB. ||7 ArbG Bremen-Bremerhaven 17.8.2010 – 4 Ca 4004/10, nv. ||8 BAG 26.6.2008 – 2 AZR 190/07, DB 2008, 2544. ||9 BAG 30.5.1978 – 2 AZR 598/76, AP Nr. 9 zu § 60 HGB. ||10 BAG 13.6.1958 – 1 AZR 491/57, BB 1958, 877. ||11 LAG Köln 12.4.2005 – 9 Sa 1518/04, BB 2005, 2644. ||12 Heymann/*Henssler*, § 60 Rz. 14. ||13 *Staub/Konzen/Weber*, § 60 Rz. 17. ||14 LAG Rh.-Pf. 5.3.2009 – 11 Sa 442/08. ||15 BAG 24.4.1970 – 3 AZR 324/69, AP Nr. 5 zu § 60 HGB; 26.6.2008 – 2 AZR 190/07, DB 2008, 2544; LAG Hamm 8.8.1971 – 3 Sa 334/71, DB 1971, 2515; LAG Düss. 15.4.2011 – 6 Sa 857/10; LAG Rh.-Pf. 5.3.2012 – 3 Sa 612/11. ||16 *Staub/Konzen/Weber*, § 60 Rz. 11; Heymann/*Henssler*, § 60 Rz. 11; v. *Hoyningen-Huene*, § 60 Rz. 34. ||17 *Staub/Konzen/Weber*, § 60 Rz. 11; Heymann/*Henssler*, § 60 Rz. 11; v. *Hoyningen-Huene*, § 60 Rz. 34. ||18 LAG Hess. 10.2.1997 – 10 Sa GA 2269/96, LAGE § 74a HGB Nr. 1. ||19 Ausf. *Bauer/Diller*, Rz. 241 ff. ||20 Heymann/*Henssler*, § 50 Rz. 16. ||21 So aber *Schaub*, ArbRHdb, § 57 Rz. 4. ||22 S. im Einzelnen v. *Hoyningen-Huene*, § 60 Rz. 53. ||23 LAG Nürnberg 4.2.2003 – 6 (5) Sa 981/01, LAGE § 626 BGB Nr. 148. ||24 Heymann/*Henssler*, § 60 Rz. 12. ||25 Heymann/*Henssler*, § 60 Rz. 19. ||26 BAG 3.5.1983 – 3 AZR 62/81, BAGE 42, 329; 3.5.1983 – 3 AZR 62/81, AP Nr. 10 zu § 60 HGB; *Grunsky*, S. 7. ||27 BAG 15.2.1962 – 5 AZR 79/61, AP Nr. 1 zu § 61 HGB; 24.4.1970 – 3 AZR 324/69, AP Nr. 5 zu § 60 HGB.

nen kann die Abgrenzung allerdings schwierig sein. So darf der Verkäufer in einem Autohaus sicherlich nicht als Nebentätigkeit Verkäufer eines anderen Autohauses sein, jedoch für das andere Autohaus Autos reparieren. Ein Grenzfall wäre aber die – ansonsten für unproblematisch gehaltene – Übernahme von Buchhaltungsarbeiten bei der Konkurrenz, da dadurch die Gefährdung von Geschäftsgeheimnissen nicht ausgeschlossen wäre[1]. Hingegen kann zB eine Nebentätigkeit als Zeitungszustellerin einer bei der Deutschen Post AG beschäftigten Postzustellerin nicht verboten sein, da hier keine Gefährdung geschäftlicher Interessen droht[2]. Maßgeblich sind immer die Besonderheiten des Einzelfalls. Auch das Gewähren eines **Kredits** an einen Wettbewerber kann unter § 60 fallen[3]. Verboten sein kann auch der gewerbl. **Weiterverkauf** von Produkten des ArbGeb, die dieser dem ArbN verbilligt überlässt[4].

22 Auf die **Intensität** der Geschäfte kommt es nicht an[5]. Egal ist auch, ob der ArbGeb das Geschäft selbst hätte machen können[6]. Auch das bloße **Vorbereiten der Vermittlung und des Abschlusses von Geschäften** ist untersagt[7]. So verbietet § 60 bspw. das Vorfühlen bei Kunden zum Zwecke eines späteren Geschäftsabschlusses[8], die Unterstützung vertragsbrüchiger Kollegen bei Konkurrenztätigkeiten[9], den Eintritt in eine konkurrierende Gesellschaft[10], den Versuch, dem ArbGeb Geschäftsverbindungen abzuwerben[11] sowie allg. das Anbieten von Diensten und Leistungen ggü. Dritten im Handelszweig des ArbGeb[12].

23 Der Begriff des „Geschäftemachens" setzt **Gewinnerzielungsabsicht** voraus (auch wenn letztlich kein Gewinn anfällt). Auch solche Geschäfte fallen unter § 60, deren wirtschaftl. Erfolg sich allenfalls **nach dem Ende des Arbeitsverhältnisses** einstellen kann (zB der Einkauf von Waren für einen später zu eröffnenden Konkurrenzbetrieb)[13].

24 b) **Konkurrenzsituation.** Abs. 1 Alt. 2 erfasst ausdrücklich nur das Geschäftemachen „im Handelszweig des ArbGeb". Insoweit gilt das oben zur ersten Alternative Gesagte (Rz. 18 ff.) entsprechend. Ein **konzerndimensionaler Schutz** ist mit § 60 grds. nicht verbunden, so dass es dem ArbN nicht verboten ist, Geschäfte im Handelszweig eines mit dem ArbGeb verbundenen anderen Unternehmens zu tätigen. Erweiternde Regelungen sind zulässig, sofern dafür ein betriebliches Bedürfnis besteht.

25 3. **Einschränkung sonstiger Nebentätigkeiten (§ 241 II BGB).** In Literatur und Rechtsprechung besteht Einigkeit darüber, dass der ganz auf die Untersagung von Konkurrenztätigkeit ausgerichtete § 60 häufig nicht ausreicht, um den ArbGeb vor einer Beeinträchtigung seiner berechtigten betrieblichen Interessen durch Nebentätigkeiten seiner ArbN zu schützen. Es entspricht deshalb einhelliger Auffassung, dass sich weitergehende Unterlassungspflichten aus § 241 II BGB ergeben können, etwa hinsichtlich der Weiterleitung von geschäftlichen Informationen an Konkurrenzunternehmen[14] und durch sonstige Unterstützung von Konkurrenzunternehmen[15]. Auch die – gelegentliche oder nebenberufliche – Unterstützung von Kunden oder Lieferanten des ArbGeb kann je nach den Umständen eine gravierende Beeinträchtigung betrieblicher Interessen darstellen und deshalb nach § 241 II BGB unzulässig sein. Bei Verstoß gegen § 241 II BGB ist allerdings § 61 unanwendbar, der ArbGeb kann nur Unterlassung und Schadenersatz (§§ 280 ff. BGB) verlangen.

26 V. **Einwilligung des Arbeitgebers.** Der ArbGeb kann auf § 60 ganz **verzichten** oder dem ArbN **generell oder im Einzelfall** die Konkurrenztätigkeit erlauben (dies folgt schon aus Abs. 2). Beweispflichtig für eine solche Erlaubnis ist der ArbN, möglich ist sowohl die **(vorherige) Einwilligung** wie die **(nachträgliche) Genehmigung**, wobei allerdings der ArbN das Genehmigungsrisiko trägt[16]. Eine unwiderruflich erklärte Zustimmung kann nur durch Änderungskündigung oder einvernehmlich beseitigt werden, es sei denn, der ArbGeb hat sich Widerruf vorbehalten[17]. Eine stillschweigende Genehmigung kann bspw. darin liegen, dass der ArbGeb gegen eine ihm bekannte Konkurrenztätigkeit längere Zeit nicht einschreitet[18]. Die Genehmigung eines einzelnen Geschäfts bedeutet regelmäßig nicht eine generelle Einwilligung in jedwede Konkurrenztätigkeit[19], ebenso wenig wie das Verbot der Konkurrenztätigkeit während der Arbeitszeit bedeutet, dass außerhalb der Arbeitszeit Konkurrenztätigkeit zulässig wäre[20]. Wird der ArbN im **Aufhebungsvertrag** für den Rest der Kündigungsfrist unter Fortzahlung der Bezüge bei Anrechenbarkeit anderweitigen Erwerbs **freigestellt**, soll nach der Rspr. darin ein Verzicht des ArbGeb auf § 60 liegen[21].

27 Nach **Abs. 2** gilt die Einwilligung zum Betrieb eines Handelsgewerbes als erteilt, wenn der Unternehmer **bei Abschluss des Arbeitsvertrages** von einem bestehenden anderweitigen Handelsgewerbe weiß,

---

1 Für Unzulässigkeit LAG Rh.-Pf. 24.8.2012 – 9 Sa 80/12, DB 2013, 127. ||2 BAG 24.3.2010 – 10 AZR 66/09, AP Nr. 141 zu Art. 12 GG m. Anm. *Diller*. ||3 RG 21.7.1937 – V 44/37, JW 1937, 2654. ||4 LAG Hamm 20.10.2008 – 8 Sa 139/08. ||5 BAG 30.1.1963 – 2 AZR 319/62, AP Nr. 3 zu § 60 HGB. ||6 BAG 16.1.2013 – 10 AZR 560/11. ||7 St. Rspr. seit BAG 30.1.1963 – 2 AZR 319/62, NJW 1963, 1420. ||8 LAG Hess. 14.1.1969 – 5 Ta BV 3/68, BB 1970, 709. ||9 BAG 16.1.1975 – 3 AZR 72/74, AP Nr. 8 zu § 60 HGB. ||10 BAG 15.2.1962 – 5 AZR 79/61, AP Nr. 1 zu § 61 HGB. ||11 BAG 30.1.1963 – 2 AZR 319/62, AP Nr. 3 zu § 60 HGB. ||12 BAG 16.6.1976 – 3 AZR 73/75, NJW 1977, 646. ||13 Heymann/*Henssler*, § 60 Rz. 18. ||14 LAG Rh.-Pf. 24.8.2012 – 9 Sa 80/12, DB 2013, 127. ||15 BAG 28.1.2010 – 2 AZR 1008/08, GesR 2010, 607. ||16 BAG 16.6.1976 – 3 AZR 73/75, NJW 1977, 646. ||17 Dazu RG 29.10.1896 – VI.167/96, RGZ 38, 18. ||18 *v. Hoyningen-Huene*, § 60 Rz. 26. ||19 *Grunsky*, S. 30. ||20 BAG 12.5.1972 – 3 AZR 401/71, AP Nr. 6 zu § 60 HGB. ||21 BAG 6.9.2006 – 5 AZR 703/05, BAGE 119, 232, Rz. 22; 17.10.2012 – 10 AZR 809/11, MDR 2013, 350.

aber dessen Aufgabe nicht ausdrücklich vertragl. vereinbart. Abs. 2 enthält also eine Fiktion, Schweigen gilt hier als Einwilligung. Die Fiktion tritt nur dann nicht ein, wenn die Aufgabe des Handelsgewerbes tatsächlich **vereinbart** wurde, ein bloßer **Widerspruch** oder Protest des ArbGeb reicht also nicht[1]. Abs. 2 gilt auch nicht für das **Geschäftemachen iSd. ersten Alternative** des Abs. 1[2]. Die Fiktion des Abs. 2 deckt allerdings nur Art und Umfang des konkurrierenden Handelsgewerbes, wie es sich für den Unternehmer bei Vertragsschluss darstellt. Stellt sich nachträglich heraus, dass Art und Umfang des Handelsgewerbes anders als angenommen waren oder verändern sich Art oder Umfang des Handelsgewerbes nachträglich, kann der ArbN sich auf die Fiktion des Abs. 2 nicht berufen.

VI. Abweichende Regelungen. § 60 ist **abdingbar**. Deshalb ist es (in den Grenzen des Art. 12 GG!) durchaus möglich, § 60 durch **Nebentätigkeitsklauseln** zu Ungunsten des ArbN zu verschärfen, insb. durch Erstreckung des Verbots auf sonstige Tätigkeiten, die die betriebl. Interessen des ArbGeb gefährden und deshalb ggf. auch schon nach § 241 II BGB unzulässig wären (s. Rz. 25; zu Nebentätigkeitsklauseln im Einzelnen s. § 611 BGB Rz. 368 ff.). Andererseits kann der ArbGeb auf § 60 auch ganz verzichten (s. Rz. 26). 28

61 *Verletzung des Wettbewerbsverbots*
(1) **Verletzt der Handlungsgehilfe die ihm nach § 60 obliegende Verpflichtung, so kann der Prinzipal Schadensersatz fordern; er kann stattdessen verlangen, dass der Handlungsgehilfe die für eigene Rechnung gemachten Geschäfte als für Rechnung des Prinzipals eingegangen gelten lasse und die aus Geschäften für fremde Rechnung bezogene Vergütung herausgebe oder seinen Anspruch auf die Vergütung abtrete.**

(2) **Die Ansprüche verjähren in drei Monaten von dem Zeitpunkt an, in welchem der Prinzipal Kenntnis von dem Abschluss des Geschäfts erlangt, oder ohne grobe Fahrlässigkeit erlangen müsste; sie verjähren ohne Rücksicht auf diese Kenntnis oder grob fahrlässige Unkenntnis in fünf Jahren von dem Abschluss des Geschäfts an.**

I. Bedeutung. § 61 regelt die Folgen von **Verstößen gegen § 60**, sowohl im Hinblick auf den verbotenen Betrieb eines konkurrierenden Handelsgewerbes (§ 60 I Alt. 1) als auch im Hinblick auf verbotenes Geschäftemachen (§ 60 I Alt. 2). Die in § 61 geregelten Rechtsfolgen (Schadensersatz und Eintrittsrecht) sind **nicht abschließend**, daneben stehen die sich aus dem allg. Schuldrecht ergebenden weiteren Sanktionen. Der (Ende 2004 geänderte) Abs. 2 regelt die **Verjährung** von Ansprüchen auf Grund von Verstößen gegen § 60; die außerordentl. kurze Verjährungsfrist von drei Monaten wird in der Praxis häufig übersehen und ist eine **klassische Regressfalle** für Anwälte. 1

II. Geltungsbereich. § 60 wird allg. auf **alle ArbN** angewendet (dort allerdings teilweise aus §§ 241, 242 BGB abgeleitet, s. § 60 Rz. 1). Nach diversen Rechtsprechungsänderungen[3] ist offen, ob auch die besonderen Rechtsfolgen des § 61 (und dann auch die kurze Verjährung des Abs. 2!) für alle ArbN gelten. § 61 gilt nicht bei Verstößen gegen ein **nachvertragl.** Wettbewerbsverbot gem. §§ 74 ff.[4]. 2

III. Verschulden. Die Ansprüche aus § 61 setzen **Verschulden** des ArbN voraus[5], obwohl dies dem Wortlaut der Norm nicht zu entnehmen ist. Das gilt nach richtiger Auffassung auch für das „Eintrittsrecht"[6]. Ein Verschulden kann insb. dann fehlen, wenn der ArbN irrtümlich von einer wirksamen Einwilligung ausging oder sich über den Umfang der Geschäftstätigkeit seines Dienstherrn nicht im Klaren war. 3

Hinsichtlich der – oft sehr problematischen[7] – **Beweislast** wird man **nach Sphären differenzieren** müssen. Hat der Wettbewerbsverstoß mit der betriebl. Sphäre des Unternehmens (die die Rechtfertigung für die besondere Beweislastregel des § 619a BGB bildet) nichts zu tun, trifft den ArbN die Beweislast nach § 280 BGB. Das ist etwa der Fall, wenn der ArbN geltend macht, er sei irrtümlich von der Wirksamkeit einer Einwilligungserklärung ausgegangen. Hängt dagegen der Verstoß mit der betriebl. Sphäre des ArbGeb zusammen (hat sich zB der ArbN über den Umfang des Geschäftsbetriebs des ArbGeb geirrt), greift § 619a BGB zu Lasten des ArbGeb[8]. 4

IV. Weitergehende Ansprüche. Der Verstoß gegen § 60 löst zusätzlich **Unterlassungsansprüche** aus[9], wenn der Verstoß entweder noch andauert oder aber eine Wiederholungsgefahr besteht, wobei ein einmaliger Verstoß typischerweise die Wiederholungsgefahr indiziert. Der Anspruch wird regelmäßig durch **einstw. Verfügung** durchgesetzt[10]. Daneben kommt auch eine ordentliche oder fristlose **Kündigung** in Betracht; bei schweren Verstößen auch ohne vorherige Abmahnung[11]. 5

---

1 Heymann/*Henssler*, § 60 Rz. 24. ||2 Heymann/*Henssler*, § 60 Rz. 23. ||3 Zuletzt BAG 24.3.2010 – 10 AZR 66/09, NZA 2010, 693; dazu krit. *Diller*, FA 2011, 11. ||4 *Bauer/Diller*, Rz. 980 mwN. ||5 LAG Rh.-Pf. 23.3.2007 – 6 Sa 854/06. ||6 *v. Hoyningen-Huene*, § 61. Rz. 8; Heymann/*Henssler*, § 61 Rz. 4. ||7 ZB LAG Rh.-Pf. 28.6.2007 – 11 Sa 198/07. ||8 S. im Einzelnen *Bauer/Diller*, Rz. 909 ff. ||9 BAG 17.10.1969 – 3 AZR 442/68, DB 1970, 497; LAG Köln 14.11.1989 – 11 Sa 930/89, LAGE § 611 BGB Treuepflicht Nr. 1; Heymann/*Henssler*, § 61 Rz. 16. ||10 LAG Hamm 7.4.1983 – 8 Ta 41/83, EzA § 935 ZPO Nr. 1. ||11 Beispielhaft etwa BAG 28.1.2010 – 2 AZR 1008/08, GesR 2010, 607; LAG Rh.-Pf. 5.3.2009 – 11 Sa 442/08 und 24.8.2012 – 9 Sa 80/12, DB 2012, 127; LAG Hess. 28.1.2013 – 16 Sa 593/12.

6 Nicht möglich ist dagegen eine **Gehaltskürzung** für die Zeit des Verstoßes gegen das Wettbewerbsverbot[1]. Verbreitet – und im Rahmen der allg. Regeln möglich – ist allerdings die Vereinbarung einer **Vertragsstrafe**[2].

7 **V. Wahlrecht des Arbeitgebers/Auskunftsanspruch.** Abs. 1 gibt dem ArbGeb ausdrücklich ein Wahlrecht zwischen Schadensersatz und Eintrittsrecht. Daraus folgt, dass beide Rechtsbehelfe **nicht kumulativ** geltend gemacht werden können. Das Wahlrecht muss der ArbGeb durch einseitige Willenserklärung ausüben, die nicht widerruflich ist (§ 263 I BGB). Das Wahlrecht kann außergerichtlich, aber auch durch Erhebung einer entsprechenden Klage ausgeübt werden.

8 Nach herrschender Auffassung hat der ArbN nicht die Möglichkeit nach § 264 II BGB, den ArbGeb zur Vornahme seiner Wahl **aufzufordern** mit der Folge, dass mangels Ausübung des Wahlrechts dieses auf den ArbN übergehen würde[3].

9 Nach der Rspr. des BAG[4] kann das Wahlrecht des § 61 nur **einheitlich** für die gesamte vertragswidrige Tätigkeit ausgeübt werden. Soweit es jedoch um **vereinzeltes „Geschäftemachen"** (§ 60 I Alt. 2) geht, ist kein Grund ersichtlich, vom ArbGeb eine einheitliche Wahl zu fordern. Ist bspw. der ArbN anderweitig als Handelsvertreter tätig geworden und hat er in dieser Eigenschaft verschiedene Geschäfte getätigt, so kann der ArbGeb durchaus hinsichtlich einzelner Geschäfte sein Eintrittsrecht ausüben, hinsichtlich der übrigen dagegen Schadensersatz fordern[5].

10 Zur Vorbereitung der Ausübung des Wahlrechts steht dem ArbGeb ein Anspruch auf **Auskunft und Rechnungslegung** aus §§ 241, 242 BGB zu[6], selbst wenn sich der ArbN durch die Auskunft selbst strafrechtlich belasten müsste[7]. Der Auskunftsanspruch besteht allerdings nur, wenn begründeter Anlass zu der Vermutung besteht, dass der ArbN habe gegen § 60 verstoßen[8]. Der Auskunftsanspruch kann mit einem Anspruch auf Rechnungslegung (§ 259 BGB) verbunden werden[9]. Der ArbN muss alle Umstände mitteilen, die für den Schadensersatzanspruch bzw. das Eintrittsrecht relevant sein können, dies umfasst insb. auch die erzielten oder beabsichtigten Preise, Margen und Gewinne[10]. Das Auskunftsrecht geht nicht verloren, wenn der ArbGeb bereits zwischen Schadensersatz und Eintrittsrecht gewählt hat[11], so dass der ArbGeb bspw. Auskunft/Rechnungslegung und Schadensersatz gemeinsam im Wege der Stufenklage nach § 254 ZPO geltend machen kann, ebenso Auskunft/Rechnungslegung und Eintritt/Gewinnherausgabe. Eine Begrenzung des Auskunftsanspruchs kann sich aus strafbewehrten Geheimhaltungsvorschriften (zB § 203 StGB) ergeben[12].

11 **VI. Schadensersatz.** Hinsichtlich des Schadensersatzanspruchs gelten die §§ 249 ff. BGB, so dass neben dem tatsächlich entstandenen Schaden auch Ersatz des **entgangenen Gewinns** (§ 252 BGB) verlangt werden kann. Maßgeblich ist dabei nicht der Gewinn, den der ArbN tatsächlich erzielt hat, sondern der hypothetische Gewinn, den der ArbGeb bei Vornahme des gleichen Geschäfts erzielt hätte (der höher oder niedriger sein kann)[13]. Das **Gehalt**, das der ArbN aus verbotswidriger Konkurrenztätigkeit erzielt, ist kein Schaden des ArbGeb[14].

12 Verwertet der ArbN unerlaubt geistiges Eigentum seines Dienstherrn, kann der Schaden im Wege der **„Lizenzanalogie"** berechnet werden[15].

13 Erstattungsfähig sind auch Aufwendungen, die der ArbGeb zur **Aufdeckung** von Art und Umfang der Pflichtverletzung gemacht hat. Dies kann zB die Kosten einer externen Revision oder Detektivkosten umfassen, aber auch die Mehrarbeit anderer Mitarbeiter[16].

14 Nach § 287 ZPO muss das Gericht notfalls den Schaden **schätzen**[17]. Im Hinblick auf entgangenen Gewinn kommt dem ArbGeb zwar die Beweiserleichterung des § 252 S. 2 BGB zugute. Er muss allerdings nachweisen, dass er bei vertragswidrigem Verhalten des ArbN das Geschäft selber hätte abschließen können[18]. Ansonsten kann er statt Schadensersatz das Eintrittsrecht ausüben[19]. Ausgeschlossen ist ein Anspruch des ArbGeb auf Schadensersatz wegen entgangenen Gewinns, wenn er von dem verbotswidrigen Geschäft des ArbN keine Kenntnis erlangt hätte, wenn dieser sich korrekt verhalten hätte[20].

15 Der Schadensersatzanspruch kann mit Ersatzansprüchen aus § 826 BGB oder § 3 UWG zusammentreffen, wobei zu beachten ist, dass die kurze Verjährung des Abs. 2 auch für solche konkurrierenden Ansprüche gilt (s. Rz. 24). Schadensersatzansprüche nach § 826 BGB oder § 3 UWG kommen auch **ggü.**

---

1 BGH 19.10.1987 – II ZR 97/87, BB 1988, 88. ||2 Umfassend dazu *Bauer/Diller*, Rz. 921 ff. ||3 Statt aller *Staub/Konzen/Weber*, § 61 Rz. 5. ||4 BAG 15.2.1962 – 5 AZR 79/61, AP Nr. 1 zu § 61 HGB. ||5 Ebenso *v. Hoyningen-Huene*, § 61 Rz. 3; *Grunsky*, S. 34. ||6 BAG 22.4.1967 – 3 AZR 347/66, DB 1967, 1327. ||7 LAG Hamm 3.3.2009 – 14 Sa 1689/08. ||8 BAG 12.5.1972 – 3 AZR 401/71, AP Nr. 6 zu § 60 HGB. ||9 BAG 22.4.1967 – 3 AZR 347/66, DB 1967, 1327. ||10 BAG 12.5.1972 – 3 AZR 401/71, AP Nr. 6 zu § 60 HGB. ||11 BAG 4.6.1969 – 5 AZR 459/68, RdA 1969, 287. ||12 OLG Oldenburg 24.7.2012 – 13 U 118/11. ||13 *v. Hoyningen-Huene*, § 61 Rz. 10. ||14 BAG 17.10.2012 – 10 AZR 809/11, MDR 2013, 350. ||15 BAG 24.6.1986 – 3 AZR 486/84, NJW 1986, 781. ||16 BAG 24.4.1970 – 3 AZR 324/69, AP Nr. 5 zu § 60 HGB; *Grunsky*, S. 32; *v. Hoyningen-Huene*, § 61 Rz. 11. ||17 Ausf. BAG 16.1.2013 – 10 AZR 560/11 und BAG 26.9.2012 – 10 AZR 370/10, NZA 2013, 152. ||18 *v. Hoyningen-Huene*, § 61 Rz. 13. ||19 RG 7.10.1924 – VII.887/23, RGZ 109, 355. ||20 *Heymann/Henssler*, § 61 Rz. 5.

Dritten in Betracht (zB dem ArbGeb, bei dem der ArbN die verbotswidrige Nebentätigkeit ausgeübt hat, und der die Verbotswidrigkeit kannte).

VII. Eintrittsrecht. 1. Allgemeines. Das „Eintrittsrecht" (Abs. 1 Alt. 2) ist rechtl. gesehen alles andere als ein Eintrittsrecht. Es ist nämlich gerade nicht so, dass der ArbGeb in irgendeiner Weise verlangen könnte, Partei **eines Rechtsgeschäfts** zu werden, welches der ArbN verbotswidrig abgeschlossen hat. Vielmehr bleiben alle vom ArbN verbotswidrig abgeschlossenen Rechtsgeschäfte **zivilrechtl. unverändert**. Dies gilt unabhängig davon, ob der ArbN auf eigene oder auf fremde Rechnung gehandelt hat.

Die Bedeutung des „Eintrittsrechts" liegt darin, dass der ArbGeb die beim ArbN entstandenen **Vermögensvorteile abschöpfen** kann. Er hat also keine Schwierigkeiten bei der Schadensberechnung mehr (s. Rz. 14). Außerdem kann der beim ArbN entstandene Gewinn höher sein als der beim ArbGeb entstandene Schaden oder der Gewinn, den der ArbGeb bei Selbstausführung erzielt hätte. Die Geltendmachung des Eintrittsrechts setzt – anders als der Schadensersatzanspruch – nicht die Darlegung voraus, dass der Geschäftsherr bei korrektem Verhalten des ArbN das Geschäft selbst hätte abschließen können[1].

Entgegen der missverständlichen Formulierung von Abs. 1 Alt. 2 bezieht sich das Eintrittsrecht auch auf die 1. Alt. (Betreiben eines **konkurrierenden Handelsgewerbes**).

2. Tätigkeit auf eigene Rechnung. Soweit der ArbN auf eigene Rechnung tätig geworden ist, hat der ArbGeb Anspruch auf **Herausgabe des erzielten Gewinns** oder (bei noch nicht ausgeführtem Geschäft) auf Abtretung des Vergütungsanspruchs nebst der zum Beweis der Forderung dienenden Urkunden (§ 402 BGB). Die Geltendmachung des Herausgabeanspruchs lässt die Leistungspflichten des ArbN aus dem verbotswidrigen Geschäft ggü. dem Vertragspartner unberührt. Die Abtretung des Vergütungsanspruchs bzw. der Anspruch auf Herausgabe der Vergütung kann allerdings nur gegen **Ersatz der Aufwendungen** erfolgen, bei bereits ausgeführtem Geschäft richtet sich der Anspruch auf Herausgabe des Gewinns (Vergütung abzgl. Aufwendungen, vgl. § 670 BGB)[2]. Allerdings hat der ArbN nach richtiger Auffassung **keinen Anspruch** darauf, dass ihm eine **Vergütung** (Unternehmerlohn) verbleibt[3]. Der ArbGeb wiederum hat keinen Anspruch darauf, dass der ArbN ein **angefangenes Geschäft** zu Ende führt oder gar weitere gleichartige Geschäfte eingeht[4].

Hat der ArbN verbotswidrig ein konkurrierendes Handelsgewerbe betrieben, bezieht sich das Eintritts- bzw. Abschöpfungsrecht nur auf **diejenigen Geschäfte** des Handelsgewerbes, die für den ArbGeb „konkurrierend" sind. Hat bspw. der Mitarbeiter eines Autohauses verbotswidrig ein Konkurrenzunternehmen eröffnet, welches neben Autos auch Motorräder verkauft, dann kann der ArbGeb nur die Erträge aus Autoverkäufen herausverlangen, nicht aber aus Motorradverkäufen[5].

3. Eintritt in eine Gesellschaft. Ist der Handlungsgehilfe verbotswidrig in eine konkurrierende Gesellschaft eingetreten, kann wegen der Höchstpersönlichkeit der Gesellschafterstellung und des Schutzes der übrigen Gesellschafter der ArbGeb **nicht** verlangen, anstelle des ArbN **in die Gesellschaft eintreten** zu dürfen. Ebenso wenig kann er die Abtretung von Geschäftsanteilen verlangen[6]. Unzutreffend ist allerdings die Auffassung des BAG[7], der ArbGeb könne auch nicht die **Herausgabe des Gewinnanteils** verlangen[8]. Wenn der ArbN verbotswidrig eine Ein-Mann-Gesellschaft gründet, kann der ArbGeb zwar die Gewinnansprüche fordern, nicht aber die Gesellschaft selbst übernehmen.

4. Tätigkeit für fremde Rechnung. Hat der ArbN für fremde Rechnung Geschäfte abgeschlossen, richtet sich der Anspruch aus Abs. 1 auf **Herausgabe** der beim ArbN eintretenden finanziellen Vorteile (**Provisionen**) bzw. Abtretung noch nicht realisierter Provisionsansprüche. Entsprechendes gilt für Ansprüche aus einer verbotswidrigen **konkurrierenden Nebentätigkeit**. Nicht herauszugeben ist jedoch der Grundlohn (Fixum) aus einem verbotswidrig eingegangenen Anstellungsverhältnis[9].

VIII. Verjährung (Abs. 2). Eine klassische Haftungsfalle ist die kurze dreimonatige Verjährung, die Abs. 2 für die Ansprüche auf Schadensersatz und Eintritt vorsieht. Hintergrund der kurzen Verjährung ist das Bedürfnis, **Streitigkeiten** während eines bestehenden ArbVerh möglichst **rasch zu erledigen**. Außerdem wird Streit darüber vermieden, ob in einer vorübergehenden Tolerierung von Konkurrenztätigkeit eine stillschweigende Einwilligung zu sehen ist (s. § 60 Rz. 25 ff.).

Nach herrschender Auffassung gilt die kurze Verjährungsfrist entgegen dem missverständlichen Wortlaut **auch für konkurrierende Schadensersatzansprüche** aus allgemeinen schuldrechtl. Vorschriften (§§ 280, 823, 826 BGB, § 3 UWG) und darüber hinaus auch für Ansprüche auf **Auskunft** und **Rech-**

---

1 BAG 16.1.2013 – 10 AZR 560/11. ||2 Unzutr. Heymann/Henssler, § 61 Rz. 15, wonach der Handlungsgehilfe einen Anspruch gegen den ArbGeb auf Freistellung von den Ansprüchen des Geschäftsgegners habe. ||3 Heymann/Henssler, § 61 Rz. 15; unklar v. Hoyningen-Huene, § 61 Rz. 17. ||4 Zweifelnd Heymann/Henssler, § 61 Rz. 9. ||5 Ähnlich v. Hoyningen-Huene, § 61 Rz. 26. ||6 Statt aller Grunsky, S. 35; Staub/Konzen/Weber, § 61 Rz. 17; BAG 15.2.1962 – 5 AZR 79/61, AP Nr. 1 zu § 61 HGB. ||7 BAG 15.2.1962 – 5 AZR 79/61, AP Nr. 1 zu § 61 HGB. ||8 Zutr. v. Hoyningen-Huene, § 61 Rz. 19 mit Hinweis auf die BGH-Rspr. zu § 113 HGB. ||9 BAG 17.10.2012 – 10 AZR 809/11, MDR 2013, 350; 15.2.1962 – 5 AZR 79/61, NJW 1962, 1365.

nungslegung[1]. Der Text des Abs. 2, der ausschließlich auf das Geschäftemachen iSd. Abs. 1 Alt. 2 abstellt, wird allgemein als Redaktionsversehen angesehen[2]. Umstritten ist, ob die kurze dreimonatige Verjährung auch für **Unterlassungsansprüche**[3] und für **Vertragsstrafen**[4] gilt.

25 Die Drei-Monats-Frist läuft **ab Kenntnis** oder (seit der Gesetzesänderung 2004) grob fahrlässiger Unkenntnis des ArbGeb vom Abschluss des verbotenen Geschäfts, auch wenn dessen näherer Inhalt nicht bekannt ist. Hat der ArbN mehrere verbotswidrige Geschäfte getätigt, so läuft die Verjährungsfrist für jedes Geschäft selbständig.

26 Betreibt der ArbN verbotswidrig ein **Handelsgewerbe**, so reicht für den Verjährungsbeginn die Kenntnis bzw. grob fahrlässige Unkenntnis vom Betrieb selbst, die Kenntnis einzelner Geschäfte ist nicht erforderlich[5]. Dies ist gerechtfertigt, da der ArbGeb **Stufenklage** mit Auskunftsbegehren erheben kann und dadurch die Verjährungsunterbrechung eintritt[6]. Zulässig ist eine Stufenklage dahin gehend, dass (auf der zweiten Stufe) nach erfolgter Auskunftserteilung der Beklagte entweder zu Schadensersatz oder zu Gewinnherausgabe (Eintritt) zu verurteilen ist, je nach Wahl des Klägers.

27 Der ArbGeb muss sich **Kenntnis seiner Organe** (inkl. der Prokuristen) zurechnen lassen. Die Zurechnung ergreift auch diejenigen Personen, die zur Aufsicht über den Handlungsgehilfen bevollmächtigt waren[7]. Nicht übertragbar erscheint dagegen die Rspr. des BAG zur Ausschlussfrist des § 626 II BGB, wonach der ArbGeb sich auch die Kenntnis solcher Personen zurechnen lassen muss, von denen nach ihrer Stellung im Betrieb oder den Umständen des Einzelfalls zu erwarten ist, sie würden die Vertreter des Unternehmens unterrichten[8].

28 Die besondere Verjährungsregelung des § 61 **geht den allgemeinen Regeln** des BGB zur Verjährung vor. Die **hilfsweise** geltende **fünfjährige Verjährungsfrist** gilt jeweils vom Abschluss der einzelnen Geschäfte an. Bei unerlaubtem Betrieb eines Konkurrenzgewerbes ist streitig, ob auf die Einzelgeschäfte oder auf die Aufnahme des Gewerbes abzustellen ist, Letzteres erscheint zutreffend[9]. Die Berechnung der Verjährungsfrist erfolgt gem. §§ 187 ff. BGB.

62 Fürsorgepflicht des Arbeitgebers

(1) Der Prinzipal ist verpflichtet, die Geschäftsräume und die für den Geschäftsbetrieb bestimmten Vorrichtungen und Gerätschaften so einzurichten und zu unterhalten, auch den Geschäftsbetrieb und die Arbeitszeit so zu regeln, dass der Handlungsgehilfe gegen eine Gefährdung seiner Gesundheit, soweit die Natur des Betriebs es gestattet, geschützt und die Aufrechterhaltung der guten Sitten und des Anstandes gesichert ist.

(2) Ist der Handlungsgehilfe in die häusliche Gemeinschaft aufgenommen, so hat der Prinzipal in Ansehung des Wohn- und Schlafraums, der Verpflegung sowie der Arbeits- und Erholungszeit diejenigen Einrichtungen und Anordnungen zu treffen, welche mit Rücksicht auf die Gesundheit, die Sittlichkeit und die Religion des Handlungsgehilfen erforderlich sind.

(3) Erfüllt die Prinzipal die ihm in Ansehung des Lebens und der Gesundheit des Handlungsgehilfen obliegenden Verpflichtungen nicht, so finden auf seine Verpflichtung zum Schadensersatze die für unerlaubte Handlungen geltenden Vorschriften der §§ 842 bis 846 des Bürgerlichen Gesetzbuchs entsprechende Anwendung.

(4) Die dem Prinzipal hiernach obliegenden Verpflichtungen können nicht im Voraus durch Vertrag aufgehoben oder beschränkt werden.

1 § 62 entspricht den im Wesentlichen **inhaltsgleichen Bestimmungen der §§ 618, 619 BGB** (s. dort). Überdies ist § 62 inzwischen von einem extrem ausdifferenzierten **öffentl.-rechtl. Arbeitsschutzrecht** überlagert. Der in Abs. 2 geregelte Sonderfall, dass der Handlungsgehilfe in die häusliche Gemeinschaft des Prinzipals aufgenommen ist, kommt heutzutage praktisch nicht mehr vor. Die Vorschrift ist deshalb weitgehend gegenstandslos[10]. Eine „Aufnahme in die häusliche Gemeinschaft" liegt allerdings auch bei Sammelunterkünften mehrerer ArbN vor, zB in einem **Wohnheim**[11]. Bei einer Unterbringung in einer Werkswohnung gilt hingegen das allg. Mietrecht[12].

2 Die Schadensersatzpflicht nach Abs. 3 ist **verschuldensabhängig**[13]. Der ArbGeb haftet für Erfüllungsgehilfen gem. § 278 BGB. In der Praxis hat der Schadensersatzanspruch wegen des **Haftungsprivilegs**

---

1 BAG 28.1.1986 – 3 AZR 449/84, NJW 1986, 2527. ‖ 2 RG 1.5.1906 – III 473/05, RGZ 63, 253. ‖ 3 Verneinend BAG 16.1.1975 – 3 AZR 72/74, AP Nr. 8 zu § 60 HGB m. abl. Anm. *Beuthien/Janzen*; aA statt aller *Grunsky*, S. 43; *v. Hoyningen-Huene*, § 61 Rz. 29; *Heymann/Henssler*, § 61 Rz. 17. ‖ 4 OLG Düss. 10.12.1968 – 19 U 28/68, NJW 1970, 1373; *Kock*, NJW 2008, 395. ‖ 5 RG 1.5.1906 – III 473/05, RGZ 63, 255; *v. Hoyningen-Huene*, § 61 Rz. 33; aA *Heymann/Henssler*, § 61 Rz. 21. ‖ 6 BAG 28.1.1986 – 3 AZR 449/84, BB 1986, 1296; 28.1.1986 – 3 AZR 449/84, AP Nr. 2 zu § 61 HGB. ‖ 7 *v. Hoyningen-Huene*, § 61 Rz. 32. ‖ 8 AA *v. Hoyningen-Huene*, § 61 Rz. 32. ‖ 9 *v. Hoyningen-Huene*, § 61 Rz. 34, gegen *Heymann/Henssler*, § 61 Rz. 21. ‖ 10 RG 9.12.1904 – II 61/04, RGZ 59, 283 (285). ‖ 11 BAG 8.6.1955 – 2 AZR 200/54, AP Nr. 1 zu § 618 BGB. ‖ 12 *v. Hoyningen-Huene*, § 62 Rz. 31. ‖ 13 BAG 10.11.1961 – GS 1/60, AP Nr. 2 zu § 611 BGB Gefährdungshaftung.

des § 104 SGB VII nur für Sachschäden (zB zerstörte Kleidung oder Beschädigung eingebrachter Gegenstände) Bedeutung.

63 *(weggefallen)*

64 *Gehaltszahlung*
Die Zahlung des dem Handlungsgehilfen zukommenden Gehalts hat am Schlusse jedes Monats zu erfolgen. Eine Vereinbarung, nach der die Zahlung des Gehalts später erfolgen soll, ist nichtig.

§ 64 verbietet (anders als § 614 S. 2 BGB) längere Gehaltsabschnitte als einen Monat. In den neuen Bundesländern ist § 64 nicht in Kraft gesetzt worden, dort gilt ausschließlich § 614 BGB (Anl. 1 Kap. VIII Sachgeb. A Abschn. III Nr. 2 EVertr). 1

Die Vorschrift gilt nur für **feste Gehaltsbestandteile** wie den laufenden Lohn sowie garantierte Mindestprovisionen oder garantierte Tantiemen, nicht dagegen für variable Bezüge, freiwillige Gratifikationen, Sachbezüge etc.[1]. Bei unregelmäßigen Bezügen oder Bezügen in wechselnder Höhe ergibt sich aus § 64 auch keine Pflicht zur Zahlung monatlicher Abschläge[2]. 2

§ 64 knüpft die Lohnzahlungspflicht nicht an das Ende des Kalendermonats. Vielmehr ist vom **Beginn des Arbeitsverhältnisses** an zu rechnen. Die Gehaltszahlung am Ende des Kalendermonats verstößt nicht gegen § 64, weil dadurch der Zeitpunkt der ersten Fälligkeit vorverlegt wird[3]. Bei Beendigung des ArbVerh ist die (anteilige) Vergütung sofort fällig (§ 614 S. 1 BGB). 3

Über die **Modalitäten** der Zahlung sagt § 64 nichts, hier greifen §§ 107f. GewO. 4

Auszahlungsort ist die Niederlassung des ArbGeb, in welcher der Handlungsgehilfe tätig ist[4]. Bei bargeldloser Lohnzahlung gilt § 270 IV BGB, so dass die Zahlung noch **rechtzeitig** erfolgt, wenn der ArbGeb den Überweisungsauftrag am Monatsende erteilt, das Gehalt aber erst während der ersten Tage des Folgemonats beim ArbN eintrifft[5]. 5

S. 2 verbietet Vereinbarungen zu Lasten des ArbN, wonach die Zahlung des Gehalts später als am Monatsende erfolgen soll. Dies schließt eine **Stundung** (ArbN-Darlehen) bereits fällig gewordenen Gehalts nicht aus[6], dagegen ist eine im Vorhinein vereinbarte Stundung unwirksam. 6

65 *Provision*
Ist bedungen, dass der Handlungsgehilfe für Geschäfte, die von ihm geschlossen oder vermittelt werden, Provision erhalten solle, so sind die für die Handelsvertreter geltenden Vorschriften des § 87 Abs. 1 und 3 sowie der §§ 87a bis 87c anzuwenden.

I. Bedeutung. § 65 ist außerordentl. wichtig, aber in der Praxis vielfach unbekannt. § 65 gilt nach einhelliger Auffassung für **alle ArbN** (nicht nur kaufmännische Angestellte)[7]. Sinn der Vorschrift ist, den Provisionsanspruch der ArbN dem der selbständigen Handelsvertreter (§§ 84ff.) anzugleichen. Durch die Verweisung auf §§ 87 I **und** III (nicht: I bis III!), 87a–c werden die für Handelsvertreter geltenden Vorschriften über Voraussetzungen, Fälligkeit, Höhe und Abrechnung der Provision auch bei ArbN angewendet. Nicht anwendbar sind dagegen die Vorschriften über die Ausstattung mit Unterlagen und Mitteilungspflichten (§ 86a), den Bezirksschutz (§ 87 II), die Inkassoprovision (§ 87 IV) und vor allem den Ausgleichsanspruch nach Vertragsbeendigung (§ 89b). 1

II. Provisionsanspruch. § 65 gibt selbst **keinen Anspruch auf Provision**, sondern setzt voraus, dass ein Provisionsanspruch vertragl. vereinbart wurde. Ohne entsprechende vertragl. Vereinbarung hat der ArbN deshalb keinen Provisionsanspruch, auch wenn die Vermittlung oder der Abschluss von Geschäften teilweise oder sogar ganz zu seinen arbeitsvertragl. Aufgaben gehört (zB beim angestellten Handlungsreisenden). Eine Provisionsabrede kann sich im Einzelfall auch aus besonderen Umständen (insb. der Üblichkeit) stillschweigend ergeben. Wird dem ArbN **vertretungsweise** die Aufgabe eines provisionsberechtigten Handelsvertreters oder Handlungsgehilfen zugewiesen, so gilt damit je nach den Umständen eine vergleichbare Provisionsregelung als vereinbart[8]. 2

III. Begriff der Provision. Bei der Frage, ob eine Provision iSd. § 65 vereinbart ist, kommt es allein auf den materiellen Inhalt der Vergütungsabrede an, nicht auf die Bezeichnung der Vergütungsbestandteile. Begriffe wie „Provision", „Umsatzbeteiligung", „Umsatzprämie", „Bonus", „Tantieme" etc. werden in der Praxis für die verschiedensten Gehaltsbestandteile verwendet. Das Wesen der Provision iSd. § 65 ist 3

---

1 Heymann/*Henssler*, § 64 Rz. 2; *v. Hoyningen-Huene*, § 64 Rz. 3. || 2 Heymann/*Henssler*, § 64 Rz. 2.
|| 3 Heymann/*Henssler*, § 64 Rz. 3. || 4 *v. Hoyningen-Huene*, § 64 Rz. 5. || 5 *v. Hoyningen-Huene*, § 64 Rz. 5.
|| 6 Heymann/*Henssler*, § 64 Rz. 11. || 7 Statt aller *Staub/Konzen/Weber*, § 65 Rz. 5; *v. Hoyningen-Huene*, § 65 Rz. 2; Heymann/*Henssler*, § 65 Rz. 7. || 8 BAG 30.6.1960 – 5 AZR 48/59, AP Nr. 13 zu § 63 HGB.

die Beteiligung **an persönlichen Umsätzen**, dh. an den persönlich vom ArbN vermittelten oder abgeschlossenen einzelnen Geschäften. Ebenfalls als „Provision" iSd. § 65 werden **Umsatzboni** oder **Umsatzprämien** angesehen, die nicht von den einzelnen Geschäften des ArbN abhängen, sondern vom Gesamtvolumen seines Umsatzes in einem bestimmten Zeitraum[1]. Nicht unter § 65 fallen dagegen Umsatzbeteiligungen, die nicht am persönlichen Umsatz des ArbN anknüpfen, sondern an **Gesamtumsatz des Unternehmens**. Noch nicht entschieden ist, ob § 65 zumindest dann anwendbar ist, wenn Sondervergütungen an die Umsätze einer **kleinen Mitarbeitergruppe** (Gruppenprovision) anknüpfen. Nicht unter § 65 fallen **Tantiemen**, die am **Gewinn** des Unternehmens oder einer als Profitcenter geführten Abteilung anknüpfen, sowie Zahlungen in Abhängigkeit von der **persönlichen Gesamtleistung** (Leistungsboni, Zielerreichungsprämien etc.)[2].

4 Zulässig und verbreitet sind **Widerrufs- und Änderungsvorbehalte** hinsichtlich Provisionsregelungen. Widerrufsvorbehalte werden von der Rspr. akzeptiert, wenn die Provisionsansprüche nicht mehr als 20 bis max. 30 % der Gesamtvergütung ausmachen[3]. Für einseitige **Änderungsvorbehalte** besteht ein berechtigtes Bedürfnis, weil sich Marktverhältnisse, Produkte, Preise und Margen häufig so schnell verändern, dass die ursprüngliche Provisionsregelung nicht mehr angemessen ist. Widerrufs- oder Änderungsvorbehalte darf der ArbGeb nur im Rahmen **billigen Ermessens** gem. § 315 BGB ausüben, außerdem sind die AGB-rechtlichen Grenzen zu beachten (vgl. die Komm. zu § 308 Nr. 3 und 4 BGB).

5 Abreden, wonach die Provisionen die **einzige Vergütung** des ArbN sein sollen, sind nur wirksam, wenn es dem ArbN möglich ist, durch vollen Einsatz seiner Arbeitskraft ein ausreichendes Einkommen zu erzielen, die Beweislast trägt der ArbN[4]. Typischerweise wird die Provision **zusätzlich zu einem monatlichen Fixum** vereinbart. Gilt ein **TV** und schreibt dieser ein monatliches Mindestentgelt vor, und unterschreiten Fixum und Provision zusammen die tarifl. Mindestvergütung, so muss der ArbGeb aufstocken. In Höhe der Differenz zwischen dem vertragl. vereinbarten Fixum und der tarifl. Mindestvergütung entsteht also eine Garantieprovision[5].

6 Ist vertragl. eine bestimmte monatliche **Mindesteinnahme** an Provisionen **garantiert**, dürfen verschiedene Garantiezeiträume nicht miteinander verrechnet werden. Ist bspw. eine monatliche Provision von 2 000 Euro garantiert und erzielt der Handlungsreisende im Monat Januar 1 500 Euro, im Februar dagegen 2 500 Euro, so muss der ArbGeb die Januar-Provision auf die garantierten 2 000 Euro aufstocken, während der Handlungsreisende im Februar die erarbeiteten 2 500 Euro erhält.

7 **IV. Verweisung auf §§ 87ff. 1. Allgemeines.** Ist eine Provision vereinbart, gelten die von § 65 in Bezug genommenen Vorschriften der §§ 87 ff. nur **subsidiär**. § 65 selbst ist allerdings **nicht abdingbar**. Soweit also § 65 auf Normen der §§ 87 ff. verweist und diese unabdingbar sind, gelten sie auch für den ArbN zwingend. Diese Unabdingbarkeit besteht gem. § 87a V für § 87a II Hs. 1 sowie die Abs. 3 und 4, sowie gem. § 87c V für § 87c I–IV. Abdingbar sind dagegen § 87, § 87b sowie § 87a I. Unabhängig davon gelten auch beim ArbN die Grundsätze des AGB-Rechts und der **arbeitsvertragl. Inhaltskontrolle**, so dass unangemessen benachteiligende Provisionsregelungen unzulässig sind (vgl. die Komm. zu § 307 BGB).

8 **2. Bezirksschutz.** § 65 nimmt nur § 87 I und III in Bezug, nicht aber die Bezirksschutzregelung des § 87 II. Die Zuweisung eines Bezirks löst also beim ArbN **nicht automatisch** den **Anspruch auf Bezirksschutz/Bezirksprovision** aus. Eine solche Bezirksprovision kann aber ausdrücklich vereinbart werden[6]. Zusammen mit anderen Anhaltspunkten kann die Zuweisung eines bestimmten Bezirks ein wichtiges Indiz dafür sein, dass eine Provisionierung auf Bezirksbasis erfolgen sollte[7].

9 **3. Entstehen des Provisionsanspruchs.** Entsprechend § 87 I entsteht der Provisionsanspruch für die während des Anstellungsverhältnisses abgeschlossenen oder vermittelten Geschäfte. Im **Konzern** kann eine Provisionsabrede dahin gehend auszulegen sein, dass der Provisionsanspruch auch für solche Geschäfte entsteht, die der ArbN zu Gunsten von Konzernunternehmen vermittelt oder abschließt[8]. Besteht die Aufgabe des ArbN nur in der **Vermittlung**, so reicht es aus, wenn er das Zustandekommen des Geschäfts nur mitveranlasst hat, auch wenn zusätzliche Bemühungen des ArbGeb oder anderer Mitarbeiter notwendig waren[9]. Die Abgrenzung kann im Einzelfall außerordentl. schwierig sein.

10 Häufiger Streitpunkt ist das Entstehen des Provisionsanspruchs bei Geschäften, die entweder bereits **vor Tätigkeitsaufnahme** des ArbN eingeleitet waren oder erst **nach seinem Ausscheiden** abgeschlossen werden. Ersteren Fall regelt § 87 I 2, wonach kein Anspruch auf Provision besteht, wenn die Provision nach § 87 III dem Vorgänger zusteht, weil er das Geschäft abschlussreif vorbereitet hat. Ist das Geschäft dagegen erst nach Beendigung des Anstellungsverhältnisses abgeschlossen worden, so steht dem ausgeschiedenen ArbN die Provision gem. § 87 III zu, wenn er das Geschäft angebahnt hat und es innerhalb einer angemessenen Frist nach Vertragsende abgeschlossen worden ist. Die Rspr. stellt an

---

[1] BAG 13.12.1965 – 3 AZR 446/64, AP Nr. 3 zu § 65 HGB. ||[2] Vgl. BAG 13.3.1984 – 1 ABR 57/82, AP Nr. 4 zu § 87 BetrVG Provision; v. Hoyningen-Huene, § 65 Rz. 6. ||[3] Vgl. BAG 21.4.1993 – 7 AZR 297/92, BB 1994, 432 f. ||[4] Vgl. BAG 25.3.1976 – 3 AZR 331/75, AP Nr. 9 zu § 65 HGB; LAG Berlin 3.11.1986 – 9 Sa 65/86, AP Nr. 14 zu § 65 HGB. ||[5] BAG 29.10.1986 – 4 AZR 643/85, DB 1987, 1257. ||[6] BAG 13.12.1965 – 3 AZR 446/64, AP Nr. 3 zu § 65 HGB. ||[7] BAG 13.12.1965 – 3 AZR 446/64, AP Nr. 3 zu § 65 HGB. ||[8] BAG 20.5.1976 – 3 AZR 291/75, AP Nr. 10 zu § 65 HGB. ||[9] BAG 4.11.1968 – 3 AZR 276/67, AP Nr. 5 zu § 65 HGB.

eine vertragl. Abrede, die den nachwirkenden Provisionsanspruch aus § 87 III ausschließt, sehr hohe Anforderungen. Der Ausschluss muss klar und eindeutig vereinbart sein und eine andere Kompensation vorsehen[1], außerdem sind sachliche Gründe für die Abbedingung notwendig[2].

Gem. dem (unabdingbaren) § 87a III behält der ArbN den Provisionsanspruch, wenn das abgeschlossene Geschäft vom Unternehmer **nicht durchgeführt** wird, es sei denn, dies beruht auf Umständen, die vom Unternehmer nicht zu vertreten sind[3]. Deshalb ist eine Vereinbarung unwirksam, wonach Provisionen nur für tatsächlich ausgeführte Geschäfte gezahlt werden sollen. Versuch der Dritte, von dem Geschäft loszukommen, bedeutet das noch keine Unzumutbarkeit der Ausführung iSd. § 87a III 2, lässt also den Provisionsanspruch des ArbN noch nicht entfallen. Ggf. trifft den ArbGeb sogar eine Nachbearbeitungspflicht[4]. Arbeitsrechtl. problematisch ist auch die **Rückforderung** bereits empfangener Provisionen, wenn der **Dritte nicht leistet** (§ 87a II). Insoweit bestehen im Hinblick auf die fehlende Unternehmereigenschaft des ArbN Bedenken[5]. In jedem Fall dürfen durch eine Verrechnung von Rückzahlungsansprüchen die Pfändungsfreigrenzen (§§ 850 ff. ZPO) und das zugesagte Fixgehalt nicht unterschritten werden[6].

4. Verjährung, Ausschlussfristen. Es gelten die allg. Verjährungsregeln des BGB (§§ 194 ff.). Die Verjährung wird durch Geltendmachung des Abrechnungsanspruchs nach § 87c nicht unterbrochen, jedoch kommt eine Verjährungsunterbrechung durch Stufenklage in Betracht[7].

Sämtliche Ansprüche im Zusammenhang mit dem Provisionsanspruch unterliegen **tarifl. Ausschlussfristen**, dies gilt auch für die Ansprüche auf Abrechnung gem. § 87c[8]. Die Geltendmachung des Abrechnungsanspruchs unterbricht nicht die Ausschlussfrist hinsichtlich der Provisionsansprüche. Verzögert der ArbGeb die Abrechnung, kann er sich aber nach Treu und Glauben (§ 242 BGB) auf die Ausschlussfrist nicht berufen[9]. Die Verzögerung der Abrechnung hemmt den Lauf der Ausschlussfrist hinsichtlich der Zahlungsansprüche, sofern der ArbN die Abrechnung braucht, um die Zahlungsansprüche geltend machen zu können. Teilt der ArbGeb in der Abrechnung die Provisionsforderungen summenmäßig mit, so gilt dies als „Selbstmahnung"; der vom ArbGeb selbst ausgewiesene Betrag muss also vom ArbN nicht erneut geltend gemacht werden, um Ausschlussfristen zu wahren[10].

66–73 *(weggefallen)*

74 Nachvertragliches Wettbewerbsverbot

(1) Eine Vereinbarung zwischen dem Prinzipal und dem Handlungsgehilfen, die den Gehilfen für die Zeit nach Beendigung des Dienstverhältnisses in seiner gewerblichen Tätigkeit beschränkt (Wettbewerbsverbot), bedarf der Schriftform und der Aushändigung einer vom Prinzipal unterzeichneten, die vereinbarten Bestimmungen enthaltenden Urkunde an den Gehilfen.

(2) Das Wettbewerbsverbot ist nur verbindlich, wenn sich der Prinzipal verpflichtet, für die Dauer des Verbots eine Entschädigung zu zahlen, die für jedes Jahr des Verbots mindestens die Hälfte der von dem Handlungsgehilfen zuletzt bezogenen vertragsmäßigen Leistungen erreicht.

I. Bedeutung	1	5. Streitigkeiten	26
II. Tarifliche Wettbewerbsverbote	4	VII. Form (Abs. 1)	27
III. Nachvertragliche Treuepflicht	5	1. Schriftform	28
IV. Vertragliche Vereinbarung	6	2. Aushändigung einer Urkunde	32
V. Geltungsbereich der §§ 74 ff.	8	3. Rechtsfolgen	35
1. Persönlicher Geltungsbereich	8	4. Verpfändung des Ehrenworts	
2. Zeitlicher Geltungsbereich	12	(§ 74a Abs. 2)	36
3. Rechtswahl	14	VIII. Inhalt von Wettbewerbsverboten	37
VI. Rechtsmängel von Wettbewerbsverboten	15	1. Allgemeines	37
1. Systematik	15	2. Auslegung	38
2. Nichtigkeit/Unwirksamkeit	16	3. Verbotene Tätigkeiten	39
3. Unverbindlichkeit	18	4. Räumlicher Geltungsbereich	50
4. Teilweise Unverbindlichkeit	24	5. Zeitliche Dauer	51

---

[1] *v. Hoyningen-Huene*, § 65 Rz. 36; Heymann/*Henssler*, § 65 Rz. 12. ‖ [2] BAG 20.7.1973 – 3 AZR 359/72, AP Nr. 7 zu § 65 HGB; besonders restriktiv BAG 20.2.2008 – 10 AZR 125/07, NZA 2008, 1124. ‖ [3] Vgl. BAG 14.11.1966 – 3 AZR 158/66, AP Nr. 4 zu § 65 HGB zum Fall der Unternehmensveräußerung. ‖ [4] BAG 25.10.1967 – 3 AZR 453/66, BAGE 20, 123. ‖ [5] Ausf. dazu BAG 22.9.1975 – 3 AZR 114/75, AP Nr. 8 zu § 65 HGB; 25.3.1976 – 3 AZR 331/75, AP Nr. 9 zu § 65 HGB. ‖ [6] *v. Hoyningen-Huene*, § 65 Rz. 19. ‖ [7] BAG 30.4.1971 – 3 AZR 198/70, BB 1971, 1563. ‖ [8] BAG 27.11.1984 – 3 AZR 596/82, DB 1985, 2154. ‖ [9] BAG 8.8.1985 – 2 AZR 459/84, NZA 1986, 636. ‖ [10] BAG 21.4.1993 – 5 AZR 399/92, NZA 1993, 1091.

IX.	Beschränkungen außerhalb der §§ 74 ff.	52
	1. Bagatellbeschränkungen	52
	2. Mandantenschutzklauseln	53
	3. Mandantenübernahmeklauseln	54
	4. Geheimhaltungsklauseln	55
	5. Indirekte Wettbewerbsverbote	56
X.	Rechtliche Grenzen von Wettbewerbsverboten außerhalb der §§ 74 ff.	57
XI.	Anspruch auf Abschluss eines nachvertraglichen Wettbewerbsverbots	59
XII.	Inkrafttreten des Wettbewerbsverbots	60
XIII.	Wegfall des Wettbewerbsverbots	66
	1. Äußere Umstände	66
	2. Vertragliche Aufhebung	69
XIV.	Karenzentschädigung (Abs. 2)	72
	1. Allgemeines	72
	2. Berechnung der Karenzentschädigung	76
	3. Abgeltung der Karenzentschädigung durch andere Bezüge	88
	4. Person des Zahlungspflichtigen	89
	5. Zusage der Karenzentschädigung	90
	6. Auszahlung der Karenzentschädigung	98
XV.	Bedingte Wettbewerbsverbote	104
	1. Allgemeines	104
	2. Abhängigkeit vom Willen des Arbeitgebers	105
	3. Abhängigkeit vom Willen des Arbeitnehmers	106
	4. (Zulässige) objektive Bedingungen	107
XVI.	Verletzung des Wettbewerbsverbots	109
	1. Allgemeines	109
	2. Auskunftsanspruch	110
	3. Unterlassungsansprüche	112
	4. Wegfall der Entschädigungspflicht	116
	5. Schadensersatz	118
	6. Rücktritt	119
	7. Verjährung, Ausschlussfristen	120
XVII.	Übergang des Wettbewerbsverbots auf Dritte	121
XVIII.	Wettbewerbsverbot in der Insolvenz	124
XIX.	Sozialversicherungsrecht	125
XX.	Steuerrecht	127

1 I. Bedeutung. Im Gegensatz zu § 60 regeln die §§ 74 ff. nicht die Wettbewerbstätigkeit während der Dauer des ArbVerh, sondern in der Zeit **nach dessen Beendigung**. Nach §§ 74 ff. bestehen für die Zeit nach Beendigung des ArbVerh grds. **keine gesetzl. Beschränkungen** der Berufstätigkeit des ausgeschiedenen ArbN. Solche Beschränkungen können aber nach §§ 74 ff. durch gesonderte **vertragl. Vereinbarung** („Wettbewerbsverbot", „Wettbewerbsabrede", „Wettbewerbsklausel", „Konkurrenzklausel" etc.) geschaffen werden, wobei die Zusage einer **Karenzentschädigung von mindestens 50 %** der letzten Bezüge Wirksamkeitsvoraussetzung einer solchen Vereinbarung ist (Abs. 2).

2 Durch die HGB-Novelle von 1914[1] wurde die Wirksamkeit von Wettbewerbsverboten von der Zusage einer mindestens 50%igen Karenzentschädigung abhängig gemacht. Im Jahr 2002 wurden einige veraltete Regelungen aus dem Katalog der §§ 74 ff. gestrichen[2].

3 In der Praxis fällt der Umgang mit den §§ 74 ff. nicht leicht. Die gesetzl. Regelung ist so **unübersichtlich, dass viele Gestaltungsmöglichkeiten nicht genutzt** werden (insb. der gesetzestechnisch völlig verunglückte § 75 wird in der Praxis häufig vernachlässigt, auch vom Verzichtsrecht nach § 75a wird viel zu selten Gebrauch gemacht).

4 II. Tarifliche Wettbewerbsverbote. Allgemein wird angenommen, dass nachvertragl. Wettbewerbsverbote flächendeckend durch TV eingeführt werden könnten[3]. Solche TV sind jedoch bislang nicht bekannt geworden. TV können allerdings den Abschluss von Wettbewerbsverboten untersagen[4]. Ob durch BV Wettbewerbsverbote begründet werden können, ist höchst zweifelhaft[5].

5 III. Nachvertragliche Treuepflicht. Ist vertragl. kein nachvertragl. Wettbewerbsverbot vereinbart worden, so unterliegt der ausgeschiedene ArbN grds. **keinen Beschränkungen** seiner berufl. Tätigkeit. Zwar ist er auf Grund der nachvertragl. Treuepflicht daran gehindert, sein beim bisherigen ArbGeb erlangtes Wissen ohne Grund preiszugeben oder an die Konkurrenz zu verkaufen. Die Nutzung der erworbenen Kenntnisse und Fähigkeiten im Rahmen **einer neuen Berufstätigkeit** sind dagegen einschränkungslos gestattet, dies folgt schon aus Art. 12 GG. Die Rspr. hat es seit jeher abgelehnt, dem ArbN unter dem Gesichtspunkt der nachvertragl. Treuepflicht oder nach § 242 BGB Beschränkungen seiner berufl. Betätigung aufzuerlegen. Dies wird zutreffend damit begründet, dass es der ArbGeb in der Hand hätte, den ArbN durch ein ausdrückliches nachvertragl. Wettbewerbsverbot zu binden, dann aber eine 50%ige Karenzentschädigung zahlen müsste. Wenn dem ArbGeb dies zu teuer ist, muss er die nachvertragl. Konkurrenztätigkeit durch den ausgeschiedenen ArbN grds. akzeptieren[6]. Nur in einzelnen besonders gelagerten **Sonderfällen** hat der BGH ausgeschiedenen ArbN eine Konkurrenztätigkeit unter Berufung auf § 3 (vormals § 1) UWG verwehrt[7]. Ein ArbN unterliegt bei seinen nachvertragl. Aktivitäten

---

1 RGBl. 1914 S. 209. || 2 Anl. I Kap. III Sachgeb. D Abschn. III Nr. 1 EVertr, BGBl. 1990 I S. 959. || 3 *Bauer/Diller*, Rz. 16 mwN. || 4 *Hiekel* in Tschöpe, Arbeitsrecht, Teil 2 F Rz. 1 mit Hinweis auf den TV für die Beschäftigten bei öffentl. bestellten Vermessungsingenieuren v. 23.4.1993. || 5 Vgl. LAG Hamm 2.4.1965 – 4 Sa 85/65, BB 1965, 988; ausf. *Bauer/Diller*, Rz. 22. || 6 Grundl. BAG 15.6.1993 – 9 AZR 558/91, AP Nr. 40 zu § 611 BGB Konkurrenzklausel (Titandioxid); zur Wettbewerbssituation während eines schwebenden Kündigungsschutzverfahrens s. § 60 Rz. 9. || 7 BGH 21.12.1962 – I ZR 47/61, BGHZ 38, 391 (Industrieböden); 24.2.1994 – I ZR 74/92, DB 1994, 1134 (Sistierung von Aufträgen); 6.11.1963 – Ib ZR 41/62, GRUR 1964, 215 (Milchfahrer).

auch dann keinen Beschränkungen auf Grund der nachvertragl. Treuepflicht, wenn er in den **Ruhestand** wechselt und/oder **Betriebsrente**[1] oder **Übergangsgeld**[2] erhält.

IV. Vertragliche Vereinbarung. Wettbewerbsverbote bedürfen grds. einer **klaren** vertragl. Vereinbarung[3]. Bei der Verwendung von Musterarbeitsverträgen wird mitunter nicht klargestellt, ob ein formularmäßig vorgesehenes Verbot gelten soll oder nicht. Hier gilt zu Gunsten des ArbN die Unklarheitenregel des § 305c III BGB, so dass das (im Zweifel belastende) Wettbewerbsverbot nicht als vereinbart gilt.

Ist der zugrunde liegende **Arbeitsvertrag unwirksam**, ist hinsichtlich der Wirksamkeit des Wettbewerbsverbots zu differenzieren[4]. Ist der ArbN nicht geschäftsfähig, wird auch das Wettbewerbsverbot nicht wirksam. Hat dagegen der ArbGeb den Vertrag wegen Irrtum, Täuschung oder Drohung angefochten, so wird man dem ArbGeb ein Wahlrecht einräumen müssen, ob die Anfechtung auch das Wettbewerbsverbot ergreifen soll oder nicht[5]. Umgekehrt führt die Nichtigkeit des Wettbewerbsverbots nach der Konzeption der §§ 74 ff. nicht zur Nichtigkeit des gesamten Arbeitsvertrages[6].

V. Geltungsbereich der §§ 74 ff. 1. Persönlicher Geltungsbereich. Die Rspr. hatte seit jeher die §§ 74 ff. auf **alle ArbN** angewendet[7]. Die Geltung der §§ 74 ff. für alle ArbN ist nunmehr in § 110 GewO ausdrücklich geregelt. §§ 74 ff. gelten auch für **leitende Angestellte**[8], für Prokuristen[9] und für geringfügig am Kapital beteiligte ArbN[10].

Die Geltung für vertretungsberechtigte **Organmitglieder** (GmbH-Geschäftsführer, AG-Vorstände) ist dagegen heftig umstritten. Der BGH wendet die §§ 74 ff. auf diese Personengruppe nicht unmittelbar an[11], lässt aber in die Prüfung der Sittenwidrigkeit nach § 138 BGB in erheblichem Umfang die Wertungen der §§ 74 ff. einfließen. Außerdem sind nach der Rspr. das Verzichtsrecht aus § 75a sowie die Lösungsrechte nach § 75 auch auf Organmitglieder anwendbar[12]. Für **freie Mitarbeiter** gelten die §§ 74 ff. nicht unmittelbar, allerdings sind – wie bei Organmitgliedern – bei der Prüfung der Sittenwidrigkeit gem. § 138 BGB die Wertungen der §§ 74 ff. zu beachten. Je stärker der freie Mitarbeiter wirtschaftl. und/oder sozial abhängig ist, desto näher liegt die unmittelbare Anwendung der §§ 74 ff.[13]. Insb. kann die Zusage einer Karenzentschädigung Wirksamkeitsvoraussetzung sein. Auch bei **Heimarbeitern** kommt die entsprechende Anwendung der §§ 74 ff. in Betracht[14].

Ist das Wettbewerbsverbot mit einem ArbN wegen Verstoßes gegen die §§ 74 ff. unwirksam oder unverbindlich, so wird es bei **nachträglichem Aufrücken** in eine Organstellung oder bei anschließender Tätigkeit als freier Mitarbeiter grds. nicht wirksam[15]. Das gilt auch dann, wenn ein entsprechendes Verbot gem. § 138 BGB mit einem Organmitglied oder freien Mitarbeiter wirksam gewesen wäre. Denn die Sittenwidrigkeit einer Regelung muss sich grds. nach dem Zeitpunkt des Abschlusses des Rechtsgeschäfts richten[16]. **Wechselt** umgekehrt ein Organmitglied **in ein Arbeitsverhältnis**, so wird ein ursprünglich wirksam vereinbartes Wettbewerbsverbot, welches die Grenzen der §§ 74 ff. nicht einhält, mit dem Wechsel in das ArbVerh automatisch unwirksam, da ansonsten das gesetzgeberische Ziel der §§ 74 ff. nicht erreicht werden könnte[17]. Allerdings bleibt das ursprüngliche Wettbewerbsverbot nach dem Überwechseln in das ArbVerh noch solange in Kraft, wie es gegolten hätte, wenn das Organmitglied stattdessen ausgeschieden wäre[18].

Nach allg. Grundsätzen ohne weiteres zulässig sind entschädigungslose Wettbewerbsverbote zu Lasten des **Verkäufers eines Unternehmens** oder eines **ausscheidenden Gesellschafters**. Solche Regelungen unterliegen grds. nicht den §§ 74 ff., insb. ist die Zahlung einer Karenzentschädigung nicht erforderlich. Bei solchen Vereinbarungen droht allerdings eine Umgehung (§ 75d) der §§ 74 ff., wenn wirtschaftl. das Anstellungsverhältnis des veräußernden/ausscheidenden Gesellschafters im Vordergrund stand[19].

2. Zeitlicher Geltungsbereich. Ein Wettbewerbsverbot unterliegt auch dann den §§ 74 ff., wenn zum Zeitpunkt seines Abschluss das ArbVerh **noch nicht besteht** oder noch gar nicht vereinbart ist[20]. Die §§ 74 ff. gelten stets, wenn das Wettbewerbsverbot **während des Arbeitsverhältnisses** vereinbart wird. Auch für Wettbewerbsverbote in **Aufhebungsverträgen** wendet die Rspr. §§ 74 ff. an[21], egal ob der Auf-

---

1 BAG 15.6.1993 – 9 AZR 558/91, AP Nr. 40 zu § 611 BGB Konkurrenzklausel (Titandioxid). ||2 LAG Nds. 11.9.1992 – 15 Sa 219/92. ||3 Unrichtig deshalb LAG Köln 28.5.2010 – 10 Sa 162/10. ||4 Ausf. *Bauer/Diller*, Rz. 56. ||5 Ausf. LAG München 3.12.2008 – 11 Sa 538/08. ||6 *Bauer/Diller*, Rz. 58. ||7 Grundl. BAG 13.9. 1969 – 3 AZR 138/68, AP Nr. 24 zu § 611 BGB Konkurrenzklausel. ||8 LAG Nürnberg 21.7.1994 – 5 Sa 391/94, LAGE § 74 HGB Nr 11. ||9 OLG Karlsruhe 30.9.1986 – 8 U 127/86, BB 1986, 2365. ||10 BAG 18.8.1997 – 9 AZB 15/97, AP Nr. 70 zu § 74 HGB. ||11 Zuletzt BGH 28.4.2008 – II ZR 11/07, NZG 2008, 664: keine Anwendung von § 74c. ||12 Ausf. zur ganzen Problematik *Bauer/Diller*, GmbHR 1999, 885. ||13 dazu OLG Köln 22.2.1967 – 6 U 138/66, OLGZ 1967, 394; OLG München 22.1.1997 – 7 U 4756/96, GmbHR 1997, 310; LG Frankfurt 13.1.1992 – 2/21 O 311/91, NJW-RR 1993, 803; BAG 21.1.1997 – 9 AZR 778/95, AP Nr. 44 zu § 611 BGB Konkurrenzklausel. ||14 MünchArbR/*Wank*, § 130 Rz. 5; *v. Hoyningen-Huene*, § 61 Rz. 8, § 74 Rz. 8. ||15 OLG Koblenz 1.8.1985 – 6 U 618/85, WM 1985, 1484; wohl auch OLG Celle 21.9.1979 – 3 U 197/79, GmbHR 1980, 32. ||16 BGH 14.7.1952 – IV ZR 1/52, BGHZ 7, 111; 28.2.1989 – IX ZR 130/88, NJW 1989, 1277. ||17 BAG 28.1.1966 – 3 AZR 374/65, AP Nr. 18 zu § 74 HGB. ||18 *Bauer/Diller*, Rz. 1124. ||19 Vgl. BAG 18.8.1997 – 9 AZB 15/97, AP Nr. 70 zu § 74 HGB; ausf. zu dem Problem *Diller*, FS Buchner, 2009, S. 177. ||20 *Wertheimer*, BB 1996, 1715. ||21 BAG 3.5.1994 – 9 AZR 606/92, AP Nr. 65 zu § 74 HGB.

hebungsvertrag das ArbVerh erst in der Zukunft, mit sofortiger Wirkung oder mit Rückwirkung beendet[1]. Mangels entsprechender ausdrücklicher Regelung kann eine im Aufhebungsvertrag zugesagte Abfindung auch nicht in eine Karenzentschädigung umgedeutet werden[2]. Unanwendbar sind die §§ 74 ff. dagegen, wenn auf **Wunsch des ArbN** das ArbVerh **vorzeitig beendet** wird, das frei werdende Gehalt als Abfindung gezahlt wird und die (entschädigungslose) Wettbewerbsenthaltsamkeit nur bis zu dem Zeitpunkt vereinbart wird, an dem der ArbN sonst frühestmöglich hätte ausscheiden können. Denn dann entspricht das nachvertragl. Wettbewerbsverbot nur dem gesetzl. Verbot aus § 60, welches ohne die vorzeitige Vertragsbeendigung bestanden hätte[3].

13   Unanwendbar sind die §§ 74 ff. dagegen, wenn das Wettbewerbsverbot erst **nach Beendigung des Arbeitsverhältnisses** vereinbart wird oder der ArbN sich im Ruhestand befindet. Allerdings sind auch dann die allg. Grenzen des § 138 BGB zu beachten, so dass insb. die Vereinbarung länger dauernder entschädigungsloser Wettbewerbsverbote unzulässig sein kann[4].

14   **3. Rechtswahl.** Die §§ 74 ff. gelten immer, wenn das ArbVerh deutschem Recht unterliegt. Bei einem in Deutschland tätigen ArbN kann regelmäßig wegen **Art. 8 Rom-I-VO** nicht die Geltung ausländischen Rechts vereinbart werden. Eine **Teilrechtswahl** dahin gehend, dass nur für das Wettbewerbsverbot ausländisches Recht gelten soll, erscheint zwar grds. möglich, aber auch insoweit würde Art. 8 Rom-I-VO gelten. Dies hat Bedeutung erlangt bei Aktienoptionsprogrammen in internationalen Konzernen, bei denen das Optionsprogramm Wettbewerbseinschränkungen vorsieht und dem Recht der ausländischen Muttergesellschaft unterliegen soll[5].

15   **VI. Rechtsmängel von Wettbewerbsverboten. 1. Systematik.** Die §§ 74 ff. enthalten verschiedene Grenzen für Wettbewerbsverbote. Dabei sind die Rechtsfolgen von Verstößen sehr unterschiedlich formuliert. So ist von „Unwirksamkeit" (§ 75 I), „Nichtigkeit" (§ 74a II aF) oder „Unverbindlichkeit" (§ 74 II, § 74a I) die Rede. Rspr. und Lit. haben von Anfang an die Auffassung vertreten, der Gesetzgeber habe nicht zufällig verschiedene Formulierungen gewählt. So hat sich im Laufe der Zeit ein Sanktionensystem entwickelt, welches **drei grundlegend verschiedene Sanktionen** unterscheidet, nämlich **Nichtigkeit/Unwirksamkeit, Unverbindlichkeit** und **teilweise Unverbindlichkeit**. Welche Rechtsfolge eingreift, richtet sich danach, gegen welche Norm der §§ 74 ff. verstoßen wurde.

16   **2. Nichtigkeit/Unwirksamkeit.** Nichtigkeit liegt in folgenden Fällen vor:
- Fehlende Schriftform nach § 74 I
- Fehlen einer Karenzentschädigung (nicht: zu niedrige Karenzentschädigung!), s. Rz. 96
- Minderjährigkeit (§ 74a II)
- Wettbewerbsverbot mit Auszubildenden, Volontären, Praktikanten etc. (§ 75 I 1)
- Verpfändung des Ehrenworts (§ 74a II 1)
- Verpflichtung Dritter (§ 74a II 2)
- Verstoß gegen § 9 Nr. 4 AÜG (Vereinbarung mit einem LeihArbN, wonach dieser nach Ende des ArbVerh mit dem Verleiher kein ArbVerh mit einem Entleiher eingehen darf)
- Sonstige Nichtigkeitsgründe nach § 134 BGB.

17   Auf die Nichtigkeit des Wettbewerbsverbots können sich grds. **beide Teile** jederzeit berufen. Eine einseitige **Heilung** (etwa durch nachträgliche Zusage einer Karenzentschädigung) ist nicht möglich. Auf die Nichtigkeit können sich die Parteien auch dann berufen, wenn sie die Unwirksamkeit des Wettbewerbsverbots längere Zeit nicht bemerkt haben. Die Nichtigkeit gilt auch für ein bereits ganz oder teilweise durchgeführtes Wettbewerbsverbot, es ist dann gem. § 812 BGB ganz oder teilweise rückabzuwickeln[6].

18   **3. Unverbindlichkeit.** Unverbindlich ist ein Wettbewerbsverbot in folgenden Fällen:
- Fehlende Aushändigung einer Urkunde (§ 74 I)[7]
- Zu geringe Karenzentschädigung (§ 74 II)
- Vollständig fehlendes geschäftliches Interesse des ArbGeb (§ 74a I 1)
- Unbillige Erschwerung des beruflichen Fortkommens (§ 74a I 2)
- Bedingtes Wettbewerbsverbot (s. Rz. 104 ff.)
- Ausschluss der Lösungsrechte nach § 75 I 2.

19   Bei einem unverbindlichen Wettbewerbsverbot liegen alle Trümpfe beim ArbN. Er kann **wählen**, ob er das **Verbot einhält** und die Karenzentschädigung erhalten will, oder ob er (dann selbstverständlich

---

[1] Diff. insoweit *Bauer/Diller*, Rz. 76 ff. |[2] Dazu BAG 3.5.1994 – 9 AZR 606/92, AP Nr. 65 zu § 74 HGB. |[3] Ausf. *Bauer/Diller*, Rz. 84. |[4] Vgl. LAG München 12.2.1986 – 5 Sa 539/85, DB 1986, 2191. |[5] Ausf. dazu *Bauer/Diller*, Rz. 97; *Fischer*, DB 1999, 1702. |[6] *Bauer/Diller*, Rz. 153 f. |[7] BAG 23.11.2004 – 9 AZR 595/03, NZA 2005, 41.

ohne Karenzentschädigung) **sich von dem Verbot lösen** will. Dieses Wahlrecht ist zwar nirgendwo in den §§ 74 ff. ausdrücklich angelegt, die Rspr. schließt dies aber aus dem Begriff „Unverbindlichkeit".

Ursprünglich hatte die Rspr. gefordert, dass der ArbN das Wahlrecht **im Moment seines Ausscheidens** ausüben müsse. Von diesem Erfordernis hat sich die Rspr. jedoch im Laufe der Zeit stillschweigend entfernt. Nach der neueren Rspr.[1] kommt es ausschließlich darauf an, wie der ArbN sich nach seinem Ausscheiden **verhält**. Nimmt er eine konkurrierende Tätigkeit auf, so wird dies als Ausübung des Wahlrechts dahin gehend verstanden, dass er das Wettbewerbsverbot nicht einhalten will. Hält er sich dagegen an das Wettbewerbsverbot (zB durch Arbeitslosmeldung oder durch Aufnahme einer nichtkonkurrierenden Tätigkeit), wird dies so betrachtet, als habe der ArbN sich ausdrücklich für die Einhaltung des Wettbewerbsverbots entschieden. 20

Dem ArbN muss man die Möglichkeit zubilligen, sein Verhalten nachträglich wieder zu **ändern** und damit auch sein Wahlrecht neu auszuüben[2]. Hält der ArbN das Verbot zunächst ein, entscheidet sich dann aber später dagegen, behält er also die Karenzentschädigung für die Zeit, in der er das Verbot eingehalten hatte[3]. Hat der ArbN dagegen sein Wahlrecht durch **ausdrückliche Erklärung** ausgeübt, bleibt er an die Erklärung gebunden und kann sie später nicht mehr ändern[4]. 21

Der ArbGeb hat die Möglichkeit, entsprechend § 264 II 1 BGB den ArbN zur **Ausübung seines Wahlrechts** aufzufordern, dies kann auch schon während des Laufs des ArbVerh erfolgen. Übt der ArbN dann das Wahlrecht nicht innerhalb einer angemessenen Frist (drei Wochen) aus, so geht das Wahlrecht gem. § 264 II BGB auf den ArbGeb über[5]. 22

Ist das Wettbewerbsverbot wegen einer **zu niedrigen Karenzentschädigung** unverbindlich, so kann der ArbN, der sich für die Einhaltung des Verbots entscheidet, nur die vertragl. vereinbarte (zu niedrige) Vergütung verlangen, nicht die von Abs. 2 vorgeschriebene 50%ige Vergütung[6]. 23

4. Teilweise Unverbindlichkeit ordnet das Gesetz in folgenden Fällen an: 24
- Mangelndes berechtigtes geschäftliches Interesse des Dienstherrn (§ 74a I 1)
- Unbillige Beschränkung des Fortkommens des ArbN (§ 74a I 2)
- Überschreitung der maximalen Bindungsdauer von zwei Jahren (§ 74a I 3).

In den genannten Fällen bleibt das Wettbewerbsverbot **insoweit wirksam** und verbindlich, wie es den Grenzen des § 74a entspricht. Es wird also **nicht insgesamt** nichtig oder unverbindlich. Allerdings kommt hinsichtlich des überschießenden Teils des Verbots nicht automatisch ein Wahlrecht des ArbN in Betracht. Insb. bei Verstößen gegen § 74a I 1 und 2, wenn das Verbot teilweise nicht von einem berechtigten geschäftlichen Interesse des Dienstherrn gedeckt ist oder den ArbN teilweise unbillig behindert, gibt es kein Wahlrecht. Denn das Verbot bleibt ja im Rahmen des Zulässigen bestehen, und der ArbN kann auch die volle zugesagte Karenzentschädigung verlangen. Hier entspricht also die vom Gesetz angeordnete teilweise Unverbindlichkeit einer Teilnichtigkeit, verbunden mit der Umkehr der Vermutung des § 139 BGB[7]. Bedeutung hat das Wahlrecht allerdings, wenn das Verbot für **länger als zwei Jahre** vereinbart wurde. Der ArbN kann dann wählen, ob er es auch für die längere Zeit einhält (und dann entsprechend länger die Karenzentschädigung bekommt). 25

5. Streitigkeiten. Ist zwischen den Parteien die Wirksamkeit/Verbindlichkeit streitig, wird dies häufig **inzidenter** im Zusammenhang mit einer Klage auf Wettbewerbsunterlassung bzw. auf Karenzentschädigung geklärt. Die Parteien können aber auch – schon vor Beendigung des ArbVerh – die Frage im Wege einer **allgemeinen Feststellungsklage** nach § 265 ZPO klären lassen. Bei einem bereits beendeten ArbVerh kann auch ein neuer ArbGeb Feststellungsklage gegen den alten ArbGeb erheben, wenn der alte ArbGeb von ihm verlangt, den ArbN nicht weiter zu beschäftigen[8]. Der **Streitwert** solcher Feststellungsklagen bemisst sich nach einhelliger Ansicht nach der Höhe der zugesagten Karenzentschädigung[9]. 26

VII. Form (Abs. 1). Gem. Abs. 1 bedarf ein Wettbewerbsverbot zu seiner Wirksamkeit der Einhaltung **zweier verschiedener Formvorschriften** (was in der Praxis häufig übersehen wird). Zum einen setzt das Wettbewerbsverbot **Schriftform** (§ 126 BGB) voraus. Unabhängig davon verlangt Abs. 1 aber zusätzlich, dass der ArbN eine vom ArbGeb **unterzeichnete Urkunde** ausgehändigt bekommt, die die Bestimmungen des Wettbewerbsverbots enthält. Die Form des Abs. 1 gilt auch für jede **spätere Änderung**. 27

1. Schriftform. Die Schriftform hat zum einen Warnfunktion, vor allem aber **Dokumentationsfunktion**, weil das Wettbewerbsverbot oft erst Jahrzehnte nach seiner Vereinbarung aktuell wird. 28

---

1 Grundl. BAG 22.5.1990 – 3 AZR 647/88, AP Nr. 60 zu § 74 HGB. ‖ 2 Offen gelassen in BAG 22.5.1990 – 3 AZR 647/88, AP Nr. 60 zu § 74 HGB; s.a. BAG 24.4.1980 – 3 AZR 1047/77, AP Nr. 37 zu § 74 HGB. ‖ 3 BAG 24.4.1980 – 3 AZR 1047/77, AP Nr. 37 zu § 74 HGB. ‖ 4 Ausf. zum Ganzen *Bauer/Diller*, Rz. 157 ff. ‖ 5 BAG 22.5.1990 – 3 AZR 647/88, AP Nr. 60 zu § 74 HGB. ‖ 6 BAG 19.2.1959 – 2 AZR 341/56, AP Nr. 10 zu § 74 HGB; 5.8.1966 – 3 AZR 154/66; offen gelassen im Urt. v. 9.1.1990 – 3 AZR 110/88, AP Nr. 59 zu § 74 HGB. ‖ 7 *Bauer/Diller*, Rz. 177. ‖ 8 BAG 18.8.1997 – 9 AZB 15/97, AP Nr. 70 zu § 74 HGB. ‖ 9 LAG Hamm 23.12.1980 – 8 Ta 148/80, LAGE § 61 ArbGG Nr. 4.

29 Für die Schriftform gilt § 126 BGB. Notwendig ist deshalb die schriftl. Fixierung der Vertragsklauseln sowie die **Unterschriften** beider Parteien. **Bestätigungsschreiben** reichen ebenso wenig wie **Faxe** oder **fotokopierte** oder **eingescannte Unterschriften**[1]. Nach Inkrafttreten des Signaturgesetzes kommt für den Abschluss des Wettbewerbsverbots auch **elektronische Form** nach §§ 126a, b BGB in Betracht. Sind die aufseiten des ArbGeb handelnden Personen nur **gesamtgeschäftsführungsbefugt**, so bedarf die Vereinbarung des Wettbewerbsverbots zweier Unterschriften. Unterschreibt nur ein Gesamtgeschäftsführer/Gesamtprokurist, so muss aus der Urkunde ausdrücklich hervorgehen, dass er auch den anderen vertreten will, sonst ist das Verbot unwirksam, eine nachträgliche Genehmigung scheidet aus[2].

30 Abs. 1 verlangt **nicht**, dass das Wettbewerbsverbot in einer **gesonderten Urkunde** vereinbart wird. Es kann auch im Rahmen eines (auch umfangreichen) Arbeitsvertrages vereinbart werden. Getrennte Unterzeichnung ist nicht erforderlich, auch keine drucktechnische Hervorhebung. Das Verbot darf allerdings nicht bewusst im Vertrag „**versteckt**" werden, insb. durch eine irreführende Überschrift[3], weil sonst eine „überraschende Klausel" iSv. § 305c BGB vorliegt. Wird das Wettbewerbsverbot in einer **Anlage** zum Arbeitsvertrag vereinbart, muss diese entweder selbst unterschrieben oder aber fest mit dem unterschriebenen Hauptvertrag verbunden sein[4].

31 Wegen der Dokumentationsfunktion muss die Schriftform grds. alle zum Wettbewerbsverbot gehörenden Bestimmungen erfassen, eine Fixierung nur der Hauptpflichten reicht nicht[5]. Sind einzelne **Nebenabreden** nicht formwirksam vereinbart worden, so wird jedoch nicht automatisch das ganze Wettbewerbsverbot unwirksam. Vielmehr kommt es gem. § 139 BGB darauf an, ob die Parteien das Verbot auch ohne die betreffende Nebenabrede vereinbart hätten.

32 2. **Aushändigung einer Urkunde.** Abs. 2 fordert neben der gesetzl. Schriftform (§ 126 BGB) zusätzlich noch die Aushändigung einer Urkunde an den ArbN, die die Bestimmungen des Wettbewerbsverbots wiedergibt und vom ArbGeb unterschrieben ist. Die Urkunde muss die **Originalunterschrift** des ArbGeb tragen, **Fotokopie** und **Fax** reicht nicht (s. Rz. 29). Wegen der Informationsfunktion des Abs. 2 müssen **alle Nebenabreden** in der Urkunde enthalten sein, nicht nur die wichtigsten Vereinbarungen. Wortgleiche Wiederholung ist allerdings nicht erforderlich[6]. Die dem ArbN ausgehändigte Urkunde kann, muss aber nicht gleichzeitig diejenige Urkunde sein, mit der das Schriftformerfordernis erfüllt wurde. Ist das Wettbewerbsverbot im Arbeitsvertrag enthalten, reicht die Überlassung eines (original unterschriebenen) Vertragsexemplars.

33 Die Aushändigung der Urkunde erfordert, dass dem ArbN die Urkunde **auf Dauer überlassen** wird. Übergabe mit anschließender Hinterlegung reicht nicht[7].

34 Die Übergabe der Urkunde muss **unverzüglich im Zusammenhang mit dem Vertragsschluss** erfolgen. Eine dem ArbN später angebotene Urkunde kann er zurückweisen, das Verbot wird dann nicht mehr wirksam. In der verspäteten Entgegennahme liegt nur dann ein Einverständnis mit dem Wirksamwerden des Wettbewerbsverbots, wenn der ArbN sich dieser Bedeutung der Entgegennahme bewusst war[8].

35 3. **Rechtsfolgen.** Auf die Einhaltung der **Schriftform** können sich grds. **beide Vertragsparteien** berufen, da das Schriftformerfordernis beide schützt. Wurde die Form nicht eingehalten, ist das Verbot gem. § 125 BGB **nichtig**. Die Beweislast für die Einhaltung der Form trägt die Partei, die sich auf die Wirksamkeit des Verbots beruft. Anders ist es hinsichtlich der **Aushändigung der unterschriebenen Urkunde**. Dieser Teil des Formerfordernisses schützt **nur den ArbN**, so dass sich auch nur der ArbN auf die Verletzung dieser Formvorschrift berufen kann[9]. Es ist deshalb für den ArbGeb wichtig, sich den Erhalt der unterschriebenen Urkunde **dokumentieren** zu lassen. Nicht möglich wegen § 309 Nr. 12 BGB ist die formularmäßige Bestätigung innerhalb des Arbeitsvertrages, eine unterschriebene Urkunde erhalten zu haben.

36 4. **Verpfändung des Ehrenworts (§ 74a Abs. 2).** Mittlerweile ohne Bedeutung ist die anachronistische Vorschrift des § 74a II 1 Alt. 2, wonach das Wettbewerbsverbot unwirksam ist, wenn der ArbN das Verbot nicht nur schriftl. eingeht, sondern zusätzlich für die Einhaltung auch sein Ehrenwort verpfändet. Hintergrund der Vorschrift ist die Auffassung, die Verpfändung der Ehre für eine vermögensrechtl. Verpflichtung sei **unsittlich**. Bietet der ArbN sein Ehrenwort an, sollte der ArbGeb dies also **unverzüglich schriftl. zurückweisen**.

37 VIII. **Inhalt von Wettbewerbsverboten. 1. Allgemeines.** Abs. 1 definiert das Wettbewerbsverbot als eine Vereinbarung, die den ArbN „**in seiner gewerblichen Tätigkeit**" beschränkt. Dies ist insoweit irreführend, als man mit dem Betrieb eines „Gewerbes" regelmäßig eine selbständige Tätigkeit assoziiert. §§ 74ff. verbieten aber selbstverständlich auch die Aufnahme einer **nicht-selbständigen** Tätigkeit, insb. die Eingehung eines ArbVerh. §§ 74ff. gelten ohne weiteres auch für **freie Berufe**, obwohl diese nach allg.

---

[1] BGH 28.1.1993 – IX ZR 259/91, NJW 1993, 1126. ||[2] LAG Sachs. 10.3.1998 – 9 Sa 1296/97. ||[3] BAG 29.11.1995 – 5 AZR 447/94, AP Nr. 1 zu § 3 AGBG. ||[4] BAG 30.10.1984 – 3 AZR 213/82, AP Nr. 46 zu § 74 HGB. ||[5] BAG 14.8.1975 – 3 AZR 333/74, AP Nr. 35 zu § 74 HGB; LAG Düss. 4.12.2009 – 9 Sa 717/09: nur mündliche Entschädigungszusage. ||[6] *Bauer/Diller*, Rz. 205. ||[7] LAG Nürnberg 21.7.1994 – 5 Sa 391/94, NZA 1995, 532. ||[8] LAG Nürnberg 27.7.1994 – 5 Sa 391/94, NZA 1995, 532. ||[9] BAG 23.11.2004 – 9 AZR 595/03, NZA 2005, 41.

Anschauung kein „Gewerbe" betreiben[1]. Deshalb ist § 74 so zu verstehen, dass die Vorschrift **jede Vereinbarung** erfasst, die geeignet ist, den **ArbN in seiner beruflichen Betätigung und in seinem Fortkommen zu behindern**[2] (vgl. auch die weiter gefasste Formulierung in § 110 GewO).

2. Auslegung. Hinsichtlich der Auslegung von Wettbewerbsverboten stand die Rspr. zunächst auf dem Standpunkt, Wettbewerbsverbote seien nicht weiter, aber auch nicht enger auszulegen als andere Willenserklärungen[3]. Nunmehr vertritt das BAG[4] die Auffassung, es sei **Sache des ArbGeb**, das Verbot eindeutig und unmissverständlich zu formulieren. **Im Zweifel** sei ein Wettbewerbsverbot **zu Lasten des ArbGeb** auszulegen[5]. Bei vorformulierten Wettbewerbsverboten gilt unmittelbar die Unklarheitenregel des § 305c BGB, die ebenfalls eine Auslegung zu Lasten des ArbGeb vorschreibt. Allerdings lässt sich bei der Formulierung des Wettbewerbsverbots die Verwendung weit gefasster, auslegungsbedürftiger Begriffe regelmäßig nicht vermeiden, so dass eine Unwirksamkeit wegen Intransparenz nach § 307 BGB regelmäßig nicht in Betracht kommt[6]. 38

3. Verbotene Tätigkeiten. Wettbewerbsverbote verbieten dem ArbN lediglich eine Konkurrenz-„Tätigkeit". Rechtsgeschäfte mit der Konkurrenz darf er deshalb abschließen, solange **keine Tätigkeit** entfaltet wird. So kann der ArbN der Konkurrenz trotz Wettbewerbsverbots bspw. eine nach dem Ausscheiden gemachte Erfindung übertragen oder ein Grundstück verpachten. Auch in einer bloßen **Bewerbung** liegt noch keine „Tätigkeit" (zur Vorbereitung einer späteren Konkurrenztätigkeit s. § 60 Rz. 16 ff.[7]). Da es nur auf faktisches Tätigwerden ankommt, ist das Wettbewerbsverbot auch dann verletzt, wenn der ArbN über einen **Strohmann** tätig wird[8]. Ein Wettbewerbsverbot erfasst auch **unentgeltliche** Tätigkeiten oder eine Tätigkeit im Wege der **AÜ**[9]. 39

In der Praxis unterscheidet man vor allem **tätigkeitsbezogene** und **unternehmensbezogene** Wettbewerbsverbote. Ein tätigkeitsbezogenes Wettbewerbsverbot verbietet dem ArbN nur eine bestimmte Art von Tätigkeit, bspw. „Vertriebsaktivitäten für Luftfrachtunternehmen". Unternehmensbezogene Wettbewerbsverbote dagegen verbieten dem ArbN eine Tätigkeit für namentlich aufgezählte oder durch die Angabe der Branche definierte Unternehmen, also zB „jegliche Tätigkeit für ein Luftfrachtunternehmen". Für das Unternehmen regelmäßig **vorteilhafter** sind **unternehmensbezogen** formulierte Wettbewerbsverbote, insb. bei Unternehmen mit einer breiten Produktpalette. Ein tätigkeitsbezogen formuliertes Wettbewerbsverbot hat für den ArbGeb den Nachteil, dass er kaum kontrollieren kann, in welcher Funktion der ArbN in dem neuen Unternehmen tätig ist. Ein unternehmensbezogen formuliertes Verbot hingegen untersagt dem Mitarbeiter die Tätigkeit für ein Konkurrenzunternehmen auch dann, wenn er dort (angeblich) in einer **ganz anderen Position** tätig wird[10]. Außerdem haben tätigkeitsbezogene Wettbewerbsverbote den Nachteil, dass sie Veränderungen im Berufsweg des Mitarbeiters nicht nachzeichnen und deswegen häufig im Laufe der Zeit den Mitarbeiter für die „falsche" Tätigkeit sperren. Je nach Formulierung kann die **Abgrenzung** zwischen tätigkeits- und unternehmensbezogenen Wettbewerbsverboten schwierig sein[11]. Die Umdeutung eines lückenhaft gewordenen tätigkeitsbezogenen Wettbewerbsverbots in ein unternehmensbezogenes Verbot hat das LAG Hessen[12] ausdrücklich abgelehnt mit der Begründung, der ArbGeb habe mit der Vereinbarung eines nur tätigkeitsbezogenen Wettbewerbsverbots bewusst in Kauf genommen, dass der ArbN für einen Wettbewerber tätig werden dürfe, sofern er nur dort in einer anderen Sparte als bei seinem alten ArbGeb tätig werde. 40

Das allg. Verbot, **„Konkurrenz zu machen"**, verbietet im Zweifel nur eine selbständige Tätigkeit[13]. Ist dagegen dem ArbN ausdrücklich die **Eingehung eines Anstellungsverhältnisses** mit der Konkurrenz verboten, schließt dies eine selbständige Betätigung im Zweifel nicht aus[14]. Umfassend geschützt ist der ArbGeb, wenn er dem ArbN pauschal die **„Tätigkeit für ein Konkurrenzunternehmen"** untersagt, weil dies sowohl die unselbständige als auch die selbständige Tätigkeit erfasst[15]. 41

Ist dem ArbN der **„Eintritt in ein Konkurrenzunternehmen"** oder die Beteiligung daran untersagt, so erstreckt sich das Verbot im Zweifel auch auf die **Gründung** eines Konkurrenzunternehmens[16]. Andererseits ist von einem Verbot einer **„direkten oder indirekten Beteiligung"** regelmäßig auch der Eintritt in ein Konkurrenzunternehmen als ArbN erfasst[17]. Ein Konkurrenzunternehmen darf dann auch nicht durch Darlehen oder Bürgschaften unterstützt werden[18]. Unklar sind die häufig anzutreffenden Formu- 42

---

[1] BAG 30.9.1969 – 3 AZR 138/68, AP Nr. 24 zu § 611 BGB Konkurrenzklausel. || [2] *Bauer/Diller*, Rz. 231. || [3] BAG 30.4.1965 – 3 AZR 366/63, AP Nr. 17 zu § 133f GewO. || [4] BAG 5.9.1995 – 9 AZR 718/93, AP Nr. 67 zu § 74 HGB. || [5] Ebenso BAG 21.1.1997 – 9 AZR 778/95, AP Nr. 44 zu § 611 BGB Konkurrenzklausel; ähnlich bereits OLG Frankfurt 6.12.1972 – 6 U 152/71, DB 1973, 139; LAG Hamburg 20.9.1968 – 1 Sa 106/68, BB 1969, 362. || [6] LAG Hamm 1.12.2009 – 14 SaGa 59/09. || [7] OLG Nürnberg 23.9.1960 – 4 U 172/60, BB 1961, 729. || [8] LAG BW 30.11.1961 – 7 Sa 70/61, AR-Blattei ES Nr. 16/1830; BGH 6.7.1970 – II ZR 18/69, BB 1970, 1374; OLG Celle 29.1.1971 – 13 U 45/66, DB 1971, 865; LG Ellwangen 7.4.1995 – 3 O 108/95. || [9] LAG BW 31.7.1968 – 7 Sa 64/68, AR Blattei ES 61/1830 und 28.2.1986 – 13 Sa 64/68, NZA 1986, 641. || [10] BAG 16.12.1968 – 3 AZR 435/67, AP Nr. 21 zu § 133f GewO; ausf. LAG Hess. 10.2.1997 – 10 Sa GA 2269/96, LAGE § 74a HGB Nr. 1. || [11] BAG 30.1.1970 – 3 AZR 348/69, AP Nr. 24 zu § 133f GewO. || [12] LAG Hess. 10.2.1997 – 10 Sa GA 2269/96, LAGE § 74a HGB Nr. 1. || [13] *Röhsler/Borrmann*, S. 79. || [14] OLG Frankfurt 6.12.1972 – 6 U 152/71, DB 1973, 139; LAG Hamburg 20.9.1968 – 1 Sa 106/68, BB 1969, 362. || [15] *Bauer/Diller*, Rz. 240. || [16] *Staub/Konzen/Weber*, § 74 Rz. 9. || [17] *Staub/Konzen/Weber*, § 74 Rz. 10. || [18] *Staub/Konzen/Weber*, § 74 Rz. 10.

lierungen, wonach dem ArbN sowohl die „**unmittelbare**" als auch die „**mittelbare**" Tätigkeit für ein Konkurrenzunternehmen untersagt sein soll. Gemeint ist wohl, dass der ArbN nicht durch Strohmänner tätig werden darf. Zum anderen kann das Verbot der „mittelbaren" Tätigkeit auch so verstanden werden, dass der ArbN nicht zu einem Zulieferer oder Kunden wechseln darf. Die Einzelheiten sind jedoch immer durch Auslegung zu ermitteln.

43 Wird dem ArbN pauschal **jegliche anderweitige Tätigkeit** verboten, ohne dass ausdrücklich auf eine Konkurrenzsituation abgestellt wird, ist im Zweifel anzunehmen, dass die Parteien nur eine Konkurrenztätigkeit verbieten wollten[1].

44 Für die Feststellung, **welche Unternehmen** als „**Konkurrenzunternehmen**" anzusehen sind, ist – ähnlich wie im Kartellrecht – der **relevante Markt** maßgeblich. Es kommt also darauf an, ob auf dem betreffenden Markt dieselben Nachfrager bzgl. derselben Güter oder Dienstleistungen auftreten. Deshalb kann ein Konkurrenzverhältnis zB zwischen einem Groß- und einem Einzelhändler fehlen[2]. Dies kann jedoch nicht gelten, wenn das vom einzelnen ArbN ausgehende Gefährdungspotenzial unabhängig von den Handelsstufen ist, was zB bei technischen Mitarbeitern der Fall sein kann. Bei **technisch verschiedenen Produkten** kann gleichwohl ein Konkurrenzverhältnis bestehen, wenn die verschiedenen Produkte am Markt substituierbar sind, was insb. für Vertriebsmitarbeiter von Bedeutung ist[3]. Auch unterschiedliche Preissegmente, unterschiedliche Marktbekanntheit oder unterschiedliche Fertigungstiefen schließen ein Konkurrenzverhältnis nicht aus. Maßgeblich sind stets die Umstände des Einzelfalls, wobei das Schutzinteresse des ArbGeb, der schließlich mit der 50%igen Karenzentschädigung einen hohen Preis zahlt, maßgeblich zu berücksichtigen ist[4].

45 Wird generell die Tätigkeit für ein Konkurrenzunternehmen untersagt, greift dies auch dann, wenn sich die **Geschäftsgegenstände** beider Unternehmen **nur zu einem kleinen Teil überschneiden**, das BAG hat bereits eine Überschneidung von 10 % als ausreichend angesehen[5]. Der ArbN muss es hinnehmen, wenn sich die **Produktpalette** seines (bisherigen) ArbGeb während des Dienstverhältnisses oder auch noch nach seinem Ausscheiden **ändert**. Ggf. muss der ArbN eine zunächst zulässigerweise aufgenommene andere Stelle wieder aufgeben[6].

46 Im Zusammenhang mit §§ 74 ff. ist regelmäßig von „Wettbewerbsverboten" oder „Konkurrenzklauseln" die Rede. §§ 74 ff. stehen aber nicht Verboten entgegen, die dem ArbN nicht (nur) den Wechsel zu einem Konkurrenzunternehmen untersagen, sondern (auch) den **Wechsel zu einem Kunden, Zulieferer oder Abnehmer**, da dies häufig für den ArbGeb besonders gefährlich ist. Allerdings muss ein solches Wettbewerbsverbot eindeutig formuliert sein[7].

47 Besondere Probleme in der Praxis wirft die Frage des **konzerndimensionalen Schutzes** auf. Dem ArbN kann ausdrücklich untersagt werden, in ein Unternehmen einzutreten, welches mit einem Unternehmen in Konkurrenz steht, das mit dem VertragsArbGeb konzernrechtl. verflochten ist. Ebenfalls zulässig ist die (kumulative) Bestimmung, wonach dem ArbN auch die Tätigkeit für ein Unternehmen untersagt wird, welches konzernverbunden ist mit einem Unternehmen, welches mit dem VertragsArbGeb in Konkurrenz steht. Fehlen solche ausdrücklichen Erstreckungen (die allerdings immer an § 74a I 1 zu messen sind, vgl. dort!), ist es eine Frage des Einzelfalls, ob stillschweigend eine Erweiterung des Wettbewerbsverbots um einen Konzernbezug gewollt war[8].

48 Problematisch sind Klauseln, in denen sich der ArbGeb vorbehält, die genaue **Reichweite des Wettbewerbsverbots erst beim Ausscheiden festzulegen**. Solche Klauseln sind insgesamt unzulässig, wenn der ArbGeb damit die Möglichkeit haben soll, das Verbot zu Lasten des ArbN festzulegen oder zu erweitern; in diesem Fall ist das gesamte Wettbewerbsverbot unverbindlich. Zulässig sind aber Präzisierungsklauseln, wenn sie nur dazu dienen, ein ursprünglich weit formuliertes Verbot **zu Gunsten des ArbN** einzuschränken[9]. Allerdings muss nach dem Wortlaut der Klausel eindeutig sein, dass eine Beschränkung der Reichweite des Verbots den Anspruch auf Karenzentschädigung nicht einschränken oder ganz entfallen lassen soll; ansonsten liegt ein unzulässiges bedingtes Wettbewerbsverbot vor (s. Rz. 104 ff.)[10]. In jedem Fall hat der ArbN bei Ausscheiden nach §§ 241, 242 BGB einen **Anspruch** gegen den ArbGeb **auf Mitteilung**, welche genaue Reichweite das Verbot hat[11].

49 Zur Einbeziehung von **Dritten** in das Wettbewerbsverbot s. § 74a Rz. 21 ff.

50 **4. Räumlicher Geltungsbereich.** Ein Wettbewerbsverbot sollte immer regeln, für welches räumliche Gebiet es gelten soll. Fehlt es daran, so gilt das Verbot (vorbehaltlich § 74a I 1!) **unbeschränkt**, also weltweit. Ist eine regionale Begrenzung vorgesehen, so verletzt der ArbN das Verbot, wenn er eine Tätigkeit bei einem außerhalb des Verbotsgebiets ansässigen ArbGeb annimmt, faktisch jedoch im Verbots-

---

1 AA LAG Düss. 28.8.1996 – 4 Sa 792/96, LAGE § 74 HGB Nr. 15, welches das Verbot für insg. unbestimmt und nichtig ansah. ‖ 2 Heymann/*Henssler*, § 74 Rz. 44; Staub/Konzen/Weber, § 74 Rz. 4. ‖ 3 LAG Hess. 10.2.1997 – 10 Sa GA 2269/96, LAGE § 74a HGB Nr. 1. ‖ 4 Zu den Einzelheiten *Bauer/Diller*, Rz. 241 ff. ‖ 5 BAG 16.12.1968 – 3 AZR 434/67, AP Nr. 21 zu § 133f GewO. ‖ 6 *Bauer/Diller*, Rz. 246. ‖ 7 BAG 21.1.1997 – 9 AZR 778/95, AP Nr. 44 zu § 611 BGB Konkurrenzklausel; ausf. *Bauer/Diller*, Rz. 253. ‖ 8 Grds. abl. BAG 24.6.1966 – 3 AZR 501/65, AP Nr. 2 zu § 74a HGB (Speiseeis); ausf. *Bauer/Diller*, Rz. 259 ff. ‖ 9 BAG 30.4.1971 – 3 AZR 259/70, AP Nr. 2 zu § 340 BGB. ‖ 10 BAG 5.9.1995 – 9 AZR 718/93, AP Nr. 67 zu § 74 HGB. ‖ 11 *Bauer/Diller*, Rz. 284.

gebiet tätig wird. Andererseits ist die Tätigkeit im verbotenen Gebiet zulässig, wenn sie sich lediglich außerhalb des verbotenen Gebiets auswirkt[1]. Ein vor 1990 für das Gebiet der BRD vereinbartes Wettbewerbsverbot erstreckt sich auch auf die neuen Bundesländer[2]. Ein Verbot für alle „EG-Staaten" ist dynamisch, erstreckt sich also auch auf später beigetretene Staaten.

5. Zeitliche Dauer. Fehlt eine ausdrückliche Festlegung, für welche Zeitdauer das Verbot gelten soll, gilt mangels anderer Anhaltspunkte die gesetzl. Höchstfrist von **zwei Jahren** (§ 74a I 3), weil dies der Praxis entspricht[3]. Soll das Wettbewerbsverbot für die Dauer von zwei Jahren „nach Kündigung" gelten, so ist auf die rechtl. Beendigung des ArbVerh abzustellen[4]. Unwirksam sind Wettbewerbsverbote, deren Dauer in das Ermessen des ArbGeb gestellt sein soll[5].

IX. Beschränkungen außerhalb der §§ 74ff. 1. Bagatellbeschränkungen. Nach ihrem Wortlaut gelten §§ 74ff. auch dann, wenn dem ArbN nur marginale Beschränkungen auferlegt werden, die ihn in seinem beruflichen Fortkommen praktisch nicht behindern. Das BAG hat allerdings erwogen, §§ 74ff. bei absoluten Bagatellfällen nicht anzuwenden[6]. Bedeutung hat dies insb. für Verbote, die dem ArbN nur die Tätigkeit in einem **extrem schmalen Segment** verbieten, aber auch bei reinen **Abwerbeverboten** (Abwerbung ehemaliger Kollegen und/oder Abwerbung von Kunden)[7].

2. Mandantenschutzklauseln. Abwerbeverbote dergestalt, dass der ausgeschiedene Mitarbeiter nicht aktiv Kunden seines bisherigen ArbGeb umwerben darf, fallen ohne weiteres unter §§ 74ff. (sofern man nicht von einem Bagatellfall ausgeht, s. Rz. 52). Dies gilt – entgegen der früher hM – auch im Bereich der **freien Berufe**, weil dort das heute geltende Berufsrecht nicht mehr jedes Abwerben verbietet[8]. Bei Freiberuflern ersetzt auch die Gegenseitigkeit des Mandantenschutzes die Karenzentschädigung nicht.

3. Mandantenübernahmeklauseln. In freien Berufen weit verbreitet sind Mandantenübernahmeklauseln. Danach darf der ausgeschiedene Mitarbeiter zwar Mandanten des früheren ArbGeb betreuen, hat dafür aber einen gewissen **Honoraranteil abzuführen**. Solche Klauseln sind zulässig und fallen nicht unter die §§ 74ff., wenn der abzuführende Honoraranteil nicht so hoch ist, dass die Bearbeitung solcher Mandate nicht mehr lohnt[9].

4. Geheimhaltungsklauseln. Schwierig ist die Abgrenzung von (entschädigungslos zulässigen) Geheimhaltungsklauseln und entschädigungspflichtigen (Abs. 2) Wettbewerbsverboten. Die **Rspr.**[10] ist in sich **widersprüchlich**[11]. Ohne weiteres zulässig sind Geheimhaltungsklauseln, die dem ArbN die Verwertung von betrieblich erworbenem Know-how **außerhalb eines neuen Anstellungsverhältnisses** verwehren, also etwa durch den Verkauf der Geheimnisse an die Konkurrenz. Dagegen kommt es nicht in Betracht, dem ArbN die Eingehung einer neuen Stelle zu verwehren (Art. 12 GG!), auch wenn sich dabei nicht vermeiden lässt, dass der ArbN dort die beim alten ArbGeb erworbenen betrieblichen Kenntnisse verwertet. Die Einzelheiten sind sehr streitig. Auf jeden Fall unter §§ 74ff. fallen Vereinbarungen, nach denen der ArbN in der Zeit nach seinem Ausscheiden alle Forschungsergebnisse bzw. Erfindungen seinem früheren ArbGeb anzudienen hat[12].

5. Indirekte Wettbewerbsverbote. Unter „indirekten Wettbewerbsverboten"[13] versteht man Vereinbarungen, die **keine erzwingbare Pflicht** des ArbN zur Unterlassung von Wettbewerb vorsehen, jedoch durch das Inaussichtstellen von Vorteilen oder der Androhung von Nachteilen faktischen Druck auf den ArbN ausüben, eine Konkurrenztätigkeit zu unterlassen (dazu gehören auch die bekannten Mandantenübernahmeklauseln, s. Rz. 54). Nichts einzuwenden ist gegen Vereinbarungen, wonach der ArbN eine **Prämie**, eine Verbesserung seiner Betriebsrente oder andere **Vorteile** erhalten soll, wenn er nach seinem Ausscheiden keine Konkurrenz macht. §§ 74ff. sind jedoch einschlägig, wenn der ArbN während des ArbVerh Leistungen erhält, die er später im Fall einer Konkurrenztätigkeit **zurückzahlen** soll[14]. Eine unzulässige Umgehung der §§ 74ff. liegt auch vor, wenn das ArbVerh durch Aufhebungsvertrag beendet wird und der Aufhebungsvertrag (oder die Zahlung der Abfindung) unter der Bedingung steht, dass der ArbN nicht zur Konkurrenz wechselt[15].

X. Rechtliche Grenzen von Wettbewerbsverboten außerhalb der §§ 74ff. Wettbewerbsverbote zwischen Rechtsanwälten verstoßen nicht gegen § 3 **BRAO**[16], da kein Mandant Anspruch darauf hat, dass ein bestimmter Anwalt für ihn tätig wird[17]. Keine über §§ 74ff. hinausgehenden Grenzen ergeben sich auch aus dem allg. Kartellverbot des § 1 GWB. Zwar mag ein Wettbewerbsverbot, welches dem ArbN

---

1 *Grüll/Janert*, S. 46f.; *Heymann/Henssler*, § 74 Rz. 45; *Bauer/Diller*, Rz. 272. ||2 LAG Berlin 23.6.1991 – 9 Sa 7/91, NZA 1991, 674. ||3 *Hiekel* in Tschöpe, Arbeitsrecht, Teil 2 F Rz. 24. ||4 *Bauer/Diller*, Rz. 274. ||5 *Bauer/Diller*, Rz. 275. ||6 V. 19.2.1959 – 2 AZR 341/56, AP Nr. 10 zu § 74 HGB; offen gelassen in BAG 15.12.1987 – 3 AZR 474/86, AP Nr. 5 zu § 611 BGB Betriebsgeheimnis. ||7 *Bauer/Diller*, Rz. 108f. ||8 Anders noch BAG 16.7.1971 – 3 AZR 384/70, AP Nr. 25 zu § 611 BGB Konkurrenzklausel. ||9 BAG 7.8.2002 – 10 AZR 586/01, AP 4 zu § 75d HGB; aA *Meier*, NZA 2013, 253. ||10 BAG 16.3.1982 – 3 AZR 83/79, AP Nr. 1 zu § 611 BGB Betriebsgeheimnis (Thrombosol) einerseits; BAG 15.12.1987 – 3 AZR 474/86, AP Nr. 5 zu § 611 BGB Betriebsgeheimnis (Pieroth) andererseits. ||11 Ausf. dazu *Wertheimer*, BB 1999, 1600; *Bauer/Diller*, Rz. 115ff. ||12 BAG 9.3.1993 – 9 AZR 390/91. ||13 Ausf. *Bauer/Diller*, DB 1995, 629. ||14 Ausf. *Bauer/Diller*, DB 1995, 629. ||15 LAG Bremen 25.2.1994 – 4 Sa 309/93, LAGE § 74 HGB Nr. 9; LAG BW 21.1.1993 – 13 Sa 114/91. ||16 So aber zB LAG BW 14.3.1985 – 7 Sa 107/84, AnwBl. 1987, 142. ||17 Vgl. *Michalski/Römermann*, ZIP 1994, 442 mwN; *Bauer/Diller*, Rz. 362, 365.

die Gründung eines Konkurrenzunternehmens untersagt, im Einzelfall eine spürbare Marktauswirkung haben. Die Grenzen des Kartellverbots sind jedoch nicht enger als die der §§ 74ff.[1]. Eine **AGB-rechtl. Inhaltskontrolle**, insb. im Hinblick auf unbillige Benachteiligung, findet nach ganz herrschender Auffassung nicht statt (s. § 74a Rz. 1). Regelmäßig nicht einschlägig ist auch **§ 138 BGB**. Ein Wettbewerbsverbot, welches nach seinem Inhalt sittenwidrig ist, verstößt ohnehin gegen die §§ 74ff., insb. § 74a I 1 und 2. Nach einhelliger Auffassung sind Wettbewerbsverbote, die die Grenzen der §§ 74ff. einhalten, auch keine unzulässige **Einschränkung der freien Berufswahl** aus Art. 12 GG[2]. Grenzüberschreitende Wettbewerbsverbote verstoßen auch nicht gegen die **Freizügigkeitsgarantie des EG-Vertrages** (jetzt: Vertrag über die Arbeitsweise der Europäischen Union), insb. Art. 45 AEUV.

58 **§ 9 Nr. 4 AÜG** verbietet Vereinbarungen, die einem LeihArbN untersagen, mit einem Entleiher nach Beendigung des ArbVerh mit dem Verleiher ein ArbVerh einzugehen. Die Vorschrift kann nicht dadurch umgangen werden, dass eine Vertragsstrafe vereinbart wird oder beim Wechsel zu einem Entleiherbetrieb eine beim Ausscheiden gezahlte Abfindung zurückzuzahlen ist[3]. Für Auszubildende sind zusätzlich die Grenzen der **§§ 12, 26 BBiG** zu beachten.

59 **XI. Anspruch auf Abschluss eines nachvertraglichen Wettbewerbsverbots.** Der ArbGeb hat grds. keinen Anspruch darauf, dass der ArbN einem Wettbewerbsverbot zustimmt, weder bei der Einstellung noch später während des Laufs des ArbVerh. Wenn zunächst ein unwirksames oder unverbindliches Verbot vereinbart wurde, muss der ArbN nicht an der **Heilung** mitwirken, selbst wenn der Arbeitsvertrag (oder die gesondert vereinbarte Wettbewerbsabrede) eine **salvatorische Klausel** vorsieht[4]. Ein Anspruch auf Abschluss eines Wettbewerbsverbots ergibt sich auch nicht aus einem veränderten Schutzbedürfnis des ArbGeb. Allerdings kann der ArbGeb eine **Beförderung** davon abhängig machen, dass der ArbN ein Wettbewerbsverbot unterzeichnet[5]. Zulässig sind aber **Vorverträge** auf den Abschluss eines Wettbewerbsverbots. Dadurch darf allerdings keine unbegrenzte Bindung des ArbN entstehen, weil sonst ein unzulässiges „bedingtes Wettbewerbsverbot" (s. Rz. 104ff.) entsteht[6].

60 **XII. Inkrafttreten des Wettbewerbsverbots.** Das Wettbewerbsverbot tritt grds. mit jeder **rechtl. Beendigung** des ArbVerh in Kraft (**Kündigung, Aufhebungsvertrag, Auflösungsurteil, Anfechtung des Arbeitsvertrages** etc.). Wettbewerbsverbote, die nur bei bestimmten Beendigungstatbeständen (zB arbeitnehmerseitige Kündigung) gelten sollen, sind regelmäßig unverbindlich (bedingtes Wettbewerbsverbot, s. Rz. 104ff.sowie § 75 Rz. 33ff.).

61 Bei **Freistellung** läuft das Wettbewerbsverbot erst ab der rechtl. Beendigung des ArbVerh[7]. Während der Freistellungsperiode gilt aber § 60. Geht eine Freistellungsphase einem zweijährigen Wettbewerbsverbot voran, ist die zusätzliche Höchstdauer gem. § 74a I 3 nicht überschritten. Allerdings kann dann eine unbillige Fortkommenserschwerung gem. § 74a I 2 vorliegen (s. § 74a Rz. 15).

62 Hat eine der Parteien **unwirksam gekündigt**, so beginnt das Wettbewerbsverbot gleichwohl zu laufen, wenn beide Parteien die Kündigung trotz ihrer Unwirksamkeit akzeptieren. Erhebt der ArbN jedoch **Kündigungsschutzklage**, so beginnt die Zwei-Jahres-Frist im Fall einer (freiwilligen oder gerichtl. angeordneten) vorläufigen Weiterbeschäftigung erst mit dem Ende der tatsächlichen Beschäftigung[8]. Wird der ArbN dagegen nicht weiterbeschäftigt und endet das ArbVerh später (zB nach §§ 9, 10 KSchG oder durch Vergleich), rechnet die Zwei-Jahres-Frist ab dem Ende der tatsächl. Beschäftigung[9].

63 **Tritt** der ArbN das ArbVerh **nicht an**, ergibt sich regelmäßig im Wege ergänzender Vertragsauslegung, dass das Verbot nicht in Kraft treten soll[10]. Ist jedoch der ArbN bereits vor Dienstantritt mit schutzwürdigen Geschäftsgeheimnissen in Berührung gekommen, kann je nach den Umständen des Einzelfalls das Wettbewerbsverbot gelten[11]. Von den Umständen des Einzelfalls hängt das Inkrafttreten des Wettbewerbsverbots auch ab, wenn das ArbVerh vor Dienstantritt vom ArbGeb zu einem Zeitpunkt nach Dienstantritt gekündigt und der ArbN sofort freigestellt wird[12].

64 Das Wettbewerbsverbot beginnt auch dann zu laufen, wenn das ArbVerh noch während der **Probezeit** beendet wird[13]. Allerdings kann ausdrücklich vereinbart werden, dass das Wettbewerbsverbot erst ab dem Ende der Probezeit gelten soll[14].

65 Endet das ArbVerh, schließt sich aber eine **anderweitige Tätigkeit** (zB als freier Mitarbeiter) **für das gleiche Unternehmen** an, kann die ergänzende Vertragsauslegung ergeben, dass das Wettbewerbsver-

---

1 Ausf. *Bauer/Diller*, Rz. 364. ||2 St. Rspr. seit BAG 21.2.1957 – 2 AZR 301/56, AP Nr. 3 zu § 133f GewO; zuletzt 29.4.1966 – 3 AZR 460/65, AP Nr. 21 zu § 611 BGB Konkurrenzklausel. ||3 Dazu LAG Köln 17.5. und 22.8.1984 – 8 Sa 48/84 bzw. 5 TaBV 1306/83, EzAÜG Bd. II, Nr. 152b und 156a. ||4 *Bauer/Diller*, Rz. 391. ||5 *Bauer/Diller*, Rz. 530f. ||6 BAG 14.7.2010 – 10 AZR 291/09, NZA 2011, 413. ||7 BAG 16.1.1970 – 3 AZR 429/68, AP Nr. 4 zu § 74a HGB. ||8 *Grunsky*, S. 99; *Bauer/Diller*, Rz. 691. ||9 *Grunsky*, S. 99; *Bauer/Diller*, Rz. 691. ||10 BAG 3.2.1987 – 3 AZR 523/85, AP Nr. 54 zu § 74 BGB. ||11 BAG 3.2.1987 – 3 AZR 523/85, AP Nr. 54 zu § 74 BGB; aA LAG Köln 31.10.1990 – 5 Sa 715/90, LAGE § 74 HGB Nr. 4. ||12 BAG 26.5.1992 – 9 AZR 27/91, AP Nr. 63 zu § 74 HGB m. Anm. *Buchner*, AR-Blattei ES 1830, Nr. 167; vgl. auch BAG 19.5.1983 – 2 AZR 171/81, AP Nr. 25 zu § 123 BGB. ||13 BAG 24.4.1970 – 3 AZR 328/69, AP Nr. 25 zu § 75 HGB; 10.5.1971 – 3 AZR 126/70, BB 1971, 1196; 2.8.1971, AP Nr. 25 zu § 615 BGB. ||14 BAG 24.4.1970 – 3 AZR 328/69, AP Nr. 25 zu § 74 HGB.

bot bestehen bleibt, aber erst mit Beendigung des freien Mitarbeiterverhältnisses zu laufen beginnt[1]. Ähnliches gilt bei einem konzerninternen Wechsel des ArbN[2].

XIII. Wegfall des Wettbewerbsverbots. 1. Äußere Umstände. Ein Wettbewerbsverbot gilt grds. unabhängig davon, ob der ArbN dadurch überhaupt **behindert**[3] wird und ob es ihm überhaupt **objektiv möglich** ist, seinem früheren ArbGeb Konkurrenz zu machen[4] (zB wegen Betriebsaufgabe oder den Gegebenheiten des Marktes). Dem ArbN wird die Leistung nicht unmöglich, weil ihm nur ein Unterlassen obliegt. Einer Unterlassungspflicht kann man auch nachkommen, wenn überhaupt keine Möglichkeit der Zuwiderhandlung besteht. Allerdings fehlt bei Unmöglichkeit der Konkurrenztätigkeit regelmäßig das berechtigte geschäftliche Interesse des ArbGeb gem. § 74a I, so dass das Wettbewerbsverbot für den ArbN unverbindlich wird (s. § 74a Rz. 8).   66

Das Wettbewerbsverbot gilt auch, wenn es dem ArbN **subjektiv unmöglich** ist, Konkurrenztätigkeit zu machen, etwa wegen **Arbeitsunfähigkeit**[5], **Berufswechsel**, **Schwangerschaft**[6], **Elternzeit**[7], **Aufnahme einer Ausbildung**[8] oder **Wehrdienst**[9]. Dies ergibt sich aus § 74c I 3, wonach der Anspruch auf Karenzentschädigung während Verbüßung einer Freiheitsstrafe entfällt. Im Umkehrschluss daraus folgt, dass bei anderen Hinderungsgründen die Entschädigungspflicht bestehen bleibt[10].   67

Das Wettbewerbsverbot erlischt grds. nicht, wenn der ArbN in (gesetzl. oder betriebl.) **Rente** geht[11]. Allerdings kann das Erreichen der Altersgrenze als objektive Bedingung vereinbart werden (s. Rz. 107f.). **Stirbt** der ArbN, sind die Erben an das Verbot nicht gebunden, können also auch die Karenzentschädigung nicht mehr in Anspruch nehmen[12]. Vor dem Tod entstandene wechselseitige Ansprüche (Karenzentschädigung, Vertragsstrafe) gehen allerdings auf die Erben über[13].   68

2. Vertragliche Aufhebung. Das nachvertragl. Wettbewerbsverbot kann grds. einvernehmlich aufgehoben werden, und zwar trotz der Form des Abs. 1 auch **mündlich**[14].   69

In einer **Ausgleichsquittung** liegt regelmäßig keine wirksame Aufhebung eines Wettbewerbsverbots[15]. Anders ist es bei **Ausgleichs- und Erledigungsklauseln in Aufhebungsverträgen**. Ob solche Klauseln ein nachvertragl. Wettbewerbsverbot erfassen, hängt von allen Umständen des Einzelfalls ab, insb. von der Formulierung der Erledigungsklausel, von vorangegangenen Verhandlungen, von der wechselseitigen Interessenlage sowie vom wechselseitigen Kenntnisstand der Parteien. Im Zweifel ist von der Mit-Erledigung des Wettbewerbsverbots auszugehen[16].   70

In Betracht kommt auch eine **konkludente** Aufhebung von Wettbewerbsverboten. Sie liegt aber nicht schon in der einvernehmlichen Beendigung des ArbVerh[17]. Dagegen kommt eine konkludente Aufhebung eines Wettbewerbsverbots in Betracht, wenn der ArbN in Kenntnis des ArbGeb zur Konkurrenz wechselt und dieser nicht reagiert[18]. Nicht möglich ist die Beseitigung von Wettbewerbsverboten durch **Änderungskündigung**, hier sind die Lösungsmöglichkeiten der §§ 75, 75a abschließend[19].   71

XIV. Karenzentschädigung (Abs. 2). 1. Allgemeines. Nach Abs. 2 ist das Wettbewerbsverbot nur verbindlich, wenn der ArbGeb sich verpflichtet, für die Dauer des Verbots eine Entschädigung von mindestens der Hälfte der zuletzt bezogenen vertragsmäßigen Leistungen zu zahlen. Die Regelung in Abs. 2 wird ergänzt durch § 74b, der Einzelheiten der **Berechnung** sowie **monatliche Fälligkeit** vorschreibt. § 74c regelt die **Anrechnung anderweitigen Erwerbs**.   72

Die Untergrenze von 50 % ist zwingend; auch wenn das Verbot den ArbN nur unwesentlich behindert, müssen mindestens 50 % gezahlt werden. Eine Zusage von genau 50 % reicht aus. Bei besonders weit reichenden Verboten ist wegen § 74a I 2 eine höhere Karenzentschädigung erforderlich, damit das Verbot nicht unverbindlich wird.   73

In der Praxis macht nicht nur die **korrekte Berechnung** der Karenzentschädigung **erhebliche Schwierigkeiten**. In vielen Fällen, die dem Praktiker begegnen, ist die **Zusage der Entschädigung** so unglücklich formuliert, dass sie den Anforderungen der §§ 74 II bzw. 74b nicht genügt.   74

---

1 BAG 16.1.1970 – 3 AZR 429/68, AP Nr. 4 zu § 74a HGB m. Anm. *Hofmann*; ausf. *Bauer/Diller*, Rz. 697 ff. ||2 *Bauer/Diller*, Rz. 701. ||3 BAG 19.5.1983 – 2 AZR 171/81, AP Nr. 25 zu § 123 BGB. ||4 BAG 2.8.1971 – 3 AZR 12/71, AP Nr. 27 zu § 74 HGB; 13.2.1996 – 9 AZR 931/94, AP Nr. 18 zu § 74c HGB. ||5 BAG 13.11.1975 – 3 AZR 38/75, AP Nr. 7 zu § 74c HGB. ||6 LAG BW 4.11.1997 – 7 Sa 29/97. ||7 LAG Düss. 4.3.1997 – 3 Sa 1644/96, NZA-RR 1998, 58. ||8 BAG 2.12.1968 – 3 AZR 402/67, AP Nr. 3 zu § 74a HGB; 8.2.1974 – 3 AZR 519/73 und 9.8. 1974 – 3 AZR 350/73, AP Nr. 4, 5 zu § 74c HGB; 13.2.1996 – 9 AZR 931/94, AP Nr. 18 zu § 74c HGB. ||9 *Bauer/Diller*, Rz. 706. ||10 BAG 13.11.1975 – 3 AZR 38/75, AP Nr. 7 zu § 74c HGB. ||11 BAG 26.2.1985 – 3 AZR 162/84, AP Nr. 30 zu § 611 BGB Konkurrenzklausel; 3.7.1970 – 3 AZR 96/89, AP Nr. 61 zu § 74 HGB. ||12 *Grunsky*, S. 19; Heymann/*Henssler*, § 74 Rz. 38. ||13 Heymann/*Henssler*, § 74 Rz. 38. ||14 BAG 10.1.1989 – 3 AZR 460/87, AP Nr. 57 zu § 74 HGB. ||15 BAG 20.10.1981 – 3 AZR 1013/78, AP Nr. 39 zu § 74 HGB. ||16 BAG 31.7. 2002 – 10 AZR 513/01 bzw. 10 AZR 558/01, AP Nr. 74 zu § 74 HGB bzw. Nr. 48 zu § 611 BGB Konkurrenzklausel; 19.11.2003 – 10 AZR 174/03, NZA 2004, 554; 19.11.2008 – 10 AZR 671/07, EzA Nr. 2 zu § 448 ZPO; 24.6.2009 – 10 AZR 707/08, NZG 2009, 1197. ||17 BAG 26.9.1963 – 5 AZR 2/63, AP Nr. 1 zu § 75 HGB; LAG BW 22.9.1995 – 5 Sa 28/95, NZA-RR 1996, 163. ||18 LAG BW 22.9.1995 – 5 Sa 28/95, NZA-RR 1996, 163. ||19 *Bauer/Diller*, Rz. 733.

75 Zu beachten ist, dass Abs. 2 nicht anordnet, dass durch Vereinbarung eines Wettbewerbsverbots ein Anspruch auf 50%ige Karenzentschädigung entsteht. Anders als der für Handelsvertreter geltende § 90a kennt Abs. 2 **keinen gesetzl. Entschädigungsanspruch**. Vielmehr ist die Zusage einer ausreichenden Entschädigung **Wirksamkeitsvoraussetzung** des Wettbewerbsverbots.

76 **2. Berechnung der Karenzentschädigung. a) Einzubeziehende Vergütungsbestandteile.** In die Berechnung fließen nur Leistungen aus dem beendeten ArbVerh ein, nicht Einkünfte aus **Nebentätigkeiten** oder **früheren Arbeitsverhältnissen**.

77 Zu den „vertragsmäßigen Leistungen" gehören **sämtliche Geld- und Sachleistungen**, zB auch **Dienstwagen, Werkswohnungen** sowie **variable Gehaltsbestandteile wie Tantiemen, Boni oder Gratifikationen, Zulagen, Prämien, vermögenswirksame Leistungen**[1], **freie Kost** und **Wohnung** etc. Alles, was **steuerrechtl. als geldwerter Vorteil** angesehen wird, ist zu berücksichtigen.

78 Lediglich völlig freiwillige Einmalzahlungen aus besonderen sozialen Erwägungen heraus können außer Betracht bleiben[2]. Sobald dagegen der ArbGeb planmäßig „**freiwillige Sozialleistungen**" erbringt (zB **Geburts- oder Heiratsbeihilfen, Jubiläumsgaben** etc.), sind diese einzubeziehen, auch wenn auf die Leistungen des ArbGeb kein **Rechtsanspruch** besteht[3].

79 Umstritten ist, ob **Erfindervergütungen** in die Berechnung einzubeziehen sind[4]. Nicht einzubeziehen sind erworbene Ansprüche auf **betrAV**, wohl aber die Beiträge für **Gehaltsumwandlungsversicherungen** (§ 1a BetrAVG), die durch Umwandlung von vereinbartem Gehalt finanziert werden[5]. **Urlaubsgeld** ist anzusetzen, nicht dagegen **Urlaubsabgeltung**[6]. **Abfindungen** bleiben grds. außer Betracht[7], weil sie keine Gegenleistung für die Dienste sind, sondern Entschädigung für den Verlust des Arbeitsplatzes[8]. Ausdrücklich außer Betracht bleiben auch **Spesen** und **sonstige Aufwandsentschädigungen** (§ 74b III). **Pauschalierte Spesen**, die eine verdeckte Vergütung darstellen („Vertrauensspesen"), sind dagegen anzusetzen[9]. Dagegen bleiben nach § 74b III auch **Trennungsentschädigungen** sowie **Teuerungszuschläge** bei Auslandsarbeiten außer Betracht[10].

80 Die Werte von **Sachleistungen** sind in die Berechnung der Karenzentschädigung einzubeziehen. Bei der Nutzung eines **Dienstwagens** ist streitig, mit welchem Wert er anzusetzen ist[11]. Auch **Mitarbeiterbeteiligungen** müssen bei der Berechnung der Karenzentschädigung einbezogen werden, etwa die Übertragung von GmbH-Anteilen, der verbilligte Erwerb von Belegschaftsaktien oder Aktienoptionen. Die Einzelheiten der Berechnung sind außerordentl. problematisch[12].

81 Bei der Berechnung nach Abs. 2 ist grds. von den **Bruttobezügen** auszugehen, **Werbungskosten** bleiben unberücksichtigt[13]. Nicht anzusetzen sind die **ArbGebAnteile** zur gesetzl. Renten- und Krankenversicherung[14], wohl aber die **ArbN-Anteile**[15].

82 Realisiert der ArbN vertragl. Ansprüche nicht oder verliert er sie durch **Verjährung, Verwirkung, Aufrechnung** etc., sind sie gleichwohl in die Berechnung einzubeziehen.

83 Gewährt der ArbGeb auch **nach Beendigung des Arbeitsverhältnisses** weiter Leistungen (zB Weiterführung einer Direktversicherung, Weiternutzung von Dienstwohnung oder Dienstwagen), sind die Leistungen gleichwohl in die Berechnung der Karenzentschädigung einzubeziehen (zur Anrechnung solcher Leistungen auf die geschuldete Karenzentschädigung s. Rz. 88)[16].

84 **b) Berechnungsmethode.** Je nach Art der einzubeziehenden Vergütungsbestandteile sind **zwei verschiedene Berechnungsmethoden** anzuwenden. Hinsichtlich der Festbezüge kommt es allein auf den **letzten Monatsbezug** an, die Gehaltsentwicklung in der Zeit davor bleibt außer Betracht. Dagegen sieht § 74b II für Einmalzahlungen und variable Gehaltsbestandteile (zB Boni, Tantiemen, Provisionen) vor, dass der **Durchschnitt der letzten drei Jahre** anzusetzen ist.

85 Mit den „**zuletzt bezogenen**" Leistungen stellt das Gesetz auf den letzten Zeitraum ab, der der Lohn- bzw. Gehaltsberechnung zugrunde liegt. Bei einem Wochenlohn ist also der Lohn der letzten Woche vor dem Ausscheiden maßgeblich, bei monatlicher Gehaltszahlung das Gehalt des letzten Monats[17]. Mit Abs. 2 unvereinbar ist eine Entschädigungszusage, wonach der ArbGeb die Hälfte der Festbezüge „**im Durchschnitt der letzten drei Jahre**" erhalten soll[18], weil sich dann Gehaltserhöhungen im Lauf der letzten drei Jahre nur anteilig auf die Höhe der Karenzentschädigung auswirken.

---

1 *Bengelsdorf*, DB 1989, 1025. ||2 BAG 16.11.1973 – 3 AZR 61/73, AP Nr. 34 zu § 74 HGB. ||3 BAG 16.11.1973 – 3 AZR 61/73, AP Nr. 34 zu § 74 HGB unter Aufgabe der früheren entgegenstehenden Rspr. ||4 Ausf. *Bengelsdorf*, DB 1989, 1026; *Bauer/Diller*, Rz. 379. ||5 Ausf. *Bauer/Diller*, Rz. 380 f. ||6 *Bauer/Diller*, Rz. 382. ||7 *Bauer/Diller*, Rz. 383. ||8 Vgl. *Bengelsdorf*, DB 1989, 1025. ||9 *Bauer/Diller*, Rz. 384; dazu LAG Köln 29.10.1997 – 2 Sa 794/97, LAGE § 74c HGB Nr. 6. ||10 *Grunsky*, S. 69; *Gaul*, Der erfolgreiche Schutz von Betriebs- und Geschäftsgeheimnissen, 1994, S. 186. ||11 Umfassend *Bauer/Diller*, Rz. 390; das BAG hat im Urt. v. 17.6.1997 – 9 AZR 801/95, AP Nr. 2 zu § 74b HGB die Frage offen gelassen. ||12 Ausf. *Bauer/Diller*, Rz. 396. ||13 *Bauer/Diller*, Rz. 386. ||14 BAG 21.7.1981 – 3 AZR 666/78, AP Nr. 40 zu § 74 HGB. ||15 *Bauer/Diller*, Rz. 388. ||16 Ausf. *Bauer/Diller*, Rz. 400. ||17 *Staub/Konzen/Weber*, § 74b Rz. 8, 15; *Heymann/Henssler*, § 74b Rz. 2. ||18 BAG 5.8.1966 – 3 AZR 154/66, AP Nr. 19 zu § 74 HGB.

Eine Anpassung der Karenzentschädigung anhand der **Preissteigerungsindizes** scheidet wegen des klaren Wortlauts von Abs. 2 aus[1]. Auch **Tariferhöhungen**, die erst nach dem Ausscheiden wirksam werden, bleiben grds. unberücksichtigt, während Tariferhöhungen im letzten Monat vor dem Ausscheiden voll durchschlagen[2]. Scheidet der ArbN in einem **Zeitpunkt** aus, in dem er **keine Vergütung bezieht** (Wehrdienst, Elternzeit, unbezahlte Freistellung, Langzeiterkrankung), muss entsprechend § 11 I 3 BUrlG, § 11 II 2 MuSchG und § 151 SGB III auf die letzten vor dem vergütungslosen Zeitraum bezogenen Leistungen abgestellt werden. Bei Reduzierung der Vergütung aus besonderen Anlässen (zB **Kurzarbeit**) muss die Karenzentschädigung aus dem ungekürzten Gehalt berechnet werden.

Bei **Teilzeitbeschäftigung** ist nach dem klaren Wortlaut des Abs. 2 die Karenzentschädigung anhand des Teilzeitverdienstes zu berechnen, obwohl das Wettbewerbsverbot die Aufnahme einer Vollzeittätigkeit verbietet[3]. In Betracht kommt hier aber eine unbillige Behinderung des Fortkommens nach § 74a I 2. Bei **Wechsel von Vollzeit auf Teilzeit** innerhalb der letzten drei Jahre vor dem Ausscheiden kann anhand § 74b II gequotelt werden, das Gleiche gilt bei Wechsel in ATZ[4].

3. Abgeltung der Karenzentschädigung durch andere Bezüge. Die Zahlung einer **Abfindung**, eines **Übergangsgelds** oder einer **Betriebsrente** ersetzt grds. nicht die geschuldete Karenzentschädigung. Allerdings kann der ArbGeb in gewissem Umfang zur Vermeidung von Doppelzahlungen Verrechnungen vertragl. vorsehen[5]. Mit Abs. 2 unvereinbar sind Vereinbarungen, nach denen die Karenzentschädigung durch **Sachleistungen** (zB Weitergewährung von Dienstwagen, Dienstwohnung etc.) abgegolten sein soll. Entsprechende Vereinbarungen können allerdings nach Beendigung des ArbVerh geschlossen werden, da dann §§ 74 ff. nicht mehr gelten[6].

4. Person des Zahlungspflichtigen. Die Karenzentschädigung schuldet stets der ArbGeb, auf eine Verpflichtung **Dritter** braucht der ArbN sich nicht einzulassen[7], es sei denn, es handelt sich um eine solvente **Konzernobergesellschaft**[8]. Unproblematisch ist selbstverständlich die Mitverpflichtung Dritter neben dem ArbGeb.

5. Zusage der Karenzentschädigung. Nach der Konzeption des Abs. 2 setzt die Wirksamkeit eines Wettbewerbsverbots voraus, dass eine Karenzentschädigung in ausreichender Höhe zugesagt war. Fehlt eine solche Zusage, kann der ArbGeb das Verbot **nicht** durch eine spätere einseitige Zusage oder durch Zahlung eines entsprechenden Betrages **heilen**[9].

In der Praxis scheitern Wettbewerbsverbote sehr häufig daran, dass eine eindeutige und Abs. 2 genügende Entschädigungszusage fehlt. Nach der Rspr. des BAG[10] muss die Vereinbarung über ein nachvertragl. Wettbewerbsverbot **so eindeutig** formuliert sein, dass aus Sicht des ArbN **kein vernünftiger Zweifel** über den Anspruch auf Karenzentschädigung bestehen kann. Der sicherste Weg ist es, sich bei der Formulierung **genau an den Text des Abs. 2 zu halten**. Lautet die Zusage durch unkritisches Abschreiben aus Abs. 2 auf „**mindestens**" 50 % der Bezüge, sind 50 % geschuldet. Die Zusage einer „**angemessenen** Entschädigung" reicht nicht[11]. Der Vorbehalt, wonach sich die Höhe der zugesagten Entschädigung bei schlechter wirtschaftl. Lage des Unternehmens verringern soll, macht die Zusage unwirksam[12].

Wird nicht ausdrücklich eine Karenzentschädigung zugesagt, sondern nur **auf die gesetzl. Bestimmungen der §§ 74 ff. verwiesen**, ist fraglich, ob eine ausreichende Entschädigungszusage vorliegt. Hier ist wohl zu differenzieren: Der ArbGeb kann das Verbot wegen der unklaren Formulierung nicht gegen den Willen des ArbN durchsetzen. Macht dagegen der ArbN die Karenzentschädigung geltend, kann der ArbGeb sich nicht auf die unklare Formulierung berufen und die Wirksamkeit des Verbots bestreiten[13]. Stets ausreichend ist dagegen eine pauschale Verweisung auf die **§§ 74 und 74c**, da diese beiden Normen speziell die Höhe der Entschädigung regeln[14]. Stets ausreichend sind auch Wettbewerbsverbote, die ausdrücklich eine Karenzentschädigung zusagen, und nur hinsichtlich der Höhe auf die §§ 74 ff. verweisen. Geschuldet ist dann die 50%ige Mindestentschädigung.

Fehlt eine ausdrückliche Entschädigungszusage, ist das Wettbewerbsverbot unwirksam, auch **salvatorische Klauseln** helfen dem ArbGeb nicht weiter[15]. Die Zusage einer Karenzentschädigung muss **vorbehaltlos** erfolgen, ansonsten entsteht ein bedingtes Wettbewerbsverbot (s. Rz. 104 ff.). Keine Entschädigungszusage liegt in einer arbeitsvertragl. Klausel, wonach ein für die Dauer des ArbVerh geltendes (entschädigungsloses) Wettbewerbsverbot nach dem Ausscheiden „soweit zulässig" fortgelten soll[16].

---

1 *Bauer/Diller*, Rz. 405; ArbG Lübeck 6.5.1976 – 1 Ca 337/76, BB 1976, 1320. ||2 *Bauer/Diller*, Rz. 406. ||3 BAG 22.10.2008 – 10 AZR 360/08, DB 2009, 407; krit. *Hahn*, FA 2010, 41; ausf. *Bauer/Diller*, Rz. 407. ||4 *Bauer/Diller*, Rz. 407. ||5 BAG 26.2.1985 – 3 AZR 162/84, AP Nr. 30 zu § 611 BGB Konkurrenzklausel; ausf. *Bauer/Diller*, Rz. 427. ||6 *Bauer/Diller*, Rz. 429. ||7 *Heymann/Henssler*, § 74 Rz. 29. ||8 *Grunsky*, S. 96; *Staub/Konzen/Weber*, § 74b Rz. 27; *v. Hoyningen-Huene*, § 74 Rz. 42. ||9 *Bauer/Diller*, Rz. 434. ||10 BAG 5.9.1995 – 9 AZR 718/93, AP Nr. 67 zu § 74 HGB. ||11 LAG Nds. 9.1.2013 – 16 Sa 563/12. ||12 *Bauer/Diller*, Rz. 435. ||13 Dazu BAG 28.6.2006 – 10 AZR 407/05, AP Nr. 80 zu § 74 HGB; LAG Bremen 4.5.1966 – 1 Sa 83/66, DB 1966, 1440; LAG Köln 18.4.1984 – 7 Sa 1183/83, NZA 1984, 91; LAG Hamm 12.4.1988 – 15 Sa 1925/87. ||14 BAG 14.8.1975 – 3 AZR 333/74, AP Nr. 35 zu § 74 HGB; krit. *Buchner*, Rz. C 286. ||15 *Bauer/Diller*, Rz. 445. ||16 Die abweichende Entscheidung des LAG Köln 28.5.2010 – 10 Sa 162/10 ist abwegig; *Bauer/Diller*, Rz. 444; *Hunold*, NZA-RR 2013, 174 (176).

94 Häufig wird zwar ausdrücklich eine Karenzentschädigung zugesagt, jedoch **nicht in ausreichender Höhe**. So reicht zB die häufig anzutreffende Zusage von „**50 % des Festgehalts**" nicht, wenn der ArbN irgendwelche anderen Leistungen (VWL, Dienstwagen, Weihnachtsgeld etc.) erhält. Nicht ausreichend ist auch eine Entschädigungszusage, die nicht auf die letzte Vergütung abstellt, sondern auf die **Durchschnittsvergütung eines längeren Zeitraums**[1]. Lautet die Zusage auf 50 % der „**regelmäßigen Monatsbezüge**", „**des Gehalts**" oder „**der Jahresbezüge**", so ist im Einzelfall zu prüfen, ob variable Gehaltsbestandteile ausgenommen sein sollten, dann ist das Wettbewerbsverbot unverbindlich (das Gleiche gilt für eine Zusage über „**die Hälfte der zuletzt erhaltenen Monatsbezüge**"[2] oder „**die Hälfte der monatlich zuletzt bezogenen Bezüge**")[3].

95 Eine Entschädigungszusage, die variable Bezüge ausblendet, ist auch dann unzureichend und führt zur Unverbindlichkeit eines Wettbewerbsverbots, wenn die variablen Gehaltsbestandteile (Gewinnbeteiligung, Bonus etc.) zuletzt **tatsächlich nicht angefallen** sind[4]. Hat der ArbGeb einen **Fixbetrag** als Entschädigung zugesagt, ist das Verbot nur verbindlich, wenn der Fixbetrag auch im Ausscheidenszeitpunkt noch mindestens 50 % der Gesamtbezüge ausmacht[5].

96 Ist **überhaupt keine** Karenzentschädigung zugesagt, ist das Verbot **nichtig**[6]. Ist dagegen eine **zu niedrige** Karenzentschädigung zugesagt, ist das Verbot unverbindlich mit der Folge, dass der ArbN **wählen kann**, ob er das Verbot gegen Zahlung der (niedrigen) Entschädigung einhalten oder aber das Verbot (dann ohne Entschädigungszahlung) ignorieren will. Der ArbN hat aber keinen Anspruch auf Aufstockung der Entschädigungszusage auf die gesetzl. vorgesehenen 50 %, auch dann nicht, wenn im Verbot ergänzend auf §§ 74 ff. verwiesen wurde[7].

97 Zu einer **zu weit gehenden Anrechnung** von anderweitigem Erwerb s. § 74c Rz. 24 ff.

98 **6. Auszahlung der Karenzentschädigung.** Die Fälligkeit der Entschädigungsraten regelt § 74b I (s. dort). Gem. § 850 IIIa ZPO gelten für die Karenzentschädigung die allg. **Pfändungsbeschränkungen** für Arbeitslohn, insb. die Pfändungsgrenzen des § 850c ZPO. Deshalb ist im Rahmen der Pfändungsgrenzen auch die Abtretung des Entschädigungsanspruchs nicht zulässig[8], das Gleiche gilt für die Aufrechnung[9].

99 „Das Stammrecht" auf Karenzentschädigung **verjährt** nicht, die einzelnen Raten verjähren nach § 195 BGB in drei Jahren, wobei die Verjährung mit dem Schluss des Kalenderjahres beginnt, in dem die jeweilige Rate fällig geworden ist (§ 199 I Nr. 1 BGB). Bei Unkenntnis des Anspruchs gilt hilfsweise die zehnjährige Verjährungsfrist des § 199 IV BGB.

100 Je nach Wortlaut, Sinn und Zweck einer tarifl. oder einzelvertragl. **Ausschlussfrist** kann diese auch die Karenzentschädigung erfassen[10], aber nur wenn die Ausschlussfrist im Arbeitsvertrag steht und dieser der Form des Abs. 1 genügt[11]. Streitig ist, ob einmalige Geltendmachung reicht oder ob jede Monatsrate getrennt geltend gemacht werden muss[12].

101 Da die Fälligkeit der Karenzentschädigung kalendermäßig bestimmt ist, gerät der ArbGeb **ohne Mahnung in Zahlungsverzug**[13]. Der ArbN kann daher Verzugszinsen nach § 288 BGB verlangen.

102 Da das Wettbewerbsverbot ein gegenseitiger Vertrag iSd. §§ 320 ff. BGB ist[14], kann der ArbN bei **Zahlungsverzug** des ArbGeb diesem eine angemessene Frist setzen und nach Fristablauf **zurücktreten** (§ 323 I BGB). Schadensersatzansprüche werden durch den Rücktritt nicht ausgeschlossen (§ 325 BGB).

103 Die Karenzentschädigung unterliegt **keiner Umsatzsteuer**, auch wenn der ArbN mittlerweile selbständig tätig ist[15]. Die Karenzentschädigung wird bei Nichtzahlung vor dem **ArbG** eingeklagt (§ 2 I Nr. 3c ArbGG). Örtlich zuständig ist nach § 13 ZPO das ArbG am Sitz des ArbGeb, daneben gem. § 29 ZPO auch das ArbG des letzten Arbeitsorts. Klage auf zukünftige Raten kann nicht erhoben werden, allerdings ist insoweit eine Feststellungsklage zulässig, jedenfalls so lange der mögliche anderweitige Verdienst noch nicht feststeht[16]. Als **Streitwert** wird regelmäßig die Summe der Entschädigungsraten angesetzt[17].

---

1 BAG 5.8.1966 – 3 AZR 154/66, AP Nr. 19 zu § 74 HGB; LAG Hess. 12.6.1995 – 10 Sa 1159/94; dazu *Gamerschlag*, NJW 1989, 2870. || 2 BAG 9.1.1990 – 3 AZR 110/88, AP Nr. 59 zu § 74 HGB. || 3 LAG Hess. 5.3.1990 – 10/2 Sa 1114/89, LAGE § 74 HGB Nr. 5 und 10.2.1997 – 10 Sa GA 2269/96, LAGE § 74a HGB Nr. 1. || 4 BAG 14.7.1981 – 3 AZR 414/80, AP Nr. 38 zu § 74 HGB; LAG Hess. 5.3.1990 – 10/2 Sa 1114/89, LAGE § 74 HGB Nr. 5. || 5 Vgl. BAG 13.10.1960 – 5 AZR 104/59, AP Nr. 17 zu § 74 HGB und 14.7.1981 – 3 AZR 414/80, AP Nr. 38 zu § 74 HGB. || 6 BAG 13.9.1979 – 3 AZR 138/68, AP Nr. 24 zu § 611 BGB Konkurrenzklausel; 18.1.2000 – 9 AZR 929/98, nv. || 7 BAG 5.9.1995 – 9 AZR 718/93, AP Nr. 67 zu § 74 HGB. || 8 *Grüll/Janert*, S. 64. || 9 Ausf. *Bauer/Diller*, Rz. 741. || 10 Ausf. *Bengelsdorf*, DB 1985, 1589 ff.; BAG 24.4.1970 – 3 AZR 328/69, AP Nr. 25 zu § 74 HGB; 18.12.1984 – 3 AZR 383/82, AP Nr. 87 zu § 4 TVG Ausschlussfristen; 17.6.1997 – 9 AZR 801/95, AP Nr. 2 zu § 74b HGB. || 11 *Bauer/Diller*, Rz. 744. || 12 Dazu *Bauer/Diller*, Rz. 745; *Bengelsdorf*, DB 1985, 1582. || 13 *Buchner*, Rz. C 390; *Bauer/Diller*, Rz. 752. || 14 OLG Rostock 9.6.1994 – 1 U 40/94, NJW-RR 1995, 173; ausf. *Grunsky*, FS Söllner, 1990, S. 41 ff.; BAG 20.10.1960 – 5 AZR 470/59 u. 5.8.1968 – 3 AZR 128/67, AP Nr. 16, 24 zu § 74 HGB. || 15 *Bauer/Diller*, Rz. 755; offen gelassen von LAG Hamm 1.7.1987 – 15 Sa 237/87, LAGE § 74 HGB Nr. 3. || 16 BAG 10.5.1971 – 3 AZR 126/70, AP Nr. 6 zu § 628 BGB; vgl. auch *Bauer/Diller*, Rz. 757. || 17 ArbG Stuttgart 14.8.1996 – 3 Ca 2420/96.

XV. Bedingte Wettbewerbsverbote. 1. Allgemeines. Bedingte Wettbewerbsverbote sind ein **Massenphänomen**[1]. Als „bedingte Wettbewerbsverbote" bezeichnet man solche, bei denen sich der ArbGeb durch bestimmte Vorbehalte oder Einschränkungen letztlich entschädigungsfrei die Entscheidung vorbehält, ob er ein Wettbewerbsverbot in Anspruch nehmen will oder nicht[2]. Terminologisch ist der Begriff „bedingtes Wettbewerbsverbot" falsch (zumal nichts gegen Wettbewerbsverbote einzuwenden ist, die mit **objektiven** Bedingungen verknüpft sind, s. Rz. 107 ff.). Bei den üblicherweise als „bedingte Wettbewerbsverbote" bezeichneten Fallgestaltungen, die die Rspr. als unzulässig ansieht, geht es in Wahrheit um „Potestativ-Bedingungen", also um **Optionen** bzw. **Rücktrittsvorbehalte des ArbGeb**. Verbote, die auf diese Weise ausgestaltet sind, behandelt die Rspr. als **unverbindlich** (s. Rz. 18 ff.). Das Gleiche gilt für Wettbewerbsverbote, deren Wirksamkeit von einem bestimmten Verhalten des ArbN abhängen soll (s. Rz. 106 ff.).

2. Abhängigkeit vom Willen des Arbeitgebers. Die Rspr. hat in folgenden Fällen ein unverbindliches „bedingtes Wettbewerbsverbot" angenommen:

- Der ArbN verpflichtet sich in einem **Vorvertrag**, auf Wunsch des ArbGeb später ein Wettbewerbsverbot zu vereinbaren. Solche Vorverträge sind nur dann zulässig, wenn vereinbart ist, dass vom Vorvertrag nicht mehr Gebrauch gemacht werden kann, wenn eine der beiden Seiten **bereits eine Kündigung ausgesprochen** hat[3]. Lässt sich der ArbN gleichwohl nach Ausspruch einer Kündigung noch auf ein Wettbewerbsverbot ein, ist dieses wirksam. Ist dagegen der Vorvertrag zeitlich nicht befristet und macht der ArbGeb davon keinen Gebrauch, kann der ArbN einseitig wählen, dass ein entschädigungspflichtiges Verbot als vereinbart gelten soll[4].
- Eine Entschädigung ist nur für den Fall zugesagt, dass das Unternehmen das Verbot „**in Anspruch nimmt**"[5], „**die Einhaltung der Wettbewerbsklausel verlangt**" oder „**fordert**"[6].
- Der ArbGeb behält sich im Arbeitsvertrag die Möglichkeit vor, den Mitarbeiter zu Wettbewerbsenthaltsamkeit „**zu verpflichten**", ihm ggü. ein Wettbewerbsverbot „**auszusprechen**"[7] oder ihm ein solches „**aufzuerlegen**".
- Im Wettbewerbsverbot behält sich der ArbGeb die Möglichkeit vor, den ArbN **freizugeben**. Zulässig sind solche Freigabeklauseln nur dann, wenn klargestellt wird, dass durch eine Freigabe die Pflicht zur Zahlung der Karenzentschädigung nicht entfallen soll. Bei tätigkeits- oder unternehmensbezogenen Wettbewerbsverboten ist idR zu vermuten, dass nach dem Willen des ArbGeb bei Freigabe die Entschädigungspflicht entfallen soll[8]. Dagegen kann bei einer Mandantenschutzklausel die Auslegung ergeben, dass ein Freigabevorbehalt hinsichtlich einzelner Kunden/Mandanten den Anspruch auf Karenzentschädigung nicht erfassen soll. Dann ist die Klausel zulässig und das Verbot bleibt verbindlich[9].
- Im Wettbewerbsverbot behält der ArbGeb sich vor, über § 75a hinaus (s. dort) **auch nach dem Ende des Arbeitsverhältnisses** noch auf das Wettbewerbsverbot zu **verzichten**[10]. Ist dagegen entsprechend § 75a ein vertragl. Verzichtsrecht auf die Dauer des ArbVerh beschränkt, und soll nach der Vereinbarung die Entschädigungspflicht entgegen § 75a sofort und nicht erst nach einem Jahr entfallen, ist das Wettbewerbsverbot nicht unverbindlich. An die Stelle der unzulässigen Verzichtsklausel tritt die gesetzl. Verzichtsklausel des § 75a, so dass die Entschädigung nach Ausspruch eines Verzichts noch für ein Jahr zu zahlen ist[11].

3. Abhängigkeit vom Willen des Arbeitnehmers. Ein unverbindliches „bedingtes Wettbewerbsverbot" (s. Rz. 18 ff.) ist in folgenden Fällen anzunehmen, in denen das Inkrafttreten (und damit die Entschädigungspflicht!) von einem bestimmten Verhalten des ArbN abhängen soll:

- Das Wettbewerbsverbot soll entfallen, wenn der ArbN „**in den Ruhestand tritt**" oder „**sich zur Ruhe setzt**"[12]. Zulässig sind Altersklauseln nur dann, wenn sie an ein bestimmtes Lebensjahr anknüpfen statt an berufliche Entscheidungen des ArbN.
- Das Wettbewerbsverbot soll entfallen, wenn der ArbN „**den Beruf wechselt**" oder „**eine Stelle bei einem Konkurrenten im Ausland antritt**"[13].
- Das Wettbewerbsverbot soll nur gelten, wenn der ArbN **selbst kündigt** oder eine **arbeitgeberseitige Kündigung verschuldet** hat (s. § 75 Rz. 33 ff.).

---

1 *Grunsky*, S. 73: „Dauerbrenner". || 2 Ausf. *Bauer/Diller*, DB 1997, 187 ff. || 3 BAG 18.4.1969 – 3 AZR 154/68, AP Nr. 22 zu § 133f GewO. || 4 BAG 14.7.2010 – 10 AZR 291/09, NZA 2011, 413; ausf. *Bauer/Diller*, Rz. 488 ff. || 5 BAG 2.5.1970 – 3 AZR 134/69, AP Nr. 26 zu § 74 HGB. || 6 LAG BW 12.7.1963 – 7 Sa 45/63 AP Nr. 2 zu § 75a HGB. || 7 BAG 13.5.1986 – 3 AZR 85/85, AP Nr. 51 zu § 74 HGB. || 8 BAG 18.11.1967 – 3 AZR 471/66, AP Nr. 21 zu § 74 HGB; 4.6.1985 – 3 AZR 265/83, AP Nr. 50 zu § 74 HGB; LAG Düss. 3.8.1993 – 8 Sa 787/93, LAGE § 74 HGB Nr. 8; BAG 5.9.1995 – 9 AZR 718/93, AP Nr. 67 zu § 74 HGB. || 9 BAG 27.9.1988 – 3 AZR 59/87, AP Nr. 35 zu § 611 BGB Konkurrenzklausel; LAG München 19.8.1986 – 4 Sa 298/85, NZA 1987, 600. || 10 BAG 19.1.1978 – 3 AZR 573/77, AP Nr. 36 zu § 74 HGB; 2.8.1971 – 3 AZR 12/71, AP Nr. 27 zu § 74 HGB; s.a. 5.9.1995 – 9 AZR 718/93, AP Nr. 67 zu § 74 HGB. || 11 *Bauer/Diller*, Rz. 506. || 12 *Bauer/Diller*, Rz. 509; anders möglicherweise BAG 30.10.1984 – 3 AZR 123/82, AP Nr. 46 zu § 74 HGB; 26.2.1985 – 3 AZR 162/84, AP Nr. 30 zu § 611 BGB Konkurrenzklausel. || 13 *Bauer/Diller*, Rz. 511 ff.

107 **4. (Zulässige) objektive Bedingungen.** Nichts einzuwenden ist dagegen, dass die Wirksamkeit des Wettbewerbsverbots an objektive **aufschiebende** Bedingungen geknüpft wird, zB
- Erreichen oder Innehaben einer bestimmten Position
- Überschreiten einer bestimmten Gehaltsgrenze
- Berührung mit bestimmten technischen Geheimnissen oder Verfahren
- Arbeit an bestimmten Projekten
- Vollendung einer bestimmten Dienstzeit[1], Ablauf der Probezeit, tatsächlicher Dienstantritt[2].

108 In Betracht kommen aber auch (zulässige) **auflösende** Bedingungen, zB
- Verlassen einer bestimmten Abteilung
- Überschreiten einer bestimmten Altersgrenze
- Erwerb von Ansprüchen auf Erwerbsunfähigkeitsrente.

109 **XVI. Verletzung des Wettbewerbsverbots. 1. Allgemeines.** Bei Verletzung des Wettbewerbsverbots durch den ArbN hat der ArbGeb verschiedene **Reaktionsmöglichkeiten**, nämlich Auskunftsanspruch (Rz. 110 f.), Unterlassungsklage/Unterlassungsverfügung (Rz. 112 ff.), Einstellung der Entschädigungszahlungen/Zurückbehaltungsrecht (Rz. 116), Schadensersatz (Rz. 118), Rücktritt (Rz. 119) und Vertragsstrafe (s. § 75c).

110 **2. Auskunftsanspruch.** Besteht die Vermutung, dass der ArbN sich nicht an das Wettbewerbsverbot hält, kann der ArbGeb Auskunft darüber verlangen, ob und ggf. welche beruflichen Aktivitäten der ArbN entwickelt bzw. entwickelt hat[3]. Ein **hinreichender Verletzungsverdacht** kann zB aus einmaligen Verstößen oder aus dem Bestreiten der Wirksamkeit des Wettbewerbsverbots resultieren[4].

111 Bei unselbständiger Beschäftigung muss der ArbN den **neuen ArbGeb** und die **ausgeübte Tätigkeit** nennen[5]; bei einer selbständigen Tätigkeit **Art und Umfang der getätigten Geschäfte**[6], bei Mandantenschutzklauseln auch den **Namen der betreuten Mandanten**[7]. Die Auskunft kann nicht unter Berufung auf standesrechtl. Verschwiegenheitspflichten verweigert werden[8]. Besteht Grund zur Annahme, die Auskunft sei unrichtig oder unvollständig, kann nicht Ergänzung der Auskunft verlangt werden, sondern gem. § 259 II BGB die Abgabe einer **eidesstattlichen Versicherung**[9]. In Betracht kommt eine **Stufenklage** auf Auskunft und Schadensersatz/Vertragsstrafe[10].

112 **3. Unterlassungsansprüche.** Verletzt der ArbN das Wettbewerbsverbot, kann der ArbGeb ihn auf Unterlassung in Anspruch nehmen. Gem. § 2 I Nr. 3c ArbGG sind die **ArbG** zuständig, der ArbGeb hat die Wahl zwischen dem Gericht am Sitz des ArbGeb (§ 13 ZPO) und dem Ort der letzten Arbeitsleistung (§ 29 ZPO)[11]. Der Gerichtsstand der unerlaubten Handlung am Ort der Verletzung gem. § 32 ZPO besteht nicht[12].

113 Es darf kein unzulässiger **Globalantrag** gestellt werden[13]. Außerdem muss hinreichend verdeutlicht werden, für welche Unternehmen der ArbN auf Unterlassung in Anspruch genommen wird (Unterlassung der Tätigkeit „für Konkurrenzunternehmen" reicht nicht[14]). Bei selbständiger Tätigkeit des ArbN kann die Klage auf Schließung des verbotswidrigen Betriebs und Löschung im Handelsregister gerichtet werden[15]. Die Unterlassung ist auf die **Laufzeit des Wettbewerbsverbots** zu begrenzen, zweckmäßigerweise wird der Antrag sofort mit der Androhung der in § 890 ZPO vorgesehenen **Zwangsmittel** verbunden. Läuft das Wettbewerbsverbot noch vor der rechtskräftigen Entscheidung über die Unterlassungsklage ab, muss der ArbGeb das Verfahren für erledigt erklären und auf eine Feststellungsklage überwechseln[16]. Die Unterlassungsklage kann auch schon vor Beendigung des ArbVerh erhoben werden, zB wenn der ArbN ankündigt, sich nicht an das Verbot halten zu wollen[17]. Als Streitwert ist regelmäßig die Summe der Entschädigungsraten anzusetzen[18]. Der Unterlassungstitel wird nach § 890 ZPO durch Androhung, Festsetzung und Beitreibung von Ordnungsgeld bis zu 250 000 Euro **vollstreckt**[19], das erstinstanzliche Urteil ist gem. § 62 I ArbGG ohne Sicherheitsleistung vorläufig vollstreckbar.

114 Ist der ArbN **verbotswidrig ein neues Arbeitsverhältnis eingegangen**, muss er seine Tätigkeit sofort einstellen, wodurch dort sein Vergütungsanspruch gem. § 323 BGB entfällt. Hat der ArbN das Wett-

---

1 LAG Hamm 23.3.2010 – 14 SaGa 68/09, NZA-RR 2010, 515 (LS). || 2 *Bauer/Diller*, Rz. 515 ff. || 3 BAG 22.4.1967 – 3 AZR 347/66, AP Nr. 12 zu § 242 BGB Auskunftspflicht; 5.8.1968 – 3 AZR 128/67, AP Nr. 24 zu § 74 HGB. || 4 BAG 22.4.1967 – 3 AZR 347/66, AP Nr. 12 zu § 242 BGB Auskunftspflicht. || 5 *v. Hoyningen-Huene*, § 74 Rz. 56. || 6 *Buchner*, Rz. C 498. || 7 BAG 27.9.1988 – 3 AZR 59/87, AP Nr. 35 zu § 611 BGB Konkurrenzklausel; LAG München 19.8.1986 – 4 Sa 298/85, DB 1987, 1444. || 8 BAG 27.9.1988 – 3 AZR 59/87, AP Nr. 35 zu § 611 BGB Konkurrenzklausel. || 9 BAG 26.11.1971 – 3 AZR 220/71, AP Nr. 26 zu § 611 BGB Konkurrenzklausel. || 10 BAG 5.8.1968 – 3 AZR 128/67, AP Nr. 24 zu § 74 HGB. || 11 Ausf. *Bengelsdorf*, DB 1992, 1342 ff. || 12 *Bengelsdorf*, DB 1992, 1342 ff. || 13 BAG 15.6.1993 – 9 AZR 558/91, AP Nr. 40 zu § 611 BGB Konkurrenzklausel. || 14 S. im Einzelnen *Bauer/Diller*, Rz. 873 ff. || 15 *Bauer/Diller*, Rz. 874. || 16 BAG 30.4.1965 – 3 AZR 366/63, AP Nr. 17 zu § 133f GewO; 28.11.1966 – 3 AZR 203/66, AP Nr. 1 zu § 268 ZPO. || 17 *Heymann/Henssler*, § 74 Rz. 39. || 18 Statt aller LAG Düss. 8.11.1984 – 7 Ta 242/84, JurBüro 1985, 763. || 19 Statt aller *Grunsky*, S. 126.

bewerbsverbot seinem neuen ArbGeb verschwiegen, kommt eine fristlose Kündigung in Betracht. Unterlassungsansprüche können sich auch **gegen den neuen ArbGeb** richten, wenn sich die verbotswidrige Beschäftigung des ArbN als ein wettbewerbswidriges Ausnutzen fremden Vertragsbruchs nach § 3 UWG darstellt, oder der neue ArbGeb dem Verstoß gegen das Wettbewerbsverbot Vorschub geleistet hat, zB durch die Übernahme einer Vertragsstrafe[1]. Sagt der neue ArbGeb dem ArbN zu, ihn von einer Vertragsstrafe und/oder Schadensersatzansprüchen **freizustellen**, kann die Zusage sittenwidrig und damit unwirksam (§ 138 BGB) sein[2].

Üblicherweise wird der Unterlassungsanspruch wegen Eilbedürftigkeit mit **einstw. Verfügung** geltend gemacht[3]. Wegen der Endgültigkeit der Verfügung sind an den Verfügungsgrund allerdings hohe Anforderungen zu stellen. Die bloße Tatsache, dass eine Verletzung droht, reicht nicht, solange der ArbGeb nicht **konkret drohende Nachteile** aufzeigt[4]. 115

4. Wegfall der Entschädigungspflicht. Verstößt der ArbN gegen das Verbot, entfällt **automatisch** nach §§ 320 ff. BGB die Entschädigungspflicht[5], auch bei nur geringfügigen Wettbewerbsverstößen[6]. Hat der ArbGeb bereits gezahlt, kann er nach § 812 BGB die Zahlungen für den Zeitraum des Verstoßes zurückfordern[7]. Verhält der ArbN sich nach dem Verstoß wieder vertragstreu, lebt die Entschädigungspflicht für die Zeit nach dem Verstoß wieder auf[8]. 116

Da bei Verstößen ohnehin der Entschädigungsanspruch entfällt (s. Rz. 116), hat das **Zurückbehaltungsrecht** aus § 320 BGB keine Bedeutung[9]. 117

5. Schadensersatz. Verstößt der ArbN gegen das Wettbewerbsverbot, ist er nach § 280 BGB schadensersatzpflichtig. Die Grundsätze der **Haftungsmilderung** im ArbVerh greifen ebenso wenig[10] wie die **Beweislastumkehr** des § 619a BGB[11]. Notfalls hat das Gericht gem. § 287 I ZPO den Schaden zu **schätzen**. Hat der ArbN verbotswidrig ein Betriebsgeheimnis verwertet, kann der Schaden im Wege der „Lizenzanalogie" berechnet werden[12]. Nicht entsprechend anwendbar ist § 61 I, wonach Gewinne abgeschöpft werden können; eine **Gewinnabschöpfung** kann aber durch entsprechend formulierte Vertragsstrafen erreicht werden. Schützt das Verbot auch konzernverbundene Unternehmen, können diese eigene Schadensersatzansprüche nach den Grundsätzen des Vertrags zu Gunsten Dritter geltend machen[13]. 118

6. Rücktritt. Verstößt der ArbN gegen das Wettbewerbsverbot, so kann der ArbGeb nach § 323 V BGB vom Verbot zurücktreten, wenn er **an der weiteren Einhaltung des Verbots kein Interesse mehr** hat, zB wenn er befürchten muss, dass bereits alle wichtigen Geheimnisse verraten sind. Ansonsten muss der ArbGeb gem. § 323 I, II BGB dem ArbN eine **Frist setzen**. Verhält sich der ArbN bei Fristablauf noch nicht wieder vertragstreu, kann der ArbGeb zurücktreten. Aber auch wenn der ArbN sich wieder vertragstreu verhält, kann gleichwohl ein Rücktritt nach § 323 BGB in Betracht kommen, wenn **besondere Umstände** vorliegen, die unter **Abwägung der beiderseitigen Interessen** einen sofortigen Rücktritt rechtfertigen. Das kann zB der Fall sein, wenn der ArbN erklärt, er werde bei nächster Gelegenheit das Wettbewerbsverbot wieder verletzen. In solchen Fällen kommt überdies eine außerordentl. Kündigung des Verbots nach § 314 BGB in Betracht[14]. 119

7. Verjährung, Ausschlussfristen. Alle Ansprüche wegen Verletzung des Wettbewerbsverbots unterliegen der **dreijährigen** Verjährung nach §§ 195, 199 BGB, die kurze Verjährung des § 61 II gilt nicht[15]. Ob tarifvertragl. **Ausschlussfristen** greifen, richtet sich nach deren Formulierung[16]. 120

XVII. Übergang des Wettbewerbsverbots auf Dritte. Nach ganz hM[17] geht zusammen mit einem **noch bestehenden** ArbVerh auch ein nachvertragl. Wettbewerbsverbot über, egal ob es im Arbeitsvertrag enthalten oder separat vereinbart worden ist. Ist allerdings der ArbN im Moment des Betriebsübergangs **bereits ausgeschieden**, geht es nicht entsprechend § 613a BGB auf den Erwerber über[18]. 121

Bei Betriebsübergang während des ArbVerh ist der ArbN nach seinem Ausscheiden nur dem **Erwerber** ggü. zur Wettbewerbsunterlassung verpflichtet, nicht mehr dem Veräußerer. Sowohl bei tätigkeitsbezogenen als auch bei unternehmensbezogenen Wettbewerbsverboten (s. Rz. 40 ff.) **ändert sich der Inhalt des Verbots entsprechend**, wobei aber im Einzelnen schwierige Auslegungsfragen entstehen 122

---

1 *Bauer/Diller*, Rz. 898. ‖ **2** BAG 22.4.1981 – 5 AZR 3/79, nv. ‖ **3** Statt aller LAG Hess. 24.7.1956 – IV LAB 63/56, BB 1956, 853 und 16.2.1962 – 5 Sa 8/62, BB 1962, 922; LAG BW 7.9.1967 – 7 Ta 8/67, BB 1967, 1426 und 24.11. 1967 – 7 Sa 106/67, BB 1968, 708; ausf. *Heinze*, RdA 1986, 280. ‖ **4** LAG BW 7.9.1967 – 7 Ta 8/67, BB 1967, 1426 und 24.11.1967 – 7 Sa 106/67, BB 1968, 708. ‖ **5** BAG 5.8.1968 – 3 AZR 128/67, AP Nr. 24 zu § 74 HGB. ‖ **6** *Grunsky*, S. 127. ‖ **7** BAG 5.8.1968 – 3 AZR 128/67, AP Nr. 24 zu § 74 HGB. ‖ **8** BAG 10.9.1985 – 3 AZR 490/83, AP Nr. 49 zu § 74 HGB. ‖ **9** *Bauer/Diller*, Rz. 906. ‖ **10** *Gaul*, Der erfolgreiche Schutz von Betriebs- und Geschäftsgeheimnissen, 1994, S. 200. ‖ **11** Ausf. dazu *Bauer/Diller*, NJW 2002, 1611. ‖ **12** BAG 24.6. 1986 – 3 AZR 486/84, AP Nr. 4 zu § 611 BGB Betriebsgeheimnis. ‖ **13** *Bauer/Diller*, Rz. 982. ‖ **14** Ausf. *Bauer/Diller*, NJW 2002, 1612. ‖ **15** *Bauer/Diller*, NJW 2002, 1610. ‖ **16** BAG 2.6.2005 – 10 AZR 459/04; LAG Nürnberg 21.2.2007 – 6 Sa 576/04, NZA-RR 2007, 428. ‖ **17** *Bauer/Diller*, Rz. 986; *Grunsky*, S. 139; *Buchner*, Rz. C 435 ff.; *Grüll/Janert*, S. 82; *Gaul*, Der erfolgreiche Schutz von Betriebs- und Geschäftsgeheimnissen, 1994, S. 145; aA *Nägele*, BB 1989, 1481; ausf. zum Ganzen *Gaul/Ludwig*, NZA 2013, 489. ‖ **18** LAG Hess. 3.5.1993 – 10 Sa Ga 345/93, NZA 1994, 1033; *Gaul*, Der erfolgreiche Schutz von Betriebs- und Geschäftsgeheimnissen, 1994, S. 147; Heymann/*Henssler*, § 74 Rz. 37; *v. Hoyningen-Huene*, § 74 Rz. 77.

können[1]. Für das **berechtigte geschäftliche Interesse** (§ 74a I 1) kommt es nur auf das Interesse des Erwerbers an, nicht auf das des Veräußerers[2]. Widerspricht der ArbN dem Übergang seines ArbVerh, bleibt sein ArbVerh mitsamt dem Wettbewerbsverbot bei seinem alten ArbGeb. Dieser kann regelmäßig betriebsbedingt kündigen. Für das Wettbewerbsverbot wird regelmäßig das berechtigte geschäftliche Interesse nach § 74a I 1 entfallen sein, so dass der ArbN sich davon lösen kann[3]. Besondere Probleme entstehen bei Umwandlungen (Spaltung, Verschmelzungen etc.)[4].

123 Nicht möglich ist eine **Abtretung** des Unterlassungsanspruchs an Dritte, dies folgt aus § 399 BGB. Zulässig ist die Übertragung des Wettbewerbsverbots auf einen anderen ArbGeb im Wege einer (grds. formfreien) **dreiseitigen** Vereinbarung[5].

124 **XVIII. Wettbewerbsverbot in der Insolvenz.** Nach § 103 InsO hat der Insolvenzverwalter ein **Wahlrecht**, ob er die Erfüllung des Wettbewerbsverbots verlangt oder ablehnt. Dieses Wahlrecht ist unabhängig davon, ob bei Eröffnung des Verfahrens das Verbot bereits läuft oder ob erst der Verwalter das ArbVerh beendet. Entscheidet sich der Insolvenzverwalter für die Fortführung des Wettbewerbsverbots, sind die nach Eröffnung des Verfahrens fällig werdenden Entschädigungsraten **Masseverbindlichkeiten** gem. § 55 InsO. Wird die vorhandene Masse voraussichtlich zur Erfüllung der Ansprüche auf Karenzentschädigung nicht ausreichen, wird man dem ArbN ein außerordentl. Kündigungsrecht zubilligen müssen[6]. Lehnt der Verwalter die Erfüllung des Wettbewerbsverbots ab, hat der ArbN einen Schadensersatzanspruch. Für die Ausübung des Wahlrechts läuft keine Frist, der ArbN kann jedoch den Verwalter zur Ausübung des Wahlrechts auffordern[7].

125 **XIX. Sozialversicherungsrecht.** Die Karenzentschädigung gehört nicht zum Arbeitsentgelt, löst also **keine Sozialabgaben** aus[8].

126 Trotz Wettbewerbsverbots hat der ArbN Anspruch auf **ungekürztes** Alg. Weder fehlt es an der Verfügbarkeit nach §§ 137, 138 SGB III, noch kommt eine Anrechnung der Karenzentschädigung nach § 155 SGB III in Betracht, weil das Verbot keine „Beschäftigung" ist[9]. Auch eine Anrechnung nach § 158 SGB III scheidet aus. Eine **Erstattungspflicht** des ArbGeb **für Arbeitslosengeld** gibt es seit 2004 nicht mehr (früher § 128a AFG bzw. § 148 SGB III).

127 **XX. Steuerrecht.** Die Karenzentschädigung stellt Einkünfte aus nicht-selbständiger Tätigkeit dar, sie unterliegt deshalb der LSt[10]. **Umsatzsteuer** fällt nicht an, selbst wenn der ArbN sich selbständig macht[11]. Der **ermäßigte Steuersatz** nach §§ 24, 34 EStG kann eingreifen, wenn die Entschädigung zusammengefasst innerhalb eines Kalenderjahres gezahlt wird oder ArbGeb und ArbN gegen Zahlung einer Entschädigung das Verbot aufheben[12].

74a *Unverbindliches Verbot*

(1) Das Wettbewerbsverbot ist insoweit unverbindlich, als es nicht zum Schutze eines berechtigten geschäftlichen Interesses des Prinzipals dient. Es ist ferner unverbindlich, soweit es unter Berücksichtigung der gewährten Entschädigung nach Ort, Zeit oder Gegenstand eine unbillige Erschwerung des Fortkommens des Gehilfen enthält. Das Verbot kann nicht auf einen Zeitraum von mehr als zwei Jahren von der Beendigung des Dienstverhältnisses an erstreckt werden.

(2) Das Verbot ist nichtig, wenn der Gehilfe zur Zeit des Abschlusses minderjährig ist oder wenn sich der Prinzipal die Erfüllung auf Ehrenwort oder unter ähnlichen Versicherungen versprechen lässt. Nichtig ist auch die Vereinbarung, durch die ein Dritter an Stelle des Gehilfen die Verpflichtung übernimmt, dass sich der Gehilfe nach der Beendigung des Dienstverhältnisses in seiner gewerblichen Tätigkeit beschränken werde.

(3) Unberührt bleiben die Vorschriften des § 138 des Bürgerlichen Gesetzbuchs über die Nichtigkeit von Rechtsgeschäften, die gegen die guten Sitten verstoßen.

1 **I. Allgemeines.** Abs. 1 enthält wichtige Grenzen für die Zulässigkeit nachvertragl. Wettbewerbsverbote nach § 74. Das Wettbewerbsverbot muss einerseits von einem berechtigten geschäftlichen Interesse des ArbGeb gedeckt sein und andererseits darf es den ArbN nicht unbillig behindern. Die in § 74a geregelte Inhaltskontrolle geht nach ganz herrschender Auffassung der allgemeinen **AGB-rechtlichen Inhaltskontrolle** nach §§ 305ff. BGB als lex specialis vor[13]. Dies folgt letztlich schon daraus, dass die Rechtsfolgen des § 74a (Wahlrecht des ArbN bei Unverbindlichkeit) für den ArbN günstiger sind als die AGB-rechtl. Nichtigkeit.

---

1 Ausf. *Bauer/Diller*, Rz. 990. ||2 *Bauer/Diller*, Rz. 993. ||3 *Bauer/Diller*, Rz. 999. ||4 Dazu ausf. *Bauer/Diller*, Rz. 1007ff. ||5 BAG 28.1.1966 – 3 AZR 347/65, AP Nr. 74; 24.10.1972 – 3 AZR 102/72, AP Nr. 31 zu § 74 HGB. ||6 *Grunsky*, S. 136. ||7 Ausf. *Bauer/Diller*, Rz. 1015ff. ||8 *Schroeter*, BB 1979, 1407; *Bauer/Diller*, Rz. 1126. ||9 BAG 25.6.1985 – 3 AZR 305/83, AP Nr. 11 zu § 74c HGB. ||10 LAG Hamm 1.7.1987 – 15 Sa 237/87, LAGE § 74 HGB Nr. 3. ||11 *Bauer/Diller*, Rz. 1133. ||12 Ausf. *Bauer/Diller*, Rz. 1134ff. ||13 Statt aller LAG Hamm 14.4.2003 – 7 Sa 1881/02, NZA-RR 2003, 513; LAG BW 30.1.2008 – 10 Sa 60/17, NZA-RR 2008, 509; zuletzt LAG Rh.-Pf. 3.8.2012 – 9 SaGa 6/12, NZA-RR 2013, 15; ausf. *Bauer/Diller*, Rz. 353ff.

II. Berechtigtes geschäftliches Interesse/unbillige Fortkommenserschwerung (Abs. 1 S. 1 und 2). 2
1. Systematik. Die Grenzen des Abs. 1 werden **häufig übersehen**. Vielen Wettbewerbsverboten fehlt entweder das berechtigte geschäftliche Interesse iSv. S. 1 oder sie stellen eine unbillige Erschwerung des Fortkommens des ArbN nach S. 2 dar. In beiden Fällen ordnet das Gesetz **Unverbindlichkeit** an. Ist das Verbot **insgesamt** nicht von einem berechtigten Interesse gedeckt, hat der ArbN ein **Wahlrecht**, ob er es (gegen Zahlung der Karenzentschädigung) einhält oder sich von dem Verbot löst (s. § 74 Rz. 18 ff.). Ist das Verbot dagegen nur **teilweise** nicht vom berechtigten geschäftlichen Interesse des ArbGeb gedeckt, wird der ArbN insoweit automatisch frei, behält aber Zug um Zug gegen Einhaltung des Wettbewerbsverbots iÜ den vollen Anspruch auf Entschädigung[1]. Bewirkt das Verbot eine unbillige Fortkommenserschwerung, kommt – wenn sachgerecht möglich – ebenfalls eine geltungserhaltende Reduktion in Betracht[2].

Ein nachvertragl. Wettbewerbsverbot ist nicht alternativ an S. 1 und S. 2 zu messen. Vielmehr ist **zwei-** 3 **stufig** zu prüfen. Zunächst ist gem. S. 1 festzustellen, inwieweit das Wettbewerbsverbot vom berechtigten geschäftlichen Interesse gedeckt ist. Gegenstand der anschließenden Prüfung nach S. 2 ist dann das Wettbewerbsverbot nur in demjenigen Umfang, in dem es von S. 1 gedeckt ist[3].

2. Berechtigtes geschäftliches Interesse des Arbeitgebers. Das „berechtigte geschäftliche Interesse" 4 ist ein unbestimmter Rechtsbegriff, der von den Gerichten voll überprüft werden kann. Das Interesse muss sowohl sachlich als auch örtlich und zeitlich bestehen. Liegt ein berechtigtes geschäftliches Interesse vor, ist es unschädlich, wenn der ArbGeb daneben noch andere Interessen verfolgt[4].

a) Sachliche Reichweite. Ein Wettbewerbsverbot ist nur dann verbindlich, wenn eine **finale Beziehung** 5 zwischen der früheren Tätigkeit des ArbN und dem untersagten Wettbewerb besteht[5]. Mittlerweile erkennt die Rspr. nur noch zwei legitime Gründe für Wettbewerbsverbote an, nämlich zum einen den **Schutz von Geschäftsgeheimnissen**, zum anderen den **Schutz vor Einbruch des ausgeschiedenen Mitarbeiters in Kunden- oder Lieferantenkreise**. Dementsprechend finden sich Wettbewerbsverbote in der Praxis am häufigsten bei Geheimnisträgern und bei Vertriebsmitarbeitern. Nicht von Abs. 1 S. 1 gedeckt sind Wettbewerbsverbote, mittels derer der ausgeschiedene Mitarbeiter lediglich im **Kampf um künftige Kunden** ausgeschaltet werden soll[6]. Unverbindlich ist auch ein Verbot, welches nicht dem Schutz des ArbGeb, sondern der **Schwächung eines bestimmten Konkurrenten** dient[7] oder mit dem ein qualifizierter Mitarbeiter **für die Konkurrenz gesperrt** werden soll[8]. Eine kurze Laufzeit des Wettbewerbsverbots (drei oder sechs Monate) kann dafür sprechen, dass es dem ArbGeb lediglich darum geht, dem ArbN (unzulässigerweise) einen Arbeitsplatzwechsel zu erschweren.

Die Prüfung des berechtigten geschäftlichen Interesses hat jeweils einzelfallbezogen zu erfolgen. Bei 6 **freien Berufen** reicht regelmäßig eine Mandanten- bzw. Kundenschutzklausel aus, ein generelles Niederlassungsverbot ist meist unverbindlich[9]. Bei **Vertriebsmitarbeitern** ist ein vollständiges Tätigkeitsverbot nur dann gerechtfertigt, wenn es um den Schutz von Geschäftsgeheimnissen geht. Will der ArbGeb sich dagegen nur vor einem Einbruch in seine Kunden- bzw. Lieferantenkreise schützen, reicht eine Kundenschutzklausel[10]. Bei **gewerblichen ArbN** fehlt das berechtigte geschäftliche Interesse regelmäßig, das Gleiche gilt in **Branchen ohne Betriebs- oder Geschäftsgeheimnisse**[11].

Unternehmensbezogene Wettbewerbsverbote (s. § 74 Rz. 40 ff.) sind zumindest bei **Führungskräften** 7 regelmäßig vom berechtigten geschäftlichen Interesse gedeckt, obwohl sie den ArbN auch für ganz andere Tätigkeiten sperren, als er bei seinen alten ArbGeb ausgeübt hat. Entscheidend ist hier die fehlende Kontrollmöglichkeit des ArbGeb, aber auch der stets drohende Verrat von Geschäftsgeheimnissen[12]. Bei **konzernweiten Verboten** (s. § 74 Rz. 47 f.) kann das berechtigte geschäftliche Interesse für die Sperrung zu Gunsten einzelner Konzernunternehmen fehlen[13].

Verkauft der ArbGeb den Geschäftsbetrieb oder **schließt** er **den Betrieb**, entfällt das berechtigte Inte- 8 resse. Das Gleiche gilt, wenn der ArbGeb praktisch keine Konkurrenz mehr hat[14] oder der ArbN entgegen den ursprünglichen Erwartungen **nicht** mit Betriebs- oder Geschäftsgeheimnissen **in Berührung** gekommen ist, bspw. wenn das ArbVerh nur sehr kurz gedauert hat (zum Inkrafttreten eines Wettbewerbsverbots trotz fehlendem Dienstantritt oder Ausscheiden in der Probezeit s. § 74 Rz. 62 f.)[15].

---

1 BAG 2.2.1968 – 3 AZR 462/66, AP Nr. 22 zu § 74 HGB; 16.12.1968 – 3 AZR 434/67, AP Nr. 21 zu § 133f GewO; 21.4. 2010 – 10 AZR 288/09, DB 2010, 1889. ‖ 2 *Bauer/Diller*, Rz. 372. ‖ 3 *Bauer/Diller*, Rz. 348. ‖ 4 BAG 16.12. 1968 – 3 AZR 435/67, AP Nr. 21 zu § 133f GewO. ‖ 5 BAG 21.3.1964 – 5 AZR 232/63, AP Nr. 15 zu § 133f GewO; 22.11.1965 – 3 AZR 130/65, AP Nr. 1 zu § 611 BGB Abwerbung; 24.6.1966 – 3 AZR 501/65, AP Nr. 2 zu § 74a HGB; 9.9.1968 – 3 AZR 188/67, AP Nr. 22 zu § 611 BGB Konkurrenzklausel; 1.8.1995 – 9 AZR 884/93, AP Nr. 5 zu § 74a HGB. ‖ 6 BAG 21.3.1964 – 5 AZR 232/63, AP Nr. 5 zu § 133f GewO. ‖ 7 BAG 22.11.1965 – 3 AZR 130/65, AP Nr. 1 zu § 611 BGB Abwerbung. ‖ 8 Ausf. BAG 1.8.1995 – 9 AZR 884/93, AP Nr. 5 zu § 74a HGB. ‖ 9 *v. Hoyningen-Huene*, § 74 Rz. 12; *Michalski/Römermann*, ZIP 1994, 440; s.a. BGH 14.7.1997 – II ZR 238/96, NJW 1997, 3089. ‖ 10 OLG Hamm 11.1.1988 – 8 U 142/87, GmbHR 1988, 345; ausf. *Bauer/Diller*, Rz. 308. ‖ 11 Vgl. BAG 21.3.1964 – 5 AZR 232/63, AP Nr. 15 zu § 133f GewO betr. eine Fahrschule. ‖ 12 BAG 16.12.1968 – 3 AZR 434/67, AP Nr. 21 zu § 133f. GewO; 30.1.1970 – 3 AZR 348/69, AP Nr. 24 zu § 133f GewO. ‖ 13 Ausf. *Bauer/Diller*, Rz. 316. ‖ 14 BAG 2.8.1971 – 3 AZR 121/71, AP Nr. 25 zu § 615 BGB. ‖ 15 BAG 1.8.1995 – 9 AZR 884/93, AP Nr. 5 zu § 74a HGB; 25.4.1989 – 3 AZR 35/88, AP Nr. 7 zu § 611 BGB Betriebsgeheimnis.

9 **b) Örtliche Reichweite.** Das Wettbewerbsverbot darf nur auf dasjenige Gebiet erstreckt werden, in dem dem ArbGeb tatsächlich Konkurrenz droht. Während bei Massendienstleistungen (zB freie Berufe) dieses Gebiet regelmäßig sehr klein sein wird, kommt bei hochspezialisierten Dienstleistungen oder in technischen Bereichen auch eine Erstreckung auf das **Ausland** oder gar die **ganze Welt** in Betracht[1].

10 **c) Zeitliche Reichweite.** Angesichts der gesetzl. normierten Höchstdauer von zwei Jahren (Abs. 1 S. 3) wird es nur selten vorkommen, dass ein Wettbewerbsverbot in zeitlicher Hinsicht die Grenzen des Abs. 1 S. 1 überschreitet. In Betracht kommt dies aber bei sehr **kurzlebigen Produkten**.

11 **d) Maßgeblicher Zeitpunkt.** Abs. 1 S. 1 ist grds. **dynamisch**. Es kommt nicht auf die Umstände bei Vereinbarung des Wettbewerbsverbots an, sondern beim **Ausscheiden**. Ein zunächst verbindliches Verbot kann also auf Grund späterer Umstände unverbindlich werden, wenn das Interesse wegfällt. Umgekehrt kann ein zunächst mangels eines berechtigten geschäftlichen Interesses unverbindliches Verbot durch spätere Umstände verbindlich werden[2]. Zugunsten des ArbN, nicht aber zu Lasten des ArbN[3], sind sogar Veränderungen zu berücksichtigen, die erst **während des Laufs des Wettbewerbsverbots** eintreten (zB Schließung des Betriebs des ArbGeb), das Verbot wird dann ex nunc (nicht: ex tunc!) unverbindlich[4].

12 **e) Darlegungs- und Beweislast.** Abs. 1 S. 1 ist eine rechtshindernde Einwendung, für die grds. der ArbN darlegungs- und beweispflichtig ist[5].

13 **3. Unbillige Erschwerung des Fortkommens des Arbeitnehmers (Abs. 1 S. 2).** Abs. 1 S. 2 stellt auf die Wechselwirkung zwischen **vier verschiedenen Faktoren** ab, nämlich die Höhe der Entschädigung sowie Ort, Zeit und Gegenstand des Wettbewerbsverbots. Zusätzlich ist die sich aus den vier genannten Faktoren ergebende Beschränkung des ArbN **abzuwägen** gegen die berechtigten geschäftlichen Interessen des **ArbGeb**[6].

14 Da zwischen den in die Betrachtung einzubeziehenden Kriterien eine **Wechselwirkung** besteht, können allgemeine Grundsätze kaum aufgestellt werden. Eine örtlich und sachlich umfassende Bindung des ArbN ist jedenfalls für kurze Zeit hinzunehmen[7]. In der heutigen Zeit ist ein Wettbewerbsverbot, das die Berufsausübung in Deutschland schlechthin vereitelt, nicht mehr per se unbillig[8]. Richtigerweise ist zumindest bei **Spitzenkräften** der Zwang zum Berufswechsel oder zur Auswanderung in andere deutschsprachige Länder hinnehmbar. Bei **Vertriebsmitarbeitern** ist ein Branchenwechsel in der Regel zumutbar.

15 Die Unbilligkeit eines Wettbewerbsverbots kann sich daraus ergeben, dass ihm eine **lange Freistellungsperiode** vorangeht[9]. **Unternehmensbezogene** Wettbewerbsverbote sind bei Führungskräften regelmäßig von Abs. 1 S. 2 gedeckt, bei Nicht-Führungskräften ist dies jedoch problematisch[10]. Bei einer Entschädigung in Höhe der **vollen** Bezüge ist eine weit gehende Beschränkung des berufl. Fortkommens akzeptabel, die bei Zahlung nur der 50%igen Mindestkarenzentschädigung zweifelhaft wäre. Unbillig kann auch die Sperrung eines **teilzeitbeschäftigten** Mitarbeiters (mit entsprechend niedriger Karenzentschädigung) für eine Vollzeittätigkeit sein[11]. Ergibt sich die Unverbindlichkeit des Wettbewerbsverbots nach Abs. 1 S. 2 aus der Abwägung zwischen Bindungswirkung und Höhe der Entschädigung, kann der ArbGeb das Verbot **nicht** nachträglich durch Zusage einer höheren Entschädigung **heilen**[12].

16 Zur **Beweislast** sowie zum maßgeblichen **Zeitpunkt** s. Rz. 11 ff. entsprechend.

17 **III. Höchstdauer von zwei Jahren (Abs. 1 S. 3).** Die zwei Jahre zählen ab dem Ende des Dienstverhältnisses, nicht schon ab einer vorangegangenen **Freistellung**. Die Zwei-Jahres-Frist kann nicht dadurch verlängert werden, dass der ArbN nur während bestimmter **Zeitspannen** gesperrt sein soll (zB während jährlicher Messen oder bei Saisonbetrieben)[13]. Zeiträume, in denen die Einhaltung des Verbots unmöglich war (zB wegen Krankheit etc.) verlängern die Zwei-Jahres-Frist nicht. Lässt sich der ArbN nach Beendigung des ArbVerh auf eine Verlängerung des Zwei-Jahres-Zeitraums ein, ist dagegen nichts einzuwenden, da nach Beendigung des ArbVerh die Schutzvorschriften der §§ 74ff. nicht mehr gelten (s. § 74 Rz. 12f.). Allerdings ist stets die Grenze des § 138 BGB (vgl. Abs. 3) zu beachten.

18 Ein Verbot ist nur **insoweit** unverbindlich, als es die zulässige Höchstdauer überschreitet[14]. Der ArbN kann bis zum Ablauf des zweiten Jahres abwarten und sich dann entscheiden, ob er (gegen Weiterzahlung der Entschädigung) das Verbot auch für die darüber hinausgehende Zeit einhalten will oder nicht[15].

---

1 BAG 30.1.1970 – 3 AZR 348/69, AP Nr. 24 zu § 133f GewO. ||2 BAG 28.1.1966 – 3 AZR 374/65, AP Nr. 18 zu § 74a HGB. ||3 Ausf. *Bauer/Diller*, Rz. 328ff. ||4 BAG 28.1.1966 – 3 AZR 374/65, AP Nr. 18 zu § 74 HGB. ||5 LAG Nds. 16.7.2009 – 4 SaGa 697/09, NZA-RR 2010, 68; *Buchner*, Rz. C 259; *Grüll/Janert*, S. 45; *Staub/Konzen/Weber*, § 74a Rz. 3. ||6 *Bauer/Diller*, Rz. 341; *Buchner*, Rz. C 261; *Grüll/Janert*, S. 45ff. ||7 BAG 4.10.1958 – 2 AZR 200/55, AP Nr. 7 zu Art. 12 GG. ||8 AA *Buchner*, Rz. C 264. ||9 Vgl. BGH 29.3.1995 – VIII ZR 102/94, BGHZ 129, 186 zu Handelsvertretern. ||10 BAG 16.12.1968 – 3 AZR 434/67 u. 30.1.1970 – 3 AZR 348/69, AP Nr. 21, 24 zu § 133f GewO. ||11 *Bauer/Diller*, Rz. 346. ||12 *Buchner*, Rz. C 277; *Grunsky*, S. 97. ||13 *v. Hoyningen-Huene*, § 90a Rz. 18. ||14 BAG 2.12.1966 – 3 AZR 235/66, AP Nr. 18 zu § 133f GewO; 19.5.1983 – 2 AZR 171/81, BB 1984, 533. ||15 LAG Düss. 4.3.1997 – 3 Sa 1644/96, NZA-RR 1998, 58.

IV. Wettbewerbsverbot mit Minderjährigen (Abs. 2 S. 1 Alt. 1). Abs. 2 S. 1 stellt ausdrücklich auf den Zeitpunkt des „**Abschlusses**" des Verbots ab, gilt also auch dann, wenn das Verbot erst nach Eintritt der Volljährigkeit beginnt[1]. Rechtsfolge ist **Nichtigkeit** (nicht Unverbindlichkeit oder schwebende Unwirksamkeit). Deshalb kann der Minderjährige nach § 108 III BGB nicht nach Eintritt der Volljährigkeit genehmigen[2]. Möglich ist aber eine (formwirksame!) Bestätigung nach § 141 BGB. Abs. 2 S. 1 gilt auch, wenn die gesetzl. Vertreter nach §§ 183, 184 BGB zustimmen[3] oder als gesetzl. Vertreter das Wettbewerbsverbot selbst abschließen. Abs. 2 S. 1 gilt auch dann, wenn der Minderjährige gem. § 113 BGB allgemein für alle Angelegenheiten aus dem Dienst- oder ArbVerh unbeschränkt geschäftsfähig ist[4]. Neben Abs. 2 S. 1 sind auch die Beschränkungen der §§ 12, 26 BBiG zu beachten.

V. Verpfändung des Ehrenworts (Abs. 2 S. 1 Alt. 2). S. die Erl. bei § 74 Rz. 36.

VI. Verpflichtung eines Dritten (Abs. 2 S. 2). Die Vorschrift dient dem **Umgehungsschutz**. Es sollen sich nicht anstelle des ArbN nahe stehende Dritte (zB Ehegatten, Eltern, Geschwister) verpflichten. Ob der Dritte die Wettbewerbsunterlassung „garantiert" oder nur die Beeinflussung des ArbN verspricht, ist unerheblich[5]. Die Vorschrift gilt allerdings nur dann, wenn sich der Dritte **an Stelle** des ArbN verpflichtet. Ist dagegen ein unmittelbares Wettbewerbsverbot mit dem ArbN vereinbart, werden verstärkende Abreden mit Dritten (zB Bürgschaftsübernahme, Vertragsstrafe, Garantieerklärungen) nicht von Abs. 2 S. 2 erfasst[6].

Verpflichtet sich ein Dritter **unmittelbar selbst** ggü. dem ArbGeb zur Wettbewerbsunterlassung, greift Abs. 2 S. 2 nicht. Sofern an einer solchen Gestaltung ein berechtigtes geschäftliches Interesse besteht, ist dagegen nichts einzuwenden (zB Vereinbarung eines Verbots mit der Ehefrau des ausgeschiedenen ArbN, um Strohmanntätigkeiten zu vermeiden). Nur unter Beachtung der §§ 74 ff. zulässig ist dagegen die Vereinbarung eines Wettbewerbsverbots mit dem neu gegründeten Unternehmen des ausgeschiedenen ArbN, da sonst eine Umgehung der §§ 74 ff. droht[7].

Abs. 2 S. 2 verbietet nicht Wettbewerbsverbote mit **ArbN eines Subunternehmers**, allerdings gelten hier die §§ 74 ff. entsprechend[8]. Das Gleiche gilt für Vereinbarungen zwischen dem ArbN und **Geschäftspartnern des ArbGeb**, wonach der ArbN diesen keinen Wettbewerb machen darf[9].

VII. Sittenwidrigkeit (Abs. 3). Abs. 3 stellt klar, dass ein Wettbewerbsverbot unabhängig von den Grenzen des Abs. 1 gem. § 138 BGB sittenwidrig und damit nichtig sein kann. Da Fragen des Verbotsinhalts durch Abs. 1 umfassend geregelt werden, kann sich eine Sittenwidrigkeit allenfalls aus den **Begleitumständen** ergeben (Ausbeutung einer Zwangslage oder Ausnutzung der Unerfahrenheit, des Mangels an Urteilsvermögen oder Willensschwäche)[10].

74b Zahlung der Entschädigung

(1) Die nach § 74 Abs. 2 dem Handlungsgehilfen zu gewährende Entschädigung ist am Schlusse jedes Monats zu zahlen.

(2) Soweit die dem Gehilfen zustehenden vertragsmäßigen Leistungen in einer Provision oder in anderen wechselnden Bezügen bestehen, sind sie bei der Berechnung der Entschädigung nach dem Durchschnitt der letzten drei Jahre in Ansatz zu bringen. Hat die für die Bezüge bei der Beendigung des Dienstverhältnisses maßgebende Vertragsbestimmung noch nicht drei Jahre bestanden, so erfolgt der Ansatz nach dem Durchschnitt des Zeitraums, für den die Bestimmung in Kraft war.

(3) Soweit Bezüge zum Ersatze besonderer Auslagen dienen sollen, die infolge der Dienstleistung entstehen, bleiben sie außer Ansatz.

I. Zahlungszeitpunkt/Fälligkeit (Abs. 1). Nach Abs. 1 ist die Karenzentschädigung grds. am Schluss jedes Monats zu zahlen. Nicht zulässig ist es deshalb, die Entschädigung bereits **während des Arbeitsverhältnisses** durch eine besondere Zulage abzugelten[11] oder noch während des ArbVerh die volle Karenzentschädigung als **Einmalbetrag** im Voraus zu zahlen[12]. Erst wenn das Wettbewerbsverbot in Kraft getreten ist, kann – abweichend von der gesetzl. vorgesehenen monatlichen Zahlungsweise – die Auszahlung der Gesamtentschädigung als Einmalbetrag erfolgen[13].

Nicht möglich ist es, die Karenzentschädigung zeitlich auf einen längeren Zeitraum als zwei Jahre zu **strecken** oder die Entschädigung als Einmalzahlung erst mit dem Ende des Wettbewerbsverbots fließen zu lassen (selbst wenn der Zinsnachteil ausgeglichen würde)[14].

---

1 *Buchner*, Rz. C 218; *Grunsky*, S. 53. || 2 *Röhsler/Borrmann*, S. 101; *Gaul*, Der erfolgreiche Schutz von Betriebs- und Geschäftsgeheimnissen, 1994, S. 169. || 3 BAG 20.4.1964 – 5 AZR 278/63, AP Nr. 17 zu § 90a HGB; *Buchner*, Rz. C 217; *Grunsky*, S. 53. || 4 *Bauer/Diller*, Rz. 560. || 5 *Heymann/Henssler*, § 74a Rz. 21. || 6 *Röhsler/Borrmann*, S. 102; *Heymann/Henssler*, § 74a Rz. 30; *Bauer/Diller*, Rz. 131. || 7 OLG Köln 3.12.1993 – 6 U 140/93, BB 1994, 1503. || 8 OLG Stuttgart 14.8.1970 – 2 U 13/70, BB 1970, 1176. || 9 *Heymann/Henssler*, § 74 Rz. 1. || 10 S. *Bauer/Diller*, Rz. 359f. || 11 BAG 14.7.1981 – 3 AZR 414/80, AP Nr. 38 zu § 74 HGB. || 12 LAG Düss. 19.2.1976 – 3 Sa 943/75, DB 1976, 1113. || 13 *Grunsky*, S. 89; *Bauer/Diller*, Rz. 432. || 14 *Bauer/Diller*, Rz. 431.

HGB § 74b Rz. 3   Zahlung der Entschädigung

3 Ist entgegen Abs. 1 die Zahlung der Entschädigung bereits **während des Arbeitsverhältnisses** vorgesehen, ist das Verbot insg. unverbindlich (s. § 74 Rz. 96). Ist dagegen **innerhalb des Verbotszeitraums** die Fälligkeit zu Lasten des ArbN abweichend von Abs. 1 geregelt worden, wird lediglich die Fälligkeitsbestimmung unwirksam, so dass die Fälligkeitsregel des Abs. 1 gilt[1].

4 Abs. 1 gilt unabhängig davon, ob **vor- oder nachschüssige Lohnzahlung** vereinbart war[2]. Mit dem „**Monatsende**" soll nach zweifelhafter Ansicht[3] nicht das Ende des Kalendermonats gemeint sein, vielmehr sei vom Vertragsende an zu rechnen. Dementsprechend würden bei einer fristlosen Kündigung zur Monatsmitte die Entschädigungsraten auch jeweils zur Mitte der Folgemonate fällig. Für den ArbN günstigere Fälligkeiten sind natürlich möglich.

5 **II. Berechnung der Entschädigung bei variablen Bezügen (Abs. 2).** Abs. 2 enthält **systemwidrig** ergänzende Regeln für die Berechnung der Karenzentschädigung, diese Regeln hätten zu § 74 II gehört. Für variable Vergütungsbestandteile ist grds. der Schnitt der letzten drei Jahre vor dem Ausscheiden zugrunde zu legen. Zu beachten ist, dass bei einem ArbN mit variablen Gehaltsbestandteilen **nicht die gesamte Karenzentschädigung** nach dem Schnitt der letzten drei Jahre zu berechnen ist. Vielmehr bleibt es für alle nicht-variablen Leistungen bei § 74 II, wonach der letzte Monatsbezug maßgeblich ist. Zur Ermittlung der Karenzentschädigung sind die sich aus festen Vergütungsbestandteilen nach § 74 II ergebenden Teile der Karenzentschädigung mit den sich aus variablen Bezügen nach Abs. 2 ergebenden Teilen der Entschädigung zu addieren, eine außerordentl. fehlerträchtige Berechnungsmethode.

6 Unter Abs. 2 fallen alle Einkommensarten, die „**von ständig wechselnden äußeren Umständen abhängen**"[4]. Dies betrifft Vergütungen, die entweder nicht in jedem Bezugszeitraum anfallen oder zwar in jedem Bezugszeitraum anfallen, aber jeweils in unterschiedlicher Höhe.

7 Unregelmäßig anfallende Vergütungsbestandteile sind zB **Provisionen, Gratifikation, Jahrestantieme, Jahresbonus, Treueprämie, Jubiläumszuwendung, Urlaubsgeld, Belegschaftsaktien, Rechte auf vergünstigten Bezug von Produkten des Unternehmens** wie zB Jahreswagen.

8 Ein **Weihnachtsgeld/13. Gehalt** fällt nur dann unter Abs. 2, wenn es in wechselnder Höhe gezahlt wird, unter Widerrufsvorbehalt steht oder mit Verfall- oder Rückzahlungsklauseln versehen ist. Ist das Weihnachtsgeld/13. Gehalt dagegen unbedingt zugesagt und wird es bei Ausscheiden pro rata temporis gezahlt, ist Abs. 2 nicht einschlägig. Das Weihnachtsgeld/13. Gehalt ist dann auf die monatliche Festvergütung umzulegen und bei der Berechnung der Karenzentschädigung nach § 74 II anzusetzen.

9 Nach Abs. 2 kommt es auf den Durchschnitt der letzten drei Jahre an. Gemeint sind nicht drei Kalenderjahre, sondern **36 Monate** (nicht: Kalendermonate)[5]. Dabei kommt es nicht auf die Fälligkeit an, sondern auf den **Bezugszeitraum**[6]. Scheidet bspw. der ArbN zum 31.12.2013 aus, so sind die für die Jahre 2011, 2012 und 2013 geschuldeten Jahrestantiemen unabhängig davon anzusetzen, ob sie bereits gezahlt sind, wann sie gezahlt wurden und ob sie zB erst nach dem Ausscheiden gezahlt werden. Nicht einzubeziehen ist dagegen die in 2011 für 2010 gezahlte Jahrestantieme.

10 Soll nach den vertragl. Vereinbarungen der **Anspruch** auf Sonderzahlungen **entfallen**, falls das ArbVerh zum Auszahlungszeitpunkt bereits beendet oder zumindest gekündigt ist, ist dies bei der Berechnung der Entschädigung hinzunehmen, eine Aufstockung kommt nicht in Betracht[7].

11 Vergütungsbestandteile, die zwar regelmäßig anfallen, aber jeweils in **unterschiedlicher Höhe**, sind zB **Provisionen, Überstundenvergütungen**[8]**, Leistungszulagen, Akkordmehrverdienste** etc. Auch hier kommt es nur auf das Entstehen des Anspruchs, nicht auf die Fälligkeit an, so dass ein Provisionsanspruch zu berücksichtigen ist, wenn der Abschluss des Geschäfts in den dreijährigen Bezugszeitraum fiel, auch wenn die Provision erst nach dem Ausscheiden fällig wird[9].

12 Stehen variable Vergütungsbestandteile im Moment des Ausscheidens noch nicht fest (was zB bei Jahrestantiemen vorkommen kann), muss die Höhe der Entschädigung **geschätzt** werden. Sobald die Ansprüche summenmäßig feststehen, muss zurück- oder nachgezahlt werden[10].

13 Hat der Anspruch auf den variablen Vergütungsbestandteil weniger als drei Jahre bestanden, ist nur der entsprechend kürzere Zeitraum maßgeblich (Abs. 2 S. 2). Ändern sich Provisionsstaffeln geringfügig, ist regelmäßig nicht von einer neuen Zusage auszugehen, so dass der Drei-Jahres-Zeitraum nicht unterbrochen wird. Ähnliches gilt bei einer Änderung der Geld- oder Zeitfaktoren beim Akkord. Erst bei einer grundlegenden Änderung der Bemessungsgrößen oder Berechnungsfaktoren wird man von einer neuen „Vertragsbestimmung" iSv. Abs. 2 S. 1 ausgehen müssen mit der Folge, dass eine neue Drei-

---

1 *Bauer/Diller*, Rz. 482. || 2 *Grunsky*, S. 89. || 3 Heymann/*Henssler*, § 74b Rz. 8. || 4 BAG 5.8.1966 – 3 AZR 235/66, AP Nr. 19 zu § 74 HGB. || 5 *Bauer/Diller*, Rz. 415. || 6 BAG 9.1.1990 – 3 AZR 110/88, AP Nr. 59 zu § 74 HGB in Abweichung von der früheren Rspr. || 7 BAG 18.10.1976 – 3 AZR 376/75, AP Nr. 1 zu § 74b HGB; ausf. zu der ganzen Problematik *Bauer/Diller*, Rz. 417 ff. || 8 BAG 10.5.1971 – 3 AZR 126/70, AP Nr. 6 zu § 628 BGB. || 9 *Grunsky*, S. 70; die ältere Rspr. des BAG 20.4.1967 – 3 AZR 314/66, AP Nr. 20 zu § 74 HGB ist durch die Entscheidung 9.1.1990 – 3 AZR 100/88, AP Nr. 59 zu § 74 HGB überholt. || 10 BAG 2.6.1987 – 3 AZR 626/85, AP Nr. 13 zu § 74c HGB zum Parallelproblem bei der Anrechnung anderweitigen Erwerbs.

Jahres-Frist in Lauf gesetzt wird. Dagegen beginnt eine neue Drei-Jahres-Frist, wenn sich eine Gewinn- oder Umsatzbeteiligung nominal erhöht[1].

III. Berücksichtigung von Auslagenersatz bei der Berechnung der Karenzentschädigung (Abs. 3). 14
Diese Vorschrift hätte zu § 74 II gehört. Zu den Einzelheiten s. § 74 Rz. 79.

74c *Anrechnung anderweitigen Erwerbs*

(1) Der Handlungsgehilfe muss sich auf die fällige Entschädigung anrechnen lassen, was er während des Zeitraums, für den die Entschädigung gezahlt wird, durch anderweitige Verwertung seiner Arbeitskraft erwirbt oder zu erwerben böswillig unterlässt, soweit die Entschädigung unter Hinzurechnung dieses Betrags den Betrag der zuletzt von ihm bezogenen vertragsmäßigen Leistungen um mehr als ein Zehntel übersteigen würde. Ist der Gehilfe durch das Wettbewerbsverbot gezwungen worden, seinen Wohnsitz zu verlegen, so tritt an die Stelle des Betrags von einem Zehntel der Betrag von einem Viertel. Für die Dauer der Verbüßung einer Freiheitsstrafe kann der Gehilfe eine Entschädigung nicht verlangen.

(2) Der Gehilfe ist verpflichtet, dem Prinzipal auf Erfordern über die Höhe seines Erwerbes Auskunft zu erteilen.

I. Allgemeines. Die Anrechnungsvorschrift entspricht einem **Billigkeitsgebot**[2] und ist iÜ Ausdruck 1
des allg. **Bereicherungsverbots**[3]. Die Anrechnung gilt kraft Gesetzes, setzt also keine ausdrückliche Vereinbarung voraus. § 74c beschränkt den ArbGeb nicht auf eine „Verrechnung" im engeren Sinne dahin gehend, dass anderweitiger Erwerb nur bei der Auszahlung der Karenzentschädigung abgezogen werden dürfte. Hat der ArbGeb die Entschädigung zunächst ausgezahlt und erfährt er erst später von anrechenbarem Erwerb, so kann er die Überzahlung nach § 812 BGB **zurückfordern**. Eine allgemeine Erledigungsklausel in einem Aufhebungsvertrag steht der Anrechnung nicht entgegen[4]. Die Anrechnung setzt keine Erklärung des ArbGeb voraus, vielmehr vermindert sich die Karenzentschädigung **automatisch** um den anrechenbaren Betrag.

II. Anrechnungsgrenzen. 1. Regelfall: 110 %. Im Regelfall beginnt die Anrechnung, wenn Karenzent- 2
schädigung und Hinzuverdienst 110 % der früheren Bezüge übersteigen. Die 110 %-Grenze gilt unabhängig davon, wie hoch die zugesagte Entschädigung ist. Sie gilt auch, wenn der ArbGeb mehr als 50 % zugesagt hat, was für den ArbN nachteilig sein kann.

In der betriebl. Praxis wird die Karenzentschädigung häufig nach der Faustformel „**alte Bezüge plus** 3
10 % abzüglich neue Bezüge" berechnet[5]. Genau genommen ist wie folgt zu rechnen:

(1) Letzter Monatsverdienst vor dem Ausscheiden	12 000 Euro
(2) 50%ige Entschädigung, also	6 000 Euro
(3) Erwerb beim neuen ArbGeb	10 000 Euro
(4) Die Summe aus (2) und (3) ergibt	16 000 Euro
(5) 110 % von (1) sind	13 200 Euro
(6) Die Differenz von (4) und (5) ergibt den auf die Karenzentschädigung anzurechnenden Betrag von	2 800 Euro
(7) Die Karenzentschädigung beträgt also die Differenz von (2) und (6), also	3 200 Euro

Die Anrechnung ist **monatlich** zu berechnen. Die anderweitigen Bezüge werden also nicht gleich- 4
mäßig auf den ganzen Verbotszeitraum umgelegt (anders als nach § 615 BGB!)[6]. Ebenso wie bei der Berechnung der Karenzentschädigung (s. § 74b Rz. 9) sind Zahlungen grds. den **Bezugszeiträumen zuzuordnen**, für die sie gezahlt werden, ohne dass es auf die Fälligkeit ankäme[7]. Das für den Monat Juni geschuldete Gehalt ist deshalb auch dann mit der Juni-Karenzentschädigung zu verrechnen, wenn das Gehalt bereits vorschüssig im Mai oder verspätet erst im Juli gezahlt wird.

§ 74b II ist bei der Anrechnung nach § 74c nicht anwendbar. Für die Anrechnung variabler Vergütun- 5
gen ist deshalb **nicht der Durchschnitt von 36 Monaten** anzusetzen. Stattdessen sind die Zahlungen auf den Zeitraum umzulegen, für den sie gezahlt werden (so sind zB Weihnachtsgelder oder Jahrestantiemen grds. zu zwölfteln)[8]. Stehen die anderweitigen Einkünfte zunächst noch nicht fest, müssen **Abschläge** gezahlt werden[9].

Einkünfte in ständig wechselnder Höhe sind grds. **jährlich** zu ermitteln und mit der Jahreskarenzent- 6
schädigung zu verrechnen, wobei es wiederum jeweils auf den **Bezugszeitraum** ankommt[10]. Eine Umlage anderweitiger Einkünfte auf das gesamte Jahr kommt aber dann nicht in Betracht, wenn der ArbN nur in einigen Monaten überhaupt Einkünfte erzielt hat.

---

1 GK-HGB/*Etzel*, §§ 74–75d Rz. 46. ‖ 2 BAG 18.11.1967 – 3 AZR 471/66, AP Nr. 21 zu § 74 HGB. ‖ 3 BAG 17.12.1973 – 3 AZR 283/73, AP Nr. 2 zu § 74c HGB. ‖ 4 LG Freiburg 23.1.1998 – 12 O 142/97. ‖ 5 *Grüll/Janert*, S. 58. ‖ 6 BAG 29.7.1993 – 2 AZR 110/93, DB 1993, 2437; 16.5.1969 – 3 AZR 137/68, AP Nr. 23 zu § 133f GewO; anders noch BAG 23.1.1967 – 3 AZR 253/66, AP Nr. 1 zu § 74c HGB. ‖ 7 *Staub/Konzen/Weber*, § 74c Rz. 4. ‖ 8 BAG 2.6.1987 – 3 AZR 626/85, AP Nr. 13 zu § 74c HGB. ‖ 9 *Bauer/Diller*, Rz. 820. ‖ 10 BAG 2.6.1987 – 3 AZR 626/85, AP Nr. 13 zu § 74c HGB mit umfassenden Nachweisen.

7 Hat der ArbN sich selbständig gemacht, muss er im Rahmen seiner **Auskunftspflicht** (Abs. 2, s. Rz. 26 ff.) vorläufige Ergebnisse angeben, die Einzelheiten beurteilen sich im Einzelfall nach Treu und Glauben[1]. Auf Grund der vorläufigen Angaben des ArbN muss der ArbGeb monatlich einen vorläufigen Anrechnungsbetrag ermitteln und entsprechende **Abschläge** zahlen. Am Endes des einjährigen Ausgleichszeitraums ist auf Jahresbasis zu saldieren und anschließend nach- bzw. zurückzuzahlen[2].

8 Nimmt ein früherer **teilzeitbeschäftigter** ArbN nach seinem Ausscheiden eine Vollzeittätigkeit auf, so ist ein anderweitiges Einkommen nur ratierlich gekürzt anzurechnen[3]. Anders herum scheidet bei Aufnahme einer Teilzeitbeschäftigung durch einen früher vollzeittätigen ArbN eine Hochrechnung der erzielten Einkünfte zum Zwecke der Anrechnung aus[4].

9 **2. Erhöhte Anrechnungsgrenze von 125 % bei Wohnsitzverlegung.** Die erhöhte Anrechnungsgrenze von 125 % soll die Mehraufwendungen ausgleichen, die der ArbN durch einen Wohnsitzwechsel erleidet. Zugleich soll ein **Anreiz für den ArbN** geschaffen werden, sich nach einer neuen Arbeit umzusehen, anstatt von der Karenzentschädigung zu leben[5].

10 Zieht der ArbN **erst nach einiger Zeit** um, gilt die 125 %-Grenze rückwirkend für den gesamten Karenzzeitraum. Die 125 %-Grenze gilt nur dann, wenn der **Lebensmittelpunkt der Familie verlegt** wird. Die Begründung eines zweiten Wohnsitzes reicht nicht, sofern nicht die Familie nachgeholt wird[6]. Die 125 %-Grenze gilt auch dann (rückwirkend), wenn der ArbN zunächst am Ort eine konkurrenzfreie Stelle antritt, dann aber von seinem ArbGeb nach auswärts versetzt wird[7].

11 Die 125 %-Grenze gilt nur, wenn das Wettbewerbsverbot **ursächlich** für den Umzug war. Daran fehlt es, wenn der ArbN an seinem bisherigen Wohnort sowie im unmittelbaren Einzugsbereich auch ohne das Wettbewerbsverbot eine passende Stelle gefunden hätte[8]. Die Ursächlichkeit des Umzugs ist bspw. zu bejahen, wenn der ArbN glaubhaft vorträgt, dass er sich ohne das Wettbewerbsverbot an seinem bisherigen Wohnort in seiner bisherigen Branche selbständig gemacht hätte[9]. Grds. reicht es aus, dass der ArbN vernünftige Gründe für die Annahme der neuen auswärtigen Stelle hatte[10]. Für die Ursächlichkeit des Wettbewerbsverbots für den Umzug ist grds. der **ArbN beweispflichtig**[11]. Einen Anscheinsbeweis für die Ursächlichkeit des Umzugs kann der ArbN regelmäßig dadurch führen, dass er auf für ihn gesperrte Konkurrenzunternehmen an seinem bisherigen Wohnort verweist. Er muss sich dort nicht vergeblich beworben haben[12].

12 Die **Entfernung** zwischen altem und neuem Wohnsitz ist unerheblich. Je kürzer die Strecke ist, desto schwieriger ist allerdings die Beweisführung, dass der Umzug wegen des Wettbewerbsverbots erfolgt ist.

13 **III. Anzurechnende Einkünfte.** Anzurechnen sind alle Einkünfte, die aus der **Verwertung der Arbeitskraft** resultieren, unabhängig davon, ob der ausgeschiedene ArbN wiederum als ArbN tätig wird oder als Organmitglied, Gesellschafter, Selbständiger etc.[13]. **Anrechnungsfrei** sind dagegen **Unterhaltsleistungen** oder **Einkünfte aus Kapitalvermögen** oder **Vermietung und Verpachtung**[14]. Gründet der ArbN eine Gesellschaft oder tritt in eine solche als **Gesellschafter** ein und erbringt dort eine Kapitaleinlage, ist nur derjenige Teil Gewinnanteile anrechenbar, der „Gegenleistung" für die Tätigkeit ist, was zu fast unlösbaren Abgrenzungsproblemen führt[15].

14 Nicht anrechenbar sind nachlaufende **Einkünfte aus dem beendeten Arbeitsverhältnis** (Gehaltsrückstände, Urlaubsabgeltung, Tantiemen, Abfindungen etc.). Gewährt der ArbGeb auch nach Beendigung des ArbVerh weiter einzelne Leistungen (Überlassung einer Dienstwohnung etc.), kann – nachträglich! – die Anrechnung dieser Leistungen auf die Karenzentschädigung vereinbart werden[16]. **Betriebsrenten, Wartegelder** oder vertragl. **Übergangsgelder** sind grds. nicht anrechenbar[17].

15 Nimmt der ArbN eine **unselbständige Beschäftigung** auf, so gilt das Prinzip der „**Gleichheit von Berechnung und Anrechnung**"[18]. Alle vom alten ArbGeb gewährten Leistungen, die in die Berechnung der Karenzentschädigung einfließen (s. § 74 Rz. 76 ff.), werden auch auf die Karenzentschädigung angerechnet. Erhöhen sich die anrechenbaren Leistungen (zB durch **Tariferhöhungen**), kann zum Ausgleich nicht die Karenzentschädigung erhöht oder die Anrechnungsmöglichkeit eingeschränkt werden[19]. Anderweitige Arbeitsvergütung ist immer mit dem **Brutto** anzusetzen, **Werbungskosten** dürfen nicht ab-

---

1 BAG 2.6.1987 – 3 AZR 626/85, AP Nr. 13 zu § 74c HGB. ||2 BAG 2.6.1987 – 3 AZR 626/85, AP Nr. 13 zu § 74c HGB. ||3 LAG Köln 2.10.1986 – 10 Sa 647/86, LAGE § 74c HGB Nr. 1. ||4 *Bauer/Diller*, Rz. 824. ||5 BAG 7.5.1988 – 3 AZR 482/86 u. 23.2.1999 – 9 AZR 739/97, AP Nr. 14, 20 zu § 74c HGB. ||6 *Grüll/Janert*, S. 57; *Bauer/Diller*, Rz. 766. ||7 BAG 8.11.1994 – 9 AZR 4/93, AP Nr. 17 zu § 74c HGB. ||8 BAG 23.2.1982 – 3 AZR 676/79 u. 10.9.1985 – 3 AZR 31/84, AP Nr. 9, 12 zu § 74c HGB. ||9 LAG Köln 29.10.1997 – 2 Sa 794/97, LAGE § 74c HGB Nr. 6. ||10 BAG 17.12.1973 – 3 AZR 283/73, AP Nr. 2 zu § 74c HGB. ||11 *Grüll/Janert*, S. 57; *Grunsky*, S. 84. ||12 BAG 8.11.1994 – 9 AZR 4/93, AP Nr. 17 zu § 74c HGB. ||13 BAG 25.2.1975 – 3 AZR 148/74 u. 13.11.1975 – 3 AZR 38/75, AP Nr. 6, 7 zu § 74c HGB. ||14 BAG 20.4.1967 – 3 AZR 314/66, AP Nr. 20 zu § 74 HGB. ||15 BAG 20.4.1967 – 3 AZR 314/66, AP Nr. 20 zu § 74 HGB; ausf. *Bengelsdorf*, DB 1979, 115. ||16 *Bauer/Diller*, Rz. 773. ||17 OLG Stuttgart 18.5.1979 – 6 U 158/78, BB 1980, 527; *Grüll/Janert*, S. 54; s.a. BAG 26.2.1985 – 3 AZR 162/84, AP Nr. 30 zu § 611 BGB Konkurrenzklausel. ||18 BAG 16.11.1973 – 3 AZR 61/73, AP Nr. 34 zu § 74 HGB; 9.1.1990 – 3 AZR 110/88, AP Nr. 59 zu § 74 HGB. ||19 *Bauer/Diller*, Rz. 776; aA *Grunsky*, S. 86.

gezogen werden[1]. Wird der ausgeschiedene ArbN als **Beamter** tätig, sind aus seinen Bezügen Sozialzuwendungen auf Grund des Fürsorgeprinzips herauszurechnen[2].

Macht der ArbN sich **selbständig**, sind nicht die Einnahmen anzurechnen, sondern die **Gewinne** (nach Abzug der Betriebsausgaben)[3], maßgeblich ist das Ergebnis vor Steuern[4]. Die Anrechnung erfolgt auf Jahresbasis, und zwar zum Ende des jeweiligen Geschäftsjahres (s. Rz. 4 ff.). 16

Nicht möglich ist die Anrechnung von **Nebeneinkünften**, die der ArbN bereits neben der früheren Beschäftigung erzielt hatte[5], auch wenn der ArbN die Nebentätigkeit zwar noch nicht neben seinem alten ArbVerh ausgeübt hat, ihm dies jedoch möglich gewesen wäre[6]. **Gelegenheitsgeschäfte** sollen stets anrechnungsfrei bleiben[7]. 17

Arbeitslosengeld ist auch nach der Streichung des § 148 SGB III aF anzurechnen, denn die Anrechenbarkeit hatte die Rspr. bereits vor Inkrafttreten des § 148 I SGB III aF anerkannt[8]. Nicht anrechenbar sind dagegen die **Sozialabgaben**, die die BA für den Arbl. zahlt[9]. Das Alg kann bei der Anrechnung nur mit dem tatsächlich netto ausgezahlten Betrag angesetzt werden, eine Umrechnung in ein fiktives Brutto kommt nicht in Betracht[10]. Für die Anrechnung von Alg gilt nach richtiger Auffassung die 110 %-Grenze (bei Wohnsitzwechsel 125 %-Grenze)[11]. Die abweichende Auffassung des BGH (volle Anrechnung[12]) beruht auf der Tatsache, dass § 74c bei Geschäftsführern nicht unmittelbar gilt[13]. 18

Gesetzl. **SozV-Renten** und sozialversicherungsrechtl. Übergangsgelder (jetzt §§ 20 ff. SGB VI)[14] sind nicht auf die Karenzentschädigung anrechenbar[15]; anrechenbar sind dagegen Leistungen mit Lohnersatzcharakter wie zB Kug[16], Krankengeld[17] oder Insolvenzgeld[18]. 19

Nicht anrechenbar sind **ersparte Aufwendungen** (Fahrtkosten, Arbeitsmittel, Kinderbetreuung)[19]. **Klagt** der ArbN ihm zustehende streitige Ansprüche nicht ein, sind sie nicht anrechenbar. In Betracht kommt allenfalls böswilliges Unterlassen[20]. 20

IV. Böswilliges Unterlassen. Die Anrechnung böswillig unterlassenen Erwerbs kommt in Betracht, wenn der ArbN entweder **überhaupt nicht** oder aber mit einer **geringeren** als der eigentlich erzielbaren Vergütung arbeitet. Für die „Böswilligkeit" kommt es auf eine **Interessenabwägung** an. Dabei steht die in Art. 12 Abs. 1 GG gewährleistete Freiheit der Arbeitsplatzwahl im Vordergrund. Der ArbN darf **seine Interessen an die erste Stelle** setzen und braucht seinen Berufsweg nicht an den finanziellen Interessen seines früheren ArbGeb auszurichten. An Böswilligkeit sind deshalb strenge Anforderungen zu stellen[21]. Sie kommt nur dann in Betracht, wenn der ArbN ohne hinreichenden sachlichen Grund seine Interessen vor die Interessen seines früheren ArbGeb setzt[22]. Grds. nicht böswillig ist die Aufnahme eines **Studiums**, es sei denn es ist ersichtlich nicht erfolgversprechend oder offensichtlich planlos[23]. Ebenfalls grds. nicht böswillig ist der **Aufbau einer selbständigen Existenz**, selbst wenn in der Startphase hohe Verluste anfallen[24]. Böswillig handelt allerdings der ArbN, wenn er dafür sorgt, dass eigentlich sofort realisierbare Gewinne erst nach Ablauf der ersten zwei Jahre entstehen[25] oder wenn er sich **nicht arbeitslos meldet** und dadurch kein Alg bezieht. Dagegen kann bei unterlassener Arbeitslosmeldung nicht vermutet werden, dass dem ArbN eine bestimmte Stelle hätte vermittelt werden können, so dass nicht eine fiktive Vergütung als böswillig unterlassener Erwerb angerechnet werden kann[26]. 21

Böswillig handelt der ArbN auch dann nicht, wenn er ein **Angebot** seines alten ArbGeb **zur Weiterarbeit** ausschlägt, egal ob er dafür sachliche Gründe hatte[27]. Ebenso wenig liegt böswilliges Unterlassen bei Inanspruchnahme **vorgezogener Rente**[28] vor oder wenn ein ArbN nach der Geburt eines Kindes keine Erwerbstätigkeit mehr aufnimmt, sondern in **Elternzeit** geht[29]. 22

V. Beweislast. Grds. trifft den **ArbGeb** die Beweislast dafür, dass der ArbN anderweitige Einkünfte hatte oder anderweitigen Erwerb böswillig unterlassen hat[30]. Allerdings kommt ein **Anscheinsbeweis** in 23

---

1 BAG 16.5.1969 – 3 AZR 137/68, AP Nr. 23 zu § 133f GewO. || 2 LAG BW 10.11.1970 – 4 Sa 85/69, DB 1971, 245. || 3 Statt aller: *Grüll/Janert*, S. 54. || 4 *Röhsler/Borrmann*, S. 89. || 5 Heymann/*Henssler*, § 74 Rz. 7. || 6 BAG 16.5.1969 – 3 AZR 137/68, AP Nr. 23 zu § 133f GewO; vgl. auch LAG Nürnberg 9.4.1987 – 5 Sa 104/84, LAGE § 74 HGB Nr. 2. || 7 *Durchlaub*, BB 1976, 232 mwN. || 8 BAG 25.6.1985 – 3 AZR 305/83, AP Nr. 11 zu § 74c HGB; zweifelnd jetzt allerdings BAG 14.9.2011 – 10 AZR 198/10, NZA-RR 2012, 98. || 9 *Bauer/Diller*, Rz. 791; BAG 27.11.1991 – 4 AZR 211/91, AP Nr. 22 zu § 4 TVG Nachwirkung; LAG BW 22.9.1995 – 5 Sa 28/1990. || 10 BAG 14.9.2011 – 10 AZR 198/10, NZA-RR 2012, 98. || 11 BAG 22.5.1990 – 3 AZR 373/88, AP Nr. 19 zu § 74c HGB. || 12 BGH 15.4.1991 – II ZR 214/89, DB 1991, 1508. || 13 Ausf. zum Ganzen *Bauer/Hahn*, DB 1991, 2592. || 14 BAG 7.11.1989 – 3 AZR 796/87, AP Nr. 15 zu § 74c HGB. || 15 BAG 30.10.1984 – 3 AZR 213/82, AP Nr. 46 zu § 74 HGB. || 16 Heymann/*Henssler*, § 74c Rz. 5. || 17 *Röhsler/Borrmann*, S. 92. || 18 *Bauer/Diller*, Rz. 796. || 19 *Bauer/Diller*, Rz. 797. || 20 LAG Hess. 18.9.1995 – 14 Sa 1128/94, NZA-RR 1996, 445. || 21 *Grüll/Janert*, S. 61. || 22 BAG 23.1.1967 – 3 AZR 253/66, AP Nr. 1 zu § 74 HGB. || 23 BAG 8.2.1974 – 3 AZR 519/73 u. 9.8.1974 – 3 AZR 350/73, AP Nr. 4, 5 zu § 74c HGB; BAG 13.2.1996 – 9 AZR 931/94, AP Nr. 18 zu § 74c HGB. || 24 BAG 8.2.1974 – 3 AZR 519/73 u. 2.6.1987 – 3 AZR 626/85, AP Nr. 4, 13 zu § 74c HGB. || 25 *Grüll/Janert*, S. 61; krit. LAG Nürnberg 9.4.1987 – 5 Sa 104/84, LAGE § 74c HGB Nr. 2. || 26 LG Frankfurt 20.4.1994 – 3/8 O 150/93, GmbHR 1994, 803; s.a. BAG 16.5.2000 – 9 AZR 203/99, NZA 2001, 26. || 27 BAG 18.10.1976 – 3 AZR 376/75, AP Nr. 1 zu § 74b HGB; 3.7.1990 – 3 AZR 96/89, AP Nr. 61 zu § 74 HGB. || 28 BAG 3.7.1990 – 3 AZR 96/89, AP Nr. 61 zu § 74 HGB. || 29 BAG 24.10.1972 – 3 AZR 102/72, AP Nr. 31 zu § 74 HGB. || 30 BAG 23.1.1967 – 3 AZR 253/66, AP Nr. 1 zu § 74c HGB; 13.2.1996 – 9 AZR 931/94, AP Nr. 18 zu § 74c HGB.

Betracht, etwa wenn der ArbN sich mit untertarifl. Bezahlung zufrieden gibt[1]. Das Gleiche gilt, wenn der ArbN ohne ersichtlichen Grund seine neue Arbeit aufgibt und eine erheblich geringer bezahlte gleichwertige Stelle aufnimmt, weil dann zu vermuten ist, dass die Einkommenseinbuße nach Ablauf der zweijährigen Karenzzeit durch großzügige Ausgleichszahlungen kompensiert wird. Geringe **Bewerbungsaktivitäten** des ArbN führen nicht dazu, dass der ArbN sich fiktiven Erwerb anrechnen lassen müsste[2]. Denn nichts spricht dafür, dass der ArbN bestimmte offene Stellen im Falle einer Bewerbung tatsächlich bekommen hätte[3].

24 **VI. Abweichende Vereinbarungen.** Da § 74c gem. § 75d **unabdingbar** ist, kann die gesetzl. Anrechnungsregel des § 74c **nicht zu Lasten des ArbN** verschärft werden. Unzulässig sind deshalb Klauseln, wonach die Karenzentschädigung maximal den Differenzbetrag zwischen altem und neuem Einkommen betragen darf[4] oder sogar der ArbN jeglichen anderweitigen Verdienst angerechnet bekommen soll[5]. Das gilt auch, wenn eine höhere als die 50%ige Mindestkarenzentschädigung gezahlt wird[6]. Ebenso unzulässig sind Regelungen, wonach bei einem bestimmten Verhalten des ArbN ein bestimmter pauschalierter fiktiver anderweitiger Erwerb angerechnet werden soll[7]. Ist eine über § 74c hinausgehende Anrechnung anderweitigen Erwerbs vereinbart worden (zB volle Anrechnung ohne Rücksicht auf die 110 %-Grenze), so ist nach richtiger Auffassung das Verbot **insgesamt unverbindlich**[8].

25 Ohne weiteres zulässig ist dagegen ein Abweichen von § 74c **zu Gunsten des ArbN**. So kann der ArbGeb (zB aus Vereinfachungsgründen) pauschal auf die Anrechnung **verzichten**. Wird die gesamte Karenzentschädigung bei Ausscheiden des ArbN als Einmalzahlung gezahlt, ohne dass der ArbGeb sich ausdrücklich eine Rückforderung für den Fall anderweitigen Erwerbs vorbehält, kann dies als Verzicht auf die Anrechnung angesehen werden[9]. Ein Verzicht auf die Anrechnung anderweitigen Erwerbs liegt im Zweifel aber nicht in einer Ausgleichsklausel[10].

26 **VII. Auskunfts- und Nachweisanspruch.** Nach Abs. 2 muss der ArbN dem ArbGeb auf Anforderung über die Höhe des Erwerbs Auskunft erteilen. Dies gleicht der Beweislastverteilung, wonach der ArbGeb beweispflichtig ist, teilweise aus. Nach richtiger Auffassung gilt die Auskunftspflicht nicht nur für tatsächlich **erzielte Einkünfte**, sondern auch für **böswillig unterlassenen Erwerb**[11].

27 Das Gesetz regelt nicht, **wann** und **wie oft** Auskunft gegeben werden muss. Die Auskunftspflicht kann vorab vertragl. konkretisiert werden[12], ansonsten ist von **quartalsweiser** Auskunftspflicht auszugehen. Liegen die anderweitigen Einkünfte unter der Anrechnungsgrenze, brauchen keine bestimmten Zahlen genannt zu werden, es sei denn der ArbGeb verlangt konkrete Nachweise[13].

28 Die Auskunft muss vollständig, klar und überprüfbar erteilt werden, deshalb ist **schriftl.** Form erforderlich[14]. **Freiberufler** können die Auskunft nicht unter Hinweis auf ihre Verschwiegenheitspflicht nach Standesrecht oder wegen § 203 StGB verweigern[15].

29 Der ArbGeb kann **konkrete Nachweise** verlangen[16], wobei sich der Umfang jeweils nach § 242 BGB bestimmt[17]. Dabei ist das Interesse des ArbGeb an der Prüfung der Auskünfte abzuwägen gegen den Datenschutz und die Gefährdung der geschäftlichen Interessen und der Geschäftsgeheimnisse des ArbN, insb. wenn sich dieser eine selbständige Existenz aufgebaut hat[18]. Hat der ArbN eine nicht-selbständige Beschäftigung aufgenommen, muss er **Lohn-** bzw. **Gehaltsabrechnungen** vorlegen und den **Namen seines neuen ArbGeb** mitteilen[19]. Hat der ArbN sich selbständig gemacht, reicht die Vorlage des ESt-Bescheides[20] nicht, sondern **Bilanz und Gewinn- und Verlustrechnung** sind vorzulegen[21], wobei bei Gefährdung von Geschäftsgeheimnissen die Prüfung der Bilanz und der Gewinn- und Verlustrechnung nur durch einen unabhängigen Dritten (etwa einen vereidigten Buchprüfer oder Wirtschaftsprüfer) erfolgen darf[22].

30 Die Auskunfts- und Nachweispflicht ist **einklagbar** und kann nach § 888 ZPO vollstreckt werden[23]. Bis die Auskunft erteilt ist, kann der ArbGeb die Zahlung der Entschädigung nach § 273 BGB (nicht: 320 BGB) **verweigern**[24]. Eine Zug-um-Zug-Verurteilung des ArbGeb nach § 274 BGB scheidet aus[25].

---

1 *Bauer/Diller*, Rz. 812. ||2 LG Frankfurt 20.4.1994 – 3/8 O 150/93, GmbHR 1994, 803. ||3 BAG 13.2.1996 – 9 AZR 931/94, AP Nr. 18 zu § 74c HGB. ||4 LAG Hamm 12.3.1980 – 15 Sa 6/80, DB 1980, 1125. ||5 BAG 25.6. 1985 – 3 AZR 305/83, AP Nr. 11 zu § 74c HGB. ||6 *Bauer/Diller*, Rz. 827. ||7 *Bauer/Diller*, Rz. 811. ||8 LAG BW 21.4.1961 – 6 Sa 14/61 u. 22.1.1968 – 7 Sa 94/67, AR-Blattei ES Nr. 19 und 56/1830; LAG Hamm 12.3.1980 – 15 Sa 6/80, DB 1980, 1125; *Grunsky*, S. 66; *Buchner*, Rz. C 290; anders möglicherweise BAG 25.6.1985 – 3 AZR 305/83, AP Nr. 11 zu § 74c HGB. ||9 LAG Hamm 19.2.1992 – 15 Sa 1728/91, LAGE § 74c HGB Nr. 4; vgl. auch BAG 5.8.1968 – 3 AZR 128/67, AP Nr. 24 zu § 74 HGB. ||10 Offen gelassen BAG 12.1.1978 – 3 AZR 57/76, AP Nr. 8 zu § 74c HGB. ||11 *Bauer/Diller*, Rz. 828. ||12 *Bauer/Diller*, Rz. 161. ||13 *Bengelsdorf*, BB 1979, 1152. ||14 *Gaul*, Der erfolgreiche Schutz von Betriebs- und Geschäftsgeheimnissen, 1994, S. 132; Heymann/Henssler, § 74c Rz. 23. ||15 BAG 27.9.1988 – 3 AZR 59/87, AP Nr. 35 zu § 611 BGB Konkurrenzklausel. ||16 BAG 25.2.1975 – 3 AZR 148/74, AP Nr. 6 zu § 74c HGB. ||17 BAG 25.2.1975 – 3 AZR 148/74, AP Nr. 6 zu § 74c HGB. ||18 BAG 25.2.1975 – 3 AZR 148/74, AP Nr. 6 zu § 74c HGB. ||19 BAG 25.2.1975 – 3 AZR 148/74, AP Nr. 6 zu § 74c HGB. ||20 BAG 25.2.1975 – 3 AZR 148/74, AP Nr. 6 zu § 74c HGB. ||21 LAG Kiel 5.11.1957 – 3 Sa 183/57, BB 1957, 1275; *Durchlaub*, BB 1976, 233. ||22 LAG Schl.-Holst. 8.11.1977 – 1 Sa 512/77; *Bengelsdorf*, BB 1979, 1152. ||23 BAG 13.11.1975 – 3 AZR 38/75, AP Nr. 7 zu § 74c HGB. ||24 Heymann/Henssler, § 74c Rz. 20; *Bauer/Diller*, Rz. 838 ff. ||25 BAG 12.1.1978 – 3 AZR 57/76, AP Nr. 8 zu § 74c HGB.

Bestehen Zweifel an der Richtigkeit der erteilten Auskünfte, kann der ArbGeb die Abgabe einer **eidesstattlichen Versicherung** in entsprechender Anwendung von §§ 259, 260 BGB verlangen[1]. 31

VIII. Verbüßung einer Freiheitsstrafe (Abs. 1 S. 3). Nach Abs. 1 S. 3 entfällt der Anspruch auf Karenzentschädigung während der Verbüßung einer **Freiheitsstrafe**. Richtigerweise muss der ArbN an das Wettbewerbsverbot gebunden bleiben, wenn er im **offenen Vollzug** ist. Er hat dann aber entgegen Abs. 1 S. 3 Anspruch auf Karenzentschädigung[2]. 32

75 Unwirksamwerden des Verbots

(1) Löst der Gehilfe das Dienstverhältnis gemäß den Vorschriften der §§ 70 und 71 wegen vertragswidrigen Verhaltens des Prinzipals auf, so wird das Wettbewerbsverbot unwirksam, wenn der Gehilfe vor Ablauf eines Monats nach der Kündigung schriftlich erklärt, dass er sich an die Vereinbarung nicht gebunden erachte.

(2) In gleicher Weise wird das Wettbewerbsverbot unwirksam, wenn der Prinzipal das Dienstverhältnis kündigt, es sei denn, dass für die Kündigung ein erheblicher Anlass in der Person des Gehilfen vorliegt oder dass sich der Prinzipal bei der Kündigung bereit erklärt, während der Dauer der Beschränkung dem Gehilfen die vollen zuletzt von ihm bezogenen vertragsmäßigen Leistungen zu gewähren. Im letzteren Falle finden die Vorschriften des § 74b entsprechende Anwendung.

(3) Löst der Prinzipal das Dienstverhältnis gemäß den Vorschriften der §§ 70 und 72 wegen vertragswidrigen Verhaltens des Gehilfen auf, so hat der Gehilfe keinen Anspruch auf die Entschädigung.

I. Allgemeines. § 75 ist **gesetzestechnisch völlig verunglückt**, durch schlichtes Lesen des Gesetzestextes erschließt sich der Regelungsinhalt nicht. Deshalb werden in der Praxis die **vielfältigen taktischen Möglichkeiten**, die § 75 bietet, von ArbN und ArbGeb nur sehr selten genutzt. Erschwert wird das Verständnis der Vorschrift dadurch, dass das BAG Abs. 3 (entschädigungsloses Verbot bei fristloser arbeitgeberseitiger Kündigung) für **verfassungswidrig** und unanwendbar erklärt und die entstandene Lücke durch Rechtsfortbildung (Analogie zu Abs. 1) geschlossen hat[3]. 1

Wettbewerbsverbote treten grds. unabhängig davon in Kraft, ob das ArbVerh durch Aufhebungsvertrag, arbeitgeberseitige oder arbeitnehmerseitige Kündigung, ordentl. oder außerordentl. Kündigung endet. Diesen Grundsatz durchbricht § 75, indem er **bei bestimmen Auflösungstatbeständen** dem ArbN oder dem ArbGeb die Möglichkeit gibt, sich binnen eines Monats nach der Kündigung vom Wettbewerbsverbot zu **lösen**. Bei außerordentl. **Kündigung** hat jeweils **der andere Vertragsteil** ein Lösungsrecht. Bei Vorliegen eines wichtigen Grundes ist das Vertrauensverhältnis zwischen den Parteien so stark gestört, dass dem anderen Teil nicht zugemutet werden soll, gegen seinen Willen über das ArbVerh hinaus an vertragl. Vereinbarungen mit der anderen Partei gebunden zu sein. Endet dagegen das ArbVerh durch **ordentl. Kündigung**, differenziert § 75 danach, wer gekündigt hat. Kündigt der ArbN ordentl., bleibt es beim Wettbewerbsverbot. Bei ordentl. Kündigung seitens des **ArbGeb** hat hingegen der **ArbGeb ein Lösungsrecht**, sofern die Kündigung nicht wegen erheblicher Gründe in seiner Person erfolgte. 2

Ein Wegfall des Wettbewerbsverbots nach § 75 setzt immer voraus, dass eine **ausdrückliche Lösungserklärung** abgegeben wird. Dann **erlischt** das Wettbewerbsverbot **sofort**. Die in § 75a angeordnete Weiterzahlung der Karenzentschädigung für ein Jahr gilt nur für den dort geregelten Fall des Verzichts und ist auf § 75 nicht übertragbar. 3

II. Außerordentliche Kündigung des Arbeitnehmers (Abs. 1). 1. Voraussetzungen. Kündigt der **ArbN** das ArbVerh aus wichtigem Grund außerordentl., hat er hinsichtlich des Wettbewerbsverbots ein Wahlrecht. Er kann sich durch schriftl. Erklärung **binnen eines Monats** nach Kündigung von dem Verbot lossagen. Tut er dies nicht, bleibt das Wettbewerbsverbot voll wirksam und tritt mit Vertragsende in Kraft. 4

Hinsichtlich der Kündigung verweist Abs. 1 noch auf die inzwischen aufgehobenen Kündigungsbestimmungen der §§ 70 und 71; maßgeblich ist jetzt **§ 626 BGB**. Abs. 1 setzt aber nicht nur einen Kündigungsgrund nach § 626 BGB voraus, sondern darüber hinaus auch **vertragswidriges Verhalten** des ArbGeb. Kündigungsgründe aus der Sphäre des ArbN (Gewissenskonflikte, Unmöglichkeit der weiteren Leistung wegen familiärer Verpflichtungen etc.) führen also nicht zum Lösungsrecht des Abs. 1, ebenso wenig wie eine Sonderkündigung nach § 113 InsO[4]. „Vertragswidriges Verhalten" des ArbGeb setzt entsprechend § 90a III **Verschulden** voraus[5]. 5

Kündigt der ArbN fristlos, **ohne ausreichende Kündigungsgründe** zu haben, aber findet sich der ArbGeb gleichwohl mit dem Ausscheiden des ArbN ab, steht dem ArbN nicht das Lösungsrecht aus Abs. 1 zu[6], selbst wenn der ArbGeb dem Ausscheiden des ArbN ausdrücklich zustimmt. 6

---

1 BAG 25.2.1976 – 3 AZR 148/74, AP Nr. 6 zu § 74c HGB; LAG Hamm 28.1.1974 – 2 Sa 832/73, DB 1974, 972; *Bauer/Diller*, Rz. 842. ||2 *Grunsky*, FS Söllner, 1990, S. 46f.; zum Weiterbestehen der Entschädigungspflicht in anderen Fällen der persönlichen Verhinderung s. § 74 Rz. 66ff. ||3 BAG 23.2.1977 – 3 AZR 620/75, BB 1977, 847. ||4 Heymann/*Henssler*, § 75 Rz. 9; *v. Hoyningen-Huene*, § 75 Rz. 4. ||5 AA zB *v. Hoyningen-Huene*, § 75 Rz. 5. ||6 BAG 24.9.1965 – 3 AZR 223/65, AP Nr. 3 zu § 75 HGB; *Grunsky*, S. 110.

7 Liegen **ausreichende Gründe** für eine fristlose Kündigung des ArbN vor, erklärt er jedoch nur eine **ordentl. Kündigung** oder wird ein **Aufhebungsvertrag** abgeschlossen, besteht das Lösungsrecht aus Abs. 1 gleichwohl[1]. Allerdings muss sich der ArbN in solchen Fällen ausdrücklich bei Ausspruch der ordentl. Kündigung oder beim Abschluss des Aufhebungsvertrags die **Rechte** aus Abs. 1 **vorbehalten**[2]. Beim Abschluss eines **Aufhebungsvertrags** ist allerdings stets zu prüfen, ob die Parteien eine spätere Lösungserklärung nach Abs. 1 ausschließen wollten[3].

8 Ist der ArbN zwar zur außerordentl. Kündigung berechtigt, lässt er jedoch die **Zwei-Wochen-Frist** des § 626 II BGB verstreichen, bevor er an den ArbGeb wegen einer Vertragsbeendigung herantritt oder eine Kündigung ausspricht, verliert er das Lösungsrecht aus Abs. 1[4].

9 **2. Berechnung der Monatsfrist.** Die Monatsfrist des Abs. 1 läuft ab **Zugang der Kündigung**, nicht ab Beendigung des ArbVerh. Spricht also der ArbN statt der möglichen fristl. Kündigung eine ordentl. Kündigung aus oder wird ein Aufhebungsvertrag abgeschlossen, endet die Monatsfrist je nach Dauer der Kündigungsfrist bzw. je nach dem gewählten Beendigungszeitpunkt vor, mit oder nach Beendigung des ArbVerh[5]. Tritt der ArbN innerhalb der Zweiwochenfrist des § 626 II BGB an den ArbGeb wegen der Vertragsbeendigung heran, kommt es aber erst danach zum Abschluss eines **Aufhebungsvertrags**, läuft die Monatsfrist nach Abs. 1 ab dem Zeitpunkt, in dem der Kündigungsgrund geltend gemacht wurde, nicht erst ab der Unterzeichnung des Aufhebungsvertrags[6].

10 Wird ein Streit über die Wirksamkeit einer vom ArbN erklärten außerordentl. Kündigung durch **Vergleich** (Aufhebungsvertrag, Prozessvergleich etc.) beigelegt, so läuft die Monatsfrist schon ab Erklärung der Kündigung, nicht erst ab Vergleichsschluss[7], und zwar unabhängig davon, ob der Aufhebungsvertrag konstitutiv oder nur deklaratorisch („Abwicklungsvertrag"[8]) ist[9].

11 **3. Form.** Für die Lösungserklärung sieht das Gesetz **Schriftform** (§ 126 BGB) vor, so dass mündliche Erklärungen ebenso wenig ausreichen wie **Fax**[10] oder **E-Mail**.

12 **4. Rechtsfolgen.** Hat der ArbN sich innerhalb der Monatsfrist bis zur Abgabe der Lösungserklärung an das Wettbewerbsverbot gehalten, steht ihm für diese Zeit Karenzentschädigung zu[11]. Hat er in dieser Zeit dagegen Wettbewerb gemacht, bleibt dies folgenlos, weil der Lösungserklärung insoweit **Rückwirkung** beizulegen ist[12]. Der ArbN kann allerdings die Lösungserklärung nicht mit Wirkung für die Zukunft abgeben, um in der Zwischenzeit die Karenzentschädigung zu bekommen[13].

13 Gibt der ArbN die Lösungserklärung erst nach Ablauf der Monatsfrist ab, so kann sie **umgedeutet** werden in ein Angebot auf einvernehmliche Aufhebung des Wettbewerbsverbots. Das Schweigen des ArbGeb gilt allerdings grds. nicht als Zustimmung[14]. Allerdings kann die Einstellung der Entschädigungszahlungen als eine Zustimmung zur Aufhebung gewertet werden[15].

14 Neben die Lösung vom Wettbewerbsverbot nach Abs. 1 tritt ein **Schadensersatzanspruch** nach **§ 628 II BGB**. Je nach den Umständen kann der ArbN deshalb die ihm auf Grund der Lösung entgehende Karenzentschädigung als Schaden gem. § 628 II BGB ersetzt verlangen[16]. Allerdings muss sich der ArbN auf den Schadensersatz den Vorteil anrechnen lassen, dass er nicht mehr zur Wettbewerbsunterlassung verpflichtet ist, wodurch schwierige Berechnungsfragen entstehen.

15 **III. Ordentliche Kündigung des Arbeitgebers (Abs. 2).** Ein Lösungsrecht sieht das Gesetz nur bei **arbeitgeberseitiger** ordentl. Kündigung vor, **nicht bei arbeitnehmerseitiger.** Bei arbeitgeberseitiger Kündigung kann sich der ArbN unter bestimmten Voraussetzungen vom Verbot durch Erklärung lösen. Das Lösungsrecht kann der ArbGeb durch Zusage einer erhöhten Entschädigung abwenden, von dieser Möglichkeit wird aber in der Praxis so gut wie nie Gebrauch gemacht.

16 **1. Ordentliche Kündigung.** Voraussetzung des Lösungsrechts nach Abs. 2 ist eine ordentl. Kündigung des ArbGeb, dazu zählt auch die Kündigung durch den Insolvenzverwalter nach § 113 InsO[17]. Das Gleiche gilt für die außerordentl. Kündigung eines vertragl. oder tarifl. **unkündbaren** Mitarbeiters, der kein vertragswidriges Verhalten zugrunde liegt[18]. Spricht dagegen der ArbGeb eine ordentl. Kündigung aus, obwohl **Gründe für eine fristlose Kündigung** nach § 626 BGB vorgelegen hätten, ist Abs. 3 einschlägig, nicht Abs. 2. Ein auf Veranlassung des ArbGeb abgeschlossener **Aufhebungsvertrag** steht der ordentl. Kündigung nach Abs. 2 gleich[19], allerdings ist im Einzelfall zu prüfen, ob je nach der Formulierung des

---

1 BAG 26.9.1963 – 5 AZR 2/63, AP Nr. 1 zu § 75 HGB. ‖ 2 *Röhsler/Borrmann*, S. 118; vgl. auch BAG 2.12.1963 – 5 AZR 496/62, AP Nr. 2 zu § 75 HGB. ‖ 3 Ausf. *Wertheimer*, NZA 1997, 522; Heymann/*Henssler*, § 75 Rz. 22; *v. Hoyningen-Huene*, § 75 Rz. 22. ‖ 4 *Röhsler/Borrmann*, S. 118; *Staub/Konzen/Weber*, § 75 Rz. 10; ausf. *Bauer/Diller*, Rz. 629 ff. ‖ 5 Ausf. *Bauer/Diller*, Rz. 633. ‖ 6 *Röhsler/Borrmann*, S. 118; *Bauer/Diller*, Rz. 633. ‖ 7 BAG 26.1.1973 – 3 AZR 233/72, AP 4 zu § 75 HGB. ‖ 8 Dazu *Hümmerich*, NZA 1994, 200. ‖ 9 LAG BW 30.8.1978 – 3 Sa 66/78. ‖ 10 *Bauer/Diller*, Rz. 635. ‖ 11 *Bauer/Diller*, Rz. 636; aA wohl Heymann/*Henssler*, § 75 Rz. 13. ‖ 12 *Bauer/Diller*, Rz. 636; aA wohl *v. Hoyningen-Huene*, § 75 Rz. 12. ‖ 13 *Bauer/Diller*, Rz. 636. ‖ 14 BGH 17.5.1962 – VII ZR 232/60, DB 1962, 1272; *Bauer*, DB 1979, 500; *Staub/Konzen/Weber*, § 75 Rz. 13. ‖ 15 *Bauer/Diller*, Rz. 638. ‖ 16 BAG 23.2.1977 – 3 AZR 620/75, AP 6 zu § 75 HGB (zu Abs. 3). ‖ 17 GK-HGB/*Etzel*, §§ 74–75b Rz. 79. ‖ 18 *Staub/Konzen/Weber*, § 75 Rz. 20. ‖ 19 *Staub/Konzen/Weber*, § 75 Rz. 8; *Bauer/Diller*, Rz. 662.

Aufhebungsvertrags das Lösungsrecht nicht ausgeschlossen sein sollte. Abs. 2 ist ebenfalls anzuwenden bei Auslaufen eines **bedingten** oder **befristeten** ArbVerh[1]. Endet das ArbVerh wegen einer nicht angenommenen **Änderungskündigung**, so ist dem ArbN das Wahlrecht des Abs. 2 nur dann zuzubilligen, wenn das Änderungsangebot sozial nicht gerechtfertigt war[2].

Das Lösungsrecht aus Abs. 2 besteht auch, wenn der ArbN eine **unwirksame** arbeitgeberseitige Kündigung **hinnimmt**. Der ArbGeb darf keinen Vorteil daraus haben, dass er unwirksam gekündigt hat. 17

2. Erheblicher Anlass in der Person des Arbeitnehmers. Der Begriff „erheblicher Anlass in der Person" passt nicht zu der Systematik des § 1 KSchG. Unstreitig ist, dass eine **personen-** oder **verhaltensbedingte** Kündigung iSv. § 1 KSchG regelmäßig ausreicht[3]. Ein **Verschulden** des ArbN ist nicht erforderlich, so dass zB auch unverschuldete Krankheit das Lösungsrecht des Abs. 2 ausschließt. Maßgeblich sind immer die tatsächlichen Kündigungsgründe, nicht die offiziell verlautbarten, so dass auch bei einer zur Schonung des ArbN als „betriebsbedingt" deklarierten Kündigung das Lösungsrecht aus Abs. 1 entfallen kann, wenn in Wahrheit personen- oder verhaltensbedingte Gründe die Kündigung ausgelöst haben[4]. Eine **betriebsbedingte** Kündigung beruht grds. nie auf „erheblichem Anlass in der Person des ArbN", selbst wenn eine ungünstige Sozialauswahl den Ausschlag gegeben hat oder eine Weiterbeschäftigung auf einem anderen Arbeitsplatz wegen fehlender persönlicher Qualifikation ausscheidet[5]. Bei betriebsbedingten Kündigungen besteht deshalb stets das Lösungsrecht nach Abs. 2. 18

3. Beweislast. Aus der negativen Formulierung des Gesetzes („es sei denn") folgt, dass der personen- oder verhaltensbedingte Kündigungsgrund eine **Einwendung des ArbGeb** darstellt, so dass diesen die Beweislast dafür trifft[6]. Wegen dieser Beweislastverteilung ist es für den ArbGeb gefährlich, zur Schonung des ArbN personen- oder verhaltensbedingte Gründe in einer **BR-Anhörung**, im **Kündigungsschreiben**, in **Aufhebungsverträgen** oder in **Zeugnissen** hinter betriebsbedingten Gründen zu **verstecken**. 19

Eine **Verfristung der Kündigungsschutzklage** nach §§ 4, 7 KSchG bei einer auf personen- oder verhaltensbedingte Gründe gestützten Kündigung bedeutet nicht, dass diese Gründe als gegeben zu unterstellen wären mit der Folge, dass das Lösungsrecht nach Abs. 2 verloren ginge. Vielmehr kommt es immer auf die tatsächliche Rechtslage an. Erklärt der ArbGeb die **Rücknahme einer Kündigung**, verliert der ArbN das Lösungsrecht des Abs. 2 nicht dadurch, dass er das Angebot zur Fortsetzung des ArbVerh ablehnt[7]. 20

4. Angebot erhöhter Karenzentschädigung. Hat der ArbGeb gekündigt, ohne dass erhebliche personen- oder verhaltensbedingte Gründe vorlagen, kann er das Lösungsrecht des ArbN nach Abs. 2 dadurch abwenden, dass er bei Ausspruch der Kündigung die Weiterzahlung der **vollen Bezüge** (anstelle einer niedrigeren Karenzentschädigung) **anbietet**. Das Angebot muss **zusammen mit der Kündigung** zugehen. Der ArbGeb kann also nicht abwarten, ob der ArbN die Lösung erklärt, um dann ggf. das Lösungsrecht durch Zahlung der vollen Karenzentschädigung abzuwenden. Eine einmal angebotene volle Entschädigung kann der ArbGeb **nicht widerrufen**. Er hat allenfalls die Möglichkeit, zwischen der Abgabe der Erklärung und dem Ende des ArbVerh noch einen Verzicht nach § 75a zu erklären mit der Folge, dass die (erhöhte) Entschädigungspflicht nach einem Jahr endet. 21

Für das Angebot sieht das Gesetz (systemwidrig) **keine Schriftform** vor. Allerdings trifft den ArbGeb die Beweislast dafür, dass die Zusage erfolgt ist. Die Zusage kann vorsorglich unter der **Bedingung** erfolgen, dass die **Voraussetzungen** des Abs. 2 überhaupt **vorliegen**, was in der Praxis dringend zu empfehlen ist[8]. 22

Die erhöhte Karenzentschädigung **berechnet** sich gem. der Verweisung in Abs. 2 S. 2 nach § 74b. Es gelten also die allg. Regeln. Nach richtiger Ansicht muss sich der ArbN auch auf die erhöhte Karenzentschädigung nach § 74c **anderweitige Bezüge anrechnen** lassen, obwohl Abs. 2 S. 2 nicht auf § 74c verweist[9]. Die 110 %-Grenze des § 74c verschiebt sich auch nicht nach oben[10]. 23

Waren von vorneherein 100 % der Bezüge als Karenzentschädigung zugesagt, steht dem ArbN **in keinem Fall** das Lösungsrecht gem. Abs. 2 zu[11]. Das Lösungsrecht besteht auch dann nicht, wenn der ArbGeb die zugesagte erhöhte Karenzentschädigung tatsächlich später nicht zahlt, der ArbN ist hier auf die allg. Rechtsbehelfe (insb. § 323 BGB) angewiesen (s. § 74 Rz. 101 ff.). 24

Das Angebot erhöhter Entschädigung nimmt dem ArbN nur das Lösungsrecht des Abs. 2, heilt aber nicht **sonstige Mängel** des Wettbewerbsverbots, insb. wird ein unverbindliches Wettvebot (s. § 74 Rz. 18 ff.) dadurch nicht verbindlich[12]. 25

---

1 *Bauer/Diller*, Rz. 662. ||2 *Bauer/Diller*, Rz. 662; zu Auflösungsanträgen nach § 9 KSchG ausf. *Wertheimer*, NZA 1997, 523. ||3 *Röhsler/Borrmann*, S. 121; *Buchner*, Rz. C 420. ||4 *Bauer/Diller*, Rz. 666. ||5 *Bauer/Diller*, Rz. 666. ||6 *Heymann/Henssler*, § 75 Rz. 15; *Bauer/Diller*, Rz. 667. ||7 LAG Nürnberg 23.9.1992 – 4 (2) Sa 417/91, LAGE § 75 HGB Nr. 1. ||8 *Bauer/Diller*, Rz. 673. ||9 *Bauer/Diller*, Rz. 675; *Grüll/Janert*, S. 71; *Röhsler/Borrmann*, S. 121; *Buchner* Rz. C 422. ||10 *Bauer/Diller*, Rz. 675. ||11 *Bauer/Diller*, Rz. 674; *Grüll/Janert*, S. 71. ||12 *Bauer/Diller*, Rz. 677.

26 **5. Lösungserklärung des Arbeitnehmers.** Oft übersehen wird, dass das Wettbewerbsverbot bei Vorliegen der Voraussetzungen des Abs. 2 **nicht von selbst entfällt**, sondern dass wegen der Verweisung auf Abs. 1 („in gleicher Weise") eine **schriftl. Lösungserklärung** des ArbN binnen Monatsfrist erforderlich ist. Die rechtsirrige Mitteilung an den ArbGeb, wegen Vorliegens der Voraussetzungen des Abs. 2 sei das Wettbewerbsverbot automatisch entfallen, kann nicht in eine Lösungserklärung umgedeutet werden[1].

27 **IV. Außerordentliche arbeitgeberseitige Kündigung.** Abs. 3 sieht vor, dass bei außerordentl. Kündigung des ArbGeb das Verbot bestehen bleiben, der ArbN aber den Karenzentschädigungsanspruch verlieren soll. Das BAG hat die Vorschrift für **verfassungswidrig** und nichtig erklärt, da sie ohne sachlichen Grund den ArbN (vgl. Abs. 1) schlechter stellte als den ArbGeb[2]. Die entstandene Lücke hat das BAG durch **Analogie zu Abs. 1** geschlossen[3]. Der ArbGeb kann sich bei Ausspruch einer fristlosen Kündigung also **binnen Monatsfrist** durch **schriftl. Erklärung** vom Wettbewerbsverbot lösen.

28 Eine außerordentl. Kündigung des ArbGeb reicht für Abs. 3, Abs. 1 nicht aus. Vielmehr ist **vertragswidriges** Verhalten erforderlich, was **Verschulden** voraussetzt[4]. Ob die Kündigung **wirksam** ist oder nicht, spielt für das Lösungsrecht keine Rolle, solange das vertragswidrige Verhalten vorlag und der ArbN die Kündigung hingenommen hat und aus dem ArbVerh ausgeschieden ist. Auf eine eventuelle Unwirksamkeit der Kündigung wegen Formfehlern (zB § 102 BetrVG) kommt es nicht an[5]. Nimmt dagegen der ArbN eine fristlose Kündigung wegen angeblichen vertragswidrigen Verhaltens hin, ohne dass dieses tatsächlich vorlag, hat der ArbGeb kein Lösungsrecht[6].

29 Ähnlich wie bei Abs. 1 und 2 besteht das Lösungsrecht des ArbGeb auch dann, wenn er eigentlich zum Ausspruch einer außerordentl. Kündigung wegen vertragswidrigen Verhaltens berechtigt gewesen wäre, aber **stattdessen ordentl. kündigt** oder einen **Aufhebungsvertrag** schließt[7]. Allerdings muss (wie bei Abs. 1) der ArbGeb innerhalb der Zweiwochenfrist des § 626 II BGB den ArbN darauf hinweisen, dass die ordentl. Kündigung bzw. die angestrebte Vertragsauflösung wegen des vertragswidrigen Verhaltens betrieben wird. Nicht erforderlich ist, dass der ArbGeb innerhalb der Zweiwochenfrist alle formellen Voraussetzungen für eine wirksame außerordentl. Kündigung schafft[8].

30 Die Analogie von Abs. 1 erfasst auch das **Formerfordernis** für die Lösungserklärung. Sie muss also schriftl. erfolgen. Wird zuerst gekündigt und dann ein Aufhebungsvertrag abgeschlossen, beginnt die Monatsfrist bereits mit der Kündigung. Ist dagegen dem Aufhebungsvertrag keine Kündigung vorangegangen, so beginnt die Monatsfrist bereits in dem Moment, in dem der ArbGeb sich auf die Vertragsverletzung beruft und dem ArbN die Aufhebung des ArbVerh anträgt. Der ArbGeb kann das Lösungsrecht aus Abs. 3, Abs. 1 auch dann noch ausüben, wenn der ArbN bereits aus anderen Gründen ausgeschieden ist und erst danach sein vertragswidriges Verhalten bekannt wird.

31 Eine **formunwirksame** oder **verspätete** Lösungserklärung kann in das Angebot zur Aufhebung des Wettbewerbsverbots umgedeutet werden. Schweigen gilt allerdings nur in Ausnahmefällen als Einverständnis, etwa wenn der ArbN auf die Lösungserklärung hin zur Konkurrenz wechselt.

32 Die Ausübung des Lösungsrechts durch den ArbGeb schließt weiter gehende Schadensersatzansprüche nach **§ 628 II BGB** nicht aus[9]. Da nach § 249 BGB Naturalrestitution verlangt werden kann, hat der ArbN bei Vorliegen der Voraussetzungen des § 628 BGB bis zum nächsten ordentl. Kündigungstermin **entschädigungslos** Wettbewerb zu **unterlassen**[10].

33 **V. Abweichende vertragliche Vereinbarungen. 1. Wettbewerbsverbote nur für bestimmte Beendigungstatbestände.** Nach st. Rspr.[11] sind Wettbewerbsverbote **unverbindlich**, die nur in bestimmten Fällen der Beendigung des ArbVerh gelten sollen. Dies gilt insb. für die verbreiteten Verbote, die nur im Falle einer **arbeitnehmerseitigen Kündigung** gelten sollen. Der ArbN hat bei solchen Klauseln ein Wahlrecht. Er kann im Fall der Eigenkündigung wählen, ob er sich an das Verbot halten und die Karenzentschädigung erhalten oder sich vom Verbot lösen will. Dieses Wahlrecht hat er aber auch dann, wenn das ArbVerh auf andere Weise (insb. durch arbeitgeberseitige Kündigung) endet, obwohl für diesen Fall eigentlich gar keine Entschädigung zugesagt war[12].

34 **2. Sonstige abweichende Vereinbarungen.** Unproblematisch zulässig ist eine **Erweiterung der Lösungsrechte** des ArbN (zB auch bei einer personen- oder verhaltensbedingten ordentl. Kündigung). Nichts einzuwenden ist gegen Wettbewerbsverbote, bei denen die **Höhe** der Entschädigung davon **abhängig** sein soll, auf welche Weise das ArbVerh endet, solange in jedem Fall mindestens 50 % zugesagt

---

1 LAG BW 30.8.1978 – 3 Sa 66/78. Zu Einzelheiten der Schriftform, zum Inhalt der Erklärung wie zur Fristberechnung s. Rz. 9 ff. || 2 BAG 23.2.1977 – 3 AZR 620/75, AP Nr. 6 zu § 75 HGB. || 3 BAG 23.2.1977 – 3 AZR 620/75, AP Nr. 6 zu § 75 HGB; 19.5.1998 – 9 AZR 327/96, DB 1999, 437. || 4 *Bauer/Diller*, Rz. 647. || 5 *Bauer/Diller*, Rz. 650. || 6 *Bauer/Diller*, Rz. 649. || 7 Statt aller BAG 2.12.1963 – 5 AZR 496/62, AP Nr. 2 zu § 75 HGB und 24.4.1970 – 3 AZR 328/69, AP Nr. 25 zu § 74 HGB. || 8 *Bauer/Diller*, Rz. 651 ff.; aA *Röhsler/Borrmann*, S. 120 f. || 9 BAG 23.2.1977 – 3 AZR 620/75, AP Nr. 6 zu § 75 HGB. || 10 Str., vgl. *Bauer/Diller*, Rz. 658; *Staub/Konzen/Weber*, § 75 Rz. 19. || 11 BAG 14.7.1981 – 3 AZR 515/78, AP Nr. 8 zu § 75 HGB; 10.12.1985 – 3 AZR 242/84, AP Nr. 31 zu § 611 BGB Konkurrenzklausel. || 12 Ausf. *Bauer/Diller*, Rz. 686.

sind. Unverbindlich sind die (früher in Anlehnung an Abs. 3 häufigen) Wettbewerbsverbote, nach denen im Fall einer außerordentl. Kündigung des ArbGeb der Entschädigungsanspruch entfallen soll[1].

75a *Verzicht des Prinzipals*
Der Prinzipal kann vor der Beendigung des Dienstverhältnisses durch schriftliche Erklärung auf das Wettbewerbsverbot mit der Wirkung verzichten, dass er mit dem Ablauf eines Jahres seit der Erklärung von der Verpflichtung zur Zahlung der Entschädigung frei wird.

I. Allgemeines. Die Vorschrift soll dem ArbGeb ermöglichen, sich unter angemessener Wahrung der Interessen des ArbN vom Wettbewerbsverbot zu lösen, wenn sein **Interesse** daran **entfallen** ist. Besondere Bedeutung hat das Verzichtsrecht, wenn der ArbGeb feststellt, dass das Wettbewerbsverbot **unverbindlich** (geworden) ist; das Verzichtsrecht ist nicht auf verbindliche Wettbewerbsverbote beschränkt[2]. Ein rechtzeitiger Verzicht nimmt dem ArbN das ansonsten bei unverbindlichen Verboten bestehende Wahlrecht (s. § 74 Rz. 18ff.) aus der Hand. **1**

Der Verzicht nach § 75a beendet mit **sofortiger Wirkung** die Pflicht des ArbN, keinen Wettbewerb zu machen[3]. Die Entschädigungspflicht dagegen entfällt **erst ein Jahr** nach Abgabe der Erklärung. Der Umfang der Entschädigungspflicht hängt deshalb davon ab, wann der Verzicht erklärt wird. Bei einem Verzicht mehr als ein Jahr vor Beendigung des ArbVerh wird überhaupt keine Karenzentschädigung fällig, wobei der ArbN selbstverständlich bis zur Beendigung des ArbVerh noch an das gesetzl. Wettbewerbsverbot des § 60 gebunden bleibt. Wird der Verzicht ein halbes Jahr vor Beendigung des ArbVerh erklärt, so ist der ArbN noch für das halbe Jahr bis zur Beendigung des ArbVerh an § 60 gebunden. In dieser Zeit erhält er ein normales Gehalt, selbstverständlich nicht zusätzlich auch noch die Karenzentschädigung. In der Zeit zwischen der Beendigung des ArbVerh und dem Ablauf der Jahresfrist des § 75a ist der ArbN dagegen frei, er erhält jedoch in diesen Zeitraum die zugesagte Karenzentschädigung. **2**

Das Verzichtsrecht nach § 75a gilt auch, wenn der ArbN vorher nach § 75 II die **erhöhte 100%ige Karenzentschädigung** angeboten hat[4]. Endet das ArbVerh durch **Aufhebungsvertrag**, ist zu prüfen, ob durch den Aufhebungsvertrag das **Verzichtsrecht** nach § 75a **ausgeschlossen** sein sollte. Dann kann der ArbGeb in der Zeit zwischen Abschluss des Aufhebungsvertrags und dem Ende des ArbVerh den Verzicht nicht mehr erklären. **3**

Als einseitiges Gestaltungsrecht ist der Verzicht nach § 75a **unwiderruflich**[5]. Eine „Rücknahme"-Erklärung des ArbGeb kann allenfalls umgedeutet werden in ein Angebot auf Neubegründung des Wettbewerbsverbots, wobei es vom Zeitpunkt abhängt, ob dabei die Form des § 74 I einzuhalten wäre[6]. **4**

II. Zeitpunkt des Verzichts. Der Verzicht kann bereits **vor Beginn** des ArbVerh erklärt werden[7]. Spätest möglicher Zeitpunkt ist der **letzte Tag des ArbVerh**. Eine **Freistellung** bedeutet nicht, dass der Verzicht vor Beginn der Freistellung erklärt werden müsste. **5**

Bei **fristloser Kündigung** muss der Verzicht spätestens **zusammen mit der Kündigung** ausgesprochen werden. Vom Ausspruch einer ordentl. Kündigung ist das Verzichtsrecht unabhängig, der Verzicht kann also vor, zusammen mit oder nach der ordentl. Kündigung ausgesprochen werden[8]. **6**

Soll nach dem Wortlaut des Verbots das Verzichtsrecht auch noch **nach Beendigung** des ArbVerh ausgeübt werden können, liegt ein **unverbindliches „bedingtes Wettbewerbsverbot"** vor (s. § 74 Rz. 104ff.). **7**

Erklärt der ArbGeb erst **nach Beendigung** des ArbVerh den Verzicht, kann dies umgedeutet werden in ein Angebot, die Wettbewerbsklausel einvernehmlich aufzuheben. Schweigen kann allerdings nicht als Zustimmung gedeutet werden. Stets möglich ist nach Beendigung des ArbVerh allerdings ein einseitiger **Verzicht des ArbGeb außerhalb von § 75a** (§ 397 BGB). Ein solcher Verzicht bringt dann zwar die Entschädigungspflicht nicht zum Erlöschen. Gleichwohl kann ein solcher Verzicht bei einem für den ArbGeb wertlos gewordenen Verbot sinnvoll sein, weil der ArbN in seinen angestammten Beruf zurückkehren und dort einen höheren anderweitigen Verdienst erzielen kann, was dann nach § 74c die Entschädigungspflicht mindert. **8**

III. Form und Inhalt des Verzichts. Das Gesetz schreibt **Schriftform** vor (§ 126 BGB), so dass insb. ein mündlicher Verzicht ebenso wenig wirksam ist wie ein Verzicht per **Fax** oder **E-Mail**. Die Verzichtserklärung unterliegt der **Zurückweisung nach § 174 BGB**, so dass bei Verzichtserklärungen durch Vertreter auf ordnungsgemäße Dokumentation der Vollmacht geachtet werden muss. **9**

Der Verzicht nach § 75a ist ein einseitiges Gestaltungsrecht und deshalb grds. **bedingungsfeindlich**[9]. Ein Verzicht unter **Vorbehalten** ist deshalb unwirksam. Unschädlich ist allerdings, wenn in der Ver- **10**

---

1 BAG 25.6.1985 – 3 AZR 305/83, AP Nr. 11 zu § 74c HGB. ||2 BAG 19.1.1978 – 3 AZR 573/77, AP Nr. 36 zu § 74 HGB. ||3 BAG 17.2.1987 – 3 AZR 59/86, AP Nr. 4 zu § 75a HGB. ||4 *Staub/Konzen/Weber*, § 75a Rz. 5. ||5 *Bauer/Diller*, Rz. 589; offen gelassen in BAG 13.4.1978 – 3 AZR 822/76, AP Nr. 7 zu § 75 HGB. ||6 *Bauer/Diller*, Rz. 590. ||7 *Bauer/Diller*, Rz. 571. ||8 BAG 17.2.1987 – 3 AZR 59/86, AP Nr. 4 zu § 75a HGB. ||9 BGH 28.1.1981 – IVb ZR 581/80, BGHZ 79, 265.

zichtserklärung zugleich auf die allg. nachvertragl. Verschwiegenheitspflicht hingewiesen wird[1]. Der Verzicht bedarf keiner **Zustimmung des ArbN**. Stimmt der ArbN trotzdem ausdrücklich zu, liegt darin keine Zustimmung zur einvernehmlichen Aufhebung des Wettbewerbsverbots mit sofortigem Wegfall der Karenzentschädigung[2].

11 Der Verzicht braucht nicht ausdrücklich als „Verzicht" deklariert zu werden. Die Erklärung des ArbGeb, er wolle den ArbN vom Wettbewerbsverbot „**entbinden**", „das Wettbewerbsverbot **kündigen**" oder von ihm „**zurücktreten**" bzw. sich „von ihm **lossagen**" oder „**lösen**", reicht aus. Ein Verzicht nach § 75a ist allerdings dann unwirksam, wenn auf die Pflicht zur Wettbewerbsunterlassung **nicht** mit **sofortiger Wirkung** verzichtet wird, sondern nach dem Wortlaut der Verzichtserklärung entgegen § 75a der ArbN ebenfalls erst nach zwölf Monaten frei werden soll. Das Gleiche gilt, wenn nach dem Wortlaut der Verzichtserklärung die Pflicht zur Weiterzahlung der Entschädigung für zwölf Monate davon abhängen soll, ob der ArbN Konkurrenz macht[3]. Ebenfalls unwirksam ist eine Verzichtserklärung, wenn nach ihrem Inhalt entgegen § 75a die **Entschädigungspflicht sofort entfallen** soll[4]. Fraglich ist allerdings, ob solche Vorbehalte die Verzichtserklärung insg. unwirksam machen, oder ob der Verzicht wirksam bleibt, aber die Entschädigungspflicht gem. § 75a erst nach einem Jahr entfällt.

12 In einer **Ausgleichsquittung** oder **Erledigungsklausel**, nach der alle gegenseitigen Rechte und Pflichten erledigt sein sollen, liegt regelmäßig keine Verzichtserklärung nach § 75a[5]. Eine **Änderungskündigung**, mit der dem ArbN die Fortsetzung des ArbVerh ohne Wettbewerbsverbot angeboten wird, kann nicht in eine Verzichtserklärung nach § 75a umgedeutet werden[6]. Auch eine arbeitgeberseitige **Lösungserklärung nach § 75 III, I**, die wegen Fehlens der Voraussetzungen des § 75 unwirksam ist, kann (wegen der verschiedenen Rechtsfolgen) nicht ohne Weiteres in eine Verzichtserklärung nach § 75a umgedeutet werden[7].

13 Nicht möglich ist der Verzicht auf einen **Teil der Laufzeit** des Verbots[8]. Zulässig ist der Verzicht dahin gehend, dass die Verzichtswirkung nicht sofort, sondern erst zu einem **späteren Zeitpunkt** eintreten soll, solange dieser Zeitpunkt nicht nach Beendigung des ArbVerh liegt[9].

14 **IV. Rechtsfolgen.** Immer wieder übersehen wird, dass § 75a den Wegfall der Wettbewerbsunterlassungspflicht anders regelt als den Wegfall der Pflicht zur Entschädigungszahlung. Während nach § 75a die Pflicht zur Wettbewerbsunterlassung **sofort** erlischt, läuft die Entschädigungspflicht erst **zwölf Monate** später aus. Der Entschädigungsanspruch ist unabhängig davon, wie der ArbN sich verhält. Der Entschädigungsanspruch besteht also auch dann, wenn der ArbN **zur Konkurrenz wechselt**[10]. War das Wettbewerbsverbot für **weniger als ein Jahr** vereinbart worden, endet die Entschädigungspflicht selbstverständlich mit dem Ende des vereinbarten Verbots, nicht erst mit dem Ende des Jahreszeitraums nach § 75a. Auf die nach § 75a fortzuzahlende Karenzentschädigung ist anderweitiger Erwerb nach § 74c anrechenbar[11].

15 Hat der ArbGeb nach § 75a verzichtet, kann er **später** bei Ausspruch einer **fristlosen Kündigung** die sofortige Lösung nach § 75 III, I (mit dem Vorteil des sofortigen Wegfalls der Entschädigungspflicht) noch erklären. Nach der Rspr. des BAG[12] ist sogar nach vorherigem Verzicht nach § 75a eine ausdrückliche Lösungserklärung nach § 75 III, I nicht mehr erforderlich, die Entschädigungspflicht entfällt **automatisch**. Erklärt der ArbGeb bei einer fristlosen Kündigung statt der Lösung nach § 75 III, I den Verzicht nach § 75a, so ist sorgfältig zu prüfen, was gewollt war, da der Verzicht nach § 75a wegen der weiterlaufenden Entschädigungspflicht ungünstiger ist[13].

16 **V. Auskunftspflicht.** Fragt der ArbN gegen Ende des ArbVerh **beim ArbGeb** an, ob dieser sein Verzichtsrecht aus § 75a ausüben werde, **braucht der ArbGeb nicht zu antworten**. Tut er es gleichwohl, ist er an seine Antwort gebunden[14].

17 Ebenso wenig muss der ArbN **Anfragen des ArbGeb** beantworten[15]. Ein **Recht zu lügen** hat der ArbN allerdings nicht. Im Fall der Lüge kann er sich schadenersatzpflichtig machen, und der ArbGeb kann dann den Schadensersatzanspruch gegen die Karenzentschädigung aufrechnen[16].

18 Eine Auskunftspflicht des ArbN kann auch **nicht vertragl. vereinbart** werden[17]. Solche Auskunftsklauseln (nicht zu verwechseln mit der zulässigen Verpflichtung zur Auskunft über anderweitigen Erwerb!) benachteiligen den ArbN unangemessen. Denn das Verzichtsrecht nach § 75a soll nur dem ArbGeb die Lösung von einem wertlos gewordenen Verbot ermöglichen, ihm aber nicht eine Möglichkeit geben, sich vom Wettbewerbsverbot zu lösen, wenn er erfahren hat, dass der ausscheidende ArbN eine konkur-

---

1 *Bauer/Diller*, Rz. 578. ‖2 BAG 19.10.1982 – 3 AZR 28/80. ‖3 Ausf. *Bauer/Diller*, Rz. 578. ‖4 BAG 13.4.1978 – 3 AZR 822/76, AP Nr. 7 zu § 75 HGB. ‖5 BAG 20.10.1981 – 3 AZR 1013/78, BB 1982, 861. ‖6 BAG 10.9.1985 – 3 AZR 490/83, AP Nr. 49 zu § 74 HGB. ‖7 *Bauer/Diller*, Rz. 582. ‖8 v. *Hoyningen-Huene*, vor § 75 Rz. 2; *Bauer/Diller*, Rz. 586. ‖9 *Bauer/Diller*, Rz. 587. ‖10 BAG 25.10.2007 – 6 AZR 662/06, NZA 2008, 1074, Rz. 26; LAG BW 4.11.1997 – 7 Sa 29/97. ‖11 *Bauer/Diller*, Rz. 596. ‖12 BAG 17.2.1987 – 3 AZR 59/86, AP Nr. 4 zu § 75a HGB. ‖13 Dazu LG Stuttgart 1.12.1995 – 2 KfH O 110/95, nv. ‖14 *Bauer/Diller*, Rz. 600. ‖15 BAG 2.12.1968 – 3 AZR 402/67, AP Nr. 3 zu § 74a HGB. ‖16 LAG Hamm 19.5.1994 – 16 (10) Sa 1545/93, LAGE § 794 ZPO Nr. 7; *Bauer/Diller*, Rz. 606. ‖17 BAG 2.12.1968 – 3 AZR 402/67, AP Nr. 3 zu § 74a HGB; 26.10.1978 – 3 AZR 649/77, AP Nr. 3 zu § 75a HGB.

renzfreie Tätigkeit aufnehmen wird[1]. Erteilt der ArbN gleichwohl Auskunft (egal ob auf Grund einer vertragl. Verpflichtung oder auf Grund einer entsprechenden Anfrage des ArbGeb), so verstößt der ArbGeb gegen Treu und Glauben (§ 242 BGB), wenn er auf Grund der Auskunft den Verzicht erklärt. Der Verzicht ist deshalb unwirksam[2]. Erfährt der ArbGeb dagegen **zufällig** von den Berufsplänen des ArbN, kann er ohne Weiteres darauf mit einem Verzicht nach § 75a reagieren[3].

75b *(weggefallen)*

75c Vertragsstrafe

(1) Hat der Handlungsgehilfe für den Fall, dass er die in der Vereinbarung übernommene Verpflichtung nicht erfüllt, eine Strafe versprochen, so kann der Prinzipal Ansprüche nur nach Maßgabe der Vorschriften des § 340 des Bürgerlichen Gesetzbuchs geltend machen. Die Vorschriften des Bürgerlichen Gesetzbuchs über die Herabsetzung einer unverhältnismäßig hohen Vertragsstrafe bleiben unberührt.

(2) Ist die Verbindlichkeit der Vereinbarung nicht davon abhängig, dass sich der Prinzipal zur Zahlung einer Entschädigung an den Gehilfen verpflichtet, so kann der Prinzipal, wenn sich der Gehilfe einer Vertragsstrafe der in dem Absatz 1 bezeichneten Art unterworfen hat, nur die verwirkte Strafe verlangen; der Anspruch auf Erfüllung oder auf Ersatz eines weiteren Schadens ist ausgeschlossen.

I. Allgemeines. Da bei Verstößen des ArbN gegen das Wettbewerbsverbot ein Schadensersatzanspruch oft kaum zu berechnen ist, und viele ArbN das Risiko einer Unterlassungsverfügung (s. § 74 Rz. 112 ff.) in Kauf nehmen, ist die Vereinbarung einer Vertragsstrafe für den ArbGeb **unabdingbar**. Wettbewerbsverbote ohne Vertragsstrafe erweisen sich in der Praxis regelmäßig als **wertlos** (allg. zu den Rechtsfolgen von Verstößen des ArbN s. § 74 Rz. 109 ff.). 1

Eine gezahlte Vertragsstrafe kann uU als **Werbungskosten** abgesetzt werden[4]. 2

Abs. 1 verweist für die Vertragsstrafe auf das **BGB**, insb. auf § 340. Abs. 1 S. 2 stellt klar, dass auch die Regeln des BGB über die Herabsetzung unverhältnismäßig hoher Vertragsstrafen anwendbar sind. **Gegenstandslos** ist **Abs. 2**, da mittlerweile alle gesetzl. Vorschriften, nach denen ein Wettbewerbsverbot nicht von einer Karenzentschädigung abhängen sollte, entfallen sind (zB § 75b, § 75 III). 3

II. Zulässigkeit von Vertragsstrafen. Nach allg. Grundsätzen sind im Arbeitsrecht Vertragsstrafen nur zulässig, wenn der ArbGeb ein **berechtigtes Interesse** daran hat[5]. Dieses Interesse liegt bei einem Wettbewerbsverbot **regelmäßig** vor. Die Vertragsstrafe zur Sicherung eines Wettbewerbsverbots unterliegt dem **Formzwang** des § 74 I[6]. Trotz §§ 305 ff. BGB können Vertragsstrafen auch in **Formulararbeitsverträgen** vereinbart werden[7], allerdings muss dann klar geregelt sein, welche Verstöße welche Folgen auslösen; insb. muss hinreichend deutlich zwischen Einzel- und Dauerverstößen differenziert werden[8]. Vertragsstrafen in Wettbewerbsverboten mit **Auszubildenden** sind wegen § 12 II BBiG unwirksam. 4

Gem. § 344 BGB ist das Vertragsstrafeversprechen unwirksam, wenn das Wettbewerbsverbot **unwirksam** oder **unverbindlich** ist. Entscheidet sich allerdings der ArbN bei einem unverbindlichen Verbot für dessen Einhaltung (s. § 74 Rz. 18 ff.), wird damit auch das Vertragsstrafeversprechen wirksam mit der Folge, dass bei späteren Verstößen die Vertragsstrafe verwirkt ist[9]. 5

III. Höhe der Vertragsstrafe, Herabsetzung. Als Vertragsstrafe kann eine **bestimmte Summe** oder ein **Vielfaches des letzten Monatsverdienstes** vereinbart werden. Die Höhe der Vertragsstrafe kann auch nach den Bezügen aus einem verbotswidrigen neuen ArbVerh bemessen werden[10]. 6

Ist eine Vertragsstrafe von „bis zu x Euro" vereinbart[11], ist stets die Höchststrafe verwirkt, sofern nicht eine Herabsetzung nach § 343 BGB angebracht ist (dazu sogleich)[12]. Die Bestimmung der Vertragsstrafe kann in das **Ermessen eines Dritten** gestellt werden, nicht jedoch in das Ermessen eines **Gerichts**[13]. 7

Gem. Abs. 1 S. 2 gilt § 343 BGB. Danach kann eine verwirkte Vertragsstrafe, wenn sie unverhältnismäßig hoch ist, **auf Antrag** durch Urteil **auf einen angemessenen Betrag herabgesetzt** werden. Diese Vorschrift ist weithin **unbekannt**. Viele ArbN akzeptieren hohe Vertragsstrafen in dem Glauben, das Vertragsstrafeversprechen sei sittenwidrig und damit insg. nichtig. Tatsächlich ist § 343 BGB eine Son- 8

---

1 BAG 2.12.1968 – 3 AZR 402/67, AP Nr. 3 zu § 74a HGB. || 2 BAG 26.10.1978 – 3 AZR 649/77, AP Nr. 3 zu § 75a HGB. || 3 *Röhsler/Borrmann*, S. 123; *Bauer/Diller*, Rz. 605. || 4 FG Münster 2.7.1981 – I 6182/80 E, EFG 1982, 181; *Bauer/Diller*, Rz. 924. || 5 BAG 23.5.1984 – 4 AZR 129/82, AP Nr. 9 zu § 339 BGB. || 6 *Staub/Konzen/Weber*, § 75c Rz. 2; *Bauer/Diller*, Rz. 924. || 7 Ausf. *Bauer/Diller*, NJW 2002, 1614. || 8 BAG 14.8.2007 – 8 AZR 973/06. || 9 *Bauer/Diller*, Rz. 933. || 10 *Bauer/Diller*, Rz. 937. || 11 BAG 25.9.1980 – 3 AZR 133/80, AP Nr. 7 zu § 339 BGB; 5.2.1986 – 5 AZR 564/84, AP Nr. 12 zu § 339 BGB. || 12 *Bauer/Diller*, Rz. 935. || 13 BAG 25.9.1980 – 3 AZR 133/80, AP Nr. 7 zu § 339 BGB.

HGB § 75c Rz. 9   Vertragsstrafe

derregelung zu § 138 BGB, so dass eine vollständige Nichtigkeit allenfalls bei „exorbitant hohen" Vertragsstrafen in Betracht kommt[1].

9   Die Gerichte machen häufig **vorschnell** von § 343 BGB Gebrauch, obwohl nur eine ausreichend hohe Vertragsstrafe ausreichenden Druck auf den ArbN ausübt (zumal vielfach der neue ArbGeb die Vertragsstrafe ganz oder zum Teil übernimmt)[2]. Richtigerweise ist auch gegen Vertragsstrafen in Höhe von einem **Jahresverdienst** nichts einzuwenden, die Vertragsstrafe kann im Einzelfall auch durchaus höher als die gesamte zu zahlende Karenzentschädigung sein[3].

10   Bei der Herabsetzungsentscheidung hat das Gericht alle **Umstände des Einzelfalles** zu beachten[4], erforderlich ist eine **Interessenabwägung**. Einzubeziehen sind insb. folgende Gesichtspunkte:

– Art und Umfang des berechtigten geschäftl. Interesses des ArbGeb (§ 74a I 1),
– Umfang der Beeinträchtigung der berufl. Entwicklung des ArbN (§ 74a I 2),
– die beabsichtigte Abschreckungswirkung[5],
– die Höhe des eingetretenen oder des theoretisch möglichen Schadens[6], das Fehlen eines feststellbaren Schadens rechtfertigt für sich allein die Herabsetzung der Vertragsstrafe noch nicht[7],
– die Schwere des Verschuldens[8],
– die wirtschaftl. Situation der Beteiligten[9],
– die beabsichtigte Abschreckungswirkung[10] und
– die Funktion der Vertragsstrafe als Druck- und Sicherungsmittel[11].

11   Die **Beweislast** für die Umstände, wegen derer die Herabsetzung der Vertragsstrafe begehrt wird, trägt der **ArbN**[12]. Maßgeblicher Zeitpunkt für die Beurteilung der Gesamtumstände ist nicht der Zeitpunkt des Verstoßes, sondern der **Zeitpunkt** der erstmaligen **Geltendmachung** der Vertragsstrafe[13]. Deshalb kann der ArbN nicht schon im Vorfeld eines möglichen Verstoßes eine gerichtliche Herabsetzungsentscheidung erwirken[14]. Ist die Vertragsstrafe **bereits gezahlt**, ist nach § 343 I 3 BGB die Herabsetzung nicht mehr möglich. Hat sich der ArbN nach seinem Ausscheiden als **Kaufmann** selbständig gemacht, schließen die §§ 348, 351 die Herabsetzung der Vertragsstrafe nicht aus, da maßgeblicher Zeitpunkt der Moment des Vertragsschlusses ist[15].

12   Nach § 343 BGB setzt die Herabsetzung der Vertragsstrafe einen „**Antrag**" des ArbN voraus. Der Antrag kann aber auch als **prozessuale Einrede** erhoben werden. Dazu reicht jede Anregung aus, die erkennen lässt, dass der Schuldner ganz oder teilweise von der Vertragsstrafe loskommen will, weil er sie als unangemessen hoch oder drückend empfindet[16]. Der ArbN muss **nicht beziffern**, um welchen Betrag er die Herabsetzung der Strafe begehrt.

13   **IV. Verwirkung der Vertragsstrafe.** Entgegen § 339 BGB ist nach einhelliger Ansicht die Vertragsstrafe nur verwirkt, wenn der ArbN **schuldhaft** gehandelt hat[17]. Die Beweislastregel des **§ 619a BGB** gilt nicht, so dass der ArbN beweisen muss, dass er nicht schuldhaft gehandelt hat[18]. Die Beweislast für den Verstoß gegen das Wettbewerbsverbot trägt dagegen der ArbGeb (§ 345 S. 2 BGB). Die Vertragsstrafe ist auch verwirkt, wenn kein Schaden entstanden ist[19].

14   Üblicherweise wird die Vertragsstrafe „**für jeden Fall der Zuwiderhandlung**" vereinbart, wobei für den Fall der verbotswidrigen Eingehung eines neuen ArbVerh jeder Monat als getrennte Zuwiderhandlung gelten soll. Solche Klauseln sind zulässig und auch sinnvoll, müssen aber jedenfalls in AGB hinreichend klar und detailliert sein, insb. hinsichtlich der Abgrenzung zwischen Einzel- und Dauerverstößen[20]. Gem. § 340 BGB kann neben einer für den Fall der Nichterfüllung vorgesehenen Vertragsstrafe grds. nicht mehr die Erfüllung verlangt werden. Bei einer Vertragsstrafenregelung, die ausdrücklich für jeden Fall der Zuwiderhandlung (oder bei Dauerverstößen für jeden Monat des Verstoßes) gelten soll, ist klar, dass der ArbGeb gem. § 340 BGB den **Unterlassungsanspruch** für diejenigen Zeiten **behält**, auf die sich die verwirkte Vertragsstrafe nicht bezieht[21]. Dieses Wahlrecht entsteht jedes Mal neu ohne Rücksicht

---

1 LAG Köln 26.9.1989 – 3 Sa 332/89, DB 1989, 2619; aA LAG BW 14.5.1963 – 7 Sa 24/63, AP Nr. 2 zu § 339 BGB. ||2 Dazu *Heinze*, NZA 1994, 251; BAG 21.5.1971 – 3 AZR 359/70, AP Nr. 1 zu § 75c HGB. ||3 BAG 23.1.1967 – 3 AZR 253/66, AP Nr. 1 zu § 74c HGB; 21.5.1971 – 3 AZR 359/70, AP Nr. 1 zu § 75c HGB; vgl. auch BAG 30.4.1971 – 3 AZR 259/70, AP Nr. 2 zu § 340 BGB. ||4 Grundl. BAG 26.9.1963 – 5 AZR 61/63, AP Nr. 1 zu § 74a HGB. ||5 *Röhsler/Borrmann*, S. 136. ||6 BAG 25.10.1994 – 9 AZR 265/93, nv. ||7 RG 28.10.1921 – III 107/21, RGZ 103, 99; LAG BW 14.5.1963 – 7 Sa 24/63, AP Nr. 2 zu § 339 BGB. ||8 *Röhsler/Borrmann*, S. 136. ||9 *Röhsler/Borrmann*, S. 136. ||10 *Röhsler/Borrmann*, S. 136. ||11 BGH 7.10.1982 – I ZR 120/80, NJW 1983, 941 (942). ||12 BGH 13.3.1953 – I ZR 136/52, GRUR 1953, 262 (264); LAG BW 14.5.1963 – 7 Sa 24/63, AP Nr. 2 zu § 339 BGB. ||13 *Bauer/Diller*, Rz. 952. ||14 RG 14.3.1913 – 407/12 III, JW 1913, 604. ||15 BGH 13.2.1952 – II ZR 91/51, BGHZ 5, 133 (136). ||16 BGH 22.5.1968 – VIII ZR 69/66, NJW 1968, 1625. ||17 *Bauer/Diller*, Rz. 955. ||18 Ausf. *Bauer/Diller*, NJW 2002, 1611. ||19 RG 21.10.1921 – III 107/21, RGZ 103, 99; BGH 11.7.1974 – II ZR 1/73, BGHZ 63, 62. ||20 BAG 14.8.2007 – 8 AZR 973/06, NZA 2008, 170. ||21 BAG 30.4.1971 – 3 AZR 259/70, AP Nr. 2 zu § 340 BGB; 26.1.1973 – 3 AZR 233/72, AP Nr. 4 zu § 75 HGB.

darauf, wie der ArbGeb bei früheren Verstößen reagiert hat[1]. Das Wahlrecht des ArbGeb zwischen Erfüllung und Strafe erlischt nach § 340 BGB erst bei Annahme der Erfüllung, vorher kann er also von einer zunächst verlangten Erfüllung noch auf das Strafverlangen überwechseln[2].

Ist die Vertragsstrafe „für jeden Fall der Zuwiderhandlung" versprochen, ohne dass das Problem möglicher Dauerverstöße geregelt wurde, so ist eine Frage der **Auslegung**, ob bei einem **Dauerverstoß** die Vertragsstrafe nur einmal oder jeden Monat fällig werden soll. Dies hängt insb. von der Höhe der Vertragsstrafe ab[3], wobei dies zugleich Auswirkungen darauf hat, ob neben der Vertragsstrafe noch Unterlassung verlangt werden kann (s. Rz. 14). Ohne entsprechende ausdrückliche Regelung ist eine Vertragsstrafe bei einem nur vorübergehenden Verstoß **im Zweifel in vollem Umfang** verwirkt, nicht nur pro rata temporis[4]. Stellt der ArbN eine verbotswidrige Tätigkeit wieder ein, nimmt dafür aber eine andere verbotswidrige Tätigkeit auf, liegen zwei getrennte Verstöße vor[5]. Das wiederholte Verhandeln und die spätere Durchführung eines verbotenen Auftrags ist ein einheitlicher Verstoß[6], ebenso die wiederholte Beratung eines gesperrten Kunden[7]. 15

Unzulässig ist es, wenn der ArbGeb Verstöße des ArbN klaglos hinnimmt, um durch „**Sammeln**" von **Vertragsstrafen** einen wirtschaftl. existenzbedrohenden Gesamtanspruch geltend machen zu können[8]; hier käme auch eine Herabsetzung der Vertragsstrafe nach § 343 BGB in Betracht. 16

Erfüllungsort für den Anspruch auf Vertragsstrafe ist der Gleiche wie bei den sonstigen Ansprüchen des ArbGeb wegen Verletzung des Verbots (s. § 74 Rz. 112). 17

V. Weiter gehender Schadensersatz. Die Geltendmachung der Vertragsstrafe schließt nach § 340 II 2 BGB die Geltendmachung eines weiter gehenden Schadens nicht aus, ein entsprechender ausdrücklicher Vorbehalt in der Wettbewerbsklausel ist nicht erforderlich. Den weiter gehenden Schaden kann der ArbN gleichzeitig mit der Vertragsstrafe oder nachträglich geltend machen. Die Vertragsstrafe ist auf den tatsächlich entstandenen Schaden **anzurechnen**, abweichende Regeln sind unzulässig, schon wegen §§ 75c, d[9]. 18

VI. Verfallklausel. Häufig wird neben oder anstelle einer Vertragsstrafe vereinbart, dass im Falle eines Verstoßes gegen das Wettbewerbsverbot ansonsten bestehende Ansprüche des ArbN verfallen sollen. Dies betrifft zB den Verlust oder die Kürzung einer **Betriebsrente** oder eines **Übergangsgeldes**, sofortige **Rückzahlung eines ArbN-Darlehens**, Verlust eines **Wohnrechts** etc. Solche Verfallklauseln sind wie Vertragsstrafen zu behandeln, es gelten die §§ 339 ff. BGB[10]. So kommt bspw. eine Herabsetzung/Milderung nach § 343 BGB in Betracht, und nach Geltendmachung des Verfalls kann nicht mehr Erfüllung geltend gemacht werden (§ 340 I 2 BGB). Zu Klauseln, die dem ArbN Wettbewerbstätigkeiten nicht verbieten, sondern nur im Falle einer Wettbewerbstätigkeit den Verlust bestimmter Vorteile vorsehen, s. § 74 Rz. 56 ff. 19

Verfallklauseln sind grds. **zulässig**. Problematisch sind sie nur, soweit es um den Verfall/Widerruf von **Betriebsrenten** geht. Wegen der **Unverfallbarkeit** (§ 1b BetrAVG) kann die Kürzung einer Betriebsrente nur für den Fall vereinbart werden, dass wegen der Schwere des Verstoßes der ArbGeb schon nach allg. Rechtsgrundsätzen zum (ganzen oder teilweisen) Widerruf der Betriebsrente berechtigt wäre[11]. Etwas anderes gilt nur dann, wenn **anlässlich des Ausscheidens** im Zusammenhang mit dem Wettbewerbsverbot die Betriebsrente um einen bestimmten Betrag erhöht wird und sich der Verfall nur auf diesen Erhöhungsbetrag bezieht[12]. Von der Betriebsrente zu unterscheiden ist das **Übergangsgeld**, welches der ArbGeb zur Überbrückung der Zeit zwischen dem Ausscheiden und dem Erreichen der Altersgrenze zahlt. Da dieses nicht unter das BetrAVG fällt, ist insoweit eine Verfallklausel zulässig[13]. 20

75d *Unabdingbarkeit*

Auf eine Vereinbarung, durch die von den Vorschriften der §§ 74 bis 75c zum Nachteil des Handlungsgehilfen abgewichen wird, kann sich der Prinzipal nicht berufen. Das gilt auch von Vereinbarungen, die bezwecken, die gesetzlichen Vorschriften über das Mindestmaß der Entschädigung durch Verrechnungen oder auf sonstige Weise zu umgehen.

Das Umgehungsverbot des § 75d hat in der Rspr. seit jeher eine große Rolle gespielt. So hat sich bspw. die Rspr. zu „bedingten Wettbewerbsverboten" ganz maßgeblich auf § 75d gestützt (s. § 74 Rz. 104 ff.). Auch bei „indirekten Wettbewerbsverboten" (s. § 74 Rz. 56 ff.) sowie bei Wettbewerbsverboten, die nur bei bestimmten Beendigungstatbeständen gelten sollen (s. § 75 Rz. 33 ff.), spielt das Umgehungsverbot 1

---

1 BAG 30.4.1971 – 3 AZR 259/70, AP Nr. 2 zu § 340 BGB. ‖ 2 *Bauer/Diller*, Rz. 968. ‖ 3 BAG 26.9.1963 – 5 AZR 2/63, AP Nr. 1 zu § 75 HGB. ‖ 4 BAG 30.4.1971 – 3 AZR 259/70, AP Nr. 2 zu § 340 BGB. ‖ 5 BAG 26.1.1973 – 3 AZR 233/72, AP Nr. 4 zu § 75 HGB. ‖ 6 BAG 11.3.1968 – 3 AZR 337/67, AP Nr. 23 zu § 74 HGB. ‖ 7 BAG 26.11.1971 – 3 AZR 220/71, AP Nr. 26 zu § 611 BGB Konkurrenzklausel. ‖ 8 *Bauer/Diller*, Rz. 961; dazu BGH 18.9.1997 – I ZR 71/95, DB 1998, 819. ‖ 9 BGH 27.11.1974 – VIII ZR 9/73, BGHZ 63, 256. ‖ 10 BGH 27.6.1960 – VII ZR 101/59, NJW 1960, 1568. ‖ 11 BAG 3.4.1990 – 3 AZR 211/89, AP Nr. 9 zu § 1 BetrAVG Treuebruch; 15.6.1993 – 9 AZR 558/91, AP Nr. 40 zu § 611 BGB Konkurrenzklausel. ‖ 12 Ausf. *Bauer/Diller*, Rz. 974. ‖ 13 BGH 3.7.2000 – II ZR 381/98, NZA 2001, 612.

eine Rolle. S. 2 verbietet ausdrücklich die Umgehung der Entschädigungspflicht durch Verrechnung, was zB die Gewährung von Sachleistungen (s. § 74 Rz. 88) oder die Abgeltung der Entschädigung durch eine laufende Zulage während des ArbVerh (s. § 74b Rz. 2 ff.) unzulässig macht.

75e *(weggefallen)*

75f *Sperrabrede unter Arbeitgebern*

Im Falle einer Vereinbarung, durch die sich ein Prinzipal einem anderen Prinzipal gegenüber verpflichtet, einen Handlungsgehilfen, der bei diesem im Dienst ist oder gewesen ist, nicht oder nur unter bestimmten Voraussetzungen anzustellen, steht beiden Teilen der Rücktritt frei. Aus der Vereinbarung findet weder Klage noch Einrede statt.

1   **I. Bedeutung.** Das Verbot des § 75f dient dem Schutz der ArbN. Ihr **Recht auf freie Wahl des Arbeitsplatzes** (Art. 12 GG) soll nicht durch Abreden zwischen Unternehmen unterlaufen werden. Die Existenz von § 75f ist **weitgehend unbekannt**, vielfach werden Sperrklauseln zwischen Unternehmen in Unkenntnis der Vorschrift vereinbart.

2   § 75f erfasst anders als die §§ 74 ff. nicht wettbewerbsbeschränkende Abreden zwischen ArbGeb und ArbN, sondern wettbewerbsbeschränkende Abreden zwischen **zwei ArbGeb** (Unternehmen). Im Zusammenhang mit solchen Abreden ist in der Lit. oft von „**geheimen Wettbewerbsverboten**" die Rede. § 75f gilt aber unabhängig davon, ob es sich um geheime (zB Kartell-)Abreden oder um offen kommunizierte Vereinbarungen (zB im Zusammenhang mit Unternehmenskaufverträgen) handelt.

3   In der Praxis sind gegen § 75f verstoßende Vereinbarungen in verschiedener Form anzutreffen. Unternehmen vereinbaren „**schwarze Listen**" **von nicht einzustellenden ArbN** (zB gewerkschaftliche Aktivisten, politische Radikale etc.) oder kommen überein, sich **nicht gegenseitig Arbeitskräfte abzuwerben** oder diese nicht zu günstigeren Bedingungen einzustellen[1]. **IT-Dienstleistungsunternehmen**, die ihre Mitarbeiter zu Projektarbeiten längere Zeit in den Betrieb des Auftraggebers entsenden, vereinbaren häufig mit dem Auftraggeber, dass dieser die Mitarbeiter des IT-Dienstleisters nicht abwerben und einstellen darf. In **Joint-Venture-Verträgen** wird häufig vorgesehen, dass die Parteien sich wechselseitig keine Mitarbeiter abwerben und einstellen dürfen. Bei der **Vorbereitung eines Unternehmenskaufs** kommt der potenzielle Erwerber in engen persönlichen Kontakt zu Schlüsselkräften des zu erwerbenden Unternehmens, wodurch häufig erheblicher Abwerbungsdruck entsteht. Häufig versucht das Zielunternehmen, sich in einem vorbereitenden „Letter of Intent" durch Abwerbe- und Anstellungsverbote zu schützen[2].

4   **II. Anwendungsbereich.** § 75f erfasst nicht nur absolute Verbote, wechselseitig Mitarbeiter einzustellen. Erfasst sind auch Abreden, wonach die Einstellung **nur unter bestimmten Voraussetzungen** (zB nur mit einem bestimmten Gehalt) erfolgen soll[3]. Als „bestimmte Voraussetzung" gilt auch die **Zustimmung des alten ArbGeb**, so dass unter § 75f auch Absprachen zwischen Unternehmen fallen, wonach das eine ArbN des anderen nicht ohne dessen Zustimmung einstellt. § 75f gilt unabhängig davon, ob die Unternehmen **wechselseitig** die Einstellung unterlassen sollen oder die Abrede nur zu Gunsten eines der beiden Vertragsteile gilt. Ebenfalls unerheblich ist, ob für die Sperrabrede ein **Entgelt** bezahlt wird.

5   Fraglich ist, ob § 75f auch für bloße **Abwerbungsverbote** gilt[4], die nur eine Initiative des potenziellen neuen ArbGeb verbieten, jedoch die Einstellung zulassen, wenn die Initiative vom ArbN ausging. Versteht man § 75f als Norm zur Aufrechterhaltung der Garantie auf freie Arbeitsplatzwahl aus Art. 12 GG, so besteht kein Anlass, § 75f auf Abwerbeverbote anzuwenden. Denn die freie Arbeitsplatzwahl ist auch dann garantiert, wenn der ArbN sich selbst um einen neuen Arbeitsplatz kümmern muss und nur seine unmittelbare Ansprache durch den potenziellen neuen ArbGeb ausgeschlossen ist[5].

6   § 75f ist auf **alle ArbVerh** anwendbar. Die Vorschrift gilt also auch für nicht-kaufmännische ArbN[6]. § 75f gilt auch für entsprechende Vereinbarungen zwischen **Mehrheiten von ArbGeb**, Konzernen und **Verbänden**[7]. Für Sperrklauseln zwischen Leiharbeitsunternehmen und Entleiherunternehmen gelten die Sondervorschriften des **§ 9 AÜG** (s. dort).

7   § 75f greift auch dann, wenn das andere Unternehmen den ausgeschiedenen ArbN nicht als ArbN einstellt, sondern als selbständigen Unternehmer beschäftigt[8]. Deshalb kann in den oben geschilderten IT-

---

1 *v. Hoyningen-Huene*, § 75f Rz. 1.   ‖ 2 Für eine geltungserhaltende Reduktion des § 75f in diesen Fällen mit der Folge der Wirksamkeit solcher Verbote *Wolf*, NZG 2004, 366.   ‖ 3 BGH 13.10.1972 – I ZR 188/71, AP Nr. 1 zu § 75f HGB.   ‖ 4 Ausf. *Weiland*, BB 1976, 1179.   ‖ 5 Offen gelassen BGH 13.10.1972 – I ZR 88/71, AP Nr. 1 zu § 75f HGB.   ‖ 6 Einhellige Auffassung, BGH 30.4.1974 – VI ZR 153/72, NJW 1974, 1282; 27.9.1983 – VI ZR 294/81, AP Nr. 2 zu § 75f HGB.   ‖ 7 BGH 13.10.1972 – I ZR 88/71, AP Nr. 1 zu § 75f HGB.   ‖ 8 BGH 27.9.1983 – VI ZR 294/81, AP Nr. 2 zu § 75f HGB.

III. Rechtsfolgen. § 75f enthält **kein gesetzl. Verbot** iSv. § 134 BGB. Vielmehr bestimmt § 75f nur, dass 8 beiden Teilen der Rücktritt frei steht und aus der Vereinbarung weder Klage noch Einrede stattfindet. Die besondere Rechtsfolgenregelung des § 75f wird allerdings verdrängt, wenn aus anderen Gründen die gegen § 75f verstoßende Vereinbarung nichtig iSv. § 134 BGB ist, zB wenn Absprachen gegen das allg. **Kartellverbot des GWB** verstoßen. Die oben erwähnten „schwarzen Listen" zum Abdrängen unliebsamer ArbN in die Arbeitslosigkeit können sittenwidrig und damit schon nach § 138 BGB nichtig sein. Nach richtiger Auffassung liegt **Sittenwidrigkeit** und damit Nichtigkeit nach § 138 BGB auch dann vor, wenn sich alle oder jedenfalls die wichtigsten potenziellen ArbGeb eines oder mehrerer ArbN an der Sperrabrede beteiligen, so dass für den/die betroffenen ArbN praktisch ein Berufsverbot entsteht[1].

§ 75f gibt beiden Parteien ein **Rücktrittsrecht**. Die Ausübung des Rücktrittsrechts setzt keine Gründe 9 voraus, und es muss keine Frist eingehalten werden. Der Rücktritt kann nach Sinn und Zweck der Norm keine vertragl. Schadensersatzansprüche des anderen Vertragsteils auslösen[2]. In Betracht kommen allenfalls deliktische Schadensersatzansprüche, wenn zB im Zuge von Verhandlungen über einen Unternehmenskauf (s. Rz. 3) das potenzielle Zielunternehmen im Vertrauen auf die Wirksamkeit der Sperrabrede sensible Daten und Informationen über Führungskräfte an den potenziellen Erwerber weitergegeben hat und dieser unter rechtsmissbräuchlicher Ausnutzung dieser Informationen sodann den Rücktritt nach § 75f erklärt und die Führungskräfte abwirbt oder gar zum Vertragsbruch verleitet[3]. Das Rücktrittsrecht kann vertragl. nicht **ausgeschlossen** werden, auch kann die Erfüllung der Sperrabrede nicht durch **Vertragsstrafe** erzwungen werden.

Die Parteien können die wechselseitigen Verpflichtungen **wirksam erfüllen**, wenn kein Rücktritt erklärt 10 wird. Dabei ist § 75f so zu verstehen, dass bei Ausübung des Rücktritts die Wirkung der Sperrabrede nur für die Zukunft entfällt, während sie **für die Vergangenheit bestehen** bleibt. Folglich muss weder ein bereits gezahltes Entgelt für die in der Vergangenheit liegenden Zeiträume zurückgezahlt werden, noch muss gem. § 812 BGB der Wert des Abwerbe- und Einstellungsverzichts herausgegeben werden.

Für die mittelbar betroffenen ArbN besteht **kein Unterlassungsanspruch**, sie können auch nicht die 11 Ausübung des Rücktrittsrechts durch eine der Parteien verlangen[4]. Allenfalls theoretisch denkbar sind Schadensersatzansprüche gegen die beteiligten ArbGeb gem. § 826 BGB wegen Beeinträchtigung der freien Arbeitsplatzwahl. Ansprüche aus Verschulden bei Vertragsschluss (§ 241 II BGB) gegen den potenziellen neuen ArbGeb, der unter Berufung einer Sperrabrede die Einstellung verweigert, kommen grds. nicht in Betracht, da weder ein Vertrauenstatbestand geschaffen wird noch ein allg. Recht auf Einstellung bei einem bestimmten ArbGeb existiert[5].

75g, h *(nicht kommentiert)*

76–82 *(weggefallen)*

82a *Wettbewerbsverbot des Volontärs*
Auf Wettbewerbsverbote gegenüber Personen, die, ohne als Lehrlinge angenommen zu sein, zum Zwecke ihrer Ausbildung unentgeltlich mit kaufmännischen Diensten beschäftigt werden (Volontäre), finden die für Handlungsgehilfen geltenden Vorschriften insoweit Anwendung, als sie nicht auf das dem Gehilfen zustehende Entgelt Bezug nehmen.

Nach zutreffender Auffassung ist § 82a durch §§ 26, 12 BBiG gegenstandslos geworden[6]. 1

83 *Andere Arbeitnehmer*
Hinsichtlich der Personen, welche in dem Betrieb eines Handelsgewerbes andere als kaufmännische Dienste leisten, bewendet es bei den für das Arbeitsverhältnis dieser Personen geltenden Vorschriften.

Da die Aufspaltung des ArbN-Begriffs in einzelne Gruppen (s. vor § 59 Rz. 2 ff.) überholt ist, hat die 1 Vorschrift **keine praktische Funktion** mehr.

---

1 *v. Hoyningen-Huene*, § 75f Rz. 8; Heymann/*Henssler*, § 75f Rz. 5. || 2 *v. Hoyningen-Huene*, § 75f Rz. 6; offen gelassen von BGH 13.10.1972 – I ZR 88/71, AP Nr. 1 § 75f HGB. || 3 Heymann/*Henssler*, § 75f Rz. 8. || 4 Heymann/*Henssler*, § 75f Rz. 7. || 5 So schon RAG 2.5.1928 – RAG 4/28, RAGE 2, 1 (4). || 6 Dazu *Bauer/Diller*, Rz. 565.

Insolvenzordnung (InsO)

vom 5.10.1994 (BGBl. I S. 2866),
zuletzt geändert durch Gesetz vom 31.8.2013 (BGBl. I S. 3533).

– Auszug –

113 *Kündigung eines Dienstverhältnisses*
Ein Dienstverhältnis, bei dem der Schuldner der Dienstberechtigte ist, kann vom Insolvenzverwalter und vom anderen Teil ohne Rücksicht auf eine vereinbarte Vertragsdauer oder einen vereinbarten Ausschluss des Rechts zur ordentlichen Kündigung gekündigt werden. Die Kündigungsfrist beträgt drei Monate zum Monatsende, wenn nicht eine kürzere Frist maßgeblich ist. Kündigt der Verwalter, so kann der andere Teil wegen der vorzeitigen Beendigung des Dienstverhältnisses als Insolvenzgläubiger Schadenersatz verlangen.

1 **I. Inhalt und Zweck.** § 113 enthält eine Nachfolgeregelung zu § 22 KO[1]. Die Bestimmung ist im Zusammenhang mit § 108 I 1 zu sehen, wonach Dienstverhältnisse durch die Insolvenzeröffnung nicht beendet werden, sondern mit Wirkung für und gegen die Insolvenzmasse fortbestehen. Das Recht zur **außerordentl. Kündigung** aus wichtigem Grund wird durch § 113 nicht berührt. Die Eröffnung des Insolvenzverfahrens stellt als solche allerdings keinen wichtigen Grund idS dar[2]. Ein Konflikt zu § 323 UmwG besteht nicht[3].

2 § 113 entbindet nicht von der **Beachtung gesetzl. Kündigungsschutzbestimmungen**, so dass neben den Regeln des KSchG[4] insb. die Formvorschrift des § 623 BGB sowie ein etwa bestehender Sonderkündigungsschutz (etwa § 4f BDSG, § 18 BEEG[5], § 9 MuSchG, §§ 85 ff. SGB IX, § 15 KSchG, § 613a IV BGB, § 5 PflegeZG) zu beachten sind. Unberührt bleibt auch die Notwendigkeit der **Anhörung des BR** bzw. des SprAu (§ 102 BetrVG, § 31 II SprAuG). **Sonstige Erschwerungen der ordentl. Kündigung** werden durch S. 1 ebenfalls nicht beseitigt, so dass insb. ein tarifvertragl. oder gem. § 102 VI BetrVG zu Gunsten des BR vereinbartes Zustimmungserfordernis auch in der Insolvenz zu beachten ist[6]. Zur Wirksamkeit einer Kündigung wegen Betriebsstilllegung benötigt der Insolvenzverwalter die Zustimmung der Gläubigerversammlung oder des Gläubigerausschusses nicht, und zwar weder zur Kündigung noch zur Stilllegung[7]. Voraussetzung für die Anwendbarkeit des § 113 ist ein **eröffnetes Insolvenzverfahren**, so dass die Vorschrift nicht für Kündigungen durch den **vorläufigen Insolvenzverwalter** gilt[8].

3 **II. Kündigungsrecht (S. 1 u. 2). 1. Anwendungsbereich.** Die Bestimmung erfasst **nicht nur ArbVerh**, sondern **alle Dienstverhältnisse**, bei denen der Insolvenzschuldner Dienstberechtigter ist. § 113 gilt insb. auch für Dienstverhältnisse mit Organmitgliedern juristischer Personen[9] sowie mit arbeitnehmerähnl. Personen. Zwar zählen **Berufsausbildungsverhältnisse** ebenfalls zu den Dienstverhältnissen, doch steht einer Anwendung des § 113 auf sie entgegen, dass sie gem. § 22 II Nr. 1 BBiG nach Ablauf der Probezeit vom Dienstgeber nur außerordentl. aus wichtigem Grund kündbar sind[10]. Ein wichtiger Grund kann darin liegen, dass der Ausbildungszweck nicht mehr erreicht werden kann[11].

4 § 113 findet auf alle Arten ordentl. Kündigungen Anwendung und gilt daher **sowohl für Beendigungs- als auch für Änderungskündigungen**[12]. Auf welchen Grund die Kündigung gestützt wird, spielt keine Rolle[13]. Gleichgültig ist ferner, von welcher Seite die Kündigung ausgesprochen wird, so dass auch der Dienstnehmer in jedem Fall mit der Frist des S. 2 kündigen kann[14]. § 113 verlangt nicht, dass die Kündigung unverzüglich nach Insolvenzeröffnung ausgesprochen wird[15]. Die Vorschrift ist auch auf sog. **Nachkündigungen** des Insolvenzverwalters anzuwenden, mit denen dieser angesichts S. 2 im Einzelfall zu einer früheren Beendigung des ArbVerh als durch eine bereits vor Insolvenzeröffnung mit langer Frist ausgesprochene Kündigung gelangen kann[16].

---

1 Begr. RegE zu § 127, BT-Drs. 12/2443, 148. ||2 BAG 25.10.1968 – 2 AZR 23/68, NJW 1969, 525; 14.1.2013 – 2 AZR 453/11, NZA 2013, 959. ||3 BAG 22.9.2005 – 6 AZR 526/04, BB 2006, 1278. ||4 Vgl. dazu BAG 5.12.2002 – 2 AZR 571/01, BB 2003, 1339. ||5 Vgl. dazu LAG Nürnberg 11.1.2012 – 4 Sa 627/11. ||6 So BAG 19.1.2000 – 4 AZR 911/98, nv.; aA LAG BW 9.11.1998 – 15 Sa 87/98, LAGE § 113 InsO Nr. 6 (Vorinstanz). Allerdings ist nach Ansicht des BAG eine solche tarifl. Zustimmungsklausel dahin auszulegen, „dass jedenfalls dann, wenn im Falle der Insolvenz allen Mitarbeiterinnen und Mitarbeitern wegen Betriebsstilllegung gekündigt werden muss, die Zustimmung des Betriebsrats zu diesen betriebsbedingten Kündigungen nicht erforderlich ist". ||7 LAG Köln 5.7.2002 – 4 (6) Sa 161/02, BB 2002, 2675. ||8 BAG 20.1.2005 – 2 AZR 134/04, BB 2005, 1685; Nerlich/Römermann/*Hamacher*, § 113 Rz. 35; ErfK/*Müller-Glöge*, § 113 InsO Rz. 5; zu ausländischen Insolvenzverfahren BAG 20.9.2012 – 6 AZR 253/11, NZI 2012, 1011; dazu *Giesen*, EuZA 2013, 350; aA *Caspers*, Rz. 519ff. ||9 Zum Dienstverhältnis des GmbH-Geschäftsführers nach Eröffnung des Insolvenzverfahrens LAG Rh.-Pf. 25.9.2008 – 10 Sa 162/08, NZG 2009, 195; *Fichtelmann*, GmbHR 2008, 76 (80ff.). ||10 *Lohkemper*, KTS 1996, 1 (10); ErfK/*Müller-Glöge*, § 113 InsO Rz. 3. ||11 KDZ/*Däubler*, § 113 InsO Rz. 10; KR/*Weigand*, §§ 113, 120ff. InsO Rz. 55ff. ||12 *Heinze*, NZA 1999, 57, (58); *Lakies*, BB 1998, 2638 (2640); Kübler/Prütting/Bork/*Moll*, § 113 Rz. 61. ||13 KDZ/*Däubler*, § 113 InsO Rz. 7. ||14 Kübler/Prütting/Bork/*Moll*, § 113 Rz. 62. ||15 *Berscheid*, ZInsO 1998, 115 (118). ||16 BAG 8.4.2003 – 2 AZR 15/02, AP Nr. 40 zu § 113 BetrVG 1972; 22.5.2003 – 2 AZR 255/02, NZA 2003, 1086; MüKoInsO/*Löwisch*/*Caspers*, § 113 Rz. 23; LAG Hamm 21.11.2001 – 2 Sa 1123/01, ZIP 2002, 1857; aA ArbG Köln 8.12.1998 – 4 (15) Ca 5991/98, NZI 1999, 82.

Uneinigkeit besteht darüber, ob § 113 auch die Kündigung **noch nicht in Vollzug gesetzter Dienstverhältnisse** betrifft oder ob insoweit das Wahlrecht des Insolvenzverwalters nach § 103 eingreift. Anders als noch § 22 KO („angetretenes Dienstverhältnis") verlangt § 113 nur den Bestand eines Dienstverhältnisses, der bereits ab Vertragsschluss gegeben ist. Daher dürfte davon auszugehen sein, dass § 113 bereits vor Antritt der Dienstleistung anzuwenden ist[1]. Die Kündigungsfrist beginnt in solchen Fällen selbst dann mit Zugang der Kündigung zu laufen, wenn die Auslegung des Dienstvertrags zu dem Ergebnis eines Ausschlusses der Kündbarkeit vor Dienstantritt führen sollte[2]. Begründet der Insolvenzverwalter **neue Dienstverhältnisse** mit Wirkung für die Masse, so betrifft § 113 auch deren Kündigung[3].

2. Ordentliche Kündbarkeit und Höchstkündigungsfrist. § 113 enthält zwei strikt zu unterscheidende Elemente. Während S. 1 nur grds. die ordentl. Kündbarkeit des Dienstverhältnisses herbeiführt, regelt S. 2 die in einem ordentl. kündbaren Dienstverhältnis geltende Höchstkündigungsfrist[4].

S. 1 ordnet an, dass ein Dienstverhältnis, bei dem der Insolvenzschuldner Dienstberechtigter ist, von beiden Vertragsteilen ungeachtet der **vereinbarten Vertragsdauer** oder eines **vereinbarten Ausschlusses des ordentl. Kündigungsrechts** ordentl. gekündigt werden kann[5]. Angesprochen sind damit insb. **befristete** und **auflösend bedingte ArbVerh**, sofern deren ordentl. Kündbarkeit nicht einzelvertragl. oder im anwendbaren TV vorgesehen ist (§§ 15 III, 21 TzBfG)[6]. Ein vereinbarter Ausschluss der ordentl. Kündigung kann sowohl auf Einzelvertrag als auch auf BV oder TV beruhen. Gegen die Verdrängung eines **tarifl. Ausschlusses der ordentl. Kündigung** werden verschiedentlich **verfassungsrechtl. Bedenken** erhoben[7]. Das BAG hat indes die Verfassungsmäßigkeit der Bestimmung auch insoweit ausdrücklich bejaht[8].

Ist das Dienstverhältnis – ggf. nach S. 1 – ordentl. kündbar, **ergibt sich die einzuhaltende Kündigungsfrist aus S. 2.** Beträgt die gesetzl., tarif- oder einzelvertragl. bzw. in einer BV vorgesehene Kündigungsfrist weniger als drei Monate zum Monatsende, ist sie ohne weiteres maßgeblich. Ist sie länger, so gilt die **Höchstkündigungsfrist** von drei Monaten zum Monatsende[9]. Dabei hat jeweils eine konkrete Betrachtung zu erfolgen, so dass auch der **Kündigungstermin** zu berücksichtigen ist[10]. Ist etwa eine Kündigungsfrist von sechs Wochen zum Quartalsende vereinbart und ist die zum nächsten Quartalsende bestehende Kündigungsmöglichkeit soeben verstrichen, so kann fünf Wochen vor Quartalsende mit der Frist des Satz 2 gekündigt werden. Unklar ist die in den Fällen eines vereinbarten Ausschlusses des **ordentl. Kündigungsrechts** einzuhaltende Frist. Nach Ansicht des BAG ist auch hier die Höchstkündigungsfrist von drei Monaten zum Monatsende maßgeblich und nicht etwa die hypothetische gesetzl. Kündigungsfrist zugrunde zu legen[11].

III. Schadensersatzpflicht (S. 3). Kündigt der Insolvenzverwalter, so gewährt S. 3 dem Dienstverpflichteten einen **Anspruch auf Ersatz des** ihm wegen der vorzeitigen Beendigung des Dienstverhältnisses entstehenden **Schadens**. Der Schadensersatzanspruch zählt nicht zu den Masseschulden iSd. § 55 I Nr. 1, sondern kann nur als **gewöhnliche Insolvenzforderung** (§ 38) geltend gemacht werden. Kommt es durch S. 2 lediglich zur Abkürzung einer vereinbarten längeren Kündigungsfrist, so ist die Ersatzpflicht nach S. 3 auf den **Verfrühungsschaden** beschränkt[12], der ggf. nach § 287 ZPO zu schätzen ist. Er kann auch darin liegen, dass eine Anwartschaft auf betrAV wegen der früheren Kündigung nicht mehr unverfallbar wird[13]. Im Falle vereinbarter Unkündbarkeit ist der Verfrühungsschaden auf die ohne die vereinbarte Unkündbarkeit maßgebliche längste ordentl. Kündigungsfrist beschränkt[14]. Den Dienstverpflichteten trifft eine **Schadensminderungspflicht** nach § 254 II BGB, weshalb sich sein Anspruch reduziert, wenn er die Ausübung einer anderen zumutbaren Tätigkeit unterlässt. Dem Dienstverpflichteten ent-

---

1 So *Berscheid*, ZInsO 1998, 115 (116); *Caspers*, Rz. 91 ff.; Nerlich/Römermann/*Hamacher*, § 113 Rz. 8 ff.; ErfK/*Müller-Glöge*, § 113 InsO Rz. 7; aA *Lohkemper*, KTS 1996, 1 (4). ||2 ErfK/*Müller-Glöge*, § 113 InsO Rz. 7; im Erg. auch *Caspers*, Rz. 96 ff.; Nerlich/Römermann/*Hamacher*, § 113 Rz. 11 f.: entsprechende Anwendung. ||3 LAG Bln.-Bbg. 11.7.2007 – 23 Sa 450/07, ZIP 2007, 2002; ebenso *Berscheid*, ZInsO 1998, 115 (117); KR/*Weigand*, §§ 113, 120 ff. InsO Rz. 19; ErfK/*Müller-Glöge*, § 113 InsO Rz. 5; aA *Henkel*, ZIP 2008, 1265; KDZ/*Däubler*, § 113 InsO Rz. 13. ||4 BAG 6.7.2000 – 2 AZR 695/99, NJW 2001, 317; *Annuß*, ZInsO 2001, 344 (349); aA etwa *Boemke*, NZI 2001, 460 (462); Kübler/Prütting/Bork/*Moll*, § 113 Rz. 37 f. ||5 Vgl. BAG 25.4.2007 – 6 AZR 631/06, NZA 2008, 1135; 16.5.2007 – 8 AZR 772/06, NJOZ 2008, 3448; 24.1.2013 – 2 AZR 453/11; LAG Schl.-Holst. 28.4.2004 – 3 Sa 551/03, NZA-RR 2004, 546. ||6 S. dazu Annuß/Thüsing/*Maschmann*, § 15 TzBfG Rz. 10. ||7 KDZ/*Däubler*, § 113 InsO Rz. 29 ff.; *Zwanziger*, BB 1997, 626 Fn. 6; ebenso ArbG Stuttgart 4.8.1997 – 18 Ca 1752/97, EzA § 113 InsO Nr. 3; ArbG Limburg 2.7.1997 – 1 Ca 174/97, EzA § 113 InsO Nr. 2; ohne Bedenken LAG Hamm 27.10.2004 – 2 Sa 2186/03, nv. ||8 BAG 16.6.1999 – 4 AZR 191/98, NJW 2000, 972; 19.1.2000 – 4 AZR 70/99, NJW 2000, 2692; 20.9.2006 – 6 AZR 249/05, NZA 2007, 387. Das BVerfG hat in seinen zu § 113 ergangenen Entscheidungen v. 8.2.1999 – 1 BvL 25/97, NZA 1999, 597 und v. 21.5.1999 – 1 BvL 22/98, NZA 1999, 923 nicht zu der Sachfrage Stellung genommen. ||9 Vgl. BAG 16.5.2007 – 8 AZR 772/06, NJOZ 2008, 3448. ||10 Nerlich/Römermann/*Hamacher*, § 113 Rz. 87 f. ||11 BAG 3.12.1998 – 2 AZR 425/98, NJW 1999, 1571; 6.7.2000 – 2 AZR 695/99, NJW 2001, 317; *Annuß*, ZInsO 2001, 344 (349); KDZ/*Däubler*, § 113 InsO Rz. 22; Nerlich/Römermann/*Hamacher*, § 113 Rz. 96; aA *Berscheid*, ZInsO 1998, 115 (122 ff.); *Boemke*, NZI 2001, 460 (462 f.); *Caspers*, Rz. 106 ff.; Kübler/Prütting/Bork/*Moll*, § 113 Rz. 72 f. ||12 BAG 26.4.2007 – 6 AZR 622/06, ZIP 2007, 1875; LAG Hess. 22.1.2013 – 13 Sa 1107/12; Nerlich/Römermann/*Hamacher*, § 113 Rz. 251. ||13 KDZ/*Däubler*, § 113 InsO Rz. 27; *Zwanziger*, § 113 Rz. 39. ||14 BAG 16.5.2007 – 8 AZR 772/06, NJOZ 2008, 3448; dies gilt auch bei zeitlich befristetem Ausschluss betriebsbedingter Kündigungen, LAG Hess. 1.9.2008 – 17 Sa 341/08.

steht kein Schaden, soweit er aus einer sonst nicht möglichen anderweitigen Verwertung seiner Dienstleistungskraft Vermögensvorteile erlangt. Ferner hat er sich etwaige Sozialleistungen oder Versorgungsbezüge anrechnen zu lassen[1], wobei hinsichtlich Letzterer § 116 I SGB X zu beachten ist. Für **Mitglieder des Vorstands einer AG** wird die Bemessungsgrundlage des Schadensersatzanspruchs durch § 87 III AktG auf die Dauer von zwei Jahren beschränkt. Kein Anspruch nach S. 3 besteht bei Eigenkündigung des ArbN oder bei Abschluss eines Aufhebungsvertrages[2]. Allerdings können bei außerordentl. Eigenkündigung Ansprüche nach § 628 II BGB begründet sein.

120 Kündigung von Betriebsvereinbarungen

(1) Sind in Betriebsvereinbarungen Leistungen vorgesehen, welche die Insolvenzmasse belasten, so sollen Insolvenzverwalter und Betriebsrat über eine einvernehmliche Herabsetzung der Leistungen beraten. Diese Betriebsvereinbarungen können auch dann mit einer Frist von drei Monaten gekündigt werden, wenn eine längere Frist vereinbart ist.

(2) Unberührt bleibt das Recht, eine Betriebsvereinbarung aus wichtigem Grund ohne Einhaltung einer Kündigungsfrist zu kündigen.

1 **I. Inhalt und Zweck.** Wie § 120 mittelbar bestätigt, hat die Eröffnung des Insolvenzverfahrens als solche grds. keinen Einfluss auf Bestand und Inhalt von BV. Daraus resultierende Verpflichtungen des ArbGeb sind nach Insolvenzeröffnung vom Insolvenzverwalter zu erfüllen. Die Beendigung von BV folgt in der Insolvenz den allg. Regeln, so dass ausnahmsw. auch eine außerordentl. Kündigung möglich ist[3]. § 120 trägt einem in der Insolvenz regelmäßig besonders ausgeprägten Flexibilitätsinteresse Rechnung, um unabhängig vom weiteren Schicksal des Betriebs eine kurzfristige Entlastung der Masse zu ermöglichen und den Betrieb durch die zeitnahe Beseitigung belastender BV veräußerungsfähig zu machen[4].

2 **II. Belastende Betriebsvereinbarungen.** Abs. 1 betrifft seinem Wortlaut nach nur **BV**. Einigkeit besteht daher darüber, dass alle BV iSd. § 77 II BetrVG erfasst werden, unabhängig davon, ob sie Fragen der freiwilligen oder erzwingbaren Mitbest. regeln. Die Bestimmung ist auch auf Sozialpläne anwendbar, die früher als drei Monate vor dem Eröffnungsantrag aufgestellt worden sind und deshalb nicht von § 124 erfasst werden[5]. Einigkeit besteht ferner darüber, dass Abs. 1 sowohl für BV als auch für **GesamtBV** gilt[6]. Darüber hinaus wird teilweise davon ausgegangen, Abs. 1 finde auf **KonzernBV** insofern Anwendung, als die Insolvenz den Konzernbezug beseitige, was dazu führe, dass auch insoweit die Betriebspartner in dem insolventen Unternehmen zur eigenen Gestaltung berechtigt seien[7].

3 Nach überwiegender Ansicht betrifft Abs. 1 auch die Kündigung von **Regelungsabreden**[8]. Hingegen sollen Richtlinien nach § 28 II SprAuG nach zweifelhafter Ansicht ebenso wenig erfasst sein[9] wie Dienstvereinbarungen, auch wenn die betreffende juristische Person des öffentl. Rechts ausnahmsweise insolvenzfähig ist[10].

4 § 120 setzt voraus, dass die in der BV vorgesehenen Leistungen zu einer **Belastung der Insolvenzmasse** führen. Dies ist unproblematisch dann gegeben, wenn die BV unmittelbare Leistungspflichten des ArbGeb begründet, wobei keine Rolle spielt, ob es sich im Verhältnis zu den einzelnen ArbN um eine direkte Gegenleistung für die erbrachte Arbeitsleistung oder um Nebenleistungen handelt[11]. Ferner zählen dazu auch **Leistungen ohne Entgeltfunktion**, wie etwa der Ersatz von Aufwendungen. Angesichts des masseschützenden Charakters der Bestimmung ist nicht erforderlich, dass die Leistungen direkt den ArbN zufließen. Erfasst werden daher auch sonstige Verpflichtungen des ArbGeb, etwa zum Unterhalt einer Betriebskantine, eines Betriebskindergartens oder sonstiger Sozialeinrichtungen. Erforderlich ist aber, dass die **BV der rechtl. Grund für die Belastung** der Insolvenzmasse ist. Deshalb erscheint es nicht zutreffend, wenn eine Belastung auch in zusätzlichen Freistellungen nach § 38 I 5 BetrVG erblickt wird[12]. Da das Gesetz ausdrücklich nur Leistungen betrifft, findet es keine Anwendung auf **belastende Organisationsregeln**[13], die nur zu einer objektiven – oder lediglich subjektiv empfundenen – Erschwerung der betriebl. Abläufe führen. Einer Massebelastung idS steht nicht entgegen, dass der Verwalter – etwa aufgrund einer Fortführungsvereinbarung – Kostenerstattung von dritter Seite erlangt.

5 Soweit mit Blick auf BV, die nur teilweise Regelungen über belastende Leistungen enthalten, stets eine **Teilkündigung** für zulässig gehalten wird[14], ist dem nicht ohne weiteres zu folgen. Eine Teilkündi-

---

1 KDZ/*Däubler*, § 113 InsO Rz. 27; Kübler/Prütting/Bork/*Moll*, § 113 Rz. 123. ||2 BAG 25.4.2007 – 6 AZR 631/06, NZA 2008, 1135. ||3 Vgl. LAG BW 15.6.2005 – 12 TaBV 6/04. ||4 S. Begr. RegE, BT-Drs. 12/2443, 153. ||5 *Caspers*, Rz. 485; Kübler/Prütting/Bork/*Moll*, § 120 Rz. 16. ||6 Nerlich/Römermann/*Hamacher*, § 120 Rz. 23; Kübler/Prütting/Bork/*Moll*, § 120 Rz. 12. ||7 Kübler/Prütting/Bork/*Moll*, § 120 Rz. 13; s. a. MüKoInsO/*Löwisch/Caspers*, § 120 Rz. 7. ||8 Kübler/Prütting/Bork/*Moll*, § 120 Rz. 15. ||9 MüKoInsO/*Löwisch/Caspers*, § 120 Rz. 14. ||10 MüKoInsO/*Löwisch/Caspers*, § 120 Rz. 15. ||11 Kübler/Prütting/Bork/*Moll*, § 120 Rz. 18; aA Nerlich/Römermann/*Hamacher*, § 120 Rz. 25; *Zwanziger*, § 120 Rz. 4: Es seien „nur Sonderleistungen des Arbeitgebers, die über die ‚normale' Entlohnung hinausgehen, nach § 120 InsO kündbar". ||12 So aber MüKoInsO/*Löwisch/Caspers*, § 120 Rz. 11. ||13 S. Kübler/Prütting/Bork/*Moll*, § 120 Rz. 19 f. ||14 So FK-InsO/*Eisenbeis*, § 120 Rz. 11.

gung kommt auch hier nur in Betracht, soweit sie nach den vom BAG entwickelten allg. Grundsätzen möglich ist[1].

III. Beratungsgebot und Höchstkündigungsfrist. Handelt es sich um belastende BV im vorstehenden Sinne, sollen Insolvenzverwalter und BR über eine **einvernehmliche Herabsetzung** der Leistungen **beraten**. Dem Wortlaut folgend, erblickt die ganz überwiegende Ansicht hierin lediglich ein **Sollgebot**, dessen Nichtbeachtung ohne Folgen bleibt[2]. Insb. ist die Beratung nach überwiegender Ansicht keine Kündigungsvoraussetzung[3]. 6

Die **Höchstkündigungsfrist** ermöglicht beiden Seiten einer BV die ordentl. Kündigung auch dann mit einer der Regelkündigungsfrist des § 77 V BetrVG entsprechenden Frist von drei Monaten, wenn eine längere Frist vereinbart ist. Vereinbarte **kürzere Fristen** bleiben unberührt. Obwohl Abs. 1 – anders als § 113 – kein Kündigungsrecht zu entnehmen ist, wird vielfach davon ausgegangen, dass die Bestimmung die Kündigung von BV auch dann mit einer Drei-Monats-Frist ermöglicht, wenn die **ordentl. Kündigung** – etwa im Zusammenhang mit einer Befristung – durch Vereinbarung **ausgeschlossen** ist[4]. Unklar ist, ob Abs. 1 S. 2 eine Kündigung ohne weiteres auch dann ermöglicht, wenn die Betriebspartner **materielle Kündigungserschwerungen** vorgesehen haben (s. a. § 113 Rz. 2)[5]. 7

Abs. 1 trifft keine Aussage über die **Kündigungsfolgen**, die daher nach allg. Grundsätzen zu bestimmen sind. Dies bedeutet insb., dass es im Bereich der erzwingbaren Mitbest. gem. § 77 VI BetrVG zu einer **Nachwirkung** kommt, sofern diese nicht durch Vereinbarung der Betriebsparteien ausgeschlossen worden ist[6]. Uneinigkeit besteht darüber, ob das auch in Fällen einer lediglich **vereinbarten Nachwirkung** (s. allg. § 77 BetrVG Rz. 45) gilt. Überwiegend wird angenommen, dass die freiwillige Vereinbarung einer Nachwirkung in der Insolvenz unbeachtlich ist[7]. § 120 enthält **keine Ermächtigung für den Eingriff in aktuelle Rechtspositionen der ArbN.** Insoweit gelten vielmehr die allg. Grundsätze (s. § 77 BetrVG Rz. 59 ff.). 8

IV. Außerordentliche Kündigung. Abs. 2 stellt deklaratorisch fest, dass das Recht zur außerordentl. Kündigung unberührt bleibt. Auch in der Insolvenz gelten die allg. für die außerordentl. Kündigung von BV maßgeblichen Grundsätze (s. dazu sowie zum Wegfall der Geschäftsgrundlage § 77 BetrVG Rz. 36, 43). 9

121 Betriebsänderungen und Vermittlungsverfahren

Im Insolvenzverfahren über das Vermögen des Unternehmers gilt § 112 Abs. 2 Satz 1 des Betriebsverfassungsgesetzes mit der Maßgabe, dass dem Verfahren vor der Einigungsstelle nur dann ein Vermittlungsversuch vorangeht, wenn der Insolvenzverwalter und der Betriebsrat gemeinsam um eine solche Vermittlung ersuchen.

122 Gerichtliche Zustimmung zur Durchführung einer Betriebsänderung

(1) Ist eine Betriebsänderung geplant und kommt zwischen Insolvenzverwalter und Betriebsrat der Interessenausgleich nach § 112 des Betriebsverfassungsgesetzes nicht innerhalb von drei Wochen nach Verhandlungsbeginn oder schriftlicher Aufforderung zur Aufnahme von Verhandlungen zustande, obwohl der Verwalter den Betriebsrat rechtzeitig und umfassend unterrichtet hat, so kann der Verwalter die Zustimmung des Arbeitsgerichts dazu beantragen, dass die Betriebsänderung durchgeführt wird, ohne dass das Verfahren nach § 112 Abs. 2 des Betriebsverfassungsgesetzes vorangegangen ist. § 113 Abs. 3 des Betriebsverfassungsgesetzes ist insoweit nicht anzuwenden. Unberührt bleibt das Recht des Verwalters, einen Interessenausgleich nach § 125 zustande zu bringen oder einen Feststellungsantrag nach § 126 zu stellen.

(2) Das Gericht erteilt die Zustimmung, wenn die wirtschaftliche Lage des Unternehmens auch unter Berücksichtigung der sozialen Belange der Arbeitnehmer erfordert, dass die Betriebsänderung ohne vorheriges Verfahren nach § 112 Abs. 2 des Betriebsverfassungsgesetzes durchgeführt wird. Die Vorschriften des Arbeitsgerichtsgesetzes über das Beschlussverfahren gelten entsprechend; Beteiligte sind der Insolvenzverwalter und der Betriebsrat. Der Antrag ist nach Maßgabe des § 61a Abs. 3 bis 6 des Arbeitsgerichtsgesetzes vorrangig zu erledigen.

---

1 BAG 6.11.2007 – 1 AZR 826/06, NZA 2008, 422. || 2 FK-InsO/*Eisenbeis*, § 120 Rz. 7 f.; Kübler/Prütting/Bork/*Moll*, § 120 Rz. 21 f. || 3 Anders allerdings MüKoInsO/*Löwisch/Caspers*, § 120 Rz. 21, die analog § 122 I eine auf drei Wochen begrenzte Verhandlungsobliegenheit annehmen; in diese Richtung auch *Zwanziger*, § 120 Rz. 13; dagegen etwa Nerlich/Römermann/*Hamacher*, § 120 Rz. 32; Kübler/Prütting/Bork/*Moll*, § 120 Rz. 31. || 4 Nerlich/Römermann/*Hamacher*, § 120 Rz. 37; *Lakies*, RdA 1997, 145 (147); Kübler/Prütting/Bork/*Moll*, § 120 Rz. 27; *Schrader*, NZA 1997, 70 (71); aA *Lohkemper*, KTS 1996, 1 (40); *Müller*, NZA 1998, 1315 (1318). || 5 Bejahend etwa Kübler/Prütting/Bork/*Moll*, § 120 Rz. 28. || 6 Nerlich/Römermann/*Hamacher*, § 120 Rz. 39; Kübler/Prütting/Bork/*Moll*, § 120 Rz. 37 ff. || 7 MüKoInsO/*Löwisch/Caspers*, § 120 Rz. 34; Kübler/Prütting/Bork/*Moll*, § 120 Rz. 41 ff.; aA *Zwanziger*, § 120 Rz. 10.

(3) Gegen den Beschluss des Gerichts findet die Beschwerde an das Landesarbeitsgericht nicht statt. Die Rechtsbeschwerde an das Bundesarbeitsgericht findet statt, wenn sie in dem Beschluss des Arbeitsgerichts zugelassen wird; § 72 Abs. 2 und 3 des Arbeitsgerichtsgesetzes gilt entsprechend. Die Rechtsbeschwerde ist innerhalb eines Monats nach Zustellung der in vollständiger Form abgefassten Entscheidung des Arbeitsgerichts beim Bundesarbeitsgericht einzulegen und zu begründen.

1 **I. Inhalt und Zweck.** Da die §§ 111ff. BetrVG grds. auch im Insolvenzverfahren Anwendung finden, muss der Insolvenzverwalter, wenn er sich nicht der Gefahr von **Nachteilsausgleichsansprüchen** gem. § 113 III BetrVG aussetzen will, die dem Rang von „echten" Masseverbindlichkeiten iSd. § 55 I 1 Nr. 1 stehen und für die er nach § 60 persönlich einstandspflichtig sein kann[1], vor Durchführung einer Betriebsänderung einen Interessenausgleich mit dem BR iSd. Gesetzes versucht haben. Eine nur geringe Erleichterung bringt insoweit § 121, wonach ein Vermittlungsversuch durch den Vorstand der BA allein dann stattfinden kann, wenn Insolvenzverwalter und BR das übereinstimmend beantragen. Im Gegensatz dazu hält § 122 eine theoretisch wichtige Beschleunigungsmöglichkeit bereit, deren unmittelbare praktische Bedeutung allerdings nicht besonders groß zu sein scheint. § 122 steht selbständig neben § 158 II[2] und findet nur im eröffneten Insolvenzverfahren Anwendung.

2 **II. Drei-Wochen-Frist.** Der Insolvenzverwalter kann die Zustimmung des ArbG zur geplanten Betriebsänderung nur beantragen, wenn innerhalb von drei Wochen nach Verhandlungsbeginn oder schriftl. Aufforderung zur Aufnahme von Verhandlungen kein Interessenausgleich nach § 112 II BetrVG zustande gekommen ist, obwohl der Verwalter den BR rechtzeitig und umfassend unterrichtet hat. Hierbei handelt es sich um eine **Zulässigkeitsvoraussetzung** des Verfahrens nach § 122, so dass die Frist erst im Zeitpunkt der letzten Anhörung abgelaufen zu sein braucht[3]. Mit dem Erfordernis der rechtzeitigen und umfassenden Unterrichtung knüpft das Gesetz grds. an § 111 BetrVG an[4] (s. § 111 BetrVG Rz. 61). Für die Rechtzeitigkeit muss es aber genügen, wenn die Information des BR zu einem Zeitpunkt erfolgt, in dem die Durchführung eines Interessenausgleichsverfahrens vor einer tatsächlichen Umsetzung der geplanten Betriebsänderung noch möglich ist[5]. Die Voraussetzungen müssen kumulativ vorliegen. **Werden die Verhandlungen ohne vorherige ausreichende Unterrichtung aufgenommen**, beginnt die Drei-Wochen-Frist erst mit der späteren vollständigen Information. Häufig wird unter Berufung auf die Rspr. des BAG zu § 99 BetrVG auch bei § 122 davon ausgegangen, dass den BR nach dem Grundsatz der vertrauensvollen Zusammenarbeit die Obliegenheit treffe, eine aus seiner Sicht unvollständige Unterrichtung unverzüglich zu rügen und die angeblich fehlenden Informationsgegenstände zu benennen. Die Verletzung dieser **Rügeobliegenheit** führe dazu, dass die Drei-Wochen-Frist ohne weiteres bei Verhandlungsaufnahme bzw. mit Zugang der Aufforderung zur Verhandlungsaufnahme zu laufen beginne[6]. Dies begegnet gewissen Zweifeln. Denn bei § 122 handelt es sich – anders als bei § 99 BetrVG – um eine objektive Verfahrensvoraussetzung. Es liegt daher nahe, dass die Drei-Wochen-Frist in jedem Fall nur dann zu laufen beginnt, wenn der BR tatsächlich ausreichend unterrichtet worden ist.

3 Der **Verhandlungsbeginn** oder die **schriftl. Aufforderung** genügen als solche jeweils nicht, um § 122 I Rechnung zu tragen. Erforderlich ist vielmehr, dass der Insolvenzverwalter mit dem BR innerhalb der Frist ernsthaft verhandelt, sofern dieser dazu bereit ist[7]. Die Verhandlungsaufforderung kann mit der umfassenden Unterrichtung verbunden werden[8]. Dem **Schriftformerfordernis** kommt dabei angesichts seiner Formalisierungsfunktion **konstitutive Bedeutung** zu[9]. Damit ist allerdings noch nichts darüber gesagt, ob an die Schriftform iSd. § 122 die strengen Anforderungen des § 126 BGB zu stellen sind oder ob der Begriff hier eigenständig zu interpretieren ist. Viel spricht dafür, dass hier Gleiches wie bei § 99 BetrVG gilt (vgl. dort Rz. 89).

4 Nach überwiegender Ansicht ist entgegen dem in eine andere Richtung weisenden Wortlaut des Abs. 1 **nicht erforderlich**, dass die Unterrichtung des BR oder die Aufforderung zu Verhandlungen bzw. der Verhandlungsbeginn **nach Insolvenzeröffnung liegen**. Dies gilt auch, soweit es um den Beginn der Drei-Wochen-Frist geht. Der Insolvenzverwalter kann sich deshalb auch auf eine noch vom späteren Insolvenzschuldner oder vom vorläufigen Insolvenzverwalter vorgenommene, zum Fristanlauf führende Information und Verhandlungsaufforderung berufen[10]. Der **Ablauf der Frist** richtet sich nach § 188 II BGB.

---

1 Vgl. nur BAG 18.11.2003 – 1 AZR 30/03, NZA 2004, 220; vgl. auch BAG 22.7.2003 – 1 AZR 541/02, NJW 2004, 875. || 2 S. näher Kübler/Prütting/Bork/*Moll*, § 122 Rz. 66ff.; *Oetker/Friese*, DZWIR 2001, 133 (137f.). || 3 ArbG Lingen 9.7.1999 – 2 BV 4/99, ZIP 1999, 1892 (1895); Kübler/Prütting/Bork/*Moll*, § 122 Rz. 25ff., 35. || 4 ArbG Berlin 26.3.1998 – 2 BV 5735/98, DZWIR 1999, 242; ArbG Lingen 9.7.1999 – 2 BV 4/99, ZIP 1999, 1892 (1895). || 5 So bereits *Annuß*, NZI 1999, 344 (346); FK-InsO/*Eisenbeis*, § 122 InsO Rz. 10f.; aA wohl Smid/*Müller*, § 122 Rz. 9. || 6 ArbG Lingen 9.7.1999 – 2 BV 4/99, ZIP 1999, 1892; *Oetker/Friese*, DZWIR 2001, 133 (134); Kübler/Prütting/Bork/*Moll*, § 122 Rz. 22. || 7 ArbG Lingen 9.7.1999 – 2 BV 4/99, ZIP 1999, 1892; KDZ/*Däubler*, § 122 InsO Rz. 4; *Lohkemper*, KTS 1996, 1 (18f.); *Oetker/Friese*, DZWIR 2001, 133 (136); *Rummel*, DB 1997, 774 (775); *Schrader*, NZA 1997, 70 (72); krit. Nerlich/Römermann/*Hamacher*, § 122 Rz. 17; unklar *Giesen*, ZIP 1998, 142 (144). || 8 *Löwisch*, RdA 1997, 80 (83). || 9 AA FK-InsO/*Eisenbeis*, § 122 Rz. 13; *Oetker/Friese*, DZWIR 2001, 133 (136). || 10 *Annuß*, NZI 1999, 344 (346); *Berscheid*, InVO 1997, 309 (310); FK-InsO/*Eisenbeis*, § 122 Rz. 15; Kübler/Prütting/Bork/*Moll*, § 122 Rz. 27; aA KDZ/*Däubler*, § 122 InsO Rz. 5; *Oetker/Friese*, DZWIR 2001, 133 (136).

III. Materielle Zustimmungsvoraussetzungen. Ist der Antrag an das ArbG zulässig, so erteilt es im Wege einer Gestaltungsentscheidung die Zustimmung zur Durchführung der im Antrag genau bezeichneten Betriebsänderung, wenn „die wirtschaftliche Lage des Unternehmens auch unter Berücksichtigung der sozialen Belange der Arbeitnehmer" eine Durchführung der Betriebsänderung ohne vollständiges Durchlaufen des Interessenausgleichsverfahrens erfordert. **Streitgegenstand** ist dabei nicht die geplante Betriebsänderung als solche, sondern ihre Eilbedürftigkeit[1]. Abs. 2 gibt **eine zweistufige Prüfung** vor. Zunächst ist auf die wirtschaftl. Lage des Unternehmens abzustellen, bevor in einem zweiten Schritt die sozialen Belange der ArbN berücksichtigt werden. Der Begriff der **wirtschaftl. Lage des Unternehmens**[2] ist dabei im Hinblick auf die Besonderheiten der Insolvenz zu interpretieren[3]. Jedenfalls soweit es um die Zerschlagung und Liquidation des Unternehmens geht, besteht Einigkeit darüber, dass die auf den Erhalt der Insolvenzmasse gerichteten Interessen der Gläubiger ausschlaggebend sind[4]. **Wirtschaftlich geboten** ist eine Betriebsänderung daher grds. dann, wenn sie dazu dient, die Entstehung von weiteren, im Verhältnis zur Gesamtmasse nicht unerheblichen Verlusten zu vermeiden oder zu minimieren[5]. Das kann insb. der Fall sein, soweit der Betrieb nicht produktiv genug ist, seine laufenden Kosten zu decken[6]. Gleiches gilt, wenn die Betriebsänderung Voraussetzung für die Wahrnehmung von Veräußerungschancen ist[7].

Macht es die wirtschaftl. Lage des Unternehmens an sich erforderlich, dass die Betriebsänderung ohne vorheriges Verfahren nach § 112 II BetrVG durchgeführt wird, so ist auf einer **zweiten Stufe** zu prüfen, ob die sozialen Belange der ArbN etwas anderes gebieten. Entscheidend ist insoweit, ob die ArbN-Belange durch die Einhaltung des Verfahrens nach § 112 II BetrVG qualitativ besser gewahrt, mithin sozialverträglichere Lösungen erzielt werden können. Das bloße Interesse an einer Verzögerung der Betriebsänderung ist nicht zu berücksichtigen[8]. Dabei ist davon auszugehen, dass die ArbN-Belange nur in extremen Ausnahmefällen überwiegen können[9]. Im Verfahren hat der **BR** die sozialen Belange der ArbN unter Darstellung möglicher Alternativkonzepte **substantiiert vorzutragen**[10].

IV. Das arbeitsgerichtliche Verfahren. Liegen die formalen und materiellen Voraussetzungen der Abs. 1 und 2 vor, so erteilt das ArbG die Zustimmung zur Betriebsänderung. Sind die Voraussetzungen des Abs. 2 nicht insg. gegeben und ist eine **Aufspaltung der Betriebsänderung** möglich, so kann die Zustimmung auf die Durchführung eines Teils der geplanten Betriebsänderung beschränkt werden[11]. **Beteiligte** des Verfahrens sind nach Abs. 2 S. 2 Hs. 2 nur der Insolvenzverwalter sowie der BR, nicht hingegen die von der geplanten Betriebsänderung betroffenen ArbN[12]. Wird der **Antrag abgewiesen**, so hat der Insolvenzverwalter mit dem BR einen Interessenausgleich unter Beachtung der allg. Anforderungen des § 112 II BetrVG zu versuchen, wenn er Ansprüche der ArbN nach § 113 III BetrVG vermeiden will. Deshalb empfiehlt es sich, das Verfahren nach § 112 II BetrVG vorsorglich neben dem Antrag nach § 121 zu betreiben. Über die örtliche Zuständigkeit entscheidet nicht der Sitz des Unternehmens, sondern derjenige des Betriebs.

Die Vorschriften über das Beschlussverfahren (§§ 80 ff. ArbGG) gelten gem. Abs. 2 S. 2 Hs. 1 entsprechend, so dass insb. der in § 83 ArbGG verankerte **Untersuchungsgrundsatz** zu beachten ist. Auch dies zwingt aber nicht zu einer umfassenden Tatsachenermittlung durch das Gericht. Vielmehr ist sie nur insoweit erforderlich, als das Gericht nach dem ihm bekannten Sachverhalt und dem Vorbringen der Beteiligten Anhaltspunkte dafür hat, dass weitere Aufklärung erforderlich ist[13].

Abs. 3 zeigt, dass für das Zustimmungsverfahren **grundsätzlich nur eine Instanz** vorgesehen und gegen die Entscheidung des ArbG daher im Regelfall **kein Rechtsmittel** gegeben ist. Nur ausnahmsweise findet die Rechtsbeschwerde zum BAG statt, wenn das ArbG sie in entsprechender Anwendung des § 72 II ArbGG zugelassen hat. Die Frage der **Divergenz** ist dabei auf Entscheidungen des BAG oder anderer ArbG zu beziehen[14]. Abs. 3 S. 3 enthält eine von den allg. Bestimmungen der § 92 II 1 iVm. § 74 I 1 ArbGG **abweichende Regel über die Einlegung und Begründung** der Rechtsbeschwerde. Gegen die Nichtzulassung durch das ArbG ist eine Beschwerde zum BAG nicht möglich[15].

---

1 S. die Nachw. bei *Oetker/Friese*, DZWIR 2001, 133 (137). ‖2 Es geht also nicht um die wirtschaftl. Lage des Betriebs; zutr. betonen dies *Oetker/Friese*, DZWIR 2001, 133 (137). ‖3 Kübler/Prütting/Bork/*Moll*, § 122 Rz. 41 f. ‖4 Kübler/Prütting/Bork/*Moll*, § 122 Rz. 41 f.; *Oetker/Friese*, DZWIR 2001, 133 (137); zur Frage, ob in Fortführungsfällen ein großzügiger Maßstab anzulegen ist, *Annuß*, NZI 1999, 344 (347) (dagegen etwa Kübler/Prütting/Bork/*Moll*, § 122 Rz. 42). ‖5 ArbG Lingen 9.7.1999 – 2 BV 4/99, ZIP 1999, 1892; *Annuß*, NZI 1999, 344 (347); *Caspers*, Rz. 413; wN bei *Oetker/Friese*, DZWIR 2001, 133 (137 Fn. 48). ‖6 ArbG Lingen 9.7.1999 – 2 BV 4/99, ZIP 1999, 1892. ‖7 KDZ/*Däubler*, § 122 InsO Rz. 6. ‖8 ArbG Lingen 9.7.1999 – 2 BV 4/99, ZIP 1999, 1892; *Caspers*, Rz. 414; Nerlich/Römermann/*Hamacher*, § 122 Rz. 59; Kübler/Prütting/Bork/*Moll*, § 122 Rz. 47; *Oetker/Friese*, DZWIR 2001, 133 (138). ‖9 *Annuß*, NZI 1999, 344 (347); *Caspers*, Rz. 415: „Dem Merkmal, soziale Belange der Arbeitnehmer" kommt letztlich nur die Funktion zu, Missbräuchen durch die Insolvenzverwalter vorzubeugen. ‖10 ArbG Lingen 9.7.1999 – 2 BV 4/99, ZIP 1999, 1892; Kübler/Prütting/Bork/*Moll*, § 122 Rz. 48; *Oetker/Friese*, DZWIR 2001, 133 (138). ‖11 *Caspers*, Rz. 419; KDZ/*Däubler*, § 122 InsO Rz. 10; *Löwisch*, RdA 1997, 80 (86); *Oetker/Friese*, DZWIR 2001, 133 (138). ‖12 Insoweit besteht also eine Abweichung zu § 126. ‖13 S. nur ArbG Lingen 9.7.1999 – 2 BV 4/99, ZIP 1999, 1892. ‖14 Kübler/Prütting/Bork/*Moll*, § 122 Rz. 59; *Oetker/Friese*, DZWIR 2001, 133 (139), aA *Rummel*, DB 1997, 774 (775), unter Berufung auf den Wortlaut. ‖15 Vgl. BAG 14.8.2001 – 2 ABN 20/01, BB 2001, 2535.

10 **Rechtsgestaltende Wirkung** entfaltet der Zustimmungsbeschluss erst mit seiner Rechtskraft. Ab diesem Zeitpunkt kann die geplante Betriebsänderung ohne Risiko von Nachteilsausgleichsansprüchen nach § 113 III BetrVG durchgeführt werden. Spätestens dann kommt ein **Unterlassungsanspruch** des BR gegen die Durchführung der Betriebsänderung nicht mehr in Betracht[1].

11 Umstritten ist, ob im Verfahren nach § 122 auch der **Erlass einer einstw. Verfügung** möglich ist[2]. Überwiegend wird das bejaht[3], wofür man sich neben der Generalverweisung auf die Vorschriften über das arbeitsgerichtl. Beschlussverfahren auf die im Gesetzgebungsverfahren zu findende ausdrückliche Feststellung stützt, dass „auch im Beschlussverfahren nach § 140 (heute: § 122) der Erlass einer einstw. Verfügung zulässig" sei[4]. Einigkeit besteht aber darüber, dass sie an **strenge Voraussetzungen** gebunden ist, da sie zu einer Vorwegnahme der Hauptsache führt[5].

123 Umfang des Sozialplans

(1) In einem Sozialplan, der nach der Eröffnung des Insolvenzverfahrens aufgestellt wird, kann für den Ausgleich oder die Milderung der wirtschaftlichen Nachteile, die den Arbeitnehmern infolge der geplanten Betriebsänderung entstehen, ein Gesamtbetrag von bis zu zweieinhalb Monatsverdiensten (§ 10 Abs. 3 des Kündigungsschutzgesetzes) der von einer Entlassung betroffenen Arbeitnehmer vorgesehen werden.

(2) Die Verbindlichkeiten aus einem solchen Sozialplan sind Masseverbindlichkeiten. Jedoch darf, wenn nicht ein Insolvenzplan zustande kommt, für die Berichtigung von Sozialplanforderungen nicht mehr als ein Drittel der Masse verwendet werden, die ohne einen Sozialplan für die Verteilung an die Insolvenzgläubiger zur Verfügung stünde. Übersteigt der Gesamtbetrag aller Sozialplanforderungen diese Grenze, so sind die einzelnen Forderungen anteilig zu kürzen.

(3) Sooft hinreichende Barmittel in der Masse vorhanden sind, soll der Insolvenzverwalter mit Zustimmung des Insolvenzgerichts Abschlagszahlungen auf die Sozialplanforderungen leisten. Eine Zwangsvollstreckung in die Masse wegen einer Sozialplanforderung ist unzulässig.

124 Sozialplan vor Verfahrenseröffnung

(1) Ein Sozialplan, der vor der Eröffnung des Insolvenzverfahrens, jedoch nicht früher als drei Monate vor dem Eröffnungsantrag aufgestellt worden ist, kann sowohl vom Insolvenzverwalter als auch vom Betriebsrat widerrufen werden.

(2) Wird der Sozialplan widerrufen, so können die Arbeitnehmer, denen Forderungen aus dem Sozialplan zustanden, bei der Aufstellung eines Sozialplans im Insolvenzverfahren berücksichtigt werden.

(3) Leistungen, die ein Arbeitnehmer vor der Eröffnung des Verfahrens auf seine Forderung aus dem widerrufenen Sozialplan erhalten hat, können nicht wegen des Widerrufs zurückgefordert werden. Bei der Aufstellung eines neuen Sozialplans sind derartige Leistungen an einen von einer Entlassung betroffenen Arbeitnehmer bei der Berechnung des Gesamtbetrags der Sozialplanforderungen nach § 123 Abs. 1 bis zur Höhe von zweieinhalb Monatsverdiensten abzusetzen.

1 **I. Inhalt und Zweck.** Die InsO knüpft mit §§ 123, 124 an das allgemeine Sozialplanrecht des BetrVG an und stellt lediglich besondere Regelungen über die Dotierung und den Rang von in der Insolvenz begründeten Sozialplanansprüchen sowie über die Bestandskraft von insolvenznahen Sozialplänen bereit. Für das **Zustandekommen eines Sozialplans** gilt daher auch in der Insolvenz § 112 BetrVG. Ein Vermittlungsversuch durch den Vorstand der BA findet allerdings gem. § 121 nur statt, wenn Insolvenzverwalter und BR dies übereinstimmend beantragen. Liegen die Voraussetzungen des § 112 BetrVG vor, kann ein Sozialplan auch im Insolvenzverfahren über die **Einigungsstelle** erzwungen werden. Nicht erforderlich ist, dass Vertreter der Insolvenzgläubiger in die Einigungsstelle berufen werden, da die Berücksichtigung ihrer Interessen bereits durch § 123 gewährleistet ist[6]. Jedoch hat die Einigungsstelle, um sich nicht dem Vorwurf eines Ermessensfehlers auszusetzen, bei bevorstehender Unternehmensliquidation einen vom Gläubigerausschuss entsandten Vertreter zur wirtschaftl. Vertretbarkeit des Sozialplans anzuhören[7]. Kommt der Sozialplan nicht durch Spruch der Einigungsstelle, sondern durch Einigung der Betriebsparteien zustande, benötigt der Insolvenzverwalter die **Zustimmung des Gläubigerausschusses** bzw. der Gläubigerversammlung (§ 160).

---

1 S. dazu näher Kübler/Prütting/Bork/*Moll*, § 122 Rz. 53; zum Problem außerhalb der Insolvenz Richardi/*Annuß*, § 111 BetrVG Rz. 166 ff. ‖ 2 Dagegen KDZ/*Däubler*, § 122 InsO Rz. 13; *Kocher*, BB 1998, 213 (215 Fn. 34); *Lakies*, RdA 1997, 145 (153); *Schaub*, DB 1999, 217 (226). ‖ 3 *Annuß*, NZI 1999, 344 (347); *Caspers*, Rz. 420; *Giesen*, ZIP 1998, 142 (145); *Löwisch*, RdA 1997, 80 (86); Kübler/Prütting/Bork/*Moll*, § 122 Rz. 62; *Oetker/Friese*, DZWIR 2001, 133 (139). ‖ 4 Begr. Rechtsausschuss, BT-Drs. 12/7302, 171. ‖ 5 S. näher *Annuß*, NZI 1999, 344 (347); *Oetker/Friese*, DZWIR 2001, 133 (139). ‖ 6 BAG 6.5.1986 – 1 AZR 553/84, NJW 1987, 92; MünchArbR/*Matthes*, § 271 Rz. 9; *Oetker/Friese*, DZWIR 2001, 265 (268). ‖ 7 *Annuß*, NZI 1999, 344 (348); *Fitting*, 19. Aufl. 1998, § 1 SozplKonkG; ebenso vor Inkrafttreten des Sozialplankonkursgesetzes *Willemsen*, Arbeitnehmerschutz bei Betriebsänderungen im Konkurs, 1980, S. 26 ff.; aA MünchArbR/*Matthes*, § 271 Rz. 9; *Oetker/Friese*, DZWIR 2001, 265 (268).

Zweifelhaft ist, ob die §§ 123, 124 nur für Sozialpläne iSd. § 112 BetrVG gelten, also insb. eine Betriebs- 2
änderung iSd. § 111 BetrVG erforderlich ist. Diese Frage erhebt sich unabhängig davon, dass ein Insolvenzverwalter, der bei Nichtvorliegen einer Betriebsänderung einen freiwilligen Sozialplan aufstellt, sich angesichts des Gebots der größtmöglichen Gläubigerbefriedigung schadensersatzpflichtig (§ 60) machen kann. Liegt eine Betriebsänderung vor, kann sich aber etwa auch bei Nichtbestehen der Sozialplanpflicht nach § 112a II BetrVG ein freiwilliger Sozialplan empfehlen, wenn dadurch eine für die Masse insg. vorteilhafte Beschleunigung des Interessenausgleichs (§ 113 BetrVG!) herbeigeführt werden kann. Die wohl überwiegende, gleichwohl aber zweifelhafte, Ansicht hält die §§ 123, 124 auch auf freiwillige Sozialpläne für anwendbar[1]. Folgt man dem, erscheint es nur folgerichtig, wenn ihre Geltung ferner auf freiwillige SprAuVereinbarungen (s. §§ 28, 32 SprAuG) mit sozialplanähnlichem Charakter erstreckt wird[2].

Zeitlich sind **drei Phasen** zu unterscheiden. Ist ein Sozialplan früher als drei Monate vor dem Eröff- 3
nungsantrag aufgestellt worden, bindet er den Insolvenzverwalter nach allg. Grundsätzen. Aus ihm resultierende Ansprüche der ArbN sind einfache Insolvenzforderungen gem. § 38. Handelt es sich hingegen um einen bis zu drei Monate vor dem Eröffnungsantrag aufgestellten (sog. insolvenznahen) Sozialplan, besteht ein Widerrufsrecht nach § 124 (s. Rz. 11 f.). Nur für nach Insolvenzeröffnung zustande gekommene Sozialpläne gilt die Sonderregelung des § 123 (s. Rz. 4 ff.).

II. Sozialplan nach Insolvenzeröffnung. Insolvenzsozialpläne haben sowohl die aus § 112 BetrVG re- 4
sultierenden als auch die in § 123 verankerten **Sozialplanschranken** zu beachten. § 123 gilt auch für Sozialpläne, die nach Verfahrenseröffnung im Hinblick auf eine bereits vor Verfahrenseröffnung geplante Betriebsänderung aufgestellt werden[3]. Er gilt im Rahmen des § 337 auch bei der Insolvenz eines ausländischen Arbeitgebers für dessen inländische Betriebe[4].

Für den vor der Einigungsstelle erzwungenen Sozialplan ergeben sich **Sozialplaninnenschranken** aus 5
§ 112 V BetrVG (s. dort Rz. 61 ff.). Eine Modifikation ist allerdings insoweit erforderlich, als in Fällen der Zerschlagung und Liquidation des Unternehmens sowie bei einer übertragenden Sanierung zum Zwecke der anschließenden Liquidation des Insolvenzschuldners nicht die Interessen des Unternehmens, sondern diejenigen der Insolvenzgläubiger in die Abwägung einzustellen sind[5]. Auf die **wirtschaftl. Vertretbarkeit für das Unternehmen** kommt es in der Insolvenz daher nur an, wenn der Abschluss eines Insolvenzplans und die Fortführung des Unternehmensträgers beabsichtigt sind[6]. Auch bei einem frei vereinbarten Sozialplan ist der Insolvenzverwalter angesichts des **Gebots der größtmöglichen Gläubigerbefriedigung** grds. an die Grenzen des § 112 V BetrVG gebunden[7]. Ausnahmen gelten nur, wenn ausnahmsw. durch eine höhere Sozialplandotierung die Masse insg. – etwa wegen einer früher möglichen Durchführung der Betriebsänderung – entlastet wird.

§ 123 enthält **zwei Sozialplanaußenschranken**. Nach Abs. 1 beträgt das maximale Volumen eines In- 6
solvenzsozialplans zweieinhalb nach § 10 III KSchG zu berechnende (s. § 10 KSchG Rz. 5 f.) Monatsverdienste der von einer Entlassung betroffenen ArbN[8]. Abzustellen ist dabei auf das **Einkommen jedes einzelnen entlassenen ArbN** und nicht etwa auf das Durchschnittseinkommen aller im Betrieb oder Unternehmen beschäftigten ArbN[9]. Probleme können sich ergeben, wenn die zu kündigenden ArbN oder deren Monatseinkommen im Zeitpunkt der Aufstellung des Sozialplans noch nicht feststehen. Um hier eine Überschreitung des Höchstvolumens zu verhindern, kommt man nicht daran vorbei, im Sozialplan nur die Verteilungsrelation festzulegen[10]. **Von einer Entlassung betroffen** sind nicht nur die auf Grund einer betriebsbedingten Kündigung im Rahmen der Betriebsänderung ausscheidenden ArbN. Ihnen stehen solche ArbN gleich, die auf Veranlassung des Insolvenzverwalters einen Aufhebungsvertrag abschließen oder selbst kündigen, um einer betriebsbedingten Kündigung zuvorzukommen[11]. Ist diese Veranlassung durch die Betriebsänderung gegeben, spielt es keine Rolle, wenn die ArbN bereits vor der Aufstellung des Sozialplans ausgeschieden sind[12]. Eine **kumulativ zu beachtende relative Sozialplanaußenschranke** ergibt sich aus § 123 II 2.

---

1 Hess, Insolvenzarbeitsrecht, 2. Aufl. 2000, § 123 Rz. 11; Kübler/Prütting/Bork/Moll, §§ 123, 124 Rz. 41 f.; Zwanziger, § 123 Rz. 9; aA DKKW/Däubler, Anh. §§ 111–113, § 123 InsO Rz. 27. ‖ 2 Oetker/Friese, DZWIR 2001, 265 (268). ‖ 3 LAG Hamm 30.4.2010 – 10 TaBV 7/10, ZIP 2010, 2315. ‖ 4 LAG Hess. 31.5.2011 – 4 TaBV 153/10. ‖ 5 Caspers, Rz. 464; Willemsen/Tiesler, Interessenausgleich und Sozialplan in der Insolvenz, 1995, Rz. 143; aA v. Hoyningen-Huene, RdA 1986, 102 (114); anders auch Oetker/Friese, DZWIR 2001, 265 (270), nach denen eine Unterschreitung des in § 123 definierten maximalen Sozialplanvolumens „nur dann in Betracht kommt, wenn sich diese Interessen nicht auf das bloße Befriedigungsinteresse beschränken, sondern auf der Fortführung des Unternehmens gründen". ‖ 6 Ebenso wohl Fitting, §§ 112, 112a BetrVG Rz. 294. ‖ 7 Annuß, NZA 1999, 344 (348); Caspers, Rz. 463; Willemsen/Tiesler, Interessenausgleich und Sozialplan in der Insolvenz, 1995, Rz. 121; nicht eindeutig Oetker/Friese, DZWIR 2001, 265 (270). ‖ 8 Dies gilt nach überwiegender Ansicht – anders als für die relative Sozialplanschranke des § 123 II 3 – auch dann, wenn der Sozialplan im Rahmen eines Insolvenzplanverfahrens errichtet wird, vgl. nur Nerlich/Römermann/Hamacher, § 123 Rz. 28 f. ‖ 9 Boemke/Tietze, DB 1999, 1389 (1391); Kübler/Prütting/Bork/Moll, §§ 123, 124 Rz. 59. ‖ 10 So Nerlich/Römermann/Hamacher, § 123 Rz. 18; Oetker/Friese, DZWIR 2001, 265 (269); s.a. den abweichenden Lösungsansatz bei Kübler/Prütting/Bork/Moll, §§ 123, 124 Rz. 82 ff. mwN. ‖ 11 Vgl. nur BAG 19.7.1995 – 10 AZR 885/94, NZA 1996, 271; aA Hess, NZA 1985, 205 (206). ‖ 12 Boemke/Tietze, DB 1999, 1389 (1391); Kübler/Prütting/Bork/Moll, §§ 123, 124 Rz. 57.

7 Werden einzelne **ArbN rechtswidrig von Sozialplanleistungen** ausgeschlossen und klagen sie ihre Rechte ein, so ist zweifelhaft, wie daraus resultierende Zahlungspflichten mit Blick auf die Sozialplanschranken zu berücksichtigen sind[1].

8 Eine **Überschreitung** der Sozialplaninnenschranken sowie der absoluten Sozialplanaußenschranken führt grds. zur Gesamtnichtigkeit des Sozialplans[2], weshalb bei Fehlen einer „Nachbesserungsklausel" ein neuer Sozialplan zu verhandeln ist. Allerdings wird verschiedentlich eine geltungserhaltende Reduktion auf das noch zulässige Maß für möglich gehalten. Sie ist aber jedenfalls dann ausgeschlossen, wenn die Verteilungsgrundsätze nicht erkennbar sind oder durch eine anteilige Kürzung verfälscht würden[3]. Werden die relativen Sozialplanaußenschranken überschritten, ordnet § 123 III 3 ausdrücklich eine anteilige Kürzung der Sozialplanleistungen an. Die relative Außenschranke bildet dabei lediglich eine „Verteilungssperre"[4], so dass der einzelne ArbN die Differenz zu dem ihm gem. Sozialplan zustehenden vollen Anspruch nach Abschluss des Insolvenzverfahrens weiter verfolgen kann[5].

9 Bei der **Verteilung des Sozialplanvolumens** ist die Zweieinhalbmonatsgrenze nicht zu beachten, so dass einzelne ArbN durchaus einen höheren Betrag erhalten können[6]. Aus dem Gesamtvolumen ist nicht nur der Ausgleich für die entlassenen, sondern auch für die anders als durch Entlassung nachteilig betroffenen ArbN zu erbringen[7], so dass für diese kein besonderer, an die Schranken des § 123 nicht gebundener Sozialplan aufzustellen ist[8].

10 Nach § 123 II 1 sind die aus einem Insolvenzsozialplan resultierenden Verpflichtungen **Masseverbindlichkeiten** (§ 55). Sie bedürfen daher weder der Anmeldung noch der Feststellung im Insolvenzverfahren (§§ 174 ff.). Allerdings ergibt sich aus § 123 II 2, dass es sich um „Masseverbindlichkeiten zweiter Klasse" handelt, da sie erst nach allen übrigen Masseverbindlichkeiten zu befriedigen sind. Sie können daher nicht zur Masseunzulänglichkeit (§ 208 I 1) führen.

11 III. Insolvenznaher Sozialplan. Abgesehen davon, dass ein vor Insolvenzeröffnung aufgestellter Sozialplan Gegenstand einer **Insolvenzanfechtung** sein kann[9], gewährt § 124 I sowohl dem Insolvenzverwalter als auch dem BR ein Recht zum Widerruf solcher Sozialpläne, die nicht früher als drei Monate vor dem Eröffnungsantrag (§ 13) aufgestellt worden sind. **Eine Pflicht zum Widerruf** resultiert daraus nicht, kann sich aber aus anderen Gründen ergeben[10]. Die Ausübung des Widerrufsrechts ist weder fristgebunden noch bedarf es eines sachlichen Grundes[11]. Der Widerruf **beseitigt den Sozialplan mit Rückwirkung ersatzlos**, so dass sämtliche darauf gestützten Ansprüche der ArbN entfallen. Allerdings schließt § 124 III 1 die Rückforderung vor dem Widerruf bereits ausgezahlter Leistungen über den Wortlaut hinaus auch dann aus, wenn die Auszahlung erst nach Insolvenzeröffnung erfolgt ist[12]. Sie sind aber bei der Bestimmung der absoluten Sozialplanaußenschranke nach § 123 I zu berücksichtigen (§ 124 III 2). Wird der Sozialplan widerrufen, so ist ein neuer Sozialplan unter Beachtung des § 123 aufzustellen. Nach zweifelhafter Ansicht des LAG Niedersachsen enthalten §§ 123, 124 abschließende Regelungen, die der Wirksamkeit einer auflösenden Bedingung eines Sozialplans auf den Fall der Insolvenzeröffnung entgegenstehen[13].

12 Erfolgt kein Widerruf, so sind die noch nicht erfüllten Sozialplanansprüche in voller Höhe gewöhnliche Insolvenzforderungen nach § 38. Die Unterlassung des Widerrufs durch den Insolvenzverwalter begründet keine Masseverbindlichkeit gem. § 55 I Nr. 1[14]. Etwas anderes gilt wegen § 55 II für Sozialpläne, die ein „starker" vorläufiger Insolvenzverwalter vor Verfahrenseröffnung abschließt[15].

13 IV. Abschlagszahlungen. Die in § 124 III 1 vorgesehene Pflicht des Insolvenzverwalters kann zu Konflikten mit der Pflicht zur Beachtung der relativen Sozialplanaußenschranke gem. § 123 II 2 führen, weshalb der Insolvenzverwalter die Leistungen zurückhaltend gewähren wird. Vorsorglich wird er dabei

---

1 S. dazu *Boemke/Tietze*, DB 1999, 1389 (1393); *Oetker/Friese*, DZWIR 2001, 265 (272); s.a. *Kohnen/Römer*, ZInsO 2010, 1206 ff.; *Sessig/Fischer*, ZInsO 2010, 561 ff.   ‖ **2** Vgl. für die Innenschranken *Willemsen*, Arbeitnehmerschutz bei Betriebsänderungen im Konkurs, 1980, S. 220; für die absoluten Außenschranken BT-Drs. 10/2129, 7; *Boemke/Tietze*, DB 1999, 1398 (1392); *Oetker/Friese*, DZWIR 2001, 265 (271).   ‖ **3** S. näher *Annuß*, NZI 1999, 344 (350); *Boemke/Tietze*, DB 1999, 1389 (1392); *Oetker/Friese*, DZWIR 2001, 265 (271).   ‖ **4** *Oetker/Friese*, DZWIR 2001, 265 (273).   ‖ **5** S. näher *Annuß*, NZI 1999, 344 (351).   ‖ **6** Vgl. Begr. RegE zu § 141 InsO, BT-Drs. 12/2443, 154.   ‖ **7** *Caspers*, Rz. 435; aA *Fitting*, §§ 112, 112a BetrVG Rz. 308, der für die Berechnung des zulässigen Gesamtvolumens sämtliche betroffenen ArbN berücksichtigen will; *Oetker/Friese*, DZWIR 2001, 265 (271).   ‖ **8** So aber DKKW/*Däubler*, Anh. §§ 111–113, § 123 InsO Rz. 23; wie hier Kübler/Prütting/Bork/*Moll*, §§ 123, 124 Rz. 84.   ‖ **9** Nachw. bei Richardi/*Annuß*, Anhang zu § 113 BetrVG Rz. 10.   ‖ **10** FK-InsO/*Eisenbeis*, § 124 Rz. 8; s. dazu auch Kübler/Prütting/Bork/*Moll*, §§ 123, 124 Rz. 130; für den Insolvenzverwalter kann sich bei unterbliebenem Widerruf eine Schadensersatzpflicht nach § 60 ergeben; Nerlich/Römermann/*Hamacher*, § 124 Rz. 10.   ‖ **11** FK-InsO/*Eisenbeis*, § 124 Rz. 6; Kübler/Prütting/Bork/*Moll*, §§ 123, 124 Rz. 129; nach LAG Köln 17.10.2002 – 5 (4) TaBV 44/02, NZA-RR 2003, 489, kann der BR nach Insolvenzeröffnung wirksam auf den Widerruf verzichten.   ‖ **12** Im Erg. ebenso Nerlich/Römermann/*Hamacher*, § 124 Rz. 18; Kübler/Prütting/Bork/*Moll*, §§ 123, 124 Rz. 136, 144; Begr. RegE zu § 142, BT-Drs. 12/2443, 155; aA wohl *Caspers*, Rz. 483; *Oetker/Friese*, DZWIR 2001, 265 (276).   ‖ **13** LAG Nds. 24.9.2009 – 4 TaBV 44/08, LAGE § 124 InsO Nr. 3.   ‖ **14** BAG 31.7.2002 – 10 AZR 275/01, NZA 2002, 1332; *Boemke/Tietze*, DB 1999, 1389 (1394); *Oetker/Friese*, DZWIR 2001, 265 (276) mwN; aA *Lakies*, BB 1999, 206 (210).   ‖ **15** BAG 31.7.2002 – 10 AZR 275/01, NZA 2002, 1332 (vgl. auch die Kritik zu dieser Entscheidung bei *Häsemeyer*, ZIP 2003, 229).

eine Rückzahlungsklausel für den Fall vereinbaren, dass die Leistung zu einer Überschreitung der Grenze des § 123 II 2 führt[1]. Das Vollstreckungsverbot in § 123 III 2 ist angesichts des prinzipiellen Charakters der Sozialplanverbindlichkeiten als Masseschulden erforderlich[2].

125 Interessenausgleich und Kündigungsschutz

(1) Ist eine Betriebsänderung (§ 111 des Betriebsverfassungsgesetzes) geplant und kommt zwischen Insolvenzverwalter und Betriebsrat ein Interessenausgleich zustande, in dem die Arbeitnehmer, denen gekündigt werden soll, namentlich bezeichnet sind, so ist § 1 des Kündigungsschutzgesetzes mit folgenden Maßgaben anzuwenden:

1. es wird vermutet, dass die Kündigung der Arbeitsverhältnisse der bezeichneten Arbeitnehmer durch dringende betriebliche Erfordernisse, die einer Weiterbeschäftigung in diesem Betrieb oder einer Weiterbeschäftigung zu unveränderten Arbeitsbedingungen entgegenstehen, bedingt ist;
2. die soziale Auswahl der Arbeitnehmer kann nur im Hinblick auf die Dauer der Betriebszugehörigkeit, das Lebensalter und die Unterhaltspflichten und auch insoweit nur auf grobe Fehlerhaftigkeit nachgeprüft werden; sie ist nicht als grob fehlerhaft anzusehen, wenn eine ausgewogene Personalstruktur erhalten oder geschaffen wird.

Satz 1 gilt nicht, soweit sich die Sachlage nach Zustandekommen des Interessenausgleichs wesentlich geändert hat.

(2) Der Interessenausgleich nach Absatz 1 ersetzt die Stellungnahme des Betriebsrats nach § 17 Abs. 3 Satz 2 des Kündigungsschutzgesetzes.

I. Tatbestand des Abs. 1	1	2. Beschränkte Überprüfung der Sozialauswahl	10
II. Rechtliche Wirkungen eines Interessenausgleichs mit Namensliste	8	III. Wesentliche Änderung der Sachlage	13
1. Vermutung der Betriebsbedingtheit der Kündigung	8	IV. Betriebsratsanhörung, Massenentlassungsanzeige	14
		V. Verhältnis zum KSchG	16

I. Tatbestand des Abs. 1. § 125 enthält eine – nach erneuter Anfügung des § 1 V KSchG nur noch geringfügige – Modifikation des § 1 KSchG, die dem Insolvenzverwalter die zügige Durchführung einer Betriebsänderung ermöglichen soll[3]. Dem **vorläufigen Insolvenzverwalter** (§ 22) stehen die Möglichkeiten des § 125 nicht zur Verfügung[4], und zwar auch dann nicht, wenn dem Schuldner ein allg. Verfügungsverbot auferlegt worden ist. Bei **grenzüberschreitenden Insolvenzen** iSd. EuInsVO, bei denen deutsches Arbeitsrecht gem. Art. 10 EuInsVO anwendbar ist, ist ein Administrator nach englischem Recht als Insolvenzverwalter iSv. § 125 anzusehen[5]. 1

Erforderlich ist in jedem Falle eine **geplante Betriebsänderung** iSd. § 111 BetrVG. Liegen deren Voraussetzungen nicht vor, können die Wirkungen des § 125 auch nicht durch einen freiwilligen Interessenausgleich herbeigeführt werden[6]. Unschädlich ist es, wenn die ursprünglich konkret geplante Betriebsänderung in den Verhandlungen mit dem BR unter die Schwelle des § 111 BetrVG herabgedrückt wird[7]. Der Interessenausgleich kann auch eine Betriebsänderung betreffen, die nur im Falle von Widersprüchen gegen den Übergang von Arbeitsverhältnissen gem. § 613a BGB in Form des dann notwendigen Personalabbaus durchgeführt werden soll[8]. Erforderlich ist allerdings, dass die anstehende Betriebsänderung bereits in ihren Einzelheiten feststeht. Zur Unwirksamkeit eines „vorsorglichen" Interessenausgleichs s. § 112 BetrVG Rz. 8. 2

Der **Begriff des Interessenausgleichs** in § 125 verweist auf § 112 BetrVG[9], so dass insb. das **Schriftformerfordernis** des § 112 I 1 BetrVG auch hinsichtlich der Namensliste zu beachten ist. Zu beachten ist also, dass Interessenausgleich und Namensliste eine Urkundeneinheit bilden[10]. Dafür soll es genügen, wenn im Interessenausgleich auf die Namensliste Bezug genommen wird und sie im Zeitpunkt der Unterzeichnung fest (etwa durch Heftklammer) mit dem Interessenausgleich verbunden ist, so dass eine Lösung „nur durch Gewaltanwendung (Lösen der Heftklammer)"[11] möglich ist. Eine gesonderte Unter- 3

---

1 *Annuß*, NZI 1999, 344 (350); Kübler/Prütting/Bork/*Moll*, §§ 123, 124 Rz. 117. ‖2 BAG 22.11.2005 – 1 AZR 458/04, NZA 2006, 220; vgl. allerdings LAG Hamm 27.10.2005 – 4 Sa 1709/04; das Vollstreckungsverbot ist auch bei Masseunzulänglichkeit zu beachten; vgl. BAG 21.1.2010 – 6 AZR 785/08, NZI 2010, 317; 22.7.2010 – 6 AZR 249/09, ZInsO 2010, 2193. ‖3 Vgl. Begr. RegE zu § 128, BT-Drs. 12/2443, 149. ‖4 LAG Hamm 12.1.2006 – 4 Sa 1511/05. ‖5 BAG 20.9.2012 – 6 AZR 253/11, NZI 2012, 1011. ‖6 BAG 16.5.2002 – 8 AZR 319/01, DB 2002, 2552; 28.8.2003 – 2 AZR 377/02, BB 2004, 1056; 20.9.2006 – 6 AZR 249/05, NZA 2007, 387; 26.4.2007 – 8 AZR 695/05, NJOZ 2008, 108; FK-InsO/*Eisenbeis*, § 125 Rz. 2; Nerlich/Römermann/*Hamacher*, § 125 Rz. 9; *Hohenstatt*, NZA 1998, 846 (851); *Oetker/Friese*, DZWIR 2001, 177 mwN; aA *Kappenhagen*, NZA 1998, 968ff., zu § 1 V KSchG aF. ‖7 *Heinze*, NZA 1999, 57 (59). ‖8 BAG 24.2.2000 – 8 AZR 180/99, NZA 2000, 785. ‖9 *Giesen*, ZIP 1998, 46 (50); *Lakies*, RdA 1997, 145 (150); Kübler/Prütting/Bork/*Moll*, § 125 Rz. 27; KR/*Weigand*, § 125 InsO Rz. 11; aA *Kania*, DStR 1996, 832, 834; *Schrader*, NZA 1997, 70 (73); *Warrikoff*, BB 1994, 2338 (2341); vgl. auch Begr. Rechtsausschuss zu § 143a, BT-Drs. 12/7302, 171. ‖10 BAG 6.7.2006 – 2 AZR 520/05, NZA 2007, 266; 26.4.2007 – 8 AZR 695/05, NJOZ 2008, 108. ‖11 BAG 7.5.1998 – 2 AZR 55/98, NZA 1998, 1110.

schrift unter der Namensliste sei dann entbehrlich[1]. Ausreichend ist auch, wenn sich trotz fehlender körperlicher Verbindung die Urkundeneinheit zweifelsfrei aus der äußeren Gestaltung sowie dem inhaltlichen Zusammenhang entnehmen lässt[2]; in diesem Fall ist aber die Abschlussfunktion der Unterschrift unentbehrlich[3]. Die Schriftform wird nicht gewahrt durch einen einseitigen Hinweis im Interessenausgleich auf die Namensliste oder durch die bloße Verwahrung von Interessenausgleich und Namensliste im selben Ordner, „weil die Namensliste unter solchen Umständen problemlos ausgetauscht werden könnte" (s. allg. zum Schriftformerfordernis beim Interessenausgleich § 112 BetrVG Rz. 12)[4]. Hingegen reicht es aus, wenn die Namensliste auf den Interessenausgleich verweist[5] und ihrerseits unterschrieben ist[6]. Aus der Verweisung des Gesetzes auf den allg. Begriff des Interessenausgleichs folgt, dass § 125 in **Tendenzbetrieben** nicht anzuwenden ist (§ 118 II BetrVG)[7]. Wohl aber kann ein Interessenausgleich von einer nach § 117 II BetrVG gebildeten besonderen betriebsverfassungsrechtl. Vertretung vereinbart werden[8].

4   Zulässig ist eine **Beschränkung des Interessenausgleichs auf den Inhalt des § 125**. Deshalb müssen nicht notwendig neben der Namensliste auch Regelungen über das „Ob" und „Wie" der Betriebsänderung getroffen werden[9]. Sehen allerdings die Betriebsparteien mit der Aufstellung der Namensliste das Interessenausgleichsverfahren noch nicht als insg. abgeschlossen an, so ist – unbeschadet der Wirkung des § 125 – vor Umsetzung der Betriebsänderung die Herbeiführung eines Interessenausgleichs weiterhin zu versuchen oder das Verfahren nach § 122 durchzuführen (s. § 122 I 3), um der Nachteilsausgleichspflicht (§ 113 III BetrVG) zu entgehen. Möglich ist auch die Ergänzung eines über die Durchführung der Betriebsänderung bereits zustande gekommenen Interessenausgleichs um eine Regelung iSd. § 125 I, und zwar auch, wenn mit der Betriebsänderung bereits begonnen wurde[10]. Dafür genügt es, wenn die Namensliste unterschrieben und in ihr auf den Interessenausgleich Bezug genommen wird; eine besondere körperliche Verbindung mit dem iÜ fortbestehenden Interessenausgleich ist dann nicht erforderlich[11]. Die Möglichkeit der Aufstellung eines Interessenausgleichs iSd. § 125 wird nicht dadurch ausgeschlossen, dass bereits ein Verfahren nach § 126 eingeleitet worden ist (zu den Folgen für das Verfahren nach § 126 s. § 126 Rz. 2)[12].

5   Da **Interessenausgleich und Sozialplan** ohnehin **materiell abzugrenzen** sind, spielt es keine Rolle, wenn die Benennung der zu kündigenden ArbN in einem mit „Sozialplan" überschriebenen Dokument erfolgt[13]. Der Sache nach handelt es sich allerdings auch insoweit stets um eine Interessenausgleichsregelung, weshalb sie nicht durch Spruch der Einigungsstelle erzwungen werden kann[14].

6   § 125 betrifft nur betriebsbedingte Kündigungen, die im **Rahmen der geplanten Betriebsänderung** ausgesprochen werden[15], was im Streitfall der Insolvenzverwalter darlegen und beweisen muss[16]. Weiterhin regelt § 125 nur die Kündigung solcher ArbN, die vom BR repräsentiert werden, weshalb sich sein Anwendungsbereich insb. nicht auf leitende Angestellte iSd. § 5 III BetrVG erstreckt. Für diese ist keine freiwillige Aufstellung eines Interessenausgleichs durch den **SprAu** mit der Wirkung des Abs. 1 möglich. Ist der GBR für den Interessenausgleich zuständig, so kann mit ihm auch eine Namensliste mit der Wirkung des § 125 vereinbart werden[17]. Die Wirkung des § 125 InsO beschränkt sich auch dann jedoch auf solche Betriebe, in denen die Voraussetzungen einer Betriebsänderung vorliegen[18]. § 125 gilt sowohl für Beendigungs- als auch für Änderungskündigungen[19], wobei die Art der ggü. den einzelnen ArbN jeweils auszusprechenden Kündigung im Interessenausgleich anzugeben ist, sofern sich nicht aus den Umstän-

---

1 BAG 7.5.1998 – 2 AZR 55/98, NZA 1998, 1110; 26.4.2007 – 8 AZR 695/05, NJOZ 2008, 108.   ‖2 BAG 7.5.1998 – 2 AZR 55/98, NZA 1998, 1110; 20.5.1999 – 2 AZR 278/98, ZInsO 2000, 351; s.a. BGH 24.9.1997 – XII ZR 234/95, NJW 1998, 58; 30.6.1999 – XII ZR 55/97, NJW 1999, 2591.   ‖3 AA offenbar LAG Schl.-Holst. 22.4.1998 – 2 Sa 556/97, LAGE § 1 KSchG Interessenausgleich Nr. 5.   ‖4 BAG 20.5.1999 – 2 AZR 278/98, ZInsO 2000, 351; 12.5.2010 – 2 AZR 551/08, NZA 2011, 114.   ‖5 BAG 26.3.2009 – 2 AZR 296/06, NZA 2009, 1151.   ‖6 BAG 19.7.2012 – 2 AZR 352/11, NZA 2013, 86.   ‖7 LAG Nds. 9.12.2009 – 17 Sa 850/09, LAGE § 125 InsO Nr. 12; im Erg. ebenso KDZ/*Däubler*, § 125 InsO Rz. 7; aA zu § 1 V KSchG *Bauer*, FS Wißmann, 2005, S. 215 (228f.); *Lunk*, NZA 2005, 841 (847); *Thüsing/Wege*, BB 2005, 213 (215f.).   ‖8 BAG 26.4.2007 – 8 AZR 695/05, NJOZ 2008, 109.   ‖9 AA offenbar Kübler/Prütting/Bork/*Moll*, § 125 Rz. 27; wie hier *Caspers*, Rz. 427; FK-InsO/*Eisenbeis*, § 125 Rz. 3; im Erg. auch *Schrader*, NZA 1997, 70 (73).   ‖10 Kübler/Prütting/Bork/*Moll*, § 125 Rz. 28; offen gelassen BAG 26.3.2009 – 2 AZR 296/07, NZA 2009, 1151.   ‖11 Vgl. näher BAG 22.1.2004 – 2 AZR 111/02, AP Nr. 1 zu § 112 BetrVG 1972 Namensliste; 26.3.2009 – 2 AZR 296/07, NZA 2009, 1151; MüKoBGB/*Einsele*, § 126 Rz. 8.   ‖12 Nerlich/Römermann/*Hamacher*, § 126 Rz. 35; *Lakies*, RdA 1997, 145 (152); Kübler/Prütting/Bork/*Moll*, § 126 Rz. 42; aA KDZ/*Däubler*, § 125 InsO Rz. 4: „Hat er den Antrag nach § 126 einmal gestellt, kommt kein Interessenausgleich nach § 125 mehr in Betracht"; *Zwanziger*, § 125 Rz. 16.   ‖13 Ebenso FK-InsO/*Eisenbeis*, § 125 Rz. 4; *Hess*, § 125 Rz. 14; Kübler/Prütting/Bork/*Moll*, § 125 Rz. 28; KR/*Weigand*, § 125 Rz. 14; aA KDZ/*Däubler*, § 125 InsO Rz. 9; *Lakies*, BB 1999, 206 (207).   ‖14 ErfK/*Gallner*, § 125 InsO Rz. 4; Kübler/Prütting/Bork/*Moll*, § 125 Rz. 21. Zur Frage, ob nur Kündigungen im Geltungsbereich des KSchG erfasst werden, Kübler/Prütting/Bork/*Moll*, § 128 Rz. 87ff.; vgl. BAG 13.12.2012 – 6 AZR 772/11.   ‖15 Zur beschränkten Vermutungswirkung BAG 26.4.2007 – 8 AZR 612/06, AP Nr. 5 zu § 125 InsO; *Caspers*, Rz. 168; *Hohenstatt*, NZA 1998, 846 (851f.); aA *Ettwig*, Betriebsbedingte Kündigung in der Insolvenz, 2000, S. 87f.   ‖16 BAG 31.5.2007 – 2 AZR 254/06, AP Nr. 65 zu § 111 BetrVG 1972; 19.7.2012 – 2 AZR 386/11, NZA 2013, 333; *Berscheid*, MDR 2000, 216 (217); *Oetker/Friese*, DZWIR 2001, 177 (179).   ‖17 BAG 7.7.2011 – 6 AZR 248/10, NZA 2011, 1108.   ‖18 BAG 19.7.2012 – 2 AZR 386/11, NZA 2013, 333.   ‖19 BAG 23.2.2012 – 2 AZR 44/11, BB 2012, 2505; *Lakies*, RdA 1997, 147 (149); *Schrader*, NZA 1997, 70 (74).

den ergibt, dass es nur zu Beendigungskündigungen kommen wird. Bei Änderungskündigungen sind die Änderungen der Arbeitsbedingungen im Interessenausgleich genau zu beschreiben[1]. Lässt sich die Kündigungsart dem Interessenausgleich nicht entnehmen, entfaltet er insoweit nicht die Wirkung nach Abs. 1 (zur Frage, inwieweit das Auswirkungen auf die Überprüfbarkeit der sonstigen im Interessenausgleich vorgesehenen Kündigungen hat, Rz. 13)[2]. Die Wirkung der Namensliste betrifft nur solche Kündigungen, die im Zeitpunkt der Aufstellung des Interessenausgleichs mit Namensliste noch bevorstehen, wobei es nicht auf den Zugang, sondern auf den Ausspruch der Kündigung ankommt[3].

§ 125 verlangt die **namentliche Bezeichnung** der für Kündigungen vorgesehenen ArbN. Dafür genügt 7
eine Nennung des Nachnamens oder eines betriebsüblichen Kosenamens, wenn keine Verwechslungsgefahr besteht[4]. Angesichts des eindeutigen Wortlauts ist eine andere als namentliche Individualisierung – etwa nach Betriebsabteilungen, Arbeitsgruppen oder Personalnummern oder die Aufstellung einer Negativliste der im Betrieb verbleibenden ArbN – nicht ausreichend[5]. Eine (zweifelhafte) Ausnahme wird für den Fall der Stilllegung des gesamten Betriebs gemacht, da hier ohnehin alle ArbN betroffen würden[6]. Die Aufnahme von nicht von der Betriebsänderung betroffenen ArbN in die Namensliste macht die Namensliste nach Ansicht des BAG insg. unwirksam[7]. Über die namentliche Bezeichnung hinaus braucht der Interessenausgleich keine Angaben zu enthalten, so dass insb. eine Darstellung der Sozialauswahlkriterien[8] sowie der Kündigungsfristen und Kündigungstermine nicht erforderlich ist. Problematisch ist allerdings die Ansicht des BAG: „Bestreitet aber der ArbN in erheblicher Weise, dass sich der Betriebsrat im Rahmen der Verhandlungen mit Beschäftigungsmöglichkeiten in anderen Betrieben überhaupt befasst hat und trägt darüber hinaus konkrete Anhaltspunkte für solche Beschäftigungsmöglichkeiten vor, so ist es am Arbeitgeber, wenn er die weit gehende Vermutungswirkung erhalten will, die Befassung der Betriebsparteien mit der Frage der Beschäftigungsmöglichkeiten in anderen Betrieben darzulegen und zu beweisen"[9]. Fraglich ist, ob § 125 die namentliche Bezeichnung aller iRd. jeweiligen Betriebsänderung[10] bzw. aller im Rahmen eines abgrenzbaren Abschnitts[11] zu kündigenden ArbN verlangt oder ob hierzu eine **Teil-Namensliste** genügt[12].

II. Rechtliche Wirkungen eines Interessenausgleichs mit Namensliste. 1. Vermutung der Betriebs- 8
bedingtheit der Kündigung. Abs. 1 S. 1 Nr. 1 vermutet einen betriebsbedingten Kündigungsgrund (§ 292 ZPO), so dass der Insolvenzverwalter nur das Vorliegen einer geplanten, für die Kündigung kausalen Betriebsänderung iSd. § 111 BetrVG sowie die namentliche Bezeichnung des Klägers im Interessenausgleich darzulegen und zu beweisen hat[13]. Nach Ansicht des BAG spricht eine Vermutung dafür, dass der BR-Vorsitzende bei der Unterzeichnung des Interessenausgleichs auf Grund und im Rahmen eines ordnungsgemäßen Beschlusses gehandelt hat. Soweit die Vermutung des Abs. 1 S. 1 Nr. 1 reicht, obliegt dem ArbN der **Beweis des Gegenteils**. Es ist substantiierter Tatsachenvortrag erforderlich, der den gesetzl. vermuteten Umstand nicht nur in Zweifel zieht, sondern ausschließt[14]. Der ArbN hat deshalb darzulegen und zu beweisen, dass die Beschäftigungsmöglichkeit für ihn nicht weggefallen ist[15]. Steht durch Eingang eines Übernahmekonzeptes vor Ausspruch der Kündigungen fest, dass mangels endgültiger Stilllegungsabsicht die Kündigung nicht gerechtfertigt ist, greift die Vermutungsregel nicht ein[16]. Die Vermutung wird nicht durch eine Klausel im Interessenausgleich widerlegt, wonach der ArbGeb einen vorübergehenden Personalbedarf aufgrund von Urlaubs- und Krankheitsfehlzeiten in einem Umfang von bis zu 10 % der Belegschaftsstärke mit LeihArbN abdecken darf[17]. § 125 setzt sich nicht gegen einen Sonderkündigungsschutz durch[18].

---

1 Ebenso Nerlich/Römermann/*Hamacher*, § 125 Rz. 28; Kübler/Prütting/Bork/*Moll*, § 125 Rz. 31. ||2 Ebenso *Oetker/Friese*, DZWIR 2001, 177 (180). ||3 Ebenso BAG 26.3.2009 – 2 AZR 296/07, NZA 2009, 1151; KDZ/*Däubler*, § 125 InsO Rz. 13; *Oetker/Friese*, DZWIR 2001, 177 (178); aA *Nagel*, Die Stellung der Arbeitnehmer im neuen Insolvenzrecht, 1999, S. 49: Bereits gekündigte ArbN können noch in die Vereinbarung einbezogen werden. ||4 KR/*Weigand*, § 125 InsO Rz. 13; aA KDZ/*Däubler*, § 125 InsO Rz. 10; *Oetker/Friese*, DZWIR 2001, 177 (179); Kübler/Prütting/Bork/*Moll*, § 125 Rz. 24, der jeweils eine Bezeichnung nach Vor- und Familiennamen verlangt. ||5 *Caspers*, Rz. 167; FK-InsO/*Eisenbeis*, § 125 Rz. 5; *Zwanziger*, AuR 1997, 427; anders für den Fall der Schließung des gesamten Betriebs Kübler/Prütting/Bork/*Moll*, § 125 Rz. 26; diff. KR/*Weigand*, § 125 InsO Rz. 13. ||6 Kübler/Prütting/Bork/*Moll*, § 125 Rz. 26; *Oetker/Friese*, DZWIR 2001, 177 (179). ||7 Vgl. BAG 26.3.2009 – 2 AZR 296/07, NZA 2009, 1151; 19.7.2012 – 2 AZR 352/11, NZA 2013, 86. ||8 So aber *Berscheid*, MDR 1998, 942 (945); *Lakies*, RdA 1997, 145 (149); wie hier Nerlich/Römermann/*Hamacher*, § 125 Rz. 27; Kübler/Prütting/Bork/*Moll*, § 125 Rz. 32; *Oetker/Friese*, DZWIR 2001, 177 (180). ||9 BAG 6.9.2007 – 2 AZR 715/06, AP Nr. 170 zu § 1 KSchG 1969 Betriebsbedingte Kündigung. ||10 So prinzipiell BAG 26.3.2009 – 2 AZR 296/07, NZA 2009, 1151, allerdings unentschieden, sofern die Teil-Namenslisten klar abgrenzbare Regelungskomplexe betreffen; ebenso KDZ/*Däubler*, § 125 InsO Rz. 8. ||11 Dazu BAG 19.7.2012 – 2 AZR 352/11, NZA 2013, 86. ||12 So zutr. MüKoInsO/*Löwisch/Caspers*, § 125 Rz. 80; *Piehler*, NZA 1998, 970 (971f.); Nerlich/Römermann/*Hamacher*, § 125 Rz. 16. ||13 BAG 7.5.1998 – 2 AZR 55/98, NZA 1998, 1110; 26.4.2007 – 8 AZR 612/06, AP Nr. 5 zu § 125 InsO; 3.4.2008 – 2 AZR 879/06, NZA 2008, 1060; § 125 I 1 Nr. 1 gilt nicht bei **außerordentlichen** betriebsbedingten Kündigungen, BAG 28.5.2009 – 2 AZR 844/07, NZA 2009, 954. ||14 BAG 22.1.2007 – 2 AZR 111/02, AP Nr. 1 zu § 112 BetrVG 1972 Namensliste; 26.4.2007 – 8 AZR 695/05, NJOZ 2008, 109; 27.9.2012 – 2 AZR 516/11, NZA 2013, 559. ||15 BAG 7.5.1998 – 2 AZR 536/97, NJW 1998, 3586; 24.2.2000 – 8 AZR 180/99, NZA 2000, 785. Das BAG ist also nicht der Ansicht gefolgt, wonach § 125 I Nr. 1 die Darlegungspflicht des Insolvenzverwalters unberührt lassen und nur die Beweislast betreffen soll. ||16 BAG 29.9.2005 – 8 AZR 647/04, NZA 2006, 720. ||17 BAG 18.10.2012 – 6 AZR 289/11, ZIP 2013, 184. ||18 BAG 17.11.2005 – 6 AZR 118/05, NZA 2006, 370; 28.5.2009 – 2 AZR 844/07.

9 Zweifelhaft ist, ob das Fehlen einer **Weiterbeschäftigungsmöglichkeit** nur im selben Betrieb (vgl. § 1 KSchG Rz. 277 f.).[1] oder auch in einem anderen Betrieb desselben Unternehmens bzw. ausnahmsweise des Konzerns vermutet wird[2]. Angesichts des Wortlauts[3] sowie des grds. auf den Betrieb beschränkten Zuständigkeitsbereichs des BR[4] scheint vordergründig viel für die erste Ansicht zu sprechen. Blickt man allerdings auf das in der Entstehungsgeschichte deutlich zum Ausdruck gelangte Ziel der Norm, „die *soziale Rechtfertigung* der Kündigungen nur noch in Ausnahmefällen infrage zu stellen"[5], so spricht viel für die zweite Ansicht. Der Wortlaut steht nicht entgegen, da nicht zuletzt § 126 I 2 zu entnehmen ist, dass der Gesetzgeber der InsO den Unterschied zwischen Unternehmen und Betrieb nicht strikt beachtet hat[6]. Das BAG will dies offenbar nur annehmen, wenn dem Insolvenzverwalter der Nachweis gelingt, dass der BR die Beschäftigungsmöglichkeit in anderen Betrieben geprüft hat[7].

10 **2. Beschränkte Überprüfung der Sozialauswahl.** Nach Abs. 1 S. 1 Nr. 2 ist die gerichtl. Überprüfung der Sozialauswahl auf die **drei Kriterien** Betriebszugehörigkeit, Lebensalter und Unterhaltspflichten beschränkt. Daraus ist zu ersehen, dass in diesen Fällen auch bei der Auswahl der zu kündigenden ArbN die Berücksichtigung weiterer Umstände nicht erforderlich ist[8]. Sie ist nach hM aber auch nicht ausgeschlossen. Zu beachten ist jedoch, dass bei der gerichtl. Überprüfung nur die in Abs. 1 S. 1 Nr. 2 genannten Kriterien betrachtet werden. Andere als die dort genannten Umstände können daher im Rahmen der Sozialauswahl nicht berücksichtigt werden, soweit die allein anhand der drei gesetzl. Kriterien zu beurteilende Auswahlentscheidung dadurch nicht grob fehlerhaft wird[9]. Nach Ansicht des BAG betrifft die Beschränkung der gerichtl. Überprüfbarkeit nicht allein die Gewichtung der drei Sozialkriterien, sondern auch die Festlegung der auswahlrelevanten **Vergleichsgruppe**[10]. Nach Ansicht des LAG Köln ist die Gruppenbildung dann nicht grob fehlerhaft, wenn sie berücksichtigt, dass Umsetzungen, Neuschulungen oder Neueinarbeitungen weitgehend vermieden werden[11]. Gleiches gilt hinsichtlich **entgegenstehender betriebl. Belange** iSd. § 1 III 2 KSchG[12]. Das BAG hat dies insb. für solche Fälle angenommen, in denen die Herausnahme der ArbN aus der Vergleichsgruppe dem Erhalt einer ausgewogenen Personalstruktur dient[13]. Nach Ansicht des BAG liegt keine grobe Fehlerhaftigkeit vor, wenn die Sozialauswahl auf einen von mehreren Geschäftsbereichen beschränkt wird, weil die ArbN in anderen Geschäftsbereichen nicht ohne Einarbeitungszeit beschäftigt werden können[14]. Auch die Betriebsabgrenzung als Voraussetzung der Sozialauswahl ist nach Ansicht des BAG nur auf grobe Fehlerhaftigkeit zu überprüfen[15].

11 **Grob fehlerhaft ist die Sozialauswahl** nach Ansicht des BAG, wenn die Gewichtung der Kriterien jede Ausgewogenheit vermissen lässt[16]. Dies ist nicht nur dann der Fall, wenn ein Kriterium überhaupt nicht berücksichtigt wird, sondern allg., wenn „ein ins Auge springender, schwerer Fehler"[17] vorliegt, so dass „der Sache nach nicht mehr von einer ‚sozialen' Auswahl die Rede sein kann"[18]. Die Betriebsparteien

---

[1] So *Fischermeier*, NZA 1997, 1089 (1096); wohl auch *Hohenstatt*, NZA 1998, 846 (851); nach st. Rspr. des BAG steht auch die Möglichkeit der Weiterbeschäftigung in einem anderen Betrieb des Unternehmens (bzw. ausnahmsweise des Konzerns) grds. der Wirksamkeit einer Kündigung entgegen. ‖ [2] So *Caspers*, Rz. 171; ErfK/*Gallner*, § 125 InsO Rz. 7; *Lakies*, BB 1999, 206 (207 f.); Kübler/Prütting/Bork/*Moll*, § 125 Rz. 48. ‖ [3] Vgl. insoweit die abweichende Formulierung in § 1 V KSchG. ‖ [4] Fehlerhaft ist es freilich, deshalb eine Zuständigkeit des GBR annehmen zu wollen (in diese Richtung Nerlich/Römermann/*Hamacher*, § 125 Rz. 41); denn Anknüpfungspunkt für § 125 ist die beteiligungspflichtige Betriebsänderung iSd. § 111 BetrVG. Bleibt sie auf einen Betrieb beschränkt, ist für eine originäre Zuständigkeit des GBR kein Raum. ‖ [5] Begr. RegE zu § 128, BT-Drs. 12/2443, 149; Hervorhebung vom Verf. ‖ [6] In der Praxis wird dieser Streit freilich keine besondere Rolle spielen. Denn selbst wenn man annimmt, dass die Vermutung sich nicht auch auf die Unmöglichkeit der Weiterbeschäftigung des jeweiligen Betriebs erstreckt, bewendet es dabei, dass der ArbGeb das Vorhandensein eines anderweitigen Arbeitsplatzes nur zu bestreiten braucht. Dann ist es Sache des ArbN darzulegen, wie er sich seine Weiterbeschäftigung vorstellt; s. nur BAG 7.5.1998 – 2 AZR 536/97, NJW 1998, 3586. ‖ [7] BAG 6.9.2007 – 2 AZR 715/06, NZA 2008, 633. ‖ [8] Wie hier KDZ/*Däubler*, § 125 InsO Rz. 17; insb. ist – auch bei Schwerbehinderten (vgl. dazu ausf. *Bütefisch*, Die Sozialauswahl, S. 443 ff.) – kein Rückgriff auf verfassungsrechtl. Wertungen erforderlich; hingegen verlangt § 1 III KSchG ausdrücklich die Berücksichtigung einer etwaigen Schwerbehinderung; vgl. zur Notwendigkeit der Berücksichtigung der Schwerbehinderung *Boemke*, NZA 2005, 209. ‖ [9] Ebenso *Bütefisch*, Die Sozialauswahl, S. 451; Kübler/Prütting/Bork/*Moll*, § 125 Rz. 57 f. ‖ [10] BAG 7.5.1998 – 2 AZR 536/97, NJW 1998, 3586; 21.1.1999 – 2 AZR 624/98, NZA 1999, 866; 28.8.2003 – 2 AZR 368/02, NZA 2003, 432; 21.7.2005 – 6 AZR 592/04, NZA 2006, 162; 3.4.2008 – 2 AZR 879/06, NZA 2008, 1060; zust. LAG Nds. 12.4.2002 – 3 Sa 1638/01, NZI 2002, 570; *Caspers*, Rz. 187 f.; *Hohenstatt*, NZA 1998, 846 (852); aA etwa LAG Düss. 4.3.1998 – 12 (17) Sa 2125/97, LAGE § 1 KSchG Interessenausgleich Nr. 3; *Stahlhacke/Preis*, WiB 1996, 1025 (1032); *Bütefisch*, Die Sozialauswahl, S. 454 ff. m. zahlr. wN. ‖ [11] LAG Köln 2.5.2005 – 2 Sa 1511/04, nv; vgl. auch LAG Hamm 12.11.2003 – 2 Sa 1232/03, ZInsO 2004, 1097. ‖ [12] BAG 17.11.2005 – 6 AZR 107/05, NZA 2006, 661; *Caspers*, Rz. 202; KDZ/*Däubler*, § 125 InsO Rz. 18; *Giesen*, ZfA 1997, 145 (174); *Hohenstatt*, NZA 1998, 846 (852); *Löwisch*, RdA 1997, 80 (81); aA *Bütefisch*, Die Sozialauswahl, S. 455; *Zwanziger*, § 125 Rz. 66. ‖ [13] BAG 28.8.2003 – 2 AZR 368/02, NZA 2004, 432. ‖ [14] BAG 17.11.2005 – 6 AZR 107/05, NZA 2006, 661; allerdings wurde ausdrücklich offen gelassen, ob daran auch für einen Interessenausgleich festzuhalten ist, der erst nach Veröffentlichung der Entscheidung des BAG 28.10.2004 – 8 AZR 391/03, NZA 2005, 285, vereinbart worden ist; vgl. auch LAG Köln 11.12.2006 – 2 Sa 807/06, LAGE § 125 InsO Nr. 10. ‖ [15] BAG 3.4.2008 – 2 AZR 879/06, NZA 2008, 1060; 20.9.2012 – 6 AZR 483/11, NZI 2013, 52. ‖ [16] BAG 21.1.1999 – 2 AZR 624/98, NZA 1999, 866; 2.12.1999 – 2 AZR 757/98, NZA 2000, 531. ‖ [17] BAG 17.1.2008 – 2 AZR 405/06, BB 2008, 2187; Kübler/Prütting/Bork/*Moll*, § 125 Rz. 84. ‖ [18] BAG 12.3.2009 – 2 AZR 418/07, NZA 2009, 1023 (1025).

müssen sich „bewusst über die nicht zu ihrer Disposition stehenden Grundbedingungen der sozialen Auswahl hinwegsetzen"[1]. Dieser nicht weiter konkretisierbare Maßstab ist auch anzuwenden, soweit es um die Bestimmung der Vergleichsgruppe oder die Herausnahme einzelner ArbN aus der Sozialauswahl nach § 1 III 2 KSchG geht. Die Sozialauswahl ist nicht grob fehlerhaft, wenn nur Unterhaltspflichten ggü. Kindern berücksichtigt werden, die auf der Lohnsteuerkarte eingetragen sind; hingegen ist grobe Fehlerhaftigkeit anzunehmen, wenn einzelne Unterhaltspflichten überhaupt nicht berücksichtigt werden[2].

Nach Abs. 1 S. 1 Nr. 2 Hs. 2 ist eine Kündigung nicht als grob fehlerhaft anzusehen, wenn eine **ausgewogene Personalstruktur** erhalten oder – insoweit anders als § 1 V KSchG – geschaffen wird. Gemeint ist damit, dass eine Kündigung wirksam ist, wenn sie zur Erhaltung oder Schaffung einer ausgewogenen Personalstruktur erforderlich ist[3]. Dabei müssen die Kündigungen final auf dieses Ziel ausgerichtet sein[4]. In der Sache handelt es sich um einen über § 1 III 2 KSchG hinausgehenden[5] Sonderfall der Anerkennung berechtigter betriebl. Bedürfnisse[6]. Der **Bezugspunkt für die Beurteilung der Ausgewogenheit** ist alles andere als klar. Einigkeit besteht darin, dass insoweit auf das Lebensalter der ArbN abgestellt werden kann[7]. Zulässig soll es daher sein, dass die Betriebsparteien im Interessenausgleich mehrere Altersgruppen bilden und festlegen, wie viele ArbN in jeder dieser Gruppen zu entlassen sind. Die Sozialauswahl soll sich dann auf die Angehörigen der jeweiligen Gruppe beschränken[8]. Wichtig ist allerdings, dass die Rspr. die Altersgruppenbildung nur jeweils innerhalb einer Gruppe von vergleichbaren ArbN iSv. § 1 III KSchG akzeptiert[9]; dabei hat das BAG offengelassen, ob auch in der jeweiligen Vergleichsgruppe für sich gesehen die Schwellenwerte des § 17 KSchG überschritten werden müssen[10]. Während teilweise davon ausgegangen wird, dass ein berechtigtes Interesse des ArbGeb an einer bestimmten **Personalstruktur hinsichtlich anderer Merkmale als dem Lebensalter** nicht anzuerkennen sei[11], nimmt die wohl überwiegende Ansicht an, dass verschiedene Bezugspunkte, wie Leistungsfähigkeit, krankheitsbedingte Fehlzeiten, Berufsstand, Vertragstreue, Behinderung oder Geschlecht in Betracht kommen[12]. Da einschlägige Entscheidungen des BAG fehlen, ist aber Vorsicht geboten. Denn es dürfte davon auszugehen sein, dass die Frage, ob das von den Betriebsparteien gewählte Konzept zu einer ausgewogenen Personalstruktur führt, **gerichtlich voll** und nicht nur auf grobe Fehlerhaftigkeit **überprüfbar** ist[13]. Auch ein Beurteilungsspielraum wird den Betriebsparteien insoweit nicht einzuräumen sein[14]. Auf Basis dieser Annahme prüft das Gericht nach, ob die erstrebte Personalstruktur – gemessen an den vom Insolvenzverwalter verfolgten unternehmerischen und betriebl. Zielen – ausgewogen ist. Allerdings ist die Gruppenabgrenzung selbst dann wiederum nur auf grobe Fehlerhaftigkeit überprüfbar[15]. **Kollidieren sonstige berechtigte betriebl. Interessen iSd. § 1 III 2 KSchG mit dem Ziel der ausgewogenen Personalstruktur** und kann ihnen durch die Weiterbeschäftigung verschiedener, zu unterschiedlichen Gruppen gehörender ArbN Rechnung getragen werden, so ist zwischen ihnen ohne Rücksicht auf die Gruppenzugehörigkeit nach den Grundsätzen der Sozialauswahl zu entscheiden. Nicht erforderlich ist, dass eine in jeder Hinsicht ausgewogene Personalstruktur geschaffen wird, sondern es genügt jede Verbesserung in diese Richtung. Daraus ergibt sich zugleich, dass der Anwendungsbereich der Vorschrift nicht auf Massenentlassungen beschränkt ist[16].

III. Wesentliche Änderung der Sachlage. Abs. 1 S. 2 macht deutlich, dass nicht jede Änderung der Sachlage nach Zustandekommen des Interessenausgleichs die Wirkungen nach S. 1 beseitigt[17]. Das Gesetz schweigt jedoch zu der Frage, wie die Wesentlichkeit zu bestimmen ist[18]. Die ganz hM bezieht sie auf die dem Interessenausgleich zugrunde liegende Betriebsänderung in ihrer Gesamtheit[19] und nimmt

---

1 BAG 20.9.2012 – 6 AZR 483/11, NZI 2013, 52. || 2 BAG 28.6.2012 – 6 AZR 682/10, NZA 2012, 1090. || 3 In der Sache wesentlich weiter KR/*Weigand*, § 125 InsO Rz. 24: „Insofern sind Kündigungen, die zur Erhaltung oder Schaffung einer ausgewogenen Personalstruktur *beitragen*, zulässig" (Hervorhebung hier); vgl. jüngst BAG 19.12.2013 – 6 AZR 790/12. || 4 ErfK/*Gallner*, § 125 InsO Rz. 14. || 5 § 1 III 2 KSchG gestattet lediglich die *Erhaltung* einer ausgewogenen bzw. der im Betrieb vorhandenen Personalstruktur; vgl. dazu ausf. *Bütefisch*, Die Sozialauswahl, S. 324 ff. || 6 LAG Hamm 28.5.1998 – 8 Sa 76/98, NZA-RR 1998, 536; Kübler/Prütting/Bork/*Moll*, § 125 Rz. 67. || 7 S. nur Nerlich/Römermann/*Hamacher*, § 125 Rz. 55; Kübler/Prütting/Bork/*Moll*, § 125 Rz. 70. || 8 BAG 12.3.2009 – 2 AZR 418/07, NZA 2009, 1023. || 9 BAG 19.7.2012 – 2 AZR 352/11, NZA 2013, 86. || 10 BAG 19.7.2012 – 2 AZR 352/11, NZA 2013, 86. || 11 So zu § 1 III 2 KSchG aF *Preis*, NZA 1997, 1073 (1084). || 12 Vgl. nur BAG 28.8.2003 – 2 AZR 368/02, NZA 2004, 432; *Bütefisch*, Die Sozialauswahl, S. 462 f.; KR/*Weigand*, § 125 InsO Rz. 31 ff. || 13 MünchArbR/*Berkowsky*, § 139 Rz. 40; *Bütefisch*, Die Sozialauswahl, S. 471; *Zwanziger*, AuR 1997, 427, 431; aA *Schrader*, NZA 1997, 70 (74); vgl. weiterhin die Darstellung des Streitstandes bei *Zinecker*, Der Insolvenzverwalter als Arbeitgeber, 2001, S. 99 f. || 14 AA MünchArbR/*Berkowsky*, § 139 Rz. 39. || 15 BAG 12.3.2009 – 2 AZR 418/07, NZA 2009, 1023. || 16 *Linck*, AR-Blattei SD 1020.1.2. Rz. 89; KR/*Weigand*, § 125 InsO Rz. 28; aA *Preis*, NZA 1997, 1073 (1084). || 17 Das Wort „wesentlich" wurde erst im Rechtsausschuss eingefügt; s. BT-Drs. 12/7302, 172 (zu § 143a I). || 18 Auch die Materialien führen nicht weiter. Dort findet sich allein die Feststellung, dass es sich um eine „gravierende" Änderung der Sachlage handeln müsse (BT-Drs. 12/7302, 172), ohne Anhaltspunkt für den insoweit anzulegenden Maßstab zu liefern. || 19 Die Änderung der individuellen Beschäftigungsmöglichkeiten eines in der Namensliste aufgeführten ArbN genügt nicht, BAG 23.10.2008 – 2 AZR 163/07, BB 2009, 1758; LAG Köln 1.8.1997 – 11 Sa 355/97, NZA-RR 1998, 160; *Caspers*, Rz. 208; *Lakies*, RdA 1997, 145 (151); Kübler/Prütting/Bork/*Moll*, § 125 Rz. 90; KR/*Weigand*, § 125 InsO Rz. 37.

an, es müsse sich um einen **Wegfall der Geschäftsgrundlage** des Interessenausgleichs handeln[1]. Dem wird man in Anbetracht dessen, dass im Organisationsbereich jede und nicht nur eine gravierende Abweichung von einem Interessenausgleich als „neue Betriebsänderung" erscheint und daher die Beteiligungsrechte nach §§ 111f. BetrVG erneut auslöst, kaum folgen können. Richtig dürfte es sein, nicht die Betriebsänderung, sondern die Normwirkung des Abs. 1 S. 1 als Bezugspunkt der Beurteilung zu wählen. Zu fragen ist daher, ob der Interessenausgleich infolge nach seinem Abschluss eingetretener Veränderungen nicht mehr in der Lage ist, die Rechtsfolgenanordnungen in Abs. 1 S. 1 zu tragen. Schon der Wortlaut („soweit") zeigt dabei an, dass es nicht lediglich um solche Fälle geht, in denen der Interessenausgleich insg. seine Bedeutung verliert[2], sondern hinsichtlich jedes einzelnen ArbN zu fragen ist, inwieweit die Rechtsfolgen des Abs. 1 S. 1 noch eingreifen können[3]. Werden bspw. einige der in der Namensliste bezeichnete ArbN nicht entlassen, so passt die Beschränkung des Prüfungsmaßstabs zwar weiterhin, soweit es um das Verhältnis der gekündigten ArbN zu den nicht auf der Liste stehenden sonstigen ArbN des Betriebs geht. Etwas anderes gilt hingegen für das Verhältnis der in der Namensliste aufgeführten ArbN zueinander. Unter ihnen ist nach den allg. Grundsätzen der Sozialauswahl[4] ohne Beschränkung auf die drei in Nr. 2 genannten Sozialkriterien[5] und ohne die dort enthaltene Privilegierung auszuwählen. Etwas anderes gilt allerdings, wenn im Interessenausgleich für diesen Fall Vorsorge getroffen wurde und eine **Reihung der in der Namensliste genannten ArbN** erfolgt ist[6]. Auch dann ist aber jeweils zu prüfen, ob diese Regelung im Interessenausgleich für die konkret vorliegende Abweichung gelten soll. Angesichts seines Zwecks wird Abs. 1 S. 2 überwiegend dahin verstanden, dass er nur solche Veränderungen betrifft, die zwar nach Abschluss des Interessenausgleichs, aber **vor Ausspruch der Kündigung** eingetreten sind[7]. Bei danach liegenden Veränderungen komme nur ein **Wiedereinstellungsanspruch** in Betracht[8].

14   **IV. Betriebsratsanhörung, Massenentlassungsanzeige.** Die Erstellung eines Interessenausgleichs mit Namensliste entbindet den ArbGeb nicht von der Pflicht zur **Anhörung des BR** gem. § 102 BetrVG im Hinblick auf jede einzelne Kündigung[9]. Allerdings ist zu beachten, dass es nach Ansicht des BAG im Verfahren des § 102 BetrVG keiner weiteren Darlegung der Kündigungsgründe durch den ArbGeb mehr bedarf, wenn der BR bei Einleitung des Verfahrens bereits über den erforderlichen Kenntnisstand verfügt, um zu der konkret beabsichtigten Kündigung eine sachgerechte Stellungnahme abgeben zu können[10]. Daher brauche der ArbGeb die dem BR aus den Verhandlungen über den Interessenausgleich mit Namensliste bekannten Tatsachen im Anhörungsverfahren nicht erneut vorzutragen[11]. Dabei ist es auch möglich, das Anhörungsverfahren nach § 102 BetrVG im Zusammenhang mit dem Interessenausgleichverfahren durchzuführen[12]. Ein Widerspruch gegen die Kündigung von in der Namensliste aufgeführten ArbN soll dem BR grds. nicht gestattet sein[13].

15   Nach Abs. 2 ersetzt der Interessenausgleich gem. Abs. 1 bei einer **Massenentlassung** die Stellungnahme des BR nach § 17 III 2 KSchG[14], nicht aber die schriftl. Unterrichtung des BR nach § 17 II 1 KSchG[15]. Es genügt daher, wenn der vom ArbGeb zu erstattenden Massenentlassungsanzeige der Interessenausgleich beigefügt wird.

16   **V. Verhältnis zum KSchG.** Auch wenn ein ArbN in einer Namensliste iSd. § 125 namentlich bezeichnet worden ist, kann er im Kündigungsschutzprozess gem. § 1 III 1 Hs. 2 KSchG verlangen, dass der ArbGeb die Gründe angibt, die zu der getroffenen sozialen Auswahl geführt haben. Dazu gehören auch betriebl. Interessen, die zur Herausnahme vergleichbarer ArbN aus der Sozialauswahl geführt haben. Kommt der ArbGeb seiner daraus resultierenden Darlegungspflicht nicht nach, ist die Kündigung nach Auffassung des BAG ohne weiteres als sozialwidrig anzusehen[16]. Nicht abschließend geklärt ist bisher das Verhältnis eines Interessenausgleichs mit Namensliste zu einer **allgemeinen Auswahlricht-**

---

1 BAG 23.10.2008 – 2 AZR 163/07, BB 2009, 1758; 12.3.2009 – 2 AZR 418/07, NZA 2009, 1023; 28.6.2012 – 6 AZR 780/10, NZA 2012, 1029; *Bader*, NZA 1996, 1125 (1133); *Bütefisch*, Die Sozialauswahl, S. 471f.; *Giesen*, ZfA 1997, 145 (176f.); Kübler/Prütting/Bork/*Moll*, § 125 Rz. 90; LAG Hamm 25.11.2004 – 4 Sa 1120/03, LAGE § 125 InsO Nr. 5 (dazu *Fleddermann*, ZInsO 2005, 616); wohl auch BAG 22.1.2004 – 2 AZR 111/02, AP Nr. 1 zu § 112 BetrVG 1972 Namensliste. ||2 So aber Kübler/Prütting/Bork/*Moll*, § 125 Rz. 90. ||3 Im Erg. ebenso *Bütefisch*, Die Sozialauswahl, S. 473f.; anders etwa Oetker/*Friese*, DZWIR 2001, 177 (182). ||4 Ebenso *Bütefisch*, Die Sozialauswahl, S. 474; aA BAG 12.3.2009 – 2 AZR 418/07, NZA 2009, 1023. ||5 Insoweit aA *Bütefisch*, Die Sozialauswahl, S. 474, die jedoch nicht zu erklären vermag, weshalb in der Insolvenz dann nicht generell eine Beschränkung auf die drei Kriterien notwendig sein sollte, was aber in der Konsequenz ihres Ansatzes läge. ||6 KDZ/*Däubler*, § 125 InsO Rz. 29. ||7 BAG 23.10.2008 – 2 AZR 163/07, BB 2009, 1758; 12.3.2009 – 2 AZR 418/07, NZA 2009, 1023, erklären den Kündigungszeitpunkt für maßgeblich; ArbG Aachen 6.8.1999 – 6 Ca 64/99, NZA-RR 2000, 420; etwas anders ArbG Berlin 16.4.1997 – 69 Ca 49520/96, DB 1997, 1517 (Zugang); Kübler/Prütting/Bork/*Moll*, § 125 Rz. 92ff.; anders Oetker/*Friese*, DZWIR 2001, 177 (183). ||8 *Caspers*, Rz. 211ff. ||9 BAG 28.8.2003 – 2 AZR 377/02, BB 2004, 1056; 20.5.1999 – 2 AZR 148/99, NZA 1999, 1039 mwN; 28.6.2012 – 6 AZR 682/10, NZA 2012, 1050; aA *Giesen*, ZfA 1997, 145 (175); vgl. auch LAG Düss. 23.1.2003 – 11 (12) Sa 1057/02, LAGE § 125 InsO Nr. 3. ||10 BAG 20.5.1999 – 2 AZR 532/98, NZA 1999, 1101; 23.10.2008 – 2 AZR 163/07. ||11 BAG 20.5.1999 – 2 AZR 532/98, NZA 1999, 1101. ||12 LAG Düss. 9.10.1997 – 13 Sa 996/97, DB 1998, 926; KR/*Weigand*, § 125 InsO Rz. 40. ||13 LAG Hamm 28.5.1998 – 8 Sa 76/98, NZA 1998, 536. ||14 BAG 7.7.2011 – 6 AZR 248/10, NZA 2011, 1108. ||15 BAG 18.1.2012 – 6 AZR 407/10, NZA 2012, 817. ||16 BAG 10.2.1999 – 2 AZR 716/98, NJW 1999, 3796.

linie iSd. § 95 BetrVG[1]. Gesetzl. Bestimmungen über einen **Sonderkündigungsschutz** (§ 4f BDSG, § 15 KSchG, § 9 MuSchG, § 18 BEEG, § 5 PflegeZG) stehen neben § 125 und werden daher durch die namentliche Nennung im Interessenausgleich nicht berührt[2] (s. aber § 89 III Nr. 1 SGB IX für schwerbehinderte Menschen).

126 Beschlussverfahren zum Kündigungsschutz

(1) Hat der Betrieb keinen Betriebsrat oder kommt aus anderen Gründen innerhalb von drei Wochen nach Verhandlungsbeginn oder schriftlicher Aufforderung zur Aufnahme von Verhandlungen ein Interessenausgleich nach § 125 Abs. 1 nicht zustande, obwohl der Verwalter den Betriebsrat rechtzeitig und umfassend unterrichtet hat, so kann der Insolvenzverwalter beim Arbeitsgericht beantragen festzustellen, dass die Kündigung der Arbeitsverhältnisse bestimmter, im Antrag bezeichneter Arbeitnehmer durch dringende betriebliche Erfordernisse bedingt und sozial gerechtfertigt ist. Die soziale Auswahl der Arbeitnehmer kann nur im Hinblick auf die Dauer der Betriebszugehörigkeit, das Lebensalter und die Unterhaltspflichten nachgeprüft werden.

(2) Die Vorschriften des Arbeitsgerichtsgesetzes über das Beschlussverfahren gelten entsprechend; Beteiligte sind der Insolvenzverwalter, der Betriebsrat und die bezeichneten Arbeitnehmer, soweit sie nicht mit der Beendigung der Arbeitsverhältnisse oder mit den geänderten Arbeitsbedingungen einverstanden sind. § 122 Abs. 2 Satz 3 Abs. 3 gilt entsprechend.

(3) Für die Kosten, die den Beteiligten im Verfahren des ersten Rechtszugs entstehen, gilt § 12a Abs. 1 Satz 1 und 2 des Arbeitsgerichtsgesetzes entsprechend. Im Verfahren vor dem Bundesarbeitsgericht gelten die Vorschriften der Zivilprozessordnung über die Erstattung der Kosten des Rechtsstreits entsprechend.

I. Allgemeines. § 126 ermöglicht dem Insolvenzverwalter, die soziale Rechtfertigung betriebsbedingter Beendigungs- wie Änderungskündigungen in einem **einheitlichen Beschlussverfahren** mit der Bindungswirkung des § 127 II feststellen zu lassen[3]. Keine Rolle spielt, ob die Kündigungen bereits erfolgt sind oder erst während des Verfahrens bzw. nach dessen Abschluss ausgesprochen werden sollen[4]. Das Verfahren steht in Betrieben mit BR neben demjenigen nach § 122, kann aber zur Vermeidung von Zeitverlusten gleichzeitig mit diesem anhängig gemacht werden[5]. Unklarheit besteht darüber, ob § 126 nur anwendbar ist, wenn die Kündigungen durch eine den Begriff der Betriebsänderung iSd. § 111 BetrVG erfüllende Maßnahme in einem Unternehmen mit mehr als 20 ArbN veranlasst sind[6]. IÜ soll die Vorschrift nach wohl überwiegender Ansicht nur solche ArbVerh erfassen, die unter das KSchG fallen[7]. Nach Ansicht des LAG München ist vom Anwendungsbereich der Bestimmung „zumindest im Weg teleologischer Reduktion der Fall auszunehmen, dass lediglich ein einziger ArbN durch den Insolvenzverwalter gekündigt werden soll bzw. zum Zeitpunkt der Einleitung des Verfahrens gem. § 126 I lediglich eine einzige Kündigung streitig ist"[8].

II. Verfahrensvoraussetzungen. Abgesehen von den Fällen des Nichtbestehens eines BR[9], in denen das Verfahren sogleich eingeleitet werden kann, ist erforderlich, dass **innerhalb von drei Wochen nach Verhandlungsbeginn** oder einer entsprechenden Aufforderung **kein Interessenausgleich** nach § 125 I zustande gekommen ist, obwohl der Verwalter den BR rechtzeitig und umfassend unterrichtet hat. Insoweit gilt Gleiches wie bei § 122 (s. § 122 Rz. 2f.). Dem Verstreichen der Frist steht es nicht gleich, wenn die Verhandlungen bereits vor Ablauf der Frist „endgültig gescheitert" sind[10]. Gelingt während eines bereits eingeleiteten Verfahrens doch noch ein Interessenausgleich nach § 125, so wird es unzulässig, soweit die Regelungswirkung des Interessenausgleichs reicht[11]. Ist nach den Vorstellungen der Betriebspartner im Interessenausgleich Einigkeit über die gesamte Betriebsänderung erzielt worden, so kann der Insolvenzverwalter keine Kündigungen über § 126 „nachschieben"[12]. Die **Sperrwirkung gilt allerdings nicht**, soweit es sich um eine neue, nicht dem Interessenausgleich zugrunde liegende Betriebsänderung handelt[13]. IÜ wird angenommen, dass bei einem **Teilinteressenausgleich** das Verfahren nach

---

1 S. dazu *Bütefisch*, Die Sozialauswahl, S. 442. || 2 LAG Hamm 4.3.2005 – 10 Sa 1832/04, ZInsO 2005, 1344 mwN. || 3 Allg. zu § 126: *Becker*, Das Beschlussverfahren zum Kündigungsschutz de lege lata und de lege ferenda, 2006. || 4 BAG 29.6.2000 – 8 ABR 44/99, NZA 2000, 1180; ArbG Hamburg 13.7.2005 – 18 BV 5/05. || 5 ErfK/*Gallner*, § 126 InsO Rz. 2; Kübler/Prütting/Bork/*Moll*, § 126 Rz. 39. || 6 IdS Nerlich/Römermann/*Hamacher*, § 126 Rz. 9; HK-InsO/*Linck*, § 126 Rz. 5; Kübler/Prütting/Bork/*Moll*, § 126 Rz. 11 ff. Nach der Gegenansicht soll § 126 auch für alle betriebsbedingten Kündigungen gelten, für die ein Interessenausgleich – aus welchen rechtl. Gründen auch immer – nicht möglich ist; so etwa ErfK/*Gallner*, § 126 InsO Rz. 1; *Caspers*, Rz. 235 ff.; *Lakies*, RdA 1997, 145 (151); *Löwisch*, RdA 1997, 80 (85); KR/*Weigand*, § 126 InsO Rz. 3. || 7 MünchArbR/*Berkowsky*, § 139 Rz. 45; KDZ/*Däubler*, § 126 InsO Rz. 8; *Heinze*, NZA 1999, 57 (61); aA Kübler/Prütting/Bork/*Moll*, § 128 Rz. 88 || 8 LAG München 2.1.2003 – 4 Ta 292/02, ZInsO 2003, 339. || 9 Bzw. der Nichterfüllung der Voraussetzungen des § 111 BetrVG aus anderen Gründen, sofern man der entsprechenden Ansicht folgt. || 10 So aber KDZ/*Däubler*, § 126 InsO Rz. 5; *Zwanziger*, § 126 Rz. 12. || 11 Nerlich/Römermann/*Hamacher*, § 126 Rz. 35; Kübler/Prütting/Bork/*Moll*, § 126 Rz. 42; aA *Rummel*, DB 1997, 774 (776), der ein Verfahren nach § 16 generell auch dann für zulässig hält, „wenn der Betriebsrat lediglich in einer bestimmten Anzahl von Fällen der Aufnahme der zu kündigenden Arbeitnehmer in den Interessenausgleich zugestimmt hat". || 12 BAG 20.1.2000 – 2 ABR 30/99, NZA 2001, 170. || 13 BAG 20.1.2000 – 2 ABR 30/99, NZA 2001, 170.

§ 126 insoweit nicht ausgeschlossen ist, wie zwischen Insolvenzverwalter und BR keine Einigung erzielt werden konnte[1].

3 **III. Durchführung des Verfahrens.** Im Antrag hat der Insolvenzverwalter die betroffenen ArbN so genau zu bezeichnen, dass ein objektiver Betrachter allein daraus zweifelsfrei entnehmen kann, wer gemeint ist. Möglich ist auch die Stellung von **Hilfsanträgen** für den Fall, dass die Kündigung einzelner im Hauptantrag bezeichneter Personen nicht sozial gerechtfertigt ist[2]. Im Antrag ist klarzustellen, ob es beim jeweiligen ArbN um eine **Beendigungs- oder Änderungskündigung** geht. Darüber hinaus ist der Kündigungstermin zu nennen. Soweit es sich um Änderungskündigungen handelt, ist auch die Änderung der Arbeitsbedingungen im Antrag zu bezeichnen[3]. Zweifelhaft ist die Zulässigkeit sog. „Tabellenanträge", in denen eine Reihenfolge der zu kündigenden ArbN festgelegt ist[4]. Für die ordentliche Zuständigkeit des ArbG kommt es nicht auf den Sitz des Unternehmens, sondern auf den Sitz des Betriebes an[5].

4 **Verfahrensbeteiligte** sind der Insolvenzverwalter (zur Beteiligung des Betriebserwerbers s. § 128 I 2), soweit vorhanden der BR und die im Antrag bezeichneten ArbN, falls sie nicht ihr **Einverständnis** mit der Kündigung erklärt haben. Ein solches ist nur anzunehmen, wenn der ArbN mit Blick auf den ihm im Einzelnen bekannten Kündigungssachverhalt mit bürgerlich-rechtl. bindender Wirkung erklärt, er werde gegen die Kündigung nicht vorgehen[6]. Erfolgt die Einverständniserklärung während des Verfahrens, verliert der ArbN die Beteiligtenstellung[7].

5 Das ArbG entscheidet darüber, ob die Kündigungen **sozial gerechtfertigt** sind. Es hat daher neben der Kündigungsbefugnis[8] zu prüfen, ob die Kündigungen durch dringende betriebl. Erfordernisse bedingt und ob die Grundsätze der Sozialauswahl eingehalten worden sind. Dabei wird auch beurteilt, ob die Herausnahme einzelner ArbN aus der Sozialauswahl nach § 1 III 2 KSchG zulässig ist[9]. Eine Vermutung der Betriebsbedingtheit oder Beschränkung der gerichtl. Überprüfung wie bei § 125 I kommt dem Insolvenzverwalter insoweit nicht zugute[10], wobei die allg. Grundsätze über die Beweislast gelten[11]. Maßgeblicher Beurteilungszeitpunkt ist der Schluss der mündlichen Anhörung, für bereits vorher erfolgte Kündigungen der Zeitpunkt ihres Zugangs[12]. Zu beachten ist, dass die Regeln des Beschlussverfahrens entsprechend anzuwenden sind. Es gilt daher der **Untersuchungsgrundsatz**, so dass auch nicht benannte Zeugen gehört werden können. Auch hier besteht aber Antragsbindung, weshalb das Gericht nicht auf eigene Initiative einzelne im Antrag genannte ArbN durch andere ersetzen kann[13]. **Andere Unwirksamkeitsgründe** als die Sozialwidrigkeit (etwa Verstöße gegen § 102 BetrVG, §§ 85 ff. SGB IX, § 9 MuSchG, § 18 BEEG) werden im Verfahren nach § 126 nicht geprüft. Insoweit entfaltet eine Feststellung daher auch keine Bindungswirkung iSd. § 127 I. Zu prüfen ist aber die Kündigungsberechtigung des Insolvenzverwalters[14].

6 **IV. Rechtsmittel und Kosten.** Aus der Verweisung auf § 122 III folgt, dass gegen den Beschluss des ArbG keine Beschwerde an das LAG stattfindet und er deshalb grds. sofort rechtskräftig wird[15]. Ausnahmsw. findet eine Rechtsbeschwerde zum BAG statt, wenn sie im Beschluss des ArbG zugelassen wird (§ 122 III 2). Ist dies nicht der Fall, besteht **keine Möglichkeit der Nichtzulassungsbeschwerde**[16]. Wird die Rechtsbeschwerde zugelassen, ist das BAG daran gebunden[17]. Jeder der beteiligten ArbN kann selbständig Rechtsbeschwerde einlegen. Versäumt er dies, tritt jeweils ihm ggü. Rechtskraft ein[18].

7 **Gerichtskosten** werden für das Verfahren gem. § 2 II GKG nicht erhoben[19]. Für das Verfahren vor dem ArbG gilt § 12a I 1, 2 ArbGG entsprechend, so dass eine Kostenerstattung nicht stattfindet und jeder Beteiligte seine Kosten selbst trägt. Im Rechtsbeschwerdeverfahren trägt der Unterliegende auch die Kosten des Obsiegenden (Abs. 3 S. 2). Der BR hat in jedem Fall hinsichtlich der ihm entstehenden Kosten einen Erstattungsanspruch gegen den Insolvenzverwalter nach § 40 BetrVG. Nach ganz überwiegender Ansicht ist der **Gegenstandswert** gem. § 42 GKG zu berechnen[20].

---

1 Kübler/Prütting/Bork/*Moll*, § 126 Rz. 42; offen gelassen BAG 20.1.2000 – 2 ABR 30/99, NZA 2001, 170. ||2 KDZ/*Däubler*, § 126 InsO Rz. 11; Kübler/Prütting/Bork/*Moll*, § 126 Rz. 23. ||3 Kübler/Prütting/Bork/*Moll*, § 126 Rz. 21. ||4 Dafür *Heinze*, NZA 1999, 57 (61); KR/*Weigand*, § 126 InsO Rz. 13; dagegen Kübler/Prütting/Bork/*Moll*, § 126 Rz. 38. ||5 ArbG Bautzen 30.11.2005 – 5 BV 5001/05, ZIP 2006, 732. ||6 *Caspers*, Rz. 250 ff.; Nerlich/Römermann/*Hamacher*, § 126 Rz. 21. ||7 Nerlich/Römermann/*Hamacher*, § 126 Rz. 23. ||8 Dazu BAG 29.6.2000 – 8 ABR 44/99, NZA 2000, 1180. ||9 ErfK/*Gallner*, § 126 InsO Rz. 5; KDZ/*Däubler*, § 126 InsO Rz. 1; aA *Lakies*, RdA 1997, 145 (151). ||10 Einhellige Meinung, ErfK/*Gallner*, § 126 InsO Rz. 4; *Caspers*, Rz. 247; Kübler/Prütting/Bork/*Moll*, § 126 Rz. 28. ||11 *Caspers*, Rz. 247; Kübler/Prütting/Bork/*Moll*, § 126 Rz. 31 f. ||12 *Caspers*, Rz. 279; Nerlich/Römermann/*Hamacher*, § 126 Rz. 49 f. ||13 BAG 29.6.2000 – 8 ABR 44/99, NZA 2000, 1180; KDZ/*Däubler*, § 126 InsO Rz. 22; Nerlich/Römermann/*Hamacher*, § 126 Rz. 38. ||14 BAG 29.6.2000 – 8 ABR 44/99, NZA 2000, 1180. ||15 BAG 14.8.2001 – 2 ABN 20/01, BB 2001, 2535. ||16 BAG 14.8.2001 – 2 ABN 20/01, BB 2001, 2535 mwN. ||17 BAG 29.6.2000 – 8 ABR 44/99, NZA 2000, 1180. ||18 BAG 29.6.2000 – 8 ABR 44/99, NZA 2000, 1180. ||19 Zur Erstattung außergerichtl. Verfahrenskosten BAG 2.10.2007 – 1 ABR 59/06, NZA 2008, 372. ||20 So etwa KDZ/*Däubler*, § 126 InsO Rz. 30; *Lakies*, RdA 1997, 145 (154); Kübler/Prütting/Bork/*Moll*, § 126 Rz. 52; *Zwanziger*, § 126 Rz. 9; aA *Müller*, NZA 1998, 1315 (1321): § 8 II 2 BRAGO (jetzt: § 23 III 2 RVG).

127 *Klage des Arbeitnehmers*
(1) Kündigt der Insolvenzverwalter einem Arbeitnehmer, der in dem Antrag nach § 126 Abs. 1 bezeichnet ist, und erhebt der Arbeitnehmer Klage auf Feststellung, dass das Arbeitsverhältnis durch die Kündigung nicht aufgelöst oder die Änderung der Arbeitsbedingungen sozial ungerechtfertigt ist, so ist die rechtskräftige Entscheidung im Verfahren nach § 126 für die Parteien bindend. Dies gilt nicht, soweit sich die Sachlage nach dem Schluss der letzten mündlichen Verhandlung wesentlich geändert hat.

(2) Hat der Arbeitnehmer schon vor der Rechtskraft der Entscheidung im Verfahren nach § 126 Klage erhoben, so ist die Verhandlung über die Klage auf Antrag des Verwalters bis zu diesem Zeitpunkt auszusetzen.

I. Bindungswirkung. Die Vorschrift ergänzt die Bestimmung des § 126 und ordnet die bindende Wirkung der in einem danach durchgeführten Verfahren für individuelle Kündigungsschutzverfahren an. Wird einem Antrag nach § 126 entsprochen, so wird damit allein die **soziale Rechtfertigung** der Kündigung festgestellt, weshalb auch die Reichweite der Bindungswirkung hierauf beschränkt ist. Andere Unwirksamkeitsgründe können nach den für sie jeweils einschlägigen Regeln geltend gemacht werden. Ein Beschluss gem. § 126 führt daher nicht bereits zur Unzulässigkeit einer späteren Kündigungsschutzklage, sondern ist erst im Rahmen der Begründetheitsprüfung zu berücksichtigen. Im Falle der **Abweisung des vom Insolvenzverwalter gestellten Antrags** als unbegründet geht die überwiegende Ansicht davon aus, dass damit gleichzeitig die mangelnde soziale Rechtfertigung der Kündigung und folglich deren Unwirksamkeit festgestellt sei[1]. Wird der Antrag als unzulässig abgewiesen, entfaltet er keinerlei Bindungswirkung[2]. Für die Bindungswirkung reicht die formale Beteiligtenstellung des ArbN nicht aus, sondern es ist darüber hinaus erforderlich, dass er **tatsächlich ordnungsgemäß beteiligt worden** ist[3]. Sie greift daher insb. nicht im Verhältnis zu ArbN ein, die wegen ihres Einverständnisses mit der Kündigung bei Abschluss des Verfahrens nach § 126 nicht mehr an ihm beteiligt waren[4].

II. Wesentliche Änderung der Sachlage. Nach Abs. 1 S. 2 entfällt die Bindungswirkung, „soweit sich die Sachlage nach dem Schluss der letzten mündlichen Verhandlung wesentlich geändert hat". Der **Wortlaut ist zu weit geraten** und hat erkennbar allein jene Kündigungen im Auge, die den ArbN erst nach Abschluss des Verfahrens gem. § 126 zugehen. Er passt ersichtlich nicht für frühere Kündigungen, da ihre soziale Rechtfertigung auch im Verfahren des § 126 nach den Verhältnissen im Zeitpunkt des Kündigungszugangs zu beurteilen ist (s. § 126 Rz. 5). Mit Blick auf diese kommt daher im Falle wesentlicher nachträglicher Änderungen allenfalls ein **Wiedereinstellungsanspruch** nach den vom BAG entwickelten Grundsätzen in Betracht[5].

Der **Begriff** der wesentlichen Änderung der Sachlage wird hier überwiegend ebenso wie bei § 125 verstanden (s. dort Rz. 13), weshalb es sich um eine „breite, grundlegende Änderung"[6] handeln müsse. Dem wird man indes kaum folgen können, da es bei § 125 um die Bindungswirkung in einem nachfolgenden Individualprozess geht und deshalb entscheidend darauf abzustellen ist, ob sich insoweit die Sachlage wesentlich geändert hat (s. bereits § 125 Rz. 13). Vielmehr dürfte davon auszugehen sein, dass eine wesentliche Änderung immer vorliegt, wenn die veränderte Tatsachenbasis zu einer veränderten Beurteilung der sozialen Rechtfertigung der Kündigung führt[8].

III. Aussetzung des Verfahrens. Erhebt der ArbN vor der Rechtskraft der Entscheidung nach § 126 eine Kündigungsschutzklage, so ist sie zwar zulässig, aber nach Abs. 2 auf Antrag des Verwalters auszusetzen. Ein **Ermessensspielraum des Gerichts besteht** insoweit anders als bei § 148 ZPO **nicht**. Nichts anderes gilt, wenn die Kündigungsschutzklage bei Einleitung des Verfahrens nach § 126 bereits erhoben und noch anhängig war[9]. Umstritten ist, ob das ArbG daneben nach § 148 ZPO auch dann aussetzen kann, wenn der Insolvenzverwalter keinen Aussetzungsantrag gestellt hat[10]. Aus dem klaren Wortlaut ist jedenfalls zu erkennen, dass dem Insolvenzverwalter hier ein Entscheidungsermessen eingeräumt ist[11]. Stellt er den Antrag nicht, ist daher eine Beendigung des individuellen Kündigungsverfahrens möglich, das dann von einer insoweit abweichenden nachträglichen Entscheidung gem. § 126 nicht mehr berührt wird[12].

---

1 ErfK/*Gallner*, § 127 InsO Rz. 2; KDZ/*Däubler*, § 127 InsO Rz. 1; Nerlich/Römermann/*Hamacher*, § 127 Rz. 4; aA Kübler/Prütting/Bork/*Moll*, § 127 Rz. 22. ‖ 2 *Giesen*, ZIP 1998, 46 (54); Nerlich/Römermann/*Hamacher*, § 127 Rz. 5. ‖ 3 ErfK/*Gallner*, § 127 InsO Rz. 2; Kübler/Prütting/Bork/*Moll*, § 127 Rz. 20. ‖ 4 Wie hier *Caspers*, Rz. 272 ff.; Nerlich/Römermann/*Hamacher*, § 127 Rz. 6; aA ErfK/*Gallner*, § 127 InsO Rz. 2; *Löwisch*, RdA 1997, 80 (85). ‖ 5 *Caspers*, Rz. 280; Kübler/Prütting/Bork/*Moll*, § 127 Rz. 31. ‖ 6 Kübler/Prütting/Bork/*Moll*, § 127 Rz. 34. ‖ 7 Ebenso ErfK/*Gallner*, § 127 InsO Rz. 6; KR/*Weigand*, § 127 InsO Rz. 3; im Erg. auch Nerlich/Römermann/*Hamacher*, § 127 Rz. 8 f., auch wenn er der Ansicht ist, die Definition könne nicht ohne Weiteres aus § 125 übernommen werden. ‖ 8 Im Erg. ebenso *Zwanziger*, § 127 Rz. 3. ‖ 9 ErfK/*Gallner*, § 127 InsO Rz. 4; KDZ/*Däubler*, § 127 InsO Rz. 6. ‖ 10 Dafür Nerlich/Römermann/*Hamacher*, § 127 Rz. 15; dagegen Kübler/Prütting/Bork/*Moll*, § 127 Rz. 37 f. ‖ 11 *Giesen*, ZIP 1998, 46 (54). ‖ 12 Nerlich/Römermann/*Hamacher*, § 127 Rz. 14; aA *Zwanziger*, § 127 Rz. 11, nach dessen Ansicht „immer dann, wenn beide nebeneinander laufen, das Beschlussverfahren vorgehen soll" und bei bereits rechtskräftig entschiedenem Individualverfahren Restitutionsklage nach § 580 Nr. 6 ZPO in Betracht komme; wohl ebenso ErfK/*Gallner*, § 127 InsO Rz. 5.

128 *Betriebsveräußerung*
(1) Die Anwendung der §§ 125 bis 127 wird nicht dadurch ausgeschlossen, dass die Betriebsänderung, die dem Interessenausgleich oder dem Feststellungsantrag zugrunde liegt, erst nach einer Betriebsveräußerung durchgeführt werden soll. An dem Verfahren nach § 126 ist der Erwerber des Betriebs beteiligt.

(2) Im Falle eines Betriebsübergangs erstreckt sich die Vermutung nach § 125 Abs. 1 Satz 1 Nr. 1 oder die gerichtliche Feststellung nach § 126 Abs. 1 Satz 1 auch darauf, dass die Kündigung der Arbeitsverhältnisse nicht wegen des Betriebsübergangs erfolgt.

1   Nach der Begründung des RegE trägt die Bestimmung dem Umstand Rechnung, dass gerade in Fällen, in denen „eine Betriebsveräußerung geplant ist, bei der der Betrieb auf die Erfordernisse des Erwerbers umgestellt werden und ein Teil der Arbeitsplätze wegfallen soll", ein besonderes Bedürfnis für eine schnelle Klärung von Kündigungsstreitigkeiten bestehe[1]. § 128 will daher bereits dem Insolvenzverwalter eine Klärung der Wirksamkeit betriebsbedingter Kündigungen ermöglichen, auch wenn die Betriebsänderung erst vom Betriebserwerber durchgeführt werden soll[2]. Angesichts dieser Entstehungsgeschichte wird überwiegend angenommen, § 128 stelle die Zulässigkeit einer **„Kündigung auf Erwerberkonzept"**[3] klar[4]. Das hat allerdings kaum noch praktische Bedeutung, nachdem das BAG die Zulässigkeit einer solchen Kündigung prinzipiell anerkannt hat[5].

2   § 128 erstreckt nur die Rechtsfolgen der §§ 125 bis 127 auch auf den Erwerber, ermöglicht es diesem aber nicht, die entsprechenden Verfahren nach dem Betriebserwerb selbst durchzuführen[6]. Mit Rücksicht darauf, dass nach überwiegender Ansicht für die Zulässigkeit eines Verfahrens nach § 126 keine Betriebsänderung iSd. § 111 BetrVG vorliegen muss (s. § 126 Rz. 1 Fn. 3), wird teilweise der **Begriff der Betriebsänderung** in Abs. 1 S. 1 allg. iSv. „betrieblicher Maßnahme" verstanden[7]. Überwiegend wird iÜ davon ausgegangen, dass § 128 nicht nur im Falle der Veräußerung eines gesamten Betriebs, sondern ebenso anzuwenden ist, wenn es nur um die Veräußerung eines **Betriebsteils** geht[8].

3   Teilweise wird vertreten, § 128 finde nur Anwendung auf solche Konstellationen, in denen bereits ein Konzept des Erwerbers den Gegenstand der Verhandlungen nach § 125 bzw. des Verfahrens nach § 126 gebildet habe, weshalb die §§ 126, 127 allein zu Gunsten solcher Erwerber wirkten, die bereits am Beschlussverfahren nach § 126 beteiligt waren[9]. Nach anderer Ansicht werden auch solche Fälle erfasst, „in denen der Insolvenzverwalter zunächst eine eigene Betriebsänderung plant, im Nachhinein aber ein Erwerber den Betrieb übernimmt, der die Planungen des Insolvenzverwalters realisiert"[10].

4   Unklar ist, wie der Begriff des **„Erwerbers des Betriebs"** iSd Abs. 1 S. 2 zu verstehen ist. Einige nehmen an, dass darunter jeweils nur ein einziger Interessent verstanden werden könne, dessen Erwerbsabsicht rechtl. abgesichert sei[11]. Andere zählen dazu jeden Interessenten, „mit dem der Insolvenzverwalter in Verhandlungen steht und in dessen Interesse der Insolvenzverwalter das Beschlussverfahren betreibt", wobei es sich auch um mehrere Personen handeln könne[12].

5   Gem. Abs. 2 erstreckt sich die Feststellung nach § 126 I 1 auch darauf, dass die Kündigung der ArbVerh **nicht wegen des Betriebsübergangs** erfolgt ist. Selbständige Bedeutung hat dies nur, soweit man in den Anwendungsbereich des § 126 auch solche ArbVerh einbezieht, die nicht dem KSchG unterliegen (s. § 126 Rz. 1 Fn. 4). Die Aussagen in Abs. 2 zu § 125 I 1 Nr. 1 sind ohne sachliche Bedeutung, da der ArbN schon nach allg. Grundsätzen darzulegen und zu beweisen hat, dass die Kündigung wegen eines Betriebsübergangs erfolgt ist[13]. In jedem Fall wird durch sie für den Anwendungsbereich des Abs. 2 klargestellt, dass jene Ansicht, die in § 613a IV BGB eine Vermutung zum Nachteil des ArbGeb „hineinlesen" will[14], mit dem Gesetz nicht vereinbar ist[15].

---

1 Begr. RegE zu § 131, BT-Drs. 12/2443, 150. ||2 Begr. RegE zu § 131, BT-Drs. 12/2443, 150. ||3 S. dazu allg. § 613a BGB Rz. 314; Staudinger/*Annuß*, § 613a BGB Rz. 380 ff., insb. 384. ||4 Nerlich/Römermann/*Hamacher*, § 128 Rz. 65. ||5 BAG 20.3.2003 – 8 AZR 97/02, NZA 2003, 1027. ||6 So aber KDZ/*Däubler*, § 128 InsO Rz. 2 ff.; wie hier *Caspers*, Rz. 304; Nerlich/Römermann/*Hamacher*, § 128 Rz. 64; *Lakies*, RdA 1997, 145 (155). ||7 *Caspers*, Rz. 301; dagegen zutreffend Kübler/Prütting/Bork/*Moll*, § 128 Rz. 11. ||8 LAG Hamm 3.9.2003 – 2 Sa 331/03, ZInsO 2004, 820; Nerlich/Römermann/*Hamacher*, § 128 Rz. 63; *Zwanziger*, § 128 Rz. 6; aA KDZ/*Däubler*, § 128 InsO Rz. 6; *Tretow*, ZInsO 2000, 309 (312). ||9 So Nerlich/Römermann/*Hamacher*, § 128 Rz. 69 ff. ||10 Kübler/Prütting/Bork/*Moll*, § 128 Rz. 74. ||11 Nerlich/Römermann/*Hamacher*, § 128 Rz. 72. ||12 Kübler/Prütting/Bork/*Moll*, § 126 Rz. 79. ||13 Ebenso ErfK/*Gallner*, § 128 InsO Rz. 2; vgl. zur Bedeutung des § 128 II auch LAG Düss. 23.1.2003 – 11 (12) Sa 1057/02, BB 2004, 336. ||14 S. etwa *v. Alvensleben*, Die Rechte der Arbeitnehmer bei Betriebsübergang im Europäischen Gemeinschaftsrecht, 1992, S. 315. ||15 Ebenso *Lohkemper*, KTS 1996, 1 (30); s. dazu ausf. *Caspers*, Rz. 306 ff.

Jugendarbeitsschutzgesetz (JArbSchG)
Gesetz zum Schutz der arbeitenden Jugend

vom 12.4.1976 (BGBl. I S. 965),
zuletzt geändert durch Gesetz vom 20.4.2013 (BGBl. I S. 868)

Erster Abschnitt. Allgemeine Vorschriften

1 *Geltungsbereich*
(1) Dieses Gesetz gilt in der Bundesrepublik Deutschland und in der ausschließlichen Wirtschaftszone für die Beschäftigung von Personen, die noch nicht 18 Jahre alt sind,
1. in der Berufsausbildung,
2. als Arbeitnehmer oder Heimarbeiter,
3. mit sonstigen Dienstleistungen, die der Arbeitsleistung von Arbeitnehmern oder Heimarbeitern ähnlich sind,
4. in einem der Berufsausbildung ähnlichen Ausbildungsverhältnis.

(2) Dieses Gesetz gilt nicht
1. für geringfügige Hilfeleistungen, soweit sie gelegentlich
   a) aus Gefälligkeit,
   b) auf Grund familienrechtlicher Vorschriften,
   c) in Einrichtungen der Jugendhilfe,
   d) in Einrichtungen zur Eingliederung Behinderter
   erbracht werden,
2. für die Beschäftigung durch die Personensorgeberechtigten im Familienhaushalt.

I. Normzweck. Die Vorschrift bestimmt den Geltungsbereich des Gesetzes. Dieser ist weit gesteckt, da das JArbSchG umfassend die Gesundheit und Entwicklung des Minderjährigen in der Arbeitswelt schützen will. 1

II. Geltungsbereich. 1. Persönlicher. Das Gesetz erfasst auf der Seite der Beschäftigten alle Personen, die noch nicht 18 Jahre alt sind (vgl. § 2); für den Anwendungsbereich von § 9 I Nr. 1 und § 19 (§ 19 II Nr. 3) wird diese Altersgrenze sogar überschritten. Zum Kreis der beschäftigenden Personen vgl. § 3. 2

2. Sachlicher. Erfasst wird jede Beschäftigung eines Minderjährigen, sofern sie unter Abs. 1 Nr. 1–4 fällt. Unter Beschäftigung wird eine Tätigkeit in persönlicher Abhängigkeit, also eine **weisungsgebundene, fremdbestimmte Tätigkeit** verstanden[1]. Auf die Art oder Bezeichnung des Rechtsverhältnisses kommt es nicht an. Die Tätigkeit muss jedoch (auch) für einen anderen erfolgen. Nicht in den Anwendungsbereich fallen daher Tätigkeiten als Selbständiger[2] (zB Musiker, Künstler) oder die Erledigung eigener, selbst gewählter Aufgaben. Auch die rein schulische (Berufs-)Ausbildung ist keine Beschäftigung iSd. Gesetzes. Öffentl.-rechtl. Beschäftigungsverhältnisse werden nur erfasst, soweit das Gesetz dies vorsieht, wie zB in § 62. 3

Keine persönliche Abhängigkeit iSd. Gesetzes liegt vor, wenn der Minderjährige auf Grund und im Rahmen einer Vereinsmitgliedschaft tätig wird. Anders ist es, wenn der typische Rahmen der Vereinstätigkeit überschritten wird[3]. Im Bereich karitativer und religiöser Betätigung ist das sich aus Art. 140 GG iVm. Art. 137 III WRV ergebende Selbstbestimmungsrecht der Kirchen sowie die Religionsausübungsfreiheit gem. Art. 4 II GG zu beachten[4]. Auf die Teilnahme an liturgischen Handlungen ist das JArbSchG daher nicht anwendbar[5]. Anders ist es für durch die Kirchen organisierte karitative Betätigungen[6]. 4

a) Fallgruppen. In der Berufsausbildung (Abs. 1 Nr. 1). Das JArbSchG gilt für die Beschäftigung in allen anerkannten Ausbildungsberufen; diese sind in einem Verzeichnis aufgeführt, welches durch das Bundesinstitut für Berufsbildung jährlich herausgegeben wird[7]. Keine Anwendung findet das JArbSchG im Rahmen der rein schulischen Berufsausbildung (Rz. 3). 5

---

1 *Molitor/Volmer/Germelmann*, § 1 Rz. 17. ||2 Zur Verfassungsmäßigkeit *Zmarzlik/Anzinger*, § 1 Rz. 7. ||3 Vgl. OVG Münster 6.5.1985 – 12 A 2097/83, NJW 1987, 1443 f.: regelmäßige Mitwirkung eines Chorvereins bei Opern und Konzerten. Allg. Erman/*Edenfeld*, § 611 BGB Rz. 20 f. Vgl. auch § 2 I Nr. 4, 5 KindArbSchV v. 23.6.1998 (BGBl. I S. 1508). ||4 Vgl. *Götz*, Kirchenklauseln in Arbeitsgesetzen und der Einfluss des kirchlichen Selbstbestimmungsrechts, 2013. ||5 *Zmarzlik/Anzinger*, § 1 JArbSchG Rz. 46 f. ||6 Vgl. § 2 I Nr. 5 KindArbSchV. ||7 Vgl. im Internet unter http://www.bibb.de.

6 **Als ArbN oder Heimarbeiter (Abs. 1 Nr. 2).** Das JArbSchG ist anzuwenden, wenn der Minderjährige als ArbN (dazu Vor § 611 BGB Rz. 19 ff.) oder als Heimarbeiter tätig wird. Ein ArbN-Status kann auch bei Sportlern vorliegen (dazu Vor § 611 BGB Rz. 75).[1] Als Heimarbeiter ist gem. § 2 I HAG anzusehen, wer in selbstgewählter Arbeitsstätte im Auftrag von Gewerbetreibenden oder Zwischenmeistern erwerbsmäßig arbeitet, jedoch die Verwertung der Arbeitsergebnisse dem unmittelbar oder mittelbar Gewerbetreibenden überlässt.

7 **Mit sonstigen, ähnlichen Dienstleistungen (Abs. 1 Nr. 3).** Ein ArbVerh mag im Einzelfall (zB wegen der Möglichkeit freier Zeiteinteilung[2]) durch den Minderjährigen abzulehnen sein (zB Austragen von Reklamesendungen, Pflege von Tieren, Teilnahme an Talentwettbewerben, Castingshows[3], Trainings- und Wettkampftätigkeit im Sport[4]). Für derartige Fälle dehnt Nr. 3 den Anwendungsbereich des Gesetzes mit dem Ziel aus, jede Form abhängiger Beschäftigung von Minderjährigen zu erfassen[5]. Dienstleistungen sind ähnlich, wenn die Arbeitsleitung in abhängiger Stellung auf Weisung eines anderen erbracht wird, wenn Arbeit im wirtschaftl. Sinn geleistet wird, die dem zugutekommt, der die Weisungen erteilt und eine feste, einem Arbeitsvertrag vergleichbare Bindung zu dem Weisungsgeber besteht[6]. Abzustellen ist auf das tatsächliche Erscheinungsbild, nicht auf die rechtl. Bezeichnung.

8 **In ähnlichen Ausbildungsverhältnissen (Abs. 1 Nr. 4).** Nr. 4 erfasst Ausbildungsverhältnisse mit betriebl., nicht mit schulischen Ausbildungsgängen. Ein solches Verhältnis kann bestehen zu Praktikanten, Volontären, Minderjährigen im Rahmen der berufl. Fortbildung oder Umschulung nach § 1 IV und V BBiG, Minderjährigen, die in Berufsbildungswerken, Berufsförderungswerken und Werkstätten für behinderte Menschen beschäftigt sind, Schülern während des sog. Betriebspraktikums im Rahmen der schulischen Ausbildung (vgl. § 5 II Nr. 2) oder in der über das Praktikum hinausgehenden sog. Schnupperlehre[7].

9 **b) Ausnahmen.** Beschäftigungsverhältnisse nach Abs. 1 unterfallen nicht dem JArbSchG, wenn eine der Ausnahmen nach **Abs. 2** eingreift.

9a **aa) Gelegentliche, geringfügige Hilfeleistungen (Abs. 2 Nr. 1).** Unter Hilfeleistung wird eine unterstützende Tätigkeit für eine andere, hilfebedürftige Person verstanden; der Begriff ist also enger als der der „Arbeit"[8]. Die Tätigkeit ist geringfügig, wenn sie den Minderjährigen nach seinem Entwicklungsstand zeitlich und kräftemäßig wenig beansprucht[9]. Um eine gelegentliche Hilfeleistung handelt es sich, wenn die Tätigkeit nicht regelmäßig, also nur hin und wieder, auf Grund eines besonderen Anlasses hin erfolgt. Eine regelmäßige Arbeitsbereitschaft, die nur hin und wieder zur Tätigkeit führt, ist mehr als eine gelegentliche Hilfeleistung[10].

10 **Aus Gefälligkeit (Abs. 2 Nr. 1a)** erfolgt eine Hilfeleistung, wenn sie nach den Gesamtumständen, insb. wegen ihrer Unentgeltlichkeit, als uneigennützig zu beurteilen ist. Eine kleinere Belohnung schließt die Uneigennützigkeit nicht aus.

11 **Auf Grund familienrechtlicher Vorschriften (Abs. 2 Nr. 1b).** Gemeint sind insb. Hilfeleistungen auf Grund von § 1619 BGB, nach dem ein Kind, solange es dem elterlichen Hausstand angehört und von den Eltern erzogen oder unterhalten wird, verpflichtet ist, nach seinen Kräften und in einer seiner Lebensstellung entsprechenden Weise den Eltern in ihrem Hauswesen und Geschäft Dienste zu leisten. Unter „Geschäft" ist jede selbständig ausgeübte Erwerbstätigkeit zu verstehen, auch in der Landwirtschaft (vgl. auch Rz. 14) und im freien Beruf[11]. IÜ kommen die (sehr beschränkte) Pflicht zur Mitarbeit des Ehegatten[12], die gegenseitige Unterhaltspflicht der Ehegatten nach § 1360 BGB und die Unterhaltspflicht von Verwandten gem. § 1612 I 2 BGB als familienrechtl. Vorschriften in Betracht.

12 **In Einrichtungen der Jugendhilfe (Abs. 2 Nr. 1c).** Hierunter sind sämtliche Einrichtungen[13] nach dem SGB VIII zu verstehen, in denen die Erziehungsaufgabe durch Dritte übernommen wird (insb. § 24 SGB VIII: Tageseinrichtungen und Kindertagespflege, § 32 SGB VIII: Tagesgruppe, § 34 SGB VIII: Heimerziehung). Die Beschäftigung von Minderjährigen außerhalb des JArbSchG in solchen Einrichtungen ist wesentlich beschränkter als die Beschäftigung durch den Personensorgeberechtigten im Familienhaushalt nach Abs. 2 Nr. 2 (Rz. 14).

13 **In Einrichtungen zur Eingliederung Behinderter (Abs. 2 Nr. 1d).** Dazu zählen insb. Tageseinrichtungen, teilstationäre Einrichtungen, Anstalten, Heime oder Werkstätten für behinderte Menschen (insb.

---

1 *Weyand*, Der arbeitsrechtliche Schutz von Kindern und Jugendlichen im Sportbetrieb, FS Düwell, 2011, S. 172 (177); *Heink*, SpuRt 2011, 134. ‖ 2 Erman/*Edenfeld*, § 611 BGB Rz. 59. ‖ 3 *Lakies*/*Schoden*, § 1 Rz. 14. ‖ 4 *Weyand*, Der arbeitsrechtliche Schutz von Kindern und Jugendlichen im Sportbetrieb, FS Düwell, 2011, S. 172 ff.; diff. *Nesemann*, Arbeitsvertragliche Grenzen im professionellen Jugendfußball, 2012, S. 28 ff. ‖ 5 BT-Drs. 7/2305, 26. Anders *Neuvians*, Die arbeitnehmerähnliche Person, 2002, S. 122 ff., die bei bloßer ArbN-Ähnlichkeit die Anwendung des Gesetzes ablehnt. ‖ 6 Ähnlich *Zmarzlik*/*Anzinger*, § 1 Rz. 20; *Molitor*/*Volmer*/*Germelmann*, § 1 Rz. 46. Zum ehrenamtlichen Einsatz von Jugendlichen in der Notfallrettung *Fehn*/*Selen*, MedR 2002, 449. ‖ 7 OLG Hamm 14.8.1987 – 6 Ss Owi 445/86, AiB 1989, 267. ‖ 8 BT-Drs. 3/1816, 17. ‖ 9 *Zmarzlik*/*Anzinger*, § 1 Rz. 31. ‖ 10 OLG Hamm 28.2.1978 – 4 Ss OWi 444/78, OLGSt zu § 1 JArbSchG. ‖ 11 MüKoBGB/*v. Sachsen Gessaphe*, § 1619 Rz. 18. ‖ 12 Vgl. MüKoBGB/*Roth*, § 1356 Rz. 20 f. ‖ 13 Zum Einrichtungsbegriff MüKoBGB/*Tillmanns*, § 4 SGB VIII Rz. 6.

§ 35a II Nr. 2, 4 SGB VIII, §§ 55, 136 ff. SGB IX). Dass der Terminus „Behinderter" nicht durch „behinderte Menschen" ersetzt wurde, ist offenbar ein Redaktionsversehen.

bb) Beschäftigung durch den Personensorgeberechtigten im Familienhaushalt (Abs. 2 Nr. 2). Das JArbSchG stellt sich dem Erziehungsprimat der Eltern aus Art. 6 II 1 GG nicht entgegen. Die Beschäftigung im Haushalt ist Teil der Erziehung durch die Eltern, die durch das JArbSchG nicht beeinflusst werden soll. Grenzen werden der Erziehungsautonomie durch das Familienrecht, insb. durch § 1619 BGB (Rz. 11) und § 1618a BGB gezogen. Nach den Gesetzgebungsmaterialien soll unter Familienhaushalt „Haus und Hof", also auch der landwirtschaftl. Betrieb, verstanden werden[1]. Die Privilegierung gilt für die personensorgeberechtigten Eltern bzw. den personensorgeberechtigten Elternteil (§§ 1626, 1626a, 1631, 1671 ff. BGB) oder sonstige Personensorgeberechtigte (zB Vormund, § 1800 BGB). Ein sog. „kleines Personensorgerecht", welches sich auf Angelegenheiten des täglichen Lebens erstreckt, sieht § 1687b I BGB für den Stiefelternteil und § 9 LPartG für den gleichgeschlechtlichen Lebenspartner vor. Da Abs. 2 Nr. 2 aber nicht nur geringfügige, gelegentliche Mitarbeit im Haushalt, sondern die ggf. dauerhafte und umfangreichere Beschäftigung im Familienhaushalt erfasst, dürften Personen, welchen nur ein „kleines Sorgerecht" zusteht, nicht mehr von der Regelung erfasst sein.

III. Kollisionsrecht. Das JArbSchG ist grds. dem öffentl. Recht zuzuordnen. Für Sachverhalte mit Auslandsberührung gilt daher das Territorialitätsprinzip. Das JArbSchG findet also auf jede Beschäftigung eines Minderjährigen innerhalb des Gebiets der Bundesrepublik Deutschland und in der „ausschließlichen Wirtschaftszone" Anwendung; auf Staatsangehörigkeit, Wohnsitz oder gewöhnlichen Aufenthalt des Minderjährigen kommt es nicht an. Unter der „ausschließlichen Wirtschaftszone" (AWZ) wird nach Art. 55 des **Seerechtsübereinkommens (SRÜ) der Vereinten Nationen** v. 10.12.1982[2] das Gebiet jenseits des **Küstenmeeres** bis zu einer Erstreckung von 200 Seemeilen ab der sog. **Basislinie** bezeichnet. Erfasst wird hier insb. die Beschäftigung in Offshore-Windenergieanlagen.

Wird ein Jugendlicher **im Ausland beschäftigt**, findet das JArbSchG grds. keine Anwendung. Einzelne Normen des JArbSchG können aber gem. Art. 8, 9 Rom-I-VO Anwendung beanspruchen (Rom-I-VO Rz. 29 ff.)[3]. Daneben können die Normen des JArbSchG auch privatrechtl. (insb. für die Bestimmung der Leistungspflichten der Parteien) von Bedeutung sein (Rom-I-VO Rz. 40). In diesem Rahmen können einzelne Vorschriften des JArbSchG auch Anwendung finden, wenn das ArbVerh dem deutschen Recht unterliegt: So können entsprechende Normen des JArbSchG anwendbar sein, wenn der Minderjährige lediglich vorübergehend ins Ausland entsandt wurde (Rom-I-VO Rz. 20 f.) oder die Vertragsparteien die Anwendung deutschen Rechts wirksam vereinbart haben (Rom-I-VO Rz. 12 ff.). Der Anwendung des deutschen Rechts werden dabei jedoch auch durch Art. 12 II Rom-I-VO Grenzen gezogen (Rom-I-VO Rz. 40). Für die Binnenschifffahrt vgl. § 20 Rz. 2.

IV. Sofern das JArbSchG an das Alter eines jungen Menschen anknüpft, kann grds. eine **Diskriminierung wegen des Alters** vorliegen[4]. So könnten Jugendliche geltend machen, dass ihnen durch die Beschränkungen des Gesetzes berufliche Chancen entgehen. Das Konkurrenzverhältnis zum AGG sucht § 2 III 2 AGG zu lösen (vgl. § 2 AGG Rz. 10). Denkbar ist dennoch, dass Normen des JArbSchG gegen europäisches Recht verstoßen, insb. gegen den vom EuGH anerkannten Grundsatz des Verbots von Diskriminierungen wegen des Alters (vgl. dazu Art. 6 EUV Rz. 6, 12, 14). IdR dürften die Normen des JArbSchG aber dem Grundsatz der Verhältnismäßigkeit entsprechen.

§ 2 Kind, Jugendlicher

(1) Kind im Sinne dieses Gesetzes ist, wer noch nicht 15 Jahre alt ist.

(2) Jugendlicher im Sinne dieses Gesetzes ist, wer 15, aber noch nicht 18 Jahre alt ist.

(3) Auf Jugendliche, die der Vollzeitschulpflicht unterliegen, finden die für Kinder geltenden Vorschriften Anwendung.

I. Begriffsbestimmung. Abs. 1 u. 2 enthalten die Definitionen der Begriffe Kind und Jugendlicher. Die genaue Berechnung des Lebensalters erfolgt nach den §§ 186 ff. BGB.

II. Jugendliche während der Vollzeitschulpflicht (Abs. 3). Die ausnahmslose Erstreckung der Regelungen zu Gunsten von Kindern iSd. Abs. 1 auf vollzeitschulpflichtige Kinder dient dem Ziel, eine gesundheitsschädliche Doppelbelastung durch Schule und Erwerbsarbeit zu verhindern. Vollzeitschulpflichtig ist, wer seinen Wohnsitz oder seinen gewöhnlichen Aufenthalt in der Bundesrepublik Deutschland hat; die Länge der Vollzeitschulpflicht ist in den Schul- bzw. Schulpflichtgesetzen der Länder geregelt. Sie beginnt grds. mit dem 6. LJ und endet nach neun Schuljahren, bzw. in Berlin, Brandenburg, Bremen, Nordrhein-Westfalen und Thüringen grds. nach zehn Schuljahren, und zwar am Tag der Übergabe des Abschlusszeugnisses. Mit dieser Vorschrift genügt das Gesetz den Anforderungen des Art. 32 II GrCh[5].

---

1 BT-Drs. 7/4544, 4. ||2 BGBl. 1994 II S. 1798. ||3 Vgl. *Balze* in Oetker/Preis, EAS, B 5200, Stand 3/2012, Rz. 23. ||4 Zum Profisport *Fischinger*, CaS 2011, 150 (153 f.). ||5 ABl. 2012 C 326/391.

§ 3 Arbeitgeber
Arbeitgeber im Sinne dieses Gesetzes ist, wer ein Kind oder einen Jugendlichen gemäß § 1 beschäftigt.

1 I. Begriffsbestimmung. ArbGeb iSd. Norm ist derjenige, zu dessen Gunsten und unter dessen Leitung die Beschäftigung iSd. § 1 ausgeübt wird. Der Begriff des ArbGeb ist weit auszulegen und die mit der ArbGebStellung verbundenen Rechte und Pflichten können auf verschiedene Personen verteilt sein[1]. Auf die Unternehmensinhaberschaft oder eine eigene Gewinnerzielungsabsicht kommt es nicht an. ArbGeb können also auch die Eltern, der Heimleiter, der Betriebsleiter oder der Ausbilder sein. Auf die Unternehmensinhaberschaft ist aber bei den Zahlungs- und Leistungspflichten nach §§ 9 III, 10 II 2, 19 I und IV, 30, 43 abzustellen.

2 II. Sonderfälle. Bei den mittelbaren ArbVerh (Vor § 611 BGB Rz. 116) ist ArbGeb iSd. Norm idR der unmittelbare ArbGeb[2]. Bei LeihArbVerh ist der Verleiher ArbGeb; der Entleiher ist gem. § 11 VI AÜG jedoch – unbeschadet der Pflichten des Verleihers – zur Einhaltung arbeitsschutzrechtl. Vorschriften verpflichtet. ArbGeb nach dem Heimarbeitsgesetz ist der Auftraggeber und ggf. der Zwischenmeister (§§ 1 II 1a, d, 2 III HAG).

§ 4 Arbeitszeit
(1) Tägliche Arbeitszeit ist die Zeit vom Beginn bis zum Ende der täglichen Beschäftigung ohne die Ruhepausen (§ 11).

(2) Schichtzeit ist die tägliche Arbeitszeit unter Hinzurechnung der Ruhepausen (§ 11).

(3) Im Bergbau unter Tage gilt die Schichtzeit als Arbeitszeit. Sie wird gerechnet vom Betreten des Förderkorbes bei der Einfahrt bis zum Verlassen des Förderkorbes bei der Ausfahrt oder vom Eintritt des einzelnen Beschäftigten in das Stollenmundloch bis zu seinem Wiederaustritt.

(4) Für die Berechnung der wöchentlichen Arbeitszeit ist als Woche die Zeit von Montag bis einschließlich Sonntag zugrunde zu legen. Die Arbeitszeit, die an einem Werktag infolge eines gesetzlichen Feiertags ausfällt, wird auf die wöchentliche Arbeitszeit angerechnet.

(5) Wird ein Kind oder ein Jugendlicher von mehreren Arbeitgebern beschäftigt, so werden die Arbeits- und Schichtzeiten sowie die Arbeitstage zusammengerechnet.

1 I. Normzweck. Die Norm regelt zu Gunsten des geschützten Personenkreises zwingend die Voraussetzungen für die Bestimmung der Arbeitszeit. Ihre Geltung erstreckt sich auf alle Normen des JArbSchG. Sämtliche Regelungen der Arbeitszeit des JArbSchG gehen denen des ArbZG vor (§ 18 II ArbZG).

2 II. Arbeitszeit (Abs. 1). Von der Arbeitszeit werden außer den Ruhepausen sämtliche Zeiten der Beschäftigung iSd. § 1 I erfasst, dazu gehören auch Vorbereitungshandlungen (zB Anlegen von Schutzkleidung) und Abschlussarbeiten. Betriebsbedingte Wegezeiten[3] fallen in die Arbeitszeit, nicht aber der Weg zum Betrieb und zurück oder der Weg zur Berufsschule. Zeiten, in denen der Minderjährige ausgebildet wird, auch wenn die Ausbildung in reinen Unterrichtsveranstaltungen besteht, sind Arbeitszeit[4]. Dies gilt jedoch nicht für vom ArbGeb angebotene, über die Ausbildung hinausgehende Unterrichtsveranstaltungen, für deren Besuch sich der Minderjährige freiwillig entscheiden kann (zB Sprachkurse). Der Berufsschulunterricht gehört nicht zur Arbeitszeit, wird aber nach §§ 9, 10 auf diese angerechnet. Zeiten der Arbeitsbereitschaft und des Bereitschaftsdienstes gehören zur Arbeitszeit (vgl. § 2 ArbZG Rz. 4 ff.); für Minderjährige ist dasselbe für die bloße Rufbereitschaft (§ 2 ArbZG Rz. 5) anzunehmen[5].

3 III. Schichtzeiten (Abs. 2). Bei der Berechnung von Schichtzeiten werden die Ruhepausen mitgerechnet; das gilt auch für mehrstündige Pausen, während derer der Minderjährige die Arbeitsstätte verlassen darf[6].

4 IV. Bergbau (Abs. 3). Für den Bergbau wird die Arbeitszeit mit der Schichtzeit gleichgesetzt.

5 V. Wöchentliche Arbeitszeit (Abs. 4). Die Norm setzt den Rahmen für die Berechnung der wöchentlichen Arbeitszeit nach § 8. Nach S. 2 wird die Arbeitszeit, die an einem Feiertag normalerweise angefallen wäre, zur wöchentlichen Arbeitszeit hinzugerechnet. Entgegen dem Wortlaut gilt dies auch für Feiertage, die auf einen Sonntag fallen[7]. Voraussetzung ist, dass der Feiertag die einzige Ursache für den Arbeitsausfall ist (anders zB bei Streik, Freistellung). Hinzuzurechnen ist nur die Arbeitszeit, die tatsächlich ausgefallen ist (zB bei Kurzarbeit). Zur Anrechnung von Berufsschultagen, die auf einen Feiertag fallen, § 9 Rz. 4.

---

1 OLG Köln 23.12.1983 – 1 Ss 368/83, NStZ 1984, 460. ‖2 *Zmarzlik/Anzinger*, § 3 Rz. 11. ‖3 BayObLG 23.3.1992 – 3 Ob OWi 18/92, NZA 1992, 811; LAG Köln 18.9.1998 – 12 Sa 549/98, AuR 1999, 52 (zu § 7 BBiG). ‖4 VG Saarbrücken 15.1.1979 – 5 K 264/77, EzB VwGO § 40 Nr. 11. ‖5 Ebenso *Zmarzlik/Anzinger*, § 4 Rz. 956; *Heink*, SpuRt 2011, 134 (135); anders *Molitor/Volmer/Germelmann*, § 4 Rz. 14. ‖6 BayObLG 28.1.1982 – 3 Ob OWi 213/81, AP Nr. 1 zu § 4 JArbSchG. ‖7 *Molitor/Volmer/Germelmann*, § 4 Rz. 35; *Lakies/Schoden*, § 4 Rz. 15.

VI. Mehrere Arbeitgeber. Ist der Minderjährige bei mehreren ArbGeb beschäftigt, werden die Arbeitszeiten, Schichtzeiten und die Arbeitstage zusammengerechnet. Den ArbGeb trifft eine entsprechende Erkundigungspflicht[1]. Bei grober Überschreitung der Höchstarbeitszeit kann das zweite Beschäftigungsverhältnis nichtig sein[2], bei geringerer Überschreitung besteht, soweit die zulässige Arbeitszeit überschritten ist, ein Beschäftigungsverbot. Die Weisung des zweiten ArbGeb, die Arbeit fortzuführen, ist gem. § 134 BGB nichtig; dh., der Minderjährige muss ihr nicht nachkommen[3]. Erbringt der Minderjährige die Arbeitsleistung, bleibt sein Vergütungsanspruch unberührt[4]. Die Verantwortung für einen Verstoß gegen die Schutzvorschriften des JArbSchG trägt regelmäßig der ArbGeb, der das Beschäftigungsverhältnis in der zeitlichen Reihenfolge als Zweiter begründet hat. Ist ein Minderjähriger bei mehreren ArbGeb mit Arbeiten beschäftigt, auf die jeweils unterschiedliche Schutzvorschriften Anwendung finden, so gelten grds. die Schutzvorschriften für die Arbeit, mit der der Minderjährige überwiegend beschäftigt ist.

Zweiter Abschnitt. Beschäftigung von Kindern

§ 5 Verbot der Beschäftigung von Kindern
(1) Die Beschäftigung von Kindern (§ 2 Abs. 1) ist verboten.
(2) Das Verbot des Absatzes 1 gilt nicht für die Beschäftigung von Kindern
1. zum Zwecke der Beschäftigungs- und Arbeitstherapie,
2. im Rahmen des Betriebspraktikums während der Vollzeitschulpflicht,
3. in Erfüllung einer richterlichen Weisung.
Auf die Beschäftigung finden § 7 Satz 1 Nr. 2 und die §§ 9 bis 46 entsprechende Anwendung.
(3) Das Verbot des Absatzes 1 gilt ferner nicht für die Beschäftigung von Kindern über 13 Jahre mit Einwilligung des Personensorgeberechtigten, soweit die Beschäftigung leicht und für Kinder geeignet ist. Die Beschäftigung ist leicht, wenn sie auf Grund ihrer Beschaffenheit und der besonderen Bedingungen, unter denen sie ausgeführt wird,
1. die Sicherheit, Gesundheit und Entwicklung der Kinder,
2. ihren Schulbesuch, ihre Beteiligung an Maßnahmen zur Berufswahlvorbereitung oder Berufsausbildung, die von der zuständigen Stelle anerkannt sind, und
3. ihre Fähigkeit, dem Unterricht mit Nutzen zu folgen,
nicht nachteilig beeinflusst. Die Kinder dürfen nicht mehr als zwei Stunden täglich, in landwirtschaftlichen Familienbetrieben nicht mehr als drei Stunden täglich, nicht zwischen 18 und 8 Uhr, nicht vor dem Schulunterricht und nicht während des Schulunterrichts beschäftigt werden. Auf die Beschäftigung finden die §§ 15 bis 31 entsprechende Anwendung.
(4) Das Verbot des Absatzes 1 gilt ferner nicht für die Beschäftigung von Jugendlichen (§ 2 Abs. 3) während der Schulferien für höchstens vier Wochen im Kalenderjahr. Auf die Beschäftigung finden die §§ 8 bis 31 entsprechende Anwendung.
(4a) Die Bundesregierung hat durch Rechtsverordnung mit Zustimmung des Bundesrates die Beschäftigung nach Absatz 3 näher zu bestimmen.
(4b) Der Arbeitgeber unterrichtet die Personensorgeberechtigten der von ihm beschäftigten Kinder über mögliche Gefahren sowie über alle zu ihrer Sicherheit und ihrem Gesundheitsschutz getroffenen Maßnahmen.
(5) Für Veranstaltungen kann die Aufsichtsbehörde Ausnahmen gemäß § 6 bewilligen.

I. Verbot der Beschäftigung von Kindern (Abs. 1). Ziel der Regelung ist es, Kinder iSd. § 2 I (und vollzeitschulpflichtige Jugendliche, vgl. § 2 III) vor Gefahren für ihre Gesundheit, ihre Entwicklung und ihre schulische Ausbildung zu schützen, die aus einer Beschäftigung resultieren können. Das Verbot der Kinderarbeit in Abs. 1 kann mit dem Erziehungsprimat der Eltern aus Art. 6 II 1 GG kollidieren. Durch die Beschränkungen des Anwendungsbereichs insb. in § 1 II Nr. 1b und Nr. 2 hat das Gesetz jedoch einen typisierenden, verfassungskonformen Ausgleich zwischen dem Grundrecht der Eltern und dem Anspruch des Kindes auf staatlichen Schutz aus Art. 6 II, 2 I, 2 II GG[5] gefunden. Mit der Regelung entspricht der Gesetzgeber Art. 1 I der RL Nr. 94/33/EG v. 22.6.1994 über den Jugendarbeitsschutz[6] sowie Art. 32 GrCh (vgl. Art. 6 EUV Rz. 1, 8 ff.)[7].

---

[1] *Lakies/Schoden*, § 4 Rz. 20. || [2] BAG 19.6.1959 – 1 AZR 565/57, AP Nr. 1 zu § 611 BGB Doppelarbeitsverhältnis. || [3] MünchArb/*Reichold*, § 36 Rz. 25; *Henssler*; AcP 190 (1990), 538 (565). Für die Annahme eines Leistungsverweigerungsrechts (so *Zmarzlik/Anzinger*, § 4 Rz. 38) ist kein Raum, vgl. BeckOK-ArbR/*Tillmanns*, § 106 GewO Rz. 57. || [4] Zu Erfolgsprämien im Profisport *Fischinger*, CaS 2011, 150 (154). || [5] Dazu MüKoBGB/*Tillmanns*, § 1 SGB VIII Rz. 5. || [6] ABl. 1994 L 216/12, geändert durch RL 2007/30, ABl. 2007 L 165/21; Änderungsvorschlag COM (2013) 102 final. Weiterführend *Balze* in Oetker/Preis, EAS, B 5200, Stand 3/2012. || [7] Vgl. auch zu weiteren international relevanten Regelungen *Balze* in Oetker/Preis, EAS, B 5200, Stand 3/2012, Rz. 4 ff.

2 Die Norm stellt ein Verbotsgesetz iSd. § 134 BGB dar; ein entsprechender Arbeitsvertrag ist nichtig (vgl. auch § 4 Rz. 6). Hinsichtlich der **Rechtsfolgen** gelten jedoch die Grundsätze über das faktische ArbVerh, dh. eine Rückabwicklung der erbrachten Leistungen findet nicht statt (§ 119 BGB Rz. 15 ff.). Vielmehr ist für die geleistete Arbeit die vereinbarte Vergütung zu zahlen. Die Nichtigkeitswirkung tritt ex nunc ein. Ist zwischenzeitlich die Beschäftigung wegen des Überschreitens der entscheidenden Altersgrenzen zulässig geworden, bleibt der Vertrag wirksam[1]. Die Beschäftigungsverbote sollen den Minderjährigen nur schützen, nicht aber zum Verlust eines ArbVerh führen, das mittlerweile zulässig ist. Verstoßen nur einzelne Klauseln des Arbeitsvertrags gegen § 5, kann der Vertrag iÜ wirksam sein (§ 139 BGB).[2]

3 **II. Ausnahmen für alle Kinder (Abs. 2).** Die in Abs. 2 aufgeführten Ausnahmevorschriften sind im Einklang mit der JugendarbeitsschutzRL (Rz. 1) auszulegen. Ist die Beschäftigung nach S. 1 zulässig, ist S. 2 zu beachten. Nach § 7 1 Nr. 2 muss die Beschäftigung leicht und für das Kind geeignet sein. Ferner sind die §§ 9–46 entsprechend anzuwenden.

4 **1. Beschäftigungs- und Arbeitstherapie (S. 1 Nr. 1).** Die Beschäftigung zu Therapiezwecken ist zulässig, wenn sie mit dem Ziel der Heilung eines therapiebedürftigen Kindes erfolgt. Eine solche Beschäftigung ist kein ArbVerh iSd. Art. 2 I der JugendarbeitsschutzRL (Rz. 1).

5 **2. Betriebspraktikum (S. 1 Nr. 2).** Unter einem Betriebspraktikum wird eine Veranstaltung der Schule verstanden, die idR wenige Wochen dauert. Eine darüber hinausgehende Probearbeit („Schnupperlehre") ist nicht zulässig[3]. Da Art. 4 IIb der JugendarbeitsschutzRL (Rz. 1) ein Betriebspraktikum erst ab dem 14. LJ zulässt, ist der Anwendungsbereich der Vorschrift in richtlinienkonformer Auslegung (AEUV Vorb. Rz. 22 f.) auf diese Altersgruppe zu reduzieren[4].

6 **3. Richterliche Weisung (S. 1 Nr. 3).** In Betracht kommen Weisungen des Jugendrichters nach §§ 10 I 3 Nr. 4, 23 JGG, die ab dem 14. LJ ergehen können (§ 1 II JGG). Durch Weisung des Richters, Arbeitsleistungen zu erbringen, entsteht idR ein ArbVerh iSd. JugendarbeitsschutzRL (Rz. 1). Diese enthält jedoch keine der deutschen Regelung entsprechende Ausnahmevorschrift. Eine sich an Art. 4 IIc der RL orientierende Auslegung (Vorb. AEUV Rz. 19 f.) der §§ 10 I 3 Nr. 4, 23 JGG ergibt daher, dass sich richterliche Weisungen für Kinder bis zum 15. LJ im Rahmen der Abs. 3–4a halten müssen, wobei die Einwilligung des Personensorgeberechtigten entfällt.

7 **III. Ausnahmen für Kinder ab 13 Jahren (Abs. 3 und 4a).** Kinder über 13 Jahren können mit Einwilligung des Personensorgeberechtigten (§ 1 Rz. 14) beschäftigt werden, wenn die Beschäftigung leicht und für Kinder geeignet ist. Dabei sind die Beschränkungen des S. 2 Nr. 1–3 zu beachten. In Ausführung der Bestimmung des Abs. 4a ist dazu die KindArbSchV ergangen, die die zulässigen Beschäftigungen in § 2 festlegt[5]. Teilweise wird eine analoge Anwendung dieser Norm für den professionellen Jugendsport bejaht[6]. Nach S. 2 Nr. 3 darf die schulische Ausbildung des Kindes durch die Beschäftigung keinesfalls leiden. Daher ist die Beschäftigung von schulschwachen Kindern idR unzulässig. In S. 3 sind die zeitlichen Beschränkungen geregelt; die Privilegierung von landwirtschaftl. Betrieben widerspricht Art. 8 I b der RL 94/33/EG[7]. Nach S. 4 iVm. § 15 darf auch diese Beschäftigung nur an fünf Tagen in der Woche erfolgen. IÜ sind die §§ 16–31 entsprechend anzuwenden.

8 **IV. Beschäftigung während der Schulferien (Abs. 4).** Die Regelung gilt für vollzeitschulpflichtige Jugendliche (§ 2 Nr. 3). Diesen soll ein Ferienjob von maximal vier Wochen ermöglicht werden. Nach § 15 sind dies 20 Tage im Kalenderjahr, die auf die Ferienzeiten verteilt werden können.

9 **V. Unterrichtung der Personensorgeberechtigten (Abs. 5).** Nach § 28a hat der ArbGeb die Gefährdung Jugendlicher vor der Beschäftigung zu beurteilen. Bei Kindern und vollzeitschulpflichtigen Jugendlichen muss er die Personensorgeberechtigten (§ 1 Rz. 14) über diese Gefahren sowie über die zur Sicherheit und Gesundheit getroffenen Maßnahmen unterrichten. Zur inhaltlichen Ausgestaltung einer solchen Unterrichtung s.u. §§ 28a, 29 Rz. 1.

10 **VI. Veranstaltungen (Abs. 6).** Die behördliche Genehmigung von Beschäftigung bei Veranstaltungen richtet sich nach § 6.

6 *Behördliche Ausnahmen für Veranstaltungen*
(1) Die Aufsichtsbehörde kann auf Antrag bewilligen, dass
1. bei Theatervorstellungen Kinder über sechs Jahre bis zu vier Stunden täglich in der Zeit von 10 bis 23 Uhr,

---

[1] BAG 25.4.2013 – 8 AZR 453/12, NZA 2013, 1206; vgl. Erman/*Edenfeld*, § 611 BGB Rz. 268. || [2] BAG 25.4.2013 – 8 AZR 453/12, NZA 2013, 1206. || [3] *Zmarzlik/Anzinger*, § 5 Rz. 14 f. || [4] ErfK/*Schlachter*, § 5 JArbSchG Rz. 4; *Balze* in Oetker/Preis, EAS, B 5200, Stand 3/2012, Rz. 31. || [5] Verordnung über den Kinderarbeitsschutz (KindArbSchV) v. 23.6.1998 (BGBl. I S. 1508); näher dazu *Dembkowsky*, NJW 1998, 3540; *Kollmer*, NZA 1998, 1268; *Anzinger*, BB 1998, 1843. || [6] *Nesemann*, Arbeitsvertragliche Grenzen im professionellen Jugendfußball, 2012, S. 45 ff. || [7] *Balze* in Oetker/Preis, EAS, B 5200, Stand 3/2012, Rz. 47.

2. bei Musikaufführungen und anderen Aufführungen, bei Werbeveranstaltungen sowie bei Aufnahmen im Rundfunk (Hörfunk und Fernsehen), auf Ton- und Bildträgern sowie bei Film- und Fotoaufnahmen
   a) Kinder über drei bis sechs Jahre bis zu zwei Stunden täglich in der Zeit von 8 bis 17 Uhr,
   b) Kinder über sechs Jahre bis zu drei Stunden täglich in der Zeit von 8 bis 22 Uhr

gestaltend mitwirken und an den erforderliche Proben teilnehmen. Eine Ausnahme darf nicht bewilligt werden für die Mitwirkung in Kabaretts, Tanzlokalen und ähnlichen Betrieben sowie auf Vergnügungsparks, Kirmessen, Jahrmärkten und bei ähnlichen Veranstaltungen, Schaustellungen oder Darbietungen.

(2) Die Aufsichtsbehörde darf nach Anhörung des zuständigen Jugendamtes die Beschäftigung nur bewilligen, wenn
1. die Personensorgeberechtigten in die Beschäftigung schriftlich eingewilligt haben,
2. der Aufsichtsbehörde eine nicht länger als vor drei Monaten ausgestellte ärztliche Bescheinigung vorgelegt wird, nach der gesundheitliche Bedenken gegen die Beschäftigung nicht bestehen,
3. die erforderlichen Vorkehrungen und Maßnahmen zum Schutze des Kindes gegen Gefahren für Leben und Gesundheit sowie zur Vermeidung einer Beeinträchtigung der körperlichen oder seelisch-geistigen Entwicklung getroffen sind,
4. Betreuung und Beaufsichtigung des Kindes bei der Beschäftigung sichergestellt sind,
5. nach Beendigung der Beschäftigung eine ununterbrochene Freizeit von mindestens 14 Stunden eingehalten wird,
6. das Fortkommen in der Schule nicht beeinträchtigt wird.

(3) Die Aufsichtsbehörde bestimmt,
1. wie lange, zu welcher Zeit und an welchem Tage das Kind beschäftigt werden darf,
2. Dauer und Lage der Ruhepausen,
3. die Höchstdauer des täglichen Aufenthalts an der Beschäftigungsstätte.

(4) Die Entscheidung der Aufsichtsbehörde ist dem Arbeitgeber schriftlich bekannt zu geben. Er darf das Kind erst nach Empfang des Bewilligungsbescheides beschäftigen.

I. Normzweck. Bestimmte Veranstaltungen machen die Mitwirkung von Kindern erforderlich. Zu diesem Zweck sieht § 6 entgegen § 5 I die Möglichkeit der Beschäftigung nach behördlicher Bewilligung vor. Erforderlich ist die Mitwirkung idR nur, wenn das Kind selbst einen gestaltenden Beitrag (zB als Sänger, Statist) leistet. Eine Bewilligung ist nicht erforderlich, wenn die Mitwirkung keine Beschäftigung iSd. § 1 darstellt (zB Mitwirkung im Rahmen einer Vereinstätigkeit, vgl. § 1 Rz. 4). Zuständige Aufsichtsbehörde ist entsprechend den Landesgesetzen das Gewerbeaufsichtsamt oder das Arbeitsschutzamt. Örtlich zuständig ist die Behörde, in deren Bezirk sich der Betriebssitz des Veranstalters befindet (§ 3 I Nr. 2 VwVfG)[1].

II. Bewilligungsfähige Veranstaltungen (Abs. 1). Unter Theateraufführungen iSv. S. 1 Nr. 1 werden auch rein konzertante Aufführungen verstanden. Zu den „anderen Aufführungen" nach S. 1 Nr. 2 gehören zB Ballettvorführungen, Puppenspiele, Modeschauen usw.[2] Die Bewilligung soll idR für nicht mehr als 30 Tage im Jahr erteilt werden[3].

III. Voraussetzungen, Festlegung und Bekanntgabe der Bewilligung (Abs. 2, 3 und 4). Die Voraussetzungen sind in Abs. 2 abschließend aufgezählt. Die Betreuung und Beaufsichtigung des Kindes bei der Beschäftigung erfasst auch den Weg zu und von dem Beschäftigungsort. Bei der Bewilligung und Festlegung des zeitlichen Umfangs der zulässigen Mitwirkung (Abs. 3) hat die Aufsichtsbehörde einen Ermessensspielraum; die Bewilligung ist ein Verwaltungsakt. Eine Beschäftigung ohne oder vor dem Zugang (Abs. 4) des Bewilligungsbescheides stellt eine Straftat oder Ordnungswidrigkeit nach §§ 58 I Nr. 2, III–VI, 59 I Nr. 1 dar.

§ 7 Beschäftigung von nicht vollzeitschulpflichtigen Kindern

Kinder, die der Vollzeitschulpflicht nicht mehr unterliegen, dürfen
1. im Berufsausbildungsverhältnis,
2. außerhalb eines Berufsausbildungsverhältnisses nur mit leichten und für sie geeigneten Tätigkeiten bis zu sieben Stunden täglich und 35 Stunden wöchentlich

beschäftigt werden. Auf die Beschäftigung finden die §§ 8 bis 46 entsprechende Anwendung.

I. Normzweck. Die Norm ermöglicht es Kindern, die vor Erreichen des 15. LJ die Schule beendet haben, eine Berufsausbildung zu beginnen (S. 1 Nr. 1) oder eine sonstige Beschäftigung (S. 1 Nr. 2) aufzunehmen.

---
1 *Zmarzlik/Anzinger*, § 6 Rz. 30. ||2 Weiterführend *Lakies/Schoden*, § 6 Rz. 11ff. ||3 BT-Drs. 7/2305, 28.

2   **II. Beschäftigung nicht mehr vollzeitschulpflichtiger Kinder.** Zur Dauer der Vollzeitschulpflicht § 2 Rz. 2. Auf die Beschäftigung finden die §§ 8–46 Anwendung. Im Einzelnen ist zu prüfen, ob die Vorschrift mit diesen Verweisungen den Anforderungen der JugendarbeitsschutzRL (§ 5 Rz. 1) genügt. Nicht richtlinienkonform (Vorb. AEUV Rz. 13 ff.) ist der Verweis in S. 2 auf die §§ 13 und 14 I, da diese Art. 9 Ia und Art. 10 Ia der JugendarbeitsschutzRL nicht genügen[1].

Dritter Abschnitt. Beschäftigung Jugendlicher

Erster Titel. Arbeitszeit und Freizeit

8 *Dauer der Arbeitszeit*

(1) Jugendliche dürfen nicht mehr als acht Stunden täglich und nicht mehr als 40 Stunden wöchentlich beschäftigt werden.

(2) Wenn in Verbindung mit Feiertagen an Werktagen nicht gearbeitet wird, damit die Beschäftigten eine längere zusammenhängende Freizeit haben, so darf die ausfallende Arbeitszeit auf die Werktage von fünf zusammenhängenden, die Ausfalltage einschließenden Wochen nur dergestalt verteilt werden, dass die Wochenarbeitszeit im Durchschnitt dieser fünf Wochen 40 Stunden nicht überschreitet. Die tägliche Arbeitszeit darf hierbei achteinhalb Stunden nicht überschreiten.

(2a) Wenn an einzelnen Werktagen die Arbeitszeit auf weniger als acht Stunden verkürzt ist, können Jugendliche an den übrigen Werktagen derselben Woche achteinhalb Stunden beschäftigt werden.

(3) In der Landwirtschaft dürfen Jugendliche über 16 Jahre während der Erntezeit nicht mehr als neun Stunden täglich und nicht mehr als 85 Stunden in der Doppelwoche beschäftigt werden.

1   **I. Normzweck.** Die Norm enthält ein Beschäftigungsverbot; abweichende Vereinbarungen sind gem. § 134 BGB nichtig (vgl. § 5 Rz. 2). Einer Weisung des ArbGeb, die Arbeit fortzuführen, braucht der Jugendliche nicht nachzukommen. In Notfällen ist Mehrarbeit zulässig, § 21 I. § 21a I Nr. 1 lässt kollektivvertragl. Abweichungen zu. § 8 ist ein Schutzgesetz iSd. § 823 II BGB. Verstöße stellen eine Ordnungswidrigkeit oder Straftat nach § 58 I Nr. 5, III–VI dar.

2   **II. Tägliche und wöchentliche Arbeitszeit (Abs. 1).** Auf die zulässige Arbeitszeit von acht Stunden täglich und 40 Stunden wöchentlich[2] wird die Zeit der Teilnahme am Berufsschulunterricht, an Prüfungen und an außerbetrieblichen Ausbildungsmaßnahmen nach Maßgabe der §§ 9 II, 10 II 1 angerechnet. Zur Lage der Arbeitszeit vgl. §§ 15–18. Zur Berechnung der Arbeitszeit vgl. § 4.

3   **III. Freizeit in Verbindung mit Feiertagen (Abs. 2).** Die Grenzen von Abs. 1 dürfen nach Maßgabe des Abs. 2 überschritten werden, um dem Jugendlichen eine zusammenhängende Freizeit zu ermöglichen. Die Beschränkung auf eine Arbeitszeit von maximal 8 ½ Arbeitsstunden täglich führt dazu, dass nur 1 ½ Arbeitstage vor- oder nachgearbeitet werden können.

4   **IV. Abweichende Verteilung der Arbeitszeit (Abs. 2a).** Die Zulassung einer Arbeitszeit von 8 ½ täglichen Arbeitsstunden mit dem Zweck einer Verkürzung der Arbeitszeit an einem anderen Tag (insb. Freitag) ermöglicht die Anpassung die an die Arbeitszeiten der Erwachsenen und erleichtert die beschränkte Einführung von Gleitzeit auch für Jugendliche. Kollektivvertraglich ist eine maximale Arbeitszeit von neun Arbeitsstunden täglich vereinbar, § 21a I Nr. 1.

5   **V. Beschäftigung in der Landwirtschaft (Abs. 3).** Weiter gehende Erleichterungen sind zu Gunsten der Landwirtschaft[3] zulässig.

9 *Berufsschule*

(1) Der Arbeitgeber hat den Jugendlichen für die Teilnahme am Berufsschulunterricht freizustellen. Er darf den Jugendlichen nicht beschäftigen

1. vor einem vor 9 Uhr beginnenden Unterricht; dies gilt auch für Personen, die über 18 Jahre alt und noch berufsschulpflichtig sind,
2. an einem Berufsschultag mit mehr als fünf Unterrichtsstunden von mindestens je 45 Minuten, einmal in der Woche,
3. in Berufsschulwochen mit einem planmäßigen Blockunterricht von mindestens 25 Stunden an mindestens fünf Tagen; zusätzliche betriebliche Ausbildungsveranstaltungen bis zu zwei Stunden wöchentlich sind zulässig.

(2) Auf die Arbeitszeit werden angerechnet

1. Berufsschultage nach Absatz 1 Nr. 2 mit acht Stunden,

---

[1] ErfK/*Schlachter*, § 7 JArbSchG Rz. 1. ||[2] In der Praxis werden diese häufig überschritten, *Neumann*, AiB 2010, 716 (717). ||[3] Zum Begriff *Molitor/Volmer/Germelmann*, § 5 Rz. 21 ff.

2. Berufsschulwochen nach Absatz 1 Nr. 3 mit 40 Stunden,
3. im Übrigen die Unterrichtszeit einschließlich der Pausen.

(3) Ein Entgeltausfall darf durch den Besuch der Berufsschule nicht eintreten.

I. Freistellung durch den Arbeitgeber (Abs. 1). Abs. 1 konstituiert einen Freistellungsanspruch und ein Beschäftigungsverbot von Jugendlichen für den Zeitraum der Teilnahme am Berufsschulunterricht. Einen dem S. 1 entsprechenden **Freistellungsanspruch** des (auch volljährigen) Auszubildenden ggü. seinem Ausbilder enthält § 15 BBiG. Der Freistellungsanspruch bezieht sich auf die gesamte Teilnahme am Unterricht, dh. für die Zeit während der ersten und der letzten Unterrichtsstunde, auch wenn zwischen diesen eine Freistunde liegt. Der Anspruch erstreckt sich auf Wegezeiten von und zur Schule[1], auf zur Erholung und zur Einnahme von Mahlzeiten erforderliche Zeiten und auf Zeiten der Teilnahme an für die Jugendlichen verbindlichen Schulveranstaltungen. Er erstreckt sich nicht auf die für die Erledigung von Hausaufgaben erforderliche Zeit. Freizustellen ist der Jugendliche auch von der betriebl. Ausbildung, wenn diese zeitlich mit dem Berufsschulunterricht kollidiert[2]. Verstöße stellen Ordnungswidrigkeiten oder Straftaten nach § 58 I Nr. 6, III–VI dar. 1

II. Das Beschäftigungsverbot (vgl. § 5 Rz. 2) des S. 2 gilt auch, wenn der ArbGeb den Verdacht hat, der Jugendliche werde dem Unterricht fernbleiben[3]. Der Ausbilder ist nach § 14 I Nr. 4 BBiG ohnehin verpflichtet, den Auszubildenden zum Besuch der Berufsschule anzuhalten. Das Beschäftigungsverbot entfällt auch nicht dadurch, dass besondere betriebl. Umstände die Beschäftigung dringend erforderlich machen (vgl. § 21). 2

Das Beschäftigungsverbot in Nr. 1 gilt auch, wenn der Unterricht vor 9 Uhr entfällt, dies dem Jugendlichen jedoch nicht rechtzeitig bekannt gemacht wurde. Für das Beschäftigungsverbot in Nr. 2 kommt es darauf an, ob tatsächlich mehr als fünf Unterrichtsstunden stattgefunden haben. Nr. 3 bezieht sich auf Blockunterricht von mindestens 25 Stunden an fünf Tagen. Hierbei sei auf den planmäßigen, nicht auf den tatsächlich stattgefundenen Unterricht abzustellen[4]. 3

III. Anrechnung auf die Arbeitszeit (Abs. 2). Nach dieser Regelung wird die Unterrichtszeit auf die Arbeitszeit angerechnet. Die Beschäftigungszeit innerhalb der Woche ist entsprechend zu verringern. Die Vorschrift gilt für die Berechnung der gesetzl. Arbeitszeit, nicht für tarifl. oder betriebl. Regelungen[5]. Eine Anrechnung erfolgt nicht, wenn der Jugendliche dem Unterricht ferngeblieben ist. Angerechnet werden jedoch Freistunden und ausgefallener Unterricht, wenn der Ausfall dem Jugendlichen nicht rechtzeitig bekannt gegeben wurde. Zu Wegezeiten vgl. § 4 Rz. 2. Eine Anrechnung nach Nr. 1 findet auch statt, wenn der Berufsschultag auf einen Feiertag fällt und die Voraussetzungen des Abs. 1 Nr. 2 erfüllt sind. 4

Da die Vorschrift gem. §§ 1 I Nr. 1, 2 II auf volljährige Auszubildende keine Anwendung findet, fehlt für diesen Personenkreis eine Anrechnungsvorschrift. Daher kann für solche Auszubildenden die Summe der Berufsschulzeiten und der betriebl. Ausbildungszeiten kalenderwöchentlich größer sein als die regelmäßige tarifl. wöchentliche Ausbildungszeit[6]. 5

IV. Kein Entgeltausfall (Abs. 3). Zweck der Regelung ist es, dem Jugendlichen keinen Anreiz zu bieten, den Unterricht zu versäumen. Für (auch erwachsene) Auszubildende gilt § 19 I Nr. 1 BBiG. Nach dem Lohnausfallprinzip ist dem Jugendlichen der Lohn zu zahlen, den der ArbGeb schulden würde, wenn der Jugendliche statt des Besuchs der Berufsschule gearbeitet hätte. Zu vergüten sind damit idR die Zeiten der Freistellung nach Abs. 1, insb. auch die Wegezeiten[7]. Die Regelung enthält keinen Anspruch auf Kostenerstattung, etwa für Fahrtkosten oder Schulmittelkosten. 6

10 Prüfungen und außerbetriebliche Ausbildungsmaßnahmen

(1) Der Arbeitgeber hat den Jugendlichen
1. für die Teilnahme an Prüfungen und Ausbildungsmaßnahmen, die auf Grund öffentlich-rechtlicher oder vertraglicher Bestimmungen außerhalb der Ausbildungsstätte durchzuführen sind,
2. an dem Arbeitstag, der der schriftlichen Abschlussprüfung unmittelbar vorangeht,

freizustellen.

(2) Auf die Arbeitszeit werden angerechnet
1. die Freistellung nach Absatz 1 Nr. 1 mit der Zeit der Teilnahme einschließlich der Pausen,
2. die Freistellung nach Absatz 1 Nr. 2 mit acht Stunden.

Ein Entgeltausfall darf nicht eintreten.

---

1 BAG 26.3.2001 – 5 AZR 413/99, AP Nr. 1 zu § 7 BBiG. ||2 BAG 26.3.2001 – 5 AZR 413/99, AP Nr. 1 zu § 7 BBiG. ||3 Im Erg. ebenso *Molitor/Volmer/Germelmann*, § 9 Rz. 8, 17a. ||4 Einschr. LAG Bremen 9.3.1984 – 1 Sa 130/83, EzB JArbSchG § 9 Nr. 8. Umfassend *Molitor/Volmer/Germelmann*, § 9 Rz. 24 ff. ||5 BAG 27.5.1992 – 5 AZR 252/91, AP Nr. 1 zu § 8 JArbSchG; LAG BW 28.6.1989 – 3 (5) Sa 39/89, ZTR 1989, 408. ||6 BAG 13.2.2003 – 6 AZR 537/01, AP Nr. 2 zu § 7 BBiG. ||7 LAG Köln 18.9.1998 – 12 Sa 549/98, AiB 1999, 52 (zu § 7 BBiG).

JArbSchG § 10 Rz. 1   Prüfungen und außerbetriebliche Ausbildungsmaßnahmen

1   **I. Freistellung für Prüfungen (Abs. 1).** Mit Prüfungen iSd. Abs. 1 sind insb. Prüfungen im Rahmen der Berufsbildung nach dem BBiG gemeint. Für Prüfungen im Rahmen des Berufsschulunterrichts gilt § 9. Zu den Ausbildungsmaßnahmen nach Nr. 1 zählen auch zusätzliche Maßnahmen, die freiwillig vereinbart wurden. Abschlussprüfungen nach Nr. 2 sind solche nach § 37 BBiG; auf mündliche Abschlussprüfungen ist die Vorschrift analog anzuwenden[1]. Besteht am Tage vor der Prüfung ohnehin keine Arbeitspflicht, entfällt der Freistellungsanspruch. Für erwachsene Auszubildende gilt § 15 BBiG. Verstöße stellen Ordnungswidrigkeiten oder Straftaten nach § 58 I Nr. 7, III bis VI dar.

2   **II. Anrechnung auf die Arbeitszeit; kein Entgeltausfall (Abs. 2).** Zur Zeit der Teilnahme nach S. 1 Nr. 1 gehört die Zeit von der Ankunft des Jugendlichen bis zur ausdrücklichen Entlassung. Anzurechnen sind auch Prüfungen, die an arbeitsfreien Tagen durchgeführt werden[2]. Für eine analoge Anwendung der Obergrenze von acht Stunden für die Anrechnung aus § 9 II Nr. 1 auf die Anrechnung von Prüfungen nach Nr. 1[3] besteht kein ausreichender Grund. Zum Entgeltausfall vgl. § 9 Rz. 5.

11 *Ruhepausen, Aufenthaltsräume*

(1) Jugendlichen müssen im Voraus feststehende Ruhepausen von angemessener Dauer gewährt werden. Die Ruhepausen müssen mindestens betragen

1. 30 Minuten bei einer Arbeitszeit von mehr als viereinhalb bis zu sechs Stunden,
2. 60 Minuten bei einer Arbeitszeit von mehr als sechs Stunden.

Als Ruhepause gilt nur eine Arbeitsunterbrechung von mindestens 15 Minuten.

(2) Die Ruhepausen müssen in angemessener zeitlicher Lage gewährt werden, frühestens eine Stunde nach Beginn und spätestens eine Stunde vor Ende der Arbeitszeit. Länger als viereinhalb Stunden hintereinander dürfen Jugendliche nicht ohne Ruhepause beschäftigt werden.

(3) Der Aufenthalt während der Ruhepausen in Arbeitsräumen darf den Jugendlichen nur gestattet werden, wenn die Arbeit in diesen Räumen während dieser Zeit eingestellt ist und auch sonst die notwendige Erholung nicht beeinträchtigt wird.

(4) Absatz 3 gilt nicht für den Bergbau unter Tage.

1   **I. Ruhepausen (Abs. 1 u. 2).** Unter Ruhepausen sind im Voraus festgelegte Unterbrechungen der Arbeitszeit, in denen der ArbN weder Arbeit zu leisten noch sich dazu bereitzuhalten hat, zu verstehen[4]. Die Festlegung im Voraus darf nur entfallen, wenn sie wegen der Besonderheiten des Arbeitsablaufs nicht möglich ist. Die Pausenzeit muss dem Jugendlichen zur freien Verfügung stehen; er kann das Betriebsgelände verlassen. Der Hin- und Rückweg zur Berufsschule ist folglich keine Ruhepause iSd. Norm. Die in § 9 II Nr. 3 angeordnete Anrechnung der Unterrichtszeit auf die Arbeitszeit führt dazu, dass die Unterrichtszeit und auch die in ihr gewährten Pausen im Rahmen der Abs. 1 und 2 berücksichtigt werden müssen[5]. Hinsichtlich der Höchstdauer von Ruhepausen ergeben sich die Grenzen aus § 12. Für Abs. 1 S. 2 und Abs. 2 lässt § 21a I Nr. 2 abweichende kollektivvertragl. Regelungen zu. Verstöße stellen Ordnungswidrigkeiten oder Straftaten nach § 58 I Nr. 8, III–VI dar.

2   **II. Aufenthalt während der Ruhepausen (Abs. 3 u. 4).** Nach § 6 III ArbStättV hat ein ArbGeb einen leicht erreichbaren Pausenraum zur Verfügung zu stellen, wenn er mehr als zehn ArbN beschäftigt oder wenn gesundheitliche Gründe oder die Art der ausgeübten Tätigkeit dies erfordern. Nach Abs. 3 muss er ebenfalls einen Pausenraum einrichten, wenn er nicht bereit ist, die Arbeit in den Arbeitsräumen während der Pausen der Jugendlichen völlig einzustellen. Der ArbGeb hat die Jugendlichen ggf. gegen ihren Willen zu veranlassen, den Pausenraum aufzusuchen. Ein Verstoß gegen Abs. 3 stellt eine Ordnungswidrigkeit nach § 59 I Nr. 2 dar. Für den Bergbau unter Tage sieht Abs. 4 eine Privilegierung vor.

12 *Schichtzeit*

Bei der Beschäftigung Jugendlicher darf die Schichtzeit (§ 4 Abs. 2) zehn Stunden, im Bergbau unter Tage acht Stunden, im Gaststättengewerbe, in der Landwirtschaft, in der Tierhaltung, auf Bau- und Montagestellen elf Stunden nicht überschreiten.

1   **I. Zulässige Höchstdauer.** Mit der Regelung soll die Anwesenheitszeit am Arbeitsplatz auf die maximal zulässige Schichtzeit von zehn Stunden begrenzt werden, um dem Jugendlichen eine ununterbrochene Freizeit von mindestens 14 Stunden täglich zu gewähren. Nach § 4 II ist Schichtzeit die Arbeitszeit einschl. der Ruhepausen nach § 11. Sonstige Unterbrechungen, die keine Ruhepausen iSd. § 12 sind[6] und/oder nicht als Arbeitszeit gelten, werden auf die Schichtzeit angerechnet. Zeiten der Teilnahme am Berufsschulunterricht usw. werden nach Maßgabe der §§ 9, 10 hinzugerechnet. Hinsichtlich der Wegezeiten vgl. § 4 Rz. 2. Abweichende kollektivvertragl. Regelungen sind nach § 21a I Nr. 3 möglich. Verstöße stellen Ordnungswidrigkeiten oder Straftaten nach § 58 I Nr. 9, III–VI dar.

---

[1] *Zmarzlik/Anzinger*, § 10 Rz. 16. ||[2] *Zmarzlik/Anzinger*, § 10 Rz. 24. ||[3] Dafür *Zmarzlik/Anzinger*, § 10 Rz. 26. ||[4] BAG 23.9.1992 – 4 AZR 562/91, AP Nr. 6 zu § 3 AZO Kr. ||[5] *Zmarzlik/Anzinger*, § 11 Rz. 15. ||[6] BayObLG 28.1.1982 – 3 ObOWi 213/81, AP Nr. 1 zu § 4 JArbSchG.

II. Besondere Schichtzeiten. Hinsichtlich des Bergbaus vgl. auch § 4 III. Die Privilegierung für das Gaststättengewerbe gilt auch für Hilfs- und Nebenbetriebe sowie für nichtgewerbliche Schank- und Speisewirtschaften zB in Kantinen[1]. Vgl. auch §§ 14 II Nr. 1 und 2, 16 II Nr. 6, 17 II 1 Nr. 8. Die Privilegierung erstreckt sich auf die Landwirtschaft (vgl. auch §§ 14 II Nr. 3, 16 II Nr. 4, 17 II 1 Nr. 2), Tierhaltung (vgl. auch §§ 16 II Nr. 4, 17 II 1 Nr. 2) und auf Bau- und Montagestellen. Für die Binnenschifffahrt gilt § 20 Nr. 1.

13 Tägliche Freizeit

Nach Beendigung der täglichen Arbeitszeit dürfen Jugendliche nicht vor Ablauf einer ununterbrochenen Freizeit von mindestens zwölf Stunden beschäftigt werden.

I. Beschäftigungsverbot. Aus der Norm resultiert ein Beschäftigungsverbot (vgl. § 5 II), das sich auf die Zeit zwischen Arbeitsende und Arbeitsbeginn erstreckt. Freizeit bedeutet das Freisein von Arbeit (vgl. § 4 Rz. 2). Hinsichtlich der Lage der Freizeit ist § 14 zu beachten. Verstöße stellen Ordnungswidrigkeiten oder Straftaten nach § 58 I Nr. 10, III–VI dar. Vor einem Berufsschultag ist § 14 IV zu beachten.

II. Ausnahmen. Eine Privilegierung besteht für die Binnenschifffahrt, § 20 Nr. 2. Eine Verschärfung sieht § 14 VII vor.

14 Nachtruhe

(1) Jugendliche dürfen nur in der Zeit von 6 bis 20 Uhr beschäftigt werden.

(2) Jugendliche über 16 Jahre dürfen

1. im Gaststätten- und Schaustellergewerbe bis 22 Uhr,
2. in mehrschichtigen Betrieben bis 23 Uhr,
3. in der Landwirtschaft ab 5 Uhr oder bis 21 Uhr,
4. in Bäckereien und Konditoreien ab 5 Uhr

beschäftigt werden.

(3) Jugendliche über 17 Jahre dürfen in Bäckereien ab 4 Uhr beschäftigt werden.

(4) An dem einem Berufsschultag unmittelbar vorangehenden Tag dürfen Jugendliche auch nach Absatz 2 Nr. 1 bis 3 nicht nach 20 Uhr beschäftigt werden, wenn der Berufsschulunterricht am Berufsschultag vor 9 Uhr beginnt.

(5) Nach vorheriger Anzeige an die Aufsichtsbehörde dürfen in Betrieben, in denen die übliche Arbeitszeit aus verkehrstechnischen Gründen nach 20 Uhr endet, Jugendliche bis 21 Uhr beschäftigt werden, soweit sie hierdurch unnötige Wartezeiten vermeiden können. Nach vorheriger Anzeige an die Aufsichtsbehörde dürfen ferner in mehrschichtigen Betrieben Jugendliche über 16 Jahre ab 5.30 Uhr oder bis 23.30 Uhr beschäftigt werden, soweit sie hierdurch unnötige Wartezeiten vermeiden können.

(6) Jugendliche dürfen in Betrieben, in denen die Beschäftigten in außergewöhnlichem Grade der Einwirkung von Hitze ausgesetzt sind, in der warmen Jahreszeit ab 5 Uhr beschäftigt werden. Die Jugendlichen sind berechtigt, sich vor Beginn der Beschäftigung und danach in regelmäßigen Zeitabständen arbeitsmedizinisch untersuchen zu lassen. Die Kosten der Untersuchungen hat der Arbeitgeber zu tragen, sofern er diese nicht kostenlos durch einen Betriebsarzt oder einen überbetrieblichen Dienst von Betriebsärzten anbietet.

(7) Jugendliche dürfen bei Musikaufführungen, Theatervorstellungen und anderen Aufführungen, bei Aufnahmen im Rundfunk (Hörfunk und Fernsehen), auf Ton- und Bildträger sowie bei Film- und Fotoaufnahmen bis 23 Uhr gestaltend mitwirken. Eine Mitwirkung ist nicht zulässig bei Veranstaltungen, Schaustellungen oder Darbietungen, bei denen die Anwesenheit Jugendlicher nach den Vorschriften des Jugendschutzgesetzes verboten ist. Nach Beendigung der Tätigkeit dürfen Jugendliche nicht vor Ablauf einer ununterbrochenen Freizeit von mindestens 14 Stunden beschäftigt werden.

I. Nachtarbeitsverbot (Abs. 1). Die Regelung normiert ein Beschäftigungsverbot (vgl. § 5 Rz. 2), um die Nachtruhe von Jugendlichen zu gewährleisten. Verstöße stellen Ordnungswidrigkeiten oder Straftaten nach § 58 I Nr. 11, III–VI dar.

II. Ausnahmen (Abs. 2–4). Die Ausnahme in Abs. 2 bezieht sich auf besondere Wirtschaftszweige. Die Beschäftigung ist auch hier nur zulässig, wenn gesundheitliche Risiken nicht bestehen (§§ 39 II, 40). Abs. 2 Nr. 2 findet nur Anwendung, wenn der Jugendliche selbst einen mehrschichtigen Arbeitsplatz innehat. Die Beschäftigung nach Abs. 2 Nr. 3 kann alternativ ab 5 oder bis 21 Uhr erfolgen.

Die Ausnahme in Abs. 3 gilt auch, wenn in der Bäckerei auch Konditorwaren hergestellt werden, der Jugendliche aber bis fünf Uhr lediglich mit der Herstellung von Backwaren beschäftigt ist[2].

---

1 *Zmarzlik/Anzinger*, § 12 Rz. 12. ||2 *Zmarzlik/Anzinger*, § 14 Rz. 19.

4   Das Verbot der Beschäftigung nach 20 Uhr vor einem Berufsschultag (Abs. 3) erstreckt sich auch auf die Beschäftigung nach Abs. 2 Nr. 1–3, nicht aber auf die Ausnahme in Abs. 5[1]. Einen etwaigen Entgeltausfall kann der Jugendliche nach § 9 III geltend machen.

5   **III. Ausnahme nach Anzeige an die Aufsichtsbehörde (Abs. 5).** Diese Ausnahme wurde geschaffen, um der vielfachen Praxis zu entsprechen, Arbeitsbeginn und Arbeitsende nach dem Fahrplan öffentl. Verkehrsmittel, von Werksbussen oder Fahrgemeinschaften auszurichten. Die Nutzung dieser Verkehrsmittel soll den Jugendlichen ermöglicht werden, sofern ihnen dadurch unnötige Wartezeiten erspart bleiben. Als unnötig gelten Wartezeiten, in denen der Jugendliche lediglich auf die Fahrgelegenheit wartet. Auch Wartezeiten von weniger als 30 Minuten sind zu berücksichtigen[2]. Auf die Stellungnahme der Aufsichtsbehörde muss der ArbGeb nicht warten.

6   **IV. Ausnahme nach Bewilligung durch die Aufsichtsbehörde (Abs. 6 u. 7).** Der Antrag auf eine Bewilligung nach Abs. 6 u. 7 sollte begründet werden. Die Bewilligung ist eine Ermessensentscheidung nach § 54. Die Ausnahme in Abs. 6 gilt insb. für sog. Hitzebetriebe (zB Stahlwerke, Glashütten). Ausnahmen können auch für Betriebsteile bewilligt werden. Unter „warmer Jahreszeit" ist die Zeit von Mai/Juni bis August/September zu verstehen. Es ist nicht erforderlich, dass der Jugendliche selbst der Hitze ausgesetzt ist; organisatorische Schwierigkeiten durch unterschiedlichen Arbeitsbeginn genügen.

7   Zu Ausnahmen für **besondere Veranstaltungen** nach Abs. 7 vgl. § 6 Rz. 1 und 2. Eine Anwendung der Vorschrift auf das Training oder die Wettkämpfe von Sportlern, sofern diese Tätigkeit in den Anwendungsbereich des Gesetzes fällt (vgl. § 1 Rz. 6, 7), wird abgelehnt.[3] Veranstaltungen nach Abs. 7 S. 2 sind solche in Räumlichkeiten nach §§ 4 III, 5, 6, 11 JuSchG (zB Veranstaltungen in Nachtclubs, Spielhallen).

15 *Fünf-Tage-Woche*
Jugendliche dürfen nur an fünf Tagen in der Woche beschäftigt werden. Die beiden wöchentlichen Ruhetage sollen nach Möglichkeit aufeinander folgen.

1   S. 1 enthält ein **Beschäftigungsverbot** (vgl. § 5 Rz. 2), von dem durch kollektive Vereinbarung abgewichen werden kann, § 21a I Nr. 5. Die Woche berechnet sich gem. § 4 IV 1. Die Rechtsfolgen des Beschäftigungsverbots treffen den ArbGeb des später geschlossenen Beschäftigungsverhältnisses (§ 4 Rz. 6)[4]. Die Teilnahme am Berufsschulunterricht und Prüfungen außerhalb der Ausbildungsstelle (§ 10 I Nr. 1) stellen keine Beschäftigung iSd. Norm dar. Für eine Beschäftigung durch eine Ausbildungsmaßnahme iSd. § 10 I Nr. 1 gilt das jedoch nicht (vgl. auch § 16 III). Verstöße stellen Ordnungswidrigkeiten oder Straftaten nach § 58 I Nr. 12, III–VI dar.

2   S. 2 enthält eine Sollvorschrift; die Festlegung von zwei auseinanderliegenden Ruhetagen ist daher nur möglich, wenn **dringende betriebliche Gründe** bestehen[5]. Auf Grund der §§ 16, 17 liegen die beiden freien Tage idR am Wochenende. Zur Anrechnung von Feiertagen vgl. § 16 Rz. 6.

16 *Samstagsruhe*
(1) An Samstagen dürfen Jugendliche nicht beschäftigt werden.

(2) Zulässig ist die Beschäftigung Jugendlicher an Samstagen nur

1. **in Krankenanstalten sowie in Alten-, Pflege- und Kinderheimen,**
2. **in offenen Verkaufsstellen, in Betrieben mit offenen Verkaufsstellen, in Bäckereien und Konditoreien, im Friseurhandwerk und im Marktverkehr,**
3. **im Verkehrswesen,**
4. **in der Landwirtschaft und Tierhaltung,**
5. **im Familienhaushalt,**
6. **im Gaststätten- und Schaustellergewerbe,**
7. **bei Musikaufführungen, Theatervorstellungen und anderen Aufführungen, bei Aufnahmen im Rundfunk (Hörfunk und Fernsehen), auf Ton- und Bildträger sowie bei Film- und Fotoaufnahmen,**
8. **bei außerbetrieblichen Ausbildungsmaßnahmen,**
9. **beim Sport,**
10. **im ärztlichen Notdienst,**
11. **in Reparaturwerkstätten für Kraftfahrzeuge.**

---

1 *Zmarzlik/Anzinger*, § 14 Rz. 24, 27.   ‖ 2 *Zmarzlik/Anzinger*, § 14 Rz. 31.   ‖ 3 *Weyand*, Der arbeitsrechtliche Schutz von Kindern und Jugendlichen im Sportbetrieb, FS Düwell, 2011, S. 172 (185f.); *Gutzeit/Vrban*, SpuRt 2011, 60f.; *Heink*, SpuRt 2011, 134 (136); *Fischinger*, CaS 2011, 150 (152f.).   ‖ 4 *Zmarzlik/Anzinger*, § 15 Rz. 11.   ‖ 5 *Taubert*, BB 1997, 575 (576).

Mindestens zwei Samstage im Monat sollen beschäftigungsfrei bleiben.

(3) Werden Jugendliche am Samstag beschäftigt, ist ihnen die Fünf-Tage-Woche (§ 15) durch Freistellung an einem anderen berufsschulfreien Arbeitstag derselben Woche sicherzustellen. In Betrieben mit einem Betriebsruhetag in der Woche kann die Freistellung auch an diesem Tage erfolgen, wenn die Jugendlichen an diesem Tage keinen Berufsschulunterricht haben.

(4) Können Jugendliche in den Fällen des Absatzes 2 Nr. 2 am Samstag nicht acht Stunden beschäftigt werden, kann der Unterschied zwischen der tatsächlichen und der nach § 8 Abs. 1 höchstzulässigen Arbeitszeit an dem Tage bis 13 Uhr ausgeglichen werden, an dem die Jugendlichen nach Absatz 3 Satz 1 freizustellen sind.

I. Beschäftigungsverbot (Abs. 1). Die Vorschrift normiert ein Beschäftigungsverbot (vgl. § 5 Rz. 2), von dem durch kollektive Vereinbarung abgewichen werden kann, § 21a I Nr. 4, 5. In Verbindung mit den §§ 17, 15 führt sie idR zu einem beschäftigungsfreien Wochenende des Jugendlichen. Keine Beschäftigung iSd. Norm ist der Besuch der Berufsschule und die Teilnahme an Prüfungen. Verstöße können als Ordnungswidrigkeiten oder Straftaten nach § 58 I Nr. 13, III–VI geahndet werden.

II. Ausnahmen (Abs. 2). Die Aufzählung in S. 1 ist abschließend und eng auszulegen[1]. Die Beschäftigungsfreiheit an zwei Samstagen im Monat nach S. 2 ist eine Sollvorschrift, die im Rahmen der Fürsorgepflicht des ArbGeb und der Ausübung seines Direktionsrechts (§ 106 GewO) relevant ist.

Unter Verkaufsstellen nach S. 1 **Nr. 2** werden dem Verkauf von Waren dienende Stellen iSd. § 1 LadSchlG verstanden. Betriebe mit offenen Verkaufsstellen sind solche, in denen die zum Verkauf stehenden Waren selbst hergestellt oder bearbeitet werden (zB Metzgereien, Schneidereien). Unter Marktverkehr wird auch der Betrieb von Messen und Ausstellungen verstanden (vgl. §§ 64ff. GewO).

Im Verkehrswesen iSd. S. 1 **Nr. 3** sind Betriebe tätig, die Personen, Waren oder Nachrichten befördern. Auch Neben- und Hilfsbetriebe sind erfasst, wenn sie für das reibungslose Funktionieren der Verkehrsbetriebe erforderlich sind[2].

Mit der Beschäftigung im Familienhaushalt gem. S. 1 **Nr. 5** ist die Beschäftigung zB als Kindermädchen gemeint, nicht die durch den Personensorgeberechtigten (vgl. § 1 II Nr. 2). Unter außerbetrieblichen Ausbildungsmaßnahmen gem. S. 1 **Nr. 8** sind solche nach § 10 I Nr. 1 zu verstehen. Bei der Teilnahme an Sportveranstaltungen nach S. 1 **Nr. 9** ist zunächst zu prüfen, ob die Tätigkeit in den Anwendungsbereich des Gesetzes fällt (vgl. § 1 Rz. 6, 7). Ist dies der Fall, wird die Regelung weit ausgelegt[3].

III. Freistellung an einem anderen Tag (Abs. 3). Wird der Jugendliche an einem Samstag beschäftigt, ist er dafür an einem anderen, berufsschulfreien Arbeitstag freizustellen. Dies gilt auch, wenn der Beschäftigungszeitraum am Samstag nur sehr kurz ist. Eine Freistellung an einem Werktag, auf den ein Feiertag fällt, genügt nicht[4]. Die Freistellung kann auch an einem Samstag, Sonn- oder Feiertag erfolgen, wenn dieser Tag gem. §§ 16 II 1, 17 II 1, 18 II für den Jugendlichen ein Arbeitstag ist[5]. Ist dies nicht der Fall, muss die Freistellung in der vorausgehenden Arbeitswoche zwischen Montag und Freitag erfolgen. Auch wenn der ArbGeb die Freistellung nicht gewährt, braucht der Jugendliche die Arbeit nicht aufzunehmen (§ 5 Rz. 2). Nach S. 2 kann auch an einem berufsschulfreien Betriebsruhetag freigestellt werden, auch wenn auf diesen Betriebsruhetag ein Feiertag fällt[6].

IV. Freistellung in den Fällen des Abs. 2 S. 1 Nr. 2 (Abs. 4). Eine Privilegierung gilt für Betriebe in den Wirtschaftsbereichen gem. Abs. 2 S. 1 Nr. 2, weil diese durch die Regelungen des Ladenschlussgesetzes zusätzlich eingeschränkt sind. Mit dieser Regelung wird im Erg. die Sechs-Tage-Woche mit einem Arbeitstag bis 13:00 Uhr ermöglicht.

17 *Sonntagsruhe*

(1) **An Sonntagen dürfen Jugendliche nicht beschäftigt werden.**

(2) Zulässig ist die Beschäftigung Jugendlicher an Sonntagen nur

1. in Krankenanstalten sowie in Alten-, Pflege- und Kinderheimen,
2. in der Landwirtschaft und Tierhaltung mit Arbeiten, die auch an Sonn- und Feiertagen naturnotwendig vorgenommen werden müssen,
3. im Familienhaushalt, wenn der Jugendliche in die häusliche Gemeinschaft aufgenommen ist,
4. im Schaustellergewerbe,

---

1 OLG Karlsruhe 14.1.1983 – 3 Ss 132/82, AP Nr. 1 zu § 16 JArbSchG. Zum Einsatz von Jugendlichen bei Inventuren *Wenzel*, DB 2001, 1613. ||2 OLG Karlsruhe 14.1.1983 – 3 Ss 132/82, AP Nr. 1 zu § 16 JArbSchG betr. Reparaturwerkstatt. ||3 *Weyand*, Der arbeitsrechtliche Schutz von Kindern und Jugendlichen im Sportbetrieb, FS Düwell, 2011, S. 172 (185). ||4 BayObLG 21.2.1983 – ObOWi 14/83, AP Nr. 2 zu § 16 JArbSchG. ||5 *Zmarzlik/Anzinger*, § 16 Rz. 47. ||6 *Zmarzlik/Anzinger*, § 16 Rz. 54.

5. bei Musikaufführungen, Theatervorstellungen und anderen Aufführungen sowie bei Direktsendungen im Rundfunk (Hörfunk und Fernsehen),
6. beim Sport,
7. im ärztlichen Notdienst,
8. im Gaststättengewerbe.

Jeder zweite Sonntag soll, mindestens zwei Sonntage im Monat müssen beschäftigungsfrei bleiben.

(3) Werden Jugendliche am Sonntag beschäftigt, ist ihnen die Fünf-Tage-Woche (§ 15) durch Freistellung an einem anderen berufsschulfreien Arbeitstag derselben Woche sicherzustellen. In Betrieben mit einem Betriebsruhetag in der Woche kann die Freistellung auch an diesem Tage erfolgen, wenn die Jugendlichen an diesem Tage keinen Berufsschulunterricht haben.

1 **I. Beschäftigungsverbot (Abs. 1).** Die Vorschrift stellt ein Beschäftigungsverbot (vgl. § 5 Rz. 2) dar, von dem durch kollektive Vereinbarung abgewichen werden kann, § 21a I Nr. 5, 6. Verstöße stellen Ordnungswidrigkeiten oder Straftaten nach § 58 I Nr. 14, III–VI dar.

2 **II. Ausnahmen (Abs. 2).** Die Aufzählung in S. 1 ist abschließend und eng auszulegen, vgl. § 16 Rz. 2–5. Die Beschäftigungsfreiheit an zwei Sonntagen im Monat nach S. 2 ist im Gegensatz zu § 16 II 2 zwingend.

3 **III. Freistellung an einem anderen Tag (Abs. 3).** Die Vorschrift entspricht § 16 III, vgl. dort Rz. 6.

18 Feiertagsruhe

(1) Am 24. und 31. Dezember nach 14 Uhr und an gesetzlichen Feiertagen dürfen Jugendliche nicht beschäftigt werden.

(2) Zulässig ist die Beschäftigung Jugendlicher an gesetzlichen Feiertagen in den Fällen des § 17 Abs. 2, ausgenommen am 25. Dezember, am 1. Januar, am ersten Osterfeiertag und am 1. Mai.

(3) Für die Beschäftigung an einem gesetzlichen Feiertag, der auf einen Werktag fällt, ist der Jugendliche an einem anderen berufsschulfreien Arbeitstag derselben oder der folgenden Woche freizustellen. In Betrieben mit einem Betriebsruhetag in der Woche kann die Freistellung auch an diesem Tage erfolgen, wenn die Jugendlichen an diesem Tage keinen Berufsschulunterricht haben.

1 **I. Beschäftigungsverbot (Abs. 1).** Die Vorschrift begründet ein weiteres Beschäftigungsverbot (vgl. § 5 Rz. 2). Die gesetzl. Feiertage werden durch den Landesgesetzgeber bestimmt (vgl. § 2 EFZG Rz. 6f.). Durch kollektive Vereinbarung kann lediglich im Rahmen des § 21a I Nr. 5 abgewichen werden. Verstöße können als Ordnungswidrigkeiten oder Straftaten nach § 58 I Nr. 15, III–VI geahndet werden.

2 **II. Ausnahmen (Abs. 2).** Die Norm begründet ein absolutes Beschäftigungsverbot für die sog. hohen Feiertage (1.1., 1.5., Ostersonntag, 25.12.). Die Beschäftigung an den in der Norm nicht genannten Feiertagen ist unter denselben Voraussetzungen wie die Sonntagsarbeit zulässig. Fällt der Feiertag auf einen Samstag, gehen die §§ 18 II, 17 II der Norm des § 16 II als Spezialvorschriften vor.

3 **III. Freistellung an einem anderen Tag (Abs. 3).** Der Freistellungsanspruch entspricht im Grundsatz denen aus §§ 16 III und 17 III, vgl. also § 16 Rz. 6. Fällt der gesetzl. Feiertag auf einen Sonntag, ergibt sich der Freistellungsanspruch aus § 17 III. Werktag ist auch der Samstag. Fällt der Feiertag auf einen Samstag, gilt § 18 III als speziellere Regelung vor § 16 III[1].

19 Urlaub

(1) Der Arbeitgeber hat Jugendlichen für jedes Kalenderjahr einen bezahlten Erholungsurlaub zu gewähren.

(2) Der Urlaub beträgt jährlich

1. mindestens 30 Werktage, wenn der Jugendliche zu Beginn des Kalenderjahres noch nicht 16 Jahre alt ist,
2. mindestens 27 Werktage, wenn der Jugendliche zu Beginn des Kalenderjahres noch nicht 17 Jahre alt ist,
3. mindestens 25 Werktage, wenn der Jugendliche zu Beginn des Kalenderjahres noch nicht 18 Jahre alt ist.

Jugendliche, die im Bergbau unter Tage beschäftigt werden, erhalten in jeder Altersgruppe einen zusätzlichen Urlaub von drei Werktagen.

(3) Der Urlaub soll Berufsschülern in der Zeit der Berufsschulferien gegeben werden. Soweit er nicht in den Berufsschulferien gegeben wird, ist für jeden Berufsschultag, an dem die Berufsschule während des Urlaubs besucht wird, ein weiterer Urlaubstag zu gewähren.

---

1 So auch *Molitor/Volmer/Germelmann*, § 18 Rz. 22. Anders *Zmarzlik/Anzinger*, § 18 Rz. 16: Jugendlicher habe beide Ansprüche.

(4) Im Übrigen gelten für den Urlaub der Jugendlichen § 3 Abs. 2, §§ 4 bis 12 und § 13 Abs. 3 des Bundesurlaubsgesetzes. Der Auftraggeber oder Zwischenmeister hat jedoch abweichend von § 12 Nr. 1 des Bundesurlaubsgesetzes den jugendlichen Heimarbeitern für jedes Kalenderjahr einen bezahlten Erholungsurlaub entsprechend Absatz 2 zu gewähren; das Urlaubsentgelt der jugendlichen Heimarbeiter beträgt bei einem Urlaub von 30 Werktagen 11,6 vom Hundert, bei einem Urlaub von 27 Werktagen 10,3 vom Hundert und bei einem Urlaub von 25 Werktagen 9,5 vom Hundert.

I. Urlaubsanspruch (Abs. 1, 2). Der Urlaubsanspruch Jugendlicher wird abweichend von § 3 I BUrlG privilegiert geregelt, um dem besonderen Schutzbedürfnis Jugendlicher zu entsprechen und ihnen den Übergang in die Arbeitswelt zu erleichtern. Die Norm ist nicht dem öffentl. Recht zuzuordnen, da sie auf keiner Seite einen Träger hoheitlicher Gewalt berechtigt oder verpflichtet[1]. Verstöße stellen Ordnungswidrigkeiten oder Straftaten nach § 58 I Nr. 16, III–VI dar.

1. Persönlicher Anwendungsbereich. Die Norm findet auf **Jugendliche** (§ 2 II) Anwendung. Sie gilt zudem gem. Abs. 2 S. 1 Nr. 3 für Erwachsene, wenn sie zu Beginn des Kalenderjahres noch nicht 18 Jahre alt sind. Auf **Kinder** kann die Norm gem. § 5 II 2, III 4, IV 2 Anwendung finden. Ob im Rahmen unzulässiger Kinderarbeit Urlaubsansprüche im Rahmen eines faktischen ArbVerh bestehen[2], kann dahinstehen, da das ArbVerh jedenfalls abzubrechen ist. Aus der Unwirksamkeit dürfen dem Kind keine Nachteile erwachsen, da die Beschäftigungsverbote dem Schutz der Kinder dienen. Wären bei Rechtswirksamkeit des ArbVerh dem Kind Ansprüche auf Urlaub entstanden, ist der Urlaub gem. Abs. 4 S. 1, § 7 IV BUrlG analog abzugelten bzw. das Kind durch einen Schadensersatzanspruch in Geld[3] zu entschädigen; Naturalrestitution scheidet nach § 251 I Alt. 1 BGB aus. Wurde der Urlaub gewährt, sind weder Vergütung noch Urlaubsgeld zurückzugewähren (vgl. § 5 Rz. 2).

2. Dauer des Urlaubs. Die Dauer des Urlaubs wird in Werktagen (vgl. § 3 II BUrlG) angegeben. Da Jugendliche idR (§ 15) nur fünf Arbeitstage in der Woche haben, ist zur Bestimmung der Anzahl der freien Arbeitstage eine Umrechnung erforderlich. Demgemäß stehen einem Jugendlichen bis zum 16. LJ 25 Arbeitstage, bis zum 17. LJ 22,5 Arbeitstage und bis zum 18. LJ 20,83 freie Arbeitstage zu. Die Aufrundungsregelung des § 5 II BUrlG ist nicht heranzuziehen, da sie nur auf Teilurlaub Anwendung findet[4]. Im Bergbau beschäftigte Jugendliche erhalten nach S. 2 weitere 2,5 Arbeitstage Urlaub.

II. Berufsschüler (Abs. 3). Nach S. 1 soll Berufsschülern der Urlaub in den Schulferien gewährt werden. Als Sollvorschrift ist die Regelung im Rahmen der Fürsorgepflicht des ArbGeb und bei der Ausübung seines Direktionsrechts (§ 106 GewO) relevant. Eine Gewährung außerhalb der Schulferien kommt nur im Ausnahmefall in Betracht. Wird der Urlaub außerhalb der Ferien gewährt, ist es dem ArbGeb rechtl. nicht möglich, den Jugendlichen an den Berufsschultagen von der Teilnahme am Unterricht „zu beurlauben". Für diesen Tag besteht also der ursprüngliche Urlaubsanspruch fort. S. 2 hat insoweit nur klarstellenden Charakter. Der Erfüllungsanspruch aus S. 2 besteht daher auch, wenn der Jugendliche dem Unterricht ferngeblieben ist[5], sofern er nicht von der Schulpflicht befreit wurde.

III. Anwendung des BUrlG (Abs. 4). In S. 1 werden beinahe sämtliche Regelungen des BUrlG für anwendbar erklärt. Für die Gewährung des Urlaubs gilt § 7 I BUrlG. Die zeitliche Festlegung erfolgt also durch den ArbGeb (vgl. § 7 BUrlG Rz. 2 ff.). Da nicht auf § 13 I, II BUrlG verwiesen wird, kann durch TV nicht zuungunsten von Jugendlichen von der gesetzl. Lage abgewichen werden. Über die Verweisung hinaus gelten auch besondere Schutzvorschriften, zB §§ 124 (Mehrarbeit), 125 (Zusatzurlaub) SGB IX. Für **jugendliche Heimarbeiter** gelten Abs. 4 S. 1, § 12 BUrlG. S. 2 weicht von dieser Regelung zu Gunsten der Jugendlichen ab.

20 Binnenschifffahrt

In der Binnenschifffahrt gelten folgende Abweichungen:

1. Abweichend von § 12 darf die Schichtzeit Jugendlicher über 16 Jahre während der Fahrt bis auf 14 Stunden täglich ausgedehnt werden, wenn ihre Arbeitszeit sechs Stunden täglich nicht überschreitet. Ihre tägliche Freizeit kann abweichend von § 13 der Ausdehnung der Schichtzeit entsprechend bis auf zehn Stunden verkürzt werden.
2. Abweichend von § 14 Abs. 1 dürfen Jugendliche über 16 Jahre während der Fahrt bis 22 Uhr beschäftigt werden.
3. Abweichend von §§ 15, 16 Abs. 1, § 17 Abs. 1 und § 18 Abs. 1 dürfen Jugendliche an jedem Tag der Woche beschäftigt werden, jedoch nicht am 24. Dezember, an den Weihnachtsfeiertagen, am 31. De-

---

[1] Anders *Molitor/Volmer/Germelmann*, § 19 Rz. 36. Wie hier ErfK/*Schlachter*, § 19 JArbSchG Rz. 1. ||[2] Dafür *Leinemann/Linck*, Teil II A. JArbSchG Rz. 5; dagegen *Zmarzlik/Anzinger*, § 19 Rz. 6. ||[3] Die Fallgestaltung ist parallel zu derjenigen, in der Urlaub wegen Beendigung des ArbVerh nicht mehr genommen werden kann, vgl. § 7 BUrlG Rz. 93 ff.; *Leinemann/Linck*, § 7 BUrlG Rz. 166. Anspruchsgrundlage kann auch § 823 II BGB sein, vgl. ErfK/*Schlachter*, § 19 JArbSchG Rz. 3. ||[4] *Leinemann/Linck*, § 7 BUrlG Rz. 8; dagegen *Zmarzlik/Anzinger*, § 19 Rz. 14. ||[5] ErfK/*Schlachter*, § 19 JArbSchG Rz. 8. Anders *Zmarzlik/Anzinger*, § 19 Rz. 23: Kein Urlaubstag nach S. 2 bei „Schwänzen".

zember, am 1. Januar, an den Osterfeiertagen und am 1. Mai. Für die Beschäftigung an einem Samstag, Sonntag und an einem gesetzlichen Feiertag, der auf einen Werktag fällt, ist ihnen je ein freier Tag zu gewähren. Diese freien Tage sind den Jugendlichen in Verbindung mit anderen freien Tagen zu gewähren, spätestens, wenn ihnen zehn freie Tage zustehen.

1 **I. Normzweck.** Durch die Regelung soll den speziellen Anforderungen der Binnenschifffahrt entsprochen werden; sie gilt daher nur für die Beschäftigung auf einem Schiff. Für die Binnenfischerei gelten die Regelungen über die Landwirtschaft. Die Norm findet auch auf die Hochsee- und Küstenschifffahrt keine Anwendung; für diese gilt das SeeArbG (insb. §§ 7, 10, 53 f. SeeArbG), vgl. auch § 61. Die Regelung ist abschließend. Verstöße können Ordnungswidrigkeiten oder Straftaten nach § 58 I Nr. 9, 10, 11, 13, 14 oder 15, III–VI sein.

2 **II. Kollisionsrecht.** Für das JArbSchG gilt das Territorialitätsprinzip (§ 1 Rz. 15). Das JArbSchG findet also Anwendung, solange das (deutsche oder ausländische) Binnenschiff ein Gewässer in der Bundesrepublik Deutschland befährt. Auf die Eintragung im Schiffsregister usw. kommt es nicht an. Beim Befahren von Grenzflüssen sind binationale Abkommen zu beachten[1].

21 *Ausnahmen in besonderen Fällen*
(1) Die §§ 8 und 11 bis 18 finden keine Anwendung auf die Beschäftigung Jugendlicher mit vorübergehenden und unaufschiebbaren Arbeiten in Notfällen, soweit erwachsene Beschäftigte nicht zur Verfügung stehen.

(2) Wird in den Fällen des Absatzes 1 über die Arbeitszeit des § 8 hinaus Mehrarbeit geleistet, so ist sie durch entsprechende Verkürzung der Arbeitszeit innerhalb der folgenden drei Wochen auszugleichen.

1 **I. Ausnahmen in Notfällen (Abs. 1).** Von den Anforderungen der §§ 8 u. 11–18 kann in Notfällen abgesehen werden. Die Norm ist eng auszulegen und begründet keine Leistungspflicht des Jugendlichen. Diese ergibt sich nur aus dem Arbeitsvertrag bzw. einer entsprechenden Nebenpflicht. Über die Norm hinaus (zB im Falle des Einsatzes von Kindern) kann ein Verstoß gegen die Normen des JArbSchG nach § 16 OWiG und § 34 StGB gerechtfertigt sein.

2 Ein **Notfall** ist ein für den Betrieb widriges, ungewöhnliches und unvorhergesehenes, vom Willen des Betroffenen unabhängiges, plötzlich eintretendes Ereignis, das die Gefahr eines unverhältnismäßigen Schadens mit sich bringt[2]. Beispiele können sein: Feuer, Explosionen, Deich- und Rohrbrüche, Stromausfall, Maschinenausfall, Hauseinsturz, Todesfälle, Naturereignisse wie Wirbelsturm, Blitzschlag, Sturmflut, Erdbeben, Überschwemmungen. Kein Notfall besteht, soweit die Gefahr voraussehbar war und der ArbGeb ihr arbeitsorganisatorisch hätte begegnen können, zB beim Ausfall von Arbeitskräften infolge Krankheit, langsam ansteigendem Hochwasser, vorhersehbarem Maschinenausfall.

3 Eine **vorübergehende** Tätigkeit soll maximal einen Tag umfassen. Sie ist **unaufschiebbar**, wenn sie notwendig ist, um drohende Gefahren abzuwehren. Insg. ist eine Güterabwägung nach den Maßstäben des Verhältnismäßigkeitsgrundsatzes (Geeignetheit, Erforderlichkeit, Angemessenheit) der Tätigkeit des Jugendlichen vorzunehmen.

4 **II. Ausgleich (Abs. 2).** Leistet der Jugendliche auf Grund des Notfalls Mehrarbeit, ist diese durch eine entsprechende Arbeitszeitvergütung innerhalb der nächsten drei Wochen auszugleichen. Mehrarbeit wird in der Arbeitszeit geleistet, welche über die in § 8 festgesetzte höchstzulässige Arbeitszeit hinausgeht. Die Frist kann aus Gründen, die in der Person des Jugendlichen liegen, verlängert werden. Der Ausgleichzeitraum beginnt mit der Woche, die auf die Beendigung der Tätigkeit folgt (§ 4 I). Eine Mehrarbeitsvergütung sieht das Gesetz nicht vor.

21a *Abweichende Regelungen*
(1) In einem Tarifvertrag oder auf Grund eines Tarifvertrages in einer Betriebsvereinbarung kann zugelassen werden,
1. abweichend von den §§ 8, 15, 16 Abs. 3 und 4, § 17 Abs. 3 und § 18 Abs. 3 die Arbeitszeit bis zu neun Stunden täglich, 44 Stunden wöchentlich und bis zu fünfeinhalb Tagen in der Woche anders zu verteilen, jedoch nur unter Einhaltung einer durchschnittlichen Wochenarbeitszeit von 40 Stunden in einem Ausgleichszeitraum von zwei Monaten,
2. abweichend von § 11 Abs. 1 Satz 2 Nr. 2 und Abs. 2 die Ruhepausen bis zu 15 Minuten zu kürzen und die Lage der Pausen anders zu bestimmen,
3. abweichend von § 12 die Schichtzeit mit Ausnahme des Bergbaus unter Tage bis zu einer Stunde täglich zu verlängern,

---

1 Vgl. dazu *Zmarzlik/Anzinger*, § 20 Rz. 8. || 2 OLG Hamburg 24.10.1962 – 1 Ss 90/62, DB 1963, 208.

4. abweichend von § 16 Abs. 1 und 2 Jugendliche an 26 Samstagen im Jahr oder an jedem Samstag zu beschäftigen, wenn statt dessen der Jugendliche an einem anderen Werktag derselben Woche von der Beschäftigung freigestellt wird,
5. abweichend von den §§ 15, 16 Abs. 3 und 4, § 17 Abs. 3 und § 18 Abs. 3 Jugendliche bei einer Beschäftigung an einem Samstag oder an einem Sonn- oder Feiertag unter vier Stunden an einem anderen Arbeitstag derselben oder der folgenden Woche vor- oder nachmittags von der Beschäftigung freizustellen,
6. abweichend von § 17 Abs. 2 Satz 2 Jugendliche im Gaststätten- und Schaustellergewerbe sowie in der Landwirtschaft während der Saison oder der Erntezeit an drei Sonntagen im Monat zu beschäftigen.

(2) Im Geltungsbereich eines Tarifvertrages nach Absatz 1 kann die abweichende tarifvertragliche Regelung im Betrieb eines nicht tarifgebundenen Arbeitgebers durch Betriebsvereinbarung oder, wenn ein Betriebsrat nicht besteht, durch schriftliche Vereinbarung zwischen dem Arbeitgeber und dem Jugendlichen übernommen werden.

(3) Die Kirchen und die öffentlich-rechtlichen Religionsgesellschaften können die in Absatz 1 genannten Abweichungen in ihren Regelungen vorsehen.

I. Abweichungen durch oder auf Grund von Tarifverträgen (Abs. 1). Durch die Vorschrift wird der Jugendarbeitsschutz in einem gewissen Rahmen in die Hände der Tarifparteien gelegt, die schneller und unter Berücksichtigung regionaler und branchenspezifischer Umstände Regelungen schaffen können. Mit den Regelungen in Abs. 1 werden die meisten arbeitszeitlichen Regelungen der §§ 8–18 tarifdispositiv gestellt. Die durch die Tarifnormen entstehenden Arbeitspflichten gelten idR gem. §§ 3 II, 4 I 2 TVG auch für Jugendliche des Betriebs, die nicht oder anders organisiert sind, da die Tarifnorm in diesem Fall den Charakter einer Betriebsnorm hat[1]. 1

Durch die Bestimmung in **Nr. 1** werden Regelungen ermöglicht, die eine Beschäftigung Jugendlicher bis zu neun Stunden täglich und 44 Stunden wöchentlich vorsehen. Ein solcher Arbeitszeitumfang steht jedoch nicht mit Art. 8 II der JugendarbeitsschutzRL (§ 5 Rz. 1) in Einklang. Art. 8 V 1 der RL sieht jedoch vor, dass von Abs. 2 durch eine Rechtsvorschrift abgewichen werden kann, wenn dies durch objektive Gründe gerechtfertigt ist. Die richtlinienkonforme Auslegung (Vorb. AEUV Rz. 19 f.) führt demnach dazu, dass eine entsprechende Regelung durch oder auf Grund eines TV zulässig ist, wenn sie durch solche objektiven Gründe getragen wird. Ein derartiger Grund besteht, wenn die Regelung es den Jugendlichen ermöglichen soll, in eingeschränktem Umfang an einem Gleitzeitsystem teilzunehmen[2]. Hinsichtlich der übrigen Bestimmungen wird auf die Komm. zu §§ 11, 12, 15–18 verwiesen. 2

II. Übernahme tarifvertraglicher Abweichungen (Abs. 2). Im Geltungsbereich des TV kann ein nicht tarifgebundener ArbGeb die nach Abs. 1 geschaffene Regelung durch BV oder, soweit ein BR nicht besteht, durch eine schriftl. Vereinbarung mit dem Jugendlichen übernehmen. Die abweichende Regelung muss **insgesamt** übernommen werden, da sie regelmäßig nur als Ganzes die vom Gesetzgeber erwartete ausgewogene Regelung enthält[3]. Die übernommene Regelung muss in der Betriebs- bzw. Einzelvereinbarung genannt werden. 3

III. Kirchenrechtliche Regelungen (Abs. 3). Zur Teilnahme Jugendlicher an von der Kirche organisierten Tätigkeiten vgl. bereits § 1 Rz. 4. Soweit das JArbSchG Anwendung findet, berücksichtigt Abs. 3 die arbeitsrechtl. Regelungsautonomie der Kirchen und der öffentl.-rechtl. Religionsgemeinschaften gem. Art. 140 GG iVm. Art. 137 III WRV, indem ihnen die den Tarifparteien aus Abs. 1 zustehenden Regelungsbefugnisse eingeräumt werden. 4

IV. Verstöße. gegen die abweichende Tarifnorm, Betriebs- oder Einzelvereinbarung werden wie ein Verstoß gegen die Grundnorm behandelt. 5

21b *Ermächtigung*

Das Bundesministerium für Arbeit und Soziales kann im Interesse der Berufsausbildung oder der Zusammenarbeit von Jugendlichen und Erwachsenen durch Rechtsverordnung mit Zustimmung des Bundesrates Ausnahmen von den Vorschriften

1. des § 8, der §§ 11 und 12, der §§ 15 und 16, des § 17 Abs. 2 und 3 sowie des § 18 Abs. 3 im Rahmen des § 21a Abs. 1,
2. des § 14, jedoch nicht vor 5 Uhr und nicht nach 23 Uhr, sowie
3. des § 17 Abs. 1 und § 18 Abs. 1 an höchstens 26 Sonn- und Feiertagen im Jahr

zulassen, soweit eine Beeinträchtigung der Gesundheit oder der körperlichen oder seelisch-geistigen Entwicklung der Jugendlichen nicht zu befürchten ist.

---

1 Vgl. *Wiedemann*, § 1 TVG Rz. 563, 573 ff., 581 ff., 584 ff., § 3 Rz. 127 ff., § 4 Rz. 316; aA *Kempen/Zachert*, § 3 TVG Rz. 13. || 2 So auch ErfK/*Schlachter*, § 21a JArbSchG Rz. 3; anders *M. Schmidt*, BB 1998, 1362 (1363). || 3 *Zmarzlik/Anzinger*, § 21a Rz. 34 mwN.

JArbSchG § 21b Rz. 1   Ermächtigung

1   **I. Normzweck.** Die Norm enthält eine Ermächtigungsgrundlage für RechtsVO, in denen im Interesse der Berufsausbildung oder der Zusammenarbeit mit Erwachsenen von den in Nr. 1–3 genannten Schutzvorschriften des JArbSchG abgewichen wird. Die Abweichungen können nur für ganze Beschäftigungsbereiche erfolgen. Die Norm wird teilweise wegen eines Verstoßes gegen Art. 9 II der JugendarbeitsschutzRL (Rz. 1) für unionsrechtswidrig gehalten[1].

2   **II. Abweichungen nach Nr. 1** können mit tarifvertragl. Abweichungen nach § 21a I kollidieren. Nach dem Subsidiaritätsprinzip kann das BMAS eine VO nach Nr. 1 erst erlassen, wenn feststeht, dass die Tarifparteien nicht in der Lage sind, die ihnen übertragene Aufgabe, das Arbeitsleben der Jugendlichen sinnvoll zu ordnen, zu erfüllen, und der Schutz der Jugendlichen oder ein sonstiges öffentl. Interesse ein staatliches Eingreifen erfordert[2].

3   **III. Verstöße** gegen die RechtsVO werden wie ein Verstoß gegen die Grundnorm behandelt.

Zweiter Titel. Beschäftigungsverbote und -beschränkungen

22 *Gefährliche Arbeiten*
(1) **Jugendliche dürfen nicht beschäftigt werden**
1. mit Arbeiten, die ihre physische oder psychische Leistungsfähigkeit übersteigen,
2. mit Arbeiten, bei denen sie sittlichen Gefahren ausgesetzt sind,
3. mit Arbeiten, die mit Unfallgefahren verbunden sind, von denen anzunehmen ist, dass Jugendliche sie wegen mangelnden Sicherheitsbewusstseins oder mangelnder Erfahrung nicht erkennen oder nicht abwenden können,
4. mit Arbeiten, bei denen ihre Gesundheit durch außergewöhnliche Hitze oder Kälte oder starke Nässe gefährdet wird,
5. mit Arbeiten, bei denen sie schädlichen Einwirkungen von Lärm, Erschütterungen oder Strahlen ausgesetzt sind,
6. mit Arbeiten, bei denen sie schädlichen Einwirkungen von Gefahrstoffen im Sinne des Chemikaliengesetzes ausgesetzt sind,
7. mit Arbeiten, bei denen sie schädlichen Einwirkungen von biologischen Arbeitsstoffen im Sinne der Richtlinie 90/679/EWG des Rates vom 26. November 1990 zum Schutze der Arbeitnehmer gegen Gefährdung durch biologische Arbeitsstoffe bei der Arbeit ausgesetzt sind.

(2) Absatz 1 Nr. 3 bis 7 gilt nicht für die Beschäftigung Jugendlicher, soweit
1. dies zur Erreichung ihres Ausbildungszieles erforderlich ist,
2. ihr Schutz durch die Aufsicht eines Fachkundigen gewährleistet ist und
3. der Luftgrenzwert bei gefährlichen Stoffen (Absatz 1 Nr. 6) unterschritten wird.

Satz 1 findet keine Anwendung auf den absichtlichen Umgang mit biologischen Arbeitsstoffen der Gruppen 3 und 4 im Sinne der Richtlinie 90/679/EWG des Rates vom 26. November 1990 zum Schutze der Arbeitnehmer gegen Gefährdung durch biologische Arbeitsstoffe bei der Arbeit.

(3) Werden Jugendliche in einem Betrieb beschäftigt, für den ein Betriebsarzt oder eine Fachkraft für Arbeitssicherheit verpflichtet ist, muss ihre betriebsärztliche oder sicherheitstechnische Betreuung sichergestellt sein.

1   **I. Beschäftigungsverbote (Abs. 1).** Abs. 1 enthält unterschiedliche Beschäftigungsverbote, durch welche Jugendliche vor gesundheitlichen und sittlichen Gefahren geschützt werden sollen. Verstöße stellen Ordnungswidrigkeiten oder Straftaten nach § 58 I Nr. 18, III–VI dar. Daneben kommen Schadensersatzansprüche des Jugendlichen gem. § 280 bzw. § 823 I und II BGB in Betracht[3].

2   Im Rahmen der **Nr. 1** ist auf die individuelle Leistungsfähigkeit des Jugendlichen abzustellen. Verboten sind bspw. Heben, Tragen und Bewegen schwerer Lasten, dauerndes Stehen erfordernde Arbeiten, erzwungene Körperhaltung, hohe gleichmäßige Dauerleistung[4]. Vgl. auch §§ 23, 24. Zur Beurteilung sittlicher Gefahren in **Nr. 2** ist dagegen ein objektiver Maßstab anzulegen, welcher sich aus dem StGB und dem JuSchG ergeben kann. Unfallgefahren nach **Nr. 3** bestehen idR nicht, soweit sicherheitstechnische Vorschriften beachtet werden. Allgemein kommt es auf die Umstände im konkreten Betrieb[5] und auf den konkreten Jugendlichen an (zB besondere Waghalsigkeit). Als Beispiele für außergewöhn-

---

1 *Heink*, SpuRt 2011, 134 (137). ||2 Vgl. BVerfG 24.5.1977 – 2 BvL 11/74, BVerfGE 44, 322 (342) zur AVE. Wie hier *Zmarelik/Anzinger*, § 21b Rz. 9. Anders *Molitor/Volmer/Germelmann*, § 21b Rz. 11 f. ||3 Vgl. LAG BW 7.12.1994 – 2 Sa 14/93, nv. ||4 BT-Drs. 7/2305, 32. ||5 Vgl. OLG Karlsruhe 20.11.1984 – 4 Ss 114/84, JR 1985, 479 betr. Müllwerker.

liche Hitze, Kälte oder starke Nässe nach **Nr. 4** kommen das Arbeiten in Gießereien, in der Nähe von Kühlräumen[1] oder Tiefbauarbeiten, nicht jedoch bei allg. hohen Temperaturen[2] in Betracht.

Schädliche Einwirkungen nach **Nr. 5–7** sind insb. anzunehmen, wenn bestimmte Grenzwerte überschritten werden. Hinsichtlich der Einwirkungen nach **Nr. 5** sind insb. die ArbStättV, die StrahlenschutzV (vgl. auch §§ 45 I, II, 55 III, 59 II, 95 VII StrahlenschutzV), die DruckLV (vgl. auch § 9 II DruckLV) und die RöntgenV (vgl. auch § 31a III RöntgenV) zu beachten. Die Gefahrstoffe iSd. ChemikalienG nach **Nr. 6** umfassen giftige, krebserregende, erbgutverändernde, fortpflanzungsgefährdende oder Stoffe, die den Menschen in sonstiger Weise chronisch schädigen. Dies ergibt sich aus den Anforderungen, welche Art. 7 II 1b, 2 der JugendarbeitsschutzRL (§ 5 Rz. 1) stellt. Im Anhang zu dieser RL werden unter I.3. die chemischen Gefahrstoffe näher konkretisiert. Maßgeblich ist insb. die GefStoffV. Eine weitere Konkretisierung sollte durch RechtsVO gem. § 26 Nr. 2 erfolgen. Die biologischen Arbeitsstoffe iSd. **Nr. 7** werden durch die RL 2000/54/EG v. 18.9.2000[3] näher bestimmt. 3

II. Ausnahmen (Abs. 2 und 3). Ausnahmen sind nur zulässig, wenn der Jugendliche in einem Ausbildungsverhältnis steht und die Außerachtlassung des Beschäftigungsverbots zur Erreichung des Ausbildungsziels erforderlich ist. Die notwendige Aufsicht eines Fachkundigen nach S. 1 Nr. 2 erfordert keine permanente Anwesenheit. Zur Betreuung nach Abs. 3 vgl. §§ 2, 5 ASiG. Der Luftgrenzwert nach Abs. 2 S. 1 Nr. 3 ist gem. § 2 VII GefStoffV sowie anhand der Technischen Regeln zur GefStoffV[4] zu bestimmen. 4

23 *Akkordarbeit; tempoabhängige Arbeiten*
(1) Jugendliche dürfen nicht beschäftigt werden

1. mit Akkordarbeit und sonstigen Arbeiten, bei denen durch ein gesteigertes Arbeitstempo ein höheres Entgelt erzielt werden kann,
2. in einer Arbeitsgruppe mit erwachsenen Arbeitnehmern, die mit Arbeiten nach Nummer 1 beschäftigt werden,
3. mit Arbeiten, bei denen ihr Arbeitstempo nicht nur gelegentlich vorgeschrieben, vorgegeben oder auf andere Weise erzwungen wird.

(2) Absatz 1 Nr. 2 gilt nicht für die Beschäftigung Jugendlicher,
1. soweit dies zur Erreichung ihres Ausbildungszieles erforderlich ist oder
2. wenn sie eine Berufsausbildung für diese Beschäftigung abgeschlossen haben

und ihr Schutz durch die Aufsicht eines Fachkundigen gewährleistet ist.

I. Beschäftigungsverbot (Abs. 1). Die Vorschrift enthält Beschäftigungsverbote, insb. für die Akkordarbeit und ähnliche Arbeiten. Verstöße stellen eine Ordnungswidrigkeit oder Straftat nach § 58 I Nr. 19, III–VI dar. Unter Akkordarbeit nach **Nr. 1** ist jede Arbeit zu verstehen, bei der die Vergütung nicht ausschließlich nach der Dauer der Arbeit – Stunden, Tage, Wochen, Monate –, sondern allein oder ergänzend nach dem erzielten Arbeitsergebnis bemessen wird. Das Verbot richtet sich gegen die Entlohnungsform, nicht gegen die Art der Tätigkeit[5]. Unter „sonstigen Arbeiten" werden vor allem Tätigkeiten verstanden, für die Quantitätsprämien gezahlt werden[6]. Es genügt, wenn die Aussicht auf den Prämienanteil einen spürbaren Anreiz für die Steigerung des Arbeitstempos bietet. Unter **Nr. 2** ist die Beschäftigung in einer Akkordgruppe zu verstehen. Tempoabhängige Arbeiten nach **Nr. 3** sind insb. Fließbandarbeiten und andere Tätigkeiten, bei denen der Jugendliche unter Zeitdruck arbeitet. 1

II. Ausnahmen (Abs. 2). Unter den Voraussetzungen der Nr. 1 und 2 ist lediglich die Arbeit des Jugendlichen in einer Akkordgruppe erwachsener ArbN gestattet, in der der Jugendliche selbst nicht tempoabhängige Arbeiten verrichtet, vgl. auch Art. 7 III RL Nr. 94/33/EG. Weitere Ausnahmen können nach § 27 III durch die Aufsichtsbehörde bewilligt werden. 2

24 *Arbeiten unter Tage*
(1) Jugendliche dürfen nicht mit Arbeiten unter Tage beschäftigt werden.

(2) Absatz 1 gilt nicht für die Beschäftigung Jugendlicher über 16 Jahre,
1. soweit dies zur Erreichung ihres Ausbildungszieles erforderlich ist,
2. wenn sie eine Berufsausbildung für die Beschäftigung unter Tage abgeschlossen haben oder
3. wenn sie an einer von der Bergbehörde genehmigten Ausbildungsmaßnahme für Bergjungarbeiter teilnehmen oder teilgenommen haben

und ihr Schutz durch die Aufsicht eines Fachkundigen gewährleistet ist.

---

1 LAG BW 7.12.1994 – 2 Sa 14/93, nv., betr. Fleischfachverkäuferin. ||2 Näher *Grimm*, DB 2004, 1666. ||3 ABl. 2000 L 262/21. ||4 Vgl. im Internet das Bundesamt für Arbeitsschutz und Arbeitsmedizin: http://www.baua.de/de/Themen-von-A-Z/Gefahrstoffe/Gefahrstoffe.html. ||5 OLG Düss. 28.1.1986 – 5 Ss (OWi) 74/85, GewArch 1986, 167. ||6 *Zmarzlik/Anzinger*, § 23 Rz. 4f.

1 **I. Beschäftigungsverbot (Abs. 1).** Mit der Vorschrift wird den Anforderungen des (von der Bundesrepublik nicht ratifizierten) Übereinkommens Nr. 123 und der Empfehlung Nr. 124 der Internationalen Arbeitsorganisation über das Mindestalter für die Zulassung zu Untertagearbeiten in Bergwerken[1] entsprochen. Das Verbot ist nicht auf den Bergbau unter Tage beschränkt. Verstöße können als Ordnungswidrigkeiten oder Straftaten nach § 58 I Nr. 20, III–VI geahndet werden.

2 **II. Ausnahmen (Abs. 2).** Die Ausnahmeregelung ermöglicht insb. die Ausbildung zum bzw. Tätigkeit als Bergjungarbeiter.

25 Verbot der Beschäftigung durch bestimmte Personen

(1) Personen, die

1. **wegen eines Verbrechens zu einer Freiheitsstrafe von mindestens zwei Jahren,**
2. **wegen einer vorsätzlichen Straftat, die sie unter Verletzung der ihnen als Arbeitgeber, Ausbildender oder Ausbilder obliegenden Pflichten zum Nachteil von Kindern oder Jugendlichen begangen haben, zu einer Freiheitsstrafe von mehr als drei Monaten,**
3. **wegen einer Straftat nach den §§ 109h, 171, 174 bis 184g, 225, 232 bis 233a des Strafgesetzbuches,**
4. **wegen einer Straftat nach dem Betäubungsmittelgesetz oder**
5. **wegen einer Straftat nach dem Jugendschutzgesetz oder nach dem Gesetz über die Verbreitung jugendgefährdender Schriften wenigstens zweimal**

rechtskräftig verurteilt worden sind, dürfen Jugendliche nicht beschäftigen sowie im Rahmen eines Rechtsverhältnisses im Sinne des § 1 nicht beaufsichtigen, nicht anweisen, nicht ausbilden und nicht mit der Beaufsichtigung, Anweisung oder Ausbildung von Jugendlichen beauftragt werden. Eine Verurteilung bleibt außer Betracht, wenn seit dem Tage ihrer Rechtskraft fünf Jahre verstrichen sind. Die Zeit, in welcher der Täter auf behördliche Anordnung in einer Anstalt verwahrt worden ist, wird nicht eingerechnet.

(2) Das Verbot des Absatzes 1 Satz 1 gilt auch für Personen, gegen die wegen einer Ordnungswidrigkeit nach § 58 Abs. 1 bis 4 wenigstens dreimal eine Geldbuße rechtskräftig festgesetzt worden ist. Eine Geldbuße bleibt außer Betracht, wenn seit dem Tage ihrer rechtskräftigen Festsetzung fünf Jahre verstrichen sind.

(3) Das Verbot des Absatzes 1 und 2 gilt nicht für die Beschäftigung durch die Personensorgeberechtigten.

1 **I. Beschäftigungsverbote.** Der Gesetzgeber hält Personen, welche die Voraussetzungen der Abs. 1 und 2 erfüllen, generell für nicht geeignet, Jugendliche zu beschäftigen, anzuweisen, zu beaufsichtigen oder auszubilden. Der Hinweis auf das Gesetz über die Verbreitung jugendgefährdender Schriften in Abs. 1 Nr. 5 dürfte dabei ein Redaktionsversehen sein, da das Gesetz am 31.3.2003 außer Kraft trat[2]. Für ältere Auszubildende wird das Verbot ergänzt durch §§ 33, 30, 29 BBiG und §§ 22, 22a, 24 HwO. Das Beschäftigungsverbot wird im Bundeszentralregister eingetragen. Verstöße stellen eine Ordnungswidrigkeit oder Straftat nach § 58 II–VI dar.

2 **1. Straftaten (Abs. 1).** Zum Verbrechensbegriff gem. S. 1 Nr. 1 vgl. § 12 I StGB. Bei den Straftaten nach S. 1 Nr. 3–5 kommt es auf das Strafmaß nicht an. Im Falle der Verurteilung tritt das Beschäftigungsverbot kraft Gesetzes ein[3]. Für die Beschäftigung nach S. 1 ist auf den weiten ArbGebBegriff des § 3 abzustellen. Ist der Jugendliche ArbN einer OHG, besteht das Beschäftigungsverbot schon, wenn nur ein Gesellschafter nach S. 1 vorbestraft ist; es genügt die Möglichkeit der Kontaktaufnahme[4]. Für eine Ausbildungsuntersagung nach § 24 II HwO bzw. § 24 I BBiG aF (jetzt § 33 BBiG) hat der BayVGH den Verdacht sexueller Belästigung genügen lassen[5].

3 **2. Ordnungswidrigkeiten (Abs. 2).** Das Verbot kommt erst zur Anwendung, wenn der dritte Bußgeldbescheid rechtskräftig geworden ist und seit dem Eintritt der Rechtskraft des ersten Bescheids noch nicht fünf Jahre vergangen sind.

4 **II. Ausnahmen (Abs. 3).** Für die Beschäftigung durch den Personensorgeberechtigten vgl. zunächst § 1 Rz. 14. Findet das JArbSchG auf die Beschäftigung keine Anwendung, kann ein Verbot nur nach § 1666 BGB ausgesprochen werden.

26 Ermächtigungen

Das Bundesministerium für Arbeit und Soziales kann zum Schutze der Jugendlichen gegen Gefahren für Leben und Gesundheit sowie zur Vermeidung einer Beeinträchtigung der körperlichen oder seelisch-geistigen Entwicklung durch Rechtsverordnung mit Zustimmung des Bundesrates

---

1 BT-Drs. V/1253, 2 und 17. || 2 BGBl. 2002 I S. 2730. || 3 VG Berlin 12.1.2012 – 3 K 243.10, nv. || 4 OLG Celle 1.7.1963 – 3 Ws (B) 6/63, AP Nr. 1 zu § 39 JArbSchG. || 5 BayVGH 12.8.2004 – 22 CS 04.1679, GewArch 2005, 36.

1. die für Kinder, die der Vollzeitschulpflicht nicht mehr unterliegen, geeigneten und leichten Tätigkeiten nach § 7 Satz 1 Nr. 2 und die Arbeiten nach § 22 Abs. 1 und den §§ 23 und 24 näher bestimmen,
2. über die Beschäftigungsverbote in den §§ 22 bis 25 hinaus die Beschäftigung Jugendlicher in bestimmten Betriebsarten oder mit bestimmten Arbeiten verbieten oder beschränken, wenn sie bei diesen Arbeiten infolge ihres Entwicklungsstandes in besonderem Maße Gefahren ausgesetzt sind oder wenn das Verbot oder die Beschränkung der Beschäftigung infolge der technischen Entwicklung oder neuer arbeitsmedizinischer oder sicherheitstechnischer Erkenntnisse notwendig ist.

I. Normzweck. Die Norm enthält eine Ermächtigungsgrundlage für RechtsVO, durch welche die Tätigkeiten nach Nr. 1 konkretisiert und die Beschäftigungsverbote nach Nr. 2 verschärft werden können.

II. Erlassene Rechtsverordnungen. Nach § 37 II JArbSchG v. 9.8.1960 wurden § 9 DruckLV und die JArbSchSittV erlassen. Gem. § 72 III sind diese VO weiterhin in Kraft.

III. Verstöße gegen die RechtsVO nach Nr. 1 werden wie ein Verstoß gegen die Grundnorm behandelt. Für Verstöße gegen eine RechtsVO nach Nr. 2 gilt § 58 I Nr. 26a.

27 Behördliche Anordnungen und Ausnahmen

(1) Die Aufsichtsbehörde kann in Einzelfällen feststellen, ob eine Arbeit unter die Beschäftigungsverbote oder -beschränkungen der §§ 22 bis 24 oder einer Rechtsverordnung nach § 26 fällt. Sie kann in Einzelfällen die Beschäftigung Jugendlicher mit bestimmten Arbeiten über die Beschäftigungsverbote und -beschränkungen der §§ 22 bis 24 und einer Rechtsverordnung nach § 26 hinaus verbieten und beschränken, wenn diese Arbeiten mit Gefahren für Leben, Gesundheit oder für die körperliche oder seelisch-geistige Entwicklung der Jugendlichen verbunden sind.

(2) Die zuständige Behörde kann

1. den Personen, die die Pflichten, die ihnen kraft Gesetzes zu Gunsten der von ihnen beschäftigten, beaufsichtigten, angewiesenen oder auszubildenden Kinder und Jugendlichen obliegen, wiederholt oder gröblich verletzt haben,
2. den Personen, gegen die Tatsachen vorliegen, die sie in sittlicher Beziehung zur Beschäftigung, Beaufsichtigung, Anweisung oder Ausbildung von Kindern und Jugendlichen ungeeignet erscheinen lassen,

verbieten, Kinder und Jugendliche zu beschäftigen oder im Rahmen eines Rechtsverhältnisses im Sinne des § 1 zu beaufsichtigen, anzuweisen oder auszubilden.

(3) Die Aufsichtsbehörde kann auf Antrag Ausnahmen von § 23 Abs. 1 Nr. 2 und 3 für Jugendliche über 16 Jahre bewilligen,

1. wenn die Art der Arbeit oder das Arbeitstempo eine Beeinträchtigung der Gesundheit oder der körperlichen oder seelisch-geistigen Entwicklung des Jugendlichen nicht befürchten lassen und
2. wenn eine nicht länger als vor drei Monaten ausgestellte ärztliche Bescheinigung vorgelegt wird, nach der gesundheitliche Bedenken gegen die Beschäftigung nicht bestehen.

I. Beschäftigungsverbot in Einzelfällen (Abs. 1). Die zuständige Aufsichtsbehörde (vgl. § 6 Rz. 1) kann in Einzelfällen durch Verwaltungsakt die Beschäftigungsverbote nach §§ 22–24 u. 26 konkretisieren. Der Verwaltungsakt kann sich auch auf ein Beschäftigungsverbot für mehrere Jugendliche in einem bestimmten Betrieb bei einer bestimmten Tätigkeit beziehen[1].

II. Beschäftigungsverbot für bestimmte Personen (Abs. 2). Durch diese Vorschrift werden § 25 JArbSchG und § 33 BBiG ergänzt und erweitert. Das Verbot kann auf unbestimmte Dauer verhängt werden, ist jedoch von der Behörde zu überprüfen, wenn über den Betroffenen längere Zeit nichts Nachteiliges bekannt wird[2]. Das Verbot wird im Bundeszentralregister eingetragen.

III. Ausnahmebewilligung (Abs. 3). Die Ausnahmebewilligung ist ein Verwaltungsakt, der im Ermessen der Behörde steht. Auf den Erlass der Bewilligung besteht also auch dann kein Rechtsanspruch, wenn die Voraussetzungen nach Nr. 1 u. 2 vorliegen[3].

Dritter Titel. Sonstige Pflichten des Arbeitgebers

28 Menschengerechte Gestaltung der Arbeit

(1) Der Arbeitgeber hat bei der Einrichtung und der Unterhaltung der Arbeitsstätte einschließlich der Maschinen, Werkzeuge und Geräte und bei der Regelung der Beschäftigung die Vorkehrungen

---

[1] OVG Münster 12.10.1965 – II A 476/64, AP Nr. 1 zu § 37 JArbSchG. Es handelt sich dann um eine Allgemeinverfügung nach § 35 S. 2 VwVfG.   [2] BVerwG 14.12.1972 – V C 47/72, BVerwGE 41, 286.   [3] BVerwG 8.7.1964 – V C 126/62, AP Nr. 1 zu § 38 JArbSchG.

und Maßnahmen zu treffen, die zum Schutze der Jugendlichen gegen Gefahren für Leben und Gesundheit sowie zur Vermeidung einer Beeinträchtigung der körperlichen oder seelisch-geistigen Entwicklung der Jugendlichen erforderlich sind. Hierbei sind das mangelnde Sicherheitsbewusstsein, die mangelnde Erfahrung und der Entwicklungsstand der Jugendlichen zu berücksichtigen und die allgemein anerkannten sicherheitstechnischen und arbeitsmedizinischen Regeln sowie die sonstigen gesicherten arbeitswissenschaftlichen Erkenntnisse zu beachten.

(2) Das Bundesministerium für Arbeit und Soziales kann durch Rechtsverordnung mit Zustimmung des Bundesrates bestimmen, welche Vorkehrungen und Maßnahmen der Arbeitgeber zur Erfüllung der sich aus Absatz 1 ergebenden Pflichten zu treffen hat.

(3) Die Aufsichtsbehörde kann in Einzelfällen anordnen, welche Vorkehrungen und Maßnahmen zur Durchführung des Absatzes 1 oder einer vom Bundesministerium für Arbeit und Soziales gemäß Absatz 2 erlassenen Verordnung zu treffen sind.

1   **I. Normzweck.** Die Vorschrift verpflichtet den ArbGeb, zum Schutze der Gesundheit und der körperlichen und geistigen Entwicklung des Jugendlichen die erforderlichen Maßnahmen zur Sicherung der Arbeitsstätte zu treffen. Unter Arbeitsstätte ist dabei jeder Ort zu verstehen, an dem der Jugendliche tätig wird, dazu gehören auch die Sanitärräume usw. Unter den sicherheitstechnischen und arbeitsmedizinischen Regeln sowie arbeitswissenschaftlichen Erkenntnissen sind zB DIN- oder ISO-Normen, die Unfallverhütungsvorschriften der Berufsgenossenschaften sowie ua. die Verzeichnisse[1], welche zum ProduktsicherheitsG erlassen wurden, zu verstehen[2]. Der ArbGeb kann daher zum Schutze der Jugendlichen verpflichtet sein, ein Rauchverbot auszusprechen[3]. Neben der Norm findet das ArbSchG Anwendung.

2   **II. Durchführungsvorschriften.** RechtsVO auf Grund von Abs. 2 sind bisher nicht ergangen. Zu den Anordnungen nach Abs. 3 vgl. entsprechend § 27 Rz. 1.

28a *Beurteilung der Arbeitsbedingungen*

Vor Beginn der Beschäftigung Jugendlicher und bei wesentlicher Änderung der Arbeitsbedingungen hat der Arbeitgeber die mit der Beschäftigung verbundenen Gefährdungen Jugendlicher zu beurteilen. Im Übrigen gelten die Vorschriften des Arbeitsschutzgesetzes.

29 *Unterweisung über Gefahren*

(1) Der Arbeitgeber hat die Jugendlichen vor Beginn der Beschäftigung und bei wesentlicher Änderung der Arbeitsbedingungen über die Unfall- und Gesundheitsgefahren, denen sie bei der Beschäftigung ausgesetzt sind, sowie über die Einrichtungen und Maßnahmen zur Abwendung dieser Gefahren zu unterweisen. Er hat die Jugendlichen vor der erstmaligen Beschäftigung an Maschinen oder gefährlichen Arbeitsstellen oder mit Arbeiten, bei denen sie mit gesundheitsgefährdenden Stoffen in Berührung kommen, über die besonderen Gefahren dieser Arbeiten sowie über das bei ihrer Verrichtung erforderliche Verhalten zu unterweisen.

(2) Die Unterweisungen sind in angemessenen Zeitabständen, mindestens aber halbjährlich, zu wiederholen.

(3) Der Arbeitgeber beteiligt die Betriebsärzte und die Fachkräfte für Arbeitssicherheit an der Planung, Durchführung und Überwachung der für die Sicherheit und den Gesundheitsschutz bei der Beschäftigung Jugendlicher geltenden Vorschriften.

1   **I. Beurteilung der Arbeitsbedingungen (§ 28a).** Die Vorschrift verfolgt das Ziel, den ArbGeb zu einer genauen Prüfung der möglichen Gefährdungen Jugendlicher zu veranlassen, um damit die in § 29 vorgesehene Unterrichtung des Jugendlichen vorzubereiten. Eine solche Beurteilungspflicht enthält auch § 5 I ArbSchG, zur Dokumentationspflicht vgl. § 6 ArbSchG[4]. Da § 28a Art. 6 II der RL Nr. 94/33/EG umsetzt, kommt es maßgeblich auf die dort in S. 1 genannten Aspekte an[5].

2   **II. Unterweisung über Gefahren (§ 29).** Die Unterweisung hat vor Beginn der Beschäftigung zu erfolgen und ist gem. Abs. 2 in bestimmten Zeitabständen zu wiederholen. Die Unterweisung kann in Gruppen erfolgen; eine bloße schriftl. Unterweisung genügt nicht. Erforderlich sind mündliche Erläuterungen und praktische Vorführungen. Der ArbGeb kann mit der Unterweisung andere Personen beauftragen, jedoch müssen diese mit den konkreten Verhältnissen im Betrieb vertraut sein. Neben § 29 sind § 12 ArbSchG und § 81 BetrVG zu beachten.

---

1 Diese und weitere Regelungen finden sich im Internet unter http://www.baua.de/de/Informationen-fuer-die-Praxis/Rechtsgrundlagen-und-Vorschriften/Rechtsgrundlagen-und-Vorschriften.html.   ‖2 Weiterführend *Zmarzlik/Anzinger*, § 28 Rz. 9 f.   ‖3 *Bergwitz*, NZA-RR 2004, 169 (173).   ‖4 Praktische Hinweise finden sich bei *Haase-Rieger*, AiB 1997, 334, sowie im Ratgeber zur Gefährdungsbeurteilung der Bundesanstalt für Arbeitsschutz und Arbeitsmedizin, Stand Nov. 2013, vgl. www.baua.de/de/Publikationen/Fachbuchreihe/Gefährdungsbeurteilung.html.   ‖5 *Balze* in Oetker/Preis, EAS, B 5200, Stand 3/2012, Rz. 37.

30 *Häusliche Gemeinschaft*
(1) Hat der Arbeitgeber einen Jugendlichen in die häusliche Gemeinschaft aufgenommen, so muss er
1. ihm eine Unterkunft zur Verfügung stellen und dafür sorgen, dass sie so beschaffen, ausgestattet und belegt ist und so benutzt wird, dass die Gesundheit des Jugendlichen nicht beeinträchtigt wird, und
2. ihm bei einer Erkrankung, jedoch nicht über die Beendigung der Beschäftigung hinaus, die erforderliche Pflege und ärztliche Behandlung zuteil werden lassen, soweit diese nicht von einem Sozialversicherungsträger geleistet wird.

(2) Die Aufsichtsbehörde kann im Einzelfall anordnen, welchen Anforderungen die Unterkunft (Absatz 1 Nr. 1) und die Pflege bei Erkrankungen (Absatz 1 Nr. 2) genügen müssen.

I. Aufnahme in die häusliche Gemeinschaft (Abs. 1). Eine Aufnahme in die häusl. Gemeinschaft liegt vor, wenn der Jugendliche in den Familienhaushalt so aufgenommen ist, dass dieser zu seinem persönlichen Lebensmittelpunkt wird. Zu der Verpflichtung nach **Nr. 1** gehört auch die angemessene Verpflegung des Jugendlichen. Die Verpflichtung in **Nr. 2** zur Krankenpflege geht inhaltlich und zeitlich über § 617 BGB hinaus. Der ArbGeb trägt sämtl. Kosten zur Erfüllung seiner Verpflichtung, sofern diese nicht von einem SozV-Träger übernommen werden. Er ist ggf. zur Vorleistung verpflichtet. Die Fortzahlung des Entgelts gem. § 3 EFZG, § 19 I Nr. 2 BBiG kann gem. § 617 I 3 BGB analog angerechnet werden.

II. Anordnungen (Abs. 2). Die zuständige Aufsichtsbehörde (vgl. § 6 Rz. 1) kann in Einzelfällen durch Verwaltungsakt die Verpflichtungen des ArbGeb nach Abs. 1 konkretisieren.

31 *Züchtigungsverbot; Verbot der Abgabe von Alkohol und Tabak*
(1) Wer Jugendliche beschäftigt oder im Rahmen eines Rechtsverhältnisses im Sinne des § 1 beaufsichtigt, anweist oder ausbildet, darf sie nicht körperlich züchtigen.

(2) Wer Jugendliche beschäftigt, muss sie vor körperlicher Züchtigung und Misshandlung und vor sittlicher Gefährdung durch andere bei ihm Beschäftigte und durch Mitglieder seines Haushalts an der Arbeitsstätte und in seinem Hause schützen. Er darf Jugendlichen keine Tabakwaren, Jugendlichen unter 16 Jahren keine alkoholischen Getränke und Jugendlichen über 16 Jahre keinen Branntwein geben.

I. Züchtigungsverbot (Abs. 1). Verboten ist die körperliche Züchtigung. Ist der ArbGeb personensorgeberechtigt, gilt § 1631 II BGB. Eine verbale Einwirkung oder leichte körperliche Berührung ist keine Züchtigung. Verstöße sind strafbar gem. §§ 223 ff. StGB. Daneben kommen Schadensersatzansprüche des Jugendlichen gem. §§ 280, 823 I u. II, 253 II BGB in Betracht.

II. Schutzgebote (Abs. 2 S. 1). Schutz muss auch vor **Misshandlungen** gewährt werden. Darunter ist jede üble, unangemessene Behandlung, die das Wohlbefinden oder die körperliche Unversehrtheit nicht unerheblich beeinträchtigt, zu verstehen. Der Schutz vor **sittlicher Gefährdung** bedeutet, dass der Jugendliche nicht zusammen mit Personen beschäftigt werden darf, die wegen sittlicher Verfehlungen eine Gefahr darstellen können[1]. Stehen keine anderen Mittel zur Beseitigung der Gefahr zur Verfügung, muss der ArbGeb dem Jugendlichen kündigen[2]. Verstöße gegen Abs. 2 S. 1 können als Straftat des ArbGeb durch Unterlassen insb. gem. §§ 223 ff., 13 StGB zu bewerten sein, da die Norm eine Garantenstellung des ArbGeb begründet. Schadensersatzansprüche kommen gem. §§ 280, 278 BGB, § 823 BGB (Organisationsverschulden) und § 831 BGB in Betracht. Ein weiteres Schutzgebot enthält § 12 AGG.

III. Verbot der Abgabe von Alkohol und Tabak (Abs. 2 S. 2). Das Verbot richtet sich an den ArbGeb. Gestattet dieser einem Dritten, zB in der Werkskantine Alkohol und Tabak zu verkaufen, muss er sicherstellen, dass ein Verkauf an Jugendliche nur in den Grenzen des Abs. 2 S. 2 erfolgt. Die bloße Anbringung eines Schildes genügt nicht. Verstöße stellen Ordnungswidrigkeiten oder Straftaten gem. § 58 I Nr. 21, III-VI dar.

32–72 *(nicht kommentiert)*

---

1 Vgl. BVerwG 12.3.1965 – VII C 175/63, AP Nr. 3 zu § 20 HandwO. || 2 *Zmarzlik/Anzinger*, § 31 Rz. 8.

Kündigungsschutzgesetz (KSchG)

in der Fassung der Bekanntmachung vom 25.8.1969 (BGBl. I S. 1317), zuletzt geändert durch Gesetz vom 20.4.2013 (BGBl. I S. 868)

Vor § 1

- I. Entstehung und Entwicklung ... 1
- II. Grundrechtlicher Rahmen ... 7
- III. Kündigungsschutz außerhalb des KSchG ... 14
  1. Gesetzlicher Schutz ... 14
  2. Autonomer Schutz ... 19
- IV. Konzeption des Kündigungsschutzes im KSchG ... 21
- V. Zwingende Geltung, Verzicht und Ausgleichsquittung ... 24
- VI. Internationaler Geltungsbereich ... 31
  1. Objektive Anknüpfung ... 32
  2. Rechtswahl ... 33
- VII. Kündigungsschutz in besonderen Betrieben ... 35
  1. Grundsatz ... 35
  2. Schifffahrt und Luftverkehr ... 36
  3. Alliierte Streitkräfte ... 37
  4. Kirchen ... 39
  5. Tendenzunternehmen ... 41
- VIII. Kündigungsschutz in besonderen Rechtslagen (insb. Insolvenz) ... 42
- IX. Vertragspflichtverletzung durch rechtsunwirksame Kündigung ... 45

1 **I. Entstehung und Entwicklung.** Das KSchG beschränkt die Kündigungsfreiheit des ArbGeb und damit die **Vertragsfreiheit**. Die historische Entwicklung im 19. Jahrhundert hatte unter der Geltung nahezu reiner Vertragsfreiheit zu krassen Missständen auf Seiten der abhängig Beschäftigten geführt. Es zeigte sich, dass die für die Ordnungsfunktion des freien Vertragsschlusses erforderliche strukturelle Chancengleichheit der Vertragsparteien typischerweise beim Abschluss des Arbeitsvertrages fehlt. Hinzu trat die soziale und volkswirtschaftl. Bedeutung des ArbVerh: Es bildet für die ArbN und ihre unterhaltsberechtigten Angehörigen, also für den weitaus größten Teil der Bevölkerung, die lebenslange **Existenzgrundlage**. Staatl. Eingriffe in die Vertragsfreiheit wurden daher zum Schutz des ArbN und zur Stabilisierung seiner Existenzgrundlage notwendig[1]. Die Rechtfertigung dieser Beschränkung der Vertragsfreiheit wird für die heutigen Verhältnisse gelegentlich in Frage gestellt[2] und in einem überzogenen Kündigungsschutz ein Einstellungshindernis gesehen[3]. Tatsächlich besteht ein Schutzbedürfnis auch heute, wobei man über das erforderliche Maß streiten mag[4].

2 Einen ersten allg., jedoch an die Mitwirkung des BR geknüpften Kündigungsschutz brachte nach dem Ersten Weltkrieg das **Betriebsrätegesetz** v. 4.2.1920[5] für Betriebe mit mindestens 20 ArbN. In der Zeit des Nationalsozialismus räumte das Gesetz zur Ordnung der nationalen Arbeit (**AOG**) v. 20.1.1934[6] dem ArbN einen ähnlichen individuellen Schutz vor Kündigungen ein, der auf Betriebe mit mindestens zehn ArbN erweitert war. An die Stelle der kollektiven Beteiligungsrechte trat das „Führerprinzip". Nach dem Zweiten Weltkrieg bildete sich zunächst in den **Besatzungszonen** ein regional unterschiedliches Kündigungsschutzrecht heraus. Soweit ein Schutz vor Kündigungen nicht eigens geregelt war (so zB in der Britischen Besatzungszone), gewährte die Rspr. einen gewissen, konturenlosen Schutz über die §§ 138, 242 BGB[7].

3 Diesen Zustand beendete das am 14.8.1951 in Kraft getretene erste Kündigungsschutzgesetz v. 10.8.1951 (**KSchG 1951**)[8]. Es beruhte im Wesentlichen auf einem gemeinsamen Gesetzesvorschlag von ArbGebVerbänden und Gewerkschaften, dem sog. Hattenheimer Entwurf v. 13.1.1950[9]. Das KSchG 1951 führte den Begriff der sozial ungerechtfertigten Kündigung ein und beschränkte die Ausnahme von seinem Geltungsbereich auf Kleinbetriebe mit bis zu fünf ArbN. Änderungen brachte das 1. ArbeitsrechtsbereinigungsG v. 14.8.1969[10], das eine Reihe von Vorschriften inhaltlich modifizierte und die §§ 2 und 8 neu einfügte[11]. Das Gesetz wurde am 25.8.1969 neu gefasst[12] und wird zur Unterscheidung auch „KSchG 1969" zitiert. Dies ist bei Heranziehung älterer Entscheidungen zu beachten. Im weiteren Folge erlebte das KSchG 1969 mehrfache **Änderungen:** 1972 führte der Erlass des BetrVG v. 15.1.1972 zu einer Verzahnung von kollektivem und individuellem Kündigungsschutz (vgl. § 1 II 2 KSchG einerseits und

---

[1] Vgl. APS/*Preis*, Grundlagen A Rz. 1 ff.; *Göller*, Die Geschichte des Kündigungsschutzrechts in Deutschland, Diss. 1974, S. 34, 43 f. ‖ [2] Vgl. etwa *Reuter*, FS 25 Jahre BAG, 1979, S. 405 (424 ff.); *Rüthers*, NJW 1998, 1433; s.a. *v. Hoyningen-Huene/Linck*, Einl. Rz. 10 ff. mwN. ‖ [3] *Rüthers*, NJW 2002, 1601 ff.; *Rüthers*, NJW 2003, 546 ff.; *Adomeit*, NJW 1998, 2951; *Buchner*, NZA 2002, 533 ff.; *Bauer*, NZA 2002, 529 ff.; dagegen aus empirischer Sicht *Bielinski/Hartmann/Pfarr/Seifert*, AuR 2003, 81 ff. ‖ [4] BVerfG 27.1.1998 – 1 BvL 15/87 u. 1 BvL 22/93, EzA § 23 KSchG Nr. 17 u. 18; 19.10.1993 – 1 BvR 567/89, AP Nr. 35 zu Art. 3 GG; 7.2.1990 – 1 BvR 26/84, AP Nr. 65 zu Art. 12 GG; APS/*Preis*, Grundlagen B Rz. 29 ff. mwN; zusammenfassend *Preis*, RdA 2003, 65 ff. ‖ [5] RGBl. I S. 147. ‖ [6] RGBl. I S. 45. ‖ [7] Vgl. näher *v. Hoyningen-Huene/Linck*, Einl. Rz. 26 - 29. ‖ [8] BGBl. I S. 499. ‖ [9] RdA 1950, 63. ‖ [10] BGBl. I S. 1106. ‖ [11] Näher *v. Hoyningen-Huene/Linck*, Einl. Rz. 39 ff. ‖ [12] BGBl. I S. 1317.

§ 102 III Nr. 2–5 BetrVG andererseits); weiter wurde der Kündigungsschutz für Funktionsträger in der Betriebsverfassung verbessert (§ 15). 1974 traten entsprechende Regelungen im Hinblick auf das BPersVG v. 15.3.1974 in Kraft[1]. 1976 entfiel die bis dahin in § 1 geregelte Mindestaltersgrenze für den Kündigungsschutz von (zuletzt) 18 Jahren[2]. 1978 passte der Gesetzgeber die Vorschriften über Massenentlassungen (§§ 17 ff.) dem geänderten EG-Recht an[3].

Mit dem **Beitritt der ehemaligen DDR** am 3.10.1990 trat gem. Art. 8 EVertr[4] das KSchG ohne Änderungen auch in den neuen Bundesländern in Kraft. Für den öffentl. Dienst der neuen Bundesländer begründete der Einigungsvertrag aber gleichzeitig in seiner Anl. I Kap. XIX Sachgeb. A Abschn. III Nr. 1 Abs. 4 und 5 ein Sonderkündigungsrecht der öffentl. ArbGeb. Die dort für eine ordentl. Kündigung geregelten besonderen Kündigungstatbestände (Abs. 4) galten nur befristet in der Zeit vom 3.10.1990 bis 31.12.1993 und haben heute keine Bedeutung mehr[5]; die in Abs. 5 geregelten besonderen Gründe für eine außerordentl. Kündigung gelten dagegen unbefristet, haben inzwischen aber stark an praktischer Bedeutung verloren.

Das **Arbeitsrechtliche Beschäftigungsförderungs**G v. 25.9.1996[6] erweiterte den Ausschluss von Kleinbetrieben aus dem Geltungsbereich des KSchG in § 23 auf Betriebe mit bis zu zehn ArbN, brachte Änderungen bei der Sozialauswahl gem. § 1 III und Erleichterungen für betriebsbedingte Kündigungen in besonderen Fallgestaltungen gem. § 1 IV und V. Diese Rechtslage galt nur für Kündigungen, die in der Zeit vom 1.10.1996 bis 31.12.1998 dem ArbN zugingen[7]. Art. 6 des Gesetzes zu Korrekturen in der Sozialversicherung und zur Sicherung der Arbeitnehmerrechte v. 19.12.1998 (sog. **KorrekturenG**[8]) stellte mWz. 1.1.1999 ohne Übergangsregelung im Wesentlichen wieder den früheren Rechtszustand her. Die Beschränkung der gerichtl. Überprüfung einer sozialen Auswahl auf Grund von betriebl. oder tarifl. Auswahlrichtlinien gem. § 1 IV 1 aF blieb jedoch mit Modifikationen erhalten[9].

Mit dem Gesetz zu Reformen am Arbeitsmarkt v. 24.12.2003[10] (**ArbeitsmarktreformG**) kehrte der Gesetzgeber mWz. 1.1.2004 nahezu vollständig wieder zu den Erleichterungen des Beschäftigungsförderungs G v. 25.9.1996 für betriebsbedingte Kündigungen zurück (§ 1 III, IV u. V); außerdem schuf er in § 1a für den Fall der betriebsbedingten Kündigung eine Abfindungsalternative zum Kündigungsschutzprozess, erstreckte die Klagefrist des § 4 S. 1 auf sämtliche Unwirksamkeitsgründe aller Arten von schriftl. Kündigungen und erhöhte die Anwendungsschwelle des KSchG in § 23 I wieder auf zehn ArbN unter weitgehender Wahrung des kündigungsrechtl. Besitzstandes für die Beschäftigten in Kleinbetrieben mit mehr als fünf und bis zu zehn ArbN, deren ArbVerh vor dem 1.1.2004 begonnen hat.

II. Grundrechtlicher Rahmen. Das Kündigungsschutzrecht steht im Spannungsfeld widerstreitender Grundrechtspositionen von ArbGeb und ArbN[11]. Das **Interesse des ArbGeb** ist auf Kündigungsfreiheit gerichtet. Diese ist Teil der durch Art. 2 GG geschützten Vertragsfreiheit[12]. Im Bereich der Berufsausübung wird Art. 2 durch das speziellere Grundrecht der **Berufsfreiheit** in Art. 12 GG verdrängt[13]. Kündigungsfreiheit bringt in Wettbewerb sowie wirtschaftl. und sonstigen Wechselfällen größere Beweglichkeit. Ein übermäßiger Kündigungsschutz für ArbN würde unzulässig in die Berufsfreiheit des ArbGeb eingreifen (sog. Übermaßverbot, s. Art. 12 GG Rz. 73 ff.). Diese umfasst die Gründung und Führung von Unternehmen (Unternehmerfreiheit) und schließt die Disposition über die benötigte Anzahl von Arbeitskräften zur Verfolgung der unternehmerischen Ziele ein[14]. Der Schutz gilt auch der Tätigkeit von Großunternehmen und Konzernen[15].

Der Schutz des **Eigentums** durch Art. 14 GG ist berührt, soweit nicht nur die unternehmerische Handlungsfreiheit, dh. die Chance auf Erwerb, betroffen ist, sondern die Beibehaltung und Verwendung des (rechtl. verfestigt) Erworbenen[16]. Ob dazu auch das Unternehmen oder der „eingerichtete und ausgeübte Gewerbebetrieb" als solche gehören, ist bislang vom BVerfG nicht entschieden und iÜ streitig (vgl. Art. 14 GG Rz. 23 ff.). Zum geschützten Eigentum gehören jedenfalls die einzelnen materiellen und immateriellen Betriebs- und Produktionsmittel. Erst wenn eine übermäßige Vertragsbindung der im

---

1 Näher *v. Hoyningen-Huene/Linck*, Einl. Rz. 44 ff. ||2 Erstes Gesetz zur Änderung des KSchG v. 5.7.1976, BGBl. I S. 1769. ||3 Zweites Gesetz zur Änderung des KSchG v. 27.4.1978, BGBl. I S. 550. ||4 Vertrag zwischen der Bundesrepublik Deutschland und der Deutschen Demokratischen Republik über die Herstellung der Einheit Deutschlands – Einigungsvertrag – 31.8.1990, BGBl. II S. 889. ||5 Sie verdrängten als lex specialis in ihrem Anwendungsbereich teilweise § 1, BAG 24.9.1992 – 8 AZR 557/91, AP Nr. 3 zu Einigungsvertrag Anlage I Kapitel XIX mit insoweit zust. Anm. *v. Hoyningen-Huene*; vgl. näher zu den Kündigungsgründen des Abs. 4 KR/*Griebeling*, 4. Aufl., § 1 KSchG Rz. 640–677. ||6 BGBl. I S. 1476. ||7 Vgl. zu dieser Rechtslage HK-KSchG/*Dorndorf*, § 1 Anh. 3. ||8 BGBl. I S. 3843. ||9 Vgl. zum sog. KorrekturenG *Preis*, RdA 1999, 311 sowie *Lakies*, NJ 1999, 74. ||10 BGBl. I S. 3002. ||11 Instruktiv BVerfG 30.7.2003 – 1 BvR 792/03, NJW 2003, 2815 (Kündigung einer Verkäuferin wegen Tragens eines islamischen Kopftuchs). ||12 BVerfG 12.11.1958 – 2 BvL 4/56 ua., BVerfGE 8, 274 (328); 19.10.1983 – 2 BvR 298/81, AP Nr. 2 zu § 1 BetrAVG Unterstützungskassen. ||13 BVerfG 15.12.1987 – 1 BvR 563/85 ua., AP Nr. 62 zu Art. 12 GG. ||14 BVerfG 1.3.1979 – 1 BvR 532/77, AP Nr. 1 zu § 1 MitbestG; 27.1.1998 – 1 BvL 15/87, AP Nr. 17 zu § 23 KSchG 1969; 27.1.1998 – 1 BvL 15/87, BVerfGE 97, 169 (176); BAG 3.4.1990 – 1 AZR 123/89, AP Nr. 56 zu Art. 9 GG. ||15 BVerfG 1.3.1979 – 1 BvR 532/77 ua., BVerfGE 50, 290 (363 f.). ||16 BVerfG 10.3.1992 – 1 BvR 454/91, AP Nr. 1 zu Art. 38 EinigungsV; 25.5.1993 – 1 BvR 345/83, BVerfGE 88, 366 (377).

Betrieb beschäftigten ArbN diese Rechtspositionen ausnahmsw. in ihrer Substanz nachhaltig beeinträchtigt, kann ein Eingriff in das Grundrecht aus Art. 14 GG vorliegen[1].

9 Das **Interesse des ArbN** ist auf Bestandsschutz für sein ArbVerh gerichtet. Seine persönl. Arbeitskraft ist naturgemäß begrenzt, bildet aber regelmäßig die Grundlage für seine wirtschaftl. und soziale Existenz und die seiner unterhaltsberechtigten Angehörigen. In Zeiten hoher Arbeitslosigkeit wie auch in vorgerücktem Lebensalter steigt sein Schutzbedürfnis. Das **Bestandsschutzinteresse** des ArbN fällt ebenso in den Schutzbereich des Art. 12 GG. Das Grundrecht schützt als „Beruf" jede Tätigkeit, die der Schaffung und Erhaltung einer Lebensgrundlage dient[2], in ihrer konkreten Ausübungsform („Arbeitsplatz"). Geschützt ist somit auch die berufl. Betätigung in der konkreten Form der abhängigen Arbeit[3]. Art. 12 GG schützt nur **Deutsche**, Ausländer erlangen über Art. 2 I GG als sog. „Auffanggrundrecht" einen ähnlichen, aber etwas abgeschwächten Schutz[4]. EU-Ausländer sind über Art. 2 I GG Deutschen praktisch gleichgestellt, weil der EuGH die Berufsfreiheit als einen allg. Grundsatz des Gemeinschaftsrechts betrachtet[5].

10 Art. 12 GG begründet ua. das Freiheitsrecht, einen Arbeitsplatz, dh. jede konkrete Form einer Berufsausübung, nach eigener Wahl anzunehmen, beizubehalten oder aufzugeben[6]. Der Schutz richtet sich nicht nur gegen staatl. Eingriffe, sondern begründet insb. auch die **Schutzpflicht** für den Staat, eine aktive Teilhabe an der Freiheit zur Berufsausübung zu gewährleisten, wo diese signifikant durch sonstige Umstände bedroht ist[7]. Für das ArbVerh und speziell den Arbeitsplatzschutz ergibt sich daraus die Pflicht des Gesetzgebers, einen wirksamen Mindestschutz ggü. arbeitgeberseitigen Kündigungen zur Verfügung zu stellen (Untermaßverbot)[8]. Art. 12 GG begründet indessen weder einen Anspruch auf Bereitstellung eines Arbeitsplatzes eigener Wahl noch auf eine Bestandsgarantie für die Beibehaltung eines Arbeitsplatzes[9]. Zwischen Über- und Untermaßverbot steht dem Gesetzgeber ein weiter Beurteilungs- und Gestaltungsspielraum zur Verfügung[10]. In seiner derzeitigen Form hält sich das KSchG in diesem Rahmen[11].

11 Allerdings hat das BVerfG die **Herausnahme der Kleinbetriebe** mit seinerzeit bis zu fünf ArbN aus dem Geltungsbereich des KSchG (§ 23) ua. nur deshalb als mit Art. 12 GG vereinbar angesehen, weil auch außerhalb des KSchG über die §§ 138, 242 BGB ein durch Art. 12 GG gebotener Mindestschutz gewährleistet sei[12]. Vgl. Rz. 16; zum Einfluss des Grundrechts auf die Auslegung des Begriffs des Kleinbetriebes iSv. § 23 vgl. § 23 Rz. 10.

12 Neben dem allg. Spannungsfeld des Art. 12 GG enthält das Grundgesetz eine Reihe unmittelbarer **Schutznormen** mit zT direkter privatrechtl. Wirkung für Kündigungen, so das Diskriminierungsverbot in Art. 3 III GG (die Diskriminierungsverbote des Art. 3 III GG werden überlagert durch die AGG und der zu Grunde liegenden EU-Richtlinien, vgl. Rz. 16), den Schutz gewerkschaftl. Betätigung in Art. 9 III 2 GG, den Mutterschutz in Art. 6 IV GG, den Schutz von Bundestagsabgeordneten in Art. 48 II GG. Verfassungsrechtl. besonders geschützt ist das Selbstbestimmungsrecht der **Kirchen** gem. Art. 4, 140 GG iVm. Art. 136 f. WRV. Dies wirkt sich bei der kündigungsrechtl. Bewertung von Verstößen gegen kirchliche Glaubensregeln und Pflichten aus (s. Rz. 39 f. sowie § 1 Rz. 228). Zu **Tendenzunternehmen**, insb. Rundfunk und Presse (Art. 5 I 2 GG), vgl. Rz. 41.

13 Bei der Bewertung von Kündigungsgründen ist weiterhin die **Ausstrahlungswirkung** der Grundrechte zu beachten, so der Freiheit der Meinungsäußerung (Art. 5 I 1 GG)[13] und des Gewissens und der Religionsausübung (Art. 4 I GG)[14], des Schutzes der Familie (Art. 6 I GG), des Petitionsrechts (Art. 17 GG)[15]. Diese Grundrechte entfalten nach hM keine unmittelbare Drittwirkung ggü. Privaten, haben aber Bedeutung im Privatrecht über die Auslegung unbestimmter Rechtsbegriffe, insb. der zivilrechtl. Generalklauseln, und gewähren hier Schutz gegen Grundrechtsverletzungen durch andere Grundrechtsträger[16]. Der in Art. 3 GG wurzelnde arbeitsrechtl. **Gleichbehandlungsgrundsatz** wird vom BAG nicht unmittelbar auf das Kündigungsrecht des ArbGeb angewendet, so dass er nicht die Grundlage eines

---

1 Vgl. auch ErfK/*Dieterich*, Art. 14 GG Rz. 19 f.; *Kiel/Koch*, Rz. 3; APS/*Preis*, Grundlagen A Rz. 31.   ‖ 2 BVerfG 11.6.1958 – 1 BvR 596/56, BVerfGE 7, 377 (397); 18.6.1980 – 1 BvR 697/77, BVerfGE 54, 301 (313); 13.1.1982 – 1 BvR 848/77, AP Nr. 1 zu Art. 5 GG Rundfunkfreiheit.   ‖ 3 BVerfG 24.4.1991 – 1 BvR 1341/90, AP Nr. 70 zu Art. 12 GG.   ‖ 4 BVerfG 15.1.2002 – BvR 1783/99, BVerfGE 104, 337 (346); 10.5.1988 – 1 BvR 482/84, BVerfGE 78, 179 (196 f.).   ‖ 5 EuGH 14.5.1974 – Rs. C-4/73, Slg. 1974, 491 – Nold; ErfK/*Dieterich*, Art. 12 GG Rz. 12.   ‖ 6 BVerfG 24.4.1991 – 1 BvR 1341/90, AP Nr. 70 zu Art. 12 GG.   ‖ 7 BVerfG 24.4.1991 – 1 BvR 1341/90, AP Nr. 70 zu Art. 12 GG.   ‖ 8 BVerfG 24.4.1991 – 1 BvR 1342/90, AP Nr. 70 zu Art. 12 GG; 21.2.1995 – 1 BvR 1397/93, BVerfGE 92, 140 (153); 27.1.1998 – 1 BvL 15/87, AP Nr. 17 zu § 23 KSchG 1969.   ‖ 9 BVerfG 21.2.1995 – 1 BvR 1397/93, NZA 1995, 619.   ‖ 10 BVerfG 17.11.1992 – 1 BvR 168/89, BVerfGE 87, 363 (383); 7.2.1990 – 1 BvR 26/84, AP Nr. 65 zu Art. 12 GG.   ‖ 11 BVerfG 27.1.1998 – 1 BvL 15/87, AP Nr. 17 zu § 23 KSchG 1969; 21.2.1995 – 1 BvR 1397/93, BVerfGE 92, 140 (153).   ‖ 12 BVerfG 27.1.1998 – 1 BvL 15/87, DB 1998, 826.   ‖ 13 BAG 24.6.2004 – 2 AZR 63/03, NZA 2005, 158.   ‖ 14 BAG 10.10.2002 – 2 AZR 472/01, NZA 2003, 483 (Kündigung einer Verkäuferin wegen Tragens eines islamischen Kopftuchs); best. durch BVerfG 30.7.2003 – 1 BvR 792/03, NJW 2003, 2815 f. (instruktiv zum grundrechtl. Spannungsverhältnis im ArbVerh).   ‖ 15 BVerfG 2.7.2001 – 1 BvR 2049/00, AP Nr. 170 zu § 626 BGB; *Müller*, NZA 2002, 424 (430 f.).   ‖ 16 BVerfG 15.7.1998 – 1 BvR 1554/89 ua., AP Nr. 26 zu § 18 BetrAVG; 19.10.1993 – 1 BvR 567/89 ua., AP Nr. 35 zu Art. 2 GG; 7.2.1990 – 1 BvR 26/84, AP Nr. 65 zu Art. 12 GG; 28.4.1976 – 1 BvR 71/73, AP Nr. 2 zu § 74 BetrVG; *Canaris*, AcP 184 (1984), 201 ff.; *Fastrich*, RdA 1997, 65 ff.

sonstigen Unwirksamkeitsgrundes iSv. § 13 III bilden kann. Dies sei mit der im Kündigungsrecht gebotenen Einzelfallabwägung unvereinbar. Die Behandlung gleich oder ähnlich liegender Kündigungssachverhalte durch den ArbGeb (auch in der Vergangenheit) ist aber im Rahmen der Interessenabwägung zu berücksichtigen, so etwa bei einer „herausgreifenden Kündigung"[1] (vgl. § 1 Rz. 71).

III. Kündigungsschutz außerhalb des KSchG. 1. Gesetzlicher Schutz. Der gesetzl. Kündigungsschutz ist in eine Vielzahl von Einzelvorschriften zersplittert. Eine Systematik fehlt. Von Form- und Fristerfordernissen abgesehen schützt das Gesetz im Wesentlichen auf vier unterschiedlichen Wegen vor Kündigungen; liegen die jeweiligen Voraussetzungen vor, greifen die Schutzregelungen nebeneinander ein (**Mehrfachschutz**):

(1) Vorbeugenden Schutz vor dem Ausspruch einer Kündigung bezweckt die zwingend vorgesehene Einbeziehung von bestehenden **ArbN-Vertretungen** (BR: §§ 102 f. BetrVG; Personalvertretung: §§ 72, 79, 108 II BPersVG bzw. die jeweiligen Landespersonalvertretungsgesetze). Die Missachtung des Beteiligungsrechts führt zur Unwirksamkeit der Kündigung (§ 102 I 3 BetrVG, §§ 79 IV, 108 II BPersVG).

(2) Prinzipiell für alle ArbVerh gewähren im Einzelfall die Generalklauseln des Zivilrechts einen gewissen Kündigungsschutz (sog. „**Kündigungsschutz 2. Klasse**"[2]). Vor sittenwidrigen, willkürlichen und diskriminierenden Kündigungen bieten unter Einbeziehung der Wertentscheidungen des GG die §§ 138, 242 BGB Schutz. Grundlegend hierfür ist die Entscheidung des BVerfG 27.1.1998[3] zum Ausschluss der Kleinbetriebe aus dem Geltungsbereich des KSchG. **Willkürliche, evident unsachliche Gründe** werden danach der Wirksamkeit einer Kündigung entgegenstehen. Eine Kündigung verstößt gegen § 242 BGB, wenn sie Treu und Glauben aus Gründen verletzt, die von § 1 nicht erfasst sind. Der kündigungsrechtl. Verhältnismäßigkeitsgrundsatz findet keine Anwendung; auf eine anderweitige Weiterbeschäftigungsmöglichkeit sowie eine vorausgegangene Abmahnung kommt es daher grds. nicht an[4]. Eine willkürliche Kündigung liegt nicht vor, wenn ein irgendwie einleuchtender Grund für die Kündigung besteht[5]. Ferner hat die **Auswahl** „betriebsbedingt" zu entlassender ArbN auch außerhalb des KSchG gem. §§ 242, 315 BGB willkürfrei zu erfolgen[6]. Insb. darf ein durch langjährige Mitarbeit erdientes Vertrauen bei der Auswahlentscheidung nicht bedeutungslos sein[7]. Aus dem Vorbringen des ArbN muss sich hierbei ergeben, dass er mit den nicht gekündigten ArbN „auf den ersten Blick" vergleichbar ist[8]. Auch ohne Geltung eines Sonderkündigungsschutzes gebietet das GG bei derartigen Auswahlentscheidungen eine besondere Rücksichtnahme auf werdende Mütter, Schwerbehinderte, ältere ArbN und Alleinerziehende[9]. Der verfassungsrechtlich gebotene Schutz des ArbN setzt sich in einer abgestuften **Darlegungs- und Beweislast** fort[10]. Näher zu treu- und sittenwidrigen Kündigungen s. § 13 Rz. 19 u. 24 f. Zu beachten sind die allg. **Diskriminierungsverbote**, so etwa Art. 3 III, 9 III 2 GG, § 612a BGB, § 75 I BetrVG, §§ 4 I u. II, 5 TzBfG ua. Das AGG gilt gem. § 2 IV AGG zwar nicht unmittelbar für Kündigungen. Seine Diskriminierungsverbote nebst Rechtfertigungen für unterschiedliche Behandlungen stellen aber Konkretisierungen des Begriffs der Sozialwidrigkeit dar[11]. Sie wirken (ebenso wie die zu Grunde liegenden **EG-RL**[12]) auf das Kündigungsrecht über eine (gemeinschaftsrechtskonforme) Auslegung[13] insb. der Generalklauseln (§§ 138, 242, 626 BGB, § 1 etc.). Auch ist insoweit eine dem § 22 AGG entsprechende Verteilung der Darlegungs- und Beweislast geboten[14] (vgl. Erl. zu §§ 1 u. 13 sowie zum AGG). Vor Kündigungen wegen eines Betriebsübergangs oder einer Umwandlung schützen §§ 613a IV BGB, 323 I UmwG.

(3) Dem Schutz bestimmter, besonders schutzwürdiger Personengruppen (sog. **Sonderkündigungsschutz**) dient eine Vielzahl von Einzelgesetzen. Diese verlangen entweder eine vorherige behördl. Genehmigung der Kündigung oder sie schließen generell eine ordentl. Kündigung aus oder gewähren Schutz durch Diskriminierungs- und Benachteiligungsverbote. Der **vorherigen behördlichen Erlaubnis** (Verbot mit Erlaubnisvorbehalt) bedürfen ordentl. wie außerordentl. Kündigungen nach § 9 MuSchG (Mutterschutz), § 18 BEEG (Elternzeit), §§ 85 f. SGB IX (Schutz schwerbehinderter Menschen), § 5 PflegeZG und den Bergmannsversorgungsscheingesetzen NRW, Nds. und Saarland. Die **ordentl. Kündigung** ist **ausgeschlossen** bei Mitgliedern der ArbN-Vertretungen und sonstigen Funktionsträgern, § 15 KSchG, § 47 BPersVG, § 96 III SGB IX, § 29a HAG; Immissionsschutz- und Störfallbeauftragten,

---

1 BAG 22.2.1979 – 2 AZR 115/78, DB 1979, 1659; 28.4.1982 – 7 AZR 1139/79, DB 1982, 1776; für unmittelbare Anwendung des Gleichbehandlungsgrundsatzes, insb. außerhalb des KSchG, *Preis* in Stahlhacke/Preis/Vossen, Rz. 253. || 2 KDZ/*Däubler*, § 242 BGB Rz. 24. || 3 BVerfG 27.1.1998 – 1 BvL 15/87, DB 1998, 826. || 4 BAG 28.6.2007 – 6 AZR 750/06, NZA 2007, 1049; 21.2.2001 – 2 AZR 579/99, BAGE 97, 141 (148). || 5 BAG 28.8.2003 – 2 AZR 333/02, AP Nr. 17 zu § 242 BGB Kündigung; 25.4.2001 – 5 AZR 360/99, DB 2001, 2504. || 6 So in Bezug auf die Sonderkündigungstatbestände des EVertr BAG 19.1.1995 – 8 AZR 914/93, AP Nr. 12 zu Art. 13 EinigungsV. || 7 BVerfG 27.1.1998 – 1 BvL 15/87, DB 1998, 826; s. hierzu *Hanau*, FS Dieterich, 1999, S. 201; BAG 21.2.2001 – 2 AZR 15/00, RdA 2002, 99 m. Anm. *Otto*; krit. aus dogmatischer Sicht *Annuß*, BB 2001, 1898. || 8 BAG 6.2.2003 – 2 AZR 672/01, AP Nr. 30 zu § 23 KSchG 1969. || 9 BVerfG 24.4.1991 – 1 BvR 1342/90, AP Nr. 70 zu Art. 12 GG. || 10 BVerfG 27.1.1998 – 1 BvL 15/87, DB 1998, 826; BAG 28.6.2007 – 6 AZR 750/06, NZA 2007, 1049 mwN. || 11 BAG 6.11.2008 – 2 AZR 523/07, NZA 2009, 361. || 12 Seit dem 15.8.2008 RL 2006/54/EG v. 5.7.2006 (ABl. L 204/23 v. 26.7.2006) – Geschlechtsdiskriminierung; RL 2000/43/EG v. 29.11.2000 (ABl. L 180/22 v. 19.7.2000) – Rasse und Herkunft; RL 2000/78/EG v. 27.11.2000 (ABl. L 303/16 v. 2.12.2000) – Rahmen-RL. || 13 Dazu BAG 23.3.2006 – 2 AZR 343/05, BB 2006, 1971 (Rz. 23 ff.). || 14 *Hanau*, ZIP 2006, 2189 (2192); *Hamacher/Ulrich*, NZA 2007, 657 (658 f.); *Kamanabrou*, RdA 2007, 199 (201).

§§ 58 II, 58d BImSchG; Abfallbeauftragten, §§ 54, 55 KrWG; Abgeordneten, § 2 III 2 AbgG; Auszubildenden nach der Probezeit, § 22 II BBiG und Wehr- und Zivildienstleistenden, § 2 I ArbPlSchG[1], § 78 ZDG, § 2 I 1 EignungsÜG. **Diskriminierungs- und Benachteiligungsverbote** schützen vor Kündigungen nicht schlechthin, sondern nur soweit diese wegen des geschützten Status oder der geschützten Tätigkeit ausgesprochen werden. Hierher gehören: § 78 BetrVG (BR-Mitglieder), § 2 III 1 AbgG (Abgeordnete[2]), §§ 58, 58d BImSchG (Immissionsschutz- und Störfallbeauftragte), §§ 4f III 4[3], 36 III BDatSchG (Datenschutzbeauftragte), §§ 26 ArbGG, 20 SGG (ehrenamtl. Richter), § 26 MitbestG, § 9 S. 2 DrittelbG (ArbN-Vertreter im AR), § 22 III SGB VII (Sicherheitsbeauftragte) und § 2 III SprAuG (Mitglieder des SprAu).

18   (4) Das **KSchG** gewährleistet einen „allgemeinen Kündigungsschutz" und füllt so die verbleibende Lücke: Es schützt vor ordentl. Kündigungen, soweit diese „sozial ungerechtfertigt" sind; damit geht es weit über den Schutz der Generalklauseln der §§ 138, 242 BGB hinaus. Es schützt alle ArbVerh nach Ablauf von sechs Monaten (§ 1 I) und außerhalb der sog. Kleinbetriebe (§ 23 I) und damit nicht nur besondere Personengruppen. Der allg. Kündigungsschutz des KSchG ist somit das Herzstück des Kündigungsschutzrechts und steht im Zentrum der Kündigungsschutzpraxis und der rechtspolitischen Diskussion[4].

19   2. **Autonomer Schutz.** Der gesetzl. Kündigungsschutz wird ergänzt durch den **kollektiv- und einzelvertragl. Kündigungsschutz.** Die vertragl. Erweiterung des Kündigungsschutzes ist verfassungsrechtl. unbedenklich, solange dem ArbGeb die Lösung eines unzumutbar gewordenen ArbVerh durch außerordentl. Kündigung (§ 626 BGB) möglich bleibt[5]. Gelegentlich sind arbeitsvertragl. (vgl. Rz. 20), häufig tarifvertragl. Regelungen anzutreffen. Auch DV oder BV sind möglich, soweit entsprechende tarifl. Regelungen nicht üblich sind (§ 77 III BetrVG). Inhaltlich im Vordergrund des **tarifl. Kündigungsschutzes** steht der generelle oder teilweise Ausschluss der ordentl. Kündigung bei älteren ArbN[6] (**Unkündbarkeit**). Auf Entlassungsbedingungen ist das AGG gem. § 2 I Nr. 2 AGG anwendbar. Eine unzulässige Diskriminierung jüngerer ArbN dürfte gem. § 10 AGG ausscheiden, solange der Schutz (entgegen der noch hL) nicht zu einer Privilegierung in der Sozialauswahl nach § 1 III führt (vgl. § 1 Rz. 343 ff., 347) und an ein Lebensalter anknüpft, das bei typisierender Betrachtung bevorzugten Schutz rechtfertigt[7]. In Betracht kommt dann auch eine Einordnung als „positive Maßnahme" iSv. § 5 AGG. Es erscheint allg. gerecht, eine knappe Ressource (Unkündbarkeit) nach Bedürftigkeit „zuzuteilen". Wo diese nicht sicher auszumachen ist, sollte an das Lebensalter angeknüpft werden können, damit grds. jeder in den Genuss kommen kann. Die Anknüpfung an das Alter wird zudem in der Praxis abgemildert durch die gleichzeitige Berücksichtigung der Betriebszugehörigkeit, für die als durch Betriebstreue erdienter Besitzstand eine sachliche Rechtfertigung iSv. § 3 II AGG bestehen dürfte[8]. Problematisch ist schließlich die Frage, ob sich bei etwaigem Verstoß gegen das AGG alle ArbN auf Unkündbarkeit berufen können[9]. Eine nachträgliche Verschlechterung des tarifl. Kündigungsschutzes ist auch für bereits geschützte ArbN möglich[10]. Soweit der Schutz die Zurücklegung einer Beschäftigungszeit erfordert, können Zeiten geringfügiger Beschäftigung nicht ausgenommen werden (§ 4 I TzBfG)[11]. Weiterer Gegenstand des tarifl. Kündigungsschutzes ist der befristete Ausschluss der ordentl. betriebsbedingten Kündigung als Ausgleich für eine befristete Verkürzung der Wochenarbeitszeit ohne Lohnausgleich zur **Arbeitsplatzsicherung**[12]. Ein Verstoß gegen derartige Schutzbestimmungen macht die Kündigung nicht sozialwidrig, sondern gem. § 134 BGB unwirksam. Die Klagefrist des § 4 S. 1 ist bei Zugang der (schriftl.) Kündigung nach dem 31.12.2003 generell zu beachten. Im Zweifel ist bei tarifl. Kündigungsschutz die ordentl. Änderungskündigung mit ausgeschlossen[13]. Vgl. zu den **Rechtsfolgen** der Unkündbarkeit § 1 Rz. 41, 284, 292 u. 343 ff. Es stellt keine **Umgehung** des Schutzes dar, wenn die Kündigung unmittelbar vor seinem Einsetzen zugeht; anders uU, wenn sie in diesem Fall nicht zum nächstmöglichen Termin erklärt wird[14]. Zu weiteren Einzelheiten s. § 13 Rz. 26. **Weitere Fälle** des tarifl. Kündigungsschutzes: Rationalisierungsschutzabkommen[15], Wegfall bzw. Verkürzung der sechsmonatigen Wartezeit des § 1 I[16]; Erstreckung des

---

1 Str., vgl. APS/*Preis*, § 2 AbgG Rz. 10. ||2 Zum Schutz von Abgeordneten der EU-, Landtags- und Kommunalparlamente vgl. KR/*Weigand*, ParlKSch Rz. 54ff. ||3 BAG 23.3.2011 – 10 AZR 562/09. ||4 Vgl. *Franz*, ZfA 1994, 439 f.; APS/*Preis*, Grundlagen B Rz. 29 ff. mwN; *Zöllner*, Gutachten D für den 52. DJT, Bd. 1, 1978, S. 119 f.; *Zöllner*, Arbeitsrecht und Marktwirtschaft, ZfA 1994, 423 f. ||5 BAG 18.12.1961 u. v. 8.8.1963 – 5 AZR 404/61 u. 5 AZR 395/62, AP Nr. 1 u. 2 zu § 626 BGB Kündigungserschwerung; 6.11.1956 – 3 AZR 42/55, AP Nr. 14 zu § 626 BGB. ||6 BAG 28.2.1990 – 2 AZR 425/89, DB 1990, 2609; 9.9.1992 – 2 AZR 190/92, AP Nr. 3 zu § 626 BGB Krankheit; 4.2.1993 – 2 AZR 469/92, EzA § 626 BGB nF Nr. 144; zum TVöD vgl. *Bröhl*, ZTR 2006, 174 (178 ff.). ||7 *Brors*, AuR 2005, 41 (43); vgl. auch die Erwägungsgründe Nr. 8 u. 25 der RL 2000/78/EG. ||8 BVerfG 27.1.1998 – 1 BvL 15/87, DB 1998, 826; EuGH 3.10.2006 – Rs. C-17/05, NZA 2006, 1205 – Cadman sieht das Kriterium des Dienstalters als durch das legitime Ziel einer Honorierung der Berufserfahrung gerechtfertigt. ||9 So EuGH 7.2.1991 – Rs. C-184/89, DB 1991, 660 bei diskriminierender Anrechnung von Dienstzeiten; vgl. auch *Wank*, FS Wißmann, 2005, S. 599 (617); *Bepler*, NZA Sonderbeil. zu Heft 18/2004, 3 f. ||10 BAG 2.2.2006 – 2 AZR 58/05, NZA 2006, 101. ||11 BAG 25.4.2007 – 6 AZR 746/06, NZA 2007, 881. ||12 Vgl. BAG 28.6.2001 – 6 AZR 114/00, NZA 2002, 331 ff. (ArbeitsplatzsicherungsTV Schulen Sa.-Anh.). ||13 BAG 10.3.1982 – 4 AZR 158/79, AP Nr. 2 zu § 2 KSchG 1969. ||14 BAG 16.10.1987 – 7 AZR 204/87, AP Nr. 2 zu § 53 BAT. ||15 BAG 13.6.1996 – 2 AZR 547/95, NZA 1996, 1168. ||16 BAG 14.5.1987 – 2 AZR 380/86, DB 1987, 2575; 13.6.1996 – 2 AZR 547/95, NZA 1996, 1168; einen generellen Verzicht auf die Wartezeit im TV hält *Löwisch*, DB 1998, 877 (881) für unzulässig; aA zu Recht *Preis*, NZA 1997, 1256 (1259).

KSchG auf Kleinbetriebe[1]; Kündigungsschutz für gewerkschaftl. Vertrauensleute (str.)[2]. Eine Erweiterung des Kündigungsschutzes durch **BV** ist außerhalb der Tarifsperre des § 77 III BetrVG im gleichen Umfang wie durch TV möglich[3]. Zudem gestattet es § 102 VI BetrVG, durch BV die ordentl. Kündigung von der Zustimmung des BR abhängig zu machen.

Die **einzelvertragl.** Erweiterung des Kündigungsschutzes ist zumindest im gleichen Maße zulässig. **20** Als Individualabrede hat sie besonderes Gewicht[4]. Zum Verzicht auf die Wartezeit des § 1 bzw. zur Vereinbarung der Anrechnung früherer Beschäftigungszeiten auf sie vgl. § 1 Rz. 9 u. 18. Ein beiderseitiger vertragl. Ausschluss der ordentl. Kündigung liegt in der Abrede einer **Befristung**, sofern nicht das Recht dazu einzelvertragl. oder im anwendbaren TV vereinbart ist, § 15 III TzBfG. Die (ordentl.) **Kündigung vor Dienstantritt** kann einzelvertragl. – auch stillschweigend – ausgeschlossen sein. Für eine Auslegung des Vertrages idS bedarf es besonderer Anhaltspunkte[5], anderenfalls ist die Kündigung vor Dienstantritt zulässig. Der BR ist anzuhören[6]. Ob in diesem Fall die Kündigungsfrist ab Zugang der Kündigung oder ab vorgesehenem Vertragsbeginn läuft, ist wiederum eine Frage der Auslegung[7]. Die Kündigungsfrist soll in erster Linie dem Vertragspartner Zeit geben, sich auf die neue Lage einzustellen; ihr Zweck besteht – ohne besondere Anhaltspunkte – nicht darin, eine bestimmte Mindestarbeitsleistung zu sichern. Deshalb wird die Frist im Zweifel mit Zugang der Kündigung zu laufen beginnen[8].

IV. Konzeption des Kündigungsschutzes im KSchG. Das KSchG enthält **drei** voneinander nahezu **21** unabhängige **Schutzregelungen:** Den allg. Kündigungsschutz im 1. Abschnitt (§§ 1–14), den Kündigungsschutz im Rahmen der Betriebsverfassung und Personalvertretung (2. Abschnitt, §§ 15–16) und die besonderen Modalitäten für anzeigepflichtige Massenentlassungen (3. Abschnitt, §§ 17–22); Letztere dienen vor allem arbeitsmarktpolitischen Zwecken. Schwerpunkt des Gesetzes ist der **allgemeine Kündigungsschutz.** Er dient dem Individualschutz des einzelnen ArbN vor ordentl. Kündigung (einschl. Änderungskündigung, § 2). Das Recht zur außerordentl. Kündigung (§ 626 BGB) bleibt – von Modifikationen in § 13 I abgesehen – grds. unberührt (§ 13 I 1). Das KSchG unterzieht die ordentl. Kündigung des ArbGeb einer nachträglichen Rechtskontrolle[9]. Die Initiative hierfür obliegt dem ArbN und ist fristgebunden. Maßstab ist – neben etwaigen sonstigen Unwirksamkeitsgründen – die **soziale Rechtfertigung** gem. § 1. Von der Rechtskontrolle auf soziale Rechtfertigung nimmt das Gesetz zwei wichtige Bereiche aus: die sechsmonatige **Wartezeit** bis zum Einsetzen des Kündigungsschutzes (§ 1 I, s. § 1 Rz. 7ff.) und insg. die ArbVerh in **Kleinbetrieben** (§ 23 I, s. dort). In den ausgenommenen Bereichen besteht Schutz nur nach den sonstigen Kündigungsschutzbestimmungen (s. Rz. 14ff. u. 19ff.).

Zugleich begrenzt das KSchG das Recht, die Unwirksamkeit einer Kündigung geltend zu machen, **22** durch Errichtung einer **Klagefrist:** Der ArbN muss die Feststellungsklage nach § 4 S. 1 innerhalb von drei Wochen nach Zugang der schriftl. Kündigung erheben. Versäumt er die Frist, gilt die Kündigung als von Anfang an rechtswirksam (§ 7). Nur in den engen Grenzen der §§ 5 und 6 ist eine verspätete Klage möglich. Wegen dieser Fiktion ist die sozialwidrige oder aus sonstigen Gründen rechtsunwirksame Kündigung stets bis zum Fristablauf bzw. bis zur rechtskräftigen Entscheidung über die Kündigungsschutzklage nur schwebend unwirksam (schon wegen der Möglichkeit der Klagerücknahme, § 269 III 1 Hs. 1 ZPO iVm. § 7). Die Klagefrist gilt für alle Arten von (schriftl.) Kündigungen (außerordentl. Kündigungen, § 13 I 2, oder Änderungskündigungen, §§ 2, 4 S. 2) sowie für **alle Unwirksamkeitsgründe**, nicht nur für die Sozialwidrigkeit; sie gilt auch während der Wartezeit sowie in Kleinbetrieben, für die § 23 I 2 insoweit eine Ausnahme mehr statuiert. Zu den dennoch fortbestehenden Ausnahmen (etwa **formunwirksame oder nicht zurechenbare Kündigungen**) vgl. § 4 Rz. 5ff. Für sie ist die Grenze der Verwirkung (vgl. § 7 Rz. 4) zu beachten.

Das KSchG zielt auf **Bestandsschutz** für das ArbVerh. Dieses besteht infolge der Unwirksamkeit der **23** Kündigung fort, die Vergütung ist vom ArbGeb nach Maßgabe von § 615 BGB, § 11 nachzuzahlen. In engen Grenzen ermöglicht § 9 eine gerichtl. Auflösung des sozial ungerechtfertigt gekündigten ArbVerh gegen Zahlung einer Abfindung. Eine Sonderstellung haben insoweit nur die leitenden Angestellten iSv. § 14 II 1, von denen sich der ArbGeb stets gegen Zahlung einer Abfindung trennen kann (§ 14 II 2, vgl. dort Rz. 8ff.). Für betriebsbedingte Kündigungen sieht § 1a zudem als Alternative zum Kündigungsschutzprozess eine Abfindungsregelung vor, die aber – ähnlich wie beim Abwicklungsvertrag – beiderseitiger Mitwirkung bedarf. In der **Praxis** des Kündigungsschutzes kommt es nur in einer sehr geringen Anzahl von Kündigungsfällen zu einer Fortsetzung des ArbVerh[10]. Kritiker sprechen daher auch von einem „Abfindungsgesetz"[11]. Die sichernde Wirkung des Gesetzes dürfte sich aber weniger in den

---

1 BAG 28.2.1990 – 2 AZR 425/89, DB 1990, 2609; eine generelle tarifl. Erstreckung auf Kleinbetriebe für unzulässig hält *Löwisch/Spinner*, Vorb. zu § 1 Rz. 93 aE. ‖ 2 APS/*Preis*, Grundlagen J Rz. 15 mwN; eine BAG-Entscheidung fehlt bislang. ‖ 3 *Kania/Kramer*, RdA 1995, 287 (290). ‖ 4 BAG 25.3.2004 – 2 AZR 153/03, DB 2004, 2219 zum einzelvertragl. Ausschluss der ordentl. Kündigung auf Lebenszeit. ‖ 5 BAG 2.11.1978 – 2 AZR 74/77, AP Nr. 3 zu § 620 BGB (*M. Wolf*); 9.5.1985 – 2 AZR 372/84, AP Nr. 4 zu § 620 BGB (Verzicht auf Probezeit; Vertragsstrafenabrede etc.). ‖ 6 LAG Hess. 31.5.1985 – 13 Sa 833/84, DB 1985, 2689. ‖ 7 BAG 9.5.1985 – 2 AZR 372/84, AP Nr. 4 zu § 620 BGB; 9.2.2006 – 6 AZR 283/05, NZA 2006, 1207; vgl. eingehend *Joussen*, NZA 2002, 1177ff. ‖ 8 BAG 25.3.2004 – 2 AZR 324/03, NZA 2004, 1089; 9.2.2006 – 6 AZR 283/05, NZA 2006, 1207. ‖ 9 BAG 26.5.1977 – 2 AZR 632/76, DB 1977, 2099. ‖ 10 *Falke/Höland/Rhode/Zimmermann*, RdA 1981, 300ff. ‖ 11 Nachw. bei APS/*Preis*, Grundlagen B Rz. 27.

ausgesprochenen Kündigungen und ihrem Schicksal als in den nicht ausgesprochenen Kündigungen zeigen, deren Anzahl im Dunkeln liegt.

24 **V. Zwingende Geltung, Verzicht und Ausgleichsquittung.** Der Schutz des KSchG wirkt zu Gunsten des ArbN zwingend. Günstigere, den Kündigungsschutz erweiternde Regelungen sind ohne weiteres zulässig (s. Rz. 19 f.). Zum Nachteil des ArbN vom KSchG **abweichende Vereinbarungen** sind dagegen generell nichtig, sofern sie im Vorhinein für eine erst noch auszusprechende Kündigung des ArbGeb getroffen werden und nicht der Sache nach einen (ohne weiteres zulässigen) Aufhebungsvertrag beinhalten[1]. Das gilt für einzelvertragl., betriebl. und tarifvertragl. Kündigungsbeschränkungen gleichermaßen[2]. Unzulässig ist nicht nur der Ausschluss, sondern jede Beschränkung des Kündigungsschutzes. **Beispiele:** Verlängerung der sechsmonatigen Wartezeit des § 1 I; Höchst- oder Mindestaltersgrenzen für den Kündigungsschutz; von § 1 III abweichende tarifl. oder betriebl. Auswahlrichtlinien[3] (für diese hat sich die Gestaltungsfreiheit allerdings durch § 1 IV erweitert); bedingter Aufhebungsvertrag für den Fall verspäteter Rückkehr aus dem Urlaub[4]; Vereinbarung konkreter „absoluter" Kündigungsgründe[5].

25 Der Ausschluss ordentl. Kündigungen ggü. älteren ArbN in TV (sog. **Unkündbarkeit**) ist als Erweiterung des Kündigungsschutzes der betroffenen ArbN grds. zulässig. Wirkt er sich aber bei betriebsbedingten Kündigungen im Rahmen der Sozialauswahl lediglich verdrängend zu Lasten der ungeschützten ArbN aus, könnte dies gegen § 1 III verstoßen. Die Frage ist sehr streitig (vgl. § 1 Rz. 343 ff.). Die ohne sachlichen Grund erfolgte einzelvertragl. Einräumung der Unkündbarkeit in Ansehung konkret bevorstehender betriebsbedingter Kündigungen kann eine unzulässige Umgehung der Sozialauswahl darstellen[6]. Gem. § 3 BetrVG können vom Betrieb **abweichende Organisationseinheiten** für die Betriebsverfassung gebildet werden. Sie führen, wenn sie auf TV oder BV beruhen, gem. § 3 V 1 BetrVG zur Fiktion eines entsprechenden abweichenden Betriebes iSd. Betriebsverfassung. Dieser Betrieb ist für die Sozialauswahl nach § 1 III nicht maßgeblich; es gilt zwingend der kündigungsrechtl. Betriebsbegriff (vgl. § 1 Rz. 259, 336)[7]. Der vom ArbN geäußerte **Wunsch**, gekündigt zu werden, kann als vorheriger Verzicht auf den Kündigungsschutz grds. keine Wirkung entfalten. Denkbar ist uU eine Auslegung als Aufhebungsvertrag (vgl. aber § 623 BGB: Schriftform) mit gleichzeitiger Abrede eines Scheingeschäfts (§ 117 BGB). Bei ernsthafter und nachhaltiger Aufforderung zur Kündigung kann eine spätere Kündigungsschutzklage auch rechtsmissbräuchlich sein[8].

26 **Nach Zugang der Kündigung** ist der Verzicht auf Kündigungsschutz und Klageerhebung grds. zulässig. Der ArbN könnte ebenso die Klagefrist des § 4 verstreichen lassen oder einen Aufhebungsvertrag schließen. Der Verzicht kann vor Ablauf der Klagefrist erklärt werden[9]. Ein **wirksamer Verzicht** führt zur Beendigung des ArbVerh und zur Unbegründetheit einer Kündigungsschutzklage[10]. Der Verzicht kann das materielle Schutzrecht oder das Klagerecht (ggf. als Klagerücknahmeversprechen) betreffen. Er kann eigenständig oder in einem Aufhebungs- bzw. Abwicklungsvertrag oder Vergleich geregelt sein. Der Verzicht ist **grundsätzlich formfrei** (§ 397 BGB); wird er in unmittelbarem zeitlichen und sachlichen Zusammenhang mit einer Kündigung erklärt, handelt es sich um einen Auflösungsvertrag und gilt § 623 BGB[11]. Bei mündl. Kündigung und gleichzeitigem mündl. Klageverzicht kann eine Umgehung von § 623 BGB vorliegen. Der Verzicht muss **unmissverständlich** und **eindeutig** zum Ausdruck kommen[12]. In der bloßen wortlosen Hinnahme einer Kündigung liegt niemals ein Verzicht. Folgende Floskeln hat das BAG als Verzicht auf den Kündigungsschutz **nicht anerkannt:**

27 – „Mein Arbeitsverhältnis ist mit dem ... beendet. Es bestehen nunmehr keinerlei Rechte aus dem Arbeitsverhältnis"[13].

– „Ich erkläre hiermit, keine Rechte aus dem Arbeitsverhältnis und seiner Beendigung zu haben"[14].

Als unmissverständlichen Verzicht auf Kündigungsschutz **anerkannt** hat die Rspr.[15]:

– „Gegen die Kündigung werden von mir keine Einwendungen erhoben"[16].

– „Von meinem Recht, das Fortbestehen des Arbeitsverhältnisses geltend zu machen, nehme ich Abstand"[17].

---

1 BAG 19.12.1974 – 2 AZR 565/73, BB 1975, 651; 11.3.1976 – 2 AZR 43/75, BB 1976, 883. ‖ 2 BAG 11.3.1976 – 2 AZR 43/75, BB 1976, 883. ‖ 3 BAG 11.3.1976 – 2 AZR 43/75, BB 1976, 883. ‖ 4 BAG 19.12.1974 – 2 AZR 565/73, BB 1975, 651. ‖ 5 BAG 11.3.1976 – 2 AZR 43/75, BB 1976, 883; solche Abreden können freilich für die Bestimmung von Inhalt und Gewicht der Vertragspflichten und damit mittelbar auch für die soziale Rechtfertigung einer entsprechenden Kündigung Bedeutung haben. ‖ 6 Ebenso *Preis* in Stahlhacke/Preis/Vossen, Rz. 1066. ‖ 7 BAG 31.5.2007 – 2 AZR 276/06, NZA 2008, 33. ‖ 8 LAG Köln 24.10.1990 – 7 Sa 638/90, LAGE § 242 BGB Prozessverwirkung Nr. 4; LAG Berlin 31.10.1988 – 9 Sa 72/88, LAGE § 9 MuSchG Nr. 9; LAG Köln 11.1.1984 – 7 Sa 1094/83, DB 1984, 1150; teilweise anders LAG Hess. 24.4.1987 – 13 Sa 1194/86, LAGE § 4 KSchG Verzicht Nr. 1. ‖ 9 BAG 3.5.1979 – 2 AZR 679/77, AP Nr. 6 zu § 4 KSchG 1969. ‖ 10 KR/*Friedrich*, § 4 KSchG Rz. 312. ‖ 11 BAG 19.4.2007 – 2 AZR 208/06, DB 2007, 2266. ‖ 12 BAG 3.5.1979 – 2 AZR 679/77, DB 1979, 1465. ‖ 13 BAG 29.6.1978 – 2 AZR 681/76, DB 1978, 1842. ‖ 14 BAG 3.5.1979 – 2 AZR 679/77, DB 1979, 1465 und Aufgabe früherer Rspr. v. 25.9.1969 – 2 AZR 524/68, AP Nr. 36 zu § 3 KSchG. ‖ 15 Vgl. weitere Bsp. aus der Rspr. KR/*Friedrich*, § 4 KSchG Rz. 311 ff. ‖ 16 BAG 6.4.1977 – 4 AZR 721/75, DB 1977, 1559. ‖ 17 BAG 29.6.1978 – 2 AZR 681/76, DB 1978, 1842.

– „Ich erhebe gegen die Kündigung keine Einwendungen und werde mein Recht, das Fortbestehen des Arbeitsverhältnisses geltend zu machen, nicht wahrnehmen oder eine mit diesem Ziel bereits erhobene Klage nicht mehr durchführen"[1].

Besonderes gilt für den Verzicht auf Kündigungsschutz in sog. **Ausgleichsquittungen**. Das sind vom ArbGeb vorformulierte Erklärungen, die dem ArbN bei Aushändigung der Arbeitspapiere oder Auszahlung restlicher Vergütung abverlangt werden. Auf die Quittierung einer in Empfang genommenen Leistung besteht ein Rechtsanspruch (§ 368 S. 1 BGB). Verweigert der Gläubiger die Quittung, steht dem Schuldner ein Zurückbehaltungsrecht zu[2]. Die Ausgleichsquittung beinhaltet dagegen zusätzlich ein negatives Schuldanerkenntnis oder einen Verzicht auf etwaige Rechte. Hierauf besteht grds. kein Rechtsanspruch. In der **Vergangenheit** hat das BAG den Verzicht auf Kündigungsschutz in einer Ausgleichsquittung grds. für rechtswirksam gehalten, sofern der Verzicht in der Urkunde selbst unmissverständlich zum Ausdruck kam (s. Rz. 26 f.)[3]. Dies stieß auf Widerspruch, da eine solche Verknüpfung als überraschende Klausel iSd. früheren § 3 AGBG (heute § 305c I BGB), der nach seinem Rechtsgedanken auf das ArbVerh anzuwenden sei, nicht Vertragsbestandteil werden könne[4]. ZT wurde eine gesonderte Urkunde oder doch eine gesonderte Unterschrift oder zumindest eine drucktechnische Hervorhebung gefordert[5]. Ggü. ausländischen ArbN, die der deutschen Sprache nicht hinreichend mächtig sind, ist aus dem Gesichtspunkt der Fürsorge mit Recht eine Obliegenheit zur Übersetzung in die Muttersprache angenommen worden[6]. 28

Ein Klageverzicht im **Formularvertrag** unterliegt grds. der Kontrolle gem. §§ 305–310 BGB mit der Maßgabe, dass die im Arbeitsrecht geltenden Besonderheiten angemessen zu berücksichtigen sind (§ 310 IV 2 BGB). Er zählt ebenso wie ein Aufhebungsvertrag zu den Arbeitsverträgen iSd. § 310 IV BGB (als actus contrarius)[7] und unterliegt als Verbrauchervertrag iSd. § 310 III BGB[8] auch der **erweiterten Vertragskontrolle** des § 310 III Nr. 2 BGB für einseitig vorformulierte Individualabreden. Danach kann der formularmäßige Verzicht auf Kündigungsschutz etwa in einer Ausgleichsquittung schon als überraschende Klausel gem. § 305c I BGB unwirksam sein[9]. Er stellt iÜ regelmäßig eine Treu und Glauben widersprechende unangemessene Benachteiligung iSv. § 307 I 1 BGB dar, wenn er ohne Gegenleistung erfolgt[10] (vgl. Anh. §§ 305–310 BGB Rz. 57 f.). Anders ist die Rechtslage bei Aufhebungsverträgen, soweit sie die vertragl. Hauptleistungspflichten regeln, deren Festlegung keiner Angemessenheitskontrolle nach §§ 307 ff. unterliegt[11]. 29

Für Aufhebungsvertrag und Ausgleichsquittung besteht **kein gesetzl. Widerrufsrecht** (§§ 312 I 1, 355 BGB)[12]. Sie stellen keine Regelungen über „besondere Vertriebsformen" dar und sind damit keine Haustürgeschäfte iSv. § 312 I 1 BGB. Sie unterliegen ggf. der Anfechtung gem. §§ 119 f., 123 BGB. Im Einzelfall kann auch unterhalb der Schwelle dieser Bestimmungen eine Verletzung vertragl. Nebenpflichten (§§ 241 II, 242 BGB) im Wege des Schadensersatzes zu ihrer Beseitigung berechtigen (ähnlich § 611 BGB Rz. 424 aE). Vgl. iÜ zur Ausgleichsquittung und ihrer Anfechtung § 611 BGB Rz. 420 ff. 30

VI. Internationaler Geltungsbereich. Maßgeblich für bis zum 17.12.2009 geschlossene ArbVerträge sind die **Art. 27–34 EGBGB** (vgl. Komm. zu Art. 27, 30, 34 EGBGB in der 3. Aufl.). Das gilt auch für ArbVerh, die noch vor Inkrafttreten des IPR-NeuregelungsG am 1.9.1986 begründet worden sind[13]. Für nach dem 17.12.2009 geschlossene Verträge gilt die Verordnung (EG) Nr. 593/2008 (**Rom-I-VO**; vgl. dort die Komm. zu Art. 3, 8 u. 9). Der allg. Kündigungsschutz der §§ 1–14 ist einerseits weder international zwingend iSv. Art. 6 EGBGB (ordre public) oder Art. 34 EGBGB[14] bzw. Art. 9 Rom-I-VO noch andererseits territorial begrenzt. Zur Frage, ob der **betriebl. Geltungsbereich** des § 23 KSchG auf das Gebiet der Bundesrepublik Deutschland beschränkt ist, vgl. § 23 Rz. 2. Als vertragsrechtl. Regelung über das Erlöschen des ArbVerh unterliegt der Kündigungsschutz dem Arbeitsvertragsstatut und ist gem. Art. 27 III, 30 EGBGB bzw. Art. 3 III, 8 Rom-I-VO einer (stark) beschränkten Rechtswahl zugänglich[15]. 31

1. Objektive Anknüpfung. Vgl. hierzu die Erl. zu Art. 3, 8 u. 9 Rom-I-VO sowie die Erl. zu Art. 27, 30 u. 34 EGBGB in der 3. Aufl. 32

---

1 BAG 20.6.1985 – 2 AZR 427/84, NZA 1986, 258. ||2 RG 82, 27. ||3 BAG 20.8.1980 – 5 AZR 759/78, AP Nr. 3 zu § 9 LohnFG. ||4 KR/*Friedrich*, § 4 KSchG, 9. Aufl., Rz. 308; *v. Hoyningen-Huene/Linck*, § 1 Rz. 25 ff. ||5 LAG Berlin 18.1.1993 – 12 Sa 120/92, LAGE § 4 KSchG Ausgleichsquittung Nr. 3; zur Einbeziehung einer Verfallklausel in den Arbeitsvertrag ähnlich BAG 29.11.1995 – 5 AZR 447/94, AP Nr. 1 zu § 3 AGBG. ||6 LAG Hamm 12.4.1984 – 6 Sa 1717/83, LAGE § 4 KSchG Ausgleichsquittung Nr. 1. ||7 Ebenso *Henssler*, RdA 2002, 129 (139). ||8 BAG 25.5.2005 – 5 AZR 572/04, AP Nr. 1 zu § 310 BGB; str. ||9 LAG Düss. 13.4.2005 – 12 Sa 154/05, DB 2005, 1463. ||10 BAG 6.9.2007 – 2 AZR 722/06, NZA 2008, 219. ||11 BAG 27.11.2003 – 2 AZR 153/03, AP Nr. 1 zu § 312 BGB; 21.6.2011 – 9 AZR 203/10. ||12 Ganz hM: BAG 27.11.2003 – 2 AZR 153/03, AP Nr. 1 zu § 312 BGB mwN; 22.4.2004 – 2 AZR 281/03, AP Nr. 27 zu § 620 BGB Aufhebungsvertrag; aA *Däubler*, NZA 2001, 1329 (1332). ||13 BAG 11.12.2003 – 2 AZR 627/02, AP Nr. 6 zu Art. 27 EGBGB. ||14 HM: BAG 20.7.1967 – 2 AZR 372/66, AP Nr. 10 IPR-AR (*Gamillscheg*); 24.8.1989 – 2 AZR 3/89, AP Nr. 30 IPR-AR; 29.10.1992 – 2 AZR 267/92, AP Nr. 31 zu IPR-AR; aA *Birk*, RdA 1989, 201 (207); *Däubler*, RIW 1987, 249 (255). ||15 International zwingend, aber auf deutsches Territorium begrenzt sind dagegen den Art. 34 EGBGB die im öffentl. Interesse stehenden Schutzbestimmungen des MuSchG (BAG 24.8.1989 – 2 AZR 3/89, AP Nr. 30 IPR-AR; 12.12.2001 – 5 AZR 255/00, NZA 2002, 734 ff.) und des Schwerbehindertenrechts (BAG 10.12.1964 – 2 AZR 369/63, AP Nr. 4 zu § 1 SchwBeschG).

33 **2. Rechtswahl.** Vgl. die Erl. zur Rom-I-VO. Eine Rechtswahl ist grds. auch **ohne Auslandsbezug** möglich. In diesem Fall berührt sie gem. Art. 27 III EGBGB „zwingende Bestimmungen" bzw. gem. Art. 3 III Rom-I-VO Bestimmungen, „von denen nicht durch Vereinbarung abgewichen werden darf", des ansonsten anzuwendenden Rechts nicht. Hierzu zählt der allg. Kündigungsschutz in §§ 1–14. Er kann daher ohne tatsächlichen Auslandsbezug (wofür eine bloße internationale Gerichtsstandsvereinbarung nicht genügt) nicht abbedungen werden[1]. Besteht ein **tatsächlicher Auslandsbezug**, woran keine strengen Anforderungen zu stellen sind (es genügt zB unterschiedliche Staatsangehörigkeit der Vertragsparteien, ausländischer Arbeitsort, ausländischer Betriebssitz des ArbGeb mit Bezug zum ArbVerh)[2], ist eine Rechtswahl in erweitertem Maße zulässig. Allerdings darf dem ArbN nicht der „Schutz entzogen" werden, der ihm durch die zwingenden Bestimmungen des ohne Rechtswahl anzuwendenden Rechts gewährt wird (Art. 30 I EGBGB bzw. Art. 8 I Rom-I-VO). Hierzu gehört auch der allg. Kündigungsschutz der §§ 1–14. Der Schutz wird nicht „entzogen", wenn das gewählte Recht in einem **Günstigkeitsvergleich** mit dem sonst anzuwendenden Recht nicht ungünstiger ist. Maßgeblich ist ein Sachgruppenvergleich[3]. Die Wahl eines anderen als des nach objektiver Anknüpfung anzuwendenden Rechts führt daher regelmäßig zu einem „Mischrecht" und findet sich in der Praxis kaum[4].

34 Gem. Art. 34 EGBGB, Art. 9 Rom-I-VO (vgl. hierzu die Erl. dort) sind durch Rechtswahl **nicht abdingbar** die Bestimmungen des deutschen Rechts, die unabhängig vom anzuwendenden Vertragsrecht den Sachverhalt zwingend regeln (sog. Eingriffsnormen)[5]. Sie müssen – nicht nur reflexartig – Gemeinwohlinteressen dienen[6]. Hierzu gehören der Kündigungsschutz für Funktionsträger gem. §§ 15, 16[7] sowie der Massenentlassungsschutz der §§ 17 ff.[8]. Der Geltungsbereich dieser Bestimmungen ist zugleich territorial grds. auf Deutschland begrenzt[9]. Zum **internationalen Gerichtsstand** vgl. Rom-I-VO Rz. 3 f. u. § 1 ArbGG Rz. 9. Der deutschen Gerichtsbarkeit entzogen sind Kündigungsschutzklagen deutscher Angestellter ausländischer Botschaften und Konsulate, sofern den Angestellten hoheitliche Befugnisse übertragen sind (vgl. näher zur sog. **Immunität** § 1 ArbGG Rz. 5).

35 **VII. Kündigungsschutz in besonderen Betrieben. 1. Grundsatz.** Das KSchG gilt grds. für **alle Betriebe und Verwaltungen** des privaten und öffentl. Rechts (§ 23 I 1). Einschränkungen bestehen für den 3. Abschnitt (Massenentlassungsschutz, §§ 17–22) gem. §§ 17 I 1 Nr. 1, 22 und 23 II. Vom allg. Kündigungsschutz der §§ 1–14 generell ausgenommen (mit Ausnahme der Regelungen über die Klagefrist) sind Kleinbetriebe (§ 23 I 2–4; s. dort Rz. 7 ff.). Gar kein Betrieb iSd. Gesetzes ist der private Haushalt.

36 **2. Schiffahrt und Luftverkehr.** Für Schiffahrt und Luftverkehr gelten gem. **§ 24** Besonderheiten. Näheres s. dort.

37 **3. Alliierte Streitkräfte.** Besonderheiten gelten für die **zivilen ArbN** bei den alliierten Streitkräften. Nach dem Zusatzabkommen v. 3.8.1959[10] zum NATO-Truppenstatut v. 19.1.1951 (NTS[11]) idF des Änderungsabkommens v. 18.3.1993[12] (im Folgenden: ZA NTS) gilt im Wesentlichen deutsches Arbeitsrecht (Art. 56 Ia ZA NTS). Vertragspartner der Zivilbeschäftigten ist der Entsendestaat; seine Vertreter üben das Kündigungsrecht aus[13]. Klagen gegen den ArbGeb sind gem. Art. 56 VIII ZA NTS gegen die **Bundesrepublik Deutschland als Prozessstandschafterin** zu richten und unterliegen der deutschen Gerichtsbarkeit. Eine direkte Klage gegen den Entsendestaat ist damit unzulässig. Sie wahrt auch nicht die Klagefrist des § 4. IdR wird eine Berichtigung der Parteibezeichnung ausscheiden und ein Parteiwechsel vorliegen (vgl. § 4 Rz. 14). Nicht der deutschen Gerichtsbarkeit unterliegt gem. Art. 1 I (b) NTS das von den gewöhnlichen Zivilbeschäftigten zu unterscheidende sog. „**zivile Gefolge**", also der Truppe „folgende" Zivilpersonal, das seinen gewöhnlichen Aufenthaltsort nicht in der Bundesrepublik Deutschland hat[14]. Für diesen Personenkreis gilt das Recht des Entsendestaates.

38 Für die Zivilbeschäftigten gilt das **KSchG**[15]. Ausgenommen sind die Vorschriften über Massenentlassungen gem. § 23 II. Besondere Rücksichtspflichten erwachsen dem ArbN aus der militärischen Aufgabenstellung des ArbGeb (zB Geheimhaltung). Eine Auflösung des ArbVerh gem. § 9 I 2 kann der ArbGeb – im Rechtsstreit die Bundesrepublik Deutschland als Prozessstandschafterin – darauf stützen, dass der Fortsetzung des ArbVerh besonders schutzwürdige militärische Interessen entgegenstehen (Art. 56 IIa ZA NTS). Im Bestreitensfall genügt Glaubhaftmachung in nicht öffentl. Verhandlung[13]. Der

---

1 *Birk*, RdA 1989, 201; ErfK/*Schlachter*, Rom I-VO Rz. 20. ‖ 2 Vgl. auch ErfK/*Schlachter*, Rom I-VO Rz. 19. ‖ 3 *Gamillscheg*, ZfA 1983, 307 (388); *Birk*, RdA 1989, 201; s.a. § 4 TVG Rz. 30; wohl überholt: BAG 10.4.1975 – 2 AZR 128/74, AP Nr. 12 zu IPR-AR, wonach der fehlende Kündigungsschutz des amerikanischen Arbeitsrechts durch höhere Löhne ausgeglichen werde. ‖ 4 *Junker*, NZA 2005, 199 (205) mwN. ‖ 5 Zum nötigen Ausmaß des Inlandsbezuges für die Geltung zwingender Eingriffsnormen iSd. Art. 34 EGBGB vgl. BAG 12.12.2001 – 5 AZR 255/00, NZA 2002, 734 ff. (Flugbegleiterin) u. *Schlachter*, NZA 2000, 57 (61). ‖ 6 BAG 13.11.2007 – 9 AZR 134/07, NZA 2008, NZA 2008, 761, Rz. 79. ‖ 7 BAG 9.11.1977 – 5 AZR 132/76, AP Nr. 13 zu IPR-AR. ‖ 8 BAG 7.12.1989 – 2 AZR 228/89, AP Nr. 27 zu IPR-AR. ‖ 9 Anders uU bei §§ 15, 16 bei „Ausstrahlung", BAG 7.12.1989 – 2 AZR 228/89, AP Nr. 27 IPR-AR; vgl. auch BAG 12.12.2001 – 5 AZR 255/00, NZA 2002, 734 ff. ‖ 10 BGBl. 1961 II S. 1218. ‖ 11 BGBl. II S. 1190. ‖ 12 BGBl. 1994 II S. 2598. ‖ 13 BAG 14.1.1993 – 2 AZR 387/92, NZA 1993, 981 ff. mwN. ‖ 14 Vgl. hierzu BAG 28.5.2002 – 1 ABR 35/01, AP Nr. 23 zu Art. 56 ZA-NATO-Truppenstatut; näher KDZ/*Däubler*, Art. 56 NATO-ZusAbk Rz. 3. ‖ 15 BAG 22.9.2005 – 2 AZR 544/04, NZA 2006, 558; 21.5.1970 – 2 AZR 294/69, AP Nr. 11 zu § 15 KSchG; 3.7.1969 – 2 AZR 424/68, AP Nr. 1 zu § 46 TV AL II. ‖ 16 Vgl. auch KDZ/*Däubler*, Art. 56 NATO-ZusAbk Rz. 15; KR/*Weigand*, Art. 56 NATO-ZusAbk Rz. 34.

vorläufige **Weiterbeschäftigungsanspruch** während des Kündigungsschutzprozesses ist seit Wegfall des Abs. 1c von Art. 56 ZA NTS mWz. 29.3.1998 durchsetzbar[1]. IÜ werden die Arbeitsbedingungen durch den TV AL II geregelt.

4. Kirchen[2]. Art. 140 GG iVm. Art. 137 III WRV gewährt den Kirchen- und Religionsgemeinschaften das Recht, ihre Angelegenheiten in autonomer **Selbstbestimmung** zu verwalten. Hiervon mit umfasst sind ihre karitativen und erzieherischen Einrichtungen unabhängig von deren Rechtsform[3] (vgl. zur Abgrenzung § 118 BetrVG). Staatl. Gesetze dürfen das Selbstbestimmungsrecht nur beschränken, soweit sie für alle gelten (Art. 137 III WRV). Gehen die Kirchen zur Erfüllung ihrer Aufgaben ArbVerh ein[4] (vgl. zur Abgrenzung von karitativ oder religiös geprägten Dienstleistungen Vor § 611 BGB Rz. 35 ff.), sind sie grds. an die allg. Vorschriften des Arbeitsrechts gebunden. Dazu gehört auch das KSchG. Aus dem Selbstbestimmungsrecht der Kirchen leitet das BVerfG die Befugnis ab, die **kirchlichen Grundpflichten** und damit Inhalt und Grad der geforderten Loyalität der ArbN nach eigenem Selbstverständnis verbindlich festzulegen. Hierzu gehört die Bestimmung dessen, was „die Glaubwürdigkeit der Kirche und ihrer Verkündung erfordert", was „spezifisch kirchliche Aufgaben" sind, was „Nähe" zu ihnen bedeutet und was als schwerer Verstoß gegen die „wesentlichen Grundsätze der Glaubens- und Sittenlehre" anzusehen ist. Diesen Schutz genießen nur die generellen und für ihren Bereich allg. gültigen Festlegungen einer Kirche und nicht etwa beliebige Regelungen und Vorgaben eines konkreten kirchlichen ArbGeb[5]. 39

Eine **Begrenzung** erfährt das Selbstbestimmungsrecht insoweit durch die Grundprinzipien der Rechtsordnung, das allg. Willkürverbot, die guten Sitten (§ 138 BGB) und den ordre public (Art. 6 EGBGB)[6]. Auch sonst bleiben die kündigungsrechtl. Vorschriften und Grundsätze anwendbar. Die staatl. Gerichte prüfen, ob der behauptete Loyalitätsverstoß tatsächlich vorliegt. Ferner dürfte eine **Interessenabwägung** geboten sein[7]; kirchliche Selbstbestimmung schafft keine absoluten Kündigungsgründe[8]. Doch sind die kirchlichen Vorgaben zu Inhalt und Grad der geforderten Loyalität mit Blick auf das grundrechtl. geschützte Selbstbestimmungsrecht zu würdigen. Auch ist die Nähe zum kirchlichen Verkündungsauftrag (Tendenzträgereigenschaft) in Betracht zu ziehen. Im Einzelfall kann ein besonderes Bestandsschutzinteresse des ArbN (Art. 12 GG) im Rahmen der Abwägung den Vorrang verdienen[9]. In § 9 AGG und Art. 4 II RL 2000/78/EG hat das Verbot der Diskriminierung wegen Religion oder Weltanschauung eine besondere Ausgestaltung erfahren. Zu **Einzelheiten** kirchentypischer Loyalitätskonflikte (zB Kirchenaustritt, Schwangerschaftsabbruch, künstliche Befruchtung, Ehebruch, Zölibatsverletzung, homosexuelle Praxis etc.) s. § 1 Rz. 228. 40

5. Tendenzunternehmen. Grundrechtl. **Tendenzschutz** für die Verfolgung ihrer jeweiligen geistig-ideellen Zielsetzung genießen Betriebe, die unmittelbar und überwiegend politischen, koalitionspolitischen, konfessionellen, karitativen, erzieherischen, wissenschaftlichen oder künstlerischen Bestimmungen oder Zwecken der Berichterstattung und Meinungsäußerung dienen. Zur Abgrenzung solcher Betriebe vgl. Erl. zu § 118 BetrVG[10]. Das KSchG findet Anwendung. Der Tendenzschutz hat allerdings zur Folge, dass die vom ArbGeb vorgegebene Tendenz Verhaltenspflichten für die ArbN im inner- wie außerdienstlichen Bereich begründen kann. Solche Pflichten treffen insb. als sog. **Tendenzträger** die ArbN, die maßgeblich an der Verwirklichung der geistig-ideellen Zielsetzung mitzuwirken haben. **Bsp.:** Redakteure einer Tageszeitung[11]; Angestellte bei Caritas mit karitativen Aufgaben[12]; keine Tendenzträger sind etwa Schreib-, Handwerks- und Reinigungskräfte. Ob ein Verstoß gegen die Tendenzwahrungspflicht oder aber gegen eine sonstige Pflicht vorliegt, hat das Gericht zu beurteilen[13]. 41

VIII. Kündigungsschutz in besonderen Rechtslagen (insb. Insolvenz). Die Eröffnung des **Insolvenzverfahrens** über das Vermögen des ArbGeb hat keine unmittelbare Auswirkung auf den Bestand der ArbVerh. Die Rechte und Pflichten des ArbGeb gehen einschl. der Kündigungsbefugnis gem. § 80 InsO auf den Insolvenzverwalter über. Auch der vorläufige Insolvenzverwalter ist kündigungsberechtigt, sofern ein allg. Verfügungsverbot für den Insolvenzschuldner erlassen wurde (§§ 21 II 1 Nr. 2 Alt. 1, 22 I InsO)[14]. Zu 42

---

1 Zur Vollstreckbarkeit bei NATO-Truppen allg. vgl. BAG 15.5.1991 – 5 AZR 115/90, NZA 1992, 43. ||2 Vgl. MünchArbR/*Richardi*, § 185 Rz. 1 ff. ||3 BAG 25.4.1978 – 1 AZR 70/76, EzA § 1 KSchG Tendenzbetrieb Nr. 4 (Kindergarten); 31.10.1984 – 7 AZR 232/83, EzA § 1 KSchG Tendenzbetrieb Nr. 16 (Bekenntnisschule); BVerfG 17.2.1981 – 2 BvR 384/78, EzA Art. 9 GG Nr. 32. ||4 Die ev. und die kath. Kirche gehören mit ihren Einrichtungen zu den nach der Anzahl der ArbN größten ArbGeb in Deutschland. ||5 BVerfG 4.6.1985 – 2 BvR 1703/83 ua., AP Nr. 24 zu Art. 140 GG unter Aufhebung zweier BAG-Urteile, die den Grad der geschuldeten Loyalität gem. der jeweiligen Funktion selbst beurteilten: BAG 21.10.1982 – 2 AZR 591/80, AP Nr. 14 zu § 140 GG und 22.3.1984 – 7 AZR 249/81, AP Nr. 16 zu Art. 140 GG; krit. zur Rspr. des BVerfG *Czermak*, PersR 1995, 458; ArbG Münster 3.9.1986 – 4 Ca 194/86, BB 1987, 128 (130). ||6 BVerfG 4.6.1985 – 2 BvR 1703/83, AP Nr. 24 zu Art. 140 GG. ||7 EGMR 23.9.2010 – 1620/03, NZA 2011, 279 und 23.9.2010 – 425/03, NZA 2011, 277. ||8 *Dütz*, NJW 1990, 2031. ||9 Ebenso ErfK/*Dieterich*, Art. 4 GG Rz. 45 ff. ||10 Vgl. auch BAG 6.12.1979 – 2 AZR 1055/77, EzA § 1 KSchG Tendenzbetrieb Nr. 5 (Gewerkschaften); 7.4.1981 – 1 ABR 62/78, EzA § 118 BetrVG 1972 Nr. 25 (Privatschulen, nicht aber reine Sprachschulen ohne erzieherischen Auftrag). ||11 BAG 19.5.1981 – 1 ABR 39/79, EzA § 118 BetrVG 1972 Nr. 30. ||12 BAG 14.10.1980 – 1 AZR 1274/79, EzA § 1 KSchG Tendenzbetrieb Nr. 10. ||13 LAG Düss. 23.11.1995 – 5 Sa 947/95, DB 1996 (943). ||14 Vgl. BAG 17.9.1974 – 1 AZR 16/74, EzA § 113 BetrVG 1972 Nr. 1; 29.6.2000 – 8 ABR 44/99, EzA § 126 InsO Nr. 2.

seiner Befugnis zur Unternehmensstilllegung s. § 1 Rz. 311. Hat das Insolvenzgericht lediglich einen Zustimmungsvorbehalt nach der 2. Alt. des § 21 II 1 Nr. 2 InsO angeordnet, bedarf die Kündigung durch den Insolvenzschuldner der Zustimmung des vorläufigen Insolvenzverwalters; ohne deren Vorlage kann der gekündigte ArbN die Kündigung gem. §§ 111 S. 2, 182 III BGB (unverzüglich) zurückweisen[1]. Die Klage gegen eine noch vom Insolvenzschuldner ausgesprochene Kündigung ist nach Eröffnung des Insolvenzverfahrens gegen den Verwalter zu richten, solange dieser nicht die Freigabe der selbständigen Tätigkeit des Schuldners gem. § 35 II InsO erklärt[2]. Zur Auslegung der Klage im Hinblick auf den richtigen Beklagten vgl. § 4 Rz. 14. Bei Unkenntnis von der Eröffnung kommt nachträgl. Zulassung gem. § 5 in Betracht (s. § 5 Rz. 29). Ein bei Insolvenzeröffnung bereits anhängiger **Kündigungsschutzprozess** wird wegen der möglichen Auswirkung auf die Insolvenzmasse stets unterbrochen (§ 240 ZPO). Er kann grds. gem. §§ 86 I Nr. 3 InsO vom Verwalter oder Gegner aufgenommen werden, sofern – wie idR – Masseverbindlichkeiten gem. § 55 I Nr. 2 InsO betroffen sein können. Steht lediglich ein Zeitraum vor Insolvenzeröffnung in Streit, können allein Insolvenzforderungen begründet sein; der Rechtsstreit kann dann nur nach Durchführung des insolvenzrechtl. Feststellungsverfahrens aufgenommen werden (§§ 87, 174 ff. InsO)[3].

43 **Kündigungen durch den Insolvenzverwalter** unterliegen dem gesetzl. Kündigungsschutz. Sie bedürfen der sozialen Rechtfertigung gem. § 1[4]. Hierfür genügt die Insolvenz als solche nicht (vgl. § 1 Rz. 311). Auch gilt der besondere Kündigungsschutz der §§ 15, 16 sowie der Massenentlassungsschutz der §§ 17 ff. sowie der sonstige Sonderkündigungsschutz. Kündigungsschutzklagen sind in der Insolvenz gegen den Insolvenzverwalter als Partei kraft Amtes zu richten. Eine nach Eröffnung des Insolvenzverfahrens gegen den Insolvenzschuldner erhobene Klage wahrt nicht die Klagefrist des § 4; uU kommt eine Rubrumsberichtigung in Betracht (vgl. § 4 Rz. 14). Zur Vertretung des Verwalters vgl. § 1 Rz. 31 aE. Für Kündigungen des Verwalters gelten folgende **Besonderheiten:** § 113 S. 1 InsO begründet ein Sonderkündigungsrecht bei vertragl., auch kollektivvertragl.[5] Ausschluss der ordentl. Kündigung. Auch § 323 I UmwG steht dem nicht entgegen[6]. Der gesetzl. Kündigungsschutz bleibt aber bestehen. § 113 S. 2 InsO bringt eine abgekürzte Kündigungsfrist von drei Monaten. Mit dieser Frist kann der Insolvenzverwalter auch (erneut) kündigen, wenn er zuvor als vorläufiger Insolvenzverwalter mit längerer Frist aus im Wesentlichen gleichen Gründen gekündigt hatte[7]. Für Kündigungen des Insolvenzverwalters gilt die Klagefrist des § 4 von drei Wochen. Die §§ 120 ff. InsO sehen Besonderheiten für einen abgekürzten Interessenausgleich, Verkürzung des Kündigungsschutzes durch Erstellung von Namenslisten (§ 125 I InsO) und ein besonderes Beschlussverfahren zum Kündigungsschutz (sog. Sammelklage, § 126 I InsO) vor. Vgl. die Erl. zu §§ 113, 120–128 InsO.

44 Das KSchG gilt grds. auch im **Arbeitskampf.** Gem. § 25 findet es allerdings keine Anwendung auf „Kündigungen und Entlassungen, die lediglich als Maßnahmen in wirtschaftl. Kämpfen zwischen ArbGeb und ArbN vorgenommen werden". Zu näheren Einzelheiten s. dort. Ein **faktisches oder fehlerhaftes Arbeitsverhältnis** besteht, wenn der Arbeitsvertrag sich nachträglich etwa gem. §§ 134, 138 BGB als insg. nichtig erweist (vgl. § 119 BGB Rz. 15 ff.). Die Parteien haben hier ein jederzeitiges, weder frist- noch formgebundenes Lossagungsrecht, das dem KSchG nicht unterfällt[8]. Soweit gem. § 100 III BetrVG **vorläufige personelle Maßnahmen (Einstellungen)** zwei Wochen nach Rechtskraft einer gerichtl. Entscheidung „enden" bzw. „nicht aufrechterhalten werden" dürfen, erlischt nach zutreffender Auffassung lediglich die betriebsverfassungsrechtl. Zulässigkeit der vorläufigen Einstellung; Einstellung bedeutet die tatsächliche Eingliederung in den Betriebsablauf[9]. Will der ArbGeb das ArbVerh insg. beenden, muss er kündigen (vgl. § 100 BetrVG Rz. 17). Auf die Kündigung finden das KSchG sowie der sonstige Kündigungsschutz grds. Anwendung. Ebenfalls dem KSchG und den sonstigen Kündigungsschutzbestimmungen unterliegt eine **Kündigung auf Verlangen des BR** gem. § 104 BetrVG. Weigert sich der ArbGeb und wird ihm auf Antrag des BR durch Beschluss des ArbG die Kündigung aufgegeben, wirkt diese Entscheidung allerdings im nachfolgenden Kündigungsschutzprozess präjudiziell. Da der ArbN im Beschlussverfahren zu beteiligen ist, kann er im späteren Kündigungsschutzprozess zu seiner Entlastung nur noch Umstände darlegen, die nach dem Schluss der Anhörung im Beschlussverfahren entstanden oder ihm bekannt geworden sind. Zu näheren Einzelheiten vgl. die Komm. zu § 104 BetrVG.

45 **IX. Vertragspflichtverletzung durch rechtsunwirksame Kündigung.** Nach hM soll in jeder rechtsunwirksamen Kündigung zugleich ein Verstoß gegen die vertragl. Nebenpflicht zur Leistungstreue (**Leistungstreuepflicht,** § 242 BGB) liegen, der Schadensersatzansprüche auslösen kann (§ 280 BGB)[10]. Ein entschuldbarer Rechtsirrtum kommt nach der Rspr. des BGH nur in engen Grenzen in Be-

---

[1] BAG 10.10.2002 – 2 AZR 532/01, AP Nr. 1 zu § 21 InsO. ||[2] BAG 21.11.2013 – 6 AZR 979/11, PM. ||[3] BAG 18.10.2006 – 2 AZR 563/05, NZA 2007, 765. ||[4] BAG 16.9.1982 – 2 AZR 271/80, AP Nr. 4 zu § 22 KO. ||[5] Für TV: BVerfG 21.5.1999 – 1 BvL 22/98, NZA 1999, 923; BAG 19.1.2000 – 4 AZR 70/99, BB 2000, 1096; für BV: BAG 22.9.2005 – 6 AZR 526/04, NZA 2006, 658. ||[6] BAG 22.9.2005 – 6 AZR 526/04, NZA 2006, 658. ||[7] BAG 22.5.2003 – 2 AZR 255/02, AP Nr. 12 zu § 113 InsO; für den vorläufigen – auch den „starken" (§ 22 I InsO) – Verwalter gilt die verkürzte Frist des § 113 S. 2 nicht, BAG 20.1.2005 – 2 AZR 134/04, AP Nr. 18 zu § 113 InsO. ||[8] BAG 16.9.1982 – 2 AZR 271/80, EzA § 123 BGB Nr. 22; 25.4.1963 – 5 AZR 398/62, DB 1963, 933; 15.11.1957 – 1 AZR 189/57, AP Nr. 2 zu § 125 BGB. ||[9] BAG 28.4.1992 – 1 ABR 73/91, NZA 1992, 1141. ||[10] BGH 14.1.1988 – IX ZR 265/86, NJW 1988, 1268 f. zum Mietvertrag; aA zum Mietvertrag *Klinkhammer*, NJW 1997, 221 ff. mwN; zum Arbeitsvertrag wie hier *Löwisch/Spinner*, Vorbem. zu § 1 Rz. 105.

tracht[1]. Entgegen der hM liegt allein im Ausspruch einer unwirksamen Kündigung ohne Hinzutreten weiterer Umstände **keine Vertragspflichtverletzung**. Kündigungsschutzbestimmungen begründen keine unmittelbaren Leistungstreuepflichten, sie sind „pflichtenneutral". Sie wirken wie Obliegenheiten durch ihre Unwirksamkeitssanktion. Das ist offenkundig etwa bei Formverstößen. Aber auch § 241 BGB begründet für sich keine Vertragspflicht, sozialwidrige Kündigungen zu unterlassen. Allein durch den Ausspruch einer unwirksamen Kündigung verletzt ein ArbGeb nicht seine dem ArbN ggü. bestehenden Rücksichtnahmepflichten[2]. Eine Pflichtverletzung liegt aber im Ausspruch einer wissentlich rechtsunwirksamen Kündigung, ebenso wohl auch im leichtfertigen Ausspruch einer evident unwirksamen Kündigung. Hier fehlt ein schutzwürdiges Interesse des Kündigenden, welches das Leistungstreueinteresse des Gekündigten überwiegt. Praktisch spielt die Frage eines **Schadensersatzanspruchs** wegen rechtswidriger Kündigung nur eine geringe Rolle, weil es regelmäßig am Schaden fehlt. Der ArbN kann nach dem KSchG die Unwirksamkeit der Kündigung geltend machen und so seine Vergütungsansprüche erhalten (§ 615 BGB, § 11)[3]. Versäumt er die Klagefrist des § 4, entfällt wegen § 7 rückwirkend eine in der unwirksamen Kündigung ggf. liegende Vertragspflichtverletzung. Kommt es gem. §§ 9, 10 zur Auflösung des Arbeitsvertrages gegen Zahlung einer **Abfindung**, ist damit nach der Rspr. des BAG ein Schadensersatzanspruch für entgangenes Arbeitsentgelt nach dem Auflösungszeitpunkt ausgeschlossen[4].

Schadensersatzansprüche aus **Delikt** wegen rechtswidriger Kündigung scheiden idR aus. Es fehlt an der Rechtsgutverletzung iSv. § 823 I BGB. Auch ist § 1 kein Schutzgesetz iSv. § 823 II BGB, weil der allg. Kündigungsschutz – im Gegensatz etwa zu § 9 I MuSchG[5] – allein die Vertragsbeziehung als solche schützt. Eine Deliktshaftung würde hier die Entscheidung des Gesetzgebers gegen eine allg. Haftung für Vermögensschäden unterlaufen[6]. Deliktische Ansprüche können ausnahmsw. bestehen, wenn die Kündigung das **Persönlichkeitsrecht** des Gekündigten verletzt (§ 823 I BGB) oder eine sittenwidrige vorsätzliche Schädigung darstellt (§ 826 BGB). Eine schwere rechtswidrige und schuldhafte Verletzung des Persönlichkeitsrechts kann ausnahmsw. im ArbVerh einen Anspruch auf **Schmerzensgeld** entsprechend § 847 BGB aF begründen[7]. Der Geldersatzanspruch bei Verletzung des Persönlichkeitsrechts wird nach Streichung des § 847 BGB auf § 823 BGB iVm. Art. 1 I, 2 I GG gestützt[8].

46

Erster Abschnitt. Allgemeiner Kündigungsschutz

1 *Sozial ungerechtfertigte Kündigungen*
(1) Die Kündigung des Arbeitsverhältnisses gegenüber einem Arbeitnehmer, dessen Arbeitsverhältnis in demselben Betrieb oder Unternehmen ohne Unterbrechung länger als sechs Monate bestanden hat, ist rechtsunwirksam, wenn sie sozial ungerechtfertigt ist.

(2) Sozial ungerechtfertigt ist die Kündigung, wenn sie nicht durch Gründe, die in der Person oder in dem Verhalten des Arbeitnehmers liegen, oder durch dringende betriebliche Erfordernisse, die einer Weiterbeschäftigung des Arbeitnehmers in diesem Betrieb entgegenstehen, bedingt ist. Die Kündigung ist auch sozial ungerechtfertigt, wenn
1. in Betrieben des privaten Rechts
   a) die Kündigung gegen eine Richtlinie nach § 95 des Betriebsverfassungsgesetzes verstößt,
   b) der Arbeitnehmer an einem anderen Arbeitsplatz in demselben Betrieb oder in einem anderen Betrieb des Unternehmens weiterbeschäftigt werden kann

   und der Betriebsrat oder eine andere nach dem Betriebsverfassungsgesetz insoweit zuständige Vertretung der Arbeitnehmer aus einem dieser Gründe der Kündigung innerhalb der Frist des § 102 Abs. 2 Satz 1 des Betriebsverfassungsgesetzes schriftlich widersprochen hat,
2. in Betrieben und Verwaltungen des öffentlichen Rechts
   a) die Kündigung gegen eine Richtlinie über die personelle Auswahl bei Kündigungen verstößt,
   b) der Arbeitnehmer an einem anderen Arbeitsplatz in derselben Dienststelle oder in einer anderen Dienststelle desselben Verwaltungszweiges an demselben Dienstort einschließlich seines Einzugsgebietes weiterbeschäftigt werden kann

---

1 St. Rspr., BGH 11.1.1984 – VIII ZR 255/82, BGHZ 89, 301; 14.6.1994 – XI ZR 210/93, NJW 1994, 2754 (2755); deutlich weiter aber BAG 13.6.2002 – 2 AZR 391/02, AP Nr. 97 zu § 615 BGB (bei objektiv zweifelhafter Rechtslage und sorgfältiger Prüfung). || 2 BAG 24.4.2008 – 8 AZR 347/07, NZA 2009, 38. || 3 Zur Frage der Verzinsung, insb. des Vertretenmüssens iSv. § 286 IV BGB, vgl. BAG 13.6.2002 – 2 AZR 391/01, AP Nr. 97 zu § 615 BGB und 22.3.2001 – 8 AZR 536/00, EzBAT § 8 BAT Schadensersatzpflicht des ArbGeb Nr. 31 (entschuldigender Rechtsirrtum). || 4 BAG 22.4.1971 – 2 AZR 205/70, EzA § 7 KSchG Nr. 6; 15.2.1973 – 2 AZR 16/72, EzA § 9 KSchG nF Nr. 1; 16.5.1984 – 7 AZR 280/82, NZA 1985, 60; zu Schadensersatz wegen Auflösungsverschuldens vgl. BAG 26.7.2001 – 8 AZR 739/00, NZA 2002, 325 ff. || 5 *Zmarzlik/Zipperer/Viethen*, MuSchG, 9. Aufl. 2005, § 9 Rz. 50. || 6 HM: LAG Köln 23.2.1988 – 1 Sa 1094/87, NZA 1988, 548; vgl. auch BGH 8.6.1976 – VI ZR 50/75, BGHZ 66, 388 (390) sowie BAG 17.4.2002 – 5 AZR 89/01, AP Nr. 6 zu § 2 NachwG. || 7 BAG 21.2.1979 – 5 AZR 568/77, AP Nr. 13 zu § 847 BGB m. Anm. *Wiese*. || 8 So Begr. RegE, BT-Drs. 14/7752, 25; BGH 15.11.1994 – VI ZR 56/94, NJW 1995, 861; *Wagner*, NJW 2002, 2049 (2056 f.); Palandt/*Grüneberg*, § 253 BGB Rz. 10.

und die zuständige Personalvertretung aus einem dieser Gründe fristgerecht gegen die Kündigung Einwendungen erhoben hat, es sei denn, dass die Stufenvertretung in der Verhandlung mit der übergeordneten Dienststelle die Einwendungen nicht aufrechterhalten hat.

Satz 2 gilt entsprechend, wenn die Weiterbeschäftigung des Arbeitnehmers nach zumutbaren Umschulungs- oder Fortbildungsmaßnahmen oder eine Weiterbeschäftigung des Arbeitnehmers unter geänderten Arbeitsbedingungen möglich ist und der Arbeitnehmer sein Einverständnis hiermit erklärt hat. Der Arbeitgeber hat die Tatsachen zu beweisen, die die Kündigung bedingen.

(3) Ist einem Arbeitnehmer aus dringenden betrieblichen Erfordernissen im Sinne des Absatzes 2 gekündigt worden, so ist die Kündigung trotzdem sozial ungerechtfertigt, wenn der Arbeitgeber bei der Auswahl des Arbeitnehmers die Dauer der Betriebszugehörigkeit, das Lebensalter, die Unterhaltspflichten und die Schwerbehinderung des Arbeitnehmers nicht oder nicht ausreichend berücksichtigt hat; auf Verlangen des Arbeitnehmers hat der Arbeitgeber dem Arbeitnehmer die Gründe anzugeben, die zu der getroffenen sozialen Auswahl geführt haben. In die soziale Auswahl nach Satz 1 sind Arbeitnehmer nicht einzubeziehen, deren Weiterbeschäftigung, insbesondere wegen ihrer Kenntnisse, Fähigkeiten und Leistungen oder zur Sicherung einer ausgewogenen Personalstruktur des Betriebes, im berechtigten betrieblichen Interesse liegt. Der Arbeitnehmer hat die Tatsachen zu beweisen, die die Kündigung als sozial ungerechtfertigt im Sinne des Satzes 1 erscheinen lassen.

(4) Ist in einem Tarifvertrag, in einer Betriebsvereinbarung nach § 95 des Betriebsverfassungsgesetzes oder in einer entsprechenden Richtlinie nach den Personalvertretungsgesetzen festgelegt, wie die sozialen Gesichtspunkte nach Absatz 3 Satz 1 im Verhältnis zueinander zu bewerten sind, so kann die Bewertung nur auf grobe Fehlerhaftigkeit überprüft werden.

(5) Sind bei einer Kündigung auf Grund einer Betriebsänderung nach § 111 des Betriebsverfassungsgesetzes die Arbeitnehmer, denen gekündigt werden soll, in einem Interessenausgleich zwischen Arbeitgeber und Betriebsrat namentlich bezeichnet, so wird vermutet, dass die Kündigung durch dringende betriebliche Erfordernisse im Sinne des Absatzes 2 bedingt ist. Die soziale Auswahl der Arbeitnehmer kann nur auf grobe Fehlerhaftigkeit überprüft werden. Die Sätze 1 und 2 gelten nicht, soweit sich die Sachlage nach Zustandekommen des Interessenausgleichs wesentlich geändert hat. Der Interessenausgleich nach Satz 1 ersetzt die Stellungnahme des Betriebsrates nach § 17 Abs. 3 Satz 2.

I. Hinweis 1	f) Abgrenzung zum wichtigen Grund iSv. § 626 BGB 66
II. Voraussetzungen des Kündigungsschutzes . 2	3. Konkurrenz der Kündigungstatbestände .. 68
1. Arbeitnehmer 3	a) Mehrere Sachverhalte 69
a) Begriff 3	b) „Gemischte" Sachverhalte 70
b) Grundsatz und Ausnahmen 4	4. Gleichbehandlung 71
c) Besondere Arbeitsverhältnisse 5	5. Verzeihung, Verzicht, Verwirkung 72
2. Wartezeit 7	6. Beurteilungszeitpunkt 73
a) Zweck und Bedeutung 7	7. Wiedereinstellungsanspruch 75
b) Abweichende Vereinbarungen 9	a) Prognoserisiko 75
c) Arbeitsverhältnis 10	b) Rechtsgrundlage 76
d) Zugehörigkeit zu demselben Betrieb oder Unternehmen 11	c) Voraussetzungen 77
e) Ununterbrochener Bestand 14	d) Rechtsfolgen 84
f) Berechnung der Sechs-Monats-Frist .. 19	e) Darlegungs- und Beweislast 86
3. Ordentliche Kündigung des Arbeitgebers . 21	f) Prozessuales 87
a) Gegenstand des Kündigungsschutzes . 21	8. Nachschieben von Kündigungsgründen ... 88
b) Ordentliche Kündigung als Rechtsgeschäft 24	a) Grundsatz 88
	b) Grenzen des Nachschiebens 89
c) Kündigungsschutz und sonstige Beendigungstatbestände 39	IV. Personenbedingte Kündigung 92
4. Kein Kleinbetrieb 50	1. Überblick 92
5. Darlegungs- und Beweislast 51	a) Gesetzliche Grundlage 92
a) Arbeitsverhältnis 52	b) Begriffsbestimmung 93
b) Wartezeit 53	2. Allgemeine Grundsätze 95
c) Ordentliche Kündigung des Arbeitgebers 54	a) Ursache der Leistungsstörung 95
	b) Verantwortlichkeit für die Leistungsstörung/Verschulden 96
III. Allgemeines zur Sozialwidrigkeit 55	c) Abmahnung 97
1. Überblick 55	d) Weiterbeschäftigungsmöglichkeit ... 99
2. Allgemeine Merkmale des Kündigungsgrundes 58	e) Sozialauswahl 100
	f) Beurteilungszeitpunkt 101
a) Objektives Bestehen des Grundes 59	3. Prüfungsschema bei der personenbedingten Kündigung 102
b) Störung des Vertragsverhältnisses ... 60	a) Überblick 102
c) Zukunftsbezogenheit 61	b) Die Prüfungsschritte im Einzelnen ... 103
d) Ultima Ratio 63	4. Einzelfälle (alphabetisch) 117
e) Interessenabwägung 64	

Voraussetzungen des Kündigungsschutzes   Rz. 4 § 1 KSchG

5. Wiedereinstellungsanspruch 166	VI. **Betriebsbedingte Kündigung** 255
6. Beteiligung des Betriebs- bzw. Personalrats 167	1. Überblick 255
7. Darlegungs- und Beweislast/Prozessuales .. 168	2. Dringende betriebliche Erfordernisse 257
a) Verhalten vor Ausspruch der Kündigung 168	a) „Betriebliche" Erfordernisse 257
b) Darlegungs- und Beweislast im Kündigungsschutzprozess 169	b) Betriebliche Erfordernisse auf Grund unternehmerischer Entscheidung 266
V. **Verhaltensbedingte Kündigung** 176	c) Ultima Ratio 272
1. Überblick 176	d) Keine anderweitige Beschäftigung .. 274
2. Schuldhafte Vertragspflichtverletzung 178	e) Dringlichkeit und Interessenabwägung 285
a) Vertragspflichtverletzung 179	f) Beurteilungszeitpunkt 289
b) Steuerbares Verhalten 181	g) Darlegungs- und Beweislast 290
c) Grenzfälle 182	h) Einzelfälle 293
3. Negative Zukunftsprognose 184	3. Sozialauswahl 327
4. Kündigung als letztes Mittel 185	a) Überblick 327
5. Vorherige Abmahnung 186	b) Bildung der Auswahlgruppe 333
a) Abmahnung und Kündigung 186	c) Die vier sozialen Gesichtspunkte und ihre Bewertung 367
b) Voraussetzungen einer wirksamen Abmahnung 193	d) Nichteinbeziehung von Arbeitnehmern in die Sozialauswahl (Abs. 3 S. 2) 391
c) Rechtswirkungen der Abmahnung ... 201	e) Auswahlrichtlinien (Abs. 4) 406
d) Rechtsschutz gegen Abmahnungen .. 202	f) Interessenausgleich mit Namensliste .. 418
6. Interessenabwägung 208	g) Auskunftspflicht 438
7. Beweislast und Beweisführung 211	h) Darlegungs- und Beweislast für die Sozialauswahl 440
8. Einzelfälle (alphabetisch) 213	4. Widerspruchstatbestände (Abs. 2 S. 2 u. 3) 446

I. Hinweis. Folgende allg. Fragen zum KSchG behandelt die **Vorbemerkung vor § 1:**   **1**
– Entstehung und Entwicklung (Vor § 1 Rz. 1 ff.)
– Grundrechtl. Rahmen (Vor § 1 Rz. 7 ff.)
– Kündigungsschutz außerhalb des KSchG (Vor § 1 Rz. 14 ff.)
– Konzeption des Kündigungsschutzes im KSchG (Vor § 1 Rz. 21 ff.)
– Zwingende Geltung, Verzicht und Ausgleichsquittung (Vor § 1 Rz. 24 ff.)
– Internationaler Geltungsbereich (Vor § 1 Rz. 31 ff.)
– Kündigungsschutz in besonderen Betrieben (Vor § 1 Rz. 35 ff.)
– Kündigungsschutz in besonderen Rechtslagen (insb. Insolvenz) (Vor § 1 Rz. 42 ff.)
– Vertragspflichtverletzung durch rechtsunwirksame Kündigung (Vor § 1 Rz. 45 f.)

II. Voraussetzungen des Kündigungsschutzes. § 1 schützt ArbN (Rz. 3 ff.) nach zurückgelegter Wartezeit von sechs Monaten (Rz. 7 ff.) vor ordentl. Kündigungen des ArbGeb (Rz. 21 ff.) außerhalb von Kleinbetrieben iSv. § 23 I (Rz. 50). Alle **vier Voraussetzungen** müssen erfüllt sein. Weitere Einschränkungen ergeben sich aus den §§ 14, 23–25. Zur Darlegungs- und Beweislast für die Voraussetzungen des Kündigungsschutzes s. Rz. 51 ff.   **2**

1. Arbeitnehmer. a) Begriff. Das KSchG schützt nur ArbN. Es gilt nicht für sonstige Rechtsverhältnisse, auch nicht für sog. arbeitnehmerähnliche Personen. Maßgeblich ist der **allgemeine ArbN-Begriff** des Arbeitsrechts, wie ihn Rspr. und Lehre entwickelt haben. Ein eigenständiger ArbN-Begriff für den Kündigungsschutz besteht nicht. Zur Bestimmung und Abgrenzung von anderen Rechtsverhältnissen s. daher Vor § 611 BGB Rz. 19 ff.   **3**

b) Grundsatz und Ausnahmen. Grds. steht der allg. Kündigungsschutz **allen ArbN** zu. Auf die nähere Ausgestaltung des ArbVerh kommt es nicht an. Kündigungsschutz genießen daher Teilzeitbeschäftigte unabhängig vom Umfang ihrer Arbeitszeit einschl. der geringfügig Beschäftigten iSv. § 8 I Nr. 1 SGB IV[1] und der ArbN in Arbeitsplatzteilung iSv. § 13 TzBfG; ebenso Mehrfachbeschäftigte[2], auch in nebenberufl. Tätigkeit[3]; bei DoppelArbVerh zu mehreren ArbGeb (zB Gesamthafengesellschaft und Einzelhafen) besteht Kündigungsschutz für jedes ArbVerh[4]; ferner schützt das KSchG ArbN in befristeten ArbVerh vor vorzeitiger Kündigung, sofern die Wartezeit erfüllt ist (und ein Recht zu vorzeitiger Kündigung vereinbart wurde, § 15 III TzBfG); weiterhin leitende Angestellte (§ 14 II 1), deren ArbVerh allerdings erleichtert gegen Zahlung einer Abfindung aufgelöst werden können (§§ 14 II 2, 9 I 2); Lebensalter (Rentner, Jugendliche) und Nationalität des ArbN sind grds. unerheblich (zur Frage fehlender Arbeitserlaubnis s. Rz. 124). **Ausgenommen** vom Kündigungsschutz sind **gesetzl. Vertreter** juristischer Personen und Vertreter von Personengesamtheiten nach Maßgabe des § 14 I. Das gilt auch, wenn sie ausnahmsw. ArbN sind[5]. Zur Fra-   **4**

---
1 BAG 13.3.1987 – 7 AZR 724/85, DB 1987, 1443. ||2 BAG 9.6.1983 – 2 AZR 494/81, BB 1984, 143. ||3 BAG 16.3.1972 – 5 AZR 460/71, AP Nr. 10 zu § 611 BGB Lehrer, Dozenten. ||4 BAG 30.5.1985 – 2 AZR 321/84, NZA 1986, 155. ||5 BAG 17.1.2002 – 2 AZR 719/00, NZA 2002, 854 ff. zum Leiter des Eigenbetriebs einer bayerischen Gemeinde mit beschränkter gesetzl. Vertretungsmacht.

ge, ob etwa beim berufl. Aufstieg eines ArbN in die Stellung eines Vertretungsorgans des ArbGeb neben dem Anstellungsverhältnis ein ruhendes ArbVerh fortbestehen kann, das weiterhin dem Kündigungsschutz unterliegt, vgl. § 14 Rz. 6. Kein Kündigungsschutz besteht in faktischen oder fehlerhaften (etwa gem. §§ 134, 138 BGB nichtigen) ArbVerh; hier können sich beide Seiten jederzeit lossagen, vgl. Rz. 43.

5 **c) Besondere Arbeitsverhältnisse. Auszubildende** sind zwar ebenfalls ArbN[1], jedenfalls sind die für den Arbeitsvertrag geltenden Rechtsvorschriften und -grundsätze gem. § 10 II BBiG auf den Berufsausbildungsvertrag anzuwenden, soweit sich aus seinem Wesen und Zweck sowie dem BBiG nichts anderes ergibt. Der allg. Kündigungsschutz der §§ 1 ff. geht hier jedoch ins Leere, da gem. §§ 20 S. 2, 22 II Nr. 1 BBiG das Berufsausbildungsverhältnis nach Ablauf der Probezeit von längstens vier Monaten durch den Ausbildenden nur noch aus wichtigem Grund gekündigt werden kann[2]. Die dreiwöchige **Klagefrist** nach §§ 13 I 2, 4 S. 1 findet bei außerordentl. Kündigungen durch den Ausbildenden keine Anwendung, wenn ein **Schlichtungsausschuss** iSv. § 111 II 1 ArbGG zur Beilegung von Streitigkeiten aus bestehenden Berufsausbildungsverhältnissen gebildet ist. In diesem Fall ist dessen vorherige Anrufung unverzichtbare Zulässigkeitsvoraussetzung für eine Klage, § 111 II 5 ArbGG[3]. Die Klagefrist des § 4 greift nicht ein, auch nicht entsprechend für die Anrufung des Schlichtungsausschusses, die bis zur Grenze der Verwirkung möglich ist[4]. An dieser Rspr. dürfte sich durch die erweiterte Bedeutung der Klagefrist für alle Unwirksamkeitsgründe aller Kündigungen in §§ 4, 7, 13 I 2, 23 I 2 nichts ändern, da die hierfür maßgebliche Unvereinbarkeit der jeweiligen Fristen- und Verfahrensregeln fortbesteht. Nach ergangenem Spruch des Ausschusses gilt die zweiwöchige rein prozessuale Klagefrist des § 111 II 3 ArbGG. Besteht **kein Schlichtungsausschuss**, gilt die dreiwöchige Klagefrist gem. §§ 13 I 2, 4 S. 1[5]; auf die Zurücklegung der Wartezeit (Abs. 1) kommt es nicht mehr an[6]. Zu weiteren Einzelheiten vgl. die Erl. zu § 111 ArbGG u. § 22 BBiG. Für **Volontäre, Praktikanten** (vgl. auch Rz. 10) und **Anlernlinge**, die nicht in einem Berufsausbildungsverhältnis iSv. § 1 III BBiG stehen, bei denen der Erwerb berufl. Kenntnisse, Fähigkeiten und Erfahrungen gleichwohl zuvorderst Vertragsgegenstand ist, gilt gem. § 26 BBiG Entsprechendes wie beim Berufsausbildungsverhältnis. Steht der Ausbildungszweck nicht im Vordergrund, gilt ausschließlich allg. Arbeitsrecht und damit auch das KSchG[7]. **Studienpraktikanten**, die zur Ableistung des Praktikums innerhalb des Studiums in ein privatrechtl. Rechtsverhältnis zum Betriebsinhaber treten, sind ArbN iSd. KSchG und genießen Kündigungsschutz[8], ebenso berufl. Rehabilitanden iSd. früheren § 56 AFG, die eine „echte" betriebspraktische Ausbildung erhalten[9].

6 Sog. **Dienstordnungsangestellte** der Krankenkassen sind ArbN. Soweit ihr ArbVerh durch Kündigung beendet werden soll, gilt das KSchG. Daneben besteht die Möglichkeit zu ihrer „Entlassung" gem. der auf Grundlage der früheren §§ 351, 352 RVO erlassenen Dienstordnung. Die Entlassung entstammt dem Beamtenrecht (Disziplinarrecht) und hat Sanktionscharakter. Auf sie ist das KSchG nicht anzuwenden[10]. Bei der Anwendung des KSchG auf **GruppenArbVerh** in Form der sog. Eigengruppe sind Besonderheiten zu beachten. Die Eigengruppe ist im Gegensatz zur Betriebsgruppe (einer vom ArbGeb kraft Direktionsrechts zu gemeinsamer Arbeitsleistung gebildeten ArbN-Gruppe, zB Putzkolonne) ein aus eigener Initiative gebildeter Zusammenschluss von ArbN zu gemeinsamer Arbeitsleistung, die dem ArbGeb als solche angeboten wird (zB Maurer- oder Putzerkolonnen, Musikkapellen, Hausmeisterehepaare). Eine Kündigung ist hier nur ggü. der **gesamten Gruppe** möglich, wofür allerdings ein Kündigungsgrund in der Person oder dem Verhalten nur eines der Gruppenmitglieder genügen kann[11]. Besteht nur in der Person eines Gruppenmitglieds ein besonderer Kündigungsschutz, wird dieser idR auf die Gruppe durchschlagen[12]. Nicht zu einer Eigengruppe führt die bloße Arbeitsplatzteilung (Jobsharing), schon wegen der Entkoppelung der ArbVerh durch § 13 II 1 TzBfG. Zu kündigungsrechtl. Besonderheiten kann auch ein einheitliches ArbVerh eines ArbN mit **mehreren ArbGeb** führen. Erforderlich ist ein rechtl. Zusammenhang zwischen den jeweiligen Arbeitsverträgen[13]. In einem **mittelbaren Arbeitsverhältnis** wird ein ArbN von einem Mittelsmann, der seinerseits selbst ArbN eines Dritten ist, beschäftigt, indem er unmittelbar mit Wissen des Dritten für diesen arbeitet[14]. Bsp.: Rundfunkanstalt –

---

1 HM: BAG 12.6.1986 – 6 ABR 8/83, AP Nr. 33 zu § 5 BetrVG 1972; MünchArbR/*Richardi*, § 27 Rz. 25. ||2 Bei einem Wechsel des Ausbildungsberufs bei demselben Ausbildenden ist gem. § 20 BBiG erneut eine Probezeit zu vereinbaren; eine Probezeitkündigung gem. § 22 I BBiG wird hier auch dann zulässig sein, wenn die Ausbildungszeit an beiden Ausbildungsverhältnissen sechs Monate überschreitet. Das Gleiche gilt, wenn dem Ausbildungsverhältnis ein ArbVerh vorgeschaltet war. Die §§ 20, 22 I BBiG gehen gem. § 10 II BBiG dem allg. Kündigungsschutz vor. ||3 BAG 17.6.1998 – 2 AZR 741/97, EzB § 15 Abs. 3 BBiG Nr. 37. ||4 BAG 13.4.1989 – 2 AZR 441/88, AP Nr. 21 zu § 4 KSchG 1969m. krit. Anm. *Natzel*; aA GMP/*Prütting*, § 111 ArbGG Rz. 22 ff. mwN. ||5 BAG 26.1.1999 – 2 AZR 134/98, DB 1999, 1408; krit. HK-KSchG/*Dorndorf*, § 13 KSchG Rz. 34–30. ||6 *Richardi*, NZA 2003, 764 f.; anders zur früheren Rechtslage BAG 27.1.1955 – 2 AZR 418/54, AP Nr. 5 zu § 11 KSchG; 17.8.1972 – 2 AZR 415/71, EzA § 626 BGB nF Nr. 22. ||7 Vgl. KR/*Weigand*, §§ 21–23 BBiG Rz. 13. ||8 BAG 30.10.1991 – 7 ABR 11/91, DB 1992, 1635; 18.11.1999 – 2 AZR 89/99, BB 2000, 673. ||9 BAG 21.7.1993 – 7 ABR 35/92, BB 1994, 575 u. v. 26.1.1994 – 7 ABR 13/92, DB 1994, 1371 – im Gegensatz zur Ausbildung in reinen Ausbildungsbetrieben und Berufsbildungswerken. ||10 BAG 25.2.1998 – 2 AZR 256/97, NZA 1998, 1182. ||11 BAG 21.10.1971 – 2 AZR 17/71, AP Nr. 1 zu § 611 BGB Gruppenarbeitsverhältnis (*Hanau*). ||12 BAG 21.10.1971 – 2 AZR 17/71, AP Nr. 1 zu § 611 BGB Gruppenarbeitsverhältnis (*Hanau*); anders bei bloßer Hilfstätigkeit der geschützten Person BAG 17.5.1962 – 2 AZR 354/60, AP Nr. 2 zu § 620 BGB Bedingung (A. *Hueck*); in auch KR/*Griebeling*, § 1 Rz. 55 f. ||13 BAG 27.3.1981 – 7 AZR 523/78, AP Nr. 1 zu § 611 BGB Arbeitgebergruppe (*Wiedemann*); 9.9.1982 – 2 AZR 253/80, ZIP 1983, 486; vgl. auch BAG 21.1.1999 – 2 AZR 648/97, DB 1999, 806. ||14 BAG 21.2.1990 – 5 AZR 162/89, BB 1990, 1064.

Orchesterleiter – Musiker[1]. Solche Fälle sind selten, da die Berechtigung zum Einsatz eigener ArbN nach der Rspr. ein starkes Indiz gegen die Annahme eines ArbVerh zwischen Mittelsmann und Drittem ist[2] und die Begründung eines mittelbaren ArbVerh zur Vermeidung von Gesetzesumgehungen idR eines sachlichen Grundes bedarf[6]. Die Kündigungsschutzklage ist gegen den jeweiligen Vertragspartner zu richten[4], außer im Falle einer rechtsmissbräuchlichen Gestaltung[5]. Kündigungsgründe aus dem einen ArbVerh können hier auch für das andere ArbVerh von Bedeutung sein.

2. Wartezeit. a) Zweck und Bedeutung. Der Schutz vor sozialwidrigen Kündigungen setzt gem. § 1 voraus, dass das ArbVerh **bei Zugang** der Kündigung in demselben Betrieb oder Unternehmen ohne Unterbrechung **länger als sechs Monate** bestanden hat. Unerheblich ist, wann die Kündigungsfrist abläuft (der sog. Kündigungstermin). **Zweck** der sog. Wartezeit ist es, dem ArbGeb Gelegenheit zu geben, den ArbN zunächst kennen zu lernen, ohne durch das Verbot sozial ungerechtfertigter Kündigungen gleich gebunden zu sein[6]. Der Schutz vor Willkür oder Diskriminierung erfolgt über die Generalklauseln (vgl. Vor § 1 Rz. 16). Dies verstößt nicht gegen den nach Art. 30 GrCh gebotenen Schutz vor ungerechtfertigter Entlassung[7]. Auch im öffentl. Dienst wird der ArbGeb durch Art. 33 II GG nicht in dem Recht beschränkt, während der Wartezeit die Eignung, Befähigung und fachliche Leistung des neu eingestellten ArbN frei zu überprüfen[8]. Dem Erprobungszweck der Wartezeit steht nicht entgegen, dass für ihre Erfüllung allein der rechtl. Bestand des ArbVerh maßgeblich ist und nicht die Dauer der tatsächlichen Beschäftigung (vgl. Rz. 14ff.)[9]; das Gesetz stellt hier lediglich aus Gründen der Rechtssicherheit auf die klarere Frist des Bestandes des ArbVerh ab[10]. Die **Vereitelung des Erprobungszwecks** (etwa wegen längerer Erkrankung des ArbN) hat keine automatische Verlängerung der Wartezeit zur Folge. Möglich ist eine Kündigung vor Ablauf der Probezeit und die Vereinbarung einer anschließenden angemessenen Probezeitbefristung (vgl. § 14 TzBfG Rz. 42, vgl. auch unten Rz. 20 aE)[11]. Dem ArbGeb steht es frei, vor Ablauf der Wartezeit zu kündigen; die Kündigung bedarf dann nicht der sozialen Rechtfertigung. Setzt der ArbGeb das ArbVerh über den Ablauf der Wartezeit hinaus ohne weiteres fort, besteht unabhängig von einer tatsächlichen Erprobung Kündigungsschutz. Eine Schwangerschaft während der Wartezeit kann so wegen der Beschäftigungsverbote der §§ 3, 4, 6 MuSchG und des Kündigungsverbotes des § 9 MuSchG den Erprobungszweck vereiteln und in den Genuss des allg. Kündigungsschutzes führen.

Die Erfüllung der Wartezeit hat **keine Bedeutung** für die Frage, ob eine ordentl. Kündigung aus **sonstigen Gründen unwirksam** ist. Der ArbGeb kann während der Wartezeit somit einen etwaigen gesetzl. Sonderkündigungsschutz zu beachten (§ 9 MuSchG, § 15 II BBiG, § 2 ArbPlSchG; beim Kündigungsschutz schwerbehinderter Menschen gilt allerdings gem. § 90 I Nr. 1 SGB IX ebenfalls eine Sechs-Monats-Frist). Die Kündigung kann wegen Gesetzes- oder Sittenverstoßes gem. §§ 134, 138 BGB oder wegen Treuwidrigkeit (§ 242 BGB) unwirksam sein (vgl. Vor § 1 Rz. 16 und § 13 Rz. 19 u. 24f.). BR und Personalvertretung sind vor Kündigungen in der Wartezeit zu beteiligen. Tarifvertragl. Beschränkungen des Rechts zur betriebsbedingten Kündigung (Rationalisierungs- oder Arbeitsplatzsicherungsabkommen) gelten ebenfalls – bei Vorliegen der jeweiligen Voraussetzung – im Zweifel unabhängig von der Erfüllung der Wartezeit[12].

b) Abweichende Vereinbarungen. Die Wartezeit hat zum Schutz der ArbN **einseitig zwingenden Charakter**. Sie kann weder durch Arbeitsvertrag noch durch TV verlängert werden. Eine entsprechende Vereinbarung ist unwirksam mit der Folge, dass der Kündigungsschutz nach sechs Monaten einsetzt[13]. Unzulässig ist es ebenso, statt auf den rechtl. Bestand des ArbVerh auf die tatsächliche Beschäftigungsdauer abzustellen[14]. Vgl. hierzu näher Rz. 18ff. Abweichungen **zu Gunsten des ArbN**, etwa Verkürzung oder völliger Verzicht auf die Wartezeit, sind zulässig[15]. Eine solche Vereinbarung kann auch stillschweigend getroffen werden. Ein Verzicht auf die Wartezeit liegt noch nicht vor, wenn der ArbGeb in einer Stellenanzeige oder im Einstellungsgespräch von einer „Dauerstellung" spricht[16]; anders, wenn der ArbN bei seiner Einstellung hervorhebt, dass er eine unkündbare Dauerstellung aufgebe und Wert auf eine Lebens- oder Dauerstellung lege, und der ArbGeb hierzu schweigt[17]. Aus dem Arbeitsvertrag kann sich eine ausdrückliche oder stillschweigende[18] Vereinbarung über die **Anrechnung** früherer Beschäftigungszeiten ergeben. Stellt ein Saisonbetrieb die früheren ArbN zu Saisonbeginn immer wieder

---

1 BAG 9.4.1957 – 3 AZR 435/54, RdA 1958, 121. ||2 BAG 27.6.2001 – 5 AZR 561/99, BB 2001, 2220; 12.12.2002 – 5 AZR 253/00, DB 2002, 1610f. ||3 BAG 20.7.1982 – 3 AZR 446/80, NJW 1983, 645. ||4 BAG 9.4.1957 – 3 AZR 435/54, RdA 1958, 121. ||5 BAG 21.2.1990 – 5 AZR 162/89, BB 1990, 1064. ||6 BAG 15.3.1978 – 5 AZR 831/76, DB 1978, 1744. ||7 BAG 8.12.2011- 6 AZN 1371/11, BAGE 140, 76. ||8 BAG 1.7.1999 – 2 AZR 926/98, AP Nr. 10 zu § 242 BGB Kündigung. ||9 St. Rspr.: BAG 6.12.1976 – 2 AZR 470/75 u. v. 16.3.1989 – 2 AZR 407/88, AP Nr. 2 u. Nr. 6 zu § 1 KSchG 1969 Wartezeit. ||10 Vor Inkrafttreten des Ersten Arbeitsrechtsbereinigungsg am 1.9. 1969 verlangte § 1 eine sechsmonatige ununterbrochene Beschäftigung; krit. zur Frage des Gesetzeszwecks nach der Neuregelung BAG 23.9.1976 – 2 AZR 309/75, DB 1977, 213; 12.2.1981 – 2 AZR 1108/78, AP Nr. 1 zu § 5 BAT. ||11 Ebenso die Kündigung oder einvernehmliche Aufhebung mit verlängerter Frist zur Bewährung und ggf. Wiedereinstellung, vgl. BAG 7.3.2002 – 2 AZR 93/01, nv. ||12 BAG 13.6.1996 – 2 AZR 547/95, EzA TVG § 4 Luftfahrt Nr. 2. ||13 BAG 15.8.1984 – 7 AZR 228/82, AP Nr. 8 zu § 1 KSchG 1969. ||14 KR/*Griebeling*, § 1 Rz. 94. ||15 BAG 14.5.1987 – 2 AZR 380/86 u. v. 28.2.1990 – 2 AZR 425/89, AP Nr. 5 u. Nr. 8 zu § 1 KSchG 1969 Wartezeit; einschr. für Verzicht durch TV *Löwisch*, DB 1998, 877 (881); aA zu Recht *Preis*, NZA 1997, 1256 (1259). ||16 BAG 8.6.1972 – 2 AZR 285/71, AP Nr. 1 zu § 1 KSchG 1969 (*Konzen*). ||17 BAG 18.2.1967 – 2 AZR 114/66, AP Nr. 81 zu § 1 KSchG (*A. Hueck*). ||18 So bei Weiterbeschäftigung als ArbN nach beendetem Geschäftsführervertrag, BAG 24.11.2005 – 2 AZR 614/04, DB 2006, 728.

ein, kann die Auslegung der Vereinbarung ergeben, dass die Wartezeit ungeachtet der rechtl. Unterbrechungen der ArbVerh berechnet werden soll[1]. Gelegentlich bestehen entsprechende **Tarifregelungen**; soweit darin die Betriebszugehörigkeit näher bestimmt wird, ist jeweils zu prüfen, ob davon die Wartezeit des § 1 betroffen ist[2].

10 c) **Arbeitsverhältnis.** Auf die Wartezeit sind **ausschließlich** Zeiten anzurechnen, die in einem ArbVerh zurückgelegt wurden. Hierzu zählt eine Ausbildungszeit[3], ebenso die Zeit eines betriebl. Praktikums, sofern es im Rahmen eines ArbVerh absolviert wird[4]. Das Praktikum als Arbeits- oder Ausbildungsverhältnis idS ist abzugrenzen einerseits von integrierten Bestandteilen einer (Fach-) Hochschulausbildung und andererseits von regelmäßig unentgeltlichen sog. „Einfühlungsverhältnissen" oder „Schnupperkursen" ohne wechselseitige Hauptleistungspflichten[5]. Eine Rahmenvereinbarung, welche nur die Bedingungen der erst noch abzuschließenden, auf den jeweiligen Einsatz befristeten Arbeitsverträge wiedergibt, selbst aber noch keine Verpflichtung zur Arbeitsleistung begründet, ist kein Arbeitsvertrag[6]. Die Beschäftigung im Rahmen einer Arbeitsbeschaffungsmaßnahme gem. §§ 260 ff. SGB III aF erfolgte idR in einem (befristeten) ArbVerh und ist auf ein sich anschließendes weiteres ArbVerh anzurechnen[7], ebenso die in einem sog. faktischen ArbVerh[8]. Keine Anrechnung finden Zeiten aus **anders gearteten Rechtsverhältnissen**, so als Beamter, freier Mitarbeiter, Organ bzw. gesetzl. Vertreter des ArbGeb oder als LeihArbN beim Entleiher[9]. Ebenso bleiben unberücksichtigt Zeiten der Eingliederung eines Arbl. gem. den früheren §§ 229 ff. SGB III aF[10]. Erwerbsfähige Hilfebedürftige werden auf der Basis von § 16d SGB II (sog. Ein-Euro-Job) nicht in einem ArbVerh, sondern in einem öffentl.-rechtl. Rechtsverhältnis tätig[11]. Die Zeit eines ArbVerh ist grds. unabhängig von seiner konkreten **Ausgestaltung** anzurechnen. Die Wartezeit verlängert sich daher nicht, wenn sie in Teilzeitbeschäftigung – gleich welchen Umfangs – erbracht wird[12]. Ferner ist unerheblich, in welchem Status (Arbeiter/Angestellter) der ArbN stand[13] oder ob die Wartezeit auf der Grundlage eines oder mehrerer, aneinander anschließender befristeter Arbeitsverträge zurückgelegt wurde. Auch eine im Ausland zurückgelegte Wartezeit – selbst unter einem anderen Vertragsstatut – zählt mit[14]. Schließlich betrifft Abs. 1 zunächst nur Zeiten „des" ArbVerh, also **desselben Rechtsverhältnisses** zweier bestimmter Vertragsparteien[15]. Ein Wechsel des ArbGeb, der zu einem neuen Rechtsverhältnis führt, unterbricht daher grds. die Wartezeit. Zur Ausnahme bei kurzer rechtl. Unterbrechung zwischen zwei ArbVerh derselben Vertragsparteien vgl. Rz. 16 ff.[16]. Dagegen findet in den Fällen der Rechtsnachfolge der bloße Eintritt einer neuen Vertragspartei in ein ansonsten fortbestehendes identisches Rechtsverhältnis statt, so insb. bei Gesamtrechtsnachfolge und Betriebsübergang. Hier ist der Wechsel des ArbGeb unschädlich (vgl. Rz. 12).

11 d) **Zugehörigkeit zu demselben Betrieb oder Unternehmen.** Es genügt nicht, dass das (identische) ArbVerh länger als sechs Monate existiert, es muss (zusätzlich) auch „in demselben Betrieb oder Unternehmen" bestanden haben. Das Unternehmen ist der weitere **Begriff**. Während der Betrieb einem oder mehreren arbeitstechnischen Zwecken dient (vgl. § 23 Rz. 3), stellt das Unternehmen die einheitliche und organisierte Zusammenfassung der hinter den arbeitstechnischen Zwecken eines oder mehrerer Betriebe verfolgten wirtschaftl. oder ideellen Zwecke des Rechtsträgers dar[17]. Ein Betriebswechsel innerhalb des Unternehmens ist somit möglich und für die Wartezeit unschädlich. Das gilt auch für eine Tätigkeit im Ausland (s. Rz. 10). Umgekehrt schadet (theoretisch) auch ein Unternehmenswechsel nicht, wenn der ArbN demselben Betrieb weiter angehört, dieser also gleichzeitig einem anderen Unternehmen des ArbGeb zugeordnet wird. IdR führt ein ArbGeb nur ein Unternehmen. Bei einer Handelsgesellschaft ist das ausnahmslos und zwingend der Fall. Nach hM kann eine natürliche Person ausnahmsw. **Rechtsträger mehrerer Unternehmen** sein[18]. In diesen Fällen unterbricht ein Wechsel des Unternehmens auch die Wartezeit, wenn nicht zugleich mit dem ArbN auch der bisherige Beschäftigungsbetrieb dem anderen Unternehmen zugeordnet wird. Eine im Privathaushalt des ArbGeb etwa

---

1 *Krause* in v. Hoyningen-Huene/Linck, § 1 Rz. 136. ||2 Bejahend BAG 14.5.1987 – 2 AZR 386/86, DB 1987, 2575, zu einem TV des Garten-, Landschafts- und Sportplatzbaus; BAG 30.6.1988 – 2 AZR 71/88, nv. zu einem TV des saarl. Bewachungsgewerbes; im Geltungsbereich des BRTV-Bau kann eine Unterbrechung bis zu sechs Monaten uU unschädlich sein, BAG 20.6.2013 – 2 AZR 790/11; verneinend für einen TV des bay. Bewachungsgewerbes BAG 28.2.1990 – 2 AZR 425/89, NZA 1990, 858, und für den öffentl. Dienst (§ 19 BAT/BAT-O) BAG 20.8.1998 – 2 AZR 83/98, DB 1998, 2475 u. 16.3.2000 – 2 AZR 828/98, AP Nr. 2 zu 67 LPVG Sa.-Anh. ||3 BAG 23.9.1976 – 2 AZR 309/75, DB 1977, 213. ||4 BAG 18.11.1999 – 2 AZR 89/99, BB 2000, 673. ||5 Vgl. näher – auch zur missbräuchlichen Gestaltung – *Maties*, RdA 2007, 135; *Dollmann*, ArbRB 2006, 306. ||6 BAG 31.7.2002 – 7 AZR 181/01, BB 2003, 525; krit. *Strasser/Melf*, AuR 2006, 342. ||7 BAG 12.2.1981 – 2 AZR 1108/78, AP Nr. 1 zu § 5 BAT (zu §§ 91 ff. AFG). ||8 *Krause* in v. Hoyningen-Huene/Linck, § 1 Rz. 121. ||9 LAG Nds. – 12 Sa 50/13, NZA-RR 2013, 465; fehlt dem Verleiher die gem. § 1 I AÜG erforderliche Erlaubnis oder entfällt sie während der Leihe, fingieren §§ 9 S. 1, 10 I 1 Hs. 2 AÜG ein ArbVerh zwischen LeihArbN und Entleiher ab dem Zeitpunkt der vorgesehenen Arbeitsaufnahme bzw. des (späteren) Wegfalls der Erlaubnis; die Wartezeit läuft erst ab diesen Zeitpunkten. ||10 BAG 17.5.2001 – 2 AZR 10/00, DB 2001, 2354. ||11 BAG 26.9.2007 – 5 AZR 857/06, NZA 2007, 1422. ||12 BAG 21.12.1967 – 2 AZR 2/67, DB 1968, 228. ||13 BAG 23.9.1976 – 2 AZR 309/75, DB 1977, 213. ||14 53 BAG 7.7.2011 – 2 AZR 12/10, BAGE 138, 321. ||15 Ebenso wie § 622 II BGB, § 4 BUrlG. ||16 Auf die Identität von Rechtsverhältnis und ArbGeb verzichtet BAG 27.6.2002 – 2 AZR 270/01, BB 2003, 583 ff., sofern der Betrieb identisch bleibt, und begründet dies mit dem Schutzzweck des § 613a BGB (der ArbN war kurz vor dem Betriebsübergang ausgeschieden und alsbald vom Erwerber wieder eingestellt worden). ||17 HK-KSchG/*Dorndorf*, § 1 Rz. 68 mwN. ||18 *Windbichler*, Arbeitsrecht im Konzern, S. 294, 296 mwN; ErfK/*Oetker*, § 1 KSchG Rz. 46.

zurückgelegte Beschäftigungszeit ist daher nicht ohne weiteres gem. § 1 als Betriebs- oder Unternehmenszugehörigkeit in seinem Unternehmen anzurechnen. Ähnlich unterscheidet das Gesetz für den öffentl. Dienst, wenn es in Abs. 2 S. 2 Nr. 2b den Verwaltungszweig (zB Arbeits-, Finanz-, Justizverwaltung) – und nicht den Dienstherrn – mit dem Unternehmen in Nr. 1b gleichsetzt. Ob allerdings auch hier ein Wechsel des Verwaltungszweigs die Wartezeit unterbricht, erscheint fraglich. Jedoch wird in diesen Fällen der Identität des ArbGeb regelmäßig die Vertragsauslegung zu einer ausdrücklichen oder konkludenten **Anrechnungsvereinbarung** bzgl. der früheren Zeiten auf die Wartefrist führen[1]. Das gilt insb. bei Vereinbarung eines unternehmensübergreifenden Direktionsrechts. Ggf. kann Anlass zur Prüfung rechtsmissbräuchlicher Vereitelung des Kündigungsschutzes bestehen[2].

Im Falle einer **Rechtsnachfolge** beim Rechtsträger des Betriebs oder Unternehmens bleibt die beim Vorgänger zurückgelegte Wartezeit erhalten. Der Rechtsnachfolger tritt in die Rechte und Pflichten des fortbestehenden identischen ArbVerh ein. Sowohl Gesamtrechtsnachfolge (Erbfolge auf ArbGeb-Seite, §§ 1922, 1967 BGB; Verschmelzung von Kapitalgesellschaften, §§ 339 ff. AktG; Umwandlung durch Verschmelzung, Spaltung oder Vermögensübertragung, §§ 322 ff. UmwG) als auch Einzelrechtsnachfolge des Betriebs- oder Betriebsteilerwerbers gem. § 613a I BGB führen zu einem bloßen Austausch des Vertragspartners auf ArbGebSeite und berühren den Inhalt des ansonsten unveränderten ArbVerh nicht. Sie sind daher für die Zurücklegung der Wartezeit grds. unschädlich[3]. Wird gem. § 613a BGB nur ein **Betriebsteil** übertragen und vom Erwerber in einen vorhandenen Betrieb integriert und aufgelöst, erfordert es der Rechtsgedanke des § 613a I BGB, dem ArbN auch hier die zurückgelegte Wartezeit zu erhalten. Er ist so zu stellen, als habe nicht nur der ArbGeb, sondern auch das Unternehmen nicht gewechselt. Das gilt auch, wenn er zuvor einem anderen als dem übertragenen Betriebsteil angehörte; die Zugehörigkeit bestand zu dem gesamten Betrieb und galt für alle seine Teile. Im Falle einer **Unternehmensfusion** sind die zuvor in den Einzelunternehmen zurückgelegten Zeiten anzurechnen, unabhängig davon, in welchem Betrieb oder Unternehmensteil der ArbN nach der Fusion weiter tätig wird[4]. Im umgekehrten Fall einer **Unternehmensspaltung** ist die zuvor zurückgelegte Wartezeit im abgespaltenen Unternehmensteil ebenfalls anzurechnen, auch hier unabhängig davon, in welchem Unternehmensteil der ArbN nach der Spaltung weiterbeschäftigt wird[5]. Zusätzlich schützt den ArbN bei Spaltung und Teilübertragung im Rahmen einer Unternehmensumwandlung § 323 I UmwG (vgl. näher dort). Zeiten, die weder im selben Betrieb/Unternehmen noch beim selben ArbGeb bzw. seinem Rechtsvorgänger zurückgelegt wurden, werden von § 1 nicht erfasst.

Das gilt nach hM auch für Zeiten bei einer **anderen Konzerngesellschaft**[6]. Hier endet der Rechtsbereich des ArbGeb, ohne dass eine besondere Zurechnungsvorschrift wie in den Fällen der Rechtsnachfolge existiert. Das entspricht der ebenfalls auf das Unternehmen beschränkten Pflicht des ArbGeb zur Weiterbeschäftigung des ArbN auf freien Arbeitsplätzen gem. Abs. 2 S. 2[7] (vgl. Rz. 274 ff.). Dennoch kann sich bei einem Wechsel der Konzerngesellschaft nach hM aus der Auslegung des Arbeitsvertrages eine **Anrechnungsvereinbarung** ergeben. Erfolgt der Wechsel – wie idR – einvernehmlich, dh. dreiseitig, müssten schon besondere Anhaltspunkte dafür bestehen, dass der ArbN in dem anderen Konzernunternehmen in puncto Wartezeit wieder bei „null" anfangen soll[8]. Das gilt jedenfalls bei **konzernweiten Versetzungsklauseln** im Arbeitsvertrag. Besteht das ArbVerh zur einstellenden Konzerngesellschaft fort, wird die im Wege der Abordnung, Leihe oder eines DoppelArbVerh bei einer anderen Konzerngesellschaft erbrachte Tätigkeitszeit zugleich auch als im Einstellungsunternehmen erbracht anzusehen sein, da sie (auch) auf der zu dessen Rechtsträger bestehenden Vertragsbindung beruht[9]. Anders liegt es, wenn der ArbN aus eigener Initiative und ohne Einflussnahme des ArbGeb dort ausscheidet und zu einer anderen Konzerngesellschaft wechselt. Hier bedürfte es besonderer Anhaltspunkte für eine Anrechnungsvereinbarung mit dem neuen ArbGeb[10]. Zur Berücksichtigung von Vordienstzeiten in der Sozialauswahl vgl. Rz. 371.

e) **Ununterbrochener Bestand.** Das ArbVerh muss während der Wartezeit „ohne Unterbrechung" bestehen. Maßgeblich ist der rechtl. Bestand[11]. **Tatsächliche Unterbrechungen** der Beschäftigung sind unschädlich, solange das ArbVerh fortbesteht. Krankheit, Urlaub, Freistellungen, Mutterschutz etc. hindern damit den Lauf der Wartezeit nicht[12], ebenso wenig Streik und suspendierende Aussperrung[13]. Eine Änderung der Arbeitsbedingungen – ob einvernehmlich oder durch Änderungskündigung – unter-

---

1 KR/*Griebeling*, § 1 Rz. 118 mwN. ||2 Vgl. etwa HaKo-KSchG/*Meyer*, § 1 Rz. 61. ||3 BAG 27.6.2002 – 2 AZR 270/01, BB 2003, 583; 18.9.2003 – 2 AZR 330/02, NZA 2004, 319; das gilt nicht für die bisherige Beschäftigtenzahl iSv. § 23, BAG 15.2.2007 – 8 AZR 397/06, BB 2007, 1453. ||4 HaKo-KSchG/*Meyer*, § 1 Rz. 66; *Krause* in v. Hoyningen-Huene/Linck, § 1 Rz. 112. ||5 HaKo-KSchG/*Meyer*, § 1 Rz. 67; *Krause* in v. Hoyningen-Huene/Linck, § 1 Rz. 111. ||6 BAG 29.4.1999 – 2 AZR 352/98, AP Nr. 21 zu § 23 KSchG 1969 (betr. Konzernholding); *Wiedemann/Strohn*, Anm. zu BAG 18.10.1976 – 3 AZR 576/75, AP Nr. 3 zu § 1 KSchG 1969 Betriebsbedingte Kündigung; HK-KSchG/ *Dorndorf*, § 1 Rz. 74ff. ||7 BAG 14.10.1982 – AZR 568/80, AP Nr. 1 zu § 1 KSchG 1969 Konzern (*Wiedemann*); 21.2.2001 – 2 AZR 579/99, NZA 2001, 951; 29.4.1999 – 2 AZR 352/98, DB 1999, 1710 (betr. Konzernholding). ||8 So im Erg. auch *Krause* in v. Hoyningen-Huene/Linck, § 1 Rz. 115; KR/*Griebeling*, § 1 Rz. 118. ||9 *Krause* in v. Hoyningen-Huene/Linck, § 1 Rz. 115; KR/*Griebeling*, § 1 Rz. 118. ||10 Ebenso HaKo-KSchG/*Meyer*, § 1 Rz. 63. ||11 Das Erste ArbeitsrechtsbereinigungsG hat mWv. 1.9.1969 die frühere Rechtslage geändert, wonach die tatsächliche Beschäftigung maßgeblich war. ||12 AllgM, vgl. etwa *Krause* in v. Hoyningen-Huene/Linck, § 1 Rz. 127. ||13 *Krause* in v. Hoyningen-Huene/Linck, § 1 Rz. 127; HK-KSchG/*Dorndorf*, § 1 Rz. 97.

bricht das ArbVerh nicht, ebenso nicht unentschuldigtes Fehlen[1]. Hat der ArbN etwa wegen Erkrankung oder Schwangerschaft während der Wartezeit gar nicht gearbeitet, kann er sich dennoch auf ihren Ablauf berufen. Kraft ausdrücklicher **gesetzl. Regelung** sind die nachfolgenden Zeiten auf die Betriebszugehörigkeit und somit auch auf die Wartezeit anzurechnen (zumal ohnehin in den meisten der genannten Fälle das ArbVerh rechtl. nicht unterbrochen ist):

15
- Zeiten des **Grundwehrdienstes** oder einer Wehrübung (§ 6 II 1 Hs. 1 ArbPlSchG für Zeiten nach Abschluss der Ausbildung; § 10 ArbPlSchG für freiwillige Wehrübungen bis zur Dauer von sechs Wochen je Kalenderjahr). Für Angehörige eines EU-Mitgliedstaates sind die für deutsche ArbN geltenden Kündigungsschutzbestimmungen entsprechend anzuwenden (Art. 7 VO 492/2011[2]). Dies gilt nicht für ArbN anderer ausländischer Staaten[3]. Haben solche ArbN einen verkürzten Wehrdienst abzuleisten, kann dies auch in fortbestehendem ArbVerh erfolgen, zumal für den ArbN gem. § 275 III BGB ein Recht zur Verweigerung der Arbeitsleistung bestehen kann; dann ist die Zeit anzurechnen[4].
- Zeiten des Wehrdienstes als **Soldat auf Zeit** bis zur Dauer von zwei Jahren (§ 16a I ArbPlSchG)[5].
- Zeiten einer **Eignungsübung** bis zur Dauer von vier Monaten (§ 1 EigÜbG iVm. § 8 VO EigÜbG).
- Zeiten des **Zivildienstes** (§ 78 ZDG).
- Zeiten der Heranziehung zum **Luftschutzdienst** oder zu Luftschutzübungen (§ 13 ZivilSchG).
- Zeiten der rechtl. Unterbrechung (!) sowie der vorausgegangenen Beschäftigungszeiten eines ArbVerh bei Eigenkündigung einer Frau während der **Schwangerschaft** und anschließender Wiedereinstellung binnen eines Jahres (§ 10 II MuSchG), sofern kein anderweitiges ArbVerh zwischenzeitlich eingegangen wurde.

16 Nach der **Rspr.** sind darüber hinaus die Beschäftigungszeiten aus einem früheren ArbVerh derselben Vertragsparteien trotz rechtl. Unterbrechung in den folgenden Fällen auf die Wartezeit des § 1 anzurechnen: Schließt ein ArbVerh **ohne zeitliche Unterbrechung** an ein früheres an, wird der Ablauf der Wartezeit nicht unterbrochen[6]. Das gilt auch bei einer Änderung der Tätigkeit[7]. Unschädlich für den Lauf der Wartezeit ist auch die unmittelbare Aneinanderreihung mehrerer befristeter Arbeitsverträge, auch mit unterschiedlichen Arbeitsbedingungen[8]. Eines zusätzlichen sachlichen Zusammenhangs der ArbVerh bedarf es nicht[9]; der ArbGeb kann sein Erprobungsinteresse bei geänderten Arbeitsbedingungen durch eine Befristung wahren. Auch bei **kurzer zeitl. und rechtl. Unterbrechung** rechnet die Rspr. entgegen dem Gesetzeswortlaut auf die Wartezeit Zeiten eines früheren ArbVerh mit demselben ArbGeb an, wenn die Unterbrechung allein vom ArbGeb veranlasst ist und das neue ArbVerh in einem engen sachlichen Zusammenhang mit dem früheren steht. Sinn und Zweck der gesetzl. Regelung und der Rechtsgedanke des § 162 BGB rechtfertigen bspw. bei einer Unterbrechung des ArbVerh für ein arbeitsfreies Wochenende nicht den Neubeginn der Wartezeit[10]. Entsprechendes gilt für Wartezeiten in anderen Gesetzen (§ 4 BUrlG, § 90 I Nr. 1 SGB IX, § 622 II BGB). Im Falle eines Betriebsübergangs nach § 613a BGB kann trotz Unterbrechung so auch eine beim Veräußerer zurückgelegte Zeit beim Erwerber, der den ArbN wiedereingestellt hat, anzurechnen sein[11]. Die Anrechnung des Unterbrechungszeitraumes scheidet hingegen grds. aus[12] (Ausnahme: § 10 II MuSchG).

17 Die zeitliche Unterbrechung zwischen den ArbVerh darf nur kurz sein. Starre Grenzen lassen sich nicht festlegen, es geht um einen Zeitraum von Tagen oder **maximal wenigen Wochen**. Je länger der Zeitraum, desto stärker muss der innere Zusammenhang der ArbVerh sein. Dabei kommt es insb. auf Anlass und Dauer der Unterbrechung sowie auf die Art der Weiterbeschäftigung an[13]. Eine Anlehnung an die im früheren § 1 II BeschFG gesetzl. geregelte Unterbrechungszeit zwischen zwei befristeten ArbVerh (vier Monate) scheidet wegen der unterschiedlichen Gesetzeszwecke aus[14], ebenso an die entsprechende Regelung des § 14 III 3 TzBfG (sechs Monate) oder an § 9 Nr. 3 AÜG (drei Monate). **Abgelehnt** hat die Rspr. eine Zusammenrechnung bei einer Unterbrechungsdauer von einem Monat und zehn Tagen[15] sowie anderthalb Monaten[16], einem Monat und 23 Tagen[17], zwei Monaten[18], 2 ⅔ Monaten[19] und

---

1 Nimmt der ArbN die Tätigkeit unentschuldigt gar nicht erst auf, soll die Frist nach hM aber nicht zu laufen beginnen; vgl. Rz. 19. ||2 V. 5.4.2011, ABl. L 141/1. ||3 BAG 22.12.1982 – 2 AZR 282/82, AP Nr. 23 zu § 123 BGB; 20.5.1988 – 2 AZR 682/87, AP Nr. 9 zu § 1 KSchG 1969 Personenbedingte Kündigung (*Rüthers, Henssler, Kohte*). ||4 BAG 7.9.1983 – 7 AZR 433/82, DB 1984, 132, für den auf zwei Monate verkürzten Wehrdienst eines türkischen ArbN. ||5 Vgl. BAG 30.1.1985 – 7 AZR 414/82, AP Nr. 5 zu § 8 Soldatenversorgungsgesetz. ||6 BAG 29.3.1976 – 2 AZR 309/75, DB 1977, 213. ||7 BAG 29.3.1976 – 2 AZR 309/75, DB 1977, 213. ||8 BAG 12.2.1981 – 2 AZR 1108/78, AP Nr. 1 zu § 5 BAT. ||9 KR/*Griebeling*, § 1 Rz. 114; HK-KSchG/*Dorndorf*, § 1 Rz. 100. ||10 Grundl. BAG 23.9.1976 – 2 AZR 309/75, DB 1977, 213; zuletzt BAG 19.7.2007 – 2 AZR 94/06, NZA 2007, 1103. ||11 BAG 27.6.2002 – 2 AZR 270/01, BB 2003, 583 ff., sofern der Betrieb identisch bleibt, begründet mit dem Schutzzweck des § 613a BGB (der ArbN war kurz vor dem Betriebsübergang ausgeschieden und alsbald vom Erwerber wieder eingestellt worden); an dieser Rechtslage hat auch die Erweiterung der Klageobliegenheit des § 4 nF nichts geändert (aA *Nebeling/Erwin*, NZA-RR 2006, 625 [627]). ||12 BAG 17.6.2003 – 2 AZR 257/02, *AP Nr. 61 zu § 622 BGB*. ||13 BAG 20.8.1998 – 2 AZR 76/98, AP Nr. 9 zu § 1 KSchG 1969 Wartezeit. ||14 BAG 10.5.1989 – 7 AZR 450/88, NZA 1990, 221. ||15 BAG 15.12.1983 – 2 AZR 166/82, nv. ||16 BAG 22.5.2003 – 2 AZR 426/02, SAE 2004, 46. ||17 BAG 20.8.1998 – 2 AZR 83/98, DB 1998, 2475. ||18 BAG 10.5.1989 – 7 AZR 450/88, DB 1990, 280. ||19 BAG 11.11.1982 – 2 AZR 552/81, NJW 1983, 1443.

knapp vier Monaten[1]. **Bejaht** wurde die Zusammenrechnung im Falle eines Lehrers bei einer Unterbrechungszeit von 6 ½ Wochen zur Überbrückung der Sommerferien[2]. Wurde das erste ArbVerh auf Initiative des ArbN aufgelöst, scheidet regelmäßig eine gesetzl. Anrechnung der darin zurückgelegten Wartezeit im FolgeArbVerh aus.

Den Vertragsparteien steht es frei, in ihrem individualrechtl. Verhältnis über den vorstehenden Umfang hinaus Beschäftigungszeiten aus früheren ArbVerh – auch stillschweigend[3] – durch eine **Anrechnungsvereinbarung** einzubeziehen (zur Auswirkung auf eine Sozialauswahl vgl. Rz. 371). Zu tariflichen Anrechnungsvereinbarungen vgl. Rz. 9 aE. 18

f) **Berechnung der Sechs-Monats-Frist.** Das ArbVerh muss bei Zugang der Kündigung länger als sechs Monate bestanden haben. **Fristbeginn** ist der vereinbarte Zeitpunkt seines rechtl. Beginns[4] und nicht notwendig der Zeitpunkt des Vertragsschlusses oder der tatsächlichen oder vorgesehenen Arbeitsaufnahme. Abs. 1 stellt für die Wartezeit nur auf den rechtl. Bestand des ArbVerh und somit auf den Tag ab, an dem es nach dem Willen der Vertragsparteien beginnen soll. Unerheblich ist, ob sich der vertragl. vorgesehene Zeitpunkt der Arbeitsaufnahme durch Krankheit des ArbN oder durch Annahmeverzug des ArbGeb verzögert[5]. Nimmt der ArbN schuldhaft die Arbeit nicht auf, kann eine stillschweigende Abänderung des Vertragsbeginns anzunehmen oder die Berufung auf den ursprünglichen Beginn des Fristlaufes uU rechtsmissbräuchlich sein[6]. Der erste Tag des ArbVerh wird gem. § 187 II BGB als **erster Tag der Frist mitgerechnet**, wenn – wie idR – der Vertrag zeitlich vor dem Tag des vorgesehenen Vertragsbeginns abgeschlossen wurde[7]. Ist das ArbVerh vertragl. „zum" 1.6. begründet, kann darin unabhängig vom Zeitpunkt des Vertragsschlusses die (zulässige) Vereinbarung liegen, dass die sechsmonatige Wartezeit ab Beginn dieses Tages laufen soll[8]. Wird das ArbVerh im Verlaufe eines Tages mit sofortiger Wirkung begründet (Ad-hoc-Einstellung), ist nach der Verkehrsanschauung dieser Tag gem. § 187 II BGB mitzurechnen, wenn die Vertragsparteien sich vor Beginn der betriebsüblichen Arbeitszeit über die Arbeitsaufnahme zu diesem Zeitpunkt verständigt haben, auch wenn sie erst im Verlaufe des Tages den Vertrag „endgültig" schließen[9]. In den (seltenen) verbleibenden Fällen berechnet sich der Beginn der Frist nach § 187 I BGB. 19

Das **Fristende** bestimmt sich nach § 188 II BGB. Läuft die Wartezeit zB ab dem 1.6., endet sie mit Ablauf des 30.11.; Kündigungsschutz besteht dann bei allen Kündigungen, die nach dem 30.11. zugehen. Früher zugehende Kündigungen unterfallen nicht dem Kündigungsschutz, unabhängig vom Ablauf der Kündigungsfrist, dem sog. Kündigungstermin. Der ArbGeb kann daher noch am letzten Tag der Wartezeit kündigen[10]. In der bloßen Ausschöpfung der Wartefrist, also einer Kündigung kurz vor Fristablauf, liegt **kein Rechtsmissbrauch**. Das gilt auch, wenn die Kündigung zum vorgesehenen Beendigungstermin noch nach Ablauf der Wartezeit rechtzeitig hätte ausgesprochen werden können[11]. Eine rechtsmissbräuchliche Vereitelung des Kündigungsschutzes kann vorliegen, wenn die vor Ablauf der Wartezeit ausgesprochene Kündigung nicht zum nächstmöglichen Beendigungstermin nach Ablauf der Wartezeit (zB Monatsende, Quartalsende), sondern erst zu einem späteren ausgesprochen wird. Hier kann das KSchG in entsprechender Anwendung von § 162 BGB Geltung erlangen[12]. Gibt der ArbGeb dem ArbN nach nicht bestandener Probezeit eine Chance, indem er statt mit kurzer Probezeitfrist mit „überschaubarer, längerer Kündigungsfrist" kündigt und für den Fall der Bewährung Wiedereinstellung zusagt, wird darin idR keine rechtsmissbräuchliche Vereitelung des Kündigungsschutzes liegen[13]. 20

3. **Ordentliche Kündigung des Arbeitgebers. a) Gegenstand des Kündigungsschutzes ist allein die ordentl.** Kündigung des ArbGeb einschl. der ordentl. Änderungskündigung (§ 2). Das Recht zur außerordentl. Kündigung bleibt gem. § 13 I 1 grds. unberührt (s. Rz. 40). Im Falle der Umdeutung einer außerordentl. in eine ordentl. Kündigung (vgl. § 13 Rz. 13) unterliegt diese als solche ebenfalls dem Kündigungsschutz. Das Gleiche gilt für eine vorsorgliche ordentl. Kündigung. Für die Prüfung auf soziale Rechtfertigung ist entgegen dem insoweit missverständl. Wortlaut des § 13 III unerheblich, ob die Kündigung außerdem **aus sonstigen Gründen rechtsunwirksam** ist. Die verschiedenen Kündigungsschutzregelungen bestehen nebeneinander[14]. Eine Ausnahme besteht für den Auflösungsantrag des ArbGeb nach § 9 (vgl. dort Rz. 11 f.). Für **formunwirksame Kündigungen** (§ 623 BGB) gilt allein die Frist des § 4 S. 1 nicht, die an eine schriftl. Kündigung anknüpft; iÜ ist das Gesetz auch auf sie anwendbar[15]. 21

---

1 BAG 9.8.2000 – 7 AZR 339/99, RzK I 4d Nr. 24. || 2 BAG 20.8.1998 – 2 AZR 76/98, DB 1998, 2533 (bei anschließender – bereits vorgesehener – Wiedereinstellung durch dieselbe Anstellungsbehörde); 19.7.2007 – 2 AZR 94/06, NZA 2007, 1103 (trotz Wechsels des Schulamtsbezirks und der Schulart – Schule für Lernbehinderte/Schule für geistig Behinderte – und Änderung des Stundenkontingents). || 3 Etwa bei regelmäßiger Wiedereinstellung von Saisonkräften, vgl. *Krause* in v. Hoyningen-Huene/Linck, § 1 Rz. 136. || 4 BAG 20.8.1998 – 2 AZR 83/98, DB 1998, 2475. || 5 *Krause* in v. Hoyningen-Huene/Linck, § 1 Rz. 100. || 6 *Krause* in v. Hoyningen-Huene/Linck, § 1 Rz. 100; ErfK/*Oetker*, § 1 KSchG Rz. 100. || 7 BAG 2.11.1978 – 2 AZR 74/77, DB 1979, 1086; 27.6.2002 – 2 AZR 382/01, BB 2003, 312. || 8 BAG 27.6.2002 – 2 AZR 382/01, BB 2003, 312. || 9 BAG 27.6.2002 – 2 AZR 382/01, BB 2003, 312. || 10 BAG 16.6.1976 – 3 AZR 73/75, BB 1977, 41; 28.9.1978 – 2 AZR 72/77, BB 1979, 1094; 18.8.1982 – 7 AZR 437/80, DB 1983, 288. || 11 BAG 18.8.1982 – 7 AZR 437/80, DB 1983, 288. || 12 BAG 18.8.1982 – 7 AZR 437/80, DB 1983, 288; 5.3.1987 – 2 AZR 187/86, nv.; zur Kündigung kurz vor Einsetzen eines tarifl. Kündigungsschutzes BAG 12.12.1996 – 2 AZR 7/96, EzA § 1 KSchG Krankheit Nr. 41 („Rechtsprinzip des § 162 BGB") u. v. 16.10.1987 – 7 AZR 204/87, AP Nr. 2 zu § 53 BAT (*Clemens*) („Umgehung"). || 13 BAG 7.3.2002 – 2 AZR 93/01, DB 2002, 1997. || 14 AllgM, vgl. etwa HK-KSchG/*Dorndorf*, § 13 Rz. 104. || 15 Ebenso HaKo-KSchG/*Gallner*, § 4 Rz. 2a.

22 Hat der ArbGeb gar **keine Kündigung** ausgesprochen, etwa weil seine Erklärung objektiv einen anderen Inhalt hat (bloße Kündigungsandrohung, Rz. 25; Suspendierung, Rz. 47; Änderungsangebot; Angebot eines Aufhebungsvertrages, Rz. 45; Anfechtung, Rz. 43), dann fehlt es am punktuellen Prüfungsgegenstand iSd. §§ 1, 4 überhaupt. Hier findet das **KSchG insgesamt keine Anwendung**. Der ArbN hat (ggf. hilfsweise) gem. § 256 I ZPO seine Klage auf Feststellung zu richten, dass das ArbVerh fortbestehe (§ 4 Rz. 49). Das Gericht hat hierauf gem. § 139 ZPO hinzuweisen; zumeist wird das Klagebegehren idS auch auslegbar sein. Das Gleiche gilt, wenn eine Kündigung **dem ArbGeb nicht zurechenbar** ist (fehlender Zugang, fehlende Vertretungsmacht oder Geschäftsfähigkeit, wirksame Anfechtung der Kündigung, vgl. näher § 4 Rz. 7).

23 Einstweilen frei.

24 **b) Ordentliche Kündigung als Rechtsgeschäft.** Die nachfolgend dargestellten **Wirksamkeitsvoraussetzungen einer Kündigung** als Rechtsgeschäft sind nicht als Voraussetzungen für die Anwendung des KSchG zu verstehen. Das KSchG kann auch auf Kündigungen Anwendung finden, die nicht rechtswirksam erklärt oder aus sonstigen Gründen unwirksam sind (vgl. Rz. 21 f.).

25 **aa) Inhalt der Kündigungserklärung.** Die Kündigung ist eine einseitige empfangsbedürftige Willenserklärung mit dem **rechtsgestaltenden Inhalt**, ein Dauerschuldverhältnis für die Zukunft zu beenden. Aus ihrer einseitig rechtsgestaltenden Wirkung leitet die Rspr. die Grundsätze der Klarheit und Eindeutigkeit sowie der Bedingungsfeindlichkeit der Kündigung ab. Der Kündigende muss den eigenen rechtsgeschäftlichen Beendigungswillen **unmissverständlich** zum Ausdruck bringen. Die Auslegung seiner Erklärung erfolgt gem. §§ 133, 157 BGB aus der Sicht eines objektiv urteilenden Erklärungsempfängers nach Treu und Glauben unter Berücksichtigung der Verkehrssitte[1]. Das Wort „Kündigung" braucht nicht verwendet zu werden. Auch die Begriffe Aufhebung, Rücktritt, Anfechtung, Beendigung etc. können als Kündigung auszulegen sein, wenn der einseitige, auf die Zukunft gerichtete Beendigungswille aus den Gesamtumständen hinreichend erkennbar ist[2]. **Keine Kündigung** stellt die Mitteilung dar, einen befristeten Vertrag nicht verlängern zu wollen[3], ebenso wenig die Äußerung des ArbGeb, der ArbN habe die Arbeit eingestellt und er – der ArbGeb – betrachte deshalb das ArbVerh als beendet[4], sofern nicht aus sonstigen Umständen auf einen eigenen, auf die Beendigung des ArbVerh gerichteten rechtsgeschäftlichen Gestaltungswillen des ArbGeb geschlossen werden kann. Auch die schriftl. „Bitte" des ArbGeb, der ArbN möge sich ab einem bestimmten Tag arbeitslos melden und werde wieder beschäftigt, wenn die Auftragslage besser sei, beinhaltet im Zweifel keine Kündigung[5].

26 Als einseitige Gestaltungserklärung ist die Kündigung grds. **bedingungsfeindlich**. Der Empfänger darf über die Rechtswirkung der Kündigung auf sein Schuldverhältnis nicht im Ungewissen gelassen werden. Eine bedingte Kündigung ist daher rechtsunwirksam (etwa: „Wenn Sie nach Ihrem Urlaub nicht pünktlich den Dienst antreten, sind Sie entlassen."). Auch die Verbindung mit einer auflösenden Bedingung führt zu Unwirksamkeit der Kündigung (etwa: „Die Kündigung wird bei Neubeauftragung unserer Firma gegenstandslos.")[6]. Auch die bedingte Kündigung unterfällt dem **Schutz des KSchG**, dh., sie kann zusätzlich wegen Sozialwidrigkeit unwirksam sein und den ArbN nach Maßgabe des § 9 I 1 zur Auflösung des ArbVerh gegen Zahlung einer Abfindung berechtigen. Denn die Bedingungsfeindlichkeit der Kündigung schützt nicht den Erklärenden, sondern ausschließlich den Erklärungsempfänger (vgl. auch Rz. 12). Keine bedingte Kündigung idS und somit ohne weiteres zulässig ist die sog. **vorsorgliche Kündigung**. Sie wird für den Fall ausgesprochen, dass das ArbVerh nicht bereits auf Grund eines anderen Beendigungstatbestandes (etwa außerordentl. Kündigung, Befristung) gleichzeitig oder früher endet. Damit ist sie nicht iSv. § 158 BGB bedingt[7], da sie nicht von einem künftigen ungewissen Ereignis abhängt, sondern von der bei ihrem Zugang bereits objektiv bestehenden Rechtslage (zulässige sog. Rechtsbedingung)[8]. Die vorsorgliche Kündigung wird nach der Terminologie des BAG „**gegenstandslos**", wenn das ArbVerh auf Grund des anderen Auflösungstatbestandes endet. Werden im selben Rechtsstreit sowohl die vorsorgliche Kündigung als auch der andere, gleich- oder vorzeitige Beendigungstatbestand angegriffen, braucht über den Antrag zur vorsorglichen Kündigung nur entschieden zu werden, wenn dem anderen Antrag stattgegeben wird[9]; es handelt sich im Zweifel um einen sog. unechten Eventualantrag. Wird die vorsorgliche Kündigung dagegen in einem gesonderten Rechtsstreit angegriffen, ist die Klage als unbegründet abzuweisen, wenn die anderweitige Beendigung rechtskräftig feststeht[10]. Eine Ausnahme vom Grundsatz der Bedingungsfeindlichkeit der Kündigung gilt für die sog. **Potestativbedingung**. Bei ihr hängt der Bedingungseintritt ausschließlich vom Willen des Kündigungsadressaten ab, der somit nicht vor einer Ungewissheit der Rechtslage geschützt zu werden braucht[11].

---

1 BAG 19.6.1980 – 2 AZR 660/78, DB 1980, 2246. ||2 ErfK/*Müller-Glöge*, § 620 BGB Rz. 19. ||3 BAG 15.3.1978 – 5 AZR 831/76, DB 1978, 1744. ||4 LAG Nürnberg 8.2.1994 – 2 Sa 766/93, NZA 1995, 174. ||5 LAG Hamm 7.7.1994 – 8 Ta 303/94, LAGE § 620 BGB Kündigungserklärung Nr. 3. ||6 BAG 15.3.2002 – 2 AZR 705/99, NZA 2001, 1070: Insofern bedenklich, als hier eine Auslegung oder zumindest Umdeutung als unbedingte Kündigung mit bedingter Wiedereinstellungszusage möglich und diese Kündigung auf ihre soziale Rechtfertigung zu prüfen gewesen wäre. Der Unterschied zeigt sich zB bei Versäumung der Klagefrist nach § 4 aF: Die unbedingte Kündigung wäre dann wirksam! ||7 BAG 12.10.1954 – 2 AZR 36/53, AP Nr. 5 zu § 3 KSchG. ||8 BAG 16.1.1987 – 7 AZR 546/85, nv. ||9 BAG 23.9.1999 – 8 AZR 650/98, nv. ||10 BAG 16.1.1987 – 7 AZR 546/85, nv. ||11 BAG 27.6.1968 – 2 AZR 329/67, DB 1968, 1588.

Die **Änderungskündigung** gem. § 2 ist ein gesetzl. geregelter Fall der zulässigen Potestativbedingung (etwa: „Für den Fall, dass Sie mit dem Änderungsangebot nicht einverstanden sind, kündige ich hiermit."). Unverzichtbar ist aber auch bei der Änderungskündigung, dass der Beendigungswille des Kündigenden für den Fall des Bedingungseintritts (der Nichtannahme des Änderungsangebotes) unmissverständlich deutlich wird. Bei einer nur als „Änderungskündigung" überschriebenen Erklärung, die ansonsten allein das Änderungsangebot zum Inhalt hat, ist das nicht ohne weiteres der Fall[1]. Lediglich die Ankündigung einer Änderungskündigung stellt die Mitteilung dar, dass „im Falle einer Ablehnung des Änderungsangebotes die Beendigungskündigung unvermeidlich" sei[2].

Im Unterschied zur außerordentl. Kündigung ist die **ordentl. Kündigung** der gesetzl. oder vertragl. vorgesehene „gewöhnliche" Weg zur einseitigen Beendigung des Dauerschuldverhältnisses. Sie ist gem. § 622 BGB grds. fristgebunden (vgl. zu den **Kündigungsfristen** die Erl. zu § 622 BGB). Durch TV können die ansonsten zwingenden gesetzl. Kündigungsfristen bis zur Fristlosigkeit abgekürzt werden (§ 622 IV 1 BGB). Dadurch ändert sich nicht ihr Charakter als ordentl. Kündigung, dh. sie unterliegt der Rechtskontrolle des § 1, sofern die weiteren Voraussetzungen (Wartezeit, Mindestbeschäftigtenzahl) erfüllt sind; BR bzw. Personalvertretung sind entsprechend dem für ordentl. Kündigungen geltenden Verfahren zu beteiligen. Eine ordentl. Kündigung ist auch die fristlos mögliche Probezeitkündigung nach § 15 I BBiG (sie unterliegt freilich nicht dem allg. Kündigungsschutz). Gelten nach Gesetz oder TV in besonderen Lagen **verkürzte Kündigungsfristen** (zB für die Insolvenz gem. § 113 S. 2 InsO oder für saison- oder witterungsbedingte Kündigungen nach manchen TV), handelt es sich doch um ordentl. Kündigungen, auf die der Kündigungsschutz Anwendung findet. Schließt ein TV die ordentl. Kündigung aus und macht davon wiederum eine Ausnahme für bestimmte Fallgestaltungen (zB Betriebsschließungen), handelt es sich auch dabei um ordentl. Kündigungen. Eine „**fristlose**" Kündigung ist im Regelfall eine außerordentl. Kündigung, soweit nicht ausnahmsw. die Möglichkeit zu einer entfristeten ordentl. Kündigung besteht. Umgekehrt soll eine „außerordentliche" Kündigung das ArbVerh im Zweifel fristlos mit ihrem Zugang beenden. Sie kann aber auch mit einer sog. Auslauffrist erklärt werden. Dabei muss der Kündigende deutlich machen, dass trotz der Auslauffrist außerordentl. gekündigt werden soll[3] (vgl. aber Rz. 36 aE). Lassen weder die Kündigungserklärung noch die Umstände erkennen, ob die Kündigung ordentl. oder außerordentl. ausgesprochen ist (etwa: „Hiermit kündige ich das Arbeitsverhältnis"), wird die Kündigung **im Zweifel als ordentliche** zu verstehen sein und gilt zum nächstzulässigen Termin[4]. Das gilt auch für eine ordentl. Kündigung, die mit zu kurzer Kündigungsfrist ausgesprochen wird (im Wege der Auslegung oder der Umdeutung; im Einzelnen str., vgl. näher § 4 Rz. 6). Eine „fristgerechte" Kündigung „zum 1. Januar" des Folgejahres kann als Kündigung zum 31.12. des laufenden Jahres auszulegen sein, wenn eine Kündigung nur zum Monatsende ausgesprochen werden kann[5]. Enthält eine Kündigung widersprüchliche Bestimmungen über den **Zeitpunkt der beabsichtigten Beendigung** des ArbVerh, die aus der Sicht des Erklärungsempfängers nicht aufklärbar sind, verstößt sie gegen den Grundsatz der Bestimmtheit und Eindeutigkeit einer Gestaltungserklärung und ist insg. unwirksam[6]. Der Empfänger muss erkennen können, wann das ArbVerh enden soll. Dafür genügt bei einer ordentl. Kündigung regelmäßig die Angabe des Kündigungstermins oder der Kündigungsfrist. Ein Hinweis auf die maßgebliche gesetzl. Regelung reicht aus, wenn der Erklärungsempfänger dadurch unschwer ermitteln kann, zu welchem Termin das ArbVerh enden soll[7].

bb) Ort, Zeit und Form der Kündigung. Die Kündigung kann grds. zu jeder Zeit und an jedem Ort erklärt werden[8], somit auch während des Urlaubs, der Krankheit sowie an Sonn- und Feiertagen (zum Zugang vgl. § 4 Rz. 26ff.). Nur ganz ausnahmsw. kann eine sog. **ungehörige Kündigung**, die zur Unzeit ausgesprochen wird und den ArbN gerade wegen des Kündigungszeitpunkts besonders belastet, treuwidrig (§ 242 BGB) und damit rechtswidrig sein, wenn der ArbGeb absichtlich oder unter Missachtung der persönlichen Belange des ArbN den belastenden Zeitpunkt wählt[9]. In besonders krassen Fällen soll eine Kündigung zur Unzeit auch sittenwidrig sein können[10]. Eine Kündigung nach Vertragsschluss, aber **vor Dienstantritt** ist grds. zulässig. Sie kann jedoch vertragl. ausgeschlossen sein, was auch ohne ausdrückliche Abrede aus der Auslegung des Arbeitsvertrages folgen kann (vgl. Vor § 1 Rz. 20). Seit Inkrafttreten von § 623 BGB am 1.5.2000 bedarf jede Kündigung eines Dienst- und ArbVerh ausnahmslos der **Schriftform;** anderenfalls ist sie nichtig, § 125 BGB. Die elektronische Form ist ausgeschlossen (§ 623 Hs. 2 BGB). Zu den Einzelheiten des Formerfordernisses und der Geltendmachung etwaiger Formmängel vgl. die Erl. zu § 623 BGB. Zudem verlangen § 15 III BBiG für die Kündigung eines Berufsausbildungsverhältnisses nach Ablauf der Probezeit und § 9 III 2 MuSchG für die behördlich er-

---

1 Ähnlich: ArbG Solingen 10.5.1977 – 1 Ca 1005/76, AuR 1979, 27 für die bloße Mitteilung, dass „die Akkordsätze gekündigt und um 20 % gesenkt werden"; *Löwisch/Spinner*, § 2 Rz. 7.   ‖ **2** LAG Hess. 9.4.1990 – 10/2 Sa 475/89, AuR 1991, 152 (LS); HK-KSchG/*Weller/Hauck*, § 2 Rz. 11.   ‖ **3** BAG 12.9.1974 – 2 AZR 535/73, AP Nr. 1 zu § 44 TVAL II; 14.7.1960 – 2 AZR 64/59, AP Nr. 13 zu § 123 BGB (A. *Hueck*); KR/*Fischermeier*, § 626 BGB Rz. 30 mwN.   ‖ **4** BAG 18.4.1985 – 2 AZR 197/84, AP Nr. 4 zu § 622 BGB.   ‖ **5** BAG 25.9.2002 – 10 AZR 7/02, DB 2003, 156 f.; LAG Köln 26.10.2001 – 11 Sa 832/01, LAGReport 2002, 305 f.   ‖ **6** BAG 21.10.1981 – 2 AZR 407/79, nv.   ‖ **7** BAG 20.6.2013 – 6 AZR 805/11, DB 2013, 2093.   ‖ **8** BAG 14.11.1984 – 7 AZR 174/83, AP Nr. 88 zu § 626 BGB: Heiliger Abend.   ‖ **9** BAG 5.4.2001 – 2 AZR 185/00, EzA § 242 BGB Kündigung Nr. 3 (Todesfall); 14.11.1984 – 7 AZR 174/83, AP Nr. 88 zu § 626 BGB (Heiliger Abend); jeweils vom BAG nicht beanstandet.   ‖ **10** BAG 5.4.2001 – 2 AZR 185/00, EzA § 242 BGB Kündigung. Nr. 3.

laubte Kündigung während des Mutterschutzes Schriftform sowie die Angabe der Kündigungsgründe. Die früher notwendige Prüfung tarif- und einzelvertragl. Schriftformklauseln auf konstitutive oder nur deklaratorische Bedeutung ist durch § 623 BGB entfallen.

29 Die Angabe von Kündigungsgründen in der Kündigungserklärung ist gesetzl. grds. nicht geboten. Dies gilt auch für die außerordentl. Kündigung (§ 623 II 3 BGB). Eine Sonderregelung besteht nur für die Kündigung von Berufsausbildungsverhältnissen nach Ablauf der Probezeit gem. § 15 III BBiG sowie im Mutterschutz gem. § 9 III 2 MuSchG nach Zustimmung der zuständigen obersten Landesbehörde. Das Gleiche gilt, wenn im **Tarif- oder Einzelvertrag** die Angabe von Gründen in der Kündigung gefordert ist und die Auslegung ergibt, dass dies nicht nur klarstellende und beweissichernde, sondern konstitutive Bedeutung für die Kündigung hat[1]. In diesen Fällen müssen die Kündigungsgründe im Kündigungsschreiben jedenfalls so genau bezeichnet sein, dass im Prozess nicht ernsthaft streitig werden kann, auf welchen Lebenssachverhalt die Kündigung gestützt war; allein die Bezugnahme auf ein inhaltlich nicht näher umschriebenes Gespräch reicht dafür nicht[2]. Die Angabe von Gründen in der Kündigungserklärung als Wirksamkeitsvoraussetzung ist zu unterscheiden von der Frage, ob der ArbGeb dem ArbN **Auskunft** über die Kündigungsgründe schuldet. Eine Auskunftspflicht über die Kündigungsgründe ist gesetzl. in § 626 II 3 BGB für die außerordentl. Kündigung und in Abs. 3 S. 1 Hs. 2 in Bezug auf die Gründe der Sozialauswahl statuiert, jeweils allerdings nur auf Verlangen des ArbN. Sie soll darüber hinaus gem. § 242 BGB auch bei der ordentl. Kündigung in Bezug auf die Kündigungsgründe bestehen, sofern diese der sozialen Rechtfertigung bedürfen oder konkrete Anhaltspunkte für gesetzwidrige Gründe (§§ 134, 138, 242, 612a BGB etc.) bestehen und der ArbN jeweils die Auskunft zur Prüfung der Erfolgsaussichten einer Kündigungsschutzklage verlangt[3]. Eine Verletzung der Auskunftspflicht kann Schadensersatzansprüche begründen (etwa Kosten eines vergeblichen Kündigungsschutzprozesses)[4].

30 cc) **Vertretung.** Rechtsgeschäftliche Vertretung bei Ausspruch der Kündigung ist auf der **Erklärungs- wie auf der Empfängerseite** zulässig (§ 164 I und III BGB). Sie bedarf der Vollmacht, deren Erteilung grds. formfrei ist, § 167 II BGB (vgl. aber Rz. 31). Von der rechtsgeschäftl. Vertretung sind die gesetzl. und die organschaftl.[5] Vertretung zu unterscheiden. Bei ihnen ist die Vertretungsmacht im Außenverhältnis gesetzlich geregelt[6]. Kein Fall der Vertretung ist das Handeln des Insolvenzverwalters, Testamentsvollstreckers oder Nachlassverwalters, die aus eigenem Recht kündigen können. Für die Auslegung, ob die Unterzeichnung einer Kündigung mit dem Zusatz „i. A." für Vertretungs- oder nur Botenwillen des Unterzeichners spricht, kommt es auf die Gesamtumstände an[7]. **Vertretung ohne Vertretungsmacht** scheidet bei der Kündigung gem. § 180 S. 1 BGB grds. aus. Hat der Kündigungsempfänger die vom Vertreter behauptete Vertretungsmacht bei Vornahme des Rechtsgeschäfts jedoch nicht beanstandet, dh. die Kündigung unverzüglich zurückgewiesen, kommt gem. § 180 S. 2 BGB eine rückwirkende Genehmigung in Betracht[8]. Desgleichen, wenn er mit dem vollmachtlosen Handeln einverstanden gewesen ist. Auf seine Aufforderung hin muss der Vertretene die Genehmigung gem. § 177 II BGB binnen zwei Wochen ihm ggü. erklären, anderenfalls sie als verweigert gilt. Da auch die Genehmigung nicht formgebunden ist (§ 182 II BGB), kann dies durch schlüssiges Verhalten des Vertretenen – etwa im Kündigungsrechtsstreit – geschehen[9]. Allerdings kann der Empfänger gem. §§ 180 S. 2 Alt. 1, 178 S. 1 BGB bis zur Genehmigung wegen fehlender Vertretungsmacht widerrufen, also in entsprechender Anwendung die Kündigung aus diesem Grund zurückweisen[10]. Kündigungs- und Klagefristen dürfen nicht verkürzt werden. Die Genehmigung einer außerordentl. Kündigung nach Ablauf der zweiwöchigen Ausschlussfrist des § 626 II BGB scheidet aus[11]. Zur Klagefrist des § 4 vgl. dort Rz. 7.

31 Gem. **§ 174 BGB** ist – praktisch wichtiger – die Kündigung selbst eines bevollmächtigten Vertreters nichtig (und bedarf der Neuvornahme), wenn dieser keine **Vollmachtsurkunde (im Original**[12]) vorlegt und der Kündigungsempfänger die Kündigung aus diesem Grund unverzüglich zurückweist. § 174 BGB gilt auch im öffentl. Dienst. Er schützt allein vor der Ungewissheit über die Existenz einer rechtsgeschäftlich erteilten Vollmacht. Die Vorschrift findet daher weder auf gesetzl. noch auf organschaftl. Vertretung Anwendung[13]. Ebenso schützt sie nicht bei bloßer Ungewissheit über die Person des Erklärenden (etwa bei Unleserlichkeit der Unterschrift)[14]. Zur Anwendung der Klagefrist des § 4 auf § 174 BGB vgl. § 4 Rz. 7. Die **Zurückweisung** hat **unverzüglich** iSv. § 121 BGB zu erfolgen. Entscheidend ist

---

1 BAG 25.8.1977 – 3 AZR 705/75 u. v. 10.2.1999 – 2 AZR 176/98, AP Nr. 1 u. Nr. 2 zu § 54 BMT-G II; 25.10.2012 – 2 AZR 845/11, NZA 2013, 900. ‖ 2 BAG 10.2.1999 – 2 AZR 176/98, AP Nr. 2 zu § 54 BMT-G II. ‖ 3 So *Löwisch*, DB 1975, 349 (354); nicht so weit gehen KR/*Griebeling*, § 1 Rz. 681. ‖ 4 BAG 21.3.1959 – 2 AZR 450/58, AP Nr. 55 zu § 1 KSchG. ‖ 5 Vgl. etwa zum Leiter eines kommunalen Eigenbetriebs BAG 25.11.2010 – 2 AZR 201/09. ‖ 6 Der Grundsatz der unbeschränkten Vertretungsmacht eines Geschäftsführers gilt nicht für die Rechtsverkehr zwischen der Gesellschaft und einem einzelnen Gesellschafter, der zugleich ArbN der Gesellschaft ist, BAG 11.3.1998 – 2 AZR 287/97, DB 1998, 1922. ‖ 7 BAG v.13.12.2007 – 6 AZR 145/07, NZA 2008, 403. ‖ 8 BAG 16.12.2010 – 2 AZR 485/08, NZA 2011, 57; 11.12.1997 – 8 AZR 699/96, AuR 1998, 202. ‖ 9 BAG 16.12.2010 – 2 AZR 485/08; dagegen *Stiebert*, NZA 2013, 657: nur ein neuerl. Kündigung können den Fristlauf des § 4 S. 1 aus. ‖ 10 MüKoBGB/*Schramm*, § 180 Rz. 13 mwN. ‖ 11 BAG 26.3.1986 – 7 AZR 585/84, AP Nr. 2 zu § 180 BGB; 4.2.1987 – 7 AZR 583/85, AP Nr. 3 zu § 180 BGB. ‖ 12 Unzureichend ist beglaubigte Abschrift: BGH 4.2.1981 – VIII ZR 313/79, AP Nr. 5 zu § 174 BGB; *Lohr*, MDR 2000, 620. ‖ 13 BAG 10.2.2005 – 2 AZR 584/03 – und 20.9.2006 – 6 AZR 82/06, AP Nr. 18 u. 19 zu § 174 BGB. ‖ 14 BAG 20.9.2006 – 6 AZR 82/06, AP Nr. 19 zu § 174 BGB.

der Zugang beim ArbGeb, da § 167 ZPO keine Anwendung findet[1]. Dem Erklärungsempfänger sind eine Bedenkzeit sowie die Möglichkeit, kurzfristig Rechtsrat einzuholen, zuzubilligen. Eine Zurückweisung binnen einer Woche nach Kenntnis von der Kündigung und vom Fehlen der Vollmachtsurkunde wird idR noch rechtzeitig sein[2], später nur unter besonderen Umständen[3]. Die Zurückweisung muss **„aus diesem Grund"** erfolgen. Das braucht nicht ausdrücklich zu geschehen, sondern kann sich aus den Umständen ergeben, solange es nur eindeutig ist[4]. Erfolgt die Zurückweisung durch einen Bevollmächtigten, kann sie (als geschäftsähnliche Handlung) ihrerseits unter den Voraussetzungen des § 174 BGB zurückgewiesen werden[5]. Die Zurückweisung ist ausgeschlossen, wenn der Vertretene den Erklärungsgegner **von der Bevollmächtigung in Kenntnis gesetzt** hat, § 174 S. 2 BGB. Konkludente Mitteilung genügt, Kenntniserlangung auf sonstige Weise dagegen nicht[6]. Ein bloßer Aushang über die Bevollmächtigung am Schwarzen Brett dürfte idR keine ausreichende Bekanntgabe sein[7], ebenso wenig das einfache Einstellen einer Vertretungsregelung in ein betriebl. Intranet[8]. Ausreichend ist die öffentl. Bekanntmachung eines ministeriellen Erlasses[9]. Einer Mitteilung iSv. § 174 S. 2 BGB steht gleich, wenn der Vertretene den – konkret bezeichneten[10] – Vertreter erkennbar **in eine Stellung berufen** hat, die üblicherweise mit einer Kündigungsvollmacht verbunden ist[11]. Das ist bei einem Leiter der Personalabteilung idR anzunehmen[12], auch wenn er im Innenverhältnis Beschränkungen unterliegt[13]; bejaht auch für den Niederlassungsleiter eines Transportunternehmens[14]; **anders dagegen** idR bei einem Sachbearbeiter in der Personalabteilung[15] und – je nach den konkreten Umständen – dem Referatsleiter einer Polizeiverwaltungsbehörde[16] sowie dem Bauoberrat im Wasserwirtschaftsamt[17]; verneint auch für den kaufmännischen Leiter der Niederlassung eines Automobilherstellers[18] und einen Niederlassungsleiter mit 23 unterstellten ArbN, wenn die Personalabteilung bei einem Konzernunternehmen konzentriert ist[19]. Lässt sich ein **Insolvenzverwalter** durch einen assoziierten Rechtsanwalt seiner Kanzlei vertreten, muss dieser eine Vollmacht vorlegen wie bei der Vertretung jeder anderen Partei[20]. Das Gleiche gilt, wenn er sich eines noch vom Insolvenzschuldner berufenen Personalleiters bedient, es sei denn, die Berufung wurde vom Verwalter ggü. der Belegschaft bestätigt[21].

Der **Prokurist** bedarf bei ordnungsgemäßer Eintragung und Bekanntmachung der Prokura im Handelsregister keines Vollmachtsnachweises, selbst wenn er ohne Zusatz (ppa.) zeichnet[22]. Gesamtprokuristen und entsprechend GmbH-Geschäftsführer, die nur **gesamtvertretungsberechtigt** sind, haben grds. gemeinschaftlich zu zeichnen oder der Vornahme des Rechtsgeschäfts durch den anderen zuzustimmen; das kann durch interne, formlose Bevollmächtigung bzw. Ermächtigung geschehen[23]. Wird das nicht nach außen durch Mitteilung an den Erklärungsempfänger oder durch Vorlage der Vollmachtsurkunde dokumentiert, droht Zurückweisung gem. § 174 BGB[24]. Nachträgliche Genehmigung der Kündigung ist, sofern diese nicht gem. § 174 BGB zurückgewiesen wurde, gem. § 180 S. 2 BGB in Grenzen möglich (vgl. Rz. 30). **Minderjährige** sind in einem ArbVerh, zu dessen Eingehung ihre gesetzl. Vertreter sie gem. § 113 BGB ermächtigt haben, grds. aktiv wie passiv kündigungsberechtigt. Kein ArbVerh iSv. § 113 BGB ist nach hM wegen seiner besonderen Bedeutung für den Berufsweg des Jugendlichen das Berufsausbildungsverhältnis; es kann daher nur von und ggü. den gesetzl. Vertretern des Jugendlichen gekündigt werden[25]. Regelungen in einer **Gemeindeordnung**, wonach das Kündigungsschreiben der Unterschrift bestimmter Personen und ggf. der Beifügung eines Dienstsiegels bedarf, dienen zum Schutz der Gemeinde der Legitimation des Erklärenden; sie sind daher keine Formvorschriften iSv. § 125 BGB, sondern Vertretungsregelungen[26]. Fehlt das Dienstsiegel, kann der Empfänger die Kündigung gem. § 174 BGB zurückweisen[27]. Rechtsgeschäftl. Erklärungen eines Bürgermeisters, dem nach der Gemeindeordnung das Alleinvertretungsrecht für die Gemeinde zusteht, sind regelmäßig für

---

1 Ebenso *Nägele/Gertler*, NZA 2010, 1377 (1380). ||2 BAG 30.5.1978 – 2 AZR 633/76, AP Nr. 2 zu § 174 BGB; 31.8.1979 – 7 AZR 674/77, AP Nr. 3 zu § 174 BGB. ||3 BAG 8.12.2011 – 6 AZR 354/10, BAGE 140, 64; jedenfalls drei Wochen sind zu spät: BAG 11.3.1999 – 2 AZR 427/98, AP Nr. 150 zu § 626 BGB. ||4 Wohl zu streng BAG 18.12.1980 – 2 AZR 980/78, AP Nr. 4 zu § 174 BGB mit insoweit krit. Anm. *G. Hueck*; krit. auch *Beitzke*, SAE 1981, 170. ||5 BAG 8.12.2011 – 6 AZR 354/10, NZA 2012, 495. ||6 BAG 12.1.2006 – 2 AZR 179/05, NZA 2006, 980. ||7 BAG 23.7.2003 – 2 AZR 235/02, DB 2004, 878. ||8 BAG 20.9.2006 – 6 AZR 82/06, AP Nr. 19 zu § 174 BGB. ||9 BAG 20.9.2006 – 6 AZR 82/06, AP Nr. 19 zu § 174 BGB. ||10 BAG 14.4.2011 – 6 AZR 727/09, NZA 2011, 683. ||11 BAG 29.10.1992 – 2 AZR 460/92, AP Nr. 10 zu § 174 BGB; 22.1.1998 – 2 AZR 267/97, AP Nr. 11 zu § 174 BGB. ||12 BAG 30.5.1972 – 2 AZR 298/71, AP Nr. 1 zu § 174 BGB; 29.10.1992 – 2 AZR 460/92, AP Nr. 10 zu § 174 BGB; 22.1.1998 – 2 AZR 267/97, AP Nr. 11 zu § 174 BGB. ||13 BAG 29.10.1992 – 2 AZR 460/92, AP Nr. 10 zu § 174 BGB. ||14 LAG Hess. 20.6.2000 – 9 Sa 1899/99, LAGE § 174 BGB Nr. 11. ||15 BAG 30.5.1978 – 2 AZR 633/76, AP Nr. 2 zu § 174 BGB; vgl. aber BAG 29.6.1989 – 2 AZR 482/88, AP Nr. 7 zu § 174 BGB. ||16 BAG 20.8.1997 – 2 AZR 518/96, AP Nr. 11 zu § 620 BGB Kündigungserklärung. ||17 BAG 12.1.2006 – 2 AZR 179/05, NZA 2006, 980. ||18 LAG Hess. 4.9.1997 – 3 Sa 1360/96, NZA-RR 1998, 396. ||19 LAG Berlin 28.6.2006 – 15 Sa 632/06, DB 2007, 468. ||20 LAG 18.4.2002 – 8 AZR 346/01, NZA 2002, 1207; LAG Köln 31.8.2000 – 6 Sa 862/00, LAGE § 174 BGB Nr. 12. ||21 BAG 22.1.1998 – 2 AZR 267/97, NZA 1998, 699. ||22 BAG 11.7.1991 – 2 AZR 107/91, AP Nr. 9 zu § 174 BGB. ||23 BAG 18.12.1980 – 2 AZR 980/78, AP Nr. 4 zu § 174 BGB. ||24 BAG 18.12.1980 – 2 AZR 980/78, AP Nr. 4 zu § 174 BGB. ||25 LAG Schl.-Holst. 22.12.1982 – 2 Sa 270/82, LAGE § 113 Nr. 2; LAG Nürnberg 21.6.1994 – 2 (4) Sa 510/91, LAGE § 15 BBiG Nr. 8; KR/*Weigand*, §§ 21–23 BBiG Rz. 110 mwN; *Söllner*, Anm. zu BAG 25.11.1974 in EzA § 15 BBiG Nr. 3; offen gelassen in BAG 25.11.1976 – 2 AZR 751/75, AP Nr. 4 zu § 15 BBiG. ||26 BAG 29.6.1986 – 7 AZR 180/87, AP Nr. 6 zu § 174 BGB. ||27 Andererseits schließt die Beifügung eines Dienstsiegels eine Zurückweisung gem. § 174 BGB noch nicht aus, da sie für sich nicht die Vertretungsmacht des Erklärenden belegt: BAG 20.8.1997 – 2 AZR 518/96, AP Nr. 11 zu § 620 BGB Kündigungserklärung.

die Gemeinde auch ohne kommunalrechtl. intern erforderliche Beschlüsse der Gemeindevertretung bindend, da die Außenvertretungsmacht des Bürgermeisters unberührt bleibt[1].

33 Die sog. **Schriftsatzkündigung durch den Prozessbevollmächtigten** bereitet Probleme im Hinblick auf Vertretungsmacht, Formwahrung und Zugang. Alle Fragen sind für die Wirksamkeit der Kündigung von entscheidender Bedeutung. Die **Prozessvollmacht** gem. § 81 ZPO[2] berechtigt im Kündigungsrechtsstreit nach § 4 oder § 13 I regelmäßig nicht zum Ausspruch oder zur Entgegennahme weiterer Kündigungen, da diese nicht „den Rechtsstreit betreffen"; Streitgegenstand ist hier nur die Auflösung des ArbVerh durch eine bestimmte Kündigung (sog. punktueller Streitgegenstand, vgl. § 4 Rz. 48). Eine Schriftsatzkündigung des Prozessbevollmächtigten des ArbGeb kann daher gem. § 174 bzw. § 180 BGB zurückgewiesen werden, wenn nicht eine besondere Vollmacht erteilt und beigefügt ist. Entsprechend muss die Kündigung auf der Empfängerseite dem ArbN selbst zugehen, um die Klagefrist des § 4 in Gang zu setzen[3]. Abweichend hiervon soll die Vollmacht für eine Kündigungsschutzklage nach § 4 (sowie nach § 13 I) zum Ausspruch einer Wiederholungskündigung auf Grund desselben Kündigungssachverhalts berechtigen[4]. Hat der ArbN dagegen **allgemeine Feststellungsklage** nach § 256 ZPO erhoben, erfasst diese nach Auffassung des BAG auch nachfolgende Kündigungen während des Rechtsstreits[5]. Die Vollmacht im Umfang des § 81 ZPO berechtigt den Prozessbevollmächtigten demgemäß zur Entgegennahme solcher Kündigungen[6]. Damit ist ihr Zugang erfolgt und die Klagefrist des § 4 in Gang gesetzt. Ebenso berechtigt die Vollmacht in diesem Fall zum Ausspruch weiterer Kündigungen[7]. Gleichwohl ist zur Vermeidung einer **Zurückweisung** gem. § 174 BGB auch bei der allg. Feststellungsklage geboten, einer Prozesskündigung die Vollmacht im Original beizufügen. Das Prozessrecht schließt die Vollmachtsrüge nicht aus (§§ 80, 88 ZPO). Die Bestellung des Prozessbevollmächtigten im Rechtsstreit wird auch bei Beifügung einer Vollmacht für das Gericht weder als Vorlage einer Vollmachtsurkunde iSv. § 174 S. 1 BGB noch als In-Kenntnis-Setzen des Prozessgegners von der Bevollmächtigung durch den Vollmachtgeber gem. § 174 S. 2 BGB angesehen werden können[8]. Soweit vertreten wird, dass § 174 BGB im Rahmen des gesetzl. Umfangs einer Prozessvollmacht nach § 81 ZPO nicht anwendbar sei[9], kann dies nur für unmittelbare Prozesshandlungen gelten; anderenfalls wäre der Empfänger der Kündigung entgegen § 174 BGB nicht in der Lage, sofortige Gewissheit über ihre Wirksamkeit und damit über das Fortbestehen seines Vertrages zu erlangen. Auch die Schriftsatzkündigung muss dem Empfänger **formgerecht zugehen**, §§ 130, 623 BGB[10]. Der Zugang einer beglaubigten Abschrift wahrt die Schriftform nur, wenn der Beglaubigungsvermerk von dem Bevollmächtigten eigenhändig unterzeichnet ist[11].

34 dd) **Zugang.** Vgl. zum Zugang der Kündigung § 4 Rz. 26 ff.

35 ee) **Kündigungsschutzrechtliche Wirksamkeitsvoraussetzungen.** Besteht ein **BR** oder eine **Personalvertretung**, bedarf die Kündigung zum vorbeugenden Schutz der ArbN zwingend deren vorheriger Beteiligung (§ 102 BetrVG, §§ 72, 79, 108 II BPersVG iVm. den jeweiligen Personalvertretungsgesetzen der Länder). Eine ohne Beteiligung der ArbN-Vertretung ausgesprochene Kündigung ist unheilbar unwirksam (§ 102 I 3 BetrVG, §§ 79 IV, 108 II BPersVG). Das Gleiche gilt bei nicht ordnungsgemäß durchgeführter Beteiligung. Die Beteiligungspflicht ist für ordentl. und außerordentl. Kündigung idR unterschiedlich ausgestaltet. Sie gilt jeweils auch für die Änderungskündigung[12]. Zu den näheren Einzelheiten der ordnungsgemäßen Beteiligung einer ArbN-Vertretung vor Ausspruch der Kündigung vgl. die Erl. zu § 102 BetrVG[13]. Der vorherigen **Zustimmung einer Behörde** bedarf die Kündigung von Schwerbehinderten (§§ 85 ff. SGB IX), Frauen im Mutterschutz (§ 9 III MuSchG), Eltern in der Elternzeit (§ 18 BEEG) und ArbN in einer Pflegezeit (§ 5 II PflegeZG). Fehlende Zustimmung macht die Kündigung unheilbar nichtig; sie bedarf der Neuvornahme. IÜ ist der gesamte allg. und besondere gesetzl. (vgl. Vor § 1 Rz. 14 ff.) sowie der autonome Kündigungsschutz (vgl. Vor § 1 Rz. 19 ff.) zu beachten. Ein Verstoß gegen die jeweiligen zwingenden Schutzregelungen führt idR zur Unwirksamkeit der Kündigung.

36 ff) **Umdeutung.** Ist die Kündigung rechtsunwirksam, so gilt sie gem. **§ 140 BGB** als ein anderes Rechtsgeschäft, sofern sie dessen Erfordernissen entspricht und anzunehmen ist, dass der Kündigende die Geltung des anderen Rechtsgeschäfts bei Kenntnis der Unwirksamkeit der Kündigung gewollt hätte. Letz-

---

1 BAG 27.9.2001 – 2 AZR 389/00, NZA 2002, 1171; anders uU bei der Kündigung eines gemeindlichen Rechnungsprüfers, BAG 15.3.1990 – 2 AZR 440/89, PersR 1990, 336. ‖ 2 § 81 ZPO umschreibt den gesetzl. festgelegten Umfang; zu einer erweiterten sog. Einheitsvollmacht vgl. LAG Düss. 13.1.1999 – 12 Sa 1810/98, ZInsO 1999, 544. ‖ 3 Nicht erforderlich ist positive Kenntnisnahme, vgl. KR/*Fischermeier*, § 626 BGB Rz. 194. ‖ 4 BAG 10.8.1977 – 5 AZR 394/76, EzA § 81 ZPO Nr. 1; krit. *Rimmelspacher* in Anm. AP Nr. 2 zu § 81 ZPO. ‖ 5 BAG 21.1.1988 – 2 AZR 581/86, AP Nr. 19 zu § 4 KSchG 1969; best. durch BAG 13.3.1997 – 2 AZR 512/96, AP Nr. 38 zu § 4 KSchG 1969; dies gilt nur für den Zeitraum bis zur letzten mündlichen Verhandlung in den Tatsacheninstanzen. ‖ 6 BAG 21.1.1988 – 2 AZR 581/86, AP Nr. 19 zu § 4 KSchG 1969; bestätigt durch BAG 13.3.1997 – 2 AZR 512/96, AP Nr. 38 zu § 4 KSchG 1969; KR/*Fischermeier*, § 626 BGB Rz. 195. ‖ 7 KR/*Fischermeier*, § 626 BGB Rz. 195. ‖ 8 *Rimmelspacher*, Anm. zu BAG 10.8.1977 – 5 AZR 394/76, AP Nr. 2 zu § 81 ZPO. ‖ 9 *Rimmelspacher*, Anm. zu BAG 10.8.1977 – 5 AZR 394/76, AP Nr. 2 zu § 81 ZPO. ‖ 10 LAG Düss. 23.2.1978 – 3 Sa 630/77, EzA § 125 BGB Nr. 4. ‖ 11 BGH 4.7.1986 – V ZR 41/86, NJW-RR 1987, 395; LAG Nds. 30.11.2001 – 10 Sa 1046/01, NZA-RR 2002, 242; KR/*Spilger*, § 623 BGB Rz. 142. ‖ 12 Bei der Änderungskündigung kann zusätzlich der Beteiligungstatbestand der Versetzung (§§ 99, 95 III BetrVG, 75 I BPersVG) oder einer Umgruppierung vorliegen. ‖ 13 Zur Beteiligung der Personalvertretung nach dem BPersVG vgl. KR/*Etzel*, §§ 72, 79, 108 II BPersVG sowie die Komm. zu den jeweiligen Personalvertretungsgesetzen der Länder.

teres muss dem Kündigungsempfänger erkennbar sein[1]. Die Umdeutung tritt kraft Gesetzes ein und ist bei entsprechender Tatsachengrundlage im Rechtsstreit zu berücksichtigen, ohne dass sich eine Partei darauf berufen muss[2]. Das Ersatzgeschäft darf in seinen rechtl. Wirkungen nicht weiter reichen als das unwirksame[3], wohl aber weniger weit, sofern es den mit dem unwirksamen Rechtsgeschäft erstrebten wirtschaftl. Erfolg im Wesentlichen erreicht[4]. Danach kommt als **Ersatzgeschäft für eine ordentl. Kündigung** im Wesentlichen nur das Angebot zum Abschluss eines entsprechenden Aufhebungsvertrages in Betracht, vgl. dazu – auch im Hinblick auf die Form des § 623 BGB – sowie zur Frage der Annahme eines solchen Angebotes näher Anh. § 9 Rz. 4. Die Umdeutung der ordentl. Kündigung in eine Anfechtung, eine außerordentl. Kündigung oder eine Änderungskündigung scheidet grds. aus, da diese Rechtsgeschäfte in ihren rechtl. Wirkungen weiter reichen. Nach der bisherigen Rspr. des BAG soll auch die Umdeutung der ordentl. Kündigung eines tarifl. unkündbaren ArbN in eine **außerordentl. Kündigung mit sozialer Auslauffrist** ausscheiden[5]. Das erscheint bedenklich, da die Wirkungen der außerordentl. Kündigung mit sozialer Auslauffrist nicht weiter reichen als die der ordentl. Kündigung[6]. Zu beachten ist allerdings die Kündigungserklärungsfrist des § 626 II BGB. Die Beteiligung des BR oder der Personalvertretung hat in diesen Fällen ohnehin nach den Regeln für eine ordentl. Kündigung zu erfolgen[7].

Als **Ersatzgeschäft einer außerordentl. Kündigung** kommt grds. die ordentl. Kündigung in Betracht, soweit nicht die Beteiligungsrechte von Betriebsrat/Personalvertretung oder behördliche Zustimmungserfordernisse übergangen werden (vgl. § 13 Rz. 13 ff.)[8]; die (primär) Auslegung oder Umdeutung der außerordentl. Kündigung, die auf Täuschung oder Drohung gestützt ist, in eine Anfechtung kann ausnahmsw. erfolgen (str.[9]). Hierzu und zur Umdeutung der außerordentl. Kündigung in einen Aufhebungsvertrag vgl. § 626 BGB Rz. 401 ff. Ebenso wie die ordentl. Kündigung kann auch die außerordentl. Kündigung nicht in eine **Änderungskündigung** umgedeutet werden. Dabei handelt es sich zwar um eine kündigungsrechtl. weniger einschneidende Maßnahme, doch werden ihre rechtl. Wirkungen für den ArbGeb (Änderungsangebot) von der bloßen Beendigungskündigung nicht umfasst. Zur Umdeutung einer (un)wirksamen Änderungskündigung in einen (vorbehaltenen) Widerruf oder eine arbeitsvertragl. Weisung vgl. § 2 Rz. 13 f. u. 42.

gg) Beseitigung der Kündigung. Für die einseitige Beseitigung oder Rückgängigmachung einer wirksamen Kündigung bestehen enge Grenzen. Nach ihrem Zugang kann sie nicht mehr einseitig widerrufen werden (§ 130 I 2 BGB). Die danach unwirksame einseitige **Rücknahme** der Kündigung ist regelmäßig als Angebot zu einer (ggf. rückwirkenden) Fortsetzung des alten, uU auch zur Begründung eines neuen ArbVerh auszulegen, vgl. zur Rücknahme sowie ihrer Auswirkung auf einen Kündigungsschutzprozess § 4 Rz. 44 ff. Neben der einvernehmlichen Aufhebung der Wirkung einer Kündigung kommt ansonsten nur ihre **Anfechtung** in Betracht (§§ 119, 123 BGB). Es gelten die gleichen Grundsätze wie bei der Anfechtung von Aufhebungsverträgen (s. Anh. § 9 Rz. 24 ff.).

c) Kündigungsschutz und sonstige Beendigungstatbestände. aa) Eigenkündigung. Auf sie findet der Kündigungsschutz **keine Anwendung**, selbst wenn sie vom ArbGeb veranlasst ist[10]. Hat außer dem ArbGeb auch der ArbN seinerseits zum gleichen oder einem früheren Termin gekündigt und steht die Wirksamkeit dieser Eigenkündigung fest, kann das Feststellungsinteresse für eine Kündigungsschutzklage nach § 4 fehlen[11]. Die ordentl. Eigenkündigung des ArbN kann nur aus den allg. Unwirksamkeitsgründen wie Anfechtung und Nichtigkeit (Form, § 623 BGB) unwirksam sein. Die außerordentl. Eigenkündigung des ArbN bedarf dagegen – wie die des ArbGeb – zu ihrer Wirksamkeit gem. § 626 BGB eines wichtigen Grundes; fehlt es daran, ist sie regelmäßig in eine ordentl. Kündigung umzudeuten. Der ArbN selbst kann sich allerdings nach Treu und Glauben regelmäßig nicht selber auf die Unwirksamkeit der eigenen (schriftlichen) fristlosen Kündigung berufen[12]. Zum Lossagungsrecht des ArbN nach § 12 S. 1, bei dem es sich um ein Sonderkündigungsrecht handelt, vgl. dort.

bb) Außerordentliche Kündigung. Sie ist gem. § 13 I 1 **kein Gegenstand des Kündigungsschutzes** der §§ 1–14 (vgl. zur Unterscheidung Rz. 27). Maßstab für ihre Rechtmäßigkeit ist der wichtige Grund (§ 626 BGB), nicht die soziale Rechtfertigung iSv. § 1. Fehlt der wichtige Grund, wovon auch bei Versäumung der Erklärungsfrist des § 626 II BGB auszugehen ist, kommt die Umdeutung gem. § 140 BGB in eine ordentl. Kündigung in Betracht (vgl. Rz. 37). Diese unterliegt dem allg. Kündigungsschutz. Für die (schriftl.) außerordentl. Kündigung gilt gem. § 13 I 2 die **dreiwöchige Klagefrist** des § 4 S. 1. Wird sie versäumt und kommt auch eine verspätete Klage gem. §§ 5, 6 nicht in Betracht, gilt die außerordentl. Kündigung gem. §§ 7, 13 I 2

---

1 BAG 3.12.1987 – 2 AZR 462/87; BGH 14.2.2000 – II ZR 285/97, NZA 2000, 430. || 2 BAG 15.11.2001 – 2 AZR 310/00, AP Nr. 13 zu § 140 BGB; *Molkenbur/Krasshöfer-Pidde*, RdA 1989, 337 ff. || 3 BGH 15.12.1955 – II ZR 204/54, BGHZ 19, 269 (275); 14.5.1956 – II ZR 229/54, BGHZ 20, 363 (370); 28.11.1962 – V ZR 127/61, LM Nr. 4 zu § 140 BGB. || 4 BGH 21.3.1977 – II ZR 96/75, BGHZ 68, 204 (206). || 5 BAG 12.9.1974 – 2 AZR 535/73, AP Nr. 1 zu § 44 TVAL II; 16.11.1979 – 2 AZR 1053/77, AP Nr. 1 zu § 154 BGB. || 6 Bedenken auch im Hinblick auf § 4 bei BAG 25.4.2007 – 6 AZR 746/06, NZA 2007, 881; dass der Verstoß gegen das tarifl. Kündigungsverbot nach der Umdeutung als „sonstiger Unwirksamkeitsgrund" entfällt, ist keine Frage der Reichweite des Rechtsgeschäfts; so aber BAG 12.9.1974 – 2 AZR 535/73, AP Nr. 1 zu § 44 TVAL II. Die Unwirksamkeit soll gerade durch die Umdeutung überwunden werden; die Erwägung des BAG stellt damit den Zweck des § 140 BGB, der auf Verwirklichung des Parteiwillens zielt, auf den Kopf. Auch die Schriftform (§ 623 BGB) ist gewahrt. || 7 BAG 5.2.1998 – 2 AZR 227/97, AP Nr. 143 zu § 626 BGB. || 8 BAG 23.10.2008 – 2 AZR 388/07, AP Nr. 217 zu § 626 BGB. || 9 Bejaht v. LAG Sa.-Anh. 14.3.1995 – 8 Sa 712/94, nv.; ebenso ErfK/*Müller-Glöge*, § 620 BGB Rz. 63. || 10 In diesem Fall zählen sie allerdings bei der Zahl der Entlassungen mit, die gem. § 17 I 2 eine Anzeigepflicht ggü. der AA auslösen kann. || 11 BAG 11.2.1981 – 7 AZR 12/79, AP Nr. 8 zu § 4 KSchG 1969 (*M. Wolf*). || 12 BAG 12.3.2009 – 2 AZR 894/07, NZA 2009, 840.

als von Anfang an in jeder Hinsicht rechtswirksam. Wird die Klagefrist gewahrt und fehlt ein wichtiger Grund, kann der ArbN (nicht der ArbGeb) die gerichtl. Auflösung des ArbVerh gegen Zahlung einer angemessenen Abfindung beantragen, wenn ihm die Fortsetzung des ArbVerh nicht zuzumuten ist (§ 13 I 3).

41 Hat ein Tarif- oder Arbeitsvertrag die **ordentl. Kündigung ausgeschlossen** (vgl. Vor § 1 Rz. 19), ist eine dennoch ausgesprochene ordentl. Kündigung nicht sozialwidrig, sondern – unabhängig von Wartezeit und Betriebsgröße – aus sonstigen Gründen unwirksam (§ 134 BGB). Doch kann gerade die aus dem Ausschluss des ordentl. Kündigungsrechts folgende lange Bindungsdauer ausnahmsw. eine außerordentl. Kündigung rechtfertigen, da ein lang dauerndes sinnentleertes ArbVerh idR unzumutbar ist. Das gilt insb. für Kündigungsgründe mit Dauerwirkung (Betriebsschließung[1], idR auch Fremdvergabe von Tätigkeiten[2], dauernde Arbeitsunfähigkeit[3]), kommt nach bisheriger, zuletzt allerdings zu Recht in Zweifel gezogener[4] Auffassung des BAG aber auch für verhaltensbedingte Gründe in Betracht[5]. Der ArbGeb kann hier grds. erst dann außerordentl. kündigen, wenn trotz erheblich **gesteigerter Bemühungen** bis zur Grenze der Unzumutbarkeit eine Weiterbeschäftigung ausscheidet (s. Rz. 284). Wäre in diesen Fällen aber nach hypothetischer Prüfung ohne den Ausschluss nur eine ordentl. Kündigung gerechtfertigt, darf der ArbGeb die außerordentl. Kündigung nur **wie eine ordentliche** erklären. Anderenfalls würde sich hier der Ausschluss der ordentl. Kündigung zum Nachteil des eigentlich geschützten ArbN kehren. Die außerordentl. Kündigung ist daher mit einer der ordentl. Kündigung entsprechenden **Auslauffrist** auszusprechen[6]. Dabei ist deutlich zu machen, dass es sich um eine außerordentl. Kündigung handelt[7] (vgl. aber Rz. 36 aE), und § 626 II BGB zu beachten[8]. Die ArbN-Vertretung und sonstige ggf. einzubeziehende Stellen (etwa Integrationsamt) sind entsprechend dem Verfahren bei ordentl. Kündigung zu beteiligen[9]. Ggf. ist entsprechend Abs. 3 eine Sozialauswahl durchzuführen[10]. Eine **Umdeutung** der außerordentl. fristlosen Kündigung in eine solche mit Auslauffrist ist grds. möglich. Sie scheidet aber aus, wenn der BR der außerordentl. Kündigung nicht ausdrücklich zugestimmt hat[11] oder – bei Schwerbehinderung – die Zustimmung des Integrationsamts nur zur außerordentl. Kündigung vorliegt[12]. Ohne Umdeutung ist die fristlose Kündigung eines ordentl. unkündbaren ArbN demgemäß unwirksam, wenn dem ArbGeb die Fortsetzung des ArbVerh bis zum Ablauf der „fiktiven" Kündigungsfrist noch zugemutet werden kann[13]. Wegen der schwer abschätzbaren Grenze zwischen außerordentl. und ordentl. Kündigung empfiehlt es sich, die außerordentl. Kündigung mit Auslauffrist zumindest hilfsweise auszusprechen.

42 cc) **Teilkündigung und Widerruf.** Während die Änderungskündigung das ArbVerh in seinem ganzen Bestand in Frage stellt, um auf diesem Weg beliebige Änderungen des Vertrages durchzusetzen, soll die **Teilkündigung** unter Aufrechterhaltung des Arbeitsvertrages iÜ nur einzelne Teile des Vertrages beseitigen[14]. Die Teilkündigung ist gesetzl. nicht vorgesehen. Ist das Recht zur Teilkündigung nicht vertragl. vereinbart, hat eine dennoch ausgesprochene Teilkündigung grds. keine Rechtswirkung. Der geänderte Vertragsinhalt hätte keine Grundlage mehr im übereinstimmenden Parteiwillen. Die Teilkündigung ist daher grds. unzulässig[15]. Ein Recht zur Teilkündigung kann in engen Grenzen **vereinbart werden**. Es kann sich auch aus der Auslegung des Vertrages ergeben[16]. Es darf aber nicht zu einer Veränderung des Gesamtgefüges von Leistung und Gegenleistung berechtigen, die sich als Aushöhlung oder Umgehung des zwingenden Kündigungsschutzes (§§ 1, 2) darstellt. Das ist der Fall, wenn der Kernbereich der wechselseitigen Hauptleistungspflichten betroffen ist[17]. Zulässig kann die Vereinbarung eines Teilkündigungsrechts etwa bei mehreren **lose zusammengesetzten Verträgen** sein, deren gesonderte Lösung das Gefüge von Leistung und Gegenleistung der übrigen Teilverträge nicht wesentlich berührt[18]. Eine da-

---

1 BAG 28.3.1985 – 2 AZR 113/84, NZA 1985, 559; 6.3.1986 – 2 ABR 15/85, DB 1986, 2605; zum tarifl. Kündigungsschutz nach §§ 53 III, 55 BAT vgl. BAG 27.6.2002 – 2 AZR 367/01, DB 2003, 102 f.   ‖2 BAG 20.6.2013 – 2 AZR 379/12, DB 2014, 63.   ‖3 BAG 4.2.1993 – 2 AZR 469/92, EzA § 626 BGB nF Nr. 144; 18.10.2000 – 2 AZR 627/99, EzA § 626 BGB Krankheit Nr. 3; KR/*Fischermeier*, § 626 BGB Rz. 132.   ‖4 BAG 21.6.2012 – 2 AZR 343/11, NZA 2013, 224.   ‖5 BAG 11.3.1999 – 2 AZR 427/98, AP Nr. 150 zu § 626 BGB (Primatenforscher); 21.6.2001 – 2 AZR 325/00, EzA § 626 BGB nF Nr. 189 (Steuerhinterziehung einer Finanzamtsangestellten); 15.11.2001 – 2 AZR 605/00, AP Nr. 175 zu § 626 BGB (Geschenkannahme durch Mitarbeiter eines Hochbauamtes).   ‖6 St. Rspr., vgl. etwa BAG 18.10.2000 – 2 AZR 627/99, EzA § 626 BGB Krankheit Nr. 3.   ‖7 BAG 12.9.1974 – 2 AZR 535/73, AP Nr. 1 zu § 44 TVAL II; 14.7.1960 – 2 AZR 64/59, AP Nr. 13 zu § 123 BGB (*A. Hueck*); KR/*Fischermeier*, § 626 BGB Rz. 30 mwN.   ‖8 BAG 18.5.2006 – 2 AZR 207/05, DB 2006, 1851.   ‖9 St. Rspr., vgl. BAG 12.1.2006 – 2 AZR 242/05, NZA 2006, 512.   ‖10 BAG 5.2.1998 – 2 AZR 227/97, BAGE 88, 10 (22); wegen dieses Zwittercharakters wurde diese Form der Kündigung auch „Orlando-Kündigung" genannt, vgl. *Bröhl*, FS Schaub, 1998, S. 55 (72); vgl. näher zu dieser Kündigungsform *Quecke*, ZTR 2003, 6 ff.   ‖11 BAG 5.2.1998 – 2 AZR 227/97, BAGE 88, 10 (22).   ‖12 BAG 7.7.2011 – 2 AZR 355/10, NJW 2011, 3803.   ‖13 BAG 27.4.2006 – 2 AZR 386/05, DB 2006, 1849.   ‖14 BAG 7.10.1982 – 2 AZR 455/80, AP Nr. 5 zu § 620 BGB Teilkündigung; 14.11.1990 – 5 AZR 509/89, AP Nr. 25 zu § 611 BGB Arzt-Krankenhaus-Vertrag.   ‖15 BAG 7.10.1982 – 2 AZR 455/80, AP Nr. 5 zu § 620 BGB Teilkündigung; 25.2.1988 – 2 AZR 346/87, AP Nr. 18 zu § 611 BGB Arzt-Krankenhaus-Vertrag; 23.8.1989 – 5 AZR 569/88, NZA 1990, 91; krit. *Preis* in Stahlhacke/Preis/Vossen, Rz. 169 ff.   ‖16 BAG 4.2.1958 – 3 AZR 110/55, AP Nr. 1 zu § 620 BGB Teilkündigung (*A. Hueck*); 13.7.2007 – 9 AZR 612/05, BB 2007, 1115 (zur Abberufung eines betriebl. Datenschutzbeauftragten).   ‖17 BAG 12.12.1984 – 7 AZR 509/83, AP Nr. 6 zu § 2 KSchG 1969; 14.11.1990 – 5 AZR 509/89, NZA 1991, 377.   ‖18 BAG 8.11.1957 – 1 AZR 125/56, AP Nr. 2 zu § 242 BGB Betriebliche Übung (*R. Denecke*); 14.11.1990 – 5 AZR 509/89, NZA 1991, 377, betr. Zusatzregelung für Nebenkosten im Chefarztvertrag; zur Kündigung einer eigenständigen Nebenabrede über Bereitschaftsdienst vgl. BAG 15.2.1990 – 6 AZR 386/88, EzA BGB § 622 Teilkündigung Nr. 1; zur Lösung der Vereinbarung über eine Dienstwohnung s. BAG 23.8.1989 – 5 AZR 569/88, NZA 1990, 91; kein Teilkündigungsrecht für Hausmeisterwohnung: LAG Rh.-Pf. 14.7.1992 – 5 Sa 155/92, EzBAT § 65 BAT Nr. 6.

nach ausnahmsw. zulässige Teilkündigung ist nicht mehr auf ihre soziale Rechtfertigung gem. §§ 1, 2 zu prüfen. Stellt sie sich faktisch als einseitige Leistungsbestimmung dar, handelt es sich in Wahrheit um einen Widerrufsvorbehalt, der gem. § 315 BGB nur in den Grenzen billigen Ermessens ausgeübt werden kann[1]. Einer Beteiligung von BR oder PersR bedarf es bei einer ausnahmsw. zulässigen Teilkündigung nicht, da sie das ArbVerh nicht beenden soll[2]. Das KSchG nebst Klagefrist findet keine Anwendung[3]. Wird die Bestellung eines **Datenschutzbeauftragten** nach § 4f III 4 BDSG wirksam **widerrufen**, ist die Tätigkeit des Beauftragten für den Datenschutz nicht mehr Bestandteil der vertraglich geschuldeten Leistung. Es bedarf dann keiner Teilkündigung mehr[4]. Haben die Parteien einer Seite vertraglich das Recht zur einseitigen Änderung einzelner Vertragsbedingungen eingeräumt, handelt es sich unabhängig von der gewählten Bezeichnung um eine von vornherein nur unter Widerrufsvorbehalt zugesagte Leistung[5] oder ein einseitiges Leistungsbestimmungsrecht iSv. § 315 BGB. Die Vereinbarung darf nicht zu einer Umgehung des KSchG, insb. des Inhaltsschutzes in § 2 oder der Kündigungsfristen führen[6], etwa wenn wesentliche Elemente des Arbeitsvertrages einer einseitigen Änderung unterliegen sollen, durch deren Widerruf das Gleichgewicht von Leistung und Gegenleistung grundlegend gestört würde. Bei zulässiger Vereinbarung unterliegt die Ausübung des Widerrufsrechts nicht dem KSchG, muss aber billigem Ermessen entsprechen (§ 315 BGB)[7]. Ein Widerrufsvorbehalt im **Formulararbeitsvertrag** kann gem. § 308 Nr. 4 BGB unwirksam sein[8] (vgl. Anh. §§ 305–310 BGB Rz. 33; § 611 BGB Rz. 512f.).

dd) Nichtigkeit und Anfechtung. Erweist sich ein Arbeitsvertrag insg. als **nichtig**[9] (vgl. näher § 611 BGB Rz. 70ff.), kann sich hierauf jede Partei jederzeit berufen. Diese form- und fristlose sog. **Lossagung** ist keine Kündigung, das KSchG und die sonstigen Kündigungsbestimmungen sind nicht anzuwenden[10]. Wurde das ArbVerh bereits in Vollzug gesetzt, hat der ArbN also gearbeitet, wirkt die Lossagung vom nichtigen Arbeitsvertrag wegen der Schwierigkeit einer Rückabwicklung idR nur ex nunc bzw. frühestens ab dem Zeitpunkt, ab dem das ArbVerh zuletzt „außer Funktion gesetzt" worden ist[11]. Für die Dauer des Vollzuges eines nichtigen ArbVerh liegt ein sog. faktisches oder fehlerhaftes ArbVerh vor (vgl. § 611 BGB Rz. 80ff.). Entsprechendes gilt für die **Anfechtung** gem. §§ 119, 123 BGB (vgl. auch die Erl. dort). Sie wirkt abweichend von § 142 BGB nicht zurück, soweit das ArbVerh in Vollzug gesetzt worden ist. War es zuletzt wieder „außer Funktion" gesetzt worden, wirkt die Anfechtung auf diesen Zeitpunkt zurück[12], im Falle einer Arbeitsunfähigkeit auf den Zeitpunkt des Beginns der Krankheit[13]. Das Anfechtungsrecht wird nicht durch das Recht zur außerordentl. Kündigung verdrängt. Ein und derselbe Sachverhalt kann sowohl zur Anfechtung als auch zur außerordentl. und zur ordentl. Kündigung berechtigen[14]. Eine vor- oder gleichzeitig mit der Anfechtung ausgesprochene ordentl. oder außerordentl. Kündigung beinhaltet keine Bestätigung des Arbeitsvertrags iSv. § 144 BGB[15]. Das Anfechtungsrecht kann innerhalb der Anfechtungsfrist des § 124 I BGB nur ausnahmsw. nach § 242 BGB verwirken[16]. Sind Anfechtung und **außerordentl. Kündigung** damit in ihrer Wirkung auf den Bestand des ArbVerh einander angenähert, **unterscheiden** sie sich doch in ihren Voraussetzungen wesentlich: Für die Anfechtungsgründe sind die Verhältnisse im Zeitpunkt der Abgabe der angefochtenen Willenserklärung maßgeblich (Irrtum, Täuschung, Drohung). Die Kündigungsgründe beurteilen sich dagegen nach den Verhältnissen im Zeitpunkt des Ausspruchs der Kündigung und sind zukunftsbezogen (Prognoseprinzip, vgl. Rz. 62). Auf die Anfechtung finden die Kündigungsschutzbestimmungen (KSchG, § 9 MuSchG etc.) grds. keine Anwendung; BR oder Personalvertretung sind nicht zu beteiligen[17]. Die dreiwöchige Klagefrist des § 4 ist auf sie nicht analog anzuwenden[18]; das gilt auch nach Erstreckung der Klagefrist auf alle Unwirksamkeitsgründe einer Kündigung. Zur Frage der Verwirkung des Klagerechts vgl. § 7 Rz. 4.

Die **Frist zur Anfechtung** nach § 123 BGB beträgt gem. § 124 BGB grds. ein Jahr ab Entdeckung der Täuschung bzw. Beendigung der Zwangslage[19]. Die Irrtumsanfechtung nach § 119 BGB hat gem. § 121 I BGB unverzüglich zu erfolgen, was nach Ansicht des BAG mit Blick auf § 626 II BGB bedeutet, dass sie spätestens innerhalb einer Frist von zwei Wochen nach Kenntnis der für die Anfechtung maßgeblichen Tatsachen erfolgen muss[20]. Das gilt auch für nachgeschobene neue Anfechtungsgründe[21]. Das Anfech-

---

1 BAG 7.10.1982 – 2 AZR 455/80, AP Nr. 5 zu § 620 BGB Teilkündigung (M. Wolf); 25.2.1988 – 2 AZR 346/87, DB 1988, 1504. ||2 Ganz hM, vgl. KR/Etzel, § 102 BetrVG Rz. 37 mwN. ||3 KR/Friedrich, § 4 KSchG Rz. 16c. ||4 BAG 29.9.2010 – 10 AZR 588/09, NZA 2011, 15; 23.3.2011 – 10 AZR 562/09, NZA 2011, 1036. ||5 BAG 7.10.1982 – 2 AZR 455/80, DB 1983, 1368. ||6 BAG 13.5.1987 – 5 AZR 125/86, NZA 1988, 95. ||7 BAG 15.11.1995 – 2 AZR 521/95, NZA 1996, 603f. zum Entzug einer im Arbeitsvertrag vereinbarten übertariflichen Zulage entgoltenen Zusatzaufgabe; 7.10.1982 – 2 AZR 455/80, DB 1983, 1368. ||8 BAG 11.10.2006 – 5 AZR 721/05, BB 2007, 109. ||9 Vgl. etwa BAG 27.11.1956 – 1 AZR 540/55, AP Nr. 2 zu § 4 MuSchG (Bulla); 8.9.1988 – 2 AZR 102/88, AP Nr. 1 zu § 8 MuSchG 1968 (Fastrich); BSG 4.12.1959 – 3 RK 52/56, RdA 1961, 41; BGH 18.7.1980 – 2 StR 348/80, AP Nr. 35 zu § 138 BGB (zur Ausübung der Prostitution im Bordell; wohl gesetzl. überholt durch ProstG). ||10 KR/Griebeling, § 1 Rz. 47. ||11 BAG 5.12. 1957 – 1 AZR 594/56, EzA § 123 BGB Nr. 1; 16.9.1982 – 2 AZR 228/80, AP Nr. 24 zu § 123 BGB; 29.8.1984 – 7 AZR 34/83, AP Nr. 27 zu § 123 BGB. ||12 BAG 5.12.1957 – 1 AZR 594/56, EzA § 123 BGB Nr. 1; 16.9.1982 – 2 AZR 228/80, AP Nr. 24 zu § 123 BGB; 29.8.1984 – 7 AZR 34/83, AP Nr. 27 zu § 123 BGB. ||13 BAG 3.12.1998 – 2 AZR 754/97, AP Nr. 49 zu § 123 BGB. ||14 BAG 16.12.2004 – 2 AZR 148/04, AP Nr. 64 zu § 123 BGB. ||15 BAG 16.12.2004 – 2 AZR 148/04, AP Nr. 64 zu § 123 BGB. ||16 BAG 6.11.1997 – 2 AZR 162/97, AP Nr. 45 zu § 242 BGB Verwirkung. ||17 HM, Preis in Stahlhacke/Preis/Vossen, Rz. 58 mwN. ||18 HM, Preis in Stahlhacke/Preis/Vossen, Rz. 58. ||19 BAG 19.5.1983 – 2 AZR 171/81, AP Nr. 25 zu § 123 BGB. ||20 BAG 14.12.1979 – 7 AZR 38/78, AP Nr. 4 zu § 119 BGB; aA Picker, ZfA 1981, 1 (108ff.). ||21 BAG 21.1.1981 – 7 AZR 1093/78, AP Nr. 5 zu § 119 BGB.

tungsrecht gem. §§ 119, 123 BGB kann verwirken, wenn der Anfechtungsgrund im Zeitpunkt der Anfechtungserklärung seine Bedeutung für die weitere Durchführung des ArbVerh bereits verloren hatte[1]. Wirken die Anfechtungsgründe iSv. § 123 BGB auch in die Zukunft „stark nach", kann der ArbGeb anstelle einer Anfechtung **wahlweise auch kündigen**. Dann hat er sämtliche Kündigungsschutzbestimmungen zu beachten[2]. Zur Auslegung einer Erklärung als Anfechtung oder außerordentl. Kündigung sowie zur Möglichkeit einer Umdeutung vgl. § 626 BGB Rz. 30 ff.

45 **ee) Aufhebungsvertrag.** Auf die Geltendmachung seiner Unwirksamkeit findet das KSchG wie alle übrigen Kündigungsschutzbestimmungen **grundsätzlich keine Anwendung**. Die Klagefrist des § 4 S. 1 gilt nicht. Doch zählt ein Ausscheiden auf Grund Aufhebungsvertrages bei der für die Anzeigepflicht gem. § 17 I maßgeblichen Zahl der Entlassungen mit, wenn sich der ArbN unter dem Eindruck einer vom ArbGeb beabsichtigten Kündigung dazu bereit erklärt[3]. Zu Abschluss, Anfechtung und Inhalt des Aufhebungsvertrages und seinen sozialrechtl. Folgen vgl. Anh. zu § 9.

46 **ff) Befristung und Bedingung. Befristete ArbVerh** enden mit Ablauf der vereinbarten Zeit (§ 15 I TzBfG) oder mit Erreichen ihren Zweckes und rechtzeitiger schriftl. Unterrichtung hierüber (§ 15 II TzBfG). **Auflösend bedingte ArbVerh** enden mit dem Eintritt der Bedingung sowie rechtzeitiger schriftl. Unterrichtung hierüber (§§ 21, 15 II TzBfG). Das KSchG sowie alle übrigen Kündigungsschutzbestimmungen sind auf diese Tatbestände nicht anzuwenden. Das gilt auch dort, wo der ArbGeb auf Grund tarifvertragl. Regelung eine sog. Nichtverlängerungsmitteilung abgeben muss, um eine Anschlussbefristung zu verhindern[4]. Zu den Voraussetzungen für die wirksame Vereinbarung einer Befristung (ua. Schriftform) und die Geltendmachung ihrer Unwirksamkeit (Klagefrist) s. näher §§ 14–21 TzBfG. Wird das befristete oder auflösend bedingte ArbVerh außerordentl. oder auch ordentl. **gekündigt** (das Recht zur ordentl. Kündigung muss gem. § 15 III TzBfG vertragl. vereinbart oder nach Maßgabe des § 16 TzBfG infolge Unwirksamkeit der Befristung/Bedingung eröffnet sein), unterliegt diese Kündigung grds. den Bestimmungen des KSchG und des sonstigen Kündigungsschutzes. Die Mitteilung des ArbGeb, ein befristet abgeschlossener Arbeitsvertrag solle nicht verlängert werden, ist idR keine Kündigung[5]. Das Gleiche gilt für die Ablehnung der Weiterbeschäftigung unter Hinweis auf die Befristung[6]. Auch die schriftl. Mitteilung gem. § 15 II TzBfG über den Zeitpunkt der Zweckerreichung oder den Eintritt der auflösenden Bedingung (§ 21 TzBfG) ist nicht darauf gerichtet, das ArbVerh durch rechtsgestaltende Willenserklärung zu beenden. Sie kann daher ohne weitere Anhaltspunkte nicht als Kündigung ausgelegt werden[7].

47 **gg) Suspendierung.** Sie zielt auf das vollständige oder teilweise Ruhen der Rechte und Pflichten aus dem ArbVerh. Sie ist **keine Kündigung**, das ArbVerh besteht fort. Doch bedarf sie eines billigenswerten Grundes, auch wenn sie sich nur auf die Arbeitspflicht des ArbN beschränkt und die Vergütungspflicht des ArbGeb nicht berührt[8]. Solche Gründe können insb. in der Gefahr von Schädigungen oder schwerwiegenden Pflichtverletzungen im Falle der Weiterbeschäftigung liegen. Nur unter ganz besonderen Umständen, nämlich wenn für den ArbGeb jede weitere Annahme der Arbeitsleistung unzumutbar wäre, kann mit der Suspendierung auch zugleich die Vergütungspflicht entfallen. Die einvernehmliche Suspendierung der beiderseitigen Hauptpflichten führt idR zu einem ruhenden ArbVerh; sie kann auch konkludent vereinbart werden[9]. Die Vereinbarung im Arbeitsvertrag, dass der ArbGeb den ArbN nach Ausspruch einer Kündigung für die Kündigungsfrist von der Arbeitsleistung unter Fortzahlung der Bezüge freistellen kann, ist rechtl. nicht zu beanstanden[10].

48 **hh) Faktische Beendigung; Wegfall der Geschäftsgrundlage.** Die **faktische Beendigung** des ArbVerh kann als stillschweigende, formlose Aufhebungsvereinbarung zu verstehen sein. Die Geltendmachung ihrer Unwirksamkeit (§ 623 BGB) kann uU wegen Rechtsmissbrauchs[11] oder Verwirkung[12] scheitern. Fehlt es an einer Aufhebungsvereinbarung, etwa weil die Fortsetzung des Vollzugs des ArbVerh durch bloße äußere Umstände gehindert wurde (zB Inhaftierung), endet das ArbVerh zunächst nicht. Es kann dem ArbN nach (längerem) Zeitablauf aber verwehrt sein, sich auf den Fortbestand des ArbVerh zu berufen[13]. Unter außergewöhnlichen Umständen kann das ArbVerh durch faktische Beendigung ohne Kündigung oder Aufhebungsvertrag nach den Grundsätzen des **Wegfalls der Geschäftsgrundlage** sein Ende finden: Die Rspr. hat dies bei umstürzenden äußeren Ereignissen (Krieg oÄ) in engen Grenzen in Betracht gezogen[14]. Von derartigen Extremfällen abgesehen verdrängt das Recht zur Kündigung grds. die Regeln über den Wegfall der Geschäftsgrundlage[15]. § 313 III 2 BGB bestätigt dies ausdrücklich.

---

1 BAG 18.9.1987 – 7 AZR 507/86, AP Nr. 32 zu § 123 BGB: Die bei Vertragsschluss verschwiegene und noch anzutretende Freiheitsstrafe stellte bei Anfechtung des Vertrages wegen des zwischenzeitlich erlangten Freigängerstatus kein Hindernis mehr dar. ‖ 2 BAG 14.12.1979 – 7 AZR 38/78, AP Nr. 4 zu § 119 BGB. ‖ 3 BAG 13.11.1996 – 10 AZR 340/96, NZA 1997, 390; 11.3.1999 – 2 AZR 461/98, NZA 1999, 761. ‖ 4 BAG 23.10.1991 – 7 AZR 56/91, NZA 1992, 925. ‖ 5 BAG 15.3.1978 – 5 AZR 831/76, DB 1978, 1744. ‖ 6 BAG 26.4.1979 – 2 AZR 431/77, DB 1979, 1991. ‖ 7 KR/*Lipke*, § 15 TzBfG Rz. 10 mwN (bloße geschäftsähnliche Handlung). ‖ 8 BAG 15.6.1972 – 2 AZR 345/71, AP Nr. 7 zu § 628 BGB; BAG GS 27.2.1985 – GS 1/84, AP Nr. 14 zu § 611 BGB Beschäftigungspflicht (*Gamillscheg*). ‖ 9 BAG 9.8.1995 – 10 AZR 539/94, DB 1996, 279. ‖ 10 Ebenso LAG Hamm 3.2.2004 – 19 Sa 120/04, NZA-RR 2005, 358; ErfK/*Müller-Glöge*, § 620 BGB Rz. 43. ‖ 11 *Preis/Gotthardt*, NZA 2000, 348 (354). ‖ 12 BAG 2.12.1999 – 8 AZR 890/98, NZA 2000, 540. ‖ 13 BAG 24.8.1995 – 8 AZR 134/94, NJW 1996, 476. ‖ 14 BAG 3.10.1961 – 3 AZR 138/60 u. v. 12.3.1963 – 3 AZR 60/63, AP Nr. 4 u. Nr. 5 zu § 242 BGB Geschäftsgrundlage; 24.8.1995 – 8 AZR 134/94, NJW 1996, 476. ‖ 15 BAG 9.2.1995 – 2 AZR 389/94, NZA 1996, 249.

ii) Weitere Tatbestände. Arbeitskampfmaßnahmen, die auf die Lösung des ArbVerh gerichtet sind, stellen keine Kündigung dar und unterliegen nicht den Kündigungsschutzbestimmungen[1]. Zu Kündigungen in Arbeitskämpfen vgl. Erl. zu § 25. Soweit gem. § 100 III BetrVG **vorläufige personelle Maßnahmen** zwei Wochen nach Rechtskraft einer gerichtl. Entscheidung „enden" bzw. „nicht aufrecht erhalten werden" dürfen, liegt darin entgegen einer verbreiteten Meinung keine rechtsgestaltende Entscheidung, die das ArbVerh enden lässt (vgl. Vor § 1 Rz. 44). Zur Beendigung des ArbVerh bedarf es einer Kündigung. Ebenfalls dem KSchG und den sonstigen Kündigungsschutzbestimmungen unterliegt eine **Kündigung auf Verlangen des BR** gem. § 104 BetrVG. Vgl. die Erl. zu § 104 BetrVG.

4. Kein Kleinbetrieb. Gem. § 23 I 2 u. 3 gilt seit dem 1.1.2004 der allg. Kündigungsschutz nicht für Betriebe und Verwaltungen, in denen idR **zehn oder weniger ArbN** beschäftigt werden. Der nach der früheren Rechtslage bestehende **kündigungsrechtl. Besitzstand** für die Beschäftigten in Kleinbetrieben mit mehr als fünf und bis zu zehn ArbN, deren ArbVerh vor dem 1.1.2004 begonnen hat, bleibt erhalten. Die Ausnahme für Kleinbetriebe soll ArbGeb von der Belastung des Kündigungsschutzes freistellen, die weniger leistungsfähig sind und wegen der engen persönlichen Zusammenarbeit eine größere Flexibilität bei der Auflösung eines ArbVerh benötigen[2]. Von der Ausnahme ausgenommen und damit wieder allg. gültig sind gem. § 23 I 2 u. 3 die Regelungen über die Klagefrist (§§ 4–7, 13 I 1). Zu den näheren Einzelheiten wie Berechnung der ArbN-Zahl, Bezug des Schwellenwertes auf den Betrieb oder das Unternehmen sowie Verteilung der Darlegungs- und Beweislast s. Erl. zu § 23.

5. Darlegungs- und Beweislast. Grds. hat der **ArbN** alle Tatsachen darzulegen und zu beweisen, die Voraussetzungen sind für die Anwendung des allg. Kündigungsschutzes auf die streitgegenständliche Kündigung. Die Darlegungslast kann im Einzelfall abgestuft verteilt sein, je nachdem, wie substantiiert die Gegenseite ihrer Erklärungspflicht aus § 138 ZPO nachkommt. Zur Darlegungs- und Beweislast für die als Einwendung konzipierte Herausnahme der **Kleinbetriebe** aus dem Geltungsbereich des allg. Kündigungsschutzes in § 23 I vgl. dort Rz. 17.

a) Arbeitsverhältnis. Der ArbN hat die Begründung eines ArbVerh darzulegen und zu beweisen. Hierzu gehören auch die Tatsachen, die eine rechtl. **Einordnung der Rechtsbeziehung** als ArbVerh bedingen. Die Anforderungen an die Substantiierungslast – auch für das Bestreiten des ArbGeb (§ 138 ZPO) – können in den Grenzbereichen dieses unbestimmten Rechtsbegriffs hoch sein.

b) Wartezeit. Der ArbN hat im Weiteren zunächst nur darzulegen und zu beweisen, dass das ArbVerh länger als sechs Monate vor Zugang der Kündigung **begründet** wurde. Damit spricht regelmäßig eine tatsächliche Vermutung dafür, dass das als Dauerschuldverhältnis angelegte ArbVerh durchgehend bis zum Zeitpunkt des Kündigungszugangs fortbestanden hat[3]. Sodann ist es Sache des ArbGeb, einen **Beendigungstatbestand** für das vor mehr als sechs Monaten begründete ArbVerh darzulegen und zu beweisen[4]. Das gilt auch bei Berufung auf eine Befristung[5]. Gelingt ihm dies, obliegt es wiederum dem ArbN, die Tatsachen vorzutragen, die entweder

– einen **engen sachlichen Zusammenhang** zwischen dem beendeten und dem nachfolgenden (und gekündigten ArbVerh) begründen, der eine Zusammenrechnung der Beschäftigungszeiten gem. § 1 ermöglicht (vgl. Rz. 16)[6], oder

– den Schluss auf eine ausdrückl. oder konkludente **Anrechnungsvereinbarung** zulassen (vgl. Rz. 9)[7].

Ebenso hat der ArbN ggf. die Abrede eines vollständigen oder teilweisen Verzichts auf die Zurücklegung der Wartezeit zu beweisen.

c) Ordentliche Kündigung des Arbeitgebers. Die gem. § 4 zu treffende Feststellung, dass das ArbVerh durch die Kündigung nicht aufgelöst ist, setzt die Erklärung einer ordentl. Kündigung voraus (vgl. Rz. 21). Für die **Kündigungserklärung** ist daher grds. der ArbN darlegungs- und beweispflichtig[8]. Ist fraglich, ob die Erklärung als Kündigung zu verstehen oder überhaupt zugegangen ist, berühmt sich der ArbGeb aber gleichwohl der Beendigung des ArbVerh durch eine solche Erklärung, sollte der ArbN zur Vermeidung unnötiger Beweisschwierigkeiten (ggf. hilfsweise) allg. Feststellungsklage auf Fortbestehen des ArbVerh gem. § 256 ZPO erheben. Hier trägt der ArbGeb die Darlegungslast für alle Tatsachen, aus denen die Beendigung des ArbVerh folgen soll[9].

III. Allgemeines zur Sozialwidrigkeit. 1. Überblick. Die **Dreiteilung** aller denkbaren sozial rechtfertigenden Kündigungsgründe in Abs. 2 in personen-, verhaltens- und betriebsbedingte unterscheidet nach Verantwortungs- bzw. Zurechnungssphären für den Kündigungsgrund. Dieser Binnendifferenzie-

---

[1] BAG GS v. 21.4.1971 – GS 1/68, AP Nr. 43 zu Art. 9 GG: Kollektivrechtl. Lösungstatbestand eigener Art. ǁ [2] BVerfG 27.1.1998 – 1 BvL 15/87, AP Nr. 17 zu § 23 KSchG 1969. ǁ [3] Das BAG stellt allerdings nicht auf eine tatsächliche Vermutung, sondern darauf ab, dass der Beendigungstatbestand eine „rechtsvernichtende Einwendung" und damit vom Gegner zu beweisen sei (BAG 16.3.1989 – 2 AZR 407/88, AP Nr. 6 zu § 1 KSchG 1969 Wartezeit). Das erscheint zweifelhaft, da das ArbVerh nicht mit einem einmal begründeten und grds. immer währenden Recht gleichgesetzt werden kann. ǁ [4] BAG 16.3.1989 – 2 AZR 407/88, NZA 1989, 884. ǁ [5] BAG 12.10.1994 – 7 AZR 745/93, BB 1995, 467. ǁ [6] Ebenso KR/*Griebeling*, § 1 Rz. 130; teilw. anders offenbar HK-KSchG/*Dorndorf*, § 1 Rz. 156. ǁ [7] KR/*Griebeling*, § 1 Rz. 130. ǁ [8] HK-KSchG/*Dorndorf*, § 1 Rz. 157; KR/*Griebeling*, § 1 Rz. 159. ǁ [9] HK-KSchG/*Dorndorf*, § 1 Rz. 157; KR/*Griebeling*.

rung¹ liegt die Erkenntnis zugrunde, dass es für die soziale Rechtfertigung einer Kündigung einen Unterschied macht, ob dieselbe betriebl. Störung – etwa ein mehrwöchiger Arbeitsausfall – auf unentschuldigtem Fernbleiben von der Arbeit (verhaltensbedingt), auf Krankheit (personenbedingt) oder auf Mangel an Aufträgen (betriebsbedingt) beruht. Bei personen- und verhaltensbedingter Kündigung verlangt das Gesetz zur sozialen Rechtfertigung nur, dass sie durch entsprechende „Gründe bedingt" ist. Weder erläutert es die Gründe näher, noch kennzeichnet es die **unterschiedlichen Anforderungen** an die jeweilige Kategorie des Kündigungsgrundes. Es beschränkt sich auf die bloße Unterscheidung und überlässt die nähere Bestimmung der Rspr. Bei Gründen aus der eigenen Sphäre des ArbGeb wird das Gesetz deutlicher und verlangt für ihre soziale Rechtfertigung nicht bloß „betriebliche Gründe", sondern „dringende betriebliche Erfordernisse" und zusätzlich eine Sozialauswahl (Abs. 3).

56 In Abs. 2 S. 2 und 3 hat der Gesetzgeber nachträglich sog. **absolute Gründe**[2] der Sozialwidrigkeit eingefügt. Sie setzen einen vom Gericht zu prüfenden wirksamen Widerspruch der ArbN-Vertretung gegen die Kündigung voraus, der auf bestimmte Widerspruchsgründe des § 102 III BetrVG gestützt ist (Verstoß gegen RL nach § 95 BetrVG; anderweitige Weiterbeschäftigungsmöglichkeit, ggf. nach zumutbarer Umschulung oder unter geänderten Arbeitsbedingungen). Die praktische Bedeutung dieser Sozialwidrigkeitsgründe ist gering. Bereits vor Inkrafttreten von Abs. 2 S. 2 und 3 war anerkannt, dass – auch ohne Widerspruch des BR – eine Kündigung bei Vorliegen der angeführten Widerspruchsgründe unter Beachtung des Verhältnismäßigkeitsgrundsatzes gem. Abs. 2 S. 1 sozial ungerechtfertigt ist[3]. Vgl. zu den absoluten Kündigungsgründen unten Rz. 446f.

57 Die eigenartige **Normstruktur** mit ihrer dreifachen Verneinung (rechtsunwirksam – sozial ungerechtfertigt – nicht bedingt) hat vor allem rechtstechnische Gründe. Das gilt auch für den Begriff „sozial ungerechtfertigt", der in erster Linie der Unterscheidung von sozialwidrigen und aus sonstigen Gründen unwirksamen Kündigungen durch das KSchG dient[4]. Mit Blick auf die nur unvollständige und rudimentäre Konkretisierung in Abs. 2 und 3 kann dem Tatbestandsmerkmal „sozial ungerechtfertigt" immerhin der Hinweis auf den das Arbeitsrecht und insb. das Kündigungsschutzrecht bestimmenden Sozialbezug entnommen werden. Die in Abs. 2 und 3 enthaltenen bzw. von der Rspr. zur näheren Konkretisierung entwickelten unbestimmten Rechtsbegriffe werden **revisionsgerichtlich** nur beschränkt daraufhin überprüft, ob das Berufungsgericht die Rechtsbegriffe verkannt hat, ob die Unterordnung des Sachverhaltes unter die Vorschrift des § 1 Denkgesetzen oder Erfahrungsregeln widerspricht und ob die ggf. erforderliche Interessenabwägung alle wesentlichen Umstände berücksichtigt, insb. ob sie widerspruchsfrei oder offensichtlich fehlerhaft ist[5].

58 **2. Allgemeine Merkmale des Kündigungsgrundes.** Der sozial rechtfertigende Kündigungsgrund erfordert ein **Lösungsinteresse** des ArbGeb, das das Bestandsschutzinteresse des ArbN überwiegt. Daraus ergeben sich die von der Rspr. entwickelten nachfolgenden allg. Anforderungen an den Kündigungsgrund.

59 a) **Objektives Bestehen des Grundes.** Rein subjektive Einschätzungen des ArbGeb können ein sozial rechtfertigendes Lösungsinteresse für eine Kündigung nicht begründen. Nur ein **objektiv vorhandener Kündigungsgrund** vermag das Bestandsschutzinteresse des ArbN hinter das Kündigungsinteresse des ArbGeb zurücktreten zu lassen. IdS ist die Formel der Rspr. vom „verständig urteilenden ArbGeb"[6] zu verstehen und zu beachten[7]. Zwar bestehen auch geistige Vorstellungen objektiv, wie etwa ein Verdacht. Um eine Kündigung sozial zu rechtfertigen, genügt aber auch für den Verdacht nicht jede irgendwie geartete innere Vorstellung, so ausgeprägt sie auch sein mag. Erforderlich ist ein für den objektiven Betrachter dringender und auf tatsächlichen Anhaltspunkten beruhender Verdacht[8]. An der für die soziale Rechtfertigung einer Kündigung erforderlichen Objektivität des Grundes fehlt es auch, wenn die Parteien im Arbeitsvertrag **Kündigungsgründe „vereinbaren"**. Solche Gründe rechtfertigen eine Kündigung nur, wenn sie auch der Beurteilung eines objektiven Betrachters standhalten. Freilich kommt einer solchen Abrede für die Bestimmung von Inhalt und Gewicht der Vertragspflichten und damit mittelbar auch für die soziale Rechtfertigung einer Kündigung Bedeutung zu. Objektivität idS bedeutet **keine schematische Einheitsbeurteilung** typischer Kündigungssachverhalte. Die Berücksichtigung der jeweiligen Umstände des Einzelfalles ist auch bei objektiver Betrachtung unverzichtbar. Dieselbe Pflichtverletzung kann hier eine Kündigung rechtfertigen, an anderer Stelle auf Grund besonderer Umstände dagegen nicht ausreichen[9]. Der Grund muss nicht Anlass für die Kündigung gewesen sein. Der ArbGeb braucht bei ihrem Ausspruch auch keine Kenntnis von ihm gehabt zu haben. Es genügt, dass bei Zugang der Kündigung der **Grund objektiv bestand** und der ArbGeb sich später im Rechtsstreit darauf beruft (sog. **Nachschieben von Kündigungsgründen**, s. Rz. 88ff.). Das soll bei der Verdachtskündi-

---

1 Darum geht es in erster Linie, nicht um einen Numerus clausus zur Außenabgrenzung; so aber wohl *Löwisch/Spinner*, § 1 Rz. 62. ||2 BAG 13.9.1973 – 2 AZR 601/72, BB 1973, 1635. ||3 BAG 13.9.1973 – 2 AZR 601/72, BB 1973, 1635; 17.5.1984 – 2 AZR 109/83, NZA 1985, 489; st. Rspr. ||4 BAG 20.1.1961 – 2 AZR 495/59, NJW 1961, 940. ||5 BAG 12.8.1976 – 2 AZR 237/75, DB 1976, 1517; 17.10.1980 – 7 AZR 675/78, DB 1981, 747; st. Rspr. ||6 BAG 7.12.1988 – 7 AZR 122/88, AP Nr. 26 zu § 1 KSchG Verhaltensbedingte Kündigung; BAG 21.5.1992 – 2 AZR 10/92, BB 1992, 2146. ||7 Ebenso *Preis*, DB 1990, 631. ||8 St. Rspr., BAG 4.11.1957 – 2 AZR 57/56, AP Nr. 39 zu § 1 KSchG (1951); 13.9.1995 – 2 AZR 587/94, BB 1995, 2655; vgl. auch *Quecke*, NZA 1999, 1247 (1248). ||9 Etwa bei Duldung gleichartigen Fehlverhaltens durch den ArbGeb in der Vergangenheit: BAG 22.2.1979 – 2 AZR 115/78, DB 1979, 1659.

gung sogar dann gelten, wenn der Verdacht beim ArbGeb überhaupt erst nachträglich entstanden ist, sofern sich nur die nachträglich bekannt gewordenen, den Verdacht begründenden Tatsachen vor Ausspruch der Kündigung ereignet haben[1].

b) Störung des Vertragsverhältnisses. Der Kündigungsgrund muss einen Bezug zum Arbeitsvertrag aufweisen, wenn er das Lösungsinteresse des ArbGeb sozial rechtfertigen soll. Erforderlich ist eine konkrete Störung bzw. **Beeinträchtigung des ArbVerh**[2]. Es bedarf nicht notwendig einer konkreten Betriebsablaufstörung[3]. Eine kündigungsrelevante Beeinträchtigung des ArbVerh liegt schon in der bloßen Verletzung von Vertragspflichten. Haben diese außerdem betriebl. Störungen zur Folge, erhöht sich allerdings das Kündigungsinteresse des ArbGeb, der Kündigungsgrund erhält mehr Gewicht[4]. Nicht vertragsbezogen und damit kündigungsrechtl. grds. irrelevant sind Gründe, die sich nicht auf die Erfüllung von Vertragspflichten auswirken. Zu beachten ist aber der in einem Dauerschuldverhältnis stark erweiterte Kreis von **Nebenleistungs- und Verhaltenspflichten** (vgl. § 611 BGB Rz. 347 ff.). Exemplarisch gilt das für das an sich der Privatsphäre zugeordnete außerdienstliche Verhalten des ArbN. Wirkt es sich störend auf den Betriebsablauf aus[5], kann eine Pflicht oder Obliegenheit zu angepasstem Verhalten bestehen (so etwa im öffentl. Dienst nach dem früheren § 8 BAT; durchzechte Nacht mit Folgen für die Leistungsfähigkeit etc). Keinen Vertragsbezug haben idR etwa allgemeinpolitische Gründe (Kündigung, um Arbl. einstellen zu können) oder rein der Privatsphäre zuzurechnende Umstände (etwa die sexuelle Orientierung eines ArbN[6], Eheschließung, Partnerwahl, ungewöhnlicher Lebenswandel[7]). Vertragsbezug können auch **vor Beginn des ArbVerh** liegende, dem ArbGeb bei der Einstellung nicht bekannte Umstände oder Ereignisse haben, wenn sie das Vertrauen des ArbGeb in die Zuverlässigkeit und Redlichkeit des ArbN zerstören und deshalb einen Grund zur Kündigung darstellen. In Betracht kommt insoweit auch eine außerordentl. Kündigung[8]. Bei einem **GruppenArbVerh** begründet ein nur in einer Person bestehender Kündigungsgrund wegen der vertragl., schicksalhaften Verbundenheit idR zugleich für alle beteiligten ArbN den erforderlichen Vertragsbezug.

c) Zukunftsbezogenheit. Die Kündigung dient nicht dem Ausgleich von Störungen und Beeinträchtigungen in der Vergangenheit; sie hat **keine Sanktionsfunktion** und bezweckt auch keinen Schadensausgleich. Die Lösung des Vertragsverhältnisses soll den ArbGeb vor weiteren, zukünftigen Beeinträchtigungen seiner Rechtssphäre bewahren[9]. Erforderlich ist daher, dass solche zukünftigen Beeinträchtigungen zu besorgen sind; auch § 626 I BGB stellt auf die Unzumutbarkeit der Fortsetzung des ArbVerh ab. Für die **personen- und betriebsbedingten** Kündigungsgründe ist das unumstritten: Weder eine Erkrankung noch ein Auftragsmangel in der Vergangenheit vermögen eine Kündigung sozial zu rechtfertigen, wenn bei Ausspruch der Kündigung erkennbar ist, dass nach Ablauf der Kündigungsfrist der ArbN genesen bzw. die Auftragsbücher gefüllt sein werden. Es gilt im Grundsatz auch für die **verhaltensbedingte** Kündigung. Auch sie hat keinen Strafcharakter[10]. Maßgeblich ist daher auch hier allein, ob die verhaltensbedingten Gründe einer Fortsetzung des ArbVerh entgegenstehen. Die Unzumutbarkeit der Fortsetzung leitet sich hier aber in stärkerem Maße aus Vorgängen in der Vergangenheit ab als bei der personen- und betriebsbedingten Kündigung. Zu eng ist es, die Unzumutbarkeit für den ArbGeb allein aus einer Wiederholungsgefahr für weitere Vertragspflichtverletzungen herleiten zu wollen[11]. Vgl. zur Zukunftsbezogenheit der verhaltensbedingten Kündigung Rz. 184.

Die Feststellung, dass nach Ablauf der Kündigungsfrist zukünftige Beeinträchtigungen des Vertragsverhältnisses zu besorgen sind, die eine Kündigung zu rechtfertigen vermögen, ist im Zeitpunkt des Zugangs der Kündigung zu treffen (vgl. Rz. 73 f.). Sie bedarf daher einer Prognose (sog. **negative Zukunftsprognose**). Das hierfür benötigte Maß an Gewissheit erfordert mehr als nur überwiegende Wahr-

---

1 BAG 13.9.1995 – 2 AZR 587/94, BB 1995, 2655; ebenso KR/*Fischermeier*, § 626 BGB Rz. 216; bedenklich im Hinblick auf die unverzichtbaren vergeblichen Aufklärungsbemühungen vor der Verdachtskündigung. ||2 BAG 30.4.1987 – 2 AZR 184/86, NZA 1987, 776; 17.3.1988 – 2 AZR 576/87, AP Nr. 99 zu § 626 BGB; 16.2.1989 – 2 AZR 299/88, AP Nr. 10 zu § 1 KSchG 1969 Krankheit (*Preis*); 17.1.1991 – 2 AZR 375/90, AP Nr. 25 zu § 1 KSchG 1969 Verhaltensbedingte Kündigung (*Rüthers/Franke*). ||3 So zunächst irreführend BAG 7.12.1988 – 7 AZR 122/88, AP Nr. 26 zu § 1 KSchG 1969 Verhaltensbedingte Kündigung; aufgegeben in BAG 17.1.1991 – 2 AZR 375/90, NZA 1991, 557; seitdem st. Rspr., vgl. etwa BAG 16.8.1991 – 2 AZR 604/90, AP Nr. 2 zu § 1 KSchG 1969 Verhaltensbedingte Kündigung (*Rüthers/Müller*). ||4 BAG 17.1.1991 – 2 AZR 375/90, AP Nr. 25 zu § 1 KSchG 1969 Verhaltensbedingte Kündigung (*Rüthers/Franke*). ||5 Hier kommt es in der Tat auf die Betriebsstörung an, da diese erst die Verhaltenspflicht oder Obliegenheit begründet. ||6 BAG 23.6.1994 – 2 AZR 617/93, AP Nr. 9 zu § 242 BGB Kündigung (*v. Hoyningen-Huene*): sittenwidrig; vgl. aber BAG 30.6.1983 – 2 AZR 524/81, AP Nr. 15 zu Art. 140 GG (*Richardi*): Kündigung eines ArbN des Diakonischen Werkes wegen außerdienstlicher homosexueller Praxis nach Abmahnung. ||7 ArbG Passau 11.12.1997 – 2 Ca 711/97 D, NZA 1998, 427 zur Veröffentlichung „softpornografischer" Fotografien einer Büroangestellten in der Zeitschrift „Praline". ||8 BAG 5.4.2001 – 2 AZR 159/00, AP Nr. 171 zu § 626 BGB; 17.8.1972 – 2 AZR 415/71, BAGE 24, 401; LAG Köln 28.3.2001 – 8 Sa 405/00, NZA-RR 2002, 85 ff. (Pflichtverletzung beim Vorarbeitgeber im Konzern). ||9 BAG 17.3.1988 – 2 AZR 576/87, AP Nr. 99 zu § 626 BGB (*Kraft/Raab/Willemsen*); BVerfG 21.2.1995 – 1 BvR 1397/93, NZA 1995, 619. ||10 BAG 26.1.1995 – 2 AZR 649/94, NZA 1995, 1028; 10.11.1988 – 2 AZR 215/88, BB 1989, 1483; 26.1.1995 – 2 AZR 649/94, AP Nr. 34 zu § 1 KSchG 1969 Verhaltensbedingte Kündigung (*Fleck*). ||11 So aber formal, wenn auch die Wiederholungsgefahr praktisch fingierend BAG 17.1.1991 – 2 AZR 375/90, AP Nr. 25 zu § 1 KSchG 1969 Verhaltensbedingte Kündigung (*Rüthers/Franke*); *Preis* in Stahlhacke/Preis/Vossen, Rz. 1180; aA *Löwisch/Spinner*, § 1 Rz. 101; *Kraft*, ZfA 1994, 463 (475).

scheinlichkeit, nämlich eine an Sicherheit grenzende Wahrscheinlichkeit. Dabei dürfen die Anforderungen nicht überspannt werden; es genügt, wenn nach menschlichem Ermessen vernünftige Zweifel schweigen[1]. Im Rechtsstreit kann uU aus dem tatsächlichen Eintritt der prognostizierten Entwicklung auf die Ernsthaftigkeit und Stichhaltigkeit der Prognose zurück geschlossen werden[2]. Im Bereich der verhaltensbedingten Gründe bereitet die **tatsächliche Feststellung** der negativen Prognose meist keine besondere Schwierigkeit, da sie sich ganz wesentlich auf feststellbare Vorgänge in der Vergangenheit gründet (Vertragspflichtverletzung, Abmahnung, erneute Pflichtverletzung). Wird eine betriebsbedingte Kündigung auf eine noch umzusetzende unternehmerische Entscheidung, etwa zur Betriebsstilllegung, gestützt, braucht diese grds. bei Zugang der Kündigung noch nicht vollzogen zu sein. Festzustellen ist jedoch, dass die Entscheidung tatsächlich getroffen und ihre Umsetzung ernstlich gewollt ist[3]. Darüber hinaus verlangt die Rspr., dass die unternehmerische Entscheidung zum Zeitpunkt des Zugangs der Kündigung bereits greifbare Formen angenommen hat und eine vernünftige betriebswirtschaftl. Betrachtung der Prognose rechtfertigt, dass bis zum Auslaufen der Kündigungsfrist der ArbN entbehrt werden kann[4]. Zur problematischen Prognosestellung bei krankheitsbedingter Kündigung vgl. Rz. 103 ff., 142 ff., 147 ff.

63 d) **Ultima Ratio.** Der Grund vermag eine Kündigung nur dann sozial zu rechtfertigen, wenn kein milderes Mittel zu seiner Behebung zur Verfügung steht. Eine ordentl. wie außerordentl. Kündigung kommt nach der Rspr. stets erst als **letztes Mittel** (Ultima Ratio) in Betracht[5]. Dies wird in Abs. 2 S. 1 eher dürftig mit dem Wort „bedingt" angedeutet, in den später eingefügten S. 2 und 3 kommt es dagegen klar zum Ausdruck. Diese Beschränkung des Kündigungsrechts ist Ausfluss des den Grundrechten immanenten **Verhältnismäßigkeitsgrundsatzes**, wonach eine Rechtsbeeinträchtigung nur zulässig ist, wenn sie zur Erreichung ihres Zwecks erforderlich, dh. geeignet sowie – bei mehreren zur Verfügung stehenden Mitteln – am wenigsten belastend ist (Verhältnismäßigkeit iSd. Ultima Ratio). In das Verhältnis privater Grundrechtsträger untereinander findet der Grundsatz Eingang über die Auslegung unbestimmter Rechtsbegriffe, insb. die zivilrechtl. Generalklauseln (vgl. Vor § 1 Rz. 11 ff.). Im Schutzbereich des Art. 12 GG hat der Gesetzgeber dem Verhältnismäßigkeitsgrundsatz in § 1 ein im Vergleich zur Generalklausel des § 242 BGB signifikant stärkeres Gewicht beigemessen und dies auch in § 2 II SGB III deutlich gemacht[6]. Bei allen Kündigungsarten ist daher stets zu prüfen, ob eine **anderweitige Weiterbeschäftigung** möglich und zumutbar ist, bei der die Störung des ArbVerh nicht mehr auftritt (Versetzung auf einen freien Arbeitsplatz, bei dem etwa eine spezifische Konfliktsituation mit Kollegen nicht besteht oder gesundheitliche Beeinträchtigungen die Arbeitsleistung nicht behindern oder das Beschäftigungsbedürfnis nicht entfallen ist). Die Prüfung, ob eine anderweitige Weiterbeschäftigung möglich ist, erstreckt sich über den Betrieb hinaus auf das gesamte Unternehmen (Abs. 2 S. 2), nicht aber auf den Konzern[7]. Ein milderes Mittel ggü. einer Beendigungskündigung ist auch die **Änderungskündigung**[8], sofern die Möglichkeit für ein entsprechendes Angebot besteht. Vgl. zur anderweitigen Weiterbeschäftigung unten Rz. 274. Im Bereich der verhaltensbedingten Kündigung ist insb. stets die Möglichkeit einer **Abmahnung** zu prüfen[9] (vgl. Rz. 186 ff.). Die bei Eintreten von „Schwierigkeiten" im ArbVerh eines schwerbehinderten Menschen gem. § 84 I SGB IX gebotene Durchführung eines **Präventionsverfahrens** vor Ausspruch einer Kündigung stellt nach Auffassung des BAG eine Konkretisierung des Verhältnismäßigkeitsgrundsatzes dar[10].

64 e) **Interessenabwägung.** Erfüllt ein Kündigungsgrund die vorgenannten Merkmale (Objektivität, Vertragsbezogenheit, Zukunftsbezogenheit, kein milderes Mittel), ist damit noch nichts über das **Gewicht des Grundes** gesagt, das zu verlangen ist, damit letztlich das Lösungsinteresse des ArbGeb das Bestandsschutzinteresse des ArbN insg. überwiegt. Erst diese Abwägung entscheidet, ob der Grund eine Kündigung sozial zu rechtfertigen vermag. Maßgeblich sind die jeweiligen Umstände des Einzelfalls. Absolute Kündigungsgründe bestehen nicht[11]. Eine Abwägung der Interessen ist **unverzichtbar**. Ob ein ArbVerh aufgelöst werden kann, weil ein ArbN etwa trotz Abmahnung erneut einige Minuten zu spät zur Arbeit erscheint oder weil seine Eignung und Befähigung nicht zufrieden stellen oder weil für ihn vorübergehend kein Beschäftigungsbedarf besteht, entscheidet sich jeweils erst auf Grund einer Abwägung von Lösungsinteresse des ArbGeb und Bestandsschutzinteresse des ArbN. Es ist zu fragen, ob für die soziale Rechtfertigung einer Kündigung jede leichte Beeinträchtigung der Vertragsinteressen des ArbGeb genügt oder dem ArbGeb in Anbetracht des Bestandsschutzinteresses des ArbN gewisse Belastungen zuzumuten sind[12]. Das Gesetz selbst besagt hierzu nicht viel. Für die **personen- und verhaltensbedingte Kündigung** verlangt es schlicht „Gründe", für die betriebsbedingte dagegen – zweifach ge-

---

1 So *Krause* in v. Hoyningen-Huene/Linck, § 1 Rz. 200 mwN.   ‖2 BAG 27.11.2003 – 2 AZR 48/03, NZA 2004, 477.   ‖3 BAG 17.6.1999 – 2 AZR 522/98, DB 1999, 1910; 12.4.2002 – 2 AZR 256/01, NZA 2002, 1205.   ‖4 BAG 19.6.1991 – 2 AZR 127/91, NZA 1991, 891; 18.1.2001 – 2 AZR 514/99, NZA 2001, 719.   ‖5 Grundl. BAG 30.5.1978 – 2 AZR 630/76, AP Nr. 70 zu § 626 BGB (*Hueck*); 26.1.1995 – 2 AZR 649/94, AP Nr. 34 zu § 1 KSchG 1969 Verhaltensbedingte Kündigung (*Fleck*).   ‖6 Vgl. zur umstrittenen Frage einer unmittelbaren kündigungsrechtl. Bedeutung von § 2 II SGB III *Krause* in *v. Hoyningen-Huene/Linck*, § 1 Rz. 203 und *Preis* in Stahlhacke/Preis/Vossen, Rz. 888, jew. mwN.   ‖7 BAG 14.10.1982 – 2 AZR 568/82, NJW 1984, 381; 22.5.1986 – 2 AZR 612/85, NZA 1987, 125.   ‖8 BAG 27.9.1984 – 2 AZR 62/83, AP Nr. 8 zu § 2 KSchG 1969; 22.9.2005 – 2 AZR 519/04, NZA 2006, 486.   ‖9 St. Rspr., BAG 17.2.1994 – 2 AZR 616/93, BB 1994, 1148.   ‖10 BAG 7.12.2006 – 2 AZR 182/06, NZA 2007, 617.   ‖11 Vgl. HK-KSchG/*Dorndorf*, § 1 Rz. 512 u. 705; anders nur im SeeArbG.   ‖12 Es geht also nicht darum, dass „trotz Vorliegens eines Kündigungsgrundes" das Bestandsschutzinteresse noch einmal in die Waagschale gelegt wird (so aber *Löwisch/Spinner*, § 1 Rz. 63).

steigert – "dringende Erfordernisse". Im Umkehrschluss folgt daraus, dass die der Sphäre des ArbN entstammenden personen- und verhaltensbedingten Gründe eine Kündigung nicht "dringend erforderlich" machen müssen, hier also ein geringeres Lösungsinteresse aufseiten des ArbGeb zur sozialen Rechtfertigung einer Kündigung ausreicht. Ausreichendes Gewicht für eine sozial gerechtfertigte Kündigung haben aber auch hier nur erhebliche Vertragsstörungen[1].

Nach allgM ist bei der Abwägung des Gewichts personen- und verhaltensbedingter Gründe auch das **individuelle Maß** der Bestandsschutzinteressen des ArbN (Alter, Betriebszugehörigkeit etc.) zu berücksichtigen[2]. Dabei haben allg. Billigkeitserwägungen ohne Bezug zu Kündigungsgrund oder ArbVerh außer Betracht zu bleiben[3]. Welche Interessen zu berücksichtigen sind und welches Gewicht sie erlangen können, hängt maßgeblich vom Kündigungsgrund ab und wird dort jeweils dargestellt[4]. Die Abstufung zwischen "Gründen" und "dringenden Erfordernissen" betrifft nicht in erster Linie die Frage, ob eine Kündigung nur als **letztes Mittel** in Betracht kommt; dies ist nach st. Rspr. des BAG in allen drei Kategorien der Kündigung stets zu beachten (vgl. Rz. 63). Die Abstufung zielt auf das Gewicht des Kündigungsgrundes[5]. Verlangt das Gesetz damit für die **betriebsbedingte Kündigung** ein gesteigertes Lösungsinteresse des ArbGeb, setzt die Feststellung eines "dringenden Erfordernisses" doch eine Abwägung von Bestandsschutz und Lösungsinteresse notwendig voraus; denn es gibt keine absoluten Erfordernisse. In Anbetracht der geforderten Dringlichkeit der betriebl. Erfordernisse wird hier die Interessenabwägung allerdings nur noch in seltenen Ausnahmefällen von der individuellen Betroffenheit des ArbN entscheidend beeinflusst werden können[6]. Näheres vgl. Rz. 285.

f) Abgrenzung zum wichtigen Grund iSv. § 626 BGB. Die außerordentl. Kündigung gem. § 626 BGB erfordert einen wichtigen Grund, der eine Fortsetzung des ArbVerh **bis zum Ablauf der Kündigungsfrist bzw. bis zum nächstmöglichen Beendigungstermin** unzumutbar macht. Sie unterscheidet sich von der sozial gerechtfertigten ordentl. Kündigung durch die Schwere und Intensität der erforderlichen Vertragsstörung[7], dh. im Rahmen der **Interessenabwägung**. Der wichtige Grund für die außerordentl. Kündigung etwa einer Führungskraft wegen Loyalitätsverstoßes fehlt nicht deshalb, weil für den ArbGeb die Möglichkeit der Freistellung unter Fortzahlung der Bezüge bis zum Ablauf einer ordentl. Kündigungsfrist besteht[8]. Nähere **Abgrenzungskriterien** lassen sich nicht aufstellen. Es kommt auf die umfassende Berücksichtigung aller Umstände und die Abwägung der beiderseitigen Interessen an (§ 626 I BGB). Wegen der geforderten Schwere und Intensität der Vertragsstörung kommen als wichtige Gründe zumeist vorsätzliche Vertragspflichtverletzungen in Betracht. Personenbedingte Gründe für eine außerordentl. Kündigung sind nicht grds. ausgeschlossen, sondern eine Frage der Interessenabwägung im Einzelfall[9], während betriebsbedingte Gründe für eine außerordentl. Kündigung regelmäßig ausscheiden, da der ArbGeb das Wirtschafts- und Betriebsrisiko nicht auf den ArbN verlagern kann[10]. **Lange Kündigungsfristen** können sich beim wichtigen Grund im Einzelfall zum Nachteil des eigentlich geschützten ArbN auswirken, wenn nämlich die Fortsetzung des ArbVerh bis zum Ablauf der ordentl. Kündigungsfrist gerade wegen deren Länge dem ArbGeb nicht zugemutet werden kann. Dies dürfte bei der idR nur einige Monate umfassenden Spannbreite der Kündigungsfristen aber eher selten auftreten und ist deshalb hinzunehmen[11].

Ist die **ordentl. Kündigung** tarifl. oder einzelvertragl. **ausgeschlossen** (vgl. Vor § 1 Rz. 19), so ist gem. § 626 I BGB die dauerhafte Fortsetzung des ArbVerh auf ihre Unzumutbarkeit zu prüfen. Dies kann dazu führen, dass eine außerordentl. Kündigung in Betracht kommt, wo ohne den Ausschluss der ordentl. Kündigung nur eine ordentl. Kündigung sozial gerechtfertigt wäre. Damit sich der Schutz in diesen Fällen **nicht zum Nachteil** des eigentlich geschützten ArbN auswirkt, korrigiert die Rspr. das Ergebnis auf der Rechtsfolgenseite, indem sie eine solche außerordentl. Kündigung in Bezug auf Kündigungsfrist, Beteiligung der ArbN-Vertretung und ggf. behördliche Zustimmungsverfahren wie eine ordentl. Kündigung behandelt (vgl. Rz. 41). Abweichend hiervon stellt das BAG bei dem gesetzl. Ausschluss der ordentl. Kündigung für **Funktionsträger** in der Betriebsverfassung nach § 15 bislang grds. nicht auf die zu erwartende, oft langjährige Fortdauer des ArbVerh ab, sondern auf die fiktive Kündigungsfrist (vgl. § 15 Rz. 41 ff.).

---

1 APS/*Dörner*, § 1 KSchG Rz. 64; *Krause* in v. Hoyningen-Huene/Linck, § 1 Rz. 234. mwN. ‖ 2 St. Rspr., BAG 20.10.1954 – 1 AZR 193/54, AP Nr. 6 zu § 1 KSchG (*A. Hueck*); 7.3.1980 – 7 AZR 1093/77, AP Nr. 9 zu § 1 KSchG 1969 Betriebsbedingte Kündigung; 20.1.2000 – 2 AZR 378/99, AP Nr. 38 zu § 1 KSchG 1969 Krankheit. ‖ 3 *Preis* in Stahlhacke/Preis/Vossen, Rz. 894. ‖ 4 Bei einer krankheitsbedingten Kündigung zB sind im Rahmen der Interessenabwägung die Schwerbehinderung und die Unterhaltspflichten des ArbN von den Gerichten stets mitzuberücksichtigen, BAG 20.1.2000 – 2 AZR 378/99, NZA 2000, 768. ‖ 5 *Preis* in Stahlhacke/Preis/Vossen, Rz. 924 ff.; aA *Löwisch/Spinner*, § 1 Rz. 272 ff. ("Dringlichkeit als Ausdruck des Ultima-ratio-Grundsatzes"). ‖ 6 BAG 30.4.1987 – 2 AZR 184/86, NZA 1987, 776. ‖ 7 BAG 18.2.1993 – 2 AZR 526/92, AP Nr. 35 zu § 15 KSchG 1969; Staudinger/*Preis*, § 626 BGB Rz. 83 f.; *Krause* in v. Hoyningen-Huene/Linck, § 1 Rz. 184, beide mwN; abweichend *Ascheid*, KSchR, Rz. 128 ff., der für die außerordentl. Kündigung eine vorsätzl. "den Vertrag negierende Haltung" verlangt. ‖ 8 BAG 11.3.1999 – 2 AZR 507/98, AP Nr. 149 zu § 626 BGB; aA LAG Düss. 5.6.1998 – 11 Sa 2062/97, LAGE § 626 BGB Nr. 120. ‖ 9 *Preis* in Stahlhacke/Preis/Vossen, Rz. 694 ff.; KR/*Fischermeier*, § 626 BGB Rz. 132, beide mwN. ‖ 10 BAG 28.9.1972 – 2 AZR 506/71, EzA § 626 BGB Nr. 17; 28.3.1985 – 2 AZR 113/84, AP Nr. 86 zu § 626 BGB (*Herschel*); *Preis* in Stahlhacke/Preis/Vossen, Rz. 745 mwN. ‖ 11 BAG 15.11.2001 – 2 AZR 605/00, AP Nr. 175 zu § 626 BGB.

68 **3. Konkurrenz der Kündigungstatbestände.** Die Dreiteilung der Kündigungsgründe in Abs. 2 dient der **Binnendifferenzierung** der denkbaren Kündigungsgründe in Verantwortungs- bzw. Zurechnungssphären (vgl. Rz. 55). Folge sind unterschiedliche Tatbestandsmerkmale der drei Kündigungsgründe, die teils gesetzl. vorgegeben, teils von der Rspr. entwickelt wurden. Die Einhaltung dieser Unterscheidung ist zur Vermeidung eines konturenlosen Billigkeitsrechts unverzichtbar. Die Prüfung eines Kündigungssachverhaltes auf soziale Rechtfertigung muss daher durch Subsumtion unter einen der drei Kündigungstatbestände des Abs. 2 erfolgen (sog. alternative Gesetzeskonkurrenz[1]).

69 **a) Mehrere Sachverhalte.** Wird eine Kündigung auf verschiedene Lebenssachverhalte gestützt, die **denselben Kündigungstatbestand** des Abs. 2 betreffen, entspricht es st. Rspr. des BAG, dass die durch die verschiedenen Sachverhalte verursachten Beeinträchtigungen des ArbVerh – sofern sie nicht bereits für sich die Kündigung rechtfertigen – in einer Gesamtbetrachtung zu würdigen sind, wenn sie sich wie die „Glieder einer Kette" zusammenfassen lassen[2]. Auch im Rahmen desselben Kündigungstatbestandes ist bei einer Gesamtbetrachtung danach Vorsicht geboten, da sich das festzustellende Gewicht des Kündigungsgrundes nicht immer durch bloße „Addition" ermitteln lässt (etwa: häufige Verspätung und fahrlässig verursachter Sachschaden?). Es dürfte auf den „gemeinsamen Nenner", das verbindende Element ankommen. Betreffen die verschiedenen Kündigungssachverhalte **verschiedene Kündigungstatbestände** des Abs. 2 und rechtfertigt jeder für sich die Kündigung nicht, scheidet nach dem Grundsatz der alternativen Gesetzeskonkurrenz (vgl. Rz. 68) eine Gesamtbetrachtung aus[3]. Zwar hat das BAG ausgeführt, dass „im Wege einer einheitlichen Betrachtungsweise" zu prüfen sei, „ob die einzelnen Kündigungsgründe in ihrer Gesamtheit darstellen, die bei verständiger Würdigung in Abwägung der Interessen der Vertragsparteien und des Betriebes die Kündigung als billigenswert und angemessen erscheinen lassen"[4]. Doch handelte es sich dabei nach den gerichtl. Feststellungen ausnahmslos um vorwerfbare Pflichtverletzungen und damit um verhaltensbedingte Gründe[5]. Allerdings wird vertreten, dass bei **Zusammentreffen verhaltens- und personenbedingter Sachverhalte** eine Gesamtbetrachtung gerechtfertigt sei („Addition"), da beide aus der Sphäre des ArbN rühren[6]. Das ist in dieser Allgemeinheit abzulehnen, weil es zu einer Aufgabe der – ohnehin unbestimmten – Merkmale der einzelnen Kündigungstatbestände des Abs. 2 und letztlich zu Rechtsunsicherheit führt[7]. Bei einer teilweise auf unentschuldigtes Fehlen und teilweise auf Krankheit gestützten Kündigung können die Fehlzeiten schon deshalb nicht pauschal in einer Gesamtbetrachtung zusammengefasst werden, weil die Voraussetzungen für die Feststellung einer negativen Zukunftsprognose unterschiedlich sind. Liegt hier aber jeweils für sich die negative Prognose vor, kann bei der Interessenabwägung nicht die identische Beeinträchtigung der Vertragsinteressen durch den anderen Kündigungsgrund ausgeblendet werden[8].

70 **b) „Gemischte" Sachverhalte.** Der Grundsatz der alternativen Gesetzeskonkurrenz (vgl. Rz. 68) schließt es nicht aus, denselben Lebenssachverhalt nacheinander **an allen drei Kündigungstatbeständen zu messen**. Es ist auch möglich, dass derselbe Lebenssachverhalt die Voraussetzungen verschiedener Kündigungstatbestände erfüllt und eine Kündigung daher unter mehreren Aspekten sozial rechtfertigt. Führt etwa der Pilot eines Passagierflugzeuges nach Abmahnung erneut einen Sturzflug durch, um den Fluggästen „etwas zu bieten", rechtfertigt der Sachverhalt sowohl eine verhaltens- als auch eine personen-, nämlich eignungsbedingte Kündigung[9]. Daraus folgt **keine beliebige Zuordnung** des Lebenssachverhalts unter die Kündigungstatbestände des Abs. 2. Wegen der unterschiedlichen Anforderungen der drei Tatbestände kommt es gerade in Grenzfällen entscheidend darauf an, anhand der von der Rspr. entwickelten Merkmale die für den jeweiligen Kündigungsgrund maßgeblichen Gesichtspunkte in dem Lebenssachverhalt zu erkennen[10], auch und gerade weil ein Kündigungssachverhalt unter jedem Aspekt geprüft werden kann[11]. Es ist genau zu unterscheiden, worin etwa beim Abkehrwillen als Kündigungsgrund[12], bei der grundlosen Zurückweisung eines Bauarbeiters durch den libyschen Auftraggeber[13] oder der fehlenden Lehrbefähigung eines Lehrers[14] die personen-, verhaltens- oder betriebs-

---

1 BAG 31.1.1996 – 2 AZR 158/95, AP Nr. 13 zu § 626 BGB Druckkündigung. ‖ 2 BAG 22.7.1982 – 2 AZR 30/81, AP Nr. 5 zu § 1 KSchG 1969 Verhaltensbedingte Kündigung, das allerdings missverständlich allg. auf eine „einheitliche Betrachtungsweise" und die „Gesamtheit der Umstände" abstellt, tatsächlich aber nur vorwerfbare Vertragspflichtverletzungen zu beurteilen hatte (Bummelei, Alkoholverstöße, Schlechtleistung); 10.4.1975 – 2 AZR 113/74, EzA § 626 nF BGB Nr. 37; 10.12.1992 – 2 ABR 32/92, AP Nr. 4 zu § 87 ArbGG 1979; 20.11.1997 – 2 AZR 643/96, AP Nr. 43 zu § 1 KSchG 1969; zust. insoweit auch HK-KSchG/*Dorndorf*, § 1 Rz. 328ff. ‖ 3 Ganz hM, HK-KSchG/*Dorndorf*, § 1 Rz. 228ff.; KR/*Griebeling*, § 1 Rz. 259; *Preis* in Stahlhacke/Preis/Vossen, Rz. 898. ‖ 4 BAG 22.7.1982 – 2 AZR 30/81, AP Nr. 5 zu § 1 KSchG 1969 Verhaltensbedingte Kündigung ‖ 5 Ebenso in den weiteren Entscheidungen BAG 10.4.1975 – 2 AZR 113/74, AP Nr. 7 zu § 626 BGB Ausschlussfrist; 10.12.1992 – 2 ABR 32/92, AP Nr. 4 zu § 87 ArbGG 1979; 20.11.1997 – 2 AZR 643/96, AP Nr. 43 zu § 1 KSchG 1969. ‖ 6 *v. Hoyningen-Huene/Linck*, 14. Aufl., § 1 Rz. 169f.; einschr. *Löwisch/Spinner*, § 1 Rz. 74, für den Fall, dass die unterschiedlichen Kündigungsgründe gleichgerichtet das Vertragsgleichgewicht stören. ‖ 7 So auch *Preis* in Stahlhacke/Preis/Vossen, Rz. 898f.; HK-KSchG/*Dorndorf*, § 1 Rz. 331. ‖ 8 Insoweit kann *Löwisch/Spinner*, § 1 Rz. 74, gefolgt werden. ‖ 9 Ebenso BAG 10.10.2002 – 2 AZR 472/01, AP Nr. 44 zu § 1 KSchG 1969 Verhaltensbedingte Kündigung (Kündigung einer Verkäuferin wegen Tragens eines islamischen Kopftuches). ‖ 10 So richtig BAG 17.5. 1984 – 2 AZR 109/83, DB 1985, 1190; 21.11.1985 – 2 AZR 21/85, NZA 1986, 713; 13.3.1987 – 7 AZR 724/85, DB 1987, 1443; 6.11.1997 – 2 AZR 94/97, NZA 1998, 143. ‖ 11 *Löwisch/Spinner*, § 1 Rz. 75; *Rüthers/Henssler*, ZfA 1988, 31 (42f.); HK-KSchG/*Dorndorf*, § 1 Rz. 340. ‖ 12 BAG 22.10.1964 – 2 AZR 515/63, DB 1965, 38. ‖ 13 BAG 19.6. 1986 – 2 AZR 563/86, NZA 1987, 21. ‖ 14 BAG 17.5.1984 – 2 AZR 109/83, NZA 1985, 489.

bedingten Aspekte bestehen[1]. Doch kann der Rspr. bei der **Einordnung von Grenzfällen** unter die Kündigungstatbestände des Abs. 2 nicht immer gefolgt werden[2]. Das BAG stellt auf die „letzte und eigentliche" Ursache der Störung ab[3]. Auf die zeitlich letzte Ursache kommt es aber nicht an, dies ist vom Zufall abhängig. Maßgeblich ist, welchem der Kündigungstatbestände des Abs. 2 die jeweilige **Störquelle** zuzuordnen ist. Ist etwa die gehörerkrankte schwerbehinderte Presserin nach Zusammenlegung von Presserei und Schweißerei wegen der damit verbundenen Lärmentwicklung aus gesundheitlichen Gründen nicht mehr in der Lage, ihre ansonsten unveränderte Arbeit zu verrichten, liegt nicht deshalb ein betriebsbedingter Kündigungsgrund vor, weil zunächst die Gehörerkrankung bestand und erst danach die Zusammenlegung von Presserei und Schweißerei erfolgte[4]. Richtigerweise handelt es sich um eine personenbedingte Kündigung, weil für die ArbNin auch nach der betriebl. Änderung noch vertragsgemäße Arbeit vorhanden war; ihr Einsatz scheiterte allein an ihrer außergewöhnlichen Gesundheitskonstitution.

4. Gleichbehandlung. Der arbeitsrechtl. Gleichbehandlungsgrundsatz (vgl. § 611 BGB Rz. 181ff.) hat im Kündigungsrecht nur eine **sehr eingeschränkte Bedeutung**. Das BAG lehnt es unter Hinweis auf das Gebot der Einzelfallprüfung ab, das Kündigungsrecht der Pflicht zur Gleichbehandlung zu unterwerfen. Die Unwirksamkeit einer Kündigung lässt sich danach nicht unmittelbar aus einer Verletzung des Gleichbehandlungsgrundsatzes herleiten. Ein sonstiger Unwirksamkeitsgrund iSv. § 13 III besteht nicht[5]. Eine unterschiedliche Behandlung wirklich vergleichbarer Kündigungssachverhalte durch den ArbGeb kann aber bei der Prüfung eines sozial rechtfertigenden oder wichtigen Grundes im Rahmen der **Interessenabwägung** mittelbar von Bedeutung sein. Sie kann Rückschlüsse darauf zulassen, welche Bedeutung der ArbGeb selber der Beeinträchtigung seiner Vertragsinteressen beimisst und welches Gewicht sein Lösungsinteresse damit hat. Das gilt auch – weiter gehend als beim Gleichbehandlungsgrundsatz – für den Umgang mit vergleichbaren Fällen in der Vergangenheit. Bei der sog. **herausgreifenden Kündigung** eines ArbN aus einer Gruppe gleich belasteter ArbN wird der ArbGeb daher die unterschiedliche Behandlung rechtfertigen müssen. Anderenfalls fällt die Interessenabwägung zu seinen Lasten aus. Erfolgt die unterschiedliche Behandlung aus einem **diskriminierenden Motiv** iSd. AGG, ist die Kündigung (wegen § 2 IV AGG) jedenfalls in EU-richtlinienkonformer Auslegung von §§ 138, 242 BGB unwirksam[6]. Sonstige Diskriminierungsverbote, etwa §§ 75 I, 78 S. 2 BetrVG, führen bei Verstößen dagegen gem. § 134 BGB unmittelbar zur Unwirksamkeit[7]. Die **Auswahl** betriebsbedingt zu kündigender ArbN nach sozialen Gesichtspunkten gem. Abs. 3 wirkt wie ein gesetzl. konkretisiertes Gleichbehandlungsgebot. Auch außerhalb des Geltungsbereichs des KSchG hat die Auswahl willkürfrei und unter Berücksichtigung besonderer Schutzbedürftigkeit im Lichte des Art. 12 GG zu erfolgen[8].

5. Verzeihung, Verzicht, Verwirkung. Der ArbGeb ist **grundsätzlich frei** darin, von einem einmal entstandenen Kündigungsrecht Gebrauch zu machen oder davon abzusehen. In Kenntnis des Kündigungsgrundes kann er überdies ohne Schranken rechtsverbindlich auf die Ausübung des konkreten Kündigungsrechts verzichten[9]. Der Verzicht auf die Ausübung eines Gestaltungsrechts ist einseitig möglich[10] und wird als empfangsbedürftige Willenserklärung mit dem Zugang beim ArbN wirksam (§ 130 BGB). Grds. sind an die Feststellung eines rechtsgeschäftlichen Verzichtswillens strenge Anforderungen zu stellen; er ist nicht zu vermuten[11]. Der ArbGeb verzichtet konkludent auf sein Kündigungsrecht, wenn er die ihm bekannten Kündigungsgründe zum Gegenstand einer Abmahnung oder Rüge macht. Eine spätere Kündigung kann er dann nicht allein auf diese Gründe stützen. Doch kann er bei späterem Hinzutreten oder Bekanntwerden weiterer kündigungserheblicher Gründe hierauf unterstützend zurückgreifen[12]. Erklärt der ArbGeb vor Ablauf der Ausschlussfrist des § 626 II BGB eine ordentl. Kündigung, wird darin entsprechend der Verzicht auf das Recht zur außerordentl. Kündigung liegen[13].

---

1 Weitere Bsp. aus der Rspr.: Führungsmängel eines Konzertmeisters, BAG 29.7.1976 – 3 AZR 50/75, BB 1976, 1560; Betriebsstörung durch übermäßige Lohnpfändung, BAG 4.11.1981 – 7 AZR 264/77, BB 1982, 556; schwere Beleidigung von ArbGeb und Kollegen durch verschuldensunfähig erkrankten ArbN, BAG 22.1.1999 – 2 AZR 665/98, AP Nr. 151 zu § 626 BGB. ||2 Vgl. etwa BAG 17.5.1984 – 2 AZR 109/83, NZA 1985, 489 (Lehrer ohne Lehrbefähigung: betriebsbedingt); 22.1.1999 – 2 AZR 665/98, AP Nr. 151 zu § 626 BGB (fortgesetzte Beleidigung durch schuldunfähigen ArbN: verhaltensbedingt); 4.6.1997 – 2 AZR 526/96, AP Nr. 137 zu § 626 BGB (*Felderhoff*) (hochgradige Alkoholisierung eines U-Bahnführers beim Führen seines privaten Kfz mit Unfallfolge: personenbedingt mit Abmahnerfordernis!); 20.11.1997 – 2 AZR 643/96, AP Nr. 43 zu § 1 KSchG 1969 (außerdienstliche Straftaten einer Schreibkraft im öffentl. Dienst: wohl zutr. verhaltensbedingt wegen des früheren § 8 BAT). ||3 BAG 6.11.1997 – 2 AZR 94/97, NZA 1998, 143. ||4 So aber BAG 6.11.1997 – 2 AZR 94/97, NZA 1998, 143; zust. HK-KSchG/*Dorndorf*, § 1 Rz. 338aff. ||5 BAG 14.10.1965 – 2 AZR 455/64, AP Nr. 27 zu § 66 BetrVG 1952; 21.10. 1969 – 1 AZR 93/68, EzA § 626 BGB nF Nr. 1; 25.3.1976 – 2 AZR 163/75, AP Nr. 6 zu § 103 BetrVG 1972; 22.2.1979 – 2 AZR 115/78, EzA § 103 BetrVG 1972 Nr. 23. ||6 *Kamanabrou*, RdA 2007, 199 (200); *Bayreuther*, DB 2006, 1842f.; aA *Diller/Krieger/Arnold*, NZA 2006, 887 (889), wenn sie „objektiv" sozial gerechtfertigt ist. ||7 BAG 14.10.1965 – 2 AZR 455/64, AP Nr. 27 zu § 66 BetrVG 1952; 21.10.1969 – 1 AZR 93/68, EzA § 626 BGB nF Nr. 1; 25.3. 1976 – 2 AZR 163/75, AP Nr. 6 zu § 103 BetrVG 1972; 22.2.1979 – 2 AZR 115/78, EzA § 103 BetrVG 1972 Nr. 23. ||8 BVerfG 24.4.1991 – 1 BvR 1341/90, AP Nr. 70 zu Art. 12 GG; 27.1.1998 – 1 BvL 15/87, AP Nr. 17 zu § 23 KSchG 1969; BAG 19.1.1995 – 8 AZR 914/93, DB 1995, 1415; 21.2.2001 – 2 AZR 15/00, NZA 2001, 833. ||9 BAG 10.11.1988 – 2 AZR 215/88, BB 1989, 1483. ||10 Palandt/*Grüneberg*, § 397 BGB Rz. 1. ||11 BGH 20.12.1983 – VI ZR 19/82, NJW 1984, 1346. ||12 St. Rspr., BAG 31.7.1986 – 2 AZR 559/85, nv.; 10.11.1988 – 2 AZR 215/88, BB 1989, 1483. ||13 St. Rspr., BAG 31.7.1986 – 2 AZR 559/85, nv.; 10.11.1988 – 2 AZR 215/88, BB 1989, 1483.

KSchG § 1 Rz. 73   Allgemeines zur Sozialwidrigkeit

Eine **Verzeihung** des Kündigungsgrundes, die ohne rechtsgeschäftlichen Verzichtswillen erfolgt, wird man unter dem Gesichtspunkt des Vertrauensschutzes (widersprüchliches Verhalten, § 242 BGB) würdigen müssen. Das Recht, auf einen Kündigungsgrund mit einer Kündigung zu reagieren, unterliegt nicht der Verjährung. Auch gilt für die ordentl. Kündigung nach allgM die Kündigungserklärungsfrist des § 626 II BGB nicht entsprechend. Doch kann das Kündigungsrecht gem. § 242 BGB **verwirken**. Im Geltungsbereich des KSchG ist das Kündigungsrecht an einen Kündigungsgrund gebunden. Ist seit Verwirklichung des Grundes beträchtliche Zeit verstrichen (Zeitmoment) und hat der ArbGeb beim ArbN den Eindruck erweckt, er werde nicht mehr kündigen, und hat schließlich der ArbN sich darauf eingestellt (Umstandsmoment), ist das Recht zur Kündigung wegen dieses Grundes verwirkt[1]. Eine Verwirkung wird idR erst nach Verstreichen **mehrerer Wochen oder Monate** in Betracht kommen. Maßgeblich ist die Zeit seit Kenntniserlangung durch den ArbGeb. Die Rspr. zur Verwirkung des Klagerechts (vgl. § 7 Rz. 4) lässt sich nur bedingt auf die Verwirkung des Kündigungsrechts übertragen. Das Zeitmoment ist abhängig vom Umstandsmoment. Die weitere vorbehaltlose Zusammenarbeit von ArbGeb und ArbN (Umstandsmoment) kann aber für die Frage der Begründung eines Vertrauenstatbestandes nicht ohne weiteres gleichgesetzt werden mit der Nichterhebung einer Klage.

73   **6. Beurteilungszeitpunkt.** Die Kündigung wird wirksam mit ihrem Zugang, § 130 I 1 BGB. Maßgeblich für die Beurteilung der sozialen Rechtfertigung einer Kündigung ist daher die Sachlage im **Zeitpunkt ihres Zugangs**[2]. Nachträglich entstandene Tatsachen haben grds. keinen Einfluss auf die Wirksamkeit der Kündigung[3]. Rechtfertigen sie eine Kündigung, kann der ArbGeb darauf nur eine weitere, noch auszusprechende Kündigung stützen. Lassen sie umgekehrt den Kündigungsgrund für eine bereits ausgesprochene Kündigung nachträglich entfallen, berührt das die Rechtswirksamkeit der Kündigung idR ebenfalls nicht. In Ausnahmefällen kann ein Wiedereinstellungsanspruch entstehen (vgl. Rz. 75 ff.). Da es für die soziale Rechtfertigung einer Kündigung auf die **objektive Sachlage** ankommt (vgl. Rz. 59), sind sämtliche Tatsachen zu berücksichtigen, die vor Zugang der Kündigung bereits verwirklicht waren. Werden sie dem ArbGeb erst nachträglich bekannt oder bewertet er sie erst nachträglich als kündigungsrelevant, kann er sie grds. „nachschieben". Das gilt auch für den Verdacht als Grund einer Kündigung, die zunächst auf die Tatverwirklichung gestützt wurde, sofern die sonstigen Voraussetzungen der Verdachtskündigung erfüllt sind (insb. vorherige Anhörung des ArbN sowie Dringlichkeit und Gewicht des Verdachts); die ursprüngliche Überzeugung von der Tatverwirklichung umschließt insoweit auch den Verdacht[4]. Vgl. zum Nachschieben von Kündigungsgründen und seinen Grenzen, insb. im Hinblick auf die vorherige Beteiligung einer ArbN-Vertretung, Rz. 88 ff.

74   Die für den Kündigungsgrund erforderlichen Prognosetatsachen müssen bei Zugang der Kündigung bestehen. **Nachträglich entstandene Tatsachen** können zur Bestätigung oder Entkräftung der Prognose nur herangezogen werden, soweit sie Rückschlüsse darauf zulassen, dass prognoserelevante Tatsachen bereits bei Zugang der Kündigung objektiv existiert haben[5]. Die späteren müssen in zu den früheren Tatsachen in so enger Beziehung stehen, dass sie einen einheitlichen Lebensvorgang bilden[6]. Entsprechend ist im Bereich der **krankheitsbedingten Kündigung** für die negative Prognose zu unterscheiden, ob die spätere Gesundheitsentwicklung den Rückschluss darauf zulässt, dass bereits bei Zugang der Kündigung objektiv prognoserelevante Tatsachen vorgelegen hatten, oder ob sie einen neuen, unvorhersehbaren Kausalverlauf darstellt. Keineswegs kann die spätere Entwicklung unbesehen als Bestätigung oder Korrektur der Prognose herangezogen werden[7]. Besonderheiten gelten für die **Verdachtskündigung**. Zwar stellt das BAG für die Beurteilung ihrer sozialen Rechtfertigung im Grundsatz ebenfalls auf den Zeitpunkt ihres Zugangs ab. Doch gestattet es dem ArbN als Ausgleich für die Anknüpfung der sozialen Rechtfertigung an einen bloßen Verdacht, sich nachträglich von dem Verdacht zu „reinigen"[8]. Wird der Verdacht – auch auf Grund nachträglicher Tatsachen – ausgeräumt, schließt das BAG daraus, dass er von Anfang an nicht bestanden habe. Die Kündigung ist dann sozial ungerechtfertigt und unwirksam[9]. Nach rechtskräftigem Abschluss des Kündigungsschutzprozesses kommt aus nachwirkender Fürsorge ein Wiedereinstellungsanspruch bei späterer Rehabilitierung in Betracht (vgl. Rz. 82)[10]. Zum Problem des Beurteilungszeitpunkts bei der **betriebsbedingten Kündigung** vgl. Rz. 289.

---

1 BAG 28.5.1998 – 2 AZR 615/97, AP Nr. 48 zu § 2 KSchG 1969 (*Löwisch*); 28.2.1990 – 7 AZR 143/89, NZA 1990, 746.   ‖ 2 Das gilt grds. auch für die Rechtslage. Allerdings sind nachträgliche Änderungen der Rechtslage – bis zum Zeitpunkt der letzten mündlichen Verhandlung in der Revisionsinstanz – zu berücksichtigen, sofern sie ausnahmsweise Rückwirkung auf den Zeitpunkt der Tatbestandsverwirklichung (hier also des Zugangs der Kündigung) beanspruchen (BGH 21.2.1962 – VI ZR 144/60, NJW 1962, 961 f.; BAG 26.11.1955 – 2 AZR 209/55, BAGE 2, 226).   ‖ 3 BAG 29.3.1960 – 3 AZR 568/58, AP Nr. 7 zu § 7 KSchG; 15.8.1984 – 7 AZR 536/82, NZA 1985, 357; 29.7.1993 – 2 AZR 155/93, NZA 1994, 67; 27.2.1997 – 2 AZR 160/96, DB 1997, 1414; 29.4.1999 – 2 AZR 431/98, NZA 1999, 978.   ‖ 4 BAG 3.4.1986 – 2 AZR 324/85 u. v. 20.8.1997 – 2 AZR 620/96, AP Nr. 18 u. 27 zu § 626 BGB Verdacht strafbarer Handlung.   ‖ 5 BAG 27.11.2003 – 2 AZR 48/03, NZA 2004, 477.   ‖ 6 BAG 10.6.2010 – 2 AZR 541/09, NJW 2011, 167, Rz. 53.   ‖ 7 BAG 7.11.2002 – 2 AZR 599/01, AP Nr. 40 zu § 1 KSchG 1969 Krankheit; 29.4.1999 – 2 AZR 431/98, NZA 1999, 978; 9.4.1987 – 2 AZR 210/86, BB 1987, 1815; diff. HK-KSchG/*Weller/Dorndorf*, § 1 Rz. 389 ff.   ‖ 8 BAG 4.6.1964 – 2 AZR 310/63, AP Nr. 13 zu § 626 BGB Verdacht strafbarer Handlung (A. *Hueck*); 18.11.1999 – 2 AZR 743/98, NZA 2000, 418.   ‖ 9 BAG 4.6.1964 – 2 AZR 310/63 u. v. 30.4.1987 – 2 AZR 283/86, AP Nr. 13 und 19 zu § 626 BGB Verdacht strafbarer Handlung; 14.9.1994 – 2 AZR 164/94, DB 1995, 534; KR/*Fischermeier*, § 626 BGB Rz. 233.   ‖ 10 BAG 20.8.1997 – 2 AZR 620/96, BB 1997, 2484.

Allgemeines zur Sozialwidrigkeit   Rz. 78 § 1 KSchG

7. Wiedereinstellungsanspruch. a) Prognoserisiko. Der sozial rechtfertigende Kündigungsgrund 75
steht der künftigen Fortsetzung des ArbVerh entgegen und ist immer **zukunftsbezogen** (vgl. Rz. 61 f.).
Für die Beurteilung der Wirksamkeit einer Kündigung ist dagegen stets der Zeitpunkt ihres Zugangs
maßgeblich, § 130 I BGB (vgl. Rz. 73 f.). Stellt sich die Prognose nachträglich als falsch heraus, fehlt der
Kündigungsgrund. Zeigt sich dies zeitnah und stehen die Gesichtspunkte der Klarheit und Rechtssicherheit sowie des Vertrauensschutzes nicht entgegen, besteht keine Rechtfertigung dafür, den ArbN
dennoch mit dem Prognoserisiko zu belasten. Hier ist eine **verfassungskonforme Verteilung** des Prognoserisikos geboten[1]. Die ursprünglich wirksame Kündigung kann allerdings wegen des Gebots der
Rechtsklarheit und Bedingungsfeindlichkeit einer Kündigung nicht nachträglich unwirksam werden[2].
Die Rspr. und das ganz überwiegende Schrifttum gewähren dem ArbN daher einen Wiedereinstellungsanspruch[3]. Dessen Rechtsgrundlage sowie seine Voraussetzungen und Rechtsfolgen sind in ihren Einzelheiten noch nicht hinreichend geklärt.

b) Rechtsgrundlage. Die Rechtsgrundlage des Wiedereinstellungsanspruchs ist **umstritten**[4]. Der 76
7. Senat leitet den Anspruch in einer Grundsatzentscheidung aus einer vertragl. Nebenpflicht des ArbGeb
ab[5]. In der Lit. wird eine Vielzahl dogmatischer Begründungen erwogen[6]. Der hier vertretene Ansatz einer
verfassungskonformen Verteilung der Prognoserisiken (vgl. Rz. 75) sieht den Wiedereinstellungsanspruch
als Korrektiv des kündigungsrechtl. Prognoseprinzips. Es handelt sich danach um eine dem gesetzl.
System des Kündigungsrechts immanente richterrechtl. Rechtsfortbildung im Lichte von Art. 12 GG[7].

c) Voraussetzungen. Der Wiedereinstellungsanspruch hat im Wesentlichen **vier Voraussetzungen:** 77
– Kündigung des ArbGeb (Rz. 78)
– Erfordernis eines Grundes für die Kündigung (idR also Anwendbarkeit des KSchG) (Rz. 79)
– Änderung der Prognose noch innerhalb der Kündigungsfrist (positive Zukunftsprognose) (Rz. 80 ff.)
– Keine anderweitigen Dispositionen des ArbGeb (Vertrauensschutz) (Rz. 83).

aa) Kündigung des Arbeitgebers. Der ArbGeb muss das ArbVerh **gekündigt** haben. Ein schwebender 78
Kündigungsschutzprozess ist vorgreiflich, da die Wiedereinstellung ein wirksam gekündigtes ArbVerh
voraussetzt. Ein Wiedereinstellungsantrag kann als Hilfsantrag mit einem Kündigungsschutz- oder allg.
Feststellungsantrag verbunden werden[8]. Haben die Parteien anstelle einer Kündigung einen **Aufhebungsvertrag** oder nach einer Kündigung einen **Abfindungsvergleich** geschlossen, kommt es zu deren
Wirksamkeit auf eine Prognose nicht an. Ein Wiedereinstellungsanspruch kann hier allenfalls nach den
Grundsätzen des Wegfalls der Geschäftsgrundlage im Wege einer Vertragsanpassung (§ 313 I BGB) ent-
stehen, ausnahmsw. auch aus § 242 BGB[9]. Möglich ist auch ein Rücktritt (§ 313 III BGB). Der nachträgliche Wegfall des Kündigungsgrundes führt aber idR nicht zum Wegfall der Geschäftsgrundlage oder gem.
§ 779 BGB zur Unwirksamkeit des Vergleichs, sondern nur dann, wenn das Festhalten an ihm für eine
Partei unzumutbar ist, was insb. bei Vereinbarung einer Abfindungszahlung kaum in Betracht kommt[10].
Bei der Auswahlentscheidung über die wieder einzustellenden ArbN kann der ArbGeb außerdem berücksichtigen, dass er mit einem ArbN einen Abfindungsvergleich geschlossen hat[11]. Für ursprünglich
wirksam **befristete Arbeitsverträge** entsteht kein Anspruch auf Wiedereinstellung bei nachträglichem
Wegfall des Befristungsgrundes, sofern nicht tarif- oder einzelvertragl. etwas anderes vereinbart ist[12]. Die
sachliche Rechtfertigung für die Befristungsabrede liegt hier in der Prognose selbst, nicht in deren tatsächlichem Eintritt; auf die spätere Entwicklung kommt es daher nicht entscheidend an[13]. Nach einer **Eigenkündigung** des ArbN kommt ein Wiedereinstellungsanspruch nicht in Betracht, auch wenn sie durch
einen Hinweis des ArbGeb auf eine drohende betriebsbedingte Kündigung veranlasst wurde, der sich

---

1 So auch *Raab*, RdA 2000, 147 (152); *Raab*, RdA 2001, 248 (250); *Elz*, Der Wiedereinstellungsanspruch des Ar-
beitnehmers nach Wegfall des Kündigungsgrundes, 2002, S. 59 ff.; KR/*Griebeling*, § 1 Rz. 729. ||2 BAG 27.2.
1958 – 2 AZR 445/55, BAGE 6, 1; 27.2.1997 – 2 AZR 160/96, DB 1997, 1414; 29.4.1999 – 2 AZR 431/98, NZA 1999, 978;
anders die bisherige Rspr. allerdings bei der Verdachtskündigung, wenn der Verdacht im Laufe der Kündigungsprozesses bis zum Schluss der mündlichen Verhandlung entfällt (Rehabilitationsinteresse): BAG 4.6.
1964 – 2 AZR 310/63, NJW 1964, 1918; 18.11.1999 – 2 AZR 743/98, DB 2000, 726; für wirksame Kündigung und Wiedereinstellungsanspruch nach einer Krankheit seit BGH 13.7.1956 – VI ZR 88/55, AP Nr. 1 zu § 611 BGB Fürsorgepflicht.
||3 BAG 27.2.1958 – 2 AZR 445/55, BAGE 6, 1; 27.2.1997 – 2 AZR 160/96, DB 1997, 1414; 29.4.1999 – 2 AZR 431/98,
NZA 1999, 978; KR/*Griebeling*, § 1 Rz. 729 ff. mwN. ||4 Offen gelassen von BAG 27.2.1997 – 2 AZR 160/96, DB
1997, 1414; eine – zunächst angenommene – Herleitung aus EU-richtlinienkonformer Auslegung des § 613a
BGB lehnt das BAG inzwischen ab: BAG 13.5.2004 – 8 AZR 198/03, AP Nr. 264 zu § 613a BGB. ||5 BAG 28.6.
2000 – 7 AZR 904/98, NZA 2000, 1097; krit. hierzu LAG Berlin 18.6.2002 – 12 Sa 2413/01, NZA-RR 2003, 66 ff.
||6 Vgl. die Nachw. bei *Elz*, Der Wiedereinstellungsanspruch des Arbeitnehmers nach Wegfall des Kündigungs-
grundes, 2002, S. 31 ff. ||7 Ebenso *Raab*, RdA 2000, 147 (152); *Raab*, RdA 2001, 248 (259); *Elz*, Der Wiederein-
stellungsanspruch des Arbeitnehmers nach Wegfall des Kündigungsgrundes, 2002, S. 59 ff.; KR/*Griebeling*, § 1
Rz. 729 ff. ||8 *Oetker*, ZIP 2000, 643 (652). ||9 BAG 21.2.2002 – 2 AZR 749/00, BB 2002, 2335. ||10 BAG
28.6.2000 – 7 AZR 904/98, AP Nr. 6 zu § 1 KSchG 1969 Wiedereinstellung; 10.12.1998 – 8 AZR 324/97, AP Nr. 185 zu
§ 613a BGB; weiter gehend aber BAG 27.2.1997 – 2 AZR 160/96 u. v. 4.12.1997 – 2 AZR 140/97, AP Nr. 1 u. 4 zu § 1
KSchG 1969 Wiedereinstellung. ||11 BAG 28.6.2000 – 7 AZR 904/98, NZA 2000, 1097. ||12 BAG 20.2.2002 – 7
AZR 600/00, NZA 2002, 896. ||13 Im Erg. ebenso, aber vom Standpunkt einer vertragl. Nebenabrede aus-
gehend BAG 20.2.2002 – 7 AZR 600/00, NZA 2002, 896.

nachträglich als falsch erweist[1]. Die Eigenkündigung selbst bedarf zu ihrer Wirksamkeit keiner negativen Zukunftsprognose und damit auch nicht des Korrektivs eines Wiedereinstellungsanspruchs[2].

79 **bb) Anwendbarkeit des KSchG.** Ein Prognoserisiko entsteht grds. nur dort, wo das Gesetz einen **Kündigungsgrund** verlangt. Der Wiedereinstellungsanspruch setzt daher idR die Anwendbarkeit des KSchG voraus[3]. Auch die außerordentl. Kündigung bedarf eines Grundes und damit einer Prognose. Erweist sich die Prognose innerhalb der (fiktiven) Kündigungsfrist als falsch, besteht ein Anspruch auf Wiedereinstellung[4], der aber außerhalb des KSchG nur bis zum Ablauf der Kündigungsfrist reicht. Entfällt hier der Kündigungsgrund später, scheidet eine Wiedereinstellung schon deshalb aus[5].

80 **cc) Nachträglicher Wegfall des Kündigungsgrundes innerhalb der Kündigungsfrist.** Die Prognose muss bei Zugang der Kündigung den Anforderungen genügt haben (vgl. Rz. 73f.) und sich **erst nachträglich als unzutreffend** erweisen; bei ursprünglich unzureichender Prognose kommt nur fristgerechte Kündigungsschutzklage in Betracht (arg. §§ 4, 7). Unerheblich dürfte allerdings sein, ob die Kündigung aus anderen, prognoseunabhängigen Gründen ursprünglich unwirksam war; eine rechtzeitig erhobene Kündigungsschutzklage ist aber vorgreiflich. Der Nichteintritt des Kündigungsgrundes muss **positiv feststehen**[6]. Die Wiedereinstellungspflicht kann nicht nur bei Wegfall des „eigentlichen" Kündigungsgrundes entstehen, sondern auch, wenn sich nachträglich eine anderweitige Beschäftigungsmöglichkeit (vgl. Rz. 63) auf einem unvorhergesehen frei werdenden oder neu geschaffenen Arbeitsplatz ergibt, auf den der ArbN ohne Änderung des Arbeitsvertrages versetzt werden könnte[7]. Die nachträgliche Möglichkeit der Weiterbeschäftigung zu geänderten Arbeitsbedingungen begründet den Wiedereinstellungsanspruch dagegen aus Gründen der Rechtsklarheit nicht. Ob der prognostizierte Grund nicht eingetreten ist, beurteilt sich iÜ jeweils nach seiner Eigenart (s. Rz. 82).

81 Der **Zeitpunkt der Prognoseänderung** ist umstritten. Nach einer Entscheidung des BAG muss der Nichteintritt des prognostizierten Kündigungsgrundes grds. noch **innerhalb der Kündigungsfrist** feststehen, anderenfalls scheidet ein Wiedereinstellungsanspruch aus[8]. Dem ist schon aus Gründen der Rechtssicherheit und Rechtsklarheit zuzustimmen. Auch eine grundrechtskonforme Verteilung des Prognoserisikos verlangt keine spätere Zäsur. Vor Ablauf der Kündigungsfrist muss lediglich feststehen, dass der Kündigungsgrund wegfällt. Das ist auch der Fall, wenn die Weiterbeschäftigung selbst erst alsbald nach Ablauf der Kündigungsfrist möglich sein wird[9]. Eine **Ausnahme** soll gelten für den Fall einer etappenweisen Entlassung, die auf einheitlichem ArbGebEntschluss beruht[10], sowie uU für den Fall eines Betriebsübergangs nach Ablauf der Kündigungsfrist bei Übernahme der Hauptbelegschaft[11]. Eine Ausnahme macht die ganz hM auch im Falle der Verdachtskündigung wegen des hier anzuerkennenden besonderen Wiedergutmachungsinteresses[12].

82 Bei **verhaltensbedingten** Kündigungsgründen wird ein Wiedereinstellungsanspruch kaum je in Betracht kommen. Die Gründe, die hier einer Fortsetzung des ArbVerh entgegenstehen, haben regelmäßig ihre Wurzeln in der Vergangenheit und können nachträglich kaum mehr entfallen. Will der ArbN geltend machen, dass die Gründe von Anfang an nicht bestanden haben, muss er dies im Kündigungsschutzprozess tun. Für die Kündigung wegen **Krankheit** hat das BAG die Frage eines Wiedereinstellungsanspruchs bislang ausdrücklich offengelassen[13]. Abgelehnt hat es einen Wiedereinstellungsanspruch, wenn die „nachträgliche überraschende grundlegende Besserung" des Gesundheitszustandes erst nach Ablauf der Kündigungsfrist eingetreten ist[14]. Auch genügt nicht eine Erschütterung der negativen Gesundheitsprognose, sondern es bedarf einer positiven Prognose. Im Falle einer Alkoholabhängigkeit genügt die Teilnahme an einer Entziehungskur dafür nicht[15]. Damit scheidet in diesen Fällen ein Wiedereinstellungsanspruch wohl insg. aus. Allgemein dürfte eine grundlegende Prog-

---

1 Bei arglistiger Täuschung und rechtswidriger Drohung gilt § 123 BGB. ‖ 2 Ebenso *Elz*, Der Wiedereinstellungsanspruch des Arbeitnehmers nach Wegfall des Kündigungsgrundes, 2002, S. 100f.; aA *Hambitzer*, Der Wiedereinstellungsanspruch des Arbeitnehmers nach wirksamer Kündigung, 1987, S. 96f.; *Nägele*, BB 1998, 1686 (1687); ggf. kann der ArbN anfechten. ‖ 3 LAG Hess. 7.3.2000 – 9 Sa 1077/99, ZInsO 2000, 625. ‖ 4 Dieses unbezweifelbare Ergebnis lässt sich kaum mit einer vertragl. Nebenpflicht (so der 7. Senat), aber zwanglos mit einer gesetzesimmanenten Korrektur des Prognoserisikos begründen. ‖ 5 Denkbar ist allerdings nach Ausspruch einer Verdachtskündigung ein Ausgleich für die grundlos entfallene Kündigungsfrist aus dem Gesichtspunkt der Rehabilitierung bzw. Wiedergutmachung. ‖ 6 BAG 17.6.1999 – 2 AZR 639/98, NJW 2000, 2762. ‖ 7 So für den Fall der betriebsbedingten Kündigung BAG 28.6.2000 – 7 AZR 904/98, NZA 2000, 1097; aA *Raab*, RdA 2000, 147 (154). ‖ 8 BAG 28.6.2000 – 7 AZR 904/98, NZA 2000, 1097; offen gelassen bislang vom 2. Senat, BAG 4.12.1997 – 2 AZR 140/97, NZA 1998, 701 („zeitlich begrenzt"); anders der 8. Senat für den Betriebsübernehmer, wenn ein unvorhergesehener Betriebsübergang erst nach Ablauf der Kündigungsfrist zustande kommt, BAG 13.11.1997 – 8 AZR 295/95, BB 1998, 319, u. v. 12.11.1998 – 8 AZR 265/97, DB 1999, 485. ‖ 9 BAG 25.10.2007 – 8 AZR 989/06, NZA 2008, 357; anders in der Insolvenz BAG 13.5.2004 – 8 AZR 198/03, AP Nr. 264 zu § 613a BGB. ‖ 10 KR/*Griebeling*, § 1 Rz. 737; *Raab*, RdA 2000, 215. ‖ 11 BAG 13.11.1997 – 8 AZR 295/95, AP Nr. 169 zu § 613a BGB; offen gelassen aber in BAG 13.5.2004 – 8 AZR 198/03, AP Nr. 264 zu § 613a BGB bzw. nur „ausnahmsweise" in BAG 25.10.2007 – 8 AZR 989/06, NZA 2008, 357 Rz. 19. ‖ 12 BAG 4.6.1964 – 2 AZR 310/63, EzA § 626 BGB Nr. 5; 14.9.1994 – 2 AZR 164/94, DB 1995, 534. ‖ 13 BAG 17.6.1999 – 2 AZR 639/98, NZA 1999, 1328; 27.6.2001 – 7 AZR 662/99, NZA 2001, 1135; abl. LAG Berlin 18.6.2002 – 12 Sa 2413/01, NZA-RR 2003, 66ff.; befürwortend dagegen *Löwisch/Spinner*, § 1 KSchG Rz. 83. ‖ 14 BAG 27.6.2001 – 7 AZR 662/99, NZA 2001, 1135. ‖ 15 BAG 17.6.1999 – 2 AZR 639/98, NZA 1999, 1328.

noseänderung innerhalb der Kündigungsfrist bei krankheitsbedingter Kündigung nur selten auftreten. Anerkannt ist ein Anspruch auf Wiedereinstellung in dem Sonderfall einer **Verdachtskündigung**, wenn sich nachträglich die Unschuld des ArbN herausstellt oder zumindest Umstände bekannt werden, die den Verdacht beseitigen[1]. Allein ein Freispruch aus Mangel an Beweisen oder die Einstellung des staatsanwaltschaftlichen Ermittlungsverfahrens gem. § 170 II StPO genügt dafür nicht[2]. Wegen der gesteigerten nachwirkenden Fürsorgepflicht (Rehabilitations- oder Wiedergutmachungsinteresse) sind nach einer Verdachtskündigung idR aber auch Entlastungstatsachen zu berücksichtigen, die erst nach Ablauf der Kündigungsfrist zutage treten[3]. Bei anhängigem Kündigungsschutzprozess soll die Beseitigung des Verdachts bis zum Schluss der mündlichen Verhandlung in der Tatsacheninstanz die Kündigung sogar (rückwirkend) unwirksam machen[4]. Dem **betriebsbedingt** gekündigten ArbN kann nach mittlerweile st. Rspr. des BAG ein Wiedereinstellungsanspruch ausnahmsw. zustehen, wenn sich noch innerhalb der Kündigungsfrist unvorhergesehen eine Möglichkeit zur Weiterbeschäftigung herausstellt[5]. Das ist nicht nur dann anzunehmen, wenn wider Erwarten der bisherige Arbeitsplatz des ArbN doch erhalten bleibt, sondern auch in den Fällen, in denen sich innerhalb der Kündigungsfrist eine anderweitige Beschäftigungsmöglichkeit auf einem unvorhergesehen frei werdenden oder neu geschaffenen Arbeitsplatz ergibt, auf dem der ArbGeb den ArbN ohne Änderung des Arbeitsvertrages umsetzen könnte[6]. Dies wird auch dann gelten, wenn ein sozial schwächerer, auf Grund der Sozialauswahl nicht gekündigter ArbN nachträglich ausscheidet. Zu den relativ häufigsten Fällen eines Wiedereinstellungsanspruchs infolge nachträglich sich ergebenden **Betriebsübergangs** s. § 613a BGB Rz. 308.

dd) Keine anderweitige Disposition des Arbeitgebers. Der Wiedereinstellungsanspruch wird aus Gründen des **Vertrauensschutzes** begrenzt durch entgegenstehende berechtigte Interessen des ArbGeb. Hat der ArbGeb in gutem Glauben bereits anderweitige Dispositionen getroffen, insb. den unvorhergesehen frei gewordenen Arbeitsplatz mit einem anderen ArbN besetzt, erlischt der Anspruch[7]. Zu berücksichtigen sind auch zwischenzeitliche unternehmerische Entscheidungen des ArbGeb, die einer Wiedereinstellung des ArbN entgegenstehen oder sie unzumutbar machen. Dies gilt nicht, wenn der ArbGeb den Anspruch treuwidrig vereitelt (§ 162 BGB), etwa indem er pflichtwidrig über die Wiedereinstellungsmöglichkeit nicht unterrichtet (vgl. Rz. 85) oder ein begründetes Wiedereinstellungsverlangen übergeht und die Stelle anderweitig besetzt[8]. Die **Geltendmachung** des Wiedereinstellungsanspruchs unterliegt engen **zeitlichen Grenzen**. Jedenfalls im Falle eines nachträglich sich ergebenden Betriebsübergangs hat sie nach der Rspr. „noch während des Arbeitsverhältnisses oder zumindest unverzüglich nach Kenntniserlangung" zu erfolgen[9], spätestens binnen einem Monat entsprechend § 613a VI BGB[10]. Der Wiedereinstellungsanspruch unterliegt darüber hinaus der Verwirkung[11].

d) Rechtsfolgen. aa) Wiedereinstellungsanspruch. Der Anspruch ist gerichtet auf Wiedereinstellung. Nach wirksamer Kündigung bedarf es des **Neuabschlusses eines Arbeitsvertrages**[12]. Der Inhalt des Vertrages ist ansonsten unverändert; ein Anspruch auf Abschluss eines beliebigen anderen Vertrages besteht nicht. Die bestehenden Rechtspositionen und Vordienstzeiten aus dem alten ArbVerh bleiben erhalten[13]. Der Anspruch auf Neuabschluss des Vertrages, dh. Annahme eines entsprechenden Angebotes des ArbN, wird frühestens mit Zugang des Angebotes beim ArbGeb fällig. IdR wird eine angemessene Prüffrist hinzutreten, insb. wenn der ArbGeb eine Auswahlentscheidung zu treffen hat. Bei der **Auswahl** eines wieder einzustellenden ArbN aus mehreren Bewerbern darf der ArbGeb nicht willkürlich vorgehen, sondern hat anhand betriebl. Belange und sozialer Gesichtspunkte eine den §§ 242, 315 BGB genügende Auswahlentscheidung zu treffen[14]. Eine Auswahl allein anhand der Kriterien des Abs. 3 lehnt das BAG ab.

bb) Informationsanspruch. Der ArbGeb kann aus **Treu und Glauben** (§ 242 BGB) zusätzlich verpflichtet sein, die entlassenen ArbN über die sich ergebende Wiedereinstellungsmöglichkeit zu informieren. Ggf. wird er eine angemessene Erklärungsfrist setzen müssen. Inhalt und Umfang der Informationspflicht bestimmen sich nach den Umständen des Einzelfalles[15]. Eine Informationspflicht wird im

---

1 BAG 20.8.1997 – 2 AZR 620/96, AP Nr. 27 zu § 626 BGB Verdacht strafbarer Handlung; 14.12.1956 – 1 AZR 29/55, AP Nr. 3 zu § 611 BGB Fürsorgepflicht. ‖ 2 BAG 20.8.1997 – 2 AZR 620/96, BB 1997, 2484. ‖ 3 BAG 4.6.1964 – 2 AZR 310/63, EzA § 626 BGB Nr. 5; 14.9.1994 – 2 AZR 164/94, DB 1995, 534. ‖ 4 BAG 4.6.1964 – 2 AZR 310/63, NJW 1964, 1918; 18.11.1999 – 2 AZR 743/98, NZA 2000, 418; für wirksame Kündigung und Wiedereinstellungsanspruch insoweit BGH 13.7.1956 – VI ZR 88/55, AP Nr. 1 zu § 611 BGB Fürsorgepflicht – sowie die hM in der LU., vgl. *Preis* in Stahlhacke/Preis/Vossen, Rz. 714 mwN. ‖ 5 BAG 27.2.1958 – 2 AZR 445/55, BAGE 6, 1; 27.2.1997 – 2 AZR 160/96, DB 1997, 1414; 28.6.2000 – 7 AZR 904/98, NZA 2000, 1097 mwN, auch zum ganz überwiegend zust. Schrifttum. ‖ 6 So für den Fall der betriebsbedingten Kündigung BAG 28.6.2000 – 7 AZR 904/98, NZA 2000, 1097; aA *Raab*, RdA 2000, 147 (154). ‖ 7 BAG 27.2.1997 – 2 AZR 160/96, BAGE 85, 194; 28.6.2000 – 7 AZR 904/98, NZA 2000, 1097. ‖ 8 BAG 28.6.2000 – 7 AZR 904/98, NZA 2000, 1097. ‖ 9 BAG 12.11.1998 – 8 AZR 265/97, AP Nr. 5 zu § 1 KSchG 1969 Wiedereinstellung (drei Wochen); BAG 13.11.1997 – 8 AZR 295/95, AP Nr. 169 zu § 613a BGB (Verwirkung?). ‖ 10 BAG 25.10.2007 – 8 AZR 989/06, NZA 2008, 357. ‖ 11 BAG 27.1.2011 – 8 AZR 326/09. ‖ 12 BAG 29.4.1998 – 2 AZR 431/98 u. v. 17.6.1999 – 2 AZR 639/98, AP Nr. 37 u. 38 zu § 1 KSchG 1969 Krankheit; zT wird angenommen, dass er uU auf „Fortsetzung" des ArbVerh gerichtet sei, so LAG Köln 10.1.1989 – 4/2 Sa 860/88, LAGE § 611 BGB Einstellungsanspruch Nr. 1. ‖ 13 HM, *Raab*, RdA 2000, 147 (157); *Oetker*, ZIP 2000, 1787 (1788); *Otto*, FS Kraft, 1998, S. 451 (451). ‖ 14 BAG 4.12.1997 – 2 AZR 140/97 u. v. 28.6.2000 – 7 AZR 904/98, AP Nr. 4 und Nr. 6 zu § 1 KSchG 1969 Wiedereinstellung. ‖ 15 BAG 28.6.2000 – 7 AZR 904/98, AP Nr. 6 zu § 1 KSchG 1969 Wiedereinstellung.

Rahmen des Zumutbaren anzunehmen sein, wenn anderenfalls der Wiedereinstellungsanspruch vereitelt würde. Beruht der Wegfall des Kündigungsgrundes darauf, dass der ArbGeb an seiner eigenen unternehmerischen Entscheidung nicht mehr festhält, dürften gesteigerte Pflichten bestehen.

86 **e) Darlegungs- und Beweislast.** Die Darlegungs- und Beweislast für den Wiedereinstellungsanspruch trägt grds. der **ArbN**[1]. Dazu gehört in erster Linie der nachträgliche Wegfall der negativen Zukunftsprognose. Da sich dieser Sachvortrag auf Umstände aus der Sphäre des ArbGeb bezieht, dürfen die Anforderungen nicht überspannt werden; auch hat der ArbGeb gem. § 138 II ZPO substantiiert zu bestreiten (sog. **abgestufte Darlegungslast**)[2]. Der ArbGeb hat dagegen eine etwaige anderweitige Disposition über den Arbeitsplatz oder eine sonstige Unzumutbarkeit der Wiedereinstellung darzulegen und zu beweisen[3].

87 **f) Prozessuales.** Die Klage ist auf Verurteilung zur Annahme des in der Klage enthaltenen Angebotes auf Abschluss eines Arbeitsvertrages und damit auf **Abgabe einer Willenserklärung** zu richten[4]. Diese gilt nach § 894 ZPO erst mit Eintritt der Rechtskraft eines der Klage stattgebenden Urteils als abgegeben. Erst damit kommt der Arbeitsvertrag zustande[5]. Die Klage kann allerdings gem. § 311a I BGB auf **rückwirkende Wiedereinstellung** gerichtet werden[6]. Die Klage betrifft einen anderen Streitgegenstand als die Kündigungsschutzklage; uU empfiehlt sich eine Verbindung als Hilfsantrag. Eine Auslegung bzw. Umdeutung des Kündigungsschutzantrages in einen Wiedereinstellungsantrag im dargelegten Sinne scheidet idR aus[7]. Das soll auch für einen Weiterbeschäftigungsantrag gelten[8]. Ggf. ist ein Hinweis gem. § 139 ZPO geboten. Da die Bedingungen des Angebotes mit den bisherigen Arbeitsbedingungen übereinstimmen müssen, ist die Bestimmtheit des Klagebegehrens gewährleistet. Zur rechtzeitigen Geltendmachung und der Frage der entsprechenden Anwendung der **Klagefrist** des § 4 s. Rz. 83.

88 **8. Nachschieben von Kündigungsgründen. a) Grundsatz.** Für die soziale Rechtfertigung der Kündigung kommt es auf die objektive Sachlage im Zeitpunkt ihres Zugangs an (vgl. Rz. 59). Daraus folgt der Grundsatz, dass es **kündigungsrechtlich zulässig** ist, im Kündigungsschutzprozess Kündigungsgründe nachzuschieben, die bei Ausspruch der Kündigung bereits bestanden haben[9]. Es besteht kein Begründungszwang für die Kündigungserklärung. Selbst wenn bestimmte Gründe angegeben werden, können grds. unbeschränkt andere Gründe zur Stützung der Kündigung nachgeschoben werden[10]. Ggf. entstehen Schadensersatzpflichten (vgl. Rz. 29). Kündigungsrechtl. ist es auch grds. zulässig, eine zunächst mit der Tatbegehung begründete Kündigung nachträglich auf den **Verdacht** der Tat zu stützen[11]. Voraussetzung ist, dass sich der ArbGeb hierauf beruft und die weiteren Tatbestandsmerkmale der Verdachtskündigung erfüllt sind (insb. Anhörung des ArbN sowie Dringlichkeit und Gewicht des Verdachts). Erweist sich umgekehrt bei einer zunächst auf den Verdacht gestützten Kündigung nachträglich die Tatbegehung, bedarf es keines Nachschiebens. Denn die Verdachtskündigung umfasst ohne weiteres die Tatkündigung (arg. a maiore ad minus)[12]. Darüber hinaus hält es das BAG für möglich, einen überhaupt erst **nachträglich entstandenen** Verdacht als Kündigungsgrund nachzuschieben, sofern sich die nachträglich bekannt gewordenen Tatsachen vor Ausspruch der Kündigung ereignet haben[13]. Das erscheint jedenfalls wegen der fehlenden vergeblichen Aufklärungsbemühungen des ArbGeb bedenklich.

89 **b) Grenzen des Nachschiebens. aa) Verwirkung gem. § 626 II BGB.** Gem. § 626 II BGB kann die außerordentl. Kündigung nur **innerhalb von zwei Wochen** ab dem Zeitpunkt erfolgen, ab dem der Kündigungsberechtigte von den für die Kündigung maßgeblichen Tatsachen Kenntnis erlangt hat. Wurde die Kenntnis von den bereits vor Ausspruch der Kündigung bestehenden Gründen erst nach ihrem Ausspruch erlangt (die Kündigung also zunächst auf andere Gründe gestützt), brauchen die neuen Gründe nicht binnen zwei Wochen im Prozess nachgeschoben zu werden. Die Kündigung ist hier sogar vor Kenntniserlangung von den Gründen erfolgt und somit dem Zweck des § 626 II BGB Genüge getan. Ein Begründungszwang für die Kündigung besteht nicht bzw. nur nach Maßgabe des Prozessrechts (vgl. Rz. 91)[14]. Waren die anderweitigen Kündigungsgründe dagegen schon **vor Ausspruch** der außerordentl. Kündigung **bekannt**, können sie zu deren Begründung grds. nur herangezogen werden, wenn die Kündigung innerhalb der Frist von zwei Wochen nach ihrer Kenntnisnahme erfolgte (§ 626 II BGB). Ausnahmsw. sind länger bekannte Kündigungsgründe zu beachten und können daher auch nachgeschoben werden, wenn sich die späteren, nicht gem. § 626 II BGB verwirkten Kündigungsgründe wie ein weiteres und letztes „Glied in der Kette" dieser Gründe darstellen[15].

---

1 BAG 17.6.1999 – 2 AZR 639/98, BAGE 92, 96. ‖ 2 HM, APS/*Kiel*, § 1 Rz. 849; *Ziemann*, MDR 1999, 716 (721), jew. mwN. ‖ 3 *Oetker*, ZIP 2000, 643 (653); *Ziemann*, MDR 1999, 716 (721). ‖ 4 BAG 6.8.1997 – 7 AZR 557/96 u. v. 28.6.2000 – 7 AZR 904/98, AP Nr. 2 und Nr. 6 zu § 1 KSchG 1969 Wiedereinstellung. ‖ 5 BAG 6.8.1997 – 7 AZR 557/96, DB 1998, 423. ‖ 6 BAG 9.2.2011 – 7 AZR 91/10, AP Nr. 52 zu § 307 BGB; 9.11.2006 – 2 AZR 509/05, DB 2007, 861, v. 25.10.2007 – 8 AZR 989/06, NZA 2008, 357. ‖ 7 BAG 19.9.2001 – 7 AZR 574/00, AiB 2002, 637; anders nur für einen Sonderfall BAG 27.2.1997 – 2 AZR 160/96, DB 1997, 1414. ‖ 8 BAG 19.9.2001 – 7 AZR 574/00, AiB 2002, 637; aA MünchArbR/*Wank*, § 118 Rz. 118. ‖ 9 BAG 11.4.1985 – 2 AZR 239/84, AP Nr. 39 zu § 102 BetrVG, 1972 (*Kraft*); 4.6.1997 – 2 AZR 362/96, NZA 1997, 1158. ‖ 10 *Preis* in Stahlhacke/Preis/Vossen, Rz. 95f. ‖ 11 BAG 20.8.1997 – 2 AZR 620/96, BB 1997, 2484; 3.4.1986 – 2 AZR 324/85, NZA 1986, 677. ‖ 12 So wohl auch BAG 14.9.1994 – 2 AZR 164/94, DB 1995, 534; 13.9.1995 – 2 AZR 587/94, NZA 1996, 81. ‖ 13 BAG 13.9.1995 – 2 AZR 587/94, NZA 1996, 81. ‖ 14 BAG 4.6.1997 – 2 AZR 362/96, DB 1997, 2080. ‖ 15 BAG 10.4.1975 – 2 AZR 113/74, AP Nr. 7 zu § 626 BGB Ausschlussfrist (*Herschel*); 16.6.1976 – 3 AZR 1/75, EzA § 626 BGB nF Nr. 47.

bb) Kollektivrechtliche Grenzen. In Betrieben und Verwaltungen mit **ArbN-Vertretungen** sind diese 90
vor ordentl. wie außerordentl. Kündigungen zu beteiligen (§ 102 BetrVG; §§ 72, 79, 108 II BPersVG).
Insb. sind sie über die Gründe einer Kündigung zu unterrichten. Eine ohne ordnungsgemäße Beteiligung erfolgte Kündigung ist unwirksam. Schiebt der ArbGeb im Rechtsstreit neue Gründe nach, zu
denen er die ArbN-Vertretung nicht zuvor beteiligt hat, ist die Kündigung zwar nicht gem. § 102 I
BetrVG, § 108 II BPersVG unwirksam, sofern die Beteiligung hinsichtlich der sonstigen Gründe ordnungsgemäß erfolgte. Die Kündigung kann in diesem Fall aber nicht auf die nachgeschobenen Gründe
gestützt werden[1]. Neue Gründe sind dabei zu unterscheiden von bloßer nachträglicher Konkretisierung
der bisherigen Gründe; diese ist zulässig[2]. Eine **Nachholung der Beteiligung** kommt nach der Rspr. nur
in engen Grenzen in Betracht: Waren dem ArbGeb die nachzuschiebenden Gründe vor Ausspruch der
Kündigung bekannt, scheidet eine nachträgliche Beteiligung der ArbN-Vertretung zu diesen Gründen
generell aus. Das gilt auch, wenn der ArbGeb die Kündigung zunächst tatsächlich nicht auf die Gründe
stützen wollte, es sich aber später anders überlegt. Denn der Zweck der Beteiligung, der ArbN-Vertretung Gelegenheit zur Einwirkung auf den Kündigungsentschluss im Hinblick auf die bekannten
Gründe zu geben, ist nicht mehr erreichbar[3]. Die ArbN-Vertretung ist hier zu einer neuen, noch auszusprechenden Kündigung zu beteiligen. Waren dem ArbGeb bei Ausspruch der Kündigung die nachzuschiebenden **Gründe noch unbekannt**, können sie im Rechtsstreit nach vorheriger Beteiligung der
ArbN-Vertretung nachgeschoben werden[4]. Der ArbGeb hat seine nachträgliche Kenntniserlangung im
Prozess darzulegen und zu beweisen.

cc) Prozessrechtliche Grenzen. Neue Kündigungsgründe sind **neue Tatsachen** und können im 91
Rechtsstreit nur bis zum Schluss der mündlichen Verhandlung in der Berufungsinstanz vorgetragen
werden. Zu beachten sind die besondere Prozessförderungspflicht im Kündigungsschutzverfahren
(§ 61a V ArbGG) sowie die Regelungen über die Zulassung neuer Angriffs- und Verteidigungsmittel im
Berufungsverfahren (§ 67 ArbGG). Nähere Einzelheiten vgl. jeweils dort.

IV. Personenbedingte Kündigung. 1. Überblick. a) Gesetzliche Grundlage. Gem. Abs. 2 S. 1 ist eine 92
Kündigung sozial ungerechtfertigt, wenn sie nicht durch Gründe, die in der Person des ArbN liegen, bedingt ist. Liegen solche Gründe vor, ist die Kündigung gem. Abs. 2 S. 2 Nr. 1 Buchst. b dennoch sozial
ungerechtfertigt, wenn der ArbN an einem anderen Arbeitsplatz in demselben Betrieb oder in einem
anderen Betrieb des Unternehmens weiterbeschäftigt werden kann. Für den öffentl. Dienst gilt Entsprechendes, vgl. Abs. 2 S. 2 Nr. 2 Buchst. b. Zur Frage der Notwendigkeit eines Widerspruchs des BR
bzw. PersR gem. Abs. 2 S. 2 s. Rz. 446. Sozial ungerechtfertigt ist die Kündigung trotz Vorliegens personenbedingter Gründe, wenn die Weiterbeschäftigung des ArbN nach zumutbaren Umschulungs-
oder Fortbildungsmaßnahmen oder unter geänderten Arbeitsbedingungen möglich ist und der ArbN
sein Einverständnis hiermit erklärt hat, vgl. Abs. 2 S. 3.

b) Begriffsbestimmung. aa) Eine **Definition** des personenbedingten Kündigungsgrundes enthält das 93
Gesetz nicht. Im Vergleich zur verhaltensbedingten Kündigung muss der Grund für eine personenbedingte Kündigung in der Person des ArbN, nicht aber in dessen Verhalten liegen. Die Störung der Vertragserfüllung basiert bei der personenbedingten Kündigung auf persönl. Voraussetzungen und Verhältnissen des ArbN. So kommen insb. dessen schlechter Gesundheitszustand, mangelnde Eignung,
fehlende Fähigkeiten oder Kenntnisse sowie die Interessen des Betriebes erheblich beeinträchtigende
persönl. Verbindungen des ArbN zu einer anderen (natürlichen oder juristischen) Person als personenbedingter Kündigungsgrund in Betracht. Die Störungen müssen aus der persönl. Sphäre des ArbN
stammen[5].

bb) Fehlende Fähigkeit oder Eignung. Eine personenbedingte Kündigung kommt dabei stets nur in 94
Betracht, wenn die **Fähigkeit oder Eignung** des ArbN **zur ordnungsgemäßen Erfüllung der vertragl. geschuldeten Arbeitsleistung** zum Zeitpunkt des Kündigungsausspruchs nicht nur vorübergehend ganz
oder teilweise **fehlen**[6]. Hierdurch muss das Austauschverhältnis des Arbeitsvertrages nachhaltig in erheblichem Umfang gestört sein[7]. Dies ist nicht bereits bei jedem Leistungsdefizit im Vergleich zu anderen ArbN mit vergleichbaren Arbeitsaufgaben anzunehmen. Vielmehr muss eine **erhebliche Differenz**
zwischen dem durchschnittlichen arbeitsplatzbezogenen Anforderungsprofil und dem persönl. Leistungsprofil des ArbN auszumachen sein. Diese Störung kann auf **objektiven** Eignungsmängeln beruhen, zB fehlendes Gesundheitszeugnis eines in der Gastronomie beschäftigten ArbN, Verlust des Führerscheins oder der Fahrerlaubnis eines Kraftfahrers, Versagung der Arbeitserlaubnis eines
ausländischen ArbN, Statusverlust einer studentischen Hilfskraft[8], nicht aber der Wegfall deren Sozial-

---

1 St. Rspr., BAG 3.4.1986 – 2 AZR 324/85, NZA 1986, 677. ||2 BAG 27.2.1997 – 2 AZR 302/96, NZA 1997, 761.
||3 BAG 29.1.1980 – 6 AZR 1148/78, nv.; 1.4.1981 – 7 AZR 1003/78, AP Nr. 23 zu § 102 BetrVG 1972 (*G. Hueck*);
11.4.1985 – 2 AZR 239/84, AP Nr. 39 zu § 102 BetrVG 1972 (*Kraft*); 2.4.1987 – 2 AZR 418/86, EzA § 626 BGB nF
Nr. 108; 26.9.1991 – 2 AZR 132/91, NZA 1992, 1073; insofern zweifelhaft, als die Kündigung bereits (aus anderen
Gründen) ausgesprochen worden ist und die Mitteilung weiterer Gründe kaum zu ihrem Unterbleiben hätte
beitragen können. ||4 BAG 11.4.1985 – 2 AZR 239/84, AP Nr. 39 zu § 102 BetrVG 1972 (*Kraft*), st. Rspr.
||5 BAG 13.3.1987 – 7 AZR 724/85, NZA 1987, 629. ||6 BAG 19.4.2012 – 2 AZR 233/11, NZA 2012, 1449; 20.5.1988
– 2 AZR 682/87, NZA 1989, 464; 10.10.2002 – 2 AZR 472/01, NZA 2003, 483. ||7 BAG 26.11.2009 – 2 AZR 272/08,
NZA 2010, 628; LAG Hamm 25.9.2012 – 9 Sa 702/12. ||8 BAG 18.9.2008 – 2 AZR 976/06, NZA 2009, 425.

versicherungsfreiheit¹. Eine kündigungsrelevante Störung des ArbVerh kann auch durch **subjektive**, unmittelbar in der Person des ArbN begründete Leistungsdefizite verursacht werden, die auf fehlender körperlicher, geistiger, fachlicher oder charakterlicher Eignung beruhen. Derartige subjektive Leistungsmängel bedürfen, insb. wenn sie nur das individuelle Leistungsniveau des ArbN betreffen, einer genauen Darlegung des ArbGeb darüber, welche konkreten Umständen ein objektiv feststellbares erhebliches Leistungsdefizit verursachen. Die Leistungsminderung darf nicht auf einem steuerbaren, insb. schuldhaften Verhalten des ArbN beruhen, denn dann ist nur eine verhaltensbedingte Kündigung möglich (s. Rz. 181).

95 **2. Allgemeine Grundsätze. a) Ursache der Leistungsstörung.** Die **Ursache** für das Fehlen der persönl. Eignung oder Fähigkeit zur Leistungserbringung **spielt** grds. **keine Rolle**. Es ist danach bei der Prüfung zunächst unerheblich, ob der ArbN die geschuldete Arbeitsleistung, ohne dies steuern zu können nicht erbringen kann, er seine Fähigkeit und Eignung durch Eigeninitiative, zB durch Ablegung von Prüfungen, den Besuch von Fortbildungsveranstaltungen etc. aufrechterhalten oder wiedererlangen könnte oder er ohne Verschulden, zB aus Gewissensgründen die geforderte Arbeitsleistung nicht zu erbringen vermag. Hierdurch unterscheidet sich die personenbedingte wesentlich von der verhaltensbedingten Kündigung. Bei Letzterer ist gerade die durch den ArbN durch sein Verhalten schuldhaft verursachte Leistungsstörung der Kündigungsgrund. Wohingegen bei der personenbedingten Kündigung die ganz oder teilweise fehlende Leistungsfähigkeit an sich den Kündigungsgrund darstellt, worauf diese auch immer zurückzuführen ist.

95a Welche Umstände die fehlende persönl. Eignung oder Fähigkeit des ArbN herbeigeführt haben, kann aber im Rahmen der anzustellenden **Interessenabwägung** Gewicht erlangen und dadurch zur Sozialwidrigkeit der Kündigung führen. ZB eine fehlende Qualifikation des ArbN, die durch dessen Lern- und Fortbildungsbereitschaft zu beheben ist, die der ArbN jedoch trotz Hinweises bzw. Abmahnung (s. Rz. 97) nicht zeigt, oder ein auf unzureichende Sicherheitsvorkehrungen des ArbGeb zurückzuführender Arbeitsunfall, der die Arbeitsunfähigkeit verursacht hat. Das Gleiche gilt für eine unterlassene Gefährdungsbeurteilung (§ 5 ArbSchG)² oder für die Verursachung des Kündigungsgrundes durch arbeitsplatzbedingte Verschleißerscheinungen des ArbN. Erst im Rahmen der Interessenabwägung wird maßgeblich, ob eine etwa vorhandene Ursache für die Leistungsstörung aus der Sphäre des ArbGeb oder aus derjenigen des ArbN stammt.

96 **b) Verantwortlichkeit für die Leistungsstörung/Verschulden.** Ein Verschulden des ArbN bzw. des ArbGeb an dem Eintritt der mangelnden Fähigkeit des ArbN zur ordnungsgemäßen Vertragserfüllung ist für die Feststellung des Kündigungsgrundes grds. unerheblich. Allerdings ist ein eventuelles Verschulden bzw. eine Verantwortlichkeit für die eingetretene Leistungsstörung bei der Interessenabwägung zu Lasten der jeweiligen Arbeitsvertragspartei zu berücksichtigen.

97 **c) Abmahnung.** Die Abgrenzungsprobleme zur verhaltensbedingten Kündigung zeigen sich insb. bei der Frage, ob auch vor Ausspruch einer personenbedingten Kündigung möglicherweise eine Abmahnung erforderlich ist. Die überwiegenden Gründe für die fehlende Eignung oder Befähigung des ArbN, die vertragl. geschuldete Arbeitsleistung zu erbringen, sind darauf zurückzuführen, dass der ArbN die Arbeitsleistung nicht erbringen kann. Damit sind personenbedingte Kündigungsgründe einer Abmahnung an sich nicht zugänglich. Eine Abmahnung ist deshalb bei einer personenbedingten Kündigung **idR nicht erforderlich**. Die Funktion einer Abmahnung besteht darin, dem ArbN deutlich zu machen, dass der ArbGeb die eingetretene Leistungsstörung nicht weiter hinzunehmen bereit ist. Hierdurch soll der ArbN gewarnt und insb. veranlasst werden, künftig derartige Leistungsstörungen zu unterlassen, um den Bestand des ArbVerh nicht zu gefährden. Ist der ArbN gar nicht in der Lage, die Ursachen für seine fehlende Eignung und Fähigkeit zur Leistungserbringung zu beeinflussen, kann eine Abmahnung diese Funktion nicht erfüllen. IÜ bringt der ArbGeb durch eine Abmahnung regelmäßig zum Ausdruck, dass er ein vertragswidriges, wenn auch nicht unbedingt schuldhaftes Verhalten des ArbN missbilligt. Dies ist bei einer personenbedingten Kündigung idR verfehlt. Spricht der ArbGeb aber eine Abmahnung aus, ist eine danach aus denselben Gründen ausgesprochene personenbedingte Kündigung – unabhängig davon, ob es einer Abmahnung bedurft hätte – regelmäßig unwirksam³ (s. Rz. 72).

98 Wenn der Verlust der zu fordernden Eignung oder Fähigkeit zur Leistungserfüllung **ausnahmsweise** auf einem **steuerbaren Verhalten** des ArbN beruht, wird teilweise auch bei der personenbedingten Kündigung der Ausspruch einer vorherigen Abmahnung für notwendig gehalten⁴. Dies wird mit dem Grundsatz der Verhältnismäßigkeit begründet, führt aber zu vermeidbaren Abgrenzungsschwierigkeiten zur verhaltensbedingten Kündigung. Kann der ArbN zB seine fehlende Eignung oder Fähigkeit durch Qualifizierungs- oder Fortbildungsmaßnahmen wiedererlangen, soll der ArbGeb verpflichtet sein, den ArbN durch den Ausspruch einer Abmahnung darauf hinzuweisen, dass ohne die entsprechende Eigeninitiative des ArbN wegen dessen fehlender Eignung und Fähigkeit eine personenbe-

---

1 BAG 18.1.2007 – 2 AZR 731/05, NZA 2007, 680. ||2 LAG Hess. 15.9.2000 – 2 Sa 1833/99. ||3 LAG Köln 16.9.2004 – 5 Sa 592/04, LAGReport 2005, 87. ||4 BAG 4.6.1997 – 2 AZR 526/96, NZA 1997, 1281; 15.8.1984 – 7 AZR 228/82, NJW 1985, 2158; LAG Düss. 5.2.2013 – 17 Sa 1492/12; LAG Nürnberg 12.6.2007 – 6 Sa 37/07.

dingte Kündigung droht[1]. Dies scheint verfehlt, schließlich verhält sich auch ein ArbN, der eine Fortbildungschance zur Sicherung seines Arbeitsplatzes nicht ergreift, idR nicht vertragswidrig[2]. Richtig ist deshalb, dass jedenfalls dann eine Abmahnung entbehrlich ist, wenn der ArbN keine Bereitschaft zeigt, an der Behebung der personenbedingten Leistungshindernisse mitzuwirken[3]. Auch ein vom ArbN beeinflussbares genesungswidriges Verhalten führt nicht dazu, dass vor Ausspruch der wegen Krankheit erfolgenden Kündigung eine vorhergehende Abmahnung erforderlich wird. Ein solches Verhalten kann bei der Interessenabwägung ausreichend berücksichtigt werden. Stellt das genesungswidrige Verhalten selbst den Kündigungsgrund dar, muss der ArbGeb eine verhaltensbedingte Kündigung aussprechen; dieser hat dann idR eine Abmahnung voranzugehen. **Für die Praxis** bedeutet diese von der Rspr. nicht eindeutig vollzogene Trennung zwischen verhaltens- und personenbedingter Kündigung hinsichtlich des Abmahnerfordernisses, dass ein ArbGeb bei steuerbaren, behebbaren Eignungsmängeln des ArbN diesen vor Ausspruch einer Kündigung durch konkrete Hinweise[4], evtl. gar durch eine Abmahnung[5] darauf aufmerksam machen sollte, dass für den Fall, dass der ArbN die Eignungsmängel nicht abstellt, eine personenbedingte Kündigung bevorsteht.

d) Weiterbeschäftigungsmöglichkeit. Bei der personenbedingten Kündigung darf keine Weiterbeschäftigungsmöglichkeit des ArbN auf einem anderen **freien Arbeitsplatz** bestehen, auf dem die fehlende Eignung oder Fähigkeit des ArbN gar nicht oder kaum ins Gewicht fällt. Als frei sind Arbeitsplätze anzusehen, die zum Zeitpunkt der Kündigung nicht besetzt sind, alsbald frei werden oder bei Ablauf der Kündigungsfrist nicht (mehr) besetzt sein werden[6]. Der ArbGeb ist also nicht verpflichtet, einen leidensgerechten Arbeitsplatz für den ArbN durch **Freikündigung** zu schaffen[7]; allerdings darf er die (sich ihm aufdrängende) Weiterbeschäftigungsmöglichkeit auch nicht treuwidrig vereiteln[8]. Es besteht keine Verpflichtung, den ArbN auf einem Arbeitsplatz im Betrieb eines anderen Unternehmens unterzubringen[9]. Bei Wegfall des Arbeitsplatzes infolge von Strukturveränderungen des öffentl. ArbGeb kann eine Umsetzung in einen anderen Verwaltungszweig in Betracht kommen[10]. Auch die Aufnahme des ArbN in einen vorhandenen Personalpool ist zu prüfen[11]. Als milderes Mittel ggü. der Kündigung hat der ArbGeb ferner vorab zu klären, ob er im Wege der Umorganisation des Personaleinsatzes durch Wahrnehmung seines **Direktionsrechts** unter Einhaltung des § 315 BGB ggü. einem anderen ArbN einen freien leidensgerechten Arbeitsplatz schaffen kann[12]. Durch eine derartige Maßnahme verhält sich der ArbGeb auch ggü. dem bisherigen Arbeitsplatzinhaber vertragsgerecht und greift in dessen Rechtsposition in zulässiger Weise ein. Soweit eine solche Maßnahme ggü. dem an sich nicht betroffenen, anderen ArbN eine Versetzung iSv. §§ 95 III, 99 I BetrVG darstellt, muss sich der ArbGeb um die Zustimmung des BR bemühen. Dem ArbGeb ist allerdings die Durchführung eines Zustimmungsersetzungsverfahrens gem. § 99 IV BetrVG idR nicht zumutbar. Wenn der BR dem Versetzungsantrag nicht zustimmt, darf sich der ArbGeb also grds. darauf berufen, dass eine mildere Maßnahme als die personenbedingte Kündigung ggü. dem betroffenen ArbN nicht zur Verfügung steht[13]. Dies gilt insb, wenn bei einem schwerbehinderten ArbN bereits die Zustimmung des Integrationsamts nach § 85 SGB IX zur Kündigung vorliegt[14]. Bei krankheitsbedingter Kündigung kommen im Rahmen dieser Prüfung der Gefährdungsbeurteilung gem. § 5 ArbSchG[15], dem Präventionsverfahren gem. § 84 I SGB IX und dem **BEM** gem. § 84 II SGB IX besondere Bedeutung zu[16] (s. Rz. 137a und § 84 SGB IX Rz. 3 ff., 19 ff.).

e) Sozialauswahl. Eine direkte Anwendung von Abs. 3 auf die personenbedingte Kündigung kommt schon wegen des Wortlauts der Bestimmung nicht in Betracht. Eine entsprechende Anwendung ist ebenfalls ausgeschlossen. Das Erfordernis der Sozialauswahl bei betriebsbedingten Kündigungen stellt eine gesetzl. Ausnahme von dem Grundsatz dar, dass der allg. Kündigungsschutz arbeitsvertragsbezogen ausgestaltet ist, eine Beendigung des ArbVerh also nur aus Gründen in Betracht kommt, die das Verhältnis zwischen ArbGeb und dem einzelnen ArbN betreffen. Bei personen- oder verhaltensbedingten Kündigungen steht der zu kündigende ArbN alleine bereits auf Grund der kündigungsrelevanten fehlenden Eignung oder des zur Kündigung führenden Fehlverhaltens fest, weshalb eine Auswahlentscheidung zur personellen Konkretisierung des zu kündigenden ArbN nicht erforderlich ist. Würde man auch in diesen Fällen den ArbGeb zu einer Austauschkündigung berechtigen oder verpflichten, würde in die vertragl. begründete Rechtsposition eines anderen ArbN eingegriffen, ohne dass dieser hierfür persönlich einen Grund gesetzt hat. Das aber ist jedenfalls ohne eine ausdrückliche gesetzl. Anordnung nicht möglich[17].

---

1 BAG 15.8.1984 – 7 AZR 228/82, NJW 1985, 2158; 7.12.2000 – 2 AZR 459/99, NZA 2001, 1304. ||2 LAG Hamm 20.10.2011 – 15 Sa 841/11. ||3 BAG 28.1.2010 – 2 AZR 764/08, NZA 2010, 625. ||4 LAG Hamm 25.9.2012 – 9 Sa 702/12. ||5 LAG MV 17.4.2013 – 2 Sa 237/12; 17.4.2012 – 5 Sa 191/11. ||6 BAG 20.6.2013 – 2 AZR 583/12, NZA 2013, 1345; 1.3.2007 – 2 AZR 650/05, DB 2007, 1540. ||7 LAG Hamm 31.3.2004 – 18 Sa 2219/03, AuA 2004, 48. ||8 BAG 24.11.2005 – 2 AZR 514/04, AuA 2006, 490. ||9 LAG Rh.-Pf. 5.7.2012 – 10 Sa 685/11, ZMV 2012, 347. ||10 BAG 10.6.2010 – 2 AZR 1020/08, NZA 2010, 1234. ||11 LAG Hamm 23.8.2012 – 15 Sa 586/12. ||12 BAG 30.9.2010 – 2 AZR 88/09, NZA 2011, 39; LAG Rh.-Pf. 12.1.2012 – 10 Sa 496/11. ||13 BAG 22.9.2005 – 2 AZR 519/04, NZA 2006, 486; 29.1.1997 – 2 AZR 9/96, NZA 1997, 709. ||14 LAG Hamm 30.9.2010 – 15 Sa 416/10, AuA 2010, 725. ||15 LAG Hamm 26.4.2013 – 10 Sa 24/13; BAG 12.8.2008 – 9 AZR 1117/06, ZTR 2008, 623; LAG Hess. 15.9.2000 – 2 Sa 1833/99. ||16 BAG 10.12.2009 – 2 AZR 400/08, NZA 2010, 398; 10.12.2009 – 2 AZR 198/09, NZA 2010, 639; 23.4.2008 – 2 AZR 1012/06, NZA-RR 2008, 515. ||17 BAG 29.1.1997 – 2 AZR 9/96, NZA 1997, 709.

101 **f) Beurteilungszeitpunkt.** Maßgeblicher Zeitpunkt für die Feststellung der sozialen Rechtfertigung der personenbedingten Kündigung ist der Zeitpunkt des **Zugangs der Kündigung**. Die zu diesem Zeitpunkt herrschenden tatsächlichen objektiven Verhältnisse sind der Prüfung der Sozialwidrigkeit der Kündigung zugrunde zu legen. Ein (unerwartet) positiver Krankheitsverlauf nach Ausspruch der Kündigung ist ebenso unmaßgeblich wie eine etwa während des Prozesses abgelegte Eignungsprüfung, sofern mit dieser Entwicklung nicht bereits zum Zeitpunkt des Zugangs der Kündigung gerechnet werden konnte. Nach Zugang der Kündigung eintretende Ereignisse, die auf neu entstehenden Geschehensabläufen beruhen, sind damit grds. nicht zu berücksichtigen. Zeigt sich der ArbN bspw. erst infolge des Kündigungsausspruchs therapiebereit oder lässt er nun doch eine Operation durchführen, die er zuvor abgelehnt hatte, setzt der ArbN hiermit einen neuen Kausalverlauf in Gang, der auf die ursprüngliche Kündigungsberechtigung des ArbGeb keinen Einfluss hat[1].

102 **3. Prüfungsschema bei der personenbedingten Kündigung. a) Überblick.** Die Überprüfung der Sozialwidrigkeit einer personenbedingten Kündigung ist in **drei Stufen** vorzunehmen. Zunächst ist festzustellen, ob Mängel in der persönlichen Eignung oder Fähigkeit des ArbN zur ordnungsgemäßen Leistungserfüllung nachhaltig iS einer **negativen Prognose** über den Ablauf der Kündigungsfrist hinaus zu erwarten sind **(1. Stufe)**. Die im Rahmen der negativen Prognose festgestellten zu erwartenden Störungen des ArbVerh müssen zu einer **erheblichen Beeinträchtigung betrieblicher Interessen** führen, mit der in Zukunft zu rechnen ist **(2. Stufe)**. Diese beiden Elemente bilden zusammen den Kündigungsgrund[2]. Sodann ist mithilfe einer einzelfallbezogenen **Interessenabwägung** zu klären, ob unter Berücksichtigung der wechselseitigen Interessen dem ArbGeb die Fortsetzung des ArbVerh nicht weiter zumutbar ist **(3. Stufe)**. Bei einzelnen personenbedingten Kündigungsgründen, insb. bei der krankheitsbedingten Kündigung, sind bei dieser Prüfung Besonderheiten zu beachten, die bei den betreffenden Kündigungsgründen behandelt werden.

103 **b) Die Prüfungsschritte im Einzelnen. aa) 1. Stufe: Negative Prognose der fehlenden Fähigkeit oder Eignung des Arbeitnehmers.** Zum Zeitpunkt des Ausspruchs der Kündigung muss die durch objektive Tatsachen begründete ernsthafte Besorgnis weiterer Störungen des ArbVerh auf Grund der fehlenden Eignung oder Fähigkeit des ArbN bestehen (**Prognoseprinzip**). Hierzu muss anhand objektiver Tatsachen ermittelt werden, ob eine alsbaldige Herstellung bzw. Wiedererlangung der persönl. Eignung und Fähigkeit des ArbN zur ordnungsgemäßen Erbringung der geschuldeten Arbeitsleistung ausgeschlossen scheint. Es kommt also darauf an, dass die in der Person des ArbN begründeten Störungen des ArbVerh (auch) zukünftig zu erwarten sind. Hierbei sind die **objektiven Tatsachen und Umstände zum Zeitpunkt der Kündigung**[3] und nicht die subjektiven Vorstellungen und Erwartungen des ArbGeb oder des ArbN maßgeblich.

104 Je nach Ursache für die fehlende Eignung oder Fähigkeit des ArbN, seine vertragl. Arbeitspflichten zu erfüllen, kann sich die negative Prognose bereits aus der Art des Mangels selbst ergeben. Dies ist insb. bei **objektiven Eignungsmängeln** der Fall, zB bei rechtskräftig oder sonst endgültig feststehendem Verlust der Arbeitserlaubnis[4] (s. Rz. 124). Dies kann auch zutreffen, wenn dem ArbN eine zur Erfüllung der arbeitsvertragl. geschuldeten Leistung erforderliche fachliche Qualifikation fehlt, er sie verliert oder nicht erwirbt, zB Führerscheinentzug, Nichtbestehen notwendiger Prüfungs- oder Berufsabschlüsse. Bei subjektiven Leistungsmängeln kann sich die negative Prognose nur ausnahmsw. bereits aus der Art des Mangels selbst ergeben, zB wenn sich der ArbN aus Gewissensgründen ernsthaft weigert, die geschuldete Arbeitsleistung künftig zu erbringen (s. Rz. 133). In diesen Fällen ist davon auszugehen, dass die fehlende Fähigkeit oder Eignung des ArbN auch zukünftig zu Störungen des ArbVerh führen wird, so dass die negative Prognose feststeht.

105 Hingegen bedarf die Feststellung einer negativen Prognose bei **subjektiven Eignungsmängeln** idR einer genauen Betrachtung und damit substantiierten Darlegung der die einzelnen Störungen jeweils herbeiführenden Umstände. Grund der Kündigung sind nicht die bisher aufgetretenen Störungen oder der Eignungs- bzw. Gesundheitszustand zum Zeitpunkt der Kündigung, sondern die zu diesem Zeitpunkt in Zukunft zu erwartende Entwicklung der persönl. Eignung; bei der krankheitsbedingten Kündigung insb. der zu erwartende Krankheitsverlauf. Den Umständen, auf denen die negative Prognose beruht, muss danach zumindest eine **Wiederholungsgefahr** innewohnen. Auf einmalige Ursachen oder Ereignisse zurückzuführende in der Vergangenheit aufgetretene vorübergehende Fehlzeiten, wie zB Unfall, Mandeloperation, ausgeheilte Krankheiten oÄ rechtfertigen deshalb idR keine negative Prognose. Dies folgt daraus, dass die bisherigen, das konkrete ArbVerh störenden Geschehensabläufe lediglich tatsächliche Anhaltspunkte für die zu erwartende Entwicklung bieten und nicht selbst Kündigungsgrund sind. Ihnen kann aber **Indizwirkung** für eine negative Prognose zukommen, und zwar dann, wenn die festgestellten Ursachen der Eignungsmängel erwarten lassen, dass sie dauerhaft oder jedenfalls auch in absehbarer Zukunft entsprechende Störungen herbeiführen werden. Die Zuverlässig-

---

1 BAG 6.9.1989 – 2 AZR 118/89, NZA 1990, 305. ||2 BAG 29.7.1993 – 2 AZR 155/93, NZA 1994, 67; 6.9.1989 – 2 AZR 224/89, NZA 1990, 434. ||3 BAG 19.4.2012 – 2 AZR 233/11, NZA 2012, 1449; 12.4.2002 – 2 AZR 148/01, NZA 2002, 1081. ||4 BAG 7.2.1990 – 2 AZR 359/89, NZA 1991, 341.

keit der negativen Prognose hängt damit wesentlich davon ab, wie genau die Hintergründe und Ursachen für die bisherigen Störungen des ArbVerh beleuchtet und berücksichtigt werden (können).

Es liegt im Interesse des ArbGeb, der die negative Prognose darzulegen und ggf. zu beweisen hat (s. Rz. 170), die Art, die Dauer und die Häufigkeit der bisherigen Ausfallzeiten bzw. Leistungsdefizite sowie deren Ursachen bereits vor Ausspruch der Kündigung zu kennen. Zwar ist er nicht verpflichtet, derartige Erkundigungen einzuholen[1]. Auch besteht grds. **keine vorprozessuale Mitwirkungspflicht** des ArbN[2]. Der ArbN ist vor Ausspruch der Kündigung idR nicht zu Auskünften und bei der krankheitsbedingten Kündigung nicht zur Entbindung seiner Ärzte von der Schweigepflicht verpflichtet[3]. Allerdings verlangt § 84 II SGB IX vom ArbGeb, auch bei nicht schwerbehinderten ArbN die Möglichkeiten der Sicherung des Arbeitsplatzes durch ein **BEM** zu klären[4] (s. Rz. 137a). Im Falle des Einverständnisses des ArbN erhält der ArbGeb hierdurch nähere Kenntnis von den die Störungen bedingenden Umständen.

bb) 2. Stufe: Erhebliche Beeinträchtigung betrieblicher Interessen. Die so festgestellte negative Prognose kann eine personenbedingte Kündigung nur rechtfertigen, wenn die zukünftig für das ArbVerh zu erwartenden Störungen zu einer erheblichen Beeinträchtigung betriebl. Interessen führen. Die Beeinträchtigung der betriebl. Interessen ist **Teil des Kündigungsgrundes**[5]. Es kommen insoweit **erhebliche Betriebsablaufstörungen**, aber auch **erhebliche wirtschaftliche Beeinträchtigungen betrieblicher Interessen** in Betracht. Maßgeblich sind die künftig zu erwartenden Auswirkungen der fehlenden Eignung oder Fähigkeit des ArbN zur Erfüllung der geschuldeten Arbeitsleistung. Sowohl der Eintritt von erheblichen Betriebsablaufstörungen als auch die Feststellung erheblicher wirtschaftl. Belastungen des ArbGeb hängen ua. von der **Position des** zu kündigenden **ArbN** im Betrieb oder Unternehmen ab. Eine besondere Qualifikation des ArbN kann zB dazu führen, dass Ersatzpersonal nicht oder jedenfalls nicht nur vorübergehend beschafft werden kann.

Als **Betriebsablaufstörungen** wegen (wiederholter) Ausfallzeiten oder fehlender Eignung des ArbN kommen insb. ein Stillstand von Maschinen und sonstige Störungen des Arbeitsablaufs, wie Stillstand der EDV-Anlage[6], Produktionsausfälle oder -stillstände in Betracht. Auch kann der Rückgang der Produktion wegen erst einzuarbeitenden Ersatzpersonals oder auf Grund des Abzugs von an sich benötigten Arbeitskräften aus anderen Arbeitsbereichen entstehen. Ferner sind Störungen infolge nicht beschaffbaren Ersatzpersonals und/oder durch wiederkehrende Überlastung des verbliebenen Personals denkbar. Ebenso kommen Folgen nicht eingehaltener Liefertermine, zB die Verärgerung von Kunden oder gar der Verlust von Kundenaufträgen in Betracht. Ausfallzeiten des ArbN können außerdem die Verringerung von Abnahmemengen durch Produktionsausfälle und damit Störungen der Lieferantenverträge bedingen. Behauptet der ArbGeb zB eine qualifizierte, eine Einarbeitungszeit von einem halben bis einem Jahr erfordernde Tätigkeit des ausfallenden ArbN, die deshalb von Aushilfskräften nicht erledigt werden könne, so dass Ausfallzeiten nur durch Umsetzungsmaßnahmen ausgeglichen werden könnten, muss der ArbGeb konkret darstellen, welche Umsetzungsmaßnahmen tatsächlich vorgenommen wurden. Ferner ist darzulegen, ob die ergriffenen Maßnahmen mit Ableistung von Mehrarbeit, etwa auch durch das in den von der Umsetzung betroffenen anderen Arbeitsbereichen verbliebene Personal, und insoweit mit einer Überlastung dieses Personals verbunden sind[7]. Erhebliche Betriebsablaufstörungen können bereits bei jährlichen Ausfallzeiten von weniger als sechs Wochen (Entgeltfortzahlungszeitraum) vorliegen[8].

Solche Betriebsablaufstörungen sind aber nur dann als Kündigungsgrund geeignet, wenn sie nicht durch mögliche **Überbrückungsmaßnahmen** vermieden werden können. Hierzu gehören Maßnahmen, die anlässlich des konkreten Ausfalls des ArbN ergriffen werden, zB die Neueinstellung einer Aushilfskraft, die Umorganisation des Arbeitsablaufs[9], der Einsatz eines ArbN aus einer vorgehaltenen Personalreserve (Springer). Werden auf diese Weise Ausfälle tatsächlich überbrückt, so liegt bereits objektiv keine erhebliche Beeinträchtigung betriebl. Interessen und damit kein zur Kündigung geeigneter Grund vor. Allerdings ist zB bei häufigen Kurzerkrankungen die Verpflichtung zur Einstellung von Aushilfskräften eingeschränkt, da deren Einsatz nicht kalkulierbar ist[10]. Eine Überbrückungsmaßnahme kann auch die **Umsetzung** des betroffenen ArbN selbst sein oder durch ein gem. § 84 I oder II SGB IX vorzuschaltendes Präventionsverfahren oder **BEM** erreicht werden (s. Rz. 137a). Können die Fehlzeiten durch die Versetzung auf einen anderen freien Arbeitsplatz erheblich reduziert oder gar vermieden werden oder tritt der konkrete Eignungsmangel nur auf dem von ihm besetzten, nicht aber auf einem anderen freien Arbeitsplatz auf, auf dem er eingesetzt werden könnte, kann es an einer durch seine Person herbeigeführten erheblichen Beeinträchtigung betriebl. Interessen fehlen[11]. Zur Vermeidung einer au-

---

1 BAG 15.8.1984 – 7 AZR 536/82, NJW 1985, 2783. ‖2 BAG 25.11.1982 – 2 AZR 140/81, NJW 1983, 2897. ‖3 BAG 12.4.2002 – 2 AZR 148/01, NZA 2002, 1081. ‖4 BAG 10.12.2009 – 2 AZR 198/09, NZA 2010, 639; 12.7. 2007 – 2 AZR 716/06, NZA 2008, 173. ‖5 BAG 29.7.1993 – 2 AZR 155/93, NZA 1994, 67; 6.9.1989 – 2 AZR 224/89, NZA 1990, 434. ‖6 LAG Sa.-Anh. 8.5.2007 – 8 Sa 102/06. ‖7 BAG 7.12.1989 – 2 AZR 225/89, EzA § 1 KSchG Krankheit Nr. 30. ‖8 BAG 7.12.1989 – 2 AZR 225/89, EzA § 1 KSchG Krankheit. Nr. 30. ‖9 LAG Bln.-Bbg. 4.12.2008 – 26 Sa 343/08. ‖10 BAG 16.2.1989 – 2 AZR 299/88, NZA 1989, 923. ‖11 BAG 20.5.1988 – 2 AZR 682/87, NZA 1989 464.

ßerordentl. Kündigung, insb. bei einer solchen wegen verminderter Leistungsfähigkeit eines älteren ArbN, kann auch die Umgestaltung des Arbeitsplatzes in Betracht kommen[1]. Insb. wenn der ArbN krankheitsbedingt auf Dauer nicht mehr in der Lage ist, die geschuldete Arbeit auf seinem bisherigen Arbeitsplatz zu leisten, ist er zur Vermeidung einer Kündigung auf einem leidensgerechten Arbeitsplatz im Betrieb oder Unternehmen weiter zu beschäftigen, falls ein solch gleichwertiger oder jedenfalls zumutbarer Arbeitsplatz frei und der ArbN für die dort zu leistende Arbeit geeignet ist. Ggf. hat der ArbGeb einen solchen Arbeitsplatz durch Ausübung seines Direktionsrechts frei zu machen und sich um die evtl. notwendige Zustimmung des BR zu bemühen. Zu einer weiter gehenden Umorganisation oder zur Durchführung eines Zustimmungsersetzungsverfahrens gem. § 99 IV BetrVG ist der ArbGeb dagegen idR nicht verpflichtet[2].

109 Zweifelhaft erscheint, ob ein ArbGeb im Kündigungsschutzprozess eines ArbN, dessen Ausfall durch Springer ausgeglichen werden könnte, unabhängig davon, ob er eine die durchschnittlichen Fehlzeiten von ArbN ausgleichende **Personalreserve** tatsächlich vorhält, so zu stellen ist, als wäre ihm diese Überbrückungsart möglich[3]. Teilweise wird sogar erörtert, dass diese Personalreserve nicht nur der durchschnittlichen Krankheitsquote entsprechen dürfe, sondern auch andere zu erwartende Abwesenheitszeiten, zB solche durch (ausländischen) Wehrdienst verursachte, berücksichtigen müsse[4]. Das bedeutete, dass jede durch den zumutbaren Einsatz von Springern überbrückbare Fehlzeit von ArbN unabhängig davon, ob der ArbGeb solche Springer beschäftigt, keine erheblichen Beeinträchtigungen betriebl. Interessen nach sich ziehen könnte. Wie sich der ArbGeb jedoch entscheidet, ob er überhaupt eine Personalreserve vorhält bzw. auf welchen Prozentsatz er diese bemisst, stellt eine freie Unternehmerentscheidung dar, die nur einer beschränkten Kontrolle durch die Gerichte unterliegt, ob sie offenbar unsachlich, unvernünftig oder willkürlich ist[5]. Es würde einen indirekten Eingriff in die unternehmerische Gestaltungsfreiheit darstellen, wollte man dem ArbGeb, der keine Personalreserve vorhält, eine krankheitsbedingte Kündigung auf Grund erheblicher Entgeltfortzahlungskosten grds. verwehren, während man bei dem ArbGeb, der eine noch so geringe Personalreserve vorhält, die Kündigung allein auf Grund der Entgeltfortzahlungskosten zulässt und sogar noch bei der Interessenabwägung die Personalreserve zu seinen Gunsten berücksichtigt[6].

110 Die Beantwortung der Frage, ob erhebliche **wirtschaftliche Beeinträchtigungen** betriebl. Interessen zu befürchten sind, hängt davon ab, welche Kostenbelastung der ArbGeb durch die in der Person des ArbN begründeten Störungen des ArbVerh in Zukunft zu besorgen hat[7]. Von einer erheblichen wirtschaftl. Belastung des ArbGeb ist auszugehen, wenn zB infolge immer neuer beträchtlicher krankheitsbedingter Fehlzeiten des ArbN und entsprechender Mehraufwendungen für die Beschäftigung von Aushilfskräften zu rechnen ist. Auch allein die zu erwartende wirtschaftl. Belastung mit außergewöhnlich hohen Entgeltfortzahlungskosten, die jährlich jeweils für einen Zeitraum von mehr als sechs Wochen aufzuwenden sind, kann einen zur sozialen Rechtfertigung der Kündigung geeigneten Grund darstellen. Es ist nicht erforderlich, dass neben derartigen Entgeltfortzahlungskosten weitere Belastungen des ArbGeb, wie etwa Betriebsablaufstörungen oder Vorhaltekosten für eine Personalreserve entstehen[8]. Dabei ist nur auf die Kosten des ArbVerh und nicht auf die Gesamtbelastung des Betriebes mit Entgeltfortzahlungskosten abzustellen[9].

111 Ist eine festgestellte Beeinträchtigung betriebl. Interessen mit Überbrückungs- oder Umsetzungsmaßnahmen nicht zu vermeiden, so gehört ebenfalls noch zum Kündigungsgrund, dass die Störung **erheblich** ist. Nicht jede Beeinträchtigung betriebl. Belange durch die in Zukunft zu erwartenden Störungen des ArbVerh auf Grund der fehlenden Eignung und Fähigkeit des ArbN kann eine personenbedingte Kündigung rechtfertigen, da sonst der Verhältnismäßigkeitsgrundsatz verletzt wird. So können nur schwerwiegende Störungen des Betriebsablaufs bzw. negative wirtschaftl. Auswirkungen von beachtlichem Gewicht kündigungsrelevant werden.

112 **cc) 3. Stufe: Interessenabwägung.** Die soziale Rechtfertigung einer personenbedingten Kündigung setzt in der dritten Stufe voraus, dass die festgestellten, infolge der negativen Prognose zukünftig zu erwartenden erheblichen Beeinträchtigungen betriebl. Belange wirtschaftl. oder sonstiger Art zu einer **billigerweise nicht mehr hinzunehmenden Belastung** des ArbGeb führen[10]. Ob eine derartige erhebliche Äquivalenzstörung des ArbVerh vorliegt, ist im Rahmen einer auf den **Einzelfall** bezogenen, die jeweiligen besonderen Interessen der Parteien berücksichtigenden Interessenabwägung zu beurteilen. Alle im konkreten Fall in Betracht kommenden Umstände sind zu berücksichtigen und gegeneinander abzuwägen. Maßgeblich sind in erster Linie arbeitsplatzbezogene Kriterien. Erst wenn der Kündigungsgrund feststeht, also tatsächlich von einer negativen Prognose auszugehen ist und durch die in

---

[1] BAG 12.7.1995 – 2 AZR 762/94, NZA 1995, 1100. ‖ [2] BAG 22.9.2005 – 2 AZR 519/04, NZA 2006, 486; LAG Hamm 30.9.2010 – 15 Sa 416/10, AuA 2010, 725. ‖ [3] So APS/*Dörner*, § 1 Rz. 155. ‖ [4] *Kohte*, Anm. zu BAG 20.5.1988 – 2 AZR 682/87 in AP Nr. 9 zu § 1 KSchG Personenbedingte Kündigung. ‖ [5] *Preis* in Stahlhacke/Preis/Vossen, Rz. 626. ‖ [6] BAG 29.7.1993 – 2 AZR 155/93, NZA 1994, 67. ‖ [7] BAG 7.12.1989 – 2 AZR 225/89, EzA Nr. 30 zu § 1 KSchG Krankheit. ‖ [8] BAG 29.7.1993 – 2 AZR 155/93, NZA 1994, 67; 5.7.1990 – 2 AZR 154/90, NZA 1991, 185. ‖ [9] BAG 7.11.1985 – 2 AZR 657/84, NZA 1986, 359; 15.2.1984 – 2 AZR 573/82, NZA 1984, 86. ‖ [10] BAG 12.4.2002 – 2 AZR 148/01, NZA 2002, 1081; 29.4.1999 – 2 AZR 431/98, NZA 1999, 978; 21.5.1992 – 2 AZR 399/91, NZA 1993, 497.

Zukunft zu erwartenden Fehlzeiten bzw. sonstigen Störungen des ArbVerh erhebliche Betriebsablaufstörungen oder erhebliche wirtschaftl. Belastungen des ArbGeb zu besorgen sind, ist in der dritten Stufe bei der Interessenabwägung zu prüfen, ob dem ArbGeb weiter gehende Überbrückungsmaßnahmen zumutbar sind[1]. Es gibt **keinen abgeschlossenen Kriterienkatalog**. Ebenso wenig ist ein bestimmtes Ausmaß an Fehlzeiten immer geeignet, die Fortsetzung des ArbVerh für den ArbGeb unzumutbar erscheinen zu lassen. Viele Kriterien können je nach Sachlage zu Gunsten des ArbGeb oder zu Gunsten des ArbN zu berücksichtigen sein, ohne für sich alleine in jedem Fall ein Abwägungskriterium darzustellen. Die Relevanz eines Abwägungskriteriums resultiert vielmehr aus den konkreten Umständen des jeweiligen ArbVerh. **Abwägungskriterien sind zB:**

– **Dauer des Arbeitsverhältnisses:** Je länger das ArbVerh ohne Störungen bestanden hat, umso strenger ist die Abwägung der ArbGebInteressen ggü. dem Bestandsschutzinteresse des ArbN vorzunehmen. Eine lange Dauer des Beschäftigungsverhältnisses kann insb. dazu führen, dass der ArbGeb über einen längeren Zeitraum geeignete und zumutbare Überbrückungsmaßnahmen hinzunehmen hat[2]. Hingegen kann eine kurze Dauer des ArbVerh auch bei verhältnismäßig geringen Belastungen der ArbGebInteressen eine Kündigung rechtfertigen. Ein **ungestörter Verlauf** des ArbVerh liegt nicht schon dann vor, wenn der ArbN im Jahr nicht länger als sechs Wochen arbeitsunfähig erkrankt gewesen ist[3].

– **Alter des ArbN:** Das verhältnismäßig hohe Alter eines ArbN, insb. dessen ohnehin zeitnahes Ausscheiden[4], kann bei einem schon lang währenden ArbVerh dem ArbGeb eine größere Rücksichtnahme abverlangen, wohingegen es bei einem relativ kurzen ArbVerh für sich alleine kein wesentliches Kriterium darstellt. Andererseits kann ein niedriges Lebensalter gerade für erhebliche in der Zukunft weiter zu erwartende Ausfallzeiten sprechen, so dass es zu Lasten des ArbN berücksichtigt werden kann[5]. Wegen der Korrelation mit der Betriebszugehörigkeit liegt in dieser Differenzierung keine mittelbare Altersdiskriminierung. **Soziale Schutzbedürftigkeit des ArbN:** Hier sind neben den Familienstand, die Unterhaltspflichten oder auch eine bestehende Schwerbehinderung des ArbN von Bedeutung. Ebenso können schlechte Chancen auf dem Arbeitsmarkt zu Gunsten des ArbN einzubeziehen sein. **Besonderer Kündigungsschutz:** Bei einem tarifvertragl. oder einzelvertragl. ordentl. unkündbaren ArbN ist bei der Interessenabwägung dessen besonderer Kündigungsschutz zusätzlich zu seinen Gunsten zu berücksichtigen. Es ist ein besonders strenger Maßstab anzulegen[6]. Außerdem wird dem ArbGeb die Einhaltung der Auslauffrist idR zuzumuten sein[7].

– **Ursache der Störung:** Die Ursache für die eingetretene Störung des ArbVerh kann je nach Sachlage zu Gunsten der einen oder anderen Arbeitsvertragspartei zu berücksichtigen sein. Beruht etwa ein Unfall, der zum Ausfall des ArbN führt, auf unvorsichtigem Verhalten oder gar Verschulden des ArbN, wird dies zu seinen Lasten gehen. Dies gilt auch für **genesungswidriges** oder gesundheitsschädliches **Verhalten**. Anders bspw., wenn ein Betriebsunfall auf Unterlassung von Unfallschutzmaßnahmen oder die Umgehung von Unfallschutzvorschriften zurückzuführen ist. Betriebl. Besonderheiten, wie etwa ein immissionsbelasteter Arbeitsplatz, können eine Rolle spielen, wobei allerdings eine besondere gesundheitliche Veranlagung des ArbN im Falle ihrer (Mit-)Ursächlichkeit ebenfalls in die Abwägung einzubeziehen ist[8]. **Personaleinsatzprobleme:** Fehlende oder wesentlich erschwerte Planungsmöglichkeit, Probleme in der Zusammenarbeit der Kollegen des betroffenen ArbN oder die Unzumutbarkeit der weiteren Überlastung anderer ArbN sind auf Seiten des ArbGeb zu berücksichtigen.

– **Belastbarkeit des ArbGeb:** Die weitere wirtschaftl. Belastbarkeit des ArbGeb hängt wesentlich von der Größe des Betriebes ab. Auch bei der Bewertung der Unzumutbarkeit weiterer Betriebsablaufstörungen kann die Betriebsgröße eine Rolle spielen. **Vorhaltekosten:** Hält der ArbGeb eine die durchschnittliche Ausfallzeit vergleichbarer ArbN ausgleichende **Personalreserve** vor, sind die hierfür aufzuwendenden Vorhaltekosten zu Gunsten des ArbGeb bei der Interessenabwägung zu berücksichtigen[9]. **Zumutbarkeit weiterer Überbrückungsmaßnahmen:** Weitere Überbrückungsmaßnahmen können insb. dann zumutbar sein, wenn mit der Wiedererlangung der Eignung und Fähigkeit des ArbN zur Erfüllung der geschuldeten Arbeitsleistung in absehbarer Zeit, zB auch durch Umsetzung von Erkenntnissen aus der Gefährdungsbeurteilung nach § 5 ArbSchG[10] oder eines BEM nach § 84 SGB IX, zu rechnen ist. Andererseits kann auch bei den an die Interessenabwägung nach Betriebsunfällen zu stellenden strengen Maßstäben eine Verpflichtung des ArbGeb zur Beschäftigung des ArbN mit unproduktiver Tätigkeit nicht verlangt werden kann[11].

---

1 BAG 16.2.1989 – 2 AZR 299/88, NZA 1989, 923. ||2 BAG 22.2.1980 – 7 AZR 295/78, DB 1980, 1446; LAG Hamm 13.6.2007 – 18 Sa 85/07. ||3 BAG 6.9.1989 – 2 AZR 224/89, NZA 1990, 434. ||4 LAG Hamm 26.2.2004 – 8 Sa 1897/03, LAGReport 2005, 11; 14.7.2004 – 2 Sa 1512/03. ||5 BAG 17.6.1999 – 2 AZR 639/98, NZA 1999, 1328; 6.9.1989 – 2 AZR 19/89, NZA 1990, 307. ||6 LAG Rh.-Pf. 6.2.2009 – 9 Sa 685/07. ||7 BAG 18.10.2000 – 2 AZR 627/99, NZA 2001, 219. ||8 BAG 5.7.1990 – 2 AZR 154/90, NZA 1991, 185. ||9 BAG 29.7.1993 – 2 AZR 155/93, NZA 1994, 67. ||10 LAG Hamm 26.4.2013 – 10 Sa 24/13. ||11 LAG Düss. 17.10.1972 – 11 Sa 593/72, DB 1973, 2307.

117 4. Einzelfälle (alphabetisch):

Aids 118	Kündigung wegen lang andauernder, dauernder Erkrankung und ungewisser Dauer der Erkrankung 147
Alkohol-, Drogen- und Spielsucht 119	
Alter und Rentenalter 123	
Arbeitserlaubnis 124	Kündigung wegen krankheitsbedingter Minderung der Leistungsfähigkeit 152
Beschäftigungsverbot 125	
Druckkündigung 126	Kur 155
Eheschließung und Ehescheidung 127	Minderleistung 155a
Ehrenamt und Nebentätigkeit 128	Öffentlicher Dienst 156
Erwerbs- und Berufsunfähigkeit 129	Persönliche und familiäre Verhältnisse .. 157
Fahrerlaubnis 130	Politische Betätigung 158
Fluglizenz 131	Schulden und Lohnpfändungen 159
Geschäfts- und Betriebsgeheimnisse 132	Sicherheitsbedenken 160
Gewissenskonflikt 133	Straf- und Untersuchungshaft 161
Kirche und Religionsausübung 134	Straftat 162
Krankheit 136	Tendenzbetrieb 163
Kündigung wegen häufiger Kurzerkrankungen 142	Verdachtskündigung 164
	Wehrdienst 165

118 – **Aids.** Die **Infektion** mit dem HI-Virus beeinträchtigt den ArbN idR nicht in seiner Eignung oder Fähigkeit, die arbeitsvertragl. geschuldete Arbeitsleistung zu erbringen, so dass sie an sich keinen personenbedingten Kündigungsgrund darstellen kann. Eine allein wegen des Bekanntwerdens der Infektion ausgesprochene Kündigung kann treuwidrig iSv. § 242 BGB sein, da sie den ArbN bewusst wegen eines Umstands benachteiligt, der das ArbVerh (noch) nicht beeinträchtigt[1]. Besteht allerdings auf Grund der Art der geschuldeten Tätigkeit eine Gefahr Dritter, sich ebenfalls zu infizieren, kann die Infektion als solche eine personenbedingte Kündigung rechtfertigen. Führt die Infektion mit dem HI-Virus zu Krankheitssymptomen und dadurch verursachten Arbeitsunfähigkeitszeiten, gelten die Grundsätze der krankheitsbedingten Kündigung, wobei je nach Situation der Erkrankung eine Kündigung wegen häufiger Kurzerkrankungen oder eine solche wegen lang anhaltender oder dauernder Erkrankung in Betracht kommt (s. dort Rz. 136 ff.). Für die Feststellung einer negativen Gesundheitsprognose ist bei Aids zu beachten, dass ersten Krankheitszeichen idR eine lange beschwerdefreie Zeit folgt. Erst die zweite Phase der Erkrankung, das sog. ARC (Aids Related Complex)-Stadium führt zu jahrelang sich hinziehenden, unspezifischen und wechselnden Beschwerden. Hierdurch bedingte häufige Ausfallzeiten können bei Vorliegen der sonstigen Voraussetzungen (dreistufige Prüfung) eine personenbedingte Kündigung sozial rechtfertigen. Bei einer Infektionskrankheit wie Aids kann darüber hinaus eine **Druckkündigung** (s. Rz. 126) in Betracht kommen[2]. Allerdings ist hier vom ArbGeb in besonderem Maße zu verlangen, alle Möglichkeiten zur Druckentlastung zu ergreifen, um eine solche Kündigung zu vermeiden. Ein ArbGeb, der die Drucksituation selbst herbeiführt, indem er die Belegschaft über eine bisher unbekannte Aids-Infektion eines Mitarbeiters unterrichtet, kann die selbst geschaffene Drucksituation idR nicht zur Begründung einer Kündigung des infizierten ArbN heranziehen[3].

119 – **Alkohol-, Drogen- und Spielsucht. Grundsätzliches.** Die Kündigung wegen Alkoholsucht ist nach den für die **krankheitsbedingte Kündigung** geltenden Grundsätzen zu beurteilen[4]. Hat die Alkohol-, Drogen- oder Spielsucht[5] nämlich das Stadium einer Krankheit erreicht, kann dem ArbN, der Arbeitsvertragspflichten verletzt, die auf seiner Abhängigkeit beruhen, zB Alkoholkonsum während der Arbeit, infolge dieser Abhängigkeit zum Zeitpunkt der Pflichtverletzung kein Schuldvorwurf gemacht werden. Eine verhaltensbedingte Kündigung wegen Pflichtverletzungen, die auf krankhafter Sucht beruhen, wäre daher idR schon mangels Verschuldens des ArbN sozial ungerechtfertigt, es sei denn, der ArbN hat die Alkoholabhängigkeit schuldhaft herbeigeführt. Demggü. kommt es bei der krankheitsbedingten Kündigung auf die Frage, wer die Krankheit bzw. die Abhängigkeit verschuldet hat, grds. nicht an. Bei der krankheitsbedingten Kündigung ist nur im Rahmen der Interessenabwägung auf die Ursache und auf eine mögliche schuldhafte Herbeiführung der Krankheit einzugehen. Eine **krankhafte Alkoholsucht** liegt vor, wenn der gewohnheitsmäßige, übermäßige Alkoholgenuss trotz besserer Einsicht nicht aufgegeben oder reduziert werden kann. Wesentliche Merkmale dieser Erkrankung sind die physische und psychische Abhängigkeit vom Alkohol sowie der Verlust der Selbstkontrolle[6]. Im Falle der Unzulässigkeit einer ordentl. Kündigung kommt ausnahmsw. eine außerordentl. Kündigung mit sozialer Auslauffrist wegen Suchterkrankung in Betracht[7].

---

1 BAG 16.12.1989 – 2 AZR 347/88, NZA 1989, 962. ||2 ArbG Berlin 16.6.1987 – 24 Ca 319/86, NZA 1987, 637. ||3 BAG 26.1.1962 – AZR 244/61, DB 1962, 744. ||4 BAG 20.12.2012 – 2 AZR 32/11, DB 2013, 882. ||5 LAG Hamm 3.2.2011 – 8 Sa 1373/10; ArbG Berlin 13.2.2004 – 31 Ca 12306/03, DB 2005, 1274. ||6 BAG 1.6.1983 – 5 AZR 536/80, NJW 1983, 2695. ||7 BAG 20.12.2012 – 2 AZR 32/11, DB 2013, 882; 16.9.1999 – 2 AZR 123/99, NZA 2000, 141.

Prüfungsschema. Danach ist auch die Prüfung einer wegen Alkohol- oder Drogensucht ausgesprochenen krankheitsbedingten Kündigung in **drei Stufen** vorzunehmen: **1. Stufe: Negative Prognose.** Es ist zu prüfen, ob der ArbN zum Zeitpunkt der Kündigung aufgrund seiner Suchterkrankung dauerhaft nicht die Gewähr bietet, die vertragl. geschuldete Tätigkeit ordnungsgemäß erbringen zu können[1]. Bei einer Suchtkrankheit sind an die negative Gesundheitsprognose je nach Art und Bedeutung der Aufgaben des ArbN im Betrieb uU geringere Anforderungen zu stellen[2]. Ist der ArbN **im Zeitpunkt der Kündigung nicht therapiebereit**, ist ohne weiteres von einer negativen Gesundheitsprognose auszugehen, da angenommen werden kann, dass der ArbN in absehbarer Zeit nicht geheilt sein wird[3]. Eine erst nach Ausspruch der Kündigung eintretende Therapiebereitschaft setzt einen neuen Kausalverlauf in Gang, der die ursprüngliche negative Prognose nicht fehlerhaft erscheinen lässt. **In der Praxis** empfiehlt es sich für den ArbGeb, vor Ausspruch der Kündigung ein klärendes Gespräch mit dem ArbN zu führen. Der ArbGeb, der wegen Alkoholmissbrauchs im Betrieb eine verhaltensbedingte Kündigung ausspricht, läuft Gefahr, dass sich der ArbN auf eine bestehende Alkoholsucht beruft oder im Falle einer krankheitsbedingten Kündigung behauptet, er hätte sich zur Durchführung einer Therapie entschlossen, wenn der ArbGeb zuvor mit ihm gesprochen hätte.

Der ArbGeb, der **Anhaltspunkte für eine bestehende Suchterkrankung** hat, muss dem ArbN nach dem Grundsatz der Verhältnismäßigkeit vor Ausspruch der Kündigung, die Chance zu einer Entziehungskur oder sonst geeigneten Therapiemaßnahme bieten[4]. Erklärt sich der ArbN bis zum Ausspruch der Kündigung **therapie- bzw. rehabilitationsbereit**, muss der ArbGeb den Erfolg einer derartigen Maßnahme idR abwarten. Etwas anderes gilt, wenn der ArbN erst kürzlich eine derartige Maßnahme schuldhaft abgebrochen oder eine solche Maßnahme nur zeitweilig Erfolg hatte, ohne dass inzwischen Umstände auszumachen sind, die für die Annahme einer größeren Einsicht des ArbN in die Notwendigkeit einer Therapie sprechen. Entsprechendes gilt, wenn Veränderungen der Umstände, die zur Sucht beigetragen haben, eingetreten sind. In diesem Zusammenhang, insb. im Falle eines Rückfalls ist auch die Art und Dauer der vorgesehenen Maßnahme von Bedeutung. War der ArbN bisher nur zur kurzfristigen stationären Entgiftung bereit und erklärt er jetzt (vor Ausspruch der Kündigung) seine Bereitschaft, an einer Entziehungskur teilzunehmen, ist ihm Gelegenheit zu geben, seine Fähigkeit zur störungsfreien Erbringung der Arbeitsleistung auf diese Weise wiederherzustellen. Dem ArbGeb kann nicht vorgeschrieben werden, auf welche Weise er eine bestehende Alkoholisierung nachweist. Wegen des Eingriffs in sein Persönlichkeitsrecht und seine körperliche Unversehrtheit muss der ArbN idR von sich aus die Durchführung eines Alkoholtests anbieten, wenn er einen auf Grund objektiver Anhaltspunkte bestehenden Verdacht einer Alkoholisierung im Dienst entkräften möchte[5], schließlich kann ein solcher Test nicht nur zur Entlastung, sondern auch zur Bestätigung des Alkoholgenusses und zur Feststellung des Alkoholisierungsgrades führen.

2. Stufe: Erhebliche Beeinträchtigung der betrieblichen Interessen. Hier gelten im Wesentlichen die bei der krankheitsbedingten Kündigung dargestellten Grundsätze (s. Rz. 144, 150). Eine erhebliche Beeinträchtigung betriebl. Belange kann bei einer Suchterkrankung insb. daraus resultieren, dass der ArbN auf seinem angestammten Arbeitsplatz nicht mehr einsetzbar ist, etwa weil die Tätigkeit des ArbN mit einer Selbstgefährdung oder einer Gefährdung Dritter[6] verbunden ist und der ArbGeb nicht darauf vertrauen kann, dass der ArbN nüchtern ist[7]. Auch bei einer Suchterkrankung ist von einer gravierenden Äquivalenzstörung auszugehen, wenn für die Zukunft mit immer neuen, außergewöhnlich hohen Entgeltfortzahlungskosten zu rechnen ist, die pro Jahr für einen Zeitraum von mehr als sechs Wochen aufzuwenden sind[8]. Bei Vorliegen zwingender betriebl. Auswirkungen kann es dem ArbGeb unzumutbar sein, das ArbVerh bis zum Erfolg einer Therapie fortzusetzen. Dies ist der Fall, wenn Überbrückungsmaßnahmen auf Grund der Tätigkeit des ArbN nicht möglich sind, der Arbeitsplatz aber besetzt werden muss[9].

3. Stufe: Interessenabwägung. Es gelten die Grundsätze der Interessenabwägung jeder personenbedingten Kündigung (s. Rz. 112). Ein verhältnismäßig niedriges Lebensalter kann bei einer wegen Alkoholsucht ausgesprochenen krankheitsbedingten Kündigung zu Gunsten des ArbGeb berücksichtigt werden, da wegen der negativen Prognose auf nicht absehbare Zeit mit erheblichen krankheitsbedingten Ausfällen und Entgeltfortzahlungskosten zu rechnen ist[10]. Bei einer krankheitsbedingten Kündigung, auch derjenigen wegen krankhafter Sucht, sind die Schwerbehinderung und die Unterhaltspflichten des ArbN mit zu berücksichtigen[11].

---

1 BAG 20.12.2012 – 2 AZR 32/11, DB 2013, 882. ||2 BAG 16.9.1999 – 2 AZR 123/99, NZA 2000, 141; LAG Rh.-Pf. 20.3.2008 – 2 Sa 612/07. ||3 BAG 9.4.1987 – 2 AZR 210/86, NZA 1987, 811; LAG Rh.-Pf. 16.8.2012 – 11 Sa 147/12. ||4 BAG 17.6.1999 – 2 AZR 639/98, NZA 1999, 1328. ||5 BAG 16.9.1999 – 2 AZR 123/99, NZA 2000, 141. ||6 LAG München 10.5.2012 – 3 Sa 1134/11; LAG Köln 27.10.2011 – 7 Sa 501/11. ||7 BAG 20.12.2012 – 2 AZR 32/11, DB 2013, 882; 13.12.1990 – 2 AZR 336/90, EzA § 1 KSchG Krankheit Nr. 33. ||8 BAG 29.7.1993 – 2 AZR 155/93, NZA 1994, 67. ||9 LAG Hamm 2.5.1986 – 16 Sa 1987/85, LAGE § 1 KSchG Personenbedingte Kündigung Nr. 4. ||10 BAG 17.6.1999 – 2 AZR 639/98, NZA 1999, 1328; 6.9.1989 – 2 AZR 19/89, NZA 1990, 307. ||11 BAG 20.1.2000 – 2 AZR 378/99, NZA 2000, 768.

123 – **Alter und Rentenalter.** Das Alter des ArbN kann alleine keine personenbedingte Kündigung rechtfertigen. Insb. ist die Erreichung des 65. LJ kein in der Person des ArbN liegender Kündigungsgrund[1]. Ebenso wenig stellt die Möglichkeit des ArbN, Altersrente oder ATZ in Anspruch zu nehmen, allein einen zur Kündigung berechtigenden Grund dar. Nur wenn eine deutliche **altersbedingte Minderung der Leistungsfähigkeit** in qualitativer oder quantitativer Hinsicht im Verhältnis zu vergleichbaren ArbN objektiv feststellbar eintritt und dies zu erheblichen Beeinträchtigungen der betriebl. Interessen führt, kann eine Kündigung sozial gerechtfertigt sein. Nicht ausreichend ist jedoch der normale altersbedingte Leistungsabfall eines ArbN[2]. Bei der **Interessenabwägung** ist das Alter des ArbN insb. bei einer langen Betriebszugehörigkeit zu Gunsten des ArbN zu berücksichtigen. Bei einem älteren ArbN hat der ArbGeb uU auch längere altersbedingte Ausfallzeiten hinzunehmen als bei einem jüngeren ArbN. Hingegen birgt ein niedriges Lebensalter insb. bei ungewissem Krankheitsverlauf ein größeres Risiko ständig erneut anfallender Entgeltfortzahlungskosten, so dass dies zu Lasten des jüngeren ArbN in die Interessenabwägung einfließen kann.

124 – **Arbeitserlaubnis.** Bei einer wegen Fehlens der Arbeitserlaubnis ausgesprochenen Kündigung ist zu unterscheiden, ob die Arbeitserlaubnis bereits rechtskräftig versagt ist oder das Verfahren über die Versagung der Arbeitserlaubnis noch nicht abgeschlossen ist. Ist einem ausländischen ArbN die nach § 284 I SGB III erforderliche Arbeitserlaubnis **rechtskräftig versagt** worden, ist eine ordentl. Kündigung regelmäßig sozial gerechtfertigt, weil der ArbN infolge des Beschäftigungsverbots zur Leistung der vertragl. geschuldeten Dienste dauernd außer Stande ist. Ist hingegen über die von dem ausländischen ArbN beantragte Arbeitserlaubnis noch nicht rechtskräftig entschieden, so ist für die soziale Rechtfertigung der Kündigung auf Folgendes abzustellen: War für den ArbGeb bei objektiver Beurteilung im Zeitpunkt des Zugangs der Kündigung mit der Erteilung der Erlaubnis in absehbarer Zeit nicht zu rechnen und konnte der Arbeitsplatz für den ArbN ohne erhebliche betriebl. Beeinträchtigungen nicht offen gehalten werden, kann eine Kündigung gerechtfertigt sein. Die Prüfung der Erfolgsaussichten für die Erteilung einer Arbeitserlaubnis ist nur unter dem Gesichtspunkt vorzunehmen, ob im Zeitpunkt der Kündigung die gegebenen Umstände offensichtlich für oder gegen die Erteilung sprechen oder die Entscheidung von einer eingehenden Wertung durch die zuständigen Behörden bzw. Gerichte abhängt und deshalb mit einem Verfahren von nicht absehbarer Dauer zu rechnen ist[3].

125 – **Beschäftigungsverbot.** Fehlt einem ArbN eine zur Ausübung des Berufes notwendige (behördliche) Erlaubnis, verliert er diese während des ArbVerh oder steht seiner Beschäftigung ein Beschäftigungshindernis entgegen (zB unzulässige Sonntagsarbeit[4], fehlende Zuverlässigkeitsüberprüfung nach § 7 I LuftSiG[5]), resultiert hieraus für den ArbGeb regelmäßig ein gesetzl. Beschäftigungsverbot dieses ArbN auf dem vereinbarten Arbeitsplatz, zB Gesundheitszeugnis, Arbeitserlaubnis (s. Rz. 124), Fluglizenz (s. Rz. 131), Führerschein (s. Rz. 130). Besteht keine anderweitige Beschäftigungsmöglichkeit für den ArbN, liegt regelmäßig ein personenbedingter Kündigungsgrund vor, da dem ArbN die notwendige Eignung zur Ausübung der vertragl. vereinbarten Arbeitsleistung fehlt. Gleiches gilt bei dem Verlust polizeilicher Befugnisse[6], zB als Wachmann oder Flugleiter tätig werden zu können. So auch bei Statusverlust einer studentischen Hilfskraft[7], nicht aber bei Verlust der bisherigen Sozialversicherungsfreiheit[8].

126 – **Druckkündigung.** Eine Druckkündigung liegt vor, wenn der ArbGeb einem ArbN kündigt, weil auf ihn durch Dritte in der Weise Druck ausgeübt wird, dass er seiner Entschlussfreiheit weitgehend beraubt wird. Einen derartigen Druck können die Belegschaft, der Betriebs- bzw. Personalrat oder auch Geschäftspartner verursachen, wenn sie zB als Kunden mit dem Abbruch von Geschäftsbeziehungen oder als ArbN mit dem Ausspruch von Eigenkündigungen drohen. Als personenbedingte Kündigung kommt eine solche Druckkündigung in Betracht, wenn das Entlassungsbegehren durch einen personenbedingten Grund, den der betroffene ArbN setzt, **gerechtfertigt** ist (sog. unechte Druckkündigung). Dies kann der Fall sein, wenn der Druck wegen fehlender fachl. oder persönl. Eignung des ArbN ausgeübt wird, zB wegen fehlender Führungsqualität[9]. Fehlt es jedoch in Wirklichkeit an einem Kündigungsgrund, darf der ArbGeb den auf ihn ausgeübten Druck nicht zum Ausspruch einer Kündigung nutzen, ohne zuvor alle Möglichkeiten ergriffen zu haben, um dem Druck entgegenzuwirken und den drohenden Schaden zu vermeiden, zB durch Aufklärung oder Umsetzung. Erst wenn er dem ausgeübten Druck trotz intensiver Bemühungen nicht mehr mit rechtl. Mitteln begegnen kann und die Kündigung das einzige in Betracht kommende Mittel ist, um den Schaden abzuwenden, kann der ArbGeb – dann aber idR nur betriebsbedingt (s. Rz. 257) – kündigen[10]. Auf eine Drucksituation, die der ArbGeb durch eigenes, ihm vorwerfbares Verhalten herbeigeführt hat, kann er sich nicht berufen[11].

---

1 BAG 28.9.1961 – 2 AZR 428/60, DB 1961, 1651. ‖ 2 BAG 20.11.1987 – 2 AZR 284/86, NZA 1988, 617; 6.7.1977 – 4 AZR 116/75. ‖ 3 BAG 7.2.1990 – 2 AZR 359/89, NZA 1991, 341. ‖ 4 BAG 24.2.2005 – 2 AZR 211/04, NZA 2005, 759. ‖ 5 LAG Köln 10.6.2010 – 7 Sa 1087/09. ‖ 6 BAG 18.3.1981 – 5 AZR 1096/78, PersV 1983, 213; 23.9.1983 – 7 AZR 85/82. ‖ 7 BAG 18.9.2008 – 2 AZR 976/06, NZA 2009, 425. ‖ 8 BAG 18.1.2007 – 2 AZR 731/05, NZA 2007, 680. ‖ 9 BAG 31.1.1996 – 2 AZR 158/95, NZA 1996, 581. ‖ 10 BAG 19.6.1986 – 2 AZR 563/85, DB 1986, 2498. ‖ 11 BAG 18.7.2013 – 6 AZR 421/12; 4.9.1990 – 2 AZR 201/90.

- **Eheschließung und Ehescheidung.** Sog. **Zölibatsklauseln** sind idR wegen Verstoßes gegen Art. 6 I GG 127
unwirksam, da eine Eheschließung und auch eine Ehescheidung an sich ein ArbVerh nicht beeinträchtigen¹. Etwas anderes gilt, wenn das ArbVerh konkret beeinträchtigt wird, zB im Rahmen von Sicherheitsbedenken oder im kirchl. Bereich (s. dort Rz. 160 bzw. Rz. 134). Auseinandersetzungen im Zusammenhang mit dem Scheitern einer Ehe können das für die Fortsetzung eines **ArbVerh zwischen Ehegatten** notwendige Vertrauen zerstören. Je nach den Umständen des Einzelfalls können daraus Gründe im Verhalten oder in der Person des ArbN erwachsen, die eine verhaltensbedingte bzw. personenbedingte Kündigung sozial rechtfertigen. Allerdings muss eine zerrüttete Ehe nicht in jedem Fall Auswirkungen auf das ArbVerh zwischen den Eheleuten bzw. das ArbVerh zwischen einem Ehegatten und dem Unternehmen, in dem der andere Ehegatte ArbGebFunktionen wahrnimmt, haben. Ohne konkrete, vom ArbGeb im Einzelnen darzulegende, nachteilige Auswirkungen auf das ArbVerh ist das Scheitern der Ehe für die soziale Rechtfertigung der Kündigung ohne Belang². Nur wenn sich die ehelichen Auseinandersetzungen tatsächlich dergestalt auf das ArbVerh auswirken, dass der ArbGeb nachvollziehbare Gründe zu der Annahme hat, der ArbN werde seine arbeitsvertragl. Pflichten nicht mit der geschuldeten Sorgfalt und Loyalität erfüllen bzw. es werde im ArbVerh zu einer Fortsetzung der ehelichen Streitigkeiten und damit zu einer Störung des Betriebsfriedens kommen, kann eine Kündigung sozial gerechtfertigt sein.

- **Ehrenamt und Nebentätigkeit.** Die Ausübung eines Ehrenamtes oder einer Nebentätigkeit durch 128
den ArbN können einen personenbedingten Kündigungsgrund nur bilden, wenn sich eine solche Tätigkeit durch konkret feststellbare Störungen negativ auf das ArbVerh, insb. die darauf beruhenden **Loyalitätspflichten** in der Weise auswirkt, dass die persönliche Eignung des ArbN zur Vertragserfüllung zweifelhaft wird. Übt ein Beamter eine Nebentätigkeit aus, kann eine personenbedingte Kündigung dieses ArbVerh nicht darauf gestützt werden, der ArbN sei als Beamter wirtschaftl. und sozial abgesichert³. Denn aus seiner Beamtenstellung resultiert keine Störung des NebentätigkeitsArbVerh.

- **Erwerbs- und Berufsunfähigkeit.** Die nur befristete Gewährung einer Erwerbsunfähigkeitsrente und 129
das aus diesem Grund in § 59 I BAT/§ 33 II TVöD vorgesehene Ruhen des ArbVerh schließen eine Kündigung wegen dauerhafter Arbeitsunfähigkeit des ArbN nicht aus⁴. Allerdings ist auch im Falle der vollen Erwerbsunfähigkeit nicht notwendigerweise von einer das ArbVerh beeinträchtigenden Arbeitsunfähigkeit auszugehen. Denn gem. § 43 II SGB VI ist Erwerbsunfähigkeit bereits anzunehmen, wenn der ArbN nicht mindestens drei Stunden täglich unter üblichen Bedingungen des Arbeitsmarktes erwerbstätig sein kann. Die teilweise oder volle Erwerbsunfähigkeit kann danach den personenbedingten Kündigungsgrund nicht alleine begründen, sondern nur die tatsächliche krankheitsbedingte Leistungsminderung und die sich daraus für das ArbVerh ergebenden konkreten negativen Folgen. Damit sind die Grundsätze der krankheitsbedingten Kündigung anzuwenden.

- **Fahrerlaubnis.** Bei einem als Kraftfahrer beschäftigten ArbN kann der Entzug der Fahrerlaubnis 130
einen personenbedingten Kündigungsgrund auslösen⁵, weil er den ArbGeb hindert, den ArbN weiter als Kraftfahrer einzusetzen. Dies gilt idR nicht für ein einmonatiges Fahrverbot⁶. Trifft ein ArbGeb die unternehmerische Entscheidung, als Beifahrer nur solche ArbN einzusetzen, die über eine Fahrerlaubnis verfügen, kann der Verlust des Führerscheins oder der Fahrerlaubnis auch bei einem als Beifahrer beschäftigten ArbN die personenbedingte Kündigung rechtfertigen⁷. Gleiches kann für eine Betriebsfahrberechtigung gelten, die ein Betrieb von Kraftfahrtunternehmen im Personenbeförderungsverkehr ihren ArbN nach einer allg. Dienstanweisung erteilt⁸.

- **Fluglizenz.** Hat ein ArbN durch eine nicht bestandene Prüfung die für die Ausübung seiner Tätigkeit 131
erforderliche Lizenz verloren, so ist dieser Umstand an sich geeignet, eine personenbedingte Kündigung zu rechtfertigen, da dem ArbN dadurch das Erbringen seiner vertragl. geschuldeten Arbeitsleistung rechtl. unmöglich wird. Dies setzt voraus, dass im Zeitpunkt des Zugangs der Kündigung weder mit der Erneuerung der Erlaubnis in absehbarer Zeit zu rechnen noch eine Weiterbeschäftigung zu geänderten Arbeitsbedingungen möglich war⁹. Vor Ausspruch einer Kündigung muss der ArbGeb dem ArbN sonst erst Gelegenheit geben, die Prüfung zu wiederholen. Ggf. hat er den ArbN sogar darauf zu verweisen. Andernfalls läuft der ArbGeb Gefahr, dass die Kündigung nicht als mildestes Mittel (Ultima Ratio) der möglichen Reaktionen des ArbGeb auf das Nichtbestehen der Prüfung zu bewerten ist¹⁰. Es gelten die Grundsätze über die abgestufte Darlegungs- und Beweislast bei Entschuldigungs- und Rechtfertigungsvorbringen des ArbN. Bringt der ArbN durch Benennung konkreter Anhaltspunkte vor, die Nichtverlängerung der Verkehrsflugzeugführerlizenz sei auf überspannte Checkanforderungen zurückzuführen und nicht durch fliegerische Leistungsmängel ver-

---

1 BAG 10.5.1957 – 1 AZR 249/56, DB 1957, 482, 993. || 2 BAG 9.2.1995 – 2 AZR 389/94, NZA 1996, 249.
|| 3 BAG 13.3.1987 – 7 AZR 724/85, NZA 1987, 629. || 4 BAG 9.9.2010 – 2 AZR 493/09, ZTR 2011, 45; 3.12.1998 – 2 AZR 773/97, NZA 1999, 440. || 5 BAG 5.6.2008 – 2 AZR 984/06, DB 2009, 123; 30.5.1978 – 2 AZR 630/76, DB 1978, 1790; LAG Hess. 1.7.2011 – 10 Sa 245/11. || 6 LAG MV 16.8.2011 – 5 Sa 295/10. || 7 BAG 16.8.1990 – 2 AZR 526/96, DB 1997, 2386. || 8 BAG 25.4.1996 – 2 AZR 74/95, NZA 1996, 1201. || 9 BAG 31.1.1996 – 2 AZR 68/95, NZA 1996, 819. || 10 BAG 7.12.2000 – 2 AZR 459/99, NZA 2001, 1304; 7.12.2000 – 2 AZR 460/99, NZA 2001, 607.

ursacht, hat der ArbGeb diese Behauptung zu widerlegen[1]. Dies gilt insb. bei internen Prüfungen des ArbGeb; weniger bei amtlichen, vom ArbGeb in ihren Inhalten nicht zu beeinflussenden Prüfungen.

132 – **Geschäfts- und Betriebsgeheimnisse.** Der Verrat von Geschäfts- oder Betriebsgeheimnissen stellt einen Fall der verhaltensbedingten Kündigung dar. Allerdings kann bei Bekleidung einer Vertrauensposition wie bei sonstigen Sicherheitsbedenken (s. Rz. 160) eine personenbedingte Kündigung in Betracht kommen, wenn konkrete Anhaltspunkte für eine fehlende Eignung und darauf beruhende Störungen des ArbVerh vorliegen, zB auf Grund persönl. Beziehungen zu einer dritten Person oder einem Konkurrenzunternehmen.

133 – **Gewissenskonflikt.** Subjektive Leistungsmängel des ArbN können dadurch entstehen, dass der ArbN sich aus einer ernsthaften Gewissensentscheidung heraus nicht in der Lage sieht, die von ihm geforderte Arbeitsleistung zu erbringen. Maßgebend ist der sog. subjektive Gewissensbegriff[2]. Ein vom ArbGeb hinzunehmender und vom ArbN konkret darzulegender Gewissenskonflikt[3] kann vorliegen, wenn vom ArbN eine nach dem Arbeitsvertrag und den betriebl. Besonderheiten an sich nicht zu erwartende Arbeitsleistung verlangt wird. Also nicht, wenn der ArbN bereits bei Abschluss des Arbeitsvertrages mit der Übertragung der geforderten Arbeitsaufgaben rechnen musste und der ArbGeb aus betriebl. Erfordernissen darauf bestehen muss, dass gerade der sich auf den Gewissenskonflikt berufende ArbN den Auftrag ausführt[4]. Ein zu respektierender Gewissenskonflikt berechtigt zur Leistungsverweigerung. Bestehen keine Beschäftigungsalternativen für den ArbN, kann ein personenbedingter Kündigungsgrund entstehen[5] (s.a. *Religionsausübung* Rz. 135). Im Falle der unberechtigten Arbeitsverweigerung auf Grund Gewissensnot kommt eine verhaltensbedingte Kündigung in Betracht. In die Interessenabwägung einer personenbedingten Kündigung wegen eines zu respektierenden Gewissenskonflikts ist die Glaubens-, Gewissens- und Bekenntnisfreiheit des ArbN nach Art. 4 I und II GG einzubeziehen[6].

134 – **Kirche und Religionsausübung.** Das verfassungsrechtl. (Art. 140 GG iVm. Art. 137 III WRV) garantierte Recht der **Kirche** und sonstiger Religionsgemeinschaft auf Selbstbestimmung und Selbstordnung ist bei der Prüfung der sozialen Rechtfertigung der Kündigung eines ihrer ArbN zu berücksichtigen. Welche kirchl. Grundverpflichtungen als Gegenstand des ArbVerh bedeutsam sein können, richtet sich nach den von der verfassten Kirche anerkannten Maßstäben. Die ArbG haben die vorgegebenen kirchl. Maßstäbe für die Bewertung vertragl. Loyalitätspflichten zugrunde zu legen, soweit die Verfassung das Recht der Kirchen anerkennt, hierüber selbst zu befinden. Es bleibt danach grds. den verfassten Kirchen überlassen, verbindlich zu bestimmen, was die Glaubwürdigkeit der Kirche und ihrer Verkündigung erfordert, was spezifisch kirchl. Aufgaben sind, was Nähe zu ihnen bedeutet, welches die wesentlichen Grundsätze der Glaubenslehre und Sittenlehre sind und was als – ggf. schwerer – Verstoß gegen diese anzusehen ist. Auch die Entscheidung darüber, ob und wie innerhalb der im kirchl. Dienst tätigen Mitarbeiter eine Abstufung von Loyalitätspflichten eingreifen soll, ist grds. eine dem kirchl. Selbstbestimmungsrecht unterliegende Angelegenheit[7].

134a Liegt danach eine Verletzung von Loyalitätspflichten vor, so ist die weitere Frage, ob sie eine Kündigung des kirchl. ArbVerh sachlich rechtfertigt, nach §§ 1 KSchG, 626 BGB zu beantworten. Die soziale Rechtfertigung einer derartigen Kündigung erfordert allerdings eine an den Besonderheiten des Einzelfalls orientierte **umfassende Interessenabwägung**, in deren Rahmen das verfassungsrechtl. verbürgte Selbstordnungs- und Selbstverwaltungsrecht der Kirche (Art. 140 GG iVm. Art. 137 III WRV) ggü. den Grundrechten des ArbN (zB Art. 6 I GG) sowie sein nach Art. 8 EMRK garantiertes Recht auf Achtung seines Privatlebens[8] abzuwägen ist[9]. **Beispiele:** Austritt aus der kath. Kirche eines verkündigungsnah tätigen Mitarbeiters (Arzt in einem kath. Krankenhaus[10], Sozialpädagoge bei der Caritas[11]); Wiederheirat eines Chefarztes einer Abteilung eines kath. Krankenhauses[12]; ArbNin eines ev. Kindergarten, die in der Öffentlichkeit werbend für eine andere Glaubensgemeinschaft auftritt und deren von den Glaubenssätzen der ev. Kirche erheblich abweichende Lehre verbreitet[13]; Entzug der kanonischen Beauftragung ggü einer Gemeindereferentin[14]. Art. 5 I der Grundordnung der Katholischen Kirche, wonach bei Verstößen gegen Loyalitätsobliegenheiten ein klärendes Gespräch zu führen ist, enthält eine den ArbGeb bindende Verfahrensnorm, so dass eine Kündigung ohne vorhergehendes Gespräch regelmäßig gegen den Verhältnismäßigkeitsgrundsatz verstößt und deshalb sozialwidrig ist[15].

---

1 BAG 31.1.1996 – 2 AZR 68/95, NZA 1996, 819. ‖ 2 BAG 22.5.2003 – 2 AZR 426/02, SAE 2004, 46. ‖ 3 BAG 24.2.2011 – 2 AZR 636/09. ‖ 4 BAG 22.5.2003 – 2 AZR 426/02; LAG Hamm 8.11.2007 – 15 Sa 271/07. ‖ 5 BAG 24.2.2011 – 2 AZR 636/09; 10.6.2010 – 2 AZR 1020/08; 24.5.1989 – 2 AZR 285/88, NZA 1990, 144. ‖ 6 BAG 21.2.2001 – 2 AZR 139/00, NZA 2001, 1136; BVerfG 7.3.2002 – 1 BvR 1962/01, NZA 2002, 609. ‖ 7 BVerfG 4.6.1985 – 2 BvR 1703/83, DB 1985, 2103; BAG 8.9.2011 – 2 AZR 543/10, NZA 2012, 443. ‖ 8 EGMR 23.9.2010 – 1620/03, NZA 2011, 279 – Schüth/Deutschland; 23.9.2010 – 425/03, NZA 2011, 277 – Obst/Deutschland. ‖ 9 BAG 25.4.2013 – 2 AZR 579/12, NZA 2013, 1131; 8.9.2011 – 2 AZR 543/10, NZA 2012, 443; 31.10.1984 – 7 AZR 232/83, NZA 1985, 215; 25.5.1988 – 7 AZR 506/87, AP Nr. 36 zu Art. 140 GG. ‖ 10 BAG 12.12.1984 – 7 AZR 41/83, DB 1985, 1647. ‖ 11 BAG 25.4.2013 – 2 AZR 579/12. ‖ 12 BAG 8.9.2011 – 2 AZR 543/10. ‖ 13 BAG 21.2.2001 – 2 AZR 139/00, NZA 2001, 1136; BVerfG 7.3.2002 – 1 BvR 1962/01, NZA 2002, 609. ‖ 14 LAG Hamm 17.7.2012 – 10 Sa 890/12. ‖ 15 BAG 16.9.1999 – 2 AZR 712/98, NZA 2000, 208; 24.1.1996 – 2 AZR 74/95 (Betriebsfahrerlaubnis betreffend).

Ein ArbN verzichtet mit Abschluss des Arbeitsvertrages nicht auf sein verfassungsrechtl. in Art. 4 I und II GG gesichertes Grundrecht auf **Religionsausübung**. Allerdings ist ein ArbGeb nicht verpflichtet, Gebetspausen eines muslimischen ArbN hinzunehmen, wenn hierdurch betriebl. Störungen verursacht werden[1]. Sofern durch die Gebetsausübung die persönl. Eignung des ArbN zur Erbringung der geschuldeten Arbeitsleistung fehlt und hierdurch erhebliche, auch bei größtmöglicher zumutbarer Anstrengung des ArbGeb nicht vermeidbare Betriebsstörungen eintreten, kann eine personenbedingte Kündigung in Frage kommen. Ein ArbN kann auf Grund von fundamentalen, unüberwindbaren Glaubenshindernissen die Fähigkeit oder Eignung verlieren, die unmittelbar vertragl. geschuldete Arbeitsleistung überhaupt zu erbringen. Dies ist bei einer ein islamisches Kopftuch tragenden Verkäuferin in einem Warenhaus nicht ohne weiteres anzunehmen[2].

– **Krankheit. Überblick.** Die auf Krankheit beruhende personenbedingte Kündigung kann wegen häufiger Kurzerkrankungen, wegen lang anhaltender oder dauernder Erkrankung oder auch wegen krankheitsbedingter Minderung der Leistungsfähigkeit gerechtfertigt sein, wenn diese zu einer erheblichen Beeinträchtigung betriebl. Interessen führen und die Interessenabwägung ergibt, dass die (auch) zukünftig zu erwartenden Störungen dem ArbGeb nicht weiter zumutbar sind. Der arbeitsrechtl. Krankheitsbegriff folgt dem medizinischen. Danach liegt eine Krankheit vor, wenn ein regelwidriger physischer oder psychischer Zustand die Notwendigkeit einer Heilbehandlung auslöst[3]. Fehlt dem Gericht die notwendige Fachkenntnis, ob ein bestimmtes Leiden die ungestörte Erfüllung der geschuldeten Arbeitsleistung zur Folge hat, muss idR das Gutachten eines Arbeitsmediziners eingeholt werden[4].

Die Erkrankung als solche stellt keinen Kündigungsgrund dar. Nur wenn sich ein Krankheitszustand auf die vertragl. zu erbringende Arbeitsleistung negativ auswirkt und zu erwarten ist, dass sich dies in absehbarer Zeit nicht ändern wird (**1. Stufe: Negative Gesundheitsprognose**), kann er zur Grundlage einer krankheitsbedingten Kündigung werden. Wie bei jeder personenbedingten Kündigung ist zweite Voraussetzung, dass die für die Zukunft prognostizierten Fehlzeiten bzw. die zu erwartenden sonstigen Störungen zu einer erheblichen Beeinträchtigung der betriebl. Interessen (**2. Stufe**) führen. Im Anschluss hieran ist im Rahmen einer umfassenden Interessenabwägung (**3. Stufe**) zu prüfen, ob die festgestellten, durch die Krankheit des ArbN verursachten erheblichen Beeinträchtigungen betriebl. Belange zu einer dem ArbGeb billigerweise nicht mehr zumutbaren betriebl. und wirtschaftl. Belastung führen[5], die nicht durch weitere zumutbare Überbrückungsmaßnahmen vermieden werden kann. Allein mit dem Hinweis auf den Umfang der krankheitsbedingten Ausfälle des ArbN (im entschiedenen Fall ca. ⅓ der Jahresarbeitszeit) und die geringe Größe eines Betriebes lässt sich eine personenbedingte Kündigung nicht begründen[6]. Ebenso wenig gibt es **feste Grenzwerte** krankheitsbedingter Ausfalltage oder aufzuwendender Entgeltfortzahlungskosten, mit denen eine Kündigung allein begründet werden könnte[7]. Vielmehr sind und bleiben immer die Besonderheiten des Einzelfalls maßgeblich. Soweit keine anders lautenden tarifl. Normen auf das ArbVerh Anwendung finden, die eine Kündigung des ArbVerh während einer Erkrankung verbieten, hindert eine Erkrankung weder den Ausspruch einer Kündigung noch hat sie Einfluss auf den Lauf der Kündigungsfrist.

Grds. gibt es vorprozessual weder eine Informationspflicht des ArbN[8] noch eine **Erkundigungspflicht** des ArbGeb[9] über Art und Verlauf der Krankheit sowie der Genesungsfortschritte. Jedoch gebietet § 84 II SGB IX nicht nur bei schwerbehinderten ArbN ein **betriebliches Eingliederungsmanagement (BEM)**. Dies ist durchzuführen, wenn Beschäftigte innerhalb eines Jahres länger als sechs Wochen ununterbrochen oder wiederholt arbeitsunfähig sind. Ggf. unter Einbindung des BR[10], bei schwerbehinderten Menschen auch der Schwerbehindertenvertretung, sind mit Zustimmung des betroffenen ArbN die Möglichkeiten zu klären, wie die Arbeitsunfähigkeit möglichst überwunden werden und mit welchen Leistungen oder Hilfen erneuter Arbeitsunfähigkeit vorgebeugt und der Arbeitsplatz erhalten werden kann. Zwar ist die Durchführung eines BEM keine formelle Wirksamkeitsvoraussetzung für eine personenbedingte Kündigung aus krankheitsbedingten Gründen. Die gesetzl. Regelung ist aber Konkretisierung des Verhältnismäßigkeitsgrundsatzes[11]. Sofern eine geeignete Gesundheitsprävention nicht von vornherein ausscheidet oder der ArbN seine Zustimmung zur Maßnahme nach ordnungsgemäßer Aufklärung über die Ziele eines BEM[12] verweigert, erhält der ArbGeb durch ein BEM Kenntnis von den Umständen, auf denen die Störungen des ArbVerh beruhen, um zu klären, ob Möglichkeiten bestehen, die Kündigung zu vermeiden, die dann zunächst wahrzunehmen sind (Ultima Ratio)[13], s. § 84

---

1 LAG Hamm 18.1.2002 – 5 Sa 1782/01, NZA 2002, 675. ||2 BAG 10.10.2002 – 2 AZR 472/01, NZA 2003, 483. ||3 BAG 5.4.1976 – 5 AZR 397/75, DB 1976, 1386; 25.6.1981 – 6 AZR 940/78, NJW 1982, 712. ||4 BAG 28.2.1990 – 2 AZR 401/89, NZA 1990, 727. ||5 BAG 29.7.1993 – 2 AZR 155/93, NZA 1994, 67. ||6 BAG 17.6.1999 – 2 AZR 574/98. ||7 BAG 6.9.1989 – 2 AZR 224/89, NZA 1990, 434; LAG Rh.-Pf. 13.2.2009 – 9 Sa 676/08. ||8 BAG 12.4.2002 – 2 AZR 148/01, NZA 2002, 1081. ||9 BAG 25.11.1982 – 2 AZR 140/81, DB 1983, 1047. ||10 BAG 30.9.2010 – 2 AZR 88/09, NZA 2011, 39. ||11 BAG 28.4.2011 – 8 AZR 515/10; 23.4.2008 – 2 AZR 1012/06, DB 2008, 2091; 12.7.2007 – 2 AZR 716/06; 28.6.2007 – 6 AZR 750/06, NZA 2007, 1049; 7.12.2006 – 2 AZR 182/06, NZA 2007, 617 (das Präventionsverfahren gem. § 84 I SGB IX betr.). ||12 BAG 24.3.2011 – 2 AZR 170/10, NZA 2011, 993; LAG Hess. 19.3.2012 – 17 Sa 518/11. ||13 BAG 10.12.2009 – 2 AZR 400/08, NZA 2010, 398; 10.12.2009 – 2 AZR 198/09, NZA 2010, 639; LAG Schl.-Holst. 18.9.2013 – 3 Sa 133/13; LAG Hamm 27.1.2012 – 13 Sa 1493/11.

SGB IX Rz. 19 ff. In gleicher Weise sind Erkenntnisse einer Gefährdungbeurteilung nach § 5 ArbSchG zunächst umzusetzen[1].

138 Auch bei der krankheitsbedingten Kündigung ist **maßgeblicher Beurteilungszeitpunkt** für die Rechtmäßigkeit einer Kündigung der Zeitpunkt des Zugangs der Kündigung[2]. Beurteilungsgrundlage sind danach die zu diesem Zeitpunkt herrschenden objektiven Verhältnisse. Eine etwaige Prognosekorrektur bzw. -bestätigung kann in die Prüfung nur insoweit einbezogen werden, als sie auf Umständen beruht, die bereits zum Kündigungszeitpunkt objektiv vorlagen bzw. angelegt waren. Nachträglich eintretende Umstände, insb. solche, die einen neuen Kausalverlauf in der Entwicklung der Erkrankung des ArbN in Gang setzen, sind danach in die Prüfung nicht einzubeziehen. Unerheblich ist deshalb, ob der neue Kausalverlauf durch subjektiv vom ArbN beeinflussbare Umstände ausgelöst wurde, wie zB eine vom ArbN zuvor abgelehnte Operation bzw. Therapie oder eine Änderung der Lebensführung[3], oder durch außerhalb seines Einflussbereichs liegende Umstände, wie zB die Entwicklung oder das Bekanntwerden einer neuen Heilmethode oder die Anwendung eines schon bekannten, aber vom behandelnden Arzt nicht erwogenen Heilmittels erst nach Ausspruch der Kündigung[4].

139 Bei der Prüfung der **erheblichen Beeinträchtigung betrieblicher Interessen** (2. Stufe) auf Grund der festgestellten negativen Gesundheitsprognose kommt der Unterscheidung, ob die negative Prognose auf häufigen Kurzerkrankungen, auf lang anhaltender bzw. dauernder Arbeitsunfähigkeit oder auf krankheitsbedingter Minderung der Leistungsfähigkeit des ArbN beruht, wesentliche Bedeutung zu. Die jeweils hieraus folgenden betriebl. Auswirkungen sind idR unterschiedlich (s. Rz. 144, 150, 153). Unabhängig von einer eventuellen betriebl. Ursache für die Erkrankung des ArbN ist nach dem Grundsatz der Verhältnismäßigkeit zu prüfen, ob durch eine **Umsetzung** des ArbN auf einen anderen freien Arbeitsplatz oder durch sonstige, auch im Rahmen eines BEM gem. § 84 II SGB IX erarbeitete Maßnahmen (s. Rz. 137a) die betriebl. Beeinträchtigungen vermieden werden können[5]. Führt der ArbGeb kein BEM durch, kann dies Folgen für die Darlegungs- und Beweislast im Rahmen der Prüfung der betriebl. Auswirkungen von erheblichen Fehlzeiten haben[6], s. § 84 SGB IX Rz. 22 ff.

140 Eine Kündigung wegen Krankheit ist nur dann sozial gerechtfertigt, wenn die **Interessenabwägung** (3. Stufe) ergibt, dass der ArbGeb die infolge der negativen Gesundheitsprognose zu erwartenden erheblichen betriebl. Beeinträchtigungen billigerweise nicht weiter hinzunehmen hat und weitere Überbrückungsmaßnahmen zur Erhaltung des Arbeitsplatzes des ArbN nicht mehr möglich oder zumutbar sind[7]. Wie bei jeder personenbedingten Kündigung sind auch bei der krankheitsbedingten Kündigung für die Interessenabwägung alle konkreten Umstände des Einzelfalls maßgeblich (s. Rz. 112). Im Rahmen der Interessenabwägung ist eine besondere **soziale Schutzbedürftigkeit** des ArbN, zB eine bestehende Schwerbehinderung oder auch Unterhaltspflichten des ArbN, mit zu berücksichtigen[8]. Ein **genesungswidriges Verhalten** des ArbN kann ebenso wie ein eventuelles Verschulden des ArbN an der Erkrankung oder der Herbeiführung eines Unfalls zu seinen Lasten anzurechnen sein. Eine eventuelle **betriebliche Ursache** der Erkrankung eines ArbN ist bei der Interessenabwägung idR zu Gunsten des ArbN einzubeziehen[9]. Etwa wenn die konkreten Arbeitsplatzbedingungen die Erkrankung oder die schwindende Leistungsfähigkeit herbeigeführt haben, zB permanenter Aufenthalt in gesundheitsbeeinträchtigender Umgebung oder jahrelange schwere körperliche Arbeit. Wenn jedoch betriebl. Verhältnisse (zB Staubluft) nicht die alleinige und primäre Ursache für krankheitsbedingte Fehlzeiten sind, sondern sich nur iVm. einer besonderen Veranlagung des ArbN (zB erhöhte Reizbarkeit des Bronchialsystems) auswirken können, ist zwar für die Interessenabwägung bei einer krankheitsbedingten Kündigung nicht unerheblich, ob einer möglichen Mitursächlichkeit betriebl. Ursachen bei einer solchen Konstellation jedoch entscheidendes Gewicht beizumessen ist, hängt von den Umständen des Einzelfalls ab[10].

141 Eine krankheitsbedingte **außerordentl. Kündigung** kommt idR nur in Betracht, wenn die ordentl. Kündigung auf Grund tarifl. oder vertragl. Vorschriften ausgeschlossen ist, dann allerdings mit einer der ordentl. Kündigungsfrist entsprechenden sozialen Auslauffrist[11]. Dies gilt insb. für häufige langfristige Erkrankungen oder dauernde Leistungsunfähigkeit[12]. An die Bemühungen des ArbGeb, eine andere Beschäftigungsmöglichkeit zu finden und an die Obliegenheit des ArbN, an diesen Versuchen des ArbGeb kooperativ mitzuwirken, sind dann erhebliche Anforderungen zu stellen[13]. Die Fortset-

---

1 LAG Hamm 26.4.2013 – 10 Sa 24/13; BAG 12.8.2008 – 9 AZR 1117/06, ZTR 2008, 623. ‖2 BAG 29.4.1999 – 2 AZR 431/98, NZA 1999, 978. ‖3 BAG 6.9.1989 – 2 AZR 118/89, NZA 1990, 305. ‖4 BAG 21.2.2001 – 2 AZR 558/99, NZA 2001, 1071. ‖5 BAG 10.12.2009 – 2 AZR 400/08, NZA 2010, 398; 12.7.2007 – 2 AZR 716/06; 20.5.1988 – 2 AZR 682/87, NZA 1989, 464; LAG Nds. 29.3.2005 – 1 Sa 1429/04, AuA 2005, 433. ‖6 BAG 28.4.2011 – 8 AZR 515/10; 12.7.2007 – 2 AZR 716/06; LAG Düss. 15.8.2012 – 12 Sa 697/12; 30.1.2009 – 9 Sa 699/08 (sehr weitgehend). ‖7 BAG 10.12.2009 – 2 AZR 400/08; 20.10.1983 – 2 AZR 286/82; 16.2.1989 – 2 AZR 299/88, NZA 1989, 923. ‖8 BAG 20.1.2000 – 2 AZR 378/99, NZA 2000, 768; LAG Bln.-Bbg. 8.12.2011 – 26 Sa 1437/10. ‖9 BAG 6.9.1989 – 2 AZR 118/89, NZA 1990, 305; LAG Köln 23.8.2012 – 6 Sa 191/12. ‖10 BAG 5.7.1990 – 2 AZR 154/90, NZA 1991, 185. ‖11 BAG 12.1.2006 – 2 AZR 242/05, NZA 2006, 512; 12.7.1995 – 2 AZR 762/94, NZA 1995, 1100; 9.9.1992 – 2 AZR 190/92, NZA 1993, 598; 18.1.2001 – 2 AZR 616/99, NZA 2002, 455; 15.11.2001 – 2 AZR 605/00, ZTR 2002, 339; LAG Bremen 14.11.2012 – 2 Sa 9/12. ‖12 BAG 27.11.2003 – 2 AZR 601/02, NZA 2004, 1118. ‖13 BAG 13.5.2004 – 2 AZR 36/04, NZA 2004, 1271.

zung des ArbVerh mit ordentl. kündbaren ArbN ist allerdings bei krankheitsbedingter Kündigung regelmäßig bis zum Ablauf der ordentl. Kündigungsfrist zumutbar, zumal der ArbGeb gewöhnlich bereits von seiner Entgeltfortzahlungspflicht befreit ist[1].

– **Kündigung wegen häufiger Kurzerkrankungen. (1) Negative Gesundheitsprognose.** Die soziale Rechtfertigung einer wegen häufiger Kurzerkrankungen ausgesprochenen Kündigung bedarf zunächst der Feststellung einer negativen Gesundheitsprognose hinsichtlich der in Zukunft zu erwartenden Fehlzeiten des ArbN. Im Zeitpunkt der Kündigung müssen objektive Tatsachen vorliegen, die die ernste Besorgnis auch in Zukunft auftretender weiterer Erkrankungen des ArbN in erheblichem Umfang rechtfertigen[2]. Hierbei können häufige Kurzerkrankungen in der Vergangenheit für einen entsprechenden Krankheitsverlauf in der Zukunft sprechen (**Indizwirkung**). Voraussetzung ist allerdings, dass die Ursachen der bisherigen Kurzerkrankungen eine Wiederholungsgefahr in sich tragen. Auf welchen **Zeitraum** in der Vergangenheit abzustellen ist, hängt wesentlich von dem bisherigen Verlauf des ArbVerh und der Art der Fehlzeiten ab. Ausreichend für eine Indizwirkung sind hinreichend prognosefähige Fehlzeitenräume. Häufige Kurzerkrankungen über einen längeren Zeitraum von **etwa zwei bis drei Jahren** werden idR geeignet sein, eine sichere Gesundheitsprognose zuzulassen[3]. Die notwendige **Dauer der künftig zu erwartenden Ausfallzeiten** für die soziale Rechtfertigung einer Kündigung kann ebenfalls nicht generell bestimmt werden. Ein nicht weiter zumutbares Ausmaß an Fehlzeiten hängt von den zu befürchtenden betriebl. Beeinträchtigungen sowie der anschließend vorzunehmenden Interessenabwägung ab. Die vom ArbN ausgeübte Position im Betrieb spielt dabei eine wesentliche Rolle. Bestimmten **Ursachen für vorübergehende Fehlzeiten** der Vergangenheit muss bereits auf Grund ihrer Eigenart die Eignung für eine auf sie aufbauende Gesundheitsprognose abgesprochen werden. Einmalige Ursachen für Fehltage können eine negative Zukunftsprognose nicht rechtfertigen[4]. Hierunter fallen alle Erkrankungen, denen ihrer Natur nach oder auf Grund ihrer Entstehung keine Aussagekraft für eine **Wiederholungsgefahr** beizumessen ist. Die negative Prognose kann auf unterschiedlichen prognosefähigen Erkrankungen beruhen. Die bisherigen krankheitsbedingten Fehlzeiten sind deshalb auf ihre einzelnen Ursachen hin zu untersuchen. Nur Arbeitsunfähigkeitszeiten, die auch in Zukunft erhebliche Fehlzeiten erwarten lassen, können eine negative Gesundheitsprognose auf Grund häufiger Kurzerkrankungen begründen. Unterschiedliche Erkrankungen können zudem den Schluss auf eine gewisse Krankheitsanfälligkeit des ArbN zulassen und damit eine negative Prognose begründen[5]. Auch aus der Gesamtheit eines Krankheitsbildes kann sich eine persönliche konstitutionelle Schwächung und damit eine besondere Krankheitsanfälligkeit des ArbN ergeben[6]. So kann auch aus der Häufigkeit der auf Unfall beruhenden Fehlzeiten geschlossen werden, dass der ArbN für bestimmte Aktivitäten besonders verletzungsanfällig oder bei ihrer Ausübung besonders unvorsichtig ist[7]. 142

Kennt der ArbGeb die Ursachen der einzelnen Krankheitszeiten des ArbN nicht, genügt er seiner **Darlegungslast** zunächst, indem er die Fehlzeiten im Einzelnen nach Datum und jeweiliger Dauer in ihrer zeitlichen Abfolge benennt. Trägt der ArbGeb ihm bekannte Ursachen der Erkrankung vor, muss seine Darlegung auch den Vortrag umfassen, weshalb diesen Erkrankungen Indizwirkung für die zukünftige Entwicklung der Ausfallzeiten des ArbN zukommt. Im Rahmen seiner **prozessualen Mitwirkungspflicht** nach § 138 II ZPO obliegt es sodann dem ArbN, darzulegen, weshalb die Besorgnis weiterer Erkrankungen unberechtigt sein soll. Dieser Mitwirkungspflicht genügt er schon dann, wenn er die Behauptungen des ArbGeb bestreitet und seine Ärzte von der Schweigepflicht entbindet, sofern darin die Darlegung liegt, seine Ärzte hätten ihm ggü. die künftige gesundheitliche Entwicklung bereits tatsächlich positiv beurteilt. Andernfalls tritt er nur einen unzulässigen Ausforschungsbeweis an, der einem unsubstantiierten Bestreiten des Vortrags des ArbGeb gleichkommt[8]. Trägt der ArbN selbst konkrete Umstände wie die Krankheitsursachen vor, so müssen diese geeignet sein, die **Indizwirkung** der bisherigen Fehlzeiten zu **erschüttern**[9]. Dies kann einerseits dadurch geschehen, dass der ArbN die Gründe für die fehlende Wiederholungsgefahr vorträgt, zB ausgeheilte Erkrankung oder einmalige Ursachen. **Sodann hat der ArbGeb** die vom ArbN bestrittenen Krankheitsursachen bzw. die Umstände **zu beweisen**, aus denen sich die vom ArbN erschütterte Indizwirkung doch ergibt. Hierfür ist er idR darauf angewiesen, dass der ArbN die zum Beweis genannten Ärzte als Zeugen von der Schweigepflicht entbindet bzw. sich einer Sachverständigenbegutachtung unterzieht. Verweigert der ArbN diese Maßnahmen, vereitelt er die Beweisführung durch den ArbGeb, so dass die Indizwirkung anzunehmen ist. Immer müssen letztlich ausreichende Fehlzeiten feststehen, aus denen eine negative Gesundheitsprognose herzuleiten ist. 143

(2) Erhebliche Beeinträchtigung betrieblicher Interessen bei häufigen Kurzerkrankungen. Grundlage der Prüfung, ob häufige Kurzerkrankungen eines ArbN zu einer erheblichen Beeinträchtigung 144

---

1 BAG 18.10.2000 – 2 AZR 627/99, NZA 2001, 219; 15.3.2001 – 2 AZR 624/99, NZA-RR 2002, 20. ‖2 BAG 6.9.1989 – 2 AZR 19/89, NZA 1990, 307; 17.6.1999 – 2 AZR 639/98, NZA 1999, 1328. ‖3 BAG 10.11.2005 – 2 AZR 44/05, NZA 2006, 655; LAG Rh.-Pf. 13.2.2009 – 9 Sa 676/08. ‖4 BAG 14.1.1993 – 2 AZR 343/92, NZA 1994, 309. ‖5 BAG 10.11.2005 – 2 AZR 44/05, NZA 2006, 655. ‖6 LAG Rh.-Pf. 8.9.2008 – 5 Sa 93/08; BAG 20.1.2000 – 2 AZR 378/99. ‖7 BAG 2.11.1989 – 2 AZR 335/89. ‖8 BAG 6.9.1989 – 2 AZR 19/89, NZA 1990, 307. ‖9 BAG 7.11.2002 – 2 AZR 599/01, NZA 2003, 816; LAG Düss. 19.11.2004 – 7 (11) Sa 1292/04, AuA 2005, 185.

betriebl. Interessen führen, sind allein die auf Grund der festgestellten negativen Prognose auch in Zukunft zu erwartenden Fehlzeiten des ArbN. **Betriebsablaufstörungen:** Für die Frage, ob erhebliche Betriebsablaufstörungen in Zukunft zu befürchten sind, ist unmaßgeblich, ob der gesetzl. Mindestzeitrahmen von sechs Wochen Entgeltfortzahlungspflicht im Jahr überschritten worden ist[1]. Dieses Mindestmaß gilt nur für die wirtschaftl. Belastung durch Entgeltfortzahlungskosten. Störungen des Betriebsablaufs können selbst bei jährlichen Ausfallzeiten von weniger als sechs Wochen erheblich sein[2]. Andererseits führen deutlich überdurchschnittliche Fehlzeiten eines ArbN bei Vorhalten einer an der durchschnittlichen Fehlzeitenquote ausgerichteten **Personalreserve** durch den ArbGeb nicht notwendigerweise zu Betriebsablaufstörungen. Das hängt vielmehr davon ab, ob während der jeweiligen Fehlzeiten tatsächlich Springer zur Verfügung standen. Das ist nicht von vornherein ausgeschlossen, weil die Personalreserve an den auf Erfahrungsregeln beruhenden Durchschnittswerten ausgerichtet ist und mit ihr damit auch überdurchschnittliche Ausfallzeiten einzelner ArbN ausgeglichen werden. Betriebsablaufstörungen sind auch bei der krankheitsbedingten Kündigung nur dann als Kündigungsgrund geeignet, wenn sie nicht durch mögliche **Überbrückungsmaßnahmen** vermieden werden können. Hierzu gehören Maßnahmen, die anlässlich des konkreten Ausfalls eines ArbN ergriffen werden, wie die Neueinstellung einer Arbeitskraft, der Einsatz eines ArbN aus einer vorgehaltenen Personalreserve (Springer), aber auch Maßnahmen, die bei Durchführung eines BEM erarbeitet wurden (s. Rz. 137a). Werden auf diese Weise Ausfälle tatsächlich überbrückt, so liegt bereits objektiv keine erhebliche Betriebsablaufstörung und damit insoweit kein zur Kündigung geeigneter Grund vor. Die Möglichkeit der Einstellung von Aushilfskräften ist allerdings bei Kurzerkrankungen ggü. lang anhaltenden Arbeitsunfähigkeitszeiten eingeschränkt[3].

145 **Erhebliche Beeinträchtigung der wirtschaftlichen Interessen des ArbGeb:** Wie bei jeder personenbedingten Kündigung kann auch die erhebliche Beeinträchtigung der wirtschaftl. Interessen des ArbGeb die Kündigung wegen häufiger Kurzerkrankungen rechtfertigen. Hierher gehören insb. außergewöhnlich hohe **Entgeltfortzahlungskosten**, wenn durch sie das Austauschverhältnis auf unbestimmte Zeit schwerwiegend gestört wird. Von einer gravierenden Äquivalenzstörung ist idR auszugehen, wenn für die Zukunft mit immer neuen, außergewöhnlich hohen Entgeltfortzahlungskosten zu rechnen ist, die pro Jahr für einen Zeitraum von mehr als sechs Wochen aufzuwenden sind[4]. Dies gilt auch dann, wenn der ArbGeb Betriebsablaufstörungen nicht vorträgt und keine Personalreserve vorhält[5]. Das bedeutet: Hohe Entgeltfortzahlungskosten können nicht nur iVm. Störungen des Betriebsablaufes bei krankheitsbedingten Fehlzeiten zu einer unzumutbaren Belastung des ArbGeb führen[6]. Für die Beurteilung der Frage, ob Entgeltfortzahlungskosten eine Kündigung rechtfertigen, ist auf die Kosten des konkreten ArbVerh abzustellen. Der Vergleich mit Entgeltfortzahlungskosten für andere ArbN mit vergleichbarer Tätigkeit erlangt Bedeutung, wenn auch diese ArbN überdurchschnittliche Entgeltfortzahlungskosten verursachen[7]. Maßgeblich sind allein die Entgeltfortzahlungskosten der auf Grund der negativen Gesundheitsprognose in Zukunft zu erwartenden Ausfallzeiten. Danach bleiben bei der Berechnung der **prognoserelevanten Kosten** diejenigen außer Betracht, die der ArbGeb für einmalige Erkrankungen, deren Wiederholung nicht zu besorgen ist, aufgewendet hat[8]. Ferner bleiben Ausfallzeiten unberücksichtigt, die keine Entgeltfortzahlungspflicht (mehr) ausgelöst haben. Denn diese Zeiten sind für die wirtschaftl. Belastung des ArbGeb mit Entgeltfortzahlungskosten irrelevant[9]. Hält ein ArbGeb eine nach anerkannten betriebswirtschaftl. Regeln bemessene **Personalreserve** vor, liegt eine unzumutbare wirtschaftl. Belastung des ArbGeb bereits vor, wenn noch erhebliche Entgeltfortzahlungskosten hinzutreten[10]. Sieht ein TV über die gesetzl. Entgeltfortzahlungsfrist hinausgehende Zahlungspflicht des ArbGeb vor (zB Zuschuss zum Krankengeld), kann daraus allein nicht gefolgert werden, dass auch krankheitsbedingte Ausfallzeiten des ArbN, die sechs Wochen im Jahr übersteigen, grds. ungeeignet sind, eine ordentl. Kündigung sozial zu rechtfertigen. Etwas anderes gilt allenfalls dann, wenn den tarifvertragl. Bestimmungen zu entnehmen ist, dass ein verbesserter Kündigungsschutz gewährt werden soll[11]. Die Berücksichtigung der Entgeltfortzahlungskosten für die Kündigung stellt keinen Wertungswiderspruch und keinen Verstoß gegen das Maßregelungsverbot dar[12]. Wenn auf Grund der negativen Prognose über den künftigen Krankheitsverlauf sowie erheblicher und unzumutbarer wirtschaftl. Belastungen eine Kündigung nach § 1 sozial gerechtfertigt ist, dann greift auch das Maßregelungsverbot des § 612a BGB nicht. Eine erhebliche Beeinträchtigung wirtschaftl. Interessen des ArbGeb kann ferner durch Kosten der Überbrückung von Betriebsablaufstörungen verursacht werden, etwa durch unverhältnismäßig hohe **Kosten für Aushilfen**, insb. wenn diese trotz einer vorhandenen, an sich ausreichend bemessenen Personalreserve aufzuwenden sind.

---

1 BAG 6.9.1989 – 2 AZR 224/89, NZA 1990, 434. ||2 BAG 7.12.1989 – 2 AZR 225/89, EzA § 1 KSchG Krankheit Nr. 30. ||3 BAG 25.4.1985 – 2 AZR 127/84; 23.6.1983 – 2 AZR 15/82, DB 1983, 2524. ||4 BAG 8.11.2007 – 2 AZR 292/06; 17.6.1999 – 2 AZR 639/98, NZA 1999, 1328; LAG Hess. 13.12.2011 – 12 Sa 170/11; LAG Rh.-Pf. 5.9.2011 – 5 Sa 152/11. ||5 BAG 5.7.1990 – 2 AZR 154/90, NZA 1991, 185; 29.7.1993 – 2 AZR 155/93, DB 1993, 2439. ||6 BAG 16.2.1989 – 2 AZR 299/88, NZA 1989, 923. ||7 BAG 10.5.1990 – 2 AZR 580/89, EzA § 1 KSchG Krankheit Nr. 31. ||8 BAG 6.9.1989 – 2 AZR 19/89, NZA 1990, 307. ||9 BAG 7.12.1989 – 2 AZR 225/89, EzA § 1 KSchG Krankheit Nr. 30. ||10 BAG 16.2.1989 – 2 AZR 299/88, NZA 1989, 923; 6.9.1989 – 2 AZR 19/89, NZA 1990, 307. ||11 Offengelassen BAG 6.9.1989 – 2 AZR 224/89, NZA 1990, 434. ||12 BAG 16.2.1989 – 2 AZR 299/88, NZA 1989, 923.

(3) Interessenabwägung bei häufigen Kurzerkrankungen. Wie bei jeder krankheitsbedingten Kündigung sind bei der Interessenabwägung insb. betriebl. Ursachen für die häufigen Krankheitszeiten zu Lasten des ArbGeb zu berücksichtigen. Häufige Fehlzeiten eines ArbN muss der ArbGeb uU verstärkt hinnehmen, wenn vergleichbare ArbN ebenfalls erhöhte Fehlzeiten aufweisen. Eine solche Konstellation deutet auf eine betriebl. Ursache für die häufigen Erkrankungen der ArbN hin. Dies kann auch zur Vermeidung einer mittelbaren Altersdiskriminierung relevant werden[1]. Beruhen häufige Kurzerkrankungen hingegen auf besonderen Verhaltensweisen oder Veranlagungen des ArbN, zB außergewöhnliche sportliche Betätigung, erhöhte Verletzungsanfälligkeit, übermäßige Beanspruchung durch Nebentätigkeiten, sind diese zu Lasten des ArbN in die Interessenabwägung einzubeziehen (s.a.Rz. 112).

146

– **Kündigung wegen lang andauernder, dauernder Erkrankung und ungewisser Dauer der Erkrankung. (1) Negative Gesundheitsprognose.** Auch die ordentl. Kündigung aus Anlass einer Langzeiterkrankung ist erst dann sozial gerechtfertigt, wenn eine negative Prognose hinsichtlich der voraussichtlichen weiteren Dauer der Arbeitsunfähigkeit vorliegt[2]. Hierfür ist nicht in erster Linie der Gesundheitszustand des ArbN zum Zeitpunkt des Ausspruchs der Kündigung, sondern der zu erwartende weitere Krankheitsverlauf maßgeblich. Für die negative Prognose muss danach festgestellt werden, ob für die Zukunft auf Grund objektiver Umstände mit einer lang anhaltenden, dauernden oder zumindest auf absehbare Zeit ungewissen Dauer der Arbeitsunfähigkeit zu rechnen ist. Eine bestimmte Dauer der Erkrankung in der Vergangenheit ist idR unmaßgeblich. Allerdings kann eine zum Zeitpunkt der Kündigung bereits über einen längeren Zeitraum bestehende Arbeitsunfähigkeit Indizwirkung für die Zukunft entfalten, insb. bei fehlender Therapiebereitschaft[3]. Auch bei erst kurzer Dauer der Erkrankung kann eine negative Prognose auf Grund der Art der Erkrankung, zB schwere Unfallverletzung, gerechtfertigt sein, sofern sie dem ArbN die geschuldete Arbeitsleistung voraussichtlich auf lange Zeit oder auf Dauer unmöglich macht. Der dauernden Leistungsunfähigkeit steht die **Ungewissheit der Wiederherstellung** der Arbeitsfähigkeit gleich, wenn in den **nächsten 24 Monaten** mit einer anderen Prognose nicht gerechnet werden kann[4]. In diesen Prognosezeitraum sind die vor Ausspruch der Kündigung liegenden Krankheitszeiten nicht einzubeziehen[5].

147

Maßgebliche Beurteilungsgrundlage für die Rechtmäßigkeit einer derartigen Kündigung sind wiederum die objektiven Verhältnisse im Zeitpunkt des Zugangs der Kündigungserklärung. Die objektiven Kriterien, nach denen der ArbGeb seine Zukunftsprognose zur weiteren Dauer der Arbeitsunfähigkeit des ArbN anzustellen hat, müssen deshalb beim Zugang der Kündigungserklärung vorliegen[6]. Die spätere tatsächliche Entwicklung einer Erkrankung kann weder zur Bestätigung noch zur Korrektur der Prognose verwertet werden[7]. Hiervon zu unterscheiden ist eine Korrektur der Beurteilung der negativen Prognose im Prozess auf Grund von Umständen der Erkrankung des ArbN, die bereits zum Zeitpunkt der Kündigung bestanden[8]. Der ArbGeb braucht die Erfolgsaussichten einer möglichen, aber mit einem erheblichen Risiko behafteten Operation jedenfalls dann nicht in seine Prognose über die weitere Dauer der Arbeitsunfähigkeit einzubeziehen, wenn der ArbN sich auch nach mehrmonatiger Bedenkzeit noch unentschlossen zeigt, ob er sich der Operation unterziehen soll[9].

148

Der ArbGeb trägt die **Darlegungs- und Beweislast** für die negative Gesundheitsprognose. Der ArbN kann die durch den ArbGeb zunächst darzulegende negative Prognose durch substantiierten Vortrag erschüttern. Hierzu muss er vortragen, auf Grund welcher konkret zu benennenden Umstände, zB wegen einer bestimmten bereits begonnenen Behandlungsweise, Kur oder Therapie, mit der alsbaldigen Wiederherstellung seiner Leistungsfähigkeit zu rechnen ist. Ohne einen entsprechenden Vortrag zu begründen, reicht danach die bloße Behauptung einer Heilungschance nicht aus[10]. Im Falle des substantiierten Bestreitens der negativen Gesundheitsprognose durch den ArbN muss der ArbGeb den Beweis für die Richtigkeit der von ihm behaupteten Prognose führen. Auch bei der lang andauernden Erkrankung ist der ArbN nicht im Vorfeld der Kündigung zu Auskünften über den zu erwartenden Krankheitsverlauf oder zur Begutachtung durch einen Sachverst. verpflichtet. Auch wenn der ArbN vor Ausspruch der Kündigung die Entbindung seiner Ärzte von der Schweigepflicht verweigert hat, kann er im Kündigungsschutzprozess die negative Prognose unter Bezugnahme auf ärztliches Zeugnis bestreiten[11].

149

(2) Erhebliche Beeinträchtigung betrieblicher Interessen bei lang andauernder, dauernder bzw. ungewisser Dauer der Erkrankung. Steht zum Zeitpunkt der Kündigung fest, dass der ArbN in Zukunft die geschuldete Arbeitsleistung überhaupt nicht mehr erbringen kann, so ist schon aus diesem Grund das ArbVerh auf Dauer ganz erheblich gestört, so dass bei krankheitsbedingter dauernder Leistungsunfähigkeit idR ohne weiteres von einer erheblichen Beeinträchtigung der betriebl. Interes-

150

---

1 LAG BW 18.6.2007 – 4 Sa 14/07, AuA 2007, 624. ||2 BAG 29.4.1999 – 2 AZR 431/98, DB 1999, 1861. ||3 LAG Rh.-Pf. 29.1.2009 – 11 Sa 5/08. ||4 BAG 19.4.2007 – 2 AZR 239/06, NZA 2007, 1041; LAG Köln 23.8.2012 – 6 Sa 191/12. ||5 BAG 12.4.2002 – 2 AZR 148/01, NZA 2002, 1081; 29.4.1999 – 2 AZR 431/98, NZA 1999, 978. ||6 BAG 15.8.1984 – 7 AZR 536/82, NZA 1985, 357. ||7 BAG 12.4.2002 – 2 AZR 148/01, NZA 2002, 1081. ||8 BAG 9.9.2010 – 2 AZR 493/09. ||9 BAG 15.8.1984 – 7 AZR 536/82, NZA 1985, 357. ||10 BAG 19.5.1993 – 2 AZR 539/92. ||11 BAG 12.4.2002 – 2 AZR 148/01, NZA 2002, 1081.

sen auszugehen ist[1]. In diesem Fall liegt die erhebliche betriebl. Beeinträchtigung darin, dass der ArbGeb auf unabsehbare Zeit gehindert ist, sein Direktionsrecht auszuüben. Eine irgendwie geartete Planung des Einsatzes des betroffenen ArbN ist ebenso wenig möglich wie der von Vertretungskräften. Der ArbGeb kann nicht gehindert werden, für die Tätigkeit des ArbN auf Dauer einen anderen ArbN einzusetzen[2]. Eine lang anhaltende Erkrankung vermag eine Kündigung ohne Rücksicht auf zusätzliche wirtschaftl. Belastungen des ArbGeb bereits dann sozial zu rechtfertigen, wenn im Zeitpunkt der Kündigung die Wiederherstellung der Arbeitsfähigkeit völlig ungewiss ist und die Krankheit bereits längere Zeit (im entschiedenen Fall: 1 ½ Jahre) angedauert hat. Diese **Ungewissheit** kann wie eine feststehende dauernde Arbeitsunfähigkeit zu erheblichen Beeinträchtigungen betriebl. Interessen führen[3]. Dies gilt insb. dann, wenn zum Zeitpunkt des Kündigungszugangs auf Grund objektiver Umstände mit einer Arbeitsunfähigkeit auf nicht absehbare Zeit zu rechnen ist und gerade diese Ungewissheit zu unzumutbaren betriebl. oder wirtschaftl. Belastungen führt[4]. Die Ungewissheit der Wiederherstellung der Arbeitsfähigkeit steht einer krankheitsbedingten dauernden Leistungsunfähigkeit dann gleich, wenn in den nächsten 24 Monaten mit einer anderen Prognose nicht gerechnet werden kann[5]. Denn für die betriebl. Beeinträchtigungen kommt es auf den künftigen Handlungsspielraum des ArbGeb im Zeitpunkt der Kündigung an. Für den Zeitraum von 24 Monaten kann er befristet eine Ersatzkraft einstellen und damit die betriebl. Beeinträchtigungen überbrücken[6]. Im Falle einer feststehenden dauernden Leistungsunfähigkeit oder einer völligen Ungewissheit über die Wiederherstellung der Arbeitsfähigkeit kommt es hingegen auf etwaige Vertretungsmöglichkeiten nicht an[7].

151 **(3) Interessenabwägung bei lang andauernder Erkrankung.** Die dauernde Leistungsunfähigkeit des ArbN führt idR zu einer für den ArbGeb nicht mehr tragbaren betriebl. Beeinträchtigung[8]. Nur bei Vorliegen einer besonderen Schutzbedürftigkeit des ArbN kann die Interessenabwägung zu einem anderen Ergebnis führen[9]. Beruht die Erkrankung des ArbN auf einem **Betriebsunfall**, sind an die Interessenabwägung strengere Anforderungen zu stellen. Hier ist insb. von Bedeutung, ob der ArbGeb oder der ArbN für den Betriebsunfall verantwortlich ist. Ggf. sind dem ArbGeb weiter gehende Überbrückungsmaßnahmen oder Umsetzungsmaßnahmen zumutbar, um dem ArbN eine seine Verletzungen berücksichtigende Beschäftigung zu sichern, zB durch die Schaffung eines leidensgerechten Arbeitsplatzes durch dessen zumutbare Umgestaltung als Teilzeitarbeitsplatz oder in technischer Hinsicht, etwa auch unter Inanspruchnahme öffentl. Leistungen zur Teilhabe am Arbeitsleben gem. §§ 33 ff. SGB IX. Zu den vom ArbGeb in Erwägung zu ziehenden Überbrückungsmaßnahmen gehört uU auch die Einstellung einer Aushilfskraft auf unbestimmte Zeit. Der ArbGeb hat konkret darzulegen, weshalb die Einstellung einer Aushilfskraft nicht möglich oder nicht zumutbar sein soll[10] (s.a.Rz. 112).

152 – **Kündigung wegen krankheitsbedingter Minderung der Leistungsfähigkeit. (1) Negative Gesundheitsprognose.** Die krankheitsbedingte Minderung der Leistungsfähigkeit kann einen in der Person des ArbN liegenden Kündigungsgrund darstellen, wenn sie zu einer erheblichen Beeinträchtigung betriebl. Interessen führt[11]. Die negative Gesundheitsprognose muss sich in dieser Fallkonstellation darauf beziehen, dass auch in Zukunft eine erhebliche Minderung der Leistungsfähigkeit zu besorgen ist, zB eine um ⅓ ggü. der Normalleistung verminderte Arbeitsleistung oder eine aus gesundheitlichen Gründen eingeschränkte Einsetzbarkeit[12]. Die Feststellung der negativen Prognose setzt somit voraus, dass zum Zeitpunkt der Kündigung ein objektiv messbarer erheblicher Leistungsabfall in quantitativer oder qualitativer Hinsicht besteht. Den normalen altersbedingten Leistungsabfall eines ArbN hat der ArbGeb hinzunehmen[13]. Andererseits kann von einer Leistungsminderung nicht mehr die Rede sein, wenn der ArbN im Betrieb überhaupt nicht mehr sinnvoll eingesetzt werden kann[14].

153 **(2) Erhebliche Beeinträchtigung betrieblicher Interessen bei krankheitsbedingter Minderung der Leistungsfähigkeit.** Bei einer in Zukunft zu erwartenden krankheitsbedingten Leistungsminderung des ArbN wird die erhebliche Beeinträchtigung betriebl. Interessen idR wirtschaftl. Natur sein, weil der Zahlung der vollen Vergütung keine nach betriebswirtschaftl. und arbeitswissenschaftl. Grundsätzen ausgerichtete adäquate Arbeitsleistung gegenübersteht. Da die Beeinträchtigung betriebl. Interessen erheblich sein muss, genügt nicht jede geringfügige Minderleistung. Das BAG hat eine Minderleistung für ausreichend angesehen, die dazu führte, dass der ArbGeb für ⅓ des vollen Zeitlohns keine Gegenleistung erhielt[15]. Andererseits kann die erhebliche Beeinträchtigung betriebl. Interessen

---

1 BAG 19.4.2007 – 2 AZR 239/06, NZA 2007, 1041; 18.1.2007 – 2 AZR 759/05; 29.4.1999 – 2 AZR 431/98, DB 1999, 1861.   ‖2 BAG 21.5.1992 – 2 AZR 399/91, NZA 1993, 497.   ‖3 BAG 21.5.1992 – 2 AZR 399/91, NZA 1993, 497.   ‖4 BAG 25.11.1982 – 2 AZR 140/81, DB 1983, 1047.   ‖5 BAG 12.4.2002 – 2 AZR 148/01, NZA 2002, 1081.   ‖6 BAG 29.4.1999 – 2 AZR 431/98.   ‖7 BAG 19.4.2007 – 2 AZR 239/06, NZA 2007, 1041.   ‖8 BAG 21.5.1992 – 2 AZR 399/91, NZA 1993, 497; 30.1.1986 – 2 AZR 668/84, NZA 1987, 555.   ‖9 BAG 18.1.2007 – 2 AZR 759/05.   ‖10 BAG 25.11.1982 – 2 AZR 140/81, DB 1983, 1047.   ‖11 BAG 26.9.1991 – 2 AZR 132/91, NZA 1992, 1073; 11.12.2003 – 2 AZR 667/02, AuA 2004, 44.   ‖12 LAG Hess. 26.4.2012 – 5 Sa 1632/11 (Änderungskündigung ggü. einem Croupier).   ‖13 BAG 20.11.1987 – 2 AZR 284/86, NZA 1988, 617.   ‖14 BAG 18.1.2001 – 2 AZR 616/99, NZA 2002, 455.   ‖15 BAG 26.9.1991 – 2 AZR 132/91, NZA 1992, 1073.

auch darin liegen, dass der ArbN wegen seiner verminderten Leistungsfähigkeit organisatorisch nicht mehr in die Arbeitsabläufe integrierbar ist[1], zB eine Altenpflegerin, die nur noch zu leichter körperlicher Tätigkeit in der Lage ist.

(3) Interessenabwägung bei der krankheitsbedingten Minderung der Leistungsfähigkeit. Bei einer Kündigung wegen Minderung der Leistungsfähigkeit hat der ArbGeb vor allem bei älteren ArbN zu prüfen, ob der Leistungsminderung nicht durch organisatorische Maßnahmen (Änderung des Arbeitsablaufs, Umgestaltung des Arbeitsplatzes, Umverteilung der Aufgaben) begegnet werden kann[2] (s.a.Rz. 112).

– **Kur.** Durch einen Kuraufenthalt, den der ArbN zur Besserung oder Wiedererlangung seiner Arbeitsfähigkeit unternimmt, setzt der ArbN keinen eine personenbedingte Kündigung rechtfertigenden Grund. Dies folgt schon aus der durch die Kur gerade beabsichtigten Verbesserung der Gesundheitsprognose. Insb. eine im Anschluss an eine lang andauernde Erkrankung durchgeführte Kur des ArbN, die nach ärztlicher Erkenntnis mit Aussicht auf Wiederherstellung der Erwerbsfähigkeit angetreten wird, verpflichtet den ArbGeb idR, den Erfolg dieser Kur vor Ausspruch einer Kündigung abzuwarten. Dies gilt insb. auch bei einer Entziehungskur im Fall einer Suchterkrankung (s. Rz. 119).

– **Minderleistung.** Eine Minderleistung kann insb. auf Defiziten fachlicher[3], pädagogischer[4] oder die Persönlichkeit betreffender Art, zB ArbN mit Führungsverantwortung[5], beruhen. Die völlige Erfolglosigkeit eines ArbN im Akquisitionsgeschäft[6] stört das Austauschverhältnis von Leistung und Gegenleistung nachhaltig. Eine personenbedingte Kündigung wegen Minderleistung setzt nicht voraus, dass der ArbN gegen die subjektiv zu bestimmende Leistungspflicht verstößt. Auch kann das Leistungsdefizit erst nach längerem Bestand des ArbVerh zum Tragen kommen (fehlende Programmierkenntnisse eines Organisationsprogrammierers)[7]. Merkmal der personenbedingten Kündigung ist vielmehr, dass die Minderleistung trotz Ausschöpfung der persönl. Leistungsfähigkeit des ArbN und zumutbarer Hilfsmaßnahmen[8] eintritt und nicht in einem vertretbaren Zeitraum zu beheben ist. Es kommt darauf an, ob die Arbeitsleistung die berechtigte Erwartung des ArbGeb von der Gleichwertigkeit der beiderseitigen Leistungen in einem Maße unterschreitet, dass ihm ein Festhalten an dem (unveränderten) Arbeitsvertrag unzumutbar ist[9].

– **Öffentlicher Dienst.** Ein im öffentl. Dienst beschäftigter Angestellter hat auch außerhalb des Dienstes die Rechtsordnung zu wahren. Wobei für die nicht hoheitlich tätigen ArbN des öffentl. Dienstes keine weiter gehenden Verhaltenspflichten als für Beschäftigte der Privatwirtschaft gelten[10]. Außerdienstlich begangene Straftaten können Zweifel an der Zuverlässigkeit und Vertrauenswürdigkeit eines ArbN begründen. Ob es einem ArbN an der Eignung für die künftige Erledigung seiner Aufgaben mangelt, ist abhängig von seiner Funktion und Stellung im Betrieb, seinen konkreten Arbeitspflichten und von der Art des Delikts. So können Straftaten eines im öffentl. Dienst mit hoheitlichen Aufgaben betrauten ArbN grds. auch dann zu einem Eignungsmangel führen, wenn sie außerdienstl. begangen wurden und es an einem unmittelbaren Bezug zum ArbVerh fehlt[11]. Die Tauglichkeit eines ArbN im öffentl. Dienst zur Erbringung der Arbeitsleistung kann nicht nur durch Störung des Vertrauensverhältnisses zwischen den Vertragsparteien selbst beeinträchtigt werden. Als Repräsentanten des Staates ggü. der Öffentlichkeit kommt es – abhängig von der konkreten Dienstfunktion – auch auf ihr Ansehen in der Öffentlichkeit an[12] (**Beispiele:** vorsätzliches Tötungsdelikt[13], erhebl. Steuerhinterziehung eines Angestellten der Finanzbehörde[14]).

– **Persönliche und familiäre Verhältnisse.** Besondere persönl. oder familiäre Beziehungen des ArbN zu Dritten stellen für sich alleine keinen die personenbedingte Kündigung rechtfertigenden Grund dar. Vielmehr müssen auch hier konkrete Beeinträchtigungen des ArbVerh dargelegt werden, auf Grund derer die fehlende persönl. Eignung des ArbN zur ordnungsgemäßen, insb. loyalen Erbringung der Arbeitsleistung für die Zukunft zu besorgen ist. Hierbei kommen auch vom ArbN nicht zu vertretende Umstände in Betracht (ein den Kreisen der organisierten Kriminalität zuzurechnender Schwager eines ArbN beim Verfassungsschutz)[15]. Aus dem Wechsel des Lebenspartners zu einem Konkurrenzunternehmen und dessen dortiger leitender Stellung folgt ohne konkrete negative Auswirkungen auf das ArbVerh des verbleibenden ArbN kein personenbedingter Kündigungsgrund[16]. Ein in der Person des ArbN liegender Grund kann die Unmöglichkeit der Einhaltung betriebl. Arbeitszeiten auf Grund der Betreuung Angehöriger sein.

---

1 LAG MV 13.5.2009 – 2 Sa 15/09.   ‖2 BAG 12.7.1995 – 2 AZR 762/94, DB 1995, 2617.   ‖3 BAG 19.4.2012 – 2 AZR 233/11, NZA 2012, 1449.   ‖4 BAG 6.3.2003 – 2 AZR 232/02, NZA 2004, 231.   ‖5 LAG Schl.-Holst. 27.11.2008 – 5 Sa 292/08.   ‖6 BAG 3.6.2004 – 2 AZR 386/03, NZA 2004, 1380; LAG Düss. 8.4.2009 – 7 Sa 1385/08.   ‖7 BAG 19.4.2012 – 2 AZR 233/11, NZA 2012, 1449.   ‖8 LAG Hamm 25.9.2012 – 9 Sa 702/12 (techn. Zeichner); Rh.-Pf. 21.1.2009 – 7 Sa 400/08.   ‖9 BAG 11.12.2003 – 2 AZR 667/02, NZA 2004, 784; 10.2.2005 – 2 AZR 584/03, ZTR 2005, 658.   ‖10 BAG 28.10.2010 – 2 AZR 293/09, NZA 2011, 112; 10.9.2009 – 2 AZR 257/08, NZA 2010, 220.   ‖11 BAG 20.6.2013 – 2 AZR 583/12, NZA 2013, 1345; 10.9.2009 – 2 AZR 257/08, NZA 2010, 220.   ‖12 BAG 20.11.1997 – 2 AZR 643/96, NZA 1998, 323.   ‖13 BAG 8.6.2000 – 2 AZR 638/99, NZA 2000, 1282.   ‖14 BAG 21.6.2001 – 2 AZR 325/00, NZA 2002, 1030.   ‖15 BAG 26.11.2009 – 2 AZR 272/08, NZA 2010, 628.   ‖16 LAG Hamm 29.1.1997 – 14 Sa 1862/96, NZA 1999, 656.

158 – **Politische Betätigung.** Aktives Eintreten für eine verfassungsfeindliche Partei oder deren Jugendorganisation kann grds. die personenbedingte Kündigung eines im öffentl. Dienst beschäftigten ArbN begründen[1]. Von einer fehlenden Eignung auf Grund von Zweifeln an der Erfüllung der einfachen **politischen Loyalitätspflicht** eines im öffentl. Dienst tätigen ArbN wegen politischer Betätigung kann jedoch nur ausgegangen werden, wenn sie in die Dienststelle hineinwirkt und entweder die allg. Aufgabenstellung des öffentl. ArbGeb oder das konkrete Arbeitsgebiet des ArbN berührt[2]. Auch ArbN, die nur eine ‚einfache' politische Treuepflicht trifft, müssen ein Mindestmaß an Verfassungstreue aufbringen. Das von ihnen zu verlangende Maß an Loyalität ggü. der Verfassung bestimmt sich nach der Stellung und dem Aufgabenkreis, der dem ArbN laut Arbeitsvertrag übertragen ist (sog. Funktionstheorie). Er schuldet lediglich ein solches Maß an Loyalität, das für die funktionsgerechte Verrichtung seiner Tätigkeit unverzichtbar ist. Die bei jeder personenbedingten Kündigung festzustellende negative Prognose zum Zeitpunkt des Kündigungsausspruchs muss insb. bei vergangener politischer Aktivität (zB herausgehobene parteipolitische Tätigkeit für die SED) die Prüfung einer eventuellen Änderung der politischen Einstellung umfassen[3]. Liegen Indizien für die fehlende Bereitschaft des ArbN zur Verfassungstreue vor, hat nicht der ArbN diese zu entkräften, sondern der ArbGeb muss durch den Vortrag konkreter Umstände diese Indizien personalisieren und verstärken, so dass sie die Feststellung der fehlenden Eignung (Verfassungstreue) rechtfertigen. Derartige Umstände können sich aus dem bisherigen dienstl. oder außerdienstl. Verhalten des ArbN sowie insb. aus seinem durch Anhörung zu ermittelnden Verfassungsverständnis ergeben[4]. Diese Maßstäbe können je nach betriebl. Ausrichtung auch auf ArbVerh der Privatwirtschaft übertragbar sein. S.a. *Sicherheitsbedenken* Rz. 160.

159 – **Schulden und Lohnpfändungen.** Die nicht durch eine persönl. Notlage verursachten hohen Schulden eines in einer Vertrauensstellung beschäftigten ArbN können einen personenbedingten Kündigungsgrund darstellen, wenn sie in relativ kurzer Zeit zu häufigen Lohnpfändungen führen und sich aus der Art und Höhe der Schulden ergibt, dass der ArbN voraussichtlich noch längere Zeit in ungeordneten Verhältnissen leben wird. Bei Vorliegen dieser Voraussetzungen fehlt es idR an der persönl. Eignung des ArbN für die ihm übertragene Vertrauensstellung[5]. Bei der Interessenabwägung können auf der ArbGebSeite insb. die Größe und Struktur des Betriebes, die Art und das Ausmaß des Arbeitsaufwandes, die Gefahr von Drittschuldnerklagen und auf der ArbN-Seite die Anzahl der Lohnpfändungen, Dauer der Betriebszugehörigkeit, Lebensalter, Unterhaltspflichten, Wiedereinstellungschancen des ArbN, Vorliegen einer finanziellen Notlage zu berücksichtigen sein[6].

160 – **Sicherheitsbedenken.** Sicherheitsbedenken ggü. dem ArbN können aus der vom ArbGeb vermuteten fehlenden Verfassungstreue, aus begangenen Straftaten oder sonstigen für den Betrieb und den konkreten Aufgabenbereich relevanten Umständen herzuleiten sein. Immer sind sie unter Anführung greifbarer Tatsachen vom ArbGeb darzulegen[7]. Es müssen tatsächliche, nicht unbedingt vom ArbN zu vertretende[8] Umstände vorliegen, aus denen die Sicherheitsbedenken hergeleitet werden (vgl. Rz. 157), anhand derer das Gericht die soziale Rechtfertigung der Kündigung zu prüfen hat[9]. Eine personenbedingte Kündigung kann zB bei einer Schreibkraft im Bundesministerium der Verteidigung gerechtfertigt sein, wenn deren hohe Verschuldung, die teilweise auf rechtskräftig verurteilte Straftaten im Vermögensbereich zurückzuführen ist, erst auf längere Sicht wird getilgt werden können[10].

161 – **Straf- und Untersuchungshaft.** Die soziale Rechtfertigung einer ordentl. Kündigung wegen Inhaftierung, auch derjenigen wegen Untersuchungshaft, hängt von der (voraussichtlichen) Dauer der Haft sowie insb. der Art und dem Ausmaß der betriebl. Auswirkungen ab[11]. Die haftbedingte Arbeitsverhinderung rechtfertigt alleine nicht die personenbedingte Kündigung; sie muss vielmehr das ArbVerh konkret – über die bloße Abwesenheit des ArbN hinaus – in einer dem ArbGeb nicht zumutbaren Weise beeinträchtigen[12]. Kriterien für die Art und das Ausmaß der betriebl. Beeinträchtigungen durch die Haft sind etwa bereits eingetretene und insb. in Zukunft zu erwartende Betriebsstörungen, Schwierigkeiten bei der Beschaffung einer Aushilfskraft oder deren notwendige Ausbildung, entstandene oder zu erwartende Schäden, möglicherweise auch immaterieller Art, zB durch Ansehensverlust. Da der ArbGeb den ArbN während dessen Haft nicht vergüten muss, wird er wirtschaftl. nicht belastet. Er wird daher zumutbare Überbrückungsmaßnahmen auszunutzen haben. Allerdings ist bei der Interessenabwägung zu berücksichtigen, dass der ArbN seine Leistungsverhinderung idR zu vertreten hat[13]. Befindet sich der ArbN in Untersuchungshaft, kommt als

---

1 BAG 12.5.2011 – 2 AZR 479/09. ||2 BAG 6.9.2012 – 2 AZR 372/11, ZTR 2013, 261; 12.5.2011 – 2 AZR 479/09, ZTR 2011, 739; 20.7.1989 – 2 AZR 114/87. ||3 BVerfG 8.7.1997 – 1 BvR 1243/95, NZA 1997, 932; BAG 13.3.1997 – 2 AZR 506/96. ||4 BAG 28.9.1989 – 2 AZR 317/86, NJW 1990, 1196. ||5 BAG 29.8.1980 – 7 AZR 726/77; 15.10.1992 – 2 AZR 188/92, EzA § 1 KSchG Verhaltensbedingte Kündigung Nr. 45. ||6 BAG 4.11.1981 – 7 AZR 264/79, DB 1982, 498. ||7 BAG 6.9.2012 – 2 AZR 270/11, NJW 2013, 1115; 20.7.1989 – 2 AZR 114/87, NZA 1990, 614. ||8 BAG 26.11.2009 – 2 AZR 272/08, NZA 2010, 628. ||9 BAG 6.9.2012 – 2 AZR 270/11, NJW 2013, 1115; 21.3.1996 – 2 AZR 479/95. ||10 LAG Köln 9.5.1996 – 10 Sa 22/96, ZTR 1997, 188. ||11 BAG 20.11.1997 – 2 AZR 805/96; 22.9.1994 – 2 AZR 719/93, NZA 1995, 119. ||12 BAG 22.9.1994 – 2 AZR 719/93, NZA 1995, 119; 15.11.1984 – 2 AZR 613/83, NZA 1985, 661. ||13 BAG 24.3.2011 – 2 AZR 790/09.

Kündigungsgrund auch die Ungewissheit über die Rückkehr des ArbN oder zumindest deren Zeitpunkt in Betracht[1]. Jedenfalls eine bei objektiver Betrachtung aller für den ArbGeb ermittelbaren Umstände zu erwartende Freiheitsstrafe von mehr als zwei Jahren, bei der eine vorzeitige Haftentlassung oder ein Freigängerstatus nicht bereits konkret absehbar sind, rechtfertigt idR eine personenbedingte Kündigung, ohne dass weitere Überbrückungsmaßnahmen zumutbar wären[2].

- **Straftat.** Eine personenbedingte Kündigung wegen einer Straftat kommt nur für solche Straftaten in Betracht, die **außerdienstlich** begangen werden. Eine im Betrieb verübte Straftat stellt eine Verletzung der arbeitsvertragl. Pflichten des ArbN dar, so dass sie eine verhaltensbedingte Kündigung rechtfertigen kann (s. Rz. 243). Außerdienstl. Verhalten des ArbN rechtfertigt nur dann eine personenbedingte Kündigung, wenn durch die Tat das ArbVerh konkret berührt wird und die **Eignung** des ArbN für die vertragl. geschuldete Arbeitsleistung in Frage steht (s. *Öffentlicher Dienst* Rz. 156). **Beispiele**, bei denen ein derartiger Eignungsmangel in Betracht kommt: Ladendiebstahl zu Lasten einer Konzernschwester des ArbGeb[3] oder von einer bei der Staatsanwaltschaft beschäftigten Gerichtshelferin[4]; Vermögensdelikt eines bei einer Bank beschäftigten Kassierers[5]; Steuerhinterziehung einer Angestellten der Finanzbehörde[6]; Verkehrsdelikte bei Berufskraftfahrern, insb. Trunkenheitsfahrt[7], auch eines U-Bahn-Zugführers[8] oder des Leiters einer Kfz-Prüfstelle mit anschließender Unfallflucht[8], Betäubungsmitteldelikt eines Krankenpflegers[9], eines angestellten Polizisten im Wachschutz[10] oder eines Sachbearbeiters in der Leistungsverwaltung der BA[11], Körperverletzungsdelikt eines Personenschützers[12]. **162**

- **Tendenzbetrieb.** Soweit ein ArbN als sog. Tendenzträger[13] auf Grund seiner konkret geschuldeten Arbeitsleistung an der Verwirklichung der geistig-ideellen Ziele des Tendenzunternehmens mitzuwirken hat, ist er grds. zur Loyalität ggü. seinem ArbGeb auch hinsichtlich dessen Zielsetzung verpflichtet. Ein Loyalitätskonflikt ist nicht nur im kirchl. Bereich (s. Rz. 134), sondern auch in Unternehmen bestimmter politischer, karitativer, erzieherischer, wissenschaftlicher oder künstlerischer Bestimmung möglich. Eine personenbedingte Kündigung kann jedoch auch in diesem Fall nur gerechtfertigt sein, wenn der ArbN etwa durch eine der Tendenz entgegenstehende politische Betätigung das ArbVerh konkret stört, zB durch die Zugehörigkeit zu oder gar öffentl. Propaganda zu Gunsten einer rechts- oder linksradikalen Partei seitens eines verantwortlichen Redakteurs, der damit die Glaubwürdigkeit einer Zeitung mit entgegengesetzter Tendenz nachhaltig in Frage stellt[14]. **163**

- **Verdachtskündigung.** Durch den gegen einen ArbN bestehenden dringenden Verdacht, eine Straftat begangen zu haben, kann das Vertrauen in dessen **Eignung**, die vertragl. geschuldete Arbeitsleistung zu erbringen, beeinträchtigt sein. Da die Verdachtskündigung regelmäßig einen schwerwiegenden Vorwurf erfordert, der den Ausspruch einer außerordentl. Kündigung rechtfertigen kann[15], wird auf die unter § 626 BGB (dort Rz. 323 ff.) dargestellten Grundsätze der außerordentl. Verdachtskündigung verwiesen. Allerdings handelt es sich bei einer Verdachtskündigung tatsächlich unabhängig davon, ob außerdienstl. oder innerdienstl. Verhalten des ArbN den dringenden Verdacht auslöst, an sich um eine personenbedingte Kündigung. Denn der schwerwiegende Verdacht eines (nicht erwiesenen) strafbaren bzw. vertragswidrigen Verhaltens zerstört bei dieser Kündigungsart das für die Fortsetzung des ArbVerh erforderliche Vertrauen. Der Verdacht stellt ggü. dem Vorwurf, der ArbN habe die Tat begangen, einen eigenständigen Kündigungsgrund dar[16]. Der durch bestimmte objektive, zum Zeitpunkt der Kündigung vorliegende Indiztatsachen begründete Verdacht zerstört das für die Aufrechterhaltung des ArbVerh erforderliche **Vertrauen** in die Eignung des ArbN, die vertragl. geschuldete Arbeitsleistung zu erbringen[17]. Dies gilt auch, wenn der ArbN bereits von der Arbeitspflicht freigestellt ist. Die unwiderrufliche **Freistellung** des ArbN ist allerdings bei der Interessenabwägung zu berücksichtigen[18]. Auch vor Beginn des ArbVerh liegende, dem ArbGeb bei der Einstellung nicht bekannte Umstände oder Ereignisse können das Vertrauen des ArbGeb in die Zuverlässigkeit und Redlichkeit des ArbN zerstören[19]. Soweit der dringende Tatverdacht außerdienstl. Verhalten des ArbN betrifft, ist für die hierauf gestützte Kündigung wiederum Voraussetzung, dass damit seine Eignung zur ordnungsgemäßen Erbringung der Arbeitsleistung zweifelhaft wird, zB Verdacht des Bankeinbruchs in eine fremde Bank durch Bankkassierer, Verdacht der Untreue oder Unterschlagung gegen einen nebenberuflich als Vermögensberater oder Versicherungsvertreter tätigen Bank- **164**

---

1 BAG 22.9.1994 – 2 AZR 719/93, NZA 1995, 119; LAG BW 18.10.2011 – 15 Sa 33/11. ||2 BAG 23.5.2013 – 2 AZR 120/12, NZA 2013, 1211; 25.11.2010 – 2 AZR 984/08. ||3 BAG 20.9.1984 – 2 AZR 233/83, NZA 1985, 285; LAG BW 9.10.2008 – 21 Sa 28/08. ||4 LAG Hess. 4.7.1985 – 12 Sa 1329/84, LAGE § 626 BGB Nr. 22. ||5 BAG 21.6.2001 – 2 AZR 325/00, NZA 2002, 1030. ||6 BAG 22.8.1963 – 2 AZR 114/63, DB 1963, 1580. ||7 BAG 4.6.1997 – 2 AZR 526/96, NZA 1997, 1281. ||8 LAG Köln 25.8.1988 – 8 Sa 1334/87, LAGE § 626 BGB Nr. 34. ||9 LAG Hamm 8.2.2007 – 17 Sa 1403/06. ||10 BAG 20.6.2013 – 2 AZR 583/12, NZA 2013, 1345. ||11 LAG BW 20.6.2013 – 11 Sa 159/12. ||12 BAG 6.9.2012 – 2 AZR 270/11, NJW 2013, 1115. ||13 BAG 14.9.2010 – 1 ABR 29/09, NZA 2011, 225. ||14 BAG 23.10.2008 – 2 AZR 483/07; 28.8.2003 – 2 ABR 48/02, NZA 2004, 501. ||15 BAG 21.11.2013 – 2 AZR 797/11. ||16 BAG 27.1.2011 – 2 AZR 825/09; 29.11.2007 – 2 AZR 724/06; BVerfG 15.12.2008 – 1 BvR 347/08. ||17 BAG 23.5.2013 – 2 AZR 102/12, NZA 2013, 1416. ||18 BAG 5.4.2001 – 2 AZR 217/00. ||19 BAG 21.2.2001 – 2 AZR 139/00, NZA 2001, 1136 (außerordentl. verhaltensbedingte Kündigung).

angestellten oder Verdacht der unterlassenen Hilfeleistung mit gravierenden Folgen für den Verletzten gegen einen angestellten Arzt.

165 – **Wehrdienst.** Gem. § 2 I ArbPlSchG genießen deutsche ArbN von der Zustellung des Einberufungsbescheids bis zur Beendigung des Grundwehrdienstes sowie während einer Wehrübung Kündigungsschutz. Dies gilt auch in den Fällen des freiwilligen Wehrdienstes, für Staatsangehörige der Vertragsparteien der Europäischen Sozialcharta und für Soldaten auf Zeit, §§ 16, 16a ArbPlSchG. **Anderen Ausländern** wird je nach den Umständen des Einzelfalls ein **Leistungsverweigerungsrecht** für eine Dauer von **längstens zwei Monaten** zugestanden[1]. Es gilt aber auch für eine derart kurze Dauer nicht absolut und schließt deshalb die soziale Rechtfertigung einer personenbedingten Kündigung nicht grds. aus, zB wenn der wehrdienstbedingte Ausfall des ArbN zu einer erheblichen Beeinträchtigung der betriebl. Interessen führt und nicht durch zumutbare personelle oder organisatorische Maßnahmen zu überbrücken ist. Da eine eventuelle Weiterbeschäftigungsmöglichkeit des ArbN unternehmensbezogen zu untersuchen ist, muss ein ArbGeb, insb. wenn er im Unternehmen Arbeitsplatzabbau plant oder durchführt, prüfen, ob er durch eine befristete Versetzung eines anderen ArbN des Unternehmens die Weiterbeschäftigung des ausländischen Wehrdienstpflichtigen gewährleisten kann[2]. Vgl. hierzu die Komm. zum ArbPlSchG.

166 **5. Wiedereinstellungsanspruch.** Ob bei einer personenbedingten und im Besonderen bei einer krankheitsbedingten Kündigung die Möglichkeit eines Wiedereinstellungsanspruchs (zu dessen Grundsätzen s. Rz. 75) bejaht werden kann, obwohl der Kündigungsgrund der Sphäre des ArbN entstammt, ist zweifelhaft. Denn Voraussetzung eines Wiedereinstellungsanspruchs ist, dass sich zwischen dem Ausspruch der Kündigung und dem Ablauf der Kündigungsfrist unvorhergesehen eine Weiterbeschäftigungsmöglichkeit ergibt und der Wiedereinstellung keine berechtigten Interessen des ArbGeb, insb. wegen zwischenzeitlicher anderweitiger Dispositionen entgegenstehen. Ein Wiedereinstellungsanspruch kann deshalb jedenfalls nur dann in Betracht kommen, wenn eine positive Prognose hinsichtlich der zunächst als fehlend oder mangelhaft angenommenen Eignung und Fähigkeit des ArbN zur Erbringung der Arbeitsleistung vor Ablauf der Kündigungsfrist feststeht[3]. Für die Begründung eines Wiedereinstellungsanspruchs nach einer wirksamen krankheitsbedingten Kündigung genügt es deshalb nicht, dass der hierfür darlegungs- und beweispflichtige ArbN Tatsachen vorträgt, die die negative Gesundheitsprognose erschüttern; vielmehr wird ein Wiedereinstellungsanspruch allenfalls dann möglich, wenn nach dem Vorbringen des ArbN von einer positiven Gesundheitsprognose auszugehen ist, die Besorgnis der wiederholten Erkrankung also ausgeräumt ist. Andernfalls ist dem ArbGeb die Annahme des Vertragsangebots auf Abschluss eines Arbeitsvertrages zu den bisherigen Bedingungen des durch die wirksame Kündigung an sich aufgelösten ArbVerh nicht zumutbar[4].

167 **6. Beteiligung des Betriebs- bzw. Personalrats.** Für die Beteiligung des BR bzw. PersR vor Ausspruch der personenbedingten Kündigung gelten die bei der Erörterung des Anhörungsverfahrens nach § 102 BetrVG dargelegten Grundsätze. Eine Kündigung ist danach nicht erst dann unwirksam, wenn die Unterrichtung der Mitarbeitervertretung ganz unterblieben ist, sondern bereits dann, wenn der ArbGeb seiner Unterrichtungspflicht nicht richtig, insb. nicht ausführlich genug nachkommt. Der ArbGeb hat dem BR bzw. PersR grds. die Personalien des zu kündigenden ArbN, dessen Beschäftigungsdauer, die Kündigungsart sowie die aus seiner Sicht tragenden Kündigungsgründe (sog. **subjektive Determination**) umfassend mitzuteilen. Durch die seitens des ArbGeb erteilten Informationen muss die ArbN-Vertretung ohne eigene Nachforschungen selbst die Stichhaltigkeit der Kündigungsgründe prüfen können und in der Lage sein, sich ein Bild zu machen. Der ArbGeb genügt daher der ihm obliegenden Mitteilungspflicht nicht, wenn er den Kündigungssachverhalt nur pauschal, schlagwort- oder stichwortartig umschreibt oder lediglich ein Werturteil abgibt, ohne die für seine Bewertung maßgeblichen Tatsachen mitzuteilen[5]. Der Grundsatz der vertrauensvollen Zusammenarbeit gebietet es dem ArbGeb im Anhörungsverfahren nach § 102 BetrVG, dem BR Informationen zu geben bzw. nicht vorzuenthalten, ohne die bei ihm ein falsches Bild über den Kündigungssachverhalt entstehen könnte[6]. Bei einer Kündigung wegen **häufiger Kurzerkrankungen** hat der ArbGeb dem BR nicht nur die bisherigen Fehlzeiten und die Art der Erkrankungen (soweit ihm bekannt) im Einzelnen mitzuteilen, sondern auch die Betriebsbeeinträchtigungen, die infolge der Fehlzeiten entstanden sind und mit denen er noch rechnet[7]. An die Mitteilungspflicht des ArbGeb ggü. dem BR sind allerdings hinsichtlich der wirtschaftl. und betriebl. Belastungen keine so strengen Anforderungen zu stellen wie an seine Darlegungslast im Kündigungsschutzprozess. Sie kann sogar entbehrlich sein, wenn der BR oder der BR-Vorsitzende die Folgen wiederholter Fehlzeiten genau kennt[8].

167a Auch bei der personenbedingten Kündigung gilt, dass der ArbGeb ihm bekannte, dem BR aber nicht mitgeteilte **Kündigungsgründe** auch dann nicht zur Rechtfertigung der Kündigung **nachschieben**

---

1 BAG 20.5.1988 – 2 AZR 682/87, NZA 1989, 464. ||2 BAG 20.5.1988 – 2 AZR 682/87, NZA 1989, 464. ||3 BAG 27.6.2001 – 7 AZR 662/99, ZTR 2002, 91. ||4 BAG 17.6.1999 – 2 AZR 639/98, NZA 1999, 1328. ||5 BAG 21.6.2001 – 2 AZR 30/00. ||6 BAG 31.5.1990 – 2 AZR 78/89. ||7 BAG 7.11.2002 – 2 AZR 493/01. ||8 BAG 24.11.1983 – 2 AZR 347/82, DB 1984, 1149.

kann, wenn der BR der Kündigung auf Grund der mitgeteilten Gründe zugestimmt hat[1]. Dem ArbGeb ist im Kündigungsprozess verwehrt, Gründe nachzuschieben, die über die Erläuterung des mitgeteilten Sachverhalts hinausgehen[2]. Da eine **außerordentl. Kündigung** wegen Krankheit idR nur in Betracht kommt, wenn eine ordentl. Kündigung tarifl. oder vertragl. ausgeschlossen ist, ist die Umdeutung einer derartigen außerordentl. fristlosen Kündigung in eine außerordentl. Kündigung mit der notwendigen Auslauffrist grds. nur möglich, wenn eine Beteiligung des Betriebs- bzw. Personalrats nach für eine ordentl. Kündigung geltenden Bestimmungen erfolgt ist[3]. Es gelten die Grundsätze der **abgestuften Darlegungslast**. Hat der ArbGeb die Beteiligung des Betriebs-/Personalrats im Prozess hinreichend konkret dargelegt, ist es Aufgabe des ArbN, deutlich zu machen, welche der Angaben er aus welchem Grund weiterhin bestreiten will. Nur hinsichtlich der außerhalb seiner Wahrnehmung liegenden Umstände kann er sich auf Nichtwissen berufen[4].

7. Darlegungs- und Beweislast/Prozessuales. a) Verhalten vor Ausspruch der Kündigung. Grds. ist der ArbN vor Ausspruch der Kündigung dem ArbGeb nicht zu Auskünften oder – bei der krankheitsbedingten Kündigung – zur Entbindung seiner Ärzte von der Schweigepflicht verpflichtet. Der ArbN, der auf entsprechende Ansinnen des ArbGeb nicht reagiert, verliert im Prozess idR nicht das Recht, sich auf Fehler in der Einschätzung der durch den ArbGeb behaupteten negativen Prognose hinsichtlich des zu erwartenden weiteren Verlaufs seiner Eignung und Fähigkeit zur Erfüllung der vertragl. Pflichten zu berufen. Insb. ist ein solches Verhalten idR nicht treuwidrig iSv. § 242 BGB[5]. Dies folgt daraus, dass der ArbGeb diesem Verhalten nicht schutzlos gegenübersteht. Einerseits kann er entsprechende Verpflichtungen mit dem ArbN vertragl. vereinbaren, so dass bei Verletzung dieser Pflicht nach Abmahnung eine verhaltensbedingte Kündigung in Betracht kommen kann. Andererseits verliert der ArbGeb im Prozess durch das Verhalten des ArbN keine Rechtsposition, da im Prozess immer die objektiven Umstände zum Zeitpunkt des Ausspruchs der Kündigung maßgeblich sind, wobei ein Präventionsverfahren oder ein BEM gem. § 84 I oder II SGB IX in diesem Zusammenhang bedeutsam werden kann (s. Rz. 137a)[6]. Der ArbN, der rechtswidrig und schuldhaft eine Fehleinschätzung des Prozessrisikos beim ArbGeb herbeiführt, kann diesem ggü. zum Ersatz des entstandenen Schadens (vergeblich aufgewendete Rechtsverfolgungskosten) verpflichtet sein[7].

b) Darlegungs- und Beweislast im Kündigungsschutzprozess. Der ArbGeb ist letztlich darlegungs- und beweispflichtig für die soziale Rechtfertigung und das Fehlen sonstiger Unwirksamkeitsgründe der von ihm ausgesprochenen Kündigung[8]. Deshalb hat der ArbGeb den Kündigungsgrund, der aus der negativen Prognose und der erheblichen Beeinträchtigung betriebl. Interessen besteht, sowie die hierauf beruhende, im Rahmen der Interessenabwägung festzustellende Unzumutbarkeit der Fortsetzung des ArbVerh substantiiert darzulegen und im Bestreitensfall zu beweisen. Ebenso trägt er die Beweislast für die ordnungsgemäße Beteiligung der ArbN-Vertretung vor Ausspruch der Kündigung.

aa) Negative Prognose. Der ArbGeb hat die Umstände, aus denen sich die negative Prognose hinsichtlich der auch in Zukunft zu erwartenden fehlenden Eignung und Fähigkeit des ArbN zur Erfüllung der geschuldeten Arbeitsleistung ergibt, konkret darzulegen und zu beweisen[9]. Obwohl der ArbGeb für die **negative Gesundheitsprognose** gem. Abs. 2 S. 4 beweispflichtig ist, ist seine Behauptungslast abgestuft. Krankheitsbedingte Fehlzeiten in der Vergangenheit sind für die Vortragslast insoweit bedeutsam, als sie die Gefahr künftiger Erkrankungen indizieren können, wenn dem nicht die objektiven Verhältnisse bei Zugang der Kündigung entgegenstehen[10]. Neben der Art und Dauer der bisherigen Fehlzeiten hat der ArbGeb die Umstände vorzutragen, aus denen sich die Erwartung weiterer Arbeitsausfälle des ArbN in erheblichem Umfang ergibt. Der Hinweis auf eine bestimmte Krankheitsquote des ArbN genügt selbst dann nicht, wenn diese ganz erheblich von der im Betrieb üblichen Krankheitsquote abweicht[11]. Sind während eines Zeitraums von drei Jahren jährlich mehrere Kurzerkrankungen aufgetreten, darf sich der ArbGeb zunächst darauf beschränken, die Fehlzeiten in der Vergangenheit darzulegen und zu behaupten, in Zukunft seien Krankheitszeiten in entsprechendem Umfang zu erwarten[12]. Ein kürzerer Beobachtungszeitraum wird nur in Ausnahmefällen die Annahme einer negativen Gesundheitsprognose bei häufigen Kurzerkrankungen rechtfertigen.

Der ArbN ist sodann gem. § 138 II ZPO gehalten vorzutragen, weshalb (bei Zugang der Kündigung) trotz der aufgetretenen Fehlzeiten mit seiner baldigen oder bereits erfolgten Gesundung zu rechnen war[13] oder weitere Kurzerkrankungen nicht oder in geringerem Umfang zu erwarten sind. Der ArbN genügt seiner **prozessualen Mitwirkungspflicht** bei unzureichender ärztlicher Aufklärung oder fehlender Kenntnis von seinem Gesundheitszustand bzw. deren Entwicklung grds. schon dann, wenn er die Be-

---

1 BAG 27.11.2008 – 2 AZR 193/07; 26.9.1991 – 2 AZR 132/91, DB 1992, 2196. ||2 BAG 7.11.2002 – 2 AZR 599/01, ARST 2003, 172; LAG Schl.-Holst. 1.9.2004 – 3 Sa 210/04, LAGReport 2004, 375. ||3 BAG 12.1.2006 – 2 AZR 242/05, NZA 2006, 512; 18.12.2000 – 2 AZR 627/99, NZA 2001, 219. ||4 BAG 18.1.2001 – 2 AZR 616/99, NZA 2002, 455. ||5 BAG 12.4.2002 – 2 AZR 148/01, NZA 2002, 1081. ||6 BAG 10.12.2009 – 2 AZR 400/08, NZA 2010, 398. ||7 BAG 12.4.2002 – 2 AZR 148/01, NZA 2002, 1081 (offengelassen). ||8 BAG 7.12.2007 – 2 AZR 716/06. ||9 LAG Rh.-Pf. 17.7.2012 – 3 Sa 99/12. ||10 BAG 17.6.1999 – 2 AZR 639/98, NZA 1999, 1328; 23.6.1983 – 2 AZR 15/82, DB 1983, 2524. ||11 BAG 2.11.1983 – 7 AZR 272/82, DB 1984, 831. ||12 BAG 17.6.1999 – 2 AZR 639/98; 16.2.1989 – 2 AZR 299/88, NZA 1989, 923; 6.9.1989 – 2 AZR 19/89, DB 1990, 429. ||13 BAG 17.6.1999 – 2 AZR 639/98; 6.9.1989 – 2 AZR 19/89, DB 1990, 429.

hauptung des ArbGeb bestreitet und die behandelnden Ärzte von der Schweigepflicht entbindet[1]. Allerdings muss darin die Darstellung liegen, die Ärzte hätten die künftige gesundheitliche Entwicklung ihm ggü. als günstig beurteilt, sonst ist die Behauptung unsubstantiiert, insb. wenn sich auch der ArbN erst durch das Zeugnis die bis dahin fehlende Kenntnis über den weiteren Verlauf seiner Erkrankung verschaffen will[2]. Trägt er selbst konkrete Umstände wie Krankheitsursachen vor, so müssen diese geeignet sein, die Indizwirkung der bisherigen Fehlzeiten zu erschüttern; zum Gegenbeweis ist er nicht verpflichtet[3]. Beruhen einzelne Fehlzeiten der Vergangenheit auf Einzelereignissen, wie Unfällen oder Erkrankungen ohne Wiederholungsgefahr (zB Zahnextraktion, ausgeheilter Knochenbruch), ist es im dringenden Interesse des ArbN, die Art dieser Erkrankungen unter Nennung der auf sie entfallenden Fehlzeiten genau zu bezeichnen. Er kann mit diesem Vortrag die Indizwirkung der Erkrankungen in der Vergangenheit für die künftig zu erwartende negative Gesundheitsentwicklung erschüttern. Die **Entbindung von der Schweigepflicht** kann auch Zeugen, der Gegenpartei oder dem Gericht ggü. erklärt werden, soweit sichergestellt ist, dass die Befreiungserklärung von dem Rechtsträger selbst ausgeht. Sie kann deshalb grds. auch durch einen Prozessbevollmächtigten erfolgen und sogar schon in der Benennung einer der in § 383 Nr. 6 ZPO bezeichneten Personen als Zeuge zu sehen sein[4]. Unterlässt der ArbN eine substantiierte Auseinandersetzung mit dem Vortrag des ArbGeb zur negativen Prognose hinsichtlich der Besorgnis seiner zukünftig fehlenden Eignung und Fähigkeit oder verweigert er bei der krankheitsbedingten Kündigung die Entbindung seiner Ärzte von der Schweigepflicht, gilt der Vortrag des ArbGeb als zugestanden (§ 138 III ZPO)[5].

172 Erschüttert der ArbN die negative Prognose durch seine Darlegungen, hat der ArbGeb durch entsprechende substantiierte Einlassung auf den ArbN-Vortrag die Besorgnis der in Zukunft zu erwartenden fehlenden Eignung oder Fähigkeit des ArbN zu beweisen. Stellt sich durch eine Beweisaufnahme heraus, dass ein vorprozessual erstelltes Gutachten zu Unrecht von einer zum Zeitpunkt des Kündigungsausspruchs bestehenden negativen Gesundheitsprognose ausgegangen ist, ist die negative Prognose erschüttert, sofern auch das neue Gutachten lediglich auf den zu diesem Zeitpunkt herrschenden objektiven Umständen basiert. Für die Unwirksamkeit der Kündigung wegen der nicht bewiesenen negativen Prognose ist nicht erforderlich, dass das gerichtl. Gutachten die Eignung des ArbN positiv feststellt[6].

173 **bb) Erhebliche Beeinträchtigung betrieblicher Interessen.** Für die infolge der festgestellten negativen Prognose zu erwartenden erheblichen Beeinträchtigungen betriebl. Belange durch unzumutbare Betriebsablaufstörungen oder wirtschaftl. Belastungen ist der ArbGeb darlegungs- und beweispflichtig. Er hat die negativen betriebl. Auswirkungen der fehlenden Eignung und Fähigkeit des ArbN, die geschuldete Arbeitsleistung zu erbringen, konkret darzulegen. Jede pauschalierte Darstellung ist unzureichend, da der ArbGeb auf Grund seiner Sachnähe zu detaillierter Darlegung der bereits eingetretenen und in Zukunft zu erwartenden Beeinträchtigungen in der Lage ist. Betriebsablaufstörungen sind danach konkret ihrer Art, Dauer und Auswirkung nach sowie hinsichtlich der Unmöglichkeit ihrer Vermeidbarkeit zu bezeichnen. Erhebliche wirtschaftl. Belastungen, zB durch Entgeltfortzahlungskosten, sind ihrer Ursache und Höhe nach konkret darzulegen und zu beweisen.

174 **cc) Interessenabwägung.** Auch hinsichtlich der Interessenabwägung trifft den ArbGeb die volle Darlegungs- und Beweislast. Er hat alle Umstände vorzutragen, die die Fortsetzung des ArbVerh für ihn billigerweise nicht zumutbar erscheinen lassen. In Konkretisierung des Verhältnismäßigkeitsgrundsatzes gehört hierzu auch ein Vortrag zu einem evtl. durchzuführenden oder durchgeführten Präventionsverfahren gem. § 84 SGB IX (s. Rz. 137a). Trägt der ArbN für ihn günstige, dem ArbGeb bisher unbekannte Umstände vor, hat der ArbGeb diese Umstände ggf. zu widerlegen[7]. Im Rahmen der Interessenabwägung einer krankheitsbedingten Kündigung ist von erheblicher Bedeutung, dass die Krankheit des ArbN nicht auf betriebl. Ursachen zurückzuführen ist. Der ArbGeb trägt die Darlegungs- und Beweislast dafür, dass ein solcher vom ArbN behaupteter Zusammenhang nicht besteht. Der ArbGeb genügt seiner Darlegungslast zunächst, wenn er vorträgt, er verneine die betriebl. Tätigkeit des ArbN vorträgt und einen ursächlichen Zusammenhang mit den Fehlzeiten bestreitet. Der ArbN muss dann gem. § 138 II ZPO dartun, weshalb der ursächliche Zusammenhang bestehen soll[8]. Er genügt dieser prozessualen Mitwirkungspflicht, wenn er für seine Behauptung die behandelnden Ärzte von der Schweigepflicht entbindet. Erst nach einem solchen Vortrag des ArbN ist es Sache des ArbGeb, die fehlende Ursächlichkeit näher darzulegen und sodann zu beweisen. Das Gericht muss zur Klärung dieses streitigen Sachverhalts die angebotenen Beweise erheben und ggf. Sachverständigengutachten einholen. Es darf nicht ohne weitere Aufklärung und Begründung davon ausgehen, ein ursächlicher Zusammenhang sei nicht auszuschließen und deshalb zu Lasten des ArbGeb zu berücksichtigen[9].

---

1 BAG 25.4.1985 – 2 AZR 127/84; 23.6.1983 – 2 AZR 15/82, DB 1983, 2524. || 2 BAG 17.6.1999 – 2 AZR 639/98; 6.9.1989 – 2 AZR 19/89, DB 1990, 429. || 3 BAG 6.9.1989 – 2 AZR 19/89, DB 1990, 429. || 4 BAG 12.1.1995 – 2 AZR 366/94. || 5 BAG 6.9.1989 – 2 AZR 19/89, DB 1990, 429. || 6 LAG Köln 9.2.2000 – 3 Sa 942/99, NZA 2001, 34. || 7 BAG 6.9.1989 – 2 AZR 19/89, DB 1990, 429. || 8 BAG 13.6.1996 – 2 AZR 497/95. || 9 BAG 6.9.1989 – 2 AZR 118/89, DB 1990, 431.

dd) Weiterbeschäftigungsmöglichkeit. Die fehlende Weiterbeschäftigungsmöglichkeit zu anderen **175** Bedingungen hat der ArbGeb darzulegen und zu beweisen. Allerdings gilt der Grundsatz der **abgestuften Darlegungs- und Beweislast**. Der ArbGeb kann seinen Vortrag zunächst darauf beschränken, dass er keine alternative Einsatzmöglichkeit des ArbN kenne. Sodann hängt es von dem weiteren Vorbringen des ArbN ab, ob die Möglichkeit der Weiterbeschäftigung zu anderen Bedingungen geprüft wird. Denn der ArbN hat zunächst vorzutragen, wie er sich eine Weiterbeschäftigung konkret vorstellt. Es genügt nicht, dass er lediglich behauptet, eine Weiterbeschäftigung sei möglich. Dies gilt insb., wenn in einem BEM alternative Beschäftigungsmöglichkeiten erörtert und verworfen wurden. Zu differenzieren ist jedoch bei krankheitsbedingter Kündigung, wenn der ArbGeb kein oder ein unzureichendes BEM gem. § 84 II SGB IX durchgeführt hat. In diesem Fall muss er von sich aus alle denkbaren oder vom ArbN bereits genannten Alternativen würdigen und darlegen, weshalb eine Beschäftigung zu geänderten Bedingungen nicht in Betracht kommt. Erst dann ist es Sache des ArbN, darzulegen, wie er sich eine leidensgerechte Beschäftigung vorstellt. Sodann hat der ArbGeb substantiiert darzulegen, warum eine Weiterbeschäftigung entgegen der Behauptung des ArbN nicht möglich ist. Dies gilt insb., wenn der ArbGeb durch ein Präventionsverfahren oder ein BEM gem. § 84 SGB IX zu näheren Darlegungen in der Lage wäre (s. die Erl. zu § 84 SGB IX und oben Rz. 137a)[1].

V. Verhaltensbedingte Kündigung. 1. Überblick. Eine Kündigung ist gem. Abs. 2 S. 1 auch sozial ge- **176** rechtfertigt, wenn sie durch Gründe in dem Verhalten des ArbN bedingt ist. Das **Gesetz** unterscheidet damit bei den arbeitnehmerbezogenen Kündigungsgründen nach Verhaltens- und Personenbedingtheit. Deren weitere Konkretisierung sowie die Entwicklung von Kriterien für ihre Unterscheidung überlässt es der Rspr. Es müssen die von der **Rechtsprechung** anerkannten allg. Tatbestandsmerkmale des sozial rechtfertigenden Grundes (vgl. oben Rz. 55) jeweils verwirklicht sein. Die Frage des ausreichenden Lösungsinteresses ist im Einzelfall in einer Interessenabwägung zu entscheiden. Insoweit lassen sich kaum allg. Aussagen machen. Nach einer sehr vagen Formel sollen solche im Verhalten des ArbN liegende Umstände eine verhaltensbedingte Kündigung rechtfertigen, die einen „ruhig und verständig urteilenden ArbGeb in Abwägung der Interessen der Vertragsparteien und des Betriebes die Kündigung als billigenswert und angemessen erscheinen lassen"[2]. In dieser Lage trägt eine vorsichtige, nicht schematische Orientierung an den von der Rspr. typisierend gebildeten Fallgruppen zur Rechtssicherheit bei (vgl. unten Rz. 213ff.).

Das BAG hat zur weiteren Konkretisierung des verhaltensbedingten Kündigungsgrundes – und **177** ebenso des wichtigen Grundes iSv. § 626 BGB – eine **zweistufige Prüfung** entwickelt[3]: Auf der ersten Stufe prüft es, ob das beanstandete Verhalten an sich geeignet ist, einen Kündigungsgrund abzugeben. Auf der zweiten Stufe schließt sich eine umfassende Abwägung der beiderseitigen Interessen anhand der konkreten Umstände des Einzelfalles an. Der Wert dieses **Prüfungsschemas** ist **umstritten**[4]. Einen „Kündigungsgrund an sich" gibt es nicht. Gemeint sein kann daher nur, auf der ersten Stufe zu prüfen, ob ein Grund vorliegt, der die einzelnen von der Rspr. anerkannten Tatbestandsmerkmale erfüllt (Vertragspflichtverletzung durch steuerbares Verhalten, Zukunftsbezogenheit, kein milderes Mittel), und auf der zweiten Stufe, ob dessen Gewicht ein überwiegendes Lösungsinteresse des ArbGeb begründet (Interessenabwägung, vgl. Rz. 208f.). So verstanden trägt die zweistufige Prüfung zu einer rationaleren Bewertung verhaltensbedingter Kündigungsgründe bei, weil sie die letztlich entscheidende und nur schwer objektivierbare Interessenabwägung von vorgelagerten Fragen entlastet.

2. Schuldhafte Vertragspflichtverletzung. Eine nähere Bestimmung des verhaltensbedingten Grun- **178** des enthält das Gesetz nicht. Rspr. und Rechtswissenschaft haben seine spezifischen Tatbestandsmerkmale insb. aus der **Unterscheidung von der personenbedingten Kündigung** entwickelt. Der Sinn der Abgrenzung der verhaltensbedingten von den personenbedingten Kündigungsgründen wird allg. darin gesehen, dass das Verhalten steuerbar ist. Verursacht ein solches Verhalten Vertragsstörungen, wird es idR spätestens deshalb zugleich pflichtwidrig sein. Die verhaltensbedingte Kündigung erfordert daher eine **Vertragspflichtverletzung durch steuerbares Verhalten**. Erst diese Zuspitzung rechtfertigt die pauschale Trennung von personen- und verhaltensbedingten Gründen[5]. In aller Regel wird eine Vertragspflichtverletzung durch steuerbares Verhalten auch schuldhaft pflichtwidrig sein. Wo dies ausnahmsw. nicht der Fall ist (zB entschuldbarer Verbotsirrtum), wird es regelmäßig schon an der negativen Zukunftsprognose, spätestens aber im Rahmen der Interessenabwägung am überwiegenden Lösungsinteresse des ArbGeb fehlen. Fehlt es überhaupt an der Steuerbarkeit des Verhaltens, etwa

---

1 BAG 24.3.2011 – 2 AZR 170/10, NZA 2011, 993; 10.12.2009 – 2 AZR 400/08, NZA 2010, 398; 10.12.2009 – 2 AZR 198/09, NZA 2010, 639; 12.7.2007 – 2 AZR 716/06, NZA 2008, 173; 7.12.2006 – 2 AZR 182/06, NZA 2007, 617; LAG Hamm 26.4.2013 – 10 Sa 24/13; LAG Köln 13.4.2012 – 5 Sa 551/11; LAG Hess. 19.3.2012 – 17 Sa 518/11. ||2 BAG 21.11.1996 – 2 AZR 357/95, AP Nr. 130 zu § 626 BGB; 26.1.1995 – 2 AZR 649/94, NZA 1996, 268. ||3 BAG 20.9. 1984 – 2 AZR 233/83, v. 13.3.1987 – 7 AZR 601/85 u. v. 17.1.1991 – 2 AZR 375/90, AP Nr. 13, 18 u. 25 zu § 1 KSchG 1969 Verhaltensbedingte Kündigung. ||4 Krit. etwa *Preis*, Prinzipien, S. 479; *Wank*, RdA 1993, 79 (84); zust. HK-KSchG/*Dorndorf*, § 1 Rz. 498ff. ||5 BAG 24.5.1989 – 2 AZR 285/88, AP Nr. 1 zu § 611 BGB Gewissensfreiheit (*Wiedemann* u. *Arnold*).

weil sich der ArbN krankheitsbedingt nicht anders verhalten konnte, handelt es sich um eine personenbedingte Kündigung[1].

179   a) **Vertragspflichtverletzung.** Die verhaltensbedingte Kündigung erfordert nach heute übereinstimmender Auffassung **ohne Ausnahme** eine rechtswidrige Vertragspflichtverletzung. Ein Verhalten des ArbN, das nicht vertragswidrig ist, kann schlechterdings kein verhaltensbedingter Kündigungsgrund sein[2]. Die Vertragspflichtverletzung muss objektiv bei Zugang der Kündigung verwirklicht sein; ob der ArbGeb zu diesem Zeitpunkt bereits Kenntnis von ihr hatte, ist unerheblich (vgl. Rz. 59). Der Arbeitsvertrag regelt den **Inhalt der Vertragspflichten.** Seine Hauptpflicht, die Arbeitsleistung, kann der ArbN durch Nichterfüllung (etwa unentschuldigtes Fehlen[3]) oder durch Schlechterfüllung (etwa unsorgfältige oder fehlerhafte Arbeit) verletzen. Darüber hinaus bestehen eine Vielzahl von Nebenpflichten, die teils im Gesetz (zB Anzeige- und Nachweispflicht bei Krankheit, § 5 EFZG), teils ausdrücklich im Vertrag (zB Genehmigungspflicht für Nebentätigkeit) und zu einem großen Teil stillschweigend in der allg. arbeitsvertragl. Treuepflicht begründet sind (vgl. § 611 BGB Rz. 347 ff.). Bei den ausdrücklich vereinbarten Nebenpflichten ist zu prüfen, ob sie wirksam vereinbart sind (§ 310 IV 2 BGB) und nicht gegen höherrangiges Recht verstoßen. Keine Verletzung von Vertragspflichten betrifft der Vorwurf, der ArbN habe nicht den erwarteten, vertragl. aber nicht geschuldeten **Leistungserfolg** (etwa bestimmte Verkaufsergebnisse) erreicht. Es gibt auch keinen Beweis des ersten Anscheins, dass aus einem unzureichenden Leistungserfolg auf eine entsprechende Verletzung vertragl. Leistungspflichten geschlossen werden kann. Kündigungsrelevant sind vielmehr nur konkrete Pflichtverletzungen[4]. Es bedarf nicht notwendig einer konkreten **Betriebsablaufstörung**[5]. Der Kündigungsgrund muss einen Bezug zum Arbeitsvertrag aufweisen; erforderlich ist eine Störung bzw. Beeinträchtigung des ArbVerh[6]. Die Verletzung von Vertragspflichten stellt stets eine kündigungsrelevante Beeinträchtigung des ArbVerh dar. Hat sie außerdem betriebl. Störungen zur Folge, ist dies in der Interessenabwägung zu berücksichtigen. Das Kündigungsinteresse des ArbGeb erhöht sich, der Kündigungsgrund erhält mehr Gewicht[7].

180   Für das **außerdienstliche Verhalten** gilt grds., dass der ArbN in seiner privaten Lebensführung frei ist. Alkoholgenuss in der Freizeit, exzessives Nachtleben oder das Betreiben gefährlicher Sportarten verletzen für sich idR nicht Vertragspflichten, ebenso wenig außerdienstliche Straftaten, die den ArbGeb weder direkt noch indirekt schädigen. Das außerdienstliche Verhalten kann allerdings die persönliche Eignung des ArbN für die vertragl. Tätigkeit in Frage stellen und deshalb eine personenbedingten Kündigungsgrund bilden[8]. Außerdienstliches Verhalten des ArbN kann eine verhaltensbedingte Kündigung dann rechtfertigen, wenn es sich konkret **nachteilig auf das ArbVerh oder den Betriebsablauf**[9] auswirkt und der ArbN dadurch gegen vertragl. Nebenpflichten verstößt. In Betracht kommen zB Unterlassung von Konkurrenztätigkeit (Wettbewerbsverbot, § 60 HGB); Unterlassung geschäftsschädigender Äußerungen ggü. Dritten; Pflicht zu genesungsförderndem Verhalten[10]; im öffentl. Dienst bestehen gesteigerte Anforderungen an die Verfassungstreue, nach dem früheren § 8 BAT auch darüber hinaus (vgl. näher Rz. 227); in sog. Tendenzunternehmen, zB Kirchen, können im außerdienstlichen Bereich gesteigerte Verhaltensanforderungen an Sittlichkeit und Loyalität bestehen (vgl. näher Rz. 228). Auch **vorvertragl. Verhalten** kann eine Vertragspflichtverletzung beinhalten. So werden Loyalitätsverstöße eines Angestellten in gehobener Stellung beim Vorarbeitgeber auf ein FolgeArbVerh im Konzern durchschlagen, wenn die Konzernzugehörigkeit im FolgeArbVerh Anrechnung findet und so zur Unkündbarkeit des ArbN führt[11]. Pflichtverletzungen bei Eingehung des ArbVerh, etwa Verstöße gegen die Offenbarungspflicht, können eine verhaltensbedingte Kündigung rechtfertigen (vgl. Rz. 237). Verletzen **BR-Mitglieder** oder andere Funktionsträger in der betriebl. Mitbest. Pflichten aus dem BetrVG, liegt

---

1 Abw. BAG 21.1.1999 – 2 AZR 665/98, AP Nr. 151 zu § 626 BGB (*v. Hoyningen-Huene*), das „ausnahmsweise" auch schuldloses, im konkreten Fall nicht steuerbares Handeln genügen lässt; dagegen zu Recht *Löwisch/Spinner*, § 1 Rz. 96; *Ascheid*, KSchR, Rz. 291; *Rost*, Verhaltensbedingte Kündigung, in Henssler/Moll (Hrsg.), Kündigung und Kündigungsschutz in der betrieblichen Praxis, 2000, S. 38 Rz. 10; *Preis* in Stahlhacke/Preis/Vossen, Rz. 1197; *Quecke*, ZTR 2003, 6 (8 f.); im Erg. auch steuerbares Verhalten fordernd *v. Hoyningen-Huene*, Anm. zu AP Nr. 151 zu § 626 BGB. ‖ 2 BAG 14.2.1996 – 2 AZR 274/95, NZA 1996, 873. ‖ 3 BAG 17.3.1988 – 2 AZR 576/87, AP Nr. 99 zu § 626 BGB. ‖ 4 BAG 11.12.2003 – 2 AZR 667/02; LAG Hamm – 19 (11) 1167/02, LAGReport 2003, 184 ff.; LAG Düss. 19.12.1990 – 4 Sa 1442/90, BB 1991, 911. ‖ 5 So aber zunächst irreführend BAG 7.12.1988 – 7 AZR 122/88, AP Nr. 26 zu § 1 KSchG 1969 Verhaltensbedingte Kündigung; aufgegeben in BAG 17.1.1991 – 2 AZR 375/90, NZA 1991, 557; seitdem st. Rspr., vgl. etwa BAG 16.8.1991 – 2 AZR 604/90, AP Nr. 27 zu § 1 KSchG 1969 Verhaltensbedingte Kündigung (*Rüthers/Müller*). ‖ 6 BAG 30.4.1987 – 2 AZR 184/86, AP Nr. 42 zu § 1 KSchG 1969 Betriebsbedingte Kündigung; 17.3.1988 – 2 AZR 576/87, AP Nr. 99 zu § 626 BGB; 16.2.1989 – 2 AZR 299/88, AP Nr. 10 zu § 1 KSchG 1969 Krankheit (*Preis*); 17.1.1991 – 2 AZR 375/90, AP Nr. 25 zu § 1 KSchG 1969 Verhaltensbedingte Kündigung (*Rüthers/Franke*). ‖ 7 BAG 17.1.1991 – 2 AZR 375/90, AP Nr. 25 zu § 1 KSchG 1969 Verhaltensbedingte Kündigung (*Rüthers/Franke*); 7.12.1988 – 7 AZR 122/88, AP Nr. 26 zu § 1 KSchG 1969 Verhaltensbedingte Kündigung. ‖ 8 BAG 29.8.1980 – 7 AZR 726/77, nv. (außerdienstl. Vermögensdelikt bzw. zerrüttete Vermögensverhältnisse eines Angestellten in Vertrauensstellung); 4.6.1997 – 2 AZR 526/96, NZA 1997, 1281 (private Trunkenheitsfahrt mit Führerscheinentzug eines U-Bahnfahrers). ‖ 9 Bei außerdienstl. Verhalten kommt es auf die Betriebsstörung an, da erst sie die Verhaltenspflicht oder Obliegenheit auslöst. ‖ 10 BAG 26.8.1993 – 2 AZR 154/93, DB 1993, 2534; 13.11.1979 – 6 AZR 934/77, AP Nr. 5 zu § 1 KSchG 1969 Krankheit (*Herschel*). ‖ 11 LAG Köln 28.3.2001 – 8 Sa 405/00, NZA-RR 2002, 85 ff.; vgl. auch BAG 5.4.2001 – 2 AZR 159/00, AP Nr. 171 zu § 626 BGB; 17.8.1972 – 2 AZR 415/71, BAGE 24, 401.

darin allein keine Verletzung des Arbeitsvertrags. Sie können – ggf. nach Androhung – gem. § 23 BetrVG ihres Amtes enthoben werden. Eine verhaltensbedingte Kündigung ist nur gerechtfertigt, wenn zugleich arbeitsvertragl. Pflichten verletzt werden (zB Entfernung vom Arbeitsplatz, ohne dass dies für BR-Aufgaben erforderlich war)[1]. In Betracht kommt – ggf. nach Abmahnung – nur eine außerordentl. Kündigung gem. § 15; Näheres vgl. dort.

b) Steuerbares Verhalten. Wesentliches **Unterscheidungsmerkmal** des verhaltensbedingten vom personenbedingten Grund ist die Anknüpfung an ein **grundsätzlich steuerbares Verhalten** des ArbN. Der ArbN muss daher allg. schuldfähig sein, damit sein Verhalten den Maßstäben der verhaltensbedingten Kündigung unterworfen ist. Bei Schuldunfähigkeit kommt nur eine personenbedingte Kündigung in Betracht[2]. Die Steuerbarkeit des Verhaltens ist **ausnahmslos** Voraussetzung der verhaltensbedingten Kündigung[3]. Eine Abmahnung ist nur bei steuerbarem Verhalten ein geeignetes Mittel zur Beseitigung der Störung[4], bei fehlender Steuerbarkeit finden dagegen die in Bezug auf die Interessenabwägung strengeren Anforderungen der personenbedingten Kündigung Anwendung. Die verhaltensbedingte Kündigung erfordert darüber hinaus regelmäßig zu ihrer sozialen Rechtfertigung **Verschulden** iSv. § 276 BGB, also in Bezug auf die konkrete Pflichtverletzung. Fahrlässigkeit genügt grds. Der Grad des Verschuldens spielt erst im Rahmen der Prognose und der Interessenabwägung eine entscheidende Rolle. Je stärker das Verschulden, umso eher ist eine verhaltensbedingte Kündigung gerechtfertigt. Ein **Irrtum** über vertragl. Verhaltenspflichten ist schuldhaft und die Zuwiderhandlung ist damit kündigungsrelevant, wenn der ArbN bei Anwendung der erforderlichen Sorgfalt den Irrtum hätte erkennen können[5]. Daran kann es etwa bei einem rechtswidrigen, aber gewerkschaftlich geführten Streik fehlen[6]. Zum Rechtsirrtum bei beharrlicher Arbeitsverweigerung vgl. Rz. 223. Eines Verschuldens idS bedarf es dagegen nicht zur **Unterscheidung** der verhaltens- von der personenbedingten Kündigung. Befindet sich der ArbN etwa in einem entschuldigenden Irrtum über seine Vertragspflichten (zB bei der Teilnahme an einem Streik, dessen Rechtswidrigkeit er selbst nicht erkennen konnte[7]), mag zwar eine Kündigung sozial ungerechtfertigt sein[8]; dies gilt schon wegen der auf Grund des Irrtums fehlenden negativen Zukunftsprognose. Der Sachverhalt fällt aber nicht in die Kategorie der personenbedingten Kündigung, solange er auf steuerbarem Verhalten beruht.

c) Grenzfälle. Die Prüfung, welcher **Kategorie von Kündigungsgründen** ein Sachverhalt zuzuordnen ist (vgl. Rz. 70), kann auch in Bezug auf verhaltensbedingte Gründe mitunter Schwierigkeiten bereiten. Verursachen etwa **zahlreiche Lohnpfändungen** bei einem ArbN wegen des beträchtlichen Arbeitsaufwands in der Personalabteilung des ArbGeb wesentlichen Störungen im Arbeitsablauf[9], dürfte ein verhaltensbedingter Kündigungsgrund in Betracht kommen, wenn der ArbN im Zeitpunkt der Kündigung seine Vermögensverhältnisse noch gestalten und die betriebl. Störungen abbauen kann. War der ArbN dagegen bereits hoffnungslos überschuldet, sind die strengeren Voraussetzungen der personenbedingten Kündigung zu prüfen. Eine Abmahnung ist problematisch, weil sie eine Pflichtverletzung voraussetzt, wird hier aber doch einer Kündigung vorauszugehen haben[10]. Ähnlich liegt es bei Vertragsstörungen im Zusammenhang mit **Alkoholgenuss**. Beruhen sie nicht auf Alkoholabhängigkeit, kommt – idR nach erfolgloser Abmahnung – eine verhaltensbedingte Kündigung in Betracht[11]. Dagegen ist Alkoholabhängigkeit nach der Rspr. des BAG eine Krankheit im medizinischen Sinne[12] (vgl. Rz. 119 u. Rz. 215). Eine Kündigung wegen Pflichtverletzungen, die auf Alkoholabhängigkeit beruhen, ist idR nicht verhaltensbedingt, weil dem ArbN im Zeitpunkt der Pflichtverletzung kein Schuldvorwurf zu machen ist[13]. Es finden die strengeren Voraussetzungen der personenbedingten Kündigung Anwendung. Das gilt aber nicht ausnahmslos. Die gegen Arbeitskollegen gerichtete **Beschaffungskriminalität** eines Suchtkranken etwa wird idR zumindest auf noch steuerbarem Verhalten beruhen und daher schuldhaft sein und einen verhaltensbedingten Grund darstellen[14]. Eine auf Grund der Suchterkrankung strafrechtl. verminderte Schuldfähigkeit ist nicht gleichzusetzen mit dem Fehlen jeder willentlichen Steuerung. Dass

---

1 BAG 31.8.1994 – 7 AZR 893/93, NZA 1995, 225. || 2 BAG 21.11.1996 – 2 AZR 357/95, AP Nr. 130 zu § 626 BGB (*Bernstein*). || 3 Str., wie hier APS/*Dörner*/Vossen, § 1 Rz. 265; ErfK/*Oetker*, § 1 KSchG Rz. 188; *Preis* in Stahlhacke/Preis/Vossen, Rz. 1197 mwN; HK-KSchG/*Dorndorf*, § 1 Rz. 526 ff.; *Quecke*, ZTR 2003, 6 ff. (8 f.); aA für Ausnahmefälle BAG 21.1.1999 – 2 AZR 665/98, AP Nr. 151 zu § 626 BGB; *Krause* in v. Hoyningen-Huene/Linck, § 1 Rz. 495. || 4 Ebenso *Preis* in Stahlhacke/Preis/Vossen, Rz. 1197 mwN; KR/*Griebeling*, § 1 Rz. 269. || 5 BAG 12.4.1973 – 2 AZR 291/72, AP Nr. 24 zu § 611 BGB Direktionsrecht; 29.11.1983 – 1 AZR 469/82, AP Nr. 78 zu § 626 BGB. || 6 BAG 12.1.1988 – 1 AZR 219/86, BB 1988, 978. || 7 BAG 12.1.1988 – 1 AZR 219/86, BB 1988, 978. || 8 Im Gegensatz zu einer Abmahnung: BAG 12.1.1988 – 1 AZR 219/86, BB 1988, 978. || 9 BAG 4.11.1981 – 7 AZR 264/79, AP Nr. 4 zu § 1 KSchG 1969 Verhaltensbedingte Kündigung (v. *Hoyningen-Huene*); eine solche Störung kann natürlich allenfalls in ganz besonderen Ausnahmefällen eine Kündigung sozial rechtfertigen. || 10 AA BAG 4.11.1981 – 7 AZR 264/79, AP Nr. 4 zu § 1 KSchG 1969 Verhaltensbedingte Kündigung; wie hier v. *Hoyningen-Huene* in Anm. zum AP-Abdruck. || 11 BAG 22.7.1982 – 2 AZR 30/81, AP Nr. 5 zu § 1 KSchG 1969 Verhaltensbedingte Kündigung; 26.1.1995 – 2 AZR 649/94, AP Nr. 34 zu § 1 KSchG 1969 Verhaltensbedingte Kündigung (*Fleck*); *Künzl*, BB 1993, 1581, 1586 mwN. || 12 BAG 15.3.1979 – 2 AZR 329/77, nv.; 9.4.1987 – 2 AZR 210/86, AP Nr. 18 zu § 1 KSchG 1969 Krankheit; 13.12.1990 – 2 AZR 336/90, EzA § 1 KSchG Krankheit Nr. 33; 1.6.1983 – 5 AZR 536/80, AP Nr. 52 zu § 1 LohnFG; *Willemsen/Brune*, DB 1988, 2304 ff. || 13 Eingehend BAG 9.4.1987 – 2 AZR 210/86, AP Nr. 18 zu § 1 KSchG 1969 Krankheit. || 14 Im Erg. wie hier LAG Köln 12.3.2002 – 1 Sa 1354/01, NZA-RR 2002, 519 f., das jedoch ohne Not auf das Verschuldensmerkmal bei der verhaltensbedingten Kündigung verzichtet.

die Sucht eine Krankheit ist, bedeutet nicht, dass das gesamte suchtbezogene Verhalten einer willentlichen Beeinflussung entzogen wäre. Es handelt sich bei suchtbedingten Pflichtverstößen häufig um „gemischte" Sachverhalte, die sowohl personen- als auch verhaltensbedingte Aspekte aufweisen und bei derartig erheblicher Pflichtverletzung auch der verhaltensbedingten Kündigung zuzuordnen sind[1].

183 Ähnlich ist allg. zwischen **Leistungs- und Eignungsmängeln** zu unterscheiden. Es kommt darauf an, ob die konkrete Vertragspflichtverletzung unmittelbar auf steuerbarem Verhalten beruht. Vor der Kündigung eines Konzertmeisters wegen fehlender Führungseigenschaften[2] und eines Orchestermusikers wegen Eignungsmängeln im subjektiv künstlerischen Bereich[3] verlangt das BAG eine vorherige Abmahnung, bei einem seit 29 Jahren beschäftigten ausländischen ArbN nahm es wegen mehrfacher vergeblicher Aufforderung zur Verbesserung der Deutschkenntnisse auch ohne Abmahnung Eignungsmängel an[4]. Abmahnen lassen sich zwar nur in der konkreten Situation vermeidbare Führungs- bzw. Kunstfehler bzw. Verstöße gegen vorausgegangene Weiterbildungs- und Übungspflichten, nicht dagegen fehlende Eignung. Der Unterschied wird sich häufig aber erst nach einer vergeblichen Abmahnung zeigen. Beeinträchtigt der ArbN durch seinen Lebenswandel die Genesung von einer **Krankheit** nachhaltig, verstößt er gegen die vertragl. Nebenpflicht zu einem genesungsfördernden Verhalten[5]. Dieser Pflichtverstoß kann im Einzelfall sogar zu einer außerordentl. Kündigung ohne vorherige Abmahnung berechtigen[6]. Die Abgrenzung von personen- und verhaltensbedingtem Grund erfolgt auch bei der Leistungsverweigerung aus **Gewissensgründen oder religiöser Überzeugung** danach, ob der ArbN auf Grund fundamentaler, unüberwindbarer Gewissens- oder Glaubenshindernisse seine Fähigkeit und Eignung verliert, die geschuldete Arbeitsleistung zu erbringen[7]; solche Hindernisse stehen der kündigungsrechtl. Einordnung der Leistungsverweigerung unter das Tatbestandsmerkmal des steuerbaren Verhaltens entgegen. Der **Abkehrwille** des ArbN stellt schon deshalb keinen verhaltensbedingten Kündigungsgrund dar, weil es an einer Vertragspflichtverletzung fehlt; wo er ausnahmsw. eine Kündigung rechtfertigen soll, handelt es sich möglicherweise um einen betriebsbedingten Grund[8]. Die fortgesetzte Beleidigung von ArbGeb und Kollegen durch einen **schuldunfähigen ArbN** kann richtigerweise nur der personenbedingten Kündigung zugeordnet werden, sofern die konkrete Vertragsstörung nicht steuerbarem Verhalten beruht[9]. Weitere Grenzfälle sind in ihrer Einordnung durch die Rspr. umstritten (vgl. Rz. 70).

184 **3. Negative Zukunftsprognose.** Die verhaltensbedingte Kündigung hat **keinen Strafcharakter** (vgl. Rz. 61 f.)[10]. Maßgeblich ist daher auch hier allein, ob die verhaltensbedingten Gründe einer Fortsetzung des ArbVerh entgegenstehen. Die Zukunftsgerichtetheit des Kündigungsgrundes ist ausdrücklich in § 626 I BGB, dessen Hauptanwendungsfälle verhaltensbedingte Gründe sind, normiert. Die aus einer schuldhaften Vertragspflichtverletzung zu besorgende **künftige Vertragsstörung** liegt idR darin, dass mit weiteren Vertragsverletzungen zu rechnen ist (Wiederholungsgefahr) oder wegen der Art und Schwere des Vertragsverstoßes das Vertrauen in künftiges vertragstreues und loyales Verhalten des Mitarbeiters zerstört ist. Die Besorgnis künftiger Vertragsstörungen darf nicht zu eng auf eine Wiederholungsgefahr eingegrenzt werden[11]; es genügt, dass sich das vorangegangene Ereignis in irgendeiner Weise auch künftig belastend auf das ArbVerh auswirkt[12]. Die tatsächliche **Feststellung** der negativen Zukunftsprognose leitet sich bei dem verhaltensbedingten Grund in stärkerem Maße aus Vorgängen in der Vergangenheit ab als bei personen- und betriebsbedingten Gründen. Neben Art und Schwere der Pflichtverletzungen, insb. dem Grad des Verschuldens[13], können ihre Häufigkeit und ggf. eine oder mehrere **vergebliche Abmahnungen**[14] von Bedeutung sein. Insb. Verstöße im Vertrauensbereich zwischen ArbGeb und ArbN führen häufig zu einer negativen Prognose. Eine negative Prognose entfällt, wenn die Pflichtverletzung des ArbN in einer spezifischen, arbeitsplatzbezogenen Schlechtleistung bestand und weitere Störungen nach Versetzung in einen anderen Arbeitsbereich ausgeschlossen sind[15].

---

1 Vgl. auch *Freihube*, DB 2005, 1274 f. ||2 BAG 29.7.1976 – 3 AZR 50/75, DB 1976, 2356. ||3 BAG 15.8.1984 – 7 AZR 228/82, NJW 1985, 2158. ||4 BAG 28.1.2010 – 2 AZR 764/08, NZA 2010, 625. ||5 Hier geht es nur um Verhaltensweisen, die offenkundig und jedem einleuchtend der Genesung abträglich sind. IÜ ist der ArbN in seiner Entscheidung frei, welche Verhaltensweisen und medizinischen Behandlungsmethoden er für geeignet und vertretbar hält. ||6 BAG 26.8.1993 – 2 AZR 154/93, BB 1994, 142. ||7 BAG 24.5.1989 – 2 AZR 285/88, BAGE 62, 59; 10.10.2002 – 2 AZR 472/01, AP Nr. 44 zu § 1 KSchG 1969 Verhaltensbedingte Kündigung. ||8 So BAG 22.10.1964 – 2 AZR 515/63, DB 1965, 38. ||9 AA aber BAG 22.1.1999 – 2 AZR 665/98, AP Nr. 151 zu § 626 BGB (verhaltensbedingt); ebenso BAG 16.2.1989 – 2 AZR 287/88, nv. (beide Entscheidungen ergingen zu fristlosen Kündigungen von ArbN, die sich später auf Psychosen beriefen); wie hier *Preis* in Stahlhacke/Preis/Vossen, Rz. 1197; KR/*Fischermeier*, § 626 BGB Rz. 139; *Löwisch/Spinner*, § 1 Rz. 96; HK-KSchG/*Dorndorf*, § 1 Rz. 531; APS/*Dörner*, § 1 Rz. 265; *Quecke*, ZTR 2003, 6 ff. (8 f.). ||10 BAG 26.1.1995 – 2 AZR 649/94, NZA 1995, 1028; 10.11.1988 – 2 AZR 215/88, AP Nr. 3 zu § 1 KSchG 1969 Abmahnung; 26.1.1995 – 2 AZR 649/94, AP Nr. 34 zu § 1 KSchG 1969 Verhaltensbedingte Kündigung (*Fleck*). ||11 So aber formal, wenn auch die Wiederholungsgefahr praktisch fingierend BAG 17.1.1991 – 2 AZR 375/90, AP Nr. 25 zu § 1 KSchG 1969 Verhaltensbedingte Kündigung (*Rüthers/Franke*); anders *Löwisch/Spinner*, § 1 Rz. 101, und *Kraft*, ZfA 1994, 463 (475), die von einer Art Verwirkung des Kündigungsschutzes ausgehen. ||12 *Rost*, Verhaltensbedingte Kündigung, in Henssler/Moll (Hrsg.), Kündigung und Kündigungsschutz in der betrieblichen Praxis, 2000, S. 40 Rz. 15. ||13 BAG 26.1.1995 – 2 AZR 649/94, AP Nr. 34 zu § 1 KSchG 1969 Verhaltensbedingte Kündigung; 21.11.1996 – 2 AZR 357/95, AP Nr. 130 zu § 626 BGB. ||14 BAG 26.1.1995 – 2 AZR 649/94, AP Nr. 34 zu § 1 KSchG 1969 Verhaltensbedingte Kündigung. ||15 BAG 9.3.1995 – 2 AZR 461/94, NZA 1995, 678.

4. Kündigung als letztes Mittel. Die Kündigungsgründe „bedingen" eine sozial gerechtfertigte Kündi- 185
gung nur, wenn die Kündigung notwendig ist. Sie muss das unabweisbar letzte Mittel zur Vermeidung
der zu besorgenden Vertragsstörung sein (Ultima Ratio). Solange geeignete **mildere Mittel** zur Verfügung stehen, verstößt eine Kündigung gegen den Verhältnismäßigkeitsgrundsatz und ist sozial ungerechtfertigt (vgl. Rz. 63). Typisches milderes Mittel bei verhaltensbedingten Vertragsstörungen ist die
Abmahnung, die das Verhalten beanstandet und für den Wiederholungsfall arbeitsrechtl. Konsequenzen androht. Vgl. zur Abmahnung sogleich Rz. 186 ff. Ein milderes Mittel liegt auch in einer **anderweitigen Weiterbeschäftigungsmöglichkeit**, bei der mit weiteren Vertragsstörungen nicht zu rechnen ist.
Hierfür kommt nur ein freier Arbeitsplatz[1] bei gleichen oder schlechteren, grds. nicht besseren[2] Arbeitsbedingungen in Betracht. Der ArbN muss für den freien Arbeitsplatz geeignet sein. Je nach der Vertragslage kann die anderweitige Weiterbeschäftigung durch Versetzung oder Änderungskündigung[3]
herbeigeführt werden. Bei verhaltensbedingten Vertragsstörungen setzt eine anderweitige Weiterbeschäftigung voraus, dass die **Pflichtverstöße arbeitsplatzbezogen** waren und auf dem anderen Arbeitsplatz nicht zu erwarten sind[4]. Das wird nur selten der Fall sein, so bei leichteren Tätlichkeiten zwischen
zwei verfeindeten ArbN, wenn für einen von ihnen ein anderweitiger geeigneter Arbeitsplatz vorhanden
ist[5]. Ist wegen der Schwere oder der Art des Pflichtverstoßes auch auf anderen Arbeitsplätzen mit künftigem Fehlverhalten zu rechnen, scheidet die Möglichkeit idR aus[6], so zB bei wiederholter Verletzung
eines Alkoholverbotes, ständiger Unpünktlichkeit, Vorlage gefälschter Arbeitsbescheinigungen oder
Diebstahl des Kassierers.

5. Vorherige Abmahnung. a) Abmahnung und Kündigung. aa) Grundsatz: Abmahnung erforderlich. 186
Die Abmahnung ist notwendiger Bestandteil des Prognoseprinzips. Sie dient der Objektivierung der
negativen Prognose (s. Rz. 184). Sie ist zugleich aber auch Ausdruck des Verhältnismäßigkeitsprinzips
(s. Rz. 185). Eine Abmahnung ist als im Verhältnis zur Kündigung milderes Mittel erforderlich, soweit
sie zur **Vermeidung künftiger Vertragsstörungen** geeignet ist. Das ist grds. der Fall, wenn die Vertragsstörung auf steuerbarem, willentlich beeinflussbarem Verhalten des ArbN beruht, also im Bereich der
verhaltensbedingten Kündigung (s. Rz. 179 ff.). Die Abmahnung ist zur Beseitigung der Störung regelmäßig geeignet im sog. **Leistungsbereich**, also bei Verletzung der Arbeitspflicht. Nach gefestigter Rspr.
gilt dies grds. auch für Störungen im **Vertrauensbereich**[7]. Die frühere Unterscheidung nach Störbereichen, wonach im Vertrauensbereich eine Abmahnung grds. entbehrlich und nur ausnahmsw. erforderlich war[8], hat das BAG aufgegeben. Das Erfordernis einer Abmahnung ist daher vor jeder Kündigung zu
prüfen, die wegen eines steuerbaren Verhaltens des ArbN ausgesprochen werden soll. Das gilt auch bei
unverschuldeten Pflichtverstößen, sofern sie auf steuerbarem Verhalten beruhen (vgl. Rz. 193). Einer
Prognose für künftiges Fehlverhalten fehlt hier ohne Abmahnung die Grundlage. Eine Abmahnung erfordert demgemäß kein schuldhaftes Verhalten[9]. Sie wirkt zwar belastend auf das ArbVerh, enthält aber
selbst keine Sanktion. Der ArbGeb übt sein vertragl. Gläubigerrecht aus und schützt sich vor künftigen
Störungen. Zur Unverhältnismäßigkeit einer Abmahnung vgl. Rz. 197. Hat ein ArbN **keinen Kündigungsschutz**, weil er entweder noch keine sechs Monate (Wartezeit, § 1) oder in einem Kleinbetrieb beschäftigt ist (§ 23 I), so bedarf eine ordentl. Kündigung idR keiner vorherigen Abmahnung[10]. Dem ArbGeb ist es aber unbenommen, auch hier eine Abmahnung auszusprechen, wenn er sich nicht sogleich
vom ArbN trennen will[11].

bb) Ausnahme: Abmahnung entbehrlich. Für Dauerschuldverhältnisse allg. vgl. §§ 314 II 2, 323 II 187
BGB. Die Abmahnung ist entbehrlich, wo sie zur Beseitigung der Störung nicht geeignet ist. Das ist
insb. bei **schweren Pflichtverletzungen** anzunehmen, deren Rechtswidrigkeit dem ArbN ohne weiteres
erkennbar und deren Hinnahme durch den ArbGeb offensichtlich ausgeschlossen ist. Dem (verständigen) ArbN muss bewusst sein, dass er seinen Arbeitsplatz aufs Spiel setzt[12]. Entbehrlich ist die Abmahnung weiterhin, wenn der ArbN etwa in Kenntnis der Vertragswidrigkeit seines Verhaltens daran **hartnäckig und uneinsichtig** festhält; damit gibt er zu erkennen, dass er auch zukünftig nicht bereit ist, sich
vertragstreu zu verhalten[13], und zwar auch um den Preis der Kündigung nicht[14]. Hier ist eine Abmahnung weder zur Vermeidung künftiger Störungen geeignet noch ist sie für eine negative Zukunftsprognose erforderlich. Bloße Vermutungen genügen insoweit aber nicht[15]. Beispiele aus dem sog. **Leistungsbereich**: Hartnäckige Weigerung, eine bestimmte Tätigkeit zu einem bestimmten Zeitpunkt an einem
bestimmten Ort entsprechend der vertragl. Verpflichtung zu verrichten[16] (hier wird freilich die Hartnä-

---

1 BAG 3.2.1977 – 2 AZR 476/75, NJW 1977, 1846. ||2 BAG 29.3.1990 – 2 AZR 396/89, NJW 1991, 587. ||3 BAG 27.9.1984 – 2 AZR 62/83, AP Nr. 8 zu § 2 KSchG 1969. ||4 BAG 16.1.1997 – 2 AZR 98/96, nv.; 9.3.1995 – 2 AZR 461/94, NZA 1995, 678; 31.3.1993 – 2 AZR 492/92, AP Nr. 32 zu § 626 BGB Ausschlussfrist; 22.7.1982 – 2 AZR 30/81, AP Nr. 5 zu § 1 KSchG 1969 Verhaltensbedingte Kündigung. ||5 BAG 9.3.1995 – 2 AZR 461/94, NZA 1995, 678. ||6 BAG 31.3.1993 – 2 AZR 492/92, AP Nr. 32 zu § 626 BGB Ausschlussfrist; 27.9.1984 – 2 AZR 62/83, AP Nr. 8 zu § 2 KSchG 1969. ||7 Grundl. BAG 4.6.1997 – 2 AZR 526/96, AP Nr. 137 zu § 626 BGB (*Felderhoff*). ||8 Etwa BAG 30.11.1978 – 2 AZR 145/77, AP Nr. 1 zu § 64 SeemG. ||9 BAG 12.1.1988 – 1 AZR 219/86, DB 1988, 1270; 10.11.1993 – 7 AZR 682/92, BB 1994, 1290; 30.3.1982 – 1 AZR 265/80, BB 1983, 766. ||10 BAG 21.2.2001 – 2 AZR 579/99, NZA 2001, 951. ||11 BAG 13.12.2007 – 6 AZR 145/07, DB 2008, 1863. ||12 BAG 12.1.2006 – 2 AZR 21/05, NZA 2006, 917; 10.2.1999 – 2 ABR 31/98, BAGE 91, 30; 12.7.1984 – 2 AZR 320/83, BB 1985, 1599. ||13 BAG 4.6.1997 – 2 AZR 526/96, AP Nr. 137 zu § 626 BGB (*Felderhoff*). ||14 BAG 18.5.1994 – 2 AZR 626/93, NZA 1995, 65. ||15 BAG 17.2.1994 – 2 AZR 616/93, AP Nr. 116 zu § 626 BGB. ||16 BAG 18.5.1994 – 2 AZR 626/93, NZA 1995, 65.

ckigkeit zumeist erst durch eine vergebliche vorherige Abmahnung offenbar); mehrtägiges unentschuldigtes Fehlen[1] (im Ruhrbergbau idR drei Tage); eigenmächtige Urlaubsverlängerung; mehrfache grob fahrlässige Pflichtverletzung mit erheblicher Schadensfolge[2]; vorsätzliche Missachtung von Arbeitsschutzvorschriften bei besonderer Gefährdung anderer Personen.

188 Berührt die Pflichtverletzung den **Vertrauensbereich**, dh. das Vertrauen des ArbGeb in die Loyalität und Ehrlichkeit des ArbN[3], so ist eine Abmahnung grds. ebenfalls erforderlich[4], insb. dann, wenn der ArbN mit vertretbaren Gründen, etwa auf Grund einer unklaren Regelung oder Anweisung, annehmen konnte, sein Verhalten sei nicht vertragswidrig oder werde vom ArbGeb zumindest nicht als ein erhebliches, den Bestand des ArbVerh gefährdendes Verhalten angesehen[5] oder wenn aus sonstigen Gründen eine Wiederherstellung des Vertrauens erwartet werden kann[6]. Das ist nicht der Fall, wo es um **schwere Pflichtverletzungen** geht, deren Rechtswidrigkeit dem ArbN ohne weiteres erkennbar und deren Hinnahme durch den ArbGeb offensichtlich ausgeschlossen ist und bei denen dem ArbN bewusst sein muss, dass er seinen Arbeitsplatz aufs Spiel setzt[7]. **Straftaten** zu Lasten des ArbGeb oder der Kollegen[8] rechtfertigen hiernach grds. auch ohne vorherige Abmahnung eine Kündigung. Nur unter besonderen Umständen kann bei Bagatelldelikten ohne kriminellen Charakter ausnahmsw. eine Abmahnung erforderlich sein, so bei dem Verzehr eines Bienenstichs durch Konditoreifachkraft[9]. Entbehrlich sein wird eine Abmahnung regelmäßig auch bei Vortäuschen einer Krankheit, Fälschen einer Arbeitsunfähigkeitsbescheinigung, Manipulationen bei der Arbeitszeiterfassung zur Erlangung einer unberechtigten Zeitgutschrift. Bei Beleidigungen, Tätlichkeiten und sexueller Belästigung von Mitarbeitern kommt es dagegen auf die Umstände des Einzelfalles, insb. die Schwere der Verfehlung an.

189 cc) **Erfordernis weiterer Abmahnungen.** War der ArbN bereits abgemahnt, bleibt zu prüfen, ob es einer weiteren Abmahnung bedarf. Die Abmahnung ist **kein formelles Erfordernis**, sondern Ausfluss des kündigungsrechtl. Ultima-Ratio-Grundsatzes. Es ist zu fragen, ob trotz der vorausgegangenen eine erneute Abmahnung noch ein geeignetes milderes Mittel zur Vermeidung weiterer kündigungsrelevanter Vertragsstörungen ist. Entscheidende Gesichtspunkte sind insoweit:

– Einschlägigkeit des abgemahnten Vertragsverstoßes;

– Wirkkraft der früheren Abmahnung (zB Zeitablauf);

– Gewicht des abgemahnten und des neuerlichen Vertragsverstoßes.

190 **Einschlägigkeit** besteht, wenn Abmahnung und Kündigungsgrund ein innerer Zusammenhang verbindet[10]. Die Warnung der Abmahnung reicht nur so weit, wie dem ArbN klargemacht worden ist, welches konkrete Verhalten beanstandet wurde und worauf er zukünftig zu achten hat. Dabei darf kein allzu enger Maßstab angelegt werden. Die Pflichtverstöße müssen nicht identisch sein, es genügt, dass sie aus demselben Bereich stammen und somit ein innerer Zusammenhang besteht[11] (zB Abmahnung wegen Unpünktlichkeit und unentschuldigtes Fehlen; verspätete Arbeitsaufnahme oder vorzeitiges Verlassen des Arbeitsplatzes und Kartenspielen während der Arbeit; unentschuldigtes Fehlen und verspätete Krankmeldung[12], wohl aber nicht mehr verspätete Übersendung der Arbeitsunfähigkeitsbescheinigung). IdR **nicht vergleichbar** sind Schlechtleistungen einerseits und Arbeitszeitverstöße andererseits sowie insb. Pflichtverletzungen im Leistungsbereich und solche im Vertrauensbereich[13]. Keine ausreichende Vergleichbarkeit begründet schon der gemeinsame Vorwurf der Unzuverlässigkeit[14]. Jedoch kann eine Vielzahl ungleichartiger Pflichtverletzungen uU das allg. Urteil der Unzuverlässigkeit und damit eine Kündigung rechtfertigen[15] (vgl. auch Rz. 69). Auch im **gleich gelagerten Wiederholungsfall** nach einschlägiger Abmahnung ist eine Kündigung noch nicht in jedem Fall begründet. Zwar führt das idR in Bezug auf die abgemahnten Pflichtverletzungen zu einer negativen Prognose,

---

1 BAG 17.1.1991 – 2 AZR 375/90, AP Nr. 25 zu § 1 KSchG 1969 Verhaltensbedingte Kündigung. ||2 Sehr weitgehend LAG Köln 26.8.1986 – 1 Sa 525/86, LAGE § 611 BGB Abmahnung Nr. 4 (außerordentl. Kündigung ohne Abmahnung bei mit mittlerer Fahrlässigkeit verursachtem Verkehrsunfall mit erheblichem Schaden). ||3 LAG Köln 10.6.1994 – 13 Sa 228/94, NZA 1995, 792. ||4 BAG 4.6.1997 – 2 AZR 526/96, NZA 1997, 1281. ||5 BAG 13.12.1984 – 2 AZR 454/83, BB 1985, 1069. ||6 BAG 4.6.1997 – 2 AZR 526/96, NZA 1997, 1281; im Hinblick auf die Beweislast gem. § 1 II 4 müsste es heißen: „es sei denn, dass eine Wiederherstellung des Vertrauens nicht erwartet werden kann", vgl. HK-KSchG/*Dorndorf*, § 1 Rz. 605. ||7 BAG 10.2.1999 – 2 ABR 31/98, AP Nr. 42 zu § 15 KSchG 1969; 12.7.1984 – 2 AZR 320/83, AP Nr. 32 zu § 102 BetrVG 1972; *Rost*, Die verhaltensbedingte Kündigung, in Henssler/Moll (Hrsg.), Kündigung und Kündigungsschutz in der betrieblichen Praxis, 2000, S. 41 Rz. 19. ||8 BAG 12.7.1984 – 2 AZR 320/83, AP Nr. 32 zu § 102 BetrVG 1972 (grobe Beleidigung und Schlag ins Gesicht ohne Provokation); LAG Köln 12.3.2002 – 1 Sa 1354/01, NZA-RR 2002, 519 f. (Diebstahl; Beschaffungskriminalität). ||9 BAG 17.5.1984 – 2 AZR 3/83, NZA 1985, 91; vgl. auch BAG 13.12.1984 – 2 AZR 454/83, AP Nr. 81 zu § 626 BGB (Wegnahme von 20 l Dieselkraftstoff bei 13-jähriger Betriebszugehörigkeit: keine Abmahnung, uU aber nur fristgerechte Kündigung); 11.12.2003 – 2 AZR 36/03, AP Nr. 179 zu § 626 BGB (Diebstahl abgeschriebener Ware durch Verkäuferin); LAG Sa.-Anh. 17.7.2007 – 8 TaBV 4/07 (Hinzuziehung einer postfremden Person zur Postzustellung; § 206 StGB); vgl. auch unten Einzelfälle, Stichwort: „Straftaten", Rz. 243. ||10 BAG 16.1.1992 – 2 AZR 412/91, NZA 1992, 1023; 10.12.1992 – 2 ABR 32/92, AP Nr. 4 zu § 87 ArbGG 1979. ||11 BAG 13.12.2007 – 2 AZR 818/06, NZA 2008, 589. ||12 LAG Berlin 5.12.1995 – 12 Sa 111/95, LAGE § 1 KSchG Verhaltensbedingte Kündigung Nr. 52. ||13 Vgl. auch HK-KSchG/*Dorndorf*, § 1 Rz. 653 ff. ||14 BAG 27.2.1985 – 7 AZR 525/83, nv. ||15 LAG Rh.-Pf. 5.11.1982 – 6 Sa 549/82, DB 1983, 1554 (LS).

doch bedürfen kleinere Pflichtverletzungen, etwa Nachlässigkeiten ohne nennenswerte betriebl. Auswirkungen (kleinere Unpünktlichkeiten oder verspätete Übersendung einer Arbeitsunfähigkeitsbescheinigung), uU mehrerer Abmahnungen. In einer Interessenabwägung sind alle Umstände zu würdigen, insb. das Gewicht der Pflichtverletzung und die inzwischen verstrichene Zeit, in der sich der ArbN ggf. vertragstreu verhalten hat. Eine hartnäckige Missachtung auch unbedeutenderer Vertragspflichten braucht der ArbGeb aber nicht hinzunehmen.

Eine lange zurückliegende einschlägige Abmahnung kann **durch Zeitablauf wirkungslos** werden. Feste zeitliche Grenzen hierfür (zB zwei oder drei Jahre) lassen sich nicht allg. bestimmen. Es kommt auf die Umstände an, insb. die Art und Schwere des abgemahnten Pflichtverstoßes und das Verhalten des ArbN wie auch des ArbGeb nach der Abmahnung (zB eine spätere unklare Reaktion des ArbGeb auf ähnliche Pflichtverletzungen anderer ArbN)[1]. Abgeschwächte Wirkung wird auch eine Abmahnung haben, die zwar selbst noch nicht lange zurückliegt, aber ein schon längere Zeit **zurückliegendes Fehlverhalten** beanstandet[2]. Die Warnung ist eindringlicher, wenn sie in nahem zeitlichem Zusammenhang mit dem Verstoß erfolgt. **Zahlreiche folgenlose Abmahnungen** wegen gleichartiger Pflichtverletzungen können die Warnfunktion der Abmahnung ebenfalls abschwächen. Der ArbGeb muss dann die letzte Abmahnung vor Ausspruch der Kündigung besonders eindringlich gestalten, um dem ArbN klarzumachen, dass weitere derartige Pflichtverletzungen nunmehr wirklich zum Ausspruch einer Kündigung führen werden[3]. Bei leichter wiegenden Vertragsverstößen kann idR nicht schon die dritte Abmahnung als wirkungslos angesehen werden[4]. 191

Eine **vorweggenommene Abmahnung**, die – etwa am „Schwarzen Brett" oder im Arbeitsvertrag – vorbeugend für ein näher bezeichnetes Fehlverhalten eine Kündigung androht, hat nicht die Wirkung einer gewöhnlichen Abmahnung. Sie wendet sich an alle ArbN ohne Unterschied und führt dem betroffenen ArbN nicht ein eigenes Fehlverhalten vor Augen. Ihr fehlt die typische zugespitzte Warnwirkung der Abmahnung. Dennoch konkretisiert die vorweggenommene Abmahnung die Vertragspflichten des ArbN und verleiht ihnen Gewicht und Nachdruck. Je nach der Art des Pflichtverstoßes und den konkreten Umständen des Einzelfalles wird sie daher kündigungsrechtl. Bedeutung erlangen, eine Abmahnung bei späterer Zuwiderhandlung aber wohl nur ausnahmsw. entbehrlich machen[5]. Besteht die Beanstandung in einem nicht ohne weiteres und kurzfristig abstellbaren Leistungsmangel, ist dem abgemahnten ArbN ein ausreichender **Anpassungszeitraum** einzuräumen, so etwa bei Beanstandung mangelnden Führungsverhaltens[6] oder der (künstlerischen) Qualität der Leistungsergebnisse[7]. 192

b) **Voraussetzungen einer wirksamen Abmahnung. aa) Objektive Vertragspflichtverletzung.** Gegenstand der Abmahnung ist grds. ein auf steuerbarem Verhalten beruhender tatsächlicher Vertragsverstoß (s. Rz. 179 ff.; zur sog. vorweggenommenen Abmahnung s. Rz. 192). Sie setzt grds. **kein Verschulden** voraus[8] (s. Rz. 186), da sie selbst noch nicht sanktioniert. Ausnahmsweise kommt eine Abmahnung auch bei personenbedingten Vertragsstörungen in Betracht (s. Rz. 183). Der Gleichbehandlungsgrundsatz findet grds. wie allg. im Kündigungsrecht (s. Rz. 71) keine Anwendung[9]. Dagegen kann eine Abmahnung eine verbotene Benachteiligung iSd. § 2 I Nr. 2 **AGG** darstellen[10], zumindest sind die Wertungen der zugrunde liegenden EU-Richtlinien über §§ 138, 242 u. 826 BGB zu berücksichtigen. 193

Die Abmahnung bedarf **keiner kündigungsrechtl. Verhältnismäßigkeitsprüfung** in Bezug auf den Vertragsverstoß, da sie nicht sanktioniert. Sie ist daher nicht schon deshalb unverhältnismäßig, weil auch im Falle einer einmaligen Wiederholung des Fehlverhaltens eine Kündigung noch nicht begründet wäre[11]. Doch begrenzt der aus Treu und Glauben (§ 242 BGB) abgeleitete Grundsatz der Verhältnismäßigkeit in Gestalt des **Übermaßverbots (Schikaneverbot)** auch das Abmahnungsrecht[12]. Danach ist die Abmahnung unzulässig, wenn sie der Gegenseite unverhältnismäßig große Nachteile zufügt und andere, weniger schwerwiegende Maßnahmen möglich sind, die den Interessen des Berechtigten ebenso gut Rechnung tragen und ihm zumutbar sind. Das ist bei einer zu den Personalakten genommenen Abmahnung wegen einer geringfügigen Vertragspflichtverletzung denkbar, etwa bei einmaliger Verspätung um fünf Minuten oder Verteilung gewerkschaftlichen Werbematerials während der Arbeitszeit[13]. 194

bb) **Inhaltliche Gestaltung.** Nach ihrem kündigungsrechtl. Zweck hat die Abmahnung zugleich **Rüge- und Warnfunktion.** Sie muss in einer für den ArbN hinreichend deutlich erkennbaren Art und Weise Pflichtverstöße beanstanden und damit den Hinweis verbinden, dass im Wiederholungsfall der Inhalt oder der Bestand des ArbVerh gefährdet ist[14]. Sind diese Merkmale erfüllt, handelt es sich um eine Ab- 195

---

1 BAG 18.11.1986 – 7 AZR 674/84, AP Nr. 17 zu § 1 KSchG 1969 Verhaltensbedingte Kündigung; 27.1.1988 – 5 AZR 604/86, ZTR 1988, 309. ||2 BAG 15.1.1986 – 5 AZR 70/84, DB 1986, 1075. ||3 BAG 16.9.2004 – 2 AZR 406/03, NZA 2005, 459. ||4 BAG 16.9.2004 – 2 AZR 406/03, BB 2005, 716f. ||5 Zu weitgehend LAG Hamm 16.12.1982 – 10 Sa 965/82, BB 1983, 1601. ||6 Vgl. etwa BAG 29.7.1976 – 3 AZR 50/75, DB 1976, 2356. ||7 Vgl. etwa BAG 15.8.1984 – 7 AZR 228/82, NJW 1985, 2158. ||8 BAG 12.1.1988 – 1 AZR 219/86, DB 1988, 1270 (Teilnahme des ArbN an einem Streik, dessen Rechtswidrigkeit er selbst nicht erkennen konnte); 10.11.1993 – 7 AZR 682/92, BB 1994, 1290; anders uU bei BR-Mitgliedern, BAG 31.8.1994 – 7 AZR 893/93, NZA 1995, 225. ||9 LAG Schl.-Holst. 29.11.2005 – 2 Sa 350/05, NZA-RR 2006, 180; *Hoß*, MDR 1999, 334. ||10 *Kleinebrink*, FA 2007, 230. ||11 BAG 13.11.1991 – 5 AZR 74/91, BB 1992, 781. ||12 BAG 13.11.1991 – 5 AZR 74/91, BB 1992, 781. ||13 BAG 13.11.1991 – 5 AZR 74/91, BB 1992, 781. ||14 BAG 18.1.1980 – 7 AZR 75/78, DB 1980, 1351.

mahnung im kündigungsrechtl. Sinne. Die **Bezeichnung** als „Abmahnung", „Ermahnung" oder „Rüge" ist dann unerheblich. Fehlt andererseits der warnende Hinweis auf den Bestand des ArbVerh, so handelt es sich ggf. um eine Rüge, nicht aber um eine Abmahnung im kündigungsrechtl. Sinne, auch wenn sie als solche bezeichnet ist. Verwarnung und Verweis sind Begriffe aus Betriebsbußenregelungen (s. Rz. 199). Die **konkrete Rüge** hat dem ArbN deutlich vor Augen zu führen, welches Verhalten beanstandet wird. Allgemeine Hinweise (zB „schlechte Arbeitsmoral", „unzureichende Leistungen" oder „flegelhaftes Verhalten") genügen nicht[1]. Fügt der ArbGeb eine rechtl. Würdigung hinzu, darf sie nicht fehlerhaft sein und den Vorwurf dadurch schwerer wiegend darstellen, als er tatsächlich ist. Rügt die Abmahnung mehrere Verstöße gleichzeitig, ist sie schon dann vollständig aus der Personalakte zu entfernen, wenn nur einer von ihnen nicht zutrifft[2]. Das gilt auch für den Vorwurf eines „zum wiederholten Male" gezeigten Verhaltens, wenn der Beweis für den früheren Verstoß nicht geführt werden kann. Der ArbGeb kann allerdings nachfolgend eine Abmahnung aussprechen, die sich auf den zutreffenden Vorwurf beschränkt.

196 Unverzichtbarer Bestandteil einer Abmahnung ist weiter die **Warnung**, dass im Wiederholungsfall das unveränderte Fortbestehen des ArbVerh gefährdet ist. Nicht erforderlich ist, dass bestimmte kündigungsrechtl. Maßnahmen (zB ordentl. oder außerordentl. Kündigung) angedroht werden. Dem ArbN muss aber aus den Umständen unmissverständlich deutlich werden, dass im Wiederholungsfall der Inhalt oder der Bestand des ArbVerh gefährdet ist[3]. **Unzureichend** dürften folgende Formulierungen sein[4]:

– „Wir machen Sie darauf aufmerksam, dass wir dieses Fehlverhalten nicht länger hinnehmen werden."

– „Bitte bemühen Sie sich, künftig pünktlich am Arbeitsplatz zu erscheinen."

– „Wir weisen Sie ausdrücklich darauf hin, dass wir von Ihnen eine Steigerung Ihrer Arbeitsleistungen erwarten."

– „Wir raten Ihnen in Ihrem eigenen Interesse dringend, künftig unsere Anordnungen und Hinweise in diesem Schreiben zu befolgen."

197 Unzureichend dürfte auch der Hinweis des ArbGeb sein, dass er sich **arbeitsrechtl. Konsequenzen** vorbehalte. Je nach den Umständen des Einzelfalles könnten solche Konsequenzen auch darin bestehen, dass der ArbGeb den Lohn für versäumte Arbeitszeit einbehält. In jedem Falle ausreichend ist der Hinweis, dass im Wiederholungsfall eine Kündigung (gleich welcher Art) droht. Alle Merkmale einer ordnungsgemäßen Abmahnung kann auch eine **frühere Kündigung** erfüllen, wenn der Kündigungssachverhalt feststeht und die Kündigung aus anderen Gründen, zB wegen fehlender Abmahnung, für sozialwidrig erachtet worden ist[5]. Enthält die Abmahnung **keine ausreichende Warnung**, bleibt doch die Rüge. Der ArbN wird sich in einem Wiederholungsfall darüber bewusst sein, dass der ArbGeb sein Verhalten für vertragswidrig hält. Enthält die Abmahnung ein **Unwerturteil** über die Person des ArbN und nicht nur über sein Verhalten, könnte darin eine Sanktion liegen, die den Charakter einer Betriebsbuße annimmt und dann mitbestimmungspflichtig ist (s. Rz. 199). Ein persönlicher Angriff oder überhaupt ein Missgriff im Tonfall können zudem eine rechtswidrige Verletzung des Persönlichkeitsrechts des ArbN oder des Arbeitsvertrages darstellen, auch wenn die Abmahnung iÜ zu Recht ergangen ist.

198 cc) **Formelle Anforderungen.** Der **Rechtscharakter** der Abmahnung als einseitiges empfangsbedürftiges Rechtsgeschäft[6] oder geschäftsähnliche Handlung[7] ist umstritten. Aufseiten des ArbGeb **abmahnungsberechtigt** sind nach hM nicht nur kündigungsberechtigte Personen[8], sondern alle in Bezug auf das beanstandete Verhalten anweisungsberechtigten Mitarbeiter[9]. Ggü. LeihArbN sind daher Verleiher wie Entleiher abmahnberechtigt[10]. In der betriebl. Praxis ist die Abmahnbefugnis häufig intern auf einen bestimmten Kreis von Führungskräften beschränkt. Eine allg. Pflicht des ArbGeb zur **Anhörung des ArbN** vor Ausspruch einer Abmahnung besteht nicht. Anders gem. § 3 VI 4 TV-L im öffentl. Dienst der Bundesländer. Hier ist eine ohne vorherige Anhörung des ArbN in die Personalakte genommene Abmahnung auf sein Verlangen wieder zu entfernen. Dennoch behält sie die Warnwirkung für eine verhaltensbedingte Kündigung, da § 3 VI 4 TV-L (wie zuvor § 13 II BAT) allein den Schutz der Personalakte bezweckt[11]. Im TVöD (Bund und Gemeinden) fehlt eine entsprechende Regelung.

199 Bei Abmahnungen besteht **kein Beteiligungsrecht des BR**[12]. Der ArbGeb macht lediglich von seinem vertragl. Rügerecht Gebrauch. Unerheblich ist, ob die gerügte Vertragsverletzung zugleich gegen die betriebl. Ordnung verstößt. Es besteht kein Informationsanspruch[13], auch nicht nach Ausspruch der Abmahnung[14].

---

1 LAG Hamm 18.1.2008 – 13 Sa 1644/07, nv. ||2 BAG 13.3.1991 – 5 AZR 133/90, BB 1991, 1926. ||3 BAG 18.1.1980 – 7 AZR 75/78, DB 1980, 1351. ||4 Nach *Beckerle*, Die Abmahnung, 9. Aufl. 2006, Rz. 203. ||5 BAG 31.8.1989 – 2 AZR 13/89, NZA 1990, 433; ebenso die Einleitung eines Zustimmungsersetzungsverfahrens nach § 103 BetrVG, BAG 15.11.2001 – 2 AZR 609/00, AP Nr. 4 zu § 1 KSchG 1969 Abmahnung. ||6 BAG 9.8.1984 – 2 AZR 400/83, AP Nr. 12 zu § 1 KSchG 1969 Verhaltensbedingte Kündigung. ||7 BAG 21.5.1992 – 2 AZR 551/91, DB 1992, 2143. ||8 So *Pauly*, NZA 1995, 449 (452); *Adam*, DB 1996, 476. ||9 BAG 18.1.1980 – 7 AZR 75/78, DB 1980, 1351; 5.7.1990 – 2 AZR 8/90, NZA 1991, 667; 15.7.1992 – 7 AZR 466/91, AP Nr. 9 zu § 611 BGB Abmahnung. ||10 *Kleinebrink*, FA 2007, 230 (232). ||11 BAG 21.5.1992 – 2 AZR 551/91, DB 1992, 2143. ||12 BAG 17.10.1989 – 1 ABR 100/88, NZA 1990, 193. ||13 LAG Schl.-Holst. 27.5.1983 – 3 (4) TaBV 31/82, BB 1983, 1282; LAG Hamburg v.16.6.1983 – 7 TaBV 1/83, nv.; aA *Pfarr*, AuR 1976, 198. ||14 AA LAG Nds. 24.2.1984 – 3 TaBV 9/83, AuR 1985, 99.

In der betriebl. Praxis wird der BR jedoch häufig davon unterrichtet. Dagegen ist der BR vor Ausspruch einer verhaltensbedingten Kündigung gem. § 102 BetrVG über etwaige Abmahnungen zu unterrichten, wenn sich der ArbGeb zur Begründung der Kündigung darauf stützen will. Durch **freiwillige BV** kann ein Beteiligungsrecht des BR begründet werden, nicht aber durch Spruch der Einigungsstelle[1]. Soll die Abmahnung den Vertragsverstoß etwa als disziplinarähnliche Maßnahme sanktionieren („strenger Verweis" oÄ), so handelt es sich um eine **Betriebsbuße**, die gem. § 87 I Nr. 1 BetrVG der Mitbest. des BR bedarf[2] (vgl. § 87 BetrVG Rz. 63). Der ArbGeb ist bei Bestehen einer Betriebsbußenordnung aber nicht gehindert, einen Vertragsverstoß mit einer mitbestimmungsfreien Abmahnung zu belegen[3]. Einige **Landespersonalvertretungsgesetze** verlangen vor Ausspruch der Abmahnung die Anhörung oder Mitwirkung des Personalrates[4]. Unterbleibt sie, ist die Abmahnung auf Verlangen aus der Personalakte zu entfernen. Sie entfaltet jedenfalls keine kündigungsrechtl. Warnwirkung, während ihre Rügefunktion erhalten bleiben dürfte[5]. Die Abmahnung kann ggf. nach vorheriger Anhörung des Personalrates erneut ausgesprochen werden. Die **Schwerbehindertenvertretung** ist ggf. gem. § 95 II SGB IX zu beteiligen (str.). Die Verletzung dieser Beteiligungspflicht hat keine Auswirkungen auf die Rechtmäßigkeit der Maßnahme, hier der Abmahnung[6].

Die Abmahnung bedarf **keiner Schriftform**. Sie kann mündlich, auch fernmündlich ausgesprochen werden. Die Schriftform empfiehlt sich jedoch zu Dokumentationszwecken und aus Beweisgründen. Auch erzeugt eine schriftl. Abmahnung idR nachhaltigere Wirkung. Es gibt **keine Regelausschlussfrist**, in der ein vertragl. Rügerecht, also hier die Abmahnung, ausgeübt werden muss[7]. Ihre Warnwirkung kann aber durch die Zwischenzeit, in der sich der ArbN vertragstreu verhalten hat, abgeschwächt werden[8]. Der ArbGeb kann einen ArbN wegen eines Sachverhalts abmahnen, der Gegenstand einer zuvor vorausgegangenen, aus anderweitigen Gründen **unwirksamen Kündigung** war. Das Abmahnrecht ist hier nicht verbraucht[9]. Alle Merkmale einer ordnungsgemäßen Abmahnung kann auch die frühere Kündigung selbst erfüllen, wenn der Kündigungssachverhalt feststeht[10]. Die Abmahnung bedarf als empfangsbedürftige Erklärung des **Zugangs** beim Abmahnungsgegner (§ 130 BGB). Nach hM ist darüber hinaus grds. **Kenntnisnahme** des Empfängers von ihrem Inhalt erforderlich[11]. Die Berufung auf die fehlende Kenntnis kann rechtsmissbräuchlich sein, wenn sich der ArbN nicht innerhalb angemessener Frist um Kenntnisnahme bemüht hat. Muss ein ausländischer ArbN zB wegen eines Pflichtverstoßes mit einer Abmahnung rechnen, wird er bei Übergabe der in deutscher Sprache abgefassten Abmahnung auf seine fehlende Sprachkenntnis hinweisen oder seinerseits unverzüglich für eine Übersetzung sorgen müssen[12].

c) Rechtswirkungen der Abmahnung. Sie hat in erster Linie tatsächliche Wirkungen. Als **Vertragsrüge** stellt sie klar, dass der ArbGeb an den bisherigen vertragl. Rechten und Pflichten festhält, und verhindert damit eine schleichende Vertragsänderung. Die **Warnung** vor einem Wiederholungsfall hat vor allem Bedeutung für eine nachfolgende Kündigung, da sie bei erneutem Verstoß die negative Zukunftsprognose begründen kann (s. Rz. 186 ff.). Die schriftl. Abmahnung in der Personalakte **dokumentiert** den Pflichtverstoß des ArbN, was für spätere Personalentscheidungen von Bedeutung sein kann. Die Dokumentationsfunktion hat Bedeutung gewonnen, da sie einen kündigungsrechtl. bedeutsamen „**Vertrauensvorrat**" wegen beanstandungsfreiem ArbVerh widerlegen kann[13]. Datenschutzrechtl. Gründe sollen ihr nicht entgegenstehen[14]. Mit der Abmahnung **verzichtet** der ArbGeb ferner nach hM stillschweigend auf eine Kündigung wegen der abgemahnten Verstöße. Er kann eine spätere Kündigung daher nicht allein auf diese stützen, sondern hierauf nur dann unterstützend zurückgreifen, wenn weitere kündigungsrechtl. erhebliche Umstände eintreten oder ihm nachträglich bekannt werden[15]; das gilt auch für Abmahnungen während der Wartezeit[16]. Eine in den Personalakten befindliche und vom ArbN nicht angegriffene Abmahnung erbringt in einem nachfolgenden Kündigungsschutzprozess **keinen Beweis** für die darin gerügte Vertragspflichtverletzung[17]. Der ArbN ist insofern nicht gezwungen, gegen eine Abmahnung vorzugehen. Veranlasst er den ArbGeb arglistig, auf die Unstreitigkeit des abgemahnten Sachverhalts zu vertrauen und Beweismittel nicht aufzubewahren, so darf dem ArbGeb hierdurch nach Treu und Glauben kein Rechtsnachteil entstehen. Das bloße Untätigbleiben des ArbN stellt jedoch noch kein unredliches Verhalten dar. Eine **rechtswidrige Abmahnung** hat idR keine kündigungsrechtl. Restwirkung[18]. War die Abmahnung aus der Personalakte zu entfernen, weil der Vorwurf in tatsächlicher Hinsicht unbegründet war, bleibt aber der Hinweis auf die Einhaltung konkreter Ver-

---

1 BAG 30.8.1995 – 1 ABR 4/95, NZA 1996, 218. ‖2 LAG Hess. 18.10.1988 – 5 TaBV 168/87, NZA 1989, 273 (betriebl. Regelung einer automatischen Beförderungssperre für ein Jahr ohne Prüfung des Einzelfalls für den Fall einer Abmahnung). ‖3 BAG 30.1.1979 – 1 AZR 342/76, DB 1979, 1511; 7.11.1979 – 5 AZR 962/77, BB 1980, 414. ‖4 ZB § 68 LPVG Bbg., § 67 II LPVG Sa.-Anh., § 80 III 1 Saarl. LPVG; § 80 LPVG BW; § 75 LPVG Nds.; § 78 II Nr. 14 LPVG Rh.-Pf. 1992 enthält sogar ein volles MitbestR des Personalrats bei schriftl. Abmahnungen auf Antrag des Beschäftigten. ‖5 LAG Köln 28.3.1988 – 5 Sa 90/88, LAGE § 611 BGB Abmahnung Nr. 10. ‖6 BAG 28.7.1983 – 2 AZR 122/82, DB 1984, 133. ‖7 BAG 14.12.1994 – 5 AZR 137/94, NZA 1995, 676. ‖8 BAG 15.1. 1986 – 5 AZR 70/84, DB 1986, 1075. ‖9 BAG 7.9.1988 – 5 AZR 625/87, DB 1989, 284. ‖10 BAG 31.8.1989 – 2 AZR 13/89, NZA 1990, 433. ‖11 BAG 9.8.1984 – 2 AZR 400/83, NZA 1985, 124. ‖12 BAG 9.8.1984 – 2 AZR 400/83, NZA 1985, 124. ‖13 *Salamon/Rogge*, NZA 2013, 363. ‖14 *Schrader/Dohnke*, NZA-RR 2012, 617. ‖15 BAG 10.11.1988 – 2 AZR 215/88, BB 1989, 1483; 13.12.2007 – 6 AZR 145/07, NZA 2008, 403. ‖16 BAG 13.12. 2007 – 6 AZR 145/07, NZA 2008, 403. ‖17 BAG 13.3.1987 – 7 AZR 601/85, BB 1987, 1741. ‖18 BAG 5.8.1992 – 5 AZR 531/91, ZTR 1993, 120.

tragspflichten; nur die Warnwirkung entfällt. Das Gleiche dürfte gelten, wenn die Abmahnung wegen unterbliebener Anhörung des Personalrats aus der Personalakte zu entfernen ist (s. Rz. 199). War die Abmahnung zu entfernen, weil die gem. § 3 IV 4 TV-L gebotene Anhörung des ArbN unterblieben ist, behält sie ausnahmsw. als mündliche Abmahnung ihre volle Wirkung, da sie nur formell unwirksam ist (s. Rz. 198).

202 d) **Rechtsschutz gegen Abmahnungen.** Der ArbN kann auf **dreierlei Weise** gegen eine Abmahnung vorgehen: Gegendarstellung, Beschwerde und Klage auf Entfernung der Abmahnung aus der Personalakte. Er ist dazu – auch zur Vermeidung von Rechtsnachteilen – aber nicht gehalten. Eine unbeanstandete Abmahnung erbringt allein noch keinen Beweis für den abgemahnten Vertragsverstoß (s. Rz. 201).

203 aa) **Gegendarstellung.** Auf Verlangen des ArbN muss der ArbGeb eine Gegendarstellung zur Abmahnung **in die Personalakten** aufnehmen, § 83 II BetrVG. Der Anspruch besteht auch für leitende Angestellte und ArbN in Betrieben ohne BR. Im öffentl. Dienst der Bundesländer folgt ein gleich lautender Anspruch aus § 3 VI 4 u. 5 TV-L. Danach ist der Angestellte vor Aufnahme „von Beschwerden und Behauptungen tatsächlicher Art, die für ihn ungünstig sind oder ihm nachteilig werden können", in die Personalakte anzuhören. Seine Äußerung ist zu den Personalakten zu nehmen. Der ArbGeb muss die Gegendarstellung grds. auch in die Personalakte aufnehmen, wenn er sie für unzutreffend hält.

204 bb) **Beschwerde.** Nach § 84 I BetrVG hat der ArbN das Recht zur Beschwerde bei seinem **Vorgesetzten**. Er kann hierzu ein Mitglied des BR hinzuziehen. Der ArbGeb hat den ArbN über seine Beschwerde zu bescheiden und, soweit er sie für berechtigt hält, ihr abzuhelfen. Dem ArbN dürfen wegen der Beschwerde keine Nachteile entstehen (§ 84 III BetrVG). Der ArbN kann sich auch gem. § 85 BetrVG mit seiner Beschwerde an den **BR**[1] oder einen etwa besonders gebildeten Ausschuss wenden. BR oder Ausschuss müssen sich mit der Beschwerde befassen. Zweckmäßigerweise hören sie den Beschwerdeführer vor Beschlussfassung an. Wird die Beschwerde für berechtigt erachtet, hat der BR seinerseits beim ArbGeb auf Abhilfe hinzuwirken. Einigen sich ArbGeb und BR in der folgenden Verhandlung über die Berechtigung der Abmahnung nicht, so kann der BR nicht die Einigungsstelle anrufen, da es um einen Rechtsanspruch des ArbN auf Entfernung der Abmahnung aus der Personalakte geht (§ 85 II 3 BetrVG). Ein entsprechender Antrag an das ArbG auf Einrichtung einer Einigungsstelle gem. § 98 ArbGG dürfte wegen offensichtlicher Unzuständigkeit der Einigungsstelle aussichtslos sein[2].

205 cc) **Entfernungsanspruch.** Der ArbN hat einen Rechtsanspruch auf Entfernung rechtswidriger Abmahnungen aus der Personalakte. Sie verletzen sowohl sein allg. **Persönlichkeitsrecht** in Bezug auf Ansehen, soziale Geltung und berufliches Fortkommen als auch sein Recht auf ungestörte Durchführung des Arbeitsvertrages[3]. Auch rechtmäßige Abmahnungen sollen nach Ablauf ihrer Wirkungszeit aus der Personalakte zu entfernen sein, wenn das gerügte Verhalten für das ArbVerh in jeder Hinsicht bedeutungslos geworden ist[4]. Der Anspruch richtet sich gegen den ArbGeb, der die Personalakten führt. Die Abmahnung ist in **folgenden Fällen** aus der Personalakte zu entfernen:

– der mit der Abmahnung gerügte Sachverhalt trifft ganz oder teilweise nicht zu[5];
– der zutreffende Sachverhalt stellt keine Vertragspflichtverletzung dar oder jedenfalls nicht eine so schwerwiegende, wie sie gerügt wurde;
– die iÜ berechtigte Abmahnung stellt eine verbotene Benachteiligung iSd. AGG dar (s. Rz. 193);
– die nach dem früheren § 13 II BAT, jetzt nur noch gem. § 3 VI 4 TV-L (Bundesländer) vorgeschriebene Anhörung des betroffenen ArbN ist unterblieben[6];
– die nach einem Landespersonalvertretungsgesetz vorgeschriebene vorherige Anhörung des Personalrats ist unterblieben[7];
– die Abmahnung stellt auf Grund besonderer Umstände eine mitbestimmungspflichtige Betriebsbuße dar, ohne dass das Mitbestimmungsverfahren eingehalten wurde[8];
– die ansonsten zutreffende Abmahnung wird in ehrverletzender Form erteilt;
– das in der rechtmäßigen Abmahnung gerügte Verhalten ist für das ArbVerh in jeder Hinsicht bedeutungslos geworden[9].

---

1 Für den öffentl. Dienst enthalten die meisten Personalvertretungsgesetze ebenfalls die Bestimmung, dass der Personalrat bei einer Beschwerde, die er für berechtigt hält, durch Verhandlung mit der Leitung der Dienststelle auf ihre Erledigung hinzuwirken hat. ‖2 LAG Rh.-Pf. 17.1.1985 – 5 TaBV 36/84, NZA 1985, 190; LAG Hamm 16.4.1986 – 12 TaBV 170/85, BB 1986, 1359; LAG Berlin 19.8.1988 – 2 TaBV 4/88, BB 1988, 2040 (LS); aA LAG Köln 16.11.1984 – 7 TaBV 40/84, NZA 1985, 191; LAG Hamburg 10.7.1985 – 8 TaBV 11/85, BB 1985, 1729. ‖3 BAG 27.11.1985 – 5 AZR 101/84, NZA 1986, 227; 18.1.1996 – 6 AZR 314/95, ZTR 1996, 475; st. Rspr. ‖4 BAG 19.7.2012 – 2 AZR 782/11, NJW 2013, 808; krit. *Ritter*, DB 2013, 344. ‖5 BAG 27.11.1985 – 5 AZR 101/84, NZA 1986, 227; 18.1.1996 – 6 AZR 314/95, ZTR 1996, 475; st. Rspr. ‖6 BAG 21.5.1992 – 2 AZR 551/91, DB 1992, 2143. ‖7 LAG Köln 28.3.1988 – 5 Sa 90/88, LAGE § 611 BGB Abmahnung Nr. 10. ‖8 LAG Hess. 18.10.1988 – 5 TaBV 168/87, NZA 1989, 273 (betriebl. Regelung einer automatischen Beförderungssperre für ein Jahr ohne Prüfung des Einzelfalls für den Fall einer Abmahnung). ‖9 BAG 19.7.2012 – 2 AZR 782/11, NJW 2013, 808; 14.12.1994 – 5 AZR 137/94, AP Nr. 15 zu § 611 BGB Abmahnung; krit. *Ritter*, DB 2013, 344.

Die Abmahnung ist **vollständig und ersatzlos** aus der Personalakte zu entfernen. Ein etwaiges Leerblatt in einer paginierten[1] Personalakte darf keinen Hinweis auf die entfernte Abmahnung aufweisen. Die Ablage der Abmahnung in einer Nebenakte zur Personalakte ist unzulässig. **Nach Beendigung des ArbVerh** hat der ArbN regelmäßig mangels Rechtsbeeinträchtigung keinen Anspruch mehr auf die Entfernung einer zu Unrecht erteilten Abmahnung aus der Personalakte. Anders, wenn ausnahmsweise objektive Anhaltspunkte dafür bestehen, dass die Abmahnung dem ArbN auch nach Beendigung seines ArbVerh noch schaden kann. Das ist regelmäßig bei einem ArbGebWechsel im öffentl. Dienst der Fall, weil hier die Personalakte „wandert"[2]. Der Anspruch auf Entfernung einer Abmahnung aus der Personalakte kann nicht verfallen[3]. Zwar unterliegt er grds. **tarifvertragl. Ausschlussfristen**. Solange sich aber die rechtswidrige Abmahnung mit dem Willen des ArbGeb in der Personalakte befindet, verletzt dies als eine Art Dauerhandlung den ArbN fortlaufend in seinen Rechten. Der Anspruch auf ihre Entfernung entsteht daher immer neu[4]. Enthält eine mündl. Abmahnung unrichtige Tatsachenbehauptungen, so kann der ArbN in engen Grenzen vom ArbGeb den **Widerruf**[6] solcher Behauptungen oder die Erklärung verlangen, dass die Behauptung nicht aufrechterhalten werde. Ein solcher Anspruch kann auch nach Entfernung einer schriftl. Abmahnung aus der Personalakte geltend gemacht werden[6]. Im ersten Fall ist vom ArbN die Unwahrheit der Tatsachenbehauptung zu beweisen, im zweiten Fall verschiebt sich die Beweislast zum ArbGeb. Voraussetzung ist jeweils, dass die widerrechtl. Abmahnung eine fortwirkende Störung des ArbVerh oder des Persönlichkeitsrechts des ArbN darstellt und der Widerruf zur Beseitigung der Störung geeignet ist. Beides wird in der Praxis nur selten vorkommen[7].

Die **Klage** ist als Leistungsklage auf Entfernung der Abmahnung aus der Personalakte zu richten. Eine auf Feststellung ihrer Unwirksamkeit gerichtete Klage ist unzulässig[8]. Die **Beweislast** für die Tatsachen, aus denen eine abgemahnte Vertragspflichtverletzung des ArbN folgt, trägt im Kündigungsschutzprozess gem. Abs. 2 S. 4 der ArbGeb. Dies gilt nach hM auch im Abmahnungsprozess[9]. Wendet der ArbN Rechtfertigungsgründe ein, muss er sie im Einzelnen konkret darlegen. Sodann hat der ArbGeb zu beweisen, dass der Rechtfertigungsgrund in Wahrheit nicht bestanden hat[10]. Ein Entfernungsanspruch nach Beendigung des ArbVerh erfordert objektive Anhaltspunkte dafür, dass die Abmahnung dem ArbN noch schaden kann; dafür ist der ArbN darlegungs- und beweispflichtig[11]. Die Vereinbarung in einem **Prozessvergleich**, dass eine Abmahnung nach Ablauf einer bestimmten Frist seit ihrer Erteilung aus der Personalakte zu entfernen ist, beinhaltet im Zweifel keine Anerkennung der Begründetheit der Abmahnung. In einem späteren Kündigungsschutzprozess kann daher das Fehlverhalten, das der Abmahnung zugrunde lag, noch bestritten werden[12]. Umgekehrt wird ein solcher Vergleich nicht so zu verstehen sein, dass nach Entfernung der Abmahnung aus der Personalakte feststeht, dass die Abmahnung unberechtigt gewesen ist und dem ArbN im Falle eines nachfolgenden erneuten Vertragsverstoßes der frühere nicht mehr vorgehalten werden könnte. Im Zweifel dürfte die Vereinbarung dahin auszulegen sein, dass die Parteien die Berechtigung der Abmahnung nicht vollständig klären wollten, sondern lediglich die Beseitigung ihrer kündigungsrechtl. Wirkung und die Bereinigung der Personalakte nach Fristablauf bezwecken (Beseitigung der Warn- und Dokumentationsfunktion). Einschlägige Rspr. hierzu fehlt bislang. Bei dem Streit über die Entfernung einer Abmahnung aus der Personalakte wird die Höhe des **Streitwertes** regelmäßig mit einem Monatsverdienst, bei mehreren Abmahnungen im selben Rechtsstreit mit maximal zwei Monatsverdiensten anzusetzen sein[13]. Es handelt es sich um eine vermögensrechtl. Streitigkeit, da die Androhung einer Kündigung das ArbVerh insg. betrifft.

6. Interessenabwägung. Ist eine Vertragspflichtverletzung „an sich" für eine Kündigung geeignet (vgl. Rz. 177), bedarf es abschließend in einer umfassenden Interessenabwägung der Prüfung, ob der Grund **ausreichendes Gewicht** hat, damit das Lösungsinteresse des ArbGeb das Bestandsschutzinteresse des ArbN insg. überwiegt (vgl. Rz. 64). Zugleich soll damit eine schematische Betrachtungsweise verhindert und die Besonderheit des jeweiligen Einzelfalles gewürdigt werden[14]. Nach der Rspr. ist eine verhaltensbedingte Kündigung auf Grund solcher Tatsachen gerechtfertigt, die einem **verständig urteilenden ArbGeb** bei gewissenhafter Abwägung der beiderseitigen Interessen eine Kündigung als billigenswert und angemessen erscheinen lassen[15]. Es gilt ein objektiver Maßstab, nicht die subjektive Sicht des je-

---

1 Ein Anspruch auf Paginierung (fortlaufende Nummerierung) der Personalakte besteht grds. nicht, BAG 16.10.2007 – 9 AZR 110/07, NZA 2008, 367. ‖ 2 BAG 14.9.1994 – 5 AZR 632/93, NZA 1995, 220. ‖ 3 BAG 14.12.1994 – 5 AZR 137/94, NZA 1995, 676. ‖ 4 Ähnlich auch BGH 17.4.2002 – VIII ZR 139/01, BB 2002, 1507. ‖ 5 Zur Auslegung eines Antrages auf „Entfernung aus der Personalakte und Rücknahme" vgl. LAG Sa.-Anh. 19.12.2001 – 3 Sa 479/01, nv. ‖ 6 BAG 15.4.1999 – 7 AZR 716/97, AP Nr. 22 zu § 611 BGB Abmahnung. ‖ 7 BAG 15.4.1999 – 7 AZR 716/97, AP Nr. 22 zu § 611 BGB Abmahnung; vgl. auch LAG Sa.-Anh. 19.12.2001 – 3 Sa 479/01, nv.; *Schunck*, NZA 1993, 828 (831). ‖ 8 BAG 17.10.1989 – 1 ABR 100/88, NZA 1990, 193. ‖ 9 BAG 26.1.1994 – 7 AZR 640/92, nv.; indirekt BAG 27.11.1985 – 5 AZR 101/84, AP Nr. 93 zu § 611 BGB Fürsorgepflicht; LAG Rh.-Pf. 13.5.2008 – 3 Sa 25/08; LAG Hamm 9.11.2007 – 10 Sa 991/07; LAG Köln 17.1.2007 – 7 Sa 526/06; aA *Kopke*, NZA 2007, 1211. ‖ 10 LAG Bremen 6.3.1992 – 4 Sa 295/91, LAGE § 611 BGB Abmahnung Nr. 31. ‖ 11 BAG 14.9.1994 – 5 AZR 632/93, AP Nr. 13 zu § 611 BGB Abmahnung. ‖ 12 LAG Hamm 5.2.1990 – 2 Sa 1487/89, NZA 1990, 540. ‖ 13 LAG Schl.-Holst. 7.6.1995 – 1 Ta 63/95, BB 1995, 1596; LAG Hamm 16.8.1989 – 2 Sa 308/89, DB 1989, 2032; der Abstand zur „Deckelung" des Wertes von Bestandsstreitigkeiten in § 12 VII ArbGG muss gewahrt bleiben. ‖ 14 Vgl. KR/*Griebeling*, § 1 Rz. 410. ‖ 15 BAG 22.7.1982 – 2 AZR 30/81, DB 1983, 180; 7.12.1988 – 7 AZR 122/88, EzA § 1 KSchG Verhaltensbedingte Kündigung Nr. 26 (*Rüthers*); 21.11.1996 – 2 AZR 357/95, AP Nr. 130 zu § 626 BGB (*Bernstein*).

weiligen ArbGeb[1]. Die aufseiten des ArbGeb zu fordernden Vertrags- und Interessenbeeinträchtigungen brauchen dabei idR nicht das Ausmaß wie bei der personenbedingten Kündigung zu erreichen, da es der ArbN selbst in der Hand hat, sich vertragsgetreu zu verhalten[2]. Sie bedürfen aber in Anbetracht des allg. Bestandsschutzinteresses des ArbN (vgl. Vor § 1 Rz. 9 f.) stets einer gewissen Erheblichkeit[3].

209 Aufseiten des **ArbGeb** wird das Lösungsinteresse maßgeblich von dem Gewicht der Vertragspflichtverletzung bestimmt. Dieses richtet sich nach der Bedeutung der verletzten Pflicht für das ArbVerh, der Intensität der Pflichtverletzung in Bezug auf Beharrlichkeit und Häufigkeit[4] sowie dem Grad des Verschuldens[5]. Dabei ist ein etwaiges Mitverschulden des ArbGeb zu berücksichtigen. Konkrete **Betriebsablaufstörungen oder Schäden** sind zwar nicht notwendige Voraussetzung einer verhaltensbedingten Kündigung[6]; auch die folgenlose Verletzung von Vertragspflichten kann für sich eine Kündigung rechtfertigen, etwa bei beharrlicher Missachtung[7]. Der Eintritt konkreter betriebl. Störungen oder Schäden ist aber in der Interessenabwägung zu berücksichtigen. Das Kündigungsinteresse des ArbGeb erhöht sich, der Kündigungsgrund erhält mehr Gewicht[8]. Das gilt in gleichem Maße für Störungen des Betriebsfriedens[9], der Arbeitsdisziplin[10] und den Eintritt von Ruf- und Vermögensschäden[11]. Die Höhe eines fahrlässig verursachten Schadens ist von Bedeutung, soweit sie auf erhöhtes Verschulden schließen lässt oder die Gefahr künftiger hoher Schäden zu besorgen ist.

210 Das allg. Bestandsschutzinteresse eines **ArbN** mit Kündigungsschutz erfordert bereits eine gewisse Mindesterheblichkeit des Kündigungsgrundes[12]. Es kann sich auf Grund individueller Umstände aufseiten des ArbN erhöhen. Ggü. verhaltensbedingten und damit verschuldeten Gründen sind der Rücksichtnahme jedoch Grenzen gesetzt. Mit zunehmendem Gewicht der Gründe, insb. zunehmendem Verschulden, müssen besondere Bestandsschutzinteressen des ArbN zurücktreten[13]. In erster Linie zu berücksichtigen ist die Dauer der – ungestörten – **Betriebszugehörigkeit**[14]. Mit der Dauer wächst das schon angesichts der allg. menschlichen Unzulänglichkeit bis zu einem gewissen Grad hinzunehmende Risiko eines Fehlers und damit auch einer Pflichtverletzung; zugleich steigert sich bei beanstandungsfreiem Verlauf die Intensität der wechselseitigen Bindung. Bei Straftaten zu Lasten des ArbGeb kann die Dauer der Betriebszugehörigkeit aber nur in engen Grenzen zu Gunsten des ArbN ins Gewicht fallen[15]. Nach der Rspr. des BAG kommt dem bloßen **Lebensalter** bei der verhaltensbedingten Kündigung idR nur eine untergeordnete Rolle zu[16]. Allgemein erhöht sich mit zunehmendem Alter das Schutzbedürfnis des zu seinem Lebensunterhalt auf Arbeit angewiesenen ArbN wegen der verstärkt drohenden Arbeitslosigkeit[17]; signifikant gesteigerte Rücksichtnahme darauf dürfte der ArbGeb bei verhaltensbedingten und damit verschuldensabhängigen Gründen idR aber nur dann schulden, wenn diese mit dem Lebensalter zusammenhängen. Auch **Unterhaltspflichten** haben Bezug zum ArbVerh, es bildet für sie die wirtschaftl. Grundlage. Sie können bei der Interessenabwägung auch im Rahmen einer verhaltensbedingten Kündigung Bedeutung erlangen[18]. Dabei sind sie von größerem Gewicht, wenn sie mit dem verhaltensbedingten Kündigungsgrund im Zusammenhang stehen[19]. Dass der ArbN mit der Eingehung des ArbVerh idR für den ArbGeb erkennbar gerade auch den Zweck verfolgt, seine Unterhaltspflichten erfüllen zu können, tritt dagegen in den Hintergrund, wenn der ArbN gewichtige Pflichten aus dem Arbeitsvertrag trotz Abmahnung wiederholt vorsätzlich verletzt[20]; in diesem Fall können die Unterhaltspflichten des ArbN bei der Interessenabwägung kaum von Gewicht und im Extremfall sogar völlig vernachlässigbar sein[21]. Zur **Abgrenzung** der ordentl. verhaltensbedingten Kündigung von der außerordentl. Kündigung vgl. Rz. 66.

211 **7. Beweislast und Beweisführung.** Der **ArbGeb** trägt im Kündigungsschutzprozess gem. Abs. 2 S. 4 die Beweislast für die Tatsachen, aus denen die schuldhafte Vertragspflichtverletzung des ArbN, die negative Zukunftsprognose und das überwiegende Lösungsinteresse des ArbGeb im Rahmen der Interes-

---

1 BAG 21.11.1996 – 2 AZR 357/95, AP Nr. 130 zu § 626 BGB (*Bernstein*); 21.5.1992 – 2 AZR 10/92, DB 1992, 2446. ‖2 Ebenso *Krause* in v. Hoyningen-Huene/Linck, § 1 Rz. 501. ‖3 Ebenso *Krause* in v. Hoyningen-Huene/Linck, § 1 Rz. 234 mwN. ‖4 BAG 21.1.1999 – 2 AZR 665/98, AP Nr. 151 zu § 626 BGB (*v. Hoyningen-Huene*). ‖5 BAG 25.4.1991 – 2 AZR 624/90, AP Nr. 104 zu § 626 BGB; KR/*Fischermeier*, § 626 BGB Rz. 242 ff. mwN. ‖6 So aber zunächst irreführend BAG 7.12.1988 – 7 AZR 122/88, AP Nr. 26 zu § 1 KSchG 1969 Verhaltensbedingte Kündigung; aufgegeben in BAG 17.1.1991 – 2 AZR 375/90, NZA 1991, 557; seitdem st. Rspr., vgl. etwa BAG 16.8.1991 – 2 AZR 604/90, NZA 1993, 17. ‖7 BAG 17.1.1991 – 2 AZR 375/90, NZA 1991, 557. ‖8 BAG 17.1.1991 – 2 AZR 375/90, NZA 1991, 557; 7.12.1988 – 7 AZR 122/88, AP Nr. 26 zu § 1 KSchG 1969 Verhaltensbedingte Kündigung. ‖9 BAG 17.1.1991 – 2 AZR 375/90, NZA 1991, 557; 17.3.1988 – 2 AZR 576/87, AP Nr. 99 zu § 626 BGB. ‖10 *Bitter/Kiel*, RdA 1995, 26 (33). ‖11 BAG 17.1.1991 – 2 AZR 375/90, NZA 1991, 557. ‖12 HM, vgl. *Krause* in v. Hoyningen-Huene/Linck, § 1 Rz. 234 mwN. ‖13 BAG 25.4.1991 – 2 AZR 624/90, AP Nr. 104 zu § 626 BGB; KR/*Fischermeier*, § 626 BGB Rz. 242 ff. mwN. ‖14 BAG 13.12.1984 – 2 AZR 454/83, AP Nr. 81 zu § 626 BGB; 31.3.1993 – 2 AZR 492/92, AP Nr. 32 zu § 626 BGB Ausschlussfrist; 30.9.1993 – 2 AZR 188/93, EzA § 626 BGB Nr. 152. ‖15 BAG 13.12.1984 – 2 AZR 454/83, AP Nr. 81 zu § 626 BGB (Entwendung von 20 l Dieselkraftstoff bei 13-jähriger beanstandungsfreier Betriebszugehörigkeit uU nur ordentliche Kündigung). ‖16 BAG 5.4.2001 – 2 AZR 159/00, AP Nr. 171 zu § 626 BGB. ‖17 BAG 11.3.1999 – 2 AZR 507/98, AP Nr. 149 zu § 626 BGB. ‖18 BAG 27.4.2006 – 2 AZR 415/05, NZA 2006, 1033. ‖19 Vgl. BAG 2.3.1989 – 2 AZR 280/88, AP Nr. 101 zu § 626 BGB; *Bitter/Kiel*, RdA 1995, 33. ‖20 BAG 2.3.1989 – 2 AZR 280/88, AP Nr. 101 zu § 626 BGB. ‖21 BAG 27.2.1997 – 2 AZR 302/96, NZA 1997, 761; 16.3.2000 – 2 AZR 75/99, AP Nr. 114 zu § 102 BetrVG (bei eigenmächtiger Urlaubnahme „allenfalls marginale Bedeutung").

senabwägung folgen. Will sich der ArbGeb auf eine vorausgegangene **Abmahnung** berufen, so hat er im Prozess die Abmahnung selbst nach Inhalt, Zeit und Ort und – im Bestreitensfalle – die ihr zugrunde liegende Pflichtverletzung darzulegen und zu beweisen[1]. Eine in den Personalakten befindliche und vom ArbN nicht angegriffene Abmahnung erbringt in einem nachfolgenden Kündigungsschutzprozess keinen Beweis für die darin gerügte Vertragspflichtverletzung[2]. Bei der **anderweitigen Weiterbeschäftigungsmöglichkeit** (vgl. Rz. 185) gilt eine abgestufte Darlegungslast. Mit der Darlegung des Kündigungsgrundes hat der ArbGeb idR zumindest stillschweigend das Bestehen einer solchen Möglichkeit in Abrede gestellt. Es ist daher Sache des ArbN vorzutragen, wie er sich eine andere, weitere Vertragsstörungen vermeidende Beschäftigung vorstellt. Sodann hat der ArbGeb das Fehlen einer solchen Möglichkeit im Einzelnen darzulegen und zu beweisen[3]. Anders uU bei tarifl. unkündbaren ArbN (s. Rz. 292). Der ArbGeb braucht nicht von vornherein alle denkbaren **Rechtfertigungsgründe** auszuschließen. Wendet der ArbN Rechtfertigungsgründe ein, muss er sie gem. § 138 II ZPO im Einzelnen darlegen. Sodann hat der ArbGeb zu beweisen, dass der Rechtfertigungsgrund in Wahrheit nicht bestanden hat[4]. Denn es fehlt bereits an einer Vertragspflichtverletzung, wenn das Verhalten des ArbN nach den konkreten Umständen erlaubt war[5]. Eine **heimliche Videoüberwachung**[6] ist ein Eingriff in das allg. Persönlichkeitsrecht des ArbN[7]. Ein Beweisverwertungsverbot folgt daraus nicht, wenn der Verdacht konkret ist, weniger einschneidende Aufklärungsmittel ausgeschöpft sind und die Maßnahme insg. nicht unverhältnismäßig ist. Unter diesen Voraussetzungen steht auch die Missachtung des MitbestR des BR (§ 87 I Nr. 6 BetrVG)[8] der Verwertung jedenfalls dann nicht entgegen, wenn der BR der Verwendung des Beweismittels und der darauf gestützten Kündigung zustimmt[9] oder der Sachverhalt unstreitig ist[10]. In öffentl. zugänglichen Räumen ist bei einer – offenen oder verdeckten – Videoüberwachung § 6b BDSG zu beachten[11]. Beim **Mithören von Telefongesprächen** besteht ein Beweisverwertungsverbot, wenn es durch aktives Handeln zielgerichtet veranlasst wurde, nicht aber bei „zufälligem" Mithören[12]. Eine **heimliche Spindkontrolle** kann einen unverhältnismäßigen Eingriff in das Persönlichkeitsrecht des ArbN darstellen und zu einem Beweisverwertungsverbot führen[13]. Ein **Beweisverwertungsverbot** für ein rechtl. unbedenkliches Beweismittel besteht nicht allein deshalb, weil die Kenntnis von dessen Geeignetheit auf rechtswidrige Weise erlangt wurde[14].

Beruft sich der ArbN ggü. dem Vorwurf des unentschuldigten Fehlens ohne ärztliches Attest auf eine **Krankheit**, so hat er vorzutragen, welche tatsächlichen physischen oder psychischen Hinderungsgründe vorgelegen haben und wo er sich zum fraglichen Zeitpunkt aufgehalten hat[15]. Der ArbGeb hat das zu widerlegen. Legt der ArbN ein **ärztliches Attest** vor, so begründet dieses idR den Beweis für die Tatsache der arbeitsunfähigen Erkrankung. Ein solches Attest hat einen hohen Beweiswert, da es der gesetzl. vorgesehene und wichtigste Beweis für die Tatsache der krankheitsbedingten Arbeitsunfähigkeit ist. Bezweifelt der ArbGeb die Arbeitsunfähigkeit, beruft er sich insb. darauf, der ArbN habe den Arzt getäuscht oder der Arzt habe den Begriff der krankheitsbedingten Arbeitsunfähigkeit verkannt, dann muss er die Umstände, die gegen die Arbeitsunfähigkeit sprechen, näher darlegen und notfalls beweisen, um dadurch die Beweiskraft des Attestes zu erschüttern[16]. Gelingt ihm das, hat nunmehr der **ArbN** angesichts der Umstände, die gegen eine Arbeitsunfähigkeit sprechen, weiter zu substantiieren, welche Krankheiten vorgelegen haben, welche gesundheitlichen Einschränkungen bestanden haben, welche Verhaltensmaßregeln der Arzt gegeben hat, welche Medikamente zB bewirkt haben, dass zwar noch nicht die geschuldete Arbeit, wohl aber anderweitige Tätigkeiten verrichtet werden konnten. Ggf. hat er die behandelnden Ärzte von ihrer Schweigepflicht zu entbinden. Sodann muss der **ArbGeb** auf Grund der ihm obliegenden Beweislast den konkreten Sachvortrag des ArbN widerlegen[17]. Auch ist zu prüfen, ob die Umstände, die den Beweiswert des ärztlichen Attests erschüttern, nicht als so gravierend anzusehen sind, dass sie ein starkes Indiz für die Behauptung des ArbGeb darstellen, die Krankheit sei nur vorgetäuscht gewesen, so dass der ArbN dieses Indiz entkräften muss[18].

8. Einzelfälle (alphabetisch). Die nachfolgende Auflistung enthält typische Fälle verhaltensbedingter Vertragsstörungen und ihre kündigungsrechtl. Konsequenzen (Abmahnung, ordentl. Kündigung, außerordentl. Kündigung). Sie beruht auf der hierzu ergangenen Rspr. Dabei ist unbedingt zu beachten,

---

1 LAG Hess. 31.10.1986 – 13 Sa 613/86, LAGE § 611 BGB Abmahnung Nr. 5; allgM, vgl. *Krause* in v. Hoyningen-Huene/Linck, § 1 Rz. 560. ||2 BAG 13.3.1987 – 7 AZR 601/85, DB 1987, 1495. ||3 BAG 7.2.1991 – 2 AZR 205/90, EzA § 1 KSchG Personenbedingte Kündigung. ||4 BAG 26.8.1993 – 2 AZR 154/93, AP Nr. 112 zu § 126 BGB (*Berning*); 3.11.2011 – 2 AZR 748/10, DB 2012, 926 (zur Berufung auf Krankheit). ||5 BAG 26.8.1993 – 2 AZR 154/93, AP Nr. 112 zu § 126 BGB (*Berning*); 6.8.1987 – 2 AZR 226/87, AP Nr. 97 zu § 626 BGB (*Baumgärtel*); Entsprechendes gilt für die Widerlegung einer näher behaupteten Notwehrlage bei Tätlichkeiten, BAG 31.5.1990 – 2 AZR 535/89, nv. ||6 Vgl. dazu *Grimm/Brock/Windeln*, ArbRB 2006, 179. ||7 Eingehend zur Zulässigkeit einer BV BAG 26.8.2008 – 1 ABR 16/07, NZA 2008, 1187. ||8 BAG 29.6.2004 – 1 ABR 21/03, NZA 2004, 1278. ||9 BAG 27.3.2003 – 2 AZR 51/02, NZA 2003, 1193. ||10 BAG 13.12.2007 – 2 AZR 537/06, DB 2008, 1633. ||11 Ein Verstoß gegen § 6b BDSG führt allein noch nicht zu einem Beweisverwertungsverbot: BAG 21.6.2012 – 2 AZR153/11, NZA 2012, 1025. ||12 BAG 23.4.2009 – 6 AZR 189/08, NZA 2009, 974. ||13 BAG 20.6.2013 – 2 AZR 546/12 (sehr weitgehend). ||14 BAG 16.12.2010 – 2 AZR 485/08, NZA 2011, 571; BVerfG 13.2.2007 –1 BvR 421/05, BVerfGE 117, 202. ||15 BAG 26.8.1993 – 2 AZR 154/93, AP Nr. 112 zu § 126 BGB (*Berning*). ||16 BAG 26.8.1993 – 2 AZR 154/93, AP Nr. 112 zu § 126 BGB (*Berning*). ||17 BAG 26.8.1993 – 2 AZR 154/93, AP Nr. 112 zu § 126 BGB (*Berning*). ||18 BAG 26.8.1993 – 2 AZR 154/93, AP Nr. 112 zu § 126 BGB (*Berning*).

dass es sich um Einzelfälle handelt, die nicht schematisch mit anderen Sachverhalten gleichgesetzt werden können. Sie bieten nur eine erste Orientierung.

Abkehrwille 214	Mobbing *s. Beleidigung; Tätlichkeiten*
Abwerbung *s. Treuepflicht*	Nachweispflichten *s. Krankheit*
Alkohol und Drogen 215	Nebentätigkeit 236
Anzeige 219	Offenbarungspflicht 237
Arbeitskampf 222	Öffentlicher Dienst *s. Außerdienstliches Verhalten*
Arbeitsschutz *s. Anzeige; Arbeits-verweigerung; Unfallschutz*	Pfändung *s. Schulden*
Arbeitsverweigerung 223	Politik *s. Meinungsäußerung*
Ausländerfeindliches Verhalten *s. Beleidigung*	Rauchverbot 238
Außerdienstliches Verhalten 225	Religionsausübung *s. Arbeitsverweigerung*
Beleidigung, Tätlichkeiten 229	Schlechtleistung, Minderleistung 239
Bestechung *s. Treuepflicht*	Schmiergeld *s. Treuepflicht*
Betriebsfrieden *s. Beleidigung*	Schulden 241
Denunziation *s. Anzeige*	Sexuelle Belästigung 242
Drogen *s. Alkohol*	Spesen *s. Straftaten*
Eigentumsdelikte *s. Außerdienstliches Verhalten*	Strafanzeige *s. Anzeige*
Facebook & Co. *s. Beleidigung*	Straftaten 243
Falschauskunft *s. Offenbarungspflicht*	Streik *s. Arbeitskampf*
Glaubens- u. Gewissensfreiheit *s. Arbeitsverweigerung*	Tätlichkeiten *s. Beleidigung*
	Täuschung *s. Offenbarungspflicht*
Haft *s. Straftaten*	Telefonieren und Internet 247
Internet *s. Telefonieren und Internet*	Treuepflicht 248
Kirche *s. Außerdienstliches Verhalten*	Überstunden *s. Arbeitsverweigerung*
Konkurrenz *s. Treuepflicht*	Unentschuldigtes Fehlen 251
Kraftfahrer 231	Unfallschutz 252
Krankheit und Vertragspflichten 232	Unpünktlichkeit *s. Unentschuldigtes Fehlen*
Lohnpfändung *s. Schulden*	Urlaub 253
Manko *s. Schlechtleistung*	Verdacht 254
Meinungsäußerung 235	Verschwiegenheit *s. Treuepflicht*
Minderleistung *s. Schlechtleistung*	Wettbewerb *s. Treuepflicht*

214 – **Abkehrwille.** Dem ArbN steht es frei, sein ArbVerh aufzulösen. Darin liegt grds. kein kündigungsrelevantes Verhalten. Abkehr und Abkehrwille stellen **keine Vertragspflichtverletzungen** dar, so dass es schon deshalb an einem verhaltensbedingten Kündigungsgrund fehlt. Wo er unter ganz besonderen Umständen eine Kündigung rechtfertigen soll, handelt es sich möglicherweise um einen betriebsbedingten Grund[1] (vgl. auch Rz. 326). Zu Pflichtverletzungen des ArbN im Zusammenhang mit seinem Ausscheiden, etwa vertragswidriger Vorbereitung von Konkurrenztätigkeit, vgl. Rz. 249, zum Verrat von Betriebsgeheimnissen vgl. Rz. 248 oder zur Abwerbung von Arbeitskollegen vgl. Rz. 249.

215 – **Alkohol und Drogen.** Die kündigungsrechtl. Beurteilung von alkoholbedingtem Fehlverhalten des ArbN bedarf zunächst im Einzelfall der **Abgrenzung**, ob verhaltensbedingte Gründe vorliegen oder ob die strengen Maßstäbe einer personenbedingten Kündigung aus Krankheitsgründen anzuwenden sind (vgl. auch Rz. 182). Nach der Rspr. des BAG ist **Alkoholabhängigkeit** eine Krankheit im medizinischen Sinne[2]. Von krankhaftem Alkoholismus ist auszugehen, wenn infolge psychischer und physischer Abhängigkeit Gewohnheits- und übermäßiger Alkoholgenuss trotz besserer Einsicht nicht aufgegeben oder reduziert werden kann[3]. Eine verhaltensbedingte Kündigung wegen Pflichtverletzungen, die auf Alkoholabhängigkeit beruhen, ist idR sozialwidrig, weil dem ArbN im Zeitpunkt der Pflichtverletzung kein Schuldvorwurf zu machen ist[4]. Vgl. iÜ zur personenbedingten Kündigung wegen Alkoholabhängigkeit Rz. 119. Die Entscheidung des ArbN, nach einer erfolgreichen Entziehungskur die zunächst aufgenommenen Besuche in einer Selbsthilfegruppe von **anonymen Alkoholikern** abzubrechen, weil er sich hiermit überfordert fühlt, gehört zum privaten Lebensbereich. Hiermit verletzt er keine Haupt- oder Nebenpflichten aus dem ArbVerh. Selbst wenn er dem ArbGeb, der einen solchen Besuch einer Selbsthilfegruppe verlangt, vortäuscht, er setze diese Besuche fort, rechtfertigt dies keine ordentl. verhaltensbedingte Kündigung[5]. Häufig besteht auch bei Alkoholabhängigkeit

---

1 So BAG 22.10.1964 – 2 AZR 515/63, DB 1965, 38. ||2 BAG 9.4.1987 – 2 AZR 210/86, AP Nr. 18 zu § 1 KSchG 1969 Krankheit; 13.12.1990 – 2 AZR 336/90, EzA § 1 KSchG Krankheit Nr. 33; 1.6.1983 – 5 AZR 536/80, AP Nr. 52 zu § 1 LohnFG; *Willemsen/Brune*, DB 1988, 2304ff. ||3 BAG 1.6.1983 – 5 AZR 536/80, AP Nr. 52 zu § 1 LohnFG. ||4 BAG 9.4.1987 – 2 AZR 210/86, AP Nr. 18 zu § 1 KSchG 1969 Krankheit. ||5 LAG Düss. 25.2.1997 – 8 Sa 167/96, LAGE § 1 KSchG Verhaltensbedingte Kündigung Nr. 57.

eine **Reststeuerungsfähigkeit**, die den betroffenen ArbN für sein Handeln verantwortlich sein lässt. In einem solchen Fall kann uU auch ein alkoholabhängiger ArbN im Falle alkoholbedingter Pflichtverletzungen abgemahnt oder ggf. gekündigt werden[1]. Die gegen Arbeitskollegen gerichtete Beschaffungskriminalität eines Suchtkranken etwa wird idR zumindest auf noch steuerbarem Verhalten beruhen und daher schuldhaft sein und einen verhaltensbedingten Grund darstellen[2] (vgl. Rz. 182).

216 Besteht dagegen **keine Alkoholabhängigkeit**, kann Alkoholgenuss bzw. Alkoholisierung im Betrieb vertragl. Nebenpflichten verletzen und daher – idR nach erfolgloser Abmahnung[3] – eine verhaltensbedingte Kündigung rechtfertigen[4]. Ohne ein (absolutes) betriebl. Alkoholverbot wird grds. nur ein geringer Alkoholkonsum erlaubt sein (zB das Glas Sekt bei der Beförderungsfeier, ein Glas Bier in der Pause)[5]. Der ArbN darf sich **durch Alkoholgenuss** nicht in einen Zustand versetzen, in dem er sich oder andere gefährden oder seine vertragl. Pflichten nicht mehr erfüllen kann (vgl. auch die Unfallverhütungsvorschrift in § 38 I VBG I). Für leitende Angestellte und Repräsentanten können gesteigerte Anforderungen bestehen. Der ArbN hat die Pflicht, seine Arbeitsfähigkeit auch nicht durch privaten Alkoholgenuss zu beeinträchtigen[6]. Auf strafrechtl. Promillegrenzen kommt es ebenso wenig an[7] wie darauf, ob der ArbN alkoholisiert zur Arbeit erscheint oder erst im Betrieb alkoholische Getränke zu sich nimmt. Bei Tätigkeiten im **sicherheitsrelevanten Bereich** kann die Pflicht, die Arbeitsfähigkeit nicht durch Alkoholgenuss zu beeinträchtigen, schon bei sehr geringen Alkoholmengen verletzt sein[8]. Das gilt insb. bei Tätigkeiten, die mit einer besonderen Unfallgefahr verbunden sind. Zuwiderhandlungen sind hier besonders schwerwiegend und können uU auch ohne vorherige Abmahnung eine (auch außerordentl.) Kündigung rechtfertigen[9]. Bsp.: Kraftfahrer[10] (s.a. dort), Kranführer, Lokführer, Chirurg, Pilot.

217 Die Übertretung eines allg. **betrieblichen Alkoholverbotes** kann nach Abmahnung eine Kündigung rechtfertigen[11]. Der ArbGeb ist im Allg. berechtigt, für den Betrieb und die betriebl. Tätigkeiten ein Alkoholverbot zu verhängen. Dem BR steht gem. § 87 I Nr. 1 BetrVG ein MitbestR zu. Ist der Genuss von Alkohol lediglich während der Arbeitszeit untersagt und iÜ nur verboten, sich vor Beginn der Arbeit oder in den Pausenzeiten in einen Zustand zu versetzen, in dem man sich selbst oder andere ArbN gefährdet oder seine Pflichten aus dem ArbVerh nicht erfüllen kann, handelt es sich um ein sog. **relatives Alkoholverbot**. Es entspricht weitgehend der allg. arbeitsvertragl. Nebenpflicht, insb. bleibt es erlaubt, in den Pausenzeiten in Maßen alkoholische Getränke zu sich zu nehmen[12]. Ein **absolutes Alkoholverbot** untersagt Alkoholgenuss und Alkoholisierung im Betrieb vollständig. Es regelt nicht unmittelbar die zu erbringende Arbeitsleistung, sondern dient einer vorbeugenden Gefahrenabwehr und damit der Verhütung von Dienst- und Arbeitsunfällen. Damit betrifft es – auch bei Kraftfahrern – die Frage der Ordnung im Betrieb bzw. der Dienststelle, das Verhalten der Beschäftigten bzw. der ArbN, nicht aber das Arbeitsverhalten, und unterliegt der Mitbest. nach § 87 I Nr. 1 BetrVG und § 75 III Nr. 15 BPersVG[13].

218 Im **Kündigungsrechtsstreit** muss der ArbGeb den Alkoholverstoß **darlegen und beweisen**. Hierzu gehört ggf. auch, dass durch Alkoholisierung des ArbN ein erhöhtes Unfallrisiko besteht oder die vertragl. Arbeitspflichten nicht mehr ordnungsgemäß erfüllt werden können. Der ArbN ist nicht verpflichtet, sich auf Veranlassung des ArbGeb einer Blut- oder Atemalkoholanalyse (Alkomat) zu unterziehen. Der ArbGeb muss den Nachweis der Alkoholisierung anhand der typischen Alkoholbegleiterscheinungen führen (Fahne, lallende Sprache, schwankender Gang etc.). Bestreitet der ArbN seine Alkoholisierung, hat ihm der ArbGeb zur Entlastung einen **Alkomattest** anzubieten, sofern er über die technischen Voraussetzungen hierzu verfügt[14]. Will sich der ArbN bei einem auf Grund objektiver Anhaltspunkte bestehenden Verdacht einer Alkoholisierung im Dienst mithilfe eines Alkoholtests entlasten, muss er idR einen entsprechenden Wunsch von sich aus – schon wegen des damit verbundenen Eingriffs in sein Persönlichkeitsrecht – an den ArbGeb herantragen[15]. Ein

---

1 BAG 30.9.1993 – 2 AZR 188/93, EzA § 626 BGB nF Nr. 152. ||2 Im Erg. wie hier LAG Köln 12.3.2002 – 1 Sa 1354/01, NZA-RR 2002, 519f. (Spielsucht), das jedoch ohne Not auf das Verschuldensmerkmal bei der verhaltensbedingten Kündigung verzichtet. ||3 LAG Hess. 20.3.1986 – 12 Sa 182/85 u. LAG Hamm 15.12.1989 – 18 Sa 814/89, LAGE § 1 KSchG Verhaltensbedingte Kündigung Nr. 9 u. 26. ||4 BAG 22.7.1982 – 2 AZR 30/81, AP Nr. 5 zu § 1 KSchG 1969 Verhaltensbedingte Kündigung; 26.1.1995 – 2 AZR 649/94, EzA § 1 KSchG Verhaltensbedingte Kündigung Nr. 46. ||5 Weiter gehend – bis zu feststellbaren Ausfallerscheinungen – bei „branchenüblichem" Alkoholgenuss LAG Köln 11.9.1987 – 9 Sa 222/87, LAGE § 1 KSchG Verhaltensbedingte Kündigung Nr. 14. ||6 BAG 26.1.1995 – 2 AZR 649/94, EzA § 1 KSchG Verhaltensbedingte Kündigung Nr. 46; *Künzl*, BB 1993, 1581 (1586). ||7 BAG 26.1.1995 – 2 AZR 649/94, EzA § 1 KSchG Verhaltensbedingte Kündigung Nr. 46. ||8 BAG 26.1.1995 – 2 AZR 649/94, EzA § 1 KSchG Verhaltensbedingte Kündigung Nr. 46; *Künzl*, BB 1993, 1581. ||9 LAG Hamm 23.8.1990 – 16 Sa 293/90, LAGE § 626 BGB Nr. 52. ||10 Vgl. zu Gabelstaplerfahrern BAG 23.9.1986 – 1 AZR 83/85, AP Nr. 20 zu § 75 BPersVG. ||11 BAG 26.1.1995 – 2 AZR 649/94, AP Nr. 34 zu § 1 KSchG 1969 Verhaltensbedingte Kündigung; LAG Berlin 1.6.1985 – 9 Sa 29/85, LAG Köln 11.9.1987 – 9 Sa 222/87, LAG Hamm 15.12.1989 – 18 Sa 814/89 u. v. 11.11.1996 – 10 Sa 1789/95, LAGE § 1 KSchG Verhaltensbedingte Kündigung Nr. 4, 14, 26 u. 56; LAG Hamm 23.8.1990 – 16 Sa 293/90, AuR 1991, 380. ||12 BAG 26.1.1995 – 2 AZR 649/94, EzA § 1 KSchG Verhaltensbedingte Kündigung Nr. 46. ||13 BAG 23.9.1986 – 1 AZR 83/85, AP Nr. 20 zu § 75 BPersVG. ||14 BAG 26.1.1995 – 2 AZR 649/94, EzA § 1 KSchG Verhaltensbedingte Kündigung Nr. 46. ||15 BAG 16.9.1999 – 2 AZR 123/99, AP Nr. 159 zu § 626 BGB (*Fleck*).

ArbN ist regelmäßig nicht verpflichtet, im laufenden ArbVerh **routinemäßigen Blutuntersuchungen** auf Alkohol- oder Drogenabhängigkeit zuzustimmen[1]. Einer solchen Untersuchung muss sich der ArbN nur unterziehen, wenn hinreichend sichere tatsächliche Anhaltspunkte bestehen, die einen derartigen Eignungsmangel als naheliegend erscheinen lassen. Liegen diese Voraussetzungen nicht vor, braucht der ArbN einer entsprechenden Aufforderung nicht Folge zu leisten[2]. Wirkt ein Heimerzieher trotz des im Heim bestehenden generellen Drogenverbots beim **Cannabisverbrauch** eines der ihm anvertrauten Heiminsassen mit, so ist dies als wichtiger Grund zur außerordentl. Kündigung nach § 626 BGB an sich geeignet[3].

219 – **Anzeige.** In der Anzeige gegen seinen ArbGeb oder einen seiner Repräsentanten kann **eine erhebliche Verletzung einer arbeitsvertragl. Nebenpflicht** durch den ArbN liegen, die den betroffenen ArbGeb zu einer Kündigung berechtigen kann. Dies kommt insb. dann in Betracht, wenn eine vom ArbN veranlasste Strafanzeige wissentlich unwahre oder leichtfertig falsche Angaben enthält oder wenn sie in Schädigungsabsicht bzw. aus Rache erfolgt. Je nach den Umständen kann dies auch der Fall sein, wenn der ArbN nicht vorab eine innerbetriebl. Klärung versucht hat. Ein solcher Versuch kann dem ArbN insb. bei Fehlverhalten anderer Betriebsangehöriger, das sich gegen den ArbGeb selbst richtet, zumutbar sein, wenn er bei objektiver Betrachtung erwarten kann, der von ihm informierte ArbGeb werde der Beschwerde nachgehen. In einem solchen Fall steht dem möglichen Vorrang einer innerbetriebl. Klärung nicht die grundrechtl. geschützte Wahrnehmung staatsbürgerl. Rechte bei Erstattung einer Anzeige entgegen[4]. Die **Wahrnehmung staatsbürgerlicher Rechte** bei Erstattung einer Strafanzeige ist grundrechtl. geschützt. Sie kann im Regelfall aus rechtsstaatl. Gründen eine (fristlose) Kündigung des ArbVerh nicht rechtfertigen, soweit nicht wissentlich unwahre oder leichtfertig falsche Angaben gemacht werden[5]. Bei lediglich haltlosen Vorwürfen aus verwerflichen Motiven wird eine (auch außerordentl.) Kündigung gerechtfertigt sein. Sagt ein ArbN von sich aus vor der Staatsanwaltschaft aus und übergibt aus eigenem Antrieb Unterlagen, ist zu beachten, dass es sich dabei um die Wahrnehmung staatsbürgerl. Rechte in einem Strafverfahren handelt (Art. 2, 17 GG)[6].

220 Die **bisherige Rspr.**[7] gab der Loyalitätspflicht des ArbN stärkeres Gewicht als seinen staatsbürgerl. Rechten in einem Ermittlungsverfahren, wozu auch das Anzeigerecht gehört. Die Erstattung von Anzeigen wird trotz „abnehmender Tendenz" der Anforderungen an die Loyalitätspflicht des ArbN[8] bis heute als unfreundlicher, feindlicher Akt angesehen, der nur bei berechtigtem Eigeninteresse oder erheblichem öffentl. Interesse und grds. nur nach dem Versuch innerbetriebl. Abhilfe in Betracht kommt[9]. Die nachfolgend wiedergegebene Rspr. steht unter dem Vorbehalt eines Anschauungswandels[10]. Bestehen im Betrieb Missstände oder Rechtsverstöße, hat der ArbN vor Einschaltung außerbetriebl. Stellen regelmäßig gehalten, sich zunächst **innerbetrieblich um Abhilfe** zu bemühen[11], wie § 21 VI GefStoffVO bei Gesundheitsgefährdung am Arbeitsplatz ausdrücklich vorsieht. Bei Nichtabhilfe kann er außerbetriebl. Stellen angehen, wenn dies in Wahrnehmung berechtigter Interessen geschieht. Es sind alle Umstände abzuwägen: Loyalitätspflicht des ArbN, Geschäfts- und Rufschädigung des ArbGeb, Art des Missstands, Motivation des ArbN, Meinungsäußerungsfreiheit[12]. Bei ArbN des **öffentl. Dienstes** stellt es keinen verhaltensbedingten Kündigungsgrund dar, wenn sie vom Petitionsrecht (Art. 17 GG) Gebrauch machen und auf Missstände in ihrem Amt hinweisen[13]. Ein ArbN, dem die **Verantwortung für die Sicherheit** von betriebl. Einrichtungen übertragen ist, hat das Recht, Bedenken gegen den sicheren Zustand solcher Einrichtungen bei allen zuständigen Stellen in der gehörigen Form zu erheben. Er hat ferner Anspruch darauf, dass diese Bedenken, soweit das möglich ist, widerlegt werden. Erst wenn die Zweifel des ArbN nach objektiven Maßstäben ausgeräumt sind, kann die Fortsetzung seiner Kritik als Grund für eine ordentl. Kündigung in Betracht kommen[14].

---

1 BAG 12.8.1999 – 2 AZR 55/99, AP Nr. 41 zu § 1 KSchG Verhaltensbedingte Kündigung. ||2 BAG 12.8.1999 – 2 AZR 55/99, AP Nr. 41 zu § 1 KSchG Verhaltensbedingte Kündigung; vgl. BVerfGE 89, 69 (85f.) zu der Anforderung eines medizinisch-psychologischen Gutachtens über die Eignung zum Führen von Kraftfahrzeugen nach einmaligem Haschischkonsum des Betreffenden. ||3 BAG 18.10.2000 – 2 AZR 131/00, AP Nr. 169 zu § 626 BGB. ||4 BAG 3.7.2003 – 2 AZR 235/02, NZA 2004, 427; krit. *Peters*, AuR 2004, 429. ||5 BVerfG 2.7.2001 – 1 BvR 2049/00, AP Nr. 170 zu § 626 BGB („Whistleblowing"); vgl. dazu *Müller*, NZA 2002, 424ff.; *Deiseroth*, AuR 2002, 161ff. ||6 BVerfG 2.7.2001 – 1 BvR 2049/00, AP Nr. 170 zu § 626 BGB („Whistleblowing") (fristlose Kündigung eines langjährig beschäftigten ArbN, der im Ermittlungsverfahren gegen seine ArbGeb bereitwillig Auskünfte erteilt und auf Aufforderung hin umfangreiche selbst gesammelte Unterlagen überreicht hat; das Ermittlungsverfahren wurde nachfolgend gem. § 170 II StPO eingestellt, zT mangels Beweisbarkeit, zT wegen Verjährung der Vorwürfe). ||7 Vgl. zuletzt noch BAG 11.3.1999 – 2 AZR 507/98, BB 1999, 1166. ||8 *Müller*, NZA 2002, 424 (432ff.) mwN; *Deiseroth*, AuR 2002, 161 (166). ||9 Vgl. KR/*Fischermeier*, § 626 BGB Rz. 408 mwN; *Müller*, NZA 2002, 424 (432ff.). ||10 Vgl. etwa EGMR 21.7.2011 – 28274/08 (Altenpflegerin). ||11 LAG BW 7.2.1987 – 7(13) Sa 95/86, NZA 1987, 756. ||12 LAG Köln 23.2.1996 – 11 (13) Sa 976/95, LAGE § 626 BGB Nr. 94: Veranlassung der Stilllegung eines verkehrsuntüchtigen Lkw; EGMR 21.7.2011 – 28274/08: Strafanzeige wegen Missständen in Altenpflegeheim. ||13 BAG 18.6.1970 – 2 AZR 369/69, AP Nr. 82 zu § 1 KSchG. ||14 BAG 14.12.1972 – 2 AZR 115/72, AP Nr. 8 zu § 1 KSchG 1969 Verhaltensbedingte Kündigung; vgl. auch LAG Hamm 12.11.1990 – 19 (16) Sa 6/90, LAGE § 626 BGB Nr. 54; vgl. aber auch BAG 4.7.1991 – 2 AZR 80/91, nv.; LAG BW 20.10.1976 – 6 Sa 51/76, EzA Nr. 8 zu § 1 KSchG Verhaltensbedingte Kündigung.

Eine Anzeige des ArbN gegen seinen objektiv rechtmäßig handelnden ArbGeb bei einer zuständigen **221**
Stelle kann für sich eine außerordentl. Kündigung rechtfertigen, wenn **völlig haltlose und unfundierte Vorwürfe** in einer zudem nach Art und Inhalt erheblich zu missbilligenden Beschwerde aus einer verwerflichen Motivation (Rache, Schädigungsabsicht) erhoben werden[1]. Eine vom ArbN gegen den ArbGeb erstattete Anzeige (hier wegen Steuerhinterziehung) kann einen wichtigen Grund zur außerordentl. Kündigung darstellen. Will der ArbN den ArbGeb „fertigmachen", so kann eine Mitteilung an das FA vom Vorliegen einer strafbaren Handlung auch bei gleichzeitiger Selbstanzeige uU nicht als **Wahrnehmung berechtigter Interessen** anerkannt werden[2]. Das Gleiche gilt idR, wenn der ArbN den ArbGeb ggü. der **Presse anschwärzt**. Setzt ein Bankangestellter in leitender Position den ArbGeb durch die Androhung von Presseveröffentlichungen („Dinge im Zusammenhang mit Luxemburg") mit dem Ziel unter Druck, von arbeitsrechtl. Sanktionen – wie Versetzung und Kündigung – Abstand zu nehmen, liegt darin ein schwerer Vertragsverstoß, der auch ohne Abmahnung eine Kündigung begründen kann[3]. Der wesentliche Grund dürfte hier nicht so sehr in dem angedrohten Anschwärzen selbst als vielmehr in der (strafbaren) Nötigung liegen.

– **Arbeitskampf.** Die Teilnahme an einem rechtmäßigen Streik stellt keine Vertragspflichtverletzung **222**
dar und kann daher nicht zu einer Kündigung führen[4]. Die Teilnahme an einem **rechtswidrigen Streik** kann uU eine – auch außerordentl. – Kündigung rechtfertigen, wenn sich der ArbN der Rechtswidrigkeit bewusst war[5]. Hat er sie dagegen nicht gekannt, etwa bei einem von der Gewerkschaft geführten Streik, wird eine Kündigung nicht in Betracht kommen[6]. Folgt der ArbN einem Streikaufruf der Gewerkschaft, obwohl der ArbGeb zutreffend auf die Rechtswidrigkeit des Streiks hingewiesen hat, handelt er grds. auf eigene Gefahr. Die Rspr. berücksichtigt aber zu seinen Gunsten mildernd den psychologischen Druck, unter dem er ggf. durch die Einforderung seiner Solidarität stand[7]. Dies mildert sein Verschulden und damit das Gewicht des Kündigungsgrundes. Kommt es bei einem – auch rechtmäßigen – Streik zu **Übergriffen** (Sachschäden, Beleidigungen), kann eine (ggf. außerordentl.) Kündigung gerechtfertigt sein.

– **Arbeitsverweigerung.** Die **beharrliche Weigerung**, trotz Drohung mit einer Kündigung eine vertragl. **223**
geschuldete und angewiesene Arbeit zu leisten, kann eine ordentl. oder außerordentl. Kündigung rechtfertigen[8]. Beharrlichkeit liegt nur bei bewusster und nachhaltiger Weigerung vor und ist idR gegeben, wenn der ArbN trotz Abmahnung an seiner Haltung festhält. Arbeiten, die er **vertragl. nicht schuldet**, braucht der ArbN nicht zu leisten, es sei denn, es liegt ein Notfall vor (Brand, Überschwemmung etc.)[9]. Der Arbgeb kann nach § 106 S. 1, 2, § 6 GewO Inhalt, Ort und Zeit der Arbeitsleistung nach billigem Ermessen näher bestimmen, soweit dies nicht durch Vertrag, BV, TV oder Gesetz festgelegt ist. Das gilt auch hinsichtlich der Ordnung und des Verhaltens der ArbN im Betrieb[10]. Bei mangelnden Deutschkenntnissen und fehlenden Bemühungen zur Verbesserung ist zwischen Leistungs- und Eignungsmängeln zu unterscheiden[11]. Bei Nichtteilnahme an einem Betriebsausflug besteht Arbeitspflicht. Ein **Irrtum** über seine Arbeitspflicht entschuldigt den ArbN bei beharrlicher Weigerung nur, wenn er nach sorgfältiger Erkundigung und Prüfung der Rechtslage die Überzeugung haben durfte, zur Arbeit nicht verpflichtet zu sein[12]. Zur Leistung von **Überstunden** ist der ArbN außer in Notfällen nur verpflichtet, wenn für ihre Anordnung eine besondere vertragl. oder tarifvertragl. Rechtsgrundlage besteht und die gesetzl. zulässigen Höchstarbeitszeiten nicht überschritten werden[13] (vgl. auch § 611 BGB Rz. 314f.). Die Anordnung von Überstunden muss zudem gem. § 315 BGB billigem Ermessen entsprechen, woran es bei kurzfristigem Anfall und privaten Hinderungsgründen (Kinderbetreuung) fehlen kann. Ebenso ist der ArbN berechtigt, verbotene Sonntagsarbeit zu verweigern[14]. In Betrieben mit BR ist dessen vorherige Zustimmung Wirksamkeitsvoraussetzung für die Anordnung der Überstunden (§ 87 I Nr. 3 BetrVG)[15]. Einer vertragsgemäßen Versetzung unter **Verletzung des MitbestR** des BR aus § 99 BetrVG braucht der ArbN nicht nachzukommen, da das Beteiligungsrecht auch zu seinem Schutz besteht (§ 99 II Nr. 4 BetrVG)[16]. Dagegen kann die fehlende Zustimmung des BR zur (Wieder-)Einstellung des ArbN für diesen ein Leistungsverweigerungsrecht

---

1 BAG 5.2.1959 – 2 AZR 90/56, AP Nr. 2 zu § 70 HGB; LAG Hess. 12.2.1987 – 12 Sa 1249/86, LAGE § 626 BGB Nr. 28; weiter gehend LAG Hess. 14.2.1991 – 12 Sa 846/90, NZA 1992, 124 („leichtfertige" Anzeige). ‖2 BAG 4.7.1991 – 2 AZR 80/91, nv. (der ArbN hätte wohl vor der Selbstanzeige den ArbGeb informieren müssen). ‖3 BAG 11.3.1999 – 2 AZR 507/98, AP Nr. 149 zu § 626 BGB. ‖4 BAG 17.12.1976 – 1 AZR 605/75, AP Nr. 51 zu Art. 9 GG Arbeitskampf. ‖5 BAG 14.2.1978 – 1 AZR 76/76, AP Nr. 58 zu Art. 9 GG; 14.2.1978 – 1 AZR 103/76, AP Nr. 59 zu Art. 9 GG; 29.11.1983 – 1 AZR 469/82, NZA 1984, 34. ‖6 BAG 12.1.1988 – 1 AZR 219/86, BB 1988, 978. ‖7 BAG 14.2.1978 – 1 AZR 103/76, AP Nr. 59 zu Art. 9 GG. ‖8 BAG 21.5.1992 – 2 AZR 10/92, DB 1992, 2446. ‖9 BAG 12.4.1973 – 2 AZR 291/72, DB 1973, 1904. ‖10 BAG 23.6.2009 – 2 AZR 606/08, NJW 2009, 1991 (keine Verpflichtung zur Teilnahme an Personalgespräch zwecks Gehaltskürzung). ‖11 BAG 28.1.2010 – 2 AZR 764/08, NZA 2010, 625 nimmt Eignungsmängel an; krit. hierzu sowie eingehend zum Problem *Herbert/Oberrath*, NJ 2011, 8 (14). ‖12 BAG 14.10.1960 – 1 AZR 254/58, BB 1961, 198; 29.11.1983 – 1 AZR 469/82, AP Nr. 78 zu § 626 BGB (*Herschel*); LAG Berlin 6.12.1993 – 9 SA 12/93, LAGE § 1 KSchG Verhaltensbedingte Kündigung Nr. 42 (beide zum Streik). ‖13 LAG Hess. 21.3.1986 – 13 Sa 1250/85, LAGE § 626 BGB Nr. 25; LAG Köln 27.4.1999 – 13 Sa 1380/98, LAGE § 626 BGB Nr. 126 (*Adam*). ‖14 LAG Düss. 21.1.1964 – 8 Sa 438/63, DB 1964, 628. ‖15 HM, vgl. *Fitting*, § 87 BetrVG Rz. 571 mwN. ‖16 BAG 30.9.1993 – 2 AZR 283/93, AP Nr. 33 zu § 2 KSchG 1969 (*Wlotzke*); 26.1.1988 – 1 AZR 531/86, AP Nr. 50 zu § 99 BetrVG 1972.

nur dann begründen, wenn der BR sich auf die Verletzung seines MitbestR beruft und die Aufhebung der Einstellung verlangt[1]. Bei ArbVerh in **Vermittlungsgesellschaften** ohne Beschäftigung kann die einzel- oder tarifvertragl. begründete Hauptpflicht darin bestehen, ein zumutbares Beschäftigungsverhältnis in einem Konzernunternehmen dauerhaft einzugehen. Ein Verstoß kann nach Abmahnung eine verhaltensbedingte Kündigung rechtfertigen[2].

224 Dem ArbN kann ausnahmsw. auch ein **Leistungsverweigerungsrecht** (§ 273 BGB) zur Seite stehen. So kann er bestimmte Tätigkeiten ggf. unter Berufung auf **Glaubens- oder Gewissensfreiheit** verweigern (zB den Verkauf von Alkoholika[3] oder den Druck von kriegsverherrlichenden Schriften)[4]; es kann sich dann auch um einen personenbedingten Sachverhalt handeln, vgl. Rz. 133 u. 183. Ein muslimischer ArbN wird unter Berücksichtigung der betriebl. Belange wegen seiner Grundrechte aus Art. 4 I und II GG gem. § 616 BGB seinen Arbeitsplatz zur Abhaltung kurzzeitiger Gebete nicht ohne Rücksprache mit seinem Vorgesetzten auch über den genauen Zeitpunkt innerhalb des vom Glauben vorgegebenen Zeitraums verlassen dürfen[5]. Das Tragen eines „islamischen Kopftuchs" aus religiöser Überzeugung fällt in den Schutzbereich der grundrechtl. geschützten Glaubensfreiheit. Zwischen ihr und der grundrechtl. geschützten unternehmerischen Betätigungsfreiheit ist ein Ausgleich zu suchen[6]. Die **Pflichtenkollision** wegen der Personensorge für ein Kind (§ 1627 BGB) vermag ein Leistungsverweigerungsrecht (§§ 273, 320 BGB) oder eine Unmöglichkeit bzw. Unzumutbarkeit der Arbeitsleistung (§ 275 III BGB) nur zu begründen, wenn unabhängig von der notwendigen Abwägung der beiderseitigen schutzwürdigen Interessen überhaupt eine unverschuldete Zwangslage vorliegt[7]. Ein **Zurückbehaltungsrecht** an der Arbeitsleistung kommt weiter in Betracht, wenn der ArbGeb seinerseits nicht nur unwesentlich im Lohnrückstand[8] ist, seine Rücksichtnahmepflicht aus § 241 II BGB erheblich verletzt[9] oder Arbeitsschutzbestimmungen nicht einhält. § 21 VI 2 GefStoffVO gibt dem ArbN ein besonderes Leistungsverweigerungsrecht, wenn an seinem Arbeitsplatz infolge Überschreitung von Belastungsgrenzen unmittelbare Gefahr für Leben und Gesundheit besteht; ergänzend greift § 273 BGB iVm. sonstigen Schutzvorschriften ein[10].

225 – **Außerdienstliches Verhalten.** In der Gestaltung seiner privaten Lebensführung ist der ArbN grds. frei, solange sich sein privates Verhalten nicht **störend auf das Vertragsverhältnis auswirkt**[11] (zB bei unzureichender Arbeitsleistung nach durchzechter Nacht oder bei Konkurrenztätigkeit). Außerdienstl. Verhalten kann einen Kündigungsgrund darstellen, wenn es nachhaltig auf das ArbVerh einwirkt und betriebl. Interessen verletzt. Da eine verhaltensbedingte Kündigung ausnahmslos die Verletzung von Vertragspflichten erfordert (vgl. Rz. 179), müssen sich diese ausnahmsw. auf den außerdienstl. Bereich erstrecken (§ 241 II BGB). Wo das nicht der Fall ist, kann ein personenbedingter Grund vorliegen. Hat das Privatleben keine Auswirkungen auf das ArbVerh, sind arbeitsvertragl. Pflichten nicht berührt, verhaltensbedingte Kündigungsgründe scheiden aus: So besteht grds. keine Vertragspflicht zu einem „**gesitteten Lebenswandel**". Intime, auch außereheliche Beziehungen zwischen Mitarbeitern berühren das ArbVerh nur dann, wenn die Arbeitsleistung oder die betriebl. Ordnung oder Zusammenarbeit konkret beeinträchtigt werden; im Verhältnis zwischen Vorgesetzten und Auszubildenden oder jugendlichen ArbN sind allerdings Vertragspflichten berührt; eine verhaltensbedingte Kündigung kann daher gerechtfertigt sein[12]. Zu außerdienstlichem Verhalten vgl. auch oben Rz. 180 sowie § 611 BGB Rz. 376f.

226 Außerdienstl. Pflichten sind von der **vertragl. Aufgabe und Stellung** abhängig. Zahlreiche Spielbankbesuche des Zweigstellenleiters einer Bank verletzen grds. keine Vertragspflichten[13]; drohende Spielsucht oder Vermögensverfall können hier personenbedingte Gründe darstellen. Keine Vertragspflichten verletzen dürfte auch die Veröffentlichung „softpornografischer" Fotografien einer Büroangestellten[14]. Besteht die Tätigkeit einer Angestellten in der Betreuung und psychologischen Beratung von Menschen in akuten Krisensituationen, so stellt die Mitgliedschaft und aktive Betätigung in der Scientology-Organisation einen Grund für eine außerordentl. Kündigung dar[15]. **Straftaten**, die außerhalb des ArbVerh zu Lasten Dritter begangen werden, können kündigungsrelevant werden, wenn sie die Eignung des ArbN für die vertragl. geschuldete Tätigkeit in Frage stellen, etwa bei

---

1 BAG 5.4.2001 – 2 AZR 580/99, NZA 2001, 893. || 2 BAG 2.2.2006 – 2 AZR 222/05, AP Nr. 52 zu § 1 KSchG 1969 Verhaltensbedingte Kündigung; einschr. LAG Sa.-Anh. 6.12.2005 – 8 Sa 310/05, NZA-RR 2006, 467. || 3 BAG 24.2.2011 – 2 AZR 636/09, NZA 2011, 1087. || 4 BAG 20.12.1984 – 2 AZR 436/83, BB 1986, 385; 24.5.1989 – 2 AZR 285/88, BB 1990, 212. || 5 LAG Hamm 26.2.2002 – 5 Sa 1582/01, AP Nr. 3 zu § 611 BGB Gewissensfreiheit. || 6 Verkäuferin in Kaufhaus: BAG 10.10.2002 – 2 AZR 472/01, NZA 2003, 483; bestätigt durch BVerfG 30.7.2003 – 1 BvR 792/03, NJW 2003, 2815; Erzieherin: BAG 12.8.10 – 2 AZR 593/09, ZTR 2011, 177; Sozialpädagogin: BAG 20.8.2009 – 2 AZR 499/08, NZA 2010, 227. || 7 BAG 21.5.1992 – 2 AZR 10/92, DB 1992, 2446. || 8 BAG 9.5.1996 – 2 AZR 387/95, AP Nr. 5 zu § 273 BGB. || 9 BAG 13.3.2008 – 2 AZR 88/07, AiB 2008, 683. || 10 BAG 19.7.1997 – 5 AZR 982/94, EzA § 618 BGB Nr. 13 zu baurechtl. Asbestrichtlinien mwN. || 11 BAG 24.9.1987 – 2 AZR 26/87, DB 1988, 1757 – spricht die Bereiche der Leistung, der betriebl. Verbundenheit aller Mitarbeiter, des personalen *Vertrauens und des Unternehmens* an. || 12 Vgl. *Krause* in v. Hoyningen-Huene/Linck, § 1 Rz. 620 mwN. || 13 LAG Hamm 14.1.1998 – 3 Sa 1087/97, LAGE § 626 BGB Nr. 119. || 14 In der Zeitschrift „Praline", ArbG Passau 11.12.1997 – 2 Ca 711/97 D, NZA 1998, 427 (anders aber, wenn es sich um eine Repräsentantin des Unternehmens handelt). || 15 LAG Berlin 11.6.1997 – 13 Sa 19/97, LAGE § 626 BGB Nr. 112.

Führerscheinentzug des U-Bahnführers infolge einer privaten Trunkenheitsfahrt[1] oder bei Vermögensdelikten eines ArbN in besonderem Vertrauensverhältnis. Hierbei handelt es sich uU um personenbedingte Kündigungsgründe (vgl. Rz. 161 f., 180). Der **Ladendiebstahl einer Bankangestellten** zu Lasten eines Warenkaufhauses, das mit der Bank in einem Konzernverbund steht, verletzt noch keine Vertragspflichten. Waren der Angestellten besondere Rabattbedingungen für den Einkauf bei dem Warenkaufhaus eingeräumt, folgen daraus Obhuts- und Interessenwahrungspflichten ggü. diesem Konzernunternehmen. Dann stellt der Diebstahl eine Vertragspflichtverletzung dar, die grds. eine verhaltensbedingte Kündigung rechtfertigen kann[2]. Ansonsten kommt nur eine personenbedingte Kündigung in Betracht, wenn das Verhalten nachhaltige Zweifel an der Eignung der ArbNin für ihre Banktätigkeit begründet (vgl. zur Abgrenzung Rz. 182 f.).

Im **öffentlichen Dienst** ist die Regelung des früheren § 8 I 1 BAT, wonach der ArbN durch seine private Lebensführung dem Ansehen des öffentl. Dienstes nicht schaden durfte, in den neuen TV nicht übernommen worden. Gem. § 41 S. 2 TVöD – BT Verwaltung – und § 3 I 2 TV-L müssen sich allerdings Beschäftigte mit hoheitlichen Tätigkeiten durch ihr gesamtes Verhalten zur freiheitlich demokratischen Grundordnung iSd. GG bekennen. Zwar konnte der ArbN nach dem früheren § 8 I 1 BAT sein Privatleben nach seinen Vorstellungen gestalten; doch durfte er gegen die ungeschriebenen Anstandsgesetze nicht gröblich verstoßen[3]. Die **frühere Rspr.** sah daher insb. in **außerdienstlichen Straftaten** eines ArbN des öffentl. Dienstes eine Vertragsverletzung[4]. Nach der neuen Tariflage kommen solche Straftaten, sofern sie nicht in besonderer Weise die Interessen des Dienstherrn berühren, nur noch als eignungs- und damit personenbedingter Grund in Betracht[5]. Eine Verletzung von Vertragspflichten (§ 242 II BGB) kann allerdings darin liegen, dass der ArbN pressewirksam seine geringe Vergütung als Tatmotiv darstellt[6]. Weitere Rspr. zu außerdienstl. Pflichtverstößen (§ 241 II BGB) im öffentl. Dienst, insb. zur **Treuepflicht**, § 3 I 2 TV-L: Verbreitung ausländerfeindlicher Pamphlete[7]; Teilnahme an einer Gedenkveranstaltung der NPD[8]; Mitarbeiter der Finanzverwaltung und Umsturzaufruf für NPD[9]; Bewährungshelferin, die einen nicht aus dem Hafturlaub zurückgekehrten Häftling für ein Wochenende in ihre Wohnung aufnimmt (mit intimen Beziehungen)[10]; Bewerbungsgespräche für den öffentl. Dienst außerhalb der Dienstzeit in Saunabetrieb[11].

Aus dem Selbstbestimmungsrecht der **Kirchen** gem. Art. 140 GG iVm. Art. 136 WRV leitet das BVerfG die Befugnis ab, die kirchl. Grundpflichten und damit Inhalt und Grad der geforderten Loyalität der ArbN nach eigenem Selbstverständnis verbindlich festzulegen[12] (vgl. Vor § 1 Rz. 39 f.). § 9 II AGG lässt diese Befugnis ausdrücklich vom Verbot der Diskriminierung wegen der Religion unberührt. Häufig handelt es sich bei Loyalitätskonflikten um personenbedingte Gründe im Grenzbereich zu verhaltensbedingten. Bei der gebotenen Interessenabwägung[13] ist die Nähe des ArbN zum Verkündungsauftrag (Tendenznähe) zu berücksichtigen[14]. Die nach Art. 5 Abs. 1 der **Grundordnung der katholischen Kirche**[15] bestehende Verpflichtung, bei Verstößen gegen Loyalitätsobliegenheiten vor Ausspruch einer Kündigung mit dem kirchl. Mitarbeiter ein Beratungsgespräch bzw. ein „klärendes Gespräch" zu führen, enthält eine bindende Verfahrensnorm[16]. Kündigt der hieran gebundene ArbGeb ohne ein solches Gespräch, führt dies regelmäßig zur Sozialwidrigkeit der Kündigung[17]. **Beispiele** kirchentypischer Loyalitätskonflikte: Kirchenaustritt[18]; Eintritt eines Arztes in kath. Krankenhaus für legalen Schwangerschaftsabbruch[19]; öffentl. Werbung einer Erzieherin eines ev.

---

1 BAG 4.6.1997 – 2 AZR 526/96, NZA 1997, 1281. ‖2 BAG 20.9.1984 – 2 AZR 233/83, BB 1985, 1198. ‖3 BAG 20.11.1997 – 2 AZR 643/96, AP Nr. 43 zu § 1 KSchG 1969; *Scheuring*, ZTR 1999, 337. ‖4 BAG 20.11.1997 – 2 AZR 643/96, AP Nr. 43 zu § 1 KSchG 1969; 20.11.1997 – 2 AZR 643/96, AP Nr. 43 zu § 1 KSchG 1969 (außerdienstl. Betrügereien einer Schreibkraft im öffentl. Dienst); 8.6.2000 – 2 AZR 638/99, AP Nr. 163 zu § 626 BGB (vorsätzliches Tötungsdelikt mit Freiheitsstrafe auf Bewährung); LAG Hess. 4.7.1985 – 12 Sa 1329/84, LAGE § 626 BGB Nr. 22 (Ladendiebstahl einer Gerichtshelferin bei der Staatsanwaltschaft); BAG 21.6.2001 – 2 AZR 325/00, AP Nr. 5 zu § 54 BAT (Steuerhinterziehung einer Finanzamtsangestellten). ‖5 Verneint für einen Arbeiter eines städt. Bauhofs bei Verurteilung zu 3,5 Jahren Haft wegen Rauschgifthandels und Freigängerstatus: BAG 10.9.2009 – 2 AZR 257/08, NZA 2010, 220. ‖6 Angenommen bei Verurteilung eines gemeindlichen Straßenbauarbeiters wegen Zuhälterei: BAG 28.10.2010 – 2 AZR 293/09, NZA 2011, 112. ‖7 BAG 14.2.1996 – 2 AZR 274/95, NZA 1996, 873. ‖8 BAG 12.5.2011 – 2 AZR 479/09, AP Nr. 69 zu § 123 BGB (Kündigung abgelehnt). ‖9 BAG 6.9.2012 – 2 AZR 372/11, ZTR 2013, 261. ‖10 LAG Sachs. 17.12.1997 – 2 Sa 648/97, LAGE § 1 KSchG Verhaltensbedingte Kündigung Nr. 61. ‖11 LAG Berlin 15.8.1989 – 13 Sa 50/89, LAGE § 1 KSchG Verhaltensbedingte Kündigung Nr. 24. ‖12 BVerfG 4.6.1985 – 2 BvR 1703/83 ua., AP Nr. 24 zu Art. 140 GG unter Aufhebung zweier BAG-Urteile, die den Grad der geschuldeten Loyalität gem. der jeweiligen Funktion selbst beurteilten: BAG 21.10.1982 – 2 AZR 591/80, AP Nr. 14 zu § 140 GG u. 22.3.1984 – 7 AZR 249/81, AP Nr. 16 zu Art. 140 GG; krit. zur Rspr. des BVerfG *Czermak*, PersR 1995, 458; ArbG Münster 3.9.1986 – 4 Ca 194/86, BB 1987, 128 (130). ‖13 Das kirchl. Selbstbestimmungsrecht schafft keine „absoluten" Kündigungsgründe: EGMR 23.9.2010 – 1620/03, NZA 2011, 279 und 23.9.2010 – 425/03, NZA 2011, 277; BAG 4.3.1980 – 1 AZR 125/78, AP Nr. 3 zu Art. 140 GG; *Dütz*, NJW 1990, 2031. ‖14 BAG 6.12.1979 – 2 AZR 1055/77, DB 1980, 547. ‖15 GrO für den kirchlichen Dienst im Rahmen kirchlicher Arbeitsverhältnisse v. 22.9.1993. ‖16 BAG 16.9.1999 – 2 AZR 712/98, AP Nr. 1 zu § 4 GrO kath. Kirche (*Thüsing*). ‖17 BAG 25.4.1996 – 2 AZR 74/95, AP Nr. 18 zu § 1 KSchG Personenbedingte Kündigung. ‖18 BAG 4.3.1980 – 1 AZR 1151/78 u. v. 23.3.1984 – 7 AZR 249/81, AP Nr. 4 u. 16 zu Art. 140 GG; 16.9.1999 – 2 AZR 712/99, AP Nr. 1 zu Art. 4 GrO kath. Kirche; 25.4.2013 – 2 AZR 579/12, DB 2013, 2274 (Sozialpädagoge: Kündigung bestätigt). ‖19 BAG 15.1.1986 – 7 AZR 545/85, nv.

Kindergartens für andere Glaubensgemeinschaft[1]; künstliche Befruchtung durch Chefarzt in kath. Krankenhaus vor Klärung ihrer kirchenrechtl. Zulässigkeit (Abmahnung)[2]; Ehebruch und Zölibatsverletzung[3]; Kündigung eines ArbN des Diakonischen Werkes wegen außerdienstl. homosexueller Praxis nach Abmahnung[4]. Zu **sonstigen außerdienstlichen Vertragsverletzungen** vgl. die Stichworte *Schulden* (Rz. 241), *Treuepflicht* (Rz. 248), *Straftaten* (Rz. 243) und *Alkohol* (Rz. 215).

229 – **Beleidigung, Tätlichkeiten.** Beleidigungen, die zu einer **erheblichen Ehrverletzung**[5] eines Vorgesetzten oder des ArbGeb führen, können eine Kündigung, in schweren Fällen auch eine außerordentl. Kündigung rechtfertigen. Einer Abmahnung bedarf es nicht, wenn das Vertrauensverhältnis durch die Beleidigung so stark belastet ist, dass eine weitere Zusammenarbeit unzumutbar erscheint. Es sind aber die gesamten Umstände wie Gesprächssituation, Ernsthaftigkeit, üblicher Umgangston etc. zu berücksichtigen[6]. Ist der ArbN seinerseits zu der beleidigenden Äußerung provoziert worden, erscheint sein Verhalten in milderem Licht[7]. Von der Beleidigung ist die **sachliche Kritik** zu unterscheiden (vgl. auch Rz. 235). Sie fällt grds. in den Schutzbereich der Meinungsäußerungsfreiheit (Art. 5 I 1 GG), auch wenn sie in polemischer und verletzender Form vorgebracht wird. Erst Schmähkritik und Formalbeleidigungen sind ausgenommen[8]. Entsprechendes gilt für bewusst wahrheitswidrig aufgestellte ehrverletzende Tatsachenbehauptungen, etwa wenn sie den Tatbestand einer üblen Nachrede ausfüllen. Die Meinungsäußerungsfreiheit wird iÜ nicht schrankenlos gewährt, sondern ist insb. durch das Recht der persönlichen Ehre gem. Art. 5 II GG beschränkt und muss in ein ausgeglichenes Verhältnis mit diesem gebracht werden[9]. Nach einer Entscheidung des BAG soll die Grenze zur Störung des **Betriebsfriedens** überschritten sein, wenn der ArbGeb auf einer Betriebsversammlung mit den Vorwürfen der Gemeinheit, Schikane und Günstlingswirtschaft konfrontiert wird[10].

230 Abfällige, selbst unwahre Äußerungen über den ArbGeb oder Vorgesetzte in einem **kollegialen Gespräch**, rechtfertigen idR eine Kündigung nicht, wenn der ArbN nach den Umständen nicht mit ihrer Verbreitung rechnen musste[11]. UU kann allerdings den Denunzianten eine Kündigung treffen, wenn sein Verhalten nachhaltig den Betriebsfrieden beeinträchtigt, insb. eine Zusammenarbeit mit ihm abgelehnt wird[12]. Das Gleiche gilt, wenn unberechtigt schwerwiegende Vorwürfe gegen Mitarbeiter im Betrieb erhoben werden[13]. Beleidigungen von **Arbeitskollegen** können eine Kündigung rechtfertigen, wenn hierdurch das Betriebsklima nachhaltig belastet wird, insb. wenn diese sich weigern, mit dem ArbN weiterhin zusammenzuarbeiten[14]. Auch hier sind Provokationen mildernd zu berücksichtigen, etwa bei Bezeichnung des Personalsachbearbeiters einer Gemeinde durch eine Gemeindearbeiterin als „blöder Sack", wenn der Sachbearbeiter der ArbNin zu Unrecht Vorwürfe gemacht und sie darüber hinaus mit unsachgemäßen Äußerungen provoziert hat[15]. Beleidigungen des ArbGeb oder von Kollegen durch Einträge in **sozialen Netzwerken wie Facebook** dürften regelmäßig den Schutzbereich eines im Kollegenkreis vertraulich gesprochenen Wortes[16] verlassen[17]. Die Beschränkung des Facebook-Teilnehmerkreises auf „Freunde" reicht wegen wegen der typischerweise sehr großen Anzahl und der besonderen Kommunikationsart, die auf „teilen" der Nachrichten ausgerichtet ist[18], regelmäßig nicht, um Vertraulichkeit zu wahren. **Ausländerfeindliche** oder antisemitische Äußerungen können eine ordentl. oder außerordentl. Kündigung nach sich ziehen[19]. **Tätlichkeiten** gegen ArbGeb oder Vorgesetzten rechtfertigen regelmäßig eine außerordentl. Kündigung, es sei denn, es liegt eine erhebliche Provokation oder eine Notwehrlage vor. Der tätliche Angriff auf **Arbeitskolle-**

---

1 BAG 21.2.2001 – 2 AZR 139/00, AP Nr. 29 zu § 611 BGB Kirchendienst. ‖2 BAG 7.10.1993 – 2 AZR 226/93, AP Nr. 114 zu § 626 BGB. ‖3 BAG 4.3.1980 – 1 AZR 125/78, AP Nr. 3 zu Art. 140 GG; 31.10.1984 – 7 AZR 232/83, EzA § 1 KSchG Tendenzbetrieb Nr. 16; 25.5.1988 – 7 AZR 506/87, nv.; 14.10.1980 – 1 AZR 1274/79, EzA § 1 KSchG Tendenzbetrieb Nr. 10 (Angestellte der Caritas); EGMR 23.09.2010 – 1620/03, NZA 2011, 279 (Organist und Chorleiter in kath. Kirche); 24.4.1997 – 2 AZR 268/96, AP Nr. 27 zu § 611 BGB Kirchendienst (leitendes Mitglied der Mormonenkirche), dazu EGMR 23.09.2010 – 425/03, NZA 2011, 277; erneute Heirat eines Chefarztes in kath. Krankenhaus, BAG 8.9.2011 – 2 AZR 543/10, BAGE 139, 144. ‖4 BAG 30.6.1983 – 2 AZR 524/81, AP Nr. 15 zu Art. 140 GG (*Richardi*); insoweit zu Recht krit. *Krause* in v. Hoyningen-Huene/Linck, § 1 Rz. 665. ‖5 Eingehend dazu *Schmitz-Scholemann*, BB 2000, 926 ff. ‖6 BAG 6.2.1997 – 2 AZR 38/96, nv. (Bezeichnung des ArbGeb als „Betrüger, Gauner und Halsabschneider" auf Belegschaftsversammlung). ‖7 BAG 3.2.1982 – 7 AZR 907/79, BB 1983, 1215; LAG Berlin 17.11.1980 – 9 Sa 69/80, AP Nr. 72 zu § 626 BGB. ‖8 BVerfG 16.10.1998 – 1 BvR 1685/92, AP Nr. 24 zu § 611 BGB Abmahnung (Leserbrief einer Gemeindeangestellten über die Person des Bürgermeisters in Tageszeitung). ‖9 BAG 17.2.2000 – 2 AZR 927/98, nv. ‖10 BAG 22.10.1964 – 2 AZR 479/63, DB 1965, 331. ‖11 BAG 30.11.1972 – 2 AZR 79/72, AP Nr. 66 zu § 626 BGB; 17.2.2000 – 2 AZR 927/98, nv. ‖12 BAG 21.10.1965 – 2 AZR 2/65, BB 1966, 124. ‖13 LAG Rh.-Pf. 16.2.1996 – 10 Sa 1090/95, NZA-RR 1997, 169. ‖14 BAG 15.12.1977 – 3 AZR 186/76, AP Nr. 69 zu § 626 BGB. ‖15 LAG Köln 7.12.1995 – 10 Sa 717/95, BB 1996, 1225 (lediglich Abmahnung). ‖16 BAG 30.11.1972 – 2 AZR 79/72, AP Nr. 66 zu § 626 BGB; 10.12.2009 – 2 AZR 534/08, NZA 2010, 698; BVerfG 23.11.2006 – 1 BvR 285/06, NJW 2007, 1194 (Briefkontrolle). ‖17 Zu Facebook: LAG Hamm 10.10.2012 – 3 Sa 644/12, BB 2012, 2688; LAG Dessau-Roßlau 21.3.2012 – 1 Ca 148/11, K&R 2012, 442; ArbG Duisburg 26.9.2012 – 5 Ca 949/12, NZA-RR 2013, 18; zu Youtube: LAG Hamm 15.3.2013 – 13 Sa 6/13, nv. (Rev. anhängig: 2 AZR 505/13). ‖18 *Bauer/Günther*, NZA 2013, 67; *Kock*, DB 2013, 934. ‖19 BVerfG 2.1.1995 – 1 BvR 320/94, AP Nr. 53 zu Art. 103 GG; BAG 14.2.1996 – 2 AZR 274/95, NZA 1996, 873; 1.7.1999 – 2 AZR 676/98, AP Nr. 11 zu § 15 BBiG („Arbeit macht frei – Türkei schönes Land"); LAG Hamm 11.11.1994 – 10 (19) Sa 100/94, LAGE § 626 BGB Nr. 82; LAG Köln 11.8.1995 – 12 Sa 426/95, LAGE § 15 BBiG Nr. 40; vgl. ausf. *Schmitz-Scholemann*, BB 2000, 926 ff.

gen ist stets eine schwerwiegende Verletzung vertragl. Nebenpflichten und nur bei Notwehr gerechtfertigt[1]. Er kann ohne vorherige Abmahnung eine außerordentl. Kündigung zur Folge haben[2]. Zu berücksichtigen sind auch hier vorausgegangene Provokationen. Bei leichteren Vorfällen genügt uU die Versetzung auf einen anderen freien Arbeitsplatz oder aber auch eine bloße Abmahnung[3]. Ggf. können auch beide Kontrahenten entlassen werden. Das systematische Anfeinden, Schikanieren oder Diskriminieren von Arbeitskollegen ist ein Fall des **Mobbings**[4]. Steht es mit einem der in § 1 AGG genannten verpönten Merkmale „in Zusammenhang", handelt es sich um eine besonders gravierende Form der verbotenen Belästigung iSv. § 3 III AGG. Verstoßen Beschäftigte gegen das Verbot, ist der ArbGeb gem. § 12 III AGG verpflichtet, die im Einzelfall geeigneten, erforderlichen und angemessenen Maßnahmen bis hin zur Kündigung zu ergreifen. Zur sexuellen Belästigung vgl. Rz. 242.

– **Kraftfahrer.** Ein Kraftfahrer muss bei seiner **Einstellung** eine bestehende Trunksucht oder den Entzug seines Führerscheines ungefragt offenbaren. Andernfalls kann der ArbGeb den Arbeitsvertrag anfechten oder fristlos kündigen[5]. Der **Führerscheinentzug** rechtfertigt zunächst eine personenbedingte Kündigung, wenn eine anderweitige Beschäftigungsmöglichkeit nicht besteht[6]. Der ArbGeb gerät in diesem Fall nicht in Annahmeverzug. Das gilt grds. auch für den vorläufigen Entzug der Fahrerlaubnis. Hier ist allerdings besonders sorgfältig die Möglichkeit einer Überbrückungsbeschäftigung zu prüfen (vgl. auch Rz. 185). Der Führerscheinentzug eines Berufskraftfahrers kann uU ein wichtiger Grund zur **außerordentl. Kündigung** sein, wenn er auf einer außerhalb der Arbeitszeit im Zustand der Trunkenheit durchgeführten Privatfahrt beruht[7]. Gleiches gilt, wenn das Führen eines Kraftfahrzeuges zwar nicht die alleinige, jedoch eine wesentliche Verpflichtung aus dem Arbeitsvertrag darstellt, weil die Haupttätigkeit ohne Firmenfahrzeug nicht ausgeübt werden kann[8]. Das BAG hat hierin einen personenbedingten Grund zur außerordentl. Kündigung gesehen[9]. Zu bedenken ist auch eine Vertragspflicht, für die Erhaltung der Fahrerlaubnis Sorge zu tragen. Auch ohne Führerscheinentzug begründet **Trunkenheit am Steuer** außerhalb des Dienstes erhebliche Zweifel an der Eignung für die Tätigkeit als Kraftfahrer. Bei mehrjähriger beanstandungsfreier Beschäftigung eines U-Bahnfahrers rechtfertigt der Entzug des – dienstlich nicht benötigten – Führerscheins auf Grund einer einmaligen außerdienstlichen Alkoholfahrt die Kündigung ohne vorausgegangene Abmahnung dann nicht, wenn für eine Alkoholanfälligkeit ansonsten keine Hinweise bestehen[10]. Trunkenheit am Steuer **während des Dienstes** stellt stets eine schwerwiegende Vertragsverletzung dar, die ohne Abmahnung eine – auch fristlose – Kündigung rechtfertigen kann[11]. Alkohol am Steuer kann bei einem Kraftfahrer auch unabhängig von Promillewert oder konkreter Fahruntüchtigkeit kündigungsrelevant werden.

– **Krankheit und Vertragspflichten.** Die Krankheit selbst kann allenfalls eine personenbedingte Kündigung begründen (vgl. Rz. 136). Es besteht aber eine Reihe **krankheitsbezogener Pflichten**, deren Verletzung je nach Art und Umständen eine verhaltensbedingte Kündigung rechtfertigen kann. Gem. § 5 I EFZG ist der ArbN verpflichtet, die Arbeitsunfähigkeit und deren voraussichtliche Dauer dem ArbGeb unverzüglich anzuzeigen (Anzeigepflicht). Dauert die Arbeitsunfähigkeit länger als drei Kalendertage, so hat der ArbN spätestens am darauf folgenden Arbeitstag eine ärztliche Arbeitsunfähigkeitsbescheinigung vorzulegen (Nachweispflicht). Weiterhin obliegt dem erkrankten ArbN die Pflicht zu einem genesungsfördernden Verhalten[12]. Die wiederholte Verletzung der **Anzeigepflicht** kann nach ein- oder mehrmaliger Abmahnung eine ordentl. Kündigung rechtfertigen[13], und zwar auch dann, wenn es dadurch nicht zu einer Störung der Arbeitsorganisation oder des Betriebsfriedens gekommen ist[14]. Der Eintritt solcher Störungen ist in der Interessenabwägung zu Lasten des ArbN zu berücksichtigen. Eine außerordentl. Kündigung ohne vorausgegangene Abmahnung hat das BAG ausnahmsw. bei einem leitenden Angestellten anerkannt, der dringende betriebl. Dispositionen zu treffen hatte und ohne jede Krankmeldung der Arbeit fernblieb[15]. Unverzügliche Krankmeldung bedeutet, dass der ArbGeb ohne schuldhaftes Zögern (§ 121 BGB), dh. in aller Regel telefonisch, in Kenntnis gesetzt wird, um seine Dispositionen treffen zu können. Zu bedenken ist dabei, ob der ArbN gesundheitlich und nach seinen Verhältnissen hierzu in der Lage war.

---

1 BAG 12.3.1987 – 2 AZR 176/86, DB 1988, 658; 30.9.1993 – 2 AZR 188/93, EzA § 626 BGB nF Nr. 152; Spucken ins Gesicht nach Provokation: LAG Düss. 21.7.2004 – 12 Sa 620/04, LAGE § 1 KSchG Verhaltensbedingte Kündigung Nr. 85. ‖2 BAG 12.7.1984 – 2 AZR 320/83, AP Nr. 32 zu § 102 BetrVG 1972; 6.10.2005 – 2 AZR 280/04, DB 2006, 675 (Ohrfeige ohne Provokation). ‖3 BAG 9.3.1995 – 2 AZR 461/94, NZA 1995, 678. ‖4 BAG 15.1.1997 – 7 ABR 14/96, BB 1997, 1480. ‖5 BAG 20.5.1999 – 2 AZR 320/98, AP Nr. 50 zu § 123 BGB (Anfechtung); ArbG Kiel 21.1.1982 – 2c Ca 2062/81, BB 1982, 804. ‖6 BAG 30.5.1978 – 2 AZR 630/76, AP Nr. 70 zu § 626 BGB; 14.2.1991 – 2 AZR 525/90, nv.; 25.4.1996 – 2 AZR 74/95, NZA 1996, 1201; das gilt nicht in gleicher Weise für den Entzug einer betriebl. Fahrerlaubnis, BAG 5.6.2008 – 2 AZR 984/06, DB 2009, 123. ‖7 BAG 14.2.1991 – 2 AZR 525/90, nv. ‖8 BAG 14.2.1991 – 2 AZR 525/90, nv.; auch zur Frage, ob der ArbGeb den Einsatz der Ehefrau des ArbN als Fahrerin des Firmenwagens akzeptieren muss. ‖9 BAG 12.1.1956 – 2 AZR 117/54, BB 1956, 175; 22.8.1963 – 2 AZR 114/63, AP Nr. 51 zu § 626 BGB; 14.2.1991 – 2 AZR 525/90, nv. ‖10 BAG 4.6.1997 – 2 AZR 526/96, NZA 1997, 1281. ‖11 BAG 22.8.1963 – 2 AZR 114/63, AP Nr. 51 zu § 626 BGB; 30.5.1978 – 2 AZR 630/76, AP Nr. 70 zu § 626 BGB. ‖12 BAG 26.8.1993 – 2 AZR 154/93, AP Nr. 112 zu § 626 BGB (*Berning*). ‖13 BAG 23.9.1992 – 2 AZR 199/92, EzA § 1 KSchG Verhaltensbedingte Kündigung Nr. 44. ‖14 BAG 16.8.1991 – 2 AZR 604/90, AP Nr. 27 zu § 1 KSchG 1969 Verhaltensbedingte Kündigung. ‖15 BAG 30.1.1976 – 2 AZR 518/74, DB 1976, 1067.

233 Der ArbGeb ist berechtigt, die Fortzahlung des Arbeitsentgelts zu verweigern, solange der ArbN seiner **Nachweispflicht** nicht nachkommt (§ 7 I Nr. 1 EFZG). Gelingt es dem ArbN, einen Nachweis für seine Erkrankung auf andere Weise zu führen als durch Vorlage eines ärztlichen Attestes, ist der ArbGeb zur Entgeltfortzahlung verpflichtet. Gleichwohl verletzt der ArbN seine Nachweispflicht, wenn er ein ärztliches Attest nicht vorlegt. Wiederholte Verstöße können nach Abmahnung auch insoweit eine Kündigung rechtfertigen[1], ausnahmsw. unter erschwerenden Umständen auch eine außerordentl. Kündigung[2]. Anzeige- und Nachweispflichten gelten auch für **Folgeerkrankungen**, und zwar auch über die Dauer von sechs Wochen hinaus (vgl. die Erl. zu § 5 EFZG). Lehnt es der ArbN ab, sich auf Verlangen der Krankenkasse einer gutachterlichen Untersuchung des **Sozialmedizinischen Dienstes** zu unterziehen (§ 275 SGB V), so wird dies idR ein (dauerhaftes) Leistungsverweigerungsrecht für den ArbGeb und die Krankenkasse begründen. Ist er tarifvertragl. verpflichtet, sich der ärztlichen Untersuchung zu unterziehen, kann ihm im Weigerungsfall nach Abmahnung gekündigt werden[3]. Der ArbN ist weiterhin verpflichtet, im Falle einer krankheitsbedingten Arbeitsunfähigkeit nach Möglichkeit für eine **baldige Genesung** Sorge zu tragen. Grob gesundheitswidrige Verhaltensweisen, die den Heilungsprozess verzögern, stellen Vertragspflichtverletzungen dar, die eine Kündigung rechtfertigen können (zB Nebentätigkeiten, ggf. sportliche Betätigungen, Feiern)[4], in besonderen Fällen auch ohne vorherige Abmahnung[5]. Extrem genesungswidrige Verhaltensweisen (zB Vollzeit-Nebentätigkeit während Nachtschicht) dürften allerdings ein starkes Indiz dafür sein, dass in Wahrheit eine Erkrankung nicht vorgelegen hat, sondern nur vorgetäuscht wurde[6].

234 Das **Vortäuschen einer Krankheit** stellt idR einen strafbaren Betrug und stets einen Sachverhalt dar, der an sich für eine außerordentl. Kündigung ohne vorherige Abmahnung geeignet ist[7]. Schwierig ist hier allerdings für den ArbGeb die Beweislage. Indizien für ein Vortäuschen der Krankheit können in ihrer Ankündigung, in vorausgegangenen betriebl. Auseinandersetzungen und unliebsamen Weisungen des ArbGeb sowie in dem Verhalten des ArbN während der Arbeitsunfähigkeitszeit selbst liegen (Feier, Sport, Nebentätigkeit). Es muss allerdings stets die Art der jeweiligen Erkrankung berücksichtigt werden. Der ArbGeb schuldet im Kündigungsschutzprozess den **Nachweis** für die Feststellung, dass die Krankheit nur vorgetäuscht war. Legt der ArbN ein ordnungsgemäß ausgestelltes ärztliches Attest vor, so hat dies grds. einen hohen Beweiswert und erbringt im Regelfall den Beweis für die Arbeitsunfähigkeit[8]. Allein die Häufigkeit und Regelmäßigkeit von ordnungsgemäß attestierten und vom ArbGeb durch Gewährung von Lohnfortzahlung anerkannten **Urlaubserkrankungen** eines Gastarbeiters lassen ohne eine Auswertung der den Attesten im Einzelnen zugrunde liegenden Befunde sowie der durchgeführten Behandlungsmaßnahmen noch keine zuverlässigen Rückschlüsse zu[9]. Gelingt dem ArbGeb jedoch bspw. der Nachweis, dass ein Reisebürokaufmann während der Krankschreibung Bausparverträge und Versicherungen vermittelt, so kann eine Kündigung gerechtfertigt sein[10]. Vgl. näher zur Beweislastverteilung bei Zweifeln an einer Erkrankung bzw. an einem Attest Rz. 212. Schließlich kann die bloße **Androhung einer Krankmeldung**, die ohne jedes Krankheitsanzeichen lediglich zur Durchsetzung einer verweigerten Urlaubsverlängerung erfolgt, bereits für sich genommen Grund zur außerordentl. Kündigung ohne vorherige Abmahnung sein[11]. In diesem Verhalten liegt eine erhebliche Verletzung arbeitsvertragl. Rücksichtnahmepflichten und damit bereits eine konkrete Störung des ArbVerh. Die Vorlage einer Arbeitsunfähigkeitsbescheinigung im Nachhinein ändert daran nichts[12].

235 – **Meinungsäußerung.** Meinungsäußerungen im Betrieb unterliegen dem Schutz des **Art. 5 I 1 GG**. Sachliche Kritik, politische Anschauungen und die Mitgliedschaft in einer Partei oder Gewerkschaft rechtfertigen daher grds. eine Kündigung nicht[13]. Etwas anderes kann bei provokativer Meinungskundgabe gelten, die den Betriebsfrieden konkret stört[14]. Sachliche Kritik fällt auch dann in den Schutzbereich des Art. 5 GG, wenn sie in polemischer und verletzender Form vorgebracht wird[15].

---

1 BAG 16.8.1991 – 2 AZR 604/90, NZA 1993, 17; LAG Köln 22.6.1995 – 5 Sa 250/95, BB 1996, 596. ||2 BAG 15.1.1986 – 7 AZR 128/83, AP Nr. 93 zu § 626 BGB. ||3 BAG 27.9.2012 – 2 AZR 811/11, BB 2013, 883; 6.11.1997 – 2 AZR 801/96, AP Nr. 142 zu § 626 BGB; 7 11.2002 – 2 AZR 475/01; weiter gehend LAG Düss. 8.4.1993 – 12 Sa 74/93, LAGE § 615 BGB Nr. 39 (Treu und Glauben). ||4 BAG 26.8.1993 – 2 AZR 154/93, AP Nr. 112 zu § 626 BGB (Berning); 13.11.1979 – 6 AZR 934/77, AP Nr. 5 zu § 1 KSchG 1969 Krankheit (Herschel) (Nebentätigkeit); LAG Hamm 11.5.1982 – 13 Sa 85/82, EzA § 1 KSchG Krankheit Nr. 9 (Casino-Besuch); LAG Nds. 1.9.1983 – 11 Sa 20/83, BB 1984, 1233 (Linienrichter beim Fußball); LAG Hamm 28.5.1998 – 4 Sa 1550/97, LAGE § 1 KSchG Verhaltensbedingte Kündigung Nr. 69 (Vollzeittätigkeit hinter der Theke in der Gaststätte des Ehepartners); LAG Köln 9.10.1998 – 11 Sa 400/98, LAGE § 1 KSchG Verhaltensbedingte Kündigung Nr. 73 (Hilfe bei Wohnungsrenovierung). ||5 BAG 2.3.2006 – 2 AZR 53/05, NZA-RR 2006, 636 (Skiurlaub eines ärztl. Gutachters des Medizinischen Dienstes trotz langwieriger Hirnhauterkrankung). ||6 BAG 26.8.1993 – 2 AZR 154/93, AP Nr. 112 zu § 626 BGB (Berning). ||7 BAG 26.8.1993 – 2 AZR 154/93, AP Nr. 112 zu § 626 BGB (Berning). ||8 BAG 15.7.1992 – 5 AZR 312/91, NZA 1993, 23. ||9 LAG Düss. 15.1.1986 – 6 Sa 1446/85, DB 1986, 1180; anders bei weiter gehenden Anhaltspunkten LAG Düss. 3.6.1981 – 22 Sa 203/81, DB 1981, 1731. ||10 BAG 13.11.1979 – 6 AZR 934/77, DB 1980, 741. ||11 BAG 5.11.1992 – 2 AZR 147/92, AP Nr. 2 zu § 626 BGB Krankheit. ||12 BAG 5.11.1992 – 2 AZR 147/92, AP Nr. 2 zu § 626 BGB Krankheit. ||13 BAG 22.10.1964 – 2 AZR 479/63, DB 1965, 331. ||14 BAG 9.12.1982 – 2 AZR 620/80, AP Nr. 73 zu § 626 BGB; 26.5.1977 – 2 AZR 632/76, AP Nr. 5 zu § 611 BGB Beschäftigungspflicht. ||15 BAG 24.11.2005 – 2 AZR 584/04, DB 2006, 1277 (für Konzernangehörige zugängliche Internet-Bildanimation zu betriebl. Trennungsgesprächen).

Dies gilt umso mehr, wenn die Kritik im Rahmen einer öffentl. Debatte geäußert wird[1]. Erst **Schmähkritik** und **Formalbeleidigungen** sind ausgenommen (vgl. Rz. 229)[2]. Nach einer Entscheidung des BAG soll die Grenze zur Ehrverletzung und Störung des Betriebsfriedens überschritten sein, wenn der ArbGeb auf einer Betriebsversammlung mit den Vorwürfen der Gemeinheit, Schikane und Günstlingswirtschaft konfrontiert wird[3]. Bei Verbreitung **neonazistischer Thesen** ggü. den Auszubildenden eines Betriebes kommt eine außerordentl. Kündigung ohne vorherige Abmahnung in Betracht[4], ebenso bei der Anbringung eines gut sichtbaren Hitlerbildes im Büro[5]. Das Tragen parteipolitischer Plaketten soll nach Abmahnung eine Kündigung rechtfertigen, wenn es auf Grund ihres besonders provokanten Inhalts oder auf Grund sonstiger besonderer Umstände zu betriebl. Störungen führt[6]. Ob **außerdienstliche Äußerungen** in einem gewerkschaftl. Intranet zu Personen und Vorgängen im Betrieb des ArbGeb die vertragl. Rücksichtnahmepflicht (§ 241 II BGB) verletzen, ist unter Beachtung des Grundrechts auf Meinungsfreiheit (Art. 5 GG) zu würdigen[7].

– **Nebentätigkeit**, auch in einem weiteren ArbVerh, ist **grundsätzlich zulässig**, soweit sie die Arbeitskraft des ArbN im HauptArbVerh nicht beeinträchtigt oder unzulässiger Wettbewerb ausgeübt wird[8]. Eine Vertragspflichtverletzung liegt in einer Nebentätigkeit, die dem ArbGeb Konkurrenz macht[9] (vgl. Rz. 249) oder die wegen ihrer besonderen Belastungen die im HauptArbVerh geschuldete Arbeitskraft des ArbN beeinträchtigt. In diesen Fällen muss der ArbN dem ArbGeb die Nebentätigkeit außerdem anzeigen[10]. **Verbote und Genehmigungsvorbehalte** in Arbeitsverträgen bedürfen im Lichte von Art. 12 GG eines berechtigten Interesses des ArbGeb. Dieses ist insb. anzunehmen, soweit die Nebentätigkeit die Arbeitskraft des ArbN im HauptArbVerh zu beeinträchtigen droht oder unzulässiger Wettbewerb ausgeübt wird[11]. **Beispiele** zulässiger Nebentätigkeitsbeschränkung: DGB-Rechtsschutzsekretär und Nebentätigkeit als Rechtsanwalt[12]; Busfahrer und Nebentätigkeit als Kraftfahrer[13]; Krankenpfleger und Nebentätigkeit als Bestatter[14]; Hörfunksprecher und Nebentätigkeit bei Wettbewerber[15]. **Weiter gehende Verbote** und Genehmigungsvorbehalte in Arbeitsverträgen wurden von der Rspr. grundrechtskonform (Art. 12 GG) auf solche Nebentätigkeiten begrenzt, an deren Unterlassung der ArbGeb ein berechtigtes Interesse hatte[16]. Ob an dieser geltungserhaltenden Reduktion im Hinblick auf § 306 II BGB festgehalten werden kann, erscheint zweifelhaft. Ob die Einführung von generellen Regeln zur Ausübung von Nebentätigkeiten der Mitbest. des BR nach § 87 I Nr. 1 BetrVG unterliegt, hat das BAG bislang offengelassen[17]. Soweit ein **Genehmigungsvorbehalt** wirksam vereinbart ist (§§ 306 II, 310 IV BGB), stellt es eine Vertragspflichtverletzung dar, wenn der ArbN eine an sich genehmigungsfähige Tätigkeit ohne Einholung der Genehmigung verrichtet. Nach Abmahnung kommt eine Kündigung in Betracht[18]. Die vorgenannten Verstöße können idR nach Abmahnung, in schwerwiegenden, insb. Wettbewerbsinteressen berührenden Fällen allerdings auch ohne Abmahnung zur Kündigung berechtigen[19]. Vgl. zur Nebentätigkeit auch § 611 BGB Rz. 368ff.

– **Offenbarungspflicht.** Der ArbGeb darf den Bewerber bei der **Einstellung** nach **Vorstrafen** fragen, soweit die Art des zu besetzenden Arbeitsplatzes dies erfordert[20]. Die wahrheitswidrige Beantwortung einer zulässigen Frage kann eine verhaltensbedingte Kündigung begründen[21]. Bei der Prüfung der Eignung des Bewerbers für die geschuldete Tätigkeit kann es je nach den Umständen (zB Einstellung in den Polizeivollzugsdienst) zulässig sein, dass der ArbGeb den Bewerber auch nach **laufenden Ermittlungsverfahren** fragt bzw. verpflichtet, während eines längeren Bewerbungsverfahrens anhängig werdende einschlägige Ermittlungsverfahren nachträglich mitzuteilen. Die wahrheitswidrige Beantwortung einer danach zulässigen Frage nach Vorstrafen und laufenden Ermittlungsverfahren bzw. die pflichtwidrige Unterlassung der nachträglichen Mitteilung eines Ermittlungsverfahrens rechtfertigen unter den Voraussetzungen der §§ 123, 124 BGB die Anfechtung des Arbeitsvertrages[22]. Die falsche Beantwortung der Frage nach einer **Schwerbehinderung** kann ungeachtet von deren Zulässigkeit (§§ 1, 8 AGG) eine Kündigung mangels Fortwirkung der Täuschung idR nicht rechtfertigen, wenn die Einstellung auch bei wahrheitsgemäßer Antwort erfolgt wäre[23]. Auch im **bestehenden Ar-**

---

1 BAG 12.1.2006 – 2 AZR 21/05, NZA 2006, 917. ‖ 2 BVerfG 16.10.1998 – 1 BvR 1685/92, AP Nr. 24 zu § 611 BGB Abmahnung (Leserbrief einer Gemeindeangestellten über die Person des Bürgermeisters in Tageszeitung). ‖ 3 BAG 22.10.1964 – 2 AZR 479/63, DB 1965, 331. ‖ 4 LAG Köln 11.8.1995 – 12 Sa 426/95, LAGE § 15 BBiG Nr. 10. ‖ 5 ArbG Frankfurt/M 28.1.1993 – 2 Ca 238/92, AuR 1993, 415. ‖ 6 BAG 9.12.1982 – 2 AZR 620/80, DB 1983, 2578 (Anti-Strauß-Plakette); zu Recht krit. hierzu *Kohte*, AuR 1984, 125. ‖ 7 BAG 24.6.2004 – 2 AZR 63/03, BAGReport 2005, 87. ‖ 8 BAG 3.12.1970 – 2 AZR 110/70, AP Nr. 60 zu § 626 BGB; 26.8.1976 – 2 AZR 377/75, AP Nr. 68 zu § 626 BGB. ‖ 9 BAG 15.3.1990 – 2 AZR 484/89, nv. ‖ 10 BAG 18.1.1996 – 6 AZR 314/95, AP Nr. 25 zu § 242 BGB Auskunftspflicht. ‖ 11 BAG 3.12.1970 – 2 AZR 110/70, AP Nr. 60 zu § 626 BGB; 26.8.1976 – 2 AZR 377/75, AP Nr. 68 zu § 626 BGB. ‖ 12 BAG 21.9.1999 – 9 AZR 759/98, NZA 2000, 723. ‖ 13 BAG 26.6.2001 – 9 AZR 343/00, NZA 2002, 98. ‖ 14 BAG 28.2.2002 – 6 AZR 357/01, AP Nr. 1 zu § 5 AVR Caritasverband. ‖ 15 BAG 24.6.1999 – 6 AZR 605/97, DB 2000, 1336. ‖ 16 BAG 3.12.1970 – 2 AZR 110/70, AP Nr. 60 zu § 626 BGB; 26.8.1976 – 2 AZR 377/75, AP Nr. 68 zu § 626 BGB; für BV BAG 15.3.1990 – 2 AZR 484/89, nv. ‖ 17 BAG 28.5.2002 – 1 ABR 32/01, NZA 2003, 166ff. ‖ 18 LAG Berlin 25.1.1988 – 9 Sa 108/87, LAGE § 4 ArbGG 1979 Nr. 18; BAG 20.5.1988 – 2 AZN 153/88, nv. ‖ 19 BAG 3.12.1970 – 2 AZR 110/70, AP Nr. 60 zu § 626 BGB; 26.8.1976 – 2 AZR 377/75, AP Nr. 68 zu § 626 BGB; LAG BW 8.5.1970 – 4 Sa 15/70, DB 1970, 2452. ‖ 20 St. Rspr. seit BAG 5.12.1957 – 1 AZR 594/56, AP Nr. 2 zu § 123 BGB. ‖ 21 BAG 15.1.1970 – 2 AZR 64/69, BB 1970, 803; 6.9.2012 – 2 AZR 270/11, NJW 2013, 1115 („Vorstandsfahrer"). ‖ 22 BAG 20.5.1999 – 2 AZR 320/98, AP Nr. 50 zu § 123 BGB. ‖ 23 BAG 7.7.2011 – 2 AZR 396/10.

beitsverhältnis muss das Informationsinteresse des ArbGeb das Schutzinteresse des ArbN in Bezug auf persönliche Daten überwiegen. Fragen nach einer früheren Tätigkeit für das **Ministerium für Staatssicherheit** der ehemaligen DDR (MfS) im Personalfragebogen und im Antrag auf Anerkennung von Vordienstzeiten sind zulässig und wahrheitsgemäß zu beantworten[1]. Eine vorsätzliche Falschbeantwortung der Frage bewirkt eine konkrete Störung des ArbVerh im Vertrauensbereich[2], rechtfertigt für sich aber nicht ohne weiteres eine Kündigung. Entscheidend sind die Umstände des Einzelfalles, insb. wie lange die Tätigkeit zurückliegt und wie schwerwiegend sie war[3]. Vgl. zur Offenbarungspflicht auch § 611 BGB Rz. 11.

238 – **Rauchverbot.** Verstößt ein ArbN trotz wiederholter Abmahnungen erneut gegen ein im Betrieb zwingend vorgeschriebenes Rauchverbot, kann eine Kündigung auch bei langjähriger Betriebszugehörigkeit sozial gerechtfertigt sein[4].

239 – **Schlechtleistung, Minderleistung.** Das Maß der vom ArbN geschuldeten **Arbeitskraft** bestimmt sich im Hinblick auf § 613 BGB und das Fehlen von Gewährleistungsregeln nach seiner individuellen Leistungsfähigkeit[5]. Er ist verpflichtet, innerhalb der vereinbarten Arbeitszeit die Leistung zu erbringen, die er bei normaler Anspannung seiner Fähigkeiten auf Dauer ohne gesundheitliche Schäden verrichten kann. Erbringt ein ArbN diese Leistung, verletzt er auch dann nicht seine Arbeitspflicht, wenn die Leistung hinter der betriebl. **Durchschnittsleistung** zurückbleibt. Eine Kündigung wegen schuldhafter Minderleistung setzt die Feststellung voraus, dass der ArbN hinter seiner individuellen Normalleistung zurückbleibt. Bleibt die Leistung längerfristig erheblich hinter der betriebl. Durchschnittsleistung zurück, liegt darin ein Indiz für vertragswidrige Minderleistung. Legt der ArbGeb dies im Prozess dar, so muss der ArbN erläutern, warum er trotz unterdurchschnittlicher Leistungen seine Leistungsfähigkeit ausschöpft[6]. Nach hM schuldet der ArbN keine Arbeitsleistung „mittlerer Art und Güte" (§ 243 I BGB). Bleibt er aber auch bei gehöriger Anspannung seiner individuellen Kräfte erheblich hinter einem objektiv zu erwartenden „**Normalmaß**" zurück, so kann dies auf einem Eignungsmangel beruhen, der eine personenbedingte Kündigung rechtfertigen kann[7]. Für die Feststellung verminderter Leistungsfähigkeit genügt nicht allein der Hinweis auf eine im Verhältnis zu den übrigen ArbN unterdurchschnittliche Leistung. Denn in einer sehr guten Gruppe ist schon der gute ArbN unterdurchschnittlich[8]. Wegen der schwierigen Abgrenzung zwischen verhaltens- und personenbedingten Sachverhalten ist dem ArbN idR mit einer **Abmahnung** ausreichend Gelegenheit zu geben, seine Leistung anzupassen[9]. Im Rahmen der Interessenabwägung ist zu Gunsten des ArbN zu berücksichtigen, wenn er nach jahrelanger ordnungsgemäßer Arbeitsleistung altersbedingt zurückstecken muss (vgl. Rz. 123). Vgl. zu Umfang und Güte der geschuldeten Arbeitsleistung auch § 611 BGB Rz. 299 ff. Das Vortäuschen der Aufgabenerfüllung durch den ArbN kann eine außerordentliche Kündigung rechtfertigen[10].

240 **Schuldhafte Schlechtleistungen**, die Schäden beim ArbGeb verursachen, können idR erst nach Abmahnung eine ordentl. Kündigung rechtfertigen. Das gilt auch bei fahrlässig verursachten großen Schäden[11]. Hier wird es jedoch entscheidend auf den Verschuldensgrad ankommen. Wiederholte hohe Mankobeträge, die ein ArbN fahrlässig verursacht, können nach Abmahnung eine ordentl. Kündigung rechtfertigen[12]. Bei vorsätzlicher Schadenszufügung ist idR die außerordentl. Kündigung ohne vorherige Abmahnung gerechtfertigt[13]. Bei leitenden Angestellten oder besonders **verantwortungsvoller Tätigkeit** (Pilot, Chirurg) kann allerdings auch ohne einen Schadenseintritt ein einmaliges Versagen eine Kündigung rechtfertigen, wenn dieses berechtigte Zweifel an der Eignung des ArbN für die verantwortungsvolle Tätigkeit begründet[14]. Die Kündigung eines Lehrers, der im Schulunterricht menschenverachtende Witze über den Holocaust erzählt, bedarf auch als verhaltensbedingte idR keiner vorherigen Abmahnung[15].

241 – **Schulden.** Die privaten finanziellen Verhältnisse des ArbN können grds. eine verhaltensbedingte Kündigung nicht rechtfertigen. Bei einem Angestellten in **besonderer Vertrauensstellung**, der über

---

1 BVerfG 8.7.1997 – 1 BvR 2111/94 ua., AP Nr. 39 zu Art. 2 GG; BAG 26.8.1993 – 8 AZR 561/92, AP Nr. 8 zu Art. 20 Einigungsvertrag. || 2 BAG 20.8.1998 – 2 AZR 736/97, ZTR 1998, 565. || 3 BAG 4.12.1997 – 2 AZR 750/96, NZA 1998, 474; 18.10.2000 – 2 AZR 369/99, nv. || 4 LAG Düss. 17.6.1997 – 16 Sa 346/97, LAGE § 1 KSchG Verhaltensbedingte Kündigung Nr. 58 (hier: Frischfleischverarbeitungsbetrieb). || 5 BAG 17.3.1988 – 2 AZR 576/87, AP Nr. 99 zu § 626 BGB. || 6 BAG 17.1.2008 – 2 AZR 536/06, NZA 2008, 693; 11.12.2003 – 2 AZR 667/02, NJW 2004, 784; 21.5.1992 – 2 AZR 551/91, BB 1992, 2079 (gutachterlich tätiger Arzt mit nur halb so vielen Gutachten wie seine Kollegen bei absteigender Tendenz). || 7 BAG 26.9.1991 – 2 AZR 132/91, AP Nr. 28 zu § 1 KSchG 1969 Krankheit (2/3 der Normalleistung). || 8 BAG 22.7.1982 – 2 AZR 30/81, AP Nr. 5 zu § 1 KSchG 1969 Verhaltensbedingte Kündigung. || 9 BAG 27.9.1976 – 3 AZR 50/75, DB 1976, 2356. || 10 BAG 9.6.2011 – 2 AZR 284/10, DB 2011, 272. || 11 LAG Köln 2.7.1987 – 3/7 Sa 113/87, LAGE § 626 BGB Nr. 32. || 12 BAG 17.4.1956 – 2 AZR 340/55, AP Nr. 8 zu § 626 BGB. || 13 LAG Sachs. 25.6.1996 – 9 Sa 257/96, LAGE § 626 BGB Nr. 102 (Vertriebsmitarbeiter, der die eigenen Produkte ggü. einem Kunden kritisiert, ein Konkurrenzprodukt empfiehlt und den Kontakt zum Konkurrenzunternehmen herstellt). || 14 LAG Berlin 11.6.1990 – 9 Sa 30/90, LAGE § 626 BGB Nr. 46; das private Handy-Telefonat eines Chirurgen während der OP erfordert vorherige Abmahnung: BAG 25.10.2012 – 2 AZR 495/11, NZA 2013, 319. || 15 BAG 5.11.1992 – 2 AZR 287/92, AuR 1993, 124 ff. (die Frage der pädagogischen Eignung hat das BAG offen gelassen).

erhebliche Vermögenswerte disponieren kann, kommt im Falle völliger Überschuldung eine personenbedingte Kündigung in Betracht[1]. Führen die privaten finanziellen Verhältnisse des ArbN zu **zahlreichen Lohnpfändungen** durch seine Gläubiger, so kann dies nur in ganz seltenen Ausnahmefällen eine Kündigung rechtfertigen, etwa wenn die Pfändungen zu nachhaltigen und wesentlichen Störungen im Verwaltungsablauf des ArbGeb als Drittschuldner führen, die nicht länger hinzunehmen sind. Weitere Voraussetzung ist nach richtiger Auffassung eine vorausgegangene Abmahnung[2] (vgl. auch Rz. 182).

– **Sexuelle Belästigung.** Sie gehört gem. § 3 IV AGG zu den verbotenen Benachteiligungen wegen des Geschlechts. Betroffen ist jedes **vorsätzliche, sexuell bestimmte Verhalten**, das die Würde von Beschäftigten am Arbeitsplatz verletzt. Dazu gehören neben strafbaren Handlungen sexuelle Handlungen und Aufforderungen dazu, sexuell bestimmte körperliche Berührungen, Bemerkungen sexuellen Inhalts sowie das Zeigen und sichtbare Anbringen von pornografischen Darstellungen, die von den Betroffenen erkennbar abgelehnt werden (§ 3 IV AGG). Die erkennbare Ablehnung muss nach außen in Erscheinung getreten sein[3]. Sexuelle Belästigungen im Betrieb verletzen arbeitsvertragl. Pflichten. Der ArbGeb ist gem. § 12 AGG seinerseits verpflichtet, darauf angemessen, dh. unter Beachtung des **Verhältnismäßigkeitsgrundsatzes** zu reagieren. Sein Kündigungsrecht wird hierdurch nicht erweitert[4]. Es kann je nach den Umständen eine ordentl. oder außerordentl. Kündigung gerechtfertigt sein. In leichteren Fällen wird zunächst eine Abmahnung erfolgen müssen, ggf. eine Versetzung zur einen anderen Arbeitsplatz (§ 12 III AGG). Maßgeblich ist die **Intensität der Belästigung**, ggf. ihre Häufigkeit und die Reaktion der Betroffenen. Eine massive Belästigung dürfte auch bei einmaligem Vorfall eine Kündigung rechtfertigen[5]. Sexuelle Belästigungen von Auszubildenden durch den Ausbilder wiegen besonders schwer[6]. Der BR kann gem. § 98 II BetrVG die Abberufung des Ausbilders verlangen und gem. Abs. 5 gerichtl. durchsetzen. Die Abberufung ist von der Kündigung zu unterscheiden. Die Betroffenen haben das Recht, sich zu **beschweren**, ohne dass ihnen hieraus Nachteile entstehen dürfen. Die wahrheitswidrige Behauptung einer sexuellen Belästigung durch einen Vorgesetzten kann jedoch ihrerseits eine Kündigung rechtfertigen; das setzt voraus, dass die Wahrheitswidrigkeit vom ArbGeb bewiesen wird[7].

– **Straftaten.** Vorsätzliche Straftaten **innerhalb des Arbeitsverhältnisses** rechtfertigen regelmäßig auch ohne Abmahnung eine außerordentl. oder ordentl. Kündigung. Dies gilt sowohl für Straftaten gegen den ArbGeb als auch gegen Kollegen oder Vertragspartner des ArbGeb[8]. Denn in allen Fällen werden Vertragspflichten ggü. dem ArbGeb verletzt. Dies kann im Einzelfall auch bei einer Straftat ggü. einem Konzernunternehmen der Fall sein, wenn ggü. diesem Unternehmen besondere Interessenwahrungs- und Rücksichtnahmepflichten begründet worden waren (vgl. Rz. 226). Insb. **Eigentums- oder Vermögensdelikte** zu Lasten des ArbGeb rechtfertigen idR ohne vorherige Abmahnung die außerordentl. Kündigung. Bei der Interessenabwägung können individuelle Bestandsschutzinteressen des ArbN idR nur eine untergeordnete Bedeutung erlangen[9]. Gleichwohl ist in die Interessenabwägung die Dauer der Betriebszugehörigkeit des ArbN einzubeziehen, wenn es um die Frage der ordentl. statt einer außerordentl. Kündigung wegen Diebstahls zum Nachteil des ArbGeb geht[10]. Das gilt grds. auch für die Entwendung oder Unterschlagung nur geringwertiger Sachen. Einen „Freibrief" für Vermögensdelikte bis zu einer bestimmten Höchstgrenze erkennt die Rspr. grds. nicht an[11]. Hiervon abgesehen ist jedoch bei **Bagatelldelikten** durchaus der Einzelfall zu würdigen: Es ist zu unterscheiden, ob die Straftat starken kriminellen Einschlag hat oder sonst eindeutig und grob vertragswidrig war (Griff in die Kasse), oder ob es sich um einen Gelegenheitsübertritt handelte, bei dem nach Ausspruch einer Abmahnung durchaus mit der Wiederherstellung des Vertrauens gerechnet werden kann. Bei einer Buffetkraft in einem großen Kaufhaus, die erstmalig bei unberechtigtem Verzehr eines Stückes **Bienenstichs** im Wert von 1 DM erwischt wurde, hat das BAG die Kündigung ohne vorherige Abmahnung für möglich gehalten und den Rechtsstreit zur Durchführung einer Interessenabwägung an die Vorinstanz zurückverwiesen[12]. Nach den gesamten Umständen hatte das Verhalten aber keinen so eindeutig kriminellen oder grob vertragswidrigen Charakter, dass eine Abmah-

---

1 BAG 29.8.1980 – 7 AZR 726/77, nv.   ‖2 AA BAG 4.11.1981 – 7 AZR 264/77, BB 1982, 556; wie hier *v. Hoyningen-Huene/Linck*, § 1 Rz. 343 ff. mwN.   ‖3 BAG 25.3.2004 – 2 AZR 341/03, AP Nr. 189 zu § 626 BGB.   ‖4 BAG 8.6.2000 – 2 ABR 1/00, EzA § 15 KSchG nF Nr. 50.   ‖5 LAG Hamm 22.10.1996 – 6 Sa 730/96, DB 1997, 482; LAG Hess. 20.8.1995 – 3 Sa 634/94, nv. (Griff an die Brust); LAG Hamm 10.3.1999 – 18 Sa 2328/98, NZA-RR 1999, 623 ff. (Aufforderung zu sexuellen Handlungen iVm. Drohbriefen an die Privatanschrift).   ‖6 BAG 9.1.1986 – 2 AZR 24/85, AP Nr. 20 zu § 626 BGB Ausschlussfrist.   ‖7 LAG Rh.-Pf. 16.2.1996 – 10 Sa 1090/95, NZA-RR 1997, 169. ‖8 BAG 17.5.1984 – 2 AZR 3/83, DB 1984, 2702; LAG Nürnberg 29.8.1985 – 1 Sa 4/85, LAGE § 626 BGB Nr. 24. ‖9 BAG 25.4.1991 – 2 AZR 624/90, AP Nr. 104 zu § 626 BGB; KR/*Fischermeier*, § 626 BGB Rz. 242 ff. mwN. ‖10 BAG 13.12.1984 – 2 AZR 454/83, AP Nr. 81 zu § 626 BGB (Entwendung von 20 l Dieselkraftstoff durch Bauarbeiter nach 13-jähriger, unbeanstandeter Betriebszugehörigkeit); 27.3.2003 – 2 AZR 51/02, NZA 2003, 1193 (Wegnahme abgeschriebener Ware).   ‖11 BAG 17.5.1984 – 2 AZR 3/83, DB 1984, 2702; LAG Nürnberg 29.8. 1985 – 1 Sa 4/85, LAGE § 626 BGB Nr. 24; BAG 11.12.2003 – 2 AZR 36/03, AP Nr. 179 zu § 626 BGB (Diebstahl abgeschriebener Ware).   ‖12 BAG 17.5.1984 – 2 AZR 3/83, DB 1984, 2702; LAG Nürnberg 29.8.1985 – 1 Sa 4/85, LAGE § 626 BGB Nr. 24.

nung entbehrlich gewesen wäre[1]. Ebenso wenig ist eine verhaltensbedingte Kündigung gerechtfertigt, wenn eine Krankenschwester aus dem Medikamentenschrank des Krankenhauses zehn Tabletten eines Beruhigungsmittels entwendet und anschließend damit einen Suizidversuch unternimmt[2]. Das unrechtmäßige Einlösen von Pfandbons im Gesamtwert von 1,30 Euro bei gleichzeitig hartnäckigem wahrheitswidrigem Leugnen des Vorwurfs sowie unberechtigter Beschuldigung von Kollegen können eine Kündigung gerechtfertigt erscheinen lassen. Doch ist auch hier zu prüfen, ob eine Abmahnung noch zu einer positiven Prognose führen kann und unter Abwägung der beiderseitigen Interessen zumutbar ist; dabei spielt bei erstmaligem Vorkommen auch ein beanstandungsfreier langjähriger Bestand des ArbVerh sowie ein aus fehlender Heimlichkeit möglicher Rückschluss auf mangelndes Bewusstsein über den Grad des Unrechts eine Rolle[3]. Entwendet eine Verkäuferin Zigarettenpackungen aus dem Warenbestand des ArbGeb, kann dies auch nach längerer Beschäftigungsdauer eine Kündigung des ArbVerh rechtfertigen[4]. Zum **Verdacht** als Kündigungsgrund s. Rz. 164 sowie eingehend § 626 BGB Rz. 323 ff. Das ArbG kann seine Entscheidung auch dann auf die – zu seiner Überzeugung feststehende – Tat stützen, wenn sich der ArbGeb nur auf den Verdacht beruft[5]; denn der Verdacht als eigenständiger Kündigungsgrund umfasst stets auch die Tat als Kündigungsgrund („erst recht"). Zur Frage eines **Beweisverwertungsverbotes** bei heimlicher bzw. mitbestimmungswidriger Videoüberwachung, Mithören von Telefongesprächen und heimlicher Spindkontrolle vgl. näher Rz. 211.

244 Einstweilen frei.

245 Ein **Spesenbetrug** kann als Grund zur fristlosen Entlassung ausreichen, selbst wenn es sich um einen einmaligen Vorfall und um einen geringen Betrag handelt[6]. Doch sind stets alle Umstände abzuwägen. Eine grob aufgerundete Kilometerangabe bei Abrechnung von Fahrtkosten etwa wird idR zunächst nur zu einer Abmahnung führen können. Das gilt jedenfalls dann, wenn der ArbGeb eine derartige Abrechnungspraxis längere Zeit unbeanstandet hingenommen hat. Schwerer wiegt es, wenn Spesen insg. vorgetäuscht werden, die gar nicht entstanden sind. Hier kann bei einem ArbN in besonderer Vertrauensstellung eine sofortige fristlose Entlassung ohne Abmahnung gerechtfertigt sein[7]. Der Missbrauch von **Stempeluhren** zur Erlangung eines unberechtigten Arbeitszeitguthabens stellt einen schweren Verstoß gegen die Vertragspflichten und idR auch einen Betrugsversuch dar. Wer die Stempeluhr von einem Arbeitskollegen bedienen lässt, um den ArbGeb über den Umfang seiner tatsächlich erbrachten Arbeitsleistung zu täuschen, kann idR fristlos entlassen werden[8]. Wer Zeitangaben auf der Stempelkarte verändert, um zusätzliche Arbeitszeit vorzutäuschen, begeht ein Urkundsdelikt und setzt sich regelmäßig einer fristlosen Entlassung ohne vorherige Abmahnung aus[9]. Entsprechendes gilt für den Missbrauch sonstiger Zeiterfassungseinrichtungen[10]. Auf das wahrheitswidrige Leugnen von Kündigungsgründen in einem Vorprozess (**Prozessbetrug**) kann eine erneute Kündigung idR dann nicht gestützt werden, wenn die Gründe dort materiell für unzureichend befunden worden waren[11].

246 Straftaten **außerhalb des ArbVerh** stellen im Allg. keine Vertragspflichtverletzung dar, sofern sie nicht in besonderer Weise nachteilig auf die Interessen des ArbGeb einwirken (vgl. Rz. 226 f.). Sie können jedoch als personenbedingter Kündigungsgrund Bedeutung gewinnen. So können bei leitenden Angestellten oder sonstigen ArbN in besonderer Vertrauensstellung außerdienstl. Straftaten je nach den Umständen die Eignung des ArbN in Frage stellen. Nach § 25 JArbSchG etwa dürfen mit der Beaufsichtigung Jugendlicher solche Personen nicht beschäftigt werden, die wegen bestimmter Straftaten verurteilt worden sind. Lehrer und Erzieher, die wegen Körperverletzungs- oder Sittlichkeitsdelikten verurteilt worden sind, können entlassen werden[12]. Zu den Anforderungen im öffentl. Dienst vgl. Rz. 227. Zur Frage, ob eine **Inhaftierung** als solche eine Kündigung rechtfertigen kann, vgl. Rz. 161.

247 – **Telefonieren und Internet.** Deklariert der ArbN **private Telefongespräche** auf einer digitalen Telefonnebenstellenanlage entgegen betriebl. Regelung fälschlich durch Vorwahl bestimmter Ziffern als vom ArbGeb zu zahlende Dienstgespräche, so liegt darin eine Vertragspflichtverletzung, die den Vertrauensbereich, also Loyalität und Ehrlichkeit des ArbN, berührt. Dieses Verhalten ist an sich geeignet,

---

1 Zur Frage einer Abmahnung bei Diebstahl abgeschriebener Ware durch eine Verkäuferin BAG 11.12.2003 – 2 AZR 36/03, AP Nr. 179 zu § 626 BGB; zur versuchten Erschleichung einer Postbeförderungsleistung im Wert von 2,50 Euro vgl. LAG Sa.-Anh. 6.12.2005 – 8 Sa 327/05, NZA-RR 2006, 411; zum rechtswidrigen Verzehr von Brotaufstrich in einem Backwarenbetrieb LAG Hamm 18.9.2009 – 13 Sa 640/09. ||2 LAG Sa.-Anh. 14.1.2003 – 8 Sa 341/02. ||3 BAG 10.6.2010 – 2 AZR 541/09, NJW 2011, 167; zT anders LAG Berlin 24.2.2009 – 7 Sa 2017/08, NZA-RR 2009, 188; sehr str. ||4 BAG 21.6.2012 – 2 AZR 153/11, NZA 2012, 1025. ||5 BAG 23.6.2009 – 2 AZR 474/07, BAGE 131, 155. ||6 BAG 6.9.2007 – 2 AZR 264/06, NJW 2008, 1097; milder LAG Hess. 5.7.1988 – 5 Sa 585/88, BB 1988, 2178. ||7 BAG 2.6.1960 – 2 AZR 91/58, DB 1960, 1012. ||8 BAG 27.1.1977 – 2 ABR 77/76, DB 1977, 869; 24.11.2005 – 2 AZR 39/05, NJW 2006, 1545; zu einem Ausnahmefall ohne die Absicht zur Erlangung eines rechtswidrigen Vermögensvorteils vgl. LAG Sa.-Anh. 11.3.1997 – 8 Sa 723/96, nv. ||9 LAG Hamm 20.2.1986 – 4 Sa 1288/85, DB 1986, 1338. ||10 BAG 13.8.1987 – 2 AZR 629/86, nv.; 12.8.1999 – 2 AZR 832/98, AP Nr. 51 zu § 123 BGB. ||11 BAG 8.11.2007 – 2 AZR 528/06, ZInsO 2008, 335 (zweifelhaft mit „Verbrauch des Kündigungsgrundes" begründet). ||12 LAG Berlin 15.12.1989 – 2 Sa 29/89, BB 1990, 286.

eine – auch außerordentl. – Kündigung zu begründen. Im Rahmen der umfassenden Interessenabwägung wird es entscheidend auf das Ausmaß der Verfehlung sowie auch auf die Dauer der Betriebszugehörigkeit ankommen[1]. Gelegentliche Falschdeklarierungen machen eine **Abmahnung** auch dann nicht in jedem Fall entbehrlich, wenn sie nicht auf Versehen beruhen[2]. Das gilt auch für übermäßige Nutzung grds. gestatteter Privatgespräche über den Dienstapparat. Die **private Internetnutzung** eines dienstl. Anschlusses kann folgende Vertragspflichten verletzen: Unberechtigte Inanspruchnahme von Betriebsmitteln, insb. wenn sie Kosten auslöst; Versäumung der Arbeitspflicht während der Arbeitszeit; Gefährdung des betriebl. Datensystems durch unbefugten „Download" erheblicher Datenmengen; Rufschädigung des ArbGeb durch – grds. rückverfolgbaren – Besuch von Internetseiten mit pornografischem oder gesetzwidrigem Inhalt[3]. Die unbefugte Installation einer Anonymisierungssoftware auf dem dienstl. Rechner stellt eine erhebliche Pflichtverletzung dar und kann eine Kündigung ohne vorherige Abmahnung rechtfertigen[4]. Die private Internetnutzung entgegen einem ausdrücklichen Verbot kann – ggf. nach Abmahnung – ebenfalls eine Kündigung rechtfertigen[5]. War die private Nutzung genehmigt oder über einen längeren Zeitraum hinweg widerspruchslos geduldet worden, wird nur eine exzessive Nutzung Vertragspflichten verletzen. Eine Abmahnung ist hier nur ausnahmsweise entbehrlich[6], wohl aber bei exzessiver Nutzung und gleichzeitigem Herunterladen pornografischer Dateien[7]. Doch handelt es sich nicht um einen „absoluten Kündigungsgrund"[8]. Eine Genehmigung ist vom ArbN substantiiert darzulegen, sodann hat der ArbGeb ihr Fehlen zu beweisen (abgestufte Darlegungs- und Beweislast). Lädt ein ArbN während der Arbeitszeit **pornographisches Bildmaterial** aus dem Internet, das er auf Datenträgern des ArbGeb speichert, und nutzt er den Internetzugang zum Einrichten einer Web-Page sexuellen Inhalts, rechtfertigt dies ohne vorherige Abmahnung eine außerordentl. Kündigung[9]. Eine **rechtswidrige Kontrolle** der Telekommunikation am Arbeitsplatz kann zu einem Verwertungsverbot im Rechtsstreit führen[10].

– **Treuepflicht.** Der ArbN hat die **berechtigten Interessen des ArbGeb** so zu wahren, wie dies von ihm unter Berücksichtigung seiner Stellung im Betrieb, seiner eigenen Interessen und der Interessen der anderen ArbN des Betriebes nach Treu und Glauben billigerweise verlangt werden kann (Pflicht zur Rücksichtnahme, § 241 II BGB). Hieraus folgt eine Reihe von Einzelpflichten, deren Verletzung kündigungsrechtl. Folgen haben kann, etwa die **Schadensabwendungspflicht**, nach der der ArbN drohende Schäden vom ArbGeb abwenden bzw. beseitigen muss, soweit ihm dies möglich und zumutbar ist. Das gilt auch für Eigenschädigungen des ArbGeb[11]. Der ArbN ist ferner verpflichtet, **Betriebs- und Geschäftsgeheimnisse** zu wahren, an deren Geheimhaltung ein berechtigtes betriebl. Interesse besteht[12]. Die Verletzung dieser Pflicht während der Dauer des ArbVerh ist nach Maßgabe des § 17 UWG strafbewehrt. BR-Mitglieder unterliegen zusätzlich der besonderen Schweigepflicht aus § 79 BetrVG. Betriebs- oder Geschäftsgeheimnis ist jede im Zusammenhang mit einem Betrieb stehende Tatsache, die nicht offenkundig, sondern nur einem eng begrenzten Personenkreis bekannt ist und nach dem Willen des Betriebsinhabers auf Grund eines **berechtigten wirtschaftl. Interesses** geheim gehalten werden soll[13]. Die Verletzung der Schweigepflicht kann je nach den Umständen eine ordentl. oder außerordentl. Kündigung rechtfertigen[14]. **Geschäftsschädigendes Verhalten**, insb. kreditgefährdende Äußerungen, die ohne berechtigtes Eigeninteresse oder gar wahrheitswidrig in Schädigungsabsicht ggü. Dritten getätigt werden, berechtigen regelmäßig zur außerordentl. Kündigung[15]. Ein Vertriebsmitarbeiter, der die eigenen Produkte ggü. einem Kunden kritisiert, ein Konkurrenzprodukt empfiehlt und den Kontakt zum Konkurrenzunternehmen herstellt, kann uU ohne Abmahnung fristlos entlassen werden[16]. Vgl. zur Treuepflicht auch § 611 BGB Rz. 347 ff.

Während des ArbVerh ist der ArbN gem. § 60 HGB, § 113 GewO verpflichtet, jeglichen **Wettbewerb** zu Lasten seines ArbGeb zu unterlassen[17]. Bei Zuwiderhandlung kann eine fristlose Kündigung gerechtfertigt sein[18]. Untersagt ist sowohl eigener Wettbewerb[19] als auch Unterstützung fremden Wettbewerbs[20]; auch die Beteiligung am Unternehmen eines Wettbewerbers kann uU gegen das Wett-

---

1 LAG Sa.-Anh. 23.11.1999 – 8 TaBV 6/99, LAGE § 103 BetrVG Nr. 15; LAG Köln 4.11.1999 – 6 Sa 493/99, nv. ||2 LAG Nds. 13.1.1998 – 13 Sa 1235/97, BB 1998, 1112. ||3 BAG 31.5.2007 – 2 AZR 200/06, NZA 2007, 922. ||4 BAG 12.1.2006 – 2 AZR 179/05, ZTR 2006, 559. ||5 Übersicht bei *Kramer*, NZA 2004, 457 ff.; *Hanau/Hoeren*, Private Internetnutzung durch Arbeitnehmer, 2003, S. 28 ff. ||6 ArbG Wesel 21.3.2001 – 5 Ca 4021/00, NZA 2001, 786 (Nutzungsdauer von 80–100 Stunden innerhalb eines Jahres); ArbG Hannover 1.12.2000 – 1 Ca 504/00 B, NZA 2001, 1022; *Ernst*, NZA 2002, 585 (590). ||7 BAG 7.7.2005 – 2 AZR 581/04, NZA 2006, 98. ||8 BAG 19.4.2012 – 2 AZR 186/11, NJW 2013, 104. ||9 ArbG Hannover 1.12.2000 – 1 Ca 504/00 B, NZA 2001, 1022; zum *Aufruf einer Internetseite* mit pornographischem Inhalt am Arbeitsplatz: LAG Rh.-Pf. 18.12.2003 – 4 Sa 1288/03, BB 2004, 1682 (Kündigung nicht in jedem Fall gerechtfertigt); zu ca. 50-stündigen privaten Surfen vorrangig auf pornografischen Seiten durch den ordentl. nicht kündbaren Beschäftigten einer Bundesbehörde vgl. BAG 27.4.2006 – 2 AZR 386/05, DB 2006, 1849. ||10 Vgl. näher *Mengel*, BB 2004, 1445 (1451 f.). ||11 BAG 28.8.2008 – 2 AZR 15/07, NZA 2009, 192. ||12 BAG 26.9.1990 – 2 AZR 602/89, nv. ||13 BAG 26.2.1987 – 6 ABR 46/84, AP Nr. 2 zu § 79 BetrVG 1972 (*Teplitzky*). ||14 BAG 4.4.1974 – 2 AZR 452/73, BB 1974, 739. ||15 LAG BW 27.11.1967 – 4 Sa 107/67, DB 1968, 359, 491. ||16 LAG Sachs. 25.6.1996 – 9 Sa 257/96, LAGE § 626 BGB Nr. 102. ||17 BAG 17.10.1969 – 3 AZR 442/68, AP Nr. 7 zu § 611 BGB Treuepflicht (*Canaris*). ||18 BAG 6.8.1987 – 2 AZR 226/87, BB 1988, 487; 16.8.1990 – 2 AZR 113/90, NZA 1991, 141. ||19 BAG 16.8.1990 – 2 AZR 113/90, NZA 1991, 141. ||20 BAG 21.11.1996 – 2 AZR 852/95, EzA § 60 HGB Nr. 13; 23.4.1998 – 2 AZR 442/97, nv.

bewerbsverbot verstoßen[1]. Bloße **Vorbereitungshandlungen** für die Aufnahme des Geschäftsbetriebes wie Anmietung von Geschäftsräumen, Begründung von ArbVerh etc. fallen noch nicht unter das Wettbewerbsverbot[2]. Der ArbN darf aber nicht bei den Kunden des ArbGeb „vorfühlen" oder auf Arbeitskollegen ernsthaft einwirken, um sie abzuwerben. Beides kann idR eine außerordentl. Kündigung ohne vorherige Abmahnung rechtfertigen. Die **Abwerbung** von Kollegen rechtfertigt allerdings nur unter besonderen Umständen die außerordentl. oder ordentl. verhaltensbedingte Kündigung des abwerbenden ArbN. Zum Begriff der Abwerbung gehört, dass auf den ArbN mit einer gewissen Ernsthaftigkeit und Beharrlichkeit eingewirkt wird mit dem Ziel, ihn zur Aufgabe des einen zwecks Begründung eines neuen ArbVerh zu bewegen. Das gemeinsame Pläneschmieden von ArbN, von denen der eine sich selbständig machen will unter Einbeziehung von Kollegen, stellt im Lichte von Art. 2, 5 I u. 12 GG nicht in jedem Fall eine Treuepflichtverletzung dar[3]. Anders liegt es bei der Abwerbung von Kunden. Während eines **Kündigungsschutzprozesses** besteht regelmäßig Unklarheit über den Fortbestand des ArbVerh und damit des Wettbewerbsverbotes. Erweist sich die Kündigung später als unwirksam, so wird ein etwaiger zwischenzeitlicher Wettbewerbsverstoß des ArbN nur dann Vertragspflichten verletzt haben, wenn dadurch in substanzielle Interessen des ArbGeb schädigend eingegriffen wurde. Die Berufung des ArbGeb auf einen bloßen formellen Wettbewerbsverstoß wäre angesichts seines eigenen Verhaltens (Kündigung) unzulässig[4].

250 Die Annahme von **Schmiergeld** kann grds. eine fristlose Kündigung rechtfertigen. Sie zerstört das Vertrauen in die Zuverlässigkeit und Redlichkeit des ArbN[5]. Das Schmiergeld dient dazu, das Verhalten des ArbN zu Gunsten des Dritten und zum Nachteil des ArbGeb zu beeinflussen. Es kommt nicht darauf an, ob der ArbN tatsächlich zum Schaden des ArbGeb gehandelt hat[6]. Wer zB für betriebl. Bestellungen zuständig ist und einen Lieferanten veranlasst, an ihn privat Ware im Wert von 300 DM ohne Bezahlung zu liefern, kann fristlos entlassen werden[7]. Der mehrfache Verstoß eines Angestellten im öffentl. Dienst gegen das Verbot, ohne Zustimmung des ArbGeb Belohnungen oder Geschenke in Bezug auf seine dienstl. Tätigkeit anzunehmen (§ 3 II TVöD), ist an sich geeignet, einen wichtigen Grund zur außerordentl. Kündigung darzustellen[8]. Das außerdienstl. Verhalten eines ArbN (Forderung und Kassierung einer „**Vermittlungsprovision**" für die Einstellung eines ArbN), das weder zur konkreten Beeinträchtigung des ArbVerh noch zur „konkreten Gefährdung" im Vertrauensbereich führt, soll dagegen nicht geeignet sein, einen Grund im Verhalten des ArbN zu bilden[9]. Keine Pflichtverletzung stellt die Annahme üblicher **Gelegenheitsgeschenke** dar, wobei die Abgrenzung zum Schmiergeld unter Berücksichtigung der Branchengepflogenheiten nach Treu und Glauben zu erfolgen hat (übliche Gelegenheitsgeschenke sind – je nach den Umständen – bspw. Taschenkalender, Kugelschreiber, Flasche Sekt etc.). Auch die **aktive Bestechung** eines potentiellen Kunden des ArbGeb kann uU eine Kündigung rechtfertigen, selbst wenn sie im Interesse des ArbGeb erfolgt[10]. Sie ist gem. § 299 II StGB strafbar. Doch ist stets zu prüfen, ob der ArbGeb die Bestechung gekannt und geduldet oder gar angewiesen hat. Es ist auch nicht etwa nach allg. Erfahrungssätzen ausgeschlossen, dass einem ArbN von seinen Vorgesetzten ein den eigenen Antikorruptions-Richtlinien möglicherweise widersprechendes Verhalten gestattet wird[11].

251 – **Unentschuldigtes Fehlen.** Unbefugtes Fernbleiben von der Arbeit kann – je nach den Umständen – eine ordentl. oder außerordentl. Kündigung rechtfertigen[12]. Eine **dreitägige unentschuldigte Fehlzeit** kann eine außerordentl. Kündigung nach sich ziehen. Kürzere Fehlzeiten, die einmalig auftreten und keine besonderen betriebl. Schwierigkeiten verursachen, bedürfen vor Ausspruch der Kündigung einer Abmahnung. Häufige **Unpünktlichkeit** kann nach mehrfacher Abmahnung eine ordentl. oder außerordentl. Kündigung rechtfertigen. Ebenso kann das Verlassen des Arbeitsplatzes vor Arbeitsende oder das Überziehen der Pausen nach – ggf. mehrfachen – vergeblichen Abmahnungen Grund für eine ordentl. Kündigung sein[13]. Für die **Prognose** künftiger Unpünktlichkeit kommt es auf die Umstände des Einzelfalls an, insb. die Ursache und Häufigkeit der bisherigen Verspätungen sowie die Anzahl der Abmahnungen[14]. Ob die Unpünktlichkeit eine betriebl. Störung verursacht hat, ist nur im Rahmen der Interessenabwägung von Bedeutung (vgl. Rz. 179) und jedenfalls dann unerheblich, wenn das Verhalten des ArbN schon als beharrliche Pflichtverletzung anzusehen ist[15]. Ein einschlägig abgemahnter ArbN wird gegen künftige Verspätungen erhöhte Vorsorge zu treffen haben[16].

252 – **Unfallschutz.** Der Verstoß gegen Arbeitsschutzbestimmungen kann – je nach den Umständen – mit oder ohne Abmahnung eine ordentl. oder auch außerordentl. Kündigung rechtfertigen. Es kommt

---

1 LAG Hess. 28.4.1998 – 9 Sa 2007/97, BB 1998, 1899 m. abl. Anm. *Hohmeister*. ‖ 2 BAG 31.1.1996 – 2 AZR 68/95, NZA 1996, 819. ‖ 3 LAG Rh.-Pf. 7.2.1992 – 6 Sa 528/91, NZA 1993, 265 f. ‖ 4 Vgl. hierzu aber BAG 25.4.1991 – 2 AZR 624/90, BB 1992, 72. ‖ 5 LAG Düss. 12.8.1980 – 8 Sa 235/80, LAGE § 626 Nr. 8. ‖ 6 BAG 15.11.1995 – 2 AZR 974/94, AP Nr. 73 zu § 102 BetrVG 1972. ‖ 7 LAG Schl.-Holst. 6.5.1996 – TaBV 14/96, LAGE § 626 BGB Nr. 5. ‖ 8 BAG 15.11.2001 – 2 AZR 605/00, AP Nr. 175 zu § 626 BGB. ‖ 9 BAG 24.9.1987 – 2 AZR 26/87, BB 1988, 1466; zu Recht krit. KR/*Fischermeier*, § 626 BGB Rz. 447 mwN. ‖ 10 Auch die Bildung von „schwarzen Kassen" zu diesem Zweck, vgl. *Kolbe*, NZA 2009, 228. ‖ 11 BAG 21.6.2012 – 2 AZR 694/11, NZA 2013, 199. ‖ 12 BAG 17.1.1991 – 2 AZR 375/90, DB 1991, 1637. ‖ 13 BAG 23.9.1992 – 2 AZR 199/92, AP Nr. 44 zu § 1 KSchG Verhaltensbedingte Kündigung. ‖ 14 BAG 17.1.1991 – 2 AZR 375/90, BB 1991, 1051. ‖ 15 BAG 17.1.1991 – 2 AZR 375/90, BB 1991, 1051. ‖ 16 BAG 27.2.1997 – 2 AZR 302/96, NZA 1997, 761.

hier entscheidend darauf an, welche **Gefahr** bei einem Verstoß droht. Nicht maßgeblich ist, ob die Gefahr sich verwirklicht hat. Ein Verstoß gegen das Rauchverbot untertage dürfte wegen der besonderen Gefahr für eine Vielzahl von Bergleuten eine außerordentl. Kündigung ohne vorherige Abmahnung rechtfertigen[1]. Demggü. bedarf es grds. einer einschlägigen vorausgegangenen Abmahnung, wenn der ArbN entlassen werden soll, weil er vorschriftswidrig einen **Schutzhelm** nicht trägt. Insoweit dürfte auch eine sog. vorweggenommene Abmahnung am „Schwarzen Brett", die sich an alle ArbN wendet, nicht die ausreichende Zuspitzung und Intensität haben, um eine Abmahnung bei einmaligem Verstoß entbehrlich zu machen (näher Rz. 192).

- **Urlaub.** Der Urlaub ist stets **vom ArbGeb zu gewähren**. Weigert sich der ArbGeb rechtswidrig, den Urlaub zu gewähren, so kann sich der ArbN an den BR wenden (§§ 85, 87 I Nr. 5 BetrVG) oder er muss gerichtl. Hilfe in Anspruch nehmen (Klage, einstw. Verfügung). Ein Recht zur „Selbstbeurlaubung" steht ihm nicht zu. Der **eigenmächtige Antritt** eines vom ArbGeb abgelehnten Urlaubs rechtfertigt idR eine außerordentl. Kündigung ohne vorherige Abmahnung, wenn der ArbGeb den Urlaub zu Recht abgelehnt hat[2]. Eine rechtswidrige Ablehnung ist zu Gunsten des ArbN im Rahmen der Interessenabwägung zu berücksichtigen, so dass im Einzelfall eine außerordentl. oder auch ordentl. Kündigung unbegründet sein kann[3]. Das Gleiche gilt, wenn der ArbN das ArbVerh gekündigt hat und den Resturlaub in der Kündigungsfrist nehmen will, der ArbGeb jedoch ohne Gründe die Urlaubsgewährung verweigert. Im Kündigungsschutzprozess ist der **ArbGeb beweispflichtig** dafür, dass der Urlaub nicht genehmigt, sondern verweigert worden ist. Es gilt aber eine abgestufte Darlegungslast. Behauptet der ArbGeb unentschuldigtes Fehlen, muss der ArbN im Einzelnen die Urlaubsbewilligung darlegen; sodann hat der ArbGeb sie zu widerlegen. Auch die **eigenmächtige Überschreitung** des bewilligten Urlaubs ohne Rechtfertigungs- oder Entschuldigungsgrund (zB Fluglotsenstreik am Urlaubsort) kann eine außerordentl. Kündigung rechtfertigen. Dies hängt davon ab, ob die Überschreitung erheblich ist oder aus sonstigen Gründen eine beharrliche Arbeitsverweigerung darstellt[4]. Eine Überschreitung für ein bis zwei Tage wird nur unter solchen besonderen Umständen eine außerordentl. Kündigung ohne vorherige Abmahnung rechtfertigen. Bei **Erkrankung am Urlaubsort** werden die durch ärztliches Zeugnis nachgewiesenen Tage der Arbeitsunfähigkeit auf den Jahresurlaub nicht angerechnet (§ 9 BUrlG). Der bewilligte Urlaub verlängert sich dadurch allerdings nicht um die Krankheitstage. Vielmehr hat der ArbN nach Ablauf des Urlaubs- bzw. Krankheitszeitraums die Arbeit anzutreten oder ggf. eine Verlängerungsbewilligung einzuholen[5]. 253

- **Verdacht.** Zum Verdacht als Kündigungsgrund s. Rz. 164 sowie eingehend § 626 BGB Rz. 323 ff. 254

VI. Betriebsbedingte Kündigung. 1. Überblick. Gem. Abs. 2 ist eine Kündigung auch sozial gerechtfertigt, wenn sie „durch **dringende betriebliche Erfordernisse**, die einer Weiterbeschäftigung des Arbeitnehmers in diesem Betrieb entgegenstehen, bedingt ist". Es muss nicht nur eine Weiterbeschäftigung des ArbN im bisherigen Tätigkeitsbereich ausscheiden, sondern auch eine anderweitige Weiterbeschäftigung zu gleichen oder geänderten Bedingungen, ggf. nach zumutbaren Umschulungs- oder Fortbildungsmaßnahmen. Auch dann ist die Kündigung gem. Abs. 3 S. 1 noch sozial ungerechtfertigt und damit unwirksam, wenn nicht alle vergleichbaren ArbN gekündigt werden und der ArbGeb bei der Auswahl der zu Kündigenden soziale Gesichtspunkte nicht ausreichend beachtet hat (**Sozialauswahl**). Die betriebsbedingte Kündigung ist danach in **drei Schritten** zu prüfen: 255

(1) Kann der ArbN in seinem alten Tätigkeitsbereich nicht mehr weiterbeschäftigt werden?

(2) Besteht eine anderweitige freie Beschäftigungsmöglichkeit, auch zu geänderten Arbeitsbedingungen (ggf. nach Umschulung/Fortbildung)?

(3) Wenn die Zahl der vergleichbaren ArbN die Zahl der zu kündigenden übersteigt: Wem ist nach den Grundsätzen der Sozialauswahl zu kündigen?

Die betriebsbedingte Kündigung steht in besonderer Weise im Spannungsfeld **widerstreitender Grundrechtsinteressen**. Art. 12 GG schützt die „Unternehmerfreiheit", dh. die freie Gründung und Führung von Unternehmen. Zugleich fällt in den Schutzbereich des Grundrechts auch das Bestandsschutzinteresse des ArbN, das einen wirksamen Mindestschutz gegen arbeitgeberseitige Kündigungen erfordert (vgl. Vor § 1 Rz. 7 ff.). Das Tatbestandsmerkmal „dringende betriebliche Erfordernisse" und das Gebot der Sozialauswahl bezwecken den Ausgleich dieser Interessen. 256

2. Dringende betriebliche Erfordernisse. a) „Betriebliche" Erfordernisse. aa) Sphäre des Arbeitgebers. In **Abgrenzung** zu personen- und verhaltensbedingten Gründen aus der Sphäre des ArbN stammen betriebsbedingte Gründe aus der Sphäre des ArbGeb. Auch Gründe aus der Sphäre des ArbN haben „Betriebsbezug", dh., sie rechtfertigen eine Kündigung idR erst, wenn sie sich störend auf den Betrieb auswirken. Maßgeblich für die Abgrenzung ist, in wessen Sphäre die Störung ihren Kern hat, 257

---

1 Brandgefahr: LAG BW 23.10.1951 – I Sa 118/51, DB 1952, 232; LAG München 18.1.1961 – 5 Sa 233/60 N, BB 1961, 1325. ‖ 2 BAG 20.1.1994 – 2 AZR 521/93, NZA 1994, 548. ‖ 3 BAG 20.1.1994 – 2 AZR 521/93, NZA 1994, 548. ‖ 4 LAG Düss. 29.4.1981 – 22 Sa 82/81, LAGE § 626 BGB Nr. 12. ‖ 5 LAG Schl.-Holst. 9.2.1988 – 1 Sa 814/87, LAGE § 626 BGB Nr. 36.

wem sie also **bei wertender Betrachtung** zuzuordnen ist. In Grenzfällen bereitet die Zuordnung Probleme. Die Drohung der Belegschaft mit Arbeitsniederlegung und Abwanderung für den Fall, dass der ArbGeb nicht einen bestimmten ArbN entlässt, ist dem ArbN zuzurechnen, wenn er sie mit seiner Person oder seinem Verhalten veranlasst hat und dies bei wertender Betrachtung seiner Sphäre zuzuordnen ist (sog. unechte Druckkündigung[1]). Beruht die Drohung dagegen bspw. auf ausländerfeindlicher Gesinnung, kann ihr Ursprung nicht dem ausländischen ArbN, sondern nur den Kollegen zugerechnet werden (echte **Druckkündigung**). Dies fällt hier in die Sphäre des ArbGeb, da es seine Vertragspartner sind. Der ArbGeb muss alle Mittel – bis hin zur Entlassung – ausschöpfen, um sich schützend vor den betroffenen ArbN zu stellen. Eine Kündigung dieses ArbN verstieße gegen Art. 3 I 1 GG und § 75 I 1 BetrVG. Nur ganz ausnahmsw. wird der ArbGeb dem grundlosen Druck von dritter Seite nachgeben dürfen, um schwere Schäden vom Betrieb abzuwenden. Eine solche Kündigung fällt bei wertender Betrachtung in die betriebl. Sphäre des ArbGeb[2]. Erfolgt der Druck wegen eines verpönten Merkmals iSv. § 1 AGG, werden gem. §§ 138, 242, 826 BGB die Wertungen der zugrunde liegenden EU-Richtlinien einschl. der Beweislastverteilung zu beachten sein[3]. Dabei sind auch die dem ArbGeb in § 12 AGG auferlegten Schutzpflichten zu berücksichtigen. Vgl. zu weiteren Grenzfällen Rz. 68 ff. und Rz. 326.

258 bb) **Betriebsbezogenheit.** Nicht jeder Umstand aus der Sphäre des ArbGeb ist schon **betrieblicher Art**. Rein außerbetriebl. Gründe scheiden ebenso aus wie solche Gründe, die nur für einen Betriebsteil von Bedeutung sind, der ArbN etwa in einem anderen Betriebsteil weiterbeschäftigt werden kann. Auf die Verhältnisse einer Abteilung kommt es nicht an[4]. Umgekehrt fehlt allg. arbeitsmarkt- und beschäftigungspolitischen Motiven der erforderliche Betriebsbezug, etwa wenn der ArbGeb anstelle der eigenen ArbN arbeitslose Jugendliche oder Schwerbehinderte einstellen will[5]. Auch wirtschaftl. Faktoren wie gesamtwirtschaftl. oder branchenspezifische Lage, technische Entwicklung, Steueränderungen etc. sind erst kündigungsrelevant, wenn sie sich unmittelbar oder auf Grund einer Anpassung des unternehmerischen Konzepts konkret betriebl. auswirken.

259 Der Betriebsbegriff wird im KSchG grds. einheitlich gebraucht. Der **Betrieb iSd. KSchG** ist idR identisch mit dem Betrieb iSv. § 1 BetrVG (vgl. zum Begriff näher dort). Abweichend stellt das BAG aber für den Betrieb iSd. KSchG entscheidend auf den einheitlichen organisatorischen Leitungsapparat für personelle und soziale Entscheidungen ab[6]. Die bundesweit verstreuten Filialen eines zentral gelenkten Unternehmens können so einen einheitlichen Betrieb iSd. KSchG bilden[7]. Die für den **Betrieb iSd. BetrVG** gem. § 4 S. 1 Nr. 1 BetrVG grds. wichtige räumliche Entfernung von anderen Betriebsstätten ist kündigungsschutzrechtl. allenfalls von untergeordneter Bedeutung. Bei einheitlicher Leitung besteht hier grds. nur ein Betrieb iSd. KSchG, so dass die Schließung einer Betriebsstätte auch für die ArbN der anderen Betriebsstätten mit eigenem BR ein „betriebliches" Erfordernis zur Kündigung darstellt (im Wege der Sozialauswahl, vgl. Rz. 336)[8]. Abweichende betriebsverfassungsrechtl. Strukturen iSv. § 3 BetrVG sowie betriebsverfassungsrechtl. verbindliche Entscheidungen über die Betriebsabgrenzung gem. § 18 II BetrVG sind für das KSchG grds. nicht maßgeblich[9]. Bilden mehrere rechtl. selbständige Unternehmen einen **gemeinsamen Betrieb** (§ 23 Rz. 6), sind für den Kündigungsschutz die Verhältnisse im gemeinsamen Betrieb maßgeblich. Solange dort eine Weiterbeschäftigungsmöglichkeit besteht, scheidet eine betriebsbedingte Kündigung aus. Unerheblich ist, ob diese Beschäftigungsmöglichkeit intern einem anderen ArbGeb zugeordnet ist (s. Rz. 277). Zur sozialen Auswahl in diesen Fällen vgl. Rz. 336.

260 cc) **Inner- und außerbetriebliche Ursachen.** Einer **klareren Erfassung** der betriebsbedingten Kündigungsgründe dient die Unterscheidung nach ihren Ursachen. Zu den außerbetriebl. Ursachen gehören zB Rohstoffmangel, Umsatz- oder Auftragsrückgang, zu den innerbetriebl. Ursachen dagegen gestaltende Maßnahmen des ArbGeb, wie etwa Fremdvergabe einer bislang betriebl. verrichteten Tätigkeit (zB Gebäudereinigung), Stilllegung des Betriebes oder Rationalisierung[10]. Eigentliches betriebl. Erfordernis für eine Kündigung ist in allen diesen Fällen der Personalüberhang mit seiner Kostenbelastung[11]. Doch schärft die Unterscheidung von inner- und außerbetriebl. Ursachen den Blick dafür, den Personalüberhang festzustellen. Nimmt etwa ein Kaufhaus den andauernden Rückgang des Umsatzes zum Anlass, die Lebensmittelabteilung zu schließen, ist der (außerbetriebl.) Umsatzrückgang nur **Motiv** für die Schließung der Abteilung. Für den Personalüberhang ist die Schließung selbst die entscheidende (in-

---

1 Vgl. zur Abgrenzung *Deinert*, RdA 2007, 275 (277 ff.). ||2 BAG 19.6.1986 – 2 AZR 563/86, AP Nr. 33 zu § 1 KSchG 1969 Betriebsbedingte Kündigung (*Gamillscheg*) (grundlose Zurückweisung eines Bauarbeiters auf libyscher Baustelle mit Boykottdrohung). ||3 *Kamanabrou*, RdA 2007, 199 (201); zur Benachteiligung wegen ethnischer Herkunft auf Grund von Kundenwünschen vgl. EuGH 16.7.2008 – Rs. C-54/07. ||4 BAG 11.10.1989 – 2 AZR 61/89, DB 1990, 2024; 10.11.1994 – 2 AZR 242/94, NZA 1995, 566; 15.12.1994 – 2 AZR 327/94, NZA 1995, 521. ||5 BAG 13.3.1987 – 7 AZR 724/85, NZA 1987, 629. ||6 BAG 21.6.1995 – 2 AZR 693/94, AP Nr. 16 zu § 1 BetrVG 1972; 20.8.1998 – 2 AZR 84/98, BB 1999, 320; LAG Sa.-Anh. 11.1.2000 – 8 Sa 449/99, NZA-RR 2001, 81; aA *Kania/Gilberg*, NZA 2000, 678 ff. ||7 BAG 18.1.1990 – 2 AZR 355/89, DB 1991, 500; 29.5.1991 – 7 ABR 54/90, BB 1991, 2373. ||8 BAG 3.6.2004 – 2 AZR 577/03, NZA 2005, 175; 26.6.1995 – 2 AZR 693/94, EzA § 23 KSchG Nr. 14; 20.8. 1998 – 2 AZR 84/98, NZA 1999, 255; ähnlich auch LAG Sa.-Anh. 11.1.2000 – 8 Sa 449/99, nv.; zust. *Preis* in Stahlhacke/Preis/Vossen, Rz. 888; aA *Kania/Gilberg*, NZA 2000, 678 ff. ||9 BAG 18.10.2006 – 2 AZR 434/05, DB 2007, 810 (Rz. 44). ||10 St. Rspr., vgl. BAG 13.3.1987 – 7 AZR 724/85, BB 1987, 1320; 26.9.1996 – 2 AZR 200/96, BB 1997; 30.5.1985 – 2 AZR 321/84, NZA 1986, 155. ||11 Vgl. *Quecke*, NZA 1999, 1247 ff.

nerbetriebl.) Ursache. Entschließt sich der ArbGeb dagegen nicht zur Änderung seines Konzepts (hier: Teilstilllegung), sondern zur Reduzierung des Personals entsprechend dem Umsatzrückgang, ergibt sich ein Personalüberhang ausschließlich durch die Auswirkung des (außerbetriebl.) Umsatzrückgangs auf den Personalbedarf; diese ist vom ArbGeb im Kündigungsschutzprozess im Einzelnen darzulegen[1]. In der Praxis treffen inner- und außerbetriebl. Umstände häufig zusammen, etwa wenn ein dauerhafter Umsatzrückgang die Beschäftigungsmöglichkeit für 1,5 ArbN entfallen lässt, der ArbGeb zwei ArbN kündigt und die verbleibende Arbeitsmenge innerbetriebl. neu verteilt (durch Leistungsverdichtung). Der Wegfall von zwei Arbeitsplätzen folgt hier erst aus dem Rückgang der Arbeitsmenge und der Neuverteilung der verbliebenen Arbeit. Der ArbGeb hat grds. beides im Einzelnen darzulegen und kann sich nicht lediglich auf eine „gestaltende" innerbetriebl. Entscheidung zum Abbau von zwei Arbeitsplätzen zurückziehen[2].

dd) „Eigentliche" betriebliche Erfordernisse. Bei der **Einteilung** betriebl. Erfordernisse sind auch Kündigungsgründe ins Auge zu fassen, die idR nur Anlass für eine Änderungskündigung geben. Auch sie bedürfen gem. § 2 S. 1 iVm. § 1 II eines „dringenden betrieblichen Erfordernisses". Der Wegfall des Beschäftigungsbedarfs ist der mit Abstand praktisch wichtigste betriebsbedingte Kündigungsgrund. Hinzu treten die Änderung des Beschäftigungsbedarfs sowie ausnahmsw. Gründe bei unverändertem Beschäftigungsbedarf. 261

(1) Wegfall des Beschäftigungsbedarfs. Der Wegfall des Beschäftigungsbedarfs führt zu einem Personalüberhang. Sein Abbau zielt auf Entlastung des Betriebes von Kosten für eine nicht benötigte Gegenleistung, da für den ArbN keine Arbeit vorhanden ist. Das ArbVerh ist auf den Austausch von Leistungen gerichtet, mit dem fehlenden Beschäftigungsbedarf würde seine Grundlage entfallen. Die Entlastung von solchen Kosten stellt daher stets ein betriebl. Erfordernis dar und in aller Regel auch ein dringendes (vgl. Rz. 285ff.). Der **Personalüberhang** besteht in der Differenz zwischen Personalbestand und Personalbedarf. Der Personalbedarf bildet sich aus den Faktoren Arbeitsmenge und Arbeitsverteilung. Diese bestimmen zugleich über die sog. Arbeitsdichte (Arbeitsmenge pro Zeiteinheit pro Kopf). Ein Personalüberhang kann durch außerbetriebl. Gründe oder durch innerbetriebl. Maßnahmen des ArbGeb entstehen (vgl. Rz. 260). Durch den Überhang an Arbeitskräften entfällt unmittelbar oder mittelbar (über die Sozialauswahl) das Bedürfnis zur Weiterbeschäftigung eines oder mehrerer ArbN[3]. Dabei ist nicht auf einen „bestimmten räumlich fixierten Arbeitsplatz" abzustellen, weil Art und Ort der Tätigkeit eines ArbN oft wechseln und es wegen des Gebotes der sozialen Auswahl nach Abs. 3 bei mehreren vergleichbaren Arbeitsplätzen kündigungsrechtl. unerheblich ist, welcher bestimmte Arbeitsplatz entbehrlich geworden ist[4]. 262

(2) Änderung des Beschäftigungsbedarfs. Die Änderung des Beschäftigungsbedarfs führt wie sein ersatzloser Wegfall dazu, dass der ArbGeb bei unverändertem Fortbestehen des ArbVerh Entgelt für eine **nicht benötigte Leistung** zu zahlen hätte. Sein Arbeitsbedarf stimmt nicht mehr mit der vertragl. gebundenen Arbeitsleistung überein. Doch geht es nicht um eine Verringerung des Personalbedarfs, sondern um eine inhaltliche Änderung der benötigten Arbeitsleistung. Unterscheiden sich alte und neue Tätigkeiten nicht wesentlich, kann uU eine gesteigerte Verpflichtung des ArbGeb entstehen, dem ArbN die geänderte Tätigkeit auch bei Umwandlung in eine Beförderungsstelle anzubieten[5] (vgl. Rz. 276). Auch kann eine gesteigerte Verpflichtung zur Umschulung des betroffenen ArbN bestehen[6]. Die Änderung des Beschäftigungsbedarfs kann auf außerbetriebl. Gründen oder innerbetriebl. Maßnahmen des ArbGeb beruhen (vgl. Rz. 260). Sie kann hinsichtlich Art, Ort oder Zeit der Arbeitsleistung eintreten. 263

Die **Bedarfsänderung** muss von der Kündigung losgelöst, ihr sozusagen vorgelagert sein. Es kommt darauf an, das genau zu erfassen. In der bloßen Entscheidung für eine Kündigung oder einen anderen Vertragsinhalt liegt noch kein der Kündigung vorgelagerter Umstand, der den betriebl. Beschäftigungsbedarf ändert. Kündigt der ArbGeb etwa einer Vollzeitkraft unter gleichzeitigem Angebot einer Halbtagsstelle, weil er zukünftig nur noch **Halbtagskräfte** einsetzen und demgemäß noch keine weitere Halbtagskraft einstellen will, folgt daraus noch kein weiteres ein geänderter Beschäftigungsbedarf. Das BAG prüft hier, ob der ArbGeb eine freie unternehmerische „Organisationsentscheidung" getroffen hat, für bestimmte Arbeiten nur noch Halbtagskräfte vorzusehen[7]. Diese ist nur auf Willkür zu prüfen (vgl. Rz. 267). Eine gestaltende unternehmerische Maßnahme, die den Beschäftigungsbedarf ändert, ist zB anzunehmen, wenn die Halbtagskräfte gleichzeitig arbeiten sollen, etwa wegen des besonderen Geschäftsanfalls um diese Tageszeit. Ist Derartiges nicht der Fall, ist ein geänderter Bedarf und damit ein betriebl. Erfordernis nicht ersichtlich[8]. Vgl. auch § 2 Rz. 17. 264

---

1 BAG 15.6.1989 – 2 AZR 600/88, NZA 1990, 65; das BAG spricht hier irreführend von „selbstbindender Unternehmerentscheidung"; dazu krit. HK-KSchG/*Dorndorf*, § 1 Rz. 861. || 2 BAG 17.6.1999 – 2 AZR 141/99, AP Nr. 101 zu § 1 KSchG 1969 Betriebsbedingte Kündigung (*Ehmann; Krebber; Quecke*, NZA 1999, 1247 (1249); *Junker*, EWiR 1999, 1179. || 3 BAG 1.7.1976 – 2 AZR 322/75, BB 1976, 1416; 16.9.1982 – 2 AZR 271/80, DB 1983, 504. || 4 BAG 30.5.1985 – 2 AZR 321/84, DB 1986, 232. || 5 BAG 10.11.1994 – 2 AZR 242/94, NZA 1995, 566. || 6 BAG 7.5.1968 – 1 AZR 407/67, DB 1968, 1319 (Umschulung eines Piloten von Propeller- auf Düsenflugzeuge). || 7 BAG 22.4.2004 – 2 AZR 385/03, AP Nr. 74 zu § 2 KSchG 1969; 3.12.1998 – 2 AZR 341/98, BB 1999, 847. || 8 BAG 12.8.1999 – 2 AZR 12/99, NZA 2000, 30.

265 **(3) Betriebliche Erfordernisse bei unverändertem Beschäftigungsbedarf.** Bei unverändertem Beschäftigungsbedarf können betriebl. Erfordernisse nur ausnahmsw. bestehen. Die ArbN werden hier unverändert für die vertragl. vereinbarten Tätigkeiten benötigt. Hauptfall ist die Änderungskündigung zur **Entgeltkürzung**. Ein (dringendes) betriebl. Erfordernis, das der Weiterbeschäftigung zu unveränderten Bedingungen entgegensteht und so die Entgeltkürzung bedingt, kann nicht in der bloßen Entlastung von Kosten liegen; diese ist der ArbGeb vertragl. eingegangen. Auch Gewinnverfall oder Verluste werden nicht genügen. Sie fallen idR in den alleinigen Risikobereich des ArbGeb. Vielmehr wird die Grundlage des ArbVerh, der betriebl. Beschäftigungsbedarf, bei unveränderter Fortsetzung des ArbVerh ernstlich bedroht sein müssen[1]. Vgl. näher § 2 Rz. 17. Unter ganz besonderen Umständen soll auch die eindeutig und ernsthaft erklärte Absicht eines ArbN, bei nächster Gelegenheit den Arbeitsplatz wechseln zu wollen (sog. **Abkehrwille**), trotz unverändertem (sogar dringendem) Beschäftigungsbedarf eine betriebsbedingte Kündigung rechtfertigen, so wenn der abkehrwillige ArbN eine hochspezialisierte oder sonst besonders qualifizierte, für den Betrieb wichtige Tätigkeit ausübt und auf dem Arbeitsmarkt eine sonst schwer zu findende Ersatzkraft gerade zu haben ist[2]. Das BAG hat den Sachverhalt zutreffend als betriebsbedingt eingeordnet. Es treffen zwei Ursachen zusammen, nämlich der nicht zu beanstandende und vertragsgemäße Abkehrwille des ArbN und die betriebl. Abhängigkeit von der Fachkraft, der durch Bindung eines Ersatzmannes Rechnung getragen werden könnte. Bei wertender Betrachtung liegt der Kündigungsgrund angesichts der Kündigungsfreiheit des ArbN hier in der besonderen betriebl. Notlage und der sich bietenden Chance[3]. Zur **Druckkündigung** vgl. Rz. 257.

266 **b) Betriebliche Erfordernisse auf Grund unternehmerischer Entscheidung. aa) Unternehmerische Freiheit und KSchG.** Ein betriebl. Erfordernis für eine Kündigung entsteht idR durch einen **gestaltenden Eingriff** des ArbGeb in Art und Umfang der betriebl. Tätigkeit und ihre Organisation, so bei der Stilllegung eines Betriebes, der Rationalisierung oder der Fremdvergabe betriebl. Tätigkeiten, aber auch bei der Einführung von Schichtarbeit oder Samstagsarbeit etc. Das KSchG verlangt erst für die Kündigung selbst ein dringendes betriebl. Erfordernis. In seiner Entscheidung über **Art und Umfang der betrieblichen Tätigkeit sowie ihre innerbetriebliche Organisation** schränkt es den ArbGeb dagegen grds. nicht ein. Er trägt auch allein das wirtschaftl. Risiko[4]. Die vorgenannte Entscheidung darf nicht verwechselt werden mit einer bloßen Entscheidung, den **Personalbestand auf Dauer zu reduzieren**. Entgegen einer verbreiteten Ansicht lässt eine solche Entscheidung für sich den Beschäftigungsbedarf nicht entfallen[5] (vgl. zur Kritik Rz. 270). Wenn gesagt wird, dass der ArbGeb über das personelle Konzept und damit über Stärke und Zusammensetzung der Belegschaft frei entscheide[6], kann damit nur ein unternehmerisches Konzept im vorgenannten Sinne gemeint sein, aus dem sich der jeweilige Personalbedarf tatsächlich ergibt[7]. Das Konzept muss sich auf die betriebl. benötigte Arbeitsmenge und/oder ihre Verteilung beziehen[8]. Das personelle Konzept kann auch in einer **Verdichtung der Arbeitsleistung** (Arbeitsmenge pro Zeiteinheit pro Kopf) bestehen, wenn das Konzept durchführbar ist[9]. Darin liegt kein Eingriff in den Vertragsinhalt der betroffenen ArbVerh, solange keine überobligationsmäßige Leistung verlangt wird[10]; das Ziel könnte ebenso über den Weg der „natürlichen Fluktuation" erreicht werden. Im **öffentl. Dienst** stellen Stellenstreichungen in einem Haushaltsplan ebenso wie das Anbringen eines kw-Vermerks („künftig wegfallend") an einer Personalstelle eine von den Gerichten nicht nachprüfbare Entscheidung dar, dass die bezeichnete Stelle für die einzelne Dienststelle entbehrlich ist. Dies setzt eine nach sachlichen Merkmalen genau bestimmte Stelle voraus, weil andernfalls nicht festgestellt werden kann, ob im konkreten Fall der ausgesprochenen Kündigung ein dringendes betriebl. Erfordernis bzw. mangelnder Bedarf zugrunde liegt[11].

267 Unternehmerische Entscheidungen im o.g. Sinne unterliegen nach hM grds. nicht **gerichtlicher Kontrolle** anhand des KSchG auf ihre Notwendigkeit und Zweckmäßigkeit. Das gilt auch bei betriebl. Umorganisation, die zur Veränderung von Arbeitszeit (zB Halbtagsarbeit)[12] oder Arbeitsinhalt[13] führt (vgl. Rz. 319 ff.). Das Merkmal des dringenden betriebl. Erfordernisses gilt nicht der unternehmerischen Entscheidung, sondern erst der Kündigung. Soweit unternehmerische Entscheidungen Vorgaben schaffen, die eine Kündigung dringend erforderlich machen, ist das grds. hinzunehmen. Das gilt selbst bei tarifli-

---

1 BAG 12.11.1998 – 2 AZR 91/98, NZA 1999, 471; 12.1.2006 – 2 AZR 126/05, BB 2006, 1115. ‖ 2 BAG 22.10.1964 – 2 AZR 515/63, DB 1965, 38. ‖ 3 Es handelt sich um einen eher theoretischen Ausnahmefall, der kaum jemals überhaupt eine Kündigung rechtfertigen dürfte. ‖ 4 St. Rspr., BAG 26.9.1996 – 2 AZR 200/96, BB 1997, 260; 29.3.1990 – 2 AZR 361/89, NZA 1991, 181; 7.12.1978 – 2 AZR 155/77, BB 1980, 1103. ‖ 5 So aber – missverständlich – BAG 17.6.1999 – 2 AZR 141/99 u. 522/98, AP Nr. 101 u. Nr. 102 zu § 1 KSchG Betriebsbedingte Kündigung. ‖ 6 BAG 24.4.1997 – 2 AZR 352/96, NZA 1997, 1047. ‖ 7 BAG 24.4.1997 – 2 AZR 352/96, NZA 1997, 1047; Löwisch/Spinner, § 1 Rz. 258. ‖ 8 Vgl. Quecke, NZA 1999, 1247 ff. ‖ 9 BAG 13.2.2008 – 2 AZR 1041/06, NZA 2008, 819; 24.4.1997 – 2 AZR 352/96, NZA 1997, 1047; Quecke, NZA 1999, 1247 (1250 f.). ‖ 10 Quecke, NZA 1999, 1247 (1251); Löwisch/Spinner, § 1 Rz. 259; aA Preis, NZA 1995, 241 (246 f.). ‖ 11 BAG GS v. 28.11.1956 – GS 3/56, AP Nr. 20 zu § 1 KSchG; BAG 18.11.1999 – 2 AZR 77/99, DB 2000, 883. ‖ 12 BAG 22.4.2004 – 2 AZR 385/03, NZA 2004, 1158; 15.7.2004 – 2 AZR 376/03, NZA 2005, 523; 18.2.2003 – 9 AZR 164/02, DB 2003, 2443 ff. verlangt für den Anspruch auf Arbeitszeitverringerung nach § 8 TzBfG eine Interessenabwägung zwischen den für die unternehmerische Entscheidung sprechenden Gründen und den Belangen des ArbN; krit. dazu *Bayreuther*, DB 2004, 1726 ff. ‖ 13 BAG 29.11.2007 – 2 AZR 388/06, NZA 2008, 523.

chem Ausschluss der ordentl. Kündigung ggü. einer außerordentl. Kündigung mit Auslauffrist[1]. Deshalb kann idR nicht geprüft werden, ob der Nutzen des neuen Konzepts in einem – noch angemessenen – vertretbaren Verhältnis zu den Nachteilen für den betroffenen ArbN steht[2]. Von den ArbG voll nachzuprüfen ist dagegen, ob eine unternehmerische Entscheidung tatsächlich vorliegt und durch ihre Umsetzung das Beschäftigungsbedürfnis für einzelne ArbN entfallen ist[3]. Ebenfalls gerichtl. Überprüfung unterliegt die Frage, ob das unternehmerische Konzept gegen andere zwingende Rechtsvorschriften verstößt, etwa § 4 I TzBfG[4] oder zwingend geltende TV[5]. Gleichfalls der gerichtl. Kontrolle unterliegt die Frage, ob die unternehmerische Entscheidung offenbar **unsachlich, unvernünftig oder willkürlich** ist[6]. Gemeint sind im Wesentlichen die Fälle, in denen die Kündigung nicht durch die Betriebsänderung, sondern die Betriebsänderung durch den Wunsch des ArbGeb bedingt ist, sich von missliebigen ArbN zu trennen[7]. Rechtsmissbrauch idS hat das BAG erstmals angenommen bei der Entscheidung eines ArbGeb, einen Betriebsteil durch eine noch zu gründende, finanziell, wirtschaftl. und organisatorisch in sein Unternehmen voll eingegliederte Organgesellschaft mit von dieser neu einzustellenden ArbN betreiben zu lassen[8]. Der ArbN hat die Umstände darzulegen und im Streitfall zu beweisen, aus denen sich ergeben soll, dass die getroffene innerbetriebl. Strukturmaßnahme offensichtlich unsachlich, unvernünftig oder willkürlich ist[9]. Beweist er Indizien, die eine **Benachteiligung** iSd. **§ 1 AGG** bzw. der zugrunde liegenden EU-Richtlinien (s. Vor § 1 Rz. 16) vermuten lassen, etwa dass die unternehmerische Entscheidung auch auf diskriminierenden Motiven beruht, wird der ArbGeb das Gegenteil beweisen müssen. Fraglich ist hier die Rechtsfolge einer verbotenen Diskriminierung, wenn der ArbGeb die Entscheidung tatsächlich umsetzt (etwa den Betrieb schließt, nur um die dort beschäftigten Frauen zu schädigen). Anders als bei diskriminierenden Auswahlentscheidungen (Rz. 385, 405) wird hier eine Unwirksamkeitssanktion ausscheiden und nur ein Schadensersatz- bzw. Entschädigungsanspruch über § 826 BGB in Betracht kommen.

bb) Abgrenzung der Unternehmerentscheidung von der Kündigung. Kündigung und Unternehmerentscheidung sind sorgfältig zu **unterscheiden**[10]. Die Kündigung bedarf eines dringenden betriebl. Erfordernisses, die unternehmerische Entscheidung nicht. Kündigt etwa eine städtische **Musikschule** ihren Musiklehrern, um diese künftig als freie Mitarbeiter einzusetzen, weil die weitere Finanzierung der Schule ungeklärt ist, liegt allein in der „Ungeklärtheit" der Finanzierung kein dringendes betriebl. Erfordernis. In der bloßen Umstellung der Vertragsverhältnisse der angestellten Musikschullehrer auf freie Mitarbeit sah das BAG mit Recht ebenfalls keinen Kündigungsgrund. Es fehlt eine organisatorische Maßnahme, die den Bedarf an betriebl. Arbeitsleistung entfallen lässt und nur freie Mitarbeit erfordert. Die Art der betriebl. Tätigkeit hat sich nicht geändert[11]. Anders liegt es, wenn der ArbGeb die bislang von ArbN verrichtete Aufgabe so umgestaltet, dass sie tatsächlich durch ehrenamtlich Tätige[12] oder Selbständige ausgeführt werden. So zB, wenn er weisungsgebundene Außendiensttätigkeit (Gruppenleitertätigkeit als „**Weight-Watcher**") im Rahmen eines „Partnerkonzepts" künftig selbständig unternehmerisch tätigen Personen überträgt, die in der Gestaltung ihrer Arbeitszeit, der Wahl des näheren Arbeitsortes und der Art und Weise ihrer Tätigkeit im Rahmen eines allg. Konzepts weitgehend frei sind, die Tätigkeit allerdings persönlich erbringen müssen, wobei sie nach eigenem Gutdünken Hilfskräfte hinzuziehen können[13]. Es handelt sich nicht um die bloße „Umbenennung" einer ansonsten unveränderten Tätigkeit, sondern um eine substantielle Änderung zu echter unternehmerischer Tätigkeit. Darin liegt eine dem Kündigungsausspruch vorgelagerte unternehmerische Entscheidung[14]. Freilich ist sorgfältig zu prüfen, ob es sich nicht lediglich um sog. **Scheinselbständigkeit** handelt.

LeihArbN verrichten dagegen weisungsgebundene Tätigkeiten wie ArbN. Entschließt sich der ArbGeb, ArbN durch Leiharbeiter zu ersetzen, werden dadurch keine betriebl. Vorgaben geschaffen, die den Bedarf an Arbeitsleistung entfallen lassen und einen Personalüberhang erzeugten. Es handelt sich um eine bloße Auswechslung der Vertragsart und damit um eine unzulässige **Austauschkündigung**[15]. Das setzt voraus, dass die LeihArbN wie StammArbN und nicht lediglich als externe Personalreserve

---

1 BAG 20.6.2013 – 2 AZR 379/12, DB 2014, 63; zu den Anforderungen iÜ vgl. Rz. 41. ||2 BAG 27.9.2001 – 2 AZR 246/00, EzA § 2 KSchG Nr. 41; aA *Preis*, NZA 1995, 241 (248ff.), der „triftige Gründe" für die Unternehmerentscheidung fordert; krit. ebenfalls *Kühling*, AuR 2003, 92ff.; *Stein*, BB 2000, 457; *Colneric*, Betriebsbedingte Kündigungen im Widerstreit, 1997 S. 11ff. (33ff.). ||3 St. Rspr., BAG 26.9.1996 – 2 AZR 200/96, BB 1997, 260. ||4 BAG 24.4.1997 – 2 AZR 352/96, AP Nr. 42 zu § 2 KSchG 1969 (zu § 2 BeschFG). ||5 BAG 18.12.1997 – 2 AZR 709/96, NZA 1998, 304; 10.2.1999 – 2 AZR 422/98, NZA 1999, 657; 17.6.1999 – 2 AZR 456/98, BB 2000, 413. ||6 St. Rspr., vgl. BAG 23.4.2008 – 2 AZR 1110/06, DB 2008, 1631 mwN. ||7 BAG 24.10.1979 – 2 AZR 940/77, DB 1980, 1400; das ist an sich ein Fall der Umgehung. ||8 BAG 26.9.2002 – 2 AZR 636/01, NZA 2003, 549; krit. dazu *Annuß*, NZA 2003, 783 u. *Adomeit*, SAE 2003, 237; zu einem Umgehungsfall vgl. LAG Berlin 1.3.2007 – 2 Sa 18/07, nv. ||9 BAG 27.9.2001 – 2 AZR 246/00, EzA § 2 KSchG Nr. 41. ||10 St. Rspr., vgl. BAG 12.4.2001 – 2 AZR 740/00, nv.; 17.6.1999 – 2 AZR 141/99, NZA 1999, 1098. ||11 BAG 20.2.1986 – 2 AZR 212/85, BB 1986, 2129. ||12 BAG 18.9.2008 – 2 AZR 560/07, NZA 2009, 142 (Gleichstellungsbeauftragte gem. § 5a Nds. GemO). ||13 BAG 9.5.1996 – 2 AZR 438/95, NZA 1996, 1145. ||14 Dadurch unterscheidet sich der Fall vom Musiklehrerfall; krit. aber *Preis*, NZA 1999, 1073 (1079); einer Änderungskündigung mit dem Angebot freier Mitarbeit bedarf es nicht, vgl. BAG 21.2.2002 – 2 AZR 556/00, DB 2002, 2276. ||15 BAG 16.12.2004 – 2 AZR 66/04, NZA 2005, 761; 26.9.1996 – 2 AZR 200/96, NZA 1997, 202 (Crewing); 16.12.2004 – 2 AZR 66/04, NZA 2005, 761 (Produktionsleiter/Teamdispatcher); LAG Bremen 2.12.1997 – 1 (2) Sa 340/96, ZIP 1998, 572 (Leiharbeit); *Mummenhoff*, SAE 2002, 47 (50f.).

KSchG § 1 Rz. 270   Betriebsbedingte Kündigung

für Vertretungsfälle oder Auftragsspitzen eingesetzt werden[1]. Führt der ArbGeb ohne Not **Kurzarbeit**[2] nicht ein, obwohl die Voraussetzungen bestehen (insb. vorübergehender Arbeitsmangel sowie individual- und kollektivrechtl. Zulässigkeit), verzichtet er auf ein milderes Mittel, das dem betriebl. Erfordernis, nämlich dem Kostendruck für die Dauer des Arbeitsmangels, ebenso Rechnung tragen könnte (vgl. auch Rz. 272)[3]. Er kann sich nicht auf eine freie Unternehmerentscheidung berufen, wenn er stattdessen wegen Arbeitsmangels[4] kündigt. Das BAG nimmt einen Vorrang der Kurzarbeit allerdings nur an, wenn der BR von seinem Initiativrecht gem. § 87 I Nr. 3 BetrVG Gebrauch macht[5]. Weigert sich der BR, Kurzarbeit einzuführen, braucht der ArbGeb ein Einigungsstellenverfahren nicht zu betreiben[6]. Bei der Umwandlung von Vollzeit- in **Halbtagsstellen**[7] (vgl. Rz. 264) lässt sich eine gestaltende unternehmerische Maßnahme, die die Kündigung erforderlich macht, zB dann annehmen, wenn die Halbtagskräfte gleichzeitig arbeiten sollen, etwa wegen des besonderen Geschäftsanfalls um diese Tageszeit. Ist das nicht der Fall, ist ein Kündigungsgrund nicht ersichtlich. Der bloße Wille zur Vertragsänderung stellt ebenso wenig wie die Kündigung selbst eine unternehmerische Organisationsentscheidung dar, die eine (Änderungs-)Kündigung betriebl. erforderlich machen könnte[8]. Vgl. zur Sozialauswahl in solchen Fällen Rz. 363 ff.

270   Der bloße **Entschluss zum Abbau von Arbeitsplätzen** lässt als solcher noch keinen Beschäftigungsbedarf entfallen (s. Rz. 266 f.). Allerdings hat das BAG vertreten, dass die Entscheidung des ArbGeb, Personal auf Dauer zu reduzieren, als freie unternehmerische Maßnahme zum Wegfall von Arbeitsplätzen führe und den entsprechenden Beschäftigungsbedarf entfallen lasse. Allein zur Überprüfung auf Willkür sei eine solche Unternehmerentscheidung hinsichtlich ihrer organisatorischen Durchführbarkeit und ihrer Dauerhaftigkeit zu „verdeutlichen"[9]. Dem kann nicht uneingeschränkt gefolgt werden: Die dauerhafte organisatorische Durchführbarkeit des Arbeitsplatzabbaus ist **keine Frage der Willkür, sondern des Kündigungsgrundes** selbst (Wegfall des Beschäftigungsbedarfs). Der ArbGeb muss daher grds. darlegen und ggf. beweisen, welche Arbeitsmenge auf Grund der Auftragslage zu erwarten ist und wie sie auf die verbleibenden ArbN verteilt werden soll[10] (s. Rz. 271). Er kann sich nicht auf eine schlichte „unternehmerische Entscheidung zum Abbau von Arbeitsplätzen" zurückziehen[11]. Für den Fall, dass die Organisationsentscheidung des ArbGeb und sein Kündigungsentschluss ohne nähere Konkretisierung „praktisch deckungsgleich" sind, bedarf es somit grds. zur Darlegung des **Kündigungsgrundes** konkreten Sachvortrags, in welchem Umfang ggf. Arbeiten zukünftig im Vergleich zum bisherigen Zustand entfallen und ob sich die Organisationsentscheidung iS einer dauerhaften Reduzierung des Personalbedarfs auswirkt[12]. Die schlichte Entscheidung des ArbGeb, betriebl. Tätigkeiten nur noch in dem Umfang ausführen zu lassen, der von der neu festgelegten, reduzierten Personalstärke bewältigt werden kann, bildet daher nach zutreffender Auffassung erst dann einen Kündigungsgrund, wenn sich ihre dauerhafte organisatorische Durchführbarkeit mit hinreichender Gewissheit feststellen lässt[13]. Werden betriebl. Tätigkeiten nur teilweise ausgegliedert, sieht das BAG schon in der schlichten Festlegung einer bestimmten verminderten Personalstärke durch den ArbGeb (hier: amerikanische Streitkräfte) eine bestimmte verminderte Personalstärke durch den ArbGeb (hier: amerikanische Streitkräfte) eine bestimmte nur noch auf Willkür zu überprüfende Unternehmerentscheidung, die zum Wegfall der überzähligen Arbeitsplätze führe[14]. Das erscheint zu weitgehend; erforderlich dürfte zumindest eine plausible Darlegung sein, dass das verminderte Personal die verbleibenden Aufgaben voraussichtlich dauerhaft bewältigen kann (s. Rz. 271).

271   Die **Darlegung** der Verteilung der verbleibenden Arbeit auf die verbleibenden Arbeitskräfte bereitet im Rechtsstreit häufig Schwierigkeiten. Sie wird vom ArbGeb oft nur auf Grund von kaum objektivierbaren Erfahrungswerten anhand einiger äußerer Anhaltspunkte „geschätzt". Diese Einschätzung ist dem Gericht so plausibel zu machen, dass es den Wegfall des Beschäftigungsbedarfs feststellen kann. Hierzu bedarf es nicht stets einer detaillierten Darlegung der Arbeitsverteilung „bis zum letzten Handgriff"[15]. Entschließt sich zB der Träger einer Vielzahl von **Kinderbetreuungseinrichtungen**, seinen Per-

---

1 BAG 15.12.2011 – 2 AZR 42/10, NZA 2012, 1044; 18.10.2012 – 6 AZR 289/11, DB 2013, 180. ‖2 Kug nach Maßgabe der §§ 95 ff. SGB III. ‖3 Ebenso *Preis*, DB 1988, 1391; KR/*Griebeling*, § 1 Rz. 531 mwN. ‖4 Anders bei Stilllegung; das soll auch gelten, wenn der ArbGeb sich vorbehält, den Stilllegungsbeschluss bei einer Änderung der Verhältnisse zu revidieren, BAG 27.2.1987 – 7 AZR 652/85, NZA 1987, 700. ‖5 BAG 4.3.1986 – 1 ABR 15/84, DB 1986, 1395; 11.9.1986 – 2 AZR 564/85, BB 1987, 1882. ‖6 So auch im Erg. KR/*Griebeling*, § 1 Rz. 531; *Preis* in Stahlhacke/Preis/Vossen, Rz. 1005. ‖7 Vgl. BAG 3.12.1998 – 2 AZR 341/98, BB 1999, 847. ‖8 BAG 12.8.1999 – 2 AZR 12/99, NZA 2000, 30; im Hinblick auf § 8 II u. IV TzBfG fordert BAG 18.2.2003 – 9 AZR 164/02, DB 2003, 2443 ff. auch für § 1 II eine Interessenabwägung zwischen den Gründen für die unternehmerische Organisationsentscheidung und den Belangen des ArbN. ‖9 BAG 17.6.1999 – 2 AZR 456/98, 522/98 und 141/99, NZA 1999, 1095, 1098 und 1157 mwN; 2.6.2005 – 2 AZR 480/04, DB 2006, 110. ‖10 *Quecke*, NZA 1999, 1247 ff.; *Quecke*, DB 2000, 2429; *Zepter*, DB 2000, 474; *Franzen*, NZA 2001, 805 (810); *Henssler*, Unternehmerische Entscheidungsfreiheit, in Henssler/Moll (Hrsg.), Kündigung und Kündigungsschutz in der betrieblichen Praxis, 2000, S. 99 Rz. 18 f.; *Lakies*, NJ 1999, 666; *Rommé/Pauker*, NZA-RR 2000, 281 (287); aA *Singer/v. Finckenstein*, SAE 2000, 282 (285); *Bitter*, DB 2000, 1760 ff. ‖11 BAG 17.6.1999 – 2 AZR 141/99, NZA 1999, 1157; aA *Rieble* in Anm. zu EzA § 1 KSchG Betriebsbedingte Kündigung, Nr. 101 und 102. ‖12 So zutreffend BAG 12.4.2002 – 2 AZR 740/00 (Rz. 23), EzA § 1 KSchG Betriebsbedingte Kündigung Nr. 117. ‖13 Bedenklich insoweit BAG 22.9.2005 – 2 AZR 365/04, nv., das diese Unternehmerentscheidung als Kündigungsgrund ohne Weiteres hinnimmt. ‖14 BAG 18.5.2006 – 2 AZR 245/05, ZTR 2007, 50. ‖15 Instruktiv LAG Düss. 7.5.2003 – 12 Sa 1437/02, LAGReport 2003, 267 ff.

sonalbestand entsprechend einem geänderten landesgesetzl. Mindestpersonalschlüssel zu senken, bedarf es im Rechtsstreit zur Darstellung des hieraus folgenden Personalüberhangs idR keiner näheren Darlegung von organisatorischer Durchführbarkeit und Dauerhaftigkeit der Maßnahme, solange der ArbN nicht seinerseits aufzeigt, warum die Personalreduzierung gem. der landesrechtl. Vorgabe ausnahmsw. nicht durchführbar ist[1]. Im öffentl. Dienst hinterfragt das BAG idR eine konkrete Stellenstreichung im Haushaltsplan nicht, wenn keine Anhaltspunkte für einen Missbrauch des Kündigungsrechts bestehen[2].

c) **Ultima Ratio.** Gibt es außer einer Kündigung andere, für den ArbN mildere Möglichkeiten, um dem betriebl. Anpassungsbedarf ebenso wirksam[3] abzuhelfen, dann ist die Kündigung nicht das letzte **Mittel** (Ultima Ratio) und damit auch nicht durch „dringende Erfordernisse bedingt". Das gilt insb. im Hinblick auf § 2 SGB III: Danach soll der ArbGeb vorrangig durch betriebl. Maßnahmen die Inanspruchnahme von Leistungen der Arbeitsförderung sowie Entlassungen von ArbN vermeiden. Eine Beendigungskündigung wegen Rückgangs bzw. Wegfalls des Beschäftigungsbedarfs kann uU durch den **Abbau von Überstunden** oder von Arbeitszeitguthaben[4] vermieden werden, wenn dadurch im Einzelfall ein sinnvoller Arbeitsplatz ausgefüllt wird[5]. Erst recht kann der Abbau etwaiger dauerhafter **Leiharbeit** im Betrieb einen Personalüberhang beseitigen und die Kündigung überflüssig machen, soweit sie auf einem für Stammarbeitskräfte geeigneten Arbeitsplatz erfolgt[6]. Die Entscheidung des ArbGeb für den Einsatz von LeihArbN anstelle eigener ArbN stellt keine unternehmerische Maßnahme dar, die den Bedarf an weisungsgebundener Tätigkeit entfallen ließe[7] (s. Rz. 269). Hierdurch unterscheidet sie sich von der Fremdvergabe betriebl. Tätigkeiten an selbständige Dritte. **Kurzarbeit** gem. § 87 I Nr. 3 BetrVG entlastet den ArbGeb von den Lohnkosten während der Zeit des Arbeitsmangels und bildet damit ein milderes Mittel im Vergleich zur Kündigung wegen Arbeitsmangels (vgl. Rz. 269). Das BAG lehnt einen Vorrang der Kurzarbeit ab, wenn der BR nicht von seinem Initiativrecht Gebrauch macht[8]. Kurzarbeit ist nur bei vorübergehendem Arbeitsmangel sowie individual- und kollektivrechtl. Zulässigkeit ein geeignetes milderes Mittel[9]. Der ArbGeb ist kündigungsrechtl. nicht gehalten, Kurzarbeit gegen den BR über die Einigungsstelle durchzusetzen[10]. Geht es nicht um vorübergehenden Arbeitsmangel, sondern um eine dauerhafte Betriebseinschränkung auf Grund unternehmerischer Entscheidung, stellt Kurzarbeit kein geeignetes milderes Mittel dar[11]. Eine solche Entscheidung kann auch nach Einführung von Kurzarbeit noch getroffen werden[12]. Vereinbarungen zwischen ArbGeb und BR zur **Beschäftigungssicherung gem. § 92a BetrVG** können den ArbGeb binden und einer Kündigung entgegenstehen[13].

Eine **allg. Arbeitszeitverkürzung** durch eine Vielzahl von Änderungskündigungen anstelle einiger weniger Beendigungskündigungen stellt kein milderes Mittel dar[14]. Bevor ein ArbGeb wegen anhaltender Verluste zur Erhaltung des Betriebes **Entgeltkürzungen** durchsetzen kann, wird er alle sonstigen Möglichkeiten zur Kostensenkung ausschöpfen müssen (Sanierungsplan, vgl. § 2 Rz. 17)[15]. Die Möglichkeit einer anderweitigen Beschäftigung – auch zu geänderten Bedingungen – geht einer Beendigungskündigung als milderes Mittel immer vor (vgl. Rz. 274 ff.). Ist der ArbN **tarifl. unkündbar**, kommt eine außerordentl. Kündigung aus betriebsbedingten Gründen ausnahmsw. dann in Betracht, wenn für den ArbN bis zum Erreichen der Altersgrenze keine Beschäftigungsmöglichkeit mehr besteht und für den ArbGeb die Fortsetzung eines solchen sinnentleerten ArbVerh unzumutbar ist. Dabei gilt ein strenger Prüfungsmaßstab, insb. haben betriebl. Umorganisationen und gesteigerte Umschulungsanstrengungen zur Vermeidung der Kündigung Vorrang. Im Kündigungsschutzprozess hat der ArbGeb die Unmöglichkeit oder Unzumutbarkeit solcher Maßnahmen als Teil des Kündigungsgrundes darzulegen[16] (vgl. auch Rz. 284). Die außerordentl. Kündigung ist in jeder Hinsicht wie eine ordentl. auszusprechen (vgl. Rz. 41).

d) **Keine anderweitige Weiterbeschäftigung.** Das betriebl. Erfordernis muss einer Weiterbeschäftigung des ArbN **nicht nur in seinem alten Tätigkeitsbereich**, sondern „in diesem Betrieb entgegenstehen", und zwar zu unveränderten oder zu geänderten Bedingungen. Andernfalls hätten Versetzung oder Änderungskündigung als mildere Mittel Vorrang[17].

---

1 BAG 22.5.2003 – 2 AZR 326/02, ZTR 2003, 521 (zum Sächs. KindertagesstättenG); LAG Sa.-Anh. 16.5.2000 – 8 (10) Sa 991/99, LAGE § 1 KSchG Betriebsbedingte Kündigung Nr. 56a. ||2 BAG 23.11.2004 – 2 AZR 38/04, DB 2005, 1225; ähnlich für amerikanische Streitkräfte BAG 18.5.2006 – 2 AZR 245/05, ZTR 2007, 50. ||3 BAG 8.11.2007 – 2 AZR 418/06, AiB 2008, 353. ||4 BAG 8.11.2007 – 2 AZR 418/06, AiB 2008, 353 (bei vorübergehendem Arbeitsmangel). ||5 Vgl. *Preis* in Stahlhacke/Preis/Vossen, Rz. 991, 1007 mwN. ||6 LAG Hamm 5.3.2007 – 11 Sa 1338/06, DB 2007, 1701; 3.3.2009 – 12 Sa 2468/08, DB 2009, 1354; HK-KSchG/*Weller/Dorndorf*, § 1 Rz. 940; *Preis* in Stahlhacke/Preis/Vossen, Rz. 1007; *Krause* in v. Hoyningen-Huene/Linck, § 1 Rz. 764, 785; aA *Löwisch/Spinner*, § 1 Rz. 276; *Simon/Greßlin*, BB 2007, 2454. ||7 BAG 26.9.1996 – 2 AZR 200/96, NZA 1997, 202 (Crewing); LAG Bremen 2.12.1997 – 1 (2) Sa 340/96, ZIP 1998, 572 (Leiharbeit); *Mummenhoff*, SAE 2002, 47 (50). ||8 BAG 4.3.1986 – 1 ABR 15/84, DB 1986, 1395; 11.9.1986 – 2 AZR 564/85, BB 1987, 1882. ||9 LAG Hamm 15.12.1982 – 12 Sa 993/82, DB 1983, 506. ||10 So auch im Erg. KR/*Griebeling*, § 1 Rz. 531; *Preis* in Stahlhacke/Preis/Vossen, Rz. 1005. ||11 BAG 26.6.1997 – 2 AZR 494/96, NZA 1997, 1286. ||12 LAG Schl.-Holst. 29.9.1988 – 4 Sa 367/88, NZA 1989, 275. ||13 BAG 18.10.2006 – 2 AZR 434/05, DB 2007, 810 (Rz. 25). ||14 BAG 19.5.1993 – 2 AZR 584/92, AP Nr. 31 zu § 2 KSchG 1969; LAG Hamm 15.12.1982 – 12 Sa 993/82, DB 1983, 506. ||15 BAG 11.10.1989 – 2 AZR 375/88, RzK I, 7b Nr. 9; 20.8.1998 – 2 AZR 84/98, BB 1999, 320. ||16 BAG 8.4.2003 – 2 AZR 355/02, BB 2003, 2130 ff.; 27.6.2002 – 2 AZR 367/01, DB 2003, 102 ff. (zu §§ 53, 55 BAT). ||17 BAG 27.9.1984 – 2 AZR 62/83, BB 1985, 1130; 29.1.1997 – 2 AZR 49/96, AuR 1997, 166.

275 **aa) Freier Arbeitsplatz.** Die anderweitige Weiterbeschäftigung betrifft nur freie Arbeitsplätze[1]. Es geht an dieser Stelle **nicht um eine Verdrängung** im Rahmen der sozialen Auswahl (vgl. Rz. 327 ff.), sondern um die Vermeidung einer Beendigungskündigung überhaupt. Das ist nur möglich, soweit ein freier Arbeitsplatz zur Verfügung steht. Der ArbGeb ist nicht verpflichtet, einen neuen Arbeitsplatz zu schaffen, den er nicht benötigt. Ist der ArbGeb bei der Besetzung einer unbesetzten Stelle gebunden, etwa bei der körperschaftlichen Umbildung eines öffentl.-rechtl. Dienstherrn (Verwaltungsgemeinschaft) gem. §§ 128 ff. BRRG, ist die Stelle nicht frei[2]. Nicht frei ist auch die Stelle eines erkrankten ArbN, selbst wenn dessen Rückkehr ausgeschlossen ist, solange der ArbGeb die Stelle tatsächlich nicht neu besetzen will[3]. Als freie Arbeitsplätze für eine anderweitige Weiterbeschäftigung kommen solche in Betracht, bei denen im **Zeitpunkt des Zugangs** der Kündigung bereits feststeht[4], dass sie bei Ablauf der Kündigungsfrist oder in absehbarer Zeit danach frei sein werden, sofern dem ArbGeb die **Überbrückung** dieses Zeitraums zumutbar ist. Zumutbar ist jedenfalls ein Zeitraum, den ein anderer Stelleninhaber zur Einarbeitung benötigen würde[5]. Bei Bemessung der Zumutbarkeit wird ua. die Dauer der Betriebszugehörigkeit von Bedeutung sein (vgl. Rz. 287). Der ArbGeb hat die Möglichkeit einer anderweitigen Weiterbeschäftigung zu berücksichtigen, sobald er vom Wegfall des bisherigen Arbeitsplatzes des ArbN **Kenntnis** erlangt und eine Kündigung in Erwägung zieht. Er darf dann nicht mehr durch Neueinstellungen vollendete Tatsachen schaffen und so eine gegebene Weiterbeschäftigungsmöglichkeit vereiteln[6]. War bei Zugang der Kündigung eine Weiterbeschäftigungsmöglichkeit nicht absehbar, ergibt sie sich aber nachträglich vor Ablauf der Kündigungsfrist, bleibt die Kündigung wirksam. In Betracht kommt nur ein Wiedereinstellungsanspruch (s. Rz. 75 ff.). Frei ist nach hM auch jedenfalls ein Arbeitsplatz, auf dem **LeihArbN** vorübergehend beschäftigt werden. Hier besteht kein ArbVerh zum ArbGeb, das Leihverhältnis kann kurzfristig beendet werden (s. a. Rz. 272)[7]. Zu prüfen ist aber, ob eine dauerhafte Beschäftigung auf diesem Arbeitsplatz möglich ist. Vgl. auch Rz. 269 u. 272.

276 **bb) Art des Arbeitsplatzes.** In Betracht kommen nur **geeignete Arbeitsplätze**, die vom ArbN ausgefüllt werden können. Entscheidend sind das Anforderungsprofil des Arbeitsplatzes und die Eignung des ArbN. Zuschnitt, **Anforderungsprofil** und erforderliche Qualifikation bestimmt der ArbGeb in freier unternehmerischer Entscheidung[8]. Die Entscheidungsfreiheit ist beschränkt durch den Ultima-ratio-Grundsatz, wonach der bisherige Arbeitsplatzinhaber im Rahmen des Möglichen und Zumutbaren weiter zu beschäftigen ist. Die geforderten Qualifikationsmerkmale erfordern einen nachvollziehbaren Bezug zur konkreten Arbeitsaufgabe; die Festlegung rein persönlicher Merkmale ohne einen solchen Bezug genügt nicht[9]. Der Gefahr einer missbräuchlichen Gestaltung des Anforderungsprofils, etwa um die Weiterbeschäftigung bestimmter ArbN auf freien Arbeitsplätzen zu verhindern, ist nach der Rspr. mit einer Kontrolle der unternehmerischen Entscheidung auf Willkür zu begegnen (s. Rz. 267)[10]. Grds. scheiden freie **Beförderungsstellen** als Weiterbeschäftigungsmöglichkeiten aus. Der Schutz des KSchG geht nicht über den vom ArbN erreichten „Besitzstand" hinaus. Fällt der alte Arbeitsplatz aber nicht ersatzlos weg, sondern treten neben die nach wie vor im Wesentlichen unveränderten Arbeiten einige zusätzliche qualifiziertere Tätigkeiten, kann der ArbN ausnahmsw. Weiterbeschäftigung auf dieser Beförderungsstelle verlangen, wenn er die Tätigkeit gem. den vom ArbGeb festgelegten Anforderungen geeignet ist[11]. Nach Ansicht des BAG kommen nur solche Arbeitsplätze in Betracht, die auch dem ArbN **zumutbar** sind[12] (vgl. Rz. 282).

277 **cc) Betrieb – Unternehmen – Konzern.** Es genügt, dass sich der freie Arbeitsplatz in einem anderen Betrieb des Unternehmens befindet. Die Möglichkeit der Weiterbeschäftigung ist **unternehmensbezogen** zu prüfen. Das stellt Abs. 2 S. 2 Nr. 1a ausdrücklich klar (auf den dort erwähnten Widerspruch des BR kommt es nicht an, s. Rz. 446)[13]. Der Unternehmensbezug hier entspricht grds. der Regelung bei der Wartezeit (vgl. Rz. 11), während die Sozialauswahl grds. betriebsbezogen erfolgt (vgl. aber Rz. 283). Weiterbeschäftigung auf einem **freien Arbeitsplatz im Ausland** kann nicht verlangt werden, soweit sie nur zu geänderten Bedingungen erfolgen könnte[14]. Ist eine Weiterbeschäftigung im Ausland dagegen ohne Vertragsänderung möglich und findet deutsches Kündigungsrecht auf das ArbVerh Anwendung

---

1 BAG 15.12.1994 – 2 AZR 320/94, BB 1995, 930; 15.12.1994 – 2 AZR 324/94, AP Nr. 77 zu § 1 KSchG 1969 Betriebsbedingte Kündigung; 12.11.1997 – 7 ABR 73/96 und 7 ABR 63/96, DB 1998, 720 und DB 1998, 1423. ‖2 BAG 23.11.2004 – 2 AZR 38/04, DB 2005, 1225. ‖3 BAG 2.2.2006 – 2 AZR 38/05, PersV 2006, 297. ‖4 Ein etwaiges künftiges Freiwerden von Arbeitsplätzen braucht der ArbGeb nicht abzuwarten, selbst wenn das zu kündigende ArbVerh ruht und keine Belastungen auslöst: BAG 9.9.2010 – 2 AZR 493/09, ZTR 2011, 45. ‖5 BAG 15.12.1994 – 2 AZR 327/94, DB 1995, 979; 29.3.1990 – 2 AZR 369/89, NZA 1991, 181. ‖6 Vgl. zu einer ähnlichen Sachlage BAG 10.11.1994 – 2 AZR 242/94, NZA 1995, 566; LAG Berlin 29.8.1988 – 12 Sa 40/88, DB 1988, 2264; enger Löwisch/Spinner, § 1 Rz. 278. ‖7 LAG Hamm 21.12.2007 – 4 Sa 1892/06; Hamann, NZA 2010, 1211. ‖8 BAG 7.2.1991 – 2 AZR 205/90, NZA 1991, 806; 10.11.1994 – 2 AZR 242/94, NZA 1995, 566; 7.11.1996 – 2 AZR 811/95. BB 1997, 895. ‖9 BAG 24.6.2004 – 2 AZR 326/03, AP Nr. 76 zu § 1 KSchG 1969; 10.11.1994 – 2 AZR 242/94, NZA 1995, 566; 30.8.1995 – 1 ABR 11/95, BB 1996, 797; LAG Hess. 18.12.2003 – 14 Sa 1102/03, LAGReport 2004, 271. ‖10 BAG 27.9.2001 – 2 AZR 246/00, RdA 2002, 372; Quecke, NZA 1999, 1247 (1250 ff.) und unten Rz. 314. ‖11 BAG 10.11.1994 – 2 AZR 242/94, NZA 1995, 566. ‖12 BAG 7.5.1968 – 1 AZR 407/67, DB 1968, 1319. ‖13 BAG 14.10.1982 – 2 AZR 568/82, DB 1983, 2635; 22.5.1986 – 2 AZR 612/85, NZA 1987, 125; 23.3.2006 – 2 AZR 162/05, DB 2006, 2351. ‖14 BAG 29.8.2013 – 2 AZR 809/12, PM; aA LAG Hamburg 22.3.2011 – 1 Sa 2/11, AE 2011, 240.

(s. Vor § 1 Rz. 31), wird sich der ArbN auch auf einen freien Arbeitsplatz in einem ausländischen Betrieb des Unternehmens berufen können[1]. Im **öffentl. Dienst** erstreckt sich die Weiterbeschäftigungspflicht auf andere Dienststellen des Dienstherrn im selben Verwaltungszweig am Dienstort einschl. seines Einzugsgebiets (Abs. 2 S. 2 Nr. 2b)[2]. Das ist – sofern nicht tariflich erweitert – das Gebiet, das auf einer üblicherweise befahrenen Strecke nicht mehr als 30 km vom Dienstort entfernt ist[3]. In diesem Radius wird das Prinzip der Bestenauslese bei der Besetzung freier Stellen (Art. 33 II GG) partiell verdrängt. Eine darüber hinausgehende Weiterbeschäftigungspflicht kommt in Betracht bei Verlagerung von Aufgaben in einen anderen Verwaltungszweig bzw. in neu gebildete Einheiten[4]. Bei einem **Gemeinschaftsbetrieb** mehrerer Unternehmen (vgl. § 23 Rz. 6) kommt jede Weiterbeschäftigungsmöglichkeit in diesem Betrieb in Betracht, auch soweit sie einem anderen ArbGeb zugeordnet ist[5]. Über den Gemeinschaftsbetrieb hinaus besteht Unternehmensbezug nur zum eigenen ArbGeb. Für eine Erstreckung auf die anderen beteiligten Unternehmen über den Gemeinschaftsbetrieb hinaus fehlt eine rechtl. Grundlage. Zur sozialen Auswahl im Gemeinschaftsbetrieb s. Rz. 336. Eine Ausnahme vom Grundsatz des Unternehmensbezugs dürfte auch nicht aus § 323 I UmwG folgen, wonach sich bei **Aufspaltung und Teilübertragung** von Unternehmen die kündigungsrechtl. Stellung der ArbN für die Dauer von zwei Jahren nicht verschlechtert. Die Spaltung hat insoweit keinen unmittelbaren Einfluss auf die rechtl. Stellung des ArbN[6] (vgl. auch die Erl. zu § 323 UmwG).

Eine kündigungsrechtl. Weiterbeschäftigungspflicht im **Konzern** besteht grds. nicht[7]. Ausnahmen hiervon sind denkbar, wenn sich ein anderes Konzernunternehmen ausdrücklich zur Übernahme des ArbN bereit erklärt hat oder sich eine solche Übernahmeverpflichtung unmittelbar aus dem Arbeitsvertrag oder anderen vertragl. Absprachen (Erstreckung der Arbeitspflicht auf den Konzern[8]; tarifvertragl. konzernweite Weiterbeschäftigungspflicht[9]) ergibt; hinzutreten muss ein – tatsächlicher oder rechtl. gesicherter – bestimmender Einfluss des Beschäftigungsbetriebs bzw. des vertragsschließenden Unternehmens auf die „Versetzung"[10]. Die Entscheidung darf grds. nicht dem zur Übernahme bereiten Unternehmen vorbehalten sein[11]. In diesem Fall kommt auch eine Berufung auf einen freien Arbeitsplatz im Ausland in Betracht[12], sofern deutsches Kündigungsrecht gilt (s. Vor § 1 Rz. 31). Ob die **Verlagerung** der unveränderten Tätigkeiten auf ein anderes Konzernunternehmen zu einer Weiterbeschäftigungspflicht des ArbGeb führen kann, hat das BAG bislang offengelassen[13]; hierfür genügt es jedenfalls nicht, dass eines von zwei Konzernunternehmen mit gleichartigem Tätigkeitsfeld stillgelegt wird und das andere ohne erhebliche Aufstockung der Belegschaft weiterhin am Markt auftritt[14]. Zur Anrechnung von Vordienstzeiten im Konzern vgl. Rz. 13.

dd) Zustimmung der ArbN-Vertretung. Die Weiterbeschäftigung auf einem anderen Arbeitsplatz im Betrieb stellt idR eine **Versetzung** iSv. § 95 III BetrVG dar und bedarf gem. § 99 BetrVG der Zustimmung des BR[15] (ähnlich § 75 I Nr. 2 u. 3 BPersVG). Wird ein ArbN auf Dauer in einen anderen Betrieb des ArbGeb versetzt, bedarf es neben der Zustimmung des BR des aufnehmenden Betriebes auch der Zustimmung des BR des abgebenden Betriebes, wenn der ArbN mit der Versetzung nicht einverstanden ist; bei freiem Einverständnis entfällt das Beteiligungsrecht des abgebenden BR[16]. Für die Wahrnehmung dieser MitbestR ist nicht der GBR zuständig. Dies gilt auch dann, wenn der ArbGeb eine Reihe von Versetzungen in einer sog. Personalrunde zusammenfasst und deshalb mehrere BR betroffen sind[17]. Bei formell wirksamer **Zustimmungsverweigerung** des BR ist der ArbGeb nicht gezwungen, ein Zustimmungsersetzungsverfahren zu betreiben[18]. Er kann im Kündigungsschutzprozess vorbringen, dass eine Versetzungsmöglichkeit wegen begründeter Zustimmungsverweigerung des BR nicht bestehe[19]. Das soll auch gelten, wenn der ArbGeb die Zustimmung des BR erst gar nicht beantragt hat[20]. Beantragt der ArbGeb dagegen gem. § 99 IV BetrVG die Ersetzung der Zustimmung beim ArbG und lehnt das Gericht dies rechtskräftig ab, scheidet die Weiterbeschäftigungsmöglichkeit endgültig aus.

ee) Zumutbare Umschulungs- und Fortbildungsmaßnahmen. Die Kündigung ist auch sozialwidrig, wenn die Weiterbeschäftigung des ArbN nach zumutbaren Umschulungs- oder Fortbildungsmaßnah-

---

1 *Wisskirchen*, DB 2007, 340 (345f.); aA ArbG Frankfurt/M. 21.8.2002 – 2 Ca 1502/02, nv. ‖ 2 BAG 6.2.1997 – 2 AZR 50/96, nv.; 12.8.2010 – 2 AZR 558/09, NJW 2011, 251; zum Dienststellenbegriff bei den Stationierungsstreitkräften vgl. BAG 25.10.2012 – 2 AZR 552/11, EzA § 1 KSchG Betriebsbedingte Kündigung Nr. 171. ‖ 3 BAG 22.9.2005 – 2 AZR 544/04, NZA 2006, 558. ‖ 4 BAG 10.6.2010 – 2 AZR 1020/08, NZA 2010, 1234; 6.2.1997 – 2 AZR 50/96, nv. ‖ 5 BAG 5.5.1994 – 2 AZR 917/93, NZA 1994, 1023; 18.1.1990 – 2 AZR 355/89, BB 1990, 2050. ‖ 6 KR/*Griebeling*, § 1 Rz. 222 mwN. ‖ 7 BAG 23.4.2008 – 2 AZR 1110/06, NZA 2008, 939 mwN. ‖ 8 BAG 14.10.1982 – 2 AZR 568/82, DB 1983, 2635; 27.11.1991 – 2 AZR 255/91, BB 1992, 1062. ‖ 9 BAG 10.5.2007 – 2 AZR 626/05, NZA 2007, 1278. ‖ 10 BAG 23.11.2004 – 2 AZR 24/04, NZA 2005, 929 mwN. ‖ 11 BAG 23.4.2008 – 2 AZR 1110/06, NZA 2008, 939. ‖ 12 *Wisskirchen*, DB 2007, 340 (345f.). ‖ 13 BAG 26.9.2002 – 2 AZR 636/01, NZA 2003, 549; dazu *Geyer*, FA 2008, 226. ‖ 14 BAG 18.9.2003 – 2 AZR 139/03, AP Nr. 12 zu § 1 KSchG 1969 Konzern. ‖ 15 BAG 8.8.1989 – 1 ABR 63/88, NZA 1990, 198. ‖ 16 BAG 20.9.1990 – 1 ABR 37/90, NZA 1991, 195. ‖ 17 BAG 26.1.1993 – 1 ABR 303/92, AP Nr. 102 zu § 99 BetrVG 1972. ‖ 18 Das gilt idR auch bei Schwerbehinderung trotz § 81 IV SGB IX, BAG 22.9.2005 – 2 AZR 519/04, NZA 2006, 486. ‖ 19 BAG 29.1.1997 – 2 AZR 9/96, NZA 1997, 709 (sofern er die Zustimmung nicht selbst treuwidrig vereitelt hat, etwa durch Unterlassung einer geforderten innerbetriebl. Ausschreibung). ‖ 20 BAG 13.9.1973 – 2 AZR 601/72, BB 1973, 1635; krit. zu dieser hypothetischen Beurteilung HK-KSchG/*Weller/Dorndorf*, § 1 Rz. 930; vgl. auch BAG 29.1.1997 – 2 AZR 9/96, NZA 1997, 709.

men[1] möglich ist (vgl. Abs. 2 S. 3, der auch ohne Widerspruch des BR greift[2]). **Voraussetzung** ist, dass bei Ausspruch der Kündigung ein entsprechender anderweitiger Arbeitsplatz frei oder mit hinreichender Sicherheit voraussehbar ist, dass nach Abschluss der Maßnahmen eine Beschäftigungsmöglichkeit auf Grund der durch die Fortbildung oder Umschulung erworbenen Qualifikation besteht[3]. Was dem ArbGeb **zumutbar** ist, hängt von einer sorgfältigen Abwägung aller Umstände ab, neben Erfolgsaussichten, Kosten und Dauer der Maßnahme (uU bis zu sechs Monaten), wirtschaftl. Belastbarkeit des ArbGeb[4] insb. auch von der Beschäftigungsdauer des ArbN[5], aber auch – negativ – von seinem Alter. Von Bedeutung ist auch die arbeitsvertragl. vereinbarte Tätigkeit; eine Ausbildung zu höherwertiger Tätigkeit ist grds. nicht geboten[6]. Erforderlich sind das Einverständnis des ArbN und ggf. des BR gem. § 98 III BetrVG. Das BAG hat so die betriebsbedingte Kündigung eines **Piloten** für Propellerflugzeuge wegen Umstellung des Flugzeugparks auf Düsenjets abgelehnt, da der ArbN vertragl. nicht nur auf Propellermaschinen einsetzbar war und die Umstellung des Flugzeugparks bei seiner Einstellung bereits abgesehen werden konnte. Dem ArbGeb sei unter diesen Umständen die Umschulung des Piloten zuzumuten[7].

281 **ff) Besonderheiten bei der Weiterbeschäftigung zu geänderten Arbeitsbedingungen.** Bestehen Weiterbeschäftigungsmöglichkeiten sowohl zu unveränderten als auch zu geänderten Bedingungen, haben erstere als **mildere Mittel** Vorrang. Kann der ArbN nur zu geänderten Bedingungen weiterbeschäftigt werden, hat dies Vorrang vor einer Beendigungskündigung. Der ArbGeb kann eine entsprechende Änderungskündigung aussprechen oder dem ArbN vor Ausspruch einer Kündigung zunächst die Weiterbeschäftigung zu geänderten Bedingungen von sich aus anbieten. Bei einem **Änderungsangebot vor Beendigungskündigung** hat der ArbGeb deutlich zu machen, dass bei Ablehnung des Änderungsangebotes eine Beendigungskündigung droht. Willigt der ArbN in die Änderung der Arbeitsbedingungen vorbehaltlos ein, gelten die neuen Bedingungen. Lehnt der ArbN das Angebot ab oder äußert er sich nicht, kann der ArbGeb grds. nur eine Änderungskündigung aussprechen. Nur dann, wenn er dem ArbN eine der Frist des § 2 S. 2 entsprechende Bedenkzeit eingeräumt hat und die Ablehnung des Angebots durch den ArbN unmissverständlich so zu verstehen ist, dass auch im Falle einer Änderungskündigung eine Annahme unter Vorbehalt gem. § 2 ausscheidet, kann der ArbGeb eine Beendigungskündigung aussprechen[8]. Der ArbN kann dann im Prozess nicht einwenden, er hätte auf dem angebotenen, aber nicht akzeptierten Arbeitsplatz weiterbeschäftigt werden können[9]. Der ArbN kann das Änderungsangebot auch entsprechend § 2 **unter Vorbehalt** annehmen. In diesem Fall kann der ArbGeb nur eine Änderungskündigung aussprechen[10]. Wird später durch Urteil festgestellt, dass die Änderung sozialwidrig ist, muss der ArbGeb den ArbN gem. § 159 BGB so stellen, wie er stünde, wenn er von vornherein zu den bisherigen Bedingungen weitergearbeitet hätte[11].

282 Macht der ArbGeb dem ArbN **kein Angebot**, obwohl ihm die Weiterbeschäftigung möglich und zumutbar ist, ist eine nachfolgende Beendigungskündigung unwirksam, wenn – so bislang das BAG – der ArbN dem möglichen Änderungsangebot zumindest unter Vorbehalt zugestimmt hätte[12]. Fällt etwa ein Aufgabenbereich nur teilweise fort und will der ArbGeb die verbliebenen Aufgaben im Rahmen einer Halbtagstätigkeit ausführen lassen, so ist eine Beendigungskündigung unwirksam, wenn der ArbGeb dem gekündigten ArbN nicht zuvor erfolglos die Teilzeittätigkeit angeboten hat[13]. Der ArbGeb braucht nur **geeignete freie Arbeitsplätze** anzubieten. Beförderungsstellen scheiden idR aus (vgl. Rz. 276). Umgekehrt ist der qualifiziertere Mitarbeiter keineswegs für jede einfachere Tätigkeit geeignet, etwa der Prokurist für eine Pförtnertätigkeit. Der ArbGeb muss eine bestehende Weiterbeschäftigungsmöglichkeit anbieten. Ob diese zumutbar ist, entscheidet grds. der ArbN[14]. Ist mit dem anderweitigen Arbeitsplatz nach der bestehenden Vergütungsordnung eine schlechtere **Vergütung** verbunden, hat der ArbN das hinzunehmen, sofern kein geeigneter freier Arbeitsplatz zu besseren Bedingungen vorhanden ist. Fehlt eine Vergütungsordnung, hat sich das Änderungsangebot an dem bestehenden Vergütungsniveau zu orientieren[15].

283 **gg) Konkurrenz um freie Arbeitsplätze.** Welchem von mehreren zur Kündigung anstehenden ArbN etwa ein anderweitiger freier Arbeitsplatz anzubieten ist, richtet sich grds. nach den Kriterien der **Sozialauswahl** (Abs. 3). Es findet aber keine gemeinsame Sozialauswahl zwischen solchen ArbN statt, die nur im Wege der **Änderungskündigung** auf den freien Arbeitsplatz gelangen können, und solchen, die dorthin nur versetzt zu werden brauchen. Letztere haben Vorrang. Abs. 3 verlangt nicht, dass der Arb-

---

1 Vgl. §§ 1, 53, 58 BBiG. || 2 BAG 14.10.1982 – 2 AZR 568/82, DB 1983, 2635; 22.5.1986 – 2 AZR 612/85, NZA 1987, 125. || 3 BAG 7.2.1991 – 2 AZR 205/90, NZA 1991, 806. || 4 BAG 7.5.1968 – 1 AZR 407/67, DB 1968, 1319. || 5 Vgl. HK-KSchG/*Dorndorf*, § 1 Rz. 923 sowie *Preis* in Stahlhacke/Preis/Vossen, Rz. 1002, jew. mwN. || 6 LAG Köln 31.5.1989 – 2 Sa 1076/88, DB 1989, 2234. || 7 BAG 7.5.1968 – 1 AZR 407/67, DB 1968, 1319. || 8 BAG 21.4.2005 – 2 AZR 132/04, AP Nr. 79 zu § 2 KSchG 1969 gegen BAG 27.9.1984 – 2 AZR 62/83, BB 1985, 1130. || 9 BAG 27.9.1984 – 2 AZR 62/83, BB 1985, 1130. || 10 BAG 27.9.1984 – 2 AZR 62/83, BB 1985, 1130. || 11 BAG 27.9.1984 – 2 AZR 62/83, BB 1985, 1130; LAG Schl.-Holst. 29.4.2002 – 2 Sa 615/01, nv. || 12 BAG 27.9.1984 – 2 AZR 62/83, BB 1985, 1130; Bedenken hiergegen äußert BAG 21.4.2005 – 2 AZR 132/04, BB 2005, 2691. || 13 BAG 21.4.2005 – 2 AZR 132/04, BB 2005, 2691. || 14 BAG 21.4.2005 – 2 AZR 132/04, BB 2005, 2691: Ausgenommen sind lediglich Extremfälle (Pförtnerstelle für Personalchef). || 15 BAG 3.4.2008 – 2 AZR 500/06, NZA 2008, 812.

Geb die Vergleichbarkeit der ArbN erst über eine Änderung ihrer Arbeitsbedingungen herstellt[1] (s. Rz. 360). Die Grundsätze der Sozialauswahl gelten aber entsprechend, soweit ArbN um einen freien Arbeitsplatz zu geänderten Vertragsbedingungen untereinander konkurrieren[2]. Die Grundsätze der Sozialauswahl gelten (mit der vorgenannten Einschränkung) auch, wenn mehrere ArbN eines Betriebes um einen freien Arbeitsplatz in einem **anderen Betrieb** des ArbGeb konkurrieren. Zumindest analog gelten die Grundsätze weiterhin dann, wenn ArbN aus mehreren Betrieben in Wettbewerb um einen freien Arbeitsplatz in einem dritten Betrieb stehen. Konkurrieren schließlich außerdem noch ArbN aus ebendiesem Betrieb, deren Arbeitsplätze ebenso weggefallen sind, zusammen mit den anderen um den dort vorhandenen freien Arbeitsplatz, gelangt das BAG auch hier über § 315 BGB (billiges Ermessen) praktisch zu einer Art überbetriebl. Sozialauswahl[3] (s. zur sozialen Auswahl in solchen Fällen Rz. 334ff.).

hh) Anderweitige Weiterbeschäftigung bei tariflicher Unkündbarkeit. Ist das Recht zur ordentlichen Kündigung tarif- oder einzelvertragl. ausgeschlossen (s. Rz. 41 und Vor § 1 Rz. 19), kommt nur eine Kündigung aus wichtigem Grund in Betracht (s. Rz. 41 sowie § 626 BGB Rz. 100ff.). Der ArbGeb schuldet hier **gesteigerte Bemühungen** für eine anderweitige Weiterbeschäftigung der „Unkündbaren". Er hat „mit allen Mitteln" eine Fortsetzung des ArbVerh zu versuchen, wobei es für die Frage der Zumutbarkeit auf die jeweilige Ausgestaltung des tarifl. Schutzes ankommt[4]. In Betracht kommen deutlich längere Überbrückungs-, Einarbeitungs-, Umschulungszeiten, weiterhin organisatorische Umstrukturierungen zur Schaffung eines geeigneten, nicht aber eines zusätzlichen Arbeitsplatzes[5]; ausgeschlossen sind Beförderung und nach hier vertretener Auffassung **Freikündigung**[6] (anders bei gesetzl. Weiterbeschäftigungspflicht gem. § 15 IV). Eine Kündigung, die ausschließlich dem Zweck dient, einen Arbeitsplatz für einen anderen, tarifl. geschützten ArbN freizumachen, ist nicht durch einen sozial gerechtfertigten Grund iSv. § 1 bedingt[7]. Zur – anders gelagerten[8] – Frage der Vergleichbarkeit mit kündbaren ArbN im Rahmen der Sozialauswahl s. Rz. 343ff. u. Rz. 362. Scheidet danach eine Weiterbeschäftigung aus, kommt in Ausnahmefällen eine Kündigung der „Unkündbaren" aus wichtigem Grund in Betracht (außerordentl. Kündigung mit Auslauffrist, s. Rz. 41). Besonderheiten gelten für die Darlegungs- u. Beweislast, vgl. Rz. 292. **284**

e) Dringlichkeit und Interessenabwägung. Die betriebl. Erfordernisse, die eine Kündigung bedingen, müssen dringend sein. Das Wort „Erfordernisse" im Gegensatz zu dem unmittelbar zuvor im Gesetz verwendeten Wort „Gründe" drückt eine **gesteigerte Notwendigkeit** aus, noch mehr die Wendung „dringende Erfordernisse". Die Bedeutung des Merkmals der Dringlichkeit erschöpft sich nach zutreffender Auffassung nicht in dem Postulat des mildesten Mittels, das auch für die personen- und verhaltensbedingte Kündigung gilt[9]. Das Merkmal stellt erhöhte Anforderungen an das **Gewicht** des Kündigungsgrundes und steigert damit bei Gründen aus der Sphäre des ArbGeb den Bestandsschutz des ArbN[10]. Das ist bei der Interessenabwägung zu beachten. Die Bedeutung der Dringlichkeit für das Gewicht des Kündigungsgrundes ist anerkannt etwa in der Rspr. zur **Entgeltkürzung**, die nicht schon bei Unrentabilität nur einer Abteilung oder gar eines Arbeitsplatzes gerechtfertigt ist, sondern erst, wenn die Beschäftigungsgrundlage selbst bedroht ist (s. Rz. 265). In den Fällen der Druckkündigung[11] und des Abkehrwillens (s. Rz. 257 u. Rz. 326) sind entsprechend hohe Anforderungen zu stellen. Dem ArbGeb müssen hier Störungen oder Schäden drohen, die im Betriebsmaßstab erheblich sind. **285**

Da es **keine absoluten Erfordernisse** gibt, bedarf die Feststellung eines dringenden betriebl. Erfordernisses denknotwendig einer Interessenabwägung. Neben dem allg. Bestandsschutzinteresse des ArbN muss dabei seine individuelle, in den Sozialdaten ausgedrückte Betroffenheit zurücktreten. Das folgt nicht aus Abs. 3, der lediglich bei Auswahlentscheidungen eingreift und das Verhältnis der ArbN untereinander regelt (sog. iustitia distributiva), nicht aber das hier maßgebliche Verhältnis von Lösungs- und Bestandsinteresse (iustitia commutativa). Doch sinkt als notwendige Folge erhöhter Anforderungen an den betriebsbedingten Kündigungsgrund das **relative Gewicht** der individuellen Bestandsschutzinteressen des ArbN. So kann bei endgültigem **Wegfall des Beschäftigungsbedürfnisses** das Lösungsinteresse des ArbGeb durch besondere individuelle Bestandsschutzinteressen des konkret betroffenen ArbN idR nicht mehr aufgewogen werden[12]. Im Gegensatz zu den zuvor genannten Fällen (Rz. 285) benötigt der ArbGeb die Arbeitsleistung des ArbN nicht mehr. Die Grundlage des ArbVerh **286**

---

[1] BAG 17.9.1998 – 2 AZR 725/97, BB 1999, 961. ||[2] BAG 24.5.2012 – 2 AZR 163/11, NZA-RR 2013, 74. ||[3] BAG 15.12.1994 – 2 AZR 320/94, NZA 1995, 413; 21.9.2000 – 2 AZR 385/99, DB 2001, 1207; die Frage einer analogen Anwendung von § 1 III hat das BAG offen gelassen. ||[4] BAG 10.5.2007 – 2 AZR 626/05, NZA 2007, 1278. ||[5] BAG 5.2.1998 – 2 AZR 227/97, NZA 1998, 771; 17.9.1998 – 2 AZR 419/97, NZA 1999, 258; zur Änderungskündigung s. BAG 2.3.2006 – 2 AZR 64/05, NZA 2006, 985; besonders strenge Anforderungen („extreme Ausnahmefälle") waren für den einer beamtenähnlichen Sicherung nahe kommenden früheren § 55 II BAT zu erfüllen, vgl. BAG 6.10.2005 – 2 AZR 362/04, ZTR 2006, 437 u. v. 18.5.2006 – 2 AZR 207/05, AP Nr. 5 zu § 55 BAT. ||[6] Zurückhaltend zur Freikündigung auch BAG 18.5.2006 – 2 AZR 207/05, DB 2006, 1851. ||[7] Zutreffend *Breschendorf*, BB 2007, 661 (665f.); aA *Horcher*, NZA 2006, 393 (398f.). ||[8] Vgl. zur Abgrenzung *Breschendorf*, BB 2007, 661 (662f.). ||[9] Grundl. BAG 30.5.1978 – 2 AZR 630/76, AP Nr. 70 zu § 626 BGB (*Hueck*); 26.1.1995 – 2 AZR 649/94, NZA 1995, 517; das Postulat hat schon in dem Wort „bedingt" seinen Niederschlag im Gesetz gefunden: BAG 24.6.2004 – 2 AZR 326/03, AP Nr. 76 zu § 1 KSchG 1969. ||[10] Str.; ebenso *Preis* in Stahlhacke/Preis/Vossen, Rz. 924ff. mwN; aA *Löwisch/Spinner*, § 1 Rz. 272ff. ||[11] Vgl. etwa *Löwisch/Spinner*, § 1 Rz. 334. ||[12] Grundl. BAG 30.4.1987 – 2 AZR 184/86, NZA 1987, 776.

als Austauschverhältnis, der Beschäftigungsbedarf, ist entfallen. In Abkehr von seiner früheren Rspr. nimmt das BAG seit der Entscheidung v. 30.4.1987 daher zu Recht an, dass sich bei einer „an sich betriebsbedingten Kündigung" (zB Wegfall des Arbeitsplatzes) eine Interessenabwägung nur in seltenen Fällen zu Gunsten des ArbN auswirken kann[1]. Das gilt auch, wenn ein ArbVerh ruht und daher keine Kosten auslöst[2].

287 Entfällt der Beschäftigungsbedarf nur **vorübergehend**, weil für den ArbN nach kurzer Übergangszeit eine anderweitige Beschäftigung in Betracht kommt, ist eine Kündigung jedoch nicht ohne weiteres „dringend erforderlich". Die Rspr. orientiert sich hier (zumindest) an dem für die Einarbeitung einer Ersatzkraft erforderlichen Einarbeitungszeitraum[3]. Bei Fortbildungs- oder Umschulungsmaßnahmen sollen uU längere Zeiträume zumutbar sein, obwohl sie zusätzliche Kosten für den ArbGeb verursachen (vgl. Rz. 280). In solchen Fällen bedarf es daher für die Feststellung des dringenden Erfordernisses einer **umfassenden Interessenabwägung**, in der es aufseiten des ArbN ua. auf die Dauer seiner Betriebszugehörigkeit ankommt[4]. Eine etwaige Unternehmerentscheidung bleibt davon unberührt. Auch bei **witterungsbedingter Arbeitseinstellung** besteht nur ein vorübergehender Personalüberhang. Ob dieser eine Kündigung dringend erforderlich macht, hängt insb. von seiner Dauer und der Anzahl der betroffenen ArbVerh sowie der für sie geltenden Kündigungsfristen ab[5]. Die Dringlichkeit einer Kündigung wegen Personalüberhangs wird anders zu beurteilen sein, wenn ausnahmsw. **keine Personalkosten** anfallen, etwa bei lang andauernder Erkrankung oder Beurlaubung ohne Bezüge, Elternzeit oder sonstigem Ruhen des ArbVerh[6]. Ein endgültiger Wegfall der Beschäftigungsmöglichkeit (zB Betriebsschließung) rechtfertigt aber auch eine betriebsbedingte Kündigung.

288 Die Frage der Dringlichkeit des Kündigungsgrundes stellt sich auch, wenn ein florierendes Unternehmen nach mehrjährigen Rekordgewinnen zur **weiteren Gewinnsteigerung** leistungsverdichtende organisatorische Maßnahmen trifft, um Personalbedarf abzubauen und Kosten zu senken[7]. Die innerbetriebl. Organisation der Arbeit, also auch ihre Verteilung auf die ArbN, stellt kündigungsrechtl. eine hinzunehmende unternehmerische Maßnahme dar. Sie führt zu einem Personalüberhang, sofern die verbleibenden ArbN nicht über das geschuldete Leistungsmaß hinaus in Anspruch genommen werden. Der Personalüberhang hat hier wie auch sonst die Auswirkung, dass Kosten anfallen ohne Gegenleistung und damit die Grundlage des ArbVerh entfällt. Die hM bejaht daher ein Kündigungsrecht[8]. Gleichwohl hat der Gesichtspunkt der **Kostenentlastung** hier nicht das Gewicht wie etwa im Falle einer Sanierung. Der Personalüberhang beruht auf der freien, gerichtl. nur auf Willkür zu prüfenden Organisationsentscheidung des Unternehmers, die ihrerseits nicht äußerer Notwendigkeit, sondern Gewinnstreben entspringt. Darin liegt keine Willkür. Der ArbGeb wird auch nicht dauerhaft ein ArbVerh aufrechterhalten müssen, das er nach seinem Konzept nicht benötigt[9]. Das widerspräche dem Austauschcharakter des ArbVerh. Doch wird er ggf. deutlich längere Überbrückungs- und Umschulungszeiten hinzunehmen haben, wenn dies die Möglichkeit zu anderweitiger Weiterbeschäftigung eröffnet[10].

289 f) **Beurteilungszeitpunkt.** Für die Beurteilung der Rechtswirksamkeit der betriebsbedingten Kündigung ist gem. § 130 BGB auf den Zeitpunkt ihres **Zugangs** beim Empfänger abzustellen[11] (s. Rz. 73). Die ordentl. Kündigung beendet das ArbVerh erst zum Ablauf ihrer Frist. Erst dann muss der Beendigungsgrund bestehen. Zudem ist der Beendigungsgrund zukunftsbezogen, dh., er muss einer künftigen Fortsetzung des ArbVerh entgegenstehen (s. Rz. 61 f.). Um in dieser Lage im Zeitpunkt des Zugangs der Kündigung ihre Wirksamkeit beurteilen zu können, bedarf es einer Prognose[12]. **Grundlage der Prognose** können nur bei Zugang der Kündigung existierende Tatsachen sein. Der tatsächliche Eintritt der prognostizierten Entwicklung kann aber Rückschlüsse auf die Ernsthaftigkeit und Stichhaltigkeit der Prognose zulassen[13]. Wird die Kündigung auf die künftige Entwicklung der betriebl. Verhältnisse, etwa eine beabsichtigte Stilllegung gestützt, so kann sie ausgesprochen werden, wenn bei ihrem Zugang über den **endgültigen Entschluss** hinaus die betriebl. Umstände **greifbare Formen** angenommen haben und eine vernünftige, betriebswirtschaftl. Betrachtung die Prognose rechtfertigt, dass bis zum Auslaufen der einzuhaltenden Kündigungsfrist die geplante Maßnahme durchgeführt und der ArbN entbehrlich ist[14]. Eine Kündigung wegen Betriebsschließung ist nicht gerechtfertigt, solange der ArbGeb den Stilllegungsbeschluss lediglich erwägt oder plant, aber noch nicht gefasst hat (**Vorratskündigung**)[15]. Das

---

1 BAG 30.4.1987 – 2 AZR 184/86, NZA 1987, 776. ||2 BAG 9.9.2010 – 2 AZR 493/09, ZTR 2011, 45. ||3 BAG 15.12.1994 – 2 AZR 327/94, DB 1995, 979. ||4 So im Erg. BAG 8.11.2007 – 2 AZR 418/06, AiB 2008, 353. ||5 BAG 8.11.2007 – 2 AZR 418/06, AiB 2008, 353; 7.3.1996 – 2 AZR 180/95, BB 1996, 1557. ||6 BAG 26.2.1987 – 2 AZR 177/86, NZA 1987, 775; HK-KSchG/*Dorndorf*, § 1 Rz. 1051. ||7 Nach ArbG Gelsenkirchen 28.10.1997 – 2 Ca 3762/96, NZA 1998, 944. ||8 KR/*Griebeling*, § 1 Rz. 588; *Krause* in v. Hoyningen-Huene/Linck, § 1 Rz. 736, 758. ||9 Vgl. *Quecke*, NZA 1999, 1247 (1251). ||10 Ähnlich, zT weiter gehend (iS einer beschränkten gerichtl. Kontrolle der unternehmerischen Entscheidung) *Preis* in Stahlhacke/Preis/Vossen, Rz. 924 ff.; KDZ/*Deinert*, § 1 Rz. 480; *Kühling*, AuR 2003, 92 ff. ||11 BAG 30.5.1985 – 2 AZR 321/84, DB 1986, 232. ||12 BAG 19.6.1991 – 2 AZR 127/91, NZA 1991, 891. ||13 BAG 27.11.2003 – 2 AZR 48/03, NZA 2004, 477. ||14 St. Rspr., BAG 26.6.1975 – 2 AZR 499/74 u. v. 19.6.1991 – 2 AZR 127/91, AP Nr. 1 u. 53 zu § 1 KSchG 1969 Betriebsbedingte Kündigung; 11.3.1998 – 2 AZR 414/97, AP Nr. 43 zu § 111 BetrVG 1972; 5.4.2001 – 2 AZR 696/99, NZA 2001, 949. ||15 BAG 10.10.1996 – 2 AZR 477/95, DB 1997, 279.

Gleiche gilt, wenn sich etwa ein Reinigungsunternehmen, dessen noch laufender Reinigungsauftrag nicht verlängert worden ist, an der Neuausschreibung beteiligt und bei Ausspruch der Kündigung die Neuvergabe noch offen ist. Auch der Zwang zur Einhaltung längerer Kündigungsfristen rechtfertigt hier grds. keine andere Beurteilung[1]. Eine gesellschafts- oder vereinsrechtl. **unwirksame Beschlussfassung** über die Stilllegung steht der Kündigung nicht entgegen, sofern nur im Zeitpunkt ihres Zugangs die Prognose gerechtfertigt ist, dass der Beschäftigungsbedarf bei Ablauf der Kündigungsfrist entfallen sein wird[2]. Dem ArbN kann ausnahmsw. ein **Anspruch auf Wiedereinstellung** zustehen, wenn die kündigungsbegründende Zukunftsprognose noch während des Laufs der Kündigungsfrist entfällt (zB weil es statt der Stilllegung wider Erwarten zu einem Betriebsübergang kommt). Die Kündigung bleibt in diesem Fall wirksam. Vgl. zum Wiedereinstellungsanspruch Rz. 75.

g) **Darlegungs- und Beweislast.** Im Kündigungsschutzprozess trägt der **ArbGeb** die Darlegungs- und Beweislast dafür, dass die Kündigung durch dringende betriebl. Erfordernisse bedingt ist, ohne dass eine andere Beschäftigungsmöglichkeit besteht, Abs. 2 S. 4[3]. Es genügen grds. keine pauschalen schlagwortartigen Angaben wie „Umsatzrückgang in Höhe von x %" oder „unternehmerische Entscheidung zum Abbau von x Arbeitsplätzen" (s. Rz. 270 f. und Rz. 315 f.). Der Kündigungsgrund, idR also der Wegfall des Beschäftigungsbedürfnisses, ist schlüssig darzulegen. Die Anforderung an die weitere Darlegung hängt davon ab, wie substantiiert sich der ArbN gem. § 138 II ZPO auf den Vortrag des ArbGeb einlässt. Bei substantiiertem Bestreiten sind sie entsprechend hoch. Die Darlegung wird häufig dadurch erschwert, dass der ArbGeb selbst nur sehr vage Vorstellungen über die konkrete Verteilung der Arbeit hat (vgl. Rz. 271). Bei rein **außerbetrieblichen Umständen** (s. Rz. 260) ist dezidiert der Wegfall der auf die gekündigten ArbN entfallenden Arbeitsmenge darzulegen. Nur in Ausnahmefällen wird ein Umsatzrückgang sich direkt proportional zum Rückgang der Arbeitsmenge verhalten (uU etwa in der Verpackungsabteilung eines Produktionsbetriebes, der nur ein gleichartiges Produkt herstellt, s. Rz. 294). Zu den vom ArbGeb darzulegenden und zu beweisenden Tatsachen gehören auch die für die Dringlichkeit sprechenden Umstände, etwa warum ein nur kurzfristiger, vorübergehender Arbeitsmangel (zB bei witterungsbedingtem Arbeitsausfall) betriebl. ausnahmsw. nicht überbrückbar ist. Rein **innerbetriebliche Ursachen**, die erst noch betriebl. umzusetzen sind (Stilllegung, Rationalisierung etc.), müssen bei Zugang der Kündigung endgültig beschlossen sein und bereits „greifbare Formen" angenommen haben sowie erwarten lassen, dass bei Ablauf der Kündigungsfrist der Beschäftigungsbedarf entfallen ist (s. Rz. 289). Verläuft die Umsetzung des unternehmerischen Konzepts sodann planmäßig, lässt dies den Rückschluss zu, dass es bei Zugang der Kündigung von einer betriebswirtschaftl. vernünftigen Prognose getragen und realisierbar gewesen war[4].

Ist bestritten, dass ein **Stilllegungsentschluss** im Kündigungszeitpunkt bereits gefasst war, so muss der ArbGeb substantiiert darlegen, dass und zu welchem Zeitpunkt er diejenigen organisatorischen Maßnahmen geplant hat, die sich rechtl. als Betriebsstilllegung darstellen. Hierzu gehören neben der vollständigen Aufgabe des Betriebszwecks die Einstellung der Betriebstätigkeit (insb. Produktion und Vertrieb) sowie die Auflösung der Betriebseinheit von materiellen, immateriellen und personellen Mitteln[5]. Die Motive des ArbGeb für die gestaltende Maßnahme sind regelmäßig nur im Rahmen der Prüfung auf Willkür oder Umgehung von Bedeutung (Rz. 267). Bestehen die Ursachen in einer **Umorganisation** der Betriebsabläufe, hat der ArbGeb den danach bestehenden Beschäftigungsbedarf, dh. die Verteilung der vorhandenen Arbeitsmenge, genau darzustellen[6]. Bei **gemischt** außer- und innerbetriebl. Ursachen (zB Umsatzrückgang und gleichzeitiger verdichtender Neuverteilung der Arbeit) hat der ArbGeb beide Ursachen genau darzustellen (s. Rz. 260). Die Darlegungs- und Beweislast für **Willkür**, also für eine ausnahmsw. offenbar unsachliche, unvernünftige oder willkürliche unternehmerische Entscheidung, trägt hingegen der ArbN[7]. IdR geht das BAG davon aus, dass eine tatsächliche Vermutung für sachliche Gründe der Unternehmerentscheidung spreche[8].

Schließlich hat der ArbGeb auch darzulegen, dass **mildere Mittel** wie Abbau von Überstunden, Einführung von Kurzarbeit[9] etc. nicht in Betracht kamen. Das Gleiche gilt für die fehlende Möglichkeit einer **anderweitigen Weiterbeschäftigung**. In beiden Fällen gilt aber gem. § 138 II ZPO eine abgestufte Darlegungslast. Es genügt zunächst, wenn der ArbGeb pauschal auf die fehlenden Ausweichmöglichkeiten verweist. Ein solcher Hinweis wird idR schon in der Darlegung des Wegfalls des bisherigen Beschäftigungsbedarfs liegen. Es ist dann Sache des ArbN, etwaige Weiterbeschäftigungsmöglichkeiten oder mildere Mittel näher zu spezifizieren. Fehlen ihm nähere Kenntnisse, braucht er nur den Bereich zu bezeichnen, in dem er weiter eingesetzt werden könnte[10]. Sodann hat der ArbGeb genau darzulegen

---

1 BAG 12.4.2002 – 2 AZR 256/01, NZA 2002, 1205; auch nicht bei Existenzbedrohung des Unternehmens BAG 13.2.2008 – 2 AZR 75/06; aA LAG Sa.-Anh. 7.8.2001 – 8 (2) Sa 142/01, DB 2003, 563. ‖2 BAG 5.4.2001 – 2 AZR 696/99, NZA 2001, 949. ‖3 BAG 7.12.1978 – 2 AZR 155/77, DB 1979, 650. ‖4 LAG Düss. 7.5.2003 – 12 Sa 1437/02, LAGE § 1 KSchG Betriebsbedingte Kündigung Nr. 66. ‖5 BAG 19.6.1991 – 2 AZR 127/91, BB 1992, 1067. ‖6 BAG 12.4.2002 – 2 AZR 740/00, EzA § 1 KSchG Betriebsbedingte Kündigung Nr. 117. ‖7 BAG 9.5. 1996 – 2 AZR 438/95, BB 1996, 2048; 27.9.2001 – 2 AZR 246/00, EzA § 2 KSchG Nr. 41. ‖8 BAG 9.5.1996 – 2 AZR 438/95, BB 1996, 2048. ‖9 BAG 25.6.1964 – 2 AZR 382/63, DB 1964, 958. ‖10 BAG 25.2.1988 – 2 AZR 500/87, nv.; 27.9.1984 – 2 AZR 62/83, NZA 1985, 455.

und zu beweisen, dass solche Möglichkeiten nicht bestanden haben[1]. Bei der außerordentl. betriebsbedingten Kündigung tarifvertragl. **Unkündbarer** (s. Vor § 1 Rz. 19 sowie § 1 Rz. 41) gehört abweichend hiervon das Fehlen jeglicher anderweitiger Beschäftigungsmöglichkeiten schon zum wichtigen Grund iSv. § 626 BGB und ist von vornherein vom ArbGeb darzulegen[2]. Beruft sich der ArbN zur Unwirksamkeit der Kündigung allein auf **§ 613a IV BGB**, hat er dessen Voraussetzungen darzulegen und zu beweisen[3]. Zur Darlegungs- und Beweislast bei Kündigungen gem. **Interessenausgleich mit Namensliste** nach Abs. 5 s. Rz. 435.

293 h) **Einzelfälle.** Die nachfolgende Aufzählung von Einzelfällen aus der Rspr. folgt der oben Rz. 261ff. gewählten Einteilung der „eigentlichen" Kündigungsgründe in Wegfall und Änderung des Beschäftigungsbedarfs sowie sonstige Gründe bei unverändertem Beschäftigungsbedarf. Dabei werden bewusst auch die typischen Gründe für betriebsbedingte Änderungskündigungen einbezogen. Die Fallbeispiele betreffen den jeweiligen „unmittelbaren" Kündigungsgrund; darüber hinaus ist stets die Möglichkeit der Weiterbeschäftigung auf einem anderen freien Arbeitsplatz im Unternehmen zu prüfen (vgl. Rz. 274 ff.).

294 aa) **Wegfall des Beschäftigungsbedarfs. (1) Auftragsmangel/Umsatzrückgang.** Beruft sich der ArbGeb allein auf (außerbetriebl.) Auftragsmangel bzw. Umsatzrückgang, hat er darzulegen, dass dadurch voraussichtlich (Rz. 289) für eine nicht absehbare Zeit (Rz. 287) mindestens die der Anzahl der gekündigten ArbN entsprechende **Arbeitsmenge fehlt**[4]. Allein die Angabe des Umsatzrückganges genügt idR nicht, um Art und Umfang des verminderten Personalbedarfs für die verschiedenen betriebl. Tätigkeiten erkennen zu lassen. Es bedarf näherer Darlegung seiner Auswirkungen auf die jeweilige Tätigkeit, dh. der Personalbedarf als das Produkt aus Arbeitsmenge und Arbeitsverteilung ist darzustellen (vgl. Rz. 291)[5]. Das ist nur dann ausnahmsw. anders, wenn der Umsatzrückgang direkt und gleichmäßig proportional zu einem Beschäftigungsrückgang führt[6]. Der gekündigte ArbN muss vom Rückgang der Arbeitsmenge betroffen sein; hierfür genügt es grds., dass er zum Kreis der in die Sozialauswahl einzubeziehenden ArbN gehört[7]. Auftragsmangel liegt noch nicht vor, wenn sich ein Reinigungsunternehmen, dessen noch laufender **Auftrag nicht verlängert** worden ist, an der Neuausschreibung beteiligt und bei Ausspruch der Kündigung die Neuvergabe noch offen ist[8]. Anders dagegen, wenn sich der ArbGeb nicht an der Neuausschreibung beteiligt[9]. **Material-, Rohstoff- oder Energiemangel** kann ebenfalls Beschäftigungsbedarf entfallen lassen. Unter den hiesigen wirtschaftl. Verhältnissen wird es sich aber meist nur um eine vorübergehende Lage handeln, eine Kündigung daher nur selten in Betracht kommen. Anders, wenn die Lage zum Anlass einer unternehmerischen Entscheidung (zB Schließung) genommen wird. Ein dauerhafter Auftragsmangel ist bei einem **Leiharbeitsunternehmen** nicht zwingend anzunehmen, wenn der konkrete Einsatz des LeihArbN beendet ist, ohne dass ein Anschlussauftrag vorliegt. Es müssen vielmehr weitere Anhaltspunkte für eine dauerhafte Prognose bestehen und auch ein anderweitiger Einsatz des LeihArbN – ggf. nach Umschulung – ausscheiden[10].

295 Sofern ein Umsatz- oder Auftragsrückgang etc. nur **Motiv** für eine unternehmerische Maßnahme ist, die dann ihrerseits den Beschäftigungsbedarf entfallen lässt (etwa eine (Teil-)Stillegung oder Rationalisierung), kommt es auf die außerbetriebl. Ursache nicht mehr an. Der Kündigungsgrund beurteilt sich hier ausschließlich nach Maßgabe der unternehmerischen Entscheidung (etwa zur Stillegung, vgl. Rz. 300 ff., oder zur Rationalisierung, Rz. 314 ff.). Das gilt uU auch dann, wenn sich der ArbGeb vorbehält, seinen Entschluss bei Änderung der Verhältnisse zu revidieren[11]. Häufig wird zusätzlich zu einem Auftragsrückgang die verbleibende Arbeit neu verteilt (ggf. auch verdichtet); dann ergibt sich der vollständige Personalüberhang erst aus beiden Ursachen. Zur Frage, ob der ArbGeb vor einer Kündigung Überstunden bzw. Leiharbeit abbauen oder bei vorübergehendem Auftragsmangel **Kurzarbeit** einführen muss, s. Rz. 272. Auch nach Einführung von Kurzarbeit können uU Beendigungskündigungen erforderlich werden, etwa wenn unternehmerische Maßnahmen zum endgültigen Wegfall des Beschäftigungsbedarfs führen[12]. Eine allg. Arbeitszeitverkürzung anstelle weniger Kündigungen gebietet der Ultima-Ratio-Grundsatz nicht[13].

296 (2) **Ausgliederung und Verlagerung von Arbeiten.** Die Entscheidung, bisher betriebl. verrichtete Arbeiten auf **Dritte zur selbständigen Durchführung** auszulagern, bedarf keines dringenden Erfordernisses, auch wenn sie zu einem Personalüberhang führt, der seinerseits betriebsbedingte Kündigungen

---

1 BAG 20.1.1994 – 2 AZR 489/93, NZA 1994, 653; 24.3.1983 – 2 AZR 21/82, NJW 1984, 78. ||2 BAG 6.10.2005 – 2 AZR 362/04, AP Nr. 8 zu § 53 BAT; 2.3.2006 – 2 AZR 64/05, NZA 2006, 985 (z. 29). ||3 BAG 15.5.1985 – 5 AZR 276/84 u. v. 22.5.1985 – 5 AZR 173/84, AP Nr. 41 u. 43 zu § 613a BGB. ||4 BAG 11.9.1986 – 2 AZR 564/85, BB 1987, 1882; 15.6.1989 – 2 AZR 600/88, BB 1989, 2119. ||5 BAG 30.5.1985 – 2 AZR 321/84, NZA 1986, 155. ||6 BAG 15.6.1989 – 2 AZR 600/88, BB 1989, 2119 (werden in der Verpackungsabteilung gleichartige Artikel vor dem Versand verpackt, geht bei Rückgang des Umsatzes für diese Artikel die Arbeit der Abteilung entsprechend zurück). ||7 BAG 7.12.1978 – 2 AZR 155/77, DB 1979, 650. ||8 BAG 12.4.2002 – 2 AZR 256/01, NZA 2002, 1205; vgl. aber zu einem Stilllegungsbeschluss unter dem Vorbehalt seiner Revidierung in ähnlicher Lage BAG 27.2.1987 – 7 AZR 652/85, NZA 1987, 700. ||9 BAG 15.7.2004 – 2 AZR 376/03, NZA 2005, 523. ||10 BAG 18.5.2006 – 2 AZR 412/05, DB 2006, 1962; dazu *Bayreuther*, RdA 2007, 176. ||11 BAG 27.2.1987 – 7 AZR 652/85, NZA 1987, 700. ||12 BAG 26.6.1997 – 2 AZR 494/96, BB 1997, 2655; 23.2.2012 – 2 AZR 548/10, NZA 2012, 852. ||13 BAG 19.5.1993 – 2 AZR 584/92, AP Nr. 31 zu § 2 KSchG 1969; LAG Hamm 15.12.1982 – 12 Sa 993/82, DB 1983, 506.

dringend erforderlich macht (vgl. auch Rz. 268). Der Unternehmer kann grds. ohne Beschränkung durch das KSchG über Art und Umfang der betriebl. Tätigkeit und ihre innerbetriebl. Organisation entscheiden. Erforderlich bei Fremdvergabe von Arbeiten ist aber die tatsächliche Aufgabe der ArbGeb-Stellung[1]. **Beispiele** für Ausgliederungen: Vergabe von Wartungsarbeiten[2], Reinigungsarbeiten[3], Tor- und Sicherheitskontrollen[4], Lackierarbeiten in einem Metallbetrieb[5], von Flämmarbeiten an Brammen[6], Gruppenleitertätigkeit als „Weight-Watcher"[7] und Tätigkeit als Gleichstellungsbeauftragte an ehrenamtlich Tätige[8]. Auf den betriebswirtschaftl. Nutzen kommt es nach hM nicht an[9]. Eine Überprüfung auf Notwendigkeit und Zweckmäßigkeit findet nicht statt. Die Entscheidung des ArbGeb unterliegt aber einer Kontrolle auf **Willkür** und Umgehung (s. Rz. 267). Auch ist sie abzugrenzen von der Entscheidung, betriebl. Tätigkeiten auf Dritte nicht zur selbständigen Durchführung zu übertragen, sondern unter unveränderter Aufrechterhaltung des typischen arbeitsvertragl. Direktionsrechts ggü. den ArbN des Dritt-ArbGeb. Darauf zielende Kündigungen sind **unzulässige Austauschkündigungen** (s. Rz. 268 f.). Hierzu zählt die Entscheidung, angestellte Musiklehrer einer Musikschule künftig nur noch als freie Mitarbeiter zu beschäftigen; ebenso der Entschluss, die formale ArbGebStellung aufzugeben und stattdessen LeihArbN einzusetzen. Anderes gilt bei Umstellung einer Außendiensttätigkeit von weisungsabhängiger Arbeit auf der Sache nach freie selbständige Tätigkeit im Rahmen eines Partnerkonzepts („Weight-Watchers"). Bei einer **Teilauslagerung** von betriebl. Tätigkeiten soll die Festlegung der danach verbleibenden Personalstärke eine nur noch auf Willkür überprüfbare Unternehmerentscheidung darstellen, die zum Wegfall der überzähligen Arbeitsplätze führe[10] (zur Kritik s. Rz. 270).

Von der Fremdvergabe betriebl. Tätigkeit („Outsourcing") ist die **Aufspaltung** eines Unternehmens zu unterscheiden. Hierdurch wird die Grundlage des ArbVerh, der Beschäftigungsbedarf des ArbGeb, unmittelbar nicht betroffen. Zusätzlich schützt § 323 I UmwG die kündigungsrechtl. Stellung der ArbN für die Dauer von zwei Jahren. Die Fremdvergabe betriebl. Tätigkeiten erfüllt als bloße Funktionsnachfolge nicht die Voraussetzungen eines **Betriebsübergangs** gem. § 613a BGB[11]. Anderes kann bei Übernahme der Stammbelegschaft gelten[12]. Mit der Fremdvergabe kann eine Teilbetriebsschließung verbunden sein, die idR eine Betriebsänderung iSv. § 111 BetrVG darstellt, wenn die Entlassungszahlen des § 17 I erreicht werden[13].

Die bloße Umgestaltung und **Verlagerung von Arbeiten** in eine andere Betriebsabteilung rechtfertigen allein keine betriebsbedingten Kündigungen, soweit nach wie vor im Wesentlichen die gleichen Arbeiten zu verrichten und die bisherigen ArbN hierzu persönlich und fachlich geeignet sind. Das gilt selbst dann, wenn es sich bei den neu eingerichteten Arbeitsplätzen um Beförderungsstellen handelt[14]. Soll und kann die Arbeit dagegen von den verbleibenden ArbN miterledigt werden, entfällt entsprechend der Bedarf an Arbeitskräften. In diesem Fall findet zwischen den betroffenen ArbN, die nach der Umgestaltung des Arbeitsablaufs für eine Weiterbeschäftigung persönlich und fachlich geeignet sind, eine Sozialauswahl nach den Grundsätzen des Abs. 3 statt. Dies kann der ArbGeb nicht dadurch umgehen, dass er zunächst die verbleibenden Arbeitsplätze ohne Beachtung sozialer Gesichtspunkte besetzt und erst danach den nicht übernommenen ArbN kündigt[15]. Diese Grundsätze gelten wegen der unternehmensbezogenen Weiterbeschäftigungspflicht (vgl. Rz. 277) auch bei einer Verlagerung von Arbeiten in einen **anderen Betrieb** des Unternehmens[16]. Zur Verlagerung auf ein anderes Konzernunternehmen vgl. Rz. 278. Wird das Arbeitsgebiet eines ArbN auf den ArbGeb selbst verlagert (bzw. den persönlich haftenden Gesellschafter), handelt es sich um eine grds. hinzunehmende unternehmerische Entscheidung, die Beschäftigungsbedarf entfallen lässt[17]. Sie wird jedoch wegen der Gefahr einer Umgehung des Kündigungsschutzes sorgfältig auf ihre dauerhafte Realisierbarkeit zu prüfen sein. Nimmt der ArbGeb einen zurückgehenden Arbeitsanfall zum Anlass, einfachere Tätigkeiten auf qualifiziertere ArbN (Facharbeiter) zu übertragen, kann hierdurch der Beschäftigungsbedarf für Hilfsarbeiter (Bauwerker) entfallen[18].

Einstweilen frei.

---

1 BAG 18.9.2008 – 2 AZR 560/07, NZA 2009, 142. ||2 BAG 10.12.1979 – 7 AZR 959/77, BB 1980, 1163. ||3 BAG 30.4.1987 – 2 AZR 184/86, BB 1987, 2303; 7.3.1980 – 7 AZR 1003/77, AP Nr. 9 zu § 1 KSchG 1969 Betriebsbedingte Kündigung. ||4 BAG 5.5.1992 – 1 ABR 78/91, NZA 1992, 1044. ||5 BAG 6.9.1991 – 1 ABR 45/90, DB 1992, 327. ||6 BAG 5.3.1991 – 1 ABR 39/90, BB 1991, 1338. ||7 BAG 9.5.1996 – 2 AZR 438/95, NZA 1996, 1145. ||8 BAG 18.9.2008 – 2 AZR 560/07, NZA 2009, 142. ||9 BAG 30.4.1987 – 2 AZR 184/86, BB 1987, 2303; 7.3.1980 – 7 AZR 1093/77, AP Nr. 9 zu § 1 KSchG 1969 Betriebsbedingte Kündigung; 27.9.2001 – 2 AZR 246/00, EzA § 2 KSchG Nr. 41; aA *Preis*, NZA 1995, 241 (248 ff.), der „triftige Gründe" für die Unternehmerentscheidung fordert. ||10 BAG 18.5.2006 – 2 AZR 245/05, ZTR 2007, 50 (amerikanische Streitkräfte). ||11 St. Rspr. des BAG im Anschluss an das Urteil des EuGH 11.3.1997 – Rs. C-13/95, DB 1997, 628 f. – Ayse Süzen; vgl. BAG 11.12.1997 – 8 AZR 426/94, AP Nr. 171 zu § 613a BGB; 16.7.1998 – 8 AZR 77/97, nv. ||12 BAG 22.5.1997 – 8 AZR 101/96, NZA 1997, 1050. ||13 BAG 27.6.2002 – 2 AZR 489/01, EzA § 1 KSchG Betriebsbedingte Kündigung Nr. 119 (instruktiv zur Schließung eines Krankenhauslabors und Fremdvergabe der Laborarbeiten). ||14 BAG 10.11.1994 – 2 AZR 242/94, NZA 1995, 566. ||15 BAG 10.11.1994 – 2 AZR 242/94, NZA 1995, 566. ||16 BAG 10.11.1994 – 2 AZR 242/94, NZA 1995, 566. ||17 BAG 22.3.1990 – 2 AZR 144/89, nv. ||18 BAG 11.6.1986 – 2 AZR 564/85, BB 1987, 1882.

300 (3) **Betriebsstilllegung.** Sie bedeutet die **Auflösung der Betriebs- und Produktionsgemeinschaft** zwischen ArbGeb und ArbN. Der ArbGeb stellt die wirtschaftl. Betätigung in der ernstlichen Absicht ein, den bisherigen Betriebszweck dauernd oder für eine ihrer Dauer nach unbestimmte, wirtschaftl. nicht unerhebliche Zeitspanne nicht weiter zu verfolgen[1]. Eine betriebsbedingte Kündigung ist idR bereits dann gerechtfertigt, wenn der Unternehmer **im Zeitpunkt des Zugangs der Kündigung** den ernsthaften und endgültigen (s. Rz. 302) **Entschluss** gefasst hat, den Betrieb nicht nur vorübergehend stillzulegen[2]. Das Gleiche gilt für die Stilllegung eines Betriebsteils[3]. Bei alsbaldiger Wiedereröffnung des Betriebes spricht eine tatsächliche Vermutung gegen eine ernsthafte Stilllegungsabsicht[4]. Ein erst nach Zugang der Kündigung gefasster endgültiger Stilllegungsentschluss kann nur eine nachfolgende neue Kündigung rechtfertigen[5]. Der **Grund für den Entschluss** ist unmaßgeblich. Die Ernsthaftigkeit und Endgültigkeit einer Unternehmerentscheidung setzt nicht voraus, dass ihre Verwirklichung dem Wunsch des ArbGeb entspricht. Sieht er sich zu ihr durch Umstände gezwungen, die er nicht nach seinem Willen gestalten kann, so kann es uU unschädlich sein, wenn er sich vorbehält, seinen Entschluss nicht zu verwirklichen, falls sich die Verhältnisse wider Erwarten anders als bei vernünftiger Betrachtung vorhersehbar entwickeln[6]. IÜ muss sich der ArbGeb an seinem eigenen unternehmerischen Konzept festhalten lassen[7]. Ein Beschluss der Gesellschafter, die GmbH zu liquidieren, besagt allein noch nicht, dass auch der Betrieb stillgelegt werden soll. Im Zuge einer **Liquidation der Gesellschaft** kommt auch eine Veräußerung des Betriebes in Betracht[8]. Die unternehmerische Entscheidung zur Stilllegung des Betriebes einer GmbH kann entsprechende Kündigungen auch dann sozial rechtfertigen, wenn ihr **kein wirksamer Beschluss** der Gesellschafter zugrunde liegt[9]. Zur Betriebsstilllegung nach Spaltung und Teilübertragung einer Kapitalgesellschaft s. Rz. 307. Zur Stilllegung durch den (starken) vorläufigen Insolvenzverwalter s. Rz. 311.

301 Die **vorübergehende Stilllegung** steht der dauerhaften gleich, wenn sie für einen erheblichen Zeitraum erfolgt (zB knappes Dreivierteljahr[10]). Im Kündigungszeitpunkt muss davon auszugehen sein, dass eine eventuelle Wiederaufnahme der Produktion erst nach einem längeren, wirtschaftl. nicht unerheblichen Zeitraum erfolgen kann, dessen Überbrückung mit weiteren Vergütungszahlungen dem ArbGeb nicht zugemutet werden kann[11]. Dabei wird auch die Möglichkeit der Inanspruchnahme von Kug zu berücksichtigen sein. Im Falle witterungsbedingter vorübergehender Betriebseinstellung kommt es darauf an, ob bei Zugang der Kündigung der Zeitpunkt der Arbeitsaufnahme bereits absehbar und die Überbrückung des Zeitraums unter Berücksichtigung der Kündigungsfrist zumutbar war (vgl. Rz. 287). Dabei sind witterungsbedingte Betriebsschließung und etwaiger Auftragsmangel getrennt zu prüfende Gesichtspunkte[12].

302 Betriebsstilllegung und Betriebsveräußerung schließen einander aus (vgl. auch Rz. 308). Der ArbGeb hat noch keinen endgültigen Stilllegungsentschluss gefasst, solange er **über die Veräußerung des Betriebes noch ernsthaft verhandelt** und nur vorsorglich für den Fall des Scheiterns der Verhandlungen kündigt[13]. Der bloße Vorbehalt des Konkursverwalters, eine sich wider Erwarten doch noch bietende Möglichkeit zur Betriebsveräußerung wahrnehmen zu wollen, steht einer ernsthaften und endgültigen Stilllegungsabsicht im Kündigungszeitpunkt aber nicht entgegen[14]. Kommt es trotz endgültiger und ernsthafter Stilllegungsabsicht des ArbGeb nach Ausspruch der Kündigung wider Erwarten doch noch zu einer Fortsetzung des Betriebes[15], etwa weil sich ein Erwerber gefunden hat, können **Wiedereinstellungsansprüche** der gekündigten ArbN ggü. dem Betriebserwerber entstehen (vgl. Rz. 75). Im Zeitpunkt des Zugangs der Kündigung muss die Stilllegung noch nicht durchgeführt sein. Es genügt, wenn sie endgültig beschlossen ist (vgl. Rz. 300) und bereits **greifbare Formen** angenommen hat (vgl. Rz. 289). Die „greifbaren Formen" können je nach den Umständen des Einzelfalles die Gründe für die Stilllegungsabsicht oder deren Durchführungsformen betreffen; mit der Durchführung der Stilllegung muss daher nicht notwendig begonnen worden sein[16]. Greifbare Formen liegen dann vor, wenn im Zeitpunkt des Ausspruchs der Kündigung auf Grund einer vernünftigen, betriebswirtschaftl. Betrachtung davon auszugehen ist, dass mit einiger Sicherheit der Eintritt eines die Entlassung erforderlich machenden betriebl. Grundes gegeben ist. Das ist der Fall bei dem Entschluss des ArbGeb, ab sofort **keine neuen Aufträge** mehr anzunehmen, allen ArbN zum nächstmöglichen Kündigungstermin zu

---

1 BAG 21.6.2001 – 2 AZR 137/00, AP Nr. 50 zu § 50 KSchG 1969. ‖2 BAG 27.2.1987 – 7 AZR 652/85, NZA 1987, 700; 18.1.2001 – 2 AZR 514/99, AP Nr. 115 zu § 1 KSchG 1969 Betriebsbedingte Kündigung; zur Stilllegung durch einen Pächter vgl. BAG 27.4.1995 – 8 AZR 197/94, EzA § 613a BGB Nr. 126; durch den Mieter eines Einzelhandelsgeschäfts BAG 22.5.1997 – 8 AZR 101/96, AP Nr. 154 zu § 613a BGB. ‖3 BAG 4.12.1997 – 2 AZR 140/97, BB 1998, 1108. ‖4 BAG 21.6.2002 – 2 AZR 137/00, AP Nr. 50 zu § 15 KSchG 1969. ‖5 BAG 4.12.1986 – 2 AZR 564/85, BB 1987, 1882. ‖6 BAG 27.2.1987 – 7 AZR 652/85, NZA 1987, 700; vgl. aber BAG 12.4.2002 – 2 AZR 256/01, NZA 2002, 1205 („unzulässige Vorratskündigung"). ‖7 BAG 18.1.1990 – 2 AZR 183/89, AP Nr. 27 zu § 2 KSchG 1969. ‖8 LAG Sa.-Anh. 11.1.2000 – 4 Sa 791/99, nv. ‖9 BAG 5.4.2001 – 2 AZR 696/99, NZA 2001, 949; zur Beschlussfassung eines Vereins vgl. LAG Sa.-Anh. 7.8.2001 – 8 (2) Sa 142/01, DB 2003, 563. ‖10 BAG 27.4.1995 – 8 AZR 200/94, EzA § 1 KSchG Betriebsbedingte Kündigung Nr. 83; 21.6.2002 – 2 AZR 137/00, AP Nr. 50 zu § 15 KSchG 1969. ‖11 BAG 21.6.2002 – 2 AZR 137/00, AP Nr. 50 zu § 15 KSchG 1969. ‖12 BAG 7.3.1996 – 2 AZR 180/95, BB 1996, 1557. ‖13 BAG 10.10.1996 – 2 AZR 477/95, NZA 1997, 251; 16.2.2012 – 8 AZR 693/10, NZA-RR 2012, 465. ‖14 BAG 7.3.1996 – 2 AZR 298/95, nv. ‖15 BAG 28.4.1988 – 2 AZR 623/87, NZA 1989, 265. ‖16 BAG 19.6.1991 – 2 AZR 127/91, NZA 1991, 891.

kündigen, zur Abarbeitung der vorhandenen Aufträge eigene ArbN nur noch während der jeweiligen Kündigungsfristen einzusetzen und so den Betrieb schnellstmöglich stillzulegen[1]. Ein solches Stilllegungskonzept wird nicht dadurch in Frage gestellt, dass es bei der restlichen Abwicklung auf Grund unvorhergesehenen extrem hohen Krankenstandes zum Einsatz von LeihArbN anstelle bereits gekündigter ArbN kommt[2].

Eine **anderweitige Weiterbeschäftigung** auf einem freien Arbeitsplatz **in einem anderen Betrieb des Unternehmens** hat Vorrang vor einer Beendigungskündigung (Rz. 277). Sind bei einer Betriebsstilllegung freie Arbeitsplätze in einem anderen Betrieb des Unternehmens zu besetzen, erfolgt die **Auswahl** der zu kündigenden ArbN gem. Abs. 3 nach sozialen Gesichtspunkten[3] (vgl. Rz. 283 u. Rz. 334 ff.). Auch bei etappenweiser Stilllegung oder Stilllegung nur eines Betriebsteils[4] findet jeweils eine betriebsweite Sozialauswahl statt[5]. Zur Frage einer konzernweiten Weiterbeschäftigungspflicht vgl. Rz. 278. Die Stilllegung des Betriebes rechtfertigt bei fehlender anderweitiger Weiterbeschäftigungsmöglichkeit die außerordentl. Kündigung von tarif- oder einzelvertragl. „**unkündbaren" ArbN**[6]. Eine solche Kündigung kann nur wie eine ordentl. Kündigung ausgesprochen werden (insb. mit Auslauffrist, vgl. Rz. 41). Die behördliche Zustimmung zur Kündigung während des Mutterschutzes bzw. der Eltern- oder Pflegezeit (§ 9 MuSchG, § 18 BEEG, § 5 PflegeZG) wird regelmäßig erteilt[7]. Die Betriebsschließung stellt kein dringendes betriebl. Erfordernis für die Kündigung eines ArbN dar, mit dem **Block-ATZ** vereinbart ist und der sich bereits in der **Freistellungsphase** befindet. Der Wegfall aller Beschäftigungsmöglichkeiten erfordert keine Kündigung, wenn der in ATZ befindliche ArbN die geschuldete Arbeitsleistung bereits in vollem Umfang erbracht und der ArbGeb ihn deshalb nicht weiter zu beschäftigen hat. Das gilt auch in der Insolvenz (vgl. Rz. 311)[8]. Anders dagegen in der **Arbeitsphase**, selbst wenn zwischen Kündigungstermin und Beginn der Freistellungsphase nur ein Monat liegt[9].

Bei der Stilllegung von Betrieben und Betriebsteilen kommt es zumeist zu **Massenentlassungen** iSv. § 17. Diese stellen **Betriebsänderungen** iSv. § 111 BetrVG dar, über die der ArbGeb in Unternehmen mit mehr als 20 ArbN gem. § 112 BetrVG einen Interessenausgleich mit dem BR herbeizuführen versuchen muss (vgl. die Erl. dort)[10]. Unterlässt er dies oder weicht er von einem vereinbarten Interessenausgleich ab, drohen Nachteilsausgleichsansprüche der gekündigten ArbN (§ 113 BetrVG).

(4) Betriebsübergang. Bei ihm bleibt in Abgrenzung zur Stilllegung die Identität der wirtschaftl. Einheit erhalten[11] (vgl. zum Begriff die Erl. zu § 613a BGB). Eine Kündigung wegen Betriebsübergangs ist **schlechthin unwirksam**; das Recht zur Kündigung aus anderen Gründen bleibt unberührt (§ 613a IV BGB). Das gilt auch in der Insolvenz. § 613a BGB ist ein eigenständiger Unwirksamkeitsgrund. Eine Kündigung wegen Betriebsübergangs ist daher auch unwirksam, wenn das KSchG keine Anwendung findet[12]. Das gilt für die Kündigung des Veräußerers wie die des Erwerbers. Eine Kündigung „wegen" des Betriebsübergangs iSv. § 613a IV BGB liegt vor, wenn dieser zwar nicht der einzige, aber doch der **ausschlaggebende Beweggrund** ist[13]. Dies hat der ArbN zu beweisen. Hierfür spricht eine tatsächliche Vermutung, wenn die Kündigung äußerlich in zeitlichem und sachlichem Zusammenhang mit einem Betriebsübergang erfolgte. Der ArbGeb muss dann ggf. seine andersartigen Gründe näher vortragen, damit sich der ArbN mit dieser Motivlage auseinandersetzen kann[14]. Vgl. näher § 613a BGB Rz. 304 ff.

Eine Kündigung „aus anderen Gründen" (vgl. dazu auch § 613a BGB Rz. 304 ff.) ist auch gegeben, wenn der bisherige Betriebsinhaber **Rationalisierungs- oder Teilstilllegungsmaßnahmen** durchführt, auch wenn dies nur geschieht, um die Chancen für eine anschließende Veräußerung zu erhöhen[15]. Voraussetzungen sind ein auf die Fortführung des zu übertragenden Betriebes oder Betriebsteils gerichtetes unternehmerisches Konzept sowie der Wegfall des Beschäftigungsbedarfs iÜ. Die Kündigung des Veräußerers auf Grund eines **Erwerberkonzepts** verstößt dann nicht gegen § 613a IV BGB, wenn ein verbindliches Konzept oder ein Sanierungsplan des Erwerbers vorliegt, dessen Durchführung im Zeitpunkt des Zugangs der Kündigung bereits greifbare Formen angenommen hat[16]. Zumindest in der Insolvenz des Veräußerers kommt es dabei nicht darauf an, ob dieser das Erwerberkonzept ohne die Veräußerung selbst hätte durchführen können[17]. Richtigerweise wird dies auch **außerhalb der Insolvenz**

---

1 BAG 18.1.2001 – 2 AZR 514/99, NJW 2001, 2116; 7.7.2005 – 2 AZR 447/04, NZA 2005, 1351. ‖ 2 BAG 18.1.2001 – 2 AZR 514/99, NJW 2001, 2116. ‖ 3 LAG Hamm 30.6.1989 – 18 (7) Sa 1639/88, LAGE § 1 KSchG Soziale Auswahl Nr. 5. ‖ 4 BAG 16.9.1982 – 2 AZR 271/80, DB 1983, 504. ‖ 5 LAG Hamm 3.4.1987 – 17 Sa 2043/86, NZA 1987, 636. ‖ 6 St. Rspr. seit BAG 28.3.1985 – 2 AZR 113/84, NZA 1985, 559; 6.3.1986 – 2 ABR 15/85, DB 1986, 2605. ‖ 7 BAG 20.1.2005 – 2 AZR 500/03, AP Nr. 8 zu § 18 BErzGG. ‖ 8 BAG 5.12.2002 – 2 AZR 571/01, NZA 2003, 789. ‖ 9 BAG 16.6.2005 – 6 AZR 476/04, AP Nr. 13 zu § 3 ATG. ‖ 10 Zur Frage einer Betriebsänderung iSv. § 111 BetrVG instruktiv BAG 27.6.2002 – 2 AZR 489/01, EzA § 1 KSchG Betriebsbedingte Kündigung Nr. 117 (Schließung eines Krankenhauslabors). ‖ 11 Vgl. BAG 16.2.2006 – 8 AZR 204/05, NZA 2006, 794 (Handwerksbetrieb) u. v. 4.5.2006 – 8 AZR 299/05, NZA 2006, 1096 (Frauenhaus). ‖ 12 BAG 31.1.1985 – 2 AZR 530/83, NZA 1985, 593; 5.12.1985 – 2 AZR 3/85, BB 1986, 1092. ‖ 13 BAG 26.5.1983 – 2 AZR 477/81, BB 1983, 2116 (Kündigung, weil Erwerber den ArbN als „zu teuer" abgelehnt hat); 18.7.1996 – 8 AZR 127/94, BB 1996, 2350. ‖ 14 BAG 3.7.1986 – 2 AZR 68/85, NZA 1987, 123; zur Abgrenzung von Betriebsübergang und Betriebsstilllegung vgl. auch BAG 12.2.1987 – 2 AZR 247/86, BB 1987, 2370. ‖ 15 BAG 18.7.1996 – 8 AZR 127/94, BB 1996, 2305. ‖ 16 BAG 26.5.1983 – 2 AZR 477/81, AP Nr. 34 zu § 613a BGB; 18.7.1996 – 8 AZR 127/94, AP Nr. 147 zu § 613a BGB. ‖ 17 BAG 20.3.2003 – 8 AZR 97/02, AP Nr. 250 zu § 613a BGB; dazu *Gaul*, DB 2003, 1902 ff.; anders außerhalb der Insolvenz noch BAG 26.5.1983 – 2 AZR 477/81, AP Nr. 34 zu § 613a BGB.

allgemein gelten. § 613a IV 2 BGB lässt das Recht zur Kündigung aus anderen Gründen unberührt. Das für die am Betriebsübergang Beteiligten verbindliche Erwerberkonzept ist auch dann wie eine unternehmerische Entscheidung des Veräußerers anzuerkennen, wenn es ausschließlich der Erwerber durchführen kann. Die durch § 613a BGB hergestellte Kontinuität der ArbVerh wirkt sich hier iS einer Einheit von Veräußerer und Erwerber aus (s. näher § 613a BGB Rz. 314). Zur Vermeidung von Umgehungsmöglichkeiten muss das Konzept hinreichend konkret sowie rechtsverbindlich – etwa durch einen Vorvertrag[1] – abgesichert sein. Zur Sozialauswahl in diesen Fällen vgl. Rz. 337.

307 **Widerspricht** ein ArbN dem Übergang seines ArbVerh gem. § 613a VI BGB schriftl. binnen eines Monats nach Unterrichtung, geht es nicht über. Der ArbN muss aber mit einer betriebsbedingten Kündigung des Veräußerers rechnen, wenn dort eine Beschäftigungsmöglichkeit fehlt. Zur Sozialauswahl in diesem Fall vgl. Rz. 338. Vgl. zu Vorstehendem im Einzelnen die **Erl. zu § 613a BGB**, zum Betriebsübergang in der Insolvenz zudem **§ 128 InsO**. Gem. § 324 UmwG gilt § 613a I und IV BGB auch bei **Umwandlungen** von Kapitalgesellschaften in Form von Verschmelzung, Spaltung und Vermögensübertragung, sofern in diesem Zuge ein Betrieb oder Betriebsteil auf einen anderen Rechtsträger übergeht. Nach § 323 I UmwG verschlechtert sich die kündigungsrechtl. Stellung des ArbN auf Grund einer Spaltung oder Teilübertragung für die Dauer von zwei Jahren nicht. Dies steht einer Kündigung wegen nachfolgender Stilllegung nicht entgegen, da diese nicht unmittelbare Folge der Umwandlung ist[2].

308 Beruft sich der ArbGeb auf eine **Betriebsstilllegung**, muss er im Zeitpunkt des Zugangs der Kündigung den ernsthaften und endgültigen Entschluss zur Stilllegung gefasst und diese bereits greifbare Formen angenommen haben (vgl. Rz. 302). Wird der Betrieb später tatsächlich doch noch veräußert, spricht dies gegen die ursprüngliche Stilllegungsabsicht. Der ArbGeb wird angesichts der nachfolgenden Veräußerung genauestens darzulegen haben, dass er tatsächlich die ernsthafte und endgültige Absicht zur Stilllegung gehabt hatte[3]. Gelingt ihm das, bleibt die Kündigung wirksam, es kommt aber ein Wiedereinstellungsanspruch für die gekündigten ArbN in Betracht (vgl. Rz. 75). Der bloße Vorbehalt des Insolvenzverwalters, eine sich wider Erwarten bietende, zurzeit nicht erkennbare Möglichkeit zur Betriebsveräußerung wahrnehmen zu wollen, steht einer ernsthaften und endgültigen Stilllegungsabsicht im Kündigungszeitpunkt nicht entgegen[4].

309 Bei **Anwendung des KSchG** und fristgerechter Klage muss der ArbGeb die Kündigungsgründe gem. Abs. 2 S. 4 **darlegen und beweisen**. Der Betriebsübergang ist kein dringendes betriebl. Erfordernis für eine Kündigung. Er führt weder zu einer Veränderung noch zu einem Wegfall des Beschäftigungsbedarfs. Die ArbVerh gehen mit allen Rechten und Pflichten auf den Erwerber über, § 613a I BGB. Hat der Veräußerer vor dem Betriebsübergang gekündigt, kann die **Kündigungsschutzklage** gegen ihn gerichtet werden. Das soll auch gelten, wenn der Betrieb zwischen Kündigung und Klageerhebung auf den Erwerber übergegangen ist[5]. Die Klage sollte hier außerdem gegen den Erwerber gerichtet werden (subj. Klagehäufung). Stützt sich die Kündigungsschutzklage gegen den Veräußerer allein auf die Behauptung, der Betrieb sei vor der Kündigung auf den Erwerber übergegangen, so führt dies zur Unschlüssigkeit der Klage[6]. Nach dem Betriebsübergang kann die Klage gegen die Kündigung des Veräußerers auch gegen den Erwerber gerichtet werden, wenn der ArbN einen Übergang seines ArbVerh auf den Erwerber geltend macht[7].

310 (5) **Drittmittel.** Der **Entzug oder die Kürzung** von sog. Drittmitteln, mit denen ein Dritter bestimmte Tätigkeiten des ArbGeb (zB im Forschungsbereich) finanziert, stellt für sich keinen betriebsbedingten Kündigungsgrund dar. Er verändert oder verringert selbst nicht den Beschäftigungsbedarf[8]. Das gilt erst recht für die bloße Befürchtung der Streichung von Drittmitteln[9]. Trifft der ArbGeb aber eine unternehmerische Entscheidung, etwa zur Einstellung oder Reduzierung der fraglichen Tätigkeiten, beurteilt sich die Kündigung nach deren Inhalt und kann eine Kündigung rechtfertigen. Es unterliegt auch der freien unternehmerischen Entscheidung, das **Anforderungsprofil** für einen eingerichteten Arbeitsplatz festzulegen (vgl. Rz. 276)[10]. Dies gilt insb., wenn bei drittfinanzierten Arbeitsverträgen das festgelegte Anforderungsprofil den Vorgaben des Drittmittelgebers entspricht. Eine Entgeltreduzierung aus Anlass der Drittmittelkürzung kommt nur unter den von der Rspr. dafür aufgestellten besonderen Voraussetzungen in Betracht (vgl. § 2 Rz. 17).

311 (6) **Insolvenz.** Auch die Kündigung des Insolvenzverwalters gem. § 113 InsO setzt gem. § 1 ein dringendes betriebl. Erfordernis voraus, das einer **Weiterbeschäftigung** des ArbN entgegensteht. Allein das Fehlen hinreichender finanzieller Mittel stellt keinen ausreichenden Kündigungsgrund dar[11]. Die Insolvenz des ArbGeb als solche lässt den Beschäftigungsbedarf nicht entfallen, solange nicht der Verwalter den Betrieb oder Teile davon zB stilllegt oder rationalisiert (s. dazu Rz. 300 ff. bzw. Rz. 314 ff.). Der Insol-

---

1 *Willemsen*, ZIP 1983, 414f. || 2 BAG 22.9.2005 – 6 AZR 526/04, BB 2006, 1278. || 3 BAG 28.4.1988 – 2 AZR 623/87, NZA 1989, 265. || 4 BAG 7.3.1996 – 2 AZR 298/95, nv. || 5 BAG 20.3.1997 – 8 AZR 769/95, NZA 1997, 937; 18.3.1999 – 8 AZR 306/98, AP Nr. 44 zu § 4 KSchG 1969. || 6 BAG 18.4.2002 – 8 AZR 346/01, AP Nr. 232 zu § 613a BGB. || 7 KR/*Pfeiffer*, § 613a BGB Rz. 205; *Hillebrecht*, NZA-Beil. 4/1989, 14 (19). || 8 BAG 20.2.1986 – 2 AZR 212/85, NZA 1986, 823; 7.11.1996 – 2 AZR 811/95, NZA 1997, 523. || 9 BAG 24.8.1989 – 2 AZR 653/88, nv. || 10 BAG 7.11.1996 – 2 AZR 811/95, NZA 1997, 523; 10.11.1994 – 2 AZR 242/94, NZA 1995, 566. || 11 BAG 5.12.2001 – 2 AZR 571/01, NZA 2003, 789.

venzverwalter kann sich das verbindliche Rationalisierungskonzept eines Betriebserwerbers zu eigen machen und darauf eine Kündigung stützen (vgl. Rz. 306). Mit der verkürzten Frist des § 113 S. 2 InsO kann der Insolvenzverwalter auch (erneut) kündigen, wenn er zuvor als (starker) **vorläufiger Insolvenzverwalter** mit längerer Frist aus im Wesentlichen gleichen Gründen gekündigt hatte[1]. Der (starke) vorläufige Insolvenzverwalter bedarf für eine Unternehmensstilllegung gem. § 22 I 2 Nr. 2 InsO zwar der Zustimmung des Insolvenzgerichts[2]; diese ist aber keine Wirksamkeitsvoraussetzung für stilllegungsbedingte Kündigungen[3]. Die Stilllegung des Betriebes stellt aber auch in der Insolvenz kein dringendes betriebl. Erfordernis für die Kündigung eines ArbN dar, mit dem **Block-ATZ** vereinbart ist und der sich bereits in der **Freistellungsphase** befindet. Der mit einer Betriebsstilllegung verbundene Wegfall aller Beschäftigungsmöglichkeiten erfordert keine Kündigung, wenn der in ATZ befindliche ArbN die geschuldete Arbeitsleistung bereits in vollem Umfang erbracht hat und der ArbGeb ihn deshalb nicht weiterbeschäftigen muss[4]. Vgl. iÜ zu den besonderen Kündigungsregelungen für ArbVerh in der Insolvenz den Überblick in Vor § 1 Rz. 42f. sowie die Erl. zu §§ 113ff. InsO.

(7) Öffentlicher Dienst. Nach der Rspr. des BAG können **Stellenstreichungen** im Haushaltsplan[5] ebenso wie das Anbringen eines konkret (im laufenden Haushaltsjahr) datierten sog. „kw-Vermerks" („künftig wegfallend") an einer Personalstelle im Haushaltsplan[6] eine von den Gerichten nicht nachprüfbare Entscheidung darstellen, dass die bezeichnete Stelle für die einzelne Dienststelle entbehrlich ist. Besteht keine anderweitige Weiterbeschäftigungsmöglichkeit, kann eine Kündigung gerechtfertigt sein. Dies setzt eine nach sachlichen Merkmalen genau bestimmte Stelle sowie ein auf den Bedarf der jeweiligen Dienststelle zugeschnittenes **Konzept** der zuständigen Verwaltung voraus, weil anderenfalls nicht festgestellt werden kann, ob im konkreten Fall der ausgesprochenen Kündigung ein dringendes betriebl. Erfordernis zugrunde liegt[7]. Wurde eine konkrete Stelle im Haushaltsplan gestrichen und bestehen keine Anhaltspunkte für einen Missbrauch des Kündigungsrechts (etwa gleichzeitige Arbeitszeiterhöhungen, Neueinstellungen oder Umsetzung), soll die organisatorische Umsetzbarkeit der Maßnahme grds. keiner näheren Darlegung mehr bedürfen[8]. Diese Befreiung des öffentl. ArbGeb von der grds. gebotenen Darlegung des dauerhaften Wegfalls des Beschäftigungsbedarfs allein auf Grund seines – nur intern bindenden – Stellenplans erscheint sehr weitgehend (s. Rz. 270). Bezeichnet dagegen ein Haushaltsplan 110 von 204 Arbeiterstellen einer Landesanstalt für Umwelt als zum Ende des Haushaltsjahres „künftig wegfallend", ohne sich mit ihrer Zuordnung zu den einzelnen im gesamten Land verteilten Standorten näher zu befassen, liegt darin allein noch keine bindende unternehmerische Vorgabe, die den Beschäftigungsbedarf entfallen ließe[9]. Beschließt eine Kommune, den Personalbedarf für **Kindertageseinrichtungen** nach dem Bedarfsschlüssel des LandesKitaG zu berechnen und das Personal entsprechend zu reduzieren, ist eine damit begründete Kündigung idR betriebsbedingt, sofern keine Anhaltspunkte für fortbestehenden Beschäftigungsbedarf oder eine Überforderung des verbleibenden Personals bestehen[10]. Der Darlegung eines konkreten Konzepts zur Umsetzung der geplanten Maßnahme bedarf es ohne solche Anhaltspunkte nicht.

Die **Streichung einer Halbtagsstelle** im öffentl. Haushalt sagt für sich genommen noch nichts dazu aus, ob nicht lediglich eine Überkapazität im Umfang einer Halbtagsstelle abgebaut werden soll, so dass dem durch eine entsprechende Änderungskündigung ggü. einer sozial weniger schutzbedürftigen Vollzeitkraft Rechnung getragen werden könnte[11]. Vgl. zur sozialen Auswahl insoweit Rz. 366. Die Umwandlung der Vollzeitstelle einer **Gleichstellungsbeauftragten** durch Gemeinderatsbeschluss in eine halbe Stelle kann eine entsprechende Änderungskündigung sozial rechtfertigen, sofern keine anderweitige Beschäftigungsmöglichkeit besteht[12]. Umgekehrt kann die Verwaltung auch **ohne Stellenplanänderung** ein Konzept zur Einsparung vorhandener Stellen entwickeln und umsetzen (Rationalisierung). Die Streichung einer Stelle im Haushaltsplan ist nicht unabdingbare Voraussetzung einer betriebsbedingten Kündigung im öffentl. Dienst[13]. Die Organisationsentscheidung des öffentl. ArbGeb, eine Angestelltenstelle, auf der hoheitliche Aufgaben erledigt werden, in eine **Beamtenstelle** umzuwandeln und mit einem Beamten zu besetzen, kann ein dringendes betriebl. Erfordernis zur Kündigung des bisherigen Stelleninhabers darstellen, wenn dieser die Voraussetzungen für die Übernahme in ein Beamtenverhältnis nicht erfüllt. Erfüllt der bisherige Stelleninhaber jedoch das Anforderungsprofil der neu geschaffenen Beamtenstelle, besteht kein dringendes betriebl. Erfordernis zu seiner Kündigung[14]. Bei der körperschaftlichen Umbildung eines öffentl.-rechtl. Dienstherrn können uU die §§ 128ff. BRRG

---

1 BAG 22.5.2003 – 2 AZR 255/02, AP Nr. 12 zu § 113 InsO. ‖ 2 BAG 29.6.2000 – 8 ABR 44/99, AP Nr. 2 zu § 126 InsO. ‖ 3 BAG 27.10.2005 – 6 AZR 5/05, ZIP 2006, 585. ‖ 4 BAG 5.12.2001 – 2 AZR 571/01, NZA 2003, 789; krit. *Hanau*, RdA 2003, 230f. ‖ 5 BAG 28.11.1956 – GS 3/56, BAGE 3, 245; 21.1.1993 – 2 AZR 330/92, NZA 1993, 1099. ‖ 6 BAG 6.9.1978 – 4 AZR 84/77, BB 1979, 424; 19.3.1998 – 8 AZR 626/96, NZA 1999, 90; 18.11.1999 – 2 AZR 77/99, AP Nr. 55 zu § 2 KSchG 1969; 18.11.1999 – 2 AZR 357/99, nv.; vgl. eingehend *Lakies*, NZA 1997, 745. ‖ 7 BAG 7.10.2004 – 2 AZR 122/04, NZA 2005, 352; 19.3.1998 – 8 AZR 626/96, NZA 1999, 90; 18.11.1999 – 2 AZR 77/99, AP Nr. 55 zu § 2 KSchG 1969; 18.11.1999 – 2 AZR 357/99, nv.; zur Auflösung einer Pfarrdienststelle: BAG 2.2.2006 – 2 AZR 154/05, ZTR 2006, 604. ‖ 8 BAG 23.11.2004 – 2 AZR 38/04, DB 2005, 1225. ‖ 9 BAG 19.3.1998 – 8 AZR 626/96, NZA 1999, 90. ‖ 10 BAG 22.5.2003 – 2 AZR 326/02, ZTR 2003, 521 ff.; LAG Sa.-Anh. 16.5.2000 – 8 (10) Sa 991/99, ZTR 2001, 282f. ‖ 11 BAG 12.8.1999 – 2 AZR 12/99, BB 1999, 2509. ‖ 12 BAG 23.11.2000 – 2 AZR 617/99, AP Nr. 63 zu § 2 KSchG 1969. ‖ 13 BAG 26.6.1975 – 2 AZR 499/74, AP Nr. 1 zu § 1 KSchG 1969 Betriebsbedingte Kündigung. ‖ 14 BAG 21.9.2000 – 2 AZR 440/99, NZA 2001, 255.

auch für die ArbN zur Anwendung gelangen[1]. Zur Reichweite der Pflicht zur anderweitigen Weiterbeschäftigung vgl. Rz. 277. Zur Kürzung von Drittmitteln vgl. Rz. 310. Zur eingeschränkten Anzeigepflicht von Massenentlassungen im öffentl. Dienst vgl. § 23 II.

314 (8) **Rationalisierung.** Innerbetriebl. Maßnahmen des ArbGeb technischer oder organisatorischer Art, die Beschäftigungsbedarf entfallen lassen, sind sog. **freie unternehmerische Entscheidungen** (vgl. Rz. 266ff.). Auch wenn sie zu einer Verringerung des Personalbedarfs führen, bedürfen sie selbst keines dringenden betriebl. Erfordernisses. Erst die Kündigung bedarf der sozialen Rechtfertigung[2]. Das gilt ebenso für überbetriebl. Maßnahmen, die sich betriebl. auswirken. So können die definitiv geplante Verlegung eines Betriebs und die gleichzeitige Vereinigung mit einem anderen Betrieb am neuen Standort zum Wegfall des Beschäftigungsbedarfs für einen der Betriebsleiter führen und eine vorherige Kündigung zum Termin der Vereinigung rechtfertigen[3]. Zur Sozialauswahl in diesem Fall vgl. Rz. 336. Zum Austausch von StammArbN gegen LeihArbN vgl. Rz. 269. Rationalisierungsmaßnahmen sind nach hM auch nicht darauf zu prüfen, ob die aus ihnen **zu erwartenden Vorteile** (etwa Kostenersparnis) in einem „vernünftigen Verhältnis" zu den Nachteilen für die ArbN stehen[4]. Sie dürfen jedoch, wie jede Rechtshandlung, nicht lediglich eine Schädigung des Vertragspartners zur Folge haben (hier den Verlust des Arbeitsplatzes), sondern müssen grds. durch schutzwürdige Eigeninteressen gedeckt sein. Anderenfalls wäre die Ausübung des Kündigungsrechts rechtsmissbräuchlich (§ 242 BGB)[5]. Auch kann die unternehmerische Maßnahme der bloßen Umgehung des Kündigungsschutzes dienen[6]. An solche Ausnahmefälle sind strenge Anforderungen zu stellen. Allein die offensichtliche Unzweckmäßigkeit einer Maßnahme soll nach einer Entscheidung des BAG nicht genügen[7] (vgl. zur sog. Willkürkontrolle auch Rz. 267). Darlegungs- und beweispflichtig für den Rechtsmissbrauch ist der ArbN[8].

315 Vom **ArbGeb darzulegen** und zu beweisen ist aber zunächst, ob durch die Rationalisierungsmaßnahme tatsächlich Beschäftigungsbedarf in dem der Personalreduzierung entsprechenden Umfang entfallen ist. Der bloße Entschluss, Personal dauerhaft abzubauen und zukünftig die Arbeiten mit weniger Personal zu verrichten, lässt noch keinen Beschäftigungsbedarf entfallen (vgl. Rz. 270). Vielmehr sind im Einzelnen die künftig nach den technischen und organisatorischen unternehmerischen Vorgaben zu erwartende Arbeitsmenge und ihre Verteilung auf die ArbN darzustellen (vgl. Rz. 290)[9].

316 Bei unveränderter Arbeitsmenge kann sich der Personalbedarf reduzieren, wenn der ArbGeb die Arbeit neu verteilt und so durch **Leistungsverdichtung** Personal einspart. Auch darin liegt eine gestaltende unternehmerische Maßnahme, die den Bedarf an benötigter Arbeitszeit und damit an Personal verringert. Sie führt zu einer Kostenentlastung und beruht daher auf schutzwürdigen Eigeninteressen des ArbGeb. Die Grenze bildet erst das von den verbleibenden ArbN geschuldete Leistungsmaß (Arbeitsmenge pro Zeiteinheit pro Kopf)[10]. Die Freiheit zu einer solchen organisatorischen Maßnahme steht nach bisheriger Rspr. grds. auch dem ArbGeb zu, der schon vor der Rationalisierung glänzende Gewinne erzielt hat (vgl. Rz. 266 u. 288). Gerade bei der Leistungsverdichtung ist der Wegfall des Beschäftigungsbedarfs infolge der **Neuverteilung der Arbeit im Einzelnen darzulegen**. Das gilt insb. beim Abbau einer Hierarchieebene und gleichzeitiger Umverteilung der Arbeit[11]. Der Darlegung eines konkreten Konzepts zur Neuverteilung der Arbeit bedarf es ausnahmsw. nicht, wenn sich der Träger einer Kinderbetreuungseinrichtung entschließt, seinen Personalbestand entsprechend einem geänderten **landesrechtl. Mindestpersonalschlüssel** zu senken und keine Anhaltspunkte für fortbestehenden Beschäftigungsbedarf oder Überforderung des verbleibenden Personals bestehen (vgl. Rz. 312 aE).

317 Zu Rationalisierungsmaßnahmen, die nicht zum Wegfall, sondern zu einer Änderung des Beschäftigungsbedarfs führen, vgl. auch Rz. 319. Zu beachten ist, dass für Rationalisierungen häufig **tarifvertragl. Kündigungsbeschränkungen** oder Entgeltsicherungen gelten (vgl. Vor § 1 Rz. 19). Tariflich „unkündbare" ArbN haben Anspruch auf gesteigerte Weiterbeschäftigungsbemühungen des ArbGeb und können nur ganz ausnahmsw. im Zuge von Rationalisierungsmaßnahmen betriebsbedingt gekündigt werden[12]. Die außerordentl. Kündigung ist dann wie eine ordentl. auszusprechen (vgl. Rz. 41).

---

1 BAG 23.11.2004 – 2 AZR 38/04, DB 2005, 1225. || 2 St. Rspr., BAG 26.9.1996 – 2 AZR 200/96, BB 1997, 260; 29.3.1990 – 2 AZR 361/89, NZA 1991, 181; 7.12.1978 – 2 AZR 155/77, BB 1980, 1103. || 3 BAG 18.10.2006 – 2 AZR 676/05, NZA 2007, 798. || 4 BAG 30.4.1987 – 2 AZR 184/86, NZA 1987, 776; aA *Preis*, NZA 1995, 248; KDZ/*Deinert*, § 1 Rz. 480. || 5 Vgl. Palandt/*Grüneberg*, § 242 BGB Rz. 50ff. mwN. || 6 Das BAG spricht auch insoweit von Rechtsmissbrauch, vgl. etwa BAG 24.10.1979 – 2 AZR 940/77, AP Nr. 8 zu § 1 KSchG 1969 Betriebsbedingte Kündigung. || 7 BAG 30.4.1987 – 2 AZR 184/86, NZA 1987, 776; in dieser Allgemeinheit bedenklich; vgl. auch BAG 26.9.2002 – 2 AZR 636/01, NZA 2003, 549. || 8 BAG 9.5.1996 – 2 AZR 438/95, BB 1996, 1170, 2048; 27.9.2001 – 2 AZR 246/00, EzA § 2 KSchG Nr. 41. || 9 BAG 17.6.1999 – 2 AZR 141/99, NZA 1999, 1098; zur Streichung einer Hierarchieebene BAG 13.2.2008 – 2 AZR 1041/06, NZA 2008, 819 mwN; *Quecke*, NZA 1999, 1247ff. || 10 BAG 13.2.2008 – 2 AZR 1041/06, NZA 2008, 819; 24.4.1997 – 2 AZR 352/96, BB 1997, 1950; *Quecke*, NZA 1999, 1247ff.; HK-KSchG/*Weller/Dorndorf*, § 1 Rz. 879 mwN; str. || 11 BAG 24.5.2012 – 2 AZR 124/11, DB 2012, 2402. || 12 Vgl. BAG 8.4.2003 – 2 AZR 355/02, BB 2003, 2130; 5.2.1998 – 2 AZR 227/97, EzA § 626 BGB Unkündbarkeit Nr. 2; 17.9.1998 – 2 AZR 419/97, NZA 1999, 258 (längere Überbrückungs-, Einarbeitungs-, Umschulungszeiten; organisatorische Umstrukturierungen zur Schaffung eines geeigneten, nicht aber eines zusätzlichen Arbeitsplatzes; keine Freikündigung und keine Beförderung).

(9) Unrentabilität; Gewinnverfall; Verlust. Unrentabilität, Gewinnverfall oder Verluste lassen für sich genommen den **Beschäftigungsbedarf** nicht entfallen und können daher als solche eine Beendigungskündigung nicht sozial rechtfertigen. Sie sind aber häufig Anlass für unternehmerische Maßnahmen, die ihrerseits den Beschäftigungsbedarf verändern (zB Stilllegung, Rz. 300 ff., Ausgliederung von Arbeit, Rz. 296 ff., Rationalisierung, Rz. 314 ff.). Zur Entgeltkürzung wegen anhaltender Verluste s. § 2 Rz. 17. 318

bb) Änderung des Beschäftigungsbedarfs. Hat sich der Beschäftigungsbedarf nicht nach der Menge (vgl. Rz. 294 ff.), sondern nach **Art, Ort und Zeit** der benötigten Arbeitsleistung geändert und kann der ArbGeb dem nicht mit dem milderen Mittel des Direktionsrechts Rechnung tragen, besteht auch hier ein Erfordernis zur (Änderungs-)Kündigung. Für die unveränderte Fortsetzung der vereinbarten Tätigkeit fehlt der Bedarf, doch benötigt der ArbGeb weiterhin eine zumindest ähnliche, vom Arbeitsvertrag aber nicht mehr umfasste Arbeitsleistung. Wegen der Nähe zwischen altem und neuem Beschäftigungsbedarf ist die Feststellung eines dringenden betriebl. Erfordernisses hier oft erschwert; auch können den ArbGeb gesteigerte Weiterbeschäftigungspflichten treffen. In den meisten Fällen wird die Änderung des Bedarfs auf **unternehmerischer Entscheidung** beruhen, etwa zur Verlegung des Betriebes, zur Einführung von Schichtarbeit oder zur Änderung der Arbeitsorganisation. Es empfehlen sich **drei Prüfungsschritte:** 319

(1) Zunächst ist die unternehmerische Maßnahme festzustellen, die zur Änderung des Bedarfs geführt hat. Sie ist insb. von der Kündigung selbst zu unterscheiden, die nur dem geänderten Bedarf Rechnung tragen soll (vgl. Rz. 268).

(2) Sodann ist zu prüfen, ob es zur Umsetzung der unternehmerischen Entscheidung der Änderungskündigung bedarf, diese also „letztes Mittel" zu ihrer Verwirklichung ist und nicht zB die Ausübung des Direktionsrechts genügt (vgl. Rz. 272).

(3) Schließlich ist zu untersuchen, ob die Maßnahme ausnahmsweise willkürlich ist (vgl. Rz. 267 u. 314).

Entscheidet sich bspw. der ArbGeb für den Einsatz von **Halbtagskräften**, verändert das allein den Beschäftigungsbedarf noch nicht; die Entscheidung zielt zunächst nur auf einen anderen Vertragsinhalt. Geht sie aber dahin, verstärkt am Vormittag zu arbeiten, liegt ein veränderter Bedarf vor. Eine andere Möglichkeit zur Verwirklichung der unternehmerischen Entscheidung ist nicht ersichtlich. Die Entscheidung ist nur auf Rechtsmissbrauch zu prüfen (vgl. Rz. 267). Diesen hat idR der ArbN darzulegen. Daran fehlt es jedenfalls, wenn etwa erhöhter Geschäftsanfall am Vormittag Anlass für die Maßnahme war. Die Änderungskündigung ist in diesem Fall sozial gerechtfertigt[1]. 320

(1) Änderung von Art und Ort der Arbeit. Bei **Umgestaltung und Verlagerung** von Arbeiten in eine andere Betriebsabteilung ist eine Beendigungskündigung der bisher mit diesen Arbeiten beschäftigten ArbN sozial ungerechtfertigt, wenn die ArbN für die im Wesentlichen unveränderten Arbeiten persönlich und fachlich geeignet sind. Das gilt selbst dann, wenn es sich bei den so veränderten Arbeitsplätzen nunmehr um **Beförderungsstellen** handelt, solange diese nur trotz höherer Bewertung im Wesentlichen noch identisch mit den Arbeitsplätzen sind, für die diese ArbN einmal eingestellt worden waren[2]. Das Gleiche gilt bei Verlagerung der Arbeitsplätze in einen anderen Betrieb des ArbGeb, wobei ggf. eine Änderungskündigung wegen der Änderung des vereinbarten Arbeitsortes auszusprechen ist[3]. Entfallen die von einem ArbN bisher verrichteten Arbeiten infolge **technischer Veränderungen** (technisches Zeichnen nach Einführung der CAD-Technik) und fehlt ein freier Arbeitsplatz, auf dem der ArbN ggf. nach zumutbarer Umschulung oder Fortbildung weiterbeschäftigt werden könnte, ist eine betriebsbedingte Beendigungskündigung idR sozial gerechtfertigt[4]. Zur Frage ggf. gesteigerter zumutbarer Umschulungsmaßnahmen vgl. Rz. 280[5]. 321

Der ArbGeb kann Zuschnitt und **Anforderungsprofil** der betriebl. benötigten Tätigkeit grds. frei bestimmen; seine Entscheidung ist nur auf Willkür bzw. Umgehung zu prüfen[6]. Eine Änderung des Anforderungsprofils bedarf eines sachlichen betriebl. Anlasses[7]. Eine betriebsbedingte Beendigungskündigung wegen geänderter Anforderungen setzt voraus, dass der ArbN zur Ausführung der geänderten Tätigkeit – ggf. nach Umschulung (Rz. 280) – nicht in der Lage ist. Zu beachten ist das Zustimmungsrecht des BR nach § 99 BetrVG bei **Versetzungen** iSv. § 95 III BetrVG in Unternehmen mit mehr als 20 ArbN. Fehlt die Zustimmung, ist eine Änderungskündigung deshalb nicht unwirksam. Der ArbGeb kann dem ArbN die geänderte Tätigkeit so lange nicht wirksam zuweisen, bis das Verfahren nach § 99 322

---

1 Vgl. zur organisatorischen Entscheidung des ArbGeb für Teilzeit- bzw. Vollzeitarbeit BAG 12.8.1999 – 2 AZR 12/99, BB 1999, 2509; 3.12.1998 – 2 AZR 341/98, BB 1999, 847; 19.5.1993 – 2 AZR 584/92, NZA 1993, 1075. ||2 BAG 10.7.2008 – 2 AZR 1111/06, NZA 2009, 312 („bloße Umwidmung"); 10.11.1994 – 2 AZR 242/94, NZA 1995, 566; weitergehend *Houben*, NZA 2008, 851. ||3 BAG 5.10.1995 – 2 AZR 269/95, NZA 1996, 524; zur Verlagerung von Tätigkeiten im Konzern vgl. *Wiedemann*, Anm. zu BAG AP Nr. 1 zu § 1 KSchG 1969 Konzern – u. *Windbichler*, SAE 1984, 145. ||4 BAG 27.1.1997 – 2 AZR 49/96, AuR 1997, 166. ||5 BAG 7.5.1968 – 1 BAG 407/67, DB 1968, 1319. ||6 BAG 29.11.2007 – 2 AZR 388/06, NZA 2008, 523 mwN (zum Einsatz von pädagogischen Mitarbeitern anstelle von Lehrkräften bei Unterrichtsausfall). ||7 BAG 10.7.2008 – 2 AZR 1111/06, NZA 2009, 312.

BetrVG durchgeführt ist; bis dahin muss er ihn im alten Arbeitsbereich einsetzen[1]. Zur Zustimmungsverweigerung vgl. Rz. 279.

323 **(2) Änderung der Arbeitszeit.** Eine Änderung der vertragl. vereinbarten Arbeitszeit kann dringend betriebl. erforderlich sein, wenn nur auf diesem Wege ein **geändertes unternehmerisches Konzept** der betriebl. Tätigkeit umgesetzt werden kann (zur Prüfung auf Willkür vgl. Rz. 267). Dabei ist das MitbestR des BR aus § 87 I Nr. 2 und 3 BetrVG zu beachten[2]. Auch ist zu prüfen, ob die geänderten Arbeitszeiten nicht kraft Weisung des ArbGeb durchgesetzt werden können, da es dann für eine Vertragsänderung keine Rechtfertigung gäbe. Die Bestimmung der Lage der Arbeitszeit unterliegt weitgehend dem Weisungsrecht des ArbGeb (vgl. § 611 BGB Rz. 310ff.). Schließlich darf die Kündigung nicht der Durchsetzung von Verstößen gegen zwingendes Tarifrecht oder Gesetz dienen. Die Einführung von **Samstagsarbeit** stellt eine unternehmerische Entscheidung dar, die den Beschäftigungsbedarf verändert. Sie ist gem. § 87 I Nr. 2 BetrVG mitbestimmungspflichtig. Eine Änderungskündigung kann sozial ungerechtfertigt sein, wenn sie der Umsetzung einer tarifwidrigen Arbeitszeitgestaltung dient[3]. Ist das Änderungsangebot selbst tarifwidrig, kann die Kündigung nicht nur sozialwidrig, sondern wegen Verstoßes gegen den TV (§ 4 III TVG) insg. gem. §§ 134 bzw. 138 BGB unwirksam sein. Das konnte früher gem. § 4 S. 1 aF auch außerhalb der dreiwöchigen Klagefrist sowie außerhalb des KSchG geltend gemacht werden[4]. Für nach dem 31.12.2003 zugegangene Änderungskündigungen ist dagegen die Klagefrist gem. §§ 4 S. 1, 23 I 2 stets zu beachten.

324 Die Einführung eines **Mehrschichtsystems** anstelle des bisherigen Einschichtsystems sowie die Bildung fester Arbeitsgruppen stellen grds. bindende organisatorische Maßnahmen des ArbGeb dar, die den Beschäftigungsbedarf verändern. Die Änderungskündigung ggü. einem ArbN, der an dem Schichtsystem aus besonderen persönlichen Gründen nicht teilnehmen will, mit dem Ziel, die geänderten Arbeitszeiten (Schichtzeiten) durchzusetzen, ist aber dann nicht dringend erforderlich, wenn der ArbGeb das Mehrschichtsystem auch ohne diesen ArbN einführen kann, etwa weil ein anderer Freiwilliger zur Verfügung steht[5]. Verrichten die ArbN bestimmte Arbeiten auf Grund von besonderen Vereinbarungen bislang außerhalb der regulären Arbeitszeit in **Überstunden**, so rechtfertigt die organisatorische Entscheidung des ArbGeb, diese Arbeiten künftig in die reguläre Arbeitszeit zu verlegen, eine entsprechende Änderungskündigung, sofern dadurch das Maß der geschuldeten Arbeitsleistung (Arbeitsmenge pro Zeiteinheit pro Kopf) nicht überschritten wird[6]. Der Abbau von Überstunden unterliegt überdies nicht der Mitbest. des BR nach § 87 I Nr. 3 BetrVG[7].

325 Ein Änderungsangebot zur Lage der Arbeitszeit eines **teilzeitbeschäftigten ArbN**, das im Verhältnis zu Vollzeitbeschäftigten gegen § 4 I TzBfG verstößt, führt zur Sozialwidrigkeit der entsprechenden Änderungskündigung[8]. Die Umwandlung einer Halbtagsstelle in eine Ganztagstätigkeit kann eine Beendigungskündigung rechtfertigen, wenn der ArbN zu einer Ganztagstätigkeit nicht bereit ist (auch nicht unter Vorbehalt, vgl. Rz. 281). Voraussetzung ist, dass der ArbGeb die angestrebte ganztägige Tätigkeit nur auf diese Weise und nicht etwa durch den Einsatz anderer ArbN verwirklichen kann. Die bloße Entscheidung für einen geänderten Vertragsinhalt begründet kein dringendes betriebl. Erfordernis[9]. Zur Entscheidung zum Einsatz von **Halbtagskräften** vgl. Rz. 264, 267 u. 320.

326 **cc) Betriebsbedingte Kündigung bei unverändertem Beschäftigungsbedarf.** Bei unverändertem Beschäftigungsbedarf kann eine betriebsbedingte Kündigung nur in engen Grenzen anerkannt werden. Sie zielt hier auf eine Kürzung des Entgelts oder auf einen Austausch des ArbN. Vgl. zur **Entgeltkürzung** näher § 2 Rz. 17, zur sog. **Druckkündigung** oben Rz. 257 u. § 626 BGB Rz. 337ff. Der bloße **Abkehrwille** des ArbN, also die Absicht, das ArbVerh demnächst zu beenden, verletzt keine Vertragspflichten. Er kann daher allenfalls als betriebsbedingter Grund in Betracht kommen (vgl. zur Abgrenzung Rz. 265). Das soll möglich sein, wenn der ArbN ggü. dem ArbGeb seinen Abkehrwillen deutlich geäußert und der ArbGeb gerade Gelegenheit zur Einstellung einer sonst nur schwer zu findenden Ersatzkraft hat[10]. Doch wird der ArbGeb vor Ausspruch der Kündigung eine Klärung herbeiführen müssen, wobei auch die Möglichkeit eines vertragl. Ausschlusses des Kündigungsrechts für bestimmte Zeit bei gleichzeitiger Vertragsstrafenbewehrung in Betracht zu ziehen ist. Zu Vertragspflichtverletzungen im Zusammenhang mit dem Ausscheiden, insb. Wettbewerb, vgl. Rz. 249.

327 **3. Sozialauswahl. a) Überblick.** Liegen dringende betriebl. Erfordernisse vor, so ist eine betriebsbedingte Kündigung gem. Abs. 3 S. 1 dennoch sozial ungerechtfertigt, wenn der ArbGeb bei der Aus-

---

1 BAG 30.9.1993 – 2 AZR 283/93, BB 1994, 426; 26.5.1988 – 1 ABR 18/87, NZA 1989, 438; 27.3.1980 – 2 AZR 506/78, BB 1980, 1267. ||2 Eine Verletzung des MitbestR aus § 87 BetrVG berührt anders als beim Anhörungsrecht nach § 102 BetrVG die Wirksamkeit der Änderungskündigung selbst nicht, wohl aber ihre praktische Umsetzung, BAG 17.6.1998 – 2 AZR 336/97, NZA 1998, 1225 (str.). ||3 BAG 18.12.1997 – 2 AZR 709/96, NZA 1998, 304 (Versetzung eines ArbN, der an einer tarifwidrigen Samstagsarbeitsregelung nicht teilnehmen wollte, in einen anderen Betrieb). ||4 BAG 10.2.1999 – 2 AZR 422/98, BB 1999, 1063; hierzu eingehend *Quecke*, NZA 2001, 812. ||5 BAG 18.1.1990 – 2 AZR 183/89, NZA 1990, 734. ||6 BAG 16.1.1997 – 2 AZR 240/96, RzK I, 7a Nr. 37. ||7 BAG 25.10.1977 – 1 AZR 452/74, DB 1978, 403. ||8 BAG 24.4.1997 – 2 AZR 352/96, AP Nr. 42 zu § 2 KSchG 1969 zum früheren § 2 BeschFG. ||9 BAG 12.8.1999 – 2 AZR 12/99, NZA 2000, 30; eine Interessenabwägung fordernd BAG 18.2.2003 – 9 AZR 164/02, DB 2003, 2443ff. ||10 BAG 22.10.1964 – 2 AZR 515/63, DB 1965, 38.

wahl des ArbN soziale Gesichtspunkte nicht oder nicht ausreichend berücksichtigt hat. Die Abs. 3–5 sind in der Zeit von 1996 bis 2004 mehrfach geändert worden (vgl. Vor § 1 Rz. 5 f.). Das ist bei der Heranziehung von Rspr. und Lit. aus dieser Zeit zu beachten. **Voraussetzung einer Auswahl** ist, dass die Anzahl der auf dem jeweiligen Kündigungsentschluss beruhenden Kündigungen geringer ist als die Anzahl der für sie in Betracht kommenden ArbN. Dies ist auch bei einer Betriebsstilllegung in Etappen der Fall[1]. Keine Sozialauswahl findet statt unter ArbN, denen auf Grund eines einheitlichen Kündigungsentschlusses im Wesentlichen gleichzeitig gekündigt wird; das gilt auch bei unterschiedlich langen Kündigungsfristen[2]. Abs. 3 S. 1 gebietet grds. eine Auswahl nach sozialer Schutzbedürftigkeit, nämlich unter ausreichender Berücksichtigung von bestimmten sozialen Gesichtspunkten. Abs. 3 S. 2 lockert diese Vorgaben und gestattet dem ArbGeb, solche ArbN nicht in die Auswahl einzubeziehen, deren Weiterbeschäftigung im berechtigten betriebl. Interesse liegt. Die soziale Auswahl erfolgt danach grds. in **drei Schritten**[3]:

(1) Zunächst ist die Auswahlgruppe der ArbN zu bilden, die für eine Sozialauswahl in Betracht kommen. Hierzu zählen die ArbN, deren Kündigung dem jeweiligen betriebl. Erfordernis unmittelbar oder mittelbar – über den Austausch mit unmittelbar betroffenen ArbN – Rechnung tragen könnte. Zur Bildung der Auswahlgruppe im Einzelnen vgl. Rz. 333 ff.   328

(2) Aus der Auswahlgruppe sind sodann unter „ausreichender" Berücksichtigung der sozialen Gesichtspunkte Betriebszugehörigkeit, Lebensalter, Unterhaltspflichten und Schwerbehinderung die zu Kündigenden in der dem jeweiligen dringenden betriebl. Erfordernis entsprechenden Anzahl auszuwählen (Abs. 3 S. 1). Insb. ist das Verhältnis der vier sozialen Kriterien zueinander zu gewichten. Zu den sozialen Gesichtspunkten im Einzelnen vgl. Rz. 367 ff.   329

(3) Schließlich ist zu prüfen, ob von den so ausgewählten Betroffenen[4] ArbN nicht einzubeziehen sind, deren Weiterbeschäftigung gem. Abs. 3 S. 2 im berechtigten betrieblichen Interesse liegt. In diesem Fall trifft die Kündigung den in der Reihenfolge gem. (2) nächsten ArbN. Vgl. im Einzelnen Rz. 391 ff.   330

Die **Abs. 4 und 5** bringen weitere Erleichterungen für den ArbGeb: Ist das Verhältnis der vier sozialen Gesichtspunkte nach Abs. 3 S. 1 zueinander in einer Kollektivvereinbarung festgelegt, kann die Bewertung nur auf grobe Fehlerhaftigkeit geprüft werden (Abs. 4, vgl. Rz. 406 ff.). Sind schließlich die zu kündigenden ArbN in einem Interessenausgleich nach § 112 BetrVG namentlich bezeichnet (sog. Namensliste), bestehen weitere erhebliche Beschränkungen der gerichtl. Überprüfung nicht nur der Sozialauswahl, sondern auch der dringenden betriebl. Erfordernisse (Abs. 5, vgl. Rz. 418 ff.). Zum Verhältnis zu den **Diskriminierungsverboten des AGG** vgl. Vor § 1 Rz. 16 sowie jeweils nachfolgend. Besonderheiten für die soziale Auswahl bestehen schließlich bei Betriebsänderungen in der **Insolvenz** gem. §§ 125 ff. InsO (vgl. näher dort).   331

Für die **gerichtliche Kontrolle** der Auswahl sind grds. die objektiven Umstände entscheidend, nicht die subjektiven Überlegungen des ArbGeb. Fehlerhafte Auswahlerwägungen können daher – zufällig – zu einem objektiv „ausreichenden" Ergebnis führen. Der ArbN muss – wenn er über die entsprechenden Daten verfügt – im Rechtsstreit unter Angabe der Gründe **den ArbN benennen**, dem an seiner Stelle hätte gekündigt werden müssen (Rz. 440 ff.). Problematisch ist die Rechtsfolge fehlerhafter Sozialauswahl bei einer Mehrzahl von Kündigungen. Nach früherer Rspr. sollten sich alle sozial schwächeren gekündigten ArbN in ihrem jeweiligen individuellen Kündigungsschutzprozess darauf berufen können, dass ein einziger sozial stärkerer ArbN weiterbeschäftigt wird. Es konnte dann wegen dieses einen Fehlers eine Vielzahl von Kündigungen unwirksam sein (**Dominoeffekt**)[5]. Das Ergebnis ist unangemessen. Die fehlerhafte Sozialauswahl kann hier grds. die Sozialwidrigkeit solcher Kündigungen nicht bewirken, die auch ohne den Fehler bei jedem Zuschnitt einer ausreichenden Sozialauswahl angestanden hätten[6]. Für sie war der Fehler nicht kausal. Wird die Unwirksamkeit einer „kausalen" Kündigung nachfolgend nicht geltend gemacht, ändert das an der Wirksamkeit der übrigen Kündigungen nichts. Dem ist das BAG („jedenfalls") für den Fall gefolgt, dass der ArbGeb sein Beurteilungsermessen in Bezug auf die Sozialauswahl durch Festlegung einer sozialen Rangfolge in einem zulässigen **Punkteschema** selbst ausgeübt hat[7]. Ggü. dem nach dieser Rangfolge schutzwürdigsten der gekündigten ArbN kann der ArbGeb nicht einwenden, dass er die Rangfolge im Rahmen seines Beurteilungsspielraums auch anders hätte bestimmen können; er bleibt an seine Auswahlüberlegungen, die er ggf. auch dem BR mitgeteilt hat, gebunden. Gehören zu den schutzwürdigsten nicht gekündigten ArbN aber mehrere ArbN mit gleicher Punktzahl, ohne dass der ArbGeb bei Zugang der Kündigung insoweit eine Reihenfolge bestimmt hat, werden diese sich allesamt auf den Auswahlfehler berufen können. Die aus dem Fehler folgende Vermutung für die Sozialwidrigkeit der Kündigung (Rz. 444 f.) streitet hier für jeden der betroffenen ArbN. Der ArbGeb wird von seinem insoweit zunächst nicht ausgeübten Beurteilungsermessen nicht   332

---

1 BAG 16.9.1982 – 2 AZR 271/80, AP Nr. 4 zu § 22 KO (*Herschel*). ||2 BAG 22.9.2005 – 6 AZR 526/04, ZIP 2006, 631. ||3 BAG 12.4.2002 – 2 AZR 706/00, NZA 2003, 42 ff.; *Willemsen/Annuß*, NJW 2004, 177 (178). ||4 Ebenso *Willemsen/Annuß*, NJW 2004, 177 (178). ||5 BAG 18.10.1984 – 2 AZR 543/83, BB 1985, 1263; 25.4.1985 – 2 AZR 140/84, NZA 1986, 64. ||6 *Bütefisch*, Die Sozialauswahl, 2000, S. 354 ff. mwN. ||7 BAG 9.11.2006 – 2 AZR 812/05, DB 2007, 1087; vgl. dazu *Bauer/Gotham*, BB 2007, 1729.

nachträglich im Rechtsstreit Gebrauch machen können; sonst bliebe die Wirksamkeit der jeweiligen Kündigungen so lange in der Schwebe¹. Dass dadurch mehrere Kündigungen wegen des einen Auswahlfehlers unwirksam sind, lässt sich hier nicht vermeiden. Entsprechendes wird auch für die sonstigen Fälle gelten, in denen der Auswahl bei Zugang der Kündigung **kein Punkteschema** und damit auch keine festgelegte soziale Rangfolge zugrunde lag. Der ArbGeb wird im Rechtsstreit nur einwenden können, dass sich der Auswahlfehler bei keinem denkbaren Zuschnitt der Sozialauswahl unter Berücksichtigung seines Beurteilungsspielraums (Rz. 385 ff.) ausgewirkt, der ArbN also stets zur Kündigung angestanden hätte². Alle ArbN, für die das nicht gilt, können sich hier weiterhin auf die Sozialwidrigkeit ihrer Kündigung berufen. Näher zur Darlegungs- und Beweislast Rz. 440 ff. Als unbestimmter Rechtsbegriff unterliegt die Sozialauswahl nur einer beschränkten revisionsrichterlichen Kontrolle.

333 b) **Bildung der Auswahlgruppe. aa) Betriebsbezogenheit der Sozialauswahl.** Im Gegensatz zur unternehmensbezogenen Weiterbeschäftigungspflicht (vgl. Rz. 277) ist die Verdrängung anderer ArbN im Rahmen der sozialen Auswahl grds. **auf den Betrieb beschränkt**³. Das gilt auch bei einem betriebsübergreifenden Versetzungsrecht⁴. Für die Sozialauswahl ist es daher idR unerheblich, ob in einem anderen Betrieb des ArbGeb ein weniger schutzwürdiger vergleichbarer Mitarbeiter arbeitet. Wäre der Arbeitsplatz dort allerdings frei, käme keine Beendigungskündigung, sondern (je nach Vertragslage) nur eine Versetzung oder Änderungskündigung in Betracht (vgl. Rz. 274 ff.). Die Entscheidung, welcher ArbN auf den freien Arbeitsplatz wechselt, erfolgt im Falle einer Änderungskündigung nach sozialer Auswahl gem. Abs. 3⁵; bei „betriebsbedingter Versetzung" dürfte analog § 315 BGB (billiges Ermessen) eine entsprechende Auswahlentscheidung zu treffen sein.

334 Um eine Frage der **überbetrieblichen Konkurrenz um freie Arbeitsplätze** handelt es sich dagegen, wenn in mehreren Betrieben des ArbGeb gleichzeitig eine Anzahl vergleichbarer Arbeitsplätze entfällt, während in einem dieser Betriebe oder in einem weiteren Betrieb des ArbGeb eine geringere Anzahl entsprechender Arbeitsplätze frei ist. Hier kann die Auswahl für die freien Arbeitsplätze nur betriebsübergreifend erfolgen, da wegen der unternehmensbezogenen Weiterbeschäftigungspflicht (s. Rz. 277 f.) alle vergleichbaren ArbN der Betriebe, in denen Arbeitsplätze entfallen sind, in die Auswahl für die freien Arbeitsplätze einzubeziehen sind⁶. Führt die unternehmensbezogene Weiterbeschäftigungspflicht dazu, dass mehrere ArbN aus verschiedenen Betrieben eines Unternehmens um denselben Arbeitsplatz in einem der Betriebe konkurrieren, hat der ArbGeb bei seiner Entscheidung über die Besetzung dieses Arbeitsplatzes die sozialen Belange der betroffenen ArbN „zumindest" nach § 315 BGB zu berücksichtigen, richtigerweise aber wohl gem. Abs. 3 analog⁷.

335 Die überbetriebl. Auswahl beschränkt sich auf die Auswahl für die **freien Arbeitsplätze**. Sie erstreckt sich nicht überhaupt auf die Auswahl der zu kündigenden ArbN, da sonst in einem Betrieb uU mehr ArbN zur Kündigung anstehen könnten, als dort Arbeitsplätze entfallen sind. Dann würde es an einem „betrieblichen" Erfordernis für diese Kündigungen fehlen. Die betriebsübergreifende Sozialauswahl für die freien Arbeitsplätze erfolgt demnach erst aus dem Kreis der ArbN, die zuvor entsprechend dem jeweiligen betriebl. Erfordernis **nach betrieblicher Auswahl** zur Kündigung anstanden. Die **Vergleichbarkeit** fehlt dabei zwischen solchen ArbN, die nur im Wege der Änderungskündigung auf den freien Arbeitsplatz gelangen können, und solchen, die dorthin nur versetzt zu werden brauchen. Letztere haben Vorrang. Vom ArbGeb ist nicht zu verlangen, dass er die Vergleichbarkeit der ArbN erst über eine Änderung von Arbeitsbedingungen herstellt⁸ (vgl. Rz. 360 ff.). Umgekehrt darf der ArbGeb die Sozialauswahl nicht dadurch umgehen, dass er zunächst die freien Arbeitsplätze ohne Beachtung sozialer Gesichtspunkte besetzt und erst danach den nicht übernommenen ArbN kündigt⁹.

336 Die Sozialauswahl erstreckt sich auf den **gesamten Betrieb**. Das gilt auch in der Insolvenz¹⁰. Eine Beschränkung auf eine Abteilung scheidet aus, sofern es im Betrieb noch vergleichbare ArbN gibt. Die Sozialauswahl zielt nicht nur auf die zufällig unmittelbar vom Wegfall der Arbeit betroffenen, sondern auf alle mit ihnen vergleichbaren ArbN des Betriebes. Fällt in einem Reinigungsbetrieb mit zahlreichen Beschäftigten in verschiedenen Objekten ein Reinigungsauftrag weg, sind – vorbehaltlich ihrer Vergleichbarkeit im Hinblick auf vertragl. Beschränkungen des Direktionsrechts (Rz. 360 ff.) und die jeweilige Arbeitszeit (Rz. 363) – die ArbN in allen Reinigungsobjekten in die Sozialauswahl einzubeziehen¹¹. Zu den

---

1 AA *Strybny*, SAE 2008, 73 (76). ‖2 Ebenso *Bütefisch*, Die Sozialauswahl, 2000, S. 354 ff. mwN; ähnlich darf der BR sein Widerspruchsrecht aus § 102 III Nr. 3 BetrVG in einer Mehrzahl von Kündigungsfällen nicht auf denselben Auswahlfehler stützen: BAG 9.7.2003 – 5 AZR 305/02, BB 2003, 2400. ‖3 St. Rspr., BAG 17.9.1998 – 2 AZR 725/97, BB 1999, 961; 5.5.1994 – 2 AZR 917/93, NZA 1994, 1023. ‖4 BAG 2.6.2005 – 2 AZR 158/04, DB 2005, 2244; 15.12.2005 – 6 AZR 199/05, NJW 2006, 1757. ‖5 BAG 10.11.1994 – 2 AZR 242/94, NZA 1995, 566; 15.12.1994 – 2 AZR 320/94, BB 1995, 930. ‖6 BAG 15.12.1994 – 2 AZR 320/94, BB 1995, 930; das BAG gelangt hier über den Weg des billigen Ermessens gem. § 315 BGB zu einer „Quasi-Sozialauswahl". ‖7 Dazu neigend BAG 22.9.2005 – 2 AZR 544/04, NZA 2006, 558; noch auf § 315 BGB abstellend BAG 21.9.2000 – 2 AZR 385/99, DB 2001, 1207; 15.12.1994 – 2 AZR 320/94, BB 1995, 930; einschränkend *Haas/Salamon*, NZA 2006, 1192, 1194 (Vorrang der innerbetriebl. Bewerber). ‖8 BAG 17.9.1998 – 2 AZR 725/97, BB 1999, 961. ‖9 BAG 10.11.1994 – 2 AZR 242/94, NZA 1995, 566. ‖10 BAG 28.10.2004 – 8 AZR 391/03, NZA 2005, 285; grobe Fehlerhaftigkeit iSv. § 125 I 1 Nr. 2 InsO (Namensliste) bei nur abteilungsweiter Sozialauswahl offen gelassen in BAG 17.11.2005 – 6 AZR 107/05, DB 2006, 844. ‖11 BAG 17.1.2002 – 2 AZR 15/01, EzA § 1 KSchG Soziale Auswahl Nr. 47.

daraus uU folgenden Problemen bei Massenkündigungen vgl. Rz. 398 ff. In die Sozialauswahl bei einem Leiharbeitsunternehmen sind grds. auch ausgeliehene ArbN einzubeziehen, soweit sie ausgetauscht werden können[1]. Zum **Betriebsbegriff iSd. KSchG** vgl. Rz. 259. Dem Betrieb entspricht in der öffentl. Verwaltung die **Dienststelle** (vgl. dazu Rz. 277). Auch räumlich weit entfernte Betriebsteile können einen einheitlichen Betrieb iSd. KSchG bilden. Dies gilt uU auch dann, wenn sie jeweils als selbständige betriebsratsfähige Betriebe iSv. § 4 S. 1 Nr. 1 BetrVG gelten (Rz. 259). Grds. hat hier eine gemeinsame Sozialauswahl zwischen allen vergleichbaren Beschäftigten der Standorte stattzufinden (vgl. aber Rz. 361)[2]. Das wird auch gelten, wenn sich der Betrieb auf das **Ausland** erstreckt oder dort gelegen ist (vgl. § 23 Rz. 2). Allerdings kann der Vergleichbarkeit der ArbN in diesen Fällen ein unterschiedliches Vertragsstatut entgegenstehen. Für Kündigungen aus Anlass der **Vereinigung zweier Betriebe** ist die Sozialauswahl gemäß dem unternehmerischen Konzept bereits vorher auf den Gesamtbetrieb zu erstrecken[3]. Unterhalten mehrere Unternehmen einen **gemeinsamen Betrieb** (vgl. § 23 Rz. 6), sind die vergleichbaren ArbN des gesamten Betriebes in die Sozialauswahl einzubeziehen; maßgeblich ist, ob auf Grund einer einheitlichen Betriebsleitung die Zuweisung eines verbleibenden Arbeitsplatzes möglich ist[4]. Wird der gemeinsame Betrieb aufgelöst und einer der ehemaligen Betriebsteile später stillgelegt, entfällt eine gemeinsame Sozialauswahl[5]. Es genügt, wenn auf Grund einer unternehmerischen Entscheidung, die bereits greifbare Formen angenommen hat, feststeht, dass er bei Ablauf der Kündigungsfrist des ArbN stillgelegt sein wird, und die Zuweisung eines verbleibenden Arbeitsplatzes durch den VertragsArbGeb rechtl. nicht mehr durchsetzbar ist[6]. Keine gemeinsame Auswahl findet bei Abordnungen in eine ARGE statt (Rz. 350).

Bei Kündigungen, die im Zusammenhang mit einem **Betriebsübergang** aus anderen Gründen iSv. § 613a IV 2 BGB ausgesprochen werden[7] (vgl. Rz. 305 ff.), ist für die Bestimmung des maßgeblichen Betriebs zu unterscheiden. Kündigt der **Veräußerer** vor Übergang, erstreckt sich die Auswahl grds. auf den gesamten Betrieb in seiner bisherigen Form. Das gilt auch, wenn nur ein **Betriebsteil** übertragen und der Restbetrieb stillgelegt werden soll[8]. Die Sozialauswahl ist auf den gesamten Betrieb des Veräußerers zu erstrecken, unabhängig davon, ob der Betrieb als Ganzes oder nur ein Teil davon übertragen werden soll[9]. Kündigt der Veräußerer noch vor dem Übergang gem. einem Konzept des Erwerbers (vgl. Rz. 306), hat er die Sozialauswahl so durchzuführen, wie es dem Erwerber nach dessen Konzept obläge[10]. Das folgt aus der Anerkennung des (verbindlichen) Erwerberkonzepts als Kündigungsgrund für den Veräußerer. Bei Kündigung durch den **Erwerber** erstreckt sich die Sozialauswahl auf den Betrieb, wie er nach dem Übergang besteht. Führt der Erwerber den Betrieb oder Betriebsteil eigenständig weiter, beschränkt sie sich darauf; vereinigt er ihn mit einem anderen Betrieb, sind bei nachfolgenden Kündigungen gem. Abs. 3 alle ArbN des dann maßgeblichen vereinigten Betriebes unter Beachtung ihrer bisherigen jeweiligen Betriebszugehörigkeit einzubeziehen; auf den früheren Betrieb kommt es nicht mehr an[11]. Das gilt auch im Falle der **Umwandlung** nach § 323 I UmwG[12] (vgl. auch die Erl. dort).

Widerspricht ein ArbN einem **Teilbetriebsübergang**[13] gem. § 613a VI BGB, ist nach hM bei fehlendem Beschäftigungsbedarf eine soziale Auswahl unter den im Restbetrieb verbliebenen vergleichbaren ArbN vorzunehmen, auch wenn sie vom Betriebsübergang nicht betroffen sind[14]. Der widersprechende ArbN verdrängt somit einen sozial weniger schutzwürdigen ArbN, der nicht durch § 613a BGB gesichert ist und seinen Arbeitsplatz ersatzlos verliert. Die frühere Rspr., wonach zur Vermeidung unangemessener Ergebnisse die Gründe für den Widerspruch des ArbN bei der sozialen Auswahl zu berücksichtigen waren[15], ließ sich mit Blick auf die beschränkte Anzahl sozialer Pflichtkriterien in Abs. 3 S. 1 **nicht aufrechterhalten**[16]. Es steht jedoch dem Schutzzweck des § 613a BGB und der zugrunde liegenden RL 2001/23/EG entgegen, wenn infolge des Teilbetriebsübergangs und des Widerspruchs ein ArbN ausscheiden muss, obwohl beim Erwerber ein Arbeitsplatz frei bleibt. Diese „Opferung" eines unbeteiligten ArbN im Wege der Sozialauswahl lässt sich nicht mit der zu schützenden Vertragsfreiheit des widersprechenden ArbN rechtfertigen; hierfür genügt es, dass auf Grund des Widerspruchs ein ArbVerh zum Erwerber nicht begründet wird[17]. Die Rechtsfolgen des Widerspruchs sind daher in Bezug auf die Sozialauswahl teleologisch zu reduzieren. Der widersprechende ArbN kann seinen Verbleib im Restbetrieb

---

1 BAG 20.6.2013 – 2 AZR 271/12, NZA 2013, 837. || 2 BAG 3.6.2004 – 2 AZR 577/03, NZA 2005, 175; LAG Sa.-Anh. 11.1.2000 – 8 Sa 449/99, NZA-RR 2001, 81. || 3 So wohl BAG 18.10.2006 – 2 AZR 676/05, NZA 2007, 798. || 4 BAG 24.2.2005 – 2 AZR 214/04, NZA 2005, 867; 5.5.1994 – 2 AZR 917/93, BB 1994, 1644. || 5 BAG 13.9.1995 – 2 AZR 954/94, DB 1996, 330; 22.9.2005 – 6 AZR 526/04, NZA 2006, 658. || 6 BAG 18.9.2003 – 2 AZR 79/02, NZA 2004, 375. || 7 BAG 26.5.1983 – 2 AZR 477/81, BB 1983, 2116. || 8 BAG 28.10.2004 – 8 AZR 391/03, NZA 2005, 285; 24.2.2005 – 2 AZR 214/04, AP Nr. 4 zu § 1 KSchG Gemeinschaftsbetrieb; vgl. dazu *Quecke*, BAGReport 2005, 142. || 9 ErfK/*Preis*, § 613a BGB Rz. 172; *Quecke*, BAGReport 2005, 97 (100); aA *Moll/Steinbach*, MDR 1997, 711 (713). || 10 *Loritz*, RdA 1997, 65 (84); HK-KSchG/*Dorndorf*, § 1 Rz. 1036; ErfK/*Preis*, § 613a BGB Rz. 172. || 11 HK-KSchG/*Dorndorf*, § 1 Rz. 1038 mwN; ErfK/*Preis*, § 613a BGB Rz. 172. || 12 BAG 22.9.2005 – 6 AZR 526/04, NZA 2006, 658. || 13 Unzureichend ist ein lediglich freiwilliges Übernahmeangebot außerhalb von § 613a BGB, BAG 5.12.2002 – 2 AZR 522/01, AuR 2003, 470. || 14 BAG 31.5.2007 – 2 AZR 276/06, NZA 2008, 33; KR/*Pfeiffer*, § 613a BGB Rz. 118 ff. mwN; krit. *Pauly*, ZTR 2009, 63. || 15 BAG 5.12.2002 – 2 AZR 522/01, AuR 2003, 470; 18.3.1999 – 8 AZR 190/98, NZA 1999, 870. || 16 BAG 31.5.2007 – 2 AZR 276/06, NZA 2008, 33; KR/*Pfeiffer*, § 613a BGB Rz. 118 ff. mwN. || 17 So auch die RL 2001/23/EG.

grds. nicht im Wege der Sozialauswahl durchsetzen, sondern nur, wenn dort ein Arbeitsplatz frei ist. Dies ist ausnahmsweise dann anders, wenn spätestens beim Betriebsübergang feststeht, dass der widersprechende ArbN sonst beim Erwerber zeitnah gekündigt würde[1].

339 **bb) Von der Sozialauswahl generell ausgenommene Arbeitnehmer. (1) Arbeitnehmer ohne Kündigungsschutz.** Die Sozialauswahl erstreckt sich nicht auf ArbN, die noch keinen Kündigungsschutz genießen, also noch **keine sechs Monate** beschäftigt sind (§ 1). Anderenfalls würden diese ArbN entgegen der gesetzl. Wertung bei betriebsbedingten Kündigungen in den Kündigungsschutz einbezogen. Ihnen ist daher grds. unabhängig von ihren Sozialdaten vorab zu kündigen[2], sofern nicht gem. Abs. 3 S. 2 ihre Weiterbeschäftigung im berechtigten betriebl. Interesse liegt[3]. Sie sind aber in die Auswahl einzubeziehen, wenn der ArbGeb vertragl. auf die Wartezeit verzichtet oder diese abgekürzt hat; dies ist keine Frage von Abs. 2, sondern von Abs. 1[4].

340 **(2) Ausschluss der ordentlichen Kündigung durch Gesetz.** Nicht einzubeziehen in die Sozialauswahl sind weiter solche ArbN, deren ordentl. Kündigung durch besondere gesetzl. Regelung ausgeschlossen ist (vgl. Vor § 1 Rz. 17). Sie können **nur aus wichtigem Grund** außerordentl. gekündigt werden. Dies wirkt sich zu Lasten der ungeschützten ArbN aus, da sich der Auswahlkreis auf sie verengt. Das besondere Schutzgesetz nimmt in Kauf, dass damit ggf. abweichend von Abs. 3 ein sozial schutzbedürftigerer ArbN durch den privilegierten ArbN verdrängt wird. Maßgeblich ist der Zeitpunkt des Zugangs der Kündigung. Das gilt selbst dann, wenn der Sonderkündigungsschutz alsbald endet und dann eine Kündigung des ArbN noch zum selben Termin möglich wäre, zu dem dem konkurrierenden ArbN gekündigt werden kann[5]. Zu den Ausnahmefällen, in denen auch diesem Personenkreis aus betriebsbedingten Gründen gekündigt werden kann, vgl. Rz. 41 und § 15 Rz. 55 ff., 60 ff.

341 **(3) Behördliche Zustimmung.** Einen Sonderfall bilden die ArbN, deren Kündigung der vorherigen Zustimmung einer Behörde bedarf, also:

– Frauen während der **Schwangerschaft** und bis zum Ablauf von vier Monaten nach der Entbindung (§ 9 MuSchG); die Erlaubnis wird hier nur „in besonderen Fällen ausnahmsweise" erteilt, § 9 III MuSchG.

– Mütter und Väter in **Elternzeit** (§ 18 I BEEG).

– ArbN in **Pflegezeit** oder bei kurzzeitiger pflegebedingter Arbeitsverhinderung (§ 5 PflegeZG).

– **Schwerbehinderte Menschen** (§§ 85 ff. SGB IX); hier ist die Zustimmung der Behörde bei Stilllegung und wesentlicher Einschränkung von Betrieben nach näherer Maßgabe des § 89 SGB IX obligatorisch zu erteilen, wenn eine anderweitige Weiterbeschäftigung nicht möglich ist. Ansonsten hat das Integrationsamt nach pflichtgemäßem Ermessen zu entscheiden. Die Zustimmung zur außerordentl. Kündigung soll gem. § 91 IV SGB IX erteilt werden, wenn der Kündigungsgrund nicht im Zusammenhang mit der Behinderung steht. Die außerordentl. Kündigung scheidet bei betriebsbedingten Gründen aus; bei tarifl. Unkündbarkeit ist die außerordentl. Kündigung auch vor dem Integrationsamt wie eine ordentl. zu betreiben (vgl. Rz. 41).

– Inhaber von **Bergmannsversorgungsscheinen** in NRW, Nds. und dem Saarland.

342 Diese ArbN sind jedenfalls dann in die soziale Auswahl einzubeziehen, wenn die jeweilige **Zustimmung der Behörde vorliegt**. Im Rahmen der Auswahl kann dann ihrer besonderen Schutzbedürftigkeit Rechnung getragen werden. Liegt die Zustimmung nicht vor, sind sie nicht einzubeziehen, bleiben also privilegiert. Auch eine Verpflichtung zur Einholung der Zustimmung besteht nach hM nicht[6].

343 **(4) Ausschluss der ordentlichen Kündigung durch Tarifvertrag und Arbeitsvertrag.** Sehr umstritten ist die Frage, ob ArbN, denen tarifvertragl. oder einzelvertragl. nur noch aus wichtigem Grund gekündigt werden können (sog. **Unkündbare**), von der Sozialauswahl zu Lasten der übrigen ArbN ausgenommen sind. Das Problem ist angesiedelt an einem Schnittpunkt zwischen verteilender und ausgleichender Gerechtigkeit[7]. Auf der einen Seite steht die zwingende Verteilungsregelung des Abs. 3. Auf der anderen Seite ist es nach dem Günstigkeitsprinzip zulässig, im Austauschverhältnis zwischen ArbGeb und ArbN den gesetzl. Kündigungsschutz für ArbN bis zur Grenze des § 626 BGB zu verstärken und sie im Voraus vom Risiko der Kündigung freizustellen. Bei personen- und verhaltensbedingten Kündigungen hat der ArbGeb dann minderschwere Belastungen durch „unkündbare" ArbN bis zur Grenze des wichtigen Grundes hinzunehmen. Das Gleiche gilt nach allgM auch für betriebsbedingte Kündigungen,

---

1 *Quecke*, ZIP 2007, 1846. ‖2 St. Rspr. seit BAG 25.4.1985 – 2 AZR 140/84, NZA 1986, 64. ‖3 BAG 25.4.1985 – 2 AZR 140/84, NZA 1986, 64 zu § 1 III 2 aF; an dieser Rechtslage hat die Neufassung des § 1 III 2 mWz. 1.1.2004 nichts geändert. ‖4 So auch *Dathe*, NZA 2007, 1205 (1209). ‖5 BAG 21.4.2005 – 2 AZR 241/04, AP Nr. 74 zu § 1 KSchG 1969 Soziale Auswahl. ‖6 HK-KSchG/*Dorndorf*, § 1 Rz. 1053; *Preis* in Stahlhacke/Preis/Vossen, Rz. 1064; KR/*Griebeling*, § 1 Rz. 664 aE; aA *Bütefisch*, Die Sozialauswahl, 2000, S. 136 f. (bei Massenentlassungen, sofern die Pflichtquote des § 71 SGB IX nicht unterschritten wird, da hier das Ermessen des Integrationsamtes gem. § 89 I 2 SGB IX beschränkt ist); *Gragert*, FS Schwerdtner, 2003, S. 57 (bei deutlich höherer Schutzwürdigkeit des nicht schwerbehinderten ArbN). ‖7 *Canaris*, Die Bedeutung der iustitia distributiva im deutschen Vertragsrecht, 1997, S. 35 ff.

wenn es nur um einen einzelnen Arbeitsplatz geht, ohne dass eine Sozialauswahl in Betracht kommt (s. Rz. 284). Der so verstandene tarifl. Kündigungsschutz stellt eine im Vergleich zu Abs. 2 für den ArbN „günstigere" Regelung dar. Im Falle einer Sozialauswahl werden nach einer Meinung die geschützten ArbN von der Sozialauswahl, die nur für ordentl. Kündigungen gelte, nicht erfasst; das hat zur Folge, dass an ihrer Stelle ungeschützten ArbN zu kündigen ist (hier **Verdrängungstheorie** genannt)[1]. Dies wird von der im Vordringen befindlichen Gegenmeinung mit Recht in Frage gestellt, wonach der vom ArbGeb erklärte Kündigungsverzicht nicht zu einer Verlagerung des Kündigungsrisikos auf andere ArbN führen darf, sondern grds. von ihm selbst zu tragen ist (hier **Verzichtstheorie** genannt)[2]. Eine ausdrückliche Entscheidung des BAG hierzu fehlte lange[3]. Nun hat es zur Lösung des Dilemmas einen dritten Weg angedeutet, wonach in restriktiver Auslegung des tarifl. Kündigungsschutzes der Ausschluss der ordentl. Kündigung gar nicht gelten solle, falls er bei der Sozialauswahl zu einem grob fehlerhaften Ergebnis führen würde (hier **Reduktionstheorie** genannt)[4]. Abgesehen von der den Tarifwortlaut arg strapazierenden Auslegung kann dabei aber kaum erklärt werden, warum bei einer betriebsbedingten Kündigung ohne Sozialauswahl der Schutz gelten solle, der ArbGeb also bis zur Grenze der außerordentl. Kündigung an dem ArbVerh festhalten muss, im Falle einer Sozialauswahl er aber völlig von der eingegangenen Verpflichtung befreit sein soll.

Bei Auswahlentscheidungen im Zusammenhang mit betriebsbedingten Kündigungen gerät das Günstigkeitsprinzip in Konflikt mit der zwingenden Verteilungsregelung des Abs. 3. Die Verdrängungstheorie behauptet hier eine **reflexhafte Verdrängungswirkung** der tarifl. Unkündbarkeitsregeln. Da das Gebot der Sozialauswahl nur für die ordentl. Kündigung gelte, die hier ausgeschlossen sei, könne der ArbGeb anstelle des tarifl. geschützten ArbN einen nach sozialen Gesichtspunkten schutzwürdigeren ArbN entlassen[5]. Damit wird dem ArbGeb gestattet, seine eigene Verpflichtung aus dem Kündigungsverzicht abzuwälzen. Der eigentlich von ihm zu tragende erweiterte Kündigungsschutz mutiert zur reinen Verdrängungsregelung und bloßen **Umgehung** der Sozialauswahl. Der Charakter der Tarifnorm ändert sich von einer individualrechtl. Vergünstigung im Verhältnis zwischen den Vertragsparteien hin zu einer privilegierenden Regelung der Lastenverteilung im Verhältnis zu anderen ArbN, in der das Günstigkeitsprinzip keine Berechtigung hat (Vertrag zu Lasten Dritter). Der ArbGeb hat hier in Wahrheit nicht auf sein Recht zur ordentl. Kündigung verzichtet, sondern lediglich zugesagt, dieses Kündigungsrecht zu Lasten eines anderen ArbN auszuüben. In dieser Auslegung verstößt die tarifl. Unkündbarkeit gegen Abs. 3. Die tarifl. Unkündbarkeitskriterien weisen zT **erhebliche Abweichungen** von den Kriterien der Sozialauswahl nach Abs. 3 auf[6]. Sie vernachlässigen regelmäßig die unverzichtbaren Kriterien der Unterhaltspflichten (Art. 6 GG) und der Schwerbehinderung und können daher im Einzelfall zu einer Verletzung der zwingenden gesetzl. Anordnung des Abs. 3 führen. Das wird offenkundig, wenn sie nicht – wie idR – an Alter und Betriebszugehörigkeit anknüpfen, sondern etwa an eine tarifl. Leistungsbewertung, was nach dem Günstigkeitsprinzip im Verhältnis zwischen ArbGeb und ArbN grds. zulässig ist.

Richtigerweise ist die Frage, welcher ArbN in betriebsbedingten Fällen zur Kündigung ansteht, also die Frage der Sozialauswahl, der Frage **vorgelagert**, ob der so identifizierte ArbN über tarifl. Kündigungsschutz verfügt (so die hier vertretene Verzichtstheorie). Trifft die Sozialauswahl einen geschützten ArbN, hat der Verzicht auf das Recht zur ordentl. Kündigung hier keine andere Wirkung als sonst: Der ArbGeb kann diesem ArbN nur aus wichtigem Grund kündigen. Er darf nicht an seiner Stelle einem anderen, sozial schutzwürdigeren ArbN kündigen. Dem steht die zwingende Regelung des Abs. 3 entgegen, solange sie nicht – de lege ferenda – tarifdispositiv ausgestaltet ist.

Die tarifl. Unkündbarkeit ist damit keineswegs wirkungslos[7]. Vielmehr hat der ArbGeb wie auch sonst, wenn keine Sozialauswahl in Betracht kommt,)zunächst die dem wichtigen Grund geschuldeten **strengeren Anforderungen für eine anderweitige Weiterbeschäftigung** der „Unkündbaren" zu erfüllen (s. näher Rz. 284). Auch ist eine Erweiterung des Kreises der mit ihnen vergleichbaren ArbN in Betracht zu ziehen (s. Rz. 362). Dies begründet kein berechtigtes betriebl. Interesse für die Nichteinbeziehung der

---

1 Vgl. nur HK-KSchG/*Dorndorf*, § 1 Rz. 1055; *Preis* in Stahlhacke/Preis/Vossen, Rz. 1065 mwN; KR/*Griebeling*, § 1 Rz. 665 ff. (666); *Kiel*, NZA-Beil. 1/2005, 18 (27): Alle unter Bezugnahme auf *Weller*, RdA 1986, 230 mit dem Argument, der tarifl. Kündigungsschutz stehe nicht in einem Konkurrenzverhältnis zur Sozialauswahl, Auswirkungen insoweit seien als Reflex des individuellen Kündigungsschutzes hinzunehmen. ‖ 2 Vgl. nur *Löwisch*, DB 1998, 877 (880); *Bröhl*, FS Schaub, 1998, S. 55 ff.; *Oetker*, FS Wiese, 1998, S. 333, 341; *Oetker*, ZfA 2001, 287 (322); *Linck*, Die soziale Auswahl bei betriebsbedingter Kündigung, 1990, S. 39 f.; *Berkowsky*, Die betriebsbedingte Kündigung, 6. Aufl. 2008, § 8 Rz. 95 ff.; *Rieble*, NZA 2003, 1243 f.; ErfK/*Franzen*, § 1 TVG Rz. 68; *Rolfs*, NZA Beil. 1/2008, 8 (15); vgl. auch ArbG Cottbus 17.5.2000 – 6 Ca 38/00, NZA-RR 2000, 580 f. ‖ 3 BAG 17.5.1984 – 2 AZR 161/83, AP Nr. 3 zu § 55 BAT unterstellt allerdings die Wirksamkeit der tarifl. Unkündbarkeit iS einer „Verdrängungsregelung"; ebenso offenbar BAG 17.9.1998 – 2 AZR 419/97, AP Nr. 148 zu § 626 BGB ohne jede Auseinandersetzung mit der Streitfrage; offen gelassen zuletzt von BAG 5.6.2008 – 2 AZR 907/06, NZA 2008, 1120. ‖ 4 BAG 20.6.2013 – 2 AZR 295/12. ‖ 5 *Weller*, RdA 1986, 230. ‖ 6 ZB § 4.4 MTV Metallindustrie Nordbaden: Ab Vollendung des 53. LJ und drei Jahren Betriebszugehörigkeit (Bsp. nach *Weller*, RdA 1986, 229); dazu nimmt BAG 20.6.2013 – 2 AZR 295/12 nunmehr eine Reduktion des Schutzes im Wege der Auslegung vor, vgl. Rz. 343. ‖ 7 So aber *Rieble*, NZA 2003, 1243 f.; ähnlich *Oetker*, ZfA 2001, 286 (326), der eine teleologischen Restriktion des tarifl. Kündigungsschutzes annimmt.

KSchG § 1 Rz. 347   Betriebsbedingte Kündigung

Unkündbaren in die Sozialauswahl gem. Abs. 3 S. 2, da es um eine den ArbGeb treffende Rechtspflicht geht. Scheidet auch danach eine Weiterbeschäftigung aus, kommt in Ausnahmefällen eine Kündigung der „Unkündbaren" aus wichtigem Grund in Betracht (außerordentl. Kündigung mit Auslauffrist, s. Rz. 41). Eine ggf. erforderliche Auswahl unter ihnen hat in entsprechender Anwendung von Abs. 3 zu erfolgen[1]. Aus diesen Gründen hat die tarifl. Unkündbarkeit in Fällen der Sozialauswahl auch keine „überschießenden Wirkung", die den ArbGeb zur Weiterbeschäftigung trotz fehlender Beschäftigungsmöglichkeit zwänge[2]; sie mutet ihm lediglich das zu, was er auch bei verhaltens- und personenbedingter Kündigung sowie bei betriebsbedingter Kündigung ohne Sozialauswahl zugesagt hat, nämlich die Fortsetzung des ArbVerh bis zur Grenze der Unzumutbarkeit iSv. § 626 BGB[3]. Bei anderem Verständnis würde sich der ArbGeb dagegen unter Missachtung der Sozialauswahl schlicht seiner eigenen Verpflichtung durch die Kündigung eines anderen, schutzwürdigeren ArbN entledigen können.

347   Die Unkündbarkeitsregeln knüpfen idR an Alter und Betriebszugehörigkeit an und dürften daher eher selten von der nach Abs. 3 gebotenen Auswahl abweichen (vgl. aber Rz. 344 aE). Nach Art. 6 I 2a der sog. **RahmenRL** 2000/78/EG (vgl. Vor § 1 Rz. 16) bedarf allerdings jede weniger günstige Behandlung wegen des Alters zu ihrer Rechtfertigung eines legitimen Ziels; zudem müssen die Mittel zu seiner Erreichung angemessen und erforderlich sein. Dies gilt gem. §§ 2 I Nr. 2, 10 AGG ohne Weiteres auch für Entlassungsbedingungen in TV. Ein Kündigungsverbot für ältere ArbN hält diesem Prüfungsmaßstab für sich genommen stand (vgl. Vor § 1 Rz. 19). Soweit es aber ohne Rücksicht auf ihre soziale Schutzbedürftigkeit jüngere ArbN in einer Sozialauswahl verdrängt, ist es unverhältnismäßig und verstößt gegen die hier zu berücksichtigende (vgl. Vor § 1 Rz. 16) RahmenRL[4]. § 10 III Nr. 7 AGG aF[5] sah daher vor, Unkündbarkeitsklauseln zu Gunsten älterer ArbN nur anzuwenden, soweit sie im Rahmen der Sozialauswahl den Schutz anderer ArbN nicht „grob fehlerhaft" mindern. Unabhängig von der Streichung der Norm wird die Unkündbarkeit europarechtlich nicht einmal mit dieser Maßgabe eine Herausnahme der begünstigten ArbN aus der Sozialauswahl rechtfertigen können. Denn es erscheint weder als legitimes Ziel noch als verhältnismäßiges Mittel, durch Altersdiskriminierung von der eigentlich gebotenen Sozialauswahl (dh. nach Verdienst und Bedürftigkeit) bis zur Grenze der groben Fehlerhaftigkeit abzuweichen. Das BAG hält tarifl. Unkündbarkeitsregelungen in Auswahlsituationen nur dann für angemessen und gesetzeskonform iSv. § 10 S. 1 AGG bzw. § 1 III, wenn sie zumindest grobe Auswahlfehler vermeiden[6].

348   Auch der **einzelvertragl. Ausschluss** der ordentl. Kündigung führt nach noch hM grds. zu einer Verdrängung sozial schutzwürdigerer ArbN. Eine solche Abrede wird allerdings unter dem Gesichtspunkt der Umgehung der Sozialauswahl geprüft, insb. wenn sie in Ansehung konkret bevorstehender Kündigungen erfolgt[7]. Richtigerweise gelten hier die vorstehenden Grundsätze, dh. es findet keine Verdrängung statt.

349   **(5) Befristet beschäftigte Arbeitnehmer.** Befristet beschäftigte ArbN, mit denen die Möglichkeit der ordentl. Kündigung vertragl. nicht gem. § 15 III TzBfG vereinbart oder gem. § 16 S. 2 TzBfG eröffnet ist, sind nach ganz hM ebenfalls zu Lasten kündbarer ArbN **von der Sozialauswahl ausgenommen**[8]. Auch dem kann nicht gefolgt werden. Es gilt das Gleiche wie bei tarifl. Unkündbarkeit: Der ArbGeb hat mit seiner Vertragsgestaltung auf das Recht zur ordentl. Kündigung verzichtet. Er hat deshalb auch die Lasten aus dieser Vereinbarung zu tragen. Der ArbGeb muss für den Personalabbau den Befristungsablauf abwarten oder die qualifizierten Anforderungen einer Kündigung aus wichtigem Grund erfüllen. Eine Verlagerung des Kündigungsrisikos auf die übrigen ArbN findet nicht statt, zumal der befristet beschäftigte ArbN im Falle seiner Entlassung weniger verliert als der unbefristet Beschäftigte. S. im Einzelnen Rz. 343 ff.

350   **(6) Ruhende Arbeitsverhältnisse.** Bei ArbN, deren ArbVerh ruhen, ist zu unterscheiden: Werden etwa ArbN im Baugewerbe längerfristig für Großbauprojekte zu sog. Arbeitsgemeinschaften (**ARGE**) mehrerer Bauunternehmen abgestellt, begründen sie gem. § 9 BRTV-Bau zu der ARGE ein ArbVerh, während ihr ArbVerh zum bisherigen ArbGeb ruhend fortbesteht. Fällt bei diesem ein Arbeitsplatz weg, sind sie nicht in die Sozialauswahl einzubeziehen, wenn die Abstellung zur ARGE noch längere Zeit andauert. Durch ihre Kündigung würde der Personalüberhang mit seiner Kostenbelastung beim bisherigen ArbGeb nicht abgebaut. Eine noch längere Zeit ruhendes ArbVerh verursacht keine Kosten, die durch Kündigung eingespart werden könnten[9]. Steht das Ende des Ruhenszeitraums, also die Rückkehr des ArbN in den Betrieb, aber unmittelbar bevor, ist er in die Sozialauswahl einzubeziehen. Dies gilt sinngemäß auch bei **längerfristigen Beurlaubungen**.

351   **(7) Vorläufig weiterbeschäftigte Arbeitnehmer.** ArbN, die nach einer vorausgegangenen Kündigung **während des Kündigungsrechtsstreits** gem. § 102 BetrVG oder auf Grund Urteils bis zur rechtskräftigen

---

1 BAG 5.2.1998 – 2 AZR 227/97, AP Nr. 143 zu § 626 BGB. ||2 So aber *Krause* in v. Hoyningen-Huene/Linck, § 1 Rz. 952 mwN. ||3 Ebenso ErfK/*Franzen*, § 1 TVG Rz. 68; *Rolfs*, NZA-Beil. 1/2008, 8 (15). ||4 Bedenken auch bei *Linsenmaier*, RdA Sonderbeil. Heft 5/2003, 22 (32); *Kamanabrou*, NZA Sonderbeil. Heft 24/2006, 138 (144). ||5 IdF v. 14.8.2006, BGBl. I S. 2745. ||6 BAG 20.6.2013 – 2 AZR 295/12. ||7 BAG 2.6.2005 – 2 AZR 480/04, NZA 2006, 207. ||8 HK-KSchG/*Dorndorf*, § 1 Rz. 1056 mwN. ||9 BAG 26.2.1987 – 2 AZR 177/86, NZA 1987, 775; HK-KSchG/*Dorndorf*, § 1 Rz. 1051 mwN.

Entscheidung vorläufig weiterbeschäftigt werden, sind bei einer in dieser Zeit anstehenden betriebsbedingten Kündigung in die Sozialauswahl einzubeziehen. Ihnen ist dann ggf. erneut zu kündigen[1].

cc) Vergleichbarkeit. Die Vergleichbarkeit unterliegt grds. der **vollen Rechtskontrolle**, nicht nur der beschränkten Prüfung nach Abs. 3 oder 4 (vgl. Rz. 385 u. 412f.); diese bezieht sich nur auf die ausreichende Berücksichtigung der vier sozialen Grunddaten und ihre Gewichtung. Dagegen wird die Vergleichbarkeit beim Interessenausgleich mit Namensliste gem. Abs. 5 von der Beschränkung der gerichtl. Prüfung auf grobe Fehlerhaftigkeit erfasst (vgl. Rz. 428). Bei **zu enger Gruppenbildung** ist die Kündigung gem. Abs. 3 sozialwidrig, wenn bei korrekter Grenzziehung ein anderer ArbN hätte ausgewählt werden müssen. Eine **zu weite Gruppenbildung** verstößt dagegen nicht gegen Abs. 3, sondern trägt sogar seinem Zweck verstärkt Rechnung. Sie verletzt aber Abs. 2, da sie sich nicht auf solche ArbN beschränkt, die nach den von der Rspr. für die Vergleichbarkeit entwickelten Kriterien ersetzt werden können. Die Kündigung ist hier nicht mehr allein durch das (lediglich um die gesetzl. vorgeschriebene Sozialauswahl „erweiterte") dringende betriebl. Erfordernis bedingt (vgl. aber Rz. 362). Eine zu weite Gruppenbildung kann auch nicht als „günstigere" Regelung im Vergleich zur gesetzl. anerkannt werden; im Verhältnis der ArbN untereinander greift das Günstigkeitsprinzip nicht. Allerdings gesteht die Rspr. Vergleichsgruppenbildungen in betriebl. Auswahlrichtlinien eine besondere Richtigkeitsgewähr zu[2].

Zur Gruppe der ArbN, die in die Sozialauswahl einzubeziehen sind, gehören zunächst alle ArbN, deren **Tätigkeit unmittelbar entfallen** ist. Werden zB in einem Betrieb die Arbeiten für Schlosser idR gleichmäßig verteilt und reduzieren sie sich um 50 %, sind alle Schlosser als Gruppe unmittelbar vom Rückgang des Beschäftigungsbedarfs betroffen. Vergibt der ArbGeb die bislang innerbetriebl. ausgeführte Gebäudereinigung an eine externe Fachfirma, ist jede einzelne Reinigungskraft unmittelbar vom Wegfall des Beschäftigungsbedarfs betroffen (sofern nicht ein Betriebsübergang vorliegt). Über den Kreis der unmittelbar betroffenen ArbN hinaus sind sodann alle ArbN in die Sozialauswahl einzubeziehen, die mit diesen **vergleichbar** sind. Hierzu zählen ArbN mit **identischer Tätigkeit**, etwa bei Stilllegung einer von mehreren im Betrieb vorhandenen gleichartigen Maschinen alle ArbN, die an identischen Maschinen arbeiten und deshalb von den unmittelbar betroffenen ersetzt werden können. Der jeweilige Qualifikations- und Ausbildungsstand ist hier wegen der Identität der ausgeübten Tätigkeit ohne Bedeutung[3]. Er kann uU ein berechtigtes betriebl. Interesse iSv. Abs. 3 S. 2 darstellen (vgl. Rz. 391 ff.).

Darüber hinaus sind aber auch solche ArbN in die Sozialauswahl einzubeziehen, die nur teilweise identische oder aber **nur ähnliche Tätigkeiten** ausüben. Diese Erweiterung des Kreises der vergleichbaren ArbN kommt nach der Rspr. des BAG unter **drei Voraussetzungen** in Betracht:

(1) Die einzubeziehenden ArbN müssen der gleichen betriebl. Ebene angehören,

(2) sie müssen nach ihrer Tätigkeit von den unmittelbar betroffenen ArbN ersetzt werden können (Austauschbarkeit) und

(3) der Austausch muss ohne Änderung des Arbeitsvertrages des unmittelbar betroffenen ArbN im Wege des Direktionsrechts möglich sein.

(1) Gleiche betriebliche Ebene. Die andersartige Tätigkeit muss gleichwertig sein. Der Vergleich vollzieht sich auf derselben Ebene der Betriebshierarchie (sog. **horizontale Vergleichbarkeit**). ArbN auf höheren oder niedrigeren Hierarchieebenen des Betriebes können in die Sozialauswahl nicht einbezogen werden (sog. vertikale Vergleichbarkeit)[4]. Entfallen zB bei einer Umstrukturierung zwei Sachbearbeiterstellen einer Abteilung und ist gleichzeitig die Stelle des **Abteilungsleiters** neu zu besetzen, so steht es dem ArbGeb frei, die Leitungsaufgabe dem sozial weniger schutzwürdigen Sachbearbeiter zu übertragen und dem schutzwürdigeren zu kündigen[5]. Nach Wegfall der Sachbearbeiterstellen besteht kein Anspruch auf Weiterbeschäftigung auf der freien Beförderungsstelle als Abteilungsleiter; das KSchG schützt nur den erreichten Vertragsbestand (vgl. Rz. 276); eine Sozialauswahl im Hinblick auf diese Stelle scheidet daher aus. Nach seiner Beförderung befindet sich der (neue) Abteilungsleiter auf einer anderen Ebene der Betriebshierarchie und ist im Rahmen der Sozialauswahl nicht mehr mit dem anderen Sachbearbeiter vergleichbar. Das Gleiche gilt bei **verschlechterten Arbeitsbedingungen**. Der Facharbeiter, dessen Arbeit entfallen ist, kann nicht den Hilfsarbeiter verdrängen, dessen Tätigkeit noch vorhanden ist. Allerdings kann der ArbGeb die Hilfsarbeitertätigkeiten auf die Facharbeiter verteilen. Dies ist nicht willkürlich oder rechtsmissbräuchlich. Entfällt dadurch der Bedarf für die Beschäftigung eines Hilfsarbeiters, kann diesem gekündigt werden, da er mit dem Facharbeiter nicht vergleichbar ist[6].

---

1 HK-KSchG/*Dorndorf*, § 1 Rz. 1058; KR/*Griebeling*, § 1 Rz. 668. ||2 Schon nach der bis zum 30.9.1996 geltenden Rechtslage bestand für sie ein größerer Beurteilungsspielraum: BAG 15.6.1989 – 2 AZR 580/88 u. v. 18.1.1990 – 2 AZR 357/89, AP Nr. 18 u. 19 zu § 1 KSchG 1969 Soziale Auswahl; vgl. auch BAG 5.12.2002 – 2 AZR 549/01, NZA 2003, 791 (793), wonach schon die formlose Abstimmung eines Punkteschemas mit der ArbN-Vertretung größere Richtigkeitsgewähr bieten könne. ||3 Vgl. etwa KR/*Griebeling*, § 1 Rz. 618. ||4 St. Rspr., BAG 15.6.1989 – 2 AZR 580/88, BB 1990, 351; 29.3.1990 – 2 AZR 369/89, NZA 1991, 181; 4.2.1993 – 2 AZR 463/92, RzK I 5d Nr. 31; 17.9.1998 – 2 AZR 725/97, NZA 1998, 1332; 3.12.1998 – 2 AZR 341/98, BB 1999, 847. ||5 BAG 29.3.1990 – 2 AZR 369/89, NZA 1991, 181; ähnlich auch BAG 17.9.1998 – 2 AZR 725/97, NZA 1998, 1332. ||6 BAG 11.9.1986 – 2 AZR 564/85, DB 1987, 1882.

KSchG § 1 Rz. 356   Betriebsbedingte Kündigung

Zur Frage, ob die Vergleichbarkeit durch vorherige Vertragsänderung hergestellt werden kann, vgl. Rz. 360.

356   **(2) Austauschbarkeit.** In die Sozialauswahl einzubeziehen sind nur solche ArbN, deren Tätigkeit der unmittelbar betroffene ArbN arbeitsplatzbezogen auf Grund seiner **Kenntnisse, Fähigkeiten und Ausbildung** übernehmen kann[1]. Denn ohne einen solchen (einseitigen[2]) Austausch könnte die Kündigung eines anderen Beschäftigten den Personalübergang nicht an der Stelle abbauen, an der er besteht. Da die Arbeitsplätze hier nicht identisch sind, ist die Austauschbarkeit in erster Linie anhand des **individuellen Ausbildungs- und Qualifikationsstandes** des ArbN festzustellen. Dem ArbGeb steht es grds. frei, das Anforderungsprofil einem geänderten Zuschnitt der Arbeit anzupassen (vgl. Rz. 276); die bloße Entscheidung zum Einsatz besser qualifizierter ArbN ohne einen solchen sachlichen Zusammenhang lässt die Austauschbarkeit nicht entfallen[3]. Ebenso besteht Austauschbarkeit, wenn der ArbGeb umgekehrt ArbN mit und ohne einschlägige Berufsausbildung für die gleiche Tätigkeit einsetzt[4]. Sind mehrere ArbN unmittelbar betroffen und ist ihr Ausbildungs- und Qualifikationsstand unterschiedlich, variiert uU der Kreis der jeweils einzubeziehenden ArbN entsprechend. Sind **beispielsweise** A und B gelernte Tiefbaufacharbeiter und ist B darüber hinaus auch Hochbaufacharbeiter (Doppelqualifikation) und in beiden Funktionen eingesetzt worden, ist bei Wegfall eines Arbeitsplatzes im Tiefbau der Kreis der mit A vergleichbaren ArbN auf die Tiefbaufacharbeiter beschränkt. B könnte hingegen auch auf den etwa sozial weniger schutzwürdigen Hochbaufacharbeiter C verweisen, dessen Tätigkeit er ohne weiteres ausüben könnte. Ist danach B sozial schutzwürdiger als A, muss A gehen. Ist umgekehrt A sozial schutzwürdiger als B, trifft es nicht B, sondern C, obwohl dieser reiner Hochbaufacharbeiter ist und ausschließlich ein Arbeitsplatz für Tiefbaufacharbeiter entfallen ist[5].

357   Allein eine gleiche Berufsausbildung macht ArbN häufig noch nicht austauschbar. Gerade bei qualifizierteren Tätigkeiten mit **hohem Spezialisierungsgrad** wird einem aktuellen Stand an Kenntnissen und Fertigkeiten ausschlaggebende Bedeutung zukommen. Eine kurze **Einarbeitungszeit** von wenigen Wochen (etwa zum Ausgleich eines „aktuellen Routinevorsprungs") steht der Austauschbarkeit zwar nicht entgegen[6]. Doch fehlt sie bei einem Ingenieur, der zur Einarbeitung auf dem neuen Arbeitsplatz – insb. im Hinblick auf die dort geforderten CAD- und PC-Kenntnisse – drei Monate benötigt hätte; maßgeblich ist idR der aktuelle Stand von Kenntnissen und Fähigkeiten[7]. Umschulungs- oder Fortbildungsmaßnahmen kommen zur bloßen Herstellung der Austauschbarkeit nicht in Betracht (evtl. anders bei tarifl. oder einzelvertragl. „unkündbaren" ArbN, vgl. Rz. 362). Bei **einfacheren Tätigkeiten** kann schon die Eingruppierung in dieselbe Lohngruppe ausreichendes Anzeichen für Austauschbarkeit sein. Das gilt insb. im öffentl. Dienst[8]. Kann ein ArbN etwa eine schon früher einmal ausgeübte einfache Tätigkeit nach kurzer Einarbeitung wieder übernehmen, wofür bei ausgesprochenen Hilfstätigkeiten schon die identische Eingruppierung spricht, ist er mit den dort beschäftigten ArbN vergleichbar[9] (sofern er ohne Änderung seines Arbeitsvertrags dorthin versetzt werden kann, vgl. Rz. 360 ff.). In höheren Lohngruppen für qualifiziertere und stärker spezialisierte Tätigkeiten kann aber allein aus der gleichen Eingruppierung nicht schon auf Austauschbarkeit geschlossen werden.

358   **Gesundheitliche Leistungsmängel**, etwa häufig wiederkehrende Erkrankungen, stehen der Austauschbarkeit nicht entgegen. Lassen sie aber die Eignung des ArbN für die andersartige Tätigkeit entfallen, besteht keine Vergleichbarkeit. Kann etwa ein Maschinist, dessen Arbeitsplatz entfallen ist, aus gesundheitlichen Gründen nicht schwer heben, ist er nicht mit einem sozial weniger schutzwürdigen Lagerarbeiter zu vergleichen, der regelmäßig schwere Lasten heben muss. Eine Umgestaltung der Arbeitsplätze im Lager dahin, dass ein ArbN nicht für schwere Lasten zuständig ist, kann vom ArbGeb allein zur Herstellung der Austauschbarkeit nicht verlangt werden (Ausnahmen: § 81 IV SGB IX oder uU bei gesteigerter Weiterbeschäftigungspflicht ggü. „unkündbaren" ArbN[10]).

359   Die Austauschbarkeit kann fehlen, weil mit ihr eine **Versetzung** iSv. § 95 III BetrVG verbunden ist und der BR die gem. § 99 BetrVG erforderliche Zustimmung rechtswirksam verweigert. Ein gerichtl. Verfahren auf Ersetzung der Zustimmung nach § 99 IV BetrVG, nur um die Austauschbarkeit herzustellen, ist dem ArbGeb nicht zuzumuten[11].

360   **(3) Keine Vertragsänderung.** Vergleichbar sind nur solche ArbN eines Betriebes (Rz. 336 ff.), deren Tätigkeit den unmittelbar betroffenen ArbN nach ihrem Arbeitsvertrag im Wege des **Direktionsrechts**

---

1 BAG 15.6.1989 – 2 AZR 580/88, BB 1990, 351. ||2 Die umgekehrte Austauschbarkeit ist hier ohne Belang, da die Arbeit des unmittelbar betroffenen ArbN gerade entfallen ist: BAG 15.6.1989 – 2 AZR 580/88, BB 1990, 351. ||3 LAG Hess. 18.12.2003 – 14 Sa 1102/03, LAGReport 2004, 271. ||4 BAG 6.7.2006 – 2 AZR 442/05, NZA 2007, 139 (Erzieherinnen mit und ohne Abschluss). ||5 Ähnlich BAG 15.6.1989 – 2 AZR 580/88, BB 1990, 351. ||6 BAG 2.6.2005 – 2 AZR 480/04, BAGE 115, 92; 23.11.2004 – 2 AZR 38/04, BAGE 112, 361; 15.6.1989 – 2 AZR 580/88, BB 1990, 351. ||7 BAG 5.5.1994 – 2 AZR 917/93, NZA 1994, 1023; 29.3.1990 – 2 AZR 369/89, NZA 1991, 181. ||8 BAG 23.11.2004 – 2 AZR 38/04, BAGE 112, 361; 5.12.2002 – 2 AZR 697/01, BAGE 104, 138; 2.3.2006 – 2 AZR 23/05, NZA 2006, 1350. ||9 BAG 15.6.1989 – 2 AZR 580/88, BB 1990, 351 (Pedalmontage durch Reinigungskraft); vgl. auch BAG 25.4.1985 – 2 AZR 140/84, NZA 1986, 64. ||10 Vgl. zu dieser Pflicht BAG 5.2.1998 – 2 AZR 227/97, NZA 1998, 771; 17.9.1998 – 2 AZR 419/97, NZA 1999, 258. ||11 So auch *Löwisch/Spinner*, § 1 Rz. 354.

übertragen werden könnte[1]. Zur Frage der Konkurrenz um freie Arbeitsplätze zu geänderten Arbeitsbedingungen vgl. Rz. 283. Die Sozialauswahl erstreckt sich auf ArbN, deren Arbeit unmittelbar gar nicht entfallen ist, nur soweit sie von den direkt betroffenen ArbN ohne weiteres ersetzt werden können, also austauschbar sind. Daran fehlt es, wenn die Austauschbarkeit erst durch eine Änderung des Arbeitsvertrages des unmittelbar betroffenen ArbN hergestellt werden müsste. Wurde etwa einem ArbN unter Abänderung seines Arbeitsvertrages die **Leitung** eines konkreten Arbeitsbereichs übertragen und kündigt der ArbGeb später betriebsbedingt, weil dieser Arbeitsbereich wegfällt, so ist dieser ArbN idR nicht in die Sozialauswahl mit den ehemals vergleichbaren, ohne Leitungsfunktion auch in anderen Arbeitsbereichen einsetzbaren ArbN einzubeziehen[2]. Nach Auffassung des BAG soll die Vergleichbarkeit grds. auch nicht durch eine **vorherige Vertragsänderung** aus Anlass des zur Kündigung führenden Ereignisses hergestellt werden können[3]. Das erscheint nicht gerechtfertigt[4]. Maßgeblicher Zeitpunkt für die Beurteilung der Vergleichbarkeit ist grds. der des Zugangs der Kündigung. Vorherige Vertragsänderungen sind zu berücksichtigen. Für eine Umgehung der Sozialauswahl bedarf es besonderer Anhaltspunkte, woran es bei tatsächlicher Änderung des Vertragsinhalts idR fehlen dürfte. IÜ fördert die Vertragsänderung zur Herstellung der Vergleichbarkeit gerade den Zweck der Sozialauswahl, da sie letztlich den sozial schwächeren ArbN schützt. Das gilt ebenso, wenn sich auf Grund besonderer Umstände der Vertragsinhalt ausnahmsweise iS einer Vertragsänderung **stillschweigend konkretisiert** hat[5].

Maßgeblich ist die **Reichweite des Direktionsrechts**. Ein Unternehmen, dessen Niederlassungen trotz weiter räumlicher Entfernung einen einheitlichen Betrieb iSd. KSchG bilden, hat zwar bei Schließung eines Standorts eine einheitliche, betriebsweite Sozialauswahl durchzuführen (s. Rz. 336). Die ArbN der anderen Standorte sind aber nur in die Sozialauswahl einzubeziehen, soweit sie von ArbN des zu schließenden Standorts etwa auf Grund einer Versetzungsklausel ohne Vertragsänderung ersetzt werden können[6]. Beruft sich der zu kündigende ArbN auf eine Versetzungsklausel im eigenen Arbeitsvertrag, um einen sozial weniger schutzbedürftigen ArbN in die Auswahl einzubeziehen, erscheint fraglich, ob dem ArbGeb die Berufung auf die **Unwirksamkeit**[7] **der selbst verwendeten Versetzungsklausel** gem. §§ 305 ff. BGB (vgl. Anh. §§ 305–310 BGB Rz. 17) verwehrt ist[8]. Dies wird nicht der Fall sein, da wegen des objektiv nicht bestehenden Direktionsrechts die Vergleichbarkeit fehlt und zudem die Berufung des ArbGeb nicht zu eigenen Gunsten erfolgt[9]. Auch würde sich sonst der auf diese Weise in die Sozialauswahl einbezogene ArbN seinerseits auf die fehlende Austauschbarkeit seines Kollegen berufen können, ohne die er nicht zur Kündigung anstünde (s. Rz. 352). Kann ein ArbN nach seinem Arbeitsvertrag nur innerhalb eines bestimmten Arbeitsbereichs versetzt werden, sind bei Wegfall dieses Arbeitsbereichs keine vergleichbaren ArbN anderer Arbeitsbereiche in die Sozialauswahl einzubeziehen[10]. Bei betriebsbedingter Kündigung eines **Angestellten im öffentl. Dienst** sind in die Sozialauswahl nur Angestellte derselben Vergütungsgruppe einzubeziehen[11].

Stehen tarifl. oder einzelvertragl. „**unkündbare**" ArbN nach der Sozialauswahl eigentlich zur Kündigung an (entgegen der noch hM, vgl. Rz. 343 ff.), schuldet der ArbGeb ihnen gesteigerte Bemühungen zur Weiterbeschäftigung (vgl. Rz. 284). Aus dem besonderen Schutz dieser Personengruppe wird eine Erweiterung des Kreises der mit ihnen vergleichbaren ArbN auch auf solche folgen, deren Arbeitsplätze von ihnen erst nach längeren Einarbeitungs- und Umschulungszeiten oder auch erst nach einer Vertragsänderung eingenommen werden könnten. Mit dem Ausschluss der ordentl. Kündigung trifft den ArbGeb ggü. den „Unkündbaren" eine gesteigerte Pflicht zur Weiterbeschäftigung[12]. Für die übrigen ArbN stellt sich insoweit die Lage nicht anders dar als bei einer entsprechenden Erweiterung des Direktionsrechts des ArbGeb ggü. den geschützten ArbN. Es würde so einem sozial stärkeren ArbN gekündigt; die mit dem Austausch der ArbN verbundenen Lasten (Umschulung etc.) und Risiken (Vertragsänderung) hätte bis zur Grenze der Zumutbarkeit der ArbGeb zu tragen, der sie auch vertragl. (durch den Verzicht auf die ordentl. Kündigung) übernommen hat.

---

1 St. Rspr., BAG 15.6.1989 – 2 AZR 580/88, NZA 1990, 226; 29.3.1990 – 2 AZR 369/89, NZA 1991, 181; 17.9.1998 – 2 AZR 725/97, NZA 1998, 1332; 3.12.1998 – 2 AZR 341/98, BB 1999, 1847; aA *Löwisch/Spinner*, § 1 Rz. 352 f.; HK-KSchG/*Dorndorf*, § 1 Rz. 1043a. ||2 BAG 17.9.1998 – 2 AZR 725/97, NZA 1998, 1332 (st. Rspr.). ||3 BAG 18.10.2006 – 2 AZR 676/05, NZA 2007, 798; ähnlich KR/*Griebeling*, § 1 Rz. 622 (Vertrag zu Lasten Dritter). ||4 Ablehnend auch *Dathe*, NZA 2007, 1205 (1208). ||5 AA wohl BAG 3.6.2004 – 2 AZR 577/03, NZA 2005, 577. ||6 LAG Sa.-Anh. 11.1.2000 – 8 Sa 449/99, NZA-RR 2001, 81. ||7 Bei Altverträgen geht ergänzende Vertragsauslegung vor, vgl. LAG Hess. 31.10.2008 – 10 Sa 2096/06, DB 2009, 1242. ||8 IdS grds. wohl BGH 4.12.1997 – VII ZR 187/96, BB 1998, 915; 2.4.1998 – IX ZR79/97, MDR 1998, 759; dem folgend BAG 27.10.2005 – 8 AZR 3/05, BB 2006, 1003; offen gelassen für die Sozialauswahl aber in BAG 15.12.2005 – 6 AZR 199/05, NJW 2006, 1757 (Rz. 26). ||9 Ebenso *Dzida/Schramm*, BB 2007, 1221 (1224); aA *Repey*, BB 2009, 1245 (1247). ||10 BAG 17.2.2000 – 2 AZR 142/99, NZA 2000, 822; 17.9.1998 – 2 AZR 725/97, AP Nr. 36 zu § 1 KSchG 1996; vgl. auch BAG 11.9.1986 – 2 AZR 564/85, DB 1987, 1882 (Bauwerker/Baufacharbeiter). ||11 BAG 23.11.2004 – 2 AZR 38/04, NZA 2005, 986; zur Auslegung von Tätigkeitsangaben im Arbeitsvertrag s. BAG 2.3.2006 – 2 AZR 23/05, NJW 2006, 3514 (Reinigungskraft) und 31.5.2007 – 2 AZR 306/06, DB 2007, 2210 (Wirtschaftshilfe). ||12 Längere Überbrückungs-, Einarbeitungs-, Umschulungszeiten; organisatorische Umstrukturierungen zur Schaffung eines geeigneten, nicht aber eines zusätzlichen Arbeitsplatzes; keine Freikündigung und keine Beförderung, vgl. BAG 5.2.1998 – 2 AZR 227/97, NZA 1998, 771; 17.9.1998 – 2 AZR 419/97, NZA 1999, 258.

363 Unterschiedliche Arbeitszeiten können ein Problem für die Austauschbarkeit darstellen. Grds. fehlt diese, wenn den unterschiedlichen Arbeitszeiten eine **betriebliche Organisationsentscheidungen** zugrunde liegt, wonach bestimmten Tätigkeiten bestimmte Arbeitszeiten zugeordnet sind. Das gilt auch für die Auswahl zwischen Teilzeitbeschäftigten mit unterschiedlichen Arbeitszeiten[1]. Das unternehmerische Konzept ist nachvollziehbar darzulegen. Eine bloße Entscheidung für einen bestimmten Vertragsinhalt, die nicht auf dem betriebl. Bedarf gründet, genügt nicht[2]. Nach hM erfolgt eine Prüfung des Konzepts nur auf Willkür bzw. Rechtsmissbrauch (vgl. Rz. 266 ff.). Eine Änderung des Arbeitsvertrages des unmittelbar betroffenen ArbN, um seine Austauschbarkeit herzustellen, braucht der ArbGeb grds. nicht vorzunehmen[3]. Doch spricht der Rechtsgedanke der §§ 4, 8 u. 9 TzBfG dafür, bei vorheriger (vorbehaltloser) Bereitschaft der betroffenen ArbN zur **einvernehmlichen Anpassung** der Arbeitszeiten eine gemeinsame Sozialauswahl durchzuführen[4] (vgl. auch Rz. 360).

364 Will der ArbGeb lediglich das **Arbeitszeitvolumen** abbauen, stehen unterschiedliche Arbeitszeiten einer Vergleichbarkeit grds. nicht entgegen. Das Arbeitszeitvolumen ist grds. nach der Reihenfolge der Sozialauswahl abzubauen. Trifft etwa bei Wegfall einer ganzen Stelle die Sozialauswahl auf eine Teilzeitkraft, ist ihr ggü. eine Beendigungskündigung und im verbleibenden Volumen dem nächststärkeren ArbN eine Änderungskündigung auszusprechen[5]. Das Gleiche gilt bei Wegfall einer halben Stelle; trifft hier die Sozialauswahl eine Vollzeitkraft, ist ihr eine Änderungskündigung auszusprechen. Das gilt grds. auch bei vorbehaltloser Ablehnung des Änderungsangebotes. Der ArbGeb ist dann gehalten, eine Teilzeitkraft neu einzustellen[6]. Diese Grundsätze (Rz. 363, 364) gelten auch im öffentl. Dienst[7] und sind mit europäischem Recht vereinbar[8].

365 Keine Frage der Sozialauswahl stellt sich allerdings, wenn der ArbGeb quasi „**mit dem Rasenmäher**" die Arbeitszeiten sämtlicher vergleichbarer ArbN **gleichmäßig um ein bestimmtes Maß** reduziert (zB um 10 %)[9]. Bei entsprechendem Wegfall des Beschäftigungsbedarfs besteht hier für jede einzelne Kündigung ein dringendes betriebl. Erfordernis. Eine Auswahl findet nicht statt; Abs. 3 gelangt nicht zur Anwendung. Aus der Vorschrift folgt auch kein über ihren unmittelbaren Anwendungsbereich hinauswirkendes Prinzip, wonach sich ein Abbau des Personalbestandes stets nur nach den Kriterien der Sozialauswahl vollziehen dürfte[10]. Kürzt der ArbGeb die Arbeitszeit dagegen **ungleichmäßig**, etwa von zuvor unterschiedlichem Umfang auf ein einheitliches Maß, trifft er ggü. den einzelnen ArbN unterschiedliche Maßnahmen und wählt damit unweigerlich aus. Fehlt eine anzuerkennende betriebl. Organisationsentscheidung für das angestrebte einheitliche Arbeitszeitvolumen, kommt eine Abweichung von der Sozialauswahl gem. Abs. 3 S. 2 nur bei berechtigten betriebl. Interessen in Betracht; solche liegen nicht schon in dem bloßen – betriebl. nicht veranlassten – Wunsch nach einem bestimmten Arbeitszeitvolumen; der ArbGeb kann insb. nicht seine Vorstellungen von sozialer Gerechtigkeit an die Stelle von Abs. 3 setzen. Vgl. zur Frage der Arbeitszeit auch Rz. 264 u. 323 ff.

366 Ist danach zB bei **Wegfall einer halben Stelle** eine Sozialauswahl zwischen einer Ganztags- und einer Halbtagskraft (vormittags) durchzuführen und dabei eine **ganztägige Besetzung** der Stelle zu gewährleisten, müsste bei geringerer Schutzbedürftigkeit der Vollzeitkraft dieser eine Änderungskündigung für Halbtagstätigkeit am Nachmittag ausgesprochen werden. Müsste der ArbGeb bei vorbehaltloser Ablehnung einer solchen Tätigkeit befürchten, auch auf dem Arbeitsmarkt niemanden hierfür zu finden, dürfte ein berechtigtes betriebl. Bedürfnis gem. Abs. 3 S. 2 vorliegen, das die Weiterbeschäftigung der Vollzeitkraft bedingt. Kommt es dem ArbGeb nach seiner Organisationsentscheidung darauf an, **nur vormittags**, dann aber mit zwei Kräften gleichzeitig zu arbeiten, käme in der vorstehenden Konstellation unabhängig von der sozialen Schutzwürdigkeit nur eine Änderungskündigung ggü. der Vollzeitkraft in Betracht, da nur dort Nachmittagsarbeit abgebaut werden könnte. Ginge es etwa darum, vertrauliche Aufgaben nur einer Person zu übertragen, bliebe nur die Kündigung ggü. der Teilzeitkraft, auch wenn sie sozial schutzwürdiger wäre. Eine Änderung ihrer Arbeitszeit auf Vollzeit, um die Vergleichbarkeit mit der anderen Vollzeitkraft herzustellen, braucht der ArbGeb nicht vorzunehmen[11]; doch dürfte eine einvernehmliche Änderung im Vorhinein zulässig sein (str., vgl. Rz. 360).

367 **c) Die vier sozialen Gesichtspunkte und ihre Bewertung. aa) Allgemeines.** Gem. Abs. 3 S. 1 hat der ArbGeb bei der Auswahl der zu Kündigenden die Dauer der Betriebszugehörigkeit, das Lebensalter, die Unterhaltspflichten und die Schwerbehinderung des ArbN ausreichend zu berücksichtigen. Ande-

---

1 Für objektbezogene individuelle Arbeitszeiten in Reinigungsunternehmen bejaht von BAG 15.7.2004 – 2 AZR 376/03, NZA 2005, 523; verneint von BAG 22.4.2004 – 2 AZR 244/03, NZA 2004, 1389. ||2 BAG 12.8.1999 – 2 AZR 12/99, AP Nr. 44 zu § 1 KSchG 1969 Soziale Auswahl; 19.5.1993 – 2 AZR 584/92, AP Nr. 31 zu § 2 KSchG 1969; 18.2.2003 – 9 AZR 164/02, DB 2003, 2443 ff. fordert sogar eine Interessenabwägung. ||3 BAG 7.12.2006 – 2 AZR 748/05, NZA-RR 2007, 460; 3.12.1998 – 2 AZR 341/98 u. v. 12.8.1999 – 2 AZR 12/99, AP Nr. 39 u. 44 zu § 1 KSchG 1969 Soziale Auswahl. ||4 Insoweit zutr. LAG Hess. 14.7.1997 – 16 Sa 2411/96, DB 1998, 783. ||5 BAG 15.7.2004 – 2 AZR 376/03, NZA 2005, 523. ||6 BAG 3.12.1998 – 2 AZR 341/98 u. v. 12.8.1999 – 2 AZR 12/99, AP Nr. 39 u. Nr. 44 zu § 1 KSchG 1969 Soziale Auswahl. ||7 BAG 12.8.1999 – 2 AZR 12/99, BB 1999, 2509. ||8 EuGH 26.9.2000 – Rs. C-322/98, EuGHE I 2000 I, 7505. ||9 LAG Berlin 30.10.2003 – 16 Sa 1052/03, LAGReport 2004, 206. ||10 BAG 19.5.1993 – 2 AZR 584/92, NZA 1993, 1075. ||11 BAG 3.12.1998 – 2 AZR 341/98, BB 1999, 847; vgl. auch BAG 24.4.1997 – 2 AZR 352/96, BB 1997, 1950; 19.5.1993 – 2 AZR 584/92, NZA 1993, 1075 sowie v. 12.8.1999 – 2 AZR 12/99, BB 1999, 2509 (Streichung einer Halbtagsstelle im Haushaltsplan).

renfalls ist auch eine ansonsten betriebsbedingte Kündigung sozial ungerechtfertigt. Die **Begrenzung** der nach früherer Rechtslage zu berücksichtigenden „sozialen Gesichtspunkte" auf vier Grundkriterien erfolgte aus Gründen der Rechtssicherheit[1]. Damit folgt aus Abs. 3 weder ein Gebot noch die Notwendigkeit, bei der Auswahl des ArbN sonstige soziale Gesichtspunkte – gleich welcher Art – zu berücksichtigen. Die Rechtsfolge der Vorschrift tritt nur bei unzureichender Berücksichtigung der vier Grunddaten ein. Soweit nach der Begründung des Gesetzesentwurfs „die Beachtung unbilliger Härten im Einzelfall" nicht ausgeschlossen sein soll[2], macht ihre Missachtung nach dem insoweit eindeutigen Gesetzeswortlaut die Kündigung doch nicht sozialwidrig[3]. Zur Frage, ob sonstige soziale Gesichtspunkte berücksichtigt werden dürfen, ohne damit eine ausreichende Berücksichtigung der vier Grunddaten in Frage zu stellen, vgl. Rz. 381 ff.

Über die **Gewichtung der Grundkriterien** trifft das Gesetz nur die Aussage, dass alle vier ausreichend zu berücksichtigen sind. Damit ist keines allein ausschlaggebend, keines zu vernachlässigen. In der älteren Rspr. wurde der Betriebszugehörigkeit zumeist eine gewisse Priorität eingeräumt, weil sie auch bei der Bemessung der Höhe einer Abfindung gem. § 10 sowie bei der Dauer der Mindestkündigungsfristen gem. § 622 BGB ausschlaggebend ist[4]. Doch betreffen diese Normen das Austauschverhältnis zwischen ArbGeb und ArbN, während es in Abs. 3 S. 1 um die gerechte Lastenverteilung der ArbN untereinander geht. Für die Frage, welcher ArbN auf seinen Arbeitsplatz am ehesten verzichten kann, haben Lebensalter und Unterhaltspflichten wie auch Schwerbehinderung aber unabweisbare Bedeutung. Das BAG hat daher mit Recht festgestellt, dass der Betriebszugehörigkeit **keine Priorität** ggü. Lebensalter und Unterhaltspflichten zukomme[5]. Zugleich hat es abgelehnt, für die Gewichtung dieser drei Grundkriterien abstrakte Vorgaben zu machen; damit würde in den vom Gesetz bewusst eingeräumten Wertungsspielraum des ArbGeb eingegriffen[6]. Das gilt auch für die Schwerbehinderung. Neben der allg. Gewichtung der vier sozialen Gesichtspunkte hängt die Auswahl vor allem von dem **konkreten Ausmaß** ab, in dem sie jeweils verwirklicht sind. Ggü. einem 32-jährigen ledigen ArbN mit fünf Jahren Betriebszugehörigkeit kann ein 30-jähriger ArbN mit drei Jahren Betriebszugehörigkeit schutzbedürftiger sein, wenn er vier Kinder hat. Eine schematische Betrachtungsweise, wonach die Sozialauswahl stets den ArbN trifft, der zumindest in zwei von drei Regelkriterien weniger schutzwürdig ist, ist daher nicht stets gerechtfertigt. Zum Beurteilungsspielraum des ArbGeb vgl. Rz. 385 f.

Maßgeblich für die Sozialauswahl sind die **tatsächlichen Grunddaten** der ArbN. Unzureichend ist es, unbesehen die Daten der Personalakten oder LStKarten zugrunde zu legen. Es besteht eine **Erkundigungspflicht**; an die darauf erteilten Auskünfte sind die ArbN gebunden (vgl. Rz. 377, 379). Der **Datenschutz** steht der für eine Sozialauswahl erforderlichen Erhebung und Verarbeitung von Sozialdaten nicht entgegen. Es handelt sich durchweg um Daten, die im Rahmen der Zweckbestimmung des ArbVerh erhoben werden, § 28 I 1 Nr. 1 BDSG[7]. Auch die Frage nach einer Schwerbehinderung ist im bestehenden ArbVerh, jedenfalls nach sechs Monaten mit Erwerb des Schutzes gem. §§ 85 ff. SGB IX, zulässig; ihre wahrheitswidrige Beantwortung kann den Schutz verwirken[8]. Die Sozialdaten müssen **objektiv bestehen**. Sie können mit einzelnen ArbN grds. nicht zu Lasten der übrigen „vereinbart" werden (etwa eine längere Betriebszugehörigkeit, höheres Lebensalter oder mehr Unterhaltspflichten als tatsächlich gegeben). Die Tatsache der Vereinbarung ist kein sozialer Gesichtspunkt, die höhere Schutzbedürftigkeit existiert in Wirklichkeit nicht. Eine solche Vereinbarung kann zwar im Individualverhältnis zwischen ArbGeb und ArbN Auswirkungen haben, etwa zur Abkürzung der Wartezeit des § 1 oder zur Erlangung einer tarifl. geregelten Unkündbarkeit, nicht aber ohne weiteres im Verhältnis zu den übrigen ArbN. Zu den Ausnahmen vgl. Rz. 371 aE. **Maßgeblicher Zeitpunkt** für die Feststellung der Daten ist der des Zugangs der Kündigung, wobei auch Umstände zu berücksichtigen sind, die erst bei Ablauf der Kündigungsfrist oder sogar danach eintreten werden, sofern ihr Eintritt bereits hinreichend sicher feststeht[9].

Das Gesetz verlangt vom ArbGeb nur eine **„ausreichende" Berücksichtigung** der vier sozialen Gesichtspunkte (Abs. 3 S. 1) und eröffnet dem ArbGeb damit einen Beurteilungsspielraum (vgl. Rz. 385 f.). Ist das Verhältnis der Auswahlgesichtspunkte zueinander in einem TV oder einer BV (bzw. DV) festgelegt, kann diese Bewertung gem. Abs. 4 nur auf grobe Fehlerhaftigkeit überprüft werden (vgl. Rz. 412 ff.). Weiter gehende Beschränkungen der Überprüfbarkeit bestehen bei einem Interessenausgleich mit Namensliste gem. Abs. 5 (vgl. Rz. 429) sowie in der Insolvenz gem. §§ 125 f. InsO. Zu beachten sind schließlich ohne Beurteilungsspielraum spezialgesetzl. **Benachteiligungsverbote** in § 2 II ArbPlSchG, § 78 I Nr. 1 ZDG, § 2 II EignungsÜbG, §§ 9 II, 13 III ZivilSchG, § 4 I TzBfG und die Diskriminierungsverbote des AGG.

---

1 Vgl. Begr. des Gesetzentwurfs der Fraktionen SPD und BÜNDNIS 90/DIE GRÜNEN v. 24.6.2003, BT-Drs. 15/1204, 15; Entwurf und Begr. sind wortgleich mit dem RegE v. 18.6.2003, BR-Drs. 421/03. ||2 Begr. RegE, BR-Drs. 421/03, 15. ||3 *Löwisch*, NZA 2003, 689 (691); *Quecke*, RdA 2004, 86 (87). ||4 BAG 24.3.1983 – 2 AZR 21/82, BB 1983, 1665; 18.10.1984 – 2 AZR 543/83, BB 1985, 1263; 18.1.1990 – 2 AZR 357/89, NZA 1990, 729. ||5 BAG 2.12.1999 – 2 AZR 757/98, AP Nr. 45 zu § 1 KSchG 1969 Soziale Auswahl (zum KSchG 1996); bestätigt auch für die nachfolgende Gesetzesfassung durch BAG 5.12.2002 – 2 AZR 549/01, NZA 2003, 791 ff. ||6 BAG 5.12.2002 – 2 AZR 549/01, NZA 2003, 791 ff. ||7 BAG 24.3.1983 – 2 AZR 21/82, BB 1983, 2057 (*Berkowsky*). ||8 BAG 16.2.1012 – 6 AZR 553/10, NZA 2012, 555. ||9 Vgl. etwa BAG 27.11.2003 – 2 AZR 48/03, NZA 2004, 477.

371   **bb) Betriebszugehörigkeit.** Nach ihrer Dauer bemisst sich die erbrachte Betriebstreue, woraus eine **gesteigerte Bindung** der Vertragsparteien folgt[1]. Deren Berücksichtigung in einer Auswahlkonkurrenz ist gerechtfertigt (als „besseres" Recht). Mit der Dauer der Betriebszugehörigkeit steigt zudem idR auch unabhängig davon sowie vom Lebensalter die Schutzwürdigkeit des ArbN[2]. Diese Gesichtspunkte rechtfertigen die mit der Einbeziehung der Betriebszugehörigkeit verbundene mittelbar unterschiedliche Betroffenheit nach dem Lebensalter, so dass eine mittelbare Altersdiskriminierung gem. § 3 II AGG (vgl. Vor § 1 Rz. 16) schon tatbestandlich ausscheidet. Sie bieten zudem eine ausreichende Legitimation iSv. § 10 S. 3 AGG. Bei ausreichender Berücksichtigung der weiteren Auswahlkriterien erscheint eine linear ansteigende Bewertung als Mittel zur Einbeziehung dieser Gesichtspunkte als angemessen und erforderlich. Die Betriebszugehörigkeit genießt aber ggü. den beiden anderen Kriterien der Sozialauswahl keine Priorität (Rz. 368). Betriebszugehörigkeit ist die Zeit des **rechtl. ununterbrochenen Bestandes** des ArbVerh, gleich in welchem Betrieb des ArbGeb sie zurückgelegt wurde. Ihre Dauer kann wirksam grds. nur im Verhältnis zum ArbGeb (vgl. Rz. 18), nicht aber im Hinblick auf die Sozialauswahl zu Lasten anderer ArbN „frei vereinbart" werden[3] (vgl. Rz. 369). Die Anrechnung von **Vorbeschäftigungszeiten** mit Wirkung für die Sozialauswahl ist dagegen zulässig und hält sich im Wertungsspielraum einer „ausreichenden" Sozialauswahl, wenn sie willkürfrei aus sachlichem Grund erfolgt[4]. IÜ gelten dieselben Grundsätze wie bei der Berechnung der Wartezeit gem. Abs. 1 (vgl. Rz. 11 ff. u. 14 ff.). Die Beschäftigungszeit iSd. § 19 BAT ist daher bspw. nicht mit der Dauer der Betriebszugehörigkeit als Sozialdatum gleichzusetzen[5]. Das wird auch für die Beschäftigungszeit iSv. § 34 III TVöD bzw. TV-L gelten.

372   **cc) Lebensalter.** Es hat als soziales Kriterium ambivalente Bedeutung[6]. **Arbeits- und Erwerbsfähigkeit** werden vom Alter beeinflusst. Der Arbeitsmarkt spiegelt das wider. Die Chancen der 45-jährigen und älteren ArbN sinken im Allg. stark[7]. Auch sind Menschen dieses Alters idR weniger flexibel als jüngere. Das wird sowohl unmittelbar für die Fähigkeiten gelten, neue berufl. Herausforderungen zu meistern, als auch im Hinblick darauf, dass nach der Lebenserfahrung mit fortschreitendem Lebensalter zunehmend Entscheidungen getroffen werden, die zu einer „Verwurzelung" führen und sich nur noch mit größerem Aufwand abändern lassen. Die soziale Schutzbedürftigkeit eines höheren Lebensalters findet demgemäß in vielen Gesetzen ihren Niederschlag (§ 147 SGB III, § 75 I 2 BetrVG, § 10 II KSchG). Sie dürfte im Rahmen der Sozialauswahl bei Erreichen der **regulären Altersrente** entfallen[8], was aber die Schutzbedürftigkeit in Bezug auf die weiteren Kriterien des Abs. 4 unberührt lässt[9]. Abs. 3 S. 1 erlaubt wegen der gebotenen typisierenden Betrachtung eine kontinuierlich linear ansteigende Bewertung des ansteigenden Alters[10]. Doch dürfte auch eine abweichende Bewertung zulässig sein[11]. Bei hoher struktureller Arbeitslosigkeit wird die Schutzwürdigkeit eines höheren Lebensalters allerdings schon mit der Annäherung an das Rentenalter sinken[12]. Nach Wegfall des § 41 IV 2 SGB VI aF dürfte dies auch für das vorgezogene Altersruhegeld gelten[13]. Dagegen darf die Möglichkeit zur Inanspruchnahme von ATZ-Arbeit gem. § 8 I ATZG bei der Sozialauswahl nicht zum Nachteil des ArbN bewertet werden[14]. Eine Bewertung des Lebensalters als Auswahlkriterium erscheint auch als sachgerecht, wenn ihm etwa bis zum 35. LJ nur leicht, dann aber bis etwa zum 53. LJ stärker ansteigende und anschließend wieder sinkende[15], jedenfalls nicht weiter steigende Bedeutung beigemessen wird. Eine Bewertung des ansteigenden Lebensalters in der Weise, dass es in fast allen Fällen ggü. den anderen Kriterien nicht mehr ins Gewicht fällt, genügt in keinem Fall[16].

373   Die Berücksichtigung des Lebensalters stellt eine an das Alter anknüpfende unterschiedliche Behandlung iSd. **AGG** und der **RL 2000/78/EG** dar (vgl. zur Geltung für das Kündigungsrecht Vor § 1 Rz. 16). Sie ist jedoch gerechtfertigt, da sie ältere ArbN schützt, die wegen ihres Alters typischerweise schlechtere Chancen auf dem Arbeitsmarkt haben. Damit verfolgt sie ein legitimes Ziel iSv. § 10 S. 1, 2 AGG (Art. 6 I RL 2000/78/EG) und setzt hierzu angemessene und erforderliche Mittel ein. Das gilt wegen der gebotenen typisierenden Betrachtung auch für eine linear ansteigende Berücksichtigung[17]. Dem Lebensalter sollte aber kein Vorrang ggü. den anderen Kriterien zukommen und eine klar erkennbar anders gelagerte Schutzwürdigkeit des Alters im Einzelfall berücksichtigt werden.

374   **dd) Unterhaltspflichten.** Sie zählen zu den unverzichtbaren Gesichtspunkten der Sozialauswahl. Das ArbVerh ist typischerweise **wirtschaftl. Grundlage** des Lebensunterhalts des ArbN wie seiner unter-

---

1 Vgl. auch BVerfG 27.1.1998 – 1 BvL 15/87, BB 1998, 1058. ||2 *Brors*, AuR 2005, 41 (43). ||3 Ebenso LAG Hamm 27.5.2002 – 8 Sa 134/02, nv.; offen gelassen in BAG 11.12.2003 – 2 AZR 536/02, AiB 2005, 55. ||4 BAG 2.6. 2005 – 2 AZR 480/04, NJW 2006, 315 (in Prozessvergleich anerkannte Vorbeschäftigungszeiten); LAG Köln 17.9. 1998 – 10 Sa 631/98, nv. (vereinbarte Vorbeschäftigungszeiten aus konzernzugehörigem Unternehmen); krit. *Dathe*, NZA 2007, 1205. ||5 BAG 6.2.2003 – 2 AZR 623/01, ZTR 2003, 507 f. ||6 BAG 8.8.1985 – 2 AZR 464/84, DB 1986, 1577. ||7 BVerfG 27.1.1998 – 1 BvL 15/87, BB 1998, 1058. ||8 *Löwisch/Spinner*, § 1 Rz. 368. ||9 LAG Düss. 21.1.2004 – 12 Sa 1188/03, LAGReport 2004, 130; ArbG Paderborn 22.3.2006 – 3 Ca 1947/05, AE 2007, 65. ||10 BAG 6.11.2008 – 2 AZR 523/07, NZA 2009, 361. ||11 AA LAG Düss. 13.7.2005 – 12 Sa 616/05, AuR 2006, 69. ||12 BAG auch BAG 18.1.1990 – 2 AZR 357/89, NZA 1990, 727 u. *Lingemann/Beck*, NZA 2009, 577 (578). ||13 Str., wie hier HK-KSchG/*Dorndorf*, § 1 Rz. 1983; aA *Löwisch/Spinner*, § 1 Rz. 368. ||14 Vgl. hierzu *Stück*, NZA 2000, 749. ||15 LAG Nds. 23.5.2005 – 5 Sa 198/05, MDR 2005, 1176; aA LAG Düss. 13.7.2005 – 12 Sa 616/05, AuR 2006, 69. ||16 Nicht einmal für eine Auswahlrichtlinie, BAG 18.10.2006 – 2 AZR 473/05, DB 2007, 922. ||17 BAG 6.11.2008 – 2 AZR 523/07, NZA 2009, 361; 15.12.2011 – 2 AZR 42/10, DB 2012, 1445.

haltsberechtigten Angehörigen. Eine nachrangige Berücksichtigung der Unterhaltspflichten hinter der Betriebszugehörigkeit und dem Lebensalter lässt sich nicht daraus ableiten, dass die Unterhaltspflichten in § 622 II BGB und § 10 II im Gegensatz zu den anderen Kriterien nicht angeführt sind. Dort geht es um das individuelle Austauschverhältnis zwischen ArbGeb und ArbN, bei der sozialen Auswahl dagegen in erster Linie um das Verhältnis der ArbN untereinander. Hier hat die Zahl der von einem Arbeitseinkommen auf Grund gesetzl. Unterhaltspflicht abhängigen Personen unbezweifelbares Gewicht[1] (vgl. auch Rz. 368). Die Berücksichtigung von Unterhaltspflichten führt nicht etwa wegen einer typischerweise unterschiedlichen Betroffenheit nach dem Lebensalter zu einer mittelbaren Altersdiskriminierung, da sie jedenfalls iSv. § 3 II AGG (Art. 2 II a i RL 2000/78/EG) einem rechtmäßigen Ziel in angemessener und erforderlicher Weise dient (vgl. zur Anwendung von AGG und RL Vor § 1 Rz. 16).

Es kommt nur auf **gesetzl. Unterhaltspflichten** an. Solche bestehen ggü. Ehegatten, Kindern und bedürftigen Eltern sowie ggü. Partnern nach dem LPartG[2], nicht aber in nur faktischen Lebensgemeinschaften oder bloßen Bedarfsgemeinschaften iSv. § 9 II SGB II. Die Unterhaltspflicht muss bei Ausspruch der Kündigung bestehen oder sicher entstehen sein. Ob der ArbN ihr tatsächlich nachkommt, ist unerheblich[3]. Dem Gesetzeszweck entspricht es, grds. auf die **konkrete Belastung** eines ArbN durch Unterhaltspflichten abzustellen, dh. eigene Einkünfte der unterhaltsberechtigten Angehörigen mindernd zu berücksichtigen (§§ 1316ff., 1569ff. und 1601ff. BGB) und nicht lediglich auf deren Kopfzahl abzustellen[4]. Art. 6 GG wird dadurch nicht verletzt[5]. Die darin liegende faktische Diskriminierung verheirateter Frauen, die weitaus häufiger als verheiratete Männer **Doppelverdienerinnen** sind, ist wegen der objektiven Unterschiede in der gesetzl. Unterhaltsbelastung sachlich gerechtfertigt[6]. Doch dürfte hier die Datenerhebung und ihre Bewertung außerordentl. unpraktikabel sein. In jüngerer Zeit hat es das BAG daher abgelehnt, dem ArbGeb für die Berücksichtigung eines Doppelverdienstes abstrakte Vorgaben zu machen[7]. Dagegen ist ein auf dem Einkommen des Ehegatten gründender **eigener Unterhaltsanspruch** des ArbN über die Neutralisierung seiner Unterhaltspflicht hinaus nicht nachteilig zu berücksichtigen (s. Rz. 383). 375

Unterhaltsleistungen **außerhalb gesetzl. Verpflichtung** brauchen nicht berücksichtigt zu werden. Sie hatten nach früherer Rechtslage allenfalls stark abgeschwächt und auch nur unter ganz besonderen Umständen Bedeutung, etwa bei gesteigerter sittlicher Verpflichtung[8]. Ihre weitere Einbeziehung in die Sozialauswahl stünde dem Zweck der Neuregelung, die Sozialauswahl für den ArbGeb rechtssicherer und berechenbarer zu machen[9], entgegen. Aus dem gleichen Grund wird auch eine Differenzierung der Unterhaltspflichten in „normale" und gesteigerte, etwa wegen besonderer **Pflegebedürftigkeit** des Angehörigen, nicht gefordert. Eine Pflicht zu derart differenzierter Bewertung der drei Grundkriterien widerspräche dem auf Vereinfachung zielenden Gesetzeszweck[10]. Die Möglichkeit dazu ist andererseits aber auch nicht ausgeschlossen (vgl. Rz. 382). 376

Für den ArbGeb besteht eine **Erkundigungspflicht** in Bezug auf die **Unterhaltspflichten**. Er kann sich nicht auf die Personalakten oder gar die begrenzten Informationen der LStKarte verlassen[11]. Die LStKarte gibt nur grob unvollständige Auskunft zu einem Verdienst des Ehepartners; die Anzahl der Kinder ist nicht bei jeder Steuerklasse aus der Karte zu ersehen. Maßgeblich sind die tatsächlichen Verhältnisse. Zwar trägt grds. der ArbN die Verantwortung für die Unterrichtung des ArbGeb über seine Personalien[12]. Eine allg. Meldepflicht zu den Sozialdaten widerspräche aber dem Persönlichkeitsschutz. Der ArbGeb muss sich daher aus Anlass der ihm obliegenden Sozialauswahl über die relevanten Gesichtspunkte bei den ArbN Gewissheit verschaffen. Sonst ginge die Sozialauswahl an der Realität vorbei. Die ArbN sind sodann an ihre Auskünfte gebunden[13]. 377

ee) **Schwerbehinderung.** Sie ist gem. Abs. 3 S. 1 als zusätzlicher sozialer Gesichtspunkt **zwingend** zu berücksichtigen. Das gilt nach hM für Gleichgestellte nach § 68 III SGB IX entsprechend[14]. Trotz obligatorischer Berücksichtigung der Schwerbehinderung als Pflichtkriterium besteht für den ArbGeb 378

---

1 BAG 24.3.1983 – 2 AZR 21/82, NJW 1984, 78; 18.10.1984 – 2 AZR 543/83, NZA 1985, 423; 18.1.1990 – 2 AZR 357/89, NZA 1990, 729 (der Heranziehung von Art. 6 I GG bedarf es wohl nicht).   ‖2 *Powietzka*, BB 2002, 146.   ‖3 *Fischermeier*, NZA 1997, 1089 (1094).   ‖4 BAG 8.8.1985 – 2 AZR 464/84, NZA 1986, 679; 24.3.1983 – 2 AZR 21/82, NJW 1984, 78; *v. Hoyningen-Huene/Linck*, DB 1997, 41 (42); *Bader*, NZA 1996, 1125 (1128); aA *Fischermeier*, NZA 1997, 1089 (1094), der eigene Einkünfte eines Unterhaltsberechtigten bei der Feststellung von Unterhaltspflichten unberücksichtigt lassen und auf die gesetzl. bestehende Pflicht abstellen will.   ‖5 LAG Düss. 4.11.2004 – 11 Sa 957/04, DB 2005, 454; offen gelassen in BAG 5.12.2002 – 2 AZR 549/01, NZA 2003, 791.   ‖6 Vgl. HK-KSchG/*Dorndorf*, § 1 Rz. 1076; *Linck*, Die soziale Auswahl bei betriebsbedingter Kündigung, 1990, S. 94f.; *Bütefisch*, Die Sozialauswahl, 2000, S. 228f.   ‖7 BAG 5.12.2002 – 2 AZR 549/01, NZA 2003, 791.   ‖8 LAG Köln 7.4.1995 – 13 Sa 1258/94, LAGE § 1 KSchG Betriebsbedingte Kündigung Nr. 33 (Unterhaltsleistungen an ein Stiefkind).   ‖9 Vgl. Begr. RegE, BR-Drs. 421/03, 14f.   ‖10 *Thüsing/Stelljes*, BB 2003, 1673 (1674); *Fischermeier*, NZA 1997, 1089 (1094); aA *v. Hoyningen-Huene/Linck*, DB 1997, 41 (42).   ‖11 So Begr. RegE, BR-Drs. 421/03, 14; hM, LAG Hamm 29.3.1985 – 2 Sa 560/85, LAGE § 1 KSchG Soziale Auswahl Nr. 1; *Gaul/Lunk*, NZA 2004, 184 (187); APS/*Kiel*, § 1 Rz. 734ff.; aA *Fischermeier*, NZA 1997, 1089 (1094); BAG 17.1. 2008 – 2 AZR 405/06, DB 2008, 1688: „wichtiger Anhaltspunkt"; dagegen soll Eintrag in der LStK grds. ausreichen, wenn dies in einem Interessenausgleich mit Namensliste nach § 125 InsO vereinbart ist, BAG 28.6.2012 – 6 AZR 682/10, NZA 2012, 1090.   ‖12 BAG 6.7.2006 – 2 AZR 520/05, NZA 2007, 139.   ‖13 HK-KSchG/*Dorndorf*, § 1 Rz. 1074.   ‖14 HM, *Löwisch*, BB 2004, 154f.; *Quecke*, RdA 2004, 86 (87f.); *Lunk*, NZA 2005, 43.

keine **Verpflichtung zur Einbeziehung** des schwerbehinderten ArbN in die Kündigungsauswahl (vgl. Rz. 342). Die Einbeziehung der Schwerbehinderung in die Auswahlkriterien durch die Neufassung des Abs. 3 sollte den schon zuvor bestehenden erhöhten Schutz[1] nicht zu ihrem Nachteil ändern. Die Einbeziehung schwerbehinderter ArbN in die Sozialauswahl wird daher weiterhin die Ausnahme bleiben. Der Schutz stellt trotz der typischerweise höheren Betroffenheit älterer ArbN keine mittelbare Diskriminierung iSv. § 3 II AGG dar, da er durch ein rechtmäßiges Ziel sachlich gerechtfertigt ist (Behinderungsausgleich) und hierfür ein angemessenes und erforderliches Mittel darstellt.

379 Für die **Gleichstellung** ist die behördl. Anerkennung gem. § 68 III SGB IX konstitutiv; sie muss daher bei Zugang der Kündigung vorliegen. Die Fiktion ihrer Rückwirkung gem. § 68 II 2 SGB IX dürfte die Sozialauswahl nicht nachträglich fehlerhaft machen[2]. Bei der Schwerbehinderung kommt es gem. § 2 II SGB IX auf deren objektives Bestehen an; sie bedarf (anders als für den Sonderkündigungsschutz der §§ 85 ff. SGB IX, vgl. § 90 Abs. 2a SGB IX) grds. weder ihrer Anerkennung noch deren Beantragung gem. § 69 SGB IX. Ist die **Schwerbehinderung aber weder anerkannt noch offenkundig**, kann der ArbGeb sie bei der Sozialauswahl nicht – auch nicht vorsorglich – berücksichtigen; ihm kann angesichts besonderer dringender betriebl. Erfordernisse für die Kündigung nicht zugemutet werden, den ungewissen Ausgang eines Anerkennungsverfahrens abzuwarten oder die schwebende Unwirksamkeit seiner Kündigung allein wegen der Ungeklärtheit eines Auswahlgesichtspunktes hinzunehmen[3]. Kündigt der ArbGeb daher nach vorsorglich eingeholter Zustimmung des Integrationsamts, kann er eine zwar zur Feststellung beantragte, aber noch nicht anerkannte und auch nicht offenkundige Schwerbehinderung bei der Sozialauswahl nicht berücksichtigen, ohne sich der Gefahr eines Auswahlfehlers auszusetzen. Hat der ArbGeb von der Schwerbehinderung und der Antragstellung keine Kenntnis, steht dem ArbN der Sonderkündigungsschutz dennoch zu, sofern er sich rechtzeitig darauf beruft (vgl. näher § 85 SGB IX Rz. 22). Den ArbGeb trifft daher im Rahmen der Sozialauswahl eine **Erkundigungsobliegenheit** nach bestehender Schwerbehinderung bzw. Gleichstellung (wie bei den Unterhaltspflichten, vgl. Rz. 377)[4]. Zur Zulässigkeit der Frage nach der Schwerbehinderung und den Folgen einer wahrheitswidrigen Beantwortung vgl. Rz. 369. Die Kenntnis des Betriebsveräußerers ist dem Erwerber zuzurechnen[5].

380 Für die abstrakte **Gewichtung der Schwerbehinderung** im Verhältnis zu den übrigen Sozialdaten gibt es keine Vorgaben (vgl. Rz. 368 u. 385). Bei der konkreten Gewichtung kommt eine Differenzierung nach ihrem Grad in Betracht (zwischen 50 und 100). Darüber hinaus soll es nach der Rspr. darauf ankommen, in welchem Maß die Arbeitsmarktchancen des ArbN durch die Schwerbehinderung beeinträchtigt sind[6]. In den **ersten sechs Monaten** des ArbVerh besteht für den schwerbehinderten ArbN weder der Sonderkündigungsschutz (§ 90 I Nr. 1 SGB IX) noch der allg. Kündigungsschutz (Abs. 1); eine Sozialauswahl entfällt, dem ArbN ist vorab vor den übrigen vergleichbaren ArbN zu kündigen (vgl. Rz. 339).

381 **ff) Sonstige Kriterien?** Abs. 3 verpflichtet den ArbGeb bei der Sozialauswahl auf die vier Grunddaten; das Gesetz enthält aber **keinen Ausschluss** zusätzlicher sozialer Gesichtspunkte, solange die vier Grundkriterien ausreichend berücksichtigt bleiben[7]. Ob Letzteres zutrifft, kann verlässlich kaum bestimmt werden. Die Gesetzesbegründung formuliert daher vorsichtig, dass die Beschränkung auf die obligatorischen Grunddaten „die Beachtung unbilliger Härten im Einzelfall nicht ausschließt"[8]. Dabei könne es nur um Tatsachen gehen, die „in einem unmittelbaren spezifischen Zusammenhang mit den Grunddaten stehen (...) oder sich aus solchen betriebl. Gegebenheiten herleiten, die evident einsichtig sind"[9]. So sollen etwa eine Berufskrankheit oder ein unverschuldeter Arbeitsunfall berücksichtigungsfähig sein[10]. Die – gesetzl. nicht gebotene – Auswahl nach zusätzlichen sozialen Gesichtspunkten birgt die Gefahr, dass die nach dem Gesetz allein maßgeblichen vier Grundkriterien auch unter Beachtung des dem ArbGeb zustehenden **Beurteilungsspielraums** (vgl. Rz. 385) nicht mehr ausreichend berücksichtigt werden. Zu der bis zum 31.12.2003 geltenden Gesetzesfassung hatte sich bereits eine zunehmende Tendenz zur Begrenzung sozialer Auswahlkriterien auf solche mit konkretem Bezug zum ArbVerh herausgebildet[11]. Nach der Neuregelung ist für zusätzliche Gesichtspunkte erst recht auf einen unmittelbaren und sozialtypischen Bezug zum ArbVerh als wirtschaftl. und sozialer Existenzgrundlage des ArbN zu achten. Zudem kommt allenfalls eine Ergänzung im Rahmen der Gewichtung der Grunddaten aus Abs. 3 in Betracht, soweit die ergänzenden Faktoren einen unmittelbaren Bezug zu diesen Grunddaten haben[12]. Wählt der ArbGeb nach zusätzlichen Kriterien aus, tritt Selbstbindung ein und

---

1 BAG 24.3.1983 – 2 AZR 21/82, NJW 1984, 78; *Bütefisch*, Die Sozialauswahl, 2000, S. 248 ff. mwN; zum KSchG 1996 vgl. *Düwell*, DB 2003, 1574 f. ||2 *Löwisch*, BB 2004, 154 (155); *Bauer/Powietzka*, NZA 2004, 505 (508). ||3 Anders als im Individualschutz nach §§ 85 ff. SGB IX scheidet hier ein vorsorgliches Verfahren aus; das verkennen *Bauer/Powietzka*, NZA 2004, 505 (509); wie hier *Lunk*, NZA 2005, 41 (44) u. *Osterheider*, FA 2004, 171 (173). ||4 Ebenso APS/*Kiel*, § 1 Rz. 735 f.; aA KR/*Griebeling*, § 1 Rz. 678a; *Lunk*, NZA-Beil. 1/2005, 41 (44). ||5 BAG 11.12.2008 – 2 AZR 395/07, NZA 2009, 556. ||6 BAG 24.3.1983 – 2 AZR 21/82, NJW 1984, 78. ||7 *Löwisch*, NZA 2003, 689 (691); *Willemsen/Annuß*, NJW 2004, 177 f.; *Quecke*, RdA 2004, 86 (88); *Fischermeier*, NZA 1997, 1089 (1094), zum KSchG 1996. ||8 Begr. RegE, BR-Drs. 421/03, 15. ||9 Begr. RegE, BR-Drs. 421/03, 15. ||10 Vgl. Begr. RegE, BR-Drs. 421/03, 15. ||11 *Preis*, RdA 1999, 311 ff. ||12 BAG 12.8.2010 – 2 AZR 945/08, DB 2011, 597.

alle ArbN können sich darauf berufen. Zur Berücksichtigung der **Gründe für den Widerspruch** eines ArbN gegen einen Teilbetriebsübergang nach § 613a BGB im Rahmen der Sozialauswahl vgl. Rz. 338.

Dauerhafte **Gesundheitsbeeinträchtigungen** stehen in einem sozialtypischen Zusammenhang mit dem ArbVerh. Sie können in der Sozialauswahl zu Gunsten eines ArbN bewertet werden, wenn sie die Erwerbschancen mindern oder im betroffenen ArbVerh erlitten wurden[1]. Eine Kündigung in der Mutterschutz-, Eltern- oder Pflegezeit bedarf gem. § 9 MuSchG, § 18 BEEG, § 5 PflegeZG der vorherigen Zustimmung der zuständigen Behörde; zu deren Einholung und damit zur Einbeziehung in die Sozialauswahl ist der ArbGeb nicht verpflichtet[2]. Liegt die erforderl. Zustimmung vor, so bildet die Schwangerschaft einen zusätzlich zu berücksichtigenden sozialen Gesichtspunkt in der Sozialauswahl (Art. 6 IV GG)[3]. Krankheit oder Pflegebedürftigkeit eines nicht unterhaltsberechtigten Angehörigen sollen dagegen nicht zu berücksichtigen sein[4]. 382

Der **eigene Unterhaltsanspruch des ArbN** gegen seinen (mit)verdienenden Ehegatten kann über die Neutralisierung seiner Unterhaltspflicht ggü. diesem Ehegatten hinaus (vgl. Rz. 375) nicht zu Lasten des ArbN im Vergleich mit einem alleinverdienenden Kollegen berücksichtigt werden. Eine Pflicht dazu bestand schon nach der vorausgegangenen Fassung des Gesetzes nicht und verstieße gegen Art. 6 GG[5]. Der Unterhaltsanspruch gründet sich auf (veränderliche) Umstände aus dem privaten Umfeld des ArbN, die weder mit dem ArbVerh noch mit der Person des ArbN in einem untrennbaren Zusammenhang stehen[6]. Nach Abs. 3 S. 1 sind ohnehin nur Unterhaltspflichten, nicht auch Ansprüche gegen Dritte zu berücksichtigen. Das Gleiche gilt für Unterhaltsansprüche gegen Eltern. Ebenso bleiben **private Umstände** wie Vermögen, Mieteinkünfte, Erbschaften, Lottogewinn oder Schulden außer Betracht. Ihre Berücksichtigung würde die Sozialauswahl mit praktisch kaum beherrschbaren Risiken belasten und ist auch nicht ihre Aufgabe[7]. Es fehlt an dem sozialtypischen Bezug zum ArbVerh. Auch die Belastung eines ArbN mit Grundschulden auf seinem selbstgenutzten Heim kann keine Beachtung finden. Solche Belastungen drücken sich zT schon in den Unterhaltspflichten aus; soweit sie darüber hinausgehen, sind sie der privaten Lebensgestaltung zuzuordnen. 383

Die allg. **Chancen auf dem Arbeitsmarkt** sind als Auswahlkriterium problematisch. Grds. besteht ein Sozialbezug zum ArbVerh[8]. Da vergleichbare ArbN im Allg. derselben Berufsgruppe angehören werden, unterscheiden sich ihre Chancen insoweit schon kaum. Ein Altersunterschied ist beim Lebensalter berücksichtigt. Zur Bewertung von Gesundheitsbeeinträchtigungen und ähnlichen Beschränkungen vgl. Rz. 382. Sonstige Aspekte der Vermittelbarkeit müssen, soweit sie nicht ausnahmsw. Bezug zum ArbVerh haben, außer Betracht bleiben. Aspekte aus der **Interessenssphäre des ArbGeb** (zB leistungs-, verhaltens- oder personenbedingte Gesichtspunkte) scheiden als zusätzliche soziale Gesichtspunkte aus; zu berechtigten betriebl. Interessen, die gem. Abs. 3 S. 2 zur Abweichung von der Sozialauswahl berechtigen können, vgl. Rz. 391 ff. 384

gg) Beurteilungsspielraum. Wegen fehlerhafter Sozialauswahl ist die betriebsbedingte Kündigung nur dann sozial ungerechtfertigt, wenn der ArbGeb bei der Auswahl des ArbN die aufgezählten sozialen Gesichtspunkte „**nicht oder nicht ausreichend**" berücksichtigt hat. Damit gesteht das Gesetz dem ArbGeb einen Beurteilungsspielraum zu[9], den die Rspr. nicht mit abstrakten Vorgaben beschränkt[10]. Es wird genügen, wenn der ArbGeb jeden der vier Auswahlgesichtspunkte in so beachtlichem Umfang berücksichtigt, dass er in der Gesamtbewertung zum Tragen kommt und nicht „untergeht". Dabei darf er „Akzente setzen"[11]. Der Beurteilungsspielraum des ArbGeb erlaubt es, neben den vier Grunddaten **sonstige soziale Gesichtspunkte** für die Auswahl heranzuziehen. Dabei darf aber eine ausreichende Berücksichtigung der vier Grunddaten nicht verloren gehen. Vgl. näher Rz. 381 ff. Die Ausnutzung des Beurteilungsspielraums in Verfolgung **diskriminierender Ziele** iSd. AGG bzw. der zugrunde liegenden EG-Richtlinien führt zu weniger günstiger Behandlung von bestimmten ArbN aus einem verpönten Grund. Knüpft diese dem Anschein nach an neutrale Kriterien an (etwa: um möglichst viele – idR kinderreiche – Ausländer zu treffen, werden die Unterhaltspflichten besonders gering bewertet), liegt darin eine (zumindest) mittelbare Diskriminierung iSd. § 3 II AGG, für die eine Rechtfertigung fehlt[12]. Das bloße Bestehen eines Beurteilungsspielraums und dessen Einhaltung bieten für die diskriminierende Ausrichtung der Auswahl keine Rechtfertigung. Bei der gebotenen europarechtskonformen Auslegung des Abs. 3 S. 1 (vgl. Vor § 1 Rz. 16) überschreitet eine solche Auswahl daher den Beurteilungsspielraum des 385

---

1 BAG 24.3.1983 – 2 AZR 21/82, DB 1983, 1822; 18.1.1990 – 2 AZR 357/89, NZA 1990, 730. ‖ 2 HK-KSchG/*Dorndorf*, § 1 Rz. 1053; *Preis* in Stahlhacke/Preis/Vossen, Rz. 1064; KR/*Griebeling*, § 1 Rz. 664. ‖ 3 BAG 24.3.1983 – 2 AZR 21/82, DB 1983, 1822; 18.1.1990 – 2 AZR 357/89, NZA 1990, 730; HK-KSchG/*Dorndorf*, § 1 Rz. 1080; *Kittner*, AuR 1997, 182 (186). ‖ 4 BAG 12.8.2010 – 2 AZR 945/08, DB 2011, 597. ‖ 5 BAG 5.12.2002 – 2 AZR 549/01, NZA 2003, 791 ff., unter Hinweis auf Art. 6 I GG; vgl. auch *Fischermeier*, NZA 1997, 1089 (1094) mwN. ‖ 6 HK-KSchG/*Dorndorf*, § 1 Rz. 1086; *Preis*, RdA 1999, 311 (317 Fn. 79 mwN). ‖ 7 HK-KSchG/*Dorndorf*, § 1 Rz. 1084 (str.). ‖ 8 BAG 24.3.1983 – 2 AZR 21/82, BB 1983, 1665; str., vgl. HK-KSchG/*Dorndorf*, § 1 Rz. 1081 mwN. ‖ 9 BAG 18.10.1984 – 2 AZR 543/83, NZA 1985, 423; 25.4.1985 – 2 AZR 140/84, NZA 1986, 64; 13.6.1986 – 7 AZR 623/84, BB 1987, 475; 18.1.1990 – 2 AZR 357/89, NZA 1990, 729; 5.12.2002 – 2 AZR 549/01, NZA 2003, 791 ff. ‖ 10 BAG 5.12.2002 – 2 AZR 549/01, NZA 2003, 791 ff. ‖ 11 BAG 5.12.2002 – 2 AZR 549/01, NZA 2003, 791 ff. (Unterhaltspflichten; Ehepartner). ‖ 12 *Hanau*, ZIP 2006, 2189 (2196).

ArbGeb selbst dann, wenn sie sich ohne Diskriminierungsabsicht noch in dessen Rahmen hielte[1]. Das gilt in gleicher Weise für die Auswahl gem. Abs. 4 und 5, da europarechtlich eine entsprechende Privilegierung fehlt. Für die Annahme überwiegender Wahrscheinlichkeit einer Diskriminierungsabsicht bedarf es aber auch in Anwendung von Art. 10 RL 2000/78/EG (entspricht § 22 AGG) idR der Darlegung weiterer Umstände als nur einer überproportionalen Betroffenheit der diskriminierten Gruppe (vgl. die Erl. zu § 22 AGG).

386 Bestehen zwischen zwei ArbN nur **geringfügige Unterschiede** in der sozialen Schutzbedürftigkeit, halten beide Auswahlentscheidungen einer Überprüfung gem. Abs. 3 Stand[2]. Das gilt auch bei Anwendung einer Punktetabelle[3]. Die Auswahlentscheidung muss „vertretbar" sein und braucht nicht unbedingt einer gerichtl. Auswahl zu entsprechen. Es können daher mehrere Entscheidungen sozial gerechtfertigt sein[4]. Wo die **Geringfügigkeitsgrenze** liegt, lässt sich angesichts der Unwägbarkeiten der Kriterien kaum allg. sagen. „Grobe Fehlerhaftigkeit" iSv. Abs. 4 liegt nach hM vor, wenn eines der vier Grundkriterien nicht einbezogen wird oder jede Ausgewogenheit in ihrer Gewichtung fehlt (s. Rz. 414). Nicht mehr „ausreichend" iSv. Abs. 3 ist die Sozialauswahl dagegen bereits dann, wenn der ArbGeb einen im Hinblick auf die vier Grundkriterien **deutlich weniger schutzwürdigen** vergleichbaren ArbN verschont hat[5]. Zur Frage der abstrakten und konkreten Gewichtung der Grundkriterien vgl. Rz. 368. Die Kündigung ist nicht allein deshalb sozial ungerechtfertigt, weil der ArbGeb den sozial stärkeren ArbN auf Grund fehlerhafter Überlegungen entlassen hat. Zu prüfen ist das **Ergebnis der Auswahl**[6]. Eine fehlerhafte Auswahlüberlegung führt grds. nur dann zur Sozialwidrigkeit der Kündigung, wenn sie sich auf das Ergebnis bei noch gesetzeskonformer Abwägung auswirkt. Sie begründet allerdings für die Fehlerhaftigkeit der Auswahl eine Vermutung (Rz. 444). Zu diskriminierenden Auswahlmotiven vgl. Rz. 385.

387 hh) **Punktetabellen.** Die Verwendung eines Punkteschemas soll nach der Rspr. des BAG als betriebl. Auswahlrichtlinie iSv. § 95 BetrVG auch dann der Mitbest. des BR unterliegen, wenn das Schema nur für konkret bevorstehende Kündigungen und nicht generell gilt[7]. Das ist in dieser Allgemeinheit abzulehnen[8]. Allerdings ist die ordnungsgemäße Beteiligung des BR nach § 95 BetrVG keine Wirksamkeitsvoraussetzung für die unter Anwendung des Punkteschemas ausgesprochene Kündigung[9]. Zur gerichtl. Prüfung von Auswahlrichtlinien s. Rz. 412 f. Nach **früherer Rechtslage** musste die Sozialauswahl grds. die Besonderheiten des konkreten Einzelfalles berücksichtigen. Damit war die Würdigung allein anhand einer Punktetabelle nicht zu vereinbaren. Es war unerlässlich, die besonderen Umstände des Einzelfalles in einer abschließenden individuellen Überprüfung zu würdigen[10]. Insb. bei Massenentlassungen waren Punktetabellen so nur ein wichtiges Hilfsmittel des ArbGeb bei der Vorauswahl.

388 Nach der zum 1.1.2004 in Kraft getretenen Beschränkung der Sozialauswahl auf vier Sozialdaten bedarf es **keiner individuellen Abschlussprüfung** bei Anwendung von Punktetabellen mehr[11]. Der ArbGeb braucht sonstige soziale Gesichtspunkte nicht mehr zu berücksichtigen, so dass allein mit ausreichender Gewichtung der vier Grunddaten idR die sozial schutzwürdigsten ArbN ermittelt werden können. Auch in Grenzfällen führt ein ausgewogenes Schema zu „ausreichenden" Ergebnissen iSv. Abs. 3 S. 1; eine Korrektur würde die gewählten Maßstäbe verschieben und zu Widersprüchen führen. Zugleich dient der Verzicht auf die individuelle Abschlussprüfung der von der Neufassung angestrebten höheren Rechtssicherheit (Rz. 376).

389 Eine **Auswahl** anhand des nachfolgenden Punkteschemas hat das BAG gebilligt, ohne dabei auf den – im Fall geltenden – eingeschränkten Prüfungsmaßstab der groben Fehlerhaftigkeit abzustellen[12].

Betriebszugehörigkeit	Je vollendetes Beschäftigungsjahr	1,5 Punkte
Lebensalter	Je vollendetes LJ nach dem 18. LJ	1,0 Punkte
Unterhaltspflichten	Ehepartner Kind	5,0 Punkte 7,0 Punkte
Schwerbehinderung		11,0 Punkte
Gleichstellung		9,0 Punkte

---

1 Ebenso *Kamanabrou*, RdA 2007, 199 (200); im Erg. auch *Hamacher/Ulrich*, NZA 2007, 657 (661 f.), die § 242 BGB heranziehen wollen; aA (nur Entschädigungsanspruch) *Diller/Krieger/Arnold*, NZA 2007, 887 (892). ||2 BAG 18.10.1984 – 2 AZR 543/83, NZA 1985, 423. ||3 BAG 17.1.2008 – 2 AZR 405/06, DB 2008, 1688. ||4 BAG 5.12.2002 – 2 AZR 549/01, NZA 2003, 791 ff. ||5 BAG 31.5.2007 – 2 AZR 276/06, BAGE 123, 1 Rz. 64; 18.1.2007 – 2 AZR 796/05, NZA 2008, 33 Rz. 32. ||6 BAG 10.6.2010 – 2 AZR 420/09, NZA 2010, 1352. ||7 BAG 26.7.2005 – 1 ABR 29/04, AP Nr. 43 zu § 95 BetrVG 1972. ||8 *Quecke*, RdA 2007, 335 (336 ff.). ||9 BAG 9.11.2006 – 2 AZR 812/05, DB 2007, 1087. ||10 BAG 24.3.1983 – 2 AZR 21/82, BB 1983, 1665; 18.1.1990 – 2 AZR 357/89, NZA 1990, 729; 5.12.2002 – 2 AZR 549/01, NZA 2003, 791 ff.; krit. dazu *Quecke*, RdA 2007, 335 (338 f.). ||11 BAG 9.11.2006 – 2 AZR 812/05, DB 2007, 1087. ||12 BAG 6.11.2008 – 2 AZR 523/07, NZA 2009, 361.

Auch das nachfolgende Punkteschema ist vom BAG gebilligt worden[1]:   390

Betriebszugehörigkeit	Bis 10 Jahre je Dienstjahr	1 Punkt
	Ab dem 11. Jahr bis maximal zum 55. LJ je Dienstjahr	2 Punkte
	Maximal	70 Punkte
Lebensalter	Vom 20. LJ bis maximal zum 55. LJ	1 Punkt
Unterhaltspflichten	Ehepartner	8 Punkte
	Kind	4 Punkte
Schwerbehinderung	Grad der Behinderung (GdB) 50	5 Punkte
	Je weitere 10 GdB	1 Punkt

d) Nichteinbeziehung von Arbeitnehmern in die Sozialauswahl (Abs. 3 S. 2). aa) Allgemeines. Nach   391
Abs. 3 S. 2 (vgl. Vor § 1 Rz. 6) sind in die Sozialauswahl ArbN nicht einzubeziehen, deren Weiterbeschäftigung, insb. wegen ihrer Kenntnisse, Fähigkeiten und Leistungen oder zur Sicherung einer ausgewogenen Personalstruktur des Betriebes, im berechtigten betriebl. Interesse liegt. **Zweck** der Regelung ist es, im Interesse der Erhaltung der Leistungsfähigkeit des Betriebes die betriebl. Erfordernisse ggü. sozialen Gesichtspunkten stärker zu betonen[2]. Zum **Prüfungsaufbau** war seit dem KSchG 1996 streitig, ob nach Abs. 3 S. 2 ArbN bereits von vornherein nicht in die Sozialauswahl „einzubeziehen" oder erst nach Bildung einer sozialen Rangfolge wieder davon auszunehmen waren, wie es der früheren Rechtslage entsprach. Das BAG hat die Frage im letztgenannten Sinne entschieden, so dass sich die Rechtslage an dieser Stelle nicht geändert hat[3]. Danach ist zunächst eine soziale Reihung unter den vergleichbaren ArbN vorzunehmen, die dann auch maßgeblich ist, wenn für die Nichteinbeziehung nach Abs. 3 S. 2 aus mehreren ArbN eine Auswahl zu treffen ist[4].

bb) Berechtigte betriebliche Interessen sollen nach der zum 1.1.2004 erfolgten Neufassung des Gesetzes **leichter zur Geltung gebracht** werden können. Nach der Vorgängerregelung mussten „berechtigte betriebliche Bedürfnisse die Weiterbeschäftigung eines oder mehrerer bestimmter Arbeitnehmer bedingen" und damit einer Sozialauswahl „entgegenstehen". Die Begrenzung auf bestimmte ArbN, das Bedingtsein durch Bedürfnisse und das Erfordernis des „Entgegenstehens" sind entfallen.   392

Zu den „**betrieblichen**" Interessen zählen sowohl betriebstechnische als auch wirtschaftl. Interessen. Schon die Vorgängerbestimmung fasste beides als „betriebliche" Aspekte auf. Das Merkmal dient der Abgrenzung zu rein unternehmensbezogenen, allg. gesellschaftlichen oder privaten Interessen. Auf betriebl. Interessen kann sich **nur der ArbGeb berufen**[5]. Weder ein ArbN noch das ArbG können von sich aus bestimmen, was betriebl. von Interesse ist. Hat der ArbGeb aber die Weiterbeschäftigung eines sozial stärkeren ArbN mit einem bestimmten betriebl. Interesse gerechtfertigt, können sich in gleicher Lage auch andere ArbN ihm ggü. auf dieses Bedürfnis berufen (sog. **Selbstbindung**)[6].   393

Das betriebl. Interesse an der Weiterbeschäftigung muss „**berechtigt**" sein. Die Interessen müssen – im Rahmen des vorgegebenen unternehmerischen Konzepts – objektiv vorteilhaft sein. Dies unterliegt einer gerichtl. Kontrolle[7]. Zwischen dem Grundsatz der Sozialauswahl und der Nichteinbeziehung in die Auswahl gilt ein **Regel-Ausnahme-Verhältnis**[8]. Nach der Rspr. kann der Berechtigung betriebl. Interessen – wie nach hM schon früher in Bezug auf betriebl. Bedürfnisse – nur auf Grund einer **Abwägung** mit dem jeweiligen konkreten Schutzinteresse des sozial schwächeren ArbN festgestellt werden. Je schwerer dabei das soziale Interesse wiegt, umso gewichtiger müssen die Gründe für eine Ausklammerung aus der Sozialauswahl sein[9]. Das abzuwägende soziale Interesse kann dabei nur in der **Differenz** bestehen, um die die Schutzbedürftigkeit des sozial schwächsten zu kündigenden ArbN die des weiterzubeschäftigenden ArbN übersteigt, da dieser anderenfalls selbst zur Kündigung anstünde[10]. Reine **Nützlichkeitserwägungen** reichen daher allenfalls bei relativ geringfügiger Differenz in der sozialen Schutzbedürftigkeit, sonst könnte sogleich nach Leistung ausgewählt werden, zumal die Neufassung eine Nichteinbeziehung nicht mehr auf „einen oder mehrere bestimmte" ArbN begrenzt. Eine Leistungsauswahl widerspräche dem Regel-Ausnahme-Verhältnis. Wird bei Auswahl nach sozialen Ge-   394

---

1 BAG 5.12.2002 – 2 AZR 549/01, NZA 2003, 791; weitere Bsp. aus der Rspr.: BAG 6.11.2008 – 2 AZR 443/05, NZA 2007, 197; 6.9.2007 – 2 AZR 387/06, NZA 2008, 405. ||2 So die Begr. des Entwurfs in BT-Drs. 15/1204 v. 24.6.2003, 15; ebenso die Begr. zum gleich lautenden KSchG 1996, Begr. RegE, BT-Drs. 13/4612, 8 f. ||3 BAG 12.4.2002 – 2 AZR 706/00, NJW 2002, 3797, u. v. 5.12.2002 – 2 AZR 697/01, NZA 2003, 849; zum Meinungsstand in der Lit. vgl. die Nachw. bei KR/*Griebeling*, § 1 Rz. 627. ||4 Die Gegenansicht hat hier Abs. 3 S. 2 analog angewendet. ||5 *Thüsing/Wege*, RdA 2005, 12 (13 f.). ||6 *Bader*, NZA 2004, 74. ||7 BAG 12.4.2002 – 2 AZR 706/00, NJW 2002, 3797; 20.4.2005 – 2 AZR 201/04, NZA 2005, 877; *Fischermeier*, NZA 1997, 1089 (1092). ||8 BAG 12.4.2002 – 2 AZR 706/00, NJW 2002, 3797; *Preis*, NZA 1997, 1073 (1084). ||9 BAG 31.5.2007 – 2 AZR 306/06, DB 2007, 2210; 12.4.2002 – 2 AZR 706/00, NJW 2002, 3797; *Quecke*, RdA 2004, 86 (88); aA *Willemsen/Annuß*, NJW 2004, 177 (179); *Bader*, NZA 2004, 65 (73 f.), *Thüsing/Stelljes*, BB 2003, 1673 (1675): Anerkennung solcher Interessen, die in Anbetracht der generellen Bedeutung der Sozialauswahl von „einiger Erheblichkeit" für den Betrieb sind. ||10 Instruktiv *Krieger/Reinecke*, DB 2013, 1906.

395 **cc) Einzelfälle berechtigter betrieblicher Interessen.** Ihre Aufzählung in Abs. 3 S. 2 ist nicht abschließend („insbesondere"). **Erhebliche Leistungsunterschiede** können zur Erhaltung der Leistungsfähigkeit des Betriebes eine Abweichung von der Sozialauswahl rechtfertigen. Zu beachten ist der Ausnahmecharakter der Regelung. Die Sozialauswahl darf nicht zu einer Leistungsauswahl geraten. Die erheblichen Leistungsunterschiede wie auch ihre Bedeutung für den Betrieb sind vom ArbGeb im Einzelnen darzulegen und zu beweisen[2]. Anders als nach früherer Rechtslage wird die Nichteinbeziehung leistungsstarker ArbN nicht notwendig auf Einzelfälle begrenzt bleiben müssen (etwa bei sonst drohendem Verlust der betriebl. Leistungsfähigkeit). Doch kann auch ein erheblich leistungsfähigerer ArbN nicht stets gehalten werden. Damit der Grundsatz der Sozialauswahl nicht zur Ausnahme wird, müssen auf dem fortbestehenden Arbeitsplatz die erheblichen Leistungsunterschiede dem Betrieb nicht unerhebliche Vorteile bringen[3]. Die allg. Vorteilhaftigkeit höherer Leistungsfähigkeit genügt nicht. Entsprechendes gilt für sog. Leistungsträger sowie für ArbN auf Schlüsselpositionen.

396 **Besondere Kenntnisse, Fähigkeiten** und Qualifikationen werden häufig schon der Vergleichbarkeit der ArbN entgegenstehen (vgl. Rz. 356 ff.). Anders, wenn sie für die „reguläre" Arbeitsaufgabe nicht benötigt werden. Sie können dann jedoch gem. Abs. 3 S. 2 zur Herausnahme dieser ArbN aus der Sozialauswahl berechtigen, etwa wenn von Zeit zu Zeit ein betriebl. Bedarf für diese Fähigkeiten besteht[4], so bei vielseitiger Verwendbarkeit[5] eines ArbN als Springer oder auswärts oder bei Spezialkenntnissen, die nur gelegentlich im Betrieb gefragt sind (zB Fremdsprachen oder EDV-Kenntnisse)[6] oder uU bei besonders ausgeprägtem Verantwortungsbewusstsein[7]. Besondere Kundenkontakte, die mit der Person eines ArbN verknüpft sind und für den Betrieb wirtschaftl. Bedeutung haben, können ebenfalls ein Abweichen von der Sozialauswahl rechtfertigen[8]. Die geplante Übertragung einer **Führungsaufgabe** kann die Herausnahme aus der Sozialauswahl bedingen, wenn sie hinreichend konkret und zeitlich absehbar ist[9]. Für die geplante Übertragung müssen greifbare Anhaltspunkte bestehen, etwa die Entsendung zu Fortbildungen durch den ArbGeb oder die vertretungsweise Übernahme der Aufgaben in der Vergangenheit. Hat ein öffentl. ArbGeb auf Grund gesetzl. Anordnung Brandschutz und Hilfeleistung sicherzustellen, kann die Weiterbeschäftigung eines Mitglieds der freiwilligen Feuerwehr als berechtigtes betriebl. Interesse anzuerkennen sein[10].

397 Häufige **krankheitsbedingte Fehlzeiten** eines ArbN können die Weiterbeschäftigung eines anderen ArbN entgegen der Sozialauswahl gem. Abs. 3 S. 2 grds. nicht rechtfertigen[11]. Es findet **keine „Negativ-Auswahl"** statt. Eine Auswahl nach dem jeweiligen Krankenstand darf nicht das Regel-Ausnahme-Verhältnis der Sätze 1 und 2 des Abs. 3 verkehren (Rz. 394). Ein berechtigtes betriebl. Interesse mag im Einzelfall zur Erhaltung der Leistungsfähigkeit des Betriebes in Betracht kommen, wenn sonst einem deutlich weniger krankheitsanfälligen Kollege gekündigt werden müsste, während die verbleibende Tätigkeit aus besonderen Gründen eine gesteigerte Zuverlässigkeit und Präsenz erfordert[12]. UU ist ein häufig erkrankter ArbN für diese Tätigkeit ungeeignet und damit schon nicht vergleichbar (s. Rz. 356 ff.). Auch **Gründe im Verhalten** eines ArbN können in dieser Allgemeinheit kein berechtigtes Interesse für die Weiterbeschäftigung eines anderen entgegen der Sozialauswahl darstellen. Zu erheblichen Leistungsunterschieden, vielseitiger Verwendbarkeit etc. s. Rz. 395 ff.

398 Die mit jeder sozialen Auswahl bei einer **Massenkündigung** im Rahmen der Stilllegung eines Betriebsteils verbundenen **betrieblichen Ablaufstörungen** können berechtigte betriebl. Interessen zur Weiterbeschäftigung von ArbN darstellen. Diese Schwierigkeiten erlauben es dem ArbGeb aber nicht, von einer Auswahl nach sozialen Gesichtspunkten völlig abzusehen. Er muss vielmehr darlegen und ggf. unter Beweis stellen („plausibel, nicht mathematisch genau"), wie viele vergleichbare ArbN der jeweiligen Qualifikationsstufe zwischen den verschiedenen Betriebsteilen ausgetauscht werden können, ohne dass der ordnungsgemäße Ablauf des Betriebs durch den Verlust von arbeitsplatzspezifischer Qualifikation und Erfahrung gestört wird. Die danach aus betriebl. Gründen nicht austauschbaren ArbN sind aus der Sozialauswahl herauszunehmen; ggf. ist unter ihnen in den jeweiligen Betriebsteilen nach sozialen Gesichtspunkten auszuwählen. Unter den übrigen vergleichbaren ArbN ist eine betriebsweite Sozialauswahl durchzuführen[13]. Bei Herausnahme von 70 % der Belegschaft aus der Sozialauswahl spricht eine Vermutung für deren Fehlerhaftigkeit[14].

---

1 So die Entwurfsbegr. der Fraktionen SPD und BÜNDNIS 90/DIE GRÜNEN, BT-Drs. 15/1204, 15. || 2 BAG 24.3.1983 – 2 AZR 21/82, BB 1983, 1665; 20.10.1983 – 2 AZR 211/82, BB 1984, 671. || 3 ZB der „Starverkäufer" eines Autohauses; idS auch *Preis* in Stahlhacke/Preis/Vossen, Rz. 1112. || 4 BAG 25.4.1985 – 2 AZR 140/84, DB 1985, 2205. || 5 Ist sie nicht nur gelegentlich nützlich, sondern mit dem vorgesehenen Einsatz notwendig verbunden, dürfte es bereits an der Vergleichbarkeit der ArbN fehlen. || 6 LAG Hamm 5.2.1987 – 10 Sa 1500/86, LAGE § 1 KSchG Soziale Auswahl Nr. 2. || 7 BAG 10.6.2010 – 2 AZR 420/09, NZA 2010, 1352. || 8 *Preis*, RdA 1999, 311 (319). || 9 LAG Hamm 5.2.1987 – 10 Sa 1500/86, LAGE § 1 KSchG Soziale Auswahl Nr. 2 betr. einen Betriebsmeister in spe. || 10 BAG 7.12.2006 – 2 AZR 748/05, NZA-RR 2007, 460. || 11 BAG 31.5.2007 – 2 AZR 306/06, DB 2007, 2210; 24.3.1983 – 2 AZR 21/82, BB 1983, 1665. || 12 BAG 31.5.2007 – 2 AZR 306/06, DB 2007, 2210. || 13 BAG 5.12.2002 – 2 AZR 697/01, NZA 2003, 849; 25.4.1985 – 2 AZR 140/84, DB 1985, 2205. || 14 BAG 5.12.2002 – 2 AZR 697/01, NZA 2003, 849.

dd) Ausgewogene Personalstruktur. Die Auswahl nach sozialen Gesichtspunkten kann insb. bei Massenentlassungen zu starken **Verzerrungen** der Personalstruktur führen. Ein berechtigtes betriebl. Interesse zur Nichteinbeziehung von ArbN in die Sozialauswahl kann daher gem. Abs. 3 S. 2 auch die Sicherung einer ausgewogenen Personalstruktur sein. Sicherung der Personalstruktur bedeutet ihre **Erhaltung**, nicht auch – wie nach § 125 InsO in der Insolvenz – ihre Schaffung[1]. Es soll die bisherige Personalstruktur vor einer Verschlechterung durch die Sozialauswahl bewahrt werden (s. Rz. 391); ob die Struktur zuvor objektiv „ausgewogen" war, ist daher unerheblich[2]. Das Abstellen auf eine „ausgewogene" statt auf die „bisherige" Personalstruktur verdeutlicht lediglich, dass es nicht um die bloße Wahrung des Status quo geht, sondern um die Vermeidung einer Verschlechterung. Nur daran besteht ein berechtigtes Interesse.

Der **Begriff „Personalstruktur"** umfasst nicht nur die Altersstruktur (s. Rz. 402ff.), sondern die Zusammensetzung der Belegschaft nach personalen Merkmalen[3]. In Betracht kommen zB Geschlecht[4], Qualifikation und Ausbildung (vgl. auch Rz. 398). Zu beachten sind Diskriminierungsverbote insb. nach dem AGG bzw. der zugrunde liegenden EG-RL (s. Vor § 1 Rz. 16) sowie etwa der Art. 3 III, 9 III 2 GG. Kein Merkmal der Personalstruktur sind allerdings Vertragstreue und Häufigkeit krankheitsbedingter Fehlzeiten[5]. Auch die „Leistungsfähigkeit" der einzelnen ArbN nach subjektiver Beurteilung des ArbGeb gehört nicht hierher[6]; Abs. 3 S. 2 weist sie den individuellen Sachgründen zu („oder"). Kaum objektivierbare individuelle Einschätzungen der einzelnen ArbN zählen nicht zu der „Struktur", dh. dem Gefüge, dem inneren Aufbau und damit den **anhaftenden objektiven Merkmalen des Personals**. Sonst könnte etwa in der Insolvenz gem. § 125 InsO eine reine Leistungsauswahl stattfinden. Gleichwohl kann die Sicherung einer ausgewogenen Personalstruktur letztlich der Erhaltung der Leistungsfähigkeit des Betriebs dienen, wie das Beispiel des Alters zeigt. Maßgeblich ist die Personalstruktur des Betriebes, nicht des Unternehmens („betriebliche" Interessen). Welche Merkmalstruktur er erhalten will, **entscheidet allein der ArbGeb**. Sie muss – im Rahmen des vorgegebenen unternehmerischen Konzepts – objektiv vorteilhaft sein. Dies unterliegt einer gerichtl. Kontrolle auf Plausibilität, nicht nur auf Willkür.

Voraussetzung für die Sicherung der Personalstruktur gem. Abs. 3 S. 2 ist – wie bei den individuellen Sachgründen zu Abweichung von der Sozialauswahl auch (Rz. 394) – ein berechtigtes betriebl. Interesse. Die Personalstruktur müsste sich zunächst bei hypothetischer Betrachtung durch eine reine Sozialauswahl nach Abs. 3 S. 1 in Bezug auf ein Merkmal nachteilig verändern. Dies gehört zum schlüssigen Sachvortrag des ArbGeb[7]. Erforderlich ist ein Vergleich der Struktur in den jeweiligen Auswahlgruppen (Rz. 352ff.) vor und nach einer (hypothetischen) Sozialauswahl. Regelmäßig wird eine erhebliche Veränderung der Zusammensetzung der einzelnen Auswahlgruppen nur bei **Massenentlassungen** iSv. § 17 auftreten[8]. Umstritten ist, ob die Sicherung der Personalstruktur bei drohender erheblicher Veränderung schon per se ein berechtigtes betriebl. Interesse iSv. Abs. 3 S. 2 darstellt[9] oder ob auch hier eine **Abwägung** zwischen dem Interesse an der Erhaltung einer bestimmten Merkmalstruktur einerseits und der Abweichung von der „reinen" Sozialauswahl andererseits erforderlich ist[10]. Da die Erhaltung einer bestimmten Personalstruktur wegen der erforderlichen Gruppenbildung idR zu erheblichen Abweichungen führt (s. Rz. 399), kommt sie grds. nur in Betracht, wenn an der Sicherung des Strukturmerkmals über die bloße Erhaltung des Status quo hinaus ein ausreichendes betriebl. Interesse besteht (Rz. 399). Es muss eine **nachteilige Veränderung** der Personalstruktur drohen. Das ist etwa bei der Erhaltung eines bestimmten Geschlechterproporzes im Einzelnen darzulegen (hier bedarf es wegen des verpönten Diskriminierungsmerkmals ohnehin ganz besonderer Gründe), gilt aber auch sonst (zum Alter vgl. Rz. 402). Als nachteilige Auswirkungen der Veränderung kommen etwa in Betracht „Kahlschlag" in einer bestimmten Altersgruppe und absehbare Pensionierungswelle, Verlust von Know-how, Erschwerung eines (in Bezug auf die Diskriminierung legitimen) Unternehmenskonzepts oder Kundenwünsche[11]. Je stärker der Eingriff in die „reine" Sozialauswahl ist, umso gewichtiger müssen die Gründe für die Erhaltung einer bestimmten Personalstruktur sein[12].

Das mit Abstand wichtigste Strukturmerkmal für Abs. 3 S. 2 ist das Alter. Gerade die Altersstruktur wird durch die Sozialauswahl – etwa bei Massenentlassungen – verzerrt, da die Auswahlkriterien ein höheres Lebensalter begünstigen. Bei anderen Strukturmerkmalen wird eine Veränderung der Ausgewogenheit eher zufällig auftreten. Auch bei erheblicher Verzerrung ist aber nicht stets und ohne weiteres

---

1 Ganz hM, vgl. auch BAG 23.11.2000 – 2 AZR 533/99, NZA 2001, 601; *Willemsen/Annuß*, NJW 2004, 177 (179); *Quecke*, RdA 2004, 86 (88).   ‖ 2 HM, vgl. *Ascheid*, RdA 1997, 338; *Fischermeier*, NZA 1997, 1089 (1093); aA *Bader*, NZA 1996, 1129.   ‖ 3 Insoweit ähnlich KR/*Griebeling*, § 1 Rz. 644ff.; zweifelnd *Preis*, NZA 1997, 1073 (1084); *Lakies*, NJ 1997, 124.   ‖ 4 Zutr. KR/*Griebeling*, § 1 Rz. 649; aA *Preis*, NZA 1997, 1073 (1084); *Fischermeier*, NZA 1997, 1089 (1093).   ‖ 5 Ebenso *Thüsing/Wege*, RdA 2005, 12 (15, 24); *Brors*, AuA 2005, 41 (44); aA KR/*Griebeling*, § 1 Rz. 648.   ‖ 6 AA *Thüsing/Wege*, RdA 2005, 12 (23); KR/*Griebeling*, § 1 Rz. 646.   ‖ 7 AllgM, BAG 20.4.2005 – 2 AZR 201/04, NZA 2005, 877.   ‖ 8 Ebenso *Thüsing/Wege*, RdA 2005, 12 (25); andere wollen die – höheren – Zahlen des § 112a BetrVG zugrunde legen, vgl. *Wank*, RdA 2006, 238 (240).   ‖ 9 So in Bezug auf die Altersstruktur LAG Düss. 17.3.2000 – 9 (6) Sa 84/00, LAGE § 1 KSchG Soziale Auswahl Nr. 32; *Wank*, RdA 2006, 238 (241).   ‖ 10 So wohl BAG 20.4.2005 – 2 AZR 201/04, NZA 2005, 877.   ‖ 11 Zur Benachteiligung wegen ethnischer Herkunft auf Grund von Kundenwünschen vgl. EuGH 16.7.2008 – Rs. C-54/07, NZA 2008, 929.   ‖ 12 BAG 12.4.2002 – 2 AZR 706/00, NJW 2002, 3797; sehr str., vgl. oben Rz. 394.

die Altersstruktur als berechtiges Interesses iSv. Abs. 3 S. 2 anzuerkennen (Rz. 401)[1]. Theoretisch kann sich die Verzerrung – je nach vorheriger Personalstruktur und unternehmerischem Konzept – als günstig erweisen. Allein die Erhaltung des Status quo rechtfertigt daher auch hier keine Abweichung von der Sozialauswahl, zumal diese bei der gebotenen Gruppenbildung (Rz. 404) idR erheblich ausfällt. Die Nachteile aus der Veränderung des Altersaufbaus sind vom ArbGeb daher grds. konkret und auf die jeweiligen Auswahlgruppen bezogen darzulegen. Ihre Vermeidung muss zugleich die Diskriminierung nach dem Alter rechtfertigen (vgl. Rz. 405). Maßgeblich sind die konkreten Verhältnisse in den jeweiligen Vergleichsgruppen. In Betracht kommt – in Abhängigkeit vom Ausmaß der Veränderung – die Gefahr des Verlustes von betriebl. Know-how oder Kunden oder der Verhinderung eines (legitimen) unternehmerischen Konzepts. Würde sich der Altersaufbau bei „reiner" Sozialauswahl stark verändern, liegen die nachteiligen betriebl. Auswirkungen aber häufig auf der Hand. Ein berechtigtes Interesse ist – widerlegbar – jedenfalls dann indiziert, wenn die Anzahl der Entlassungen innerhalb einer Gruppe vergleichbarer ArbN im Verhältnis zur Anzahl aller ArbN des Betriebs die Schwellenwerte des § 17 KSchG erreicht[2], etwa bei der Entlassung von 66 von 150 Erzieherinnen wegen der konkret drohenden nachteiligen betriebl. Folgen (nur noch Erzieherinnen im „Großmütteralter")[3]. Die Altersgruppenbildung ist nicht auf Vergleichsgruppen zu erstrecken, in denen hierfür kein betriebl. Interesse besteht[4]. 403

Die Erhaltung der Altersstruktur erfolgt idR durch Bildung von hierfür **geeigneten Altersgruppen** in den jeweiligen Auswahlgruppen[5]. Die innerhalb der jeweiligen Vergleichsgruppe gebildeten Altersgruppen müssen eine proportionale Berücksichtigung an den Entlassungen ermöglichen[6]. Nur so lässt sich die Altersstruktur in etwa „erhalten". Die vergleichbaren ArbN werden bspw. in die Gruppen der bis 30-Jährigen, der 31- bis 40-Jährigen, der 41- bis 50-Jährigen, der 51- bis 60-Jährigen und der älter als 60-Jährigen eingeteilt[7]. Sodann ist entsprechend der Gesamtkündigungsquote der Auswahlgruppe aus den jeweiligen Altersgruppen nach sozialen Gesichtspunkten auszuwählen. **Beispiel:** Es handelt sich um eine Auswahlgruppe von 50 Erzieherinnen, von denen 20 zu entlassen sind (Quote: 40 %). Damit sind 40 % der ArbN jeder Altersgruppe von Kündigung bedroht.

Altersgruppen	Anzahl der ArbN	Kündigungen (40 %)
Bis 30 Jahre	10	4
31–40 Jahre	20	8
41–50 Jahre	15	6
51–60 Jahre	4	~ 2
61–65 Jahre	1	~ 0
Gesamt	50	420

404 Bei diesem Vorgehen bleibt der Altersaufbau im Wesentlichen unverändert. Deshalb dürfte es noch unschädlich sein, dass in der Gruppe der über 60-jährigen (ein ArbN) die Abweichung von der Kündigungsquote erheblich ist. Sicherer wäre es im gebildeten Beispiel aber, die letzten beiden Altersgruppen zusammenzufassen, also einen unregelmäßigen Zuschnitt der Altersgruppen zu wählen, so dass dort 2 von 5 ArbN (= 40 %) zu kündigen ist. Zu warnen ist vor der Bildung von Auswahlgruppen, die andere Ziele als die Erhaltung der Altersstruktur verfolgen. Innerhalb der Altersgruppen ist die jeweilige Anzahl der zu Kündigenden nach sozialen Gesichtspunkten auszuwählen. Die Abweichung von der „reinen" Auswahl gem. Abs. 3 S. 1 ist groß.. Der ArbGeb hat beim **Zuschnitt der Altersgruppen** einen gewissen Beurteilungsspielraum[8]. In den verschiedenen Vergleichsgruppen kann der Zuschnitt unterschiedlich ausfallen; bei einer geringeren Zahl von ArbN innerhalb der Vergleichsgruppe ist – ein berechtigtes Interesse an der Erhaltung der Altersstruktur unterstellt – eine geringere Anzahl von Altergruppen sinnvoll, um die Kündigungsquote abbilden zu können. Je größer die Anzahl der Altersgruppen, desto stärker ist die Abweichung von der Sozialauswahl. Eine Aufteilung in Dekaden (wie im Bsp. oben) dürfte idR angemessen sein[9]; auch eine Aufteilung in Fünf-Jahres-Schritte hält sich noch im Beurteilungsspielraum des ArbGeb[10]. Eine Bildung von Altersgruppen in den jeweiligen Auswahlgruppen mit unregelmäßigen Zeitsprüngen (etwa Dreier, Fünfer und Achter-Schritten) erscheint zur bloßen Sicherung der Altersstruktur kaum tauglich und legt den Verdacht einer gezielten Diskriminierung nahe[11] (Rz. 385).

---

1 So aber LAG Düss. 17.3.2000 – 9 (6) Sa 84/00, LAGE § 1 KSchG Soziale Auswahl Nr. 32; *Wank*, RdA 2006, 238 (241). ||2 BAG 22.3.2012 – 2 AZR 167/11, NZA 2012, 1040. ||3 BAG 23.11.2000 – 2 AZR 533/99, AP Nr. 114 zu § 1 KSchG 1969 (*Bütefisch*); 12.4.2002 – 2 AZR 706/00, NJW 2002, 3797; Kündigung von 174 von 616 Erzieherinnen: BAG 6.7.2006 – 2 AZR 442/05, NZA 2007, 139; kaum noch ArbN unter 36 Jahren im Großunternehmen: BAG 6.11.2008 – 2 AZR 523/07, NZA 2009, 361. ||4 BAG 19.6.2007 – 2 AZR 387/06, NZA 2008, 103. ||5 Instruktiv *Krieger/Reinecke*, DB 2013, 1906 (1909 ff.). ||6 BAG 22.3.2012 – 2 AZR 167/11, NZA 2012, 1040; 19.7.2012 – 2 AZR 352/11, DB 2013, 182. ||7 Ähnlich BAG 23.11.2000 – 2 AZR 533/99, AP Nr. 114 zu § 1 KSchG 1969 (*Bütefisch*). ||8 BAG 20.4.2005 – 2 AZR 201/04, NZA 2005, 877. ||9 Ebenso *Wank*, RdA 2006, 238 (240). ||10 BAG 20.4.2005 – 2 AZR 201/04, NZA 2005, 877. ||11 LAG Hamm 5.6.2003 – 4 (16) Sa 1976/02, NZA-RR 2004, 132.

Das **AGG** und die **RahmenRL 2000/78/EG**[1] stehen einer Altersgruppenbildung gem. Abs. 3 S. 2 nicht **405** entgegen[2]. Dies ist europarechtlich gesichert[3]. Die Bildung von Altersgruppen knüpft zwar unmittelbar an ein verpöntes Merkmal an und kann in Grenzfällen zu einer allein auf das Alter zurückzuführenden unterschiedlichen Behandlung führen[4]. Sie bedarf daher bei der gebotenen richtlinienkonformen Auslegung von Abs. 3 S. 2 (vgl. Vor § 1 Rz. 16) einer Legitimation iSv. § 10 AGG (Art. 6 I RL 2000/78/EG). Die Altersgruppenbildung im Zusammenhang mit Massenentlassungen dient aber idR einem legitimen Ziel idS. Das BAG sieht dieses in der Erhaltung der Altersstruktur[5], die idR ein „langfristig erfolgreiches Zusammenwirken" der ArbN begünstige. Ob es sich dabei um ein legitimes sozialpolitisches Ziel aus den Bereichen Beschäftigungspolitik, Arbeitsmarkt und berufl. Bildung iSd. RL handelt[6], erscheint fraglich. Rechtfertigen lässt sich die Altersgruppenbildung wohl nur als Korrektiv des legitimen Altersschutzes in Abs. 3: Die Altersgruppenbildung unterstützt letztlich dessen praktische Umsetzbarkeit, indem sie seine zu weit gehenden betriebl. Auswirkungen (Verzerrung des Altersaufbaus) abmildert. Ein milderes Mittel hierfür besteht idR nicht[7].

e) **Auswahlrichtlinien (Abs. 4). aa) Allgemeines.** Die am 1.1.2004 in Kraft getretene Fassung des **406** Abs. 4 ist zum Rechtszustand des KSchG 1996 zurückgekehrt (vgl. Vor § 1 Rz. 5f.)[8]. Bis zum 30.9.1996 galten für Auswahlrichtlinien grds. keine Besonderheiten; die Rspr. gestand ihnen allerdings schon auf damaliger Rechtsgrundlage einen weiten Beurteilungsspielraum zu[9]. Die aktuelle Fassung dürfte auch bestehende ältere AuswahlRL erfassen. Sie gilt auch für Änderungskündigungen[10]. Die **Auslegung** der Norm bereitet Schwierigkeiten. Sie fordert auf der Tatbestandsseite Festlegungen über eine Bewertung in einer Auswahlrichtlinie und ordnet auf der Rechtsfolgenseite eine nur begrenzte Prüfung der Bewertung auf grobe Fehlerhaftigkeit an. Der Bezug zur konkreten Kündigung bleibt unklar, insb. der Kausalzusammenhang (Rz. 414) sowie die Fragen, wie die tarifl. Richtlinie für das betroffene ArbVerh gelten muss, ob sich mit der Begrenzung des Prüfungsmaßstabs auch materiellrechtl. der Beurteilungsspielraum für die Gestaltung der Richtlinie erweitert hat und ob sich der begrenzte Prüfungsmaßstab auf die Richtlinie oder die – gar nicht erwähnte – Kündigung oder beide bezieht.

bb) **Wirksame Auswahlrichtlinie. Voraussetzung** für die Anwendung des Abs. 4 ist grds. eine rechts- **407** wirksame Richtlinie. Sie muss wirksam zustande gekommen sein und darf nicht gegen zwingende Gesetze, etwa solche zum Schutze vor Diskriminierungen, verstoßen[11]. Abs. 4 regelt nicht den Bezug zur konkreten Kündigung, insb. nicht den Geltungsgrund der Richtlinie. **Tarifliche** Auswahlrichtlinien sind nach hM Betriebsnormen, da sich die Sozialauswahl notwendig auf alle (vergleichbaren) ArbN des Betriebes erstreckt. Sie gelten damit schon dann für alle ArbN des Betriebes, wenn (nur) der ArbGeb tarifgebunden ist (§ 3 II TVG)[12]. Bei fehlender Tarifbindung dürfte die Bezugnahme auf einen einschlägigen TV durch vertragl. Einheitsregelung gleichstehen. Keine tarifl. Auswahlrichtlinie ist der tarifvertragl. Ausschluss der ordentl. Kündigung[13]. Er regelt nicht die Auswahl der zu Kündigenden, sondern nur den Verzicht auf das Recht zur ordentl. Kündigung. Zu seiner Bedeutung im Rahmen der Sozialauswahl s. Rz. 343ff.

Auswahlrichtlinien in **Betriebs- und Dienstvereinbarungen** gelten ohne weiteres für die betroffenen **408** ArbVerh. Für sie besteht ein Schriftformgebot (vgl. § 77 II 1 BetrVG bzw. die PersVG der Länder). Eine auf der Grundlage des Personalvertretungsrechts aufgestellte Auswahlrichtlinie ist keine „entsprechende Richtlinie" iSv. Abs. 4, wenn sie durch einseitige Letztentscheidung der obersten Dienstbehörde zustande gekommen ist (etwa gem. § 69 IV 4 BPersVG)[14]. Auswahlrichtlinien bedürfen nach § 95 I BetrVG der Zustimmung des BR (s. näher die Erl. dort). Das soll nach neuerer Rspr. des BAG auch für die einmalige Verwendung eines Punkteschemas gelten (Rz. 387). Die ordnungsgemäße Beteiligung des BR oder PersR an der Erstellung der Richtlinie ist keine Wirksamkeitsvoraussetzung für die unter Anwendung des Punkteschemas ausgesprochene Kündigung; der ArbGeb kann sich aber nicht auf den beschränkten Prüfungsmaßstab des Abs. 4 berufen[15]. Ob auch die mit einer kirchl. Mitarbeitervertretung förmlich vereinbarte Auswahlrichtlinie unter Abs. 4 fällt, hat das BAG offengelassen[16]; dabei hat es darauf hingewiesen, dass nach Auffassung des Gesetzgebers – wie § 1 IV zeige – das mit einer gewählten ArbN-Vertretung abgestimmte Punkteschema größere Gewähr für eine sachlich ausgewogene Berücksichtigung der Sozialdaten biete als eine vom ArbGeb allein aufgestellte Regelung. Der **Interessenausgleich** gem. § 112 BetrVG ist keine BV; darin enthaltene Bewertungen iSv. Abs. 4 werden daher nicht unmittelbar erfasst. Doch drängt sich nach dem Normzweck des Abs. 4 eine entsprechende An-

---

1 ABl. 2000 L 303/16. ||2 BAG 15.12.2011 – 2 AZR 42/10, DB 2012, 1445. ||3 Eingehend BAG 28.6.2012 – 6 AZR 682/10, NZA 2012, 1090. ||4 BAG 6.11.2008 – 2 AZR 523/07, NZA 2009, 361. ||5 BAG 6.11.2008 – 2 AZR 523/07, NZA 2009, 361 mwN. ||6 EuGH 5.3.2009 – Rs. C 388/07, NZA 2009, 305. ||7 BAG 6.11.2008 – 2 AZR 523/07, NZA 2009, 361 (Rz. 56). ||8 Die Auswahlrichtlinien in Betrieben ohne ArbN-Vertretung auf Grund eines Belegschaftsquorums (§ 1 IV 2 KSchG 1996) hat die Neuregelung allerdings nicht mehr aufgegriffen. ||9 BAG 15.6.1989 – 2 AZR 580/88 u. 18.1.1990 – 2 AZR 357/89, AP Nr. 18 u. 19 zu § 1 KSchG 1969 Soziale Auswahl. ||10 BAG 12.8.2010 – 2 AZR 945/08, DB 2011, 597, Rz. 43. ||11 *Preis*, RdA 1999, 311 (320f.) mwN. ||12 *Weller*, RdA 1986, 222 (229); eingehend *Bütefisch*, Die soziale Auswahl, 2000, S. 405f.; aA *Buschmann*, AuR 1996, 285 (288). ||13 *Weller*, RdA 1986, 222 (229). ||14 *Fischermeier*, NZA 1997, 1095; aA *Coulin*, PersR 1996, 461. ||15 BAG 9.11.2006 – 2 AZR 812/05, DB 2007, 1087. ||16 BAG 5.12.2002 – 2 AZR 549/01, NZA 2003, 791 (793); bejaht von LAG Nds. 11.6.2001 – 5 Sa 1832/00, LAGE § 1 KSchG Soziale Auswahl Nr. 37.

wendung auf, sofern die Form der Betriebsvereinbarung gewahrt ist[1]. Zum Interessenausgleich mit Namensliste gem. Abs. 5 vgl. Rz. 418 ff. sowie in der Insolvenz § 125 InsO. Die Namensliste kann eine bestehende Auswahlrichtlinie ändern, wenn sie von denselben Betriebspartnern stammt[2].

409 Nach ihrem Inhalt muss die Richtlinie eine **Bewertung der vier Auswahlgesichtspunkte** im Verhältnis zueinander enthalten. Dies geschieht idR durch ein Punkteschema. Die Richtlinien können **abschließende Festlegungen** treffen; eine Beschränkung auf eine bloße Vorauswahl zur abschließenden Einzelfallprüfung ist seit der Neufassung von Abs. 3 S. 1 nicht mehr geboten[3]. Die Bewertung der Pflichtkriterien des Abs. 3 S. 1 in ihrem Verhältnis zueinander kann nur auf grobe Fehlerhaftigkeit überprüft werden; darin liegt die Einräumung eines weiten Ermessensspielraums bei der Normsetzung, der über den bisher von der Rspr. zugestandenen Beurteilungsspielraum hinausgeht[4]. Zur Heranziehung **weiterer sozialer Gesichtspunkte** über die in Abs. 3 S. 1 genannten hinaus vgl. Rz. 381. Auch dann dürfte noch eine Bewertung der vier Grundkriterien in ihrem Verhältnis zueinander vorliegen[5]. Doch unterliegt nur diese Bewertung dem Privileg des Abs. 4[6]. Ob die vier Grundkriterien bei Heranziehung weiterer Gesichtspunkte überhaupt noch ausreichend berücksichtigt sind (also nicht nur „in ihrem Verhältnis zueinander"), ist unverändert am Maßstab des Abs. 3 S. 1 zu prüfen. Das Gleiche gilt – anders als bei Abs. 5[7] –, wenn die Richtlinie Festlegungen zur Bildung von Auswahlgruppen (**Vergleichbarkeit**) oder zu **berechtigten betrieblichen Interessen** iSv. Abs. 3 S. 2 enthält[8]. Dies betrifft andere Fragen als die Gewichtung der sozialen Auswahlgesichtspunkte[9]. Solche Festlegungen unterliegen grds. der vollen und nicht nur der eingeschränkten Rechtskontrolle des Abs. 3 S. 1[10] (vgl. aber Rz. 413). Für die Gewichtung der vier Grundkriterien in ihrem Verhältnis zueinander verbleibt es dagegen bei dem eingeschränkten Prüfungsmaßstab des Abs. 4. Soweit dem ArbGeb ein Spielraum für eine abschließende Entscheidung verbleibt, unterliegt diese allerdings dem Kontrollmaßstab des Abs. 3 S. 1[11].

410 Tarifl. wie betriebl. Auswahlrichtlinien müssen sich grds. im zwingend vorgegebenen **gesetzl. Rahmen** halten. Abs. 3 S. 1 geht ihnen als höherrangige Rechtsquelle vor[12]. Doch indem Abs. 4 als Rechtsfolge kündigungsrechtl. den Prüfungsmaßstab auf grobe Fehlerhaftigkeit reduziert, könnte er zugleich den Beurteilungsspielraum für Auswahlrichtlinien auf der Tatbestandsseite erweitert haben[13]. Die Wirksamkeit der Richtlinie wird zur Entlastung des Kündigungsschutzprozesses von schwer kalkulierbaren Unwägbarkeiten zumindest **kündigungsrechtl. fingiert**. Das gilt auch in Bezug auf eine allg. Inhalts- und Billigkeitskontrolle betriebsverfassungsrechtl. Auswahlrichtlinien[14]. Wortlaut und Systematik sprechen eher gegen eine tarif- und betriebsdispositive Ausgestaltung des Abs. 3 S. 1 durch Abs. 4[15]. Im Hinblick auf den weiten Beurteilungsspielraum, den die bisherige Rspr. den Tarif- und Betriebsparteien schon im Rahmen von Abs. 3 zugestanden hatte[16], wird die Frage aber kaum praktisch werden.

411 Verstößt eine Kündigung gegen eine wirksame Auswahlrichtlinie in einer Betriebs- oder Dienstvereinbarung, ist sie gem. Abs. 2 S. 2 Nr. 1a bzw. 2a sozial ungerechtfertigt und damit unwirksam; das gilt nach hM auch ohne Widerspruch des BR[17]. Bei Verstoß gegen eine im Betrieb geltende tarifl. Auswahlrichtlinie ist die Kündigung, sofern die Richtlinie selbst wirksam ist, wegen Verstoßes gegen zwingendes Tarifrecht gem. 134 BGB unwirksam. Enthält die Richtlinie keine Festlegungen zu den berechtigten betriebl. Interessen iSv. Abs. 3 S. 2, kann sich der ArbGeb bei iÜ richtlinienkonformer Auswahl uneingeschränkt darauf berufen.

412 **cc) Beschränkte Überprüfbarkeit.** Abs. 4 bestimmt als Rechtsfolge, dass bei entsprechender Festlegung in einer Richtlinie die **Bewertung der vier sozialen Grunddaten im Verhältnis zueinander** nur auf grobe Fehlerhaftigkeit überprüft werden kann. Nach dem Wortlaut der Norm bezieht sich die beschränkte kündigungsrechtl. Überprüfung auf die Bewertung in der Auswahlrichtlinie. Dadurch wird ihre Anwendung sicherer. Hält sich der ArbGeb an die abschließende Festlegung der nicht grob fehlerhaften Bewertung einer Richtlinie, kann die Bewertung kündigungsrechtl. nicht beanstandet werden[18]. Zur Frage der Kausalität der Richtlinie für die abschließende Festlegung vgl. Rz. 414. Keine Anwendung findet das Privileg einer beschränkten gerichtl. Prüfung von Auswahlrichtlinien in Bezug auf **Dis-**

---

1 Im Erg. ebenso *Preis*, RdA 1999, 311 (320) mwN („Redaktionsversehen des Gesetzgebers"); *Kittner*, AuR 1997, 186; KR/*Griebeling*, § 1 Rz. 695. ‖ 2 BAG 24.10.2013 – 6 AZR 854/11, DB 2014, 66. ‖ 3 BAG 9.11.2006 – 2 AZR 812/05, DB 2007, 1087; *Quecke*, RdA 2007, 335 (338f.). ‖ 4 *Fischermeier*, NZA 1997, 1089 (1096). ‖ 5 *Fischermeier*, NZA 1997, 1089 (1096); *Quecke*, RdA 2004, 86 (89). ‖ 6 So wohl auch *Fischermeier*, NZA 1997, 1089 (1096). ‖ 7 Anders als bei Abs. 5, vgl. BAG 21.1.1999 – 2 AZR 624/98, DB 1999, 1556; 7.5.1998 – 2 AZR 536/97, BB 1998, 1111. ‖ 8 BAG 5.6.2008 – 2 AZR 907/06, NZA 2008, 1120, Rz. 18. ‖ 9 Vgl. *Preis*, RdA 1999, 311 (320). ‖ 10 *Preis* in Stahlhacke/Preis/Vossen, Rz. 1145f. ‖ 11 *Quecke*, RdA 2007, 335 (339) mwN. ‖ 12 BAG 12.8.2010 – 2 AZR 945/08, DB 2011, 597, Rz. 43; für TV BAG 11.3.1976 – 2 AZR 43/75, BB 1976, 883; für BV vgl. BAG 15.6.1989 – 2 AZR 580/88, BB 1990, 143 (153); 18.1.1990 – 2 AZR 357/89, NZA 1990, 729. ‖ 13 So *Preis*, RdA 1999, 311 (320); aA *Bütefisch*, Die Sozialauswahl, 2000, S. 398 ff. ‖ 14 HM, vgl. *v. Hoyningen-Huene/Linck*, DB 1997, 41 (44) mwN; *Bütefisch*, Die Sozialauswahl, 2000, S. 401 ff.; aA *Bader*, NZA 1996, 1125 (1130). ‖ 15 Ebenso *Bütefisch*, Die Sozialauswahl, 2000, S. 399; *Quecke*, RdA 2004, 86 (89). ‖ 16 BAG 15.6.1989 – 2 AZR 580/88 u. v. 18.1.1990 – 2 AZR 357/89, NZA 1990, 729; 5.12.2002 – 2 AZR 549/01, NZA 2003, 791 (793). ‖ 17 LAG Sachs. 21.9.2000 – 6 Sa 153/00, NZA-RR 2001, 586; str.; vgl. zum Meinungsstand KR/*Griebeling*, § 1 Rz. 711. ‖ 18 LAG Nds. 28.5.2004 – 10 Sa 2180/03, LAGReport 2005, 52; *Fischermeier*, NZA 1997, 1089 (1096); *Löwisch/Spinner*, § 1 Rz. 386.

kriminierungen iSd. AGG bzw. der zugrunde liegenden EG-RL. Für diese verbleibt es bei dem europarechtlich gebotenen Prüfungsmaßstab nebst Beweiserleichterungen (s. Rz. 385).

Enthält die Richtlinie **weiter gehende Festlegungen**, gilt für diese grds. der allg. Prüfungsmaßstab. Ob 413
die vier Grundkriterien bei Heranziehung weiterer Gesichtspunkte überhaupt noch ausreichend berücksichtigt sind (also nicht nur „in ihrem Verhältnis zueinander"), ist unverändert am Maßstab des Abs. 3 S. 1 zu prüfen. Für Vergleichsgruppenbildung sowie Nichteinbeziehung von ArbN gem. Abs. 3 S. 2 gilt ebenfalls die volle Rechtskontrolle[1]. Doch hat die Rspr. derartigen Festlegungen in Auswahlrichtlinien der Tarif- und Betriebspartner stets eine besondere Richtigkeitsgewähr zuerkannt[2]. Gegenstand der beschränkten gerichtl. Prüfung sind sämtliche Kündigungen, die von den Festlegungen der Auswahlrichtlinie betroffen sind. Das können auch **Änderungskündigungen** sein, für die Abs. 4 u. 5 gelten[3]. Dagegen spricht nicht, dass § 2 S. 1 nur auf Abs. 2 u. 3 Bezug nimmt, da dies allein zur Bestimmung des Begriffs „sozial ungerechtfertigt" geschieht. Abs. 4 u. 5 enthalten dazu aber keine (abweichenden) Bestimmungen, sondern Regelungen zur Beweislast und zum Prüfungsmaßstab. Demgemäß ist nach allgM auch der – ebenfalls in § 2 nicht erwähnte – Abs. 2 S. 4 auf Änderungskündigungen anzuwenden.

„**Grob fehlerhaft**" ist die Bewertung der Grunddaten in ihrem Verhältnis zueinander, wenn sie nicht 414
alle berücksichtigt oder diese „völlig unausgewogen" bewertet. Schon der Beurteilungsspielraum nach Abs. 3 S. 1 wird erst überschritten bei „deutlich geringerer Schutzwürdigkeit" eines weiterbeschäftigten ArbN (Rz. 386). Die grob fehlerhafte Bewertung muss daher mit einem schweren, ins Auge springenden Fehler belastet sein, der im Hinblick auf die Gerechtigkeitsfunktion der Sozialauswahl nicht mehr hinzunehmen ist[4]. Eine Beschränkung auf die vier Hauptkriterien und ihre angemessene Gewichtung (wie etwa in den Beispielen für Punktetabellen oben Rz. 388f.) entspricht der gesetzl. Vorgabe und kann nicht deshalb grob fehlerhaft sein. Eine verbotene Diskriminierung iSd. AGG dürfte bei der gebotenen europarechtskonformen Auslegung (vgl. Vor § 1 Rz. 16) stets als „grob fehlerhaft" zu bewerten sein (vgl. Rz. 385). Eine individuelle Abschlussprüfung braucht nicht vorbehalten zu werden (Rz. 409). Zur Erleichterung bei der Feststellung der Unterhaltspflichten soll die Auswahlrichtlinie dem ArbGeb auch gestatten können, sich auf die Informationen aus den LStKarten zu beschränken[5]. Soweit schwerbehinderte ArbN nicht betroffen sind, wird die unterbliebene Berücksichtigung dieses singulären Kriteriums der Anwendung von Abs. 4 nicht entgegenstehen. Der grobe Fehler der Richtlinie muss für die Kündigung des ArbN **kausal** sein, sonst bleibt es grds. bei dem Privileg des Abs. 4. Liegt der grobe Fehler in der (fast) vollständigen Vernachlässigung eines Kriteriums, das bei allen ArbN vorliegt (Alter, Betriebszugehörigkeit), wird die Richtlinie aber auch ohne Kausalität dieses Fehlers für die konkrete Auswahl „die Voraussetzungen des Abs. 4 insg. nicht erfüllen", so dass der Maßstab des Abs. 3 gilt[6]. Man wird besser umgekehrt für die Privilegierung des Abs. 4 verlangen müssen, dass die Auswahl anhand der Richtlinie für die konkrete Kündigung kausal ist. Denn nur dann kann sich die aus der Einbindung der ArbN-Vertretung folgende gesteigerte Richtigkeitsgewähr auswirken. **Beispiele** aus der Rspr.: Als grob fehlerhaft angesehen wurde die Auswahl eines ArbN mit einer Betriebszugehörigkeit von 22 Jahren, einem Lebensalter von 53 Jahren und Unterhaltspflicht für zwei Kinder ggü. einem vergleichbaren ArbN mit 15 Jahren Betriebszugehörigkeit, 46 Lebensjahren und ohne Unterhaltspflichten[7]; ebenso die Auswahl eines ArbN mit 14 Jahren längerer Betriebszugehörigkeit und 15 Jahre höherem Lebensalter bei gleicher Unterhaltsbelastung[8] sowie die Auswahl eines ArbN, der bei etwa gleicher Betriebszugehörigkeit und gut vier Jahren geringerem Lebensalter Unterhaltspflichten für drei Familienangehörige hatte, während die Vergleichsperson keinerlei Unterhaltspflichten traf[9]. Dagegen hielt das BAG die Auswahl eines ArbN für nicht grob fehlerhaft bei gleicher Betriebszugehörigkeit und Unterhaltsbelastung und zehn Jahre höherem Lebensalter[10].

Ist die **Auswahlrichtlinie grob fehlerhaft**, muss deshalb die darauf gestützte Auswahlentscheidung 415
nicht in jedem Fall sozialwidrig sein. Die konkrete Auswahlentscheidung kann (zufällig) soziale Gesichtspunkte „ausreichend" iSv. Abs. 3 S. 1 berücksichtigen. Das bleibt in diesem Fall zu prüfen.

dd) **Darlegungs- und Beweislast in Abs. 4.** Der ArbGeb hat die **Voraussetzungen** des Abs. 4 zu bewei- 416
sen, wenn er die Rechtsfolge für sich in Anspruch nehmen will. Die Darlegungs- und Beweislast erstreckt sich auf die Existenz einer wirksamen tarifl. oder betriebl. Auswahlrichtlinie iSv. Abs. 4 sowie

---

[1] Bader, NZA 2004, 75; Quecke, RdA 2004, 86 (89f.). ||[2] Schon nach der bis zum 30.9.1996 geltenden Rechtslage bestand für sie ein weiter Beurteilungsspielraum: BAG 15.6.1989 – 2 AZR 580/88 u. v. 18.1.1990 – 2 AZR 357/89, AP Nr. 18 u. 19 zu § 1 KSchG 1969 Soziale Auswahl; vgl. auch BAG 5.12.2002 – 2 AZR 549/01, NZA 2003, 791 (793), wonach schon die formlose Abstimmung eines Punkteschemas mit der ArbN-Vertretung größere Richtigkeitsgewähr bieten könne. ||[3] Löwisch, RdA 1997, 80 (81); Fischermeier, NZA 1997, 1089 (1100); Zwanziger, BB 1997, 626 f.; aA Kittner, AuR 1997, 182 (190). ||[4] BAG 21.9.2006 – 2 AZR 284/06, nv.; vgl. auch zum KSchG 1996 BAG 2.12.1999 – 2 AZR 757/98, BB 2000, 1040, sowie v. 21.1.1999 – 2 AZR 624/98, NZA 1999, 866. ||[5] Nur soweit sie überhaupt Auskunft gibt, was in Bezug auf die Kinderzahl (Steuerklasse V) nur beschränkt der Fall ist; vgl. auch BAG 21.1.1999 – 2 AZR 624/98, BB 1999, 1556 zu § 1 V aF. ||[6] BAG 18.10.2006 – 2 AZR 473/05, DB 2007, 922; dogmatisch schwer verständlich, da es doch um einen groben Fehler der RL geht. ||[7] ArbG Gelsenkirchen 1.10.1997 – 4 Ca 32/97, AiB 1999, 48. ||[8] LAG Düss. 25.2.1998 – 17 (4) Sa 1788/97, LAGE § 1 KSchG Interessenausgleich Nr. 9. ||[9] LAG Hamm 23.4.1998 – 12 Sa 64/98, nv. ||[10] BAG 21.1.1999 – 2 AZR 624/99, NZA 1999, 866.

ihre Geltung für das ArbVerh. Steht die Geltung der Richtlinie fest, gilt für die soziale Auswahl der Prüfungsmaßstab der groben Fehlerhaftigkeit; hierdurch werden die allg. Grundsätze der Verteilung der Darlegungs- und Beweislast bei der Sozialauswahl nicht geändert[1]. Vgl. Rz. 440 ff.

417 Einstweilen frei.

418 **f) Interessenausgleich mit Namensliste. aa) Allgemeines.** Mit dem **am 1.1.2004 in Kraft** getretenen Abs. 5 ist das Gesetz wieder zum Rechtszustand des KSchG 1996 zurückgekehrt. Die Norm knüpft an das Vorhandensein eines Interessenausgleichs mit Namensliste bestimmte kündigungsrechtl. Folgen. Dazu genügt es, dass im zeitlichen Geltungsbereich des Abs. 5 der Interessenausgleich besteht und eine Kündigung wirksam wird (§ 130 BGB). In der bis zum 31.12.2003 geltenden Gesetzesfassung des sog. Korrekturengesetzes (vgl. Vor § 1 Rz. 5) hatte die Vorschrift keine Entsprechung. Allerdings war zeitgleich mit dem KSchG 1996 am 1.10.1996 die Parallelregelung des § 125 InsO vorzeitig in Kraft gesetzt worden[2], die bis heute fortbesteht. Aus ihrem geringfügig abweichenden Wortlaut ergeben sich Zweifelsfragen in Bezug auf Voraussetzungen und Reichweite der Vermutung in Abs. 5 S. 1 (vgl. Rz. 428). Einen Interessenausgleich mit namentlicher Zuordnung von ArbN in Fällen der Unternehmensumwandlung sieht § 323 II UmwG vor (vgl. näher dort).

419 Gegen Abs. 5 werden rechtspolitische wie auch **verfassungsrechtl. Bedenken** erhoben. Die Norm enthält für den gekündigten ArbN einschneidende Rechtsfolgen. Insb. auf Grund der Vermutung in S. 1 bleiben ihm im Kündigungsschutzprozess kaum Erfolgschancen[3]. Doch verstößt Abs. 5 weder gegen Art. 12 I GG noch gegen das aus Art. 20 III GG abzuleitende Gebot des fairen Verfahrens[4].

420 **bb) Voraussetzungen.** Es bedarf einer **Betriebsänderung iSv. § 111 BetrVG**. Ein freiwilliger Interessenausgleich außerhalb des Anwendungsbereichs der §§ 111, 112 BetrVG genügt nicht[5]. Damit ist Abs. 5 im Geltungsbereich der Personalvertretungsgesetze nicht anwendbar (§ 130 BetrVG)[6], ebenso gem. § 118 II BetrVG nicht im Bereich der Kirchen und ihrer karitativen und erzieherischen Einrichtungen. Auch für Tendenzbetriebe gilt Abs. 5 grds. nicht, da dort nach hM gem. § 118 I 2 BetrVG der Abschluss eines Interessenausgleichs nicht angestrebt werden muss[7]. Doch wird vertreten, dass bei Verzicht des Tendenzunternehmers auf den Ausschluss des Interessenausgleichs und daraufhin vereinbartem Interessenausgleich mit Namensliste die Wirkung von § 125 InsO bzw. Abs. 5 eintrete[8]. Ausgeschlossen vom Anwendungsbereich des Abs. 5 sind Kleinunternehmen mit bis zu 20 ArbN (§ 111 I 1 BetrVG). Die Schließung einer nicht als wesentlicher Betriebsteil anzusehenden Filiale ist keine Betriebsänderung[9]. Bei reinem Personalabbau müssen für eine Betriebsänderung iSv. § 111 BetrVG die von der Rspr. in Anlehnung an § 17 geforderten betriebl. **Schwellenwerte** der auf einheitlicher unternehmerischer Planung beruhenden Entlassungen erreicht sein (vgl. § 111 BetrVG Rz. 28 ff.). Bezugsgröße ist die Anzahl der im einzelnen Betrieb beschäftigten ArbN[10]. Bei mehreren „Entlassungswellen" in zeitlich geringem Abstand wird eine einheitliche Planung vermutet[11]. Nicht erfasst von Abs. 5 werden die vom BR nicht repräsentierten leitenden Angestellten (§ 5 III BetrVG).

421 Eine **nur geplante Betriebsänderung genügt nicht**. Abweichend von § 125 InsO (vgl. § 125 InsO Rz. 2) verlangt Abs. 5 eine „Kündigung auf Grund einer Betriebsänderung". Es muss sich daher auch nach den Vereinbarungen des Interessenausgleichs noch um eine Betriebsänderung iSd. § 111 BetrVG handeln. Wird die geplante Maßnahme im Zuge der Interessenausgleichsverhandlung auf ein Maß unterhalb der Schwelle der Betriebsänderung reduziert, gelangt Abs. 5 nicht zur Anwendung. Zu den Voraussetzungen einer Betriebsänderung im Einzelnen vgl. die Erl. zu § 111 BetrVG. Die Kündigung muss „**auf Grund**" einer Betriebsänderung ausgesprochen worden sein. Das erfordert schon auf der Tatbestandsseite des Abs. 5 einen Kausalzusammenhang zwischen Betriebsänderung und Kündigung[12]. Dieser ist etwa anzunehmen, wenn die Kündigung ArbN eines zu schließenden oder einzuschränkenden Betriebsteils betrifft und der Interessenausgleich die Kündigung der Betriebsänderung zuordnet. Die Kündigung erfolgt auch dann „auf Grund einer Betriebsänderung" iSv. Abs. 5 S. 1, wenn sie im Interessenausgleich von dem Widerspruch des ArbN gegen den Übergang seines ArbVerh gem. § 613a BGB abhängig gemacht wird[13].

422 Abs. 5 gilt nach hM auch für ordentl. **Änderungskündigungen**[14], nicht aber für außerordentl. betriebsbedingte Änderungskündigung mit Auslauffrist[15]. Neben der namentlichen Bezeichnung der zu Kündi-

---

1 BAG 10.2.1999 – 2 AZR 716/98, NZA 1999, 702 f.; 24.2.2000 – 8 AZR 180/99, NZA 2000, 785; 21.2.2002 – 2 AZR 581/00, EzA § 1 KSchG Interessenausgleich Nr. 10. ‖ 2 Zunächst nur im Geltungsbereich der früheren Konkursordnung, also in den alten Bundesländern, vgl. Art. 6 des Arbeitsrechtlichen Beschäftigungsförderungsg v. 25.9.1996 (BGBl. I S. 1476); seit dem 1.1.1999 bundesweit, vgl. Art. 110 EGInsO v. 5.10.1994 (BGBl. I S. 2911). ‖ 3 *Fischermeier*, NZA 1997, 1089 (1096). ‖ 4 BAG 6.9.2007 – 2 AZR 715/06, NZA 2008, 633 mwN (str.). ‖ 5 HM, vgl. *Hohenstatt*, NZA 1998, 846 (851); *Kohte*, BB 1998, 946 (949) mwN. ‖ 6 *Hamer*, PersR 1997, 357. ‖ 7 BAG 17.8.1982 – 1 ABR 40/80, BB 1983, 501. ‖ 8 ErfK/*Kania*, § 118 BetrVG Rz. 18; *Thüsing/Wege*, BB 2005, 213 (215); das dürfte aus Gründen der Verfahrensgerechtigkeit voraussetzen, dass dem BR gem. § 112 III BetrVG der Weg bis in die Einigungsstelle eröffnet ist. ‖ 9 BAG 3.4.2008 – 2 AZR 879/06, NZA 2008, 1060. ‖ 10 BAG 19.7.2012 – 2 AZR 386/11, NZA 2013, 333. ‖ 11 BAG 22.1.2004 – 2 AZR 111/02, AP Nr. 1 zu § 112 BetrVG 1972 Namensliste. ‖ 12 BAG 6.7.2006 – 2 AZR 520/05, NZA 2007, 266. ‖ 13 BAG 24.2.2000 – 8 AZR 180/99, NZA 2000, 785 (787). ‖ 14 BAG 19.6.2007 – 2 AZR 304/06, NZA 2008, 103; dazu *Worzalla*, SAE 2008, 177. ‖ 15 BAG 28.5.2009 – 2 AZR 844/07, NZA 2009, 954.

genden im Interessenausgleich dürfte Abs. 5 S. 1 zugleich erfordern, dass die Kündigungsmaßnahme konkret festgelegt wird; hierzu gehört bei der Änderungskündigung auch der Inhalt des Änderungsangebotes (vgl. § 125 InsO Rz. 6)[1].

Abs. 5 verlangt einen **Interessenausgleich**, in dem die zu kündigenden ArbN namentlich bezeichnet sind. Ist auf BR-Seite ausnahmsw. der **GBR oder KBR** zum Abschluss des Interessenausgleichs gem. § 50 I BetrVG originär zuständig, gilt dies auch für die hiervon nicht abspaltbaren betriebl. Namenslisten[2]. Sind in einzelnen Betrieben die Schwellenwerte nicht erreicht (vgl. Rz. 420), fehlt es insoweit an einer Betriebsänderung; die dort betroffenen ArbN werden von der Wirkung des Abs. 5 nicht erfasst[3]. Der Interessenausgleich mit Namensliste muss nach hM bereits vor „Ausspruch" der Kündigung, dh. nicht nur vor ihrem Zugang, formgültig abgeschlossen worden sein[4]. Für die **Schriftform** des Interessenausgleichs[5] gem. § 112 I, III 3 BetrVG gilt § 126 I BGB. Als Bestandteil des Interessenausgleichs unterliegt die Namensliste ebenfalls dem Schriftformgebot. Die Liste kann mit dem Interessenausgleich eine **einheitliche Urkunde** bilden, die sich etwa aus einer fortlaufenden Paginierung oder aus dem Textzusammenhang zweifelsfrei ergibt; durch die abschließenden Unterschriften wird sie damit integraler Bestandteil des Interessenausgleichs[6]. Wird die Namensliste als nicht unterzeichnete Anlage einem Interessenausgleich angehängt, so muss sie bei dessen Unterzeichnung[7] mit ihm körperlich fest verbunden sein, etwa durch Heftklammer – Büroklammer genügt nicht[8] –, und der unterzeichnete Interessenausgleich muss auf sie Bezug nehmen[9]. Die Namensliste kann auch vom übrigen Interessenausgleich **getrennt erstellt** werden. Dies kann auch zeitnah nach dessen Abschluss erfolgen[10], etwa bei einer Entlassung in Wellen[11], muss dann aber als schriftl. Niederlegung einer vorausgegangenen Einigung den Interessenausgleich mit umfassen[12]. Eine getrennte Namensliste muss (vor Abgabe der Kündigungserklärung) gesondert unterzeichnet sein, auf den Interessenausgleich Bezug nehmen und von ihm in Bezug genommen sein[13]. Kommt der Interessenausgleich vor der Einigungsstelle zustande, ist er zudem von ihrem Vorsitzenden zu unterzeichnen, § 112 III 3 BetrVG; dies ist Wirksamkeitsvoraussetzung[14].

Streitig ist, ob sich der Interessenausgleich **inhaltlich in der bloßen Namensliste** der zu kündigenden ArbN erschöpfen kann[15]. Nach hM ist der – gesetzl. nicht geregelte – Gegenstand des Interessenausgleichs das „Ob" und „Wie" einer Betriebsänderung. Der Interessenausgleich kann die vom ArbGeb geplanten Maßnahmen ohne Änderung beinhalten, sie modifizieren oder ganz von ihnen absehen. Die Rechtsfolgen des Abs. 5 können nur an eine von den Betriebspartnern gemeinsam zugrunde gelegte Betriebsänderung anknüpfen[16]. Diese muss daher im Interessenausgleich hinreichend klar umrissen sein. Da eine Betriebsänderung auch in einem bloßen Personalabbau bestehen kann[17], wird in solchen Fällen eine bloße Namensliste ausreichen, sofern ihr entnommen werden kann, dass sich der Personalabbau auf die bezeichneten ArbN beschränkt. Eine nicht abschließende Liste (**Teilliste**), die lediglich einige zu kündigende ArbN aufführt und keine Aussage über die Frage weiterer Kündigungen enthält, genügt wohl nicht[18]; das gilt jedenfalls dann, wenn in die Teilliste ArbN aufgenommen sind, die aus eigener Sicht der Betriebspartner von der zugrunde liegenden Betriebsänderung nicht betroffen sind[19]. Anders liegt es bei geplanten Entlassungswellen und Einigung auf eine für die erste bzw. jeweils nächste Welle abschließende Liste[20]. Unabhängig davon verlangt Abs. 5 stets eine abschließende, dh. nicht bloß vorläufige Festlegung der zu kündigenden ArbN in dem Interessenausgleich[21]. Die Betriebspartner können sich in der Namensliste über eine zwischen ihnen vereinbarte Auswahlrichtlinie hinwegsetzen[22].

Der ArbGeb kann von der Kündigung namentlich aufgeführter ArbN absehen (etwa wenn ein anderer, nicht aufgeführter ArbN inzwischen von sich aus ausgeschieden ist). Enthält die Namensliste in diesem Fall keine **soziale Reihenfolge** in der jeweiligen Vergleichsgruppe, kann die Wirkung des Abs. 5 ganz oder teilweise entfallen (vgl. Rz. 430). Auch gilt der beschränkte Prüfungsmaßstab nicht für die Frage der Zuordnung des nicht in der Namensliste aufgeführten ArbN zu einer der Vergleichsgruppen, wenn der Interessenausgleich hierzu keine Aussage trifft. Ist die **Namensliste in einem Sozialplan** enthalten,

---

1 Vgl. auch *Moll* in Kübler/Prütting/Bork, § 125 InsO Rz. 31; *Quecke*, RdA 2004, 86 (90f.); eine Teilfestlegung für möglich hält aber BAG 19.6.2007 – 2 AZR 304/06, NZA 2008, 103. ||2 BAG 19.7.2012 – 2 AZR 386/11, DB 2013, 523. ||3 BAG 19.7.2012 – 2 AZR 386/11, DB 2013, 523. ||4 Vgl. *Willemsen/Annuß*, NJW 2004, 177 (180) mwN. ||5 Eingehend hierzu *Kohte*, BB 1998, 946 ff. ||6 BGH 24.9.1997 – XII ZR 234/95, BB 1998, 288; BAG 10.6.2010 – 2 AZR 420/09, NZA 2010, 1352. ||7 BAG 6.7.2006 – 2 AZR 520/05, NZA 2007, 139. ||8 BAG 7.5.1998 – 2 AZR 55/98, NZA 1998, 1770; 6.12.2001 – 2 AZR 422/00, EzA § 1 KSchG Interessenausgleich Nr. 9. ||9 BAG 21.2.2002 – 2 AZR 581/00, EzA § 1 KSchG Interessenausgleich Nr. 10; 22.1.2004 – 2 AZR 111/02, AP Nr. 1 zu § 112 BetrVG 1972 Namensliste; 6.7.2006 – 2 AZR 520/05, NZA 2007, 266. ||10 BAG 26.3.2009 – 2 AZR 296/07, DB 2009, 1882 (ca. sechs Wochen sind unschädlich, wenn im Interessenausgleich eine Namensliste vorgesehen ist und Verhandlungen geführt werden). ||11 BAG 19.7.2012 – 2 AZR 352/11, NZA 2013, 86. ||12 *Ulrici*, jurisPR-ArbR 6/2011 Anm. 3. ||13 BAG 12.5.2010 – 2 AZR 551/08, DB 2010, 2454; 10.6.2010 – 2 AZR 420/09, NZA 2010, 1352. ||14 BAG 9.7.1985 – 1 AZR 323/83, AP Nr. 13 zu § 113 BetrVG 1972. ||15 So FK-InsO/*Eisenbeis*, § 125 InsO Rz. 3; *Schrader*, NZA 1997, 70 (73); *Quecke*, RdA 2004, 86 (91). ||16 BAG 24.2.2000 – 8 AZR 180/99, NZA 2000, 785 (787). ||17 BAG 21.2.2002 – 2 AZR 581/00, EzA § 1 KSchG Interessenausgleich Nr. 10. ||18 AA *Moll* in Kübler/Prütting/Bork, § 125 InsO Rz. 36; *Piehler*, NZA 1998, 970. ||19 BAG 26.3.2009 – 2 AZR 296/07, DB 2009, 1882. ||20 BAG 19.7.2012 – 2 AZR 352/11, NZA 2013, 86; 22.1.2004 – 2 AZR 111/02, AP Nr. 1 zu § 112 BetrVG 1972 Namensliste. ||21 BAG 6.12.2001 – 2 AZR 422/00, EzA § 1 KSchG Interessenausgleich Nr. 9. ||22 BAG 24.10.2013 – 6 AZR 854/11, NZA 2014, 46.

findet Abs. 5 dennoch Anwendung, wenn der Sozialplan der Sache nach – wenn auch unter falscher Bezeichnung – Regelungen über das „Ob" und „Wie" der Betriebsänderung enthält. Die bloße Zuordnung von Abfindungsbeträgen zu namentlich aufgeführten ArbN ohne solche Festlegungen genügt dagegen nicht[1]. Ein nicht freiwillig, sondern durch Spruch der Einigungsstelle zustande gekommener Sozialplan fällt nicht unter Abs. 5.

426 Die **namentliche Bezeichnung** iSv. Abs. 5 S. 1 muss – zumindest im Zusammenhang mit der umschriebenen Betriebsänderung, einer Berufsangabe oder sonstigen Anhaltspunkten im Interessenausgleich – die zweifelsfreie Identifikation der gemeinten Person ermöglichen. UU ist neben dem Nachnamen auch die Angabe des Vornamens oder einer sonstigen Kennzeichnung (junior) erforderlich. Auch Spitznamen sind bei zweifelsfreier Zuordnung unschädlich. Die Angabe einer Abteilung oder Kostenstelle genügt nicht. Eine sog. Negativliste der nicht zu kündigenden ArbN ist unzureichend, da hier nicht allein aus der schriftl. Urkunde zu entnehmen ist, wem gekündigt werden soll[2]. Aus dem gleichen Grund bedarf es auch bei einer Betriebsstilllegung stets der namentlichen Bezeichnung aller betroffenen ArbN im Interessenausgleich; anderenfalls würde jeder Interessenausgleich bei einer Betriebsschließung die Vermutungswirkung des Abs. 5 S. 1 bzw. des § 125 I 1 Nr. 1 InsO auslösen[3]. Die Angabe der sozialen Auswahlkriterien und ihrer Bewertung ist nach hM nicht erforderlich[4].

427 **cc) Rechtsfolgen für die soziale Rechtfertigung.** Auf der Rechtsfolgenseite stellt Abs. 5 S. 1 zum einen die **Vermutung** auf, „dass die Kündigung durch dringende betriebl. Erfordernisse iSd. Abs. 2 bedingt ist", und beschränkt zum anderen die Prüfung der sozialen Auswahl auf grobe Fehlerhaftigkeit. Beides gilt nicht ggü. durch § 15 als lex specialis geschützten Funktionsträgern (str.)[5]. Die Vermutung bewirkt gem. § 292 ZPO eine vollständige **Umkehr der Beweislast** (lex specialis zu Abs. 2 S. 4)[6]. Es ist Sache des gekündigten ArbN, darzulegen und zu beweisen, dass keine dringenden betriebl. Erfordernisse für die Kündigung bestehen. Bloße Zweifel genügen nicht. Der ArbGeb braucht zur Rechtfertigung der Kündigung zunächst keine weiteren Tatsachen vorzutragen[7] (vgl. aber Rz. 433). Trägt der ArbN erhebliche Tatsachen vor, wird der ArbGeb schon aus dem Gesichtspunkt der Sachnähe gem. § 138 II ZPO substantiiert bestreiten müssen[8]. Die Vermutungswirkung entfällt nicht allein wegen grober Fehlerhaftigkeit der Sozialauswahl[9]. Das gilt auch bei diskriminierender Sozialauswahl[10].

428 Die **Reichweite der Vermutung** erstreckt sich jedenfalls auf den Wegfall des Beschäftigungsbedürfnisses zu den bisherigen Bedingungen und das Fehlen einer anderweitigen Beschäftigungsmöglichkeit im Betrieb[11]. Dabei sind nur Arbeitsplätze einzubeziehen, die sowohl frei als auch für ihn geeignet sind (vgl. Rz. 275 ff.)[12]. Nach dem klaren Wortlaut des Abs. 5 erstreckt sie sich weitergehend auf das Vorliegen dringender betriebl. Erfordernisse iSd. Abs. 2, dh. nach zutreffender, aber bestrittener Auffassung auch in Bezug auf das **Unternehmen**[13]. Dem hat sich das BAG für den Fall angeschlossen, dass der Interessenausgleich mit Namensliste vom GBR abgeschlossen wurde[14]. IÜ nimmt es eine Erstreckung auf das Unternehmen nur an, wenn sich der BR tatsächlich mit den Weiterbeschäftigungsmöglichkeiten in anderen Betrieben des Unternehmens befasst hat. Bestreite der ArbN dies und trage darüber hinaus konkrete Anhaltspunkte für eine solche Weiterbeschäftigungsmöglichkeit vor, müsse der ArbGeb die Befassung der Betriebspartner mit ihnen beweisen, um die Vermutungswirkung zu erhalten[15]. Dies ist abzulehnen, da es einen Systembruch darstellt, die Anknüpfung individualrechtlicher Folgen an einen Mitbest.-Tatbestand davon abhängig zu machen, was der BR im Einzelnen tatsächlich bedacht hat. Die Unternehmensbezogenheit der Vermutung korrespondiert mit dem Widerspruchsrecht des BR nach § 102 III Nr. 3 BetrVG. Sie gilt entgegen der hM auch für die Parallelnorm des § 125 I 1 Nr. 1 InsO[16]. Dort wird vermutet, dass die Kündigung durch dringende betriebl. Erfordernisse bedingt ist, die einer Weiterbeschäftigung in diesem Betrieb entgegenstehen. Damit wird der Wortlaut des Abs. 2 S. 1 wiederholt, soweit er die betriebsbedingte Kündigung betrifft. Abs. 2 S. 1 umfasst aber über seinen betriebsbezogenen Wortlaut hinaus nach ganz hM auch die Weiterbeschäftigung im Unternehmen[17]. Schließlich spricht gerade die gleichzeitige Inkraftsetzung der Parallelnormen am 1.10.1996 dafür, dass der eindeutige Wortlaut des Abs. 5 nach dem Willen des zeitnahen Gesetzgebers von 1996 auf die Aus-

---

1 FK-InsO/*Eisenbeis*, § 125 Rz. 4; *Moll* in Kübler/Prütting/Bork, § 125 InsO Rz. 28. ‖ 2 Ebenso *Moll* in Kübler/Prütting/Bork, § 125 InsO Rz. 25; aA ArbG Essen 6.5.1997 – 2 Ca 32/97, DB 1998, 1998; *Schiefer*, DB 1998, 927. ‖ 3 So aber *Moll* in Kübler/Prütting/Bork, § 125 InsO Rz. 26; *Oetker/Friese*, DZWIR 2001, 177 (179); wie hier unten *Annuß*, § 125 InsO Rz. 7. ‖ 4 Vgl. *Moll* in Kübler/Prütting/Bork, § 125 InsO Rz. 31 mwN. ‖ 5 BAG 17.11.2005 – 6 AZR 118/05, NZA 2006, 370, zu § 125 InsO; aA ohne Auseinandersetzung BAG 26.7.2007 – 8 AZR 769/06, NZA 2008, 112, zu § 1 V (Rz. 54f.). ‖ 6 BAG 27.9.2012 – 2 AZR 516/11, NZA 2013, 55. ‖ 7 BAG 7.5.1998 – 2 AZR 536/97, NZA 1998, 933 (934); aA *Zwanziger*, AuR 1997, 427. ‖ 8 *Lakies*, RdA 1997, 145 (150); *Warrikoff*, BB 1994, 2341. ‖ 9 BAG 6.11.2008 – 2 AZR 523/07, NZA 2009, 361. ‖ 10 BAG 5.11.2009 – 2 AZR 676/08, NJW 2010, 1395; 12.3.2009 – 2 AZR 418/07, DB 2009, 1932. ‖ 11 BAG 19.6.2007 – 2 AZR 304/06, NZA 2008, 103. ‖ 12 BAG 5.6.2008 - 2 AZR 107/07, NZA 2008, 1180. ‖ 13 AA *Kohte*, BB 1998, 946 (950), der eine auf den Betrieb begrenzte Reichweite der Vermutung daraus ableitet, dass in Ermangelung näherer Kenntnisse des BR über die Lage in anderen Betrieben ein sachgerechter Zusammenhang zwischen Vermutungsbasis und Vermutung fehle; dagegen spricht das Widerspruchsrecht des BR aus § 102 III Nr. 3 BetrVG. ‖ 14 BAG 19.6.2007 – 2 AZR 304/06, NZA 2008, 103, Rz. 25. ‖ 15 BAG 6.9.2007 – 2 AZR 715/06, BB 2008, 727. ‖ 16 Ebenso *Lakies*, BB 1999, 206 (207); *Moll* in Kübler/Prütting/Bork, § 125 InsO Rz. 48; *Annuß*, § 125 InsO Rz. 9 mwN. ‖ 17 Dies gilt seit Inkrafttreten der S. 2 und 3 des § 1 II KSchG im Jahre 1972, vgl. BAG 17.5.1984 – 2 AZR 109/83, NZA 1995, 489.

legung des § 125 I 1 Nr. 1 InsO aus dem Jahre 1994[1] ausstrahlt, da die Reichweite der insolvenzrechtl. Norm nicht hinter derjenigen der allg. Norm zurückbleiben kann[2]. Diesen Befund hat der Gesetzgeber in der Begründung zu dem Entwurf des Abs. 5 nF für diese Norm klargestellt[3]. Das Gleiche muss gelten für die Vermutung fehlender Weiterbeschäftigungsmöglichkeiten zu **geänderten Arbeitsbedingungen** oder nach zumutbaren **Umschulungs- und Fortbildungsmaßnahmen**[4]. Kommt es zu einem Betriebsübergang, so erstreckt sich die Vermutung aber nicht darauf, dass die Kündigung nicht iSv. § 613a IV BGB wegen eines Betriebsübergangs erfolgt sei (arg. e contrario aus § 128 II InsO).

Weitere Rechtsfolge der Namensliste ist gem. Abs. 5 S. 2, dass „**die soziale Auswahl**" im Kündigungsschutzprozess nur auf grobe Fehlerhaftigkeit geprüft werden kann. Das BAG sieht davon auch die Bildung der Vergleichsgruppen erfasst[5] und hat dies inzwischen auch für Abs. 3 S. 2 bejaht[6]. Keine Auswirkung hat das Privileg einer beschränkten gerichtl. Prüfung der sozialen Auswahl in Bezug auf **Diskriminierungen** iSd. AGG bzw. der zugrunde liegenden EG-RL. Für diese verbleibt es bei dem europarechtl. gebotenen Prüfungsmaßstab nebst Beweiserleichterungen (s. Rz. 385 und Vor § 1 Rz. 16). Zu den Auswirkungen auf die Darlegungs- und Beweislast vgl. Rz. 440 ff. 429

Kündigt der ArbGeb nicht allen im Interessenausgleich namentlich bezeichneten ArbN, so gilt die Beschränkung der Auswahlkontrolle auf grobe Fehlerhaftigkeit nach Abs. 5 S. 2 im Verhältnis dieser ArbN untereinander nur, wenn der Interessenausgleich unmissverständlich für die jeweiligen Vergleichsgruppen eine soziale Reihenfolge festgelegt hat. Fehlt sie, gilt insoweit Abs. 3 S. 1[7]. Die Rspr. zur Beschränkung des Prüfungsmaßstabs auf grobe Fehlerhaftigkeit ist bei § 125 InsO insolvenzbedingt großzügiger, kann aber mit dieser Einschränkung herangezogen werden[8]. Auf **grobe Fehlerhaftigkeit** zu prüfen ist die „soziale Auswahl" (Rz. 429), also nicht nur, wie in Abs. 4, die Bewertung der sozialen Gesichtspunkte im Verhältnis zueinander (vgl. insoweit Rz. 414). Sie ist grob fehlerhaft, wenn eine evidente, massive Abweichung von den Grundsätzen des § 1 III vorliegt und der Interessenausgleich jede soziale Ausgewogenheit vermissen lässt. Dabei muss sich die getroffene Auswahl gerade mit Blick auf den klagenden ArbN im Erg. als grob fehlerhaft erweisen. Nicht entscheidend ist, ob das einzelne Auswahlverfahren als solches Anlass zu Beanstandungen gibt[9]. Allein die Verkennung des Betriebszuschnitts und damit des auswahlrelevanten Personenkreises ist idR nicht grob fehlerhaft[10]. Es spricht viel für grobe Fehlerhaftigkeit, wenn die Betriebspartner im Interessenausgleich bewusst nicht auf die tatsächlichen Unterhaltspflichten, sondern allein auf die in den LStKarten ausgewiesenen abstellen[11]. Ehegattenunterhalt darf in keinem Fall gänzlich außer Betracht bleiben[12]. 430

dd) Betriebsratsbeteiligung bei Kündigung auf Grund Namensliste. Gem. Abs. 5 S. 4 ersetzt der Interessenausgleich mit Namensliste die **Stellungnahme des BR zur Massenentlassung** nach § 17 III 2. Der ArbGeb hat daher anstelle einer besonderen Stellungnahme des BR den Interessenausgleich mit Namensliste seiner Anzeige an die AA beizufügen. Die **Anhörung des BR vor der Kündigung** nach § 102 BetrVG ist in Abs. 5 S. 4 nicht erwähnt. Daraus folgert die Rspr. im Umkehrschluss, dass der ArbGeb trotz Erstellung eines Interessenausgleichs mit Namensliste nicht von seiner Anhörungspflicht nach § 102 BetrVG entbunden ist[13]. Die Anhörung des BR muss den Anforderungen des § 102 BetrVG genügen (vgl. die Erl. dort). Der Abschluss eines Interessenausgleichs enthebt den ArbGeb nicht von der Pflicht, den BR gem. § 102 I 2 BetrVG über den Kündigungsgrund zu unterrichten. Hierzu gehören die dringenden betriebl. Erfordernisse iSd. Abs. 2 sowie die Sozialauswahl gem. Abs. 3. Der Vermutungstatbestand des Abs. 5 S. 1 ist auf das individualrechtl. Kündigungsschutzverfahren beschränkt und lässt das Anhörungsrecht des BR nach § 102 BetrVG unberührt. 431

Der BR ist daher **nach allg. Grundsätzen** in der Weise zu unterrichten, dass er sich ohne eigene Nachforschungen eine Meinung bilden und Stellung nehmen kann. Hierzu gehören zunächst die Umstände, die den Wegfall des Beschäftigungsbedarfs begründen. Bei Durchführung einer Sozialauswahl hat der ArbGeb außerdem die seiner Ansicht nach maßgeblichen Vergleichsgruppen, die entsprechenden Sozialdaten und seine weiteren Auswahlüberlegungen mitzuteilen. Ohne eine entsprechende Unterrichtung ist die Kündigung somit auch dann gem. § 102 I 3 BetrVG unwirksam, wenn der BR einen vorgelegten Interessenausgleich mit Namensliste „blindlings" unterschreibt[14]. Verfügt der BR bei Einl. des Anhörungsverfahrens bereits über **Vorkenntnisse**, etwa aus zuvor durchgeführten Interessenaus- 432

---

1 Vgl. Art. 110 EGInsO v. 5.10.1994 (BGBl. I S. 2911). ||2 LAG Rh.-Pf. 2.2.2006 – 1 Sa 673/05, NZA-RR 2006, 296; *Lakies*, BB 1999, 206 (207f.); *Moll* in Kübler/Prütting/Bork, § 125 InsO Rz. 48. ||3 BT-Drs. 15/1204, 22. ||4 *Bader*, NZA 1996, 1133; *Gaul*, AuA 1998, 169; aA *Kohte*, BB 1998, 950; *Fischermeier*, NZA 1997, 1089 (1097). ||5 BAG 7.5.1998 – 2 AZR 536/97, NZA 1998, 933; 21.1.1999 – 2 AZR 624/98, NZA 1999, 866. ||6 BAG 10.6.2010 – 2 AZR 420/09, NZA 2010, 1352; zuvor bereits im Insolvenzfall BAG 21.7.2005 – 6 AZR 592/04, NZA 2006, 162; 17.11. 2006 – 6 AZR 107/05, DB 2006, 844. ||7 IdS wohl auch BAG 24.2.2000 – 8 AZR 180/99, NZA 2000, 985 (987). ||8 Vgl. etwa BAG 28.8.2003 – 2 AZR 368/02, AP Nr. 1 zu § 125 InsO. ||9 BAG 19.7.2012 – 2 AZR 386/11, NZA 2013, 33; 10.6.2010 – 2 AZR 420/09, DB 2010, 2566. ||10 BAG 3.4.2008 – 2 AZR 879/06, NZA 2008, 1060; 20.9.2012 – 6 AZR 483/11, NZA 2013, 94. ||11 Offen gelassen in BAG 15.12.2011 – 2 AZR 42/10, NZA 2012, 1044, Rz. 68; anders in der Insolvenz gem. § 125 InsO: nicht grob fehlerhaft, vgl. BAG 28.6.2012 – 6 AZR 682/10, NZA 2012, 1090. ||12 BAG 28.6.2012 – 6 AZR 682/10, NZA 2012, 1090. ||13 BAG 28.8.2003 – 2 AZR 377/02, SAE 2005, 45 m. Anm. *Leipold*; 20.5.1999 – 2 AZR 532/98, NZA 1999, 1101 ff.; aA *Giesen*, ZfA 1997, 145 (175). ||14 BAG 20.5.1999 – 2 AZR 148/99, NZA 1999, 1039 f.

gleichsverhandlungen, bedarf es insoweit keiner erneuten Unterrichtung[1]. Der ArbGeb kann die Anhörung auch mit den Verhandlungen über den Interessenausgleich zeitlich verbinden. Seine Unterrichtungspflicht aus § 102 BetrVG wird hierdurch allerdings nicht berührt. Auch hat er ggü. dem BR hinreichend deutlich zu machen, dass er – fristauslösend – um Stellungnahme gem. § 102 BetrVG ersucht[2]. Eine Klarstellung über Durchführung und Abschluss des Anhörungsverfahrens im Interessenausgleich empfiehlt sich.

433 Im Rechtsstreit obliegt dem ArbGeb nach st. Rspr. die **Darlegungs- und Beweislast für die ordnungsgemäße Anhörung** des BR[3]. Zwar kann der ArbGeb auf eine vorausgegangene Unterrichtung des BR im Rahmen von Interessenausgleichsverhandlungen verweisen. Im Bestreitensfalle, zulässigerweise mit Nichtwissen (§ 138 IV ZPO), hat er diese aber im Einzelnen vorzutragen und unter Beweis zu stellen. Das gilt auch für die Unterrichtung über dringende betriebl. Erfordernisse. Aus der Unterzeichnung des Interessenausgleichs mit Namensliste folgt keine tatsächliche Vermutung für eine ordnungsgemäße Unterrichtung im Anhörungsverfahren. Wenn auch die Unterrichtung des BR durch den ArbGeb nicht denselben Anforderungen genügen muss wie die Darlegung der Kündigungsgründe durch den ArbGeb im Kündigungsschutzprozess[4], bietet doch die dem ArbGeb obliegende Darlegung der ordnungsgemäßen Unterrichtung des BR über die Kündigungsgründe gewisse Ansatzpunkte für die dem ArbN obliegende Widerlegung der Vermutung aus Abs. 5 S. 1.

434 **ee) Änderung der Umstände (Abs. 5 S. 3).** Weder die Vermutung des S. 1 noch die Beschränkung der Auswahlkontrolle auf grobe Fehlerhaftigkeit nach S. 2 gelten gem. Abs. 5 S. 3, soweit sich die Sachlage nach Zustandekommen des Interessenausgleichs wesentlich geändert hat. **Maßgeblicher Zeitpunkt** für die Beurteilung ist der Zugang der Kündigung. Bei späteren Änderungen kommt nur ein Wiedereinstellungsanspruch in Betracht[5]. Eine **wesentliche Änderung** der Sachlage liegt nach hM nur bei einem Wegfall der Geschäftsgrundlage vor, wenn also nicht ernsthaft bezweifelt werden kann, dass beide Betriebspartner oder einer von ihnen den Interessenausgleich in Kenntnis der späteren Änderung nicht oder mit anderem Inhalt geschlossen hätten. Das ist der Fall, wenn nachfolgend keine oder eine andere Betriebsänderung durchgeführt werden soll oder wenn sich die im Interessenausgleich vorgesehene Zahl der zur Kündigung vorgesehenen ArbN erheblich verringert hat[6]. Die Gegenmeinung sieht in Abs. 5 S. 3 auch eine Einschränkung der Rechtsfolgen der S. 1 u. 2, so dass jede Veränderung der Sachlage wesentlich sein kann, soweit sie die Vermutungswirkung bzw. die Beschränkung des Prüfungsmaßstabes für eine konkrete Kündigung in Frage stellt[7].

435 Richtigerweise wird es neben dem Wegfall der Geschäftsgrundlage **weitere Anwendungsfälle** des Abs. 5 S. 3 geben. Bspw. wird das freiwillige Ausscheiden eines nicht im Interessenausgleich bezeichneten, vergleichbaren ArbN nach Zustandekommen des Interessenausgleichs und vor Zugang der Kündigung die Vermutung des Abs. 5 S. 1 soweit entfallen lassen, als damit feststeht, dass für einen der namentlich bezeichneten ArbN die aus der Betriebsänderung folgenden dringenden betriebl. Erfordernisse entfallen sind. Auch über die Vergleichbarkeit der in der Namensliste aufgeführten ArbN mit dem freiwillig ausgeschiedenen ArbN trifft der Interessenausgleich idR keine Aussage; enthält darüber hinaus die Namensliste keine soziale Reihenfolge der aufgeführten jeweils vergleichbaren ArbN, kann auch für den Vergleich dieser ArbN untereinander keine Beschränkung des Prüfungsmaßstabes eingreifen[8].

436 **ff) Darlegungs- und Beweislast bei Abs. 5.** Die Darlegungs- und Beweislast für die **Vermutungsbasis** des Abs. 5 S. 1 trägt im Rechtsstreit der ArbGeb. Das gilt für die Betriebsänderung iSd. § 111 BetrVG[9] ebenso wie für den wirksamen Interessenausgleich mit Namensliste, aus dem sich die Zuordnung der Kündigung des ArbN zur Betriebsänderung ergibt[10]. Es gilt weiterhin dafür, dass die Kündigung „auf Grund" der Betriebsänderung ausgesprochen wurde. Betrifft die Kündigung bspw. Beschäftigte, die von der Betriebsänderung, etwa der grundlegenden Änderung der Betriebsanlagen (§ 111 S. 3 Nr. 4 BetrVG), nicht unmittelbar betroffen sind, ist auch die Kausalverknüpfung zwischen der Kündigung und der Betriebsänderung substantiiert darzulegen. Zur Darlegung des Interessenausgleichs gehört sein formgültiger Abschluss[11]. Ist der Interessenausgleich vom BR-Vorsitzenden unterzeichnet, spricht eine widerlegbare Vermutung dafür, dass der BR einen entsprechenden Beschluss gefasst hat[12].

---

1 BAG 20.5.1999 – 2 AZR 532/98, NZA 1999, 1101 f. ||2 BAG 20.5.1999 – 2 AZR 532/98, NZA 1999, 1101 f. ||3 BAG 19.8.1975 – 1 AZR 613/74, BB 1975, 1485, st. Rspr. ||4 BAG 24.2.2000 – 8 AZR 180/99, NZA 2000, 785 (789). ||5 BAG 21.2.2001 – 2 AZR 39/00, ZIP 2001, 1825. ||6 BAG 12.3.2009 – 2 AZR 418/07, DB 2009, 1932. ||7 *Bütefisch*, Die Betriebsbedingte Kündigung, 2000, S. 474; *Willemsen/Annuß*, NJW 2004, 177 (181); *Quecke*, RdA 2004, 86 (93); *Löwisch*, BB 2004, 154 (156). ||8 *Bütefisch*, Die Betriebsbedingte Kündigung, 2000, S. 474; *Willemsen/Annuß*, NJW 2004, 177 (181); *Quecke*, RdA 2004, 86 (93). ||9 Bei reinem Personalabbau ist das Erreichen der erforderlichen Schwellenwerte (s. Rz. 420) darzulegen, BAG 31.5.2007 – 2 AZR 254/06, DB 2007, 2376. ||10 BAG 7.5.1998 – 2 AZR 536/97, NZA 1998, 933. ||11 *Musielak*, Grundlagen der Beweislast im Zivilprozess, 1975, S. 310 f., 316 f., 371. ||12 BAG 24.2.2000 – 8 AZR 180/99, NZA 2000, 785; 21.2.2002 – 2 AZR 581/00, EzA § 1 KSchG Interessenausgleich Nr. 10; es dürfte sich um eine tatsächliche Vermutung handeln, die schon bei Erschütterung durch geeigneten Tatsachenvortrag entfällt; ebenso *Kohte*, BB 1998, 946 (950).

Die Tatsachen, die eine **wesentliche Veränderung der Sachlage** nach Zustandekommen des Interessenausgleichs begründen, stellen nach allg. Grundsätzen eine Einwendung dar. Ihre Rechtsfolge nimmt der ArbN für sich in Anspruch („Sätze 1 und 2 gelten nicht, ..."); daher hat er auch ihre Voraussetzungen darzulegen und zu beweisen. Bei erheblichem Sachvortrag hat der ArbGeb – schon aus dem Gesichtspunkt der Sachnähe – substantiiert zu bestreiten (§ 138 II ZPO). Zu den Auswirkungen der Vermutung des Abs. 5 S. 1 auf die Darlegungs- und Beweislast für die dringenden betriebl. Erfordernisse vgl. Rz. 427 f.; zu den Auswirkungen der Beschränkung des Prüfungsmaßstabs in Abs. 5 S. 2 auf die Darlegungs- und Beweislast der Sozialauswahl vgl. Rz. 440 ff. 437

g) **Auskunftspflicht.** Gem. Abs. 3 S. 1 Hs. 2 ist der ArbGeb **auf Verlangen** des ArbN verpflichtet, diesem die Gründe anzugeben, die zu der getroffenen sozialen Auswahl geführt haben. Der ArbN soll dadurch die Aussichten einer Kündigungsschutzklage im Hinblick auf eine fehlerhafte Sozialauswahl beurteilen können[1]. Dafür trägt der ArbN im Prozess die Beweislast (Abs. 3 S. 4). Dem kann er idR nur nachkommen, wenn der ArbGeb zuvor seiner Auskunftspflicht genügt hat (vgl. zur Darlegungslast im Prozess sogleich Rz. 440 ff.). Das gilt ohne Einschränkung auch bei nur beschränkter gerichtl. Überprüfbarkeit (grobe Fehlerhaftigkeit) gem. Abs. 4 u. 5[2]. Die Auskunft ist nach Ausspruch der Kündigung auf Verlangen des ArbN **unverzüglich** zu erteilen[3]. Grds. kann das mündlich geschehen. Umfangreiche und komplexe Angaben muss der ArbGeb nach Treu und Glauben (§ 242 BGB) aber schriftl. tätigen oder aber sonst eine ausreichende Kenntnisnahme ermöglichen[4]. 438

Die Auskunft hat sich auf **alle Gründe** zu erstrecken, die **subjektiv beim ArbGeb** zu der getroffenen Sozialauswahl geführt haben, idR also die Auswahlkriterien und ihre Gewichtung, die einbezogenen ArbN und ihre Sozialdaten[5]. Ist der ArbGeb aus berechtigten betriebl. Interessen gem. Abs. 3 S. 2 von der Sozialauswahl abgewichen (vgl. Rz. 391 ff.), hat er auch insoweit Auskunft zu geben. Es handelt sich dabei ebenfalls um Gründe, die zu der konkreten Auswahl geführt haben. Ohne diese Angaben könnte der ArbN die Richtigkeit der Auswahl nicht überprüfen[6]. Kommt der ArbGeb seiner Auskunftspflicht schuldhaft nicht oder nicht vollständig bzw. wahrheitsgemäß nach, ist das für die Wirksamkeit der Kündigung grds. unbeachtlich (vgl. aber zu den prozessualen Konsequenzen Rz. 440 ff.). Der ArbGeb macht sich aber **schadensersatzpflichtig**. Der Schaden kann in den Kosten eines vergeblichen Kündigungsschutzprozesses[7] bestehen; bei arglistiger Täuschung ist auch Schadensersatz für den Verlust des Arbeitsplatzes wegen unterlassener Kündigungsschutzklage denkbar. 439

h) **Darlegungs- und Beweislast für die Sozialauswahl. Der ArbN** hat gem. Abs. 3 S. 4 die Tatsachen zu beweisen, die die Kündigung wegen fehlerhafter Sozialauswahl als sozial ungerechtfertigt erscheinen lassen. Hierzu gehört grds. die Weiterbeschäftigung eines – bei Kenntnis zu benennenden (Rz. 441) – vergleichbaren, aber sozial deutlich weniger schutzbedürftigen ArbN und deren Ursächlichkeit für die Kündigung des ArbN (Rz. 332). Die Darlegungs- und Beweislast wird erleichtert durch den **Auskunftsanspruch** des ArbN gegen den ArbGeb aus Abs. 3 S. 1 Hs. 2 (vgl. Rz. 438 f.). Für die berechtigten betriebl. Interessen (Abs. 3 S. 2, vgl. Rz. 391 ff.) trägt der ArbGeb die Darlegungs- und Beweislast[8]. Daraus ergibt sich für den „Normalfall" des **Abs. 3** die nachfolgende **abgestufte Darlegungs- und Beweislast**[9]. Sie gilt entsprechend bei nur beschränkter gerichtl. Überprüfbarkeit der Gewichtung der Auswahlkriterien (**Abs. 4**) bzw. der Sozialauswahl (**Abs. 5**) auf grobe Fehlerhaftigkeit[10]. Anders liegt es für die Darlegung von Diskriminierungstatbeständen (Wahrscheinlichkeit genügt, vgl. Rz. 385 aE). 440

Der ArbN hat zunächst die Sozialauswahl als fehlerhaft bzw. grob fehlerhaft zu rügen. Hat er von den maßgeblichen Tatsachen **Kenntnis**, muss er sie substantiiert vortragen und ggf. beweisen. Das erfordert die **namentliche Bezeichnung** des sozial weniger schutzwürdigen Kollegen[11]. Zur Kausalität dieses Auswahlfehlers für die eigene Kündigung (s. Rz. 332) muss er zunächst nicht vortragen. Der Einwand fehlender Kausalität obliegt dem ArbGeb, da Abs. 3 S. 1 ihm einen Beurteilungsspielraum einräumt[12]. 441

Hat der ArbN von den maßgeblichen Tatsachen **keine Kenntnis**, kann er im Prozess von seinem Auskunftsanspruch Gebrauch machen. Dann hat der ArbGeb die von ihm subjektiv angestellten (Rz. 439) Auswahlüberlegungen substantiiert vorzutragen. Hierzu gehören die Sozialdaten der in den Vergleich einbezogenen ArbN, ihre Bewertung (etwa in Form eines Punkteschemas) sowie die berechtigten betriebl. Interessen iSv. Abs. 3 S. 2, für die der ArbGeb darlegungs- und im Bestreitensfall beweispflichtig 442

---

1 BAG 24.3.1983 – 2 AZR 21/82, BB 1983, 1665; 21.7.1988 – 2 AZR 75/88, BB 1989, 75. ||2 BAG 10.2.1999 – 2 AZR 716/98, NZA 1999, 702 f. ||3 Vgl. KR/*Griebeling*, § 1 Rz. 680. ||4 So ArbG Hamburg 29.3.1993 – 21 Ca 382/92, RZK I 5d) Nr. 32; aA KR/*Griebeling*, § 1 Rz. 681. ||5 BAG 5.12.2002 – 2 AZR 697/01, NZA 2003, 849; 24.3.1983 – 2 AZR 21/82, BB 1983, 1665; 21.7.1988 – 2 AZR 75/88, BB 1989, 75. || 6 BAG 10.2.1999 – 2 AZR 716/98, NZA 1999, 702 f.; 12.4.2002 – 2 AZR 706/00, AP Nr. 56 zu § 1 KSchG 1969 Soziale Auswahl; HK-KSchG/*Dorndorf*, § 1 Rz. 1170. ||7 Nicht der Kosten eines erstinstanzl. Prozessbevollmächtigten (§ 12a I ArbGG), BAG 30.4.1992 – 8 AZR 288/91, AP Nr. 6 zu § 12a ArbGG. ||8 AllgM, *v. Hoyningen-Huene/Linck*, DB 1997, 43. ||9 BAG 24.3.1983 – 2 AZR 21/82, BB 1983, 1665; 18.10.1984 – 2 AZR 543/83, NZA 1985, 423; 8.8.1985 – 2 AZR 464/84, NZA 1986, 679; 21.7.1988 – 2 AZR 75/88, BB 1989, 75; 15.6.1989 – 2 AZR 580/88, BB 1990, 143 (153). ||10 BAG 10.2.1999 – 2 AZR 716/98, NZA 1999, 702 f.; 24.2.2000 – 2 AZR 180/99, NZA 2000, 785; 21.2.2002 – 2 AZR 581/00, EzA § 1 KSchG Interessenausgleich Nr. 10. ||11 BAG 18.10.2006 – 2 AZR 473/05, DB 2007, 922; 5.12.2002 – 2 AZR 697/01, NZA 2003, 849; 18.10.1984 – 2 AZR 543/83, NZA 1985, 423; 24.3.1983 – 2 AZR 21/82, BB 1983, 1665. ||12 BAG 9.11.2006 – 2 AZR 812/05, NZA 2007, 549.

443 Kommt der ArbGeb dem **vollständig und schlüssig** nach (wobei der unterschiedliche Beurteilungsspielraum nach den Abs. 3–5 zu beachten ist), ist es wiederum Sache des ArbN, konkret vorzutragen und zu beweisen, warum die Auswahl des ArbGeb fehlerhaft bzw. grob fehlerhaft war, etwa eine vergleichbare Person (nicht nur geringfügig) sozial weniger schutzwürdig bzw. die Auswahl völlig unausgewogen (vgl. Rz. 414) ist[2]. Ergibt der konkrete Vortrag des ArbN dabei, dass **noch weitere ArbN** in die Sozialauswahl einzubeziehen sind als geschehen, muss der ArbGeb gem. Abs. 3 S. 1 Hs. 2 deren Sozialdaten ergänzen. Anderenfalls ist die Behauptung des ArbN, dass die Sozialauswahl fehlerhaft sei, nicht ausreichend bestritten[3]. Das gilt grds. auch bei nur beschränkter Überprüfbarkeit der Vergleichsgruppenbildung nach Abs. 5[4], sofern dem Vortrag des ArbN eine grob fehlerhafte Vergleichsgruppenbildung durch den ArbGeb zu entnehmen ist.

444 Erweisen sich bereits die Angaben des ArbGeb als **unschlüssig**, also entsprechen seine Auswahlerwägungen objektiv nicht den gesetzl. Anforderungen bzw. sind völlig unausgewogen, wird die (grobe) Fehlerhaftigkeit der Sozialauswahl vermutet. Der ArbGeb muss dann ergänzend vortragen und beweisen, warum die Auswahl dennoch im Erg. richtig war[5]. Dazu kann er sich auch darauf berufen, dass ein **Auswahlfehler** für die konkrete Kündigung des Klägers **nicht kausal** war, weil dieser auch ohne den Fehler bei jedem denkbaren Zuschnitt einer ausreichenden Sozialauswahl zur Kündigung angestanden hätte. Hat der ArbGeb bei der Auswahl ein zulässiges **Punkteschema** verwendet, aus dem sich die soziale Rangfolge der Auswahlgruppe ergibt, kann er sich schon darauf berufen, dass nach dieser Rangfolge, also nicht nur bei jedem denkbaren Zuschnitt der Sozialauswahl, der Auswahlfehler für die Kündigung des Klägers nicht kausal war[6] (s. Rz. 332). Er wird insoweit aber darlegen müssen, dass er sein Beurteilungsermessen bereits bei Ausspruch der Kündigung entsprechend ausgeübt hatte. Im Rechtsstreit kann er es nicht mehr ausüben (s. Rz. 332).

445 Kommt der ArbGeb hingegen schon von vornherein seiner Auskunftspflicht nicht oder **nicht vollständig** nach und kann der ArbN deshalb seinerseits nicht näher zur Unrichtigkeit der Sozialauswahl vortragen, ist eine weitere von einer fehlerhaften Sozialauswahl auszugehen[7]. Das gilt auch bei nur beschränkter Überprüfbarkeit auf grobe Fehlerhaftigkeit nach Abs. 4 u. 5[8].

446 **4. Widerspruchstatbestände (Abs. 2 S. 2 u. 3).** Nach Abs. 2 S. 2 und 3 des § 1 ist die Kündigung „auch" sozial ungerechtfertigt, wenn

(1) die Kündigung gegen eine Auswahlrichtlinie nach § 95 BetrVG verstößt oder

(2) der ArbN an einem anderen (freien) Arbeitsplatz in demselben oder einem anderen Betrieb des Unternehmens zu unveränderten oder – bei Einverständnis des ArbN – zu geänderten Arbeitsbedingungen oder nach zumutbaren Umschulungsmaßnahmen weiterbeschäftigt werden kann

und der BR oder Personalrat der Kündigung ordnungsgemäß aus einem dieser Gründe widersprochen hat.

Die Bestimmung knüpft an das (deckungsgleiche) Widerspruchsrecht des BR in § 102 BetrVG an. Die Widerspruchsgründe gelten für alle Kündigungsgründe, haben aber ihren Schwerpunkt bei der betriebsbedingten Kündigung. Die unmittelbare Bedeutung der Vorschrift für den Kündigungsschutz des ArbN ist gering: In allen genannten Fällen kann sich der ArbN auch ohne einen Widerspruch[9] des BR oder Personalrats und in Bezug auf einen Weiterbeschäftigungsanspruch auch in Betrieben ohne ArbN-Vertretung auf die Unwirksamkeit der Kündigung berufen. Zum Widerspruchsrecht des BR und seiner ordnungsgemäßen Ausübung vgl. die Erl. zu § 102 BetrVG.

447 Liegt ein form- und fristgerecht erhobener Widerspruch des BR vor und ist er in der Sache berechtigt, ist die Kündigung sozialwidrig. Einer **Interessenabwägung** bedarf es dann nicht mehr („absolute" Sozialwidrigkeit). Abs. 2 S. 2 u. 3 bildet keinen sonstigen Unwirksamkeitsgrund iSv. § 13 III und setzt daher fristgemäße Klageerhebung voraus (§ 7). Zur **Weiterbeschäftigungspflicht** des ArbGeb vgl. Rz. 274 ff. Der BR muss den anderen Arbeitsplatz in seinem Widerspruch konkret bezeichnen[10]. Hat er geltend gemacht, dass der ArbN zwar nicht auf einem „anderen", doch auf seinem alten Arbeitsplatz weiterbeschäftigt werden könnte, soll darin ein wirksamer Widerspruch nicht liegen[11]. Die **Beweislast** für einen

---

1 AllgM, vgl. *v. Hoyningen-Huene/Linck*, DB 1997, 43. || 2 BAG 24.2.2000 – 8 AZR 180/99, NZA 2000, 785. || 3 BAG 15.6.1989 – 2 AZR 580/88, BB 1990, 143 (153). || 4 BAG 10.2.1999 – 2 AZR 716/98, NZA 1999, 702 f. (zur Herausnahme nach Abs. 3 S. 2 trotz etwaiger beschränkter Überprüfbarkeit); 24.2.2000 – 8 AZR 180/99, NZA 2000, 785; 21.2.2002 – 2 AZR 581/00, EzA § 1 KSchG Interessenausgleich Nr. 10. || 5 BAG 15.6.1989 – 2 AZR 580/88, BB 1990, 143 (153); 18.10.1984 – 2 AZR 543/83, NZA 1985, 423; 20.10.1983 – 2 AZR 211/82, BB 1984, 671. || 6 BAG 9.11.2006 – 2 AZR 812/05, NZA 2007, 549. || 7 BAG 12.4.2002 – 2 AZR 706/00, NJW 2002, 3797. || 8 BAG 10.2.1999 – 2 AZR 716/98, NZA 1999, 702 f. (zur Herausnahme nach Abs. 3 S. 2 trotz etwaiger beschränkter Überprüfbarkeit nach Abs. 5); vgl. auch BAG 12.4.2002 – 2 AZR 706/00, NJW 2002, 3797. || 9 BAG 17.5.1984 – 2 AZR 109/83, NZA 1985, 489. || 10 BAG 11.5.2000 – 2 AZR 54/99, NZA 2000, 1055. || 11 BAG 12.5.1985 – 2 AZR 324/84, EzA § 102 BetrVG 1972 Nr. 61; aA KR/*Griebeling*, § 1 Rz. 719 mwN.

ordnungsgemäßen Widerspruch des BR trägt grds. der ArbN. Der ArbGeb hat insoweit substantiiert zu bestreiten. Die Darlegungs- und Beweislast dafür, dass der Widerspruch des BR inhaltlich unberechtigt ist, trifft dagegen den ArbGeb[1]. Die Darlegungslast ist abgestuft; der ArbGeb wird sich mit den Gründen des Widerspruchs des BR auseinanderzusetzen haben. Das gilt auch, wenn ausnahmsw. ein konzernweiter Weiterbeschäftigungsanspruch geltend gemacht wird[2]. Bei Abweichung von einer Auswahlrichtlinie kann und muss der ArbGeb darlegen und beweisen, dass dies zur Wahrung der gesetzl. Anforderungen des Abs. 3 erforderlich war[3].

1a Abfindungsanspruch bei betriebsbedingter Kündigung

(1) Kündigt der Arbeitgeber wegen dringender betrieblicher Erfordernisse nach § 1 Abs. 2 Satz 1 und erhebt der Arbeitnehmer bis zum Ablauf der Frist des § 4 Satz 1 keine Klage auf Feststellung, dass das Arbeitsverhältnis durch die Kündigung nicht aufgelöst ist, hat der Arbeitnehmer mit dem Ablauf der Kündigungsfrist Anspruch auf eine Abfindung. Der Anspruch setzt den Hinweis des Arbeitgebers in der Kündigungserklärung voraus, dass die Kündigung auf dringende betriebliche Erfordernisse gestützt ist und der Arbeitnehmer bei Verstreichenlassen der Klagefrist die Abfindung beanspruchen kann.

(2) Die Höhe der Abfindung beträgt 0,5 Monatsverdienste für jedes Jahr des Bestehens des Arbeitsverhältnisses. § 10 Abs. 3 gilt entsprechend. Bei der Ermittlung der Dauer des Arbeitsverhältnisses ist ein Zeitraum von mehr als sechs Monaten auf ein volles Jahr aufzurunden.

I. Gegenstand und Zweck. Normzweck der am 1.1.2004 in Kraft getretenen Vorschrift (vgl. Vor § 1 Rz. 6) ist es, eine **vorgerichtliche Klärung** der Beendigung des ArbVerh nach arbeitgeberseitiger betriebsbedingter Kündigung zu erleichtern. Hierzu soll ein einfacher, effizienter und kostengünstiger Weg eröffnet werden[4]. Der ArbGeb ist bei Aufnahme eines entsprechenden Hinweises in das Kündigungsschreiben (Abs. 1 S. 2) zur Zahlung einer Abfindung verpflichtet, sofern der ArbN die Klagefrist des § 4 S. 1 verstreichen und damit die Wirkung des § 7 eintreten lässt. Die Höhe der Abfindung ist in Abs. 2 festgelegt.

Die Regelung wird zu Recht als **rechtspolitisch verfehlt** kritisiert[5]. Gegen die Akzeptanz der Vorschrift dürfte ua. sprechen, dass bei Zweifeln an der Zahlungswilligkeit des ArbGeb die Kündigungsschutzklage mit der Option eines vollstreckbaren gerichtl. Vergleichs (§ 794 I Nr. 1 ZPO) vorzugswürdig bleibt. Auch die fehlende insolvenzrechtl. Absicherung des Abfindungsanspruchs nach § 1a als bloße Insolvenzforderung (§§ 38, 108 II InsO) bildet einen Anreiz zur Kündigungsschutzklage, da ein nach Insolvenzeröffnung mit dem Verwalter geschlossener Vergleich eine Masseforderung begründet (§§ 53, 55 I Nr. 1 InsO)[6]. Die Vorschrift ist **rechtstechnisch kaum begreifbar**. Da beide Parteien durch bewusstes oder doch planbares Verhalten an der Entstehung des Abfindungsanspruchs mitwirken, stellt sich die Frage nach der Unterscheidung von einer bloßen vertragl. Regelung. Unklar ist auch, ob abweichende vertragl. Regelungen beschränkt oder ausgeschlossen werden und in welchem Verhältnis der Abfindungsanspruch nach Abs. 1 S. 1 zu etwaigen Sozialplanabfindungen steht.

II. Abgrenzung von rein vertraglichen Gestaltungen. Die tatbestandlichen Voraussetzungen des § 1a unterscheiden sich vom **Aufhebungsvertrag** dadurch, dass die Auflösung des ArbVerh allein durch die arbeitgeberseitige Kündigung und die Fiktion des § 7 eintritt. Vom **Abwicklungsvertrag** unterscheidet sich die Vorschrift, weil der ArbN nicht auf sein Klagerecht verzichtet, sondern bis zum Fristablauf frei bleibt. Doch ließe sich ohne weiteres eine dem § 1a entsprechende privatautonome Regelung denken, etwa die Einigung über eine Abfindungszahlung unter der (Potestativ-)Bedingung, dass der ArbN keine Klage erhebt[7]; ferner das Angebot einer Abfindung im Kündigungsschreiben für den Fall der Nichterhebung der Klage, das der ArbN durch schlüssiges Verhalten (Verstreichenlassen der Klagefrist) annimmt, wobei der ArbGeb auf den Zugang dieser Erklärung gem. § 151 BGB verzichtet hat[8]. Solche Vertragsgestaltungen verstoßen nicht gegen § 612a BGB[9].

Vor diesem Hintergrund wird der Tatbestand des Abs. 1 zT rein **konsensual gedeutet**, entsprechende Willenserklärungen der Parteien würden, sofern sie nicht ohnehin in dem vom Tatbestand geforderten Verhalten zu sehen seien, gesetzl. zumindest fingiert[10]. Da dieser Weg auch ohne § 1a kraft Vereinbarung gangbar ist (vgl. Rz. 3), erschöpfte sich die Wirkung der Norm in der Festlegung der Abfindungshöhe nach Abs. 2. Ist diese aber – wie nahezu einhellig angenommen wird (vgl. Rz. 13) – abdingbar, bliebe al-

---

1 BAG 20.1.1994 – 2 AZR 489/93, NZA 1994, 653; 24.3.1983 – 2 AZR 21/82, NJW 1984, 78. ||2 BAG 20.1.1994 – 2 AZR 489/93, NZA 1994, 653. ||3 BAG 20.10.1983 – 2 AZR 211/82, DB 1984, 563. ||4 Begr. des Gesetzentwurfs, BT-Drs. 15/1204, 23. ||5 Vgl. *Meinel*, DB 2003, 1438 (1439); *Thüsing*, NJW 2003, 1989 (1990); *Willemsen/Annuß*, NJW 2004, 177 (181); *Preis*, DB 2004, 70 (75); weniger skeptisch *Löwisch*, NZA 2003, 689 (693). ||6 *Preis*, DB 2004, 70 (75f.); *Löwisch*, NZA 2003, 689 (694). ||7 Ein solches Angebot könnte als rechtlich lediglich vorteilhaft vom ArbN gem. § 151 BGB stillschweigend angenommen werden. ||8 IdS *Preis*, DB 2004, 70 (71f.). ||9 BAG 15.2.2005 – 9 AZR 116/04, AP Nr. 15 zu § 612a BGB. ||10 So wohl *Preis*, DB 2004, 70 (71f.); *Löwisch*, NZA 2003, 689 (694); *Thüsing/Stelljes*, BB 2003, 1673 (1677); *Ziemann*, Schriftliche Stellungnahme für die Anhörung im BT-Ausschuss für Wirtschaft und Arbeit, Ausschuss-Drs. 15(9)564, 71; *Rolfs*, ZIP 2004, 333 (336f.).

lenfalls eine Orientierungsgröße oder eine Auslegungsregel bei Unklarheiten und damit weitgehend ein „rechtliches Nullum"[1].

5 Die besseren Gründe sprechen für die Annahme eines neuartigen **gesetzl. Anspruchs**[2]. Dahin deuten bereits Aufbau und Wortlaut der Norm[3]. Auch die Gesetzesbegr. spricht von einem „gesetzlichen Abfindungsanspruch". Da der vom ArbGeb geforderte Hinweis sich inhaltlich mit der ausgelösten Rechtsfolge nahezu deckt und jedenfalls rechtsgeschäftl. Charakter hat[4], lässt sich § 1a auch als neu geschaffenes einseitiges Verpflichtungsgeschäft deuten[5]. Zwar lässt sich auch das vom ArbN geforderte **Verstreichenlassen der Klagefrist** uU als rechtsgeschäftl. Willenserklärung auslegen, deren Zugang an den Vertragspartner überdies gem. § 151 BGB verzichtbar ist[6]. Doch verlangt § 1a gerade keine Willensäußerung des ArbN, sondern als bloßen Realakt das faktische Verstreichenlassen der Klagefrist, woran das Gesetz die Rechtsfolgen der §§ 1a und 7 knüpft. Ferner bietet eine konsensuale Deutung der Vorschrift keine Lösung im Falle eines **Verstoßes gegen die Formvorschrift** des Abs. 1 S. 2. Bei Annahme eines formungültigen einseitigen Rechtsgeschäfts im Rahmen eines gesetzl. Anspruchs ist die Umdeutung in ein formlos mögliches Angebot auf Abschluss einer Abfindungsvereinbarung offen. Nach der Konsensualtheorie bleibt indessen kein Raum für eine Umdeutung des formunwirksamen Angebots des ArbGeb[7].

6 Schließlich spricht auch der **sozialrechtl. Hintergrund** für das hier vertretene Verständnis der Norm. Gem. §§ 159 I 1 Nr. 1, 148 SGB III droht dem ArbN eine Sperrzeit beim Alg, wenn er das Beschäftigungsverhältnis ohne wichtigen Grund „löst". Nach ihrer Durchführungsanweisung nimmt die BA einen solchen Lösungssachverhalt nur an, wenn der ArbN aktiv daran mitwirkt oder die Kündigung offensichtlich rechtswidrig ist[8]. Nach der Rspr. des BSG löst der ArbN das Beschäftigungsverhältnis, wenn er nach Ausspruch einer Kündigung des ArbGeb mit diesem innerhalb der Klagefrist eine Vereinbarung über die Hinnahme der Kündigung (Abwicklungsvertrag) trifft[9]. Hier bietet der mit § 1a eröffnete Weg, das ArbVerh ohne jede rechtsgeschäftl. Willenserklärung gegen Zahlung einer Abfindung aufzulösen, in der Tat eine sichere Alternative. Einen wichtigen Grund für die Auflösung nimmt das BSG inzwischen auch bei Vereinbarungen an, die § 1a entsprechen, sofern eine ordentl. oder außerord. betriebsbedingte Kündigung drohte; deren (hypothetische) Rechtmäßigkeit ist bei Einhaltung der Beträge nach Abs. 2 nicht mehr zu prüfen[10].

7 **III. Voraussetzungen im Einzelnen. 1. Kündigung.** § 1a gilt nur für Kündigungen, die dem **allg. Kündigungsschutz** unterliegen. Gem. §§ 1 I 1, 23 I 2 findet er daher auf Kündigungen während der Wartezeit oder in Kleinbetrieben keine Anwendung. Nur wenn die Kündigung eines Grundes bedarf, macht eine Abfindungsregelung als Alternative zum Kündigungsschutzprozess Sinn. Ohnehin führt die Berechnung der Beschäftigungszeit gem. Abs. 2 S. 3 erst nach Ablauf von mehr als sechs Monaten zu einem Anspruch. Entgegen dem zu weit gefassten Wortlaut des § 13 III findet § 1a jedoch auf Kündigungen Anwendung, die bereits aus anderen als den in § 1 II und III bezeichneten Gründen rechtsunwirksam sind. Es macht keinen Sinn, eine Vorschrift, welche die gerichtl. Klärung der Wirksamkeit einer arbeitgeberseitigen Kündigung entbehrlich machen will, nur anzuwenden, wenn die Kündigung in bestimmter Hinsicht wirksam ist. Kündigt der **falsche ArbGeb** (etwa bei Betriebsübergang) und scheiden Genehmigung gem. § 180 BGB oder Einwilligung gem. § 185 BGB durch den richtigen ArbGeb aus (vgl. § 1 Rz. 30), wird das ArbVerh nicht beendet. Es läuft weder eine Klagefrist (vgl. § 4 Rz. 7) noch wird grds. – mangels ArbVerh – ein Anspruch aus § 1a entstehen, sondern allenfalls ein vertragl. Anspruch außerhalb der Norm[11].

8 Abs. 1 S. 1 greift seinem Wortlaut nach nur bei Kündigungen **wegen dringender betrieblicher Erfordernisse**. Wie die Gesetzesbegr. hervorhebt[12], sollen dadurch Gründe aus der Sphäre des ArbN, dh. personen- und verhaltensbedingte Gründe, ausgeschieden werden. Ob die betriebsbedingten Gründe die Kündigung sozial rechtfertigen können, ist unerheblich, da die Vorschrift diese Prüfung gerade entbehrlich machen will[13]. Verbindet der ArbGeb eine personen- oder verhaltensbedingte Kündigung mit dem Hinweis nach Abs. 1 S. 2, kann er sich ggü. dem Abfindungsverlangen des ArbN nach Verstreichenlassen der Klagefrist nicht auf das Fehlen einer betriebsbedingten Kündigung als Anspruchsvoraussetzung des § 1a berufen. Darin läge eine unzulässige Rechtsausübung wegen widersprüchlichen Verhal-

---

1 So in der Tat *Preis*, DB 2004, 70 (75).　||2 So *Willemsen/Annuß*, NJW 2004, 177 (182); *Grobys*, DB 2003, 2174; *Maschmann*, AuA 2003, Nr. 10 S. 6 ff.; *Quecke*, RdA 2004, 86 (94f.); *Bader*, NZA 2004, 65 (70); *Giesen/Besgen*, NJW 2004, 185; *Hanau*, ZIP 2004, 1169 (1177); *Raab*, RdA 2005, 1 (2 ff.); KR/*Spilger*, § 1a Rz. 34 ff.; APS/*Hesse*, § 1a Rz. 5.　||3 AllgM, vgl. *Quecke*, RdA 2004, 86 (94); *Löwisch*, NZA 2003, 689 (694); *Grobys*, DB 2003, 2174; *Maschmann*, AuA 2003, Nr. 10 S. 6 (10).　||4 BT-Drs. 15/1204, 23 f.　||5 Eine rechtsgeschäftl. Willenserklärung ist auf die (unmittelbare) Herbeiführung einer Rechtswirkung gerichtet, während die geschäftsähnliche Handlung eine auf einen tatsächlichen Erfolg gerichtete Erklärung ist, deren Rechtsfolgen kraft Gesetzes eintreten.　||6 Vgl. *Preis*, DB 2004, 70 (71 f.).　||7 Vgl. näher *Quecke*, RdA 2004, 86 (95).　||8 GA 1. 2. 2., Stand 12/2013.　||9 BSG 18.12.2003 – B 11 AL 35/03 R, AP Nr. 3 zu § 144 SGB III; vgl. dazu *Gagel*, ZIP 2005, 332; zur weiteren Entwicklung *Preis/Schneider*, NZA 2006, 1297.　||10 BSG 2.5.2012 – B 11 AL 6/11 R, NZS 2012, 874.　||11 Einschränkend *Kortstock*, NZA 2007, 297 (298) für den Fall, dass ein „eventuell" noch bestehendes ArbVerh gekündigt werden sollte.　||12 BT-Drs. 15/1204, 24.　||13 Ebenso *Grobys*, DB 2003, 2174 (2176); *Preis*, DB 2004, 70 (73); *Quecke*, RdA 2004, 86 (95).

tens[1]. Die Begrenzung auf Kündigungen aus betriebsbedingten Gründen hat für die Frage der Sperrfrist gem. §§ 159 I 2 Nr. 1, 148 SGB III Bedeutung (vgl. Rz. 6). Der ArbGeb hat es mit dem Hinweis nach Abs. 1 S. 2 zwar in der Hand, den Abfindungsanspruch auszulösen. Die BA hat jedoch bei der Sperrzeitprüfung von Amts wegen festzustellen, ob tatsächlich eine betriebsbedingte Kündigung drohte.

Der Abfindungsanspruch setzt eine **ordentl. Kündigung** voraus. Das folgt aus seinem Standort im 1. Abschnitt des KSchG, aus der Beschränkung auf betriebsbedingte Gründe sowie aus dem in Abs. 1 S. 1 angeordneten Entstehungszeitpunkt „mit dem Ablauf der Kündigungsfrist". Dies steht der entsprechenden Anwendung auf außerordentl. Kündigungen mit Auslauffrist bei tarifl. unkündbaren ArbN nicht entgegen[2]. § 1a eröffnet einen vereinfachten Weg zur Beendigung des ArbVerh gegen Zahlung einer Abfindung bei betriebsbedingter Kündigung. Zur Vermeidung von Wertungswidersprüchen muss dieser Weg auch den besonders geschützten unkündbaren ArbN offenstehen, wenn ihnen ausnahmsw. außerordentl. mit Auslauffrist aus betriebsbedingten Gründen gekündigt werden kann[3]. § 1a findet auch auf betriebsbedingte **Änderungskündigungen** Anwendung[4]. Die Kündigung und der Hinweis nach Abs. 1 S. 2 werden hier für den Fall der vorbehaltlosen Ablehnung des Änderungsangebots erklärt. Die Ablehnung wird uU eine Sperrzeit auslösen können (§§ 159 I Nr. 1 SGB III).

2. Hinweis gemäß Abs. 1 S. 2. Der Abfindungsanspruch erfordert den Hinweis des ArbGeb in der Kündigungserklärung, dass die Kündigung auf dringende betriebl. Erfordernisse gestützt ist und der ArbN bei Verstreichenlassen der Klagefrist die Abfindung beanspruchen kann. Die Anbringung des Hinweises hat **rechtsgeschäftlichen Charakter** und ist zumindest geschäftsähnliche Handlung (vgl. Rz. 5). Damit unterliegt sie den allg. Regeln über Geschäftsfähigkeit, Willensmängel, Zugang und Stellvertretung[5]. Ein Widerruf nach Zugang scheidet aus (§ 130 I 2 BGB)[6]. Anfechtung ist möglich. Bei hier ausnahmsw. zulässiger Teilanfechtung[7] nur des Abfindungshinweises kann der ArbN innerhalb der Sechs-Monats-Frist des § 5 III 2 nachträgliche Zulassung der Kündigungsschutzklage beantragen; iÜ ist die Haftung des Anfechtenden für Vertrauensschäden gem. § 122 BGB zu beachten.

Der Hinweis muss „in" der Kündigungserklärung erfolgen. Es gilt **Schriftform** gem. §§ 623, 126 BGB. Als Bestandteil der Erklärung wird der Hinweis von der Unterschrift abgedeckt sein müssen. Die Beifügung eines nicht unterzeichneten Formulars sowie ein gesondert erteilter Hinweis genügen nicht, ebenso wenig ein mündlicher Hinweis. Die Regelung bezweckt, dem ArbN als Empfänger der Erklärung Rechtsklarheit und Beweissicherheit als Grundlage für seine Entscheidung zu verschaffen und irrtümliche Erklärungen zu vermeiden[8]. Nach seinem Inhalt muss der Hinweis als Kündigungsgrund dringende betriebl. Erfordernisse angeben, wobei die **Bezeichnung als betriebsbedingt** ausreicht[9]. Die Angabe soll offenbar dem ArbGeb den späteren Einwand ggü. dem Abfindungsanspruch abschneiden, er hätte nicht aus betriebsbedingten, dh. in seiner Sphäre liegenden Gründen gekündigt (vgl. Rz. 8). Einer näheren Begründung der Kündigung bedarf es dagegen nicht[10].

Weiterer Bestandteil des Hinweises ist die **Mitteilung**, dass der ArbN bei Verstreichenlassen der Klagefrist die Abfindung beanspruchen kann. Gemeint ist die gesetzl. Abfindung nach Abs. 2. Nicht erforderlich ist eine wörtliche Wiedergabe der Formel. Im Zweifel wird – schon wegen der Verbindung mit dem Kündigungsschreiben – ein Hinweis nach § 1a anzunehmen sein. Ein abweichender Erklärungsinhalt muss daher hinreichend deutlich zum Ausdruck kommen. Eine **Bezifferung** ist nicht erforderlich[11]. Erfolgt sie und weicht sie von der gesetzl. Höhe ab, ist es eine Frage der Auslegung, ob der ArbGeb einen Hinweis nach Abs. 1 S. 2 oder ein abweichendes, nicht unter § 1a fallendes Angebot getätigt hat[12]. Letzteres muss unmissverständlich zum Ausdruck kommen[13]. Ist das der Fall, handelt es sich um ein bloßes Vertragsangebot[14].

§ 1a enthält **kein Verbot abweichender vertragl. Gestaltungen**[15]. Hierfür lässt sich angesichts der Möglichkeit des ArbGeb, auch ohne jede Abfindung betriebsbedingt zu kündigen oder einen Aufhebungsvertrag mit beliebigem Inhalt zu schließen, keine Rechtfertigung finden. Erfüllt der Hinweis des ArbGeb die gesetzl. Anforderungen an Form oder Inhalt nicht, findet § 1a keine Anwendung (vgl. zur Frage der Auslegung Rz. 12). Zu prüfen bleibt ein vertragl. Anspruch, der durch stillschweigende Annahme des ArbN und Verstreichenlassen der Klagefrist entstehen kann (vgl. Rz. 3). Das Gleiche gilt, wenn der

---

1 *Palandt/Grüneberg*, § 242 BGB Rz. 55 ff. || 2 Im Erg. ebenso *Grobys*, DB 2003, 2174; *Willemsen/Annuß*, NJW 2004, 177 (182); *Preis*, DB 2004, 70 (73). || 3 St. Rspr., vgl. BAG 28.3.1985 – 2 AZR 113/84, NZA 1985, 559; 27.6.2002 – 2 AZR 367/01, DB 2003, 102. || 4 BAG 13.12.2007 – 2 AZR 663/06, DB 2008, 1272. || 5 So auch *Löwisch*, NZA 2003, 689 (694); *Maschmann*, AuA 2003, Nr. 10 S. 6 (10); vgl. aber BAG 14.8.2002 – 5 AZR 341/01, NJW 2003, 230 zur nur beschränkten Anwendung der allg. rechtsgeschäftlichen Vorschriften auf geschäftsähnliche Handlungen. || 6 HM, vgl. KR/*Spilger*, § 1a KSchG Rz. 45; anders *Raab*, RdA 2005, 1 (6 f.), der hier zu Unrecht eine Parallele zur nicht empfangbedürftigen (!) Auslobung (§ 658 BGB) zieht. || 7 Vgl. zur Frage der Zulässigkeit einer Teilanfechtung MüKoBGB/*Busche*, § 143 Rz. 11; BGH 5.4.1973 – II ZR 45/71, MDR 1973, 653. || 8 Begr. des Gesetzentwurfs, BT-Drs. 15/1204, 24. || 9 Begr. des Gesetzentwurfs, BT-Drs. 15/1204, 24. || 10 Begr. des Gesetzentwurfs, BT-Drs. 15/1204, 24. || 11 BAG v.13.12.2007 – 2 AZR 807/06, AiB 2008, 679. || 12 BAG 19.6.2007 – 1 AZR 340/06, NJW 2008, 169; LAG Hamm 7.6.2005 – 12 Sa 2165/04, NZA 2005, 1123 (Hinweis auf Abfindung in Höhe des Sozialplans bei „Rechtskraft" der Kündigung keine Erklärung nach § 1a). || 13 BAG 13.12.2007 – 2 AZR 807/06, AiB 2008, 679. || 14 *Bauer/Krieger*, NZA 2004, 77 (78). || 15 BAG 19.6.2007 – 1 AZR 340/06, NJW 2008, 169.

Hinweis außerhalb des Anwendungsbereichs des § 1a oder unmissverständlich abweichend mit einem anderweitigen Abfindungsangebot ergeht (vgl. Rz. 12).

14 **3. Verstreichenlassen der Klagefrist.** Das Verstreichenlassen der Klagefrist des § 4 S. 1 ist nach hier vertretener Auffassung **bloßer Realakt**, der kündigungsrechtl. die Folge des § 7 auslöst (vgl. Rz. 5). Es ist daher nicht erforderlich, dass der ArbN willentlich die Frist verstreichen lässt. Versehentliche Versäumung löst den Anspruch nach § 1a ebenfalls aus. Fordert man – wie die Vertreter der Konsensualtheorie (vgl. Rz. 4) – eine Annahme des Abfindungsangebotes durch den ArbN, kommt es indessen auf den Annahmewillen an, da § 151 BGB nach hM nur auf den Zugang der Annahmeerklärung, nicht aber auf diese selbst verzichtet[1]. Dies führt zu Anfechtungsproblemen.

15 Erhebt der ArbN fristgerecht Kündigungsschutzklage, entsteht der Anspruch nicht. Das gilt auch bei **späterer Klagerücknahme**. Die Fiktion des § 269 III ZPO, wonach in diesem Fall der Rechtsstreit als nicht anhängig geworden anzusehen ist, hat zwar zur Folge, dass die Kündigung gem. § 7 als von Anfang an rechtswirksam anzusehen ist. Dies lässt aber nicht rückwirkend den Abfindungsanspruch entstehen. Zweck des § 1a ist es gerade, eine gerichtl. Auseinandersetzung um die Kündigung von vornherein zu vermeiden. Dieses Ziel ist bereits durch die ursprüngliche Klageerhebung vereitelt. Die Fiktion des § 269 III ZPO ist daher für den Tatbestand des § 1a ohne Bedeutung[2]. Das Gleiche muss gelten für die **verlängerte Anrufungsfrist nach § 6**. Hier stellt der ArbN die Wirksamkeit der Kündigung mit einer anderen Klage als nach § 4 S. 1 in Frage und kann in unmittelbarer oder analoger Anwendung von § 6 S. 1 bis zum Schluss der mündlichen Verhandlung 1. Instanz zur Kündigungsschutzklage übergehen. Dies würde den Zweck der Norm, eine vorgerichtl. Klärung herbeizuführen, ebenso vereiteln[3].

16 Übersehen hat der Gesetzgeber offenbar den Fall der **nachträglichen Zulassung** der Klage gem. § 5. Der Anspruch kann hier bereits mit Verstreichen von Klage- und Kündigungsfrist entstanden sein. Dadurch hat der ArbN das Recht zur Beantragung der nachträgl. Zulassung noch nicht verloren. Erst das Einfordern und die Annahme der Abfindung können einem nachfolgenden Antrag auf nachträgl. Zulassung der Kündigungsschutzklage entgegenstehen (sei es aus Vertrag, sei es aus Treu und Glauben), sofern nicht die Voraussetzungen für eine Anfechtung gem. §§ 119 f., 123 BGB vorliegen. Nach seiner **Ratio** wird der Abfindungsanspruch jedoch bereits mit Eingang des Antrags auf nachträgl. Zulassung (verbunden mit der Kündigungsschutzklage, § 5 II 1) bei Gericht rückwirkend entfallen, da hierdurch bereits eine rein vorgerichtl. Klärung vereitelt wird[4]. Das Gleiche gilt, wenn der ArbN verspätet klagt und den Antrag auf nachträgliche Zulassung deswegen nicht stellt, weil er die Klagefrist für gewahrt hält[5]. Nach der Konsensualtheorie folgt dies aus einer stillschweigend vereinbarten auflösenden Bedingung für den Fall der nachträgl. Zulassung der Klage bzw. deren Beantragung[6], nach hier vertretener Auffassung aus einer teleologischen Reduktion der Norm oder auch aus dem Gesichtspunkt der Zweckverfehlung gem. § 812 I 2 Alt. 2 BGB.

17 Ist zwischen Zugang der Kündigung und Ablauf ihrer Frist der betriebsbedingte Kündigungsgrund entfallen, kann ein **Wiedereinstellungsanspruch** entstehen (vgl. § 1 Rz. 75 ff.). Im Hinblick auf den Abfindungsanspruch, der nach Verstreichen der Klagefrist und vor Ablauf der Kündigungsfrist bereits als Anwartschaft bestehen dürfte, wird der Wiedereinstellungsanspruch, sofern er überhaupt noch in Betracht kommt, qualifizierte Anforderungen erfüllen müssen; nach Annahme der Abfindung oder Einfordern des fälligen Anspruchs wird eine Wiedereinstellung regelmäßig ausscheiden[7]. Kommt es zur nahtlosen Wiedereinstellung, ohne dass mit Ablauf der Kündigungsfrist das ArbVerh geendet hat, wird der Abfindungsanspruch aus § 1a nicht entstehen (Abs. 1 S. 1 aE). Kommt es erst nach Ablauf der Kündigungsfrist zur Wiedereinstellung, wird der ArbGeb eine bereits geleistete Abfindung gem. § 812 I 2 Alt. 2 BGB wegen **Zweckverfehlung** zurückfordern bzw. der Einforderung einer noch nicht geleisteten Abfindung die Einrede der Bereicherung (§ 821 BGB) entgegenhalten können[8]. Denn die Abfindung bezweckt nicht allein die Vermeidung des Streits um die Kündigung, sondern dient außerdem dem Ausgleich und der Milderung der Nachteile aus dem Verlust des Arbeitsplatzes. Dieser Zweck wird bei Wiedereinstellung verfehlt. Vom Standpunkt der Konsensualtheorie gelangt man über den Wegfall der Geschäftsgrundlage gem. § 313 III 1 BGB zur Anwendung von Rücktrittsrecht[9].

18 Unbeschadet seines Abfindungsanspruchs ist der ArbN berechtigt, die Einhaltung einer **zu kurzen Kündigungsfrist** klageweise geltend zu machen. Dafür braucht er die Klagefrist nicht zu wahren, da er nicht iSv. § 4 geltend macht, dass das ArbVerh nicht aufgelöst ist, und weil außerdem eine ordentl. Kündigung idR dahin auszulegen ist, dass mit der maßgeblichen Frist, frühestens aber zu dem genannten Termin gekündigt wird[10]. Die Wirksamkeit der Kündigung wird durch das Einfordern der Kündigungsfrist somit nicht iSv. Abs. 1, § 4 S. 1 in Frage gestellt.

---

1 MüKoBGB/*Busche*, § 151 Rz. 9 f. || 2 BAG 13.12.2007 – 2 AZR 971/06, DB 2008, 1383. || 3 Ebenso *Preis*, DB 2004, 70 (75); *Grobys*, DB 2003, 2174 (2175 f.). || 4 BAG 13.12.2007 – 2 AZR 971/06, DB 2008, 1383; *Raab*, RdA 2005, 1 (9) mwN. || 5 BAG 20.8.2009 – 2 AZR 267/08, NZA 2009, 1197. || 6 *Preis*, DB 2004, 70 (74). || 7 Vgl. BAG 28.6.2000 – 7 AZR 904/98, NZA 2000, 1097; aA *Kortstock*, NZA 2007, 297 (300). || 8 Im Erg. ebenso KR/*Spilger*, § 1a Rz. 117 ff. || 9 *Preis*, DB 2004, 70 (74). || 10 BAG 15.12.2005 – 2 AZR 148/05, DB 2006, 1116.

IV. Rechtsfolgen. Der Anspruch auf Abfindung entsteht gem. Abs. 1 S. 1 mit **Ablauf der Kündigungsfrist**, frühestens aber mit Verstreichen der Klagefrist. Zugleich treten Fälligkeit und Verzug (§ 286 II Nr. 2 BGB) ein. Beendigungstatbestände vor diesem Zeitpunkt (etwa Tod, außerordentl. Kündigung) verhindern sein Entstehen[1], ein Betriebsübergang vor dem Zeitpunkt lässt den Anspruch ausschließlich gegen den Erwerber entstehen, bei wirksamem Widerspruch des ArbN bleibt es beim Veräußerer[2]. Der Anspruch wird grds. von einer Ausschlussfrist erfasst[3]. In der Insolvenz ist er Masseverbindlichkeit, wenn die Kündigung vom Insolvenzverwalter oder vom „starken" vorläufigen Verwalter ausgesprochen wurde[4]. Nicht zur Rechtsfolge der Norm gehört der Verzicht des ArbN auf eine Kündigungsschutzklage. Er bleibt in seiner Entscheidung insoweit frei (vgl. Rz. 14 u. 16). 19

Die **Höhe des Anspruchs** beträgt 0,5 Monatsverdienste für jedes Jahr des Bestehens des ArbVerh (Abs. 2 S. 1). Ein Zeitraum von mehr als sechs Monaten wird aufgerundet (Abs. 2 S. 3), ein solcher von bis zu sechs Monaten dementsprechend abgerundet[5]. Für die Feststellung der Dauer des Bestehens des ArbVerh gelten die von der Rspr. zu § 1 I 1 entwickelten Grundsätze (vgl. § 1 Rz. 7 ff.). Zum Begriff des Monatsverdienstes vgl. die Erl. zu § 10 III, ebenso zur steuerrechtl. Behandlung der Abfindung. Die **starre Berechnungsformel** für die Abfindung soll die praktische Anwendbarkeit der Norm erhöhen. Sie führt aber zu unangemessenen Ergebnissen bei ArbN mit langer Betriebszugehörigkeit kurz vor dem Rentenalter. Auch bestehen Bedenken an ihrer Verhältnismäßigkeit im Hinblick auf eine mittelbare Altersdiskriminierung[6] (vgl. auch Vor § 1 Rz. 16). Die Anwendung des § 1a ist nicht zwingend (vgl. Rz. 13); eine unterschiedliche Behandlung einzelner ArbN bei Kündigungen aus demselben Sachverhalt bedarf nach dem Gleichbehandlungsgrundsatz aber sachlicher Gründe für die Differenzierung. 20

Unklar ist das **Verhältnis zu Sozialplanabfindungen**. Gesetzl. Vorgaben bestehen nicht. Ob die Abfindung nach § 1a und eine etwaige Sozialplanabfindung aufeinander anzurechnen sind, ist daher eine Frage der Auslegung des vom ArbGeb mit seinem Hinweis Gewollten. Im Zweifel wird der ArbGeb, wenn er nach § 1a vorgeht, nicht einen Anspruch auf zusätzliche Abfindung begründen wollen. Zu berücksichtigen ist aber, dass eine Sozialplanabfindung nach der Rspr. des BAG nicht an das Junktim der Unterlassung einer Kündigungsschutzklage gebunden werden darf[7]. Liegt bei Ausspruch der Kündigung bereits ein Sozialplan vor und beschreitet der ArbGeb dennoch den Weg des § 1a, kann darin eine Verletzung seiner Pflicht auf Durchführung des Sozialplanes liegen. Allerdings können kollektivrechtl. Regelungen zum Ausgleich wirtschaftl. Nachteile aus einer Betriebsänderung der Anrechenbarkeit von Leistungen nach § 1a vorsehen[8]. Bei **Abweichungen in der Höhe** des vom ArbGeb mit dem Hinweis ausgelösten gesetzl. Abfindungsanspruchs von einer bereits festgelegten Sozialplanabfindung ist zu unterscheiden: Überschreitet die Höhe des gesetzl. Abfindungsanspruchs nach Abs. 2 die Sozialplanabfindung, wird diese darin enthalten sein und allein der Mehrbetrag vom Verstreichenlassen der Klagefrist abhängen. Im umgekehrten Fall kann der Anspruch aus § 1a dagegen als zusätzliche, unter den qualifizierten Voraussetzungen dieser Norm zugesagte Abfindung zu verstehen sein. Der Abfindungsanspruch aus einem späteren Sozialplan wird hingegen stets mit dem Abfindungsanspruch aus § 1a zu verrechnen sein, da er keinem weiter gehenden Zweck dient[9]. 21

2 Änderungskündigung

Kündigt der Arbeitgeber das Arbeitsverhältnis und bietet er dem Arbeitnehmer im Zusammenhang mit der Kündigung die Fortsetzung des Arbeitsverhältnisses zu geänderten Arbeitsbedingungen an, so kann der Arbeitnehmer dieses Angebot unter dem Vorbehalt annehmen, dass die Änderung der Arbeitsbedingungen nicht sozial ungerechtfertigt ist (§ 1 Abs. 2 Satz 1 bis 3, Abs. 3 Satz 1 und 2). Diesen Vorbehalt muss der Arbeitnehmer dem Arbeitgeber innerhalb der Kündigungsfrist, spätestens jedoch innerhalb von drei Wochen nach Zugang der Kündigung erklären.

I. Vorbemerkung 1	II. Voraussetzungen der Änderungskündigung 15
1. Dogmatische Einordnung 1	1. Anwendungsbereich 15
2. Überblick über die Wirksamkeitsvoraussetzungen 3	2. Abgrenzung zu anderen Rechtsinstituten . 20
	3. Begriff und Elemente der Änderungskündigung 33
3. Kündigungsverbote und -ausschlüsse 9	III. Sozialwidrigkeit der Änderungskündigung 56
4. Beendigungskündigung und Änderungskündigung 10	1. Allgemeines 56

---

1 BAG 10.5.2007 – 2 AZR 45/06, DB 2007, 1930. ‖ 2 KR/*Spilger*, § 1a Rz. 115 f. ‖ 3 *Bader*, NZA 2004, 65 (72); aA KR/*Spilger*, § 1a Rz. 109. ‖ 4 *Peters-Lange/Gagel*, NZA 2005, 740 (743). ‖ 5 Nach der Begr. des Gesetzentwurfs bedurfte es der Aufrundungsregelung des Abs. 2 S. 3, damit unterjährig beschäftigte ArbN nach Ablauf der sechsmonatigen Wartezeit des § 1 I überhaupt eine Abfindung nach § 1a erlangen können (BT-Drs. 15/1204, 25). ‖ 6 *Kamanabrou*, RdA 2007, 199 (206). ‖ 7 BAG 20.12.1983 – 1 AZR 442/82, AP Nr. 17 zu § 112 BetrVG 1972; bestätigt für den erzwingbaren Sozialplan auch in Ansehung des § 1a durch BAG 31.5.2005 – 1 AZR 254/04, DB 2005, 1744; lediglich die Fälligkeit kann auf den Zeitpunkt des rechtskräftigen Abschlusses des Kündigungsschutzprozesses verschoben werden. ‖ 8 BAG 19.6.2007 – 1 AZR 340/06, NJW 2008, 169. ‖ 9 ZT anders *Rolfs*, ZIP 2004, 333 (342) mwN.

2. Ordentliche Änderungskündigung 64	VIII. **Insolvenz** 106
3. Außerordentliche Änderungskündigung .. 84	IX. **Prozessuale Fragen** 107
IV. **Andere Unwirksamkeitsgründe** 91	1. Allgemeines und Anträge 107
V. **Betriebliche Mitbestimmung** 92	2. Darlegungs- und Beweislast, Verwertungsbeschränkungen 118
1. § 102 BetrVG, § 72 BPersVG 92	3. Weiterbeschäftigung 121
2. § 99 BetrVG 98	4. Rechtsfolgen 122
3. § 87 I Nr. 10 BetrVG 102	5. Umdeutung der Änderungskündigung ... 124a
4. Zuweisung einer Tätigkeit aufgrund Tarifvertrags 103	6. Rücknahme der Änderungskündigung ... 125
VI. § 15 104	7. Kosten 126
VII. § 17 105	X. **Änderungskündigung von A–Z** 130

1 I. Vorbemerkung. 1. Dogmatische Einordnung. Die gesetzl. Regelung in § 2 (Änderungskündigung) schützt den Kernbereich des ArbVerh. Dieser darf nicht einseitig bzgl. der Arbeitspflichten des ArbN dem Inhalt bzw. dem Umfang nach in einer sich auf die Vergütung auswirkenden Weise – und damit sowohl Leistung als auch Gegenleistung betreffend – geändert werden[1]. Gelingt es dem ArbGeb nicht, eine einvernehmliche Änderung der Arbeitsbedingungen zu erreichen (Änderungsvereinbarung), bedarf es einer Änderungskündigung, die nicht in erster Linie auf die Beendigung des ArbVerh, sondern auf eine **weitere Beschäftigung zu geänderten Bedingungen** abzielt. Im Vordergrund steht bei dieser deshalb nicht der Bestandsschutz des ArbVerh, sondern der Vertragsinhaltsschutz[2]. Das Kündigungsrecht ist ggü. einer Anpassung nach § 313 BGB lex specialis. Tatbestände, die für eine Störung oder den Wegfall der Geschäftsgrundlage herangezogen werden könnten, sind im Rahmen der §§ 2, 1 zu würdigen. Es liegt im Risikobereich des ArbGeb, dass er dem Wert der Tätigkeit des ArbN im Rahmen eines frei ausgehandelten Vertrags höher dotiert, als dies einer späteren tarifl. Bewertung entspricht[3].

2 Der dogmatische Hauptstreit bzgl. des Bestandsschutzes des ArbVerh einerseits und des Vertragsinhaltsschutzes andererseits besteht darin, ob die Kündigung oder die Änderung der Arbeitsbedingungen sozial gerechtfertigt sein muss[4]. Der Begriff **Vertragsinhaltsschutz** muss jedoch unabhängig davon im Verhältnis zum Bestandsschutz des ArbVerh gesehen werden. Bei einer Beendigungskündigung geht es in erster Linie um den **Bestandsschutz** des ArbVerh. Aus diesem Element besteht die Änderungskündigung ebenfalls. Weiter gehend wird aber bei dieser zusätzlich – und zwar in der Praxis in erster Linie – über die Fortsetzung des ArbVerh zu geänderten Arbeitsbedingungen gestritten. Also steht bei Änderungskündigungen jedenfalls aus der Sicht des ArbN der Schutz des bisherigen Vertragsinhalts im Vordergrund. Dies rechtfertigt die Auffassung, dass § 2 auch dem Vertragsinhaltsschutz dient. So geht es in der Praxis im Rahmen von Änderungskündigungen oder Änderungsvereinbarungen zB um die Art der Tätigkeit, die Arbeitszeit, die Vergütung einschl. etwaiger Nebenleistungen wie vermögenswirksame Leistungen, Gratifikationen, Fahrtkosten, Leistungen der betriebl. Altersversorgung, Versicherungsschutz, Dienstwagen oder sonstige geldwerte Vorteile oder etwa um die Anzahl der Urlaubstage, das Verhalten im Krankheitsfall, Wettbewerbsverbote sowie sonstige vertragl. Bedingungen.

3 **2. Überblick über die Wirksamkeitsvoraussetzungen.** Eine Änderungskündigung unterliegt allen Wirksamkeitsvoraussetzungen einer Beendigungskündigung. Die Änderungskündigung muss **schriftlich** erfolgen, § 623 BGB. Sie kann ebenso wie eine einfache Beendigungskündigung nicht per Fax wirksam ausgesprochen werden. Das Schriftformerfordernis erstreckt sich bei einer Änderungskündigung auch auf das Änderungsangebot[5]. Auch mit Blick auf dieses Erfordernis sollte das Änderungsangebot zur Vermeidung von Rechtsnachteilen zudem möglichst so vollständig und umfassend in dem Sinne sein, dass der ArbN es mit einem einfachen „Ja" annehmen kann. Das Änderungsangebot muss deshalb eindeutig bestimmt oder zumindest bestimmbar sein[6]. Auch bei **Änderungsvereinbarungen** bedarf es einer vollständigen Einigung über alle zu regelnden Änderungen, zumal Arbeitsverträge häufig vorsehen, dass alle Änderungen der Schriftform bedürfen. Nach wie vor können die Parteien auch beim Fehlen einer solchen Schriftform durch konkludentes Verhalten eine Vertragsänderung bewirken, etwa durch die widerspruchslose Fortsetzung des ArbVerh nach einer vom ArbGeb angekündigten und anschließend vorgenommenen einseitigen Änderung der Arbeitsbedingungen, bspw. durch eine Kürzung der Vergütung.

4 Der **BR** muss ordnungsgemäß angehört werden, § 102 BetrVG. Anders als bei der Beendigungskündigung muss der zuständige BR ggf. zusätzlich gem. § 99 BetrVG ordnungsgemäß beteiligt werden (Versetzung und/oder Einstellung)[7].

---

1 BAG 21.4.1993 – 7 AZR 297/92, NZA 1994, 476. || 2 BAG 25.2.1988 – 2 AZR 611/87, RzK I 7a Nr. 9. || 3 BAG 8.10.2009 – 2 AZR 235/08, ZTR 2010, 269. || 4 Vgl. dazu statt aller *Hromadka*, DB 2002, 1322 mwN. || 5 BAG 16.9.2004 – 2 AZR 628/03, NZA 2005, 635. || 6 BAG 29.9.2011 – 2 AZR 523/10, NZA 2012, 628 (630); LAG Bln.-Bbg. 17.10.2012 – 26 Sa 1052/12, LAGE § 2 KSchG Nr. 69; LAG Schl.-Holst. 20.6.2013 – 5 Sa 400/12. || 7 BAG 22.4.2010 – 2 AZR 491/09, NZA 2010, 1235.

IÜ sind vor Kündigungsausspruch die **notwendigen Zustimmungen** einzuholen (vgl. zB § 85 SGB IX, § 9 I, III MuSchG, § 18 BEEG, § 15 KSchG)[1]. Fehlt es an der Erfüllung dieser zusätzlichen Voraussetzungen, ist die Kündigung rechtsunwirksam. Denn nur eine wirksame Beendigungskündigung kann, wenn der ArbN die Änderung der Arbeitsbedingungen ablehnt, das ArbVerh beenden, und nur sie hat dem ArbGeb Gelegenheit zum Abschluss eines geänderten Vertrages geboten[2].

Schließlich sind noch **allg. Rechtsunwirksamkeitsgründe** zu nennen wie Sittenwidrigkeit gem. § 138 BGB, Unwirksamkeit wegen Verstoßes gegen zwingende Rechtsnormen iSv. § 134 BGB, zB iVm. § 4 TVG bei dem Versuch, tarifl. gesicherte Leistungen durch eine Änderungskündigung abzubauen.

Außerdem sind die Bestimmungen des **NachwG** auch bei Vertragsänderungen zu beachten. Danach hat der ArbGeb spätestens einen Monat nach dem vereinbarten Beginn des ArbVerh die wesentlichen Vertragsbedingungen schriftlich niederzulegen, die Niederschrift zu unterzeichnen und dem ArbN auszuhändigen (§ 2 I NachwG). Nach § 3 NachwG gilt dasselbe für die Änderung der wesentlichen Vertragsbedingungen, die ebenfalls spätestens einen Monat nach der Änderung schriftl. mitzuteilen sind (vgl. die Erl. zum NachwG).

Im Rahmen von Änderungskündigungen und Änderungsvereinbarungen sind auch die §§ 305–310 **BGB** zu beachten (vgl. die Erl. dort).

3. Kündigungsverbote und -ausschlüsse. Auf Grund entsprechender Regelungen in einem TV, in einer BV oder im Einzelarbeitsvertrag kann das Kündigungsrecht ausgeschlossen sein, so dass nicht aus betriebsbedingten Gründen gekündigt werden darf. Von einem solchen Kündigungsverbot wird auch die Änderungskündigung erfasst[3]. Folglich sind Änderungskündigungen unwirksam, wenn im Zeitpunkt ihres Zugangs ein Kündigungsverbot besteht. Aber auch dann, wenn kein solches Kündigungsverbot besteht, ist zu prüfen, ob der Änderungskündigung im Zeitpunkt ihres Zugangs sonstige – zB tarifl. – Vorschriften entgegenstehen[4]. Selbst wenn die Arbeitsvertragsparteien nicht tarifgebunden sind, können sie gleichwohl Tarifnormen verbindlich, zB durch arbeitsvertragl. Inbezugnahme, vereinbaren. Ebenso gelten BV gem. § 77 IV BetrVG unmittelbar und zwingend. Hieraus kann sich eine Besserstellung des ArbN ergeben, die zur Folge hat, dass sowohl eine Änderungskündigung als auch eine Änderungsvereinbarung unwirksam ist. Hierauf kann der ArbN nicht verzichten. Die Befugnis, auf Rechte aus der BV zu verzichten, steht allein dem BR ggü. dem ArbGeb – und nicht dem ArbN ggü. dem ArbGeb – zu (vgl. § 77 IV BetrVG).

4. Beendigungskündigung und Änderungskündigung. Es verstößt gegen den **Grundsatz der Verhältnismäßigkeit**, wenn der ArbGeb sofort eine ordentl. Beendigungskündigung ausspricht, obwohl die Möglichkeit besteht, den – ArbN auf einem anderen freien – Arbeitsplatz auch zu geänderten Bedingungen weiterzubeschäftigen. Eine solche Weiterbeschäftigungsmöglichkeit hat der ArbGeb dem ArbN anzubieten[5]. Das Angebot kann lediglich in Extremfällen (zB offensichtlich völlig unterwertige Beschäftigung) unterbleiben. Der ArbGeb kann Angebot und Kündigung miteinander verbinden, indem er ohne vorherige Verhandlungen mit dem ArbN sofort eine Änderungskündigung ausspricht. Macht der ArbGeb vor Ausspruch einer Kündigung dem ArbN das Angebot, den Vertrag der noch bestehenden Weiterbeschäftigungsmöglichkeit anzupassen, und lehnt der ArbN dieses Angebot ab, so ist der ArbGeb regelmäßig nach dem Verhältnismäßigkeitsgrundsatz verpflichtet, trotzdem eine Änderungskündigung auszusprechen. Eine Beendigungskündigung ist nur dann zulässig, wenn der ArbN unmissverständlich zum Ausdruck gebracht hat, er werde die geänderten Arbeitsbedingungen im Fall des Ausspruchs einer Änderungskündigung nicht, auch nicht unter dem Vorbehalt ihrer sozialen Rechtfertigung annehmen. Spricht der ArbGeb ohne vorheriges oder gleichzeitiges Angebot der geänderten Arbeitsbedingungen sofort eine Beendigungskündigung aus, ist diese Kündigung regelmäßig sozialwidrig. Folglich gerät der ArbGeb regelmäßig in Annahmeverzug, wenn er dem ArbN nicht mehr die ursprünglich geschuldete Arbeit anbietet[6].

Während das BAG in seiner Entscheidung v. 27.8.1982 noch die Frage gestellt hat, ob die Änderungskündigung Vorrang vor der Beendigungskündigung hat, hat es sich bereits in seiner Entscheidung v. 27.9.1984 auf den Standpunkt gestellt, dass eine Beendigungskündigung sozial ungerechtfertigt ist, wenn der ArbGeb es unterlassen hat, dem ArbN vor Ausspruch dieser Beendigungskündigung ein mögliches und zumutbares Änderungsangebot zu unterbreiten, dem der ArbN bei einem entsprechenden vor der Kündigung gemachten Vorschlag des ArbGeb zumindest unter Vorbehalt zugestimmt hätte. Mit Urt. v. 21.9.2006 hat das BAG hierzu ua. ausgeführt: „Der Arbeitgeber muss vor jeder ordentlichen Beendigungskündigung von sich aus dem Arbeitnehmer grundsätzlich eine Beschäftigung auf einem freien Arbeitsplatz auch zu geänderten Arbeitsbedingungen anbieten. Eine Änderungskündigung darf nur in ‚Extremfällen' unterbleiben, wenn der Arbeitgeber bei vernünftiger Betrachtung nicht mit einer Annahme des neuen Vertragsangebotes durch den Arbeitnehmer rechnen konnte und ein derartiges Angebot vielmehr beleidigenden Charakter gehabt hätte. Grundsätzlich soll der Arbeitnehmer selbst

---

1 LAG Schl.-Holst. 11.12.2007 – 5 Sa 386/07, NZA-RR 2008, 408. ||2 *Hromadka*, DB 2002, 1322 (1323). ||3 BAG 27.9.2001 – 6 AZR 404/00, EzA-SD 2001 Nr. 25, 9–12. ||4 BAG 10.3.1982 – 4 AZR 158/79, DB 1982, 1520. ||5 Vgl. dazu BAG 21.4.2005 – 2 AZR 132/04, NZA 2005, 1289 auch zu den Bedenken einer fiktiven Prüfung, ob eine Annahme jedenfalls unter Vorbehalt erfolgt wäre. ||6 So zutr. BAG 27.1.1994 – 2 AZR 584/93, NZA 1994, 840.

entscheiden können, ob er eine Weiterbeschäftigung unter erheblich verschlechterten Arbeitsbedingungen für zumutbar hält oder nicht. Insbesondere darf der Arbeitgeber ein erheblich verschlechterndes Angebot nicht allein mit der Begründung unterlassen, mit dem zu erzielenden Einkommen könne der Arbeitnehmer seine Familie nicht ernähren oder er verdiene weniger, als er Sozialleistungen erhalten würde, wenn dieses Angebot die einzige Alternative zu einer Beendigungskündigung ist. Es mag gute Gründe geben (lange Bindung an den Arbeitgeber, die Region oder den örtlichen Bekanntenkreis –familiäres Umfeld, Hoffnung ‚auf Besserung' im Arbeitsverhältnis uÄ), warum sich ein Arbeitnehmer mit den schlechteren Arbeitsbedingungen arrangieren will."[1]

12 Wenn der ArbGeb die Möglichkeit hat, dem ArbN eine zumutbare anderweitige Beschäftigungsmöglichkeit anzubieten, dieses aber gleichwohl unterlässt und stattdessen eine Beendigungskündigung ausspricht, besteht für ihn das Risiko, dass diese Beendigungskündigung sozialwidrig ist, weil der betreffende ArbN zu geänderten und ihm zumutbaren Arbeitsbedingungen weiterbeschäftigt werden kann; es muss allerdings davon ausgegangen werden können, dass der ArbN ein entsprechendes Angebot auch angenommen hätte. Hat der ArbGeb diesbzgl. keine **Überlegungsfrist von einer Woche** eingeräumt, so geht dieses zu seinen Lasten; hat er dem ArbN jedoch eine solche Überlegungsfrist eingeräumt und dieser das Angebot unter einem dem § 2 entsprechenden Vorbehalt angenommen, muss der ArbGeb eine Änderungskündigung aussprechen[2]. Hat der ArbN das Änderungsangebot trotz Einräumung einer Überlegungsfrist von einer Woche vorbehaltlos und endgültig abgelehnt, kann der ArbGeb eine Beendigungskündigung aussprechen[3].

13 Bestehen **verschiedene Möglichkeiten** im Betrieb des ArbGeb, das ArbVerh zu geänderten Arbeitsbedingungen fortzusetzen, und vermag der ArbGeb entsprechend dem Regelfall nicht genau zu beurteilen, welche dieser Möglichkeiten der ArbN vorzieht, hat er ihm alle zumutbaren Möglichkeiten anzubieten. Es können dabei verschiedene Angebote zur Fortsetzung des ArbVerh zu geänderten Arbeitsbedingungen unterbreitet werden. Kommt der ArbGeb diesen Anforderungen nicht nach, geht dieses uU zu seinen Lasten.

14 Es besteht aber nicht stets die Pflicht, viele Änderungskündigungen statt weniger Beendigungskündigungen auszusprechen[4].

15 **II. Voraussetzungen der Änderungskündigung. 1. Anwendungsbereich.** Eine Änderungskündigung genießt nur dann den Schutz gem. § 2, wenn das ArbVerh zum einen in demselben Betrieb oder Unternehmen ohne Unterbrechung länger als **sechs Monate** bestanden hat (§ 1 I) und es sich zum anderen nicht um einen sog. **Kleinbetrieb** handelt (vgl. § 23 I 2). Insoweit s. die Erl. zu §§ 1 und 23. Hinsichtlich der Verwaltungen eines ausländischen Staates, die in Deutschland die Voraussetzungen des § 23 I erfüllen, wenn nach dem Arbeitsvertrag deutsches Kündigungsrecht anzuwenden ist, wird auf die BAG-Entscheidungen v. 29.10.1998 – 2 AZR 759/97 und 2 AZR 6/98 sowie v. 23.4.1998 – 2 AZR 498/97, AP Nr. 19 zu § 23 KSchG 1969 verwiesen.

16 Es ist in der Rspr. seit langem unumstritten, dass eine Änderungskündigung sowohl als **ordentl.** wie auch als **außerordentl. Kündigung** zulässig ist und dass § 2 auf die außerordentl. Änderungskündigung entsprechend anwendbar ist[5]. Denkbar ist folglich auch eine befristete außerordentl. Änderungskündigung aus wichtigem Grund, vgl. § 34 TVöD[6].

17 Es ist auch denkbar, dass einem ArbN mit dem Ziel der endgültigen Beendigung des ArbVerh gekündigt wird, und zwar verbunden mit dem Angebot, ihn künftig als **freien Mitarbeiter** zu beschäftigen[7].

18 Wenn der ArbGeb dem ArbN im Zusammenhang mit einer Kündigung nur noch eine **befristete Weiterbeschäftigung** anbietet, so handelt es sich nicht um eine Änderungskündigung, die unter dem Vorbehalt des S. 2 angenommen und mit einer Änderungskündigungsschutzklage nach § 4 S. 2 bekämpft werden kann[8]. Grund ist der Umstand, dass eine Befristung nicht auf ihre soziale Rechtfertigung überprüft werden kann. Ebenso bedarf die Befristung einzelner Vertragsbedingungen eines Sachgrundes jedenfalls dann, wenn sie im Falle der unbefristeten Vereinbarung dem Änderungsschutz nach § 2 unterliegen würden. Auf § 14 TzBfG kann die Befristung einzelner Vertragsbedingungen nicht gestützt werden[9]. Davon zu trennen ist die nachträgliche Befristung eines zunächst auf unbestimmte Zeit eingegangenen ArbVerh im Wege der Änderungskündigung. Die Änderung der Arbeitsbedingungen ist aber unwirksam, wenn die Befristung nicht aus sachlichen Gründen gerechtfertigt ist[10].

19 Bedarf es der Änderungskündigung nicht, so ist sie unwirksam. Das gilt insbesondere für sog. überflüssige Änderungskündigungen[11].

---

1 BAG 21.9.2006 – 2 AZR 607/05, DB 2007, 1032. ||2 BAG 27.9.1984 – 2 AZR 62/83, NZA 1985, 455. ||3 BAG 27.9.1984 – 2 AZR 62/83, NZA 1985, 455. ||4 Vgl. ArbG Bocholt 22.6.1982 – 2 Ca 605/82, DB 1982, 1938 u. BAG 19.5.1993 – 2 AZR 584/92, DB 1993, 1879. ||5 BAG 19.6.1986 – 2 AZR 565/85, NZA 1987, 94. ||6 BAG 17.5.1984 – 2 AZR 161/83, AP Nr. 3 zu § 55 BAT. ||7 Vgl. bereits BAG 9.5.1996 – 2 AZR 438/95, DB 1996, 2033. ||8 BAG 17.5.1984 – 2 AZR 109/83, DB 1985, 1190. ||9 BAG 23.1.2002 – 7 AZR 563/00, DB 2002, 1326. ||10 BAG 25.4.1996 – 2 AZR 609/95, NZA 1996, 1197. ||11 BAG 6.9.2007 – 2 AZR 368/06, BB 2008, 896ff.; 26.8.2008 – 1 AZR 353/07, DB 2009, 461 Rz. 27; 26.1.2012 – 2 AZR 102/11, NZA 2012, 856ff.; 23.2.2012 – 2 AZR 44/11, DB 2012, 2104ff.; 19.7.2012 – 2 AZR 25/11, NZA 2012, 1038ff.

2. Abgrenzung zu anderen Rechtsinstituten. Im Rahmen der Änderungskündigung stellen sich viele Abgrenzungsfragen. Grds. ist die Änderungskündigung zB ein geeignetes Gestaltungsmittel zur **Entkoppelung des früher den Krankenhausärzten zugebilligten Liquidationsrechts**. Die Vertragsanpassung (an das neue Krankenhausrecht) kann weiter insb. durch die Ausübung eines vertragl. Widerrufsvorbehaltes, den Ausspruch einer vertragl. vorgesehenen Teilkündigung, den Abschluss eines Änderungsvertrages und ggf. durch die begründete Geltendmachung des Fortfalls der Geschäftsgrundlage erfolgen. Zum Abschluss eines Änderungsvertrages kann der begünstigte ArbN auf Grund einer in Altverträgen enthaltenen Änderungsklausel verpflichtet sein[1].

20

Eine Änderungskündigung iSv. § 2 liegt nicht vor, wenn an den Arbeitsbedingungen eines ArbN überhaupt **nichts geändert werden soll** oder wenn die vom ArbGeb mit der Änderungskündigung angebotenen Arbeitsbedingungen **bereits für das Arbeitsverhältnis gelten**. Sieht ein TV vor, dass sich die Eingruppierung bei ansonsten gleicher Tätigkeit nach Schwellenwerten richtet – hier: Durchschnittsbelegung von Kindertagesstätten –, so bedarf es keiner Änderungskündigung, wenn der ArbGeb die Vergütung des Angestellten bei Unterschreitung des Schwellenwertes entsprechend der geänderten Eingruppierung herabsetzt[2].

21

Nicht ohne weiteres zum Anwendungsbereich von Änderungskündigungen gehören Vereinbarungen, die dem ArbGeb das **Recht zur einseitigen Änderung einzelner Arbeitsbedingungen** einräumen, etwa durch Versetzungsklausel oder Widerrufsvorbehalt[3]. Diese sind grds. zulässig. Nur wenn wesentliche Elemente des Vertrages der einseitigen Änderung durch den ArbGeb unterliegen und dadurch das bisherige Gleichgewicht des Vertrages, also das Verhältnis von Leistung und Gegenleistung, grundlegend gestört wird, wird die Grenze des gesetzl. Schutzes überschritten, vgl. Rz. 27f.

22

Eine Änderungskündigung ist zB unwirksam, wenn sie mit dem Ziel ausgesprochen wird, eine betriebl. Leistung einzustellen, die bereits wegen eines vorbehaltenen Widerrufs hätte entzogen werden können[4]. Das folgt aus dem Grundsatz der Verhältnismäßigkeit. Erfolgt der Widerruf aber im Zusammenhang mit einer Änderungskündigung und nimmt der ArbN das darin liegende Änderungsangebot unter Vorbehalt an, so ist auch die Änderungskündigung sozial gerechtfertigt, wenn die Ausübung des Widerrufsrechts billigem Ermessen entspricht[5]. Hier stellt sich nur die Frage, wer die Kosten des Rechtsstreits trägt (s. Rz. 126ff.).

23

Es empfiehlt sich in solchen Zweifelsfällen in erster Linie eine einseitige Leistungsbestimmung iVm. einer **vorsorglichen Änderungskündigung**. Durch einseitige Leistungsbestimmung, etwa durch Ausübung des Direktionsrechts, kann vom ArbGeb eine Anordnung getroffen werden. Eine vorsorgliche Änderungskündigung bedeutet typischerweise, dass sie nur für den Fall Rechtswirkungen entfalten soll, dass die erstrebte Änderung nicht schon aus anderen Rechtsgründen – zB auf Grund des Direktionsrechts – folgt.

24

In der Praxis stützen sich ArbGeb im Zusammenhang mit einseitigen Änderungsmaßnahmen häufig auf ihr (nicht selten nur vermeintliches) allg. **Direktionsrecht**. Im Anschluss daran wird dann über die Grundlagen und die Grenzen dieses Direktionsrechts gestritten. Der frühere dogmatische Streit über die Einordnung dieses Rechtsinstituts hat sich seit der Neufassung des § 106 GewO im Jahre 2002 erledigt. Dieser enthält seitdem eine Legaldefinition des Weisungsrechts des ArbGeb. Danach kann dieser „Inhalt, Ort und Zeit der Arbeitsleistung nach billigem Ermessen näher bestimmen". Hierbei hat er aber stets die arbeitsvertragl. Vereinbarungen sowie die tarifl. und gesetzl. Vorschriften und auch die Regelungen in etwaigen BV zu beachten. Damit hat sich als Auffassung der Gesetzgeber offenbar der Auffassung des BAG angeschlossen, wonach im Rahmen der Ausübung des Direktionsrechts das billige Ermessen iSv. § 315 BGB einzuhalten ist. Es kommt vor, dass der ArbGeb berechtigt im Zweifel darüber ist, ob im konkreten Fall die Ausübung des Direktionsrechts genügt oder ob eine Änderungskündigung ausgesprochen werden muss. Dann darf er in Betracht ziehen, sich in erster Linie auf sein Direktionsrecht zu stützen und in zweiter Linie eine Änderungskündigung auszusprechen. Diese ist dann nicht ohne weiteres als überflüssig zu qualifizieren.

25

Individualrechtlich können der Ausübung des Direktionsrechts Grenzen gesetzt sein, die uU nur schwer bestimmt werden können. Einerseits kommen sog. Änderungsvorbehalte, andererseits enge Eingrenzungen durch arbeitsvertragl. Regelungen in Betracht. Diese sind grds. zulässig. Jedoch darf ein arbeitsvertragl. vereinbartes Direktionsrecht des ArbGeb nicht in den kündigungsschutzrechtl. geschützten Kernbereich des ArbVerh eingreifen. Dementsprechend bestehen keine rechtl. Bedenken gegen eine arbeitsvertragl. Vereinbarung, wonach sowohl höherwertige als auch nicht so hochwertige Arbeiten zu verrichten sind[6]. Eine objektive Umgehung des gesetzl. Änderungskündigungsschutzes, die zur Unwirksamkeit der Befristung einzelner Arbeitsvertragsbedingungen führt, liegt nicht bereits in der Befristung einer Provisionszusage, die neben das Tarifgehalt tritt und lediglich 15 % der Gesamtvergütung ausmacht[7]. Zum Direktionsrecht vgl. auch die Erl. zu § 106 GewO.

26

---

1 BAG 30.5.1980 – 7 AZR 215/78, DB 1980, 1954. ||2 BAG 19.3.2003 – 4 AZR 391/02, DB 2005, 342. ||3 Vgl. dazu *Hromadka*, DB 2002, 1322 (1323). ||4 BAG 9.2.1989 – 6 AZR 11/87, RzK I 7a Nr. 5c. ||5 BAG 15.11.1995 – 2 AZR 521/95, NZA 1996, 603. ||6 BAG 6.11.1985 – 4 AZR 265/84, AP Nr. 3 zu § 1 TVG Tarifverträge: Papierindustrie. ||7 BAG 21.4.1993 – 7 AZR 297/92, NZA 1994, 476.

27 In diesen Fällen darf der ArbGeb auf Grund seines allg. Direktions- bzw. Weisungsrechts oder eines Änderungsvorbehalts iS einer Versetzungsklausel oder eines Widerrufsvorbehalts vorgehen, ohne dass es dazu des Ausspruchs einer Änderungskündigung bedarf. Da er im Rahmen der gegebenen Arbeitsbedingungen handelt, sollen diese überhaupt nicht geändert werden, weshalb keine Änderungskündigung iSv. § 2 vorliegt[1]. Der Arbeitsvertrag hat bereits den vom ArbGeb gewünschten Inhalt. Wenn der ArbGeb gleichwohl dem ArbN im Rahmen einer Änderungskündigung die Fortsetzung des ArbVerh zu geänderten Arbeitsbedingungen anbietet, geht diese ins Leere, weil die angebotenen Arbeitsbedingungen ohnehin bereits für das ArbVerh gelten[2]. Dann ist eine gleichwohl ausgesprochene Änderungskündigung „überflüssig" und deshalb unwirksam (vgl. dazu auch oben Rz. 19 mwN)[3]. Zu beachten ist jedoch in diesem Zusammenhang, dass eine unwirksame Änderungskündigung uU in die wirksame Ausübung des Direktionsrechts **umgedeutet** werden kann[4]. Der 2. Senat des BAG hat in neueren Entscheidungen nicht mehr ausgeführt, dass eine nicht erforderliche Änderungskündigung unverhältnismäßig sei, sondern vielmehr darauf hingewiesen, dass schon kein Änderungsangebot vorliege[5]. Damit trifft nach den allg. Grundsätzen den ArbN die Darlegungs- und Beweislast dafür, dass der ArbGeb überhaupt eine Kündigung ausgesprochen hat[6].

28 Die **Grenzen solcher Änderungsvorbehalte** in Vertragsklauseln können jedoch erreicht sein, wenn von vornherein in das Verhältnis von Leistung und Gegenleistung eingegriffen wird. So werden in der Praxis häufig Zulagen, Leistungszuschläge, Gratifikationen und sonstige Sonderleistungen unter dem **Vorbehalt des Widerrufs** vereinbart. Wenn dieser Vorbehalt auch grds. wirksam ist, darf der ArbGeb von seinem Widerrufsrecht jedoch nur in den Grenzen billigen Ermessens Gebrauch machen, das von den ArbG gem. bzw. entsprechend § 315 BGB überprüfbar ist. Eine Vertragsklausel in einem Formulararbeitsvertrag, nach der dem ArbGeb das Recht zustehen soll, sog. „übertarifliche Lohnbestandteile jederzeit unbeschränkbar zu widerrufen", ist gem. § 308 Nr. 4 BGB unwirksam. Im Zweifel ist bei der Ausübung des Widerrufsvorbehalts die ordentl. Kündigungsfrist zu beachten. Dieser Ausübung steht zB entgegen, dass sich die Tätigkeit über lange Jahre hinweg auf einen bestimmten Aufgabenbereich konkretisiert hat. Nicht vom Direktionsrecht umfasst sind Änderungen im Zusammenhang mit der dauerhaften Absenkung der Qualität der Arbeitsleistung oder der Übertragung einer Stabsfunktion statt einer zuvor ausgeübten Leitungs-/Linienfunktion. Hier bedarf es jeweils des Ausspruchs einer Änderungskündigung[7]. Mithin stellt das Direktionsrecht für den ArbGeb nicht ohne weiteres eine geeignete Rechtsgrundlage für einseitige Änderungen des ArbVerh dar. Besonderheiten können sich aus dem NachwG und auf Grund tarifl. Regelungen ergeben.

29 Weiterhin ist die Änderungskündigung abzugrenzen von der nach allg. Auffassung unzulässigen **Teilkündigung**. Eine solche liegt begrifflich vor, wenn der ArbGeb nicht das gesamte ArbVerh im Wege der Beendigungskündigung beenden will, sondern seine Kündigungserklärung über sein Direktionsrecht hinausgehend auf einzelne Vertragsbedingungen beschränkt. Die hM geht zutreffend davon aus, dass eine solche Teilkündigung unzulässig ist und deshalb zur Anpassung von Arbeitsbedingungen nicht in Betracht kommt. Davon zu unterscheiden ist eine nur vermeintliche Teilkündigung im Rahmen eines zusammengesetzten Rechtsverhältnisses. Dies kommt zB vor, wenn dieselben Parteien einen Arbeitsvertrag und zB einen Miet- oder einen Darlehensvertrag abschließen. Wenn die Parteien vereinbart haben, dass die verschiedenen Rechtsgeschäfte selbständig kündbar sind, bestehen hiergegen keine durchgreifenden Bedenken. Demgemäß ist aber auch eine Vereinbarung der Parteien dergestalt denkbar, dass die verschiedenen Rechtsgeschäfte nicht unabhängig voneinander gekündigt werden dürfen. Soweit es an einer ausdrücklichen Regelung fehlt, muss durch Auslegung ermittelt werden, ob die verschiedenen Rechtsgeschäfte eine Einheit bilden und das eine nicht ohne das andere gekündigt werden darf oder ob dieses nach dem Willen der Parteien möglich sein soll. Die Auslegung kann ergeben, dass die Kündigung nur eines von mehreren Verträgen nicht rechtswirksam erfolgen kann. Außerdem kann sich aus TV ein üblicherweise als Teilkündigung bezeichnetes Gestaltungsrecht zur einseitigen Änderung einer Vertragsbedingung unter Aufrechterhaltung des ArbVerh ergeben.

30 Davon wiederum zu trennen ist die Berechtigung zu einem einseitigen **Widerruf eines Zusatzvertrages** zu einem Arbeitsvertrag nur hinsichtlich solcher Abreden, die weder die Arbeitsleistung des ArbN noch die Gegenleistung des ArbGeb betreffen. Bezieht sich der Widerrufsvorbehalt demggü. auf wesentliche Elemente der beiderseitigen arbeitsvertragl. Beziehungen, so ist eine gleichwohl abgegebene Widerrufserklärung uU als unzulässige Teilkündigung anzusehen.

31 Davon zu unterscheiden ist der Fall, dass in einem **(Arzt-)Vertrag** die Kostenerstattung für Leistungen des Krankenhauses niedergelegt ist, die der Arzt im Rahmen seiner Privatliquidation in Anspruch nimmt, und der Zusatzvertrag nur einen Berechnungsmodus für die Kostenerstattung enthält. Dann kann der Zusatzvertrag selbständig durch Kündigung beendet werden, wenn ein entsprechendes Kün-

---

1 Vgl. BAG 10.12.1975 – 4 AZR 41/75, AP Nr. 90 zu §§ 22, 23 BAT. || 2 BAG 16.3.1988 – 7 AZR 363/87. || 3 Dazu näher BAG 26.1.2012 – 2 AZR 102/11, NZA 2012, 856 ff.; 23.2.2012 – 2 AZR 44/11, DB 2012, 2104 ff.; 19.7.2012 – 2 AZR 25/11, NZA 2012, 1038 ff. || 4 Vgl. LAG Berlin 29.11.1999 – 9 Sa 1277/99, NZA-RR 2000, 131. || 5 BAG 26.1.2012 – 2 AZR 102/11, NZA 2012, 856; 19.7.2012 – 2 AZR 25/11, NZA 2012, 1038. || 6 So LAG Köln 10.12.2012 – 5 Sa 604/10. || 7 LAG Düss. 5.2.2013 – 17 Sa 1492/12 – Rev. eingelegt unter 2 AZR 503/13.

digungsrecht vereinbart wurde. Eine – unzulässige – Teilkündigung liegt hier nicht vor, weil die Grundlage der im Arbeitsvertrag geregelten Kostenerstattung unberührt bleibt[1].

Sehen die Parteien eines Arbeitsvertrages für die Änderung gesetzl. Vorschriften sowie der wissenschaftl. und gesellschaftl. Entwicklung eine Anpassung vor, die beide Parteien bei Scheitern einer Einigung über die Anpassung zur Kündigung dieses Vertrages mit einer Frist von sechs Monaten zum Ende des Kalenderjahres berechtigt, so kann darin uU – jedenfalls im Nebentätigkeitsbereich – die Einräumung eines vertragl. Bestimmungsrechts bei **Änderungen der Geschäftsgrundlage** gesehen werden, das an §§ 242, 315 BGB zu messen ist. Die Ausübung des Bestimmungsrechts stellt in diesem Falle keine Änderungskündigung dar[2].

3. Begriff und Elemente der Änderungskündigung. Nach § 2 ist Voraussetzung für eine wirksame Änderungskündigung, dass der ArbGeb das ArbVerh zum einen kündigt und dem ArbN zum anderen im Zusammenhang mit der Kündigung die Fortsetzung des ArbVerh zu geänderten Arbeitsbedingungen anbietet und somit ein Bezug zum bisherigen Arbeitsvertrag besteht. Die Änderungskündigung ist daher ein aus zwei Willenserklärungen zusammengesetztes einseitiges Rechtsgeschäft.

Die unterschiedlichen Abläufe bei einer Änderungskündigung stellen sich im Rahmen eines **Schaubildes** wie folgt dar:

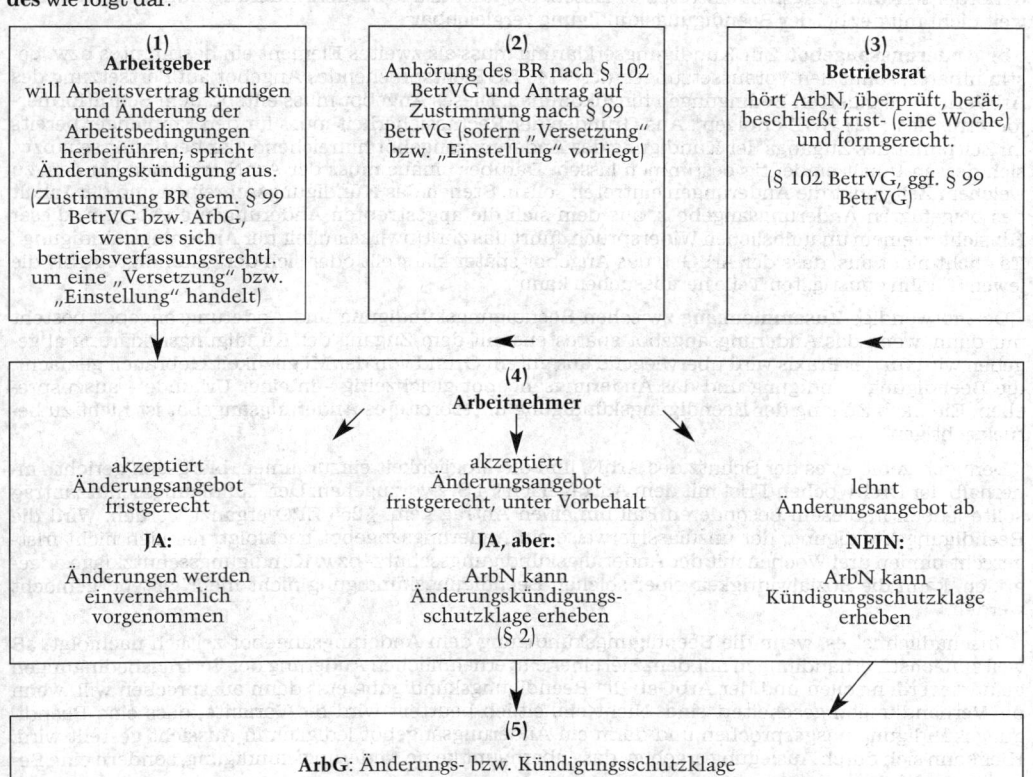

a) Beendigungskündigung. Die Beendigungskündigung ist das erste Element einer wirksamen Änderungskündigung. Sie bedarf nach ganz hM seit dem 1.5.2000 stets der **Schriftform** gem. § 623 BGB[3]. Sie muss dem Empfänger – dh. dem ArbN – ordnungsgemäß zugehen. Dies muss im Streitfall von demjenigen, der diese Erklärung abgibt, dargelegt und bewiesen werden. Das Wort „Kündigung" muss nicht unbedingt ausdrücklich verwendet werden. Es muss jedoch aus der Erklärung klar und eindeutig hervorgehen, dass diese auf die Beendigung des ArbVerh zu einem bestimmten Zeitpunkt jedenfalls dann hinzielt, wenn kein Änderungsvertrag zustande kommt. Davon kann nicht ohne weiteres ausgegangen werden, wenn lediglich einzelne Vertragsbedingungen gekündigt werden. Hier kann uU lediglich von einer unzulässigen sog. „Teilkündigung" auszugehen sein. Zur Vermeidung von Zweifeln bietet sich etwa folgende **Formulierung** an:

---

[1] BAG 14.11.1990 – 5 AZR 509/89, NZA 1991, 377. ||[2] BAG 10.12.1992 – 2 AZR 269/92, DB 1993, 1038.
||[3] *Wallner*, S. 48 mwN.

- **Formulierungsvorschlag:**
Hiermit wird das zwischen Ihnen und uns/mir bestehende Arbeitsverhältnis im Wege der Beendigungskündigung form- und fristgerecht unter Einhaltung der maßgeblichen Kündigungsfrist aus personen- bzw. verhaltens- bzw. betriebsbedingten Gründen zum … (Beispiel 31.12.2014) gekündigt. Gleichzeitig bieten wir Ihnen/biete ich Ihnen die Fortsetzung des Arbeitsverhältnisses ab dem 1.1.2015 zu folgenden Bedingungen …/zu den Bedingungen des anliegenden Entwurfes eines neuen Arbeitsvertrages an.

36 Zunächst prüfen die Gerichte für Arbeitssachen nach näherer Maßgabe des Erforderlichkeitsgrundsatzes (**Ultima-Ratio-Prinzip**), ob das erste Element – die Beendigungskündigung – überhaupt erforderlich war. Auf dieser ersten Prüfungsstufe geht es um das sog. Ob, also um die Methode der Änderungskündigung als Mittel der beabsichtigten Änderung der Arbeitsbedingungen[1].

37 Eine ordentl. Änderungskündigung, die auf eine **vor Ablauf der Kündigungsfrist** des betreffenden ArbN wirksam werdende Verschlechterung der Arbeitsbedingungen zielt, ist nach §§ 1 II, 2 sozial ungerechtfertigt. Das Angebot des ArbGeb bei einer ordentl. Änderungskündigung, die Arbeitsbedingungen schon vor Ablauf der ordentl. Kündigungsfrist zu ändern, kann nicht allg. als Angebot ausgelegt werden, die neuen Arbeitsbedingungen bei Unzulässigkeit der vorfristigen Änderung erst mit dem Ablauf der ordentl. Kündigungsfrist eintreten zu lassen. Die Rechtslage bei der Änderungskündigung ist insoweit nicht mit der bei der Beendigungskündigung vergleichbar[2].

38 **b) Änderungsangebot.** Zur Kündigungserklärung muss als zweites Element ein bestimmtes bzw. bestimmbares, somit den Voraussetzungen des § 145 BGB entsprechendes Angebot auf Fortsetzung des ArbVerh zu geänderten Bedingungen hinzukommen. Dieses Angebot muss entspr. dem Schriftformerfordernis de § 623 BGB erfolgen[3]. Aus Gründen der Rechtssicherheit muss für den Empfänger bereits im Zeitpunkt des Zugangs der Kündigung das Änderungsangebot hinreichend klar sein bzw. sich dessen Inhalt eindeutig bestimmen lassen. Darüber hinaus muss der ArbN erkennen können, zu welchem Zeitpunkt die Änderungen eintreten sollen. Stehen das Kündigungsschreiben und der Inhalt des beigefügten Änderungsangebots, aus dem sich die angestrebten Änderungen ergeben, in dieser Hinsicht in einem unauflöslichen Widerspruch, führt das zur Unwirksamkeit der Änderungskündigung[4]. Es reicht nicht aus, dass der ArbGeb das Angebot später klarstellt oder sich der gekündigte ArbN die jeweils für ihn günstigsten Teile heraussuchen kann[5].

39 Der notwendige **Zusammenhang** zwischen Beendigungskündigung und Änderungsangebot besteht nur dann, wenn das Änderungsangebot spätestens mit dem Zugang der Kündigungserklärung abgegeben wird. In der Praxis wird überwiegend aus gutem Grund von der Möglichkeit Gebrauch gemacht, die Beendigungskündigung und das Änderungsangebot gleichzeitig – in einer Urkunde – auszusprechen. Ein nach Zugang der Beendigungskündigung unterbreitetes Änderungsangebot ist nicht zu berücksichtigen[6].

40 Dennoch gebietet es der Schutz des ArbN, ihm die Möglichkeit einzuräumen, hiergegen gerichtl. innerhalb der Drei-Wochen-Frist mit dem Antrag nach § 4 S. 2 vorzugehen. Der Kündigungsschutzantrag sollte jedoch in diesem besonderen Fall um einen Antrag gem. § 256 ZPO ergänzt werden. Wird die Beendigungskündigung, der unzulässigerweise ein Änderungsangebot nachfolgt, nämlich nicht fristgerecht binnen drei Wochen mit der Änderungskündigungsschutz- bzw. Kündigungsschutzklage angegriffen, kann die Sozialwidrigkeit einer solchen Beendigungskündigung nicht mehr geltend gemacht werden.

41 Unschädlich ist es, wenn die Beendigungskündigung dem Änderungsangebot zeitlich nachfolgt, zB weil zunächst Verhandlungen mit dem Ziel einer einvernehmlichen Änderung der Vertragsbedingungen geführt werden sollen und der ArbGeb die Beendigungskündigung erst dann aussprechen will, wenn die Verhandlungen gescheitert sind. Nicht einheitlich beurteilt wird die Variante, dass eine Beendigungskündigung ausgesprochen und darin ein Änderungsangebot lediglich in Aussicht gestellt wird. Hier kann sich durch Auslegung ergeben, dass überhaupt keine Änderungskündigung, sondern eine Beendigungskündigung vorliegt.

42 Der in S. 1 geforderte Zusammenhang zwischen der Beendigungskündigung und dem Änderungsvorschlag des ArbGeb kann auch dadurch hergestellt werden, dass die Kündigung einer **aufschiebenden oder auflösenden Bedingung** unterworfen wird. Zwar ist die Kündigung als einseitiges Rechtsgeschäft grds. bedingungsfeindlich, denn der Kündigungsempfänger ist der Gestaltungserklärung passiv ausgesetzt und könnte bei einer echten Bedingung keine Klarheit über „Ob" und „Wann" der Kündigung erlangen. Wenn aber der Bedingungseintritt lediglich von seinem Verhalten abhängt, bedarf er dieses Schutzes nicht. Kündigungen unter sog. Potestativbedingungen sind daher ohne weiteres wirksam[7].

---

1 Vgl. dazu im Einzelnen *Wallner*, S. 60 ff. ||2 BAG 21.9.2006 – 2 AZR 120/06, DB 2007, 634. ||3 BAG 16.9.2004 – 2 AZR 628/03, NZA 2005, 635. ||4 BAG 29.9.2011 – 2 AZR 523/10, NZA 2012, 628 (630). ||5 BAG 15.1.2009 – 2 AZR 641/07, BB 2009, 213. ||6 BAG 17.5.2001 – 2 AZR 460/00, NZA 2002, 54. ||7 *Wallner*, S. 29 f.

Der ArbGeb ist **nicht verpflichtet**, mit dem Änderungsangebot zugleich eine Änderungs- oder ggf. 43
eine Beendigungskündigung auszusprechen, um eine gerichtl. Prüfung der sozialen Rechtfertigung der
erstrebten Änderung des Beschäftigungsumfangs zu ermöglichen. Einer Kündigung bedarf es nicht,
wenn der ArbN sein Einverständnis mit den neuen Bedingungen erklärt hat. Erst dann, wenn der ArbN
das Angebot nicht annimmt, muss der ArbGeb zur Durchsetzung der Vertragsänderung eine Änderungskündigung aussprechen[1].

Inhaltlich ist darüber hinaus stets zu fordern, dass die geänderten Arbeitsbedingungen in **Bezug zum** 44
Inhalt des bis zum Zeitpunkt der Beendigungskündigung geltenden **Arbeitsvertrages** stehen müssen[2].
Dies gilt insb. mit Blick auf die ordnungsgemäße BR-Anhörung gem. § 102 BetrVG (s. Rz. 4).

Im Rahmen der Änderungskündigung gibt der ArbGeb ggü. seinem ArbN ein Änderungsangebot ab. 45
Drittpersonen sind daran nicht beteiligt. Deshalb kann auch dann, wenn zwischen zwei juristischen
Personen enge Verflechtungen bestehen, weil sie einem Konzern angehören, die eine juristische Person,
nämlich der ArbGeb, keine Änderungskündigung mit dem Angebot ggü. ihrem ArbN aussprechen, mit
der anderen juristischen Person einen Arbeitsvertrag abzuschließen.

Ein Änderungsangebot ist gem. S. 1 daran zu messen, ob es durch **Kündigungsgründe iSv. § 1** bedingt 46
ist und ob sich der ArbGeb darauf beschränkt hat, nur solche Änderungen vorzunehmen, die der ArbN
billigerweise hinnehmen muss. Ein Änderungsangebot muss dem **Gleichbehandlungsgrundsatz** entsprechen. Sonst ist es nicht hinzunehmen[3].

Für den ArbN als Empfänger des Änderungsangebots gibt es **drei Möglichkeiten:** 47

(1) Er kann es **ablehnen**. Dadurch wird das Änderungsangebot endgültig wirkungslos. Nimmt ein
ArbN das mit der Änderungskündigung verbundene Änderungsangebot nicht bzw. nicht rechtzeitig
an, so handelt er auf eigenes Risiko. Erweist sich die Änderungskündigung nämlich als iÜ wirksam und
sozial gerechtfertigt, ist das ArbVerh mangels Vorbehaltsannahme beendet. Ggf. ist dann auch § 1a anwendbar, und zwar bei Nichtannahme oder vorbehaltloser Ablehnung des Änderungsangebots[4]. Dementsprechend wird im anschließenden Kündigungsschutzprozesses bei endgültiger Ablehnung des Änderungsangebots nicht mehr im Rahmen einer Änderungskündigungsschutzklage gem. § 2 darüber
gestritten, ob die Änderung der Arbeitsbedingungen sozial ungerechtfertigt ist oder nicht. Vielmehr
geht es im Rahmen einer normalen Kündigungsschutzklage nur noch gem. § 1 um die Frage, ob die Beendigungskündigung sozial gerechtfertigt ist oder nicht. Einen Sonderfall stellt die Ablehnung einer
„überflüssigen" – also unwirksamen – Änderungskündigung dar[5].

(2) Er kann das Änderungsangebot **ohne Vorbehalt annehmen**. Dadurch kommt ein Änderungsver- 48
trag nach näherer Maßgabe des Änderungsangebots zustande. Diese Annahme ist nicht zwingend an
die Frist des S. 2 gebunden[6]. Mit Urt. v. 1.2.2007 hat das BAG entschieden, dass die Fristbestimmung
iSv. § 148 BGB nicht nur durch die Festlegung eines konkreten Termins oder durch die Festsetzung
eines Zeitraums erfolgen, sondern sich auch aus den Umständen ergeben kann. Ausreichend sei jede
zeitliche Konkretisierung, durch die der Antragende zu erkennen gibt, er wolle von der gesetzl. Regelung des § 147 BGB nach oben oder unten abweichen. Allerdings müsse im Hinblick auf S. 2 die Mindestannahmefrist drei Wochen betragen. Mit der Formulierung „teilen Sie uns umgehend mit, ob Sie ...
einverstanden" sind, werde eine Annahmefrist iSv. § 148 BGB bestimmt. Diese unterschreite zwar die
grds. maßgebliche Mindestfrist des § 2. Dies führe jedoch nicht dazu, dass es überhaupt an einer Fristsetzung für eine vorbehaltlose Annahme des Änderungsangebots fehlt und die Frist nach § 147 BGB zu
bestimmen wäre. An die Stelle der zu kurzen Frist trete vielmehr die Frist des § 2 S. 2[7]. Die Frist zur Erklärung des Vorbehalts nach S. 2 gilt dabei als Mindestfrist auch für die Erklärung der vorbehaltlosen
Annahme des Änderungsangebots[8].

Alleine die **widerspruchslose Weiterarbeit** des ArbN auf dem ihm angebotenen neuen Arbeitsplatz ist 49
jedenfalls idR so lange nicht als vorbehaltlose Annahme des Änderungsangebotes und damit als Verzicht auf die Geltendmachung der Unwirksamkeit der Änderungskündigung zu verstehen, wie der
ArbN noch rechtzeitig, dh. ohne schuldhaftes Zögern, einen Vorbehalt entsprechend § 2 erklären kann[9].
Demggü. kann in der widerspruchs- und vorbehaltlosen Weiterarbeit zu geänderten Arbeitsbedingungen eine Annahme des Änderungsangebots gesehen werden, wenn sich die neuen Arbeitsbedingungen
alsbald auf das ArbVerh auswirken[10]. Insoweit kommt allerdings eine Irrtumsanfechtung gem. § 119 I
BGB in Betracht, wenn dem ArbN das Bewusstsein fehlt, dass in einem stillschweigenden Weiterarbeiten seine Einverständniserklärung gesehen werden kann. Eine solche Anfechtung muss dann jedoch
unverzüglich iSv. § 121 I BGB erfolgen.

---

1 BAG 13.3.2007 – 9 AZR 588/06, EzA-SD 2007, 17, 6. ‖ 2 BAG 25.2.1988 – 2 AZR 611/87, RzK I 7a Nr. 9.
‖ 3 Vgl. BAG 3.7.2003 – 2 AZR 617/02, AP Nr. 74 zu § 2 KSchG 1969. ‖ 4 BAG 13.12.2007 – 2 AZR 663/06, MDR
2008, 751. ‖ 5 Vgl. BAG 6.9.2007 – 2 AZR 368/06, BB 2008, 896. ‖ 6 Vgl. BAG 6.2.2003 – 2 AZR 674/01, DB 2003,
1178. ‖ 7 BAG 1.2.2007 – 2 AZR 44/06, DB 2007, 1474. ‖ 8 Vgl. auch BAG 18.5.2006 – 2 AZR 230/05, DB 2006,
1790. ‖ 9 BAG 27.3.1987 – 7 AZR 790/85, NZA 1988, 737. ‖ 10 BAG 19.6.1986 – 2 AZR 565/85, NZA 1987, 94.

50 (3) Der ArbN kann das Änderungsangebot **unter dem Vorbehalt annehmen**, dass die Änderung der Arbeitsbedingungen nicht sozial ungerechtfertigt ist. Diesen Vorbehalt muss der ArbN dem ArbGeb innerhalb der Kündigungsfrist, spätestens jedoch innerhalb von **drei Wochen nach Zugang** der Kündigung erklären, dh., der Vorbehalt muss dem ArbGeb – und nicht etwa nur dem ArbG – innerhalb von drei Wochen nach Zugang der Kündigung zugehen[1]. § 270 III ZPO gilt nämlich nicht für die Annahme der Änderungskündigung unter Vorbehalt[2]. Einen Sonderfall stellt es in diesem Zusammenhang dar, wenn eine „überflüssige" – also unwirksame – Änderungskündigung unter Vorbehalt angenommen wurde[3].

51 Im Gesetz ist keine **Form** für die Vorbehaltserklärung vorgeschrieben. Der Vorbehalt kann deshalb auch mündlich erklärt werden, und zwar sogar durch schlüssiges Verhalten. Trotzdem sollte der ArbN den Vorbehalt zur Vermeidung von Rechtsnachteilen stets schriftl. erklären und dessen Zugang beim ArbGeb ordnungsgemäß nachweisen können. Wird die Vorbehaltserklärung durch den **Anwalt des ArbN** abgegeben, sollte dessen Originalvollmacht beigefügt sein. Die Vorbehaltserklärung sollte klar formuliert sein. In der Erklärung, dass der ArbN „unter dem Vorbehalt gerichtlicher Prüfung natürlich ein Änderungsangebot annehmen wird", kann kein erklärter Vorbehalt einer gerichtl. Nachprüfung gesehen werden[4].

52 Daneben ist zu beachten, dass außerdem im Falle des § 2 innerhalb von drei Wochen nach Zugang **Klage beim ArbG** mit dem Antrag auf Feststellung zu erheben ist, dass die Änderung der Arbeitsbedingungen sozial ungerechtfertigt ist (§ 4). Hat der ArbN zwar das mit einer Änderungskündigung verbundene Angebot unter dem Vorbehalt des § 2 angenommen, hat er jedoch die dreiwöchige Klagefrist des § 4 nicht eingehalten, so kann er sich nur noch auf sonstige Unwirksamkeitsgründe (zB § 102 BetrVG) berufen[5].

53 Ob eine **Ausnahme** von der Einhaltung der dreiwöchigen Frist für die Abgabe der Vorbehaltserklärung zu machen ist, wenn die Kündigungsfrist mehr als drei Wochen beträgt, ist fraglich. Dies soll ausnahmsw. der Fall sein, wenn die Vorbehaltserklärung noch vor Ablauf der Kündigungsfrist zusammen mit der innerhalb der Drei-Wochen-Frist eingereichten Klageschrift dem ArbGeb nach Ablauf von drei Wochen zugeht. Dieses lässt sich angesichts des klaren Gesetzeswortlauts von S. 2 aber allenfalls dann rechtfertigen, wenn der ArbN nach Ablauf der Kündigungsfrist bspw. zu geänderten Bedingungen weiterarbeitet, jedoch Kündigungsschutzklage erhoben hatte und vor diesem Hintergrund die Vorbehaltserklärung als rechtzeitig angesehen werden konnte[6]. Im Falle der Annahme unter Vorbehalt ist problematisch, ob Auflösungsantrag gestellt werden kann[7].

54 Ob die Parteien eine Vereinbarung treffen können, den ArbN nach Ausspruch einer Änderungskündigung bis zur rechtskräftigen Entscheidung zu den ursprünglichen Bedingungen tatsächlich weiterzubeschäftigen, hängt in der Praxis davon ab, ob der ArbGeb dazu bereit ist. Dies dürfte idR nicht der Fall sein. Liegen im Rahmen des Änderungskündigungsrechtsstreits sonstige Unwirksamkeitsgründe vor, wird also nicht nur über die Sozialwidrigkeit gestritten, so kommt ein **Weiterbeschäftigungsanspruch** in Betracht[8]. Dann jedoch, wenn die Parteien im Rahmen einer Änderungsschutzklage nach § 4 S. 2 um die Wirksamkeit vom ArbN nach § 2 erklärten Vorbehalts streiten, darf der ArbGeb nicht zur Weiterbeschäftigung des ArbN zu den angefochtenen geänderten Bedingungen verurteilt werden, solange kein der Änderungsschutzklage stattgebendes Urteil vorliegt[9]. Der ArbGeb ist nämlich nicht auf Grund des allg. Beschäftigungsanspruchs verpflichtet, den ArbN vorläufig zu den bisherigen Bedingungen weiterzubeschäftigen[10]. Ein solcher Beschäftigungsanspruch kann aber nach § 102 V BetrVG bestehen, wenn der BR einer mit der Änderung der Arbeitsbedingungen verbundenen Versetzung oder Umgruppierung widersprochen hat, die Zustimmung nicht ersetzt worden ist und es dem ArbGeb auch verwehrt ist, die Maßnahmen vorläufig durchzuführen[11]. Somit ist der ArbN, wenn er den Vorbehalt erklärt hat, daran bis zum rechtskräftigen Abschluss des Kündigungsschutzverfahrens gebunden.

55 Geht es um eine **außerordentl. Änderungskündigung**, hat der ArbN nach deren Zugang unverzüglich zu erklären, ob er das Änderungsangebot ablehnt oder es mit oder ohne den in § 2 bezeichneten Vorbehalt annimmt[12]. Er muss sich sozusagen von einem auf den anderen Tag entscheiden, ob er die ihm zugewiesene neue Aufgabe zu den geänderten Vertragsbedingungen jedenfalls zunächst übernimmt oder ob er sich weigert, dieses zu tun. Da insoweit eine Frist von im Regelfall ein bis zwei Tagen diskutiert wird, muss der ArbN sofort reagieren und sich – ggf. nach anwaltlicher Beratung – entscheiden, und zwar wie bei der ordentl. Änderungskündigung. Er kann das Änderungsangebot ablehnen oder ohne bzw. mit Vorbehalt annehmen. In der Praxis wird die außerordentl. bzw. fristlose Änderungskündigung demgemäß gelegentlich dazu benutzt, den ArbN unter Entscheidungsdruck zu setzen.

---

1 BAG 17.6.1998 – 2 AZR 336/97, NZA 1998, 1225. ‖ 2 BAG 17.6.1998 – 2 AZR 336/97, NZA 1998, 1225. ‖ 3 Vgl. BAG 6.9.2007 – 2 AZR 368/06, BB 2008, 896. ‖ 4 BAG 13.3.2007 – 9 AZR 588/06, EzA-SD 2007, 17, 6. ‖ 5 BAG 28.5.1998 – 2 AZR 615/97, DB 1998, 2168. ‖ 6 Vgl. BAG 17.6.1998 – 2 AZR 336/97, NZA 1998, 1225. ‖ 7 Vgl. etwa *Müller*, DB 2002, 2597 f. ‖ 8 BAG 28.5.2009 – 2 AZR 844/07, AP Nr. 222 zu § 626 BGB m. Anm. *Oetker*. ‖ 9 BAG 28.3.1985 – 2 AZR 548/83, NZA 1985, 709. ‖ 10 LAG Nürnberg 6.8.2012 – 2 Sa 643/11, NZA-RR 2012, 631. ‖ 11 BAG 18.1.1990 – 2 AZR 183/89, NZA 1990, 734. ‖ 12 BAG 27.3.1987 – 7 AZR 790/85, NZA 1988, 737; 19.6.1986 – 2 AZR 565/85, NZA 1987, 94.

III. Sozialwidrigkeit der Änderungskündigung. 1. Allgemeines.
Reicht die Ausübung des Direktionsrechts nicht aus, muss geprüft werden, ob eine Änderungskündigung oder eine Beendigungskündigung auszusprechen ist. 56

Regelmäßig ist eine betriebsbedingte Änderungskündigung nur dann sozial gerechtfertigt, wenn der ArbGeb sich darauf beschränkt, solche Änderungen vorzuschlagen, die der ArbN billigerweise hinnehmen muss. Dabei ist im Rahmen von § 1 II 1 iVm. § 2 zu prüfen, ob das Beschäftigungsbedürfnis für den ArbN zu den bisherigen Vertragsbedingungen entfallen ist[1]. Ob der ArbN die vorgeschlagenen Vertragsänderungen billigerweise hinnehmen muss, ist nach dem Verhältnismäßigkeitsgrundsatz zu ermitteln[2]. Handelt es sich um mehrere voneinander trennbare **verschiedene Arbeitsbedingungen**, so muss jede einzelne Änderung im Änderungsangebot des ArbGeb darauf geprüft werden, ob sie sozial gerechtfertigt ist. Das gilt auch dann, wenn der ArbN das Änderungsangebot ablehnt. Zwar wird dann die vom ArbGeb ausgesprochene Änderungskündigung zur Beendigungskündigung. Gleichwohl muss auch hier geprüft werden, ob die angestrebte Änderung der Arbeitsbedingungen den gesetzl. Voraussetzungen genügt. 57

In Zusammenhang mit einer etwaigen **Schwerbehinderteneigenschaft** haben die ArbG bei der Prüfung der Sozialwidrigkeit einer ordentl. Kündigung oder des wichtigen Grundes für eine außerordentl. Kündigung die Schwerbehinderteneigenschaft des ArbN ebenso zu berücksichtigen, wie dies im Zustimmungsverfahren beim zuständigen Integrationsamt der Fall wäre. Dies gilt vor allem dann, wenn die Kündigung auf Gründe gestützt wird, die mit der Behinderung in Zusammenhang stehen. Entsprechendes gilt auch bei der Prüfung der Sozialwidrigkeit einer Änderungskündigung[3]. 58

Bei Störungen des ArbVerh im sog. **Leistungs- und ggf. auch im Vertrauensbereich** ist regelmäßig vor Ausspruch einer Beendigungskündigung eine vergebliche **Abmahnung** erforderlich. Diese Grundsätze gelten entsprechend für eine ordentl. Änderungskündigung. Folglich muss auch dort eine Abmahnung im Rechtssinne gegeben sein. Diese liegt nur dann vor, wenn der ArbGeb in einer für den ArbN hinreichend deutlich erkennbaren Art und Weise Leistungsmängel beanstandet und damit den Hinweis verbindet, dass im Wiederholungsfall der Inhalt oder der Bestand des ArbVerh gefährdet sei[4]. 59

Entsprechend dem Grundsatz, dass eine betriebsbedingte Änderungskündigung zu ihrer Wirksamkeit nicht nur eines zumutbaren Änderungsangebots bedarf, sondern auch aus einem der in § 1 II genannten Gründen bedingt sein muss, folgt, dass der ArbGeb sich nicht auf dringende betriebl. Erfordernisse berufen kann, wenn ein **anderer freier Arbeitsplatz** zum Zeitpunkt der Kündigung vorhanden war, auf dem der gekündigte ArbN hätte weiterbeschäftigt werden können[5]. Die Möglichkeit, den ArbN in einem anderen Betrieb des Unternehmens oder in einer anderen Dienststelle desselben Verwaltungszweiges an demselben Dienstort einschl. seines Einzugsgebiets weiterzubeschäftigen, ist bereits nach der Generalklausel des § 1 II 1 zu berücksichtigen. Wird dennoch eine Beendigungskündigung ausgesprochen, ist diese idR sozialwidrig[6]. Das gilt allerdings nur dann, wenn der BR bzw. PersR einer ordentl. Kündigung deswegen nicht widersprochen hat. 60

Wird eine Betriebsabteilung stillgelegt und kann ein dort beschäftigtes **BR-Mitglied** nach entsprechender Änderungskündigung zu den iÜ unveränderten Bedingungen auf einem freien Arbeitsplatz in einer anderen Betriebsabteilung weiterbeschäftigt werden, ist der ArbGeb grds. nicht verpflichtet, einen örtlich näher gelegenen und deshalb das BR-Mitglied weniger belastenden Arbeitsplatz freizukündigen[7]. 61

Eine objektive **Umgehung des gesetzl. Änderungskündigungsschutzes**, die zur Unwirksamkeit der Befristung einzelner Arbeitsvertragsbedingungen führt, kann zur Sozialwidrigkeit der Änderungskündigung führen. Während dazu nicht bereits etwa die Befristung einer Provisionszusage gehört, kann ein Eingriff in den durch die gesetzl. Änderungskündigungsschutzregelung geschützten Kernbereich des ArbVerh darin liegen, dass in die Arbeitspflicht des ArbN ihrem Inhalt und Umfang nach in einer sich unmittelbar auf die Vergütung auswirkenden Weise eingegriffen werden kann, indem sowohl die Leistung als auch die Gegenleistung geändert werden[8]. So stellt eine arbeitsvertragl. Vereinbarung, die bei arbeitszeitabhängiger Vergütung den ArbGeb berechtigen soll, eine zunächst konkret festgelegte Arbeitszeit später einseitig je nach Bedarf zu reduzieren, eine objektive Umgehung von zwingenden Vorschriften des Kündigungs- und Kündigungsschutzrechts dar und ist deshalb bereits nach § 134 BGB nichtig[9]. Entsprechendes gilt für eine arbeitsvertragl. Vereinbarung, die bei arbeitszeitabhängiger Vergütung den ArbGeb berechtigen soll, die zunächst festgelegte Arbeitszeit später einseitig nach Bedarf zu reduzieren[10]. 62

---

1 BAG 19.5.1993 – 2 AZR 584/92, NZA 1993, 1075; 29.9.2011 – 2 AZR 451/10, NZA-RR 2012, 158 (159); 29.9.2011 – 2 AZR 523/10, NZA 2012, 628 (631). || 2 BAG 19.5.1993 – 2 AZR 584/92, NZA 1993, 1075; 29.9.2011 – 2 AZR 451/10, NZA-RR 2012, 158 (159); 29.9.2011 – 2 AZR 523/10, NZA 2012, 628(631). || 3 BAG 17.2.1977 – 2 AZR 687/75, DB 1977, 636. || 4 BAG 12.9.1980 – 7 AZR 775/78, nv. || 5 BAG 23.2.2012 – 2 AZR 45/11. || 6 Vgl. im Einzelnen BAG 21.4.2005 – 2 AZR 132/04, NZA 2005, 1289 mwN und 2 AZR 244/04, NZA 2005, 1294. || 7 BAG 28.10.1999 – 2 AZR 437/98, DB 2000, 578. || 8 BAG 21.4.1993 – 7 AZR 297/92, NZA 1994, 476. || 9 BAG 28.10.1987 – 5 AZR 390/86, nv. || 10 BAG 12.12.1984 – 7 AZR 509/83, DB 1985, 1240.

63 Hat der ArbGeb dem ArbN statt einer gemäß dem Ultima-Ratio-Prinzip erforderlichen Änderungskündigung eine Beendigungskündigung ausgesprochen, die deshalb sozial ungerechtfertigt ist, so kommt der ArbGeb – jedenfalls im Regelfall – in **Annahmeverzug**, wenn er dem ArbN nicht die ursprünglich geschuldete Arbeit anbietet[1].

64 **2. Ordentliche Änderungskündigung.** Wird eine ordentl. Kündigung mit einem Kündigungssachverhalt begründet, der mehrere in § 1 II 1 geregelte Gründe berührt (sog. **Kündigung wegen eines Mischtatbestandes**), so richtet sich der Prüfungsmaßstab in erster Linie danach, aus welchem der im Gesetz genannten Bereiche die Störung kommt, die sich auf das ArbVerh nachteilig auswirkt[2]. Im ersten Schritt ist zu prüfen, ob der danach maßgebliche Kündigungsgrund die Änderung der Arbeitsbedingungen rechtfertigt. Im zweiten Schritt wird sodann geprüft, ob der Inhalt der beabsichtigten Änderung vom ArbN billigerweise hingenommen werden muss.

65 **a) Personenbedingte Änderungskündigung.** Diese beruht auf fehlenden persönlichen Eigenschaften und Fähigkeiten des ArbN. Dazu gehören zB mangelnde körperliche bzw. geistige Eignung oder Erkrankungen[3], die dazu führen, dass die Verwendbarkeit des ArbN erheblich herabgesetzt ist, sowie uU eine altersbedingte Abnahme der Leistungsfähigkeit, vgl. § 1 Rz. 92 ff.

66 **b) Verhaltensbedingte Änderungskündigung.** Diese liegt vor, wenn das ArbVerh durch schuldhaftes Tun oder Unterlassen des ArbN konkret berührt wird, und zwar insb. im Leistungsbereich und im persönlichen Vertrauensbereich. Hinsichtlich der Rechtfertigung einer verhaltensbedingten Änderungskündigung sind nach ganz hM in Rspr. und Lit. idR die Grundsätze heranzuziehen, die für die verhaltensbedingte Beendigungskündigung maßgeblich sind, vgl. § 1 Rz. 176 ff. Deshalb kommt auch im Rahmen der verhaltensbedingten Änderungskündigung als milderes Mittel regelmäßig eine Abmahnung in Betracht[4].

67 **c) Betriebsbedingte Änderungskündigung.** Hierbei handelt es sich regelmäßig um eine ordentl. Änderungskündigung unter Einhaltung der Kündigungsfrist. Als Gründe für die soziale Rechtfertigung einer solchen betriebsbedingten Änderungskündigung kommen zB in Betracht: Auftragsrückgang, Umsatzminderung, Gewinnverfall, Auslaufen einer Drittmittelfinanzierung, Betriebseinschränkungen infolge schlechter wirtschaftl. Lage sowie wesentliche Störungen des Betriebsfriedens wegen einer Ungleichbehandlung von ArbN[5], vgl. § 1 Rz. 255 ff. Das alleinige Interesse des ArbGeb an der Vereinheitlichung der Arbeitsbedingungen in seinem Betrieb (zB einheitliches Tarifrecht) begründet kein dringendes betriebl. Erfordernis für eine Änderungskündigung[6]. In Ausnahmefällen, vor allem bei Unzulässigkeit einer ordentl. Kündigung, kommt es in der Praxis auch zu außerordentl. betriebsbedingten Änderungskündigungen mit (notwendiger) Auslauffrist. Eine solche Änderungskündigung muss ebenfalls verhältnismäßig sein[7].

68 Hinsichtlich der einzelnen betriebsbedingten Kündigungsgründe wird zunächst auf die Komm. zu § 1 Bezug genommen, weil für die betriebsbedingte Änderung idR Entsprechendes gilt. Hinsichtlich der anerkennenswerten Anlässe für eine betriebsbedingte Änderungskündigung und dazu, was der ArbN hinnehmen muss, wird auf BAG 23.6.2005 – 2 AZR 642/04 und 26.3.2009 – 2 AZR 879/07, ZTR 2009, 432 (Notwendigkeit der Beschränkung auf vom ArbN hinzunehmende Änderungen) verwiesen. Bzgl. verschiedener Einzelfälle einer Änderungskündigung, bei denen Gründe für ein dringendes betriebl. Erfordernis fehlen, wird auf die Entscheidungen des BAG 22.1.1981 – 2 AZR 945/78 und 6.5.1980 – 6 AZR 220/78 verwiesen. Zu sozial gerechtfertigten betriebsbedingten Änderungskündigungen vgl. BAG 9.9.2010 – 2 AZR 446/09, 936/08, 1045/08, BB 2011, 692.

69 Bei der Prüfung, ob ein dringendes betriebl. Erfordernis zu einer Änderung der Arbeitsbedingungen einzelner ArbN besteht, ist nicht nur auf den unselbständigen Betriebsteil abzustellen, in dem der ArbN beschäftigt wird. Die Unrentabilität einer unselbständigen Betriebsabteilung kann lediglich dann ein dringendes betriebl. Erfordernis darstellen, wenn sie auf das wirtschaftl. Ergebnis des **Gesamtbetriebs bzw. Unternehmens** durchschlägt und ohne Anpassung der Personalkosten Beendigungskündigungen nicht zu vermeiden wären. Eine betriebsbedingte Änderungskündigung, die eine sonst erforderlich werdende Beendigungskündigung – zB wegen Stilllegung des Gesamtbetriebs oder einer Betriebsabteilung – vermeidet, ist grds. möglich. Die Anforderungen an eine solche Änderungskündigung sind aber nicht geringer anzusetzen als die Anforderungen an eine Beendigungskündigung wegen beabsichtigter Teil-Betriebsstilllegung[8].

70 **Organisatorische Unternehmerentscheidungen** (vgl. Komm. zu § 1) werden im Kündigungsrechtsstreit nicht auf ihre Zweckmäßigkeit, sondern nur darauf überprüft, ob sie offenbar unsachlich, unvernünftig oder willkürlich sind (sog. Missbrauchskontrolle)[9]. Dies macht es jedoch nicht entbehrlich, ge-

---

1 BAG 27.1.1994 – 2 AZR 584/93, NZA 1994, 840. ||2 BAG 21.11.1985 – 2 AZR 21/85, DB 1986, 2133. ||3 U.a. LAG Hess. 26.4.2012 – 5 Sa 1632/11. ||4 Dazu LAG Nürnberg 6.8.2012 – 2 Sa 643/11, NZA-RR 2012, 631 (633). ||5 BAG 28.4.1982 – 7 AZR 1139/79, NJW 1982, 2687. ||6 Zuletzt LAG Nds. 21.9.2012 – 6 Sa 113/12, Rev. eingelegt unter 5 AZR 1047/12; so schon BAG 12.1.2006 – 2 AZR 126/05, NZA 2006, 587 (589); 15.1.2009 – 2 AZR 641/07, *DB 2009*, 1299 (1300); 29.9.2011 – 2 AZR 523/10, NZA 2012, 628 (631). ||7 BAG 26.6.2008 – 2 AZR 147/07, BB 2008, 1505. ||8 BAG 12.11.1998 – 2 AZR 91/98, NZA 1999, 471. ||9 BAG 26.1.1995 – 2 AZR 371/94, NZA 1995, 626; vgl. auch BAG 29.5.1985 – 7 AZR 248/84, RzK I 7b 2.

richtl. zu prüfen, ob die Organisationsänderung eine Beendigungs- oder Änderungskündigung unvermeidbar macht oder ob das geänderte unternehmerische Konzept nicht auch durch andere Maßnahmen verwirklicht werden kann[1]. Weil das KSchG nicht betriebs-, sondern unternehmensbezogen ist, hat sich diese Prüfung nicht auf den Betrieb zu beschränken, sondern auf das gesamte Unternehmen zu erstrecken[2].

Es kann eine zulässige Organisationsentscheidung des öffentl. ArbGeb sein, den Sitz einer Behörde zu verlegen und die bisherigen Standorte zu schließen mit der Folge der Notwendigkeit von Änderungskündigungen zur Anpassung des Arbeitsorts[3]. Ein Missbrauch der unternehmerischen Organisationsfreiheit liegt dagegen vor, wenn die Umgestaltung der Arbeitsabläufe sich als rechtswidrige Maßregelung iSv. § 612a BGB erweist oder gesetzl. Vorgaben umgangen werden[4]. Besonderheiten gelten, wenn durch das Änderungsangebot neben der Tätigkeit (Arbeitsleistungspflicht) auch die Gegenleistung (Vergütung) geändert werden soll; dann sind beide Elemente des Änderungsangebots am Verhältnismäßigkeitsgrundsatz zu messen[5]. 71

Hinsichtlich der Anforderungen an die **Darlegung eines geplanten Einsparungskonzepts** wird auf BAG 12.12.1996 – 2 AZR 879/95, verwiesen. Im Rahmen einer solchen unternehmerischen Organisationsentscheidung lässt sich dem KSchG, insb. dessen § 1 II und III, nicht die Wertung entnehmen, dass der ArbGeb im Rahmen einer Rationalisierung anstelle mehrerer Änderungskündigungen stets eine geringere Anzahl von Beendigungskündigungen aussprechen muss[6]. 72

Der Entschluss des ArbGeb, die **Lohnkosten zu senken** oder den Mietzuschuss zu streichen und eine zu diesem Zweck ausgesprochene Änderungskündigung sind keine im Kündigungsschutzprozess von den Gerichten als vorgegeben hinzunehmende grds. bindende Unternehmerentscheidung[7]. Hinsichtlich der Anforderungen an die Darlegung dringender betriebl. Erfordernisse bei einer Änderungskündigung zwecks Streichung bzw. Kürzung einer vereinbarten Zulage vgl. BAG 11.11.1993 – 2 AZR 476/93, nv., und – 2 AZR 454/93, nv. IÜ stellt die **Gleichbehandlung mit anderen ArbN** kein dringendes betriebl. Erfordernis iSv. § 1 II 1 dar, das die Verschlechterung einer arbeitsvertragl. Vergütungsregelung im Wege der Änderungskündigung bedingen kann[8]. Eine wirksame Änderungskündigung zur Entgeltsenkung kommt jedoch dann in Betracht, wenn der Betrieb ansonsten stillgelegt oder die Belegschaft reduziert werden müsste. Allerdings wird dem ArbGeb in einem solchen Falle ein umfassender Sanierungsplan abverlangt, mit dem alle ggü. der beabsichtigten Änderungskündigung milderen Mittel ausgelotet und ausgeschöpft werden[9]. 73

Eine Änderungskündigung zur Entgeltsenkung ist nicht allein deshalb sozial gerechtfertigt, weil eine neue gesetzl. Regelung die Möglichkeit vorsieht, durch Parteivereinbarung einen geringeren (tarifl.) Lohn festzulegen, als er dem ArbN bisher gesetzl. oder vertragl. zustand[10]. Die spätere Neuordnung der tarifl. Entgeltstruktur stellt kein dringendes betriebl. Erfordernis zur Änderung der Arbeitsbedingungen dar, wenn die Vergütung zuvor einzelvertragl. im außertarifl. Angestelltenverhältnis vereinbart worden ist[11]. 74

Im Rahmen der **Verteilung der Arbeitszeit**, die nicht durch Direktionsrecht geändert werden kann, sind dringende betriebl. Erfordernisse und damit die soziale Rechtfertigung für die Änderungskündigung vom ArbGeb darzulegen. Die Gerichte für Arbeitssachen prüfen auch hier jedoch nur, ob diese Maßnahme offenbar unvernünftig oder willkürlich ist, nicht dagegen die sachl. Rechtfertigung oder Zweckmäßigkeit[12]. 75

Entsprechendes dürfte für andere **reine Organisationsänderungen** gelten. Dazu gehört auch der Fall, in dem sich ein ArbGeb zu einer betriebl. Umorganisation entschließt, die zu einer anderen zeitlichen Lage und zur Herabsetzung der Dauer der Arbeitszeit führt[13]. In Zusammenhang mit der Änderung des Arbeitsorts kann sich der ArbN auf andere ihn weniger belastende Beschäftigungsmöglichkeiten berufen. Stehen unterschiedliche Tätigkeiten zur Verfügung, so hat der ArbGeb eine soziale Auswahl vorzunehmen[14]. 76

Zur Behandlung von **Lenkzeitunterbrechungen** als unbezahlte Ruhepausen vgl. BAG 9.2.1989 – 6 AZR 11/87, nv. 77

Schließlich ist ein typischer Beispielsfall für eine betriebsbedingte Änderungskündigung das Vorliegen eines **Arbeitskräfteüberhangs** bzw. die **Verringerung der Arbeitsmenge**. Hier muss wie bei einer entsprechenden betriebsbedingten Beendigungskündigung im Erg. vom ArbGeb ganz konkret darge- 78

---

1 BAG 18.1.1990 – 2 AZR 183/89, NZA 1990, 734. ‖ 2 BAG 17.5.1984 – 2 AZR 109/83, DB 1985, 1190. ‖ 3 BAG 12.8.2010 – 2AZR 558/09, ZTR 2011, 112. ‖ 4 BAG 22.4.2004 – 2 AZR 385/03, DB 2004, 1890. ‖ 5 BAG 29.3.2007 – 2 AZR 31/06, DB 2007, 1762. ‖ 6 BAG 19.5.1993 – 2 AZR 584/92, NZA 1993, 1075. ‖ 7 BAG 20.3.1986 – 2 AZR 294/85, NZA 1986, 824; 11.10.1989 – 2 AZR 375/88, nv. und 26.6.2008 – 2 AZR 139/07 (Erfordernis eines Sanierungsplans bei Änderungskündigungen nur wegen Absenkung der Vergütung). ‖ 8 BAG 20.1.2000 – 2 ABR 40/99, DB 2000, 1666. ‖ 9 Vgl. BAG 27.9.2001 – 2 AZR 236/00, NZA 2002, 750. ‖ 10 BAG 12.1.2006 – 2 AZR 126/05, DB 2006, 1114. ‖ 11 BAG 8.10.2009 – 2 AZR 235/08, ZTR 2010, 269. ‖ 12 BAG 27.9.2001 – 2 AZR 246/00, EzA § 2 KSchG Nr. 41. ‖ 13 BAG 22.4.2004 – 2 AZR 385/03, DB 2004, 1890. ‖ 14 BAG 12.8.2010 – 2 AZR 945/08, DB 2011, 597.

legt werden, dass eine hinreichende Auftragsmenge (Arbeitsmenge) in Zusammenhang mit der zur Verfügung stehenden Arbeitszeit nicht mehr vorhanden ist. Daraus muss sich ein ganz konkreter Arbeitskräfteüberhang ergeben. Liegt dieser vor, dürften Arbeitskräfte abgebaut werden. Der ArbGeb muss aber nicht zB statt einer Beendigungskündigung mehrere Änderungskündigungen jeweils mit Arbeitszeitreduzierungen aussprechen.

79 Das Gebot der ausreichenden Berücksichtigung sozialer Gesichtspunkte bei der Auswahl des zu kündigenden ArbN gilt auch für betriebsbedingte Änderungskündigungen. Sind von einer Organisationsmaßnahme des ArbGeb mehrere vergleichbare ArbN betroffen und konkurrieren diese um anderweitige Beschäftigungsmöglichkeiten in demselben Betrieb, hat der ArbGeb durch eine Sozialauswahl analog § 1 III 1 zu entscheiden, welchen ArbN er auf dem freien Arbeitsplatz weiterbeschäftigt[1]. Für die Frage der in die **Sozialauswahl** einzubeziehenden vergleichbaren ArbN kommt es bei einer Änderungskündigung nicht nur darauf an, ob die betroffenen ArbN nach ihren bisherigen Tätigkeiten miteinander verglichen werden können und damit auf ihren innegehabten Arbeitsplätzen gegeneinander austauschbar waren. Hinzu kommen muss, dass diese ArbN auch für die Tätigkeit, die Gegenstand des Änderungsangebots ist, mindestens annähernd gleich geeignet sind. Die Austauschbarkeit muss sich also auch auf den mit der Änderungskündigung angebotenen Arbeitsplatz beziehen. Mit einzubeziehen sind sowohl die Belegschaftsmitglieder, die in der bisherigen Position vergleichbar waren, als auch diejenigen, die auf der neuen Position vergleichbar werden[2]. Es liegt nur dann eine zutreffende Sozialauswahl vor, wenn der ArbGeb die Frage der Austauschbarkeit auch auf den mit der Änderungskündigung angebotenen Arbeitsplatz bezieht und im Rahmen der sozialen Auswahl darüber hinaus prüft, welcher der vergleichbaren ArbN durch die angebotenen neuen Arbeitsbedingungen schwerer belastet wird als die anderen. Dieser ist bei iÜ gleicher Ausgangslage sozial schutzwürdiger. Insoweit können ua. Vorbildung und persönliche Eigenschaften wie Wendigkeit, schnelle Auffassungsgabe, Anpassungsfähigkeit und Gesundheitszustand von Bedeutung sein[3].

80 Im Rahmen der sozialen Auswahl hat der ArbGeb zwar keinen Ermessens-, wohl aber einen **Wertungsspielraum**. Dieser führt dazu, dass nur deutlich schutzwürdigere ArbN mit Erfolg die Fehlerhaftigkeit der sozialen Auswahl rügen können[4]. Wird **mehreren ArbN** aus dringenden betriebl. Gründen zur selben Zeit gekündigt, einem vergleichbaren ArbN dagegen nicht, der erheblich weniger hart von der Kündigung betroffen wäre, so können sich alle gekündigten ArbN auf diesen Auswahlfehler mit Erfolg berufen. UU kann der ArbGeb aber Auswahlfehler, die ihm insoweit unterlaufen sind, nachträglich korrigieren[5].

81 Bei der Gewichtung der Sozialdaten spielt die Überschreitung der Altersgrenze von 50 LJ dann keine maßgebliche Rolle, wenn es um eine Änderungskündigung geht[6].

82 Sind wegen Wegfalls von qualifizierten Arbeitsplätzen lediglich Änderungskündigungen zum Zwecke der **Herabgruppierung** um eine Vergütungsgruppe erforderlich, dann darf der ArbGeb einen vergleichbaren kündbaren Angestellten jedenfalls nur dann einem unkündbaren vorziehen, wenn ihm die Herabgruppierung des kündbaren ArbN wegen gravierender Leistungsunterschiede unzumutbar ist oder wenn dem unkündbaren Angestellten auch wegen dauernder Leistungsunfähigkeit eine Änderungskündigung ausgesprochen werden könnte[7].

83 Für die Sozialauswahl gilt nach Abs. 1 auch **§ 1 III**. Ggü. der Beendigungskündigung bestehen deshalb keine Besonderheiten. Nur dann, wenn alle ArbN von Änderungskündigungen betroffen sind, bedarf es keiner Sozialauswahl. Werden Änderungskündigungen nur ggü. einzelnen ArbN ausgesprochen, muss die Sozialauswahl stets nach näherer Maßgabe des § 1 III beachtet werden. Es ist mit § 1 III 1 nicht vereinbar, wenn eine Auswahlrichtlinie die Pflegebedürftigkeit von im Haushalt des ArbN lebenden Angehörigen oder die Betreuungsbedürftigkeit von Kindern unabhängig vom Bestehen einer Unterhaltsverpflichtung berücksichtigt. Auch für Änderungskündigungen können zwar Auswahlrichtlinien aufgestellt werden. Die Betriebspartner können aber die Anforderungen an die Sozialauswahl nicht abweichend von § 1 III festlegen. Das gilt auch für ein der Änderungskündigung vorgeschaltetes Auswahlverfahren[8].

84 **3. Außerordentliche Änderungskündigung.** Denkbar ist auch der Fall einer außerordentl. betriebsbedingten Änderungskündigung mit § 626 BGB als Prüfungsmaßstab[9]. Neben dessen Abs. 1 ist in einem solchen Falle stets die Ausschlussfrist von zwei Wochen des § 626 II BGB zu beachten[10].

Bei einer solchen Änderungskündigung gelten grds. dieselben Voraussetzungen wie bei der Beendigungskündigung aus wichtigem Grund. Eine außerordentl. Änderungskündigung ist nur wie eine ordentl. Änderungskündigung begründet, wenn sie notwendig ist und die neuen Bedingungen für den

---

1 BAG 23.2.2012 – 2 AZR 45/11; 24.5.2012 – 2 AZR 163/11, NZA-RR 2013, 74 (77). ‖2 Vgl. BAG 13.6.1986 – 7 AZR 623/84, NZA 1987, 155. ‖3 BAG 13.6.1986 – 7 AZR 623/84, NZA 1987, 155. ‖4 BAG 18.1.2007 – 2 AZR 796/05, ArbuR 2007, 283. ‖5 BAG 18.10.1984 – 2 AZR 543/83, NZA 1985, 423. ‖6 BAG 18.1.2007 – 2 AZR 796/05, ArbuR 2007, 283 ‖7 BAG 17.5.1984 – 2 AZR 161/83, AP Nr. 3 zu § 55 BAT. ‖8 BAG 12.8.2010 – 2 AZR 045/08, DB 2011, 597. ‖9 BAG 21.6.1995 – 2 ABR 28/94, NZA 1995, 1157. ‖10 Vgl. dazu im Einzelnen BAG 25.3.1976 – 2 AZR 127/75, DB 1976, 1066.

ArbN zumutbar sind. Das Änderungsangebot muss der Billigkeit entsprechen. Diese Voraussetzung muss grds. für jeden einzelnen Änderungsvorschlag erfüllt sein, wenn der ArbGeb den Arbeitsvertrag in mehreren Punkten ändern möchte. Doch kann die Gesamtabwägung der beiderseitigen Interessen ergeben, dass entweder der ArbN eine an sich unzumutbare einzelne Änderung hinnehmen muss oder der ArbGeb eine an sich berechtigte Änderungskündigung nicht durchsetzen kann, weil eine besonders gewichtige einzelne Änderung für den ArbN unannehmbar ist[1].

Wie der Prüfungsmaßstab bei der außerordentl. Änderungskündigung anzulegen ist, ist ebenso wie bei der ordentl. Änderungskündigung nicht von der Reaktion des ArbN abhängig. Wie bei der Beendigungskündigung kommen auch bei der außerordentl. Änderungskündigung alle wichtigen Gründe in Frage, und zwar ohne Einschränkungen. Denkbar sind deshalb auch personen-, verhaltens- und betriebsbedingte Kündigungsgründe. Im Rahmen der betriebsbedingten Kündigungsgründe ergeben sich Besonderheiten betreffend den wichtigen Grund iSv. § 626 I BGB. Mehrere Fallgruppen sind hervorzuheben:

Wenn **kurzfristige Änderungen der Arbeitsbedingungen** unumgänglich sind, jedoch lange tarifl. oder gesetzl. Kündigungsfristen eingehalten werden müssen, wird allg. anerkannt, dass es Möglichkeiten geben muss, kurzfristig solche Änderungen der Arbeitsbedingungen zu erreichen, die die Existenz des Betriebes nicht gefährden.

Dem wegen langer Betriebszugehörigkeit und höheren Lebensalters **nicht mehr ordentl. kündbaren ArbN** kann zur Änderung der Arbeitsbedingungen auch nicht mehr eine Änderungskündigung ausgesprochen werden. Die sog. „Unkündbarkeit" soll diesen ArbN den einmal erreichten Status sichern. Das gilt jedoch nicht, wenn es sich um eine als unabweisbar notwendig erkannte Änderung der Arbeitsbedingungen handelt. Dann ist eine außerordentl. Änderungskündigung auch in solchen Fällen möglich. Zugleich ist zu prüfen, ob die längste gesetzl. oder tarifl. Kündigungsfrist hierbei als Auslauffrist zu beachten ist.

Im Falle der außerordentl. Änderungskündigung eines ordentl. unkündbaren ArbN ist entscheidender Gesichtspunkt, ob das geänderte unternehmerische Konzept die vorgeschlagene Änderung erzwingt oder ob es im Wesentlichen auch ohne – oder mit weniger einschneidenden – Änderungen im Arbeitsvertrag des Gekündigten durchsetzbar bleibt. Außerdem muss der ArbGeb bereits bei der Erstellung des unternehmerischen Konzepts die in Form von vereinbarten Kündigungsausschlüssen bestehenden arbeitsvertragl. übernommenen Garantien ebenso wie andere schuldrechtl. Bindungen berücksichtigen[2]. Der wichtige Grund kann sich aus tarifvertragl. Vorschriften ergeben, zB § 34 II 1 TVöD. Wenn neben der Tätigkeit auch die Vergütung des ArbN geändert werden soll, sind beide Elemente des Änderungsangebots am Verhältnismäßigkeitsgrundsatz zu messen[3].

Bei einer aus dienstl. Gründen mit einer Frist von sechs Monaten zum Schluss des Kalendervierteljahres zugelassenen Änderungskündigung eines unkündbaren Angestellten zum Zwecke der **Herabgruppierung** um eine Vergütungsgruppe handelt es sich um eine sog. befristete außerordentl. Änderungskündigung aus wichtigem Grund. Auch im Rahmen dieser Vorschriften kann ein wichtiger Grund vorliegen, wenn die Änderung der Arbeitsbedingungen das Ziel hat, der konkreten Gefahr einer Betriebsschließung wegen Insolvenz zu begegnen[4].

Weiterhin kommt in Betracht eine außerordentl. Änderungskündigung in Gestalt einer **Massenänderungskündigung** ggü. BR-Mitgliedern, anderen Amtsträgern und Wahlbewerbern nach § 15 KSchG[5].

IV. Andere Unwirksamkeitsgründe. Änderungskündigungen sind insb. unwirksam, wenn zB keine ordnungsgemäße Anhörung des BR vorliegt oder im Zeitpunkt des Zugangs der Änderungskündigung ein Kündigungsverbot bestanden hat, etwa auf Grund eines TV[6]. Vgl. oben Rz. 3 ff. sowie unten Rz. 130 „Änderungskündigung von A–Z".

V. Betriebliche Mitbestimmung. 1. § 102 BetrVG, § 72 BPersVG. Der BR ist vor dem Ausspruch von Änderungskündigungen – ebenso wie bei Beendigungskündigungen – anzuhören. Dabei ist er über das Änderungsangebot zu unterrichten[7]. Die nicht ordnungsgemäße Mitteilung des Änderungsangebots führt gem. § 102 I 3 BetrVG zur Rechtsunwirksamkeit der Änderungskündigung[8]. Will der ArbGeb im Wege der Änderungskündigung die Arbeitsbedingungen einseitig ändern, so hat er dem BR das Änderungsangebot und die Gründe für die beabsichtigte Änderung der Arbeitsbedingungen mitzuteilen. Das Gleiche gilt, wenn er sich eine Beendigungskündigung vorbehalten und dazu eine erneute Anhörung ersparen will, um zu verdeutlichen, dass er im Falle der Ablehnung des Änderungsangebotes durch den ArbN eine Beendigungskündigung beabsichtigt. Bleibt für den BR offen, ob die Ablehnung des Änderungsangebotes die Beendigungskündigung zur Folge haben soll, so liegt keine ordnungsgemäße Anhörung des BR iSd. § 102 I BetrVG zu der vom ArbGeb ausgesprochenen Beendigungskün-

---

1 BAG 7.6.1973 – 2 AZR 450/72, DB 1973, 1706. ||2 BAG 2.3.2006 – 2 AZR 64/05, DB 2006, 1740. ||3 BAG 28.10.2010 – 2 AZR 688/09, DB 2011, 476. ||4 BAG 1.3.2007 – 2 AZR 580/05, DB 2007, 1413. ||5 Vgl. BAG 21.6.1995 – 2 ABR 28/94, NZA 1995, 1157. ||6 BAG 10.3.1982 – 4 AZR 158/79, DB 1982, 1520. ||7 BAG 10.3.1982 – 4 AZR 158/79, DB 1982, 1520. ||8 BAG 3.4.1987 – 7 AZR 66/86, NZA 1988, 37; 3.4.1987 – 7 AZR 65/86, nv.

93 Hat der ArbGeb den BR nur über eine **beabsichtigte Beendigungskündigung** unterrichtet und dem ArbN erst nach Durchführung des Anhörungsverfahrens ein Änderungsangebot gemacht und diesem ggü. sodann eine Änderungskündigung ausgesprochen, dürfte von einer nicht ordnungsgemäßen Unterrichtung des BR auszugehen sein[2].

94 Dem BR sind auch bei einer Änderungskündigung die Personalien und Kündigungsgründe ordnungsgemäß mitzuteilen. Betriebszugehörigkeit, Unterhaltspflichten, Lebensalter und Schwerbehinderung gehören hierzu. Zwar sind diese Informationen für die besondere Situation einer Änderungskündigung oft nicht aussagekräftig genug. Zusätzliche Faktoren und Kriterien kommen aber allenfalls als Ergänzung im Rahmen der Gewichtung der Grunddaten aus § 1 III in Betracht, soweit die ergänzenden Faktoren einen unmittelbaren Bezug zu diesen Grunddaten haben[3]. Zu einer ordnungsgemäßen Anhörung des BR im Falle einer betriebsbedingten Änderungskündigung gehört außerdem grds. auch die **Angabe der Kündigungsfristen** der betroffenen ArbN, und zwar insb. dann, wenn sich erst daraus die Tragweite der geplanten personellen Maßnahme (zB die Reduzierung des Weihnachtsgeldes), bezogen auf das laufende oder das nachfolgende Kalenderjahr, ermitteln lässt[4]. Jedoch ist die Unterrichtung des BR bzw. PersR über eine beabsichtigte ordentl. Kündigung gem. § 102 I BetrVG bzw. § 72 BPersVG nicht alleine deshalb fehlerhaft, weil der ArbGeb eine unrichtige Kündigungsfrist oder einen unrichtigen Endtermin angegeben hat, zu dem die Kündigung wirksam werden kann[5].

95 Bezweckt eine Änderungskündigung eine **Umsetzung** iSv. § 75 I Nr. 3 BPersVG, hat die Dienststelle hinsichtlich der Änderungskündigung das Mitwirkungsverfahren und hinsichtlich der Umsetzung das Mitbestimmungsverfahren einzuleiten. Entscheidet der Leiter der obersten Dienststelle im Stufenverfahren aus Anlass einer von der Beschäftigungsdienststelle beabsichtigten Beendigungskündigung, lediglich eine Änderungskündigung mit dem Ziel einer Umsetzung iSv. § 75 I Nr. 3 BPersVG auszusprechen, so steht das MitbestR bei der Umsetzung der Hauptbetriebsvertretung zu[6]. Haben ArbGeb und BR abweichend von § 102 BetrVG vereinbart, dass Kündigungen der ausdrücklichen Zustimmung des BR bedürfen und dass bei Meinungsverschiedenheiten die Einigungsstelle entscheidet, kann der ArbGeb seine Mitteilungen zu den Kündigungsgründen auch noch im Verfahren vor der Einigungsstelle vervollständigen[7].

96 Besonderheiten können für **Änderungskündigungen ggü. BR-Mitgliedern** nach Stilllegung einer Abteilung gelten. Durch die rechtskräftige Abweisung eines Antrags auf Ersetzung der vom BR verweigerten Zustimmung wird die Ausführung der mit der beabsichtigten Vertragsänderung nicht dauernd unmöglich iSv. § 275 I BGB. Die vom ArbGeb ohne die erforderliche Zustimmung des BR ausgesprochene Versetzung ist auch individualrechtlich unwirksam. Das MitbestR des BR bei einer Versetzung dient neben dem Schutz der Belegschaft dem Schutz des von der Maßnahme betroffenen ArbN. Der ArbN hat beim Fehlen der Zustimmung des BR das Recht, die Arbeit zu den geänderten Bedingungen zu verweigern[8].

97 IÜ wird hinsichtlich der Anforderungen an eine ordnungsgemäße BR-Anhörung hinsichtlich des Kündigungsgrundes bzw. der Kündigungsgründe auf die Erl. zu § 102 BetrVG verwiesen.

98 **2. § 99 BetrVG.** Personelle Einzelmaßnahmen iSv. § 99 BetrVG sind mitbestimmungspflichtig, bedürfen also der Zustimmung des BR, dem ein Vetorecht zusteht. Ggf. kann die Zustimmung des BR durch das ArbG ersetzt werden. **Beispiel:** Der ArbN A im Unternehmen B soll im Wege der Änderungskündigung von der Niederlassung Hamburg in die Niederlassung München versetzt werden. § 99 BetrVG ist neben § 102 BetrVG (Anhörung des BR Hamburg) zu beachten, und zwar bezogen auf beide BR. Der BR Hamburg ist gem. § 99 BetrVG wegen der Versetzung und der BR München wegen der Einstellung zu beteiligen.

99 Eine Änderungskündigung kann auch dann wirksam ausgesprochen werden, wenn die verweigerte Zustimmung des BR zur Versetzung noch nicht durch das ArbG ersetzt worden ist. Es ist Auffassung des BAG, dass § 99 BetrVG ggü. § 102 BetrVG nicht die speziellere Regelung ist und § 102 BetrVG daher nicht verdrängt[9]. Gegen die Annahme eines solchen Spezialitätsverhältnisses spricht schon, dass § 99 BetrVG und § 102 BetrVG in Voraussetzung und Wirkung unterschiedlich sind. Während § 102 BetrVG nur bei Kündigungen des ArbGeb eingreift, ist es für die Anwendung des § 99 BetrVG nicht von Belang, ob der beabsichtigten Maßnahme eine Kündigung oder das Einverständnis der Parteien zugrunde liegt oder ob sie auf dem Direktionsrecht des ArbGeb beruht[10]. Das Einverständnis des ArbN macht das Beteiligungsverfahren nach § 99 BetrVG bzgl. der Versetzung nur dann entbehrlich, wenn zB der ArbN diese selbst gewünscht hat oder sie jedenfalls seinen Wünschen und seiner freien Entscheidung ent-

---

1 BAG 30.11.1989 – 2 AZR 197/89, NZA 1990, 529. ||2 BAG 27.5.1982 – 2 AZR 96/80, BB 1985, 56. ||3 BAG 12.8.2010 – 2 AZR 945/08, DB 2011, 597. ||4 BAG 29.3.1990 – 2 AZR 420/89, NZA 1990, 894. ||5 BAG 29.1.1986 – 7 AZR 257/84, NZA 1987, 32. ||6 BAG 6.8.2002 – 1 ABR 47/01, nv. ||7 BAG 7.12.2000 – 2 AZR 391/99, NZA 2001, 495. ||8 BAG 22.4.2010 – 2 AZR 491/09, MDR 2011, 172. ||9 BAG 8.6.1995 – 2 AZR 739/94; 30.9.1993 – 2 AZR 283/93, BB 1994, 637; so bereits *Hanau*, BB 1972, 455. ||10 BAG 3.7.1986 – 2 AZR 343/85, nv.

spricht. Für eine derartige Annahme reicht allerdings der Verzicht auf die Klageerhebung gegen eine entsprechende Änderungskündigung noch nicht aus. Grund für den Wegfall des Beteiligungsverfahrens nach § 99 BetrVG ist der Umstand, dass der BR das freiwillige Ausscheiden eines ArbN aus dem Betrieb letztlich nicht verhindern kann. In einem solchen Fall beschränkt sich die Beteiligung des BR des abgebenden Betriebs auf eine Unterrichtung nach § 99 I BetrVG[1].

Der BR kann im Rahmen seiner Rechte nach § 99 BetrVG einerseits und gem. § 102 BetrVG andererseits durchaus zu unterschiedlichen Entscheidungen kommen, zB der Änderungskündigung nach § 102 BetrVG widersprechen, der Entscheidung des ArbGeb gem. § 99 BetrVG jedoch zustimmen[2]. Verweigert der BR seine Zustimmung zur Versetzungsabsicht des ArbGeb nach § 99 BetrVG und spricht der ArbGeb ggü. dem betroffenen ArbGeb gleichwohl die Änderungskündigung aus, die dieser wirksam unter Vorbehalt annimmt, so ergibt sich folgende Fallkonstellation: Die Änderungskündigung ist zwar vom ArbGeb ausgesprochen worden, er kann sie aber nicht umsetzen. Nach herrschender Auffassung ist der hieraus resultierende Konflikt zwischen der möglichen Wirksamkeit der Änderungskündigung und der möglichen Folge, dass sie nach endgültiger Verweigerung der Zustimmung nicht mehr durchgeführt werden kann, in Kauf zu nehmen.

100

IÜ lässt die unterlassene Beteiligung des BR nach § 99 I BetrVG die Wirksamkeit der Änderungskündigung unberührt. Prozessual gilt aber für das Verhältnis einer Änderungsschutzklage zu einer vorangegangenen gerichtl. Entscheidung im Beschlussverfahren betr. eine vom BR verweigerte Zustimmung zur Umgruppierung Folgendes: Hat wegen der Eingruppierung des ArbN ein Zustimmungsersetzungsverfahren nach § 99 BetrVG stattgefunden, kann sich der ArbGeb im Rechtsstreit über eine Änderungskündigung nicht auf die Maßgeblichkeit einer dem Ergebnis des durchgeführten Beschlussverfahrens widersprechenden Eingruppierung berufen[3].

101

3. § 87 I Nr. 10 BetrVG. Die allg. Abänderung einer zB auf vertragl. Einheitsregelungen beruhenden Auslösung bedarf kollektivrechtl. nach § 87 I Nr. 10 BetrVG der Mitbest. des BR sowie individualrechtl. der Änderungsvereinbarung oder Änderungskündigung. Weder das kollektivrechtl. noch das individualrechtl. Erfordernis ist vorrangig. Eine nicht mitbestimmte, aber sozial gerechtfertigte Änderung der Vertragsbedingungen kann der ArbGeb lediglich nicht durchsetzen, solange die Mitbest. nicht durchgeführt ist[4]. Mithin ist die vorhergehende Mitbest. des BR gem. § 87 I Nr. 10 BetrVG für die Wirksamkeit der Änderungskündigung nicht erforderlich. Im Falle rechtzeitiger Vorbehaltsannahme nach § 2 ist lediglich die Durchsetzung der Änderung davon abhängig, dass die Mitbest. des BR erfolgt ist. Nimmt ein ArbN das mit der Änderungskündigung verbundene Änderungsangebot nicht oder nicht rechtzeitig an, so handelt er auf eigenes Risiko. Erweist sich die Änderungskündigung als iÜ wirksam bzw. sozial gerechtfertigt, ist das ArbVerh mangels Vorbehaltsannahme beendet und infolgedessen wird die Durchsetzung der Mitbest. für diesen ArbN nicht mehr relevant[5].

102

4. Zuweisung einer Tätigkeit aufgrund Tarifvertrags. Es ist denkbar, dass ein TV den ArbGeb berechtigt, ohne Änderung des Arbeitsvertrages bei Erfüllung der tarifl. Erfordernisse dem ArbN einseitig eine andere, auch nach einer niedrigeren Lohngruppe zu vergütende Tätigkeit zuzuweisen. Diese tarifl. Regelung verstößt nicht gegen vorrangiges staatl. Recht. Von dieser Tarifnorm abweichende einzelvertragl. Vereinbarungen sind rechtl. möglich. Die Zuweisung einer tarifl. niedriger zu bewertenden Tätigkeit kann im Bereich des öffentl. Dienstes mitbestimmungspflichtig iSv. § 75 I Nr. 2 BPersVG erfolgen. Die Verweigerung der Zustimmung der Personalvertretung zu einer solchen Personalmaßnahme ist unbeachtlich, wenn Verweigerungsgründe überhaupt nicht angegeben sind oder bereits nach dem Vorbringen der Personalvertretung das Nichtvorliegen von Verweigerungsgründen iSv. § 77 II BPersVG offensichtlich ist[6].

103

VI. § 15. Nach § 15 ist eine ordentl. Kündigung, die ggü. einem Mitglied des BR oder der Personalvertretung oder einem der sonst geschützten ArbN zum Zweck der Änderung der Arbeitsbedingungen ausgesprochen wird, auch dann unzulässig, wenn gleichzeitig allen anderen ArbN des Betriebes oder einer Betriebsabteilung eine derartige Änderungskündigung (sog. **Gruppen- oder Massenänderungskündigung**) erklärt wird. Reicht die Ausübung des Direktionsrechts zur Übernahme auf einen anderen Arbeitsplatz nicht aus und ist es auch nicht zu einer Einigung gekommen, so muss der ArbGeb die nach den Maßstäben des § 15 V 1 mögliche Weiterbeschäftigung in einer anderen Betriebsabteilung im Rahmen einer Änderungskündigung anbieten[7]. Eine sich aus § 15 ergebende Unzulässigkeit einer Änderungskündigung ist bei einer Klage gegen eine nach § 2 unter Vorbehalt angenommene Kündigung jedenfalls dann zu berücksichtigen, wenn der ArbN über den nach § 4 S. 2 vorgesehenen Antrag hinaus auf Feststellung klagt, dass die Änderung der Arbeitsbedingungen in Zusammenhang mit einer bestimmten Änderungskündigung unwirksam ist[8]. IÜ steht dem Mitglied eines Wahlvorstands der beson-

104

---

1 *Fitting*, § 99 BetrVG Rz. 147 mwN. || 2 Vgl. BAG 30.9.1993 – 2 AZR 283/93, NZA 1994, 615. || 3 BAG 28.8.2008 – 2 AZR 967/06, MDR 2009, 396. || 4 BAG 17.6.1998 – 2 AZR 336/97, NZA 1998, 1225. || 5 BAG 23.11.2000 – 2 AZR 690/99, nv. || 6 BAG 22.5.1985 – 4 AZR 427/83, NZA 1986, 166. || 7 Vgl. BAG 12.3.2009 – 2 AZR 47/08, BB 2009, 1637 auch zur Unmöglichkeit einer Weiterbeschäftigung aus betriebl. Gründen, wenn der Mandatsträger auf dem anderen innerbetriebl. Arbeitsplatz nicht in wirtschaftl. vertretbarer Weise eingesetzt werden kann. Dabei hat dieser aber grds. Vorrang ggü. anderen ArbN. || 8 BAG 29.1.1981 – 2 AZR 778/78, DB 1981, 2283; bestätigt durch BAG 2.4.1992 – 2 AZR 481/91, nv.

dere Kündigungsschutz des § 15 III 1 KSchG iVm. § 103 BetrVG auch dann zu, wenn in dem Betrieb noch kein BR besteht. Hier muss der ArbGeb, bevor er eine außerordentl. Kündigung wirksam aussprechen kann, analog § 103 II BetrVG das Zustimmungsverfahren beim ArbG erfolgreich durchgeführt haben. Das gilt auch für den Fall einer Änderungskündigung, die sich gegen den ArbN als Einzelnen richtet[1].

105 **VII. § 17.** Der Massenentlassungsschutz des § 17 gilt nicht für Änderungskündigungen, die von den ArbN unter dem Vorbehalt ihrer sozialen Rechtfertigung angenommen worden sind[2].

106 **VIII. Insolvenz.** Auch im Rahmen einer Insolvenz kommen Änderungskündigungen in Betracht. Diese müssen zunächst durch den Insolvenzverwalter ausgesprochen werden. In der Insolvenz gelten abgekürzte Fristen. In Betracht kommen zum einen außerordentl. fristlose Änderungskündigungen und zum anderen ordentl. Änderungskündigungen. Soweit es sich in diesem Zusammenhang um eine Betriebsänderung handelt, greift § 125 InsO ein. IÜ bedarf es auch in der Insolvenz der Betriebsbedingtheit. Nicht selten versuchen Insolvenzverwalter, das Einkommensniveau der ArbN zu Gunsten der Überlebensfähigkeit bzw. Veräußerungsfähigkeit des Betriebs abzusenken. Für die Sozialauswahl gelten keine Besonderheiten. Die Änderungskündigung kommt uU als geeignetes Instrument in Betracht, ArbN aus einem sich im Insolvenzverfahren befindlichen Unternehmen „herauszukündigen" und in einer Beschäftigungs- und Qualifizierungsgesellschaft zu „parken". Schließlich stellt sich im Insolvenzverfahren uU die Frage, ob der Insolvenzverwalter berechtigt ist, die Änderungskündigung durch die Notwendigkeit der Erfüllung eines bestimmten „Quorums" mit der Zustimmung der ArbN zu verbinden. Einerseits ist zu beachten, dass jede Kündigung bedingungsfeindlich ist. Gleichwohl lässt sich die These aufstellen, dass Bedingungen, die nicht am Kündigungsgrund anknüpfen, sondern im Änderungsangebot verankert sind, zulässig sind[3]. Auch im Insolvenzverfahren gilt § 17. Deshalb ist der Insolvenzverwalter verpflichtet, bei einer nach § 17 I gegebenen Anzeigepflichtigkeit die Massenentlassungsanzeige zu erstatten.

107 **IX. Prozessuale Fragen. 1. Allgemeines und Anträge.** Nimmt der ArbN das Änderungsangebot **ohne Vorbehalt an**, kommt es regelmäßig nicht zu einer Klage. Im Rechtsstreit über eine Änderungskündigung ist die etwaige Präjudizwirkung eines vorangegangenen Beschlussverfahrens zu beachten[4].

108 **Lehnt der ArbN das Änderungsangebot ab**, kommt keine Änderungskündigungsschutzklage, sondern eine normale Kündigungsschutzklage gegen die in der Änderungskündigung als erstes Element enthaltene Beendigungskündigung in Betracht. Dies hat mit der dafür vorgesehenen Antragstellung zu geschehen (vgl. die Erl. zu §§ 1, 4).

109 Wird das Änderungsangebot **unter Vorbehalt angenommen**, soll jedoch gleichzeitig geltend gemacht werden, dass die Änderungskündigung sozial ungerechtfertigt ist, so muss innerhalb von drei Wochen nach Zugang der Änderungskündigung Klage beim ArbG mit dem dafür gem. § 4 S. 2 vorgesehenen Antrag auf Feststellung erhoben werden, dass die Änderung der Arbeitsbedingungen sozial ungerechtfertigt ist. Darüber hinaus kann der ArbN gem. § 256 ZPO auf Feststellung klagen, dass die Änderung der Arbeitsbedingungen im Zusammenhang mit einer bestimmten Änderungskündigung unwirksam ist. Ist dies geschehen, ist auch die sich aus § 15 ergebende Unzulässigkeit einer Änderungskündigung zu berücksichtigen[5].

110 Demgemäß ist bei der gerichtl. Nachprüfung der Wirksamkeit einer vom ArbGeb erklärten Änderungskündigung nicht auf die Frage der Beendigung des ArbVerh, sondern auf das Angebot des ArbGeb abzustellen, das ArbVerh unter bestimmten anderen Bedingungen fortzusetzen. Dies gilt auch dann, wenn der ArbN das Angebot ablehnt, sich aber gegen die Wirksamkeit der Beendigungskündigung im Klagewege wendet.

111 Streiten die Parteien im Rahmen einer Änderungsschutzklage nach § 4 S. 2 nur um die **Wirksamkeit des** vom ArbN nach § 2 erklärten **Vorbehalts**, ist nicht nur der Inhalt, sondern der Bestand des ArbVerh im Prozess streitig[6]. Allgemein wird jedoch angenommen, dass die Fassung des Gesetzes nicht so eng aufgefasst werden darf und sich der Streitgegenstand nicht allein auf die Sozialwidrigkeit der Änderungskündigung beschränkt, sondern die Wirksamkeit der Änderung der Arbeitsbedingungen insg. Streitgegenstand ist[7]. In der Praxis sollte sich der ArbN auch zur Vermeidung von Rechtsnachteilen vor Klageerhebung eindeutig entscheiden, ob er das Änderungsangebot ablehnt und Kündigungsschutzklage erhebt oder ob er das Änderungsangebot unter Vorbehalt annimmt und Änderungskündigungsschutzklage erhebt. Wird der Vorbehalt nämlich erst nach Klageerhebung erklärt, muss der Antrag umgestellt werden. Abgesehen davon kann der ArbGeb aus der vorherigen Erhebung der Kündigungsschutzklage mit dem normalen Feststellungsantrag nur schließen, dass lediglich die Wirksamkeit der Beendigungskündigung angegriffen wird, ohne dass der ArbN den Vorbehalt erklärt hat. Ist diese Klage be-

---

1 BAG 12.8.1976 – 2 AZR 303/75, BB 1976, 1415. ||2 BAG 10.3.1982 – 4 AZR 158/79, DB 1982, 1520. ||3 Fischer, Die Änderungskündigung in der Insolvenz, NZA 2002, 536 (539). ||4 Vgl. BAG 28.8.2008 – 2 AZR 967/06, MDR 2009, 396 und oben Rz. 101. ||5 BAG 29.1.1981 – 2 AZR 778/78, DB 1981, 2283. ||6 BAG 28.3.1985 – 2 AZR 548/83, NZA 1985, 709. ||7 BAG 27.6.1985 – 2 AZR 385/84, nv.; vgl. auch BAG 21.1.1993 – 2 AZR 330/92, NZA 1993, 1099; zuletzt BAG 19.7.2012 – 2 AZR 25/11, NZA 2012, 1038 (1039).

reits zugestellt worden, bevor der Vorbehalt erklärt worden ist, ist damit von der Wahlmöglichkeit Gebrauch gemacht und die Änderung der Arbeitsbedingungen endgültig abgelehnt worden. Somit kann der Vorbehalt nur noch zwischen dem Eingang der Klage beim ArbG bis zu deren Zustellung erklärt werden, wobei tunlichst der Klageantrag entsprechend geändert werden sollte.

Gelegentlich wird im Kündigungsschutzprozess darüber gestritten, ob der ArbN das Änderungsangebot des ArbGeb durch eine **form- und fristgerechte Erklärung** angenommen hat. Dann sollte in erster Linie der Änderungskündigungsschutzantrag und in zweiter Linie hilfsweise der normale Kündigungsschutzantrag gestellt werden. Analog § 6 kann nämlich die hilfsweise Kündigungsschutzklage auch noch erhoben werden, wenn die Drei-Wochen-Frist des § 4 abgelaufen ist. Allerdings muss die Änderungskündigungsschutzklage innerhalb der Drei-Wochen-Frist erhoben worden sein. Dies gilt nur dann nicht, wenn andere Unwirksamkeitsgründe geltend gemacht werden (sollen). 112

Im Rahmen der Antragstellung sollte beachtet werden, dass § 4 S. 2 nur einen Teil der Unwirksamkeitsgründe, nämlich die Sozialwidrigkeit, erfasst. Wenn **weitere Unwirksamkeitsgründe** geltend gemacht werden und vom Gericht geprüft werden sollen, mag daneben oder stattdessen der weiter gehende Antrag nach § 256 ZPO gestellt werden. Auch wenn ein Änderungskündigungsschutzantrag dabei nicht genau den Vorgaben des § 4 S. 2 entspricht, ist er gleichwohl hinreichend bestimmt iSv. § 253 II Nr. 2 ZPO. Allerdings muss die gewählte Formulierung hinreichend deutlich ergeben, dass die Unwirksamkeit der Änderung der Arbeitsbedingungen durch die Änderungskündigung festgestellt werden soll[1]. 113

Wenn der ArbN das mit der Änderungskündigung verbundene Angebot unter dem Vorbehalt des § 2 angenommen hat, kann er sich auf sonstige Unwirksamkeitsgründe – zB gem. § 102 BetrVG – jetzt nicht mehr berufen, wenn er die Klage nach Ablauf der **Frist des § 4** erhebt[2]. Jedoch ist das Rechtsschutzbedürfnis für eine Kündigungsschutzklage fraglich, wenn das ArbVerh unter geänderten Arbeitsbedingungen auf Grund der Änderungskündigung fortgesetzt wird[3]. 114

Wenn ein ArbGeb mit Blick auf die schwierige Abgrenzung zwischen noch zulässiger Ausübung des **Direktionsrechts** und der Notwendigkeit der Änderungskündigung die Änderungskündigung nur **vorsorglich** ausspricht und gleichzeitig die Änderung der Arbeitsbedingungen per Direktionsrecht anordnet, muss der ArbN hierauf mit entsprechenden Anträgen reagieren, nämlich (1) mit dem Antrag auf Feststellung, dass die Änderung der Arbeitsbedingungen per Direktionsrecht unwirksam ist, und (2) mit dem Antrag festzustellen, dass die Änderung der Arbeitsbedingungen gemäß der vorsorglichen Änderungskündigung sozial ungerechtfertigt ist. Entsprechendes gilt für die Ausübung des Widerrufsrechts. 115

Bietet der ArbGeb dem ArbN im Zusammenhang mit einer Kündigung nur noch eine **befristete Weiterbeschäftigung** an, so handelt es sich nicht um eine Änderungskündigung, die unter dem Vorbehalt des S. 2 angenommen und mit einer Änderungsschutzklage nach § 4 S. 2 bekämpft werden kann[4]. Deshalb muss sich der ArbN hier gegen die Beendigungskündigung wenden (vgl. § 4). Außerdem sollte daneben der allg. Feststellungsantrag nach § 256 ZPO gestellt werden. Bei der Klage zur **Kontrolle der Befristung einzelner Vertragsbedingungen** handelt es sich auch um eine allg. Feststellungsklage nach § 256 I ZPO[5]. 116

Ob der ArbN daneben im Rahmen einer Änderungskündigungsschutzklage einen **Auflösungsantrag** stellen kann, wird nicht einheitlich beurteilt. Falls das Änderungsangebot abgelehnt und eine ganz normale Kündigungsschutzklage erhoben worden ist, können beide Seiten unter den Voraussetzungen der §§ 9, 10 Auflösungsantrag stellen. Hat der ArbN das Änderungsangebot des ArbGeb jedoch unter Vorbehalt angenommen, steht nicht der Bestandsschutz des ArbVerh, sondern nur der Vertragsinhaltsschutz im Streit. Das rechtfertigt die Auffassung, dass im Rahmen einer Änderungskündigungsschutzklage der Antrag auf Auflösung des ArbVerh gem. § 9 I wegen der unter Vorbehalt angenommenen Änderungskündigung abzulehnen ist. Auch eine entsprechende Anwendung des § 9 I kommt nicht in Betracht. 117

2. Darlegungs- und Beweislast, Verwertungsbeschränkungen. Auch für Änderungskündigungen gilt zunächst einmal der Grundsatz des § 1 II 4, wonach der ArbGeb die Tatsachen zu beweisen hat, die die Kündigung bedingen. Für die rechtzeitige Annahme des Änderungsangebots ohne oder unter Vorbehalt ist jedoch der ArbN ebenso darlegungs- und beweispflichtig wie für die fristgerechte Erhebung der Änderungskündigungsschutzklage. Durch die rechtzeitige Klageerhebung ist die rechtzeitige Annahme des Änderungsangebots mit oder ohne Vorbehalt keinesfalls gewährleistet. Deshalb sollte einerseits die Klage beim ArbG binnen drei Wochen erhoben und andererseits die Annahmeerklärung mit oder ohne Vorbehalt direkt ggü. dem ArbGeb ebenfalls binnen drei Wochen erfolgen, und zwar nebst ordnungsgemäßem Zugangsnachweis bspw. durch Boten, förmliche Zustellung oder Einwurf- bzw. Übergabeeinschreiben. Weiterhin muss der ArbN im Kündigungsprozess darlegen und unter Beweis stellen, dass er einem vor der Beendigungskündigung gemachten entsprechenden Änderungsangebot zumindest unter Vorbehalt zugestimmt hätte[6]. 118

---

1 Vgl. im Einzelnen BAG 26.8.2008 – 1 AZR 353/07, DB 2009, 461. ||2 BAG 28.5.1998 – 2 AZR 615/97, DB 1998, 2168. ||3 BAG 27.5.1982 – 2 AZR 178/80, nv. ||4 BAG 17.5.1984 – 2 AZR 109/83, DB 1985, 1190. ||5 BAG 23.1.2002 – 7 AZR 563/00, DB 2002, 1326. ||6 BAG 27.9.1984 – 2 AZR 62/83, NZA 1985, 455.

119 Im Rahmen einer **betriebsbedingten Änderungskündigung** gelten die Grundsätze der **abgestuften Darlegungslast**, wonach der ArbN darzulegen hat, wie er sich eine anderweitige Beschäftigung vorstellt, wenn sein bisheriger Arbeitsplatz tatsächlich weggefallen ist. Sodann muss der ArbGeb eingehend erläutern, aus welchen Gründen eine Umsetzung auf einen entsprechenden freien Arbeitsplatz nicht möglich gewesen ist[1]. Dies gilt insb. auch für anderweitige Beschäftigungsmöglichkeiten, die zu einem geringeren Verdienst führen als die angebotene[2]. Außerdem ist nach den Grundsätzen der abgestuften Darlegungs- und Beweislast zu prüfen, ob die dem ArbN konkret angebotene Vergütung dessen Änderungsschutz hinreichend berücksichtigt[3].

120 IÜ bedarf es zur Wirksamkeit einer Änderungskündigung mit dem ausschließlichen Ziel einer Vergütungsreduzierung regelmäßig eines umfassenden Sanierungsplans. Der ArbGeb hat dazu die Finanzlage des Betriebs, den Anteil der Personalkosten, die Auswirkung der erstrebten Kostensenkungen für den Betrieb und für die ArbN darzustellen und außerdem darzulegen, warum andere Maßnahmen nicht in Betracht kommen[4]. Auch im Änderungskündigungsschutzprozess gilt der Grundsatz, dass der ArbGeb sich nur auf diejenigen Gründe berufen kann, die bereits Gegenstand des **Anhörungsverfahrens nach § 102 BetrVG** waren[5].

121 **3. Weiterbeschäftigung.** Nicht selten wird auch im Änderungskündigungsschutzprozess vom ArbN der allg. Weiterbeschäftigungsanspruch geltend gemacht. Wenn dieser allerdings die Änderungskündigung unter Vorbehalt nach § 2 angenommen hat, ist der ArbGeb nicht auf Grund des allg. Beschäftigungsanspruchs verpflichtet, den ArbN vorläufig zu den bisherigen Bedingungen weiterzubeschäftigen. Der ArbN gibt durch die Vorbehaltsannahme nämlich selbst zu erkennen, dass ihm zunächst die Weiterbeschäftigung zu geänderten Bedingungen zumutbar erscheint[6]. Allerdings kann entsprechend § 102 V BetrVG ein solcher Beschäftigungsanspruch dann bestehen, wenn der BR einer mit der Änderung der Arbeitsbedingungen verbundenen Versetzung oder Umgruppierung widersprochen hat, die Zustimmung nicht ersetzt worden ist und es dem ArbGeb auch verwehrt ist, die Maßnahmen vorläufig durchzuführen[7].

122 **4. Rechtsfolgen.** Nimmt der ArbN das Änderungsangebot **ohne Vorbehalt an**, wird das ArbVerh ohne weiteres zu den geänderten Bedingungen fortgesetzt.

123 Lehnt der ArbN das Änderungsangebot **ab** oder nimmt er es nicht rechtzeitig an und klagt auch nicht rechtzeitig gegen die in der Änderungskündigung enthaltene Beendigungskündigung, so endet das ArbVerh entweder mit Ablauf der in der Beendigungskündigung vorgesehenen Frist bzw. bei außerordentl. Beendigungskündigungen entweder mit deren Zugang oder mit dem Ende der dort vorgesehenen Auslauffrist. Klagt der ArbN dagegen fristgerecht gegen die in der Änderungskündigung enthaltene Beendigungskündigung, so handelt es sich um eine ganz normale Kündigungsschutzklage. Also endet das ArbVerh, falls der ArbN in diesem Prozess rechtskräftig unterliegt. Lehnt der ArbN nach Ausspruch einer Änderungskündigung durch den ArbGeb die Fortsetzung des ArbVerh zu geänderten Arbeitsbedingungen ab, so kann hierin ein **böswilliges Unterlassen** liegen, zumutbare Arbeiten anzunehmen (§ 11 S. 1 Nr. 2)[8].

124 Nimmt der ArbN das Änderungsangebot fristgerecht **unter Vorbehalt an** und klagt er dagegen fristgerecht mit dem Antrag nach § 4 S. 2 und/oder § 256 ZPO, so steht der Bestand des ArbVerh als solcher nicht im Streit und ist deshalb für den ArbN nicht in Gefahr. Wenn sich im Prozess rechtskräftig erweist, dass die Änderung der Arbeitsbedingungen auf Grund der Änderungskündigung sozial ungerechtfertigt ist, wird das ArbVerh zu den bisherigen Arbeitsbedingungen fortgesetzt. Steht dagegen rechtskräftig fest, dass die Änderungskündigung sozial gerechtfertigt ist, wird das ArbVerh nach näherer Maßgabe des Änderungsangebots fortgesetzt.

124a **5. Umdeutung der Änderungskündigung.** Wenn sich auch nach umfassender Auslegung ergibt, dass eine unwirksame Änderungskündigung vorliegt, stellt sich die Frage, ob diese im Wege der Umdeutung mit einem anderen zulässigen Inhalt aufrechtzuerhalten ist. Dies dürfte nur dann in Betracht kommen, wenn das Ersatzgeschäft in seinen Rechtswirkungen kein unzulässiges Mehr ggü. der nichtigen Änderungskündigung darstellt. Dabei ist in erster Linie auf den Inhalt des Änderungsangebotes abzustellen. Zudem kann eine Umdeutung in einem solchen Falle bereits daran scheitern, dass für den ArbN im Zeitpunkt des Erhalts der Änderungskündigung kein entsprechender hypothetischer Wille des ArbGeb erkennbar ist, das Änderungsangebot durch dessen angemessene Erhöhung oder im Rahmen der Ausübung des Direktionsrechts fortgelten zu lassen. Denn idR bringt der ArbGeb mit der Änderungskündigung zum Ausdruck, dass er – zB aus betriebl. Gründen – nur das ausgesprochene Änderungsangebot für angemessen hält. Außerdem kann eine unwirksame Änderungskündigung nicht ohne weiteres als

---

1 BAG 7.11.1985 – 2 AZR 649/84, nv. ||2 BAG 21.1.1993 – 2 AZR 330/92, NZA 1993, 1099. ||3 Vgl. BAG 3.4.2008 – 2 AZR 500/06, DB 2008, 1686 auch dazu, dass der ArbN in das Vergütungsgefüge angemessen – also weder zu hoch noch zu niedrig – einzuordnen ist. ||4 BAG 26.6.2008 – 2 AZR 139/07, DB 2008, 2141. ||5 BAG 11.10.1989 – 2 AZR 61/89, NZA 1990, 607. ||6 BAG 28.5.2009 – 2 AZR 844/07, BB 2009, 1749. ||7 BAG 18.1.1990 – 2 AZR 183/89, NZA 1990, 734; vgl. auch BAG 19.12.1991 – 2 AZR 280/91, nv. ||8 Vgl. BAG 16.6.2004 – 5 AZR 508/03, NZA 2004, 1155.

wirksames Angebot mit dem Ziel der Änderung des Arbeitsvertrages angesehen werden. Das käme nur in Betracht, wenn der Empfänger der Änderungskündigung zum einen deren Unwirksamkeit erkennt und zum anderen die unwirksame Änderungskündigung als Angebot zur Vereinbarung einer anderweitigen Änderung des Arbeitsvertrages ansehen bzw. werten kann. Schließlich muss er bereit sein, diesem mutmaßlichen Willen zu entsprechen. Hieraus folgt: Eine unwirksame Änderungskündigung kann allenfalls dann in eine wirksame Ausübung des Direktionsrechts umgedeutet werden, wenn dies im Rahmen der Änderungskündigung hilfsweise hinreichend deutlich erklärt worden ist. Ergibt sich die Unwirksamkeit aus einem unzulänglichen Änderungsangebot, kommt eine Umdeutung nur in Betracht, falls sich die Möglichkeit der Erhöhung des Änderungsangebots dem Empfänger bereits beim Erhalt der Änderungskündigung hinreichend deutlich erschließen konnte[1]. Eine solche Umdeutung kommt auch in Betracht, wenn es darum geht, eine unwirksame Kündigungsfrist durch eine zutreffende Kündigungsfrist zu ersetzen. Der entsprechende mutmaßliche Wille muss sich dabei jedoch erkennbar sowohl auf das Änderungsangebot als auch auf die Vorbehaltsannahme erstrecken. Insoweit dürfte außerdem die verlängerte Anrufungsfrist des § 6 zur Anwendung kommen.[2]

6. Rücknahme der Änderungskündigung. Die Rücknahme der Änderungskündigung erfolgt wie bei der Beendigungskündigung durch einen sog. **Aufhebungsvertrag**. Eine einseitige Rücknahme durch den ArbGeb ist nicht möglich. Begehrt der ArbN in dieser Situation die Fortführung des Änderungskündigungsschutzprozesses, so stellt sich die Frage, ob insoweit ein Rechtsschutzbedürfnis besteht[3]. Es spricht einiges dafür, dem ArbN einen Anspruch darauf zu gewähren, dass die vom ArbGeb nicht wirksam zurückgenommene Änderungskündigung durch entsprechende gerichtl. Feststellungsentscheidung wieder beseitigt wird. Demggü. wird allerdings auch die Meinung vertreten, dass die Klage des ArbN in einem solchen Falle mangels Rechtsschutzbedürfnis kostenpflichtig abzuweisen ist. Haben sich ArbGeb und ArbN materiell über die Rücknahme der Änderungskündigung geeinigt, kommt eine Prozessbeendigung durch übereinstimmende Erledigungserklärungen der Parteien gem. § 91a ZPO oder durch Klagerücknahme oder durch Abschluss eines Vergleichs mit dem Inhalt der einvernehmlichen Rücknahme der Änderungskündigung in Betracht. 125

7. Kosten. Hinsichtlich der Kosten bestehen grds. keine Besonderheiten. Einschlägig sind die §§ 91, 92, 97 ZPO. In der ersten Instanz ist jedoch hinsichtlich der Kostenerstattung § 12a ArbGG zu beachten. Das Verhältnis der Änderungskündigungsschutzklage zur Klage auf Weiterbeschäftigung dürfte mit ¾ zu ¼ bewertet werden. 126

Besonderheiten ergeben sich im Rahmen **nur vermeintlicher Änderungskündigungen im Rechtssinne** und den ins Leere gehenden formal wirksamen Änderungskündigungen. Richtet der ArbGeb eine nur vermeintliche – nämlich nur scheinbare – „Änderungskündigung" im Rechtssinne an den ArbN und soll diese anschließend durch eine entsprechende gerichtl. Feststellungsentscheidung wieder aus der Welt geschaffen werden, gehen die Kosten des dadurch verursachten Rechtsstreits entgegen der hM zu Lasten des Veranlassers, also des ArbGeb. Das gilt grds. jedenfalls dann, wenn es unabhängig von den Klageanträgen im Kern alleine darum geht, ob es sich um eine rechtswirksame „Änderungskündigung" im Rechtssinne gehandelt hat oder nicht und dies zu verneinen ist bzw. zu verneinen gewesen wäre[4]. Etwas anderes gilt, wenn der ArbGeb sich in erster Linie auf sein Direktionsrecht stützt und nur in zweiter Linie eine Änderungskündigung ausspricht (vgl. Rz. 25 aE). 127

Von der nur vermeintlichen „Änderungskündigung" im Rechtssinne ist die Änderungskündigung zu unterscheiden, die zwar formal in Ordnung und damit eine echte Änderungskündigung im Rechtssinne ist, die jedoch ins Leere geht, weil sie etwa lediglich auf die Erreichung eines Rechtszustandes hinzielt, der ohnehin bereits gilt. Wenn eine solche Änderungskündigung **materiell ins Leere geht**, könnte das auch für die dagegen gerichtete Klage gelten, die deshalb kostenpflichtig abzuweisen wäre[5]. Dabei ist jedoch Folgendes zu berücksichtigen: Setzt der ArbGeb eine Änderungskündigung betr. einen ohnehin geltenden Rechtszustand als Verursacher in die Welt, so ist sie auf seine Kosten durch entsprechende gerichtl. Entscheidung wieder aus der Welt zu schaffen. Daran ändert auch der Umstand nichts, dass die Änderungskündigung vom ArbGeb nur vorsorglich ausgesprochen wurde. Gleichwohl muss der ArbN gegen sie zunächst schon zur Wahrung der Klagefrist gerichtl. vorgehen, auch wenn sich später erweist, dass sie von Anfang an ins Leere gegangen ist. Denkbar ist allerdings auch, die Kosten des Rechtsstreits unter Berücksichtigung des bisherigen Sach- und Streitstandes nach billigem Ermessen unter Heranziehung der §§ 91, 92, 97 ZPO gegeneinander aufzuheben[6]. 128

Über den **Streitwert** bei einer Änderungskündigung lässt sich trefflich streiten. Die Bandbreite der Meinungen ist groß. ZT wird von einem Streitwert von drei Bruttomonatsverdiensten ausgegangen[7]. Das BAG hat sich in seiner Entscheidung v. 23.3.1989 auf den Standpunkt gestellt, Rechtsgrundlage für die Bemessung des Gebührenstreitwerts bei einer Änderungsschutzklage seien die §§ 12ff. GKG, insb. 129

---

1 Vgl. zur Umdeutung von Änderungskündigungen bereits *Molkenbur/Krasshöfer*, RdA 1989, 337 (344). ||2 AA LAG München 10.2.2010 – 5 Sa 744/09. ||3 Vgl. BAG 27.5.1982 – 2 AZR 178/80, nv. ||4 Vgl. div. diesbezügliche Entscheidungen des LAG Sa.-Anh. 23.1.2002 – 4 Sa 829/99, 4 Sa 830/99, 4 Sa 831/99, 4 Sa 860/99, 4 Sa 948/99, nv. ||5 Vgl. BAG 24.8.2004 – 1 AZR 419/03, NZA 2005, 51. ||6 So Beschl. des LAG Sa.-Anh. 23.1.2002 – 4 Sa 332/00, nv. ||7 Vgl. etwa LAG Sa.-Anh. 6.7.1999 – 5 Ta 101/99, nv.

§ 17 III GKG iVm. § 3 ZPO. Dementsprechend meint das LAG Hamburg in mehreren Entscheidungen betr. die Wertberechnung bei einer Änderungskündigungsschutzklage, es sei gem. § 17 III GKG iVm. § 3 ZPO grds. vom dreifachen Jahresbetrag des Differenzwertes zwischen ehemaligen und geänderten Vertragsbedingungen auszugehen. Da die in § 12 VII 1 ArbGG aF genannte Höchstgrenze jedoch niedriger sei, könne der Gegenstandswert dem Wert der Kündigungsschutzklage entsprechend auf drei Monatsgehälter festgesetzt werden[1]. Die erste Kammer des LAG Sachsen-Anhalt hat sich in ihrem Beschl. v. 1.2.2000 – 1 Ta 136/99 auf den Standpunkt gestellt, der Gegenstandswert der anwaltlichen Tätigkeit berechne sich unter Heranziehung der entstehenden Gehaltsdifferenz, wenn die Änderungskündigung unter Vorbehalt angenommen worden sei. Habe die Änderungskündigung zusätzlich weitere nachteilige Folgen, könne dies werterhöhend gem. § 3 ZPO zu berücksichtigen sein. *Germelmann* spricht sich demggü. für eine pauschalierte Art der Wertberechnung entsprechend den Erfordernissen der Praxis nach einer einheitlichen und einfach zu handhabenden Streitwertfestsetzung aus, die zur Rechtssicherheit und Vorhersehbarkeit der Rechtsanwendung bzgl. der Kosten führe. Damit könne außerdem eine Entlastung der Gerichte bei den Streitwertfestsetzungen erreicht werden. Unter Bezugnahme hierauf kann als Regelwert bei Änderungskündigungen ein Monatsbruttoverdienst in Betracht kommen, wenn nicht davon ausgegangen werden muss, dass es sich um einen besonders schwierigen Prozess handelt oder werterhöhende Umstände vorliegen. Das gilt jedenfalls dann, wenn die dreimonatige Gehaltsdifferenz niedriger ist als ein Monatsbruttoverdienst. Kommt es zu weiteren Änderungskündigungen, sollte sich der Streitwert für jede weitere Änderungskündigung um jeweils einen halben Monatsbruttoverdienst erhöhen[2]. Dies sollte auch gelten, wenn es sich um eine Änderungskündigung mit gleich bleibender Vergütung handelt. Hat der ArbN das Änderungsangebot des ArbGeb abgelehnt oder seinen Vorbehalt nicht wirksam oder nicht rechtzeitig erklärt und handelt es sich im Gefolge dessen ausschließlich um einen Rechtsstreit über die Beendigungskündigung, so gelten die dort maßgeblichen Grundsätze, so dass dort idR von drei Monatsbruttoverdiensten auszugehen ist. Seit dem 21.5.2013 existieren Empfehlungenfür einen einheitlichen **Streitwertkatalog** der Streitwertkommission der Arbeitsgerichtsbarkeit. Für Änderungskündigungen mit Vergütungsänderung wird ein Streitwert in Höhe der 36-fachen Vergütungsdifferenz, max. drei Monatgehälter, empfohlen. Bei Änderungskündigungen ohne Vergütungsänderung gilt folgendes: idR. eine Monatsvergütung; bei schwerwiegenden Belastungen für den ArbN bis zu zwei Monatsvergütungen. Diesen Empfehlungen sollte grds. gefolgt werden, auch um eine gewisse Einheitlichkeit bei der streitwertmäßigen Behandlung von Änderungskündigungen zu erreichen.

130 X. **Änderungskündigung von A–Z. Annahmeverzugslohn** (vgl. BAG 26.9.2007 – 5 AZR 870/06, DB 2008, 67); **Arbeitsbedingungen** (vgl. BAG 10.12.1975 – 4 AZR 41/75, AP Nr. 90 zu §§ 22, 23 BAT; 24.4.1996 – 5 AZR 1032/94, nv.); **Arbeitsbereitschaft** (vgl. BAG 12.2.1986 – 7 AZR 358/84, DB 1987, 995); **Arbeitsort** (vgl. BAG 12.8.2010 – 2 AZR 945/08, DB 2011, 597); **Arbeitsvertrag** (vgl. BAG 9.2.1989 – 6 AZR 11/87, nv.; 6.11.1985 – 4 AZR 265/84, AP Nr. 3 zu § 1 TVG TV: Papierindustrie); **Arbeitszeit** (vgl. BAG 9.2.1989 – 6 AZR 11/87, nv.; 27.6.1985 – 2 AZR 385/84, nv.; 12.12.1984 – 7 AZR 509/83, DB 1985, 1240); *Befristete Änderung der Arbeitszeit* (vgl. BAG 4.6.2003 – 7 AZR 406/02, BB 2003, 1683); *Erhöhung* (vgl. BAG 9.5.1980 – 7 AZR 409/78, nv.); *Reduzierung* (vgl. BAG 28.10.1987 – 5 AZR 390/86, nv.; 22.5.1985 – 4 AZR 427/83, NZA 1986, 166: Bundesbahn; 27.6.1985 – 2 AZR 385/84, nv.; 31.1.1985 – 2 AZR 393/83, nv.); *Reduzierung wegen Herbeiführung der SozV-Freiheit* (vgl. BAG 27.6.1985 – 2 AZR 385/84, nv.); *FirmenTV* (vgl. BAG 25.10.2000 – 4 AZR 438/99, NZA 2001, 328); *Aufhebung (konkludent)* (vgl. BAG 25.4.2002 – 2 AZR 315/01, nv.); *Reduzierung der Arbeitszeit von Lehrern – Lehrerpersonalkonzept MV* (vgl. BAG 26.11.2009 – 2 AZR 658/08, ZTR 2010, 433); **Ausländischer Staat** (vgl. BAG 29.10.1998 – 2 AZR 759/97, nv.; 29.10.1998 – 2 AZR 6/98, nv.; 23.4.1998 – 2 AZR 489/97, NZA 1998, 995); **Befristung** (vgl. BAG 8.7.1998 – 7 AZR 245/97, NZA 1999, 81; 20.11.1997 – 2 AZR 631/96, NZA 1998, 813; 25.4.1996 – 2 AZR 609/95, NZA 1996, 1197; 21.4.1993 – 7 AZR 297/92, NZA 1994, 476; 13.6.1986 – 7 AZR 650/84, NZA 1987, 241; 23.1.2002 – 7 AZR 563/00, DB 2002, 1326 sowie 14.1.2004 – 7 AZR 213/03, NZA 2004, 719 zur Befristung einzelner Arbeitsbedingungen – Dauer der wöchentlichen Arbeitszeit – und 4.6.2003 – 7 AZR 159/02, NZA 2004, 498 bzgl. Befristung einer erhöhten Arbeitszeit); **Beschäftigungsförderungsgesetz** (vgl. BAG 12.3.1992 – 6 AZR 311/90, NZA 1992, 938); **Bestimmungsrecht** (vgl. BAG 10.12.1992 – 2 AZR 269/92, DB 1993, 1038); **Betriebliche Übung** (vgl. BAG 9.2.1989 – 6 AZR 11/87, nv.); **Chefarzt, Entkoppelung** (vgl. BAG 30.5.1980 – 7 AZR 215/78, DB 1980, 1954); **DB TV** (vgl. BAG 22.5.1985 – 4 AZR 487/83, NZA 1986, 166); **Direktionsrecht** (vgl. BAG 21.1.1988 – 2 AZR 533/87, nv.; 3.7.1986 – 2 AZR 343/85, nv.; 9.5.1980 – 7 AZR 409/78, nv.); **DKP-Zugehörigkeit** (vgl. BAG 20.7.1989 – 2 AZR 114/87, DB 1990, 635); **Eingruppierung** einer Schulleiterin bei Absinken der Schülerzahlen (vgl. BAG 24.6.2004 – 8 AZR 22/03, NZA 2005, 656). **Einheitsregelung** (vgl. BAG 17.6.1998 – 2 AZR 336/97, NZA 1998, 1225); **Einsatzort/-bezirk** (vgl. BAG 19.5.1971 – 5 AZR 368/70, DB 1971, 1824); **Entgeltkürzung**, ggf. auf Grund eines Sanierungsplans (vgl. BAG 20.8.1998 – 2 AZR 84/98, NZA 1999, 255; 30.10.1987 – 7 AZR 659/86, nv.; 20.3.1986 – 2 AZR 294/85, NZA 1986, 824; 1.7.1999 – 2 AZR 826/98, DB 1999, 2320; 27.9.2001 – 2 AZR 236/00, NZA 2002, 750 und 27.3.2003 – 2 AZR 74/02, NZA 2003, 1029 zu den Maßstäben bei einer

---

[1] Vgl. LAG Hamburg 28.10.1996 – 4 Ta 18/96, LAGE § 12 ArbGG 1979, 110 Streitwert, und 2.6.1998 – 4 Ta 8/98, BB 1998, 1695; vgl. dazu auch LAG Rh.-Pf. 19.3.1999 – 6 Ta 48/99, DB 2000, 152 und LAG Berlin 29.5.1998 – 7 Ta 129/97 (Kost), LAGE § 12 ArbGG 1979, 114 Streitwert. ||[2] So versch. Beschl. des LAG Sa.-Anh., zB v. 17.7.2000 – 4 Ta 196/99, nv., und 23.1.2002 – 4 Sa 948/99, 4 Sa 829/99 und 4 Sa 827/99, nv.

Anpassung vertragl. Nebenabreden an geänderte Umstände) und ggü. einer LeihArbNin mit Besitzstandszulage (vgl. BAG 12.1.2006 – 2 AZR 126/05, DB 2006, 1114; 29.11.2007 – 2 AZR 789/06, nv. auch zur Einhaltung von Fristen; 26.6.2008 – 2 AZR 139/07, NZA 2008, 1182 zum Erfordernis von Sanierungsplänen selbst bei Akzeptanz der Entgeltkürzung durch die überwiegende Belegschaft (97 %)); **Ferienüberhang** (vgl. BAG 26.1.1995 – 2 AZR 428/94, NZA 1995, 628; 26.1.1995 – 2 AZR 371/94, NZA 1995, 626); **FirmenTV** (vgl. BAG 25.10.2000 – 4 AZR 438/99, NZA 2001, 328; 21.2.1991 – 2 AZR 432/90, nv.; 12.12.1984 – 7 AZR 509/83, DB 1985, 1240); **Fortfall Aufgabenbereich (Militarisierung)** (vgl. BAG 29.1.1986 – 7 AZR 257/84, NZA 1987, 32); **Freier Arbeitsplatz** (vgl. BAG 7.11.1985 – 2 AZR 649/84, nv.; 27.9.1984 – 2 AZR 62/83, NZA 1985, 455); **Freier Mitarbeiter – Weight Watchers** (vgl. BAG 24.1.1985 – 2 AZR 36/84, nv.); **Freikündigung** (vgl. BAG 28.10.1999 – 2 AZR 437/98, DB 2000, 578); **Freizeitausgleich** (vgl. BAG 23.11.2000 – 2 AZR 547/99, NZA 2001, 492); **Gemeindeordnung** (vgl. BAG 21.1.1993 – 2 AZR 330/92, NZA 1993, 1099); **Gleichstellungsbeauftragte** (vgl. BAG 23.11.2000 – 2 AZR 617/99, NZA 2001, 500); **Grundsatz der Gleichbehandlung** (vgl. BAG 28.4.1982 – 7 AZR 1139/79, NJW 1982, 2687; 20.1.2000 – 2 ABR 40/99, DB 2000, 1666); **Grundsatz der Verhältnismäßigkeit** (vgl. BAG 27.9.1984 – 2 AZR 62/83, NZA 1985, 455); **Herabgruppierung** (vgl. BAG 21.6.1983 – 7 AZR 382/81, nv.; 27.5.1983 – 7 AZR 449/81, nv.; 16.2.1983 – 7 AZR 73/81, nv.); **Höherwertige Tätigkeit – Befristete Übertragung** (vgl. BAG 13.6.1986 – 7 AZR 650/84, NZA 1987, 241); **Insolvenz** (vgl. *Fischer*, Die Änderungskündigung in der Insolvenz, NZA 2002, 536); **Kirchenrecht – Pflicht zum Bezug einer Dienstwohnung** (BAG 26.6.2008 – 2 AZR 147/07, BB 2008, 1505); **kw-Vermerk** (vgl. BAG 18.11.1999 – 2 AZR 77/99, NZA 2000, 484); **Lenkzeitunterbrechung** (vgl. BAG 9.2.1989 – 6 AZR 11/87, nv.); **Massenänderungskündigung** (vgl. BAG 2.4.1992 – 2 AZR 481/91, nv.; 10.3.1982 – 4 AZR 158/79, DB 1982, 1520); **Mehrarbeit** (vgl. BAG 23.11.2000 – 2 AZR 547/99, NZA 2001, 492); **Mietzuschuss** (vgl. BAG 11.10.1989 – 2 AZR 375/88, nv.); **Nachwirkung** (vgl. BAG 27.9.2001 – 2 AZR 236/00, NZA 2002, 750); **Nebenabreden** (vgl. zum Prüfungsmaßstab BAG 27.3.2003 – 2 AZR 74/02, NZA 2003, 1029; 29.11.2007 – 2 AZR 388/06, ZTR 2008, 327); **Organisationsentscheidung – Konzept der „Verlässlichen Grundschule"** (vgl. BAG 29.11.2007 – 2 AZR 388/06, ZTR 2008, 327); **Qualifikation** (vgl. BAG 17.5.1984 – 2 AZR 109/83, DB 1985, 1190); **Rationalisierungsschutz** (vgl. BAG 6.5.1980 – 6 AZR 220/78, nv.); **Rückgruppierung** (vgl. BAG 15.3.1991 – 2 AZR 591/90, EzA § 2 KSchG Nr. 17; 27.8.1982 – 7 AZR 195/80, nv.; 19.3.2003 – 4 AZR 391/02, DB 2005, 342); **Schwerbehindertenschutz** (vgl. BAG 4.7.1979 – 4 AZR 782/77, AP Nr. 25 zu §§ 22, 23 BAT 1975); **Sozialleistung** (vgl. BAG 9.2.1989 – 6 AZR 11/87, nv.; 28.4.1982 – 7 AZR 1139/79, NJW 1982, 2687); **Tarifvertrag** (vgl. BAG 7.11.2001 – 4 AZR 724/00, DB 2002, 746; 8.10.2009 – 2 AZR 235/08, ZTR 2010, 269 betr. Neuordnung einer tarifl. Entgeltstruktur); **Teilzeit** (vgl. BAG 23.11.2000 – 2 AZR 617/99, NZA 2001, 500); **Überstundenabbau** (vgl. BAG 16.1.1997 – 2 AZR 240/96, nv.); **Umgruppierung** (vgl. BAG 19.5.2010 – 4 AZR 903/08, AP Nr. 46 zu § 1 TVG Tarifverträge: Lufthansa); **Versetzung** (vgl. BAG 15.2.1989 – 7 AZR 210/88, nv.; 21.1.1988 – 2 AZR 533/87, nv.); **Vollzeit – Teilzeit** (vgl. BAG 23.11.2000 – 2 AZR 617/99, NZA 2001, 500); **Wartezeiten** (vgl. BAG 12.2.1986 – 7 AZR 358/84, DB 1987, 995); **Wegfall Aufgaben** (vgl. BAG 29.1.1986 – 7 AZR 257/84, NZA 1987, 32); **Weiterbeschäftigung** (vgl. BAG 28.3.1985 – 2 AZR 548/83, NZA 1985, 709); **Widerruf** (vgl. BAG 9.2.1989 – 6 AZR 11/87, nv.; 31.1.1985 – 2 AZR 393/83, nv.; 28.4.1982 – 7 AZR 1139/79, NJW 1982, 2687); **Zulage** (vgl. BAG 11.10.1989 – 2 AZR 61/89, NZA 1990, 607); *Streichung von* (vgl. BAG 11.11.1993 – 2 AZR 476/93, nv.; 11.11.1993 – 2 AZR 454/93, nv.).

3 *Kündigungseinspruch*

Hält der Arbeitnehmer eine Kündigung für sozial ungerechtfertigt, so kann er binnen einer Woche nach der Kündigung Einspruch beim Betriebsrat einlegen. Erachtet der Betriebsrat den Einspruch für begründet, so hat er zu versuchen, eine Verständigung mit dem Arbeitgeber herbeizuführen. Er hat seine Stellungnahme zu dem Einspruch dem Arbeitnehmer und dem Arbeitgeber auf Verlangen schriftlich mitzuteilen.

§ 3 kommt in der arbeitsgerichtl. Praxis keine besondere **Bedeutung** zu[1]. Dementsprechend ist bereits in der Vergangenheit die Frage gestellt worden, ob die Vorschrift obsolet ist[2]. IÜ war eine Beteiligung des BR bereits im Betriebsrätegesetz v. 4.2.1920 vorgesehen. Nunmehr ist die Beteiligung des BR bei Kündigungen in den §§ 102, 103 BetrVG angesiedelt.

Der **Anwendungsbereich** des § 3 erstreckt sich nicht auf das BPersVG. Dagegen bleibt das Einspruchsverfahren nach § 3 auch dann bestehen, wenn erweiterte Beteiligungsrechte des BR gem. § 102 VI BetrVG auf Grund einer BV bestehen. IÜ werden von § 3 sowohl Beendigungs- als auch Änderungskündigungen erfasst. Entsprechend dem Wortlaut von § 3 muss es sich jedoch jeweils um Kündigungen handeln, die der ArbN für sozial ungerechtfertigt hält. Dagegen werden sonstige Kündigungen (vgl. § 13) vom Anwendungsbereich des § 3 nicht erfasst. Das gilt mit Blick auf § 13 I 2 auch für außerordentl. Kündigungen. Bei diesen ist für eine Anwendung des § 3 allenfalls dann Raum, wenn Kündigungsgründe iSv. § 1 zugrunde liegen, also etwa einem ordentl. unkündbaren ArbN aus Gründen iSv. § 1 mit Auslauffrist gekündigt wird. Das kann ggf. eine entsprechende Anwendung des § 3 rechtfertigen.

---

1 So zutr. KR/*Rost*, § 3 Rz. 7 mwN. || 2 Vgl. dazu *Möhn*, NZA 1995, 113 und anschl. nochmals *Fischer*, NZA 1995, 1133.

3 Wegen § 14 II 1 gilt § 3 nur für **Arbeitsverhältnisse** zwischen ArbGeb und ArbN, nicht jedoch für Arbeits- bzw. Dienstverhältnisse von Geschäftsführern, Betriebsleitern und ähnlichen leitenden Angestellten, soweit sie zur selbständigen Einstellung oder Entlassung von ArbN berechtigt sind. Zu diesem Personenkreis gehören unzweifelhaft auch Personalleiter. Für diesen Personenkreis ist der BR nach dem BetrVG nicht zuständig.

4 Jeder ArbN muss an sich wissen, dass die Einlegung des Kündigungseinspruchs nach § 3 keinerlei Einfluss auf den Lauf der **dreiwöchigen Klagefrist** des § 4 hat. Gleichwohl kommt es in der Praxis immer wieder vor, dass ein ArbN zunächst einmal das Ergebnis seines Kündigungseinspruchs nach § 3 abwartet, um erst anschließend Kündigungsschutzklage zu erheben. Ein solcher Irrtum des ArbN rechtfertigt regelmäßig nicht die nachträgliche Zulassung seiner Kündigungsschutzklage nach näherer Maßgabe des § 5. § 4 I 3 bestimmt, dass der ArbN seiner Kündigungsschutzklage die Stellungnahme des BR beifügen soll, falls er Einspruch gem. § 3 beim BR eingelegt hat. Dies geschieht in der Praxis in aller Regel nicht, hat jedoch keinerlei rechtl. Konsequenzen. IÜ hat § 3 ausschließlich individualrechtl. Bedeutung und gilt unabhängig von den betriebsverfassungsrechtl. Beteiligungsrechten des BR nach §§ 102–103 BetrVG.

5 Für den Kündigungseinspruch nach § 3 gilt keine bestimmte **Form**. Er kann deshalb sowohl mündlich als auch schriftl. erfolgen und bedarf außerdem keinerlei Begründung. Erklärungsempfänger des Kündigungseinspruchs ist der BR. Erklärungen an den BR sind nach dem BetrVG im Regelfalle an dessen Vorsitzenden zu richten. Für § 3 gilt nichts anderes. Übergibt der ArbN den Kündigungseinspruch an ein BR-Mitglied, ist dieses Empfangsbote. Der Kündigungseinspruch ist dem BR in diesem Falle erst zugegangen, wenn das BR-Mitglied ihn an den BR-Vorsitzenden übergibt. S. 1 bestimmt, dass der ArbN den Kündigungseinspruch binnen einer Woche nach der Kündigung einzulegen hat. Nach allg. Auffassung handelt es sich bei dieser Frist nicht um eine Ausschlussfrist. Der BR kann auch einen verspäteten Einspruch entgegennehmen. Tut er dies, darf der ArbGeb die Verhandlungen mit dem BR über den Einspruch nicht allein wegen der Fristversäumnis ablehnen. Sodann hat der BR zunächst durch ordnungsgemäßen Beschluss (vgl. § 33 BetrVG) darüber zu befinden, ob er den Kündigungseinspruch des ArbN für begründet oder für unbegründet erachtet. Erachtet er den Einspruch des ArbN für begründet, so hat er zu versuchen, eine Verständigung mit dem ArbGeb herbeizuführen. In diesem Zusammenhang nimmt der BR ausschließlich eine Vermittlerrolle ein. Er hat insb. nicht die Vollmacht, für den ArbN Vereinbarungen zu schließen. Gegenstand solcher Verhandlungen kann es aber gleichwohl sein, mit dem ArbGeb zu klären, ob dieser zB bereit ist, die Kündigung zurückzunehmen, eine Abfindung bzw. eine höhere Abfindung zu zahlen oder die Kündigungsfrist zu verlängern. Macht der ArbGeb ein entsprechendes Angebot, ist der BR befugt, dieses als Empfangsbote dem ArbN entgegenzunehmen und an diesen weiterzuleiten. An ein solches Angebot ist der ArbGeb gebunden. Es ist ihm verwehrt, sich darauf zu berufen, das Angebot sei nur dem BR gemacht und ggü. dem ArbN nicht abgegeben worden.

6 Gem. S. 3 hat der **BR** seine Stellungnahme zu dem Einspruch sowohl dem ArbN als auch dem ArbGeb auf Verlangen schriftl. mitzuteilen. Nach allg. Ansicht reicht eine einfache Mitteilung des BR dazu nicht aus. Vielmehr ist eine Begründung der Entscheidung zu verlangen[1]. Hierbei ist der BR nicht an die Stellungnahme gebunden, die er bereits im Beteiligungsverfahren nach den §§ 102, 103 BetrVG abgegeben hat. Er kann insb. neue Umstände berücksichtigen. Hat der BR den ArbN nicht im Rahmen von § 102 II 4 BetrVG angehört, so kann der ArbN über seinen Kündigungseinspruch gem. § 3 erreichen, dass der BR zu dieser Kündigung schriftl. Stellung nimmt, selbst wenn der BR dieses im Rahmen seiner Beteiligung nach §§ 102, 103 BetrVG gerade nicht beabsichtigte. Wenn der BR allerdings im Rahmen seiner Beteiligung nach §§ 102, 103 BetrVG eine ordnungsgemäße Stellungnahme abgegeben hat und sich auch keine neuen Aspekte ergeben haben, kann es ausreichen, wenn der BR im Rahmen des Kündigungseinspruchs nach § 3 lediglich auf diese von ihm im Beteiligungsverfahren nach §§ 102, 103 BetrVG abgegebene Stellungnahme Bezug nimmt. Die schriftl. Stellungnahme des BR muss auf einem ordnungsgemäßen BR-Beschluss gem. § 33 BetrVG beruhen. Die Stellungnahme des BR im Rahmen des § 3, dem nur individualrechtl. Bedeutung zukommt, kann im Kündigungsschutzprozess von Bedeutung sein. Die Gerichte für Arbeitssachen sind zwar an die Beurteilung des BR nicht gebunden, allerdings kann mit einer gewissen Wahrscheinlichkeit davon ausgegangen werden, dass der BR im betreffenden Bereich über einen hinreichenden Überblick verfügt, wenn dieser auch nicht überschätzt werden sollte[2].

7 § 3 ist **kein Schutzgesetz** iSv. **§ 823 II BGB**. Die Mitglieder des BR – der BR selbst ist außerhalb des BetrVG nicht rechtsfähig und kann deshalb ggü. dem ArbN nicht haften – machen sich deshalb ggü. dem ArbN nicht schadensersatzpflichtig, wenn sie ihre Verpflichtungen im Rahmen des § 3 rechtswidrig und schuldhaft verletzen. Auch der ArbGeb, der eine sozialwidrige Kündigung ggü. dem ArbN ausspricht, macht sich nicht gem. § 823 II BGB schadensersatzpflichtig.

---

1 KR/*Rost*, § 3 Rz. 24 und ErfK/*Ascheid*, § 3 KSchG Rz. 4. ||2 Vgl. KR/*Rost*, § 3 Rz. 25.

4 *Anrufung des Arbeitsgerichtes*
Will ein Arbeitnehmer geltend machen, dass eine Kündigung sozial ungerechtfertigt oder aus anderen Gründen rechtsunwirksam ist, so muss er innerhalb von drei Wochen nach Zugang der schriftlichen Kündigung Klage beim Arbeitsgericht auf Feststellung erheben, dass das Arbeitsverhältnis durch die Kündigung nicht aufgelöst ist. Im Falle des § 2 ist die Klage auf Feststellung zu erheben, dass die Änderung der Arbeitsbedingungen sozial ungerechtfertigt oder aus anderen Gründen rechtsunwirksam ist. Hat der Arbeitnehmer Einspruch beim Betriebsrat eingelegt (§ 3), so soll er der Klage die Stellungnahme des Betriebsrates beifügen. Soweit die Kündigung der Zustimmung einer Behörde bedarf, läuft die Frist zur Anrufung des Arbeitsgerichtes erst von der Bekanntgabe der Entscheidung der Behörde an den Arbeitnehmer ab.

I. Gegenstand und Zweck	1	IV. Änderungskündigung (S. 2)	37
II. Geltungsbereich	3	V. Stellungnahme des Betriebsrats (S. 3)	40
III. Kündigungsschutzklage (S. 1)	9	VI. Behördliche Zustimmung zur Kündigung (S. 4)	41
1. Klageart	10	VII. Rücknahme der Kündigung	44
2. Form und Inhalt der Klage	12	VIII. Entscheidung des Arbeitsgerichts	47
3. Prozessparteien	17	IX. Weiterbeschäftigungsanspruch	53
4. Zuständiges Gericht	20		
5. Frist für die Klageerhebung	25		

I. Gegenstand und Zweck. S. 1 statuiert eine **dreiwöchige Klagefrist** für die Geltendmachung der Unwirksamkeit einer schriftl. Kündigung. Zugleich begrenzt er den Streitgegenstand der Klage auf die Feststellung, dass das ArbVerh durch diese konkrete Kündigung nicht aufgelöst wurde; daraus folgt nach hM, dass jede Kündigung grds. gesondert angegriffen werden muss (vgl. Rz. 48). Die Klagefrist wird durch die §§ 5 u. 6 abgemildert. Ihre Versäumung hat gem. § 7 vor allem die materiellrechtl. Wirkung, dass die Kündigung als von Anfang an rechtswirksam gilt. Der fristgebundene Klagezwang dient so dem **Zweck**, im Interesse von ArbGeb und ArbN baldmöglichst Gewissheit über den Fortbestand oder das Ende des ArbVerh zu erlangen[1]. Die Vorschrift ist mWz. 1.1.2004 neu gefasst worden[2] und erstreckt seitdem die dreiwöchige Klagefrist des S. 1, die vorher nur für die Geltendmachung der Sozialwidrigkeit einer Kündigung bzw. des Fehlens eines wichtigen Grundes galt, auf **alle Unwirksamkeitsgründe** mit Ausnahme des Schriftformmangels (vgl. aber Rz. 5 ff.). Der frühere § 113 II InsO, der schon zuvor eine allg. dreiwöchige Frist für Klagen gegen Kündigungen des Insolvenzverwalters aufgestellt hatte, wurde aufgehoben[3].

Die Klagefrist gilt nach S. 2 iVm. § 7 in gleicher Weise für die **Änderungskündigung**. Hat der ArbN gem. § 3 zunächst Einspruch gegen die Kündigung beim BR eingelegt und hat dieser bereits eine Stellungnahme abgegeben, soll der ArbN seiner Kündigungsschutzklage nach S. 3 diese Stellungnahme beifügen. Hängt die Kündigung des ArbVerh von der **Zustimmung einer Behörde** ab, beginnt die Klagefrist für den ArbN erst mit Bekanntgabe der Entscheidung an ihn, sofern diese nach der Kündigung erfolgt, S. 4 (vgl. Rz. 41 ff.).

II. Geltungsbereich. Zeitlich erfasst die erweiterte Klagefrist alle Kündigungen, die nach dem 31.12.2003 zugehen[4]. Sie gilt abweichend von der bis zum 31.12.2003 geltenden Rechtslage **grds. für alle Kündigungen**, deren Unwirksamkeit der ArbN geltend macht. Sie gilt daher auch für Kündigungen in Kleinbetrieben (§ 23 I 2) sowie vor zurückgelegter Wartezeit (§ 1 I), da sie nicht mehr allein der Geltendmachung der Sozialwidrigkeit dient. Und sie betrifft **grds. Unwirksamkeitsgründe aller Art** (vgl. aber Rz. 5 ff.).

Für die **außerordentl. Kündigung** verweist § 13 I 2 auf die Klagefrist in S. 1. Auf den Ablauf der Wartezeit und die Größe des Betriebes kommt es nicht an[5]. Gem. S. 2 gilt die Klagefrist nach allgM auch für außerordentl. oder ordentl. **Änderungskündigungen** (obwohl § 13 I 2 nur auf S. 1 verweist).

Die Klagefrist gilt nicht ausnahmslos. Wo sie **keine Anwendung** findet, kann das Klagerecht aber verwirken (vgl. § 7 Rz. 4). Sonderregelungen gelten für Betriebe der Schifffahrt und des Luftverkehrs gem. § 24 (vgl. dort) sowie für Wehr- und Zivildienstleistende gem. § 2 IV ArbPlSchG (vgl. dort). Zu den Fällen nachträglicher behördl. Zustimmung (S. 4) vgl. Rz. 41 ff. Unanwendbar ist die Klagefrist bei formnichtige Kündigungen (vgl. die Erl. zu § 623 BGB). Das Gleiche gilt bei unzulässiger Bedingung (vgl. § 1 Rz. 26)[6]. Eine Auflösung auf Antrag des ArbN und die dafür erforderliche Feststellung der Sozialwidrigkeit der (mündlichen) Kündigung dürften davon unberührt bleiben. Die Frist greift ferner nicht bei Be-

---

[1] BAG 27.1.1955 – 2 AZR 418/54, AP Nr. 5 zu § 11 KSchG; 23.2.1978 – 2 AZR 462/76, AP Nr. 3 zu § 12 SchwbG; 14.9.1994 – 2 AZR 182/94, AP Nr. 32 zu § 4 KSchG 1969. ||[2] Art. 1 des Gesetzes zu Reformen am Arbeitsmarkt v. 24.12.2003, BGBl. I S. 3002; vgl. hierzu *Quecke*, RdA 2004, 86 (99 ff.). ||[3] Art. 4 des Gesetzes zu Reformen am Arbeitsmarkt v. 24.12.2003, BGBl. I S. 3002 (3004). ||[4] Außerdem frühere Kündigungen, die erst 2004 angegriffen wurden, BAG 9.2.2006 – 6 AZR 283/05, NZA 2006, 1207. ||[5] BAG 28.6.2007 – 6 AZR 873/06, DB 2007, 1986; 9.2.2006 – 6 AZR 283/05, NZA 2006, 1207. ||[6] *Raab*, RdA 321 (323) mwN; *Fornasier/Werner*, NJW 2007, 2729 (2734); aA *Hanau*, ZIP 2004, 1169 (1175).

rufsausbildungsverhältnissen, sofern nach § 111 II 5 ArbGG eine Verhandlung vor einem zur Beilegung von Streitigkeiten aus dem Berufsausbildungsverhältnis gebildeten Ausschuss stattfinden muss[1]. Andererseits ist die Klagefrist zu beachten, wo ein solcher Ausschuss nicht gebildet wurde[2]; das gilt jetzt für alle Unwirksamkeitsgründe (vgl. auch § 1 Rz. 5).

6 Steht allein die Wahrung der rechtlich zutreffenden **Kündigungsfrist** im Streit, nicht aber die Beendigung des ArbVerh überhaupt, bedarf es grds. keiner fristgerechten Klage nach § 4. Der **Anwendungsbereich** der Norm ist nicht eröffnet, wenn nur der Zeitpunkt umstritten ist, zu dem eine Kündigung wirkt, nicht aber die „Feststellung ..., dass das Arbeitsverhältnis durch die Kündigung nicht aufgelöst ist"[3]. Angesichts dieses Wortlauts des § 4 S. 1 lässt sich nicht argumentieren, §§ 4, 7 müssten erst recht bei einer bloß fehlerhaften Kündigungsfrist die Rechtswirksamkeit der Kündigung fingieren, wenn dies sogar bei einer sozialwidrigen Kündigung gelte[4]. Zudem lässt sich der Zweck der §§ 4, 7, den Parteien alsbald Klarheit über das Fortbestehen ihres ArbVerh zu geben (vgl. Rz. 1), bei Streit um die Kündigungsfrist praktisch ohnehin kaum verwirklichen und fast immer nur eine nachträgliche Klärung erreichen. Es wäre auch nicht mit § 1a zu vereinbaren, der zeitgleich mit der Neufassung des § 4 in Kraft trat, wenn die Geltendmachung der Kündigungsfrist in den og. Fällen – als Klage nach S. 1 – zum Verlust der Abfindung nach § 1a führte (vgl. § 1a Rz. 18). Unabhängig davon dürfte die Angabe eines unzutreffenden Beendigungszeitpunkts in der ordentl. Kündigung idR nicht zu ihrer Unwirksamkeit, sondern infolge **Auslegung** zum richtigen Beendigungszeitpunkt führen[5]. Lässt sich nämlich der Erklärung der Wille zum Ausspruch einer ordentl. Kündigung entnehmen, steht dies in einem Spannungsverhältnis zur gleichzeitigen Angabe eines Beendigungstermins. Die ordentl. Kündigung hat die geltenden Mindestkündigungsfristen ausnahmslos zu wahren. Der Angabe eines Beendigungstermins kommt bei Ausspruch einer ordentl. Kündigung ein rechtsgeschäftl. Erklärungswert daher nur zu, sofern der Termin zeitlich nach Ablauf der rechtl. zutreffenden Mindestfrist liegt; iÜ ist sie bloße Wissenserklärung[6]. Eine andere Auslegung würde in den genannten Fällen regelmäßig zur Unwirksamkeit des Rechtsgeschäfts führen. Im Zweifel gebührt in der Auslegung der Vorzug, welche die Nichtigkeit des Rechtsgeschäfts vermeidet[7]. **Hinreichend bestimmt** ist die Kündigung, wenn der Beendigungstermin bestimmbar ist[8]. Erweist sich der Beendigungstermin einer Kündigung ausnahmsweise als unbestimmbar, so dass auch eine Auslegung nicht weiterhilft, wird sie zwar insg. unwirksam sein[9]. Doch auch in diesem Fall können die §§ 4, 7 nicht greifen, da es dann an einer Kündigungserklärung überhaupt fehlt, woran die Wirksamkeitsfiktion anknüpfen könnte (zu welchem Zeitpunkt sollte sie wirken?)[10]. Zu den zeitlichen Grenzen, in denen das Recht zur Geltendmachung der zutreffenden Kündigungsfrist verwirkt, vgl. § 7 Rz. 4. Die **Konsultationsverfahren und Massenentlassungsanzeige** gem. § 17 II und III müssen vor Ausspruch der Kündigung erfolgen[11]. Ihre Unterlassung oder fehlerhafte Durchführung führt zur Unwirksamkeit der Kündigung (§ 134 BGB)[12]. Diese kann nur durch fristgerechte Klage geltend gemacht werden. Auch die Unwirksamkeit einer Kündigung gem. **§ 613a IV 1 BGB** ist durch fristgerechte Klageerhebung geltend zu machen. Da sich die Unwirksamkeit häufig erst verspätet zeigt, soll in europarechtskonformer Auslegung der Lauf der Klagefrist erst mit dem Betriebsübergang einsetzen[13]. Bloße Ungewissheitslagen sind jedoch – wie auch sonst – kein Grund für eine Durchbrechung der Klagefrist. Bei bewusst falscher Auskunft des ArbGeb über seine Absichten (etwa Stilllegung statt Betriebsveräußerung) wird dem Gemeinschaftsrecht ausreichend durch § 5 Rechnung getragen (vgl. § 5 Rz. 26). Zur vorzeitigen Kündigung gem. § 15 IV vgl. § 15 Rz. 59.

7 Ferner findet die den ArbGeb schützende Wirksamkeitsfiktion der §§ 4, 7 (Rz. 1) auf Grund teleologischer Reduktion keine Anwendung auf Kündigungen, die dem **ArbGeb nicht zuzurechnen** sind[14]. Das gilt für das gesamte KSchG (s. § 1 Rz. 22). Bei **Mängeln in der Geschäftsfähigkeit** ist die Kündigung des geschäftsunfähigen wie des beschränkt geschäftsfähigen ArbGeb gem. §§ 105, 111 BGB unwirksam. Die Wirksamkeitsfiktion des § 7 kann hier nicht zu Lasten des ArbGeb eingreifen, zumal ihr Eintritt allein zur Disposition des ArbN stünde. Da die Wirksamkeit des Rechtsgeschäfts nur einheitlich beurteilt werden kann, scheidet insoweit auch eine Anwendung zu Lasten des ArbN aus[15]. Bei **fehlender Vertretungsmacht** des Kündigenden (vgl. § 1 Rz. 30 ff.) schützt das Gesetz sowohl den Vertretenen (§ 177 BGB) als auch den Erklärungsempfänger (§ 180 BGB). Der Schutz des ArbGeb kann auch hier nicht

---

1 BAG 7.5.1990 – 2 AZR 53/90, AP Nr. 23 zu § 4 KSchG 1969; das gilt auch für die Neufassung des § 4, vgl. *Quecke*, RdA 2004, 86 (100 f.). ‖2 BAG 26.1.1999 – 2 AZR 134/98, DB 1999, 1408; krit. HK-KSchG/*Dorndorf*, § 13 Rz. 34–30. ‖3 Str., wie hier *Hanau*, ZIP 2004, 1169 (1175); *Muthers*, RdA 2012, 172 (177) mwN; APS/*Hesse*, § 4 Rz. 10b mwN. ‖4 *Schwarze*, Anm. BAG AP KSchG 1969 § 4 Nr. 71. ‖5 BAG 15.12.2005 – 2 AZR 148/05, NZA 2006, 791; 6.7.2006 – 2 AZR 215/05, NZA 2006, 1405; 9.2.2006 – 6 AZR 283/05, NZA 2006, 1207, Rz. 32; 15.5.2013 – 5 AZR 130/12 („fristgemäß zum 30.9." = auslegbar iSd. zutreffenden Termins 31.12.); eher abl. noch BAG 1.9.2010 – 5 AZR 700/09, NJW 2010, 3740. ‖6 *Raab*, RdA 2004, 321 (326); *Quecke*, RdA 2004, 86 (94); zust. *Muthers*, RdA 2012, 172 (176). ‖7 BGH 3.3.1971 – VIII ZR 55/70, NJW 1971, 1035. ‖8 BAG 15.12.2005 – 2 AZR 148/05, NZA 2006, 791; 20.6.2013 – 6 AZR 805/11, DB 2013, 2093; 15.5.2013 – 5 AZR 130/12. ‖9 BAG 20.6.2013 – 6 AZR 805/11, DB 2013, 2093. ‖10 So im Erg. auch *Raab*, RdA 2004, 321 (323). ‖11 EuGH 27.1.2005 – Rs. C-133/03, NJW 2005, 1099. ‖12 BAG 21.3.2013 – 2 AZR 60/12, NZA 2013, 966 (zu § 17 II); 22.11.2012 – 2 AZR 371/11, DB 2013, 939 (zu § 17 III). ‖13 *Sprenger*, AuR 2005, 175. ‖14 Etwa durch den „falschen" ArbGeb, BAG 26.3.2009 – 2 AZR 403/07, BB 2009, 2150; vgl. eingehend *Fornasier/Werner*, NJW 2007, 2729; *Genenger*, RdA 2010, 274. ‖15 *Raab*, RdA 2004, 321 (323 f.) mwN; *Fornasier/Werner*, NJW 2007, 2729 (2732).

zur Disposition des ArbN stehen. Der ArbGeb wird daher unabhängig von der Wahrung der Klagefrist durch den ArbN das Fehlen der Vertretungsmacht geltend machen können. Dann muss sich auch der ArbN unabhängig von der Frist darauf berufen können, da sonst die Wirksamkeit der Kündigung nach Ablauf der Frist allein vom Willen des ArbGeb abhinge. Das gilt sowohl bei unverzüglicher Beanstandung durch den ArbN gem. § 180 S. 1 BGB[1] als auch grds. bei deren Unterbleiben, solange der ArbGeb nicht genehmigt (§§ 180 S. 2, 177 BGB)[2]. Genehmigt der ArbGeb (vgl. dazu § 1 Rz. 30), begibt er sich des Schutzes des § 177 BGB. Klagefrist und Wirksamkeitsfiktion der §§ 4, 7 kommen hier zur Anwendung. Die Frist soll in entsprechender Anwendung von S. 4 erst mit Zugang der Genehmigung beim ArbN anlaufen[3]. Dagegen wird zu Recht auf die Möglichkeit der Erteilung einer Innengenehmigung (§ 182 I BGB) verwiesen, nach der eine Außengenehmigung ausscheide. Warte der ArbN lediglich ab, ohne gem. §§ 174, 180 S. 1 BGB gegen die Kündigungserklärung vorzugehen, laufe die Frist – unabhängig von seiner Kenntnis – jedenfalls ab Erteilung der Innengenehmigung[4]. Eine Anscheinsvollmacht soll für die Zurechnung der Kündigung und damit den Lauf der Klagefrist nicht genügen, da sie allein den Erklärungsempfänger (ArbN) schützen soll und der ArbGeb andererseits nicht schutzbedürftig iSv. § 4 sei[5]. Dem ist nicht zu folgen, da die Anscheinsvollmacht kein Wahlrecht für den Erklärungsempfänger bewirkt[6] und ihm die §§ 174, 180 BGB ausreichende Reaktionsmöglichkeiten bieten[7]. Die Klagefrist (wie das KSchG insg.) findet ferner keine Anwendung, soweit der **Zugang** (Rz. 26 ff.) der Erklärung oder ihre Auslegung als Kündigung (vgl. § 1 Rz. 22, 25 ff.) im Streit steht[8], sowie auf Kündigungserklärungen, die ohne den Willen des ArbGeb und ohne sein Verschulden seinen Herrschaftsbereich verlassen haben oder von ihm gem. §§ 119 ff. BGB wirksam angefochten wurden[9]. Im Falle der **Zurückweisung gem. § 174 BGB** (vgl. näher § 1 Rz. 31) ist die Kündigung dagegen dem ArbGeb zurechenbar und allein zum Schutze des Erklärungsempfängers unwirksam, da Vertretungsmacht besteht. Eine Heilung gem. § 7 ist hier anders als bei § 180 BGB grds. möglich. Der im Interesse des ArbGeb auf baldige Klärung der Rechtslage gerichtete Zweck der Norm erfordert vom ArbN daher fristgerechte Klage[10], auch wenn ihn das faktisch (mangels Kenntnis über die Vertretungsmacht) dazu zwingt, auch im Falle einer Beanstandung nach § 180 BGB fristgerecht zu klagen.

Schließlich gilt die Klagefrist des § 4 nicht, wenn der ArbN die Unwirksamkeit von **sonstigen einseitigen Maßnahmen** des ArbGeb geltend machen will, etwa einer Versetzung des ArbN, der Änderung des arbeitsvertragl. Leistungsinhalts (durch Teilkündigung, vgl. § 1 Rz. 42) oder der Ausübung eines Widerrufsvorbehalts[11]. Das Gleiche gilt für die **Anfechtung** des Arbeitsvertrags durch den ArbGeb (vgl. § 1 Rz. 43) oder seine sog. Lossagung von einem faktischen ArbVerh (vgl. § 119 BGB Rz. 15 ff.)[12]. Die **Unwirksamkeit der Befristung** des Arbeitsvertrages muss dagegen gem. § 17 TzBfG innerhalb von drei Wochen nach dessen vereinbartem Ende durch Klage beim ArbG geltend gemacht werden; wegen der Einzelheiten vgl. die Erl. zu § 17 TzBfG. 8

III. Kündigungsschutzklage (S. 1). Ein ArbN, der die Sozialwidrigkeit oder sonstige Rechtsunwirksamkeit einer (schriftl.) Kündigung seines ArbVerh geltend machen will, muss innerhalb von drei Wochen beim ArbG auf Feststellung klagen, dass das ArbVerh durch die Kündigung nicht aufgelöst ist. Damit schreibt das Gesetz dem ArbN präzise die Klageart, den Klageantrag, die Klagefrist und das zuständige Gericht vor. 9

1. Klageart. Die Kündigungsschutzklage ist **Feststellungsklage**. Die Wirksamkeit oder Unwirksamkeit der Kündigung besteht grds. unabhängig von der Klage kraft Gesetzes. Zur Aufhebung der Kündigung bedarf es keines richterlichen Gestaltungsakts[13]. Der fristgebundene Klagezwang des § 4 dient allein der Vermeidung der Wirksamkeitsfiktion des § 7; wegen dieser Option sind unwirksame Kündigungen stets nur „schwebend" unwirksam. 10

Im Rahmen seiner Kündigungsschutzklage muss ein ArbN das besondere **Feststellungsinteresse** gem. § 256 ZPO nicht im Einzelnen darlegen. Die Notwendigkeit dieser Klage ergibt sich aus der zwingenden Regelung in § 7, nach der bei Ablauf der Klagefrist die Kündigung wirksam wird[14]. Das Feststellungsinteresse des ArbN entfällt auch nicht dadurch, dass er inzwischen ein neues ArbVerh eingegangen ist oder sein altes ArbVerh keinesfalls fortsetzen will. Ausnahmsw. kann das besondere Feststellungsinteresse des ArbN von vornherein fehlen oder im Verlauf des Kündigungsrechtsstreits entfallen, etwa wenn auf Grund einer Vereinbarung der Arbeitsvertragsparteien oder einer rechtskräfti- 11

---

1 *Raab*, RdA 2004, 321 (324); *Fornasier/Werner*, NJW 2007, 2729 (2732); ‖ 2 *Hanau*, ZIP 2004, 1169 (1175); *Fornasier/Werner*, NJW 2007, 2729 (2732); *Genenger*, RdA 2010, 274. ‖ 3 BAG 6.9.2012 – 2 AZR 858/11, DB 2013, 520. ‖ 4 *Ulrici*, jurisPR-ArbR 17/2013 Anm. 1; ähnlich *Stiebert*, NZA 2013, 657. ‖ 5 BAG 6.9.2012 – 2 AZR 858/11, DB 2013, 520. ‖ 6 BGH 20.1.1983 – VII ZR 32/82, NJW 1983, 1308. ‖ 7 So zutreffend *Ulrici*, jurisPR-ArbR 17/2013 Anm. 1. ‖ 8 *Quecke*, RdA 2004, 86 (100). ‖ 9 *Fornasier/Werner*, NJW 2007, 2729 (2732). ‖ 10 IdS offenbar auch BAG 26.3.2009 – 2 AZR 403/07, BB 2009, 2150; sehr str., wie hier auch *Bender/Schmidt*, NZA 2004, 358 (362); *Fornasier/Werner*, NJW 2007, 2729 (2733); aA *Raab*, RdA 2004, 321 (325); *Hanau*, ZIP 2004, 1169 (1175). ‖ 11 BAG 20.1.1960 – 4 AZR 267/59, DB 1960, 442; 27.3.1980 – 2 AZR 506/78, ZIP 1980, 672. ‖ 12 BAG 16.9.1982 – 2 AZR 271/80, EzA § 123 BGB Nr. 22; 25.4.1963 – 5 AZR 398/62, DB 1963, 933; 15.11.1957 – 1 AZR 189/57, BAGE 5, 58; LAG Hamm 29.3.1972 – 5 Sa 969/71 – DB 1972, 711. ‖ 13 BAG GS v. 27.2.1985 – GS 1/84, NZA 1985, 818. ‖ 14 BAG 11.2.1981 – 7 AZR 12/79, DB 1981, 2233.

12   **2. Form und Inhalt der Klage.** Ein ArbN kann seine Kündigungsschutzklage sowohl **schriftlich** einreichen als auch zu Protokoll der Geschäftsstelle des ArbG erklären (§§ 46 II ArbGG, 496 ZPO). Die Klage kann auch telegrafisch, fernschriftl. oder durch Telekopie (**Telefax**) eingelegt werden[2], nicht aber per E-Mail.

13   Die Kündigungsschutzklage muss iÜ grds. von dem ArbN oder seinem Prozessbevollmächtigten **eigenhändig unterschrieben** sein (§§ 253 IV, 130 Nr. 6 ZPO). Ein Schriftsatz ohne eigenhändige Unterschrift stellt allenfalls einen Klageentwurf dar. Ihm muss für eine ordnungsgemäße Klageerhebung mindestens ein Schriftstück beigefügt werden, aus dem sich ergibt, dass die Klage mit Wissen und Wollen des Verfassers beim Gericht eingegangen ist. Dazu reicht allerdings die vom ArbN unterschriebene Prozessvollmacht nicht aus, wenn die nicht unterzeichnete Klageschrift von seinem Prozessbevollmächtigten stammt[3]. Der Mangel einer fehlenden Unterschrift wird durch rügelose Einlassung des Beklagten gem. § 295 ZPO **rückwirkend geheilt**[4]. Schließlich ist die Kündigungsschutzklage in deutscher Sprache abzufassen, da die Gerichtssprache gem. § 184 GVG deutsch ist[5].

14   Zum notwendigen Inhalt der Klageschrift gehört nach § 253 II ZPO die präzise **Bezeichnung der Parteien** und des angerufenen Gerichts. Zur richtigen Beklagtenpartei vgl. Rz. 17. Bei nicht eindeutiger Bezeichnung ist die Partei durch Auslegung zu ermitteln. Selbst bei äußerlich eindeutiger, aber offenkundig unrichtiger Bezeichnung ist grds. diejenige Person als Partei angesprochen, die bei objektiver Würdigung des Erklärungsinhalts durch die Parteibezeichnung betroffen werden soll. Eine ungenaue oder erkennbar falsche Parteibezeichnung ist unschädlich und kann jederzeit von Amts wegen richtiggestellt werden[6]. Eine **Berichtigung des Passivrubrums** kann aber nicht die Identität der beklagten Partei ändern, indem nach Ablauf der Klagefrist der falsche Beklagte durch den richtigen ArbGeb ersetzt wird; in diesem Fall liegt ein **Parteiwechsel** vor. So wahrt eine nach Eröffnung des Insolvenzverfahrens gegen den Insolvenzschuldner anstelle des Insolvenzverwalters erhobene Klage grds. nicht die Frist des § 4 (vgl. Vor § 1 Rz. 42 ff.)[7]; das gilt auch, wenn der Verwalter die Klage tatsächlich erhält[8]. Ebenso wenig wahrt grds. die Klage gegen den Entsendestaat von NATO-Truppen anstelle der BRD als Prozessstandschafterin die Klagefrist (vgl. § 1 Rz. 37 ff.)[9]. Doch kommt eine Rubrumsberichtigung in Betracht, wenn sich der Klage durch **Auslegung beigefügter Unterlagen** der richtige Beklagte noch innerhalb der Klagefrist zweifelsfrei entnehmen lässt[10]. Bei einer Personengesellschaft (etwa KG oder GbR, PartG[11]) als ArbGeb ist besonders sorgfältig zu prüfen, ob lediglich eine falsche Parteibezeichnung vorliegt, wenn deren Gesellschafter verklagt sind. Maßgeblich ist nicht allein die formelle Bezeichnung der Partei in der Klageschrift. Lässt sich der Klageschrift oder den beigefügten Unterlagen entnehmen, dass die Gesellschaft als ArbGebin gekündigt hat und sich die Klage gegen eine Kündigung der ArbGebin richtet, ist regelmäßig eine Klarstellung des Klagerubrums möglich und erforderlich. Für eine gegenteilige Auslegung bedarf es besonderer Anhaltspunkte[12]. Das Revisionsgericht hat die in der Klageschrift enthaltene Parteibezeichnung als prozessuale Willenserklärung selbst auszulegen[13].

15   Ferner muss die Klageschrift gem. § 253 ZPO die bestimmte Angabe des Gegenstandes und des Grundes des erhobenen Anspruchs sowie einen **bestimmten Antrag** enthalten. Zweckmäßigerweise ist der Klageantrag nach § 4 auf die Feststellung zu richten, dass eine bestimmte Kündigung das ArbVerh der Parteien nicht aufgelöst hat (vgl. näher Rz. 48). Zur Auslegung unklarer Anträge genügt es, wenn in der Klage der Wille des ArbN hinreichend deutlich zum Ausdruck kommt, eine bestimmte Kündigung anzugreifen[14]. In diesem Fall wahrt auch ein sog. allg. Feststellungsantrag (vgl. Rz. 49) die Frist des S. 1, ohne dass auf § 6 zurückgegriffen werden muss[15]. Der Streitgegenstand, dh. der prozessuale Klagegrund iSv. § 253 II Nr. 2 ZPO[16], ergibt sich aus dem Klageantrag **und** dem zu seiner Begründung angeführten konkreten Lebenssachverhalt. Dazu genügt die Darstellung, bei wem der ArbN beschäftigt ist, und die Berufung auf die Unwirksamkeit einer bestimmten Kündigung, die idR schon aus dem Klageantrag folgt[17]. Ob es sich bei der angegriffenen Kündigung um eine ordentl. oder außerordentl. Kündigung handelt, muss der ArbN in der Klageschrift nicht angeben[18]. Ein falsches oder fehlendes Datum der Kündi-

---

1 BAG 11.2.1981 – 7 AZR 12/79, DB 1981, 2233; LAG Köln 15.7.2004 – 6 (9) Sa 195/04, nv. ‖ 2 KR/*Friedrich*, § 4 Rz. 148 mwN. ‖ 3 BAG 26.1.1976 – 2 AZR 506/74, AP Nr. 1 zu § 4 KSchG 1969; 26.6.1986 – 2 AZR 358/85, AP Nr. 14 zu § 4 KSchG 1969; anders bei vom ArbN selbst verfasster Klageschrift LAG Nürnberg – 6 Ta 15/82, AMBl. BY 1983, C 17. ‖ 4 BAG 26.6.1986 – 2 AZR 358/85, NZA 1986, 761. ‖ 5 BAG 17.2.1982 – 7 AZR 846/79, AP Nr. 1 zu § 15 SchwbG. ‖ 6 BAG 1.3.2007 – 2 AZR 525/05, NZA 2007, 1013 mwN. ‖ 7 BAG 17.1.2002 – 2 AZR 57/01, EzA § 4 nF KSchG Nr. 62. ‖ 8 BAG 21.9.2006 – 2 AZR 573/05, NJW 2007, 458. ‖ 9 ArbG Berlin 10.3.1988 – 19 Ca 128/87, DB 1988, 1608. ‖ 10 BAG 12.2.2004 – 2 AZR 136/03, AP Nr. 50 zu § 4 KSchG 1969; 17.1.2002 – 2 AZR 57/01, EzA § 4 nF KSchG Nr. 62; 15.3.2001 – 2 AZR 141/00, EzA § 4 KSchG nF Nr. 61; 18.4.2002 – 8 AZR 346/01, NZA 2002, 1207 ff. (bei der Klage beigefügtem Kündigungsschreiben des Insolvenzverwalters); LAG Düss. 15.2.2005 – 16 Sa 1723/04, nv.; zum falschen Beklagten bei NATO-Truppen: LAG Rh.-Pf. 27.4.1990 – 9 Ta 65/90, NZA 1991, 613; vgl. auch *Ettwig*, ArbRB 2007, 18. ‖ 11 PartGG v. 25.7.1994, BGBl. I S. 1744. ‖ 12 BAG 1.3.2007 – 2 AZR 525/05, NZA 2007, 1013. ‖ 13 BGH 4.6.1981 – VII ZR 174/80, WM 1981, 829. ‖ 14 BAG 21.5.1981 – 2 AZR 133/79, AP Nr. 7 zu § 4 KSchG 1969. ‖ 15 BAG 12.5.2005 – 2 AZR 426/04, NZA 2005, 1259. ‖ 16 Thomas/Putzo/*Reichold*, § 253 ZPO Rz. 10 ff. ‖ 17 BAG 21.5.1981 – 2 AZR 133/79, AP Nr. 7 zu § 4 KSchG 1969. ‖ 18 BAG 11.9.1956 – 3 AZR 163/54, AP Nr. 8 zu § 3 KSchG.

gung in der Klageschrift schadet nicht, soweit sich aus den Umständen zweifelsfrei ermitteln lässt, auf welche konkrete(n) Kündigung(en) die Klage abzielt[1]. Keine Frage des ausreichend bestimmten Klagegrundes iSv. § 253 ZPO und damit ihrer Zulässigkeit ist die Schlüssigkeit der Klage. Zur Schlüssigkeit bei Geltendmachung der Sozialwidrigkeit der Kündigung vgl. § 1 Rz. 51 ff.

Ist die Klage allein auf die **Zahlung einer Abfindung** iSd. §§ 9, 10 gerichtet, kann die Auslegung des Klageantrags dazu führen, dass die Feststellung der Unwirksamkeit der Kündigung gewollt ist[2]. Dagegen genügt ein Klageantrag nicht den Anforderungen des § 4, wenn er lediglich auf die **Leistung fälliger Lohnansprüche** gerichtet ist. In diesem Fall kann der ArbN allerdings in entsprechender Anwendung von § 6 S. 1 die Unwirksamkeit der Kündigung noch bis zum Schluss der mündlichen Verhandlung erster Instanz geltend machen[3]; das Gleiche gilt für eine Klage des ArbN auf **Weiterbeschäftigung** (vgl. § 6 Rz. 6). § 4 erfordert die Begründung eines **unbedingten Prozessrechtsverhältnisses**; die sog. subjektive eventuelle Klageerhebung gegen einen weiteren Beklagten genügt nicht, da es hier an einem bereits bestehenden Prozessrechtsverhältnis fehlt, das die Bedingung für die Klage gegen den Dritten zur zulässigen innerprozessualen Bedingung macht[4]. Dagegen genügt zur Wahrung der Klagefrist die vorsorgliche Erhebung einer Klage, etwa durch die Stellung eines Hilfsantrags im Rahmen eines anhängigen Hauptprozesses[5]. Innerhalb der Klagefrist kann die Kündigungsschutzklage auch als Widerklage und noch in der Berufungsinstanz durch Klageänderung oder Klageerweiterung erhoben werden[6].

3. Prozessparteien. Kläger der Kündigungsschutzklage kann nur der ArbN sein. Es handelt sich um ein höchstpersönliches Klagerecht. Dritte, auf die Ansprüche durch Abtretung oder kraft Gesetzes übergegangen sind (zB gem. § 115 SGB X), sind nicht aktiv legitimiert[7]. Verstirbt der ArbN nach Ablauf der Kündigungsfrist, können seine Erben (innerhalb der Klagefrist gem. §§ 4 -6) Kündigungsschutzklage erheben oder diese fortführen und so Vergütungsansprüche für die Zeit bis zu seinem Tod wahren[8]. Bei dem **Beklagten** im Kündigungsschutzprozess handelt es sich um den ArbGeb als den unmittelbaren Vertragspartner des ArbN. Bei sog. mittelbaren ArbVerh (vgl. Vor § 611 BGB Rz. 116 ff.) ist ArbGeb der Mittelsmann[9]. Im Rahmen eines LeihArbVerh oder gewerblicher AÜ ist die Kündigungsschutzklage gegen den Verleiher als den ArbGeb des LeihArbN zu richten. Handelt es sich bei dem ArbGeb um eine **juristische Person**, etwa in der Form einer GmbH, einer AG oder eines rechtsfähigen Vereins, ist die Kündigungsschutzklage gegen diese zu richten. Das gilt nach § 50 II ZPO auch für einen nichtrechtsfähigen Verein. In gleicher Weise kann eine Partnergesellschaft als ArbGeb unter ihrem Namen nach § 7 II PartGG verklagt werden. Handelt es sich bei dem ArbGeb um eine **Personengesellschaft** in der Form einer OHG oder einer KG, ist die Gesellschaft als Vertragspartner des ArbN unter ihrer Firma zu verklagen (§§ 124 I, 161 II HGB). Für die **GbR** folgt es daraus, dass sie als Außengesellschaft bürgerlichen Rechts rechts- und parteifähig ist[10]. Allerdings steht bei einer GbR nicht in jedem Fall mit Sicherheit fest, dass eine Außengesellschaft existiert und diese der richtige ArbGeb ist[11]. Auch kann – ebenso wie bei den Handelsgesellschaften – fraglich sein, ob Gesamthandsvermögen vorhanden ist. Daher empfiehlt es sich in diesen Fällen für den ArbN, die Klage neben der Gesellschaft auch gegen die Gesellschafter persönlich zu richten[12]. Dies stellt sicher, dass die Klage die Frist des § 4 wahrt, und ermöglicht in Verbindung mit Zahlungsanträgen eine unmittelbare Zwangsvollstreckung in das Vermögen der Gesellschafter. Bei **gesetzl. Prozessstandschaft** ist die Klage gegen den Prozessstandschafter zu richten (vgl. zum Insolvenzverwalter Vor § 1 Rz. 42 f., zum NATO-Truppenstatut Vor § 1 Rz. 37 ff.).

Bei **Zweifeln**, welche von mehreren miteinander verbundenen Gesellschaften, ggf. auch deren Gesellschafter oder Geschäftsführer persönlich, als ArbGeb anzusehen ist, sollte der Kündigungsschutzklage neben der schriftl. Kündigungserklärung ein schriftl. Arbeitsvertrag oder der Nachweis nach dem NachwG sowie ggf. weiterer Schriftverkehr während des ArbVerh beigefügt werden. Dies kann für die **Auslegung der Klage** im Hinblick auf den Beklagten Aufschluss geben (vgl. näher Rz. 14). Entsprechendes gilt für unklare ArbGebStellung bei einer in Gründung befindlichen Gesellschaft, bei der GbR (Innen-/Außengesellschaft) oder bei dem Handeln eines Vertreters des ArbGeb, der seine Vertreterstellung ggü. dem ArbN nicht zu erkennen gibt (§ 164 II BGB).

Wird das ArbVerh eines ArbN vor einem **Betriebsübergang** iSd. § 613a BGB gekündigt, ist die Kündigungsschutzklage gegen den bisherigen ArbGeb zu richten, da er weiter passivlegitimiert und prozessführungsbefugt bleibt[13]. Ist das ArbVerh des ArbN nach einem Betriebsübergang gekündigt worden, ist

---

1 BAG 21.5.1981 – 2 AZR 133/79, AP Nr. 7 zu § 4 KSchG 1969. ‖ 2 BAG 13.12.1956 – 2 AZR 353/54, AP Nr. 5 zu § 7 KSchG 1951. ‖ 3 BAG 30.11.1961 – 2 AZR 295/61, AP Nr. 3 zu § 5 KSchG 1951. ‖ 4 BAG 31.3.1993 – 2 AZR 467/92, AP Nr. 27 zu § 4 KSchG 1969; LAG Düss. 19.12.2002 – 7 Sa 1181/02, nv.; zum PKH-Antrag mit bedingter Kündigungsschutzklage vgl. LAG Nürnberg 23.10.2003 – 7 Ta 174/03, LAGE § 114 ZPO 2002 Nr. 1. ‖ 5 BAG 21.12.1967 – 2 AZR 105/67, AP Nr. 33 zu § 3 KSchG. ‖ 6 BAG 10.12.1970 – 2 AZR 82/70, AP Nr. 40 zu § 3 KSchG. ‖ 7 APS/*Hesse*, § 4 Rz. 33 mwN. ‖ 8 BAG 18.1.2012 – 7 AZR 112/08, BAGE 140, 248 zur Parallelnorm § 17 TzBfG. ‖ 9 BAG 21.2.1990 – 5 AZR 162/89, BB 1990, 1064. ‖ 10 BGH 29.1.2001 – II ZR 331/00, AP Nr. 9 zu § 50 ZPO; BAG 1.12.2004 – 5 AZR 597/03, AP Nr. 14 zu § 50 ZPO. ‖ 11 LAG Düss. 17.7.2006 – 14 Sa 334/06, AE 2007, 261 (zur Vereinigung von Versicherern verschiedener Sparten). ‖ 12 BGH 29.1.2001 – II ZR 331/00, NJW 2001, 1056 Rz. 37. ‖ 13 BAG 14.2.1978 – 1 AZR 154/76, NJW 1979, 233; 18.3.1999 – 8 AZR 306/98, AP Nr. 44 zu § 4 KSchG 1969; aA bei Klageerhebung nach Betriebsübergang LAG Hamm 12.12.1996 – 4 Sa 1258/94, LAGE § 613a BGB Nr. 60; RGRK/*Ascheid*, § 613a BGB Rz. 290.

die Kündigungsschutzklage grds. gegen den Erwerber des Betriebs zu richten, der die Kündigung ausgesprochen hat. Hat der Veräußerer nach dem Betriebsübergang das ArbVerh gekündigt, ist er nur dann für die Kündigungsschutzklage passivlegitimiert und prozessführungsbefugt, wenn der ArbN dem Übergang des ArbVerh auf den Erwerber widerspricht[1]. In der Praxis ist es häufig zweifelhaft, ob die tatsächlichen Voraussetzungen für einen Betriebsübergang vorliegen (vgl. die Erl. zu § 613a BGB). Daran ändert auch die in § 613a V BGB vorgesehene Unterrichtungspflicht des ArbGeb nichts, da sie den Übergang eines Betriebs oder Betriebsteils bereits voraussetzt.

- **Hinweis:** Bei Unklarheit über einen Betriebsübergang ist die Kündigungsschutzklage im Zweifel gegen den bisherigen ArbGeb zu richten und mit einer allg. Feststellungsklage nach § 256 ZPO gegen den möglichen Betriebserwerber zu verbinden.

20 **4. Zuständiges Gericht.** Nach dem Wortlaut des S. 1 ist die Klage beim **ArbG** zu erheben. Dazu reicht es aus, wenn die Kündigungsschutzklage am letzten Tag der Frist zu Protokoll der Geschäftsstelle des ArbG erklärt wird oder beim Gericht schriftl. eingeht.

21 Wird die Klage bei dem **Gericht eines anderen Rechtswegs** erhoben, hat es den Rechtsstreit nach den §§ 48 ArbGG, 17ff. GVG an das ArbG zu verweisen. Nach § 17b I 2 GVG bleiben alle Wirkungen der Rechtshängigkeit bestehen. Daher wird die Drei-Wochen-Frist auch durch eine Kündigungsschutzklage gewahrt, die rechtzeitig beim SG, beim VerwG, beim AG oder LG eingegangen ist und von dort erst nach Fristablauf an das ArbG verwiesen wird.

22 Ausnahmsweise ist das ArbG nicht zuständig, wenn TV-Parteien gem. § 101 II ArbGG für bürgerliche Rechtsstreitigkeiten aus einem ArbVerh, das dem TV unterliegt, die Arbeitsgerichtsbarkeit ausgeschlossen und anstelle dessen ein **Schiedsgericht** vorgesehen haben. Das gilt für TV, deren persönlicher Geltungsbereich überwiegend Bühnenkünstler, Filmschaffende, Artisten oder Kapitäne und Besatzungsmitglieder iSd. SeeArbG umfasst. Zu diesen bürgerlichen Rechtsstreitigkeiten gehören auch Kündigungsschutzklagen. Diese sind innerhalb von drei Wochen nach Zugang der Kündigung beim Schiedsgericht einzureichen[2]. Wird die Kündigungsschutzklage gleichwohl vor dem ArbG erhoben, kann der ArbGeb die **Einrede** des Bestehens eines Schiedsvertrags erheben. Da die Verweisung des Rechtsstreits in diesem Fall gesetzl. nicht vorgesehen ist, muss die Klage als unzulässig abgewiesen werden. Dem kann der ArbN durch Rücknahme der Klage und Erhebung der Schiedsklage innerhalb einer angemessenen Zeit entgehen[3].

23 Wird ein **Berufsausbildungsverhältnis** gekündigt und ist gem. § 111 II 1 ArbGG ein Ausschuss zur Beilegung von Streitigkeiten gebildet, muss sich der Auszubildende zunächst an diesen wenden. Eine Klage- oder Ausschlussfrist muss nicht eingehalten werden (vgl. § 111 ArbGG Rz. 15ff.). Besteht dagegen ein derartiger Ausschuss nicht, muss der Auszubildende bei Vorliegen der persönlichen und betriebl. Voraussetzungen des KSchG seine Kündigungsschutzklage rechtzeitig beim ArbG einreichen[4].

24 Grds. ist die Kündigungsschutzklage bei dem örtlich zuständigen ArbG zu erheben. Die **örtliche Zuständigkeit** bestimmt sich nach den §§ 12-37 ZPO. Danach kann die Kündigungsschutzklage auch an dem Gerichtsstand der Niederlassung gem. § 21 ZPO erhoben werden, wenn der Arbeitsvertrag von der Niederlassung aus oder in der Niederlassung abgeschlossen wurde (vgl. näher § 2 ArbGG Rz. 145ff.). Das gilt in gleicher Weise für den Gerichtsstand des Erfüllungsortes nach § 29 ZPO (vgl. näher § 2 ArbGG Rz. 143f.). Darüber hinaus können die **TV-Parteien** nach § 48 II Nr. 1 ArbGG für Streitigkeiten aus ArbVerh, die dem TV unterliegen, ein an sich örtlich unzuständiges Gericht bestimmen. So sieht etwa der MantelTV für die ArbN der DB AG in § 14 I vor, dass für Rechtsstreitigkeiten aus dem ArbVerh das ArbG zuständig ist, in dessen Bezirk der Betrieb des ArbN seinen Sitz hat.

25 **5. Frist für die Klageerhebung.** Grds. muss die Kündigungsschutzklage innerhalb einer Frist von **drei Wochen** erhoben werden. Dabei beginnt die Frist mit dem Zugang der schriftl. Kündigung. Sie zählt zu den empfangsbedürftigen Willenserklärungen, deren Zugang unter Abwesenden in § 130 I 1 BGB ausdrücklich geregelt ist. Für den Zugang einer Erklärung unter Anwesenden gilt § 130 I 1 BGB entsprechend[5]. Nach dieser Bestimmung muss die Erklärung so in den Machtbereich des Empfängers gelangen, dass er unter normalen Verhältnissen von ihr Kenntnis nehmen kann.

26 **a) Zugang der schriftlichen Kündigungserklärung.** Nach § 130 I 1 BGB wird die Kündigung als **empfangsbedürftige Willenserklärung** mit ihrem Zugang beim Empfänger wirksam. Hat der Empfänger einen Empfangsvertreter bestellt (vgl. Rz. 28), genügt Zugang bei diesem. Zur Frage, ob der Prozessbevollmächtigte Empfangsvertreter oder nur Empfangsbote ist, vgl. § 1 Rz. 33. Bis zu ihrem Zugang kann der Kündigende seine Erklärung widerrufen, § 130 I 2 BGB. Die Kündigung ist dem Empfänger zugegangen, wenn sie so in seinen Machtbereich gelangt ist, dass er unter gewöhnlichen Umständen von ihr Kenntnis nehmen kann. Die Kündigung ggü. einem **Minderjährigen** erfolgt ggü. seinem gesetzl. Vertreter (§ 131 BGB), sofern dieser ihn nicht gem. § 113 BGB zur Eingehung eines ArbVerh ermächtigt hat

---

[1] KR/*Friedrich*, § 4 Rz. 96d mHa BAG 9.10.1997 – 2 AZR 586/96, nv. ‖ [2] KR/*Friedrich*, § 4 Rz. 189. ‖ [3] BAG 24.9.1970 – 5 AZR 54/70, AP Nr. 37 zu § 3 KSchG. ‖ [4] BAG 5.7.1990 – 2 AZR 53/90, AP Nr. 23 zu § 4 KSchG 1969. ‖ [5] RGRK/*Krüger-Nieland*, § 130 BGB Rz. 30.

(vgl. § 1 Rz. 32). Sie muss an den gesetzl. Vertreter gerichtet oder für ihn bestimmt sein; gem. § 131 I BGB wird sie mit Beendigung der Geschäftsunfähigkeit nicht automatisch wirksam[1]. Wegen des Schriftformgebots (§ 623 BGB) kommt es bei der Kündigung **unter Anwesenden** allein darauf an, ob die schriftl. Erklärung ordnungsgemäß übergeben worden ist. Wann der Empfänger den Inhalt dieser Erklärung zur Kenntnis nimmt, spielt für den Zugang keine Rolle[2]. Ausreichend ist es, wenn dem Empfänger das Original zum Durchlesen überlassen und anschließend versehentlich nur eine Kopie zum Verbleib ausgehändigt wird[3].

Für den Zugang einer Kündigungserklärung **unter Abwesenden** kommt es weder auf den Zeitpunkt ihrer Abgabe noch auf den der tatsächlichen Kenntnisnahme ihres Inhalts an. Eine verkörperte Willenserklärung ist zugegangen, sobald sie in verkehrsüblicher Weise in die tatsächliche Verfügungsgewalt des Empfängers gelangt ist und für diesen unter gewöhnlichen Verhältnissen die Möglichkeit besteht, von dem Schreiben Kenntnis zu nehmen[4]. Wird die Kündigungserklärung durch einen Boten oder durch die Post beim Empfänger in den **Briefkasten eingeworfen**, geht sie in dem Zeitpunkt zu, in dem nach den üblichen Postzustellungszeiten mit einer Leerung zu rechnen ist. Wird das Kündigungsschreiben erst am späten Abend oder in der Nacht durch einen Boten in den Briefkasten geworfen, geht es erst am nächsten Tag zu[5]. Dieselben Grundsätze gelten auch für einen Geschäftsbriefkasten. Wird das Kündigungsschreiben an ein **Postschließfach** des Empfängers übersandt, geht es in dem Zeitpunkt zu, in dem üblicherweise mit dessen Leerung zu rechnen ist[6]. Hat der Empfänger einen **Nachsendeantrag** gestellt, geht ihm die Kündigungserklärung erst an dem Ort zu, an dem sie ihn tatsächlich bestimmungsgemäß erreicht[7]. Handelt es sich bei dem Kündigungsschreiben um eine **postlagernde Sendung**, geht diese in dem Zeitpunkt zu, in dem sie zur Abholung beim Postamt bereitliegt und mit der Abholung gerechnet werden kann[8]. Wird die Kündigungserklärung per **Einschreiben** übersandt, ist zu unterscheiden: das **Einwurf-Einschreiben** gelangt wie ein normaler Brief in den Briefkasten oder das Postfach des Empfängers. Daher gelten für seinen Zugang dieselben Grundsätze wie bei einem Brief. Allerdings kann der Einwurf in den Briefkasten und das Einlegen in die Postschließfach durch die entsprechende Dokumentation bei der Post nachgewiesen werden. In diesem Fall soll der Beweis des ersten Anscheins für den Zugang sprechen[9]. Beim **Übergabe-Einschreiben** ist der Zugang erst dann bewirkt, wenn die Sendung dem Empfänger oder einer empfangsberechtigten Person ausgehändigt wird, dh. in deren Machtbereich gelangt. Hinterlässt die Post lediglich einen Benachrichtigungszettel über die eingeschriebene Sendung, ersetzt dieser nicht den Zugang des Einschreibens selbst[10]. Beim **Einschreiben mit Rückschein** ist seit dem 1.7.2002 die für die gerichtl. Zustellung gem. § 175 ZPO geltende – widerlegbare – Vermutung auch im Privatrecht zu beachten, dass das Einschreiben an dem im Rückschein genannten Datum zugestellt worden ist[11]. Den Beweis für den Inhalt des Schreibens schuldet aber der Absender. Erteilt der Absender zur Übergabe des Kündigungsschreibens einen **Postzustellungsauftrag**, gilt für den Zugang nichts anderes als für den Zugang einer eingeschriebenen Briefsendung. Hinterlässt die Post beim Adressaten lediglich einen Benachrichtigungszettel über die Hinterlegung der Sendung beim Postamt, gilt der Kündigungserklärung noch nicht als zugestellt. Vielmehr wird die Zustellung erst durch die Abholung der Sendung beim Postamt bewirkt. Eine entsprechende Anwendung des § 132 BGB scheidet aus[12]. Nur bei der Zustellung einer Kündigungserklärung durch Vermittlung eines **Gerichtsvollziehers** bewirkt auch die Ersatzzustellung durch Niederlegung den Zugang gem. § 132 BGB.

Der Zugang eines Kündigungsschreibens wird auch dadurch bewirkt, dass es von einem rechtsgeschäftl. bestellten oder nach Rechtsscheingrundsätzen ermächtigten **Empfangsbevollmächtigten** des Adressaten entgegengenommen wird (§§ 164 III, 166 I BGB). Im Gegensatz dazu wird der Zugang bei einem bloßen **Empfangsboten** nicht schon mit der Entgegennahme durch diesen, sondern erst in dem Zeitpunkt bewirkt, in dem mit der Weitergabe der Erklärung durch den Empfangsboten an den Adressaten zu rechnen ist. Nach der Verkehrsanschauung gehören auch ohne rechtsgeschäftl. Bestellung zu den Empfangsboten der Ehegatte, der Lebenspartner, die Eltern, andere Familienangehörige oder sonstige in der Wohnung des Adressaten lebende Personen wie Hausangestellte oder Zimmervermieter, sofern sie zur Botentätigkeit hinreichend reif und in der Lage sind[13]. Wird das Kündigungsschreiben einem **Rechtsanwalt** übermittelt, kommt es für die Frage des Zuganges darauf an, ob er empfangsbevollmächtigt ist. Die Prozessvollmacht im Zusammenhang mit einer Kündigungsschutzklage ermächtigt den Rechtsanwalt nicht ohne weiteres zur Entgegennahme weiterer Kündigungen (vgl. näher § 1 Rz. 33). Besteht Empfangsvollmacht, kommt es nicht darauf an, in welchem Zeitpunkt der ArbN selbst Kenntnis erlangt[14]. Auch die Schriftsatzkündigung muss dem Empfänger **formgerecht zugehen**,

---

1 BAG 28.10.2010 – 2 AZR 794/09, NZA 2011, 340. ||2 Bader ua./*Kriebel*, § 4 Rz. 108c. ||3 BAG 4.11.2004 – 2 AZR 17/04, NJW 2005, 1533. ||4 BAG 22.3.2012 – 2 AZR 224/11, EzA § 5 KSchG Nr. 41. ||5 BAG 8.12.1983 – 2 AZR 337/82, AP Nr. 12 zu § 130 BGB; LAG Hamm 26.5.2004 – 14 Sa 182/04, nv. (Zugang am selben Tag bei Einwurf um 12.40 Uhr). ||6 BAG 24.10.1985 – 2 AZR 521/84, AP Nr. 38 zu § 794 ZPO. ||7 LAG Hamm 25.2.1988 – 8 Ta 321/88, LAGE § 130 BGB Nr. 11. ||8 Staudinger/*Dilcher*, § 130 BGB Rz. 35. ||9 OLG Koblenz 31.1.2005 – WF 1013/04, OLGR 2005, 869, 870; aA *Bauer/Diller*, NJW 1998, 2795 (2796); *Friedrich*, VersR 2001, 1090 (1093). ||10 BAG 25.4.1996 – 2 AZR 13/95, AP Nr. 35 zu § 4 KSchG 1969. ||11 Palandt/*Grüneberg*, § 130 BGB Rz. 21. ||12 BAG 30.6.1983 – 2 AZR 10/82, AP Nr. 11 zu § 12 SchwbG. ||13 BAG 9.6.2011 – 6 AZR 687/09; 16.1.1976 – 2 AZR 619/74, AP Nr. 7 zu § 130 BGB. ||14 BAG 21.1.1988 – 2 AZR 581/86, AP Nr. 19 zu § 4 KSchG 1969.

§§ 130, 623 BGB[1]. Der Zugang einer beglaubigten Abschrift wahrt die Schriftform nur, wenn der Beglaubigungsvermerk von dem Bevollmächtigten eigenhändig unterzeichnet ist[2].

29 Die Abwesenheit des Adressaten wegen **Urlaub, Krankenhausaufenthalt oder Kur** steht dem Zugang von schriftl. Kündigungserklärungen unter seiner gewöhnlichen Anschrift nicht entgegen. Das gilt auch dann, wenn dem Absender bekannt ist, dass der Empfänger während eines Urlaubs verreist ist[3]. Ist der Empfänger in Untersuchungshaft oder Auslieferungshaft genommen worden, kann der Zugang einer Kündigungserklärung gleichwohl unter seiner gewöhnlichen Anschrift bewirkt werden. Dadurch entstehen dem betroffenen ArbN idR keine Nachteile, weil er bei unverschuldeter Säumnis nach § 5 die nachträgliche Zulassung der Kündigungsschutzklage erreichen kann. In gleicher Weise kann eine ArbNin die Mitteilung nach § 9 I 1 Hs. 2 MuSchG über ihre Schwangerschaft ggü. dem ArbGeb nachholen[4]. Zur nachträglichen Zulassung der Kündigungsschutzklage bei unerkannter Schwangerschaft gem. § 5 I 2 vgl. dort.

30 Eine **treuwidrige Zugangsvereitelung** des Empfängers liegt vor, wenn er sich ohne triftigen Grund weigert, ein Kündigungsschreiben entgegenzunehmen. Es gilt dann auch ohne wiederholte Zustellung als zugegangen[5]. Bei treuwidriger **Zugangsverzögerung** – etwa durch Angabe einer falschen Adresse – wird der Zugang als rechtzeitig fingiert, wenn der Kündigende alles Erforderliche und Zumutbare zur Bewirkung des Zugangs getan hat[6]. Ein **triftiger** Grund für die Annahmeverweigerung kann sich aber aus der mangelhaften Adressierung oder der unzureichenden Frankierung des Schreibens ergeben. Wird das Kündigungsschreiben per Übergabe-Einschreiben versandt und verweigert der Empfänger grundlos die Annahme oder holt er trotz Kenntnis des Benachrichtigungszettels die Einschreibesendung nicht beim Postamt ab, muss er sich so behandeln lassen, als sei ihm die Kündigung zugegangen[7]. Das gilt schließlich auch, wenn der Empfänger seine Familienangehörigen ausdrücklich anweist, die Annahme eingehender Postsendungen seines ArbGeb zu verweigern[8]. Dabei kann für die Praxis dahingestellt bleiben, ob mit der Rspr. auf ein rechtsmissbräuchliches Verhalten des Empfängers oder auf die Verwirkung seines Klagerechts oder den Rechtsgedanken des § 162 BGB abzustellen ist[9].

31 Einstweilen frei.

32 b) Länge der Klagefrist. Für die **Berechnung der Frist** gelten die §§ 187, 193 BGB. Nach § 187 I BGB wird der Tag, an dem die Kündigung dem ArbN zugeht, nicht mitgerechnet. Die Frist endet nach § 188 II BGB drei Wochen später an dem gleichen Wochentag, an dem die Kündigung zuging. Handelt es sich dabei um einen Samstag, einen Sonntag oder einen staatl. anerkannten Feiertag, endet die Klagefrist gem. § 193 BGB erst am folgenden Werktag. Wird die Kündigung unzulässigerweise mündlich oder sonst **formunwirksam** erklärt, muss der ArbN die Klagefrist nach § 4 nicht einhalten. Es gilt die Grenze der Verwirkung (vgl. näher § 7 Rz. 4).

33 Die Klagefrist von drei Wochen ist zwar eine prozessuale Klageerhebungsfrist[10]. An die Versäumung dieser Frist knüpfen sich allerdings **materiellrechtl. Folgen.** Denn mit dem Ablauf der Klagefrist gilt eine der Sache nach sozial ungerechtfertigte oder aus sonstigen Gründen rechtsunwirksame Kündigung als in jeder Hinsicht rechtswirksam. Damit handelt es sich bei der Erhebung der Kündigungsschutzklage um eine Prozesshandlung mit materiellrechtl. Wirkung[11].

34 Das ArbG muss die Einhaltung der Klagefrist **von Amts wegen** prüfen, auch wenn der ArbGeb sich im Prozess nicht ausdrücklich auf deren Versäumung berufen hat[12]. Die Einhaltung der Drei-Wochen-Frist für die Erhebung der Kündigungsschutzklage ist im Gesetz zwingend vorgeschrieben. Diese Frist kann weder durch eine Vereinbarung der Parteien noch durch BV oder TV verlängert oder verkürzt werden[13].

35 c) Wahrung der Klagefrist. Für die Wahrung der Klagefrist kommt es auf den Zeitpunkt an, in dem die Klage beim ArbG eingeht. Zwar tritt die **Rechtshängigkeit** einer Klage erst ein, wenn sie dem Beklagten zugestellt wird (§§ 261 I, 253 I ZPO). Die Klagefrist nach § 4 ist jedoch bereits gewahrt, wenn sie innerhalb von drei Wochen beim ArbG eingegangen ist und die Klage demnächst dem ArbGeb zugestellt wird gem. §§ 46 II ArbGG iVm. 167 ZPO[14]. Grds. gilt eine Zustellung als demnächst erfolgt, wenn sie innerhalb einer den jeweiligen Umständen nach angemessenen Frist geschieht. Danach ist eine Zustellung innerhalb von zehn Tagen nach Ablauf der Drei-Wochen-Frist noch ausreichend, selbst wenn der Kläger die Verantwortung für diese Verzögerung trägt[15]. Auch bei Verzögerungen zwischen 14 und 20 Tagen gilt die Zustellung der Klage noch als demnächst erfolgt[16]. Beruht die Verzögerung der Zustel-

---

1 LAG Düss. 23.2.1978 – 3 Sa 630/77, EzA § 125 BGB Nr. 4. ||2 BGH 4.7.1986 – V ZR 41/86, NJW-RR 1987, 395; LAG Nds. 30.11.2001 – 10 Sa 1046/01, NZA-RR 2002, 242; KR/*Spilger*, § 623 BGB Rz. 142; ErfK/*Müller-Glöge*, § 623 BGB Rz. 22. ||3 BAG 22.3.2012 – 2 AZR 224/11, EzA § 5 KSchG Nr. 41. ||4 BAG 16.3.1988 – 7 AZR 587/87, AP Nr. 16 zu § 130 BGB. ||5 LAG Düss. 28.6.1974 – 15 Ta 57/74, DB 1974, 1584. ||6 BAG 22.9.2005 – 2 AZR 366/04, AP Nr. 24 zu § 130 BGB (Angabe einer postalisch nicht erreichbaren Anschrift). ||7 BAG 15.11.1962 – 2 AZR 301/62, AP Nr. 4 zu § 130 BGB. ||8 BAG 11.11.1992 – 2 AZR 328/92, AP Nr. 18 zu § 130 BGB. ||9 KR/*Friedrich*, § 4 Rz. 126a. ||10 BAG 26.6.1986 – 2 AZR 358/85, NZA 1986, 761; *Vollkommer*, AcP 161 (1962), 332. ||11 *Berkowsky*, NZA 1997, 353. ||12 BAG 20.9.1955 – 2 AZR 317/55, AP Nr. 7 zu § 3 KSchG. ||13 KR/*Friedrich*, § 4 Rz. 138; *v. Hoyningen-Huene/Linck*, § 4 Rz. 53. ||14 BAG 13.7.1989 – 2 AZR 571/88, RzK I 8h Nr. 6; BGH 13.7.1972 – III ZR 36/70, DB 1972, 2108. ||15 BAG 8.4.1976 – 2 AZR 583/74, DB 1976, 1534. ||16 BAG 13.5.1987 – 5 AZR 106/86, AP Nr. 3 zu § 209 BGB; LAG München 12.1.1982 – 4 Ta 145/82, ZIP 1983, 614.

lung nicht auf einem Verschulden des Klägers, stehen selbst längere Zeiträume zwischen Eingang und Zustellung der Klageschrift nicht der Annahme entgegen, diese sei noch demnächst erfolgt[1].

Die Klagefrist wird nicht gewahrt, wenn die Klage zwar rechtzeitig beim ArbG eingeht, die Zustellung an den Beklagten **auf Bitten des Klägers** vorläufig noch nicht erfolgt. Kommt das Gericht dieser Bitte nach, führt das zu einer unangemessenen Verzögerung der Zustellung[2]. Der Kläger kann, um sein ArbVerh oder schwebende Vergleichsverhandlungen nicht mit dem Prozess zu belasten, beantragen, zunächst von der Bestimmung eines Verhandlungstermins abzusehen. Will das ArbG dem nachkommen, wird es zuvor das Einverständnis der Beklagtenpartei einholen, da grds. auf Grund der besonderen Prozessförderungspflicht in Kündigungsstreitigkeiten nach § 61a ArbGG und allg. nach § 216 II ZPO unverzüglich Verhandlungstermin zu bestimmen und eine baldige Klärung der Rechtslage herbeizuführen ist[3].

IV. Änderungskündigung (S. 2). Auch eine ordentl. oder außerordentl. Änderungskündigung muss innerhalb der Klagefrist des § 4 angegriffen werden. Nur so kann der ArbN vermeiden, dass diese Kündigung nach § 7 als von Anfang an rechtswirksam gilt. Die Erhebung der Kündigungsschutzklage ist notwendig, wenn der ArbN nach Erhalt der Änderungskündigung das Angebot des ArbGeb zur Änderung der Arbeitsbedingungen **nicht unter dem Vorbehalt** angenommen hat, dass diese Änderungen der Arbeitsbedingungen sozial gerechtfertigt sind. In diesem Fall handelt es sich um eine ganz normale Kündigungsschutzklage. Der Klageantrag ist nach § 4 S. 1 allein auf die Feststellung zu richten, dass das ArbVerh durch die Änderungskündigung nicht aufgelöst ist. Das ArbG hat die Änderungskündigung dann auf alle in Betracht kommenden Unwirksamkeitsgründe hin zu prüfen[4].

Hat der ArbN das Angebot des ArbGeb zur Änderung der Arbeitsbedingungen **unter Vorbehalt** angenommen, muss er nach S. 2 eine Änderungsschutzklage erheben. Sein Antrag ist dann auf die Feststellung zu richten, dass die Änderung der Arbeitsbedingungen sozial ungerechtfertigt oder aus anderen Gründen rechtsunwirksam ist. Nach dem Wortlaut des § 4 S. 2 aF beschränkte sich der Streitgegenstand bis 2003 nur auf die Sozialwidrigkeit der Änderung der Arbeitsbedingungen. Gleichwohl war schon damals die generelle Unwirksamkeit der Änderung im Hinblick auf die gebotene Gleichstellung mit der allg. Kündigungsschutzklage als Streitgegenstand anzusehen[5]. Dies hat nach Erstreckung der Klagefrist auf alle Unwirksamkeitsgründe Eingang in den Wortlaut des Klageantrags gefunden.

Mit der Annahme des Änderungsangebots unter Vorbehalt steht fest, dass das ArbVerh in jedem Fall fortbesteht. Erklärt der ArbGeb danach die **Rücknahme seiner Änderungskündigung**, liegt darin eine Einigung der Arbeitsvertragsparteien auf den ursprünglichen Vertragsinhalt[6]. Erfolgt dies nach Erhebung der Änderungsschutzklage, tritt eine Erledigung des Rechtsstreits in der Hauptsache ein, soweit nicht ein förmliches Anerkenntnis vorliegt. Der ArbGeb hat idR gem. §§ 91a, 93 ZPO die bis dahin angefallenen Kosten des Rechtsstreits zu tragen[7].

V. Stellungnahme des Betriebsrats (S. 3). Wenn der ArbN nach § 3 beim BR Einspruch gegen die Kündigung eingelegt hat, **soll** er nach S. 3 die schriftl. Stellungnahme des BR seiner Kündigungsschutzklage beifügen. Ein Verstoß gegen diese Vorschrift hat nach allgM **keinerlei Folgen**. Er führt weder zur Unzulässigkeit der Kündigungsschutzklage noch hat er Einfluss auf die Wahrung der Klagefrist.

VI. Behördliche Zustimmung zur Kündigung (S. 4). Das Gesetz verändert den Beginn der Klagefrist, wenn die Kündigung der Zustimmung einer Behörde bedarf. In diesem Fall beginnt die Frist erst mit **Bekanntgabe der Entscheidung** an den ArbN, sofern diese nach Zugang der Kündigung erfolgt. Die Regelung galt in der alten Fassung des § 4 sowohl für die seltenen, landesrechtl. geregelten Fälle der nachträglichen Zustimmung[8] als auch bei notwendiger vorheriger behördlicher Zustimmung[9], die dem ArbN erst nachträglich bekannt gegeben wird[10]. Wird die behördliche Zustimmung durch Zeitablauf fingiert (zB §§ 88 V, 91 II 3 SGB IX), soll die Frist trotz bereits ausgesprochener Kündigung entsprechend S. 4 erst laufen, wenn der ArbN Kenntnis von den die Fiktion begründenden Tatsachen erlangt[11]. Wann das der Fall ist und wie dies in der Praxis für alle Beteiligten feststellbar sein soll, ist nicht ersichtlich[12].

S. 4 aF galt nach der Rspr. zur umfassenden Klagefrist des § 113 II InsO aF, der S. 4 ausdrücklich in Bezug nahm, auch, wenn der ArbGeb **gar keinen Antrag auf Zustimmung** gestellt hat. Da hier eine behördl. Entscheidung nicht bekannt gegeben werden kann, sollte die Kündigungsschutzklage in diesen Fällen trotz der umfassenden Klagefrist des § 113 II InsO aF in den Grenzen der Verwirkung (vgl. § 7 Rz. 4), ausgehend vom Zugang der Kündigung, erhoben werden können[13]. Diese Rspr. hat das BAG auf

---

1 BAG 8.4.1976 – 2 AZR 583/74, DB 1976, 1534; BGH 16.12.1959 – IV ZR 103/59, BGHZ 31, 342; 9.11.1994 – VIII ZR 327/93, NJW-RR 1995, 254. || 2 KR/*Friedrich*, § 4 Rz. 144. || 3 KR/*Friedrich*, § 4 Rz. 145. || 4 BAG 29.1.1981 – 2 AZR 778/78, NJW 1982, 252. || 5 BAG 23.3.1983 – 7 AZR 157/81, DB 1983, 1716. || 6 *v. Hoyningen-Huene/Linck*, § 4 Rz. 45. || 7 *v. Hoyningen-Huene/Linck*, § 4 Rz. 46. || 8 So für Inhaber von Bergmannsversorgungsscheinen, vgl. NRW GVBl. 1983, 635, und für religiös, rassisch oder politisch Verfolgte, vgl. BW RegBl. 1947, 101; Berlin GVBl. 1961, 1611. || 9 Der vorherigen Zustimmung einer Behörde bedürfen die Kündigungen von Schwangeren (§ 9 MuSchG), von ArbN in der Eltern- (§ 18 BEEG) oder Pflegezeit (§ 5 PflegeZG) oder von Schwerbehinderten (§§ 85, 91 I SGB IX). || 10 BAG 17.2.1982 – 7 AZR 846/79, DB 1982, 1329. || 11 So KR/*Friedrich*, § 4 Rz. 202b. || 12 Krit. auch *Zeising/Kröpelin*, DB 2005, 1626 (1629f.). || 13 BAG 3.7.2003 – 2 AZR 487/02, NZA 2003, 1335 zur Kündigung eines im Erziehungsurlaub befindlichen ArbN durch den Insolvenzverwalter gem. §§ 113 II 2 InsO aF iVm. § 4 S. 4.

die **Neufassung des § 4** übertragen. Kündigt der ArbGeb in Kenntnis der Schwerbehinderung eines ArbN, läuft die Klagefrist gem. S. 4 erst ab Bekanntgabe der Entscheidung des Integrationsamtes nach § 85 SGB IX an den ArbN. Hat der ArbGeb die Zustimmung gar nicht beantragt, kann der ArbN die Unwirksamkeit der Kündigung in den Grenzen der Verwirkung (vgl. § 7 Rz. 4) gerichtl. geltend machen[1]. Voraussetzung ist aber, dass der ArbN noch mit der Bekanntgabe der behördl. Zustimmung rechnen muss. Weiß er dagegen, dass der ArbGeb mangels Kenntnis von Schwangerschaft und Schwerbehinderung die Zustimmung gar nicht beantragt haben kann, ist S. 4 nicht anzuwenden und die Frist läuft gem. S. 1 ab Zugang der Kündigung[2]. In diesem Fall muss sich der ArbN überdies innerhalb von drei Wochen auf seinen Sonderkündigungsschutz berufen, da dieser sonst verwirkt[3]; dabei genügt idR die gerichtl. Geltendmachung innerhalb der Klagefrist[4].

43 Es bestehen **Bedenken**, dieser Rspr. zu § 4 zu folgen, soweit es um die Erteilung einer notwendigen **vorherigen Zustimmung** geht (§ 85 SGB IX, § 9 MuSchG, § 18 BEEG). Nach Erstreckung der Klagefrist auf grds. alle Unwirksamkeitsgründe hat sich die Bedeutung des S. 4 geändert[5]. Steht die Unwirksamkeit der Kündigung bei ihrem Zugang fest, weil eine notwendige vorherige Zustimmung fehlt, gibt es anders als nach der früheren Rechtslage keinen Grund mehr für einen späteren Fristbeginn[6]. Der ArbN, dem eine behördl. Entscheidung vor Ausspruch der Kündigung nicht bekannt gegeben wurde, hat kein stärkeres Schutzbedürfnis als etwa bei ihm unbekanntem Unterbleiben der vorherigen Anhörung des BR oder ihm nicht erkennbarem sonstigem Unwirksamkeitsgrund. Wegen der fehlenden Bekanntgabe (zB entgegen § 88 II 1 SGB IX) hat er sogar eher Anlass, an der Wirksamkeit der Kündigung zu zweifeln und Klage zu erheben. Er bedarf der Hilfe des S. 4 weniger als in anderen Fällen, in denen die Frist ohne weiteres nach S. 1 einsetzt. Anderes gilt allein für landesrechtl. geregelte Fälle der **nachträglichen Zustimmung** (Rz. 41). Hier hat der Gesetzgeber selbst einen Schwebezustand geschaffen und das Interesse des ArbGeb an baldiger Rechtssicherheit zurückgestellt. Dem Zweck des S. 1, Rechtssicherheit zu schaffen, ist somit durch eine teleologische Beschränkung der Ausnahmevorschrift des S. 4 Rechnung zu tragen[7]. Der Zweck des S. 4 dürfte nicht darauf gerichtet sein, den ArbGeb daran zu hindern, das Verfahren vor dem Integrationsamt zu unterlaufen[8]; diesem Zweck dient bereits das allg. Unwirksamkeitsverdikt für die Kündigung in diesem Fall. Erhebt der ArbN aber nicht fristgerecht Klage, begibt er sich in allen Fällen seines Schutzes.

44 **VII. Rücknahme der Kündigung.** Bei der Kündigung eines ArbVerh handelt es sich um eine **einseitige empfangsbedürftige rechtsgestaltende Willenserklärung**, die gem. § 130 I 1 BGB im Zeitpunkt des Zugangs wirksam wird. Die Kündigung wird gem. § 130 I 2 BGB nur dann nicht wirksam, wenn dem ArbN vorher oder gleichzeitig ein Widerruf zugeht. Nach dem Zugang der Kündigung ist deren Rücknahme durch den ArbGeb grds. nicht mehr möglich, da die Gestaltungswirkung der Kündigung in diesem Zeitpunkt bereits eingetreten ist[9].

45 Die Rücknahme der Kündigung ist als **Angebot des ArbGeb** zu werten, das ArbVerh fortzusetzen. Der gekündigte ArbN kann dieses Angebot annehmen oder ablehnen. Die **Annahme** dieses Angebots kann in der Weise geschehen, dass er – außergerichtl. – die Fortsetzung seines ArbVerh verlangt. Ab diesem Zeitpunkt besteht das ArbVerh zu den alten Bedingungen fort[10]. Ist der ArbN mit der Kündigung einverstanden, kann er das in der Rücknahme der Kündigung liegende Angebot des ArbGeb auf Fortsetzung des ArbVerh einfach dadurch **ablehnen**, dass er keine Kündigungsschutzklage erhebt. Nach § 7 ggf. iVm. § 13 gilt die Kündigung nach Ablauf der vorgeschriebenen Klagefrist als von Anfang an wirksam[11]. Erklärt der ArbGeb die Rücknahme seiner Kündigung erst, nachdem der ArbN eine Kündigungsschutzklage erhoben hat, enthält die Rücknahme neben dem Angebot, das ArbVerh fortzusetzen, auch eine **Anerkennung des Klageanspruchs**[12]. Will der ArbN das Angebot des ArbGeb auf Fortsetzung des ArbVerh annehmen, kann er unter den Voraussetzungen des § 307 ZPO ein Anerkenntnisurteil beantragen oder aber den Rechtsstreit in der Hauptsache für erledigt erklären. Dagegen liegt allein in der Erhebung der Kündigungsschutzklage keine vorweggenommene (antizipierte) Zustimmung des ArbN zur Rücknahme der Kündigung durch den ArbGeb[13]. Nimmt der ArbN das Angebot des ArbGeb auf Fortsetzung des ArbVerh nicht an, entfällt nicht automatisch das **Rechtsschutzinteresse** an der Fortsetzung des Kündigungsschutzprozesses. Vielmehr verbleibt dem ArbN die Möglichkeit, eine **Auflösung** seines ArbVerh unter Zahlung einer Abfindung nach § 9 zu beantragen[14].

46 Der ArbN ist nicht gehalten, auf die Rücknahme der Kündigung unverzüglich zu reagieren. Insb. liegt in der bloßen **Fortführung des Kündigungsschutzprozesses** ohne unverzüglichen Auflösungsantrag

---

1 BAG 13.2.2008 – 2 AZR 864/06, NZA 2008, 1055. ‖ 2 BAG 19.2.2009 – 2 AZR 286/07, DB 2009, 1410. ‖ 3 BAG 13.2.2008 – 2 AZR 864/06, NZA 2008, 1055. ‖ 4 BAG 23.2.2010 – 2 AZR 659/08, DB 2011, 595. ‖ 5 Ähnlich *Zeising/Kröpelin*, DB 2005, 1626 (1628 ff.). ‖ 6 *Fornasier/Werner*, NJW 2007, 2729 (2731); ähnlich *Zeising/Kröpelin*, DB 2005, 1626 (1628 ff.) mwN; aA *Raab*, RdA 2004, 321 (330 f.) mwN; teilw. anders die Voraufl. ‖ 7 *Fornasier/Werner*, NJW 2007, 2729 (2731); ähnlich *Zeising/Kröpelin*, DB 2005, 1626 (1628 ff.) mwN; aA *Raab*, RdA 2004, 321 (330 f.) mwN; das gilt sowohl bei Erteilung wie bei Versagung der Zustimmung. ‖ 8 So aber BAG 13.2.2008 – 2 AZR 864/06, NZA 2008, 1055, Rz. 42. ‖ 9 BAG 21.2.1957 – 2 AZR 410/54, AP Nr. 22 zu § 1 KSchG; 19.8.1982 – 2 AZR 230/80, BB 1983, 704. ‖ 10 KR/*Friedrich*, § 4 Rz. 58. ‖ 11 *v. Hoyningen-Huene/Linck*, § 4 Rz. 28. ‖ 12 BAG 29.1.1981 – 2 AZR 1055/78, AP Nr. 6 zu § 9 KSchG 1969. ‖ 13 BAG 19.8.1982 – 2 AZR 230/80, BB 1983, 704. ‖ 14 BAG 19.8.1982 – 2 AZR 230/80, BB 1983, 704.

nach § 9 keine stillschweigende Annahme des Angebots auf Fortsetzung des ArbVerh[1]. Letztlich kann der ArbGeb durch eine Rücknahme der Kündigung den ArbN weder daran hindern, einen Antrag auf Auflösung seines ArbVerh gegen Zahlung einer Abfindung gem. § 9 zu stellen, noch ihm die Möglichkeit nehmen, gem. § 12 die Fortsetzung der Arbeit zu verweigern, weil er inzwischen ein neues ArbVerh eingegangen ist[2].

VIII. Entscheidung des Arbeitsgerichts. Der ArbN kann gem. § 269 I ZPO die **Klage zurücknehmen**, ohne Einwilligung des Beklagten allerdings nur bis zum Beginn der mündlichen Verhandlung, dh. bis zur Stellung des Klageabweisungsantrags durch den ArbGeb im Kammertermin (§ 137 ZPO)[3]. Erfolgt die Klagerücknahme nach Ablauf der Klagefrist des § 4, gilt die Kündigung nach § 7 als von Anfang an wirksam (§ 269 III 1 ZPO). War die Klagefrist noch nicht abgelaufen, ist der ArbN nicht gehindert, erneut Kündigungsschutzklage zu erheben. Erklärt der ArbN den Verzicht auf seinen Feststellungsanspruch nach § 4, ist auf Antrag des ArbGeb die Klage gem. § 306 ZPO abzuweisen. Vor Ausspruch der Kündigung kann der ArbN weder auf seinen gesetzl. Kündigungsschutz noch auf sein Klagerecht wirksam verzichten (vgl. Vor § 1 Rz. 24 ff.).

47

Im **Urteil** des Kündigungsschutzprozesses entscheidet das ArbG ausschließlich, ob die in der Kündigungsschutzklage nach § 4 konkret bezeichnete Kündigung das ArbVerh aufgelöst hat. Dem liegt der sog. **punktuelle Streitgegenstandsbegriff** zugrunde, der sich auf den Wortlaut des Gesetzes und dessen historische Entwicklung stützen kann[4]. Bei **rechtskräftiger Abweisung** steht je nach Urteilsbegründung fest, dass das ArbVerh durch diese Kündigung aufgelöst worden ist oder im Kündigungstermin gar nicht mehr bestanden hat. Ob es zu einem früheren Zeitpunkt bestanden hat, ist damit nicht entschieden[5]. In einem Folgeprozess kann sich der ArbN nicht mehr auf andere Mängel dieser Kündigung berufen (Präklusion)[6]. Auch bei Versäumung der Klagefrist wird die Kündigungsschutzklage als unbegründet abgewiesen, da die Kündigung gem. § 7 als von Anfang an wirksam gilt[7]. Zur Auswirkung der Abweisung auf den gesonderten Prozess um eine weitere vorsorgliche Kündigung vgl. § 1 Rz. 26. Im Falle **rechtskräftiger Stattgabe** steht fest, dass das ArbVerh durch diese Kündigung nicht aufgelöst ist und dass jedenfalls zum Zeitpunkt des Zugangs der Kündigung, bei ordentlicher Kündigung zum Zeitpunkt des Kündigungstermins[8], ein ArbVerh bestanden hat[9]. Damit wird wegen des beschränkten punktuellen Streitgegenstands noch nicht feststehen, dass das ArbVerh auch nicht durch eine andere Kündigung zum selben Kündigungstermin aufgelöst wurde[10] (steht umgekehrt vor Schluss der mündlichen Verhandlung fest, dass das ArbVerh zum selben Termin auf Grund eines anderen Beendigungstatbestandes endete, fehlt für die Kündigungsschutzklage idR ein Rechtsschutzbedürfnis, vgl. Rz. 11). Allerdings kann der Kläger den Streitgegenstand der Kündigungsschutzklage und damit der Umfang der Rechtskraft eines ihr stattgebenden Urteils auf die (streitige) Auflösung des ArbVerh durch die konkret angegriffene Kündigung beschränken, etwa wenn in verschiedenen Prozessen um zeitlich aufeinanderfolgende Kündigungen gestritten wird. Dies bedarf deutlicher Anhaltspunkte, die sich in der Entscheidung selbst niederschlagen müssen[11]. Eine nach Rechtskraft eines stattgebenden Urteils aus denselben Gründen ausgesprochene Kündigung muss der ArbN zwar erneut mit fristgerechter Klage angreifen; dieser Klage ist aber ohne weiteres stattzugeben, wenn die Kündigungsgründe im Vorprozess als unzureichend beurteilt wurden, also präjudiziert sind (sog. **Trotzkündigung**)[12]. Das Gleiche soll gelten, wenn die Folgekündigung noch vor rechtskräftigem Abschluss des Vorprozesses ausgesprochen wird (**Wiederholungskündigung**)[13]. Das BAG begründet dies materiellrechtl. mit dem Verbrauch des Gestaltungsrechts[14] und prozessrechtl. mit einer erweiterten Rechtskraft des Urteils über ein Gestaltungsrecht[15]. Das soll auch gelten, wenn im Vorprozess ein Instanzgericht der Klage rechtskräftig stattgegeben hat und dabei sein Urteil neben unzureichenden Kündigungsgründen auch auf formelle Mängel (fehlerhafte Personalratsbeteiligung) gestützt hat[16]. Das erscheint bedenklich, da der ArbGeb allein wegen der formellen Mängel seiner Kündigung an einer Überprüfung des Urteils in Bezug auf die Kündigungsgründe gehindert gewesen sein oder von ihr abgesehen haben könnte. Nicht präjudiziell ist das Urteil über eine Beendigungskündigung für eine nachfolgende Änderungskündigung, da sich die Tatbestandsmerkmale unterscheiden[17]. Bei jeder Folgekündigung ist unabhängig von Rechtshängigkeit oder Rechtskraft eines früheren Kündigungsrechtsstreits regelmäßig der BR erneut zu beteiligen (vgl. näher § 102 BetrVG Rz. 21).

48

---

1 v. *Hoyningen-Huene/Linck*, § 4 Rz. 31; *Knorr/Bichlmeier/Kremhelmer*, Kap. 11 Rz. 127; *Preis* in Stahlhacke/Preis/Vossen, Rz. 131; aA KR/*Friedrich*, § 4 Rz. 64. ‖2 v. *Hoyningen-Huene/Linck*, § 4 Rz. 32. ‖3 KR/*Friedrich*, § 4 Rz. 293. ‖4 BAG 13.11.1958 – 2 AZR 573/57, DB 1959, 768; 13.3.1997 – 2 AZR 512/96, NZA 1997, 844. ‖5 BAG 15.1.1991 – 1 AZR 94/90, NZA 1991, 681. ‖6 BAG 12.6.1986 – 2 AZR 426/85, NZA 1987, 273. ‖7 BAG 26.6.1986 – 2 AZR 358/85, NZA 1986, 761. ‖8 BAG 27.4.2006 – 2 AZR 360/05, NZA 2007, 229 Rz. 16f.; 15.5.2011 – 2 AZR 479/09, NZA-RR 2012, 43 Rz. 18; 22.11.2012 – 2 AZR 732/11, NZA 2013, 665. ‖9 BAG 13.3.1997 – 2 AZR 512/96, NZA 1997, 844; 27.1.2011 – 2 AZR 826/09, NZA 2011, 804. ‖10 Offengelassen von BAG 25.3.2004 – 2 AZR 399/03, NZA 2004, 1216. ‖11 BAG 22.11.2012 – 2 AZR 732/11, NZA 2013, 665. ‖12 BAG 26.8.1993 – 2 AZR 159/93, NZA 1994, 70; 22.5.2003 – 2 AZR 485/02, NZA 2003, 1086. ‖13 BAG 26.8.1993 – 2 AZR 159/93, NZA 1994, 70. ‖14 BAG 26.8.1993 – 2 AZR 159/93, NZA 1994, 70; 22.5.2003 – 2 AZR 485/02, NZA 2003, 1086; zu Recht krit. insoweit *Lingemann/Beck*, NZA-RR 2007, 225 (226) mwN. ‖15 BAG 26.8.1993 – 2 AZR 159/93, NZA 1994, 70; 20.12.2012 – 2 AZR 867/11, NZA 2013, 1003. ‖16 BAG 12.2.2004 – 2 AZR 307/03, ZTR 2004, 653. ‖17 BAG 18.5.2006 – 2 AZR 207/05, DB 2006, 1851.

49 Grds. kann ein ArbN neben der nach § 4 gegen eine bestimmte Kündigung gerichteten Klage eine **allgemeine Feststellungsklage** nach § 256 ZPO auf Feststellung des Fortbestands des ArbVerh zu unveränderten Bedingungen über den Kündigungsendtermin hinaus erheben und damit zwei selbständige prozessuale Ansprüche geltend machen. Diese Anträge kann er gem. § 260 ZPO zulässig in einer Klage verbinden[1]. Streitgegenstand einer solchen Feststellungsklage ist im Allg. die Frage, ob ein ArbVerh über diesen Termin hinaus zum Zeitpunkt der letzten mündlichen Verhandlung in der Tatsacheninstanz fortbesteht. Die Rechtskraft eines positiven Feststellungsurteils erfasst dann alle nach dem Vortrag der Parteien bis zu diesem Zeitpunkt in Betracht kommenden Beendigungsgründe[2]. Sie betrifft schon wegen des anderen Feststellungszeitpunkts einen **anderen Streitgegenstand** als die Kündigungsschutzklage und ist aus diesem Grund auch im Hinblick auf die gleichzeitig gem. S. 1 gesondert angegriffene Kündigung nicht wegen doppelter Rechtshängigkeit (§ 261 III Nr. 1 ZPO) teilweise unzulässig; von der Frage der (teilweisen) Identität des Streitgegenstands ist die Frage der Vorgreiflichkeit des Kündigungsschutzantrags für den allg. Feststellungsantrag zu unterscheiden. Die allg. Feststellungsklage erfasst daher zB nicht Kündigungen, die nach dem Schluss der mündlichen Verhandlung vor dem ArbG ausgesprochen und vom ArbN mit gesonderter Klage angegriffen werden[3].

50 Der allg. Feststellungsantrag erfordert gem. § 256 ZPO ein besonderes **Feststellungsinteresse**. Hierzu muss der ArbN bis zum Schluss der mündlichen Verhandlung (§ 136 IV ZPO iVm. § 53 II ArbGG) belegen, dass sich der ArbGeb im Verlauf des Kündigungsschutzprozesses auf weitere Beendigungstatbestände, bspw. auf weitere Kündigungen berufen wird[4]. Die rechtskräftige Stattgabe dieses Antrags erfasst dann weitere Beendigungstatbestände bis zum Zeitpunkt der letzten Tatsachenverhandlung erster Instanz (§ 6)[5]. Diese müssen im Sachvortrag der Parteien zumindest „im Ansatz angedeutet" werden[6]. Der zusätzlich gestellte allg. Feststellungsantrag eignet sich so als wirksames Mittel zur Vermeidung der Wirksamkeitsfiktion des § 7 in Bezug auf etwaige nachgeschobene Prozesskündigungen (sog. „Schleppnetzantrag")[7].

51 Die **Verjährung von Lohnansprüchen** hindert nur eine entsprechende, diese Ansprüche betreffende Rechtsverfolgung (§§ 203, 204 BGB). Die Kündigungsschutzklage nach § 4 unterbricht oder hemmt die Verjährung solcher Ansprüche nicht[8]. Das gilt in gleicher Weise für Ansprüche des ArbN auf Urlaub oder Urlaubsabgeltung, deren Erlöschen durch Zeitablauf die Kündigungsschutzklage nicht verhindert[9]. Um seine Urlaubs- oder Urlaubsabgeltungsansprüche zu sichern, muss er diese zusätzlich und fristgerecht geltend machen, um den ArbGeb ggf. in Verzug zu setzen und sich Schadensersatzansprüche zu sichern (vgl. § 7 BUrlG).

52 Dagegen wahrt die Kündigungsschutzklage tarifl. oder vertragl. sog. **einstufige Ausschlussfristen**, wonach Ansprüche innerhalb einer bestimmten Frist (schriftl. oder mündl.) geltend zu machen sind[10], für Ansprüche auf Lohnzahlung nach dem Zeitpunkt, zu dem das ArbVerh auf Grund der Kündigung enden soll. Dazu bedarf es der fristgerechten Geltendmachung des Urlaubs- oder Abgeltungsanspruchs. Die Ausschlussfrist wird durch diese Klage nach bisheriger Rspr. zu § 167 ZPO allerdings nur gewahrt, wenn sie dem ArbGeb innerhalb der Frist zugestellt wird[11]. Nach neuerer Rspr. des BGH[12] erstreckt sich der Anwendungsbereich des § 167 ZPO „grundsätzlich" auch auf die Wahrung außergerichtl. Fristen; dies dürfte auch einfache Ausschlussfristen erfassen[13]. Die Kündigungsschutzklage setzt den ArbGeb aber nicht in Bezug auf urlaubsrechtl. Ansprüche des gekündigten ArbN in Verzug[14]. Bestimmt eine tarifl. Ausschlussklausel, dass Ansprüche nach erfolgloser schriftl. Geltendmachung innerhalb einer bestimmten Frist gerichtl. geltend gemacht werden müssen (sog. **zweistufige Ausschlussfrist**), so genügt dem nur die fristgerechte Zahlungsklage. Die Kündigungsschutzklage wahrt hier auch nicht solche Zahlungsansprüche des ArbN, die vom Fortbestand des ArbVerh abhängen. Dem daraus folgenden Zwang, Lohnklagen noch vor Beendigung des Kündigungsschutzverfahrens zu erheben, kann durch den Verzicht des ArbGeb begegnet werden, sich bzgl. solcher Zahlungsansprüche, die vom Fortbestand des ArbVerh abhängen, vor Ablauf der von der Beendigung des Kündigungsschutzverfahrens an berechneten Klagefrist zu berufen[15].

53 **IX. Weiterbeschäftigungsanspruch.** Im Falle eines fristgerechten und ordnungsgemäßen **Widerspruchs von BR oder Personalrat** gegen eine Kündigung steht dem gekündigten ArbN nach Ablauf der Kündigungsfrist bis zum rechtskräftigen Abschluss des Kündigungsschutzprozesses nach § 102 V BetrVG bzw. § 79 II BPersVG oder den entsprechenden Bestimmungen der Landespersonalvertretungsgesetze ein Anspruch auf Weiterbeschäftigung zu unveränderten Arbeitsbedingungen zu.

---

1 BAG 21.1.1988 – 2 AZR 581/86, NZA 1988, 651; 12.5.2005 – 2 AZR 426/04, NJW 2006, 395. || 2 BAG 12.5.2005 – 2 AZR 426/04, NJW 2006, 395. || 3 BAG 10.10.2002 – 2 AZR 622/01, NZA 2003, 684. || 4 BAG 27.1.1994 – 2 AZR 484/93, NZA 1994, 812. || 5 BAG 13.3.1997 – 2 AZR 512/96, NZA 1997, 844. || 6 BAG 10.10.2002 – 2 AZR 622/01, NZA 2003, 684. || 7 BAG 13.3.1997 – 2 AZR 512/96, NZA 1997, 844; *Boewer*, NZA 1997, 359 (361 ff.). || 8 BAG 7.11.1991 – 2 AZR 159/91, NZA 1992, 1025. || 9 BAG 21.9.1999 – 9 AZR 705/98, BB 2000, 881; 1.12.1983 – 6 AZR 299/80, BAGE 44, 278. || 10 BAG 9.8.1990 – 2 AZR 579/89, AP Nr. 46 zu § 615 BGB. || 11 BAG 25.9.1996 – 10 AZR 678/95 zur Vorgängernorm § 270 III ZPO. || 12 BGH 17.7.2008 – I ZR 109/05, NJW 2009, 765. || 13 Ebenso *Nägele/Gertler*, NZA 2010, 1377. || 14 BAG 21.9.1999 – 9 AZR 705/98, BB 2000, 881; 17.1.1995 – 9 AZR 664/93, BB 1995, 1039. || 15 BAG 22.2.1978 – 5 AZR 805/76, NJW 1978, 1942; 13.9.1984 – 6 AZR 379/81, DB 1985, 707; 9.8.1990 – 2 AZR 579/89 u. v. 21.3.1991 – 2 AZR 577/90, AP Nr. 46 und 49 zu § 615 BGB.

Auch unabhängig von einem Widerspruch des BR oder Personalrats kann ein ArbN nach der Rspr. 54
verlangen, vorläufig weiter beschäftigt zu werden (sog. **allgemeiner vorläufiger Weiterbeschäftigungsanspruch**). Für die Dauer eines Kündigungsrechtsstreits besteht dieser Anspruch, wenn die Interessen des ArbN an seiner Weiterbeschäftigung die des ArbGeb an der Nichtbeschäftigung übersteigen oder wenn die Kündigung offensichtlich unwirksam ist[1]. Nach einer **Änderungskündigung** kann der ArbN vorläufige Weiterbeschäftigung zu den bisherigen Arbeitsbedingungen nur verlangen, wenn er die Änderung seiner Arbeitsbedingungen nicht unter Vorbehalt, sondern ernsthaft abgelehnt hat. In einer Annahme unter Vorbehalt liegt die Einwilligung zur vorläufigen Weiterbeschäftigung zu den geänderten Bedingungen[2]. Ein Anspruch auf vorläufige Weiterbeschäftigung steht dem ArbN auch dann zu, wenn er mit dem ArbGeb darüber streitet, ob sein ArbVerh infolge einer Befristung oder einer auflösenden Bedingung wirksam aufgelöst worden ist oder fortbesteht[3].

Abgesehen von den Fällen einer offensichtlich unwirksamen Kündigung besteht ein **allg. Weiter-** 55
beschäftigungsanspruch des gekündigten ArbN, wenn ein die Unwirksamkeit der Kündigung feststellendes Urteil ergeht und keine besonderen Umstände vorliegen, die ein überwiegendes Interesse des ArbGeb an der Nichtbeschäftigung des ArbN begründen. Dieses Interesse des ArbGeb überwiegt, wenn ihm eine weitere Beschäftigung rechtl. oder tatsächlich nicht möglich ist oder zumindest unzumutbar wäre, wenn er eine weitere nicht offensichtlich unwirksame Kündigung ausgesprochen hat oder wenn er sich auf Umstände berufen kann, die ihn auch zu einer vorläufigen Suspendierung des ArbN berechtigen würden[4]. Sein Interesse an der Nichtbeschäftigung überwiegt auch, wenn er in einem Kündigungsschutzprozess eines leitenden Angestellten zulässigerweise einen Auflösungsantrag gestellt hat[5].

Der Anspruch auf vorläufige Weiterbeschäftigung kann zum Gegenstand einer eigenen Klage ge- 56
macht werden. Verbindet der ArbN diesen Anspruch mit seiner Kündigungsschutzklage, handelt es sich bei dem Weiterbeschäftigungsantrag um einen **unechten Hilfsantrag**. Denn er wird nur für den Fall des Obsiegens mit der Kündigungsschutzklage gestellt[6]. Der Antrag muss grds. die Tätigkeit genau umschreiben, deren vorläufige Fortsetzung begehrt wird. Besteht darüber kein Streit, genügt auch der Antrag auf Weiterbeschäftigung „zu unveränderten Bedingungen"[7]. Im Falle einer **Vereinbarung** über die vorläufige Weiterbeschäftigung bis zum Abschluss des Kündigungsrechtsstreits (Schriftform, §§ 14 IV, 21 TzBfG!) wird das gekündigte ArbVerh auflösend bedingt durch die rechtskräftige Abweisung der Kündigungsschutzklage fortgesetzt. Dem ArbN stehen dann alle Vergütungsansprüche nach den bisherigen Arbeitsvertrag zu einschl. der gesetzl. Lohnfortzahlungsansprüche[8]. Geschieht die vorläufige Weiterbeschäftigung nicht freiwillig, sondern zur Abwendung oder auf Grund einer **Zwangsvollstreckung**, und wird die Kündigungsschutzklage rechtskräftig abgewiesen, richten sich die Zahlungsansprüche des ArbN für die erbrachten Arbeitsleistungen nach den Grundsätzen über die ungerechtfertigte Bereicherung. Da dem ArbGeb die Herausgabe der Arbeitsleistung unmöglich ist, hat er gem. § 818 II BGB deren Wert zu ersetzen[9]. Drohen dem ArbN wegen der unterbleibenden Beschäftigung nach Ablauf der Kündigungsfrist erhebliche Nachteile, kann er einen Anspruch auf vorläufige Weiterbeschäftigung für die Dauer des Kündigungsrechtsstreits auch im Wege einer **einstw. Verfügung** geltend machen[10].

5 *Zulassung verspäteter Klagen*
(1) War ein Arbeitnehmer nach erfolgter Kündigung trotz Anwendung aller ihm nach Lage der Umstände zuzumutenden Sorgfalt verhindert, die Klage innerhalb von drei Wochen nach Zugang der schriftlichen Kündigung zu erheben, so ist auf seinen Antrag die Klage nachträglich zuzulassen. Gleiches gilt, wenn eine Frau von ihrer Schwangerschaft aus einem von ihr nicht zu vertretenden Grund erst nach Ablauf der Frist des § 4 Satz 1 Kenntnis erlangt hat.

(2) Mit dem Antrag ist die Klageerhebung zu verbinden; ist die Klage bereits eingereicht, so ist auf sie im Antrag Bezug zu nehmen. Der Antrag muss ferner die Angabe der die nachträgliche Zulassung begründenden Tatsachen und der Mittel für deren Glaubhaftmachung enthalten.

(3) Der Antrag ist nur innerhalb von zwei Wochen nach Behebung des Hindernisses zulässig. Nach Ablauf von sechs Monaten, vom Ende der versäumten Frist an gerechnet, kann der Antrag nicht mehr gestellt werden.

(4) Das Verfahren über den Antrag auf nachträgliche Zulassung ist mit dem Verfahren über die Klage zu verbinden. Das Arbeitsgericht kann das Verfahren zunächst auf die Verhandlung und Entscheidung über den Antrag beschränken. In diesem Fall ergeht die Entscheidung durch Zwischenurteil, das wie ein Endurteil angefochten werden kann.

---

1 BAG 27.2.1985 – GS 1/84, NZA 1985, 818; 26.5.1977 – 2 AZR 632/76, NJW 1978, 239. ‖2 BAG 18.1.1990 – 2 AZR 183/89, AP Nr. 27 zu § 2 KSchG 1969. ‖3 BAG 13.6.1985 – 2 AZR 410/84, NZA 1986, 562. ‖4 BAG 19.12.1985 – 2 AZR 190/85, BB 1986, 1435; LAG Hamburg 6.8.1985 – 1 Sa 24/85, DB 1985, 2463. ‖5 BAG 16.11.1995 – 8 AZR 864/93, DB 1996, 838. ‖6 BAG 8.4.1988 – 2 AZR 777/87, NZA 1988, 741. ‖7 *Ehler*, BB 1996, 377. ‖8 BAG 4.9.1986 – 8 AZR 636/84, BAGE 53, 17; 15.1.1986 – 5 AZR 237/84, BB 1986, 1157. ‖9 BAG 10.3.1987 – 8 AZR 146/84, NZA 1987, 373; 12.2.1992 – 5 AZR 297/90, BB 1992, 2005. ‖10 KR/*Etzel*, § 102 BetrVG Rz. 289 ff.

(5) Hat das Arbeitsgericht über einen Antrag auf nachträgliche Klagezulassung nicht entschieden oder wird ein solcher Antrag erstmals vor dem Landesarbeitsgericht gestellt, entscheidet hierüber die Kammer des Landesarbeitsgerichts. Absatz 4 gilt entsprechend.

I. Gegenstand und Zweck	1	IV. Fristen (Abs. 3)	10
II. Schuldlose Verhinderung (Abs. 1)	4	V. Verfahren und Entscheidung (Abs. 4)	14
III. Antrag (Abs. 2)	6	VI. Einzelfälle (alphabetisch)	24

1 **I. Gegenstand und Zweck.** § 5 bringt eine **Durchbrechung der Klagefrist** des § 4 und der an ihre Versäumung gebundenen Wirksamkeitsfiktion des § 7. War der ArbN trotz Anwendung aller ihm nach Lage der Umstände zuzumutenden Sorgfalt verhindert, die Kündigungsschutzklage rechtzeitig zu erheben, kann er ihre nachträgliche Zulassung beantragen (Rz. 6 ff.). Allerdings ist diese nachträgliche Zulassung ihrerseits nur innerhalb bestimmter Fristen zulässig (Rz. 10 ff.). Verfahren und Entscheidung sind zur Entlastung des Hauptverfahrens besonders ausgestaltet. Insoweit ist mWz. 1.4.2008 eine **Neuregelung gem. Abs. 4 u. 5 nF** (Rz. 16 ff.) an die Stelle von Abs. 4 aF getreten.

2 § 5 bildet eine ggü. der Wiedereinsetzung in den vorigen Stand nach §§ 233 ff. ZPO **eigenständige und abschließende Regelung**[1]. Die Maßstäbe, nach denen eine verspätete Klage gem. § 5 nachträglich zuzulassen ist, entsprechen aber weitgehend denen des § 233 ZPO. Rspr. und Lit. zu dieser Vorschrift können grds. zum Vergleich herangezogen werden, wobei zu berücksichtigen ist, dass § 5 auf die individuelle Möglichkeit des gekündigten ArbN und seine Sorgfalt bei der Klageerhebung abstellt (vgl. Rz. 4), § 233 ZPO dagegen auf die bei der Prozessführung allg. übliche Sorgfalt.

3 Die Zulassung einer verspäteten Kündigungsschutzklage fingiert die Rechtzeitigkeit der Klageerhebung[2] und vermeidet so die **materiellrechtl. Auswirkungen** des § 7. Bei der nachträglichen Zulassung handelt es sich daher um einen materiellrechtl. Teil des Verfahrens[3].

4 **II. Schuldlose Verhinderung (Abs. 1).** Die nachträgliche Zulassung einer verspäteten Klage setzt nach Abs. 1 S. 1 voraus, dass der ArbN trotz Anwendung aller ihm nach der Lage der Umstände zuzumutenden Sorgfalt verhindert war, die Klage innerhalb von drei Wochen nach Zugang der Kündigung zu erheben. Nach dem Wortlaut dieser Vorschrift darf den ArbN keinerlei Verschulden treffen, nicht einmal leichte Fahrlässigkeit[4]. Dabei orientiert sich das Gesetz zunächst an einem **subjektiven Sorgfaltsmaßstab**, weil es auf die im Einzelfall gegebenen individuellen Möglichkeiten des ArbN ankommt. Danach darf von einem leitenden Angestellten eine größere Sorgfalt erwartet werden als von einem Hilfsarbeiter[5]. Da das Gesetz gleichzeitig von der Anwendung aller zumutbaren Sorgfalt spricht, schaden dem ArbN bereits leichteste Unsorgfältigkeiten. Denn ihm ist bei einer so wichtigen Angelegenheit wie der Beendigung seines ArbVerh durch eine Kündigung eine gesteigerte Sorgfalt abzuverlangen. Zu Einzelfällen aus der Rspr. vgl. Rz. 24 ff.

5 Ergänzend zur allg. Klagefrist gilt die Regelung des Abs. 1 S. 2 für den Fall, dass eine Frau von ihrer **Schwangerschaft** aus einem von ihr nicht zu vertretenden Grund erst nach Ablauf der Frist des § 4 S. 1 Kenntnis erlangt hat. § 9 I 1 Hs. 2 MuSchG ermöglicht der Frau in diesem Fall eine unverzügliche verspätete Inkenntnissetzung des ArbGeb. Gem. Abs. 1 S. 2 kann die Frau unter den gleichen Voraussetzungen, aber mit der zweiwöchigen Frist nach S. 1 den Antrag auf nachträgliche Zulassung stellen. Beide Erklärungen müssen rechtzeitig ggü. den unterschiedlichen Adressaten (ArbGeb und ArbG) erfolgen. Abs. 1 S. 2 fällt nicht unter die Generalklausel des Abs. 1 S. 1, da die ArbNin an der rechtzeitigen Klageerhebung nicht gehindert ist, sondern lediglich ihren Kündigungsschutz nicht kennt. Dieser Grund eröffnet im Allg. nicht die nachträgliche Zulassung und hat hier seine Wurzeln in dem Schutzgebot des Art. 6 IV GG[6]. § 4 S. 4 ist nicht einschlägig, da die ArbNin mangels Kenntnis des ArbGeb von ihrer Schwangerschaft nicht mit der Bekanntgabe einer Behördenentscheidung rechnen kann (vgl. § 4 Rz. 42 f.). Erfährt die ArbNin kurz vor Ablauf der Klagefrist von ihrer Schwangerschaft, dürfte ihr eine kurze Überlegungsfrist einzuräumen sein[7]. Obwohl der ArbNin allein der Unwirksamkeitsgrund des § 9 MuSchG unbekannt gewesen ist, eröffnet ihr die uneingeschränkte nachträgliche Zulassung wie in den Fällen des Abs. 1 S. 1 die **Berufung auf sämtliche Unwirksamkeitsgründe**.

6 **III. Antrag (Abs. 2).** Die nachträgliche Zulassung der Kündigungsschutzklage erfolgt nur auf Antrag. Dieser kann schriftl. beim ArbG eingereicht oder mündlich zu Protokoll der Geschäftsstelle erklärt werden. Dabei muss der ArbN die eine nachträgliche Zulassung begründenden Tatsachen und die Mittel für deren Glaubhaftmachung angeben. Gleichzeitig hat er die versäumte Kündigungsschutzklage zu erheben. War sie schon erhoben, muss er in seinem Antrag nach § 5 auf diese Bezug nehmen. An die Form seines Antrags sind keine hohen Anforderungen zu stellen. Eine ausdrückliche Antragstellung ist nicht

---

1 v. Hoyningen-Huene/Linck, § 5 Rz. 3; KR/Friedrich, § 5 Rz. 16. ||2 Ebenso zu § 233 ZPO Thomas/Putzo/Hüßtege, § 233 ZPO Rz. 1. ||3 KR/Friedrich, § 5 Rz. 7; Reinecke, NZA 1985, 244. ||4 v. Hoyningen-Huene/Linck, § 5 Rz. 2; KR/Friedrich, § 5 Rz. 10; Bader ua./Kriebel, § 5 Rz. 73. ||5 KR/Friedrich, § 5 Rz. 13 mHa LAG BW 18.10.1993 – 9 Ta 26/93, nv. ||6 BVerfG 13.11.1979 – 1 BvL 24/77 u. 19/78 u. 38/79, AP Nr. 7 zu § 9 MuSchG 1968. ||7 LAG Schl.-Holst. 13.5.2008 – 3 Ta 56/08, NZA-RR 2009, 132 (drei Werktage).

erforderlich, solange sich aus der Eingabe hinreichend deutlich ergibt, dass sie die Zulassung einer verspäteten Kündigungsschutzklage anstrebt; die Klageerhebung allein genügt idR nicht[1].

Der Antrag auf nachträgliche Zulassung muss bei dem **zuständigen ArbG** eingereicht werden. Der Eingang bei einem örtlich unzuständigen ArbG genügt, wenn dort die Kündigungsschutzklage schon anhängig ist, gleichzeitig anhängig gemacht wird oder noch anhängig gemacht werden soll. Der Antrag kann dann, wenn die Kündigungsschutzklage dem ArbGeb alsbald zugestellt wird, an das zuständige ArbG verwiesen werden. Das gilt auch, wenn der Antrag nach § 5 bei einem Gericht eines anderen Rechtswegs eingeht und der Rechtsstreit nach alsbaldiger Zustellung der Kündigungsschutzklage an das zuständige ArbG gem. den §§ 48 ArbGG, 17 ff. GVG verwiesen wird[2].

Der ArbN muss in seinem Antrag nach Abs. 2 S. 2 die **Tatsachen** angeben, die eine nachträgliche Zulassung seiner Kündigungsschutzklage begründen. Dabei muss er seine Schuldlosigkeit an der Fristversäumung nach allen Richtungen hin schlüssig dartun[3]. Er muss in allen Einzelheiten darlegen, auf Grund welcher konkreten Umstände er gehindert war, die Kündigungsschutzklage rechtzeitig zu erheben, in welchem Zeitpunkt genau dieses Hindernis behoben war, wann die Klage fertig gestellt wurde, wann und wie sie auf dem Weg zum Gericht gebracht wurde und auf Grund welcher konkreten Umstände er an der Verspätung schuldlos gewesen ist[4].

Nach Abs. 2 S. 2 muss der ArbN in seinem Antrag auf nachträgliche Zulassung die **Mittel zur Glaubhaftmachung** angeben. Dabei kann es sich um schriftl. Zeugenaussagen, Urkunden, amtl. Auskünfte oder anwaltl. Versicherungen handeln. Zwar können die Angabe der Mittel zur Glaubhaftmachung und die Begründung des Antrags nachgeholt werden, allerdings nur bis zum Ablauf der Antragsfrist. Danach können sie nicht mehr berücksichtigt werden, soweit es sich nicht lediglich um bloße Ergänzungen, Konkretisierungen oder die Vervollständigung der vorgetragenen Gründe für die Zulassung und der fristgerecht angegebenen Mittel der Glaubhaftmachung handelt[5]. Insoweit ist das Verfahren über die nachträgliche Zulassung der Kündigungsschutzklage strenger ausgestaltet als das Wiedereinsetzungsverfahren gem. § 236 II 1 Hs. 2 ZPO. Ebenso wenig wie dort müssen die Mittel zur Glaubhaftmachung allerdings dem Antrag unmittelbar beigefügt werden[6]. Abs. 2 S. 2 betrifft nicht die Zulässigkeit des Antrags, sondern enthält lediglich eine Ausschlussfrist für die Mittel zur Glaubhaftmachung der Tatsachen. Bleiben diese unbestritten, sind sie gemäß dem Beibringungsgrundsatz der Entscheidung zugrunde zu legen[7].

IV. Fristen (Abs. 3). Der Antrag auf nachträgliche Zulassung einer Kündigungsschutzklage ist fristgebunden. Er muss innerhalb von **zwei Wochen** nach Behebung des Hindernisses, spätestens aber innerhalb von **sechs Monaten** nach Ablauf der Klagefrist gestellt werden. Diese Begrenzung ist verfassungsgemäß[8]. Wegen einer Versäumung dieser Fristen gibt es in dem Verfahren über die nachträgliche Zulassung einer Kündigungsschutzklage keine Wiedereinsetzung in den vorigen Stand[9]. Wird nach Ablauf dieser Fristen ein Antrag auf nachträgliche Zulassung gestellt, ist er als unzulässig zu verwerfen.

Die Frist von zwei Wochen für den Antrag auf nachträgliche Zulassung **beginnt** in dem Zeitpunkt, in dem das Hindernis behoben ist, das der rechtzeitigen Klageerhebung entgegenstand. Da dieses Hindernis nach subjektivem Beurteilungsmaßstab festzustellen ist, beginnt auch die Antragsfrist in dem Zeitpunkt, in dem der ArbN den Wegfall des Hindernisses für die rechtzeitige Klageerhebung erkannt hat oder bei Aufbietung der ihm zumutbaren Sorgfalt hätte erkennen können. In diesem Fall ist die fortbestehende Unkenntnis nicht mehr unverschuldet[10]. Hat der ArbN einen Prozessbevollmächtigten bestellt, ist auf dessen Kenntnis abzustellen[11].

Grds. ist der Antrag auf nachträgliche Zulassung nach Abs. 2 **mit der Kündigungsschutzklage zu verbinden**. Gleichwohl kann der ArbN zunächst den Antrag auf nachträgliche Zulassung beim ArbG einreichen und erst später die Kündigungsschutzklage erheben, solange das innerhalb der zweiwöchigen Frist nach Abs. 3 geschieht[12]. Obsiegt ein ArbN mit seiner verspäteten Kündigungsschutzklage, weil diese Verspätung übersehen worden ist, und erkennt er nunmehr sein Versäumnis, darf er den Antrag auf nachträgliche Zulassung seiner Kündigungsschutzklage nicht zurückstellen, bis der ArbGeb ein Rechtsmittel eingelegt hat[13].

Da für die Berechnung der Fristen nach Abs. 3 die allg. Bestimmungen der §§ 187 ff. BGB gelten, wird der Tag, an dem das Hindernis für die Klageerhebung wegfällt, nicht mitgerechnet. Die **Antragsfrist**

---

1 BAG 19.2.2009 – 2 AZR 286/07, DB 2009, 1410. || 2 KR/*Friedrich*, § 5 Rz. 98, 99; Bader ua./*Kriebel*, § 5 Rz. 38. || 3 *Wenzel*, MDR 1978, 277. || 4 LAG Hess. 22.12.1983 – 12 Ta 256/83, NZA 1984, 40; LAG Köln 30.8.1989 – 5 Ta 176/89, LAGE § 5 KSchG Nr. 42; LAG BW 25.11.1954 – 1 Ta 32/54, AP Nr. 6 zu § 4 KSchG 1951. || 5 KR/*Friedrich*, § 5 Rz. 86 ff. || 6 LAG Berlin 20.7.1983 – 9 Ta 6/83, BB 1984, 885. || 7 LAG Berlin 4.12.2006 – 7 Ta 207/06, BB 2007, 447. || 8 BAG 28.1.2010 – 2 AZR 985/08, NZA 2010, 1373. || 9 BAG 16.3.1988 – 7 AZR 587/87, AP Nr. 16 zu § 130 BGB. || 10 LAG Köln 8.11.1994 – 6 Ta 209/94, LAGE § 5 KSchG Nr. 70; LAG Hamm 4.11.1996 – 12 Ta 105/96, LAGE § 5 KSchG Nr. 81. || 11 LAG Hess. 11.3.2005 – 15 Ta 638/04, NZA-RR 2005, 322. || 12 LAG Düss. 31.10.1975 – 16 Ta 41/75, DB 1976, 106; LAG BW 8.3.1988 – 8 Ta 8/88, LAGE § 5 KSchG Nr. 37. || 13 LAG Hamm 5.4.1982 – 8 Ta 61/82, BB 1982, 1671.

läuft mit dem Tag nach zwei Wochen ab, der dem Tag entspricht, an dem das Hindernis fortgefallen ist. Entsprechendes gilt für den Ablauf der sechsmonatigen Frist[1].

14   **V. Verfahren und Entscheidung (Abs. 4).** Trotz seiner materiellrechtl. Wirkung (Rz. 3) ist der Zulassungsantrag (stillschweigender) ausschließlich **verfahrensrechtlicher Hilfsantrag** für den Fall einer verspäteten Klageerhebung, der nicht zu einer Anspruchshäufung iSv. § 260 ZPO führt, sondern allein die (eine) Kündigungsschutzklage stützt. Es handelt sich um eines von mehreren auf denselben Klaganspruch zielenden Angriffsmitteln iSv. § 146 ZPO. Das ArbG darf nach hM über den Antrag allerdings erst entscheiden, wenn es die Klage für verspätet hält[2], was **im Strengbeweisverfahren** zu klären ist. Erforderlich sind die Feststellungen, ob überhaupt eine schriftl. Kündigung vorliegt, ob sie dem ArbGeb zuzurechnen ist, wann sie dem ArbN zugegangen und wann die Kündigungsschutzklage beim ArbG eingegangen ist. Ggf. ist – ohne die Erleichterungen des Abs. 2 S. 2 – Beweis zu erheben. Nach hier vertretener Auffassung braucht das ArbG allerdings nur festzustellen, dass die Kündigung überhaupt zugegangen ist; sodann kann es aus prozessökonomischen Gründen zu Gunsten des ArbGeb unterstellen, dass die Klage verspätet ist, wenn dem Hilfsantrag auf nachträgliche Zulassung ohne weiteres stattzugeben ist[3]. Umgekehrt bedarf es keiner Entscheidung über die Versäumung der Klagefrist oder den Zulassungsantrag, wenn die (zugegangene) Kündigung in jedem Fall wirksam ist. Der Zulassungsantrag ist eben nur eines von mehreren auf denselben Klaganspruch zielenden Angriffsmitteln iSv. § 146 ZPO; kann der Kläganspruch ohnehin nicht durchdringen, besteht für den Antrag kein Rechtsschutzbedürfnis.

15   Es genügt gem. Abs. 2 S. 2 **Glaubhaftmachung** der die nachträgliche Zulassung begründenden Tatsachen. Den Beweiswert würdigt das Gericht frei. Überwiegende Wahrscheinlichkeit genügt. Dies bezieht sich nicht auf die dem Strengbeweis unterliegende Frage der Versäumung der Klagefrist (vgl. Rz. 14), sondern allein auf die Schuldlosigkeit daran (Abs. 1 S. 1). Insoweit sind alle Beweismittel einschl. der Versicherung an Eides statt zugelassen, § 294 ZPO. Das gilt auch für die Widerlegung. Die Glaubhaftmachung muss ebenso wie eine grds. statthafte Beweisaufnahme „sofort" (§ 294 II ZPO), dh. im Zeitpunkt der Entscheidung über die nachträgliche Zulassung möglich sein[4]. Die Beweismittel müssen von der Partei selbst zur Stelle gebracht werden[5]. Das Gericht ist nicht zur Heranziehung bezeichneter Beweismittel gehalten und darf allein zu diesem Zweck seine Verhandlung nicht vertagen. Das schließt eine Heranziehung im Wege prozessleitender Verfügung (§ 56 ArbGG) nicht aus.

16   Grds. ist das seit dem 1.4.2008 neu gestaltete Antragsverfahren nach Abs. 4 S. 1 wie im Wiedereinsetzungsverfahren gem. § 238 I 1 ZPO mit dem Klageverfahren zu **verbinden**. Das Gericht kann aber auch gem. Abs. 4 S. 2 (wortgleich: § 238 I 2 ZPO) zunächst das Verfahren auf die Verhandlung und Entscheidung über den Antrag beschränken. Die prozessleitende **Entscheidung über Verbindung oder Beschränkung** steht im freien Ermessen[6] des ArbG und ist unanfechtbar. Sie erfolgt durch Terminsbestimmung zur Verhandlung nur über den Antrag oder über Antrag und Klage. Solange das ArbG die Verhandlung und Entscheidung nicht auf den Zulassungsantrag beschränkt, wird im Zweifel vom Regelfall der Verbindung auszugehen sein. Von der Möglichkeit der Beschränkung nach Abs. 4 S. 2 wird das ArbG etwa Gebrauch machen bei rechtlich oder tatsächlich schwierigen Fragen der nachträglichen Zulassung, insb. wenn die Bestätigung einer gewährten nachträglichen Zulassung durch die höhere Instanz zweifelhaft erscheint und ggf. eine Entscheidung über die Kündigungsschutzklage in der Sache entbehrlich wird[7]. Eine Beschränkung nach Abs. 4 S. 2 scheidet auch nicht aus, wenn die Klagefrist ohne Zweifel versäumt und der Zulassungsantrag erfolglos ist[8]; auch für diesen Fall stellt Abs. 4 S. 2 die Entscheidung über Verbindung oder Beschränkung in das Ermessen des ArbG. Bei diesem Vorgehen und Ausreizung des Instanzenzugs bleibt allerdings die gebotene Beschleunigung des Kündigungsschutzverfahrens (§ 61a ArbGG) auf der Strecke.

17   Im **Regelfall der Verbindung** entscheidet das Gericht in gewöhnlicher Besetzung auf Grund mündlicher Verhandlung grds. einheitlich über Antrag und Klage durch **Endurteil**. Stattgabe, Verwerfung oder Zurückweisung des Antrags müssen in der Urteilsformel, die der Kündigungsschutzklage stattgibt oder sie abweist, nicht notwendig Ausdruck finden[9]. Zu beachten ist bei einheitlicher Entscheidung das unterschiedliche Beweismaß für die Feststellung streitiger Tatsachen (vgl. Rz. 15).

18   Bei **Beschränkung** des Verfahrens auf die Verhandlung und Entscheidung über den Antrag gem. Abs. 4 S. 2 (wortgleich: § 238 I 2 ZPO) ist die Entscheidung gem. Abs. 4 S. 3 auf Grund mündlicher Verhandlung durch **Zwischenurteil** zu treffen, das den Antrag (als unzulässig) verwirft bzw. (als unbegründet) zurückweist oder (stattgebend) die Kündigungsschutzklage nachträglich zulässt. Das Gleiche gilt, wenn das Gericht – bei noch verbundenem Verfahren – sich erst in der mündlichen Verhandlung ent-

---

1 KR/*Friedrich*, § 5 Rz. 120f. ||2 BAG 28.5.2009 – 2 AZR 732/08, NZA 2009, 1229; 25.4.2013 – 6 AZR 49/12, NZI 2013, 758. ||3 Zust. APS/*Hesse*, § 5 Rz. 106 mwN; *Roloff*, NZA 2009, 761 (764). ||4 AA *Roloff*, NZA 2009, 761 (764), der § 294 II wegen der obligatorischen mündl. Verhandlung nicht für anwendbar hält. ||5 BGH 11.9.2003 – IX ZB 37/03, NJW 2003, 3558. ||6 *Roloff*, NZA 2009, 761 (763). ||7 Vgl. Gegenäußerung der Bundesregierung zur Stellungnahme des Bundesrats, BT-Drucks. 16/7716, 68. ||8 So aber mHa §§ 300, 303 ZPO *Roloff*, NZA 2009, 761 (763). ||9 So für die Stattgabe bei § 238 ZPO Thomas/Putzo/*Hüßtege*, § 238 Rz. 10; unverzichtbar aber in den Gründen.

schließt, zunächst nur über den Antrag zu befinden. Die Entscheidung ergeht in gewöhnlicher Besetzung. Das Zwischenurteil kann kraft ausdrücklicher Regelung in Abs. 4 S. 3 wie ein Endurteil angefochten werden (wie § 280 I 1 ZPO; abweichend § 238 III ZPO), dh. grds. durch Berufung und Revision. Das **Hauptsacheverfahren** ist grds. bis zum Eintritt der Rechtskraft **gem. § 148 ZPO auszusetzen**. Die Anordnung der Verhandlung über die Hauptsache auf Antrag einer Partei ist anders als in § 280 II 2 ZPO nicht vorgesehen. Ergeht dennoch ein Urteil des ArbG in der Hauptsache, ist es auflösend bedingt durch die Aufhebung des Zwischenurteils[1]. Hatte das ArbG das Verfahren zunächst auf den Antrag beschränkt und gelangt es nachfolgend zu der Überzeugung, die Klage sei nicht verspätet (Rz. 14), wird es die Beschränkung aufzuheben und über die Klage zu befinden haben; ein Zwischenurteil kann dann nicht ergehen.

Die gesonderte Entscheidung über die nachträgliche Zulassung erwächst nicht in materieller Rechtskraft[2]. Sie ergeht aber mit **Bindungswirkung** für den Rechtsstreit (§ 318 ZPO). Die hM nimmt eine Bindungswirkung auch hinsichtlich der „im Verfahren nach § 5 festgestellten" Verspätung der Klage an[3]. Die hierfür maßgeblichen Tatsachen sind mit den Mitteln des Strengbeweises festzustellen (Rz. 14), also auch im Rechtsmittelverfahren gegen ein Zwischenurteil[4]. 19

Die **Entscheidung** über den Zulassungsantrag ist unabhängig von Verbindung oder Beschränkung des Verfahrens inhaltlich wie folgt zu treffen: Der Antrag ist als **unzulässig zu verwerfen**, wenn er nicht innerhalb der zweiwöchigen Frist oder erst nach Ablauf der sechsmonatigen Frist gestellt wird oder keine Tatsachen enthält, die eine Verspätung der Kündigungsschutzklage entschuldigen sollen[5]. Werden im Antrag entgegen Abs. 2 S. 2 die Mittel der Glaubhaftmachung nicht bezeichnet, führt dies nur zum Ausschluss solcher Mittel und macht den Antrag nicht unzulässig (vgl. Rz. 9 aE). Der Zulassungsantrag ist als **unbegründet** zurückzuweisen, wenn die vorgetragenen Tatsachen die Verspätung der Kündigungsschutzklage nicht entschuldigen (Rz. 24 ff.) oder nicht glaubhaft erscheinen (Rz. 15). IÜ ist die Kündigungsschutzklage nachträglich zuzulassen. Die **Kostenentscheidung** im Zwischenrechtsstreit bleibt dem Schlussurteil vorbehalten (§ 308 II ZPO). Der festzusetzende Streitwert entspricht dem der Klage. Gerichtskosten fallen nicht an, da das Zwischenverfahren zum Hauptverfahren gehört; die Verfahrensgebühr des Rechtsanwalts umfasst auch das Zwischenverfahren[6]. Im Endurteil richtet sich die Kostenentscheidung grds. nach dem Ausgang des Kündigungsrechtsstreits. Eine entsprechende Anwendung der Sondervorschrift des § 238 IV ZPO[7] ist abzulehnen, da lediglich über ein auf denselben Klaganspruch zielendes Angriffsmittel iSv. § 146 ZPO entschieden wird; es gilt aber § 96 ZPO. Der Streitwert des Verbundurteils entspricht dem Kündigungsschutzantrag[8]. 20

Bei **Säumnis des Klägers** ergeht im verbundenen Verfahren (Rz. 17) auf Antrag des Beklagten ein abweisendes Versäumnisurteil ohne Rücksicht auf die Frage der nachträglichen Zulassung, gem. § 55 I Nr. 4 ArbGG im Gütetermin durch den Vorsitzenden, im Kammertermin durch die Kammer. War die Verhandlung von vornherein auf den Zulassungsantrag beschränkt (vgl. Rz. 18), wird der Antrag auch nur insoweit durch „Versäumnis-Zwischenurteil" abgewiesen werden können. Dem Kläger steht, anders als nach § 238 II 2 ZPO, der Einspruch gegen das Versäumnisurteil zu. Beantragt der beklagte ArbGeb gegen den säumigen Kläger im Kammertermin gem. §§ 331a, 251a II ZPO eine Entscheidung nach Lage der Akten, kann die Kammer gem. § 55 I Nr. 5 ArbGG unter den Voraussetzungen des § 251a II ZPO ggf. durch Endurteil entscheiden. Dies wird im Hinblick auf § 54 I 1 ArbGG auch gelten, wenn nur ein (Güte-)Termin vorangegangen ist und noch keine Sachanträge gestellt worden sind[9]. 21

Bei **Säumnis des Beklagten** im verbundenen Verfahren (Rz. 17) ergeht auf Antrag des Klägers Versäumnisurteil gemäß dem Kündigungsschutzantrag, wenn die Klage nicht verspätet ist. Da die Wahrung der Klagefrist nicht zur Disposition der Parteien steht (§ 4 Rz. 34), ist sie grds. wie im Falle der Wiedereinsetzung (§ 238 ZPO) von Amts wegen zu prüfen (ggf. durch Beweiserhebung; es gilt der Grundsatz des Freibeweises[10]). Dabei bleibt jedoch schriftsätzliches Vorbringen des nicht erschienenen Beklagten außer Betracht, da trotz Amtsprüfung der Beibringungsgrundsatz gilt[11]. Hält das Gericht die Klage für verspätet, hat es neben der Zulässigkeit der Klage aus den gleichen Gründen und in gleicher Weise auch Zulässigkeit und Begründetheit des Zulassungsantrags von Amts wegen zu prüfen. Dabei sind auch hier das Vorbringen des säumigen Beklagten und seine Mittel zur Glaubhaftmachung nicht zu berücksichtigen[12]. Die Frage der Verspätung wird dahingestellt bleiben können, wenn jedenfalls die nachträgliche Zulassung zu gewähren ist (vgl. Rz. 14 aE). Rechtsmittel für den Beklagten: Einspruch. War die Verhandlung von vornherein auf den Zulassungsantrag beschränkt (vgl. Rz. 18), gilt Entsprechendes mit der Maßgabe, dass hier nur ein „Versäumnis-Zwischenurteil" über diesen Antrag in Betracht kommt. 22

---

1 BGH 17.1.1973 – VIII ZR 48/71, NJW 1973, 467. || 2 So zum – formell rechtskräftigen – Zwischenurteil nach § 304 ZPO BGH 14.4.1987 – IX ZR 149/86, MDR 1987, 841. || 3 BAG 28.5.2009 – 2 AZR 732/08, NZA 2009, 1229; ebenso bereits BAG 5.4.1984 – 2 AZR 67/83, NZA 1984, 124; anders noch zur Veraufl. (Prüfung der Verspätung nur im Klageverfahren). || 4 BAG 25.4.2013 – 6 AZR 49/12, NZI 2013, 758; 22.3.2012 – 2AZR 224/11, NZA 2012, 1320. || 5 Bader ua./*Kriebel*, § 5 Rz. 158 und 159. || 6 MüKoZPO/*Prütting*, § 280 Rz. 13. || 7 Vgl. dazu *Roloff*, NZA 2009, 761 (764f.). || 8 *Roloff*, NZA 2009, 761 (764f.). || 9 LAG Hess. 31.10.2000 – 9 Sa 2072/99, MDR 2001, 517; vgl. auch BAG 22.4.2009 – 3 AZB 97/08, NZA 2009, 804. || 10 BGH 4.11.1999 – III ZR 306/98, NJW 2000, 289. || 11 Thomas/Putzo/*Reichold*, Vorbem. § 253 ZPO Rz. 12. || 12 *G. Reinecke*, NZA 1985, 243 (244).

23 Statthaftes **Rechtsmittel** gegen End- wie Zwischenurteil ist die **Berufung**. Für das Zwischenurteil ordnet Abs. 4 S. 3 dies ausdrücklich an (wie § 280 I 1 ZPO; abweichend § 238 III ZPO). Gem. § 64 II Buchst. c ArbGG ist sie unabhängig vom Streitwert statthaft. Für Verfahren und Entscheidung gelten die allg. Grundsätze. Zu beachten ist auch hier das unterschiedliche Beweismaß für die Feststellung streitiger Tatsachen (Rz. 15, 17). Auch bei Berufung gegen ein Zwischenurteil besteht Vertretungszwang gem. § 11 II ArbGG. Nimmt das Berufungsgericht hier anders als das ArbG keine Versäptung an, hat es das Urteil des ArbG aufzuheben und festzustellen, dass die Klage rechtzeitig erhoben ist[1]. Das LAG kann bei Berufung gegen ein Endurteil des ArbG über Antrag und Klage seinerseits zunächst die Verhandlung auf den Antrag beschränken und durch Zwischenurteil gesondert über diesen entscheiden. Das wird idR nur bei Zulassung der Revision Sinn machen, uU aber auch umgekehrt, um eine im Hauptverfahren zuzulassende Revision nicht mehr mit der Frage der nachträglichen Zulassung zu belasten. Entscheidet das ArbG über den Antrag auf nachträgliche Zulassung der Kündigungsschutzklage statt durch Zwischenurteil fälschlich durch Beschluss, kann gegen diese Entscheidung nach dem Grundsatz der Meistbegünstigung sowohl Berufung als auch sofortige Beschwerde eingelegt werden[2]. Gegen die Entscheidung des Berufungsgerichts findet nach Maßgabe der §§ 72–72b ArbGG **Revision**, Nichtzulassungsbeschwerde oder Verspätungsbeschwerde statt. Nimmt erstmals das Revisionsgericht Versäumung der Klagefrist an, ist über einen gem. Abs. 3 rechtzeitig gestellten Antrag erstmals zu entscheiden; hierzu ist das Urteil des LAG aufzuheben[3] und der Rechtsstreit zur erneuten Verhandlung und Entscheidung, insb. über den Antrag auf nachträgliche Zulassung der Kündigungsschutzklage (analog Abs. 5 S. 1), an das LAG zurückzuverweisen.

24 **VI. Einzelfälle (alphabetisch): Der ArbGeb ist grds.** nicht verpflichtet, den ArbN im Zusammenhang mit einer Kündigung des ArbVerh auf die Klagefrist hinzuweisen[4]. Veranlasst der ArbGeb jedoch den ArbN **arglistig**, von der Erhebung einer Kündigungsschutzklage abzusehen, trifft diesen an der Versäumung der Klagefrist keine Schuld[5]. So, wenn er die Kündigung als „noch nicht verbindlich" darstellt[6], nicht aber, wenn er nur ihre Rücknahme in Aussicht stellt[7]. In Vergleichsverhandlungen über Abfindungen oder eine Fortsetzung des ArbVerh liegt idR kein Grund für unverschuldetes Fristversäumnis[8].

25 – Ist die **Auskunft** einer geeigneten Stelle falsch, an die sich der ArbN wegen der Kündigung wendet, trifft ihn kein Verschulden, wenn er von der Kompetenz des Ratgebers ausgehen durfte[9]. Grds. ist jede Stelle als geeignet zur Auskunft anzusehen, die über die erforderliche Sachkunde verfügt und unmittelbar zu entsprechenden Auskünften berufen ist. Das gilt etwa für die Rechtsantragstelle des ArbG, einen Rechtsanwalt oder die Rechtsschutzstelle der Gewerkschaft. Ungeeignet zur Auskunft sind dagegen Kanzleimitarbeiter von Gerichten und Anwälten, die Schadensabteilungen von Rechtsschutzversicherungen, die AA oder der BR bzw. Personalrat[10].

26 – Ein **Irrtum** des ArbN oder seine falsche Beurteilung der Erfolgsaussichten einer Kündigungsschutzklage rechtfertigen deren nachträgliche Zulassung im Allg. nicht, es sei denn, der ArbGeb hat die Klageerhebung durch eine entsprechende bewusst falsche Auskunft verhindert. Kündigt der ArbGeb etwa „wegen Stilllegung des Betriebs", obwohl er hierzu nicht endgültig entschlossen ist, und kommt es nachfolgend zu einem **Betriebsübergang**, wird nachträgliche Zulassung zu gewähren sein. Bei tatsächlichen oder vermeintlichen Betriebsübergängen führt die Wahl des falschen Beklagten idR zu verschuldeter Versäumung der Klagefrist[11]. Die Versäumung der Klagefrist ist auch verschuldet, wenn sie auf Fehlinterpretation einer zutreffenden Rechtsbehelfsbelehrung eines Zustimmungsbescheids des Integrationsamtes beruht[12]. Eine Ausnahme bildet gem. Abs. 1 S. 2 die zunächst unverschuldet nicht erkannte Schwangerschaft einer ArbNin, wenn die Mitteilung an den ArbGeb unverzüglich gem. § 9 I 1 Hs. 2 MuSchG nachgeholt wird (vgl. Rz. 5). Zur Frage des Vertretenmüssens der Unkenntnis vgl. die Erl. zu § 9 MuSchG.

27 – Die **Krankheit** eines ArbN rechtfertigt allein nicht die Zulassung der Kündigungsschutzklage. Es kommt darauf an, ob ihm die rechtzeitige Klageerhebung wegen der Erkrankung objektiv unmöglich war[13]. Selbst bei einer stationären Krankenhausbehandlung muss der ArbN die Möglichkeit in Betracht ziehen, Angehörige oder Bekannte mit der Erhebung der Kündigungsschutzklage zu beauftragen[14].

---

1 LAG Köln 22.12.2010 – 8 Sa 1195/10 ua.; LAG Nürnberg 8.10.2001 – 7 Ta 163/01, NZA-RR 2002, 212. ‖ 2 BAG 14.10.1982 – 2 AZR 570/80, AP Nr. 2 zu § 72 ArbGG 1979 zum umgekehrten Fall. ‖ 3 Vgl. zur alten Rechtslage LAG Hamm 11.8.1970 – 3 Sa 361/70, DB 1970, 1694; LAG Nürnberg 29.8.1995 – 2 Sa 203/95, AP Nr. 6 zu § 15 SchwbG 1986. ‖ 4 BAG 26.8.1993 – 2 AZR 376/93, NZA 1994, 281. ‖ 5 LAG Hess. 17.8.1954 – IV LA-B 28/54, NJW 1954, 1952; LAG BW 26.3.1965 – 4 Ta 3/65, BB 1965, 669; LAG Köln 9.10.2000 – 8 Sa 84/00, nv.; aA LAG Hamm 29.10.1987 – 8 Ta 106/87, LAGE § 5 KSchG Nr. 33; *v. Hoyningen-Huene/Linck*, § 5 Rz. 5. ‖ 6 LAG München 26.4.2005 – 11 Ta 427/04, nv. ‖ 7 LAG Köln 19.4.2004 – 5 Ta 63/04, LAGE § 5 KSchG Nr. 108a. ‖ 8 BAG 19.2.2009 – 2 AZR 286/07, DB 2009, 1410. ‖ 9 KR/*Friedrich*, § 5 Rz. 30; *v. Hoyningen-Huene/Linck*, § 5 Rz. 6. ‖ 10 *LAG Rh.-Pf.* 23.7.2004 – 8 Ta 154/04, nv.; aA LAG Sachs. 27.7.1998 – 6 Ta 273/97, NZA-RR 1999, 266. ‖ 11 LAG Rh.-Pf. 21.10.2004 – 7 Ta 173/04, LAGReport 2005, 275. ‖ 12 LAG Köln 14.3.2005 – 2 Ta 9/05, nv. ‖ 13 *Schaub*, ArbRHdb, § 136 II 3 Rz. 44. ‖ 14 LAG Hamm 31.1.1990 – 8 Ta 490/89, LAGE § 5 KSchG Nr. 45; LAG Köln 1.9.1993 – 10 Ta 118/93, LAGE § 5 KSchG Nr. 62.

- Will der ArbN seine Kündigungsschutzklage mit der **Post** befördern, muss er sie so rechtzeitig aufgeben, dass sie innerhalb der Regelpostlaufzeiten, auf die der ArbN vertrauen darf, beim Gericht eingeht. Störungen bei der Beförderung oder der Zustellung der Post hat der ArbN nicht zu vertreten[1]. 28

- Bei **unverschuldeter Unkenntnis** ist zu unterscheiden: Unkenntnis der Klagefrist ist grds. verschuldet; eine fehlerhafte Auskunft einer kompetenten Stelle (Rz. 25) dürfte praktisch ausscheiden. Unkenntnis von einer nach Ausspruch der Kündigung erfolgten Insolvenzeröffnung kann dagegen unverschuldet sein, sodass eine zunächst fälschlich gegen den Schuldner erhobene und erst nachträglich gegen den Verwalter gerichtete Klage auf Antrag zuzulassen ist[2]. Unkenntnis vom Unwirksamkeitsgrund für die Kündigung genügt idR nicht. Die Klagefrist soll auch in diesem Fall für Rechtssicherheit sorgen (vgl. § 4 Rz. 1). Anderes gilt bei bewusst falscher Auskunft des ArbGeb (Rz. 26), da er hier nicht schutzwürdig ist, oder bei erst nachträglich entstandener Unwirksamkeit[3], da der ArbN sonst zur Klage „ins Blaue hinein" gezwungen wäre. 29

- **Unkenntnis vom Zugang der Kündigung:** Gelangt ein Kündigungsschreiben in den Hausbriefkasten eines ArbN, kann dieser die nachträgliche Klagezulassung nicht allein darauf stützen, dieses Schreiben sei aus ungeklärten Gründen nicht zu seiner Kenntnis gelangt[4]. Grds. muss ein ArbN die Kündigungsschutzklage auch während seines Urlaubs rechtzeitig erheben. Wird sein ArbVerh während des Urlaubs gekündigt, geht ihm das an seine Wohnanschrift gerichtete Kündigungsschreiben zu, auch wenn er verreist ist[5]. Erhält der ArbN jedoch erst nach seiner Rückkehr und nach Ablauf der Klagefrist Kenntnis vom Zugang der Kündigung, kann er erfolgreich die nachträgliche Zulassung der Kündigungsschutzklage beantragen[6]. Bei einem mehr als sechswöchigen Urlaub hat der ArbN aber dafür zu sorgen, dass er von eingehender Post zeitnah Kenntnis erlangt[7]. Kehrt der ArbN noch innerhalb der dreiwöchigen Klagefrist aus dem Urlaub zurück, muss er sich unverzüglich beraten lassen und die Klage erheben[8]. 30

- Das Verschulden seines gesetzl. **Vertreters** muss sich ein ArbN nach § 51 II ZPO anrechnen lassen[9]. Das Verschulden seines **Prozessbevollmächtigten** bei der Versäumung der Klagefrist muss sich ein ArbN gem. § 85 II ZPO anrechnen lassen[10]. Das gilt auch, wenn eine Fachgewerkschaft den Klageauftrag eines Mitglieds empfängt und die Prozessführung später an die DGB Rechtsschutz GmbH abgibt[11]. Es kommt nicht darauf an, dass § 7 an die Versäumung der Klagefrist materiellrechtl. Folgen knüpft; entscheidend ist, dass die Prozesshandlung der Klageerhebung nach § 4 von der Ratio des § 85 II ZPO erfasst wird, der vertretenen Prozesspartei den Einwand des fehlenden eigenen Verschuldens in Bezug auf Prozesshandlungen ihres Vertreters abzuschneiden. Es kann hier weitgehend auf die Rspr. zu § 233 ZPO zurückgegriffen werden. Der Prozessbevollmächtigte muss auch die mögliche Unrichtigkeit einer Parteiinformation in Betracht ziehen und bestehende Zweifel ausräumen[12]. Das Verschulden des **Hilfspersonals** seines Prozessbevollmächtigten ist hiervon nicht erfasst, da § 85 II ZPO auf deren Tätigkeit keine Anwendung findet. Anders jedoch bei Organisationsverschulden des Prozessbevollmächtigten, etwa bei der Auswahl und Überwachung des Personals[13]. Hierzu zählen allerdings Versäumnisse eines Kurierdienstes, der von einer Einzelgewerkschaft mit der Weiterleitung eines Klageauftrags an die DGB Rechtsschutz GmbH beauftragt worden war[14]. 31

6 Verlängerte Anrufungsfrist

Hat ein Arbeitnehmer innerhalb von drei Wochen nach Zugang der schriftlichen Kündigung im Klagewege geltend gemacht, dass eine rechtswirksame Kündigung nicht vorliege, so kann er sich in diesem Verfahren bis zum Schluss der mündlichen Verhandlung erster Instanz zur Begründung der Unwirksamkeit der Kündigung auch auf innerhalb der Klagefrist nicht geltend gemachte Gründe berufen. Das Arbeitsgericht soll ihn hierauf hinweisen.

I. Gegenstand und Zweck. § 6 bringt neben § 5 eine weitere **Durchbrechung der Klagefrist** des § 4 und der an ihre Versäumung gebundenen Wirksamkeitsfiktion des § 7. Die Norm gestattet dem ArbN, später als drei Wochen nach Zugang der schriftl. Kündigung deren Rechtsunwirksamkeit in der durch § 4 S. 1 vorgegebenen Art und Weise, nämlich durch einen auf diese konkrete Kündigung bezogenen Feststel- 1

---

1 LAG Nürnberg 31.10.1991 – 7 Ta 121/91, LAGE § 5 KSchG Nr. 56. || 2 BAG 21.9.2006 – 2 AZR 573/05, NJW 2007, 458. || 3 BAG 17.6.2003 – 2 AZR 245/02, NZA 2003, 1329 (zur Anfechtung eines Zustimmungsbescheides nach § 9 III MuSchG); desgleichen bei unterlassener Massenentlassungsanzeige gem. § 17; vgl. auch *Richardi*, NZA 2003, 764 (766). || 4 BAG 28.5.2009 – 2 AZR 732/08, NZA 2009, 1229. || 5 BAG 16.3.1988 – 7 AZR 587/87, AP Nr. 16 zu § 130 BGB. || 6 LAG Köln 9.2.2004 – 3 Ta 430/03, NZA-RR 2005, 215; 4.3.1996 – 10 Ta 322/95, LAGE § 4 KSchG Nr. 75. || 7 LAG Hess. 17.2.2005 – 15 Ta 578/04; BVerfG 11.2.1976 – 2 BvR 849/75, NJW 1976, 1537; BAG 16.3.1988 – 7 AZR 587/87, AP Nr. 16 zu § 130 BGB. || 8 *v. Hoyningen-Huene/Linck*, § 5 Rz. 18. || 9 LAG Hess. 15.11.1988 – 7 Ta 347/88, LAGE § 5 KSchG Nr. 41. || 10 BAG 11.12.2008 – 2 AZR 472/08, NJW 2009, 1354 (hM). || 11 BAG 28.5.2009 – 2 AZR 548/08, NJW 2009, 2971 (zu Versäumnissen des abgebenden Gewerkschaftssekretärs bei der Fristenkontrolle); einschr. LAG Sachs. 17.12.2007 – 4 Ta 274/07, nv. || 12 BAG 22.3.2012 – 2 AZR 224/11, NZA 2012, 1320 (hier: über den Zugang der Kündigung). || 13 BAG 25.4.2013 – 6 AZR 49/12, NZI 2013, 758 (Fax ohne Unterschrift). || 14 LAG Thür. 10.12.2004 – 7 Ta 142/04, LAGE § 5 KSchG Nr. 110.

lungsantrag, geltend zu machen. Voraussetzung hierfür ist, dass der ArbN nur überhaupt innerhalb von drei Wochen nach der Kündigung deren Rechtsunwirksamkeit (irgendwie) „im Klagewege geltend gemacht" hat. Der häufig nicht rechtskundige ArbN soll seinen Kündigungsschutz nicht verlieren, wenn er durch rechtzeitige Anrufung des ArbG nur genügend klar zum Ausdruck gebracht hat, er wolle die Wirksamkeit der Kündigung bekämpfen[1]. Das Interesse des ArbGeb an baldiger Klärung der Rechtslage (vgl. § 4 Rz. 1) und sein Vertrauen in den Bestand der Kündigung werden hierdurch kaum berührt und müssen zurücktreten. Daher kann dem BAG nicht gefolgt werden, wenn es den Zweck des § 6 neuerdings unklar als **Präklusionsvorschrift** dahin bestimmt, „im Zusammenspiel mit § 4 KSchG frühzeitig Rechtsklarheit und -sicherheit zu schaffen"[2]. Dieses Ziel verfolgt § 4; Zweck des § 6 ist es dagegen allein, aus den vorgenannten Gründen die strikte Frist des § 4 zu entschärfen[3].

2 § 6 aF sah eine verlängerte Geltendmachung der Unwirksamkeit der Kündigung gem. § 1 II u. III und § 13 vor. Notwendig, aber auch hinreichend für die „Geltendmachung" iSv. § 6 aF, also der Sozialwidrigkeit (§ 1) und des fehlenden wichtigen Grundes (§ 13), war gem. § 4 S. 1 die Erhebung der dort vorgesehenen Klage mit ihrem begrenzten punktuellen Streitgegenstand. Nach der st. Rspr. des BAG handelt es sich bei dieser Klage um einen etwa gü. der allg. Feststellungsklage grds. selbständigen prozessualen Anspruch (vgl. § 4 Rz. 48 ff.)[4]. Für die Anrufung (so die unveränderte amtl. Überschrift, nicht „Berufung"!) des ArbG mit diesem Antrag sah § 6 aF daher eine verlängerte Frist unter der Voraussetzung vor, dass rechtzeitig binnen drei Wochen im Klagewege die Rechtsunwirksamkeit der Kündigung aus anderen Gründen geltend gemacht worden war. Auf die Besonderheit dieser speziellen Antragstellung hatte das ArbG den ArbN, der erkennbar die Wirksamkeit der Kündigung angreifen wollte, ohne den Antrag gestellt zu haben, gem. § 6 S. 2 aF hinzuweisen. Die am 1.1.2004 in Kraft getretene **Neufassung** wollte nach der Gesetzesbegr. am bisherigen Zweck der Norm nichts ändern, sondern sie lediglich an die Erstreckung der Klagefrist in § 4 auf alle Unwirksamkeitsgründe redaktionell anpassen[5]. Stattdessen sieht § 6 nF aber vor, dass sich der ArbN auf innerhalb der Klagefrist nicht geltend gemachte Gründe verlängert „berufen" kann. Der **redaktionell missglückte Wortlaut**[6] unterstellt, dass sich der ArbN grds. auf alle Unwirksamkeitsgründe, die er gegen die Kündigung anführen will, innerhalb der Klagefrist „berufen" müsse und dies gem. § 6 ausnahmsw. bis zum Schluss der mündlichen Verhandlung nachholen könne. Nach § 4 S. 1 genügt jedoch für die Geltendmachung jedweder Unwirksamkeit der Kündigung die rechtzeitige Klageerhebung mit dem dort bezeichneten Streitgegenstand. Einer irgendwie gearteten „Berufung" auf Unwirksamkeitsgründe bedarf es danach nicht. Das galt auch für die frühere Fassung. Der neue Wortlaut von § 6 (Berufung auf innerhalb der Klagefrist nicht geltend gemachte Gründe) widerspricht außerdem der in der Gesetzesbegr. zum Ausdruck gekommenen Absicht des Gesetzgebers, die Vorschrift lediglich redaktionell anpassen zu wollen (s.o.), sowie der unveränderten amtl. Überschrift der Norm, die gerade eine „verlängerte Anrufungsfrist" und keine zusätzlichen Anforderungen für die Geltendmachung der Unwirksamkeit einer Kündigung ankündigt[7]. Das Erfordernis einer fristgerechten „Berufung" auf alle Unwirksamkeitsgründe steht schließlich im **Widerspruch zum prozessualen Novenrecht** der §§ 61a, 67 ArbGG; eine Verdrängung des § 61a ArbGG durch § 6 scheidet aus, da „sich Berufen" etwas anderes ist als das dort geforderte Vorbringen von Angriffs- und Verteidigungsmitteln[8]. Ein Sich-Berufen ist prozessual ohnehin grds. nicht erforderlich[9]. Es erscheint auch als prozessuale Ungleichbehandlung, dem ArbN Einwände gegen die Kündigung über das allg. Novenrecht (§§ 61a, 67 ArbGG) hinaus abzuschneiden, während der ArbGeb in diesem Rahmen bis zum Schluss der mündl. Verhandlung zweiter Instanz frei vortragen und bspw. Kündigungsgründe nachschieben (§ 1 Rz. 88 ff.) kann.[10] Dennoch soll § 6 nach wohl hM[11] gemäß seinem nicht durchdachten Wortsinn auszulegen sein. Dem hat sich das **BAG** angeschlossen[12]. Nach hier vertretener Auffassung ist die Norm dagegen **teleologisch korrigierend** dahin auszulegen, dass ein ArbN, der innerhalb von drei Wochen auf irgendeine (§ 4 S. 1 nicht entsprechende) Weise im Klagewege die Unwirksamkeit der Kündigung geltend gemacht hat, innerhalb der verlängerten Frist den Klageantrag nach § 4 S. 1 nachholen kann[13]. Einer gesonderten „Berufung" auf Unwirksamkeitsgründe bedarf es nicht. Ist die Klage gem. § 4 S. 1 form- und fristgerecht erhoben, findet § 6 keine Anwendung. In dieser Auslegung entspricht § 6 nF im Erg. auch der hM zu § 113 II InsO aF[14].

---

1 BAG 13.8.1987 – 2 AZR 599/86, AP Nr. 3 zu § 6 KSchG 1969. ||2 So BAG 23.4.2008 – 2 AZR 699/06, NZA-RR 2008, 466. ||3 Zutr. *Zeuner*, NZA 2012, 1404; *Zeuner*, FS Leipold, 2009, S. 221 ff. ||4 BAG 12.5.2005 – 2 AZR 426/04, NJW 2006, 395. ||5 BT-Drs. 15/1204, 26. ||6 *Quecke*, RdA 2004, 86 (101 f.); *Bader*, NZA 2004, 65 (68). ||7 So auch *Zeuner*, NZA 2012, 1404; *Zeuner*, FS Leipold, 2009, S. 221 ff. ||8 Zu den Schwierigkeiten, die eine Deutung der Norm als Präklusionsvorschrift erzeugt, vgl. anschaulich *Eylert*, NZA 2009, 9 ff. ||9 „Da mihi facta, dabo tibi ius"; gesetzl. geregelte Ausnahme: Verjährung. ||10 Zutreffend *Zeuner*, NZA 2012, 1404; *Zeuner*, FS Leipold, 2009, S. 221 ff. ||11 *Vossen* in Stahlhacke/Preis/Vossen, Rz. 1931; *Bader*, NZA 2004, 65 (69); APS/*Hesse*, § 6 Rz. 2. ||12 BAG 8.11.2007 – 2 AZR 314/06, NJW 2008, 1336; 4.5.2011 – 7 AZR 252/10, BAGE 138, 9; 18.1.2012 – 6 AZR 407/10, BAGE 140, 261. ||13 *Bender/Schmidt*, NZA 2004, 358 (365); *Quecke*, RdA 2004, 86 (101 f.); *Raab*, RdA 2004, 321 (328 f.) mwN; *Zeuner*, NZA 2012, 1404; *Zeuner*, FS Leipold, 2009, S. 221 ff. ||14 LAG Sa.-Anh. 8.6.2001 – 2 Sa 138/01, LAGE § 113 InsO Nr. 8 sowie *Quecke*, RdA 2004, 86 (102); aA *Boewer*, RdA 2001, 380 (391); *Schaub*, DB 1999, 224; andere wollten, vom selben Ausgangspunkt ausgehend, § 6 wenigstens analog anwenden, so etwa *Berscheid*, ZInsO, 1998, 167; KDZ/*Däubler*, § 113 InsO Rz. 52; ebenso LAG Hamm, 25.10.2000 – 4 Sa 821/00; unentschieden BAG 19.1.2000 – 4 AZR 70/79, NZA 2000, 658.

II. Voraussetzungen. Die Verlängerung der Anrufungsfrist erfordert **Klageerhebung binnen drei Wochen** nach Zugang der schriftl. Kündigung. Grds. verlangt § 6 ein aktives gerichtl. Vorgehen des ArbN; die Erhebung einer **Widerklage** genügt, nicht aber bloßes Bestreiten der Wirksamkeit der Kündigung außerhalb eines Prozesses oder im Rahmen der Erwiderung auf eine ArbGebKlage (zB auf Herausgabe von Werkzeug)[1]. Zur Verfügungsklage vgl. Rz. 6. Es genügt Klageerhebung bei einem unzuständigen Gericht (vgl. § 4 Rz. 20 ff.). Ist die Klage erst nach Ablauf der Frist erhoben worden, gilt die Kündigung gem. § 7 in jeder Hinsicht als von Anfang an rechtswirksam. In Betracht kommt allein ihre nachträgliche Zulassung gem. § 5. Zur Fristwahrung vgl. § 4 Rz. 25 ff.

Der ArbN muss mit der Klage die **Unwirksamkeit der Kündigung geltend machen**. Das ist der Fall, wenn sein Klagebegehren auf der Unwirksamkeit der Kündigung aufbaut. Es kommt nicht darauf an, aus welchen Gründen die Unwirksamkeit hergeleitet wird[2]. Liegen diese Voraussetzungen vor, findet § 6 unmittelbare und nicht nur entsprechende Anwendung; das gilt auch für Leistungsklagen (vgl. Rz. 6).

Einer verlängerten Anrufungsfrist nach § 6 bedarf es nicht bei fristgerechter Klageerhebung gem. § 4 S. 1; hierzu gehört auch ein sog. **allgemeiner Feststellungsantrag** (vgl. § 4 Rz. 49), wenn in der Klage der Wille des ArbN hinreichend deutlich zum Ausdruck kommt, eine bestimmte Kündigung anzugreifen[3]. Ohne einen solchen konkreten Bezug genügt die allg. Feststellungsklage für eine fristgerechte Klage nach § 4 S. 1 nicht (vgl. § 4 Rz. 49); da sie aber auf den Fortbestand des ArbVerh bis zum Schluss der mündlichen Verhandlung in den Tatsacheninstanzen gerichtet ist, macht sie zugleich auch die Unwirksamkeit etwaiger Kündigungen geltend; § 6 ist hier anwendbar.

In gleicher Weise genügt auch eine **Leistungsklage** den Voraussetzungen des § 6, wenn der ArbN aus der Unwirksamkeit der Kündigung zB Ansprüche auf Weiterbeschäftigung[4] oder Lohn herleitet[5], also für Zeiten nach dem Zugang der fristlosen Kündigung oder nach dem Fristablauf einer ordentl. Kündigung[6]. Das Gleiche dürfte für den Antrag auf Erlass einer **einstw. Verfügung** gelten, der auf solche Ansprüche gerichtet ist[7]. Eine Klage auf Leistungen aus der Zeit vor der Kündigung eröffnet dagegen selbst dann nicht die verlängerte Anrufungsfrist nach § 6, wenn in der Klage die Unwirksamkeit der Kündigung erwähnt wird[8].

Die verlängerte Anrufungsfrist nach § 6 kommt auch dann in Betracht, wenn der ArbN zunächst nur innerhalb von drei Wochen eine **Änderungsschutzklage** nach § 4 S. 2 erhoben hat und sich im Prozess herausstellt, dass er das Änderungsangebot des ArbGeb nicht wirksam unter Vorbehalt angenommen hat; der ArbN kann hier die Sozialwidrigkeit oder sonstige Unwirksamkeit der Kündigung als Beendigungskündigung auch noch zu einem späteren Zeitpunkt geltend machen[9]. Nach hM zu § 6 aF konnte auch die nur auf **Einhaltung der Kündigungsfrist** gerichtete Klage innerhalb der verlängerten Frist mit der Sozialwidrigkeit der Kündigung begründet (aber nicht erweitert) werden[10]; das erscheint bedenklich, da hier bei zutreffender Auslegung der Kündigungserklärung gerade nicht ihre Unwirksamkeit, sondern ihre wahre Rechtsfolge geltend gemacht wird (vgl. § 4 Rz. 6 mwN).

Einstweilen frei.

Die verlängerte Anrufungsfrist nach § 6 kommt auch dann in Betracht, wenn ein ArbN die Unwirksamkeit einer ihm ggü. erklärten **fristlosen Kündigung** zunächst nur aus anderen Gründen geltend macht, ohne sich für den Fall ihrer Umdeutung auf die Sozialwidrigkeit oder andere spezielle Unwirksamkeitsgründe einer ordentl. Kündigung zu berufen[11]. Das soll auch gelten, wenn ein ArbGeb eine außerordentl. und zugleich eine hilfsweise ordentl. Kündigung ausgesprochen hat, der ArbN innerhalb der Klagefrist nach § 4 nur die außerordentl. Kündigung angegriffen hat[12]. Eine verlängerte Anrufungsfrist kommt nur dann nicht infrage, wenn sich der ArbN mit der bei Unwirksamkeit der außerordentl. Kündigung im Wege der Umdeutung gewonnenen ordentl. Kündigung bereits einverstanden erklärt hat[13].

III. Rechtsfolge. Sie besteht in der **Verlängerung der Klagefrist** zur Erhebung der konkreten Kündigungsschutzklage nach § 4 S. 1[14]. Nach Ansicht des BAG und eines Teils der Lit. soll sie darüber hinaus in der **Verlängerung einer Präklusionsfrist** zur „Berufung auf Unwirksamkeitsgründe" bestehen (eine solche Frist sieht das Gesetz nicht vor!). Ihre Versäumung soll eine Berufung auf nicht geltend gemachte Unwirksamkeitsgründe ausschließen[15] (vgl. dazu Rz. 2). Entsprechend soll sich der Prozessstoff für das Gericht bindend reduzieren, falls der ArbN im Verlauf des Rechtsstreits bis zum Schluss der

---

1 KR/*Friedrich*, § 6 Rz. 29; v. *Hoyningen-Huene/Linck*, § 6 Rz. 7; Bader ua./*Kriebel*, § 6 Rz. 11. || 2 KR/*Friedrich*, § 6 Rz. 10 f. || 3 BAG 12.5.2005 – 2 AZR 426/04, nv.; ebenso zur Parallelnorm § 17 TzBfG BAG 15.5.2012 – 7 AZR 6/11, NJW 2013, 714. || 4 BAG 23.4.2008 – 2 AZR 699/06, NZA-RR 2008, 466. || 5 BAG 30.11.1961 – 2 AZR 295/61, AP Nr. 3 zu § 5 KSchG. || 6 KR/*Friedrich*, § 6 Rz. 24. || 7 BAG 9.11.1967 – 2 AZR 435/66, BB 1968, 293. || 8 LAG Hamm 2.11.1953 – 3 Ta 88/53, AP 1954 Nr. 91. || 9 BAG 23.3.1983 – 7 AZR 157/81, DB 1983, 1716. || 10 Vgl. KR/*Friedrich*, § 6 Rz. 12 ff. mwN; Bader ua./*Kriebel*, § 6 Rz. 23; aA ArbG Hamburg 1.3.1957 – 2 Ca 76/56, AP Nr. 2 zu § 5 KSchG. || 11 BAG 30.11.1961 – 2 AZR 295/61, DB 1962, 411. || 12 BAG 16.11.1970 – 2 AZR 33/70, AP Nr. 38 zu § 3 KSchG. || 13 BAG 13.8.1987 – 2 AZR 599/86, NZA 1988, 129. || 14 BAG 23.4.2008 – 2 AZR 699/06, NZA-RR 2008, 466; *Quecke*, RdA 2004, 86 (101 f.); *Raab*, RdA 2004, 321 (325) mwN. || 15 BAG 8.11.2007 – 2 AZR 314/06, NJW 2008, 1336; zur Lit. vgl. Rz. 2 aE.

mündl. Verhandlung zweiter Instanz zweifelsfrei zu erkennen gibt, sich auf bestimmte, rechtlich eigenständige und selbst objektiv gegebene Unwirksamkeitsgründe nicht (mehr) berufen zu wollen[1]. Für eine **„Berufung"** auf einen Unwirksamkeitsgrund genügt etwa die Rüge einer nicht ordnungsgemäßen Beteiligung des BR; substantiiertes Vorbringen ist nicht erforderlich, um die Präklusionswirkung auszuschließen[2]. War die ursprüngliche Klage eine allg. Feststellungsklage nach § 256 ZPO (vgl. Rz. 5), dient es zumindest der Klarstellung, nunmehr den Feststellungsantrag nach § 4 (ggf. zusätzlich) zu stellen. Hatte der ArbN zunächst nur eine Leistungsklage erhoben (vgl. Rz. 6), muss er bis zum Schluss der mündlichen Verhandlung erster Instanz einen Feststellungsantrag nach § 4 stellen[3]. Der **Schluss der mündlichen Verhandlung** tritt gem. § 136 IV ZPO iVm. § 53 II ArbGG ein, wenn nach Ansicht des Gerichts die Sache vollständig erörtert ist und der Vorsitzende die mündliche Verhandlung schließt; dies kann schlüssig zB durch Bestimmung eines Verkündungstermins geschehen.

11 **IV. Hinweispflicht (S. 2).** S. 2 iVm. S. 1 verpflichtet[4] das ArbG nach hM, den ArbN, der seine fristgerechte Klage bisher nur auf andere Unwirksamkeitsgründe gestützt hat, darauf hinzuweisen, sich nur bis zum Schluss der mündlichen Verhandlung erster Instanz zur Begründung der Unwirksamkeit der Kündigung auch auf innerhalb der Klagefrist nicht geltend gemachte Gründe berufen zu können. Nach ihrem Inhalt erfüllt eine prozessleitende Anordnung nach § 61a IVArbGG, auf die zu erwartende Klageerwiderung binnen bestimmter Frist abschließend weiter vorzutragen, diese Hinweispflicht nicht[5]. Notwendig ist ein Hinweis, dass (gem. hM) allgemein Unwirksamkeitsgründe nur bis zum Schluss der mündl. Verhandlung erster Instanz geltend gemacht werden können[6]. Das Gleiche gilt, wenn bisher keine fristgerechte Klage erhoben, sondern die Unwirksamkeit der Kündigung nur anderweitig im Klagewege geltend gemacht worden ist (vgl. Rz. 3 ff.); hier ist zudem auf eine sachgerechte Antragstellung gem. § 4 S. 1 hinzuweisen.. Eine Hinweispflicht darauf, dass der ArbN sich noch auf andere, näher bezeichnete Unwirksamkeitsgründe „berufen" kann, (und nicht etwa nur gem. § 139 ZPO angedeutete Gründe substantiieren möge)[7], erscheint im Hinblick auf die richterliche Unparteilichkeit bedenklich[8]. Der Hinweis nach § 6 S. 2 aF rechtfertigte sich aus der Statuierung eines befristeten Klagezwangs in § 4 S. 1 mit vorgeschriebenem, punktuell konkretisiertem Streitgegenstand. IÜ ist der (formlos mögliche) gerichtl. Hinweis so früh wie möglich zu geben und zu dokumentieren; er kann nur durch den Inhalt der Akten bewiesen werden (§ 139 IV 1 ZPO).

12 Verletzt das ArbG seine Hinweispflicht nach S. 2, handelt es sich um einen **Verfahrensfehler**. Bemerkt es ihn, hat es die mündliche Verhandlung wieder zu eröffnen, damit die Belehrung und der notwendige Hinweis erfolgen können (§ 156 II Nr. 1 ZPO). Anderenfalls muss es dem ArbN möglich sein, sich auch noch bis zum Schluss der mündlichen Verhandlung im Berufungsverfahren auf die Sozialwidrigkeit oder sonstige Unwirksamkeit der Kündigung zu berufen. Dann sprechen – auch im Hinblick auf § 68 ArbGG – die besseren Gründe für eine eigene Prüfungskompetenz und -pflicht des LAG[9].

7 Wirksamwerden der Kündigung

Wird die Rechtsunwirksamkeit einer Kündigung nicht rechtzeitig geltend gemacht (§ 4 Satz 1, §§ 5 und 6), so gilt die Kündigung als von Anfang an rechtswirksam; ein vom Arbeitnehmer nach § 2 erklärter Vorbehalt erlischt.

1 § 7 regelt die **Folgen nicht rechtzeitiger Klageerhebung** nach Maßgabe der §§ 4, 5 und 6, indem er die Rechtswirksamkeit der schriftl. Kündigung fingiert bzw. den Vorbehalt einer Änderungskündigung erlöschen lässt. Die am 1.1.2004 in Kraft getretene Neufassung findet Anwendung, soweit für eine Kündigung die Klagefrist des § 4 nF maßgeblich ist (vgl. § 4 Rz. 3 ff.).

2 Ist die rechtzeitige Geltendmachung versäumt, wird eine (etwaige) Unwirksamkeit der Kündigung gem. § 7 nach allgM **rückwirkend geheilt**. Rechtzeitige Geltendmachung iSv. § 7 kann außer durch fristgerechte Klageerhebung nach § 4 S. 1 aber auch durch nachträgliche Zulassung einer verspäteten Klage gem. § 5 oder innerhalb der verlängerten Anrufungsfrist nach § 6 erfolgen.

3 Die Rechtsunwirksamkeit einer Kündigung wird trotz rechtzeitig erhobener Kündigungsschutzklage auch durch spätere **Klagerücknahme** gem. § 269 III ZPO sowie späteren **Klageverzicht** gem. § 306 ZPO geheilt. Bei einer Klagerücknahme gilt der Rechtsstreit als nicht anhängig geworden. Mit der Klagerücknahme treten die Rechtswirkungen des § 7 rückwirkend auf den Tag des Ausspruchs der Kündigung ein[10]. Neben dem Klageverzicht kann der ArbN auch außerhalb eines Prozesses ggü. dem ArbGeb eine Erklärung abgeben, durch die er auf den Kündigungsschutz und die Erhebung einer Klage nachträglich verzichtet. Denn er ist grds. auch nicht daran gehindert, sein ArbVerh jederzeit einvernehmlich aufzuheben.

---

1 BAG 24.5.2012 – 2 AZR 206/11, NZA 2013, 137, Rz. 50; 20.6.2013 – 2 AZR 546/12. ‖ 2 BAG 24.5.2012 – 2 AZR 206/11, NZA 2013, 137, Rz. 50. ‖ 3 BAG 30.11.1961 – 2 AZR 295/61, DB 1962, 411. ‖ 4 APS/*Hesse*, § 6 Rz. 22. ‖ 5 BAG 25.10.2012 – 2 AZR 845/11, NZA 2013, 906. ‖ 6 BAG 18.1.2012 – 6 AZR 407/10, BAGE 140, 261. ‖ 7 *Eylert*, NZA 2012, 9. ‖ 8 BAG 18.1.2012 – 6 AZR 407/10, BAGE 140, 261; zur – begründeten – Ablehnung eines Richters nach Hinweis auf Verjährung der Klageforderung BGH 2.10.2003 – V ZB 22/03, BB 2003, 2595. ‖ 9 BAG 4.5.2011 – 7 AZR 252/10, NZA 2011, 1178; *Eylert*, NZA 2012, 9 (12 f.). ‖ 10 KR/*Rost*, § 7 Rz. 8.

Soweit die Geltendmachung der Unwirksamkeit einer Kündigung keiner fristgerechten Klageerhebung bedarf (vgl. zu den Ausnahmen § 4 Rz. 5 ff.), kann das Recht dazu gem. § 242 BGB **verwirken**. Mit der Verwirkung wird ausgeschlossen, dass Rechte illoyal verspätet geltend gemacht werden. Sie dient dem Vertrauensschutz und verfolgt nicht den Zweck, den Schuldner stets dann von seiner Verpflichtung zu befreien, wenn der Gläubiger sich längere Zeit nicht auf seine Rechte berufen hat (Zeitmoment). Der Berechtigte muss vielmehr unter Umständen untätig geblieben sein, die den Eindruck erweckt haben, dass er sein Recht nicht mehr wahrnehmen wolle, so dass der Verpflichtete sich darauf einstellen durfte, nicht mehr in Anspruch genommen zu werden (Umstandsmoment). Hierbei muss das Erfordernis des Vertrauensschutzes auf Seiten des Verpflichteten das Interesse des Berechtigten derart überwiegen, dass ihm die Erfüllung des Anspruchs nicht mehr zuzumuten ist[1]. Hat der ArbN nach Zeit- und Umstandsmoment die Möglichkeit verwirkt, sich auf Mängel einer Kündigung zu berufen, ist seine Klage als unbegründet abzuweisen[2]. Die Spannbreite des Zeitmoments erstreckt sich nach der Rspr. in Abhängigkeit vom Umstandsmoment auf bis zu etwa drei, in besonderen Ausnahmefällen sechs Monate[3] (zB drei Monate bei Widerspruch vor Ablauf der Kündigungsfrist[4] oder bei Betriebsübergang[5]).

§ 7 fingiert grds. die **Rechtswirksamkeit der Kündigung in jeder Hinsicht**. Doch gibt es Ausnahmen, in denen die Klagefrist nicht zu wahren ist (vgl. näher § 4 Rz. 5 ff.). Auf Grund der Fiktion kann sich der ArbN auch in Folgeprozessen mit seinem ArbGeb nicht mehr auf die Unwirksamkeit der Kündigung berufen. Das gilt etwa für die Streitigkeiten über den Verfall einer Vertragsstrafe oder über die Rückzahlung einer Gratifikation. Allerdings beschränkt sich die Fiktion des § 7 in diesem Zusammenhang ausschließlich auf die Tatsache der Beendigung des ArbVerh. Ob die vom ArbGeb behaupteten Kündigungsgründe vorliegen, steht damit noch nicht fest[6].

Bei **Änderungskündigungen** erlischt ein vom ArbN nach § 2 erklärter Vorbehalt gem. Hs. 2, wenn er nicht rechtzeitig innerhalb der dreiwöchigen Klagefrist eine Änderungsschutzklage erhebt. Indem dieser Vorbehalt erlischt, wird die Annahme des Änderungsangebots endgültig wirksam. Mit einer später erhobenen Kündigungsschutzklage kann der ArbN auch nicht mehr sonstige Unwirksamkeitsgründe geltend machen[7].

8 Wiederherstellung der früheren Arbeitsbedingungen

Stellt das Gericht im Falle des § 2 fest, dass die Änderung der Arbeitsbedingungen sozial ungerechtfertigt ist, so gilt die Änderungskündigung als von Anfang an rechtsunwirksam.

Durch § 8 werden die **Rechtsfolgen** klargestellt, die eintreten, wenn ein ArbN mit seiner Änderungsschutzklage Erfolg hat. In diesem Fall gilt die **Änderungskündigung** als von Anfang an rechtsunwirksam. Um die Beendigung des ArbVerh wird aber gar nicht mehr gestritten, wenn der ArbN das Änderungsangebot unter Vorbehalt angenommen hat. Im Streit ist dann ausschließlich das mit der Kündigung verbundene Änderungsangebot. Dessen Annahme unter Vorbehalt stellt eine Annahme des Angebots unter einer auflösenden Bedingung iSd. § 158 BGB dar. Obsiegt der ArbN mit seiner Änderungsschutzklage, tritt diese Bedingung ein. Gem. § 158 II BGB würde der frühere Zustand grds. erst mit dem Eintritt dieser auflösenden Bedingung wiederhergestellt werden. Demggü. stellt § 8 klar, dass die Annahme des Änderungsangebots durch den ArbN als nicht erfolgt gelten soll. Die rechtl. Bedeutung dieser Vorschrift liegt damit in der Begründung einer Rückwirkung des Bedingungseintritts[8]. Danach muss der ArbGeb den ArbN entsprechend § 159 BGB so stellen, als ob die Änderungskündigung nicht erfolgt wäre und der ArbN von vornherein zu unveränderten Bedingungen gearbeitet hätte.

Nach ihrem Wortlaut erfasst die Regelung in § 8 nur den Fall der **Unwirksamkeit** der Änderung der Arbeitsbedingungen auf Grund ihrer Sozialwidrigkeit. Das Gericht kann die Unwirksamkeit der Änderung der Arbeitsbedingungen aber auch daraus entnehmen, dass der BR zu der Änderungskündigung nicht ordnungsgemäß angehört worden ist. Auch in diesen Fällen ist in weiter Auslegung des § 8 die Änderungskündigung als von Anfang an rechtsunwirksam anzusehen[9]. Nimmt der ArbN das Änderungsangebot des ArbGeb unter dem Vorbehalt des § 2 an, streiten die Parteien nicht über die Beendigung des ArbVerh, sondern nur über die soziale Rechtfertigung der Änderung der Arbeitsbedingungen. In diesem Fall ist ein Auflösungsantrag unzulässig, weil die Rechtsfolge der fehlenden sozialen Rechtfertigung der Änderungskündigung nach § 8 allein die Wiederherstellung der früheren Arbeitsbedingungen ist[10].

---

1 BAG 25.3.2004 – 2 AZR 295/03, AP Nr. 36 zu § 9 MuSchG 1968; 15.2.2007 – 8 AZR 431/06, BAGE 121, 289. || 2 KR/ *Rost*, § 7 Rz. 38. || 3 Vgl. die Nachw. bei KR/ *Rost*, § 7 Rz. 41 f. || 4 LAG Hamm 25.7.1986 – 16 Sa 691/86, LAGE § 134 BGB Nr. 3. || 5 BAG 15.2.2007 – 8 AZR 431/06, BAGE 121, 289. || 6 BAG 23.5.1984 – 4 AZR 129/82, DB 1984, 2143. || 7 KR/ *Rost*, § 7 Rz. 14b–g; *v. Hoyningen-Huene/ Linck*, § 7 Rz. 8; aA zur früheren Rechtslage BAG 28.5.1998 – 2 AZR 615/97, AP Nr. 48 zu § 2 KSchG 1969. || 8 KR/*Rost*, § 2 Rz. 58; ErfK/*Ascheid*, § 8 KSchG Rz. 1; *Löwisch/Spinner*, § 8 Rz. 3. || 9 KR/*Rost*, § 8 Rz. 8; *Richardi*, ZfA 1971, 101. || 10 LAG Köln 16.8.2011 – 12 Sa 948/10, AuR 2012, 177.

3 Grds. ist der ArbN verpflichtet, zu den geänderten Arbeitsbedingungen tätig zu werden, wenn er die Änderungskündigung unter Vorbehalt angenommen hat[1]. Bei Weigerung des ArbN kommt eine Kündigung wegen Arbeitsvertragsverletzung in Betracht, selbst wenn später im Zuge einer Änderungsschutzklage die Sozialwidrigkeit der Änderung der Arbeitsbedingungen festgestellt wird. Die Rückwirkungsfiktion des § 8 reicht nicht soweit, dass die Arbeitsverweigerung nachträglich als gegenstandslos anzusehen wäre[2]. Obsiegt der ArbN mit seiner Änderungsschutzklage, hat der ArbGeb rückwirkend die früheren Arbeitsbedingungen wiederherzustellen. War durch das Änderungsangebot das Arbeitsentgelt verringert worden, hat der ArbN Anspruch auf die Differenz zwischen dem tatsächlich erhaltenen **Lohn** und dem, den er bei unveränderten Arbeitsbedingungen erhalten hätte. War die Arbeitszeit verkürzt worden, hat der ArbN Anspruch auf Lohnersatz für die Zeit, in der er nicht gem. seinen ursprünglichen Arbeitsbedingungen eingesetzt wurde.[3] Allerdings muss sich der ArbN anderweitig erzieltes Entgelt anrechnen lassen[4]. Da diese Ansprüche des ArbN erst mit der Rechtskraft der gerichtl. Entscheidung in dem Änderungsschutzverfahren fällig werden, beginnen zu diesem Zeitpunkt erst **tarifl. Ausschlussfristen** und die **Verjährung**[5]. Schließlich ist die Regelung in § 8 auch im Fall einer außerordentl. Änderungskündigung entsprechend anwendbar[6]. Hat der ArbN dem Übergang seines ArbVerh durch **Betriebsübergang** wirksam widersprochen sowie eine Beschäftigung bei dem Betriebserwerber abgelehnt und auf Beschäftigung bei seinem bisherigen ArbGeb bestanden, so beruht der Ausfall der Arbeit nicht etwa auf einem fehlenden Arbeitswillen, wenn der ArbN arbeitsunfähig erkrankt[7].

9 Auflösung des Arbeitsverhältnisses durch Urteil des Gerichts; Abfindung des Arbeitnehmers

(1) Stellt das Gericht fest, dass das Arbeitsverhältnis durch die Kündigung nicht aufgelöst ist, ist jedoch dem Arbeitnehmer die Fortsetzung des Arbeitsverhältnisses nicht zuzumuten, so hat das Gericht auf Antrag des Arbeitnehmers das Arbeitsverhältnis aufzulösen und den Arbeitgeber zur Zahlung einer angemessenen Abfindung zu verurteilen. Die gleiche Entscheidung hat das Gericht auf Antrag des Arbeitgebers zu treffen, wenn Gründe vorliegen, die eine den Betriebszwecken dienliche weitere Zusammenarbeit zwischen Arbeitgeber und Arbeitnehmer nicht erwarten lassen. Arbeitnehmer und Arbeitgeber können den Antrag auf Auflösung des Arbeitsverhältnisses bis zum Schluss der letzten mündlichen Verhandlung in der Berufungsinstanz stellen.

(2) Das Gericht hat für die Auflösung des Arbeitsverhältnisses den Zeitpunkt festzusetzen, an dem es bei sozial gerechtfertigter Kündigung geendet hätte.

1 **I. Inhalt und Zweck.** Wird im arbeitsgerichtl. Kündigungsschutzverfahren festgestellt, dass die Kündigung der ArbGeb sozialwidrig ist, eröffnet § 9 dem ArbN wie dem ArbGeb die Möglichkeit, das ArbVerh durch das Gericht auflösen zu lassen. Allerdings räumt das KSchG im Fall einer sozialwidrigen Kündigung dem Fortbestand des ArbVerh grds. den Vorrang ein. Denn es handelt sich beim KSchG um ein **Bestandsschutzgesetz** und nicht um ein Abfindungsgesetz[8]. Die Vorschrift ist verfassungsgemäß und verstößt weder gegen den Gleichheitssatz des Art. 3 I GG noch gegen die Eigentumsgarantie des Art. 14 GG oder das Rechtsstaatsprinzip nach Art. 20 III GG[9]. Auch wird ein über die Regelungen des KSchG hinausgehender Bestandsschutz nicht durch Art. 12 I GG gefordert. Eine Auflösung des ArbVerh gem. § 9 kommt daher nur ausnahmsw. in Betracht. Dabei sind an die Auflösungsgründe strenge Anforderungen zu stellen und die wechselseitigen Grundrechtspositionen des ArbGeb und des ArbN sind gegeneinander abzuwägen[10].

2 Zwar wird das Bestandsschutzprinzip des KSchG durch die Möglichkeit einer gerichtl. Auflösung des ArbVerh durchbrochen. Das Gesetz knüpft diese Möglichkeit in § 9 jedoch an den Antrag einer der Arbeitsvertragsparteien und an das Vorliegen bestimmter **Auflösungsgründe**[11]. Der Auflösungsantrag kann nicht losgelöst von einem Kündigungsschutzprozess geltend gemacht werden, da die Pflicht zur Zahlung einer angemessenen Abfindung nach Abs. 1 daraus resultiert, dass der ArbN letztlich seinen Arbeitsplatz zu Unrecht verliert[12], weshalb der ArbN zunächst gerichtl. gegen die Kündigung vorgehen muss.

3 **II. Auflösungsantrag.** Die gerichtl. Auflösung des ArbVerh nach § 9 setzt einen **Kündigungsschutzprozess** voraus. Der isolierte Auflösungsantrag des ArbN ohne gleichzeitige Stellung eines Feststellungsantrags nach § 4 ist unzulässig[13]. Grds. kann über die Auflösung des ArbVerh und die Wirksamkeit der Kündigung nur eine einheitliche gerichtl. Entscheidung ergehen[14]. Allerdings soll ausnahmsw. der Erlass eines Teil-Anerkenntnisurteils über die Sozialwidrigkeit der Kündigung zulässig sein[15].

---

1 BAG 18.1.1990 – 2 AZR 183/89, AP Nr. 27 zu § 2 KSchG 1969; LAG Köln 9.4.2009 – 7 Sa 1467/08, AE 2010, 102. ||2 LAG Hamm 12.12.2005 – 8 Sa 1700/05, dazu *Gravenhorst*, jurisPR-ArbR 21/2006 Anm. 6. ||3 KR/*Rost*, § 8 Rz. 11. ||4 *Löwisch/Spinner*, § 8 Rz. 5. ||5 LAG Thür. 18.12.1996 – 7 Ta 43/96, LAGE § 2 KSchG Nr. 21. ||6 KR/*Rost*, § 8 Rz. 14; *Löwisch/Spinner*, § 8 Rz. 7. ||7 BAG 24.3.2004 – 5 AZR 355/03, NZA 2004, 872. ||8 BAG 24.11.2011 – 2 AZR 429/10, NZA 2012, 610; 24.3.2011 – 2 AZR 674/09, DB 2011, 2383; 23.10.2008 – 2 AZR 483/07, NZA-RR 2009, 362. ||9 BVerfG 29.1.1990 – 1 BvR 42/82; 9.2.1990 – 1 BvR 717/87. ||10 BVerfG 22.10.2004 – 1 BvR 1944/01, NZA 2005, 41. ||11 BAG 23.10.2008 – 2 AZR 483/07. ||12 BVerfG 12.5.1976 – 1 BvL 31/73. ||13 BAG 29.5.1959 – 2 AZR 450/58. ||14 BAG 4.4.1957 – 2 AZR 456/54; 9.12.1971 – 2 AZR 118/71. ||15 BAG 29.1.1981 – 2 AZR 1055/78, DB 1981, 2438.

Grds. kommt eine gerichtl. Auflösung des ArbVerh nach § 9 nicht in Betracht, wenn ein ArbN eine **Än- 4 derungsschutzklage** nach § 4 S. 2 erhoben hat, da die Änderungskündigung das ArbVerh an sich nicht auflöst. Hat der ArbN allerdings das Änderungsangebot des ArbGeb abgelehnt und eine Kündigungsschutzklage nach § 4 S. 1 erhoben, ist der Bestand des ArbVerh im Streit und der Antrag auf Auflösung dieses ArbVerh zulässig[1]. Streiten die Parteien über die Wirksamkeit einer außerordentl. Kündigung eines **Ausbildungsverhältnisses**, ist dessen gerichtl. Auflösung gem. § 9 nicht möglich[2].

Einen Antrag auf Auflösung des ArbVerh kann im Fall einer **ordentl. Kündigung** sowohl der ArbGeb 5 als auch der ArbN stellen. Streiten die Parteien über die Wirksamkeit einer **außerordentl. Kündigung**, kann nur der ArbN, nicht dagegen der ArbGeb die Auflösung beantragen (§ 13 I 3), auch nicht bei einem ordentl. nicht kündbaren ArbN[3].

Da der **ArbN** seinen Auflösungsantrag nur für den Fall stellt, dass er mit seinem Feststellungsantrag 6 nach § 4 erfolgreich ist, handelt es sich um einen sog. **uneigentlichen Eventualantrag**[4]. Dagegen ist der Antrag des **ArbGeb** auf Auflösung des ArbVerh ein **echter Eventualantrag**, der für den Fall gestellt wird, dass sein Antrag auf Abweisung der Feststellungsklage nach § 4 erfolglos bleibt[5].

Für den **Wortlaut des Antrags** auf Auflösung des ArbVerh nach § 9, der schriftl., zu Protokoll der Ge- 7 schäftsstelle oder in der mündlichen Verhandlung gestellt werden kann, ist eine bestimmte Formulierung im Gesetz nicht vorgesehen. Es muss weder die Festsetzung einer Abfindung noch ein bezifferter Betrag neben der Auflösung des ArbVerh beantragt werden. Ob ein Antrag auf Auflösung des ArbVerh vorliegt, ist durch Auslegung zu ermitteln. Ein Antrag des ArbN auf Zahlung einer Abfindung genügt, da sie nur bei gerichtl. Auflösung des ArbVerh in Betracht kommt[6]. Hat der ArbN zunächst die Abweisung des arbeitgeberseitigen Auflösungsantrags begehrt und erst im Berufungsverfahren eine höhere als die vom ArbG festgesetzte Abfindung verlangt, liegt darin kein eigener Auflösungsantrag des ArbN[7].

Der Antrag auf Auflösung des ArbVerh nach § 9 kann zugleich mit der Feststellungsklage nach § 4 8 oder zu einem späteren Zeitpunkt bis zum Schluss der **letzten mündlichen Verhandlung in der Berufungsinstanz** gestellt und auch zurückgenommen werden[8]. Wann die Gründe für die Auflösung des ArbVerh entstanden sind, ist unerheblich. Ein ArbN kann keine Berufung gegen ein obsiegendes Urteil des ArbG einlegen, um im Berufungsverfahren erstmals einen Auflösungsantrag zu stellen oder seinen erstinstanzlich gestellten (erfolgreichen) Auflösungsantrag zurückzunehmen, um die Fortsetzung des ArbVerh zu erreichen[9]. Nimmt ein ArbGeb seine Berufung gegen ein Urteil des ArbG in einem Kündigungsschutzprozess zurück, wird ein durch den ArbN in der Berufungsinstanz erstmals gestellter Auflösungsantrag unzulässig[10].

Bei der **Rücknahme der Kündigung** durch den ArbGeb handelt es sich lediglich um ein Angebot an 9 den ArbN, das ArbVerh ungekündigt und ununterbrochen fortzusetzen. Der ArbN kann dieses Angebot annehmen. Er kann es aber auch zum Anlass nehmen, die Auflösung seines ArbVerh nach § 9 neben der Entscheidung über die Sozialwidrigkeit der Kündigung zu verlangen[11].

III. Sozialwidrigkeit der Kündigung. Voraussetzung für die gerichtl. Auflösung des ArbVerh nach § 9 10 ist wegen § 13 III die **gerichtliche Feststellung**, dass die vom ArbGeb erklärte Kündigung gem. § 1 sozial ungerechtfertigt ist. Ist die Kündigung zwar nicht sozialwidrig, aber aus anderen Gründen unwirksam, scheidet eine Auflösung des ArbVerh gleichfalls aus (§ 13 III). Das Gericht gibt vielmehr der Kündigungsschutzklage statt und stellt den Fortbestand des ArbVerh fest. Ausnahmen gelten nach § 13 nur für ungerechtfertigte außerordentl. Kündigungen und sittenwidrige Kündigungen.

Für den **Auflösungsantrag nach § 9** ist allerdings zu unterscheiden: Der Auflösungsantrag nach Abs. 1 11 setzt gem. § 13 III grds. voraus, dass die Kündigung nicht aus einem sonstigen Grund unwirksam und ihre Sozialwidrigkeit gem. § 4 S. 1 festgestellt ist. Das erfordert nach hM stets eine sozialwidrige Kündigung. Beim Auflösungsantrag des **ArbN** nach Abs. 1 S. 1 können aber entgegen § 13 III der Wirksamkeit der Kündigung **zusätzlich weitere Gründe** entgegenstehen; denn es wäre widersinnig, wenn ArbN dieses Recht nur deshalb zu nehmen, weil die Kündigung des ArbGeb nicht nur sozialwidrig, sondern auch aus anderem Grund rechtswidrig ist[12]. Das gilt nicht, wo die sonstige Unwirksamkeit gerade den Schutz des ArbGeb bezweckt. Hier kann er sich ggü. dem Auflösungsantrag des ArbN auf sonstige Unwirksamkeitsgründe für die Kündigung berufen, so bei Geschäftsunfähigkeit, § 105 I BGB, bei wirksamer Anfechtung der eigenen Kündigung, §§ 123, 142 BGB, und bei fehlender Zurechenbarkeit fremden Vertreterhandelns, vgl. § 4 Rz. 7.

Der Auflösungsantrag des **ArbGeb** gem. Abs. 1 S. 2 scheidet dagegen gem. § 13 III generell aus, wenn 12 seine Kündigung nicht nur sozialwidrig, sondern auch sonst rechtsunwirksam ist[13]. Es wäre auch hier

---

1 BAG 29.1.1981 – 2 AZR 1055/78; LAG Düss. 9.10.12 – 16 Sa 1153/12. ‖2 BAG 29.11.1984 – 2 AZR 354/83, NZA 1986, 230. ‖3 BAG 30.9.2010 – 2 AZR 160/09, NZA 2011, 349. ‖4 BAG 5.11.1964 – 2 AZR 15/64. ‖5 BAG 4.4.1957 – 2 AZR 456/54. ‖6 BAG 13.12.1956 – 2 AZR 353/54. ‖7 BAG 28.1.1961 – 2 AZR 482/59. ‖8 LAG München 26.8.2010 – 3 Sa 196/10. ‖9 BAG 23.6.1993 – 2 AZR 56/93, NZA 1994, 264. ‖10 BAG 3.4.2008 – 2 AZR 720/06, NZA 2008, 1258; LAG Rh.-Pf. 22.8.2011 – 5 Sa 640/10. ‖11 BAG 19.8.1982 – 2 AZR 230/80, DB 1983, 663. ‖12 BAG 29.1.1981 – 2 AZR 1055/78; 20.3.1997 – 8 AZR 769/95, NZA 1997, 937. ‖13 BAG 24.11.2011 – 2 AZR 429/10, NZA 2012, 610, st. Rspr.

13 **IV. Bestand des Arbeitsverhältnisses im Auflösungszeitpunkt.** Eine gerichtl. Auflösung des ArbVerh nach § 9 setzt voraus, dass das ArbVerh zu dem gesetzl. zwingend vorgeschriebenen Auflösungszeitpunkt nach Abs. 2 noch bestanden hat[2]. Eine **vorzeitige Beendigung**, etwa in Folge des Todes des ArbN oder des Eintritts einer auflösenden Bedingung, erledigt die Kündigungsschutzklage bereits in der Hauptsache, so dass kein Raum für eine richterliche Gestaltung nach § 9 bleibt. Hat das ArbVerh aus anderen Gründen nach dem Zeitpunkt geendet, der nach Abs. 2 festzusetzen ist, aber vor Erlass des gerichtl. Auflösungsurteils, kann dieses noch ergehen, und zwar auf der Grundlage einer hypothetischen Prüfung der zukünftigen Entwicklung des ArbVerh. Die Prognose ist anhand der bis zur Beendigung eingetretenen Umstände zu erstellen[3].

14 Hat im Verlauf des Kündigungsschutzprozesses ein **Betriebsübergang** stattgefunden, kann der ArbN seinen Auflösungsantrag nur ggü. dem Betriebserwerber stellen, auf den er den Prozess erstrecken muss[4]. Auf diese Weise erhält der Betriebserwerber die Möglichkeit, seinerseits einen Auflösungsantrag zu stellen, wenn Gründe dafür vorliegen. Ist allen Beteiligten des Kündigungsrechtsstreits der Betriebsübergang unbekannt, muss der Betriebserwerber die Rechtsfolgen aus der gerichtl. Entscheidung einschl. der Auflösung des ArbVerh gegen sich gelten lassen. Stützt der ArbN die Gründe für seinen Auflösungsantrag allein auf Umstände aus seinem ArbVerh bei dem Betriebsveräußerer, muss er dem Übergang seines ArbVerh nach § 613a BGB widersprechen, wenn sein Auflösungsantrag Erfolg haben soll. Der kündigende ArbGeb, der Betriebsveräußerer ist, kann zumindest dann selbst einen Auflösungsantrag stellen, wenn der Auflösungszeitpunkt zeitlich vor dem Betriebsübergang liegt[5].

15 **V. Auflösungsgrund des Arbeitnehmers (Abs. 1 S. 1).** Das ArbG hat nach Abs. 1 S. 1 das ArbVerh nur dann auf Antrag des ArbN aufzulösen, wenn diesem die Fortsetzung nicht zuzumuten ist. Bei der **Unzumutbarkeit der Fortsetzung des Arbeitsverhältnisses** handelt es sich um einen unbestimmten Rechtsbegriff, dessen Voraussetzungen das Gericht in vollem Umfang nachzuprüfen hat[6]. Dabei hat das Gericht alle Umstände zugrunde zu legen, die bis zum Zeitpunkt der letzten mündlichen Verhandlung über den Auflösungsantrag eingetreten sind[7]. Allerdings müssen die Gründe für die Auflösung des ArbVerh im Zusammenhang mit der Kündigung oder mit dem Kündigungsschutzprozess stehen[8].

16 Der **Beurteilungsmaßstab** für die Unzumutbarkeit der Fortsetzung des ArbVerh gem. Abs. 1 S. 1 ist nicht derselbe wie in § 626 I BGB. Dort beschränkt sich die Frage der Zumutbarkeit der Fortsetzung des ArbVerh auf die Zeit bis zum Ablauf der Kündigungsfrist. Im Rahmen des § 9 kommt es dagegen darauf an, ob das ArbVerh auf unbestimmte Dauer in zumutbarer Weise fortgesetzt werden kann[9]. Die Zumutbarkeitsprüfung betrachtet danach die maßgeblichen Umstände bezogen auf ihre **Wirkung für die Zukunft des ArbVerh**. Die Fortsetzung des ArbVerh nach § 9 ist immer dann unzumutbar, wenn dem ArbN ein eigener Grund zur fristlosen Kündigung des ArbVerh nach § 626 BGB zur Seite steht (in diesem Fall kann der ArbN aber auch den Weg über §§ 626, 628 II BGB wählen). Darüber hinaus genügen für die Auflösung des ArbVerh auch Gründe von geringerem Gewicht, die maßgeblichen Umstände müssen aber messbar über die bloße Rechtsunwirksamkeit der Kündigung hinausgehen[10].

17 Die Unzumutbarkeit der Fortsetzung des ArbVerh kann sich zunächst aus den **Umständen beim Ausspruch der Kündigung** selbst ergeben. Etwa wenn durch unzutreffende, beleidigende und ehrverletzende Behauptungen des ArbGeb über die Person oder das Verhalten des ArbN das Vertrauensverhältnis zwischen den Arbeitsvertragsparteien unheilbar zerrüttet ist[11]. Das gilt auch für beleidigende und ehrverletzende Äußerungen des ArbGeb anlässlich einer betriebsbedingten Kündigung[12]. Eine sittenwidrige Kündigung führt idR zur Unzumutbarkeit der Fortsetzung des ArbVerh für den ArbN[13]. Ebenso kann eine völlig unberechtigte Suspendierung des ArbN während der Kündigungsfrist oder ein grob fehlerhaftes oder schikanöses Verhalten des ArbGeb einen Auflösungsantrag rechtfertigen[14]. Dagegen genügt es nicht, wenn sich lediglich die Tatsachenbehauptungen des ArbGeb zur Begründung seiner Kündigung als unzutreffend oder nicht beweisbar herausstellen. Allerdings kann der unberechtigte Vorwurf des Spesenbetrugs eine ehrverletzende Behauptung darstellen[15]. Dies gilt insb. bei einem leichtfertig ausgesprochenen Verdacht ohne Vorhandensein objektiver Tatsachen[16]. Auch Mobbing-Verhalten des ArbGeb kann den Auflösungsantrag begründen[17].

---

1 BAG 28.5.2009 – 2 AZR 949/09, AP Nr. 59 zu § 9 KSchG 1969; 28.8.2008 – 2 AZR 63/07, NZA 2009, 275. ||2 BAG 15.12.1960 – 2 AZR 79/59. ||3 BAG 23.2.2010 – 2 AZR 554/08, NZA 2010, 1123; 21.1.1965 – 2 AZR 38/64. ||4 BAG 20.3.1997 – 8 AZR 769/95, NZA 1997, 937. ||5 BAG 24.5.2005 – 8 AZR 246/04, NZA 2005, 2082. ||6 BAG 23.10.2008 – 2 AZR 483/07, NZA-RR 2009, 362; 25.11.1982 – 2 AZR 21/81. ||7 BAG 24.11.2011 – 2 AZR 429/10, NZA 2012, 610. ||8 BAG 24.9.1992 – 8 AZR 537/91, NZA 1993, 118. ||9 BAG 26.11.1981 – 2 AZR 509/79. ||10 BAG 11.7.2013 – 2 AZR 241/12, NZA 2013, 1259. ||11 BAG 27.3.2003 – 2 AZR 9/02. ||12 LAG Hamm 27.5.1993 – 16 Sa 1612/92, AuR 1993, 415. ||13 LAG Schl.-Holst. 22.6.2011 – 3 Sa 95/11, ArbR 2011, 494. ||14 BAG 24.9.1992 – 8 AZR 537/91; LAG Nds. 18.4.2008 – 16 Sa 1249/07. ||15 LAG Schl.-Holst. 25.2.2004 – 3 Sa 491/03, NZA-RR 2005, 132. ||16 LAG Schl.-Holst. 25.2.2004 – 3 Sa 491/03, NZA-RR 2005, 132. ||17 LAG Rh.-Pf. 19.4.2007 – 11 Sa 7/07.

Die Unzumutbarkeit der Fortsetzung des ArbVerh iSv. § 9 kann sich auch aus **Umständen im Verlauf des Kündigungsrechtsstreits** ergeben. Das gilt etwa für den Fall, dass der ArbGeb das Kündigungsschutzverfahren über eine offensichtlich sozialwidrige Kündigung mit einer derartigen Schärfe führt, dass der ArbN mit einem schikanösen Verhalten des ArbGeb und der anderen Mitarbeiter bei Rückkehr in den Betrieb rechnen muss[1] oder sich der ArbGeb/ein Vorgesetzter wegen des verlorenen Prozesses rächen wird oder Spannungen mit Mitarbeitern zu erwarten sind, die der ArbN im Kündigungsschutzprozess als sozial weniger schutzbedürftig im Rahmen der Sozialauswahl benannt hat. Das Verhalten eines Dritten kann der ArbN nur dann als Auflösungsgrund heranziehen, wenn der ArbGeb es selbst entscheidend veranlasst hat[2]. Nicht ausreichend ist die Drohung des ArbGeb mit einer erneuten Kündigung. Wohl aber kann die Haltung des ArbGeb, der ArbN verhalte sich verwerflich, indem er gegen die Kündigung mit gewerkschaftl. Hilfe gegen den ArbGeb gerichtl. vorgehe, die Unzumutbarkeit der Fortsetzung des ArbVerh für den ArbN begründen[3].

Zur Begründung seines Auflösungsantrags kann der ArbN sich nicht darauf berufen, er sei inzwischen ein **neues Arbeitsverhältnis** eingegangen, denn die daraus resultierenden Konsequenzen sind in § 12 abschließend geregelt[4]. Der Auflösungsantrag des ArbN ist auch dann unbegründet, wenn er die Umstände, die die Unzumutbarkeit der Fortsetzung des ArbVerh begründen sollen, selbst in treuwidriger Weise herbeigeführt hat oder er diese zu verantworten hat[5].

VI. Auflösungsgrund des Arbeitgebers (Abs. 1 S. 2). Der Auflösungsantrag des ArbGeb ist nach Abs. 1 S. 2 nur begründet, wenn die objektive Lage beim Schluss der mündlichen Verhandlung in der Tatsacheninstanz die Besorgnis rechtfertigt, dass eine den **Betriebszwecken dienliche weitere Zusammenarbeit** zwischen ArbGeb und ArbN **nicht zu erwarten** ist[6]. Dabei setzt die Auflösung des ArbVerh auf Antrag des ArbGeb die vom ArbGeb substantiiert darzulegende Prognose einer schweren Beeinträchtigung des Austauschverhältnisses voraus[7]. Die Störung des erforderlichen Vertrauens, die der weiteren wechselseitigen Erfüllung der Vertragspflichten und dem Zusammenwirken zum Wohle des Betriebes entgegensteht, muss objektiv anhand von Tatsachen feststehen. Das Gericht ist an Wertungen der Parteien nicht gebunden. Zur Begründung seines Auflösungsantrags kann sich der ArbGeb auch auf Gründe berufen, auf die er zuvor (erfolglos) die ausgesprochene Kündigung gestützt hat. Allerdings muss er zusätzlich greifbare Tatsachen dafür vortragen, dass der Kündigungssachverhalt gleichwohl so beschaffen ist, dass er eine weitere gedeihliche Zusammenarbeit nicht erwarten lässt[8]. Bereits abgemahnte Verhaltensweisen können den Auflösungsantrag alleine nicht begründen[9].

Als Auflösungsgründe für den ArbGeb kommen solche Umstände in Betracht, die das persönliche Verhältnis zum ArbN, die Wertung seiner Persönlichkeit, seiner Leistung oder seiner Eignung für die ihm gestellten Aufgaben und sein Verhältnis zu den übrigen Mitarbeitern betreffen. Die Gründe müssen nicht im Verhalten des ArbN liegen, insb. muss diesen an den Auflösungsgründen kein Verschulden treffen[10]. Denkbar sind etwa Beleidigungen, ehrverletzende Äußerungen oder Angriffe des ArbN gegen den ArbGeb, Vorgesetzte oder Kollegen. Auch die Kenntnisnahme von derartigen Äußerungen ggü. Dritten kann den Auflösungsantrag des ArbGeb rechtfertigen[11]. Kritische Äußerungen des ArbN ggü. dem ArbGeb – zB in Betriebsversammlungen – oder auch gerichtl. Vorgehen gegen ihn rechtfertigen einen Auflösungsantrag jedoch nicht ohne weiteres. Das Grundrecht auf Meinungsfreiheit wird beschränkt durch die allg. Gesetze und das Recht auf persönliche Ehre[12]. Nicht als Auflösungsgrund geeignet sind idR wirtschaftl. Schwierigkeiten des ArbGeb oder andere betriebl. Gegebenheiten, wie etwa der Wegfall des Arbeitsplatzes, die keinen oder einen ausschließlich wirtschaftl. Bezug zur Person oder zum Verhalten des ArbN haben[13]. Allerdings setzt die Regelung eine differenzierende Würdigung der Betriebszwecke voraus[14]. So kann eine den Betriebszwecken dienliche weitere Zusammenarbeit zu verneinen sein, wenn der ArbN den Kontakt zum Betrieb und zu seiner Arbeit in einem Umfang verloren hat, dass er sie auch nach angemessener Einarbeitungszeit nicht mehr sachgerecht erledigen kann[15]. Die erforderliche Gesamtabwägung verlangt eine Berücksichtigung aller Umstände, die für oder gegen die Prognose einer künftigen gedeihlichen Zusammenarbeit sprechen. Die Kündigungsgründe können geeignet sein, den sonstigen Auflösungsgründen besonderes Gewicht zu verleihen[16]. Trägt der ArbGeb als Auflösungsgründe bestimmte Verhaltensweisen des ArbN vor, die eine negativen Prognose befürchten lassen, so kann der Anlass, der zur Kündigung geführt hat, die schlechte Prognose für eine den Betriebszwecken dienliche weitere Zusammenarbeit verstärken, sofern die Verhaltensweisen nicht therapierbar sind, eine Therapie abgelehnt wird oder Arbeitskollegen unumkehrbar eine weitere

---

1 BAG 27.3.2003 – 2 AZR 9/02. ||2 BAG 14.5.1987 – 2 AZR 294/86, NZA 1988, 16. ||3 LAG Hamburg 13.2.2013 – 5 Sa 58/12. ||4 BAG 19.10.1972 – 2 AZR 150/72. ||5 BAG 24.9.1992 – 8 AZR 537/91. ||6 BAG 10.6.2010 – 2 AZR 297/09, NJW 2010, 3796. ||7 BAG 9.9.2010 – 2 AZR 482/09, NJW 2010, 3798. ||8 BVerfG 15.12.2008 – 1 BvR 347/08; 22.10.2004 – 1 BvR 1944/01, NZA 2005, 41. ||9 LAG München 7.2.2012 – 6 Sa 631/11. ||10 BAG 11.7.2013 – 2 AZR 994/12; 24.11.2011 – 2 AZR 429/10, NZA 2012, 610; 9.9.2010 – 2 AZR 482/09, NJW 2010, 3798. ||11 LAG Köln 15.12.2003 – 2 Sa 816/03, NZA-RR 2004, 527. ||12 BAG 24.3.2011 – 2 AZR 674/09, DB 2011, 2383; 23.10.2008 – 2 AZR 483/07; 12.1.2006 – 2 AZR 21/05, NZA 2006, 917; LAG Düss. 27.10.2011 – 15 Sa 839/10. ||13 LAG München 13.10.2011 – 3 Sa 1187/10; LAG Köln 28.1.2004 – 8 Sa 1084/03, LAGReport 2004, 270. ||14 BVerfG 2.2.1990 – 1 BvR 717/87. ||15 BAG 25.11.1982 – 2 AZR 21/82. ||16 BAG 23.6.2005 – 2 AZR 256/04, NZA 2006, 363.

Zusammenarbeit verweigern[1]. Der Auflösungsgrund kann schließlich im **prozessualen Verhalten** des ArbN bestehen, etwa durch diskreditierende Äußerungen im Prozess oder in der Öffentlichkeit[2], wobei dem ArbN das Verhalten seines Prozessbevollmächtigten grds. zuzurechnen ist. Dies gilt, auch wenn er dieses nicht veranlasst hat, jedenfalls dann, wenn sich der ArbN diese zu eigen macht und sich auch nicht später davon distanziert[3]. Zu prüfen ist jeweils, ob Erklärungen im Prozess (noch) durch die Wahrnehmung berechtigter Interessen gedeckt sind. Bei einer Arbeitsverweigerung des ArbN ist zu klären, ob diese als endgültig anzusehen ist oder daher rührt, dass der ArbN wegen des Festhaltens des ArbGeb an seiner Kündigung nicht zur Vertragserfüllung verpflichtet ist[4]. Wegen der prognostischen, zukunftsbezogenen Bewertung der Auflösungsgründe können **zwischenzeitliche Veränderungen** in den betriebl. Verhältnissen zum Wegfall eines ursprünglich vorhandenen Auflösungsgrundes führen[5].

22 Auch der ArbGeb kann dem Rechtsgedanken des § 162 BGB zufolge seinen Auflösungsgrund nicht auf Umstände stützen, die er selbst treuwidrig herbeigeführt hat[6]. Auf das Verhalten Dritter kann sich der ArbGeb zur Begründung seines Auflösungsantrags nur berufen, wenn der ArbN es durch eigenes Tun entscheidend veranlasst hat und dem ArbGeb trotz geeigneter Schlichtungsversuche die Fortsetzung des ArbVerh unzumutbar ist[7]. Ist der gekündigte ArbN im Verlauf des Kündigungsschutzprozesses in den **BR oder PersR** gewählt worden, kommt eine Auflösung seines ArbVerh nach § 9 nur in Betracht, wenn die vom ArbGeb vorgebrachten Gründe auch eine außerordentl. Kündigung des ArbVerh rechtfertigen würden[8], sofern die Auflösungsgründe nicht lange vor Eintritt des Sonderkündigungsschutzes entstanden sind[9]. Ein betriebsverfassungs- oder personalvertretungsrechtl. Verwertungsverbot für nicht mitgeteilte Kündigungsgründe erstreckt sich nicht auf die Verwendung dieser Gründe im Rahmen eines Auflösungsantrags des ArbGeb nach Abs. 1 S. 2[10].

23 **VII. Beiderseitiger Auflösungsantrag.** Stellen beide Parteien im Verlauf des Kündigungsschutzprozesses einen Antrag auf Auflösung des ArbVerh nach § 9, bedarf es **keiner inhaltlichen Überprüfung** dieser Auflösungsanträge[11]. Das ArbG hat nur noch über die Höhe der Abfindung zu entscheiden. Schließlich steht es den Parteien immer frei, sich auf eine vergleichsweise Beendigung des ArbVerh zu einigen. Dem können allerdings die unterschiedlichen Vorstellungen über die Höhe einer Abfindung entgegenstehen.

24 **VIII. Entscheidung des Gerichts (Abs. 2).** Nach Abs. 2 hat das ArbG den **Auflösungszeitpunkt** festzusetzen, zu dem das ArbVerh bei sozial gerechtfertigter Kündigung mit der objektiv zutreffenden Kündigungsfrist geendet hätte, und zwar unabhängig davon, ob der ArbGeb die Frist eingehalten hat und/oder der ArbN die Nichteinhaltung der Kündigungsfrist im Prozess gerügt hat[12]. Bei außerordentl., hilfsweise ordentl. Kündigung des ArbGeb hat der ArbN ein **Wahlrecht**, ob er den Auflösungsantrag nach § 9 oder nach § 13 stellt. Das ArbG ist an den jeweiligen Auflösungszeitpunkt (Abs. 2 oder § 13 I 4) gebunden[13]. Die gestaltende Wirkung der gerichtl. Entscheidung tritt erst mit Rechtskraft des Urteils ein[14]. Es ist idR ermessensfehlerhaft, über einen Kündigungsschutzantrag und dessen auf die streitgegenständliche Kündigung bezogenen Auflösungsantrag eher zu entscheiden als über einen zeitlich vorgehenden Auflösungsantrag[15].

25 Entscheidung **ohne Auflösung**: Erweist sich die Kündigung im Verlauf des Kündigungsschutzprozesses als sozial gerechtfertigt, ist der Auflösungsantrag unbegründet. Die Klage wird insg. abgewiesen. Ist die Kündigung zwar sozialwidrig, der Auflösungsantrag des ArbN jedoch unbegründet, muss das Gericht feststellen, dass das ArbVerh durch die Kündigung nicht aufgelöst worden ist, und iÜ die Klage abweisen. Die Entscheidung über den Auflösungsantrag kann erst ergehen, wenn über den Feststellungsantrag entschieden ist. Das muss nicht zwangsläufig gleichzeitig geschehen[16].

26 Entscheidung **mit Auflösung**: Haben sowohl der Feststellungsantrag als auch der Auflösungsantrag des ArbN Erfolg, genügt die Feststellung des Gerichts, dass das ArbVerh mit Ablauf der Kündigungsfrist aufgelöst wird und der ArbGeb an den ArbN eine Abfindung zu zahlen hat. Die Entscheidung über die Zahlung dieser Abfindung ergeht von Amts wegen und bedarf keines Antrags des ArbN. Ein Auflösungsantrag des ArbN unter der Bedingung, dass ihm eine Abfindung in einer bestimmten Mindesthöhe zu zahlen ist, ist unzulässig. Das Gericht ist an bezifferte Anträge der Parteien nicht gebunden. Weicht das Gericht von diesen Anträgen in seinem Urteil ab, ist das im Rahmen der Kostenentscheidung zu berücksichtigen[17].

---

1 LAG Hamm 23.5.2013 – 15 Sa 1784/12; 24.1.2008 – 15 Sa 876/07.   ‖ 2 BAG 24.3.2011 – 2 AZR 674/09; LAG Hess. 23.4.2007 – 7 Sa 1298/06.   ‖ 3 BAG 9.9.2010 – 2 AZR 482/09, NJW 2010, 3798; 10.6.2010 – 2 AZR 297/09, NJW 2010, 3796; LAG Rh.-Pf. 29.8.2012 – 8 Sa 134/12.   ‖ 4 BAG 27.11.2003 – 2 AZR 692/02, NZA 2004, 452.   ‖ 5 BAG 7.3.2002 – 2 AZR 158/01, NZA 2003, 261; LAG Hess. 25.7.2011 – 17 Sa 1738/10; LAG Sachs. 9.6.2011, – 9 SA 103/11; LAG Nds. 7.2.2011 – 12 Sa 1574/10.   ‖ 6 BAG 15.2.1973 – 2 AZR 16/72.   ‖ 7 LAG Düss. 21.8.2008 – 5 Sa 240/08.   ‖ 8 BAG 7.12.1972 – 2 AZR 235/72.   ‖ 9 LAG BW 12.3.2003 – 4 Sa 45/02, BehR 2003, 154.   ‖ 10 BAG 10.10.2002 – 2 AZR 240/01, NZA 2003, 483.   ‖ 11 BAG 29.3.1960 – 3 AZR 568/58; offen gelassen in BAG 23.6.1993 – 2 AZR 56/93; str.   ‖ 12 BAG 21.6.2012 – 2 AZR 694/11, NZA 2013, 199.   ‖ 13 BAG 21.5.2008 – 2 AZR 623/07.   ‖ 14 BAG 28.1.1961 – 2 AZR 482/59.   ‖ 15 BAG 28.5.2009 – 2 AZR 282/08, NZA 2009, 2973; 27.4.2006 – 2 AZR 360/05, NZA 2007, 229.   ‖ 16 BAG 29.1.1981 – 2 AZR 1055/78; LAG Hamm 27.5.2013 – 8 Sa 103/13.   ‖ 17 BAG 26.6.1986 – 2 AZR 522/85.

IX. Verhältnis zu anderen Abfindungsregelungen. § 9 findet keine Anwendung, wenn ein ArbN die Zahlung einer **Abfindung aus einem Sozialplan** nach § 112 BetrVG oder die Zahlung eines **Nachteilsausgleichs** nach § 113 BetrVG begehrt. Denn in diesen Fällen bedarf es keiner gerichtl. Auflösung des ArbVerh. Vielmehr gehen die §§ 111 ff. BetrVG von der Wirksamkeit der Kündigung des ArbGeb aus und bezwecken lediglich eine erleichterte Anpassung des ArbN im weiteren Arbeitsleben[1]. Nichts anderes gilt für den in einem TV für den Fall der Kündigung des ArbVerh auf Grund von Rationalisierungsmaßnahmen vorgesehenen Abfindungsanspruch[2]. 27

Danach kann ein ArbN im Zusammenhang mit einer Kündigung seines ArbVerh möglicherweise auf **verschiedenen Wegen** Abfindungsansprüche verfolgen. So kann zweifelhaft sein, ob eine Kündigung dringend betriebl. erforderlich war, ob der ArbN sozial gerecht ausgewählt worden ist und ob der ArbGeb ohne dringenden Grund von einem Interessenausgleich abgewichen ist. In einem derartigen Fall kann das Gericht die Zahlung einer Abfindung nicht alternativ auf § 9 oder auf § 113 BetrVG stützen. Der ArbN wird allerdings in erster Linie die Sozialwidrigkeit der Kündigung geltend machen und ggf. einen Auflösungsantrag nach § 9 stellen und nur hilfsweise für den Fall der sozialen Rechtfertigung der Kündigung eine Abfindung nach § 113 BetrVG verlangen. Ein Zusammentreffen mit dem Abfindungsanspruch aus § 1a scheidet schließlich aus, da § 9 die Geltendmachung der Sozialwidrigkeit der Kündigung voraussetzt und § 1a sie ausschließt. 28

Anhang § 9: Aufhebungsverträge

I. Abschluss 1	5. Rückabwicklung 31
1. Schriftform 2	6. Kündigung zwischen Abschluss und Beendigung 32
2. Konkludente Vereinbarung 8	
3. Einzelfälle 10	III. Inhalt 33
4. Wirksamkeit 13	1. Grundsätze 34
5. Aufklärungs- und Hinweispflichten ... 17	2. AGB-Kontrolle 35
6. Hinzuziehung von Betriebsratsmitgliedern . 23a	3. Einzelne Klauseln 37
7. Beweislast 23b	IV. Sozialversicherungsrecht 48
II. Anfechtung, Widerruf, Rücktritt, Störung der Geschäftsgrundlage 24	1. Sperrzeit 49
	2. Anrechnung von Entlassungsentschädigungen 52
1. Anfechtung 25	
2. Widerrufsrecht 27	3. Ruhen des Arbeitslosengeldanspruchs aus anderen Gründen 53
3. Rücktritt 30	
4. Störung der Geschäftsgrundlage 30a	4. Meldepflicht 54
	5. Erstattungsansprüche gegen Arbeitgeber . 55

I. Abschluss. Ein Aufhebungsvertrag, dh. die Einigung der Arbeitsvertragsparteien über die Beendigung des ArbVerh, kommt wie jeder Vertrag durch Angebot und Annahme zustande, §§ 145 ff. BGB. Ein Anspruch auf Abschluss eines Aufhebungsvertrages besteht idR nicht. Er wird sich nur in seltenen Ausnahmefällen aus dem Gleichbehandlungsgrundsatz herleiten lassen[3]. 1

Der Gesetzgeber verwendet in § 623 BGB den in der Praxis weniger gebräuchlichen Begriff des Auflösungsvertrages, der synonym zu verstehen ist[4]. Der Aufhebungsvertrag ist allerdings von der nachträglichen **Befristung** des ArbVerh abzugrenzen, die idR zu ihrer Wirksamkeit eines sachlichen Grundes bedarf[5]. Ein Aufhebungsvertrag, der nicht auf eine alsbaldige Beendigung, sondern auf eine befristete Fortsetzung des ArbVerh gerichtet ist, weil er die Kündigungsfrist um ein Vielfaches überschreitet, bedarf zu seiner Wirksamkeit idR eines sachlichen Grundes iSv. § 14 TzBfG[6].

1. Schriftform. Bei dem Abschluss eines Aufhebungsvertrages ist gem. § 623 BGB zwingend die Einhaltung der **Schriftform** erforderlich. Diese kann durch notarielle Beurkundung (§ 126 IV BGB) oder gerichtl. Vergleich (§ 127a BGB), nicht aber durch die elektronische Form (§ 623 Hs. 2 BGB) ersetzt werden. 2

Das Formerfordernis erstreckt sich auf den Aufhebungsvertrag in seiner Gesamtheit, dh. alle den Vertragsinhalt wesentlich bestimmenden Abreden, aus denen sich nach dem Willen der Parteien der Aufhebungsvertrag zusammensetzt, zB die Zahlung einer Abfindung, der Verzicht auf weitere Ansprüche, 3

---

1 BAG 31.10.1995 – 1 AZR 372/95. ||2 BAG 27.4.2006 – 6 ZR 364/05, NZA 2006, 1282. ||3 BAG 25.2.2010 – 6 AZR 911/08, NZA 2010, 561. ||4 ErfK/*Müller-Glöge*, § 623 BGB Rz. 4. ||5 BAG 15.2.2007 – 6 AZR 286/06, NZA 2007, 614. Zur (Un-)Wirksamkeit der Befristung aufgrund eines gerichtl. Vergleichs im schriftl. Verfahren nach § 278 VI ZPO: BAG 15.2.2012 – 7 AZR 734/10, NZA 2012, 919. ||6 BAG 28.11.2007 – 6 AZR 1108/06, NZA 2008, 348. Zur Ausnahme der „Probezeitverlängerung" innerhalb der sechsmonatigen Wartefrist des § 1 BAG 7.3.2002 – 2 AZR 93/01, NZA 2002, 1000.

sowie alle späteren Änderungen oder Ergänzungen des Aufhebungsvertrages[1]. Hingegen bedarf die bloße Änderung einzelner Arbeitsbedingungen nicht der Schriftform, da diese Vereinbarungen auf die Fortsetzung des ArbVerh, nicht auf dessen Beendigung gerichtet sind[2].

4 Der Aufhebungsvertrag muss von **beiden Vertragsparteien auf derselben Urkunde unterzeichnet** sein, § 126 II 1 BGB. Unterzeichnet ein Vertreter den Aufhebungsvertrag, muss dies durch einen Zusatz (zB „i.V.") deutlich zum Ausdruck kommen[3]. Der Austausch einseitiger Erklärungen ist nicht ausreichend. Ein Aufhebungsvertrag kommt auch nicht dadurch zustande, dass der ArbN die arbeitgeberseitige Kündigung gegenzeichnet. Auch ein vom ArbN auf dem Original gegengezeichneter, aber lediglich per Telefaxkopie zurückgesandter Aufhebungsvertrag entspricht nicht dem Schriftformerfordernis des § 623 BGB[4]. Ebenfalls nicht ausreichend sind sog. Ausgleichsquittungen, die nur vom ArbN unterzeichnet werden, weil die einseitige Unterzeichnung den Anforderungen des § 126 II BGB nicht genügt[5]. Ausreichend ist allerdings, wenn jede Partei die für die andere Seite bestimmte Urkunde unterzeichnet, § 126 II 2 BGB. Rein äußerlich muss die **Einheitlichkeit der Urkunde** feststellbar sein. Eine körperliche Verbindung ist nicht zwingend erforderlich. Die Einheitlichkeit kann sich zweifelsfrei aus fortlaufender Paginierung oder Nummerierung der einzelnen Bestimmungen, der einheitlichen grafischen Gestaltung, dem inhaltlichen Zusammenhang des Textes oder vergleichbaren Merkmalen ergeben[6].

4a Durch einen **gerichtlichen Vergleich** im schriftl. Verfahren nach § 278 VI ZPO wird die für Aufhebungsverträge erforderliche Schriftform nach § 623 BGB gewahrt[7]. Durch die Einführung des Vergleichsabschlusses im schriftlichen Verfahren ist nachträglich eine Regelungslücke entstanden, die durch analoge Anwendung des § 127a BGB zu schließen ist.

5 Wird der Aufhebungsvertrag nicht schriftl. abgeschlossen, ist er gem. § 125 S. 1 BGB **nichtig**. Das ArbVerh besteht ungekündigt fort. Bereits erbrachte Leistungen sind nach §§ 812 ff. BGB rückabzuwickeln (§ 623 BGB Rz. 49 f.). **Annahmeverzug** nach § 615 BGB setzt die Leistungsbereitschaft des ArbN voraus. Diese fehlt, wenn der ArbN durch Zustimmung zu einem Aufhebungsvertrag dokumentiert, ab einem darin bestimmten Zeitpunkt keine Arbeitsleistung mehr erbringen zu wollen, auch dann, wenn der Aufhebungsvertrag mangels Schriftform formnichtig ist[8]. Ist das Zustandekommen eines Aufhebungsvertrags zwischen den Arbeitsvertragsparteien streitig, bedarf es zur Begründung des Annahmeverzugs des ArbGeb idR eines tatsächlichen Angebots der Arbeitsleistung durch den ArbN[9]. Ein wörtliches Angebot nach § 295 BGB genügt aus diesem Grunde regelmäßig nicht[10].

6 Die Formvorschrift des **§ 623 BGB gilt nicht** für den Abschluss eines **echten Abwicklungsvertrages**. Der Abwicklungsvertrag löst das ArbVerh gerade nicht auf, sondern regelt lediglich die Modalitäten einer ausgesprochenen Kündigung (zB Erhebung einer Kündigungsschutzklage, Verzicht auf Rüge mangelnder Sozialauswahl, Zahlung einer Abfindung). Folgeregelungen einer **wirksamen** Beendigung des ArbVerh werden von § 623 BGB nicht erfasst, denn in diesem Fall beendet nicht der Abwicklungsvertrag, sondern die zugrunde liegende formgerechte Kündigung das ArbVerh[11]. Dies erscheint vor allem angesichts der Folgen eines Verstoßes sinnvoll: Eine etwaige Unwirksamkeit würde lediglich den Abwicklungsvertrag, nicht aber die Kündigung betreffen[12]. Auch eine Vereinbarung über ein **zukünftiges Verhalten** nach Ausspruch einer bevorstehenden formgerechten Kündigung ist nicht formbedürftig, da das ArbVerh in diesem Fall letztendlich durch die Kündigung aufgelöst wird und nicht durch die Vereinbarung der Parteien[13]. Führt hingegen erst der (unechte) „Abwicklungsvertrag" die Beendigung des ArbVerh herbei, weil die zugrundeliegende Kündigung formwirksam ist, ist er nach § 623 BGB formbedürftig, weil der Formmangel der Kündigung nicht durch die Fiktion des § 7 geheilt wird. In diesem Fall handelt es sich in Wahrheit um einen Aufhebungsvertrag[14]. Teilweise wird vertreten, dass auch der Abwicklungsvertrag von § 623 BGB erfasst werde[15] bzw. diese Vorschrift auf Abwicklungsverträge analog anzuwenden sei[16].

6a Allerdings nimmt das BAG an, dass **Klageverzichtsvereinbarungen**, die im unmittelbaren zeitlichen und sachlichen Zusammenhang mit dem Ausspruch einer Kündigung getroffen werden, keine (formfreien) Abwicklungs-, sondern formbedürftige Auflösungsverträge iSd. § 623 BGB seien und deshalb der Schriftform bedürften[17]. Der Verzichtsvertrag werde gerade deshalb geschlossen, weil bei seinem Abschluss aus Sicht des ArbGeb noch unsicher sei, ob die bereits ausgesprochene und noch angreifbare

---

1 BGH 27.10.1982 – V ZR 136/81, NJW 1983, 565; ErfK/*Müller-Glöge*, § 623 BGB Rz. 13; Staudinger/*Oetker*, § 623 BGB Rz. 91; *Preis/Gotthardt*, NZA 2000, 348 (355); *Caspers*, RdA 2001, 28 (33); *Bauer*, NZA 2002, 169 (170). ‖2 ErfK/*Müller-Glöge*, § 623 BGB Rz. 4; *Preis/Gotthardt*, NZA 2000, 348 (355); *Richardi/Annuß*, NJW 2000, 1231 (1233). ‖3 BAG 28.11.2007 – 6 AZR 1108/06, NZA 2008, 348. ‖4 LAG Düss. 29.11.2005 – 16 Sa 1030/05, AuA 2006, 176 (LS). ‖5 *Preis/Gotthardt*, NZA 2000, 348 (355). ‖6 BAG 7.5.1998 – 2 AZR 55/98, NZA 1998, 1110 (1111 f.). ‖7 BAG 23.11.2006 – 6 AZR 394/06, NZA 2007, 466. ‖8 LAG Thür. 27.1.2004 – 5 Sa 131/02, ArbRB 2004, 198. ‖9 BAG 7.12.2005 – 5 AZR 19/05, NZA 2006, 435. ‖10 BAG 7.12.2005 – 5 AZR 19/05, NZA 2006, 435. ‖11 BAG 23.11.2006 – 6 AZR 394/06, NZA 2007, 466; LAG Köln 21.4.2005 – 6 Sa 87/05, nv.; ErfK/*Müller-Glöge*, § 623 BGB Rz. 8; *Appel/Kaiser*, AuR 2000, 281 (285); *Dahlem/Weisner*, NZA 2004, 530 (531); *Preis/Gotthardt*, NZA 2000, 348 (354). ‖12 *Bauer*, NZA 2002, 169 (170). ‖13 Ebenso: ErfK/*Müller-Glöge*, § 623 BGB Rz. 8; *Müller-Glöge/v. Senden*, AuA 2000, 199 (200). ‖14 ErfK/*Müller-Glöge*, § 623 BGB Rz. 8; *Appel/Kaiser*, AuR 2000, 281 (285). ‖15 *Richardi*, NZA 2001, 57 (61). ‖16 *Schaub*, NZA 2000, 344 (347). ‖17 BAG 19.4.2007 – 2 AZR 208/06, NZA 2007, 1227.

Kündigung ihr Ziel herbeiführen werde. Die nach Ausspruch der Kündigung einzige dem ArbN verbleibende rechtl. Handhabe – die Möglichkeit der Kündigungsschutzklage – solle beseitigt werden. Der Zweck des § 623 BGB – Schutz vor Übereilung und Beweissicherung – greife daher ein. Ob jedweder Abwicklungsvertrag, der innerhalb der Drei-Wochen-Frist des § 4 S. 1 geschlossen wird, formbedürftig nach § 623 BGB ist, lässt das BAG zwar offen; der Praxis ist jedoch vorsorglich die Wahrung der Schriftform zu empfehlen. Der ohne Gegenleistung erklärte, formularmäßige Verzicht des ArbN auf die Erhebung einer Kündigungsschutzklage stellt eine unangemessene Benachteiligung iSv. § 307 I 1 BGB dar[1].

Nach **Treu und Glauben** (§ 242 BGB) kann es einer Partei versagt sein, sich auf die Nichteinhaltung der Formvorschrift zu berufen. Voraussetzung ist, dass die Folgen andererseits nicht nur hart, sondern untragbar wären[2]. Wenn die Formvorschriften des bürgerlichen Rechts nicht ausgehöhlt werden sollen, kann ein Formmangel nur ausnahmsweise nach § 242 BGB als unbeachtlich angesehen werden[3]. 7

2. Konkludente Vereinbarung. Bis zum Inkrafttreten des § 623 BGB am 1.5.2000 war die konkludente Aufhebung von Arbeitsverträgen möglich. Dies wurde insb. diskutiert, wenn ein ArbN zum **Organ einer Gesellschaft** berufen bzw. ein **Vorstands-** oder **Geschäftsführerdienstvertrag** abgeschlossen wurde. Ob das alte ArbVerh ruhte oder beseitigt worden war, wurde nach verschiedenen Auslegungskriterien (zB Änderung der Arbeitsbedingungen, Erhöhung der Vergütung) entschieden[4]. Zuletzt nahm das BAG an, dass im Zweifel das ursprüngliche ArbVerh aufgehoben ist. Es wies jedoch bereits darauf hin, dass im Lichte des § 623 BGB eine Neubewertung vorzunehmen sei[5]. 8

Diese Neubewertung hat das BAG zwischenzeitlich wie folgt vorgenommen: Schließt ein ArbN mit seinem ArbGeb einen **schriftlichen Geschäftsführer- oder Vorstandsdienstvertrag**, wird vermutet, dass das bis dahin bestehende ArbVerh mit Beginn des Geschäftsführerdienstverhältnisses einvernehmlich beendet wird, soweit nicht klar und eindeutig etwas anderes vertraglich vereinbart worden ist. Durch einen schriftl. Geschäftsführerdienstvertrag wird in diesen Fällen das Schriftformerfordernis des § 623 BGB für den Auflösungsvertrag gewahrt[6]. Ist die Auflösung des ArbVerh nicht ausdrücklich vereinbart, ist im Wege der Auslegung der getroffenen schriftl. Vereinbarung festzustellen, ob der Wille, das ArbVerh zu beenden, in der schriftl. Vereinbarung zum Ausdruck gekommen ist. Hierbei dürfen auch außerhalb der Urkunde liegende Umstände berücksichtigt werden, wenn der rechtsgeschäftl. Wille der Parteien in der Urkunde einen – wenn auch nur unvollkommenen oder andeutungsweisen – Ausdruck gefunden hat (sog. **Andeutungstheorie**). Der Wille, das zuvor begründete ArbVerh zu beenden, kommt im schriftl. Geschäftsführerdienstvertrag hinreichend deutlich zum Ausdruck[7]. Der von § 623 BGB bezweckte Übereilungsschutz steht dem nicht entgegen[8]. Insoweit ist zu berücksichtigen, dass mit dem schriftl. Dienstvertrag eine Vertragsurkunde vorliegt, die dem ArbN verdeutlicht, dass nunmehr die vertragl. Beziehungen zu seinem ArbGeb auf eine neue rechtl. Grundlage gestellt werden. Der von § 623 BGB bezweckten Warnung des ArbN wird damit genügt. Selbst wenn der Geschäftsführer-Dienstvertrag von der Gesellschaft vorformuliert wäre, führt die in § 305c II BGB enthaltene sog. **Unklarheitenregel** zu keiner anderen Beurteilung[9]. 9

Beim Abschluss des Dienstvertrages wird es für den Abschluss eines konkludenten Aufhebungsvertrages häufig an einer ordnungsgemäßen **Vertretung** der Gesellschaft fehlen: Ggü. Geschäftsführern bzw. Vorständen wird die Gesellschaft idR durch die Gesellschafter bzw. den Aufsichtsrat vertreten[10]. Für den Abschluss von Aufhebungsverträgen mit ArbN sind diese Organe idR nicht zuständig. Möglicherweise wird ein ArbVerh daher selbst dann nicht wirksam beendet, wenn es im Dienstvertrag konkludent oder gar ausdrücklich aufgehoben wird[11]. Der Aufhebungsvertrag wird in diesen Fällen erst mit der Genehmigung durch eine zur Vertretung berechtigte Person wirksam, § 177 BGB. Das bis zur Genehmigung bestehende Widerrufsrecht nach § 178 BGB dürfte idR daran scheitern, dass das werdende Organ den Mangel der Vertretungsmacht gekannt hat. Zur Vermeidung etwaiger Rechtsunsicherheiten ist in der Praxis bei einer „Beförderung" zum Organ dringend zu empfehlen, das Schicksal des bisherigen Arbeitsvertrages ausdrücklich zu regeln: Entweder sollte vom Vertretungsberechtigten ein schriftl. Aufhebungsvertrag abgeschlossen oder klargestellt werden, dass das bisherige ArbVerh ruht[12]. 9a

---

1 BAG 6.9.2007 – 2 AZR 722/06, NZA 2008, 219. || 2 BAG 27.3.1987 – 7 AZR 527/85, DB 1987, 1996; *Kliemt*, Formerfordernisse im Arbeitsverhältnis, S. 546 ff. || 3 BAG 16.9.2004 – 2 AZR 659/03, NZA 2005, 162. || 4 BAG 8.6.2000 – 2 AZR 207/99, NZA 2000, 1013 (1015). || 5 BAG 25.4.2002 – 2 AZR 352/01, NZA 2003, 272 (273). || 6 BAG 26.10.2012 – 10 AZB 60/12, NZA 2013, 54; 15.3.2011 – 10 AZB 32/10, NZA 2011, 874; 3.2.2009 – 5 AZB 100/08, NZA 2009, 669, Rz. 8; 5.6.2008 – 2 AZR 754/06, NZA 2008, 1022; 19.7.2007 – 6 AZR 774/06, NZA 2007, 2093. || 7 BAG 15.3.2011 – 10 AZB 32/10, NZA 2011, 874; 3.2.2009 – 5 AZB 100/08, NZA 2009, 669, Rz. 8; 5.6.2008 – 2 AZR 754/06, NZA 2008, 1022; 19.7.2007 – 6 AZR 774/06, NZA 2007, 2093. Ebenso *Baeck/Hopfner*, DB 2000, 1914 (1915); *Langner*, DStR 2007, 535 (539); ErfK/*Müller-Glöge*, § 623 BGB Rz. 5 f., § 620 BGB Rz. 8. Enger *Krause*, ZIP 2000, 2284 (2289); KR/*Spilger*, § 623 BGB Rz. 239; Staudinger/*Oetker*, § 623 BGB Rz. 95. || 8 AA *Bauer*, GmbHR 2000, 767 (769); *Fischer*, NJW 2003, 2417 (2418); *Dollmann*, BB 2003, 1838 (1840). || 9 BAG 19.7.2007 – 6 AZR 774/06, NJW 2007, 3228. || 10 Die Problematik ansprechend, aber offen lassend: BAG 19.7.2007 – 6 AZR 774/06, NZA 2007, 2093. || 11 Zutr. *Fischer*, NJW 2003, 2417 (2419). || 12 Vgl. *Bauer/Arnold*, DB 2008, 350 (354); *Hahn*, GmbHR 2004, 279 ff.

9b Ist ArbGeb eine **GmbH & Co. KG**, deren einzige Komplementärin die GmbH ist, wird das ArbVerh meist mit der KG bestehen, während der Dienstvertrag des Geschäftsführers idR mit der GmbH geschlossen wird. Für diese Konstellation gilt aufgrund der gleichen Interessenlage Vorstehendes entsprechend: Die für die GmbH den schriftl. Dienstvertrag abschließende Person hebt idR – zugleich handelnd für die KG – den mit der KG bestehenden Arbeitsvertrag auf[1]. Mit dem späteren Verlust der Organstellung wandelt sich das zugrundeliegende Dienstverhältnis nicht ohne Hinzutreten besonderer Umstände in ein ArbVerh um; auch entsteht nicht automatisch ein neues ArbVerh[2].

9c Anders ist die Situation, wenn ein ArbN zum Organ bestellt wird, ohne dass ein schriftl. Aufhebungsvertrag oder ein (eine ausdrückliche oder konkludente Aufhebung enthaltender) schriftl. Dienstvertrag geschlossen wird. In diesem Fall besteht das ArbVerh – ggf. als ruhendes – weiter fort. Es bildet entweder die Grundlage für die Tätigkeit als Organ oder lebt bei Beendigung der Organstellung wieder auf. Allein in einer längeren Ausübung der Geschäftsführertätigkeit liegt kein Umstand, der es rechtfertigen würde, den Formmangel als unbeachtlich und ein Berufen auf ihn als rechtsmissbräuchlich zu qualifizieren[3].

9d Nach der jüngeren Rspr. des BAG[4] dürfte die Frage, ob nach einer Bestellung eines ArbN zum Geschäftsführer der Arbeitsvertrag ruhend weiter fortbesteht oder aber – ausdrücklich oder konkludent – aufgehoben worden ist, **in den meisten Fällen nicht (mehr) von Relevanz** sein: Das BAG stellt darauf ab, dass die ordentliche Kündigung eines GmbH-Geschäftsführers wegen § 14 I Nr. 1 nicht der sozialen Rechtfertigung nach § 1 bedarf – auch wenn Rechtsgrundlage für die Tätigkeit als Geschäftsführer ein Arbeitsvertrag ist.

10 **3. Einzelfälle. Minderjährige** können Aufhebungsverträge grds. nur mit Einwilligung bzw. Genehmigung ihrer gesetzl. Vertreter abschließen, §§ 107, 108 BGB. Ermächtigt der gesetzl. Vertreter den Minderjährigen, ein ArbVerh einzugehen, kann der Minderjährige auch den Aufhebungsvertrag wirksam ohne die Zustimmung des Vertreters abschließen, § 113 I 1 BGB; allerdings ist in der bloßen Mitunterzeichnung des Arbeitsvertrages diese Ermächtigung noch nicht zu sehen[5]. Berufsausbildungsverhältnisse unterfallen nicht § 113 BGB, hier ist stets die Einwilligung des gesetzl. Vertreters erforderlich[6].

11 Nichtig sind Aufhebungsverträge, die von **Geschäftsunfähigen** sowie von Personen, die im Zustand der Bewusstlosigkeit oder vorübergehenden Störung der Geistestätigkeit handeln, abgeschlossen werden, §§ 104, 105 BGB. Dies ist jedenfalls dann der Fall, wenn die freie Willensbildung ausgeschlossen ist, also der Vertragsschließende nicht in der Lage ist, seine Entscheidung von vernünftigen Erwägungen abhängig zu machen[7]. Es genügt nicht eine bloße Willensschwäche oder leichte Beeinflussbarkeit[8] und auch nicht das Unvermögen, den Inhalt und das Wesen der vorgenommenen Handlung zu erkennen[9]. Die **Beweislast** trägt derjenige, der sich auf die fehlende Geschäftsfähigkeit beruft, idR also der ArbN[10].

12 Bei einem Aufhebungsvertrag mit einem **Ausländer** kann eine wirksame Zustimmung zum Aufhebungsvertrag nur dann vorliegen, wenn dieser verstanden hat, dass es sich um einen Aufhebungsvertrag handelt[11].

13 **4. Wirksamkeit.** Aufhebungsverträge sind im Grundsatz ohne besondere Voraussetzungen für beide Seiten verbindlich. **Kündigungsfristen** brauchen nicht eingehalten zu werden. Allerdings können sich bei der Nichteinhaltung der Kündigungsfristen sowohl für den ArbN als auch für den ArbGeb nachteilige sozialversicherungsrechtl. Folgen ergeben (Rz. 48 f.). Vor dem Abschluss des Aufhebungsvertrages braucht auch der **BR nicht gehört** zu werden. Die Zustimmung des BR zu einem Aufhebungsvertrag mit einem BR-Mitglied ist nicht erforderlich. Ebenso wenig müssen **behördliche Genehmigungen**, etwa bei Schwangeren nach § 9 MuSchG oder bei behinderten Menschen nach §§ 85 ff. SGB IX, eingeholt werden[12]. Vereinbaren ArbGeb und ArbN mündlich, dass zur Beendigung ihres ArbVerh eine Kündigung seitens des ArbGeb ausgesprochen und ein Abwicklungsvertrag geschlossen werden soll, ist die Kündigung kein Scheingeschäft. Der BR ist zu ihr nach § 102 BetrVG anzuhören[13].

14 Liegt ein **Betriebsübergang** vor, dürfen die zwingenden Rechtsfolgen des § 613a IV 1 BGB durch Abschluss eines Aufhebungsvertrages nicht umgangen werden. Eine Umgehung liegt insb. dann vor, wenn ein neues ArbVerh zum Betriebsübernehmer zu veränderten Konditionen vereinbart oder zumindest verbindlich in Aussicht gestellt wird, und der ArbN unter Hinweis darauf veranlasst wird, einem Aufhebungsvertrag zuzustimmen (sog. „Lemgoer Modell"). Ein diesen Zweck verfolgender Aufhebungsver-

---

1 BAG 19.7.2007 – 6 AZR 875/06; ErfK/*Müller-Glöge*, § 620 BGB Rz. 8. ||2 BAG 5.6.2008 – 2 AZR 754/06, NZA 2008, 1022; 25.6.1997 – 5 AZB 41/96, NZA 1997, 1363. ||3 BAG 15.3.2011 – 10 AZB 32/10, GmbHR 2011, 867. ||4 BAG 25.10.2007 – 6 AZR 1045/06, NZA 2008, 168. ||5 LAG Hamm 8.9.1970 – 3 Sa 481/70, DB 1971, 779 (780). AA LAG Bremen 15.10.1971 – 1 Sa 90/71, DB 1971, 2318: Auch die ausdrückliche Ermächtigung zum Abschluss eines Arbeitsvertrages umfasst nicht die Ermächtigung zum Abschluss eines Aufhebungsvertrages. ||6 Vgl. *Bauer/Krieger/Arnold*, Aufhebungsverträge, B, Rz. 273. ||7 BAG 26.11.1981 – 2 AZR 664/79, nv. ||8 BAG 14.2.1996 – 2 AZR 234/95, NZA 1996, 811 (812). ||9 BAG 30.1.1986 – 2 AZR 196/85, NZA 1988, 91 (93). ||10 BAG 17.2.1994 – 8 AZR 275/92, NZA 1994, 693 (694). ||11 *Weber/Ehrich/Burmester/Fröhlich*, Aufhebungsverträge, Teil 1 Rz. 39; *Bengelsdorf*, Aufhebungsverträge, 5. Aufl. 2011, S. 72 f. ||12 BAG 27.3.1958 – 2 AZR 20/56, BB 1958, 593. ||13 BAG 28.6.2005 – 1 ABR 25/04, DB 2005, 2827.

trag ist gem. § 134 BGB nichtig[1]. Hiervon zu unterscheiden sind zwischen dem ArbN und dem alten oder dem neuen Betriebsinhaber geschlossene Vereinbarungen, die auf ein **endgültiges Ausscheiden** des ArbN aus dem Betrieb gerichtet sind. Solche Verträge werden von der Rspr. des BAG ohne Rücksicht auf ihre sachliche Berechtigung als wirksam angesehen[2]. Dies gilt auch beim Abschluss eines dreiseitigen Vertrages unter Einschaltung einer sog. **Beschäftigungs- und Qualifizierungsgesellschaft**[3], wenn die Übernahme nicht nur zum Schein geschieht oder offensichtlich nur bezweckt wird, die Sozialauswahl zu umgehen.[4] Eine rechtsmissbräuchliche Umgehung von § 613a BGB liegt insb. vor, wenn zwar für kurze Zeit ein Übertritt in die Beschäftigungs- und Qualifizierungsgesellschaft erfolgt, jedoch zugleich ein neues ArbVerh zum Betriebsübernehmer vereinbart oder zumindest verbindlich in Aussicht gestellt wird; in diesem Falle liegt die objektive Zwecksetzung des Aufhebungsvertrages bzw. des dreiseitigen Vertrages in der Beseitigung der Kontinuität des ArbVerh bei gleichzeitigem Erhalt des Arbeitsplatzes[5].

Damit trägt die Rspr. dem Umstand Rechnung, dass der ArbN dem Übergang seines ArbVerh auf den Betriebserwerber widersprechen und damit den Eintritt der Rechtsfolgen des § 613a BGB verhindern kann[6]. Täuscht der ArbGeb den ArbN darüber, dass ein Betriebsübergang geplant ist, indem er wahrheitswidrig eine Betriebsstilllegung vorspiegelt, und veranlasst den ArbN dadurch zum Abschluss eines Aufhebungsvertrages, kann dieser unter dem Gesichtspunkt der Anfechtung oder des Wegfalls der Geschäftsgrundlage unwirksam sein[7].

Schließt der **Insolvenzverwalter** eines insolventen Betriebes mit sämtlichen ArbN Aufhebungsverträge mit geringen Abfindungen (zB 20 % eines Monatsgehaltes) und werden die ArbN unmittelbar im Anschluss an den vereinbarten Ausscheidenszeitpunkt von einem Betriebsübernehmer wieder eingestellt, so ist die bisherige Betriebszugehörigkeit trotz des Aufhebungsvertrages im neuen Beschäftigungsverhältnis anzurechnen[8].   14a

Die mit einem Aufhebungsvertrag bezweckte Entlassung ist – bei Vorliegen der Voraussetzungen einer **Massenentlassung** – gem. §§ 17, 18 so lange unwirksam, bis eine formgerechte Massenentlassungsanzeige (§ 17 III) bei der AA eingereicht und die Sperrfrist abgelaufen ist bzw. die Zustimmung eingeholt ist[9].   15

Grds. ist nicht erforderlich, dass der ArbGeb dem ArbN eine **Bedenkzeit** oder ein **Rücktritts- oder Widerrufsrecht** vor Abschluss des Aufhebungsvertrages einräumt oder ihm vor einem beabsichtigten Gespräch über einen Aufhebungsvertrag dessen Thema mitteilt[10]. Abweichendes kann sich aus tarifvertragl. Regelungen ergeben.   16

5. Aufklärungs- und Hinweispflichten. Grds. muss sich jeder ArbN vor dem Abschluss eines Aufhebungsvertrages selbst über die rechtl. Folgen dieses Schrittes Klarheit verschaffen[11]. Dies gilt insb., wenn die Initiative zur Aufhebung des Arbeitsvertrages von ihm selber ausging[12]. Jeder Vertragspartner hat grds. selbst für die Wahrnehmung seiner Interessen zu sorgen. Der ArbGeb ist in aller Regel nicht gehalten, von sich aus auf schädliche Folgen von Aufhebungsverträgen hinzuweisen[13].   17

Bei **Hinzutreten besonderer Umstände** kann ausnahmsweise eine Aufklärungspflicht des ArbGeb bestehen. Diese Aufklärungspflicht resultiert aus § 242 BGB und ist eine Nebenpflicht aus dem ArbVerh. Hierbei hat eine **Abwägung** zwischen dem Informationsinteresse des ArbN und der Beratungsmöglichkeit des ArbGeb zu erfolgen[14]. Dabei kommt es ua. darauf an, von wem die Initiative zum Abschluss der Aufhebungsvereinbarung ausgegangen ist und ob der ArbGeb Kenntnis davon hat, dass dem ArbN wesentliche Vermögenseinbußen drohen (zB Sperrzeit in Bezug auf Alg, Nachteile in Bezug auf Rente oder Zusatzversorgung oder drohende Insolvenz des ArbGeb)[15]. Eine Aufklärung über eine evtl. drohende Sperrfrist nach § 159 SGB III (§ 144 SGB III aF) ist erforderlich, wenn der ArbGeb den Abschluss der Aufhebungsvereinbarung veranlasst hat oder erkennt, dass der ArbN sich über die Folgen und die Tragweite seines Handelns im Unklaren ist. Erhöhte Hinweis- und Aufklärungspflichten bestehen, wenn der ArbGeb den Eindruck erweckt, er werde auch, zB bei Abschluss eines neuen Arbeitsvertrages mit einem Tochterunternehmen, die Interessen des ArbN wahrnehmen[16].   18

---

1 BAG 18.8.2011 – 8 AZR 312/10, NZA 2012, 152; 18.8.2005 – 8 AZR 523/04, NZA 2006, 145 (147); 28.4.1987 – 3 AZR 75/86, NZA 1988, 198 (199); 11.2.1992 – 3 AZR 117/91, NZA 1993, 20 (21). ||2 BAG 23.11.2006 – 8 AZR 349/06, NZA 2007, 866; 11.12.1997 – 8 AZR 654/95, NZA 1999, 262 (263). ||3 BAG 23.11.2006 – 8 AZR 349/06, NZA 2007, 866; 18.8.2005 – 8 AZR 523/04, NZA 2006, 145 (148). ||4 BAG 23.11.2006 - 8 AZR 349/06, NZA 2007, 866. ||5 BAG 18.8.2011 – 8 AZR 312/10, NZA 2012, 152; 25.10.2012 – 8 AZR 572/11, ZInsO 2013, 946. Vgl. hierzu Willemsen, NZA 2013, 242. ||6 BAG 11.7.1995 – 3 AZR 154/95, NZA 1996, 207 (208). ||7 BAG 23.11.2006 – 8 AZR 349/06, NZA 2007, 866. ||8 LAG Nürnberg 19.4.2005 – 6 Sa 897/04, NZA-RR 2005, 469. ||9 BAG 11.3.1999 – 2 AZR 461/98, NZA 1999, 761(762). ||10 BAG 30.9.1993 – 2 AZR 268/93, NZA 1994, 209 (211); 14.2.1996 – 2 AZR 234/95, NZA 1996, 811 (812). ||11 BAG 3.7.1990 – 3 AZR 382/89, NZA 1990, 971 (973). Grundlegend: *Winter*, Aufklärungspflichten beim Aufhebungsvertrag, 2010. ||12 BAG 24.2.2011 – 6 AZR 626/09, NZA-RR 2012, 148; 10.3.1988 – 8 AZR 420/85, NZA 1988, 837 (838). ||13 BAG 11.12.2001 – 3 AZR 339/00, NZA 2002, 1150 (1152). ||14 BAG 17.10.2000 – 3 AZR 605/99, NZA 2001, 206 (207). ||15 BAG 17.10.2000 – 3 AZR 605/99, NZA 2001, 206 (207). ||16 BAG 17.10.2000 – 3 AZR 605/99, NZA 2001, 206 (207); 21.2.2002 – 2 AZR 749/00, BB 2002, 2335 (2337); 22.4.2004 – 2 AZR 281/03, NZA 2004, 1295 zu bevorstehendem Sozialplanabschluss.

19 Die Schutz- und Fürsorgepflichten dürfen aber **nicht überspannt** werden[1]. Sollte dem ArbGeb zwar ein Hinweis, nicht aber eine inhaltliche Belehrung möglich sein, ist diese auch nicht erforderlich. Vielmehr kann dann wiederum vom ArbN verlangt werden, dass er sich auf Grund des arbeitgeberseitigen Hinweises selbst die notwendigen Informationen verschafft. Ebenso bestehen keine Aufklärungs- und Hinweispflichten, wenn der ArbN **anwaltlich beraten** ist, er bereits über Folgen der Auflösung belehrt ist oder auf eine solche Belehrung ausdrücklich **verzichtet**. Darüber hinaus ist der ArbGeb grds. nicht verpflichtet, den ArbN von sich aus darüber aufzuklären, dass weitere Entlassungen beabsichtigt sind, die uU zu einer sozialplanpflichtigen Betriebsänderung führen könnten[2].

20 **Sonderregelungen** bestehen für Bereiche der betrAV sowie zu der Meldepflicht bei der AA (s. Rz. 54).

21 Stellt der ArbN ausdrücklich **Fragen** bzgl. der rechtl. Auswirkungen des Aufhebungsvertrages auf Altersversorgung oder Alg, müssen diese vom ArbGeb wahrheitsgemäß beantwortet werden, soweit er über die entsprechenden Informationen verfügt. Ist der ArbGeb hierzu nicht in der Lage, muss er den ArbN an die zuständige Stelle verweisen. Erteilt der ArbGeb **Auskünfte**, müssen diese **zutreffend** und **vollständig** sein. Ansonsten setzt sich der ArbGeb ebenso einer Schadensersatzpflicht aus wie bei der Verletzung einer bestehenden Hinweis- und Aufklärungspflicht[3].

22 Unterlassene, unzutreffende und nur scheinbar vollständige oder sonst irreführende Auskünfte führen nicht zur Unwirksamkeit des Aufhebungsvertrages[4], allenfalls kann der ArbGeb bei **Verletzung seiner Hinweis- und Auskunftspflichten** zu **Schadensersatz** nach § 280 BGB verpflichtet sein[5]. In der Praxis hat sich deshalb die Aufnahme eines Hinweises in den Aufhebungsvertrag eingebürgert, wonach der ArbN selbst verpflichtet ist, bei SozV-Trägern, Finanzämtern und anderen geeigneten Auskunftsstellen Informationen über die sozialversicherungs- und steuerrechtl. Folgen eines Aufhebungsvertrages einzuholen. Allerdings reicht ein solcher allg. Hinweis und die bloße Verweisung an eine zur Information berufene Stelle unter Einräumung einer Bedenkzeit uU nicht aus, wenn dem ArbN ein schwerwiegender Vermögensnachteil droht[6]. Ein Schadensersatzanspruch setzt voraus, dass sich der ArbN bei richtiger Auskunft anders entschieden hätte[7]. Dies ist bei Sachverhalten anzunehmen, in denen für den ArbN Handlungsalternativen in Betracht kommen und die vom ArbGeb zumindest mitveranlasste Entscheidung für den ArbN nachteilig war[8]. Aus Treu und Glauben kann sich bei besonderen Erklärungen des ArbGeb vor Abschluss des Aufhebungsvertrages ein Wiedereinstellungsanspruch ergeben[9]. Ein nach §§ 249 ff. BGB ersatzfähiger Vermögensschaden wegen Verletzung bestehender Aufklärungspflichten des ArbGeb liegt noch nicht vor, wenn der Sperrzeitbescheid der BA vom ArbN angegriffen ist und noch keine rechtskräftige Entscheidung vorliegt[10]. In diesem Fall kommt statt einer Zahlungseine Feststellungsklage in Betracht. Die **Beweislast** für die behauptete falsche Beratung durch den ArbGeb trägt der ArbN[11].

23 Unterlässt der ArbGeb eine an sich erforderliche Aufklärung, kann einem Schadensersatzanspruch des ArbN dessen überwiegendes **Mitverschulden** gem. § 254 BGB entgegenstehen, wenn der ArbN zumutbare Maßnahmen zur Abwendung des Schadens unterlässt[12].

23a **6. Hinzuziehung von Betriebsratsmitgliedern.** ArbN haben nur dann nach § 82 II 2 BetrVG einen Anspruch auf Hinzuziehung eines BR-Mitglieds zu einem Personalgespräch über einen Aufhebungsvertrag, wenn es in dem Gespräch zumindest auch um eines der in § 82 II 1 BetrVG genannten Themen (Arbeitsentgelt, Leistungsbeurteilung, berufl. Entwicklung) geht. Daran fehlt es, wenn nur noch die Modalitäten des Aufhebungsvertrages besprochen werden[13].

23b **7. Beweislast.** Im Regelfall genügt es, dass der ArbGeb, der sich auf die wirksame Auflösung des ArbVerh beruft, den schriftl. Aufhebungsvertrag (§ 623 BGB) vorlegt. Es obliegt dann dem ArbN, die Vermutung der beabsichtigten Vertragsauflösung zu erschüttern, indem er vorträgt, dass ein vom eindeutigen Wortlaut des Auflösungsvertrages abweichender übereinstimmender Wille der Parteien vorlag und dass hierfür Tatsachen streiten, aus denen sich die ernsthafte Möglichkeit eines atypischen Geschehensablaufs ergibt. Gelingt dem ArbN der Nachweis der ernsthaften Möglichkeit eines atypischen Geschehensablaufs, muss der ArbGeb nun seinerseits der ihn treffenden Darlegungs- und Beweislast in vollem Umfang nachkommen[14].

24 **II. Anfechtung, Widerruf, Rücktritt, Störung der Geschäftsgrundlage.** Der Aufhebungsvertrag unterliegt den allg. Bestimmungen über Willenserklärungen und Verträge des BGB.

---

1 BAG 11.12.2001 – 3 AZR 339/00, NZA 2002, 1150 (1152). ‖ 2 BAG 13.11.1996 – 10 AZR 340/96, NZA 1997, 390 (392). ‖ 3 BAG 19.8.2003 – 9 AZR 611/02, NZA 2004, 664; 17.10.2000 – 3 AZR 605/99, NZA 2001, 206 (207); *Schulte*, ArbRB 2004, 26 ff. ‖ 4 BAG 10.3.1988 – 8 AZR 420/85, AP Nr. 99 zu § 611 BGB Fürsorgepflicht. ‖ 5 BAG 24.2.2011 – 6 AZR 626/09, NZA-RR 2012, 148; 3.7.1990 – 3 AZR 382/89, NZA 1990, 971 (973). ‖ 6 BAG 17.10.2000 – 3 AZR 605/99, NZA 2001, 206 f. zu Nachteilen in Bezug auf Zusatzversorgung im öffentl. Dienst. ‖ 7 BAG 19.8.2003 – 9 AZR 611/02, NZA 2004, 664. ‖ 8 BAG 21.11.2000 – 3 AZR 13/00, NZA 2002, 618 (620 f.). ‖ 9 BAG 21.2.2002 – 2 AZR 749/00, BB 2002, 2335 (2337). ‖ 10 LAG Hamm 7.6.2005 – 19 (2) Sa 30/05, NZA-RR 2006, 606; LAG Nds. 28.3.2003 – 16 Sa 19/03, NZA-RR 2004, 46. ‖ 11 BAG 9.7.1991 – 3 AZR 354/90, ZTR 1992, 116. ‖ 12 BAG 12.12.2002 – 8 AZR 497/01, AP Nr. 25 zu § 611 BGB Haftung des Arbeitgebers. ‖ 13 BAG 16.11.2004 – 1 ABR 53/03, NZA 2005, 416. ‖ 14 LAG Hamm 12.10.2004 – 6 Sa 621/04, nv.

1. Anfechtung. Die Willenserklärungen, die auf den Abschluss eines Aufhebungsvertrages gerichtet sind, sind nach den allg. Regeln der §§ 119 ff. BGB anfechtbar. Die Anfechtung wegen **widerrechtl. Drohung** (§ 123 BGB) setzt voraus, dass dem ArbN vom ArbGeb widerrechtl. ein künftiges Übel angekündigt wurde, das den ArbN in eine Zwangslage versetzt hat[1]. Kam der Aufhebungsvertrag auf Grund der Drohung des ArbGeb mit einer außerordentl. Kündigung zustande, ist eine Anfechtung dann nicht möglich, wenn ein verständiger ArbGeb die Kündigung ernsthaft in Erwägung ziehen durfte; dabei ist nicht erforderlich, dass sich die angekündigte Kündigung, wenn sie ausgesprochen worden wäre, in einem Kündigungsschutzprozess als rechtsbeständig erwiesen hätte[2]. Die für die angedrohte Entlassung herangezogenen Pflichtverletzungen müssen lediglich grds. geeignet sein, einen Kündigungsgrund abzugeben. Maßgeblich ist der **objektiv mögliche hypothetische Wissensstand** des ArbGeb, der verantwortliche Ermittlungen angestellt hätte. Nicht maßgeblich ist der tatsächliche subjektive Wissensstand des konkreten ArbGeb[3]. Es kommt auch nicht darauf an, ob eine Straftat bewiesen werden kann. Der ArbGeb darf aber durchaus eine Strafanzeige in Erwägung ziehen und diese dem ArbN ankündigen sowie eine außerordentl. Kündigung androhen, wenn eine Straftat konkret das ArbVerh berührt[4] oder mit ihm in einem inneren Zusammenhang stand[5]; eine wirksame Anfechtung ist in diesem Fall nicht möglich. Dem ArbN ist es – wenn er zu Unrecht verdächtigt werden sollte – zumutbar, diesem Druck standzuhalten[6]. **Widerrechtl.** kann die Drohung mit einer außerordentl. Kündigung sein, wenn ein vernünftiger ArbGeb auf Grund der Umstände davon ausgehen muss, die angedrohte Kündigung werde einer arbeitsgerichtl. Nachprüfung wegen Versäumung der Ausschlussfrist gem. § 626 II BGB nicht standhalten[7]. Gleiches gilt, wenn eine erforderliche Abmahnung oder – bei angedrohter Verdachtskündigung – die hierfür erforderliche Aufklärung fehlt. Droht der ArbGeb dem ArbN mit einer fristlosen Kündigung, die ein verständiger ArbGeb nicht in Betracht gezogen hätte, um den ArbN zum Abschluss eines Aufhebungsvertrags zu veranlassen, wird die Widerrechtlichkeit der Drohung nicht durch eine dem ArbN vom ArbGeb eingeräumte Bedenkzeit beseitigt[8]. Ohne Hinzutreten weiterer Umstände ändert eine dem ArbN eingeräumte **Bedenkzeit** auch nichts an der Ursächlichkeit der Drohung für den späteren Abschluss des Aufhebungsvertrags. Für eine von der Drohung nicht mehr maßgeblich beeinflusste Willensbildung spricht jedoch, dass der Anfechtende die Bedenkzeit dazu genutzt hat, die zwischen den Parteien getroffene Vereinbarung durch aktives Verhandeln - zB neue eigene Angebote - erheblich zu seinen Gunsten zu beeinflussen, insb. wenn er selbst rechtskundig ist oder zuvor Rechtsrat eingeholt hat bzw. auf Grund der Dauer der eingeräumten Bedenkzeit hätte einholen können[9]. Die **Darlegungs- und Beweislast** für sämtliche Voraussetzungen des Anfechtungstatbestandes, dh. für alle Tatsachen, die die angedrohte Kündigung als widerrechtl. erscheinen lassen, trägt der die Anfechtung erklärende ArbN[10].

Eine zur Anfechtung berechtigende **arglistige Täuschung** durch Unterlassung iSd. § 123 BGB begeht, wer bei den Vertragsverhandlungen einen Umstand verschweigt, hinsichtlich dessen ihn ggü. seinem Vertragspartner eine Aufklärungspflicht trifft[11]. Zum Bestehen einer Aufklärungspflicht vgl. Rz. 17 ff. Zur wahrheitswidrigen Vorspiegelung einer Betriebsstilllegung vgl. Rz. 14.

Das Bestehen von **Sonderkündigungsschutz** führt nicht zur Unwirksamkeit eines Aufhebungsvertrages. Eine Irrtumsanfechtung wegen Unkenntnis einer **Schwangerschaft** bzw. deren mutterschutzrechtl. Folgen ist nicht möglich[12]. Gleiches gilt für die **Schwerbehinderteneigenschaft**.

2. Widerrufsrecht. Grds. besteht kein Recht, den Aufhebungsvertrag zu widerrufen. Allerdings kann ein befristetes Widerrufsrecht bei Abschluss des Aufhebungsvertrages vereinbart werden[13]. Diese Möglichkeit wird vor allem bei im Rahmen von Kündigungsschutzprozessen vor Gericht geschlossenen Abwicklungsvereinbarungen genutzt.

Zuweilen sehen auch **TV** (zB § 11 X des MTV Einzelhandel-NRW) ein Widerrufsrecht vor. Deren Bedeutung ist gering. Die Widerrufsfrist beginnt unabhängig davon zu laufen, ob der ArbGeb auf das tarifl. Widerrufsrecht hingewiesen hat[14]. Häufig ist ein solches tarifl. Widerrufsrecht verzichtbar ausgestaltet. In diesem Fall kann der Verzicht auch im Aufhebungsvertrag erfolgen, ohne dass er gesondert von dem übrigen Vertragstext oder in einem besonderen Dokument erklärt werden müsste[15].

Seit dem 1.1.2002 normiert **§ 312 I BGB** ein unter bestimmten Voraussetzungen bestehendes Widerrufsrecht. Ob dieses Widerrufsrecht auch für Arbeitsverträge eingreift, war zunächst umstritten[16]. In

---

1 BAG 30.9.1993 – 2 AZR 268/93, NZA 1994, 209 (210). || 2 BAG 5.12.2002 – 2 AZR 478/01, DB 2003, 1685 (zur Eigenkündigung). || 3 BAG 30.1.1986 – 2 AZR 196/85, NZA 1987, 91 (91 f.). || 4 BAG 30.1.1986 – 2 AZR 196/85, NZA 1987, 91 (92). || 5 LAG Hamm 25.10.2013 – 10 Sa 99/13. || 6 Fallbsp., in denen der ArbGeb eine fristlose Kündigung in Erwägung ziehen darf, bei *Weber/Ehrich/Burmester/Fröhlich*, Aufhebungsverträge, Teil 3 Rz. 47 m. Rspr.-Nachw. || 7 BAG 3.7.2003 – 2 AZR 327/02, AuA 2004, Nr. 6, 46. || 8 BAG 28.11.2007 – 6 AZR 1108/06, NZA 2008, 348, Rz. 56. || 9 BAG 28.11.2007 – 6 AZR 1108/06, NZA 2008, 348, Rz. 59. || 10 BAG 12.8.1999 – 2 AZR 832/98, NZA 2000, 27 (29). || 11 BAG 22.4.2004 – 2 AZR 281/03, NZA 2004, 1295; 13.11.1996 – 10 AZR 340/96, AP Nr. 4 zu § 620 BGB Aufhebungsvertrag. || 12 BAG 6.2.1992 – 2 AZR 408/91, DB 1992, 1529; 16.2.1983 – 7 AZR 134/81, DB 1983, 1663. || 13 ErfK/*Müller-Glöge*, § 620 BGB Rz. 13 f. || 14 LAG Köln 11.4.1990 – 7 Sa 67/90, BB 1990, 2047. || 15 BAG 30.9.1993 – 2 AZR 268/93, NZA 1994, 209 (211). || 16 Pro: ArbG Berlin 2.4. 2003 – 31 Ca 33694/02, EzA-Schnelldienst 18/2003, S. 5; *Schleusener*, NZA 2002, 949 (952); *Hümmerich/Holthausen*, NZA 2002, 173 (178). Contra: *Weber/Ehrich/Burmester/Fröhlich*, Aufhebungsverträge, Teil 3 Rz. 74 mwN; *Bauer*, NZA 2002, 169 (171); *Mengel*, DB 2003, 1278 (1280).

einer **Grundsatzentscheidung** v. 27.11.2003 hat das BAG zu Recht entschieden, dass durch § 312 I BGB **kein gesetzl. Widerrufsrecht bei Aufhebungsverträgen** geschaffen worden ist – auch wenn sie in dem Personalbüro des ArbGeb, am Arbeitsplatz des ArbN oder in dessen Privatwohnung geschlossen worden sind[1]. Der ArbN ist zwar Verbraucher iSd. § 13 BGB[2]. Auch hat ein arbeitsrechtl. Aufhebungsvertrag (mit Abfindung) eine entgeltliche Leistung zum Vertragsgegenstand. Nach der Entstehungsgeschichte, der gesetzl. Systematik sowie nach Sinn und Zweck des § 312 BGB unterfallen jedoch derartige Beendigungsvereinbarungen nicht dem Anwendungsbereich der Norm. Sie werden nicht in einer für das abzuschließende Rechtsgeschäft atypischen Umgebung abgeschlossen. Das Personalbüro des ArbGeb ist vielmehr ein Ort, an dem typischerweise arbeitsrechtl. Fragen – vertragl. – geregelt würden. Von einer überraschenden Situation auf Grund des Verhandlungsortes, wie sie dem Widerrufsrecht bei Haustürgeschäften als „besonderer Vertriebsform" zugrunde liegt, kann deshalb keine Rede sein.

30   **3. Rücktritt.** Der ArbGeb muss dem ArbN vor Abschluss einer Aufhebungsvereinbarung **keine Bedenkzeit** und kein Rücktrittsrecht einräumen[3], es sei denn, dies ist in einem anwendbaren TV vorgeschrieben. Der ArbN kann allerdings unter den Voraussetzungen des § 323 BGB vom Aufhebungsvertrag zurücktreten. Dies ist bspw. der Fall, wenn der ArbGeb mit der Abfindungszahlung in Verzug geraten ist und ihm der ArbN eine Frist zur Leistung oder Nacherfüllung gesetzt hat[4]. Beim Abschluss eines gerichtl. Vergleichs kann im Einzelfall das Rücktrittsrecht stillschweigend ausgeschlossen sein[5].

30a   **4. Störung der Geschäftsgrundlage.** Kommt es auf Veranlassung des ArbGeb zur Vermeidung einer betriebsbedingten Kündigung zum Abschluss eines Aufhebungsvertrages, ist dieser nach den Regeln über die Störung der Geschäftsgrundlage (§ 313 BGB) anzupassen, wenn sich in der Zeit zwischen dem Abschluss und dem vereinbarten Vertragsende unvorhergesehen eine Weiterbeschäftigungsmöglichkeit für den ArbN ergibt. Diese Vertragsanpassung kann auch in einer Wiedereinstellung liegen[6].

31   **5. Rückabwicklung.** Die Rückabwicklung erfolgt bei einem wirksam angefochtenen, widerrufenen oder nichtigen Aufhebungsvertrag nach allg. Bereicherungsrecht. Gezahlte Abfindungen sind zurückzugewähren, es sei denn, es wäre ein Fortfall der Bereicherung eingetreten, § 818 III BGB. War dem Leistenden die Formnichtigkeit des Aufhebungsvertrages bekannt, kann er seine Leistung nicht nach § 814 BGB zurückfordern[7]. Ist dem Aufhebungsvertrag keine Kündigung vorausgegangen, besteht das ArbVerh zu den ursprünglichen Bedingungen fort. Problematisch ist die Frage, ob der ArbN für nicht geleistete Arbeit Vergütung verlangen kann. Vgl. hierzu Rz. 5.

32   **6. Kündigung zwischen Abschluss und Beendigung.** Wird in einem Aufhebungsvertrag vereinbart, dass das ArbVerh zu einem bestimmten, in der Zukunft liegenden Termin endet, besteht es bis dahin unverändert fort. Ausgeschlossen ist damit regelmäßig die ordentliche Kündigung zu einem früheren Termin. Unberührt bleibt allerdings das – vertragl. nicht abdingbare – Recht, das ArbVerh vor dem im Aufhebungsvertrag vereinbarten Ende wirksam außerordentlich zu kündigen. Wird das ArbVerh vor dem im Aufhebungsvertrag vereinbarten Ende wirksam außerordentl. gekündigt (zB wegen unerlaubter Konkurrenztätigkeit während des noch bestehenden ArbVerh), wird der Aufhebungsvertrag gegenstandslos[8]. Eine vereinbarte Abfindung ist nicht zu zahlen.

33   **III. Inhalt.** Der Aufhebungsvertrag löst das ArbVerh zum vereinbarten Zeitpunkt auf. Die Auflösung kann mit sofortiger Wirkung oder für einen zukünftigen Termin vereinbart werden. Die rückwirkende Auflösung ist nur möglich, wenn das ArbVerh bereits außer Vollzug gesetzt war[9] oder es vor Aufnahme der Tätigkeit einvernehmlich beendet wird[10].

34   **1. Grundsätze.** Die Parteien sind grds. frei in den zu treffenden Vereinbarungen. Grenzen für zulässige Regelungen ergeben sich aus dem **Kündigungsschutz**, der nicht umgangen werden darf. Für den Abschluss **aufschiebend bedingter Aufhebungsverträge** ist deshalb im Anwendungsbereich des KSchG, genauso wie für auflösend bedingte Arbeitsverträge, ein sachlicher Grund erforderlich. Unzulässig ist die Vereinbarung einer Beendigung für den Fall, dass eine bestimmte Quote von Fehltagen überschritten wird[11] oder dass der ArbN nicht rechtzeitig aus dem Urlaub zurückkehrt[12]. Gleiches gilt für eine Beendigung bei erneutem Alkoholkonsum[13]. Zulässig ist es jedoch, bei **Nichtbestehen der Probezeit** anstelle einer Kündigung einen unbedingten Aufhebungsvertrag über eine angemessene Verlängerung des ArbVerh mit bedingter Wiedereinstellungszusage für den Fall der Bewährung des ArbN zu vereinbaren[14].

---

1 BAG 27.11.2003 – 2 AZR 135/03, 2 AZR 177/03, AP Nr. 1, 2 zu § 312 BGB; 22.4.2004 – 2 AZR 281/03, NZA 2004, 1295; 18.8.2005 – 8 AZR 523/04, NZA 2006, 145.   ‖ 2 BAG 25.5.2005 – 5 AZR 572/04, NZA 2005, 1111; BVerfG 23.11.2006 – 1 BvR 1909/06, NZA 2007, 85.   ‖ 3 BAG 16.2.1996 – 2 AZR 234/95, EzA § 611 BGB Aufhebungsvertrag Nr. 21; LAG Rh.-Pf. 14.5.2004 – 3 Sa 82/04, AuA 2004, 48.   ‖ 4 BAG 10.11.2011 – 6 AZR 357/10, NZA 2012, 205.   ‖ 5 LAG Köln 5.1.1996 – 4 Sa 909/94, BB 1996, 907.   ‖ 6 BAG 8.5.2008 – 6 AZR 517/07, NZA 2008, 1148.   ‖ 7 ErfK/*Müller-Glöge*, § 623 BGB Rz. 14.   ‖ 8 Vgl. BAG 29.1.1997 – 2 AZR 292/96, NZA 1997, 813 (816f.).   ‖ 9 BAG 17.12.2009 – 6 AZR 242/09, NZA 2010, 273; 10.12.1998 – 8 AZR 324/97, NZA 1999, 422 (424).   ‖ 10 *Bauer/Krieger/Arnold*, Aufhebungsverträge, A, Rz. 1.   ‖ 11 LAG BW 15.10.1990 – 15 Sa 92/90, DB 1991, 918.   ‖ 12 BAG 13.12.1984 – 2 AZR 294/83, NZA 1985, 324 (325).   ‖ 13 LAG München 29.10.1987 – 4 Sa 783/87, DB 1988, 506.   ‖ 14 BAG 7.3.2002 – 2 AZR 93/01, DB 2002, 1997 (1998).

2. AGB-Kontrolle. Auf Aufhebungsverträge sind die Vorschriften der AGB-Kontrolle gem. § 310 IV **35** iVm. §§ 305 ff. BGB anwendbar, wobei die im Arbeitsrecht geltenden Besonderheiten angemessen zu berücksichtigen sind. Zwar bezieht sich § 310 IV BGB seinem Wortlaut nach nur auf Arbeitsverträge; jedoch ist die Norm auch auf Aufhebungsverträge als actus contrarius anzuwenden[1].

Um Allgemeine Geschäftsbedingungen handelt es sich, wenn der Aufhebungsvertrag für eine Vielzahl **36** von Verträgen vorformuliert und nicht individuell ausgehandelt wird. Dies ist in der Praxis häufig der Fall: Um AGB handelt es sich bereits dann, wenn einzelne Punkte (zB Abfindungshöhe, Beendigungszeitpunkt, Freistellung etc.) ausgehandelt werden, der ArbGeb jedoch zur näheren Ausgestaltung dieses Verhandlungsergebnisses vorformulierte Vertragsbedingungen (zB Mustertextbausteine) verwendet. Ausreichend ist hierbei die Benutzung eines gebräuchlichen Vertragsmusters (zB aus einem Formularhandbuch), auch wenn es an der Wiederholungsabsicht fehlt[2]. Eine echte Individualabrede liegt nur vor, wenn ein wirkliches Aushandeln der gesamten Vertragsformulierung zwischen den Parteien stattfindet; einzelne ausgehandelte Klauseln oder Vereinbarungsbestandteile hindern die Kontrolle iÜ nicht[3]. Die vertragswesentlichen Gegenstände eines Aufhebungsvertrages (ua. Abfindungshöhe, sonstige Gegenleistungen, Ausscheidenszeitpunkt, Beendigung) sind jedoch gem. § 307 III BGB **einer Inhaltskontrolle entzogen**, da es sich bei der Auflösung des ArbVerh nicht um eine von Rechtsvorschriften abweichende oder ergänzende Regelung handelt[4]. Diese Kontrollfreiheit gilt aber nur für die Hauptleistungspflichten. Die **Nebenabreden** des Aufhebungsvertrages unterliegen im Fall der Vorformulierung voll der Inhaltskontrolle. So kann die AGB-Kontrolle etwa dazu führen, dass in den Aufhebungsvertrag aufgenommene Ausschlussfristen nicht zu kurz bemessen sein dürfen oder Vertragsstrafen nur in begrenztem Umfang vereinbart werden dürfen.

Ist die Beendigungsvereinbarung in einem vom ArbGeb vorformulierten Vertrag enthalten, kann es **36a** sich in Ausnahmefällen je nach den Umständen um eine ungewöhnliche Bestimmung handeln, die nach § 305c I BGB nicht Vertragsinhalt wird, wenn der ArbN im konkreten Fall nach Ablauf und Inhalt der Verhandlungen sowie dem äußeren Zuschnitt des Vertrages nicht damit rechnen musste[5].

3. Einzelne Klauseln. Ein Aufhebungsvertrag kann insb. zu folgenden Gesichtspunkten Regelungen **37** enthalten:

a) Art und Zeitpunkt der Beendigung. Charakteristikum des Aufhebungsvertrages ist, dass die Been- **38** digung des ArbVerh geregelt wird. Der Aufhebungsvertrag löst das ArbVerh zum vereinbarten Zeitpunkt auf. Die Auflösung kann mit sofortiger Wirkung oder für einen zukünftigen Termin vereinbart werden. Die rückwirkende Auflösung ist nur möglich, wenn das ArbVerh bereits außer Vollzug gesetzt war[6] oder es vor Aufnahme der Tätigkeit einvernehmlich beendet wird. Neben dem Zeitpunkt der Beendigung wurde auf Grund der Voraussetzungen der zum 31.12.2005 aufgehobenen Steuerbegünstigung nach § 3 Nr. 9 EStG meist vereinbart, dass das ArbVerh auf Veranlassung des ArbGeb aufgelöst worden ist (vgl. Rz. 40). Die früher häufig verwendete Klausel, wonach die Aufhebung zur Vermeidung einer ansonsten unvermeidlichen betriebsbedingten Kündigung erfolgt, ist meist ohne Wirkung (zu der Ausnahme bei Abfindungen zwischen 0,25 und 0,5 Monatsentgelten vgl. Rz. 49a). Auf Grund der Dienstanweisung der BA zu § 159 SGB III (§ 144 SGB III aF) an die örtlichen AA ist der ArbN idR gehalten, zunächst die Kündigung durch den ArbGeb abzuwarten. Geschieht dies nicht, wird beim Abschluss eines Aufhebungsvertrages eine Sperrzeit ausgelöst, es sei denn, es läge für die Auflösung ein wichtiger Grund vor (vgl. im Einzelnen Rz. 49 ff.). Zur **Abgrenzung zur Befristung** vgl. Rz. 1.

b) Vergütung. Wird im Aufhebungsvertrag keine Vereinbarung getroffen, ist bis zum vereinbarten Be- **38a** endigungszeitpunkt die Vergütung wie bisher zu zahlen. Besteht die Vergütung nicht nur aus einem Festgehalt, droht nach Abschluss des Aufhebungsvertrages Streit darüber, welche Vergütungsansprüche dem ArbN noch zustehen (zB Umfang des zu zahlenden Bonus). Eine etwa vereinbarte Ausschlussklausel wird durch die Vereinbarung einer „ordnungsgemäßen Abrechnung" vielfach wirkungslos. Zumeist empfiehlt sich daher, konkret zu beziffern, in welchem Umfang und auf welche Weise die ordnungsgemäße Abrechnung der Vergütung für die verbleibende Laufzeit des Arbeitsvertrages zu erfolgen hat. Ggf. kann auch vereinbart werden, dass während einer Zeit der Freistellung keine Vergütung gezahlt wird. Dies bietet sich insb. an, wenn anstelle des Aufhebungsvertrages auch eine fristlose Kündigung hätte ausgesprochen werden können und der ArbN zur Verbesserung seiner „Papierform" um ein „rundes" Beendigungsdatum (zB Monatsende) bittet.

---

1 ErfK/*Müller-Glöge*, § 620 BGB Rz. 15; *Bauer*, NZA 2002, 169 (172); *Lingemann*, NZA 2002, 181 (183); *Giesing*, Inhaltskontrolle und Abschlusskontrolle arbeitsrechtlicher Aufhebungsverträge, 2008, S. 102 ff. Zur Anwendbarkeit des AGB-Rechts auch auf Organpersonen vgl. BAG 19.5.2010 – 5 AZR 253/09, NZA 2010, 939. ‖ 2 Palandt/*Grüneberg*, § 305 BGB Rz. 9. ‖ 3 BGH 18.5.1983 – VIII ZR 20/82, NJW 1983, 1603; 16.7.1998 – VII ZR 9/97, NJW 1998, 3488. Dies verkennend: *Weber/Ehrich/Burmester/Fröhlich*, Aufhebungsverträge, Teil 2 Rz. 3 ff., die davon ausgehen, dass Aufhebungsverträge idR keine AGB seien, weil sie ausgehandelt würden. ‖ 4 BAG 8.5.2008 – 6 AZR 517/07, NZA 2008, 1148; 22.4.2004 – 2 AZR 281/03, NZA 2004, 1295; 27.11.2003 – 2 AZR 135/03, AP Nr. 2 zu § 312 BGB. ‖ 5 BAG 15.2.2007 – 6 AZR 286/06, NZA 2007, 614. ‖ 6 BAG 17.12.2009 – 6 AZR 242/09, NZA 2010, 273.

39 **c) Freistellung und Urlaub.** Durch eine lediglich widerrufliche Freistellung wird der Urlaubsanspruch nicht erfüllt. Stellt der ArbGeb den ArbN unter Anrechnung auf den Urlaub von der Arbeitsleistung frei, liegt hierin idR eine unwiderrufliche Freistellung, auch wenn die Unwiderruflichkeit nicht explizit zum Ausdruck kommt[1]. Verabreden die Parteien eine unwiderrufliche Freistellung des ArbN von der Arbeitsleistung, ohne dass eine Anrechnung auf Urlaubsansprüche vereinbart wird, ist der Urlaubsanspruch idR noch nicht erfüllt[2]. Dies hat zur Folge, dass der ArbN auch nach monatelanger Freistellung noch Urlaubsabgeltung verlangen kann. Ggf. ist zu regeln, ob auch Ansprüche aus Arbeitszeitkonten angerechnet werden sollen. Eine in einem Aufhebungsvertrag enthaltene Klausel, nach der alle gegenseitigen Forderungen erledigt sind, bewirkt nicht das Erlöschen des gekürzten Vollurlaubsanspruchs nach § 5 I Buchst. c BUrlG[3]. Ist vertragl. eine Freistellung vereinbart oder sollen mit der Freistellung Urlaubsansprüche des ArbN erfüllt werden, erfolgt – soweit nichts Abweichendes vereinbart ist – keine Anrechnung anderweitigen Erwerbs nach § 615 S. 2 BGB[4]. Das vertragl. Wettbewerbsverbot nach § 60 HGB bleibt grds. auch während der Freistellungsphase weiter bestehen[5].

39a Vorsicht ist nach wie vor bei der Vereinbarung einer **unwiderruflichen Freistellung** geboten. Das BSG hatte in diesem Fall zunächst eine Beendigung des sozialversicherungsrechtl. Beschäftigungsverhältnisses und damit eine Beendigung der Sozialversicherungspflicht angenommen[6]. Die Praxis behalf sich infolge dessen damit, den ArbN lediglich widerruflich freizustellen und die Lage des Urlaubs exakt festzulegen. Diese Umgehungsstrategie schien zunächst obsolet, nachdem das **BSG** mit zwei Urteilen v. **24.9.2008**[7] seine **Rspr. geändert** hat: Hiernach besteht beitragsrechtlich das sozialversicherungsrechtl. Beschäftigungsverhältnis bei einer unwiderruflichen Freistellung fort, wenn das ArbVerh noch fortbesteht und währenddessen das Arbeitsentgelt fortgezahlt wird. Daher bleibt der ArbN idR bis zum Ende des ArbVerh in der SozV beitragspflichtig, wenn im Rahmen eines Aufhebungs- oder Abwicklungsvertrages oder in einem arbeitsgerichtl. Vergleich eine unwiderrufliche Freistellung vereinbart wird[8]. Anderes gilt, wenn die Freistellungsphase ungewöhnlich lange andauert[9] oder während der Freistellung entweder kein Arbeitsentgelt oder ein Arbeitsentgelt gezahlt wird, das weniger als 70 % des in den letzten zwölf Kalendermonaten des vollzogenen ArbVerh gezahlten Arbeitsentgeltes beträgt[10].

39b Diese Entscheidungen des BSG haben die SozV-Träger zunächst anerkannt. Neuerdings scheinen die Spitzenverbände der SozV-Träger jedoch erneut auf Abwegen[11]: In ihrem Rundschreiben[12] führen sie aus, dass der Fortbestand einer sozialversicherungsrechtl. relevanten Beschäftigung in Zeiten der vollständigen Freistellung von der Arbeitsleistung im Rahmen einer flexiblen Arbeitszeitregelung für Zeiten von mehr als einem Monat **nur** auf Grundlage einer Wertguthabenvereinbarung gem. § 7b SGB IV möglich sei. Anderenfalls ende die versicherungspflichtige Beschäftigung nach § 7 I SGB IV in der Freistellung nach Ablauf eines Monats. Die neuere Rspr. des BSG beziehe sich – so die SozV-Träger – nur auf das Recht sowie vor 2009. Durch das sog. Flexi-II-Gesetz habe der Gesetzgeber eine neue Regelung getroffen. Der sozialversicherungsrechtl. Beschäftigtenbegriff sei zum 1.1.2009 völlig neu gefasst worden. Nunmehr gelte derjenige nicht mehr als beschäftigt, der mehr als einen Monat lang nicht arbeite.

39c Indes sind nach richtiger Auffassung die Ausführungen der Spitzenverbände vorliegend nicht einschlägig. Sie betreffen ausschließlich „flexible Arbeitszeitregeln", also zB Wertkontenmodelle. Dennoch sind die missverständlichen Hinweise der SozV-Träger in ihren Rundschreiben dazu geeignet, Verwirrung zu stiften und laufen zudem dem Gesetzeszweck von Flexi II und den Aussagen des BSG zuwider. Sowohl die ursprüngliche Regelung des § 7 Ia SGB IV zu Freistellungen auf der Grundlage von Wertguthaben als auch der neu eingefügte S. 2 zur einmonatigen Freistellung betreffen konkrete Sonderfälle und lassen keinen Rückschluss auf die allg. Grundsätze der SozV-Pflicht im Beschäftigungsverhältnis zu. So betrifft der neu eingefügte S. 2 des § 7 Ia SGB IV nur die Freistellung zur flexiblen Gestaltung der werktäglichen oder wöchentlichen Arbeitszeit, nicht aber alle übrigen Gestaltungen, insb. auch nicht die Freistellung bis zu einem Ablauf der Kündigungsfrist oder einem vereinbarten Beendigungsdatum[13]. Die Regelung des § 7 Ia 1 SGB IV zu den Wertguthaben stellt keine Ausschlussklausel ggü. anderen Arten der Freistellung dar, sondern bestimmt lediglich, unter welchen Voraussetzungen eines Wertguthabens das sozialrechtl. Beschäftigungsverhältnis fortbesteht. Der Gesetzgeber hat nun S. 2 eingefügt, um die fehlerhafte Ansicht der SozV-Träger und die damit einhergehende Unsicherheit der Praxis in einem weiteren konkreten Fall zu beenden: Es steht nun fest, dass Freistellungen im Zusam-

---

1 BAG 14.3.2006 – 9 AZR 11/05, NZA 2006, 1008. ‖ 2 BAG 9.6.1998 – 9 AZR 43/97, NZA 1999, 80; 31.5.1990 – 8 AZR 132/89, DB 1991, 392. ‖ 3 BAG 9.6.1998 – 9 AZR 43/97, NZA 1999, 80. ‖ 4 BAG 19.3.2002 – 9 AZR 16/01, EzA Nr. 108 zu § 615 BGB. ‖ 5 BAG 30.5.1978 – 2 AZR 598/76, DB 1978, 2177. ‖ 6 BSG 25.4.2002 – B 11 AL 65/01 R, NZA-RR 2003, 105. Im Anschluss hieran auch Rundschreiben der SozV-Träger v. 5./6.7.2005. ‖ 7 BSG 24.9.2008 – B 12 KR 27/07 R, NZA-RR 2009, 272; hierzu auch: *Bergwitz*, NZA 2009, 518 ff.; *Kock/Fandel*, ArbRB 2009, 203; *Panzer*, NJW 2010, 11 ff. ‖ 8 Ebenso mittlerweile die SozV-Träger, vgl. Besprechungsergebnis v. 30./31.3.2009, mWz. 1.7.2009. ‖ 9 BSG 21.8.1997 – 12 BK 63/97, nv.; Besprechungsergebnis der SozV-Träger v. 13./14.10.2009, TOP 3. ‖ 10 Besprechungsergebnis der SozV-Träger v. 13./14.10.2009, TOP 3. ‖ 11 Vgl. hierzu *Rolfs/Witschen*, NZA 2011, 881; *Hanau/Greiner*, FS Gagel, 2011, S. 103 ff. ‖ 12 Vgl. Rundschreiben der Spitzenverbände der SozV-Träger v. 31.3.2009, 13.4.2010, 2./3.11.2010. Vgl. *Giesen/Ricken*, NZA 2010, 1056; NZA 2011, 336; ‖ 13 Vgl. ErfK/*Rolfs*, § 7 SGB IV Rz. 33; *Hanau/Greiner*, FS Gagel, 2011, S. 103 (111 ff.); KassKomm/*Seewald*, 75. Erg.-Lfg. 2012, § 7 SGB IV Rz. 145c; *Rolfs/Witschen*, NZS 2012, 241 (242, 245); *Rolfs/Witschen*, NZA 2011, 881 (882 ff.).

menhang mit Flexi-/Kurzzeitkonten bis zu einem Zeitraum von drei Monaten unproblematisch sind. Weitergehende Aussagen waren mit der Ergänzung nicht verbunden. Dennoch wird sich die beratende Praxis bis zu einer erneuten Klärung durch das BSG auf die missverständlichen Hinweise der SozV-Träger einstellen müssen.

d) Entgeltfortzahlung. Die Auslegung der Vereinbarung, dass der ArbN unter Fortzahlung der Bezüge unwiderruflich von der Arbeit freigestellt wird, führt idR nur dazu, dass die Arbeitspflicht entfällt, ohne dass ein Anspruch auf Arbeitsvergütung über die gesetzl. Grundlagen (zB Entgeltfortzahlung im Krankheitsfall) hinaus begründet wird. Die Zahlung der Arbeitsvergütung wird daher nur bei Arbeitsfähigkeit bzw. nach den Vorschriften der Entgeltfortzahlung im Krankheitsfall geschuldet[1]. 39d

e) Abfindung. Die Kennzeichnung „brutto=netto" ist ihrerseits nicht eindeutig und ggf. auslegungsbedürftig[2]. Wird lediglich ein Betrag genannt, gilt dieser im Zweifel als Bruttobetrag, so dass der ArbN die LSt trägt[3]. **Abfindungen unterliegen der Versteuerung.** Die Versteuerung der Abfindung erfolgt zu dem Zeitpunkt ihrer Auszahlung an den ArbN (sog. Zuflussprinzip). Durch die Optimierung des Auszahlungszeitpunktes im Aufhebungsvertrag (zB zum Beginn des auf die Beendigung des Anstellungsverhältnisses folgenden Kalenderjahres) können daher uU Steuervorteile erzielt werden. ArbGeb und ArbN können den Zeitpunkt des Zuflusses der Abfindung sogar in der Weise steuerwirksam gestalten, dass sie deren ursprünglich vorgesehene Fälligkeit vor ihrem Eintritt auf einen späteren oder früheren Zeitpunkt verschieben[4]. Nach der Aufhebung des **§ 3 Nr. 9 EStG aF** mWz. 31.12.2005 sind die früher existierenden Steuerfreibeträge entfallen[5]. Eine Steuerbegünstigung kann je nach Höhe des Einkommens das **Fünftelungsprinzip** nach §§ 24, 34 EStG bewirken. Nach Sinn und Zweck der Steuerbegünstigung sind Entschädigungen regelmäßig nur dann außerordentliche Einkünfte iSd. §§ 24, 34 EStG, wenn sie **zusammengeballt** in einem Betrag, jedenfalls aber in einem Bemessungszeitraum gezahlt werden. Ergänzende Zusatzleistungen, wie die Nachbesserung auf Grund eines Sozialplans, sind für die tarifbegünstigte Besteuerung der Hauptleistung jedoch unschädlich, wenn es sich betragsmäßig lediglich um einen Zusatz zur Hauptleistung handelt (im entschiedenen Fall: Aufstockung um 42,3 %)[6]. 40

Vereinbaren die Parteien ausdrücklich, dass der ArbGeb für die Dauer der Arbeitslosigkeit die **Steuern** übernimmt, soweit sie auf ein einzelvertragl. vereinbartes Übergangsgeld anfallen, ist der ArbGeb auch zur Erstattung der progressionsbedingten steuerlichen Mehrbelastung verpflichtet und der ArbN kann vom ArbGeb Zahlung an sich verlangen, wenn er die Steuerschuld bereits getilgt hat[7]. 40a

Die Abfindung ist **sozialversicherungsfrei**. Besteht das ArbVerh jedoch weiter fort und wird die Abfindung zur Kompensation einer eintretenden Verschlechterung der Arbeitsbedingungen gezahlt (zB Umwandlung von Vollzeit- in geringfügiges ArbVerh [„400 Euro-Job"] oder Absenkung der Vergütung), besteht SozV-Pflicht[8]. Allerdings kann in diesem Fall eine begünstigt zu besteuernde Entschädigung iSv. § 24 Nr. 1a EStG vorliegen[9]. 40b

Die **Fälligkeit** der Abfindung kann abweichend von der **Entstehung** des Anspruchs vereinbart werden[10]. Ist in einem Abfindungsvergleich oder einem Aufhebungsvertrag der Fälligkeitszeitpunkt nicht bestimmt, ist die Abfindung auf Grund der Umstände nach § 271 I BGB im Zweifel erst zum Zeitpunkt der Beendigung des ArbVerh zur Zahlung fällig[11]. Allerdings ist der ArbGeb im Zweifel berechtigt, vor der Fälligkeit zu zahlen. Dabei besteht keine Schadensersatzpflicht des ArbGeb bei vorfälliger Zahlung, wenn hierdurch dem ArbN Steuernachteile entstehen[12]. Wünscht der ArbN aus steuerlichen Gründen eine Auszahlung nicht vor einem bestimmten Zeitpunkt, sollte dies daher im Aufhebungsvertrag explizit vereinbart werden. ArbGeb und ArbN können den Zeitpunkt des Zuflusses einer Abfindung in der Weise steuerwirksam gestalten, dass sie deren ursprünglich vorgesehene Fälligkeit vor ihrem Eintritt auf einen späteren oder früheren Zeitpunkt verschieben[13]. 41

Wird die Fälligkeit auf den vorgesehenen Beendigungszeitpunkt festgesetzt, ist idR davon auszugehen, dass der Abfindungsanspruch bereits mit Abschluss der Vereinbarung entsteht und auf die **Erben** übergeht, wenn der ArbN vor dem festgelegten Auflösungszeitpunkt verstirbt[14]. Soll das Erleben des vereinbarten Beendigungszeitpunktes Voraussetzung für die Zahlung einer Abfindung sein, ist idR eine ausdrückliche Parteivereinbarung erforderlich. Fehlt eine solche, kann das gleiche Ergebnis aus der im Vertrag verlautbarten Interessenlage folgen[15]. Dies ist insb. angenommen worden, wenn bei einem Frühpensionierungsprogramm die Abfindung vor allem dem Zweck dienen sollte, den Verdienstausfall des ArbN auszugleichen[16]. Demggü. entsteht der Anspruch nach § 1a erst mit Ablauf der Frist der zu- 41a

---

1 BAG 23.1.2008 – 5 AZR 393/07, NZA 2008, 595. || **2** BAG 21.11.1985 – 2 AZR 6/85, RzK I 9j Nr 2; LAG BW 17.4.1997 – 11 Sa 132/96, NZA-RR 1998, 56 (57). || **3** BAG 27.4.2000 – 6 AZR 754/98, nv. || **4** BFH 11.11.2009 – IX R 1/09, NZA-RR 2010, 150. || **5** BR-Drs. 855/05 v. 21.12.2005, BT-Drs. 16/255 v. 14.12.2005, BT-Drs. 16/105 v. 29.11.2005. || **6** BFH 21.1.2004 – XI R 33/02, BB 2004, 1202. || **7** BAG 29.7.2003 – 9 AZR 100/02, NZA 2003, 1276 (1277). || **8** SozG Dortmund v. 20.10.2006 – S 34 R 217/05. || **9** BFH 25.8.2009 – IX R 3/09 für dauerhafte Reduzierung der Wochenarbeitszeit von 38,5 auf 19,25 Std. || **10** BAG 16.5.2000 – 9 AZR 277/99, NZA 2000, 1236. || **11** BAG 15.7.2004 – 2 AZR 630/03, NZA 2005, 292. AA LAG Hamm 16.5.1991 – 8 Ta 181/91, LAGE § 9 KSchG Nr. 21. || **12** LAG Bremen 3.11.2005 – 3 Sa 111/05, NZA-RR 2006, 260. || **13** BFH 11.11.2009 – IX R 1/09, DB 2010, 148. || **14** BAG 22.5.2003 – 2 AZR 250/02, BB 2004, 894. || **15** BAG 26.8.1997 – 9 AZR 227/96, NZA 1998, 643 (644). || **16** BAG 16.5.2000 – 9 AZR 277/99, NZA 2000, 1236.

grunde liegenden betriebsbedingten Kündigung. Endet das ArbVerh vorher durch Tod des ArbN, kann der Anspruch deshalb nicht nach § 1922 I BGB auf den Erben übergehen[1].

41b Die **Verjährungsfrist** für Abfindungsansprüche beträgt drei Jahre, § 195 BGB[2]. Rechtskräftig festgestellte oder in vollstreckbaren Vergleichen geregelte Ansprüche verjähren erst nach 30 Jahren, § 197 I Nr. 3 bzw. 4 BGB.

42 Ein Anspruch auf die Abfindung entsteht nicht, wenn das ArbVerh vor dem vereinbarten Beendigungszeitpunkt aus einem anderen Grund, etwa einer **fristlosen Kündigung**, beendet wird[3]. Gleiches gilt für die vorzeitige Beendigung auf Grund Rentengewährung wegen zeitlich nicht befristeter **Erwerbsunfähigkeit**[4].

43 **f) Vorzeitige Beendigung und Gehaltskapitalisierung.** Vereinbaren die Parteien, dass der ArbN die Möglichkeit hat, die Beendigung des ArbVerh vorzuziehen und dass sich in diesem Fall seine Abfindung auf Grund der Ersparnis weiterer Bruttogehälter erhöht, ist klarzustellen, dass der ArbN lediglich den Zeitpunkt der Beendigung durch einseitige Erklärung vorverlegt und die vorzeitige Beendigung im Interesse des ArbGeb liegt. Ansonsten ist die Steuerbegünstigung der Abfindung gefährdet.

44 **g) Nachvertragliches Wettbewerbsverbot.** Grds. besteht kein nachvertragl. Wettbewerbsverbot. Ein solches bedarf einer gesonderten Vereinbarung unter Beachtung der §§ 74 ff. HGB (s. dort). Falls bereits im Arbeitsvertrag eine Vereinbarung gem. §§ 74 ff. HGB getroffen wurde, kann diese jederzeit einvernehmlich aufgehoben werden. Die Karenzentschädigung kann – soweit dies ausdrücklich geregelt wird – auch in der Abfindung enthalten sein. Ob eine allg. Erledigungsklausel ein zuvor vereinbartes nachvertragl. Wettbewerbsverbot erfasst, hängt von den Umständen des Einzelfalles ab[5]. Es empfiehlt sich daher eine eindeutige Regelung.

45 **h) Abwicklung des Arbeitsverhältnisses.** Weiter können zB Regelungen über Arbeitspapiere (LStKarte, SozV-Nachweis, Arbeitsbescheinigung, SozV-Ausweis), etwaige Darlehen, rückständige Vergütung, Tantiemen, Provisionen, Gewinnbeteiligungen, Dienstwagen, Werkswohnung, Spesenabrechnung, Erfindungen, Firmenunterlagen und Schadensersatz aufgenommen werden. Sofern mit zukünftigen Ansprüchen des ArbN Verrechnungen vorgenommen werden, sind die Pfändungsschutzvorschriften gem. §§ 850 ff. ZPO zu beachten. Nach Fälligkeit eines unpfändbaren Anspruchs kann jedoch über diesen verfügt werden[6]. Es ist zulässig, eine **Rückzahlung** eines Überbrückungsgeldes für den Fall zu vereinbaren, dass der ArbGeb nach § 147a SGB III aF in Anspruch genommen wird[7].

46 **i) Zeugnis.** Zulässig ist sowohl die deklaratorische Übernahme der Zeugniserteilungspflicht gem. § 109 GewO (s. § 109 GewO Rz. 2) als auch die Aufnahme bestimmter Bewertungen oder Formulierungen. Mitunter wird sogar der vollständige Zeugnisinhalt vereinbart und der verbindliche Zeugnisentwurf als Anlage dem Aufhebungsvertrag beigefügt.

47 **j) Ausgleichsklausel.** Sofern das ArbVerh noch fortdauert, kann eine allg. Ausgleichsklausel hinsichtlich ihres Umfangs auslegungsbedürftig sein. Da die Parteien idR in einem Aufhebungsvertrag das ArbVerh abschließend bereinigen wollen, sind Ausgleichsklauseln grds. weit auszulegen[8]. Fehlen entsprechende Regelungen, sind von einer allg. Ausgleichsklausel, wonach alle Ansprüche aus dem ArbVerh „erledigt" sind, Zeugnisansprüche[9], Ansprüche aus betrAV, Ansprüche des ArbGeb auf Rückzahlung eines Darlehens[10] oder auf Rückgabe von Geschäftsunterlagen[11] nicht umfasst[12], wohl aber ein nachvertragl. Wettbewerbsverbot nebst Karenzentschädigung[13], ein Anspruch auf anteiliges 13. Monatsgehalt[14] oder grds. auch Ansprüche aus Aktienoptionen, wenn die Bezugsrechte vom ArbGeb eingeräumt wurden[15]. Die Ausgleichsklausel umfasst grds. auch den Urlaubsabgeltungsanspruch, sofern die Ausgleichsklausel nach Beendigung des ArbVerh vereinbart worden ist; dem stehen weder § 13 I 3 BUrlG noch Art. 7 der ArbeitszeitRL entgegen[16]. Hatte der ArbN nach der Beendigung des ArbVerh die Möglichkeit, die Abgeltung des ihm zustehenden gesetzl. Mindesturlaubs in Anspruch zu nehmen, und schließt er einen Vergleich mit einer Ausgleichsklausel, der zufolge sämtliche Ansprüche aus dem ArbVerh „erledigt" sind, erfasst diese grds. auch den Urlaubsabgeltungsanspruch[17]. Ist bis zur Beendigung des ArbVerh eine „ordnungsgemäße Abrechnung" vereinbart, ohne dies näher zu beziffern, verliert die

---

1 BAG 10.5.2007 – 2 AZR 45/06, NZA 2007, 1043. ‖ 2 Vgl. BAG 15.6.2004 – 9 AZR 513/03, NZA 2005, 295. ‖ 3 BAG 5.4.2001 – 2 AZR 217/00, NZA 2001, 837 (839). ‖ 4 BAG 26.9.2001 – 4 AZR 497/00, NZA 2002, 584 (LS). ‖ 5 BAG 19.11.2003 – 10 AZR 174/03, NZA 2004, 554; 31.7.2002 – 10 AZR 513/01, NZA 2003, 100 (102); 20.10.1981 – 3 AZR 1013/78, DB 1982, 907. ‖ 6 BAG 18.8.1976 – 5 AZR 95/75, DB 1977, 310 (311). ‖ 7 BAG 25.1.2000 – 9 AZR 144/99, NZA 2000, 886 (887). ‖ 8 BAG 8.3.2006 – 10 AZR 349/05, NZA 2006, 854; 7.9.2004 – 9 AZR 612/03, NZA 2005, 1376. ‖ 9 BAG 16.9.1974 – 5 AZR 255/74, NJW 1975, 407 (408); aA LAG Bln.-Bbg. 6.12.2011 – 3 Sa 1300/11, DB 2012, 412. ‖ 10 BAG 19.1.2011 – 10 AZR 873/08, NZA 2011, 1159. ‖ 11 BAG 14.12.2011 – 10 AZR 283/10, NZA 2012, 501. ‖ 12 BAG 17.10.2000 – 3 AZR 69/99, NZA 2001, 203 (204). ‖ 13 BAG 24.6.2009 – 10 AZR 707/08, NJW 2009, 3529; 19.11.2003 – 10 AZR 174/03, NZA 2004, 554. ‖ 14 BAG 28.7.2004 – 10 AZR 661/03, NZA 2004, 1097. ‖ 15 BAG 28.5.2008 – 10 AZR 351/07, NZA 2008, 1066. ‖ 16 BAG 14.5.2013 – 9 AZR 844/11, NZA 2013, 1098: Anspruch auf Urlaubsabgeltung ist reiner Geldanspruch und nicht (mehr) Surrogat des Urlaubsanspruchs. ‖ 17 BAG 14.5.2013 – 9 AZR 844/11, NZA 2013, 1098: Anspruch auf Urlaubsabgeltung ist reiner Geldanspruch und nicht (mehr) Surrogat des Urlaubsanspruchs.

Ausgleichsklausel ihre Wirkung. Eine Ausgleichsklausel, die einseitig nur Ansprüche des ArbN erfasst und dafür keine Gegenleistung gewährt, ist unangemessen und benachteiligend iSv. § 307 I 1 BGB[1].

IV. Sozialversicherungsrecht. Auf Grund eines Aufhebungsvertrages können sich unterschiedliche sozialversicherungsrechtl. Konsequenzen für ArbN und ArbGeb ergeben[2]. Zu Einzelheiten vgl. die Komm. zu §§ 157ff. SGB III. 48

1. Sperrzeit. Bei einer einvernehmlichen Aufhebung des ArbVerh tritt für den ArbN idR gem. § 159 I 1 Nr. 1 SGB III eine Sperrzeit in Bezug auf das Alg ein. Grund für die Sperrzeit ist, dass der ArbN durch seine Mitwirkung an dem Aufhebungsvertrag selbst für das Lösen des ArbVerh verantwortlich ist und damit ein Tatbestandsmerkmal („Lösung des Beschäftigungsverhältnisses") des § 159 I SGB III erfüllt ist[3]. Gem. § 159 I 1 SGB III tritt in diesem Fall eine Sperrzeit nur dann nicht ein, wenn der Arbl. für sein Verhalten einen **wichtigen Grund** hatte. Hierfür genügt es **nicht** allein, dass er dem Ausspruch einer ansonsten **drohenden Kündigung** zuvorkommen will, da im Grundsatz jedem ArbN zugemutet werden kann, zunächst den Ausspruch der Kündigung abzuwarten[4]. Wird ein Aufhebungsvertrag geschlossen, der eine Beendigung des Beschäftigungsverhältnisses durch bezahlte Freistellung bis zum Ende des ArbVerh vorsieht, liegt selbst dann noch kein wichtiger Grund vor, wenn durch die Vereinbarung die Lösung des ArbVerh zu dem Zeitpunkt erfolgt, zu dem auch eine rechtmäßige betriebsbedingte Kündigung gedroht hätte[5]. Ein wichtiger Grund ist aber idR gegeben, wenn die **Kündigung objektiv rechtmäßig** gewesen wäre und dem ArbN die Hinnahme der Kündigung **nicht zuzumuten** war[6]. Nicht zumutbar ist das Abwarten der Kündigung, wenn sich für den Arbl. seine **Mitwirkung positiv** auf die weiteren Eingliederungsmöglichkeiten **auswirkt**, etwa dadurch, dass er durch eine einverständliche Lösung des ArbVerh Nachteile vermeiden kann, die sich durch eine Kündigung des ArbGeb für sein berufl. Fortkommen ergeben hätten[7]. Ein wichtiger Grund kann auch vorliegen, wenn ein älterer ArbN in einer krisenhaften Situation des Betriebes einer Auflösung des ArbVerh zustimmt[8]. Neben Nachteilen für das berufl. Fortkommen können auch sonstige Umstände (zB Sicherung einer Abfindung, die dem ArbN ansonsten nicht zugestanden hätte) zur Unzumutbarkeit des Abwartens der arbeitgeberseitigen Kündigung führen. So liegt ein wichtiger Grund bspw. auch dann vor, wenn ein **leitender Angestellter** iSv. § 14 einen Aufhebungsvertrag unter Einhaltung der Kündigungsfrist schließt, da der ArbGeb dessen Beschäftigungslosigkeit ohnehin – auch bei Nichtvorliegen eines Kündigungsgrundes – spätestens durch einen Auflösungsantrag nach § 9 herbeiführen könnte und der ltd. Angestellte sich durch den Aufhebungsvertrag die Zahlung einer Abfindung sichert[9]. Trotz Wechsels von einem unbefristeten in ein befristetes ArbVerh tritt keine Sperrzeit ein, wenn die Aufnahme des befristeten ArbVerh mit einem Wechsel in ein neues Berufsfeld und mit der Erlangung zusätzlicher berufl. Fähigkeiten verbunden ist[10]. 49

Ein ArbN kann sich auf einen – die Sperrzeit wegen Arbeitsaufgabe ausschließenden – wichtigen Grund für die Lösung des Beschäftigungsverhältnisses durch Aufhebungsvertrag mit Abfindungsregelung auch dann berufen, wenn er einen Aufhebungs- oder Abwicklungsvertrag schließt, ihm ansonsten eine **rechtmäßige ArbGebKündigung** aus betriebsbedingten Gründen zum selben Zeitpunkt (Einhaltung der Kündigungsfrist) ausgesprochen worden wäre und die Abfindung die in § 1a II KSchG vorgesehene Höhe nicht überschreitet. Nach der Rspr. des BSG besteht ein wichtiger Grund auch dann, wenn der ArbN angesichts einer drohenden betriebsbedingten Kündigung einen Aufhebungsvertrag mit Abfindung schließt, die sich in den (Abfindungs-) Grenzen des § 1a II hält, sofern keine Anhaltspunkte (zB eine offenkundig rechtswidrige Kündigung) für eine Gesetzesumgehung zu Lasten der Versichertengemeinschaft vorliegen. Dies gilt auch für einen ordentlich unkündbaren ArbN, wenn ihm eine außerordentliche betriebsbedingte Kündigung droht[11]. Diese im Jahre 2006 angekündigte Rspr.-Änderung des BSG[12] ist ab Oktober 2007 auch in den Dienstanweisungen der BA umgesetzt worden, wobei allerdings auf die Prüfung der Rechtmäßigkeit der hypothetischen Kündigung nur verzichtet wird, wenn die vereinbarte Abfindung zwischen 0,25 und 0,5 Monatsentgelten liegt. Entsprechendes muss gelten, wenn die Höhe der vereinbarten Abfindung der Abfindung entspricht, die der ArbN auf Grund eines Sozialplans beanspruchen kann. 49a

Die sperrzeitrechtl. Auswirkungen eines sog. **Abwicklungsvertrages**[13], in dem die Parteien sich darauf beschränken, **nach** Ausspruch einer Kündigung lediglich die Folgen des beendeten Beschäftigungsverhältnisses zu regeln (in der Hauptsache Verzicht auf Kündigungsschutzklage und Zahlung einer Abfindung), waren lange Zeit umstritten[14]. Das **BSG** hat mit **Urteil v. 18.12.2003**[15] klargestellt, dass der ArbN im Grundsatz auch durch den Abschluss eines Abwicklungsvertrages, in dem er ausdrücklich oder kon- 50

---

1 BAG 21.6.2011 – 9 AZR 203/10, NZA 2011, 1338. || 2 Vgl. *Gockel*, FS Etzel, 2011, S. 173ff. || 3 BSG 9.11.1995 – 11 Rar 27/95, NZA-RR 1997, 109 (110). || 4 BSG 25.4.2002 – B 11 AL 100/01 R, AuR 2003, 239. || 5 BSG 17.10.2002 – B 7 AL 92/01 R, info also 2003, 77. Zu Ausnahmen vgl. Rz. 49a. || 6 BSG 25.4.2002 – B 11 AL 65/01 R, NZA-RR 2003, 105 (106). || 7 BSG 25.4.2002 – B 11 AL 65/01 R, NZA-RR 2003, 105 (106). || 8 BSG 29.11.1989 – 7 Rar 86/88, NZA 1990, 628 (630). || 9 BSG 17.11.2005 – B 11a/11 AL 69/04 R, ArbRB 2006, 74. || 10 BSG 12.7.2006 – B 11a AL 55/05 R, NZA 2006, 1362 (Wechsel vom Innendienst zur Kinderanimateurin). || 11 BSG 2.5.2012 – B 11 AL 6/11 R, NZS 2012, 874; 12.7.2006 – B 11a AL 47/05 R, NZA 2006, 1359. || 12 BSG 12.7.2006 – B 11a AL 47/05 R, NZA 2006, 1359; ebenso BSG 8.7.2009 – B 11 AL 17/08 R, BB 2010, 443. || 13 *Hümmerich*, NZA 2001, 1280. || 14 Vgl. einerseits *Geiger*, NZA 2003, 838ff., andererseits *Bauer/Hümmerich*, NZA 2003, 1076ff. || 15 BSG 18.12.2003 – B 11 AL 35/03 R, NZA 2004, 661. Vgl. *Kliemt*, ArbRB 2004, 212ff.

kludent auf die Geltendmachung seines Kündigungsschutzes verzichtet, einen wesentlichen Beitrag zur Herbeiführung seiner Beschäftigungslosigkeit leiste. Es komme nicht entscheidend darauf an, ob eine Vereinbarung über die Hinnahme der ArbGebKündigung vor oder nach deren Ausspruch getroffen werde. **IdR liege ein Auflösungstatbestand vor, so dass eine Sperrzeit eintrete. Ausnahmen** von diesem Grundsatz gelten aber dann, wenn die ausgesprochene **Kündigung objektiv rechtmäßig** ist[1]. Gleiches gilt, wenn vor einem **ArbG** ohne vorherige Absprache ein Vergleich über die Auflösung des ArbVerh zustande kommt[2]. Ein gerichtl. Vergleich, der die Arbeitslosigkeit nicht zu einem früheren Zeitpunkt herbeiführt als die vorausgegangene Kündigung, löst daher keine Sperrzeit aus, es sei denn, es läge eine Umgehung (zB Vorfeldabsprache) vor. Eine Sperrzeit tritt auch dann nicht ein, wenn ein ArbN ohne Vorfeldabsprache eine betriebsbedingte Kündigung, in der ihm ein **Abfindungsangebot nach § 1a** unterbreitet worden ist, lediglich hinnimmt. Ansonsten würde die in § 1a zu Tage tretende gesetzgeberische Grundentscheidung konterkariert[3].

51 Die Sperrzeit führt zum **Ruhen des Alg-Anspruchs** für die **Dauer** von bis zu **zwölf Wochen**. Darüber hinaus **verkürzt** sich der Anspruch auf Alg um mindestens ¼ der Anspruchsdauer, die dem ArbN an sich gem. § 147 SGB III zusteht. Die Sperrzeit beginnt mit dem Tag nach dem Ereignis, das die Sperrzeit begründet. Dies ist die Beschäftigungslosigkeit in Folge des Aufhebungsvertrages[4]. Wird der ArbN bis zur Beendigung des ArbVerh beschäftigt, fallen Ende des ArbVerh und Beginn der Beschäftigungslosigkeit zusammen. Ist eine Freistellung – ggf. auch unter Fortzahlung des Entgelts – vereinbart, beginnt die Sperrzeit mit deren Beginn, da bereits hierdurch Beschäftigungslosigkeit vorliegt[5]. Wurde zwar ein Aufhebungsvertrag vereinbart, die Freistellung jedoch einseitig vom ArbGeb ausgesprochen, hat der ArbN an dem Ende der Beschäftigung nicht mitgewirkt; die Sperrzeit beginnt in diesem Fall erst mit Beendigung des ArbVerh[6]. Die Sperrzeit kann aber frühestens mit dem Abschluss des Aufhebungsvertrages beginnen. Sie läuft ggf. parallel mit einem Ruhenszeitraum nach § 158 SGB III (s. Rz. 52).

52 **2. Anrechnung von Entlassungsentschädigungen.** Hierzu gehören alle Zahlungen, die in einem ursächlichen Zusammenhang mit der Beendigung des ArbVerh stehen, weil der ArbN sie ohne die Beendigung nicht beanspruchen könnte. Sie sind nach Aufhebung von §§ 115a AFG, 140 SGB III aF **grds. nicht** auf das Alg anzurechnen. Wird das ArbVerh hingegen **ohne Einhaltung der Kündigungsfrist** beendet und erhält der ArbN eine Entlassungsentschädigung bzw. kann er diese beanspruchen, **ruht** gem. § 158 SGB III der Anspruch auf Alg bis zu dem Zeitpunkt, zu dem das ArbVerh einseitig unter Wahrung der ordentl. Kündigungsfrist durch den ArbGeb hätte gekündigt werden können. Während dessen besteht – mit Ausnahme des einmonatigen nachwirkenden Versicherungsschutzes nach § 19 II SGB V – kein Krankenversicherungsschutz. Der ArbN muss diesen ggf. durch eine freiwillige Weiterversicherung aufrechterhalten. Ist **die ordentl. Kündigung ausgeschlossen**, gilt gem. § 158 I 3 SGB III eine Kündigungsfrist von 18 Monaten. Kann dem Arbl. nur gegen Zahlung einer Entlassungsentschädigung gekündigt werden, gilt eine Kündigungsfrist von zwölf Monaten. Dabei ist die rechtl. Grundlage für die Abfindung unerheblich[7].

53 **3. Ruhen des Arbeitslosengeldanspruchs aus anderen Gründen.** Der Anspruch auf Alg ruht gem. § 157 I SGB III während der Zeit, für die der Arbl. **Arbeitsentgelt** erhält oder zu beanspruchen hat (zB bei Annahmeverzug). Wird in einem Aufhebungsvertrag die Zahlung von **Urlaubsabgeltung** geregelt, so ruht gem. § 157 II SGB III der Anspruch auf Alg für die Zeit des abgegoltenen Urlaubs.

54 **4. Meldepflicht.** Der ArbN hat sich wie bei einer Kündigung gem. § 38 SGB III drei Monate vor der Beendigung des ArbVerh persönlich bei der AA arbeitsuchend zu melden. Liegen zwischen Kenntnis des Beendigungszeitpunktes und Beendigung weniger als drei Monate, hat die Meldung innerhalb von drei Tagen nach Kenntnis des Beendigungszeitpunktes zu erfolgen. Verstößt der ArbN gegen diese Meldepflicht, droht nach § 159 I 2 Nr. 7, VI SGB III eine Sperrzeit in Bezug auf das Alg von einer Woche. Der **ArbGeb** soll den ArbN gem. § 2 II 2 Nr. 3 SGB III auch bei Abschluss eines Aufhebungsvertrages hierüber sowie über die Notwendigkeit eigener Aktivitäten bei der Suche nach einer anderen Beschäftigung **informieren**. Verletzt der ArbG diese Hinweispflicht, begründet dies keinen Schadensersatzanspruch des ArbN[8]. § 2 II 2 Nr. 3 SGB III dient nicht dem Schutz des Vermögens des ArbN. Dennoch empfiehlt sich, vorsorglich einen entsprechenden Hinweis bereits in das Kündigungsschreiben oder den Aufhebungsvertrag aufzunehmen.

55 **5. Erstattungsansprüche gegen Arbeitgeber.** Der ArbGeb kann Erstattungsansprüchen der AA ausgesetzt sein.

56 **Gesetzlicher Forderungsübergang.** Wird ein Aufhebungsvertrag geschlossen, **nachdem** der ArbN bereits Alg bzw. andere Sozialleistungen erhalten hat, bestehen uU Erstattungsansprüche der AA gem. § 115 SGB X.

---

1 BSG 2.9.2004 – B 7 AL 78/03 R, BSGE 93, 159. || 2 BSG 17.10.2007 – B 11a AL 51/06 R, NZA-RR 2008, 383. || 3 Vgl. auch BSG 12.7.2006 – B 11 AL 47/05 R, NZA 2006, 1359. || 4 BSG 25.4.2002 – B 11 AL 65/01 R, NZA-RR 2003, 105 (107). || 5 BSG 25.4.2002 – B 11 AL 65/01 R, NZA-RR 2003, 105 (107). || 6 GA der BA § 159 SGB III, Stand 12/2013, S. 29, 9.1.2; 159, 102. || 7 BSG 19.12.2001 – B 11 AL 53/01 R, NZA-RR 2002, 217 (218). || 8 BAG 29.9.2005 – 8 AZR 571/04, NZA 2005, 2751 mwN. AA *Seel*, MDR 2005, 241 (246); *Gaul/Otto*, DB 2002, 2486.

10 *Höhe der Abfindung*
(1) Als Abfindung ist ein Betrag bis zu zwölf Monatsverdiensten festzusetzen.

(2) Hat der Arbeitnehmer das fünfzigste Lebensjahr vollendet und hat das Arbeitsverhältnis mindestens fünfzehn Jahre bestanden, so ist ein Betrag bis zu fünfzehn Monatsverdiensten, hat der Arbeitnehmer das fünfundfünfzigste Lebensjahr vollendet und hat das Arbeitsverhältnis mindestens zwanzig Jahre bestanden, so ist ein Betrag bis zu achtzehn Monatsverdiensten festzusetzen. Dies gilt nicht, wenn der Arbeitnehmer in dem Zeitpunkt, den das Gericht nach § 9 Abs. 2 für die Auflösung des Arbeitsverhältnisses festsetzt, das in der Vorschrift des Sechsten Buches Sozialgesetzbuch über die Regelaltersrente bezeichnete Lebensalter erreicht hat.

(3) Als Monatsverdienst gilt, was dem Arbeitnehmer bei der für ihn maßgebenden regelmäßigen Arbeitszeit in dem Monat, in dem das Arbeitsverhältnis endet (§ 9 Abs. 2), an Geld und Sachbezügen zusteht.

I. Inhalt. Während § 9 I 1 den Grundsatz der Angemessenheit der Abfindung aufstellt, legt § 10 die **Höchstgrenzen** und die **Bemessungsfaktoren** für eine vom Gericht festzusetzende Abfindung fest. Diese Grenzen und Bemessungsfaktoren gelten nicht für einzelvertragl. Vereinbarungen zwischen ArbGeb und ArbN. Ebenso wenig sind sie bei außergerichtl. oder gerichtl. Vergleichen zwingend zu berücksichtigen. Dagegen findet § 10 **entsprechende Anwendung** bei der gerichtl. Auflösung des ArbVerh nach einer unwirksamen außerordentl. oder einer sittenwidrigen Kündigung gem. § 13. Darüber hinaus ist die Abfindung nach § 10 zu bemessen, die der ArbGeb nach § 113 I BetrVG zu zahlen hat, wenn er von einem Interessenausgleich über eine geplante Betriebsänderung ohne zwingenden Grund abweicht und hierdurch Entlassungen notwendig werden. Eine derart zu bemessende Abfindung hat der Unternehmer nach § 113 III BetrVG zu zahlen, wenn er eine geplante Betriebsänderung durchführt, ohne über sie einen Interessenausgleich mit dem BR versucht zu haben, und ArbN deswegen entlassen werden oder andere wirtschaftl. Nachteile erleiden[1]. Ferner nimmt § 1a II zur Bestimmung eines Monatsverdienstes für die Berechnung der Abfindung nach § 1a I auf § 10 III Bezug. Schließlich orientiert sich der im Schadensersatzanspruch nach § 628 II BGB enthaltene angemessene Ausgleich für den Verlust des durch das KSchG vermittelten Bestandsschutzes an der Abfindungsregelung der §§ 9, 10[2].

II. Bemessung der Abfindung. 1. Höchstgrenzen. Nach Abs. 1 ist die Abfindung im **Regelfall** auf einen Betrag iHv. bis zu 12 Monatsverdiensten festzusetzen. Dem ArbG steht bei der Festlegung der Höhe der Abfindung zwar ein **Ermessen**[3] zu, es ist an die Anträge der Parteien nicht gebunden[4]. Das ArbG ist aber nicht befugt, die in § 10 festgelegten Höchstgrenzen zu überschreiten. Dies gilt für die Grenze in Abs. 1, sofern nicht die Voraussetzungen des Abs. 2 für einen der dort geregelten Fälle der Erhöhung der Abfindung vorliegen, und für die in Abs. 2 festgelegten Grenzen ebenso. Nicht erforderlich ist es, eine Abfindung festzusetzen, die genau dem Vielfachen eines Monatsverdienstes entspricht. Das Gericht hat aber stets auf eine bestimmte Summe zu erkennen, damit die Entscheidung vollstreckt werden kann.

Nach **Abs. 2 S. 1** kann die Abfindung auf bis zu 15 Monatsverdienste erhöht werden, wenn der ArbN bereits das 50. LJ vollendet hat und das ArbVerh mindestens 15 Jahre bestanden hat. Sofern der ArbN bereits das 55. LJ vollendet hat und das ArbVerh mindestens 20 Jahre bestanden hat, beträgt die Höchstgrenze für die Abfindung 18 Monatsverdienste. Beide Voraussetzungen müssen in der Person des ArbN jeweils nebeneinander vorliegen. **Maßgeblicher Zeitpunkt** für die Prüfung, ob der ArbN die Voraussetzungen des Abs. 2 erfüllt, ist dabei derjenige, zu dem das Gericht das ArbVerh gem. § 9 II aufzulösen hat. Liegt der Auflösungsentscheidung eine ordentl. Kündigung des ArbGeb zugrunde, handelt es sich um den letzten Tag der objektiv zutreffenden Kündigungsfrist[5]. Bei einer außerordentl. fristlosen Kündigung ist gem. § 13 I 4 der Zeitpunkt maßgeblich, zu dem sie ausgesprochen wurde oder eine etwaige Auslauffrist endet. Bei außerordentl., hilfsweise ordentl. Kündigung kann der ArbN den Auflösungsantrag nach § 9 oder nach § 13 stellen[6].

Gem. **Abs. 2 S. 2** kommt keine Überschreitung der Höchstgrenze des Abs. 1 in Betracht, wenn der ArbN in dem Zeitpunkt, den das Gericht nach § 9 II für die Auflösung des ArbVerh festsetzt, das nach SGB VI maßgebliche Lebensalter für die **Regelaltersrente** erreicht hat (§ 35 SGB VI).

2. Berechnung des Monatsverdienstes (Abs. 3). Als Monatsverdienst gilt nach Abs. 3 die Summe aus Geld und Sachbezügen, die der ArbN im **letzten Monat seines Arbeitsverhältnisses** verdient hätte. Dabei ist nicht die betriebsübliche Arbeitszeit zugrunde zu legen, sondern die für den konkreten ArbN maßgebende regelmäßige Arbeitszeit. Ob hierbei Überstunden oder Arbeitszeitverkürzungen Berücksichtigung finden, hängt davon ab, ob die veränderte Arbeitszeit inzwischen zur regelmäßigen Arbeitszeit geworden ist. Grds. ist der Monatsverdienst so zu berechnen, als ob der ArbN im letzten Monat seines ArbVerh tatsächlich gearbeitet hätte. Unregelmäßige Schwankungen durch Kurzarbeit, Krankheit,

---

1 BAG 22.7.2003 – 1 AZR 541/02, NZA 2004, 93; 8.4.2003 – 2 AZR 15/02. ||2 BAG 26.7.2007 – 8 AZR 796/06, NZA 2007, 1419; 20.11.2003 – 8 AZR 608/02. ||3 BAG 21.6.2012 – 2 AZR 694/11, NZA 2013, 199. ||4 BAG 28.11.1968 – 2 AZR 76/68, BB 1969, 315. ||5 BAG 21.6.2012 – 2 AZR 694/11, NZA 2013, 199. ||6 BAG 21.5.2008 – 8 AZR 623/07.

Urlaub oder eine Stilllegung des Betriebs sind nicht zu berücksichtigen. Bei einer Akkordvergütung ist der mutmaßliche Verdienst des ArbN zu ermitteln. Bei einem ArbN, der als freier Mitarbeiter eingestellt wurde, ist idR das vereinbarte Entgelt maßgeblich, sofern nicht ausdrücklich eine Nettolohnabrede getroffen wurde[1].

6   Der Monatsverdienst setzt sich zusammen aus **Geld- und Sachbezügen**. Hierzu zählen Grundvergütung und Zuwendungen mit Entgeltcharakter einschl. der Naturalleistungen, soweit der ArbN diese regelmäßig erhalten hätte. Das schließt Zulagen, Tantiemen, Umsatzbeteiligungen, Jahresabschlussvergütungen, 13. oder 14. Monatsgehälter, Deputate sowie die Überlassung von Wohnraum oder Fahrzeugen ein. Nicht zum regelmäßigen Monatsverdienst gehören dagegen Zuwendungen mit Aufwendungscharakter wie etwa Schmutzzulagen oder Spesen, Zuwendungen mit Gratifikationscharakter wie etwa Jubiläums-, Weihnachts- und Urlaubsgelder sowie Trinkgelder, die dem regelmäßigen Einkommen des ArbN nicht zugerechnet werden können.

7   **3. Höhe der Abfindung.** Das ArbG hat bei Auflösung des ArbVerh gem. § 9 I eine **angemessene Abfindung** festzusetzen, wobei die für den **Zweck der Abfindung** maßgeblichen Umstände des Einzelfalls zu berücksichtigen sind. Der ArbN soll mit der Abfindung eine die Vermögens- und Nichtvermögensschäden ausgleichende Entschädigung erhalten, die ihm aus dem an sich nicht gerechtfertigten Verlust seines Arbeitsplatzes entstehen. Nach gerichtl. Auflösung des ArbVerh sind deshalb weitere Schadensersatzansprüche wegen des Verlustes des Arbeitsplatzes ausgeschlossen[2]. Außerdem soll die Abfindung das Verhalten des ArbGeb sanktionieren und ihn davon abhalten, in Zukunft sozial ungerechtfertigte Kündigungen auszusprechen[3]. Für die die Höchstgrenzen nach Abs. 2 bestimmenden Faktoren Lebensalter und Dauer des ArbVerh kommt es auf die Verhältnisse zum Auflösungszeitpunkt an. IÜ ist für die gerichtl. Bewertung der die Abfindungshöhe beeinflussenden Umstände der **Zeitpunkt der letzten mündlichen Verhandlung** in der Tatsacheninstanz maßgeblich[4]. Neben den bereits in Abs. 2 und 3 genannten Faktoren können alle weiteren Umstände des Einzelfalls die Abfindungshöhe beeinflussen. Als **Bemessungsfaktoren** kommen insb. in Betracht:

8   – **Lebensalter des ArbN.** Das Alter ist nicht nur zur Bestimmung der Höchstgrenzen nach Abs. 2 für die Höhe der Abfindung ein wesentliches Kriterium, da die Chancen eines ArbN auf dem Arbeitsmarkt erheblich von seinem Alter abhängen. Andererseits kann aus Abs. 2 S. 2 entnommen werden, dass die Nähe zur Regelaltersgrenze auch zur Verringerung der Abfindung führen kann. Jedenfalls schließt Abs. 2 S. 2 die Anhebung der Höchstgrenzen aus, wenn der ArbN in dem Zeitpunkt, in dem sein ArbVerh aufgelöst wird, das für die Regelaltersrente maßgebliche LJ bereits erreicht hat (s. Rz. 4).

9   – **Dauer des ArbVerh.** Für die Berechnung der Dauer des ArbVerh zu dem vom Gericht im Urteil festzusetzenden Auflösungszeitpunkt gelten die gleichen Grundsätze wie für die **Berechnung der Wartezeit** nach § 1 I[5] (s. § 1 Rz. 7). Zeiten der berufl. Ausbildung sowie Praktikanten- und Volontärzeiten, die unmittelbar vor der Begründung des ArbVerh zurückgelegt wurden, sind zu berücksichtigen. Auch kann die voraussichtliche weitere Dauer des ArbVerh einzubeziehen sein[6].

10 – **Sonstige Lebensumstände des ArbN.** Bei der Bemessung der Abfindung ist zu berücksichtigen, welche **Chancen** der ArbN **auf dem Arbeitsmarkt hat.** Denn die Abfindung soll gerade den Schaden ausgleichen, der dem ArbN durch den Verlust seines Arbeitsplatzes entsteht[7], so dass eine zeitnahe Aufnahme eines gleichwertigen AnschlussArbVerh die Abfindungshöhe mindern kann[8]. Ferner können im Rahmen der Ermessensentscheidung des ArbG **weitere Sozialdaten** des ArbN heranzuziehen sein, wie sein Familienstand, die Zahl der unterhaltspflichtigen Personen und sein Gesundheitszustand[9]. Die **wirtschaftl. Situation** des ArbN ist bereits nach den Vorstellungen des Gesetzgebers kein geeignetes Bemessungskriterium für die Höhe der Abfindung[10]. Danach darf dem ArbN kein Nachteil daraus erwachsen, dass er mit seinem früheren Arbeitseinkommen sparsam und vorsorglich umgegangen ist. Andererseits folgt aus dem Zweck der Abfindung, dass kündigungsbedingte oder vom ArbGeb zu vertretende wirtschaftl. Notlagen des ArbN berücksichtigt werden können.

11 – Verliert der ArbN durch die Auflösung seines ArbVerh eine verfallbare **Anwartschaft auf Ruhegeld**, kann diesem Umstand bei der Bemessung der Abfindung ein wesentliches Gewicht zukommen[11]. Dagegen ist die Abfindung geringer zu bemessen, wenn dem ArbN bereits nach seinem Arbeitsvertrag oder einem TV ein Anspruch auf eine Abfindung für den Verlust des Arbeitsplatzes oder auf ein Überbrückungsgeld zusteht.

12 – **Maß der Sozialwidrigkeit.** Bei der Bemessung der Abfindung ist auch das Maß der Sozialwidrigkeit der Kündigung von Bedeutung[12]. Ein hohes Maß an Sozialwidrigkeit, das die Festsetzung einer hohen Abfindung rechtfertigt, kann sich daraus ergeben, dass die Kündigungsgründe vollkommen ungeeig-

---

1 LAG Hess. 25.11.2009 – 18 Sa 1412/09. ||2 BAG 12.6.2003 – 8 AZR 341/02, BB 2003, 2747. ||3 BAG 15.2.1973 – 2 AZR 16/72, DB 1973, 1559. ||4 LAG Schl.-Holst. 27.5.2008 – 5 Sa 398/07. ||5 BAG 26.8.1976 – 2 AZR 377/75, DB 1977, 544. ||6 BAG 21.6.2012 – 2 AZR 694/11, NZA 2013, 199. ||7 BAG 15.2.1973 – 2 AZR 16/72. ||8 LAG Rh.-Pf. 9.12.2011 – 9 Sa 557/11. ||9 BAG 25.11.1982 – 2 AZR 21/81, DB 1984, 883. ||10 BT-Drs. X/3913, 9. ||11 BAG 28.11.1968 – 2 AZR 76/68. ||12 BAG 21.6.2012 – 2 AZR 694/11, NZA 2013, 199; 29.3.1960 – 3 AZR 568/58.

net sind, eine Kündigung sozial zu rechtfertigen, oder daraus, dass der ArbGeb bei der Kündigung keinerlei Rücksicht auf soziale Gesichtspunkte genommen hat. Ergibt sich die Sozialwidrigkeit der Kündigung erst im Rahmen der Interessenabwägung, erscheint das Maß der Sozialwidrigkeit so gering, dass auch die Abfindung geringer zu bemessen ist. Das gilt auch, wenn den ArbN ein Verschulden trifft, das zwar die Kündigung nicht rechtfertigt, sie aber in einem milderen Licht erscheinen lässt[1]. Bei der Bemessung der Abfindung kann das Gericht auch die **Verantwortlichkeit für die Auflösungsgründe** berücksichtigen, insb. ob und von welcher der Arbeitsvertragsparteien diese schuldhaft herbeigeführt worden sind[2]. Auch die **Sittenwidrigkeit** der Kündigung (§ 13 II) kann die Abfindung erhöhen[3].

– Auch die **wirtschaftl. Lage des ArbGeb** kann bei der Bemessung der Abfindung berücksichtigt werden. Dabei ist allerdings auf die wirtschaftl. Situation und die Leistungsfähigkeit des Gesamtunternehmens abzustellen, nicht auf die des einzelnen Betriebs. Die Höhe der Abfindung darf nicht zu einer Gefährdung der Arbeitsplätze anderer ArbN führen. Schließlich kann auch der Umstand, dass es sich bei dem Betrieb des ArbGeb lediglich um einen sog. Kleinbetrieb handelt, abfindungsmindernd berücksichtigt werden[4]. 13

III. Rechtliche Einordnung des Anspruchs. Die Abfindung nach § 10 ist als **Entschädigung** für den Verlust des Arbeitsplatzes zu verstehen, der eingetreten ist, obwohl die Kündigung sozial ungerechtfertigt war. Deshalb handelt es sich bei dieser Abfindung weder um Arbeitsentgelt noch um einen Ersatz für Arbeitsentgelt[5]. Die Abfindungszahlungen sind aber kein privilegiertes Einkommen und damit auf Leistungen nach dem SGB II anzurechnen[6]. 14

1. Verhältnis zu anderen Ansprüchen. Auf Grund ihres Entschädigungscharakters schließt eine Abfindung Ansprüche des ArbN auf **Schadensersatz** wegen des Verlustes seines bisherigen Arbeitsplatzes aus[7]. Nicht ausgeschlossen sind dagegen sonstige Schadensersatzansprüche, die mit dem Verlust des Arbeitsplatzes nichts zu tun haben[8]. Das gilt etwa für Schadensersatzansprüche wegen unrichtiger Erteilung von Auskünften, unzutreffender Beurteilung im Zeugnis oder der verspäteten Herausgabe von Arbeitspapieren. Auch Ansprüche des ArbN auf Entgelt werden durch seinen Anspruch auf Abfindung nicht beeinträchtigt. 15

2. Vererbung und Abtretung. Der Anspruch des ArbN auf Zahlung einer Abfindung nach § 10 ist sowohl **abtretbar** als auch **vererblich**. Das gilt jedenfalls für den Abfindungsanspruch, der aus einer rechtskräftigen Verurteilung folgt. Er geht auch dann auf die Erben über, wenn der ArbN vor dem im Urteil festgesetzten Auflösungszeitpunkt verstirbt[9]. Stirbt der ArbN nach Ablauf der Kündigungsfrist und hatte er zuvor einen Auflösungsantrag gestellt, können die Erben den laufenden Prozess fortführen und die Zahlung der Abfindung verlangen, sofern der ArbN nicht vor der letzten mündlichen Verhandlung verstirbt. 16

3. Pfändung und Insolvenz. Trotz ihres Entschädigungscharakters gehören Abfindungen nach § 10 zum **Arbeitseinkommen iSv. § 850 ZPO**[10], das allerdings nicht für einen fest umrissenen Zeitraum gezahlt wird und deshalb nicht dem Pfändungsschutz des § 850c ZPO unterliegt. Vielmehr handelt es sich um nicht wiederkehrende zahlbare Vergütungen nach § 850i ZPO[11]. Da der Abfindungsanspruch grds. pfändbar ist, kann der ArbGeb gegen ihn aufrechnen. Der Anspruch auf Zahlung einer Abfindung nach § 10 ist eine **Insolvenzforderung** nach den §§ 38, 108 II InsO. Wird das ArbVerh allerdings auf Grund einer vom Insolvenzverwalter erklärten Kündigung nach den §§ 9, 10 aufgelöst, handelt es sich bei dem Anspruch auf Abfindung um eine **Masseverbindlichkeit** nach § 55 I Nr. 1 InsO[12]. 17

4. Steuer- und Sozialversicherungsrecht. Die Abfindung unterliegt grds. der **Steuerpflicht** des ArbN. In seiner Entscheidung setzt das Gericht die Abfindungssumme als **Bruttobetrag** fest, da auch bei der Ermittlung der Höchstgrenzen vom Bruttomonatsverdienst des ArbN auszugehen ist. In Abfindungsvereinbarungen oder -vergleichen kann jedoch auch die Zahlung eines Nettobetrags vereinbart werden. Damit ist gleichzeitig die Übernahme anfallender Steuern durch den ArbGeb vereinbart. Vgl. auch §§ 19/38 EStG Rz. 66 f. 18

Einstweilen frei. 19

Der Abfindungsbetrag nach § 10 stellt **kein versicherungspflichtiges Arbeitsentgelt** dar. Daher sind von der Abfindung keine Beiträge zur SozV zu leisten[13]. Das gilt allerdings nicht, wenn die Abfindung verdeckt rückständiges Arbeitsentgelt enthält[14]. 20

---

1 LAG Schl.-Holst. 22.1.1987 – 4 Sa 509/86, NZA 1987, 601. || 2 BAG 15.2.1973 – 2 AZR 16/72. || 3 LAG Schl.-Holst. 22.6.2011 – 3 Sa 95/11. || 4 BAG 20.11.1997 – 2 AZR 803/96. || 5 BAG 6.12.1984 – 2 AZR 348/81, NZA 1985, 394. || 6 BSG 18.2.2010 – B 14 AS 86/08 R, SGb 2010, 226; 3.3.2009 – B 4 AS 47/08 R. || 7 BAG 12.6.2003 – 8 AZR 341/02, BB 2003, 2747. || 8 BAG 22.4.1971 – 2 AZR 205/70, DB 1971, 1531. || 9 BAG 25.6.1987 – 2 AZR 504/86, NZA 1988, 466; 22.5.2003 – 2 AZR 250/02. || 10 BAG 12.9.1979 – 4 AZR 420/77. || 11 BAG 13.11.1991 – 4 AZR 39/91. || 12 BAG 22.7.2003 – 1 AZR 541/02. || 13 BAG 9.11.1988 – 4 AZR 433/88; BSG 21.2.1990 – 12 RK 20/88. || 14 BSG 25.10.1990 – 12 RK 40/89.

21 Nach Rspr. des BSG löst die Einigung der Arbeitsvertragsparteien im Rahmen eines Kündigungsschutzverfahrens über das betriebsbedingte Ausscheiden des ArbN gegen Zahlung einer Abfindung durch gerichtl. Vergleich (anders als die außergerichtl. Einigung) keine **Sperrzeit** wegen Arbeitsaufgabe nach § 159 I Nr. 1 SGB III aus[1] (s. iÜ § 158 SGB III Rz. 12 und § 159 SGB III Rz. 5 ff.).

22 IV. Entscheidung des Gerichts. Das ArbG hat von Amts wegen **ohne beziffertem Antrag** über die Höhe der Abfindung durch Festlegung eines bestimmten Betrages zu entscheiden. Ist gleichwohl vom ArbN ein Mindestbetrag beziffert worden und unterschreitet das ArbG ihn, hat es den ArbN nach § 92 ZPO an den Kosten zu beteiligen[2]. Daher empfiehlt es sich bereits aus Kostengründen, von einem bezifferten Antrag abzusehen. IÜ kann der ArbN die Entscheidung des Gerichts bereits dann mit einem Rechtsmittel angreifen, wenn der Abfindungsbetrag unterhalb der gesetzl. Höchstgrenze liegt oder hinter der in der Antragsbegründung dargestellten Höhe zurückbleibt[3]. Dagegen ist der ArbGeb beschwert, wenn die gerichtl. Festlegung des Abfindungsbetrags seines Erachtens zu hoch ist.

11 *Anrechnung auf entgangenen Zwischenverdienst*

Besteht nach der Entscheidung des Gerichts das Arbeitsverhältnis fort, so muss sich der Arbeitnehmer auf das Arbeitsentgelt, das ihm der Arbeitgeber für die Zeit nach der Entlassung schuldet, anrechnen lassen,

1. was er durch anderweitige Arbeit verdient hat,
2. was er hätte verdienen können, wenn er es nicht böswillig unterlassen hätte, eine ihm zumutbare Arbeit anzunehmen,
3. was ihm an öffentlich-rechtlichen Leistungen infolge Arbeitslosigkeit aus der Sozialversicherung, der Arbeitslosenversicherung, der Sicherung des Lebensunterhalts nach dem Zweiten Buch Sozialgesetzbuch oder der Sozialhilfe für die Zwischenzeit gezahlt worden ist. Diese Beträge hat der Arbeitgeber der Stelle zu erstatten, die sie geleistet hat.

1 I. Inhalt und Zweck. § 11 legt fest, was sich der ArbN **auf die Vergütung anrechnen** lassen muss, die ihm der ArbGeb für den Zeitraum zwischen der tatsächlichen Beendigung des ArbVerh und der Wiederaufnahme der Arbeit schuldet. Mit der ausführlichen Anrechnungsbestimmung will das Gesetz sicherstellen, dass der Verdienst des ArbN durch die sozialwidrige Kündigung weder höher noch niedriger ist als der arbeitsvertragl. Verdienst bei Vollzug des ArbVerh. In vermögensrechtl. Hinsicht soll der ArbN weder besser noch schlechter gestellt sein als bei ungestörter Durchführung seines ArbVerh[4].

2 Mit § 11 wird die allg. Regelung über den Gläubigerverzug im Dienst- und ArbVerh in § 615 BGB ergänzt und verändert. Allerdings bildet § 11 ebenso wie § 615 BGB **keine Anspruchsgrundlage** für Vergütungsansprüche des ArbN. Er regelt nicht die Voraussetzungen des Annahmeverzugs, sondern nur einen Teil der Rechtsfolgen, indem er den Umfang des anrechenbaren Zwischenverdienstes bestimmt. Ggü. der allg. Anrechnungsvorschrift des § 615 S. 2 BGB geht § 11 als Spezialgesetz vor[5]. Die Anspruchsgrundlage für den Nachzahlungsanspruch des ArbN folgt aus den jeweiligen arbeitsvertragl., tarifvertragl. oder gesetzl. Regelungen über die Vergütungsleistung iVm. den Vorschriften der §§ 293 ff., 615 S. 1 BGB über den Annahmeverzug. Während von der allg. Anrechnungsregelung des § 615 S. 2 BGB durch einzelvertragl. oder kollektivrechtl. Vereinbarungen abgewichen werden kann, ist die Vorschrift des § 11 **zwingendes Recht**, so dass von den Regelungen nicht zum Nachteil des ArbN abgewichen werden darf.

3 Keine Anwendung findet § 11, wenn das ArbVerh nach § 9 aufgelöst wird. Wenn sich der ArbGeb bis zum Auflösungszeitpunkt in Annahmeverzug befunden hat, richtet sich die Anrechnung anderweitiger Einkünfte ausschließlich nach der generelleren Regelung des § 615 S. 2 BGB. Ebenso wenig findet § 11 Anwendung, wenn der ArbN nach Ablauf der Kündigungsfrist weiterbeschäftigt wird.

4 Dagegen erhält § 11 **entsprechende Anwendung** für die Fälle einer außerordentl. Kündigung oder einer sittenwidrigen Kündigung nach § 13. Ebenso kommt es gem. § 12 S. 5 zur entsprechenden Anwendung von § 11, wenn der ArbN ein neu eingegangenes ArbVerh fortsetzen will. Schließlich gilt § 11 entsprechend, wenn die Parteien das ArbVerh einvernehmlich fortsetzen, ohne dass es zu einer gerichtl. Entscheidung oder einer Absprache über Entgeltansprüche gekommen ist[6].

5 II. Annahmeverzug. Zu den gesetzl. Voraussetzungen der Anrechnungsbestimmung des § 11 gehört neben der gerichtl. Feststellung, dass das ArbVerh durch die Kündigung des ArbGeb nicht aufgelöst worden ist, der Annahmeverzug des ArbGeb. Die **Voraussetzungen** des Annahmeverzugs des ArbGeb richten sich nach den §§ 293 ff. BGB. Der Gläubiger kommt nach § 293 BGB nur in Verzug, wenn er die ihm angebotene Leistung nicht annimmt. Sie muss ihm gem. § 294 BGB tatsächlich so angeboten werden, wie sie zu bewirken ist. Nach § 295 BGB genügt ein wörtliches Angebot, wenn der ArbGeb dem

---

[1] BSG 17.10.2007 – B 11a AL 51/06 R, NZA-RR 2008, 283; 18.12.2003 – B 11 AL 35/03 R, NZA 2004, 661. ‖ [2] BAG 26.6.1986 – 2 AZR 522/85, NZA 1987, 139. ‖ [3] LAG Köln 21.3.2005 – 2 Sa 1499/04. ‖ [4] BAG 16.12.1982 – 6 AZR 1193/79. ‖ [5] BAG 16.6.2004 – 5 AZR 508/03, NZA 2004, 1155; 6.9.1990 – 2 AZR 165/90, NZA 1991, 221. ‖ [6] BAG 26.7.1995 – 2 AZR 665/94; 17.4.1986 – 2 AZR 308/85, NZA 1987, 17.

ArbN erklärt hat, er werde die Leistung nicht annehmen, oder wenn zur Bewirkung der Leistung eine Handlung des ArbGeb erforderlich ist. Ist dafür eine Zeit nach dem Kalender bestimmt, so muss der ArbN gem. § 296 BGB auch kein wörtliches Angebot abgeben, wenn der ArbGeb die Handlung nicht rechtzeitig vornimmt. Die Mitwirkungshandlung des ArbGeb besteht darin, dem ArbN einen funktionsfähigen Arbeitsplatz zur Verfügung zu stellen und ihm die Arbeit zuzuweisen. Hat er dagegen mit der Kündigung einen entgegengesetzten Willen zu erkennen gegeben, muss er den ArbN zur Arbeit auffordern, wenn er für die Zeit nach der Kündigung nicht in Annahmeverzug geraten will. Weder ein tatsächliches noch ein wörtliches Angebot des ArbN ist somit erforderlich[1]. Der Annahmeverzug des ArbGeb kann entfallen, wenn der ArbN nach Ablauf der Kündigungsfrist leistungsunwillig oder leistungsunfähig ist[2]. Ein ArbN ist leistungsunfähig iSv. § 297 BGB, wenn er aus Gründen in seiner Person die vertragl. vereinbarten Tätigkeiten selbst teilweise nicht mehr verrichten kann[3]. Der ArbGeb hat darzulegen und zu beweisen, dass der ArbN zur Leistung objektiv außerstande oder subjektiv nicht zur Leistung bereit ist[4]. Allerdings tritt der Annahmeverzug des ArbGeb idR auch ohne besondere Anzeige der Wiederherstellung der Arbeitsfähigkeit durch den ArbN ein, wenn dieser dem ArbGeb durch Erhebung der Kündigungsschutzklage oder einen sonstigen Widerspruch gegen die Kündigung seine Leistungsbereitschaft deutlich gemacht hat[5]. Der Annahmeverzug endet, wenn der ArbGeb den ArbN zur Wiederaufnahme der geschuldeten Arbeitsleistung auffordert, spätestens mit der vertragsgemäßen Weiterbeschäftigung des ArbN im Anschluss an eine erfolgreiche Kündigungsschutzklage.

III. Höhe des Verzugslohns. Die Höhe des Verzugslohns richtet sich nach § 615 S. 1 BGB. Nach dem **Lohnausfallprinzip** hat der ArbGeb dem ArbN die vereinbarte Vergütung zu zahlen, die dem ArbN beim Fortbestand des ArbVerh zugestanden hätte. Dabei handelt es sich grds. um einen Bruttobetrag. Neben der Grundvergütung kann der ArbN auch sonstige Leistungen mit Entgeltcharakter beanspruchen, wie Zulagen, Gratifikationen, Umsatzbeteiligungen und Sachbezüge in Höhe des Steuer- und SozV-Werts, nicht aber Leistungen mit Aufwendungscharakter wie Fernauslösungen und Reisekosten. Dabei kommen dem ArbN zwischenzeitlich eingetretene Vergütungserhöhungen ebenso zugute wie er Minderungen des Nachzahlungsanspruchs durch wirksam angeordnete Kurzarbeit gegen sich gelten lassen muss[6].

1. Anrechnung des tatsächlichen anderweitigen Verdienstes (Nr. 1). Nach Nr. 1 muss sich der ArbN auf seinen Nachzahlungsanspruch anrechnen lassen, was er durch anderweitige Arbeit verdient hat. Dabei muss es sich um Einkommen handeln, das der ArbN nur dadurch erzielen konnte, dass er die Arbeitsleistung bei seinem ArbGeb nicht erbringen musste[7]. **Nebeneinkünfte**, die der ArbN auch bei tatsächlicher Arbeitsleistung hätte erzielen können, fallen nicht darunter[8]. Der anrechenbare Verdienst muss nicht in Arbeitsentgelt bestehen. Es kann sich auch um Gewinne aus einer selbständigen Tätigkeit[9] oder um den Erlös aus Schwarzarbeit handeln[10]. Auch Urlaubsabgeltungszahlungen sind anrechenbar. Während der ArbN zusätzliche Aufwendungen für Werkzeug, Arbeitsmaterial oder Fahrtkosten von dem anrechnungsfähigen anderweitigen Verdienst abziehen kann, muss er sich, anders als nach § 615 S. 2 BGB, ersparte Aufwendungen etwa für die Anreise zur Arbeitsstätte seines ArbGeb nicht hinzurechnen lassen. Diese Ungleichbehandlung von ArbN, auf die § 11 anwendbar ist, und ArbN aus Kleinbetrieben, auf die § 11 nicht anwendbar ist (§ 23 I 2, 3), wird durch sachliche Gründe gerechtfertigt[11].

Der anderweitige Verdienst ist nicht nur auf den Zeitraum, in dem er erzielt wurde, anrechenbar, sondern auf die für die gesamte Dauer des Annahmeverzugs zu beanspruchende Vergütung des ArbN. Es gilt das **Prinzip der Gesamtabrechnung**[12]. Da sich der Umfang der Anrechnung nur nach der beim ArbGeb maßgebenden Arbeitszeit richtet, muss sich ein teilzeitbeschäftigter ArbN auch nur den Verdienst anrechnen lassen, der durch das Freiwerden seiner Arbeitskraft ermöglicht worden ist[13]. Gewährter Urlaub ist auf Urlaubsansprüche ggü. dem alten ArbGeb nur anzurechnen, wenn der ArbN die Pflichten aus beiden ArbVerh nicht gleichzeitig hätte erfüllen können[14].

Grds. trägt der ArbGeb die **Darlegungs- und Beweislast** für den Umfang der Einnahmen, die der ArbN anderweitig erzielt hat. Allerdings ist der ArbN verpflichtet, dem ArbGeb **Auskunft** über die Höhe seiner anderweitig erzielten Einnahmen zu erteilen. Geschieht das nicht oder nicht vollständig, kann der ArbGeb bis zur Erteilung der Auskunft ein Leistungsverweigerungsrecht ggü. dem Verzugslohnanspruch geltend machen[15].

---

1 BAG 19.4.1990 – 2 AZR 591/89, NZA 1991, 228; 24.11.1994 – 2 AZR 179/94, NZA 1995, 263; 19.1.1999 – 9 AZR 679/97, NZA 1999, 925.   ‖2 BAG 22.2.2012 – 5 AZR 249/11, NZA 2012, 858.   ‖3 BAG 20.12.2012 – 2 AZR 32/11, DB 2013, 882; 18.3.2009 – 5 AZR 192/08.   ‖4 BAG 17.8.2011 – 5 AZR 251/10, DB 2012, 238.   ‖5 BAG 24.11.1994 – 2 AZR 179/94, NZA 1995, 263.   ‖6 BAG 7.4.1970 – 2 AZR 201/69.   ‖7 BAG 1.3.1958 – 2 AZR 533/55; 6.9.1990 – 2 AZR 165/90, NZA 1991, 221.   ‖8 BAG 14.8.1974 – 5 AZR 497/73.   ‖9 LAG Hess. 18.5.2009 – 7 Sa 1766/08.   ‖10 BAG 16.6.2004 – 5 AZR 508/03, NZA 2004, 1155.   ‖11 BVerfG 24.6.2010 – 1 BvL 5/10, NZA 2010, 1004.   ‖12 BAG 16.5.2012 – 5 AZR 251/11, NZA 2012, 971; 22.11.2005 – 1 AZR 407/04, NZA 2006, 736.   ‖13 BAG 6.9.1990 – 2 AZR 165/90, NZA 1991, 221.   ‖14 BAG 21.2.2012 – 9 AZR 487/10, NZA 2012, 793.   ‖15 BAG 19.7.1978 – 5 AZR 748/77, DB 1978, 2417; 29.7.1993 – 2 AZR 110/93, NZA 1994, 116.

10 **2. Anrechnung des möglichen anderweitigen Verdienstes (Nr. 2).** Besteht nach einer gerichtl. Entscheidung das ArbVerh fort, muss sich der ArbN nach Nr. 2 auf das Arbeitsentgelt, das ihm der ArbGeb für die Zeit nach der Entlassung schuldet, das anrechnen lassen, was er hätte verdienen können, wenn er es nicht böswillig unterlassen hätte, eine ihm zumutbare Arbeit anzunehmen. Diese Anrechnungsvorschrift ist eine Sonderregelung zu § 615 S. 2 BGB. Trotz des nicht völlig identischen Wortlauts sind die Vorschriften inhaltsgleich. Nach beiden Bestimmungen ist im jeweiligen Einzelfall zu prüfen, ob dem ArbN nach Treu und Glauben (§ 242 BGB) sowie unter Beachtung des Grundrechts auf freie Arbeitsplatzwahl (Art. 12 GG) die Aufnahme einer anderweitigen Arbeit zumutbar ist[1]. Die Unzumutbarkeit der Arbeit kann sich insb. in der Person des ArbGeb, der Art der Arbeit oder den sonstigen Arbeitsbedingungen, wie Wertigkeit, Vergütung oder Gefährlichkeit der Beschäftigung, Dauer und Lage der Arbeitszeit oder der Größe des Betriebes ergeben[2]. Auch vertragsrechtl. Umstände sind zu berücksichtigen. Eine Anrechnung kommt auch in Betracht, wenn die Beschäftigungsmöglichkeit bei dem ArbGeb besteht, der sich mit der Annahme der Dienste des ArbN in Verzug befindet. Die Zumutbarkeit hängt dann insb. von der Art der Kündigung und ihrer Begründung und dem Verhalten des ArbGeb im Kündigungsschutzprozess ab[3]. Auf eine dauerhafte Änderung des Arbeitsvertrags braucht sich der ArbN nicht einzulassen[4]. Sowohl hinsichtl. der Beschäftigung beim bisherigen als auch bei einem dritten ArbGeb gilt, dass der ArbN grds. auch eine Arbeit zu anderen Arbeitsbedingungen annehmen muss. Auch eine objektiv vertragswidrige Arbeit kann nach den konkreten Umständen zumutbar sein[5].

11 Den Begriff der **Böswilligkeit** verwendet das Gesetz in Nr. 2 in dem gleichen Sinn wie in § 326 BGB. Danach handelt ein ArbN böswillig, wenn er während des Annahmeverzugs trotz Kenntnis aller objektiven Umstände (Arbeitsmöglichkeit, Zumutbarkeit der Arbeit und Nachteilsfolgen für den ArbGeb) vorsätzlich untätig bleibt oder die Aufnahme der Arbeit bewusst verhindert, was der ArbGeb darzulegen und zu beweisen hat[6]. Nicht erforderlich ist eine direkte Absicht des ArbN, dem ArbGeb zu schaden[7]. Auch die Ablehnung des mit einer Änderungskündigung verbundenen Arbeitsangebots kann böswillig iSv. Nr. 2 sein[8]. Den ArbN trifft allerdings nur die Obliegenheit, seine Arbeitskraft zu aktuell zumutbaren Bedingungen zur Verfügung zu stellen[9]. In einem Ausbildungsverhältnis dürfte das das Angebot der zumindest temporären Fortsetzung der Ausbildung durch den ArbGeb und nicht nur eine Arbeitsaufforderung erfordern[10]. Der Maßstab des § 2 S. 1 ist ein anderer als der des § 11 Nr. 2. Bei § 11 Nr. 2 kommt es in erster Linie auf die Verhältnisse des gekündigten ArbN an[11].

12 Grds. ist der ArbN nicht verpflichtet, sich um einen anderweitigen Dauerarbeitsplatz zu bemühen, wenn dadurch die spätere Fortsetzung des alten ArbVerh erschwert würde. Will der ArbGeb sein Entgeltrisiko mindern, muss er die erforderl. Handlungen selbst vornehmen und den ArbN über konkrete Stellenangebote informieren und Bewerbungen veranlassen. Der ArbN muss sich um ihm angebotene und bekannte Arbeitsmöglichkeiten ernsthaft bemühen. Allerdings tritt die Anrechnung hypothetischen Verdienstes nicht allein dadurch ein, dass sich der ArbN nicht bei der Arbeitsverwaltung **arbeitsuchend meldet**[12]. Dem ArbN kann keine Böswilligkeit vorgehalten werden, wenn er einen Weiterbeschäftigungstitel 1. Instanz weder vollstreckt noch dessen Vollstreckung androht. Anders aber, wenn der ArbN in diesem Fall ohne Hinzutreten weiterer Umstände einer Aufforderung zur Prozessbeschäftigung nicht nachkommt[13]. Auch wenn der ArbGeb dem ArbN bis zur Rechtskraft des Urteils im Kündigungsschutzprozess ein befristetes ArbVerh anbietet, ihn also vor die Wahl der Annahme oder der Ablehnung dieses Angebots stellt, ist in der Ablehnung ein böswilliges Unterlassen anderweitigen Erwerbs zu sehen[14]. Ein mehrmonatiger Aufenthalt im Ausland stellt kein böswilliges Unterlassen iSd. Nr. 2 dar, solange im Inland nicht zumutbare Arbeitsmöglichkeiten vorhanden waren[15].

13 **3. Anrechnung öffentlich-rechtlicher Leistungen (Nr. 3).** Soweit der ArbN im Nachzahlungszeitraum öffentl.-rechtl. Leistungen infolge Arbeitslosigkeit erhalten hat, sind diese gem. Nr. 3 auf seinen Nachzahlungsanspruch anrechenbar. Dieser Vorschrift kommt indessen praktisch **keine selbständige Bedeutung** mehr zu, da § 115 SGB X einen gesetzl. Forderungsübergang auf den Leistungsträger anordnet, der in der in Nr. 3 genannten Sozialleistungen erbracht hat. Bezieht der ArbN während des Annahmeverzugs des ArbGeb Alg und unterlässt er zugleich böswillig einen ihm zumutbaren Erwerb, hat eine proportionale Zuordnung der Anrechnung nach Nr. 2 und 3 zu erfolgen[16].

14 Dem ArbGeb steht wegen dieses gesetzl. Forderungsübergangs **kein Auskunftsanspruch** gegen den ArbN über den Umfang und die Höhe der gezahlten öffentl.-rechtl. Leistungen zu. Bei der Anrechenbarkeit dieser Leistungen handelt es sich nicht um einen Einwand des ArbGeb ggü. dem Nachzahlungs-

---

1 BAG 17.11.2011 – 5 AZR 564/10, NZA 2012, 260; 7.2.2007 – 5 AZR 422/06, NZA 2007, 561. ‖ 2 BAG 16.6.2004 – 5 AZR 508/03, NZA 2004, 1155. ‖ 3 LAG Düss. 11.5.2012 – 6 Sa 1345/11. ‖ 4 BAG 11.1.2006 – 5 AZR 98/05, NZA 2006, 314. ‖ 5 BAG 17.11.2011 – 5 AZR 564/10, NZA 2012, 260; LAG Düss. 5.2.2013 – 17 Sa 1492/12; LAG Schl.-Holst. 21.3.2013 – 1 Sa 350/12. ‖ 6 LAG Schl.-Holst. 26.6.2012 – 1 Sa 443/11, NZA-RR 2012, 515. ‖ 7 BAG 22.2.2000 – 9 AZR 194/99, NZA 2000, 817; 16.6.2004 – 5 AZR 508/03, NZA 2004, 1155. ‖ 8 BAG 26.9.2007 – 5 AZR 870/06; LAG Köln 15.10.2007 – 14 Sa 150/07. ‖ 9 LAG Nds. 4.5.2009 – 9 Sa 882/08. ‖ 10 LAG Hess. 14.12.2011 – 18 Sa 1730/10. ‖ 11 BAG 11.10.2006 – 5 AZR 754/05. ‖ 12 BAG 16.5.2000 – 9 AZR 203/99, NZA 2001, 26. ‖ 13 BAG 24.9.2003 – 5 AZR 500/02, NZA 2004, 90. ‖ 14 BAG 14.11.1985 – 2 AZR 98/84, NZA 1986, 637; 22.2.2000 – 9 AZR 194/99, NZA 2000, 817; LAG Hamm 4.11.2004 – 8 Sa 1322/04, NZA-RR 2005, 416. ‖ 15 BAG 11.7.1985 – 2 AZR 106/84. ‖ 16 BAG 11.1.2006 – 5 AZR 125/05, NZA 2006, 313.

anspruch des ArbN, den er darzulegen und zu beweisen hätte. Vielmehr kann sich der ArbGeb damit begnügen, auf Grund des gesetzl. Forderungsübergangs die Aktivlegitimation des ArbN zu bestreiten. Zur Schlüssigkeit der Zahlungsklage des ArbN gehört in diesem Fall die Darlegung der erhaltenen öffentl.-rechtl. Leistungen.

12 Neues Arbeitsverhältnis des Arbeitnehmers; Auflösung des alten Arbeitsverhältnisses

Besteht nach der Entscheidung des Gerichts das Arbeitsverhältnis fort, ist jedoch der Arbeitnehmer inzwischen ein neues Arbeitsverhältnis eingegangen, so kann er binnen einer Woche nach der Rechtskraft des Urteils durch Erklärung gegenüber dem alten Arbeitgeber die Fortsetzung des Arbeitsverhältnisses bei diesem verweigern. Die Frist wird auch durch eine vor ihrem Ablauf zur Post gegebene schriftliche Erklärung gewahrt. Mit dem Zugang der Erklärung erlischt das Arbeitsverhältnis. Macht der Arbeitnehmer von seinem Verweigerungsrecht Gebrauch, so ist ihm entgangener Verdienst nur für die Zeit zwischen der Entlassung und dem Tag des Eintritts in das neue Arbeitsverhältnis zu gewähren. § 11 findet entsprechende Anwendung.

I. Inhalt und Zweck. Grds. befindet sich der ArbN im Verlauf eines Kündigungsschutzprozesses in einer **Interessen- und Pflichtenkollision**. Während er verpflichtet ist, sich um eine zumutbare anderweitige Arbeit zu bemühen, muss er gleichzeitig damit rechnen, bei einem Erfolg seiner Klage die Arbeit bei seinem alten ArbGeb wieder aufnehmen zu müssen. In dieser Situation räumt das Gesetz dem ArbN ein fristgebundenes Recht ein, ggü. dem alten ArbGeb die Fortsetzung des ArbVerh zu verweigern. Dabei handelt es sich nicht bloß um ein Leistungsverweigerungsrecht des ArbN, sondern um ein gesetzl. in besonderer Weise geregeltes einseitiges Gestaltungsrecht des ArbN zur Beendigung des alten, durch die angegriffene Kündigung nicht beendeten ArbVerh[1]. Das Gesetz gewährt dem ArbN in § 12 damit ein **Wahlrecht** zwischen den beiden ArbVerh, bindet dieses Recht aber im Interesse des alten ArbGeb an eine verhältnismäßig kurze Frist. 1

II. Voraussetzungen des Wahlrechts (S. 1). Das Wahlrecht des ArbN gelangt nach S. 1 erst zur **Anwendung**, wenn ein Gericht auf die Kündigungsschutzklage des ArbN nach den §§ 4 oder 13 I 3 oder II feststellt, dass sein ArbVerh durch die angegriffene Kündigung nicht aufgelöst worden ist. Dagegen eröffnet eine erfolgreiche Klage nach § 13 III das Wahlrecht nach § 12 nicht. Wird das ArbVerh nach den §§ 9 und 10 aufgelöst, bleibt selbstverständlich für die Ausübung des Wahlrechts nach § 12 kein Raum. Wird dagegen der Antrag des ArbN auf Auflösung seines ArbVerh abgewiesen, steht ihm das Wahlrecht nach § 12 zu[2]. 2

Darüber hinaus setzt das Wahlrecht nach § 12 voraus, dass der ArbN nach dem Zugang der angefochtenen Kündigung und vor Rechtskraft des Urteils in dem Kündigungsschutzprozess ein **neues Arbeitsverhältnis** eingegangen ist. In welchem Zeitpunkt der ArbN seine Arbeit tatsächlich anzutreten hat, ist im Rahmen des § 12 ohne Belang. Das neue ArbVerh muss allerdings die Rechtskraft des Urteils in dem Kündigungsschutzverfahren überdauern. Das neue ArbVerh iSd. § 12 kann **von jeder Art**, also auch als Probe-, Aushilfs-, Teilzeit- oder LeihArbVerh ausgestaltet sein. Es muss sich allerdings um ein ArbVerh handeln, so dass die Aufnahme einer selbständigen Tätigkeit[3] das Wahlrecht nach § 12 ebenso wenig auslöst wie die kapitalmäßige Beteiligung an einem Wirtschaftsunternehmen. 3

III. Ausübung des Wahlrechts (S. 1–3). Der ArbN muss sich binnen **einer Woche** entscheiden, ob er sein altes ArbVerh fortsetzt oder nicht. Dazu muss er ggü. seinem alten ArbGeb eine Erklärung abgeben, die gem. § 623 BGB der **Schriftform** bedarf. Denn diese Erklärung bewirkt wie eine fristlose Kündigung mit ihrem Zugang die sofortige Beendigung des alten ArbVerh. Dabei kommt der Schriftform mindestens ihre Klarstellungs- und Beweisfunktion zu. Bei der Erklärungsfrist, die mit der Rechtskraft des Urteils beginnt, handelt es sich um eine materiellrechtl. Ausschlussfrist, gegen deren Versäumung es keine Wiedereinsetzung in den vorigen Stand gibt. Lässt der ArbN die Frist verstreichen oder gibt er seine Erklärung nicht rechtzeitig ab, erlischt sein Wahlrecht. Er muss sein ursprüngliches ArbVerh fortsetzen. Allerdings kann eine nicht rechtzeitige Erklärung gem. § 140 BGB in eine ordentl. Kündigung umgedeutet werden[4]. 4

1. Fortsetzung des alten Arbeitsverhältnisses. Will der ArbN trotz der Begründung eines neuen ArbVerh nach einer erfolgreichen Kündigungsschutzklage sein altes ArbVerh fortsetzen, muss er dazu keine besondere Erklärung abgeben. Vielmehr kann er sein **Wahlrecht in der Weise ausüben**, dass er die Wochenfrist des § 12 verstreichen lässt. Im Rahmen des neu eingegangenen ArbVerh steht ihm dagegen *kein besonderes Auflösungsrecht* und auch kein Recht zur außerordentl. Kündigung zu. Da der ArbN dieses neue ArbVerh grds. nur ordentl. kündigen kann, ist er auch erst nach Ablauf der Kündigungsfrist verpflichtet, bei seinem alten ArbGeb die Arbeit wieder aufzunehmen. Keinesfalls kann der alte ArbGeb eine erneute Kündigung darauf stützen, dass er den ArbN bereits vor Ablauf dieser Kündigungsfrist aus betriebl. Gründen dringend benötigt[5]. Allerdings sollte der ArbN in diesem Fall den alten ArbGeb darü- 5

---

1 BAG 16.12.1982 – 6 AZR 1193/79. ||2 BAG 19.10.1972 – 2 AZR 150/72. ||3 BAG 25.10.2007 – 6 AZR 662/06, NJW 2008, 1466. ||4 LAG Nds. 2.5.2006 – 13 Sa 1585/05; vom BAG 25.10.2007 – 6 AZR 662/06 nicht beanstandet. ||5 LAG Köln 23.11.1994 – 8 Sa 862/94, LAGE § 12 KSchG Nr. 2.

ber unterrichten, dass er im neuen ArbVerh die Kündigungsfrist einzuhalten hat. Äußert er sich weder innerhalb der Erklärungsfrist des § 12 noch auf die Aufforderung des ArbGeb hin, die Arbeit wieder aufzunehmen, kann er sich zur Rechtfertigung seines Leistungsverweigerungsrecht nicht darauf berufen, er könne das neu begründete ArbVerh nur mit der maßgeblichen Kündigungsfrist beenden[1].

6 2. **Beendigung des alten Arbeitsverhältnisses.** Das ArbVerh zu dem alten ArbGeb erlischt gem. S. 3 **mit Zugang der Verweigerungserklärung** des ArbN. Allerdings kann sich der ArbN bereits im Verlauf des Kündigungsschutzprozesses vorsorglich schriftl. gem. § 12 erklären[2], da S. 1 das Ende, nicht aber den Beginn der Erklärungsfrist bestimmt. Doch entfaltet diese Erklärung erst **mit Eintritt der Rechtskraft** des Feststellungsurteils ihre Wirkung[3]. Gibt der ArbN bereits im Laufe des Prozesses eine Beendigungserklärung ab, ist ggf. durch Auslegung zu prüfen, ob er eine Eigenkündigung aussprechen wollte oder eine Erklärung nach § 12. Liegt eine Eigenkündigung vor, kann diese nicht in eine Erklärung nach § 12 umgedeutet werden[4]. Verletzt er mit Aufnahme einer neuen Beschäftigung seine Arbeitspflicht ggü. dem alten ArbGeb, kann dieser ggf. mit Ausspruch einer weiteren Kündigung reagieren.

7 Dem ArbN steht es unabhängig von § 12 frei, sein altes ArbVerh ordentl. zu kündigen. Die Begründung eines neuen ArbVerh ist jedoch **kein wichtiger Grund** zur außerordentl. Kündigung gem. § 626 I BGB.

8 **IV. Vergütungsansprüche (S. 4 u. 5).** Wenn der ArbN von seinem Verweigerungsrecht nach S. 1 Gebrauch macht, stehen ihm Verzugslohnansprüche nach § 615 BGB nur bis zur Beendigung des alten ArbVerh zu. Hat der ArbN bereits vor der Rechtskraft des Feststellungsurteils eine neue Beschäftigung aufgenommen, **begrenzt S. 4 den Verzugslohnanspruch** des ArbN auf die Zeit bis zum Eintritt in das neue ArbVerh[5]. Dabei kommt es auf den Tag der Arbeitsaufnahme im Rahmen des neuen ArbVerh an und nicht auf den Abschluss des Arbeitsvertrags, im Gegensatz zu der Regelung in S. 1. Auf diese Weise vermeidet das Gesetz eine Verrechnung der Einkünfte des ArbN aus dem alten und aus dem neuen ArbVerh, was bei einem niedrigeren Verdienst in dem neuen ArbVerh zu Nachteilen für den ArbN führen kann.

9 **Keine Begrenzung** der Verzugslohnansprüche nach S. 4 tritt ein, wenn der ArbN das alte ArbVerh im Wege eines Aufhebungsvertrages oder durch ordentl. Kündigung beendet. In diesen Fällen behält er seinen vollen Anspruch auf Verzugslohn, allerdings unter Berücksichtigung erzielter oder mutmaßlicher Zwischenverdienste nach § 11[6]. IÜ findet § 11 entsprechende Anwendung, soweit es um die Anrechnung von Zwischenverdiensten auf den Nachzahlungsanspruch des ArbN bis zur Beendigung seines alten ArbVerh geht. Das folgt aus S. 5.

13 *Außerordentliche, sittenwidrige und sonstige Kündigungen*

(1) Die Vorschriften über das Recht zur außerordentlichen Kündigung eines Arbeitsverhältnisses werden durch das vorliegende Gesetz nicht berührt. Die Rechtsunwirksamkeit einer außerordentlichen Kündigung kann jedoch nur nach Maßgabe des § 4 Satz 1 und der §§ 5 bis 7 geltend gemacht werden. Stellt das Gericht fest, dass die außerordentliche Kündigung unbegründet ist, ist jedoch dem Arbeitnehmer die Fortsetzung des Arbeitsverhältnisses nicht zuzumuten, so hat auf seinen Antrag das Gericht das Arbeitsverhältnis aufzulösen und den Arbeitgeber zur Zahlung einer angemessenen Abfindung zu verurteilen. Das Gericht hat für die Auflösung des Arbeitsverhältnisses den Zeitpunkt festzulegen, zu dem die außerordentliche Kündigung ausgesprochen wurde. Die Vorschriften der §§ 10 bis 12 gelten entsprechend.

(2) Verstößt eine Kündigung gegen die guten Sitten, so finden die Vorschriften des § 9 Abs. 1 Satz 1 und Abs. 2 und der §§ 10 bis 12 entsprechende Anwendung.

(3) Im Übrigen finden die Vorschriften dieses Abschnitts mit Ausnahme der §§ 4 bis 7 auf eine Kündigung, die bereits aus anderen als den in § 1 Abs. 2 und 3 bezeichneten Gründen rechtsunwirksam ist, keine Anwendung.

1 **I. Inhalt und Zweck.** § 13 erfasst Kündigungen, die wegen sonstiger Mängel, nicht aber wegen ihrer Sozialwidrigkeit unwirksam sind. Gleichzeitig stellt die Regelung die Bedeutung dieser Mängel für den Kündigungsschutz des ArbN fest. In Abs. 1 räumt sie dem ArbN für die **außerordentl. Kündigung** und in Abs. 2 für die **sittenwidrige Kündigung** ein Auflösungsrecht ein. Schließlich nimmt das Gesetz in Abs. 3 Kündigungen, die nicht wegen Sozialwidrigkeit, sondern **aus anderen Gründen rechtsunwirksam** sind, von dem Anwendungsbereich des ersten Abschnitts – mit Ausnahme der §§ 4–7 – aus.

2 Die Unwirksamkeit all dieser Kündigungen ist innerhalb der **Klagefrist des § 4 S. 1** geltend zu machen. Daraus folgt: Auch wenn der ArbGeb das ArbVerh innerhalb der sechsmonatigen Wartezeit des § 1 außerordentl. kündigt, hat der ArbN, der die Unwirksamkeit der Kündigung geltend machen will, gem. Abs. 1 S. 2, § 4 S. 1 innerhalb von drei Wochen nach Zugang der Kündigung Kündigungsschutzklage zu erheben[7]. Die dreiwöchige Klagefrist findet jedoch nur bei einer dem ArbGeb zurechenbaren Kündi-

---

1 LAG Sachs. 19.5.2004 – 5 Sa 873/03. ||2 BAG 19.10.1972 – 2 AZR 150/72, DB 1973, 726. ||3 HM; aA LAG Rh.-Pf. 4.6.2009 – 11 Sa 107/09. ||4 LAG Köln 9.8.2012 – 13 Sa 41/12, NZA-RR 2013, 193. ||5 LAG Rh.-Pf. 30.11.2007 – 9 Sa 496/07; BAG 19.7.1978 – 5 AZR 748/77, DB 1978, 2417. ||6 BAG 6.11.1986 – 2 AZR 744/85. ||7 BAG 28.6.2007 – 6 AZR 873/06, NZA 2007, 972.

gung Anwendung, nicht zB bei einer Kündigung durch einen Vertreter ohne Vertretungsmacht oder durch den „falschen ArbGeb"[1]. Will der ArbN nur die Nichteinhaltung der Kündigungsfrist rügen, kann er dies auch weiterhin außerhalb der fristgebundenen Klage nach § 4 S. 1 geltend machen[2]. Zu den Einzelheiten der Klagefrist s. § 4 Rz. 3 ff. u. 23.

Einstweilen frei. 3

II. Außerordentliche Kündigung (Abs. 1). Seinem Wortlaut nach erfasst Abs. 1 **jede außerordentl. Kündigung** eines ArbVerh durch einen ArbGeb. Damit sind zunächst außerordentl. Kündigungen aus wichtigem Grund iSd. § 626 I BGB bzw. iS entsprechender tarifvertragl. Bestimmungen einschl. der außerordentl. Änderungskündigung gemeint[3]. Dabei kommt es nicht darauf an, ob die außerordentl. Kündigung fristlos oder unter Einhaltung einer Auslauffrist oder Schonfrist erklärt wird. Entscheidend ist, dass sie als außerordentl. Kündigung ausgesprochen wird[4]. Gleichgültig ist auch, ob die außerordentl. Kündigung im Rahmen eines unbefristeten oder eines befristeten ArbVerh erklärt wird[5]. Grds. gilt § 13 auch für die Kündigung von Berufsausbildungsverhältnissen aus wichtigem Grund gem. § 22 BBiG (zur Klagefrist s. § 4 Rz. 5 u. § 111 ArbGG Rz. 15 ff.)[6], allerdings kommt die Auflösung eines Ausbildungsverhältnisses gem. Abs. 1 S. 3 nicht in Betracht[7]. Die Kündigung des ArbVerh durch den Insolvenzverwalter nach § 113 InsO ist keine außerordentl. Kündigung iSd. § 13, da insoweit lediglich besondere Regelungen über die Kündigungsfristen gelten. 4

Schließt ein **TV** das Recht zur ordentl. Kündigung aus, während er eine Kündigung aus wichtigem Grunde zulässt, handelt es sich dabei um eine außerordentl. Kündigung iSd. § 13[8]. Sieht der TV dagegen nur eine Abkürzung der Kündigungsfrist auf null vor, wie es § 622 IV 1 BGB grds. gestattet, wird damit selbst dann keine außerordentl. Kündigung, sondern eine ordentl. Kündigung geregelt, wenn im TV besondere Gründe festgelegt worden sind. 5

1. Recht zur außerordentlichen Kündigung (Abs. 1 S. 1). Das Gesetz trifft in Abs. 1 S. 1 bewusst und ausdrücklich **keine Regelung über den wichtigen Grund**, dh. über die Voraussetzungen, unter denen ein ArbVerh wirksam außerordentl. gekündigt werden kann. Dies ist ausschließlich über § 626 I BGB, bei Auszubildenden nach § 22 II Nr. 1 BBiG bzw. § 88 SeeArbG und ggü. den Besatzungsmitgliedern in der Seeschifffahrt ge. § 76 SeeArbG zu klären. 6

2. Geltendmachung der Unwirksamkeit (Abs. 1 S. 2). Will ein ArbN die Unwirksamkeit einer außerordentl. Kündigung geltend machen, muss er gem. Abs. 1 S. 2 iVm. § 4 S. 1 innerhalb von drei Wochen nach Zugang der schriftl. Kündigung **fristgerecht Klage** beim ArbG auf Feststellung erheben, dass das ArbVerh durch die außerordentl. Kündigung nicht aufgelöst ist; eine rechtzeitig erhobene allg. Feststellungsklage nach § 256 ZPO wahrt die Frist[9]. Eine nachträgl. Zulassung der Klage gem. § 5 ist möglich. Schließlich kann sich der ArbN auf die Unwirksamkeit der außerordentl. Kündigung auch im Rahmen der verlängerten Anrufungsfrist des § 6 berufen[10]. Versäumt es der ArbN, die Unwirksamkeit der außerordentl. Kündigung rechtzeitig geltend zu machen, gilt auch die außerordentl. Kündigung nach § 7 in jeder Hinsicht als von Anfang an rechtswirksam, ohne dass es darauf ankommt, ob ein befristetes oder ein unbefristetes ArbVerh bestand[11]. 7

Grds. sieht das Gesetz im Falle einer außerordentl. Kündigung des ArbVerh keinen **Einspruch bei dem BR** iSv. § 3 vor. Gleichwohl ist der ArbN nicht gehindert, sich auch in diesem Fall an den BR zu wenden. Ebenso kann sich der BR im Falle einer außerordentl. Kündigung des ArbVerh um eine Verständigung mit dem ArbGeb bemühen. 8

3. Auflösung des Arbeitsverhältnisses (Abs. 1 S. 3). Das Gesetz eröffnet im Fall einer außerordentl. Kündigung gem. Abs. 1 S. 3 **ausschließlich dem ArbN** die Möglichkeit, die gerichtl. Auflösung des ArbVerh zu erreichen. Dazu bedarf es (1) der gerichtl. Feststellung, dass die außerordentl. Kündigung unbegründet ist, (2) der Unzumutbarkeit für den ArbN, das ArbVerh fortzusetzen, sowie (3) eines entsprechenden Antrags des ArbN. Dagegen hat der Gesetzgeber die unberechtigte außerordentl. Kündigung eines ArbGeb als derart gravierend angesehen, dass dem ArbGeb nicht die Möglichkeit gegeben wurde, sich im Wege der Auflösung des ArbVerh von dem ArbN zu trennen[12]. Dies gilt auch bei einem ordentl. nicht kündbaren ArbN, auch wenn die Kündigung mit Auslauffrist ausgesprochen wird[13]. 9

Voraussetzung für die Auflösung des ArbVerh auf Antrag des ArbN ist, dass die Unwirksamkeit der außerordentl. Kündigung zumindest **auch auf dem Fehlen eines wichtigen Grundes** iSd. § 626 I BGB beruht, wozu auch die Versäumung der Zwei-Wochen-Frist des § 626 II BGB gehört. Als **Auflösungszeit-** 10

---

1 BAG 26.3.2009 – 2 AZR 403/07, NZA 2009, 1146. ||2 BAG 15.12.2005 – 2 AZR 148/05, NZA 2006, 791. ||3 BAG 19.7.2012 – 2 AZR 25/11, NZA 2012, 1038; 28.10.2010 – 2 AZR 688/09, DB 2011, 476. ||4 BAG 13.1.1982 – 7 AZR 757/79, DB 1982, 2577. ||5 BAG 8.6.1972 – 2 AZR 336/71, DB 1972, 1784. ||6 BAG 5.7.1990 – 2 AZR 53/90, NZA 1991, 671; LAG MV 30.8.2011 – 5 Sa 3/11. ||7 BAG 29.11.1984 – 2 AZR 354/83, NZA 1986, 230. ||8 BAG 29.8.1991 – 2 AZR 59/91, NZA 1992, 416. ||9 BAG 12.5.2005 – 2 AZR 426/04, NZA 2005, 1259. ||10 BAG 28.6.1973 – 2 AZR 378/72, DB 1973, 2100; LAG Düss. 9.6.2004 – 9 Sa 202/04, LAGReport 2005, 106. ||11 BAG 13.4.1967 – 2 AZR 180/66. ||12 BAG 28.5.2009 – 2 AZR 949/07; 28.8.2008 – 2 AZR 63/07; 15.3.1978 – 5 AZR 831/76; 26.10.1979 – 7 ARZ 752/77. ||13 BAG 30.9.2010 – 2 AZR 160/09, NZA 2011, 349; 26.3.2009 – 2 AZR 879/07, NZA 2009, 679.

11 Hat der ArbGeb das ArbVerh **sowohl außerordentl. als auch hilfsweise ordentl. gekündigt**, muss der ArbN beide Kündigungen mit einer fristgerechten Feststellungsklage gem. § 4 angreifen, wenn er gegen beide vorgehen will. Das Gericht hat die Wirksamkeit der ordentl. Kündigung erst zu prüfen, wenn die Unwirksamkeit der außerordentl. Kündigung feststeht. Erweisen sich beide Kündigungen als unwirksam, kann der ArbN hinsichtlich der außerordentl. Kündigung den Auflösungsantrag gem. Abs. 1 S. 3 und bezogen auf die ordentl. Kündigung den Auflösungsantrag nach § 9 I 1 stellen, so dass er durch Ausübung dieses **Wahlrechts** den Auflösungszeitpunkt bestimmen kann[1]. Dagegen kann der ArbGeb einen Auflösungsantrag ausschließlich bzgl. der hilfsweise ausgesprochenen ordentl. Kündigung stellen. Über mehrere Auflösungsanträge mit mehreren Streitgegenständen ist idR zeitgleich zu entscheiden[2].

12 Gem. Abs. 1 S. 5 finden die **§§ 10–12 entsprechende Anwendung**. Danach wird die Höhe der Abfindung im Falle einer Auflösung des ArbVerh nach § 10 berechnet. Auch bei Fortsetzung des ArbVerh wegen Unwirksamkeit einer außerordentl. Kündigung muss sich der ArbN entgangenen Zwischenverdienst gem. § 11 anrechnen lassen. Außerdem kann der ArbN nach § 12 die Fortsetzung des ArbVerh beim alten ArbGeb verweigern.

13 **4. Umdeutung der außerordentlichen Kündigung.** Erweist sich die vom ArbGeb ausgesprochene außerordentl. Kündigung **im Prozess als unwirksam**, stellt sich die Frage, ob eine Umdeutung nach § 140 BGB in eine andere wirksame Willenserklärung in Betracht kommt.

14 Die Umdeutung einer unwirksamen außerordentl. Kündigung in ein Angebot des ArbGeb auf Abschluss eines **Aufhebungsvertrags** mit sofortiger Wirkung scheitert daran, dass auch diese Willenserklärung nach § 623 BGB der Schriftform bedarf. Dagegen ist eine Umdeutung in eine **Anfechtungserklärung** möglich[3].

15 Die Umdeutung einer unwirksamen außerordentl. Kündigung in eine wirksame **ordentl. Kündigung** gem. § 140 BGB setzt zunächst voraus, dass nicht bereits im Wege der **vorrangigen Auslegung** nach den §§ 133, 157 BGB festgestellt werden kann, ob der ArbGeb zumindest hilfsweise eine ordentl. Kündigung erklärt hat. Die Auslegung geht der Umdeutung vor. Dabei ist die außerordentl. Kündigung des ArbGeb als einseitige empfangsbedürftige Willenserklärung so auszulegen, wie sie der ArbN als Erklärungsempfänger auf Grund des aus der Erklärung erkennbaren Willens des Kündigenden unter Berücksichtigung der ihm erkennbaren Begleitumstände nach Treu und Glauben vernünftigerweise verstehen konnte[4].

16 Die Umdeutung gem. § 140 BGB setzt voraus, dass die außerordentl. Kündigung als das nichtige Rechtsgeschäft den tatsächlichen Erfordernissen und **sämtlichen Wirksamkeitsvoraussetzungen** des anderen Rechtsgeschäfts eine ordentl. Kündigung entspricht. So darf die ordentl. Kündigung nicht kraft Arbeitsvertrags, TV oder Gesetzes ausgeschlossen sein. Eine Kündigung, die zu ihrer Wirksamkeit der vorherigen Anhörung des BR nach § 102 I BetrVG bedarf, kann – wenn die Anhörung zu einer hilfsweise ordentl. Kündigung fehlt – allenfalls dann in eine ordentl. Kündigung umgedeutet werden, wenn der BR der außerordentl. Kündigung ausdrücklich und vorbehaltlos zugestimmt hat[5] (s. § 626 BGB Rz. 403). Bedurfte die Kündigung einer behördlichen Genehmigung, zB der Zustimmung des Integrationsamts nach § 91 SGB IX, kommt eine Umdeutung der unwirksamen außerordentl. Kündigung nur in Betracht, wenn das Integrationsamt ausdrücklich auch zu einer (hilfsweise) ordentl. Kündigung eine Zustimmung gem. § 85 SGB IX erteilt hat[6]. Sind hingegen derartige Zustimmungen auf Grund des Ablaufs von Fristen lediglich fingiert worden, kann die vom ArbGeb erklärte außerordentl. Kündigung nicht in eine ordentl. Kündigung des ArbVerh umgedeutet werden.

17 Darüber hinaus setzt eine Umdeutung gem. § 140 BGB voraus, dass das Rechtsgeschäft, in das umgedeutet werden soll, dem **mutmaßlichen Willen** des ArbGeb im Zeitpunkt des Ausspruchs der unwirksamen außerordentl. Kündigung entsprach und der ArbN diesen hypothetischen Willen des ArbGeb erkennen konnte[7]. Das Gericht kann die Umdeutung nur vornehmen, wenn das tatsächliche Vorbringen des ArbGeb den Schluss zulässt, dass er die Kündigung zumindest als ordentl. zum nächstmöglichen Termin aussprechen wollte[8]; eine Umdeutung gegen den ausdrücklichen Parteiwillen kommt nicht in Betracht[9]. Der ArbGeb muss sich im Rechtsstreit nicht ausdrücklich auf die Umdeutung berufen. Das Gericht hat von sich aus zu prüfen, ob das Rechtsgeschäft auf Grund der feststehenden Tatsachen umzudeuten ist[10]. Der ArbGeb kann die für eine Umdeutung erforderlichen Tatsachen ggf. auch noch in der Berufungsinstanz vortragen. IdR wird eine Umdeutung nicht an einem fehlenden mutmaßlichen Willen des ArbGeb zur Beendigung des ArbVerh unter Einhaltung einer Kündigungsfrist scheitern.

---

1 BAG 21.5.2008 – 8 AZR 623/07. ‖ 2 BAG 27.4.2006 – 2 AZR 360/05, NZA 2007, 229. ‖ 3 *Preis/Gotthardt*, NZA 2000, 348. ‖ 4 BAG 11.6.1959 – 2 AZR 334/57; 2.3.1973 – 3 AZR 265/72. ‖ 5 BAG 16.3.1978 – 2 AZR 424/76; 18.10.2000 – 2 AZR 627/99, NZA 2001, 219. ‖ 6 LAG Berlin 9.7.1984 – 12 Sa 18/84, NZA 1985, 95; LAG Köln 13.2.1991 – 7 Sa 48/90, RzK I 6a 69. ‖ 7 BAG 31.3.1993 – 2 AZR 492/92; 15.11.2001 – 2 AZR 310/00. ‖ 8 BAG 13.8.1987 – 2 AZR 599/86, NZA 1988, 129. ‖ 9 BAG 24.6.2004 – 2 AZR 656/02. ‖ 10 BAG 15.11.2001 – 2 AZR 310/00, DB 2002, 1562.

Rechtsdogmatisch setzt die Umdeutung einer unwirksamen außerordentl. Kündigung in eine ordentl. **18**
Kündigung an sich voraus, dass die ordentl. Kündigung wirksam ist, so dass insb. nicht in eine sozial
ungerechtfertigte ordentl. Kündigung iSd. § 1 umgedeutet werden kann. Gleichwohl wird überwiegend
die Möglichkeit angenommen, das ArbVerh auch im Hinblick auf eine unwirksame außerordentl.
Kündigung nach den allg. Vorschriften auf Antrag der Parteien aufzulösen[1]. Der ArbN kann in dieser Situation entscheiden, ob er die Auflösung auf der Grundlage und zum maßgeblichen Zeitpunkt der außerordentl. (Abs. 1 S. 4) oder der ordentl. Kündigung (§ 9 II) beantragen will[2].

III. Sittenwidrige Kündigung (Abs. 2). Die sittenwidrige Kündigung spielt in der **gerichtlichen Praxis** **19**
keine große Rolle. Verstößt eine außerordentl. oder ordentl. Kündigung gegen die guten Sitten, ist sie
gem. § 138 I BGB nichtig. Eine Kündigung, die bereits nach § 1 sozial ungerechtfertigt ist oder der es an
einem wichtigen Grund iSd. § 626 I BGB fehlt, muss nicht zusätzlich als sittenwidrig qualifiziert werden,
so dass die Sittenwidrigkeit nicht auf Gründe gestützt werden kann, die in den Schutzbereich des
KSchG fallen[3].

Die Kündigung eines ArbVerh, die ihrem Inhalt nach an sich wertfrei ist, kann sittenwidrig sein, wenn **20**
ihre Gründe oder ihr Motiv, ihr Zweck oder die Umstände, unter denen sie ausgesprochen wurde, den
allg. Wertvorstellungen grob widersprechen[4]. Dabei sind an die Sittenwidrigkeit einer Kündigung
strenge Anforderungen zu stellen, die eine Gesamtwürdigung aller Umstände des Einzelfalls erfordern[5].
Eine völlig grundlose und selbst eine willkürliche Kündigung sind noch nicht als sittenwidrig zu qualifizieren. Dazu muss die Kündigung auf einem verwerflichen Motiv des ArbGeb beruhen, wie etwa Rachsucht oder Vergeltung oder völliger Rücksichtslosigkeit ggü. den Interessen des ArbN[6]. Übt der ArbN
ihm zustehende Rechte aus (zB gewerkschaftl. Betätigung[7]), kann die Kündigung einen Verstoß gegen
das Maßregelungsverbot des § 612a BGB darstellen, das insoweit lex specialis ist[8]. Die **Darlegungs- und
Beweislast** für Tatsachen, aus denen sich die Sittenwidrigkeit der Kündigung ergibt, obliegt dem
ArbN[9].

Ist eine Kündigung wegen des Verstoßes gegen die guten Sitten nichtig, kann der ArbN dies gem. den **21**
§§ 4–7 nur innerhalb der allg. Klagefrist geltend machen. Abs. 2 gewährt (nur) dem ArbN ein **Auflösungsrecht** und verweist für den Auflösungszeitpunkt auf § 9 II und damit den Beendigungszeitpunkt
bei sozial gerechtfertigter, also fristgerechter Kündigung. IÜ sind auf die sittenwidrige Kündigung die
§§ 10–12 entsprechend anzuwenden.

IV. Aus sonstigen Gründen unwirksame Kündigung (Abs. 3). Die Vorschriften der §§ 1–14 finden mit **22**
Ausnahme der §§ 4–7 gem. Abs. 3 keine Anwendung auf eine nach dem 31.12.2003 zugegangene Kündigung, die nicht wegen des Fehlens eines wichtigen Grundes oder wegen fehlender sozialer Rechtfertigung, sondern aus anderen Gründen unwirksam ist. Die **Klagefrist** der §§ 4–7 ist zu wahren. Die **Darlegungs- und Beweislast** für derartige sonstige Unwirksamkeitsgründe liegt beim ArbN[10].

Die Unwirksamkeit der Kündigung aus sonstigen Gründen wird im Wege einer **allgemeinen Feststel-** **23**
lungsklage gem. § 256 I ZPO geltend gemacht. Der ArbN ist jedoch nicht gehindert, sogleich eine Leistungsklage auf Zahlung der Vergütung zu erheben. Ist ihm die Fortsetzung des ArbVerh nicht mehr zuzumuten, kann er seinerseits nach § 626 BGB fristlos kündigen und Schadensersatz gem. § 628 BGB
verlangen, falls der ArbGeb schuldhaft gehandelt hat (s. § 628 BGB Rz. 38).

1. Gesetzliche Kündigungsbeschränkungen. Der praktisch wichtigste Fall einer aus anderen Grün- **24**
den unwirksamen Kündigung ist der Verstoß gegen ein **gesetzl. Verbot**, der gem. § 134 BGB die Nichtigkeit der Kündigung zur Folge hat. Ob tatsächlich ein gesetzl. Kündigungsverbot vorliegt, ist der Formulierung des Gesetzes oder seinem Sinn und Zweck zu entnehmen. So kann sich die Unwirksamkeit
der Kündigung auch aus der Verletzung von Grundrechten ergeben, die auf Grund ihrer sog. mittelbaren Drittwirkung auf den Privatrechtsverkehr anzuwenden sind[11]. Daneben finden sich gesetzl. Kündigungsverbote in zahlreichen Vorschriften[12].

Auch der Verstoß einer Kündigung gegen den Grundsatz von **Treu und Glauben** nach § 242 BGB stellt **25**
einen sonstigen Unwirksamkeitsgrund iSd. Abs. 3 dar. Eine Kündigung verstößt dann gegen § 242 BGB
und ist nichtig, wenn sie aus Gründen, die von § 1 KSchG nicht erfasst wird, Treu und Glauben verletzt.
Die Kündigung darf also nicht bereits aus Gründen des § 1 unwirksam sein[13]. Dies gilt auch für eine
Kündigung, bei der wegen Nichterfüllung der sechsmonatigen Wartezeit nach § 1 I das KSchG keine
Anwendung findet. Sonst würde in diesen Fällen über § 242 BGB der kraft Gesetzes ausgeschlossene
Kündigungsschutz doch gewährt und die Möglichkeit des ArbGeb eingeschränkt werden, die Eignung

---

1 BAG 21.5.2008 – 8 AZR 623/07; 26.8.1993 – 2 AZR 159/93, NZA 1994, 70; LAG Düss. v. 2.4.2008 – 12 Sa 1679/07.
|| 2 BAG 21.5.2008 – 8 AZR 623/07; LAG Düss. v. 2.4.2008 – 12 Sa 1679/07. || 3 BAG 21.2.2001 – 2 AZR 15/00,
NZA 2001, 833. || 4 BAG 23.11.1961 – 2 AZR 301/61; 16.2.1989 – 2 AZR 347/88, NZA 1989, 962. || 5 BAG 28.4.
1994 – 2 AZR 726/93. || 6 LAG Schl.-Holst. 22.6.2011 – 3 Sa 95/11. || 7 BAG 5.3.1987 – 2 AZR 187/86.
|| 8 BAG 22.5.2003 – 2 AZR 426/02, NZA 2004, 399; 14.12.2004 – 9 AZR 23/04, NZA 2005, 637. || 9 BAG 21.2.2001 –
2 AZR 15/00, NZA 2001, 833; 19.7.1973 – 2 AZR 464/72. || 10 BAG 23.6.1994 – 2 AZR 617/93, NZA 1994, 1080.
|| 11 BAG 28.9.1972 – 2 AZR 469/71; BVerfG 23.4.1986 – 2 BvR 487/80. || 12 S. die Auflistung bei KR/*Friedrich*,
§ 13 Rz. 204 ff. || 13 BAG 23.6.1994 – 2 AZR 617/93, NZA 1994, 1080; 21.2.2001 – 2 AZR 15/00, NZA 2001, 833.

des ArbN für die geschuldete Tätigkeit in seinem Betrieb während der Wartezeit zu überprüfen. Bei der Qualifikation einer Kündigung als treuwidrig geht es vor allem darum, den ArbN vor einer willkürlichen oder auf sachfremden Motiven beruhenden Kündigung zu schützen[1]. Der Vorwurf einer willkürlichen, sachfremden oder diskriminierenden Ausübung des Kündigungsrechts scheidet aus, wenn ein irgendwie einleuchtender Grund für die Rechtsausübung vorliegt. Die **Darlegungs- und Beweislast** für das Vorliegen derjenigen Tatsachen, aus denen sich die Treuwidrigkeit ergeben soll, liegt beim ArbN, allerdings gilt der Grundsatz der abgestuften Darlegungs- und Beweislast[2]. Die wegen des Verstoßes gegen § 242 BGB sog. Treuwidrigkeit der Kündigung kann sich ergeben aus einem widersprüchlichen Verhalten des ArbGeb oder aus der verletzenden Form, in der die Kündigung ausgesprochen wird. Darunter fallen auch Kündigungen, die wegen ihres Zeitpunktes oder des Übergabeortes als ungehörig oder anstößig anzusehen sind[3]. Es handelt sich allerdings nicht allein deswegen um eine **Kündigung zur Unzeit**, weil sie am 24. Dezember eines Jahres zugeht[4]. Das gilt auch für eine Kündigung, die kurz vor Ablauf der Wartezeit des § 1 ausgesprochen wird, es sei denn, der ArbGeb bezweckt damit gerade eine Vereitelung des Kündigungsschutzes[5]. Zu den typischen Tatbeständen treuwidriger Kündigungen zählen Rechtsmissbrauch, wenn die Ausübung des Rechts als Vorwand dient, vertragsfremde oder unlautere Zwecke zu erreichen, oder Diskriminierung, wenn die Kündigung eine nach Art. 3 III 1 GG oder Art. 3 I GG verbotene Benachteiligung enthält[6].

26 Das **AGG** gilt gem. § 2 IV AGG nicht unmittelbar für Kündigungen. Die Wertungen der zugrunde liegenden EU-Richtlinien wirken auf das Kündigungsrecht jedoch zumindest über eine gemeinschaftsrechtskonforme Auslegung[7], insb. der Generalklauseln (§§ 138, 242, 626 BGB, § 1 etc.). Erfolgt eine unterschiedliche Behandlung aus einem **diskriminierenden Motiv** iSd. AGG, so ist die Kündigung wegen § 2 IV AGG jedenfalls in richtlinienkonformer Auslegung von §§ 138, 242 BGB unwirksam. Auch ist insoweit eine Verteilung der Darlegungs- und Beweislast geboten, die im Erg. derjenigen des nicht direkt anwendbaren § 22 AGG entspricht. Problematisch ist in diesem Zusammenhang insb. die Frage, ob sich bei etwaigem Verstoß gegen die RL alle ArbN auf Unkündbarkeit berufen können[8]. Vgl. iÜ die Erl. zu § 1 und zum AGG.

27 **2. Tarifvertragliche Kündigungsbeschränkungen.** Die Unwirksamkeit einer Kündigung aus sonstigen Gründen iSd. Abs. 3 kann sich auch aus tarifl. Vorschriften ergeben, die eine ordentl. Kündigung des ArbVerh ausschließen (sog. **Unkündbarkeit**). Dazu zählen die Bestimmungen in den TV des öffentl. Dienstes, die nach der Vollendung eines bestimmten LJ und einer bestimmten Anzahl von Beschäftigungsjahren ausschließlich eine Kündigung aus wichtigem Grund zulassen. Entsprechende Regelungen sind in Rationalisierungsschutzabkommen verschiedener Branchen enthalten. Ferner kann die Unwirksamkeit einer Kündigung iSd. Abs. 3 darauf beruhen, dass die im TV vorgesehene Angabe der Kündigungsgründe oder eine vorgeschriebene Zustimmung des BR nicht vorliegen. Eine **Änderungskündigung** kann unwirksam sein, wenn mit ihr der Abbau tarifl. gesicherter Leistungen bezweckt wird. Nicht zur Unwirksamkeit der Kündigung führt die Nichteinhaltung einer **tarifvertragl. oder gesetzl. Kündigungsfrist**. Vielmehr ist die Kündigung gem. § 140 BGB als unter Einhaltung der Frist ausgesprochen anzusehen[9]; nach aA folgt dies aus der zutreffenden Auslegung der Kündigungserklärung[10].

28 **3. Arbeitsvertragliche Kündigungsbeschränkungen.** Eine Kündigung ist iSv. Abs. 3 unwirksam, wenn sie gegen einen im Arbeitsvertrag vereinbarten Ausschluss der ordentl. Kündigung auf Zeit oder auf Dauer verstößt[11]. Der Ausschluss einer Kündigung kann sich auch daraus ergeben, dass die Parteien den Arbeitsvertrag von vornherein befristet abgeschlossen und ein Kündigungsrecht nicht vereinbart haben.

29 **4. Erklärungs- und Willensmängel der Kündigung.** Eine Kündigung erweist sich auch dann als aus sonstigen Gründen unwirksam iSv. Abs. 3, wenn sie unter Verstoß gegen allg. **rechtsgeschäftl. Wirksamkeitsvoraussetzungen** erklärt wird. Das gilt etwa für die Kündigung eines Geschäftsunfähigen, die fehlende Zustimmung bei einem nicht voll Geschäftsfähigen, die Kündigung durch einen Vertreter ohne Vertretungsmacht, die fehlende Vorlage einer Vollmachtsurkunde im Fall der Vertretung, eine Kündigung, die auf Willensmängeln iSd. §§ 116 ff. BGB beruht, oder bei einem fehlenden Zugang der Kündigung[12].

14 *Angestellte in leitender Stellung*
(1) Die Vorschriften dieses Abschnitts gelten nicht
1. in Betrieben einer juristischen Person für die Mitglieder des Organs, das zur gesetzlichen Vertretung der juristischen Person berufen ist,

---

1 BAG 6.2.2003 – 2 AZR 672/01, NZA 2003, 717. ‖2 BAG 28.8.2003 – 2 AZR 333/02, NZA 2004, 1296; 6.11.2003 – 2 AZR 690/02, NZA 2005, 218. ‖3 BAG 25.4.2001 – 5 AZR 360/99, NZA 2002, 87. ‖4 BAG 14.11.1984 – 7 ARZ 174/83, NZA 1986, 97. ‖5 BAG 20.9.1957 – 1 AZR 136/56. ‖6 BAG 22.5.2003 – 2 AZR 426/02, NZA 2004, 399. ‖7 BAG 23.3.2006 – 2 AZR 343/05, NZA 2006, 971. ‖8 So EuGH 7.2.1991 – Rs. C-184/89, DB 1991, 660 bei diskriminierender Anrechnung von Dienstzeiten. ‖9 BAG 4.2.1960 – 3 AZR 25/58; 23.10.2008 – 2 AZR 388/07. ‖10 *Quecke*, RdA 2004, 86 (97 f.). ‖11 BAG 28.4.1994 – 2 AZR 730/93, NZA 1994, 934. ‖12 BAG 26.3.2009 – 2 AZR 403/07, NZA 2009, 1146.

2. in Betrieben einer Personengesamtheit für die durch Gesetz, Satzung oder Gesellschaftsvertrag zur Vertretung der Personengesamtheit berufenen Personen.

(2) **Auf Geschäftsführer, Betriebsleiter und ähnliche leitende Angestellte, soweit diese zur selbständigen Einstellung oder Entlassung von Arbeitnehmern berechtigt sind, finden die Vorschriften dieses Abschnitts mit Ausnahme des § 3 Anwendung. § 9 Abs. 1 Satz 2 findet mit der Maßgabe Anwendung, dass der Antrag des Arbeitgebers auf Auflösung des Arbeitsverhältnisses keiner Begründung bedarf.**

I. Inhalt und Zweck. § 14 schließt bestimmte Personen von dem Geltungsbereich des Ersten Abschnitts über den allg. Kündigungsschutz aus. Vollständig ausgenommen werden zunächst die unmittelbaren **organschaftlichen Vertreter** von juristischen Personen und Personengesamtheiten. Diese sind regelmäßig ohnehin keine ArbN, weil sie nicht in einem persönlichen Abhängigkeitsverhältnis zu einem ArbGeb stehen. Insoweit hat § 14 nur klarstellende Bedeutung[1]. Für den Kreis der **leitenden Angestellten** nach Abs. 2, bei denen es sich um ArbN iSd. Arbeitsrechts handelt, gelten die Bestimmungen über den allg. Kündigungsschutz mit Ausnahme des Einspruchs beim BR nach § 3 und der Notwendigkeit, den arbeitgeberseitigen Auflösungsantrag nach § 9 I 2 zu begründen. 1

II. Vertreter von juristischen Personen (Abs. 1 Nr. 1). Abs. 1 Nr. 1 nimmt die gesetzl. Vertreter (nicht aber die rechtsgeschäftl. bestellten Vertreter, s. § 5 ArbGG Rz. 15) juristischer Personen vom kündigungsrechtl. Bestands- und Abfindungsschutz aus, weil sie organschaftl. Stellung zum Repräsentanten der juristischen Person macht, die auch in der Insolvenz fortbesteht[2]. Dabei kommt es nicht darauf an, ob ihrer Bestellung als Organ ausnahmsw. ein ArbVerh zugrunde liegt[3]. 2

Die **Organvertreter** bei der AG sind nach § 78 I AktG die Mitglieder des Vorstands, nicht aber die Mitglieder des AR einschl. etwaiger ArbN-Vertreter. Zu den Organvertretern zählen auch die Vorstandsmitglieder einer Genossenschaft nach § 24 I GenG, eines rechtsfähigen Vereins nach § 26 II BGB sowie einer rechtsfähigen Stiftung nach den §§ 86, 26 II BGB und die Geschäftsführer einer GmbH nach § 35 GmbHG. Ferner gehören die sog. besonderen Vertreter nach § 30 BGB zu den gesetzl. Vertretern eines Vereins, sofern ihre Vertretungsmacht auf der Satzung beruht[4]. Bei den Organvertretern einer KGaA handelt es sich um die persönlich haftenden Gesellschafter gem. §§ 278 II AktG iVm. 161 II, 125 HGB. Der Geschäftsführer einer GmbH & Co. KG, der nicht nur Organvertreter der Komplementär-GmbH ist, sondern zugleich in einem ArbVerh zur KG steht, genießt hingegen für dieses ArbVerh den allg. Kündigungsschutz nach dem Ersten Abschnitt[5]. 3

Um Organvertreter iSd. Abs. 1 Nr. 1 handelt es sich ferner bei den nicht verbeamteten organschaftl. Vertretern der **juristischen Personen des öffentl. Rechts**, wie etwa Gemeinden, Kreisen, Handwerksinnungen oder Berufsgenossenschaften. Die zB durch Vorschriften einer Gemeindeordnung gegenständlich beschränkte Vertretungsbefugnis steht der Anwendung des Abs. 1 Nr. 1 nicht entgegen[6]. Auch der zum ständigen Vertreter des Hauptgeschäftsführers einer Handwerkskammer bestellte Geschäftsführer soll Organvertreter sein[7], dagegen bestehen jedoch wegen §§ 89, 60 HwO Bedenken. 4

Der Bestellung als Organvertreter einer juristischen Person liegt in aller Regel ein Anstellungsvertrag in der Form eines **Dienstvertrags** zugrunde (s. § 5 ArbGG Rz. 14). Bereits das Selbstverständnis der Organvertreter und derjenigen, die sie berufen, verbietet die Annahme, es handele sich bei den Organvertretern um abhängige weisungsgebundene ArbN. Soweit die Organvertreter Maßnahmen umzusetzen haben, die von den AR oder Gesellschafts- bzw. Vereinsversammlungen beschlossen wurden, handelt es sich um gesellschaftsrechtl. Weisungen, die den Organvertreter im Innenverhältnis idR nicht auch bei seiner Alltagsarbeit ggü. der Gesellschafterversammlung abhängig und weisungsgebunden machen. 5

Unsicher ist die Rechtslage nach wie vor, wenn ein **ArbN einer juristischen Person zum Organvertreter** bestellt wird und im Hinblick auf die Beendigung des ArbVerh keine eindeutigen Erklärungen abgegeben werden. In diesen Fällen ist die Rspr. zunächst davon ausgegangen, das ArbVerh ruhe lediglich und lebe wieder auf, wenn die gesellschaftsrechtl. Bestellung des vormaligen ArbN beendet wird[8]. Später ist angenommen worden, im Zweifel werde mit dem Abschluss des Geschäftsführerdienstvertrags das bisherige ArbVerh aufgehoben[9]. Durch den schriftl. Geschäftsführerdienstvertrag wird das Schriftformerfordernis des § 623 BGB für den Aufhebungsvertrag gewahrt[10] (s. § 5 ArbGG Rz. 16). Ist jedoch anzunehmen, dass das ruhende ArbVerh nach Beendigung der Organstellung (oder der leitenden Angestelltentätigkeit, Abs. 2) wieder auflebt, unterliegt es den allg. Regelungen der §§ 9 ff.[11] 6

III. Vertreter von Personengesamtheiten (Abs. 1 Nr. 2). Von dem Geltungsbereich des allg. Kündigungsschutzes sind nach Abs. 1 Nr. 2 auch die Personen ausgenommen, die in Betrieben einer Personengesamtheit durch **Gesetz, Satzung oder Gesellschaftsvertrag** zur Vertretung berufen sind. Dabei 7

---

1 BAG 28.9.1961 – 2 AZR 428/60; 15.4.1982 – 2 AZR 1101/79, DB 1983, 1442. ||2 LAG Rh.-Pf. 25.9.2008 – 10 Sa 162/08. ||3 BAG 25.10.2007 – 6 AZR 1045/06, NZA 2008, 168. ||4 LAG Hamm 7.3.2013 – 8 Sa 1523/12. ||5 BAG 15.4.1982 – 2 AZR 1101/79. ||6 BAG 17.1.2002 – 2 AZR 719/00, NZA 2002, 854; LAG MV 30.4.2008 – 2 Sa 236/07. ||7 BGH 25.7.2002 – III ZR 207/01, NZA 2002, 1040; aA LAG Hamm 5.7.2002 – 15 Sa 1756/01, nv. ||8 BAG 9.5.1985 – 2 AZR 330/84. ||9 BAG 8.6.2000 – 2 AZR 207/99, NZA 2000, 1013. ||10 BAG 19.7.2007 – 6 AZR 774/06, NZA 2007, 1095. ||11 LAG Bln.-Bbg. 25.1.2013 – 17 Sa 491/11 ua.

handelt es sich um die vertretungsberechtigten Gesellschafter einer GbR gem. § 705 BGB oder einer OHG gem. § 105 HGB, die Komplementäre einer KG gem. § 161 HGB und die Vorstandsmitglieder eines nicht rechtsfähigen Vereins gem. § 54 BGB. Nicht unter diese Regelung fallen die nicht zur Vertretung berechtigten Gesellschafter von Personengesellschaften sowie die nicht organschaftl. Vertreter, wie etwa Prokuristen, Generalbevollmächtigte und Handlungsbevollmächtigte (s. § 5 ArbGG Rz. 15).

8   **IV. Leitende Angestellte (Abs. 2).** Bei den in Abs. 2 genannten Personen handelt es sich im Gegensatz zu den organschaftl. Vertretern um **echte ArbN**, die vom allg. Kündigungsschutz des Ersten Abschnitts nicht ausgenommen sind. Allerdings durchbricht Abs. 2 das Prinzip des KSchG als Bestandsschutzgesetz[1] ggü. diesen ArbN erheblich, da die Auflösung des ArbVerh für den ArbGeb wesentlich vereinfacht wird. Denn der ArbGeb kann die Beendigung des ArbVerh selbst bei Sozialwidrigkeit seiner Kündigung durch einen Auflösungsantrag nach § 9 herbeiführen, ohne diesen begründen zu müssen.

9   Der **Begriff** des leitenden Angestellten wird nicht nur in § 14, sondern auch im BetrVG, im SprAuG und im MitbestG verwendet. Abs. 2 konkretisiert jedoch seine Anwendbarkeit ggü. § 5 BetrVG dahingehend, dass es sich um Geschäftsführer, Betriebsleiter oder ähnliche leitende Angestellte handeln muss, soweit diese zur selbständigen Einstellung oder Entlassung von ArbN berechtigt sind. Dabei muss diese Funktion zum Zeitpunkt der Kündigung tatsächlich ausgeübt werden[2] und einen für den Betrieb qualitativ bedeutsamen Personenkreis erfassen[3]. Abs. 2 verwendet den Begriff **Geschäftsführer** nicht im gesellschaftsrechtl. Sinn. Vielmehr sind Personen gemeint, die leitende unternehmerische Aufgaben wahrnehmen und dabei im kaufmännischen, organisatorischen, technischen oder personellen Bereich die Führung des Unternehmens oder eines Betriebs zu verantworten haben. Bei **Betriebsleitern** iSd. Abs. 2 handelt es sich um Personen, die einen Betrieb, einen Betriebsteil oder eine Betriebsabteilung mit unternehmens eigenverantwortlich führen und dabei bedeutungsvolle unternehmerische Teilaufgaben wahrnehmen[4]. Sie müssen ggü. den Beschäftigten eine Vorgesetztenstellung einnehmen und das Weisungsrecht des ArbGeb ausüben. Eine bloße Aufsichtsfunktion über ArbN oder über den technischen Ablauf des Betriebs genügt nicht. Wird der Betrieb einer Filiale im Wesentlichen von der Zentrale geleitet, ist der Filialleiter noch kein Betriebsleiter iSd. Abs. 2[5]. Dies gilt im Wesentlichen auch für die **ähnlichen leitenden Angestellten** iSd. Abs. 2. Auch bei ihnen genügt eine bloße Vertrauensstellung[6] oder ein Weisungsrecht ggü. einem unbedeutenden Kreis von Mitarbeitern nicht. Vielmehr muss der ähnliche leitende Angestellte eine Führungsaufgabe wahrnehmen, wie etwa ein kaufmännischer oder technischer Leiter, der Leiter einer Rechtsabteilung oder der Regionaldirektor einer Versicherung[7].

10 Nicht nur die ähnlichen leitenden Angestellten, sondern auch Geschäftsführer und Betriebsleiter iSd. Abs. 2 müssen zur **selbständigen Einstellung oder Entlassung** von ArbN berechtigt sein[8]. Diese Befugnis muss einen wesentlichen Teil der Tätigkeit ausmachen, sie muss sowohl im Außen- als auch im Innenverhältnis bestehen und eine bedeutende Anzahl von ArbN oder eine gewisse Anzahl bedeutender ArbN des Unternehmens erfassen[9]. Entscheidend für das Gewicht der Personalkompetenz ist der Stellenwert der unterstellten ArbN für das Unternehmen. Die Berechtigung zur selbständigen Einstellung oder Entlassung setzt **eigenverantwortliches Handeln** voraus, das nicht von der Zustimmung anderer Personen oder Abstimmung mit Fachvorgesetzten oder Geschäftsführern abhängig ist. Die Übertragung der Befugnis zur Außenvertretung im Wege der sog. Titularprokura genügt daher nicht[10]. Interne Einstellungs- oder Entlassungsrichtlinien, allg. arbeitgeberseitige Weisungsregeln sowie interne Beratungspflichten schränken die Selbständigkeit hingegen nicht ein. Deshalb kann Gesamtprokura ausreichen, wenn die Zweitunterschrift lediglich Kontrollzwecken dient, die Eigenverantwortlichkeit der Entscheidung aber nicht entfallen lässt[11]. Der leitende Angestellte muss die Rechtsmacht haben, den ArbGeb selbständig im Außenverhältnis zu anderen ArbN zu verpflichten. Seine Berechtigung darf nicht durch die gleiche Berechtigung anderer eingeschränkt sein[12]. Die Personalkompetenz muss keine unternehmerische Entscheidungshoheit über Stellenpläne umfassen[13].

11 Das **Einspruchsrecht** ggü. dem BR nach § 3 steht einem leitenden Angestellten iSd. Abs. 2 nicht zu, sofern er gleichzeitig ein leitender Angestellte iSd. BetrVG ist, s. § 5 BetrVG Rz. 47ff.

12 § 9 I 2 findet gem. Abs. 2 S. 2 nur mit der Maßgabe Anwendung, dass der **Antrag des ArbGeb auf Auflösung** des ArbVerh keiner Begründung bedarf. Der ArbGeb muss in dem Kündigungsschutzprozess, in dem er den Auflösungsantrag nach § 9 stellt, also nicht darlegen, aus welchen Gründen eine den Betriebszwecken dienliche weitere Zusammenarbeit mit dem leitenden Angestellten nicht mehr erwartet

---

1 BAG 10.10.2002 – 2 AZR 240/01, DB 2003, 999. || 2 BAG 10.10.2002 – 2 AZR 598/01; LAG Rh.-Pf. 17.12.2009 – 11 Sa 263/09. || 3 BAG 14.4.2011 – 2 AZR 167/10; 24.3.2011 – 2 AZR 674/09, DB 2011, 2383. || 4 BAG 27.9.2001 – 2 AZR 176/00, NZA 2002, 1277; LAG Bremen 3.2.2010 – 2 Sa 123/09. || 5 BAG 25.11.1993 – 2 AZR 517/93, NZA 1994, 837. || 6 BAG 28.9.1961 – 2 AZR 428/60. || 7 BAG 18.10.2000 – 2 AZR 465/99, NZA 2001, 437. || 8 BAG 18.10.2000 – 2 AZR 465/99. || 9 BAG 19.4.2012 – 2 AZR 186/11, NZA 2013, 104; 14.4.2011 – 2 AZR 167/10, DB 2011, 2496; 24.3.2011 – 2 AZR 674/09, DB 2011, 2383. || 10 BAG 11.3.1982 – 6 AZR 136/79; 11.1.1995 – 7 ABR 33/94. || 11 BAG 27.9.2001 – 2 AZR 176/00, NZA 2002, 1277; 10.10.2002 – 2 AZR 598/01, DB 2003, 506; LAG Bln.-Bbg. 17.10.2012 – 15 Sa 1109/12. || 12 BAG 14.4.2011 – 2 AZR 167/10, DB 2011, 2496. || 13 BAG 19.4.2012 – 2 AZR 186/11, NZA 2013, 104.

werden kann. Er muss aber **darlegen und beweisen**, dass der ArbN zu dem unter Abs. 2 genannten Personenkreis gehört und zur selbständigen Einstellung oder Entlassung von ArbN berechtigt ist[1]. Allein auf Grund der besonderen Stellung eines leitenden Angestellten im Betrieb, die wegen der herausgehobenen Funktion das Vertrauen des ArbGeb voraussetzt, geht der Gesetzgeber davon aus, dass die Vertragsbeziehung zwischen ArbGeb und ArbN schon durch die Tatsache einer ausgesprochenen Kündigung nachhaltig gestört sein kann. Auf die Begründung der Kündigung kommt es nicht an. Allerdings muss das Gericht in jedem Fall zunächst die Sozialwidrigkeit der Kündigung feststellen. Im Falle eines **einheitlichen ArbVerh** mit mehreren ArbGeb reicht idR die Stellung als leitender Angestellter nur ggü. einem der ArbGeb, um von einer unzumutbaren Fortsetzung des ArbVerh insg. auszugehen[2]. Der jeweilige Anstellungsstatus kann nicht wirksam durch Abberufung beendet werden, selbst wenn dieses vertragl. vorgesehen ist; mit einer solchen Vereinbarung wird der gesetzl. (Änderungs-)Kündigungsschutz umgangen[3]. Hat der ArbGeb einen zulässigen Auflösungsantrag gestellt, ist er zu einer Weiterbeschäftigung des leitenden Angestellten bis zum Ablauf des Kündigungsschutzprozesses nicht verpflichtet[4].

Zweiter Abschnitt. Kündigungsschutz im Rahmen der Betriebsverfassung und Personalvertretung

15 *Unzulässigkeit der Kündigung*
(1) Die Kündigung eines Mitglieds eines Betriebsrats, einer Jugend- und Auszubildendenvertretung, einer Bordvertretung oder eines Seebetriebsrats ist unzulässig, es sei denn, dass Tatsachen vorliegen, die den Arbeitgeber zur Kündigung aus wichtigem Grund ohne Einhaltung einer Kündigungsfrist berechtigen, und dass die nach § 103 des Betriebsverfassungsgesetzes erforderliche Zustimmung vorliegt oder durch gerichtliche Entscheidung ersetzt ist. Nach Beendigung der Amtszeit ist die Kündigung eines Mitglieds eines Betriebsrats, einer Jugend- und Auszubildendenvertretung oder eines Seebetriebsrats innerhalb eines Jahres, die Kündigung eines Mitglieds einer Bordvertretung innerhalb von sechs Monaten, jeweils vom Zeitpunkt der Beendigung der Amtszeit an gerechnet, unzulässig, es sei denn, dass Tatsachen vorliegen, die den Arbeitgeber zur Kündigung aus wichtigem Grund ohne Einhaltung einer Kündigungsfrist berechtigen; dies gilt nicht, wenn die Beendigung der Mitgliedschaft auf einer gerichtlichen Entscheidung beruht.

(2) Die Kündigung eines Mitglieds einer Personalvertretung, einer Jugend- und Auszubildendenvertretung oder einer Jugendvertretung ist unzulässig, es sei denn, dass Tatsachen vorliegen, die den Arbeitgeber zur Kündigung aus wichtigem Grund ohne Einhaltung einer Kündigungsfrist berechtigen, und dass die nach dem Personalvertretungsrecht erforderliche Zustimmung vorliegt oder durch gerichtliche Entscheidung ersetzt ist. Nach Beendigung der Amtszeit der in Satz 1 genannten Personen ist ihre Kündigung innerhalb eines Jahres, vom Zeitpunkt der Beendigung der Amtszeit an gerechnet, unzulässig, es sei denn, dass Tatsachen vorliegen, die den Arbeitgeber zur Kündigung aus wichtigem Grund ohne Einhaltung einer Kündigungsfrist berechtigen; dies gilt nicht, wenn die Beendigung der Mitgliedschaft auf einer gerichtlichen Entscheidung beruht.

(3) Die Kündigung eines Mitglieds eines Wahlvorstands ist vom Zeitpunkt seiner Bestellung an, die Kündigung eines Wahlbewerbers vom Zeitpunkt der Aufstellung des Wahlvorschlags an, jeweils bis zur Bekanntgabe des Wahlergebnisses unzulässig, es sei denn, dass Tatsachen vorliegen, die den Arbeitgeber zur Kündigung aus wichtigem Grund ohne Einhaltung einer Kündigungsfrist berechtigen, und dass die nach § 103 des Betriebsverfassungsgesetzes oder nach dem Personalvertretungsrecht erforderliche Zustimmung vorliegt oder durch eine gerichtliche Entscheidung ersetzt ist. Innerhalb von sechs Monaten nach Bekanntgabe des Wahlergebnisses ist die Kündigung unzulässig, es sei denn, dass Tatsachen vorliegen, die den Arbeitgeber zur Kündigung aus wichtigem Grund ohne Einhaltung einer Kündigungsfrist berechtigen; dies gilt nicht für Mitglieder des Wahlvorstands, wenn dieser durch gerichtliche Entscheidung durch einen anderen Wahlvorstand ersetzt worden ist.

(3a) Die Kündigung eines Arbeitnehmers, der zu einer Betriebs-, Wahl- oder Bordversammlung nach § 17 Abs. 3, § 17a Nr. 3 Satz 2, § 115 Abs. 2 Nr. 8 Satz 1 des Betriebsverfassungsgesetzes einlädt oder die Bestellung eines Wahlvorstands nach § 16 Abs. 2 Satz 1, § 17 Abs. 4, § 17a Nr. 4, § 63 Abs. 3, § 115 Abs. 2 Nr. 8 Satz 2 oder § 116 Abs. 2 Nr. 7 Satz 5 des Betriebsverfassungsgesetzes beantragt, ist vom Zeitpunkt der Einladung oder Antragstellung an bis zur Bekanntgabe des Wahlergebnisses unzulässig, es sei denn, dass Tatsachen vorliegen, die den Arbeitgeber zur Kündigung aus wichtigem Grund ohne Einhaltung einer Kündigungsfrist berechtigen; der Kündigungsschutz gilt für die ersten drei in der Einladung oder Antragstellung aufgeführten Arbeitnehmer. Wird ein Betriebsrat, eine Jugend- und Auszubildendenvertretung, eine Bordvertretung oder ein Seebetriebsrat nicht gewählt, besteht der Kündigungsschutz nach Satz 1 vom Zeitpunkt der Einladung oder Antragstellung an drei Monate.

---

1 LAG Rh.-Pf. 26.4.2013 – 9 Sa 237/12. || 2 BAG 19.4.2012 – 2 AZR 186/11, NZA 2013, 104. || 3 BAG 9.2.2006 – 6 AZR 47/05, NZA 2006, 1046. || 4 BAG 16.11.1995 – 8 AZR 864/93, NZA 1996, 589.

(4) Wird der Betrieb stillgelegt, so ist die Kündigung der in den Absätzen 1 bis 3 genannten Personen frühestens zum Zeitpunkt der Stilllegung zulässig, es sei denn, dass ihre Kündigung zu einem früheren Zeitpunkt durch zwingende betriebliche Erfordernisse bedingt ist.

(5) Wird eine der in den Absätzen 1 bis 3 genannten Personen in einer Betriebsabteilung beschäftigt, die stillgelegt wird, so ist sie in eine andere Betriebsabteilung zu übernehmen. Ist dies aus betrieblichen Gründen nicht möglich, so findet auf ihre Kündigung die Vorschrift des Absatzes 4 über die Kündigung bei Stilllegung des Betriebs sinngemäß Anwendung.

I. Inhalt und Zweck	1
II. Betrieblicher Geltungsbereich	4
III. Verhältnis zum sonstigen Kündigungsschutz	7
IV. Geschützter Personenkreis	10
1. Gewählte Mitglieder der Vertretungsorgane (Abs. 1 u. 2)	11
2. Ersatzmitglieder	18
3. Mitglieder des Wahlvorstands und Wahlbewerber (Abs. 3)	21
4. Initiatoren der Betriebsratswahl (Abs. 3a)	25
V. Nachwirkung	28
VI. Ausschluss der ordentlichen Kündigung	33
1. Ordentliche Kündigung	33
2. Änderungskündigung	35
3. Andere Tatbestände	36
VII. Außerordentliche Kündigung	37
1. Überblick	37
2. Wichtiger Grund	40
3. Erklärungsfrist (§ 626 II BGB)	48
4. Zustimmung der ArbN-Vertretung	49
5. Zustimmungsersetzung	50
6. Schwerbehinderung	53
7. Zustimmungsersetzung und Kündigungsschutzprozess	54
VIII. Kündigung bei Betriebsstilllegung (Abs. 4)	55
IX. Stilllegung einer Betriebsabteilung (Abs. 5)	60

1 **I. Inhalt und Zweck.** § 15 gewährt bestimmten Amts- und Funktionsträgern aus Betriebsverfassung und Personalvertretung einen **besonderen Kündigungsschutz**. Erfasst werden gewählte Mitglieder der Vertretungsorgane der Betriebsverfassung (Abs. 1) und der Personalvertretung (Abs. 2) und bestimmte an der Wahl beteiligte ArbN, nämlich Wahlvorstandsmitglieder und Wahlbewerber (Abs. 3) sowie Initiatoren betriebsverfassungsrechtl. Wahlen (Abs. 3a). Kündigungen sind nach dem jeweiligen S. 1 der Abs. 1–3a grds. unzulässig, sofern sie nicht aus wichtigem Grund erfolgen und – mit Ausnahme der Initiatoren des Abs. 3a – die Zustimmung der zuständigen ArbN-Vertretung vorliegt oder gerichtl. ersetzt ist. Der jeweilige S. 2 der Abs. 1–3 erstreckt den Schutz vor ordentl. Kündigung über die Amts- bzw. Funktionszeit hinaus auf eine sog. Nachwirkungszeit von einem Jahr, ausnahmsw. sechs Monaten, wobei es hier nicht mehr der Zustimmung der ArbN-Vertretung zur außerordentl. Kündigung bedarf, sondern nur noch ihrer gewöhnlichen Beteiligung; keinen Nachwirkungsschutz genießen wiederum die Initiatoren nach Abs. 3a. Abweichend von diesen Regelungen sind nach Maßgabe der Abs. 4 und 5 ordentl. Kündigungen im Falle der Stilllegung eines Betriebs (Abs. 4) oder einer Betriebsabteilung (Abs. 5) zulässig.

2 § 15 soll dem geschützten Personenkreis eine **unabhängige Amts- oder Funktionsausübung** ohne Furcht vor Repressalien durch den ArbGeb ermöglichen und zugleich die Kontinuität der personellen Zusammensetzung der jeweiligen ArbN-Gremien erhalten[1]. Die Vorschrift dient somit in erster Linie kollektiven ArbN-Interessen. Zugleich schützt sie auch die Individualinteressen der betroffenen ArbN[2], wie der nachwirkende Schutz sowie der Umstand belegen, dass sie den allg. Kündigungsschutz des § 1 verdrängt (vgl. Rz. 8). Es handelt sich um zwingendes Recht, das vor Ausspruch der Kündigung – auch internationalrechtl. (vgl. Vor § 1 Rz. 34) – nicht wirksam abbedungen werden kann. § 15 ist kein Schutzgesetz iSv. § 823 II BGB[3], weil er – anders als etwa § 9 I MuSchG oder § 12 AGG – kein individuelles Rechtsgut iSd. § 823 BGB unmittelbar schützt, sondern Kollektivinteressen und die Vertragsbeziehung der betroffenen ArbN (vgl. näher Vor § 1 Rz. 46).

3 Bedarf die außerordentl. Kündigung der Zustimmung der ArbN-Vertretung und muss diese gerichtl. ersetzt werden, kommt es zu einem **komplizierten Zusammenspiel** mit den Regelungen des § 626 BGB und der §§ 103 BetrVG, 47, 108 BPersVG. Die Rspr. hat insb. im Hinblick auf die Kündigungserklärungsfrist des § 626 II BGB Maßgaben entwickelt, deren genaue Einhaltung ebenso schwierig wie unverzichtbar ist und große Umsicht erfordert[4] (vgl. Rz. 39).

4 **II. Betrieblicher Geltungsbereich.** Der Zweite Abschnitt des KSchG (§§ 15, 16) gilt gem. § 23 I 1 in **allen Betrieben und Verwaltungen** des privaten und öffentl. Rechts. Die Kleinbetriebsklausel des § 23 I 2 schränkt den Geltungsbereich des Zweiten Abschnitts nicht ein. Allerdings darf der Betrieb bei Begründung des Schutzes nicht offenkundig betriebsratsunfähig gewesen sein; ein späteres Absinken der ArbN-Zahl unter die Grenze des § 1 I BetrVG beendet zwar das Betriebsratsamt, lässt aber den nachwirkenden Schutz unberührt[5]. Erweckt ein ArbGeb nach einer Betriebsspaltung ggü. dem BR den Ein-

---

[1] Vgl. Amtl. Begr. RdA 1951, 65; BAG 17.2.1983 – 2 AZR 481/81, BB 1983, 1218. ||[2] APS/*Linck*, § 15 Rz. 4 mwN; enger BAG 6.11.1959 – 1 AZR 329/58, AP Nr. 15 zu § 13 KSchG. ||[3] HM, vgl. KR/*Etzel*, § 15 Rz. 149. ||[4] Anschaulich *Diller*, NZA 1998, 1163 und NZA 2004, 579. ||[5] ArbG Berlin 29.9.1980 – 35 Ca 295/80, AuR 1981, 320; ErfK/*Kiel*, § 15 KSchG Rz. 36.

druck, mit einem anderen Unternehmen einen Gemeinschaftsbetrieb zu führen, muss er sich in Bezug auf den Schutz des § 15 daran festhalten lassen[1].

§ 15 gilt grds. auch in **Tendenzbetrieben**[2]. Gem. § 118 I BetrVG bedarf aber die außerordentl. Kündigung eines als Tendenzträger beschäftigten BR-Mitglieds aus tendenzbezogenen Gründen entgegen § 15 I 1 nicht der Zustimmung des BR nach § 103 BetrVG, sondern lediglich seiner Anhörung nach § 102 BetrVG[3]; doch bleibt es beim Ausschluss der ordentl. Kündigung durch § 15, da § 118 I BetrVG insoweit keine Einschränkung des Schutzes gebietet und grundrechtl. geschützte Positionen in Bezug auf Tendenzträger im Rahmen der Interessenabwägung des § 626 I BGB berücksichtigt werden können[4]. Keine Anwendung findet § 15 im Bereich der **Kirchen**, da für sie die Betriebs- und Personalverfassungen nicht gelten (vgl. §§ 118 II, 130 BetrVG und die PersVG); soweit eigene Mitarbeitervertretungsordnungen bestehen[5], ist darin idR auch ein eigenständiger Schutz für die betroffenen ArbN vorgesehen. Auf **Flugbetriebe**, dh. die Gesamtheit der Luftfahrzeuge eines Luftverkehrsbetriebes, findet der Zweite Abschnitt gem. § 24 I grds. Anwendung. Doch sind die im Flugbetrieb beschäftigten ArbN von Luftfahrtunternehmen gem. § 117 I BetrVG von der Betriebsverfassung ausgenommen; für sie kann gem. § 117 II BetrVG nur durch TV eine Vertretung errichtet werden. Deren Mitglieder dürften unter den Schutz des § 15 fallen[6].

Im **öffentl. Dienst** findet § 15 gem. Abs. 2 überall Anwendung, wo Personalvertretungen gebildet werden. Hierzu gehören die nach Art. 56 IX ZA-NTS errichteten Betriebsvertretungen der zivilen ArbN bei den alliierten Streitkräften[7] (vgl. auch Vor § 1 Rz. 37 f.). Das BPersVG und einige PersVG der Länder enthalten keine dem § 118 I BetrVG entsprechende Beschränkung des Zustimmungserfordernisses aus § 15 KSchG iVm. §§ 47 I, 108 I BPersVG für den „Tendenzschutz" des demokratisch legitimierten öffentl. Dienstherrn. Eine Beschränkung dürfte aber grundrechtl. in gleichem Maße geboten sein[8].

III. Verhältnis zum sonstigen Kündigungsschutz. Der sonstige Kündigungsschutz **außerhalb des KSchG** (§ 85 SGB IX, § 9 MuSchG, § 18 BEEG etc.) bleibt von § 15 unberührt. In der Insolvenz wird § 15 wie auch der sonstige gesetzl. Kündigungsschutz von § 113 S. 1 InsO nicht durchbrochen[9]. § 125 InsO gilt für Kündigungen nach § 15 nicht[10]. Wo § 15 nicht greift, kann ein Verstoß gegen den Wahlschutz vorliegen (§ 20 BetrVG, § 24 BPersVG)[11]. Auf Grund einer Spaltung oder Teilübertragung iSv. **§ 323 I UmwG** darf sich die kündigungsrechtl. Stellung des ArbN auf die Dauer von zwei Jahren ab der Spaltung bzw. Teilübertragung nicht verschlechtern. Besteht kein Übergangsmandat (§ 21a BetrVG), endet an sich der volle Kündigungsschutz. § 323 I UmwG schützt die kündigungsrechtl. Stellung des ArbN für die Dauer von zwei Jahren vor unmittelbaren nachteiligen Einwirkung durch eine Spaltung/Teilübertragung (Verschlechterungsverbot; vgl. § 323 UmwG Rz. 13 mwN)[12]. Nach zutreffender Auffassung behält er bis zu zwei Jahren den vollen Schutz mitsamt Zustimmungserfordernis (bei fehlendem BR beim ArbG zu beantragen, vgl. Rz. 51). Bei kürzerer Amtszeit wechselt er entsprechend in den nachwirkenden Schutz des § 15. Mit dessen Ablauf, spätestens aber nach zwei Jahren, endet der Schutz. Entsprechendes gilt, wenn sich der ArbN schon bei der Spaltung/Teilübertragung im Nachwirkungszeitraum befand. Eine weiter reichende kündigungsrechtl. Stellung hatte er nicht innegehabt; sie ist daher auch nicht „auf Grund" der Umwandlung verschlechtert worden[13].

Innerhalb des KSchG bildet der Zweite Abschnitt (§§ 15, 16) eine in sich geschlossene eigenständige Schutzregelung (lex specialis zu § 1). Bei der **ordentl. Kündigung** verdrängen sowohl deren grds. Unzulässigkeit gem. Abs. 1 bis 3a als auch deren eingeschränkte Zulässigkeit nach Maßgabe der Abs. 4 und 5 nach hM die Vorschriften über die Sozialwidrigkeit der Kündigung (§ 1)[14]. Dabei ist zT eine erweiterte Auslegung der Abs. 4 und 5 zur Angleichung an den Schutzumfang des § 1 geboten (vgl. Rz. 57). Gem. § 13 ist die Klagefrist der §§ 4–7 einzuhalten[15]. IÜ findet der Erste Abschnitt keine Anwendung. Insb. kann der ArbN keine gerichtl. Auflösung gem. §§ 9, 10 verlangen, da dies gem. § 13 III die Sozialwidrigkeit der Kündigung nach § 1 II, III erfordert und § 1 gerade verdrängt wird[16]. Das gilt auch, wenn etwa bei einer Betriebsstilllegung gem. Abs. 4 ausnahmsw. wegen tarifl. Unkündbarkeit anstelle einer ordentl. eine außerordentl. Kündigung mit sozialer Auslauffrist ausgesprochen wird; denn diese ist in jeder Hinsicht wie eine ordentl. Kündigung zu behandeln[17]. Der Massenentlassungsschutz des Dritten

---

1 BAG 18.10.2000 – 2 AZR 494/99, NZA 2001, 321. ||2 BAG 3.11.1982 – 7 AZR 5/81, AP Nr. 12 zu § 15 KSchG 1969. ||3 BAG 28.8.2003 – 2 ABR 48/02, AP Nr. 49 zu § 103 BetrVG 1972. ||4 HM, vgl. APS/*Linck*, § 15 Rz. 31 mwN. ||5 Ev. Kirche: KirchenG über Mitarbeitervertretung in der EKD (MVG) v. 6.11.1992, AmtsBl. EKD S. 445 (muss zT noch von den Gliedkirchen übernommen werden); Kath. Kirche: Rahmenordnung für eine Mitarbeitervertretungsordnung (MAVO) gem. Beschl. v. 20.11.1995 (muss von den örtlichen Bischöfen jeweils umgesetzt werden); vgl. näher KR/*Friedrich*, § 13 Rz. 225f. ||6 Str., wie hier APS/*Linck*, § 15 Rz. 35 mwN; aA LAG Hess. 4.10.1983 – 3 Sa 215/83, nv. ||7 BAG 29.1.1981 – 2 AZR 778/78, AP Nr. 10 zu § 15 KSchG 1969. ||8 Vgl. zur Frage des notwendigen Letztentscheidungsrechts BVerfG 5.12.2002 – 2 BvL 5/98, BVerfGE 107, 59; 24.5.1995 – 2 BvF 1/92, BVerfGE 93, 37. ||9 BAG 5.12.2002 – 2 AZR 571/01, DB 2003, 1334. ||10 LAG Hamm 4.3.2005 – 10 Sa 1832/04, nv.; für analoge Anwendung LAG BW 20.5.2005 – 4 Sa 51/04, nv. ||11 Vgl. BAG 4.4.1974 – 2 AZR 452/73, DB 1974, 1067. ||12 Vgl. BAG 22.9.2005 – 6 AZR 526/04, BB 2006, 1278. ||13 Sehr str., wie etwa APS/*Steffan*, § 15 KSchG Rz. 13 (nur nachwirkender Schutz für zwei Jahre); offen gelassen von BAG 18.10.2000 – 2 AZR 494/99, NZA 2001, 321. ||14 KR/*Etzel*, § 15 Rz. 93 mwN. ||15 ErfK/*Kiel*, § 15 KSchG Rz. 4; APS/*Linck*, § 15 Rz. 189 ff. ||16 BAG 22.9.2005 – 2 AZR 544/04, NZA 2006, 558. ||17 BAG 18.9.1997 – 2 ABR 15/97, AP Nr. 35 zu § 103 BetrVG 1972.

KSchG § 15 Rz. 9   Unzulässigkeit der Kündigung

Abschnitts steht dagegen nicht in Konkurrenz zu §§ 15, 16 und ist in den Fällen der ordentl. Kündigung nach Abs. 4 und 5 kumulativ zu beachten[1].

9 Bei der **außerordentl. Kündigung** ist gem. § 13 I 2 ebenfalls die **Klagefrist** der §§ 4 S. 1, 5–7 zu wahren, und zwar unabhängig davon, ob das Fehlen eines wichtigen Grundes oder ein anderer Unwirksamkeitsgrund (zB Fehlen der Zustimmung der ArbN-Vertretung) geltend gemacht wird[2]. Nach Maßgabe des § 13 I 3–5 kann der ArbN hier gerichtl. Auflösung des ArbVerh verlangen, wenn die außerordentl. Kündigung unbegründet ist (selbst wenn sie außerdem aus einem weiteren Grund unwirksam ist, vgl. § 1 Rz. 22).

10 **IV. Geschützter Personenkreis.** Geschützt werden gewählte ArbN-Vertreter, nämlich Mitglieder der Betriebsverfassungsorgane (Abs. 1) und der Personalvertretungen (Abs. 2), sowie bestimmte an der Wahl beteiligte ArbN, nämlich Wahlvorstandsmitglieder und Wahlbewerber (Abs. 3) und Initiatoren betriebsverfassungsrechtl. Wahlen (Abs. 3a). Der Schutz besteht während der jeweiligen **Amts- bzw. Funktionszeit** und – in abgeschwächter Form sowie nicht bei den Wahlinitiatoren – auch während einer **Nachwirkungszeit** (vgl. Rz. 28 ff.).

11 **1. Gewählte Mitglieder der Vertretungsorgane (Abs. 1 u. 2). a) Mitgliedschaft.** Abs. 1 u. 2 schützen die gewählten Mitglieder der ArbN-Vertretungen aus Betriebsverfassung und Personalvertretung. Eine **nichtige Wahl** begründet keine Mitgliedschaft in einem Vertretungsorgan und damit keinen Schutz. In Betracht kommt nur ein nachwirkender Schutz als Wahlbewerber (vgl. Rz. 28 ff.); die Nichtigkeit der Wahl kann im Kündigungsschutzprozess geltend machen[3]. Bei nur anfechtbarer Wahl besteht der Schutz des § 15 bis zur rechtskräftigen Feststellung ihrer Unwirksamkeit nach § 19 BetrVG[4]. Zur Frage eines nachwirkenden Schutzes in diesem Fall vgl. Rz. 32.

12 Abs. 1 und 2 knüpfen den vollen Schutz (S. 1) an die **Dauer der persönlichen Mitgliedschaft** des ArbN in dem Vertretungsorgan; der nachwirkende Schutz (S. 2) schließt sich grds. an die Beendigung der persönlichen Mitgliedschaft an[5]. Die Amtszeit eines erstmals oder eines außerhalb des regelmäßigen Wahlzeitraums gewählten BR und damit die persönliche Mitgliedschaft der gewählten ArbN **beginnt** gem. § 21 S. 2 Hs. 1 BetrVG mit Bekanntgabe des Wahlergebnisses, bei der regulären Neuwahl eines bestehenden BR mit Ablauf der Amtszeit des alten BR (zum Schutz der gewählten Wahlbewerber in der Zwischenzeit vgl. Rz. 24). Zum Beginn der Amtszeit vgl. auch die Erl. zu § 21 BetrVG. Abweichend hiervon will das BAG die persönliche Mitgliedschaft in einer Jugendvertretung und damit den Schutz des § 78a BetrVG bereits vor Beginn von deren Amtszeit mit der Stimmauszählung beginnen lassen[6]. Das ist abzulehnen, weil es eine Mitgliedschaft zu einem (noch) nicht existierenden Organ nicht geben kann. Für die übrigen in Abs. 1 und 2 genannten Vertretungen wie auch für die spezialgesetzlich geregelten Fälle (vgl. Rz. 16) gilt nach den jeweiligen Bestimmungen mit geringfügigen Abweichungen (vgl. etwa § 26 BPersVG) Entsprechendes.

13 Die persönliche **Mitgliedschaft endet** mit dem Ende der Amtszeit des betreffenden Vertretungsorgans (beim BR §§ 21–22 BetrVG[7]), dessen gerichtl. Auflösung (§§ 23 I, 24 Nr. 5 BetrVG) oder mit dem Ausscheiden des einzelnen Mitglieds aus dem Organ (§ 24 Nr. 2–6 BetrVG), etwa auf Grund Amtsniederlegung oder wirksamer Versetzung in einen anderen Betrieb (§ 24 Nr. 2 u. 4 BetrVG). Die Beendigung auf Grund gerichtl. Entscheidung (§ 24 Nr. 5, 6 BetrVG) tritt erst mit deren Rechtskraft ein, so zB bei gerichtl. Entscheidung über die Eigenschaft eines gewählten Mitglieds als leitender Angestellter[8]; bis zum Eintritt der Rechtskraft besteht somit Schutz (zur Nachwirkung vgl. Rz. 32). Die Amtszeit eines BR endet außerdem mit dem Absinken der Zahl der wahlberechtigten ArbN unter fünf (sofern kein Restmandat besteht); es schließt sich der nachwirkende Schutz an[9]. In den Fällen der Spaltung, Zusammenlegung oder Stilllegung eines Betriebs oder Betriebsteils ist das Übergangs- bzw. Restmandat des BR zu beachten (§§ 21a, 21b BetrVG). Vgl. hierzu auch § 613a BGB Rz. 285. Für die übrigen in Abs. 1 und 2 genannten Vertretungen wie auch die spezialgesetzl. geregelten Fälle (vgl. Rz. 16) gilt dies nach den jeweiligen Bestimmungen entsprechend. Zu Beginn und Ende des Schutzes eines Ersatzmitgliedes vgl. Rz. 18 f.

14 **b) Betriebsverfassung.** Abs. 1 erfasst die Mitglieder der **betriebsverfassungsrechtl. Vertretungsorgane**, nämlich des BR, der JAV, der Bordvertretung und des SeeBR. Da sich GBR, KBR und GesamtJAV ausschließlich aus diesem Personenkreis zusammensetzen, bedürfen deren Mitglieder keiner eigenen Erwähnung. Auszubildende genießen als Mitglieder eines Vertretungsorgans zusätzlich gem. § 78a BetrVG Schutz gegen die Nichtübernahme in ein unbefristetes ArbVerh. Gem. § 40 I EBRG findet § 15 I, III–V entsprechende Anwendung auf Mitglieder eines **EBR** und weitere Funktionsträger (§ 40 II EBRG), die im Inland beschäftigt sind (vgl. EBRG Rz. 72). Mitglieder einer **anderen Vertretung** iSv. § 3

---

1 AllgM, vgl. KR/*Etzel*, § 15 Rz. 151 mwN. || 2 APS/*Linck*, § 15 Rz. 189 ff. || 3 BAG 27.4.1976 – 1 AZR 482/75, NJW 1976, 2229; 7.5.1986 – 2 AZR 349/85, NZA 1986, 753. || 4 BAG 29.9.1983 – 2 AZR 212/82, DB 1984, 302. || 5 BAG 5.7.1979 – 2 AZR 521/77, BB 1979, 1769. || 6 BAG 22.9.1983 – 6 AZR 323/81, AP Nr. 11 zu § 78a BetrVG 1972 mit abl. Anm. *Löwisch*. || 7 Vgl. zur Weiterführung der Geschäfte gem. § 22 BetrVG BAG 27.9.1957 – 1 AZR 493/55, AP Nr. 7 zu § 13 KSchG. || 8 BAG 29.9.1983 – 2 AZR 212/82, DB 1984, 302. || 9 ArbG Berlin 29.9.1980 – 35 Ca 295/80, AuR 1981, 320; ErfK/*Kiel*, § 15 KSchG Rz. 36.

Unzulässigkeit der Kündigung   Rz. 19 **§ 15 KSchG**

I Nr. 1–3 BetrVG, die auf Grund TV oder BV gebildet wurden und an die Stelle des BR treten, werden ebenfalls erfasst[1], nicht aber Mitglieder zusätzlicher Vertretungen nach § 3 I Nr. 4 u. 5 BetrVG, sofern sie nicht außerdem Mitglieder eines geschützten Gremiums sind. Zu Mitgliedern der ArbN-Vertretungen von Flugbetrieben vgl. Rz. 5.

c) **Personalvertretungen.** Abs. 2 erfasst die Mitglieder der Vertretungsorgane im öffentl. Dienst, also **15** der verschiedenen Personalvertretungen, der JAV und der Jugendvertretung. Zu den Personalvertretungen zählen der Personalrat sowie die in mehrstufigen Verwaltungen unmittelbar gewählten **Stufenvertretungen** (Bezirks- und Hauptpersonalräte, § 53 I BPersVG) und ein Gesamtpersonalrat (§ 55 BPersVG). Entsprechendes gilt für die Stufenvertretungen der JAV (§ 64 I BPersVG) und die Gesamt-JAV (§ 64 II BPersVG). Eine Ausnahme besteht gem. § 47 III BPersVG für ArbN, die in einer dem Vorbereitungsdienst für Beamte entsprechenden Berufsausbildung stehen. Für den Bereich der Länder gelten deren jeweilige PersVG, wobei § 108 I BPersVG rahmenrechtlich das Zustimmungserfordernis der zuständigen Personalvertretung vorgibt. Zur **zuständigen Personalvertretung** bei außerordentl. Kündigung vgl. Rz. 28 u. 49, bei ordentl. Kündigung (Abs. 4) vgl. Rz. 57. Gem. Art. 56 IX ZA-NTS gehören die nach dem BPersVG gebildeten Betriebsvertretungen der zivilen ArbN bei den **alliierten Streitkräften** ebenfalls zu den geschützten Gremien[2] (vgl. auch Vor § 1 Rz. 37 f.).

d) **Weitere Vertretungsorgane.** Gem. §§ 96 III, 97 VII SGB IX haben die **Vertrauenspersonen schwer-** **16** **behinderter Menschen** und ihre Stellvertreter (während der Dauer der Vertretung sowie bei besonderer Heranziehung nach § 95 I 4 SGB IX, vgl. Rz. 20) die gleiche persönliche Rechtsstellung wie ein nach § 15 geschützter ArbN, dh. ihre außerordentl. Kündigung bedarf der Zustimmung der zuständigen ArbN-Vertretung, ihre ordentl. Kündigung ist nur nach Maßgabe der Abs. 4 u. 5 zulässig. Ist die geschützte Person selbst schwerbehindert, ist zudem gem. §§ 85 ff. SGB IX die vorherige Zustimmung des Integrationsamts erforderlich[3]. Zum Schutz der an den Wahlen zur Schwerbehindertenvertretung beteiligten ArbN gem. § 94 VI 2 SGB IX vgl. Rz. 21. Zum Schutz der Mitglieder eines **EBR** und weiterer besonderer Funktionsträger in der europäischen Betriebsverfassung vgl. auch Rz. 14. Heimarbeitern gewährt § 29a HAG einen dem § 15 nachgebildeten Kündigungsschutz.

e) **Nicht geschützte Vertreter.** § 15 enthält – vorbehaltlich spezialgesetzl. Ergänzungen (vgl. Rz. 16) – **17** eine **abschließende Aufzählung** der geschützten ArbN. Nicht erfasst werden daher Mitglieder sonstiger Gremien der Mitbest. in Betrieb oder Unternehmen (sofern sie nicht zugleich Mitglieder des BR oder eines anderen geschützten Gremiums sind): Mitglieder von betriebl. Einigungs- und Beschwerdestellen (§§ 76, 86 BetrVG), tarifl. Schlichtungsstellen (§ 76 VIII BetrVG), des Wirtschaftsausschusses (§ 106 BetrVG), einer zusätzlichen ArbN-Vertretung nach § 3 I Nr. 4 u. 5[4], des Sprecherausschusses der leitenden Angestellten (§ 1 SprAuG) oder des Aufsichtsrats[5]. Sie genießen aber nach § 78 BetrVG, § 2 III SprAuG bzw. den jeweiligen Gesetzen der Unternehmensmitbest. einen relativen Schutz vor Behinderung und Benachteiligung. Auch den Immissionsschutzbeauftragte hat gem. § 58 II BImSchG nur relativen Schutz[6]. Keine Anwendung findet § 15 auf Mitglieder von ArbN-Vertretungen der Kirchen (vgl. Rz. 5).

2. **Ersatzmitglieder.** Ersatzmitglieder der in Abs. 1 u. 2 genannten Vertretungsorgane genießen als **18** vormalige Wahlbewerber den nachwirkenden Schutz der Wahlbewerber von sechs Monaten nach Abs. 3 S. 2. Den vollen Schutz der Abs. 1 u. 2 erlangen sie mit ihrem endgültigen oder vorübergehenden Nachrücken. Zum **endgültigen Nachrücken** kommt es, wenn ein BR-Mitglied vorzeitig aus dem BR ausscheidet (§§ 25 I 1, 24 Nr. 2–6 BetrVG). Mit dem Ausscheiden rückt das Ersatzmitglied automatisch nach und erlangt den vollen Schutz; einer Amtsausübung, Annahmeerklärung, Benachrichtigung oder auch nur Kenntnisnahme bedarf es nicht[7] (vgl. auch die Erl. zu § 25 BetrVG).

Zu einem **vorübergehenden Nachrücken** kommt es bei Vertretung eines zeitweilig verhinderten or- **19** dentl. Mitglieds (§ 25 I 2 BetrVG). Auch hier steht dem Ersatzmitglied mit dem Eintritt des Vertretungsfalls, dh. grds. mit der Arbeitsaufnahme am ersten Tag der Verhinderung[8], der volle Schutz zu, dies aber nur für die Dauer der Vertretung einschl. einer ausreichenden Vorbereitungszeit[9]. Der Schutz ist nicht auf die Zeit der Geschäftswahrnehmung beschränkt, sondern erstreckt sich auf die gesamte Dauer der Vertretung[10]. Das gilt auch für einen Zeitraum, in dem der Vertreter seinerseits (zB krankheitsbedingt) verhindert ist, sofern die Verhinderung im Verhältnis zur Gesamtdauer der Vertretung nicht zu lange währt[11]. Ein vorübergehend nachrückendes weiteres Ersatzmitglied genießt unter den gleichen Voraussetzungen ebenfalls Schutz. Zum **Vertretungsfall** vgl. § 25 BetrVG Rz. 3 ff. Stellt sich

---

1 AllgM, vgl. APS/*Linck*, § 15 Rz. 24. || 2 BAG 29.1.1981 – 2 AZR 778/78, NJW 1982, 252. || 3 BAG 11.5.2000 – 2 AZR 276/99, NZA 2000, 1106. || 4 KDZ/*Kittner*, § 15 Rz. 9 ff. mwN. || 5 BAG 4.4.1974 – 2 AZR 452/73, DB 1974, 1067. || 6 BAG 22.7.1992 – 2 AZR 85/92, AP Nr. 1 zu § 58 BImSchG. || 7 BAG 17.1.1979 – 5 AZR 891/77, BB 1979, 888. || 8 BAG 17.1.1979 – 5 AZR 891/77, BB 1979, 888; anscheinend BAG 12.2.2004 – 2 AZR 163/03, AiB 2005, 376 (mit Heranziehung zur BR-Arbeit). || 9 BAG 19.4.2012 – 2 AZR 233/11, NZA 2012, 1449; 9.11.1977 – 5 AZR 175/76 u. 6.9.1979 – 2 AZR 548/77, AP Nr. 3 u. Nr. 7 zu § 15 KSchG 1969; ab Ladung zur BR-Sitzung, idR genügen aber drei Tage: BAG 17.1.1979 – 5 AZR 891/77, BB 1979, 888; weiter KDZ/*Kittner*, § 15 Rz. 19. || 10 BAG 5.9.1986 – 7 AZR 175/85, BAGE 53, 23; 8.9.2011 – 2 AZR 388/10, NZA 2012, 400. || 11 BAG 9.11.1977 – 5 AZR 175/76, BB 1978, 359; 6.9.1979 – 2 AZR 548/77, DB 1980, 451.

20 Die **stellvertretende Vertrauensperson** der schwerbehinderten ArbN besitzt gem. § 96 III 2 SGB IX während der Stellvertretung die gleiche persönliche Rechtsstellung wie die Vertrauensperson selbst und damit wie ein Mitglied von BR oder Personalvertretung. Zu Beginn und Ende des Schutzes vgl. Rz. 18 f. Denselben Schutz genießt die stellvertretende Vertrauensperson, wenn sie nach § 95 I 4 SGB IX ohne Verhinderungsfall zu bestimmten Aufgaben herangezogen wird. Außerhalb der vorgenannten Zeiten besteht Schutz wie bei einem Ersatzmitglied von BR oder Personalvertretung (Nachwirkung).

21 **3. Mitglieder des Wahlvorstands und Wahlbewerber (Abs. 3).** Die Vorschrift schützt Mitglieder des Wahlvorstands und Wahlbewerber **nur für bestimmte Wahlen**, nämlich die zu den in Abs. 1 u. 2 genannten ArbN-Vertretungen. Kein Schutz besteht somit nach hM etwa für die Wahlbewerber zum Wahlvorstand[2]; einen gewissen Schutz bieten hier die Bestimmungen über den Wahlschutz (§ 20 BetrVG, § 24 BPersVG). Gem. § 94 VI 2 SGB IX gilt Abs. 3 sinngemäß für Wahlvorstand und Wahlbewerber zur Wahl einer **Schwerbehindertenvertretung**; das Zustimmungserfordernis des S. 1 bezieht sich dabei nach hM auf den BR bzw. die zuständige Personalvertretung, nicht auf das Integrationsamt[3].

22 **a) Wahlvorstand.** Für die Mitglieder des Wahlvorstands **beginnt** der Schutz vom Zeitpunkt ihrer **Bestellung** an. Diese erfolgt nach den jeweiligen Vorschriften (für den BR nach §§ 16, 17 u. 17a BetrVG). Unter Bestellung ist auch die Wahl zum Wahlvorstand (§ 17 II BetrVG) zu verstehen[4]. Ist die Bestellung zum Wahlvorstand nichtig, greift der Schutz des Abs. 3 nicht[5]. Nichtigkeit liegt etwa vor, wenn die Einladung für die Betriebsversammlung zur Wahl des Wahlvorstands nicht ausreichend bekannt gemacht oder sonst bekannt geworden ist und hierdurch das Wahlergebnis beeinflusst werden konnte[6]. Eine bloß fehlerhafte Bestellung, die lediglich zur Anfechtbarkeit der BR-Wahl nach § 19 BetrVG führt, hindert den Eintritt des Schutzes dagegen nicht. Der volle Schutz des Abs. 3 S. 1 **endet** kraft ausdrücklicher Bestimmung mit der **Bekanntgabe des Wahlergebnisses** (vgl. dazu § 18 III BetrVG, § 23 II BPersVG), obwohl das Amt des Wahlvorstands erst mit der Einberufung des neuen BR zur konstituierenden Sitzung erlischt[7]. Es schließt sich die Nachwirkung des S. 2 an. Ein vorzeitiges Ende des Schutzes nach S. 1 tritt mit vorzeitigem Ende des Amtes ein, etwa durch Niederlegung oder durch gerichtl. Ersetzung des Wahlvorstands gem. § 18 I 2 BetrVG, § 23 I 2 und 3 BPersVG (für diesen Fall schließt Abs. 3 S. 2 Hs. 2 sogar die Nachwirkung aus).

23 **b) Wahlbewerber.** Der Wahlbewerber muss **wählbar**, dh. im Zeitpunkt der BR-Wahl mindestens 18-jährig sein und dem Betrieb, Unternehmen oder Konzern sechs Monate angehören (§ 8 BetrVG)[8]. Nicht erforderlich ist, dass diese Voraussetzungen schon im Zeitpunkt des Kündigungszuganges erfüllt sind[9]. Die Wählbarkeit besteht auch im gekündigten ArbVerh bei schwebendem Kündigungsschutzprozess[10]. Der Schutz **beginnt**, sobald ein Wahlvorstand für die Wahl bestellt ist und ein Wahlvorschlag für den Kandidaten vorliegt, der die erforderliche Zahl von Stützungsunterschriften aufweist. Das setzt die Eröffnung des Wahlverfahrens durch die Errichtung eines Wahlvorstands und die vom Willen des ArbN getragene Benennung auf einem Wahlvorschlag mit ausreichender Zahl von Stützunterschriften (§§ 14 IV–V, 63 II BetrVG, §§ 19 IV–VIII, 60 I BPersVG) voraus. Ist der Wahlvorschlag nicht von vornherein ungültig, sind behebbare Mängel unschädlich[11]. Auf die Einreichung des Wahlvorschlags beim Wahlvorstand kommt es nach bisher hM nicht an[12]. Auf den Anlauf der Frist zur Einreichung von Wahlvorschlägen (§ 6 V WO-BetrVG) kommt es nicht an[13]. Wird ein ursprünglich gültiger Wahlvorschlag durch spätere Streichung von Stützunterschriften ungültig (§ 8 I Nr. 3 iVm. § 6 V WO-BetrVG), entfällt nach der ratio legis der Schutz des § 15 jedenfalls nicht rückwirkend[14]; allerdings entfällt der Wahlbewerberstatus mit fruchtlosem Ablauf der in diesem Fall zu setzenden Nachfrist für die Beibringung der erforderlichen Unterschriften (§ 6 V 2 WO-BetrVG) mit der Folge, dass anschließend nur noch nachwirkender Schutz (Abs. 3 S. 2) besteht[15]. Die Nichtigkeit der BR-Wahl wird dem Schutz des Wahlbewerbers gem. dem Gesetzeszweck nur dann entgegenstehen, wenn bei Beginn des Schutzes die Nichtigkeitsgründe bereits vorlagen. Anderenfalls entfällt der Schutz erst ab Eintritt der Nichtigkeitsgründe; anschließend greift der nachwirkende Schutz des Wahlbewerbers[16].

---

1 BAG 5.9.1986 – 7 AZR 175/85, AP Nr. 26 zu § 15 KSchG 1969; 12.2.2004 – 2 AZR 163/03, AiB 2005, 376. ||2 LAG BW 31.5.1974 – 7 Sa 680/74, BB 1974, 885; APS/*Linck*, § 15 Rz. 56. ||3 APS/*Linck*, § 15 Rz. 59 mwN (die Zustimmung des Integrationsamtes ist zusätzlich einzuholen, wenn der betroffene ArbN selbst schwerbehindert ist). ||4 BAG 7.5.1986 – 2 AZR 349/85, NZA 1986, 753. ||5 BAG 7.5.1986 – 2 AZR 349/85, NZA 1986, 753; 29.9.1988 – 2 AZR 107/88, AP Nr. 76 zu § 613a BGB (aE). ||6 So – im LS sehr streng – BAG 7.5.1986 – 2 AZR 349/85, AP Nr. 18 zu § 15 KSchG 1969; es dürfte wohl auf die konkreten Umstände ankommen (im Fall wurden ca. 30 % der ArbN nicht informiert). ||7 BAG 14.11.1975 – 1 ABR 61/75, AP Nr. 1 zu § 18 BetrVG 1972. ||8 BAG 26.9.1996 – 2 AZR 528/95, NZA 1997, 666. ||9 LAG Hamm 21.4.1982 – 3 Sa 188/82, DB 1982, 2709. ||10 BAG 14.5.1997 – 7 ABR 26/96, AP Nr. 6 zu § 8 BetrVG 1972. ||11 BAG 4.3.1976 – 2 AZR 620/74, DB 1976, 1335; 17.3.2005 – 2 AZR 275/04, NZA 2005, 1064. ||12 BAG 7.7.2011 – 2 AZR 377/10, NZA 2012, 107. ||13 BAG 19.4.2012 – 2 AZR 299/11, NZA 2013, 112. ||14 BAG 5.12.1980 – 7 AZR 781/78, DB 1981, 1142. ||15 AA wohl BAG 5.12.1980 – 7 AZR 781/78, DB 1981, 1142; wie hier *v. Hoyningen-Huene/Linck*, § 15 Rz. 20. ||16 LAG Düss. 24.8.1978 – 7 Sa 326/78, BB 1979, 575.

Der Status als Wahlbewerber und damit der Vollschutz nach Abs. 3 S. 1 **endet** im Regelfall **mit Bekanntgabe des Wahlergebnisses** (vgl. dazu § 18 III BetrVG, § 23 II BPersVG). Vorzeitig endet er bei nachträglichem Ungültigwerden eines ursprünglich gültigen Wahlvorschlags (vgl. Rz. 23), nachträglichem Eintritt von Nichtigkeitsgründen für die BR-Wahl, nachträglichem Verlust der Wählbarkeit (§ 24 Nr. 4 BetrVG) oder Rücknahme der Bewerbung[1]. Über den Zeitpunkt der Bekanntgabe des Wahlergebnisses hinaus besteht der volle Schutz, also auch das Erfordernis der Zustimmung der ArbN-Vertretung, im Erg. nach ganz hM für solche **gewählten Wahlbewerber** fort, deren BR-Amt gem. § 21 S. 2 Alt. 2 BetrVG erst mit Ablauf der Amtszeit des alten BR beginnt[2].

4. Initiatoren der BR-Wahl (Abs. 3a). Die mWz. 24.7.2001 eingefügte Bestimmung erstreckt den Kündigungsschutz – ohne das Erfordernis der Zustimmung der ArbN-Vertretung und ohne nachwirkenden Schutz – auf ArbN, die die Initiative zur Errichtung eines **Wahlvorstands nach dem BetrVG** ergreifen. Dies kann durch Einladung zu einer Betriebs-, Wahl- oder Bordversammlung zur Wahl eines Wahlvorstands in Betrieben ohne BR (§ 17 III BetrVG), in Kleinbetrieben (§ 17a Nr. 3 S. 2 BetrVG) oder auf Schiffen (§ 115 II Nr. 8 S. 2 BetrVG) erfolgen oder durch Antrag auf gerichtl. Bestellung eines Wahlvorstands in den aufgeführten gesetzl. geregelten Fällen. Für die Initiatoren der Wahl einer **Schwerbehindertenvertretung** gilt der Schutz gem. § 94 VI 2 SGB IX sinngemäß[3]. Sowohl die Einladung zur Versammlung als auch die Antragstellung müssen nach den jeweiligen Wahlvorschriften von mindestens **drei wahlberechtigten ArbN** ausgehen. Bei Unterschreitung dieser Zahl ist die Initiative unwirksam; es entsteht kein Schutz[4]. Andererseits ist der Schutz zur Verhinderung von Missbrauch auf die ersten drei in der Einladung oder Antragstellung aufgeführten ArbN begrenzt (S. 1 Hs. 2). Bei mehreren unabhängigen Initiativen ist nur die zeitlich erste zulässig und geschützt[5].

Der **Schutz beginnt** mit der Bekanntmachung der Einladung bzw. mit dem Eingang des Antrags beim ArbG[6]. Formelle Mängel des Einladungsschreibens sind unschädlich, wenn die wesentlichen Formvoraussetzungen erfüllt sind, dh. die Einladung Zeitpunkt, Ort und Gegenstand der Betriebsversammlung sowie die mindestens drei Einladenden nennt und so bekannt gemacht wird, dass alle ArbN des Betriebes von ihr Kenntnis nehmen und an der Versammlung teilnehmen können[7]. Wird der Antrag auf Bestellung eines Wahlvorstandes mangels BR-Fähigkeit des Betriebs zurückgewiesen, dürfte der Schutz des Abs. 3a dennoch greifen, sofern dies nicht offenkundig war (vgl. Rz. 4). Zur Dauer des Schutzes in diesem Fall vgl. Rz. 27.

Der **Schutz endet** nach S. 1 mit der Bekanntgabe des Wahlergebnisses (§ 18 III BetrVG). Findet keine Wahl des Vertretungsorgans statt, endet der Kündigungsschutz gem. S. 2 nach Ablauf von drei Monaten von der Einladung oder Antragstellung an. Die Frist erscheint insb. bei (Rechtskraft erfordernder!) gerichtl. Bestellung des Wahlvorstands im Hinblick auf die Fristen des Wahlverfahrens knapp bemessen. Die Zeit von der Antragstellung bis zur Wahl kann durchaus länger dauern. Deshalb dürfte die Frist des S. 2 nur eingreifen, wenn vor Fristablauf feststeht, dass die Wahl nicht stattfindet. Ist das nicht der Fall, wird der Schutz jedenfalls so lange fortbestehen, wie das auf dieser Initiative beruhende Wahlverfahren ernstlich betrieben wird. Nimmt ein geschützter ArbN seinen **Antrag beim ArbG zurück**, wird sein Schutz unabhängig davon, ob am Ende gewählt wird oder nicht, vorzeitig enden. Ein etwaiger weiterer Antragsteller wird in den Kreis der drei geschützten ArbN „nachrücken"; fehlt ein solcher, endet wegen Unterschreitung der Mindestzahl auch für die beiden anderen ArbN der Schutz, die insoweit in einer Art Schicksalsgemeinschaft stehen. Anders als bei nachträglicher Ungültigkeit des ursprünglich wirksamen Wahlvorschlags eines Wahlbewerbers (vgl. Rz. 24) sieht das Gesetz hier eine Nachwirkung nicht vor. Auch dürfte S. 2 nicht greifen, da sonst der zurücknehmende ArbN bei Unterbleiben der Wahl besser stünde als bei ihrer Durchführung.

V. Nachwirkung. S. 2 der Abs. 1 bis 3 verlängert den Schutz der in S. 1 jeweils genannten Personen um eine sog. Nachwirkungszeit, um insb. eine Abkühlung etwaiger Spannungen mit dem ArbGeb aus der Amts- bzw. Funktionsausübung zu ermöglichen[8]. Ihre **Dauer** beträgt grds. ein Jahr, für Mitglieder der in Abs. 1 genannten Bordvertretung und Mitglieder des Wahlvorstands und Wahlbewerber (Abs. 3) nur sechs Monate. Keinen nachwirkenden Schutz haben die Wahlinitiatoren des Abs. 3a. Im Nachwirkungszeitraum besteht ein **abgeschwächter Schutz**, der zwar wie zuvor einen wichtigen Grund für die Kündigung verlangt (mit den Ausnahmen der Abs. 4 und 5), aber **keine Zustimmung** der ArbN-Vertretung mehr; insoweit genügt ihre gewöhnliche Beteiligung. Im öffentl. Dienst ist dafür anders als bei zustimmungsbedürftiger Kündigung die bei der entscheidungsbefugten Behörde gebildete Personalvertretung zuständig (vgl. Rz. 49).

Entscheidend ist, welcher Schutz **bei Zugang der Kündigung**[9] (vgl. § 4 Rz. 26 ff.) besteht. Wird dies übersehen und bei lediglich nachwirkendem Schutz anstatt zu kündigen beim ArbG die Ersetzung der

---

1 BAG 17.3.2005 – 2 AZR 275/04, NZA 2005, 1064. ||2 Vgl. APS/*Linck*, § 15 Rz. 62 mwN; das Erg. dürfte durch eine teleologische Extension des § 15 III 1 zu gewinnen sein. ||3 Nach § 1 II WO-Schwerbehindertenvertretung idF v. 19.6.2001 (BGBl. I S. 1046) können u.a. drei Wahlberechtigte zur Versammlung für die Wahl eines Wahlvorstands einladen. ||4 *Löwisch*, BB 2002, 1503. ||5 KR/*Etzel*, § 15 Rz. 140. ||6 KR/*Etzel*, § 15 Rz. 139, 141. ||7 ArbG Frankfurt/M. 9.4.2002 – 20 Ca 8024/01, AuR 2002, 394. ||8 BAG 13.6.1996 – 2 AZR 431/95, NZA 1996, 1032. ||9 BAG 27.9.2012 – 2 AZR 955/11, NZA 2013, 425.

(verweigerten) Zustimmung zu einer außerordentl. Kündigung beantragt (vgl. Rz. 50), droht die Versäumung der Kündigungserklärungsfrist des § 626 II BGB (vgl. Rz. 48). Das Gleiche gilt, wenn während des ursprünglich zu Recht eingeleiteten Zustimmungsersetzungsverfahrens das Zustimmungserfordernis entfällt, weil der ArbN (etwa mangels Wiederwahl) nur noch nachwirkenden Schutz genießt. Hierdurch erledigt sich das Verfahren und die außerordentl. Kündigung ist unverzüglich auszusprechen; anderenfalls ist sie gem. § 626 II BGB verwirkt[1].

30 Für den **Beginn der Nachwirkungszeit** stellt das Gesetz auf die Beendigung der Amtszeit (Abs. 1 und 2) bzw. auf die Bekanntgabe des Wahlergebnisses ab (Abs. 3). Bei vorzeitigem Ende der persönlichen Amts- bzw. Funktionszeit endet aber auch der (volle) Schutz der S. 1 und die Nachwirkung beginnt vorzeitig[2]. Vgl. hierzu näher bei gewählten Mitgliedern einer ArbN-Vertretung (Abs. 1 und 2) Rz. 13, bei Ersatzmitgliedern Rz. 18f., bei Wahlvorstandsmitgliedern Rz. 22 und bei Wahlbewerbern Rz. 24. Die **Nachwirkungszeit endet** mit Ablauf der einjährigen bzw. sechsmonatigen Frist (vgl. Rz. 28); gem. § 187 I BGB wird bei der Berechnung der Frist der Tag der Beendigung der (persönlichen) Amts- oder Funktionszeit bzw. der Bekanntgabe des Wahlergebnisses nicht mitgerechnet. Die Nachwirkungszeit behält auch dann grds. ihre volle Länge und erfährt **keine Verkürzung**, wenn die Amts- bzw. Funktionszeit nur kurz war (zB infolge einer Amtsniederlegung)[3]. Zur Nachwirkung bei Spaltung oder Teilübertragung iSv. § 323 I UmwG vgl. Rz. 7.

31 **Vorübergehend nachgerückte Ersatzmitglieder** genießen nach Beendigung der zeitweiligen Vertretung nach hM nachwirkenden Schutz nur, wenn sie während der Vertretungszeit überhaupt tatsächlich Aufgaben des Vertretungsorgans wahrgenommen haben[4]. Die Teilnahme eines Ersatzmitglieds an einer BR-Sitzung kann der ArbGeb nicht ohne weiteres mit Nichtwissen bestreiten[5]. Die Nachwirkung erstreckt sich auf die volle Dauer (ein Jahr[6]) und wird durch jeden Vertretungsfall erneut ausgelöst. Sie greift nach ihrem Schutzzweck[7] auch, wenn sich nachträglich herausstellt, dass ein Vertretungsfall nicht vorgelegen hat, das Ersatzmitglied insoweit aber gutgläubig gewesen war.

32 Gem. S. 2 Hs. 2 der Abs. 1 bis 3 ist die **Nachwirkung ausgeschlossen**, wenn die Beendigung der Mitgliedschaft auf einer gerichtl. Entscheidung beruht (Abs. 1 und 2) bzw. der Wahlvorstand durch gerichtl. Entscheidung ersetzt worden ist (Abs. 3). In allen Fällen bedarf es der **Rechtskraft** der Entscheidung[8]. Auf einer gerichtl. Entscheidung beruht die Beendigung der Mitgliedschaft in den Fällen des § 24 Nr. 5 BetrVG bzw. der entsprechenden personalvertretungsrechtl. Bestimmungen. Die hM wendet den Ausschluss der Nachwirkung auch auf die gerichtl. Feststellung der Nichtwählbarkeit eines ArbN gem. § 24 Nr. 6 BetrVG an[9]. Das Gleiche soll nach hM für die erfolgreiche Anfechtung einer Wahl gelten[10]. Doch wird hierdurch – ebenso wie bei nichtiger Wahl (vgl. Rz. 11) – ein wirksam begründeter nachwirkender Schutz als Wahlvorstandsmitglied oder Wahlbewerber nicht tangiert. Das erscheint widersprüchlich. Der Ersetzung des Wahlvorstands durch gerichtl. Entscheidung gem. § 18 I 2 BetrVG steht nach hM seine Ersetzung durch den Leiter der Dienststelle gem. § 23 I 2 BPersVG gleich[11].

33 **VI. Ausschluss der ordentlichen Kündigung. 1. Ordentliche Kündigung.** Abs. 1 bis 3a erklären eine Kündigung ggü. allen dort genannten Personen sowohl während ihrer Amts- und Funktionszeit (S. 1) als auch während der jeweiligen Nachwirkungszeit (S. 2 der Abs. 1 bis 3) für **unzulässig**, sofern nicht Tatsachen vorliegen, die zur Kündigung aus wichtigem Grund ohne Einhaltung einer Kündigungsfrist berechtigen. Damit sind ordentl. Kündigungen grds. unwirksam (§ 134 BGB)[12]. Das gilt auch in der Insolvenz (vgl. § 113 InsO Rz. 2), im Falle des § 624 BGB sowie in Tendenzbetrieben (vgl. Rz. 5). Ausgenommen sind Kündigungen bei Betriebs- und Betriebsteilstilllegung gem. Abs. 4 und 5. Es handelt sich um einen sonstigen Unwirksamkeitsgrund iSv. § 13 III; die Klagefrist der §§ 4 bis 7 ist einzuhalten (vgl. Rz. 8). Die **Auslegung** einer fristgerechten Kündigung als außerordentl. Kündigung mit Auslauffrist lehnt das BAG selbst bei Vorliegen eines wichtigen Grundes ab, wenn der ArbGeb nicht nach außen erkennbar von seinem Gestaltungsrecht zur außerordentl. Kündigung Gebrauch macht[13]. Auch eine **Umdeutung** dahin gem. § 140 BGB nimmt es bislang grds. nicht vor[14] (vgl. § 1 Rz. 36).

34 Maßgeblicher Zeitpunkt für das Eingreifen des Schutzes ist der des Wirksamwerdens der Kündigung mit ihrem **Zugang** (§ 130 BGB; vgl. näher § 4 Rz. 26ff.). Fällt er in die Schutzzeit des gekündigten ArbN, ist die ordentl. Kündigung endgültig unwirksam. Nach Ablauf der Schutzzeit einschl. der Nachwirkung kann der ArbGeb nach allg. Grundsätzen eine Kündigung auch auf Gründe stützen, die sich in der Schutzzeit

---

1 BAG 30.5.1978 – 2 AZR 637/76, AP Nr. 4 zu § 15 KSchG 1969. || 2 BAG 5.7.1979 – 2 AZR 521/77, AP Nr. 6 zu § 15 KSchG 1969. || 3 BAG 6.9.1979 – 2 AZR 548/77, AP Nr. 7 zu § 15 KSchG 1969. || 4 BAG 19.4.2012 – 2 AZR 233/11, NZA 2012, 1449. || 5 BAG 12.2.2004 – 2 AZR 163/03, AiB 2005, 376. || 6 BAG 6.9.1979 – 2 AZR 548/77, AP Nr. 7 zu § 15 KSchG 1969. || 7 BAG 5.9.1986 – 7 AZR 175/85, BB 1987, 1319; 12.2.2004 – 2 AZR 163/03, AiB 2005, 376. || 8 BAG 29.9.1983 – 2 AZR 212/82, DB 1984, 302. || 9 BAG 29.9.1983 – 2 AZR 212/82, DB 1984, 302. || 10 v. Hoyningen-Huene/Linck, § 15 Rz. 52 mwN. || 11 APS/Linck, § 15 Rz. 147 mwN. || 12 BAG 5.7.1979 – 2 AZR 521/77, AP Nr. 6 zu § 15 KSchG 1969 mit insoweit abl. Anm. Richardi; 23.1.1958 – 2 AZR 206/55, AP Nr. 50 zu § 1 KSchG mit abl. Anm. Herschel; 16.7.1959 – 1 AZR 193/57, AP Nr. 31 zu § 626 BGB mit zust. Anm. A. Hueck; 13.1.1982 – 7 AZR 757/79, AP Nr. 2 zu § 620 BGB Kündigungserklärung. || 14 Krit. insoweit Richardi in Anm. zu AP Nr. 6 zu § 15 KSchG 1969.

Unzulässigkeit der Kündigung   Rz. 39 § 15 KSchG

ereigneten, sofern sie nicht verwirkt sind[1] oder sich die Kündigung als nachträgl. Maßregelung darstellt (§ 78 S. 2 BetrVG, § 134 BGB). Geht die Kündigung zu, bevor der ArbN den Schutz erlangt hat, ist sie grds. wirksam und beendet das ArbVerh, auch wenn der ArbN den Schutz noch vor Ablauf der Kündigungsfrist erlangt. Zu prüfen bleibt ein Verstoß gegen den Wahlschutz (§ 20 BetrVG, § 24 BPersVG).

2. **Änderungskündigung.** § 15 gilt auch für die Änderungskündigung; eine ordentl. Änderungskündigung ggü. dem in Abs. 1 bis 3a geschützten Personenkreis ist daher unzulässig[2]. Das gilt auch für eine ordentl. sog. **Massenänderungskündigung**[3], auch in der Nachwirkungszeit[4]. Auch wenn die ordentl. Massenänderungskündigung auf eine allg. Anpassung der Arbeitsbedingungen etwa im Rahmen eines Sanierungskonzepts[5] oder bei unternehmensweitem Wegfall einer Hierarchiestufe[6] zielt, sieht das BAG in ihrem Ausschluss durch § 15 keinen Verstoß gegen das Verbot der Begünstigung von BR-Mitgliedern (§ 78 BetrVG), sondern eine bewusste gesetzl. Spezialregelung[7]. Es verweist auf die Möglichkeit einer **außerordentl. betriebsbedingten Änderungskündigung** mit sozialer Auslauffrist (vgl. näher Rz. 38). Eine Umdeutung lässt das BAG nicht zu (vgl. Rz. 33). 35

3. **Andere Tatbestände.** § 15 betrifft **ausschließlich Kündigungen**. Die Beendigung des ArbVerh der geschützten ArbN auf Grund von Aufhebungsverträgen, Befristungen[8], Anfechtungserklärungen, tarifl. geregelten Beendigungsmitteilungen[9] oder Lossagung von nichtigen ArbVerh usw. bleibt unberührt. Das gilt auch für die beamtenrechtl. Vorschriften folgende „Entlassung" des Dienstordnungsangestellten eines SozV-Trägers[10]. Auch eine Abmahnung wegen Vertragspflichtverletzung ist innerhalb der Schutzzeit zulässig[11]. 36

VII. Außerordentliche Kündigung. 1. Überblick. Ggü. den geschützten ArbN ist eine Kündigung aus wichtigem Grund materiellrechtl. grds. zulässig. § 15 verstärkt den Schutz jedoch in S. 1 der Abs. 1 bis 3 dahin, dass diese Kündigung während der Amts- bzw. Funktionszeit nur mit **vorheriger Zustimmung der ArbN-Vertretung** oder ihrer gerichtl. Ersetzung ausgesprochen werden kann. Dies gilt nicht im Nachwirkungszeitraum (S. 2); hier genügt die gewöhnliche Beteiligung der ArbN-Vertretung. Maßgeblich ist der bei Zugang der Kündigung bestehende Schutz. Das ist genau zu beachten (vgl. Rz. 29). Keinen verstärkten Schutz genießen die Wahlinitiatoren (Abs. 3a); ihre außerordentl. Kündigung bedarf stets nur der gewöhnlichen Beteiligung der ArbN-Vertretung. Zur eingeschränkten Geltung des Zustimmungserfordernisses für Tendenzträger in Tendenzbetrieben vgl. Rz. 5, im öffentl. Dienst Rz. 6. Zur Fortgeltung des Zustimmungserfordernisses nach Spaltung oder Teilübertragung iSv. § 323 UmwG vgl. Rz. 7. Zu beachten ist ferner, dass nach der Rspr. in einigen Sonderfällen die Ersetzung der Zustimmung **direkt beim ArbG zu beantragen** ist (zB in Betrieben ohne BR bei erstmaliger Wahl; vgl. näher Rz. 52). Kündigt der ArbGeb ohne die erforderliche Zustimmung oder ihre Ersetzung und ist die Kündigung offensichtlich unwirksam, kann der geschützte ArbN zum Schutze seiner Amtsausübung einstw. Rechtsschutz in Anspruch nehmen[12]. 37

§ 15 gilt für **alle Arten der Kündigung aus wichtigem Grund** (§ 626 BGB, § 22 II Nr. 1 BBiG, §§ 67 ff. SeeArbG) und findet daher auch auf das (fortbestehende) außerordentl. Kündigungsrecht nach Art. 20 I iVm. Anlage I Kapitel XIX Sachgebiet A Abschnitt III Nr. 1 Abs. 5 EVertr Anwendung[13]. Nach der Rspr. gilt § 15 mitsamt dem Zustimmungserfordernis auch für die **außerordentl. Änderungskündigung**, auch als sog. Massenänderungskündigung; die ordentl. Änderungskündigung ist ausgeschlossen (vgl. Rz. 35). Zum Prüfungsmaßstab für den wichtigen Grund in diesen Fällen vgl. Rz. 44. Die Kündigung aus wichtigem Grund bedarf einer nach außen erkennbaren **Erklärung als außerordentl. Kündigung** (vgl. § 1 Rz. 26). In diesem Fall kann sie auch unter Einräumung einer sozialen Auslauffrist ausgesprochen werden[14]. Eine ordentl. Kündigung ist dagegen selbst bei Vorliegen eines wichtigen Grundes unzulässig, eine Umdeutung in eine außerordentl. Kündigung mit Auslauffrist scheidet nach der Rspr. aus (vgl. Rz. 33). 38

Die bei außerordentl. Kündigung geltende **zweiwöchige Erklärungsfrist** gem. § 626 II BGB ist mit dem Erfordernis der vorherigen Zustimmung (vgl. Rz. 49) und ihrer **gerichtl. Ersetzung** (vgl. Rz. 50 f.) **in Einklang** zu bringen (vgl. näher Rz. 48). Danach ergeben sich folgende **Prüfungsschritte** bis zum Ausspruch einer außerordentl. Kündigung nach § 15: 39

– Liegt ein wichtiger Grund vor (vgl. Rz. 40 ff.)?
– Rechtfertigt der Grund eine fristlose Kündigung oder bedarf es einer der ordentl. Kündigungsfrist entsprechenden Auslauffrist (vgl. Rz. 43)?

---

[1] BAG 13.6.1996 – 2 AZR 431/95, NZA 1996, 1032; vgl. auch BAG 14.2.2002 – 8 AZR 175/01, DB 2002, 2000.
||[2] St. Rspr., BAG 29.1.1981 – 2 AZR 778/78 u. v. 6.3.1986 – 2 ABR 15/85, AP Nr. 10 u. Nr. 19 zu § 15 KSchG 1969.
||[3] St. Rspr., BAG 6.3.1986 – 2 ABR 15/85, v. 7.10.2004 – 2 AZR 81/04 u. v. 17.3.2005 – 2 ABR 2/04, AP Nr. 19, Nr. 56 u. Nr. 57 zu § 15 KSchG 1969. ||[4] BAG 9.4.1987 – 2 AZR 279/86, AP Nr. 28 zu § 15 KSchG 1969. ||[5] BAG 7.10. 2004 – 2 AZR 81/04, NZA 2005, 156. ||[6] BAG 17.3.2005 – 2 ABR 2/04, NZA 2005, 949; 21.6.1995 – 2 ABR 28/94, DB 1995, 2429. ||[7] BAG 7.10.2004 – 2 AZR 81/04, NZA 2005, 156; aA etwa ErfK/*Kiel*, § 15 KSchG Rz. 22 mwN.
||[8] BAG 17.2.1983 – 2 AZR 481/81, AP Nr. 14 zu § 15 KSchG 1969. ||[9] BAG 20.1.2004 – 9 AZR 291/02, NZA 2004, 1058. ||[10] BAG 5.9.1986 – 7 AZR 193/85, AP Nr. 27 zu § 15 KSchG 1969. ||[11] BAG 3.4.1979 – 6 ABR 29/77, DB 1979, 2186; 19.7.1983 – 1 AZR 307/81, DB 1983, 2695. ||[12] LAG Hamm 24.9.2004 – 10 TaBV 95/04, nv.
||[13] BAG 28.4.1994 – 8 AZR 209/93, NZA 1995, 168. ||[14] BAG 27.9.2001 – 2 AZR 487/00, EzA § 15 nF KSchG Nr. 54.

- Bedarf die Kündigung im Zeitpunkt ihres (voraussichtlichen) Zugangs der Zustimmung der ArbN-Vertretung (vgl. Rz. 37)?
- Wenn nein: Innerhalb der Frist des § 626 II BGB gewöhnliches Beteiligungsverfahren bei außerordentl. Kündigung (zB § 102 BetrVG) *und* kündigen.
- Wenn ja: Besteht funktionsfähige ArbN-Vertretung (vgl. Rz. 52)?
- Wenn nein: Direkt Ersetzungsantrag an das ArbG innerhalb der Frist des § 626 II BGB. Entfällt die Zustimmungsbedürftigkeit bis zum rechtskräftigen Abschluss des Verfahrens: unverzüglich kündigen (Ausnahme: erstmals gewählter BR ist vorher gem. § 102 BetrVG anzuhören); ansonsten nach rechtskräftiger Ersetzung der Zustimmung unverzüglich kündigen.
- Wenn ja: Innerhalb der Frist des § 626 II BGB Antrag auf Zustimmung zur außerordentl. Kündigung *und*
- bei Zustimmung kündigen.
- bei Verweigerung der Zustimmung Ersetzung beim ArbG beantragen. Entfällt die Zustimmungsbedürftigkeit bis zum rechtskräftigen Abschluss des Verfahrens oder wird die Zustimmung von der ArbN-Vertretung nachträglich erteilt: unverzüglich kündigen; ansonsten nach rechtskräftiger Ersetzung der Zustimmung unverzüglich kündigen.

40 **2. Wichtiger Grund. a) Geeignete Kündigungsgründe.** Es müssen „Tatsachen vorliegen, die den ArbGeb zur Kündigung aus wichtigem Grund ohne Einhaltung einer Kündigungsfrist berechtigen". Für den Begriff des wichtigen Grundes iSd. § 15 gelten danach die **allg. Grundsätze**, wie sie zu § 626 BGB entwickelt wurden (vgl. auch die Erl. dort). In Betracht kommen insb. schwere Vertragspflichtverletzungen, im Hinblick auf die lange Bindungsdauer aber ausnahmsw. auch personen- und betriebsbedingte Gründe. Kein geeigneter Grund ist die **reine Verletzung von Amtspflichten**; dieser kann der ArbGeb mit dem Amtsenthebungsverfahren nach § 23 BetrVG begegnen[1]. Liegen zugleich Amts- und Vertragspflichtverletzungen vor, kommt sowohl eine Amtsenthebung nach § 23 BetrVG als auch eine außerordentl. Kündigung in Betracht[2]. Nach dem Grundsatz der Verhältnismäßigkeit kann der ArbGeb aber gehalten sein, sich auf das Amtsenthebungsverfahren als mildere Maßnahme zu beschränken, wenn daraus für das ArbVerh eine günstige Prognose folgt[3] (vgl. auch Rz. 45 ff.).

41 **b) Prüfungsmaßstab.** Umstritten ist, ob als Prüfungsmaßstab auf die Dauer einer **fiktiven Kündigungsfrist** oder die zu erwartende **tatsächlich längere Bindungsdauer** des geschützten ArbN (verbleibende Amtszeit nebst Nachwirkung und Kündigungsfrist) abzustellen ist.

42 **Fristlos** kann einem BR-Mitglied nach § 15 KSchG iVm. § 626 BGB nur gekündigt werden, wenn dem ArbGeb bei einem vergleichbaren Nichtmitglied dessen Weiterbeschäftigung bis zum Ablauf der einschlägigen ordentl. Kündigungsfrist (sog. **fiktive Kündigungsfrist**) unzumutbar wäre[4]. Das gilt auch im Nachwirkungszeitraum[5]. Bei fristloser Kündigung muss die tatsächlich längere Bindungsdauer des geschützten ArbN außer Betracht bleiben, weil sonst der Kündigungsschutz funktionswidrig zum Nachteil des geschützten ArbN auswirkte, wenn einem vergleichbaren ungeschützten ArbN mangels Grundes zur fristlosen Kündigung nur ordentl. gekündigt werden könnte[6]. Eine **Umdeutung** der außerordentl. fristlosen Kündigung in eine außerordentl. Kündigung mit Auslauffrist lehnt das BAG für verhaltensbedingte Gründe ab[7].

43 Die tatsächlich längere Bindungsdauer eines geschützten ArbN kann demggü. ohne Benachteiligung des geschützten ArbN bei einer außerordentl. Kündigung mit **Auslauffrist** berücksichtigt werden, sofern die Auslauffrist der ordentl. Kündigungsfrist entspricht. Ist die Fortsetzung des ArbVerh zwar nicht für die Dauer einer fiktiven Kündigungsfrist, wohl aber für die tatsächlich längere Bindungsdauer des geschützten ArbN unzumutbar, darf dies bei **Dauertatbeständen** nicht ausgeblendet werden, sonst bleibt auch die Zumutbarkeitsprüfung fiktiv. Dies entspricht der Rechtslage bei tarifl. Ausschluss der ordentl. Kündigung in der jüngeren Rspr. (vgl. § 1 Rz. 41) und vermeidet eine durch § 15 insoweit nicht gebotene Begünstigung der geschützten ArbN (§ 78 S. 2 BetrVG). Zwar stellt § 15 im Wortlaut nur auf wichtige Gründe ab, die zur „Kündigung ohne Einhaltung einer Kündigungsfrist" berechtigen; doch folgt daraus ebenso wie aus § 103 BetrVG nach hM in der **Literatur** keine Abweichung vom Prüfungsmaßstab des § 626 BGB[8]. Die Dauer des künftigen Bindungszeitraums bestimmt sich nach der bei Zugang der Kündigung mit hinreichender Sicherheit zu stellenden Prognose (zB verbleibende Amtszeit

---

1 BAG 16.10.1986 – 2 ABR 71/85, AP Nr. 95 zu § 626 BGB. ||2 So kann ein Zustimmungsersetzungsantrag nach § 103 BetrVG mit dem Hilfsantrag auf Ausschluss des ArbN aus dem BR nach § 23 BetrVG verbunden werden: BAG 21.2.1978 – 1 ABR 54/76, BB 1978, 1116. ||3 KR/*Etzel*, § 15 Rz. 26a. ||4 BAG 21.6.1995 – 2 ABR 28/94, DB 1995, 2429; 27.9.2001 – 2 AZR 487/00, AiB 2002, 446; 21.6.2012 – 2 AZR 343/11, NZA 2013, 224; 27.9.2012 – 2 AZR 955/11, NZA 2013, 425. ||5 BAG 10.2.1999 – 2 ABR 31/98, NZA 1999, 708 mwN; 15.3.2001 – 2 AZR 624/99, NZA-RR 2002, 20. ||6 St. Rspr., vgl. BAG 10.2.1999 – 2 ABR 31/98, NZA 1999, 708 mwN; 15.3.2001 – 2 AZR 624/99, NZA-RR 2002, 20. ||7 BAG 21.6.2012 – 2 AZR 343/11, NZA 2013, 224. ||8 KR/*Etzel*, § 15 Rz. 22; *Fitting*, § 103 BetrVG Rz. 28; APS/*Linck*, § 15 Rz. 125, 129, jew. mwN; aA – außer für betriebsbedingte Tatbestände – KR/*Fischermeier*, § 626 BGB Rz. 133 mwN.

Unzulässigkeit der Kündigung   Rz. 48 § 15 KSchG

nebst Nachwirkung zzgl. dann geltender Kündigungsfrist; bloße Chancen auf eine Wiederwahl etc. bleiben außer Betracht). Demggü. hält die **Rechtsprechung** bei einer Kündigung wegen häufiger krankheitsbedingter Fehlzeiten ausdrücklich am Prüfungsmaßstab der „fiktiven Kündigungsfrist" fest und lehnt eine Kündigung mit Auslauffrist ab[1]. Dies gilt auch für verhaltensbedingte Gründe[2] und ist insoweit gerechtfertigt (s. § 1 Rz. 41).

In den Fällen einer außerordentl. **betriebsbedingten Massenänderungskündigung mit Auslauffrist** 44
stellt das BAG dagegen in Abkehr von früherer Rspr. nicht mehr auf die fiktive Kündigungsfrist, sondern auf die zu erwartende tatsächliche Bindungsdauer ab[3]. Das gilt etwa im Rahmen eines Sanierungskonzepts[4] oder bei unternehmensweitem Wegfall einer Hierarchiestufe[5]. Damit ist in diesen Fällen der Prüfungsmaßstab dem bei ordentl. Kündigung angenähert. Es bleibt aber das Zustimmungserfordernis gem. S. 1 der Abs. 1–3. Auch darf nach dem Grundsatz der Verhältnismäßigkeit dem ArbN nur die mildest mögliche Änderung der Vertragsbedingungen angeboten werden[6]. Eine fristlose außerordentl. Änderungskündigung kann in eine solche mit Auslauffrist umzudeuten sein (vgl. Rz. 42).

c) **Interessenabwägung.** Das notwendige Gewicht des wichtigen Grundes iSd. § 15 unterscheidet sich 45
grds. nicht von dem des § 626 BGB. Dabei führt das kollektive Interesse der Belegschaft an der Erhaltung der gewählten Vertretung im Rahmen der Interessenabwägung nicht pauschal zu erhöhten Anforderungen an den wichtigen Grund. Dagegen können bei **Vertragspflichtverletzungen mit Bezug zur Amts- oder Funktionsausübung** strengere Anforderungen an den wichtigen Grund zu stellen sein als bei anderen ArbN[7]. Darin liegt keine ungerechtfertigte Begünstigung dieser ArbN iSv. § 78 BetrVG[8], sondern die gebotene Berücksichtigung ihrer erhöhten Gefährdung, in der exponierten Konfliktstellung ggü. dem ArbGeb, die mit der Amts- oder Funktionsausübung idR einhergeht, nicht immer das rechte Maß zu erkennen[9].

d) **Einzelfälle.** Für Kündigungsgründe **ohne Bezug** zur Amts-/Funktionsausübung gelten keine Be- 46
sonderheiten. In der Rspr. **anerkannt** wurden zB Manipulationen bei der Zeiterfassung[10], sexuelle Belästigungen[11], Selbstbeurlaubung[12], vorsätzliche Falschaussage gegen den ArbGeb[13] oder Bereiterklärung hierzu[14], unerlaubte Privattelefonate mit erheblichen Kosten[15]. **Abgelehnt** wurden zB dauerhafte Erkrankung im Nachwirkungszeitraum (auch bei Einhaltung einer Auslauffrist)[16], häufige krankheitsbedingte Fehlzeiten[17] (vgl. Rz. 43), Verdacht einer Kassenmanipulation[18], Haschischrauchen im BR-Büro[19]. Zur betriebsbedingten Massenänderungskündigung vgl. Rz. 44.

Für Kündigungsgründe **mit Bezug** zur Amts-/Funktionsausübung gelten strengere Anforderungen 47
(vgl. Rz. 45): **Anerkannt** hat die Rspr. zB Verkauf von betriebseigenem Schrott zu Gunsten der „Sozialkasse" des BR[20], schwere Beleidigung des Werksleiters („KZ-Methoden")[21], bewusst wahrheitswidrige und den Betriebsfrieden störende Behauptungen in Flugblatt[22]. **Abgelehnt** wurden zB herabsetzende Äußerungen über den ArbGeb in Gewerkschaftszeitung[23], öffentl. Leserbrief über innerbetriebl. Fragen[24], verbale Entgleisung des BR-Vorsitzenden auf Betriebsversammlung[25] und Verstoß gegen Geheimhaltungspflichten[26].

3. **Erklärungsfrist (§ 626 II BGB).** Sie gilt nach heute ganz hM auch für die Kündigung aus wichtigem 48
Grund nach Abs. 1 bis 3a[27]. Die Kündigung muss daher grds. **binnen zwei Wochen** nach Kenntnis des ArbGeb von den Gründen dem ArbN zugehen. Innerhalb dieser Frist ist die ArbN-Vertretung zu beteiligen, dh. die Zustimmung einzuholen (vgl. Rz. 49) oder das gewöhnliche Anhörungsverfahren durchzuführen. In beiden Fällen bestehen dreitägige Äußerungsfristen, so dass die Verfahren spätestens am zehnten Tag nach Kenntnis einzuleiten sind, damit am 14. Tag noch der Zugang der Kündigung bewirkt werden kann. Verweigert die ArbN-Vertretung die erforderliche Zustimmung oder ist deren Erset-

---

1 BAG 18.2.1993 – 2 AZR 526/92, NZA 1994, 74 (als „ältere" Entscheidung bezeichnet in BAG 27.9.2001 – 2 AZR 487/00, AiB 2002, 446). ||2 BAG 27.9.2012 – 2 AZR 955/11, NZA 2013, 425; 21.6.2012 – 2 AZR 343/11, NZA 2013, 224; 17.1.2008 – 2 AZR 821/06, NZA 2008, 777 (insoweit zutreffend, da kein Dauertatbestand). ||3 BAG 10.2.1999 – 2 ABR 31/98, NZA 1999, 708; 15.3.2001 – 2 AZR 624/99 – u. v. 27.9.2001 – 2 AZR 487/00, EzA § 15 nF KSchG Nr. 52 u. Nr. 54. ||4 BAG 7.10.2004 – 2 AZR 81/04, NZA 2005, 156. ||5 BAG 17.3.2005 – 2 ABR 2/04, NZA 2005, 949; 21.6.1995 – 2 ABR 28/94, DB 1995, 2429 (noch ohne auf Einräumung einer Auslauffrist abzustellen). ||6 BAG 21.6.1995 – 2 ABR 28/94, DB 1995, 2429; 27.9.2001 – 2 AZR 487/00, AiB 2002, 446; 17.3.2005 – 2 ABR 2/04, NZA 2005, 949. ||7 HM, vgl. BAG 16.10.1986 – 2 ABR 71/85, DB 1987, 1304; APS/*Linck*, § 15 KSchG Rz. 135 mwN. ||8 So aber KR/*Etzel*, § 15 Rz. 26a mwN. ||9 Ebenso BAG 25.5.1982 – 7 AZR 155/80, nv. ||10 BAG 27.1.1977 – 2 ABR 77/76, BB 1977, 544. ||11 BAG 8.6.2000 – 2 ABR 1/00, AP Nr. 3 zu § 2 BeschSchG. ||12 BAG 22.1.1998 – 2 ABR 19/97, NZA 1998, 708. ||13 LAG Berlin 29.8.1988 – 9 TaBV 4/88, LAGE § 15 KSchG Nr. 6. ||14 BAG 16.10.1986 – 2 ABR 71/85, DB 1987, 1304. ||15 BAG 4.3.2004 – 2 AZR 147/03, NZA 2004, 717. ||16 BAG 15.3.2001 – 2 AZR 624/99, NZA-RR 2002, 20: Abwarten der Nachwirkung zumutbar, da keine Entgeltzahlungspflicht. ||17 BAG 18.2.1993 – 2 AZR 526/92, NZA 1994, 74. ||18 BAG 21.3.1991 – 2 ABR 64/90, nv. ||19 LAG BW 19.10.1993 – 11 TaBV 9/93, LAGE § 626 BGB Nr. 76. ||20 BAG 10.2.1999 – 2 ABR 31/98, NZA 1999, 708 (hier hätte ein gewisser Bezug zur Amtsausübung stärker gewürdigt werden können). ||21 BAG 2.4.1987 – 2 AZR 418/86, AP Nr. 96 zu § 626 BGB. ||22 BAG 26.5.1977 – 2 AZR 632/76, BB 1977, 1504. ||23 LAG Berlin 19.9.1996 – 12 Sa 70/96, nv. ||24 LAG Hamm 21.1.1987 – 3 Sa 1576/86, AuR 1988, 186. ||25 BAG 15.6.1991 – 2 ABR 83/90, RzK II 3 Nr. 19. ||26 LAG Hamm 22.7.2011 – 10 Sa 381/10. ||27 BAG 18.8.1977 – 2 ABR 19/77, AP Nr. 10 zu § 103 BetrVG 1972, st. Rspr.

Quecke | 2655

zung sogleich bei Gericht zu beantragen (vgl. Rz. 52), lässt die Rspr. in Anlehnung an § 91 SGB IX den rechtzeitigen Eingang des **Zustimmungsersetzungsantrags** bei Gericht innerhalb der Frist des § 626 II BGB genügen; die Kündigung muss dann nach rechtskräftiger Ersetzung der Zustimmung **unverzüglich** ausgesprochen werden (vgl. näher Rz. 50 f.). Entfällt die Zustimmungsbedürftigkeit während des Ersetzungsverfahrens oder erteilt die ArbN-Vertretung die zunächst verweigerte Zustimmung nachträglich, erledigt sich ein bereits eingeleitetes Ersetzungsverfahren; auch dann ist die außerordentl. Kündigung unverzüglich auszusprechen (vgl. Rz. 50 f.). Zum Beginn der Erklärungsfrist vgl. die Erl. zu § 626 II; zum Zugang der Kündigung vgl. § 4 Rz. 26 ff.

49   4. **Zustimmung der ArbN-Vertretung.** Sie muss – sofern sie erforderlich ist (vgl. Rz. 37) – **vor Ausspruch der Kündigung** erteilt sein. Andernfalls ist diese unheilbar nichtig (§ 134 BGB)[1]. Die Zustimmung muss (ebenso wie die gewöhnliche Anhörung nach § 102 BetrVG) grds. innerhalb der Kündigungserklärungsfrist des § 626 II BGB eingeholt werden (vgl. Rz. 48). **Zuständige ArbN-Vertretung** ist in der Betriebsverfassung der BR[2] bzw. die Bordvertretung. In der Personalvertretung ist nach §§ 47, 108 I BPersVG nicht – wie sonst – die bei der für die Kündigung entscheidungsbefugten Behörde gebildete Vertretung zuständig, sondern die Vertretung, der das zu entlassende Mitglied angehört[3]; bei mehrfacher Mitgliedschaft sind sämtliche betroffenen Vertretungen zu beteiligen[4]. Zur Einleitung und Durchführung des Zustimmungsverfahrens vgl. die Erl. zu § 103 BetrVG. Die Zustimmung bedarf keiner Form und ist ein **eigenständiges Rechtsinstitut**; §§ 182 III, 111 S. 2 und 3 BGB finden keine Anwendung[5]. Gibt die ArbN-Vertretung innerhalb von drei Tagen keine Erklärung ab, gilt die Zustimmung als verweigert[6]. Sie kann aber nachträglich erteilt werden, sofern sie rechtzeitig und ordnungsgemäß beantragt worden war; in diesem Fall erledigt sich ein eingeleitetes Zustimmungsersetzungsverfahren; die Kündigung ist unverzüglich auszusprechen[7]. Das Gleiche gilt bei nachträglichem Wegfall der Zustimmungsbedürftigkeit, etwa infolge der Beendigung der Amts- und Funktionszeit (vgl. näher Rz. 50 f.).

50   5. **Zustimmungsersetzung.** Verweigert der BR die erforderliche Zustimmung (vgl. Rz. 37, 49), kann der ArbGeb gem. § 103 BetrVG beim ArbG ihre Ersetzung beantragen. Bedarf es gem. Abs. 2 und 3 der Zustimmung einer Personalvertretung nach §§ 47, 108 BPersVG, ist das VerwG zuständig. Der Ersetzungsantrag ist grds. nur zulässig nach vorausgegangener ordnungsgemäßer Beteiligung der ArbN-Vertretung[8]. Zum Ersetzungsverfahren im Einzelnen, insb. zum Nachschieben von Kündigungsgründen, vgl. die Erl. zu § 103 BetrVG. Zur Wahrung der **Kündigungserklärungsfrist des § 626 II BGB** (vgl. Rz. 48) lässt die Rspr. in Anlehnung an § 91 V SGB IX den rechtzeitigen Eingang des Zustimmungsersetzungsantrags bei Gericht innerhalb der Frist des § 626 II BGB genügen; die Kündigung muss dann nach rechtskräftiger Ersetzung der Zustimmung **unverzüglich** ausgesprochen werden[9]. Für mehrstufige personalvertretungsrechtl. Beteiligungsverfahren gilt uU Besonderes[10]. Eine vor **Rechtskraft** der Ersetzungsentscheidung ausgesprochene Kündigung ist idR unheilbar nichtig[11]. Zugleich wird hierdurch ein anhängiges Ersetzungsverfahren gegenstandslos, die Zustimmung müsste erneut bei der ArbN-Vertretung beantragt werden, sofern die Erklärungsfrist des § 626 II BGB noch nicht abgelaufen ist[12]. Hat das LAG die Rechtsbeschwerde nicht zugelassen, tritt formelle Rechtskraft gleichwohl erst mit Ablauf der Frist zur Einlegung der Nichtzulassungsbeschwerde oder deren Ablehnung durch das BAG ein[13].

51   Ein **Ersetzungsverfahren erledigt** sich, wenn die Zustimmungsbedürftigkeit während des Ersetzungsverfahrens entfällt (vgl. Rz. 29) oder die Zustimmung von der ArbN-Vertretung während des Ersetzungsverfahrens nachträglich erteilt wird (vgl. Rz. 49). In beiden Fällen ist die außerordentl. Kündigung unverzüglich auszusprechen[14]. Der vorherigen Durchführung des gewöhnlichen Beteiligungsverfahrens der ArbN-Vertretung vor Ausspruch von außerordentl. Kündigungen bedarf es hier im Hinblick auf deren Beteiligung im Zustimmungsverfahren grds. nicht mehr[15] (anders bei erstmalig gewähltem BR, vgl. Rz. 52). Im öffentl. Dienst kann bei nachträgl. Wegfall der Zustimmungsbedürftigkeit eine andere Personalvertretung für das gewöhnliche Beteiligungsverfahren zuständig sein (vgl. Rz. 49); in diesem Fall dürfte deren (unverzügliche) Beteiligung vor Ausspruch der Kündigung erforderlich sein.

---

1 St. Rspr., vgl. BAG 30.5.1978 – 2 AZR 637/76, BB 1979, 323. ||2 BAG 26.1.1993 – 1 AZR 303/92, NZA 1993, 714; ganz ausnahmsweise der GBR: BAG 21.3.1996 – 2 AZR 559/95, NZA 1996, 974. ||3 BVerwG 9.7.1980 – 6 P 43/79, PersV 1981, 370. ||4 BVerwG 8.12.1986 – 6 P 20/84, NJW 1987, 2601. ||5 BAG 4.3.2004 – 2 AZR 147/03, AP Nr. 50 zu § 103 BetrVG 1972. ||6 BAG 18.8.1977 – 2 ABR 19/77, AP Nr. 10 zu § 103 BetrVG 1972, st. Rspr. ||7 BAG 17.9.1981 – 2 AZR 402/79, AP Nr. 14 zu § 103 BetrVG 1972. ||8 BAG 7.5.1986 – 2 ABR 27/85 – u. 24.10.1996 – 2 AZR 3/96, AP Nr. 18 u. Nr. 32 zu § 103 BetrVG 1972. ||9 BAG 18.8.1977 – 2 AZR 19/77, AP Nr. 10 zu § 103 BetrVG 1972; 17.2.1994 – 2 AZR 673/93, RzK II 2 Nr. 7. ||10 BAG 2.2.2006 – 2 AZR 57/05, ZTR 2006, 440; 24.11.2011 – 2 AZR 480/10, NZA-RR 2012, 333 (keine Besonderheiten nach dem sächs. LPersVG). ||11 BAG 11.11.1976 – 2 AZR 457/75, AP NR. 8 zu § 103 BetrVG 1972. ||12 So – zT formalistisch – BAG 24.10.1996 – 2 AZR 3/96, AP Nr. 32 zu § 103 BetrVG 1972; 9.7.1998 – 2 AZR 142/98, AP Nr. 36 zu § 103 BetrVG 1972. ||13 BAG 9.7.1998 – 2 AZR 142/98, AP Nr. 36 zu § 103 BetrVG 1972; bei offensichtlicher Aussichtslosigkeit einer Nichtzulassungsbeschwerde soll auch schon vorher gekündigt werden können – auf eigenes Risiko: BAG 24.11.2011 – 2 AZR 480/10, NZA-RR 2012, 333. ||14 BAG 30.5.1978 – 2 AZR 637/76, AP Nr. 4 zu § 15 KSchG 1969; 17.9.1981 – 2 AZR 402/79, AP Nr. 14 zu § 103 BetrVG 1972. ||15 BAG 8.6.2000 – 2 AZN 276/00, AP Nr. 41 zu § 103 BetrVG 1972; 17.3.2005 – 2 AZR 275/04, AP Nr. 6 zu § 27 BetrVG 1972.

In **betriebsratslosen Betrieben**[1] ist nach st. Rspr. in der Schutzzeit des Abs. 3 S. 1 mangels BR analog 52 § 103 BetrVG die Ersetzung der Zustimmung direkt beim ArbG zu beantragen[2]. Das kommt in Betracht für die außerordentl. Kündigung von Wahlvorstandsmitgliedern und Wahlbewerbern bei **erstmaliger BR-Wahl**. Während gewählte Wahlbewerber hier mit Bekanntgabe des Wahlergebnisses den vollen Schutz behalten (nunmehr als amtierende BR-Mitglieder, vgl. Rz. 12), tritt für die nicht gewählten Wahlbeteiligten nach Abs. 3 der nachwirkende Schutz ein und das Zustimmungserfordernis entfällt. Ein eingeleitetes Ersetzungsverfahren erledigt sich; vor der nunmehr unverzüglich auszusprechenden Kündigung ist hier der neu gewählte BR erstmals (unverzüglich) gem. § 102 BetrVG anzuhören[3]. Auch in Betrieben mit BR ist die Ersetzung der Zustimmung direkt bei Gericht zu beantragen in Fällen arbeitskampfbedingter Kündigungen[4] oder bei Funktionsunfähigkeit des BR, etwa bei beabsichtigter Kündigung des einzigen Mitglieds und Fehlen eines Ersatzmitglieds[5].

6. Schwerbehinderung. Ist der nach § 15 geschützte ArbN schwerbehindert, kann die **Anhörung** der 53 ArbN-Vertretung sowohl vor als auch – unverzüglich[6] – nach Erteilung der rechtzeitig gem. § 91 II SGB IX beantragten Zustimmung des Integrationsamtes erfolgen[7]. Bei vorheriger Anhörung ist eine erneute Anhörung nur erforderlich, wenn sich die maßgeblichen Umstände zwischenzeitlich geändert haben[8]. Dies wird auf den **Antrag auf Zustimmung nach § 103 BetrVG** zu übertragen sein. Der ArbGeb kann daher nach Zustimmung des Integrationsamtes unverzüglich die Zustimmung der ArbN-Vertretung und nach deren Verweigerung unverzüglich ihre **Ersetzung** durch das ArbG beantragen[9]. Hatte der BR die Zustimmung zu einer außerordentl. Kündigung bereits zuvor verweigert, kann der Antrag auf Ersetzung der Zustimmung in entsprechender Anwendung von § 91 V SGB IX noch unverzüglich nach Erteilung der Zustimmung durch das Integrationsamt oder nach Eintritt der Zustimmungsfiktion des § 91 III 2 SGB IX gestellt werden[10]. Der umgekehrte Weg, dh. zunächst Ersetzung der Zustimmung der ArbN-Vertretung und dann Einholung der Zustimmung des Integrationsamtes, ist wegen § 91 II SGB IX nicht gangbar. Liegt die Zustimmung des Integrationsamtes erst nach Ablauf der Frist des § 626 II BGB vor und hatte der BR bereits zugestimmt, ist die **Kündigung** gem. § 91 V SGB IX unverzüglich nach Erteilung der Zustimmung auszusprechen. Erteilt ist die Zustimmung idS nicht erst mit ihrer Zustellung, sondern bereits mit ihrer mündlichen oder fernmündlichen Bekanntgabe an den ArbGeb[11]. Liegt die Zustimmung ausnahmsw. bereits vor Ablauf der Zwei-Wochen-Frist des § 626 II BGB vor, kann der ArbGeb diese Frist voll ausschöpfen und muss nicht unverzüglich kündigen[12]. Das Integrationsamt prüft die Wahrung der Frist des § 91 II SGB IX mit Tatbestandswirkung für die ArbG; die Einhaltung der Frist des § 626 II BGB ist dagegen vom ArbG eigenständig zu prüfen[13].

7. Zustimmungsersetzung und Kündigungsschutzprozess. Hat der ArbGeb nach rechtskräftiger ge- 54 richtl. Ersetzung der Zustimmung außerordentl. gekündigt, kann der ArbN Kündigungsschutzklage erheben. Dabei hat er ungeachtet des geltend gemachten Unwirksamkeitsgrundes stets die **dreiwöchige Klagefrist** zu wahren (vgl. Rz. 9). Das vorausgegangene Ersetzungsverfahren steht nicht entgegen[14]. Doch ist das ArbG im Kündigungsschutzprozess an die dort getroffene Feststellung gebunden, dass die außerordentl. Kündigung unter Berücksichtigung aller Umstände gerechtfertigt ist (Präklusionswirkung); der ArbN kann sich nur auf solche Tatsachen berufen, die er im Ersetzungsverfahren nicht geltend machen konnte[15]. Die Präklusion gilt nicht für eine ordentl. Kündigung, die der ArbGeb nach Ablauf der Schutzzeit aus demselben Grund ausspricht[16]. Vgl. auch die Erl. zu § 103 BetrVG.

VIII. Kündigung bei Betriebsstilllegung (Abs. 4). Die Norm beschränkt den Sonderkündigungsschutz 55 des § 15, indem sie Kündigungen der geschützten ArbN für zulässig erklärt, wenn der **gesamte Betrieb** stillgelegt wird (vgl. Rz. 56). Dabei ist der Zeitpunkt der Stilllegung idR der frühestmögliche Kündigungstermin (vgl. Rz. 58f.). Es handelt sich um eine ordentl. Kündigung, die eine entsprechende Beteiligung der ArbN-Vertretung erfordert (vgl. Rz. 57). Eine Kündigungsschutzklage hat nach § 13 III die dreiwöchige Klagefrist der §§ 4–7 zu wahren. Wegen des Verhältnisses des Abs. 4 zum sonstigen Kündigungsschutz und zum Ersten und Dritten Abschnitt des KSchG vgl. Rz. 7f. Entgegen seinem Wortlaut erfasst Abs. 4 auch die in Abs. 3a geschützten Initiatoren der BR-Wahl[17].

Der Begriff der **Betriebsstilllegung** entspricht dem in § 111 S. 2 Nr. 1 BetrVG (vgl. näher § 1 Rz. 300ff. 56 sowie § 111 BetrVG Rz. 23). Keine Betriebsstilllegung ist die Insolvenzeröffnung als solche[18]. Dem Be-

---

1 Es darf auch kein Übergangsmandat bestehen. ||2 BAG 12.8.1976 – 2 AZR 303/75, AP Nr. 2 zu § 15 KSchG 1969; 16.12.1982 – 2 AZR 76/81, AP Nr. 13 zu § 15 KSchG 1969; 24.10.1996 – 2 AZR 3/96, AP Nr. 32 zu § 103 BetrVG 1972. ||3 BAG 30.5.1978 – 2 AZR 637/76, AP Nr. 4 zu § 15 KSchG. ||4 BAG 14.2.1978 – 1 AZR 54/76, BB 1978, 913. ||5 BAG 16.12.1982 – 2 AZR 76/81, DB 1983, 1049; ebenso bei krankheitsbedingter Verhinderung sämtlicher Mitglieder: BAG 5.9.1986 – 7 AZR 175/85, DB 1987, 1641 (Beschlussunfähigkeit allein genügt nicht: BAG 18.8.1982 – 7 AZR 437/80, BB 1983, 251). ||6 BAG 22.1.1987 – 2 ABR 6/86, NZA 1987, 563. ||7 BAG 3.7.1980 – 2 AZR 340/78, AP Nr. 2 zu § 18 SchwbG. ||8 BAG 1.4.1981 – 7 AZR 1003/78, DB 1981, 2128; 18.5.1994 – 2 AZR 626/93, NZA 1995, 65. ||9 Ebenso KR/*Fischermeier*, § 626 BGB Rz. 341. ||10 So zum SchwbG BAG 22.1.1987 – 2 ABR 6/86, NZA 1987, 563. ||11 BAG 21.4.2005 – 2 AZR 255/04, NZA 2005, 991 (ebenso bei Erteilung durch Widerspruchsausschuss). ||12 BAG 15.11.2001 – 2 AZR 380/00, NZA 2002, 970. ||13 BAG 2.3.2006 – 2 AZR 46/05, NZA 2006, 563. ||14 BAG 24.4.1975 – 2 AZR 118/74, BB 1975, 1014. ||15 BAG 24.4.1975 – 2 AZR 118/74, BB 1975, 1014; 11.5.2000 – 2 AZR 276/99, NZA 2000, 1106. ||16 BAG 15.8.2002 – 2 AZR 214/01, NZA 2003, 432. ||17 BAG 4.11.2004 – 2 AZR 96/04, AP Nr. 57 zu § 15 KSchG („Redaktionsversehen"). ||18 BAG 16.9.1982 – 2 AZR 271/80, DB 1983, 504.

trieb entspricht im Bereich der Personalvertretung die Dienststelle; das gilt auch bei einem Mitglied der Bezirks- oder Hauptpersonalvertretung[1]. Der **Betriebsübergang** nach § 613a BGB ist keine Betriebsstilllegung. Wegen der Abgrenzung von der Betriebsstilllegung vgl. § 1 Rz. 308. Der Betriebsnachfolger tritt in die ArbVerh ein. Bleibt die Identität des Betriebs gewahrt, besteht der BR grds. fort[2]. Ansonsten kann ein Übergangs- oder Restmandat nach §§ 21a, 21b BetrVG bestehen. Beim Übergang eines **Betriebsteils** ist das BR-Mitglied grds. in eine andere Betriebsabteilung zu übernehmen (vgl. Rz. 60ff.). Ist das aus betriebl. Gründen nicht möglich, endet das BR-Amt, sofern kein eigenständiger Betriebsrat iSv. § 4 I BetrVG oder ein Rest- oder Übergangsmandat besteht. In diesem Fall setzt der nachwirkende Schutz ein. Vgl. näher § 613a BGB Rz. 285. Widerspricht der geschützte ArbN dem Übergang seines ArbVerh gem. § 613a VI BGB, verbleibt er beim bisherigen ArbGeb. Besteht dort – wie im Falle eines Teilbetriebsübergangs möglich – der BR fort, bleibt der ArbN im Amt; anderenfalls setzt der nachwirkende Schutz ein. Zum Fall einer Spaltung oder Teilübertragung iSv. § 323 I UmwG vgl. Rz. 7.

57 Als Rechtsfolge erklärt Abs. 4 die Kündigung im Falle der Betriebsstilllegung für zulässig. Es handelt sich um eine **ordentl. Kündigung**[3]. Vor dieser bietet § 15 den geschützten ArbN grds. abschließenden Schutz; § 1 findet daneben keine Anwendung, ebenso wenig § 125 InsO (vgl. Rz. 8). Doch ist Abs. 4 zur Angleichung des Schutzumfangs der besonders geschützten ArbN an den des § 1 einschränkend dahin auszulegen, dass die ordentl. Kündigung auch im Falle einer Betriebsstilllegung nur zulässig ist, wenn eine **Weiterbeschäftigung in einem anderen Betrieb** des ArbGeb gem. den zu § 1 entwickelten Grundsätzen nicht möglich ist[4] (vgl. § 1 Rz. 274ff., insb. 277). Die Kündigung nach Abs. 4 erfordert **keine Zustimmung** der ArbN-Vertretung, sondern deren gewöhnliche Beteiligung vor ordentl. Kündigung[5]. Ohne diese ist sie unwirksam[6]. Im öffentl. Dienst ist hier abweichend von der zustimmungsbedürftigen Kündigung (vgl. Rz. 49) die bei der entscheidungsbefugten Behörde gebildete **Personalvertretung zuständig**[7].

58 Bei der Kündigung nach Abs. 4 ist die einschlägige **Kündigungsfrist** zu wahren[8]. Ist die ordentl. Kündigung tarifvertragl. ausgeschlossen, kommt eine außerordentl. Kündigung mit Auslauffrist entsprechend der sonst geltenden Frist in Betracht[9], sofern nicht beim ArbGeb noch eine Möglichkeit zur anderweitigen Weiterbeschäftigung, ggf. nach Umschulung, besteht[10]. Die außerordentl. Kündigung bedarf hier nicht der Zustimmung der ArbN-Vertretung[11] (vgl. § 1 Rz. 41). Die Kündigung darf grds. frühestens zum **Zeitpunkt der Stilllegung** erfolgen, so dass die geschützten ArbN mit der letzten Gruppe entlassen werden[12]. Eine vorzeitige Entlassung ist nur zulässig, wenn sie durch „zwingende betriebliche Erfordernisse bedingt" ist, etwa wenn keinerlei Beschäftigungsmöglichkeit mehr besteht[13]. Für freigestellte ArbN-Vertreter scheidet eine vorzeitige Entlassung aus. Können bei etappenweiser Stilllegung eines Betriebs nicht alle geschützten Personen bis zur endgültigen Schließung weiterbeschäftigt werden, findet unter ihnen eine Sozialauswahl entsprechend § 1 III statt[14]. Zu beachten ist das **Restmandat** des letzten funktionsfähigen BR gem. § 21b BetrVG, das ggf. auch über die Beendigung des ArbVerh hinaus besteht.

59 Eine **bewusst vorzeitige Kündigung** ohne zwingendes betriebl. Erfordernis ist unwirksam. Sie kann bei fristwahrender, uU nachträglich zuzulassender Klage umgedeutet werden in eine Kündigung zum Zeitpunkt der Betriebsstilllegung, wenn bei ihrem Zugang der Stilllegungszeitpunkt feststeht. Ist das nicht der Fall, dürfte eine Umdeutung am Grundsatz der Bedingungsfeindlichkeit, Bestimmtheit und Eindeutigkeit einer Gestaltungserklärung scheitern (vgl. § 1 Rz. 26, 27 aE). Tritt nach Ausspruch der Kündigung zum geplanten Stilllegungszeitpunkt eine **unvorhergesehene Verzögerung** ein, soll das ArbVerh ohne weiteres erst zum nächsten Kündigungstermin nach tatsächlicher Stilllegung enden („gesetzliche Bedingung"); entfällt die Stilllegung nachträglich ganz, soll die Kündigung „gegenstandslos" werden[15]. Ob sich diese Rspr. mit der – hier wohl auch anwendbaren – allg. Klagefrist der §§ 4, 7, 13 III vereinbaren lässt, erscheint fraglich. In Betracht kommt bei ursprünglich wirksamer Kündigung jedenfalls ein Wiedereinstellungsanspruch, da auch die Kündigung nach Abs. 4 auf einer Prognose gründet (vgl. näher § 1 Rz. 75ff.).

60 **IX. Stilllegung einer Betriebsabteilung (Abs. 5).** Abs. 5 **beschränkt den Sonderkündigungsschutz** des § 15 über Abs. 4 hinaus auch bei Stilllegung (vgl. Rz. 56) einer Betriebsabteilung (vgl. Rz. 61). Eine dort beschäftigte geschützte Person ist zwar grds. in eine andere Betriebsabteilung zu übernehmen (vgl. Rz. 62f.). Ist dies aber aus betriebl. Gründen nicht möglich (vgl. Rz. 63), findet das Kündigungsrecht des Abs. 4 sinngemäß Anwendung (vgl. Rz. 57ff.). Entgegen seinem Wortlaut erfasst Abs. 5 ebenso wie Abs. 4 auch die Wahlinitiatoren des Abs. 3a (vgl. Rz. 55).

---

1 BAG 22.9.2005 – 2 AZR 544/04, NZA 2006, 558. ||2 BAG 5.2.1991 – 1 ABR 32/90, AP Nr. 89 zu § 613a BGB. ||3 BAG 23.4.1980 – 5 AZR 49/78, NJW 1980, 2543; 18.9.1997 – 2 ABR 15/97, NZA 1998, 189. ||4 BAG 22.9.2005 – 2 AZR 544/04, NZA 2006, 558; 13.8.1992 – 2 AZR 22/92, NZA 1993, 224. ||5 BAG 18.9.1997 – 2 ABR 15/97, NZA 1998, 189. ||6 BAG 29.3.1977 – 1 AZR 46/75, BB 1977, 947. ||7 *Quecke*, ZTR 1998, 344 (345). ||8 BAG 29.3.1977 – 1 AZR 46/75, BB 1977, 947. ||9 BAG 29.3.1985 – 2 AZR 113/84, AP Nr. 86 zu § 626 BGB. ||10 BAG 13.6.2002 – 2 AZR 391/01, AP Nr. 97 zu § 615 BGB (zu einem TV der Wohnungswirtschaft). ||11 BAG 18.9.1997 – 2 ABR 15/97, NZA 1998, 189. ||12 BAG 26.10.1967 – 2 AZR 422/66, AP Nr. 17 zu § 13 KSchG. ||13 KR/*Etzel*, § 15 KSchG Rz. 103ff. ||14 BAG 16.9.1982 – 2 AZR 271/80, DB 1983, 504. ||15 BAG 23.4.1980 – 5 AZR 49/78, NJW 1980, 2543; 14.9.1994 – 2 AZR 75/94, EzA § 103 BetrVG 1972 Nr. 36.

Betriebsabteilung ist die räumlich, organisatorisch und personell abgegrenzte Einheit eines Betriebs mit eigenen technischen Betriebsmitteln und regelmäßig **eigenem Betriebszweck**, wozu auch Hilfsaufgaben für den Gesamtbetrieb zählen[1] (zB Stepperei einer Schuhfabrik[2]). Befinden sich in mehreren nahe gelegenen Betriebsteilen eines Betriebs jeweils organisatorisch abgrenzbare Arbeitseinheiten, die denselben Betriebszweck verfolgen (zB in den benachbarten Betriebsteilen eines Garnherstellers jeweils eine Zwirnerei), so bilden diese Arbeitseinheiten eine einheitliche Betriebsabteilung iSv. Abs. 5; die Stilllegung nur einer Zwirnerei ist dann keine Stilllegung der gesamten Abteilung[3]. Das Gleiche dürfte für mehrere gleichartige Filialen eines Einzelhandelsunternehmens in einer Stadt gelten[4]. Ein eigenständiger Betriebszweck kann aber auf Grund der weiten Entfernung vom Hauptbetrieb anzunehmen sein[5]. Hat ein **betriebsratsfähiger Betriebsteil** iSv. § 4 I BetrVG einen eigenen BR gewählt, ist dieser Teil nach dem Zweck des § 15 als Betrieb iSv. Abs. 4 zu behandeln[6]. Hat er gem. § 4 I 2 BetrVG an der BR-Wahl im Hauptbetrieb teilgenommen, ist er als Betriebsabteilung iSv. Abs. 5 anzusehen[7]. Die **Stilllegung** (vgl. Rz. 56) ist von der Verkleinerung der Betriebsabteilung abzugrenzen[8].

Die Verpflichtung zur **Übernahme** in eine andere Betriebsabteilung ist grds. auf den Betrieb bzw. die Dienststelle begrenzt. Das gilt auch für Mitglieder von Bezirks- oder Hauptpersonalvertretungen im öffentl. Dienst[9]. Die Übernahmepflicht gilt auch für nachgerückte Ersatzmitglieder sowie in der Nachwirkungszeit[10]. Neben der Übernahmepflicht ist die Pflicht zur Weiterbeschäftigung in einem anderen Betrieb zu beachten, die sich nur auf freie Arbeitsplätze bezieht (vgl. Rz. 57). Sie kommt insb. in Betracht, wenn ein geeigneter gleichwertiger Arbeitsplatz im Betrieb fehlt (vgl. Rz. 63). Das Übernahmegebot dient allein im Interesse der Belegschaft an der kontinuierlichen Amtsausübung durch die Funktionsträger. Eine unter Verstoß gegen die Übernahmepflicht dennoch erfolgte Kündigung ist nur auf Grund dieses Schutzzwecks unwirksam. Das BAG versagt dem betroffenen ArbN daher Schadensersatzansprüche aus der Verletzung des Übernahmegebots[11]. Der ArbGeb hat von sich aus alle denkbaren Übernahmemöglichkeiten eingehend zu prüfen und das Ergebnis im Rechtsstreit (im Rahmen einer abgestuften **Darlegungslast**) substantiiert vorzutragen[12].

Die Übernahme iSv. Abs. 5 erfolgt in erster Linie auf einen geeigneten **gleichwertigen Arbeitsplatz**. Ein höherwertiger muss nicht angeboten werden[13]; ein geringerwertiger Arbeitsplatz bei gleicher Vergütung genügt nicht, sofern ein gleichwertiger vorhanden ist[14]. Der ArbGeb ist verpflichtet, die Übernahme des BR-Mitglieds in eine andere Betriebsabteilung notfalls durch **Freikündigen** eines geeigneten Arbeitsplatzes sicherzustellen[15]. Ob dabei die Interessen des durch die erforderliche Freikündigung betroffenen ArbN gegen die Interessen des BR-Mitglieds und die Interessen der Belegschaft an der Kontinuität der Besetzung des BR abzuwägen sind, hat das BAG offengelassen. Gegen eine Abwägung spricht der Wortlaut des Abs. 5, wonach eine Übernahme nur ausscheidet, wenn sie aus „betrieblichen Gründen" nicht möglich ist[16]. Kann ein geschützter ArbN nach Änderungskündigung zu iÜ unveränderten Bedingungen auf einem freien Arbeitsplatz in einer anderen Betriebsabteilung weiterbeschäftigt werden, ist der ArbGeb aber nicht verpflichtet, einen örtlich näher gelegenen und deshalb den ArbN weniger belastenden Arbeitsplatz freizukündigen[17].

Fehlt ein geeigneter gleichwertiger Arbeitsplatz, hat der ArbGeb einen geeigneten **geringerwertigen Arbeitsplatz** in einer anderen Betriebsabteilung anzubieten und notfalls – nach erklärter Annahme – freizukündigen. Ist in einem solchen Fall zugleich ein gleichwertiger Arbeitsplatz in einem anderen Betrieb frei, sollte der ArbGeb beide Arbeitsplätze anbieten (vgl. Rz. 57). **Konkurrieren** ein ordentl. Mitglied der ArbN-Vertretung und ein Ersatzmitglied mit nachwirkendem Schutz um einen geeigneten Arbeitsplatz in einer anderen Betriebsabteilung, kommt dem ordentl. Mitglied nach dem auf Kontinuität der personellen Zusammensetzung gerichteten Normzweck Vorrang zu[18]. Unter ordentl. Mitgliedern ist eine Sozialauswahl analog § 1 III vorzunehmen. Eine Übernahme ist **aus betrieblichen Gründen unmöglich**, wenn kein geeigneter gleichwertiger oder geringerwertiger Arbeitsplatz vorhanden ist. In diesem Fall kann der ArbGeb nach Maßgabe des Abs. 4 kündigen (vgl. Rz. 57 ff.). Ist zwar ein solcher Arbeitsplatz vorhanden, wird er aber vom ArbN nicht akzeptiert, hat der ArbGeb nach dem Grundsatz der Verhältnismäßigkeit idR dennoch eine Änderungskündigung auszusprechen; denn dem nach § 15 geschützten ArbN wird in entsprechender Anwendung von § 2 auch die Möglichkeit der Annahme unter Vorbehalt zuzugestehen sein. Nur bei endgültiger Ablehnung des Angebots, auch seiner Annahme un-

---

1 BAG 12.3.2009 – 2 AZR 47/08, DB 2009, 1712; 20.1.1984 – 7 AZR 443/82, NZA 1984, 38; 30.5.1958 – 1 AZR 478/57, AP Nr. 13 zu § 13 KSchG. ||2 ArbG Offenbach 15.3.1972 – 2 BV 2/72, DB 1972, 1730. ||3 BAG 20.1.1984 – 7 AZR 443/82, NZA 1984, 38. ||4 KR/*Etzel*, § 15 Rz. 121. ||5 BAG 28.10.1999 – 2 AZR 437/98, DB 2000, 578 (150 km von der Hauptstelle entfernte Berufsbildungsstätte). ||6 BAG 4.11.2004 – 2 AZR 96/04, AP Nr. 57 zu § 15 KSchG 1969. ||7 BAG 28.10.1999 – 2 AZR 437/98, DB 2000, 578. ||8 BAG 17.11.2005 – 6 AZR 118/05, NZA 2006, 370. ||9 BAG 22.9.2005 – 2 AZR 544/04, NZA 2006, 558. ||10 LAG Hamburg 26.5.2004 – 5 Sa 65/03, nv. ||11 BAG 14.2.2002 – 8 AZR 175/01, DB 2002, 2000. ||12 BAG 25.11.1981 – 7 AZR 382/79, BAGE 37, 128. ||13 BAG 23.2.2010 – 2 AZR 656/08, BAGE 133, 226. ||14 BAG 1.2.1957 – 1 AZR 478/54, AP Nr. 5 zu § 13 KSchG. ||15 BAG 18.10.2000 – 2 AZR 494/99, NZA 2001, 321; 25.11.1981 – 7 AZR 382/79, DB 1982, 809. ||16 Sehr str., wie hier etwa KDZ/*Kittner*, § 15 Rz. 77a; aA zB LAG Rh.-Pf. 13.11.2007 – 1 Sa 914/06, LAGE § 15 KSchG Nr. 20 mwN. ||17 BAG 28.10.1999 – 2 AZR 437/98, AP Nr. 44 zu § 15 KSchG 1969. ||18 BAG 2.3.2006 – 2 AZR 83/05, NZA 2006, 988; die Nachrangigkeit des Nachrückens betont auch BAG 18.10.2000 – 2 AZR 494/99, NZA 2001, 321.

KSchG § 16 Rz. 1 Neues Arbeitsverhältnis; Auflösung des alten Arbeitsverhältnisses

ter Vorbehalt, sowie nach ausreichender Bedenkzeit (idR drei Wochen) kommt auch eine Beendigungskündigung in Betracht[1]. Dieser Weg dürfte insb. vor einer Freikündigung des Arbeitsplatzes einzuschlagen sein.

16 Neues Arbeitsverhältnis; Auflösung des alten Arbeitsverhältnisses

Stellt das Gericht die Unwirksamkeit der Kündigung einer der in § 15 Abs. 1 bis 3a genannten Personen fest, so kann diese Person, falls sie inzwischen ein neues Arbeitsverhältnis eingegangen ist, binnen einer Woche nach Rechtskraft des Urteils durch Erklärung gegenüber dem alten Arbeitgeber die Weiterbeschäftigung bei diesem verweigern. Im Übrigen finden die Vorschriften des § 11 und des § 12 Satz 2 bis 4 entsprechende Anwendung.

1 § 16 räumt den durch § 15 geschützten Personen nach rechtskräftig festgestellter Unwirksamkeit der Kündigung ein **Wahlrecht** zwischen der Fortsetzung eines zwischenzeitlich eingegangenen ArbVerh und der Rückkehr in das unwirksam gekündigte ArbVerh ein. Mit der Bezugnahme auf § 11 und § 12 S. 2–4 gelten diese Bestimmungen des Ersten Abschnitts inhaltsgleich auch für alle unwirksamen Kündigungen nach § 15. Auf die Erl. zu §§ 11, 12 wird verwiesen.

2 Wählt der ArbN die Fortsetzung des neuen, zwischenzeitlich eingegangenen ArbVerh, kann er gem. § 12 S. 4 **entgangenen Verdienst** nur für die Zeit zwischen der Entlassung und dem Beginn dieses ArbVerh verlangen. Das wirkt sich bei niedrigerem Verdienst des ArbN in dem neuen ArbVerh nachteilig aus. Vgl. näher die Erl. zu §§ 11, 12.

Dritter Abschnitt. Anzeigepflichtige Entlassungen

17 Anzeigepflicht

(1) Der Arbeitgeber ist verpflichtet, der Agentur für Arbeit Anzeige zu erstatten, bevor er

1. in Betrieben mit in der Regel mehr als 20 und weniger als 60 Arbeitnehmern mehr als fünf Arbeitnehmer,
2. in Betrieben mit in der Regel mindestens 60 und weniger als 500 Arbeitnehmern zehn vom 100 der im Betrieb regelmäßig beschäftigten Arbeitnehmer oder aber mehr als 25 Arbeitnehmer,
3. in Betrieben mit in der Regel mindestens 500 Arbeitnehmern mindestens 30 Arbeitnehmer

innerhalb von 30 Kalendertagen entlässt. Den Entlassungen stehen andere Beendigungen des Arbeitsverhältnisses gleich, die vom Arbeitgeber veranlasst werden.

(2) Beabsichtigt der Arbeitgeber, nach Absatz 1 anzeigepflichtige Entlassungen vorzunehmen, hat er dem Betriebsrat rechtzeitig die zweckdienlichen Auskünfte zu erteilen und ihn schriftlich insbesondere zu unterrichten über

1. die Gründe für die geplanten Entlassungen,
2. die Zahl und die Berufsgruppen der zu entlassenden Arbeitnehmer,
3. die Zahl und die Berufsgruppen der in der Regel beschäftigten Arbeitnehmer,
4. den Zeitraum, in dem die Entlassungen vorgenommen werden sollen,
5. die vorgesehenen Kriterien für die Auswahl der zu entlassenden Arbeitnehmer,
6. die für die Berechnung etwaiger Abfindungen vorgesehenen Kriterien.

Arbeitgeber und Betriebsrat haben insbesondere die Möglichkeiten zu beraten, Entlassungen zu vermeiden oder einzuschränken und ihre Folgen zu mildern.

(3) Der Arbeitgeber hat gleichzeitig der Agentur für Arbeit eine Abschrift der Mitteilung an den Betriebsrat zuzuleiten; sie muss zumindest die in Absatz 2 Satz 1 Nr. 1 bis 5 vorgeschriebenen Angaben enthalten. Die Anzeige nach Absatz 1 ist schriftlich unter Beifügung der Stellungnahme des Betriebsrates zu den Entlassungen zu erstatten. Liegt eine Stellungnahme des Betriebsrates nicht vor, so ist die Anzeige wirksam, wenn der Arbeitgeber glaubhaft macht, dass er den Betriebsrat mindestens zwei Wochen vor Erstattung der Anzeige nach Absatz 2 Satz 1 unterrichtet hat, und er den Stand der Beratungen darlegt. Die Anzeige muss Angaben über den Namen des Arbeitgebers, den Sitz und die Art des Betriebes enthalten, ferner die Gründe für die geplanten Entlassungen, die Zahl und die Berufsgruppen der zu entlassenden und der in der Regel beschäftigten Arbeitnehmer, den Zeitraum, in dem die Entlassungen vorgenommen werden sollen und die vorgesehenen Kriterien für die Auswahl der zu entlassenden Arbeitnehmer. In der Anzeige sollen ferner im Einvernehmen mit dem Betriebsrat für die Arbeitsvermittlung Angaben über Geschlecht, Alter, Beruf und Staatsangehörigkeit der zu entlassenden Arbeitnehmer gemacht werden. Der Arbeitgeber hat dem Betriebsrat eine Abschrift der Anzeige

---

1 BAG 21.4.2005 – 2 AZR 132/04, NZA 2005, 1289.

zuzuleiten. Der Betriebsrat kann gegenüber der Agentur für Arbeit weitere Stellungnahmen abgeben. Er hat dem Arbeitgeber eine Abschrift der Stellungnahme zuzuleiten.

(3a) Die Auskunfts-, Beratungs- und Anzeigepflichten nach den Absätzen 1 bis 3 gelten auch dann, wenn die Entscheidung über die Entlassungen von einem den Arbeitgeber beherrschenden Unternehmen getroffen wurde. Der Arbeitgeber kann sich nicht darauf berufen, dass das für die Entlassungen verantwortliche Unternehmen die notwendigen Auskünfte nicht übermittelt hat.

(4) Das Recht zur fristlosen Entlassung bleibt unberührt. Fristlose Entlassungen werden bei Berechnung der Mindestzahl der Entlassungen nach Absatz 1 nicht mitgerechnet.

(5) Als Arbeitnehmer im Sinne dieser Vorschrift gelten nicht

1. in Betrieben einer juristischen Person die Mitglieder des Organs, das zur gesetzlichen Vertretung der juristischen Person berufen ist,
2. in Betrieben einer Personengesamtheit die durch Gesetz, Satzung oder Gesellschaftsvertrag zur Vertretung der Personengesamtheit berufenen Personen,
3. Geschäftsführer, Betriebsleiter und ähnliche leitende Personen, soweit diese zur selbständigen Einstellung oder Entlassung von Arbeitnehmern berechtigt sind.

I. Inhalt und Zweck 1	4. Sonstige Pflichten 25
1. Persönlicher Geltungsbereich (Abs. 5) 4	IV. Anzeigepflicht (Abs. 3) 27
2. Sachlicher Geltungsbereich (Abs. 4) 5	1. Verfahren, Form und Zeitpunkt der Anzeige (Abs. 3 S. 1) 28
II. Voraussetzungen für die Anzeigepflicht (Abs. 1) 6	2. Stellungnahme des Betriebsrats (Abs. 3 S. 2 und 3) 32
1. Betrieblicher Anwendungsbereich 7	3. Mindestinhalt der Anzeige (Abs. 3 S. 4) . . . 34
2. Zahl der beschäftigten Arbeitnehmer 8	4. Sollangaben der Anzeige (Abs. 3 S. 5) 35
3. Zahl der Entlassungen 12	5. Unterrichtung zwischen Arbeitgeber und Betriebsrat (Abs. 3 S. 6–8) 36
4. Zeitraum der Entlassungen 15	
III. Beteiligung des Betriebsrats (Abs. 2) 17	V. Beherrschungsklausel (Abs. 3a) 37
1. Auskunftspflicht 20	VI. Rechtsfolgen der Anzeige 38
2. Unterrichtungspflicht 21	
3. Beratungspflicht 24	

I. Inhalt und Zweck. Mit § 17 beginnt der Dritte Abschnitt des Gesetzes, der die sog. anzeigepflichtigen Entlassungen regelt. Die Vorschriften dienen der Erfassung und Steuerung einer auf einmal oder in kurzen zeitlichen Abständen erfolgenden größeren Zahl von Entlassungen und verfolgen in erster Linie einen **arbeitsmarktpolitischen Zweck**. Die Arbeitsverwaltung soll durch die Anzeige des ArbGeb in die Lage versetzt werden, sich rechtzeitig auf zu erwartende Entlassungen größeren Umfangs einzustellen und Maßnahmen zu treffen, sei es mit dem Ziel, die Entlassungen ganz zu vermeiden oder neue Arbeitsplätze nachzuweisen, so dass eine längere Arbeitslosigkeit der betroffenen ArbN möglichst vermieden wird[1]. Neben diesem arbeitsmarktpolitischen Zweck dient die Regelung auch dem Schutz des einzelnen ArbVerh[2]. Das folgt bereits aus dem Umstand, dass bei den Entscheidung der AA nach § 20 IV auch die Interessen der zu entlassenden ArbN zu berücksichtigen sind. Der Stärkung des Schutzes des ArbN bei Massenentlassungen dient ausdrücklich auch die RL des Rates 98/59/EG zur Angleichung der Rechtsvorschriften der Mitgliedstaaten über Massenentlassungen v. 20.7.1998[3]. 1

Auf Grund der Bestimmungen in den §§ 17 ff. kann die Arbeitsverwaltung die Entlassungen letztlich nicht verhindern. Durch die Sperrfrist gem. § 18, deren Lauf mit der Anzeige beginnt, können jedoch die **Entlassungen hinausgezögert** werden. Dadurch gewinnt die Arbeitsverwaltung Zeit zur Einleitung wirksamer Maßnahmen[4]. 2

Der Massenentlassungsschutz nach den §§ 17 ff. und der **individuelle Kündigungsschutz** nach § 1 bestehen nebeneinander. So kann eine Kündigung sozialwidrig sein, obwohl die AA nach § 18 der Abkürzung einer Sperrfrist zugestimmt hat. Umgekehrt kann eine Kündigung sozial gerechtfertigt sein, obwohl ein Verstoß gegen die Bestimmungen der §§ 17 ff. vorliegt[5]. Ist eine Kündigung wegen des Verstoßes gegen die §§ 17 ff. unwirksam, handelt es sich um einen sonstigen Grund iSd. § 13 III; seit 2004 kann er grds. gem. §§ 4, 13 III nur durch fristgerechte Klage geltend gemacht werden, während das nach früherer Rechtslage nicht erforderlich war[6]. Im Anschluss an die sog. Junk-Entscheidung des EuGH 27.1.2005[7] sind verschiedene BAG-Urteile zu Entlassung = Ausspruch der Kündigung und erst danach erstatteter Massenentlassungsanzeige ergangen. Hier wird nach wie vor ggf. eine nachträgliche Zulassung der Kündigungsschutzklage nach § 5 helfen müssen[8]. 3

---

1 Begr. RegE, RdA 1951, 65. ||2 BAG 11.3.1999 – 2 AZR 461/98, AP Nr. 12 zu § 17 KSchG 1969. ||3 ABl. L 225/16. ||4 KR/*Weigand*, § 17 Rz. 8. ||5 KR/*Weigand*, § 17 Rz. 10. ||6 BAG 31.7.1986 – 2 AZR 594/85, AP Nr. 5 zu § 17 KSchG 1969. ||7 EuGH 27.1.2005 – Rs. C-188/03, NZA 2005, 213. ||8 Vgl. hierzu auch *Bauer/Krieger*, Kündigungsrecht – Reformen 2004, S. 156 f.

4 **1. Persönlicher Geltungsbereich (Abs. 5).** Grds. erfasst § 17 **alle ArbN** iSd. § 1. Dazu zählen alle Angestellten und Arbeiter, Auszubildende und Volontäre, Teilzeitbeschäftigte und auch die ArbN, die eine Beschäftigungszeit von weniger als sechs Monaten aufweisen[1]. Keine Anwendung findet die Vorschrift auf freie Mitarbeiter, Heimarbeiter und andere arbeitnehmerähnliche Personen. Ausdrücklich ausgenommen vom Anwendungsbereich des § 17 sind die in Abs. 5 aufgeführten vertretungsberechtigten Organmitglieder einer juristischen Person, die zur Vertretung einer Personengesamtheit berufenen Personen und die sog. leitenden Angestellten, soweit sie zur selbständigen Einstellung oder Entlassung von ArbN berechtigt sind. Diese Ausnahmeregelung in Abs. 5 entspricht der Ausnahmeregelung in § 14, auf deren Erl. verwiesen wird.

5 **2. Sachlicher Geltungsbereich (Abs. 4).** Grds. erfasst der Geltungsbereich des § 17 alle Entlassungen auf Grund einer **ordentl. Kündigung** des ArbGeb[2]. Dabei kommt es nicht auf den Grund der Kündigung an. Selbst personen- und verhaltensbedingte Kündigungen können einen anzeigepflichtigen Sachverhalt iSd. § 17 herbeiführen[3]. Ausdrücklich ausgenommen vom sachlichen Geltungsbereich sind nach Abs. 4 fristlose Entlassungen von ArbN. Diese werden nach Abs. 4 S. 2 auch bei der Berechnung der Mindestzahl der Entlassungen nach Abs. 1 nicht mitgerechnet.

6 **II. Voraussetzungen für die Anzeigepflicht (Abs. 1).** Ein ArbGeb ist nur dann gem. Abs. 1 zur Erstattung einer Anzeige ggü. der AA verpflichtet, wenn er in einem Betrieb bestimmter Größe eine bestimmte Zahl von Entlassungen innerhalb von 30 Kalendertagen nach einem bestimmten Verhältnis dieser Entlassungen zur gesamten Größe des Betriebs vornehmen will[4].

7 **1. Betrieblicher Anwendungsbereich.** Die Anzeigepflicht von Entlassungen betrifft nur Betriebe und Verwaltungen des privaten Rechts sowie Betriebe der öffentl. Verwaltung, die wirtschaftl. Zwecke verfolgen. Der Begriff des **Betriebs** entspricht des §§ 1 und 23, die auf den Vorschriften der §§ 1, 4 BetrVG beruhen[5]. Nach dem Gebot der richtlinienkonformen Auslegung nationalen Rechts ist der Begriff des Betriebs wie in der MassenentlassungsRL gemeinschaftsrechtlich zu definieren[6]. Danach ist unter einem Betrieb nach Maßgabe der Umstände die Einheit zu verstehen, der die von der Entlassung betroffenen ArbN zur Erfüllung ihrer Aufgaben angehören. Dabei ist ohne Bedeutung, ob diese Einheit eine Leitung besitzt, die selbständig Massenentlassungen vornehmen kann[7]. Die Anzeigepflicht nach § 17 greift auch dann ein, wenn zwei selbständige Unternehmen einen **gemeinsamen Betrieb** bilden, in dem sie mit ihren ArbN arbeitstechnische Zwecke innerhalb einer organisatorischen Einheit verfolgen und eine entsprechende rechtl. Bindung besteht[8]. Auf **Kleinbetriebe**, in denen regelmäßig höchstens 20 ArbN beschäftigt werden, findet § 17 keine Anwendung. Verfügt ein Unternehmen über mehrere Betriebsstätten, Nebenbetriebe oder Betriebsteile, so ist anhand von § 4 BetrVG zunächst zu prüfen, ob es sich dabei jeweils um selbständige Betriebe handelt[9]. Schließlich kann die Anzeigepflicht nach § 17 auch die **betriebsverfassungsrechtl. Organisationseinheiten** erfassen, die nach § 3 BetrVG durch TV oder BV gebildet worden sind und gem. § 3 V 1 BetrVG als Betriebe iSd. BetrVG gelten[10].

8 **2. Zahl der beschäftigten Arbeitnehmer.** Die Anzeigepflicht nach Abs. 1 hängt zunächst von der Anzahl der ArbN ab, die idR im Betrieb beschäftigt sind. Bei der Ermittlung dieser Anzahl kommt es auf den **Zeitpunkt der Entlassung** an, der jetzt richtlinienkonform mit dem Zeitpunkt der Kündigung übereinstimmt (vgl. Rz. 39)[11]. Denn die Anzeige der Massenentlassung soll die Arbeitsverwaltung in die Lage versetzen, zum Zeitpunkt des tatsächlichen Ausscheidens der ArbN die notwendigen Maßnahmen zu ergreifen. Demggü. ist der Zeitpunkt der Kündigung nur für den individuellen Kündigungsschutz von Bedeutung[12].

9 Die Zahl der im Betrieb in der Regel beschäftigten ArbN bestimmt sich nach denselben Grundsätzen wie bei § 23 I 2[13]. Es handelt sich hier um einen Anwendungsfall der st. Rspr. des BAG zur Beschäftigtenzahl im Rahmen der Anzeigepflicht gem. Abs. 1 S. 1 Nr. 1[14]. Danach ist die Anzahl der ArbN anhand des **regelmäßigen Betriebsablaufs** festzustellen, nicht aber anhand der zufällig im Zeitpunkt der Entlassung bestehenden ArbVerh. Vielmehr bedarf es grds. eines Rückblicks auf die bisherige personelle Stärke des Betriebs und einer Prognose über die künftige Personalentwicklung[15]. Zeiten außergewöhnlichen Geschäftsanfalls (Weihnachtsgeschäft, Jahresschlussarbeiten) müssen bei der Feststellung der regelmäßigen Beschäftigtenzahl ebenso außer Betracht bleiben wie die außergewöhnliche Drosselung des Geschäftsbetriebs (Ferienzeiten, Nachsaison)[16]. Bei einer schwankenden Zahl von Beschäfti-

---

[1] BAG 13.3.1969 – 2 AZR 157/68, AP Nr. 10 zu § 15 KSchG. ‖ [2] BAG 6.12.1973 – 2 AZR 10/73, AP Nr. 1 zu § 17 KSchG 1969. ‖ [3] BAG 8.6.1989 – 2 AZR 624/88, AP Nr. 6 zu § 17 KSchG 1969. ‖ [4] *v. Hoyningen-Huene/Linck*, § 17 Rz. 2. ‖ [5] BAG 13.4.2000 – 2 AZR 215/99, AP Nr. 13 zu § 17 KSchG 1969. ‖ [6] KR/*Weigand*, § 17 Rz. 15a; ErfK/*Ascheid*, § 17 KSchG Rz. 8; APS/*Moll*, § 17 Rz. 8; *Wißmann*, RdA 1998, 221. ‖ [7] EuGH 7.12.1995 – Rs. C-449/93, Slg. 1995 I, 4291 (4316) – Rockfon. ‖ [8] BAG 29.1.1987 – 6 AZR 23/85, AP Nr. 6 zu § 1 BetrVG 1972. ‖ [9] Bader ua./*Dörner*, § 17 Rz. 6; KR/*Weigand*, § 17 Rz. 16. ‖ [10] *Busch*, DB 1992, 1474; KDZ/*Kittner*, § 17 Rz. 6; HaKo-KSchG/*Pfeiffer*, § 17 Rz. 17. ‖ [11] BAG 13.4.2000 – 2 AZR 215/99, AP Nr. 13 zu § 17 KSchG 1969. ‖ [12] Bader ua./*Dörner*, § 17 Rz. 14. ‖ [13] BAG 22.3.2001 – 8 AZR 565/00, AP Nr. 59 zu Art. 101 GG; 31.7.1986 – 2 AZR 594/85, AP Nr. 5 zu § 17 KSchG 1969. ‖ [14] BAG 24.2.2005 – 2 AZR 207/04, EzA-SD 2005, Nr. 13, 7. Auch zur Verteilung der Darlegungs- und Beweislast für das Vorliegen der tatsächlichen Voraussetzungen der Anzeigepflicht nach § 17 I. ‖ [15] BAG 13.4.2000 – 2 AZR 215/99, AP Nr. 13 zu § 17 KSchG 1969. ‖ [16] KR/*Weigand*, § 17 Rz. 28; Bader ua./*Dörner*, § 17 Rz. 11.

ten kommt es darauf an, ob die erhöhte Anzahl in der Eigenart des Betriebs oder in bloßen Zufälligkeiten begründet ist[1]. Unberücksichtigt bleiben ArbN, die nur vorübergehend als Urlaubs- oder Krankheitsvertreter oder zur Aushilfe eingestellt worden sind, jedenfalls soweit sie kürzer als sechs Monate beschäftigt werden[2]. Bei dem Rückblick auf die bisherige personelle Stärke eines Betriebs kann ein fester Zeitraum nicht zugrunde gelegt werden[3].

Hängt die Massenentlassung mit einer **Betriebsstilllegung** zusammen, entfällt eine Zukunftsprognose. In diesem Fall ist auf die Stärke der Belegschaft zurückzugreifen, die in Zeiten ungestörten und regelmäßigen Betriebsablaufs vorhanden war[4]. 10

Nimmt ein ArbGeb **stufenweise Entlassungen** vor, ist die Anzahl der idR beschäftigten ArbN anhand des zugrunde liegenden Konzepts zu ermitteln. Fasst der ArbGeb von vornherein den Beschluss, eine Betriebseinschränkung größeren Umfangs oder eine Betriebsstilllegung durchzuführen, bleibt trotz des stufenweisen Personalabbaus die Anzahl der ArbN maßgeblich, die im Zeitpunkt seines Beschlusses regelmäßig beschäftigt waren[5]. Hatte der ArbGeb dagegen zunächst nur eine Betriebseinschränkung geplant und erst im weiteren Verlauf seiner Betriebstätigkeit mit verringerter Belegschaft erkannt, eine vollständige Stilllegung durchführen zu müssen, kommt es für die Anzahl der idR bei ihm beschäftigten ArbN auf den Zeitpunkt nach der ersten Reduzierung der Belegschaft an[6]. 11

3. Zahl der Entlassungen. Die Anzeigepflicht nach Abs. 1 trifft den ArbGeb, der in einem Betrieb von 21 bis 59 regelmäßig Beschäftigten sechs oder mehr ArbN entlassen will.[7] In einem Betrieb mit 60 bis 499 regelmäßig Beschäftigten entsteht die Anzeigepflicht, wenn der ArbGeb 26 oder mehr ArbN entlassen will. Bereits eine geringere Zahl von Entlassungen ist bei dieser Betriebsgrößenordnung anzeigepflichtig, wenn 10 % der regelmäßig Beschäftigten betroffen sind. In Betrieben mit mindestens 500 regelmäßig beschäftigten ArbN entsteht die Anzeigepflicht bereits bei 30 Entlassungen.[8] Ob ArbN, die zu einer Transfergesellschaft wechseln und damit den Arbeitsmarkt – wenn überhaupt – nur verzögert belasten, bei der Berechnung des Schwellenwertes mitzuzählen sind ist streitig[9]. Nunmehr sind nach Ansicht des BAG unter Hinweis auf den Zweck der Regelung, die sozioökonomischen Auswirkungen von Massenentlassungen aufzufangen, zumindest die ArbN mitzuzählen, bei denen im Zeitpunkt der Massenentlassungsanzeige noch nicht feststeht, dass sie in eine Transfergesellschaft wechseln werden[10]. 12

a) Kündigung durch Arbeitgeber. Bereits nach dem allg. Sprachgebrauch versteht man unter Entlassung iSd. Abs. 1 die auf Grund einer **ordentl. Kündigung** des ArbGeb erfolgte tatsächliche Beendigung des ArbVerh[11]; vgl. dazu auch Rz. 39 ff. Im Anschluss an die Entscheidung des EuGH 27.1.2005[12] geht das BAG nunmehr davon aus, dass unter „Entlassung" iSv. Abs. 1 S. 1 der Ausspruch der Kündigung des ArbVerh zu verstehen ist[13]. Dabei kommt es auf die Gründe für die arbeitgeberseitige Kündigung nicht an. Die Anzeigepflicht in Abs. 1 erfasst danach auch Entlassungen, denen personenbedingte oder verhaltensbedingte Kündigungen zugrunde liegen. Auch eine **Änderungskündigung** des ArbGeb wird von der Anzeigepflicht erfasst, wenn sie zur Beendigung des ArbVerh führt. Das hängt davon ab, ob der ArbN die Änderung der Arbeitsbedingungen vorbehaltlos oder unter dem Vorbehalt des § 2 annimmt. Daher empfiehlt es sich für den ArbGeb, gerade bei einer größeren Zahl von Änderungskündigungen vorsorglich das Anzeigeverfahren nach § 17 zu betreiben, um keine unwirksamen Entlassungen zu riskieren[14]. Handelt es sich bei der Kündigung des ArbGeb allerdings um eine **außerordentl. fristlose Kündigung** oder um eine außerordentl. Kündigung mit sozialer Auslauffrist, wird sie gem. Abs. 4 von der Anzeigepflicht nicht erfasst. Dagegen handelt es sich bei einer sog. entfristeten Kündigung um eine ordentl. Kündigung, bei der auf Grund einzelvertragl. oder tarifvertragl. Regelung eine Kündigungsfrist nicht einzuhalten ist, die aber eine Entlassung iSd. Abs. 1 darstellt. 13

b) Andere Beendigungen des Arbeitsverhältnisses (Abs. 1 S. 2). Der ordentl. Kündigung des ArbVerh stellt das Gesetz andere Beendigungen gleich, soweit sie vom ArbGeb veranlasst worden sind. Dazu zählen auch **Eigenkündigungen** des ArbN, wenn sie auf der Erklärung des ArbGeb beruhen, er werde anderenfalls zu demselben Zeitpunkt kündigen[15]. Um eine andere Beendigung des ArbVerh iSv. Abs. 1 S. 2 handelt es sich auch bei einem **Aufhebungsvertrag**, wenn feststeht, dass der ArbGeb in jedem Fall eine Kündigung zu demselben Zeitpunkt ausgesprochen hätte[16]. Ob der ArbN in diesem Zusammenhang eine Abfindung erhält, ist für die Anzeigepflicht ohne Bedeutung[17]. Um eine Entlassung iSd. Abs. 1 14

---

1 v. Hoyningen-Huene/Linck, § 17 Rz. 12. || 2 BAG 12.10.1976 – 1 ABR 1/76, AP Nr. 1 zu § 8 BetrVG 1972. || 3 Bader ua./Dörner, § 17 Rz. 12; aA BAG 13.4.2000 – 2 AZR 215/99, AP Nr. 13 zu § 17 KSchG 1969: 2 Monate; v. Hoyningen-Huene/Linck, § 17 Rz. 12a: 12 Monate. || 4 BAG 13.4.2000 – 2 AZR 215/99, AP Nr. 13 zu § 17 KSchG 1969. || 5 BAG 8.6.1989 – 2 AZR 624/88, AP Nr. 6 zu § 17 KSchG 1969. || 6 BAG 13.4.2000 – 2 AZR 215/99, AP Nr. 13 zu § 17 KSchG 1969. || 7 Zu Betriebsänderungen in Kleinbetrieben vgl. BAG 9.11.2010 – 1 AZR 708/09, DB 2011, 941. || 8 Bader ua./Dörner, § 17 Rz. 32–34. || 9 Ablehnend v. Hoyningen-Huene/Linck, § 17 Rz. 24; bejahend ErfK/Kiel, § 17 KSchG Rz. 12; APS/Moll, § 17 Rz. 29; Niklas/Koehler, NZA 2010, 913 (914). || 10 BAG 28.6.2012 – 6 AZR 780/10, NZA 2012, 1029 (1033). || 11 BAG 31.7.1986 – 2 AZR 594/85, AP Nr. 5 zu § 17 KSchG 1969. || 12 EuGH 27.1.2005 – Rs. C-188/03, NZA 2005, 213. || 13 BAG 12.7.2007 – 2 AZR 401/05, 2 AZR 448/05, 2 AZR 493/05, 2 AZR 609/05, 2 AZR 619/05, DB 2009, 573. || 14 BAG 10.3.1982 – 4 AZR 158/79, AP Nr. 2 zu § 2 KSchG 1969. || 15 BAG 6.12.1973 – 2 AZR 10/73, AP Nr. 1 zu § 17 KSchG 1969. || 16 BAG 11.3.1999 – 2 AZR 461/98, AP Nr. 12 zu § 17 KSchG 1969. || 17 Bauer/Röder, NZA 1985, 203; HaKo-KSchG/Pfeiffer, § 17 Rz. 27; aA v. Hoyningen-Huene/Linck, § 17 Rz. 19.

handelt es sich auch, wenn der ArbN infolge eines außergerichtl. oder gerichtl. **Vergleichs** im Anschluss an eine ArbGebKündigung ausscheidet[1]. Die Anzeigepflicht nach Abs. 1 wird nicht dadurch ausgelöst, dass das ArbVerh auf Grund einer wirksamen **Befristung** oder auf Grund einer wirksamen auflösenden **Bedingung** oder infolge einer **Anfechtung** des Arbeitsvertrags beendet wird[2]. An der Anzeigepflicht nach Abs. 1 ändert auch der Umstand nichts, dass der ArbGeb im Zusammenhang mit der Entlassung von ArbN im gleichen oder in geringerem Umfang neue ArbN einstellt[3].

15 **4. Zeitraum der Entlassungen.** Die Anzeigepflicht nach Abs. 1 setzt voraus, dass die Entlassungen, die jetzt richtlinienkonform (vgl. Rz. 39) der Kündigung entsprechen, innerhalb eines Zeitraums von **30 Kalendertagen** abgewickelt werden. Der Ausspruch der Kündigungen muss jetzt also innerhalb eines Zeitraums von 30 Tagen liegen, wobei die Frist immer mit dem Tag neu beginnt, an dem eine Entlassung/Kündigung durchgeführt wird[4]. Nimmt der ArbGeb Entlassungen/Kündigungen nach Ablauf dieser Frist und jeweils knapp unterhalb der Bemessungsgrenzen des Abs. 1 vor, liegt darin keine unzulässige Gesetzesumgehung. Vielmehr entspricht eine derartige Planung und Durchführung aufseiten des ArbGeb gerade den Vorstellungen des Gesetzgebers, der den Arbeitsmarkt von einer zeitlich konzentrierten Belastung verschonen will[5]. Andererseits kann nachträglich eine Anzeigepflicht gem. Abs. 1 entstehen, wenn innerhalb des Zeitraums von 30 Kalendertagen zu einer Anzahl von Entlassungen/Kündigungen, die ursprünglich nicht anzeigepflichtig waren, nachträglich weitere Entlassungen hinzutreten.

16 Einstweilen frei.

17 **III. Beteiligung des Betriebsrats (Abs. 2).** Bei Massenentlassungen iSv. Abs. 1 ist dem Anzeigeverfahren ggü. der AA ein **betriebsinternes Beteiligungsverfahren** zwischen ArbGeb und BR vorgeschaltet. Es handelt sich um ein betriebsverfassungsrechtl. Mitwirkungsrecht des BR in personellen und wirtschaftl. Angelegenheiten, das systemwidrig im KSchG geregelt ist[6]. Das Konsultationsverfahren ist zwingend vor dem Ausspruch einer Kündigung durchzuführen. Ist ein nach Abs. 2 erforderliches Konsultationsverfahren nicht durchgeführt worden, ist die Kündigung wegen Verstoßes gegen ein gesetzl. Verbot iSd. § 134 BGB nichtig[7].

18 In diesem betriebsinternen Beteiligungsverfahren stehen sich als **Beteiligte** der ArbGeb als Vertragspartner der zur Entlassung anstehenden ArbN sowie der BR ggü., in dessen Wahlbereich die Massenentlassung geplant ist. Dabei handelt aufseiten des ArbGeb der Betriebsinhaber, der Geschäftsführer der GmbH oder der Vorstand der AG bzw. ein anderer Bevollmächtigter wie etwa der Werksleiter[8]. Aufseiten des BR handelt der Vorsitzende und, wenn mehrere Betriebe des Unternehmens betroffen sind, die jeweiligen Vorsitzenden der örtlichen BR. Eine Zuständigkeit des GBR kann sich durch Beauftragung nach § 50 II BetrVG oder aus § 50 I 1 Hs. 2 BetrVG ergeben, wenn auch ein betriebsratsloser Betrieb betroffen ist. Unter denselben Voraussetzungen kann sich die Zuständigkeit eines KBR nach § 58 I 1 Hs. 2, Alt. 2 BetrVG ergeben.

19 Soweit von einer Massenentlassung **leitende Angestellte** iSd. § 5 III BetrVG betroffen sind, die nach Abs. 5 Nr. 3 von den Regelungen in Abs. 1 u. 2 ausgenommen sind, muss der ArbGeb bei richtlinienkonformer Auslegung der Vorschrift anstelle des BR den SprAu gem. §§ 31, 32 SprAuG beteiligen[9].

20 **1. Auskunftspflicht.** Nach Abs. 2 S. 1 hat der ArbGeb im Vorfeld anzeigepflichtiger Massenentlassungen dem BR zunächst **rechtzeitig** die zweckdienlichen Auskünfte zu erteilen und ihn schriftl. über bestimmte Einzelheiten zu unterrichten. Auch wenn der Schwerpunkt der Beteiligungsrechte des BR bei der Unterrichtung liegt, kommt seinem Auskunftsrecht selbständige Bedeutung zu. Bereits vor der Unterrichtung durch den ArbGeb kann der BR Auskünfte über die geplanten Entlassungen verlangen. Nach der Unterrichtung kann er Auskunft über die Tatsachen verlangen, die ihm für die Ausübung seines Mitwirkungsrechts erforderlich erscheinen. Inhaltlich sind Unterrichtungspflicht und Auskunftsrecht jedoch deckungsgleich[10].

21 **2. Unterrichtungspflicht.** Nach Abs. 2 S. 1 hat der ArbGeb dem BR im Vorfeld anzeigepflichtiger Massenentlassungen die Gründe und eine Reihe von Einzelheiten über die betroffenen ArbN in **schriftl. Form** mitzuteilen. Das BAG hat offengelassen, ob „schriftlich" in diesem Zusammenhang bedeute, dass die Unterrichtung der Formvorschrift des § 126 I BGB genügen müsse[11]. Habe der ArbGeb die in Abs. 2 S. 1 geforderten Angaben in einem nicht unterzeichneten Text dokumentiert und diesen dem BR zugeleitet, genüge nach Ansicht des BAG die abschließende Stellungnahme des BR zu den Entlassungen,

---

1 BAG 13.3.1969 – 2 AZR 157/68, AP Nr. 10 zu § 15 KSchG. ||2 KDZ/*Kittner*, § 17 Rz. 24; Bader ua./*Dörner*, § 17 Rz. 21; HK-KSchG/*Hauck*, § 17 Rz. 19. ||3 BAG 13.3.1969 – 2 AZR 157/68, AP Nr. 10 zu § 15 KSchG. ||4 KDZ/*Kittner*, § 17 Rz. 38. ||5 BAG 6.12.1973 – 2 AZR 10/73, AP Nr. 1 zu § 17 KSchG 1969. ||6 ErfK/*Ascheid*, § 17 KSchG Rz. 19; KDZ/*Kittner*, § 17 Rz. 29. ||7 BAG 21.3.2013 – 2 AZR 60/12, DB 2013, 1912; dazu Hennes, BB 2013, 2880. ||8 v. Hoyningen-Huene/*Linck*, § 17 Rz. 47. ||9 KR/*Weigand*, § 17 Rz. 62i; ErfK/*Ascheid*, § 17 KSchG Rz. 18; v. Hoyningen-Huene/*Linck*, § 17 Rz. 46; HK-KSchG/*Hauck*, § 17 Rz. 29; Löwisch/Spinner, § 17 Rz. 39; Wißmann, RdA 1998, 221; aA KDZ/*Kittner*, § 17 Rz. 39; APS/*Moll*, § 17 Rz. 57; Bader ua./*Dörner*, § 17 Rz. 38; HaKo-KSchG/*Pfeiffer*, § 17 Rz. 50. ||10 Bader ua./*Dörner*, § 17 Rz. 41. ||11 BAG 20.9.2012 – 6 AZR 155/11, NZA 2013, 32 (36); 28.6.2012 – 6 AZR 780/10, DB 2012, 2166 (2168).

um einen etwaigen Schriftformverstoß zu heilen[1]. Dabei muss diese Unterrichtung so rechtzeitig vor den beabsichtigten Entlassungen erfolgen, dass die in Abs. 2 S. 2 vorgesehene Beratung zwischen ArbGeb und BR möglich und sinnvoll bleibt. Eine zeitliche Grenze ist im Gesetz nicht vorgesehen. Sie ließe sich allenfalls aus der zweiwöchigen Frist in Abs. 3 S. 3 ableiten[2]. Die Vorlage eines Interessenausgleichs mit Namensliste ersetzt nur die Stellungnahme des BR ggü. der AA, nicht hingegen das Erfordernis der schriftlichen Unterrichtung des BR[3].

Nach Abs. 2 S. 1 Nr. 1 erstreckt sich die Unterrichtungspflicht des ArbGeb zunächst auf die **Gründe für die geplanten Entlassungen**. Dazu gehören der Sachverhalt und der wirtschaftl. Hintergrund für den Personalabbau sowie dessen Auswirkungen auf den Ablauf und die Organisation des Betriebs. Nach Abs. 2 S. 1 Nr. 2 hat der ArbGeb auch über die **Zahl und die Berufsgruppen der zu entlassenden ArbN** zu unterrichten. Ihnen hat er nach Abs. 2 S. 1 Nr. 3 die **Zahl und die Berufsgruppen der idR beschäftigten ArbN** gegenüberzustellen. Aus dem Verhältnis dieser Zahlen kann sich der BR ein Bild darüber machen, ob und in welchem Umfang die Anzeigepflicht nach Abs. 1 ausgelöst worden ist. Wegen der Berufsgruppen kann der ArbGeb auf das Verzeichnis der BA zurückgreifen[4]. Bei der Unterrichtung gem. Abs. 2 S. 1 Nr. 4 über den **Zeitraum**, in dem die Entlassungen vorgenommen werden sollen, handelt es sich um die Termine für die beabsichtigten Entlassungen, anhand derer der maßgebliche Zeitraum von 30 Kalendertagen gem. Abs. 1 S. 1 errechnet werden kann[5]. 22

Bei den vorgesehenen **Kriterien für die Auswahl** der zu entlassenden ArbN, über die der ArbGeb gem. Abs. 2 S. 1 Nr. 5 zu unterrichten hat, handelt es sich auf Grund des arbeitsmarktpolitischen Normzwecks in erster Linie um die fachlichen und persönlichen Daten[6]. Schließlich hat der ArbGeb gem. Abs. 2 S. 1 Nr. 6 auch über die vorgesehenen Kriterien für die Berechnung etwaiger **Abfindungen** zu unterrichten. Diese Regelung beruht darauf, dass nicht jede Massenentlassung zugleich einen sozialplanpflichtigen Personalabbau zur Folge haben muss[7]. Inhaltlich kann es sich um dieselben Kriterien wie bei § 10 handeln, also das Lebensalter, die Beschäftigungszeit und den jeweiligen Bruttoverdienst. 23

3. Beratungspflicht. Nach Abs. 2 S. 2 haben ArbGeb und BR insb. die Möglichkeiten zu beraten, Entlassungen zu vermeiden oder einzuschränken und ihre Folgen zu mildern. Dabei besteht die Pflicht zur Beratung **nur für den ArbGeb**, und zwar auch dann, wenn es sich bei diesem um einen Tendenzunternehmer handelt[8]. Wegen Verletzung dieser Pflicht lässt sich durch gemeinschaftsrechtskonforme Auslegung zwar kein Anspruch auf Nachteilsausgleich begründen[9]. Allerdings wird sich der BR bereits aus eigenem Interesse dieser Beratung nicht verweigern. Die Beratung muss nicht zu einer Einigung der Betriebsparteien führen. Ein Widerspruch oder eine Zustimmung des BR sind im Gesetz nicht vorgesehen und daher rechtl. ohne Bedeutung. Der ArbGeb muss die Beratung mit dem gesamten Gremium des BR durchführen, soweit nicht ein Ausschuss nach den §§ 27, 28 BetrVG zuständig ist[10]. Die Beratungspflicht entfällt nicht, weil eine Betriebsstilllegung erfolgt und alle ArbN entlassen wurden. Nur dann, wenn kein ArbGeb mehr vorhanden ist, der als Ansprechpartner für die Verhandlungen dienen könnte, sind Beratungen entbehrlich[11]. 24

4. Sonstige Pflichten. Im Zusammenhang mit Massenentlassungen ergeben sich für den ArbGeb weitere Pflichten aus dem BetrVG. Nach **§ 92 I BetrVG** hat er den BR über die Personalplanung, den gegenwärtigen und künftigen Personalbedarf sowie über die sich daraus ergebenden personellen Maßnahmen rechtzeitig und umfassend zu unterrichten. Nach **§ 111 BetrVG** hat er den BR ferner ab einer bestimmten Betriebsgröße über geplante Betriebsänderungen zu unterrichten, die wesentliche Nachteile für die Belegschaft oder erhebliche Teile der Belegschaft zur Folge haben können. Vor dem Ausspruch von Kündigungen hat der ArbGeb den BR gem. **§ 102 BetrVG** unter Mitteilung der Kündigungsgründe anzuhören. Schließlich kann der ArbGeb nach **§ 106 BetrVG** ggü. einem Wirtschaftsausschuss verpflichtet sein, diesen rechtzeitig und umfassend über die wirtschaftl. Angelegenheiten des Unternehmens und die daraus resultierenden Wirkungen auf die Personalplanung zu unterrichten. 25

Der ArbGeb ist nicht daran gehindert, das betriebsinterne Beteiligungsverfahren nach Abs. 2 mit seinen übrigen Unterrichtungspflichten nach dem BetrVG zu **verbinden**. Er muss allerdings ggü. dem BR und nach außen hin deutlich machen, dass er diese Pflichten gleichzeitig erfüllen will. Äußerlich kann er das erreichen durch eine förmliche Einladung, eine Tagesordnung oder ein Protokoll über die Beratung mit dem BR. Inhaltlich muss der ArbGeb allerdings die unterschiedliche Tiefe und Dichte der jeweiligen Informationen sowie die unterschiedlichen Fristen bei der Beteiligung des BR berücksichtigen. Diese Umstände bergen in der Praxis ein erhebliches Risiko, weil die Beteiligten vielfach den Überblick über den Umfang und die Art der Beteiligungsrechte und der Erfüllung der arbeitgeberseitigen Unterrichtungspflichten verlieren[12]. 26

---

1 BAG 20.9.2012 – 6 AZR 155/11, NZA 2013, 32 (36). || 2 KR/*Weigand*, § 17 Rz. 58; *v. Hoyningen-Huene/Linck*, § 17 Rz. 48; KDZ/*Kittner*, § 17 Rz. 31; aA Bader ua./*Dörner*, § 17 Rz. 42. || 3 BAG 18.1.2012 – 6 AZR 407/10, NZA 2012, 817 (822); vertiefend *Zeuner*, NZA 2012, 1414 ff.; zum Verhältnis Interessenausgleichs- und Massenentlassungsanzeigeverfahren *Moll/Katerndahl*, RdA 2013, 159 ff.; *Sittard/Knoll*, BB 2013, 2037. || 4 KR/*Weigand*, § 17 Rz. 62d. || 5 APS/*Moll*, § 17 Rz. 66. || 6 BAG 14.8.1986 – 2 AZR 616/85, RzK I 8b Nr. 8. || 7 BT-Drs. XIII/668, 14. || 8 BAG 18.11.2003 – 1 AZR 637/02, NZA 2004, 741. || 9 BAG 18.11.2003 – 1 AZR 637/02, DB 2004, 1372. || 10 *v. Hoyningen-Huene/Linck*, § 17 Rz. 51. || 11 BAG 13.12.2012 – 6 AZR 752/11, BB 2013, 1267 f. || 12 HK-KSchG/*Hauck*, § 17 Rz. 43.

27 **IV. Anzeigepflicht (Abs. 3).** Die Anzeigepflicht bei Massenentlassungen folgt für den ArbGeb bereits aus Abs. 1 S. 1. Das Verfahren im Einzelnen regelt Abs. 3. Wenn der ArbGeb Entlassungen in einem anzeigepflichtigen Umfang beabsichtigt und den BR darüber rechtzeitig unterrichtet, hat er als Nächstes der AA eine entsprechende Anzeige zu erstatten. Das Vorhaben des ArbGeb ist der AA in diesem Zeitpunkt allerdings bereits bekannt. Denn der ArbGeb ist verpflichtet, den BR und die AA gleichzeitig über seine Absicht zu unterrichten, anzeigepflichtige Entlassungen vorzunehmen.

28 **1. Verfahren, Form und Zeitpunkt der Anzeige (Abs. 3 S. 1).** Die **örtlich zuständige AA** erhält nach Abs. 3 S. 1 bereits dadurch Kenntnis von den beabsichtigten Entlassungen, dass der ArbGeb ihr seine Mitteilung an den BR einschl. der Informationen nach Abs. 2 S. 1 Nr. 1–6 zuleitet. Diese Mitteilung hat aufseiten des ArbGeb der Vertragspartner der zur Entlassung anstehenden ArbN zu veranlassen, also der Betriebsinhaber, der Geschäftsführer der GmbH oder der Vorstand der AG. Allerdings kann sich der ArbGeb auch eines Bevollmächtigten bzw. eines Rechtsanwalts bedienen[1]. Die Mitteilung nach Abs. 3 S. 1 ist ebenso wie die Anzeige nach Abs. 1 S. 1 an die AA zu richten, in deren Bezirk der Betrieb liegt. Auf den Sitz des Unternehmens kommt es nicht an. Ist die AA, der die Anzeige übersandt wird, unzuständig, ist sie verpflichtet, die Anzeige weiterzuleiten. Wirksam wird die Anzeige erst mit dem Eingang bei der zuständigen AA[2].

29 Die Anzeige nach Abs. 1 S. 1 bedarf zwingend der **Schriftform**. Das folgt aus Abs. 3 S. 2. Danach muss der ArbGeb oder sein Bevollmächtigter die Anzeige eigenhändig unterzeichnen. Allerdings kann der ArbGeb der Schriftform durch die Übersendung einer Telekopie genügen, soweit er die notwendigen Anlagen einschl. der Stellungnahme des BR beifügt[3].

30 Die Anzeige hat richtlinienkonform vor dem Ausspruch der Kündigung zu erfolgen, vgl. im Einzelnen Rz. 39. Bei stufenweisen Entlassungen im Rahmen einer sich länger hinziehenden Betriebseinschränkung ist der ArbGeb verpflichtet, die Entlassungsdaten stets daraufhin zu überprüfen, ob in dem maßgeblichen Zeitraum von 30 Kalendertagen die Schwellenzahl nach Abs. 1 überschritten wird. Dadurch kann die Pflicht zu einer erneuten Anzeige entstehen. Bereits durchgeführte Entlassungen können sich nachträglich als anzeigepflichtig erweisen. In diesen Fällen ist ausnahmsweise eine nachträgliche Anzeige zulässig, aber auch erforderlich[4].

31 Grds. kann der ArbGeb auch eine **vorsorgliche Anzeige** nach Abs. 1 erstatten[5]. Allerdings würde es dem Zweck des Gesetzes widersprechen und daher rechtsmissbräuchlich erscheinen, wenn der ArbGeb eine derartige Vorratsanzeige ohne vernünftigen Anlass erstattet, nur um für alle Fälle freie Hand zu haben[6]. In Betracht kommt eine vorsorgliche Anzeige dagegen, wenn der ArbGeb die Notwendigkeit und die Anzahl der Entlassungen auf Grund einer wirtschaftl. unklaren Situation nicht sicher voraussehen kann oder wenn es um den Ausspruch von Änderungskündigungen geht, da es bei ihnen von der Reaktion der ArbN abhängt, ob es zu Entlassungen kommt.

32 **2. Stellungnahme des Betriebsrats (Abs. 3 S. 2 und 3).** Der ArbGeb hat seiner Anzeige an die AA gem. Abs. 3 S. 2 die Stellungnahme des BR beizufügen. Dabei handelt es sich um eine **Wirksamkeitsvoraussetzung** für die Anzeige[7]. Die Regelung verlangt aber nicht zwingend eine Stellungnahme des BR in einem eigenständigen Dokument, sondern aus dem Sinn und Zweck ergibt sich, dass eine in einen Interessenausgleich ohne Namensliste integrierte Stellungnahme des BR den gesetzl. Anforderungen genügt[8]. Ebenfalls genügt es, wenn der ArbGeb seiner Anzeige einen wirksamen Interessenausgleich iSd. § 1 V beifügt, in dem die zu entlassenden ArbN namentlich bezeichnet sind[9]. Ist in dem Betrieb des ArbGeb kein BR gebildet, muss der ArbGeb in seiner Anzeige auf diesen Umstand ausdrücklich hinweisen[10]. Gibt der BR seine Stellungnahme fälschlicherweise nicht ggü. dem ArbGeb, sondern direkt ggü. der AA ab, steht das der Wirksamkeit der Anzeige nach Abs. 3 S. 2 nicht entgegen[11]. Ein Interessenausgleich mit Namensliste gem. § 1 V ersetzt die Stellungnahme des BR nach Abs. 3 S. 2 (§ 1 V 4).

33 Liegt dem ArbGeb und der AA **keine Stellungnahme** des BR vor, ist die Anzeige des ArbGeb gem. Abs. 3 S. 3 gleichwohl wirksam, wenn er glaubhaft macht, den BR mindestens zwei Wochen vor der Erstattung der Anzeige unterrichtet zu haben, und wenn er den Stand der Beratungen der AA darlegt. Zur Glaubhaftmachung kann sich der ArbGeb dabei auf eine Empfangsbestätigung über die Unterrichtung nach Abs. 2 S. 1 durch den BR-Vorsitzenden oder auf eine eidesstattliche Versicherung beziehen. Durch die Frist von zwei Wochen wird dem BR die Möglichkeit genommen, dass Anzeigeverfahren zeitlich durch die Verweigerung einer Stellungnahme hinauszuzögern. An der Wirksamkeit der Anzeige ändert sich auch dann nichts, wenn sich im Nachhinein herausstellt, dass der ArbGeb den BR tatsächlich nicht ordnungsgemäß iSd. Abs. 2 unterrichtet hat[12].

---

1 BAG 14.8.1986 – 2 AZR 616/85, RzK I 8b Nr. 8. || 2 Bader ua./*Dörner*, § 17 Rz. 54; KR/*Weigand*, § 17 Rz. 74. || 3 Bader ua./*Dörner*, § 17 Rz. 55; KR/*Weigand*, § 17 Rz. 72a. || 4 BAG 24.10.1996 – 2 AZR 895/95, AP Nr. 8 zu 17 KSchG 1969. || 5 BAG 3.10.1963 – 2 AZR 160/63, AP Nr. 9 zu § 15 KSchG. || 6 v. *Hoyningen-Huene/Linck*, § 17 Rz. 82; KDZ/*Kittner*, § 17 Rz. 42. || 7 BAG 11.3.1999 – 2 AZR 461/98, AP Nr. 12 zu § 17 KSchG 1969; 21.3.2012 – 6 AZR 596/10, NZA 2012, 1058 (1059). || 8 BAG 21.3.2012 – 6 AZR 596/10, NZA 2012, 1058 (1059). || 9 HK-KSchG/*Hauck*, § 17 Rz. 57; *Bader*, NZA 1996, 1125. || 10 KDZ/*Kittner*, § 17 Rz. 49; APS/*Moll*, § 17 Rz. 120; v. *Hoyningen-Huene/Linck*, § 17 Rz. 76. || 11 LAG Hamm 6.6.1986 – 16 Sa 2188/86, LAGE § 17 KSchG Nr. 2. || 12 *Löwisch*, NJW 1978, 1237; *Pulte*, BB 1978, 1269.

3. Mindestinhalt der Anzeige (Abs. 3 S. 4). Das Gesetz schreibt in Abs. 3 S. 4 ausdrücklich vor, welche 34
Angaben die Anzeige des ArbGeb enthalten muss. Die Angaben sind **Wirksamkeitsvoraussetzung** für
die Anzeige. Es handelt sich um den Namen des ArbGeb, den Sitz und die Art des Betriebs, die Gründe
für die geplanten Entlassungen, die Zahl und die Berufsgruppen der zu entlassenden ArbN und der idR
beschäftigten ArbN, den Zeitraum, in dem die Entlassungen stattfinden sollen, und die vorgesehenen
Kriterien für die Auswahl. Diese Angaben decken sich mit dem notwendigen Inhalt der Unterrichtung
des BR durch den ArbGeb im Vorfeld der Anzeige nach Abs. 2 S. 1. Unterlässt der ArbGeb eine dieser
Angaben, ist seine Anzeige unwirksam[1]. Zwar kann der ArbGeb unterlassene Angaben nachholen.
Seine Anzeige gilt dann aber erst mit der Vervollständigung als wirksam erhoben. Zu seiner eigenen Sicherheit
sollte der ArbGeb auf die Vordrucke zurückgreifen, die die AA zur Verfügung stellt.

4. Sollangaben der Anzeige (Abs. 3 S. 5). Im Einvernehmen mit dem BR soll der ArbGeb gem. Abs. 3 35
S. 5 in der Anzeige weitere Angaben über die zu entlassenden ArbN machen. Dabei handelt es sich um
das Geschlecht, das Alter, den Beruf und die Staatsangehörigkeit der ArbN. Mithilfe dieser Angaben
soll der AA die Vermittlung der zu entlassenden ArbN erleichtert werden. Unterlässt der ArbGeb diese
Angaben, hat das auf die Wirksamkeit seiner Anzeige keinerlei Einfluss. Nimmt der ArbGeb jedoch
diese Angaben in seine Anzeige vorbehaltlos auf, ist er im Rahmen der Durchführung der Massenentlassung
daran gebunden[2].

5. Unterrichtung zwischen Arbeitgeber und Betriebsrat (Abs. 3 S. 6–8). Der ArbGeb hat dem BR 36
nach Abs. 3 S. 6 eine **Abschrift seiner Anzeige** an die AA zuzuleiten. Auf diese Weise erhält der BR zunächst
Gelegenheit, den Inhalt der Anzeige mit den Informationen abzugleichen, die er gem. Abs. 2 unmittelbar
vom ArbGeb erhalten hat. Er kann dann gem. Abs. 3 S. 7 selbst ggü. der AA weitere Stellungnahmen
abgeben, die er gem. Abs. 3 S. 8 dem ArbGeb in Abschrift zuleiten muss. Ein Anlass für diese
weiteren Stellungnahmen des BR können Differenzen zwischen dem Inhalt der Anzeige und den bisherigen
Informationen durch den ArbGeb sein. Darüber hinaus kann eine Veränderung der tatsächlichen
Verhältnisse im Betrieb eine zusätzliche Stellungnahme erforderlich oder sinnvoll erscheinen lassen[3].

V. Beherrschungsklausel (Abs. 3a). Die Auskunfts-, Beratungs- und Anzeigepflichten im Zusammenhang 37
mit Massenentlassungen treffen den ArbGeb nach Abs. 3a auch dann, wenn die Entscheidung
über diese Entlassungen von einem den ArbGeb **beherrschenden Unternehmen** getroffen wird. Er
kann sich insb. nicht darauf berufen, dass er die notwendigen Auskünfte von diesem Unternehmen
nicht erhalten hat. Diese Regelung ist zugeschnitten auf **Konzernunternehmen**. Um ein beherrschendes
Unternehmen handelt es sich nach §§ 17 und 18 AktG, wenn es auf ein anderes Unternehmen unmittelbar
oder mittelbar Einfluss nehmen kann. Dazu genügt bereits die Möglichkeit der Einflussnahme,
wenn diese beständig und gesellschaftsrechtl. abgesichert ist. Die Abhängigkeit eines Unternehmens
kann sich auch daraus ergeben, dass es sich im Mehrheitsbesitz eines anderen Unternehmens befindet[4].

VI. Rechtsfolgen der Anzeige. Durch die Anzeige des ArbGeb über eine beabsichtigte Massenentlassung 38
wird die **Sperrfrist des § 18** in Lauf gesetzt, innerhalb derer er Entlassungen nur mit Zustimmung
der AA vornehmen kann. Die durch eine ordnungsgemäße Massenentlassungsanzeige gem. § 17 eröffnete
Kündigungsmöglichkeit wird mit der Erklärung dieser Kündigung verbraucht. Für jede weitere
Kündigung ist unter den Voraussetzungen des Abs. 1 eine neue Massenentlassungsanzeige erforderlich.
Aus § 18 IV folgt nichts anderes[5].

Unterließ der ArbGeb die Anzeige oder fehlte dieser eine zwingende Wirksamkeitsvoraussetzung, so 39
galt früher, dass die gleichwohl durchgeführten **Entlassungen unwirksam** waren. Jeder ArbN, der im
Rahmen einer Massenentlassung von der Kündigung seines ArbVerh betroffen war, konnte diese Unwirksamkeit
in einem arbeitsgerichtl. Verfahren geltend machen[6]. Doch musste sich der betroffene
ArbN ausdrücklich auf die unterlassene oder fehlerhafte Anzeige der Massenentlassung berufen, da sie
nicht von Amts wegen durch die ArbG überprüft wurden[7]. Aus einem Verstoß des ArbGeb gegen seine
Anzeigepflichten ggü. der AA nach Abs. 3 können **Nachteilsausgleichsansprüche** aus § 113 III BetrVG
auch im Wege einer richtlinienkonformen Auslegung nicht hergeleitet werden[8]. Jetzt gilt richtlinienkonform,
dass der Begriff der Entlassungen den Ausspruch der Kündigungen meint. Die Anzeige hat also
jetzt zur sicheren Vermeidung der Unwirksamkeit der Kündigungen vor deren Ausspruch zu erfolgen.

Das BAG hat in diesem Zusammenhang zunächst am 18.9.2003[9] entschieden, dass bei fehlender oder 40
fehlerhafter Massenentlassungsanzeige nach §§ 17, 18 nur die Entlassung des betreffenden ArbN unzulässig
sei. Ein Verstoß des ArbGeb gegen seine Pflichten aus § 17 führte nicht zur Unwirksamkeit der
Kündigung. Diese lasse sich auch nicht mit der im Hinblick auf die RL 98/59/EG erforderlichen gemeinschaftskonformen
Auslegung der §§ 17, 18 begründen. Im Anschluss daran heißt es in der weiteren Entscheidung
des BAG 16.6.2005[10], dass eine gänzlich unterbliebene Massenentlassungsanzeige dazu führe,

---

[1] KR/*Weigand*, § 17 Rz. 83; KDZ/*Kittner*, § 17 Rz. 43. ||[2] BAG 6.10.1960 – 2 AZR 47/59, AP Nr. 7 zu § 15 KSchG. ||[3] *v. Hoyningen-Huene/Linck*, § 17 Rz. 61. ||[4] KR/*Weigand*, § 17 Rz. 98b. ||[5] BAG 22.4.2010 – 6 AZR 948/08, MDR 2011, 52. ||[6] BAG 13.4.2000 – 2 AZR 215/99, AP Nr. 13 zu § 17 KSchG 1969. ||[7] BAG 31.7.1986 – 2 AZR 594/85, AP Nr. 5 zu § 17 KSchG 1969. ||[8] BAG 30.3.2004 – 1 AZR 7/03, NZA 2004, 931. ||[9] BAG 18.9.2003 – 2 AZR 79/02, DB 2004, 2817. ||[10] BAG 16.6.2005 – 6 AZR 451/04, DB 2005, 2141.

dass das ArbVerh nicht zu dem in der Kündigung genannten Termin ende. Die Entlassung dürfe nicht vollzogen werden, auch wenn es für die Wirksamkeit der Kündigung nicht darauf ankomme, ob eine Massenentlassungsanzeige nach § 17 erfolgt sei oder nicht. Im Falle der Nichtanzeige der Massenentlassung führten die Rspr. des BAG und die Entscheidung des EuGH 27.1.2005 (Junk[1]) dazu, dass das ArbVerh zu dem in der Kündigung vorgesehenen Termin nicht aufgelöst wurde.

In der Folge ist es zu umfangreichen Stellungnahmen in der arbeitsrechtlichen Lit. gekommen[2]. Im Kern geht es dort stets um die Frage, ob die betreffenden Kündigungen bei fehlender oder fehlerhafter Massenentlassungsanzeige gem. § 17 auch unter Berücksichtigung der RL 98/59/EG unwirksam sind.

41 Entsprechend der Rspr. des BAG in den vorstehend genannten Entscheidungen v. 18.9.2003 und 16.6. 2005 könne ein Verstoß des ArbGeb gegen seine Pflichten aus §§ 17ff. nicht unbedingt zur Unwirksamkeit der im Streit stehenden Kündigung führen. Denn die im Zeitpunkt des Zugangs der Kündigung fehlende oder fehlerhafte Massenentlassungsanzeige habe auf das IndividualArbVerh zwischen ArbN und ArbGeb keinen Einfluss[3]. Die Entscheidung des EuGH 27.1.2005 ergebe keinen anderen Befund. Das BAG habe nämlich im Anschluss an diese Entscheidung durch Urt. v. 16.6.2005 erneut den Standpunkt vertreten, dass die RL 98/59/EG im nationalen deutschen Recht keine unmittelbare Anwendung finde, und zwar für jeden Mitgliedstaat bzgl. des zu erreichenden Ziels verbindlich sei, es aber den innerstaatlichen Stellen überlassen bleibe, die betreffende Form und das betreffende Mittel zu wählen. Dies habe der deutsche Gesetzgeber getan. Er habe in § 18 als Rechtsfolge eines Verstoßes des ArbGeb gegen seine Anzeigepflicht gem. § 17 nur eine Entlassungssperre festgelegt. Darüber hinaus habe der deutsche Gesetzgeber davon Abstand genommen, bei fehlender oder fehlerhafter Massenentlassungsanzeige gem. § 17 die betreffende(n) Kündigung(en) deswegen für unwirksam zu erklären. Demgemäß folge aus der Verletzung der Anzeigepflicht gem. § 17 die Verpflichtung des ArbGeb, das Entgelt der betreffenden ArbN bis zum Ablauf der Kündigungsfrist zu zahlen, die dann von einer Nachholung der korrekten Anzeige unter Berücksichtigung der Sperrfrist neu zu berechnen sei. IÜ könne der ArbN nach Ablauf der Kündigungsfrist unabhängig von etwaigen Verstößen des ArbGeb gegen §§ 17ff. aus dem ArbVerh ausscheiden. Andererseits könne ein ArbN aber auch ggü. dem ArbGeb durch Geltendmachung der Verletzung der Verpflichtung zur Massenentlassungsanzeige gem. § 17 die Beendigung seines ArbVerh verhindern.

Die dazu vorliegenden dogmatischen Begründungen könnten jedoch – so das BAG – dahinstehen. Die Entlassungswirkung sei in dem Sinne gehemmt, dass das ArbVerh zu dem in der Kündigung vorgesehenen Termin nicht aufgelöst werde[4].

42 Inzwischen sind verschiedene BAG-Urteile ergangen. Danach gilt nunmehr Folgendes: Abs. 1 S. 1 ist richtlinienkonform dahingehend auszulegen, dass Entlassung den **Ausspruch der Kündigung** meint[5]. Unter Entlassung ist nunmehr – so das BAG – der Ausspruch der Kündigung des ArbVerh zu verstehen[6]. Die Massenentlassungsanzeige muss vor Erklärung der Kündigungen erstattet werden[7]. Dies ergibt sich aus dem Urt. des EuGH 27.1.2005[8]. Der Wirksamkeit einer Kündigung kann entgegenstehen, dass der ArbGeb die Massenentlassung erst nach Ausspruch der Kündigung der AA anzeigt. Durch das Urt. des BAG 18.9.2003, das die Möglichkeit einer Auslegung von § 17 KSchG iSd. Entscheidung des EuGH 27.1.2005 (Junk) ausdrücklich verneint hat, ist ein entsprechender Vertrauenstatbestand geschaffen worden. Liegt die Erklärung der Kündigung des ArbVerh vor Verkündung des Urt. des EuGH 27.1.2005 (Junk), kann der kündigende ArbGeb auf die Rechtslage vertrauen, wie sie sich nach der damaligen Rspr. des BAG darstellte[9]. Bis zum Bekanntwerden der Junk-Entscheidung durften ArbGeb folglich auf die st. Rspr. des BAG und die durchgängige Verwaltungspraxis der AA vertrauen, wonach die Anzeige auch noch nach Erklärung der Kündigung erfolgen konnte[10]. Eine verspätete Erstattung der Massenentlassungsanzeige nach § 17 führt im Erg. nicht zur Unwirksamkeit der Kündigung, wenn sich der ArbGeb zu Recht auf den auch bei einer Änderung der Rspr. zu beachtenden Vertrauensschutz berufen kann[11]. Am 28.5.2009 hat das BAG iÜ entschieden, dass eine Kündigung unwirksam ist, wenn sie vor einer ordnungsgemäßen Massenentlassungsanzeige ausgesprochen wurde[12]. In dieser Entscheidung hat das BAG auch Ausführungen zum Zeitpunkt der Beendigung des ArbVerh gemacht.

Das BAG hat entschieden, dass eine Kündigung gem. § 134 BGB nichtig ist, wenn im Zeitpunkt ihres Zugangs die nach § 17 I erforderliche Massenentlassungsanzeige nicht wirksam erstattet worden ist. Diese Anzeige ist unwirksam, wenn entgegen § 17 III 2 keine Stellungnahme des BR beigefügt ist und auch die Voraussetzungen des § 17 III 3 nicht vorliegen. Dabei muss die Stellungnahme des BR jedoch

---

1 EuGH 27.1.2005 – Rs. C-188/03, NZA 2005, 213. || 2 Vgl. dazu die Nachw. in der 4. Aufl. unter § 17 Rz. 40 Fn. 4. || 3 *Mues/Eisenbeis/Legerlotz/Laber*, Teil 2 Rz. 620 mwN. || 4 Vgl. statt aller BAG 16.6.2005 – 6 AZR 451/04, DB 2005, 2141. || 5 BAG 23.3.2006 – 2 AZR 343/05, NZA 2006, 971; 6.7.2006 – 2 AZR 520/05, ZIP 2006, 2329; 13.7.2006 – 6 AZR 25/06, nv.; 13.7.2006 – 6 AZR 198/06, NZA 2007, 25. || 6 Vgl. oben Rz. 13 und nunmehr BAG 12.7.2007 – 2 AZR 401/05, 2 AZR 448/05, 2 AZR 493/05, 2 AZR 609/05, 2 AZR 619/05, DB 2009, 573. || 7 BAG 13.7.2006 – 6 AZR 198/06, NZA 2007, 25. || 8 EuGH 27.1.2005 – Rs. C-188/03, NZA 2005, 213 – Junk. || 9 BAG 22.3.2007 – 6 AZR 499/05, DB 2007, 1596. || 10 BAG 20.9.2006 – 6 AZR 219/06, nv.; 21.9.2006 – 2 AZR 284/06, nv.; 13.7.2006 – 6 AZR 198/06, NZA 2007, 25; 1.2.2007 – 2 AZR 15/06, nv. || 11 BAG 26.7.2007 – 8 AZR 769/06, DB 2007, 2843. || 12 BAG 28.5.2009 – 8 AZR 273/08, NZA 2009, 1267.

nicht zwingend in einem eigenständigen Schriftstück niedergelegt sein. Sie kann auch Bestandteil eines Interessenausgleichs sein[1].

Der ArbGeb kann eine unterlassene **Anzeige jedoch nachholen**. Notwendig ist dazu allerdings der erneute Ausspruch der betreffenden Kündigungen. Dadurch können die Entlassungen jedenfalls zu einem späteren Zeitpunkt wirksam werden. Hat die AA trotz Fehler des ArbGeb bei seiner Anzeige nach § 17 den Entlassungen zugestimmt, sind diese gleichwohl als wirksam anzusehen[2]. Die Anzeige ist dann nicht unterlassen worden, sondern nur fehlerhaft. Schließlich kann der ArbGeb seine Anzeige nach § 17 jederzeit zurücknehmen. Dadurch werden ihre Wirkungen beseitigt.

In der arbeitsrechtl. Praxis stellt sich nach wie vor die Frage, wie eine ausreichende „**Konsultation mit dem BR**" konkret stattzufinden hat. Der unbestimmte Begriff der Konsultation entstammt weder dem BetrVG noch dem KSchG.

Plant ein Unternehmen Massenentlassungen, hat es in Deutschland aber nicht nur die Vorgaben der §§ 17, 18, sondern auch stets die einschlägige RL 98/59/EG des Rates v. 20.7.1998 – bereits mehrfach Gegenstand von Vorabentscheidungsverfahren – und die dazu ergangene Rspr. des EuGH zu beachten. Im Mittelpunkt steht nach wie vor, ob die beabsichtigten Massenentlassungsanzeigen erst nach dem Ende der „Konsultationen" mit dem BR ggü. der AA wirksam angezeigt werden können. Das ergibt die Entscheidung des BAG v. 21.5.2008[3] mehr als deutlich. Das BAG ist dort davon ausgegangen, dass die BR-Anhörung in Ordnung und die Kündigung auch nicht nach § 17 KSchG iVm. § 134 BGB unwirksam ist. Durch Beschluss des BVerfG v. 25.2.2010[4] ist diese Entscheidung des BAG aufgehoben und die Sache zurückverwiesen worden. Der anberaumte Termin wurde allerdings wegen Abschlusses eines Vergleichs aufgehoben, so dass die Rechtslage keine weitere Klärung erfahren konnte. Das ist für die betriebl. Praxis unbefriedigend. Die Risiken können nicht abgeschätzt werden. Sie können nur gemindert werden durch sorgfältige Durchführung der erforderlichen Konsultationen mit dem BR nebst einer ausführlichen Dokumentation/Protokollierung.

18 Entlassungssperre

(1) Entlassungen, die nach § 17 anzuzeigen sind, werden vor Ablauf eines Monats nach Eingang der Anzeige bei der Agentur für Arbeit nur mit deren Zustimmung wirksam; die Zustimmung kann auch rückwirkend bis zum Tage der Antragstellung erteilt werden.

(2) Die Agentur für Arbeit kann im Einzelfall bestimmen, dass die Entlassungen nicht vor Ablauf von längstens zwei Monaten nach Eingang der Anzeige wirksam werden.

(3) *(weggefallen)*

(4) Soweit die Entlassungen nicht innerhalb von 90 Tagen nach dem Zeitpunkt, zu dem sie nach den Absätzen 1 und 2 zulässig sind, durchgeführt werden, bedarf es unter den Voraussetzungen des § 17 Abs. 1 einer erneuten Anzeige.

I. Inhalt und Zweck. Die §§ 18 und 19 regeln die Rechtsfolgen, die sich aus der Anzeige von Massenentlassungen nach § 17 ergeben. Dabei handelt es sich zunächst um eine **zeitlich begrenzte Entlassungssperre**. Dadurch soll das überraschende Auftreten einer übermäßigen Arbeitslosigkeit vermieden werden. Gleichzeitig soll die Arbeitsverwaltung Gelegenheit erhalten, Maßnahmen zur Vermittlung der frei werdenden Arbeitskräfte zu ergreifen[5]. Bei fehlender oder fehlerhafter Massenentlassungsanzeige gem. §§ 17, 18 kann die Entlassung der betreffenden ArbN unzulässig sein (vgl. zum Begriff der Entlassung mit umfangreichen Nachw. § 17 Rz. 39 ff.). Während der Dauer dieser Sperrfrist werden Entlassungen nur mit Zustimmung der AA wirksam. UU kann die AA die Sperrfrist verlängern. Nach dem Ablauf der Sperrfrist tritt eine zeitlich begrenzte Freifrist ein, innerhalb derer die angezeigten Massenentlassungen durchgeführt werden können. Dadurch wird der ArbGeb gezwungen, seine Planungen so umzusetzen, dass die Vorsorgemaßnahmen der AA nicht ins Leere gehen[6]. Denn der ArbGeb ist zu einer erneuten Anzeige nach § 17 verpflichtet, wenn die Entlassungen nicht innerhalb der Freifrist durchgeführt werden.

Der Zweck des § 18, insb. der Sperrfrist, liegt allein im **öffentl. Interesse**. Die von einer Massenentlassung betroffenen ArbN können davon nur mittelbar profitieren, wenn sie sich gegen die Unwirksamkeit ihrer Entlassung wegen eines Verstoßes gegen die §§ 17 ff. wehren[7].

II. Sperrfrist (Abs. 1). Die Sperrfrist von einem Monat nach § 18 I **beginnt** mit dem Eingang der Anzeige nach § 17 bei der zuständigen AA. Das setzt eine wirksame, insb. vollständige Anzeige der Massenentlassung voraus. Diese Anzeige muss bei der örtlich zuständigen AA eingehen, in deren Bezirk der Betrieb seinen Sitz hat. Wird die Anzeige bei einer unzuständigen AA eingereicht, beginnt die Sperrfrist

---

1 BAG 22.11.2012 – 2 AZR 371/11, DB 2013, 939; so auch BAG 21.3.2013 – 2 AZR 60/12, DB 2013, 1912 (1913). || 2 BAG 24.10.1996 – 2 AZR 895/95, AP Nr. 8 zu § 17 KSchG 1969; aA *Zwanziger*, NJW 1995, 916. || 3 BAG 21.5.2008 – 8 AZR 84/07, NZA 2008, 753 ff. || 4 BVerfG 25.2.2010 – 1 BvR 230/09. || 5 KR/*Weigand*, § 18 Rz. 3. || 6 Bader ua./*Dörner*, § 18 Rz. 1. || 7 ErfK/*Ascheid*, § 18 KSchG Rz. 1.

erst, wenn die Anzeige an die zuständige AA weitergeleitet worden ist[1]. Für die Berechnung der Sperrfrist sind die §§ 187–193 BGB heranzuziehen. Unterbleibt eine Massenentlassungsanzeige ganz, so endet das ArbVerh nicht zum Kündigungstermin. Die Entlassung darf nämlich nicht vollzogen werden, auch wenn es für die Wirksamkeit der Kündigung nicht darauf ankommt, ob eine Massenentlassungsanzeige nach § 17 erfolgt ist oder nicht[2]. Mit seiner Auffassung, dass das ArbVerh nicht zum Kündigungstermin endet, steht das BAG[3] in Einklang mit der Junk-Entscheidung des EuGH[4].

4   **III. Entlassungen während der Sperrfrist.** Bereits vor dem Ablauf der Sperrfrist ist eine wirksame Entlassung von ArbN möglich. Dabei ist unter Entlassung der Ausspruch einer Kündigung zu verstehen (vgl. § 17 Rz. 13 und 39 ff.). Dazu bedarf es der **Zustimmung der AA**. Diese setzt einen besonderen Antrag des ArbGeb voraus. Er liegt regelmäßig nicht in der Anzeige nach § 17[5]. Allerdings kann die Auslegung der Anzeige nach § 17 ergeben, dass darin bereits ein Antrag auf Zustimmung zur Entlassung von ArbN vor Ablauf der Sperrfrist enthalten ist[6]. Zweckmäßigerweise sollte der ArbGeb seinen Antrag auf Zustimmung ggü. der AA mit der Anzeige der Massenentlassung gem. § 17 hinreichend deutlich zum Ausdruck bringen. Die Entlassungssperre nach Abs. 1 hindert aber weder den Ausspruch einer Kündigung nach Anzeige der Massenentlassung bei der AA während des Laufs der Sperrfrist nach Abs. 1 oder Abs. 2, noch verlängert die Sperrfrist die gesetzl. Kündigungsfristen[7].

5   Die AA hat ihre Zustimmungsentscheidung ggü. dem ArbGeb als Antragsteller zu treffen. Die Zustimmung stellt einen **begünstigenden Verwaltungsakt** dar, der nach § 37 SGB X mit seiner Bekanntgabe an den ArbGeb wirksam wird. Sie kann nach Abs. 1 Hs. 2 allerdings auch rückwirkend bis zum Tag der Antragstellung erteilt werden. Dieser Tag bildet auch dann die Grenze für eine Rückwirkung der Zustimmung, wenn es sich um stufenweise Entlassungen handelt, bei denen frühere zunächst wirksame Entlassungen dadurch unwirksam werden, dass innerhalb der Frist von 30 Kalendertagen weitere Entlassungen hinzutreten und die Anzeigepflicht nach § 17 I auslösen. Auf Grund des eindeutigen Gesetzeswortlauts kann die Rückwirkung der Zustimmung nicht bis auf den Tag der früheren Entlassung ausgedehnt werden[8].

6   Nach dem Wortlaut des Gesetzes hängt die **Wirksamkeit der Zustimmung** nicht davon ab, ob sie dem ArbN bekannt gegeben wird. Auch der ArbGeb ist nicht verpflichtet, dem ArbN die Zustimmung der AA mitzuteilen. Beruft er sich in einer späteren Auseinandersetzung auf die Erteilung der Zustimmung, ist er daran nach Treu und Glauben nicht gehindert[9].

7   Das Gesetz enthält keine Bestimmung dazu, ob die AA ihre **Zustimmung unter bestimmten Bedingungen** erteilen oder von besonderen Auflagen abhängig machen kann. Gleichwohl wird allgemein angenommen, dass die AA ihre Zustimmung von der Zahlung einer Abfindung an die betroffenen ArbN oder ihrer Wiedereinstellung für den Fall einer Besserung der wirtschaftl. Lage abhängig machen kann[10]. Abgesehen von der zweifelhaften Durchsetzbarkeit dieser Bedingungen und Auflagen und dem öffentl.-rechtl. Zweck des § 18 beeinträchtigen derartige **Nebenbestimmungen** die Möglichkeit, den Umfang, den Inhalt und die Wirksamkeit der Zustimmung rechtssicher beurteilen zu können[11].

8   Geht die AA nach einer Anzeige des ArbGeb irrtümlich davon aus, dass die Voraussetzungen einer Massenentlassungsanzeige nach § 17 nicht vorliegen, handelt es sich bei der entsprechenden Mitteilung an den ArbGeb um ein sog. **Negativattest**, das wie eine Zustimmung zur vorzeitigen Entlassung wirkt. Im Vertrauen darauf kann der ArbGeb nunmehr die Entlassungen unverzüglich vornehmen[12].

9   Lehnt die AA den Antrag des ArbGeb auf Zustimmung ab, kann er sich dagegen mit einem **Widerspruch** und mit einer verwaltungsgerichtl. Verpflichtungsklage wehren. Anderenfalls muss er die von ihm geplanten Entlassungen entsprechend der weiterbestehenden Sperrfrist hinausschieben.

10 Nimmt der ArbGeb gleichwohl Massenentlassungen während der Sperrfrist vor, werden diese erst mit Ablauf der Sperrfrist oder mit Zustimmung der AA wirksam. Bis zu diesem Zeitpunkt werden sie in ihrer **Wirksamkeit gehemmt**[13]. Das gilt auch, wenn die Kündigung zu einem bestimmten Termin ausgesprochen werden muss, etwa zum Ende des Monats oder zum Ende des Quartals. Liegt dieser Termin innerhalb der Sperrfrist, läuft das ArbVerh mit deren Ablauf und nicht etwa erst zum nächsten Kündigungstermin aus[14].

---

1 KR/*Weigand*, § 18 Rz. 7; ErfK/*Ascheid*, § 18 KSchG Rz. 5; v. *Hoyningen-Huene/Linck*, § 18 Rz. 3a; aA *Löwisch/Spinner*, § 18 Rz. 2. ‖ 2 BAG 16.6.2005 – 6 AZR 451/04, DB 2005, 2141. ‖ 3 BAG 13.4.2000 – 2 AZR 215/99, NZA 2001, 144. ‖ 4 EuGH 27.1.2005 – Rs. C 188/03, NZA 2005, 213 – Junk. ‖ 5 KR/*Weigand*, § 18 Rz. 11; Bader ua./*Dörner*, § 18 Rz. 7. ‖ 6 v. *Hoyningen-Huene/Linck*, § 18 Rz. 5; HK-KSchG/*Hauck*, § 18 Rz. 7; APS/*Moll*, § 18 Rz. 13. ‖ 7 Vgl. BAG 6.11.2008 – 2 AZR 935/07, DB 2009, 515; dh.: Die Kündigungen bleiben wirksam, aber erst zum Ablauf der Sperrfrist, soweit die maßgeblichen Kündigungsfristen nicht länger sind. Falls ja, sind diese maßgeblich. ‖ 8 KR/*Weigand*, § 18 Rz. 17; KDZ/*Kittner*, § 18 Rz. 11; APS/*Moll*, § 18 Rz. 21; aA v. *Hoyningen-Huene/Linck*, § 18 Rz. 9; HK-KSchG/*Hauck*, § 18 Rz. 11; *Löwisch/Spinner*, § 18 Rz. 7. ‖ 9 Bader ua./*Dörner*, § 18 Rz. 12; APS/*Moll*, § 18 Rz. 18; aA HK-KSchG/*Hauck*, § 18 Rz. 9; v. *Hoyningen-Huene/Linck*, § 18 Rz. 7; KR/*Weigand*, § 18 Rz. 13. ‖ 10 v. *Hoyningen-Huene/Linck*, § 18 Rz. 14; KR/*Weigand*, § 18 Rz. 26. ‖ 11 Bader ua./*Dörner*, § 18 Rz. 13; APS/*Moll*, § 18 Rz. 25. ‖ 12 BAG 21.5.1970 – 2 AZR 294/69, AP Nr. 11 zu § 15 KSchG. ‖ 13 BAG 22.3.2001 – 8 AZR 565/00, AP Nr. 49 zu Art. 101 GG. ‖ 14 KR/*Weigand*, § 18 Rz. 31a; v. *Hoyningen-Huene/Linck*, § 18 Rz. 20; aA *Berscheid*, ZIP 1987, 1516; KDZ/*Kittner*, § 18 Rz. 23.

Zulässigkeit von Kurzarbeit   Rz. 1 § 19 KSchG

Da sich die Vorschriften über die anzeigepflichtigen Entlassungen allein an den ArbGeb richten, ist der ArbN nicht verpflichtet, über den Zeitpunkt der Kündigung hinaus weiter zu arbeiten, wenn er das nicht will. Denn die Kündigung ist wegen eines Verstoßes gegen die §§ 17 ff. nur dann unwirksam, wenn sich der gekündigte ArbN **auf die Unwirksamkeit ggü. dem ArbGeb beruft**[1]. Die Kündigung ist auflösend bedingt wirksam, wobei die Geltendmachung der Unwirksamkeit durch den ArbN als sog. Potestativbedingung allein von seinem Verhalten abhängt[2]. Beruft sich der ArbN auf die Unwirksamkeit der Kündigung wegen eines Verstoßes gegen die Vorschriften der §§ 17 ff., kann er unter den Voraussetzungen des Annahmeverzugs sein Arbeitsentgelt bis zu dem hinausgeschobenen Wirksamkeitszeitpunkt der Kündigung verlangen[3]. Bei dem Verstoß gegen die Anzeigepflicht handelt es sich um einen sonstigen Unwirksamkeitsgrund iSd. § 13 III. Bei rechtzeitiger Klageerhebung kann daher die Unwirksamkeit gem. §§ 17, 18 nachgeschoben werden[4].   11

Zwar unterliegen auch Tendenzunternehmer der weiter gehenden **Beratungspflicht** des § 17 II KSchG, Art. 2 II, III RL 98/59/EG. Auch durch eine gemeinschaftsrechtskonforme Auslegung der §§ 18 I KSchG, 118 I 2 BetrVG lässt sich aber ein Anspruch auf Nachteilsausgleich wegen Verletzung dieser Pflicht weder ggü. einem Tendenzunternehmer noch ggü. anderen Unternehmern begründen[5].   11a

IV. Verlängerung der Sperrfrist (Abs. 2). Im Einzelfall kann die AA nach Abs. 2 bestimmen, dass die Entlassungen nicht vor Ablauf von **längstens zwei Monaten** nach dem Eingang der Anzeige wirksam werden. Dabei ist anhand der individuellen Verhältnisse des betroffenen Betriebs zu prüfen, ob eine Verlängerung der Sperrfrist aus arbeitsmarktpolitischen Gründen in Betracht kommt. Die AA muss die Höchstfrist von zwei Monaten nicht ausschöpfen. Die Anordnung der Verlängerung, bei der es sich wiederum um einen belastenden Verwaltungsakt handelt, muss dem ArbGeb vor Ablauf der Monatsfrist des Abs. 1 zugegangen sein. Ist die Sperrfrist bereits abgelaufen, kann die Verlängerungsentscheidung keine Wirkungen mehr auslösen[6]. Die nach Ablauf der gesetzl. Sperrfrist bereits vollzogenen Entlassungen bleiben wirksam.   12

V. Freifrist (Abs. 4). Nach Ablauf der gesetzl. oder der durch die AA verlängerten Sperrfrist steht dem ArbGeb eine sog. Freifrist von **90 Tagen** zur Verfügung, um die beabsichtigten Entlassungen durchzuführen. Diese Frist kann weder verlängert noch verkürzt werden. Da das ArbVerh innerhalb dieser Freifrist beendet sein muss, genügt es nicht, wenn nur die Kündigung des ArbVerh in diesem Zeitraum ausgesprochen wird. Vielmehr muss die tatsächliche Beendigung des ArbVerh innerhalb der Freifrist liegen[7]. Entlassungen, die wegen der Länge der Kündigungsfrist oder einer verspäteten Kündigungserklärung des ArbGeb erst außerhalb der Freifrist durchgeführt werden können, müssen unter den Voraussetzungen des § 17 I **erneut angezeigt** werden. Allerdings hat der ArbGeb die Möglichkeit, diese Entlassungen zeitlich so zu entzerren, dass die Schwellenwerte des § 17 nicht mehr erreicht werden[8]. Eine „erneute Anzeige" iSv. Abs. 4 ist jedoch nicht erforderlich, wenn Kündigungen nach einer ersten Anzeige vor Ablauf der Freifrist ausgesprochen werden, die ArbVerh wegen langer Kündigungsfristen aber erst nach Ablauf der Freifrist enden[9]. Zur Massenentlassungsanzeige bei Nachkündigung in der Insolvenz vgl. § 17 Rz. 38.   13

19 Zulässigkeit von Kurzarbeit

(1) Ist der Arbeitgeber nicht in der Lage, die Arbeitnehmer bis zu dem in § 18 Abs. 1 und 2 bezeichneten Zeitpunkt voll zu beschäftigen, so kann die Bundesagentur für Arbeit zulassen, dass der Arbeitgeber für die Zwischenzeit Kurzarbeit einführt.

(2) Der Arbeitgeber ist im Falle der Kurzarbeit berechtigt, Lohn oder Gehalt der mit verkürzter Arbeitszeit beschäftigten Arbeitnehmer entsprechend zu kürzen; die Kürzung des Arbeitsentgelts wird jedoch erst von dem Zeitpunkt an wirksam, an dem das Arbeitsverhältnis nach den allgemeinen gesetzlichen oder den vereinbarten Bestimmungen enden würde.

(3) Tarifvertragliche Bestimmungen über die Einführung, das Ausmaß und die Bezahlung von Kurzarbeit werden durch die Absätze 1 und 2 nicht berührt.

I. Inhalt und Zweck. Als Ergänzung zu § 18 eröffnet § 19 dem ArbGeb die Möglichkeit, nach Zulassung durch die BA bis zum Ende der Sperrfrist einseitig Kurzarbeit einzuführen. Dadurch kann die noch vorhandene Arbeit auf alle ArbN verteilt werden. Zugleich wird der ArbGeb finanziell entlastet. Die praktische Bedeutung der Vorschrift ist gering. Denn bis zum Ende der jeweiligen Kündigungsfrist muss der ArbGeb den vollen Lohn zahlen. Nur selten ist die Sperrfrist länger als diese Kündigungsfrist. IÜ bleibt   1

---

1 BAG 13.4.2000 – 2 AZR 215/99, AP Nr. 13 zu § 17 KSchG 1969; vgl. zur Kündigung einerseits und zur Entlassung iSv. §§ 17, 18 andererseits oben Rz. 1 und BAG 18.9.2003 – 2 AZR 79/02, BB 2004, 1223. ‖ 2 BAG 23.10.1959 – 2 AZR 181/56, AP Nr. 5 zu § 15 KSchG. ‖ 3 Bader ua./*Dörner*, § 18 Rz. 20; *v. Hoyningen-Huene/Linck*, § 18 Rz. 31. ‖ 4 KR/*Weigand*, § 18 Rz. 40; vgl. aber auch BAG 16.6.2005 – 6 AZR 451/04, DB 2005, 2141 zu LS 3. ‖ 5 BAG 18.11.2003 – 1 AZR 637/02, DB 2004, 1372, NZA 2004, 741 u. 30.3.2004 – 1 AZR 7/03, NZA 2004, 931. ‖ 6 KR/*Weigand*, § 18 Rz. 23. ‖ 7 KR/*Weigand*, § 18 Rz. 47; ErfK/*Ascheid*, § 18 KSchG Rz. 17; *v. Hoyningen-Huene/Linck*, § 18 Rz. 24. ‖ 8 Bader ua./*Dörner*, § 18 Rz. 19; KR/*Weigand*, § 18 Rz. 49. ‖ 9 BAG 23.2.2010 – 2 AZR 268/08, 720/08 und 804/08, MDR 2010, 1334.

das MitbestR des BR nach § 87 I Nr. 3 BetrVG unberührt. Schließlich haben tarifvertragl. Regelungen über die Einführung von Kurzarbeit gem. Abs. 3 Vorrang.

II. Zulassung der Kurzarbeit (Abs. 1). Die Zulassung von Kurzarbeit nach Abs. 1 setzt zunächst eine **ordnungsgemäße Anzeige** des ArbGeb nach § 17 über eine beabsichtigte Massenentlassung voraus, auf Grund derer eine Sperrfrist nach § 18 eintritt. Erst dann kann der ArbGeb einen Antrag auf Zulassung von Kurzarbeit stellen. Allerdings kann dieser Antrag auch stillschweigend gestellt werden und sich durch Auslegung der Massenentlassungsanzeige des ArbGeb ergeben[1]. Materiellrechtl. setzt die Zulassung von Kurzarbeit voraus, dass der ArbGeb nicht in der Lage ist, die ArbN bis zum Ablauf der Sperrfrist voll zu beschäftigen. Dabei handelt es sich nicht um eine objektive Unmöglichkeit der Vollbeschäftigung. Vielmehr ist eine **besondere Unzumutbarkeit aus wirtschaftl. Gründen** gemeint[2].

Die Entscheidung über die Zulassung von Kurzarbeit trifft die BA anhand der konkreten Umstände des Einzelfalls nach pflichtgemäßem Ermessen durch privatrechtsgestaltenden Verwaltungsakt[3]. Mit der Bekanntgabe an den ArbGeb wird der Verwaltungsakt wirksam. Die Entscheidung der BA kann im sozialgerichtl. Verfahren überprüft werden[4].

Die Zulassung der Kurzarbeit ist auf die Dauer der Sperrfrist beschränkt. Sie kann auch einen kürzeren Zeitraum betreffen. Die BA kann die Kurzarbeit für die gesamte Belegschaft, einzelne Betriebsabteilungen oder für bestimmte Gruppen von ArbN zulassen. Stets muss eine bestimmte wöchentliche Mindestarbeitszeit vorgeschrieben werden. Eine rückwirkende Zulassung von Kurzarbeit ist auf der Grundlage des § 19 unzulässig[5].

III. Durchführung der Kurzarbeit (Abs. 2). Die Zulassung der Kurzarbeit durch die BA stellt lediglich eine **Ermächtigung für den ArbGeb** dar. Auf ihrer Grundlage kann der ArbGeb die arbeitsvertragl. Bedingungen ändern, ohne eine Änderungskündigung erklären zu müssen[6]. Will der ArbGeb von der Ermächtigung Gebrauch machen, muss er das dem ArbN ankündigen und die Kurzarbeit anordnen. Diese Anordnung stellt keine Kündigung dar. Der ArbGeb muss keine Kündigungsfrist einhalten. Zweckmäßigerweise wird er den Beginn der Kurzarbeit aber zum Ablauf der Kündigungsfrist ankündigen. Denn erst ab diesem Zeitpunkt ist eine Kürzung des Lohns und des Gehalts gem. Abs. 2 zulässig[7]. In welchem zeitlichen und inhaltlichen Umfang der ArbGeb von der Ermächtigung Gebrauch macht, steht ihm grds. frei[8].

In Betrieben mit **BR** finden bestehende BV über die Arbeitszeit auf die Anordnung der Kurzarbeit nach § 19 keine Anwendung. Denn durch Abs. 3 wird nur tarifvertragl. Bestimmungen eine Vorrangstellung eingeräumt[9]. Gleichwohl verbleibt dem BR ein MitbestR gem. § 87 I Nr. 3 BetrVG bei der vorübergehenden Verkürzung der betriebsüblichen Arbeitszeit durch die Einführung von Kurzarbeit. Denn durch die Ermächtigung der BA wird diese Kurzarbeit nicht zwingend eingeführt. Vielmehr kann der ArbGeb auf Grund der Ermächtigung frei entscheiden, ob und in welchem Umfang er Kurzarbeit einführen will[10].

Ist die Einführung von Kurzarbeit tarifl. geregelt, bleibt für deren Zulassung durch die BA kein Raum. Der **Vorrang des Tarifrechts** gem. Abs. 3 greift nicht nur ein, wenn ArbGeb und ArbN tarifgebunden sind, sondern auch dann, wenn sie die Geltung der tarifl. Bestimmungen arbeitsvertragl. vereinbart haben. Denn das Gesetz sieht eine entsprechende Unterscheidung nicht vor[11].

Nach Abs. 2 S. 1 Hs. 1 ist der ArbGeb berechtigt, den Lohn oder das Gehalt der mit verkürzter Arbeitszeit beschäftigten ArbN entsprechend zu kürzen. Das gilt nach Abs. 2 S. 1 Hs. 2 erst von dem Zeitpunkt an, zu dem das ArbVerh nach den allg. gesetzl. oder den vereinbarten Bestimmungen enden würde. Als allg. gesetzl. Bestimmung ist § 622 BGB anzusehen. Auf besondere gesetzl. Sonderkündigungsschutzbestimmungen kommt es hingegen nicht an[12]. Zu den vereinbarten Bestimmungen iSd. Abs. 2 gehören die tarifvertragl. und arbeitsvertragl. Regelungen der Kündigungsfrist, unabhängig davon, ob sie länger oder kürzer als die gesetzl. Kündigungsfristen sind[13]. Die der gesetzl. oder vertragl. vereinbarten Kündigungsfrist entsprechende Frist, während derer noch der volle Lohn zu zahlen ist, beginnt grds. mit der Ankündigung der Kurzarbeit. Hat der ArbGeb bereits vor der Ankündigung der Kurzarbeit den Arbeitsvertrag gekündigt, beginnt die Frist bereits in diesem Zeitpunkt[14].

---

1 Bader ua./*Dörner*, § 19 Rz. 4; *v. Hoyningen-Huene/Linck*, § 19 Rz. 5; APS/*Moll*, § 19 Rz. 7.   ‖2 KR/*Weigand*, § 19 Rz. 7; HK-KSchG/*Hauck*, § 19 Rz. 7; ErfK/*Ascheid*, § 19 KSchG Rz. 2; KDZ/*Kittner*, § 19 Rz. 3.   ‖3 *v. Hoyningen-Huene/Linck*, § 19 Rz. 6; Bader ua./*Dörner*, § 19 Rz. 5.   ‖4 KR/*Weigand*, § 19 Rz. 16; *Löwisch/Spinner*, § 19 Rz. 11.   ‖5 *v. Hoyningen-Huene/Linck*, § 19 Rz. 9–11; KR/*Weigand*, § 19 Rz. 18; Bader ua./*Dörner*, § 19 Rz. 4.   ‖6 Bader ua./*Dörner*, § 19 Rz. 10; ErfK/*Ascheid*, § 19 KSchG Rz. 4.   ‖7 KR/*Weigand*, § 19 Rz. 37.   ‖8 KR/*Weigand*, § 19 Rz. 35; ErfK/*Ascheid*, § 19 KSchG Rz. 9.   ‖9 KR/*Weigand*, § 19 Rz. 29; *v. Hoyningen-Huene/Linck*, § 19 Rz. 16.   ‖10 KR/*Weigand*, § 19 Rz. 31; ErfK/*Ascheid*, § 19 KSchG Rz. 5; *v. Hoyningen-Huene/Linck*, § 19 Rz. 17; aA *Löwisch/Spinner*, § 19 Rz. 10; APS/*Moll*, § 19 Rz. 24; Bader ua./*Dörner*, § 19 Rz. 12.   ‖11 Bader ua./*Dörner*, § 19 Rz. 13; aA KR/*Weigand*, § 19 Rz. 28; ErfK/*Ascheid*, § 19 KSchG Rz. 6; APS/*Moll*, § 19 Rz. 39.   ‖12 BAG 7.4.1970 – 2 AZR 201/69, AP Nr. 3 zu § 615 BGB.   ‖13 *v. Hoyningen-Huene/Linck*, § 19 Rz. 34; *Löwisch/Spinner*, § 19 Rz. 18.   ‖14 *v. Hoyningen-Huene/Linck*, § 19 Rz. 35; Bader ua./*Dörner*, § 19 Rz. 16.

20 Entscheidungen der Agentur für Arbeit

(1) Die Entscheidungen der Agentur für Arbeit nach § 18 Abs. 1 und 2 trifft deren Geschäftsführung oder ein Ausschuss (Entscheidungsträger). Die Geschäftsführung darf nur dann entscheiden, wenn die Zahl der Entlassungen weniger als 50 beträgt.

(2) Der Ausschuss setzt sich aus dem Geschäftsführer, der Geschäftsführerin oder dem oder der Vorsitzenden der Geschäftsführung der Agentur für Arbeit oder einem von ihm oder ihr beauftragten Angehörigen der Agentur für Arbeit als Vorsitzenden und je zwei Vertretern der Arbeitnehmer, der Arbeitgeber und der öffentlichen Körperschaften zusammen, die von dem Verwaltungsausschuss der Agentur für Arbeit benannt werden. Er trifft seine Entscheidungen mit Stimmenmehrheit.

(3) Der Entscheidungsträger hat vor seiner Entscheidung den Arbeitgeber und den Betriebsrat anzuhören. Dem Entscheidungsträger sind, insbesondere vom Arbeitgeber und Betriebsrat, die von ihm für die Beurteilung des Falles erforderlich gehaltenen Auskünfte zu erteilen.

(4) Der Entscheidungsträger hat sowohl das Interesse des Arbeitgebers als auch das der zu entlassenden Arbeitnehmer, das öffentliche Interesse und die Lage des gesamten Arbeitsmarktes unter besonderer Beachtung des Wirtschaftszweiges, dem der Betrieb angehört, zu berücksichtigen.

1 Das Gesetz regelt die **Zuständigkeiten** für Entscheidungen nach § 18 I und III, die Zusammensetzung des Ausschusses bei der AA, das Verfahren des Entscheidungsträgers sowie die Maßstäbe für seine Entscheidung. Die Geschäftsführung der örtlich zuständigen AA entscheidet, wenn es um eine Massenentlassung von bis zu 49 ArbN geht. Soll diese Zahl überschritten werden, tritt an ihre Stelle ein besonderer Ausschuss, der aus sieben Mitgliedern besteht. Ihm gehören neben dem Vorsitzenden sechs Beisitzer an, die der Verwaltungsausschuss der AA bestimmt.

2 Nach Abs. 3 müssen vor einer Entscheidung der ArbGeb und der BR angehört werden. Die **Anhörung** kann mündlich oder schriftl. erfolgen[1]. Zwar kann auf die Anhörung nicht verzichtet werden. Doch hat der Entscheidungsträger keine Möglichkeit, Stellungnahmen oder Auskünfte zu erzwingen. Allerdings wird dieses Verhalten in aller Regel zu Lasten dessen gehen, der die Information zurückhält[2]. IÜ kann der Entscheidungsträger Informationen auch von dritter Seite einholen, zB von Wirtschaftsverbänden, den ArbN des Betriebs oder von einem Sachverst.[3].

3 Bei seinen Entscheidungen hat die Geschäftsführung oder der Ausschuss der örtlich zuständigen AA zunächst zu prüfen, ob eine anzeigepflichtige Entlassung iSd. § 17 vorliegt. Anderenfalls hat sie bzw. er ein sog. **Negativattest** zu erteilen[4]. Daneben sind zunächst die formellen Voraussetzungen der Anzeige nach § 17 sowie die ordnungsgemäße Beteiligung des BR durch den ArbGeb zu prüfen[5].

4 **Inhaltlich** geht es bei den Entscheidungen gem. § 20 darum, ob den angezeigten Massenentlassungen vor Ablauf der einmonatigen Sperrfrist zugestimmt wird und ob im Fall der Ablehnung die Sperrfrist verlängert wird. Bei diesen Entscheidungen sind nach Abs. 4 sowohl das Interesse des ArbGeb als auch das der zu entlassenden ArbN, das öffentl. Interesse und die Lage des gesamten Arbeitsmarktes zu berücksichtigen. Dabei ist eine umfassende Beurteilung aller Umstände des Einzelfalls geboten[6]. Neben den in Abs. 4 genannten Kriterien ist im Rahmen der Interessenabwägung auch die Möglichkeit der Anordnung von Kurzarbeit zu berücksichtigen[7].

21 Entscheidungen der Zentrale der Bundesagentur für Arbeit

Für Betriebe, die zum Geschäftsbereich des Bundesministers für Verkehr oder des Bundesministers für Post und Telekommunikation gehören, trifft, wenn mehr als 500 Arbeitnehmer entlassen werden sollen, ein gemäß § 20 Abs. 1 bei der Zentrale der Bundesagentur für Arbeit zu bildender Ausschuss die Entscheidungen nach § 18 Abs. 1 und 2. Der zuständige Bundesminister kann zwei Vertreter mit beratender Stimme in den Ausschuss entsenden. Die Anzeigen nach § 17 sind in diesem Falle an die Zentrale der Bundesagentur für Arbeit zu erstatten. Im Übrigen gilt § 20 Abs. 1 bis 3 entsprechend.

1 Das Gesetz schreibt eine besondere Zuständigkeit für die Anzeige von Massenentlassungen und die dazu erforderlichen Entscheidungen der Arbeitsverwaltung für Betriebe des **Verkehrswesens, der Post und Telekommunikation** vor, die unmittelbar der Bundesregierung unterstehen. In diesen Fällen ist die Zentrale der BA zuständig, bei der ein Ausschuss iSv. § 20 II gebildet wird, in den der zuständige Bundesminister zwei weitere Vertreter mit beratender Stimme entsenden kann.

2 Aus § 23 II folgt, dass die besondere Zuständigkeit der Zentrale der BA nur gegeben ist, wenn in einem wirtschaftl. Betrieb **mehr als 500 ArbN** entlassen werden sollen. Bei der Ermittlung dieser Zahl ist nach dem Wortlaut des Gesetzes allein auf den Betrieb, nicht aber auf das Unternehmen abzustellen[8].

---

1 KR/*Weigand*, § 20 Rz. 41; *v. Hoyningen-Huene/Linck*, § 20 Rz. 13; APS/*Moll*, § 20 Rz. 24. || 2 *v. Hoyningen-Huene/Linck*, § 20 Rz. 14; Bader ua./*Dörner*, § 20 Rz. 7. || 3 KR/*Weigand*, § 20 Rz. 44. || 4 *v. Hoyningen-Huene/Linck*, § 20 Rz. 23; KR/*Weigand*, § 20 Rz. 56. || 5 Bader ua./*Dörner*, § 20 Rz. 9. || 6 BSG 21.3.1978 – 7/12 RAr 6/77, BSGE 46, 99; 5.12.1978 – 7 RAr 32/78, DB 1979, 1283. || 7 Bader ua./*Dörner*, § 20 Rz. 11. || 8 *v. Hoyningen-Huene/Linck*, § 21 Rz. 2; Bader ua./*Dörner*, § 21 Rz. 3; aA KR/*Weigand*, § 21 Rz. 5; KDZ/*Kittner*, § 21 Rz. 3.

3 Die Unternehmen der ehemaligen **Deutschen Bundespost** sind zwar inzwischen privatisiert. Sie gehören jedoch noch so lange zum Geschäftsbereich des Ministers, wie der Bund die Mehrheit der Aktien hält[1]. Zum Geschäftsbereich des Bundesministers für Verkehr gehören die der **Eisenbahn** des Bundes unterliegenden Betriebe der aus dem Bundeseisenbahnvermögen hervorgegangenen Aktiengesellschaften sowie die Betriebe, die das bundeseigene Vermögen der Bundeswasserstraßen und der Bundesfernstraßen verwalten. Nicht zum Geschäftsbereich des Bundesverkehrsministers gehören die privaten Verkehrsunternehmen wie Lufthansa und die anderen Fluggesellschaften sowie Bahnlinien[2].

22 *Ausnahmebetriebe*

(1) **Auf Saisonbetriebe und Kampagne-Betriebe finden die Vorschriften dieses Abschnitts bei Entlassungen, die durch diese Eigenart der Betriebe bedingt sind, keine Anwendung.**

(2) **Keine Saisonbetriebe oder Kampagne-Betriebe sind Betriebe des Baugewerbes, in denen die ganzjährige Beschäftigung nach dem Dritten Buch Sozialgesetzbuch gefördert wird. Das Bundesministerium für Arbeit und Soziales wird ermächtigt, durch Rechtsverordnung Vorschriften zu erlassen, welche Betriebe als Saisonbetriebe oder Kampagne-Betriebe im Sinne des Absatzes 1 gelten.**

1 Durch § 22 werden **Saison- und Kampagne-Betriebe** aus dem betriebl. Geltungsbereich des Massenentlassungsrechts ausgeklammert. Diese Ausklammerung ist aber auf diejenigen Massenentlassungen beschränkt, die durch die Eigenart des Betriebes bedingt sind. Damit trägt das Gesetz dem Umstand Rechnung, dass die Zahl der ArbN in diesen Betrieben regelmäßig starken Schwankungen unterworfen ist. Die Saison- und Kampagne-Betriebe können sich auf ihren besonderen Status jedoch nur dann berufen, wenn zwischen der Eigenart ihres Betriebs und der Massenentlassung ein unmittelbarer Zusammenhang besteht[3]. Die **praktische Bedeutung** der Vorschrift ist stark eingeschränkt. Denn in vielen Saison- und Kampagne-Betrieben sind nicht so viele Mitarbeiter beschäftigt, dass die Schwellenwerte des § 17 überschritten werden. Darüber hinaus wird in diesen Betrieben regelmäßig zu Recht die Befristung von Arbeitsverträgen vereinbart[4].

2 Bisher hat das Ministerium von seiner Ermächtigung nach Abs. 2 S. 2 keinen Gebrauch gemacht, in einer RechtsVO eine genaue Bestimmung der Saison- und Kampagne-Betriebe vorzunehmen. Beide Begriffe sind daher nach den allg. arbeitsrechtl. Grundsätzen zu verstehen[5]. Danach handelt es sich um einen **Saisonbetrieb**, wenn in ihm zwar ganzjährig gearbeitet wird, die Arbeitsmenge aber in einer bestimmten Jahreszeit regelmäßig stark zunimmt. Das gilt etwa bei witterungsabhängigen Betrieben oder bei Dienstleistungsbetrieben in Feriengebieten. Dazu zählen auch Produktionsbetriebe, die zu bestimmten Anlässen zusätzliche Produkte herstellen[6]. Um **Kampagne-Betriebe** handelt es sich, wenn in ihnen nur einige Zeit im Jahr überhaupt gearbeitet wird, etwa weil Ernteerzeugnisse rasch verarbeitet werden müssen. Die ganzjährige Beschäftigung von Stammarbeitnehmern in der Verwaltung oder zur Instandhaltung von Maschinen schließt die Annahme eines Kampagnebetriebes nicht aus[7].

Vierter Abschnitt. Schlussbestimmungen

23 *Geltungsbereich*

(1) **Die Vorschriften des Ersten und Zweiten Abschnitts gelten für Betriebe und Verwaltungen des privaten und des öffentlichen Rechts, vorbehaltlich der Vorschriften des § 24 für die Seeschifffahrts-, Binnenschifffahrts- und Luftverkehrsbetriebe. Die Vorschriften des Ersten Abschnitts gelten mit Ausnahme der §§ 4 bis 7 und des § 13 Abs. 1 Satz 1 und 2 nicht für Betriebe und Verwaltungen, in denen in der Regel fünf oder weniger Arbeitnehmer ausschließlich der zu ihrer Berufsbildung Beschäftigten beschäftigt werden. In Betrieben und Verwaltungen, in denen in der Regel zehn oder weniger Arbeitnehmer ausschließlich der zu ihrer Berufsbildung Beschäftigten beschäftigt werden, gelten die Vorschriften des Ersten Abschnitts mit Ausnahme der §§ 4 bis 7 und des § 13 Abs. 1 Satz 1 und 2 nicht für Arbeitnehmer, deren Arbeitsverhältnis nach dem 31. Dezember 2003 begonnen hat; diese Arbeitnehmer sind bei der Feststellung der Zahl der beschäftigten Arbeitnehmer nach Satz 2 bis zur Beschäftigung von in der Regel zehn Arbeitnehmern nicht zu berücksichtigen. Bei der Feststellung der Zahl der beschäftigten Arbeitnehmer nach den Sätzen 2 und 3 sind teilzeitbeschäftigte Arbeitnehmer mit einer regelmäßigen wöchentlichen Arbeitszeit von nicht mehr als 20 Stunden mit 0,5 und nicht mehr als 30 Stunden mit 0,75 zu berücksichtigen.**

---

1 Bader ua./*Dörner*, § 21 Rz. 4. ||2 BAG 4.3.1993 – 2 AZR 451/92, AP Nr. 60 zu § 1 KSchG 1969 Betriebsbedingte Kündigung. ||3 Bader ua./*Dörner*, § 22 Rz. 6; KR/*Weigand*, § 22 Rz. 11; *v. Hoyningen-Huene/Linck*, § 22 Rz. 8. ||4 BAG 29.1.1987 – 2 AZR 109/86, AP Nr. 1 zu § 620 BGB Saisonarbeit. ||5 *v. Hoyningen-Huene/Linck*, § 22 Rz. 2. ||6 Bader ua./*Dörner*, § 22 Rz. 3; KR/*Weigand*, § 22 Rz. 6; *v. Hoyningen-Huene/Linck*, § 22 Rz. 4. ||7 KR/*Weigand*, § 22 Rz. 7; Bader ua./*Dörner*, § 22 Rz. 4; *v. Hoyningen-Huene/Linck*, § 22 Rz. 7.

(2) Die Vorschriften des Dritten Abschnitts gelten für Betriebe und Verwaltungen des privaten Rechts sowie für Betriebe, die von einer öffentlichen Verwaltung geführt werden, soweit sie wirtschaftliche Zwecke verfolgen. **Sie gelten nicht für Seeschiffe und ihre Besatzung.**

I. Inhalt und Zweck. Neben den besonderen Bestimmungen in den §§ 17 I, 22 und 24 I enthält § 23 eine **allgemeine Regelung des betriebl. Geltungsbereichs** des Gesetzes. Insb. werden auch die Verwaltungen des öffentl. Dienstes einbezogen. Dadurch geht der betriebl. Geltungsbereich des KSchG über den des BetrVG hinaus und erfasst dem Grunde nach das gesamte Arbeitsleben in Deutschland. § 23 I bringt jedoch in S. 2–4 (sog. Kleinbetriebsklausel) Einschränkungen des betriebl. Geltungsbereichs für den Ersten Abschnitt des KSchG (allg. Kündigungsschutz der §§ 1–14). Abs. 2 bestimmt den Geltungsbereich des Dritten Abschnitts des KSchG (anzeigepflichtige Entlassungen, §§ 17–22). In Betrieben der Seeschifffahrt, der Binnenschifffahrt und des Luftverkehrs gelten die Vorschriften des Ersten und Zweiten Abschnitts nur nach der besonderen Maßgabe des § 24. Für Seeschiffe und ihre Besatzung gelten die Vorschriften des Dritten Abschnitts nicht (Abs. 2 S. 2).

II. Geltungsbereich des Ersten und Zweiten Abschnitts (Abs. 1). 1. Internationaler Geltungsbereich. Die Vorschriften des Ersten und Zweiten Abschnitts des KSchG gelten für Betriebe und Verwaltungen des privaten und des öffentl. Rechts (zu Seeschifffahrts-, Binnenschifffahrts- und Luftverkehrsbetrieben vgl. § 24). Die Voraussetzungen des Abs. 1 können nach der Rspr. nur durch einen **in Deutschland gelegenen Betrieb** erfüllt werden. Das KSchG soll danach – vorbehaltlich einer im Einzelfall verfassungsrechtl. gebotenen Korrektur – nur für Betriebe auf dem Gebiet der Bundesrepublik Deutschland gelten, dh., die entsprechende Mindestzahl an ArbN müsste innerhalb der Bundesrepublik Deutschland beschäftigt sein[1]. Unterhält ein ausländisches Unternehmen in Deutschland eine Niederlassung und bildet diese zusammen mit dem im Ausland befindlichen Betrieb einen gemeinsamen Betrieb, sollen die im Ausland tätigen ArbN bei der Berechnung der maßgeblichen Beschäftigtenzahl jedenfalls dann nicht mitgezählt werden, wenn sie ausländischem Recht unterliegen[2]. Nur ganz geringfügig im Inland ausgebildete betriebl. Strukturen (Briefkastenfirma) genügten für die Anwendung des § 23 nicht[3]. Der Betriebsbegriff bedürfe einer an seiner kündigungsrechtl. Funktion orientierten Auslegung. Die kündigungsrechtl. „Kohärenzen" innerhalb eines Betriebes vertrügen sich nicht mit der Einbeziehung von Beschäftigten aus einer anderen Rechtsordnung. Das BAG macht nicht deutlich, warum die Geltung des KSchG es erfordert, dass außer für den betroffenen ArbN auch für weitere ArbN in der erforderlichen Anzahl deutsches Recht anwendbar ist[4]. Die Verknüpfung des Kündigungsschutzes mit dem BetrVG etwa bietet hierfür kein Argument, zumal das KSchG auch in Betrieben ohne BR gilt. Auch eine im Ausland gelegene organisatorische Einheit kann daher nach hier vertretener Ansicht grds. einen Betrieb iSd. § 23 bilden. Beschäftigt der Betrieb die erforderliche Anzahl von ArbN iSd. KSchG, wozu auch ausländischem Recht unterstehende ArbN zählen, und gilt für den betroffenen ArbN deutsches Recht, so besteht Kündigungsschutz.

2. Betriebe und Verwaltungen (Abs. 1 S. 1). Der Erste und Zweite Abschnitt des KSchG gelten grds. in allen Betrieben und Verwaltungen des privaten und öffentl. Rechts. Den **Begriff des Betriebs** definiert das Gesetz nicht. Maßgeblich ist der allg. arbeitsrechtl. Betriebsbegriff. Danach ist ein Betrieb die organisatorische Einheit, innerhalb derer ein Unternehmen allein oder in Gemeinschaft mit seinen Mitarbeitern mithilfe von sachlichen und immateriellen Mitteln bestimmte arbeitstechnische Zwecke fortgesetzt verfolgt, die sich nicht in der Befriedigung von Eigenbedarf erschöpfen[5]. Einer räumlichen Einheit bedarf es nicht[6]. Vgl. näher zum Betriebsbegriff des KSchG unten Rz. 9 sowie § 1 Rz. 259. Auch „Verwaltungen" des privaten Rechts (etwa Verbände, private Stiftungen und sonstige Vereinigungen auf privatrechtl. Grundlage[7]) sind Betriebe iSd. Gesetzes.

Um einen **Betrieb des öffentl. Rechts** handelt es sich, wenn dessen Inhaber eine juristische Person des öffentl. Rechts ist und diese den Betrieb unmittelbar leitet (sog. Eigenbetrieb). Ist der Inhaber des Betriebs eine juristische Person oder eine Personengesamtheit des Privatrechts, handelt es sich auch dann nicht um einen Betrieb des öffentl. Rechts, wenn die öffentl. Hand durch entsprechende Kapitalbeteiligung maßgeblichen Einfluss besitzt[8].

Im **öffentl. Dienst** knüpft Abs. 1 iÜ an den Begriff der **Verwaltung** und nicht der Dienststelle an. Eine Verwaltung kann auch die Zusammenfassung mehrerer Dienststellen zu einer administrativen Hierarchie darstellen[9].

---

1 Eingehend BAG v.17.1.2008 – 2 AZR 902/06, NZA 2008, 872; bestätigt durch BAG 26.3.2009 – 2 AZR 883/07, BB 2009, 1924 mwN.   ‖ 2 BAG 26.3.2009 – 2 AZR 883/07, BB 2009, 1924.   ‖ 3 BAG 3.6.2004 – 2 AZR 386/03, AP Nr. 33 zu § 23 KSchG 1969.   ‖ 4 Vgl. *Straube*, DB 2009, 1406; zur früheren Kritik insb. wegen der fehlenden territorialen Beschränkung des KSchG vgl. W. *Gravenhorst*, FA 2005, 34; *Junker*, FS Konzen, 2006, S. 367 ff.; *Maurer*, FS Leinemann, 2006, S. 733 (740 ff.); A. C. *Gravenhorst*, RdA 2007, 283; *Deinert*, AuR 2008, 300; *B. Otto/Mückl*, BB 2008, 1231.   ‖ 5 BAG 26.8.1971 – 2 AZR 233/70, AP Nr. 1 zu § 23 KSchG 1969; BVerfG 27.1.1998 – 1 BvL 15/87, AP Nr. 17 zu § 23 KSchG 1969.   ‖ 6 BAG 7.7.2011 – 2 AZR 12/10, BAGE 138, 321.   ‖ 7 KR/*Weigand*, § 23 Rz. 29.   ‖ 8 APS/*Moll*, § 23 Rz. 22; aA KR/*Weigand*, § 23 Rz. 30.   ‖ 9 BAG 23.4.1998 – 2 AZR 489/97, AP Nr. 19 zu § 23 KSchG 1969.

6 Mehrere Unternehmen können einen **gemeinsamen Betrieb** bilden, wenn sie im Rahmen einer gemeinsamen Arbeitsorganisation unter einheitlicher Leitungsmacht arbeitstechnische Zwecke fortgesetzt verfolgen. Erforderlich ist eine ausdrückliche oder stillschweigende rechtl. Leitungsvereinbarung, die sich jedoch aus den Umständen des Einzelfalls ergeben kann. Einen Anhaltspunkt dafür bietet die einheitliche Ausübung von ArbGebFunktionen im sozialen und personellen Bereich[1]. Ob eine einheitliche Leitung hinsichtlich der wesentlichen ArbGebFunktionen vorliegt, beurteilt sich nach der innerbetriebl. Entscheidungsfindung und deren Umsetzung[2]. Die betriebsverfassungsrechtl. Vermutung eines gemeinsamen Betriebs (§ 1 II BetrVG) dürfte auch kündigungsrechtl. maßgeblich sein (vgl. näher dort). Nach bisheriger Rspr. trägt der ArbN die Darlegungs- und Beweislast für die Tatsachen, die den Schluss auf einen gemeinsamen Betrieb mehrerer Unternehmen zulassen[3].

7 **3. Kleinbetriebsklausel (Abs. 1 S. 2–4). a) Inhalt und Zweck.** Die sog. Kleinbetriebsklausel in Abs. 1 S. 2–4 ist mWz. 1.1.2004 novelliert worden. Gem. S. 2 und 3 finden die Vorschriften des Ersten Abschnitts des Gesetzes (§§ 1–14) mit Ausnahme der §§ 4–7 und § 13 I S. 1 und 2 in Kleinbetrieben keine Anwendung. Der allg. Kündigungsschutz (§§ 1, 2) sowie die gerichtl. Auflösung des ArbVerh gem. §§ 9, 10 gelten somit nicht. Dagegen sind die Vorschriften über die **Klagefrist** (§§ 4–7, 13 I S. 1 u. 2) auch in Kleinbetrieben zu beachten. Für die Abgrenzung des Kleinbetriebs und damit für die Geltung des allg. Kündigungsschutzes maßgeblich ist die Anzahl der Beschäftigten (Schwellenwert). Das Überschreiten des Schwellenwerts begründet keinen persönlichen Besitzstand des ArbN, der etwa im Falle eines Teilbetriebsübergangs gem. § 613a I BGB erhalten bliebe; es kommt auf die jeweilige betriebl. Lage an[4]. IÜ hat S. 3 die Kleinbetriebsausnahme auf Betriebe mit **bis zu zehn ArbN** erweitert bei gleichzeitiger **Besitzstandswahrung** für alle bisher Beschäftigten. Es sind nunmehr zwei Schwellenwerte zu beachten, je nachdem ob das ArbVerh des zu kündigenden ArbN vor dem 1.1.2004 begonnen hat (im Folgenden Alt-ArbN) oder nicht. Danach findet der allg. Kündigungsschutz des Ersten Abschnitts des KSchG keine Anwendung

– auf **Neu-ArbN** (deren ArbVerh nach dem 31.12.2003 begonnen hat), wenn im Betrieb nicht mehr als zehn ArbN beschäftigt werden (S. 3 Hs. 1);

– auf **Alt-ArbN**, wenn im Betrieb nicht mehr als fünf ArbN beschäftigt werden (S. 2), wobei bis zur Beschäftigung von insg. zehn ArbN nur Alt-ArbN zählen (S. 3 Hs. 2).

Zweck der Regelung ist es, den **besonderen Verhältnissen in Kleinbetrieben** Rechnung zu tragen. Diese Verhältnisse sind gekennzeichnet durch die persönlichen Beziehungen des Inhabers zu seinen wenigen ArbN, die geringere wirtschaftl. Belastbarkeit eines kleinen Betriebs und das Bedürfnis nach größerer arbeitsmarktpolitischer Freizügigkeit[5]. In einem kleinen Betrieb hängt der wirtschaftl. Erfolg von der Leistungsfähigkeit und der Persönlichkeit jedes einzelnen ArbN ab. Der Ausfall eines Mitarbeiters lässt sich dort schwerer ausgleichen als in einem großen Betrieb. Auf Grund der engen Zusammenarbeit mit dem Betriebsinhaber kommt dem Vertrauensverhältnis zu den ArbN ein besonderer Stellenwert zu. In einem kleinen Betrieb sind finanzielle Ausstattung und Verwaltungsapparat regelmäßig geringer als in einem großen Unternehmen.

8 Diese besonderen Umstände in Kleinbetrieben lassen es als mit dem **Grundgesetz vereinbar** erscheinen, Mitarbeiter aus dem allg. Kündigungsschutz herauszunehmen. Die Regelung in Abs. 1 S. 2 verletzt weder Art. 12 I GG noch Art. 3 I GG und ist daher hinsichtlich des Schwellenwertes von fünf ArbN verfassungsgemäß, da die zivilrechtl. Generalklauseln den durch Art. 12 I GG gebotenen **Mindestschutz der Arbeitnehmer** gewährleisten[6] (vgl. näher Vor § 1 Rz. 11 u. 16). Auch die Berücksichtigung von Teilzeitbeschäftigten nach Abs. 1 S. 3 ist nicht verfassungswidrig[7]. Beide Regelungen sind mit Art. 92 I EWG-Vertrag (jetzt: Art. 107 AEUV) und der GleichbehandlungsRL 76/207 vereinbar[8]. Die Erweiterung der Kleinbetriebsausnahme auf Betriebe mit bis zu zehn ArbN dient dem Zweck, kleinen Unternehmen die Entscheidung zu Neueinstellungen zu erleichtern[9]. Sie dürfte die Gruppe der schutzwürdigen Kleinunternehmer ebenfalls – gerade noch – mit hinreichender Genauigkeit treffen und so verfassungsgemäß sein[10]. Ob sie vor **Art. 30 GrCh** Bestand haben wird, ist noch ungewiss[11].

9 Für die Anwendbarkeit der Vorschriften über den allg. Kündigungsschutz kommt es nach dem arbeitsrechtl. Betriebsbegriff allein auf die Zahl der Mitarbeiter an, die in einem Betrieb beschäftigt sind. Danach könnten auch **Teile eines größeren Unternehmens** unter die Kleinbetriebsklausel fallen, obwohl es dafür an einer sachl. Rechtfertigung fehlt. Diese Besonderheit zwingt allerdings nicht zu einer Modifizierung des allg. Betriebsbegriffes und führt auch nicht zu einer ArbGeb- oder Unternehmens-

---

1 BAG 23.3.1984 – 7 AZR 515/82, AP Nr. 4 zu § 23 KSchG 1969; 18.1.1990 – 2 AZR 355/89, BB 1990, 2050. ||2 BAG 24.1.1996 – 7 ABR 10/95, AP Nr. 8 zu § 1 BetrVG 1972 Gemeinsamer Betrieb. ||3 BAG 23.3.1984 – 7 AZR 515/82, AP Nr. 4 zu § 23 KSchG 1969. ||4 BAG 15.2.2007 – 8 AZR 397/06, NZA 2007, 739. ||5 BAG 19.4.1990 – 2 AZR 487/89, AP Nr. 8 zu § 23 KSchG 1969. ||6 BVerfG 27.1.1998 – 1 BvL 15/87, AP Nr. 17 zu § 23 KSchG 1969. ||7 BVerfG 27.1.1998 – 1 BvL 22/93, AP Nr. 18 zu § 23 KSchG 1969. ||8 EuGH 30.11.1993 – Rs. C 139/91, AP Nr. 13 zu § 23 KSchG 1969. ||9 Gesetzentwurf v. 24.6.2003, BT-Drs. 15/1204, 14 und 28; zu der erst im Vermittlungsausschuss zustande gekommenen Gesetzesfassung fehlt eine eigene Begründung. ||10 BAG 21.9.2006 – 2 AZR 840/05, NZA 2007, 438 (sehr knapp); krit. *Buschmann*, AuR 2004, 1 (2). ||11 Vgl. *Brose*, Zesar 2008, 221 ff.

bezogenheit des allg. Kündigungsschutzes[1]. Vielmehr ist der Betriebsbegriff in Abs. 1 S. 2 im Wege der **verfassungskonformen Auslegung** auf die Einheiten zu beschränken, für deren Schutz die Kleinbetriebsklausel bestimmt ist und bei denen eine Benachteiligung der betroffenen ArbN sachlich begründet erscheint[2]. Durch eine derartige am Sinn und Zweck der Kleinbetriebsklausel orientierte Auslegung lässt sich der Anwendungsbereich des Abs. 1 S. 2 auf kleine Betriebsstätten im Bereich des Handwerks, des Handels und der Dienstleistung beschränken. Dies ist nicht stets schon dann geboten, wenn der betreffende Betrieb nicht sämtliche der einen Kleinbetrieb typischerweise prägenden Merkmale tatsächlich aufweist[3].

b) Neu-Arbeitnehmer. Für die Erfüllung des Ausschlusstatbestandes nach S. 3 Hs. 1 kommt es darauf an, dass das ArbVerh des ArbN nach dem 31.12.2003 begonnen hat und im Betrieb (idR) nicht mehr als zehn ArbN beschäftigt werden. „Begonnen" hat ein ArbVerh mit seinem vereinbarten rechtl. Beginn, idR also mit dem Tag der vereinbarten Arbeitsaufnahme; nicht maßgeblich ist der Zeitpunkt des Vertragsschlusses oder der tatsächlichen Arbeitsaufnahme[4]. Hat das ArbVerh danach vor dem Stichtag begonnen, fällt es nicht unter S. 3 Hs. 1, unabhängig davon, ob die Wartezeit schon erfüllt war und damit persönlich Kündigungsschutz bestand. Für die Abgrenzung zwischen der Fortsetzung eines alten und dem Beginn eines neuen ArbVerh wird man auf die zur Wartezeit gem. § 1 I ergangene Rspr. zurückzugreifen haben (vgl. § 1 Rz. 14 ff.)[5]. Zur Ermittlung des betriebl. Schwellenwerts vgl. Rz. 13 ff.

c) Alt-Arbeitnehmer. Für sie (vgl. zur Abgrenzung vom Neu-ArbN Rz. 10 aE) bleibt grds. der frühere allg. Schwellenwert von fünf ArbN gem. S. 2 maßgeblich. Nach S. 3 Hs. 2 sind allerdings für die Feststellung dieses Schwellenwertes bis zur Beschäftigung von insg. zehn ArbN nur Alt-ArbVerh zu berücksichtigen. Für Alt-ArbVerh besteht somit (erst) dann kein Kündigungsschutz, wenn weder mehr als insg. zehn ArbN noch mehr als fünf Alt-ArbN beschäftigt werden[6]. Läuft die Wartezeit eines ArbVerh, das vor dem 1.1.2004 begonnen hat, erst nach dem 31.12.2003 ab, setzt ab diesem Zeitpunkt der persönliche Kündigungsschutz ein, sofern dann die betriebl. Voraussetzungen nach S. 2 iVm. S. 3 Hs. 2 noch erfüllt sind[7]. S. 3 führt in Betrieben mit mehr als fünf Alt-ArbN und nicht mehr als zehn ArbN zu einer kündigungsschutzrechtl. „gespaltenen" Belegschaft, nämlich den Alt-ArbN mit und den Neu-ArbN ohne Kündigungsschutz. Im Rahmen einer sozialen Auswahl gem. § 1 III werden Letztere wie ArbN zu behandeln sein, deren Wartezeit noch nicht abgelaufen ist. Ihnen ist daher vorab zu kündigen[8], sie können aber gem. § 1 III 2 wegen berechtigter betriebl. Interessen zu Lasten von ArbN mit Kündigungsschutz weiterbeschäftigt werden[9]. Die Neuregelung und damit auch die Besitzstandswahrung gelten zeitlich unbegrenzt[10].

Bei **Beschäftigung von insg. mehr als zehn ArbN** zählen diese ungeachtet des Beginns ihres ArbVerh allesamt bei der Feststellung des Schwellenwerts von fünf ArbN nach S. 2 mit, so dass dieser „schlagartig" deutlich überschritten werden kann. Wird die Grenze der Beschäftigung von zehn ArbN nicht überschritten, sind bei der Feststellung des **Schwellenwerts von fünf ArbN** nach S. 2 gem. S. 3 Hs. 2 nur Alt-ArbVerh zu berücksichtigen. Jedes der Alt-ArbVerh muss vor dem 1.1.2004 begonnen haben und bis zum Zugang der Kündigung bestanden haben (vgl. Rz. 10). Der Besitzstand geht verloren, wenn die Zahl der Alt-ArbN auf fünf oder weniger sinkt. Neueinstellungen nach dem 31.12.2003 zählen gem. S. 3 Hs. 2 nicht mit[11], auch nicht bei **Ersatzeinstellung** für einen zuvor ausgeschiedenen Alt-ArbN[12]; ebenso wohl Aufstockungen der Arbeitszeit von bislang teilzeitbeschäftigten ArbN[13]. Der Besitzstand kann durch Fluktuation verloren gehen; darin liegt keine grundrechtswidrige Vertrauensschutzverletzung[14]. Einer „Flucht aus dem Kündigungsschutz" steht § 162 II BGB entgegen.

d) Feststellung der ArbN-Zahl. Es zählen nur Beschäftigte, die den allg. arbeitsrechtl. Begriff des **ArbN** erfüllen. Mitzuzählen sind die zu kündigenden ArbN selbst, auch wenn die Kündigungen auf einer unternehmerischen Entscheidung zum Abbau von Arbeitsplätzen beruhen[15]. LeihArbN im Betrieb des Entleihers sind zu berücksichtigen, wenn ihr Einsatz auf einem „in der Regel" vorhandenen Personalbedarf beruht. Das ist bei einem Einsatz zur Vertretung oder zur Abdeckung von Auftragsspitzen nicht

---

1 *v. Hoyningen-Huene/Linck*, § 23 Rz. 19b; Bader ua./*Dörner*, § 23 Rz. 12; HaKo-KSchG/*Pfeiffer*, § 23 Rz. 11; aA *Bepler*, AuR 1997, 58; *Joost*, Betrieb und Unternehmen, S. 344; *Kittner*, NZA 1998, 732; *Lakies*, DB 1997, 1078; *Preis*, RdA 1999, 311. ‖ 2 BVerfG 27.1.1998 – 1 BvL 15/87, AP Nr. 17 zu § 23 KSchG 1969. ‖ 3 BAG 28.10.2010 – 2 AZR 392/08, AP Nr. 48 zu § 23 KSchG 1969 (*Joost*). ‖ 4 Nach der Gesetzesbegr. zur nicht Gesetz gewordenen Entwurfsfassung des § 23, die aber ebenfalls auf den „Beginn" des ArbVerh abstellte, soll „der vereinbarte Tag der Arbeitsaufnahme" maßgeblich sein (BT-Drs. 15/1204, 28). ‖ 5 BAG 23.5.2013 – 2 AZR 54/12 (bei durchgehender Eingliederung in den Betrieb trotz rechtl. Unterbrechung des ArbVerh). ‖ 6 BAG 21.9.2006 – 2 AZR 840/05, NZA 2007, 438. ‖ 7 BAG 23.10.2008 – 2 AZR 131/07, AP Nr. 43 zu § 23 KSchG 1969, Rz. 22. ‖ 8 St. Rspr. seit BAG 25.4.1985 – 2 AZR 140/84, NZA 1986, 64. ‖ 9 IdS BAG 25.4.1985 – 2 AZR 140/84, NZA 1986, 64 zu § 1 II 2 aF; zust. die hM in der Lit., vgl. KR/*Griebeling*, § 1 Rz. 636 u. *v. Hoyningen-Huene/Linck*, § 1 Rz. 460, jew. mwN; an dieser Rechtslage hat die Neufassung des § 1 III 2 mWz. 1.1.2004 nichts geändert. ‖ 10 Anders noch die Besitzstandsregelung des § 23 I 4 KSchG 1996, die auf drei Jahre befristet war. ‖ 11 *Quecke*, RdA 2004, 86 (105); *Bender/Schmidt*, NZA 358 (360). ‖ 12 BAG 21.9.2006 – 2 AZR 840/05, NZA 2007, 438; dazu *Niklas*, NZA 2006, 1395. ‖ 13 *Quecke*, RdA 2004, 86 (105); aA *Bender/Schmidt*, NZA 358 (360); *Hanau*, ZIP 2004, 1169 (1170). ‖ 14 BAG 21.9.2006 – 2 AZR 840/05, NZA 2007, 438. ‖ 15 BAG 22.1.2004 – 2 AZR 237/03, NZA 2004, 479.

der Fall, wohl aber bei dauerhaftem Einsatz[1]. Ausgenommen sind kraft ausdrücklicher gesetzl. Anordnung die zur Berufsbildung Beschäftigten iSv. § 1 I BBiG (Berufsausbildung, berufl. Fortbildung, berufl. Umschulung und Ausbildungsvorbereitung). Hat der Ausbildungszweck allerdings im Verhältnis zur Arbeitsleistung nur untergeordnete Bedeutung, sind auch Umschüler, Anlernlinge, Praktikanten und Volontäre bei der Ermittlung der ArbN-Zahl zu berücksichtigen[2].

14   **Keine ArbN** iSv. Abs. 1 S. 2 sind Heimarbeiter, Hausgewerbetreibende und arbeitnehmerähnliche Personen. Familienmitglieder zählen nur mit, wenn sie in einem ArbVerh zum Inhaber des Betriebs stehen[3]. Mitzuzählen sind ferner leitende Angestellte iSd. § 14 II, nicht aber organschaftliche Vertreter einer juristischen Person, ebenso wenig ArbN-Gesellschafter mit Sperrminorität[4]. Schließlich zählen auch die ArbN mit, deren ArbVerh wegen Wehrdienst, Elternzeit oder unbezahlter Freistellung längere Zeit ruht[5]. Hat der ArbGeb allerdings eine Ersatzkraft eingestellt, wird der Arbeitsplatz nur einmal berücksichtigt[6].

15   Nach Abs. 1 S. 4 sind **teilzeitbeschäftigte ArbN** mit einer regelmäßigen wöchentlichen Arbeitszeit von nicht mehr als 20 Stunden mit 0,5 und nicht mehr als 30 Stunden mit 0,75 zu berücksichtigen. Ergibt sich nach dieser Berechnungsmethode ein Gesamtarbeitsvolumen des Betriebes iHv. mindestens 5,25 (nach S. 2) bzw. 10,25 (nach S. 3), sind die jeweiligen Schwellenwerte überschritten und der Kündigungsschutz erfasst grds. alle ArbVerh bzw. Alt-ArbVerh. Maßgeblich ist allein die vereinbarte regelmäßige wöchentliche Arbeitszeit, wobei Überstunden außer Betracht bleiben. Bei unregelmäßigen Arbeitszeiten ist auf den Jahresdurchschnitt abzustellen[7].

16   Die Schwellenwerte in S. 2 und 3 stellen auf die Zahl der „**in der Regel**" Beschäftigten ab. Sie ist zu ermitteln im Zeitpunkt des Zugangs einer Kündigung, nicht etwa im Zeitpunkt der Beendigung des ArbVerh[8]. Auf die Zahl der regelmäßig Beschäftigten hat eine vorübergehende Erhöhung oder Verminderung der Belegschaftsstärke keinen Einfluss. Die Zahl der Beschäftigten, die für einen Betrieb kennzeichnend ist, lässt sich durch einen Rückblick auf die bisherige personelle Situation und eine Prognose der zukünftigen Entwicklung ermitteln[9]. Die zu kündigenden ArbN selbst sind auch dann mitzuzählen, wenn die Kündigungen auf einer unternehmerischen Entscheidung zum Abbau von Arbeitsplätzen beruhen[10]. Das wird auch für andere ArbN gelten, denen auf Grund derselben unternehmerischen Entscheidung, aber mit geringfügig früherem Kündigungszugang gekündigt wurde. Bei **schwebendem Rechtsstreit** über die Wirksamkeit der weiter zurückliegenden Kündigung eines anderen ArbN wird dieser nur dann mitzählen, wenn trotz der Kündigung ausreichende Anhaltspunkte dafür bestehen, dass das von diesem ArbN erbrachte Arbeitsvolumen weiterhin für die Betriebsgröße kennzeichnend sein wird.

17   **e) Die Darlegungs- und Beweislast** dafür, dass in einem Betrieb mehr als fünf ArbN regelmäßig beschäftigt sind, obliegt nach der Rspr.[11] (entgegen dem als Einwendung des ArbGeb gefassten Wortlaut) dem ArbN. Der in der Lit. vorherrschenden Ansicht, wonach die Beweislast spätestens mit der Neufassung des § 23 I dem ArbGeb obliegt, ist das BAG nicht gefolgt[12]. Im Kündigungsschutzprozess wird der ArbN daher zur Berufung auf das KSchG darzulegen und zu beweisen haben,

– dass im Betrieb idR mehr als zehn (= mind. 10,25) ArbN beschäftigt werden (S. 3 Hs. 1) **oder**

– dass sein ArbVerh vor dem 1.1.2004 begonnen hat (Alt-ArbN) bzw. in engem sachlichen und zeitlichen Zusammenhang bereits vor dem 1.1.2004 ein Alt-ArbVerh zwischen denselben Parteien bestanden hatte **und** bei Zugang der Kündigung mehr als fünf Alt-ArbN im Betrieb beschäftigt werden.

Allerdings muss der ArbGeb im Rahmen einer abgestuften Darlegungslast im Einzelnen darlegen, wie er eine Zahl von fünf bzw. zehn oder weniger regelmäßig Beschäftigten errechnet. Vom ArbN dürfen keine Darlegungen verlangt werden, die er mangels eigener Kenntnismöglichkeit nicht leisten kann. Der ArbN genügt deshalb idR seiner Darlegungslast, wenn er – gemäß seinen Kenntnismöglichkeiten – die für eine entsprechende ArbN-Zahl sprechenden Tatsachen und die ihm bekannten Umstände schlüssig darlegt. Der ArbGeb muss dann nach § 138 II ZPO im Einzelnen erklären, welche rechtserheblichen Umstände gegen die Darlegungen des ArbN sprechen[13]. Das gilt grds. auch für den Gemeinschaftsbetrieb[14] mehrerer Unternehmen. Allerdings bedarf es für diese Ausnahmekonstellation zunächst konkreteren Sachvortrags des ArbN im Rahmen seiner primären Darlegungslast, etwa zum

---

1 BAG 24.1.2013 – 2 AZR 140/12, NZA 2013, 726. ||2 KR/*Weigand*, § 23 Rz. 43; *v. Hoyningen-Huene/Linck*, § 23 Rz. 21. ||3 KR/*Weigand*, § 23 Rz. 41. ||4 BAG 6.5.1998 – 5 AZR 612/97, NZA 1998, 939; 28.11.1990 – 4 AZR 198/90, DB 1991, 479. ||5 KR/*Weigand*, § 23 Rz. 40; *v. Hoyningen-Huene/Linck*, § 23 Rz. 26. ||6 BAG 31.1.1991 – 2 AZR 356/90, AP Nr. 11 zu § 23 KSchG 1969. ||7 *v. Hoyningen-Huene/Linck*, DB 1997, 42; APS/*Moll*, § 23 Rz. 32. ||8 BAG 16.6.1976 – 3 AZR 73/75, AP Nr. 8 zu 611 BGB Treuepflicht. ||9 BAG 31.1.1991 – 2 AZR 356/90, AP Nr. 11 zu § 23 KSchG 1969. ||10 BAG 22.1.2004 – 2 AZR 237/03, NZA 2004, 479. ||11 BAG 18.1.1990 – 2 AZR 355/89, AP KSchG 1969 § 23 Nr. 9; zuletzt offen gelassen in BAG 24.2.2005 – 2 AZR 373/03, AP Nr. 34 zu § 23 KSchG 1969 (unter Bezeichnung als „bisherige Rechtsprechung"). ||12 BAG 26.6.2008 – 2 AZR 264/07, DB 2008, 2311; zu den – nicht überzeugend abgelehnten – Argumenten der Gegenansicht vgl. die 3. Aufl. sowie *Berkowsky*, DB 2009, 1126 mwN. ||13 BAG 23.10.2008 – 2 AZR 131/07, AP Nr. 43 zu § 23 KSchG 1969, Rz. 30. ||14 BAG 18.10.2006 – 2 AZR 434/05, DB 2007, 810 mwN.

III. Geltungsbereich des 3. Abschnitts (Abs. 2). Die Vorschriften über **anzeigepflichtige Massenentlassungen** gelten nach Abs. 2 für Betriebe und Verwaltungen des privaten Rechts sowie für Betriebe, die von einer öffentl. Verwaltung geführt werden, soweit sie wirtschaftl. Zwecke verfolgen. Dagegen sind Seeschiffe und ihre Besatzung von dem betriebl. Geltungsbereich dieser Vorschriften ausgenommen. Ausgenommen sind nach § 17 auch alle Kleinbetriebe, in denen regelmäßig weniger als 20 ArbN beschäftigt werden. Eine weitere Ausnahme gilt nach § 22 für Saison- und Kampagne-Betriebe. Schließlich finden die Vorschriften über anzeigepflichtige Massenentlassungen keine Anwendung auf öffentl. Betriebe, die keine wirtschaftl. Zwecke verfolgen. Dabei handelt es sich um alle hoheitlich organisierten Verwaltungen wie Behörden, Ministerien, Polizei und Bundeswehr[1]. IÜ verfolgen öffentl. Betriebe keine wirtschaftl., sondern kulturelle oder karitative Zwecke, wenn es sich um Kindergärten, Schulen, Universitäten, Forschungseinrichtungen, Kirchen und Einrichtungen der reinen Wohlfahrtspflege handelt[2].

Dagegen fallen unter den Geltungsbereich des Dritten Abschnitts des KSchG neben den Betrieben und Verwaltungen des privaten Rechts auch solche öffentl. Betriebe, die **wirtschaftl. Zwecke** verfolgen. Dazu zählen die sog. Regiebetriebe der öffentl. Hand, wie etwa Gas-, Wasser- und Elektrizitätswerke, Verkehrsbetriebe, Theater, Sparkassen, Krankenhäuser, Alten- und Pflegeheime oder Stadthallen[3]. Werden diese Betriebe in der Form einer juristischen Person des Privatrechts geführt, fallen sie bereits aus diesem Grund unter den Geltungsbereich des Dritten Abschnitts des KSchG. Für die Verfolgung eines wirtschaftl. Zwecks kommt es nicht darauf an, ob der Betrieb mit der Absicht einer Gewinnerzielung handelt. Es genügt, dass er sich wie ein privatwirtschaftl. geführter Betrieb am Wirtschaftsleben beteiligt[4]. Das kann für Betriebe der Stationierungsstreitkräfte gelten, die Dienstleistungen für die Angehörigen der Streitkräfte erbringen[5], nicht aber für Einrichtungen, die ausschließlich für den internen Bereich der Streitkräfte bei interner Verrechnung Leistungen erbringen[6].

§ 24 *Anwendung des Gesetzes auf Betriebe der Schifffahrt und des Luftverkehrs*

(1) Die Vorschriften des Ersten und Zweiten Abschnitts finden nach Maßgabe der Absätze 2 bis 4 auf Arbeitsverhältnisse der Besatzung von Seeschiffen, Binnenschiffen und Luftfahrzeugen Anwendung.

(2) Als Betrieb im Sinne dieses Gesetzes gilt jeweils die Gesamtheit der Seeschiffe oder der Binnenschiffe eines Schifffahrtsbetriebs oder der Luftfahrzeuge eines Luftverkehrsbetriebs.

(3) Dauert die erste Reise eines Besatzungsmitglieds eines Seeschiffes oder eines Binnenschiffes länger als sechs Monate, so verlängert sich die Sechsmonatsfrist des § 1 Absatz 1 bis drei Tage nach Beendigung dieser Reise.

(4) Die Klage nach § 4 ist binnen drei Wochen zu erheben, nachdem die Kündigung dem Besatzungsmitglied an Land zugegangen ist. Geht dem Besatzungsmitglied eines Seeschiffes oder eines Binnenschiffes die Kündigung während der Fahrt des Schiffes zu, ist die Klage innerhalb von sechs Wochen nach dem Dienstende an Bord zu erheben. An die Stelle der Dreiwochenfrist in § 5 Absatz 1 und § 6 treten die hier in den Sätzen 1 und 2 bestimmten Fristen.

I. Inhalt und Zweck. Das Gesetz erstreckt den Geltungsbereich der Vorschriften des KSchG über den allg. und den besonderen Kündigungsschutz auf die Besatzungen von **Seeschiffen, Binnenschiffen und Luftfahrzeugen**. Daneben sieht es einen eigenständigen Betriebsbegriff vor, um die Land- und die Bodenbetriebe voneinander abzugrenzen. Die übrigen Regelungen tragen den Besonderheiten dieses Wirtschaftszweiges Rechnung, wobei das Gesetz in erster Linie die Verhältnisse in der Seeschifffahrt zugrunde legt[7]. Es ist mWz. 1.8.2013 neu gefasst worden. Zur aF vgl. die 5. Aufl. Übergangsregelungen fehlen.

II. Geltungsbereich des Ersten u. Zweiten Abschnitts (Abs. 1 u. 2). Das Gesetz erklärt in Abs. 1 zunächst die Vorschriften über den allg. und besonderen Kündigungsschutz für anwendbar, soweit es die ArbVerh der **Schiffs- und Luftfahrzeugbesatzungen** angeht. Für die ArbN der Land- und Bodenbetriebe gelten ohnehin die üblichen Kündigungsschutzbestimmungen[8]. Zur Besatzung eines Seeschiffes gehören alle Beschäftigten, die in einem **Heuerverhältnis** zum Reeder stehen. Dazu gehört neben den Schiffsoffizieren, Matrosen und sonstigen Angestellten auch der Kapitän. Nicht dazu zählen selbständige Gewerbetreibende und deren Mitarbeiter, da sie zu dem Reeder in einem anderen Rechtsverhältnis stehen[9]. Zur Besatzung eines Luftfahrzeugs gehört neben dem **fliegenden Personal** auch das Bord-

---

1 KR/*Weigand*, § 23 Rz. 76; v. *Hoyningen-Huene/Linck*, § 23 Rz. 32. ||2 KR/*Weigand*, § 23 Rz. 76; v. *Hoyningen-Huene/Linck*, § 23 Rz. 32. ||3 KR/*Weigand*, § 23 Rz. 71; v. *Hoyningen-Huene/Linck*, § 23 Rz. 33. ||4 KR/*Weigand*, § 23 Rz. 71; *Löwisch/Spinner*, § 23 Rz. 28. ||5 BAG 21.5.1970 – 2 AZR 294/69, NJW 1970, 2045 (Wäscherei und chemische Reinigung). ||6 BAG 22.9.2005 – 2 AZR 544/04, NZA 2006, 558 (Druckerei). ||7 KR/*Weigand*, § 24 Rz. 6. ||8 BAG 28.12.1956 – 2 AZR 207/56, AP Nr. 1 zu § 22 KSchG. ||9 Bader ua./*Dörner*, § 24 Rz. 6; APS/*Moll*, § 24 Rz. 4; v. *Hoyningen-Huene/Linck*, § 24 Rz. 2a; aA KR/*Weigand*, § 24 Rz. 11; HK-KSchG/*Kriebel*, § 24 Rz. 5.

personal, das mit dem Luftfahrtunternehmer einen Arbeitsvertrag geschlossen hat. Dazu zählen neben dem Flugzeugführer, dem Flugingenieur, dem Flugnavigator auch die Flugbegleiter[1].

3   Nach Abs. 2 gilt als **Betrieb iSd. KSchG** jeweils auch die Gesamtheit der Seeschiffe, der Binnenschiffe oder der Luftfahrzeuge eines Schifffahrts- oder Luftverkehrsbetriebs. Dadurch werden die Schiffe und die Flugzeuge im Wege einer gesetzl. Fiktion zu einem selbständigen Betrieb zusammengefasst mit der Folge, dass der Land- bzw. der Bodenbetrieb des Schiffahrts- bzw. Luftfahrtunternehmers kündigungsrechtl. ebenfalls einen eigenständigen Betrieb darstellt[2]. Bedeutung erlangt diese Zusammenfassung bei der Ermittlung der Zahl der Beschäftigten nach den §§ 17 I und 23 I 2, bei § 1 II 1, soweit an die betriebl. Erfordernisse im Zusammenhang mit der Kündigung angeknüpft wird und im Rahmen der sozialen Auswahl nach § 1 III[3]. Im Rahmen der fiktiv zusammengefassten Betriebe können auch einzelne Betriebsabteilungen gebildet werden, die gem. § 15 von Bedeutung sein können[4].

4   **III. Verlängerung der Wartezeit (Abs. 3).** Grds. erwerben alle ArbN eines Schiffahrts- oder eines Luftverkehrsbetriebs den allg. Kündigungsschutz erst nach Ablauf von sechs Monaten. Davon nimmt Abs. 3 ein Besatzungsmitglied aus, dessen **erste Reise** länger als sechs Monate dauert. Dessen Wartezeit verlängert sich bis zum Ablauf von drei Tagen nach Ende der Reise. Dadurch soll der Reeder die Gelegenheit erhalten, bei seiner Entscheidung über die weitere Zusammenarbeit mit dem ArbN den Bericht des Kapitäns über den Verlauf dieser ersten Reise zu berücksichtigen. Ferner soll der Kapitän im Interesse des Betriebsfriedens nicht gezwungen sein, eine Kündigung bereits im Verlauf der Reise auszusprechen[5]. Praktische Bedeutung kommt dieser Regelung kaum zu. Bei Binnenschiffen und Flugzeugen dauern Reisen regelmäßig keine sechs Monate. Bei Seeschiffen wird die erste Fahrt eines Besatzungsmitglieds regelmäßig in einem befristeten Heuerverhältnis angetreten[6].

5   **IV. Klagefrist (Abs. 4).** Ein Besatzungsmitglied muss grds. innerhalb von drei Wochen nach Zugang der Kündigung Klage beim ArbG erheben, wenn ihm die Kündigung vor dem Antritt oder nach der Rückkehr von einer Fahrt, also **an Land** zugeht. Erhält das Besatzungsmitglied dagegen die **Kündigung während einer Fahrt**, ist die Klage binnen sechs Wochen nach dem Dienstende an Bord zu erheben. Auf die Rückkehr zum Betriebssitz oder das Erreichen eines deutschen Hafens kommt es für den Fristlauf nicht mehr an.

25 Kündigung in Arbeitskämpfen

Die Vorschriften dieses Gesetzes finden keine Anwendung auf Kündigungen und Entlassungen, die lediglich als Maßnahmen in wirtschaftlichen Kämpfen zwischen Arbeitgebern und Arbeitnehmern vorgenommen werden.

1   Die Vorschrift beruht auf der sog. **individuellen Arbeitskampftheorie**, die bei der Schaffung des KSchG vorherrschte. Danach konnte einem ArbN gekündigt werden, wenn er sich an einem Streik beteiligte, ohne selbst vorher gekündigt zu haben. Sein Verhalten berechtigte den ArbGeb zur fristlosen Entlassung wegen beharrlicher Arbeitsverweigerung. Gleichzeitig konnte der ArbGeb bei Arbeitskämpfen sog. Kampfkündigungen aussprechen. In diesen Fällen sollten die Vorschriften des KSchG gem. § 25 keine Anwendung finden. Stattdessen dienten arbeitskampfrechtl. Regelungen dazu, den Rechtsfrieden nach einem Arbeitskampf wiederherzustellen[7].

2   Durch die Entwicklung der Arbeitskampf-Rspr. ist dieser ursprüngliche **Zweck von § 25 weitgehend überholt**. Das BAG hat die kollektive Arbeitskampftheorie begründet und fortentwickelt[8]. Danach stellt die Teilnahme an einem rechtmäßigen Arbeitskampf keine Verletzung der arbeitsvertragl. Pflichten dar. Das gilt auch für ArbN, die nicht gewerkschaftlich organisiert sind. Durch die Teilnahme an dem Streik werden die Hauptpflichten aus dem ArbVerh suspendiert. Während der ArbN keine Arbeitsleistung erbringen muss, hat der ArbGeb kein Arbeitsentgelt zu leisten. Der Bestand der ArbVerh wird durch die Teilnahme an einem Streik nicht berührt. Dem ArbGeb steht als Gegenmittel die Aussperrung zur Verfügung. Zu einer Kündigung des ArbVerh auf Grund des Streiks eines ArbN ist er dagegen nicht berechtigt. Auch die Aussperrung führt grds. nur zu einer Suspendierung der Pflichten aus dem ArbVerh. Lediglich im Ausnahmefall soll dem ArbGeb die Möglichkeit gegeben werden, auf Grund der Teilnahme eines ArbN an einem wilden Streik das ArbVerh durch Aussperrung zu lösen. Allerdings soll der ArbGeb verpflichtet sein, den ArbN nach Beendigung des Arbeitskampfes in jedem Falle wieder einzustellen[9]. Abgesehen davon, dass dieser Fall noch nicht praktisch geworden ist, handelt es sich bei der sog. lösenden Abwehraussperrung um einen kollektivrechtl. Tatbestand eigener Art, nicht aber um eine Kündigung[10].

---

1 KR/*Weigand*, § 24 Rz. 13. ||2 BAG 28.12.1956 – 2 AZR 207/56, AP Nr. 1 zu § 22 KSchG. ||3 ErfK/*Kiel*, § 24 KSchG Rz. 4; *v. Hoyningen-Huene/Linck*, § 24 Rz. 5. ||4 Bader ua./*Dörner*, § 24 Rz. 4; KR/*Weigand*, § 24 Rz. 15. ||5 KR/*Weigand*, § 24 Rz. 23; *v. Hoyningen-Huene/Linck*, § 24 Rz. 6. ||6 Bader ua./*Dörner*, § 24 Rz. 12. ||7 Bader ua./*Dörner*, § 25 Rz. 1. ||8 BAG 28.1.1955 – GS 1/54, AP Nr. 1 zu Art. 9 GG Arbeitskampf; 21.4.1971 – GS 1/68, AP Nr. 43 zu Art. 9 GG Arbeitskampf; 26.4.1988 – 1 AZR 399/86, AP Nr. 101 zu Art. 9 GG Arbeitskampf. ||9 BAG 21.4.1971 – GS 1/68, AP Nr. 43 zu Art. 9 GG Arbeitskampf. ||10 APS/*Moll*, § 25 Rz. 4.

Grds. geht § 25 davon aus, dass eine Kündigung als Maßnahme in wirtschaftl. Kämpfen zwischen ArbGeb und ArbN ausgesprochen wird. Indessen sind derartige Kündigungen nach der **kollektiven Arbeitskampftheorie** schlechthin unzulässig[1]. Wählt der ArbGeb dagegen sog. aussperrungsbedingte Massenänderungskündigungen, um geänderte Arbeitsbedingungen durchzusetzen, greift § 25 nicht ein. Auf derartige Kündigungen ist das KSchG in jeder Hinsicht anwendbar[2]. Wehrt sich der ArbGeb bei einem rechtswidrigen Streik durch den Ausspruch von ordentl. oder außerordentl. Kündigungen, ist auch auf diese das KSchG in vollem Umfang anwendbar[3]. Beruft sich der ArbGeb zur Begründung einer Kündigung auf einen sog. Arbeitskampfexzess, bestimmt sich die Wirksamkeit dieser Kündigung gleichfalls nach den allg. Bestimmungen des KSchG. Dabei handelt es sich um besondere Verstöße gegen die arbeitsvertragl. Pflichten, die für einen rechtmäßigen Arbeitskampf nicht erforderlich sind und sich innerhalb eines rechtswidrigen Arbeitskampfes als Handlungen mit besonderem Unrechtsgehalt darstellen[4].

25a Berlin-Klausel (gegenstandslos)

26 Inkrafttreten
Dieses Gesetz tritt am Tage nach seiner Verkündung in Kraft.

Das Kündigungsschutzgesetz idF v. 10.8.1951[5] ist am 13.8.1951 verkündet worden und daher am 14.8.1951 in Kraft getreten.

---

1 BAG 17.12.1976 – 1 AZR 605/75, AP Nr. 51 zu Art. 9 GG Arbeitskampf. ||2 BAG 1.2.1957 – 1 AZR 521/54, AP Nr. 4 zu § 56 BetrVG. ||3 BAG 14.2.1978 – 1 AZR 76/76, AP Nr. 58 zu Art. 9 GG Arbeitskampf; aA v. Hoyningen-Huene/Linck, § 25 Rz. 20. ||4 BAG 21.10.1969 – 1 AZR 93/68, AP Nr. 41 zu Art. 9 GG Arbeitskampf; v. Hoyningen-Huene/Linck, § 25 Rz. 19. ||5 BGBl. 1951 I S. 499.

Gesetz über die Mitbestimmung der Arbeitnehmer bei einer grenzüberschreitenden Verschmelzung (MgVG)

vom 21.12.2006 (BGBl. I S. 3332)
geändert durch Gesetz vom 30.7.2009 (BGBl. I S. 2479)

I. Allgemeines 1	2. Beschlussfassung im BVG 15
II. Gesellschaftsrechtliche Grundlagen 3	3. Nichtaufnahme oder Abbruch der Verhandlungen 16
III. Struktur des Gesetzes 6	4. § 22 regelt den Inhalt der Vereinbarung .. 17
IV. Definition der wichtigsten Begriffe 7	5. Formelle Anforderungen an die Vereinbarung 18
V. Voraussetzung für die Anwendung der Mitbest. kraft Vereinbarung oder kraft Gesetzes 8	VIII. Mitbestimmung kraft Gesetzes 19
VI. Besonderes Verhandlungsgremium (BVG) 9	1. Voraussetzungen 19
1. Zusammensetzung 9	2. Festlegung der Form der Mitbestimmung 21
2. Einleitung des Verfahrens zur Bildung des BVG 10	3. Umfang der Mitbestimmung 22
	4. Sitzverteilung 23
3. Persönliche Voraussetzungen der Mitglieder des BVG und Verteilung der auf das Inland entfallenden Sitze 11	5. Wahlanfechtung 25
	6. Sonstiges 26
	IX. Nachfolgende innerstaatliche Verschmelzungen 27
4. Wahl der Mitglieder des BVG durch Wahlgremium 12	X. Tendenzschutz 29
5. Konstituierung des BVG; Dauer der Verhandlungen 13	XI. Grundsätze der Zusammenarbeit und Schutzbestimmungen 30
VII. Mitbestimmung kraft Vereinbarung 14	
1. Grundsätze der Zusammenarbeit 14	

1 **I. Allgemeines.** Durch die Umsetzung der Richtlinie über die Verschmelzung von Kapitalgesellschaften aus verschiedenen Mitgliedstaaten (**VerschmelzungsRL**)[1] in deutsches Recht wurden grenzüberschreitende Verschmelzungen erleichtert bzw. ermöglicht[2]. Damit wurde das Recht grenzüberschreitender Unternehmenstransaktionen in der EU und den anderen Vertragsstaaten des Abkommens über den EWR liberalisiert[3]. Die mitbestimmungsrechtl. Vorgaben der RL wurden durch das MgVG umgesetzt, das am 29.12.2006 in Kraft trat. Die gesellschaftsrechtl. Vorgaben der RL wurden durch §§ 122a–122l UmwG umgesetzt[4]. Auf europäischer Ebene war der Verabschiedung der VerschmelzungsRL ein langwieriger Verhandlungsprozess vorausgegangen, da der Umgang mit der deutschen Unternehmensmitbest. lange Zeit eine Einigung verhinderte. Erst als auf europäischer Ebene eine Einigung über das Statut der Europäischen Gesellschaft (SE) erzielt war (s. SEBG Rz. 1), war der Weg frei für eine Regelung grenzüberschreitender Verschmelzungen. Die VerschmelzungsRL und das MgVG lehnen sich folglich in vielen Punkten an die in der SE-RL und dem SEBG gefundenen Lösungen an, enthalten andererseits jedoch wichtige Abweichungen.

2 Die wesentlichen **Strukturunterschiede zwischen einer SE-Verschmelzung und einer Richtlinien-Verschmelzung**, die im Hinblick auf die Mitbest. der ArbN[5] und unter Corporate-Governance-Gesichtspunkten bestehen[6], lassen sich wie folgt zusammenfassen: Während bei der SE-Verschmelzung ein einseitiger Verzicht der Unternehmensleitung auf Verhandlungen mit dem besonderen Verhandlungsgremium (BVG) nicht vorgesehen ist, ist dies bei der RL-Verschmelzung unter bestimmten Voraussetzungen möglich, so dass (nur) bei letzterer ein Mittel zur Beschleunigung der Transaktion gegeben ist[7] (s. Rz. 20). Während bei der SE-Verschmelzung die Auffangregelung für die Mitbest. kraft Gesetzes eingreift, wenn für mindestens ein Viertel der ArbN Mitbest. galt, liegt dieser Schwellenwert bei der RL-Verschmelzung bei einem Drittel[8] (s. Rz. 19). Anders als die SE-Verschmelzung sieht die RL-Verschmelzung für nachfolgende Umstrukturierungen einen (lediglich) drei Jahre währenden Bestandsschutz vor; nach Ablauf dieser Frist ist ein Abstreifen der Mitbest. möglich[9] (s. Rz. 28). Während das SEBG die Bildung eines SE-Betriebsrats regelt, ist im MgVG keine Bildung eines BR für das gesamte, aus der

---

1 Richtlinie 2005/56/EG des Europäischen Parlaments und des Rates v. 26.10.2005 über die Verschmelzung von Kapitalgesellschaften aus verschiedenen Mitgliedstaaten, ABl. 2003 L 310/1 ff.　||2 *Herrler*, EuZW 2007, 295.　||3 *Schubert*, RdA 2007, 9.　||4 *Müller-Bonanni/Müntefering*, NJW 2009, 2347; *Neye/Timm*, GmbHR 2007, 561; *Heckschen*, DNotZ 2007, 444 (445).　||5 Dazu *Müller-Bonanni/Müntefering*, BB 2009, 1699.　||6 S. WHSS/*Seibt*, Rz. F 183, zu den Strukturunterschieden auch im Hinblick auf Transaktionssicherheit, Corporate Identity, Unternehmensmobilität, Anteilseignerschutz, Gläubigerschutz und Ertragsteuerneutralität.　||7 WHSS/*Seibt*, Rz. F 183; *Dzida*, The European Lawyer 2008, Heft 78, 32 (33).　||8 WHSS/*Seibt*, Rz. F 183; *Nikoleyczik/Führ*, DStR 2010, 1743 (1749).　||9 WHSS/*Seibt*, Rz. F 183.

grenzüberschreitenden Verschmelzung hervorgehende Unternehmen vorgesehen[1]. Folgerichtig entfällt bei der SE die Bildung eines EBR, während diese nach einer grenzüberschreitenden Verschmelzung möglich bleibt (s. Rz. 6). Unter Corporate-Governance-Gesichtspunkten sieht die SE-Verschmelzung ein Wahlpflichtrecht zwischen monistischem und dualistischem Leitungssystem vor, während das MgVG keine Regelungen zur Ausgestaltung des Leitungssystems enthält[2].

II. Gesellschaftsrechtliche Grundlagen. Grenzüberschreitende Umwandlungen nach Deutschland oder aus Deutschland heraus waren im deutschen Umwandlungsrecht zuvor nicht geregelt. Die analoge Anwendung der Vorschriften des UmwG auf solche Sachverhalte war umstritten[3]. Ende 2005 hatte der EuGH in der Rs. Sevic entschieden, dass eine Hereinverschmelzung nach Deutschland nicht wegen des ausländischen Sitzes der Gesellschaft verweigert werden darf[4]. Durch §§ 122a–122l UmwG sind grenzüberschreitende Verschmelzungen von Kapitalgesellschaften, bei denen mindestens eine der beteiligten Gesellschaften dem Recht eines anderen Mitgliedstaats der EU oder eines anderen EWR-Vertragsstaats unterliegt, nunmehr ausdrücklich gesetzl. geregelt. Verschmelzungen mit Gesellschaften aus Drittstaaten werden von §§ 122a–122l UmwG nicht erfasst[5]. Eine grenzüberschreitende Verschmelzung erfolgt auf der Grundlage eines Verschmelzungsplans (§ 122c UmwG)[6], der insb. Angaben über die an der Verschmelzung beteiligten Gesellschaften und den Ablauf der Verschmelzung enthält[7]. Die beteiligten Gesellschaften haben des Weiteren einen Verschmelzungsbericht zu verfassen (§ 122e UmwG).

Der für grenzüberschreitende Sachverhalte zu erstellende Verschmelzungsplan ist dem aus innerstaatl. Sachverhalten bekannten Verschmelzungsvertrag iSv. § 5 UmwG vergleichbar[8]. Allerdings besteht aus „arbeitsrechtlicher" Sicht ein wichtiger Unterschied: Während bei innerstaatl. Sachverhalten Angaben über die Folgen der Verschmelzung für die ArbN und ihre Vertretungen sowie über die insoweit vorgesehenen Maßnahmen in den Verschmelzungs*vertrag* aufzunehmen sind (§ 5 I Nr. 9 UmwG), gehören Angaben über die „**Auswirkungen der grenzüberschreitenden Verschmelzung auf die Arbeitnehmer**" nicht etwa in den Verschmelzungsplan[9], sondern in den Verschmelzungsbericht (§ 122e S. 1 UmwG)[10]. Folgerichtig sieht das Gesetz vor, dass bei grenzüberschreitenden Sachverhalten der Verschmelzungs*bericht* einen Monat vor Beschlussfassung der Anteilseigner über den Verschmelzungsplan **dem zuständigen BR zugänglich zu machen** ist (§ 122e S. 2 UmwG)[11], während bei innerstaatl. Sachverhalten der Verschmelzungs*vertrag* den zuständigen BR der beteiligten Rechtsträger zugeleitet wird (§ 5 III UmwG)[12]. Falls es bei der grenzüberschreitenden Verschmelzung keinen BR gibt, ist der Verschmelzungsbericht den ArbN zugänglich zu machen (§ 122e S. 2 UmwG), während eine solche Pflicht bei innerstaatl. Verschmelzungen nach richtiger Ansicht nicht besteht[13]. Anders als bei innerstaatl. Sachverhalten dürfte es bei grenzüberschreitenden Verschmelzungen dem Wortlaut des § 122e S. 1 UmwG gemäß ausreichen, Angaben über die Auswirkung der Verschmelzung „auf die Arbeitnehmer" in den Verschmelzungsbericht aufzunehmen, so dass auf Angaben über die Auswirkung der Verschmelzung auf ArbN-Vertretungen verzichtet werden kann[14]. Dies ergibt sich aus einem Vergleich des Wortlauts des § 122e S. 1 UmwG mit § 5 I Nr. 9 UmwG, welcher für innerstaatl. Sachverhalte Angaben im Verschmelzungsvertrag über die Auswirkung der Verschmelzung auf ArbN-Vertretungen – im Unterschied zu § 122e S. 1 UmwG – ausdrücklich verlangt.

Der Verschmelzungsplan bzw. sein Entwurf wird sodann von einem sachverst. Dritten geprüft (§§ 9 ff. UmwG), anschließend haben die Anteilseigner über den Verschmelzungsplan zu beschließen (§ 122g UmwG). Sodann erfolgt die Eintragung der Verschmelzung in das Handelsregister. Im Falle der Hereinverschmelzung (deutsche Gesellschaft als übernehmender Rechtsträger) wird die Verschmelzung mit der Eintragung in das deutsche Handelsregister wirksam (§ 20 UmwG), im Falle der Herausverschmelzung (deutsche Gesellschaft als übertragender Rechtsträger) richtet sich der Zeitpunkt des Wirksamwerdens nach dem Recht, dem die übernehmende bzw. neu gegründete Gesellschaft unterliegt[15].

III. Struktur des Gesetzes. Ähnlich wie bei der Gründung einer SE wird die Mitbest. bei grenzüberschreitenden Verschmelzungen vorrangig kraft Vereinbarung geregelt (§§ 6–22). Die Regelungen über Mitbest. kraft Gesetzes (§§ 23–28) finden in den in § 23 geregelten Fällen Anwendung (s. Rz. 19). In beiden Fällen gelten bestimmte Schutzbestimmungen (§§ 31–33) sowie Straf- und Bußgeldvorschriften (§§ 34, 35). Das MgVG gilt räumlich für eine aus einer grenzüberschreitenden Verschmelzung hervor-

---

1 WHSS/*Seibt*, Rz. F 183. ||2 WHSS/*Seibt*, Rz. F 183. ||3 Für analoge Anwendung Kallmeyer/*Kallmeyer*, § 1 UmwG Rz. 19; aA *Herrler*, EuZW 2007, 295. ||4 EuGH 13.12.2005 – Rs. C-411/03, AG 2006, 80 ff. – Sevic; *Kallmeyer/Kappes*, AG 2006, 224; bestätigt durch EuGH 16.12.2008 – Rs. C-210/06, NJW 2009, 569 – Cartesio; 12.7.2012 – Rs. C-378/10, NJW 2012, 2715 – Vale. ||5 WHSS/*Seibt*, Rz. F 165; zur grenzüberschreitenden Verschmelzung unter Einbeziehung einer SE *Grambow*, Der Konzern 2009, 97 (98 f.). ||6 *Kallmeyer*, AG 2007, 472. ||7 *Kiem*, WM 2006, 1091 (1094). ||8 Kallmeyer/*Marsch-Barner*, § 122c UmwG Rz. 1; KölnKommUmwG/*Simon/Rubner*, § 122c Rz. 2. ||9 In diesen sind nach § 122c II Nr. 4 UmwG lediglich „Auswirkungen der Verschmelzung auf die Beschäftigung" aufzunehmen, s. hierzu Kallmeyer/*Marsch-Barner*, § 122c UmwG Rz. 4. ||10 Zu arbeitsrechtl. Pflichtangaben im Verschmelzungsvertrag und im Verschmelzungsbericht *Dzida/Schramm*, NZG 2008, 521; s.a. *Simon/Hinrichs*, NZA 2008, 391. ||11 Zur Möglichkeit des Verzichts auf die Monatsfrist durch die ArbN *Krauel/Mense/Wind*, Der Konzern 2010, 541 (545). ||12 *Dzida*, GmbHR 2009, 459. ||13 Kallmeyer/*Willemsen*, § 5 Rz. 74 ff.; KölnKommUmwG/*Hohenstatt/Schramm*, § 5 Rz. 254; aA *Pfaff*, BB 2002, 1604 (1608). ||14 AA *Vetter*, AG 2006, 613 (620). ||15 *Rubner*, NJW-Spezial 2007, 219 (220).

gehende Gesellschaft mit Sitz im Inland sowie unabhängig vom Sitz der Gesellschaft für die in Deutschland beschäftigten ArbN einer aus einer grenzüberschreitenden Verschmelzung hervorgehenden Gesellschaft sowie für deutsche beteiligte Gesellschaften, betroffene Tochtergesellschaften und betroffene Betriebe (§ 3). Das MgVG lässt die betriebsverfassungsrechtl. Strukturen nach Maßgabe des § 29 unberührt. Während bei der SE ein EBR nicht zu bilden ist (s. SEBG Rz. 42), kann bei der aus einer grenzüberschreitenden Verschmelzung hervorgehenden Gesellschaft bei Vorliegen der Voraussetzungen des EBRG ein EBR gebildet werden.

7 **IV. Definition der wichtigsten Begriffe.** § 2 enthält zahlreiche Definitionen im MgVG verwendeter Begriffe. Die Terminologie ist an diejenige des SEBG angelehnt (s. § 2 SEBG), jedoch ist die Bedeutung der Begriffe in beiden Gesetzen nur teilweise identisch. „**Beteiligte Gesellschaften**" sind die Kapitalgesellschaften, die unmittelbar an der Verschmelzung beteiligt sind (§ 2 II). „**Tochtergesellschaften**" sind rechtl. selbständige Unternehmen, auf die eine andere Gesellschaft einen beherrschenden Einfluss iSd. EBR-RL ausüben kann (§ 6 II–IV EBRG ist anzuwenden (§ 2 III). „**Betroffene Tochtergesellschaften**" oder „**betroffene Betriebe**" sind Tochtergesellschaften oder Betriebe einer beteiligten Gesellschaft, die zu Tochtergesellschaften oder Betrieben der aus einer grenzüberschreitenden Verschmelzung hervorgehenden Gesellschaft werden sollen (§ 2 IV). „**Leitung**" ist das Organ der unmittelbar an der Verschmelzung beteiligten Gesellschaften oder der aus einer grenzüberschreitenden Verschmelzung hervorgehenden Gesellschaft selbst, das die Geschäfte der Gesellschaft führt und zu ihrer Vertretung berechtigt ist (§ 2 V). Ebenso wie im SEBG wird der Begriff „**Mitbestimmung**" im MgVG iSv. „Unternehmensmitbestimmung" verwendet[1]: Der Begriff umfasst die Einflussnahme der ArbN auf die Angelegenheiten einer Gesellschaft durch die Wahrnehmung des Rechts, einen Teil der Mitglieder des Aufsichts- oder Verwaltungsorgans der Gesellschaft zu wählen oder zu bestellen, oder die Bestellung eines Teils oder aller Mitglieder des Aufsichts- oder Verwaltungsorgans der Gesellschaft zu empfehlen oder abzulehnen (§ 2 VII).

8 **V. Voraussetzung für die Anwendung der Mitbest. kraft Vereinbarung oder kraft Gesetzes.** Auf eine Gesellschaft, die aus einer grenzüberschreitenden Verschmelzung hervorgeht, finden grds. diejenigen Regelungen zur Unternehmensmitbest. Anwendung, die in dem Mitgliedstaat gelten, in dem die Gesellschaft ihren satzungsmäßigen[2] Sitz hat (§ 4). Abweichend von diesem Grundsatz finden die Regelungen des MgVG über die Mitbest. der ArbN kraft Vereinbarung oder kraft Gesetzes Anwendung, wenn eine der **drei** folgenden **Voraussetzungen** vorliegt: (1) In den sechs Monaten vor der Veröffentlichung des Verschmelzungsplans beschäftigt mindestens eine der beteiligten Gesellschaften durchschnittlich mehr als 500 ArbN und in dieser Gesellschaft besteht „Mitbestimmung" iSd. § 2 VII (wobei eine freiwillig eingeführte Mitbest. genügen soll[3]); oder (2) das innerstaatl. Recht, das für die aus einer grenzüberschreitenden Verschmelzung hervorgehende Gesellschaft maßgeblich ist, sieht nicht mindestens den gleichen Umfang an Mitbest. vor, wie er in den jeweiligen an der Verschmelzung beteiligten Gesellschaften bestand (wobei sich der „Umfang" der Mitbest. an dem Anteil der ArbN-Vertreter im Verwaltungs- oder Aufsichtsorgan, in den Ausschüssen, in denen die Mitbest. erfolgt, oder im Leitungsgremium bemisst); oder (3) das innerstaatl. Recht, das für die aus einer grenzüberschreitenden Verschmelzung hervorgehende Gesellschaft maßgeblich ist, sieht für ArbN in Betrieben dieser Gesellschaft, die sich in *anderen* Mitgliedstaaten befinden, nicht den gleichen Anspruch auf Ausübung von Mitbest. vor, wie sie in demjenigen Mitgliedstaat gewährt werden, in dem die aus der grenzüberschreitenden Verschmelzung hervorgehende Gesellschaft ihren Sitz hat (§ 5). Bei den drei in § 5 genannten Fällen ist es ausreichend, wenn *eine* der drei Alternativen erfüllt ist[4]: § 5 Nr. 2 und Nr. 3 sind durch das Wort „oder" verbunden. Daraus ergibt sich, dass alle drei Fälle in einem Alternativverhältnis zueinander stehen; hierfür war es gesetzgebungstechnisch nicht erforderlich, auch Nr. 1 und Nr. 2 mit dem Wort „oder" zu verknüpfen. Unterstrichen wird dies durch Art. 16 II der VerschmelzungsRL, dessen Wortlaut die in § 5 Nr. 1 und 2 geregelten Sachverhalte mit dem Wort „oder" verbindet[5]. Bei Nr. 3 stellt sich des Weiteren die Frage, ob eine Verschlechterung des Mitbest.-Niveaus anhand eines abstrakten Vergleichs der nationalen Mitbest.-Regelungen oder anhand der konkreten Gegebenheiten zu beurteilen ist. Dies ist bei der Verschmelzung nicht-mitbestimmter Gesellschaften relevant. Richtigerweise sind die konkreten Gegebenheiten maßgeblich, was auch durch den Wortlaut der VerschmelzungsRL in der englischen Fassung unterstrichen wird[6].

---

1 *Nagel*, NZG 2007, 57. ||2 *Forsthoff*, DStR 2006, 613 (615); *Schubert*, RdA 2007, 9; *Drinhausen/Keinath*, AG 2010, 398. ||3 Kommissionsvorschlag v. 18.11.2003, 2003/0277/COD, S. 7; s. zu privatautonomen Mitbest.-Vereinbarungen aus Sicht des deutschen Rechts *Seibt*, AG 2005, 413 ff. ||4 So auch *Krause/Janko*, BB 2007, 2194 (2196); *Müller-Bonanni/Müntefering*, NJW 2009, 2347 (2349); aA *Thüsing/Forst* in Habersack/Drinhausen, Einleitung MgVG Rz. 14 ff.; *Lunk/Hinrichs*, NZA 2007, 773 (774): § 5 Nr. 1 und 2 müssen kumulativ vorliegen („zudem"). ||5 *Kisker*, RdA 2006, 206 (211), weist allerdings zu Recht darauf hin, dass Art. 16 II und Erwägungsgrund 13 der VerschmelzungsRL in Widerspruch zueinander stehen und sich aus dieser systematischen Ungereimtheit ein Argument dafür gewinnen lässt, Nr. 1 und Nr. 2 kumulativ statt alternativ zu verstehen. ||6 *Thüsing/Forst* in Habersack/Drinhausen, Einleitung MgVG Rz. 17 ff.; *Drinhausen/Keinath*, AG 2010, 398 (401 f.); *Nikoleyczik/Führ*, DStR 2010, 1743 (1745).

VI. Besonderes Verhandlungsgremium (BVG). 1. Zusammensetzung. Ebenso wie die EBR-RL und 9
die SE-RL basiert auch die VerschmelzungsRL auf dem **Primat der Verhandlungslösung** (s. SEBG
Rz. 8). Das BVG spielt daher auch im Rahmen des MgVG eine entscheidende Rolle. § 7 regelt die Zusammensetzung des BVG; die Vorschrift ist mit der Parallelvorschrift in § 5 SEBG inhaltlich identisch,
so dass auf die entsprechende Komm. verwiesen werden kann (s. SEBG Rz. 9 ff.)[1]. Insb. sieht auch § 7
IV (ebenso wie § 5 IV SEBG) ohne Rechtsgrundlage in der VerschmelzungsRL vor, dass das BVG infolge von Veränderungen, die während der Tätigkeitsdauer des BVG eintreten, ggf. neu zusammengesetzt werden muss (s. SEBG Rz. 11)[2].

2. Einleitung des Verfahrens zur Bildung des BVG. Die Einleitung des Verfahrens zur Bildung des 10
BVG erfolgt ebenso wie nach dem SEBG **auf Initiative der Leitungen**. § 6 entspricht inhaltlich vollen
Umfangs § 4 SEBG, so dass wegen der Einzelheiten auf die entsprechende Komm. verwiesen werden
kann (s. SEBG Rz. 12 f.)[3].

3. Persönliche Voraussetzungen der Mitglieder des BVG und Verteilung der auf das Inland entfallen- 11
den Sitze. Die hierfür ausschlaggebenden §§ 8, 9 sind mit §§ 6, 7 SEBG inhaltlich identisch (s. SEBG
Rz. 14 ff.). Insb. muss gem. § 8 III jedes dritte Mitglied des BVG Vertreter einer im betreffenden Unternehmen bzw. Betrieb vertretenen Gewerkschaft sein.

4. Wahl der Mitglieder des BVG durch Wahlgremium. Wie bei der SE wird das BVG nicht direkt, son- 12
dern durch ein Wahlgremium in geheimer und unmittelbarer Wahl gewählt (§ 10 I)[4]. Eine Ausnahme
gilt nur für den Fall, dass keine ArbN-Vertretung im Inland besteht; dann erfolgt die Wahl unmittelbar
durch die ArbN (§ 10 VII). Die §§ 10–12 sind inhaltlich identisch mit den §§ 8–10 SEBG (s. SEBG
Rz. 18 ff.).

5. Konstituierung des BVG; Dauer der Verhandlungen. Die Leitungen laden unverzüglich nach Be- 13
nennung der Mitglieder oder nach Ablauf der Zehn-Wochen-Frist gem. § 13 I zur konstituierenden Sitzung (vgl. § 14, inhaltl. identisch mit § 12 SEBG, s. SEBG Rz. 25). Die Verhandlungen über eine Vereinbarung über die Mitbest. der ArbN können bis zu sechs Monate dauern (§ 21 I); die Frist beginnt mit
dem Zugang der Einladung zur konstituierenden Sitzung. Die Sechs-Monats-Frist kann auf bis zu ein
Jahr verlängert werden (§ 21 II). § 21 entspricht § 20 SEBG (s. SEBG Rz. 25).

VII. Mitbestimmung kraft Vereinbarung. 1. Grundsätze der Zusammenarbeit. Nach § 15 I schließt 14
das BVG mit den Leitungen eine schriftl. Vereinbarung „über die Mitbestimmung der ArbN in der aus
der grenzüberschreitenden Verschmelzung hervorgehenden Gesellschaft" ab. Zu diesem Zweck sollen
die Parteien vertrauensvoll zusammenarbeiten (vgl. § 13 I SEBG). § 15 II entspricht im Wesentlichen
§ 13 II SEBG (s. SEBG Rz. 26). Die Hinzuziehung von Sachverst.[5] durch das BVG regelt § 16 I (vgl. § 14 I
SEBG, s. SEBG Rz. 26).

2. Beschlussfassung im BVG. § 17 entspricht weitgehend § 15 SEBG (s. SEBG Rz. 27). Für die „Min- 15
derung der Mitbestimmungsrechte" ist auch hier ein **zweifaches Quorum von zwei Dritteln** erforderlich, „sofern sich die Mitbestimmung [vor der Verschmelzung[6]] auf mindestens 25 Prozent der Gesamtzahl der ArbN der beteiligten Gesellschaften und der betroffenen Tochtergesellschaften erstreckt"
(dies entspricht § 15 III Nr. 1 SEBG, s. SEBG Rz. 28). Leicht abweichend geregelt ist die Definition der
Minderung der MitbestR insofern, als § 17 III Nr. 1 nicht nur auf den Anteil der ArbN-Vertreter im Verwaltungs- oder Aufsichtsorgan abstellt (so § 15 IV Nr. 1 SEBG, s. SEBG Rz. 29), sondern auch auf deren
Anteil in mitbestimmungsrelevanten Ausschüssen (Buchst. b) oder im „Leitungsgremium, das für die
Ergebniseinheiten der Gesellschaften zuständig ist"[7] (Buchst. c).

3. Nichtaufnahme oder Abbruch der Verhandlungen. § 18 entspricht weitgehend § 16 I SEBG (s. 16
SEBG Rz. 30). Allerdings verweist § 18 S. 3 auf die nationalen Vorschriften zur Mitbest. im Sitzstaat (sofern Deutschland also der Sitzstaat ist, gilt ggf. das DrittelbG oder das MitbestG), während ein Beschluss nach § 16 I SEBG zur Folge hat, dass die SE auf Unternehmensebene mitbestimmungsfrei
bleibt (s. SEBG Rz. 30)[8]. Für die Niederschrift eines Beschlusses gem. § 18 s. § 19 S. 1 Nr. 2. Im Fall der
grenzüberschreitenden Verschmelzung gilt generell das im Sitzstaat anwendbare Recht betr. den EBR,
unabhängig davon, ob die Verhandlungen nicht aufgenommen bzw. abgebrochen werden oder ob eine
Vereinbarung zustande kommt[9] (vgl. auch § 29); bei der SE gilt das EBRG hingegen nur im Fall des § 16
I SEBG. Die Wiederaufnahme einmal abgebrochener Verhandlungen ist – anders als in § 18 SEBG – im
MgVG nicht vorgesehen.

4. § 22 regelt den Inhalt der Vereinbarung. § 22 I stimmt weitgehend mit § 21 I SEBG überein (s. 17
SEBG Rz. 34 f.). Da sich die Vereinbarung bei grenzüberschreitenden Verschmelzungen nur auf die Mit-

---

[1] S. spezifisch zum MgVG *Lunk/Hinrichs*, NZA 2007, 773 (776). ||[2] Krit. *Lunk/Hinrichs*, NZA 2007, 773 (776).
||[3] Vgl. zu § 6 *Simon/Hinrichs*, NZA 2008, 391 (395). ||[4] *Hinrichs/Plitt*, NZA 2010, 204. ||[5] S. hierzu *Lunk/
Hinrichs*, NZA 2007, 773 (778). ||[6] Vgl. *Freis* in Nagel/Freis/Kleinsorge, § 15 SEBG Rz. 11 f.; *Schubert*, RdA
2007, 9 (13). ||[7] Buchst. c dürfte auf eine Besonderheit des finnischen MitbestR zurückgehen und nach deutschem Recht kaum relevant werden; vgl. hierzu *Kisker*, RdA 2006, 206 (210 f.) mwN; *Nagel*, NZG 2007, 57 (58).
||[8] *Müller-Bonanni/Müntefering*, NJW 2009, 2347 (2351). ||[9] Vgl. *Kisker*, RdA 2006, 206 (209); *Lunk/Hinrichs*,
NZA 2007, 773 (780).

best. bezieht, sind allerdings Regelungspunkte, die sich auf den SE-Betriebsrat beziehen (§ 21 I Nr. 2–5 SEBG), entfallen. § 22 I Nr. 3–5 entsprechen § 21 III SEBG. § 22 I Nr. 3 umfasst auch die Befugnis, die Größe des Mitbest.-Organs (vgl. SEBG Rz. 36)[1] festzulegen, weshalb die Vereinbarung in Deutschland zur Verkleinerung zB des AR genutzt werden kann. Auch soll festgelegt werden, dass vor strukturellen Änderungen (s. SEBG Rz. 33) der Gesellschaft Verhandlungen über die Mitbest. der ArbN aufgenommen werden sollen (§ 22 II entspricht § 21 IV SEBG).

18   **5. Formelle Anforderungen an die Vereinbarung.** § 22 I verlangt zwingend Schriftform (s. § 21 I SEBG, s. SEBG Rz. 39). Die Unterzeichnung seitens des BVG erfolgt durch den Vorsitzenden (§ 14 I 2). Das BVG muss einen entsprechenden Beschluss fassen, der den Anforderungen von § 17 genügen muss. Alle Leitungen müssen gesondert unterschreiben, sofern sie nicht ein einheitliches Verhandlungsorgan gebildet haben (s. SEBG Rz. 39).

19   **VIII. Mitbestimmung kraft Gesetzes. 1. Voraussetzungen.** Die Regelungen über die Mitbest. kraft Gesetzes finden Anwendung, wenn (1) die Parteien die Anwendung der **gesetzl. Auffangregelung vereinbaren** oder (2) bis zum Ende des auf sechs Monate begrenzten Verhandlungszeitraums (der auf bis zu zwölf Monate verlängert werden kann) **keine Vereinbarung mit dem BVG** zustande gekommen ist und das BVG keinen Beschluss über die Nichtaufnahme oder den Abbruch der Verhandlungen gefasst hat oder (3) die Leitungen der an der Verschmelzung beteiligten Gesellschaften entscheiden, dass die Mitbest. kraft Gesetzes **ohne vorhergehende Verhandlungen** unmittelbar ab dem Zeitpunkt der Eintragung anzuwenden ist (§ 23 I 1). In den beiden zuletzt genannten Fällen ist allerdings zusätzlich erforderlich, dass in einer oder mehreren der beteiligten Gesellschaften eine oder mehrere Formen der Mitbest. bestanden haben, die (1) sich auf mindestens ein Drittel der Gesamtzahl der ArbN aller beteiligten Gesellschaften und betroffenen Tochtergesellschaften erstreckten, oder (2) sich auf weniger als ein Drittel erstreckten und das BVG einen entsprechenden Beschluss fasst (§ 23 I 2 iVm. II Nr. 2). Im Vergleich zum SEBG, in dem der Schwellenwert ein Viertel der Gesamtzahl der ArbN beträgt (§ 34 I Nr. 2a SEBG), ist der Schwellenwert im Rahmen des MgVG auf ein Drittel heraufgesetzt worden, was eine Gestaltungserleichterung darstellt[2]. Allerdings besteht ebenso wie im Rahmen des SEBG die Möglichkeit, dass das BVG bei Unterschreiten des Schwellenwerts die Anwendung der Auffangregelung gleichwohl beschließt[3].

20   Die Möglichkeit, dass die Leitungen der an der Verschmelzung beteiligten Gesellschaften die Mitbest. kraft Gesetzes **ohne vorhergehende Verhandlungen mit dem BVG** beschließen, weicht von der vergleichbaren Regelung des § 22 SEBG ab. Grund hierfür ist, dass eine Möglichkeit geschaffen werden sollte, grenzüberschreitende Verschmelzungen zu beschleunigen und diese ohne das schwerfällige und langwierige Verhandlungsverfahren durchführen zu können[4]. Das MgVG stellt damit eine Möglichkeit der Beschleunigung der Transaktion zur Verfügung, die im SEBG nicht vorgesehen ist[5].

21   **2. Festlegung der Form der Mitbestimmung.** Wenn vor Anwendung der Mitbest. kraft Gesetzes in den verschiedenen beteiligten Gesellschaften unterschiedliche Formen der Mitbest. Anwendung fanden, stellt sich die Frage, welche Form der Mitbest. bei der aus der grenzüberschreitenden Verschmelzung hervorgehenden Gesellschaft gelten soll. Vorrangig entscheidet das BVG, welche Form der Mitbest. in der aus der grenzüberschreitenden Verschmelzung hervorgehenden Gesellschaft eingeführt wird (§ 23 II 1). Fasst das BVG hierüber keinen Beschluss und ist eine mitbestimmte inländische Gesellschaft an der Verschmelzung beteiligt, so findet Mitbest. in der Form des Repräsentationsmodells gem. § 2 VII Nr. 1 Anwendung, dh. die ArbN haben das Recht, einen Teil der Mitglieder des Aufsichts- oder Verwaltungsorgans der Gesellschaft zu wählen oder zu bestellen. Ist dagegen keine mitbestimmte inländische Gesellschaft an der Verschmelzung beteiligt, so findet entweder das Repräsentationsmodell oder das Kooptationsmodell Anwendung (§ 2 VII Nr. 1 bzw. Nr. 2), je nachdem, welches Modell für die höchste Zahl der in den beteiligten Gesellschaften beschäftigten ArbN gilt (§ 23 II 3)[6].

22   **3. Umfang der Mitbestimmung.** Liegen die Voraussetzungen der Mitbest. kraft Gesetzes vor und steht fest, welche Form der Mitbest. anwendbar ist, so ist als nächstes der Umfang der Mitbest. zu klären, also die Frage, mit welchem Anteil die ArbN im Aufsichts- oder Verwaltungsorgan der aus der grenzüberschreitenden Verschmelzung hervorgehenden Gesellschaft vertreten sind. Die Zahl der ArbN-Vertreter bemisst sich nach dem höchsten Anteil an ArbN-Vertretern, der in den Organen der beteiligten Gesellschaften vor der Eintragung der aus der grenzüberschreitenden Verschmelzung hervorgehenden Gesellschaft bestanden hat (§ 24 I). Damit bleibt das höchste Mitbest.-Niveau erhalten, allerdings gilt dieses Mitbest.-Niveau *statisch* fort[7]; wird bspw. eine Drittelbeteiligung im AR der aus der grenzüberschreitenden Verschmelzung hervorgehenden Gesellschaft festgeschrieben, besteht keine Gefahr, dass auf Grund späterer Neueinstellungen eine paritätische Mitbest. eingeführt werden muss. Damit ist es durch eine grenzüberschreitende Verschmelzung möglich, ein **bestehendes Mitbest.-Ni-**

---

1 Wie hier *Nagel*, NZG 2007, 57 (58); *Teichmann*, Der Konzern 2007, 89 (95f.); wohl auch *H.-F. Müller*, ZIP 2007, 1081 (1085); aA *Habersack*, AG 2006, 345 (352ff.); *Lunk/Hinrichs*, NZA 2007, 773 (778). ||2 WHSS/*Seibt*, Rz. F 166. ||3 WHSS/*Seibt*, Rz. F 166. ||4 *Schubert*, RdA 2007, 9 (14); *Kisker*, RdA 2006, 206 (211); *Müller-Bonanni/Müntefering*, NJW 2009, 2347 (2351); *Brandes*, ZIP 2008, 2193 (2196f.). ||5 WHSS/*Seibt*, Rz. F 183. ||6 S. hierzu jedoch *Lunk/Hinrichs*, NZA 2007, 773 (779). ||7 WHSS/*Seibt*, Rz. F 166.

veau einzufrieren[1]. Dies gilt allerdings „in beide Richtungen": Sinkt die Zahl der ArbN unter einen nach innerstaatl. Recht relevanten Schwellenwert ab, ändert sich das Mitbest.-Niveau bei der aus der grenzüberschreitenden Verschmelzung hervorgegangenen Gesellschaft nicht. Ebenso wie das SEBG gewährleistet auch das MgVG nur eine Beibehaltung des *Anteils* von ArbN-Vertretern, nicht dagegen die Wahrung der *absoluten Zahl* der Vertreter[2].

4. Sitzverteilung. Steht der Anteil der ArbN-Vertreter im Aufsichts- oder Verwaltungsorgan der SE fest, so ist im nächsten Schritt die Verteilung der Sitze auf die einzelnen Mitgliedstaaten vorzunehmen. Im Unterschied zu einem nach MitbestG oder DrittelbG mitbestimmten AR sollen im Anwendungsbereich des MgVG **ArbN aus möglichst vielen Mitgliedstaaten** repräsentiert sein. Die Verteilung der Sitze obliegt dem BVG (§ 25 I 1), das folgende Vorgaben zu beachten hat: Die Verteilung richtet sich nach dem jeweiligen Anteil der in den einzelnen Mitgliedstaaten beschäftigten ArbN der aus der grenzüberschreitenden Verschmelzung hervorgehenden Gesellschaft, ihrer Tochtergesellschaften und Betriebe (§ 25 I 2). Stehen nicht genügend Sitze zur Verfügung, um alle Mitgliedstaaten zu berücksichtigen, so hat das BVG den letzten zu verteilenden Sitz einem bisher unberücksichtigten Mitgliedstaat zuzuweisen (§ 25 I 3). Soweit angemessen, soll dieser letzte Sitz dem Mitgliedstaat zugewiesen werden, in dem die aus der grenzüberschreitenden Verschmelzung hervorgehende Gesellschaft ihren Sitz haben wird (§ 25 I 4). 23

Steht die Verteilung der Sitze auf die einzelnen Mitgliedstaaten fest, so ist zu bestimmen, **welche Personen** die Sitze im Aufsichts- oder Verwaltungsorgan besetzen. Für die deutschen ArbN-Vertreter im Aufsichts- oder Verwaltungsorgan gilt, dass sie von einem Wahlgremium bestimmt werden, das ebenso zusammengesetzt ist wie das Wahlgremium bei der Bildung des BVG (§ 25 III). Für die ausländischen ArbN-Vertreter regelt das Recht des jeweiligen Mitgliedstaates, wie die Person bestimmt wird, die den Sitz im Aufsichts- oder Verwaltungsorgan einnimmt. Hat ein Mitgliedstaat keine entsprechende Regelung getroffen, wird der ArbN-Vertreter durch das BVG bestimmt (§ 25 II)[3]. 24

5. Wahlanfechtung. Ist bei der Wahl eines inländischen ArbN-Vertreters im Aufsichts- oder Verwaltungsorgan gegen wesentliche Vorschriften über das Wahlrecht, die Wählbarkeit oder das Wahlverfahren verstoßen worden, kann nach Maßgabe des § 26 II u.a. durch mindestens drei wahlberechtigte ArbN oder die Leitung der aus der grenzüberschreitenden Verschmelzung hervorgehenden Gesellschaft eine Wahlanfechtung erfolgen[4]. Die Wahlanfechtung muss **innerhalb eines Monats** nach der Bekanntgabe des Wahlergebnisses erfolgen (§ 26 II 3). Bei besonders schwerwiegenden Verstößen gegen Wahlvorschriften ist die Wahl ex tunc nichtig[5]. Die **Nichtigkeit** kann auch außerhalb der genannten Monatsfrist geltend gemacht werden. Unterlaufen während des Wahlverfahrens Fehler, die zur Anfechtbarkeit oder Nichtigkeit der Wahl führen würden, so kann das Wahlverfahren auf Antrag der Leitung der SE durch **einstweilige Verfügung** abgebrochen werden[6]. 25

6. Sonstiges. Den ArbN-Vertretern im Aufsichts- oder Verwaltungsorgan stehen die **gleichen Rechte und Pflichten** wie den Vertretern der Anteilseigner zu (§ 27 I). Ein Mitglied des Leitungsorgans ist für den Bereich Arbeit und Soziales zuständig, allerdings nicht bei der Rechtsform der KGaA (§ 27 II 3). 26

IX. Nachfolgende innerstaatliche Verschmelzungen. Bei innerstaatl. Verschmelzungen, die einer grenzüberschreitenden Verschmelzung nachfolgen, sieht Art. 16 VII der VerschmelzungsRL einen Umgehungsschutz vor, wonach das im Rahmen der grenzüberschreitenden Verschmelzung errichtete Mitbest.-Regime für einen Zeitraum von drei Jahren ab Wirksamwerden der innerstaatl. Verschmelzung aufrecht erhalten werden muss. § 30 setzt diese Vorgabe in deutsches Recht um: Bei einer nachfolgenden innerstaatl. Verschmelzung in Deutschland findet grds. deutsches MitbestR Anwendung, also das MitbestG, DrittelbG usw. (§ 30 S. 1). Ist dagegen die Unternehmensmitbest. in der aus der grenzüberschreitenden Verschmelzung hervorgegangenen Gesellschaft weitergehend als nach deutschem MitbestR, gilt die intensivere Mitbest. für die Dauer von drei Jahren ab Eintragung der innerstaatl. Verschmelzung fort (§ 30 S. 2)[7]. 27

Die Umsetzung von Art. 16 VII der VerschmelzungsRL dürfte insb. in Mitgliedstaaten, deren jeweiliges nationales Recht keine Unternehmensmitbest. kennt, Möglichkeiten zum **Abstreifen der Mitbestimmung** eröffnen. Die bei einer grenzüberschreitenden Verschmelzung entstandene Mitbest. kann durch eine nachfolgende innerstaatl. Verschmelzung mittelfristig wieder beseitigt werden. So könnte bspw. eine deutsche Gesellschaft zunächst auf eine englische Gesellschaft verschmolzen werden. Anschließend erfolgt eine weitere, diesmal jedoch innerstaatl. Verschmelzung auf eine englische Gesellschaft[8]. Da das englische Recht keine Unternehmensmitbest. vorsieht, ist ein Abstreifen der Mitbest. nach Ablauf der dreijährigen Karenzzeit möglich. 28

---

1 WHSS/*Seibt*, Rz. F 167; *Götze/Winzer/Arnold*, ZIP 2009, 245 (253f.). ǁ 2 Ebenso *Lunk/Hinrichs*, NZA 2007, 773 (779). ǁ 3 Vgl. *Schubert*, ZIP 2009, 791 (792ff.). ǁ 4 Zur Antragsberechtigung *Hinrichs/Plitt*, NZA 2010, 204 (208). ǁ 5 Vgl. zur Differenzierung zwischen Anfechtbarkeit und Nichtigkeit einer BR-Wahl *Dzida/Hohenstatt*, Special zu BB 2005, Heft 50, 1ff.; *Hinrichs/Plitt*, NZA 2010, 204 (208f.). ǁ 6 Vgl. zum Abbruch einer BR-Wahl durch einstw. Verfügung: *Dzida/Hohenstatt*, Special zu BB 2005, Heft 50, 1ff. ǁ 7 *Schubert*, RdA 2007, 9 (15f.); zu Umsetzungsdefiziten im Rahmen des § 30 und einer möglichen Verfassungswidrigkeit *Thüsing/Forst* in Habersack/Drinhausen, § 30 MgVG Rz. 6ff. ǁ 8 Bsp. bei *Forsthoff*, DStR 2006, 613 (615f.).

29 **X. Tendenzschutz.** Auf Tendenzunternehmen finden die Mitbest. kraft Gesetzes sowie der Umgehungsschutz gem. § 30 keine Anwendung (§ 28). Wie im MitbestG und DrittelbG werden Tendenzunternehmen somit auch im Anwendungsbereich des MgVG von der Unternehmensmitbest. ausgenommen. Wie bei § 39 SEBG stellt sich auch bei § 28 die Frage, ob die Umsetzung in deutsches Recht **richtlinienkonform** ist, da Art. 16 III Buchst. f der VerschmelzungsRL für den Tendenzschutz auf Art. 8 der SE-RL 2001/86/EG verweist, der Wortlaut des § 28 jedoch über den Wortlaut des Art 8 III SE-RL hinausgeht und den Tendenzschutz auch auf konfessionell, karitativ, erzieherisch, wissenschaftl. oder künstlerisch ausgerichtete Gesellschaften erstreckt. Unseres Erachtens ist § 28 gleichwohl richtlinienkonform: Art. 16 III Buchst. f VerschmelzungsRL iVm. Art. 8 SE-RL bezweckt, Systemwidersprüche zum bestehenden Recht einzelner Mitgliedstaaten zu vermeiden[1]. Zu einem Systemwiderspruch käme es aber, wenn bspw. eine deutsche AG nach § 1 IV 1 MitbestG bzw. § 1 II 1 DrittelbG mitbestimmungsfrei wäre, während bei der aus einer grenzüberschreitenden Verschmelzung hervorgehenden Gesellschaft identischen Unternehmensgegenstands die Unternehmensmitbest. Anwendung fände. § 28 ist daher vom Zweck der Art. 16 III Buchst. f VerschmelzungsRL iVm. Art. 8 SE-RL gedeckt.

30 **XI. Grundsätze der Zusammenarbeit und Schutzbestimmungen.** Abgerundet wird das Gesetz durch einige Grundsätze und Schutzbestimmungen, darunter Geheimhaltungs- und Vertraulichkeitspflichten (§ 31). Mitglieder des BVG sowie die ArbN-Vertreter im AR oder Verwaltungsrat der aus einer grenzüberschreitenden Verschmelzung hervorgehenden Gesellschaft werden durch § 32 insb. im Hinblick auf Kündigungsschutz und Entgeltfortzahlung geschützt: Sie unterliegen den gleichen Schutzvorschriften, denen ArbN-Vertreter nach den Gesetzen des Mitgliedstaats, in dem sie beschäftigt sind, unterliegen. Hierbei ist zu beachten, dass der Kündigungsschutz des § 15 KSchG auf ArbN-Vertreter im AR keine Anwendung findet. **Straf- und Bußgeldvorschriften** flankieren schließlich insb. die Geheimhaltungs- und Vertraulichkeitspflicht, das Verbot, die Bildung eines BVG sowie dessen Tätigkeit zu stören oder zu behindern (§§ 34, 35).

---

[1] MüKoAktG/*Jacobs*, § 39 SEBG Rz. 2 und Lutter/Hommelhoff/*Oetker*, § 39 SEBG Rz. 7 im Hinblick auf die entsprechende Problematik bei der SE.

Mitbestimmungsgesetz (MitbestG)
Gesetz über die Mitbestimmung der Arbeitnehmer

vom 4.5.1976 (BGBl. I S. 1153),
zuletzt geändert durch Gesetz vom 22.12.2011 (BGBl. I S. 3044)

Erster Teil. Geltungsbereich

1 *Erfasste Unternehmen*
(1) In Unternehmen, die
1. in der Rechtsform einer Aktiengesellschaft, einer Kommanditgesellschaft auf Aktien, einer Gesellschaft mit beschränkter Haftung oder einer Genossenschaft betrieben werden und
2. in der Regel mehr als 2 000 Arbeitnehmer beschäftigen,

haben die Arbeitnehmer ein Mitbestimmungsrecht nach Maßgabe dieses Gesetzes.

(2) Dieses Gesetz ist nicht anzuwenden auf die Mitbestimmung in Organen von Unternehmen, in denen die Arbeitnehmer nach
1. dem Gesetz über die Mitbestimmung der Arbeitnehmer in den Aufsichtsräten und Vorständen der Unternehmen des Bergbaus und der Eisen und Stahl erzeugendenden Industrie vom 21. Mai 1951 (Bundesgesetzbl. I S. 347) – Montan-Mitbestimmungsgesetz –, oder
2. dem Gesetz zur Ergänzung des Gesetzes über die Mitbestimmung der Arbeitnehmer in den Aufsichtsräten und Vorständen der Unternehmen des Bergbaus und der Eisen und Stahl erzeugenden Industrie vom 7. August 1956 (Bundesgesetzbl. I S. 707) – Mitbestimmungsergänzungsgesetz –,

ein Mitbestimmungsrecht haben.

(3) Die Vertretung der Arbeitnehmer in den Aufsichtsräten von Unternehmen, in denen die Arbeitnehmer nicht nach Absatz 1 oder nach den in Absatz 2 bezeichneten Gesetzen ein Mitbestimmungsrecht haben, bestimmt sich nach den Vorschriften des Drittelbeteiligungsgesetzes (BGBl. I S. 974).

(4) Dieses Gesetz ist nicht anzuwenden auf Unternehmen, die unmittelbar und überwiegend
1. politischen, koalitionspolitischen, konfessionellen, karitativen, erzieherischen, wissenschaftlichen oder künstlerischen Bestimmungen oder
2. Zwecken der Berichterstattung oder Meinungsäußerung, auf die Artikel 5 Abs. 1 Satz 2 des Grundgesetzes anzuwenden ist,

dienen. Dieses Gesetz ist nicht anzuwenden auf Religionsgemeinschaften und ihre karitativen und erzieherischen Einrichtungen unbeschadet deren Rechtsform.

I. Anwendungsbereich (Abs. 1)	1	II. Tendenzunternehmen (Abs. 4)	12
1. Allgemeines	1	1. Regelungsinhalt	12
2. Rechtsform	2	2. Tendenzschutz im Konzern	13
3. Gründungsstadium	4	III. Abgrenzung zu anderen Mitbestimmungsstatuten (Abs. 2 u. 3)	16
4. Europäische Aktiengesellschaft (Societas Europaea)	5	IV. Privatautonome Mitbestimmungsvereinbarungen	18
5. Ausländische Unternehmen	6		
6. Arbeitnehmerzahl	10		

I. Anwendungsbereich (Abs. 1). 1. Allgemeines. Ein AR mit hälftiger Besetzung mit ArbN-Vertretern (sog. paritätische Unternehmensmitbestimmung) ist grds. in allen Unternehmen mit der Rechtsform einer AG, KGaA, GmbH oder Genossenschaft (dazu Rz. 2 ff.) zu bilden, die idR mehr als 2 000 ArbN beschäftigen (dazu Rz. 11 f.) und weder den Montan-Mitbestimmungsgesetzen unterfallen (dazu Rz. 17 f.) noch als Tendenzbetriebe (dazu Rz. 13 ff.) zu charakterisieren sind. **1**

Dem MitbestG unterfielen zum 31.12.2012 (in Klammern die Zahlen zum 31.12.2007) 654 (708) Unternehmen, davon 256 (302) AG, 343 (357) GmbH und 55 (49) Unternehmen sonstiger Rechtsformen. Seit Inkrafttreten des MitbestG hat die Zahl der dem Gesetz unterfallenden Unternehmen bis 2002 (Höchststand 767 Unternehmen) erheblich zugenommen, seitdem ist sie signifikant rückläufig (ca. 15 % seit 2002)[1].

2. Rechtsform. Das MitbestG erfasst nur Unternehmen in den Rechtsformen der AG (einschl. REIT-AG[2]), KGaA, GmbH (einschl. UG[3]) oder der Genossenschaft (Abs. 1 Nr. 1). Die Aufzählung der Rechts- **2**

---

[1] Eine Statistik zu den mitbestimmten Unternehmen gem. MitbestG von 1981 bis 2006 enthält *Ehrenstein* in Mitbestimmung, Heft 9/2007, 70, zuletzt fortgeschrieben bis 2012 in Heft 6/2013, 62. ||[2] *Seibt* in Seibt/Conradi, Handbuch REIT-AG, 2008, Rz. 48. ||[3] *Forst*, GmbHR 2009, 1131 (1132 ff.).

formen in Abs. 1 Nr. 1 ist **abschließend und einer analogen Anwendung auf andere (in- oder ausländische) Rechtsformen nicht zugänglich** (zur fehlenden Analogiefähigkeit bei sog. Pseudo-Auslandsgesellschaften Rz. 8 ff.)[1]. Das gilt auch für den VVaG, auf den lediglich die drittelparitätische Unternehmensmitbest. nach § 1 I Nr. 4 DrittelbG Anwendung findet (s. § 1 DrittelbG Rz. 47). Die Nicht-Einbeziehung von VVaG in § 1 I verstößt nicht gegen Art. 3 I GG.

3 Für die Anwendung des MitbestG ist es unerheblich, wer Anteilseigner des Unternehmens ist. So gilt das MitbestG auch, wenn ein Unternehmen in einer Rechtsform des Abs. 1 Nr. 1 in öffentl. Trägerschaft geführt wird[2]; das Demokratieprinzip steht dem nicht entgegen[3]. Nicht unter das Gesetz fallen Einzelunternehmen und Personengesellschaften mit Ausnahme der Fälle des § 4 (und zwar auch, wenn deren sämtliche Gesellschafter juristische Personen sind), ideelle und wirtschaftl. Vereine, Stiftungen sowie Unternehmen, die als Körperschaften oder Anstalten des öffentl. Rechts (zB Sparkassen[4]) organisiert sind[5].

4 **3. Gründungsstadium.** Für die Zusammensetzung des AR eines Unternehmens im Gründungsstadium s. § 1 DrittelbG Rz. 8 (AG) und 31 (GmbH).

5 **4. Europäische Aktiengesellschaft (Societas Europaea).** Die SE wird zwar wie eine nach dem Recht des Sitzstaates gegründete AG behandelt (Art. 10 SE-VO)[6], ist aber nicht vom sachlichen Anwendungsbereich des MitbestG erfasst. Die Rechtsregeln über die SE sind in der SE-VO[7] sowie in der ergänzenden Mitbest-RL[8] enthalten und durch das SEEG[9] in das deutsche Recht transformiert worden. Zur Unternehmensmitbest. bei der SE s. die Komm. zum SEBG.

6 **5. Ausländische Unternehmen.** Das MitbestG findet wegen des **völkerrechtl. Territorialitätsprinzips** nur auf inländische Unternehmen Anwendung, dh. nicht auf ausländische Unternehmen (Unternehmen mit tatsächlichem Verwaltungssitz im Ausland)[10]. Dies gilt auch, wenn das ausländische Unternehmen rechtlich unselbständige Betriebe in Deutschland hat (zB Deere & Company, FedEx, McKinsey, Cortal Consors, Mitsubishi Electric Europe)[11] oder zusammen mit inländischen Unternehmen einer einheitlichen Leitung unterliegen[12].

7 Noch nicht abschließend geklärt ist die Frage, ob das MitbestG nicht auch bei einem nach ausländischem Recht gegründeten Unternehmen Geltung verlangt, das seinen formalen Sitz im Ausland, seinen tatsächlichen Verwaltungssitz jedoch in Deutschland hat (sog. **Pseudo-Auslandsgesellschaften**). Dies betrifft in der Praxis bislang vor allem die nicht seltenen Fälle, bei denen der Komplementär einer Kapitalgesellschaft & Co. KG eine nach ausländischem Recht gegründete Gesellschaft mit statutarischem Auslandssitz ist, deren Tätigkeit sich auf die Leitung der inländischen KG beschränkt und der überwiegend im Inland verwaltet wird[13], sowie die von Konzernobergesellschaften, die aus Gründen der Corporate Governance (zB Wahl einer monistischen Verwaltungsstruktur[14], Etablierung eines CEO-Modells unter Ausschluss des Kollegialitätsprinzips beim Vorstand[15] oder Vermeidung der Unternehmensmitbest.[16]) im EU- oder EWR-Ausland oder in den USA gegründet worden sind.

8 Für im EU-Ausland wirksam gegründete Gesellschaften, die ihren tatsächlichen Verwaltungssitz nach Deutschland verlegt haben (sog. Zuzugsfall), gilt nach der **EuGH-Rspr.** die **Gründungstheorie**,

---

1 ErfK/*Oetker*, § 1 MitbestG Rz. 2; UHH/*Ulmer/Habersack*, § 1 Rz. 31; *Raiser/Veil*, § 1 Rz. 10. ‖ 2 BGH 3.7.1975 – II ZR 35/73, NJW 1975, 1657; ErfK/*Oetker*, § 1 MitbestG Rz. 1; *Raiser/Veil*, § 1 Rz. 11. ‖ 3 Vgl. *Schöpfe*, Gewillkürte Unternehmensmitbestimmung, 2003, S. 191 ff.; *Gersdorf*, Öffentliche Unternehmen, 2000, S. 292 ff.; *R. Schmidt*, FS Knöpfle, 1996, S. 303, 309; aA *Ossenbühl*, ZGR 1996, 504 (514 f.); *Gern*, Deutsches Kommunalrecht, 3. Aufl. 2003, Rz. 737. ‖ 4 Hierzu VerfGH München 14.2.2011 – Vf. 2-VII-10, ZIP 2011, 644 (kein landesverfassungsrechtl. Zwang zur Einführung der Unternehmensmitbest. bei bayr. Sparkassen). ‖ 5 *Raiser/Veil*, § 1 Rz. 10. ‖ 6 Zu Anwendungsfeldern der SE *Seibt/Saame*, AnwBl. 2005, 225 (227 f.); *Bayer/Schmidt*, AnwBl. 2008, 327 ff.; *Blanquet*, ZGR 2002, 20 (39 ff.); *Teichmann*, ZGR 2002, 383 (389, 409 ff.); *Kallmeyer*, AG 2003, 197 ff. – Zu Gründungsformen ausf. zB *Herfs-Röttgen*, NZA 2001, 424 (426); *Hommelhoff*, AG 2001, 279 (280); *Lutter*, BB 2002, 1 (4); *Schwarz*, ZIP 2001, 1847 (1851 ff.). ‖ 7 Nr. 2157/2001, ABl. 2001 L 294/1. ‖ 8 Nr. 2001/86/EG, ABl. 2001 L 294/22. ‖ 9 BGBl. 2004 I S. 3675 ff. ‖ 10 LG Düss. 5.6.1979 – 25 AktE 1/78, DB 1979, 1451; OLG Stuttgart 30.3.1995 – 8 W 355/93, ZIP 1995, 1004; WHSS/*Seibt*, Rz. F 148; ErfK/*Oetker*, § 1 MitbestG Rz. 3; *Raiser/Veil*, § 1 Rz. 13; UHH/*Ulmer/Habersack*, § 1 Rz. 33; MünchArbR/*Wißmann*, § 377 Rz. 2; *Thüsing*, ZIP 2004, 381 (382). ‖ 11 WHSS/*Seibt*, Rz. F 148; ErfK/*Oetker*, § 1 MitbestG Rz. 3; *Raiser/Veil*, § 1 Rz. 13; *Birk*, RIW 1975, 594; krit. Staudinger/*Großfeld*, Internationales Gesellschaftsrecht, Rz. 515 ff. ‖ 12 ErfK/*Oetker*, § 1 MitbestG Rz. 3; UHH/*Ulmer/Habersack*, § 1 Rz. 6. ‖ 13 Hierzu zB WHSS/*Seibt*, Rz. F 19; *Wisskirchen/Bissels/Dannhorn*, DB 2007, 2258 (2260); zur statistischen Entwicklung ausländischer Rechtsformen ohne Mitbest. in Deutschland *Sick/Pütz*, AG 2011, R195 f. ‖ 14 Vgl. Art. 38 Buchst. b SE-VO (Rz. 5); *Merkt*, ZGR 2003, 650 ff. für Europäische Aktiengesellschaft; *Teichmann*, ZGR 2001, 645 ff. für Corporate Governance-Systeme in Europa. ‖ 15 Hierzu *v. Hein*, ZHR 2002, 464 ff. ‖ 16 Praxisbeispiele sind Kühne & Nagel AG (Luxemburg) & Co. KG (hierzu *Hansen*, ZfA 2005, 225 [228]), Air Berlin plc & Co. KG, Müller Ltd. & Co. KG, Dachser GmbH (öst.) & Co. KG, K+K Klaas & Kock BV & Co. KG, Sykes Enterprises Support Services BV & Co. KG, Prinovis Ltd. & Co. KG; vgl. WHSS/*Seibt*, Rz. F 22. 2006 bestanden in Deutschland acht KG mit mehr als 2000 ArbN mit ausländischem Komplementär (vgl. Anh. 5 Bericht der wissenschaftlichen Mitglieder der Kommission zur Modernisierung der deutschen Mitbestimmung, 2006); diese Zahl ist bis 2010 auf 19 gestiegen, vgl. *Sick/Pütz*, AG 2011, R195 (R196); im gleichen Zeitraum stieg die Zahl der KG mit mehr als 500 ArbN mit ausländischem Komplementär von 17 auf 43, vgl. hierzu *Sick*, GmbHR 2011, 1196 (1197 f.).

derzufolge sämtliche EU-Mitgliedstaaten diese als Gesellschaft des Gründungsstaates (keine Umqualifikation in eine Gesellschaftsform deutschen Rechts) anzuerkennen haben[1]. Dies gilt nach der EuGH-Rspr. auch für den Fall, dass eine Gesellschaft in einem EU-Mitgliedstaat nur gegründet wird, um in den Genuss vorteilhafter Rechtsvorschriften zu kommen, und zwar auch dann, wenn die betreffende Gesellschaft ihre Tätigkeit hauptsächlich oder gar ausschließlich in einem anderen Mitgliedstaat ausübt[2]. Zwar kann der nationale Gesetzgeber bei „zwingenden Gründen des Gemeinwohls", zu denen auch der Schutz der ArbN-Interessen gehört[3], besondere Rechtsvorschriften für im Ausland gegründete Gesellschaften einführen. Allerdings stellte sich eine unternehmensmitbestimmungsrechtl. Gleichstellung von den deutschen mitbestimmungspflichtigen Gesellschaftsformen entsprechenden EU-Kapitalgesellschaftstypen im Wege einer Sonderanknüpfung (Analogie zu §§ 1, 4) bzw. Spaltung des Gesellschaftsstatuts oder durch Erweiterung des Rechtsformkatalogs in Abs. 1 Nr. 1 als *unverhältnismäßige* **Beschränkung der Niederlassungsfreiheit** (Art. 49, 54 AEUV) von EU-Kapitalgesellschaften dar[4]. Die Anwendung des deutschen MitbestR führte ansonsten zu hybriden, aus ausländischem Gesellschaftsrecht und deutschem MitbestR zusammengesetzten Gesellschaftstypen, was einen tiefen Eingriff in die Binnenorganisation der Auslandsgesellschaft bedeuten und in der praktischen Anwendung schwer zu überwindende Anpassungsprobleme (insb. bei monistischen *Boards*) nach sich ziehen würde[5]. Hinzu kommt, dass die Interessen der ArbN an einer wirksamen Interessenvertretung bereits in hinreichendem Maße durch das BetrVG und die betriebl. Mitbest. gesichert werden[6]. Einen Zwang zur Gründung einer inländischen Tochtergesellschaft mit einem mitbestimmten AR zur Durchsetzung des deutschen UnternehmensmitbestR lässt sich ebenfalls mit der EU-Niederlassungsfreiheit nicht vereinbaren[7]. Keine entsprechende Anwendung finden schließlich die Sonderregeln der EU-RL zur Europäischen Aktiengesellschaft (Rz. 5f.) auf ausländische Gesellschaftsformen mit tatsächlichem Verwaltungssitz in Deutschland[8].

Das Gleiche gilt für **US-amerikanische Kapitalgesellschaften**, da nach Art. XXV V 2 des Freundschafts-, Handels- und Schifffahrtsvertrages zwischen der Bundesrepublik Deutschland und den USA v. 29.10.1954[9] der Status einer Gesellschaft, die in dem Gebiet eines Vertragsteils nach dessen Gesetzen und Vorschriften rechtmäßig gegründet worden ist, in dem Gebiet des anderen Staates anzuerkennen ist. Damit gilt auch im Verhältnis der USA zu Deutschland und umgekehrt das Gründungs- und nicht das Sitzrecht[10]. Schließlich gelten dieselben Grundsätze für **in EWR-Ländern gegründete Gesellschaften**[11]. Bei abkommensrechtlich nicht privilegierten Drittstaaten gilt dagegen die Sitztheorie[12].

6. Arbeitnehmerzahl. Nach Abs. 1 Nr. 2 ist das MitbestG nur auf Unternehmen anzuwenden, die idR mehr als 2 000 ArbN beschäftigen. Zum Merkmal der Regelmäßigkeit s. § 1 DrittelbG Rz. 11. Sinkt die ArbN-Zahl daher nur vorübergehend unter 2 000, führt dies nicht zur Beendigung der paritätischen Mitbest.[13], sowie gleichermaßen auch das vorübergehende Überschreiten einer ArbN-Zahl von mehr als 2 000 nicht zur Begründung der Mitbest. nach dem MitbestG führt.

---

1 EuGH 5.11.2002 – Rs. C-208/00, NJW 2002, 3614 (3615 Tz. 80) – Überseering; 30.9.2003 – Rs. C-167/01, NJW 2003, 3331ff. (Tz. 9ff.) – Inspire Art; *Wisskirchen/Bissels/Dannhorn*, DB 2007, 2258 (2260f.); *Henssler*, RdA 2005, 330 (332); *Binz/Mayer*, GmbHR 2003, 249 (254f.); *Eidenmüller*, ZIP 2002, 2233 (2238); *Kallmeyer*, DB 2002, 2521; *Lutter*, BB 2003, 7 (9); *Müller-Bonanni*, GmbHR 2003, 1235 (1236); *Schanze/Jüttner*, AG 2003, 30 (33); *Veit/Wichert*, AG 2004, 14 (17); *Zimmer*, BB 2003, 1 (5). ||2 EuGH 30.9.2003 – Rs. C-167/01, NJW 2003, 3331 (3333 Tz. 96). ||3 Vgl. EuGH 5.11.2002 – Rs. C-208/00, NJW 2002, 3614, 3615 (Tz. 92) – Überseering; 13.12.2005 – Rs C-411/03, ZIP 2005, 2311 – Centros. Zu einem früheren Gesetzgebungsvorschlag des DGB zur Erweiterung von § 1 Nr. 1 auf typengleiche EU-ausländische Rechtsformen FAZ v. 2.10.2003, S. 15; zu Modellen der Gesetzesänderung *Behme*, ZIP 2008, 351 (355f.); zu dem Antrag der SPD-Fraktion (BT-Drs. 17/2122) zur Ausweitung der Unternehmensmitbest. vgl. *Merkt*, ZIP 2011, 1237. ||4 *Binz/Mayer*, GmbHR 2003, 249 (257); *Eberspächer*, ZIP 2008, 1951ff.; *Eidenmüller*, ZIP 2002, 2233 (2242); *Forsthoff*, DB 2002, 2471 (2477); *Kallmeyer*, DB 2002, 2521 (2522); *Müller-Bonanni*, GmbHR 2003, 1235 (1237); *Ulmer*, JZ 1999, 662 (663); wohl auch *Paefgen*, DB 2003, 487 (491); *Ziemons*, ZIP 2003, 1913 (1918); *Behme*, ZIP 2008, 351 (356); aA *Kindler*, NJW 2003, 1073 (1078f.); *v. Halen*, WM 2003, 571 (577); *Grundmann/Möslein*, ZGR 2003, 313 (350f.); zweifelnd *Bayer*, BB 2004, 1 (5); aA zumindest für ausländische Gesellschaften mit tatsächlichem Verwaltungssitz in Deutschland *Thüsing*, ZIP 2004, 381 (383ff.); diff. *Weiss/Seifert*, ZGR 2009, 542ff. ||5 WHSS/*Seibt*, Rz. F 127c; *Binz/Mayer*, GmbHR 2003, 249 (257); *Merkt*, Gesellschaftsrecht in der Diskussion 1999, S. 111, 143f.; *Müller-Bonanni*, GmbHR 2003, 1235 (1237); *Sigle*, FS Peltzer, 2001, S. 539, 552; *Veit/Wichert*, AG 2004, 14 (18); ErfK/*Oetker*, § 1 MitbestG Rz. 5. ||6 So auch *Binz/Mayer*, GmbHR 2003, 249 (257); *Forsthoff*, DB 2002, 2471 (2477); *Paefgen*, DB 2003, 487 (492). ||7 WHSS/*Seibt*, Rz. F 127c; *Müller-Bonanni*, GmbHR 2003, 1235 (1239); *Paefgen*, DB 2003, 487 (491f.); *Schutz/Sester*, EWS 2002, 545 (551); aA Staudinger/*Großfeld*, Internationales Gesellschaftsrecht, Rz. 518ff. ||8 *Müller-Bonanni*, GmbHR 2003, 1235 (1238); *Binz/Mayer*, GmbHR 2003, 249 (257); *Veit/Wichert*, AG 2004, 14 (19); *Zimmer*, NJW 2003, 3585 (3591); aA *Schanze/Jüttner*, AG 2003, 30 (35ff.); *Bayer*, BB 2003, 2357 (2365). ||9 BGBl. 1956 II S. 488. ||10 Vgl. BGH 29.1.2003 – VIII ZR 155/02, IPRax 2003, 265 (266); 13.10.2004 – I ZR 245/01, NZG 2005, 44; 5.7.2004 – II ZR 389/02, NZG 2004, 1001; hierzu *Bungert*, DB 2003, 1043; *Thömmes*, DB 2003, 1200 (1203); *Ebke*, ZIP 2003, 927 (929); *Drouven/Mödl*, NZG 2007, 7 (9f.). ||11 Vgl. BGH 19.9.2005 – II ZR 372/03, NJW 2005, 3351. ||12 Vgl. BGH 27.10.2008 – II ZR 158/06, GmbHR 2009, 138 (139) – Trabrennbahn m. Anm. *Wachter* (Schweiz); 8.10.2009 – IX ZR 227/06, ZIP 2009, 2385 (Singapur); OLG Hamburg 30.3.2007 – II U 231/04, DB 2007, 1245 (Ltd. Isle of Man); OLG Köln 31.1.2006 – 22 U 109/05, ZIP 2007, 935 (südafr. Ltd.); vgl. auch *Horn*, NJW 2004, 897. ||13 OLG Frankfurt 7.6.1985 – 20 W 281/84, EWiR 1985, 607.

11 Bei **Gemeinschaftsbetrieben** ist eine Zurechnung der ArbN zu allen Trägerunternehmen des Gemeinschaftsbetriebes unabhängig vom Vorliegen arbeitsvertragl. Bindungen anzunehmen, jedenfalls insoweit, als das betreffende Trägerunternehmen die Leitung über den Gemeinschaftsbetrieb mit den anderen Unternehmen gemeinsam ausübt[1]. Dies ergibt sich aus dem Telos des MitbestG, die Beteiligung der ArbN in Organen des Unternehmens zu ermöglichen, in denen die für die ArbN wesentlichen Entscheidungen gefällt werden.

12 **II. Tendenzunternehmen (Abs. 4). 1. Regelungsinhalt.** Vor dem Hintergrund der verfassungsrechtl. Gewährleistungen (Art. 4, 140 GG iVm. Art. 137 III WRV, Art. 5 I 2, III, 21, 9 III GG) entfällt eine Beteiligung der ArbN in AR bei Tendenzunternehmen (Abs. 4 S. 1) und Religionsgemeinschaften sowie deren karitativen und erzieherischen Einrichtungen (Abs. 4 S. 2), wenn die Unternehmen diesen Zwecken unmittelbar und überwiegend dienen[2]. **Unmittelbarkeit** liegt vor, wenn die geschützte Tendenz im statutarischen Unternehmenszweck enthalten ist und die im Unternehmen ablaufenden Arbeits- und Produktionszwecke darauf ausgerichtet sind; nicht ausreichend ist allein die Gewinnverwendung für einen unter den Tendenzschutz fallenden Zweck[3]. Der Tendenzzweck wird **überwiegend** verfolgt, wenn der geistig-ideelle Zweck dem Unternehmen im Hinblick auf seine Zielsetzung und seine Tätigkeit das Gepräge gibt (sog. **Geprägetheorie**), wobei quantitative Gesichtspunkte nicht alleine entscheidend sind[4]. Der Tendenzschutz entfällt, wenn kommerzielle Aspekte überwiegen, zB bei kommerziell betriebenen Forschungsinstituten[5] und Krankenhäusern[6] sowie solche Medienunternehmen, die sich allein auf die rein technische Herstellung von Medienträgern (Druckerzeugnisse, Schallplatten, CD, DVD etc.) beschränken[7]. Gemeinsame Einrichtungen der TV-Parteien iSv. § 4 II TVG unterliegen dem Tendenzschutz (Abs. 4 S. 1 Nr. 1), wenn sie Leistungsansprüche zu Gunsten tarifgebundener ArbN begründen[8]. Einen inhaltlich vergleichbaren Tendenzschutz enthält § 118 BetrVG für die betriebl. Mitbest. (dazu § 118 BetrVG).

13 **2. Tendenzschutz im Konzern. a) Tendenzschutz abhängiger Tendenzunternehmen.** Abhängige Tendenzunternehmen genießen Tendenzschutz nach Abs. 4. Aus dem verfassungsrechtl. zwingend gebotenen Tendenzschutz folgt eine Beschränkung der Konzernleitungsmacht des ggf. mitbestimmten AR der Konzernobergesellschaft[9]. Allerdings sind die ArbN des abhängigen Konzernunternehmens an der Wahl zum AR des herrschenden Unternehmens zu beteiligen[10].

14 **b) Tendenzschutz des herrschenden Unternehmens.** Auch eine Konzernobergesellschaft genießt dann Tendenzschutz des Abs. 4, wenn sie selbst ein Tendenzunternehmen mit operativem Geschäftsbereich ist[11]. Aus dem Tendenzschutz für das herrschende Unternehmen folgt allerdings nicht automatisch auch die Mitbestimmungsfreiheit von AR bei abhängigen Konzernunternehmen, sondern diese müssen selbst Tendenzunternehmen iSv. Abs. 4 sein[12].

15 **c) Holding bei Mischkonzernen.** Für Holdinggesellschaften (einschl. Religionsgemeinschaften iSv. Abs. 4 S. 2) bei Mischkonzernen, bei denen ein Teil der abhängigen Unternehmen Tendenzunternehmen sind, ein anderer Teil jedoch nicht, kommt es nach zutreffender hM auf eine Gesamtbeurteilung des Konzerns an (sog. **Gesamtgepräge**)[13]. Der Konzernobergesellschaft kommt dann Tendenzschutz zu, wenn das dem Gesamtgepräge des Konzerns im Hinblick auf seine Zielsetzung und seine Tätigkeit entspricht; dabei sind quantitative Gesichtspunkte, wie etwa der Umsatz oder die Beschäftigtenzahl der einzelnen Konzernunternehmen, nicht entscheidend[14].

---

1 WHSS/*Seibt*, Rz. F 16a; ähnlich WWKK/*Wißmann*, § 10 Rz. 10, § 5 Rz. 46 (anders noch Vorauf. § 10 Rz. 13); *Zöllner*, FS Semler, 1993, S. 995, 1012 ff.; aA (Vertragsbeziehung erforderlich) *Bonanni*, Der gemeinsame Betrieb mehrerer Unternehmen, 2003, S. 295; UHH/*Henssler*, § 10 Rz. 7; ErfK/*Oetker*, § 2 DrittelbG Rz. 10; aA (Leitungsrecht nicht erforderlich): *Hanau*, ZfA 1990, 115 (127); *Hjort*, NZA 2001, 696 (699); *Däubler*, FS Zeuner, 1994, S. 19, 31; aA (Aufteilung der Betriebsbelegschaft) BAG 1.12.1961 – 1 ABR 15/60, AP Nr. 1 zu § 77 BetrVG 1952; *Säcker*, Die Wahlordnungen zum MitbestG, 1978, Rz. 195; *Wiedemann*, SAE 1962, 212 (213). ||2 Abweichend für eine wortlautgestützte Privilegierung von Religionsgemeinschaften (S. 2) *Thüsing*, ZTR 2002, 56 (64). ||3 Vgl. *Raiser/Veil*, § 1 Rz. 43; OLG Stuttgart 3.5.1989 – 8 W 38/89, BB 1989, 1005 (zu § 118 BetrVG). ||4 Vgl. *Raiser/Veil*, § 1 Rz. 43; UHH/*Ulmer/Habersack*, § 1 Rz. 59. ||5 BAG 20.11.1990 – 1 ABR 87/89, NJW 1991, 2165; *Raiser/Veil*, § 1 Rz. 41; aA UHH/*Ulmer/Habersack*, § 1 Rz. 63. ||6 Vgl. BayObLG 10.8.1995 – 3 Z BR 149/93, ZIP 1995, 1671 – Rhön-Klinikum AG; *Raiser/Veil*, § 1 Rz. 41. ||7 OLG Hamburg 22.1.1980 – 11 W 38/79, NJW 1980, 1803 – Polygram; BAG 31.10.1975 – 1 ABR 64/74, BB 1976, 136; *Raiser/Veil*, § 1 Rz. 41 u. 42. ||8 Ausf. *Oetker*, GS Heinze, 2005, S. 597, 607 ff. ||9 Hierzu *Lorenz*, ZfA 1985, 495 (515, 519 ff.); WHSS/*Seibt*, Rz. F 29. ||10 ErfK/*Oetker*, § 2 DrittelbG Rz. 5; *Fitting*, § 76 BetrVG 52 Rz. 103; MüKoAktG/*Gach*, § 1 MitbestG Rz. 36. ||11 BAG 30.6.1981 – 1 ARB 30/79, AP Nr. 20 zu § 118 BetrVG 1972; LG Hamburg 24.6.1999 – 321 T 86/98, NZA-RR 2000, 209 (210) – Stella; WHSS/*Seibt*, Rz. F 29; UHH/*Ulmer/Habersack*, § 5 Rz. 59; *Loritz*, ZfA 1985, 497 (501 f.); aA GK-MitbestG/*Schneider*, § 5 Rz. 18. ||12 Vgl. BAG 30.6.1981 – 1 ABR 30/79, AP Nr. 20 zu § 118 BetrVG 1972; BVerfG 29.4.2003 – 1 BvR 62/99, NJW 2003, 3189 (3190) (Zustellunternehmen für Tageszeitung); ErfK/*Oetker*, § 5 MitbestG Rz. 16. ||13 OLG Hamburg 22.1.1980 – 11 W 38/79, NJW 1980, 1803 f. – Polygram; LG Hamburg 24.6.1999 – 321 T 86/98, NZA-RR 2000, 209 (210 f.) – Stella; OLG Dresden 15.4.2010 – 2 W 1174/09, AG 2011, 88 (89) – Elbland-Kliniken; WHSS/*Seibt*, Rz. F 36; *Loritz*, ZfA 1985, 497 (504 ff.); MünchArbR/*Wißmann*, § 367 Rz. 35; aA KölnKommAktG/*Mertens/Cahn*, Anh. § 117 B Rz. 18; *Wiedemann*, BB 1978, 5 (9 f.). ||14 OLG Hamburg 22.1.1980 – 11 W 38/79, NJW 1980, 1803 f.; WHSS/*Seibt*, Rz. F 36; aA MünchArbR/*Wißmann*, § 367 Rz. 31.

III. Abgrenzung zu anderen Mitbestimmungsstatuten (Abs. 2 u. 3). Sofern die Anwendungsvoraussetzungen des MontanMitbestG oder des MitbestErgG auf ein Unternehmen Anwendung finden, ist der Anwendungsbereich des MitbestG insoweit eingeschränkt (Abs. 2). Greift eine Mitbest. nach MitbestG, MontanMitbestG oder MitbestErgG nicht ein, so kann nach Maßgabe des DrittelbG eine drittelparitätische Mitbest. im AR eingreifen (Abs. 3).

Die unterschiedl. **Anwendungsbereiche des MitbestG** können wie folgt zusammengefasst werden[1]:

Mitbestim- mungsform Kriterien	DrittelbG	MitbestG 1976	MontanMitbestG[2]	MitbestErgG
Rechtsform	– AG/KGaA – GmbH – e.G. – VVaG (mit bestehendem AR)	– AG/KGaA – GmbH – e.G. – Kapitalgesellschaft & Co. KG[3]	– AG – GmbH	– AG – GmbH
Besonderer Unternehmensgegenstand	nein	nein	ja (Bergbau, Eisen- und stahlerzeugende Industrie)	ja (Bergbau, Eisen- und stahlerzeugende Industrie)
Tendenzschutz	ja (§ 1 II 1 Nr. 2, S. 2 DrittelbG)	ja (§ 1 IV MitbestG)	ja (besonderer Unternehmensgegenstand)	ja (besonderer Unternehmensgegenstand)
Inländischer Sitz	ja	ja	ja	ja
Arbeitnehmerzahl	AG/KGaA: 0/= 500[4] GmbH/e.G./VVaG: > 500	> 2000 Sollzahl der AR-Mitglieder bei Mitarbeiter: = 10000: 12 > 10000: 16 > 20000: 20 (§ 7 I MitbestG)	>1000	>2000
Kapitalhöhe	Höchstzahl der AR-Mitglieder bei Gesellschaftskapital: > 1,5 Mio. Euro: 9 > 1,5 Mio. Euro: 15 > 10 Mio. Euro: 21 (§ 95 AktG)	nein	Erhöhung der AR-Mitgliederzahl (11) durch Satzung möglich bei Gesellschaftskapital: > 10 Mio. Euro: 15 > 25 Mio. Euro: 21 (§ 9 MontanMitbestG)	Erhöhung der AR-Mitgliederzahl (15) durch Satzung möglich bei Gesellschaftskapital: > 25 Mio. Euro: 21 (§ 5 I MitbestErgG)
Konzernzurechnung	ja – bei Beherrschungsvertrag – bei Eingliederung (§ 2 II DrittelbG)	ja (§§ 5, 32 MitbestG)		

IV. Privatautonome Mitbestimmungsvereinbarungen. Die im MitbestG geregelte paritätische Unternehmensmitbest. ist im Grundsatz zwingender Natur. Von ihr kann nicht zu Lasten der ArbN durch vertragl. Vereinbarung abgewichen werden[5]. Ebenso wenig sind Vereinbarungen zulässig, die den verfassungsrechtl. gewährleisteten Tendenzschutz (Art. 4, 140, 5 I 2, III, 21, 9 III GG) einschränken[6] oder mit dem vertragl. eine „Überparität" zu Gunsten der ArbN-Vertreter im AR geregelt werden soll (Art. 14 I GG)[7].

Bei Unternehmen in öffentl. Trägerschaft verbietet das Demokratieprinzip staatl. „Einflussknicke" durch eine über die Vorgaben des MitbestG hinausgehende Einbindung der Beschäftigten in den AR[8]; daher wäre hier zB die Abschaffung des Zweitstimmrechts des AR-Vorsitzenden verfassungswidrig. In wertungsgleicher Weise sieht § 108 I Nr. 6 GO NRW vor, dass eine Gemeinde Unternehmen in Privatrechtsform nur dann gründen oder sich daran beteiligen darf, wenn sie einen angemessenen Einfluss, insb. in einem Überwachungsorgan, erhält und dieser durch Gesellschaftsvertrag, Satzung oder in an-

---

1 Übersicht entnommen aus WHSS/*Seibt*, Rz. F 19. ||2 Im Einzelnen s. dazu die Komm. des MontanMitbestG in der 2. Aufl. ||3 Nur bei Eingreifen einer der Zurechnungsnormen gem. §§ 4 I, 5 I. ||4 Mindest-ArbN-Zahl von 500 nur bei AG, die (1) nach dem 9.8.1994 eingetragen worden sind, oder (2) vor dem 10.8.1994 eingetragen worden, aber als Familiengesellschaft iSv. § 1 I Nr. 1 DrittelbG zu qualifizieren sind. ||5 Vgl. WHSS/*Seibt*, Rz. F 13; *Seibt*, AG 2005, 413 (416); *Raiser/Veil*, § 1 Rz. 49; *Ihrig/Schlitt*, NZG 1999, 333 (334). ||6 WHSS/*Seibt*, Rz. F 13; *Seibt*, AG 2005, 413 (416); *Raiser/Veil*, § 1 Rz. 49. ||7 WHSS/*Seibt*, Rz. F 13; *Seibt*, AG 2005, 413 (416); *Lutter*, ZGR 1977, 194 (202f.); diff. *Henssler*, ZfA 2000, 241 (261f.) (zB Zulässigkeit der Ad hoc-Wahl eines ArbNVertreters als AR-Vorsitzenden). ||8 *R. Schmidt*, FS Knöpfle, 1996, S. 303, 318.

derer Weise gesichert wird[1]. Die Gemeinde ist weiter verpflichtet, bei der Ausgestaltung des Gesellschaftsvertrags einer Kapitalgesellschaft darauf hinzuwirken, dass ihr das Recht eingeräumt wird, Mitglieder in den AR zu entsenden, wobei über die Entsendung der Gemeinderat entscheidet (§ 113 III GO NRW). § 108a GO NRW schränkt bei kommunalen Unternehmen in Privatrechtsformen (an denen die Gemeinde mit mehr als 50 % beteiligt ist) die Satzungsautonomie für freiwillige AR dergestalt ein, dass nicht mehr als ein Drittel der AR-Mitglieder Repräsentanten der ArbN sein dürfen. Eine Übertragung der in dieser Norm geregelten Vorschlags- und Bestellungskompetenzen auf Gewerkschaften und sonstige Dritte im Wege einer Mitbestimmungsvereinbarung dürfte wegen des eindeutigen kommunalverfassungsrechtl. Regelungskonzepts unzulässig sein[2]. § 108a GO NRW geht über die Vorgaben des Demokratieprinzips des GG hinaus und schränkt damit die Gestaltungsspielräume für kommunale Unternehmen unverhältnismäßig – und entgegen der gesetzgeberischen Intention – ein.

19 Mit diesen Einschränkungen (Rz. 18, 18a) sind Mitbestimmungsvereinbarungen in engen Grenzen zulässig[3], wobei drei Fallgruppen unterschieden werden sollten: (1) **Vereinbarungen zur einvernehmlichen Klärung zweifelhafter Rechts- und Sachfragen** (zB Bestimmung des Kreises der Wahlberechtigten oder der Teilkonzernspitze iSv. § 5 III) sind zulässig, sofern die Voraussetzungen eines Vergleichs iSv. § 779 BGB erfüllt sind[4]. (2) **Vereinbarungen zur Vereinfachung oder Anpassung gesetzl. Mitbestimmungsregelungen** (zB Wahlverfahren) an Einzelfallumstände des betroffenen Unternehmens (**sog. Rationalisierungsvereinbarungen**) sind ebenfalls zulässig[5]. (3) Vereinbarungen über die Einrichtung eines mitbestimmten AR bei Unternehmen, die an sich keinem gesetzl. Mitbestimmungsregime unterfallen, wie Vereinbarungen über die Anhebung des mitbestimmungsrechtl. Niveaus (Grenze: Überparität; **sog. statusändernde Mitbestimmungsvereinbarungen**), sind bei Personengesellschaften[6] und der GmbH[7], nicht jedoch bei der AG (Gebot der Satzungsstrenge; § 23 V AktG) zulässig und rechtlich verbindlich[8]. Allerdings sind solche Mitbestimmungsvereinbarungen nichtig, die gegen zwingende gesellschaftsrechtl. Vorschriften (insb. zur Kompetenzzuweisung zur Anteilseignerversammlung) verstoßen[9]. Die Zuständigkeit zum Abschluss statusändernder Mitbestimmungsvereinbarungen für die Gesellschaft kommt allein der Gesellschafterversammlung (Beschluss mit satzungsändernder Mehrheit) zu, bei anderen Mitbestimmungsvereinbarungen den Geschäftsführern[10]; auf ArbN-Seite kommt mangels ausdrücklicher gesetzl. Regelung den im Unternehmen vertretenen Gewerkschaften und dem zuständigen BR, hilfsweise der Unternehmensbelegschaft in ihrer Gesamtheit, eine konkurrierende Regelungskompetenz zu[11]. Die Mitbestimmungsvereinbarung ist weder TV noch BV und kann nicht durch Arbeitskampf erzwungen werden[12].

2 Anteilseigner
Anteilseigner im Sinne dieses Gesetzes sind je nach der Rechtsform der in § 1 Abs. 1 Nr. 1 bezeichneten Unternehmen Aktionäre, Gesellschafter oder Mitglieder einer Genossenschaft.

1 § 2 definiert abschließend den im MitbestG als Oberbegriff verwendeten Begriff des Anteilseigners.

3 Arbeitnehmer und Betrieb
(1) Arbeitnehmer im Sinne dieses Gesetzes sind

1. **die in § 5 Abs. 1 des Betriebsverfassungsgesetzes bezeichneten Personen mit Ausnahme der in § 5 Abs. 3 des Betriebsverfassungsgesetzes bezeichneten leitenden Angestellten,**
2. **die in § 5 Abs. 3 des Betriebsverfassungsgesetzes bezeichneten leitenden Angestellten.**

Keine Arbeitnehmer im Sinne dieses Gesetzes sind die in § 5 Abs. 2 des Betriebsverfassungsgesetzes bezeichneten Personen.

---

1 Zum Begriff des angemessenen Einflusses *Schöpfe*, Gewillkürte Unternehmensmitbestimmung, 2003, S. 193; *Schön*, ZGR 1996, 429 (446); *R. Schmidt*, ZGR 1996, 345 (349); *Wais*, NJW 1982, 1263 (1264). ||2 Hierzu allg. *Schäfer*, Mitbestimmung in kommunalen Eigengesellschaften, 2002, S. 157 ff. ||3 Zum Stand der Diskussion und beachtlichen rechtspolitischen Vorschlägen *Hanau*, ZGR 2001, 75 ff.; *Seibt*, AG 2005, 413 ff.; vgl. auch Vorschlag des Arbeitskreises „Unternehmerische Mitbestimmung", *Bachmann* u.a., ZIP 2009, 885 (886 ff.). ||4 Vgl. WHSS/*Seibt*, Rz. F 14; *Raiser*, BB 1977, 1461 (1466); *Raiser/Veil*, § 1 Rz. 49a (anders noch Vorauf. Rz. 49); UHH/*Ulmer/Habersack*, Einl. Rz. 47; *Ihrig/Schlitt*, NZG 1999, 333 (334); zweifelnd *Hüffer*, § 96 AktG Rz. 3; KölnKommAktG/*Mertens/Cahn*, § 96 Rz. 21; MüKoAktG/*Habersack*, § 96 Rz. 28. ||5 WHSS/*Seibt*, Rz. F 14; *Raiser*, BB 1977, 1461 (1466 f.); MünchGesR/*Hoffmann-Becking*, Bd. 4: AG, § 28 Rz. 48; *Ihrig/Schlitt*, NZG 1999, 333 (334); aA *Hüffer*, § 96 AktG Rz. 3; UHH/*Ulmer/Habersack*, Einl. Rz. 48. ||6 WHSS/*Seibt*, Rz. F 14; *Hanau*, ZGR 2001, 75 (98 f.). ||7 WHSS/*Seibt*, Rz. F 14; *Hommelhoff*, ZHR 1984, 118 (133); *Ihrig/Schlitt*, NZG 1999, 333 (336); *Henssler*, ZfA 2000, 241 (265). ||8 WHSS/*Seibt*, Rz. F 14; *Hüffer*, § 96 AktG Rz. 3; MünchGesR/*Hoffmann-Becking*, Bd. 4: AG, § 28 Rz. 49; MüKoAktG/*Habersack*, § 96 Rz. 29; *Raiser*, BB 1977, 1461 (1467 f.); *Mertens*, AG 1982, 141 (150 ff.); *Hommelhoff*, ZHR 1984, 118 (134); *Konzen*, AG 1983, 289 (302 f.); UHH/*Ulmer/Habersack*, Einl. Rz. 49 und § 1 Rz. 20; aA *Fabricius*, FS Hilger/Stumpf, 1983, S. 155, 158 f. ||9 WHSS/*Seibt*, Rz. F 14. ||10 Vgl. WHSS/*Seibt*, Rz. F 16; *Seibt*, AG 2005, 413 (417); KölnKomm/*Mertens/Cahn*, § 96 AktG Rz. 18; *Konzen*, AG 1983, 289 (294); *Beuthien*, ZfA 1983, 152; *Henssler*, ZfA 2000, 241 (265); MünchArbR/*Wißmann*, § 365 Rz. 20. ||11 Ausf. *Seibt*, AG 2005, 413 (418); WHSS/*Seibt*, Rz. F 16; UHH/*Ulmer/Habersack*, § 5 Rz. 76; *Mertens*, AG 1982, 141 (150). ||12 WHSS/*Seibt*, Rz. F 15.

(2) Betriebe im Sinne dieses Gesetzes sind solche des Betriebsverfassungsgesetzes. § 4 Abs. 2 des Betriebsverfassungsgesetzes ist anzuwenden.

I. Arbeitnehmerbegriff. Abs. 1 enthält eine Umschreibung des ArbN-Begriffes für Zwecke des MitbestG, also insb. für die Vorschriften zur Anwendbarkeit (§ 1), zur Zahl der AR-Mitglieder (§ 7) und zu den Wahlmodalitäten (§ 9). Danach sind ArbN des Unternehmens die Arbeiter und Angestellten (Abs. 1 S. 1 Nr. 1) unter Einbeziehung der leitenden Angestellten (Abs. 1 S. 1 Nr. 2), indes mit Ausnahme der in § 5 II BetrVG bezeichneten Personen (Abs. 1 S. 2; hierzu § 5 BetrVG). Bei der Bestimmung der leitenden Angestellten ist trotz der fehlenden Verweisung in Abs. 1 S. 1 Nr. 2 § 5 IV BetrVG heranzuziehen[1]. Für weitere Einzelheiten s. § 3 DrittelbG Rz. 2f. – Der Betriebswahlvorstand hat (ggf. mit Unterstützung des ArbGeb) bei Aufstellung der Wählerliste festzustellen, wer ArbN iSd. MitbestG ist. Bei Streitigkeiten entscheidet das ArbG im Beschlussverfahren (§§ 2 I Nr. 5, 80 IArbGG).

II. Betrieb. Abs. 2 S. 1 enthält eine Umschreibung des Betriebsbegriffs durch Verweisung auf das BetrVG, also auf (1) den allg. betriebsverfassungsrechtl. Betriebsbegriff (dazu § 1 BetrVG), (2) die Vermutung eines gemeinsamen Betriebs (§ 1 II BetrVG), (3) die auf Grund TV oder BV gebildeten betriebsverfassungsrechtl. Organisationseinheiten (§ 3 V BetrVG), (4) die in § 4 I aufgeführten Betriebsteile sowie (5) Kleinstbetriebe (§ 4 II BetrVG).

4 *Kommanditgesellschaft*

(1) Ist ein in § 1 Abs. 1 Nr. 1 bezeichnetes Unternehmen persönlich haftender Gesellschafter einer Kommanditgesellschaft und hat die Mehrheit der Kommanditisten dieser Kommanditgesellschaft, berechnet nach der Mehrheit der Anteile oder der Stimmen, die Mehrheit der Anteile oder der Stimmen in dem Unternehmen des persönlich haftenden Gesellschafters inne, so gelten für die Anwendung dieses Gesetzes auf den persönlich haftenden Gesellschafter die Arbeitnehmer der Kommanditgesellschaft als Arbeitnehmer des persönlich haftenden Gesellschafters, sofern nicht der persönlich haftende Gesellschafter einen eigenen Geschäftsbetrieb mit in der Regel mehr als 500 Arbeitnehmern hat. Ist die Kommanditgesellschaft persönlich haftender Gesellschafter einer anderen Kommanditgesellschaft, so gelten auch deren Arbeitnehmer als Arbeitnehmer des in § 1 Abs. 1 Nr. 1 bezeichneten Unternehmens. Dies gilt entsprechend, wenn sich die Verbindung von Kommanditgesellschaften in dieser Weise fortsetzt.

(2) Das Unternehmen kann von der Führung der Geschäfte der Kommanditgesellschaft nicht ausgeschlossen werden.

I. Regelungsinhalt. Die Unternehmensmitbest. nach dem MitbestG ist strikt rechtsformabhängig ausgestaltet (§ 1 I Nr. 1) und hat insb. Personengesellschaften keiner Unternehmensmitbest. unterstellt. Die Privilegierung von Personengesellschaften sah der Gesetzgeber wegen der typischerweise bestehenden persönlichen Haftung der Gesellschafter für gerechtfertigt an[2]. Mit der **Ausnahmevorschrift** des § 4 wird die Mitbest. mittelbar auf KG erstreckt, wenn diese als Kapitalgesellschaft & Co. KG strukturiert sind. Rechtstechnisch wird dies nicht durch einen Zwang zur Bildung eines mitbestimmten AR bei der KG erreicht, sondern durch die **Zurechnung** der bei der KG beschäftigten ArbN zur Komplementärgesellschaft in der Rechtsform einer Kapitalgesellschaft. Der gesetzl. angeordneten ArbN-Zurechnung liegt der Gedanke zugrunde, dass bei einer Unternehmenseinheit von KG und Komplementärkapitalgesellschaft und der damit verbundenen **rechtlich abgesicherten einheitlichen Willensbildung** die Mitbest. nicht auf Grund der Wahl der für eine Personengesellschaft atypischen Gesellschaftsform entfallen soll[3]. Die ArbN-Zurechnung ist in doppelter Hinsicht systemkonform, nämlich zum einen deswegen, da hierdurch die Mitbest. nur in einem Organ einer Kapitalgesellschaft iSv. § 1 I Nr. 1 erfolgt, und zum anderen deshalb, da die für die ArbN relevanten Entscheidungen der Geschäftsleitung in der bzw. durch die Komplementärkapitalgesellschaft erfolgt (§§ 164, 170 HGB). Allerdings setzt die gesetzl. Zurechnung der ArbN der KG zur Komplementärgesellschaft voraus, dass (1) eine Mehrheitsidentität zwischen den Kommanditisten der KG und den Gesellschaftern der Komplementärkapitalgesellschaft besteht (dazu Rz. 4ff.) (2) und die Komplementärgesellschaft keinen eigenen Geschäftsbetrieb mit idR mehr als 500 ArbN hat (dazu Rz. 7). Die praktische Bedeutung von § 4 ist wegen vielfacher Vermeidungsstrukturen in der Praxis gering (Stand 31.12.2010: 24 KG)[4].

Die Ausnahmevorschrift des § 4 ist eng auszulegen und taugt nicht als Analogiebasis. Auf die **kapitalistische KGaA** (zB GmbH & Co. KGaA) findet Abs. 1 keine (auch nicht analoge) Anwendung[5]. Das

---

[1] ErfK/*Oetker*, § 3 MitbestG Rz. 2; WWKK/*Koberski*, § 3 Rz. 9f.; aA *Raiser/Veil*, § 3 Rz. 22. ||[2] Hierzu GK-MitbestG/*Naendrup*, § 4 Rz. 2. ||[3] Vgl. BT-Drs. 7/2172, 20; *Reich/Lewerenz*, AuR 1976, 261 (267); ErfK/*Oetker*, § 4 MitbestG Rz. 2. ||[4] *Ehrenstein*, Mitbestimmung 5/2011, 59. ||[5] BGH 24.2.1997 – II ZR 11/96, BGHZ 134, 392ff.; *Henssler*, FS BGH II, 2000, S. 387, 406; *Hoffmann-Becking/Herfs*, FS Sigle, 2000, S. 273, 279; *Sigle*, FS Peltzer, 2001, S. 539, 553; *Assmann/Sethe*, GroßkommAktG, § 287 Vorbem. Rz. 15; WHSS/*Seibt*, Rz. F 69 Fn. 205; aA ErfK/*Oetker*, § 4 MitbestG Rz. 1; UHH/*Ulmer/Habersack*, § 1 Rz. 39f.; *Raiser/Veil*, § 4 Rz. 5a; *Joost*, ZGR 1998, 334 (343ff.); *Hanau/Wackerbarth*, FS Lutter, 2000, S. 425, 445f.; *Ullrich*, Unternehmensmitbestimmung in der kapitalistischen KGaA, 2002, S. 87ff.

Gleiche gilt für eine OHG, deren Gesellschafter ausschließlich Kapitalgesellschaften sind (zB **GmbH & Co. OHG**)[1]. § 4 kann auch nicht in der Weise entsprechend angewendet werden, dass die OHG-Gesellschafter, soweit sie in einer der Unternehmensmitbest. zugänglichen juristischen Person organisiert sind, einen mitbestimmten AR zu bilden haben, an deren AR-Wahlen die ArbN der OHG teilnehmen dürfen[2]; selbstverständlich bleibt § 5 in diesem Fall unberührt.

II. Einfache Kapitalgesellschaft & Co. KG (Abs. 1 S. 1). 1. Rechtsform der Komplementärin. Für die ArbN-Zurechnung nach Abs. 1 S. 1 ist vorausgesetzt, dass ein in § 1 I Nr. 1 bezeichnetes Unternehmen (AG, KGaA, GmbH, Genossenschaft) Komplementärin ist. Daher findet keine ArbN-Zurechnung nach Abs. 1 S. 1 bei der **Stiftung & Co. KG** (zB Lidl; Diehl; Vorwerk; Edeka)[3] oder **Familienverein & Co. KG**[4] statt. Demggü. kann die Errichtung eines mitbestimmten AR bei der Komplementärkapitalgesellschaft wegen Abs. 1 im Regelfall nicht dadurch vermieden werden, dass neben der Komplementärkapitalgesellschaft zusätzlich noch eine natürliche Person als persönlich haftender Gesellschafter der Gesellschaft beitritt[5]. Allerdings kann im Einzelfall, abhängig insb. von der tatsächlichen Ausgestaltung der Geschäftsführungs- und Vertretungsbefugnisse und dem Grad des tatsächlichen Haftungsrisikos für die natürliche Person, eine Zurechnung der ArbN zur Komplementärkapitalgesellschaft ausscheiden[6].

Eine ArbN-Zurechnung nach Abs. 1 erfolgt nicht, wenn die persönlich haftende Gesellschafterin eine **ausländische Kapitalgesellschaft** ist (s.a. § 1 Rz. 8 ff.)[7]. Dies gilt auch, wenn neben eine inländische Komplementärkapitalgesellschaft eine ausländische Kapitalgesellschaft als persönlich haftender Gesellschafterin tritt und die inländische Gesellschaft vollständig von der Geschäftsführung ausgeschlossen wird; Abs. 2 sperrt hier nicht, da die ausländische Kapitalgesellschaft geschäftsführungsbefugt bleibt[8].

Die mit der Veränderung in der Person des Komplementärs bei der KG erforderliche **Änderung des Gesellschaftsvertrages** (zB Eintritt einer natürlichen Person oder einer ausländischen Gesellschaft anstelle einer inländischen Kapitalgesellschaft als Komplementär) ist nicht etwa deshalb nichtig, weil die Gesellschafter hiermit (auch) die Vermeidung der Unternehmensmitbest. bezweckt haben. Vielmehr gehört die Ausgestaltung der konkreten Gesellschaftsstruktur zum Kernbereich der Struktur- und Organisationsfreiheit der Gesellschafter (Art. 14 GG), die für die Anwendung der Rechtsinstitute des Verbots des Rechts- bzw. Gestaltungsmissbrauchs oder der Gesetzesumgebung nur einen ganz engen, auf wenige extreme Einzelfälle beschränkten Anwendungsbereich belassen, bei denen keine wirtschaftl. oder rechtl. Ziele außer der Vermeidung der Unternehmensmitbest. verfolgt werden[9].

2. Mehrheitsidentität. Die ArbN-Zurechnung zur Komplementärkapitalgesellschaft setzt eine (rechtl. abgesicherte) Mehrheitskongruenz der Gesellschafterkreise der KG und der Komplementärkapitalgesellschaft voraus, wobei sich die Mehrheitsidentität auf Stimm- oder Anteilsmehrheit bezieht[10]. Das Merkmal der Mehrheitskongruenz liegt auch bei sog. **Einheitsgesellschaften** vor, bei der die KG die Anteile an der Komplementärin mehrheitlich oder alleine hält[11]. Die von einem **fremdnützigen Treuhänder oder Strohmann** ausgeübten Stimmen bzw. gehaltenen Anteile sind dem Treugeber zuzurechnen[12]. Demggü. führen weder **Stimmbindungsverträge**[13] noch **familienrechtl. Bindungen**[14] allein zu einer Anteils- oder Stimmenzurechnung im Rahmen von § 4; sie können indes Indiz für eine fremdnüt-

---

1 Zutr. *Säcker*, DB 2003, 2535 (2536); *Bäumer*, Anwendung des MitbestG auf KG, 1978, S. 177 ff.; *U.H. Schneider*, ZGR 1977, 335 (444); *Kunze*, ZGR 1978, 321 (343 ff.); aA GroßKommAktG/*Oetker*, § 4 MitbestG Rz. 2; *Raiser/Veil*, § 4 Rz. 5; *Wiesner*, GmbHR 1981, 36 (37). ‖ 2 Zutr. *Säcker*, DB 2003, 2535 (2536); aA GK-MitbestG/*Naendrup*, § 25 Rz. 31. ‖ 3 Ausf. *Seibt*, ZIP 2011, 249 (251); vgl. auch WHSS/*Seibt*, Rz. F 29; UHH/*Ulmer/Habersack*, § 4 Rz. 7; *Wisskirchen/Bissels/Dannhorn*, DB 2007, 2258 (2259); *Götze/Winzer/Arnold*, ZIP 2009, 245 (247); *Seifart/v. Campenhausen*, Stiftungsrechts-Hdb., 3. Aufl. 2009, § 12 Rz. 98. ‖ 4 Vgl. WHSS/*Seibt*, Rz. F 30; *Sigle*, FS Peltzer, 2001, S. 539, 542, 548. ‖ 5 ErfK/*Oetker*, § 4 MitbestG Rz. 1; *Raiser/Veil*, § 4 Rz. 7; Rowedder/Schmidt-Leithoff/*Schmidt-Leithoff*, GmbHG, Einl. Rz. 262; WWKK/*Koberski*, § 4 Rz. 34; UHH/*Ulmer/Habersack*, § 4 Rz. 9; aA *Wiesner*, GmbHR 1981, 36 (39); *Lieb*, JA 1978, 262 (267); wohl auch *Zöllner*, ZGR 1977, 319 (331). ‖ 6 Hierzu WHSS/*Seibt*, Rz. F 31. ‖ 7 Hierzu WHSS/*Seibt*, Rz. F 22 f.; *Werner*, GmbHR 2005, 288 (293 f.). ‖ 8 WHSS/*Seibt*, Rz. F 23; aA UHH/*Ulmer/Habersack*, § 4 Rz. 28. ‖ 9 LG Düss. 30.10.1979 – 25 AktE 1/77, AG 1980, 139 – Vorwerk & Co.; WHSS/*Seibt*, Rz. F 32; *Henssler*, ZfA 2000, 240 (250). ‖ 10 ErfK/*Oetker*, § 4 MitbestG Rz. 3; UHH/*Ulmer/Habersack*, § 4 Rz. 13; *Raiser/Veil*, § 4 Rz. 9; WWKK/*Koberski*, § 4 Rz. 15; ausf. *Stenzel*, DB 2009, 439 (440 ff.). ‖ 11 OLG Celle 30.8.1979 – 9 Wx 8/78, GmbHR 1979, 277 (278) – Stiebel-Eltron; WHSS/*Seibt*, Rz. F 25; UHH/*Ulmer/Habersack*, § 4 Rz. 17; WWKK/*Koberski*, § 4 Rz. 23; *Hölters*, DB 1977, 2232 (2233); *Kunze*, ZGR 1978, 321 (335); *Stenzel*, DB 2009, 439 (440). ‖ 12 OLG Celle 30.8.1979 – 9 Wx 8/78, GmbHR 1979, 277, 278 – Stiebel-Eltron; LG Bremen 6.12.1979 – 20 Z 362/1977c, DB 1980, 349 (350) – Kühne & Nagel; OLG Bremen 30.4.1980 – 1 W 3/80(c), DB 1980, 1332 (1333) – Kühne & Nagel; WHSS/*Seibt*, Rz. F 25; ErfK/*Oetker*, § 4 MitbestG Rz. 4; *Raiser/Veil*, § 4 Rz. 11 (jdf. sofern nicht legitime wirtschaftl. Zwecke bestehen); UHH/*Ulmer/Habersack*, § 4 Rz. 18; *Hölters*, DB 1979, 2232 (2233). ‖ 13 OLG Bremen 30.4.1980 – 1 W 3/80(c), DB 1980, 1332 (1333) – Kühne & Nagel; WHSS/*Seibt*, Rz. F 25; *Raiser/Veil*, § 4 Rz. 12; UHH/*Ulmer/Habersack*, § 4 Rz. 15; MünchArbR/*Wißmann*, § 367 Rz. 27. ‖ 14 OLG Bremen 30.4.1980 – 1 W 3/80(c), DB 1980, 1332 (1334) – Kühne & Nagel; WHSS/*Seibt*, Rz. F 25; *Raiser/Veil*, § 4 Rz. 12; UHH/*Ulmer/Habersack*, § 4 Rz. 15; *Wiesner*, GmbHR 1981, 36 (40); einschr. *Hölters*, DB 1977, 2232 (2233); vgl. auch zu § 5 I BayObLG 6.3.2002 – 3 Z BR 343/00, NZG 2002, 579 (582) – Walter Holding II („Es gibt nämlich keinen Erfahrungssatz, wonach Familienangehörige stets gleichgerichtete Interessen verfolgen").

zige Treuhandschaft zu Gunsten der Mehrheitsgesellschafter bei der KG sein[1]. Ausnahmsw. können auch bei beteiligungsidentischer Kapitalgesellschaft & Co. KG auch mehrere Minderheitsgesellschafter gemeinsam die „Mehrheit" darstellen, wenn auf Grund besonderer Umstände angenommen werden kann, dass die Mehrheitsverhältnisse in beiden Gesellschaften stabil und gleichsinnig bestehen[2]. Werden **Anteile von verbundenen Unternehmen** gehalten oder bestehen **eigene Anteile** der Gesellschaften, finden § 16 II–IV AktG entsprechende Anwendung[3].

Besteht bei der KG ein **Beirat**, zu dessen Gunsten Zustimmungsvorbehalte bei bestimmten Maßnahmen und Rechtsgeschäften bestehen, und dessen Mitglieder durch die bzw. einzelne Kommanditisten bestimmt werden, so führt dies ohne Hinzutreten besonderer Umstände (zB Weisungsrechte zu Gunsten der KG-Mehrheitsgesellschafter) nicht zu einer von Abs. 1 vorausgesetzten Mehrheitsidentität unter besonderen Umständen[4]. 7

Streitig ist, ob die Sondervorschrift des Abs. 1 den **Rückgriff auf § 5 I bei Kapitalgesellschaften & Co. KG** sperrt[5]. Gegen die Sperrwirkung spricht, dass die Sonderzurechnungsnorm des Abs. 1 eine Gleichschaltung der Willensbildung der Komplementärin mit derjenigen der KG voraussetzt, während die Zurechnungsregelung in § 5 I den umgekehrten Fall der Beherrschung der KG durch die Komplementärin erfasst. Da die Komplementärin im Regelfall weder am Kapital der KG beteiligt sein noch ihr die Mehrheit der Stimmrechte zukommen wird, sondern sie gem. § 164 S. 1 HGB nur Geschäftsführungstätigkeiten gewöhnlicher Art für die KG ausüben wird, liegt im Normalfall keine Leitung iSv. § 18 AktG, § 5 I 1 durch die Komplementär-Kapitalgesellschaft vor. Eine beherrschende Stellung der Komplementärin, die zur Konzernzurechnung nach § 5 I 1 führen würde, kann erst angenommen werden, wenn diese auch berechtigt ist, ungewöhnliche Geschäfte ohne Zustimmung der Kommanditisten vorzunehmen[6]. 8

3. Kein eigener Geschäftsbetrieb mit idR mehr als 500 ArbN. Eine Zurechnung der bei der KG beschäftigten ArbN zur Komplementärkapitalgesellschaft erfolgt nicht, wenn die persönlich haftende Kapitalgesellschaft einen eigenen Geschäftsbetrieb mit idR mehr als 500 ArbN hat, der einer ggü. den wirtschaftl. Zielen der KG **selbständigen, im Eigeninteresse ausgeübten Tätigkeit** dient[7]. Denn in diesem Fall liegt typischerweise kein einheitliches Unternehmen vor. Stattdessen ist dann bei der Komplementär-Kapitalgesellschaft nach § 4 I, 1 I DrittelbG ein drittelparitätisch besetzter AR einzurichten. Bei der Bestimmung der ArbN-Zahl werden nur solche ArbN berücksichtigt, die in einem solchermaßen qualifizierten Geschäftsbetrieb (Bestimmung nach wirtschaftl.-organisatorischen Kriterien[8]) beschäftigt sind, wobei die allg. Konzernzurechnungsregeln gelten[9]. Mit der ausschließlichen Wahrnehmung der Komplementärfunktion betraute ArbN sind für Abs. 1 S. 1 nicht zu berücksichtigen[10]. 9

4. Sonderfälle. Ist eine Kapitalgesellschaft an mehreren KG sternförmig als jeweils persönlich haftende Gesellschafterin beteiligt, so werden ihr alle ArbN der KG zugerechnet, bei denen die Voraussetzungen des Abs. 1 S. 1 vorliegen[11]. Hat eine KG mehrere Kapitalgesellschaften als persönlich haftende Gesellschafter, so werden jeder von ihnen alle ArbN der KG zugerechnet[12]. Halten natürliche Personen die das gesamte Unternehmen ausmachenden Geschäftsbereiche über solche Kapitalgesellschaften & Co. KG, bei denen keiner der Komplementärkapitalgesellschaften mehr als 2000 ArbN zuzurechnen sind, greift Abs. 1 S. 1 auch nicht vor dem Hintergrund des Gestaltungsmissbrauchs ein. 10

III. Doppel- und mehrstöckige Kapitalgesellschaft & Co. KG. Abs. 1 S. 2 und 3 erstrecken die Zurechnungsnorm des Abs. 1 S. 1 auf die doppel- und mehrstöckige Kapitalgesellschaft & Co. KG, also Gesellschaften, bei denen eine Kapitalgesellschaft & Co. KG ihrerseits Komplementärin einer KG ist bzw. sich dies fortsetzt (gesetzgeberisches Ziel: Umgehungsschutz). Die Zurechnung der ArbN der nachfolgenden KG erfolgt lediglich bei der persönlich haftenden Kapitalgesellschaft als Komplementärin der obersten KG. Eine Zurechnung auf die Komplementär-KG der zweiten oder x. Stufe unterbleibt[13]. Die Voraussetzungen des Abs. 1 S. 1 müssen wegen des ausdrücklichen Wortlauts von Abs. 1 S. 2 nur für die Komplementärkapitalgesellschaft und nicht auch für die Komplementär-KG vorliegen[14]. 11

---

1 Vgl. WHSS/*Seibt*, Rz. F 25; ErfK/*Oetker*, § 4 MitbestG Rz. 4; UHH/*Ulmer*/*Habersack*, § 4 Rz. 15; *Raiser*/*Veil*, § 4 Rz. 12. ‖2 Zu weit zur Fallgruppe „wechselnde Mehrheiten" WWKK/*Koberski*, § 4 Rz. 20 f.; *Stenzel*, DB 2009, 439 (441). ‖3 Vgl. WHSS/*Seibt*, Rz. F 25; ErfK/*Oetker*, § 4 MitbestG Rz. 4; *Raiser*/*Veil*, § 4 Rz. 10. ‖4 OLG Bremen 30.4.1980 – 1 W 3/80(c), DB 1980, 1322 ff. – Kühne & Nagel; WHSS/*Seibt*, Rz. F 26 f. ‖5 Gegen Sperrwirkung ErfK/*Oetker*, § 5 MitbestG Rz. 4; UHH/*Ulmer*/*Habersack*, § 5 Rz. 9; *Raiser*/*Veil*, § 5 Rz. 20 f.; *Kunze*, ZGR 1978, 321 (330); *U.H. Schneider*, ZGR 1977, 335 (346); aA (für Sperrwirkung) *Binz*/*Sorg*, Die GmbH & Co., 11. Aufl. 2010, § 14 Rz. 69 ff.; *Hölters*, RdA 1979, 335 (338); *Joost*, ZGR 1998, 334 (346 ff.); *Sigle*, FS Peltzer, 2001, S. 539, 550. ‖6 So auch WHSS/*Seibt*, Rz. F 28; *Raiser*/*Veil*, § 5 Rz. 21; UHH/*Ulmer*/*Habersack*, § 5 Rz. 9; *Großmann*, BB 1996, 1392 ff.; *Zöllner*, ZGR 1977, 319 (334); im Erg. auch OLG Celle 30.8.1979 – 9 Wx 8/78, GmbHR 1979, 277 ff. – Stiebel-Eltron; OLG Bremen 30.4.1980 – 1 W 3/80(c), DB 1980, 1332 ff. – Kühne & Nagel; aA WWKK/*Wißmann*, § 5 Rz. 21; *Kunze*, ZGR 1978, 321 (328); *Sigle*, FS Peltzer, 2001, S. 539, 550. ‖7 Vgl. ErfK/*Oetker*, § 4 MitbestG Rz. 5; UHH/*Ulmer*/*Habersack*, § 4 Rz. 19. ‖8 Vgl. *Raiser*/*Veil*, § 4 Rz. 16 f. ‖9 Vgl. ErfK/*Oetker*, § 4 MitbestG Rz. 5; UHH/*Ulmer*/*Habersack*, § 4 Rz. 20; *Kunze*, ZGR 1978, 321 (324); aA *Raiser*/*Veil*, § 5 Rz. 16 f.; *Hoffmann*/*Lehmann*/*Weinmann*, § 4 Rz. 12. ‖10 Ähnlich ErfK/*Oetker*, § 4 MitbestG Rz. 5. ‖11 Vgl. ErfK/*Oetker*, § 5 MitbestG Rz. 6; UHH/*Ulmer*/*Habersack*, § 5 Rz. 10; *Raiser*/*Veil*, § 4 Rz. 6; WWKK/*Koberski*, § 4 Rz. 36. ‖12 Vgl. UHH/*Ulmer*/*Habersack*, § 5 Rz. 24; *Raiser*/*Veil*, § 5 Rz. 17; WWKK/*Koberski*, § 4 Rz. 35. ‖13 Vgl. ErfK/*Oetker*, § 4 MitbestG Rz. 7; WWKK/*Koberski*, § 4 Rz. 39. ‖14 Vgl. ErfK/*Oetker*, § 4 MitbestG Rz. 7; UHH/*Ulmer*/*Habersack*, § 4 Rz. 22; WWKK/*Koberski*, § 4 Rz. 38; aA *Raiser*/*Veil*, § 4 Rz. 15.

12 **IV. Ausschluss von der Geschäftsführung (Abs. 2).** Abs. 2 erklärt für Zwecke des MitbestR den Ausschluss der eigentlich dem MitbestG unterworfenen Komplementärkapitalgesellschaft von der Geschäftsführung (§§ 114 I, 161 II HGB) für unzulässig, damit die mittelbare Mitbest. in der KG nach Abs. 1 S. 1 nicht faktisch vermieden werden kann[1]. Andere gesellschaftsvertragl. Regelungen zum Innenverhältnis der Gesellschaft werden im Grundsatz durch Abs. 2 (analog) nicht begrenzt, da eine weitere Einschränkung der das Recht der Personengesellschaften beherrschenden Vertragsfreiheit einer ausdrücklichen gesetzl. Regelung bedürfte. Dementsprechend ist entgegen der hM der **Ausschluss der Vertretungsmacht** (§§ 125 I, 161 II HGB) zu Gunsten eines weiteren Komplementärs[2] oder die Bestellung eines (einzelgeschäftsführenden) Kommanditisten zum Geschäftsführer neben dem (gesamtgeschäftsführenden) Komplementär[3] nicht unzulässig. Ebenso wenig steht Abs. 2 dem **Widerspruchsrecht weiterer Komplementäre** gem. § 115 I HGB oder den **Zustimmungsrechten der Kommanditisten** nach § 164 HGB entgegen[4]. Allein die Einräumung einer Weisungsbefugnis der KG oder der Kommanditisten ggü. der Komplementärkapitalgesellschaft in *allen* Angelegenheiten der laufenden Geschäftsführung unterfällt wegen der Ähnlichkeit zum Geschäftsführungsausschluss dem Nichtigkeitsverdikt von Abs. 2 (analog)[5].

§ 5 *Konzern*

(1) Ist ein in § 1 Abs. 1 Nr. 1 bezeichnetes Unternehmen herrschendes Unternehmen eines Konzerns (§ 18 Abs. 1 des Aktiengesetzes), so gelten für die Anwendung dieses Gesetzes auf das herrschende Unternehmen die Arbeitnehmer der Konzernunternehmen als Arbeitnehmer des herrschenden Unternehmens. Dies gilt auch für die Arbeitnehmer eines in § 1 Abs. 1 Nr. 1 bezeichneten Unternehmens, das persönlich haftender Gesellschafter eines abhängigen Unternehmens (§ 18 Abs. 1 des Aktiengesetzes) in der Rechtsform einer Kommanditgesellschaft ist.

(2) Ist eine Kommanditgesellschaft, bei der für die Anwendung dieses Gesetzes auf den persönlich haftenden Gesellschafter die Arbeitnehmer der Kommanditgesellschaft nach § 4 Abs. 1 als Arbeitnehmer des persönlich haftenden Gesellschafters gelten, herrschendes Unternehmen eines Konzerns (§ 18 Abs. 1 des Aktiengesetzes), so gelten für die Anwendung dieses Gesetzes auf den persönlich haftenden Gesellschafter der Kommanditgesellschaft die Arbeitnehmer der Konzernunternehmen als Arbeitnehmer des persönlich haftenden Gesellschafters. Absatz 1 Satz 2 sowie § 4 Abs. 2 sind entsprechend anzuwenden.

(3) Stehen in einem Konzern die Konzernunternehmen unter der einheitlichen Leitung eines anderen als eines in Absatz 1 oder 2 bezeichneten Unternehmens, beherrscht aber die Konzernleitung über ein in Absatz 1 oder 2 bezeichnetes Unternehmen oder über mehrere solcher Unternehmen andere Konzernunternehmen, so gelten die in Absatz 1 oder 2 bezeichneten und der Konzernleitung am nächsten stehenden Unternehmen, über die die Konzernleitung andere Konzernunternehmen beherrscht, für die Anwendung dieses Gesetzes als herrschende Unternehmen.

1 **I. Regelungsinhalt.** Es ist eine der Leitideen des MitbestG, die Mitwirkung der ArbN an unternehmensbezogenen Entscheidungsprozessen über eine Beteiligung von ArbN-Vertretern im Geschäftsleitungskontrollorgan der Gesellschaft sicherzustellen, bei denen auch die für den ArbN wichtigen unternehmerischen Entscheidungen getroffen werden[6]. Es ist daher überzeugend, über Konzernzurechnungsvorschriften wie § 5 die ArbN-Vertretung grds. im AR der Konzernobergesellschaft anzusiedeln, da dort idR die für alle beteiligten Konzernunternehmen maßgebliche Kontrolle ausgeübt wird. Darüber hinaus wirkt die Konzernzurechnungsklausel in § 5 Gestaltungen entgegen, durch Verlagerung von Geschäftsbereichen in nachgelagerte Konzernstufen die Unternehmensmitbest. zu vermeiden.

2 Liegen die Konzernvoraussetzungen des § 5 vor, so gelten die ArbN der abhängigen Unternehmen (Rz. 5) zugleich als solche des herrschenden Unternehmens (Rz. 4) und sind bei der Feststellung der ArbN-Zahl des herrschenden Unternehmens (§§ 1 I Nr. 2, 7 I) zu berücksichtigen. Weiterhin kommen den ArbN des abhängigen Unternehmens auch ein aktives sowie passives Wahlrecht für den AR des herrschenden Unternehmens zu. Ob darüber hinaus auch im abhängigen Unternehmen ein mitbestimmter AR zu bilden ist, richtet sich davon isoliert nach den Mitbestimmungsgesetzen.

3 **II. Unterordnungskonzern. 1. Konzernbegriff.** Die Zurechnung der ArbN von Konzernunternehmen zur Konzernobergesellschaft setzt voraus, dass jene in einer der in § 1 I Nr. 1 aufgeführten Rechtsform verfasst und herrschendes Unternehmen eines Konzerns ist. Für den Konzernbegriff verweist Abs. 1 S. 1 auf § 18 I AktG. Da allerdings § 5 dem Schutz der Mitbest. der ArbN dient und nicht dem Schutz

---

1 Vgl. BT-Drs. 7/2172, 21. ||2 *Hoffmann/Lehmann/Weinmann*, § 4 Rz. 52; aA UHH/*Ulmer/Habersack*, § 4 Rz. 27; *Raiser/Veil*, § 4 Rz. 25; offen („Bedenken") WWKK/*Koberski*, § 4 Rz. 44. ||3 AA WWKK/*Koberski*, § 4 Rz. 45. ||4 Vgl. UHH/*Ulmer/Habersack*, § 4 Rz. 29; *Raiser/Veil*, § 4 Rz. 25. ||5 UHH/*Ulmer/Habersack*, § 4 Rz. 30; *Raiser/Veil*, § 4 Rz. 25; WWKK/*Koberski*, § 4 Rz. 46; aA *Hoffmann/Lehmann/Weinmann*, § 4 Rz. 58. ||6 Vgl. BayObLG 24.3.1998 – 3 Z BR 236/96, NZA 1998, 956 (957) – Walter Holding I; BAG 18.6.1970 – 1 ABR 3/70, DB 1970, 1595f.; *Lutter*, Mitbestimmung im Konzern, 1975, S. 6; WWKK/*Wißmann*, § 5 Rz. 2; *Raiser/Veil*, § 5 Rz. 1; WHSS/*Seibt*, Rz. F 37.

von Minderheitsgesellschaftern und Gläubigern, wie die aktienrechtl. Konzernvorschriften, ist der Konzernbegriff im Rahmen von § 5 **originär mitbestimmungsrechtlich zu konturieren**[1].

2. Herrschendes Unternehmen. Herrschendes Unternehmen iSv. Abs. 1 S. 1 kann jedes Unternehmen sein, das in einer der in § 1 I Nr. 1 aufgeführten Rechtsform (nicht: SE) verfasst ist. Abweichend vom Aktienkonzernrecht bedarf es darüber hinaus keiner eigenen Unternehmenstätigkeit und keiner maßgeblichen Beteiligung des herrschenden Unternehmens an weiteren Gesellschaften[2]. Auch eine arbeitnehmerlose Gesellschaft kann herrschendes Unternehmen iSv. Abs. 1 S. 1 sein[3].

3. Abhängiges Unternehmen. Abhängiges Unternehmen iSv. Abs. 1 S. 1 kann jedes Unternehmen, unabhängig von dessen Rechtsform, sein[4]. Dies gilt auch für Körperschaften und Anstalten des öffentl. Rechts, wenngleich die Ausgestaltung der Leitungsmacht durch das herrschende Unternehmen im Einzelfall auf öffentl.-rechtl. Vorgaben Rücksicht nehmen muss[5].

4. Leitung. Abweichend vom Aktienkonzernrecht gilt bei Abs. 1 S. 1 nach hM ein weiter Begriff der einheitlichen Leitung, für dessen Annahme es genügt, wenn das herrschende Unternehmen einzelne Unternehmensbereiche (Sparten, Funktionen) des abhängigen Unternehmens *tatsächlich* leitet[6]. Das sachlich beschränkte Weisungsverbot eines vertikalintegrierten Energieversorgungsunternehmens ggü. dem verbundenen Netzbetreiber nach § 7a IV EnWG schließt alleine die Konzernzurechnung nach § 5 nicht aus.[7] Dabei wird die einheitliche Leitung des oder der abhängigen Unternehmen durch das herrschende Unternehmen vermutet (§ 18 I 3 AktG)[8]. Die **Vermutung** nach §§ 17 II, 18 I 3 AktG ist allerdings auch im Rahmen von § 5 **widerlegbar**, wobei entsprechend dem Telos der Unternehmensmitbest. in Konzernen der Gegenstand der Widerlegung der Umstand ist, dass das herrschende Unternehmen eine solche einheitliche Leitung nicht ausübt[9]. Zur Widerlegung der Vermutung muss der Nachweis erbracht sein, dass das herrschende Unternehmen die Mittel, welche die Ausübung einer einheitlichen Leitung möglich machen, nicht zu diesem Zweck einsetzt, und dass die Bereiche, in denen die einheitliche Leitung üblicherweise sichtbar werden, ausschließlich und nachhaltig nach dem uneingeschränkten Eigeninteresse des abhängigen Unternehmens gesteuert werden, wobei vereinzelte Einflussnahmen der herrschenden Gesellschaft der Widerlegung nicht entgegenstehen[10]. Die Konzernvermutung nach § 18 I AktG kann zB durch den Abschluss eines sog. Entherrschungsvertrages zwischen dem herrschenden und den abhängigen Unternehmen widerlegt werden[11].

5. Sonderfall: Vermögensholding. Eine einheitliche Leitung iSv. Abs. 1 S. 1 liegt nicht vor und die Konzernvermutung nach § 18 I AktG ist widerlegt, wenn es sich bei der Konzernobergesellschaft um eine reine Vermögensholding (im Gegensatz zu einer Management-, Führungs- oder Mischholding) handelt, die sich, **ohne Führungsaufgaben in den Tochtergesellschaften wahrzunehmen**, auf die **bloße Verwaltung ihrer Beteiligungen**, einschl. der damit verbundenen Finanzierungs- und Verwaltungsaufgaben beschränkt. Dabei wird die Annahme einer Vermögensholding nicht alleine dadurch ausgeschlossen, dass sie die Überwachung der Geschäftsführung in den Tochterunternehmen über von ihr gewählte AR-Mitglieder durchführt[12]. Ferner kann die Ausübung einheitlicher Leitung auch durch Abschluss eines sog. **Entherrschungsvertrages** zwischen dem herrschenden Unternehmen und dem bzw. den abhängigen Unternehmen ausgeschlossen werden[13].

6. Sonderfall: Konzern im Konzern. In mehrstufigen Konzernen werden die ArbN von Enkelunternehmen unter den Voraussetzungen des Abs. 1 ebenso wie die von Tochterunternehmen der Konzernobergesellschaft zugerechnet. Nach hM (und abweichend vom Aktienkonzernrecht[14]) erfolgt eine Zurechnung

---

1 Vgl. BayObLG 24.3.1998 – 3 Z BR 236/96, NZA 1998, 956 (957) – Walter Holding I; OLG Düss. 30.1.1979 – 19 W 17/78, AG 1979, 318 (319) – Hoechst/Herberts; OLG Zweibrücken 9.11.1983 – 3 W 25/83, AG 1984, 80 (81) – Hochtief/Streif; OLG Frankfurt/M. 10.11.1986 – 20 W 27/86, WM 1987, 237 (238) – VDM; LG München I 25.9.1995 – 21 O 21794/93, AG 1996, 186 (187) – RWE/Lech-Elektrizitätswerke; ErfK/*Oetker*, § 5 MitbestG Rz. 2; UHH/*Ulmer/Habersack*, § 5 Rz. 11; WHSS/*Seibt*, Rz. F 41. ‖ 2 BayObLG 24.3.1998 – 3 Z BR 236/96, NZA 1998, 956 (957) – Walter Holding I; OLG Stuttgart 3.5.1989 – 3 W 25/83, BB 1989, 1005 (1006) – Mahle-Beteiligungen; ErfK/*Oetker*, § 5 MitbestG Rz. 3; UHH/*Ulmer/Habersack*, § 5 Rz. 16; *Raiser/Veil*, § 5 Rz. 5. ‖ 3 BayObLG 24.3.1998 – 3 Z BR 236/96, NZA 1998, 956 (957) – Walter Holding I; OLG Stuttgart 3.5.1989 – 3 W 38/89, BB 1989, 1005 (1006) – Mahle-Beteiligungen; ErfK/*Oetker*, § 5 MitbestG Rz. 3; UHH/*Ulmer/Habersack*, § 5 Rz. 16; WWKK/*Koberski*, § 4 Rz. 15; WHSS/*Seibt*, Rz. F 45; aA OLG Bremen 30.4.1980 – 1 W 3/80 (c), DB 1980, 1332 (1334) – Kühne & Nagel. ‖ 4 ErfK/*Oetker*, § 5 MitbestG Rz. 5; *Raiser/Veil*, § 5 Rz. 7. ‖ 5 Vgl. ErfK/*Oetker*, § 5 MitbestG Rz. 5; *Raiser/Veil*, § 5 Rz. 9; vgl. auch VerfGH Berlin 21.10.1999 – VerfGH 42/99, DVBl 2000, 51 ff. – Berliner Landesbank; *Raiser*, ZGR 1996, 458 ff.; *Schuster*, FS Bezzenberger, 2000, S. 757 ff. ‖ 6 Vgl. BayObLG 24.3.1998 – 3 Z BR 236/96, NZA 1998, 956 (958) – Walter Holding I; OLG Düss. 30.1.1979 – 19 W 17/78, AG 1979, 318 (319) – Hoechst/Herberts; LG Köln 3.4.1984 – 3 AktE 1/82, AG 1985, 252 (253) – Industrieverwaltung; ErfK/*Oetker*, § 5 MitbestG Rz. 6; UHH/*Ulmer/Habersack*, § 5 Rz. 23 f.; *Raiser/Veil*, § 5 Rz. 13; aA *Hoffmann/Lehmann/Weinmann*, § 5 Rz. 22. ‖ 7 LG Düss. 19.8.2011 – 33 O 46/11, ZIP 2011, 1712 f. – SWK. ‖ 8 Vgl. UHH/*Ulmer/Habersack*, § 5 Rz. 27; *Raiser/Veil*, § 5 Rz. 14. ‖ 9 Vgl. BayObLG 6.3.2002 – 3 Z BR 343/00, NZG 2002, 579 (581) – Walter Holding II; ArbG Düss. 8.9.2004 – 10 BVGa 23/04, AuR 2005, 338; GroßKommAktG/*Oetker*, § 5 MitbestG Rz. 4; WHSS/*Seibt*, Rz. F 42. ‖ 10 Vgl. BayObLG 6.3.2002 – 3 Z BR 343/00, NZG 2002, 579 (581) – Walter Holding II; WHSS/*Seibt*, Rz. F 42. ‖ 11 Hierzu GroßKommAktG/*Windbichler*, § 17 Rz. 76; WHSS/*Seibt*, Rz. F 42. ‖ 12 BayObLG 24.3.1998 – 3 Z BR 236/96, NZA 1998, 956 (957) – Walter Holding I; WHSS/*Seibt*, Rz. F 35a. ‖ 13 WHSS/*Seibt*, Rz. F 42. ‖ 14 Vgl. *Hüffer*, § 18 AktG Rz. 14; MüKoAktG/*Bayer*, § 18 Rz. 42.

von ArbN nachgeordneter Unternehmen zu einer Konzernzwischengesellschaft nach § 5 I 1, wenn die Konzernzwischengesellschaft einen von der Konzernobergesellschaft eingeräumten Entscheidungsspielraum hat und insoweit Leitungsmacht über die nachgeordneten Konzernunternehmen ausübt (Problem des Konzerns im Konzern)[1]. Der hM ist zuzustimmen, da sie bei einer dezentralisierten Konzernorganisation mit Leitungsmacht auf verschiedenen Stufen den Telos der Unternehmensmitbest. entsprechend mitbestimmte AR bei sämtlichen Leitungsgesellschaften einzurichten hilft, bei denen maßgebliche, die ArbN betreffende Entscheidungen gefällt werden. Ob eine Zwischenholdinggesellschaft tatsächlich eigenverantwortlich einen Konzernteil führt und es sich nicht nur um eine von der Konzernobergesellschaft delegierte, abgeleitete Leitung (iS einer Übermittlungsstelle) handelt, ist nach den Umständen des Einzelfalls zu prüfen. Dabei sind **strenge Anforderungen an die eigenverantwortliche Leitung durch die Zwischenholdinggesellschaft** zu stellen; bei Zweifeln ist vom Regelfall auszugehen, nämlich von der Ausübung einer einheitlichen Leitungsmacht durch die Konzernobergesellschaft[2]. Eine dezentralisierte Unternehmensstruktur oder ein eigener Konzernabschluss bzw. Konzerngeschäftsbericht der Zwischenholding ist kein Indiz für eine Aufspaltung der Leitungsmacht[3]. Die Konzernobergesellschaft muss vielmehr ihre zentrale Leitungsbefugnis im vollen Umfang an die Zwischengesellschaft abgegeben haben, so dass zwischen ihr und jener nur noch eine lose Rechtsbeziehung verbleibt und der AR der Konzernobergesellschaft seine Aufsichtsfunktion hinsichtlich der an die Zwischengesellschaft abgegebenen Geschäftsbereiche nicht mehr wahrzunehmen vermag[4]. Gegen eine solche Abgabe der zentralen Leitungsbefugnisse sprechen als Indizien zB das Bestehen eines Beherrschungsvertrages zwischen der Konzernobergesellschaft und der Zwischenholdinggesellschaft (ggf. mit zahlreichen Zustimmungsvorbehalten zu Gunsten der Konzernleitung[5]) oder eines zentralisierten Berichtswesens und Controlling[6]. Auch die Personalunion der Führungspersonen in Konzernobergesellschaften und nachgeordneten Zwischengesellschaften oder die Konzernsteuerung mithilfe dafür eingesetzter zentraler Gremien sind ein starkes Indiz für eine fehlende eigenverantwortliche Führung durch die Zwischenholdinggesellschaft[7].

9 **7. Sonderfall: Tendenzkonzern.** S. hierzu § 1 Rz. 13 ff.

10 **III. Gemeinschaftsunternehmen/Mehrmütterkonzern.** Sind zwei (oder mehrere) Muttergesellschaften gemeinsam in der Weise an einem anderen Unternehmen beteiligt, dass sie nur auf Grund dauerhafter gemeinsamer Willensbildung Einfluss auf das Gemeinschaftsunternehmen nehmen können, so bildet nach hM das Gemeinschaftsunternehmen mit beiden Muttergesellschaften einen Unterordnungskonzern, mit der Folge, dass (1) die ArbN des Gemeinschaftsunternehmens gem. Abs. 1 auch beiden Muttergesellschaften zugerechnet und (2) die ArbN in beiden Konzernsträngen aktiv und passiv wahlberechtigt werden[8]. Dabei sind an das Erfordernis einer dauerhaften einheitlichen Leitung durch mehrere Muttergesellschaften strenge Anforderungen zu stellen. Das Bestehen einer 50:50-Beteiligung ohne weitere Absprachen reicht hierfür nicht aus[9]. Vielmehr bedarf **es besonderer satzungsrechtl. oder**

---

1 OLG Düss. 30.1.1979 – 25 AktE 1/78, AG 1979, 318 (319) – Hoechst/Herberts; OLG Zweibrücken 9.11.1983 – 3 W 25/83, AG 1984, 80 (81) – Hochtief/Streif; OLG Frankfurt 10.11.1986 – 20 W 27/86, WM 1987, 237 (238) – VDM; LG München I 25.9.1995 – 21 O 21794/93, AG 1996, 186 (187) – RWE/Lech-Elektrizitätswerke; LG Hamburg 26.6.1995 – 321 T 61/94, AG 1996, 89 f. – AMB/Volksfürsorge; ErfK/*Oetker*, § 5 MitbestG Rz. 8; UHH/*Ulmer/Habersack*, § 5 Rz. 38 f.; *Raiser/Veil*, § 5 Rz. 23; WWKK/*Koberski*, § 5 Rz. 31 f.; MüKoAktG/*Gach*, § 5 MitbestG Rz. 24 f.; WHSS/*Seibt*, Rz. F 46; *Duden*, ZHR 1977, 145 (158); *Konzen*, ZIP 1984, 269 ff.; *Geßler*, BB 1997, 1313 (1318); *Redeke*, DB 2008, 2408; offen OLG Düss. 27.12.1996 – 19 W 4/96, AG 1997, 129 (130) – Babcock/BSH; aA *Richardi*, FS Zeuner, 1994, S. 147, 158; *Meik*, BB 1991, 2441 (2443 f.); *Windbichler*, Arbeitsrecht im Konzern, S. 524 ff.; *Meilicke/Meilicke*, BB 1978, 406 (409). ||2 So auch OLG München 19.11.2008 – 31 Wx 99/07, GmbHR 2009, 41 (42 f.); ErfK/*Oetker*, § 5 MitbestG Rz. 9; UHH/*Ulmer/Habersack*, § 5 Rz. 42; *Raiser/Veil*, § 5 Rz. 24; zu einer Analyse der strengen Rspr. der ordentl. Gerichte *Richardi*, FS Zeuner, 1994, S. 147, 155 ff.; *Oetker*, ZGR 2000, 19 (32 f.). ||3 OLG Zweibrücken 9.11.1983 – 3 W 25/83, AG 1984, 80 (81) – Hochtief/Streif; LG Hamburg 26.6.1995 – 321 T 61/94, AG 1996, 89 (90) – AMB/Volksfürsorge; LG München I 25.9.1995 – 21 O 21794/93, AG 1996, 186 (187) – RWE/Lech-Elektrizitätswerke; ErfK/*Oetker*, § 5 MitbestG Rz. 9. ||4 OLG Düss. 27.12.1996 – 19 W 4/96, AG 1997, 129, 130 – Babcock BSH; OLG Zweibrücken 9.11.1983 – 3 W 25/83, AG 1984, 80 (81) – Hochtief/Streif; ErfK/*Oetker*, § 5 MitbestG Rz. 9. ||5 Vgl. OLG Zweibrücken 9.11.1983 – 3 W 25/83, AG 1984, 80 (81) – Hochtief/Streif; OLG Frankfurt 10.11.1986 – 20 W 27/86, WM 1987, 237 (238) – VDM; WHSS/*Seibt*, Rz. F 54; *Raiser/Veil*, § 5 Rz. 24. ||6 Vgl. OLG Düss. 27.12.1996 – 19 W 4/96, AG 1997, 129 (130) – Babcock BSH; LG München I 25.9.1995 – 21 O 21794/93, AG 1996, 186 (187), RWE/Lech-Elektrizitätswerke; WHSS/*Seibt*, Rz. F 54; *Raiser/Veil*, § 5 Rz. 24. ||7 Vgl. LG Hamburg 26.6.1995 – 321 T 61/94, AG 1996, 89 (90) – AMB/Volksfürsorge; WHSS/*Seibt*, Rz. F 54; *Raiser/Veil*, § 5 Rz. 24. ||8 BAG 16.8.1995 – 7 ABR 57/94, AG 1996, 367 (368 f.) = AP Nr. 30 zu § 76 BetrVG 1952 m. zust. Anm. *Hueck*; 30.10.1986 – 6 ABR 19/85, WM 1987, 1551 (1554) – Gildemeister (zu § 54 BetrVG); LAG Hamm 17.8.1977 – 3 Ta BV 46/77, DB 1977, 2052; WHSS/*Seibt*, Rz. F 59; ErfK/*Oetker*, § 5 MitbestG Rz. 13; UHH/*Ulmer/Habersack*, § 5 Rz. 47 ff., 54; *Raiser/Veil*, § 5 Rz. 26 f.; *Lutter*, Mitbestimmung im Konzern, 1975, S. 11; *Knaup*, Unternehmerische Mitbestimmung im Konzern, 1979, S. 266 ff.; *Klückers*, Problemfälle der Arbeitnehmerzurechnung, 1978, S. 177 f.; *Klinkhammer*, Mitbestimmung in Gemeinschaftsunternehmen, 1977, S. 143 ff.; *Löwisch*, FS Schlechtriem, 2003, S. 832, 843 ff.; aA *Hoffmann/Lehmann/Weinmann*, § 5 Rz. 39 ff.; *Bayer*, ZGR 1977, 173 (187 ff.); *Duden*, ZHR 1977 (145); *Wessing/Hölters*, DB 1977, 864 (866); *Windbichler*, Arbeitsrecht im Konzern, S. 522 ff. ||9 WHSS/*Seibt*, Rz. F 59; *Seibt*, ZIP 2011, 249 (253); *Seibt*, ZIP 2008, 1301 (1303); *Böttcher/Lickefett*, NZG 2003, 701 (703); *Hüffer*, § 17 AktG Rz. 16; GK-BetrVG/*Kraft*, § 76 BetrVG 1952 Rz. 162 ff.; UHH/*Ulmer/Habersack*, § 5 Rz. 51; aA ErfK/*Oetker*, § 5 MitbestG Rz. 11; WWKK/*Koberski*, § 5 Rz. 37; offen LG Dortmund 25.3.2010 – 18 O 95/09 AktE, ZIP 2010, 2152 – Edeka.

vertragl. Gestaltungen, wie des Abschlusses eines Konsortial-, Stimmenpool- oder sonstigen Koordinationsvertrages, um eine einheitliche Leitungsgemeinschaft des Unternehmens herzustellen und auf Dauer zu gewährleisten[1]. Die **bloße Personenidentität (oder jdf. Mehrheitskongruenz) der Geschäftsleitungsorgane** der gemeinsam mehrheitsbeteiligten Unternehmen reicht ebenso wenig per se aus[2] wie eine bloße Interessenparallelität im Hinblick auf die Unternehmenspolitik[3].

IV. Kapitalgesellschaft & Co. KG als Konzernspitze (Abs. 1 S. 2, Abs. 2). Abs. 2 S. 1 bestimmt für den Fall, dass eine Kapitalgesellschaft & Co. KG herrschendes Unternehmen eines Konzerns ist, dass die ArbN der abhängigen Unternehmen nach Abs. 1 S. 1 der Komplementärkapitalgesellschaft zuzurechnen sind, wenn die Voraussetzungen des § 4 I zwischen der herrschenden KG und ihrer Komplementärin gegeben sind[4]. Nach Abs. 2 S. 2 Hs. 1 iVm. Abs. 1 S. 2 sind der Komplementärkapitalgesellschaft die ArbN von Komplementärkapitalgesellschaften abhängiger Kapitalgesellschaften & Co. KG zuzurechnen. Ist die Komplementärkapitalgesellschaft der abhängigen KG selbst abhängiges Unternehmen der herrschenden KG, greift allerdings bereits Abs. 2 S. 1 ein. Zudem bestimmt Abs. 2 S. 2 Hs. 2 durch Verweis auf § 4 II, dass die mitbestimmte Komplementärkapitalgesellschaft nicht von der Geschäftsführung der herrschenden AG ausgeschlossen werden darf (s. § 4 Rz. 10).

V. Teilkonzernspitze (Abs. 3). 1. Grundfall. Der mit Abs. 1 S. 1 verfolgte Leitsatz, dass die Konzernmitbest. im herrschenden Unternehmen anzusiedeln ist, scheitert, wenn die Konzernobergesellschaft selbst nicht mitbestimmungspflichtig ist. Dies ist zB der Fall, wenn das herrschende Unternehmen in einer nicht unter § 1 I Nr. 1 aufgeführten Rechtsform verfasst ist (zB einzelkaufmännisches Unternehmen, Personengesellschaft, Stiftung, Verein), eine reine Vermögensholding ist (dazu Rz. 7), seinen tatsächlichen Verwaltungssitz im Ausland hat (dazu Rz. 14) oder als Tendenzunternehmen nicht der Mitbest. unterfällt (dazu Rz. 13 und § 1 Rz. 13ff.), dagegen nicht, wenn es einem Montanmitbestimmungsgesetz unterfällt[5]. Um diesem vom Gesetzgeber als unbefriedigend empfundenen Ergebnis zu begegnen, ist in Abs. 3 als Sonder- und Ersatzregelung vorgesehen, dass die Konzernmitbest. solchenfalls in dem der Konzernobergesellschaft am nächsten stehenden Unternehmen stattfindet, welches die gesetzl. Voraussetzungen erfüllt. Ob für das in Abs. 3 enthaltene Merkmal der Beherrschung der Konzernleitung *über* nachgeordnete Konzernunternehmen erforderlich ist, dass das der Konzernleitung am nächsten stehende Unternehmen wenigstens noch gewisse Mindestfunktionen einer Konzernleitung erfüllen muss (zB in Gestalt der Weiterleitung von Weisungen der Konzernobergesellschaft an die weiteren Konzernunternehmen[6]) oder ob es – mit der jüngeren obergerichtl. Rspr. – allein auf die Kapitalverflechtung zwischen diesen beiden Gesellschaften ankommt[7], ist streitig. Der Annahme, dass eine bloße **Kapitalverflechtung ohne Ausübung gewisser Leitungsfunktionen durch die Teilkonzernspitze** ausreichend sei, ist nicht überzeugend, da Abs. 3 nur einen Sonderfall einer (fiktiven) Teilkonzernspitze regelt und insofern die gleichen Rspr.-Grundsätze zur Anerkennung eines Konzerns im Konzern gelten sollten[8]. Die gegenteilige Ansicht könnte auch dazu führen, dass ein mitbestimmter AR in solchen Zwischenunternehmen zu bilden ist, die keine Informationen über Leitungsentscheidungen auf der Konzernobergesellschaft bekommen und damit praktisch funktionslos sind[9].

2. Tendenzunternehmen. Ist ein herrschendes Unternehmen iSv. § 1 I Nr. 1 nach § 1 IV (Tendenzunternehmen) nicht mitbestimmungspflichtig, so scheidet wegen dessen Wortlaut eine unmittelbare Anwendung des Abs. 3 aus. Sofern nachgeordnete Konzernunternehmen selbst keinen Tendenzcharakter aufweisen, ist jedoch Abs. 3 entsprechend anzuwenden[10].

---

1 Ausf. *Böttcher/Liekefett*, NZG 2003, 701 (703ff.); vgl. auch WHSS/*Seibt*, Rz. F 59; *Seibt*, ZIP 2011, 249 (253); *Seibt*, ZIP 2008, 1301 (1303). ‖ 2 WHSS/*Seibt*, Rz. F 59; BAG 16.8.1995 – 7 ABR 57/94, AG 1996, 367 (386f.) = AP Nr. 30 zu § 76 BetrVG 1952 m. zust. Anm. *Hueck* (zu § 76 IV BetrVG 1952). ‖ 3 Wohl aA BAG 13.10.2004 – 7 ABR 56/03, NZG 2005, 512 (514) (zu § 54 BetrVG). ‖ 4 ErfK/*Oetker*, § 5 MitbestG Rz. 17. ‖ 5 Zutr. UHH/*Ulmer/Habersack*, § 5 Rz. 66; WWKK/*Koberski*, § 5 Rz. 56; ErfK/*Oetker*, § 5 MitbestG Rz. 22; *Raiser/Veil*, § 5 Rz. 38. ‖ 6 So LG Hamburg 26.6.1995 – 321 T 61/94, AG 1996, 89 f. – AMB/Volksfürsorge; OLG Celle 22.3.1993 – 9 W 130/92, BB 1993, 957 (959) – Preussag/Salzgitter; LG Stuttgart 11.5.1993 – 2 AktE 1/92, ZIP 1993 (1406ff.) – Charles Vögele (Vorinstanz, aufgehoben durch OLG Stuttgart); *Seibt*, ZIP 2008, 1301 (1304ff.); WHSS/*Seibt*, Rz. F 57; ErfK/*Oetker*, § 5 MitbestG Rz. 20; UHH/*Ulmer/Habersack*, § 5 Rz. 70; *Burg/Böing*, Der Konzern 2008, 605 (609ff.); *Meilicke/Meilicke*, BB 1978, 406 (410); *Habersack*, AG 2007, 641 (647f.); *Henssler*, ZfA 2005, 289 (308); *Säcker*, ZfA 2008, 51 (60); *Wisskirchen/Bissels/Dannhorn*, DB 2007, 2258 (2261). ‖ 7 So OLG Frankfurt 21.4.2008 – 20 W 342/07, ZIP 2008, 878 – CSC; 21.4.2008 – 20 W 8/07, ZIP 2008, 880 – Asklepios; OLG Stuttgart 10.3. 1995 – 8 W 355/93, ZIP 1995, 1004ff. m. zust. Anm. *Mankowski* – Charles Vögele; OLG Düss. 30.10.2006 – I-26 W 14/06, WM 2007, 165 (167) – GKN; zust. WWKK/*Koberski*, § 5 Rz. 59ff.; MüKoAktG/*Gach*, § 5 MitbestG Rz. 38; *Raiser/Veil*, § 5 Rz. 41; *Lutter*, ZGR 1977, 195 (213); *Romeikat*, Konzernmitbestimmung auf nachgeordneten Konzernstufen, 1989, S. 136f. ‖ 8 *Seibt*, ZIP 2008, 1301 (1307); WHSS/*Seibt*, Rz. F 57; schwächer ErfK/*Oetker*, § 5 MitbestG Rz. 20: geringere Anforderungen als in Fällen des Konzerns im Konzern. ‖ 9 Krit. *Seibt*, ZIP 2008, 1301 (1304ff.); WHSS/*Seibt*, Rz. F 57; *Theisen*, AG 1998, 153 (158); ErfK/*Oetker*, § 5 MitbestG Rz. 21; *Hanau/Wackerbarth*, FS Lutter, 2000, S. 425, 440f.; *Habersack*, AG 2007, 641 (647f.); *Kort*, NZG 2009, 81 (84f.); *Marsch-Barner*, WuB 1995, 901. ‖ 10 So auch ErfK/*Oetker*, § 5 MitbestG Rz. 22; UHH/*Ulmer/Habersack*, § 5 Rz. 73; WWKK/*Koberski*, § 5 Rz. 55; *Raiser/Veil*, § 5 Rz. 38; aA GK-MitbestG/*Schneider*, § 5 Rz. 114; *Hölters*, RdA 1979, 335 (339); *Loritz*, ZfA 1985, 497 (528f.).

13a **3. Natürliche Personen ohne Unternehmenseigenschaft.** Die in Abs. 3 angeordnete fiktive Teilkonzernspitze erfasst im Grundsatz sämtliche nicht unter § 1 I Nr. 1 fallenden Rechtsformen, indes unter der Voraussetzung, dass ein Unternehmensträger in Frage steht. Daher ist Abs. 3 nicht auf natürliche Personen anwendbar, die kein einzelkaufmännisches Unternehmen betreiben und auch nicht wegen mehrerer unternehmerischer Beteiligungen als Unternehmen iSv. § 15 AktG qualifizieren, da sie dann kein „anderes Unternehmen" iSv. Abs. 3 sind[1].

14 **4. Ausländische Unternehmen.** Auf Grund des völkerrechtl. Territorialitätsprinzips ist der Geltungsbereich des MitbestG auf das Inland beschränkt (hierzu § 1 Rz. 7). Dies hat zur Folge, dass ArbN ausländischer Tochtergesellschaften der Konzernobergesellschaft nicht zugerechnet werden und dass bei einer ausländischen Konzernobergesellschaft jede ArbN-Zurechnung nach Abs. 1 zu ihr entfällt[2]. In diesem Fall kann allerdings die Teilkonzernregelung in Abs. 3 Anwendung finden (Rz. 12). Ein grenzüberschreitender Beherrschungsvertrag zwischen der ausländischen Konzernobergesellschaft und der inländischen Teilkonzernspitze ist zulässig und lässt im Regelfall die Unternehmensmitbest. in der inländischen Teilkonzernspitze entfallen[3].

15 **5. Europäische Aktiengesellschaft (Societas Europaea).** Keine Anwendung findet Abs. 3 auf die mitbestimmungsfreie SE deutscher Prägung als Konzernspitze auf der Ebene der von dieser SE gehaltenen Zwischenholding, die über eine der in § 1 I Nr. 1 genannten Rechtsformen verfügt. Sinn und Zweck des Abs. 3 ist, das Versagen der Konzernmitbest. auf der Ebene der Konzernobergesellschaft zu kompensieren, mithin die dadurch entstehende und vom Gesetzgeber als unbefriedigend empfundene Mitbestimmungslücke zu schließen (Rz. 12). Hier unterliegt die SE als Konzernspitze zwar nicht der Mitbest. nach dem MitbestG, aber der durch das SEBG geregelten Mitbest., so dass der Normzweck der Vorschrift gegen eine Anwendung des Abs. 3 spricht[4]. Dies gilt auch bei Gründung der SE durch Umwandlung (vgl. Art. 37 SE-VO). In diesem Fall unterliegen die MitbestR zwar dem Bestandsschutz der §§ 21 VI, 35 I SEBG, aber der Zweck des Abs. 3 gebietet nicht, dass auf der Ebene der unmittelbar der SE nachgeordneten inländischen Tochtergesellschaft zusätzliche MitbestR entstehen[5].

Zweiter Teil. Aufsichtsrat

Erster Abschnitt. Bildung und Zusammensetzung

6 *Grundsatz*
(1) Bei den in § 1 Abs. 1 bezeichneten Unternehmen ist ein Aufsichtsrat zu bilden, soweit sich dies nicht schon aus anderen gesetzlichen Vorschriften ergibt.

(2) Die Bildung und die Zusammensetzung des Aufsichtsrats sowie die Bestellung und die Abberufung seiner Mitglieder bestimmen sich nach den §§ 7 bis 24 dieses Gesetzes und, soweit sich dies nicht schon aus anderen gesetzlichen Vorschriften ergibt, nach § 96 Abs. 2, den §§ 97 bis 101 Abs. 1 und 3 und den §§ 102 bis 106 des Aktiengesetzes mit der Maßgabe, dass die Wählbarkeit eines Prokuristen als Aufsichtsratsmitglied der Arbeitnehmer nur ausgeschlossen ist, wenn dieser dem zur gesetzlichen Vertretung des Unternehmens befugten Organ unmittelbar unterstellt und zur Ausübung der Prokura für den gesamten Geschäftsbereich des Organs ermächtigt ist. Andere gesetzliche Vorschriften und Bestimmungen der Satzung (des Gesellschaftsvertrags, des Statuts) über die Zusammensetzung des Aufsichtsrats sowie über die Bestellung und die Abberufung seiner Mitglieder bleiben unberührt, soweit Vorschriften dieses Gesetzes dem nicht entgegenstehen.

(3) Auf Genossenschaften sind die §§ 100, 101 Abs. 1 und 3 und die §§ 103 und 106 des Aktiengesetzes nicht anzuwenden. Auf die Aufsichtsratsmitglieder der Arbeitnehmer ist § 9 Abs. 2 des Genossenschaftsgesetzes nicht anzuwenden.

I.	Obligatorische Bildung des Aufsichtsrats	1	3. Ablauf des Statusverfahrens und Rechtsfolgen	6
II.	Änderungen der Zusammensetzung des Aufsichtsrats und Statusverfahren	2	III. Bestellung und Abberufung von AR-Mitgliedern	20
1.	Zweck des Statusverfahrens	2		
2.	Anwendungsbereich	3		

---

1 Ausf. WHSS/*Seibt*, Rz. F 57; aA OLG Frankfurt/M. 21.4.2008 – 20 W 8/07, ZIP 2008, 880 – Asklepios; krit. hierzu *Seibt*, ZIP 2008, 1301.   ‖2 LG Stuttgart 11.5.1993 – 2 AktE 1/92, ZIP 1993, 1406 – Charles Vögele; ErfK/*Oetker*, § 5 MitbestG Rz. 14.   ‖3 *Bayer*, Der grenzüberschreitende Beherrschungsvertrag, 1988, S. 96 ff., 142; *Bauschatz*, Konzern 2003, 805 (806); *Bärwaldt-Schabacker*, AG 1998, 182 (185); *Selzner/Sustmann*, Konzern 2003, 85 (93); *Henssler*, ZfA 2005, 289 (307); WHSS/*Seibt*, Rz. F 57; *Wisskirchen/Bissels/Dannhorn*, DB 2007, 2258 (2262); aA *Bernstein-Koch*, ZHR 1979, 522 (535); *Däubler*, RabelsZ 1975, 444 (473); *Duden*, ZHR 1977, 145 (188).   ‖4 *Seibt*, AG 2005, 413 (420); *Seibt*, ZIP 2008, 1301 (1308); UHH/*Ulmer/Habersack*, § 5 Rz. 66; *Habersack*, Konzern 2006, 105 (111); abweichend (für Anwendung von Abs. 3) *Müller-Bonanni/Melot de Beauregard*, GmbHR 2005, 195 (198) (aber: „wertungswidersprüchlich"); WWKK/*Koberski*, § 5 Rz. 52.   ‖5 Ebenso *Habersack*, Konzern 2006, 105 (111).

I. Obligatorische Bildung des Aufsichtsrats. Abs. 1 schreibt vor, in allen dem MitbestG unterfallenden Unternehmen einen AR zu bilden. Eigenständige Bedeutung hat diese Vorschrift nur für die GmbH, da AG (§§ 95 ff. AktG), KGaA (§ 278 III iVm. §§ 95 ff. AktG) sowie Genossenschaften (§ 9 I GenG) schon nach gesellschaftsrechtl. Bestimmungen zur AR-Bildung verpflichtet sind. Zur Bildung des (ersten) AR im Gründungsstatus s. § 1 DrittelbG Rz. 8 u. 31. Zur formwechselnden Umwandlung s. § 203 UmwG.

II. Änderungen der Zusammensetzung des Aufsichtsrats und Statusverfahren. 1. Zweck des Statusverfahrens. Bei sämtlichen mitbestimmten Gesellschaften ist für den Fall, dass der AR nicht nach den für ihn eigentlich maßgebenden gesetzl. Vorschriften zusammengesetzt ist, ein Statusverfahren nach den §§ 97 ff. AktG durchzuführen. Das Statusverfahren soll sicherstellen, dass der eingerichtete AR zu jeder Zeit eine sichere Rechtsgrundlage besitzt. Trotz möglicherweise erheblich veränderter tatsächlicher Verhältnisse bleiben die Vorschriften über die Zusammensetzung des AR maßgebend (= gesetzl. Fiktion), nach denen der AR bisher zusammengesetzt war, bis das Statusverfahren vollständig abgeschlossen ist (Kontinuitäts- oder Status-Quo-Prinzip). Dies ermöglicht eine jederzeit rechtmäßige Beschlussfassung des AR und garantiert bei einem Wechsel in der AR-Zusammensetzung die Funktionsfähigkeit des Unternehmens und seiner Organe[1].

2. Anwendungsbereich. Das Statusverfahren ist zunächst in den Fällen durchzuführen, in denen es zu einem **Wechsel von einer in § 96 I AktG aufgeführten Mitbestimmungsform** (Mitbestimmungsfreiheit; DrittelbG; MitbestG; MontanMitbestG; MitbestErgG) **in eine andere** kommt[2]. Hierunter fallen also zB die Fälle, (1) bei denen sich das Mitbestimmungsniveau bei einer Gesellschaft zB wegen einer Umstrukturierung ändert (zB Wechsel von einem drittelparitätischen Mitbestimmungsregime gem. DrittelbG zum paritätischen Mitbestimmungsregime nach dem MitbestG oder umgekehrt) einschl. des Falles, in dem der bereits bestehende, indes mitbestimmungsfreie AR nach der Umstrukturierung mit ArbN-Vertretern zu besetzen ist (zB Erhöhung der mitbestimmungsrelevanten ArbN-Zahl auf mehr als 500 bei einer nach dem 9.8.1994 eingetragenen AG), oder (2) in denen der bislang mitbestimmte AR mitbestimmungsfrei wird. Dabei ist unerheblich, durch welche Rechtsgestaltung der Wechsel beim Mitbestimmungsregime erfolgt, insb. gelten grds. keine Sondervorschriften bei Umwandlungen iSv. § 1 UmwG[3]. In den Fällen, in denen beim Unternehmen vor den Maßnahmen der Umstrukturierung oder den Änderungen der tatsächlichen Umstände ein AR bestand, nun aber streitig oder ungewiss ist, ob überhaupt ein AR gebildet werden muss, ist zu differenzieren: Ist im Hinblick auf ein Unternehmen in der Rechtsform der GmbH streitig oder ungewiss, ob ein AR gebildet werden muss, ist vor einer entsprechenden Satzungsänderung auf Abschaffung des AR das Statusverfahren durchzuführen. Das gilt sowohl für den Fall, in dem die relevante ArbN-Zahl unter den Schwellenwert von 500 (§ 1 I DrittelbG) fällt[4] als auch wegen unternehmensvertragl. Änderung oder wegen des Wegfalls von eigenständigen Konzernleitungsbefugnissen[5]. Denn auch in diesen Fällen verlangen die vom Statusverfahren verfolgten Zwecke der Rechtssicherheit und Funktionsgewähr der Unternehmensorgane Geltung[6]. Etwas anderes gilt in den Fällen, in denen es wegen Umwandlung in eine Rechtsform, die gar keinen AR als mitbestimmungsfähiges Unternehmensorgan vorsieht (oHG, KG, PartG) zum Wegfall des bislang mitbestimmten AR kommt. Hier ist kein Statusverfahren durchzuführen, da in diesen Fällen durch Registerprüfung und Handelsregistereintragung der neuen Rechtsform keine Rechtsunsicherheit entstehen kann[7]. Bestand beim Unternehmen bislang noch kein AR und muss nunmehr wegen Vorliegens der mitbestimmungsgesetzl. Voraussetzungen ein mitbestimmter AR gebildet werden, ist – über Abs. 2 iVm. §§ 97 ff. AktG bzw. über die Vorschriften zur Bildung des ersten AR gem. §§ 30, 31 AktG (für die GmbH: analog) – das Statusverfahren entsprechend §§ 97 ff. AktG durchzuführen, da der auf Rechtssicherheit gerichtete Regelungszweck des Statusverfahrens ebenfalls hier Geltung verlangt[8].

Bei mitbestimmungspflichtigen Gesellschaften ist ein Statusverfahren auch dann durchzuführen, wenn innerhalb desselben Mitbestimmungsstatuts **zwingende gesetzl. Schwellenwerte** überschritten werden, die zur Folge haben, dass der bestehende AR nicht nach den maßgebenden gesetzl. Vorschriften zusammengesetzt ist, die Zahl der AR-Mitglieder also entweder erhöht oder verringert werden muss[9]. Hierzu gehört vor allem der Fall, dass wegen einer Erhöhung der ArbN-Zahl eine Vergrößerung

---

1 Ausf. WHSS/*Seibt*, Rz. F 188; vgl. auch *Oetker*, ZHR 1985, 575 (576 f.); *Martens*, DB 1978, 1065 (1068); *Parmentier*, AG 2006, 476 (479). ||2 Vgl. WHSS/*Seibt*, Rz. F 190; *Hüffer*, § 96 AktG Rz. 13 und § 97 Rz. 3; *Göz*, ZIP 1998, 1523 (1524). ||3 Vgl. WHSS/*Seibt*, Rz. F 190; *Kiem/Uhrig*, NZG 2001, 680; *Lutter/Grunewald*, § 20 UmwG Rz. 30. ||4 KG 7.6.2007 – 2 W 8/07, ZIP 2007, 1566 u. 2170, EWiR 2007, 559 (*v. d. Linden*) – TLG Immobilien; WHSS/*Seibt*, Rz. F 192. ||5 OLG Frankfurt/M. 7.7.2010 – 20 W 362/10, ZIP 2011, 21, 22 f., EWiR 2011, 101 (*Seibt*) – Asklepios; WHSS/*Seibt*, Rz. F 192. ||6 WHSS/*Seibt*, Rz. F 192; *Göz*, ZIP 1998, 1523 (1524); Baumbach/Hueck/*Zöllner/Noack*, § 52 GmbHG Rz. 15; Hachenburg/*Raiser*, § 52 GmbHG Rz. 161. ||7 WHSS/*Seibt*, Rz. F 192; *Henssler*, ZfA 2000, 241 (255); *Weiler*, NZG 2004, 988 (989 ff.); *Raiser/Veil*, § 1 Rz. 24; Lutter/*Decher*, § 203 UmwG Rz. 8 und 14; Kallmeyer/*Meister/Klöcker*, § 197 UmwG Rz. 65; aA *Jung*, Umwandlungen unter Mitbestimmungsverlust, 2000, S. 105. ||8 Vgl. BAG 16.4.2003 – 7 ABR 6/07, ZIP 2008, 1630, 1630 – S&O Industriebeteiligung; WHSS/*Seibt*, Rz. F 191; *Göz*, ZIP 1998, 1523 (1524); aA Hachenburg/*Raiser*, § 52 GmbHG Rz. 161; Lutter/*Hommelhoff/Lutter*, § 52 GmbHG Rz. 38; *Fitting*, § 77 BetrVG 1952 Rz. 12. ||9 OLG Hamburg 26.8.1988 – 11 W 53/88, AG 1989, 64 (65); OLG Düss. 20.6.1978 – 19 W 3/78, DB 1978, 1358; WHSS/*Seibt*, Rz. F 193; *Hüffer*, § 97 AktG Rz. 3; *Martens*, DB 1978, 1065 (1068 f.); *Oetker*, ZHR 1985, 575 (577 ff.); *Raiser/Veil*, § 6 Rz. 5; UHH/*Ulmer/Habersack*, § 6 Rz. 14; aA *Rosendahl*, AG 1985, 325 (326 f.); *Göz*, ZIP 1998, 1523 (1525 f.).

des nach § 7 I zusammengesetzten AR erforderlich ist, ebenso wie der Fall, in dem bei einem dem DrittelbG unterfallenden Unternehmen eine Kapitalherabsetzung durchgeführt und damit gegen § 1 I Nr. 3 DrittelbG iVm. § 95 AktG verstoßen wird[1]. Dagegen ist ein Statusverfahren nicht durchzuführen, wenn trotz Veränderung mitbestimmungsrelevanter Parameter eine Änderung des AR nicht zwingend geboten, sondern nur zulässig ist (vgl. § 7 I 1 Nr. 2 und 3)[2]. Kein Statusverfahren ist ferner durchzuführen, wenn sich – zB durch einen Formwechsel – nur faktisch das Mitbestimmungsniveau ändert (insb. Kompetenzänderungen beim AR), die gesetzl. Vorschriften zur Zusammensetzung des Aufsichtsrates indes in gleicher Weise weitergelten[3]. Das Gleiche gilt für die Frage der richtigen Zusammensetzung der ArbN-Vertreter[4]. Schließlich sind die §§ 97–99 AktG nicht (entsprechend) auf den Fall anzuwenden, dass eine Vergrößerung oder Verkleinerung des AR zwar nicht gesetzl. zwingend, aber wegen einer **Satzungsänderung** notwendig wird[5].

5 Bei der satzungsmäßigen Vergrößerung des AR ist der AR lediglich durch Nachwahl oder gerichtl. Bestellung zu ergänzen[6]. Dabei kann bereits die über die entsprechende Satzungsänderung beschließende Anteilseignerversammlung die neuen Mitglieder mit der Maßgabe zuwählen, dass deren Amt erst mit der Eintragung der Satzungsänderung beginnt[7]; das Gleiche gilt auch für die nach den mitbestimmungsrechtl. Vorschriften zu wählenden ArbN-Vertreter[8]. Ein Statusverfahren ist nicht durchzuführen. – Bei dem Sonderfall der Verschmelzung eines beschäftigungsstarken Unternehmens auf einen bereits dem MitbestG unterfallenden Rechtsträger, in deren Folge ein höherer Schwellenwert des § 7 I erreicht wird, kann aus Praktikabilitätsgründen im Hinblick auf die bevorstehende Vergrößerung des AR ein vorgezogenes Statusverfahren und auch ein vorgezogenes Wahlverfahren für die zuzuwählenden ArbN-Vertreter eingeleitet werden[9].

6 **3. Ablauf des Statusverfahrens und Rechtsfolgen.** Das Statusverfahren kann in zwei Abschnitte geteilt werden, die zueinander in einem Stufenverhältnis stehen. Auf einer ersten Stufe erfolgt die für alle Beteiligten verbindliche Festlegung der nunmehr auf den AR anzuwendenden gesetzl. Vorschriften durch die Bekanntmachung des Vorstandes, falls diese unangefochten bleibt (§ 97 II 1 AktG; sog. Bekanntmachungsverfahren), oder durch eine Entscheidung vor den ordentl. Gerichten (§ 98 IV 1 AktG; sog. gerichtl. Feststellungsverfahren). Anschließend wird in einer zweiten Stufe die Überleitung vollzogen, indem nach § 97 II AktG die entgegenstehenden Satzungsbestimmungen geändert werden oder kraft Gesetzes außer Kraft treten, alle bisherigen AR-Mandate erlöschen und eine vollständige Neubesetzung des AR stattfindet.

7 **a) Verbindliche Feststellung der maßgeblichen Vorschriften durch Bekanntmachungsverfahren.** Die Initiativbefugnis für eine außergerichtl. Klärung des auf das Unternehmen anwendbaren Mitbestimmungsregimes kommt ausschließlich dem Geschäftsführungsorgan des betroffenen Rechtsträgers zu, bei der AG also dem Vorstand, bei der KGaA dem Komplementär und bei der GmbH den Geschäftsführern. Ist das Geschäftsführungsorgan der Ansicht, dass der AR nicht mehr nach den maßgebenden gesetzl. Vorschriften zusammengesetzt ist, ist es nach § 97 I AktG verpflichtet, seine Ansicht über die anzuwendenden gesetzl. Vorschriften in den Gesellschaftsblättern sowie gleichzeitig durch Aushang in sämtlichen Betrieben der Gesellschaft und ihrer inländischen Konzernunternehmen bekannt zu machen. Die Bekanntmachung ist auch dann erforderlich, wenn zwischen allen Beteiligten Einigkeit über die erforderliche Änderung im Hinblick auf die Größe und Zusammensetzung des AR besteht[10].

8 Der **Bekanntmachungstext** muss mindestens drei Angaben enthalten:
– Die Feststellung, dass nach Auffassung des Geschäftsführungsorgans der AR nicht nach den für ihn maßgebenden gesetzl. Vorschriften zusammengesetzt ist;
– die Vorschriften, nach welchen der AR gebildet werden muss (einschl. der betreffenden Satzungsbestimmungen, die eine vom gesetzl. Regelfall abweichende Anzahl der AR-Mitglieder regeln);
– die Ankündigung, dass der AR nach diesen Vorschriften zusammengesetzt wird, wenn das nach § 98 I AktG zuständige Gericht nicht innerhalb eines Monats nach Bekanntmachung im Bundesanzeiger von den nach § 98 II AktG genannten Antragsberechtigten angerufen wird.

---

1 OLG Düss. 20.6.1998 – 19 W 3/78, DB 1978, 1358; WHSS/*Seibt*, Rz. F 193; *Martens*, DB 1978, 1065 (1068f.); *Wiesner*, DB 1977, 1747 (1749f.); *Raiser/Veil*, § 6 MitbestG Rz. 5. ||2 WHSS/*Seibt*, Rz. F 194; MünchGesR/*Hoffmann-Becking*, Bd. 4: AG, § 28 Rz. 53. ||3 WHSS/*Seibt*, Rz. F 194. ||4 So auch WWKK/*Koberski*, § 5 Rz. 13; aA LG Frankfurt 10.11.2005 – 2-06 O 369/04, nv. ||5 OLG Hamburg 26.8.1988 – 11 W 53/88, AG 1989, 64 (65f.); OLG Dresden 18.2.1997 – 14 W 1396/96, ZIP 1997, 589 (591 Nr. 3); LAG Düss. 18.12.1987 – 10 Ta BV 132/87, AG 1989, 66 (67) – Alexanderwerk; WHSS/*Seibt*, Rz. F 195; *Hüffer*, § 97 AktG Rz. 3; MünchGesR/*Hoffmann-Becking*, Bd. 4: AG, § 28 Rz. 54; *Martens*, DB 1978, 1065 (1069); *Rosendahl*, AG 1985, 325 (328f.); *Göz*, ZIP 1998, 1523 (1526); *Raiser/Veil*, § 6 Rz. 5 und § 7 Rz. 5; UHH/*Ulmer/Habersack*, § 6 Rz. 15 und UHH/*Henssler*, § 7 Rz. 29; aA BAG 3.10.1989 – 1 ABR 12/88, WM 1990, 633 (635f.); Geßler/Hefermehl/Eckardt/Kropff/*Geßler*, § 95 AktG Rz. 31 und § 96 AktG Rz. 52; *Oetker*, ZHR 1985, 575 (584f.); Scholz/*U.H. Schneider*, § 52 GmbHG Rz. 44. ||6 Vgl. WHSS/*Seibt*, Rz. F 198; *Hüffer*, § 97 AktG Rz. 3; *Raiser/Veil*, § 7 Rz. 5; UHH/*Henssler*, § 7 Rz. 29; *Dietz/Richardi*, 6. Aufl. 1982, § 76 BetrVG 1952 Rz. 126; *Fitting*, § 76 BetrVG 1952 Rz. 140 aE; aA WWKK/*Wißmann*, § 7 Rz. 10. ||7 So auch WHSS/*Seibt*, Rz. F 198; KölnKommAktG/*Mertens/Cahn*, § 95 Rz. 24; *Hüffer*, § 95 AktG Rz. 5. ||8 WHSS/*Seibt*, Rz. F 198. ||9 Hierzu WHSS/*Seibt*, Rz. F 199; zT hierzu krit. *Kauffmann-Lauven/Lenze*, AG 2010, 532 (533ff.). ||10 Vgl. WHSS/*Seibt*, Rz. F 201; MünchGesR/*Hoffmann-Becking*, Bd. 4: AG, § 28 Rz. 55.

Wenn das Geschäftsführungsorgan § 7 für anwendbar hält, muss es auch die auf Grund der Zahl der ArbN maßgebliche Regelungsvariante des § 7 I 1 zur Größe des AR bezeichnen[1]. Hat die Anteilseignerversammlung nach § 7 I 2 durch Satzungsregelung eine höhere Mitgliederzahl von 16 oder 20 Mitgliedern beschlossen, so ist auch dieses im Bekanntmachungstext aufzunehmen[2]. Der Text sollte mit Ort, Datum (wobei der Bekanntmachungsmonat genügt) und dem Hinweis auf das Geschäftsleitungsorgan abgeschlossen werden; die Namen der einzelnen Organmitglieder brauchen nicht angegeben zu werden. Weitere Angaben in der Bekanntmachung sind rechtlich nicht gefordert[3].

Nach § 97 I 1 AktG hat die Bekanntmachung unverzüglich (vgl. § 121 I 1 BGB) zu erfolgen; das Erfordernis der **Unverzüglichkeit** ist auch dann noch erfüllt, wenn das Geschäftsführungsorgan zunächst eine detaillierte Prüfung der Sach- und Rechtslage nach der Umstrukturierung unternimmt oder sich zunächst mit dem bestehenden AR verständigt[4]. Ist eine mitbestimmungsrelevante Änderung der tatsächlichen Verhältnisse bereits mit hinreichender Sicherheit absehbar, *kann* auch schon vor dem rechtl. Wirksamwerden der maßgebenden Umstrukturierungsmaßnahme die Bekanntmachung erfolgen[5]. Darüber hinaus kann das langwierige Verfahren der ArbN-Wahlen auch – wie in der Praxis – vor der Bekanntmachung nach § 97 I AktG eingeleitet werden, wenn ansonsten zu befürchten ist, dass diese Wahlen nicht innerhalb der sechsmonatigen Regelfrist gem. § 97 II 2 und 3 AktG abgeschlossen werden können, und eine Bestellung der fehlenden ArbN-Vertretung nach § 104 II AktG durch das Registergericht vermieden werden soll[6].

Für **Unternehmenskäufe oder Umstrukturierungen**, die nach der gesetzl. Wertung oder gesellschaftsvertragl. Regelungen eines Beschlusses des AR oder der Anteilseignerversammlung bedürfen, gilt Folgendes: Das Geschäftsführungsorgan ist jedenfalls mit dinglichem Vollzug des Unternehmenskaufs bzw. -verkaufs oder der Umstrukturierungsmaßnahme befugt, das Bekanntmachungsverfahren nach § 97 I AktG durchzuführen. Dem steht nicht entgegen, dass Gremienbeschlüsse noch ausstehen oder gegen diese Anfechtungsklagen erhoben worden sind. Denn zum einen tritt die Nichtigkeit der Befugnisse erst mit Eintritt der Rechtskraft des einer Anfechtungsklage stattgebenden Urteils ein (§§ 241 Nr. 5, 248 I 1 AktG) und zudem berühren die Anfechtungsklagen in aller Regel nicht die Wirksamkeit der dinglichen Rechtsgeschäfte[7].

Bei **Verschmelzungen und Spaltungen nach dem UmwG** kommt es zum dinglichen Übergang der Vermögensgegenstände und damit zur etwaigen Änderung des Mitbestimmungsregimes erst mit Eintragung der Umwandlung im Handelsregister der betreffenden Rechtsträger (§ 20 I, § 131 I UmwG). Es wird regelmäßig im Interesse der beteiligten Unternehmen liegen, bereits die über die Umwandlung beschließenden Hauptversammlungen auch dazu zu nutzen, aufschiebend bedingt auf die Eintragung der Umwandlung in die Handelsregister der betreffenden Rechtsträger die notwendigen Satzungsänderungen zu beschließen sowie die entsprechenden Anteilseignervertreter im AR zu wählen. Denn hierdurch wird zum einen erreicht, dass bereits mit Wirksamwerden der Umwandlung die für die an der Umwandlung beteiligten Rechtsträger geeigneten Aufsichtsräte platziert sind und die für das Mitbestimmungsregime passenden Satzungsbestimmungen gelten, ohne dass es hierfür einer weiteren – in den meisten Fällen: außerordentl. – Hauptversammlung bedarf. Es bestehen auch weder erhebliche rechtl. Bedenken dagegen, dass das Geschäftsführungsorgan bereits vor Wirksamwerden der Umwandlung das Statusverfahren mit der Bekanntmachung eröffnet (wenn denn das Wirksamwerden der Umwandlung nach pflichtgemäßer Prüfung durch das Geschäftsführungsorgan hinreichend wahrscheinlich erscheint), noch dagegen, dass die Hauptversammlung die Satzungsänderungen und die Anteilseignervertreter im AR aufschiebend bedingt auf die Eintragung der Umwandlung in den Handelsregistern der betreffenden Rechtsträger beschließt bzw. wählt[8]. Die Einleitung des Wahlverfahrens für die ArbN-Vertreter im AR könnte dann ebenfalls vor der Eintragung der Umwandlung in den Handelsregistern der betreffenden Rechtsträger eingeleitet werden; für etwaige Übergangszeiten können die fehlenden ArbN-Vertreter bis zum Abschluss der Wahlen gerichtlich gem. § 104 AktG bestellt werden[9].

Sieht der Vorstand von einer unverzüglichen Bekanntmachung nach § 97 I AktG ab, obwohl ein ordentl. und gewissenhafter Geschäftsleiter Zweifel an der richtigen Zusammensetzung des AR hätte haben müssen, und unterlässt er auch die Einleitung des gerichtl. Feststellungsverfahrens, so haftet er

---

[1] WHSS/*Seibt*, Rz. F 202; UHH/*Ulmer/Habersack*, § 6 Rz. 21; MünchGesR/*Hoffmann-Becking*, Bd. 4: AG, § 28 Rz. 57. ||[2] WHSS/*Seibt*, Rz. F 202; UHH/*Ulmer/Habersack*, § 6 Rz. 21; *Raiser/Veil*, § 6 Rz. 13; aA *Hoffmann/Lehmann/Weinmann*, § 37 Rz. 10. ||[3] Vgl. WHSS/*Seibt*, Rz. F 202; *Hüffer*, § 97 AktG Rz. 4; *Göz*, ZIP 1998, 1523; aA *Oetker*, ZHR 1985, 575 (592f.) (Angabe „des die gesetzlichen Vorschriften verwirklichenden Lebenssachverhalts", zB die nach §§ 4 und 5 zuzurechnenden Konzernunternehmen, die Zahl der beschäftigten ArbN). ||[4] WHSS/*Seibt*, Rz. F 204; *Raiser/Veil*, § 6 Rz. 11; *Kiem/Uhrig*, NZG 2001, 680 (681). ||[5] WHSS/*Seibt*, Rz. F 204; weitergehend KölnKommAktG/*Mertens/Cahn*, §§ 97–99 Rz. 3 (zwingende Einleitung); enger MünchGesR/*Hoffmann-Becking*, Bd. 4: AG, § 28 Rz. 58 (and. noch Vorauf. in § 28 Rz. 50); *Lutter/Grunewald*, § 20 UmwG Rz. 31. ||[6] WHSS/*Seibt*, Rz. F 204; KölnKommAktG/*Mertens/Cahn*, §§ 97–99 Rz. 27; *Hoffmann/Lehmann/Weinmann*, § 37 Rz. 26; *Kiem/Uhrig*, NZG 2001, 680 (687); aA wohl *Säcker*, Die Wahlordnungen zum MitbestG, 1978, Rz. 40. ||[7] So auch LG Mainz 8.6.1998 – 4 O 189/97, DB 1998, 2052f.; WHSS/*Seibt*, Rz. F 205; *Oetker*, ZGR 2000, 19 (39). ||[8] Vgl. WHSS/*Seibt*, Rz. F 206; *Kiem/Uhrig*, NZG 2001, 680 (683ff.); MünchGesR/*Hoffmann-Becking*, Bd. 4: AG, § 28 Rz. 50, 62. ||[9] WHSS/*Seibt*, Rz. F 206.

der Gesellschaft ggü. nach § 93 II AktG (für GmbH: § 43 II GmbHG) auf **Schadensersatz** (allerdings in keinem Fall ggü. ArbN, BR oder Gewerkschaften). Da ein Schaden wegen fehlerhafter Zusammensetzung des AR regelmäßig nicht nachweisbar sein dürfte (die Weiterzahlung der Bezüge an AR-Mitglieder, deren Amt bei rechtzeitigem Handeln des Vorstandes früher erloschen wäre, stellt keinen Schaden dar), ist die Verletzung der Verpflichtung nach §§ 97, 98 AktG praktisch sanktionslos[1]. Insb. stellt die Verkennung der anwendbaren Vorschriften weder eine Ordnungswidrigkeit noch eine Straftat dar[2]. Auch sind die Beschlüsse des nicht nach den gesetzl. Vorschriften zusammengesetzten AR wirksam (arg. § 250 I Nr. 1 AktG)[3]. Das Kontinuitäts-Prinzip (gesetzl. Fiktion) schützt gerade die AR-Kontinuität, nicht hingegen seine materiell richtige Zusammensetzung. Aus dem gleichen Grund sind auch Wahlbeschlüsse von AR-Mitgliedern nicht anfechtbar[4].

14 Ruft kein nach § 98 II AktG Antragsberechtigter (zB AR-Mitglieder, Aktionäre, BR bzw. GBR, ggf. auch ArbN und Gewerkschaften) innerhalb eines Monats nach der Bekanntmachung im Bundesanzeiger[5] das nach § 98 I 1 AktG zuständige Gericht (= LG, Kammer für Handelssachen, in dessen Bezirk die Gesellschaft ihren Sitz hat) an, so ist der neue AR nach den in der Bekanntmachung des Geschäftsleitungsorgans angegebenen Vorschriften zusammenzusetzen (§ 97 II 1 AktG). Kommt es hingegen zu einer Anrufung des Gerichts innerhalb dieser Anrufungsfrist, so tritt das gerichtl. Feststellungsverfahren an die Stelle des Bekanntmachungsverfahrens und die gerichtl. Entscheidung an die Stelle der Bekanntmachung des Geschäftsleitungsorgans. Sollte es später zu keiner gerichtl. Entscheidung kommen (zB weil der Antragsberechtigte seinen Antrag zurücknimmt), kann der AR nach Ablauf (des Rests) der Anrufungsfrist entsprechend der Bekanntmachung des Geschäftsleitungsorgans zusammengesetzt werden[6].

15 **b) Verbindliche Feststellung der maßgeblichen Vorschriften durch gerichtliches Feststellungsverfahren.** Ist streitig oder ungewiss, nach welchen gesetzl. Vorschriften sich die Größe und Zusammensetzung des AR bestimmen, kann der nach § 98 II AktG antragsberechtigte Personenkreis (neben dem Geschäftsführungsorgan in seiner Gesamtheit, den AR-Mitgliedern und den Aktionären zB der BR bzw. GBR der Gesellschaft und – wenn die Anwendung des MitbestG beantragt wird – die im Unternehmen oder einem nach § 5 einbezogenen Konzernunternehmen vertretenen Gewerkschaften) ein gerichtl. Verfahren zur Klärung der Zusammensetzung des AR nach §§ 98, 99 AktG einleiten. Ein gerichtl. Antrag ist nicht abhängig von der Einleitung des Statusverfahrens durch Bekanntmachung nach § 97 I AktG und kann somit sowohl vor einer Bekanntmachung als auch während der einmonatigen Anrufungsfrist gem. § 97 I 3 AktG als auch – jedenfalls wenn neue Tatsachen vorgebracht werden können – noch danach gestellt werden[7]. Allerdings ist der Vorstand daran gehindert, ein Statusverfahren durch Bekanntmachung gem. § 97 I AktG einzuleiten, nachdem ein gerichtl. Entscheidungsverfahren nach den §§ 98, 99 AktG anhängig gemacht wurde (§ 97 III AktG). Das zuständige Gericht (Rz. 14) entscheidet über den Antrag im FamFG-Verfahren und unter Beachtung der besonderen Regelungen des § 99 AktG. Im Verfahren gilt der Amtsermittlungsgrundsatz (§ 26 FamFG), der durch die sog. Mitwirkungslast (= partielle Darlegungslast, § 27 FamFG) überlagert wird[8]. Formelle Entscheidungsgrundlage des Gerichts im Statusverfahren ist der gesamte Akteninhalt, und zwar in seinem vollen, bis zum Erlass der Entscheidung (§ 38 III 3 FamFG) angefallenen Umfang, also zB einschl. während des Statusverfahrens vorgenommener Umstrukturierung[9]. Allerdings ist auch die Rechtskraft zeitlich und sachlich in der Weise beschränkt, wie sich die entscheidungserheblichen tatsächlichen oder rechtl. Verhältnisse später nicht wesentlich ändern; der Vorstand kann aber in jedem Fall eine Bekanntmachung nach § 97 AktG erlassen (Grund: Rechtssicherheit)[10]. Sowohl der Antrag (ohne Begründung!) als auch die Entscheidung (ohne Gründe!) sind vom Gericht in den Gesellschaftsblättern der betroffenen Gesellschaft bekannt zu machen; darüber hinaus hat der Vorstand die Entscheidung nach Rechtskraft zum Handelsregister einzureichen. Die rechtskräftige Entscheidung wirkt für und gegen alle (§ 99 V 2 AktG).

16 Das vor den ordentl. Gerichten durchzuführende Statusverfahren hat **Konzentrationswirkung**. So kann bspw. die Wahl von ArbN-Vertretern im AR nicht mit der Begründung erfolgreich angefochten werden, dass die Zusammensetzung des AR nicht den gesetzl. Bestimmungen entspreche (arg. § 96 II AktG)[11]. Ein gleichwohl eingeleitetes Wahlanfechtungsverfahren ist zwar – nach der BAG-Rspr. – nicht unzulässig, hat aber „offensichtlich keine Aussicht auf Erfolg"[12]. Bei Meinungsverschiedenheiten darü-

---

1 Vgl. WHSS/*Seibt*, Rz. F 207; KölnKommAktG/*Mertens/Cahn*, §§ 97–99 Rz. 7f. ‖ 2 WHSS/*Seibt*, Rz. F 207. ‖ 3 Vgl. WHSS/*Seibt*, Rz. F 155c; *Parmentier*, AG 2006, 476 (485); im Erg. auch *Martens*, DB 1978, 1065 (1068). ‖ 4 WHSS/*Seibt*, Rz. F 207; ebenso *Parmentier*, AG 2006, 476 (486). ‖ 5 Eine frühere oder spätere Veröffentlichung in anderen Gesellschaftsblättern ist für die Fristberechnung unerheblich, es sei denn, der BAnz. zählt nicht zu den Gesellschaftsblättern der betreffenden Gesellschaft (was nur in den seltensten Fällen bei GmbH vorkommen dürfte); in diesem Fall ist auf die zeitlich zuletzt erfolgte Veröffentlichung in einem Gesellschaftsblatt abzustellen; vgl. *Hoffmann/Lehmann/Weinmann*, § 37 Rz. 7f. ‖ 6 Vgl. WHSS/*Seibt*, Rz. F 208; Geßler/Hefermehl/Eckardt/Kropff/*Geßler*, § 97 AktG Rz. 33; aA *Hüffer*, § 97 AktG Rz. 6. ‖ 7 WHSS/*Seibt*, Rz. F 209; *Göz*, ZIP 1998, 1523; *Hoffmann/Lehmann/Weinmann*, § 37 Rz. 27f. ‖ 8 Hierzu *Seibt*, ZIP 2011, 249 (254f.). ‖ 9 WHSS/*Seibt*, Rz. F 209; *Seibt*, ZIP 2011, 249 (255). ‖ 10 WWKK/*Wißmann*, § 5 MitbestG Rz. 35. ‖ 11 WHSS/*Seibt*, Rz. F 210. ‖ 12 BAG 22.12.1993 – 7 AZB 11/93; vgl. auch WHSS/*Seibt*, Rz. F 210; *Oetker*, ZGR 2000, 19 (22); *Henssler*, FS BGH II, 2000, S. 387, 390f.

ber, ob zB ArbN abhängiger Gesellschaften nach §§ 4, 5 für die Wahl zum AR des herrschenden Unternehmens wahlberechtigt sind, ist für die Frage nach der **Zuständigkeit der Arbeits- oder der ordentl. Gerichtsbarkeit** zu differenzieren[1]: Die ArbG sind zuständig, solange die Einbeziehung der ArbN anderer Konzerngesellschaften die Größe des AR nicht beeinflusst, da insoweit alleine die Wahl der ArbN-Vertreter berührende Fragen im Streit stehen. Sobald allerdings der Streit zu Auswirkungen auf die Größe des AR führt, muss die Einbeziehung der ArbN im Statusverfahren geklärt werden.

c) **Vollzug der Überleitung.** Steht auf Grund der unangefochten gebliebenen Bekanntmachung des Geschäftsführungsorgans oder der rechtskräftigen gerichtl. Entscheidung fest, welche (andere als zuvor geltenden) mitbestimmungsrechtl. Vorschriften für die Größe und Zusammensetzung des AR maßgebend sind, beginnt der **Überleitungsvollzug** gem. § 97 II AktG. Hierzu bedarf es dreierlei, nämlich (1) der Anpassung der Satzung, (2) der Beendigung der Mandate der bisherigen AR-Mitglieder und (3) der Bestellung der neuen AR-Mitglieder nach den nunmehr geltenden Vorschriften; darüber hinaus sind die Änderungen zum Handelsregister einzutragen.

Nach der Vorstellung des Gesetzgebers findet regelmäßig während einer Frist von sechs Monaten nach Ablauf der Monatsfrist für die Anrufung des Gerichts im Falle des Bekanntmachungsverfahrens gem. § 97 I AktG bzw. ab Eintritt der Rechtskraft der gerichtl. Entscheidung im gerichtl. Entscheidungsverfahren gem. §§ 98, 99 AktG eine Versammlung der Anteilseigner der betroffenen Gesellschaft statt, in der die Satzung angepasst und alle Anteilseignervertreter im AR neu bestellt werden. Die Amtszeit der neu gewählten Anteilseignervertreter sowie der ArbN-Vertreter, die bereits zum Zeitpunkt dieser Hauptversammlung gewählt sind, beginnt mit dem Ablauf der Versammlung der Anteilseigner. Zögert sich die Wahl der ArbN-Vertreter über den Zeitpunkt der Anteilseignerversammlung hinaus, wie dies regelmäßig der Fall ist, werden die noch fehlenden ArbN-Vertreter nach § 104 II AktG auf Antrag durch das Registergericht für die Zeit bis zum Abschluss der ArbN-Vertreterwahlen bestellt. Falls die Sechs-Monats-Frist ohne eine Versammlung der Anteilseigner verstreicht oder zwar eine solche Versammlung stattfindet, aber keine Satzungsanpassung beschlossen wird, treten die mit dem neuen Mitbestimmungsstatut unvereinbaren Satzungsbestimmungen außer Kraft und werden durch die anwendbaren gesetzl. Vorschriften ersetzt. Die amtierenden AR-Mitglieder verlieren ihr Mandat (und zwar alle AR-Mitglieder) mit Beendigung der ersten Anteilseignerversammlung, die nach Abschluss der ersten Stufe des Statusverfahrens einberufen wird, spätestens jedoch sechs Monate nach diesem Zeitpunkt (§ 97 II 3 AktG). Dies gilt auch dann, wenn (noch) kein neuer AR bestellt worden ist. Wer Mitglied des AR „bleiben" soll, muss neu bestellt werden[2]. Bis zur Beendigung der Anteilseignerversammlung oder bis Ablauf der Sechs-Monats-Frist gelten nach dem sog. Status-quo- oder Kontinuitätsprinzip die bisherigen mitbestimmungsrechtl. Bestimmungen allerdings fort[3].

Der Ablauf des Statusverfahrens wird mit der nachfolgenden Übersicht noch einmal zusammengefasst[4]:

Zweistufiger Ablauf des Statusverfahrens

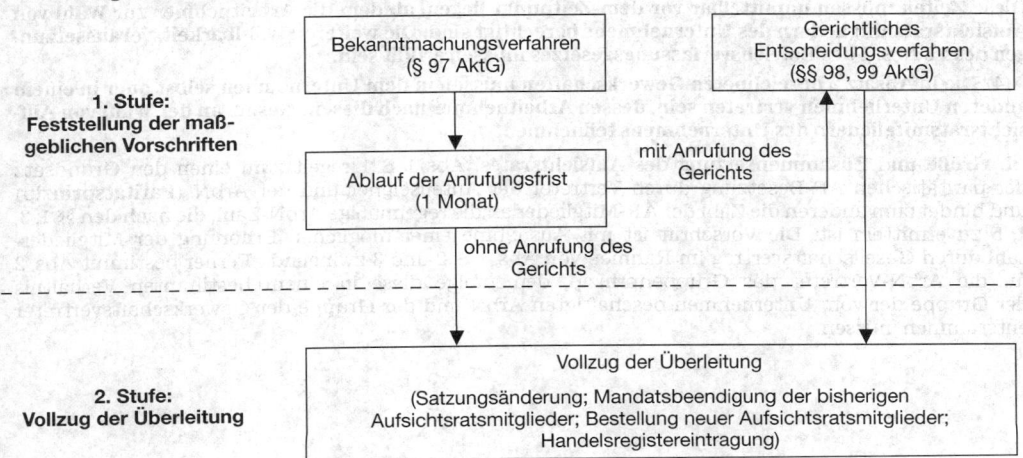

---

1 Wie hier WHSS/*Seibt*, Rz. F 210; *Henssler*, FS BGH II, 2000, S. 387, 391; *Oetker*, ZGR 2000, 19 (22); für einen generellen Vorrang des Statusverfahrens LAG Düss. 24.1.1978 – 5 Ta BV 105/77, DB 1978, 987f. – Herberts; OLG Düss. 20.6.1978 – 19 W 3/78, DB 1978, 1358f. – Herberts; aA Vorinstanz LG Düss. 8.3.1978 – 25 AktE 3/77, DB 1978, 988f. – Herberts. ||2 Vgl. WHSS/*Seibt*, Rz. F 211; *Hüffer*, § 97 AktG Rz. 5; *Kiem/Uhrig*, NZG 2001, 680 (681). ||3 WHSS/*Seibt*, Rz. F 211; *Hüffer*, § 96 AktG Rz. 13; *Göz*, ZIP 1998, 1523 (1524); *Rittner*, DB 1969, 2165 (2167). ||4 Die Übersicht ist entnommen aus WHSS/*Seibt*, Rz. F 212.

MitbestG § 6 Rz. 20 — Grundsatz

20   **III. Bestellung und Abberufung von AR-Mitgliedern.** Vorbehaltlich der insoweit vorrangigen §§ 7 ff. finden für die Bestellung und Abberufung von AR-Mitgliedern die §§ 100, 101 I und III, 102–106 AktG Anwendung (Abs. 2 S. 1). Für Genossenschaften gelten indes nur die §§ 102, 104 und 105 AktG (Abs. 3 S. 1) und daneben die §§ 9, 36, 37 GenG; abweichend von § 9 II GenG müssen indes nur die AR-Mitglieder der Anteilseigner zugleich Mitglieder der Genossenschaft sein (Abs. 3 S. 2).

21   In Abweichung von § 105 I AktG bestimmt Abs. 2 S. 1 Hs. 2 zu Gunsten der leitenden Angestellten, dass **Prokuristen des Unternehmens** als AR-Mitglieder der ArbN nur dann ausscheiden, wenn sie dem zur gesetzl. Vertretung des unternehmensbefugten Organs unmittelbar unterstellt sind (d.h. in der vertikalen Organisationsgliederung des Unternehmens auf zweitoberster Ebene stehen) und die Prokura sich (auch im Innenverhältnis) auf die Vertretung des gesamten Unternehmens erstreckt[1].

7 *Zusammensetzung des Aufsichtsrats*
 (1) **Der Aufsichtsrat eines Unternehmens**

1. mit in der Regel nicht mehr als 10 000 Arbeitnehmern setzt sich zusammen aus je sechs Aufsichtsratsmitgliedern der Anteilseigner und der Arbeitnehmer;
2. mit in der Regel mehr als 10 000, jedoch nicht mehr als 20 000 Arbeitnehmern setzt sich zusammen aus je acht Aufsichtsratsmitgliedern der Anteilseigner und der Arbeitnehmer;
3. mit in der Regel mehr als 20 000 Arbeitnehmern setzt sich zusammen aus je zehn Aufsichtsratsmitgliedern der Anteilseigner und der Arbeitnehmer.

Bei den in Satz 1 Nr. 1 bezeichneten Unternehmen kann die Satzung (der Gesellschaftsvertrag, das Statut) bestimmen, dass Satz 1 Nr. 2 oder 3 anzuwenden ist. Bei den in Satz 1 Nr. 2 bezeichneten Unternehmen kann die Satzung (der Gesellschaftsvertrag, das Statut) bestimmen, dass Satz 1 Nr. 3 anzuwenden ist.

 (2) Unter den Aufsichtsratsmitgliedern der Arbeitnehmer müssen sich befinden

1. in einem Aufsichtsrat, dem sechs Aufsichtsratsmitglieder der Arbeitnehmer angehören, vier Arbeitnehmer des Unternehmens und zwei Vertreter von Gewerkschaften;
2. in einem Aufsichtsrat, dem acht Aufsichtsratsmitglieder der Arbeitnehmer angehören, sechs Arbeitnehmer des Unternehmens und zwei Vertreter von Gewerkschaften;
3. in einem Aufsichtsrat, dem zehn Aufsichtsratsmitglieder der Arbeitnehmer angehören, sieben Arbeitnehmer des Unternehmens und drei Vertreter von Gewerkschaften.

 (3) Die in Absatz 2 bezeichneten Arbeitnehmer des Unternehmens müssen das 18. Lebensjahr vollendet haben und ein Jahr dem Unternehmen angehören. Auf die einjährige Unternehmensangehörigkeit werden Zeiten der Angehörigkeit zu einem anderen Unternehmen, dessen Arbeitnehmer nach diesem Gesetz an der Wahl von Aufsichtsratsmitgliedern des Unternehmens teilnehmen, angerechnet. Diese Zeiten müssen unmittelbar vor dem Zeitpunkt liegen, ab dem die Arbeitnehmer zur Wahl von Aufsichtsratsmitgliedern des Unternehmens berechtigt sind. Die weiteren Wählbarkeitsvoraussetzungen des § 8 Abs. 1 des Betriebsverfassungsgesetzes müssen erfüllt sein.

 (4) Die in Absatz 2 bezeichneten Gewerkschaften müssen in dem Unternehmen selbst oder in einem anderen Unternehmen vertreten sein, dessen Arbeitnehmer nach diesem Gesetz an der Wahl von Aufsichtsratsmitgliedern des Unternehmens teilnehmen.

1   **I. Größe und Zusammensetzung des Aufsichtsrates.** Abs. 1 S. 1 regelt zum einen den Grundsatz der paritätischen AR-Besetzung durch Vertreter der Anteilseigner und der ArbN (**Paritätsprinzip**) und bindet zum anderen die Zahl der AR-Mitglieder an die regelmäßige ArbN-Zahl, die nach den §§ 1, 3, 4, 5 zu ermitteln ist. Die Vorschrift ist mit Ausnahme einer möglichen Erhöhung der Mitgliederzahl durch Gesellschaftsvertrag im Rahmen von Abs. 1 S. 2 und 3 zwingend[2]. Ferner bestimmt Abs. 2 für die ArbN-Vertreter das Gruppenprinzip, demzufolge diese in einem bestimmten Verhältnis der Gruppe der vom Unternehmen beschäftigten ArbN und der Gruppe der Gewerkschaftsvertreter entstammen müssen.

---

[1] Vgl. ErfK/*Oetker*, § 6 MitbestG Rz. 5; UHH/*Ulmer/Habersack*, § 6 Rz. 52; MüKoAktG/*Gach*, § 6 MitbestG Rz. 7. ||[2] ErfK/*Oetker*, § 7 MitbestG Rz. 1; UHH/*Henssler*, § 7 Rz. 1; *Raiser/Veil*, § 7 Rz. 2. Zur berechtigten rechtspolitischen Forderung nach einer Verkleinerung der AR zB *Berrar*, NZG 2001, 1113 (1114); *Claussen*, DB 1998, 177 (182 f.); *Lutter*, ZGR 2001, 224 (236); dagegen zB *Herrmann*, BKR 2002, 193 (194).

Es ergibt sich danach folgende **Zusammensetzung**:

ArbN-Zahl	Sollzahl AR-Mitglieder (§ 7 I 1) [zulässige Erhöhung, § 7 I 2, 3]	davon Unternehmensangehörige (§ 7 II; mind. 1 ltd. Angestellter, § 15 I 2) [% von ArbN-Vertreter]	davon Gewerkschaftsvertreter (§ 7 II) [% von ArbN-Vertreter]
= 10 000	12 [16, 20]	4 [^{2}/$_3$]	2 [^{1}/$_3$]
> 10 000	16 [20]	6 [^{3}/$_4$]	2 [^{1}/$_4$]
> 20 000	20	7 [^{7}/$_{10}$]	3 [^{3}/$_{10}$]

Zum 31.12.2012 (Vergleichszahlen zum 31.12.2002 in Klammern) waren bei den insg. 654 (767) dem MitbestG unterfallenden Unternehmen (§ 1 Rz. 1) 429 (515) AR 12-köpfig, 104 (100) AR 16-köpfig und 121 (152) AR 20-köpfig besetzt[1].

II. Wählbarkeit der Unternehmensangehörigen. Die vom Unternehmen beschäftigten ArbN müssen sowohl die Anforderungen der §§ 100 I u. II, 105 AktG iVm. § 6 II 1 als auch diejenigen in Abs. 3 erfüllen, d.h. die ArbN müssen zu Beginn der Amtszeit des AR in einem ArbVerh zu dem an der Wahl beteiligten Unternehmen stehen, die Unternehmenszugehörigkeit muss (bei Beginn der Amtszeit) seit mindestens einem Jahr vorliegen und sie müssen zum Amtsantritt das 18. LJ vollendet haben. ArbN, die sich in der Freistellungsphase der ATZ befinden, sind nicht wählbar[2]. LeihArbN steht im entleihenden Unternehmen wegen des fehlenden ArbVerh zu diesem das passive Wahlrecht nicht zu[3]. Besteht das Unternehmen weniger als ein Jahr, gilt § 8 II BetrVG entsprechend[4]. Zu den weiteren Wählbarkeitsvoraussetzungen nach § 8 I BetrVG iVm. Abs. 3 S. 4 s. § 8 BetrVG. Wird ein nicht zum Unternehmen gehörender ArbN gewählt, ist die Wahl nichtig[5]; scheidet ein in den AR gewählter ArbN nachträglich aus dem Unternehmen aus, erlischt sein Amt (§ 24 I).

III. Wählbarkeit der Gewerkschaftsvertreter. Für die Gewerkschaftsvertreter, die nach § 16 II ausschließlich durch die Gewerkschaften zur Wahl vorgeschlagen werden (Vorschlagsrecht und kein Ernennungsrecht), gelten die aktienrechtl. Wählbarkeitsvoraussetzungen der §§ 100 I u. II, 105 AktG iVm. § 6 II 1. Sie müssen nicht in dem an einer Wahl beteiligten Unternehmen beschäftigt oder in einer Gewerkschaft organisiert sein[6]. Das Vorschlagsrecht steht nur solchen Gewerkschaften zu, die in einem Unternehmen, dessen ArbN an der Wahl teilnehmen, vertreten sind, d.h. mindestens dort ein Mitglied haben[7]. Gewerkschaften sind hierbei (1) Vereinigungen von ArbN, die auf freiwilligem Zusammenschluss beruhen, (2) in ihrem Bestand vom Wechsel der Mitglieder, (3) von Staat, Kirchen und Parteien und (4) in ihrer Willensbildung von ArbGeb unabhängig sind, (5) überbetrieblich organisiert sind, (6) eine Verbesserung der Arbeits- und Wirtschaftsbedingungen ihrer Mitglieder anstreben, (7) das geltende Tarifrecht als für sich verbindlich anerkennen und (8) in der Lage sind, durch Ausüben von Druck auf den Tarifpartner zu einem Tarifabschluss zu kommen („Mächtigkeit")[8]. In den Fällen der §§ 4 und 5 genügt es, dass die Gewerkschaft in der KG bzw. in einem der Konzernunternehmen vertreten ist[9]. Entfällt diese Voraussetzung während der Amtszeit des betreffenden AR-Mitglieds, so erlischt sein Amt (§ 24 I analog)[10]. Das Vorschlagsrecht der Gewerkschaften und die damit verbundene Sitzgarantie ist trotz Art. 9 I GG verfassungsgemäß[11].

Zweiter Abschnitt. Bestellung der Aufsichtsratsmitglieder

Erster Unterabschnitt. Aufsichtsratsmitglieder der Anteilseigner

§ 8 *Aufsichtsratsmitglieder der Anteilseigner*
(1) Die Aufsichtsratsmitglieder der Anteilseigner werden durch das nach Gesetz, Satzung oder Gesellschaftsvertrag zur Wahl von Mitgliedern des Aufsichtsrats befugte Organ (Wahlorgan) und, soweit gesetzliche Vorschriften dem nicht entgegenstehen, nach Maßgabe der Satzung oder des Gesellschaftsvertrags bestellt.

---

1 *Ehrenstein*, Mitbestimmung 6/2013, 62. || 2 LAG Nürnberg 12.6.2006 – 2 TaBV 9/06, NZA-RR 2006, 358 (360); ErfK/*Oetker*, § 7 MitbestG Rz. 2. || 3 Vgl. BAG 17.2.2010 – 7 ABR 51/08, NZA 2010, 832 (833f.); vgl. auch UHH/ *Henssler*, § 7 Rz. 35; ErfK/*Oetker*, § 7 MibestG Rz. 2. || 4 UHH/*Henssler*, § 7 Rz. 39; ErfK/*Oetker*, § 8 MitbestG Rz. 2; im Erg. auch WWKK/*Wißmann*, § 7 Rz. 29 (teleologische Reduktion von § 7 III 1). || 5 Vgl. *Raiser/Veil*, § 7 Rz. 11 und § 22 Rz. 21. || 6 ErfK/*Oetker*, § 7 MitbestG Rz. 3; UHH/*Henssler*, § 7 Rz. 33, 78; *Raiser/Veil*, § 7 Rz. 21. || 7 Vgl. BayObLG 14.12.2004 – 3 Z BR 134/04, AG 2005, 350 (351); BAG 4.11.1960 – 1 ABR 4/60, AP Nr. 2 zu § 16 BetrVG 1952; ErfK/*Oetker*, § 7 MitbestG Rz. 3; UHH/*Henssler*, § 7 Rz. 70; WWKK/*Wißmann*, § 7 Rz. 47; *Raiser/Veil*, § 7 Rz. 19. || 8 BAG 6.6.2000 – 1 ABR 21/99, BAGE 95, 47; BayObLG 20.8.1997 – 3Z BR 193/97, AG 1998, 36; 14.12.2004 – 3 Z BR 134/04, AG 2005, 350 (351). || 9 Vgl. *Raiser/Veil*, § 7 Rz. 20. || 10 Im Erg. ebenso ErfK/*Oetker*, § 7 MitbestG Rz. 3; UHH/*Henssler*, § 7 Rz. 76; *Raiser/Veil*, § 24 Rz. 2. || 11 BVerfG 1.3.1979 – 1 BvR 533/77, E 50, 290 (361); zust. WWKK/*Wißmann*, § 7 Rz. 3; krit. *Buchner*, ZfA 2006, 597ff.

MitbestG § 8 Rz. 1   Aufsichtsratsmitglieder der Anteilseigner

(2) § 101 Abs. 2 des Aktiengesetzes bleibt unberührt.

1   **I. Wahl der Anteilseignervertreter.** Abs. 1 (iVm. § 6) bestätigt für die Wahl der Anteilseignervertreter im AR, dass hier das spezifische Gesellschaftsrecht bzw. die spezifischen gesellschaftsvertragl. Regelungen gelten. Zwingendes Wahlorgan ist bei AG und KGaA die Hauptversammlung (§§ 101 I, 278 III AktG), bei Genossenschaften die General- oder Vertreterversammlung (§§ 36, 43a GenG, § 6 III) und bei der GmbH die Gesellschafterversammlung, sofern die GmbH-Satzung die Zuständigkeit nicht auf ein anderes Gremium übertragen hat (Abs. 1 iVm. § 52 GmbHG)[1]. Die Anteilseigner sind bei der Wahl grds. frei, insb. nicht an Wahlvorschläge der Verwaltungsorgane gebunden (§ 101 I 2 AktG). Das Wahlverfahren richtet sich bei AG und KGaA nach Abs. 1 iVm. §§ 124, 127, 133 bis 137 (iVm. § 278 III AktG). Bei der GmbH sind die Regelungen des Gesellschaftsvertrags (Abs. 1 iVm. § 45 II GmbHG) oder hilfsweise die §§ 47–51 GmbHG anzuwenden. Bei der Genossenschaft gelten die §§ 36 I, 43–47 GenG.

2   **II. Entsendungsrechte.** Bei AG und KGaA kann die Satzung einem bestimmten Aktionär oder den Inhaber bestimmter Aktien, wenn sie auf den Namen lauten oder vinkuliert sind, das Recht einräumen, eine oder mehrere Personen in den AR zu entsenden, wobei alle Entsendungsrechte zusammen höchstens ein Drittel der den Aktionären zustehenden AR-Mandate erreichen darf (§ 101 II AktG). Bei GmbH und Genossenschaft sind die aktienrechtl. Schranken des Entsendungsrechts unanwendbar; jedem Gesellschafter oder Dritten kann ein Entsendungsrecht gewährt werden und die Zahl der Entsandten kann über das aktienrechtlich bestimmte Drittel der AR-Mandate hinausgehen[2].

Zweiter Unterabschnitt. Aufsichtsratsmitglieder der Arbeitnehmer, Grundsatz

9 *Aufsichtsratsmitglieder der Arbeitnehmer*
(1) Die Aufsichtsratsmitglieder der Arbeitnehmer (§ 7 Abs. 2) eines Unternehmens mit in der Regel mehr als 8000 Arbeitnehmern werden durch Delegierte gewählt, sofern nicht die wahlberechtigten Arbeitnehmer die unmittelbare Wahl beschließen.

(2) Die Aufsichtsratsmitglieder der Arbeitnehmer (§ 7 Abs. 2) eines Unternehmens mit in der Regel nicht mehr als 8000 Arbeitnehmern werden in unmittelbarer Wahl gewählt, sofern nicht die wahlberechtigten Arbeitnehmer die Wahl durch Delegierte beschließen.

(3) Zur Abstimmung darüber, ob die Wahl durch Delegierte oder unmittelbar erfolgen soll, bedarf es eines Antrags, der von einem Zwanzigstel der wahlberechtigten Arbeitnehmer des Unternehmens unterzeichnet sein muss. Die Abstimmung ist geheim. Ein Beschluss nach Absatz 1 oder 2 kann nur unter Beteiligung von mindestens der Hälfte der wahlberechtigten Arbeitnehmer und nur mit der Mehrheit der abgegebenen Stimmen gefasst werden.

Dritter Unterabschnitt. Wahl der Aufsichtsratmitglieder der Arbeitnehmer durch Delegierte

10 *Wahl der Delegierten*
(1) In jedem Betrieb des Unternehmens wählen die Arbeitnehmer in geheimer Wahl und nach den Grundsätzen der Verhältniswahl Delegierte.

(2) Wahlberechtigt für die Wahl von Delegierten sind die Arbeitnehmer des Unternehmens, die das 18. Lebensjahr vollendet haben. § 7 Satz 2 des Betriebsverfassungsgesetzes gilt entsprechend.

(3) Zu Delegierten wählbar sind die in Absatz 2 Satz 1 bezeichneten Arbeitnehmer, die die weiteren Wählbarkeitsvoraussetzungen des § 8 des Betriebsverfassungsgesetzes erfüllen.

(4) Wird für einen Wahlgang nur ein Wahlvorschlag gemacht, so gelten die darin aufgeführten Arbeitnehmer in der angegebenen Reihenfolge als gewählt. § 11 Abs. 2 ist anzuwenden.

11 *Errechnung der Zahl der Delegierten*
(1) In jedem Betrieb entfällt auf je 90 wahlberechtigte Arbeitnehmer ein Delegierter. Ergibt die Errechnung nach Satz 1 in einem Betrieb mehr als

1. 25 Delegierte, so vermindert sich die Zahl der zu wählenden Delegierten auf die Hälfte; diese Delegierten erhalten je zwei Stimmen;

2. 50 Delegierte, so vermindert sich die Zahl der zu wählenden Delegierten auf ein Drittel; diese Delegierten erhalten je drei Stimmen;

3. 75 Delegierte, so vermindert sich die Zahl der zu wählenden Delegierten auf ein Viertel; diese Delegierten erhalten je vier Stimmen;

---
[1] Scholz/*U.H. Schneider*, § 52 GmbHG Rz. 239; Baumbach/Hueck/*Zöllner*/*Noack*, § 52 GmbHG Rz. 290, 176.
||[2] Zur GmbH Scholz/*U.H. Schneider*, § 52 GmbHG Rz. 219; Hachenburg/*Raiser*, § 52 GmbHG Rz. 42.

4. 100 Delegierte, so vermindert sich die Zahl der zu wählenden Delegierten auf ein Fünftel; diese Delegierten erhalten je fünf Stimmen;
5. 125 Delegierte, so vermindert sich die Zahl der zu wählenden Delegierten auf ein Sechstel; diese Delegierten erhalten je sechs Stimmen;
6. 150 Delegierte, so vermindert sich die Zahl der zu wählenden Delegierten auf ein Siebtel; diese Delegierten erhalten je sieben Stimmen.

Bei der Errechnung der Zahl der Delegierten werden Teilzahlen voll gezählt, wenn sie mindestens die Hälfte der vollen Zahl betragen.

(2) Unter den Delegierten müssen in jedem Betrieb die in § 3 Abs. 1 Nr. 1 bezeichneten Arbeitnehmer und die leitenden Angestellten entsprechend ihrem zahlenmäßigen Verhältnis vertreten sein. Sind in einem Betrieb mindestens neun Delegierte zu wählen, so entfällt auf die in § 3 Abs. 1 Nr. 1 bezeichneten Arbeitnehmer und die leitenden Angestellten mindestens je ein Delegierter; dies gilt nicht, soweit in dem Betrieb nicht mehr als fünf in § 3 Abs. 1 Nr. 1 bezeichnete Arbeitnehmer oder leitende Angestellte wahlberechtigt sind. Soweit auf die in § 3 Abs. 1 Nr. 1 bezeichneten Arbeitnehmer und die leitenden Angestellten lediglich nach Satz 2 Delegierte entfallen, vermehrt sich die nach Absatz 1 errechnete Zahl der Delegierten des Betriebs entsprechend.

(3) Soweit nach Absatz 2 auf die in § 3 Abs. 1 Nr. 1 bezeichneten Arbeitnehmer und die leitenden Angestellten eines Betriebs nicht mindestens je ein Delegierter entfällt, gelten diese für die Wahl der Delegierten als Arbeitnehmer des Betriebs der Hauptniederlassung des Unternehmens. Soweit nach Absatz 2 und nach Satz 1 auf die in § 3 Abs. 1 Nr. 1 bezeichneten Arbeitnehmer und die leitenden Angestellten des Betriebs der Hauptniederlassung nicht mindestens je ein Delegierter entfällt, gelten diese für die Wahl der Delegierten als Arbeitnehmer des nach der Zahl der wahlberechtigten Arbeitnehmer größten Betriebs des Unternehmens.

(4) Entfällt auf einen Betrieb oder auf ein Unternehmen, dessen Arbeitnehmer nach diesem Gesetz an der Wahl von Aufsichtsratsmitgliedern des Unternehmens teilnehmen, kein Delegierter, so ist Absatz 3 entsprechend anzuwenden.

(5) Die Eigenschaft eines Delegierten als Delegierter der Arbeitnehmer nach § 3 Abs. 1 Nr. 1 oder § 3 Abs. 1 Nr. 2 bleibt bei einem Wechsel der Eigenschaft als Arbeitnehmer nach § 3 Abs. 1 Nr. 1 oder § 3 Abs. 1 Nr. 2 erhalten.

12 *Wahlvorschläge für Delegierte*
(1) Zur Wahl der Delegierten können die wahlberechtigten Arbeitnehmer des Betriebs Wahlvorschläge machen. Jeder Wahlvorschlag muss von einem Zwanzigstel oder 50 der jeweils wahlberechtigten in § 3 Abs. 1 Nr. 1 bezeichneten Arbeitnehmer oder der leitenden Angestellten des Betriebs unterzeichnet sein.

(2) Jeder Wahlvorschlag soll mindestens doppelt so viele Bewerber enthalten, wie in dem Wahlgang Delegierte zu wählen sind.

13 *Amtszeit der Delegierten*
(1) Die Delegierten werden für eine Zeit gewählt, die der Amtszeit der von ihnen zu wählenden Aufsichtsratsmitglieder entspricht. Sie nehmen die ihnen nach den Vorschriften dieses Gesetzes zustehenden Aufgaben und Befugnisse bis zur Einleitung der Neuwahl der Aufsichtsratsmitglieder der Arbeitnehmer wahr.

(2) In den Fällen des § 9 Abs. 1 endet die Amtszeit der Delegierten, wenn
1. die wahlberechtigten Arbeitnehmer nach § 9 Abs. 1 die unmittelbare Wahl beschließen;
2. das Unternehmen nicht mehr die Voraussetzungen für die Anwendung des § 9 Abs. 1 erfüllt, es sei denn, die wahlberechtigten Arbeitnehmer beschließen, dass die Amtszeit bis zu dem in Absatz 1 genannten Zeitpunkt fortdauern soll; § 9 Abs. 3 ist entsprechend anzuwenden.

(3) In den Fällen des § 9 Abs. 2 endet die Amtszeit der Delegierten, wenn die wahlberechtigten Arbeitnehmer die unmittelbare Wahl beschließen; § 9 Abs. 3 ist anzuwenden.

(4) Abweichend von Absatz 1 endet die Amtszeit der Delegierten eines Betriebs, wenn nach Eintreten aller Ersatzdelegierten des Wahlvorschlags, dem die zu ersetzenden Delegierten angehören, die Gesamtzahl der Delegierten des Betriebs unter die im Zeitpunkt ihrer Wahl vorgeschriebene Zahl der auf den Betrieb entfallenden Delegierten gesunken ist.

14 *Vorzeitige Beendigung der Amtszeit oder Verhinderung von Delegierten*
(1) Die Amtszeit eines Delegierten endet vor dem in § 13 bezeichneten Zeitpunkt
1. durch Niederlegung des Amtes,
2. durch Beendigung der Beschäftigung des Delegierten in dem Betrieb, dessen Delegierter er ist,

3. durch Verlust der Wählbarkeit.

(2) Endet die Amtszeit eines Delegierten vorzeitig oder ist er verhindert, so tritt an seine Stelle ein Ersatzdelegierter. Die Ersatzdelegierten werden der Reihe nach aus den nicht gewählten Arbeitnehmern derjenigen Wahlvorschläge entnommen, denen die zu ersetzenden Delegierten angehören.

15 Wahl der unternehmensangehörigen Aufsichtsratsmitglieder der Arbeitnehmer

(1) Die Delegierten wählen die Aufsichtsratsmitglieder, die nach § 7 Abs. 2 Arbeitnehmer des Unternehmens sein müssen, geheim und nach den Grundsätzen der Verhältniswahl für die Zeit, die im Gesetz oder in der Satzung (im Gesellschaftsvertrag) für die durch das Wahlorgan der Anteilseigner zu wählenden Mitglieder des Aufsichtsrats bestimmt ist. Dem Aufsichtsrat muss ein leitender Angestellter angehören.

(2) Die Wahl erfolgt auf Grund von Wahlvorschlägen. Jeder Wahlvorschlag für

1. Aufsichtsratsmitglieder der Arbeitnehmer nach § 3 Abs. 1 Nr. 1 muss von einem Fünftel oder 100 der wahlberechtigten Arbeitnehmer des Unternehmens unterzeichnet sein;
2. das Aufsichtsratsmitglied der leitenden Angestellten wird auf Grund von Abstimmungsvorschlägen durch Beschluss der wahlberechtigten leitenden Angestellten aufgestellt. Jeder Abstimmungsvorschlag muss von einem Zwanzigstel oder 50 der wahlberechtigten leitenden Angestellten unterzeichnet sein. Der Beschluss wird in geheimer Abstimmung gefasst. Jeder leitende Angestellte hat so viele Stimmen, wie für den Wahlvorschlag nach Absatz 3 Satz 2 Bewerber zu benennen sind. In den Wahlvorschlag ist die nach Absatz 3 Satz 2 vorgeschriebene Anzahl von Bewerbern in der Reihenfolge der auf sie entfallenden Stimmenzahlen aufzunehmen.

(3) Abweichend von Absatz 1 findet Mehrheitswahl statt, soweit nur ein Wahlvorschlag gemacht wird. In diesem Fall muss der Wahlvorschlag doppelt so viele Bewerber enthalten, wie Aufsichtsratsmitglieder auf die Arbeitnehmer nach § 3 Abs. 1 Nr. 1 und auf die leitenden Angestellten entfallen.

16 Wahl der Vertreter von Gewerkschaften in den Aufsichtsrat

(1) Die Delegierten wählen die Aufsichtsratsmitglieder, die nach § 7 Abs. 2 Vertreter von Gewerkschaften sind, in geheimer Wahl und nach den Grundsätzen der Verhältniswahl für die in § 15 Abs. 1 bestimmte Zeit.

(2) Die Wahl erfolgt auf Grund von Wahlvorschlägen der Gewerkschaften, die in dem Unternehmen selbst oder in einem anderen Unternehmen vertreten sind, dessen Arbeitnehmer nach diesem Gesetz an der Wahl von Aufsichtsratsmitgliedern des Unternehmens teilnehmen. Wird nur ein Wahlvorschlag gemacht, so findet abweichend von Satz 1 Mehrheitswahl statt. In diesem Falle muss der Wahlvorschlag mindestens doppelt so viele Bewerber enthalten, wie Vertreter von Gewerkschaften in den Aufsichtsrat zu wählen sind.

17 Ersatzmitglieder

(1) In jedem Wahlvorschlag kann zusammen mit jedem Bewerber für diesen ein Ersatzmitglied des Aufsichtsrats vorgeschlagen werden. Für einen Bewerber, der Arbeitnehmer nach § 3 Abs. 1 Nr. 1 ist, kann nur ein Arbeitnehmer nach § 3 Abs. 1 Nr. 1 und für einen leitenden Angestellten nach § 3 Abs. 1 Nr. 2 nur ein leitender Angestellter als Ersatzmitglied vorgeschlagen werden. Ein Bewerber kann nicht zugleich als Ersatzmitglied vorgeschlagen werden.

(2) Wird ein Bewerber als Aufsichtsratsmitglied gewählt, so ist auch das zusammen mit ihm vorgeschlagene Ersatzmitglied gewählt.

Vierter Unterabschnitt. Unmittelbare Wahl der Aufsichtsratsmitglieder der Arbeitnehmer

18

Sind nach § 9 die Aufsichtsratsmitglieder der Arbeitnehmer in unmittelbarer Wahl zu wählen, so sind die Arbeitnehmer des Unternehmens, die das 18. Lebensjahr vollendet haben, wahlberechtigt. § 7 Satz 2 des Betriebsverfassungsgesetzes gilt entsprechend. Für die Wahl sind die §§ 15 bis 17 mit der Maßgabe anzuwenden, dass an die Stelle der Delegierten die wahlberechtigten Arbeitnehmer des Unternehmens treten.

I. Überblick über die Wahl der ArbN-Vertreter im Aufsichtsrat 1	1. Bekanntmachung der Wahl durch die Unternehmensleitung 5
II. Verfahrenseinleitende Wahlabschnitte 5	2. Bildung der Wahlvorstände 6

3. Aufstellung und Bekanntmachung der Wählerlisten 10	3. Wahl der AR-Mitglieder durch die Delegierten 31
4. Drei Bekanntmachungen der Wahlvorstände 12	IV. Urwahl 40
III. Delegiertenwahl 21	1. Grundsatz 40
1. Anwendungsbereich 21	2. Wahlverfahren 41
2. Wahl der Delegierten 22	V. Amtsdauer 44

I. Überblick über die Wahl der ArbN-Vertreter im Aufsichtsrat. Die Wahl der ArbN-Vertreter in den AR ist in den §§ 9–18 sowie ergänzend durch drei auf der Grundlage von § 39 erlassene Wahlordnungen geregelt (hierzu § 39 Rz. 1). Die 1. Wahlordnung zum Mitbestimmungsgesetz (1. WO) gilt für Unternehmen, die nur aus einem Betrieb bestehen, die 2. Wahlordnung zum Mitbestimmungsgesetz (2. WO) für solche Unternehmen, die aus mehreren Betrieben bestehen, und die 3. Wahlordnung zum Mitbestimmungsgesetz (3. WO) für solche Unternehmen, bei denen auch ArbN anderer Unternehmen auf der Grundlage von § 4 oder § 5 bei einer Wahl der ArbN-Vertreter teilnehmen. Die Aufteilung in drei WO soll der einfacheren Handhabung durch die Unternehmen dienen, da das Wahlverfahren, trotz der identischen Gesamtkonzeption, wegen der verschiedenen Struktur der vom Wahlverfahren betroffenen Unternehmen bei zahlreichen Einzelheiten (zB Zuständigkeiten und Fristen) differenzieren muss[1]. Die Wahlordnungen enthalten im Grundsatz **zwingendes Recht**[2], sind allerdings **privatautonomen Mitbestimmungsvereinbarungen** insoweit zugänglich, als es um die vergleichsweise Klärung (iSv. § 779 BGB) zweifelhafter Rechts- und Sachfragen (zB im Hinblick auf die Bestimmung des Kreises der Wahlberechtigten oder die Bestimmung einer Teilkonzernspitze iSv. § 5 III[3]) oder um die Berücksichtigung von Einzelfallumständen des betroffenen Unternehmens (sog. Rationalisierungsvereinbarung; hierzu § 1 Rz. 20) geht[4]. 1

Sämtliche ArbN-Vertreter im AR sind durch die ArbN des Unternehmens zu wählen. Für die Wahl der AR-Mitglieder der ArbN unterscheiden MitbestG und WO zwischen einem mittelbaren und einem unmittelbaren Wahlverfahren: Nach § 9 I Hs. 1 werden die AR-Mitglieder der ArbN eines Unternehmens mit idR mehr als 8000 ArbN durch Delegierte gewählt, die ihrerseits zuvor von den wahlberechtigten ArbN gewählt werden (sog. mittelbare Wahl oder Delegiertenwahl; §§ 10–17). In Unternehmen mit idR nicht mehr als 8000 ArbN wählen die ArbN nach § 9 II Hs. 1 ihre AR-Mitglieder grds. selbst (sog. unmittelbare Wahl oder Urwahl; § 18). Diese nach der Zahl der ArbN differenzierende Vorgabe für die Wahlart ist zwingend[5], wenngleich die wahlberechtigten ArbN (nicht jedoch der AR, die BR oder der Anteilseigner durch Satzungsregelung) sich in einem besonderen Abstimmungsverfahren für die jeweils andere Wahlart entscheiden können (§ 9 I Hs. 2, II Hs. 2, III; Modalitäten geregelt in §§ 12ff. 1. WO, §§ 13ff. 2. WO, §§ 13ff. 3. WO). Dabei ist auch die gesetzgeberische Entscheidung zwingend, dass alle AR-Mitglieder der ArbN, und damit auch die Vertreter von Gewerkschaften (§ 7 II), von den ArbN des Unternehmens gewählt werden, den Gewerkschaften also kein Entsendungs-, sondern nur ein unverbindliches Vorschlagsrecht (§ 16) zukommt. Die Zählung der ArbN richtet sich nach den Grundsätzen zu § 1 und bei ArbN von KG und abhängigen Unternehmen nach §§ 4, 5.12). 2

Für Streitigkeiten über die Anwendung und Auslegung von § 9 ist das ArbG zuständig (§ 2a I Nr. 3 ArbGG). Eine Anfechtung der Wahl von AR-Mitgliedern nach § 22 ist für ein solches Streitverfahren nicht vorausgesetzt[6]. Ein Verfügungsgrund für den Erlass einer einstw. Verfügung auf Untersagung der Wahl zum AR liegt nur in Ausnahmefällen vor, nämlich nur bei schwerwiegenden Fehlern, die zur Nichtigkeit einer gleichwohl abgeschlossenen Wahl führen würden[7]. Der Erlass einer einstw. Verfügung ist zulässig, um lediglich berichtigende Eingriffe in das Wahlverfahren rechtzeitig zu begehren[8]. 3

Das Wahlverfahren ist durch das **Betriebsverfassungsreformgesetz v. 23.7.2001**[9] insb. in zwei Punkten geändert worden, nämlich durch (1) die Einführung eines aktiven Wahlrechts für LeihArbN, wenn diese länger als drei Monate im Betrieb eingesetzt werden (vgl. §§ 10 II 2, 2 iVm. § 7 S. 2 BetrVG), sowie (2) die Abschaffung des überkommenen Gruppenprinzips, also der organisatorischen Trennung zwischen Arbeitern und Angestellten. Allerdings verbleibt es für die leitenden Angestellten bei einer Reihe von Sonderregeln, so dass insofern eine gewisse Trennung erhalten bleibt. Durch das **Gesetz zur Vereinfachung der Wahl der Arbeitnehmervertreter in den Aufsichtsrat v. 27.3.2002**[10] sowie die zum 30.5.2002 in Kraft getretenen **Neufassungen der drei WO**[11] wurden ua. eine Reduktion der Delegiertenzahl, 3a

---

[1] Vgl. *Raiser/Veil*, vor § 9 Rz. 2; WWKK/*Wißmann*, vor § 9 Rz. 7f. ||[2] Vgl. *Raiser/Veil*, vor § 9 Rz. 2. ||[3] Vgl. WHSS/*Seibt*, Rz. F 14; *Raiser*, BB 1977, 1461 (1466); UHH/*Ulmer/Habersack*, Einl. Rz. 47; *Ihrig/Schlitt*, NZG 1999, 333 (334); zw. *Hüffer*, § 96 AktG Rz. 3; KölnKommAktG/*Mertens/Cahn*, § 96 Rz. 21; aA *Raiser/Veil*, § 1 Rz. 49. ||[4] Vgl. WHSS/*Seibt*, Rz. F 14; *Raiser*, BB 1977, 1461 (1466f.); *Ihrig/Schlitt*, NZG 1999, 333 (334); aA *Hüffer*, § 96 AktG Rz. 3; UHH/*Ulmer/Habersack*, Einl. Rz. 48. ||[5] Vgl. UHH/*Henssler*, § 9 Rz. 7; *Raiser/Veil*, § 9 Rz. 6. ||[6] BAG 25.8.1982 – 1 ABR 61/79, AP ArbGG 1979 § 83 Nr. 2; ErfK/*Oetker*, § 9 MitbestG Rz. 3. ||[7] ArbG Düss. 8.9.2004 – 10 BVGa 23/04, AuR 2005, 338; ErfK/*Oetker*, § 9 MitbestG Rz. 3; WWKK/*Wißmann*, § 22 Rz. 78 (hohe Wahrscheinlichkeit einer Anfechtbarkeit); UHH/*Henssler* Vor § 9 Rz. 77 (wahrscheinlicher Gesetzesverstoß). ||[8] LAG Nürnberg 16.2.2006 – 2 TaBV 9/06, NZA-RR 2006, 358 (359); ErfK/*Oetker*, § 9 MitbestG Rz. 3. ||[9] BGBl. 2001 I S. 1852ff. ||[10] BGBl. 2002 I S. 1129ff. ||[11] BGBl. 2002 I S. 1682ff. (1. WO), 1708ff. (2. WO) und 1741ff. (3. WO).

eine Abschaffung der Unternehmenswahlvorstände bei Wahlen der ArbN-Vertreter zum AR einer Konzernobergesellschaft und die Regeln zur einjährigen Unternehmensangehörigkeit für das passive Wahlrecht von ArbN geregelt[1].

4 Der **Ablauf des gesetzl. Wahlverfahrens** lässt sich schematisch wie folgt zusammenfassen:

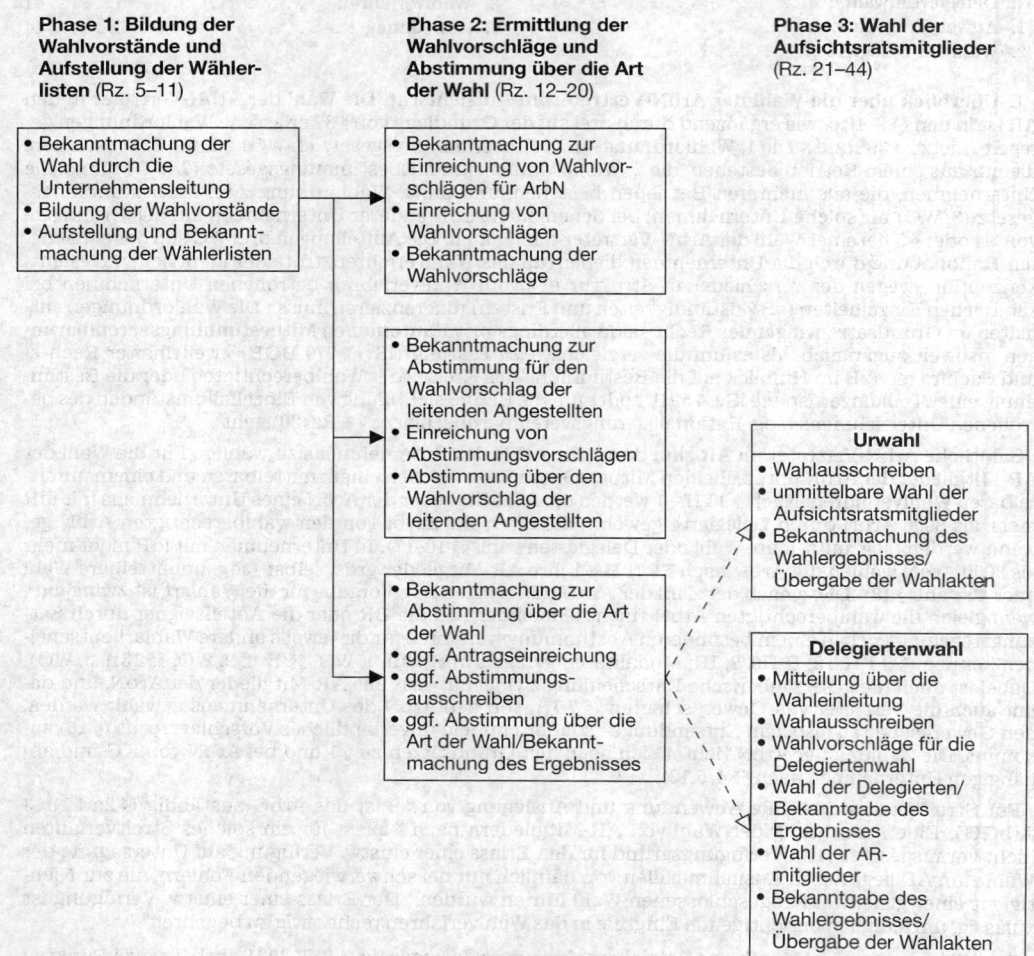

5 **II. Verfahrenseinleitende Wahlabschnitte. 1. Bekanntmachung der Wahl durch die Unternehmensleitung.** Das Wahlverfahren wird durch die Bekanntmachung der Unternehmensleitung eingeleitet, dass AR-Mitglieder der ArbN zu wählen sind[2]. Diese Bekanntmachung veröffentlicht das Unternehmen spätestens 19 Wochen (1. WO), 23 Wochen (2. WO) bzw. 25 Wochen (3. WO) vor dem voraussichtlichen Beginn der Amtszeit der zu wählenden AR-Mitglieder der ArbN. Bei Wahlen nach der 3. WO erfolgt die Mitteilung vom herrschenden Unternehmen (bei Wahlen nach § 5) bzw. von der Komplementär-Kapitalgesellschaft (bei Wahlen nach § 4) an die anderen Unternehmen (Konzerngesellschaften oder KG), deren ArbN nach §§ 4, 5 an der Wahl teilnehmen dürfen. Die Mitteilung enthält ua. die Zahl der zu wählenden AR-Mitglieder der ArbN. Sie ist durch Aushang an einer den Wahlberechtigten zugänglichen Stelle im Betrieb oder durch Einsatz der im Unternehmen vorhandenen Informations- und Kommunikationstechnik bekannt zu machen[3]. Im Falle von Wahlen nach der 3. WO erfolgt die Bekanntmachung nicht durch die Konzernobergesellschaft bzw. die Komplementär-Kapitalgesellschaft, sondern durch die Unternehmen, deren ArbN nach §§ 4, 5 zugerechnet werden. Die Unternehmen übersenden die Bekanntmachung unverzüglich dem BR und dem SprAu, bei Wahlen nach der 2. WO auch dem GBR und dem GesamtSprAu, bei Wahlen nach der 3. WO zusätzlich dem KBR und dem KonzernSprAu sowie

---

1 Zu diesen und weiteren Änderungen im Einzelnen *Sieg/Siebels*, NZA 2002, 697 ff.; *Wolf*, DB 2002, 790 ff. ||2 § 2 I 1. WO; § 2 I 2. WO; § 2 I 3. WO. ||3 § 2 II 1 1. WO; § 2 II 1 2. WO; § 2 II 2 3. WO.

(bei allen Wahlen) den in den Unternehmen vertretenen Gewerkschaften[1]. Die Bekanntmachung hat nur deklaratorische Wirkung und ist nicht zwingende Voraussetzung für die Einleitung des Wahlverfahrens, so dass bei Säumnis der Unternehmensleitung die Wahleinleitung auch auf Initiative anderer Beteiligter (zB BR) erfolgen kann[2].

2. Bildung der Wahlvorstände. Unverzüglich nach der Bekanntmachung werden die Wahlvorstände gebildet[3]. Dabei obliegt bei Wahlen nach der 1. WO die Einleitung und ordnungsgemäße Durchführung der Wahl sowie die Feststellung der Wahlergebnisse dem (alleinigen) Betriebswahlvorstand, während bei Wahlen nach der 2. und 3. WO die AR-Wahl in den jeweiligen Betrieben durch die Betriebswahlvorstände, aber im Auftrag und nach den Richtlinien des zusätzlich einzurichtenden Unternehmenswahlvorstandes bzw. Hauptwahlvorstandes durchgeführt wird[4]. Die Wahlvorstände sind ehrenamtlich tätig. Ihre Amtszeit beginnt mit der Annahme der Wahl und endet mit ihrem Abschluss[5]. Scheidet ein Wahlvorstand aus dem Betrieb oder Unternehmen aus, so endet seine Mitgliedschaft im Wahlvorstand[6].

Der **Betriebswahlvorstand** besteht grds. aus drei wahlberechtigten Mitgliedern, darunter mindestens einem leitenden Angestellten, sofern im Betrieb mindestens fünf wahlberechtigte leitende Angestellte beschäftigt sind[7]. Die Mitglieder des Betriebswahlvorstandes, die ArbN iSv. § 3 I Nr. 1 sind (ArbN ohne leitende Angestellte), werden durch den BR bestellt, in Ermangelung eines BR durch Wahl in einer Betriebsversammlung[8]. Die auf die leitenden Angestellten entfallenen Mitglieder werden vom zuständigen SprAu bestellt, in Ermangelung eines SprAu durch Wahl in einer Versammlung der leitenden Angestellten des Betriebes[9]. Jeder Betriebswahlvorstand teilt dem Unternehmen (1. WO) bzw. dem Unternehmenswahlvorstand (2. WO) oder dem Hauptwahlvorstand (3. WO) unverzüglich nach seiner Bildung schriftl. die Namen seiner Mitglieder und seine Anschrift mit[10]; bei Wahlen nach der 1. WO macht der Betriebswahlvorstand diese Mitteilung auch ggü. den im Unternehmen vertretenen Gewerkschaften.

Die Mitglieder des bei Wahlen nach der 2. WO zusätzlich einzurichtenden **Unternehmenswahlvorstandes** werden durch den GBR bestellt, in Ermangelung eines solchen ist der BR im nach ArbN-Zahlen größten Betrieb hierfür zuständig[11]. Der Unternehmenswahlvorstand besteht idR aus drei Mitgliedern, die Wahlberechtigte des Unternehmens sein müssen, darunter mindestens einem leitenden Angestellten, sofern im Unternehmen mindestens fünf wahlberechtigte leitende Angestellte beschäftigt sind[12]. Die leitenden Angestellten werden von dem zuständigen SprAu, bei Fehlen eines solchen in einer Versammlung der leitenden Angestellten des nach der Zahl der wahlberechtigten leitenden Angestellten größten Betriebes mit der Mehrheit der abgegebenen Stimmen gewählt. Der Unternehmenswahlvorstand teilt unverzüglich nach seiner Bildung dem Unternehmen und den im Unternehmen vertretenen Gewerkschaften schriftl. die Namen seiner Mitglieder und seine Anschrift mit[13].

Bei Wahlen nach der 3. WO wird zusätzlich zu den Betriebswahlvorständen der Unternehmen, deren ArbN gem. §§ 4, 5 MitbestG an der Wahl teilnehmen, ein **Hauptwahlvorstand** gebildet. Der Hauptwahlvorstand besteht idR aus drei Mitgliedern, die Wahlberechtigte von Unternehmen sein müssen, deren ArbN an der Wahl teilnehmen, darunter mindestens einem leitenden Angestellten, sofern im Unternehmen mindestens fünf wahlberechtigte leitende Angestellte beschäftigt sind[14]. Die Mitglieder des Hauptwahlvorstandes werden durch den KBR, bei Fehlen eines solchen durch den GBR bzw. den BR im größten Konzernunternehmen bestellt[15]. Die leitenden Angestellten werden vom zuständigen SprAu, in Ermangelung eines solchen vom GesamtSprAu des nach der Zahl der wahlberechtigten leitenden Angestellten größten Unternehmens bestellt oder in einer Versammlung der leitenden Angestellten des nach der Zahl der wahlberechtigten leitenden Angestellten größten Betriebes der Unternehmen mit der Mehrheit der abgegebenen Stimmen gewählt. Der Hauptwahlvorstand teilt unverzüglich nach seiner Bildung den Unternehmen, den Betriebswahlvorständen und den im Unternehmen vertretenen Gewerkschaften schriftl. die Namen seiner Mitglieder und seine Anschrift sowie zusätzlich den Betriebswahlvorständen mit, welche Gewerkschaften die Mitteilung erhalten haben[16].

3. Aufstellung und Bekanntmachung der Wählerlisten. Jeder Betriebswahlvorstand stellt unverzüglich nach seiner Bildung eine Liste der wahlberechtigten ArbN des Betriebes auf, wobei die ArbN iSv. § 3 I Nr. 1 (ArbN ohne leitende Angestellte) und die leitenden Angestellten getrennt aufzuführen sind[17].

---

1 § 2 III 1. WO; § 2 III 2. WO; § 2 III 3. WO. ||2 LAG Hamm 27.5.1977 – 3 Ta BV 35/77, DB 1977, 1269; *Raiser/Veil*, vor § 9 Rz. 5; WWKK/*Wißmann*, vor § 9 Rz. 12. ||3 § 4 S. 1 1. WO; § 3 III 2. WO; § 3 III 3. WO; zur inneren Ordnung der Wahlvorstände § 7 1. WO; § 7 2. WO; § 7 3. WO. ||4 § 3 1. WO; § 3 II 2. WO; § 3 II 3. WO; zu den Kompetenzen des Wahlvorstandes LAG BW 15.2.1988 – 8 Ta BV 2/88, BB 1988, 1344; 3.10.1989 – 8 Ta BV 4/89, BB 1990, 14 (15); BAG 20.2.1991 – 7 ABR 85/89, BB 1991, 2446f.; zu Einzelheiten WWKK/*Wißmann*, vor § 9 Rz. 14ff. ||5 LAG Hamburg 31.1.1979 – 5 Ta BV 8/78, DB 1979, 899 (900); BAG 25.8.1981 – 1 ABR 61/79, DB 1982, 546; 7.6.1984 – 6 AZR 3/82, DB 1984, 2358; *Raiser/Veil*, vor § 9 Rz. 12. ||6 Vgl. *Raiser/Veil*, vor § 9 Rz. 12; UHH/*Henssler*, vor § 9 Rz. 24. ||7 § 5 II S. 2 1. WO; § 5 II S. 2 2. WO; § 5 II S. 2 3. WO. ||8 § 5 IV 1. WO. ||9 § 5 V 1 und 2 1. WO; § 5 V 1 und 2 2. WO; § 5 V 1 und 2 3. WO. ||10 § 6 1. WO; § 6 II 2. WO; § 6 II 3. WO. ||11 § 4 IV 2. WO. ||12 § 4 I, II 2 2. WO. ||13 § 6 I 2. WO. ||14 § 4 II 2 3. WO. ||15 § 4 IV 3. WO. ||16 § 6 I 3. WO. ||17 § 8 I 1 1. WO; § 8 I 1 2. WO; § 8 I 1 3. WO.

Das Unternehmen hat dem Betriebswahlvorstand alle dazu erforderlichen Auskünfte zu erteilen und die erforderlichen Unterlagen zur Verfügung zu stellen[1]. Nur ArbN, die in der fortlaufend zu aktualisierenden Wählerliste eingetragen sind, können an den Abstimmungen und Wahlen teilnehmen (zur Aktualisierungspflicht zB bei Unternehmenskäufen und -verkäufen § 4 DrittelbG Rz. 13)[2]. Dennoch ist die **Eintragung nicht konstitutiver Natur**, dh., sie kann die materielle Rechtslage nicht ändern[3].

11 Der Betriebswahlvorstand ist verpflichtet, unverzüglich und bis zum Abschluss der AR-Wahl die Einsichtnahme in die Wählerliste, das MitbestG und die jeweils einschlägige Wahlordnung zu ermöglichen[4]. Gleichzeitig (1) macht er die Namen seiner Mitglieder und seine Anschrift bekannt, (2) gibt er ua. an, dass an Wahlen und Abstimmungen nur ArbN teilnehmen können, die in der Wählerliste eingetragen sind, und (3) weist er darauf hin, dass Einsprüche gegen die Richtigkeit der Wählerliste nur innerhalb von einer Woche seit Erlass der Bekanntmachung schriftl. beim Betriebswahlvorstand eingelegt werden können (sog. Änderungsverlangen)[5]. Nach Fristablauf übersendet der Betriebswahlvorstand bei Wahlen nach der 2. WO dem Unternehmenswahlvorstand, bei Wahlen nach der 3. WO dem Hauptwahlvorstand mindestens eine Kopie der Wählerliste und teilt ihm die Zahlen der idR im Betrieb beschäftigten ArbN und leitenden Angestellten mit[6].

12 **4. Drei Bekanntmachungen der Wahlvorstände.** Hiernach veröffentlicht der Betriebswahlvorstand (1. WO) bzw. der Unternehmenswahlvorstand (2. WO) oder Hauptwahlvorstand (3. WO) gleichzeitig drei Bekanntmachungen zur (1) Einreichung von Wahlvorschlägen für ArbN iSv. § 3 I Nr. 1, (2) Abstimmung für den Wahlvorschlag der leitenden Angestellten und (3) Abstimmung über die Art der Wahl, die jeweils einen eigenständigen Verfahrensabschnitt in Gang setzen.

13 **a) Bekanntmachung zur Einreichung von Wahlvorschlägen für die ArbN iSv. § 3 Abs. 1 Nr. 1.** Unverzüglich nach Ablauf der Frist für Änderungsverlangen veröffentlicht der Betriebswahlvorstand (1. WO) bzw. unverzüglich nach Übersendung der Wählerlisten der Unternehmenswahlvorstand (2. WO) oder der Hauptwahlvorstand (3. WO) eine Bekanntmachung, in der ua. darauf hingewiesen wird, dass die wahlberechtigten ArbN Wahlvorschläge beim Betriebswahlvorstand innerhalb von sechs Wochen einreichen können[7]. Bei Wahlen nach der 1. WO übersendet der Betriebswahlvorstand diese Bekanntmachung unverzüglich dem Unternehmen und den im Unternehmen vertretenen Gewerkschaften, bei Wahlen nach der 2. und 3. WO übersendet der Unternehmenswahlvorstand bzw. der Hauptwahlvorstand die Bekanntmachung den Betriebswahlvorständen und teilt ihnen mit, ab wann sie in den Betrieben bekannt zu machen ist; ferner übersendet der Unternehmenswahlvorstand bzw. der Hauptwahlvorstand unverzüglich nach ihrem Erlass die Bekanntmachung den Unternehmen und den in diesen Unternehmen vertretenen Gewerkschaften[8].

14 Jeder Wahlvorschlag muss von einem Fünftel oder 100 der wahlberechtigten ArbN unterzeichnet sein[9]. Die Wahlvorschläge müssen innerhalb von sechs Wochen seit Erlass der Bekanntmachung beim Betriebswahlvorstand (1. WO) bzw. beim Unternehmenswahlvorstand (2. WO) oder Hauptwahlvorstand (3. WO) schriftl. eingereicht werden[10]. Dabei können die im Unternehmen vertretenen Gewerkschaften Wahlvorschläge zur Wahl von AR-Mitgliedern machen[11]. Für Wahlvorschläge der leitenden Angestellten ist dagegen ein eigenständiges Abstimmungsverfahren vorgesehen (vgl. Rz. 15 ff.). In den Wahlvorschlägen kann außerdem für jeden Bewerber jeweils ein Ersatzmitglied des AR vorgeschlagen werden[12]. Ist nach Ablauf der Frist kein gültiger Wahlvorschlag eingereicht worden, so erlässt der Betriebswahlvorstand (1. WO) bzw. der Unternehmenswahlvorstand (2. WO) oder Hauptwahlvorstand 3. WO) unverzüglich eine Bekanntmachung und setzt eine Nachfrist von einer weiteren Woche[13]. Spätestens zwei Wochen vor dem ersten Tag der Stimmabgabe sind die gültigen Wahlvorschläge von den Betriebswahlvorständen (bei Wahlen nach der 2. und 3. WO nach Übersendung durch den Unternehmenswahlvorstand oder den Hauptwahlvorstand) in den Betrieben bekannt zu machen[14].

15 **b) Bekanntmachung zur Abstimmung für den Wahlvorschlag der leitenden Angestellten.** Gleichzeitig mit der Bekanntmachung zur Abstimmung über die Wahlart veröffentlicht der Betriebswahlvorstand (1. WO) bzw. der Unternehmenswahlvorstand (2. WO) oder Hauptwahlvorstand (3. WO) eine Bekanntmachung über die Abstimmung für den Wahlvorschlag der leitenden Angestellten, die ua. die Angabe enthält, dass der Wahlvorschlag der leitenden Angestellten auf Grund von Abstimmungsvorschlägen durch Beschluss der wahlberechtigten leitenden Angestellten in geheimer Abstimmung aufgestellt wird[15]. Bei Wahlen nach der 2. und 3. WO übersendet der Hauptwahlvorstand anschließend die Bekanntmachung den Betriebswahlvorständen und teilt ihnen mit, ab wann sie in den Betrieben bekannt zu machen ist[16].

---

1 § 8 III 1 1. WO; § 8 III 1 2. WO; § 8 III 1 3. WO. ‖2 § 8 V 1. WO; § 8 V 2. WO; § 8 V 3. WO. ‖3 Vgl. *Raiser/Veil*, vor § 9 Rz. 18. ‖4 § 9 I 1 1. WO; § 9 I 1 2. WO; § 9 I 1 3. WO. ‖5 § 9 II 1 und 4 Nr. 3 1. WO; § 9 II 1 und 4 Nr. 3 2. WO; § 9 II 1 und 4 Nr. 4 3. WO; zu Einzelheiten vgl. § 10 1., 2. und 3. WO. ‖6 § 11 I 1 2. WO; § 11 II 1 3. WO. ‖7 § 24 I 2 Nr. 4 1. WO; § 26 I 2 Nr. 3 2. WO; § 26 I 2 Nr. 3 2. WO. ‖8 § 24 IV 1. WO; § 26 III 1, Abs. 5 2. WO; § 26 III 1, V 3. WO. ‖9 § 25 I 2 1. WO; § 27 I 2 2. WO; § 27 I 2 3. WO. ‖10 § 25 II 1. WO; § 27 I 2. WO; § 27 II 3. WO. ‖11 § 26 I 1. WO; § 28 I 2. WO; § 28 I 3. WO. ‖12 § 27 1. WO; § 29 2. WO; § 29 3. WO. ‖13 § 34 I 1 1. WO; § 36 I 1 2. WO; § 36 I 1 3. WO. ‖14 § 35 II 1. WO; § 37 II 2 2. WO; § 37 II 3 WO. ‖15 § 28 I 2 Nr. 3 1. WO; § 30 I 2 Nr. 3 2. WO; § 30 I 2 Nr. 3 3. WO. ‖16 § 30 III 1 2. WO; § 30 III 1 3. WO.

Die wahlberechtigten leitenden Angestellten können Abstimmungsvorschläge für den Beschluss 16
über den Wahlvorschlag machen, wobei jeder Vorschlag von einem Zwanzigstel oder 50 der wahlberechtigten leitenden Angestellten unterzeichnet sein muss[1]. Die Abstimmungsvorschläge sind innerhalb einer Frist von zwei Wochen beim Betriebswahlvorstand (1. WO) bzw. beim Unternehmenswahlvorstand (2. WO) oder Hauptwahlvorstand (3. WO) schriftl. einzureichen[2]. Der Betriebswahlvorstand bzw. der Unternehmenswahlvorstand oder Hauptwahlvorstand prüft sodann die Abstimmungsvorschläge[3]. Bei Wahlen nach der 1. WO macht der Betriebswahlvorstand die gültigen Vorschläge bis zu dem Tag bekannt, an dem der Wahlvorschlag der leitenden Angestellten vorliegt; im Falle von Wahlen nach der 2. und 3. WO übersendet der Unternehmenswahlvorstand bzw. der Hauptwahlvorstand die gültigen Vorschläge unverzüglich den Betriebswahlvorständen, welche diese sodann bekannt machen.

Die Aufstellung des Wahlvorschlags der leitenden Angestellten erfolgt nach der Neufassung der WO 17
nicht mehr in einem zweistufigen Abstimmungsverfahren, sondern nur noch im Wege einer Abstimmung. Dabei formuliert der Betriebswahlvorstand bzw. der Unternehmenswahlvorstand oder Hauptwahlvorstand diese Abstimmung so, dass der Wahlvorschlag der leitenden Angestellten spätestens sieben (1. WO) bzw. acht (2. WO) oder neun Wochen (3. WO) seit dem für die Bekanntmachung über die Einreichung von Wahlvorschlägen bestimmten Zeitpunkt vorliegt[4]. Die Kandidaten, die in dieser Abstimmung die meisten Stimmen erhalten, werden – entsprechend der notwendigen Anzahl für einen zulässigen Wahlvorschlag[5] – in den Wahlvorschlag aufgenommen. Bei Wahlen nach der 1. WO stellt der Betriebswahlvorstand in einer Niederschrift ua. die Namen der in den Wahlvorschlag aufgenommenen Bewerber und Ersatzmitglieder fest und macht spätestens zwei Wochen vor dem ersten Tag der Stimmabgabe die gültigen Wahlvorschläge bekannt, bei Wahlen nach der 2. und 3. WO übermittelt der Unternehmensvorstand bzw. der Hauptwahlvorstand das Abstimmungsergebnis nach Prüfung den Betriebswahlvorständen, die sodann die Bekanntmachung für die Dauer von zwei Wochen vornehmen.

c) Bekanntmachung zur Abstimmung über die Art der Wahl. Sind in einem Unternehmen idR (hierzu 18
§ 1 Rz. 11) mehr als 8000 ArbN (§ 3) beschäftigt, findet die Wahl der ArbN-Vertreter durch Delegierte nach §§ 10 bis 17 statt, ansonsten eine unmittelbare Wahl (sog. Urwahl) nach § 18 (§ 9 I u. II). Die Belegschaft hat allerdings das Recht, eine Änderung der in § 9 I u. II vorgeschriebenen Wahlart herbeizuführen (Rz. 2). Dabei erlässt der Betriebswahlvorstand (1. WO) bzw. Unternehmenswahlvorstand (2. WO) oder Hauptwahlvorstand (3. WO) zur Einleitung des Abstimmungsverfahrens unverzüglich nach Ablauf der Frist für Änderungsverlangen (bei Wahlen nach der 1. WO) bzw. unverzüglich nach Übersendung der Wählerlisten (bei Wahlen nach der 2. und 3. WO) eine Bekanntmachung, in der ua. mitgeteilt wird, dass die AR-Mitglieder der ArbN – je nach ArbN-Zahl – in unmittelbarer Wahl bzw. im Wege der Delegiertenwahl gewählt werden, wenn nicht die Wahlberechtigten die jeweils andere Wahlart beschließen[6]. Die Bekanntmachung ist bei Wahlen nach der 1. WO unverzüglich nach ihrer Veröffentlichung dem Unternehmen und den im Unternehmen vertretenen Gewerkschaften zu übersenden, bei Wahlen nach der 2. und 3. WO zusätzlich den Betriebswahlvorständen unter Angabe des Zeitpunktes, von dem ab die Bekanntmachung in den Betrieben zu erfolgen hat[7].

Liegt ein gültiger Antrag auf Abstimmung über die Art der Wahl vor, so erlässt der Betriebswahlvorstand (1. WO) bzw. der Unternehmenswahlvorstand (2. WO) oder Hauptwahlvorstand (3. WO) unverzüglich ein **Abstimmungsausschreiben**, welches ua. den Inhalt des Antrags sowie Ort, Tag und Zeit der 19
Stimmabgabe enthält[8]. Bei Wahlen nach der 2. und 3. WO übersendet der Unternehmens- bzw. Hauptwahlvorstand das Abstimmungsausschreiben an die Betriebswahlvorstände, die das Abstimmungsausschreiben bis zum Abschluss der Stimmabgabe durch Aushang bekannt machen. Die Abstimmung über die Wahlart soll innerhalb von zwei Wochen seit dem für die Bekanntmachung des Abstimmungsausschreibens bestimmten Zeitpunkt stattfinden[9]. Ein Beschluss kann nur gefasst werden, wenn sich mindestens die Hälfte der wahlberechtigten ArbN an der Abstimmung beteiligt haben (einschl. Stimmenthaltungen und ungültigen Stimmen)[10]. Er bedarf der einfachen Mehrheit der abgegebenen Stimmen (§ 9 III 3).

Den Betriebswahlvorständen obliegt es, einen vorschriftsmäßigen Abstimmungsvorgang zu organisieren[11]. Unverzüglich nach Abschluss der Stimmabgabe zählt der Betriebswahlvorstand öffentl. die Stim- 20
men aus, wobei dies – wie auch die Stimmabgabe – mithilfe von Wahlgeräten erfolgen kann[12]. Das Abstimmungsergebnis stellt der Betriebswahlvorstand anschließend in einer Abstimmungsniederschrift fest und macht es für die Dauer von zwei Wochen bekannt[13]. Bei Wahlen nach der 2. und 3. WO übersendet der Betriebswahlvorstand die Niederschrift unverzüglich dem Unternehmens- bzw. Hauptwahlvor-

---

1 § 29 I 1 1. WO; § 31 I 1 2. WO; § 31 I 1 3. WO. || **2** § 29 I 3 1. WO; § 31 I 3 und 4 2. WO; § 31 I 3 und 4 3. WO. || **3** § 29 IV 1. WO; § 31 IV 2. WO; § 31 IV 3. WO. || **4** § 30 I 1. WO; § 32 II 2. WO; § 32 II 3. WO. || **5** § 24 I 2 Nr. 8 1. WO; § 26 I Nr. 7 2. WO; § 26 I Nr. 7 3. WO. || **6** § 12 I 3 Nr. 2 iVm. II 2 Nr. 2 1. WO; § 13 I 2 Nr. 2 iVm. II 2 Nr. 2 2. WO und 3. WO. || **7** § 12 IV 1. WO; § 13 III, IV 2. WO; § 13 III, IV 3. WO. || **8** § 14 I 1 1. WO; § 15 I 2. WO; § 15 I 3. WO. || **9** § 14 I 2 1. WO; § 15 I 2 2. WO; § 15 I 2 3. WO. || **10** Vgl. UHH/*Henssler*, § 9 Rz. 20; *Raiser/Veil*, § 9 Rz. 8. || **11** § 16 1. WO; § 17 2. WO; § 17 3. WO. || **12** § 20 1. WO; § 21 2. WO; § 21 3. WO. || **13** §§ 21, 22 1. WO.

stand, der sodann anhand der Abstimmungsniederschriften das Abstimmungsergebnis, das in einer weiteren Niederschrift festgehalten wird, ermittelt; hiernach übersendet der Unternehmens- bzw. Hauptwahlvorstand das Abstimmungsergebnis den Betriebswahlvorständen, die es für die Dauer von zwei Wochen bekannt machen[1].

21 **III. Delegiertenwahl. 1. Anwendungsbereich.** Sind wegen der gesetzl. Anordnung in § 9 I oder nach entsprechender Abstimmung nach § 9 III (iVm. §§ 12 ff. 1. WO, §§ 13 ff. 2. WO, §§ 13 ff. 3. WO) die ArbN-Vertreter durch Delegierte zu wählen, so richtet sich der weitere Verfahrensablauf nach §§ 50 ff. 1. WO, §§ 54 ff. 2. WO bzw. §§ 54 ff. 3. WO. Allerdings gibt es folgende **Ausnahmen:** Eine Delegiertenwahl nach der 1. oder 2. WO findet dann nicht statt, wenn (1) die ArbN auch an der AR-Wahl anderer Unternehmen durch Delegierte teilnehmen und (2) der Betriebswahlvorstand bzw. der Unternehmenswahlvorstand nach § 55 3. WO beschlossen hat, dass die in dem Unternehmen für die Wahl der AR-Mitglieder eines anderen Unternehmens zu wählenden Delegierten auch die nach den Vorschriften der 1. bzw. 2. WO zu wählenden AR-Mitglieder wählen[2]. Umgekehrt findet eine Delegiertenwahl für die AR-Wahl nach der 3. WO nicht statt, wenn (1) in einem abhängigen Unternehmen die ArbN-Vertreter für den AR dieses Unternehmens auch durch Delegierte gewählt werden und (2) der Betriebs- bzw. Unternehmenswahlvorstand des abhängigen Unternehmens innerhalb des Wahlverfahrens für den AR dieses Unternehmens nach § 51 1. WO bzw. § 55 2. WO beschlossen hat, dass die zu wählenden Delegierten auch als Delegierte zur Wahl des AR der Obergesellschaft teilnehmen[3]. Schließlich findet eine Delegiertenwahl auch in denjenigen Betrieben nicht statt, in denen Delegierte nach einer der drei WO bereits gewählt worden sind und deren Amtszeit iSv. § 13 bei Beginn der Amtszeit der zu wählenden AR-Mitglieder noch nicht beendet ist[4].

22 **2. Wahl der Delegierten. a) Aktives und passives Wahlrecht (§ 10 Abs. 2, Abs. 3).** Für die Wahl von Delegierten sind alle ArbN iSv. § 3 des Unternehmens wahlberechtigt, welche (1) das 18. LJ zum letzten Wahltag[5] vollendet haben (vgl. § 10 II) und (2) in ihm zum Zeitpunkt der Wahl tatsächlich – idR im Rahmen eines ArbVerh – beschäftigt sind[6]; in Gemeinschaftsbetrieben sind dies indes die ArbN bei beiden Trägerunternehmen und nicht nur bei demjenigen, die zu diesem in einem ArbVerh stehen (s. § 5 Rz. 10)[7]. Die Wählbarkeit steht allen wahlberechtigten ArbN des Unternehmens zu, welche die weiteren Voraussetzungen des § 8 BetrVG erfüllen (§ 10 III). Das gilt auch im Hinblick auf die Errechnung der Länge der Betriebszugehörigkeit; § 7 III 2 und 3 gelten nicht für das passive Wahlrecht bei der Delegiertenwahl. LeihArbN sind im entleihenden Unternehmen auch nicht dann wählbar, wenn sie nach § 7 S. 2 BetrVG wahlberechtigt sind[8]; ihre Wahlberechtigung im Verleiherunternehmen bleibt von § 7 S. 2 BetrVG unberührt[9].

23 **b) Zahl der Delegierten (§ 11).** Nach der Grundregel des § 11 I entfällt in jedem Betrieb auf je 90 wahlberechtigte ArbN (dh. bezogen auf die in der Wählerliste eingetragenen tatsächlich Beschäftigten) ein Delegierter; Teilzahlen sind zu berücksichtigen, wenn sie sich auf mindestens die Hälfte der vollen Zahl (= 45) belaufen (§ 11 I 3). In großen Betrieben, auf die bei dieser Berechnungsweise mehr als 25 Delegierte entfallen würden, vermindert sich die Delegiertenzahl stufenweise und erhöht sich entsprechend die Stimmenzahl pro Delegierten (§ 11 I 2; sog. **Reduktionsverfahren**) wie folgt:

ArbN-Zahl	Delegiertendivisor (§ 11 I 1 und 2)	Anzahl Delegierter	Stimmenzahl pro Delegiertem
ab 45	1 : 90 (S. 1)	1	1
ab 135	1 : 90 (S. 1)	2	1
ab 2205	1 : 90 (S. 1)	25	1
ab 2295	½ : 90 (S. 2 Nr. 1)	13	2
ab 4545	⅓ : 90 (S. 2 Nr. 2)	17	3
ab 6795	¼ : 90 (S. 2 Nr. 3)	19	4
ab 9045	⅕ : 90 (S. 2 Nr. 4)	20	5
ab 11295	⅙ : 90 (S. 2 Nr. 5)	21	6
ab 13545	⅐ : 90 (S. 2 Nr. 6)	22	7

24 Das **Verhältnis von ArbN iSv. § 3 I 1 Nr. 1 und leitenden Angestellten** muss sich bei der Verteilung der Delegierten widerspiegeln (§ 11 II 1 und 2). Ein nachträglicher Gruppenwechsel lässt allerdings das

---

1 §§ 22, 24 2. WO; §§ 22, 24 3. WO. ||2 § 50 1. WO; § 54 2. WO. ||3 § 54 3. WO. ||4 § 67 1. WO; § 73 2. WO; § 73 3. WO. ||5 Vgl. *Raiser/Veil*, § 10 Rz. 12; WWKK/*Wißmann*, § 10 Rz. 25. ||6 Vgl. *Raiser/Veil*, § 10 Rz. 11; UHH/*Henssler*, § 10 Rz. 17. ||7 Vgl. auch LG Hamburg 21.10.2008 – 417 O 171/07, ZIP 2008, 2364 (2366); WWKK/*Wißmann*, § 10 Rz. 24; *Thüsing/Forst*, FS Kreutz, 2010, S. 867 ff.; aA ErfK/*Oetker*, §§ 10–18 MitbestG Rz. 3; UHH/*Henssler*, § 10 Rz. 21. ||8 BAG 10.3.2004 – 7 ABR 49/03, AP Nr. 8 zu § 7 BetrVG 1972; 17.2.2010 – 7 ABR 51/08, NZA 2010, 832 (833 f.). ||9 BAG 20.4.2005 – 7 ABR 20/04, NZA 2005, 1006.

Amt des Delegierten unberührt (§ 11 V)[1]. Ist auf Grund der geringen ArbN-Zahl einer Gruppe im Betrieb kein Delegierter zu wählen, so werden aus Gründen des Minderheitenschutzes diese ArbN für die Wahl der Delegierten den ArbN ihrer Gruppe der Hauptniederlassung des Unternehmens bzw. dem nach der ArbN-Zahl größten Betrieb des Unternehmens zugerechnet (§ 11 III). Das gilt aus demselben Grund auch, wenn auf einen Betrieb oder ein nach § 5 zuzurechnenden Unternehmen kein Delegierter entfällt (§ 11 IV).

c) **Amtszeit der Delegierten (§§ 13, 14).** Die Amtszeit der Delegierten des Unternehmens ist jeweils gleich lang, beginnt mit der Einleitung der Wahl der AR-Mitglieder (= Einberufung der Delegiertenversammlung[2]) und dauert so lange, bis eine Neuwahl der AR-Mitglieder der ArbN durch die Einberufung der Delegiertenversammlung eingeleitet wird (§ 13 I 2)[3]. Damit stehen die Delegierten nach Abschluss der AR-Wahl noch für Nachwahlen oder Abberufung (§ 23) zur Verfügung. Die Amtszeit der Delegierten endet vorzeitig in den in § 13 II bis IV geregelten Fällen, bei Niederlegung des Amtes (§ 14 I Nr. 1), bei Beendigung der Beschäftigung des Delegierten im Betrieb (§ 14 I Nr. 2[4]) sowie bei Verlust der Wählbarkeit (§ 14 I Nr. 3). Die Amtszeit der Delegierten endet auch, wenn der Betrieb aufgelöst[5], stillgelegt oder an ein Unternehmen veräußert wird, dessen ArbN an der Wahl der AR-Mitglieder nicht teilnehmen[6]. 25

An die Stelle eines vorzeitig ausscheidenden Delegierten oder eines aus tatsächl. oder rechtl. Gründen vorübergehend verhinderten (dh. Unmöglichkeit der Teilnahme an einer Sitzung[7]) Delegierten tritt ein **Ersatzdelegierter** (§ 14 II). Ist die Wahlliste erschöpft, endet die Amtszeit aller Delegierten (§ 11 IV). 26

d) **Wahlgrundsätze und Wahlverfahren (§ 10 I, § 12, §§ 15–17).** Die Delegierten sind getrennt nach Betrieben zu wählen (sofern dort mindestens 45 ArbN beschäftigt sind), wobei die Wahl geheim und nach den Grundsätzen der Verhältniswahl erfolgt (§ 10 I). Das Wahlverfahren beginnt mit der Veröffentlichung eines Wahlausschreibens für die Wahl der Delegierten durch den Betriebswahlvorstand, die vorzunehmen ist, sobald feststeht, dass die AR-Mitglieder durch Delegierte zu wählen sind (bei Wahlen nach der 1. WO) bzw. unverzüglich nach Eingang der entsprechenden Mitteilung des Unternehmenswahlvorstandes (2. WO) bzw. Hauptvorstandes (3. WO). In dieser Bekanntmachung ist ua. die Angabe enthalten, dass Wahlvorschläge für die Wahl der Delegierten innerhalb von zwei Wochen seit Erlass des Wahlausschreibens schriftl. beim Betriebswahlvorstand eingereicht werden können[8]. Der Betriebswahlvorstand bzw. der Unternehmenswahlvorstand oder Hauptwahlvorstand errechnet hiernach die Zahl der zu wählenden Delegierten sowie ihre Verteilung auf die ArbN iSv. § 3 I Nr. 1 einerseits und die leitenden Angestellten andererseits (hierzu Rz. 24)[9]. 27

Jeder Wahlvorschlag für Delegierte der ArbN iSv. § 3 I Nr. 1 bzw. der leitenden Angestellten muss von einem Zwanzigstel oder 50 der wahlberechtigten ArbN bzw. der leitenden Angestellten des Betriebs unterzeichnet sein (§ 12 I)[10]. Die Wahlvorschläge sind innerhalb von zwei Wochen nach Erlass des Wahlausschreibens beim Betriebswahlvorstand schriftl. einzureichen[11]. Die Wahlvorschläge in Form von Vorschlagslisten sollen (keine Wirksamkeitsvoraussetzung[12]) mindestens doppelt so viele Bewerber enthalten, wie in dem Wahlgang Delegierte zu wählen sind (§ 12 II; Zweck: Sicherstellung von Ersatzdelegierten). Ist nach Ablauf dieser Frist kein gültiger Wahlvorschlag eingereicht worden, so erlässt der Betriebswahlvorstand unverzüglich eine Bekanntmachung und setzt eine Nachfrist von einer weiteren Woche[13]. Der Betriebswahlvorstand macht die gültigen Wahlvorschläge spätestens zwei Wochen vor dem ersten Tag der Stimmabgabe bekannt[14]. 28

Liegen für einen Wahlgang mehrere gültige Wahlvorschläge vor, kann der Wähler seine Stimme nur für einen dieser Wahlvorschläge (in Form einer Vorschlagsliste) abgeben[15]. Unverzüglich nach Abschluss der Stimmabgabe zählt der Betriebswahlvorstand öffentl. die Stimmen aus[16]. Anhand des festgestellten Ergebnisses ermittelt der Betriebswahlvorstand die Verteilung der in dem Wahlgang zu besetzenden Mandate auf die Listen nach Maßgabe der auf sie entfallenen Stimmzahlen nach dem d'Hondt'schen Höchstzahlverfahren[17]. Hiernach werden die auf die einzelnen Vorschlagslisten entfallenden Stimmen der Reihe nach durch 1, 2, 3 usw. geteilt, und unter den gefundenen Teilzahlen werden so viele Höchst- 29

---

1 LAG Nds. 25.5.1988 – 5 TaBV 58/87, DB 1988, 1760; UHH/*Henssler*, § 11 Rz. 33; ErfK/*Oetker*, § 18 MitbestG Rz. 4. ‖ 2 Vgl. ErfK/*Oetker*, § 18 MitbestG Rz. 5; UHH/*Henssler*, § 13 Rz. 9; *Raiser/Veil*, § 13 Rz. 4; MüKoAktG/*Gach*, § 13 MitbestG Rz. 4; aA GK-MitbestG/*Matthes*, § 13 Rz. 16; *Hoffmann/Lehmann/Weinmann*, § 13 Rz. 32. ‖ 3 Vgl. ErfK/*Oetker*, § 18 MitbestG Rz. 5; *Raiser/Veil*, § 13 Rz. 4. ‖ 4 Dies gilt auch beim Übergang in ein ruhendes Arb-Verh, wenn der ArbN voraussehbar keine Tätigkeit mehr erbringen wird; vgl. BAG 25.10.2000 – 7 ABR 18/00, AP Nr. 32 zu § 76 BetrVG 1952 (ATZ nach Blockmodell); ErfK/*Oetker*, § 18 MitbestG Rz. 5 aE; UHH/*Henssler*, § 14 Rz. 13. ‖ 5 BAG 13.5.1998 – 7 ABR 5/97, AP Nr. 1 zu § 12 MitbestG. ‖ 6 Vgl. ErfK/*Oetker*, § 18 MitbestG Rz. 5; UHH/*Henssler*, § 13 Rz. 58; *Raiser/Veil*, § 13 Rz. 14. ‖ 7 Vgl. ErfK/*Oetker*, § 18 MitbestG Rz. 6; UHH/*Henssler*, § 14 Rz. 30; *Raiser/Veil*, § 14 Rz. 6. ‖ 8 § 53 I 1. WO; § 59 I 2. WO; § 59 I 2. WO. ‖ 9 § 52 I 1. WO; § 56 I 2. WO; § 56 I 3. WO. ‖ 10 Vgl. auch § 54 I 2 1. WO; § 60 I 2 2. WO; § 60 I 2 3. WO; die Halbierung des Quorums (vorher: 1/10 oder 100) ist Reaktion auf die Feststellung der Verfassungswidrigkeit (Grundsatz der Wahlgleichheit) von § 12 I 2 aF, BVerfG 23.10.2004 – 1 BvR 2130/98, WM 2004, 2355 – Deutsche Bahn = WuB § 12 MitbestG 1.05 (zust. *Richardi/Kortstock*), abw. noch BAG 13.5.1998 – 7 ABR 5/97, AP Nr. 1 zu § 12 MitbestG (Vorinstanz). ‖ 11 § 54 I 3 1. WO; § 60 I 3 2. WO; § 60 I 3 3. WO. ‖ 12 Vgl. *Raiser/Veil*, § 12 Rz. 6. ‖ 13 § 57 I 1 1. WO; § 63 I 1 2. WO; § 63 I 1 3. WO. ‖ 14 § 58 II 1 1. WO; § 64 II 1 2. WO; § 64 I 1 2. WO. ‖ 15 § 59 I 1 1. WO; § 65 I 1 2. WO; § 65 I 1 3. WO. ‖ 16 § 60 I 1. WO; § 66 I 2. WO; § 66 I 3. WO. ‖ 17 § 61 I 1. WO; § 67 I 2. WO; § 67 I 3. WO.

zahlen ausgesondert und nach der Höhe geordnet, wie Delegierte zu bestellen sind. Wird die niedrigste in Betracht kommende Höchstzahl von zwei Vorschlagslisten gleich erreicht, so entscheidet das Los. Enthält eine Vorschlagsliste weniger Bewerber als Höchstzahlen auf sie entfallen, so gehen die überzähligen Sitze auf die folgenden Höchstzahlen der anderen Wahllisten über[1].

- **Rechenbeispiel:** Zu einem Betrieb gehören 1 000 ArbN, die gem. § 11 I elf Delegierte zu stellen haben (die Überzahl von zehn ArbN bleibt unberücksichtigt). Entfallen auf Liste A 420 Stimmen, auf Liste B 300 Stimmen und auf Liste C 280 Stimmen, so errechnet sich die Verteilung der Sitze wie folgt (gewählte Bewerber sind unterstrichen):

Liste A	Liste B	Liste C
Nr. 1 420 : 1 = _420_	Nr. 1 300 : 1 = _300_	Nr. 1 280 : 1 = _280_
Nr. 2 420 : 2 = _210_	Nr. 2 300 : 2 = _150_	Nr. 2 280 : 2 = _140_
Nr. 3 420 : 3 = _140_	Nr. 3 300 : 3 = _100_	Nr. 3 280 : 3 = 93,3
Nr. 4 420 : 4 = 105	Nr. 4 300 : 4 = 75	Nr. 4 280 : 4 = 70
Nr. 5 420 : 5 = 84	Nr. 5 300 : 5 = 60	Nr. 5 280 : 5 = 56

30 Wird nur ein gültiger Wahlvorschlag eingereicht, so findet dieser Wahlgang nicht statt, sondern es gelten so viele der in dem Wahlvorschlag aufgeführte Bewerber in der dort angegebenen Reihenfolge als gewählt, wie Delegierte zu wählen sind[2]. Der Betriebswahlvorstand hält das Wahlergebnis in einer Niederschrift fest. Bei Wahlen nach der 2. und 3. WO übermittelt der Betriebswahlvorstand das Wahlergebnis unverzüglich dem Unternehmens- bzw. Hauptwahlvorstand[3]. Der Betriebswahlvorstand macht das Wahlergebnis gleichzeitig unverzüglich für die Dauer von zwei Wochen bekannt und benachrichtigt die Gewählten von ihrer Wahl[4].

31 **3. Wahl der AR-Mitglieder durch die Delegierten. a) Wahl unternehmensangehöriger AR-Mitglieder (§ 15).** Die Delegierten wählen die AR-Mitglieder, die nach § 7 II unternehmensangehörig sein müssen, nach den Grundsätzen der Verhältniswahl (**Prinzip des Gruppenproporzes**; § 15 I 1), modifiziert durch den **Minderheitenschutz zu Gunsten leitender Angestellter** (§ 15 I 2). Zwar ist § 15 I 2 zwingend, ansonsten gibt es kein gesetzl. Gebot, dass die einer Gruppe zustehenden AR-Sitze nur mit Mitgliedern der betreffenden Gruppe besetzt werden können[5]. Das Wahlverfahren wird dadurch eingeleitet, dass der Betriebswahlvorstand (1. WO) bzw. der Unternehmensvorstand (2. WO) oder Hauptwahlvorstand (3. WO) zunächst eine Delegiertenliste, getrennt nach Delegierten der ArbN iSv. § 3 I Nr. 1 und solchen der leitenden Angestellten erstellt[6]. Hinter den Namen der jeweiligen Delegierten ist die Zahl seiner Stimmen zu vermerken. Hiernach teilt der Betriebswahlvorstand (1. WO) bzw. der Unternehmenswahlvorstand (2. WO) oder Hauptwahlvorstand (3. WO) jedem Delegierten ua. mit, dass an der Wahl nur Delegierte teilnehmen können, die in der Delegiertenliste eingetragen sind, und dass die Stimmabgabe an Wahlvorschläge gebunden ist[7]. Bei Wahlen nach der 1. WO übersendet der Betriebswahlvorstand anschließend Kopien dieser Mitteilungen an das Unternehmen und die in diesem vertretenen Gewerkschaften, bei Wahlen nach der 2 und 3. WO übersendet der Unternehmens- bzw. Hauptwahlvorstand diese Kopien den Betriebswahlvorständen, dem Unternehmen und den dort vertretenen Gewerkschaften[8].

32 Die Delegierten wählen die AR-Mitglieder der ArbN in einer Delegiertenversammlung, die vom Betriebswahlvorstand (1. WO) bzw. vom Unternehmenswahlvorstand (2. WO) oder vom Hauptwahlvorstand (3. WO) geleitet wird und spätestens vier Wochen nach der Wahl der Delegierten stattfinden soll[9]. Wahlvorschläge für die den regulären ArbN zustehenden AR-Sitze können nur die wahlberechtigten ArbN des Unternehmens, Abstimmungsvorschläge für die leitenden Angestellten nur die wahlberechtigten Mitglieder dieser Gruppe machen. Anderen Personen (zB Unternehmensorgane, BR, Wahlvorstand oder Gewerkschaften) steht kein Vorschlagsrecht zu[10]. Die Voraussetzungen für einen wirksamen Wahlvorschlag sind in § 15 II für jede Gruppe gesondert geregelt. Vorgeschlagen werden kann nur, wer wählbar ist. Auch Delegierte können kandidieren[11].

33 Sind **mehrere Mandate in einem Wahlgang** zu verteilen und liegen für die Besetzung dieser Mandate mehrere gültige Wahlvorschläge vor, so kann der Delegierte seine Stimme nur für einen dieser Wahlvorschläge abgeben[12]. Die Verteilung der Mandate auf die einzelnen Vorschlagslisten folgt im Verhältnis der auf sie entfallenen Stimmen nach dem d'Hondt'schen Höchstzahlverfahren (hierzu auch Rz. 29 f.)[13];

---

1 § 61 II 1. WO; § 67 II 2. WO; § 67 II 3. WO. ||2 § 62 I 1. WO; § 68 I 2. WO; § 68 I 3. WO. ||3 § 71 2. WO; § 71 3. WO. ||4 § 66 1. WO; § 72 2. WO; § 72 3. WO. ||5 So auch *Raiser/Veil*, § 15 Rz. 9; UHH/*Henssler*, § 15 Rz. 33 f. ||6 § 69 I 1. WO; § 75 I 2. WO; § 75 I 3. WO. ||7 § 71 I Nr. 1 und 6 1. WO; § 77 I Nr. 1 und 6 2. WO; § 77 I Nr. 1 und 6 3. WO. ||8 § 71 II 1. WO; § 77 II 2. WO; § 77 II 3. WO. ||9 § 68 I 1, II 2 1. WO; § 74 I 1, II 2 2. WO; § 74 I 1, II 2 3. WO. ||10 Vgl. *Raiser/Veil*, § 15 Rz. 18. ||11 Vgl. *Raiser/Veil*, § 15 Rz. 20; WWKK/*Wißmann*, § 15 Rz. 32. ||12 § 72 I 1 1. WO; § 78 I 1 2. WO; § 78 I 1 3. WO. ||13 § 74 1. WO; § 80 I 2. WO; § 80 I 3. WO.

die Reihenfolge der Bewerber innerhalb der einzelnen Wahlvorschläge bestimmt sich nach der Reihenfolge ihrer Benennung[1].

Liegt nur ein Wahlvorschlag vor, kann der Delegierte seine Stimme nur für die in diesem Wahlvorschlag aufgeführten Bewerber abgeben[2]. Gewählt sind dann so viele Bewerber, wie in dem Wahlgang AR-Mitglieder zu wählen sind, nach der Reihenfolge der auf sie entfallenen Stimmzahlen[3]. Unverzüglich nach Abschluss der Stimmabgabe zählt der Betriebswahlvorstand (1. WO) bzw. der Unternehmens- (2. WO) oder Hauptwahlvorstand (3. WO) öffentl. die Stimmen aus. Nachdem ermittelt ist, wer gewählt ist, stellt der Betriebswahlvorstand (1. WO) bzw. der Unternehmens- (2. WO) oder Hauptwahlvorstand (3. WO) in einer Niederschrift ua. die Namen der gewählten AR-Mitglieder fest[4]. Sodann gibt der Betriebswahlvorstand (1. WO) bzw. Unternehmens- (2. WO) oder Hauptwahlwahlvorstand (3. WO) der Delegiertenversammlung das Wahlergebnis und die Namen der Gewählten bekannt[5]. **34**

Bei Wahlen nach der 1. WO gibt der Betriebswahlvorstand das Wahlergebnis und die Namen der Gewählten unverzüglich für die Dauer von zwei Wochen bekannt, benachrichtigt gleichzeitig die Gewählten schriftl. von ihrer Wahl und übermittelt das Wahlergebnis und die Namen der Gewählten dem Unternehmen und den dort vertretenen Gewerkschaften[6]. Bei Wahlen nach der 2. WO und 3. WO übermittelt der Unternehmens- bzw. Hauptwahlvorstand das Wahlergebnis und die Namen der Gewählten den Betriebswahlvorständen, die diese Angaben unverzüglich für die Dauer von zwei Wochen bekannt machen, benachrichtigt die Gewählten schriftl. von ihrer Wahl und übermittelt das Wahlergebnis und die Namen der Gewählten dem Unternehmen und den dort vertretenen Gewerkschaften[7]. **35**

Schließlich übergibt der Betriebswahlvorstand (1. WO) bzw. Unternehmens- (2. WO) oder Hauptwahlvorstand (3. WO) und jeder Betriebswahlvorstand dem Unternehmen die Wahlakten, die mindestens für die Dauer von fünf Jahren aufzubewahren sind[8]. **36**

b) Wahl von Gewerkschaftsvertretern (§ 16). Die nach § 7 II zu wählenden Gewerkschaftsvertreter werden nach § 16 I von den Delegierten des Unternehmens in gemeinsamer Wahl (keine Gruppentrennung) gewählt[9]. Die Wahl ist geheim und folgt den Grundsätzen der Verhältniswahl, sofern mehr als ein Wahlvorschlag gemacht wurde, ansonsten findet eine Mehrheitswahl statt, wobei dann der Vorschlag mindestens doppelt so viele Bewerber wie zu bestellende Vertreter enthalten muss (§ 16 II). **Vorschlagsberechtigt** sind die Gewerkschaften, die in dem Unternehmen oder einem Unternehmen, dessen ArbN an der Wahl beteiligt sind, vertreten sind (dh. denen mindestens ein ArbN des Unternehmens angehört)[10]. Die reguläre Amtszeit der Gewerkschaftsvertreter im AR entspricht der Amtszeit der übrigen AR-Mitglieder. Weder das Ausscheiden aus dem Unternehmen noch der Austritt aus der vorschlagenden Gewerkschaft führt zum Verlust des AR-Amtes[11]. **37**

c) Wahl von Ersatzmitgliedern (§ 17). Zur Präzisierung der aktienrechtl. Vorschriften (§ 101 III AktG iVm. § 6 II) bestimmt § 17 I, dass für jedes AR-Mitglied der ArbN ein Ersatzmitglied bestellt werden kann, das jeweils derselben Gruppe bzw. Untergruppe wie die Mitglieder selbst angehören muss (§ 17 I 2). Ein Bewerber kann nicht zugleich als Ersatzmitglied vorgeschlagen werden (§ 17 I 3). Für jedes AR-Mitglied kann nur ein Ersatzmitglied bestellt werden[12]; ein Ersatzmitglied kann für mehrere Bewerber auf einer Wahlliste bestellt werden[13], allerdings ist eine Bewerbung auf konkurrierenden Wahllisten unzulässig[14]. Für die Wahl der Ersatzmitglieder findet **kein gesonderter Wahlakt** statt, sondern sie sind mit dem Bewerber gewählt, für den sie vorgeschlagen wurden (§ 17 II). Allerdings ist eine gesonderte Anfechtung der Wahl der Ersatzmitglieder sowie eine gesonderte Abberufung zulässig. **38**

Die **Rechtsstellung der Ersatzmitglieder** bestimmt sich nach § 101 III AktG iVm. § 6 II. Danach vertritt das Ersatzmitglied das Hauptmitglied nicht, sondern tritt erst an dessen Stelle, wenn es vor Ablauf der Amtszeit endgültig ausscheidet. **39**

IV. Urwahl. 1. Grundsatz. Sind die AR-Mitglieder unmittelbar durch die ArbN des Unternehmens zu wählen (Urwahl), so ist das Verfahren der §§ 15–17 (hierzu Rz. 21 ff.) entsprechend mit der Maßgabe anzuwenden, dass an die Stelle der Delegierten die Gruppen der wahlberechtigten ArbN treten (§ 18 S. 2). **40**

2. Wahlverfahren. Das Wahlverfahren wird eingeleitet durch ein Wahlausschreiben des Betriebswahlvorstandes (1. WO) bzw. des Unternehmens-(2. WO) oder Hauptwahlvorstandes (3. WO), in dem dieser mitteilt, dass die AR-Mitglieder der ArbN von allen Wahlberechtigten in unmittelbarer Wahl zu wählen sind[15]. Darüber hinaus enthält das Wahlausschreiben den Zeitpunkt, bis zu dem Wahlvorschläge eingereicht werden können, sowie den Hinweis, dass die Stimmabgabe an Wahlvorschläge gebunden ist. **41**

---

1 § 74 III 1. WO; § 80 III 2. WO; § 80 III 3. WO. ||2 § 75 I 1. WO; § 81 I 1 2. WO; § 81 I 1 3. WO. ||3 § 77 S. 1 1. WO; § 83 S. 1 2. WO; § 83 S. 1 3. WO. ||4 § 79 Nr. 7 1. WO; § 85 Nr. 7 2. WO; § 85 Nr. 7 3. WO. ||5 § 80 I 1. WO; § 86 I 2. WO; § 86 I 3. WO. ||6 § 80 II 1. WO. ||7 § 86 II, III 2 WO; § 86 II, III 3. WO. ||8 § 81 1. WO; § 87 2. WO; § 87 3. WO. ||9 ErfK/*Oetker*, § 18 MitbestG Rz. 8; *Raiser/Veil*, § 16 Rz. 1. ||10 *Raiser/Veil*, § 16 Rz. 3. ||11 *Raiser/Veil*, § 16 Rz. 5. ||12 ErfK/*Oetker*, § 18 MitbestG Rz. 9; UHH/*Henssler*, § 17 Rz. 9; *Raiser/Veil*, § 17 Rz. 3. ||13 ErfK/*Oetker*, § 18 MitbestG Rz. 9; UHH/*Henssler*, § 17 Rz. 12; *Raiser/Veil*, § 17 Rz. 3; aA WWKK/*Wißmann*, § 17 Rz. 9. ||14 UHH/*Henssler*, § 17 Rz. 11; *Raiser/Veil*, § 17 Rz. 3; ErfK/*Oetker*, § 18 MitbestG Rz. 9. ||15 § 37 I 1. WO; § 39 I 2. WO; § 39 I 3. WO.

42 Stehen mehrere AR-Mitglieder zur Wahl und liegen für den Wahlgang mehrere gültige Wahlvorschläge vor, so kann der Wähler seine Stimme nur für einen dieser Wahlvorschläge abgeben (hierzu auch Rz. 29 f.)[1]. Die Stimmzettel sollen die Angabe enthalten, dass nur ein Wahlvorschlag angekreuzt werden kann. Die Verteilung der AR-Sitze wird nach dem d'Hondt'schen Höchstzahlverfahren ermittelt[2]. Sofern mehrere AR-Mitglieder zu wählen sind, jedoch nur ein gültiger Wahlvorschlag vorliegt, kann der Wähler seine Stimme nur für die in dem Wahlvorschlag aufgeführten Bewerber abgeben[3]. Die Stimmzettel sollen die Angabe enthalten, wie viele Bewerber der Wähler insg. ankreuzen kann. Es dürfen jedoch nicht mehr Bewerber angekreuzt werden, als AR-Mitglieder zu wählen sind[4]. Anschließend ermittelt der Betriebswahlvorstand, bei Wahlen nach der 2. und 3. WO der Unternehmens- oder Hauptwahlvorstand anhand der Wahlniederschriften der Betriebswahlvorstände, die Gewählten, wobei nach den Grundsätzen der Mehrheitswahl so viele Bewerber gewählt sind, wie in dem Wahlgang AR-Mitglieder zu wählen waren und zwar nach der Reihenfolge der auf sie entfallenden Stimmzahlen[5]. Ist nur ein AR-Mitglied zu wählen, kann der Wähler seine Stimme nur für einen der vorgeschlagenen Bewerber abgeben[6]. Die Stimmzettel sollen die Angabe enthalten, dass der Wähler nur einen Bewerber ankreuzen kann. Gewählt ist derjenige Bewerber, auf den die meisten Stimmen entfallen.

43 Bei Wahlen nach der 1. WO macht der Betriebswahlvorstand nach der Auszählung der Stimmen das Wahlergebnis und die Namen der Gewählten unverzüglich für zwei Wochen bekannt, übermittelt diese Angaben dem Unternehmen und den dort vertretenen Gewerkschaften und benachrichtigt die Gewählten von ihrer Wahl. Bei Wahlen nach der 2. und 3. WO übermittelt der Unternehmens- bzw. Hauptwahlvorstand das Wahlergebnis und die Namen der Gewählten den Betriebswahlvorständen, welche die Angaben unverzüglich für die Dauer von zwei Wochen bekannt machen. Gleichzeitig benachrichtigt der Unternehmens- bzw. Hauptwahlvorstand die Gewählten und übermittelt das Wahlergebnis dem Unternehmen und den dort vertretenen Gewerkschaften. Schließlich übergeben der Betriebswahlvorstand, bei Wahlen nach der 2. und 3. WO der Unternehmens- bzw. Hauptwahlvorstand und jeder Betriebswahlvorstand dem Unternehmen die Wahlakten, die mindestens für die Dauer von fünf Jahren aufzubewahren sind[7].

44 **V. Amtsdauer.** Die ArbN-Vertreter im AR werden nach §§ 15 I, 16 I für die gleiche Amtszeit gewählt wie die AR-Mitglieder der Anteilseigner. Die Amtszeit endet daher gem. § 102 I AktG iVm. § 6 II spätestens mit Beendigung der Anteilseignerversammlung, die über die Entlastung für das vierte Geschäftsjahr nach dem Beginn der Amtszeit beschließt, wobei das Geschäftsjahr nicht mitgerechnet wird, in dem die Amtszeit beginnt. Im Regelfall dauert sie also höchstens fünf Jahre, kann aber durch Satzung oder Anteilseignerbeschluss auf eine kürzere Frist reduziert werden. Es ist allerdings nicht zwingend, dass die Amtsperioden der Anteilseigner- und ArbN-Vertreter auch zeitlich parallel liegen müssen[8]. Denn in einer Phasenverschiebung liegt keine Ungleichbehandlung der Organmitglieder. Zur Zulässigkeit des *Staggered Board* s. § 5 DrittelbG Rz. 8. Die Amtszeit des amtierenden AR endet bei unterbliebener Entlastung bei der AG automatisch zum Ende der Acht-Monats-Frist in § 120 AktG[9], bei der GmbH allerdings erst mit Ablauf des letzten Geschäftsjahres der Amtsperiode[10].

Fünfter Unterabschnitt. Weitere Vorschriften über das Wahlverfahren sowie über die Bestellung und Abberufung von Aufsichtsratsmitgliedern

§ 19 *Bekanntmachung der Mitglieder des Aufsichtsrats*
Das zur gesetzlichen Vertretung des Unternehmens befugte Organ hat die Namen der Mitglieder und der Ersatzmitglieder des Aufsichtsrats unverzüglich nach ihrer Bestellung in den Betrieben des Unternehmens bekannt zu machen und im Bundesanzeiger zu veröffentlichen. Nehmen an der Wahl der Aufsichtsratsmitglieder des Unternehmens auch die Arbeitnehmer eines anderen Unternehmens teil, so ist daneben das zur gesetzlichen Vertretung des anderen Unternehmens befugte Organ zur Bekanntmachung in seinen Betrieben verpflichtet.

1 **I. Bekanntmachungspflicht.** Nach S. 1 hat das gesetzl. Vertretungsorgan des Unternehmens die Namen der Mitglieder und Ersatzmitglieder des AR unverzüglich (§ 121 I 1 BGB) nach ihrer Bestellung (1) im Betrieb und (2) durch Veröffentlichung im Bundesanzeiger bekannt zu machen. Die Bekanntmachung in den Betrieben kann durch dortigen Aushang, aber auch auf sonstige Weise erfolgen (zB durch E-Mail oder andere Mittel moderner Kommunikationstechnik)[11]. Ferner hat eine Bekannt-

---

1 § 38 I 1. WO; § 40 I 2. WO; § 40 I 3. WO. ‖ **2** § 40 I 1. WO; § 43 II 2. WO; § 43 II 3. WO. ‖ **3** § 41 I 1. WO; § 44 I 1 2. WO; § 44 I 1 3. WO. ‖ **4** § 41 III 2 und 3 1. WO; § 44 II 2 und 3 2. WO; § 44 II 2 und 3 3. WO. ‖ **5** § 43 S. 1 1. WO; § 47 S. 2 2. WO; § 47 S. 2 3. WO. ‖ **6** § 44 I 1. WO; § 47 2. WO; § 48 I 2. WO; ‖ **7** § 49 1. WO; § 53 2. WO; § 53 2. WO 3. WO. ‖ **8** *Raiser/Veil*, § 15 Rz. 31; aA GroßKommAktG/*Hopt/Roth/Peddinghaus*, § 102 Rz. 58; WWKK/*Wißmann*, § 15 Rz. 140; MünchArbR/*Wißmann*, § 378 Rz. 11. ‖ **9** BGH 24.6.2002 – II ZR 296/01, NZG 2002, 916. ‖ **10** Zutr. *Michalski/Giedinghagen*, § 52 GmbHG Rz. 134; *Raiser/Veil*, § 6 Rz. 31; aA Baumbach/Hueck/*Zöllner/Noack*, § 52 GmbHG Rz. 91; Scholz/*U.H. Schneider*, § 52 GmbHG Rz. 280. ‖ **11** Vgl. BR-Drs. 1069/01, 17; *Raiser/Veil*, § 19 Rz. 1.

machung in den Gesellschaftsblättern und durch Einreichung zum Handelsregister zu erfolgen (§ 6 II, III MitbestG iVm. § 106 AktG; Ausnahme: Genossenschaft). Nach S. 2 trifft eine Pflicht zur Bekanntmachung im Betrieb (nicht auch im Bundesanzeiger) ebenso die gesetzl. Vertretungsorgane der Unternehmen, deren ArbN an der Wahl der AR-Mitglieder zu beteiligen waren (vgl. §§ 4, 5).

Die Bekanntmachung muss bei jeder Bestellung, dh. auch bei einer gerichtl. Bestellung (§ 104 AktG), beim Eintritt eines Ersatzmitglieds oder bei Nachwahlen erfolgen[1]. Beim **Ausscheiden von AR-Mitgliedern** findet § 19 keine entsprechende Anwendung[2]; es greift die Bekanntmachungspflicht nach § 6 II, III MitbestG iVm. § 106 AktG ein. Die Bekanntmachung nach § 19 hat für die Bestellung zum AR nur deklaratorische Bedeutung und ist im Wesentlichen nur für den Beginn der Wahlanfechtungsfrist (§ 22 II 2; Fristbeginn ab Veröffentlichung) von Bedeutung. Pflichtverletzungen der gesetzl. Vertretungsorgane können Schadensersatzansprüche begründen (zB Prozesskosten)[3]. Die Verletzung von Pflichten aus § 19 hat indes keinen Einfluss auf die Wirksamkeit der Bestellung oder den Beginn der Amtszeit der betreffenden AR-Mitglieder und Ersatzmitglieder[4].

II. Inhalt der Bekanntmachung. Bekannt zu machen sind nur die Namen der AR-Mitglieder und Ersatzmitglieder, nicht hingegen deren Beruf, Gruppenzugehörigkeit oder sonstige Angaben zur Person[5].

III. Streitigkeiten. Für Streitigkeiten über die Bekanntmachung in den Betrieben und die Veröffentlichung im Bundesanzeiger sind die ordentlichen Gerichte zuständig[6].

20 Wahlschutz und Wahlkosten

(1) Niemand darf die Wahlen nach den §§ 10, 15, 16 und 18 behindern. Insbesondere darf niemand in der Ausübung des aktiven und passiven Wahlrechts beschränkt werden.

(2) Niemand darf die Wahlen durch Zufügung oder Androhung von Nachteilen oder durch Gewährung oder Versprechen von Vorteilen beeinflussen.

(3) Die Kosten der Wahlen trägt das Unternehmen. Versäumnis von Arbeitszeit, die zur Ausübung des Wahlrechts oder der Betätigung im Wahlvorstand erforderlich ist, berechtigt den Arbeitgeber nicht zur Minderung des Arbeitsentgelts.

I. Regelungsinhalt. Diese Vorschrift enthält zwei sachlich nicht zusammenhängende, zwingende Regelungen, nämlich (1) den Schutz der Wahlen vor Behinderung, Beschränkung des Wahlrechts und anderer unerwünschter Einflussnahme (Abs. 1 und 2) sowie (2) die Pflicht des Unternehmens (dessen AR zu wählen ist), die Kosten der Wahl (wozu neben dem notwendigen Geschäftsbedarf im Einzelfall (!) auch die Erstattung von RA-Kosten wegen arbeitsgerichtl. Beschlussverfahrens[7] und erforderliche Schulungskosten über das Wahlverfahren für Mitglieder des Wahlvorstands[8] gehören können) zu tragen (Abs. 3). Inhaltlich deckt sie sich mit § 20 BetrVG (dazu § 20 BetrVG).

II. Streitigkeiten. Für Streitigkeiten wegen Wahlbehinderungen und Wahlbeeinflussungen gilt je nach Verfahrensgegenstand: Das ArbG entscheidet im **Beschlussverfahren** über solche Verstöße, die Gegenstand einer Wahlanfechtung sind (§ 2a I Nr. 3 ArbGG). Dasselbe gilt für Unterlassungsanträge während des Wahlverfahrens, soweit an ihnen zur Ingangsetzung eines gerichtl. Kontrollverfahrens während der Wahl Berechtigte in dieser Funktion beteiligt sind[9]. Auch für Streitigkeiten über die Pflicht zur Kostentragung entscheidet das ArbG im Beschlussverfahren (§ 2a I Nr. 3 ArbGG)[10]. Das ArbG entscheidet im **Urteilsverfahren** über die Geltendmachung von ArbN auf ungerechtfertigte Minderung des Arbeitsentgeltes[11].

21 Anfechtung der Wahl von Delegierten

(1) Die Wahl der Delegierten eines Betriebs kann beim Arbeitsgericht angefochten werden, wenn gegen wesentliche Vorschriften über das Wahlrecht, die Wählbarkeit oder das Wahlverfahren verstoßen worden und eine Berichtigung nicht erfolgt ist, es sei denn, dass durch den Verstoß das Wahlergebnis nicht geändert oder beeinflusst werden konnte.

(2) Zur Anfechtung berechtigt sind

1. mindestens drei wahlberechtigte Arbeitnehmer des Betriebs,
2. der Betriebsrat,

---

[1] ErfK/*Oetker*, § 19 MitbestG Rz. 2; UHH/*Henssler*, § 19 Rz. 4; *Raiser/Veil*, § 19 Rz. 1. ‖ [2] ErfK/*Oetker*, § 19 MitbestG Rz. 2; UHH/*Henssler*, § 19 Rz. 4; *Raiser/Veil*, § 19 Rz. 3; WWKK/*Wißmann*, § 19 Rz. 5 (anders noch Voraufl. § 19 MitbestG Rz. 3). ‖ [3] WWKK/*Wißmann*, § 19 Rz. 10. ‖ [4] UHH/*Henssler*, § 19 Rz. 9; WWKK/*Wißmann*, § 19 Rz. 11; *Raiser/Veil*, § 19 Rz. 2. ‖ [5] ErfK/*Oetker*, § 19 MitbestG Rz. 2; UHH/*Henssler*, § 19 Rz. 5; *Raiser/Veil*, § 19 Rz. 1. ‖ [6] UHH/*Henssler*, § 19 Rz. 11; WWKK/*Wißmann*, § 19 Rz. 12; *Raiser/Veil*, § 19 Rz. 4. ‖ [7] Vgl. BAG 25.5.2005 – 7 ABR 42/04, NZA 2005, 1250 (im Erg. abl.). ‖ [8] Vgl. ErfK/*Oetker*, § 20 MitbestG Rz. 1; WWKK/*Wißmann*, § 20 Rz. 59f. ‖ [9] WWKK/*Wißmann*, § 20 Rz. 70; UHH/*Henssler*, § 20 Rz. 46; zur BR-Wahl vgl. LAG Köln 10.3.2000 – 13 TaBV 9/00, NZA-RR 2001, 423. ‖ [10] WWKK/*Wißmann*, § 20 Rz. 71; UHH/*Henssler*, § 20 Rz. 47. ‖ [11] WWKK/*Wißmann*, § 20 Rz. 72.

3. der Sprecherausschuss,

4. das zur gesetzlichen Vertretung des Unternehmens befugte Organ.

Die Anfechtung ist nur binnen einer Frist von zwei Wochen, vom Tage der Bekanntgabe des Wahlergebnisses an gerechnet, zulässig.

1 **I. Regelungsinhalt.** § 21 regelt die isolierte Anfechtung der Delegiertenwahl (§ 10), deren Zulassung bezweckt zu verhindern, dass die Fehlerhaftigkeit der Delegiertenwahl zur Anfechtbarkeit der Wahl der AR-Mitglieder selbst führt[1]. Gründe, die eine Anfechtung der Delegiertenwahl rechtfertigen, können daher gegen die Wahl der AR-Mitglieder nicht mehr geltend gemacht werden, wenn eine Anfechtung der Delegiertenwahl nicht innerhalb einer Frist von zwei Wochen nach Bekanntgabe des Wahlergebnisses mit Namen und Stimmenzahlen (Abs. 2 S. 2) erfolgt ist[2]. Die Anfechtung kann sich auf die Wahl eines einzelnen Delegierten, einer Gruppe von Delegierten oder sämtlicher Delegierte beziehen[3].

2 **II. Anfechtungsgründe.** Die Anfechtung der Wahl von Delegierten ist aus denselben Gründen möglich wie die Anfechtung der Wahl von BR-Mitglieder (§ 19 I BetrVG). Wird die Wahl nur eines einzelnen Delegierten angefochten, kann die Anfechtung nur auf solche Gründe gestützt werden, die ausschließlich in dieser Person vorliegen[4]. Eine Geltendmachung von Fehlern im Wege der Anfechtung ist ausgeschlossen, wenn der Einfluss des Wahlfehlers auf das Wahlergebnis durch eine Berichtigung oder zB durch Wiederholung fehlerhafter Verfahrensabschnitte beseitigt wurde[5].

3 **III. Anfechtungsberechtigte und Anfechtungsgegner.** Abs. 2 S. 1 zählt die Anfechtungsberechtigten abschließend auf, deren Anfechtungsbefugnis jeweils die gesamte Delegiertenwahl umfasst[6]; die Anfechtung kann sich auf die Wahl einzelner Delegierter, einer bestimmten Gruppe oder die Gesamtheit der Delegierten beziehen. Anfechtungsgegner sind die Delegierten, deren Wahl angefochten wird (Analogie zu § 19 BetrVG)[7].

4 **IV. Rechtswirkung der Anfechtung.** Die Anfechtung erfolgt durch Anrufung des ArbG. Die Anfechtung der Delegiertenwahl an sich hindert die betroffenen Personen nicht an der Ausübung ihres Mandats und hat auf die laufende AR-Wahl keine Auswirkungen. Erst mit Rechtskraft der Entscheidung steht die Ungültigkeit der Wahl endgültig und mit Wirkung erga omnes, allerdings nur für die Zukunft fest[8]. An die Stelle der betroffenen Delegierten treten Ersatzdelegierte (vgl. § 14 II), nötigenfalls hat eine Neuwahl der Delegierten zu erfolgen.

5 **V. Nichtigkeit der Wahl.** Neben der Anfechtung kommt nach allg. gesellschafts- und arbeitsrechtl. Grundsätzen die Nichtigkeit der Wahl der Delegierten in Betracht, wenn so grob und offensichtlich gegen die grundlegenden Wahlregeln verstoßen wurde, dass auch der Anschein einer Wahl nicht mehr vorliegt[9]; zB bei Fehlen der Wählbarkeitsvoraussetzungen eines Delegierten nach § 10 III[10], bei Verletzung des Grundsatzes der geheimen Wahl oder bei Wahl ohne vorherige Durchführung eines Statusverfahrens[11]. Die Nichtigkeit der Wahl kann von jedermann in jedem Verfahren ohne zeitliche Beschränkung geltend gemacht werden. Sie wirkt ex tunc[12].

22 *Anfechtung der Wahl von Aufsichtsratsmitgliedern der Arbeitnehmer*
(1) Die Wahl eines Aufsichtsratsmitglieds oder eines Ersatzmitglieds der Arbeitnehmer kann beim Arbeitsgericht angefochten werden, wenn gegen wesentliche Vorschriften über das Wahlrecht, die Wählbarkeit oder das Wahlverfahren verstoßen worden und eine Berichtigung nicht erfolgt ist, es sei denn, dass durch den Verstoß das Wahlergebnis nicht geändert oder beeinflusst werden konnte.

(2) Zur Anfechtung berechtigt sind

1. mindestens drei wahlberechtigte Arbeitnehmer des Unternehmens,

2. der Gesamtbetriebsrat des Unternehmens oder, wenn in dem Unternehmen nur ein Betriebsrat besteht, der Betriebsrat sowie, wenn das Unternehmen herrschendes Unternehmen eines Konzerns ist, der Konzernbetriebsrat, soweit ein solcher besteht,

3. der Gesamt- oder Unternehmenssprecherausschuss des Unternehmens oder, wenn in dem Unternehmen nur ein Sprecherausschuss besteht, der Sprecherausschuss sowie, wenn das Unternehmen herrschendes Unternehmen eines Konzerns ist, der Konzernsprecherausschuss, soweit ein solcher besteht,

---

[1] BT-Drs. 7/2172, 25. ||[2] ErfK/*Oetker*, § 21 MitbestG Rz. 1; UHH/*Henssler*, § 21 Rz. 2; *Raiser/Veil*, § 21 Rz. 1. ||[3] ErfK/*Oetker*, § 21 MitbestG Rz. 3; UHH/*Henssler*, § 21 Rz. 2; *Raiser/Veil*, § 21 Rz. 7. ||[4] BAG 11.6.1997 – 7 ABR 24/96, AP Nr. 1 zu § 22 MitbestG; ErfK/*Oetker*, § 21 MitbestG Rz. 2; UHH/*Henssler*, § 21 Rz. 17. ||[5] BAG 20.2.1991 – 7 ABR 85/89, AP Nr. 1 zu § 9 MitbestG; ErfK/*Oetker*, § 21 MitbestG Rz. 1. ||[6] UHH/*Henssler*, § 21 Rz. 11; WWKK/*Wißmann*, § 21 Rz. 16. ||[7] ErfK/*Oetker*, § 21 MitbestG Rz. 3; UHH/*Henssler*, § 21 Rz. 13; *Raiser/Veil*, § 21 Rz. 9. ||[8] Zur Wirkung pro futuro WWKK/*Wißmann*, § 21 Rz. 29; *Raiser/Veil*, § 21 Rz. 11; *Hoffmann/Lehmann/Weinmann*, § 21 Rz. 36ff. ||[9] ErfK/*Oetker*, § 21 MitbestG Rz. 5; *Raiser/Veil*, § 21 Rz. 13; BAG 27.4.1976 – 1 AZR 482/75, AP Nr. 4 zu § 19 BetrVG 1972; 10.6.1983 – 6 ABR 50/82, DB 1983, 2142. ||[10] So ErfK/*Oetker*, § 21 MitbestG Rz. 5; WWKK/*Wißmann*, § 21 Rz. 4; *Raiser/Veil*, § 21 Rz. 13; aA UHH/*Henssler*, § 21 Rz. 21. ||[11] ErfK/*Oetker*, § 21 MitbestG Rz. 5; *Säcker*, ZfA 2008, 51 (70). ||[12] *Raiser/Veil*, § 21 Rz. 14.

4. der Gesamtbetriebsrat eines anderen Unternehmens, dessen Arbeitnehmer nach diesem Gesetz an der Wahl der Aufsichtsratsmitglieder des Unternehmens teilnehmen, oder, wenn in dem anderen Unternehmen nur ein Betriebsrat besteht, der Betriebsrat,
5. der Gesamt- oder Unternehmenssprecherausschuss eines anderen Unternehmens, dessen Arbeitnehmer nach diesem Gesetz an der Wahl der Aufsichtsratsmitglieder des Unternehmens teilnehmen, oder, wenn in dem anderen Unternehmen nur ein Sprecherausschuss besteht, der Sprecherausschuss,
6. jede nach § 16 Abs. 2 vorschlagsberechtigte Gewerkschaft,
7. das zur gesetzlichen Vertretung des Unternehmens befugte Organ.

Die Anfechtung ist nur binnen einer Frist von zwei Wochen, vom Tage der Veröffentlichung im Bundesanzeiger an gerechnet, zulässig.

I. Regelungsinhalt. § 22 regelt die Anfechtbarkeit der Wahl der AR-Mitglieder oder der Ersatzmitglieder der ArbN zwingend und abschließend[1]. Die Anfechtung der Wahl der Anteilseignervertreter erfolgt bei AG und KGaA nach § 6 II MitbestG iVm. §§ 243, 251 AktG, bei der GmbH nach § 251 AktG analog[2] und bei der Genossenschaft nach § 6 II MitbestG iVm. § 51 GenG.

II. Anfechtungsgründe. Nach zutr. hM können Gründe, die zur Anfechtung nach § 21 berechtigen, nur dann gegen die Wahl der AR-Mitglieder und Ersatzmitglieder nach § 22 vorgebracht werden, wenn das Verfahren nach § 21 auch erfolgreich durchgeführt wurde[3]. Bei einer Urwahl (§§ 9, 18) kann die Anfechtung dagegen auf sämtliche Anfechtungsgründe gestützt werden[4].

III. Anfechtungsberechtigter und Anfechtungsgegner. Die Anfechtungsberechtigten zählt Abs. 2 S. 1 abschließend auf, deren Anfechtungsbefugnis jeweils die gesamte AR-Wahl umfasst[5]. Anfechtungsgegner sind die AR-Mitglieder und Ersatzmitglieder, deren Wahl angefochten wird[6]. Ein auf ein einzelnes AR-Mitglied beschränkter Anfechtungsantrag ist nur zulässig, wenn der Anfechtungsgrund auf dieses AR-Mitglied beschränkt ist[7]. Betrifft der Anfechtungsgrund die Wahl aller Gewählten (zB Verstoß gegen das Gebot der öffentl. Stimmauszählung), dann muss deren Wahl insg. (einschl. der Ersatzmitglieder) angefochten werden[8].

IV. Anfechtungsfrist. Die Anfechtung ist nur innerhalb von zwei Wochen nach Veröffentlichung des Wahlergebnisses (Bekanntgabe der Stimmenzahlen ist für Fristbeginn nicht erforderlich) im Bundesanzeiger (§ 19) zulässig (Abs. 2 S. 2; materiell-rechtl. Ausschlussfrist). Einzelne Entscheidungen und Maßnahmen des Wahlvorstands können im Verfahren nach den §§ 2a Nr. 3, 80 I ArbGG bereits vor Abschluss der Wahl während des Wahlverfahrens selbständig angegriffen werden[9].

V. Rechtswirkung der Anfechtung. S. § 21 Rz. 4. Zur Ergänzung des AR § 24 Rz. 3.

VI. Nichtigkeit der Wahl. S. § 21 Rz. 5.

23 *Abberufung von Aufsichtsratsmitgliedern der Arbeitnehmer*

(1) Ein Aufsichtsratsmitglied der Arbeitnehmer kann vor Ablauf der Amtszeit auf Antrag abberufen werden. Antragsberechtigt sind für die Abberufung eines
1. Aufsichtsratsmitglieds der Arbeitnehmer nach § 3 Abs. 1 Nr. 1 drei Viertel der wahlberechtigten Arbeitnehmer nach § 3 Abs. 1 Nr. 1,
2. Aufsichtsratsmitglieds der leitenden Angestellten drei Viertel der wahlberechtigten leitenden Angestellten,
3. Aufsichtsratsmitglieds, das nach § 7 Abs. 2 Vertreter einer Gewerkschaft ist, die Gewerkschaft, die das Mitglied vorgeschlagen hat.

(2) Ein durch Delegierte gewähltes Aufsichtsratsmitglied wird durch Beschluss der Delegierten abberufen. Dieser Beschluss wird in geheimer Abstimmung gefasst; er bedarf einer Mehrheit von drei Vierteln der abgegebenen Stimmen.

(3) Ein von den Arbeitnehmern unmittelbar gewähltes Aufsichtsratsmitglied wird durch Beschluss der wahlberechtigten Arbeitnehmer abberufen. Dieser Beschluss wird in geheimer, unmittelbarer Abstimmung gefasst; er bedarf einer Mehrheit von drei Vierteln der abgegebenen Stimmen.

(4) Die Absätze 1 bis 3 sind für die Abberufung von Ersatzmitgliedern entsprechend anzuwenden.

---

1 ErfK/*Oetker*, § 22 MitbestG Rz. 1; *Raiser/Veil*, § 22 Rz. 4; WWKK/*Wißmann*, § 22 Rz. 1. ||2 Scholz/*U.H. Schneider*, § 52 GmbHG Rz. 244. ||3 ErfK/*Oetker*, § 22 MitbestG Rz. 2; UHH/*Henssler*, § 22 Rz. 2; MüKoAktG/*Gach*, § 22 MitbestG Rz. 3; *Matthes*, DB 1978, 635 (636). ||4 ErfK/*Oetker*, § 22 MitbestG Rz. 2; *Raiser/Veil*, § 22 Rz. 5. ||5 WWKK/*Wißmann*, § 22 Rz. 36. ||6 ErfK/*Oetker*, § 22 MitbestG Rz. 3; *Raiser/Veil*, § 22 Rz. 15. ||7 BAG 11.6.1997 – 7 ABR 24/96, AP Nr. 1 zu § 22 MitbestG; ErfK/*Oetker*, § 22 MitbestG Rz. 3; UHH/*Henssler*, § 22 Rz. 3. ||8 BAG 11.6.1997 – 7 ABR 24/96, AP Nr. 1 zu § 22 MitbestG; ErfK/*Oetker*, § 22 MitbestG Rz. 3; UHH/*Henssler*, § 22 Rz. 3. ||9 LAG BW 15.2.1988 – 8 Ta BV 2/88, BB 1988, 1344 (1345); LAG Düss. 19.12.1977 – 2 Ta BV 37/77, DB 1978, 255; ErfK/*Oetker*, § 22 MitbestG Rz. 4; WWKK/*Wißmann*, § 22 Rz. 41f.; *Raiser/Veil*, § 22 Rz. 24.

1 I. Regelungsinhalt. § 23 regelt die Abberufung der AR-Mitglieder der ArbN (Abs. 1–3) sowie der Ersatzmitglieder (Abs. 4, § 17) ohne wichtigen Grund durch Vertrauensentzug zwingend. Diese Vorschrift stellt das Kompensatorium zum gesetzl. nicht vorgesehenen imperativen Mandat dar[1]. Die Abberufung der Anteilseignervertreter erfolgt bei der AG und KGaA nach § 6 II, III MitbestG iVm. § 103 I, II AktG, bei der GmbH nach § 52 I GmbHG iVm. § 103 I 1 und 2 AktG und bei der Genossenschaft nach § 6 II, III MitbestG iVm. § 36 III GenG.

2 II. Abberufungsverfahren. Der Kreis der Antragsberechtigten für den Abberufungsantrag ist in Abs. 1 S. 2 so bestimmt, dass jeweils die Gruppe der ArbN, der das AR-Mitglied zuzuordnen ist, antragsberechtigt ist. Neben der dort festgelegten ¾-Mehrheit der Abberufungsberechtigten bedarf es keines besonderen Grundes für die Abberufung. Das Verfahren ist in den WO näher und zwingend geregelt (§§ 82 ff. 1. WO, §§ 88 ff. 2. WO, §§ 88 ff. 3. WO). Der Beschluss über die Abberufung bedarf einer ¾-Mehrheit des Gremiums, das das AR-Mitglied nach §§ 15 III, 18 gewählt hat (Abs. 2, Abs. 3). Das Mandat erlischt mit Bekanntgabe der Beschlüsse[2]. Dies ist dann den Gesellschaftsblättern und zum Handelsregister mitzuteilen (§ 6 II MitbestG iVm. § 106 AktG), die Bestellung des Ersatzmitglieds oder die Neuwahl ist ferner im Unternehmen bekannt zu machen (§ 19).

3 III. Abberufung aus wichtigem Grund. Neben § 23 findet das gerichtl. Abberufungsverfahren aus wichtigem Grund sowohl für die Anteilseignervertreter als auch für die ArbN-Vertreter Anwendung (§ 103 III u. IV AktG)[3]. Der Abberufungsantrag bedarf eines AR-Beschlusses mit einfacher Mehrheit der abgegebenen Stimmen, wobei dem betroffenen Mitglied kein Stimmrecht zukommt[4]. Für das Vorliegen eines wichtigen Grundes ist jeder Umstand ausreichend, der es **für die Gesellschaft unzumutbar** macht, dass dieses Mitglied weiterhin im AR verbleibt und damit die **Funktionserfüllung des Organs AR erheblich gefährdet**[5]. Als wichtiger Grund anzusehen sind zB die Verletzung der Verschwiegenheitspflicht[6] oder die unzulässige Kontaktaufnahme mit Geschäftspartnern der Gesellschaft[7]. Wesentliche und nicht nur vorübergehende Interessenkonflikte in der Person eines AR-Mitglieds (zB allgemeinpolitische Tätigkeit eines Gewerkschaftsfunktionärs gegen wesentliche Interessen des Unternehmens) können im Einzelfall einen solchen wichtigen Grund bilden[8]. In Ausnahmefällen kann ein wichtiger Grund auch in der mangelnden Qualifikation des AR-Mitglieds liegen, wenn ihm nachweisbar die zur ordnungsgemäßen Wahrnehmung der AR-Tätigkeit erforderlichen Mindestkenntnisse (zB *Financial Literacy*[9]), Fähigkeiten und fachlichen Erfahrungen fehlen[10]. Bloße Interessengegensätze, die im AR aufeinander stoßen, sind grds. innerhalb des Organs auszutragen und berechtigen nicht zu einem Vorgehen nach § 103 III und IV AktG[11].

4 Ein Grund, der die fristlose Kündigung eines im Unternehmen beschäftigten ArbN-Vertreters rechtfertigt, stellt nicht zwingend auch einen wichtigen Grund für eine gerichtl. Abberufung dar[12]; allerdings wird er häufig ein Indiz für die Unzumutbarkeit des Verbleibens im AR sein.

5 IV. Streitigkeiten im Zusammenhang mit der Abberufung eines AR-Mitglieds der ArbN gem. § 23 sind nach § 2a I Nr. 3 ArbGG im arbeitsgerichtl. Beschlussverfahren (§ 80 I ArbGG) auszutragen; Anträge auf einstw. Rechtsschutz während des Wahlverfahrens sind zulässig. Die Abberufung eines AR-Mitglieds (oder Ersatzmitglieds) kann entsprechend § 22 angefochten werden[13]. Zur Ergänzung des AR § 24 Rz. 3.

24 Verlust der Wählbarkeit und Änderung der Zuordnung unternehmensangehöriger Aufsichtsratsmitglieder

(1) Verliert ein Aufsichtsratsmitglied, das nach § 7 Abs. 2 Arbeitnehmer des Unternehmens sein muss, die Wählbarkeit, so erlischt sein Amt.

(2) Die Änderung der Zuordnung eines Aufsichtsratsmitglieds zu den in § 3 Abs. 1 Nr. 1 oder § 3 Abs. 1 Nr. 2 genannten Arbeitnehmern führt nicht zum Erlöschen seines Amtes.

---

1 Ähnlich UHH/*Henssler*, § 23 Rz. 1 f. ‖ 2 Vgl. ErfK/*Oetker*, § 23 MitbestG Rz. 1; *Raiser/Veil*, § 23 Rz. 6. ‖ 3 Vgl. LG Frankfurt/M. 14.10.1986 – 3/11 T 29/85, NJW 1987, 505; Scholz/*U.H. Schneider*, § 52 GmbHG Rz. 298; *Raiser/Veil*, § 23 Rz. 1. ‖ 4 *Raiser/Veil*, § 6 Rz. 36; UHH/*Ulmer/Habersack*, § 6 Rz. 70; Scholz/*U.H. Schneider*, § 52 GmbHG Rz. 298. ‖ 5 Vgl. LG Frankfurt/M. 14.10.1986 – 3/11 T 29/85, NJW 1987, 505 f.; *Hüffer*, § 103 AktG Rz. 10; UHH/*Ulmer/Habersack*, § 6 Rz. 71. ‖ 6 Vgl. *Hüffer*, § 103 AktG Rz. 11; OLG Stuttgart 7.11.2006 – 8 W 388/06, AG 2007, 218 f.; AG München 2.5.1985 – HRB 2212, WM 1986, 974 (einmalige Bekanntmachung geplanter Dividendenerhöhung und des Abstimmungsverhaltens anderer AR-Mitglieder in der Betriebsversammlung soll nicht genügen). ‖ 7 OLG Zweibrücken 28.5.1990 – 3 W 93/90, WM 1990, 1388. ‖ 8 Vgl. auch Ziff. 5. 5. 3 S. 2 DCGK; hierzu ausf. *Seibt*, FS Hopt, 2011, S. 1363 ff.; *Seibt*, AG 2003, 465 (472 Fn. 71 und 475 f.); einschr. *Möllers*, NZG 2003, 697 ff. (zum Fall Lufthansa/Bsirske); zur Streikteilnahme von ArbN-Vertretern ausf. *Lutter/Krieger*, Rz. 305; *Köstler/Müller/Sick*, Aufsichtsratspraxis, Rz. 747 ff.; vgl. auch OLG Hamburg 23.1.1990 – 11 W 92/89, AG 1990, 218 ff. – HEW/Jansen; *Hüffer*, § 103 AktG Rz. 11. ‖ 9 Hierzu Bericht Regierungskommission Corporate Governance, Rz. 310. ‖ 10 Vgl. BGH 15.11.1982 – II ZR 27/82, BGHZ 85, 293 (295 f.) – Hertie; KölnKommAktG/*Mertens/Cahn*, § 116 Rz. 5 ff.; vgl. auch weiter gehend Ziff. 5. 4. 1 S. 1 DCGK. ‖ 11 Vgl. KölnKommAktG/*Mertens/Cahn*, § 103 Rz. 32 ff.; Scholz/*U.H. Schneider*, § 52 GmbHG Rz. 299. ‖ 12 BGH 21.2.1963 – II ZR 76/62, AP Nr. 12 zu § 76 BetrVG 1952 (zu § 76 BetrVG 1952). ‖ 13 WWKK/*Wißmann*, § 23 Rz. 30.

§ 25 MitbestG

I. Regelungsinhalt. Nach Abs. 1 verliert ein AR-Mitglied sein Amt, wenn es die Wählbarkeit verliert. Dies gilt nach seinem Wortlaut nur für die Mitglieder der ArbN im AR, die nach § 7 II dem Unternehmen angehören müssen; für Gewerkschaftsvertreter ist Abs. 1 entsprechend anzuwenden (s. § 7 Rz. 4, aber auch Rz. 2)[1]. Der Wechsel der Gruppenzugehörigkeit lässt das Amt des AR-Mitglieds unberührt (Abs. 2), ebenso die ursprüngliche Kategoriezuordnung bei der Wahl. Die Regelungen des § 24 sind auf Ersatzmitglieder (§ 17) entsprechend anzuwenden[2].

II. Verlustgründe. Abs. 1 findet nur Anwendung, sofern sich das Erlöschen des AR-Amts nicht bereits aus aktienrechtl. Regeln ergibt (Verlust der Amtsvoraussetzung nach § 6 II MitbestG iVm. § 100 I, II AktG). Zu einem Verlust der Wählbarkeit iSv. Abs. 1 kommt es insb. bei Verlust der ArbN-Eigenschaft (§ 3 I iVm. § 5 BetrVG)[3], bei Ausscheiden des AR-Mitglieds aus dem Unternehmen (und keinem gleichzeitigen Eintritt in ein Unternehmen, dessen ArbN nach §§ 4 und 5 an der Wahl zu beteiligen waren)[4], bei Ruhen des ArbVerh, sofern feststeht, dass der ArbN nach Beendigung des Ruhenstatbestands keine Tätigkeiten mehr für das Unternehmen erbringen wird[5], und bei Ausscheiden eines abhängigen Unternehmens aus dem Konzernverbund (zB Unternehmensverkauf zum Zeitpunkt der dinglichen Wirksamkeit), wenn das AR-Mitglied dort beschäftigt ist[6].

III. Ergänzungen des Aufsichtsrats. Fällt ein Vertreter der ArbN im AR weg (§§ 22–24), wird die Vakanz primär durch Nachrücken des entsprechenden Ersatzmitglieds gefüllt; ansonsten hat eine Nachwahl zu erfolgen (arg. § 104 V AktG)[7]. Eine solche ist ausnahmsweise nicht notwendig (in der Praxis ist dies allerdings die Regel), wenn ihre Durchführung zB wegen der zeitlichen Nähe zur nächsten turnusmäßigen AR-Wahl oder wegen hoher Kosten für das Unternehmen unzumutbar wäre (**Grundsatz der Verhältnismäßigkeit**). In solchen Fällen kommt eine Ersatzbestellung durch Gericht gem. § 104 AktG (das nach freiem Ermessen und ohne Bindung an Anträge entscheidet) in Betracht[8]. Das gerichtl. Ermessen wird allerdings durch § 104 IV AktG, § 7 II eingeschränkt. Sind nach § 7 II Vertreter von Gewerkschaften zu bestellen, hat das Gericht dem Antrag einer vorschlagsberechtigten Gewerkschaft in personeller Hinsicht grds. zu folgen. Eine Ablehnung ist nur möglich, sofern überwiegende Belange der Gesellschaft oder der Allgemeinheit der Bestellung des Vorgeschlagenen entgegenstehen[9]. Liegen verschiedene Anträge konkurrierender Gewerkschaften vor, kann das Gericht im Rahmen der Vorschläge frei auswählen (zum Gewerkschaftsbegriff § 7 Rz. 4)[10].

Dritter Abschnitt. Innere Ordnung, Rechte und Pflichten des Aufsichtsrats

25 Grundsatz

(1) Die innere Ordnung, die Beschlussfassung sowie die Rechte und Pflichten des Aufsichtsrats bestimmen sich nach den §§ 27 bis 29, den §§ 31 und 32 und, soweit diese Vorschriften dem nicht entgegenstehen,

1. für Aktiengesellschaften und Kommanditgesellschaften auf Aktien nach dem Aktiengesetz,
2. für Gesellschaften mit beschränkter Haftung nach § 90 Abs. 3, 4 und 5 Satz 1 und 2, den §§ 107 bis 116, 118 Abs. 3, § 125 Abs. 3 und 4 und den §§ 170, 171 und 268 Abs. 2 des Aktiengesetzes,
3. für Genossenschaften nach dem Genossenschaftsgesetz.

§ 4 Abs. 2 des Gesetzes über die Überführung der Anteilsrechte an der Volkswagenwerk Gesellschaft mit beschränkter Haftung in private Hand vom 21. Juli 1960 (Bundesgesetzbl. I S. 585), zuletzt geändert durch das Zweite Gesetz zur Änderung des Gesetzes über die Überführung der Anteilsrechte an der Volkswagenwerk Gesellschaft mit beschränkter Haftung in private Hand vom 31. Juli 1970 (Bundesgesetzbl. I S. 1149), bleibt unberührt.

(2) Andere gesetzliche Vorschriften und Bestimmungen der Satzung (des Gesellschaftsvertrags) oder der Geschäftsordnung des Aufsichtsrats über die innere Ordnung, die Beschlussfassung sowie die Rechte und Pflichten des Aufsichtsrats bleiben unberührt, soweit Absatz 1 dem nicht entgegensteht.

---

1 Ebenso UHH/*Henssler*, § 24 Rz. 5; aA ErfK/*Oetker*, § 24 MitbestG Rz. 1; *Raiser/Veil*, § 24 Rz. 2; WWKK/*Wißmann*, § 24 Rz. 8 (Amtsverlust aus Aktienrecht). ||2 ErfK/*Oetker*, § 24 MitbestG Rz. 1; UHH/*Henssler*, § 24 Rz. 66; *Raiser/Veil*, § 24 Rz. 3; WWKK/*Wißmann*, § 24 Rz. 7. ||3 Vgl. *Raiser/Veil*, § 24 Rz. 2; Scholz/*U.H. Schneider*, § 52 GmbHG Rz. 274. ||4 Vgl. *Raiser/Veil*, § 24 Rz. 2. ||5 BAG 25.10.2000 – 7 ABR 18/00, AP Nr. 32 zu § 76 BetrVG 1952 – Blockmodell der Altersteilzeit; *Windbichler*, SAE 2001, 210. ||6 Vgl. UHH/*Henssler*, § 24 Rz. 8; *Raiser/Veil*, § 24 Rz. 2; Scholz/*U.H. Schneider*, § 52 GmbHG Rz. 274. ||7 Vgl. LAG Köln 30.6.2000 – 12 (4) Ta BV 11/00, NZA-RR 2001, 317 f. – Deutsche Telekom. ||8 Vgl. LAG Köln 30.6.2000 – 12 (4) Ta BV 11/00, NZA-RR 2001, 317 f. – Deutsche Telekom; OLG Karlsruhe 10.12.1985 – 8 U 107/85, NJW-RR 1986, 710 (711); BayObLG 20.8.1997 – 3Z BR 193/97, AG 1998, 36 f.; 14.12.2004 – 3Z BR 134/04, AG 2005, 350 f.; WWKK/*Wißmann*, § 16 Rz. 151; UHH/*Henssler*, § 22 Rz. 21; *Fuchs/Köstler/Pütz*, Handbuch zur Aufsichtsratswahl, Rz. 616. ||9 BayObLG 14.12.2004 – 3Z BR 134/04, AG 2005, 350 (351). ||10 BayObLG 14.12.2004 – 3Z BR 134/04, AG 2005, 350 (351); 20.8.1997 – 3Z BR 193/97, AG 1998, 36.

1 **I. Regelungsinhalte.** Nach Abs. 1 S. 1 finden für die innere Ordnung, die Beschlussfassung sowie die Rechte und Pflichten des AR **primär die Bestimmungen des MitbestG** Anwendung, die den Vorsitz im AR (§ 27), dessen Beschlussfähigkeit (§ 28), die für das Zustandekommen eines Beschlusses erforderlichen Mehrheiten (§ 29), die Bestellung und Abberufung von Mitgliedern des Vertretungsorgans (§ 31) sowie die Ausübung von Beteiligungsrechten (§ 32) betreffen. In zweiter Linie sind dann abhängig von der Rechtsform das AktG (AG und KGaA; § 1 I Nr. 1), bestimmte aktienrechtl. Vorschriften (GmbH; § 1 I Nr. 2) bzw. das GenG (Genossenschaften; § 1 I Nr. 3) anzuwenden. Damit bezweckte der Gesetzgeber, dass die wesentlichen Bestimmungen für die AR-Arbeit für alle mitbestimmten Unternehmen einheitlich geregelt sind und sich der AR trotzdem in die jeweilige Rechtsform mit seiner besonderen Kompetenzstruktur einfügt[1]. In dritter Linie gelten für den AR die nicht in Abs. 1 S. 1 in Bezug genommenen gesetzl. Vorschriften sowie privatautonome Regeln in der Satzung, in der Geschäftsordnung des AR oder in Corporate-Governance-Grundsätzen des Unternehmens, soweit diesen die in Abs. 1 S. 1 aufgeführten Vorschriften nicht entgegenstehen (Abs. 2).

2 Abs. 1 S. 1 kann nicht entnommen werden, dass die den im MitbestG innewohnenden Leitideen eine maßgebliche Richtlinie für die Auslegung von Regelungslücken sind, die durch gesellschaftsrechtl. Normen zu füllen sind. Der Regelungszweck des MitbestG kann auch nicht herangezogen werden, um die nur partikulären Bestimmungen der §§ 27–29, 31 und 32 über ihren Regelungsbereich auszudehnen[2]. Die Heranziehung gesellschaftsrechtl. Vorschriften steht zwar nicht unter dem Vorbehalt gleichmäßiger Berücksichtigung der Interessen der Anteilseigner und ArbN, darf andererseits aber auch nicht dazu führen, dass zwingendes MitbestR unterlaufen wird[3]. So ergeben sich **mitbestimmungsrechtl. Beschränkungen** für solche privatautonomen Regelungen, die die Funktionsfähigkeit des AR als Unternehmensorgan vermindern oder faktisch die Beteiligung der ArbN bei der Entscheidungsfindung im Unternehmen beseitigen würden[4].

3 **II. Innere Ordnung des Aufsichtsrats. 1. AG, KGaA, GmbH.** Die innere Ordnung und Beschlussfassung des AR bestimmt sich bei der AG, der KGaA und der GmbH nach §§ 27, 28 und 29 sowie § 25 I 1 Nr. 1 bzw. Nr. 2 MitbestG iVm. §§ 107–110 AktG.

4 Der AR hat einen **Vorsitzenden** und mindestens einen Stellvertreter zu wählen (§ 107 I AktG). Dem Vorsitzenden können und – entsprechend den Empfehlungen und Anregungen des DCGK – sollen neben den vom Gesetz zugewiesenen weitere Aufgaben insb. durch Geschäftsordnung übertragen werden[5]. S. § 27.

5 Der AR kann nach § 107 III AktG **Ausschüsse** bestellen; dies entspricht auch guter Unternehmensführung, um die Effizienz der AR-Tätigkeit zu erhöhen[6]. Über die Einrichtung und Besetzung von Ausschüssen entscheidet der AR autonom, wobei idR die Geschäftsordnung des AR Besetzungsregelungen enthält. Nach zutreffender hM gibt es kein Paritätsgebot, demzufolge die paritätische Besetzung mit ArbN-Vertretern im AR-Plenum in den Ausschüssen in gleicher Weise abgebildet werden müsste. Vielmehr darf nach Aufgabe des Ausschusses und Befähigung der in Betracht kommenden Personen differenziert werden, so lange nur sachwidrige Differenzierung nach Gruppenzugehörigkeit der AR-Mitglieder unterbleiben (**Grundsatz des allg. Diskriminierungsverbots**)[7]. Auch der DCGK empfiehlt keine Beachtung des Paritätsgebots[8]. Im Regelfall wird allerdings zur Gewährleistung eines ausreichenden Informationsflusses an die ArbN-Vertreter in jeden AR-Ausschuss mindestens ein ArbN-Vertreter zu wählen sein[9]. Für den mitbestimmungsrechtl. besonders wichtigen Personalausschuss des AR hat der BGH dies ausdrücklich entschieden[10]. Die Besetzung des AR bzw. von AR-Ausschüssen (insb. des Bilanz- und Prüfungsausschusses/Audit Committee) mit unternehmensangehörigen ArbN-Vertretern verstößt nicht gegen das im **US-amerikanischen Sabarnes-Oxley Act of 2002** enthaltenen Unabhängigkeitserfordernis, da insoweit (Ausnahme: Prokuristen) die SEC eine Ausnahmeregelung veröffentlicht

---

1 Vgl. BT-Drs. 7/2172, 27; vgl. auch ErfK/*Oetker*, § 25 MitbestG Rz. 1. ‖ 2 BGH 25.2.1982 – II ZR 102/81, BGHZ 83, 144 (148); vgl. auch ErfK/*Oetker*, § 25 MitbestG Rz. 5. ‖ 3 BGH 25.2.1982 – II ZR 102/81, BGHZ 83, 144 (149); vgl. auch ErfK/*Oetker*, § 25 MitbestG Rz. 5. ‖ 4 Vgl. ErfK/*Oetker*, § 25 MitbestG Rz. 6; UHH/*Ulmer/Habersack*, § 25 Rz. 11; *Raiser/Veil*, § 25 Rz. 13; *Rittner*, DB 1980, 2493 (2499ff.); *Wiedemann*, ZGR 1977, 160 (167). ‖ 5 Hierzu Ziff. 5.2 DCGK; vgl. auch *Seibt/Wilde* in Hommelhoff/Hopt/v. Werder, Handbuch Corporate Governance, 2003, S. 377, 388ff.; Ringleb/Kremer/Lutter/v. Werder/*Kremer*, DCGK, Rz. 960ff.; *Semler*, Arbeitshandbuch für Aufsichtsratsmitglieder, F 1ff. ‖ 6 Hierzu zB Ziff. 5.3 DCGK; *Lutter*, ZGR 2001, 224 (229); *Semler*, Arbeitshandbuch für Aufsichtsratsmitglieder, G 1ff. ‖ 7 BGH 17.5.1993 – II ZR 89/92, BGHZ 122, 342 (354ff.) – Hamburg-Mannheimer (zu MitbestG); OLG Hamburg 29.9.1995 – 11 U 20/95, AG 1996, 84ff. – Volksfürsorge Deutsche Lebensversicherung (zu MitbestG); OLG München 27.1.1995 – 23 U 4282/94, AG 1995, 466 (467) – Voigt Elektronik (zu BetrVG 1952); LG Frankfurt/Main 19.12.1995 – 2/14 O 183/95, ZIP 1996, 1661 – Deutsche Börse (zu BetrVG 1952; Vergleich vor OLG Frankfurt); *Hüffer*, § 107 AktG Rz. 21; *Brandes*, WM 1994, 2177 (2182); *Mertens*, AG 1981, 113 (131); *Zöllner*, AG 1981, 13 (15); UHH/*Ulmer/Habersack*, § 25 Rz. 127ff.; aA (Paritätsgebot) GK-MitbestG/*Naendrup*, § 25 Rz. 35; *Nagel*, DB 1979, 1799 (1801); *Henssler*, FS BGH II, 2000, S. 387, 395ff. ‖ 8 Zutr. Ringleb/Kremer/Lutter/v. Werder/*Kremer*, DCGK, Rz. 982 und 1002. ‖ 9 WHSS/*Seibt*, Rz. F 65; *Seibt*, DB 2002, 529 (531) zum sog. Übernahmeausschuss; § 27 I WpÜG. ‖ 10 BGH 17.5.1993 – II ZR 89/92, BGHZ 122, 342 (358ff.) – Hamburg-Mannheimer.

hat[1]. Erfolgen die Wahlen zu AR-Ausschüssen entgegen den vorgenannten Grundsätzen, sind diese nichtig[2].

Ziff. 3.6 S. 1 DCGK regt als Maßnahme guter Unternehmensführung an, dass die Vertreter der Anteilseigner und der ArbN die Sitzung des AR jeweils gesondert, ggf. mit den Vorstandsmitgliedern, vorbereiten (Ziff. 3.6 S. 1 DCGK)[3]. Diese Anregung soll ebenso wie die Empfehlung der jährlichen Effizienzprüfung der AR-Tätigkeit (Ziff. 5.6 DCGK)[4], periodische *in camera* Sitzungen des AR ohne Vorstand (Ziff. 3.6 S. 2 DCGK) oder gruppenpsychologische Maßnahmen wie Fortbildungskurse, gemeinsame Ausflüge etc. der Schaffung einer offenen und vertrauensvollen Diskussionskultur dienen.

2. Genossenschaft. Bei der Genossenschaft finden für die innere Ordnung und Beschlussfassung des AR neben §§ 27–29, 31 und 32 die §§ 36 ff. GenG Anwendung. Auf Grund der geringen Regelungsdichte im GenG für diese Fragen kommt der General- bzw. Vertreterversammlung oder dem AR eine größere Gestaltungsfreiheit zu. Fehlen im Statut, in der Geschäftsordnung des AR oder in den Corporate-Governance-Grundsätzen entsprechende Regelungen, so finden allg. Verfahrensgrundsätze über die Einberufung von Sitzungen, über die Sitzungsleitung, die Beschlussfassung sowie die Erstellung von Niederschriften entsprechende Anwendung[5].

III. Rechte, Pflichten und Kompetenzen des Aufsichtsrats. 1. Allgemeines. Die Kompetenzen des AR bestimmen sich nach §§ 31 und 32 sowie nach § 25 I 1 iVm. dem spezifischen Gesellschaftsrecht. Nur soweit die zwingenden Vorschriften des MitbestG oder die gesellschaftsrechtl. Vorschriften zur Satzungsstrenge (§§ 23 V AktG, 18 GenG) reichen, wird die Regelungsbefugnis der Anteilseigner und des AR eingeschränkt. Daher sind die Kompetenzen des AR von der Rechtsform des Unternehmens sowie ggf. von privatautonomen Regelungen in der Satzung, in der Geschäftsordnung des AR oder in Corporate-Governance-Grundsätzen abhängig.

2. AG. Dem AR kommt nach § 31 zwingend die Personalkompetenz hinsichtlich des Vorstands zu. Das betrifft zum einen die **Bestellung und Abberufung der Vorstandsmitglieder**, zum anderen den Abschluss, die Änderung und die Beendigung der Vorstands-Anstellungsverträge. Des Weiteren ist der AR verpflichtet, den Vorstand zu überwachen (Abs. 1 S. 1 Nr. 1 iVm. § 111 I AktG). Hierzu kommen dem AR eine Vielzahl von **Informations- und Untersuchungsrechten** zu, die entsprechend den Grundsätzen guter Unternehmensführung in einer Informationsordnung zusammengefasst sein sollten[6]. Schließlich kommen dem AR eine Reihe von **Mitentscheidungsrechten** zu, namentlich (1) Zustimmungsvorbehalte bei bestimmten Geschäftsführungsmaßnahmen (Abs. 1 S. 1 Nr. 1 iVm. § 111 IV AktG), (2) Feststellung des Jahresabschlusses und Billigung des Konzernabschlusses (Abs. 1 S. 1 Nr. 1 iVm. § 171 II 3 bis 5, § 172 I AktG) sowie (3) Gewinnverwendung durch Einstellung in die Rücklagen (Abs. 1 S. 1 Nr. 1 iVm. § 58 II AktG).

3. KGaA. Bei der KGaA sind die Kompetenzen des AR kraft Gesetzes deutlich schwächer ausgestaltet als bei der AG. So kommt dem AR bei der KGaA **keine Personalkompetenz über den Komplementär** zu (§ 31 I 2). Ferner gilt bei der KGaA die Verpflichtung nicht, dass in der Satzung Zustimmungsvorbehalte für bestimmte Geschäftsführungsmaßnahmen zu Gunsten des AR vorgesehen sein müssen (vgl. § 278 II AktG). Vielmehr können die Komplementäre die gewöhnlichen Geschäfte allein ausführen, während zu den außergewöhnlichen Geschäften die Zustimmung der Hauptversammlung notwendig ist (§ 278 II AktG iVm. §§ 116, 164 HGB). Allerdings ist die Zuständigkeitsverteilung bei der KGaA dispositives Recht, so dass die Satzung (nicht allerdings der AR autonom) dem AR zB die Rechte nach § 111 IV 2 AktG oder sogar weiter gehende Geschäftsführungs- und Weisungsbefugnisse ggü. den Komplementären einräumen kann[7]. Schließlich obliegt die Feststellung des Jahresabschlusses bei der KGaA der Hauptversammlung mit Zustimmung der Komplementäre (Abs. 1 S. 1 Nr. 1 iVm. § 286 I AktG).

4. GmbH. Auf die GmbH sind nach Abs. 1 S. 1 Nr. 2 (über eine abschließende Normenaufzählung) nur ein Teil der aktienrechtl. Kompetenzbestimmungen zu Gunsten des AR anzuwenden. Zwar kommt dem AR auch bei der GmbH die **Personalkompetenz** zur Bestellung und Abberufung der Geschäftsführer (§ 31) einschl. der Annexkompetenz zum Abschluss, zur Änderung und zur Beendigung der Anstellungsverträge der Geschäftsführer zu (hierzu § 31 Rz. 11). Dagegen ist der AR nicht zwingend berechtigt, eine Geschäftsordnung für die Geschäftsführer aufzustellen (§ 77 AktG), Grundzüge für die Geschäftsführerbezüge festzulegen (§ 87 AktG), Befreiung vom Wettbewerbsverbot zu erteilen (§ 88 AktG) und über Kredite an Vorstandsmitglieder zu beschließen (§ 89 AktG), da Abs. 1 S. 1 Nr. 2 auf

---

1 Hierzu *Gruson/Kubicek*, AG 2003, 337 (350 f.); zum sog. independence requirement Sec. 10 A (m) (3) Securities Exchange Act of 1934 idF v. Sec. 301 Sarbarnes-Oxley-Act of 2002. || 2 BGH 17.5.1993 – II ZR 89/92, BGHZ 122, 342 (354 ff.). – Hamburg-Mannheimer; WHSS/*Seibt*, Rz. F 65. || 3 Hierzu Ringleb/Kremer/Lutter/v. Werder/*v. Werder*, DCGK, Rz. 403 ff. || 4 Hierzu ausf. *Seibt*, DB 2003, 2107 ff. || 5 Vgl. ErfK/*Oetker*, § 25 MitbestG Rz. 7; UHH/*Ulmer/Habersack*, § 25 Rz. 42. || 6 Hierzu *Seibt/Wilde* in Hommelhoff/Hopt/v. Werder, Handbuch Corporate Governance, 2. Aufl. 2009, S. 391, 407 ff.; *Lutter*, ZGR 2001, 224 (232); vgl. auch Ziff. 3.4 DCGK. || 7 GroßKommAktG/*Assmann/Sethe*, § 287 Rz. 44 f.; *Kallmeyer*, ZGR 1983, 57 (69); *Raiser/Veil*, § 25 Rz. 85.

diese aktienrechtl. Vorschriften nicht verweist[1]. Auch für die Bestellung von Prokuristen und Handlungsbevollmächtigten für den gesamten Geschäftsbetrieb bleibt im Normstatut die Gesellschafterversammlung zuständig[2].

12 Im Hinblick auf die **Überwachungskompetenz** des AR sind die Geschäftsführer der GmbH mangels Verweises in Abs. 1 S. 1 Nr. 2 auf die §§ 90 I, II, 170 AktG nicht zur selbständigen periodischen Berichterstattung bzw. Vorlage des Jahresabschlusses und des Lageberichts verpflichtet[3]. Allerdings kann der AR Informationslücken schließen, indem er sein Berichtsverlangen nach Abs. 1 S. 1 Nr. 2 MitbestG iVm. § 90 III AktG in Form einer Informationsordnung entsprechend ausgestaltet[4].

13 Bei der Aufstellung des Jahresabschlusses bleibt dem AR zwar die Prüfungspflicht gem. § 171 AktG, festgestellt wird der Jahresabschluss bei der GmbH jedoch von der Gesellschafterversammlung (§ 46 Nr. 1, § 42a GmbHG); §§ 172, 173 AktG sind ebenso wenig auf die GmbH anzuwenden wie § 58 II AktG (Gewinnverwendung durch Rücklageneinstellung), so dass der Einfluss des AR auf die Bilanzpolitik des Unternehmens im Normstatut (abweichende Satzungsregelung zulässig[5]) entfällt. Die gesetzl. verpflichtend vorzusehenden Zustimmungsvorbehalte zu Gunsten des AR nach Abs. 1 S. 1 Nr. 2 iVm. § 111 IV 2 AktG können bei der GmbH in Konflikt mit dem Weisungsrecht der Gesellschafterversammlung ggü. den Geschäftsführern geraten. Diese **Mitbestimmungskompetenz** des AR kann nicht durch die Satzung eingeschränkt oder gar beseitigt werden[6]. Nach hM kann die Gesellschafterversammlung allerdings durch einen mit einfacher Mehrheit gefassten Beschluss (Abs. 1 S. 1 Nr. 2 iVm. § 111 IV 4 AktG gilt für die GmbH mit der Gesellschafterversammlung als oberstes Organ nicht) eine Geschäftsführungsmaßnahme letztlich durchsetzen, auch wenn der AR die Zustimmung verweigert hatte[7]. Dabei ist die Gesellschafterversammlung nicht auf das Verlangen der Geschäftsführer angewiesen, da die Kompetenz der Gesellschafterversammlung zur Geschäftsführung im Rahmen des MitbestG fortbesteht; § 119 II AktG gilt für die GmbH nicht entsprechend[8].

14 **5. Genossenschaft.** Bei Genossenschaften bestimmen sich die Rechte und Pflichten des AR neben den §§ 31, 32 zunächst ausschließlich nach dem **GenG**. Die aktienrechtl. Vorschriften, namentlich die Berichtspflicht nach § 90 oder die Zustimmungsvorbehalte bei Geschäftsführungsmaßnahmen nach § 111 IV AktG gelten nicht, auch nicht analog[9]. Bei der Aufstellung des Jahresabschlusses kommt dem AR nur eine Prüfungs- und Berichtspflicht zu (§ 33 GenG), während er an der Feststellung selbst nicht teilnimmt (vgl. § 48 I GenG). Allerdings kann die Satzung dem AR Zustimmungsrechte einräumen (vgl. § 38 III GenG)[10].

15 **IV. Rechtsstellung der AR-Mitglieder. 1. AG, KGaA, GmbH.** Die Rechtsstellung der AR-Mitglieder bestimmt sich über die Regelung in § 26 hinaus nach den aktienrechtl. Vorschriften (Abs. 1 S. 1 Nr. 1 u. 2). Danach haben die Mitglieder des AR, gleich ob Anteilseigner- oder ArbN-Vertreter, die gleichen Rechte und Pflichten, insb. stehen ihnen die gleichen Mitwirkungs-, Informations- und Stimmrechte sowie Vergütungs- und Aufwendungsersatzansprüche[11] zu, sie sind aber andererseits auch in gleichem Maße zur Amtsausübung verpflichtet und ggü. der Gesellschaft haftungsrechtlich verantwortlich[12]. Jedes AR-Mitglied hat dafür zu sorgen, dass die dem AR übertragenen Zuständigkeiten und Aufgaben mit der Sorgfalt eines ordentl. Überwachers und Beraters wahrgenommen werden (**Grundsatz der Gesamtverantwortung**; § 116 AktG). Der Grundsatz der Gesamtverantwortung schließt jedoch nicht aus, dass bestimmte AR-Aufgaben einzelnen AR-Mitgliedern oder einem Ausschuss zugewiesen werden. Bei ernsthaften Zweifeln an der sachgemäßen Erledigung der Aufgaben hat indes jedes AR-Mitglied die Pflicht, der Zuweisung zu widersprechen und den Aufgabenbereich oder die Einzelentscheidung in das Gesamtgremium zurückzuholen. Das einzelne AR-Mitglied haftet nicht für Fehler des betrauten AR-Mitglieds oder der Ausschussmitglieder, wenn es sich auf eine zweckgerechte Erfüllung der Aufgaben verlassen konnte. Es haftet nur bei fehlerhafter Zuweisung, mangelhafter Überwachung, unterlassener

---

1 So auch *Raiser/Veil*, § 25 Rz. 87; aA UHH/*Ulmer/Habersack*, 2. Aufl. 2006, § 31 Rz. 40 (Anwendung von §§ 87–89 AktG analog) (aufgegeben in 3. Aufl. 2013). ‖ 2 Vgl. Scholz/*U.H. Schneider*, § 52 GmbHG Rz. 170; *Zöllner*, ZGR 1977, 319 (326); *Hommelhoff*, ZGR 1978, 119 (137); *Lutter/Krieger*, Rz. 945; aA WWKK/*Wißmann*, § 25 Rz. 67. ‖ 3 Vgl. ErfK/*Oetker*, § 25 MitbestG Rz. 9; UHH/*Ulmer/Habersack*, § 25 Rz. 55; aA GK-MitbestG/*Naendrup*, § 25 Rz. 151. ‖ 4 Vgl. ErfK/*Oetker*, § 25 MitbestG Rz. 9; *Lutter/Krieger*, Rz. 922 f.; *v. Hoyningen-Huene/Powietzka*, BB 2001, 529 ff. ‖ 5 Vgl. Scholz/*U.H. Schneider*, § 52 GmbHG Rz. 157. ‖ 6 Vgl. ErfK/*Oetker*, § 25 MitbestG Rz. 10; UHH/*Ulmer/Habersack*, § 25 Rz. 64; *Raiser/Veil*, § 25 Rz. 92; *Ballerstedt*, ZGR 1977, 133 (152); Scholz/*U.H. Schneider*, § 52 GmbHG Rz. 130; aA *Hölters*, BB 1975, 797 (799); diff. *Lutter/Krieger*, Rz. 338. ‖ 7 Vgl. Scholz/*U.H. Schneider*, § 52 GmbHG Rz. 146.; Baumbach/Hueck/*Zöllner/Noack*, § 52 GmbHG Rz. 124; *Lutter/Krieger*, Rz. 926; *Lutter/Hommelhoff*, § 52 GmbHG Rz. 15; strenger (3/4-Mehrheit nach § 111 IV 4 AktG) ErfK/*Oetker*, § 25 MitbestG Rz. 10; UHH/*Ulmer/Habersack*, § 25 Rz. 66; *Raiser/Veil*, § 25 Rz. 89; *Säcker*, DB 1977, 1845 (1848). ‖ 8 Vgl. Scholz/*U.H. Schneider*, § 52 GmbHG Rz. 146; ErfK/*Oetker*, § 25 MitbestG Rz. 10; UHH/*Ulmer/Habersack*, § 25 Rz. 67; *Raiser/Veil*, § 25 Rz. 90; *Säcker*, DB 1977, 1845 (1849); im Erg. auch BGH 6.3.1997 – II ZR B 4/96, BGHZ 135, 48 (55 f.); aA *Reich/Lewerenz*, AuR 1976, 261 (272). ‖ 9 Vgl. *Raiser/Veil*, § 25 Rz. 95. ‖ 10 Hierzu *Müller*, GenG, 2. Aufl. 1996, § 38 GenG Rz. 47 ff.; Lang/Weidmüller/Metz/Schaffland/*Metz*, GenG, 37. Aufl. 2011, § 38 GenG Rz. 32; *Beuthien*, GenG, 15. Aufl. 2010, § 38 GenG Rz. 9. ‖ 11 Gewerkschaftsmitglieder sind zur Abführung zur AR-Vergütung nur bei Einverständnis verpflichtet, vgl. LG München I 17.3.2005 – 6 O 19204/04, NZG 2005, 522. ‖ 12 Vgl. BGH 25.2.1982 – II ZR 123/81, BGHZ 83, 106 (112 f.) – Siemens; 15.12.1986 – II ZR 18/86, BGHZ 99, 211 (216); 15.11.1993 – II ZR 235/92, BGHZ 124, 111 (127); *Lutter/Krieger*, Rz. 279.

Zurückholung in das Gesamtgremium sowie bei versäumter Information der Gesellschafter bzw. Einleitung von rechtl. Schritten gegen Organmitglieder[1].

Auch bei den **Empfehlungen und Anregungen des DCGK** ist nicht zwischen Anteilseigner- und ArbN-Vertretern zu differenzieren. ArbN-Vertreter genießen insb. keine Sonderstellung im Hinblick auf die Kodex-Bestimmungen zur Vergütung (Ziff. 5.4.5 S. 4 und 5 DCGK), zum Selbstbehalt bei D&O-Versicherungen (Ziff. 3.8 S. 3 DCGK), zur Offenlegung und Behandlung von Interessenkonflikten (Ziff. 5.5.2, 5.5.3 S. 1 DCGK)[2] sowie zur Effizienzprüfung der AR-Tätigkeit (Ziff. 5.6 DCGK; zB Zulässigkeit der Beurteilung der einzelnen AR-Mitglieder[3])[4]. 16

Im Rahmen ihrer Organtätigkeit sind die AR-Mitglieder weder an Weisungen des Bestellungsorgans, des Entsendungsberechtigten oder eines Dritten gebunden, noch können sie sich selbst solchen Weisungsrechten unterwerfen[5]. Das gilt auch für AR-Mitglieder eines kommunalen Unternehmens, die zugleich Gemeinderatsmitglieder sind (Weisungen des Gemeinderats sind unzulässig)[6]. Die AR-Mitglieder müssen ihr Amt eigenverantwortlich und persönlich wahrnehmen. Eine dauerhafte Übertragung der Aufgaben auf Dritte ist daher unzulässig (§ 111 V AktG; **Vertretungs- und Delegationsverbot**)[7], nicht jedoch eine Unterstützung durch Assistenten oder eine Beratung durch Sachverst. in einzelnen, besonderen Fachkenntnisse verlangenden Aufgaben[8]. Zur **Verschwiegenheitspflicht** sämtlicher AR-Mitglieder § 1 DrittelbG Rz. 26. 17

2. Genossenschaft. Für die AR-Mitglieder von Genossenschaften gelten neben § 26 nach Abs. 1 S. 1 Nr. 3 die §§ 36ff. GenG. Bestehen im GenG Regelungslücken, sind die aktienrechtl. Grundsätze entsprechend anzuwenden[9]. 18

26 Schutz von Aufsichtsratsmitgliedern vor Benachteiligung

Aufsichtsratsmitglieder der Arbeitnehmer dürfen in der Ausübung ihrer Tätigkeit nicht gestört oder behindert werden. Sie dürfen wegen ihrer Tätigkeit im Aufsichtsrat eines Unternehmens, dessen Arbeitnehmer sie sind oder als dessen Arbeitnehmer sie nach § 4 oder § 5 gelten, nicht benachteiligt werden. Dies gilt auch für ihre berufliche Entwicklung.

I. Regelungsinhalt. § 26 enthält für die ArbN-Vertreter ein Behinderungs- und Benachteiligungsverbot zum Schutz ihrer Tätigkeit im AR sowie vor persönlichen und beruflichen Nachteilen. Diese Bestimmung ist ein Verbotsgesetz iSv. § 134 BGB, das sich gegen jedermann richtet[10]. Die Vergabe von sachlich ungerechtfertigten **Begünstigungen** an ArbN-Vertreter im Vergleich zu anderen ArbN (zB Höhergruppierung, Gewährung zusätzlichen Urlaubs oder überhöhter Spesenerstattungen) werden zwar nicht von § 26 ausdrücklich verboten, sind jedoch wegen des arbeitsrechtl. Gleichbehandlungsgrundsatzes untersagt[11]. Sachwidrigen Begünstigungen im Verhältnis zu anderen AR-Mitgliedern stehen die (gesellschaftsrechtl.) Grundsätze der Gleichberechtigung der Organmitglieder und das Gebot der Unabhängigkeit des AR entgegen. – Die Verletzung von § 26 ist nicht strafrechtlich sanktioniert (anders § 119 BetrVG). 1

II. Behinderungsverbot. S. 1 verbietet jedes Handeln oder Unterlassen, das die Tätigkeit der ArbN-Vertreter im AR in objektiv feststellbarer Weise tatsächlich beeinträchtigt[12]. 2

Mit der Bestellung zum AR-Mitglied entsteht ein gesetzl. Schuldverhältnis zum Unternehmen (§§ 662ff., 675 BGB), das bei den im Unternehmen beschäftigten ArbN neben deren ArbVerh zu diesem tritt. Der ArbN-Vertreter hat die Pflichten aus beiden Rechtsverhältnissen sorgfältig und pflichtgemäß zu erfüllen. Ein gesetzl. **Anspruch auf entgeltliche Arbeitsfreistellung zur Erfüllung der AR-Pflichten besteht nicht**[13]. Kollidieren die Verpflichtungen aus beiden Rechtsverhältnissen miteinander, zB weil die Wahrnehmung der AR-Tätigkeit nur während der Arbeitszeit möglich ist, geht zwar das AR-Mandat wegen S. 1 vor[14], der ArbN verliert allerdings nach § 326 I BGB auch seinen arbeitsvertragl. Entgeltanspruch, jdf. in dem Fall und in der Höhe, wie eine angemessene Vergütung für die AR-Tätigkeit (§ 113 3

---

1 Vgl. Scholz/*U.H. Schneider*, § 52 GmbHG Rz. 470; UHH/*Ulmer/Habersack*, § 25 Rz. 120. ||2 Hierzu ausf. *Seibt*, FS Hopt, 2010, S. 1363ff. ||3 Hierzu *Seibt*, DB 2003, 2107 (2109). ||4 Hierzu *Seibt*, AG 2003, 465 (476). ||5 Vgl. MünchGesR/*Hoffmann-Becking*, § 33 Rz. 6ff.; *Lutter/Krieger*, Rz. 280; Scholz/*U.H. Schneider*, § 52 GmbHG Rz. 327. ||6 Abw. für fakultativen AR OVG Münster 24.4.2009 – 15 A 2592/07, ZIP 2009, 1718; BVerwG 31.8.2011 – 8 C 16.10, ZIP 2011, 2054; vgl. auch *Altmeppen*, NJW 2003, 2561 (2563ff.); zur Weisungsfreiheit der gemeindlichen AR-Mitglieder bei fehlenden gesellschaftsrechtl. Regelungen OVG Bautzen 3.7.2012 – 4 B 211/12, ZIP 2012, 2111. ||7 Hierzu BGH 15.11.1982 – II ZR 27/82, BGHZ 85, 293 (295f.) – Hertie; *Hüffer*, § 111 AktG Rz. 23. ||8 Vgl. *Hüffer*, § 111 AktG Rz. 23; Geßler/Hefermehl/Eckhardt/Kropff/*Geßler*, § 111 AktG Rz. 89. ||9 Vgl. ErfK/*Oetker*, § 25 MitbestG Rz. 11; UHH/*Ulmer/Habersack*, § 25 Rz. 71. ||10 Vgl. ErfK/*Oetker*, § 26 MitbestG Rz. 1; UHH/*Henssler*, § 26 Rz. 21; *Raiser/Veil*, § 26 Rz. 2. ||11 Vgl. ErfK/*Oetker*, § 26 MitbestG Rz. 1; UHH/*Henssler*, § 26 Rz. 2; abw. WWKK/*Wißmann*, § 26 Rz. 3. ||12 ErfK/*Oetker*, § 26 MitbestG Rz. 2; WWKK/*Wißmann*, § 26 Rz. 6f. ||13 Vgl. ErfK/*Oetker*, § 26 MitbestG Rz. 3; UHH/*Henssler*, § 26 Rz. 5; *Raiser/Veil*, § 26 Rz. 6. ||14 So ErfK/*Oetker*, § 26 MitbestG Rz. 4; UHH/*Henssler*, § 26 Rz. 5; *Raiser/Veil*, § 26 Rz. 6; MüKoAktG/*Gach*, § 26 MitbestG Rz. 6.

I AktG) festgelegt ist[1]. In der Praxis wird freilich häufig Arbeitsentgelt und AR-Vergütung in voller Höhe nebeneinander gezahlt, unabhängig ob Arbeitszeit zur Wahrnehmung des AR-Mandats versäumt wurde, was wegen des arbeitsrechtl. Gleichbehandlungsgebots nicht unproblematisch ist[2].

4 Sofern die AR-Tätigkeit besondere fachliche Anforderungen stellt, die **Fortbildungsmaßnahmen** zwingend notwendig machen (vgl. jetzt auch Ziff. 5.4.1 S. 6 und 7 DCGK), steht dem AR-Mitglied ein Aufwendungsersatzanspruch gem. §§ 675, 670 BGB gegen das Unternehmen zu[3]; § 37 VI BetrVG kann nicht analog angewendet werden[4].

5 **III. Benachteiligungsverbot.** Das Benachteiligungsverbot in S. 2 u. 3 schützt die unternehmensangehörigen ArbN-Vertreter während ihrer gesamten Amtszeit des AR (mit einer gewissen Vor- und Nachwirkung) primär ggü. dem Unternehmen vor objektiver Schlechterstellung, die nicht durch sachliche Gründe gerechtfertigt sind[5]. Bei einem schuldhaften Verstoß gegen das Benachteiligungsverbot steht dem AR-Mitglied ein Schadensersatzanspruch gegen die Gesellschaft nach § 823 II BGB zu[6].

6 **IV. Kündigungsschutz.** Ein absoluter Kündigungsschutz für ArbN-Vertreter im AR ergibt sich weder aus § 26 noch aus einer analogen Anwendung von § 15 KSchG[7]. Allerdings ist eine ordentliche Kündigung dann nach § 26 unzulässig, wenn mit ihr ausschließlich die Absicht verfolgt wird, einen ArbN-Vertreter aus dem AR hinauszudrängen oder für seine Tätigkeit dort zu maßregeln[8]. Ferner ist bei der Abwägung der Kündigungsgründe im Rahmen von §§ 1 KSchG, 626 BGB eine AR-Mitgliedschaft zu Gunsten des ArbN zu berücksichtigen[9]. Hat der ArbN ausschließlich gegen Pflichten aus seiner Amtsstellung als AR-Mitglied verstoßen, kommt allein eine **Abberufung** gem. § 6 II MitbestG iVm. § 103 III AktG in Betracht, nicht auch eine Kündigung aus wichtigem Grund nach § 626 BGB[10]. Verstößt die inkriminierende Handlung allerdings auch gegen arbeitsvertragl. Pflichten, ist § 626 BGB anwendbar[11].

27 *Vorsitz im Aufsichtsrat*

(1) Der Aufsichtsrat wählt mit einer Mehrheit von zwei Dritteln der Mitglieder, aus denen er insgesamt zu bestehen hat, aus seiner Mitte einen Aufsichtsratsvorsitzenden und einen Stellvertreter.

(2) Wird bei der Wahl des Aufsichtsratsvorsitzenden oder seines Stellvertreters die nach Absatz 1 erforderliche Mehrheit nicht erreicht, so findet für die Wahl des Aufsichtsratsvorsitzenden und seines Stellvertreters ein zweiter Wahlgang statt. In diesem Wahlgang wählen die Aufsichtsratsmitglieder der Anteilseigner den Aufsichtsratsvorsitzenden und die Aufsichtsratsmitglieder der Arbeitnehmer den Stellvertreter jeweils mit der Mehrheit der abgegebenen Stimmen.

(3) Unmittelbar nach der Wahl des Aufsichtsratsvorsitzenden und seines Stellvertreters bildet der Aufsichtsrat zur Wahrnehmung der in § 31 Abs. 3 Satz 1 bezeichneten Aufgabe einen Ausschuss, dem der Aufsichtsratsvorsitzende, sein Stellvertreter sowie je ein von den Aufsichtsratsmitgliedern der Arbeitnehmer und von den Aufsichtsratsmitgliedern der Anteilseigner mit der Mehrheit der abgegebenen Stimmen gewähltes Mitglied angehören.

1 **I. Regelungsinhalt.** In Ergänzung zu § 25 I 1 MitbestG iVm. § 107 I AktG regeln Abs. 1 und 2, dass der AR unmittelbar nach dessen Neuwahl bzw. nach Beendigung der Amtsdauer der bisherigen Amtsinhaber zur Herbeiführung seiner Arbeitsfähigkeit einen **Vorsitzenden** und dessen Stellvertreter zu wählen hat. Unmittelbar im Anschluss an diese Wahl ist ein ständiger AR-Ausschuss (sog. **Vermittlungsausschuss**) zu bilden, der in bestimmten Fällen bei der Wahl von Mitgliedern des Vertretungsorgans vermitteln soll (Abs. 3). Die Vorschriften enthalten zwingendes Recht[12].

2 **II. AR-Vorsitzender und Stellvertreter (Abs. 1 u. 2). 1. Wahl.** Den AR als Gesamtgremium trifft die Verpflichtung, einen AR-Vorsitzenden und einen Stellvertreter aus seiner Mitte zu wählen. Die Wahl kann keinem AR-Ausschuss, keinem anderen Organ oder außenstehenden Dritten überlassen werden[13];

---

1 Vgl. ErfK/*Oetker*, § 26 MitbestG Rz. 4; UHH/*Henssler*, § 26 Rz. 5; *Raiser/Veil*, § 26 Rz. 6; aA (Analogie zu § 37 II BetrVG); WWKK/*Wißmann*, § 26 Rz. 11; *Reich/Lewerenz*, AuR 1976, 353 (366); *Jacklofsky*, Arbeitnehmerstellung und Aufsichtsratsamt, 2001, S. 82ff. ‖2 AA *Raiser/Veil*, § 26 Rz. 6 aE. ‖3 Vgl. ErfK/*Oetker*, § 26 MitbestG Rz. 5; UHH/*Henssler*, § 26 Rz. 7; *Säcker*, NJW 1979, 1521 (1526); MüKoAktG/*Gach*, § 26 MitbestG Rz. 8; aA *Raiser/Veil*, § 26 Rz. 7 (kein Rechtsanspruch); *Faude*, DB 1983, 2249 (2251). ‖4 Vgl. ErfK/*Oetker*, § 26 MitbestG Rz. 5; *Jacklofsky*, Arbeitnehmerstellung und Aufsichtsratsamt, 2001, S. 116ff. ‖5 Vgl. ErfK/*Oetker*, § 26 MitbestG Rz. 6; WWKK/*Wißmann*, § 26 Rz. 14f. ‖6 Vgl. ErfK/*Oetker*, § 26 MitbestG Rz. 6; UHH/*Henssler*, § 26 Rz. 21. ‖7 Vgl. BAG 4.4.1974 – 2 AZR 452/73, DB 1974, 1067 (1068); ErfK/*Oetker*, § 26 MitbestG Rz. 7; UHH/*Henssler*, § 26 Rz. 13; *Raiser/Veil*, § 26 Rz. 8; MüKoAktG/*Gach*, § 26 MitbestG Rz. 11; *Jacklofsky*, Arbeitnehmerstellung und Aufsichtsratsamt, 2001, S. 201 ff.; aA *Reich/Lewerenz*, AuR 1976, 353 (365). ‖8 Vgl. ErfK/*Oetker*, § 26 MitbestG Rz. 7; UHH/*Henssler*, § 26 Rz. 12; *Raiser/Veil*, § 26 Rz. 8; offen gelassen von BAG 4.4.1974 – 2 AZR 452/73, DB 1974, 1067ff. ‖9 Vgl. ErfK/*Oetker*, § 26 MitbestG Rz. 7; UHH/*Henssler*, § 26 Rz. 14; *Raiser/Veil*, § 26 Rz. 8f. ‖10 Vgl. ErfK/*Oetker*, § 26 MitbestG Rz. 7. ‖11 Für einen strengen Maßstab bei Anwendung von § 626 BGB zB BAG 16.10.1986 – 2 AR B 71/85, BB 1987, 1952; 18.2.1993 – 2 AZR 526/92, BB 1993, 2381; UHH/*Henssler*, § 26 Rz. 15; WWKK/*Wißmann*, § 26 Rz. 22. ‖12 ErfK/*Oetker*, § 27 MitbestG Rz. 1; UHH/*Ulmer/Habersack*, § 27 Rz. 1; *Raiser/Veil*, § 27 Rz. 14 u. 35. ‖13 Vgl. *Hüffer*, § 107 AktG Rz. 3; *Raiser/Veil*, § 27 Rz. 9.

ebenso wenig sind Vorschlags- oder Zustimmungsrechte zu Gunsten bestimmter Personen oder Gruppen zulässig[1]. **Besondere (persönliche) Voraussetzungen** (zB Gruppenzugehörigkeit; Familienangehörigkeit) für die Wahl des AR-Vorsitzenden oder dessen Stellvertreter können weder in der Satzung noch in der Geschäftsordnung des AR oder in den Corporate-Governance-Grundsätzen der Gesellschaft geregelt werden[2].

Im **ersten Wahlgang** erfordert die Wahl des AR-Vorsitzenden und seines Stellvertreters eine Mehrheit von zwei Dritteln der gesetzl. (§ 7 I) Mitgliederzahl des AR (Abs. 1). Entgegen der hM bestehen wegen des Zweitstimmrechts des AR-Vorsitzenden (§§ 29 II, 31 IV) durchaus verfassungsrechtl. Bedenken gegen die Wahl eines ArbN-Vertreters zum AR-Vorsitzenden (**Verbot der Überparität**)[3]. Wenngleich die Wahl für den AR-Vorsitzenden und dessen Stellvertreter sowohl getrennt als auch in einem gemeinsamen Wahlgang durchgeführt werden kann, ist deren Wirksamkeit miteinander verkoppelt. Erreicht nur der Vorsitzende oder dessen Vertreter die erforderliche ⅔-Mehrheit der gesetzl. Mitgliederzahl, so hat im Grundsatz ein zweiter Wahlgang für beide Positionen stattzufinden. Allerdings kann mit Einverständnis sämtlicher Teilnehmer auch der erste Wahlgang wiederholt werden[4]. Im **zweiten Wahlgang** (mit zwei getrennten Wahlkörpern) genügt die einfache Mehrheit der Mitglieder der Anteilseigner für die Wahl des Vorsitzenden und der Mitglieder der ArbN für die Wahl des Stellvertreters. Entsprechend § 28 ist jede der beiden Gruppen beschlussfähig, wenn mindestens die Hälfte ihrer Mitglieder (§ 7 I) an der Abstimmung teilnimmt[5].

Wegen des zwingenden Charakters von Abs. 1 u. 2 sind Regelungen in der Satzung, der Geschäftsordnung des AR oder in den Corporate-Governance-Grundsätzen unwirksam, wenn diese privatautonomen Vereinbarungen die Struktur des Verfahrens ändern (zB höhere oder niedrigere Beschlussmehrheit im ersten Wahlgang)[6]. Durch privatautonome Regelungen kann allerdings die Wahl weiterer Stellvertreter vorgesehen werden, wobei nach hM die Wahl unter Beachtung von § 29 zu erfolgen hat[7]. Allerdings sind Bestimmungen in der Satzung oder in der Geschäftsordnung unzulässig, denenzufolge der oder die weiteren Stellvertreter Vertreter der Anteilseigner sein müssen[8].

Kommt es nicht zu einer Wahl des AR-Vorsitzenden oder seines Stellvertreters, ist eine **gerichtl. Ersatzbestellung analog § 104 II AktG** zulässig[9].

2. Abberufung und Amtszeit. Die Dauer der Bestellung zum AR-Vorsitzenden oder zu dessen Stellvertreter richtet sich primär nach der Satzungsregelung[10]. Trotz der Koppelung der Wahlverfahren für beide Positionen müssen sich beide Amtsperioden nicht decken[11]. Im Zweifel erstrecken sich die Amtsperioden auf die gesamte Amtsdauer als AR-Mitglied[12]. Scheidet das AR-Mitglied vor Ablauf der Amtszeit aus oder endet das Amt aus einem anderen Grund, so entfällt auch die Bestellung als Vorsitzender oder Stellvertreter[13]. In diesem Fall ist eine **Nachwahl** durchzuführen (eine präventive Ersatzwahl oder eine Bestellung eines Ersatzmitglieds sind unzulässig[14]), die sich ebenfalls nach Abs. 1 u. 2 richtet[15]. War das weggefallene AR-Mitglied nach Abs. 1 gewählt, kann sich die Nachwahl auf das offene Amt beschränken[16]. Kommt bei der Nachwahl die ⅔-Mehrheit nicht zustande und wird daher ein zweiter Wahlgang erforderlich, genügt es, wenn die jeweils zuständige Gruppe wählt[17]. Das Gleiche gilt, wenn schon bei der ursprünglichen Wahl der AR-Vorsitzende und dessen Stellvertreter durch Gruppenwahl nach Abs. 2 gewählt worden waren[18]. Allerdings können die Satzung, die Geschäftsordnung des AR oder die Corporate-Governance-Grundsätze vorschreiben, dass mit dem Wegfall des AR-Vorsitzenden oder

---

1 Vgl. *Raiser/Veil*, § 27 Rz. 9. ||2 Vgl. BGH 25.2.1982 – II ZR 123/81, BGHZ 83, 106 (112) – Siemens; *Hüffer*, § 107 AktG Rz. 3; ErfK/*Oetker*, § 27 MitbestG Rz. 2; *Raiser/Veil*, § 27 Rz. 9. ||3 AA UHH/*Ulmer/Habersack*, § 27 Rz. 3; ErfK/*Oetker*, § 27 MitbestG Rz. 2; *Raiser/Veil*, § 27 Rz. 11; WWKK/*Koberski*, § 27 Rz. 8. ||4 Vgl. *Hüffer*, § 107 AktG Rz. 4; ErfK/*Oetker*, § 27 MitbestG Rz. 3; UHH/*Ulmer/Habersack*, § 27 Rz. 6; *Raiser/Veil*, § 27 Rz. 12; WWKK/*Wißmann*, § 27 Rz. 10; enger GK-MitbestG/*Föhr*, § 27 Rz. 6 (Einverständnis aller AR-Mitglieder). ||5 Vgl. UHH/*Ulmer/Habersack*, § 27 Rz. 8; *Raiser/Veil*, § 27 Rz. 13; WWKK/*Koberski*, § 27 Rz. 12. ||6 Vgl. *Raiser/Veil*, § 27 Rz. 14. ||7 OLG Hamburg 23.7.1982 – 11 U 179/80, AG 1983, 21 – Beiersdorf; UHH/*Ulmer/Habersack*, § 27 Rz. 18ff.; *Raiser/Veil*, § 27 Rz. 15; *Scholz/U.H. Schneider*, § 52 GmbHG Rz. 309f.; *Martens*, DB 1980, 1381 (1386) (jeweils analoge Anwendung von § 27 I u. II). ||8 Vgl. BGH 25.2.1982 – II ZR 123/81, BGHZ 83, 106 (111) – Siemens (zur Geschäftsordnung); *Hüffer*, § 107 AktG Rz. 11. ||9 Vgl. KölnKommAktG/*Mertens/Cahn*, § 107 AktG Rz. 23; *Hüffer*, § 107 AktG Rz. 3b; UHH/*Ulmer/Habersack*, § 27 Rz. 4; ErfK/*Oetker*, § 27 MitbestG Rz. 3; aA MünchGesR/*Hoffmann-Becking*, Bd. 4: AG, § 31 Rz. 7; WWKK/*Koberski*, § 27 Rz. 7; MünchArbR/*Wißmann*, § 282 Rz. 2. ||10 Vgl. *Hüffer*, § 107 AktG Rz. 4; *Raiser/Veil*, § 27 Rz. 16. ||11 Vgl. KölnKommAktG/*Mertens/Cahn*, § 107 Rz. 30; aA ErfK/*Oetker*, § 27 MitbestG Rz. 5; UHH/*Ulmer/Habersack*, § 27 Rz. 10; *Raiser/Veil*, § 27 Rz. 16; *Scholz/U.H. Schneider*, § 52 GmbHG Rz. 311. ||12 Vgl. ErfK/*Oetker*, § 27 MitbestG Rz. 5; *Raiser/Veil*, § 27 Rz. 16; KölnKommAktG/*Mertens/Cahn*, § 107 Rz. 31. ||13 Vgl. ErfK/*Oetker*, § 27 MitbestG Rz. 5. ||14 ErfK/*Oetker*, § 27 MitbestG Rz. 5; UHH/*Ulmer/Habersack*, § 27 Rz. 11; WWKK/*Koberski*, § 27 Rz. 17; *Raiser/Veil*, § 27 Rz. 21; aA *Philipp*, ZGR 1978, 60 (74). ||15 Vgl. UHH/*Ulmer/Habersack*, § 27 Rz. 11; *Raiser/Veil*, § 27 Rz. 21. ||16 Vgl. UHH/*Ulmer/Habersack*, § 27 Rz. 11; *Raiser/Veil*, § 27 Rz. 22; *Hoffmann/Lehmann/Weinmann*, § 27 Rz. 29. ||17 So auch ErfK/*Oetker*, § 27 MitbestG Rz. 5; UHH/*Ulmer/Habersack*, § 27 Rz. 11; *Raiser/Veil*, § 27 Rz. 22; *Philipp*, ZGR 1978, 60ff.; *Meyer-Landrut*, DB 1978, 443 (444); WWKK/*Wißmann*, § 27 Rz. 16 (anders noch Vorauﬂ., sog. Tandem-Theorie). ||18 *Raiser/Veil*, § 27 Rz. 23; *Philipp*, ZGR 1978, 60 (68f.).

seines Stellvertreters auch das Amt des anderen in jedem Fall endet und die Nachwahl stets für beide Positionen vorzunehmen ist, wenngleich dies die Arbeitsfähigkeit des AR beeinträchtigen dürfte[1].

7   Die Bestellung ist **jederzeit frei widerruflich**[2]. Der Beschluss bedarf derselben Mehrheit wie für die konkrete Bestellung (Spiegelbildtheorie)[3]: Der mit qualifizierter Mehrheit nach § 27 I gewählte Vorsitzende (bzw. dessen Stellvertreter) kann idR auch nur mit dieser qualifizierten Mehrheit abberufen werden[4]; allerdings kann eine zweite Abstimmung nach dem Prinzip der Gruppenwahl (§ 27 II) durchgeführt werden, wenn im ersten Wahlgang die ⅔-Mehrheit verfehlt wird[5]. Erfolgte die ursprüngliche Bestellung durch Gruppenwahl nach Abs. 2, so ist nur die ursprünglich wahlberechtigte Gruppe widerrufsberechtigt, da ansonsten die jeweils andere Gruppe durch sofortigen Widerruf die Bestellung behindern könnte[6].

8   **3. Rechte.** Nach § 29 II, § 31 IV steht dem Vorsitzenden bei Stimmengleichheit im AR bei wiederholter Abstimmung ein **Zweitstimmrecht** zu. Darüber hinaus hat er insb. folgende Aufgaben und Rechte[7]: Er ist aufgefordert, die Arbeit des AR zu koordinieren und dessen Sitzungen vorzubereiten, einzuberufen und zu leiten (§ 110 I 1 und III AktG; Ziff. 5.2 S. 1 DCGK) sowie die Niederschrift über die AR-Sitzung zu unterzeichnen (§ 107 II 1 AktG); er wird häufig kraft Satzungsregelung die Hauptversammlung leiten. Der Vorsitzende ist weiter Adressat von Vorstandsberichten an den AR, insb. bei wichtigen Anlässen (§ 90 I 3 AktG[8]), und soll mit dem Vorstand regelmäßig Kontakt halten und mit ihm die Strategie, die Geschäftsentwicklung und das Risikomanagement des Unternehmens beraten[9]. Er vertritt den AR und hat eine Reihe von Formalpflichten (zB Unterzeichnung von Handelsregisteranmeldungen; vgl. §§ 184 I, 188 I, 195, 207 II, 223, 229 III, 237 II AktG). – Der Stellvertreter hat (nur) dann die Rechte und Pflichten des AR-Vorsitzenden (zwingende Ausnahme: Zweitstimmrecht; § 29 II 3, § 31 IV 3), wenn dieser „behindert" ist, dh. wenn jener aus irgendeinem Grunde die Aufgaben nicht wahrnehmen kann oder dessen Wahrnehmung dem Stellvertreter überlassen will[10].

9   **III. Ständiger Ausschuss/Vermittlungsausschuss (Abs. 3). 1. Zusammensetzung.** Dem Vermittlungsausschuss gehören der Vorsitzende und dessen Stellvertreter kraft Amtes sowie jeweils ein von den AR-Mitgliedern der Anteilseigner und der ArbN gewähltes weiteres Mitglied an. Die Zusammensetzung regelt Abs. 3 abschließend und zwingend[11]; insb. sind Satzungsregelungen wegen Eingriffs in die Organisationsautonomie des AR unzulässig, die für die zu wählenden Mitglieder einschränkende Bestimmungen enthalten[12].

10 **2. Aufgaben.** Dem Vermittlungsausschuss obliegt als „Kooperationsgremium" zwingend die **Vermittlung bei einer gescheiterten Wahl** der Mitglieder des gesetzl. Vertretungsorgans gem. § 31 III 1 (dazu § 31 Rz. 6 ff.). Es bestehen keine Bedenken, diesem Ausschuss im gesetzl. Rahmen weitere Aufgaben zu übertragen[13], wobei er dann in Bezug auf diese Aufgaben als ordentlicher AR-Ausschuss tätig wird.

11 Nimmt der Vermittlungsausschuss seine Aufgabe nach § 31 III wahr, so ist er nur **beschlussfähig**, wenn sämtliche Mitglieder anwesend sind (einschl. Teilnahme per Telefon-/Video-Konferenz) und somit an der Vermittlung mitwirken[14]; in dringenden Ausnahmefällen (zB Krankheit) ist auch die Abgabe einer Stimmbotschaft als gleichwertig anzuerkennen, wenn das betreffende AR-Mitglied an einer Vor-Diskussion teilgenommen hatte. Die Beschlussfassung erfolgt nach allg. Grundsätzen mit der Mehrheit der abgegebenen Stimmen[15]. Ein Zweitstimmrecht des AR-Vorsitzenden besteht nicht und kann auch durch Satzungsbestimmung nicht gewährt werden[16].

28 *Beschlussfähigkeit*

Der Aufsichtsrat ist nur beschlussfähig, wenn mindestens die Hälfte der Mitglieder, aus denen er insgesamt zu bestehen hat, an der Beschlussfassung teilnimmt. § 108 Abs. 2 Satz 4 des Aktiengesetzes ist anzuwenden.

---

1 Ebenso *Raiser/Veil*, § 27 MitbestG Rz. 25; *Hoffmann/Lehmann/Weinmann*, § 27 Rz. 26; *Philipp*, ZGR 1978, 60 (68 f.); aA *Lutter/Krieger*, Rz. 552; KölnKommAktG/*Mertens/Cahn*, § 117B, § 27 MitbestG Rz. 8; WWKK/*Koberski*, § 27 Rz. 18.   ‖2 KölnKommAktG/*Mertens/Cahn*, § 107 Rz. 27 ff. und Anh. § 117B, § 27 MitbestG Rz. 9 f.; ErfK/ *Oetker*, § 27 MitbestG Rz. 4; *Raiser/Veil*, § 27 Rz. 17.   ‖3 ErfK/*Oetker*, § 27 MitbestG Rz. 4; UHH/*Ulmer/Habersack*, § 27 Rz. 13; WWKK/*Koberski*, § 27 Rz. 18.   ‖4 UHH/*Ulmer/Habersack*, § 27 Rz. 13; ErfK/*Oetker*, § 27 MitbestG Rz. 4; WWKK/*Koberski*, § 27 Rz. 18.   ‖5 Zutr. *Säcker*, DB 2008, 2252 (2253 f.).   ‖6 Vgl. ErfK/*Oetker*, § 27 MitbestG Rz. 4; UHH/*Ulmer/Habersack*, § 27 Rz. 13a; WWKK/*Wißmann*, § 27 Rz. 18.   ‖7 Hierzu ausf. *Hüffer*, § 107 AktG Rz. 5; KölnKommAktG/*Mertens/Cahn*, § 107 Rz. 38 ff.; *Semler*, Arbeitshandbuch Aufsichtsrat, F 1 ff.; *Lutter/Krieger*, Rz. 553 ff.   ‖8 Hierzu zB *Seibt/Wilde* in Hommelhoff/Hopt/v. Werder, Handbuch Corporate Governance, 2. Aufl. 2009, S. 391, 405 ff.; vgl. auch Ziff. 5.2 S. 5 und 6 DCGK.   ‖9 Vgl. Ziff. 5.2 S. 4 DCGK; hierzu Ringleb/Kremer/Lutter/v. Werder/*Kremer*, DCGK, Rz. 971.   ‖10 KölnKommAktG/*Mertens/Cahn*, § 107 Rz. 70; WWKK/*Koberski*, § 27 Rz. 25; abw. *Hüffer*, § 107 AktG Rz. 7.   ‖11 Vgl. ErfK/*Oetker*, § 27 MitbestG Rz. 8; UHH/ *Ulmer/Habersack*, § 27 Rz. 21.   ‖12 LG München I 16.1.1980 – 6 O 1172/79, DB 1980, 678 (679).   ‖13 Vgl. ErfK/ *Oetker*, § 27 MitbestG Rz. 8; UHH/*Ulmer/Habersack*, § 27 Rz. 25; *Raiser/Veil*, § 27 Rz. 37.   ‖14 Vgl. ErfK/*Oetker*, § 27 MitbestG Rz. 8; UHH/*Ulmer/Habersack*, § 27 Rz. 23; *Raiser/Veil*, § 27 Rz. 36; WWKK/*Koberski*, § 27 Rz. 28; *Säcker/Theisen*, AG 1980, 29 (41); aA *Hoffmann/Lehmann/Weinmann*, § 27 Rz. 47 (zwei Mitglieder).   ‖15 Vgl. ErfK/*Oetker*, § 27 MitbestG Rz. 8; *Raiser/Veil*, § 27 Rz. 36.   ‖16 Vgl. BGH 25.2.1982 – II ZR 123/81, BGHZ 83, 106 (117 ff.) – Siemens; *Raiser/Veil*, § 27 Rz. 36; UHH/*Ulmer/Habersack*, § 27 Rz 24; *Hüffer*, § 107 AktG Rz. 20.

I. Gesetzesstatut. Die Beschlussfähigkeit des AR setzt nach § 28 (entspricht § 108 II AktG) voraus, dass mindestens die Hälfte der Mitglieder, aus denen er nach § 7 I oder nach einer gem. dieser Vorschrift zulässigen Satzungsbestimmung zu bestehen hat, an dem Beschluss teilnimmt. Damit kann keine der Gruppen die AR-Arbeit blockieren, und die Gefahr bloßer Zufallsmehrheiten ist weitgehend ausgeschlossen[1]. Die **Teilnahme** eines AR-Mitglieds wird durch die Abgabe einer Stimme (Ja, Nein, Enthaltung) dokumentiert; eine bloße Sitzungsanwesenheit ohne Abstimmungsbeteiligung ist demggü. keine Teilnahme[2]. S. 2 iVm. § 108 II 4 AktG stellt für die Genossenschaft klar, dass bei einer unvollständigen Besetzung die Beschlussfähigkeit nach S. 1 auch dann gegeben ist, wenn das durch § 7 I vorgegebenen Zahlenverhältnis zwischen den Gruppen nicht gewahrt ist[3].

II. Satzungsbestimmungen. S. 1 erhält zwingendes Recht, soweit er die Mindestanforderung für die Beschlussfähigkeit regelt[4]. Für statutarische Verschärfung der Anforderungen gilt, dass ggf. solche Satzungsbestimmungen wegen des Grundsatzes der Rechtsgleichheit aller AR-Mitglieder unzulässig sind, welche die Beschlussfähigkeit einseitig davon abhängig machen, dass eine bestimmte Mindestzahl von Vertretern der Anteilseigner an der Abstimmung teilnimmt oder die Beschlussfähigkeit an die Teilnahme des AR-Vorsitzenden oder eines anderen bestimmten AR-Mitglieds binden[5]. Demggü. sind solche Satzungsbestimmungen zulässig, welche die Beschlussfähigkeit des AR ohne Unterscheidung zwischen AR-Mitgliedern der Anteilseigner und der ArbN davon abhängig machen, dass mehr als die Hälfte der gesetzl. Mitgliederzahl des AR an der Abstimmung teilnimmt[6]. Ebenfalls mit S. 1 vereinbar sind Satzungsregelungen, die dem AR-Vorsitzenden das Recht einräumen, die Sitzung nach pflichtgemäßem Ermessen zu vertagen[7]. Die Ermessensausübung ist allerdings dann pflichtwidrig, wenn durch eine mehrfache und zeitlich unbeschränkte Vertagung S. 1 umgangen wird[8].

Beschlüsse des AR, die gegen § 28 verstoßen, sind nichtig[9]. Ebenso sind Satzungsbestimmungen nach § 241 Nr. 3 AktG nichtig, die mit § 28 nicht vereinbar sind[10].

29 *Abstimmungen*

(1) Beschlüsse des Aufsichtsrats bedürfen der Mehrheit der abgegebenen Stimmen, soweit nicht in Absatz 2 und in den §§ 27, 31 und 32 etwas anderes bestimmt ist.

(2) Ergibt eine Abstimmung im Aufsichtsrat Stimmengleichheit, so hat bei einer erneuten Abstimmung über denselben Gegenstand, wenn auch sie Stimmengleichheit ergibt, der Aufsichtsratsvorsitzende zwei Stimmen. § 108 Abs. 3 des Aktiengesetzes ist auch auf die Abgabe der zweiten Stimme anzuwenden. Dem Stellvertreter steht die zweite Stimme nicht zu.

I. Regelungsinhalt. Abs. 1 wiederholt die allg. gesellschaftsrechtl. Regel, wonach Organbeschlüsse grds. der Mehrheit der abgegebenen Stimmen bedürfen (vgl. § 32 I 3 BGB). Sie impliziert bei einem paritätisch besetzten AR die Ablehnung eines Beschlussantrags, wenn alle AR-Mitglieder an der Abstimmung teilnehmen und eine der beiden Gruppen geschlossen dagegen stimmt. Zur Pattauflösung sieht Abs. 2 (der in § 31 IV wiederholt wird) ein **Zweitstimmrecht des AR-Vorsitzenden** für den Fall der Stimmengleichheit in einer zusätzlichen Abstimmung vor. Hiermit wird – nach Art. 14 GG zwingend – der Anteilseignerseite ein gewisses Übergewicht im AR zugestanden. Neben § 29 finden über § 25 I die Vorschriften des AktG und des GenG Anwendung.

II. Abstimmung im Aufsichtsrat. 1. Beschluss. Entscheidungen trifft der AR durch Beschluss (vgl. § 108 I AktG). Dabei ist ein Beschluss die Bildung des Organwillens durch Abstimmung über einen Antrag und hiermit ein mehrseitiges, aber nicht vertragl. Rechtsgeschäft eigener Art[11]. Der AR muss seine Beschlüsse ausdrücklich fassen; stillschweigende oder konkludente Zustimmung oder Meinungsäußerung des AR haben nicht die Rechtswirkung eines Beschlusses[12]. Nach hM ist eine geheime Stimm-

---

1 ErfK/*Oetker*, § 28 MitbestG Rz. 1; *Raiser/Veil*, § 28 Rz. 1. ||2 Vgl. KölnKommAktG/*Mertens/Cahn*, § 108 Rz. 74; *Hüffer*, § 108 AktG Rz. 10 aE und 11. ||3 UHH/*Ulmer/Habersack*, § 28 Rz. 3; *Raiser/Veil*, § 28 Rz. 2. ||4 Vgl. ErfK/*Oetker*, § 28 MitbestG Rz. 2; *Hüffer*, § 108 AktG Rz. 13. ||5 BGH 25.2.1982 – II ZR 145/80, BGHZ 83, 151 (154) – Bilfinger & Berger; ErfK/*Oetker*, § 28 MitbestG Rz. 2; *Raiser/Veil*, § 28 Rz. 3; UHH/*Ulmer/Habersack*, § 28 Rz. 4; *Säcker*, JZ 1980, 84ff.; *Raiser*, NJW 1980, 211ff.; *Wiesner*, AG 1979, 205 (206); *Köstler/Müller/Sick*, Aufsichtsratspraxis, Rz. 456; aA OLG Hamburg 4.4.1984 – 2 W 25/80, DB 1984, 1616 (1617f.) – Hamburg Mannheimer (Beschlussfähigkeit bei Anwesenheit von 3/4 der Mitglieder oder der Hälfte der Mitglieder mit AR-Vorsitzendem); *Heinsius*, AG 1977, 282f.; *Preusche*, AG 1980, 125 (126f.); *Rittner*, DB 1980, 2502f.; *Feldmann*, DB 1985, 29. ||6 So KölnKommAktG/*Mertens/Cahn*, Anhang § 117B, § 28 MitbestG Rz. 2; *Lutter/Krieger*, Rz. 242; *Feldmann*, DB 1986, 29; aA GroßKommAktG/*Oetker*, § 28 MitbestG Rz. 8; UHH/*Ulmer/Habersack*, § 28 Rz. 4; *Raiser/Veil*, § 28 Rz. 3; *Säcker*, JZ 1980, 82 (84ff.); *Wiesner*, AG 1979, 205 (206). ||7 Vgl. ErfK/*Oetker*, § 28 MitbestG Rz. 3; UHH/*Ulmer/Habersack*, § 28 Rz. 7; *Raiser/Veil*, § 28 Rz. 4; KölnKommAktG/*Mertens/Cahn*, § 108 Rz. 72; aA *Köstler/Müller/Sick*, Aufsichtsratspraxis, Rz. 458; WWKK/*Koberski*, § 27 Rz. 7. ||8 Vgl. ErfK/*Oetker*, § 28 MitbestG Rz. 3; *Raiser/Veil*, § 28 Rz. 4; *Scholz/U.H. Schneider*, § 52 GmbHG Rz. 405. ||9 *Raiser/Veil*, § 28 Rz. 4. ||10 BGH 25.2.1982 – II ZR 123/81, BGHZ 83, 106 – Siemens; 25.2.1982 – II ZR 145/80, BGHZ 83, 151 (152f.) – Bilfinger & Berger; *Raiser/Veil*, § 28 Rz. 4. ||11 Vgl. *Hüffer*, § 108 AktG Rz. 3. ||12 BGH 11.7.1953 – II ZR 126/52, BGHZ 10, 187 (194); 6.4.1964 – II ZR 75/62, BGHZ 41, 282 (286); 19.12.1988 – II ZR 74/88, NJW 1989, 1928 (1929); OLG Schleswig 16.11.2000 – 5 U 66/99, AG 2001, 651 (653); *Hüffer*, § 108 AktG Rz. 4.

abgabe im AR zulässig[1]. Kraft seiner Leitungsbefugnis entscheidet der AR-Vorsitzende nach pflichtgemäßen Ermessen, ob anstelle einer offenen eine geheime Abstimmung erfolgen soll[2]; daneben kann jdf. auch eine Minderheit von zwei AR-Mitgliedern eine geheime Abstimmung verlangen[3].

3 2. **Mehrheitsprinzip.** Nach Abs. 1 bedarf ein AR-Beschluss idR der Mehrheit der abgegebenen Stimmen. Von dieser Regel weicht das MitbestG ab in § 27 I, II und III, § 31 II bzw. III und IV sowie § 32 MitbestG iVm. § 124 III AktG. Enthaltungen und ungültige Stimmen zählen für die Mehrheitsberechnung nicht mit[4], allerdings kann in der Satzung oder in der Geschäftsordnung Abweichendes geregelt werden[5]. Nach hM ist Abs. 1 **zwingendes Recht**, mit der Folge, dass Satzungs- oder Geschäftsordnungsregelungen, die höhere Mehrheitserfordernisse aufstellen (Ausnahme: § 16 IV Satzung VW, § 4 II VW-Gesetz, § 25 I 2) oder einzelnen AR-Mitgliedern unterschiedliche Stimmrechte oder Zustimmungsbefugnisse einräumen, unwirksam sind[6].

4 3. **Stimmverbot.** Das AR-Mitglied unterliegt einem Stimmverbot, wenn der Beschluss die Vornahme eines Rechtsgeschäfts mit ihm oder die Einleitung oder Erledigung eines Rechtsstreits zwischen ihm und dem Unternehmen betrifft (§ 34 BGB analog)[7]. Kein Stimmverbot existiert im Hinblick auf diese Abstimmung für das AR-Mitglied, das für den Vorsitz im AR oder die Mitgliedschaft im Vertretungsorgan kandidiert[8]. Nicht nur unerhebliche **Interessenkollisionen in der Person eines AR-Mitglieds** können aber zum Stimmverbot führen[9]; guter Unternehmenspraxis entspricht es, bei wesentlichen und nicht nur vorübergehenden Interessenkonflikten das **Mandat niederzulegen**[10]. In jedem Fall hat das AR-Mitglied den Interessenkonflikt dem Gesamtorgan ggü. offen zu legen[11]. Der AR sollte dann in seinem Bericht an die Hauptversammlung über aufgetretene Interessenkonflikte und deren Behandlung (zB Nichtbeteiligung des betreffenden AR-Mitglieds an der Abstimmung) informieren[12].

5 **III. Zweitstimme des AR-Vorsitzenden (Abs. 2).** Nach Abs. 2 S. 2 hat der AR-Vorsitzende eine Zweitstimme, wenn sowohl die erste als auch die zweite Abstimmung über denselben (Sach- oder Verfahrens-)Gegenstand zur **Stimmengleichheit** im AR geführt hat. Stimmengleichheit liegt vor, wenn ein Beschlussantrag eine identische Zahl von Ja- und Nein-Stimmen erzielt hat, wobei die Ursache der Stimmengleichheit unerheblich ist[13]. Entgegen allg. gesellschaftsrechtl. Grundsätzen ist der Antrag in diesem Fall nicht abgelehnt, sofern über ihn alsbald nochmals abgestimmt wird und es sich um eine Beschlussfassung iSv. Abs. 1 handelte[14]. Ohne entsprechende (zulässige) Satzungs- oder Geschäftsordnungsregelung findet Abs. 2 auf Beschlüsse von AR-Ausschüssen keine Anwendung[15].

6 Findet keine erneute Abstimmung über denselben Beschlussgegenstand statt, so ist der Antrag endgültig abgelehnt[16]. Eine gesetzl. Pflicht zur nochmaligen Abstimmung über den Beschlussgegenstand existiert nicht, sondern der AR-Vorsitzende entscheidet nach pflichtgemäßem Ermessen im Rahmen seiner Sitzungsleitungskompetenz hierüber (und über den Zeitpunkt), sofern der AR nicht mehrheitlich einen abweichenden Beschluss fasst[17]. Allerdings kann durch Satzung oder Geschäftsordnung geregelt werden, dass eine solche zweite Abstimmung erfolgen soll, wenn dies ein AR-Mitglied oder eine bestimmte Anzahl von Mitgliedern verlangen[18]. Auch sind **Satzungs- oder Geschäftsordnungsregelungen** zulässig, die festlegen, dass die nochmalige Abstimmung in derselben oder in der nächsten AR-Sitzung stattzufinden hat oder im zeitlichen Zusammenhang mit der ersten Abstimmung stehen muss[19]. Eine Entscheidungskompetenz des Vorstands kann allerdings nicht geregelt werden, da dies in die Beschlussautonomie des AR unangemessen eingreifen würde[20].

---

1 Vgl. *Hüffer*, § 108 AktG Rz. 5; *Lutter/Krieger*, § 6 Rz. 243; UHH/*Ulmer/Habersack*, § 25 Rz. 26; *Ulmer*, AG 1983, 300 (301 ff.); aA KölnKommAktG/*Mertens/Cahn*, § 108 Rz. 52; *Hachenburg-Raiser*, § 52 GmbHG Rz. 214. ||2 Vgl. *Hüffer*, § 108 AktG Rz. 5a. ||3 Vgl. *Hüffer*, § 108 AktG Rz. 5a; *Ulmer*, AG 1982, 300 (305 f.). ||4 ErfK/*Oetker*, § 29 MitbestG Rz. 2; UHH/*Ulmer/Habersack*, § 29 Rz. 2; *Raiser/Veil*, § 29 Rz. 6. ||5 ErfK/*Oetker*, § 29 MitbestG Rz. 2; *Raiser/Veil*, § 29 Rz. 6; MünchArbR/*Wißmann*, § 370 Rz. 9; aA UHH/*Ulmer/Habersack*, § 29 Rz. 6. ||6 Vgl. ErfK/*Oetker*, § 29 MitbestG Rz. 2; UHH/*Ulmer/Habersack*, § 29 Rz. 8; WWKK/*Koberski*, § 29 Rz. 8; *Raiser/Veil*, § 29 Rz. 7; GroßkommAktG/*Hopt/Roth*, § 108 Rz. 35; *Säcker*, DB 1977, 1791 (1797 Fn. 41); aA *Möhring/Schwartz/Rowedder/Haberlandt*, AG und Satzung, 2. Aufl. 1996, S. 147. ||7 Vgl. *Hüffer*, § 108 AktG Rz. 9; *Lutter/Krieger*, Rz. 606. ||8 Vgl. *Seibt*, FS Hopt, 2010, S. 1363, 1377 f. mwN (in Fn. 42); *Lutter/Krieger*, Rz. 728 und 905; aA UHH/*Ulmer/Habersack*, § 31 Rz. 18a; *Ulmer*, NJW 1982, 2288 (2293); Baumbach/Hueck/*Zöllner/Noack*, § 52 GmbHG Rz. 89. ||9 Ausf. *Seibt*, FS Hopt, 2010, S. 1363, 1374 ff. mwN. ||10 Vgl. Ziff. 5. 5. 3 S. 2 DCGK; hierzu Ringleb/Kremer/Lutter/v. Werder/*Kremer*, DCGK, Rz. 1141; vgl. auch *Seibt*, FS Hopt, 2010, S. 1363, 1383 f. ||11 Vgl. Ziff. 5. 5. 2 DCGK; vgl. auch *Seibt*, FS Hopt, 2010, S. 1363, 1373 f. ||12 Vgl. Ziff. 5. 5. 3 S. 1 DCGK; hierzu Ringleb/Kremer/Lutter/v. Werder/*Kremer*, DCGK, Rz. 1137; vgl. auch *Seibt*, FS Hopt, 2010, S. 1363, 1389 f. ||13 Vgl. ErfK/*Oetker*, § 29 MitbestG Rz. 4; UHH/*Ulmer/Habersack*, § 29 Rz. 11; *Raiser/Veil*, § 29 Rz. 9. ||14 Vgl. ErfK/*Oetker*, § 29 MitbestG Rz. 4; UHH/*Ulmer/Habersack*, § 29 Rz. 9; *Raiser/Veil*, § 29 Rz. 8. ||15 Vgl. ErfK/*Oetker*, § 29 MitbestG Rz. 4. ||16 Vgl. UHH/*Ulmer/Habersack*, § 29 Rz. 13; *Raiser/Veil*, § 29 Rz. 10; WWKK/*Koberski*, § 29 Rz. 12. ||17 Vgl. ErfK/*Oetker*, § 29 MitbestG Rz. 5; UHH/*Ulmer/Habersack*, § 29 Rz. 13; WWKK/*Koberski*, § 29 Rz. 13; MünchArbR/*Wißmann*, § 370 Rz. 10. ||18 So ErfK/*Oetker*, § 29 MitbestG Rz. 5; UHH/*Ulmer/Habersack*, § 29 Rz. 19; *Paefgen*, Struktur und Aufsichtsratsverfassung der mitbestimmten AG, 1982, S. 243. ||19 Vgl. ErfK/*Oetker*, § 29 MitbestG Rz. 5; *Raiser/Veil*, § 29 Rz. 15; *Paefgen*, Struktur und Aufsichtsratsverfassung der mitbestimmten AG, 1982, S. 255 ff.; zweifelnd WWKK/*Koberski*, § 29 Rz. 22. ||20 So auch ErfK/*Oetker*, § 29 MitbestG Rz. 5; *Raiser/Veil*, § 29 Rz. 14; *Säcker/Theisen*, AG 1980, 29 (38); *Paefgen*, Struktur und Aufsichtsratsverfassung der mitbestimmten AG, 1982, S. 244.

Der Beschlussantrag muss für die **zweite Abstimmung** unverändert aufrecht erhalten werden. Bei Antragsänderungen muss zunächst eine erste Beschlussfassung nach § 29 I stattfinden[1]. Bei Beschlussanträgen des Vorstands kann der Vorstand anstelle einer Zweitabstimmung nach § 29 II 1 verlangen, dass die Hauptversammlung hierüber beschließt (§ 111 IV 3 und 4 AktG). Zieht das antragstellende AR-Mitglied den Beschlussantrag zurück, ist eine zweite Beschlussfassung nur möglich, wenn sich ein anderes AR-Mitglied den Antrag zu eigen macht[2]. Vor der zweiten Abstimmung kann eine erneute Aussprache durchgeführt werden; Satzung oder Geschäftsordnung dürfen dem AR dies wegen seiner Organisationsautonomie nicht entziehen[3]. Ein Aussprachezwang besteht nicht. Die AR-Mitglieder sind bei der zweiten Abstimmung nicht an ihre erste Stimmabgabe gebunden. Der Kreis der Abstimmenden in der zweiten Abstimmung muss nicht identisch sein mit demjenigen der ersten Stimmabgabe[4]. Ergibt sich in der zweiten Abstimmung wiederum Stimmengleichheit, steht dem AR-Vorsitzenden eine zweite Stimme zu (§ 29 II 1). Dabei ist der AR-Vorsitzende in der Ausübung der Zweitstimme nicht gebunden, sondern sie obliegt seiner pflichtgemäßen Entscheidung[5]; es gibt kein gesetzl. Erfordernis der ansonsten eintretenden Funktionsunfähigkeit des Unternehmens. Einschränkungen dieses Ermessensspielraums durch abweichende Satzungs- oder Geschäftsordnungsregelung (zB Anordnung zum Einsatz der Zweitstimme, ggf. auch in bestimmter formaler Weise wie Orientierung an Mehrheit der Anteilseignervertreter; Abgabe wie Erststimme) sind unwirksam[6]. Alleine maßgebend ist die Ausübung des Stimmrechts im Unternehmensinteresse iSv. § 76 I AktG, gerichtet auf die möglichst optimale, mittelfristige Renditeerzielung im Rahmen des Unternehmensgegenstandes; insofern wird die Zweitstimme idR im Interesse der Anteilseigner auszuüben sein.

Ist der AR-Vorsitzende bei der Beschlussfassung abwesend, so kann er die Zweitstimme mittels **Stimmboten** abgeben (Abs. 2 S. 2, § 108 III AktG). Demggü. kann der AR-Vorsitzende sein Stimmrecht nicht auf Dritte, insb. nicht auf seinen Stellvertreter übertragen[7]. Die Zweitstimme steht auch dann nicht dem Stellvertreter zu, wenn der AR-Vorsitzende verhindert ist, ohne dass er seine Zweitstimme schriftl. niedergelegt hat, oder sein Amt vorzeitig beendet ist (Abs. 2 S. 3).

Dritter Teil. Gesetzliches Vertretungsorgan

30 Grundsatz
Die Zusammensetzung, die Rechte und Pflichten des zur gesetzlichen Vertretung des Unternehmens befugten Organs sowie die Bestellung seiner Mitglieder bestimmen sich nach den für die Rechtsform des Unternehmens geltenden Vorschriften, soweit sich aus den §§ 31 bis 33 nichts anderes ergibt.

I. Regelungsinhalt. Die Grundsatznorm des § 30 bestimmt den Vorrang mitbestimmungsrechtl. Vorschriften über die Bestellung der Mitglieder des gesetzl. Vertretungsorgans (§ 31), dessen Rechte und Pflichten (§ 32) und dessen Zusammensetzung (§ 33). Daneben wird klargestellt, dass das für die jeweilige Rechtsform spezifische Gesellschaftsrecht Anwendung findet.

II. AG. Für den Vorstand der AG ergeben sich Besonderheiten auf Grund der §§ 30 bis 33 insb. für die Zahl der Vorstandsmitglieder nach § 76 II AktG (hierzu § 33 Rz. 2: im Regelfall zwei Mitglieder) sowie den Umfang der Vertretungsmacht nach § 78 I AktG (hierzu § 32 und § 33). Die Bestellung und Abberufung von Vorstandsmitgliedern regelt § 31 durch Bezugnahme auf die §§ 84 und 85 AktG abschließend und zwingend.

III. KGaA. Die Rechte und Pflichten sowie der Umfang der Geschäftsführungs- und Vertretungsbefugnis der persönlich haftenden Gesellschafter (vertretungsberechtigtes Organ der KGaA) ergeben sich maßgeblich aus der Satzung iVm. §§ 114ff., 125, 161 II HGB. Diese Strukturen lässt das MitbestG zu Recht weitgehend unberührt, indem es die Vorschriften über die Bestellung des geschäftsführenden und vertretungsbefugten Organs durch den Aufsichtsrat (Grundsatz der Selbstorganschaft) und über den Arbeitsdirektor auf die KGaA für unanwendbar erklärt (§§ 31 I 2, 33 I 2).

IV. GmbH. Für die Geschäftsführer der GmbH ergeben sich auf Grund der §§ 30 bis 33 erhebliche Abweichungen zum gesellschaftsrechtl. Normalstatut. Die Kompetenz zur Bestellung und Abberufung der Geschäftsführer sowie für den Abschluss, die Änderung und die Beendigung der Anstellungsverträge steht nicht der Gesellschafterversammlung, sondern hier dem AR zu (§ 31 I; hierzu § 31 Rz. 11).

---

1 Vgl. ErfK/*Oetker*, § 29 MitbestG Rz. 6. ||2 Vgl. ErfK/*Oetker*, § 29 MitbestG Rz. 6; UHH/*Ulmer*/*Habersack*, § 29 Rz. 12. ||3 UHH/*Ulmer*/*Habersack*, § 29 Rz. 19; ErfK/*Oetker*, § 29 MitbestG Rz. 6. ||4 Vgl. UHH/*Ulmer*/*Habersack*, § 29 Rz. 15; *Raiser*/*Veil*, § 29 Rz. 12. ||5 So ErfK/*Oetker*, § 29 MitbestG Rz. 7; UHH/*Ulmer*/*Habersack*, § 29 Rz. 16; *Raiser*/*Veil*, § 29 Rz. 12. ||aA *Säcker*/*Theisen*, AG 1980, 29 (38); MüKoAktG/*Gach*, § 29 MitbestG Rz. 13; aA *Säcker*/*Theisen*, AG 1980, 29 (38); *Paefgen*, Struktur und Aufsichtsratsverfassung der mitbestimmten AG, 1982, S. 261 (automatische Doppelzählung). ||6 Vgl. ErfK/*Oetker*, § 29 MitbestG Rz. 7; UHH/*Ulmer*/*Habersack*, § 29 Rz. 20; WWKK/*Koberski*, § 29 Rz. 7; *Raiser*/*Veil*, § 29 Rz. 16; aA *Säcker*/*Theisen*, AG 1980, 29 (38); *Paefgen*, Struktur und Aufsichtsratsverfassung der mitbestimmten AG, 1982, S. 261. ||7 Vgl. ErfK/*Oetker*, § 29 MitbestG Rz. 8; UHH/*Ulmer*/*Habersack*, § 29 Rz. 17; WWKK/*Koberski*, § 29 Rz. 20; *Wank*, AG 1980, 148 (151).

Weiterhin ergeben sich Auswirkungen auf die Mindestzahl der Geschäftsführer (hierzu § 33 Rz. 2: im Regelfall zwei) und zum zwingenden Umfang der Geschäftsführungs- und Vertretungsbefugnis (hierzu § 32 und § 33).

V. Genossenschaft. Aus § 31 I folgt, dass der Vorstand der Genossenschaft (§§ 24 ff. GenG) nicht wie im Normalstatut durch die Generalversammlung, sondern durch den AR gewählt wird. Dem AR kommt ferner auch die Annexkompetenz zum Abschluss, zur Änderung und zur Beendigung der Anstellungsverträge mit den Vorstandsmitgliedern zu (hierzu § 31 Rz. 12).

31 *Bestellung und Widerruf*

(1) Die Bestellung der Mitglieder des zur gesetzlichen Vertretung des Unternehmens befugten Organs und der Widerruf der Bestellung bestimmen sich nach den §§ 84 und 85 des Aktiengesetzes, soweit sich nicht aus den Absätzen 2 bis 5 etwas anderes ergibt. Dies gilt nicht für Kommanditgesellschaften auf Aktien.

(2) Der Aufsichtsrat bestellt die Mitglieder des zur gesetzlichen Vertretung des Unternehmens befugten Organs mit einer Mehrheit, die mindestens zwei Drittel der Stimmen seiner Mitglieder umfasst.

(3) Kommt eine Bestellung nach Absatz 2 nicht zustande, so hat der in § 27 Abs. 3 bezeichnete Ausschuss des Aufsichtsrats innerhalb eines Monats nach der Abstimmung, in der die in Absatz 2 vorgeschriebene Mehrheit nicht erreicht worden ist, dem Aufsichtsrat einen Vorschlag für die Bestellung zu machen; dieser Vorschlag schließt andere Vorschläge nicht aus. Der Aufsichtsrat bestellt die Mitglieder des zur gesetzlichen Vertretung des Unternehmens befugten Organs mit der Mehrheit der Stimmen seiner Mitglieder.

(4) Kommt eine Bestellung nach Absatz 3 nicht zustande, so hat bei einer erneuten Abstimmung der Aufsichtsratsvorsitzende zwei Stimmen; Absatz 3 Satz 2 ist anzuwenden. Auf die Abgabe der zweiten Stimme ist § 108 Abs. 3 des Aktiengesetzes anzuwenden. Dem Stellvertreter steht die zweite Stimme nicht zu.

(5) Die Absätze 2 bis 4 sind für den Widerruf der Bestellung eines Mitglieds des zur gesetzlichen Vertretung des Unternehmens befugten Organs entsprechend anzuwenden.

I. Regelungsinhalt. Mit der zwingenden Vorschrift des § 31 wird die Kompetenz zur Bestellung und Abberufung der Mitglieder des Vertretungsorgans (Personalkompetenz) zu Gunsten des AR geregelt und dadurch gewährleistet, dass die Unternehmensleitung sowohl durch die Anteilseigner als auch durch die ArbN legitimiert ist[1]. Dabei soll das in Abs. 2–4 geregelte **dreistufige Bestellungsverfahren** sicherstellen, dass sich die Unternehmensleitung auf eine möglichst breite Mehrheit im AR stützen kann[2]. Für die KGaA gilt § 31 im Hinblick auf das Organverhältnis nicht (Abs. 1 S. 2; s. § 30 Rz. 3), allerdings für das Anstellungsverhältnis (§§ 278 III, 112 AktG).

II. Bestellung. 1. Aufsichtsratskompetenz. Die Bestellung der Mitglieder des Vertretungsorgans richtet sich nach Abs. 1 iVm. §§ 84, 85 AktG, sofern Abs. 2–4 keine abweichenden Bestimmungen trifft (Abs. 1 S. 1). Das gilt auch für die Bestellung des Arbeitsdirektors (§ 33) sowie gesetzl. zwingend zu bestellenden Stellvertretern der Mitglieder des Vertretungsorgans (§ 94 AktG, § 44 GmbHG, § 35 GenG)[3]. Die Bestellung ist rechtsgeschäftl. Natur und erfolgt durch Beschlussfassung des AR als Gesamtorgan (§ 25 I MitbestG iVm. § 107 III 2 AktG), dessen Kundgabe an das künftige Organmitglied und dessen Annahmeerklärung ggü. dem AR[4]. **Satzungsregelungen**, die unangemessene Einschränkungen der Wahlfreiheit des AR enthalten (zB Bindung der Stimmrechtsausübung der AR-Mitglieder an die Entscheidung Dritter[5]), sind wegen Verstoßes gegen Abs. 1 S. 1 unwirksam. Demggü. kann die Satzung persönliche Eignungsvoraussetzungen (zB Ausbildung, Familienzugehörigkeit, Konzern-Laufbahn) für die Mitglieder des Vertretungsorgans vorsehen, sofern sie nicht ausnahmsw. die Wahlfreiheit des AR (und damit auch die MitbestR der ArbN) unangemessen beeinträchtigen[6]. Der Bestellungszeitraum beträgt höchstens fünf Jahre (§ 84 I AktG); er ist vom AR jeweils im Einzelfall pflichtgemäß zu bestimmen[7].

2. Wahlverfahren. a) Dreistufiges Wahlverfahren. Über jedes Mitglied des Vertretungsorgans wird selbständig im dreistufigen Verfahren nach Abs. 2–4 abgestimmt. Daher können die Kandidaten in unterschiedlichen Verfahrensabschnitten erfolgreich sein. Vorschlagsberechtigt sind alle Mitglieder des AR[8].

---

[1] Hierzu BT-Drs. 7/2172, 28. || [2] Vgl. ErfK/*Oetker*, § 31 MitbestG Rz. 1; UHH/*Ulmer/Habersack*, § 31 Rz. 1; für rechtspolitische Kritik hieran zB *Baums*, Handelsblatt v. 1.8.2005, S. 2. || [3] Vgl. ErfK/*Oetker*, § 31 MitbestG Rz. 3. || [4] Vgl. *Hüffer*, § 84 AktG Rz. 3 f. || [5] Vgl. ErfK/*Oetker*, § 31 MitbestG Rz. 2; WWKK/*Koberski*, § 31 Rz. 9; *Raiser/Veil*, § 31 Rz. 8. || [6] Vgl. ErfK/*Oetker*, § 31 MitbestG Rz. 2; UHH/*Ulmer/Habersack*, § 31 Rz. 10 ff.; *Raiser/Veil*, § 31 Rz. 9; MüKoAktG/*Gach*, § 31 MitbestG Rz. 8; diff. WWKK/*Koberski*, § 31 Rz. 11 ff.; aA *Säcker*, DB 1977, 1791 (1792); GK-MitbestG/*Naendrup*, § 25 Rz. 105 f. || [7] Hierzu K. Schmidt/Lutter/*Seibt*, § 84 AktG Rz. 13. || [8] Vgl. ErfK/*Oetker*, § 31 MitbestG Rz. 3; *Raiser/Veil*, § 31 Rz. 13.

b) Erster Wahlgang. Im ersten Wahlgang ist gewählt, wer **mindestens ²/₃ aller bestehenden Stimmen** 4
auf sich vereinigt (Abs. 2)[1]. Die AR-Mitglieder, die selbst zur Wahl als Mitglied des Vertretungsorgans
kandidieren, unterliegen keinem Stimmverbot (hierzu auch § 29 Rz. 4)[2].

c) Vermittlungsverfahren und zweiter Wahlgang. Für diejenigen Sitze, die mangels ²/₃-Mehrheit nicht 5
im ersten Wahlgang besetzt werden, ist zwingend der **Vermittlungsausschuss** (§ 27 III) einzuschalten,
der innerhalb eines Monats einen Wahlvorschlag zu machen hat (Abs. 3 S. 1)[3]. Der Vermittlungsausschuss
kann vor Ablauf der Monatsfrist sein Scheitern durch Beschluss feststellen[4]. Der AR ist an einer
weiteren Beschlussfassung nicht gehindert, wenn ein Vorschlag des Vermittlungsausschusses nach
Ablauf der Monatsfrist nicht vorliegt[5]. Über den Vorschlag des Vermittlungsausschusses hat der AR abzustimmen
(Abs. 3 S. 2), wobei er an den Vorschlagsinhalt nicht gebunden ist (Abs. 3 S. 1 Hs. 2). Ein
Kandidat ist im zweiten Wahlgang gewählt, wenn er die absolute Mehrheit sämtlicher tatsächlich bestehender
Stimmen auf sich vereint (Abs. 3 S. 2).

d) Dritter Wahlgang. Wird die absolute Mehrheit im zweiten Wahlgang verfehlt, *kann* ein dritter 6
Wahlgang durchgeführt werden, bei dem der AR-Vorsitzende über zwei Stimmen verfügt (Abs. 4 S. 1);
der AR-Vorsitzende muss einen dritten Wahlgang nicht zwingend anordnen (vgl. § 29 Rz. 6). Bei der Abstimmung
im dritten Wahlgang ist der AR nicht an die Vorschläge der vorherigen Wahlgänge gebunden[6].
Aus einem Wortlautvergleich von Abs. 4 mit § 29 II ergibt sich, dass die **Zweitstimme des AR-Vorsitzenden**
diesem sofort zusteht und er diese auch nicht erst nur nicht einsetzen kann, um die nach Abs. 4 S. 1
erforderliche absolute Mehrheit herzustellen[7]. Ist der AR-Vorsitzende bei der Beschlussfassung abwesend,
so kann er die Zweitstimme mittels Stimmboten nach § 108 III AktG abgeben (Abs. 4 S. 2 iVm.
§ 108 III AktG). Dem Stellvertreter steht die zweite Stimme nicht zu (Abs. 4 S. 3) und der AR-Vorsitzende
kann ihn auch zur Ausübung nicht bevollmächtigen. Der AR-Vorsitzende ist nicht verpflichtet,
die zweite Stimme abzugeben.

e) Notbestellung. Wird auch im dritten Wahlgang die absolute Mehrheit nicht erreicht, ist der Kandidat 7
nicht gewählt und das Wahlverfahren hat ggf. von vorn zu beginnen. In dringenden Fällen besteht
die Möglichkeit der gerichtl. Notbestellung (Abs. 1 iVm. § 85 I AktG)[8].

III. Widerruf der Bestellung. Auf den Widerruf der Bestellung finden primär die Bestellungsvorschriften 8
in Abs. 2–4 entsprechende Anwendung, subsidiär hierzu § 84 III AktG (Abs. 5). Danach bedarf es
zur Abberufung unabhängig von der Rechtsform des Unternehmens zwingend eines **wichtigen Grundes**[9].
Ein solcher Grund ist namentlich grobe Pflichtverletzung, Unfähigkeit zur ordnungsgemäßen Geschäftsführung
oder Vertrauensentzug durch die Hauptversammlung, es sei denn, dass das Vertrauen
aus offenbar unsachlichen Gründen (zB bloße Nähe zu den ArbN) entzogen würde (vgl. § 84 III AktG)[10].
Während nach Aktienrecht über die Abberufung ein mit einfacher Mehrheit gefasster AR-Beschluss
ausreicht (Ausnahme: Vertrauensentzug bedarf Beschluss der Hauptversammlung), gilt hier das in
Abs. 2–4 geregelte Verfahren. Wird im ersten Wahlgang die ²/₃-Mehrheit (Abs. 2) verfehlt, hat der Vermittlungsausschuss
innerhalb der Monatsfrist zur Abberufung Stellung zu nehmen[11]. Wird im ersten
Wahlgang sogar die einfache Stimmenmehrheit verfehlt, ist das Verfahren auf Grund der Eindeutigkeit
des Ergebnisses zu Gunsten des Mitglieds des Vertretungsorgans zu beenden[12].

IV. Einvernehmliche Amtsbeendigung. Auf die einvernehmliche Amtsbeendigung (sowie den Abschluss 9
des dienstrechtl. Aufhebungsvertrages) sind die Verfahrensvorschriften der Abs. 2–4 (sinngemäß)
anzuwenden[13], damit die hierdurch bestimmte Verfahrensgarantie nicht umgangen werden kann.

V. Bestellung und Abberufung des Vorstandsvorsitzenden. Wenngleich Abs. 1 S. 1 für die Personalkompetenz 10
nur auf die „Bestellung" der Mitglieder des Vertretungsorgans insg. Bezug nimmt, ist der
AR auf Grund des engen Zusammenhangs auch für die „Ernennung" und Abberufung des Vorstandsvorsitzenden
(vgl. § 84 II AktG, auf den Abs. 1 S. 1 mit verweist) unabhängig von der Rechtsform (also
auch bei der GmbH) zuständig[14]. Die Bestellung eines Vorstandsvorsitzenden (bzw. eines Vorstands-

---

1 Vgl. UHH/*Ulmer/Habersack*, § 31 Rz. 19; *Raiser/Veil*, § 31 Rz. 14. ‖ 2 Vgl. ErfK/*Oetker*, § 31 MitbestG Rz. 4; WWKK/*Koberski*, § 31 Rz. 14; *Raiser/Veil*, § 31 Rz. 13; MüKoAktG/*Gach*, § 31 MitbestG Rz. 9; aA UHH/*Ulmer/Habersack*, § 31 Rz. 18a. ‖ 3 Vgl. ErfK/*Oetker*, § 31 MitbestG Rz. 5; UHH/*Ulmer/Habersack*, § 31 Rz. 20; *Raiser/Veil*, § 31 Rz. 16. ‖ 4 Ebenso UHH/*Ulmer/Habersack*, § 31 Rz 20; aA WWKK/*Koberski*, § 31 Rz. 16. ‖ 5 Vgl. ErfK/*Oetker*, § 31 MitbestG Rz. 5; *Raiser/Veil*, § 31 Rz. 20. ‖ 6 Vgl. ErfK/*Oetker*, § 31 MitbestG Rz. 6. ‖ 7 So auch ErfK/*Oetker*, § 31 MitbestG Rz. 6; UHH/*Ulmer/Habersack*, § 31 Rz. 22; *Hoffmann/Lehmann/Weinmann*, § 31 Rz. 23; aA *Raiser/Veil*, § 31 Rz. 17 aE; WWKK/*Wißmann*, § 31 Rz. 19; *Lutter/Krieger*, § 31 Rz. 133; *Reich/Lewerenz*, AuR 1976, 261 (270). ‖ 8 Vgl. ErfK/*Oetker*, § 31 MitbestG Rz. 6; UHH/*Ulmer/Habersack*, § 31 Rz. 26; WWKK/*Koberski*, § 31 Rz. 41. ‖ 9 Vgl. ErfK/*Oetker*, § 31 MitbestG Rz. 7; UHH/*Ulmer/Habersack*, § 31 Rz. 29 f.; WWKK/*Koberski*, § 31 Rz. 27. ‖ 10 Vgl. ErfK/*Oetker*, § 31 MitbestG Rz. 7; *Raiser/Veil*, § 31 Rz. 32. ‖ 11 Vgl. ErfK/*Oetker*, § 31 MitbestG Rz. 7; UHH/*Ulmer/Habersack*, § 31 Rz. 33; *Raiser/Veil*, § 31 Rz. 33. ‖ 12 Vgl. ErfK/*Oetker*, § 31 MitbestG Rz. 7; UHH/*Ulmer/Habersack*, § 31 Rz. 33; *Raiser/Veil*, § 31 Rz. 33; *Säcker*, BB 1979, 1321 (1322 Fn. 8); abw. LG Ravensburg 4.3.1985 – 1 KfH 251/85 u. 1 KfH 258/85, EWiR § 31 MitbestG 1/85 (*Wiesner*); *Riegger*, NJW 1988, 2991. ‖ 13 UHH/*Ulmer/Habersack*, § 31 Rz. 27; *Raiser/Veil*, § 31 Rz. 42; *Westhoff*, DB 1980, 2520 (2522); *Krieger*, Personalentscheidungen des AR, 1981, S. 148 f. ‖ 14 So auch ErfK/*Oetker*, § 31 MitbestG Rz. 8; UHH/*Ulmer/Habersack*, § 31 Rz. 28; *Raiser/Veil*, § 31 Rz. 29; GK-MitbestG/*Rumpff*, § 31 Rz. 18; *Lutter/Krieger*, Rz. 943; aA *Werner*, FS Fischer, 1979, S. 821, 826; *Hoffmann/Lehmann/Weinmann*, § 31 Rz. 47; *Henssler*, GmbHR 2004, 321 (323 f.).

sprechers) entspricht den Grundsätzen guter Unternehmensführung[1], kann aber wegen des ansonsten verletzten Autonomiebereiches des AR weder durch die Satzung noch durch die Hauptversammlung zwingend vorgeschrieben werden[2]. Das Verfahren für Bestellung und Abberufung des Vorstandsvorsitzenden richtet sich nicht nach § 31 II–IV, sondern nach der Grundnorm des § 29[3].

11 **VI. Dienstrechtlicher Anstellungsvertrag.** Von der kooperationsrechtl. Organstellung zu unterscheiden sind die in einem dienstrechtl. Anstellungsvertrag geregelten schuldrechtl. Beziehungen des Organmitglieds zur Gesellschaft. Für die **AG** ergibt sich aus § 25 I 1 Nr. 1 MitbestG iVm. § 84 I 5 AktG, dass ausschließlich der AR für den Abschluss des Anstellungsvertrages sowie für seine spätere Änderung und Beendigung zuständig ist. Dabei können diese Kompetenzen auch auf einen AR-Ausschuss übertragen werden, da die in § 107 III 2 AktG (iVm. § 25 I 1 Nr. 1) geregelte Sperrwirkung nur für die kooperationsrechtl. Bestellung und Abberufung gilt[4]; das gilt seit 2009 nicht mehr für die Entscheidung zur Vorstandsvergütung, da § 107 III 3 AktG diese jetzt in das Delegationsverbot einbezieht. Zur **KGaA** Rz. 1.

12 Nach hM kommt bei einer dem MitbestG unterfallenden **GmbH** – abweichend von den gesellschaftsrechtl. Grundsätzen zur Annexkompetenz der Gesellschafterversammlung und zur Rechtslage bei § 1 I Nr. 3 DrittelbG (s.a. § 1 DrittelbG Rz. 40[5]) – dem AR die Kompetenz zu, über den Abschluss, die Änderung und die Beendigung von Geschäftsführer-Anstellungsverträgen zu beschließen[6]. Allerdings kann die Satzung allg. Richtlinien über den Inhalt des Anstellungsvertrages (zB Vergütungsstruktur für Geschäftsführer) festlegen, sofern dies die Auswahl- und Widerrufsfreiheit des AR nicht unangemessen beschränkt[7]. Der Plenarvorbehalt in § 107 III 3 AktG gilt über § 25 I 1 Nr. 2 für den Anstellungsvertrag des GmbH-Geschäftsführers in der Weise, dass die vom Delegationsverbot in § 107 III 3 AktG umschriebenen Aufgaben dem Plenum des AR vorbehalten bleiben, und zwar obwohl § 87 I und II 1 und 2 AktG zur Angemessenheit der Vorstandsvergütung nicht direkt für GmbH-Geschäftsführer gilt[8].

13 Auch für die **Genossenschaft** folgt aus Abs. 1 die Kompetenz des AR, die Anstellungsverträge mit dem Vorstand abzuschließen, zu ändern oder zu beenden[9].

32 *Ausübung von Beteiligungsrechten*
(1) Die einem Unternehmen, in dem die Arbeitnehmer nach diesem Gesetz ein Mitbestimmungsrecht haben, auf Grund von Beteiligungen an einem anderen Unternehmen, in dem die Arbeitnehmer nach diesem Gesetz ein Mitbestimmungsrecht haben, zustehenden Rechte bei der Bestellung, dem Widerruf der Bestellung oder der Entlastung von Verwaltungsträgern sowie bei der Beschlussfassung über die Auflösung oder Umwandlung des anderen Unternehmens, den Abschluss von Unternehmensverträgen (§§ 291, 292 des Aktiengesetzes) mit dem anderen Unternehmen, über dessen Fortsetzung nach seiner Auflösung oder über die Übertragung seines Vermögens können durch das zur gesetzlichen Vertretung des Unternehmens befugte Organ nur auf Grund von Beschlüssen des Aufsichtsrats ausgeübt werden. Diese Beschlüsse bedürfen nur der Mehrheit der Stimmen der Aufsichtsratsmitglieder der Anteilseigner; sie sind für das zur gesetzlichen Vertretung des Unternehmens befugte Organ verbindlich.

(2) Absatz 1 ist nicht anzuwenden, wenn die Beteiligung des Unternehmens an dem anderen Unternehmen weniger als ein Viertel beträgt.

1 **I. Regelungsinhalt.** § 32 enthält – ähnlich wie § 15 MitbestErgG – eine **Spezialvorschrift zur Beschränkung der Geschäftsführungs- und Vertretungsbefugnis des Vertretungsorgans** für den Fall, dass ein nach dem MitbestG mitbestimmtes Unternehmen (Obergesellschaft) an einem anderen, gleichfalls nach dem MitbestG mitbestimmten Unternehmen (Untergesellschaft) mit mindestens 25 % beteiligt ist. Denn die Mitbest. im AR der Obergesellschaft könnte deren Vertretungsorgan veranlassen, bei der Ausübung der der Obergesellschaft zustehenden Stimmrechte in der Anteilseignerversammlung der Untergesellschaft auch ArbN-Interessen zu berücksichtigen, was zu einer Kumulation der MitbestR führen könnte[10]. Daneben sollen Grundlagenentscheidungen, die in unabhängigen Unternehmen der Anteilseignerversammlung vorbehalten sind, auch in abhängigen Unternehmen ohne ArbN-Einfluss getroffen

---

[1] Vgl. Ziff. 4. 2. 1 S. 1 DCGK; hierzu Ringleb/Kremer/Lutter/v. Werder/*Ringleb*, DCGK, Rz. 669 ff. ‖ [2] So auch KölnKommAktG/*Mertens*, § 84 Rz. 88; aA *Krieger*, Personalentscheidungen des AR, 1981, S. 252 f.; (für die GmbH) *Henssler*, GmbHR 2004, 321 (326 f.). ‖ [3] Vgl. UHH/*Ulmer/Habersack*, § 31 Rz. 28; *Raiser/Veil*, § 31 Rz. 34; *Hüffer*, § 84 AktG Rz. 20; MüKoAktG/*Gach*, § 31 MitbestG Rz. 21. ‖ [4] BGH 23.10.1975 – II ZR 90/73, BGHZ 65, 190 (193); *Hüffer*, § 107 AktG Rz. 18. ‖ [5] Vgl. BGH 3.7.2000 – II ZR 282/98, ZIP 2000, 1442 (1443). ‖ [6] Vgl. BGH 14.11.1983 – II ZR 33/83, BGHZ 89, 48 (57); ErfK/*Oetker*, § 31 MitbestG Rz. 10; UHH/*Ulmer/Habersack*, § 31 Rz. 37 ff.; *Raiser/Veil*, § 31 Rz. 25; WWKK/*Koberski*, § 31 Rz. 35; *Henssler*, FS BGH II, 2000, S. 387, 402; aA *Werner*, FS Fischer, 1979, S. 821 ff. ‖ [7] Vgl. UHH/*Ulmer/Habersack*, § 31 Rz. 40; *Raiser/Veil*, § 31 Rz. 26; *Krieger*, Personalentscheidungen des AR, 1981, S. 288 ff. ‖ [8] Ebenso ErfK/*Oetker*, § 31 MitbestG Rz. 10; *Baeck/Götze/Arnold*, NZG 2009, 1121 (1126); *Gaul/Janz*, GmbHR 2009, 959 (962 f.); *Lunk/Stolz*, NZA 2010, 121 (127 f.); aA *Greven*, BB 2009, 2154 (2159); *Habersack*, ZHR 174 (2010), 2 (9 f.). ‖ [9] Vgl. ErfK/*Oetker*, § 31 MitbestG Rz. 11; UHH/*Ulmer/Habersack*, § 31 Rz. 38; *Raiser/Veil*, § 31 Rz. 24. ‖ [10] Vgl. BT-Drs. 7/2172, 28; vgl. auch *Raiser/Veil*, § 32 Rz. 1; *Weiss*, Konzern 2005, 590.

werden[1]. Beide Ziele verwirklicht § 32 durch eine **doppelte Modifikation der aktienrechtl. Regeln über Vorstand und AR:** In einem ersten Schritt wird bestimmt, dass die aus der Beteiligung fließenden Rechte nicht vom Vorstand der Obergesellschaft allein wahrgenommen werden können, sondern nur auf Grund eines diesen bindenden AR-Beschlusses; in einem zweiten Schritt wird der Beschluss der GesamtAR durch einen Sonderbeschluss der Anteilseignervertreter ersetzt, wodurch im Erg. die Wahrnehmung der Beteiligungsrechte vom Vorstand auf die Anteilseignerseite im AR verlagert wird[2].

II. Anwendungsbereich. Die Anwendung von Abs. 1 S. 1 setzt voraus, dass sowohl die Ober- als auch die Untergesellschaft der Mitbest. nach dem MitbestG (nicht anderer Mitbestimmungsgesetze) unterliegt. § 32 findet auch auf KGaA als Obergesellschaft Anwendung, da Ausnahmevorschriften wie §§ 31 I 2, 33 I 2 hier fehlen[3]. Ist die Obergesellschaft eine Kapitalgesellschaft & Co. KG iSv. § 4 I, werden die ihr zustehenden Beteiligungsrechte durch die Komplementär-Kapitalgesellschaft ausgeübt und unterliegen dort der Mitbest. des AR und somit der Gefahr einer Potenzierung des ArbN-Einflusses. Nach seinem Schutzgedanken und wegen der vergleichbaren Interessenlage findet Abs. 1 auf diese Fälle entsprechende Anwendung[4].

Nach Abs. 2 muss die Obergesellschaft an der Untergesellschaft mit mindestens ¼ der Anteile oder der Stimmen beteiligt sein[5]. Die Berechnungsvorschriften des § 16 II 2 und 3 sowie IV AktG sind nicht anzuwenden, da § 32 hierauf nicht verweist[6].

III. Weisungsrecht des Aufsichtsrats. Sind die Voraussetzungen des § 32 erfüllt, wird die Entscheidungsbefugnis für die Ausübung von Beteiligungsrechten (Stimmrechte, Entsendungs- und andere Sonderrechte) in Bezug auf die in Abs. 1 S. 1 abschließend[7] aufgezählten Geschäfte dem AR zugewiesen, in dem die Ausübung durch das vertretungsberechtigte Gesellschaftsorgan an einen diesen bindenden Beschluss des AR geknüpft wird. Hierdurch wird das Vertretungsorgan der Gesellschaft nicht nur in seiner Geschäftsführungsbefugnis, sondern abweichend von § 82 I AktG, § 37 II GmbHG, § 27 II GenG zugleich in seiner Vertretungsmacht beschränkt[8]. Bei Zuwiderhandeln des Vertretungsorgans kann sich dieses schadenersatzpflichtig machen (§ 93 AktG, § 43 GmbHG)[9]. Fehlt ein Beschluss oder weicht das Vertretungsorgan unberechtigt von diesem ab, so ist die Wahrnehmung der Beteiligungsrechte in der Untergesellschaft nach § 180 S. 1 BGB unwirksam[10]; eine nachträgliche Genehmigung mit Ex-tunc-Wirkung gem. §§ 180 S. 2, 177, 184 I BGB wird im Regelfall zulässig sein[11]. Der jeweilige Beschluss in der Versammlung der Untergesellschaft ist nach § 243 AktG (für GmbH analog) anfechtbar, soweit der Beschluss auf der Mitwirkung der Obergesellschaft beruht[12].

Die Geschäftsführungsentscheidung des AR mit Weisungscharakter erfolgt durch Beschluss der AR-Mitglieder der Anteilseigner. Die **ArbN-Vertreter** können an der beschlussfassenden Sitzung teilnehmen und haben Anspruch auf die gleichen Informationen wie die Anteilseignervertreter[13], können allerdings nicht an im Zusammenhang mit den materiellen Beschlüssen stehenden Verfahrensentscheidungen teilnehmen und Anträge zur Geschäftsordnung stellen[14]. Die Beschlussfähigkeit setzt entsprechend § 28 die Teilnahme mindestens der Hälfte aller AR-Mitglieder der Anteilseigner voraus, bezogen auf die gesetzl. oder satzungsgemäße (§ 7 I) Mitgliederzahl[15]. Der Beschluss bedarf der absoluten Mehrheit der Stimmen, dh. der Mehrheit der im AR tatsächlich vertretenen Mitglieder der Anteilseigner[16].

---

1 Vgl. ErfK/*Oetker*, § 32 MitbestG Rz. 1; UHH/*Ulmer/Habersack*, § 32 Rz. 2. ‖ **2** Vgl. *Raiser/Veil*, § 1 Rz. 1. ‖ **3** Im Erg. ebenso WWKK/*Wißmann*, § 32 Rz. 5; aA ErfK/*Oetker*, § 32 MitbestG Rz. 2; UHH/*Ulmer/Habersack*, § 32 Rz. 5; schwächer *Raiser/Veil*, § 32 Rz. 5 (Ausnahme zu erwägen). ‖ **4** So auch ErfK/*Oetker*, § 32 MitbestG Rz. 2; UHH/*Ulmer/Habersack*, § 32 Rz. 8. ‖ **5** Vgl. UHH/*Ulmer/Habersack*, § 32 Rz. 6; *Raiser/Veil*, § 32 Rz. 7. ‖ **6** Vgl. ErfK/*Oetker*, § 32 MitbestG Rz. 2; UHH/*Ulmer/Habersack*, § 32 Rz. 7; *Raiser/Veil*, § 32 Rz. 7; MüKoAktG/*Gach*, § 32 MitbestG Rz. 6f.; *Weiss*, Konzern 2005, 590 (594f.); *Spieker*, FS Däubler, 1999, S. 406, 410f.; aA GK-MitbestG/*Schneider*, § 32 Rz. 19. ‖ **7** Hierzu *Weiss*, Konzern 2005, 590 (593f.); MüKoAktG/*Gach*, § 32 MitbestG Rz. 22f.; *Raiser/Veil*, § 32 Rz. 16. ‖ **8** So auch *Hüffer*, § 78 AktG Rz. 8a; ErfK/*Oetker*, § 32 MitbestG Rz. 3; UHH/*Ulmer/Habersack*, § 32 Rz. 15; *Raiser/Veil*, § 32 Rz. 24; WWKK/*Wißmann*, § 32 Rz. 23; *Semler*, FS Kropff*, 1997, S. 301, 306; aA *Crezelius*, ZGR 1980, 359 (372f.); *Eichler*, BB 1977, 1064; *Säcker*, DB 1977, 2031 (2035). ‖ **9** *Weiss*, Konzern 2005, 590 (595); *Raiser/Veil*, § 32 Rz. 23. ‖ **10** Vgl. ErfK/*Oetker*, § 32 MitbestG Rz. 3; *Raiser/Veil*, § 32 Rz. 24f.; aA *Philipp*, DB 1976, 1622 (1625). ‖ **11** Vgl. KölnKommAktG/*Mertens/Cahn*, Anh. § 117B § 32 MitbestG Rz. 14; *Raiser/Veil*, § 32 Rz. 24; UHH/*Ulmer/Habersack*, § 32 Rz. 16; *Weiss*, Konzern 2005, 590 (602); aA *Philipp*, DB 1976, 1622 (1626); WWKK/*Wißmann*, § 32 Rz. 24. ‖ **12** *Weiss*, Konzern 2005, 590 (596); UHH/*Ulmer/Habersack*, § 32 Rz. 16; aA MüKoAktG/*Gach*, § 32 MitbestG Rz. 14. ‖ **13** Vgl. UHH/*Ulmer/Habersack*, § 32 Rz. 24; *Raiser/Veil*, § 32 Rz. 18; WWKK/*Wißmann*, § 32 Rz. 16; KölnKommAktG/*Mertens/Cahn*, Anh. § 117B § 32 MitbestG Rz. 17; MüKoAktG/*Gach*, § 32 MitbestG Rz. 24; aA *Philipp*, DB 1976, 1622 (1627); *Hoffmann/Lehmann/Weinmann*, § 32 Rz. 54. ‖ **14** So auch UHH/*Ulmer/Habersack*, § 32 Rz. 25; KölnKommAktG/*Mertens/Cahn*, Anh. § 117B § 32 MitbestG Rz. 17; *Lutter/Krieger*, Rz. 198; *Philipp*, DB 1976, 1622 (1627); aA *Raiser/Veil*, § 32 Rz. 18; WWKK/*Wißmann*, § 32 Rz. 16; *Spieker*, FS Däubler, 1999, S. 406, 414. ‖ **15** Vgl. ErfK/*Oetker*, § 32 MitbestG Rz. 4; UHH/*Ulmer/Habersack*, § 32 Rz. 26; *Raiser/Veil*, § 32 Rz. 20; MüKoAktG/*Gach*, § 32 MitbestG Rz. 24; *Philipp*, DB 1976, 1622 (1628); *Lutter/Krieger*, Rz. 198; aA *Hoffmann/Lehmann/Weinmann*, § 32 Rz. 56 (mindestens drei Mitglieder). ‖ **16** Vgl. ErfK/*Oetker*, § 32 MitbestG Rz. 4; UHH/*Ulmer/Habersack*, § 32 Rz. 27; WWKK/*Koberski*, § 32 Rz. 17; *Raiser/Veil*, § 32 Rz. 20; MüKoAktG/*Gach*, § 32 MitbestG Rz. 25; *Lutter/Krieger*, Rz. 198; aA (Mehrheit der tatsächlich abgegebenen Stimmen) *Hoffmann/Lehmann/Weinmann*, § 32 Rz. 55; *Säcker*, DB 1977, 2031 (2035).

MitbestG § 32 Rz. 6   Ausübung von Beteiligungsrechten

6   Der AR kann und sollte die Zuständigkeit nach § 32 auf einen sog. **Beteiligungsausschuss** übertragen; § 107 III AktG steht dem nicht entgegen[1]. Für die Besetzung des Beteiligungsausschusses gelten die allg. Regeln (§ 25 Rz. 5) unter Berücksichtigung des Mehrheitserfordernisses in § 32 I 2; so ist auch eine Besetzung ohne ArbN-Vertreter zulässig[2]. Eine zeitlich und sachgegenständlich begrenzte Vorausermächtigung des Vorstands ist (im Gegensatz zu einer Generalvollmacht) – alternativ und in Kombination zur Ausschussübertragung – zulässig[3].

33 *Arbeitsdirektor*

(1) **Als gleichberechtigtes Mitglied des zur gesetzlichen Vertretung des Unternehmens befugten Organs wird ein Arbeitsdirektor bestellt. Dies gilt nicht für Kommanditgesellschaften auf Aktien.**

(2) **Der Arbeitsdirektor hat wie die übrigen Mitglieder des zur gesetzlichen Vertretung des Unternehmens befugten Organs seine Aufgaben im engsten Einvernehmen mit dem Gesamtorgan auszuüben. Das Nähere bestimmt die Geschäftsordnung.**

(3) **Bei Genossenschaften ist auf den Arbeitsdirektor § 9 Abs. 2 des Genossenschaftsgesetzes nicht anzuwenden.**

1   **I. Regelungsinhalt.** Nach § 33 ist die Bestellung eines Arbeitsdirektors als gleichberechtigtes Mitglied des gesetzl. Vertretungsorgans zwingend, der im Wesentlichen für **Sozial- und Personalfragen** zuständig ist. Dies gilt auch für arbeitnehmerlose Konzernobergesellschaften[4], nicht aber für Unternehmen in der Rechtsform der KGaA (Abs. 1 S. 2). Auch bei der SE gilt § 33 nicht zwingend. – Zwar ging man während des Gesetzgebungsverfahrens davon aus, dass der Arbeitsdirektor (entsprechend der Praxisfolge von § 13 I 2 MontanMitbestG) regelmäßig auf das Vertrauen der ArbN angewiesen sein wird, einen gesetzl. Niederschlag hat dies allerdings nicht gefunden, so dass eine Bestellung auch gegen den Willen der ArbN-Vertreter im AR erfolgen kann. Eine § 13 I 2 MontanMitbestG entsprechende Regelung qua Mitbestimmungsvereinbarung ist wegen des Verbots der Überparität (Art. 14 GG) und fehlender Rechtfertigung unwirksam[5].

2   Der Arbeitsdirektor ist wie die anderen Mitglieder des Vertretungsorgans im Verfahren nach § 31 II–IV zu bestellen, und zwar unabhängig davon, ob es sich bei dem Kandidaten bereits um ein Mitglied des Vertretungsorgans handelt oder nicht[6]. Aus der Bedeutung von § 33 für die Verwirklichung des Mitbestimmungsgedankens auch im gesetzl. Vertretungsorgan folgt, dass der Arbeitsdirektor den ihm zugeordneten Kernbereich der Personal- und Sozialfragen (Rz. 3f.) effektiv ausüben können muss, so dass die Besetzung des Vertretungsorgans im Regelfall (teleologische Reduktion zB bei funktionsloser Zwischenholdinggesellschaft) mit mindestens zwei Mitgliedern erforderlich ist[7]. Ist ein Arbeitsdirektor (noch) nicht bestellt, ist das Vertretungsorgan trotzdem handlungsfähig, sofern es nur die zur gesetzl. Vertretung des Unternehmens erforderliche Mitgliederzahl besitzt. Kommt es nicht zur Bestellung eines Arbeitsdirektors, so kann entsprechend § 85 I AktG gerichtl. ein Notvorstand als Arbeitsdirektor bestellt werden, sofern nur ein „dringender Fall" vorliegt. Ein solcher ist allerdings nur ausnahmsw. anzunehmen, nämlich wenn der Vorstand in seiner Gesamtheit wegen des Fehlens des Arbeitsdirektors zur Erfüllung der ihm obliegenden Aufgaben nicht in der Lage ist[8]. Das nach Abs. 2–4 durchzuführende Widerrufsverfahren ist auch dann durchzuführen, wenn der Arbeitsdirektor wegen anderer Ressortzuweisung lediglich seine Funktion, nicht aber seine Organstellung im Vertretungsorgan verlieren soll[9].

3   **II. Geschäftsbereich des Arbeitsdirektors. 1. Mindestzuständigkeit.** Zwar umschreibt § 33 den Aufgabenbereich des Arbeitsdirektors nicht, seiner Konzeption nach umfasst er aber insb. die **Personal- und Sozialangelegenheiten der ArbN des Unternehmens**[10]. Nach hM wird dem Arbeitsdirektor durch die Bestellung kraft Gesetzes zugleich ein unabdingbarer Mindestzuständigkeitsbereich (Kernbereich) zugewiesen, der ihm weder durch Satzung noch durch Geschäftsordnung entzogen werden kann[11] und der insb. das Personalwesen, das Gesundheitswesen, den Arbeitsschutz, die Berufsaus- und Weiterbil-

---

1 Vgl. LG München 16.1.1980 – 6 O 1172/79, DB 1980, 678 (679) (obiter dictum); ErfK/*Oetker*, § 32 MitbestG Rz. 5; UHH/*Ulmer/Habersack*, § 32 Rz. 28; *Raiser/Veil*, § 32 Rz. 21; *Hoffmann/Lehmann/Weinmann*, § 32 Rz. 57; MüKoAktG/*Gach*, § 32 MitbestG Rz. 2f.; *Weiss*, Konzern 2005, 590 (597ff.) (mit GeschäftsO-Formulierung); *Spieker*, FS Däubler, 1999, S. 406, 415 f.; *Säcker*, DB 1977, 2031 (2035); Lutter/*Krieger*, Rz. 199; aA *Philipp*, DB 1976, 1622 (1628).   ‖2 *Weiss*, Konzern 2005, 590 (598); Lutter/*Krieger*, Rz. 504; aA *Raiser/Veil*, § 32 Rz. 21; einschr. auch UHH/*Ulmer/Habersack*, § 32 Rz. 28.   ‖3 Ausf. *Weiss*, Konzern 2005, 590 (599ff.); MüKoAktG/ *Gach*, § 32 MitbestG Rz. 15; enger *Spieker*, FS Däubler, 1999, S. 406, 417; *Raiser/Veil*, § 32 Rz. 19.   ‖4 *Raiser/ Veil*, § 33 Rz. 18; *Däubler*, NZG 2005, 617 (619).   ‖5 Vgl. *Seibt*, CFL 2011, 213 (221 f.) (zu Gewerkschaftsabreden mit Bietern in Übernahmefällen).   ‖6 Vgl. ErfK/*Oetker*, § 33 MitbestG Rz. 3; UHH/*Henssler*, § 33 Rz. 9.   ‖7 Strenger (ohne Ausnahmen) *Hüffer*, § 76 AktG Rz. 24; ErfK/*Oetker*, § 33 MitbestG Rz. 3; UHH/*Henssler*, § 33 Rz. 2f.; *Raiser/Veil*, § 33 Rz. 6; aA (Zulässigkeit eines einköpfigen Organs) *Overlack*, ZHR 1977, 125 (128ff.).   ‖8 Vgl. ErfK/*Oetker*, § 33 MitbestG Rz. 4; *Hoffmann*, BB 1977, 17 (21); aA MüKoAktG/*Gach*, § 33 MitbestG Rz. 14.   ‖9 Vgl. ErfK/*Oetker*, § 33 MitbestG Rz. 5.   ‖10 Vgl. BT-Drs. 7/4845, 9f.; vgl. auch BVerfG 1.3.1979 – 1 BvR 532, 533/77, 419/78 und 1 BvL 21/78, BVerfGE 50, 290 (378); BGH 14.11.1983 – II ZR 33/83, BGHZ 89, 48 (59); *Hoffmann*, BB 1977, 17 (21).   ‖11 Vgl. OLG Frankfurt/M. 23.4.1985 – 5 U 149/84, DB 1985, 1459 – Sperry; ErfK/ *Oetker*, § 33 MitbestG Rz. 11; *Säcker*, DB 1977, 1993 (1994); aA *Hoffmann*, BB 1977, 17 (19).

dung sowie die Sozial- und Altersfürsorge umfasst[1]. Der Personal- und Sozialbereich der leitenden Angestellten gehört demggü. nicht zur zwingenden Kernzuständigkeit des Arbeitsdirektors[2]. Der konkrete Geschäftsbereich des Arbeitsdirektors ist abhängig von der im Einzelfall gegebenen Konzernorganisation (zB Beschränkung der Zuständigkeiten bei abhängigen Unternehmen, soweit Teil-Entherrschungsvertrag für Personal- und Sozialangelegenheiten besteht)[3].

Das Bestehen eines Mindestzuständigkeitsbereichs setzt nicht voraus, dass dem Arbeitsdirektor die Alleinzuständigkeit in Personal- und Sozialangelegenheiten oder ein Letztentscheidungsrecht für sein Ressort zukommt[4]. Allerdings wäre eine Regelung wegen Verletzung der zwingenden Kernzuständigkeit unwirksam, derzufolge dem Arbeitsdirektor lediglich eine reine Informations- und Beratungstätigkeit für die sonstige Geschäftsleitung zukommt und ihm eine Entscheidungsbefugnis auch für relativ unbedeutende Angelegenheiten fehlte[5].

2. Verantwortlichkeit für weitere Aufgabenbereiche. Nach hM soll die Zuweisung zusätzlicher Aufgaben neben dem zwingenden Mindestzuständigkeitsbereich nur ausnahmsw. (zB als Stellvertreter eines anderen Geschäftsleitungsmitglieds) und auch nur dann möglich sein, soweit hierdurch nicht die eigentliche Aufgabenerfüllung leidet[6]. Zutreffenderweise hängt der zulässige Umfang weiterer Aufgabenbereiche von dem Ausmaß der Personal- und Sozialangelegenheiten im konkreten Unternehmen[7] sowie der wirtschaftl. und tatsächlichen Lage des Unternehmens ab, so dass dem Arbeitsdirektor durchaus im Einzelfall zusätzliche Funktionen (zB Vorstandsvorsitzender[8]) oder Aufgabenbereiche im Unternehmen oder bei verbundenen Unternehmen zugewiesen werden können.

3. Repräsentation des Unternehmens. Auf Grund seiner gleichberechtigten Stellung in der Geschäftsleitung (Rz. 7 ff.) ist der Arbeitsdirektor im Rahmen der Ressortverteilung grds. berechtigt, das Unternehmen nach außen zu repräsentieren[9]. In der Praxis kommt insb. die Außenvertretung in ArbGebVerbänden und SozV-Körperschaften in Betracht, was nicht gegen die Grundsätze der Unabhängigkeit und Gegnerfreiheit der Tarifparteien verstößt[10].

III. Gleichberechtigte Stellung im Vertretungsorgan. 1. Gesetzliches Normstatut. Nach Abs. 1 S. 1 ist der Arbeitsdirektor ein **gleichberechtigtes Mitglied des gesetzl. Vertretungsorgans**. Hieraus ergibt sich, dass der Arbeitsdirektor nach dem gesetzl. Normstatut die gleichen Rechte, die gleichen Pflichten (zB Verschwiegenheitspflicht) und die gleiche Verantwortung (zB ordnungsgemäße Berichterstattung an den AR, Feststellung des Jahresabschlusses und seine Vorlage an den AR, ordnungsgemäße Buchführung, Haftung für sorgfaltsgemäße Pflichterfüllung) hat.

2. Ausgestaltung durch Satzung. Soweit das spezifische, auf das Unternehmen anwendbare Gesellschaftsrecht die Ausgestaltung der Rechtsstellung der Mitglieder des gesetzl. Vertretungsorgans zulässt, kann auch diejenige des Arbeitsdirektors eingeschränkt werden, sofern diesem nur die zwingende Mindestzuständigkeit verbleibt (Rz. 3 f.) und seine Stellung als gleichberechtigtes Organmitglied unangetastet bleibt; andernfalls ist die Satzungsregelung nach § 134 BGB nichtig[11]. Aus der Stellung als gleichberechtigtem Organmitglied folgt allerdings **kein Anspruch** des Arbeitsdirektors darauf, **Alleinvertretungsbefugnis** zu erhalten, wenn auch den übrigen Mitgliedern des Vertretungsorgans diese Befugnis verliehen ist[12]. Dies ist nur anders, wenn es sich bei der Nichteinräumung der Alleinvertretungsbefugnis bzw. bei einer anderen differenzierenden Behandlung um eine offensichtliche Diskriminierung und Herabsetzung handelt. Der Arbeitsdirektor unterliegt wie jedes andere Mitglied des Vertretungsorgans den Mehrheitsentscheidungen des Gesamtorgans[13]. Ein **Vetorecht mit endgültiger Wirkung zu Gunsten eines Vorstandsmitglieds** (zB Vorstandsvorsitzender oder -sprecher) ist unzulässig[14]. Allerdings ist zur Funktionssicherung des Organs ein Stichentscheidungsrecht des Vorsitzenden zur Auflösung von Patt-Situationen zulässig, sofern dem Gesamtorgan mehr als zwei Mitglieder angehören[15].

---

1 Hierzu *Spieker*, BB 1968, 1089 (1090); *Köstler/Müller/Sick*, Aufsichtsratspraxis, Rz. 678 f.; ErfK/*Oetker*, § 33 MitbestG Rz. 12; vgl. auch LG Frankfurt/M. 26.4.1984 – 3/6 O 210/83, AG 1984, 276 (277) – Sperry. ||2 Vgl. ErfK/*Oetker*, § 33 MitbestG Rz. 12; *Raiser/Veil*, § 33 Rz. 17; *Hoffmann*, BB 1976, 1233 (1234); aA *Reich/Lewerenz*, AuR 1976, 353 (368); *Säcker*, DB 1977, 1993 (1994). ||3 *Enger Däubler*, NZG 2005, 617 (620); vgl. auch MüKoAktG/*Gach*, § 33 MitbestG Rz. 40 ff. ||4 Vgl. OLG Frankfurt/M. 23.4.1985 – 5 U 149/84, DB 1985, 1459 (1460) – Sperry; ErfK/*Oetker*, § 33 MitbestG Rz. 13. ||5 Vgl. ErfK/*Oetker*, § 33 MitbestG Rz. 13; *Hoffmann*, BB 1977, 17 (19); vgl. auch LG Frankfurt/M. 26.4.1984 – 3/6 O 210/83, AG 1984, 276 (277 f.) – Sperry. ||6 Vgl. ErfK/*Oetker*, § 33 MitbestG Rz. 14; MüKoAktG/*Gach*, § 33 MitbestG Rz. 31; *Spieker*, BB 1968, 1089 f.; *Köstler/Müller/Sick*, Aufsichtsratspraxis, Rz. 679; aA *Hoffmann*, BB 1977, 17 (21); *Säcker*, DB 1977, 1993 (1995). ||7 So auch ErfK/*Oetker*, § 33 MitbestG Rz. 14. ||8 Aus der Praxis (Stand: Nov. 2009): Celesio AG, GEA Group Aktiengesellschaft, Pfleiderer AG, Südzucker AG; aA ErfK/*Oetker*, § 33 MitbestG Rz. 14. ||9 Vgl. OLG Frankfurt/M. 23.4.1985 – 5 U 149/84, DB 1985, 1459 – Sperry; ErfK/*Oetker*, § 33 MitbestG Rz. 15; *Hoffmann*, BB 1977, 17 (22); *Spieker*, BB 1968, 1089 (1090); *Köstler/Müller/Sick*, Aufsichtsratspraxis, Rz. 680. ||10 ErfK/*Oetker*, § 33 MitbestG Rz 15; UHH/*Henssler*, § 33 Rz. 49; *Spieker*, BB 1968, 1089 (1090). ||11 ErfK/*Oetker*, § 33 MitbestG Rz. 6. ||12 Vgl. ErfK/*Oetker*, § 33 MitbestG Rz. 7; *Hoffmann*, BB 1977, 17 (21). ||13 Vgl. BGH 14.11.1983 – II ZR 33/83, BGHZ 89, 49 (59) – Reemtsma; ErfK/*Oetker*, § 33 MitbestG Rz. 8. ||14 Vgl. BGH 14.11.1983 – II ZR 33/83, BGHZ 89, 49 (59) – Reemtsma; *Hüffer*, § 77 AktG Rz. 13 und 23; KölnKommAktG/*Mertens*, § 77 Rz. 10; MünchGesR/*Wiesner*, § 22 Rz. 10. ||15 Vgl. *Hüffer*, § 77 AktG Rz. 11 und 23; ErfK/*Oetker*, § 33 MitbestG Rz. 8; *Hoffmann*, BB 1977, 17 (22); *Säcker*, DB 1977, 1993 (1999 Fn. 52).

9 Sieht eine Geschäftsordnung des Vertretungsorgans vor, dass ein Organmitglied zum Sprecher des Vertretungsorgans bestellt wird, ist dies im Regelfall zulässig, sofern das Vertretungsorgan aus mehr als zwei Mitgliedern besteht[1] und hierdurch nicht ggü. den übrigen Organmitgliedern diskriminiert wird (zB Abstimmungserfordernis mit dem Vorstandssprecher ausschließlich für den Arbeitsdirektor)[2].

Vierter Teil. Seeschifffahrt

34 *(nicht kommentiert)*

Fünfter Teil. Übergangs- und Schlussvorschriften

35 *(weggefallen)*

36 *Verweisungen*
(1) Soweit in anderen Vorschriften auf Vorschriften des Betriebsverfassungsgesetzes 1952 über die Vertretung der Arbeitnehmer in den Aufsichtsräten von Unternehmen verwiesen wird, gelten diese Verweisungen für die in § 1 Abs. 1 dieses Gesetzes bezeichneten Unternehmen als Verweisungen auf dieses Gesetz.

(2) Soweit in anderen Vorschriften für das Gesetz über die Mitbestimmung der Arbeitnehmer in den Aufsichtsräten und Vorständen der Unternehmen des Bergbaus und der Eisen und Stahl erzeugenden Industrie vom 21. Mai 1951 (Bundesgesetzbl. I S. 347) die Bezeichnung „Mitbestimmungsgesetz" verwendet wird, tritt an ihre Stelle die Bezeichnung „Montan-Mitbestimmungsgesetz".

37 *Erstmalige Anwendung des Gesetzes auf ein Unternehmen*
(1) Andere als die in § 97 Abs. 2 Satz 2 des Aktiengesetzes bezeichneten Bestimmungen der Satzung (des Gesellschaftsvertrags), die mit den Vorschriften dieses Gesetzes nicht vereinbar sind, treten mit dem in § 97 Abs. 2 Satz 2 des Aktiengesetzes bezeichneten Zeitpunkt oder, im Falle einer gerichtlichen Entscheidung, mit dem in § 98 Abs. 4 Satz 2 des Aktiengesetzes bezeichneten Zeitpunkt außer Kraft. Eine Hauptversammlung (Gesellschafterversammlung, Generalversammlung), die bis zu diesem Zeitpunkt stattfindet, kann an Stelle der außer Kraft tretenden Satzungsbestimmungen mit einfacher Mehrheit neue Satzungsbestimmungen beschließen.

(2) Die §§ 25 bis 29, 31 bis 33 sind erstmalig anzuwenden, wenn der Aufsichtsrat nach den Vorschriften dieses Gesetzes zusammengesetzt ist.

(3) Die Bestellung eines vor dem Inkrafttreten dieses Gesetzes bestellten Mitglieds des zur gesetzlichen Vertretung befugten Organs eines Unternehmens, auf das dieses Gesetz bereits bei seinem Inkrafttreten anzuwenden ist, kann, sofern die Amtszeit dieses Mitglieds nicht aus anderen Gründen früher endet, nach Ablauf von fünf Jahren seit dem Inkrafttreten dieses Gesetzes von dem nach diesem Gesetz gebildeten Aufsichtsrat jederzeit widerrufen werden. Für den Widerruf bedarf es der Mehrheit der abgegebenen Stimmen der Aufsichtsratsmitglieder, aller Stimmen der Aufsichtsratsmitglieder der Anteilseigner oder aller Stimmen der Aufsichtsratsmitglieder der Arbeitnehmer. Für die Ansprüche aus dem Anstellungsvertrag gelten die allgemeinen Vorschriften. Bis zum Widerruf bleiben für diese Mitglieder Satzungsbestimmungen über die Amtszeit abweichend von Absatz 1 Satz 1 in Kraft. Diese Vorschriften sind entsprechend anzuwenden, wenn dieses Gesetz auf ein Unternehmen erst nach dem Zeitpunkt des Inkrafttretens dieses Gesetzes erstmalig anzuwenden ist.

(4) Absatz 3 gilt nicht für persönlich haftende Gesellschafter einer Kommanditgesellschaft auf Aktien.

1 **I. Regelungsinhalt.** Für den Fall der erstmaligen Anwendung des MitbestG auf ein Unternehmen bestimmt § 37 Ergänzungen für das nach § 6 II MitbestG iVm. §§ 97, 98 AktG durchzuführende Statusverfahren (hierzu § 6 Rz. 2 ff.).

2 **II. Außerkrafttreten von Satzungsvorschriften (Abs. 1).** Abs. 1 S. 1 erweitert das durch § 97 II 2 AktG als Folge des Statusverfahrens angeordnete Außerkrafttreten von Satzungsvorschriften auf solche Regelungen, die 27 II 2 AktG nicht umfasst, die dem MitbestG (insb. §§ 25-31) aber widersprechen. Sie treten nach den in §§ 97 II 2, 98 IV 2 AktG genannten Fristen außer Kraft, wobei die Anteilseignerver-

---

1 Vgl. LG Frankfurt/M. 26.4.1984 – 3/6 O 210/83, AG 1984, 276 (277) – Sperry. ||2 Vgl. LG Frankfurt/M. 26.4.1984 – 3/6 O 210/83, AG 1984, 276 (278) – Sperry.

sammlung nach Abs. 1 S. 2 die Möglichkeit hat, die Satzungsregelungen, die nach Abs. 1 S. 1 ihre Geltung verlieren, vor Ablauf der Frist durch einfachen Mehrheitsbeschluss durch andere Vorschriften zu ersetzen. Bestimmungen im Gesellschaftsvertrag einer KG, die in den Anwendungsbereich des § 4 fallen (Kapitalgesellschaft & Co. KG) und Bestimmungen des MitbestG entgegenstehen, werden zwar von Abs. 1 nicht erfasst, sind jedoch nach § 134 BGB nichtig, sobald der mitbestimmte AR in der Komplementärkapitalgesellschaft gebildet ist[1]. Die Lücken sind durch Gesellschaftsvertragsänderung oder nach den Regeln der ergänzenden Vertragsauslegung zu füllen.

III. Anwendbarkeit der §§ 25–29, 31–33 (Abs. 2). Die Vorschriften über die innere Ordnung des AR und die Rechte und Pflichten seiner Mitglieder (§§ 25–29) sowie über das gesetzl. Vertretungsorgan des Unternehmens (§§ 31–33) finden erstmals Anwendung, wenn der mitbestimmte AR gebildet ist (Abs. 2). Geschäftsordnungsregeln des AR, die §§ 25 bis 29 widersprechen, treten mit diesem Zeitpunkt außer Kraft; die Geschäftsordnungsregeln des Vertretungsorgans sind nach § 134 BGB nichtig, wenn sie gegen die §§ 31–33 verstoßen[2]. Besonderheiten gelten allerdings für den Zeitpunkt der erstmaligen Bestellung eines Arbeitsdirektors, da den Mitgliedern des gesetzl. Vertretungsorgans kraft Gesetzes (Abs. 3) und häufig auch kraft Anstellungsvertrages Bestandsschutz zukommt[3]. Nach hM bedarf es keiner (Neu-)Bestellung eines Arbeitsdirektors nach den §§ 33, 31, sofern ein Mitglied des gesetzl. Vertretungsorgans bereits vor Bildung des mitbestimmten AR mit dem Ressort für Arbeits- und Sozialfragen betraut ist[4]. Eine Neuwahl ist erst erforderlich, wenn dessen Amtszeit ausläuft.

IV. Amtszeit der Mitglieder des gesetzl. Vertretungsorgans (Abs. 3). Die erstmalige Bildung eines mitbestimmten AR lässt die Amtszeit der Mitglieder des gesetzl. Vertretungsorgans des Unternehmens im Grundsatz unberührt. Bei der AG endet sie nach **spätestens fünf Jahren** (§ 84 I AktG). Bei der GmbH und der Genossenschaft bestimmt Abs. 3, dass die an sich unbefristet gestaltbare Bestellung nach fünf Jahren widerrufen werden kann. Wächst ein Unternehmen erst nachträglich in den Anwendungsbereich des MitbestG hinein, berechnet sich die Fünf-Jahres-Frist ab dem Zeitpunkt der Unanfechtbarkeit der Bekanntmachung nach § 97 I AktG bzw. der Rechtskraft der Entscheidung nach § 98 I AktG[5].

Der **Widerruf der Bestellung** bedarf nach Fristablauf keines wichtigen Grundes und ist nicht fristgebunden[6]. Er ist mit der in Abs. 3 S. 2 bestimmten Mehrheit durch den AR zu beschließen. Allerdings lässt der Widerruf der Organstellung den Anstellungsvertrag unberührt (Abs. 3 S. 4). Die Beendigung des arbeitsrechtl. Anstellungsvertrages ist nur nach den allg. Vorschriften möglich, wobei ein Widerruf allein keinen wichtigen Grund iSv. § 626 BGB darstellt[7].

38 *(weggefallen)*

39 *Ermächtigung zum Erlass von Rechtsverordnungen*

Die Bundesregierung wird ermächtigt, durch Rechtsverordnung Vorschriften über das Verfahren für die Wahl und die Abberufung von Aufsichtsratsmitgliedern der Arbeitnehmer zu erlassen, insbesondere über

1. die Vorbereitung der Wahl oder Abstimmung, die Bestellung der Wahlvorstände und Abstimmungsvorstände sowie die Aufstellung der Wählerlisten,
2. die Abstimmungen darüber, ob die Wahl der Aufsichtsratsmitglieder in unmittelbarer Wahl oder durch Delegierte erfolgen soll,
3. die Frist für die Einsichtnahme in die Wählerlisten und die Erhebung von Einsprüchen,
4. die Errechnung der Zahl der Aufsichtsratsmitglieder der Arbeitnehmer sowie ihre Verteilung auf die in § 3 Abs. 1 Nr. 1 bezeichneten Arbeitnehmer, die leitenden Angestellten und die Gewerkschaftsvertreter,
5. die Errechnung der Zahl der Delegierten,
6. die Wahlvorschläge und die Frist für ihre Einreichung,

---

1 Vgl. UHH/*Ulmer/Habersack*, § 37 Rz. 12; *Raiser/Veil*, § 37 Rz. 5. ||2 Vgl. ErfK/*Oetker*, § 37 MitbestG Rz. 3. ||3 Vgl. ErfK/*Oetker*, § 37 MitbestG Rz. 3; *Säcker*, DB 1977, 1993 (1996). ||4 Vgl. ErfK/*Oetker*, § 37 MitbestG Rz. 3; UHH/*Ulmer/Habersack*, § 37 Rz. 21; *Raiser/Veil*, § 37 Rz. 7; *Ballerstedt*, ZGR 1977, 133 (147); *Mertens*, AG 1979, 334 (337); *Peltzer*, DB 1978, 984; *Säcker*, DB 1977, 1993 (1996f.); aA AG Bremen 5.12.1978 – 38 HRB 3079, WM 1979, 154 (155); LG Kreuznach 3.10.1979 – 2 T 78/79, BB 1979, 1680 (1681) – Seitz Werke; WWKK/*Wißmann*, § 37 MitbestG Rz. 18. ||5 So auch UHH/*Ulmer/Habersack*, § 37 Rz. 29; abweichend (Zeitpunkt des Außerkrafttretens von Satzungsbestimmungen nach § 97 II 2 AktG) Hachenburg/*Mertens*, § 35 GmbHG Rz. 27; aA (tatsächliches Vorliegen der Voraussetzungen der §§ 1–5) WWKK/*Wißmann*, § 37 Rz. 27; *Raiser/Veil*, § 37 Rz. 12; *Hoffmann/Lehmann/Weinmann*, § 37 Rz. 68. ||6 Vgl. ErfK/*Oetker*, § 37 MitbestG Rz. 5. ||7 Vgl. ErfK/*Oetker*, § 37 MitbestG Rz. 5; UHH/*Ulmer/Habersack*, § 37 Rz. 34; *Raiser/Veil*, § 37 Rz. 19.

7. die Ausschreibung der Wahl oder der Abstimmung und die Fristen für die Bekanntmachung des Ausschreibens,
8. die Teilnahme von Arbeitnehmern eines in § 34 Abs. 1 bezeichneten Betriebs an Wahlen und Abstimmungen,
9. die Stimmabgabe,
10. die Feststellung des Ergebnisses der Wahl oder der Abstimmung und die Fristen für seine Bekanntmachung,
11. die Aufbewahrung der Wahlakten und der Abstimmungsakten.

1 Die Bundesregierung hat am 27.5.2002 die 1. WO zu Wahlen in Unternehmen mit nur einem Betrieb[1], die 2. WO zu Wahlen in Unternehmen mit mehreren Betrieben[2] und die 3. WO zu Wahlen für mehrere Unternehmen eines Konzerns oder einer GmbH & Co. KG[3] erlassen.

40 *(gegenstandslos)*

1 § 40 enthält eine Übergangsregelung. Sie ist durch den Erlass der drei WO am 27.5.2002 gegenstandslos geworden (hierzu § 39 Rz. 1).

41 *Inkrafttreten*
Dieses Gesetz tritt am 1. Juli 1976 in Kraft.

---

[1] BGBl. I S. 1682 ff. ||[2] BGBl. I S. 1708 ff. ||[3] BGBl. I S. 1741 ff.

Mutterschutzgesetz (MuSchG)
Gesetz zum Schutz der erwerbstätigen Mutter

in der Fassung der Bekanntmachung vom 20.6.2002 (BGBl. I S. 2318),
zuletzt geändert durch Gesetz vom 23.10.2012 (BGBl. I S. 2246)

Erster Abschnitt. Allgemeine Vorschriften

1 *Geltungsbereich*
Dieses Gesetz gilt
1. für Frauen, die in einem Arbeitsverhältnis stehen,
2. für weibliche in Heimarbeit Beschäftigte und ihnen Gleichgestellte (§ 1 Abs. 1 und 2 des Heimarbeitsgesetzes vom 14.3.1951, BGBl. I S. 191), soweit sie am Stück mitarbeiten.

I. Inhalt und Zweck. Das MuSchG ist Ausdruck des **verfassungsrechtl. Auftrags** aus Art. 6 IV GG, nach dem jede Mutter einen Anspruch auf Schutz und Fürsorge durch die Gemeinschaft hat. Die Vorschriften entfalten ihren Schutz zum einen zu Gunsten der **Gesundheit** der Mutter und des Kindes, zum anderen im Hinblick auf drohende **finanzielle** Einbußen bzw. den **Verlust des Arbeitsplatzes** in der Zeit während der Schwangerschaft und in den Monaten nach der Entbindung. Die geltende Fassung ist das Ergebnis der Umsetzung der Vorgaben des **Unionsrechts** (Mutterschutz-RL 92/85/EWG). Zu beachten ist, dass das MuSchG durch andere Vorschriften (zB RVO, ArbStättV) ergänzt wird und für den Regelungskomplex „Mutterschaft" insoweit nicht abschließend ist. **1**

II. Persönlicher und sachlicher Geltungsbereich. 1. Frauen. In den geschützten Kreis des Abs. 1 Nr. 1 sind alle **weiblichen Personen** einbezogen, die in einem **Arbeitsverhältnis** stehen. **2**

2. Arbeitsverhältnis. Ein ArbVerh ist ein **privatrechtl.** Rechtsverhältnis zwischen der einzelnen ArbNin und dem ArbGeb, auf Grund dessen die ArbNin zur weisungsgebundenen Leistung von Diensten gegen Zahlung des Entgeltes verpflichtet ist. Maßgebend ist dabei die persönliche Abhängigkeit der ArbNin (vgl. Vor § 611 BGB Rz. 21 ff.). Auf die Gültigkeit kommt es nicht an (**fehlerhaftes Arbeitsverhältnis**)[1]. Der zugrunde liegende ArbN-Begriff des MuSchG kennt im Gegensatz zu anderen Gesetzen keine Einschränkung, sondern bezieht auch Personen ein, die zwar rechtlich selbständig, aber vergleichbar schutzbedürftig sind[2]. Umfasst werden Angestellte und Arbeiterinnen, Auszubildende, Volontäre, Praktikantinnen, Leiharbeits-, Probearbeits-, Teilzeitverhältnisse, mittelbare ArbVerh, ArbNinnen der NATO-Streitkräfte (Art. 56 ZA NTS) und von internationalen Organisationen, wenn keine Befreiung auf Grund eines eigenständigen sozialen Systems besteht[3]. Nach Nr. 2 entfaltet das MuSchG Wirkung für Frauen, die in **Heimarbeit** beschäftigt oder diesen gleichgestellt sind. Gem. § 2 I HAG ist ein solches Rechtsverhältnis geprägt durch die **selbständige Wahl der Arbeitsstätte**. Mit der gesonderten Anführung stellt der Gesetzgeber klar, dass HeimArbVerh keine ArbN-Eigenschaft begründen, jedoch trotzdem unter das MuSchG fallen. **3**

Keine Anwendung findet das MuSchG auf Hausfrauen, selbständig Erwerbstätige, Handelsvertreterinnen, unterstützende Familienangehörige ohne Arbeitsvertrag, ehrenamtlich Tätige, Strafgefangene, Schülerinnen, Studentinnen, Soldatinnen, Beamtinnen sowie auf arbeitnehmerähnliche Personen und Organmitglieder[4]. Durch die *Danosa*-Entscheidung des EuGH[5] wird man im Wege richtlinienkonformer Auslegung die Anwendung des MuSchG auf GmbH-Geschäftsführerinnen zu befürworten haben, soweit jene vom unionsrechtlichen ArbNBegriff erfasst werden.[6] Damit korrespondierend dürfte eine Abberufung nach § 38 I GmbHG jedenfalls aus Gründen der Schwangerschaft nicht zulässig sein.[7] **4**

III. Räumlicher Geltungsbereich. Maßgeblich für die Geltung des MuSchG ist, dass der **Arbeitsort** (nicht Wohnort, Sitz des Unternehmens) **in der Bundesrepublik Deutschland** liegt (auch diplomatische Vertretungen). Die Vereinbarung der Geltung ausländischen Rechts sowie ein kurzfristiger Arbeitsaufenthalt im Ausland haben auf seine Rechtswirkungen keinen Einfluss (sog. Ausstrahlung). Liegt dagegen der ständige Arbeitsort im Ausland, ist das dort geltende Recht anwendbar, sofern nicht ausnahmsweise mit dem **deutschen** ArbGeb eine anderweitige Vereinbarung getroffen wurde[8]. Für **Wanderarbeitnehmerinnen aus Mitgliedstaaten der EU** trifft das Unionsrecht Sonderregeln (VO 883/2004 und 987/2009). **5**

---

1 *Zmarzlik/Zipperer/Viethen/Vieß*, § 1 Rz. 4. ||**2** BAG 16.7.1997 – 5 AZB 29/96, AP Nr. 37 zu § 5 ArbGG 1979. ||**3** *Zmarzlik/Zipperer/Viethen/Vieß*, § 1 Rz. 27, 29. ||**4** *Buchner/Becker*, § 1 Rz. 87ff. ||**5** EuGH 11.1.2010 – Rs C-232/09, NZA 2011, 143 – Danosa. ||**6** KR/*Bader/Gallner*, § 9 MuSchG Rz. 13 mwN; *Preis/Sagan*, ZGR 2013, 26. ||**7** Vgl. *Oberthür*, NZA 2011, 253 (256f.); *Kruse/Stenslik*, NZA 2013, 596 (597ff.). ||**8** HaKo-ArbR/*Reinecke/Velikova*, § 1 Rz. 7.

2 Gestaltung des Arbeitsplatzes

(1) Wer eine werdende oder stillende Mutter beschäftigt, hat bei der Einrichtung und der Unterhaltung des Arbeitsplatzes einschließlich der Maschinen, Werkzeuge und Geräte und bei der Regelung der Beschäftigung die erforderlichen Vorkehrungen und Maßnahmen zum Schutze von Leben und Gesundheit der werdenden oder stillenden Mutter zu treffen.

(2) Wer eine werdende oder stillende Mutter mit Arbeiten beschäftigt, bei denen sie ständig stehen oder gehen muss, hat für sie eine Sitzgelegenheit zum kurzen Ausruhen bereitzustellen.

(3) Wer eine werdende oder stillende Mutter mit Arbeiten beschäftigt, bei denen sie ständig sitzen muss, hat ihr Gelegenheit zu kurzen Unterbrechungen ihrer Arbeit zu geben.

(4) **Die Bundesregierung wird ermächtigt, durch Rechtsverordnung mit Zustimmung des Bundesrates**

1. den Arbeitgeber zu verpflichten, zur Vermeidung von Gesundheitsgefährdungen der werdenden oder stillenden Mütter oder ihrer Kinder Liegeräume für diese Frauen einzurichten und sonstige Maßnahmen zur Durchführung des in Absatz 1 enthaltenen Grundsatzes zu treffen,

2. nähere Einzelheiten zu regeln wegen der Verpflichtung des Arbeitgebers zur Beurteilung einer Gefährdung für die werdenden oder stillenden Mütter, zur Durchführung der notwendigen Schutzmaßnahmen und zur Unterrichtung der betroffenen Arbeitnehmerinnen nach Maßgabe der insoweit umzusetzenden Art. 4 bis 6 der Richtlinie 92/85/EWG des Rates vom 19. Oktober 1992 über die Durchführung von Maßnahmen zur Verbesserung der Sicherheit und des Gesundheitsschutzes von schwangeren Arbeitnehmerinnen, Wöchnerinnen und stillenden Arbeitnehmerinnen am Arbeitsplatz (ABl. EG Nr. L 348 S. 1).

(5) Unabhängig von den auf Grund des Absatzes 4 erlassenen Vorschriften kann die Aufsichtsbehörde in Einzelfällen anordnen, welche Vorkehrungen und Maßnahmen zur Durchführung des Absatzes 1 zu treffen sind.

1 **I. Normzweck.** § 2 ergänzt als speziellere Norm die sonstigen Arbeitsschutzvorschriften (zB § 12 I HAG, § 28 I JArbSchG, § 3 I ArbSchG). Die Norm konkretisiert die **Fürsorgepflicht** des ArbGeb. Die Regelungen im Einzelnen sind weder kollektiv- noch individualrechtlich abdingbar und greifen unmittelbar kraft Gesetzes ein[1]. Missachtet der ArbGeb die Schutzvorschrift, steht dem ArbNin ein Leistungsverweigerungsrecht sowie Schadensersatz zu. Über den Wortlaut hinaus erstreckt sich der Schutzzweck nicht nur „auf werdende und stillende Mütter", sondern auch auf die Gesundheit und das Leben des Kindes, was sich auch aus Abs. 4 Nr. 1 („oder ihrer Kinder") ergibt.

2 **II. Schutz am Arbeitsplatz.** Abs. 1 legt den allg. Grundsatz fest, dass der ArbGeb unabhängig von den Konkretisierungen der Abs. 2 und 3 bzw. einer RechtsVO nach Abs. 4 dafür zu sorgen hat, dass der Arbeitsplatz der ArbNin den Umständen einer Schwangerschaft und Stillzeit gerecht wird. Dabei ist sowohl die Arbeitsorganisation (Art, Umfang, Lage und Tempo der Tätigkeiten) als auch die Gestaltung des Arbeitsplatzes anhand der **individuellen** Fähigkeiten auszurichten, wenn Gefährdungen nicht anders vermieden werden können und dies nach Stand der Technik und Medizin geboten ist. So soll in jedem Fall eine Überanstrengung umgangen und der Arbeitsplatzwechsel vermieden werden[2]. Dem BR kommen dabei nach § 90 BetrVG Beteiligungsrechte, über § 80 I Nr. 1 BetrVG Überwachungsrechte zu. Erst wenn eine Umgestaltung des Arbeitsplatzes technisch unmöglich oder aus wirtschaftl. Gründen unzumutbar ist, kommt eine Umsetzung in Betracht (zu dieser Möglichkeit vgl. Vor §§ 3 bis 8 Rz. 3).[3]

3 Der Begriff des **Arbeitsplatzes** erfasst zunächst den Ort, an dem die ArbNin ihren Arbeitspflichten nachkommen muss. Um dem umfassenden Schutzzweck der Regelung nachzukommen, ist die Auslegung entsprechend dem Begriff der Arbeitsstätte in § 2 ArbStättV großzügig vorzunehmen, so dass auch Verkehrswege und Nebenräume einbezogen werden, nicht jedoch der Weg zur Arbeit und zurück[4]. Bspw. müssen körpergerechte Sitzplätze, ausreichende Belüftung und Beleuchtung, trittsichere Fußbodenbeläge vorhanden und der Schutz vor Schadstoffeinwirkung gewährleistet sein.

4 **III. Beschäftigung im Stehen oder Gehen (Abs. 2) bzw. Sitzen (Abs. 3).** Bei der „ständigen" Belastung durch Stehen oder Gehen bzw. Sitzen besteht die Gefahr einer Gesundheitsbeeinträchtigung, so dass deshalb die Gelegenheit zur **kurzen Unterbrechung** gegeben sein muss (vgl. auch § 4 II Nr. 2). Dies ist notwendig, wenn die Tätigkeit gerade durch die genannten Haltungen charakterisiert wird (zB Verkäuferin). Rechtsfolge ist ein bezahlter **Freistellungsanspruch**. Die Fortzahlung des Entgelts ergibt sich aus dem Grundsatz des § 616 S. 1 BGB bzw. wird aus dem Schutzzweck der Norm hergeleitet[5]. Die Dauer der Unterbrechung ist im Einzelfall mit den betriebl. Erfordernissen in Einklang zu bringen.

5 **IV. Verordnungsermächtigung.** Bislang wurde keine RechtsVO nach Abs. 4 Nr. 1 („Liegeräume") erlassen, weil der ArbGeb im Geltungsbereich der ArbStättV ohnedies entsprechende Vorkehrungen zu treffen bzw. Ruhepausen zu gestatten hat, vgl. § 3 I iVm. Anh. ArbStättV. Außerdem wird der ArbGeb

---

1 *Buchner/Becker*, § 2 Rz. 8. ||2 HaKo-ArbR/*Reinecke/Velikova*, § 2 Rz. 2; *Graue*, § 2 Rz. 10. ||3 S. a. EuGH 1.7.2010 – Rs. C-471/08, NZA 2010, 1284 – Parviainen; 1.7.2010 – Rs. C-194/08, NZA 2010, 1113 – Gassmayr. ||4 *Zmarzlik/Zipperer/Viethen/Vieß*, § 2 Rz. 12. ||5 *Buchner/Becker*, § 2 Rz. 46.

zu entsprechenden Maßnahmen bereits durch Abs. 1 verpflichtet sein, wenn die Umstände des Betriebes dies erfordern[1]. Demggü. wurde auf Grund der Verordnungsermächtigung in **Abs. 4 Nr. 2** („**präventive Schutzmaßnahmen**") zur Umsetzung der RL 92/85/EWG die VO zum Schutze der Mütter am Arbeitsplatz[2] erlassen. Diese normiert in ihren §§ 1–5 einen stufenweisen Pflichtenkatalog für den ArbGeb: Beurteilung der potenziellen Gefahren im Einzelfall, außerdem Unterrichtung der ArbNin und Verpflichtung zur Abhilfe der gewonnenen Erkenntnisse, Umgestaltung oder Wechsel des Arbeitsplatzes sowie Verbot der Beschäftigung bzw. besondere Beschäftigungsbeschränkungen.

V. Aufsichtsbehörde (Abs. 5). Die Aufsichtsbehörde ist berechtigt, Vorkehrungen und Maßnahmen zum Schutz der ArbNin anzuordnen und mittels Zwangsgeld gegen den ArbGeb durchzusetzen (vgl. auch § 20). Ist die Durchführung nicht möglich oder unzumutbar, kann ein Beschäftigungsverbot (zB § 4 V) in Betracht kommen[3]. Zuwiderhandlungen gegen Verfügungen sind nach § 21 I Nr. 5 (Straftaten und Ordnungswidrigkeiten) sanktioniert. 6

Zweiter Abschnitt. Beschäftigungsverbote

Vor §§ 3 bis 8

I. System der Beschäftigungsverbote. Das MuSchG unterscheidet **individuelle** und **generelle** Beschäftigungsverbote **vor** und **nach** der Entbindung, die in ihrer Wirkung regelmäßig zwingend und unabdingbar ausgestaltet sind. Sie dienen dem Schutz der Gesundheit von Mutter und Kind vor Gefährdungen und Überbeanspruchung im ArbVerh. Kern des Schutzes sind die Mutterschutzfristen gem. § 3 II und § 6 I. Auf Grund Art. 8 Mutterschutz-RL 92/85/EWG ist jeder ArbNin 14 Wochen Mutterschutz zu gewähren, so dass sich bei einer vorzeitigen Entbindung nach § 6 I 2 der Zeitraum nach der Geburt entsprechend verlängert. Werden konkrete Situationen nicht durch spezielle Verbote (vgl. auch §§ 4 und 5 MuSchArbPlV, dazu § 2 Rz. 5) erfasst, so sind stets individuelle Verbote über die Generalnormen §§ 3 I, 6 II denkbar. Dem **ArbGeb** obliegt als mutterschutzrechtl. Pflicht der **Abgleich** der Tätigkeiten der ArbNin mit den Voraussetzungen der Beschäftigungsverbote, § 1 I MuSchArbPlV. Bei generellen Verboten kommt es nicht auf die individuelle körperliche und gesundheitliche Konstitution der Frau an. Eine Abgrenzung zur krankheitsbedingten Arbeitsunfähigkeit ist deshalb in diesen Fällen nicht notwendig. Insb. ist zu beachten, dass bei individuellen Verboten diese Differenzierung nur im Hinblick auf die Rechtsfolgen relevant ist (vgl. § 3 Rz. 5), nicht auf das Verbot der Arbeit selbst nach §§ 3 ff.[4] 1

II. Einsetzen der Beschränkungen, Fristberechnung. Für Zeiträume vor der Entbindung ist die Mitteilung des mutmaßlichen Entbindungstermins durch die Schwangere ausschlaggebend, § 5 I. Über den Wortlaut des § 5 II hinaus („in § 3 II bezeichnete Zeiträume") wird der Termin für **alle** Zeiträume vor der Entbindung durch das Zeugnis eines Arztes oder einer Hebamme verbindlich festgelegt[5]. Nach der Rspr. des BAG wird der Beginn der Schwangerschaft durch Rückrechnung **um 280 Tage** vom festgestellten Tag der Niederkunft ermittelt[6]. Die Fristberechnung unterliegt den Vorschriften der §§ 187 I, 188 I BGB, so dass der Entbindungstag (bzw. der **Beginn der Schwangerschaft** bei anderen Vorschriften) nicht mitzuzählen ist. Bei Monatsfristen und Wochenfristen ist § 188 II BGB neben § 187 I BGB anzuwenden[7]. 2

III. Rechtswirkungen der Beschäftigungsverbote. Greifen Beschäftigungsverbote ein, so wird dem ArbGeb die **tatsächliche** Beschäftigung der Schwangeren bzw. Mutter untersagt. Der **Bestand** des ArbVerh wird **nicht berührt**. Liegt im Zeitpunkt des Vertragsschlusses eine Schwangerschaft vor und besteht die Tätigkeit fast ausschließlich aus Gefährdungen (zB im Rahmen des § 4), so ist das ArbVerh weder nach § 134 BGB nichtig noch kann der ArbGeb sich durch Anfechtung gem. §§ 123 I oder 119 II BGB einseitig lösen (vgl. § 5 Rz. 5 mwN)[8]. Der ArbGeb hat, die ArbNin mit anderen Aufgaben zu beschäftigen, § 3 II, III MuSchArbPlV, sofern die Anpassung der Arbeitsbedingungen nicht in Betracht kommt (§ 2 Rz. 2) und die Umsetzung der ArbNin **zumutbar** ist. Die neue Tätigkeit muss sich nicht zwingend im Rahmen der vertragl. geschuldeten Tätigkeit halten[9]. Die Grenze der Zumutbarkeit ist erreicht, wenn die Tätigkeit in ihrer **sozialen Wertigkeit** nicht vergleichbar ist, objektive Belastungsgrenzen überschreitet oder die familiären Verpflichtungen der ArbNin dies nicht zulassen[10]. Geht es um eine Auszubildende, muss § 14 II BBiG berücksichtigt werden. Bei zumutbaren Umsetzungen ist keine Änderungskündigung notwendig[11]. Verweigert die ArbNin die zulässige Umsetzung, hat sie keinen Anspruch auf Mutterschutzlohn. 3

---

[1] *Buchner/Becker*, § 2 Rz. 35. || [2] MuSchArbPlV v. 15.4.1997, BGBl. I S. 782; zuletzt geändert durch VO v. 26.11.2010, BGBl. I S. 1643. || [3] *Graue*, § 2 Rz. 29. || [4] *Buchner/Becker* Vor §§ 3–8 Rz. 6, 8. || [5] *Heilmann* Vor §§ 1–2 Rz. 3. || [6] BAG 7.5.1998 – 2 AZR 417/97, NZA 1998, 1049. || [7] *Meisel/Sowka*, § 9 Rz. 101a (mit Beispielsrechnung in Rz. 101b); *Zmarzlik/Zipperer/Viethen/Vieß*, § 6 Rz. 22f. || [8] Vgl. auch *Graue*, § 4 Rz. 4ff. || [9] BAG 15.11.2000 – 5 AZR 365/99, NZA 2001, 386; *Buchner/Becker* Vor §§ 3–8 Rz. 35. || [10] BAG 21.4.1999 – 5 AZR 174/98, NZA 1999, 1044. || [11] ErfK/*Schlachter*, § 3 MuSchG Rz. 3.

4 Um der Mutter jeden Anreiz zur Weiterarbeit zu nehmen und den Lebensstandard während der Verbote zu garantieren, ist unter den Voraussetzungen der §§ 11 ff. ihr **Entgelt gesichert**. Zusätzlich stehen ihr **Gratifikationen** (zB Weihnachts- oder Urlaubsgeld, 13. Monatsgehalt) weiterhin zu, sofern sie nicht in die Berechnung des Durchschnittsverdienstes fallen (vgl. § 11 Rz. 8). Der Anspruch auf **Erholungsurlaub** wird durch das Aussetzen der Arbeit wegen bestehender Beschäftigungsverbote grds. nicht berührt (Ausnahme § 17 I BEEG). Die ArbNin kann nicht gezwungen werden, den Jahresurlaub während eines Beschäftigungsverbots oder der Mutterschutzfristen zu nehmen[1]. Dies gilt auch, wenn die Betriebsferien in die Mutterschutzfristen fallen[2]. Der krankenversicherungsrechtl. Status wird idR nicht berührt, vgl. auch § 192 I Nr. 2 SGB V. Während der Schutzfristen entfällt die Beitragsleistung zur RV (Anrechnung dennoch über § 58 I Nr. 2 SGB VI). Bezieht die Frau Mutterschaftsgeld, entfällt der Beitrag zur Pflegeversicherung gem. § 56 III SGB XI.

5 Erleidet die ArbNin einen Schaden auf Grund der Nichtbeachtung der Verbote bzw. Beschränkungen, so besteht ein Anspruch aus § 280 I BGB (Fürsorgepflichtverletzung) und § 823 I BGB. Beschäftigungsverbote sind daneben Schutzgesetze iSd. § 823 II BGB. Gleichzeitig kann sie ein Leistungsverweigerungsrecht als Einrede geltend machen. Dadurch kommt sie weder in Leistungsverzug noch liegt ihrerseits eine Vertragspflichtverletzung vor[3]. Für den ArbGeb ergeben sich Sanktionen aus § 21.

3 Beschäftigungsverbote für werdende Mütter

(1) Werdende Mütter dürfen nicht beschäftigt werden, soweit nach ärztlichem Zeugnis Leben oder Gesundheit von Mutter oder Kind bei Fortdauer der Beschäftigung gefährdet ist.

(2) Werdende Mütter dürfen in den letzten sechs Wochen vor der Entbindung nicht beschäftigt werden, es sei denn, dass sie sich zur Arbeitsleistung ausdrücklich bereit erklären; die Erklärung kann jederzeit widerrufen werden.

1 **I. Individuelles Beschäftigungsverbot (Abs. 1). 1. Voraussetzungen.** In zeitlicher Hinsicht umfasst die Norm die Schwangerschaft, dh. die Zeit ab Befruchtung der Eizelle oder deren Implantation bis zu der Entbindung, einer Fehlgeburt oder dem Schwangerschaftsabbruch. Für die Tatsache der Schwangerschaft ist nicht erforderlich, dass ein gesundes Kind zur Welt kommt, so dass auch die Bauchhöhlenschwangerschaft erfasst wird[4].

2 **Die potentielle Gefährdung** des Kindes oder der Mutter muss durch ein ärztliches Zeugnis nachgewiesen werden. Ursache und Art der Gefährdung sind nicht entscheidend, sondern allein die Tatsache, dass die bisherige Beschäftigung nicht fortgesetzt werden kann, ohne eine aus der **individuellen** Situation der Schwangeren resultierende Gesundheitsgefährdung mit gewisser Wahrscheinlichkeit zu riskieren. Ist die Sachlage nicht klar, so ist bis zur Aufklärung ein **vorläufiges** Zeugnis ausreichend[5]. Eine Gefährdung auf Grund des Weges zur Arbeit ist keine Grundlage für ein Beschäftigungsverbot[6].

3 Das **ärztliche Zeugnis** ist **für das Verbot** konstitutiv[7] und unterliegt dem Wortlaut nach keiner Form. Erforderlich ist das Zeugnis eines approbierten Arztes, nicht jedoch einer Hebamme. IdR wird es schriftl. verfasst. Inhaltlich sind die konkret gefährdenden Arbeitsbedingungen zu bezeichnen, um dem ArbGeb die Möglichkeit zur Beseitigung zu geben. Darüber hinaus müssen präzise Angaben über die Dauer und den Umfang des Verbots enthalten sein (zB partielles Verbot für einzelne Tätigkeiten), nicht jedoch über die genauen medizinischen Gründe. Über den Umfang und nichtmedizinische Gründe kann der ArbGeb den Arzt befragen, ohne dass eine Entbindung von der Schweigepflicht vorliegen muss. Bei **begründeten Bedenken** des ArbGeb gebietet es die arbeitsvertragl. **Treuepflicht** der ArbNin, sich einer Nachuntersuchung durch einen anderen Arzt zu unterziehen. Dabei obliegt die konkrete Auswahl des Arztes grds. weiterhin der ArbNin, sofern nicht ein Fach- oder Amtsarzt vorgeschlagen wird und kein dringender Grund zur Ablehnung vorliegt[8]. Die ArbNin verhält sich rechtsmissbräuchlich, wenn sie die Nachuntersuchung verweigert und dennoch Mutterschutzlohn fordert[9]. Die Kosten für die Nachuntersuchung trägt der ArbGeb[10].

4 Prozessual kommt die Schwangere durch Vorlage eines schriftl. Beschäftigungsverbots ihrer Darlegungs- und Beweislast nach. Dem Zeugnis kommt dabei ein **hoher Beweiswert** zu. Wird das Vorliegen der das Beschäftigungsverbot rechtfertigenden Gründe vom ArbGeb angezweifelt, kann er hierzu unter Beachtung der ärztlichen Schweigepflicht Auskunft darüber verlangen, von welchen tatsächlichen Arbeitsbedingungen der Arzt bei der Zeugniserteilung ausgegangen ist und ob krankheitsbedingte Arbeitsunfähigkeit vorgelegen hat[11]. Die Beweisführung ist auch durch andere Beweismittel möglich (Arzt bei Zeugenvernehmung möglicherweise von Schweigepflicht zu befreien). Wurde die Beweiskraft des

---

[1] *Heilmann* Vor § 3 Rz. 27. ‖ [2] EuGH 18.3.2004 – Rs. C-342/01, NZA 2004, 535 – Gómez. ‖ [3] *Zmarzlik/Zipperer/Viethen/Vieß* Vor § 3 Rz. 4. ‖ [4] *Graue*, § 3 Rz. 16. ‖ [5] BAG 11.11.1998 – 5 AZR 49/98, NZA 1999. 763. ‖ [6] *Buchner/Becker*, § 3 Rz. 13 f.; aA *Heilmann*, § 3 Rz. 6. ‖ [7] BAG 9.10.2002 – 5 AZR 443/01, NZA 2004, 257; 7.11.2007 – 5 AZR 883/06, DB 2008, 303. ‖ [8] *Zmarzlik/Zipperer/Viethen/Vieß*, § 3 Rz. 16; aA *Heilmann*, § 3 Rz. 10. ‖ [9] *Zmarzlik/Zipperer/Viethen/Vieß*, § 3 Rz. 16. ‖ [10] *Buchner/Becker*, § 3 Rz. 25. ‖ [11] BAG 7.11.2007 – 5 AZR 883/06, DB 2008, 303.

ärztlichen Zeugnisses erschüttert, ist es an der ArbNin, Tatsachen vorzutragen und zu beweisen, die das Beschäftigungsverbot rechtfertigen[1].

Für die Zahlung des Mutterschaftslohns gem. § 11 ist es nach dem BAG[2] von entscheidender Bedeutung, dass die Ursache für das Beschäftigungsverbot allein in der Schwangerschaft liegt (vgl. § 3 EFZG Rz. 19: Prinzip der **Monokausalität**). Begründet wird dies mit der Risikoverteilung zu Lasten der Versicherungsgemeinschaft und der Lückenfunktion des § 11 I 1. Ist dagegen ein krankhafter, die Arbeitsunfähigkeit begründender Zustand gegeben, „sei es im Zusammenhang mit der Schwangerschaft, sei es unabhängig von dieser", so hat die ArbNin (selbst bei gleichzeitigem Beschäftigungsverbot) keinen Anspruch aus § 11 I 1 auf Mutterschaftslohn gegen den ArbGeb, sondern auf Lohnfortzahlung im Krankheitsfall gem. § 3 EFZG (zB bei Schwangerschaftsabbruch, anomalem Schwangerschaftsverlauf). Dieser erlischt nach sechs Wochen und wird als Krankengeld gegen die Krankenkasse gem. § 44 SGB V fortgesetzt. Bewirkt indessen eine vorhandene Krankheit erst bei Fortführung der Beschäftigung die Arbeitsunfähigkeit und liegt die Ursache dafür **ausschließlich in der** Schwangerschaft, ist der Anspruch aus § 11 nicht ausgeschlossen[3]. Der behandelnde Arzt hat die im Einzelfall schwierige Entscheidung zu treffen (zB bei einer Risikoschwangerschaft), ob der Zustand Krankheitswert hat. Dabei steht ihm ein Beurteilungsspielraum zu, jedoch sollte er im Zweifel ein Verbot gem. Abs. 1 aussprechen[4].

2. Wirkung des Beschäftigungsverbots. Liegt ein Verbot nach Abs. 1 vor, ist die Beschäftigung zwingend verboten, „soweit" das ärztliche Zeugnis dies bescheinigt. Ist jede Beschäftigung untersagt, ist selbst mit Einverständnis der Schwangeren keine Umsetzung möglich. Die Aufsichtsbehörde hat entgegen § 4 V keine Eingriffskompetenz.

II. Generelles Beschäftigungsverbot (Abs. 2). 1. Voraussetzungen. Die Beschäftigung der Schwangeren ist sechs Wochen vor dem mutmaßlichen Entbindungstermin unabhängig von der Konstitution der Frau oder ihrem Gesundheitszustand generell verboten. Die Frist berechnet sich nach dem Zeugnis eines Arztes oder einer Hebamme nach § 5 II (zur Berechnung vgl. Vor §§ 3 bis 8 Rz. 2). Ist dem ArbGeb dieser Termin bekannt, hat er als **selbständige Pflicht die Frist zu ermitteln**[5]. Sonstige Beschäftigungen, die nicht „durch den ArbGeb" (vgl. § 21 I Nr. 1) veranlasst sind, sind nicht verboten (zB Berufsschule, selbständige Tätigkeit). Fällt die Schutzfrist in den Zeitraum eines **Sabbaticals**, darf deren Dauer nicht mit dem Sabbatical verrechnet werden, da ansonsten die werdende Mutter in einem flexiblen TeilzeitArbVerh ggü. einer solchen in einem NormalArbVerh benachteiligt würde[6].

2. Dispositionsbefugnis der Arbeitnehmerin. Die zwingende Wirkung des Beschäftigungsverbots kann ausnahmsweise dann durchbrochen werden, wenn sich die werdende Mutter **ausdrücklich zur Arbeitsleistung im Vorhinein bereit** erklärt und so auf ihre mutterschutzrechtl. Vorteile verzichtet. Dieses Recht dient ausschließlich dem Schutz der werdenden Mutter, so dass der ArbGeb sich auf das Beschäftigungsverbot bei erklärtem Verzicht auch nicht unter Fürsorgeaspekten berufen kann[7]. Zum Teil wird vertreten, dass keine wörtliche oder schriftl. Erklärung erforderlich ist, sondern es ausreicht, dass sich ein entsprechender Wille aus den Umständen ergibt (zB Weiterarbeit nach Beginn der Frist trotz Unterrichtung)[8]. Da jedoch durch die Betätigung ein öffentl.-rechtl. Verbot außer Kraft gesetzt und der Schutz der rechtl. Vermutung umgangen wird, sind strenge Anforderungen an die Erklärung zu stellen und eine **eindeutige** Erklärung der Frau zu fordern[9]. Die Erklärung einer **Minderjährigen** bedarf der Zustimmung des gesetzl. Vertreters[10]. **Unverzichtbar** ist das Recht auf **jederzeitigen Widerruf** dieser Entscheidung. Im Hinblick auf die arbeitsvertragl. Treuepflicht hat die ArbNin jedoch eine kurze Ankündigungsfrist einzuhalten[11].

§ 4 Weitere Beschäftigungsverbote

(1) Werdende Mütter dürfen nicht mit schweren körperlichen Arbeiten und nicht mit Arbeiten beschäftigt werden, bei denen sie schädlichen Einwirkungen von gesundheitsgefährdenden Stoffen oder Strahlen, von Staub, Gasen oder Dämpfen, von Hitze, Kälte oder Nässe, von Erschütterungen oder Lärm ausgesetzt sind.

(2) Werdende Mütter dürfen insbesondere nicht beschäftigt werden

1. mit Arbeiten, bei denen regelmäßig Lasten von mehr als fünf Kilogramm Gewicht oder gelegentlich Lasten von mehr als zehn Kilogramm Gewicht ohne mechanische Hilfsmittel von Hand gehoben, bewegt oder befördert werden. Sollen größere Lasten mit mechanischen Hilfsmitteln von Hand gehoben, bewegt oder befördert werden, so darf die körperliche Beanspruchung der werdenden Mutter nicht größer sein als bei Arbeiten nach Satz 1,

---

1 BAG 7.11.2007 – 5 AZR 883/06, DB 2008, 303. ||2 BAG 9.10.2002 – 5 AZR 443/01, NZA 2004, 257. ||3 BAG 13.2.2002 – 5 AZR 588/00, NZA 2002, 738. ||4 *Zmarzlik/Zipperer/Viethen/Vieß*, § 3 Rz. 4. ||5 *Heilmann*, § 3 Rz. 21. ||6 *Mehl*, Freistellungszeiten bei flexibler Teilzeitarbeit, 2004, S. 211. ||7 LAG Schl.-Holst. 15.12. 2005 – 2 Ta 210/05, NZA-RR 2006, 178. ||8 *Meisel/Sowka*, § 3 Rz. 35. ||9 *Heilmann*, § 3 Rz. 25. ||10 HM: *Zmarzlik/Zipperer/Viethen/Vieß*, § 3 Rz. 41; aA *Meisel/Sowka*, § 3 Rz. 35. ||11 *Buchner/Becker*, § 3 Rz. 52.

2. nach Ablauf des fünften Monats der Schwangerschaft mit Arbeiten, bei denen sie ständig stehen müssen, soweit diese Beschäftigung täglich vier Stunden überschreitet,
3. mit Arbeiten, bei denen sie sich häufig erheblich strecken oder beugen oder bei denen sie dauernd hocken oder sich gebückt halten müssen,
4. mit der Bedienung von Geräten und Maschinen aller Art mit hoher Fußbeanspruchung, insbesondere von solchen mit Fußantrieb,
5. mit dem Schälen von Holz,
6. mit Arbeiten, bei denen sie infolge ihrer Schwangerschaft in besonderem Maße der Gefahr, an einer Berufserkrankung zu erkranken, ausgesetzt sind oder bei denen durch das Risiko der Entstehung einer Berufskrankheit eine erhöhte Gefährdung für die werdende Mutter oder eine Gefahr für die Leibesfrucht besteht,
7. nach Ablauf des dritten Monats der Schwangerschaft auf Beförderungsmitteln,
8. mit Arbeiten, bei denen sie erhöhten Unfallgefahren, insbesondere der Gefahr auszugleiten, zu fallen oder abzustürzen, ausgesetzt sind.

(3) Die Beschäftigung von werdenden Müttern mit
1. Akkordarbeit und sonstigen Arbeiten, bei denen durch ein gesteigertes Arbeitstempo ein höheres Entgelt erzielt werden kann,
2. Fließarbeit mit vorgeschriebenem Arbeitstempo

ist verboten. Die Aufsichtsbehörde kann Ausnahmen bewilligen, wenn die Art der Arbeit und das Arbeitstempo eine Beeinträchtigung der Gesundheit von Mutter oder Kind nicht befürchten lassen. Die Aufsichtsbehörde kann die Beschäftigung für alle werdenden Mütter eines Betriebes oder einer Betriebsabteilung bewilligen, wenn die Voraussetzungen des Satzes 2 für alle im Betrieb oder in der Betriebsabteilung beschäftigten Frauen gegeben sind.

(4) Die Bundesregierung wird ermächtigt, zur Vermeidung von Gesundheitsgefährdungen der werdenden oder stillenden Mütter und ihrer Kinder durch Rechtsverordnung mit Zustimmung des Bundesrates
1. Arbeiten zu bestimmen, die unter die Beschäftigungsverbote der Absätze 1 und 2 fallen,
2. weitere Beschäftigungsverbote für werdende und stillende Mütter vor und nach der Entbindung zu erlassen.

(5) Die Aufsichtsbehörde kann in Einzelfällen bestimmen, ob eine Arbeit unter die Beschäftigungsverbote der Absätze 1 bis 3 oder einer von der Bundesregierung gemäß Absatz 4 erlassenen Verordnung fällt. Sie kann in Einzelfällen die Beschäftigung mit bestimmten anderen Arbeiten verbieten.

I. Normzweck. Die Beschäftigung werdender Mütter ist im Rahmen des § 4 **generell verboten**. Anknüpfungspunkt für das Verbot ist dabei die beschränkte körperliche Belastbarkeit einer Schwangeren. Dabei kommt es nicht auf die individuelle Konstitution der Frau an, sondern auf die Gefährlichkeit einer bestimmten Beschäftigung. § 4 hat außerhalb der Sechs-Wochen-Frist des § 3 II weit reichende Auswirkungen. Bei inhaltl. Unklarheiten im Einzelfall kann von der **Aufsichtsbehörde** mittels eines feststellenden Verwaltungsaktes Rechtssicherheit geschaffen werden, Abs. 5.

II. Generalklausel (Abs. 1). 1. Verbot schwerer körperlicher Arbeiten. Mit dem Verbot schwerer körperlicher Arbeiten sollen Überbelastungen der Schwangeren von Beginn an vermieden werden. Das Verbot tritt ein, wenn die Arbeit die Körperkraft zu stark in Anspruch nimmt bzw. anstrengende Körperhaltungen fordert oder bestimmte Organe stark belastet[1]. Maßstab ist dabei die Belastbarkeit einer schwangeren Frau mit **normalem Gesundheitszustand**, nicht die individuellen Bedingungen oder psychische Belastungen (max. 1500 kcal pro Arbeitsschicht)[2]. Abs. 2 enthält die gesetzl. Konkretisierungen, was im Einzelnen als „schwere körperliche Arbeit" anzusehen ist. Liegt eine Überschreitung einer Belastungsgrenze vor, so ist eine abweichende Interpretation nicht möglich. Abs. 1 dient stets als Auffangnorm.

2. Verbot der Beschäftigung unter gesundheitsschädlichen Einwirkungen. Eine Einwirkung ist verboten, wenn Mutter oder Kind in ihrer Gesundheit gefährdet werden. Zum Schutz hiervor besteht ein differenziertes System mit generellen Regelungen (zB ArbStättV, GefStoffV, StrahlenSchV, RöV). Werden bei der Arbeit die in den einzelnen Vorschriften angegebenen Werte nicht überschritten (zB Arbeitsplatzgrenzwerte gem. § 2 VIII, IX), so muss dennoch über ein Verbot nach der Generalklausel eigenständig entschieden werden[3]. Zu prüfen ist, ob die Belastung **generell geeignet** ist, auf die speziellen Risiken der Schwangerschaft schädigend Einfluss zu nehmen (zB auch beim Rauchen am Arbeitsplatz, was auf Grund der neuen Vorschriften zum Rauchverbot allerdings weitgehend hinfällig werden dürfte, vgl. etwa § 5 ArbStättV)[4].

---

1 *Meisel/Sowka*, § 4 Rz. 4f. ||2 *Buchner/Becker*, § 4 Rz. 13. ||3 *Buchner/Becker*, § 4 Rz. 32; ErfK/*Schlachter*, § 4 MuSchG Rz. 3. ||4 *Heilmann*, § 4 Rz. 18 und 19.

Bzgl. der in §§ 4 und 5 sowie den Anl. 1 und 2 der MuSchArbPlV umfassend beschriebenen **gesundheitsgefährdenden Stoffe** hat Abs. 1 keine eigenständige Bedeutung mehr. Abgesehen von diesen Vorschriften ist das Arbeiten verboten, wenn am Arbeitsplatz Gase, Dämpfe oder Stäube auftreten, die gesundheitsgefährdend wirken. Auch werden lebende Organismen und biologische Substanzen erfasst, denen erbgutschädigende Wirkung beizumessen ist[1]. Die Belastung mit **Strahlen** ist in der StrahlenSchV und in § 22 II RöV näher geregelt. Abs. 1 selbst greift insb. bei Bildschirmarbeitsplätzen ein. Bisher liegen jedoch für eine schädliche Einwirkung keine gesicherten Erkenntnisse vor[2]. **Hitze, Kälte, Nässe und Erschütterungen** sind auf ein noch betriebsverträgliches Mindestmaß einzudämmen. Bei Schwangeren sind hieran hohe Anforderungen zu stellen[3]. Die Vorschrift erfasst darüber hinaus insb. **Betriebslärm**[4].

III. Verbotskatalog für besondere Tätigkeiten (Abs. 2). Verboten ist regelmäßiges **Heben, Bewegen oder Befördern** von Lasten mit mehr als 5 kg sowie gelegentliches Arbeiten mit mehr als 10 kg (Nr. 1). **Arbeiten im Stehen** (Nr. 2) ist nach Ablauf des fünften Monats und bei mehr als vier Stunden täglich untersagt (zB Wäscherei; *nicht* aber Verkäuferin, sofern sie mehrheitlich gehen muss). Eine Sitzgelegenheit gem. § 2 II hat keine Auswirkungen auf dieses Verbot. Die werdende Mutter darf auch nicht mit Arbeiten betraut werden, bei denen sie sich häufig erheblich **strecken oder beugen** bzw. bei denen sie dauernd **hocken oder sich gebückt halten** muss (Nr. 3). Dies gilt nicht bei nur gelegentlicher Tätigkeit in diesen Körperhaltungen oder bei Erleichterung durch technische Hilfsmittel. Gleiches gilt bei hoher **Fußbeanspruchung** (Nr. 4). Ist der Fuß die einzige Antriebsquelle bzw. wird ein Fuß stark beansprucht, so greift das Verbot (Bsp.: Niet-, Stanz-, Heftmaschinen; *nicht* bloßes Umlegen von Schaltern). Was das **Schälen von Holz** (Nr. 5) betrifft, so sind wegen der dabei generell notwendigen Kraftanstrengung alle Tätigkeiten untersagt, die der Entfernung von Borke oder Bast dienen. Hinsichtlich der **Gefahr von Berufserkrankungen** (Nr. 6) greift die 1. Alt. ein, wenn die konkreten Tätigkeiten wegen („infolge") der Schwangerschaft eine besonders hohe Gefahr für eine Berufserkrankung (vgl. § 9 SGB VII) darstellen (nicht bei allg. Gefahr der Berufsgruppe). Durch die 2. Alt. werden Betätigungen erfasst, die zu Berufskrankheiten führen können, die sich besonders nachteilig auf Mutter und Kind auswirken können (zB Arbeit mit Benzol, die zur Fehlgeburt führen kann). Ab dem dritten Monat der Schwangerschaft ist die Beschäftigung „auf" **Beförderungsmitteln** (zB Taxis, Bussen, Straßenbahnen oder Flugzeugen) verboten (Nr. 7), wenn hier der zeitliche Arbeitsschwerpunkt liegt (*nicht* längere Anfahrtswege zur Arbeit). Schließlich verbietet Abs. 2 Nr. 8 Tätigkeiten, bei denen die werdende Mutter einer **erhöhten Unfallgefahr** ausgesetzt ist. Verboten sind alle mit den angegebenen Tätigkeiten in ihrer erhöhten Gefährlichkeit vergleichbaren Beschäftigungen. Den Maßstab bilden die potenziellen Schäden für die Schwangere und ihr Kind.

IV. Verbot von Akkord- und Fließbandarbeit (Abs. 3). Ist die Entlohnung an das Arbeitstempo gekoppelt, so ist die Schwangere auf Grund der erhöhten Stresssituation schützenswert. Im Einzelfall kann die Aufsichtsbehörde unter den Voraussetzungen der S. 2 und 3 auf Antrag eine **Ausnahmebewilligung** erteilen, wenn Gesundheitsschäden von Mutter und Kind nicht zu befürchten sind. Zum Nachweis kann ein medizinisches Gutachten beigebracht werden. Die Behörde trifft die Entscheidung nach pflichtgemäßem Ermessen[5].

Untersagt sind im Rahmen des Verbots der Akkordarbeit (Nr. 1) alle Entlohnungsformen, die sich nach der erbrachten Arbeitsmenge (zB Stück-, Zeit-, Gruppenakkord) richten, nicht nach der Dauer der Arbeitsleistung. Als sonstige vergleichbare Arbeiten sind Mengen- und Schnelligkeitsprämiensysteme in den Geltungsbereich miteinbezogen. ZB fallen darunter Provisionssysteme, wenn allein die Arbeitsmenge unmittelbar den Umsatz und so den Lohn bestimmt (idR nicht im Einzelhandel)[6]. Nicht erfasst werden Prämien für die Arbeitsqualität. Maßgeblich für das Verbot der **Fließbandarbeit** (Nr. 2) ist, dass die Frau keine Einflussmöglichkeit auf das Arbeitstempo hat (zB reine Transportbänder). Ist der Fortlauf des Produktionsbandes **zwangsläufig** an die Erledigung von vorgegebenen Arbeitsschritten gebunden, tritt das Verbot ein.

§ 5 Mitteilungspflicht, ärztliches Zeugnis

(1) Werdende Mütter sollen dem Arbeitgeber ihre Schwangerschaft und den mutmaßlichen Tag der Entbindung mitteilen, sobald ihnen ihr Zustand bekannt ist. Auf Verlangen des Arbeitgebers sollen sie das Zeugnis eines Arztes oder einer Hebamme vorlegen. Der Arbeitgeber hat die Aufsichtsbehörde unverzüglich von der Mitteilung der werdenden Mutter zu benachrichtigen. Er darf die Mitteilung der werdenden Mutter Dritten nicht unbefugt bekannt geben.

(2) Für die Berechnung der in § 3 Abs. 2 bezeichneten Zeiträume vor der Entbindung ist das Zeugnis eines Arztes oder einer Hebamme maßgebend; das Zeugnis soll den mutmaßlichen Tag der Entbin-

---

[1] *Graue*, § 4 Rz. 15. ||[2] Str., so *Buchner/Becker*, § 4 Rz. 35; ErfK/*Schlachter*, § 4 MuSchG Rz. 3. ||[3] *Heilmann*, § 4 Rz. 20. ||[4] Str., wie hier ErfK/*Schlachter*, § 4 MuSchG Rz. 4; allein auf Betriebslärm stellen ab *Meisel/Sowka*, § 4 Rz. 8. ||[5] *Zmarzlik/Zipperer/Viethen/Vieß*, § 4 Rz. 78 ff. ||[6] *Zmarzlik/Zipperer/Viethen/Vieß*, § 4 Rz. 56.

dung angeben. Irrt sich der Arzt oder die Hebamme über den Zeitpunkt der Entbindung, so verkürzt oder verlängert sich diese Frist entsprechend.

(3) Die Kosten für die Zeugnisse nach den Absätzen 1 und 2 trägt der Arbeitgeber.

1 I. **Normzweck.** Zwar bestehen die mutterschutzrechtl. Pflichten des ArbGeb unabhängig von der Mitteilung der Frau, jedoch muss der ArbGeb zur tatsächlichen Durchführung und Wahrnehmung seiner mutterschutzrechtl. Pflichten (zB Information der Aufsichtsbehörde nach Abs. 1 S. 3) Kenntnis von der Schwangerschaft haben. Das Informationsinteresse des ArbGeb steht dabei immer im Spannungsverhältnis zum Interesse der Schwangeren an der Wahrung ihres Persönlichkeitsrechts.

2 II. **Mitteilung der Schwangerschaft (Abs. 1). 1. Verpflichtung zur Mitteilung.** Nach dem Wortlaut des S. 1 handelt es sich, was die Überschrift nicht vermuten lässt, um eine **Sollvorschrift**. Mit der Mitteilung schützt die ArbNin sich und ihr Kind im bestehenden ArbVerh. Abs. 1 S. 1 begründet jedoch **keine erzwingbare** Rechtspflicht, sondern allein die Empfehlung, im eigenen Interesse der ArbNin die Schwangerschaft anzuzeigen, so dass auch der Zeitpunkt dazu ihr überlassen bleibt. Besteht aber ein berechtigtes Interesse des ArbGeb an der **rechtzeitigen** Disposition des Arbeitsablaufs (zB Schlüsselkraft), ergibt sich ausnahmsweise die Verpflichtung zur Offenbarung aus der **Treuepflicht** des bestehenden ArbVerh[1]. In jedem Fall besteht eine Informationspflicht beim vorzeitigen Ende der Schwangerschaft[2]. Hat der ArbGeb die Vermutung (auch Hinweise Dritter), dass eine Schwangerschaft vorliegen könnte, besteht bereits die Pflicht, sich Gewissheit darüber zu beschaffen und ggf. nach Abs. 1 S. 2 ein Zeugnis zu fordern[3]. Als **Empfänger** der Mitteilung kommen neben dem ArbGeb selbst auch die von ihm zur Entgegennahme befugten Personen in Betracht. Die Erklärung ist eine rechtsgeschäftsähnliche Handlung, die formlos erfolgen kann. Bzgl. des Zugangs findet § 130 BGB entsprechende Anwendung.

3 **2. Zeugnisvorlage.** Sobald entsprechende Anhaltspunkte für eine Schwangerschaft vorliegen, kann der ArbGeb ein **schriftl.** Zeugnis **verlangen**, das die bestehende **Schwangerschaft** und den vermutlichen **Tag der Geburt** bestimmt[4]. Das Zeugnis nach Abs. 1 S. 2 unterscheidet sich von dem nach Abs. 2 dahingehend, dass es auch die **Bestätigung** der Schwangerschaft enthalten soll. In der Praxis enthält das Zeugnis zumeist beide Angaben. Es besteht zwar keine gesetzl. Pflicht zur Vorlage eines Zeugnisses, jedoch ist zumindest, wenn es um den mutmaßlichen Termin der Entbindung geht, ein solches erforderlich[5]. Bei Nichtvorlage wird die Realisierung des Mutterschutzes gefährdet. Das Zeugnis kann sowohl von einem approbierten Arzt als auch von einer Hebamme ausgestellt werden. Es „ist" im Hinblick auf den mutmaßlichen Tag der Entbindung gem. Abs. 2 verbindlich. Wird festgestellt, dass der ursprüngliche Termin nicht mehr zutrifft, hat die ArbNin die vertragl. Nebenpflicht, dies dem ArbGeb mitzuteilen[6]. Der Termin kann durch ein neues Zeugnis korrigiert werden[7]. Ein Irrtum des Ausstellenden über den Termin ist für die Sechs-Wochen-Frist unbeachtlich, Abs. 2 S. 2 (zur Nachuntersuchung bei Zweifeln des ArbGeb vgl. § 3 Rz. 3).

4 **3. Kosten des Zeugnisses.** Grds. trägt der **ArbGeb** die Kosten des Zeugnisses gem. Abs. 3, wenn es auf sein Verlangen hin ausgestellt worden ist und der ArbNin Ausgaben entstehen. Bei gesetzl. krankenversicherten Frauen fallen keine Kosten an, weil gem. § 196 I RVO ein Anspruch auf Feststellung der Schwangerschaft zu Lasten der Krankenkasse besteht. Hat der ArbGeb das Zeugnis nicht veranlasst und beschafft sich die ArbNin eigenmächtig das Zeugnis bereits für die bloße Mitteilung nach Abs. 1 S. 1, so sind die Kosten nicht zu erstatten, da kein „Verlangen" vorliegt[8]. Sollte die mitgeteilte Schwangerschaft nicht bestehen, so hat der ArbGeb ebenfalls die Kosten zu tragen (Ausnahme: Täuschungsvorsatz der ArbNin)[9]. Der Grund hierfür liegt in dem Zweck des Zeugnisses, nicht primär die Richtigkeit der Mitteilung der Frau zu bestätigen, sondern das Bestehen der Schwangerschaft zu klären. An dieser Aufklärung hat der ArbGeb auf Grund seiner mutterschutzrechtl. Pflichten ein eigenes Interesse.

5 **4. Fragerecht des Arbeitgebers.** Der EuGH hat die Zulässigkeit der Frage nach einer Schwangerschaft durch den ArbGeb **vor** Vertragsschluss auf Grund der GleichbehandlungsRL 76/207/EWG (nunmehr RL 2006/54/EG) verneint. Grund hierfür ist, dass eine solche Frage die betreffende Bewerberin wegen ihres Geschlechts benachteiligt, da ihre Einstellungschancen vermindert werden. Der Irrtum über die Schwangerschaft führt auch zu keiner Anfechtbarkeit nach § 119 II BGB. Die Schwangerschaft ist nur ein vorübergehendes und gerade kein dauerhaftes Hindernis und deshalb keine verkehrswesentliche Eigenschaft der ArbNin[10]. Als Ausnahme wurde der Fall in Betracht gezogen, dass befristete ArbVerh auf Grund von Beschäftigungsverboten gar nicht erst angetreten werden können[11]. Aus der Sicht des Unionsrechts ist infolge der strikten Linie des EuGH selbst dann das Fragerecht zu verneinen (vgl. § 123 BGB Rz. 24)[12].

---

[1] *Graue*, § 5 Rz. 2; ErfK/*Schlachter*, § 5 MuSchG Rz. 1; aA *Heilmann*, § 5 Rz. 10.   ‖ [2] BAG 18.1.2000 – 9 AZR 932/98, AR-Blattei ES 1220 Nr. 125 mit Anm. *C. S. Hergenröder*; *Graue*, § 5 Rz. 8.   ‖ [3] *Heilmann*, § 5 Rz. 6.   ‖ [4] *Zmarzlik/Zipperer/Viethen/Vieß*, § 5 Rz. 15.   ‖ [5] Vgl. auch *Buchner/Becker*, § 5 Rz. 92: vertragsrechtl. Pflicht zumindest bzgl. des Entbindungstermins.   ‖ [6] *Buchner/Becker*, § 3 Rz. 44.   ‖ [7] BAG 12.12.1985 – 2 AZR 82/85, NZA 1986, 613.   ‖ [8] *Buchner/Becker*, § 5 Rz. 111; aA *Heilmann*, § 5 Rz. 56.   ‖ [9] *Zmarzlik/Zipperer/Viethen/Vieß*, § 5 Rz. 17.   ‖ [10] ZB EuGH 5.5.1994 – Rs. C-421/92, NJW 1994, 2077 – Habermann-Beltermann.   ‖ [11] BAG 8.9.1988 – 2 AZR 102/88, NZA 1989, 178.   ‖ [12] Dazu *Kamanabrou*, Anm., AP Nr. 21 zu § 611a BGB; vgl. auch EuGH 3.2.2000 – Rs. C-207/98, NZA 2000, 255 – Mahlburg.

Hinzu kommt das AGG (vgl. näher § 7 AGG Rz. 3). § 5 selbst ist nur auf den Zeitraum ab Abschluss eines Arbeitsvertrags anwendbar¹.

5. Unbefugte Bekanntgabe (Abs. 1 S. 4). Die Weitergabe der Mitteilung der Schwangeren im Rahmen von Abs. 1 S. 1 ist nicht gestattet. Dabei ist jedoch zu beachten, dass sich das Verbot nur gegen die **unbefugte** Bekanntgabe richtet. Neben der gesetzl. Ausnahme des S. 3 kann die ArbNin ausdrücklich oder stillschweigend in die Weitergabe einwilligen. Überdies erlauben auch berechtigte Interessen des ArbGeb die Information Dritter. So sind notwendigerweise die unmittelbaren Vorgesetzten zu unterrichten, wenn diese mit den Pflichten des MuSchG betraut wurden. Grds. ist auch der BR gem. §§ 89 II, 80 BetrVG zu unterrichten, um bei der Vermeidung von Gesundheitsgefahren mitzuwirken. Kann allerdings die Geheimhaltung nicht sichergestellt werden oder hat die Frau etwas dagegen, so hat ihr Persönlichkeitsrecht Vorrang². Neben dieses Verbot tritt außerdem eine übereinstimmende Nebenpflicht aus der vertragl. **Fürsorgepflicht**, die den ArbGeb unabhängig von der Kenntniserlangung zum Schweigen verpflichtet. Handelt der ArbGeb dem zuwider, besteht die Möglichkeit der fristlosen Kündigung sowie ein Schadensersatzanspruch der ArbNin aus Vertragsverletzung und § 823 II BGB³.

6 Beschäftigungsverbote nach der Entbindung

(1) Mütter dürfen bis zum Ablauf von acht Wochen, bei Früh- und Mehrlingsgeburten bis zum Ablauf von zwölf Wochen nach der Entbindung nicht beschäftigt werden. Bei Frühgeburten und sonstigen vorzeitigen Entbindungen verlängern sich die Fristen nach Satz 1 zusätzlich um den Zeitraum der Schutzfrist nach § 3 Abs. 2, der nicht in Anspruch genommen werden konnte. Beim Tod ihres Kindes kann die Mutter auf ihr ausdrückliches Verlangen ausnahmsweise schon vor Ablauf dieser Fristen, aber noch nicht in den ersten zwei Wochen nach der Entbindung, wieder beschäftigt werden, wenn nach ärztlichem Zeugnis nichts dagegen spricht. Sie kann ihre Erklärung jederzeit widerrufen.

(2) Frauen, die in den ersten Monaten nach der Entbindung nach ärztlichem Zeugnis nicht voll leistungsfähig sind, dürfen nicht zu einer ihre Leistungsfähigkeit übersteigenden Arbeit herangezogen werden.

(3) Stillende Mütter dürfen mit den in § 4 Abs. 1, 2 Nr. 1, 3, 4, 5, 6 und 8 sowie Abs. 3 Satz 1 genannten Arbeiten nicht beschäftigt werden. Die Vorschriften des § 4 Abs. 3 Satz 2 und 3 sowie Abs. 5 gelten entsprechend.

I. Normzweck. Der Grund der besonderen Schutzfrist des Abs. 1 liegt in der Schonungs- und Pflegebedürftigkeit der Mutter nach der Entbindung. Außerdem soll sie sich zunächst ungehindert um das Neugeborene kümmern können, um durch den Kontakt das Mutter-Kind-Verhältnis aufzubauen. Die Verlängerung der Schutzfrist bei Frühgeburten in Abs. 1 S. 2 hat ihren Sinn darin, dass die ArbNin in dieser Situation vergleichsweise mehr Regeneration braucht als im „Normalfall". Sollte eine besondere Belastung im Einzelfall die Beschäftigung weiter verzögern, können noch Schonzeiten mittels ärztlichen Zeugnisses zugebilligt werden, Abs. 2. Leihmütter werden wie die leiblichen Mütter von dem Schutzumfang erfasst (Ausnahme beim Beginn der Schwangerschaft nach § 3 II). Ausgenommen vom Schutz sind Adoptivmütter⁴.

II. Generelle Beschäftigungsverbote (Abs. 1). 1. Begriff der Entbindung. Anknüpfungspunkt für die Fristen ist der **Tag der Entbindung**. Dieser Zeitpunkt liegt iSd. MuSchG vor, wenn die lebende Leibesfrucht vom Mutterleib getrennt wird. Für die Entscheidung, ob eine Lebendgeburt gegeben ist, ist die Lebensfähigkeit nicht ausschlaggebend, sondern allein, ob entweder die natürliche Lungenatmung eingesetzt hat, das Herz bei der Trennung schlägt oder die Nabelschnur pulsiert⁵. Auch bei einer Totgeburt liegt eine Entbindung vor, wenn keines der vorgenannten Merkmale des Lebens gegeben ist, aber die Leibesfrucht ein Gewicht von mehr als 500g hat (vgl. § 31 II PStV⁶). Ansonsten liegt eine Fehlgeburt vor, die wie der Schwangerschaftsabbruch **keine Entbindung** darstellt⁷.

2. Früh- und Mehrlingsgeburten. Unter einer Frühgeburt versteht man die Entbindung eines Kindes mit einem Geburtsgewicht von weniger als 2500g. Eine Frühgeburt kann demnach auch eine Totgeburt sein, so dass auch dann die verlängerte Schutzfrist von zwölf Wochen gilt. Bei Mehrlingsgeburten ist das schwerste Kind entscheidend. Eine Mehrlingsgeburt liegt vor, wenn die Mutter in einem einheitlichen Geburtsakt von mehr als einem Kind entbunden (vgl. Rz. 2) wird. Um den **Nachweis** zu führen, hat die Mutter auf Verlangen des ArbGeb auf ihre Kosten eine **Bescheinigung** des Arztes oder der Hebamme zu besorgen⁸.

3. Umfang des Beschäftigungsverbots. Die Mutter darf nach Abs. 1 S. 1 bis zum Ablauf von **acht Wochen** nach der Entbindung, bei Früh- bzw. Mehrlingsgeburten bis zum Ablauf von **zwölf Wochen** nicht

---

1 *Zmarzlik/Zipperer/Viethen/Vieß*, § 5 Rz. 3. ||2 *Zmarzlik/Zipperer/Viethen/Vieß*, § 5 Rz. 11, 12. ||3 *Buchner/Becker*, § 5 Rz. 136ff. ||4 *Zmarzlik/Zipperer/Viethen/Vieß*, § 6 Rz. 15f. ||5 *Graue*, § 6 Rz. 6. ||6 Personenstandsverordnung v. 22.11.2008, BGBl. I S. 2263, zuletzt geändert durch G v. 28.8.2013, BGBl. I S. 3458. ||7 So die hM, vgl. *Buchner/Becker*, § 1 Rz. 157ff.; vgl. auch BAG 15.12.2005 – 2 AZR 462/04, NZA 2006, 994. ||8 *Meisel/Sowka*, § 6 Rz. 5.

beschäftigt werden (zur Fristberechnung vgl. Vor §§ 3 bis 8 Rz. 2). Während dieser Zeit ist die Tätigkeit der Mutter bei Vorliegen der Voraussetzungen des Abs. 1 **zwingend** verboten. Ausnahmsweise kann im Fall des Todes des Kindes nach S. 3 die Schutzfrist verkürzt werden, wenn die Frau **ausdrücklich** zustimmt. So soll ihr die Verarbeitung des Ereignisses erleichtert werden. Es besteht seitens der ArbNin jedoch **kein Rechtsanspruch**[1]. Zu beachten ist ferner, dass ein Arzt die vorzeitige Wiedereinstellung bestätigen muss. Die **Kosten** hierfür trägt die ArbNin selbst[2]. Sie kann ihr Einverständnis jederzeit und formlos nach S. 4 widerrufen.

5   Die Regelung über die **Dauer** der Schutzfrist bei Frühgeburten bzw. sonstigen vorzeitigen Entbindungen in Abs. 1 S. 2 ist geprägt von Art. 8 MutterschutzRL 92/85/EWG. Es soll sichergestellt sein, dass der Mutter mindestens **14 Wochen** „Mutterschaftsurlaub" zugute kommen, auch wenn sie bereits im Zeitraum des § 3 II ihr Kind bekommt. Die Schutzfrist nach der Entbindung verlängert sich dementsprechend.

6   **III. Individuelles Beschäftigungsverbot (Abs. 2).** Ist die Mutter nach Ablauf der Schutzfrist des Abs. 1 noch nicht voll leistungsfähig, kann ein **ärztliches** Zeugnis ein Beschäftigungsverbot nach Abs. 2 auslösen. Ist sie dagegen arbeitsunfähig, kommt das EFZG zur Anwendung (vgl. § 3 Rz. 5). Das Zeugnis soll konkret die unzulässigen Tätigkeiten dokumentieren, so dass evtl. ein Wechsel zu leichteren Tätigkeiten erfolgen kann (relatives Beschäftigungsverbot). Um dem Wortlaut des Gesetzes nachzukommen („in den ersten Monaten nach der Entbindung"), ist ein enger Zusammenhang in zeitlicher Hinsicht zu wahren (bis ca. sechs Monate)[3]. Der Zeitraum ist dem Zeugnis zu entnehmen. Die Kosten für das Zeugnis hat die ArbNin zu tragen[4].

7   **IV. Beschäftigungsverbot für stillende Mütter (Abs. 3).** Die Beschäftigungsverbote des § 4 gelten mit Ausnahme von § 4 II Nr. 2 und 7 auch für stillende Mütter. Der ArbGeb hat sich in diesen Fällen vor Wiederaufnahme der Arbeit zu vergewissern, ob die Mutter noch stillt und ggf. eine Stillbescheinigung auf seine Kosten zu verlangen[5]. Die Treuepflicht gebietet es der ArbNin, das Ende der Stillzeit mitzuteilen. Die Aufsichtsbehörde kann im Einzelfall Ausnahmegenehmigungen erteilen oder Beschäftigungsverbote aussprechen, Abs. 3 S. 2.

7 Stillzeit

(1) Stillenden Müttern ist auf ihr Verlangen die zum Stillen erforderliche Zeit, mindestens aber zweimal täglich eine halbe Stunde oder einmal täglich eine Stunde freizugeben. Bei einer zusammenhängenden Arbeitszeit von mehr als acht Stunden soll auf Verlangen zweimal eine Stillzeit von mindestens 45 Minuten oder, wenn in der Nähe der Arbeitsstätte keine Stillgelegenheit vorhanden ist, einmal eine Stillzeit von mindestens 90 Minuten gewährt werden. **Die Arbeitszeit gilt als zusammenhängend, soweit sie nicht durch eine Ruhepause von mindestens zwei Stunden unterbrochen wird.**

(2) Durch die Gewährung der Stillzeit darf ein Verdienstausfall nicht eintreten. Die Stillzeit darf von stillenden Müttern nicht vor- oder nachgearbeitet und nicht auf die in dem Arbeitszeitgesetz oder in anderen Vorschriften festgesetzten Ruhepausen angerechnet werden.

(3) Die Aufsichtsbehörde kann in Einzelfällen nähere Bestimmungen über Zahl, Lage und Dauer der Stillzeiten treffen; sie kann die Einrichtung von Stillräumen vorschreiben.

(4) Der Auftraggeber oder Zwischenmeister hat den in Heimarbeit Beschäftigten und den ihnen Gleichgestellten für die Stillzeit ein Entgelt von 75 vom Hundert eines durchschnittlichen Stundenverdienstes, mindestens aber 0,38 Euro für jeden Werktag zu zahlen. Ist die Frau für mehrere Auftraggeber oder Zwischenmeister tätig, so haben diese das Entgelt für die Stillzeit zu gleichen Teilen zu gewähren. Auf das Entgelt finden die Vorschriften der §§ 23 bis 25 des Heimarbeitsgesetzes vom 14. März 1951 (BGBl. I S. 191) über den Entgeltschutz Anwendung.

1   **I. Normzweck.** § 7 berücksichtigt, dass im Interesse der Gesundheit von Mutter und Kind die regelmäßige Ernährung des Säuglings mit Muttermilch gefördert werden soll; die unmittelbare Benachteiligung der Väter auf Grund des Geschlechts ist gerechtfertigt.[6] Sollte der ArbNin die Stillzeit versagt werden, ist sie berechtigt, die Arbeitsleistung zu verweigern (vgl. Vor §§ 3 bis 8 Rz. 5). Der **BR** kann bei Streitigkeiten nach § 85 BetrVG hinzugezogen werden und die Einrichtung von Stillräumen beantragen, § 88 Nr. 2 BetrVG. Die Befugnisse der Aufsichtsbehörde bestimmen sich nach Abs. 3.

2   **II. Freistellung für die erforderliche Stillzeit (Abs. 1).** Nachdem die Mutter die Tätigkeit nach der Entbindung bzw. dem Mutterschutz wieder aufgenommen hat, hat sie einen Anspruch auf Stillzeit. Weitere Voraussetzung ist, dass die ArbNin ihren Säugling **während** der Arbeitszeit **tatsächlich stillt**[7]. Die Stillzeit ist vom ArbGeb nur dann einzuräumen, wenn ein diesbezügliches Verlangen mündl. oder

---

1 Zmarzlik/Zipperer/Viethen/Vieß, § 6 Rz. 34. ||2 So auch ErfK/Schlachter, § 6 MuSchG Rz. 3; aA Buchner/Becker, § 6 Rz. 19. ||3 Zmarzlik/Zipperer/Viethen/Vieß, § 6 Rz. 48. ||4 Buchner/Becker, § 6 Rz. 48. ||5 Zmarzlik/Zipperer/Viethen/Vieß, § 6 Rz. 52. ||6 Dahm, EuZA 2011, 396 (403f.). Vgl. ferner EuGH 30.9.2010 – Rs. C-104/08, NZA 2010, 1281 – Alvarez: Hinter dem spanischen „Stillurlaub" verbirgt sich eine Arbeitsbefreiung zur Kinderbetreuung, die auch für Väter gelten muss. ||7 BAG 3.7.1985 – 5 AZR 79/84, NZA 1986, 131.

schriftl. bekundet wird. Erfasst wird nicht nur das Stillen als solches, sondern auch die Zeit, die zum Umziehen und Ausruhen benötigt wird, sowie den Weg zum Stillraum bzw. nach Hause[1]. Stillt die Frau ihr Kind nicht mehr, hat sie den ArbGeb darüber zu informieren, da der Anspruch entfällt. Der ArbGeb kann eine Stillbescheinigung eines Arztes oder einer Hebamme fordern. Die Kosten dafür hat er zu tragen[2].

Erforderlich (Dauer, Häufigkeit, Lage) ist die Zeit, die objektiv und unabhängig von den subjektiven Vorstellungen des ArbGeb und der ArbNin für das Stillen notwendig ist. Der ArbGeb muss demnach die Zeiten gewähren, die den gewohnten Turnus der Stilltätigkeit einhalten[3]. S. 1 und 2 bestimmen lediglich die **Mindestdauer und -häufigkeit**. Sollten die Mindeststillzeiten nicht vollumfänglich benötigt werden, so gebietet es die Treuepflicht, sich nicht auf sie zu berufen[4]. Gleichzeitig sollen die betriebl. Belange bedacht und der Arbeitszeitverlust möglichst gering gehalten werden[5]. Wird keine Einigung erzielt, kann die **Aufsichtsbehörde** eine Entscheidung treffen, Abs. 3. Die zeitliche Höchstgrenze für die Stillzeit beträgt zwölf Monate[6].

III. Arbeitsentgelt (Abs. 2). Die Mutter hat einen Anspruch auf Zahlung ihres **Regelverdienstes** für die gewährten Stillzeiten, so dass ihr **kein Verdienstausfall** entsteht. Da es sich um eine Sonderregelung handelt, die mit anderen Entgeltfortzahlungsbestimmungen nicht vergleichbar ist, kann der Anspruch nicht abbedungen bzw. auf ihn nachträglich verzichtet werden[7]. Erbringt die Frau auf Grund langer Wegestrecken **gar keine** Arbeitsleistung mehr, entfällt der Anspruch auf bezahlte Freistellung[8].

IV. Heimarbeit (Abs. 4). Die Heimarbeiterin erhält speziellen Entgeltschutz über Abs. 4. Zu beachten ist dabei, dass sie ohnehin nach **eigenem Ermessen Stillpausen** einlegen kann. Während der Stillperiode erhält sie pro Werktag deshalb pauschal 75 % eines durchschnittlichen Stundenverdienstes, jedoch mindestens 0,38 Euro. Bei den in der Heimarbeit häufiger anzutreffenden Stücklohnvereinbarungen sind ebenso 75 % zu zahlen[9]. Dieser Stundenverdienst errechnet sich unter Berücksichtigung der Zeit, die für ein bestimmtes Arbeitskontingent gebraucht wird. Der Mindestbetrag ist lediglich die **unterste Einkommenssicherung**.

§ 8 Mehrarbeit, Nacht- und Sonntagsarbeit

(1) Werdende und stillende Mütter dürfen nicht mit Mehrarbeit, nicht in der Nacht zwischen 20 und 6 Uhr und nicht an Sonn- und Feiertagen beschäftigt werden.

(2) Mehrarbeit im Sinne des Absatzes 1 ist jede Arbeit, die

1. von Frauen unter 18 Jahren über acht Stunden täglich oder 80 Stunden in der Doppelwoche,
2. von sonstigen Frauen über 8 ½ Stunden täglich oder 90 Stunden in der Doppelwoche

hinaus geleistet wird. In die Doppelwoche werden die Sonntage eingerechnet.

(3) Abweichend vom Nachtarbeitsverbot des Absatzes 1 dürfen werdende Mütter in den ersten vier Monaten der Schwangerschaft und stillende Mütter beschäftigt werden

1. in Gast- und Schankwirtschaften und im übrigen Beherbergungswesen bis 22 Uhr,
2. in der Landwirtschaft mit dem Melken von Vieh ab 5 Uhr,
3. als Künstlerinnen bei Musikaufführungen, Theatervorstellungen und ähnlichen Aufführungen bis 23 Uhr.

(4) Im Verkehrswesen, in Gast- und Schankwirtschaften und im übrigen Beherbergungswesen, im Familienhaushalt, in Krankenpflege- und in Badeanstalten, bei Musikaufführungen, Theatervorstellungen, anderen Schaustellungen, Darbietungen oder Lustbarkeiten dürfen werdende oder stillende Mütter, abweichend von Absatz 1, an Sonn- und Feiertagen beschäftigt werden, wenn ihnen in jeder Woche einmal eine ununterbrochene Ruhezeit von mindestens 24 Stunden im Anschluss an eine Nachtruhe gewährt wird.

(5) An in Heimarbeit Beschäftigte und ihnen Gleichgestellte, die werdende oder stillende Mütter sind, darf Heimarbeit nur in solchem Umfang und mit solchen Fertigungsfristen ausgegeben werden, dass sie von der werdenden Mutter voraussichtlich während einer 8-stündigen Tagesarbeitszeit, von der stillenden Mutter voraussichtlich während einer 7 ¼-stündigen Tagesarbeitszeit an Werktagen ausgeführt werden kann. Die Aufsichtsbehörde kann in Einzelfällen nähere Bestimmungen über die Arbeitsmenge treffen; falls ein Heimarbeitsausschuss besteht, hat sie diesen vorher zu hören.

(6) Die Aufsichtsbehörde kann in begründeten Einzelfällen Ausnahmen von den vorstehenden Vorschriften zulassen.

---

1 *Heilmann*, § 7 Rz. 12. ||2 *Graue*, § 7 Rz. 5. ||3 *Buchner/Becker*, § 7 Rz. 18. ||4 *Zmarzlik/Zipperer/Viethen/Vieß*, § 7 Rz. 7. ||5 BAG 3.7.1985 – 5 AZR 79/84, NZA 1986, 131. ||6 *Zmarzlik/Zipperer/Viethen/Vieß*, § 7 Rz. 8. ||7 Str., wie hier *Buchner/Becker*, § 7 Rz. 44; aA *Meisel/Sowka*, § 7 Rz. 19: Verzicht möglich. ||8 BAG 3.7.1985 – 5 AZR 79/84, NZA 1986, 131. ||9 *Zmarzlik/Zipperer/Viethen/Vieß*, § 7 Rz. 14.

1 **I. Normzweck.** § 8 schreibt allg. **Beschränkungen der Arbeitszeit** vor, um die werdenden und stillenden Mütter vor Überbeanspruchung zu schützen. Dadurch werden die Beschäftigungsverbote aus §§ 3, 4 und 6 ergänzt. Durch Ausnahmeregelungen in Abs. 3 und 4 wird den besonderen Bedürfnissen bestimmter Wirtschaftszweige Rechnung getragen. Abs. 5 schafft eine Sonderregelung für die **Heimarbeit**. Abs. 6 ermächtigt die Aufsichtsbehörde, in **berechtigten** Einzelfällen nach Anhörung der ArbNin Ausnahmegenehmigungen zu erteilen (zu den Rechtsfolgen vgl. Vor §§ 3 bis 8 Rz. 3 ff.).

2 **II. Beschäftigungsverbote. 1. Mehrarbeit, Nacht- und Sonntagsarbeit (Abs. 1 und 2).** Ausgangspunkt ist das Verbot von Mehrarbeit, Nachtarbeit und Arbeit an Sonn- und Feiertagen für werdende und stillende Mütter in Abs. 1. Feiertage sind die gesetzl. Feiertage des Bundes und der Länder[1]. Der Begriff der Mehrarbeit wird in Abs. 2 nach den speziellen Anforderungen des MuSchG näher konkretisiert. Volljährige Frauen leisten Mehrarbeit, wenn sie mehr als 8,5 Stunden täglich oder 90 Stunden in einer Doppelwoche arbeiten, Abs. 2 Nr. 2; Frauen unter 18 Jahren bei acht Stunden oder 80 Stunden, Abs. 2 Nr. 1. Für die Definition der Mehrarbeit sind anderweitige gesetzl. Regelungen (zB ArbZG) sowie individual- oder kollektivrechtl. Vereinbarungen nicht maßgebend, solange das speziellere MuSchG engere Grenzen setzt[2]. Im Verhältnis zum JArbSchG geht die jeweils strengere Bestimmung vor[3]. Bei der Bestimmung der Doppelwoche – zwei aufeinander folgende Kalenderwochen einschl. der Sonntage – ist es nicht unbedingt erforderlich, die zweiwöchigen feststehenden Zeiträume mit einem Montag beginnen zu lassen. Aus betriebl. Gründen kann demnach der erste Zeitraum vom Beginn der Schwangerschaft an frei gewählt werden[4].

3 Zur **Arbeitszeit** gehören sowohl die tatsächliche Arbeit als auch die weisungsgebundene Bereitschaft, im Betrieb oder einer anderen Arbeitsstätte zur Arbeitsleistung zur Verfügung zu stehen (vgl. § 2 ArbZG Rz. 7 f.). Im Gegensatz zu Jugendlichen gem. § 4 IV 2 JArbSchG wird bei Erwachsenen die ausgefallene Arbeitszeit eines gesetzl. Feiertages nicht als geleistete Arbeitszeit gewertet[5].

4 **2. Ausnahme vom Verbot der Nachtarbeit (Abs. 3).** Grds. ist gem. Abs. 1 die Arbeit zwischen 20 und 6 Uhr (Unterschied zu § 2 III ArbZG) verboten, jedoch ergeben sich unter den Voraussetzungen des Abs. 3 Ausnahmen. In den aufgezählten Bereichen dürfen schwangere Frauen in den ersten vier Monaten der Schwangerschaft sowie stillende Mütter beschäftigt werden. Dies gilt zunächst für **Gast- und Schankwirtschaften** sowie im **Beherbergungswesen** (Nr. 1). In allen gewerblichen und ungewerblichen Betrieben, die Speisen oder Getränke anbieten oder Gäste beherbergen, darf bis 22 Uhr gearbeitet werden (Bsp.: Hotels, Pensionen, Restaurants, Kantinen, Imbissstuben sowie alle Heime und Hilfsbetriebe; *nicht* Einzelhandel und Krankenhäuser)[6]. Eine weitere Ausnahme besteht für die **Landwirtschaft** (Nr. 2). Es wird damit berücksichtigt, dass aus organisatorischen Gründen mit dem Melken bereits ab fünf Uhr begonnen werden muss (zumeist auch Verbote des § 4 denkbar). Schließlich nimmt Abs. 3 Nr. 3 **Künstlerinnen** aus. Künstlerinnen sind Frauen, die als künstlerisch empfundene Aktivitäten öffentl. ausführen. Nicht erfasst ist das Hilfspersonal wie Garderoben- oder Reinigungsfrauen (enger als Abs. 4).

5 **3. Ausnahme vom Verbot der Arbeit an Sonn- und Feiertagen (Abs. 4).** Abs. 4 schafft abschließend aufgezählte Ausnahmetatbestände für frauentypische Dienstleistungsbereiche. Im Rahmen des **Verkehrswesens** werden alle öffentl. und privaten Betriebe berücksichtigt, die sich mit der Beförderung von Personen und Gütern befassen. Als **Krankenpflegeanstalten** werden alle öffentl. und privaten Einrichtungen bezeichnet, die sich mit der Behandlung und Pflege von kranken Menschen beschäftigen (zB Krankenhäuser und Pflegeheime). Die Ausnahmeregelung gilt nicht für ArbNinnen, die von Drittunternehmen in diese Betriebe entsandt werden[7]. In einem **Familienhaushalt** ist die ArbNin beschäftigt, die im räumlichen und gegenständlichen Lebensbereich die Bedürfnisse der Mitglieder einer Familie befriedigt[8]. **Badeanstalten** sind alle öffentl. und privaten Betriebe, in denen Bäder verabreicht werden oder in denen geschwommen werden kann.

Dritter Abschnitt. Kündigung

9 *Kündigungsverbot*
(1) Die Kündigung gegenüber einer Frau während der Schwangerschaft und bis zum Ablauf von vier Monaten nach der Entbindung ist unzulässig, wenn dem Arbeitgeber zur Zeit der Kündigung die Schwangerschaft oder Entbindung bekannt war oder innerhalb zweier Wochen nach Zugang der Kündigung mitgeteilt wird; das Überschreiten der Frist ist unschädlich, wenn es auf einem von der Frau nicht zu vertretenden Grund beruht und die Mitteilung unverzüglich nachgeholt wird. Die Vorschrift des Satzes 1 gilt für Frauen, die den in Heimarbeit Beschäftigten gleichgestellt sind, nur, wenn sich die

---

[1] *Buchner/Becker*, § 8 Rz. 39. ||[2] *Graue*, § 8 Rz. 11. ||[3] Vgl. eingehend *Zmarzlik/Zipperer/Viethen/Vieß*, § 8 Rz. 20. ||[4] *Zmarzlik/Zipperer/Viethen/Vieß*, § 8 Rz. 21. ||[5] *Buchner/Becker*, § 8 Rz. 21. ||[6] *Meisel/Sowka*, § 8 Rz. 28. ||[7] BAG 12.12.1990 – 5 AZR 16/90, NZA 1991, 505. ||[8] *Buchner/Becker*, § 8 Rz. 45.

Gleichstellung auch auf den Neunten Abschnitt – Kündigung – des Heimarbeitsgesetzes vom 14. März 1951 (BGBl. I S. 191) erstreckt.

(2) Kündigt eine schwangere Frau, gilt § 5 Abs. 1 Satz 3 entsprechend.

(3) Die für den Arbeitsschutz zuständige oberste Landesbehörde oder die von ihr bestimmte Stelle kann in besonderen Fällen, die nicht mit dem Zustand einer Frau während der Schwangerschaft oder ihrer Lage bis zum Ablauf von vier Monaten nach der Entbindung in Zusammenhang stehen, ausnahmsweise die Kündigung für zulässig erklären. Die Kündigung bedarf der schriftlichen Form und sie muss den zulässigen Kündigungsgrund angeben.

(4) In Heimarbeit Beschäftigte und ihnen Gleichgestellte dürfen während der Schwangerschaft und bis zum Ablauf von vier Monaten nach der Entbindung nicht gegen ihren Willen bei der Ausgabe von Heimarbeit ausgeschlossen werden; die Vorschriften der §§ 3, 4, 6 und 8 Abs. 5 bleiben unberührt.

I. Normzweck. Werdende Mütter haben aus Art. 6 IV GG einen grundrechtl. Anspruch auf Schutz und Fürsorge der Gemeinschaft. Damit sich die Frau **unbelastet von Existenzängsten** in die Schwangerschaft begeben kann, hat der Gesetzgeber in § 9 für den Zeitraum der Schwangerschaft und bis zum Ablauf von vier Monaten nach der Entbindung Kündigungsschutz angeordnet (vgl. auch Art. 10 MutterschutzRL 92/85/EWG). Während dieses Zeitraumes ist der **Bestand** des ArbVerh garantiert. Ergänzt wird der Kündigungsschutz durch § 18 BEEG. Abgesehen von der gesetzl. Regelung kann ein Kündigungsschutz für Mütter iSd. Art. 6 IV GG im Hinblick auf verfassungsrechtl. Aspekte geboten sein[1]. 1

II. Kündigungsverbot (Abs. 1). Das Kündigungsverbot ist mit Ausnahme des Erlaubnisvorbehalts aus Abs. 3 **absolut** und **zwingend**. Allein das tatsächliche Bestehen der Schwangerschaft löst die Rechtsfolgen des § 9 aus. Im Voraus kann die ArbNin auf den Kündigungsschutz des § 9 nicht verzichten. Bei einer bereits ausgesprochenen Kündigung kommt ein Verzicht in Betracht, er ist aber nicht durch bloßes Stillschweigen, sondern nur durch ausdrückliche Erklärung möglich[2]. Allerdings kann die ArbNin jederzeit selbst kündigen, § 10. 2

1. Voraussetzungen. a) Geltungsbereich. Das Kündigungsverbot bietet Schutz für **alle** in einem **wirksamen** Arbeits- oder Ausbildungsverhältnis stehenden oder in Heimarbeit tätigen Frauen bzw. diesen Gleichgestellte gem. Abs. 1 S. 2, sofern sich die Gleichstellung ausnahmsweise auf den Kündigungsschutz des HAG erstreckt (vgl. näher § 1 Rz. 3 f.). Ausnahmsweise kommt die Regelung auch Dritten außerhalb des Geltungsbereichs zugute, wenn ein einheitlicher Arbeitsvertrag besteht, der nur allen gemeinsam gekündigt werden kann (ebenso beim Job-Sharing)[3]. **Zeitlich** entfaltet die Norm Regelungswirkung für Kündigungen, die der ArbNin vom Beginn der Schwangerschaft bis zum Ende des vierten Monats nach der Entbindung **zugehen** (zur Fristberechnung vgl. Vor §§ 3 bis 8 Rz. 2). 3

b) Schwangerschaft oder Entbindung. Voraussetzung des Verbots ist, dass im Zeitpunkt des **Zugangs der Kündigung** entweder eine Schwangerschaft besteht oder die Entbindung nicht mehr als vier Monate zurückliegt. Ein formalisierter Nachweis ist nicht erforderlich. Im Zweifelsfall kann der ArbGeb zum Nachweis auf seine Kosten ein Schwangerschaftszeugnis fordern[4]. Legt die ArbNin ein Zeugnis nach § 5 II mit einem mutmaßlichen Entbindungstermin vor, so ist dies auch für die Berechnung des Beginns der Schwangerschaft verbindlich (vgl. Vor §§ 3 bis 8 Rz. 2). Der Irrtum des Arztes oder der Frau, sie sei schwanger, löst die Rechtswirkung des § 9 nicht aus. Im Falle einer in-vitro befruchteten Eizelle muss diese bereits in die Gebärmutter eingesetzt worden sein, um von einer Schwangerschaft iSd. RL 92/85/EWG sprechen zu können[5]. Fehlgeburten und Schwangerschaftsabbrüche sind keine Entbindung, so dass der Kündigungsschutz sofort endet[6]. 4

c) Gegenstand des Verbots. Verboten sind **alle** arbeitgeberseitigen **Kündigungen**, die das ArbVerh in seiner bestehenden Form ändern. Das ArbVerh kann auch nicht im Rahmen von kollektiven Maßnahmen (zB lösende Aussperrung[7] oder Kampfkündigung) aufgelöst werden. Auch Kündigungen wegen aktiver Teilnahme an einem rechtswidrigen Streik sind unzulässig (Ausnahme gem. Abs. 3)[8]. Unter Zugrundelegung des unionsrechtl. ArbN-Begriffs werden zudem gesellschaftsrechtl. Abberufungen von weisungsabhängigen Selbstständigen erfasst (§ 1 Rz. 4).[9] Die Anfechtung wegen der Schwangerschaft ist nicht möglich (vgl. § 5 Rz. 5). 5

Grds. nicht erfasst werden andere Beendigungstatbestände. Ein nur **fehlerhaftes** ArbVerh kann durch einseitige Erklärung aufgelöst werden. Ist die Kündigung des ArbGeb unwirksam, kann sie in ein Angebot zum Abschluss eines **Aufhebungsvertrages** umgedeutet werden. Dieser unterliegt nicht § 9[10], aber dem Formerfordernis des § 623 BGB (vgl. § 623 BGB Rz. 21). **Auflösend bedingte** und **befristete** 6

---

1 *v. Wickede*, Sonderkündigungsschutz im Arbeitsverhältnis, 2009, S. 340 ff., 416 ff. ||2 *Heilmann*, § 9 Rz. 97. ||3 ErfK/*Schlachter*, § 9 MuSchG Rz. 2. ||4 *Heilmann*, § 9 Rz. 24. ||5 EuGH 26.2.2008 – Rs. C-506/06, NZA 2008, 345 – Mayr. ||6 BAG 16.2.1973 – 2 AZR 138/72, NJW 1973, 1431; s. aber auch BAG 15.12.2005 – 2 AZR 462/04, NZA 2006, 994; vgl. zum Schutz auf Grund verfassungsrechtl. Wertungen über §§ 242, 138 BGB *v. Wickede*, Sonderkündigungsschutz im Arbeitsverhältnis, 2009, S. 465 f. ||7 BAG 22.10.1986 – 5 AZR 550/85, NZA 1987, 493; ErfK/*Schlachter*, § 9 MuSchG Rz. 9. ||8 *Zmarzlik/Zipperer/Viethen/Vieß*, § 9 Rz. 118. ||9 EuGH 11.1.2010 – Rs. C-232/09, NZA 2011, 143 – Danosa; *Oberthür*, NZA 2011, 253. ||10 BAG 8.12.1955 – 2 AZR 13/54, DB 1956, 47.

ArbVerh enden mit Eintritt des vereinbarten Ereignisses. Wird eine Jugend- und Auszubildendenvertreterin nach Beendigung des Ausbildungsverhältnisses schwanger, kann sie sich in einem Verfahren nach § 78a IV BetrVG nicht auf § 9 berufen[1]. **Probearbeitsverhältnisse** sind im Zweifel auf unbestimmte Zeit eingegangen. Liegt doch eine Befristung hinsichtlich der Erprobung der ArbNin vor, so kann sich der **ArbGeb** auf den Ablauf der Probezeit berufen. Trifft er die entsprechende Entscheidung aufgrund des **Eintritts** der **Schwangerschaft**, liegt darin eine Diskriminierung wegen des Geschlechts iSv. § 3 I 2 AGG (zur Beweislast vgl. § 22 AGG). Im Hinblick auf § 242 BGB ist das ArbVerh richtiger Ansicht nach unbefristet fortzusetzen[2].

7 d) **Kenntnis des Arbeitgebers.** Der ArbGeb muss **zur Zeit der Kündigung**, gleich auf welche Weise, **positive** Kenntnis von der Schwangerschaft oder der Entbindung haben. Woher die Kenntnis stammt, ist nicht relevant, jedoch reicht die bloße Vermutung nicht aus. Sie kann aber unter bestimmten Umständen eine arbeitsvertragl. Erkundigungspflicht auslösen[3]. Die Kenntnis eines Vertreters oder personalverantwortlichen Vorgesetzten steht der des ArbGeb gleich, nicht aber das Wissen von Kollegen, des Betriebsarztes oder BR, sofern diese ihre Erkenntnis nicht an den ArbGeb weiterleiten. Beim **Betriebsübergang** nach § 613a BGB wird die Kenntnis des früheren ArbGeb dem neuen Betriebsinhaber zugerechnet[4]. Im Streitfall hat die ArbNin die Kenntnis zu **beweisen** (jedoch Beweiserleichterung, zB prima facie)[5].

8 e) **Mitteilung nach der Kündigung.** Bei Unkenntnis kann dem ArbGeb innerhalb von **zwei Wochen nach Zugang** der Kündigung die Schwangerschaft oder Entbindung mitgeteilt werden. Die Mitteilung ist keine Pflicht, sondern eine Obliegenheit der ArbNin, der so Bedenkzeit eingeräumt wird[6]. Die **Mitteilung** selbst ist eine rechtsgeschäftsähnliche Handlung, dh. sie wird ggü. dem ArbGeb mit Zugang wirksam. Die Einhaltung der Frist bestimmt sich nach §§ 187 ff. BGB. Inhaltlich maßgebend ist, ob nach dem objektiven Erklärungswert der Mitteilung zu entnehmen ist, dass die Schwangerschaft bei Zugang der Kündigung bestand. Die Mitteilung kann durch einen Dritten erfolgen, wenn für den ArbGeb erkennbar ist, dass die Nachricht in Zusammenhang mit der Kündigung steht[7]. Eine Form ist nicht einzuhalten, jedoch kann der ArbGeb einen ärztlichen Nachweis bei gleichzeitiger Kostentragung verlangen (vgl. Rz. 4). Der Nachweis ist für die Einhaltung der Frist nicht maßgeblich, doch sollte er zeitnah erfolgen, um eine Einrede wegen unzulässiger Rechtsausübung (Verwirkung) zu vermeiden[8].

9 Eine Ausnahme von der Zwei-Wochen-Frist ist nach Abs. 1 S. 1 Hs. 2 gegeben, wenn die Frau **den Grund** für die Fristüberschreitung **nicht zu vertreten** hat und die Mitteilung **unverzüglich nachgeholt** wird. Maßstab für das Verschulden ist nicht § 276 BGB, sondern ob die Unkenntnis „auf einem gröblichen Verstoß gegen das von einem verständigen Menschen im eigenen Interesse billigerweise zu erwartende Verhalten zurückzuführen ist"[9]. Hatte die ArbNin Kenntnis von der Schwangerschaft, so schadet diese in den Fällen nicht, wo ihr auf Grund von Urlaub, Krankheit oder Fremdeinwirkung die Mitteilung nicht möglich war[10]. Lässt sie aber trotz Anhaltspunkten für eine Schwangerschaft keine Untersuchung durchführen, hat sie die Verzögerung verschuldet[11]. Ob die Mitteilung unverzüglich nachgeholt wurde (gem. § 121 BGB ohne schuldhaftes Zögern), ist anhand der Umstände des Einzelfalls zu beurteilen (idR eine Woche)[12]. Die Beweislast für die hierfür erheblichen Tatsachen trägt die ArbNin[13].

10 2. **Rechtsfolgen.** Eine verbotswidrig erklärte Kündigung ist gem. § 134 BGB unheilbar **nichtig**. Die ArbNin hat in diesem Fall einen Anspruch auf Arbeitsentgelt gem. § 615 BGB, selbst wenn sie nicht beschäftigt wird (Ausnahme während der Fristen der §§ 3 II, 6 I). Dazu muss sie den ArbGeb in Verzug setzen (vgl. § 615 BGB Rz. 37 ff.). Sind besonders schwere Pflichtverletzungen seitens der ArbNin gegeben, ist die Weiterbeschäftigung selbst unter Berücksichtigung der schützenswerten Interessen nicht zumutbar. Ein den **Annahmeverzug** begründendes Leistungsangebot kann in diesem Fall nicht erbracht werden[14]. Entsteht der Frau durch die verbotswidrige Kündigung ein Schaden, so ist ein Anspruch aus **§ 823 II BGB** realisierbar und uU auch ein angemessenes Schmerzensgeld zu zahlen[15].

11 Die allg. und besonderen Regelungen des Kündigungsschutzes stehen **selbständig** und **unabhängig** neben § 9[16]. Die dreiwöchige Klageerhebungsfrist der §§ 13 III, 4 S. 1, 7 KSchG ist einzuhalten[17]. Entsprechende Ausschlussfristen sind nach dem EuGH mit dem Unionsrecht grds. zu vereinbaren, sofern sie über 15 Tage hinausgehen[18]. Der Fristlauf beginnt mit dem Zugang der Kündigung auch dann, wenn die

---

1 LAG Hamm 14.1.2011 – 10 TaBV 58/10, ArbRAktuell 2011, 204. ‖ 2 *Zmarzlik/Zipperer/Viethen/Vieß*, § 9 Rz. 106. ‖ 3 EuGH 11.11.2010 – Rs. C-232/09, NZA 2011, 143 – Danosa; ErfK/*Schlachter*, § 9 MuSchG Rz. 5; aA *Buchner/Becker*, § 9 Rz. 100. ‖ 4 Zutr. *Heilmann*, § 9 Rz. 45; s. a. *Hergenröder*, AR-Blattei SD 500.1 (2007), Rz. 702. AA *Meisel/Sowka*, § 9 Rz. 88a. ‖ 5 *Heilmann*, § 9 Rz. 47. ‖ 6 *Buchner/Becker*, § 9 Rz. 110 f., 141 ff. ‖ 7 *Zmarzlik/Zipperer/Viethen/Vieß*, § 9 Rz. 22. ‖ 8 *Buchner/Becker*, § 9 Rz. 145. ‖ 9 BAG 6.10.1983 – 2 AZR 368/82, NJW 1984, 1418. ‖ 10 BAG 13.6.1996 – 2 AZR 736/95, NZA 1996, 1156. ‖ 11 *Zmarzlik/Zipperer/Viethen/Vieß*, § 9 Rz. 36. ‖ 12 BAG 26.9.2002 – 2 AZR 392/01, AP Nr. 31 zu § 9 MuSchG 1968. ‖ 13 BAG 13.1.1982 – 7 AZR 764/79, NJW 1982, 2574. ‖ 14 *Buchner/Becker*, § 9 Rz. 177 f. ‖ 15 *Zmarzlik/Zipperer/Viethen/Vieß*, § 9 Rz. 51. ‖ 16 *Zmarzlik/Zipperer/Viethen/Vieß*, § 9 Rz. 133; vgl. auch LAG Bln.-Bbg. 6.4.2011 – 15 Sa 2454/10, DB 2011, 1587. ‖ 17 BAG 19.2.2009 – 2 AZR 286/07, NZA 2009, 980. ‖ 18 EuGH 29.10.2009 – Rs. C-63/08, NZA 2009, 1327 – Pontin; vgl. ferner *Nebe*, EuZA 2010, 383 (394 f.).

ArbNin erst nach deren Ausspruch Kenntnis von ihrer Schwangerschaft erlangt. § 5 I 2 KSchG ermöglicht der Schwangeren in diesem Falle auf ihren Antrag hin die nachträgliche Zulassung der Klage[1].

III. Stellung der Aufsichtsbehörde. 1. Benachrichtigung (Abs. 2). Sollte die **schwangere** Frau selbst kündigen, gilt § 5 I 3 entsprechend, dh. der ArbGeb hat die Aufsichtsbehörde (§ 20) unverzüglich über die Kündigung zu informieren. Die Aufsichtsbehörde soll damit die Möglichkeit erhalten, die Mutter über ihre Rechte **nach** der Auflösung aufzuklären (zB § 10 II). Die Pflicht besteht bei jeder Kündigung durch eine Schwangere (auch beim Aufhebungsvertrag)[2]. Der ArbGeb hat keine Pflicht, die ArbNin über die Konsequenzen der Kündigung aufzuklären[3].

2. Zulässigkeitserklärung (Abs. 3). Ausnahmsweise kann die Aufsichtsbehörde (§ 20) eine Kündigung für zulässig erklären, wenn ein **besonderer** Kündigungsgrund besteht, der seinen Ursprung nicht in der Schwangerschaft oder Mutterschaft hat. Hintergrund ist, dass dem ArbGeb bei **außergewöhnlichen Umständen** wegen Art. 2 I, 12 I und 14 GG nicht jede Reaktionsmöglichkeit genommen werden kann[4]. Dabei kollidieren die in Art. 6 IV GG gewährleisteten, eigentlich vorrangigen Interessen der Schwangeren nach absolutem Kündigungsschutz mit dieser Ausnahme. Sie müssen deshalb bei der Einzelfallentscheidung besonders in Abwägung gebracht werden. Denkbare Konstellationen bestehen zB bei der Stilllegung des Betriebes oder schweren Pflichtverletzungen der ArbNin[5]. Mitwirkungsrechte anderer Organe (zB des BR nach § 102 BetrVG) werden durch Abs. 3 nicht berührt.

Die Behörde wird auf an keine Frist gebundenen (Ausnahme: § 626 II BGB) formlosen Antrag des ArbGeb tätig. Nach S. 2 muss die Kündigung selbst schriftl. erfolgen, wobei sich diese Form auch auf die Kündigungsgründe erstreckt[6]. Sie ist **unverzüglich nach** der behördlichen Zustimmung auszusprechen. Nicht notwendig ist die Bestandskraft des Verwaltungsakts im Kündigungszeitpunkt, sondern allein dessen Wirksamkeit[7]. Kommt es zu einer zeitlichen Überschneidung mit **§ 18 BEEG**, so finden beide Vorschriften auf Grund der unterschiedlichen Schutzbereiche **nebeneinander** Anwendung, dh. es müssen auch **zwei** Ausnahmegenehmigungen beantragt und erteilt werden[8].

Ist die Behörde zu dem gerichtl. voll nachprüfbaren Ergebnis (unbestimmter Rechtsbegriff) gekommen, dass ein „besonderer Fall" vorliegt, hat sie bei der Entscheidung einen engen („kann ausnahmsweise") **Ermessensspielraum**[9]. Gegen die Entscheidung ist der Verwaltungsrechtsweg zu beschreiten. Widerspruch und Anfechtungsklage haben zwar aufschiebende Wirkung nach § 80 I VwGO, die Kündigung wird aber dadurch nicht unwirksam. Lediglich die Rechtswirkungen der Zulässigkeitserklärung entfallen vorläufig[10]. Eine statthafte Anfechtungsklage führt zur rückwirkenden Unwirksamkeit der Kündigung. Die Frist zur Erhebung der Klage gegen die Kündigung selbst beträgt gem. §§ 13 III, 4, 7 KSchG drei Wochen, der Fristbeginn richtet sich nach § 4 S. 4 KSchG (§ 4 KSchG Rz. 41 ff.).

IV. Heimarbeit (Abs. 4). Der dargestellte Kündigungsschutz besteht auch für Heimarbeiterinnen und gleichgestellte Frauen gem. Abs. 1 S. 2. Um der Umgehung des Kündigungsschutzes vorzubeugen, verbietet Abs. 4 Hs. 1, die Mutter von der Herausgabe von Arbeit **auszuschließen** bzw. diese zu **vermindern**.

10 Erhaltung von Rechten

(1) Eine Frau kann während der Schwangerschaft und während der Schutzfrist nach der Entbindung (§ 6 Abs. 1) das Arbeitsverhältnis ohne Einhaltung einer Frist zum Ende der Schutzfrist nach der Entbindung kündigen.

(2) Wird das Arbeitsverhältnis nach Absatz 1 aufgelöst und wird die Frau innerhalb eines Jahres nach der Entbindung in ihrem bisherigen Betrieb wieder eingestellt, so gilt, soweit Rechte aus dem Arbeitsverhältnis von der Dauer der Betriebs- oder Berufszugehörigkeit oder von der Dauer der Beschäftigungs- oder Dienstzeit abhängen, das Arbeitsverhältnis als nicht unterbrochen. Dies gilt nicht, wenn die Frau in der Zeit von der Auflösung des Arbeitsverhältnisses bis zur Wiedereinstellung bei einem anderen Arbeitgeber beschäftigt war.

I. Normzweck. Die Norm soll der Mutter[11] den fristlosen Wechsel in die Erwerbslosigkeit ermöglichen, um sich vollständig der Pflege ihres Kindes widmen zu können. Durch den **Erhalt** von Rechten bei der Wiedereinstellung nach Abs. 2 wird ihr dabei die Entscheidung erleichtert. Mit der Einführung der Elternzeit ist die Bedeutung der Norm stark zurückgegangen[12].

---

1 BAG 19.2.2009 – 2 AZR 286/07, NZA 2009, 980; LAG Schl.-Holst. 13.5.2008 – 3 Ta 56/08, NZA-RR 2009, 132. ‖2 So *Heilmann*, § 9 Rz. 147; aA *Meisel/Sowka*, § 9 Rz. 69a. ‖3 *Zmarzlik/Zipperer/Viethen/Vieß*, § 9 Rz. 127. ‖4 BVerwG 2.7.1981 – BVerwG 5 C 87.80, AP Nr. 1 zu § 9a MuSchG 1968. ‖5 BVerwG 18.8.1977 – BVerwG V C 8.77, AP Nr. 5 zu § 9 MuSchG 1968. ‖6 So KR/*Bader/Gallner*, § 9 MuSchG Rz. 4e, 132b; ErfK/*Schlachter*, § 9 MuSchG Rz. 13; AA *Zmarzlik*, DB 1994, 961 f. ‖7 BAG 17.6.2003 – 2 AZR 245/02, NZA 2003, 1329. ‖8 BAG 31.3.1993 – 2 AZR 595/92, DB 1993, 1783. ‖9 *Buchner/Becker*, § 9 Rz. 233. ‖10 BAG 17.6.2003 – 2 AZR 404/02, NZA 2003, 1329. ‖11 Zur unmittelbaren Diskriminierung der Väter und dem daraus folgenden Reformbedarf im Hinblick auf § 10 *Dahm*, EuZA 2011, 396 (404 f.). ‖12 Angesichts des BEEG spricht *Dahm*, EuZA 2011, 396 (405) der Vorschrift die Daseinsberechtigung ab.

2 **II. Sonderkündigungsrecht (Abs. 1).** Die ArbNin hat während der Schwangerschaft und der Mutterschutzfrist des § 6 I ein unverzichtbares, außerordentl. Kündigungsrecht. Es muss allein die Kündigungserklärung unter Wahrung der Schriftform nach § 623 BGB innerhalb der Schutzfrist dem ArbGeb zugehen, § 130 BGB. Nicht notwendig ist dabei die Angabe eines wichtigen Grundes, geschweige denn muss der eigentliche Grund in Bezug zur Schwangerschaft stehen[1]. Da das Gesetz gerade die kurzfristige Beendigung vorsieht, ist eine arbeitsvertragl. Rücksichtspflicht ggü. dem ArbGeb, diesem die Entscheidung frühzeitig bekannt zu geben, nur in Ausnahmefällen anzunehmen[2]. Das ArbVerh ist dann zum Ende der Schutzfrist beendet; ein Anspruch auf Wiedereinstellung besteht nicht.

3 **III. Erhaltung von Rechten bei Wiedereinstellung (Abs. 2).** Wird die ArbNin, die ihr Recht nach Abs. 1 wahrgenommen hat, innerhalb eines Jahres im bisherigen Betrieb wieder angestellt, so fingiert Abs. 2 S. 1 für einzelne Rechte des alten ArbVerh, dass dieses nicht unterbrochen wurde. Neuanstellung bedeutet den Abschluss eines **neuen** Arbeitsvertrages. Sollte keine Kündigung, sondern eine **einvernehmliche Auflösung** des Vertrages erfolgt sein, ist auch diese Beendigung nach Sinn und Zweck der Vorschrift in den Schutzumfang aufzunehmen[3]. Der Begriff des „bisherigen Betriebs" ist weiter zu fassen, als er im BetrVG verwendet wird. Erforderlich ist nur, dass sie bei irgendeinem Betrieb desselben ArbGeb wieder beschäftigt wird[4]. Durch die Vorschrift werden auch Arbeitsbeziehungen in Privathaushalten, in der öffentl. Verwaltung und im Rahmen von Betriebsübergängen nach § 613a BGB erfasst[5]. Zwischenzeitlich darf die Frau jedoch nach Abs. 2 S. 2 in **keinem anderen** ArbVerh bei einem anderen ArbGeb beschäftigt worden sein (auch nicht geringfügige Beschäftigung)[6].

4 Liegen die Voraussetzungen vor, erhält die ArbNin ihre **bestehende Rechtsposition** zurück, die sie in Bezug auf die **Dauer** ihrer Betriebs- oder Berufszugehörigkeit oder Beschäftigungszeit im ursprünglichen ArbVerh erlangt hatte. Diese Rechte sind zB BetrAV, Weihnachtsgratifikationen, Jahres- und Treueprämien, Wartezeit des § 1 KSchG. Die Zeit der Nichtbeschäftigung ist bei der Berechnung des jeweiligen Anspruchs nicht zu berücksichtigen[7]. Grund hierfür ist der Normzweck, nach dem lediglich bestehende Rechte erhalten, nicht jedoch solche begründet werden sollen.

Vierter Abschnitt. Leistungen

11 *Arbeitsentgelt bei Beschäftigungsverboten*
(1) Den unter den Geltungsbereich des § 1 fallenden Frauen ist, soweit sie nicht Mutterschaftsgeld nach den Vorschriften der Reichsversicherungsordnung beziehen können, vom Arbeitgeber mindestens der Durchschnittsverdienst der letzten 13 Wochen oder der letzten drei Monate vor Beginn des Monats, in dem die Schwangerschaft eingetreten ist, weiter zu gewähren, wenn sie wegen eines Beschäftigungsverbots nach § 3 Abs. 1, §§ 4, 6 Abs. 2 oder 3 oder wegen des Mehr-, Nacht- oder Sonntagsarbeitsverbots nach § 8 Abs. 1, 3 oder 5 teilweise oder völlig mit der Arbeit aussetzen. Dies gilt auch, wenn wegen dieser Verbote die Beschäftigung oder die Entlohnungsart wechselt. Wird das Arbeitsverhältnis erst nach Eintritt der Schwangerschaft begonnen, so ist der Durchschnittsverdienst aus dem Arbeitsentgelt der ersten 13 Wochen oder drei Monate der Beschäftigung zu berechnen. Hat das Arbeitsverhältnis nach Satz 1 oder 3 kürzer gedauert, so ist der kürzere Zeitraum der Berechnung zugrunde zu legen. Zeiten, in denen kein Arbeitsentgelt erzielt wurde, bleiben außer Betracht.

(2) Bei Verdiensterhöhungen nicht nur vorübergehender Natur, die während oder nach Ablauf des Berechnungszeitraums eintreten, ist von dem erhöhten Verdienst auszugehen. Verdienstkürzungen, die im Berechnungszeitraum infolge von Kurzarbeit, Arbeitsausfällen oder unverschuldeter Arbeitsversäumnis eintreten, bleiben für die Berechnung des Durchschnittsverdienstes außer Betracht. Zu berücksichtigen sind dauerhafte Verdienstkürzungen, die während oder nach Ablauf des Berechnungszeitraums eintreten und nicht auf einem mutterschutzrechtlichen Beschäftigungsverbot beruhen.

(3) Die Bundesregierung wird ermächtigt, durch Rechtsverordnung mit Zustimmung des Bundesrates Vorschriften über die Berechnung des Durchschnittsverdienstes im Sinne der Absätze 1 und 2 zu erlassen.

1 **I. Normzweck.** Ziel der Regelung ist es, der ArbNin über den generellen Schutz der §§ 3 II und 6 I hinaus keine wirtschaftl. Nachteile entstehen zu lassen. Durch den finanziellen Entgeltausgleich soll verhindert werden, dass die Mutter Gesundheitsgefährdungen unter Umgehung der Beschäftigungsverbote auf sich nimmt. Abs. 1 gibt einen **privatrechtl.** Individualanspruch auf Lohnersatz in Bezug auf die Verdienstminderung bzw. den Verdienstausfall. Dieser wird als **Mutterschutzlohn** bezeichnet und unterliegt der vollen LSt- bzw. SozV-Pflicht[8]. Für die entstehende Gesamtbelastung der ArbGeb aus § 11

---
[1] *Graue*, § 10 Rz. 1. || [2] *Buchner/Becker*, § 10 Rz. 12. || [3] *Zmarzlik/Zipperer/Viethen/Vieß*, § 10 Rz. 11.
|| [4] *Graue*, § 10 Rz. 18. || [5] *Buchner/Becker*, § 10 Rz. 28, 30 f. || [6] *Heilmann*, § 10 Rz. 29. || [7] Sehr str., wie hier *Buchner/Becker*, § 10 Rz. 48; ErfK/*Schlachter*, § 10 MuSchG Rz. 4; *Meisel/Sowka*, § 10 Rz. 5. AA *Heilmann*, § 10 Rz. 36; *Zmarzlik/Zipperer/Viethen/Vieß*, § 10 Rz. 14. || [8] *Buchner/Becker*, § 11 Rz. 3 und 4.

und § 14 (**Zuschuss zum Mutterschaftsgeld**) sieht das Aufwendungsausgleichsgesetz (§ 14 Rz. 1) ein umlagefinanziertes Ausgleichsverfahren („U 2") vor. Von der **Ermächtigung nach Abs. 3** hat die Bundesregierung keinen Gebrauch gemacht.

II. **Voraussetzungen für Mutterschutzlohn (Abs. 1). 1. Berechtigter Personenkreis bei Eingreifen eines in Abs. 1 genannten Beschäftigungsverbots.** Die Berechtigung ist grds. für **alle** in den Geltungsbereich des § 1 fallenden Frauen gegeben, sofern sie von einem der genannten Beschäftigungsverbote erfasst werden und „soweit sie **nicht Mutterschaftsgeld** beziehen können". Der Verweis beschränkt die Anwendbarkeit nur auf die Fälle der Anwendbarkeit der RVO[1]. Da nunmehr Mutterschaftsgeld jedoch auf der Grundlage des Fünften Buches Sozialgesetzbuch (§ 24i SGB V) gezahlt wird, kann der Ausnahmetatbestand nicht eintreten. Zwar scheint aufgrund des eindeutigen Gesetzeswortlauts und des ausdrücklichen Verweises im 2012 geänderten § 13 auf das SGB V trotz der abweichenden Rechtslage in der Vergangenheit[2] das Ergebnis naheliegend, dass die parallele Inanspruchnahme von Mutterschaftslohn und Mutterschaftsgeld nunmehr möglich sein muss. Indes entspricht es der gesetzgeberischen Intention, dass die Frau nicht schlechter, aber auch nicht besser gestellt werden soll, als sie ohne Schwangerschaft und Mutterschaft stünde. Mutterschaftslohn und Mutterschaftsgeld schließen sich also trotz des Gesetzestextes aus[3].

2. **Kausalität des Beschäftigungsverbots für den Entgeltausfall.** Die ArbNin hat nur dann einen Anspruch aus § 11, wenn das Aussetzen mit der Arbeit (bzw. die Verdienstminderung) **ausschließlich** auf einem Beschäftigungsverbot des Abs. 1 beruht („**wegen** eines Beschäftigungsverbots", vgl. § 3 Rz. 5). Zu prüfen ist also, ob nicht unabhängig vom Beschäftigungsverbot auch andere Umstände den **vollen** Lohnanspruch beeinträchtigt hätten[4]. Anderweitige Gründe (zB Ablehnung einer zumutbaren Ersatzarbeit, Schlechtleistung, Erholungsurlaub oder Elternzeit) schließen den Anspruch aus. Bei **Betriebsstörungen** ist die Betriebsrisikolehre (vgl. § 615 BGB Rz. 112 ff.) für die Zahlungspflicht entscheidend. Fällt bei einem Arbeitskampf das Risiko der Störung in den Bereich der ArbNin, so kann § 11 keinen Entgeltanspruch verschaffen (Arbeitskampfrisikolehre). Gleiches gilt bei Kurzarbeit, Stilllegung, Aussperrungen sowie der aktiven Teilnahme an Streiks (Art. 9 GG Rz. 199). Liegt keine Beteiligung vor und führt der ArbGeb in seinem bestreikten Betrieb die Arbeiten weiter, wird die ArbNin als arbeitswillig eingestuft und hat einen Anspruch aus § 11, sofern dem ArbGeb ihre Weiterbeschäftigung zumutbar ist[5].

Problematisch ist das Verhältnis zur Entgeltfortzahlung im Krankheitsfall. Die Krankheit setzt einen **regelwidrigen** körperlichen oder geistigen Zustand gem. § 3 EFZG voraus, so dass die Schwangerschaft als Normalzustand und typische Begleiterscheinungen (zB Übelkeit, Rückenschmerzen) nicht erfasst werden (vgl. § 3 Rz. 5). Für den **ArbGeb** ist die Unterscheidung ausschlaggebend dafür, ob sich sein finanzielles Risiko beim Vorliegen einer Krankheit auf den beschränkten sechswöchigen Anspruch aus § 3 EFZG begrenzt. Dagegen hat eine zur Arbeitsunfähigkeit führende Erkrankung **keine Auswirkung** auf die Berechtigung zum Bezug von **Mutterschaftsgeld** (Vorrang des Mutterschaftsgeldes)[6].

III. **Berechnung des Mutterschutzlohnes.** Maßgeblich für die Berechnung des Mutterschutzlohnes sind der dem **Berechnungszeitraum** zuzuordnende **Gesamtverdienst** und die zur Lohnbemessung im jeweiligen Betrieb maßgeblichen, der ArbNin tatsächlich **bezahlten Zeiteinheiten** (zB Wochen). Auf den Fälligkeitszeitraum kommt es nicht an[7]. Dividiert man diesen Verdienst durch die errechneten Zeiteinheiten, ergibt sich der **Durchschnittsverdienst**. Dieser ist als Mutterschutzlohn in dem Maße weiter zu gewähren, wie die konkreten (teilweisen oder vollständigen) Beschäftigungsverbote den Verdienst der Frau mindern.

1. **Berechnungszeitraum.** Nach Abs. 1 hat der ArbGeb mindestens den Durchschnittsverdienst der letzten 13 Wochen oder der letzten drei Monate vor Beginn des Monats, in dem die Schwangerschaft eingetreten ist, weiter zu gewähren (sog. Referenz- oder Bezugsmethode). Dabei hat er ein **Wahlrecht** zwischen beiden Zeiträumen (zur Fristberechnung vgl. Vor §§ 3 bis 8 Rz. 2). Ist das ArbVerh beim aktuellen ArbGeb erst nach Schwangerschaftsbeginn begründet worden, sind von diesem die ersten 13 Wochen bzw. drei Monate zugrunde zu legen, S. 3. Bei einer Beschäftigung unterhalb der angegebenen Zeiträume ist der Verdienst des kürzeren Zeitraums ausschlaggebend, S. 4. Unterschiedliche Beträge der jeweiligen Zeiteinheiten werden durch die oben angegebene Formel im Durchschnittsverdienst berücksichtigt. Hat die ArbNin (zB auf Grund einer Erkrankung) während der relevanten Zeiträume überhaupt nicht gearbeitet, muss auf den Zeitabschnitt vor dem Ausfall abgestellt werden[8]. Ggf. ist der Referenzzeitraum auf einen repräsentativen Abschnitt zu erweitern[9]. Lässt sich auch so kein Durchschnittsverdienst ermitteln, ist anhand der Entlohnung anderer Beschäftigter mit gleich gelagerten Tätigkeiten zu kalkulieren (vgl. auch § 24i II 4 SGB V)[10].

---

1 Zwar enthält der Gesetzestext noch den Verweis auf die RVO, die entsprechende Vorschrift (§ 200) wurde indes gestrichen, vgl. Art. 7 G v. 23.10.2012 (BGBl. I S. 2246, 2262). || 2 Vgl. *Buchner/Becker*, § 11 Rz. 67 f. mwN. || 3 Wie hier HaKo-ArbR/*Reinecke/Velikova*, § 11 Rz. 2. || 4 BAG 13.2.2002 – 5 AZR 588/00, NZA 2002, 783. || 5 *Buchner/Becker*, § 11 Rz. 41. || 6 *Buchner/Becker*, § 11 Rz. 149. || 7 BAG 14.12.2011 – 5 AZR 439/10, NJW 2012, 1900. || 8 BAG 15.1.1969 – 3 AZR 305/68, DB 1969, 489. || 9 LAG Köln 21.12.2011 – 8 Sa 1328/10, LAGE § 11 MuSchG Nr. 8. || 10 *Meisel/Sowka*, § 11 Rz. 40.

7 **2. Gesamtverdienst.** Dem Gesamtverdienst als Berechnungsgrundlage des Durchschnittsverdienstes ist der **arbeitsrechtl. Verdienstbegriff** (identisch mit „Arbeitsentgelt", vgl. § 611 BGB Rz. 85 ff.) zugrunde zu legen. Gemeint ist damit **jede geldwerte** Gegenleistung (Bruttobezüge) für die Erfüllung **arbeitsvertragl.** Pflichten[1]. Ziel ist es, mit dem Mutterschutzlohn den **Lebensstandard des Berechnungszeitraumes** aufrechterhalten zu können. Neben den Lohn- und Gehaltssummen (Effektivhöhe) sind dies im Einzelnen: Bedienungsgelder, Provisionen, Erschwernis- und Leistungszulagen (zB Vergütungen für Überstunden und Mehrarbeit, Sonn-, Feiertags- oder Nachtarbeitszuschläge)[2], Sozialzulagen (Alter, Dienstzeit, Kinder-, Familienzuschläge) sowie Entgeltfortzahlungen, die auch ohne Arbeitsleistung beansprucht werden können (zB § 3 EFZG, § 37 BetrVG, Urlaubsentgelt). Sachbezüge (zB freie Wohnung) sind weiter in Natur zu leisten. Vermögenswirksame Leistungen sind zusätzlich zu § 11 zu erbringen. Zwar lässt der EuGH vor dem Hintergrund der RL 92/85/EWG die Herausnahme bestimmter tätigkeitsbezogener Entgeltbestandteile aus dem Mutterschutzlohn zu, wenn deren Voraussetzungen wegen einer mutterschutzbedingten Umsetzung nicht mehr vorliegen[3]. § 11 geht insoweit aber über das Unionsrecht hinaus und verbietet entsprechende Kürzungen[4].

8 Nicht als Verdienst einzustufen sind freiwillige Trinkgelder im Gaststättengewerbe, Aufwandsentschädigungen zum Ersatz von Mehrkosten (zB Reisespesen), einmalige Zuwendungen für die Gesamtleistung eines ganzen Jahres, wenn diese nur zufällig im Berechnungszeitraum ausbezahlt werden (zB Weihnachtsgeld, Urlaubsgelder, 13. Monatsgehalt, wenn nicht als Vergütung für geleistete Arbeit monatlich ausgezahlt[5], Treueprämien, Erfinderbelohnungen)[6], irrtümliche Zahlungen sowie Kurzarbeiter- und Schlechtwettergeld.

9 **3. Verdiensterhöhungen, -kürzungen (Abs. 2).** Vgl. dazu auch § 11 BUrlG mit gleichem Anliegen (§ 11 BUrlG Rz. 41 ff.). **Erhöhungen** sind tarifl., betriebl. oder einzelvertragl. Steigerungen des o.g. „Verdienstes" mit **nicht nur vorübergehender** Natur, S. 1. Zu differenzieren ist danach, ob sie während oder nach Ablauf des Berechnungszeitraumes eintreten. Im ersten Fall erfolgt eine fiktive Zurückberechnung auf den ersten Tag des Berechnungszeitraumes. Erfolgt die Erhöhung nach dessen Ablauf, jedoch noch während des Bezuges von Mutterschutzlohn, so ist ab diesem Zeitpunkt der erhöhte Lohn zu zahlen. Sonstige Konstellationen wie etwa eine Erhöhung nach Ende des Beschäftigungsverbots haben keine Folgen. Das vermehrte Arbeitsentgelt ist nicht nur „vorübergehend", wenn es **wenigstens drei Monate** hindurch gezahlt wird[7]. Dagegen wirken sich dauerhafte **Verdienstkürzungen** rückwirkend für den gesamten Zeitraum zu Lasten der ArbNin aus, selbst wenn sie nach Ablauf des Berechnungszeitraums erfolgen, S. 3[8]. Die ArbNin soll keine Besserstellung ggü. den anderen ArbNinnen erhalten.

10 Erzielt die ArbNin in ganzen Lohnzahlungsabschnitten (zB Wochen, Arbeitstage) überhaupt **kein Entgelt**, so hat dies keine Auswirkung, da der Gesamtverdienst durch einen kleineren Divisor geteilt wird, Abs. 1 S. 5. Ergänzt wird diese Regelung durch **Abs. 2 S. 2**, weil so auch stundenweise Ausfälle berücksichtigt werden können. Dies gilt jedoch nur, wenn dies von der ArbNin nicht verschuldet wurde (nicht zB Bummeltage). Unter „Arbeitsausfälle" werden solche Sachverhalte verstanden, in denen der **ArbGeb** nicht in der Lage ist, die angebotene Arbeitsleistung anzunehmen (Betriebsrisiko).

12 *(weggefallen)*

13 *Mutterschaftsgeld*
(1) Frauen, die Mitglied einer gesetzlichen Krankenkasse sind, erhalten für die Zeit der Schutzfristen des § 3 Abs. 2 und des § 6 Abs. 1 sowie für den Entbindungstag Mutterschaftsgeld nach den Vorschriften des Fünften Buches Sozialgesetzbuch oder des Zweiten Gesetzes über die Krankenversicherung der Landwirte über das Mutterschaftsgeld.

(2) Frauen, die nicht Mitglied einer gesetzlichen Krankenkasse sind, erhalten, wenn sie bei Beginn der Schutzfrist nach § 3 Abs. 2 in einem Arbeitsverhältnis stehen oder in Heimarbeit beschäftigt sind, für die Zeit der Schutzfristen des § 3 Abs. 2 und des § 6 Abs. 1 sowie für den Entbindungstag Mutterschaftsgeld zu Lasten des Bundes in entsprechender Anwendung der Vorschriften des Fünften Buches Sozialgesetzbuch über das Mutterschaftsgeld, höchstens jedoch insg. 210 Euro. Das Mutterschaftsgeld wird diesen Frauen auf Antrag vom Bundesversicherungsamt gezahlt. Die Sätze 1 und 2 gelten für Frauen entsprechend, deren Arbeitsverhältnis während ihrer Schwangerschaft oder der Schutzfrist des § 6 Abs. 1 nach Maßgabe von § 9 Abs. 3 aufgelöst worden ist.

---

1 *Meisel/Sowka*, § 11 Rz. 41. ‖ 2 *Buchner/Becker*, § 11 Rz. 86; aA (nur wenn regelmäßig anfallend) *Meisel/Sowka*, § 11 Rz. 44a. ‖ 3 EuGH 1.7.2010 – Rs. C-471/08 – Parviainen, NZA 2010, 1284; 1.7.2010 – Rs. C-194/08, NZA 2010, 1113 – Gassmayr. Hierzu *Junker*, NZA 2011, 950 (954 f.); *Nebe*, ZAESAR 2011, 10 ff. ‖ 4 HaKo-ArbR/*Reinecke/Velikova*, § 11 MuSchG Rz. 8. ‖ 5 BAG 25.11.1998 – 10 AZR 595/97, NZA 1999, 766. ‖ 6 *Graue*, § 11 Rz. 26, 27. ‖ 7 *Buchner/Becker*, § 11 Rz. 139. ‖ 8 ErfK/*Schlachter*, § 11 MuSchG Rz. 10.

(3) Frauen, die während der Schutzfristen des § 3 Abs. 2 oder des § 6 Abs. 1 von einem Beamten- in ein Arbeitsverhältnis wechseln, erhalten von diesem Zeitpunkt an Mutterschaftsgeld entsprechend den Absätzen 1 und 2.

I. Normzweck. Zusammen mit dem Zuschuss des ArbGeb nach § 14 sichert das Mutterschaftsgeld den Lebensunterhalt der ArbNin während der Mutterschutzfristen nach §§ 3 II, 6 I. Differenziert wird dabei zwischen gesetzl. krankenversicherten Frauen, Abs. 1, und Nichtversicherten, Abs. 2. Letztere werden mit einer max. Vergütung von 210 Euro schlechter gestellt[1].

II. Mutterschaftsgeld für gesetzlich krankenversicherte Frauen (Abs. 1). Abs. 1 dient lediglich als Verweis auf die eigentlichen Anspruchsgrundlagen, nämlich § 24i SGB V (früher § 200 RVO) bzw. § 14 KVLG 1989 (früher § 29 KVLG)[2]. Danach haben alle Frauen Anspruch auf Mutterschaftsgeld, die einen **Anspruch auf Krankengeld** haben oder denen **kein** Arbeitsentgelt wegen §§ 3 II bzw. 6 I gezahlt wird. Außerdem muss das ArbVerh nach § 24i II 1, 5 SGB V zu Beginn der Mutterschutzfristen bestehen oder währenddessen beginnen. Eine Auflösung nach Beginn des Zeitraumes hat keine Auswirkung auf diese Voraussetzung (zB Befristung)[3].

Mit der GKV-Gesundheitsreform 2000 v. 22.12.1999 wurde § 200 I Hs. 2 aF RVO gestrichen, der als weitere Voraussetzung für das Mutterschaftsgeld die **Mitgliedschaft** in der Krankenversicherung über die Dauer von zwölf Wochen zwischen dem zehnten und dem vierten Monat vor der Entbindung bestimmte. Diese **Wartezeit** ist nun nicht mehr zu erfüllen. Grund hierfür ist die heutige Arbeitsmarktsituation, welche die Gefahr des Rechtsmissbrauchs der Bezugsberechtigung weitgehend ausschließt[4]. Ob der Bestand der Mitgliedschaft **bei Beginn** der Schutzfrist eine weitere Voraussetzung ist, ist vor diesem Hintergrund zweifelhaft. *Buchner* vertritt die Auffassung, dass der Wortlaut des § 200 I RVO (nunmehr § 24i I SGB V) diese Interpretation nicht mehr hergebe, so dass auch der spätere Erwerb der Mitgliedschaft den Anspruch auslöse[5]. Im Hinblick auf den Wortlaut des § 24i II SGB V wird man jedoch weiterhin auf die Mitgliedschaft bei Fristbeginn abzustellen haben[6].

Ist die Frau zu Beginn der Schutzfristen des § 3 II in einem ArbVerh oder in Heimarbeit beschäftigt oder wird das ArbVerh nach Maßgabe des § 9 III aufgelöst, so erhält sie das **kalendertägliche Durchschnittsentgelt** der letzten drei abgerechneten Monate vor Beginn der Schutzfrist. Da es sich insoweit um einen versicherungsrechtl. Anspruch handelt[7], ist im Gegensatz zu §§ 11, 14 der **sozialversicherungsrechtliche** Entgeltbegriff relevant, § 14 SGB IV (Abweichungen gering)[8]. Zur Berechnung des Mutterschaftsgeldes ist zunächst unter Berücksichtigung des § 24i II SGB V der Bruttoverdienst im Berechnungszeitraum zu ermitteln, der sodann um die gesetzl. Belastungen reduziert wird. Die Zahlungspflicht der Krankenkasse ist auf maximal 13 Euro pro Kalendertag beschränkt. Mutterschaftsgeld **in Höhe des Krankengeldes** erhalten Frauen nach § 24i II 7 SGB V, die zwar die Voraussetzungen des Abs. 1 erfüllen, nicht aber unter Abs. 2 S. 1 oder 5 fallen (zB freiwillig versicherte Selbständige)[9]. Im Falle der späteren Begründung des ArbVerh wird zunächst nach § 24i II 7 SGB V Krankengeld, **ab Beginn** des ArbVerh Mutterschaftsgeld gezahlt, § 24i II 4 SGB V[10]. Die **Berechnung** des Bezugszeitraums richtet sich nach dem Zeitpunkt der Beantragung. Stellt die Frau den Antrag **vor** der Geburt, ist der mutmaßliche Geburtstermin aus dem Attest (vgl. § 24i III 3 SGB V) maßgebend. Danach wird der tatsächliche Geburtstermin zugrunde gelegt[11].

III. Mutterschaftsgeld für Nichtversicherte (Abs. 2). Nichtversicherte Frauen (zB auf Grund von Versicherungsfreiheit, vgl. § 6 I SGB V) haben nach der Anspruchsgrundlage des Abs. 2 einen Anspruch auf Mutterschaftsgeld von max. 210 Euro ggü. dem Bund. Voraussetzung dafür ist, dass die Frau bei Beginn der Schutzfrist nicht Mitglied der Krankenversicherung war (Rz. 2). Die Regelungen des SGB V sind dann entsprechend anwendbar.

IV. Wechsel von Beamten- in Arbeitsverhältnis (Abs. 3). Vor Einführung des Abs. 3 hatte eine Frau **keinen** Anspruch auf Mutterschaftsgeld, wenn sie zum Beginn der Schutzfrist als Beamtin im Vorbereitungsdienst eingestellt war und danach umgehend während der Fristen in ein ArbVerh wechselte. Mit Abs. 3 wurde diese Gesetzeslücke dahingehend geschlossen, dass ein Anspruch auf Mutterschaftsgeld ab dem Zeitpunkt des neuen ArbVerh besteht. Ein nahtloses Aufeinanderfolgen ist nicht erforderlich[12]. Nimmt die ArbNin wegen laufender Mutterschutzfristen ihre Arbeit zunächst nicht auf, steht dies dem Anspruch auf Mutterschaftsgeld nicht entgegen[13].

---

1 Krit. zur Verfassungsmäßigkeit der Regelung *Buchner*, NJW 1982, 800 (801). ǁ 2 Die Änderung erfolgte durch Art. 6 G v. 23.10.2012 BGBl. I S. 2246. Im Wesentlichen wurde der Norminhalt beibehalten. Näher zu den Vorgängernormen *Buchner/Becker*, § 13 Rz. 49 ff. ǁ 3 *Zmarzlik/Zipperer/Viethen/Vieß*, § 13 Rz. 21, 24. ǁ 4 *Buchner/Becker*, § 13 Rz. 57. ǁ 5 Vgl. *Buchner/Becker*, § 13 Rz. 47f. ǁ 6 HM: *Zmarzlik/Zipperer/Viethen/Vieß*, § 200 RVO Rz. 8. ǁ 7 Zur Qualifikation vgl. BSG 20.6.2001 – B 11 AL 20/01 R, NZS 2002, 100; BVerfG 14.3.2011 – 1 BvL 13/07, NZS 2011, 812. ǁ 8 *Meisel/Sowka*, § 200 RVO Rz. 49. ǁ 9 *Buchner/Becker*, § 13 Rz. 86f.; ErfK/*Rolfs*, § 200 RVO Rz. 15. ǁ 10 *Buchner/Becker*, § 13 Rz. 85. ǁ 11 HM: *Zmarzlik/Zipperer/Viethen/Vieß*, § 200 RVO Rz. 48. ǁ 12 BSG 28.2.2008 – B 1 KR 17/07 R, NZA-RR 2009, 30. ǁ 13 BSG 28.2.2008 – B 1 KR 17/07 R, NZA-RR 2009, 30 (31).

7 **V. Rechtsschutz und Verhältnis zu anderen Leistungen.** Um Doppelvergütungen zu vermeiden, ruht nach § 24i IV SGB V das Mutterschaftsgeld, soweit beitragspflichtiges Arbeitsentgelt bezogen wird. Gem. § 3 I 1 Nr. 1 BEEG wird das Mutterschaftsgeld (nicht aus Abs. 2) auf das Elterngeld angerechnet. Erkrankt die ArbNin während der Schutzfrist, so besteht trotzdem (Gegensatz zu § 11) ein Anspruch auf Mutterschaftsgeld (Vorrang des Mutterschaftsgeldes). Streitigkeiten mit der Krankenkasse oder dem Bundesversicherungsamt (BVA) sind vor den **Sozialgerichten** auszutragen.

14 *Zuschuss zum Mutterschaftsgeld*

(1) Frauen, die Anspruch auf Mutterschaftsgeld nach § 24i Absatz 1, 2 Satz 1 bis 4 und Absatz 3 des Fünften Buches Sozialgesetzbuch oder § 13 Abs. 2, 3 haben, erhalten während ihres bestehenden Arbeitsverhältnisses für die Zeit der Schutzfristen des § 3 Abs. 2 und § 6 Abs. 1 sowie für den Entbindungstag von ihrem Arbeitgeber einen Zuschuss in Höhe des Unterschiedsbetrages zwischen 13 Euro und dem um die gesetzlichen Abzüge verminderten durchschnittlichen kalendertäglichen Arbeitsentgelt. Das durchschnittliche kalendertägliche Arbeitsentgelt ist aus den letzten drei abgerechneten Kalendermonaten, bei wöchentlicher Abrechnung aus den letzten 13 abgerechneten Wochen vor Beginn der Schutzfrist nach § 3 Abs. 2 zu berechnen. Nicht nur vorübergehende Erhöhungen des Arbeitsentgeltes, die während der Schutzfristen des § 3 Abs. 2 und § 6 Abs. 1 wirksam werden, sind ab diesem Zeitpunkt in die Berechnung einzubeziehen. Einmalig gezahltes Arbeitsentgelt (§ 23a des Vierten Buches Sozialgesetzbuch) sowie Tage, an denen infolge von Kurzarbeit, Arbeitsausfällen oder unverschuldeter Arbeitsversäumnis kein oder ein vermindertes Arbeitsentgelt erzielt wurde, bleiben außer Betracht. Zu berücksichtigen sind dauerhafte Verdienstkürzungen, die während oder nach Ablauf des Berechnungszeitraums eintreten und nicht auf einem mutterschutzrechtlichen Beschäftigungsverbot beruhen. Ist danach eine Berechnung nicht möglich, so ist das durchschnittliche kalendertägliche Arbeitsentgelt einer gleichartig Beschäftigten zugrunde zu legen.

(2) Frauen, deren Arbeitsverhältnis während ihrer Schwangerschaft oder während der Schutzfrist des § 6 Abs. 1 nach Maßgabe von § 9 Abs. 3 aufgelöst worden ist, erhalten bis zum Ende dieser Schutzfrist den Zuschuss nach Absatz 1 von der für die Zahlung des Mutterschaftsgeldes zuständigen Stelle.

(3) Absatz 2 gilt entsprechend, wenn der Arbeitgeber wegen eines Insolvenzereignisses im Sinne des § 165 Absatz 1 Satz 2 des Dritten Buches Sozialgesetzbuch seinen Zuschuss nach Absatz 1 nicht zahlen kann.

(4) Der Zuschuss nach den Absätzen 1 bis 3 entfällt für die Zeit, in der Frauen die Elternzeit nach dem Bundeselterngeld- und Elternzeitgesetz in Anspruch nehmen oder in Anspruch genommen hätten, wenn deren Arbeitsverhältnis nicht während ihrer Schwangerschaft oder während der Schutzfrist des § 6 Abs. 1 vom Arbeitgeber zulässig aufgelöst worden wäre. Dies gilt nicht, soweit sie eine zulässige Teilzeitarbeit leisten.

1 **I. Systematik.** Der Zuschuss des ArbGeb ist die Differenz zwischen dem auf 13 Euro pro Tag beschränkten Mutterschaftsgeld und dem tatsächlichen Nettoeinkommen. In der ursprünglichen Konzeption waren die 13 Euro kalendertäglich als Hauptleistung gedacht. Trotz Art. 6 IV GG, der den Schutz und die Fürsorge für die Mutter **der Gemeinschaft** auferlegt, wurde dieser Sockelbetrag seit der Einführung am 1.1.1968 nicht erhöht[1]. Mit den stetig steigenden Durchschnittslöhnen veränderte sich das Verhältnis zum Zuschuss der ArbGeb soweit, dass man heute von einer Disproportionalität sprechen kann[2]. Auf Grund der Entscheidung des BVerfG v. 18.11.2003[3] wurde das zuvor in §§ 10 ff. LFZG nur für Kleinbetriebe vorgesehene Umlageverfahren („U 2") im zum 1.1.2006 in Kraft getretenen Aufwendungsausgleichsgesetz (AAG) auf eine neue Grundlage gestellt und auf **alle ArbGeb** ausgeweitet. § 1 II Nr. 1 AAG sieht einen Erstattungsanspruch der ArbGeb ggü. den Krankenkassen hinsichtlich des nach § 14 I gezahlten Zuschusses zum Mutterschaftsgeld vor, § 1 II Nr. 2 und 3 AAG normiert dasselbe für die **Leistungen der ArbGeb nach § 11 (Mutterschutzlohn)**[4]. Rechtspolitisch ist anzumerken, dass die Neuregelung zwar die finanzielle Last gleichmäßig auf die Schultern der Versichertengemeinschaft verteilt, der Staat aber weiterhin nur in unzureichendem Maße seinen Verpflichtungen nachkommt[5].

2 **II. Voraussetzungen der Bezugsberechtigung (Abs. 1). 1. Anspruchsberechtigte.** Ausgangspunkt ist die **Koppelung** des ArbGebZuschusses an einen bestehenden **Anspruch** aus § 24i SGB V oder aus Abs. 2, 3 **auf Mutterschaftsgeld**[6]. Auf die tatsächliche Zahlung kommt es nicht an. Weiterhin spielt der Versicherungsstatus keine Rolle, sondern allein das **Bestehen eines Arbeitsverhältnisses** zu Beginn der Fristen. Darüber hinaus muss die Frau in den letzten drei Monaten kalendertäglich durchschnittlich **mehr als 13 Euro** Nettoarbeitsentgelt erhalten haben. Arbeitet die ArbNin im Rahmen des § 3 II vollständig weiter, erhält sie nur ihr Arbeitsentgelt. §§ 13 und 14 haben lediglich **Lohnersatzfunktion**. Arbeitet sie bis zur Geburt teilweise weiter, ruht zwar das Mutterschaftsgeld nach § 24i IV SGB V der Höhe

---

1 *Buchner*, NZA 2004, 1121. ||2 *Buchner/Becker*, § 14 Rz. 13. ||3 BVerfG 18.11.2003 – 1 BvR 302/96, NZA 2004, 33. ||4 Vgl. näher *Buchner*, NZA 2006, 121 (122 ff.). ||5 So auch *Buchner*, NZA 2004, 1121 (1128). ||6 Im Gegensatz zu § 29 KVLG aF wird in § 14 KVLG 1989 auf § 24i SGB V Bezug genommen, so dass eine ausdrückliche Erwähnung nicht erforderlich ist.

nach ("soweit"), der **Anspruch** darauf wird aber **nicht beseitigt**[1]. Der **ArbGeb** hat deshalb den Differenzbetrag zu zahlen. Ist die Frau während der Schutzfristen arbeitsunfähig krank, entfällt der Anspruch auf den Zuschuss nicht[2]. Im Übrigen muss das Beschäftigungsverbot nach § 3 II oder § 6 I für den auszugleichenden Verdienstausfall kausal sein[3].

Keinen Anspruch haben Frauen, die Krankengeld nach § 24i II 7 SGB V oder § 14 II KVLG 1989 erhalten (zB Arbl., Selbständige). Endet das ArbVerh nach Beginn der Schutzfrist **nicht** nach Maßgabe des § 9 III (vgl. § 14 II), sondern in sonstiger Weise, erlischt grds. der bis dahin gegebene Anspruch auf Zuschuss. Ebenso entfällt gem. Abs. 4 der Zuschuss, wenn Frauen während der Mutterschutzfristen Elternzeit nehmen (Bsp.: Frau wird während der laufenden Elternzeit erneut schwanger oder nimmt Elternzeit bereits parallel zur Schutzfrist nach der Entbindung). Unabhängig vom Bestehen des Anspruchs auf Mutterschaftsgeld entfällt hier der Zuschussanspruch, da mit der Inanspruchnahme der Elternzeit das ArbVerh bzgl. der **beiderseitigen Hauptpflichten suspendiert** ist[4]. Bei **Teilzeitarbeit** ist zwischen diskontinuierlicher und kontinuierlicher Entgeltzahlung zu unterscheiden[5]. Zum Fall von kollektiven Maßnahmen wie Streik, Aussperrung und Stilllegung vgl. § 11 Rz. 3.

2. Anspruchsverpflichtete. a) Arbeitgeber (Abs. 1). Während des ArbVerh richtet sich der Anspruch gegen den **ArbGeb** (bei HeimArbVerh gem. § 24 gegen den Auftraggeber oder Zwischenmeister). Bei einem Betriebsübergang nach § 613a BGB geht die Pflicht auf den neuen **ArbGeb** über. Liegt eine Beschäftigung bei mehreren **ArbGeb** parallel vor, ist der Gesamtverdienst zu ermitteln und davon anteilig der Zuschuss zu zahlen[6]. Bei dem Zuschussanspruch handelt es sich um einen **arbeitsrechtl.** Anspruch mit Lohnersatzcharakter, der demzufolge auch vor den **ArbG** einzuklagen ist.

b) Krankenkasse (Abs. 2 und 3). Ist das ArbVerh nach Maßgabe des § 9 III aufgelöst worden, so ist ab diesem Zeitpunkt bis zum Ende der Frist die zur Mutterschaftsgeldzahlung jeweils zuständige Stelle verantwortlich, Abs. 2. Anderweitige Beendigungstatbestände werden nicht erfasst[7]. Besteht aber bei Arbeitsunfähigkeit ein Anspruch auf Krankengeld, ist der Frau ab dem Wegfall des Zuschussanspruchs Mutterschaftsgeld in Höhe des Krankengelds zu zahlen (Sinn und Zweck des § 24i II 7 SGB V)[8]. Der Anspruch aus Abs. 2 bzw. 3 ist **öffentl.-rechtl.**, so dass die SG zuständig sind.

III. Berechnung und Dauer des Zuschusses. Der Zuschuss ist die Differenz zwischen dem kalendertäglichen Nettodurchschnittsentgelt und 13 Euro. Er wird für die Dauer der Schutzfristen nach §§ 3 II, 6 I (einschl. Entbindungstag) gezahlt. Ruht das ArbVerh wegen Elternzeit bei Beginn der Schutzfrist nach § 3 II, ist der Anspruch gem. § 14 IV nur bis zum Ende der Elternzeit ausgeschlossen[9]. Der Entgeltbegriff ist dabei identisch mit dem Begriff des Arbeitsentgelts in § 11 (vgl. § 11 Rz. 7 und 8)[10]. Verdiensterhöhungen sind nach Abs. 1 S. 3, -kürzungen nach S. 5 zu berücksichtigen. Das entweder über drei Kalendermonate (gem. § 191 BGB, Divisor 90) oder über 13 Wochen (Divisor 91) abgerechnete Entgelt wird um die gesetzl. Abzüge (Lohn-, Kirchensteuer, Solidaritätszuschlag, Anteil am SozV-Beitrag einschl. Pflegeversicherung; *nicht* zusätzliche Alters-, Hinterbliebenenversorgung und private Kranken-, Lebensversicherung[11]) vermindert. Das so ermittelte Nettoentgelt wird mit dem jeweiligen Divisor dividiert, um das **tägliche** Nettodurchschnittsentgelt zu ermitteln. Ein Wechsel der Steuerklasse allein zum Zweck der Verringerung der Abzüge ist rechtsmissbräuchlich[12]. Bei unregelmäßigen Einkünften ist nicht der Zufluss im Referenzzeitraum entscheidend, sondern dass sie in dem Zeitraum verdient wurden[13].

15 Sonstige Leistungen bei Schwangerschaft und Mutterschaft

Frauen, die in der gesetzlichen Krankenversicherung versichert sind, erhalten auch die folgenden Leistungen bei Schwangerschaft und Mutterschaft nach den Vorschriften des Fünften Buches Sozialgesetzbuch oder des Zweiten Gesetzes über die Krankenversicherung der Landwirte:

1. ärztliche Betreuung und Hebammenhilfe,
2. Versorgung mit Arznei-, Verband- und Heilmitteln,
3. stationäre Entbindung,
4. häusliche Pflege,
5. Haushaltshilfe.

Die Norm selbst ist nicht Anspruchsgrundlage für die angeführten Leistungen, sondern hat allein **deklaratorische** Bedeutung. Durch sie sollen die gesetzl. versicherten Frauen auf ihre Ansprüche aus dem SGB V und dem KVLG 1989 hingewiesen werden.

---

1 *Heilmann*, § 14 Rz. 11. ||2 BAG 12.3.1997 – 5 AZR 226/96, NZA 1997, 763. ||3 BAG 22.8.2012 – 5 AZR 652/11, NZA 2012, 1277. ||4 *Buchner/Becker*, § 14 Rz. 43. ||5 Eingehend *Mehl*, Freistellungsanspruch bei flexibler Teilzeitarbeit, 2004, S. 211 f. ||6 *Zmarzlik/Zipperer/Viethen/Vieß*, § 14 Rz. 62. ||7 *Buchner/Becker*, § 14 Rz. 56. ||8 *Buchner/Becker*, § 14 Rz. 77. ||9 BAG 22.8.2012 – 5 AZR 652/11, NZA 2012, 1277. ||10 S. a. BAG 11.10.2000 – 5 AZR 240/99, NZA 2001, 445; LAG Hamburg 18.3.2010 – 7 Sa 53/09. ||11 Vgl. LAG München 27.11.2009 – 3 Sa 652/09; *Zmarzlik/Zipperer/Viethen/Vieß*, § 14 Rz. 43. ||12 *Zmarzlik/Zipperer/Viethen/Vieß*, § 14 Rz. 45. ||13 BAG 14.12.2011 – 5 AZR 439/10, NJW 2012, 1900.

16 Freistellung für Untersuchungen

Der Arbeitgeber hat die Frau für die Zeit freizustellen, die zur Durchführung der Untersuchungen im Rahmen der Leistungen der gesetzlichen Krankenversicherung bei Schwangerschaft und Mutterschaft erforderlich ist. Entsprechendes gilt zugunsten der Frau, die nicht in der gesetzlichen Krankenversicherung versichert ist. Ein Entgeltausfall darf hierdurch nicht eintreten.

1 **I. Normzweck.** § 16 soll dafür sorgen, dass durch **Freistellung von der Arbeit** die notwendigen medizinischen Untersuchungen durchgeführt werden. Die Norm konkretisiert die allg. Fürsorgepflicht des ArbGeb und begründet gleichzeitig eine öffentl.-rechtl. Pflicht, die gem. § 21 I Nr. 7 sanktioniert wird und behördlicher Aufsicht unterliegt.

2 **II. Geschützter Personenkreis.** 1996 wurde der Kreis der Anspruchsberechtigten auch auf **nicht** der gesetzl. Krankenversicherung angehörende Mütter erweitert, S. 2. Somit haben **alle** ArbNinnen einen Freistellungsanspruch. Dies entspricht der Umsetzung des Art. 9 MutterschutzRL 92/85/EWG.

3 **III. Inhalt des Anspruchs.** Der Anspruch erstreckt sich auf Untersuchungen, die mutterschafts-, nicht krankheitsbedingt durchgeführt werden. Die erforderliche Freistellung umfasst sowohl die **Wegezeit** als auch die **Dauer des Arztbesuchs** selbst. Die Häufigkeit richtet sich nach dem Urteil des behandelnden Arztes im Einzelfall. Seine Entscheidung ist vom ArbGeb zu respektieren[1]. Die Schwangere ist nicht berechtigt, eigenmächtig von der Arbeit fern zu bleiben. Sie muss den Termin mit den betriebl. Interessen abstimmen und ihn frühzeitig dem **ArbGeb** mitteilen. Ist die Untersuchung ohne Probleme außerhalb der Arbeitszeit durchführbar, so ist die Freistellung nicht erforderlich. Hierauf sollte die ArbNin hinarbeiten. Gewährt der **ArbGeb** nach vorhergehender Absprache keine Freistellung, kann die ArbNin die erforderlichen Untersuchungen durchführen lassen. Dazu steht ihr ein Zurückbehaltungsrecht zu[2].

4 **IV. Rechtsfolgen.** Gem. S. 3 ist der **Entgeltausfall** für die ArbNin **ausgeschlossen**. Die versäumte Arbeitszeit ist ihr nach dem Lohnausfallprinzip weiter zu zahlen. Es muss keine Vor- oder Nacharbeit geleistet werden, da die Zeit für Untersuchungen auf die Arbeitszeit angerechnet wird[3]. Entsteht der Frau ein Schaden, weil der ArbGeb ihre Rechte missachtet, so hat sie einen Schadensersatzanspruch aus Vertrag sowie § 823 I und II BGB.

17 Erholungsurlaub

Für den Anspruch auf bezahlten Erholungsurlaub und dessen Dauer gelten die Ausfallzeiten wegen mutterschutzrechtlicher Beschäftigungsverbote als Beschäftigungszeiten. Hat die Frau ihren Urlaub vor Beginn der Beschäftigungsverbote nicht oder nicht vollständig erhalten, so kann sie nach Ablauf der Fristen den Resturlaub im laufenden oder im nächsten Urlaubsjahr beanspruchen.

1 S. 1 dient lediglich der Klarstellung dessen, was bereits vor dem Zweiten Gesetz zur Änderung des Mutterschutzrechts v. 20.6.2002[4] als Rechtsgrundsatz galt. Auf Grund der unterschiedlichen Zielsetzung dürfen die Fehlzeiten der Schwangerschaft nicht den gesetzl. Anspruch auf Erholungsurlaub berühren (Vor §§ 3 bis 8 Rz. 4). Eine Anrechnung auf die Schutzfristen ist ausgeschlossen. Es gelten bei der Berechnung des Erholungsurlaubs **alle durch das MuSchG verursachten Beschäftigungsverbote** als tatsächliche Beschäftigung.

2 Darüber hinaus wird gem. S. 2 die Übertragung von Resturlaubsansprüchen festgelegt. Konnte auf Grund von Beschäftigungsverboten der Erholungsurlaub nicht vollständig genommen werden, so ist der Anspruch nach dem Ende des Verbots noch im folgenden Jahr gegeben. Wegen Ablauf des Übertragungszeitraums nach § 7 III BUrlG bereits erloschene Urlaubsansprüche leben nicht wieder auf; und zwar auch dann nicht, wenn die Zeit zwischen einem vor dem 31.3. begonnenen Beschäftigungsverbot und dem 31.3. nicht ausgereicht hätte, den Urlaub zu nehmen[5]. War die ArbNin auf Grund von Krankheit gehindert, Urlaub in Anspruch zu nehmen, verfallen ihre gesetzl. Urlaubsansprüche aufgrund unionsrechtskonformer Auslegung (Art. 7 RL 2003/88/EG) des § 7 III 3 BUrlG 15 Monate nach Ablauf des Urlaubsjahres (vgl. näher § 7 BUrlG Rz. 74a)[6]. Die vom Gesetzgeber gewählte Formulierung „nach Ablauf der Fristen" bezieht sich nicht nur auf die Mutterschutzfristen, vielmehr erfasst sie **alle mutterschutzrechtl. Beschäftigungsverbote**. Eine Freistellung der ArbNin aufgrund eines Beschäftigungsverbotes stellt keine Urlaubserteilung dar[7]. Bzgl. der Ansprüche nach anschließender Elternzeit ist § 17 II BEEG entscheidend. Ob der ArbG bei einem lediglich nach §§ 3 I, 4, 8 bestehenden Beschäftigungsverbot rechtswirksam Urlaub gewähren kann, ist fraglich, richtigerweise aber zu bejahen. Beschränkt wird nämlich nur die zulässige Beschäftigung, nicht die Arbeitspflicht als solche[8].

---

[1] *Buchner/Becker*, § 16 Rz. 20. || [2] *Heilmann*, § 16 Rz. 11ff. und 22. || [3] *Buchner/Becker*, § 16 Rz. 22. || [4] BGBl. I, 2318. || [5] BAG 28.7.1992 – 9 AZR 340/91, NZA 1994, 27; HaKo-ArbR/*Reinecke/Velikova*, § 17 MuSchG Rz. 4. || [6] BAG 7.8.2012 – 9 AZR 353/10, NZA 2012, 1216 im Anschl. an EuGH 22.11.2011 – Rs. C-214/10, NZA 2011, 1333 – KHS. || [7] LAG Rh.-Pf. 29.1.2009 – 11 Sa 547/08; HaKo-ArbR/*Reinecke/Velikova*, § 17 Rz. 6. || [8] Wie hier HaKo-ArbR/*Reinecke/Velikova*, § 17 Rz. 6 (mwN zur Gegenmeinung); *Friese*, NZA 2003, 597 (599f.).

Fünfter Abschnitt. Durchführung des Gesetzes

18 Auslage des Gesetzes

(1) In Betrieben und Verwaltungen, in denen regelmäßig mehr als drei Frauen beschäftigt werden, ist ein Abdruck dieses Gesetzes an geeigneter Stelle zur Einsicht auszulegen oder auszuhängen.

(2) Wer Heimarbeit ausgibt oder abnimmt, hat in den Räumen der Ausgabe und Abnahme einen Abdruck dieses Gesetzes an geeigneter Stelle zur Einsicht auszulegen oder auszuhängen.

I. Pflicht zum Aushang in Betrieben und Verwaltungen (Abs. 1). Um dem Regelungsziel (Information der ArbNinnen) nachzukommen, muss der ArbGeb einen Aushang dieses Gesetzes in Betrieben bzw. Verwaltungen vornehmen. Der Begriff umfasst im genannten Zusammenhang neben Industrie, Handel und Handwerk auch freiberuflich Tätige, Landwirtschaft, See- und Binnenschifffahrt, öffentl. Betriebe sowie Nebenbetriebe und Betriebsteile, wenn diese so nah gelegen sind, dass die Einsicht in den Betriebspausen möglich ist[1]. Verwaltungen sind zB die einzelnen Dienststellen bei Gemeinden und Städten sowie Anstalten und Stiftungen. 1

Unabhängig von der sonstigen Geltung des MuSchG greift § 18 jedoch erst dann ein, wenn regelmäßig **mehr als drei Frauen** beschäftigt werden. Die Zahl bestimmt sich ausschließlich danach, ob die Frauen auf Grund ihrer Beschäftigung als betriebsangehörige ArbNin angesehen werden können, nicht aber nach Art, Dauer oder Umfang der Tätigkeiten[2]. Regelmäßig bedeutet, dass mehr als drei Frauen nicht nur vorübergehend (zB Weihnachtsgeschäft), sondern ständig beschäftigt sind. 2

Des Weiteren muss der Aushang an **geeigneter Stelle** erfolgen. Dabei ist zu beachten, dass der vollständige Wortlaut der aktuellen Gesetzesfassung des MuSchG an einem **frei zugänglichen** Platz (zB Personalbüro, schwarzes Brett) ausgelegt bzw. aufgehängt werden muss, um allen ArbNinnen die Einsicht zu ermöglichen. Grds. ist der Aushang in deutscher Sprache ausreichend, wenn nicht in Einzelfällen die arbeitsrechtl. **Fürsorgepflicht** den **ArbGeb** dazu zwingt, über lange Zeit beschäftigte ArbNinnen über ihre Rechte zu informieren[3]. 3

II. Heimarbeit (Abs. 2). Da die Heimarbeiterinnen ihre Arbeit an einer selbst gewählten Arbeitsstätte leisten, welche sie sich bei dem Auftraggeber in sog. **Ausgaberäumen** abgeholt haben bzw. abgeben, muss der Aushang bzw. die Auslage auch in diesem Raum stattfinden. Auf die Anzahl der Beschäftigten kommt es hierbei nicht an. 4

III. Durchsetzung. Die Vorschrift dient nicht dem Individualschutz (Mindestbeschäftigtenzahl!), sondern ist reine **Ordnungsvorschrift**, also kein Schutzgesetz iSd. § 823 II BGB[4]. Daneben hat eine Verletzung auch keinen Einfluss auf den Beginn der Zwei-Wochen-Frist des § 9 I 1[5]. 5

19 Auskunft

(1) Der Arbeitgeber ist verpflichtet, der Aufsichtsbehörde auf Verlangen
1. die zur Erfüllung der Aufgaben dieser Behörde erforderlichen Angaben wahrheitsgemäß und vollständig zu machen,
2. die Unterlagen, aus denen Namen, Beschäftigungsart und -zeiten der werdenden und stillenden Mütter sowie Lohn- und Gehaltszahlungen ersichtlich sind, und alle sonstigen Unterlagen, die sich auf die zu Nummer 1 zu machenden Angaben beziehen, zur Einsicht vorzulegen oder einzusenden.

(2) Die Unterlagen sind mindestens bis zum Ablauf von zwei Jahren nach der letzten Eintragung aufzubewahren.

§ 19 soll die Pflichten der Aufsichtsbehörde aus § 20 I erleichtern, indem der ArbGeb auf Verlangen **Auskünfte** erteilen und **Unterlagen** herauszugeben hat. 1

Normadressat ist allein der **ArbGeb** bzw. sein Vertreter, nicht jedoch die ArbNin selbst. Ausgangspunkt ist dafür ein schriftl. oder mündl. **Verlangen der Aufsichtsbehörde**, im Rahmen ihrer Aufgaben die Informationen zu benötigen. Der BR ist gem. § 89 I BetrVG ausdrücklich verpflichtet, die zuständigen Stellen des Arbeitsschutzes einzuschalten, dh. auch über Verstöße gegen das MuSchG zu berichten. Beschränkt wird diese Pflicht jedoch durch den Grundsatz der vertrauensvollen Zusammenarbeit, der zunächst eine innerbetriebl. Einflussnahme gebietet[6]. 2

Der ArbGeb hat die im Auskunftsverlangen geforderten Angaben **wahrheitsgemäß** und **vollständig** zu machen bzw. die Unterlagen zur **Einsicht** vorzulegen. Die Beschaffung von Unterlagen ist dagegen nicht erforderlich, wenn diese nicht bereits im Besitz des ArbGeb sind. Außerdem darf die Vorlagepflicht 3

---

1 Meisel/Sowka, § 18 Rz. 2 ff. || 2 Buchner/Becker, § 18 Rz. 21. || 3 Zmarzlik/Zipperer/Viethen/Vieß, § 18 Rz. 7. || 4 Meisel/Sowka, § 18 Rz. 13. || 5 Zmarzlik/Zipperer/Viethen/Vieß, § 18 Rz. 10. || 6 Buchner/Becker, § 19 Rz. 7.

nicht dazu führen, dass der laufende Geschäftsbetrieb durch die Vorlage wichtiger Akten beeinträchtigt wird. Die Kosten der Übersendung der Dokumente trägt der ArbGeb[1].

4   Bzgl. der Unterlagen des Abs. 1 Nr. 2 besteht eine **Aufbewahrungspflicht für zwei Jahre** ab der letzten Eintragung, §§ 187 I, 188 II BGB. Grund hierfür ist die Notwendigkeit, im Nachhinein noch Verstöße festzustellen und zu ahnden.

20 *Aufsichtsbehörden*

(1) Die Aufsicht über die Ausführung der Vorschriften dieses Gesetzes und der auf Grund dieses Gesetzes erlassenen Vorschriften obliegt den nach Landesrecht zuständigen Behörden (Aufsichtsbehörden).

(2) Die Aufsichtsbehörden haben dieselben Befugnisse und Obliegenheiten wie nach § 139b der Gewerbeordnung die dort genannten besonderen Beamten. Das Grundrecht der Unverletzlichkeit der Wohnung (Artikel 13 des Grundgesetzes) wird insoweit eingeschränkt.

1   **I. Aufsichtsbehörden (Abs. 1).** Entsprechend den Kompetenzen bei der Ausführung von Bundesgesetzen nach Art. 83 GG legt § 20 die Zuständigkeit der jeweiligen Aufsichtsbehörden in die Hände der Länder. Diese haben in den jeweiligen Ausführungsvorschriften unterschiedliche Regelungen gefunden, wobei in den meisten Bundesländern die **Gewerbeaufsichtsämter** zuständig sind[2]. Dabei bestimmt sich die örtliche Zuständigkeit des Amtes nach dem Bezirk, in dessen Amtsbereich die Beschäftigung stattfindet (regelmäßig der Betriebssitz).

2   **II. Befugnisse der Aufsichtsbehörde (Abs. 2) und Rechtsmittel gegen Verfügungen.** Aus den Vorschriften des MuSchG ergeben sich konkrete Aufgaben für die Aufsichtsbehörde (zB § 4 V). Zur Durchführung werden ihr umfangreiche Befugnisse eingeräumt. Neben den notwendigen Ortsbesichtigungen in Betrieben, Verwaltungen und Familienhaushalten bzw. Auskunftsmöglichkeiten (§ 19) wird die Handlungsgewalt der Aufsichtsbehörde durch den Verweis auf § 139b GewO derjenigen der Ortspolizeibehörden gleichgestellt. So sind unangemeldete Revisionen jederzeit durchführbar und obendrein deren Behinderung eine Ordnungswidrigkeit nach der GewO. Stellt die Behörde Unregelmäßigkeiten fest, kann sie, angefangen mit Aufklärung und Beratung bis hin zu Mitteln des Verwaltungszwangs, Maßnahmen einleiten. Sie hat dabei aber die Betriebsverhältnisse geheim zu halten (sog. Amtsverschwiegenheit).

3   Die Aufsichtsbehörde ist bei der Wahrnehmung ihrer Aufgaben hoheitlich nach den jeweiligen Landesverwaltungsverfahrensgesetzen tätig, so dass der **Verwaltungsrechtsweg** nach § 40 VwGO eröffnet ist und sich die Rechtsbehelfe nach den allg. geltenden Vorschriften des verwaltungsgerichtl. Verfahrens richten (Anfechtungs-, Verpflichtungsklage). Daneben sind wie bei jeder Verwaltungsmaßnahme die formlosen Rechtsbehelfe (zB die Dienstaufsichtsbeschwerde) durchführbar.

Sechster Abschnitt. Straftaten und Ordnungswidrigkeiten

21–23 *(nicht kommentiert)*

Siebter Abschnitt. Schlussvorschriften

24–25 *(nicht kommentiert)*

---

1 *Meisel/Sowka*, § 19 Rz. 7. ||2 Zuständige Behörden aufgelistet bei *Buchner/Becker*, § 20 Rz. 2.

Nachweisgesetz (NachwG)
Gesetz über den Nachweis der für ein Arbeitsverhältnis geltenden wesentlichen Bedingungen

vom 20.7.1995 (BGBl. I S. 946),
zuletzt geändert durch Gesetz vom 5.12.2012 (BGBl. I S. 2474)

Vorbemerkungen

I. Regelungszweck und Bedeutung 1	2. Erfüllungsanspruch 30
II. Gesetzgebungsmaterialien 7	3. Vertragliche Schadensersatzansprüche ... 32
III. Kurzcharakteristik 12	4. Einwand des Rechtsmissbrauchs, § 242 BGB 35
IV. Regelungen in anderen Gesetzen 16	5. Deliktische Ansprüche 36
1. Arbeitnehmerüberlassungsgesetz 16	6. Zurückbehaltungsrecht 37
2. Berufsbildungsgesetz 20	7. Maßregelungsverbot 38
3. Seearbeitsgesetz 24	8. Beweislast 39
4. Gewerbeordnung 26	9. Kontrollmöglichkeiten nach dem Betriebsverfassungsgesetz 53
V. Rechtsfolgen 27	10. Bundesdatenschutzgesetz 55
1. Allgemeines; Fehlen besonderer Sanktionsvorschriften 27	

I. Regelungszweck und Bedeutung. Arbeitsvertragl. Vereinbarungen bedürfen im Grundsatz **keiner besonderen Form.** Sie können mündlich oder sogar stillschweigend getroffen werden. Der frühere § 42 AGB-DDR, der den ArbGeb verpflichtete, die wesentlichen vertragl. Vereinbarungen in einen schriftl. Arbeitsvertrag aufzunehmen, ist durch den Einigungsvertrag aufgehoben worden. **1**

Vor allem in kleineren Unternehmen und bei vorübergehenden oder geringfügigen Beschäftigungen existieren noch heute vielfach keine schriftl. Vertragsabreden. Selbst wenn schriftl. Arbeitsverträge existieren, sind diese häufig auf Grund zwischenzeitlich eingetretener Änderungen inhaltlich inaktuell. Der ArbN ist daher häufig nicht im Besitz eines die wichtigsten Arbeitsbedingungen enthaltenden aktuellen Schriftstückes. Vielfach wurde deshalb die rechtspolitische Forderung erhoben, den ArbGeb zu verpflichten, dem ArbN die im Einzelnen vereinbarten Arbeitsbedingungen schriftl. zu bestätigen, damit dieser nicht später in Beweisnot gerate[1]. **2**

Am 14.10.1991 kam der Rat der Europäischen Gemeinschaften dieser rechtspolitischen Forderung mit Erlass der RL 91/533/EWG „über die Pflicht des Arbeitgebers zur Unterrichtung des Arbeitnehmers über die für seinen Arbeitsvertrag oder sein Arbeitsvertragsverhältnis geltenden Bedingungen"[2] (sog. „**Nachweis-RL**") nach. Der deutsche Gesetzgeber hat diese RL durch das am 28.7.1995 in Kraft getretene Nachweisgesetz[3] im Wesentlichen inhaltsgleich in nationales Recht umgesetzt. **3**

Zielsetzung der Nachweis-RL ist, der aus der Entwicklung neuer Arbeitsformen (zB Tele- und Abrufarbeit, Job-Sharing und Job-Splitting) resultierenden erhöhten Gefahr eines auf ArbN-Seite bestehenden Informationsdefizits hinsichtlich der geltenden Vertragsbedingungen entgegenzuwirken[4]. Sie beabsichtigt ferner, „die Arbeitnehmer besser vor etwaiger Unkenntnis ihrer Rechte zu schützen und den Arbeitsmarkt transparenter zu gestalten"[5]. In Übereinstimmung hiermit dient die nach dem NachwG erforderliche Niederschrift der Information der Vertragsparteien über die aus dem ArbVerh resultierenden Rechte und Pflichten und damit zugleich der **Rechtssicherheit** und **Rechtsklarheit** im ArbVerh[6]. Durch die Nachweis-RL wollte der Gemeinschaftsgesetzgeber primär diejenigen ArbN schützen, die keinem TV unterliegen und im Ausland tätig sind[7]. Darüber hinaus soll das NachwG zur **Bekämpfung illegaler Beschäftigungsverhältnisse** beitragen, weil eine fehlende schriftl. Fassung eines Arbeitsvertrages bzw. eines Nachweises als Indiz für eine illegale Beschäftigung gewertet werden kann[8]. **4**

Nach Inkrafttreten der **Schuldrechtsreform** am 1.1.2002 hat der Nachweis im Hinblick auf die Verweisung auf außerhalb des Arbeitsvertrages liegende Klauselwerke, insb. auf TV, BV und DV, größere Bedeutung erlangt[9]. Denn diese sind nach § 310 IV 1 BGB von der Inhaltskontrolle nach §§ 305 ff. BGB aus- **5**

---

1 Vgl. etwa *Föhr/Bobke*, Arbeitsrecht für Arbeitnehmer, 4. Aufl. 1989, S. 60; § 4 des DGB-Entwurfs zum Arbeitsverhältnisrecht, RdA 1977, 166; DGB-Thesen für ein Arbeitsverhältnisgesetz, II. § 4 ArbuR 1992, 267 (268). ‖2 ABl. 1991 L 288/32. ‖3 BGBl. I S. 946. ‖4 Begr. RL-Entwurf, KOM (90) 563 endg., S. 1 f. ‖5 EuGH 4.12.1997 – Rs. C-253/96, C-254/96, C-255/96, C-256/96, C-257/96, C-258/96, BB 1998, 272 – Kampelmann. ‖6 BT-Drs. 13/668, 8; vgl. auch LAG Nds. 7.12.2000 – 10 Sa 1505/00, NZA-RR 2001, 145. ‖7 EuGH 18.12.2008 – Rs. C-306/07, NZA 2009, 95. ‖8 BT-Drs. 13/668, 8. ‖9 Ebenso ErfK/*Preis*, Einf. NachwG Rz. 3.

genommen. Für **vorformulierte Arbeitsverträge** hingegen hat der Gesetzgeber die frühere Bereichsausnahme des § 23 I AGBG gestrichen. Sie unterliegen seitdem der vollen Inhaltskontrolle nach Maßgabe des **AGB-Rechts** der §§ 305 ff. BGB[1] – wenngleich nach § 310 IV 1 BGB unter „angemessener" Berücksichtigung der „im Arbeitsrecht geltenden Besonderheiten". Manch früher benutzte Arbeitsvertragsklausel wird daher auf den rechtl. Prüfstand gestellt werden müssen.

6   Eine Besonderheit enthält § 310 IV 2 Hs. 2 BGB: Hiernach ist für Arbeitsverträge die Anwendbarkeit des § 305 II und III BGB ausgeschlossen. Dies bedeutet, dass bei Arbeitsverträgen für die wirksame Einbeziehung von vorformulierten Bedingungen keine Verpflichtung des ArbGeb zur Kenntnisverschaffung an den ArbN besteht. Der Gesetzgeber hat diese Ausnahme damit begründet, dass durch das NachwG ein ausreichender Schutz des ArbN gewährleistet sei[2]. Dies indes trifft nicht zu: Der Gesetzgeber hat hierbei übersehen, dass das NachwG den ArbGeb nur zur Unterrichtung des ArbN über die für das ArbVerh geltenden wesentlichen Bedingungen verpflichtet, einen wirksamen Vertragsschluss mithin schon voraussetzt. Zum Zeitpunkt der Nachweiserteilung ist daher der Arbeitsvertrag meist bereits abgeschlossen. Transparenz zum Zeitpunkt des Vertragsschlusses vermag das NachwG somit gerade nicht zu schaffen[3].

7   **II. Gesetzgebungsmaterialien.** Grundlage des NachwG ist die RL 91/533/EWG („**Nachweis-RL**")[4]. Diese stützt sich rechtl. auf Art. 100 EGV[5] (nunmehr Art. 122 AEUV) und politisch auf Nr. 9 der **Gemeinschaftscharta der sozialen Grundrechte der ArbN**[6]. Nr. 9 sieht vor, dass die Arbeitsbedingungen eines jeden abhängig Beschäftigten der Europäischen Gemeinschaft entsprechend den Gegebenheiten der einzelnen Länder durch das Gesetz, durch einen TV oder in einem Beschäftigungsvertrag geregelt sein müssen.

8   Die **Nachweis-RL** verpflichtet den ArbGeb zur schriftl. Fixierung der wesentlichen Inhalte des ArbVerh und zur Aushändigung dieses Dokuments an den ArbN. Der ArbN hat einen Anspruch auf Informationen über die wesentlichen Arbeitsbedingungen, und zwar unabhängig davon, ob diese auf einer arbeitsvertragl. Vereinbarung oder auf der Gesetzeslage beruhen. Auch bereits Beschäftigte können jederzeit die Aushändigung eines entsprechenden Nachweises verlangen. Gleiches gilt bei nachträglichen Änderungen der Arbeitsbedingungen. Das europäische Arbeitsrecht konstituiert damit erstmals einen allg., nicht nur auf bestimmte Situationen (zB Betriebsübergang) beschränkten individualrechtl. Anspruch[7].

9   Die Frist zur **Umsetzung der Nachweis-RL** lief am 30.6.1993 ab. Der deutsche Gesetzgeber ist dieser Umsetzungsverpflichtung durch das Gesetz zur Anpassung arbeitsrechtl. Bestimmungen an das EG-Recht v. 20.7.1995[8] – wenn auch mit Verspätung – nachgekommen. Eine Umsetzung der Nachweis-RL durch TV, wie diese alternativ zur Umsetzung durch Gesetz in Art. 9 I Nachweis-RL eröffnet war, kam aus strukturellen Gründen des deutschen TV-Systems nicht in Betracht[9]. Denn TV binden nach den Prinzipien des deutschen Tarifrechts grds. nur die Mitglieder der vertragsschließenden Verbände[10]. Zwar können TV unter den Voraussetzungen des § 5 TVG durch eine AVE auch Geltung für Außenseiter erlangen; jedoch könnte auch mit diesem Instrumentarium keine flächendeckende Geltung von TV erreicht werden[11]. IÜ hatten die nationalen Gesetzgeber bei der Schaffung des NachwG angesichts der detaillierten Vorgaben der Nachweis-RL nur einen geringen Gestaltungsspielraum.

10   Einstweilen frei.

11   Nach der Gesetzessystematik hätte es nahe gelegen, die Regelungen des NachwG in das BGB oder gar in ein neu zu schaffendes **einheitliches Arbeitsvertragsgesetz** zu implementieren[12] und den Vorschriften der §§ 611 ff. BGB über den Arbeitsvertrag zuzuordnen. Vergleichbar sind bspw. die Niederlande[13] und Spanien[14] verfahren.

12   **III. Kurzcharakteristik.** Wesentlicher Inhalt des NachwG ist die **zwingende** Verpflichtung des ArbGeb, dem ArbN spätestens **einen Monat nach dem vereinbarten Beginn** des ArbVerh eine schriftl., vom ArbGeb unterzeichnete Niederschrift über die wesentlichen Vertragsbedingungen auszuhändigen, § 2. Bei allen nachfolgenden **Änderungen** der wesentlichen Arbeitsbedingungen ist der ArbN erneut schriftl. zu unterrichten, § 3.

13   Die Niederschrift nach dem NachwG hat keine konstitutive Wirkung, sondern ausschließlich **deklaratorischen Charakter**[15]. Primär maßgeblich ist demnach der Inhalt des – ggf. mündlich oder gar konklu-

---

1 Zu den hieraus resultierenden Streitfragen und dem Meinungsstand vgl. § 305 BGB. ||2 BT-Drs. 14/6857, 54 zu Nr. 50. ||3 Krit. *Annuß*, BB 2002, 458 (460); *Thüsing*, BB 2002, 2666 (2670). ||4 ABl. 1991 L 288/32. ||5 ABl. 1991 C 240/16. ||6 Abgedr. in EAS A 1500. ||7 Ausf. zur Nachweis-RL und deren Hintergründen *Friese*, EAS B 3050. ||8 BGBl. I S. 946. ||9 Vgl. hierzu *Schaefer*, A Rz. 10 ff.; ErfK/*Preis*, § 5 NachwG Rz. 2. Zur andersartigen Situation in Frankreich, Spanien und Belgien s. *Däubler*, NZA 1992, 577 (579). ||10 *Däubler*, NZA 1992, 577 (579); *Kliemt*, Formerfordernisse, S. 580. ||11 Vgl. BVerfG 10.9.1991 – 1 BvR 561/89, AP Nr. 27 zu § 5 TVG, zum Problem der durch Art. 9 III 1 GG geschützten negativen Koalitionsfreiheit. ||12 *Birk*, NZA 1996, 281 (283) spricht vom „Fehlen einer systematischen Heimat"; *Richardi*, NZA 2001, 57 (59). Vgl. zB Entwurf eines Arbeitsvertragsgesetzes des Landes Brandenburg. ||13 Art. 1637 f. Burgerlijk Wetboek. ||14 Art. 8 Estatuto de los trabajadores. ||15 So ausdrückl. die Begr. der BReg. in BT-Drs. 13/668, 10 zu § 2 Nachweispflicht. Allg. Ansicht, vgl. BAG 20.5.2008 – 9 AZR 382/07, NZA 2008, 1233 Rz. 36; 16.2.2000 – 4 AZR 62/99, BAGE 93, 340; 21.8.1997 – 5 AZR 713/96, NZA 1998, 37 (38) zu 11 I BBiG.

dent – geschlossenen Arbeitsvertrages. Arbeitsvertragl. Ansprüche können nach wie vor auch ohne schriftl. Fixierung entstehen. Erteilung oder Nichterteilung des deklaratorischen Nachweises haben allerdings Bedeutung für die **Beweislage** in einem etwaigen Prozess (vgl. Rz. 39 ff.).

Der Verstoß gegen die Nachweispflicht führt **nicht nach § 125 BGB zur Nichtigkeit des Arbeitsvertrages** oder einzelner Vertragsbedingungen[1]. Auch die Schuldrechtsreform führte zu keiner Neubewertung des NachwG und seiner Rechtsfolgen[2]. Gleiches gilt für die Einbeziehung von außerhalb des Arbeitsvertrages liegenden allg. Regelungen, wie zB TV oder BV. Für deren Anwendbarkeit auf das ArbVerh ist die Erteilung des Nachweises keine Wirksamkeitsvoraussetzung[3]. Die allg. Regelung des § 305 I und II BGB, wonach der ArbGeb den ArbN auf die AGB hinweisen und ihm eine zumutbare Kenntnismöglichkeit verschaffen muss, gilt im Arbeitsrecht nicht. Weder das NachwG noch die Nachweis-RL stellen formale Anforderungen an den Arbeitsvertrag. Dies führte iÜ dazu, dass für ArbVerh, die auf einen Monat befristet sind, eine andere Regelung hinsichtlich der Wirksamkeit der wesentlichen Vertragsbedingungen bestünde als für alle anderen ArbVerh[4]. 14

Trotz der fehlenden konstitutiven Wirkung der Niederschrift handelt es sich bei dem NachwG nicht um einen Papiertiger. Die Erteilung, Nicht- oder Falscherteilung des Nachweises kann erhebliche **prozessuale Konsequenzen** haben, insb. hinsichtlich der Beweislage (zu den Sanktionen vgl. noch Rz. 39 ff.). Deshalb ist auf die Erstellung entsprechender Nachweise die gleiche Sorgfalt zu verwenden wie auf die Arbeitsvertragsgestaltung selbst. Von der Verwendung von **Musterformularen** ist dringend abzuraten[5]. Der ohne ausreichenden Bezug zum konkreten ArbVerh nicht sorgfältig abgefasste Nachweis kann **ungewollte Bindungen** (zB hinsichtlich nachvertragl. Wettbewerbsverbote, der Tarifgeltung oder der Eingruppierung), aber auch erhebliche **Beweisnachteile** hervorrufen. Das NachwG entbindet weder von der Notwendigkeit zur sorgfältigen Gestaltung der Arbeitsverträge noch von der sorgsam abgestimmten Formulierung des Nachweises. Dies gilt verstärkt angesichts der Tatsache, dass Formularverträge einer Inhaltskontrolle nach §§ 307 ff. BGB unterliegen. 15

IV. Regelungen in anderen Gesetzen. 1. Arbeitnehmerüberlassungsgesetz. § 11 AÜG verpflichtet den ArbGeb als Verleiher, dem ArbN als LeihArbN einen Nachweis über die wesentlichen Vertragsbedingungen des LeihArbVerh auszuhändigen (Näheres vgl. Komm. zu § 11 AÜG). 16

Hinsichtlich des Inhalts dieses auszustellenden Nachweises und der einzuhaltenden Fristen verweist § 11 AÜG auf die Bestimmungen des NachwG. **Zusätzlich** zu den in § 2 I genannten Angaben sind nach § 11 I 2 AÜG ergänzend aufzunehmen: Firma und Anschrift des Verleihers, die Erlaubnisbehörde sowie Ort und Datum der Erlaubnis nach § 1 AÜG, Art und Höhe der Leistungen für Zeiten, in denen der LeihArbN nicht verliehen wird. Darüber hinaus ist der Verleiher verpflichtet, dem LeihArbN bei Vertragsschluss ein **Merkblatt** der Erlaubnisbehörde über den wesentlichen Inhalt des AÜG auszuhändigen. Bei nichtdeutschen LeihArbN sind das Merkblatt und der Nachweis in der jeweiligen **Muttersprache** zu übergeben, § 11 II 2 AÜG. Die **Kosten** des Merkblatts trägt der Verleiher, § 11 II 3 AÜG. Der Verleiher muss den LeihArbN nicht über die beim Entleiher geltenden wesentlichen Arbeitsbedingungen informieren bzw. diese gem. § 2 I und § 3 NachwG nachweisen[6]. Der LeihArbN kann jedoch im Falle der Überlassung von seinem Entleiher Auskunft über die im Betrieb des Entleihers für einen vergleichbaren ArbN des Entleihers geltenden wesentlichen Arbeitsbedingungen einschl. des Arbeitsentgelts verlangen, § 13 AÜG. 17

Der Leiharbeitsvertrag kann – anders als der Überlassungsvertrag, vgl. § 12 I 1 AÜG – auch **mündlich** abgeschlossen werden. Der Verleiher hat daher die Möglichkeit, entweder einen schriftl. Leiharbeitsvertrag abzuschließen, der sämtliche nach § 2 NachwG, § 11 I Nr. 1 und 2 AÜG erforderlichen Angaben enthält; oder aber er kann einen **Arbeitsvertrag** ohne Einhaltung dieser Formalitäten schließen, muss dann aber dem ArbN spätestens innerhalb eines Monats die den Anforderungen des NachwG und des AÜG entsprechende vollständige **Niederschrift** überreichen. 18

Die durch § 11 AÜG aufgestellten Formerfordernisse sind wie beim NachwG nur **deklaratorischer Natur**. Ein Formverstoß führt nicht nach § 125 BGB zur Nichtigkeit des LeihArbVerh. Die Unwirksamkeit liefe dem Gedanken des ArbN-Schutzes zuwider, dem die gesetzl. normierten Pflichten des Verleihers in erster Linie dienen[7]. Im Gegensatz zum NachwG sieht das AÜG allerdings bei Verstoß gegen die Nachweispflichten eine Sanktion vor: Der Verleiher begeht eine Ordnungswidrigkeit iSd. § 16 I Nr. 8 AÜG, die mit einer Geldbuße von bis zu 500 Euro zu ahnden ist. 19

---

1 BR-Drs. 353/94, 18; bestätigt durch EuGH 8.2.2001 – Rs. C-350/99, BB 2001, 1255 (1256). ‖ 2 Vgl. den ausdrückl. Hinweis des Gesetzgebers auf § 2 I 1, III NachwG in der Begr. zu § 310 IV BGB, BT-Drs. 14/6857, 54; *Gotthardt*, Rz. 248; *Thüsing*, BB 2002, 2666 (2670). ‖ 3 Vgl. *Gotthardt*, Rz. 248; ErfK/*Preis*, Einf. NachwG Rz. 8; *Thüsing/Lambrich*, BB 2002, 2666 (2670); aA *Zwanziger*, DB 1996, 2027; *Buschmann*, AuR 2001, 109 (110) für Überstundenvereinbarungen. ‖ 4 *Gotthardt*, Rz. 223; *Preis*, FS Wiedemann, 2002, S. 425. ‖ 5 Ebenso ErfK/*Preis*, Einf. NachwG Rz. 9; *Schaefer*, F Rz. 110. In die falsche Richtung deutend die amtl. Begr. in BT-Drs. 13/668, 8, die auf die Möglichkeit von Muster- und Formulararbeitsverträgen hinweist, die schnell und ohne großen Aufwand an die Erfordernisse des Gesetzes angepasst werden könnten. ‖ 6 LAG München 12.11.2009 – 3 Sa 579/09, LAGE § 2 NachwG Nr. 14 (LS); nachgehend: BAG 23.3.2011 – 5 AZR 7/10, NZA 2011, 850. ‖ 7 *Schaefer*, E Rz. 8; *Schaub*, ArbRHdb, § 120 III Rz. 43.

20 **2. Berufsbildungsgesetz.** § 11 BBiG (vgl. dort) enthält für Auszubildende eine dem NachwG weitgehend entsprechende Vorschrift. Sie ist **lex specialis** ggü. dem NachwG. Die Vertragsniederschrift wirkt lediglich deklaratorisch. Der Vertrag ist auch ohne Niederschrift wirksam[1].

21 Das BBiG setzt dem Ausbildenden enge zeitliche Grenzen: Gem. § 11 I 1 BBiG hat er **unverzüglich** nach Abschluss des Berufsausbildungsvertrages, spätestens vor Beginn der Berufsausbildung, den wesentlichen Inhalt des Vertrages schriftl. niederzulegen. Abweichend vom NachwG ist die Niederschrift auch von dem Auszubildenden und von dessen gesetzl. Vertreter zu unterzeichnen, § 11 II BBiG. Eine Ausfertigung der unterzeichneten Niederschrift hat der Ausbildende dem Auszubildenden und dessen gesetzl. Vertreter unverzüglich auszuhändigen, § 11 III BBiG. Bei Änderungen des Berufsausbildungsvertrages gelten die Abs. 1–3 entsprechend, § 11 IV BBiG.

22 Beachtet der Ausbildende die Formerfordernisse des § 11 BBiG nicht, kann er gem. § 102 I Nr. 1 und 2, II BBiG mit einem **Bußgeld** bis zu 1000 Euro belegt werden. Darüber hinaus haftet er dem Auszubildenden ggü. für das Fehlen der Niederschrift, deren Fehlerhaftigkeit sowie für daraus entstehende Schäden[2].

23 Für **Volontäre** und **Praktikanten** gelten nach § 26 BBiG die §§ 10–23 BBiG entsprechend, allerdings mit der Maßgabe, dass auf eine Vertragsniederschrift verzichtet werden kann. Auf sie finden damit nach § 10 II BBiG die für den Arbeitsvertrag geltenden Rechtsvorschriften, also auch das NachwG Anwendung. Sie können eine Niederschrift ihrer wesentlichen Vertragsbedingungen nach den Vorschriften des NachwG verlangen[3].

24 **3. Seearbeitsgesetz.** Nach § 28 SeeArbG, welches mW zum 1.8.2013 das SeemG abgelöst hat, darf der Reeder ein Besatzungsmitglied nur beschäftigen, wenn es bei Dienstantritt einen Heuervertrag hat. Durch den Heuervertrag wird ein Heuerverhältnis zwischen dem Reeder und dem Besatzungsmitglied begründet. Der Reeder hat dem Besatzungsmitglied rechtzeitig vor dem beabsichtigten Vertragsabschluss einen Vertragsentwurf einschl. der nach § 28 II Nr. 11 SeeArbG anzugebenden TV, BV oder Bordvereinbarungen auszuhändigen oder zu übermitteln. Der Heuervertrag, in den der in § 28 II SeeArbG im Einzelnen genannte wesentliche Inhalt des Heuerverhältnisses aufzunehmen ist, bedarf der Schriftform; die elektronische Form ist ausgeschlossen. Der Reeder und das Besatzungsmitglied erhalten je eine Ausfertigung des von ihnen unterzeichneten Heuervertrages. Eine Definition der Besatzungsmitglieder, zu denen auch der Kapitän gehört, enthält § 3 SeeArbG. Der Anwendungsbereich des SeeArbG ist beschränkt. Es gilt nur für Kauffahrteischiffe, die die Bundesflagge führen, § 1 SeeArbG. Nicht unter die Vorschriften des SeeArbG fallen Schiffe, die hoheitlichen Zwecken dienen, und Schiffe, die in privater Hand stehen, aber nicht zum Erwerb dienen, sowie Binnenschiffe. Für ArbN auf Binnenschiffen gilt das NachwG.

25 Die inhaltlichen Anforderungen des SeeArbG an den Heuervertrag unterscheiden sich von denen des NachwG – anders als im früheren SeemG – nicht nur in sprachl. Hinsicht, sondern sind umfänglicher.

26 **4. Gewerbeordnung.** § 105 S. 1 GewO enthält einen lapidaren Hinweis auf den Grundsatz der „freien Gestaltung des Arbeitsvertrages". § 105 S. 2 GewO ergänzt, dass sich der Nachweis wesentlicher Vertragsbedingungen nach dem NachwG richtet. Ein eigenständiger Regelungsgehalt ist hiermit nicht verbunden. Die Norm ist inhaltslos und überflüssig.

27 **V. Rechtsfolgen. 1. Allgemeines; Fehlen besonderer Sanktionsvorschriften.** Die Verletzung der Nachweispflicht durch den ArbGeb führt zu einer erheblichen Erschwerung der Beweisführung des ArbN über den Inhalt der getroffenen Vereinbarungen und damit zu erheblichen Beweisrisiken. Zwar besteht auch bei Erfüllung der Nachweispflicht die Möglichkeit, dass der ArbGeb das Verhandlungsergebnis einseitig zu seinen Gunsten darstellt. Dies kann jedoch vielfältige Ursachen (zB fehlerhafte Erinnerung) haben. Darüber hinaus wird bei Erfüllung der Nachweispflicht dem ArbN die Möglichkeit eröffnet, bereits vor Entstehung der konkreten Streitigkeit auf die Korrektur eines aus seiner Sicht fehlerhaften Nachweises hinzuwirken.

28 Die Nichterfüllung der Nachweispflicht lässt die Rechtswirksamkeit des Arbeitsvertrags unberührt (s. Rz. 14)[4]. Dessen Abschluss ist nach wie vor **formfrei**. Allerdings kann der ArbN auf Grund des zustande gekommenen Arbeitsvertrages nach Maßgabe des NachwG von seinem ArbGeb die **Aushändigung** einer Vertragsniederschrift verlangen.

29 Weder Nachweis-RL[5] noch NachwG enthalten für den Fall der Nicht- oder Schlechterfüllung **eine besondere Sanktionsregelung**. Die im Verlauf des europäischen Rechtsetzungsverfahrens erhobene Forderung nach einer Sanktionierung des die Nachweispflicht verletzenden ArbGeb ist nicht verwirklicht

---

1 BAG 21.8.1997 – 5 AZR 713/96, NJW 1998, 922 (923); 22.2.1972 – 2 AZR 205/71, AP Nr. 1 zu § 15 BBiG. || 2 BAG 17.7.1997 – 8 AZR 257/96, NZA 1997, 1224. || 3 *Schaefer*, E Rz. 14; *Schaub*, ArbRHdb, § 15 III, IV Rz. 7ff. || 4 Regierungsbegr., BR-Drs. 353/94, 18; bestätigt durch EuGH 8.2.2001 – Rs. C-350/99, BB 2001, 1255 (1256). || 5 Vgl. hierzu Art. 5 RL-Entwurf, KOM (90) 563 endg., S. 10; Änderungsantrag Nr. 28 des Ausschusses für soziale Angelegenheiten, Beschäftigung und Arbeitsumwelt, Europ. Parl. – Berichte 1991, Dok. A3-141/91, S. 10.

worden¹. Auch der deutsche Gesetzgeber hat – anders als nach den spezialgesetzl. Regelungen im BBiG (Rz. 20 ff.) und im AÜG (Rz. 16 ff.) – keine besonderen Sanktionsvorschriften geschaffen. Bei einem Verstoß des ArbGeb gegen das NachwG greifen daher weder Straf- noch Bußgeldbestimmungen ein. Zunächst wurden daher Zweifel angemeldet, ob das NachwG den Anforderungen der Nachweis-RL, insb. dem Gebot der effektiven RL-Umsetzung², genügt³. Denn Art. 8 I Nachweis-RL verlangt von den Mitgliedstaaten den Erlass solcher innerstaatlichen Vorschriften, die jeden ArbN bei Nichterfüllung der Verpflichtungen aus dem NachwG in die Lage versetzen, seine Rechte gerichtl. geltend zu machen. Dies dürfte in Deutschland – entgegen der früher vertretenen Auffassung – der Fall sein. Mittlerweile hat der EuGH entschieden, dass die allg. nationalen Regelungen des Zivil- und Zivilprozessrechts Anwendung finden⁴. Das deutsche Rechtssystem hält hinreichende Instrumente zur Geltendmachung der Rechte aus dem NachwG vor⁵: Der ArbN kann bei Nicht- oder nicht ordnungsgemäßer Erteilung eines Nachweises ein **Zurückbehaltungsrecht** (vgl. Rz. 37) an seiner Arbeitsleistung geltend machen (§ 273 BGB). Daneben kann er **Klage auf Erfüllung** der Nachweispflicht (näher Rz. 30 ff.) und/oder auf **Schadensersatz wegen Nichterfüllung** (§ 280 I BGB, § 823 II BGB iVm. §§ 2, 3, vgl. Rz. 32, 36) erheben. Dem kann nicht entgegengehalten werden, es fehle an der notwendigen Abschreckungswirkung, da es nicht realistisch sei, dass ein ArbN gegen seinen ArbGeb eine Erfüllungs- oder Schadensersatzklage wegen Verletzung der Nachweispflicht anstrenge, weil der ArbN aus Sorge um seinen Arbeitsplatz regelmäßig von einer solchen Klage absehe⁶. Denn wenn der ArbGeb die Vereinbarung bestimmter Vertragsbedingungen leugnet, muss der ArbN ohnehin auf deren Einhaltung klagen. Durch eine Klage auf Erfüllung der Nachweispflicht wird das ArbVerh nicht weitergehend belastet. IdR hat der ArbN, wenn er Ansprüche wegen der Nichterfüllung der Nachweispflicht geltend macht, nichts mehr zu verlieren.

2. Erfüllungsanspruch. Die Nachweispflicht aus §§ 2, 3 ist eine **selbständig einklagbare Nebenpflicht** des ArbGeb⁷. Sie besteht spätestens einen Monat nach Beginn des ArbVerh. Es handelt sich jedoch um eine Dauerpflicht, die auch noch später eingeklagt werden kann (zu den Auswirkungen auf die Verjährung s. § 2 Rz. 64). Der ArbN kann vor den ArbG im Urteilsverfahren (§ 2 I Nr. 3a, e ArbGG) **Erfüllungsansprüche** aus §§ 2, 3 auf schriftl. Niederlegung, Unterzeichnung und Aushändigung der wesentlichen Vertragsbedingungen geltend machen. Auch kann er auf **Berichtigung** einer unrichtig erteilten Niederschrift klagen. Der ArbN hat – wie bei einem Zeugnis – Anspruch auf Erteilung eines wahrheitsgemäßen schriftl. Nachweises⁸. Diesen Anspruch kann er im Wege einer **allgemeinen Leistungsklage** durchsetzen⁹. 30

Ein titulierter Anspruch des ArbN gegen den ArbGeb kann nach § 888 ZPO als unvertretbare Handlung durch Androhung eines Zwangsgeldes bzw. Zwangshaft vollstreckt werden¹⁰. Weiter kann der ArbN gem. § 61 II 1 ArbGG beantragen, den ArbGeb zur Zahlung einer Entschädigung zu verurteilen, wenn er die Handlung nicht binnen einer bestimmten Frist vornimmt. Die Höhe der Entschädigung setzt das ArbG nach freiem Ermessen fest. 31

3. Vertragliche Schadensersatzansprüche. Die schuldhafte Verletzung der Nachweispflicht begründet Schadensersatzansprüche des ArbN wegen **Pflichtverletzung gem. § 280 I BGB**¹¹. Praktisch bedeutsam wird dies, wenn der ArbN infolge unterlassener Information zB Ansprüche durch Verfristung (Ausschlussfristen) verliert¹², der Verjährungseinrede ausgesetzt ist oder wenn er im Vertrauen auf die Richtigkeit der Mitgeteilten Dispositionen trifft, die sich als verfehlt herausstellen¹³. Ein Verstoß gegen die Nachweispflicht ist vom ArbGeb regelmäßig als Verschulden iSv. § 276 I BGB zu vertreten¹⁴ (Beweislastumkehr nach § 280 I 2 BGB). Rechtsunkenntnis steht einem Verschulden regelmäßig nicht entgegen. Dies gilt selbst bei zweifelhafter Rechtslage¹⁵. Rechtsfolge des § 280 I BGB ist, dass der ArbN so 32

---

1 LAG Hamm 14.8.1998 – 10 Sa 777/97, NZA-RR 1999, 210 (211); *Birk*, NZA 1996, 280 (288). ‖ 2 Vgl. hierzu EuGH 10.4.1984 – Rs. 14/83, Slg. 1984, 1891; 10.4.1984 – Rs. 79/83, Slg. 1984, 1921; 8.6.1994 – Rs. C-382/92, Slg. 1994, 2461; 8.6.1994 – Rs. C-383/92, Slg. 1994, 2479. ‖ 3 *Däubler*, NZA 1992, 577 (578); *Lörcher*, ArbuR 1994, 450 (455); *Richardi*, NZA 2001, 57 (60). Zu grds. Zweifeln vgl. *Friese*, EAS B 3050 Rz. 72. ‖ 4 EuGH 8.2.2001 – Rs. C-350/99, BB 2001, 1255 (1256). ‖ 5 Vgl. hierzu *Bergwitz*, BB 2001, 2316 (2317 f.); ErfK/*Preis*, Einf. NachwG Rz. 11; *Weber*, NZA 2002, 641 (642). ‖ 6 So aber: LAG Hamm 9.7.1996 – 4 Sa 668/94, NZA 1997, 30 (33); 9.7.1996 – 4 Sa 487/96, LAGE § 2 NachwG Nr. 2; 9.7.1996 – 4 Sa 2156/94, LAGE § 2 NachwG Nr. 3; *Däubler*, NZA 1992, 577 (578); *Wank*, RdA 1996, 21 (24). ‖ 7 ErfK/*Preis*, Einf. NachwG Rz. 13; *Schaefer*, D Rz. 172 f., 181. ‖ 8 *Höland*, ArbuR 1996, 87 (92). ‖ 9 *Weber*, NZA 2002, 641 (642); zu den Klageanträgen vgl. im Einzelnen: *Schaefer*, F Rz. 64–70, G Rz. 1–10. ‖ 10 *Höland*, ArbuR 1996, 87 (92). ‖ 11 Ebenso: BAG 17.4.2002 – 5 AZR 89/01, NZA 2002, 1096; LAG Bbg. 10.8.2001 – 4 Sa 265/01, LAGE § 2 NachwG Nr. 11; LAG Köln 15.3.2001 – 5 (10) Sa 1363/00, ARST 2001, 186; *Birk*, NZA 1996, 281 (289); *Franke*, DB 2000, 274; *Höland*, ArbuR 1996, 87 (92 f.); *Preis*, NZA 1997, 10 (11); *Richardi*, NZA 2001, 57 (60); *Schaefer*, D Rz. 184; *Schwarze*, ZfA 1997, 43 (62). Abl.: *Feldgen*, Rz. 66 und LAG Rh.-Pf. 16.7.2002 – 1 Sa 407/02, NZA-RR 2003, 30; LAG Schl.-Holst. 3.6.2002 – 4 Sa 438/01, LAGReport 2002, 325; BAG 23.1.2002 – 4 AZR 56/01, NZA 2002, 800 für den Fall der Nichtauslage eines TV (§ 8 TVG). ‖ 12 BAG 17.4.2002 – 5 AZR 89/01, NZA 2002, 1096; LAG Bln.-Bbg. 16.8.2010 – 25 Ta 1628/10, BB 2010, 2956 (LS); LAG Rh.-Pf. 25.2.2010 – 2 Sa 730/09, nv.; 25.2.2010 – 2 Sa 730/09, nv.; LAG Hamm 18.10.2007 – 8 Sa 942/07; LAG Köln 3.7.2006 – 2 Sa 99/06, nv.; LAG Rh.-Pf. 21.8.2008 – 2 Sa 329/08, nv., Rz. 25; LAG Schl.-Holst. 27.5.2008 – 2 Ta 87/08, nv., Rz. 25 f. ‖ 13 Vgl. die Bsp. bei *Kliemt*, Formerfordernisse, S. 544 f.; *Höland*, ArbuR 1996, 87 (92 f.); *Schaefer*, D Rz. 185. ‖ 14 ArbG Frankfurt 25.8.1999 – 2 Ca 477/99, NZA-RR 1999, 648; LAG Köln 31.7.1998 – 11 Sa 1484/97, NZA 1999, 545; 9.1.1998 – 11 Sa 155/97, NZA-RR 1998, 513; *Schwarze*, ZfA 1997, 43 (63). ‖ 15 ArbG Frankfurt 25.8.1999 – 2 Ca 477/99, NZA-RR 1999, 648; vgl. dazu BGH 6.7.1995 – I ZR 58/93, NJW 1995, 3177.

zu stellen ist, wie er stünde, wenn er auf die betreffenden Regelungen hingewiesen worden wäre, § 249 S. 1 BGB; der Schadensersatzanspruch ist auf **Naturalrestitution** gerichtet[1].

32a Ist der entstandene Schaden durch ein Mitverschulden des ArbN veranlasst, findet **§ 254 BGB** Anwendung[2]. Hat der ArbGeb nicht auf einen anwendbaren TV hingewiesen, der anwaltl. Vertreter des ArbN jedoch fahrlässig die Anwendbarkeit des TV übersehen und deshalb eine Ausschlussfrist nicht gewahrt, ist gleichwohl der Pflichtverstoß des ArbGeb von größerem Gewicht. Angesichts des Schutzzwecks des § 2 kann aus der Beauftragung eines Anwaltes kein überwiegendes Mitverschulden des ArbN abgeleitet werden[3].

33 Ein Verstoß gegen die Nachweispflicht indiziert nicht die **Kausalität** des Schadens. Der ArbN muss plausibel darlegen und ggf. beweisen, welche Maßnahme er bzw. ein ihn vertretender Bevollmächtigter im Fall ordnungsgemäßer Nachweiserteilung zur Prüfung der Rechtslage ergriffen hätte[4]. Bei der Prüfung der adäquaten Verursachung kommt dem ArbN die Vermutung eines **aufklärungsgemäßen Verhaltens** zugute[5]. Danach ist grds. davon auszugehen, dass jedermann bei ausreichender Information seine Eigeninteressen in vernünftiger Weise wahrt. So ist bei einem Verstoß gegen § 2 I Nr. 10 zu Gunsten des ArbN zu vermuten, dass dieser die tarifl. Ausschlussfrist beachtet hätte, wenn er auf die Geltung des TV hingewiesen worden wäre[6]. Diese Auslegung ist geboten, um den Zweck der Nachweis-RL, den ArbN vor Unkenntnis seiner Rechte zu schützen, wirksam zur Geltung zu bringen. Der ArbN könnte im Regelfall kaum nachweisen, dass er bei ordnungsgemäßem Verhalten des ArbGeb die Ausschlussfrist beachtet hätte[7]. Die Vermutung aufklärungsgemäßen Verhaltens hilft indes nicht über eine fehlende Darlegung der Tatsachen für die festzustellende Kausalität zwischen Pflichtverletzung und eingetretenem Schaden durch den ArbN hinweg, da Beweisregeln den Parteivortrag nicht ersetzen können[8]. So muss er im Falle des fehlenden Nachweises eines TV bspw. darlegen, dass er die Ausschlussfrist nicht gekannt hat und bei rechtzeitigem Nachweis die Ausschlussfrist beachtet hätte[9]. Dem ArbGeb bleibt die Möglichkeit, diese tatsächliche Vermutung zu widerlegen[10]. Allerdings ist die Widerlegung nicht bereits dadurch gelungen, dass der Wortlaut einer (unwirksamen) arbeitsvertragl. Ausschlussklausel gleichlautend ist mit der in einem später für allgemeinverbindlich erklärten und damit erstmals auf das ArbVerh anwendbaren TV[11]. Näher zu den Auswirkungen auf die Beweislage noch Rz. 41 ff.

34 Bei nicht rechtzeitiger Aushändigung einer ordnungsgemäßen Niederschrift kann dem ArbN ein **Anspruch auf Ersatz des Verzögerungsschadens** gem. §§ 280 II, 286 BGB zustehen[12]. Eine Mahnung zur Begründung des Verzuges ist nach § 286 II Nr. 1 BGB nicht erforderlich, da die Pflicht zur Aushändigung der Niederschrift nach § 2 I nach dem Kalender bestimmt ist[13].

35 **4. Einwand des Rechtsmissbrauchs, § 242 BGB.** Allein der Verstoß des ArbGeb gegen die aus § 2 I folgende Verpflichtung zur Erteilung eines inhaltlich zutreffenden Nachweises begründet nach der jüngsten Rspr. **nicht den Einwand rechtsmissbräuchlichen Verhaltens (§ 242 BGB)** des ArbGeb[14]. Beruft der ArbGeb sich bspw. auf eine Ausschlussfrist, ohne den ArbN zuvor ordnungsgemäß nach § 2 I Nr. 10 auf die Geltung des die Ausschlussfrist enthaltenden TV hingewiesen zu haben, handelt er zwar rechtswidrig; allein der Verstoß gegen die aus § 2 I folgende Verpflichtung begründet jedoch nicht ohne Hinzutre-

---

1 BAG 21.2.2012 – 9 AZR 486/10, NZA 2012, 750; LAG Bbg. 10.8.2001 – 4 Sa 265/01, LAGE § 2 NachwG Nr. 11; *Richardi*, NZA 2001, 57 (60). ||2 BAG 29.5.2002 – 5 AzR 105/01, BAGReport 2002, 329; LAG Hamm 11.3.2002 – 8 Sa 1249/01, LAGReport 2002, 306; LAG Düss. 20.4.2005 – 12 Sa 219/05, nv.: Quotelung 7 zu 10. ||3 LAG Hamm 15.8.2006 – 12 Sa 450/06: Quotelung ⅔ ArbGeb, ⅓ ArbN. Nicht überzeugend: ArbG Frankfurt a.M. v. 22.4.2009 – 15 Ca 8587/08, AE 2009, 236: Ausschluss des Schadensersatzanspruchs. ||4 BAG 20.4.2011 – 5 AZR 171/10, NZA 2011, 1173; 23.1.2002 – 4 AZR 56/01, NZA 2002, 800; LAG Rh.-Pf. 31.1.2012 – 3 Sa 277/11. Zu den Anforderungen an die Darlegung des ArbN LAG Köln 11.9.2009 – 4 Sa 579/09, nv. ||5 BAG 5.11.2003 – 5 AZR 676/02, NZA 2005, 64; 17.4.2002 – 5 AZR 89/01, NZA 2002, 1096; LAG Hess. 27.4.2010 – 3 Sa 1477/09, nv.; LAG Rh.-Pf. 25.2.2010 – 2 Sa 730/09, nv.; LAG MV 10.9.2009 – 1 Sa 52/09, nv.; LAG Bbg. 10.8.2001 – 4 Sa 265/01, ArbuR 2002, 196; *Bepler*, ZTR 2001, 241 (246). ||6 BAG 17.4.2002 – 5 AZR 89/01, NZA 2002, 1096; LAG Rh.-Pf. 25.2.2010 – 2 Sa 730/09, nv.; 21.8.2008 – 2 Sa 329/08, nv., Rz. 25; LAG Schl.-Holst. 27.5.2008 – 2 Ta 87/08, nv., Rz. 25 f. Zur Widerlegung der Vermutung aufklärungsgemäßen Verhaltens, wenn der ArbN seit langer Zeit (im entschiedenen Fall: 30 Jahre) Mitglied der den TV abschließenden Gewerkschaft ist, LAG Hamm 2.8.2007 – 15 Sa 278/07 nv. ||7 BAG 17.4.2002 – 5 AZR 89/01, NZA 2002, 1096; LAG Bbg. 10.8.2001 – 4 Sa 265/01, ArbuR 2002, 196; *Bepler*, ZTR 2001, 241 (246). ||8 BAG 20.4.2011 – 5 AZR 171/10, NZA 2011, 1173. ||9 LAG Rh.-Pf. 25.2.2010 – 2 Sa 730/09, nv. ||10 BAG 5.11.2003 – 5 AZR 676/02, NZA 2005, 64; LAG Bbg. 10.8.2001 – 4 Sa 265/01, ArbuR 2002, 196. ||11 LAG Hess. 27.4.2010 – 3 Sa 1477/09, nv. ||12 BAG 5.11.2003 – 5 AZR 676/02, NZA 2005, 64; 29.5.2002 – 5 AzR 105/01, BAGReport 2002, 329; 17.4.2002 – 5 AZR 89/01, NZA 2002, 1096. ||13 BAG 17.4.2002 – 5 AZR 89/01, NZA 2002, 1096. ||14 EuGH 8.1.2001 – Rs. C-350/99, NZA 2001, 381; BAG 5.11.2003 – 5 AZR 676/02, NZA 2005, 64; 29.5.2002 – 5 AzR 105/01, BAGReport 2002, 329; 17.4.2002 – 5 AZR 89/01, NZA 2002, 1096; LAG Rh.-Pf. 16.7.2002 – 1 Sa 407/02, NZA-RR 2003, 30; LAG Schl.-Holst. 3.6.2002 – 4 Sa 438/01, LAGReport 2002, 325; LAG Hamm 21.1.2004 – 18 Sa 1547/03, nv.; 28.11.2001 – 2 Sa 749/01, nv.; LAG Bbg. 8.11.2001 – 8 (2) Sa 475/01, nv.; LAG Bremen 9.11.2000 – 4 Sa 138/00, DB 2001, 336. Anders noch: LAG Sachs. 22.2.2002 – 3 Sa 768/01, nv.; LAG Bbg. 10.8.2001 – 4 Sa 265/01, LAGE § 2 NachwG Nr. 11; LAG Düss. 17.5.2001 – 5 (3) Sa 45/01, DB 2001, 1995; LAG Köln 15.3.2001 – 5 (10) Sa 1363/00, ARST 2001, 186; LAG Bremen 9.11.2000 – 4 Sa 138/00, LAGE § 2 NachwG Nr. 9; LAG Schl.-Holst. 8.2.2000 – 1 Sa 563/99, DB 2000, 724.

ten weiterer Umstände den Einwand des Rechtsmissbrauchs nach § 242 BGB[1]. Der Verstoß gegen § 2 führt nicht gem. § 242 BGB dazu, dass andere als die tatsächlich vereinbarten oder unmittelbaren und zwingenden Vertragsbedingungen gelten. Vielmehr beeinflusst auch das jeweilige Verhalten des ArbN die Interessenlage wesentlich[2]. Denkbar sind aber Schadensersatzansprüche des ArbN[3].

5. Deliktische Ansprüche. Ein Schadensersatzanspruch aus § 823 I BGB scheidet bereits tatbestandlich aus[4]. Der Schutz der Rechtssicherheit zu Gunsten des ArbN stellt kein absolutes, eigentumsähnliches Recht iSd. § 823 I BGB dar. Auch die Voraussetzungen des § 826 BGB dürften nur in seltenen Fällen vorliegen. Neben dem Schadensersatzanspruch nach § 280 BGB besteht auch kein **deliktischer Schadensersatzanspruch** aus § 823 II BGB iVm. § 2 I, II, § 3. Diese Bestimmungen sind entgegen einer früher vertretenen Ansicht[5] **keine Schutzgesetze** iSv. § 823 II BGB[6]. Entscheidend für die Frage, ob ein Schutzgesetz vorliegt, ist, ob es nach dem Regelungszusammenhang, in den die Norm gestellt ist, in der Tendenz des Gesetzgebers liegen konnte, an die Verletzung des geschützten Interesses die deliktische Einstandsfrist des dagegen Verstoßenden zu knüpfen[7]. Dies ist hier nicht der Fall: Wie sich aus dem Fehlen von Sanktionen für den Fall eines Verstoßes gegen das NachwG ergibt, ist der Schutz vor Schädigungen infolge eines unterbliebenen Nachweises nicht das vom Gesetzgeber mit der Norm verfolgte Anliegen. Die Nichtbeachtung des § 2 lässt die Wirksamkeit des Arbeitsvertrags unberührt. Das NachwG enthält auch keine Regelungen über die Verteilung der Beweislast bei nicht erbrachtem Nachweis nach § 2. Schließlich ergeben sich auch aus der Nachweis-RL hierzu keine weiter gehenden Folgen[8].

6. Zurückbehaltungsrecht. Bei Nicht- oder nicht ordnungsgemäßer rechtzeitiger Erteilung eines Nachweises kann der ArbN seine Arbeitsleistung **zurückbehalten**, § 273 BGB[9]. Die Nachweispflicht ist keine geringfügige oder unbedeutende, das Zurückbehaltungsrecht nach § 242 BGB ausschließende Nebenpflicht des ArbGeb. Dies folgt zum einen aus der Existenz des NachwG, zum anderen daraus, dass der ArbGeb nicht stets auf den Klageweg verwiesen werden kann, in dem das vom Gesetzgeber zugedachte Beweismittel – der Nachweis – gerade fehlt. Überdies ist die Ausübung des Zurückbehaltungsrechtes eine wesentliche, vom europäischen Gesetzgeber geforderte (vgl. Rz. 29) Sanktion ggü. der Nichteinhaltung des NachwG. Allerdings kann es treuwidrig sein, wenn der ArbN sein Zurückbehaltungsrecht zur Unzeit oder ohne vorherige „Mahnung" ausübt.

7. Maßregelungsverbot. Sanktionen, die der ArbGeb gegen den ArbN wegen nachdrücklichen Verlangens der Erfüllung der Nachweisverpflichtung oder wegen der Ausübung eines Zurückbehaltungsrechts ergreift, wie etwa die Kündigung, unterfallen dem Maßregelungsverbot des § 612a BGB[10].

8. Beweislast. Das NachwG enthält keine ausdrückliche Regelung über die Verteilung der Beweislast[11]. Gleiches gilt für die Nachweis-RL. Aus der Begründungserwägung des RL-Entwurfs, wonach „jeder Arbeitnehmer über ein Schriftstück als Nachweis für die wesentlichen Bedingungen des … Arbeitsverhältnisses" verfügen sollte, wurden die Worte „als Nachweis" wieder gestrichen[12]. Nach Art. 6 Nachweis-RL bleiben die einzelstaatl. Rechtsvorschriften zu Verfahrensregeln unberührt. Nach der Rspr. des EuGH „haben daher die nationalen Gerichte die **nationalen Beweislastregeln** im Lichte des Zwecks der Richtlinie anzuwenden und auszulegen"[13].

Der vom ArbGeb erstellte Nachweis ist eine **Privaturkunde iSd. § 416 ZPO**[14]. Vollen Beweis erbringt die echte Privaturkunde (§ 440 ZPO) nur in formeller Hinsicht, nicht auch hinsichtlich ihres materiellen Inhalts. Bzgl. Letzterem unterliegt sie der **freien Beweiswürdigung gem. § 286 ZPO**[15]. Das Risiko von Unklarheiten bei der Feststellung des Bedeutungsinhalts des Nachweises und Missverständnissen geht zu Lasten des ArbGeb. Dies ergibt sich aus der **Unklarheitenregelung** des § 305 II BGB[16]. Nur der beiderseits **unterzeichnete Arbeitsvertrag** hat nach der Rspr. die **Vermutung der Vollständigkeit und**

---

1 BAG 21.2.2012 – 9 AZR 486/10, NZA 2012, 750; 5.11.2003 – 5 AZR 676/02, NZA 2005, 64; LAG Hamm 19.1.2005 – 18 Sa 1173/04, nv.; LAG München 10.3.2005 – 3 Sa 727/04, FA 2005, 219; LAG Nds. 21.2.2008 – 7 Sa 659/07, EzB § 25 Nr. 1 HwO Rz. 43. ||2 BAG 29.5.2002 – 5 AZR 105/01, BAGReport 2002, 329; 17.4.2002 – 5 AZR 89/01, BB 2002, 2022. ||3 Vgl. dazu BAG 5.11.2003 – 5 AZR 676/02, NZA 2004, 102; 29.5.2002 – 5 AzR 105/01, BAGReport 2002, 329; 17.4.2002 – 5 AZR 89/01, BB 2002, 2022; LAG Nürnberg 13.11.2002 – 4 Sa 615/01, nv. Anders für den Fall der Nichtanlage eines TV (§ 8 TVG): LAG Rh.-Pf. 16.7.2002 – 1 Sa 407/02, NZA-RR 2003, 30; LAG Schl.-Holst. 3.6.2002 – 4 Sa 438/01, LAGReport 2002, 325; BAG 23.1.2002 – 4 AZR 56/01, NZA 2002, 800. ||4 *Birk*, NZA 1996, 281 (289); ErfK/*Preis*, Einf. NachwG Rz. 14; *Schaefer*, D Rz. 189. ||5 Vgl. zB ArbG Frankfurt 25.8.1999 – 2 Ca 477/99, NZA-RR 1999, 648; *Bergwitz*, BB 2001, 2316 (2317); *Birk*, NZA 1996, 281 (289); *Franke*, DB 2000, 274; *Schaefer*, D Rz. 189. ||6 BAG 5.11.2003 – 5 AZR 676/02, NZA 2005, 64; 17.4.2002 – 5 AZR 89/01, NZA 2002, 1096; *Schwarze*, ZfA 1997, 43 (55); *Müller-Glöge*, RdA Sonderbeil. Heft 5/2001, 46 (55); *Krause*, AR-Blattei SD Arbeitsvertrag 220.2.2 Rz. 262. ||7 BGH 29.6.1982 – VI ZR 33/81, BGHZ 34, 312 (314). ||8 Vgl. EuGH 4.12.1997 – Rs. C-253-258/96, AP Nr. 3 zu EWG-Richtlinie Nr. 91/533 – Kampelmann. ||9 *Bergwitz*, BB 2001, 2316 (2317); ErfK/*Preis*, Einf. NachwG Rz. 15; *Schaefer*, D Rz. 190. AA *Feldgen* Rz. 23, 69; *Krause*, AR-Blattei SD Arbeitsvertrag 220.2.2 Rz. 217. ||10 ArbG Düss. 9.9.1992 – 6 CA 3728/92, BB 1992, 2364; *Bergwitz*, BB 2001, 2316 (2317); *Hold*, ZTR 2000, 540 (545); *Preis*, NZA 1997, 10 (12); *Schaefer*, D Rz. 190. AA *Feldgen*, Rz. 69; *Krause*, AR-Blattei SD Arbeitsvertrag 220.2.2 Rz. 217. ||11 Vgl. dazu BAG 17.4.2002 – 5 AZR 89/01, BB 2002, 2022. ||12 *Krause*, Anm. zu EzA § 2 NachwG Nr. 1 S. 28. ||13 EuGH 8.2.2001 – Rs. C-350/99, BB 2001, 1255; 4.12.1997 – Rs. C-253/96, Rs. C-258/96, BB 1998, 272 – Kampelmann. ||14 BAG 16.2.2000 – 4 AZR 62/99, BAGE 93, 340; *Krabbenhöft*, DB 2000, 1562 (1564); ErfK/*Preis*, Einf. NachwG Rz. 17; *Schaefer*, F Rz. 76, 78. ||15 *Zöller/Geimer*, § 416 ZPO Rz. 9; BLAH/*Hartmann*, § 416 ZPO Rz. 6ff.; *Schaefer*, F Rz. 78. ||16 LAG Hess. 29.1.2002 – 7 Sa 836/01, AiB 2002, 575.

Richtigkeit[1]. Derjenige, der sich auf die Unrichtigkeit oder Unvollständigkeit des schriftl. Arbeitsvertrags beruft, muss den Gegenbeweis einer vom Vertragstext abweichenden Vereinbarung führen.

41 a) **Verletzung der Nachweispflicht durch den Arbeitgeber.** Kontrovers diskutiert wird die Frage, ob sich bei Nicht- oder unvollständiger Erteilung des Nachweises die Beweissituation des ArbN verbessert, der hinsichtlich einer von ihm behaupteten, jedoch nur mündlich vereinbarten Vertragsbedingung in Beweisnot zu geraten droht. Teilweise wird in der Nicht- bzw. unvollständigen Erteilung des Nachweises eine Beweisvereitelung durch den ArbGeb erblickt, die zu einer **Umkehr der Darlegungs- und Beweislast** zu Lasten des ArbGeb führe[2]. Nicht der ArbN müsse die ihm günstige Vertragsbedingung, sondern der ArbGeb deren Nichtvereinbarung beweisen. Klagen gegen den ArbGeb auf Erteilung des Nachweises seien kaum realistisch.

42 Diese Auffassung ist abzulehnen. Gegen eine Beweislastumkehr spricht die Entstehungsgeschichte des NachwG. Dem Vorschlag des Bundesrates, die Beweislast bei Verletzung der Nachweispflicht dem ArbGeb aufzuerlegen, ist der Gesetzgeber gerade nicht gefolgt. Er wurde von der BReg. ausdrücklich abgelehnt[3]. Eine Beweislastumkehr wurde vom Gesetzgeber damit ganz bewusst nicht in das NachwG aufgenommen. Die Nachweis-RL enthält gleichfalls keine Beweisregeln, so dass auch das Gebot der richtlinienkonformen Auslegung nicht zur Annahme einer Beweislastumkehr zwingt. Das deutsche Prozessrecht stellt auch außerhalb der Beweislastumkehr mit dem Institut der Beweisvereitelung ein wirkungsvolles Sanktionsinstrumentarium zur Verfügung.

43 Auslöser des Meinungsstreits ist eine **Fehlinterpretation der Entscheidung des EuGH** v. 4.12.1997[4]. Darin heißt es, für die inhaltl. Richtigkeit des Nachweises spreche eine ebenso starke Vermutung, wie sie nach innerstaatl. Recht einem solchen vom ArbGeb ausgestellten und dem ArbN übermittelten Dokument zukäme. Der Beweis des Gegenteils durch den ArbGeb sei jedoch zulässig, indem er nachweise, dass die in dieser Mitteilung enthaltenen Informationen als solche falsch oder dass sie durch die Tatsachen widerlegt worden seien. Dies bedeutet indes nicht, dass der ArbGeb in jedem Fall den Beweis des Gegenteils, also den Hauptbeweis, erbringen muss[5]. Vielmehr soll ihm jedenfalls der Beweis des Gegenteils möglich sein. IÜ soll es bei den nationalen Beweislastregeln bleiben[6]. Die Entscheidung des EuGH 8.2.2001[7] bestätigt die Auffassung, dass der Beweis des Gegenteils möglich sein muss, nicht aber erforderlich ist[8]. Es reicht der Gegenbeweis.

44 Richtigerweise ist die Nichterteilung des Nachweises in entsprechender Anwendung der §§ 427, 444 ZPO prozessual als **Beweisvereitelung** durch den ArbGeb zu behandeln[9]. Diese Grundsätze finden nämlich allg. in den Fällen Anwendung, in denen der eine Vertragspartner dem beweispflichtigen Vertragspartner die Beweisführung schuldhaft, dh. vorsätzlich oder fahrlässig, unmöglich macht, indem er zB bereits vorhandene Beweismittel vernichtet oder vorenthält oder das Schaffen von Beweismitteln verhindert[10]. Diese Grundsätze gehen auf den in § 444 ZPO enthaltenen Rechtsgedanken zurück, wonach derjenige, der entgegen einer ihm obliegenden Rechtspflicht dem Gegner die Benutzung von zur Beweisführung benötigten Unterlagen schuldhaft unmöglich macht, im Rechtsstreit aus diesem Verhalten keine beweisrechtl. Vorteile ziehen darf[11]. Die Anwendung der Grundsätze der Beweisvereitelung führt zwar nicht zu einer Umkehr der Beweislast; die Pflichtverletzung des ArbGeb ist aber im **Rahmen der Beweiswürdigung** durch den Richter (§ 286 ZPO) zu berücksichtigen. Dies kann im Erg. zu einer erheblichen **Erleichterung der Beweisführungslast** zu Gunsten des ArbN führen. In Einzelfällen kann die Beweisvereitelung bis hin zu einer **Beweislastumkehr** reichen[12]. Sie tritt ein, wenn es **unzumutbar** ist,

---

1 BAG 9.2.1995 – 2 AZR 389/94, NZA 1996, 249. ||2 LAG Hamm 9.7.1996 – 4 Sa 487/96, LAGE § 2 NachwG Nr. 2; LAG Berlin 6.12.2002 – 2 Sa 941/02, nv.; ArbG Celle 9.12.1999 – 1 Ca 426/99, LAGE § 2 NachwG Nr. 7a; *Berscheid*, WPrax 1994, 6 (11); *Birk*, NZA 1996, 280 (289); *Däubler*, NZA 1992, 312 (314); *Hohmeister*, BB 1998, 587 (588); *Höland*, AuR 1996, 87 (93); *Krause*, AR-Blattei SD Arbeitsvertrag 220.2.2 Rz. 232ff.; *Wank*, RdA 1996, 21 (24). ||3 Vgl. den Vorschlag des Bundesrates, BT-Drs. 13/668, 23f.; BR-Drs. 353/1/94, Empfehlungen der Ausschüsse, 5f. Vgl. dazu *Krabbenhöft*, DB 2000, 1562 (1564). ||4 EuGH 4.12.1997 – Rs. C 253/96, Rs. C-258/96, BB 1998, 272 – Kampelmann. ||5 Vgl. dazu *Franke*, DB 2000, 274 (276); *Kloppenburg*, RdA 2001, 293 (303). ||6 EuGH 8.2.2001 – Rs. C-350/99, BB 2001, 1255; 4.12.1997 – Rs. C-253/96, Rs. C-258/96, BB 1998, 272 – Kampelmann; LAG Köln 28.7.2000 – 11 Sa 408/00, ZTR 2001, 80; vgl. dazu *Bergwitz*, BB 2001, 2316 (2317); *Kloppenburg*, RdA 2001, 293 (303). ||7 EuGH 8.2.2001 – Rs. C-350/99, BB 2001, 1255. ||8 *Kloppenburg*, RdA 2001, 293 (303). ||9 So bspw. LAG Rh.-Pf. 1.6.2012 – 9 Sa 279/11; 10.5.2007 – 11 Sa 25/07; LAG Nds. 21.2.2003 – 10 Sa 1683/02, NZA-RR 2003, 520; LAG Nürnberg 9.4.2002 – 7 Sa 518/01, LAGE § 2 NachwG Nr. 12; LAG Hess. 29.1.2002 – 7 Sa 836/01, AiB 2002, 575; LAG Köln 15.3.2001 – 5 (10) Sa 1363/00, nv.; LAG Schl.-Holst. 11.1.2001 – 4 Sa 379/00, nv.; LAG Hamm 14.8.1998 – 10 Sa 777/97, NZA-RR 1999, 210; LAG Köln 31.7.1998 – 11 Sa 1484/97, NZA 1999, 545; 9.1.1998 – 11 Sa 155/97, NZA-RR 1998, 513; *Bergwitz*, BB 2001, 2316 (2318); *Feldgen*, Rz. 82–85, 96; *Franke*, DB 2000, 274 (276f.); *Grünberger*, NJW 1995, 2809 (2810); *Hold*, ZTR 2000, 540 (544); *Preis*, NZA 1997, 10 (13); *Friese*, EAS B 3050 Rz. 67; ErfK/*Preis*, Einf. NachwG Rz. 23. ||10 BGH 15.11.1984 – IX ZR 157/83, NJW 1986, 59. ||11 BGH 27.9.2001 – IX ZR 281/00, NJW 2002, 825. ||12 LAG Nürnberg 9.4.2002 – 7 Sa 518/01, LAGE § 2 NachwG Nr. 12; LAG Hess. 29.1.2002 – 7 Sa 836/01, AiB 2002, 575; LAG Schl.-Holst. 11.1.2001 – 4 Sa 379/00, nv.; LAG Hamm 14.8.1998 – 10 Sa 777/97, NZA-RR 1999, 210; LAG Köln 31.7.1998 – 11 Sa 1484/97, NZA 1999, 545; 9.1.1998 – 11 Sa 155/97, NZA-RR 1998, 513; *Bepler*, ZTR 2001, 241 (245); *Bergwitz*, BB 2001, 2316 (2317f.); *Franke*, DB 2000, 274 (276); *Richardi*, NZA 2001, 57 (60); *Schaefer*, F Rz. 84, 95; *Schwarze*, ZfA 1997, 43 (63f.); *Stückemann*, BB 1999, 2670 (2671f.); *Weber*, NZA 2002, 641 (644); *Zwanziger*, DB 1996, 2027 (2029f.). Krit. zur „Beweiserleichterung bis zur Beweislastumkehr": *Laumen*, NJW 2002, 3739 (3746).

den Kläger mit der Beweisführung zu belasten. Ein solcher Fall liegt vor, wenn der Gesetzgeber dem ArbGeb die Dokumentationspflicht zwingend auferlegt hat oder der ArbN trotz mehrfachen Verlangens den geschuldeten Nachweis nicht erhält[1]. So hat bspw. das LAG Köln[2] einem ArbN wegen der durch seinen ArbGeb verschuldeten Beweisnot (ein schriftl. Arbeitsvertrag fehlte) die Darlegungs- und Beweislast zur Frage der Passivlegitimation deutlich erleichtert und die Indizwirkung einer erstellten Lohnabrechnung ausreichen lassen. Diese Erleichterungen gelten auch für andere Vertragsbedingungen, die vom ArbGeb dem NachwG zuwider nicht niedergelegt worden sind. Enthält der Nachweis eine Vergütungsregelung, fehlen jedoch Angaben über Arbeitszeit, Urlaubsdauer und Kündigungsfrist, ergibt sich daraus keine Beweislastumkehr hinsichtlich der streitigen Vereinbarung eines 13. Monatseinkommens[3]. Gelingt dem ArbN der Beweis seiner Behauptung des Abschlusses einer bestimmten Entgeltvereinbarung nicht, ist das Gericht aber auch nicht von der Unwahrheit seiner Behauptung überzeugt, geht in dieser Situation des **non-liquet** die Unmöglichkeit der Tatsachenaufklärung zu Lasten des ArbGeb, wenn dieser entgegen § 2 dem ArbN keinen Nachweis der wesentlichen Vertragsbedingungen erteilt hat[4].

Bei **fahrlässiger Verletzung** der Nachweispflicht ist der vom ArbN zu erbringende Beweis jedenfalls dann als geführt anzusehen, wenn er durch **weitere Indizien** die Richtigkeit seines Vortrags plausibel macht[5]. Allerdings kann eine Beweisvereitelung regelmäßig nur dann angenommen werden, wenn der ArbN die Erteilung eines Nachweises verlangt, aber nicht erhalten hat[6]. Allein die Tatsache, dass die Parteien keinen schriftl. Arbeitsvertrag abgeschlossen haben und ihrer Nachweispflicht nach § 2 nicht nachgekommen sind, kann nicht bereits dazu führen, das dem ArbGeb eine Beweisvereitelung vorzuwerfen ist. Allein die fahrlässige Unterlassung eines Nachweises besagt nichts über die Richtigkeit der vom ArbN behaupteten Arbeitsbedingungen[7]. 45

Besteht zwischen den Parteien Streit darüber, ob überhaupt ein ArbVerh besteht, führt die Nichtaushändigung eines schriftl. Nachweises nicht zur Beweislastumkehr bzw. zur Anwendung der Grundsätze der Beweisvereitelung[8]. Für das Bestehen eines ArbVerh, das Anwendungsvoraussetzung für das NachwG und damit auch für die Nachweispflicht ist, ist derjenige darlegungs- und beweisbelastet, der sich darauf beruft. 45a

b) **Besonderheiten der korrigierenden Rückgruppierung.** Für die Darlegungslast des ArbGeb bei der korrigierenden Rückgruppierung im öffentl. Dienst ist vorstehender Meinungsstreit ohne Bedeutung. Aus dem NachwG und der Nachweis-RL ergeben sich in diesem Fall weder eine weiter gehende Darlegungs- oder Beweislast des ArbGeb noch weiter gehende Erleichterungen der Darlegungs- und Beweislast des Angestellten[9]. Durch die Eingruppierungsmitteilung wird gem. § 416 ZPO nur der Beweis dafür erbracht, dass der ArbGeb die Mitteilung abgegeben und – mittelbar – die entsprechende tarifl. Bewertung vorgenommen hat, nicht aber, dass die mitgeteilte Vergütungsgruppe zutreffend oder gar vertragl. vereinbart bzw. zugesichert ist. Die Eingruppierung bestimmt sich ausschließlich nach der auszuübenden Tätigkeit. Sie ist mithin der Disposition der Vertragsparteien entzogen (Grundsatz der Tarifautomatik, vgl. § 22 BAT iVm. § 17 I TVÜ). Ein Rückschluss auf eine entsprechende Vereinbarung scheidet dementsprechend aus. Somit wird durch die Eingruppierungsmitteilung keine Beweislage geschaffen, nach der es dem ArbGeb gem. dem Urt. des EuGH v. 4.12.1997[10] obläge, hinsichtlich der Richtigkeit der mitgeteilten Vergütungsgruppe den Beweis des Gegenteils zu führen. 46

c) **Rüge der inhaltlichen Unrichtigkeit.** Von den Rechtsfolgen der Verletzung der Nachweispflicht zu unterscheiden sind die Beweiswirkungen des ausgestellten Nachweises, wenn eine der beiden Parteien dessen inhaltliche Richtigkeit bezweifelt. 47

aa) **ArbN beruft sich auf den Nachweis.** Hat der ArbGeb den Nachweis ordnungsgemäß erteilt und macht der ArbN eine darin angegebene, vom ArbGeb bestrittene Vertragsbedingung für sich geltend, so unterliegt der Inhalt dieser privaten Urkunde nach allg. Grundsätzen der **freien Beweiswürdigung** des § 286 ZPO[11]. Denn der Nachweis begründet als Privaturkunde gem. § 416 ZPO vollen Beweis nur in 48

---

1 *Franke*, DB 2000, 274 (278); ErfK/*Preis*, Einf. NachwG Rz. 23. Vgl. zu Einzelheiten auch BGH 15.11.1984 – IX ZR 157/83, ZIP 1985, 312 (314). ||2 LAG Köln 9.1.1998 – 11 Sa 155/97, NZA-RR 1998, 513. ||3 LAG Berlin 5.11.2004 – 6 Sa 1378/04, LAGE § 611 BGB 2002 Gratifikation Nr. 1. ||4 LAG Köln 18.1.2010 – 5 SaGa 23/09, AuA 2010, 370 zur Entgelthöhe; LAG Nds. 21.2.2003 – 10 Sa 1683/02, NZA-RR 2003, 520. ||5 LAG Rh.-Pf. 10.5.2007 – 11 Sa 25/07; LAG Nürnberg 9.4.2002 – 7 Sa 518/01, LAGE § 2 NachwG Nr. 12; LAG Schl.-Holst. 11.1.2001 – 4 Sa 379/00, nv.; LAG Köln 31.7.1998 – 11 Sa 1484/97, NZA 1999, 545. Vorsatz verlangen hingegen: LAG Hamm 14.8.1998 – 10 Sa 777/97, NZA-RR 1999, 210; *Bergwitz*, BB 2001, 2316 (2318); *Schwarze*, ZfA 1997, 43 (64f.). ||6 LAG Hamm 14.8.1998 – 10 Sa 777/97, NZA-RR 1999, 210. ||7 LAG Schl.-Holst. 20.4.2006 – 2 Ta 78/06: ArbN trägt auch bei fehlendem Nachweis Beweislast für angebliche Nettolohnvereinbarung. ||8 LAG Schl.-Holst. 19.6.2006 – 1 Ta 68/06. ||9 BAG 16.2.2000 – 4 AZR 62/99, BAGE 93, 340; 26.4.2000 – 4 AZR 157/99, BB 2001, 1156; aA „Beweisführungslast ändert sich in der Weise, dass der ArbGeb seinerseits das Vorbringen des ArbN, das dem ersten Anschein nach zutreffend ist, durch Gegendarlegungen und Gegenbeweise zu entkräften hat": LAG Hamm 2.7.1998 – 4 Sa 339/96, LAGE § 2 NachwG Nr. 5; 9.7.1996 – 4 Sa 487/96; 4 Sa 2156/94, LAGE § 2 NachwG Nr. 2, 3; 27.7.1995 – 4 Sa 900/94, LAGE § 2 NachwG Nr. 1. ||10 EuGH 4.12.1997 – Rs. C-253/96, Rs. C-258/96, BB 1998, 272 – Kampelmann. ||11 *Bergwitz*, BB 2001, 2316 (2318); *Franke*, DB 2000, 274 (278); *Schaefer*, F Rz. 78.

formeller Hinsicht, nicht jedoch bzgl. des in ihm wiedergegebenen Inhalts (vgl. bereits Rz. 40). Im Gegensatz zu dem von beiden Parteien unterzeichneten Arbeitsvertrag[1] hat der Nachweis als nur vom ArbGeb unterzeichnete Erklärung (§ 2 I 1) nicht die Vermutung der Vollständigkeit und Richtigkeit für sich[2]. Zu einer Vertragsurkunde wird der Nachweis auch nicht dadurch, dass sich der ArbGeb dessen Empfang quittieren lässt[3]. Hat der ArbGeb den Nachweis erteilt, so ist die an den Arbeitsvertrag geknüpfte Vermutung der Vollständigkeit und Richtigkeit für den ArbN im Prozess nicht erforderlich. Der ArbN kann den Beweis der von ihm behaupteten Vereinbarungen durch Vorlage des Nachweises als Urkunde (§ 420 ZPO) führen[4]. Der ArbGeb hingegen müsste nach den dargestellten Aussagen des EuGH (vgl. Rz. 43[5]) das Gegenteil (also den Abschluss von Änderungsvereinbarungen) darlegen und beweisen[6]. Dies erfordert nicht den Beweis des Gegenteils iS einer vollen Beweislastumkehr[7]. Ausreichend ist vielmehr der Gegenbeweis; denn dem Nachweis kann kein höherer Beweiswert als der beiderseits unterzeichneten Arbeitsvertrag zukommen (vgl. Rz. 40)[8]. Auch bei diesem reicht der Gegenbeweis aus[9].

49   Der **Gegenbeweis** ist bereits dann erfolgreich, wenn durch ihn die Überzeugung der Richter von der Wahrheit der beweisbedürftigen Tatsachen erschüttert wird (zB ein Missverständnis in der Personalverwaltung oder ein „Verschreiber")[10]. Gelingt dem ArbGeb dies, muss der ArbN den Beweis der von ihm behaupteten Vereinbarung anders führen. Einer Beweiserleichterung für den ArbN nach den Grundsätzen des **Prima-facie-Beweises** (Anscheinsbeweises) bedarf es demzufolge nicht[11]. Die Befürworter des Prima-facie-Beweises[12] gelangen iÜ zum gleichen Ergebnis: Der ArbGeb, welcher den Nachweis ausstellt, hat regelmäßig keine Veranlassung, dem ArbN günstigere als die vereinbarten Vertragsbedingungen zu bestätigen. Nach dem typischen Geschehensablauf kann daher von der Nachweiserteilung darauf geschlossen werden, dass mindestens die im Nachweis niedergelegten Vertragsbedingungen tatsächlich vereinbart worden sind. Will der ArbGeb diesen Nachweis entkräften, hat er nicht (wie bei der Beweislastumkehr) den vollen Beweis des Gegenteils, sondern lediglich den Gegenbeweis zu erbringen. Dies kann erfolgen, indem er konkrete Tatsachen (zB Fehler in der Personalabteilung) behauptet und beweist, welche die ernsthafte Möglichkeit eines atypischen Geschehensablaufs begründen.

50   **bb) ArbGeb beruft sich auf den Nachweis.** Macht der ArbN günstigere als die im Nachweis dokumentierten Vertragsbedingungen geltend, während der ArbGeb am Nachweisinhalt festhalten will, ist der ArbN nach den allg. Grundsätzen beweisbelastet[13].

51   Der ArbGeb kann sich nicht zu seinen Gunsten auf den von ihm ausgestellten Nachweis berufen[14]. Insb. kann er sich **nicht** auf die **Grundsätze des Anscheinsbeweises** berufen. Es existiert kein Erfahrungssatz, dass der ArbGeb im Nachweis den vereinbarten Vertragsinhalt richtig und vollständig wiedergibt[15]. Der ArbGeb hätte es sonst in der Hand, durch die Erstellung (unzutreffender) Nachweise (§ 2 I 1) die Beweislage zu seinen Gunsten zu manipulieren. Das NachwG dient dem Schutz des ArbN, nicht des ArbGeb. Der ArbGeb, der sich beim Ausfüllen des Nachweises zu wenig Gedanken macht, steht demjenigen gleich, der die Nachweiserteilung gänzlich unterlässt[16]. Auch vom **Schweigen des ArbN** kann nicht auf die tatsächliche Vereinbarung dessen, was im Nachweis (fehlerhaft) dokumentiert ist, geschlossen werden; denn eine arbeitnehmerseitige Prüfungs- und Rügeobliegenheit besteht nicht[17]. Eine Ausnahme besteht dann, wenn der ArbN den Nachweisinhalt zur Kenntnis genommen und über eine gewisse Zeit hinweg widerspruchslos akzeptiert hat – was wiederum vom ArbGeb darzulegen und zu beweisen ist[18]. Das LAG Schleswig-Holstein hat hierfür bspw. das Verstreichenlassen von vier Monaten seit Empfang des vom ArbN geforderten Nachweises ausreichen lassen[19].

52   **cc) Beiderseitiges Praktizieren abweichender Vertragsbedingungen.** Praktizieren beide Vertragsparteien Vertragsbedingungen entgegen dem Nachweisinhalt, ändert sich an der allg. Beweislage nichts. Um eine von den dokumentierten Arbeitsbedingungen abweichende Regelung annehmen zu können, müssen sich die Änderungen nachhaltig und effektiv auf das ArbVerh ausgewirkt haben[20]. Nur in diesem

---

1 BAG 9.2.1995 – 2 AZR 389/94, NZA 1996, 249. ||2 *Bergwitz*, BB 2001, 2316 (2318); *Franke*, DB 2000, 274 (278); ErfK/*Preis*, Einf. NachwG Rz. 18; *Krabbenhöft*, DB 2000, 1562; *Schaefer*, F Rz. 86, 90; *Schwarze*, ZfA 1997, 43 (60); aA *Schoden*, § 2 Rz. 32. ||3 *Bergwitz*, BB 2001, 2316 (2318); *Franke*, DB 2000, 274 (278). ||4 *Franke*, DB 2000, 274 (278); *Schwarze*, ZfA 1997, 43, (65). ||5 EuGH 8.2.2001 – Rs. C-350/99, BB 2001, 1255; 4.12.1997 – Rs. C 253/96, Rs. C-258/96, BB 1998, 272 – Kampelmann. ||6 *Schaefer*, F 79, 81; *Franke*, DB 2000, 274 (278); ErfK/*Preis*, Einf. NachwG Rz. 19. ||7 So aber ErfK/*Preis*, Einf. NachwG Rz. 19. ||8 *Kloppenburg*, RdA 2001, 293 (303). ||9 *Kloppenburg*, RdA 2001, 293 (303); ErfK/*Preis*, Einf. NachwG Rz. 18. ||10 *Stein/Jonas/Leipold*, § 284 ZPO Rz. 7; *Schwarze*, ZfA 1997, 43 (65). ||11 *Schaefer*, F Rz. 79, 81; *Franke*, DB 2000, 274 (278); ErfK/*Preis*, Einf. NachwG Rz. 19. ||12 LAG Hamm 27.7.1995 – 4 Sa 900/94, LAGE § 2 NachwG Nr. 1; *Bergwitz*, BB 2001, 2316 (2318f.); *Feldgen*, Rz. 91ff.; *Höland*, AuR 1996, 87 (93); *Schoden*, § 3 Rz. 32, § 5 Rz. 8; *Zwanziger*, DB 1996, 2027 (2029). ||13 *Bergwitz*, BB 2001, 2316 (2319); ErfK/*Preis*, Einf. NachwG Rz. 21; *Schaefer*, F Rz. 91; *Schwarze*, ZfA 1997, 43 (65). ||14 *Bergwitz*, BB 2001, 2316 (2319); *Franke*, DB 2000, 274 (278); *Hohmeister*, BB 1998, 587 (588); *Kloppenburg*, RdA 2001, 293 (304); *Schaefer*, F Rz. 80. ||15 *Bergwitz*, BB 2001, 2316 (2319); *Schaefer*, F Rz. 80; ErfK/*Preis*, Einf. NachwG Rz. 20. AA *Feldgen*, Rz. 92ff.; *Hold*, AuA 1995, 290. ||16 *Kloppenburg*, RdA 2001, 293 (304). ||17 *Bergwitz*, BB 2001, 2316 (2319); *Schwarze*, ZfA 1997, 43 (65). ||18 *Bergwitz*, BB 2001, 2316 (2319); *Schwarze*, NZA 1996, 685 (686) lässt das Unterlassen der unverzüglichen Rüge nach Kenntnisnahme genügen. ||19 LAG Schl.-Holst. 23.8.1999 – 4 Sa 34/99, nv. ||20 BAG 1.8.2001 – 4 AZR 129/00, DB 2001, 2557; 20.5.1976 – 2 AZR 202/75, AP Nr. 4 zu § 305 BGB; ErfK/*Preis*, Einf. NachwG Rz. 21; *Schaefer*, F Rz. 91.

Fall kann davon ausgegangen werden, dass die Parteien einen vom schriftl. Nachweis abweichenden Vertragsinhalt – ausdrücklich oder konkludent – vereinbart haben.

9. Kontrollmöglichkeiten nach dem Betriebsverfassungsgesetz. Zu der **allg. Überwachungspflicht** der Betriebs- bzw. Personalräte nach § 80 I Nr. 1 BetrVG bzw. § 68 I Nr. 2 BPersVG zählt auch die Sicherung der Einhaltung des NachwG[1]. Zur Durchführung dieser Aufgabe hat der ArbGeb den BR nach § 80 II BetrVG rechtzeitig und umfassend zu unterrichten sowie auf Verlangen benötigte Unterlagen vorzulegen. Das Einblicksrecht des BR bezieht sich gem. § 80 II 2 Hs. 2 BetrVG auch auf Entgeltlisten aller Art. Diese weit gehende Regelung spricht für ein Einblicksrecht des BR in die Niederschriften nach dem NachwG[2]. Ein genereller Anspruch des BR auf Herausgabe der Arbeitsverträge besteht hingegen nicht[3]. Das Einblicksrecht ist von der konkreten Kontrollaufgabe abhängig. Verwendet der ArbGeb mit dem BR abgestimmte Formulararbeitsverträge (§ 94 II BetrVG), hat der BR nur dann einen Anspruch auf Vorlage der ausgefüllten Arbeitsverträge zur Überwachung der Einhaltung des NachwG, wenn er konkrete Anhaltspunkte für die Erforderlichkeit weiterer Informationen darlegt[4]. Der BR hat dagegen kein Recht, die Durchführung des NachwG aus eigenem Recht zu verlangen[5]. Dies ist Aufgabe des einzelnen ArbN. 53

Enthalten die im Betrieb allg. verwendeten Nachweisformulare persönliche Angaben über den ArbN, die über die gesetzl. Verpflichtungen hinausgehen, besteht ein **MitbestR** des BR analog § 94 BetrVG[6]. Nimmt der ArbGeb nachträgliche Änderungen der wesentlichen Vertragsbedingungen vor (§ 3) (zB hinsichtlich des Arbeitsortes und der Tätigkeit), können MitbestR nach § 99 iVm. § 95 III BetrVG eingreifen. 54

10. Bundesdatenschutzgesetz. Die Regelungen des NachwG unterfallen dem **Schutzbereich des BDSG**[7]. Da in dem Nachweispapier gem. § 2 mit Name und Anschrift nicht nur die persönlichen Daten des jeweiligen ArbN, sondern auch die Details der zu zahlenden Vergütung sowie Art und Umfang der zu leistenden Tätigkeit niederzulegen sind, sind die vom NachwG als wesentlich festgelegten Vertragsbedingungen als personenbezogene Daten einer bestimmbaren Person iSv. § 3 BDSG zu qualifizieren. Sie unterliegen dem BDSG unabhängig davon, ob sie automatisiert verarbeitet oder in oder aus einer nicht automatisierten Datei verarbeitet, genutzt oder für die Verarbeitung oder Nutzung in einer solchen Datei erhoben werden, vgl. § 32 BDSG. 55

1 Anwendungsbereich

Dieses Gesetz gilt für alle Arbeitnehmer, es sei denn, dass sie nur zur vorübergehenden Aushilfe von höchstens einem Monat eingestellt werden.

§ 1 regelt den **persönlichen Anwendungsbereich** des NachwG. Die Ausnahmen vom Anwendungsbereich sind durch Gesetz v. 24.3.1999 entfallen (vgl. Rz. 6)[8]. 1

Die Nachweis-RL (Art. 1 I) knüpft an den jeweiligen **mitgliedstaatlichen ArbN-Begriff** an, nicht an den gemeinschaftsrechtl. ArbN-Begriff des Art. 45 AEUV (früher Art. 39 EG), der auch einen Teil der Beamten umfasst[9]. Das NachwG gilt für alle ArbN, also für **Arbeiter** und **Angestellte** einschl. der zu ihrer Berufsausbildung Beschäftigten[10]. Der deutsche ArbN-Begriff erfasst alle abhängig Beschäftigten in der Privatwirtschaft und im öffentl. Dienst[11]. Hierzu zählen auch **Teilzeitbeschäftigte** einschl. der geringfügig Beschäftigten nach § 8 SGB IV und **leitende Angestellte** iSd. § 5 III BetrVG. Die Forderung des Bundesrates[12], die Gruppe der leitenden Angestellten aus dem Anwendungsbereich des NachwG auszunehmen, konnte sich nicht durchsetzen. 2

Der deutsche ArbN-Begriff erfasst nicht Personen, die in einem **öffentl.-rechtl. Dienstverhältnis** stehen, wie zB **Beamte, Richter, Soldaten, Zivildienstleistende** und **Strafgefangene**. Ihre Arbeitspflicht beruht nicht auf einem privatrechtl. Vertrag. 3

Ebenso wenig gilt das NachwG für **arbeitnehmerähnliche Personen**. Dem liegt eine bewusste Entscheidung des Gesetzgebers zugrunde[13]. Von der in anderen arbeitsrechtl. Schutzgesetzen vorgenommenen ausdrücklichen Erstreckung auf arbeitnehmerähnliche Personen (§ 2 S. 2 BUrlG, vgl. auch § 5 I 2 BetrVG, § 5 I 2 ArbGG) wurde im NachwG abgesehen. Für den Bereich des **Heimarbeitsrechts** gelten gem. §§ 7a, 9 HAG besondere Unterrichtspflichten. 4

---

1 BAG 19.10.1999 – 1 ABR 75/98, DB 2000, 1032; *Höland*, ArbuR 1996, 87 (93); ErfK/*Preis*, Einf. NachwG Rz. 24; *Schaefer*, F Rz. 19. || 2 BAG 19.10.1999 – 1 ABR 75/98, DB 2000, 1032; *Fels*, AiB 1997, 19 (20), *Schaefer*, F Rz. 21; *Stückemann*, BB 1995, 1846 (1849). || 3 BAG 19.10.1999 – 1 ABR 75/98, DB 2000, 1032. || 4 BAG 19.10.1999 – 1 ABR 75/98, DB 2000, 1032. || 5 ErfK/*Preis*, Einf. NachwG Rz. 24. || 6 *Feldgen*, Rz. 146, *Schaefer*, F Rz. 23. || 7 Vgl. ausf. *Schaefer*, F Rz. 37–56. || 8 BGBl. I S. 388, 393. || 9 LAG Köln 7.1.2000 – 11 Sa 510/99, ZTR 2000, 515; *Friese*, EAS B 3050 Rz. 11. || 10 Zum ArbN-Begriff vgl. Schwab/Weth/*Kliemt*, § 5 ArbGG Rz. 5ff. || 11 LAG Hamm 27.7.1995 – 4 Sa 900/94, LAGE § 2 NachwG Nr. 1. || 12 BR-Drs. 353/94, Anlage S. 2; BT-Drs. 13/668, 22. || 13 LAG Köln 7.1.2000 – 11 Sa 510/99, ZTR 2000, 515 (freier Mitarbeiter); aA *Schaefer*, C Rz. 19.

5 **Spezialgesetzliche Regelungen** gelten für **LeihArbN** nach dem AÜG, für **Seeleute** nach dem SeeArbG und für **Auszubildende** nach dem BBiG (vgl. Vorb. Rz. 16 ff.). Die zu ihrer Berufsbildung oder Fortbildung Beschäftigten sowie Umschüler werden ebenfalls vom BBiG erfasst[1].

6 Vom Anwendungsbereich ausgenommen sind Personen, die nur zur **vorübergehenden Aushilfe** von **höchstens einem Monat** eingestellt werden. Die Monatsfrist entspricht der Vorgabe in Art. 1 II Nachweis-RL[2]. Der Begriff der vorübergehenden Aushilfe (vgl. auch § 622 V 1 Nr. 1 BGB) ist gesetzl. nicht definiert. Ein AushilfsArbVerh ist ein ArbVerh, das von vornherein nicht auf Dauer begründet wird, sondern nur zu dem Zweck, einen vorübergehenden Bedarf an Arbeitskräften abzudecken[3]. Da es sich um einen Ausnahmetatbestand von der grds. bestehenden Nachweispflicht handelt, ist eine enge Auslegung geboten. Die Beweislast für das Eingreifen dieses Ausnahmetatbestandes trägt auf Grund der gesetzl. Formulierung „es sei denn" der ArbGeb. Die ursprüngliche Fassung des NachwG v. 20.7.1995[4] nahm noch solche ArbN aus dem Geltungsbereich aus, die zur vorübergehenden Aushilfe oder einer anderen gelegentlichen Tätigkeit eingestellt wurden, deren Gesamtdauer 400 Stunden innerhalb eines Jahres nicht überstieg. Diese Ausnahme ist durch Gesetz v. 24.3.1999[5] auf Grund ihrer Unvereinbarkeit mit Art. 1 II Nachweis-RL aufgehoben worden. Die in Art. 1 II Nachweis-RL eröffneten weiteren Ausnahmemöglichkeiten (Wochenarbeitszeit bis zu acht Stunden, Gelegenheitsarbeiten) hat der deutsche Gesetzgeber nicht übernommen. Gesichtspunkte der Gleichbehandlung und der Rechtssicherheit sprachen dafür, von der durch die Nachweis-RL eröffneten Ausnahmeregelung nur zurückhaltend Gebrauch zu machen. Der Gesetzgeber befürchtete zum einen eine mittelbar diskriminierende Auswirkung einer solchen Ausnahmeregelung, soweit sie geringfügig Beschäftigte betrifft, da ganz überwiegend Frauen betroffen sind. Zum anderen ist für geringfügig Beschäftigte die Einführung einer Nachweispflicht besonders dringlich. Gerade nur vorübergehend eingestellte oder nur geringfügig beschäftigte ArbN sind in erhöhtem Maße der Gefahr ausgesetzt, über ihre arbeitsvertragl. Rechte nicht ausreichend informiert zu sein.

2 Nachweispflicht

(1) Der Arbeitgeber hat spätestens einen Monat nach dem vereinbarten Beginn des Arbeitsverhältnisses die wesentlichen Vertragsbedingungen schriftlich niederzulegen, die Niederschrift zu unterzeichnen und dem Arbeitnehmer auszuhändigen. In die Niederschrift sind mindestens aufzunehmen:

1. der Name und die Anschrift der Vertragsparteien,
2. der Zeitpunkt des Beginns des Arbeitsverhältnisses,
3. bei befristeten Arbeitsverhältnissen: die vorhersehbare Dauer des Arbeitsverhältnisses,
4. der Arbeitsort oder, falls der Arbeitnehmer nicht nur an einem bestimmten Arbeitsort tätig sein soll, ein Hinweis darauf, dass der Arbeitnehmer an verschiedenen Orten beschäftigt werden kann,
5. eine kurze Charakterisierung oder Beschreibung der vom Arbeitnehmer zu leistenden Tätigkeit,
6. die Zusammensetzung und die Höhe des Arbeitsentgelts einschließlich der Zuschläge, der Zulagen, Prämien und Sonderzahlungen sowie anderer Bestandteile des Arbeitsentgelts und deren Fälligkeit,
7. die vereinbarte Arbeitszeit,
8. die Dauer des jährlichen Erholungsurlaubs,
9. die Fristen für die Kündigung des Arbeitsverhältnisses,
10. ein in allgemeiner Form gehaltener Hinweis auf die Tarifverträge, Betriebs- oder Dienstvereinbarungen, die auf das Arbeitsverhältnis anzuwenden sind.

Der Nachweis der wesentlichen Vertragsbedingungen in elektronischer Form ist ausgeschlossen.

(2) Hat der Arbeitnehmer seine Arbeitsleistung länger als einen Monat außerhalb der Bundesrepublik Deutschland zu erbringen, so muss die Niederschrift dem Arbeitnehmer vor seiner Abreise ausgehändigt werden und folgende zusätzliche Angaben enthalten:

1. die Dauer der im Ausland auszuübenden Tätigkeit,
2. die Währung, in der das Arbeitsentgelt ausgezahlt wird,
3. ein zusätzliches mit dem Auslandsaufenthalt verbundenes Arbeitsentgelt und damit verbundene zusätzliche Sachleistungen,
4. die vereinbarten Bedingungen für die Rückkehr des Arbeitnehmers.

(3) Die Angaben nach Absatz 1 Satz 2 Nr. 6 bis 9 und Absatz 2 Nr. 2 und 3 können ersetzt werden durch einen Hinweis auf die einschlägigen Tarifverträge, Betriebs- oder Dienstvereinbarungen und

---

[1] BT-Drs. 13/668, Anl. 2 Ziff. 2. ||[2] Vgl. dazu auch BR-Drs. 353/94, Anl. S. 1. ||[3] LAG Köln 1.12.2000 – 11 Sa 1147/00, MDR 2001, 712. Ausf. hierzu *Preis/Kliemt/Ulrich*, Aushilfs- und Probearbeitsverhältnis, 2. Aufl. 2003, Rz. 366 ff. ||[4] BGBl. I S. 946. ||[5] BGBl. I S. 388, 393.

ähnliche Regelungen, die für das Arbeitsverhältnis gelten. Ist in den Fällen des Absatzes 1 Satz 2 Nr. 8 und 9 die jeweilige gesetzliche Regelung maßgebend, so kann hierauf verwiesen werden.

(4) Wenn dem Arbeitnehmer ein schriftlicher Arbeitsvertrag ausgehändigt worden ist, entfällt die Verpflichtung nach den Absätzen 1 und 2, soweit der Vertrag die in den Absätzen 1 bis 3 geforderten Angaben enthält.

I. Normzweck; Allgemeines 1	1. Ersetzung durch Hinweis auf die einschlägigen Kollektivregelungen (Abs. 3 S. 1) . . . 51
II. Mindestinhalt des schriftlichen Nachweises (Abs. 1) 2	2. Teilersetzungsmöglichkeit durch Verweisung auf Gesetze (Abs. 3 S. 2) 61
1. Wesentliche Vertragsbedingungen 2	V. Entfall der Verpflichtung durch Arbeitsvertrag (Abs. 4) 62
2. Aushändigung der unterzeichneten Niederschrift 5	VI. Erlöschen der Verpflichtung 63
3. Frist zur Erfüllung der Informationspflicht 8	1. Ausschlussfristen 63
4. Mindestkatalog (Abs. 1 S. 2 u. 4) 11	2. Verjährung 64
III. Umfang der Nachweispflicht bei Auslandseinsatz (Abs. 2) 48	3. Beendigung des Arbeitsvertrages 65
	4. Verwirkung 66
IV. Teilersetzungsmöglichkeit durch Verweisung (Abs. 3) 51	5. Abdingbarkeit 67
	VII. Streitwert 68

I. Normzweck; Allgemeines. § 2 begründet **kein konstitutives gesetzl. Schriftformerfordernis** iSv. **1** § 125 BGB für den Arbeitsvertrag, sondern lediglich eine zwingende Pflicht zur Dokumentation der wesentlichen vertragl. Bedingungen (vgl. bereits Vorb. Rz. 13ff.). Die dem ArbN auszuhändigende Niederschrift soll ihm sichere Auskunft über den wesentlichen Inhalt seines Arbeitsvertrages geben (vgl. Vorb. Rz. 4). Dementsprechend entfällt die Nachweispflicht nach Abs. 4, wenn dem ArbN bereits ein Arbeitsvertrag ausgehändigt worden ist, der sämtliche erforderlichen Angaben enthält.

II. Mindestinhalt des schriftlichen Nachweises (Abs. 1). 1. Wesentliche Vertragsbedingungen. Nach **2** § 2 I 1 muss der schriftl. Nachweis alle wesentlichen Vertragsbedingungen des konkreten ArbVerh enthalten. Gleichzeitig schreibt Abs. 1 S. 2 gewisse Mindestangaben ("mindestens") vor. Der **Mindestkatalog** deckt sich weitgehend mit Art. 2 II Nachweis-RL. Er ist nicht abschließend, sondern **beispielhaft**. Weitere wesentliche, der Nachweispflicht unterliegende Vertragsbedingungen sind denkbar[1]. Dies ergibt sich aus Sinn und Zweck der Nachweispflicht, dem Wortlaut ("mindestens") und der Gesetzesbegründung[2].

Fraglich ist, welche Vertragsbedingungen "wesentlich" iSd. Abs. 1 S. 1 sind. Überwiegend wird für die **3** Bestimmung der Wesentlichkeit ausschließlich auf die Interessen des ArbN abgestellt[3]. Andere legen einen objektiven Maßstab an: Wesentlich seien all jene Vertragsbedingungen, die üblicherweise in Arbeitsverträgen bestimmter Art vereinbart werden[4]. Eine rein subjektive Abgrenzung führt allein nicht weiter. Zwar ist den schutzwürdigen Interessen des ArbN auszugehen, wobei die üblicherweise getroffenen Vereinbarungen Hinweise geben. Indes ist nicht alles, was üblich ist, zugleich wesentlich und umgekehrt. Richtigerweise hat sich die Bestimmung der Wesentlichkeit am **Sinn und Zweck der Nachweispflicht** und an den **Besonderheiten des jeweiligen ArbVerh** zu orientieren[5]. Je schwerer der ArbN voraussichtlich von einer dem ArbGeb günstigen Vereinbarung betroffen sein kann, desto eher kann man vom ArbGeb erwarten, dass er diese Vertragsbedingung schriftl. fixiert. **Wesentlich** iSv. Abs. 1 S. 1 sind dementsprechend die Vertragsbedingungen, deren Kenntnis für den ArbN zur Geltendmachung seiner Rechte notwendig ist und deren Unkenntnis zu erheblichen Nachteilen führen kann. Hierzu können bspw. zählen: Vereinbarungen über die Rückzahlung von Fortbildungskosten, Mankoabreden, Haftungsregelungen, Nebentätigkeitsbeschränkungen, Verschwiegenheitspflichten sowie Nebenleistungen, wie betrAV, Versicherungen. Vertragl. **Ausschlussfristen** zählen wegen ihres rechtsbeschneidenden Inhalts gleichfalls zu den nachweispflichtigen wesentlichen Vertragsbedingungen[6]. Zur Möglichkeit der Verweisung auf einen Kollektivvertrag nach Abs. 1 Nr. 10 noch Rz. 51ff. Auch die individualvertragl. statische oder dynamische **Verweisung auf einen TV** ist wesentlich. Zur Problematik, ob eine Verweisung auf einen eine Ausschlussfrist enthaltenden TV ausreicht, vgl. Rz. 55. Auch nachvertragl. **Wettbewerbsverbote** sind wesentlich; sie bedürfen nach § 74 HGB ohnehin einer besonderen schriftl. Vereinbarung.

Wo die Vertragsbedingungen geregelt sind (Einzelvertrag, TV oder BV), ist unerheblich. Eine entsprechende Differenzierung fehlt in Abs. 1 S. 1. Die Pflicht zur Aufnahme der wesentlichen Vertragsbedin- **4**

---

1 BAG 23.1.2002 – 4 AZR 56/01, NZA 2002, 800; EuGH 8.2.2001 – Rs. C-350/99, BB 2001, 1255; LAG Hamburg 21.9. 2001 – 6 Sa 46/01, nv.; LAG Bremen 9.11.2000 – 4 Sa 138/00, DB 2001, 336. AA *Birk*, NZA 1996, 281 (285); *Wank*, RdA 1996, 21 (23). ‖2 Vgl. BT-Drs. 13/668, 10. ‖3 Vgl. etwa *Schwarze*, ZfA 1997, 43 (52); *Krause*, AR-Blattei SD Arbeitsvertrag 220. 2. 2 Rz. 172; *Schaefer*, D Rz. 178. ‖4 So etwa ErfK/*Preis*, § 2 NachwG Rz. 7ff.; LAG Nds. 7.12.2000 – 10 Sa 1505/00, NZA-RR 2001, 145 (146); *Bepler*, ZTR 2001, 241 (243). ‖5 Ausf. *Linde/Lindemann*, NZA 2003, 649 (650ff.). ‖6 BAG 23.1.2002 – 4 AZR 56/01, NZA 2002, 800; ErfK/*Preis*, § 2 NachwG Rz. 8; *Linde/Lindemann*, NZA 2003, 649. AA *Feldgen*, Rz. 129.

gungen hindert nicht, (freiwillig) weitere, über die wesentlichen Vertragsbedingungen hinausgehende Vertragsbedingungen in die Niederschrift aufzunehmen.

5   **2. Aushändigung der unterzeichneten Niederschrift.** Die Informationspflicht des ArbGeb ist erst erfüllt, wenn die von ihm unterzeichnete Niederschrift dem ArbN ausgehändigt worden ist. Die Unterzeichnung muss **eigenhändig** durch den ArbGeb nach § 126 BGB erfolgen. Ein Faksimile-Stempel genügt deshalb nicht[1]. Abs. 1 S. 3 schließt die elektronische Form iSv. § 126a BGB ausdrücklich aus[2]. Entsprechend den von der Rspr. zu § 174 BGB entwickelten Grundsätzen ist eine verbindliche Unterzeichnung durch einen **Vertreter** des ArbGeb, wie zB den Leiter der Personalabteilung, möglich[3]. Für eine Aushändigung iSv. Abs. 1 S. 1 genügt nur die Übergabe der Privaturkunde. Wesentlich für den ArbN ist der **Besitz der Niederschrift**, dh. der ArbN muss das Schriftstück körperlich in die Hand bekommen[4]. Eine Übersendung per Telefax genügt dementsprechend ebenso wenig wie eine E-Mail, eine Übermittlung mittels Internet oder die Übergabe einer Diskette. Das gilt selbst dann, wenn auf ihr ein eingescannter unterzeichneter Arbeitsvertrag abgespeichert ist. Die Erstellung der Niederschrift durch Einfügen in die Personalakten genügt gleichfalls nicht[5]. **Erfüllungsort** für die Aushändigung des Nachweises ist der Betriebssitz des ArbGeb, der regelmäßig als Leistungsort für arbeitsvertragl. Ansprüche gilt[6].

6   Die Aushändigung der Niederschrift ist eine **rechtsgeschäftsähnliche Handlung**. Auf sie finden die allg. Regelungen über Willenserklärungen entsprechende Anwendung.

7   Nichtdeutsche ArbN haben anders als LeihArbN gem. § 11 II 2 AÜG (vgl. Vorb. Rz. 17) **keinen Anspruch** auf Aushändigung der Urkunde in ihrer jeweiligen **Muttersprache**[7]. Der Europäische Rat nahm einen entsprechenden Änderungsvorschlag des Europäischen Parlaments bei Verabschiedung der Nachweis-RL nicht an[8].

8   **3. Frist zur Erfüllung der Informationspflicht.** Der ArbGeb hat den Nachweis spätestens **einen Monat nach dem vereinbarten Beginn** des ArbVerh auszuhändigen. Für den Fristbeginn stellt das NachwG auf den vereinbarten Beginn des ArbVerh ab. Das ist weder der Zeitpunkt des Vertragsschlusses bzw. des Wirksamwerdens des Arbeitsvertrages[9] noch der der effektiven Arbeitsaufnahme[10]. Zwar stellt Art. 3 I Nachweis-RL auf die (tatsächliche) Aufnahme der Arbeit ab, sieht allerdings auch eine Frist von zwei Monaten vor. Da der deutsche Gesetzgeber hat die Wortwahl der Nachweis-RL genauso wenig übernommen wie die Länge der Frist. Da die deutsche Regelung für die ArbN günstiger ist, bestehen auch keine europarechtl. Bedenken. Für die hier vertretene Auffassung spricht die Rechtssicherheit, da der Beginn des ArbVerh zumeist von vornherein kalendermäßig bestimmt ist und die Fristberechnung daher bereits zum Zeitpunkt des Vertragsabschlusses möglich ist. Ist der ArbN beim vereinbarten Beginn des ArbVerh verhindert, zB durch krankheitsbedingte Arbeitsunfähigkeit, beginnt die Frist für den ArbGeb gleichwohl zu laufen und nicht erst bei tatsächlicher Arbeitsaufnahme. Gleiches gilt, wenn die Parteien einen Feiertag als Beginn des ArbVerh vereinbaren.

9   Die Fristberechnung richtet sich nach §§ 186 ff. BGB. Für nachträgliche Änderungen von wesentlichen Arbeitsbedingungen gilt § 3; für Altfälle findet die Übergangsvorschrift des § 4 Anwendung (vgl. dort). Strengere, für den ArbN günstigere tarifvertragl. Formvorschriften, die teilweise eine sofortige Ausfertigung eines schriftl. Arbeitsvertrages verlangen, gehen den Regelungen des NachwG vor[11].

10 Eine **Regelungslücke** besteht in den Fällen, in denen das ArbVerh zunächst nicht dem Anwendungsbereich des NachwG unterfällt (wie zB bei einem zunächst auf bis zu einem Monat befristeten Aushilfs-ArbVerh iSv. § 1 Hs. 2), die Anwendungsvoraussetzungen aber später durch eine Verlängerung der Befristung oder eine unbefristete Fortsetzung erfüllt werden. In diesen Fällen entsteht die Nachweispflicht sofort im Zeitpunkt der Erfüllung der Anwendungsvoraussetzungen, wenn das ArbVerh mindestens einen Monat bestanden hat und es sich um ein ununterbrochenes ArbVerh handelt[12]. Es wäre unbillig, ab dem Verlängerungszeitpunkt die Monatsfrist nochmals laufen zu lassen.

11 **4. Mindestkatalog (Abs. 1 S. 2 u. 4).** Durch den Mindestkatalog des Abs. 1 S. 2 wird der Begriff der „wesentlichen Vertragsbedingungen" des Satzes 1 **konkretisiert**. Beispielhaft werden Vertragsbedingungen aufgezählt, die der Gesetzgeber in jedem ArbVerh als wesentlich einstuft (vgl. Rz. 3 zur Wesentlichkeit). Die Pflicht zum Nachweis selbst folgt allein aus Abs. 1 S. 1[13]. Sie bestünde auch, wenn Abs. 1 S. 2 nicht existierte.

12 a) **Vertragsparteien (Nr. 1).** Anzugeben sind **Name und Anschrift** der Vertragsparteien. Dies bezweckt die eindeutige Festlegung der Identität der Vertragsparteien und beseitigt damit Unklarheiten über den richtigen Klagegegner oder den Schuldner in der Zwangsvollstreckung[14]. Insb. durch Betriebsübergänge oder Umfirmierungen ist häufig unklar, wer ArbGeb ist.

---

[1] *Birk*, NZA 1996, 281 (287). ‖ [2] Ebenso § 28 I 4 SeeArbG. Krit. zum Fehlen eines Ausnahmetatbestandes in § 11 BBiG und § 11 AÜG: *Gotthardt/Beck*, NZA 2002, 876 (877). ‖ [3] *Birk*, NZA 1996, 281 (287); *Schaefer*, B Rz. 22. ‖ [4] *Birk*, NZA 1996, 281 (287); *Schaefer*, B Rz. 23. ‖ [5] *Birk*, NZA 1996, 281 (287). ‖ [6] ErfK/*Preis*, § 2 NachwG Rz. 4, *Schaefer*, B Rz. 26. Zum Zeugnis (Holschuld bzw. Schickschuld) vgl. BAG 8.3.1995 – 5 AZR 848/93, NZA 1995, 671. ‖ [7] Vgl. dazu *Riesenhuber*, NZA 1999, 798 ff. ‖ [8] ABl. 1991 C 240/21. ‖ [9] So aber *Birk*, NZA 1996, 281 (287). ‖ [10] So aber ErfK/*Preis*, § 2 NachwG Rz. 5. ‖ [11] ErfK/*Preis*, § 2 NachwG Rz. 5. ‖ [12] *Feldgen*, Rz. 139; ErfK/*Preis*, § 2 NachwG Rz. 6. ‖ [13] ErfK/*Preis*, § 2 NachwG Rz. 10. ‖ [14] LAG Köln 9.1.1998 – 11 Sa 155/97, NZA-RR 1998, 513.

Der Name einer natürlichen Person besteht aus deren Familienname und mindestens einem Vornamen[1]. Bei Verwechselungsgefahr sind ggf. weitere Vornamen anzugeben. Akademische Grade sind nicht Teil des Familiennamens[2], wohl aber Adelsprädikate[3]. Berufs- oder Künstlernamen können, aber müssen nicht zusätzlich in den Nachweis aufgenommen werden. Nützlich, aber gleichfalls nicht erforderlich ist die Aufnahme von Geburtsdatum und -ort.   13

Handelt es sich bei dem ArbGeb um eine natürliche Personen, ist deren Name anzugeben, bei Handelsgesellschaften oder Kaufleuten deren Firma. Die Rechtsvorschriften über Firmenbezeichnungen gewährleisten eine hinreichende Präzisierung des ArbGeb. Bei juristischen Personen bedarf es deren näherer Bezeichnung. Die Verpflichtung zur Angabe der Rechtsform ergibt sich zT aus gesellschafts- und handelsrechtl. Vorschriften (§ 4 GmbHG, § 4 AktG, §§ 17ff. HGB, § 3 GenG). Gleiches gilt für Personengesellschaften nach dem PartnerschaftsG, vgl. § 7 PartGG. Beim eingetragenen Verein gehört die Angabe der Rechtsform nach § 65 BGB mit zum Namen. Aufgrund der vergleichbaren Interessenlage – Sicherstellung der Identifikation des ArbGeb – können die von der Rspr. zu § 613a V Nr. 3 BGB entwickelten Grundsätze zur Unterrichtung über die Person des Erwerbs entsprechend herangezogen werden[4].   14

Seit Anerkennung der Rechtsfähigkeit der **GbR** durch die Rspr.[5] genügt die Angabe des Namens der Gesellschaft; es müssen nicht mehr die Namen und die Anschriften aller Gesellschafter aufgeführt werden. Nicht angegeben werden muss der gesetzl. Vertreter[6].   15

Unter **Anschrift** sind die Daten zu verstehen, die für eine Zustellung benötigt werden. Bei ArbN ist auf deren regelmäßigen Aufenthaltsort abzustellen. Der ArbGeb hat die Betriebsstätte anzugeben, in der er die Personalverwaltung vornimmt[7]. Die Angabe eines Postfaches genügt nicht. Dort könnte nicht per Boten oder durch Gerichtsvollzieher zugestellt werden.   16

b) **Zeitpunkt des Beginns des Arbeitsverhältnisses (Nr. 2).** Der ArbGeb hat den Zeitpunkt des Beginns des ArbVerh anzugeben. Es beginnt mit dem Tag, an dem der ArbN vertragsgemäß die Arbeit aufzunehmen hat[8]. Dies ist der Tag des von den Vertragsparteien **vereinbarten Beginns der Vertragslaufzeit**[9]. Dieser Tag muss nicht mit dem Tag der tatsächlichen Arbeitsaufnahme übereinstimmen[10], bspw. weil die Arbeitsaufnahme wegen Erkrankung des ArbN zum vereinbarten Beginn nicht möglich ist, dem ArbN zu Beginn Urlaub gewährt wird oder weil das ArbVerh vereinbarungsgemäß am 1. eines Monats beginnen soll, dieser Tag aber ein Sonn- oder Feiertag ist. Ist der Beginn der Vertragslaufzeit zum Zeitpunkt der Erteilung des Nachweises noch ungewiss, ist der Zeitpunkt so konkret wie möglich zu umschreiben (zB „Vertragsbeginn am 1. Februar oder auf Wunsch des ArbN früher").   17

c) **Dauer der Befristung (Nr. 3).** Der ArbGeb muss klarstellen, ob ein befristetes (§ 620 BGB) oder unbefristetes ArbVerh gegeben ist. Überdies muss er die „vorhersehbare Dauer" der Befristung angeben. Für den Regelfall der Zeitbefristung ist die Dauer nicht nur vorhersehbar, sondern zeitlich sogar exakt bestimmbar.   18

Seit dem 1.1.2001 ist Abs. 1 Nr. 3 bedeutungslos. Seitdem besteht für **befristete Arbeitsverhältnisse** nach § 14 IV TzBfG ohnehin ein **konstitutives Schriftformerfordernis**[11]. Dem Schriftformerfordernis unterliegt zunächst die Tatsache der Befristung. Daneben bedarf bei der **kalendermäßigen Befristung** (§ 3 I 2 TzBfG) das Enddatum oder die Dauer des befristeten ArbVerh nach Tagen, Wochen, Monaten oder Jahren einer schriftl. Vereinbarung. Demggü. ist eine schriftl. Angabe des Befristungsgrundes grds. nicht erforderlich (Ausnahmen gem. § 23 TzBfG: § 2 IV WissZeitVG)[12]. Der Vorschlag des Bundesrates, den ArbGeb zu verpflichten, auch den Grund für die Befristung zu nennen[13], ist vom Bundestag bei den Beratungen über das NachwG zurückgewiesen worden.   19

Neben der kalendermäßigen Befristung ist auch der Abschluss eines **zweckbefristeten** (§ 3 I 2, 15 TzBfG, § 21 BEEG) oder **auflösend bedingten** (§ 21 TzBfG) ArbVerh möglich. Hierbei ist die Dauer bei der Erteilung der Niederschrift mitunter schwer absehbar. Abs. 1 Nr. 3 will an der Zulässigkeit der Zweckbefristung oder der auflösenden Bedingung nichts ändern. Allerdings muss die Dauer des ArbVerh so konkret wie möglich angegeben werden. Ein bloßer Hinweis auf die erfolgte **Zweckbefristung** reicht nicht aus; vielmehr bedarf es der konkreten Schilderung des Sachverhaltes und der exakten Angabe des Befristungszwecks. Bei der **auflösenden Bedingung** ist das Ereignis, von dessen ungewissem   20

---

[1] Palandt/*Ellenberger*, § 12 BGB Rz. 5. ||[2] BGH 19.12.1962 – IV ZB 282/62, BGHZ 38, 380. ||[3] Art. 109 III 2 WRV. ||[4] So auch ErfK/*Preis*, § 2 NachwG Rz. 11. ||[5] BGH 18.2.2002 – II ZR 331/00, NJW 2002, 1207; 29.1.2001 – II ZR 331/00, NJW 2001, 1056; OLG Karlsruhe 26.2.2001 – 11 W 5/01, NJW 2001, 1072; KG Berlin v. 26.2.2001 – 8 RE-Miet 1/01, ZMR 2001, 454. Zu den Auswirkungen im Arbeitsrecht *Diller*, NZA 2003, 401. ||[6] *Schaefer*, D Rz. 12. ||[7] Vgl. dazu *Schaefer*, D Rz. 8. ||[8] Palandt/*Weidenkaff*, Einf. v. § 611 BGB Rz. 5a. ||[9] *Birk*, NZA 1996, 281 (286); *Grünberger*, NJW 1995, 2809 (2810); anschaulich *Schaefer*, D Rz. 17ff.; ErfK/*Preis*, § 2 NachwG Rz. 12; Palandt/*Weidenkaff*, Einf. v. § 611 BGB Rz. 5a. ||[10] Zust. ErfK/*Preis*, § 2 NachwG Rz. 12, anders unter Rz. 5. ||[11] Art. 1 des Gesetzes v. 21.12.2000, BGBl. I S. 1966. ||[12] *Meinel/Heyn/Herms*, § 14 TzBfG Rz. 32; KDZ/*Däubler*, § 14 TzBfG Rz. 190; *Gaul*, NZA Beil. 3/2000, 51 (55f.); ErfK/*Preis*, § 2 NachwG Rz. 13. ||[13] BT-Drs. 13/668; BR-Drs. 353/1/94.

Eintreten das Ende des Vertrages abhängig ist, so konkret wie möglich zu bestimmen und in den Nachweis aufzunehmen[1].

20a Ein Verstoß des ArbGeb gegen die Pflicht zum Nachweis der Befristung führt nicht zu deren Unwirksamkeit, sondern allenfalls zu Schadensersatzansprüchen[2].

21 d) **Arbeitsort (Nr. 4).** Die Niederschrift muss Angaben zum Arbeitsort enthalten. Falls der ArbN nicht nur an einem bestimmten Arbeitsort tätig sein soll, ist ein Hinweis darauf erforderlich, dass er an verschiedenen Orten beschäftigt werden kann. Mit Arbeitsort ist der sog. Leistungsort gemeint, also der geographische Ort der vom ArbN zu erbringenden Leistungshandlung, **nicht ein bestimmter Arbeitsplatz**[3]. Zur Bezeichnung des Arbeitsortes genügt die räumliche Bezeichnung des Betriebsteiles oder des Betriebs, wie zB „Werk Düsseldorf", oder die Angabe der politischen Gemeinde iSv. Art. 28 II GG. Diese Angabe ist räumlich hinreichend konkret.

22 Der Arbeitsort richtet sich in erster Linie nach dem von den Parteien mündlich oder schriftl. geschlossenen Arbeitsvertrag. Ist ein bestimmter Arbeitsort ohne Versetzungsmöglichkeit fest vereinbart, ist damit die Grenze des arbeitgeberseitigen Direktionsrechtes, aber auch der sozialen Auswahl gezogen. Der Einsatz des ArbN an einem anderen Ort bedarf dann der vorherigen Änderungskündigung. Wenn keine besondere Vereinbarung vorliegt, ist Arbeitsort der Betrieb des ArbGeb (nicht der konkrete Arbeitsplatz oder Arbeitsbereich im Betrieb)[4]. Teilweise wird die Auffassung vertreten, dass bei großen Stadtgebieten (zB Berlin) ein Direktionsrecht des ArbGeb mit Blick auf § 315 BGB, §§ 2 III, § 140 SGB III generell hinsichtlich solcher Ortsveränderungen anzunehmen sei, die vom Betrieb der Einstellung ausgehend mit einer Fahrtzeit (einfach) von nicht mehr als 30 Minuten verbunden seien[5].

23 Enthält hingegen der Arbeitsvertrag eine örtliche **Versetzungsklausel** (zB „Einsatz bundesweit in allen Filialen"), muss ein entsprechender Hinweis auch in die Niederschrift aufgenommen werden. Ist zunächst ein bestimmter Arbeitsort vereinbart, einigen sich die Vertragsparteien dann aber auf einen anderen Arbeitsort, muss der ArbGeb diese Änderung einer wesentlichen Vertragsbedingung dem ArbN nach § 3 schriftl. mitteilen.

24 e) **Tätigkeitsbeschreibung (Nr. 5).** In die Niederschrift muss eine **kurze Charakterisierung oder Beschreibung der vom ArbN zu leistenden Tätigkeit** aufgenommen werden. Nach der ursprünglichen Fassung genügte eine „Bezeichnung oder allgemeine Beschreibung der vom ArbN zu leistenden Tätigkeit". Diese Regelung stellte nach Auffassung des **EuGH**[6] keine ordnungsgemäße Umsetzung des Art. 2 IIc ii Nachweis-RL dar. Hiernach ist entweder „die dem Arbeitnehmer bei der Einstellung zugewiesene Amtsbezeichnung, sein Dienstgrad und Art oder Kategorie seiner Stelle" (Art. 2 II c i Nachweis-RL) oder eine „kurze Charakterisierung oder Beschreibung der Arbeit" (Art. 2 II c ii Nachweis-RL) in die Niederschrift aufzunehmen. Der deutsche Gesetzgeber hat den Wortlaut der zweiten Möglichkeit übernommen[7].

25 Der ArbGeb darf sich folglich nicht mit der bloßen Bezeichnung der Tätigkeit begnügen („Vorarbeiter" uÄ), sondern ist gezwungen, zumindest die wesentlichen Tätigkeitsmerkmale nach Art und Umfang der zu leistenden Arbeit und damit das Aufgabengebiet des ArbN und seine Funktionen zu umschreiben[8]. Es genügt die Angabe eines charakteristischen Berufsbildes, soweit sich die zu leistenden Tätigkeiten tatsächlich innerhalb des vereinbarten Berufsbildes halten. Detaillierte Ausführungen, etwa iS einer Stellenbeschreibung, werden nicht verlangt[9].

25a Bei den dem TVöD unterfallenden ArbN des **öffentl. Dienstes** muss der Nachweis nicht notwendig durch Angabe des Eingruppierungsmerkmals – nach Vergütungs- und Fallgruppe – erfolgen, der die Tätigkeit des ArbN entspricht[10]. Vielmehr kann der Nachweis auch mittels einer dem ArbN übergebenen **Stellenbeschreibung**, wie sie zum Zwecke der Bewertung der Tätigkeit regelmäßig angefertigt wird, oder aber durch eine die spätere übertragene Tätigkeit kurz charakterisierende oder beschreibende **Stellenausschreibung** erfolgen, auf die sich der ArbN beworben hat[11].

26 Beruft sich der ArbN auf eine ihm günstige Eingruppierung im schriftl. Arbeitsvertrag, hat der ArbGeb darzulegen und zu beweisen, dass der ArbN die tatsächlichen Voraussetzungen der angegebenen Vergütungsgruppe nicht erfüllt[12]. Da das NachwG die Beweislage für ArbN verbessern will, gehen Unklarheiten hier zu Lasten des ArbGeb.

---

1 *Meinel/Heyn/Herms*, § 14 TzBfG Rz. 33, § 21 TzBfG Rz. 22; *Schaefer*, D Rz. 26. Ähnlich ErfK/*Preis*, § 2 NachwG Rz. 13, der annimmt, bei der Zweckbefristung bedürfe es stets der Angabe des Befristungsgrundes, vgl. BAG 27.7.2005 – 7 AZR 443/04, nv., zur vor Inkrafttreten des TzBfG vereinbarten Altersgrenze. ||2 BAG 27.7.2005 – 7 AZR 443/04, nv., zur vor Inkrafttreten des TzBfG vereinbarten Altersgrenze. ||3 *Schaefer*, D Rz. 36. ||4 BAG 3.12.1985 – 4 AZR 325/84, AP Nr. 5 zu § 1 TVG; MünchArbR/*Reichold*, § 36 Rz. 46; Palandt/*Weidenkaff*, § 611 BGB Rz. 31. ||5 *Gaul*, NZA Beil. 3/2000, 51 (54). ||6 EuGH 4.12.1997 – Rs. C-253/96, C 258/96, BB 1998, 272 – Kampelmann; s. dazu die Vorlagebeschl. des LAG Hamm 9.7.1996 – 4 Sa 668/94, NZA 1997, 30. ||7 ÄndG v. 29.6.1998, BGBl. I S. 1694. ||8 Vgl. dazu *Hohmeister*, BB 1998, 1790 (1793). ||9 BT-Drs. 13/668, 10. ||10 AA offenbar ErfK/*Preis*, § 2 NachwG Rz. 16. ||11 BAG 8.6.2005 – 4 AZR 406/04, NZA 2006, 53; LAG Rh.-Pf. 19.11.2007 – 5 Sa 475/07, nv., Rz. 27. Vgl. dazu auch *Kloppenburg*, RdA 2001, 293 (295). Nach der Rspr. genügt die Angabe der Vergütungsgruppe zur Umschreibung der Arbeitsaufgabe, vgl. BAG 24.4.1996 – 4 AZR 976/94, ZTR 1997, 313; 29.10.1997 – 5 AZR 455/96, ZTR 1998, 187. ||12 LAG Hamm 2.7.1998 – 4 Sa 339/96, AuR 1998, 331; ErfK/*Preis*, § 2 NachwG Rz. 16. AA *Schwarze*, RdA 1997, 343 (351). Vgl. hierzu auch BAG 8.9.1999 – 4 AZR 648/98, BB 1999, 1982.

Nach wie vor zulässig ist die Vereinbarung eines arbeitgeberseitigen **Versetzungsrechtes** zu im Vertrag näher bezeichneten Bedingungen[1]. Dem steht der Zweck des NachwG, dem ArbN Kenntnis darüber zu verschaffen, welche Arbeiten auf ihn zukommen können, nicht entgegen. Da eine solche Versetzungsklausel gleichfalls in den Nachweis aufzunehmen ist, weiß der ArbN, dass auf ihn alle Arbeiten zukommen können, die der ArbGeb ihm im Rahmen billigen Ermessens überträgt. 27

Bei der Formulierung der auszuübenden Tätigkeiten hat der ArbGeb zu beachten, dass hiermit eine Einschränkung des arbeitgeberseitigen **Direktionsrechts** verbunden sein kann. Dies hat wiederum Konsequenzen für das Kündigungsrecht; insb. wird der Kreis der vergleichbaren ArbN für die Sozialauswahl vor allem durch den Umfang des Direktionsrechts bestimmt[2]. Je eingeschränkter das Tätigkeitsfeld des ArbN ist, desto weniger andere ArbN sind in die soziale Auswahl mit einzubeziehen. 28

f) **Arbeitsentgelt (Nr. 6).** In die Niederschrift sind Regelungen über die **Zusammensetzung und Höhe** des Arbeitsentgelts einschl. der Zuschläge, der Zulagen, Prämien und Sonderzahlungen sowie anderer Bestandteile des Arbeitsentgelts (zB betrAV) aufzunehmen. Hierzu gehören neben Überstunden-, Sonn- und Feiertagszuschlägen, Auslösungen, Tantiemen, Provisionen, Leistungszulagen, Gratifikationen, Leistungs-, Erschwernis- und Funktionszulagen auch **geldwerte Vorteile mit Entgeltcharakter**, zB die Möglichkeit der privaten Nutzung eines Dienstfahrzeugs oder eines Dienstmobiltelefons. Dies gilt auch für andere Fälle von Naturalleistungen. Lässt sich die Vergütung nicht im Voraus durch Nennung einer geldwerten Summe bestimmen (zB bei einer Akkordlohnvereinbarung oder bei ertragsabhängiger Vergütung), ist in die Niederschrift die Art und der Berechnungsmodus der Leistungsvergütung mit aufzunehmen. 29

Ergibt sich die Entgeltregelung aus einem **TV, einer BV oder DV**, ist deren gesonderte Aufnahme in die Niederschrift entbehrlich, wenn von der Möglichkeit eines Verweises nach Abs. 3 Gebrauch gemacht wird. Die Leistungen, die in derartigen Regelungswerken nicht geregelt sind, müssen in den Nachweis mit aufgenommen werden. 30

Durch **betriebliche Übung** im Laufe des ArbVerh entstehende oder wegfallende Vergütungsansprüche sind gleichfalls schriftl. zu dokumentieren. Ist ausnahmsweise eine **Nettolohnabrede** getroffen, bedarf diese der Aufnahme in die Niederschrift. 31

Auch **freiwillige Leistungen** des ArbGeb sind wesentliche Vertragsbedingungen und fallen unter Abs. 1 Nr. 6[3]. Denn nach dem Gesetzeswortlaut sind Zulagen und Sonderzahlungen ohne Rücksicht auf ihre rechtl. Ausgestaltung zu dokumentieren. Wird nicht schriftl. dokumentiert, dass es sich um eine freiwillige oder widerrufliche Leistung handelt, wird es dem ArbGeb wegen der Beweiskraft des Nachweises kaum gelingen, die formlose Vereinbarung eines Freiwilligkeits- oder Widerrufsvorbehaltes nachzuweisen[4]. Gleiches gilt für die Angabe etwaiger Widerrufsgründe. Fraglich ist demggü., ob auch bei einer lediglich einmaligen Zahlung eine Nachweispflicht besteht[5]. Zwar mag spätestens mit der Annahme der Zahlung eine punktuelle Vertragsänderung eintreten; diese ist jedoch aufgrund der Einmaligkeit für den weiteren Verlauf des Vertragsverhältnisses ohne Bedeutung. 32

Neben der Höhe der Vergütung sind die **Anzahl** der Monatsgehälter, die **Zahlungsmodalitäten** (zB bargeldlos) und die **Fälligkeit** der einzelnen Vergütungsbestandteile schriftl. niederzulegen. Auch die sich aus § 614 S. 1 BGB ergebende gesetzl. Fälligkeitsregelung (Entrichtung der Vergütung nach Arbeitsleistung) ist in die Niederschrift aufzunehmen, da § 2 III 1 einen Hinweis auf eine gesetzl. Regelung nur für die Urlaubsdauer und die Kündigungsfristen zulässt. Gleiches gilt für die Vereinbarung einer Vorleistungspflicht. Ob die Möglichkeit eines **Bewährungsaufstiegs** besteht, muss nicht in den Nachweis aufgenommen werden[6]. Ebenso wenig besteht die Verpflichtung zur Aufnahme von Umständen, die für eine spätere dynamische Entwicklung der Vergütung von Bedeutung sind[7]. Eine zwingende Verpflichtung des ArbGeb, auf die Möglichkeit der Entgeltumwandlung hinzuweisen, ergibt sich aus dem NachwG nicht[8]. 33

g) **Arbeitszeit (Nr. 7).** Entgegen der vor allem bei Führungskräften gebräuchlichen Handhabung muss die Niederschrift eine klare Regelung über die vereinbarte Arbeitszeit enthalten. Hierzu zählt nicht nur die **Dauer** (§ 2 I Nr. 7 NachwG[9], §§ 3, 18 ArbZG), sondern (entweder nach Abs. 1 Nr. 7 oder nach Abs. 1 S. 1) auch die **Lage** der Arbeitszeit[10]. Dabei genügt angesichts des Bedürfnisses nach einer flexiblen Handhabung der Hinweis auf die regelmäßige Arbeitszeit[11]. Unter die vom ArbGeb anzugebende „Arbeitszeit" fallen auch Zeiten minderer oder anderer Arbeitsintensität (zB Arbeits- oder Rufbereitschaft), in denen der ArbN daran gehindert ist, seine Arbeitskraft zu verwerten und er damit über 34

---

1 *Gaul*, NZA Beil. 3/2000, 51 (54); *Schaefer*, D Rz. 53. AA *Zwanziger*, DB 1996, 2027 (2028). ||2 BAG 17.9.1998 – 2 AZR 725/97, NZA 1998, 1332. ||3 ErfK/*Preis*, § 2 NachwG Rz. 18; aA *Schaefer*, D Rz. 86. ||4 ErfK/*Preis*, § 2 NachwG Rz. 18; *Müller-Glöge*, RdA Sonderbeil. Heft 5/2001, 46 (48). Ebenso *Schaefer*, D. Rz. 87, der die Dokumentationspflicht aus § 2 I 1 herleitet. ||5 Dies bejahend: ErfK/*Preis*, § 2 NachwG Rz. 18 unter Verweis auf *Preis/Sagan*, NZA 2012, 697 (704). ||6 BAG 8.6.2005 – 4 AZR 406/04, NZA 2006, 53. ||7 LAG MV 30.5.2006 – 5 Sa 527/05. ||8 ArbG Freiburg (Greisgau) 16.8.2011 – 5 Ca 39/11. ||9 ErfK/*Preis*, § 2 NachwG Rz. 20. ||10 *Schaefer*, D Rz. 91, 103f.; aA *Birk*, NZA 1996, 281 (286). ||11 *Gaul*, NZA-Beil. 3/2000, 51 (59); *Schaefer*, D Rz. 96. AA *Richter/Mitsch*, AuA 1996, 7 (10).

seine persönliche Zeitnutzung nicht frei entscheiden kann[1]. Die Verpflichtung zur Leistung von **Überstunden** und **Kurzarbeit** wird von dem Wortlaut nicht erfasst; sie ist aber nach Abs. 1 S. 1 als wesentliche Vertragsbedingung nachweispflichtig[2]. Regelungen zur Arbeitszeit können sehr komplex sein (zB Jobsharing, Jahresarbeitszeitmodell, kapazitätsorientierte variable Arbeitszeit). Angesichts dessen empfiehlt sich, von der Möglichkeit der **Bezugnahme** auf TV, BV und DV nach Abs. 3 Gebrauch zu machen.

35 h) **Urlaubsdauer (Nr. 8).** Nr. 8 verlangt nur die Dokumentation der Dauer des jährlichen Erholungsurlaubs, nicht jedoch der Modalitäten der Erteilung[3]. Missverständlich ist insoweit Art. 2 II f Nachweis-RL, der bei nicht von vornherein feststehender Dauer des Urlaubs auf die Modalitäten der Gewährung und Festlegung Bezug nimmt; dies bezieht sich trotz des Wortlauts nicht darauf, wann – also zu welchem Zeitpunkt – der Urlaub zu erteilen ist. In der betriebl. Praxis richtet sich der Umfang des Urlaubsanspruchs häufig nach tarifl. Bestimmungen. Diese sehen meist wesentlich mehr Urlaubstage vor als das BUrlG. Gem. Abs. 3 besteht die Möglichkeit, auf die einschlägigen gesetzl. (§ 3 I BUrlG, § 19 JArbSchG, § 125 SGB IX) oder kollektivvertragl. Regelungen zu verweisen. Von dieser Möglichkeit sollte Gebrauch gemacht werden, zumal der Urlaubsanspruch Änderungen unterworfen sein kann, etwa weil er nach Alter oder Betriebszugehörigkeit gestaffelt ist.

36 Vom Erholungsurlaub sind **sonstige Beurlaubungen** zu unterscheiden. Hierzu zählen vor allem Beurlaubungen aus persönlichen Gründen („Sonderurlaub", zB bei Geburt, Heirat, Umzug etc.), zur Ausübung staatsbürgerlicher und kirchlicher Rechte und Pflichten, zur BR- und PersR-Tätigkeit usw. Diese nicht zur Erholung dienenden Dienstbefreiungen bedürfen keiner Niederlegung nach Abs. 1 Nr. 8[4].

37 i) **Kündigungsfristen (Nr. 9).** In die Niederschrift aufzunehmen sind die Fristen für die Kündigung des ArbVerh. Diese Regelung ist nicht präzise, da sie das Problem der fehlenden Vorausberechenbarkeit der Kündigungsfrist offen lässt. Dies ist aber gerade der Regelfall: Mit zunehmender Dauer des ArbVerh steigt die Länge der Kündigungsfrist. Aus diesem Grunde sind auch die **maßgeblichen Kriterien für die Bemessung der Länge der Kündigungsfrist** in die Niederschrift mit aufzunehmen[5]. Angesichts der detaillierten Regelungen in TV, in § 622 BGB und in Spezialgesetzen (zB § 22 BBiG, § 86 SGB IX, § 29 III HAG, § 66 SeeArbG) sollte von der Verweisungsmöglichkeit des Abs. 3 Gebrauch gemacht werden. Bei einem Verweis nach Abs. 3 sollte allerdings § 622 II 2 BGB wegen der Unanwendbarkeit dieser Norm[6] ausgenommen werden[7].

38 j) **Hinweis auf Kollektivvereinbarungen (Nr. 10).** Das NachwG verlangt nach Abs. 1 Nr. 10 einen „in allgemeiner Form" gehaltenen **Hinweis auf die TV, BV oder DV**, die auf das ArbVerh anzuwenden sind. Der ArbGeb hat den ArbN in der Niederschrift nach Abs. 1 Nr. 10 auch auf im Betrieb kraft **betrieblicher Übung** oder kraft **Allgemeinverbindlichkeit** anwendbaren TV hinzuweisen[8].

39 Die **Reichweite** dieser Regelung ist umstritten. Teilweise wird die Auffassung vertreten, nur **(individual)vertragl. vereinbarte Bedingungen** seien als Vertragsbedingungen iSd. NachwG anzusehen[9]. Hingegen wirkten **allgemeinverbindliche TV** mit Normwirkung auf das ArbVerh ein, ohne dass dafür ein rechtsgeschäftlicher Konsens zwischen den Arbeitsvertragsparteien erforderlich wäre; insoweit handele es sich nicht um „Vertragsbedingungen" iSd. Abs. 1, sondern um gesetzl. Normen, auf die ein Hinweis nicht zu erfolgen brauche. Dem kann nicht zugestimmt werden: „Vertragsbedingungen" iSd. NachwG sind nicht nur die vertragl. vereinbarten, sondern **auch die kraft normativer Wirkung geltenden Konditionen**, also auch **allgemeinverbindliche TV**[10]. Der Gesetzeswortlaut unterscheidet bei der Hinweispflicht nicht nach dem Grund für die Anwendbarkeit des TV. Der Nachweis ist daher unabhängig von der Rechtsgrundlage der Tarifgeltung oder TV-Anwendung zu erteilen. Zudem hätte es ansonsten § 3 S. 2 nicht bedurft, der die Änderung von für das ArbVerh geltenden TV betrifft. IÜ ermöglicht Abs. 3 eine Ersetzung bestimmter Mindestangaben durch einen Verweis auf einschlägige TV. Einschlägig sind TV auch dann, wenn sie wegen ihrer Allgemeinverbindlichkeit oder wegen der Tarifgebundenheit für diese Vertragspartner gelten.

---

1 *Schaub*, ArbRHdb, § 45 VII Rz. 53. ‖2 EuGH 8.2.2001 – Rs. C-350/99, BB 2001, 1255; BSG 21.7.2009 – B 7 AL 3/08 R, NZA-RR 2010, 216; ebenso ErfK/*Preis*, § 2 NachwG Rz. 20; *Schaefer*, E Rz. 97. ‖3 *Birk*, NZA 1996, 281 (286); ErfK/*Preis*, § 2 NachwG Rz. 21. ‖4 *Schaefer*, D Rz. 123. ‖5 *Birk*, NZA 1996, 281 (286); KR/*Spilger*, § 622 BGB Rz. 205a; ähnlich *Krause*, AR-Blattei SD Arbeitsvertrag 220. 2. 2 Rz. 160. ‖6 EuGH 19.1.2010 – Rs. C-555/07, NZA 2010, 85 – Kücükdeveci. ‖7 Ebenso ErfK/*Preis*, § 2 NachwG Rz. 22. ‖8 BAG 17.4.2002 – 5 AZR 89/01, NZA 2002, 1096; LAG Rh.-Pf. 21.8.2008 – 2 Sa 329/08, nv., Rz. 25; LAG Schl.-Holst. 27.5.2008 – 2 Ta 87/08, nv., Rz. 22. ‖9 LAG Hamburg 21.9.2001 – 6 Sa 46/01, nv.; LAG Schl.-Holst. 31.5.2001 – 4 Sa 417/00, nv.; LAG Köln 6.12.2000 – 3 Sa 1089/00, NZA-RR 2001, 261; *Feldgen*, Kap. B Rz. 129; *Birk*, NZA 1996, 281 (288); Preis/*Preis*, Arbeitsvertrag, II V 40 Rz. 43, der eine Pflicht zum Hinweis auf einen nur kraft vertragl. Bindung anwendbaren TV aus § 2 I 1 NachwG ableiten will. ‖10 Ebenso: BAG 5.11.2003 – 5 AZR 676/02, NZA 2005, 64; 29.5.2002 – 5 AZR 105/01, ArbRB 2002, 292 f.; 23.1.2002 – 4 AZR 56/01, NZA 2002, 800 (802); LAG Köln 3.7.2006 – 2 Sa 99/06; LAG Rh.-Pf. 14.7.2005 – 6 Sa 315/05, AE 2006, 100; LAG Bbg. 10.8.2001 – 4 Sa 265/01, LAGE § 2 NachwG Nr. 11; LAG Düss. 17.5.2001 – 5 (3) Sa 45/01, DB 2001, 1995; LAG Bremen 9.11.2000 – 4 Sa 138/00, DB 2001, 336; LAG Schl.-Holst. 8.2.2000 – 1 Sa 563/99, DB 2000, 724. *Bepler*, ZTR 2001, 241 (243); *Müller-Glöge*, RdA Beil. Heft 5/2001, 46 (47, 54); *Schoden*, § 2 Rz. 19; *Gaul*, ZfA 2003, 79.

Der Gesetzeswortlaut verlangt lediglich einen **in allgemeiner Form gehaltenen Hinweis**. Eine detaillierte Bezeichnung aller auf das ArbVerh anwendbaren Kollektivvereinbarungen ist nach dem Willen des Gesetzgebers nicht erforderlich[1]. Diesem Erfordernis würde bereits die Formulierung genügen: „Im Übrigen finden auf das ArbVerh die einschlägigen TV sowie BV Anwendung."[2] Dies lässt sich jedoch schwerlich mit der Nachweis-RL vereinbaren. Deren Art. 2 II j verlangt die Angabe der Kollektivverträge, in denen die Arbeitsbedingungen „des Arbeitnehmers" geregelt sind, also die **Angabe der konkret auf das ArbVerh anwendbaren kollektiven Regelungen**. Jedenfalls dann, wenn mehrere in Betracht kommende Regelungswerke existieren und sich aus den Umständen nicht ohne weiteres ergibt, welches Regelungswerk gelten soll, ist das Tarifwerk konkret zu bezeichnen[3]. Dem ArbGeb ist im Zweifelsfall eine Einzelauflistung der für das jeweilige ArbVerh geltenden Kollektivverträge anzuraten[4], jedenfalls eine hinreichend konkrete Bezeichnung („die Metall-Tarifverträge NRW"). Dies entspricht der Rechtsprechungspraxis[5]. Hierbei sollte der fachliche und räumliche Geltungsbereich der jeweiligen Kollektivverträge zweifelsfrei bezeichnet werden. Angesichts der Vielzahl von Kollektivvereinbarungen wäre es dem einzelnen ArbN ansonsten nahezu unmöglich, die auf sein ArbVerh anwendbaren aufzuspüren. **40**

Durch den allg. Hinweis auf die konkret anwendbare Kollektivvereinbarung nach Abs. 1 Nr. 10 ist auch deren **Inhalt** ausreichend nachgewiesen. Die **einzelnen einschlägigen Kollektivbestimmungen** bedürfen nach st. Rspr. auch dann **keines besonderen Nachweises**, wenn es sich um „wesentliche Vertragsbedingungen" handelt[6]. Dies gilt auch für den besonders praxisrelevanten Fall der **Ausschlussfristen**[7]. Demggü. wird vereinzelt die Auffassung vertreten, hinsichtlich der Nachweispflicht sei streng zu trennen zwischen einerseits der nachweispflichtigen Tatsache, dass ein Kollektivvertrag auf das ArbVerh Anwendung findet, und andererseits den in diesem Kollektivvertrag enthaltenen ebenfalls nachweispflichtigen wesentlichen Vertragsbedingungen. Abs. 1 Nr. 10 beziehe sich lediglich auf Ersteres. Der Inhalt eines Kollektivvertrages sei stets daraufhin zu untersuchen, ob er wesentliche Vertragsbedingungen enthalte. Sollte dies der Fall sein, bleibe es bei dem Grundsatz des Abs. 1 S. 1: Die im Kollektivvertrag enthaltenen wesentlichen Vertragsbedingungen seien zusätzlich zu der Verweisung stets separat in die Niederschrift aufzunehmen[8]. An diesem Meinungsstreit entfachte sich eine Diskussion darüber, ob Tarifbestimmungen wie tarifl. **Ausschlussklauseln** und **Verfallfristen**[9] wesentliche Vertragsbedingungen darstellen. **41**

Abs. 1 Nr. 10 benennt als Mindestinhalt der Niederschrift einen in allg. Form gehaltenen Hinweis auf die auf das ArbVerh anzuwendenden TV. Diese Hinweispflicht würde sinnentleert, wenn der ArbGeb darüber hinaus verpflichtet sein sollte, sämtliche anwendbaren TV auf wesentliche Vertragsbedingungen durchzusehen und diese nochmals gesondert im Nachweis aufzuführen. Der Zweck der Vorschrift liegt darin, iSd. Rechtsklarheit und Sicherheit auf die auf das ArbVerh anzuwendenden Kollektivregelungen hinzuweisen. Dies gebietet es nicht, die Inhalte der tarifl. Bestimmungen – quasi „wiederholend" – nachzuweisen. Auch § 3 S. 2 zeigt, dass tarifl. geregelte wesentliche Vertragsbedingungen durch einen Hinweis auf den TV ausreichend nachgewiesen sind. Würde man die ausdrückliche Aufnahme zB einer tarifvertragl. Verfallfrist in den Nachweis verlangen, käme es bei der Änderung von Tarifbestimmungen zu Wertungswidersprüchen. Änderungen von Tarifbestimmungen muss der ArbGeb **42**

---

1 BT-Drs. 13/668, 10f. Krit.: *Höland*, ArbuR 1996, 87 (91); *Wank*, RdA 1996, 23; Erfk/*Preis*, § 2 NachwG Rz. 23. ||2 Dies ausreichend lassend: BAG 14.11.2012 – 5 AZR 107/11. ||3 LAG Bremen 16.6.2004 – 2 Sa 21/04, nv. zu BAT-VKA/BAT-BL. ||4 *Lörcher*, ArbuR 1994, 450 (454); *Schaefer*, D Rz. 138; aA *Wank*, RdA 1996, 21 (23). ||5 BAG 12.12.2007 – 4 AZR 998/06, NZA 2008, 649 Rz. 29 („allgemeiner Hinweis" umfasst alle Tarifregelungen vollständig); 29.5.2002 – 5 AZR 105/01, NZA 2002, 1360 („Hinweis auf den TV als solchen"); 17.4.2002 – 5 AZR 89/01, BB 2002, 2022 („Hinweis auf den TV"); 23.1.2002 – 4 AZR 56/01, NZA 2002, 800 („Hinweis auf den einschlägigen TV"); LAG Rh.-Pf. 16.7.2002 – 1 Sa 407/02, NZA-RR 2003, 30 („Hinweis auf den TV"); LAG Köln 7.3.2002 – 10 Sa 1270/01, NZA-RR 2002, 591 („Hinweis auf die Anwendbarkeit des einschlägigen TV"); 7.12.2001 – 11 Sa 687/01, PersV 2002, 557 („namentlich bezeichneter TV"); LAG Hamm 28.11.2001 – 2 Sa 749/01, nv. („Bezugnahme auf einen genau bezeichneten TV"); vgl. auch EuGH 8.2.2001 – Rs. C-350/99, BB 2001, 1255 („Hinweis auf den einschlägigen TV"). AA LAG Nds. 7.12.2000 – 10 SA 1505/00, NZA-RR 2001, 145. ||6 BAG 14.11.2012 – 5 AZR 107/11; 5.11.2003 – 5 AZR 469/02, NZA 2004, 102; 29.5.2002 – 5 AZR 105/01, NZA 2002, 1360; 17.4.2002 – 5 AZR 89/01, NZA 2002, 1096; 23.1.2002 – 4 AZR 56/01, NZA 2002, 800. Ebenso: LAG BW v. 21.6.2007 – 11 Sa 126/06; LAG Hamm 15.8.2006 – 12 Sa 450/06; LAG Rh.-Pf. 16.7.2002 – 1 Sa 407/02, NZA-RR 2003, 30; LAG Schl.-Holst. 3.6.2002 – 4 Sa 438/01, LAGReport 2002, 325; 8.11.2001 – 3 Sa 388/01, nv.; 31.5.2001 – 4 Sa 417/00, nv.; LAG Köln 7.3.2001 – 10 Sa 1270/01, NZA-RR 2002, 591; LAG Hamm 28.11.2001 – 2 Sa 749/01, nv.; LAG Bbg. 8.11.2001 – 8 (2) Sa 475/01, nv.; LAG Düss. 17.5.2001 – 5 (3) Sa 45/01, DB 2001, 1995; LAG Nds. 7.12.2000 – 10 Sa 1505/00, NZA-RR 2001, 145; vgl. auch EuGH 8.2.2001 – Rs. C-350/99, BB 2001, 1255 und BAG 18.11.2011 – 8 AZR 277/10 (zu KonzernBV). ||7 BAG 5.11.2003 – 5 AZR 469/02, NZA 2004, 102; LAG Rh.-Pf. 20.9.2012 – 10 Sa 180/12. ||8 *Koch*, FS Schaub, 1998, S. 421 (437ff.); Erfk/*Preis*, § 2 NachwG Rz. 23ff.; *Linde/Lindemann*, NZA 2003, 849 (653ff.); *Friese*, EAS B 3050 Rz. 23. Im Anschluss an *Preis*: LAG Sachs. 22.2.2002 – 3 Sa 768/01, nv.; LAG Schl.-Holst. 8.2.2000 – 1 Sa 563/99, DB 2000, 724. ||9 „Keine wesentlichen Vertragsbedingungen": LAG Nds. 7.12.2000 – 10 Sa 1505/00, NZA-RR 2001, 145; wohl auch LAG Köln 6.12.2000 – 3 Sa 1089/00, NZA-RR 2001, 261. „Zweifelhaft": LAG Köln 7.3.2002 – 10 Sa 1270/01, NZA-RR 2002, 591; LAG Schl.-Holst. 6.11.2001 – 3 Sa 388/01, nv.; LAG Bbg. 10.8.2001 – 4 Sa 265/01, LAGE § 2 NachwG Nr. 11. AA „wesentliche Vertragsbedingung": LAG Rh.-Pf. 16.7.2002 – 1 Sa 407/02, NZA-RR 2003, 30; LAG Sachs. 22.2.2002 – 3 Sa 768/01, nv.; BAG 23.1.2002 – 4 AZR 56/01, NZA 2002, 800; LAG Hamm 28.11.2001 – 2 Sa 749/01, nv.; LAG Schl.-Holst. 8.2.2000 – 1 S 563/99, DB 2000, 724.

nach dem eindeutigen Wortlaut von § 3 S. 2 nicht mitteilen. Das NachwG unterscheidet bei der Art und Weise der Pflicht zum Nachweis wesentlicher Vertragsbedingungen wie folgt: § 2 I 2 Nr. 1–5 zählt die zwingend in den Nachweis aufzunehmenden Bedingungen auf; hingegen ermöglicht § 2 III 1 die Ersetzung der nach § 2 I 2 Nr. 6–9 notwendigen weiteren Mindestangaben durch einen Hinweis auf einschlägige kollektivrechtl. Regelungen. **Der Gesetzgeber privilegiert diese Mindestangaben.** Sie sind durch einen Verweis ua. auf einschlägige TV hinreichend nachgewiesen; die konkrete tarifl. Bestimmung (wohl aber das Tarifwerk) ist hingegen nicht zwingend zu benennen[1]. Auf Grund der Verpflichtung des ArbGeb, ua. die für den Betrieb maßgeblichen TV an geeigneter Stelle im Betrieb auszulegen (§ 8 TVG), kann einem mündigen ArbN durchaus abverlangt werden, sich über den Inhalt und spätere Änderungen der auf sein ArbVerh anwendbaren Kollektivverträge in zumutbarer Weise selbst zu informieren[2]. Hieran ändert auch die Tatsache nichts, dass die Verletzung der Auslegungspflicht von TV durch den ArbGeb keinen Schadensersatz auslöst, da § 8 TVG kein Schutzgesetz iSd. § 823 II BGB ist[3].

43   Der **Umkehrschluss**, wonach nicht in Abs. 3 S. 1 aufgezählte Angaben nicht durch einen Hinweis auf TV ersetzt werden können, ist nicht möglich. Zur damit angesprochenen **analogen Anwendung des Abs. 3** noch eingehend Rz. 55. Denn die Ersetzungsmöglichkeit besteht neben der Regelung von Abs. 1 S. 2 Nr. 10 und betrifft ausschließlich die aufgezählten Bedingungen. Bezeichnet das Gesetz einzelne wesentliche Vertragsbedingungen ausdrücklich, die durch Hinweis auf die einschlägige Kollektivregelung ausreichend nachgewiesen sind, genügt ansonsten der generelle Hinweis auf den Kollektivvertrag. IÜ hat der Gesetzgeber die Ersetzungsmöglichkeit nach Abs. 3 S. 1 für typischerweise in TV geregelte Bedingungen von zentraler Bedeutung vorgesehen, welche die Tragweite von Ausschlussfristen zT erheblich überschreiten. Es wäre widersprüchlich, anspruchsbegründende Bestimmungen (wie zB die Regelung über die Zusammensetzung und Höhe des Arbeitsentgelts) durch den Hinweis auf Kollektivvereinbarungen als ausreichend nachgewiesen anzusehen, während dies für anspruchsbeschneidende Bestimmungen (zB Ausschlussfristen) nicht genügen soll[4]. Würde man eine Verpflichtung des ArbGeb annehmen wollen, alle im TV enthaltenen weiteren wesentlichen Vertragsbedingungen wortgetreu in den Arbeitsvertrag oder den Nachweis aufzunehmen, würde der Umfang des Nachweises unnötig aufgebläht und dessen Inhalt letztlich gegen das **Transparenzgebot** verstoßen. Im Erg. würde durch die Verlagerung der Tarifbestimmungen in den Arbeitsvertrag der Zweck des NachwG – Schaffung größerer Transparenz für den ArbN – konterkariert[5].

44   Auch aus der Nachweis-RL lässt sich keine Verpflichtung des ArbGeb herleiten, einzelne „wesentliche" Tarifbestimmungen nochmals gesondert in die Niederschrift aufzunehmen. So hat bspw. der **EuGH** für den Fall einer tarifl. geregelten Verpflichtung der Ableistung von Überstunden auf Anordnung des ArbGeb entschieden, dass der ArbN über diese in Art. 2 I i a-i Nachweis-RL nicht genannte, aber als wesentlich zu qualifizierende Vertragsbedingung durch einen Hinweis auf den einschlägigen TV entsprechend der ua. für die normale Arbeitszeit geltenden Regelung von Art. 2 III Nachweis-RL ausreichend unterrichtet ist[6].

45   Aus Gründen äußerster Vorsorge ist der **Vertragspraxis** für nicht im Klauselkatalog des Abs. 1 S. 2 aufgeführte, jedoch in Kollektivverträgen enthaltene „wesentliche Vertragsbedingungen" die Verwendung folgender Klausel anzuraten:

● **Formulierungsvorschlag:**
   Wegen des Urlaubsgeldes, der Ausschlussfristen, der [...] oder der [...] wird auf den Tarifvertrag Y des Tarifgebietes Z in seiner jeweils gültigen Fassung verwiesen.

Allerdings wäre in jedem Einzelfall zu prüfen, ob sich aus dem Arbeitsvertrag abweichende, dem ArbN günstigere Vereinbarungen ergeben.

45a   **Nicht erforderlich** ist ein Hinweis auf den **Grund** und die **spezifische Wirkungsweise** der Geltung der tarifl. Vorschrift, also darauf, ob der TV kraft arbeitsvertragl. Bezugnahme oder normativ gilt[7]. Der ArbN soll lediglich wissen, in welchem tarifl. Regelungswerk im Zweifels- oder Streitfall Bestimmungen über die Begründung, den Inhalt oder die Beendigung des ArbVerh zu finden sind. Die Hinweispflicht des § 2 I 2 Nr. 10 dient dagegen nicht der Beantwortung der Frage, ob und in welchem Umfang arbeitsvertragl. Regelungen entsprechenden tarifvertragl. Bestimmungen vorgehen. Dies muss der ArbN ggf. selbst ermitteln.

46   **k) Hinweis auf Rentenversicherungsoption bei geringfügig Beschäftigten (Abs. 1 S. 4 aF).** Die ursprünglich in § 2 II 4 enthaltene Verpflichtung des ArbGeb, bei **Verträgen mit geringfügig Beschäftigten** (§ 8 SGB IV) einen Hinweis in die Niederschrift aufzunehmen, dass der ArbN trotz bestehender Ver-

---

[1] BT-Drs. 13/668, 11; BAG 5.11.2003 – 5 AZR 469/02, NZA 2004, 102.   [2] Gesetzesbegr. zu § 3: BT-Drs. 13/668, 12. BAG 23.1.2002 – 4 AZR 56/01, NZA 2002, 800; LAG Rh.-Pf. 16.7.2002 – 1 Sa 407/02, NZA-RR 2002, 30; LAG Schl.-Holst. 3.6.2002 – 4 Sa 438/01, LAGReport 2002, 325; LAG Hamm 28.11.2001 – 2 Sa 749/01, nv.; LAG Bremen 9.11.2000 – 4 Sa 138/00, DB 2001, 336.   [3] BAG 23.1.2002 – 4 AZR 56/01, NZA 2002, 800; LAG BW 21.6.2007 – 11 Sa 126/06.   [4] LAG Bremen 9.11.2000 – 4 Sa 138/00, DB 2001, 336.   [5] Zutr.: *Gaul*, ZfA 2003, 75 (80).   [6] EuGH 8.2.2001 – Rs. C-350/99, BB 2001, 1255.   [7] BAG 23.1.2002 – 4 AZR 56/01, NZA 2002, 800; 5.11.2003 – 5 AZR 676/02, NZA 2005, 64; LAG München 23.10.2008 – 3 Sa 513/08, nv.

sicherungsfreiheit auf diese verzichten kann, um hierdurch die Stellung eines sozialversicherungspflichtigen ArbN mit entsprechenden Rentenanwartschaften zu erwerben, ist durch Art. 6 des Gesetzes v. 5.12.2012[1] mWv 1.1.2013 entfallen.

Einstweilen frei. 47

III. Umfang der Nachweispflicht bei Auslandseinsatz (Abs. 2). Hat der ArbN seine Arbeitsleistung länger als einen Monat außerhalb der Bundesrepublik Deutschland zu erbringen, muss der ArbGeb gem. Abs. 2 **zusätzliche Mindestangaben** in die Niederschrift aufnehmen und diese dem ArbN **vor seiner Abreise aushändigen**. Die Ausweitung der Informationspflicht entspricht Art. 4 Nachweis-RL. 48

Die Niederschrift hat folgende weitere Angaben zu enthalten: 49

– die **Dauer** des Auslandseinsatzes (Nr. 1); erfolgt der Auslandseinsatz auf unbestimmte Zeit, ist hierauf in der Niederschrift ausdrücklich hinzuweisen. Im Falle einer Zweckbefristung ist die vom ArbN konkret zu erfüllende Aufgabe mit aufzunehmen.

– die **Währung**, in der das Arbeitsentgelt ausgezahlt wird (Nr. 2). Wird das Arbeitsentgelt teils in Inlands-, teils in Auslandswährung ausbezahlt, ist auch darauf hinzuweisen.

– ein etwaiges **zusätzliches Arbeitsentgelt** für den Auslandseinsatz und damit verbundene Sachleistungen (zB Kostenübernahme für Heimatflüge, Unterkunft etc., Nr. 3) und

– die **vereinbarten Bedingungen für die Rückkehr** des ArbN nach Beendigung des Auslandsaufenthaltes (Nr. 4).

Die Regelungen zu Nr. 1 und 2 sind zwingend in die Niederschrift mit aufzunehmen. Sofern über die Regelungsgegenstände der Nr. 3 und 4 keine Vereinbarungen zwischen den Arbeitsvertragsparteien getroffen werden, ist der ArbGeb zur Erteilung einer **Negativbescheinigung** verpflichtet[2]. Für Besatzungsmitglieder iSv. § 1 SeeArbG enthält § 28 IV SeeArbG eine speziellere Regelung. Nicht enthalten muss der vom ArbGeb zu erteilende Nachweis einen Hinweis auf die Art und Weise der **Versteuerung** des im Ausland erzielten Arbeitsentgelts[3]. Es obliegt dem ArbN, sich über die jeweils geltende Gesetzeslage zu informieren. 50

IV. Teilersetzungsmöglichkeit durch Verweisung (Abs. 3). 1. Ersetzung durch Hinweis auf die einschlägigen Kollektivregelungen (Abs. 3 S. 1). a) Allgemeines. Abs. 3 S. 1 (zu S. 2 vgl. Rz. 61) eröffnet die Möglichkeit, die Angaben nach Abs. 1 Nr. 6–9 zu Zusammensetzung und Höhe des Arbeitsentgelts, der vereinbarten Arbeitszeit, der Dauer des jährlichen Erholungsurlaubs und den Kündigungsfristen **durch einen Hinweis auf die einschlägigen TV, BV und DV** zu ersetzen (zur analogen Anwendung auf andere wesentliche Vertragsbedingungen vgl. noch Rz. 55). Gleiches gilt für die Angaben bei Auslandseinsätzen nach Abs. 2 Nr. 2 und 3. Nicht ersetzt werden können die nicht in Kollektivverträgen enthaltenen Angaben, der Name und die Anschrift der Vertragsparteien, der Zeitpunkt des Beginns des ArbVerh, die vorhersehbare Dauer des befristeten ArbVerh, der Arbeitsort und die Tätigkeitsbeschreibung. 51

Die Eröffnung der Teilersetzungsmöglichkeiten durch Abs. 3 und die Entbehrlichkeit der Angabe von Änderungen gem. § 3 S. 2 verdeutlichen die Wertung des Gesetzgebers, für gesetzl. oder kollektivvertragl. geregelte, wesentliche Vertragsbedingungen eine erleichterte Nachweismöglichkeit zu schaffen. Durch diese Verweisungsmöglichkeiten wird die praktische Handhabung der Nachweispflichten für den ArbGeb wesentlich erhöht[4]. 52

Der Gesetzeswortlaut des Abs. 3 S. 1 verlangt einen Hinweis auf die „**einschlägigen**" Kollektivvereinbarungen. Er geht damit über den Wortlaut des Abs. 2 Nr. 10 hinaus, der einen „in allgemeiner Form gehaltenen Hinweis" ausreichen lässt. Ein in allg. Form gehaltener Hinweis auf die für das ArbVerh geltenden Kollektivvereinbarungen ist bereits nach Abs. 1 Nr. 10 stets in eine Niederschrift aufzunehmen. Die Rspr. fordert die Angabe der konkret auf das ArbVerh anwendbaren kollektiven Regelungen, mithin eine Einzelauflistung (vgl. bereits Rz. 40 ff.). Eine Teilersetzung der Angaben nach Abs. 3 kann daher nur eingreifen, wenn zusätzlich beim jeweiligen Sachzusammenhang – Entgelt, Arbeitszeit, Urlaub, Kündigungsfristen – eine Verweisung auf die jeweils einschlägige Kollektivregelung erfolgt[5]. Eine Nennung der konkreten kollektivrechtl. Bestimmung ist wünschenswert, jedoch nicht erforderlich[6]. Ausreichend ist demnach ein Hinweis folgenden Inhalts: 53

● **Formulierungsvorschlag:**
   Die Höhe des Arbeitsentgeltes ergibt sich aus dem Entgelttarifvertrag XY.

Der TV ist nach Branche und Tarifgebiet anzugeben, so dass der ArbN ihn identifizieren kann.

---

1 BGBl. I S. 2474. ||2 *Schaefer,* D Rz. 169 f., E Rz. 22. ||3 BAG 22.1.2009 – 8 AZR 161/08, NZA 2009, 608 Rz. 38 f. ||4 BT-Drs. 13/668, 11. ||5 Ebenso *Richardi*, NZA 2001, 57 (59 f.); ErfK/*Preis*, § 2 NachwG Rz. 29 ff. ||6 Vgl. die Begr. des Entwurfs zu § 2 III in BT-Drs. 13/668, 11. Vgl. auch BAG 29.5.2002 – 5 AZR 105/01, NZA 2002, 1360; 23.1.2002 – 4 AZR 56/01, NZA 2002, 800; LAG Nds. 7.12.2000 – 10 Sa 1505/00, NZA-RR 2001, 145; *Schaefer*, D Rz. 143. AA LAG Schl.-Holst. 8.2.2000 – 1 Sa 563/99, NZA-RR 2000, 196, das eine ausdrückliche Aufnahme tarifl. Verfallfristen in den Nachweis fordert.

54 Ob darüber hinaus erforderlich ist, dass der ArbGeb dem ArbN den **TV zugänglich macht**, ist zweifelhaft[1]. Dies lässt sich jedenfalls nicht auf die Entscheidung des BAG 11.11.1998[2] stützen, da der TV im vom BAG entschiedenen Fall explizit regelte, dass Ansprüche dann nicht auf Grund der Ausschlussfrist erlöschen, wenn der TV „dem ArbN nicht ausgehändigt oder im Betrieb nicht ausgelegt oder ausgehängt ist". Eine solche, die Ausschlussklausel einschränkende Spezialregelung ist jedoch nur selten anzutreffen. Der ArbN ist selbst gehalten, sich rechtzeitig und umfassend über den Inhalt der auf sein ArbVerh anzuwendenden Gesetze und Kollektivverträge zu informieren[3]. Selbst ein Verstoß des ArbGeb gegen die aus § 8 TVG resultierende Verpflichtung zur Auslage des TV löst keine Schadensersatzansprüche aus. Es handelt sich um eine reine Ordnungsvorschrift, nicht um ein Schutzgesetz iSd. § 823 II BGB[4].

55 Zu Recht wendet das **BAG**[5] die Teilersetzungsmöglichkeit nach **Abs. 3 analog** auch auf andere, in dieser Vorschrift nicht geregelte wesentliche Vertragsbedingungen an. Der Aufstellung in Abs. 1 S. 2 Nr. 1 bis 9 sowie Abs. 1 S. 2 Nr. 10 und Abs. 3 ist eine Privilegierung kollektivrechtl. geregelter Vertragsbedingungen zu entnehmen. Wenn das Gesetz in allen Fällen des Abs. 1 S. 2, in denen eine kollektivrechtl. Regelung der Arbeitsbedingungen denkbar ist, gem. Abs. 3 einen allg. Hinweis auf die Kollektivregelung zulässt, spricht dies gesetzessystematisch dafür, einen solchen **Hinweis analog Abs. 3 auch für weitere, nicht ausdrücklich in Abs. 1 S. 2 genannte wesentliche Vertragsbedingungen ausreichen zu lassen**, die in TV oder BV bzw. DV geregelt sind (zB Ausschlussfristen, Verpflichtung zur Ableistung von Überstunden). Auch der **EuGH**[6] befürwortet für diese Fälle eine analoge Anwendung des § 2 III NachwG bzw. des Art. 2 III Nachweis-RL. Wörtlich führt er aus, dass für den Nachweis einer wesentlichen Vertragsbestimmung die Unterrichtung „ggf. (...) entsprechend der (...)-Regelung des Art. 2 III dieser Richtlinie in Form eines Hinweises auf die einschlägigen Rechts- und Verwaltungsvorschriften bzw. Satzungs- oder Tarifvertragsbestimmungen erfolgen" könne. Dem ist beizupflichten: Die Zulassung der Verweisungsmöglichkeit auch für andere als die genannten Fälle hat den Vorteil, dass der Nachweis bei einer Änderung der kollektivvertragl. Regelungen nicht falsch wird, vgl. § 3 S. 2. Darüber hinaus erfährt der ArbN, welche der wesentlichen Vertragsbedingungen im Gesetz oder im Kollektivvertrag geregelt sind.

56 Aus dem Nachweis muss sich ergeben, ob es sich um eine **statische oder um eine dynamische Verweisung** handelt, ob also die nur gerade geltende oder die jeweils geltende Kollektivregelung einschlägig sein soll. Soll die Klausel als große dynamische Verweisungsklausel angesehen werden, muss dies aus der Klausel deutlich hervorgehen[7]. Weder bei einer dynamischen noch bei einer statischen Verweisung muss der ArbGeb den ArbN über spätere Änderungen der Kollektivvereinbarung gem. § 3 S. 2 informieren.

57 b) **Bezugnahmeobjekte. aa)** **Tarifverträge.** Die größte Bedeutung in der betriebl. Praxis hat die einzelvertragl. Bezugnahme auf TV[8]. Insb. hinsichtlich Arbeitsentgelt und Arbeitszeit empfiehlt sich eine Verweisung auf den jeweiligen TV, weil ansonsten bei jedem Arbeitsvertrag uU umfangreiche Regelungen schriftl. dokumentiert werden müssten. Anzuraten ist eine dynamische Verweisung auf den TV in seiner jeweils gültigen Fassung, da die tarifl. Regelungen Änderungen unterworfen sind. Über spätere Änderungen der Inhalte des TV muss der ArbGeb den ArbN nicht gesondert informieren, § 3 S. 2.

58 bb) **Betriebs- oder Dienstvereinbarungen.** Bezug genommen werden kann auch auf BV oder DV. Derartige Regelungswerke enthalten häufig Regelungen über zusätzliche Arbeitsentgelte sowie nachzuweisende Modifikationen tarifvertragl. Regelungen zur Dauer der Arbeitszeit, seltener Bestimmungen über Erholungsurlaub oder Kündigungsfristen. Eine Bezugnahme auf BV hat trotz eines entsprechenden Hinweises nach Abs. 3 nur deklaratorischen Charakter. Die unmittelbare und zwingende Bindung eines ArbVerh an BV ergibt sich bereits aus § 77 IV 1 BetrVG[9].

59 cc) **Ähnliche Regelungen.** Zu den „ähnlichen Regelungen" zählen insb. die **Arbeitsvertragsrichtlinien der Kirchen** und ihrer **diakonisch-karitativen Verbände**[10]. Hiermit wollte der Gesetzgeber den kirchl. ArbGeb sowie karitativen und erzieherischen Einrichtungen die Möglichkeit einräumen, übermäßigen bürokratischen Aufwand zu vermeiden und von sinnvollen Verweisungsmöglichkeiten Gebrauch zu machen[11]. Denn kirchenrechtl. Regelungen sind nicht in jeder Hinsicht den TV und BV oder DV gleichgestellt. Sie gelten nicht wie TV kraft Kollektivrecht für das jeweilige ArbVerh, sondern entfalten nur dann Wirksamkeit, wenn sie ausdrücklich im Arbeitsvertrag vereinbart worden sind[12]. Beispiele für

---

1 Bejahend ErfK/*Preis*, § 2 NachwG Rz. 30, unter fehlgehender Berufung auf BAG 11.11.1998 – 5 AZR 63/98. ||2 BAG 11.11.1998 – 5 AZR 63/98, EzA § 4 TVG Ausschlussfristen Nr. 128. ||3 BT-Drs. 13/668, 12. ||4 BAG 23.1.2002 – 4 AZR 56/01, NZA 2002, 800 (804); 6.7.1972 – 5 AZR 100/72, DB 1972, 1782; LAG Rh.-Pf. 16.7.2002 – 1 Sa 407/02, NZA-RR 2003, 30. Ebenso nun *Löwisch/Rieble*, § 8 TVG Rz. 34 (anders noch die 1. Aufl.). Krit. *Bepler*, FS Düwell 2011, S. 307 ff. ||5 BAG 29.5.2002 – 5 AZR 105/01, NZA 2002, 1360; 17.4.2002 – 5 AZR 89/01, NZA 2002, 1096 (1098); 23.1.2002 – 4 AZR 56/01, NZA 2002, 800 f. Zust. ErfK/*Preis*, § 2 NachwG Rz. 29 ff.; *Schwarze*, ZfA 1997, 43 (52 f.); *Linde/Lindemann*, NZA 2003, 654 f.; *Oetker*, SAE 2002, 161 (166); *Gaul*, ZfA 2003, 75 (80). Ähnlich *Thüsing/Lambrich*, NZA 2002, 1361 (1370). ||6 EuGH 8.2.2001 – Rs. C-350/99, NZA 2001, 381 – Lange/Schünemann GmbH. ||7 Vgl. BAG 30.8.2000 – 4 AZR 581/99, BAGE 95, 296. ||8 Vgl. dazu ausf. *Gaul*, NZA-Beil. 3/2000, 51 (52). ||9 Vgl. dazu *Gaul*, NZA Beil. 3/2000, 51. ||10 BAG 14.1.2004 – 4 AZR 10/03, ZTR 2004, 643 zu AVR; *Richardi*, NZA 2001, 57 (59); *Schaefer*, D Rz. 144. ||11 BT-Drs. 13/1753, 13. ||12 BAG 24.9.1997 – 4 AZR 452/96, AP Nr. 10 zu § 12 AVR Caritasverband; 28.1.1998 – 4 AZR 491/96, AP Nr. 11 zu § 12 AVR Caritasverband; BVerfG 4.6.1985 – 2 BvR 1703/83, 2 BvR 1718/83, 2 BvR 856/84, BVerfGE 70, 138.

kirchliche Regelungswerke sind die AVR, die die Evangelische Kirche für die Bediensteten des Diakonischen Werkes und die katholische Kirche für den kirchl. Dienst und den Bereich der Caritas abgeschlossen hat. Die Ausdehnung der Verweisungsmöglichkeit durch Abs. 3 wird durch Art. 2 III Nachweis-RL gedeckt, der weiter gehend sogar Verweisungen auf Satzungs- oder Verwaltungsbestimmungen zugelassen hätte.

Der Begriff „ähnliche Regelungen" eröffnet **keine Verweisungsmöglichkeit auf allgemeine Arbeitsbedingungen** („AGB"). Ansonsten würde die Intention des NachwG vollständig ausgehöhlt. Denn in richtlinienkonformer Auslegung des Art. 2 III Nachweis-RL können nur allg. Regelungen mit normativem Charakter – also Rechts- und Verwaltungsvorschriften bzw. Satzungs- oder Tarifbestimmungen – als Surrogat für den unmittelbaren Nachweis der wesentlichen Vertragsbedingungen dienen. Allgemeine, vom ArbGeb vorformulierte Arbeitsbedingungen können daher keine „ähnlichen Regelungen" iSv. Abs. 3 S. 1 sein[1]. 60

2. Teilersetzungsmöglichkeit durch Verweisung auf Gesetze (Abs. 3 S. 2). Richten sich die Dauer des Erholungsurlaubs oder der Kündigungsfristen nach dem **Gesetz**, kann gem. Abs. 3 S. 2 hierauf verwiesen werden. Nach dem Wortlaut des Gesetzes muss eine dynamische Verweisung im Arbeitsvertrag vereinbart sein[2]. Sind keine weiter gehenden vertragl. Regelungen getroffen, ist ausreichend, aber auch erforderlich ein allg. Hinweis auf die jeweiligen gesetzl. Bestimmungen (§ 3 BUrlG, § 622 BGB, § 19 JArbSchG, § 125 SGB IX). Eine wörtliche Wiedergabe des Inhalts ist hingegen nicht erforderlich. Ein allg. Hinweis (zB „Die Kündigungsfristen richten sich nach den gesetzl. Regelungen") reicht nicht, da sich die jeweilige Regelung aus unterschiedlichen Gesetzen ergeben kann[3]. 61

V. Entfall der Verpflichtung durch Arbeitsvertrag (Abs. 4). Die Nachweispflicht nach den Abs. 1 und 2 entfällt, wenn dem ArbN ein schriftl. Arbeitsvertrag ausgehändigt worden ist, „soweit" dieser die gesetzl. Mindestangaben nach Abs. 1 bis 3 enthält. Enthält der Arbeitsvertrag (etwa ein sog. Einstellungsschreiben) nicht alle erforderlichen Angaben, bleibt der Anspruch auf Erteilung des Nachweises iÜ bestehen. Allerdings ist zu berücksichtigen, dass die Erfüllung der Nachweispflicht nicht in einem einzigen Dokument erfolgen muss; der ArbGeb kann seiner gesetzl. Verpflichtung auch dadurch entsprechen, dass er dem ArbN zusätzlich zum Arbeitsvertrag weitere Dokumente, etwa Mitteilungen der Änderung der Gehaltshöhe, aushändigt. Dies ergibt sich iÜ auch aus § 3. 62

VI. Erlöschen der Verpflichtung. 1. Ausschlussfristen. Die Pflicht zur Erteilung eines schriftl. Nachweises ist keiner Ausschlussfrist unterworfen. Dies wäre mit dem Zweck des NachwG – Schaffung von mehr Rechtssicherheit und Rechtsklarheit – unvereinbar und ließe sich überdies schwerlich mit der Unabdingbarkeit nach § 5 in Einklang bringen. 63

2. Verjährung. Der Anspruch des ArbN auf Erteilung eines Nachweises unterliegt der regelmäßigen Verjährungsfrist von **drei Jahren**, § 195 BGB. Diese regelmäßige Verjährungsfrist beginnt nach § 199 BGB mit dem Schluss des Jahres, in dem der Anspruch entstanden ist und der Gläubiger von den den Anspruch begründenden Umständen und der Person des Schuldners Kenntnis erlangt oder ohne große Fahrlässigkeit erlangen müsste. Dennoch kann der Nachweisanspruch während des Bestandes des ArbVerh **faktisch nicht verjähren**. Bei der Pflicht zur Erteilung des Nachweises handelt es sich um eine sog. **Dauerpflicht**. Erteilt der ArbGeb den Nachweis nicht, begeht er nicht eine einmalige, sondern eine dauernde Pflichtverletzung. Bei einem solchen Dauerverhalten ist der Anspruch, solange die Pflicht und die Pflichtverletzung besteht, als nicht entstanden iSd. Verjährungsrechts zu betrachten[4]. Erteilt also der ArbGeb den Nachweis nicht, beginnt die Verjährung solange nicht, wie die Pflichtverletzung besteht. Die Verjährung beginnt daher mit dem Schluss des Jahres, in dem das ArbVerh endet. 64

3. Beendigung des Arbeitsvertrages. Hat der ArbGeb seine Pflicht zur Erteilung eines Nachweises nicht oder nicht vollständig erfüllt, entfällt diese nicht automatisch mit der Beendigung des ArbVerh. Die Niederschrift ist dann keineswegs eine unnötige Förmelei. Der ArbN kann durchaus noch ein Interesse daran haben, etwa um noch unerfüllte Ansprüche geltend machen zu können. Fehlt es an offenen Ansprüchen, wird eine Klage auf Nachweiserteilung regelmäßig am fehlenden Rechtsschutzinteresse scheitern, weil meist unmittelbar auf die begehrte Leistung geklagt werden könnte[5]. 65

4. Verwirkung. Wie jeder Anspruch kann auch der Anspruch auf Nachweiserteilung verwirken[6]. Eine Verwirkung liegt vor, wenn seit der Möglichkeit der Geltendmachung des Anspruchs bereits ein längerer Zeitraum verstrichen ist und besondere Umstände hinzutreten, auf Grund derer die verspätete Geltendmachung gegen Treu und Glauben gem. § 242 BGB verstoßen würde. 66

5. Zur Abdingbarkeit vgl. § 5. 67

---

1 Ebenso *Schaefer*, D Rz. 146; ErfK/*Preis*, § 2 NachwG Rz. 33. ||2 Ebenso *Schaefer*, D Rz. 147. ||3 *Schaefer*, D Rz. 147, wohl auch ErfK/*Preis*, § 2 NachwG Rz. 34. ||4 BGH 28.9.1973 – I ZR 136/71, NJW 1973, 2285; MüKoBGB/*Grothe*, § 199 Rz. 13; ErfK/*Preis*, Einf. NachwG Rz. 25. ||5 Vgl. LAG Bremen 6.9.2004 – 3 Sa 242/03, 6/04, 7/04, LAGReport 2005, 256. ||6 *Schaefer*, D Rz. 159.

68 **VII. Streitwert.** Die Klage auf Erteilung eines Nachweises nach § 2 ist eine vermögensrechtl. Streitigkeit. Daher erfolgt eine nach freiem Ermessen vorzunehmende Schätzung, § 48 I GKG iVm. § 3 ZPO, wobei das Monatsgehalt den Ausgangspunkt bildet[1].

3 Änderung der Angaben
Eine Änderung der wesentlichen Vertragsbedingungen ist dem Arbeitnehmer spätestens einen Monat nach der Änderung schriftlich mitzuteilen. Satz 1 gilt nicht bei einer Änderung der gesetzlichen Vorschriften, Tarifverträge, Betriebs- oder Dienstvereinbarungen und ähnlichen Regelungen, die für das Arbeitsverhältnis gelten.

1 Die Nachweispflicht gilt nach S. 1 auch für **spätere Änderungen der wesentlichen Vertragsbedingungen**. Eine solche Änderung ist dem ArbN schriftl. mitzuteilen. Dabei ist nicht allein die Tatsache, sondern auch der Inhalt der Änderung mitzuteilen[2]. Sinn der Niederschrift ist es, die ursprüngliche Niederschrift der Änderung anzupassen und zu aktualisieren, um jederzeit die Feststellung der wesentlichen Vertragsbedingungen zu ermöglichen. Nach Sinn und Zweck des Schriftformgebots ist wie bei § 2 I 3 die elektronische Form ausgeschlossen[3].

2 Der ArbGeb hat seiner Informationspflicht **spätestens einen Monat nach der Änderung** nachzukommen. Aus dem Gesetzeswortlaut wird nicht deutlich, ob es dabei auf den Zeitpunkt der Vornahme der Änderung oder aber auf den Zeitpunkt des Wirksamwerdens der Änderung ankommt. Maßgeblich ist **der Zeitpunkt des Abschlusses einer neuen einzelvertragl. Vereinbarung**[4], nicht der Zeitpunkt des „Wirksamwerdens der Änderung". Ansonsten stellte sich das Problem, dass der ArbN den genauen Inhalt des Arbeitsvertrages häufig nicht darlegen und beweisen kann, weil ihm gerade die schriftl. Fixierung durch den ArbGeb fehlt. Dafür, dass unter einer Änderung der wesentlichen Vertragsbedingungen iSv. S. 1 die Rechtsänderung und nicht die faktische Änderung zu verstehen ist, spricht auch die Systematik des NachwG: Während S. 1 beim schon bestehenden ArbVerh für den Fristbeginn auf die „Änderung" abstellt, stellt § 2 I 1 bei einer Neueinstellung für den Fristbeginn auf den „vereinbarten Beginn des Arbeitsverhältnisses" ab (vgl. § 2 Rz. 8 ff. und 17).

Die schriftl. Mitteilung der Änderung ist nicht Wirksamkeitsvoraussetzung der Änderung. Dies ergibt sich bereits daraus, dass nach S. 1 Änderungen „spätestens einen Monat nach der Änderung schriftlich mitzuteilen" sind. Daraus folgt, dass die Wirksamkeit der jeweiligen Änderung einer etwaigen Informationspflicht zeitlich vorgeht[5].

3 Die schriftl. Benachrichtigung über die Änderungen ist gem. S. 2 **entbehrlich**, wenn es um die Änderung **gesetzl. Vorschriften, TV, BV oder DV** und **ähnlicher Regelungen** geht, die für das ArbVerh gelten. Ähnliche Regelungen idS sind bspw. AVR[6]. Über die jeweils gültige Fassung von Gesetzen, Kollektivverträgen etc. muss sich der ArbN selbst informieren. Dies vermeidet unnötigen bürokratischen Aufwand. Die Entbehrlichkeit besteht jedoch nur, wenn im erstellten Nachweis die Verweisungsmöglichkeit genutzt wurde. S. 2 ergänzt insoweit die weit gehende Ersetzungsbefugnis nach § 2 III[7]. Zwar erschwert dies aus Sicht des ArbN die Überschaubarkeit der tatsächlich vereinbarten Vertragsbedingungen; jedoch ist es dem ArbN zuzumuten, sich über die jeweils gültige Fassung der für sein ArbVerh anwendbaren Gesetze, Kollektivverträge und ähnlichen Regelungen selbst zu informieren[8]. Der Gesetzgeber hat mit Neueinführung des § 310 IV 2 BGB diese Ansicht bestätigt[9]. Hiernach ist die im allg. Zivilrecht bestehende Pflicht zur Kenntnisverschaffung bei Einbeziehung und Änderung von AGB nach § 305 II und III BGB im Arbeitsrecht ausdrücklich nicht anwendbar.

4 Wird allerdings ein **Haustarifvertrag erstmals abgeschlossen**, ist der ArbGeb nach S. 1 verpflichtet, dies dem ArbN schriftl. mitzuteilen[10]. Der Abschluss eines TV, der dazu führt, dass erstmals auf das ArbVerh ein TV Anwendung findet, ist eine Änderung wesentlicher Vertragsbedingungen iSv. S. 1. Wie sich aus § 2 I 2 Nr. 10 ergibt, sind auf das ArbVerh anwendbare TV wesentliche Vertragsbedingungen. Der erstmalige Abschluss eines HausTV ist keine Änderung eines TV iSv. S. 2, da eine Änderung voraussetzt, dass bereits ein Tarifwerk vorhanden war. Die Mitteilungspflicht nach S. 1 reicht jedoch nicht weiter als die Nachweispflicht nach § 2 I (vgl. § 2 Rz. 41). Eine Änderung eines TV iSd. S. 2 liegt auch dann vor, wenn ein auf das ArbVerh anwendbarer TV ohne zeitliche Unterbrechung von einem anderen TV abgelöst wird, der denselben räumlichen, fachlichen und persönlichen Geltungsbereich hat; in diesem Fall besteht keine Mitteilungspflicht nach S. 1[11]. Nach Sinn und Zweck des S. 2, der sich aus der Systematik des korrespondierenden § 2 Nr. 10 ergibt, kann es keinen Unterschied machen, ob die Tarifparteien inhaltliche tarifl. Änderungen ausdrücklich als „Änderungstarifvertrag" bezeichnen oder ob

---

1 LAG BW 18.12.2009 – 5 Ta 131/09, nv.: aufgrund besonderer Umstände ⅓ des Monatseinkommens. || 2 *Birk*, NZA 1996, 281 (287); *Schaefer*, B Rz. 47. || 3 *Gotthardt/Beck*, NZA 2002, 876 (877); ErfK/*Preis*, § 3 NachwG Rz. 1. || 4 *Schaefer*, B Rz. 34, 37 ff. Vgl. auch BT-Drs. 13/668, 23 f. AA *Birk*, NZA 1996, 281 (287 f.). || 5 BAG 20.5.2009 – 4 AZR 179/08, NZA 2010, 102, Rz. 39. || 6 BAG 14.1.2004 – 4 AZR 10/03, ZTR 2004, 643. || 7 Ebenso ErfK/*Preis*, § 3 Rz. 1; *Schaefer*, B Rz. 48. || 8 Vgl. dazu auch ErfK/*Preis*, § 3 Rz. 2; *Schaefer*, B Rz. 49. || 9 ErfK/*Preis*, § 3 Rz. 2. || 10 BAG 5.11.2003 – 5 AZR 469/02, NZA 2004, 102. || 11 LAG Köln 11.9.2009 – 4 Sa 579/09, AuR 2010, 30 (LS); ebenso jetzt ErfK/*Preis*, § 3 Rz. 1; aA LAG Hamm 18.10.2007 – 8 Sa 942/07, nv.

sie unter derselben Bezeichnung mit demselben Geltungsbereich des alten TV einen unmittelbar nachfolgenden „neuen" TV abschließen, der geänderte Regelungen enthält.

Eine **Allgemeinverbindlicherklärung** eines TVs, die dazu führt, dass erstmals auf ein ArbVerh ein TV Anwendung findet, ist eine Änderung wesentlicher Vertragsbedingungen iSv. § 3 S. 1[1]. 4a

Ändert sich die **Tarifbindung**, etwa weil der ArbGeb aus dem ArbGeb-Verband austritt oder in eine OT-Mitgliedschaft wechselt und damit lediglich die zwingende Wirkung endet, liegt hierin nicht automatisch eine Änderung der wesentlichen Vertragsbedingungen iSd. S. 1, so dass insoweit keine Pflicht des ArbGeb zur schriftl. Mitteilung besteht[2]. 4b

Im Fall des **Betriebsübergangs** muss auch der neue Erwerber die Verpflichtungen aus dem NachwG erfüllen[3]. Die Erstellung eines komplett neuen Nachweises ist jedoch nicht erforderlich, da kein neues ArbVerh begründet wird, vgl. § 613a I 1 BGB. Gem. § 613a V BGB hat der bisherige ArbGeb oder der neue Inhaber die von dem Betriebsübergang betroffenen ArbN vor dem Übergang über wesentliche Punkte des Betriebsübergangs in Textform zu unterrichten. 5

4 Übergangsvorschrift
Hat das Arbeitsverhältnis bereits bei Inkrafttreten dieses Gesetzes bestanden, so ist dem Arbeitnehmer auf sein Verlangen innerhalb von zwei Monaten eine Niederschrift im Sinne des § 2 auszuhändigen. Soweit eine früher ausgestellte Niederschrift oder ein schriftlicher Arbeitsvertrag die nach diesem Gesetz erforderlichen Angaben enthält, entfällt diese Verpflichtung.

§ 4 beinhaltet eine **Übergangsregelung** für ArbVerh, die bei Inkrafttreten des NachwG am **28.7.1995** bereits bestanden haben. Danach hat der ArbGeb dem ArbN nur **auf Verlangen innerhalb von zwei Monaten** eine Niederschrift iSd. § 2 auszuhändigen. Als Niederschrift iSd. § 4 genügt die Kopie eines ausreichenden Nachweises[4]. 1

Die Norm will für sog. **Altfälle** in Umsetzung von Art. 9 II Nachweis-RL sicherstellen, dass jeder ArbN die vorgeschriebenen Informationen tatsächlich erhalten kann. Die Bindung der Nachweispflicht in Altfällen an einen Antrag des ArbN ist richtlinienkonform[5]. Die Zwei-Monats-Frist beginnt ab dem **Zugang des Verlangens** beim ArbGeb zu laufen[6]. Der ArbN kann dieses Verlangen jederzeit ohne Einhaltung einer bestimmten Form anbringen. Aus Beweisgründen empfiehlt sich allerdings die Schriftform. Tritt allerdings nach Inkrafttreten des NachwG eine Änderung wesentlicher Vertragsbedingungen ein, trifft den ArbGeb nach § 3 eine entsprechende Mitteilungspflicht auch ohne vorangehendes Nachweisverlangen. Dies gilt unabhängig davon, ob der zugrunde liegende Arbeitsvertrag vor Inkrafttreten des NachwG abgeschlossen worden ist[7]. 2

Ist ein ArbVerh vor dem 28.7.1995 begründet, aus saisonalen Gründen (zB in der Bauindustrie) jedoch mehrfach beendet und neu begründet worden, kann es dennoch in Bezug auf die Nachweispflicht als ununterbrochenes ArbVerh zu behandeln sein, wenn ein enger sachlicher Zusammenhang zwischen den ArbVerh besteht[8]. 2a

§ 4 stellt **keine zweimonatige Übergangsfrist**, sondern eine Übergangsregelung dar, die jedem ArbN die erstmalige Erteilung eines Nachweises unabhängig vom Zeitpunkt der Begründung des ArbVerh sichern soll[9]. In den Altfällen musste daher der jeweilige ArbN sein Verlangen nicht innerhalb von zwei Monaten nach Inkrafttreten des NachwG geltend machen[10]. Dies ergibt sich aus dem Wortlaut der Norm und aus deren Sinn und Zweck. Ergänzt wird die Übergangsregelung durch § 3, wonach bei Änderung wesentlicher Vertragsbedingungen ohnehin eine Änderungsmitteilung auszuhändigen ist – auch wenn das ArbVerh bei Inkrafttreten des NachwG schon bestanden hat und der ArbN das Verlangen nach § 4 bislang nicht gestellt hat. 3

Die Verpflichtung zur Erteilung eines Nachweises auf Verlangen nach S. 1 **entfällt** nach S. 2 auch bei Altfällen, soweit bereits ein schriftl. Arbeitsvertrag oder eine frühere Niederschrift existiert. Dies gilt wie auch bei § 2 IV aber nur, „soweit" das frühere Dokument den Mindestanforderungen des § 2 I bis III entspricht. IÜ, also hinsichtlich der nicht niedergelegten Vertragsbedingungen, besteht der Anspruch fort[11]. 4

---

1 LAG Hess. 27.4.2010 – 3 Sa 1477/09, nv. ||2 Offen lassend: BAG 20.5.2009 – 4 AZR 179/08, NZA 2010, 102, Rz. 38. ||3 LAG Hamm 11.3.2002 – 8 Sa 1249/01, LAGReport 2002, 306; *Schaefer*, F Rz. 118ff., D Rz. 156. ||4 LAG Nds. 26.7.2001 – 7 Sa 1813/00, NZA-RR 2002, 118. ||5 LAG Thür. 4.9.2001 – 7 Sa 38/2001, nv.; LAG Schl.-Holst. 20.3.2001 – 1 Sa 649c/00, nv.; LAG Hamm 2.7.1998 – 4 Sa 339/96, LAGE § 2 NachwG Nr. 5; EuGH 4.12.1997 – Rs. C-253/96, C-254/96, C-255/96, C-256/96, C-257/96, C-258/96, BB 1998, 272 – Kampelmann. ||6 Ebenso *Schaefer*, D Rz. 152. ||7 BAG 3.5.2006 – 4 AZR 189/05, NZA 2006, 1420; LAG Hamm 18.10.2007 – 8 Sa 942/07. ||8 LAG München 10.3.2005 – 3 Sa 727/04, FA 2005, 219 für Unterbrechungen in der Wintersaison. ||9 ErfK/*Preis*, § 4 NachwG Rz. 1; *Schaefer*, D Rz. 152. ||10 So aber *Birk*, NZA 1996, 281 (287). Offen gelassen in LAG Thür. 4.9.2001 – 7 Rs 38/2001, nv. ||11 *Feldgen*, Rz. 220; ErfK/*Preis*, § 4 NachwG Rz. 2; vgl. auch LAG Nds. 26.7.2001 – 7 Sa 1813/00, NZA-RR 2002, 118.

5 Da nach der Übergangsregelung in Altfällen dem ArbN nur auf sein Verlangen innerhalb der Zwei-Monats-Frist die Niederschrift nach § 2 auszuhändigen ist und nicht – wie bei Neufällen – kraft Gesetzes, entstehen negative **beweisrechtl. Konsequenzen** für den ArbGeb nur, wenn er dem Verlangen des ArbN nicht fristgerecht nachkommt[1].

5 Unabdingbarkeit

Von den Vorschriften dieses Gesetzes kann nicht zuungunsten des Arbeitnehmers abgewichen werden.

1 Das NachwG ist **einseitig zwingendes Recht zu Gunsten des ArbN**. § 5 setzt insoweit Art. 7 Nachweis-RL um. Ein **Verzicht** des ArbN auf eine Niederschrift der wesentl. Arbeitsbedingungen ist daher **unwirksam**[2]. Ebenso wenig ist das NachwG tarifvertrags- oder betriebsvereinbarungsdispositiv.

2 Allerdings sind dem ArbN **günstigere Regelungen** auf einzel- oder kollektivvertragl. Ebene möglich. Dies ergibt sich auch aus Art. 7 Nachweis-RL. So können die Nachweispflichten zwar nicht eingeschränkt, wohl aber erweitert werden[3]. Günstiger für den ArbN ist bspw. eine über § 2 hinausgehende Informationspflicht, wie etwa die detaillierte Beschreibung aller Vertragsbedingungen.

---

1 ErfK/*Preis*, § 4 NachwG Rz. 3; *Schaefer*, D Rz. 155. ||2 *Schaefer*, D Rz. 164. ||3 ErfK/*Preis*, § 5 NachwG Rz. 2; *Schaefer*, D Rz. 164; *Richter/Mitsch*, AuA 1996, 7 (11).

Pflegezeitgesetz (PflegeZG)
Gesetz über die Pflegezeit

vom 28.5.2008 (BGBl. I S. 874, 896)

1 Ziel des Gesetzes
Ziel des Gesetzes ist, Beschäftigten die Möglichkeit zu eröffnen, pflegebedürftige nahe Angehörige in häuslicher Umgebung zu pflegen und damit die Vereinbarkeit von Beruf und familiärer Pflege zu verbessern.

I. Entstehungsgeschichte. Das Pflegezeitgesetz wurde als Art. 3 des Gesetzes zur strukturellen Weiterentwicklung der Pflegeversicherung (PfWG) v. 28.5.2008[1] eingeführt und ist **am 1.7.2008 in Kraft getreten**[2].

II. Gesetzeszweck. Ziel des Gesetzes ist es, die **Vereinbarkeit von Beruf und familiärer Pflege** zu fördern (§ 1) und die arbeitsrechtl. Rahmenbedingungen dafür zu schaffen, dass Beschäftigte iSd. § 7 I die Pflege und Sterbebegleitung naher Angehöriger in häuslicher Umgebung übernehmen oder sicherstellen können, ohne ihre arbeitsvertragl. Pflichten zu verletzen[3]. Dem liegt die Annahme zugrunde, dass pflegebedürftige Menschen zumeist so lange wie möglich durch vertraute Angehörige in gewohnter Umgebung oder zumindest ambulant und nicht in einer Pflegeeinrichtung versorgt werden wollen[4]. Mit dem in § 1 geregelten Gesetzeszweck des PflegeZG korrespondiert der in § 3 SGB XI normierte und für die Pflegeversicherung geltende Grundsatz des **Vorrangs der häuslichen Pflege** vor anderen Pflegearten (insb. stationärer Pflege).

III. Systematik des Gesetzes. Das PflegeZG ist ein **ArbN-Schutzgesetz**, das zu Gunsten der Beschäftigten **einseitig zwingend** ist (§ 8). Der Geltungsbereich knüpft an den Begriff des **Beschäftigten** an und umfasst nicht nur ArbN, sondern auch die zu ihrer Berufsbildung Beschäftigten und arbeitnehmerähnliche Personen (§ 7 I). Der Begriff des ArbGeb ist in § 7 II entsprechend weiter gefasst.

Der Begriff des **nahen Angehörigen** ist in § 7 III legaldefiniert. Die Definition der **Pflegebedürftigkeit** findet sich in § 7 IV.

Das PflegeZG enthält folgende arbeitsrechtl. Kernregelungen:

- Bei **akut auftretenden Pflegesituationen** kommt ein **Recht zur Nichtleistung der Arbeit bis zu zehn Arbeitstage** lang gem. § 2 in Betracht.
- §§ 3 und 4 regeln hingegen – in Anlehnung an die Elternzeit (§§ 15 f. BEEG)[5] – die **Pflegezeit von bis zu sechs Monaten** in Unternehmen mit mehr als 15 Beschäftigten (§ 3 I 2). In dieser Zeit kann der ArbN bei Einhaltung der formellen Voraussetzungen entweder **vollständig** der Arbeit fernbleiben **oder** mit Zustimmung des ArbGeb (vgl. § 3 IV) seine Arbeitszeit verringern; Letzteres ist nichts anderes als ein weiterer gesetzl. **Teilzeitanspruch** neben § 8 I TzBfG, § 15 VI, VII BEEG, § 81 V 3 SGB IX (vgl. § 3 Rz. 9).
- Hinsichtlich des **Arbeitsentgelts** normiert das PflegeZG selbst keine Ausnahme zum Grundsatz „ohne Arbeit kein Lohn", sondern verweist insoweit auf andere gesetzl. Vorschriften oder Vereinbarungen (vgl. § 2 III). Auch eine Regelung zum Urlaub (wie in § 17 BEEG) findet sich im PflegeZG nicht.
- § 5 begründet einen **besonderen Kündigungsschutz** für Beschäftigte von der Ankündigung bis zur Beendigung der kurzzeitigen Arbeitsverhinderung (§ 2) oder der Pflegezeit (§ 3). Der Ausspruch einer Kündigung ist nur nach vorheriger Zulässigerklärung durch die zuständige Behörde möglich (§ 5 II).
- § 6 enthält – in Anlehnung an § 21 BEEG – eine besondere Ausprägung der **Sachgrundbefristung** nach § 14 I Nr. 3 TzBfG und erlaubt die Befristung des Arbeitsvertrags einer Ersatzkraft zur Vertretung des nach § 2 oder §§ 3 f. verhinderten Beschäftigten.

IV. Familienpflegezeit. Ende 2011 wurde das Familienpflegezeitgesetz (FPfZG)[6] beschlossen, wonach seit dem 1.1.2012 die – **ohne Rechtsanspruch** ausgestaltete – Möglichkeit der **Vereinbarung einer Familienpflegezeit** besteht. Dabei verringert der Beschäftigte die Arbeitszeit über einen Zeitraum von längstens 24 Monaten auf bis zu 15 Wochenstunden und erhält während der Familienpflegezeit sowie in der

---

[1] BGBl. 2008 I S. 896. ‖ [2] Gesetzgebungsmaterialien: RegE, BT-Drs. 16/7439; Stellungnahme des BR v. 30.11.2007, BR-Drs. 718/07 (B); Gegenäußerung der BReg. v. 12.12.2007, BT-Drs. 16/7486; Beschlussempfehlung des Gesundheitsausschusses v. 12.3.2008, BT-Drs. 16/8525. ‖ [3] BT-Drs. 16/7439, 90, 91. ‖ [4] Vgl. BT-Drs. 16/7439, 1, 90. ‖ [5] BT-Drs. 16/7439, 91. ‖ [6] Zum Ganzen BT-Drs. 17/6000; BT-Drs. 17/7387; *Barkow v. Creytz*, DStR 2012, 191; *Göttling/Neumann*, NZA 2012, 119; *Karb*, öAT 2012, 30; *Lehmann*, BB 2011, 757; *Liebscher/Kühler*, ArbRAktuell 2012, 335457; *Plein/Kratz*, KSzW 2012, 101 (104 ff.); *Sasse*, DB 2011, 2660; *Schiefer/Worzalla*, DB 2012, 516; zu sozialversicherungsrechtl. Fragen *Brose*, NZS 2012, 499 (501 f.).

Nachpflegephase, in der die Arbeitszeitverringerung nicht mehr gilt, das verringerte Arbeitsentgelt sowie Aufstockungsleistungen (iHv. 50 % des Produkts aus monatlicher Arbeitszeitverringerung in Stunden und dem durchschnittlichen Entgelt pro Arbeitsstunde). Die Aufstockung erfolgt durch Entnahme von Arbeitsentgelt aus einem Wertguthaben, das in der Nachpflegephase auszugleichen ist. Die Familienpflegezeit spielt bislang in der Praxis keine nennenswerte Rolle[1].

7 Die **große Koalition** hat sich darauf verständigt, dies zu ändern. Im **Koalitionsvertrag** für die 18. Legislaturperiode heißt es insoweit[2]: „Wir werden die Möglichkeiten des Pflegezeit- und Familienpflegezeitgesetzes unter einem Dach mit **Rechtsanspruch** zusammenführen und weiterentwickeln, um die Vereinbarkeit von Pflege und Beruf besser zu unterstützen." Ferner ist vereinbart, die zehntägige Auszeit nach § 2 „aufbauend auf der geltenden gesetzlichen Regelung mit einer Lohnersatzleistung analog Kinderkrankengeld [zu] koppeln".

§ 2 *Kurzzeitige Arbeitsverhinderung*

(1) Beschäftigte haben das Recht, bis zu zehn Arbeitstage der Arbeit fernzubleiben, wenn dies erforderlich ist, um für einen pflegebedürftigen nahen Angehörigen in einer akut aufgetretenen Pflegesituation eine bedarfsgerechte Pflege zu organisieren oder eine pflegerische Versorgung in dieser Zeit sicherzustellen.

(2) Beschäftigte sind verpflichtet, dem Arbeitgeber ihre Verhinderung an der Arbeitsleistung und deren voraussichtliche Dauer unverzüglich mitzuteilen. Dem Arbeitgeber ist auf Verlangen eine ärztliche Bescheinigung über die Pflegebedürftigkeit des nahen Angehörigen und die Erforderlichkeit der in Absatz 1 genannten Maßnahmen vorzulegen.

(3) Der Arbeitgeber ist zur Fortzahlung der Vergütung nur verpflichtet, soweit sich eine solche Verpflichtung aus anderen gesetzlichen Vorschriften oder auf Grund einer Vereinbarung ergibt.

1 **I. Vorbemerkungen.** § 2 ist die eine Säule der neuen Pflegezeitregelungen und betrifft **kurzzeitige** Arbeitsverhinderungen auf Grund einer akut aufgetretenen Pflegesituation eines nahen Angehörigen. Die zweite Säule findet sich in §§ 3 f. und betrifft die Fälle der längeren Pflege eines nahen Angehörigen in häuslicher Umgebung. Beide Säulen werden durch den in § 5 geregelten besonderen Kündigungsschutz arbeitsrechtlich flankiert.

2 **1. Regelungszweck.** Zweck der Regelung des § 2 ist es, Berufstätigen nach **Akutereignissen**, die zu einem plötzlich auftretenden Pflegebedarf führen, **einerseits** die Möglichkeit zu geben, sich über Pflegeleistungsangebote zu informieren und die notwendigen Organisationsschritte einzuleiten (zB durch Einschaltung eines Pflegedienstes, der im Anschluss an eine stationäre Behandlung die Versorgung im häuslichen Bereich sicherstellt). **Andererseits** soll auch ermöglicht werden, dass pflegebedürftige Personen kurzfristig von ihren Angehörigen zu Hause versorgt werden können, bevor eine anderweitige Pflege sichergestellt ist[3].

3 **2. Regelungsgegenstand.** Abs. 1 regelt ein **zweckgebundenes Leistungsverweigerungsrecht** von Beschäftigten iSd. § 7[4]. Es steht neben anderen Leistungsverweigerungsrechten (zB nach § 275 III BGB) oder Ansprüchen auf Arbeitsfreistellung (zB gem. § 45 III, V SGB V[5] oder tarifl. Regelungen über Arbeitsfreistellung bei bestimmten Anlässen, wie etwa § 29 I Buchst. e TVöD). In pflegebezogenen Akutfällen kann ein Beschäftigter bis zu zehn Arbeitstage der Arbeit fernbleiben, aber nur, um für den pflegebedürftigen nahen Angehörigen eine bedarfsgerechte Pflege zu organisieren oder eine pflegerische Versorgung in dieser Zeit durch eigenhändige Durchführung von Pflegemaßnahmen sicherzustellen. Führt der Beschäftigte während der Zeit des Fernbleibens von der Arbeit – dh. während der für ihn an sich geltenden Arbeitszeit – andere Tätigkeiten aus (zB Besuch eines Freizeitparks, Urlaubsaktivitäten), verletzt er seine Arbeitspflicht, täuscht den ArbGeb und unterliegt arbeitsrechtl. Sanktionen bis hin zur außerordentlichen Kündigung.

4 Für die Geltendmachung des Leistungsverweigerungsrechts nach Abs. 1 ist – anders als zB bei § 629 BGB – die **Zustimmung des ArbGeb nicht erforderlich**. Dies folgt ua. aus Abs. 2, der lediglich eine Anzeige- und Nachweispflicht des Beschäftigten vorsieht.

5 **3. Geltungsbereich.** Das pflegebezogene Leistungsverweigerungsrecht nach Abs. 1 gilt in allen Betrieben oder Unternehmen unabhängig von der Zahl der Beschäftigten. Anders als bei der Pflegezeit (vgl. § 3 I 2) sieht das Gesetz hier **keinen Schwellenwert** vor. Der Beschäftigte muss auch **keine Wartezeit** zurücklegen, bevor er sich auf Abs. 1 berufen kann.

6 **II. Recht zum Fernbleiben von der Arbeit (Abs. 1).** Das zweckgebundene Leistungsverweigerungsrecht (Rz. 3) setzt voraus, dass ein naher Angehöriger iSd. § 7 III tatsächlich oder voraussichtlich pflegebedürftig iSd. §§ 14 f. SGB XI ist (§ 7 IV) und dass diese **Pflegesituation „akut aufgetreten"** ist, dh.

---

[1] BT-Drs. 17/12330. ||[2] Koalitionsvertrag v. 27.11.2013, S. 84. ||[3] BT-Drs. 16/7439, 90 f. ||[4] *Glatzel*, NJW 2009, 1377; *Preis/Nehring*, NZA 2008, 729 (730); aA *Küttner/Reinecke*, Pflegezeit Rz. 7. ||[5] Dazu *Greiner*, NZA 2007, 490.

plötzlich und unvorhergesehen eingetreten ist und einen Bedarf nach unverzüglicher Organisation oder Durchführung von Pflegemaßnahmen ausgelöst hat[1]. Von einem derartigen Akutereignis ist nicht auszugehen, wenn sich – zB während eines längeren Krankenhausaufenthalts – die Pflegebedürftigkeit seit einiger Zeit objektiv abzeichnete[2]. Ein Akutereignis iSd. § 2 kann aber zB vorliegen, wenn bei bereits bestehender häuslicher Pflege unvorhergesehen die Pflegekraft ausfällt und eine anderweitige Versorgung nicht möglich ist oder erst organisiert werden muss[3]. Das Leistungsverweigerungsrecht nach Abs. 1 besteht ferner nur, **solange und soweit**[4] das Fernbleiben von der Arbeit **objektiv erforderlich** ist, um eine bedarfsgerechte Pflege des pflegebedürftigen nahen Angehörigen zu organisieren oder eine pflegerische Versorgung – durch eigenhändige Durchführung von Pflegemaßnahmen seitens des Beschäftigten – sicherzustellen. Kümmern sich zB andere Angehörige um die Pflege der pflegebedürftigen Person, ist das Fernbleiben des Beschäftigten von der Arbeit nicht (mehr) erforderlich[5].

Das Gesetz regelt die **Dauer** des pflegebedingten Leistungsverweigerungsrechts nur sehr kursorisch. Nach dem Wortlaut besteht das Recht, der Arbeit fernzubleiben, „bis zu zehn Arbeitstage", wenn dies auf Grund der akut aufgetretenen Pflegesituation erforderlich ist. Nach der Gesetzesbegr. ist dieses Recht auf **Akutfälle** begrenzt und kann nur in Anspruch genommen werden, wenn im konkreten Fall die Notwendigkeit einer pflegerischen Versorgung besteht. Dies werde regelmäßig nur einmal je pflegebedürftigem Angehörigen der Fall sein, so dass dieses Recht regelmäßig auch nur einmal pro Pflegefall ausgeübt werde[6]. Allerdings lässt sich eine konkrete zeitliche oder quantitative Begrenzung des pflegebedingten Leistungsverweigerungsrechts nach Abs. 1 auf zehn Arbeitstage pro Kalenderjahr, pro ArbVerh oder pro pflegebedürftigem Angehörigen dem Gesetz nicht entnehmen[7]. Die Maximaldauer des Fernbleibens von der Arbeit ist lediglich auf zehn Arbeitstage (nicht Werktage) begrenzt und besteht immer, wenn das Fernbleiben auf Grund der akut aufgetretenen Pflegesituation erforderlich ist. Fällt also zB der akut aufgetretene Pflegebedarf auf Grund einer Besserung des Gesundheitszustands des Angehörigen zunächst weg und tritt später wieder eine akute Pflegesituation ein, besteht das Leistungsverweigerungsrecht von bis zu zehn Arbeitstagen nochmals für denselben Angehörigen.

Die Maximaldauer bezieht sich auf **zehn Arbeitstage**, dh. auf Montag bis Freitag mit Ausnahme gesetzl. Feiertage. Obwohl der Gesetzeswortlaut dies nicht zwingend verlangt, müssen die Arbeitstage, an denen der Beschäftigte auf Grundlage des Abs. 1 der Arbeit fernbleibt, **zusammenhängen**[8]. Ansonsten fehlt es an der Erforderlichkeit iSd. Abs. 1. Bruchteile von Arbeitstagen, an denen der Beschäftigte der Arbeit fernbleibt, sind auf volle Arbeitstage aufzurunden, wenn sie mindestens einen halben Arbeitstag ergeben (analog § 5 II BUrlG).

Für **Teilzeitbeschäftigte**, die nur an einer bestimmten Anzahl (Z) von Arbeitstagen der Woche regelmäßig beschäftigt sind, errechnet sich die Maximaldauer des pflegebedingten Leistungsverweigerungsrechts nach der Formel: 10 Arbeitstage × Z/5. Ansonsten würden Teilzeitbeschäftigte sachwidrig bevorzugt. **Beispiel:** Hat die Arbeitswoche eines Teilzeitbeschäftigten nur zwei Arbeitstage, beträgt die Höchstdauer des Fernbleiberechts 10 Arbeitstage × 2/5 = 4 Arbeitstage. Insoweit können die Grundsätze zum BUrlG entsprechend angewandt werden (vgl. § 3 BUrlG Rz. 28 ff.)[9].

III. Anzeige- und Nachweispflicht (Abs. 2). Liegen die Voraussetzungen nach Abs. 1 vor, kann der Beschäftigte der Arbeit ohne Weiteres und insb. ohne Zustimmung des ArbGeb fernbleiben. Abs. 2 legt dem Beschäftigten, der aus den in Abs. 1 normierten Gründen kurzzeitig an der Arbeitsleistung gehindert ist, allerdings eine Anzeige- und Nachweispflicht ggü. dem ArbGeb auf, die im Grundsatz ähnlich wie § 5 I EFZG konzipiert ist. Deren Einhaltung ist nicht Tatbestandsvoraussetzung für das Leistungsverweigerungsrecht[10]. Die Verletzung der Anzeige- und/oder Nachweispflicht kann aber arbeitsrechtl. sanktioniert werden (zB durch Abmahnung oder – im Wiederholungsfalle – verhaltensbedingte Kündigung) und zu Schadensersatzansprüchen des ArbGeb führen.

1. Anzeigepflicht. Nach Abs. 2 S. 1 müssen Beschäftigte dem ArbGeb ihre Verhinderung an der Arbeitsleistung und deren voraussichtliche Dauer **unverzüglich** mitteilen. Unverzüglich bedeutet ohne schuldhaftes Zögern (§ 121 I BGB), was sich nach den Umständen des Einzelfalles bemisst. Eine Benachrichtigung des ArbGeb per Telefon, Fax, E-Mail oder SMS reicht aus. Sie muss sobald wie möglich geschehen, idR also am ersten Tag der Arbeitsverhinderung auf Grund des pflegebedingten Akutfalles. Inhaltlich muss der Beschäftigte dem ArbGeb anzeigen, dass er dem. Abs. 1 von der Arbeit fernbleibt und wie lange das Fernbleiben voraussichtlich dauert. Damit der ArbGeb die Voraussetzungen des pflegebedingten Leistungsverweigerungsrechts überprüfen kann, muss der Beschäftigte die akut aufgetretene Pflegesituation und die Erforderlichkeit der vom Beschäftigten vorgesehenen Maßnahmen (Organisation einer bedarfsgerechten Pflege oder Sicherstellung einer pflegerischen Versorgung) kurz

---

1 BAG 15.11.2011 – 9 AZR 348/10, NZA 2012, 323 (325f.), Rz. 44; *Müller*, BB 2008, 1058 (1059); *Preis/Nehring*, NZA 2008, 729 (730). || 2 *Freihube/Sasse*, DB 2008, 1320; *Linck*, BB 2008, 2738 (2739). || 3 *Linck*, BB 2008, 2738 (2739). || 4 *Hexel/Lüders*, NZS 2009, 264 (266). || 5 *Müller*, BB 2008, 1058 (1059). || 6 BT-Drs. 16/7439, 91. || 7 *Linck*, BB 2008, 2738 (2740); *Preis/Nehring*, NZA 2008, 729 (730f.); Küttner/*Reinecke*, Pflegezeit Rz. 11. || 8 *Rose/Dörstling*, DB 2008, 2137 (2138); aA Klie/Krahmer/*Böhm*, SGB XI, § 2 PflegeZG Rz. 5. || 9 Ebenso ErfK/*Gallner*, § 2 Rz. 1; *Linck*, BB 2008, 2738 (2740); aA DFL/*Böck*, § 2 Rz. 10; Küttner/*Reinecke*, Pflegezeit Rz. 12. || 10 *Linck*, BB 2008, 2738 (2740).

beschreiben, die pflegebedürftige Person namentlich benennen und Angaben zu deren Eigenschaft als „naher Angehöriger" iSd. § 7 III machen[1].

12 **2. Nachweispflicht.** Nach Abs. 2 S. 2 hat der Beschäftigte **auf Verlangen** des ArbGeb eine **ärztliche Bescheinigung** über die (voraussichtliche) Pflegebedürftigkeit des nahen Angehörigen und die Erforderlichkeit der in Abs. 1 genannten Maßnahmen, dh. die Organisation einer bedarfsgerechten Pflege oder die Sicherstellung der pflegerischen Versorgung in einer akut aufgetretenen Pflegesituation, vorzulegen. Die Kosten für die Bescheinigung (vgl. Nr. 70 GV der GoÄ) trägt der Beschäftigte[2]. Die Nachweispflicht ist eine **Nebenpflicht** des Beschäftigten, deren Verletzung neben Schadensersatzansprüchen des ArbGeb eine Abmahnung oder – im Fall der wiederholten Verletzung dieser oder einer vergleichbaren Pflicht (zB § 5 EFZG) – eine verhaltensbedingte Kündigung zur Folge haben kann. Bei Nichtvorlage einer ordnungsgemäßen ärztlichen Bescheinigung riskiert der Beschäftigte ferner, dass der ArbGeb das Vorliegen der Voraussetzungen des pflegebezogenen Leistungsverweigerungsrechts nach § 2 in Frage stellt und von einer rechtswidrigen Arbeitsverweigerung ausgeht.

13 Wie im Rahmen des § 5 EFZG und der §§ 3, 11 MuSchG hat eine ärztliche Bescheinigung einen **hohen Beweiswert**, sofern sie ordnungsgemäß ausgestellt wurde (vgl. § 5 EFZG Rz. 48 ff.; § 3 MuSchG Rz. 3 f.)[3]. Dies erfordert **in inhaltlicher Hinsicht**, dass aus der **ärztlichen Bescheinigung** hervorgeht, wie der nahe Angehörige des Beschäftigten heißt, dass und wann der unterzeichnende Arzt den Angehörigen vor Ausstellung des ärztlichen Attestes untersucht hat, dass der Angehörige tatsächlich oder voraussichtlich pflegebedürftig iSd. §§ 14f. SGB XI ist (§ 7 IV), dass die Pflegesituation „akut aufgetreten" ist, dh. unvorhergesehen eingetreten ist und einen Bedarf nach unverzüglicher Organisation oder Durchführung von Pflegemaßnahmen ausgelöst hat[4]. Sinnvollerweise – nach dem Gesetzeswortlaut aber nicht zwingend – ist außerdem anzugeben, wie lange ein Fernbleiben des Beschäftigten von der Arbeit zur Organisation einer bedarfsgerechten Pflege oder zur Sicherstellung einer pflegerischen Versorgung nach ärztlicher Einschätzung erforderlich ist. Mit Rücksicht auf das Persönlichkeitsrecht des nahen Angehörigen gehören Angaben zu dessen Gesundheitszustand sowie die medizinische Begründung der Pflegebedürftigkeit jedoch nicht in die ärztliche Bescheinigung[5]. Die ärztliche Bescheinigung kann insb. auch vom Medizinischen Dienst der Krankenversicherung ausgestellt werden. Dieser wird ohnehin bei der Feststellung der Pflegebedürftigkeit tätig (vgl. § 18 SGB XI).

14 **IV. Entgeltfortzahlung (Abs. 3).** Abs. 3 stellt klar, dass der ArbGeb zur Fortzahlung der Vergütung während der kurzzeitigen Arbeitsverhinderung nur verpflichtet ist, soweit sich eine solche Verpflichtung aus gesetzl. Vorschriften (zB § 616 BGB, § 19 I 1 Nr. 2 Buchst. b BBiG), individualrechtl. oder kollektivrechtl. Vereinbarungen (zB TV, BV) ergibt[6] (z.B. § 29 I Buchst. e TVöD). Besteht eine derartige Verpflichtung nicht, gilt der Grundsatz „ohne Arbeit kein Lohn" (vgl. § 326 I BGB).

15 Das in § 44a III SGB XI des RefE – für den Fall der pflegebedingten Arbeitsverhinderung nach Abs. 1 und des Nichtbestehens eines Entgeltfortzahlungsanspruchs ggü. dem ArbGeb – vorgesehene „Pflegeunterstützungsgeld" wurde im Gesetz letztlich nicht aufgenommen. Hat der Beschäftigte während der pflegebedingten Arbeitsverhinderung keinen Anspruch auf Entgeltfortzahlung, greift sozialversicherungsrechtl. § 7 III 1 SGB IV. Danach gilt eine Beschäftigung gegen Arbeitsentgelt als fortbestehend, solange das Beschäftigungsverhältnis ohne Anspruch auf Arbeitsentgelt fortdauert, jedoch nicht länger als einen Monat[7].

3 *Pflegezeit*
(1) Beschäftigte sind von der Arbeitsleistung vollständig oder teilweise freizustellen, wenn sie einen pflegebedürftigen nahen Angehörigen in häuslicher Umgebung pflegen (Pflegezeit). Der Anspruch nach Satz 1 besteht nicht gegenüber Arbeitgebern mit in der Regel 15 oder weniger Beschäftigten.

(2) Die Beschäftigten haben die Pflegebedürftigkeit des nahen Angehörigen durch Vorlage einer Bescheinigung der Pflegekasse oder des Medizinischen Dienstes der Krankenversicherung nachzuweisen. Bei in der privaten Pflege-Pflichtversicherung versicherten Pflegebedürftigen ist ein entsprechender Nachweis zu erbringen.

(3) Wer Pflegezeit beanspruchen will, muss dies dem Arbeitgeber spätestens zehn Arbeitstage vor Beginn schriftlich ankündigen und gleichzeitig erklären, für welchen Zeitraum und in welchem Umfang die Freistellung von der Arbeitsleistung in Anspruch genommen werden soll. Wenn nur teilweise Freistellung in Anspruch genommen wird, ist auch die gewünschte Verteilung der Arbeitszeit anzugeben.

---

1 *Linck*, BB 2008, 2738 (2740); *Müller*, BB 2008, 1058 (1060), Fn. 19; vgl. auch *Böhm*, ArbRB 2011, 320 (321). ||2 *Linck*, BB 2008, 2738 (2740f.). ||3 ErfK/*Gallner*, § 2 PflegeZG Rz. 3; *Freihube/Sasse*, DB 2008, 1320; *Preis/Nehring*, NZA 2008, 729 (730); einschr. *Linck*, BB 2008, 2738 (2740). ||4 Ähnlich *Müller*, BB 2008, 1058 (1060). ||5 Vgl. BAG 1.10.1997 – 5 AZR 685/96, NZA 1998, 194 (196). ||6 BT-Drs. 16/7439, 92; vgl. *Freihube/Sasse*, DB 2008, 1320 (1321); *Linck*, BB 2008, 2738 (2741). ||7 *Brose*, NZS 2012, 499 (500).

(4) Wenn nur teilweise Freistellung in Anspruch genommen wird, haben Arbeitgeber und Beschäftigte über die Verringerung und die Verteilung der Arbeitszeit eine schriftliche Vereinbarung zu treffen. Hierbei hat der Arbeitgeber den Wünschen der Beschäftigten zu entsprechen, es sei denn, dass dringende betriebliche Gründe entgegenstehen.

I. Vorbemerkungen 1	2. Arbeitsrechtliche Rechtsfolgen 16
1. Gesetzeszweck 2	3. Sozialversicherungsrechtliche Absicherung 19
2. Geltungsbereich 3	III. Anspruch auf teilweise Freistellung (Pflegeteilzeit) 20
3. Rechtsnatur der Pflegezeit 7	1. Voraussetzungen (Abs. 2 bis 4) 21
II. Anspruch auf vollständige Freistellung für Pflegezeit (Pflegevollzeit) 11	2. Sozialversicherungsrecht 29
1. Voraussetzungen (Abs. 2 und 3) 12	

I. Vorbemerkungen. Die §§ 3 f. enthalten die zweite Säule der Pflegezeitregelungen neben § 2. Sie werden durch den in § 5 normierten Sonderkündigungsschutz arbeitsrechtlich abgesichert. Bei Pflege naher Angehöriger in häuslicher Umgebung besteht für die Dauer von bis zu sechs Monaten ein **Anspruch des Beschäftigten auf unbezahlte Freistellung** von der Arbeit mit Rückkehrrecht zu denselben Arbeitsbedingungen (**Pflegezeit**)[1]. 1

1. Gesetzeszweck. Die Pflegezeit ist in Anlehnung an die Regelungen über die Inanspruchnahme von Elternzeit (vgl. §§ 15 f. BEEG) ausgestaltet und wird vom Gesetzgeber als ein sozialpolitisch wichtiges Instrument angesehen, um das Ziel (§ 1) zu fördern, die Vereinbarkeit von Beruf und familiärer Pflege zu verbessern[2]. Zur Familienpflegezeit s. § 1 Rz. 6. 2

2. Geltungsbereich. a) Beschäftigter. In persönlicher Hinsicht besteht ein Anspruch auf Pflegezeit nur für Beschäftigte iSd. § 7 I, nicht hingegen für Beamte (vgl. § 7 Rz. 2). Eine **Wartezeit** für die Inanspruchnahme der Pflegezeit, zB in Form des Erfordernisses einer bestimmten Mindestdauer des ArbVerh, ist **nicht** vorgesehen. Die Pflegezeit kann also sofort nach Beginn des ArbVerh beantragt werden. 3

b) Schwellenwert auf ArbGebSeite (Abs. 1 S. 2). Gem. Abs. 1 S. 2 besteht der Anspruch auf vollständige oder teilweise Freistellung von der Arbeit zum Zwecke der Pflegezeit nicht ggü. ArbGeb mit idR 15 oder weniger Beschäftigten. Pflegezeit gilt also nur **in Unternehmen**, die – einschl. des Antragstellers – **regelmäßig mindestens 16 Beschäftigte** iSd. § 7 I beschäftigen. Abzustellen ist auf die Anzahl der Beschäftigten in den Unternehmen des ArbGeb; maßgeblich ist der Rechtsträger, nicht der jeweilige Betrieb. Abs. 1 S. 2 enthält – anders als zB § 23 I 4 KSchG – keine Sonderregelung für die Berücksichtigung von Teilzeitbeschäftigten, so dass allein die **Kopfzahl** der Beschäftigten bei der Feststellung, ob der Schwellenwert von 15 überschritten ist, relevant ist[3]. Teilzeitbeschäftigte zählen also voll mit. Zu den Beschäftigten zählen gem. § 7 I nicht nur ArbN, sondern auch die zur Berufsbildung Beschäftigten sowie arbeitnehmerähnliche Personen, weshalb zB auch freie Mitarbeiter oder Berater zu berücksichtigen sein können. Nach dem Sinn und Zweck des Schwellenwerts, kleinere Unternehmen vor einer Überforderung durch die Folgen der pflegezeitbedingten Abwesenheit von Beschäftigten zu schützen[4], **zählen im Entleiherunternehmen** auch **LeihArbN**, die zu den „idR Beschäftigten" gehören[5]. 4

Hinsichtlich der „in der Regel" Beschäftigten ist nicht auf die Zahl der Beschäftigten zu einem bestimmten Stichtag abzustellen, sondern es bedarf einer Schätzung, wie viele ArbN ein Unternehmen in der Vergangenheit beschäftigt hat und in der Zukunft voraussichtlich beschäftigen wird; es kommt also auf das **gewöhnliche Erscheinungsbild bei normalem Gang der Geschäftstätigkeit** an (vgl. § 106 BetrVG Rz. 21; § 23 KSchG Rz. 16). Maßgeblich ist damit die Personalstärke, die für das Unternehmen im Allg. kennzeichnend ist, und nicht, wie viele ArbN dem Unternehmen im maßgeblichen Zeitpunkt zufällig angehören. Die Feststellung der maßgeblichen Unternehmensgröße erfordert regelmäßig sowohl einen Rückblick als auch eine Prognose. Werden ArbN nicht ständig, sondern lediglich zeitweilig beschäftigt (wie zB LeihArbN), kommt es für die Frage der regelmäßigen Beschäftigung darauf an, ob sie normalerweise während des größten Teils eines Jahres, dh. länger als sechs Monate beschäftigt werden[6]. Die Feststellung ist im arbeitsgerichtl. Verfahren bei der „Pflegevollzeit" (Rz. 8) bezogen auf den Zeitpunkt der Antragstellung und bei der „Pflegeteilzeit" (Rz. 9) bezogen auf den Zeitpunkt der letzten mündlichen Verhandlung zu treffen. Bei der Berechnung der Anzahl der Beschäftigten sind die Vorschriften des § 21 VII BEEG hinsichtlich der in Elternzeit befindlichen ArbN und des § 6 IV hinsichtlich der in Pflegezeit befindlichen ArbN zu beachten. Bzgl. des Überschreitens des Schwellenwerts gilt eine abgestufte Darlegungs- und Beweislast wie bei § 23 I KSchG[7]. Der Beschäftigte hat die Anspruchsvoraussetzungen darzulegen (vgl. auch § 5 Rz. 6) und vorzutragen, dass der ArbGeb regelmäßig mehr 5

---

[1] BT-Drs. 16/7439, 40, 91. ||[2] BT-Drs. 16/7439, 91. ||[3] *Linck*, BB 2008, 2738 (2739). ||[4] Vgl. BAG 15.11.2011 – 9 AZR 348/10, NZA 2012, 323 (325), Rz. 41. ||[5] Vgl. zur Berücksichtigung von LeihArbN im Entleiherbetrieb *Lembke*, NZA 2013, 815 (821) mwN. ||[6] Vgl. BAG 18.10.2011 – 1 AZR 335/10, NZA 2012, 221 (222), Rz. 21; 24.1.2013 – 2 AZR 140/12, NZA 2013, 726 (729), Rz. 24. ||[7] Dazu *Thüsing* in Thüsing/Laux/Lembke, § 23 KSchG Rz. 25.

als 15 Beschäftigte hat. Wird dies vom ArbGeb substantiiert bestritten, ist darüber Beweis zu erheben. Die Nichterweislichkeit geht zu Lasten des Beschäftigten[1].

6 Der Geltungsbereich des PflegeZG auf ArbGeb-Seite kann arbeitsvertraglich oder durch Kollektivvereinbarung (zB TV, BV) zu Gunsten der Beschäftigten auf Unternehmen mit bis zu 15 Beschäftigten erstreckt werden. Abweichungen beim Schwellenwert zuungunsten der Beschäftigten sind hingegen unzulässig (§ 8) und unwirksam (§ 134 BGB).

7 **3. Rechtsnatur der Pflegezeit.** § 3 normiert für Beschäftigte einen „arbeitsrechtlichen Anspruch auf Freistellung von der Arbeit"[2], wenn sie einen pflegebedürftigen nahen Angehörigen in häuslicher Umgebung pflegen (Pflegezeit). Der Wortlaut von Abs. 1 („sind... freizustellen") spricht zwar für einen Anspruch auf Abgabe einer – auf vollständige oder teilweise Freistellung von der Arbeitsverpflichtung gerichteten – empfangsbedürftigen Willenserklärung, durch die der ArbGeb die Pflegezeit gewährt. Aus der Gesetzessystematik ergibt sich jedoch, dass wie folgt zu differenzieren ist:

8 **a) Vollfreistellung (Pflegevollzeit).** Begehrt der Beschäftigte die vollständige Freistellung zum Zwecke von „Pflegevollzeit", muss er die Pflegezeit – wie bei der Elternzeit (vgl. § 16 I BEEG) – nur nach Abs. 3 S. 1 frist- und ordnungsgemäß ankündigen und geltend machen. Die Zustimmung des ArbGeb ist nicht erforderlich. Mit seiner Erklärung nach Abs. 3 S. 1, in einem bestimmten Zeitraum wegen Pflegezeit vollständig von der Arbeitsleistung freigestellt werden zu wollen, macht der Beschäftigte von einem **einseitigen Gestaltungsrecht** Gebrauch[3]. Die entsprechenden Willenserklärungen sind daher empfangsbedürftig und bedingungsfeindlich. Mit der form- und fristgerechten Ankündigung der Pflegevollzeit werden die beiderseitigen Hauptpflichten in dem vom ArbN angegebenen Zeitraum suspendiert[4].

9 **b) Teilfreistellung (Pflegeteilzeit).** Möchte der Beschäftigte hingegen nur teilweise eine Freistellung von der Arbeit zum Zwecke von „Pflegeteilzeit" in Anspruch nehmen, erfordert dies – neben den frist- und ordnungsgemäßen Erklärungen nach Abs. 3 – auch die **Zustimmung des ArbGeb**, die im Einigungsfall in einer schriftlichen Vereinbarung festzuhalten ist (Abs. 4 S. 1). Der Sache nach handelt es sich bei dem Anspruch auf teilweise Freistellung iSd. „Pflegeteilzeit" um einen weiteren **gesetzl. Teilzeitanspruch** neben § 8 I TzBfG, § 15 VI, VII BEEG, § 81 V 3 SGB IX (vgl. § 1 Rz. 5). Der Anspruch des Beschäftigten richtet sich also auf Abgabe einer Willenserklärung, nämlich auf Zustimmung zur befristeten Änderung des Arbeitsvertrags hinsichtlich Dauer und Lage der Arbeitszeit[5]. Im Falle der Nichteinigung der Arbeitsvertragsparteien über die Pflegeteilzeit wird bei Vorliegen der Anspruchsvoraussetzungen die Zustimmung des ArbGeb erst durch ein rechtskräftiges Urteil ersetzt (§ 894 ZPO)[6]. Die zu § 15 VII BEEG bzw. § 8 TzBfG entwickelten prozessualen Grundsätze können mutatis mutandis herangezogen werden (dazu vgl. § 15 BEEG Rz. 26 ff.; § 8 TzBfG Rz. 48 ff.).

10 Der Anspruch auf eine Teilfreistellung (Pflegeteilzeit) nach Abs. 1 S. 1 Alt. 2 ist lex specialis ggü. § 8 TzBfG (vgl. § 15 BEEG Rz. 16). Stellt also ein ArbN ein Teilzeitverlangen zum Zwecke der Pflege eines nahen Angehörigen, ist der Teilzeitwunsch nach den Vorschriften der §§ 3 f. und nicht nach § 8 TzBfG zu behandeln; dies ist nicht zuletzt auf Grund der unterschiedlichen Formalien und Fiktionen (vgl. nur § 8 V 2 und 3 TzBfG) praktisch wichtig. Freilich bleibt es dem ArbN unbenommen, sich auf den allg. Teilzeitanspruch nach § 8 TzBfG zu berufen, ohne seine Pflegeabsicht zu offenbaren. Maßgeblich dafür, welche Norm einschlägig ist, ist letztlich die Erklärung des ArbN aus Sicht des objektiven Empfängerhorizonts (§§ 133, 157 BGB).

11 **II. Anspruch auf vollständige Freistellung für Pflegezeit (Pflegevollzeit).** Beschäftigte haben nach Abs. 1 S. 1 Alt. 1 ein (einseitiges) Recht zur Suspendierung der beiderseitigen Hauptleistungspflichten zum Zwecke der Pflegezeit, wenn die Voraussetzungen des § 3 für die vollständige Freistellung von der Arbeitsleistung erfüllt sind.

12 **1. Voraussetzungen (Abs. 2 und 3).** Abgesehen von der Überschreitung des **Schwellenwerts** des Abs. 1 S. 2 (s.o. Rz. 4f.) ist die wichtigste Voraussetzung, dass der Beschäftigte dem ArbGeb **spätestens zehn Arbeitstage vor Beginn** der Pflegezeit schriftlich iSd. § 126 BGB ankündigt, dass er Pflegezeit beanspruchen will (Abs. 3 S. 1). Aus der **schriftlichen Ankündigung** muss sich also ergeben, dass der Beschäftigte einen **nahen Angehörigen** iSd. § 7 III, der iSd. § 7 IV 1 pflegebedürftig ist, **in häuslicher Umgebung pflegen** möchte. Das Gesetz geht davon aus, dass der Beschäftigte, der die Arbeitsbefreiung in Anspruch nimmt, **selbst** die häusliche Pflege sicherstellt[7]. Eine bestimmte Stundenzahl an Pflege oder Betreuung, die der Beschäftigte täglich oder wöchentlich zu erbringen hätte, ist nicht vorgeschrieben. Möglich ist, dass die Pflege unter Inanspruchnahme von Pflegesachleistungen durch ambulante Pflegedienste oder unter Inanspruchnahme einer Tagespflegeeinrichtung erbracht wird und der pflegende Beschäftigte

---

1 ErfK/*Gallner*, § 3 PflegeZG Rz. 1; *Linck*, BB 2008, 2738 (2739). ||2 So die Gesetzesbegr., BT-Drs. 16/7439, 92. ||3 BAG 15.11.2011 – 9 AZR 348/10, NZA 2012, 323 (324), Rz. 25; 30.10.2012 – 1 AZR 794/11, Rz. 4. ||4 Vgl. BAG 5.6.2007 – 9 AZR 82/07, NZA 2007, 1352 (1354), Rz. 36. ||5 Vgl. BAG 15.4.2008 – 9 AZR 380/07, NZA 2008, 998 (999f.); DFL/*Böck*, § 3 PflegeZG Rz. 1; *Freihube/Sasse*, DB 2008, 1320 (1322); *Preis/Nehring*, NZA 2008, 729 (734f.); aA *Joussen*, NZA 2009, 69 (72): Gestaltungsrecht; aA wohl auch BAG 15.11.2011 – 9 AZR 348/10, NZA 2012, 323 (324), Rz. 25. ||6 *Glatzel*, NJW 2009, 1377 (1379). ||7 *Joussen*, NZA 2009, 69 (71).

die Pflege oder Betreuung ergänzend sicherstellt. Denkbar ist daher auch, dass **mehrere Beschäftigte gemeinsam** die Pflege eines nahen Angehörigen übernehmen[1]. Die Voraussetzungen für Pflegezeit sind allerdings nicht erfüllt, wenn der pflegebedürftige Angehörige in vollstationärer Pflege versorgt wird[2]. Sie sind auch nicht erfüllt, wenn der Beschäftigte – etwa auf Grund seiner körperlichen Konstitution – objektiv gar nicht in der Lage ist, die (ergänzende) Pflege zu leisten[3]. Das Tatbestandsmerkmal „**Pflege in häuslicher Umgebung**" ist entsprechend der zum Pflegeversicherungsrecht entwickelten Grundsätze weit auszulegen. Es umfasst nicht nur die Pflege in der Wohnung des Pflegebedürftigen, sondern auch im Haushalt einer dritten Person wie zB der Pflegeperson (vgl. § 36 I 2 Hs. 1 SGB XI). Als häusliche Umgebung gilt auch eine Altenwohnung oder ein Altenwohnheim, unabhängig davon, ob der Pflegebedürftige die Haushaltsführung eigenverantwortlich regeln kann oder nicht, nicht aber eine stationäre Pflegeeinrichtung iSd. § 71 II oder IV SGB XI (zB Pflegeheim, Kurklinik)[4].

In der schriftlichen Ankündigung hat der Beschäftigte gleichzeitig zu **erklären**, für welchen **Zeitraum** und in welchem **Umfang** die Freistellung von der Arbeitsleistung in Anspruch genommen werden soll (Abs. 3 S. 1). Eine **Aufteilung** der Pflegezeit in mehrere Zeitabschnitte ist **nicht möglich** (vgl. auch § 4 Rz. 1f.); vielmehr muss die Ankündigung einen ununterbrochenen Zeitraum betreffen (arg. e contr. §§ 15 II, 16 I 5 BEEG)[5]. Die schriftliche Erklärung nach Abs. 3 stellt eine **Wirksamkeitsvoraussetzung** für die Inanspruchnahme der Pflegezeit dar. Versäumt es der Beschäftigte, die Pflegezeit in der gesetzl. vorgeschriebenen Form zu beantragen, treten die Rechtsfolgen der §§ 3 ff. nicht ein[6], insb. besteht grds. kein gesetzl. Sonderkündigungsschutz nach § 5; allerdings kann es dem ArbGeb nach § 242 BGB versagt sein, sich auf den Formfehler zu berufen, zB wenn er den Beschäftigten trotz Wissens um die fehlende schriftliche Erklärung wie einen Pflegezeitberechtigten behandelt[7]. 13

Da es sich bei der **Ankündigungsfrist** von zehn Arbeitstagen (zum Begriff § 2 Rz. 8) um eine rückläufige Frist handelt, die ab dem Endzeitpunkt des Beginns der Pflegezeit läuft, muss die Frist analog §§ 187 I, 188 II Alt. 1 BGB **rückwärts berechnet** werden. Mit Arbeitstagen sind die betriebsüblichen, nicht die individuellen des Beschäftigten gemeint[8]. Wird die Ankündigungsfrist nicht eingehalten, ist die Erklärung regelmäßig dahingehend auszulegen, dass der Beginn der Pflegezeit entsprechend nach hinten verschoben werden soll[9]. Bleibt der Beschäftigte vor dem richtig berechneten Beginn der Pflegezeit der Arbeit unberechtigt fern, riskiert er zwar, dass er nach Abmahnung eine außerordentliche bzw. ordentliche Kündigung des ArbVerh wegen Arbeitsverweigerung erhält; gleichwohl greift der besondere Kündigungsschutz des § 5, wenn im Zeitpunkt der Ankündigung der Pflegezeit die Anspruchsvoraussetzungen für die Pflegezeit erfüllt waren[10]. Der ArbGeb kann auf die Ankündigungsfrist, die nur seinem Schutz dient, verzichten, zB indem er sich vorbehaltlos auf den Pflegezeitantrag einlässt[11]. 14

Gem. **Abs. 2** hat der Beschäftigte dem ArbGeb **ohne besonderes Verlangen** einen **Nachweis über die Pflegebedürftigkeit** (§ 7 IV) des – namentlich zu benennenden[12] – nahen Angehörigen (§ 7 III) durch Vorlage einer Bescheinigung der für den Pflegebedürftigen zuständigen Pflegekasse (§§ 1 III, 12, 46 SGB XI) oder des Medizinischen Dienstes der Krankenversicherung (vgl. § 18 SGB XI) zu erbringen. Ist der Pflegebedürftige in einer privaten Pflege-Pflichtversicherung versichert, ist ein entsprechender Nachweis vorzulegen (Abs. 2 S. 2). Unklar ist, ob der von Abs. 2 geforderte Nachweis über die Pflegebedürftigkeit Anspruchs- bzw. Wirksamkeitsvoraussetzung für die Pflegezeit ist. Dagegen spricht, dass nach § 18 III SGB XI eine Begutachtung hinsichtlich der Pflegebedürftigkeit durch den Medizinischen Dienst der Krankenversicherung spätestens innerhalb von zwei Wochen nach Eingang des Antrags bei der zuständigen Pflegekasse durchzuführen und der Antragsteller über das Untersuchungsergebnis seitens des Medizinischen Dienstes unverzüglich zu informieren ist, wenn die Inanspruchnahme von Pflegezeit ggü. dem ArbGeb angekündigt worden ist. Da die Ankündigungsfrist ggü. dem ArbGeb lediglich zehn Arbeitstage beträgt (Abs. 3 S. 1), kann nach der gesetzl. Konzeption der Nachweis der Pflegebedürftigkeit regelmäßig nicht zeitgleich mit der Ankündigung der Pflegezeit ggü. dem ArbGeb erbracht werden. Außerdem spricht der Wortlaut von Abs. 2 („haben... nachzuweisen") – auch im Vergleich zu Abs. 3 S. 1 („wer Pflegezeit beanspruchen will") – dafür, dass Abs. 2 **lediglich** einen speziellen **Auskunftsanspruch des ArbGeb** normiert[13]. Ein Beschäftigter kann also Pflegevollzeit wirksam in Anspruch nehmen und die Bescheinigung über die Pflegebedürftigkeit des nahen Angehörigen später nachreichen[14]. 15

---

1 *Müller*, BB 2008, 1058 (1061). ||2 Zum Ganzen BT-Drs. 16/7439, 60. ||3 Klie/Krahmer/*Böhm*, SGB XI, § 3 PflegeZG Rz. 6; *Müller*, BB 2008, 1058 (1060). ||4 Klie/Krahmer/*Böhm*, SGB XI, § 3 PflegeZG Rz. 7; Klie/Krahmer/*Gallon*, SGB XI, § 19 SGB XI Rz. 8; *Müller*, BB 2008, 1058 (1061). ||5 LAG BW 31.3.2010 – 20 Sa 87/09, BB 2010, 1541; ArbG Stuttgart 24.9.2009 – 12 Ca 1792/09, BB 2010, 705; DFL/*Böck*, § 4 PflegeZG Rz. 2; Klie/Krahmer/*Böhm*, SGB XI, § 4 PflegeZG Rz. 7; Hexel/Lüders, NZS 2009, 264 (268); *Preis/Nehring*, NZA 2008, 729 (734); vgl. auch BAG 15.11.2011 – 9 AZR 348/10, NZA 2012, 323 (324f.), Rz. 31, 37f.; aA *Joussen*, NZA 2009, 69 (73); Küttner/*Reinecke*, Pflegezeit Rz. 27. ||6 ErfK/*Gallner*, § 3 PflegeZG Rz. 2; *Linck*, BB 2008, 2738 (2741); Musterformulierungen bei *Böhm*, ArbRB 2011, 320 (322). ||7 So BAG 26.6.2008 – 2 AZR 23/07, NZA 2008, 1241 (1243) zum BEEG. ||8 DFL/*Böck*, § 3 PflegeZG Rz. 9; *Linck*, BB 2008, 2738 (2742). ||9 *Linck*, BB 2008, 2738 (2742); *Müller*, BB 2008, 1058 (1061); vgl. BAG 20.7.2004 – 9 AZR 626/03, NZA 2004, 1091; 17.2.1994 – 2 AZR 616/93, NZA 1994, 656 (658). ||10 Vgl. BAG 17.2.1994 – 2 AZR 616/93, NZA 1994, 656 (657f.). ||11 Vgl. BAG 15.12.2009 – 9 AZR 72/09, NZA 2010, 447 (450). ||12 *Müller*, BB 2008, 1058 (1063). ||13 Im Erg. ebenso ErfK/*Gallner*, § 3 PflegeZG Rz. 3; *Müller*, BB 2008, 1058 (1063). ||14 Zum Vorgehen bei Nichtvorlage der Bescheinigung *Novara*, DB 2010, 503 (504 ff.).

Der Beschäftigte muss sich aber nach Treu und Glauben (§ 242 BGB) unverzüglich um die Bescheinigung kümmern und diese nach Erhalt unverzüglich dem ArbGeb vorlegen. Solange der Beschäftigte seiner Nachweispflicht nicht nachgekommen ist, kann der ArbGeb im Fall von Pflege*teil*zeit den Auskunftsanspruch nach Abs. 2 dem Anspruch des Beschäftigten auf Zustimmung zur Pflegeteilzeit (vgl. oben Rz. 9) im Rahmen des § 273 I BGB entgegenhalten.

16   **2. Arbeitsrechtliche Rechtsfolgen.** Liegen die Voraussetzungen für die Pflegevollzeit vor, kann der Beschäftigte sein einseitiges Gestaltungsrecht ausüben und mit Abgabe seiner ordnungs- und fristgemäßen Erklärung nach Abs. 3 S. 1 die Hauptleistungspflichten aus dem ArbVerh suspendieren (Rz. 8).

17   **a) Ruhendes Arbeitsverhältnis.** Durch die Ausübung des Gestaltungsrechts wird das ArbVerh für die Dauer der Pflegevollzeit ruhend gestellt, dh. so lange entfallen die Hauptleistungspflichten (Pflicht des Beschäftigten zur Arbeitsleistung und Pflicht des ArbGeb zur Zahlung von Arbeitsentgelt). Wird der ArbN während der Pflegevollzeit arbeitsunfähig krank, hat er keinen Anspruch auf Entgeltfortzahlung nach dem EFZG, da die Krankheit für die Nichtleistung der Arbeit nicht ursächlich ist[1]. Die Pflegezeit wird auf Berufsbildungszeiten nicht angerechnet (§ 4 I 4).

18   **b) Urlaub.** Ist der Beschäftigte wegen Pflegezeit vollständig von der Arbeit freigestellt, kann der ArbGeb den Erholungsurlaub nicht gewähren. Weder das PflegeZG noch die Gesetzesbegr. enthalten Bestimmungen zur Anrechnung der Pflegezeit auf Erholungsurlaubsansprüche. Die Gesetzesbegr. betont lediglich, dass die Pflegezeit „in Anlehnung an die Regelungen über die Inanspruchnahme von Elternzeit (vgl. §§ 15ff. BEEG)" ausgestaltet ist[2]. Daher liegt es nicht fern, von einer planwidrigen Regelungslücke im PflegeZG auszugehen und auf Grund der Rechtsähnlichkeit von Elternzeit und Pflegezeit die Vorschrift des § 17 BEEG analog anzuwenden. Eine derartige Analogie wird allerdings einhellig abgelehnt[3].

19   **3. Sozialversicherungsrechtliche Absicherung.** Nach § 7 III 1 SGB IV gilt eine Beschäftigung gegen Arbeitsentgelt als fortbestehend, solange das Beschäftigungsverhältnis ohne Anspruch auf Arbeitsentgelt fortdauert, jedoch nicht länger als einen Monat. Dies gilt jedoch nicht für die Inanspruchnahme von Pflegezeit iSd. § 3 (§ 7 III 4 SGB IV). Vor diesem Hintergrund wird die sozialversicherungsrechtl. Absicherung von Beschäftigten, die Pflegevollzeit in Anspruch nehmen, wie folgt sichergestellt: Während der Pflegezeit besteht für die Pflegeperson Versicherungspflicht in der **Arbeitslosenversicherung** (§ 44a II SGB XI; § 26 IIb SGB III); die Pflegekasse bzw. die entsprechende Privatversicherung des Pflegebedürftigen trägt die Beiträge zur ArblV des pflegenden Beschäftigten (§ 349 IVa iVm. § 347 Nr. 10 SGB III)[4]. In der **Kranken- und Pflegeversicherung** gewährt der ArblV den Pflegeversicherungen in den Fällen, in denen keine anderweitige Absicherung (zB Familienversicherung) besteht, auf Antrag einen Beitragszuschuss in Höhe des Mindestbeitrags zur (freiwilligen) Kranken- und Pflegeversicherung (§ 44a I SGB XI)[5]. In der **Rentenversicherung** besteht Versicherungspflicht für Pflegepersonen in der Zeit, in der sie einen Pflegebedürftigen (§ 14 SGB XI) nicht erwerbsmäßig wenigstens 14 Stunden wöchentlich in seiner häuslichen Umgebung pflegen, wenn der Pflegebedürftige Anspruch auf Leistungen aus der sozialen oder einer privaten Pflegeversicherung hat (§ 3 S. 1 Nr. 1a SGB VI). Gem. § 44 I 1 SGB XI entrichtet die Pflegekasse zur Sicherung der Pflegeperson iSd. § 19 SGB XI Beiträge an den zuständigen Träger der gesetzl. Rentenversicherung, wenn die Pflegeperson regelmäßig nicht mehr als 30 Stunden wöchentlich erwerbstätig ist. Näheres regeln die §§ 3, 137, 166 und 170 SGB VI. Die Pflegepersonen sind zudem bei der Pflegetätigkeit in den Schutz der gesetzl. **Unfallversicherung** einbezogen (§ 44 I 6 SGB XI).

20   **III. Anspruch auf teilweise Freistellung (Pflegeteilzeit).** Nach Abs. 1 S. 1 Alt. 2 haben Beschäftigte einen Anspruch auf teilweise Freistellung von der Arbeitsleistung, wenn sie einen pflegebedürftigen nahen Angehörigen in häuslicher Umgebung pflegen möchten (Pflegeteilzeit). Anders als bei der Pflegevollzeit bedarf der Beschäftigte bei der Pflegeteilzeit der **Zustimmung des ArbGeb** zur befristeten Änderung der Arbeitsbedingungen für die begehrte Dauer der Pflegezeit. Dies folgt aus Abs. 4 S. 1, wonach bei Inanspruchnahme nur teilweiser Freistellung eine schriftliche Vereinbarung zwischen ArbGeb und Beschäftigtem über die Verringerung und Verteilung der Arbeitszeit zu treffen ist (Rz. 9).

21   **1. Voraussetzungen (Abs. 2 bis 4).** Der Anspruch auf Abgabe der für die Pflegeteilzeit erforderlichen Willenserklärung durch den ArbGeb hat dieselben Voraussetzungen wie die Pflegevollzeit (s.o. Rz. 12ff.), dh. erforderlich ist die Überschreitung des **Schwellenwerts** nach Abs. 1 S. 2, die ordnungs- und fristgemäße **schriftliche Ankündigung** der Pflegezeit sowie die gleichzeitige schriftliche **Erklärung**, für welchen **Zeitraum** und in welchem **Umfang** die Freistellung von der Arbeitsleistung in Anspruch ge-

---

1 Vgl. ErfK/*Gallner*, § 15 BEEG Rz. 26. ||2 BT-Drs. 16/7439, 91. ||3 BAG 7.8.2012 – 9 AZR 353/10, NZA 2012, 1216 (1219) Rz. 19; ErfK/*Gallner*, § 1 PflegeZG Rz. 2a; *Glatzel*, NJW 2009, 1377 (1379); *Linck*, BB 2008, 2738 (2742); *Plein/Kratz*, KSzW 2012, 101 (103). ||4 BT-Drs. 16/7439, 62. ||5 Ausf. dazu BT-Drs. 16/7439, 59ff.; Rundschreiben der Spitzenverbände der Krankenkassen „Soziale Sicherung von Pflegepersonen während der Pflegezeit in der Arbeitslosenversicherung" 1.7.2008; Niederschrift über die Besprechung des Arbeitskreises Versicherung und Beiträge der Spitzenverbände der Krankenkassen am 12.6.2008, jeweils abrufbar unter www.deutsche-rentenversicherung.de; DB 2008, 1917f.; *Brose*, NZS 2012, 499 (500f.); *Giesen/Ricken*, NZA 2008, 1284; *Preis/Nehring*, NZA 2008, 729 (736).

nommen werden soll (Abs. 3 S. 1). Außerdem muss in der schriftlichen Erklärung die **gewünschte Verteilung der Arbeitszeit** angegeben werden (**Abs. 3 S. 2**), sonst liegt kein wirksames Teilzeitverlangen zum Zwecke der Inanspruchnahme von Pflegeteilzeit vor. Durch die Erklärung wird der ArbGeb in die Lage versetzt, während der Ankündigungsfrist die notwendigen organisatorischen Maßnahmen vorzunehmen. Kann die beabsichtigte Pflegezeit nicht durch eine Umverteilung der Arbeit aufgefangen werden, hat der ArbGeb die Möglichkeit, eine entsprechende Ersatzkraft für die Dauer der Pflegezeit zu suchen[1]. Dogmatisch ist das Teilzeitverlangen des Beschäftigten ein Angebot auf Abschluss einer für die gewünschte Dauer der Pflegezeit befristeten Änderung der Arbeitsbedingungen, namentlich der Verringerung der Arbeitszeit sowie einer entsprechenden Reduzierung des Arbeitsentgelts. Das **Angebot** des Beschäftigten muss dem **Bestimmtheitsgebot** genügen und so konkret sein, dass es mit einem einfachen „Ja" angenommen werden kann, oder die Festlegung der Einzelheiten muss erkennbar dem Antragsempfänger übertragen werden[2]. Anders als bei § 15 VII Nr. 3 BEEG ist es bei der Pflegeteilzeit nicht erforderlich, dass die (reduzierte) Arbeitszeit einen bestimmten Umfang pro Woche umfasst.

Im Umkehrschluss aus § 15 VI BEEG folgt, dass der Beschäftigte ggü. dem ArbGeb **während** der Gesamtdauer der **Pflegeteilzeit nicht mehrfach** eine Verringerung der Arbeitszeit beanspruchen kann. Das PflegeZG enthält keine dem § 15 VI BEEG entsprechende Vorschrift. Anders als bei der Elternzeit[3] kann der Beschäftigte, der sich bereits in Pflegevollzeit befindet, daher auch **nicht nachträglich** eine **teilweise Freistellung** von der Arbeit gem. Abs. 1 S. 1 Alt. 2 verlangen. Vielmehr muss er sich im Zeitpunkt der schriftlichen Ankündigung und der Erklärung nach Abs. 3 entscheiden, ob er vollständig oder teilweise zum Zwecke der Pflege des nahen Angehörigen freigestellt werden möchte. Diese Differenzierung zum BEEG ist auch sachgerecht, weil die Pflegezeit – im Gegensatz zur bis zu dreijährigen Elternzeit – nur bis zu sechs Monate dauert und dem ArbGeb eine Veränderung der Arbeitszeitdauer während dieser relativ kurzen Zeit organisatorisch nicht zumutbar ist. 22

a) **Zustimmung des ArbGeb.** Der Gesetzgeber geht davon aus, dass Beschäftigter und ArbGeb regelmäßig eine einvernehmliche Lösung über die Verringerung und Verteilung der Arbeitszeit erzielen[4]. In diesem Fall ist eine **schriftliche Vereinbarung** über die Einigung zu treffen (**Abs. 4 S. 1**). Die Schriftform dient jedoch lediglich der Dokumentation, wie sich aus dem Hinweis des Gesetzgebers auf das NachwG ergibt[5]. Abs. 4 S. 1 ist daher eine bloße **Ordnungsvorschrift**, deren Nichteinhaltung nicht zur Unwirksamkeit der Vereinbarung über die Einzelheiten der Pflegeteilzeit führt[6]. 23

Im Falle der Einigung wird die Dauer der **Arbeitszeit und** im entsprechenden Verhältnis auch der Anspruch auf **Arbeitsentgelt** für die beantragte Dauer der Pflegeteilzeit von bis zu sechs Monaten (§ 4 I 1) **reduziert**. Ferner wird die Lage der Arbeitszeit vereinbart, es sei denn, der Beschäftigte überlässt die Bestimmung der Arbeitszeitlage dem Weisungsrecht des ArbGeb (§ 106 GewO). 24

b) **Ablehnung des ArbGeb.** Gem. **Abs. 4 S. 2** hat der ArbGeb den Wünschen des Beschäftigten zu entsprechen, es sei denn, dass **dringende betriebliche Gründe** entgegenstehen. Die Regelung ist § 15 VII Nr. 4 BEEG nachgebildet[7]. Die Geltendmachung von (nur) betriebl. Gründen, die den Wünschen des Beschäftigten auf Verringerung und Verteilung der Arbeitszeit entgegenstehen, begründet – anders als bei § 8 IV TzBfG – keine Einwendung des ArbGeb ggü. dem Anspruch des Beschäftigten auf Zustimmung zur Pflegeteilzeit. Vielmehr muss der ArbGeb im Streitfall „dringende" betriebl. Gründe, die Vorrang vor den Interessen an der häuslichen Pflege verdienen, darlegen und beweisen. Dringende betriebl. Gründe sind Interessen jeglicher Art, die sich auf die Verhältnisse des Betriebs beziehen und von besonderem Gewicht sind[8]. An das objektive Gewicht der Ablehnungsgründe sind erhebliche Anforderungen zu stellen, wie der Begriff „dringend" verdeutlicht. Mit ihm wird ausgedrückt, dass eine Angelegenheit notwendig, erforderlich oder auch sehr wichtig ist. Die entgegenstehenden betriebl. Interessen müssen mithin von erheblichem Gewicht sein. Sie müssen sich gleichsam als zwingende Hindernisse für die beantragte Verkürzung der Arbeitszeit darstellen[9]. Der Anspruch auf Verringerung der Arbeitszeit zum Zweck der Durchführung von Pflegeteilzeit wird also nur im Ausnahmefall auf Grund entgegenstehender dringender betriebl. Gründe ausscheiden (vgl. § 15 BEEG Rz. 17). 25

Der ArbGeb kann dem Anspruch des Beschäftigten auf Zustimmung zur Pflegeteilzeit aber ggf. den **Auskunftsanspruch nach Abs. 2** im Rahmen des **Leistungsverweigerungsrechts** nach § 273 I BGB entgegenhalten (Rz. 15). 26

Möchte der ArbGeb den Teilzeitwunsch des Beschäftigten **ablehnen**, hat er – anders als bei § 8 TzBfG und § 15 VII BEEG – keine besonderen Form- oder Fristerfordernisse zu beachten. Dementsprechend sieht das Gesetz auch keine Zustimmungsfiktion vor. Lehnt der ArbGeb das Angebot des Beschäftig- 27

---

1 BT-Drs. 16/7439, 91. ||2 Vgl. BAG 16.10.2007 – 9 AZR 239/07, NZA 2008, 289; 19.4.2005 – 9 AZR 233/04, NZA 2005, 1354 (1355). ||3 BAG 9.5.2006 – 9 AZR 278/05, NZA 2006, 1413. ||4 BT-Drs. 16/7439, 92. ||5 Vgl. BT-Drs. 16/7439, 92. ||6 Klie/Krahmer/*Böhm*, SGB XI, § 3 PflegeZG Rz. 27; *Düwell*, jurisPR-ArbR 51/2007, Anm. 6; *Joussen*, NZA 2009, 69 (73); aA ErfK/*Gallner*, § 3 PflegeZG Rz. 4: § 126 BGB gilt; *Hexel/Lüders*, NZS 2009, 264 (268); diff. *Preis/Nehring*, NZA 2009, 729 (735): § 126b BGB genügt. ||7 Vgl. BT-Drs. 16/8525, 104. ||8 BAG 15.4.2008 – 9 AZR 380/07, NZA 2008, 998 (1000), Rz. 29. ||9 Näher BAG 5.6.2007 – 9 AZR 82/07, NZA 2007, 1352 (1355ff.); 15.12.2009 – 9 AZR 72/09, NZA 2010, 447 (450f.).

ten auf die befristete Vertragsänderung zum Zwecke der Pflegeteilzeit ohne (ausreichende) Gründe ab, muss der Beschäftigte **Klage auf** Abgabe einer entsprechenden Willenserklärung erheben. Bei Vorliegen der Anspruchsvoraussetzungen wird die **Zustimmung des ArbGeb** durch das rechtskräftige Urteil ersetzt (§ 894 ZPO; Rz. 9). In Einzelfällen kommt ferner der Erlass einer **einstweiligen Verfügung** in Betracht[1] (vgl. § 15 BEEG Rz. 29; § 8 TzBfG Rz. 59 ff.).

28 Verweigert der ArbGeb schuldhaft die Zustimmung zur Pflegeteilzeit, obwohl die Anspruchsvoraussetzungen vorliegen, kommt ein **Schadensersatzanspruch** des Beschäftigten gegen den ArbGeb gem. § 280 I BGB oder gem. § 823 II BGB iVm. § 3 in Betracht. Der Beschäftigte ist dann so zu stellen, wie er stünde, wenn der ArbGeb den Teilzeitanspruch ordnungsgemäß erfüllt hätte, dh. dem berechtigten Begehren des Beschäftigten zugestimmt hätte. Ein ersatzfähiger Schaden kann zB darin liegen, dass der Beschäftigte einen Pflegedienst einschalten musste, dessen Kosten bei ordnungsgemäßer Zustimmung nicht angefallen wären.

29 **2. Sozialversicherungsrecht.** Bei Inanspruchnahme von Pflegeteilzeit besteht die Sozialversicherungspflicht des Beschäftigten grds. fort. Eine Ausnahme gilt, wenn der Beschäftigte auf Grund der Reduzierung der Arbeitszeit nur noch den Status eines geringfügig Beschäftigten (§ 8 I Nr. 1 SGB IV) hat. In diesem Fall gewährt die Pflegeversicherung bei Nichtbestehen einer anderweitigen Absicherung (zB Familienversicherung) auf Antrag ebenfalls einen Beitragszuschuss in Höhe des Mindestbeitrags zur **Kranken- und Pflegeversicherung** (§ 44a I SGB XI).

4 Dauer der Pflegezeit

(1) Die Pflegezeit nach § 3 beträgt für jeden pflegebedürftigen nahen Angehörigen längstens sechs Monate (Höchstdauer). Für einen kürzeren Zeitraum in Anspruch genommene Pflegezeit kann bis zur Höchstdauer verlängert werden, wenn der Arbeitgeber zustimmt. Eine Verlängerung bis zur Höchstdauer kann verlangt werden, wenn ein vorgesehener Wechsel in der Person des Pflegenden aus einem wichtigen Grund nicht erfolgen kann. Die Pflegezeit wird auf Berufsbildungszeiten nicht angerechnet.

(2) Ist der nahe Angehörige nicht mehr pflegebedürftig oder die häusliche Pflege des nahen Angehörigen unmöglich oder unzumutbar, endet die Pflegezeit vier Wochen nach Eintritt der veränderten Umstände. Der Arbeitgeber ist über die veränderten Umstände unverzüglich zu unterrichten. Im Übrigen kann die Pflegezeit nur vorzeitig beendet werden, wenn der Arbeitgeber zustimmt.

1 **I. Höchstdauer der Pflegezeit (Abs. 1 S. 1).** Der Beschäftigte kann bei Vorliegen der Anspruchsvoraussetzungen **für jeden pflegebedürftigen nahen Angehörigen** Pflegevollzeit oder Pflegeteilzeit für die Dauer von längstens sechs Monaten verlangen. Die Pflegezeit endet spätestens nach **sechs Monaten**. Über sechs Monate hinaus bedarf die unbezahlte (teilweise oder vollständige) Freistellung des Beschäftigten zum Zweck der Pflege desselben nahen Angehörigen der Zustimmung des ArbGeb, wenn sich ein derartiger Freistellungsanspruch nicht aus anderen Vorschriften (zB TV) ergibt. Die Höchstdauer ist an den jeweiligen pflegebedürftigen nahen Angehörigen gekoppelt. Dementsprechend kann der Beschäftigte mehrfach eine bis zu sechsmonatige Pflegezeit in Anspruch nehmen, wenn er mehrere verschiedene pflegebedürftige nahe Angehörige in häuslicher Umgebung pflegt[2]. Eine **Aufteilung** der Pflegezeit in mehrere Zeitabschnitte ist **nicht möglich**; vielmehr muss die Ankündigung einen ununterbrochenen Zeitraum betreffen (§ 3 Rz. 13). Das PflegeZG erlaubt es einem ArbN nicht, Pflegezeit für ein und denselben nahen Angehörigen mehrfach in Anspruch zu nehmen (mehrfaches Gestaltungsrecht). Hat der ArbN die Pflegezeit durch Erklärung ggü. dem ArbGeb in Anspruch genommen, ist sein Anspruch erloschen, sofern sich die Pflegezeit auf denselben Angehörigen bezieht (**einmaliges Gestaltungsrecht**). Das gilt auch dann, wenn die in Anspruch genommene Pflegezeit kürzer als sechs Monate ist[3].

2 **II. Verlängerung der Pflegezeit (Abs. 1 S. 2 und 3).** Wird die Höchstdauer der Pflegezeit nicht ausgeschöpft (zB im Fall des Abs. 2 oder wenn der Beschäftigte bei seiner ersten Ankündigung nur eine Pflegezeit von weniger als sechs Monaten beansprucht hat), kann sie **nur mit Zustimmung** des ArbGeb bis zur Höchstdauer verlängert werden (Abs. 1 S. 2). Sofern sich das Verlängerungsverlangen auf eine Vollfreistellung (Pflegevollzeit) bezieht (vgl. § 3 Rz. 7 ff.), handelt es sich um eine einseitige Gestaltungserklärung des ArbN, die allerdings unter Zustimmungsvorbehalt steht. Die Gestaltungserklärung des ArbN wird nur wirksam, wenn der ArbGeb seine Zustimmung erklärt. Wer mit der Verweigerung der Zustimmung nicht einverstanden ist, kann auf die Abgabe der Zustimmungserklärung klagen (vgl. § 894 ZPO)[4]. Der Beschäftigte hat keinen Anspruch auf Verlängerung ggü. dem ArbGeb[5]. Die Entscheidung über die Zustimmung hat der ArbGeb entspr. § 315 I BGB nach billigem Ermessen zu treffen[6]. Dabei sollte der ArbGeb beachten, dass die Zustimmung die mit der Pflegezeit verknüpften Rechtsfolgen, wie etwa den besonderen Kündigungsschutz nach § 5, auslöst. Um dies zu vermeiden, kommt alternativ

---

1 Hexel/Lüders, NZS 2009, 264 (269). || 2 Müller, BB 2008, 1058 (1061); Preis/Weber, NZA 2008, 82 (84). || 3 BAG 15.11.2011 – 9 AZR 348/110, NZA 2012, 323 (324), Rz. 31. || 4 Vgl. BAG 18.10.2011 – 9 AZR 315/10, NZA 2012, 262 (263), Rz. 20. || 5 LAG BW 31.3.2010 – 20 Sa 87/09, BB 2010, 1541; ArbG Stuttgart 24.9.2009 – 12 Ca 1792/09, BB 2010, 705. || 6 Vgl. BAG 18.10.2011 – 9 AZR 315/10, NZA 2012, 262 (264), Rz. 29 ff.

zur Verlängerung der Pflegezeit eine Einigung über eine (sonstige) unbezahlte Freistellung in Betracht (vgl. § 5 Rz. 3). Die Einhaltung der Ankündigungsfrist für die Inanspruchnahme von Pflegezeit (§ 3 III 1) ist keine Wirksamkeitsvoraussetzung für das Verlängerungsverlangen[1].

Nach Abs. 1 S. 3 kann der Beschäftigte aber die Verlängerung verlangen und **ohne Zustimmung des ArbGeb** in Anspruch nehmen, wenn ein vorgesehener Wechsel in der Person des Pflegenden aus einem **wichtigen Grund** nicht erfolgen kann[2]. Abs. 1 S. 3 entspricht § 16 III 4 BEEG. Ein wichtiger Grund liegt vor, wenn die Pflegeleistungen des in Pflegezeit befindlichen Beschäftigten noch länger erforderlich sind, weil derjenige, der ihn bei der Pflege ablösen soll, objektiv gehindert ist, die Pflege zu übernehmen. Dies ist zB der Fall, wenn die Person, welche die Pflege des pflegebedürftigen nahen Angehörigen übernehmen soll, selbst schwer erkrankt[3]. Bei der Verlängerung aus wichtigem Grund ist weder eine bestimmte Form noch eine Ankündigungsfrist wie in § 3 III 1 vorgesehen.

III. Vorzeitiges Ende der Pflegezeit (Abs. 2). Grds. können Beschäftigte die Pflegezeit nicht einseitig vorzeitig beenden, wenn der ArbGeb dem nicht **zustimmt** (Abs. 2 S. 3). Beschäftigte sind damit an den nach § 3 III gewünschten Zeitraum der Pflegezeit gebunden, da der ArbGeb seine organisatorischen Dispositionen entsprechend der Ankündigung des Beschäftigten trifft und über eine ausreichende Planungssicherheit verfügen muss. Nur in den nach Abs. 2 S. 1 geregelten **Ausnahmefällen** endet die Pflegezeit ohne Zustimmung des ArbGeb kraft Gesetzes vorzeitig[4]. Die Pflegezeit endet vor Ablauf des angekündigten Zeitraums mit einer Übergangsfrist von vier Wochen ab Eintritt der veränderten Umstände, wenn die gepflegte Person nicht mehr pflegebedürftig iSd. § 7 IV ist oder dem pflegenden Beschäftigten die Pflege aus anderen Gründen unmöglich oder unzumutbar ist. Dem Beschäftigten wird die Pflege zB unmöglich, wenn der nahe Angehörige vor Ablauf der Pflegezeit verstirbt oder in eine stationäre Pflegeeinrichtung aufgenommen werden muss. Eine Unzumutbarkeit kann zB angenommen werden, wenn auf Grund unvorhergesehener persönlicher Umstände die Finanzierung der Pflegezeit nicht mehr gesichert und der Beschäftigte auf die regelmäßige Arbeitsvergütung angewiesen ist[5]. Gem. Abs. 2 S. 2 ist der ArbGeb vom Beschäftigten über die veränderten Umstände unverzüglich – dh. ohne schuldhaftes Zögern (§ 121 I BGB) – zu unterrichten. Für die Berechnung der Vier-Wochen-Frist gelten die §§ 187 I, 188 II Alt. 1 BGB. Verletzt der Beschäftigte die Unterrichtungspflicht, kann er sich ggü. dem ArbGeb schadensersatzpflichtig machen[6].

IV. Keine Anrechnung auf Berufsbildungszeiten (Abs. 1 S. 4). Die Pflegezeit wird gem. Abs. 1 S. 4 nicht auf Berufsbildungszeiten angerechnet. Denn während der Pflegezeit wird der Berufsbildungszweck nicht verfolgt. Soweit bestimmte Berufsbildungszeiten vereinbart worden sind, verlängert sich das der **Berufsbildung** dienende Vertragsverhältnis um die Dauer der in Anspruch genommenen Pflegezeit[7]. Hingegen enthält das Gesetz keine Regelung, wonach sich bei einem befristet angestellten ArbN die Laufzeit des befristeten Arbeitsvertrags um die Dauer der Pflegezeit verlängert[8].

5 Kündigungsschutz

(1) Der Arbeitgeber darf das Beschäftigungsverhältnis von der Ankündigung bis zur Beendigung der kurzzeitigen Arbeitsverhinderung nach § 2 oder der Pflegezeit nach § 3 nicht kündigen.

(2) In besonderen Fällen kann eine Kündigung von der für den Arbeitsschutz zuständigen obersten Landesbehörde oder der von ihr bestimmten Stelle ausnahmsweise für zulässig erklärt werden. Die Bundesregierung kann hierzu mit Zustimmung des Bundesrates allgemeine Verwaltungsvorschriften erlassen.

I. Vorbemerkungen. Die Vorschrift enthält – ähnlich wie § 9 MuSchG und § 18 BEEG – ein **Kündigungsverbot mit Erlaubnisvorbehalt**. Sie ist § 18 I BEEG nachempfunden. Bei Verstoß gegen das Kündigungsverbot ist die Kündigung gem. § 134 BGB nichtig[9]. Sie kann nicht in eine Kündigung nach Ablauf der Arbeitsverhinderung gem. § 2 oder Pflegezeit gem. § 3 umgedeutet werden[10]. Zum Schutz der Beschäftigten iSd. § 7 I flankiert die Norm die Regelungen über die kurzfristige (§ 2) bzw. längerfristige (§ 3) pflegebedingte Arbeitsverhinderung und gewährt **besonderen Kündigungsschutz** für die Dauer von der Ankündigung bis zur Beendigung der kurzzeitigen Arbeitsverhinderung nach § 2 oder der Pflegevollzeit bzw. Pflegeteilzeit nach § 3.

Anders als § 18 I 1 BEEG („höchstens jedoch acht Wochen vor Beginn der Elternzeit") regelt Abs. 1 nicht, dass der besondere Kündigungsschutz erst ab einer bestimmten Zeit vor Beginn der pflegebedingten Arbeitsverhinderung gilt, sondern sieht den Beginn des besonderen Kündigungsschutzes ab der Ankündigung der pflegebedingten Arbeitsverhinderung durch den Beschäftigten vor. Die Norm birgt ein **hohes Missbrauchsrisiko** in sich, da ArbN ohne jegliche Wartezeit – also bereits ab dem ersten Arbeitstag – sich allein durch die (ordnungsgemäße) Ankündigung einer pflegebedingten Arbeitsver-

---

1 Vgl. BAG 18.10.2011 – 9 AZR 315/10, NZA 2012, 262 (263), Rz. 27. ||2 Vgl. BAG 18.10.2011 – 9 AZR 315/10, NZA 2012, 262 (263), Rz. 24. ||3 BT-Drs. 16/7439, 92. ||4 BT-Drs. 16/7439, 93. ||5 BT-Drs. 16/7439, 93. ||6 *Müller*, BB 2008, 1058 (1062). ||7 BT-Drs. 16/7439, 92. ||8 *Linck*, BB 2008, 2738. ||9 Vgl. BAG 17.2.1994 – 2 AZR 616/93, NZA 1994, 656 (657). ||10 *Bodenstedt* in Thüsing/Laux/Lembke, § 5 PflegeZG Rz. 16.

hinderung gem. § 2 oder § 3 besonderen Kündigungsschutz verschaffen können[1]. Allerdings **greift das Kündigungsverbot nur** ein, wenn **im Zeitpunkt des Zugangs der Kündigung** (noch) **alle Voraussetzungen** für das pflegebedingte Leistungsverweigerungsrecht nach § 2 oder für die Inanspruchnahme von Pflegevollzeit oder Pflegeteilzeit gem. § 3 **vorliegen**[2]. Kündigt der Beschäftigte langfristig an, sich auf sein Leistungsverweigerungsrecht nach § 2 I zu berufen, dürfte es regelmäßig an der vorausgesetzten akut aufgetretenen Pflegesituation und/oder der Erforderlichkeit des Fernbleibens fehlen[3]. Kündigt der Beschäftigte hingegen langfristig an, dass er – z.B. in einem Jahr – Pflegezeit nach § 3 zur Pflege eines nahen Angehörigen nehmen möchte, ist sorgfältig zu prüfen, ob der Beschäftigte wirklich pflegewillig und -fähig ist oder ob er rechtsmissbräuchlich (§ 242 BGB) handelt[4].

3 **II. Geltungsbereich. 1. In sachlicher Hinsicht.** Das Kündigungsverbot gilt für **jede Art von Kündigung** und bezieht sich auf die ordentliche (fristgerechte) sowie die außerordentliche (fristlose oder mit sozialer Auslauffrist ausgesprochene) Kündigung unabhängig vom Kündigungsgrund[5]. Es gilt gleichermaßen für die Beendigungs- wie für die Änderungskündigung. **Keine Anwendung** findet es jedoch **auf** die **einvernehmliche Auflösung** des ArbVerh durch Aufhebungsvertrag, Abwicklungsvertrag oder gerichtl. Vergleich. Ebenso wenig hindert das Kündigungsverbot die Beendigung eines befristeten ArbVerh mit Ablauf der vereinbarten Zeit. Das Kündigungsverbot gilt nur in den Fällen des § 2 oder § 3, **nicht** hingegen bei sonstiger zwischen Beschäftigtem und ArbGeb **vereinbarter unbezahlter Freistellung**.

4 **2. In persönlicher Hinsicht.** Das Kündigungsverbot schützt alle Beschäftigten iSd. § 7 I, gilt also nicht nur für ArbN, sondern auch für arbeitnehmerähnliche Personen. Letzteres ist systemwidrig und verfehlt[6]. Hinsichtlich der zu ihrer Berufsbildung Beschäftigten tritt es neben die besondere Kündigungsvorschrift des § 22 II BBiG.

5 **III. Kündigungsschutz bei kurzzeitiger Arbeitsverhinderung nach § 2.** Nimmt der Beschäftigte das pflegebedingte Leistungsverweigerungsrecht nach § 2 in Anspruch, besteht der besondere Kündigungsschutz nach Abs. 1 Alt. 1 nur, **wenn im Zeitpunkt des Zugangs der Kündigung** zum einen sämtliche **Voraussetzungen des Leistungsverweigerungsrechts vorliegen** (§ 2 Rz. 6 ff.) **und** zum anderen der Beschäftigte die kurzzeitige Arbeitsverhinderung „**angekündigt**" hat. Da § 2 eine Ankündigung für das durch die akut aufgetretene Pflegesituation bedingte Fernbleiben nicht erfordert, sondern in § 2 II nur eine Anzeige- und Nachweispflicht vorsieht, fragt es sich, ab wann der Beschäftigte im Fall des § 2 den besonderen Kündigungsschutz nach § 5 genießt. Aus dem Gesetzeswortlaut („von der Ankündigung") ergibt sich, dass der Kündigungsschutz erst ab dem Zeitpunkt eingreifen soll, ab dem der ArbGeb von der pflegebedingten Arbeitsverhinderung durch Information seitens des Beschäftigten Kenntnis erlangt. Daher greift das Kündigungsverbot in den Fällen des § 2 ab dem Zeitpunkt, in dem der **Beschäftigte den ArbGeb darüber informiert**, dass er von seinem Leistungsverweigerungsrecht gem. § 2 (in Kürze oder derzeit) Gebrauch macht. Dies wird regelmäßig spätestens dann der Fall sein, wenn der Beschäftigte die Anzeigepflicht nach § 2 II 1 erfüllt.

6 Streiten sich die Arbeitsvertragsparteien über das Vorliegen der Voraussetzungen des § 2 und wird dem ArbN wegen unerlaubter Arbeitsverweigerung gekündigt, trägt der ArbN im Kündigungsschutzverfahren die **Darlegungs- und Beweislast** dafür, dass die Voraussetzungen des Abs. 1 Alt. 1 erfüllt sind[7] (vgl. § 3 Rz. 5).

7 **IV. Kündigungsschutz bei Inanspruchnahme von Pflegezeit nach § 3.** Im Fall der Pflegevollzeit und Pflegeteilzeit genießt der Beschäftigte den besonderen Kündigungsschutz nach Abs. 1 Alt. 2 von der ordnungsgemäßen Ankündigung (§ 3 III) bis zur Beendigung der Pflegezeit. Versäumt es der Beschäftigte, die Pflegezeit in der gesetzl. vorgeschriebenen Form zu beantragen, besteht grds. kein gesetzl. Sonderkündigungsschutz nach § 5; allerdings kann es dem ArbGeb nach § 242 BGB versagt sein, sich auf den Formfehler zu berufen, zB wenn er den Beschäftigten trotz Wissens um die fehlende schriftliche Erklärung wie einen Pflegezeitberechtigten behandelt[8] (§ 3 Rz. 13).

8 Die ordnungsgemäße Ankündigung alleine reicht aber für die Geltung des Kündigungsverbots des Abs. 1 Alt. 2 nicht aus. Vielmehr ist es erforderlich, dass **im Zeitpunkt des Kündigungszugangs** neben der ordnungsgemäßen Ankündigung auch **alle Voraussetzungen** für die Inanspruchnahme von Pflegevollzeit bzw. Pflegeteilzeit vorliegen (Rz. 2). Da die **Pflegeteilzeit** – anders als die Pflegevollzeit – die **Zustimmung des ArbGeb** voraussetzt (§ 3 Rz. 9, 20), greift das Kündigungsverbot des § 5 nicht ein, wenn im Zeitpunkt des Kündigungszugangs der Beschäftigte zwar die Pflegeteilzeit ordnungsgemäß angekündigt und geltend gemacht, der ArbGeb seine Zustimmung jedoch verweigert hat. Dies gilt auch

---

[1] *Freihube/Sasse*, DB 2008, 1320 (1322 f.); *Linck*, BB 2008, 2738 (2743); *Preis/Weber*, NZA 2008, 82 (84). ||[2] Vgl. BAG 26.6.2008 – 2 AZR 23/07, NZA 2008, 1241 (1243), Rz. 23; 17.2.1994 – 2 AZR 616/93, NZA 1994, 656 (657). ||[3] Zutr. *Preis/Nehring*, NZA 2008, 729 (735). ||[4] Vgl. ArbG Stuttgart 24.9.2009 – 12 Ca 1792/09; *Novara*, DB 2010, 503; für eine Analogie zu § 18 I BEEG zudem *Linck*, BB 2008, 2738 (2742); zutr. aA ErfK/*Gallner*, § 5 PflegeZG Rz. 2; *Hexel/Lüders*, NZS 2009, 264 (270); *Joussen*, NZA 2009, 69 (74); *Preis/Nehring*, NZA 2008, 729 (735). ||[5] Vgl. BAG 17.2.1994 – 2 AZR 616/93, NZA 1994, 656 (657). ||[6] *Preis/Weber*, NZA 2008, 82 (83). ||[7] Vgl. ErfK/*Gallner*, § 18 BEEG Rz. 16. ||[8] So BAG 26.6.2008 – 2 AZR 23/07, NZA 2008, 1241 (1243) zum BEEG.

dann, wenn der Beschäftigte seine teilweise Freistellung von der Arbeit im Wege einer einstw. Verfügung erwirkt hat. Ohne Zustimmung des ArbGeb oder deren gerichtliche Ersetzung durch rechtskräftiges Urteil (§ 894 ZPO) fehlt es an einer Voraussetzung für die Pflegeteilzeit. Wird einem Beschäftigten nach der Geltendmachung des Pflegeteilzeitanspruchs und Ablehnung dieses Teilzeitbegehrens durch den ArbGeb gekündigt, ist allerdings zu prüfen, ob die Kündigung wegen Verstoßes gegen das Maßregelungsverbot nichtig ist (§ 612a BGB iVm. § 134 BGB).

V. Zulässigerklärung der Arbeitsschutzbehörde. Entsprechend § 18 I 2–4 BEEG kann im Fall des Eingreifens des Kündigungsverbots des § 5 die Kündigung des Beschäftigten nach Abs. 2 ausnahmsweise von der für den Arbeitsschutz zuständigen obersten Landesbehörde oder einer von ihr bestimmten Stelle für zulässig erklärt werden. Wie bei der Elternzeit soll dem ArbGeb dadurch die Möglichkeit eröffnet werden, Beschäftigten in außergewöhnlichen Fällen, zB bei einer beabsichtigten Betriebsschließung, mit Zustimmungserklärung der zuständigen Behörde auch während der Pflegezeit zu kündigen[1]. Bei der kurzzeitigen pflegebedingten Arbeitsverhinderung nach § 2 spielt die Zulässigerklärung nach Abs. 2 in der Praxis allerdings keine Rolle. Wegen der weiteren Einzelheiten kann auf die Komm. zu § 18 BEEG (§ 18 BEEG Rz. 16ff.) verwiesen werden. In Baden-Württemberg wurde die Befugnis zur Zulässigerklärung nach Abs. 2 S. 1 auf den Kommunalverband für Jugend und Soziales Baden-Württemberg (KVJS) übertragen[2]. 9

Nach Abs. 2 S. 2 kann die Bundesregierung allg. Verwaltungsvorschriften für die Zulässigerklärung von Kündigungen im Fall des Kündigungsschutzes bei kurzzeitiger Arbeitsverhinderung nach § 2 oder Pflegezeit nach § 3 erlassen. Von dieser Möglichkeit wurde bislang kein Gebrauch gemacht (vgl. aber § 18 BEEG Rz. 16). 10

6 *Befristete Verträge*

(1) Wenn zur Vertretung einer Beschäftigten oder eines Beschäftigten für die Dauer der kurzzeitigen Arbeitsverhinderung nach § 2 oder der Pflegezeit nach § 3 eine Arbeitnehmerin oder ein Arbeitnehmer eingestellt wird, liegt hierin ein sachlicher Grund für die Befristung des Arbeitsverhältnisses. Über die Dauer der Vertretung nach Satz 1 hinaus ist die Befristung für notwendige Zeiten einer Einarbeitung zulässig.

(2) Die Dauer der Befristung des Arbeitsvertrages muss kalendermäßig bestimmt oder bestimmbar sein oder den in Absatz 1 genannten Zwecken zu entnehmen sein.

(3) Der Arbeitgeber kann den befristeten Arbeitsvertrag unter Einhaltung einer Frist von zwei Wochen kündigen, wenn die Pflegezeit nach § 4 Abs. 2 Satz 1 vorzeitig endet. Das Kündigungsschutzgesetz ist in diesen Fällen nicht anzuwenden. Satz 1 gilt nicht, soweit seine Anwendung vertraglich ausgeschlossen ist.

(4) Wird im Rahmen arbeitsrechtlicher Gesetze oder Verordnungen auf die Zahl der beschäftigten Arbeitnehmerinnen und Arbeitnehmer abgestellt, sind bei der Ermittlung dieser Zahl Arbeitnehmerinnen und Arbeitnehmer, die nach § 2 kurzzeitig an der Arbeitsleistung verhindert werden oder nach § 3 freigestellt sind, nicht mitzuzählen, solange für sie auf Grund von Absatz 1 eine Vertreterin oder ein Vertreter eingestellt ist. Dies gilt nicht, wenn die Vertreterin oder der Vertreter nicht mitzuzählen ist. Die Sätze 1 und 2 gelten entsprechend, wenn im Rahmen arbeitsrechtlicher Gesetze oder Verordnungen auf die Zahl der Arbeitsplätze abgestellt wird.

I. Vorbemerkung. § 6 ist § 21 BEEG nachempfunden. Auf die dortige Komm. wird verwiesen. 1

II. Befristetes Arbeitsverhältnis mit Ersatzkraft. § 6 regelt Fragen im Zusammenhang mit der befristeten Einstellung eines ArbN als Ersatzkraft für einen Beschäftigten, der wegen kurzzeitiger pflegebedingter Arbeitsverhinderung (§ 2) oder wegen Pflegezeit (§§ 3 f.) nicht arbeitet. 2

1. Besonderer Befristungsgrund (Abs. 1). Abs. 1 normiert wie § 21 I BEEG den Sachgrund der Vertretung (vgl. § 14 I Nr. 3 TzBfG) für die Befristung des ArbVerh der Ersatzkraft. Die kurzzeitige pflegebedingte Arbeitsverhinderung oder Pflegezeit und die Befristungsdauer müssen zeitlich nicht synchron laufen. Vielmehr erlaubt Abs. 1 S. 2 eine Verlängerung der sich aus S. 1 ergebenden zulässigen Höchstdauer der Befristung um die für die Einarbeitung notwendige Zeit[3]. Die Einarbeitung kann schon zu einer Zeit geschehen, in welcher der zu ersetzende Beschäftigte die Pflege noch nicht angetreten hat. 3

2. Dauer der Befristung (Abs. 2). Wie jede Befristung eines ArbVerh bedarf die Befristungsabrede der **Schriftform** (§ 14 IV TzBfG), sonst kommt ein unbefristetes ArbVerh zustande (§ 16 S. 1 TzBfG). Erforderlich ist nach Abs. 2 die Angabe des Datums oder des kalendermäßig bestimmbaren Zeitpunkts, zu dem das ArbVerh endet, oder im Falle einer Zweckbefristungsabrede die Angabe des Befristungszwecks („zur Vertretung eines Beschäftigten für die Dauer der ... Arbeitsverhinderung nach § 2 oder der Pflegezeit nach § 3"). 4

---

[1] BT-Drs. 16/7439, 93. [2] VO v. 15.12.2008, GBl. 2009, S. 2. [3] BT-Drs. 16/7439, 93.

5 **3. Sonderkündigungsrecht des ArbGeb (Abs. 3).** Nach Abs. 3 S. 1 hat der ArbGeb ein – individual- oder kollektivvertraglich abdingbares (Abs. 3 S. 3) – Sonderkündigungsrecht ggü. der befristet eingestellten Ersatzkraft, wenn die Pflegezeit des Beschäftigten nach § 4 II 1 vorzeitig endet. Der ArbGeb kann der Ersatzkraft mit einer zweiwöchigen Kündigungsfrist kündigen, ohne dass das KSchG Anwendung findet (Abs. 3 S. 2). Mit dieser Regelung soll vermieden werden, dass der ArbGeb in den Ausnahmefällen, in denen der Beschäftigte ohne Zustimmung des ArbGeb früher als geplant an seinen Arbeitsplatz zurückkehren kann, den rückkehrenden Beschäftigten und die Ersatzkraft gleichzeitig beschäftigen und entlohnen muss[1].

6 **III. Keine Doppelzählung (Abs. 4).** Abs. 4 entspricht § 21 VII BEEG. Sein Zweck ist es, eine Doppelzählung des Beschäftigten, der einen pflegebedürftigen nahen Angehörigen versorgt, und der vertretungsweise eingestellten Ersatzkraft zu vermeiden, soweit es im Rahmen arbeitsrechtl. Gesetze oder VOen (zB § 23 I 2–4 KSchG, § 9 BetrVG) auf die Zahl der beschäftigten ArbN oder die Zahl der Arbeitsplätze ankommt. Zu beachten ist, dass Abs. 4 nicht auf den weiten Begriff des Beschäftigten iSd. § 7 I abstellt, sondern auf den engeren ArbN-Begriff des § 7 I Nr. 1. Wird also zB ein freier Mitarbeiter, der in Pflegezeit geht, durch einen befristet eingestellten ArbN ersetzt, ist die Ersatzkraft mitzuzählen.

§ 7 Begriffsbestimmungen

(1) Beschäftigte im Sinne dieses Gesetzes sind
1. Arbeitnehmerinnen und Arbeitnehmer,
2. die zu ihrer Berufsbildung Beschäftigten,
3. Personen, die wegen ihrer wirtschaftlichen Unselbständigkeit als arbeitnehmerähnliche Personen anzusehen sind; zu diesen gehören auch die in Heimarbeit Beschäftigten und die ihnen Gleichgestellten.

(2) Arbeitgeber im Sinne dieses Gesetzes sind natürliche und juristische Personen sowie rechtsfähige Personengesellschaften, die Personen nach Absatz 1 beschäftigen. Für die arbeitnehmerähnlichen Personen, insbesondere für die in Heimarbeit Beschäftigten und die ihnen Gleichgestellten, tritt an die Stelle des Arbeitgebers der Auftraggeber oder Zwischenmeister.

(3) Nahe Angehörige im Sinne dieses Gesetzes sind
1. Großeltern, Eltern, Schwiegereltern,
2. Ehegatten, Lebenspartner, Partner einer eheähnlichen Gemeinschaft, Geschwister,
3. Kinder, Adoptiv- oder Pflegekinder, die Kinder, Adoptiv- oder Pflegekinder des Ehegatten oder Lebenspartners, Schwiegerkinder und Enkelkinder.

(4) Pflegebedürftig im Sinne dieses Gesetzes sind Personen, die die Voraussetzungen nach den §§ 14 und 15 des Elften Buches Sozialgesetzbuch erfüllen. Pflegebedürftig im Sinne von § 2 sind auch Personen, die die Voraussetzungen nach den §§ 14 und 15 des Elften Buches Sozialgesetzbuch voraussichtlich erfüllen.

1 **I. Beschäftigte (Abs. 1).** Abs. 1 dehnt den Geltungsbereich des PflegeZG über die ArbN (Nr. 1) – wozu auch LeihArbN im Entleiherbetrieb gehören (vgl. § 3 Rz. 4) – auf die zu ihrer Berufsbildung Beschäftigten (Nr. 2) und die arbeitnehmerähnlichen Personen (Nr. 3) aus. Hinsichtlich Nr. 1 gilt der allg. ArbN-Begriff (vgl. vor § 611 BGB Rz. 21 ff.). Die Berufsbildung umfasst nicht nur die Berufsausbildung, sondern auch die Berufsausbildungsvorbereitung, die berufl. Fortbildung und die berufl. Umschulung (§ 1 I BBiG). Daher erfasst Nr. 2 nicht nur Auszubildende, sondern auch andere zur Berufsbildung Beschäftigte, wie etwa Praktikanten, Volontäre, Personen in berufl. Umschulung etc. (vgl. § 26 BBiG)[2]. Zur Definition der arbeitnehmerähnlichen Person s. vor § 611 BGB Rz. 113[3]. Zu den arbeitnehmerähnlichen Personen gehören nach Abs. 1 Nr. 3 Hs. 2 insb. die in Heimarbeit Beschäftigten (§ 1 I HAG) sowie ihnen gleichgestellte Personen (§ 1 II–VI HAG).

2 Für **Beamte**, die sich für die Pflege eines Angehörigen freistellen lassen wollen, gelten nicht die arbeitsrechtl. Regelungen des PflegeZG, sondern die beamtenrechtl. Vorschriften, insb. über Urlaub aus familiären Gründen (vgl. § 44b III Nr. 2 BRRG aF)[4].

3 **II. Arbeitgeber (Abs. 2).** Gem. Abs. 2 S. 1 sind ArbGeb iSd. PflegeZG alle natürlichen oder juristischen Personen einschl. rechtsfähiger Personengesellschaften, die ArbN, zur Berufsbildung Beschäftigte oder arbeitnehmerähnliche Personen beschäftigen. Als ArbGeb gilt im Hinblick auf arbeitnehmerähnliche Personen der Auftraggeber bzw. hinsichtlich der in Heimarbeit Beschäftigten der Zwischenmeister (§ 2 III HAG). Zu beachten ist, dass der Anspruch auf Pflegezeit nach §§ 3, 4 nur für ArbGeb mit idR mehr als 15 Beschäftigten gilt (§ 3 I 2).

---

1 BT-Drs. 16/7439, 93. ||2 ErfK/*Gallner*, § 7 PflegeZG Rz. 1; *Linck*, BB 2008, 2738; *Müller*, BB 2008, 1058.
||3 Ausf. auch *Hromadka*, NZA 1997, 1249; *v. Hase/Lembke*, BB 1997, 1095 f. ||4 BT-Drs. 16/7439, 40.

III. Nahe Angehörige (Abs. 3). Abs. 3 enthält eine **abschließende** und nicht analogiefähige **Aufzählung**, welche Angehörigen des Beschäftigten unter die Definition des „nahen Angehörigen" iSd. PflegeZG (insb. §§ 2, 3 f.) fallen[1]. Folgende Angehörige des Beschäftigten sind „**nahe Angehörige**" iSd. Gesetzes:

- **Großeltern** (Nr. 1), dh. die in gerader Linie verwandten Eltern der Mutter oder des Vaters des Beschäftigten (vgl. § 1589 BGB). Die **Urgroßeltern** des Beschäftigten fallen vom Wortsinn her **nicht** unter den Begriff der Großeltern des Beschäftigten, selbst wenn sie typischerweise in besonderem Maße pflegebedürftig sind. Das Gesetz erfasst jedoch nur „nahe" Angehörige, wozu die Urgroßeltern nicht mehr zählen. Nicht erfasst werden auch die „**Schwiegergroßeltern**", dh. die Großeltern des Ehegatten oder des Lebenspartners iSd. LPartG;
- **Eltern** (Nr. 1), dh. die Personen, von denen der Beschäftigte abstammt und mit denen er in gerader Linie verwandt ist, also Vater und Mutter des Beschäftigten (vgl. § 1589 S. 1 BGB). Das durch Adoption begründete Rechtsverhältnis ist bei der Minderjährigenadoption der Blutsverwandtschaft völlig gleichgestellt (vgl. §§ 1754 f. BGB) und bei der Volljährigenadoption angenähert (vgl. §§ 1770, 1772 BGB). Daher sind im Regelfall auch die **Adoptiveltern** nahe Angehörige iSd. Abs. 3 Nr. 1, **nicht** hingegen die **Stiefeltern**[2];
- **Schwiegereltern** (Nr. 1), dh. der (Adoptiv-)Vater oder die (Adoptiv-)Mutter des Ehegatten oder Lebenspartners des Beschäftigten (vgl. § 1590 I 1 BGB; § 11 II 1 LPartG). Zu beachten ist, dass die Schwägerschaft fortdauert, auch wenn die sie begründende Ehe oder Lebenspartnerschaft aufgelöst ist (§ 1590 II BGB, § 11 II 2 LPartG);
- **Ehegatten** (Nr. 2) iSd. §§ 1353 ff. BGB;
- **Lebenspartner** (Nr. 2) einer eingetragenen Lebenspartnerschaft nach dem LPartG;
- Partner einer **eheähnlichen Gemeinschaft** (Nr. 2). Unter einer eheähnlichen Gemeinschaft ist eine Verantwortungs- und Einstehensgemeinschaft, also eine Lebensgemeinschaft zwischen einem Mann und einer Frau zu verstehen, die auf Dauer angelegt ist, daneben keine weitere Lebensgemeinschaft gleicher Art zulässt und sich durch innere Bindungen auszeichnet, die ein gegenseitiges Einstehen der Partner füreinander begründen, also über die Beziehungen in einer reinen Haushalts- und Wirtschaftsgemeinschaft hinausgehen. Indizien sind zB die lange Dauer des Zusammenlebens, die Versorgung von Kindern und Angehörigen im gemeinsamen Haushalt und die Befugnis, über Einkommen und Vermögensgegenstände des anderen Partners zu verfügen[3]. Die „**lebenspartnerschaftsähnliche Gemeinschaft**" (vgl. § 20 SGB XII) ist in der abschließenden Aufzählung des Abs. 3 Nr. 2 **nicht** erwähnt. Insoweit liegt ein Verstoß gegen RL 2000/78/EG (Verbot der Diskriminierung wegen der sexuellen Ausrichtung) vor.
- **Geschwister** (vgl. § 1589 I 2 BGB), auch Stiefgeschwister und Adoptivgeschwister (Nr. 2); **nicht** hingegen **Schwager** und **Schwägerin**. Für eine pflegebedürftige Schwägerin kann ein Beschäftigter also keine Pflegezeit in Anspruch nehmen;
- **Kinder, Adoptiv- oder Pflegekinder** des Beschäftigten, **des Ehegatten oder Lebenspartners des Beschäftigten** (Nr. 3). Pflegekinder sind nach § 56 II Nr. 2 SGB I „Personen, die mit dem [Beschäftigten] durch ein auf längere Dauer angelegtes Pflegeverhältnis mit häuslicher Gemeinschaft wie Kinder mit Eltern verbunden sind" (vgl. auch § 1688 I BGB). Nicht erwähnt sind die Kinder des Partners einer eheähnlichen oder lebenspartnerschaftsähnlichen Gemeinschaft. Nr. 3 erfasst auch die **Schwiegerkinder**, dh. die Kinder von Schwager/Schwägerin des Beschäftigten, **nicht** hingegen **Stiefkinder**.

IV. Pflegebedürftigkeit. Hinsichtlich der Begriffsbestimmung der Pflegebedürftigkeit verweist Abs. 4 auf die Definition in §§ 14, 15 SGB XI. Nach § 14 I SGB XI sind pflegebedürftig Personen, die wegen einer körperlichen, geistigen oder seelischen Krankheit oder Behinderung (vgl. § 14 II SGB XI) für die gewöhnlichen und regelmäßig wiederkehrenden Verrichtungen im Ablauf des täglichen Lebens (vgl. § 14 IV SGB XI) auf Dauer, voraussichtlich für mindestens sechs Monate, in erheblichem oder höherem Maße (§ 15 SGB XI) der Hilfe bedürfen (vgl. § 14 III SGB XI). Diese Voraussetzung erfüllen Personen, bei denen mindestens Pflegestufe I (§ 15 I Nr. 1 SGB XI) festgestellt ist[4]. Der Zeitaufwand, den ein Familienangehöriger oder eine andere nicht als Pflegekraft ausgebildete Pflegeperson für die erforderlichen Leistungen der Grundpflege (§ 14 IV Nr. 1–3 SGB XI) und hauswirtschaftlichen Versorgung (§ 14 IV Nr. 4 SGB XI) benötigt, muss in der Pflegestufe I wöchentlich im Tagesdurchschnitt mindestens 90 Minuten betragen; hierbei müssen auf die Grundpflege mehr als 45 Minuten entfallen (§ 15 III Nr. 1 SGB XI). Es ist die Aufgabe der – bei den Krankenkassen angesiedelten (vgl. § 1 III SGB XI) – **Pflegekassen**, auf **Antrag** des Pflegebedürftigen (§ 33 I 1 SGB XI) die Pflegebedürftigkeit und deren Stufe **durch Bescheid festzustellen**[5]. Dabei haben die Pflegekassen gem. § 18 SGB XI eine Begutachtung des Antragstellers durch den Medizinischen Dienst der Krankenversicherung durchführen zu lassen; bei der Feststellung der Pflegebedürftigkeit spielen die auf Grundlage des § 53a SGB XI erlassenen Begutachtungs-Richtlinien der Spitzenverbände der Pflegekassen eine praktisch wichtige Rolle.

---

1 BT-Drs. 16/7439, 94; *Joussen*, NZA 2009, 69 (72). ||2 AA Küttner/*Reinecke*, Pflegezeit Rz. 4. ||3 BVerfG 17.11.1992 – 1 BvL 8/87, NZS 1993, 72 (75 f.). ||4 BT-Drs. 16/7439, 94; zur Diskussion um den Pflegebedürftigkeitsbegriff BT-Drs. 17/3012. ||5 Klie/Krahmer/*Plantholz*, § 18 SGB XI Rz. 7.

6 Für das in pflegebezogenen Akutfällen in § 2 I vorgesehene Leistungsverweigerungsrecht des Beschäftigten enthält Abs. 4 S. 2 eine **gelockerte Definition der Pflegebedürftigkeit**. Ausreichend ist, dass der nahe Angehörige, welcher der pflegerischen Versorgung bedarf, die Voraussetzungen der Pflegebedürftigkeit iSd. §§ 14, 15 SGB XI **„voraussichtlich"** erfüllt. Dazu bedarf es einer **Prognose**, wonach der Eintritt der Pflegebedürftigkeit überwiegend wahrscheinlich ist[1]. Liegt noch keine Feststellung der Pflegekasse über die Pflegebedürftigkeit vor (vgl. Rz. 5), kann diese Prognose vom Beschäftigten selbst angestellt werden. Allerdings trägt er das Risiko, dass seine Prognose nicht zutreffend ist. Maßgeblich ist der Zeitpunkt, in dem der Beschäftigte das Leistungsverweigerungsrecht nach § 2 I in Anspruch nimmt. Wird später die Pflegebedürftigkeit des nahen Angehörigen festgestellt, spricht dies für die Richtigkeit der Prognose des Beschäftigten. Wird die Pflegebedürftigkeit hingegen verneint, spricht dies gegen die Richtigkeit der Prognose. Unabhängig davon, ob der ArbGeb gem. § 2 II 2 eine ärztliche Bescheinigung verlangt, ist der Beschäftigte gut beraten, sich eine derartige ärztliche Bescheinigung einzuholen. Diese hat einen hohen Beweiswert, sofern sie ordnungsgemäß ausgestellt wurde (vgl. § 2 Rz. 13).

8 *Unabdingbarkeit*
Von den Vorschriften dieses Gesetzes kann nicht zuungunsten der Beschäftigten abgewichen werden.

1 Die Vorschrift regelt, dass das PflegeZG einseitig zwingendes Gesetzesrecht zu Gunsten der Beschäftigten iSd. § 7 I ist. Das PflegeZG ist also zwingendes Recht iSd. Art. 8 I Rom-I-VO (Art. 30 I EGBGB aF). Die §§ 2 bis 5 stellen zudem wohl auch **international zwingende** Vorschriften nach Art. 9 Rom-I-VO (Art. 34 EGBGB aF) dar[2].

2 Abweichende Vereinbarungen **zu Lasten** der Beschäftigten sind gem. **§ 134 BGB nichtig**. Dies gilt sowohl für **individualrechtliche** Abreden als auch für **kollektivrechtliche Vereinbarungen** (zB TV, BV). Das Gesetz ist insb. nicht tarifdispositiv ausgestaltet. Unwirksam sind alle Vereinbarungen, welche die im Gesetz geregelten Rechte des ArbN hinsichtlich der kurzzeitigen pflegebedingten Arbeitsverhinderung (§ 2) oder der Pflegezeit (§§ 3 f.) oder den besonderen Kündigungsschutz (§ 5) einschränken, zu Lasten der Beschäftigten abändern (zB Regelung zusätzlicher Voraussetzungen für Pflegezeit oder besonderen Kündigungsschutz) oder aufheben. Entsprechendes gilt für Verzichtsvereinbarungen jedweder Art, auch wenn sie in einem gerichtl. Vergleich enthalten sind. Ein Verzicht des Beschäftigten auf Rechte aus dem PflegeZG ist nur zulässig, wenn er anlässlich oder nach Beendigung des Beschäftigungsverhältnisses erklärt wird (vgl. § 31 AGG Rz. 2; § 12 EFZG Rz. 6)[3]. Stets zulässig ist zudem ein **Tatsachenvergleich** iS einer Einigung der Parteien darauf, dass die tatsächlichen Voraussetzungen für die zwingend geltenden Rechte des Beschäftigten nicht gegeben sind.

3 Individuelle oder kollektive Vereinbarungen **zu Gunsten** der Beschäftigten sind hingegen **wirksam**. ZB kommt eine Vertragsbestimmung in Betracht, welche die Pflegezeit auch zulässt, wenn die Schwägerin oder der Schwager des Beschäftigten pflegebedürftig sind. Ob eine Vereinbarung zu Gunsten des Beschäftigten vorliegt oder nicht, ist im Wege eines objektiven **Günstigkeitsvergleichs** zu entscheiden. Hier ist – anders als bei § 4 III TVG – kein Sachgruppenvergleich, sondern ein **Einzelvergleich** vorzunehmen (vgl. § 31 AGG Rz. 1; § 13 BUrlG Rz. 13)[4]. Dem Gesetzeszweck würde es widersprechen, wenn man eine Kompensation von ungünstigen Abweichungen mit günstigen Abweichungen zuließe.

4 Im Falle der Unwirksamkeit einer Vertragsbestimmung bleibt der Rest der Vereinbarung im Regelfall – entgegen der Zweifelsregel des § 139 BGB – aufrecht erhalten, soweit dies dem Schutz des Beschäftigten dient. An die Stelle der unwirksamen Abrede treten die gesetzl. Vorschriften[5].

5 **Zulässig** sind abweichende Vereinbarungen über die Befristungsmöglichkeiten nach § 6, da diese Norm lediglich den ArbGeb begünstigt. In Betracht kommen auch Vereinbarungen über Gegenstände, die nicht explizit im PflegeZG geregelt sind, wie insb. die Frage des Anspruchs auf Arbeitsentgelt während des Fernbleibens von der Arbeit gem. § 2 und §§ 3 f. (dazu § 2 Rz. 14, § 3 Rz. 17, 24). Möglich ist auch eine Ausdehnung des Pflegezeitanspruchs auf Unternehmen mit bis zu 15 Beschäftigten (§ 3 Rz. 6). Nicht von § 8 erfasst werden kollektiv- oder einzelvertragl. Regelungen, welche § 616 BGB abbedingen[6].

---

1 ErfK/*Gallner*, § 2 PflegeZG Rz. 2. || 2 So für die vergleichbaren §§ 15, 18 BErzGG (nun: BEEG) LAG Hess. 16.11.1999 – 4 Sa 463/99, NZA-RR 2000, 401. || 3 Vgl. BAG 20.8.1980 – 5 AZR 955/78, AP Nr. 12 zu § 6 LohnFG. || 4 IdS auch Klie/Krahmer/*Böhm*, SGB XI, § 8 PflegeZG Rz. 9. || 5 Vgl. BAG 13.3.1975 – 5 AZR 199/74, AP Nr. 2 zu § 5 BBiG. || 6 *Linck*, BB 2008, 2738 (2741).

Rom-I-VO
Verordnung (EG) Nr. 593/2008 des Europäischen Parlaments und des Rates über das auf vertragliche Schuldverhältnisse anzuwendende Recht

vom 17.6.2008 (ABl. EU vom 4.7.2008, L 177/6)

– Auszug –

3 *Freie Rechtswahl*
(1) Der Vertrag unterliegt dem von den Parteien gewählten Recht. Die Rechtswahl muss ausdrücklich erfolgen oder sich eindeutig aus den Bestimmungen des Vertrags oder aus den Umständen des Falles ergeben. Die Parteien können die Rechtswahl für ihren ganzen Vertrag oder nur für einen Teil desselben treffen.

(2) Die Parteien können jederzeit vereinbaren, dass der Vertrag nach einem anderen Recht zu beurteilen ist als dem, das zuvor entweder auf Grund einer früheren Rechtswahl nach diesem Artikel oder auf Grund anderer Vorschriften dieser Verordnung für ihn maßgebend war. Die Formgültigkeit des Vertrags im Sinne des Artikels 11 und Rechte Dritter werden durch eine nach Vertragsschluss erfolgende Änderung der Bestimmung des anzuwendenden Rechts nicht berührt.

(3) Sind alle anderen Elemente des Sachverhalts zum Zeitpunkt der Rechtswahl in einem anderen als demjenigen Staat belegen, dessen Recht gewählt wurde, so berührt die Rechtswahl der Parteien nicht die Anwendung derjenigen Bestimmungen des Rechts dieses anderen Staates, von denen nicht durch Vereinbarung abgewichen werden kann.

(4) Sind alle anderen Elemente des Sachverhalts zum Zeitpunkt der Rechtswahl in einem oder mehreren Mitgliedstaaten belegen, so berührt die Wahl des Rechts eines Drittstaats durch die Parteien nicht die Anwendung der Bestimmungen des Gemeinschaftsrechts – gegebenenfalls in der von dem Mitgliedstaat des angerufenen Gerichts umgesetzten Form –, von denen nicht durch Vereinbarung abgewichen werden kann.

(5) Auf das Zustandekommen und die Wirksamkeit der Einigung der Parteien über das anzuwendende Recht finden die Artikel 10, 11 und 13 Anwendung.

8 *Individualarbeitsverträge*
(1) Individualarbeitsverträge unterliegen dem von den Parteien nach Artikel 3 gewählten Recht. Die Rechtswahl der Parteien darf jedoch nicht dazu führen, dass dem Arbeitnehmer der Schutz entzogen wird, der ihm durch Bestimmungen gewährt wird, von denen nach dem Recht, das nach den Absätzen 2, 3 und 4 des vorliegenden Artikels mangels einer Rechtswahl anzuwenden wäre, nicht durch Vereinbarung abgewichen werden darf.

(2) Soweit das auf den Arbeitsvertrag anzuwendende Recht nicht durch Rechtswahl bestimmt ist, unterliegt der Arbeitsvertrag dem Recht des Staates, in dem oder andernfalls von dem aus der Arbeitnehmer in Erfüllung des Vertrags gewöhnlich seine Arbeit verrichtet. Der Staat, in dem die Arbeit gewöhnlich verrichtet wird, wechselt nicht, wenn der Arbeitnehmer seine Arbeit vorübergehend in einem anderen Staat verrichtet.

(3) Kann das anzuwendende Recht nicht nach Absatz 2 bestimmt werden, so unterliegt der Vertrag dem Recht des Staates, in dem sich die Niederlassung befindet, die den Arbeitnehmer eingestellt hat.

(4) Ergibt sich aus der Gesamtheit der Umstände, dass der Vertrag eine engere Verbindung zu einem anderen als dem in Absatz 2 oder 3 bezeichneten Staat aufweist, ist das Recht dieses anderen Staates anzuwenden.

9 *Eingriffsnormen*
(1) Eine Eingriffsnorm ist eine zwingende Vorschrift, deren Einhaltung von einem Staat als so entscheidend für die Wahrung seines öffentlichen Interesses, insbesondere seiner politischen, sozialen oder wirtschaftlichen Organisation, angesehen wird, dass sie ungeachtet des nach Maßgabe dieser Verordnung auf den Vertrag anzuwendenden Rechts auf alle Sachverhalte anzuwenden ist, die in ihren Anwendungsbereich fallen.

(2) Diese Verordnung berührt nicht die Anwendung der Eingriffsnormen des Rechts des angerufenen Gerichts.

(3) Den Eingriffsnormen des Staates, in dem die durch den Vertrag begründeten Verpflichtungen erfüllt werden sollen oder erfüllt worden sind, kann Wirkung verliehen werden, soweit diese Eingriffsnor-

men die Erfüllung des Vertrags unrechtmäßig werden lassen. Bei der Entscheidung, ob diesen Eingriffsnormen Wirkung zu verleihen ist, werden Art und Zweck dieser Normen sowie die Folgen berücksichtigt, die sich aus ihrer Anwendung oder Nichtanwendung ergeben würden.

I. Allgemeines 1	5. Geltungsbereich des anzuwendenden Rechts 38
II. Internationale Gerichtsbarkeit 3	V. Internationales kollektives Arbeitsrecht .. 41
III. Rechtsnormen 5	1. Internationales Betriebsverfassungsrecht . 42
IV. Internationales Individualarbeitsrecht 6	2. Internationales Tarifrecht 46
1. Räumlicher Anwendungsbereich 7	3. Internationales Arbeitskampfrecht 50
2. Zeitlicher Anwendungsbereich 8	VI. Anwendung einer ausländischen Rechtsordnung 51
3. Inhaltlicher Anwendungsbereich 9	
4. Bestimmung des anzuwendenden Rechts .. 11	

1 **I. Allgemeines.** Das sog. „Internationale Arbeitsrecht" wird seit dem 17.12.2009 maßgeblich von den **Art. 3, 8 und 9** der VO 593/2008 über das auf vertragliche Schuldverhältnisse anzuwendende Recht, sog. **Rom-I-VO**[1], bestimmt. Die Rom-I-VO ist seit dem 17.12.2009 anzuwenden; zum gleichen Zeitpunkt sind die **Art. 27, 30 und 34 EGBGB** außer Kraft getreten[2]; sie **gelten aber weiterhin für Arbeitsverträge, die vor dem 17.12.2009 geschlossen wurden** (Rz. 8). Dabei wird hier unter „Internationalem Arbeitsrecht" das Arbeitskollisionsrecht verstanden. Der Begriff ist damit von dem des Arbeitsvölkerrechts zu unterscheiden. Das Arbeitsvölkerrecht ist in aller Linie durch multilaterale Übereinkommen (vgl. auch AEUV Vorb. Rz. 2 ff.) geschaffenes Recht. Eine herausragende Rolle spielen die IAO (Internationale Arbeitsorganisation) und das IAA (Internationales Arbeitsamt)[3]. Demggü. beschäftigt sich das Internationale Arbeitsrecht allein mit der Frage, welche nationale Rechtsordnung anwendbar ist, wenn ein Sachverhalt eine Verbindung zum Ausland (sog. Auslandsberührung) aufweist, zB weil die Beschäftigung im Ausland erfolgt oder der ArbN eine ausländische Staatsangehörigkeit oder das beschäftigende Unternehmen seinen Sitz im Ausland hat.

2 Da das Internationale Arbeitsrecht nationales Recht ist, unterscheiden sich die Internationalen Arbeitsrechte der einzelnen Staaten. Zwar hat innerhalb der EU durch die Rom-I-VO eine Harmonisierung stattgefunden (vgl. Rz. 5), das Arbeitskollisionsrecht der nicht der EU angehörenden Staaten bleibt jedoch unterschiedlich. Auch Dänemark[4] hat sein bisheriges Arbeitskollisionsrecht beibehalten. Der deutsche Richter wird die Frage, welches Recht in einem Fall mit Auslandsberührung Anwendung findet, daher möglicherweise anders beantworten als sein Kollege im Ausland. Verspricht eine Klage vor dem deutschen Richter und der von ihm anzuwendenden Rechtsordnung wenig Aussicht auf Erfolg, ist die Möglichkeit einer **Klage im Ausland** zu untersuchen. Der ausländische Richter wird ggf. eine andere Rechtsordnung anzuwenden haben, welche dem Klagebegehren möglicherweise entspricht. Dabei sind die Kosten eines solchen Rechtsstreits sowie die Frage der Vollstreckbarkeit der ausländischen Entscheidung einer sorgfältigen Prüfung zu unterziehen. Die folgenden Ausführungen beschränken sich auf die Darstellung des in Deutschland und in den EU-Staaten außer Dänemark anwendbaren Arbeitskollisionsrechts.

3 **II. Internationale Gerichtsbarkeit.** Soll in einem Fall mit Auslandsberührung die Klage vor einem deutschen Gericht anhängig gemacht werden, ist zunächst zu untersuchen, ob das deutsche Gericht international zuständig ist[5]. Die internationale Zuständigkeit wird für arbeitsrechtl. Klagen vorrangig[6] durch die am 1.2.2002 in Kraft getretene **EG-VO 44/2001 über die gerichtliche Zuständigkeit und die Anerkennung und Vollstreckung von Entscheidungen in Zivil- und Handelssachen**[7] geregelt. Sie ist in sämtlichen Mitgliedstaaten der EU anwendbar[8]. Nach Art. 18, 19 VO 44/2001 kann der ArbN ua. in dem Mitgliedstaat Klage erheben, in dem der ArbGeb seinen Sitz (Art. 60 VO 44/2001) hat oder in dem der ArbN gewöhnlich seine Arbeit verrichtet[9]. Nach Art. 20 I VO 44/2001 kann der ArbN lediglich in dem Mitgliedstaat verklagt werden, in welchem er seinen Wohnsitz hat. Gem. Art. 21 VO 44/2001 ist eine Vereinbarung über den internationalen Gerichtsstand nur nach Entstehung der Streitigkeit zulässig oder wenn die Vereinbarung dem ArbN weitere Gerichtsstände einräumt.

---

1 Dazu *Deinert*, RdA 2009, 144; *Wurmnest*, EuZA 2009, 481; *Mauer/Sadtler*, RIW 2008, 544; *Mauer/Sadtler*, DB 2007, 1586; *Junker*, RIW 2006, 401.   ‖2 G v. 25.6.2009, BGBl. I S. 1574.   ‖3 Weiterf. MünchArbR/*Birk*, 2. Aufl. 2000, § 17 Rz. 1 ff.   ‖4 Vgl. Erwägungsgründe 45, 46 zur VO 539/2008. Dazu *Magnus*, IPRax 2010, 27 (30 f.). Das Vereinigte Königreich hat die VO mittlerweile angenommen, vgl. Entscheidung der Kommission v. 22.12.2008, ABl. 2009 L 10/22.   ‖5 Dazu *Trenner*, Internationale Gerichtsstände in grenzüberschreitenden Arbeitsvertragsstreitigkeiten, 2002; *Junker*, NZA 2005, 199 ff. Zum Verhältnis zur Rechtswegprüfung LAG Köln 30.7.2004 – 2 Ta 219/04, LAGE § 2 ArbGG 1979 Nr. 46.   ‖6 BAG 8.12.2010 – 10 AZR 562/08, NZA-RR 2012, 320.   ‖7 V. 22.12.2000, ABl. 2001 L 12/1. Ab dem 10.1.2015 gilt die Neufassung, EU-VO 1215/2012 v. 12.12.2012, ABl. 2012 L 351/1 (vgl. dort Art. 81).   ‖8 Art. 1 III der VO. Für Norwegen, Dänemark, Island und die Schweiz gilt das Übereinkommen über die gerichtliche Zuständigkeit und die Anerkennung und Vollstreckung von Entscheidungen in Zivil- und Handelssachen v. 30.10.2007, welches am 1.1.2010 in Kraft getreten ist, ABl. 2007 L 339/3.   ‖9 BAG 25.6.2013 – 3 AZR 138/11, RIW 2013, 803; 29.5.2002 – 5 AZR 141/01, AP Nr. 17 zu § 38 ZPO Internationale Zuständigkeit. Zum gewöhnlichen Arbeitsort *Junker*, FS Heldrich, 2005, S. 719, 722 ff. Zum ArbN-Begriff BAG 20.8.2003 – 5 AZR 45/03, AP Nr. 1 zu Art. 5 Lugano-Abkommen.

Ist der Anwendungsbereich der VO nicht eröffnet, richtet sich die internationale Zuständigkeit, soweit nicht spezialgesetzl. Regelungen greifen (insb. § 15 AEntG[1]), spiegelbildlich nach den Regelungen über die örtliche Zuständigkeit der ZPO[2]. Der ArbGeb kann also ua. in der Bundesrepublik Deutschland verklagt werden, wenn er hier seinen Verwaltungssitz (§ 17 ZPO analog)[3], seine Niederlassung (§ 21 ZPO analog) oder uU auch nur ein Büro (§ 23 ZPO analog)[4] hat. Gegen den ArbN kann in Deutschland ua. Klage erhoben werden, wenn er hier seinen Wohnsitz (§ 13 ZPO analog) oder die Arbeitsleistung zu erbringen hat[5] (§ 29 ZPO analog). In betriebsverfassungsrechtl. Streitigkeiten ist entsprechend auf § 82 ArbGG abzustellen[6].

III. Rechtsnormen. Für das Individualarbeitsrecht bestimmt sich seit dem 17.12.2009 die anwendbare Rechtsordnung nach den Art. 3, 8 und 9 (Rz. 1). Zuvor galt das Europäische Schuldvertragsübereinkommen v. 19.6.1980[7], welches jedoch kein in Deutschland unmittelbar anwendbares Recht enthielt. Vielmehr wurde dieses Übereinkommen durch die nun aufgehobenen Art. 27, 30 und 34 EGBGB umgesetzt. Die abgeschafften Regelungen und die Art. 3, 8 und 9 stimmen inhaltlich weitgehend überein, so dass sich für den Normalfall der Rechtsanwendung kaum Unterschiede ergeben. Bei der Rom-I-VO handelt es sich jedoch um supranationales Unionsrecht, zu dessen Auslegung der EuGH berufen ist. Bei Unklarheiten kann bzw. muss ein Arbeitsgericht daher ggf. den EuGH anrufen (vgl. Art. 267 AEUV Rz. 7 ff.)[8]. Das kollektive Arbeitskollisionsrecht (internationales Betriebsverfassungsrecht, Arbeitskampfrecht und Tarifrecht) ist nur in Ansätzen kodifiziert und weitgehend ungeklärt (Rz. 41 ff.).

IV. Internationales Individualarbeitsrecht. Bei individualarbeitsrechtl. Sachverhalten, die eine Verbindung zum Recht eines ausländischen Staates haben, bestimmen die Art. 3, 8 und 9, welche Rechtsordnung Anwendung findet[9]. Vorrangig sind allerdings die Regelungen des AEntG (Art. 23, 9 Rom-I-VO sowie Erwägungsgrund 34 zur Rom-I-VO), vgl. hierzu die Komm. zum AEntG.

1. Räumlicher Anwendungsbereich. Von einem (international zuständigen, vgl. Rz. 4 f.) deutschen ArbG ist die Rom-I-VO stets anzuwenden. Es kommt nicht darauf an, dass die Auslandsberührung (Rz. 1) zu EU-Staaten besteht. Die nach den Art. 3, 8 und 9 berufene Rechtsordnung ist anzuwenden (Rz. 38 ff., 52), auch wenn es sich um die Rechtsordnung eines Drittstaats handelt (Art. 2). Eine Rück- und Weiterverweisung ist ausgeschlossen (Rz. 16).

2. Zeitlicher Anwendungsbereich. Die Art. 3, 8 und 9 sind anzuwenden, wenn der Arbeitsvertrag **nach dem 16.12.2009** geschlossen wurde (Art. 28[10]). Für vorher geschlossene **Arbeitsverträge** sind weiterhin die Art. 27, 30 und 34 EGBGB anzuwenden (Art. 220 I EGBGB analog)[11]. Hierfür wird auf die Komm. dieser Normen in der 3. Aufl. verwiesen. Die Art. 27, 30 und 34 EGBGB sind auch noch anzuwenden, wenn der entsprechende Arbeitsvertrag bereits vor ihrem Inkrafttreten am 1.9.1986 geschlossen wurde, da es sich bei einem Arbeitsvertrag nicht um einen „abgeschlossenen Vorgang" iSd. Art. 220 I EGBGB handelt[12].

3. Inhaltlicher Anwendungsbereich. Der inhaltliche Anwendungsbereich des Art. 3 ist eröffnet, wenn der Sachverhalt einen **Arbeitsvertrag** bzw. ein (zB auch nur faktisches) **Arbeitsverhältnis** betrifft. Auf die Wirksamkeit des Vertrages kommt es also nicht an, vgl. Art. 12 I Buchst. e. Die Frage der Qualifikation, dh. die Frage danach, ob es sich um einen Arbeitsvertrag handelt oder zB um einen selbständigen Dienstvertrag, ist autonom durch Auslegung der Rom-I-VO zu entscheiden[13]. Maßgeblich ist die Interpretation des EuGHs. Soweit dieser nicht entschieden hat und zur Auslegung auch nicht anzurufen ist, bleibt eine Orientierung am deutschen materiell-rechtl. Arbeitsvertragsbegriff zulässig[14]. Eine Auslegung, die dem ArbN-Begriff in Art. 45 AEUV (dazu Art. 45 AEUV Rz. 13 ff.) folgte, liegt nahe[15], ist aber auch nicht zwingend, da es keinen einheitlichen europarechtl. ArbN-Begriff gibt (Art. 45 AEUV Rz. 13)[16].

---

1 BAG 15.2.2012 – 10 AZR 711/10, NZA 2012, 760. ||2 BAG 15.2.2005 – 9 AZR 116/04, AP Nr. 15 zu § 612 BGB; 16.2.2000 – 4 AZR 14/99, AP Nr. 54 zu § 2 TVG. ||3 Vgl. BAG 3.5.1995 – 5 AZR 15/94, AP Nr. 32 zu Internat. Privatrecht Arbeitsrecht. ||4 BAG 12.12.2001 – 5 AZR 255/00, AP Nr. 10 zu Art. 30 EGBGB nF; LAG Köln 26.4. 2006 – 7 Sa 181/04, nv. Lediglich Konto bei deutscher Bank: BAG 17.7.1997 – 8 AZR 328/95, AP Nr. 13 zu § 38 ZPO. ||5 BAG 20.4.2004 – 3 AZR 301/03, v. 9.10.2002 – 5 AZR 307/01, AP Nr. 21, 18 zu § 38 ZPO Internationale Zuständigkeit; 19.3.1996 – 9 AZR 656/94, AP Nr. 2 zu § 328 ZPO. ||6 BAG 12.2.1985 – 1 ABR 3/83, AP Nr. 1 zu Art. 1 Nato-Truppenstatut. ||7 BT-Drs. 10/503, 6; konsolidierte Fassung ABl. 2005 C 334/1. ||8 Weiterführend *Deinert*, RdA 2009, 144 (145). ||9 Für Bedienstete internationaler Organisationen vgl. MüKoBGB/*Martiny*, 5. Aufl. 2010, Art. 8 Rom-I-VO Rz. 22 ff. ||10 Vgl. die Berichtigung des Art. 28 in ABl. L 309/87. ||11 Vgl. MüKoBGB/*Sonnenberger*, 5. Aufl. 2010, Art. 220 EGBGB Rz. 11; MüKoBGB/*Krüger*, 5. Aufl. 2010, Art. 170 EGBGB Rz. 3. Im Erg. ebenso *Rauscher/v. Hein*, EuZPR/EuIPR, 2011, Art. 8 Rom I-VO Rz. 16; *Magnus*, IPRax 2010, 27 (31 f.). Anders ggf. bei Vertragsänderung, die als Neuabschluss zu werten ist, *Wurmnest*, EuZA 2009, 481 (486). ||12 BAG 29.10.1992 – 2 AZR 267/92, AP Nr. 31 zu Internat. Privatrecht Arbeitsrecht; 11.12.2003 – 2 AZR 627/02, AP Nr. 6 zu Art. 27 EGBGB; diff. *Mankowski*, IPRax 1994, 88 ff. ||13 Anders *Deinert*, RdA 2009, 144 (154). ||14 Vgl. dazu BAG 20.8.2003 – 5 AZR 45/03, AP Nr. 1 zu Art. 5 Lugano-Abkommen (betr. internationale Zuständigkeit); *Mankowski*, BB 1997, 465 ff. Unterschiedliche Fallgruppen bei Staudinger/*Magnus*, Art. 30 EGBGB Rz. 35 ff. Zur Telearbeit: *Springer*, Virtuelle Wanderarbeit, 2002; zu im Ausland tätigen „Freiwilligen" *Joussen*, NZA 2003, 1173. ||15 Dahingehend *Rauscher/v. Hein*, EuZPR/EuIPR, 2011, Art. 8 Rom I-VO Rz. 18. ||16 Vgl. hierzu schon für das alte Recht *Knöfel*, IPRax 2006, 552 ff.

10 Die Regelungen finden ferner nur Anwendung, wenn der Sachverhalt eine sog. **Auslandsberührung** aufweist (Rz. 1, Art. 1 I). Eine ausreichende Auslandsberührung ist allerdings bereits gegeben, wenn die Parteien durch Vereinbarung ihr Rechtsverhältnis einer ausländischen Rechtsordnung unterstellen (sog. Rechtswahl, Rz. 12 ff.).

11 **4. Bestimmung des anzuwendenden Rechts.** Die Bestimmung des anzuwendenden Rechts richtet sich zunächst nach Art. 8 I 1, Art. 3; es ist also zu prüfen, ob die Parteien (ggf. konkludent) eine bestimmte Rechtsordnung wirksam gewählt haben (Rz. 12). Ist das nicht der Fall, ist die anwendbare Rechtsordnung gem. Art. 8 II objektiv zu bestimmen (Rz. 16). Haben die Parteien eine wirksame Rechtswahl getroffen, ist weiter zu prüfen, ob zum Schutz des ArbN zwingende Bestimmungen einer anderen Rechtsordnung eingreifen, von denen die Parteien nicht abweichen können (Art. 8 I 2, Art. 9 und 21, vgl. Rz. 26 ff.).

12 **a) Rechtswahl. aa) Grundsätzliches.** Nach Art. 8 I 1, Art. 3 ist vorrangig die Rechtsordnung anwendbar, welche die Parteien gewählt haben. Die Parteien können also unter den in Art. 8 I bestimmten Einschränkungen durch Vereinbarung bestimmen, welche Rechtsordnung auf das ArbVerh Anwendung finden soll. Auch die Wahl einer Rechtsordnung, zu welcher keine weitere Sachverhaltsberührung besteht, ist möglich. Selbst für ein ArbVerh, das keinerlei Bezug zum Ausland aufweist, kann in den Grenzen des Art. 3 III (Rz. 27 f.) eine Rechtswahl getroffen werden. Eine Rechtswahl bezieht sich nur auf das materielle Recht des Staates (Art. 20).

13 Sie kann auch nur für einen **Teil des Vertrages** getroffen werden (Art. 3 I 3)[1]. Der Schutz der ArbN wird auch in diesem Falle durch Art. 8 I 3 gewährleistet.

14 **bb) Vereinbarung.** Die Rechtswahl erfolgt durch ausdrückliche oder konkludente Vereinbarung (Art. 3 I 2). Das auf Zustandekommen und Wirksamkeit der Vereinbarung anzuwendende Recht bestimmt sich nach Art. 3 V, 10, 11, 13. Notwendig ist, dass sich ein entsprechender realer Parteiwille **eindeutig** aus den Bestimmungen des Vertrages oder den Umständen des Falles ergibt; Art. 27 I 2 EGBGB ließ hier noch „hinreichende Sicherheit"[2] genügen. Indizien für die konkludente Wahl einer bestimmten Rechtsordnung sind zB: Vereinbarung eines Gerichtsstands[3], die arbeitsvertragl. Bezugnahme auf TV und sonstige Regelungen am Sitz des ArbGeb[4], Ort des Vertragsabschlusses, Hinzuziehung von in einer bestimmten Rechtsordnung tätigen Rechtsanwälten und Vertragssprache[5], insb. bei Bezugnahme auf Regelungen einer bestimmten Rechtsordnung[6]. Die Rechtswahl kann auch durch TV erfolgen[7].

15 Die Rechtswahl muss nicht bei Vertragsschluss erfolgen; sie kann auch zu einem späteren Zeitpunkt, ggf. auch erst vor Gericht getroffen werden (**nachträgliche Rechtswahl**). Eine einmal getroffene Rechtswahl kann später geändert werden (Art. 3 II) Die Änderung soll im Zweifel ex tunc wirksam sein[8]; es ist jedoch maßgeblich auf den Parteiwillen abzustellen[9]. Die nachträgliche Rechtswahl kann ebenfalls konkludent erfolgen[10], insb. indem sich beide Parteien im Prozess auf eine bestimmte Rechtsordnung einlassen[11]. Dies gilt jedoch nur, soweit die Parteien im Hinblick auf die Rechtswahl mit Gestaltungswillen handeln; die bloße irrtümliche Annahme, eine bestimmte Rechtsordnung sei anwendbar, genügt nicht[12].

16 **b) Objektive Anknüpfung.** Haben die Parteien keine wirksame Rechtswahl getroffen, ist das anwendbare Recht gem. Art. 8 II bis IV zu bestimmen (objektive Anknüpfung). Verweisen diese Normen auf eine ausländische Rechtsordnung, so ist damit nur das materielle Arbeitsrecht dieses Staates gemeint. Das Internationale Arbeitsrecht des Staates ist nicht anzuwenden, so dass eine Rück- oder Weiterverweisung ausgeschlossen ist, Art. 20. Das objektiv anwendbare Recht wird wiederum gem. Art. 9 durch zwingendes Recht (Rz. 33 ff.) und gem. Art. 21 durch den ordre public (Rz. 37) korrigiert.

---

1 Zu Art. 27 I 3 EGBGB aF: BAG 20.4.2004 – 3 AZR 301/03, AP Nr. 21 zu § 38 ZPO Internationale Zuständigkeit; 20.11.1997 – 2 AZR 631/96, AP Nr. 1 zu § 18 GVG; LAG Hess. 14.8.2000 – 10 Sa 982/99, IPRspr. 2000, 231. Ebenso KR/*Weigand*, Int ArbvertragsR Rz. 18. Krit. *Junker*, FS 50 Jahre BAG, 2004, S. 1197, 1201 mwN. Zu Art. 3 I 3 Rom-I-VO MüKoBGB/*Martiny*, 5. Aufl. 2010, Rz. 67 ff. Krit. *Deinert*, RdA 2009, 144 (149 f.). ‖2 BAG 26.7.1995 – 5 AZR 216/94, AP Nr. 7 zu § 157 BGB; 12.12.2001 – 5 AZR 255/00, AP Nr. 10 zu Art. 30 EGBGB nF. Vertiefend *Riesenhuber*, DB 2005, 1571 ff. ‖3 BAG 10.4.2013 – 5 AZR 78/12, NJW 2013, 2461; 23.8.2012 – 8 AZR 394/11, NJW 2013, 252; 1.7.2010 – 2 AZR 270/09, AP Nr. 5 zu Art. 25 GG; 23.7.1986 – 5 AZR 120/85, nv. Vgl. auch Erwägungsgrund 12 zur Rom-I-VO. Krit. dazu *Rauscher/v. Hein*, EuZPR/EuIPR, 2011, Art. 8 Rom I-VO Rz. 24. ‖4 BAG 25.4.2013 – 2 AZR 960/11, nv.; 1.7.2010 – 2 AZR 270/09, AP Nr. 5 zu Art. 25 GG; 26.7.1995 – 5 AZR 216/94, AP Nr. 7 zu § 157 BGB; 12.12.2001 – 5 AZR 255/00, AP Nr. 10 zu Art. 30 EGBGB nF; LAG Hess. 12.9.2012 – 12 Sa 273/11, nv.; LAG Rh.-Pf. 2.3.2012 – 9 Sa 633/11, nv. ‖5 BGH 19.1.2000 – VIII ZR 275/98, NJW-RR 2000, 1002 (1004). ‖6 LAG Bln.-Bbg. 9.12.2011 – 6 Sa 1422/11, nv., nrkr. ‖7 LAG Rh.-Pf. 16.6.1981 – 3 Sa 791/80, IPRspr. 1981 Nr. 44. Vgl. auch BAG 11.9.1991 – 4 AZR 71/91, AP Nr. 29 zu Internat. Privatrecht Arbeitsrecht: TV-Parteien könnten Rechtsstatut bestimmen; Staudinger/*Magnus*, Art. 8 Rom I-VO Rz. 63; *Hergenröder*, Internationales Tarifvertragsrecht, in AR-Blattei SD 1550.15, Stand 2/2004, Rz. 120; *Winkler v. Mohrenfels/Block* in Oetker/Preis, EAS, B 3000, Stand 8/10, Rz. 93 ff.; ErfK/*Schlachter*, Rom I-VO Rz. 7. Krit. *Jacobs/Krause/Oetker*, § 1 Rz. 136. ‖8 MüKoBGB/*Martiny*, 5. Aufl. 2010, Art. 3 Rom-I-VO Rz. 79 ff. ‖9 Staudinger/*Magnus*, Art. 3 Rom I-VO Rz. 123 mwN. ‖10 BAG 23.7.1986 – 5 AZR 120/85, nv. ‖11 LAG Düss. 12.1.2007 – 9 Sa 1637/05, nv.; insoweit nicht durch BAG 26.6.2008 – 2 AZR 190/07, AP Nr. 213 zu § 626 BGB beanstandet. ‖12 BGH 19.1.2000 – VIII ZR 275/98, NJW-RR 2000, 1002 (1004).

Nach Art. 8 II 1 ist zunächst die Rechtsordnung am gewöhnlichen Arbeitsort des ArbN anzuwenden (Rz. 18 ff.); besteht ein solcher nicht, gilt das Recht am Ort der einstellenden Niederlassung (Rz. 29 ff.). Ist in beiden Fällen allerdings eine engere Verbindung zu einer anderen Rechtsordnung gegeben, greift diese ein (Rz. 33 ff.). **17**

aa) Gewöhnlicher Arbeitsort. Vorrangig[1] ist an das Recht des Staates anzuknüpfen, in welchem der ArbN in Erfüllung des Vertrages gewöhnlich seine Arbeit verrichtet, selbst wenn er vorübergehend in einen anderen Staat entsandt ist (Rz. 20), Art. 8 II[2]. Die Auslegung des Begriffs „gewöhnlicher Arbeitsort" erfolgt autonom (vgl. Rz. 9). Die Kriterien, die nach der Rspr. des EuGH die Auslegung des entsprechenden Begriffs in Art. 19 II VO 44/2001 (Rz. 3) bestimmen, sind zu berücksichtigen[3]. Daraus folgt nach Ansicht des EuGH, dass der Begriff weit auszulegen ist[4]. Der gewöhnliche Arbeitsort ist der Ort, an welchem das ArbVerh seinen Schwerpunkt hat, dh. der Ort, an dem der ArbN den größten Teil seiner Arbeit ausübt[5]. Er wird regelmäßig durch den gewöhnlichen Einsatz- oder Tätigkeitsort bestimmt[6]. Wenn der Ort der tatsächlichen Beschäftigung, der Ort an dem der ArbN seine Anweisungen erhält oder der Ort, an dem sich der ArbN bei Fahrtantritt melden muss, derselbe ist, sei dieser Ort als gewöhnlicher Arbeitsort anzusehen[7]. Bei typischer Eingliederung des ArbN in einen Betrieb ist der gewöhnliche Arbeitsort der Lageort des Betriebs. Vor der tatsächlichen Aufnahme der Arbeit ist auf den geplanten Arbeitsort abzustellen[8]. Durch die Formulierung „oder andernfalls von dem aus" (sog. **base rule**), welche in Art. 30 II EGBGB nicht enthalten war, wird der Rspr. des EuGH entsprochen. Dieser hatte entschieden, dass ein gewöhnlicher Arbeitsort auch bestehe, wenn der ArbN seine Tätigkeit in mehreren Vertragsstaaten ausübt, aber in einem Staat ein Büro innehabe, von dem aus er seine Arbeit organisiert und wohin er nach jeder Geschäftsreise zurückkehre (zB Handelsvertreter)[9]. **18**

Für **Flugpersonal** war nach bisheriger Ansicht der Rspr. kein gewöhnlicher Arbeitsort feststellbar; auf das Recht des Staates, in welchem das Flugzeug registriert ist, komme es nicht an. Anzuknüpfen sei deshalb an das Recht des Staates, in welchem sich die einstellende Niederlassung befindet (Rz. 24)[10]. Ob dies nach der von Art. 30 II Nr. 1 EGBGB aF abweichenden Formulierung „oder andernfalls von dem aus" in Art. 8 II 1 weiter gelten kann, wird bezweifelt; zunehmend wird eine Anknüpfung anhand der „base rule" favorisiert[11]. Hierfür könnte auch ein Gleichlauf mit Art. 11 V VO 883/2004 (Art. 45 AEUV Rz. 2) sprechen[12]. Für **Seeleute** auf Handelsschiffen sollte die Anknüpfung nach Art. 30 II Nr. 1 EGBGB aF erfolgen; maßgeblich sei die Flagge, unter der das Schiff fahre[13]. Ist das Schiff im deutschen Zweitregister eingetragen, bestimmt § 21 IV 1 FlaggRG[14], dass Art. 8 dahin gehend auszulegen ist, dass die ArbVerh der Besatzungsmitglieder nicht allein deshalb dem deutschen Recht unterliegen, weil das Schiff die Flagge der Bundesrepublik Deutschland führt. Nach bisheriger Auffassung der Rspr. ist dann an das Recht der Flagge nicht mehr vorrangig anzuknüpfen; vielmehr soll das Recht des Staates gelten, auf das die Gesamtheit aller maßgeblichen Umstände iSv. Art. 30 II Hs. 2 EGBGB aF (Rz. 25) hindeu- **19**

---

1 Noch zu Art. 6 IIa Europ. Schuldvertragsübereinkommen (Rz. 5) EuGH 15.12.2011 – Rs. C-384/10, NZA 2012, 227 (Rz. 33 ff.) – Voogsgeerd. ||2 Zur Anknüpfung in Fällen, in denen am Arbeitsort keine staatl. Rechtsordnung besteht (zB Hohe See, Antarktis, Weltall), *Block*, Die kollisionsrechtliche Anknüpfung von Individualarbeitsverträgen im staatsfreien Raum, 2012; zur Arbeit auf Offshore-Anlagen *Block*, EuZA 2013, 20 ff. ||3 Noch zu Art. 6 IIa Europ. Schuldvertragsübereinkommen (Rz. 5) EuGH 15.3.2011 – Rs. C-29/10, Slg. 2011 I, 1595 (Rz. 32 f.) – Koelzsch. ||4 Noch zu Art. 6 IIa Europ. Schuldvertragsübereinkommen (Rz. 5) EuGH 15.3.2011 – Rs. C-29/10, Slg. 2011 I, 1595 (Rz. 43 ff.) – Koelzsch; 15.12.2011 – Rs. C-384/10, NZA 2012, 227 (Rz. 35) – Voogsgeerd. ||5 Noch zu Art. 6 IIa Europ. Schuldvertragsübereinkommen (Rz. 5) EuGH 15.3.2011 – Rs. C-29/10, Slg. 2011 I, 1595 (Rz. 45) – Koelzsch; 15.12.2011 – Rs. C-384/10, NZA 2012, 227 (Rz. 37) – Voogsgeerd. ||6 BAG 15.2.2005 – 9 AZR 116/04, AP Nr. 15 zu § 612 BGB; 12.12.2001 – 5 AZR 255/00, AP Nr. 10 zu Art. 30 EGBGB nF. Vertieft *Junker*, FS Heldrich, 2005, S. 719 ff. ||7 Noch zu Art. 6 IIa Europ. Schuldvertragsübereinkommen (Rz. 5) EuGH 15.12.2011 – Rs. C-384/10, NZA 2012, 227 (Rz. 40) – Voogsgeerd. Ähnlich zu Art. 19 VO 44/2001 (Rz. 3) BAG 27.1.2011 – 2 AZR 646/09, AP Nr. 3 zu VO Nr. 44/2001/EG. ||8 MüKoBGB/*Martiny*, 5. Aufl. 2010, Art. 8 Rom-I-VO Rz. 47. ||9 Zu Art. 5 I EuGVÜ (Rz. 3 mit Fn. 7) EuGH 13.7.1993 – Rs. C-125/92, Slg. 1993 I, 4075 (4105 f.) – Mulox; 9.1.1997 – Rs. C-383/95, Slg. 1997 I, 57 (77 f.) – Rutten. Ähnlich zu Art. 6 IIa Europ. Schuldvertragsübereinkommen (Rz. 5) EuGH 15.3.2011 – Rs. C-29/10, Slg. 2011 I, 1595 (Rz. 49) – Koelzsch. ||10 BAG 12.12.2001 – 5 AZR 255/00, AP Nr. 10 zu Art. 30 EGBGB nF; 13.11.2007 – 9 AZR 134/07, AP Nr 8 zu Art 27 EGBGB nF; LAG Hess. 5.3.2007 – 17 Sa 122/06, nv.; 24.11.2008 – 17 Sa 682/07, nv. Dagegen *Junker*, FS Heldrich, 2005, S. 719, 731 f. ||11 *Rauscher/v. Hein*, EuZPR/EuIPR, Art. 8 Rom I-VO Rz. 47 f.; Staudinger/*Magnus*, Art. 8 Rom I-VO Rz. 163; *Deinert*, RdA 2009, 144 (147). Krit. *Mankowski* in Ferrari/Leible, Rome I Regulation, 2009, S. 171 (S. 178 ff.) sowie *Block*, Die kollisionsrechtliche Anknüpfung von Individualarbeitsverträgen im staatsfreien Raum, 2012, S. 444 ff. mwN zur Gegenansicht S. 443 Fn. 2210; *Winkler v. Mohrenfels/Block* in Oetker/Preis, EAS, B 3000, Stand 8/10, Rz. 126. ||12 Definition des Begriffs „Heimatbasis" in VO 3922/91/EWG (ABl. 1991 L 373/4; zuletzt geändert durch VO 859/2008, ABl. 2008 L 254/1, dort Anh. III, Abschn. Q, OPS 1.1095 1.7., S. 224). ||13 *Franzen*, IPrax 2003, 239 (240). Ebenso für Art. 19 Nr. 2a VO 44/2001 (Rz. 3) BAG 24.9.2009 – 8 AZR 306/08, AP Nr. 1 zu Art 18 EuGVVO, unter Bezugnahme auf Art. 91 des Seerechtsübereinkommens der Vereinten Nationen v. 10.12.1082 (BGBl. 1994 II S. 1798). Im Erg. zu Art. 8 auch *Rauscher/v. Hein*, EuZPR/EuIPR, Art. 8 Rom I-VO Rz. 4; *Mankowski* in Ferrari/Leible, Rome I Regulation, 2009, S. 171 (S. 199 f.); *Block*, Die kollisionsrechtliche Anknüpfung von Individualarbeitsverträgen im staatsfreien Raum, 2012, S. 233 ff. mwN; *Winkler v. Mohrenfels/Block* in Oetker/Preis, EAS, B 3000, Stand 8/10, Rz. 129 ff. Für den Ort der einstellenden Niederlassung *Deinert*, RdA 2009, 144 (147). ||14 Neufassung v. 26.10.1994, BGBl. I S. 3140; zuletzt geändert durch G v. 7.8.2013, BGBl. I S. 3154.

tet[1]. Die Auslegungsregel des § 21 IV 1 FlaggRG ist jedoch nach Inkrafttreten der Rom-I-VO mit europäischem Recht nicht mehr vereinbar[2]. Die Auslegung des Art. 8 erfolgt durch den EuGH, der ggf. vom inländischen Gericht anzurufen ist (Rz. 9); allerdings dürfte der EuGH dem begrenzten Aussagegehalt des § 21 IV 1 FlaggRG wohl nicht widersprechen.

20 Die **vorübergehende Entsendung** in einen anderen Staat ändert gem. Art. 8 II 2 an der Maßgeblichkeit des gewöhnlichen Arbeitsorts nichts. Zur Rechtslage vor Einführung des Art. 30 EGBGB (Rz. 5) hat die Rspr. entschieden, dass genaue Zeitvorgaben für den Begriff „vorübergehend" nicht gemacht werden können, da die Entsendung auch aufgabenbezogen erfolgen könne und daher eine bestimmte Zeit möglicherweise gar nicht vereinbart werde[3]. Es sei daher auf den Einzelfall abzustellen. Bei einem unbefristeten ArbVerh und einer von vornherein zeitlich begrenzten Entsendung könne ein Zeitraum bis zu zwei Jahren noch als vorübergehend eingestuft werden[4]. Nach dem 36. Erwägungsgrund der Rom-I-VO soll die Entsendung als vorübergehend gelten, „wenn von dem Arbeitnehmer erwartet wird, dass er nach seinem Arbeitseinsatz im Ausland seine Arbeit im Herkunftsstaat wieder aufnimmt." Maßgeblich ist also eine subjektive ex-ante-Betrachtung[5]. Die Gründe für die Erwartung der Rückkehr müssen für beide Vertragsparteien erkennbar sein; die Erwartung muss jedoch nicht vertragl. festgestellt werden[6]. Ob damit jedoch tatsächlich auf jede zeitliche Fixierung verzichtet werden kann, bleibt fraglich. Eine vorübergehende Entsendung kann auch vorliegen, wenn der ArbN wiederholt in unterschiedliche Länder entsandt wird[7].

21 Erfolgt die Einstellung lediglich für einen einmaligen befristeten Auslandseinsatz (zB Entwicklungshelfer), kann von einer vorübergehenden Entsendung nicht gesprochen werden. Das ArbVerh kann jedoch mit einer vorübergehenden Entsendung **beginnen**[8]. Soll der ArbN nach dem Auslandseinsatz das ArbVerh am Stammsitz fortführen, kann also an letzteren Arbeitsort angeknüpft werden.

22 Multinationale Konzerne vereinbaren mit ihren ArbN bei Auslandseinsätzen oft **doppelte Arbeitsverhältnisse**, dh. das sog. BasisArbVerh (RumpfArbVerh) zur Muttergesellschaft bleibt bestehen und zusätzlich wird ein sog. Lokalarbeitsvertrag mit einem anderen ArbGeb geschlossen[9]. Ist der Auslandseinsatz nur vorübergehend, bleibt es für das **BasisArbVerh** beim Recht des Arbeitsortes am Stammsitz[10]. Der Erwägungsgrund 36 der Rom-I-VO bestätigt diesen Grundsatz. Danach kann von einer nur vorübergehenden Entsendung auch ausgegangen werden, wenn es zum „Abschluss eines neuen Arbeitsvertrages mit dem ursprünglichen Arbeitgeber oder einem Arbeitgeber, der zur selben Unternehmensgruppe ... gehört" anlässlich der Entsendung kommt. Die Rechtsordnung für das BasisArbVerh wird idR auch beibehalten, wenn der neue ArbGeb nicht derselben Unternehmensgruppe angehört, aber mit dem ArbGeb des BasisArbVerh wirtschaftlich eng verbunden ist[11]. Für das **LokalArbVerh** ist die Rechtsordnung gesondert zu bestimmten; idR ist damit für dieses ArbVerh die Rechtsordnung anwendbar, in welche der ArbN entsandt wurde[12].

23 Ist die Entsendung hingegen eine **dauerhafte** oder entwickelt sie sich zu einer dauerhaften, kommt es zu einem Statutenwechsel, dh. die Rechtsordnung am Einsatzort wird maßgeblich. Bei bloßer Rückkehrmöglichkeit oder Rückkehroption kann idR nicht von einer nur vorübergehenden Entsendung ausgegangen werden (vgl. aber § 1 AÜG Rz. 55)[13].

Auch bei nur vorübergehender Entsendung sind Rechtsvorschriften am Arbeitsort über Arbeitssicherheit, Arbeitszeit oder Feiertage gem. Art. 12 II zu berücksichtigen[14] (Rz. 40).

---

1 BAG 3.5.1995 – 5 AZR 15/94, AP Nr. 32 zu Internat. Privatrecht Arbeitsrecht. Weiterführend Staudinger/*Magnus*, Art. 8 Rom I-VO Rz. 139 ff. Zu den TV in der deutschen Seeschifffahrt BAG 14.4.2004 – 4 AZR 322/03, nv.; 16.2.2000 – 4 AZR 14/99, AP Nr. 54 zu § 2 TVG.   ‖2 Ebenso *Magnus*, IPRax 2010, 27 (41). Anders *Winkler v. Mohrenfels/Block* in Oetker/Preis, EAS, B 3000, Stand 8/10, Rz. 135 mwN.   ‖3 BAG 25.4.1978 – 6 ABR 2/77, AP Nr. 16 zu Internat. Privatrecht Arbeitsrecht.   ‖4 MüKoBGB/*Martiny*, 5. Aufl. 2010, Art. 8 Rom-I-VO Rz. 57.   ‖5 *Mankowski* in Ferrari/Leible, Rome I Regulation, 2009, S. 171 (185 ff.).   ‖6 *Magnus*, IPRax 2010, 27 (40).   ‖7 Staudinger/*Magnus*, Art. 8 Rom I-VO Rz. 110.   ‖8 So auch *Deinert*, RdA 2009, 144 (146); Magnus, IPRax 2010, 27 (40); *Mankowski* in Ferrari/Leible, Rome I Regulation, 2009, S. 171 (189 f.); aA *Junker*, FS Kropholler, 2008, S. 481 (495); *Rauscher/v. Hein*, EuZPR/EuIPR, Art. 8 Rom I-VO Rz. 52 mwN; *Nordmeier* in Gebauer/Wiedmann, Zivilrecht unter europäischem Einfluss, 2. Aufl. 2010, Kap. 37 Rz. 87.   ‖9 Zu den Folgen eines Betriebsübergangs in dieser Situation BAG 14.7.2005 – 8 AZR 392/04, AP Nr. 4 zu § 611 BGB Ruhen des Arbeitsverhältnisses. Allg. zum konzernweiten Einsatz *Maywald*, Der Einsatz von Arbeitnehmern in Matrixstrukturen multinationaler Konzern, 2010; *Kettenberger*, RIW 2013, 702. Vertragsmuster bei *Maurer*, Personaleinsatz im Ausland, 2. Aufl. 2013, Rz. 387; *Heuser/Heidenreich/Fritz*, Auslandsentsendung und Beschäftigung ausländischer Mitarbeiter, 4. Aufl. 2011, S. 285 ff.   ‖10 Ausführlich *Rauscher/v. Hein*, EuZPR/EuIPR, Art. 8 Rom I-VO Rz. 54 ff. Zu den unterschiedlichen Fallgestaltungen *Junker*, FS Kropholler, 2008, S. 481 ff.   ‖11 *Rauscher/v. Hein*, EuZPR/EuIPR, Art. 8 Rom I-VO Rz. 57. Dahingehend auch *Mankowski* in Ferrari/Leible, Rome I Regulation, 2009, S. 171 (S. 190 ff.); *Nordmeier* in Gebauer/Wiedmann, Zivilrecht unter europäischem Einfluss, 2. Aufl. 2010, Kap. 37 Rz. 87.   ‖12 Anders noch die 4. Aufl. Wie hier ErfK/*Schlachter*, Rom I-VO Rz. 15; *Junker*, FS Kropholler, 2008, S. 481 (492); *Rauscher/v. Hein*, EuZPR/EuIPR, Art. 8 Rom I-VO Rz. 55; Magnus, IPRax 2010, 27 (40). Anders MüKoBGB/*Martiny*, 5. Aufl. 2010, Art. 8 Rom-I-VO Rz. 60. Zur Kündigung vgl. BAG 21.1.1999 – 2 AZR 648/97, AP Nr. 9 zu § 1 KSchG 1969 Konzern.   ‖13 BAG 7.12.1989 – 2 AZR 228/89, AP Nr. 27 zu Internat. Privatrecht Arbeitsrecht (betr. BetrVG).   ‖14 *Schlachter*, NZA 2000, 62 ff. Zur ähnlichen Problematik der Maßgeblichkeit von Ortsrecht im Deliktsrecht vgl. auch Art. 17 Rom-II-VO.

bb) **Sitz der einstellenden Niederlassung**[1]. Verrichtet der ArbN seine Arbeit gewöhnlich nicht in ein und demselben Staat (zB Flugpersonal, oben Rz. 19, Auslandsmonteure), ist nach Art. 8 III das Recht des Staates maßgeblich, in welchem sich die Niederlassung befindet, die den ArbN eingestellt hat. Unter der einstellenden Niederlassung ist der jeweilige Betrieb zu verstehen; die Niederlassung muss keine eigene Rechtspersönlichkeit besitzen[2]. Unter dem Begriff „Einstellung" ist der Abschluss des Arbeitsvertrages zu verstehen[3]. Dagegen wird teilweise vertreten, dass der Ort der tatsächlichen organisatorischen Eingliederung maßgeblich sei, jedenfalls wenn der ArbN sofort nach Abschluss des Vertrages bei einer anderen Niederlassung zum Einsatz kommt[4]. Das BAG hatte die Frage bislang offen gelassen[5]. Wie auch der EuGH festgestellt hat[6], spricht der Wortlaut gegen diese Ansicht; im Falle unsachgemäßer Wahl des Vertragsschlussstaats greift Art. 8 IV (Rz. 25) ein.

cc) **Engere Verbindung.** Die Anknüpfung nach Art. 8 II und III wird verdrängt, wenn das ArbVerh ausnahmsw. eine engere Verbindung zu einer anderen Rechtsordnung hat, Art. 8 IV[7]. Nach dem Wortlaut ist auf die Gesamtheit der Umstände abzustellen. Nach Ansicht der Rspr. zum früheren Art. 30 II Hs. 2 EGBGB muss eine Mehrzahl von Einzelumständen vorliegen, die auf eine bestimmte andere Rechtsordnung hinweisen. Ihr Gewicht müsse das der Regelanknüpfung deutlich überwiegen[8]. Die Verbindung zu dem anderen Staat müsse stärker sein als die durch die Regelanknüpfung zu dem Recht des Arbeitsorts oder der einstellenden Niederlassung hergestellte Beziehung. Dies sei auch möglich, wenn der gewöhnliche Arbeitsort dauerhaft und ununterbrochen in ein und demselben Staat liege[9]. Abzustellen sei in erster Linie auf die Staatsangehörigkeit der Vertragsparteien[10], den Sitz des ArbGeb und den Wohnort des ArbN. Ergänzend seien die Vertragssprache und die Währung, in welcher die Vergütung gezahlt wird, zu berücksichtigen[11]. Daneben werden auch der Ort des Vertragsschlusses sowie steuer- und sozialversicherungsrechtl. Gesichtspunkte genannt[12]. Der EuGH betont nun ebenfalls steuer- und sozialversicherungsrechtl. Lasten sowie die Anwendung sozialversicherungsrechtl. Regelungen eines Landes[13].

c) **Einschränkungen der Rechtswahlfreiheit.** Haben die Vertragsparteien eine wirksame Rechtswahl getroffen (Rz. 12 ff.), ist grds. die von ihnen gewählte Rechtsordnung auf das ArbVerh anwendbar. Durch eine solche Rechtswahl darf allerdings gem. Art. 8 I 2 dem ArbN als der in aller Regel schwächeren Vertragspartei nicht der Schutz durch zwingende Rechtsvorschriften entzogen werden, welche bei objektiver Anknüpfung (Rz. 16 ff.) auf das ArbVerh Anwendung fänden (Rz. 30 ff.). Darüber hinaus setzen sich Art. 3 III, IV, Art. 9, 21 und Art. 6 über die gewählte Rechtsordnung hinweg. Soweit nach diesen Einschränkungen eine ausländische Rechtsordnung zur Anwendung kommt, findet eine weitere Inhaltskontrolle über die §§ 305 ff. BGB nicht mehr statt[14].

aa) **Arbeitsverhältnis ohne Auslandsberührung (Art. 3 III).** Eine Rechtswahl ist auch bei einem rein inländischen ArbVerh zulässig (Rz. 12). Allerdings wird die Anwendbarkeit des gewählten Rechts in diesem Falle stark eingeschränkt. Nach Art. 3 III bleibt das (einfach) zwingende Recht (ius cogens) des Staates, mit dem der Sachverhalt allein verbunden ist (sog. Einbettungsstatut), anwendbar; gleichgültig ist, ob es sich um Gesetzes- oder Richterrecht handelt bzw. ob die Vorschriften dem privaten oder dem öffentl. Recht entstammen. Die Arbeitsvertragsparteien können also nur die dispositiven Rechtsvorschriften eines anderen Staates wählen. Sind die Bestimmungen der gewählten Rechtsordnung allerdings günstiger als die des Einbettungsstatus, sollen letztere zurücktreten[15]. Zu Art. 27 III EGBGB aF war entschieden worden, dass ein ArbVerh ohne Auslandsberührung auch bei einem nur „zufälligen",

---

1 Dazu *Blefgen*, Die Anknüpfung an die einstellende Niederlassung des Arbeitgebers im Internationalen Arbeitsrecht, 2006. ‖ 2 Noch zu Art. 6 IIb Europ. Schuldvertragsübereinkommen (Rz. 5) EuGH 15.12.2011 – Rs. C-384/10, NZA 2012, 227 (Rz. 53 ff.) – Voogsgeerd; MüKoBGB/*Martiny*, 5. Aufl. 2010, Art. 8 Rom-I-VO Rz. 64. ‖ 3 Noch zu Art. 6 IIb Europ. Schuldvertragsübereinkommen (Rz. 5) EuGH 15.12.2011 – Rs. C-384/10, NZA 2012, 227 (Rz. 44 ff.) – Voogsgeerd; MünchArbR/*Oetker*, § 11 Rz. 40; *Rauscher/v. Hein*, EuZPR/EuIPR, Art. 8 Rom I-VO Rz. 63; *Benecke*, IPRax 2001, 449 (450) mwN; LAG Hess. 25.8.2008 – 17 Sa 570/08, nv. ‖ 4 MüKoBGB/*Martiny*, 5. Aufl. 2010, Art. 8 Rom-I-VO Rz. 65; *Junker*, SAE 2002, 258 (261); *Deinert*, RdA 2009, 144 (147); *Mankowski* in Ferrari/Leible, Rome I Regulation, 2009, S. 171 (S. 195 f. mwN). ‖ 5 BAG 13.11.2007 – 9 AZR 134/07, AP Nr 8 zu Art 27 EGBGB nF. ‖ 6 Noch zu Art. 6 IIb Europ. Schuldvertragsübereinkommen (Rz. 5) EuGH 15.12.2011 – Rs. C-384/10, NZA 2012, 227 (Rz. 46) – Voogsgeerd. ‖ 7 Allerdings verlangt die Norm anders als Art. 4 III, 5 III, 7 II 3 keine „offensichtlich" engere Verbindung. Dazu *Magnus*, IPRax 2010, 27 (41); *Rauscher/v. Hein*, EuZPR/EuIPR, Art. 8 Rom I-VO Rz. 66. ‖ 8 BAG 24.8.1989 – 2 AZR 3/89, AP Nr. 30 zu Internat. Privatrecht Arbeitsrecht; 11.12.2003 – 2 AZR 627/02, AP Nr. 6 zu Art. 27 EGBGB. ‖ 9 EuGH 12.9.2013 – Rs. C-64/12, NZA 2013, 1163 (Rz. 42) – Schlecker (zu Art. 6 II Europ. Schuldvertragsübereinkommen). ‖ 10 LAG Rh.-Pf. 2.3.2012 – 9 Sa 633/11, nv.; auf die Anteilseignerschaft eines ausländischen Staates stellt ab: LAG Köln 26.4.2006 – 7 Sa 181/04, nv. ‖ 11 BAG 13.11.2007 – 9 AZR 134/07, AP Nr. 8 zu Art 27 EGBGB nF; 20.4.2004 – 3 AZR 301/03, AP Nr. 21 zu § 38 Internationale Zuständigkeit; 9.7.2003 – 10 AZR 593/02, AP Nr. 261 zu § 1 TVG Tarifverträge: Bau; 12.12.2001 – 5 AZR 255/00, AP Nr. 10 zu Art. 30 EGBGB nF; LAG Hess. 4.10.2010 –16 Sa 1982/09, IPRspr 2010, Nr. 79, 161; LAG Rh.-Pf. 14.1.2010 – 11 Sa 200/09, IPRspr 2010, Nr. 74b, 144. ‖ 12 LAG Bremen 17.4.1996 – 2 (3) Sa 328/94, AP Nr. 5 zu Art. 30 EGBGB nF; LAG Hess. 14.8.2000 – 10 Sa 982/99, IPRspr. 2000, 231. ‖ 13 EuGH 12.9.2013 – Rs. C-64/12, NZA 2013, 1163 (Rz. 41) – Schlecker (zu Art. 6 II Europ. Schuldvertragsübereinkommen). ‖ 14 AnwK-ArbR/*Maurer*, 2. Aufl. 2010, Art. 27, 30 EGBGB/Art. 3, 8 Rom I Rz. 35. ‖ 15 ErfK/*Schlachter*, Rom-I-VO Rz. 20; Staudinger/*Magnus*, Art. 8 Rom I-VO Rz. 54; anders MüKoBGB/*Martiny*, Art. 8 Rom-I-VO Rz. 42.

belanglosen Bezug zum Ausland vorliege. Auslandsberührung fehle auch, wenn die Parteien lediglich einen ausländischen Gerichtsstand[1] gewählt haben. Ausreichend sei aber die ausländische Staatsangehörigkeit des ArbN, jedenfalls wenn er im Inland Leistungen erbringe, die üblicherweise nur im Ausland erbracht würden[2]. Ausreichend sei auch ein ausländischer Betriebssitz, nicht aber der Sitz der Konzernmutter im Ausland, wenn der einstellende Betrieb im Inland liege und rechtl. selbständig sei[3]. Es genügt auch nicht, wenn der Abschluss des Arbeitsvertrages im Ausland stattgefunden hat[4].

28 bb) **Arbeitsverhältnis ohne Drittstaatberührung (Art. 3 IV).** Art. 3 IV enthält im Verhältnis zu Art. 27 EGBGB eine Neuregelung, nach der im Falle der Wahl der Rechtsordnung eines Drittstaats von zwingendem Unionsrecht nicht abgewichen werden kann, wenn alle Elemente des Sachverhalts in der EU belegen sind (**Binnenmarktsachverhalt**). Um einen Binnenmarktsachverhalt handelt es sich auch, wenn Rechts- und Gerichtsstandswahl auf einen Drittstaat Bezug nehmen[5]. Unklar bleibt, was iSd. Norm unter zwingendem „Gemeinschaftsrecht" zu verstehen ist[6] und ob auch hier das Günstigkeitsprinzip (vgl. Rz. 28) greift. Teilweise wird vertreten, Art. 3 IV werde durch Art. 8 I als lex specialis verdrängt[7].

29 cc) **Zwingende Bestimmungen des bei objektiver Anknüpfung anzuwendenden Rechts, Art. 8 I 2.** Weist der Sachverhalt eine Auslandsberührung auf, gilt neben Art. 3 IV zum Schutz des ArbN, dass die zwingenden Bestimmungen des Rechts, welches bei objektiver Anknüpfung (Rz. 16 ff.) anwendbar wäre, trotz der Rechtswahl der Parteien Anwendung finden müssen.

30 **Zwingende Bestimmungen** gem. Art. 8 I 2 sind nicht-dispositive Normen, die den Schutz des ArbN bezwecken. Der Begriff ist unklar. Zur deutschen Vorgängerregelung in Art. 30 I EGBGB wurde vertreten, dass es sich nicht um sog. international zwingende Normen iSd. Art. 34 EGBGB (jetzt Art. 9) handeln müsse. Damit war der Begriff enger auszulegen als der des Art. 27 III EGBGB (jetzt Art. 3 III) (Rz. 27 f.), aber weiter als der des Art. 34 EGBGB (jetzt Art. 9) (Rz. 33 ff.)[8]. Gleichgültig sollte sein, ob die Norm dem Arbeitsschutzrecht ieS (zB Mutterschutz), dem Arbeitsrecht oder einem anderen Rechtsbereich (zB Verjährungsrecht) zuzuordnen ist[9]. Die Regelung kann auch dem öffentl. oder dem Richterrecht entspringen. Auch zwingende Normen in TV seien anzuwenden, wenn der TV auf den Arbeitsvertrag Anwendung finde[10].

31 Für die Vorgängerregelung in Art. 30 I EGBGB galt, dass die zwingenden Bestimmungen wieder zurücktreten, wenn sie den ArbN ggü. den Normen der gewählten Rechtsordnung benachteiligen (**Günstigkeitsprinzip**), da die Norm nur den Schutz des ArbN bezwecke. Für Art. 8 I 2 ist dies ebenfalls anzunehmen; dafür spricht auch der Erwägungsgrund 35 der Rom-I-VO. Dabei sollte weder ein Gesamtvergleich beider Rechtsordnungen noch ein Vergleich einzelner Rechtsnormendurchgeführt werden. Vielmehr sind die beiden Gruppen der Rechtsnormen, welche die streitige Sachfrage regeln, miteinander zu vergleichen[11]. Abzustellen sei nicht auf eine rein objektive Betrachtung, sondern auf die Frage, welche Rechtsordnung dem Begehren des ArbN am meisten entgegenkomme[12]. Der von Amts wegen vorzunehmende (Rz. 52) Günstigkeitsvergleich könne entfallen, wenn nach beiden Rechtsordnungen dem Klagebegehren zu entsprechen sei[13].

32 Als **Beispiele** für zwingende Bestimmungen iSd. Vorgängerregelung in Art. 30 I EGBGB wurden genannt[14]: Vorschriften über den Kündigungsschutz[15] (auch § 623 BGB)[16], zur Gleichbehandlung der Geschlechter, zur Arbeitszeit, zum Urlaub, zum ArbN-Schutz beim Betriebsübergang[17], bei Arbeitnehmerüberlassung[18], bei der Vereinbarung von Wettbewerbsverboten[19] oder in der Insolvenz des ArbGeb sowie der ArbN-Schutz ieS (insb. Jugendarbeits-, Mutter- und Schwerbehindertenschutz).

---

[1] LG Hamburg 31.5.1990 – 302 O 113/90, RIW 1990, 1020 f. || [2] Vgl. MüKoBGB/*Martiny*, 5. Aufl. 2010, Art. 3 Rom-I-VO Rz. 93. || [3] ErfK/*Schlachter*, Rom I-VO Rz. 20. || [4] Anders für Schuldverträge allg.: Staudinger/*Magnus*, Art. 3 Rom I-VO Rz. 139 mwN. || [5] *Magnus*, IPRax 2010, 27 (34). || [6] Eng *Clausnitzer/Woopen*, BB 2008, 1798 (1799): Bestimmungen, die für die gemeinschaftliche Rechtsordnung von grundlegender Bedeutung sind. || [7] *Junker*, RIW 2006, 401 (404); *Deinert*, RdA 2009, 144 (150). Anders *Rauscher/v. Hein*, EuZPR/EuIPR, Art. 8 Rom I-VO Rz. 33 f. || [8] Zum umstrittenen Verhältnis von Art. 30 und Art. 34 EGBGB *Markovska*, RdA 2007, 352 (357 ff.) mwN; zum neuen Recht *Hauser*, Eingriffsnormen in der Rom I-Verordnung, 2012, S. 29 ff.; Staudinger/*Magnus*, Art. 9 Rom I-VO Rz. 20 ff. || [9] Staudinger/*Magnus*, Art. 8 Rom I-VO Rz. 75 ff. auch zur Gegenansicht (nur arbeitsrechtl. Schutznormen). || [10] BT-Drs. 10/504, 81; BAG 9.7.2003 – 10 AZR 593/02, AP Nr. 261 zu § 1 TVG Tarifverträge: Bau; *Rauscher/v. Hein*, EuZPR/EuIPR, Art. 8 Rom I-VO Rz. 28 mwN. || [11] *Deinert*, RdA 2009, 144 (149) mwN. Zu einschr. insoweit LAG Stuttgart 15.10.2002 – 11 Sa 49/02, BB 2003, 900; dazu *Thüsing*, BB 2003, 898 (899 f.). Weiterführend MünchArbR/*Oetker*, § 11 Rz. 26. || [12] *Franzen*, AR-Blattei SD 920 Rz. 129; aA MünchArbR/*Oetker*, § 11 Rz. 26 || [13] Staudinger/*Magnus*, Art. 8 Rom I-VO Rz. 31. || [14] Vgl. auch Staudinger/*Magnus*, Art. 8 Rom I-VO Rz. 79. || [15] BAG 20.11.1997 – 2 AZR 631/96, AP Nr. 1 zu § 18 GVG; LAG Köln 25.4.1996 – 10 Sa 1251/95, LAGE Art. 30 EGBGB Nr. 1; OLG Düss. 3.4.2003 – I-6 U 147/02, GmbHR 2003, 1133 (analoge Anwendung v. Art. 30 EGBGB auf GmbH-Geschäftsführer). || [16] LAG Düss. 7.7.2011 – 15 Sa 311/11, nv. Ausführlich *Winkler v. Mohrenfels/Block* in Oetker/Preis, EAS, B 3000, Stand 8/10, Rz. 32 ff. || [17] BAG 29.10.1992 – 2 AZR 267/92, AP Nr. 31 zu Internat. Privatrecht Arbeitsrecht. || [18] BAG 17.2.1993 – 7 AZR 167/92, AP Nr. 9 zu § 10 AÜG. || [19] LAG Hess. 14.8.2000 – 10 Sa 982/99, IPRspr. 2000, 231.

dd) Eingriffsnormen (Art. 9). Die Parteiautonomie wird weiter durch Art. 9 begrenzt. Nach **Art. 9 II** sind von einem deutschen ArbG **Eingriffsnormen des deutschen Rechts** stets anzuwenden. Diese Bestimmungen setzen sich also nicht nur ggü. einer von den Vertragsparteien gewählten Rechtsordnung durch, sondern auch ggü. der nach Art. 8 II bis IV objektiv anwendbaren Rechtsordnung. Art. 8 II greift nur ein, wenn eine ausländische Rechtsordnung Anwendung findet. Zur Vorgängerbestimmung des Art. 34 EGBGB wurde weiter als Voraussetzung gefordert, dass der Sachverhalt einen hinreichenden Bezug zur Rechtsordnung der Bundesrepublik Deutschland aufweist[1]. Zudem könnten sich Eingriffsnormen nicht ohne Weiteres ggü. günstigeren zwingenden Normen gem. Art. 30 I EGBGB (jetzt Art. 8 I 2, Rz. 30 ff.) durchsetzen; hier kommt es auf eine Einzelfallbetrachtung an[2]. 33

Nach der bislang im deutschen Recht nicht vorhandenen[3] Regelung des **Art. 9 III kann** auch **Normen einer ausländischen EU-Rechtsordnung** Wirkung verliehen werden. Dh. auch solche Normen können von einem deutschen Gericht unabhängig von der Rechtswahl der Parteien oder dem gem. 8 II bis IV objektiv berufenen Recht angewendet werden, allerdings nur, wenn es sich um die ausländische Rechtsordnung handelt, in der die Erfüllung der vertragl. Verpflichtung stattfinden soll oder stattgefunden hat. Voraussetzung ist weiter, dass die ausländische Eingriffsnorm zur Unrechtmäßigkeit der Vertragserfüllung führt. Danach soll es möglich sein, ausländische Mindestlohnvorschriften zur Anwendung zu bringen[4]. Auch wenn die genannten Voraussetzungen erfüllt sind, verbleibt die Entscheidung im Ermessen des Gerichts, wobei sich dieses an Art, Zweck und Folgen der Norm zu orientieren hat. 34

Art. 9 I enthält eine Definition des Begriffs **Eingriffsnormen**[5]. Um Eingriffsnormen, also sog. international zwingende Normen, handelt es sich nur, wenn die Normen entweder ausdrücklich (zB § 2 AEntG[6]) oder nach ihrem Sinn und Zweck ohne Rücksicht auf kollisionsrechtliche Regelungen Anwendung finden sollen. Dafür ist nach Art. 8 I erforderlich, dass die Normen nicht nur auf den Schutz von Individualinteressen zielen, sondern mit ihnen zumindest auch öffentl. Gemeinwohlinteressen verfolgt werden[7]. Die in Art. 9 I genannten Gemeinwohlaspekte sind dabei nicht abschließend. Für einen auch auf öffentl. Interessen ausgerichteten Normzweck sprechen gezielte regulierende Eingriffe in private Rechtsverhältnisse des Wirtschafts- und Arbeitslebens durch Verbote bestimmter Schuldverhältnisse oder Genehmigungsvorbehalte für bestimmte Vertragstypen; solche Normen können dem privaten wie dem öffentl. Recht zuzuordnen sein[8]. 35

Der Begriff „Eingriffsnorm" ist nach Erwägungsgrund 37 der Rom I-VO restriktiv auszulegen[9]. Die Auslegung ist im Arbeitsrecht problematisch, da mit arbeitsrechtl. Bestimmungen in aller Regel ein sozialpolitischer Zweck verfolgt wird. ArbN-Schutzvorschriften, die in erster Linie den Individualschutz des ArbN bezwecken, sollten daher Art. 9 II nicht ohne weiteres unterstellt werden[10]. Das gilt auch für deutsche Gesetze, durch welche europäisches Richtlinienrecht (dazu AEUV Vorb. Rz. 16 ff.) umgesetzt wird. Solche Bestimmungen sind nicht automatisch Eingriffsnormen iSd. Art. 8 I; vielmehr ist ihr international zwingender Charakter durch Auslegung zu ermitteln[11]. Bestimmungen aus für allgemeinverbindlich erklärten TV (vgl. § 5 TVG) sind idR nicht als Eingriffsnormen zu qualifizieren (vgl. aber AEntG Vorb. Rz. 4, §§ 3, 8 AEntG)[12].

Beispiele für Normen, welche von der Rspr. als **Eingriffsnormen** gem. Art. 34 EGBGB aF qualifiziert wurden, sind: § 14 I MuSchG[13], § 3 EFZG[14], Regelungen über den Kündigungsschutz der Betriebsverfassungsorgane, bei Massenentlassungen und in der Tendenz auch für den Kündigungsschutz von Schwerbehinderten, Schwangeren und Müttern[15], die materiell-rechtl. Insolvenzvorschriften[16], § 15 BErzGG aF (jetzt: § 15 BEEG)[17]. **Abgelehnt** wurde der zwingende Charakter für: die Bestimmungen des KSchG über den allg. Kündigungsschutz (§§ 1 bis 14 KSchG)[18] und für § 626 BGB[19], für den Kündigungs- 36

---

1 BGH 19.3.1997 – VIII ZR 316/96, BGHZ 135, 124 (136). Ebenso für Art. 9 *Magnus*, IPRax 2010, 27 (41). ||2 Staudinger/*Magnus*, Art. 9 Rom I-VO Rz. 20 ff. ||3 Vgl. zur Diskussion *Deinert*, RdA 2009, 144 (151). ||4 *Hauser*, Eingriffsnormen in der Rom I-Verordnung, 2012, S. 77f. ||5 Zum Ganzen *Müller, C.*, International zwingende Normen des deutschen Arbeitsrechts, 2005. ||6 BAG 15.2.2012 – 10 AZR 711/10, NZA 2012, 760 (noch zu § 1 I, III AEntG aF). ||7 BAG 9.7.2003 – 10 AZR 593/02, AP Nr. 261 zu § 1 TVG Tarifverträge: Bau; 12.12.2001 – 5 AZR 255/00, AP Nr. 10 zu Art. 30 EGBGB nF. ||8 BAG 24.8.1989 – 2 AZR 3/89, AP Nr. 30 zu Internat. Privatrecht Arbeitsrecht. ||9 BAG 18.4.2012 – 10 AZR 200/11, AP Nr. 14 zu § 2 EntgeltFG. ||10 So auch ErfK/*Schlachter*, Rom I-VO Rz. 21. ||11 Vgl. EuGH 9.11.2000 – Rs. C-381/98, Slg. 2000 I, 9305, 9334 (Rz. 21) – Ingmar, betr. Ausgleichsanspruch des Handelsvertreters. Weiterführend Staudinger/*Magnus*, Art. 9 Rom I-VO Rz. 40 ff. Entsprechend bereits BAG 29.10.1992 – 2 AZR 267/92, AP Nr. 31 zu Internat. Privatrecht Arbeitsrecht (zu § 613a BGB). ||12 BAG 12.1.2005 – 5 AZR 617/01, AP Nr. 2 zu § 1 AEntG; 9.7.2003 – 10 AZR 593/02, AP Nr. 261 zu § 1 TVG Tarifverträge: Bau; 6.11.2002 – 5 AZR 617/01 (A), AP Nr. 1 zu § 1a AEntG; 4.5.1977 – 4 AZR 10/76, AP Nr. 30 zu § 1 TVG Tarifverträge: Bau; *Hanau* in Hanau/Steinmeyer/Wank, § 15 Rz. 470 mwN; *Franzen*, SAE 2003, 190 (193). Anders *Deinert*, RdA 2009, 144 (151) mwN. ||13 BAG 12.12.2001 – 5 AZR 255/00, AP Nr. 10 zu Art. 30 EGBGB nF. ||14 BAG 18.4.2012 – 10 AZR 200/11, AP Nr. 14 zu § 2 EntgeltFG, allerdings nur wenn das ArbVerh dem deutschen SozV-Recht unterliegt; BAG 12.12.2001 – 5 AZR 255/00, AP Nr. 10 zu Art. 30 EGBGB nF. Krit. *Franzen*, IPRax 2003, 239 (241). ||15 BAG 24.8.1989 – 2 AZR 3/89, AP Nr. 30 zu Internat. Privatrecht Arbeitsrecht. ||16 BAG 24.3.1992 – 9 AZR 76/91, AP Nr. 28 zu Internat. Privatrecht Arbeitsrecht. ||17 LAG Hess. 16.11.1999 – 4 Sa 463/99, LAGE Art. 30 EGBGB Nr. 5. ||18 BAG 1.7.2010 – 2 AZR 270/09, AP Nr. 5 zu Art. 25 GG; LAG Rh.-Pf. 2.3.2012 – 9 Sa 633/11, nv. ||19 LAG Hess. 24.11.2008 – 17 Sa 682/07, nv.

schutz im SeemG[1] und für § 613a BGB[2]. Auch § 2 EFZG[3], § 8 TzBfG[4], das AGG[5] sowie die Lohnwucher-Rspr. gem. § 138 BGB[6] sollen keinen zwingenden Charakter haben.

37 **ee) Ordre public (Art. 21).** Art. 21 bestimmt darüber hinaus allgemein, dass eine ausländische Norm nicht angewendet werden muss, wenn sie mit dem „ordre public" des angerufenen Gerichts nicht vereinbar ist. Für deutsche Gerichte ist dies nach Art. 6 EGBGB der Fall, wenn diese Anwendung zu einem Ergebnis führen würde, welches mit wesentlichen Grundsätzen des deutschen Rechts offensichtlich unvereinbar wäre, insb. wenn sie gegen die Grundrechte verstieße. Die Bedeutung des ordre public ist jedoch im Arbeitsrecht gering; die Rspr. hat einen Verstoß gegen den ordre public wiederholt abgelehnt[7]. Im Einzelfall kann er trotzdem zum Tragen kommen[8].

38 **5. Geltungsbereich des anzuwendenden Rechts.** Die nach den unter Rz. 11 ff. dargestellten Grundsätzen bestimmte Rechtsordnung bestimmt das materielle Recht (Rz. 12, 16), welches auf das ArbVerh Anwendung findet. Das gilt gem. Art. 10 zunächst für die Frage nach der Einigung und der materiellen Wirksamkeit des **Vertragsschlusses**. Allerdings ist die Frage der Rechtsfähigkeit nach Art. 7 EGBGB (vgl. aber Art. 13) gesondert anzuknüpfen; gesondert anzuknüpfen ist auch die Stellvertretung[9]. Für die Form ist Art. 11 maßgeblich[10]. Die vorvertragliche Haftung ist nicht von der Rom-I-VO erfasst (Art. 1 II i)[11].

39 Der **Geltungsbereich** des Arbeitsvertragsstatuts bestimmt sich nach Art. 12. Für die Vorgängerregelung in Art. 32 I EGBGB wurden bspw.[12] folgende Sachbereiche dem Arbeitsvertragsstatut unterstellt: die Hauptleistungspflichten der Arbeitsvertragsparteien einschl. der Leistungsverweigerungsrechte (mit Ausnahme des Arbeitskampfes), Fürsorge-[13] und Treuepflichten, Entgeltfortzahlung[14], Kündigungsschutz (mit Ausnahme des Kündigungsschutzes für BR-Mitglieder[15], vgl. weiter zu §§ 1–14, 23 KSchG, § 23 KSchG Rz. 2)[16], Kündigungsfrist bei Insolvenzkündigungen[17], Aufhebungsvertrag[18], Betriebsübergang[19], ArbN-Haftung (vgl. zur deliktischen Haftung aber Art. 4 Rom-II-VO[20]), individualrechtl. Versorgungszusagen im Rahmen einer betrAV[21], ArbNErf[22]. Die Wirkungen eines Insolvenzverfahrens richten sich gem. § 337 InsO ebenfalls nach dem Arbeitsvertragsstatut[23].

40 Nach Art. 12 II ist im Hinblick auf die Erfüllungsmodalitäten das am Erfüllungsort geltende Recht zu berücksichtigen. Zu diesen Erfüllungsmodalitäten gehören im Arbeitsrecht zB Feiertagsregelungen, Höchstarbeitszeiten oder Unfallverhütungsvorschriften. Diese Bestimmungen sind also vielfach solche des **öffentl. Arbeitsschutzrechts**. Da Art. 12 II aber nur die „Berücksichtigung" dieses Rechts verlangt, findet nach Maßgabe der oben dargestellten Grundsätze (Rz. 31) auch hier das Günstigkeitsprinzip Anwendung. IÜ kann öffentl. Arbeitsschutzrecht nach Art. 3 III, IV, 8 I 2, 9 anzuwenden sein. Öffentl.-

---

1 BAG 24.8.1989 – 2 AZR 3/89, AP Nr. 30 zu Internat. Privatrecht Arbeitsrecht. Zum SeemG auch BAG 3.5.1995, AP Nr. 32 zu Internat. Privatrecht Arbeitsrecht. || 2 BAG 29.10.1992 – 2 AZR 267/92, AP Nr. 31 zu Internat. Privatrecht Arbeitsrecht. || 3 BAG 18.4.2012 – 10 AZR 200/11, AP Nr. 14 zu § 2 EntgeltFG. || 4 BAG 13.11.2007 – 9 AZR 134/07, AP Nr 8 zu Art 27 EGBGB nF; *Pietras*, Der Anspruch auf Verringerung der Arbeitszeit gemäß § 8 TzBfG im Lichte des Art. 34 EGBGB bei Entsendung nach Deutschland, 2004, S. 122 ff.; *Junker*, EuZA 2009, 88 (93 ff.). || 5 *Schrader/Straube*, NZA 2007, 184 ff.; *Rauscher/v. Hein*, EuZPR/EuIPR, Art. 8 Rom I-VO Rz. 38. Anders *Deinert*, RdA 2009, 144 (152); *Lüttringhaus*, Grenzüberschreitender Diskriminierungsschutz – Das internationale Privatrecht der Antidiskriminierung, 2010, S. 216 ff.; anders *Wenninger*, Die arbeitsrechtlichen Schutzvorschriften des Allgemeinen Gleichbehandlungsgesetzes als inländische Eingriffsnormen des Internationalen Arbeitsrechts, 2012, S. 118 ff. || 6 *Franzen*, ZESAR 2011, 101 (106 f.). Anders in der Tendenz *Bayreuther*, NZA 2010, 1157 (1158 f.). || 7 BAG 24.8.1989 – 2 AZR 3/89 u. 10.4.1975 – 2 AZR 128/74, AP Nr. 30, 12 zu Internat. Privatrecht Arbeitsrecht, betr. Kündigungsschutz; ebenso LAG Hess. 1.9.2008 – 16 Sa 1296/07, IPRspr 2008, Nr. 48, S. 154; 4.10.2010 – 16 Sa 1982/09, IPRspr 2010, Nr. 79, 161; BAG 26.2.1985 – 3 AZR 1/83, AP Nr. 30 zu Internat. Privatrecht Arbeitsrecht, betr. Abhängigkeit einer Provision vom Bestand des ArbVerh; 29.10.1992 – 2 AZR 267/92, AP Nr. 31 zu Internat. Privatrecht Arbeitsrecht, betr. § 613a BGB. || 8 Vgl. BAG 3.5.1995 – 5 AZR 15/94, AP Nr. 32 zu Internat. Privatrecht Arbeitsrecht, betr. indisches Arbeitsrecht; 29.6.1978 – 2 AZR 973/77, AP Nr. 8 zu § 38 ZPO Internationale Zuständigkeit. || 9 BAG 25.4.2013 – 6 AZR 49/12, NZI 2013, 758 (betr. Vollmacht); *Winkler v. Mohrenfels/Block* in Oetker/Preis, EAS, B 3000, Stand 8/10, Rz. 60. || 10 Krit. *Deinert*, RdA 2009, 144 (152 f.); *Rauscher/v. Hein*, EuZPR/EuIPR, Art. 11 Rom I-VO Rz. 37. || 11 Dazu *Deinert*, RdA 2009, 144 (152). Weiterführend *Winkler v. Mohrenfels/Block* in Oetker/Preis, EAS, B 3000, Stand 8/10, Rz. 193 ff. || 12 Weiterführend *Franzen*, AR-Blattei SD 920 Rz. 130 ff.; Staudinger/*Magnus*, Art. 8 Rom I-VO Rz. 214 ff.; MüKoBGB/*Martiny*, 5. Aufl. 2010, Art. 8 Rom-I-VO Rz. 86 ff.; *Winkler v. Mohrenfels*/Block in Oetker/Preis, EAS, B 3000, Stand 8/10, Rz. 191 ff.; MünchArbR/*Oetker*, § 11 Rz. 57 ff. || 13 Dazu *Edenfeld*, NZA 2009, 938. || 14 LAG Rh.-Pf. 2.3.2009 – 8 Sa 162/09, nv. || 15 BAG 7.12.1989 – 2 AZR 228/89, AP Nr. 27 zu Internat. Privatrecht Arbeitsrecht. || 16 BAG 17.1.2008 – 2 AZR 902/06, 26.3.2009 – 2 AZR 883/07, AP Nr. 40 und 45 zu § 23 KSchG 1969; 24.8.1989 – 2 AZR 3/89, AP Nr. 30 zu Internat. Privatrecht Arbeitsrecht; LAG Bln.-Bbg. 1.6.2011 – 4 Sa 218/11, nv., nrkr. Weiterführend *Junker*, FS Konzen, 2006, S. 367 ff.; *Wisskirchen/Bissels*, DB 2007, 340 ff.; *Gravenhorst*, RdA 2007, 283 ff.; *Gimmy/Hügel*, NZA 2013, 764 ff.; KR/*Weigand*, Int ArbvertragsR Rz. 85 ff. || 17 BAG 13.12.2012 – 6 AZR 348/11, NZA 2013, 669. || 18 Dazu *Knöpfel*, ZfA 2006, 397 ff.; zur internationalen Zuständigkeit vgl. BAG 8.12.2010 – 10 AZR 562/08, NZA-RR 2012, 320. || 19 BAG 26.5.2011 – 8 AZR 37/10, AP Nr. 409 zu § 613a BGB m. Anm. *Deinert*; *Kania, M.*, Grenzüberschreitende Betriebsübergänge aus europarechtlicher Sicht, 2012; *Reichold*, FS Birk, 2008, S. 687. || 20 Zur Anlehnung an das Vertragsstatut bei Schmerzensgeld wegen Mobbing LAG Köln 11.1.2010 – 5 Sa 1085/09, IPRspr 2010, Nr. 75, 150. || 21 BAG 18.12.1967 – 3 AZR 458/66, AP Nr. 11 zu Internat. Privatrecht Arbeitsrecht; 20.4.2004 – 3 AZR 301/03, AP Nr. 21 zu § 38 ZPO Internationale Zuständigkeit. || 22 Dazu *Rüve*, Internationales Arbeitnehmererfinderprivatrecht, 2009. || 23 Vgl. BAG 27.2.2007 – 3 AZR 618/06, AP Nr. 7 zu § 240 ZPO.

rechtl. Normen, welche dem ArbN keinen Rechtsanspruch einräumen, können für die Bestimmung der Nebenpflichten der Arbeitsvertragsparteien von Bedeutung sein.

V. Internationales kollektives Arbeitsrecht. Das internationale kollektive Arbeitsrecht ist nur vereinzelt gesetzl. geregelt. Das EGBGB findet grds. keine Anwendung. Abzustellen ist daher auf die von Rspr. und Schrifttum entwickelten Grundsätze. 41

1. Internationales Betriebsverfassungsrecht[1]. Die Grundsätze des deutschen internationalen Betriebsverfassungsrechts legen fest, welche Rechtsordnung in einem Fall mit Auslandsberührung Anwendung findet, in welchem die Mitbest. der ArbN infrage steht. Erfasst wird nur die betriebl. Mitbest., nicht die unternehmerische[2]. 42

Anwendung findet im Grundsatz das Recht des Ortes, in welchem der Betrieb belegen ist, unabhängig vom Arbeitsvertragsstatut der beschäftigten ArbN. Für sämtliche in der Bundesrepublik Deutschland gelegenen Betriebe gilt damit das BetrVG, auch wenn diese Betriebe ausländischen Unternehmen angehören. Umgekehrt gilt das BetrVG nicht für einen Betrieb, der einem deutschen Unternehmen angehört, wenn der Betrieb im Ausland gelegen ist. Begründet wird dies von der Rspr. mit dem **Territorialitätsprinzip**[3]. Die jeweils anwendbare Rechtsordnung entscheidet insb. darüber, ob und wie BR, GBR oder KBR gewählt werden können bzw. müssen und welche Rechte und Pflichten ihnen zustehen[4]. Zum EBR vgl. die Komm. zum EBRG. Für Seebetriebe vgl. § 114 III BetrVG. 43

Obwohl das BetrVG für einen im Ausland gelegenen Betrieb keine Geltung beansprucht, kann das Gesetz auf dort tätige ArbN Anwendung finden. Werden nämlich ArbN von einem inländischen Betrieb in den ausländischen Betrieb lediglich entsandt, bleiben sie mit dem inländischen Betrieb verbunden, so dass das BetrVG für sie weiterhin anwendbar bleibt (sog. **Ausstrahlung**)[5]. Nach der Rspr. ist dafür eine Beziehung zum Inlandsbetrieb erforderlich, die es rechtfertige, die Auslandstätigkeit der im Inland entfalteten Betriebstätigkeit zuzurechnen. Maßgeblich dafür seien insb. die Dauer der Auslandstätigkeit und die Frage, ob und wie weit der ArbN im Ausland in eine betriebl. Struktur eingegliedert sei. Ein hinreichender Bezug zum Inlandsbetrieb fehle idR bei dauernd im Ausland tätigen ArbN, wobei jedoch ein vom ArbGeb vorbehaltenes Rückrufrecht ein starkes Indiz für einen fortbestehenden Inlandsbezug sein könne, sofern ihm praktische Bedeutung zukomme[6]. Ein Inlandsbezug könne sich auch daraus ergeben, dass das Direktionsrecht ggü. dem ArbN vom inländischen Betrieb ausgeübt wird, wenn eine Eingliederung in eine ausländische Betriebsstruktur nicht feststellbar sei[7]. Entscheidend ist also die Frage, ob die Betriebszugehörigkeit des ArbN erhalten bleibt. Dies wird auch bei grenzüberschreitender AÜ (§ 14 I AÜG) bejaht[8]. Demggü. soll das BetrVG keine Anwendung auf ArbN finden, die ausschließlich für einen Auslandseinsatz[9] oder aber ausschließlich für den ausländischen Betrieb (sog. Ortskräfte, vgl. entsprechend § 91 I Nr. 1 BPersVG) eingestellt wurden. Spiegelbildlich kommt es zur sog. **Einstrahlung**, wenn ArbN von einem ausländischen in einen inländischen Betrieb entsandt werden. 44

Die Anwendbarkeit des BetrVG auf entsandte ArbN bedeutet bspw., dass die Kündigung eines ins Ausland entsandten ArbN unwirksam ist, wenn der inländische BR nicht angehört wurde (§ 102 I BetrVG[10]) oder dass sich das MitbestR gem. § 87 I Nr. 10 BetrVG auch auf Lohnzulagen ins Ausland entsandter ArbN erstreckt[11]. Die ArbN nehmen an der Wahl zum BR teil. Die Zulässigkeit einer Teilbetriebsversammlung dieser ArbN im ausländischen Betrieb lehnt das BAG ab[12]. Dagegen soll der ArbGeb gem. § 40 I BetrVG die Kosten dafür tragen, dass der inländische BR ein Mitglied des „Betriebsrats" einer ausländischen Schwestergesellschaft als Referenten einlädt[13]. Ein KBR könne nur errichtet werden, wenn die Konzernobergesellschaft ihren Sitz in Deutschland habe[14]. 45

---

1 Spezielle Lit.: *Franzen*, AR-Blattei SD 920 Rz. 185 ff.; *Däubler*, FS Birk, 2008, S. 27; *Fischer*, RdA 2002, 160; *Agel/Pahlke*, Der internationale Geltungsbereich des Betriebsverfassungsrechts, 1998; *E. Lorenz*, Die Grundsätze des deutschen internationalen Betriebsverfassungsrecht, FS W. Lorenz, 1991, S. 441; *Rein*, Mitbestimmungsfragen beim grenzüberschreitenden Arbeitsverhältnis im Konzern, 2012. Zum KBR *Kort*, NZA 2009, 464. Zu grenzüberschreitenden Betriebsvereinbarungen *Marhold*, ZESAR 2013, 251 ff.; *Zimmer*, EuZA 2013, 459; *Rehberg*, NZA 2013, 73; *Rüb/Platzer/Müller*, Transnationale Unternehmensvereinbarungen, 2011.   ‖2 Zur Anknüpfung der unternehmerischen Mitbestimmung MüKoBGB/*Kindler*, 5. Aufl. 2010, IntGesR Rz. 589 ff.   ‖3 BAG 22.7.2008 – 1 ABR 40/07, AP Nr. 14 zu § 87 BetrVG 1972; 14.2.2007 – 7 ABR 26/06, NZA 2007, 999 (1006); 20.2.2001 – 1 ABR 30/00, AP Nr. 23 zu § 101 BetrVG 1972; 22.3.2000 – 7 ABR 34/98, AP Nr. 8 zu § 14 AÜG; 25.4.1978 – 6 ABR 2/77, 21.10.1980 – 6 AZR 640/79, 7.12.1989 – 2 AZR 228/89, AP Nr. 16, 17, 27 zu Internat. Privatrecht Arbeitsrecht. Im Erg. zust. ohne auf das Territorialitätsprinzip abzustellen: *Junker*, Internationales Arbeitsrecht im Konzern, 1992, S. 373; *Franzen*, AR-Blattei SD 920 Rz. 187 mwN.   ‖4 Vgl. zB LAG Bln.-Bbg. 30.10.2009 – 6 TaBVga 2284/09, LAGE § 117 BetrVG 2001 Nr. 1.   ‖5 *Reiter*, NZA 2004, 1246 (1250 f. mwN).   ‖6 BAG 20.2.2001 – 1 ABR 30/00, AP Nr. 23 zu § 101 BetrVG 1972; 30.4.1987 – 2 AZR 192/86, AP Nr. 15 zu § 12 SchwbG; 25.4.1978 – 6 ABR 2/77 u. 21.10.1980 – 6 AZR 640/79, AP Nr. 16, 17 zu Internat. Privatrecht Arbeitsrecht.   ‖7 BAG 7.12.1989 – 2 AZR 228/89, AP Nr. 27 zu Internat. Privatrecht Arbeitsrecht.   ‖8 BAG 22.3.2000 – 7 ABR 34/98, AP Nr. 8 zu § 14 AÜG.   ‖9 BAG 21.10.1980 – 6 AZR 640/79, AP Nr. 17 zu Internat. Privatrecht Arbeitsrecht.   ‖10 BAG 9.11.1977 – 5 AZR 132/76, AP Nr. 13 zu Internat. Privatrecht Arbeitsrecht; LAG Hess. 12.9.2012 – 12 Sa 273/11, nv.   ‖11 BAG 30.1.1990 – 1 ABR 2/89, AP Nr. 41 zu § 87 BetrVG 1972 Lohngestaltung; vgl. zu § 87 I BetrVG auch BAG 22.7.2008 – 1 ABR 40/07, AP Nr. 14 zu § 87 BetrVG 1972.   ‖12 BAG 27.5.1982 – 6 ABR 28/80, AP Nr. 3 zu § 42 BetrVG 1972.   ‖13 LAG Stuttgart 16.1.1998 – 5 TaBV 14/96, NZA-RR 1998, 306 (307 ff.).   ‖14 BAG 14.2.2007 – 7 ABR 26/06, NZA 2007, 999 (1006).

46 2. **Internationales Tarifrecht**[1]. Entsprechend der Doppelnatur des TV (§ 1 TVG Rz. 1) hat das internationale Tarifrecht über zwei Regelungskomplexe zu entscheiden: Zum einen muss es festlegen, welche Rechtsordnung Zustandekommen, Wirksamkeit und Beendigung des TV selbst regelt (sog. **TV-Statut**). Zum anderen ist zu entscheiden, ob und inwieweit der normative Teil des TV auf ArbN anzuwenden ist, deren ArbVerh einen Auslandsbezug aufweist, ob also zB der einzelne ArbN, der zB eine Tätigkeit im Ausland ausübt, einen Anspruch auf die im TV gewährte Leistung hat. Hier geht es um den **internationalen Geltungsbereich des TV**.

47 Zur Bestimmung des TV-Statuts bietet sich die entsprechende Anwendung der Regelungen der Art. 3 und 4 an[2]. Damit kann auch die Möglichkeit einer Rechtswahl gem. Art. 3, 8 I eröffnet werden; damit können die TV-Parteien das auf Zustandekommen, Wirksamkeit und Beendigung des TV anwendbare Recht selbst bestimmen (zur Rechtswahl Rz. 12ff.)[3]. Einem eventuellen Missbrauch[4] der Rechtswahlfreiheit könnte durch die Beschränkungen des Art. 3 II bis IV begegnet werden[5]. Die Rechtswahl ist auch konkludent möglich[6]. Wurde keine Rechtswahl getroffen, ist entsprechend Art. 4 IV das Recht anwendbar, zu dem die engste Verbindung besteht[7]. Indizien sind der Ort des Verwaltungssitzes der TV-Parteien oder der Arbeitsort der vom Vertrag erfassten ArbN[8].

48 Der Geltungsbereich des TV-Statuts erfasst neben Zustandekommen, der Wirksamkeit und der Beendigung des TV auch sonstige schuldrechtl. Wirkungen wie zB die Friedenspflicht[9]. Erfasst ist auch die Tariffähigkeit[10]. Für die Formerfordernisse ist allerdings in entsprechender Anwendung auf Art. 11 I, II abzustellen[11]. Rechtsfragen der **Tarifbindung** und nach den **Tarifwirkungen** sind ebenfalls nach dem TV-Statut zu beantworten. Damit entscheidet das TV-Statut auch darüber, ob und wie der TV normativ auf die ArbVerh einwirkt. Dabei können TV-Statut und Arbeitsvertragsstatut auseinanderfallen[12]. Das BAG nimmt demggü. an, dass (deutsche) TV-Parteien eine „Regelungskompetenz" nur für ArbVerh hätten, die dem deutschen Recht unterliegen[13]. Grenzen bei der Anwendung des TV-Status ergeben sich indes nur aus Art. 9 II (§ 2 AEntG) und Art. 21 (oben Rz. 33ff., 37).

49 Durch die Bestimmung des **internationalen Geltungsbereichs eines TV** soll die Frage beantwortet werden, ob und wie der TV normativ auf bestimmte ArbVerh einwirkt. Dabei wird idR nur nach dem internationalen Geltungsbereich eines „deutschen" TV gefragt[14]. Die Frage, wie ein deutsches Gericht den Geltungsbereich eines „ausländischen" TV beurteilen sollte, wird nur selten untersucht[15]. Der Begriff „Geltungsbereich" legt ein normatives und damit „territoriales" Verständnis des TV zugrunde; zwingend ist dies im hiesigen Kontext indes nicht[16]. Zu beantworten ist lediglich die Frage, welche Rechtsordnung darüber entscheiden soll, ob die Arbeitsvertragsparteien durch den TV gebunden werden und welchen tarifvertragl. Rechten und Pflichten sie unterliegen. Diese Frage entscheidet sich nach dem TV-Statut (oben Rz. 48). Aus welchen Gründen es deutschen TV-Parteien verwehrt sein soll, eine Tarifbindung für ArbVerh zu begründen, welche ausländischem Recht unterliegen, vermag nicht einzuleuchten. Bei Entsendung des ArbN stellt sich die Problematik idR nicht, da sein ArbVerh weiterhin deutschem Recht unterliegt (oben Rz. 20). Streben deutsche TV-Parteien es tatsächlich an, ArbVerh regeln zu wollen, welche teilweise (zB im Verkehrswesen, Montagearbeiten) oder vollständig (zB Goethe-Institute, deutsche Rundfunkanstalten im Ausland) ausländischem Recht unterliegen, können auf diese Weise einheitliche Arbeitsbedingungen für die im In- und Ausland beschäftigten ArbN ge-

---

1 Spezielle Lit.: Däubler/*Däubler*, TVG, Einl., Rz. 586ff.; *Deinert*, Der europäische Kollektivvertrag, 1999; *Deinert*, FS Bepler, 2012, S. 75ff.; *Demarne*, Anwendung nationaler Tarifverträge bei grenzüberschreitenden Arbeitsverhältnissen, 1999; *Fudickar*, Parteiautonome Anknüpfung grenzüberschreitender Tarifverträge in der Europäischen Union, 2005; *Franzen*, AR-Blattei SD 920 Rz. 301ff.; *Hanau*, Kollektives Arbeitsrecht (§ 19), in Hanau/Steinmeyer/Wank; *Hergenröder*, Internationales Tarifvertragsrecht, in AR-Blattei SD 1550.15, Stand 2/2004; *Junker*, Internationales Arbeitsrecht im Konzern, § 13 Tarifvertragsrecht, 1992; *Lohmann*, Grenzüberschreitende Firmentarifverträge, 1993; *Kowanz*, Europäische Kollektivvertragsordnung, 1999; *Skocki*. Der transnationale Konzerntarifvertrag, 2013; *Walz*, Multinationale Unternehmen und internationaler Tarifvertrag, 1981; HMB/*Tillmanns*, Teil 17; *Wimmer*, Die Gestaltung internationaler Arbeitsverhältnisse durch kollektive Normenverträge, 1992. ||2 Staudinger/*Magnus*, Art. 8 Rom I-VO Rz. 251. ||3 Noch zur früheren Rechtslage *Junker*, Internationales Arbeitsrecht im Konzern, 1992, S. 423; MünchArbR/*Oetker*, § 11 Rz. 119ff. mwN. Gegen die Rechtswahlfreiheit MünchArbR/*Birk*, 2. Aufl. 2000, § 21 Rz 30f. ||4 Diesen befürchten *Löwisch/Rieble*, Grundlagen Rz. 344. ||5 Vgl. schon *Hergenröder*, Internationales Tarifvertragsrecht, in AR-Blattei SD 1550.15, Stand 2/2004, Rz. 72ff. (zu Art. 27ff. EGBGB). ||6 *Hergenröder*, Internationales Tarifvertragsrecht, in AR-Blattei SD 1550.15, Stand 2/2004, Rz. 75; Staudinger/*Magnus*, Art. 8 Rom I-VO Rz. 252. Zu den Indizien für eine konkludente Rechtswahl und weiteren Einzelfragen: HMB/*Tillmanns*, Teil 17 Rz. 19ff. ||7 Vgl. auch BAG 16.2.2000 – 4 AZR 14/99, AP Nr. 54 zu § 2 TVG. ||8 Zum Streitstand HMB/*Tillmanns*, Teil 17 Rz. 22ff. ||9 *Junker*, Internationales Arbeitsrecht im Konzern, 1992, S. 426. ||10 *Hergenröder*, Internationales Tarifvertragsrecht, in AR-Blattei SD 1550.15, Stand 2/2004, Rz. 81ff. ||11 Zum Streitstand HMB/*Tillmanns*, Teil 17 Rz. 28. ||12 *Hergenröder*, Internationales Tarifvertragsrecht, in AR-Blattei SD 1550.15, Stand 2/2004, Rz. 86f.; *Franzen*, AR-Blattei SD 920 Rz. 336ff.; HMB/*Tillmanns*, Teil 17 Rz. 30ff. ||13 BAG 20.8.2003 – 5 AZR 362/02, AP Nr. 25 zu 1 BeschFG 1996; dies vertritt auch *Junker*, Internationales Arbeitsrecht im Konzern, 1992, S. 429ff.; vgl. auch BAG 20.4.2011 – 5 AZR 171/20, AP Nr. 333 zu § 1 TVG Tarifverträge: Bau (obiter dictum). Anders in der Tendenz BAG 11.9.1991 – 4 AZR 71/91, AP Nr. 29 Internationales Privatrecht, Arbeitsrecht. ||14 Zur Begriffsklärung HMB/*Tillmanns*, Teil 17 Rz. 47. ||15 *Hergenröder*, Internationales Tarifvertragsrecht, in AR-Blattei SD 1550.15, Stand 2/2004, Rz. 123ff. ||16 HMB/*Tillmanns*, Teil 17 Rz. 48.

schaffen werden. Den Arbeitsvertragsparteien wird damit auch die Möglichkeit genommen, durch die Bestimmung des Arbeitsvertragsstatuts den deutschen TV „abzuwählen". Solange aber ein Gleichklang von TV-Statut und Arbeitsvertragsstatut vom BAG gefordert wird, kann den TV-Parteien empfohlen werden, eine Bestimmung des Arbeitsvertragsstatuts durch den TV vorzunehmen (oben Rz. 14).

3. Internationales Arbeitskampfrecht[1]. Das internationale Arbeitskampfrecht soll die Frage entscheiden, welche Rechtsordnung auf einen Arbeitskampf anwendbar ist, der Auslandsberührung aufweist. Nunmehr enthält Art. 9 Rom-II-VO[2] (Rz. 39, vgl. auch Art. 4 II Rom-II-VO) eine Regelung für die deliktische Haftung bei Arbeitskampfmaßnahmen. Nach Art. 9, 4 Rom-II-VO ist (soweit keine Rechtswahl vorliegt) auf den gemeinsamen gewöhnlichen Aufenthaltsort der Arbeitskampfparteien, subsidiär an den Ort der Arbeitskampfmaßnahme abzustellen[3]. Ob eine Arbeitskampfmaßnahme vorliegt, ist entsprechend Erwägungsgrund 27 der Rom-II-VO nach dem Recht des Staates zu beurteilen, in dem die Maßnahme stattgefunden hat, also dem Recht des Kampfhandlungsortes[4]. Die nachträgliche (Art. 14 Rom-II-VO) Rechtswahl ist zulässig[5]. Für die Anknüpfung sonstiger Rechtsfragen ist die Rechtslage nach Einführung der Norm offen[6]. Hier kann auf die bisherige Diskussion verwiesen werden, nach der auch der Arbeitsort, der Arbeitskampfort oder eine Schwerpunktbetrachtung als Anknüpfungspunkte vorgeschlagen wurden[7]. Für Auswirkungen des Arbeitskampfs auf den Arbeitsvertrag (zB Verlust des Lohnanspruchs) wird eine akzessorische Anknüpfung an das Arbeitskampfstatut vorgeschlagen[8]. Andere hielten eine einheitliche Anknüpfung der mit dem Arbeitskampf verbundenen rechtl. Probleme für verfehlt[9].

VI. Anwendung einer ausländischen Rechtsordnung. Ist nach den Regelungen über das Internationale Arbeitsrecht eine ausländische Rechtsordnung anwendbar, so ist deren Inhalt gem. § 293 ZPO durch das Gericht von Amts wegen festzustellen. Eine Verletzung dieser Pflicht kann mit der Verfahrensrüge beanstandet werden. Nach der Rspr. des BGH genügt es nicht, lediglich auf ausländisches Gesetzesrecht zurückzugreifen. Vielmehr muss das Recht ermittelt und angewandt werden, wie der Richter des jeweiligen Landes es auslegt und anwendet. Der Umfang der Ermittlungen obliege zwar dem pflichtgemäßen Ermessen des Richters; je detaillierter und kontroverser aber die Parteien zur ausländischen Rechtsordnung vortrügen, desto höher werden die Anforderungen an die Ermittlung durch das Gericht[10].

---

[1] Spezielle Lit.: *Deinert*, ZESAR 2012, 311 ff.; *Franzen*, AR-Blattei SD 920 Rz. 354 ff.; *Hergenröder*, Der Arbeitskampf mit Auslandsberührung, 1987; *Heinze, C.*, RabelsZ 2009, 770; *Hergenröder*, AR-Blattei SD 170.8, Stand 11/2000; *Hergenröder*, FS Birk, 2008, S. 197 ff.; *Knöpfel*, RabelsZ 2009, 770; *Paukner*, Streikrecht entsandter ausländischer Arbeitnehmer im inländischen Betrieb, 2009 sowie die nachfolgend Genannten; *Zelfel*, Der Internationale Arbeitskampf nach Art. 9 Rom II-Verordnung, 2011. ‖ [2] Dieser lautet: „Unbeschadet des Artikels 4 Absatz 2 ist auf außervertragliche Schuldverhältnisse in Bezug auf die Haftung einer Person in ihrer Eigenschaft als Arbeitnehmer oder Arbeitgeber oder der Organisationen, die deren berufliche Interessen vertreten, für Schäden, die aus bevorstehenden oder durchgeführten Arbeitskampfmaßnahmen entstanden sind, das Recht des Staates anzuwenden, in dem die Arbeitskampfmaßnahme erfolgen soll oder erfolgt ist." Insb. auch zur Entstehungsgeschichte der Norm *Heinze*, RabelsZ 73 (2009), 74 ff. ‖ [3] Weiterführend *Deinert*, ZESAR 2012, 311, 312 ff. ‖ [4] MüKoBGB/*Junker*, 5. Aufl. 2010, Art. 9 Rom-II-VO Rz. 4; *Rauscher/Unberath/Cziupka*, EuZPR/EuIPR, Art. 9 Rom II-VO Rz. 8. Weiterführend *Zelfel*, Der internationale Arbeitskampf nach Art. 9 Rom-I-Verordnung, 2011, S. 27 ff. ‖ [5] MüKoBGB/*Junker*, 5. Aufl. 2010, Art. 9 Rom-II-VO Rz. 32 ff.; *Deinert*, ZESAR 2012, 311, 312. Anders *Staudinger* in Gebauer/Wiedmann, Zivilrecht unter europäischem Einfluss, 2. Aufl. 2010, Kap. 38 Rz. 58. ‖ [6] Vgl. MüKoBGB/*Junker*, 5. Aufl. 2010, Art. 8 Rom-II-VO Rz. 11 ff.; *Deinert*, ZESAR 2012, 311 (314 ff.). ‖ [7] *Hergenröder*, AR-Blattei SD 170.8 Rz. 36 ff. ‖ [8] MünchArbR/*Oetker*, § 11 Rz. 127; einschr. *Deinert*, ZESAR 2012, 311 (315). ‖ [9] MünchArbR/*Birk*, 2. Aufl. 2000, § 21 Rz. 65. ‖ [10] BGH 23.6.2003 – II ZR 305/01, NJW 2003, 2685 f. Weiterführend *Geimer*, IZPR, 6. Aufl. 2009, Rz. 2577 ff.

SE-Beteiligungsgesetz (SEBG)
Gesetz über die Beteiligung der Arbeitnehmer in einer Europäischen Gesellschaft

vom 22.12.2004 (BGBl. I S. 3675, 3686)

I. Allgemeines 1	VI. Beteiligung der Arbeitnehmer kraft Vereinbarung 26
II. Gesellschaftsrechtliche Grundlagen 3	1. Grundsätze der Zusammenarbeit 26
III. Struktur des Gesetzes 6	2. Beschlussfassung im BVG 27
IV. Definitionen der wichtigsten Begriffe 7	3. Quorum bei „Minderung der Mitbestimmungsrechte" 28
V. Besonderes Verhandlungsgremium (BVG) . 8	4. Nichtaufnahme oder Abbruch sowie Wiederaufnahme der Verhandlungen 30
1. Grundsätzliches zum BVG 8	
2. Zusammensetzung des BVG 9	
3. Einleitung des Verfahrens zur Bildung des BVG 12	5. Wiederaufnahme der Verhandlungen bei strukturellen Änderungen 32
4. Persönliche Voraussetzungen der Mitglieder des BVG 14	6. Inhalt der Vereinbarung 34
	7. Formelle Anforderungen an die Vereinbarung; Rechtswirkungen 39
5. Verteilung der auf das Inland entfallenden Sitze im BVG 16	VII. Beteiligung der Arbeitnehmer kraft Gesetzes 40
6. Wahl der Mitglieder des BVG durch Wahlgremium (Grundsatz); Wahlvorschläge 18	1. SE-Betriebsrat kraft Gesetzes 41
7. Zusammensetzung des Wahlgremiums 19	2. Mitbestimmung kraft Gesetzes 46
8. Maximale Größe des Wahlgremiums 20	VIII. Tendenzschutz 53
9. Urwahl des BVG mangels ArbN-Vertretung . 21	IX. Missbrauchsverbot 54
10. Einberufung des Wahlgremiums und Wahl der Mitglieder des BVG 22	X. Grundsätze der Zusammenarbeit und Schutzbestimmungen 55
11. Anfechtung der Wahl 24	
12. Konstituierung des BVG; Dauer der Verhandlungen 25	

1 **I. Allgemeines.** Grenzüberschreitend tätigen Unternehmen steht seit dem 29.12.2004 die Rechtsform der Europäischen Gesellschaft (*Societas Europaea* – SE) zur Verfügung. An diesem Tag trat nach jahrzehntelanger Diskussion auf europäischer Ebene[1] das Gesetz zur Einführung der Europäischen Gesellschaft (SEEG) in Kraft. Das SEEG ist ein Artikelgesetz. Art. 1 SEEG enthält das SE-Ausführungsgesetz (SEAG): Dieses ergänzt die als unmittelbar geltendes Recht anwendbare SE-VO[2] um gesellschafts- und aktienrechtl. Regelungen. Art. 2 SEEG enthält das SE-Beteiligungsgesetz (SEBG): Dieses setzt die SE-RL[3] hinsichtlich der Beteiligung der ArbN einer SE in deutsches Recht um. Obwohl die SE-VO in allen Mitgliedstaaten unmittelbar gilt, besteht **keine europaweit einheitliche Ausgestaltung der SE**. Die SE-VO regelt lediglich Grundzüge und verweist iÜ auf das nationale Gesellschaftsrecht desjenigen Staates, in dem die SE ihren Sitz hat. Damit gibt es in jedem EU-Mitgliedstaat[4] (und den anderen Vertragsstaaten des EWR-Abkommens[5]) eine eigene Form der SE. Auch auf eine deutsche SE findet somit ein vielgestaltiges Regelungsgeflecht[6] Anwendung: die als unmittelbar geltendes Recht anwendbare SE-VO, die nationalen Ergänzungs- bzw. Ausführungsgesetze SEAG und SEBG, die Verweisungen auf nationales Aktien- und Arbeitsrecht, die Bestimmungen der Satzung der SE und ggf. die Beteiligungsvereinbarung gem. § 21.

2 Ob die Rechtsform der SE **von der Praxis akzeptiert** werden würde, war anfangs überwiegend skeptisch beurteilt worden. Nachdem in Deutschland namhafte Unternehmen wie Allianz, Porsche, BASF, MAN, Bilfinger Berger, Puma, BP Europa und E. ON[7] die Umwandlung in eine SE vollzogen haben, hat sich die neue Rechtsform mehr und mehr etabliert[8]. Bei den bisherigen SE-Gründungsvorgängen in Deutschland standen folgende **Zielsetzungen** im Vordergrund: Herstellung einer europäischen Corporate Identity, Verkleinerung des AR und/oder Vertretung ausländischer Belegschaften im AR der deutschen Obergesellschaft[9]. In letzter Zeit sind SE-Umwandlungen durchgeführt worden, bei denen die

---

1 UHH/*Henssler*, Einl. SEBG Rz. 13 ff.; *Oetker* in Lutter/Hommelhoff, Vor § 1 SEBG Rz. 1 ff. ||2 Verordnung (EG) 2157/2001 des Rates v. 8.10.2001 über das Statut der Europäischen Gesellschaft (SE), ABl. 2001 L 294/1 ff. ||3 Richtlinie 2001/86/EG des Rates v. 8.10.2001 zur Ergänzung des Statuts der europäischen Gesellschaft hinsichtlich der Beteiligung der Arbeitnehmer, ABl. 2001 L 294/22 ff. ||4 *Seibt/Saame*, AnwBl 2005, 225. ||5 *Spitzbart*, RNotZ 2006, 369 (373). ||6 *Oetker*, BB-Special 1/2005, 2 (3). ||7 S. Übersicht bei WHSS/*Seibt*, Rz. F 175. ||8 *Hohenstatt/Müller-Bonanni* in Habersack/Drinhausen, Vor § 1 SEBG Rz. 71 ff. ||9 WHSS/*Seibt*, Rz. F 174; *Dzida*, The European Lawyer 2008, Heft 78, 32 (33).

Vermeidung oder Einfrierung der Unternehmensmitbest. (s. Rz. 48) wenn nicht Zweck, so doch willkommene Nebenwirkung gewesen sein dürfte[1].

II. Gesellschaftsrechtliche Grundlagen. Die SE ist eine Gesellschaft, deren Kapital in Aktien zerlegt ist. Sie besitzt Rechtspersönlichkeit. Das gezeichnete Kapital beträgt mindestens 120 000 Euro. Es besteht die Wahl zwischen einem Verwaltungsorgan **(monistisches System)**, also einem einheitlichen Leitungs- und Kontrollorgan, sowie der Bildung je eines Aufsichts- und Leitungsorgans **(dualistisches System)**, also getrennter Organe für Geschäftsleitung und Aufsicht. Im monistischen System besteht die Wahl zwischen geschäftsführenden Direktoren, die dem Kreis der Verwaltungsratsmitglieder angehören, und externen, dem Verwaltungsrat nicht angehörenden geschäftsführenden Direktoren (§ 40 I SE-AG)[2]. Anders als bei der deutschen AG ist bei einer monistischen deutschen SE die Einsetzung eines „starken" Verwaltungsratsvorsitzenden möglich, der dem *Chief Executive Officer and Chairman of the Board* US-amerikanischer Unternehmen ähnelt[3]. Bei der dualistischen SE besteht dagegen wie bei einer deutschen AG ein Leitungsorgan (entsprechend dem Vorstand einer AG) und ein Aufsichtsorgan (entsprechend dem AR einer AG). 3

Für die **Gründung einer SE** sieht die SE-VO einen *Numerus clausus* **der Gründungsformen** vor[4]. Eine SE kann weder von einer natürlichen Person gegründet werden, noch ist eine unmittelbare Ausgründung einer SE aus einer Gesellschaft nationalen Rechts möglich[5] (Ausnahme: Sekundärgründung). Folgende Gründungsformen sind nach der SE-VO vorgesehen: (1) Die Gründung der SE kann durch **Verschmelzung** erfolgen, vorausgesetzt, dass die Gründungsgesellschaften die Rechtsform einer AG haben, die AG jeweils nach dem Recht eines Mitgliedstaates errichtet sind, Sitz und Hauptverwaltung in der EU liegen und mindestens zwei der beteiligten AG dem Recht verschiedener Mitgliedstaaten unterliegen[6]. (2) Des Weiteren kann die Gründung einer **Holding-SE** erfolgen, bei der die Gesellschafter der Gründungsgesellschaften ihre Anteile gegen Aktien der neu entstehenden Holding-SE tauschen. Voraussetzung ist, dass die Gründungsgesellschaften die Rechtsform einer AG oder GmbH haben, welche jeweils nach dem Recht eines Mitgliedstaates errichtet sind. Sitz und Hauptverwaltung müssen in der EU liegen. Mindestens zwei Gründungsgesellschaften müssen entweder selbst dem Recht verschiedener Mitgliedstaaten unterliegen oder seit mindestens einem Jahr eine dem Recht eines anderen Mitgliedstaates unterliegende Tochtergesellschaft oder eine Zweigniederlassung in einem anderen Mitgliedstaat haben[7]. (3) Ferner kann eine **Tochter-SE** als Gemeinschaftsunternehmen von mindestens zwei dem Recht verschiedener Mitgliedstaaten unterliegender Gründungsgesellschaften errichtet werden, wobei alle Gesellschaften iSd. Art. 54 II AEUV als Gründungsgesellschaft in Betracht kommen[8]. Sitz und Hauptverwaltung müssen in der EU liegen. Wie bei der Gründung einer Holding-SE müssen mindestens zwei Gründungsgesellschaften entweder selbst dem Recht verschiedener Mitgliedstaaten unterliegen oder seit mindestens zwei Jahren eine dem Recht eines anderen Mitgliedstaates unterliegende Tochtergesellschaft oder eine Zweigniederlassung in einem anderen Mitgliedstaat haben. (4) Des Weiteren kommt eine formwechselnde **Umwandlung in eine SE** in Betracht[9]. Diese Möglichkeit besteht für eine AG[10], die nach dem Recht eines Mitgliedstaates gegründet ist, ihren Sitz und ihre Hauptverwaltung in der EU hat und seit mindestens zwei Jahren eine Tochtergesellschaft hat, welche dem Recht eines anderen Mitgliedstaates unterliegt. Anders als bei der Gründung einer Holding-SE oder einer Tochter-SE genügt das Bestehen einer ausländischen Zweigniederlassung nicht[11]. (5) Schließlich kann eine bereits existierende SE selbst Tochtergesellschaften in der Rechtsform der SE gründen (Art. 3 II SE-VO)[12]. 4

Die **Eintragung der SE** kann erst erfolgen, wenn eine Vereinbarung über die Beteiligung der ArbN abgeschlossen ist (s. Rz. 26 ff.) oder ein Beschluss über die Nichtaufnahme bzw. den Abbruch der Verhandlungen vorliegt (s. Rz. 30) oder die Verhandlungsfrist abgelaufen ist (s. Rz. 25), Art. 12 II SE-VO. Die Gründung der SE kann damit erst wirksam werden, wenn das Verfahren zur Beteiligung der ArbN abgeschlossen ist[13]. Allerdings ist die Durchführung eines solchen Verfahrens entbehrlich, wenn am Gründungsvorgang beteiligten Rechtsträger keine[14] oder weniger als zehn[15] ArbN beschäftigen. Nichts anderes kann gelten, wenn die SE-ArbN in nur einem Mitgliedstaat beschäftigt werden und keine Mitbest. besteht. In einem solchen Fall lässt sich der Zweck des Beteiligungsverfahrens nämlich nicht erreichen. 5

---

1 *Forst*, Der Konzern 2010, 151 (153 f.). ||2 Zur Sozialversicherungspflicht der Mitglieder der Leitungsorgane: *Hinrichs/Plitt*, DB 2011, 1692. ||3 *Seibt* in Lutter/Hommelhoff, Europäische Gesellschaft, S. 86 ff.; *Wollburg/Banerjea*, ZIP 2005, 277; *Eder*, NZG 2004, 544. ||4 MüKoAktG/*Oechsler*, Art. 2 SE-VO Rz. 1. ||5 *Hirte*, NZG 2002, 1 (4). ||6 *Seibt/Saame*, AnwBl 2005, 225. ||7 MüKoAktG/*Oechsler*, Art. 2 SE-VO Rz. 28 ff. ||8 *Maul* in Van Hulle/Maul/Drinhausen, Handbuch zur Europäischen Gesellschaft (SE), 2007, Abschnitt 4 § 4 Rz. 6. ||9 *Seibt/Reinhard*, Konzern 2005, 407 ff. ||10 Ggf. muss zunächst eine „Zwischenumwandlung" in eine AG durchgeführt werden, was mitbestimmungsrechtl. zu Nachteilen führen kann; vgl. *Rieble*, BB 2006, 2018 (2020). ||11 *Hommelhoff*, AG 2001, 279 (281). ||12 *Oetker*, FS Kreutz, 2010, S. 797 (806 ff.). ||13 MüKoAktG/*Schäfer*, Art. 12 SE-VO Rz. 6; zur eingeschränkten Prüfungskompetenz des Registergerichts s. *Wißmann*, FS Richardi, 2007, S. 841 (845 f.); krit. auch *Kiem*, ZHR 173 (2009), 156 (174), der für eine eingeschränkte Prüfungskompetenz des Registergerichts plädiert. ||14 AG München 29.3.2006 – HRB 159649, ZIP 2006, 1300; AG Düss. 16.1.2006 – HRB 52618, AG 2006, 287; OLG Düss. 30.3.2009 – I-3 Wx 248/08, DNotZ 2009, 699; LG Hamburg 30.9. 2005 – 417 T 15/05, ZIP 2005, 2018; *Seibt*, ZIP 2005, 2248 (2250). ||15 *Schubert*, RdA 2012, 146 (148).

6 III. Struktur des Gesetzes. Ziel des SEBG ist die Sicherung der erworbenen Rechte der ArbN auf Beteiligung an Unternehmensentscheidungen; maßgeblich für die Ausgestaltung der Beteiligungsrechte der ArbN in der SE sind die bestehenden Beteiligungsrechte in den Gesellschaften, welche die SE gründen (§ 1 I 2 und 3). Hierin kommt das auch in der SE-RL verankerte **Vorher-Nachher-Prinzip**[1] zum Ausdruck, wonach die Gründung der SE die Beteiligungsrechte der ArbN grds. nicht verringern soll[2]. Ähnlich wie bei der Bildung eines EBR wird die Beteiligung der ArbN in der SE vorrangig kraft Vereinbarung geregelt (§§ 4–21). Kommt eine Vereinbarung nicht zustande (oder wird es von den Parteien entsprechend vereinbart), gelten die Regelungen über die Beteiligung der ArbN kraft Gesetzes (§§ 22–39). In beiden Fällen gelten bestimmte Grundsätze der Zusammenarbeit und Schutzbestimmungen (§§ 40–44) sowie Straf- und Bußgeldvorschriften (§§ 45, 46). Der **Geltungsbereich** des SEBG erstreckt sich räumlich auf jede SE mit Sitz im Inland. Unabhängig vom Sitz der SE gilt das SEBG für die in Deutschland beschäftigten ArbN einer SE sowie für die beteiligten Gesellschaften, betroffenen Tochtergesellschaften und betroffenen Betriebe mit Sitz in Deutschland (§ 3). Bspw. im Hinblick auf die Wahl der Mitglieder des BVG[3] gilt es demzufolge unabhängig vom Sitz der SE für beteiligte Gesellschaften, betroffene Tochtergesellschaften und betroffene Betriebe mit Sitz im Inland.

7 IV. Definitionen der wichtigsten Begriffe. § 2 enthält zahlreiche Definitionen. Das nachfolgend in Kraft getretene MgVG lehnt sich in seiner Terminologie an diejenige des SEBG an (s. § 2 MgVG), jedoch ist die Bedeutung der Begriffe in beiden Gesetzen nur teilweise identisch[4]. „**Beteiligte Gesellschaften**" sind alle Gesellschaften, die unmittelbar an der Gründung der SE beteiligt sind (§ 2 II). Aus dem Wort „unmittelbar" ergibt sich, dass die Verhältnisse bei der Konzernspitze maßgeblich sind, wenn ein Konzern an der Gründung einer SE beteiligt ist, es sei denn, dass das Gesetz ausdrücklich Anderes regelt[5]. Zentrale Bedeutung hat dieser Begriff etwa bei der Bestimmung des Umfangs der Mitbest. kraft Gesetzes (§ 35 II). „**Tochtergesellschaften**" sind rechtl. selbständige Unternehmen, auf die eine andere Gesellschaft einen beherrschenden Einfluss iSd. EBR-RL ausüben kann; § 6 II–IV EBRG sind anzuwenden (§ 2 III)[6]. „**Betroffene Tochtergesellschaften**" oder „**betroffene Betriebe**" sind Tochtergesellschaften oder Betriebe einer beteiligten Gesellschaft, die zu Tochtergesellschaften oder Betrieben der SE werden sollen (§ 2 IV). Zentrale Bedeutung haben diese Begriffe bspw. bei der Ermittlung der Größe und Zusammensetzung des BVG (§ 5). „**Beteiligung der Arbeitnehmer**" ist der Oberbegriff zu allen Verfahren, einschl. der Unterrichtung, Anhörung und Mitbest., durch die Vertreter der ArbN auf die Beschlussfassung in der Gesellschaft Einfluss nehmen können (§ 2 VIII). „**Unterrichtung**" ist dabei die Unterrichtung des SE-Betriebsrats oder anderer ArbN-Vertreter über Angelegenheiten, welche die SE selbst oder eine ihrer Tochtergesellschaften oder einen ihrer Betriebe in einem anderen Mitgliedstaat betreffen oder die über die Befugnisse der zuständigen Organe auf der Ebene des einzelnen Mitgliedstaats hinausgehen (§ 2 X). „**Anhörung**" bezeichnet die Einrichtung eines Dialogs und eines Meinungsaustauschs zwischen dem SE-Betriebsrat oder anderer ArbN-Vertreter und der Leitung der SE (§ 2 XI). Einer „Anhörung" wird nicht Genüge getan, wenn seitens der Leitung der SE lediglich eine Stellungnahme entgegengenommen wird[7]. Während „Unterrichtung" und „Anhörung" somit Elemente dessen enthalten, was im deutschen Arbeitsrecht der betriebl. Mitbest. zugeordnet ist, wird der Begriff der „**Mitbestimmung**" im SEBG iSv. „Unternehmensmitbestimmung" verwendet[8]: Der Begriff umfasst die Einflussnahme der ArbN auf die Angelegenheiten einer Gesellschaft durch die Wahrnehmung des Rechts, einen Teil der Mitglieder des Aufsichts- oder Verwaltungsorgans der Gesellschaft zu wählen oder zu bestellen, oder die Bestellung eines Teils oder aller Mitglieder des Aufsichts- oder Verwaltungsorgans der Gesellschaft zu empfehlen oder abzulehnen (§ 2 XII).

8 V. Besonderes Verhandlungsgremium (BVG). 1. Grundsätzliches zum BVG. Das besondere Verhandlungsgremium (BVG) wurde bereits in der EBR-RL 94/45/EG als Vehikel zur Verhandlung auf ArbN-Seite zur Errichtung eines EBR bzw. eines entsprechenden Systems der Beteiligung in grenzüberschreitenden Angelegenheiten etabliert. Da auch die SE-RL Verhandlungslösungen Priorität einräumt, ist es wenig überraschend, dass das BVG auch im Zusammenhang mit der Beteiligung der ArbN in der SE eine maßgebliche Rolle iS eines „gesetzlichen Gründungsorgans" (oben EBRG Rz. 37)[9] spielt. Aufgabe des BVG ist die Verhandlung einer Vereinbarung über die Beteiligung der ArbN in der SE (§§ 4 I 2, 11). Dementsprechend ist das BVG kein Dauerorgan. Die Amtszeit endet nach Abschluss des Verfahrens zur Beteiligung der ArbN, dh. nach Abschluss einer Vereinbarung (§ 21) oder nach einem Beschluss, keine Verhandlungen zu führen oder diese abzubrechen (§ 16 I) oder nach Ablauf der Verhandlungsfrist (§ 20)[10].

9 2. Zusammensetzung des BVG. § 5 I regelt das Grundprinzip der Zusammensetzung: Jeder Mitgliedstaat, in dem sich ArbN der beteiligten Gesellschaften (s. Rz. 7), betroffenen Tochtergesellschaften (s. Rz. 7) oder betroffenen Betriebe (s. Rz. 7) befinden, muss im BVG vertreten sein (S. 1). Für jede volle

---

1 UHH/*Henssler*, Einl. SEBG Rz. 12. ||2 Faktisch geht das SEBG jedoch über das Prinzip der bloßen Mitbest.-Erhaltung hinaus; vgl. *Müller-Bonanni/de Beauregard*, GmbHR 2005, 195 (197ff.). ||3 MüKoAktG/*Jacobs*, § 3 SEBG Rz. 2. ||4 *Müller-Bonanni/Müntefering*, BB 2009, 1699. ||5 *Grobys*, NZA 2005, 84 (85). ||6 Ausführlich *Henssler*, FS K. Schmidt, 2009, S. 601 (605ff.); vgl. auch ArbG Stuttgart 29.4.2008 – 12 BV 109/07. ||7 MüKoAktG/*Jacobs*, § 2 SEBG Rz. 20. ||8 *Nagel*, DB 2004, 1299 (1300). ||9 MüKoAktG/*Jacobs*, § 4 SEBG Rz. 2. ||10 MüKoAktG/*Jacobs*, § 4 SEBG Rz. 2.

10 % bezogen auf die Zahl aller ArbN (gerechnet nach „Köpfen"[1]; vgl. § 2 I) im betreffenden Mitgliedstaat im Verhältnis zur Gesamtzahl der in den Mitgliedstaaten beschäftigten ArbN wird ein zusätzliches Mitglied gewählt oder bestellt (§ 5 I 2). Bei einem Anteil von 3 % (eine Bagatellgrenze ist nicht vorgesehen[2]) kann demnach ein Mitglied, bei 30,5 % können vier Mitglieder bestellt werden[3]. Die Mindestgröße beträgt demnach zehn Mitglieder; wenn Belegschaften in zahlreichen Mitgliedstaaten bestehen, kann das Gremium jedoch wesentlich größer ausfallen[4].

Wird die **SE durch Verschmelzung gegründet**, sind ggf. zu der gem. § 5 I ermittelten Mitgliederzahl zusätzliche Mitglieder zu wählen oder zu bestellen, um zu gewährleisten, dass jede beteiligte Gesellschaft, die als Folge der Verschmelzung erlischt, durch mindestens ein Mitglied vertreten ist (§ 5 II 1). Dies darf jedoch nicht zu einer Doppelvertretung führen (S. 2; gem. § 15 II 2 ist eine Doppelvertretung im Inland ohnehin ausgeschlossen). Der Gesamtanteil der zusätzlichen Mitglieder (§ 5 II) am BVG darf höchstens 20 % betragen (§ 5 III 1). Stehen danach nicht genügend Sitze für die zusätzlichen Mitglieder zur Verfügung, entscheidet die Zahl der in der jeweiligen Gesellschaft beschäftigten ArbN (§ 5 III 2), wobei ein Mitgliedstaat nicht mehr als ein zusätzliches Mitglied erhält, so lange nicht alle anderen Mitgliedstaaten, in denen Gesellschaften erlöschen, einen Sitz erhalten haben (§ 5 III 3)[5]. **10**

Ändern sich nach Konstituierung des BVG[6] während der Verhandlungen die maßgeblichen ArbN-Zahlen oder die Struktur der beteiligten Gesellschaften, betroffenen Tochtergesellschaften und Betriebe in einem Umfang, dass sich dies auf die Zusammensetzung des Gremiums auswirkt, muss die Zusammensetzung des Gremiums entsprechend angepasst[7] werden (§ 5 IV 1). Die Vorschrift findet keine Grundlage in der SE-RL und wird daher vereinzelt als richtlinienwidrig angesehen[8]. Die Initiativlast liegt bei den zuständigen Leitungen (§ 2 V), die darüber das BVG zu informieren haben (S. 3). S. 4 verweist auf § 4 II–IV (s. Rz. 13). Für den Fall, dass mehrere neue Mitglieder in einem späten Verhandlungsstadium hinzukommen, wird ein aus dem Gebot der vertrauensvollen Zusammenarbeit abgeleiteter Anspruch auf Fristverlängerung gem. § 20 II vertreten[9]. Dies ist mangels Rechtsgrundlage abzulehnen; § 20 II betont gerade, dass die Fristverlängerung nur einvernehmlich erfolgen kann. **11**

3. **Einleitung des Verfahrens zur Bildung des BVG.** Die Initiative zur Bildung des BVG muss von den **Leitungen** (§ 2 V) ausgehen. Ein Tätigwerden der ArbN-Seite ist nicht vorgesehen (anders § 9 I EBRG). Die Leitungen werden aber stets ein Interesse an der Einleitung und ordnungsgemäßen Durchführung des Verfahrens haben, da die Eintragung der SE hiervon abhängt (Art. 12 II SE-VO)[10]. Die Leitungen sind verpflichtet, die „ArbN-Vertretungen und Sprecherausschüsse in den beteiligten Gesellschaften, betroffenen Tochtergesellschaften und betroffenen Betrieben" schriftlich[11] zur Bildung eines BVG aufzufordern (§ 4 I 1). Die Aufforderung ggü. dem BR-Gremium auf höherer Ebene (zB KBR) ersetzt diejenige an BRe, die von diesem mit repräsentiert werden (zB (G)BR)[12]; sie ersetzt auch eine Aufforderung an ArbN in betriebsratslosen Betrieben. Generell gilt, dass eine Aufforderung ggü. den ArbN-Vertretungen, die gem. § 8 II–V das zuständige Wahlgremium bilden, bzw. ggü. dem SprAu, der gem. § 8 I 4 Wahlvorschläge unterbreitet, genügt. Besteht keine ArbN-Vertretung[13], erfolgt die Aufforderung direkt ggü. den ArbN (§ 4 II 2); ein Aushang am „Schwarzen Brett" oder eine Aufforderung per Intranet genügen[14]. Ein Zugangsnachweis bei jedem einzelnen ArbN ist nicht erforderlich[15]. Fehlt innerhalb des beteiligten Unternehmens oder der Unternehmensgruppe ein SprAu, ist nicht geklärt, ob die Aufforderung an den BR genügt. Nach einer Ansicht ist die Aufforderung zusätzlich direkt an die leitenden Angestellten zu richten[16]. Dies überzeugt al- **12**

---

1 MüKoAktG/*Jacobs*, § 2 EBGB Rz. 4. ||2 *Krause*, BB 2005, 1221 (1224). ||3 Krit. *Kienast* in Jannott/Frodermann, Handbuch der Europäischen Aktiengesellschaft, 2005, § 13 Rz. 129; Rechenbsp. bei *Ziegler/Gey*, BB 2009, 1750 (1752 f.). ||4 Vgl. auch Begr. RegE, BR-Drs. 438/04, 115. ||5 MüKoAktG/*Jacobs*, § 5 SEBG Rz. 3; anschauliches Beispiel für die Berechnung gem. § 5 bei *Kleinsorge* in Nagel/Freis/Kleinsorge, § 5 Rz. 6; *Ziegler/Gey*, BB 2009, 1750 (1751 ff.). ||6 Abs. 4 spricht von „während der Tätigkeitsdauer"; daraus wird gefolgert, dass Veränderungen vor Konstituierung des BVG allenfalls nach Treu und Glauben Berücksichtigung finden müssen; vgl. *Grobys*, NZA 2005, 84 (87). Das erscheint sinnwidrig; je früher die Veränderungen eintreten, desto leichter können sie im weiteren Verlauf noch berücksichtigt werden. Ggf. ist das BVG darüber unverzüglich nach Konstituierung zu informieren. ||7 Das Gremium wird hierdurch nicht neu konstituiert; die Veränderung hat keine Auswirkungen auf die Sechs-Monats-Frist gem. § 20 I; vgl. *Oetker* in Lutter/Hommelhoff, § 5 SEBG Rz. 19; *Krause*, BB 2005, 1221 (1224); *Grobys*, NZA 2005, 84 (90). ||8 *Krause*, BB 2005, 1221 (1224). ||9 *Krause*, BB 2005, 1221 (1224); zust. MüKoAktG/*Jacobs*, § 5 SEBG Rz. 4. ||10 Aus diesem Grund stehen den ArbN-Vertretungen keine einklagbaren Ansprüche auf Information gem. § 4 II und III zu; man wird auch keine Verpflichtung der einzelnen Leitungen anerkennen können, sich etwa fehlende Informationen von anderen Leitungen zu besorgen (vgl. die insoweit abweichende Rechtslage gem. § 5 EBRG, oben EBRG Rz. 29 ff.); zutr. MüKoAktG/*Jacobs*, § 4 SEBG Rz. 12; aA *Kleinsorge* in Nagel/Freis/Kleinsorge, § 4 Rz. 7; *Oetker*, BB-Special 1/2005, 2 (6). ||11 Schriftform iSv. § 126 BGB ist nicht notwendigerweise einzuhalten; insb. beim Fehlen einer ArbN-Vertretung wäre dies ganz und gar unpraktikabel; wenn das Verfahren zur Bildung eines BVG auf Grund mündlicher Aufforderung eingeleitet wird, führt dies nicht zu einem Verfahrensmangel; vgl. MüKoAktG/*Jacobs*, § 4 SEBG Rz. 5. ||12 *Krause*, BB 2005, 1221 (1223); MüKoAktG/*Jacobs*, § 4 Rz. 6; aA *Oetker*, BB-Special 1/2005, 2 (6); *Kleinsorge* in Nagel/Freis/Kleinsorge, § 4 Rz. 10. ||13 Besteht zwar in einem Betrieb bzw. einer Tochtergesellschaft kein BR, jedoch ein GBR oder KBR, sind diese zu unterrichten; *Grobys*, NZA 2005, 84 (86); *Krause* BB 2005, 1221 (1223). ||14 *Jacobs*, Beil. zu ZIP 48/2009, 18 (21). ||15 *Grobys*, NZA 2005, 84 (86); MüKoAktG/*Jacobs*, § 4 SEBG Rz. 13. ||16 *Kleinsorge* in Nagel/Freis/Kleinsorge, § 4 Rz. 11; *Oetker* in Lutter/Hommelhoff, § 4 SEBG Rz. 18.

lerdings nicht, da der Wortlaut des § 4 II 2 eindeutig ist. Für eine analoge Anwendung iS einer separaten Aufforderung der leitenden Angestellten ist kein Raum, da die Vorschrift die leitenden Angestellten bereits erfasst: Diese sind auch „ArbN" iSd. Gesetzes (§ 2 I). Fehlt also ein SprAu, genügt die Aufforderung ggü. den zuständigen ArbN-Vertretungen. An wen die Aufforderung im Ausland zu richten ist, bestimmt sich nach dem jeweiligen nationalen Recht.

13 Die zuvor genannten **ArbN-Vertretungen (hilfsweise: die ArbN) sind über das Gründungsvorhaben zu informieren** (§ 4 II 1). Unklar ist, welche Leitung jeweils zu informieren hat. Dies kann eine durch die Leitungen etablierte „zentrale Leitung" sein[1]. Die Informationen sind aber stets umfassend iSv. § 4 III zu erteilen, so dass sich der Informationsanspruch der einzelnen Vertretung nicht auf die Fakten betr. die jeweils betroffene Gesellschaft beschränkt[2]. Der Inhalt der Informationen ergibt sich aus dem nicht abschließenden[3] Katalog gem. § 4 III. Für die Zahl der ArbN[4] (vgl. oben Rz. 9) in den einzelnen Gesellschaften und Betrieben kommt es auf den Zeitpunkt der Information an (§ 4 IV); § 5 IV regelt den Fall, dass sich Änderungen der Struktur oder der ArbN-Zahl nach Konstituierung des BVG ergeben. Maßgebliche Änderungen nach der Aufforderung gem. § 4 I, jedoch vor Konstituierung des BVG, sollten zum Anlass für eine Wiederholung der Aufforderung und der damit einhergehenden Information genommen werden. In diesem Fall beginnt die Frist des § 11 I von neuem. Ob ggf. auch Unterlagen vorgelegt oder überlassen werden müssen, ist gesetzlich nicht geregelt; im Hinblick auf die Natur der zu erteilenden Informationen wird dies im Hinblick auf den Gesetzeszweck (Bildung des BVG) regelmäßig nicht erforderlich sein[5]. § 4 II 3 bestimmt, dass die Information unaufgefordert und unverzüglich zu erfolgen hat, letzteres bezogen auf die Offenlegung des Verschmelzungsplans (Art. 20, 21 SE-VO), des Gründungsplans für eine Holdinggesellschaft (Art. 32 II u. III SE-VO) oder des Umwandlungsplans (Art. 37 IV u. V SE-VO) bzw. den Abschluss der Vereinbarung eines Plans zur Gründung einer Tochtergesellschaft (Art. 36 SE-VO). In der Lit. ist anerkannt, dass damit lediglich der späteste Zeitpunkt angesprochen ist und eine frühere Unterrichtung zulässig ist und im Interesse der ArbN liegt[6]. Nähere Frist- und Formvorschriften fehlen. Zu Beweiszwecken wird die schriftl. Information zusammen mit der schriftl. Aufforderung (§ 4 I 1) empfohlen[7]. Angesichts fehlender Formvorschriften ist bzgl. der Informationserteilung ein Einzelzuleitungsnachweis bei Fehlen einer ArbN-Vertretung nicht erforderlich[8]. In diesen Fällen ist es ausreichend, den ArbN die Möglichkeit der Kenntnisnahme der Information zu geben (zB durch Aushänge oder Mitteilungen im Intranet).

14 **4. Persönliche Voraussetzungen der Mitglieder des BVG.** Die einzelnen Mitgliedstaaten regeln jeweils eigenständig die persönlichen Voraussetzungen „ihrer" Mitglieder des BVG (§ 6 I). Für Deutschland regelt § 6 II, dass **ArbN der Gesellschaften und Betriebe** sowie Gewerkschaftsvertreter Mitglied sein können, wobei Frauen und Männer (nicht zwingend[9]) in ihrem zahlenmäßigen Verhältnis gewählt werden sollen. Für jedes inländische Mitglied ist ein Ersatzmitglied zu wählen (§ 6 II 3). Die Zulassung von **Gewerkschaftsvertretern** geht auf die in Art. 3 II Buchst. b Abschn. 2 SE-RL vorgesehene Option zurück, die von der deutschen Regierung durchgesetzt wurde[10]. Die Gewerkschaftspräsenz ist zwingend, wenn dem BVG mehr als zwei inländische Mitglieder angehören. Die Gewerkschaft muss in einem an der Gründung der SE beteiligten Unternehmen[11] vertreten[12] sein (§ 6 III), wobei nicht erforderlich ist, dass der Gewerkschaftsvertreter zugleich ArbN der Gesellschaft ist[13]. ZT wird diese Regelung (zumindest im Fall der Verschmelzung) als europarechtswidrig angesehen[14]. Die Einbeziehung der Gewerkschaft(en) in das Wahlverfahren erfolgt über § 8 I 2–4.

15 Ohne ausdrückliche Grundlage in der SE-RL ordnet § 6 IV eine **zwingende Mitgliedschaft leitender Angestellter**[15] an, wenn dem BVG mehr als sechs Mitglieder aus dem Inland angehören; in diesem Fall muss jedes siebte inländische Mitglied ein leitender Angestellter sein, und zwar unabhängig von der Zahl der leitenden Angestellten (s.a. § 8 I 5 und 6)[16].

---

[1] MüKoAktG/*Jacobs*, § 4 SEBG Rz. 11. || [2] *Oetker*, BB-Special 1/2005, 2 (6). || [3] HM; vgl. nur BR-Drs. 438/04, 114; *Krause*, BB 2005, 1221 (1223). || [4] Die Zahl der ArbN ist für die Zusammensetzung des BVG gem. § 5 und für die Abstimmungsmodalität innerhalb des Gremiums (§ 15) maßgeblich. Teilzeitbeschäftigte zählen voll. Tagesgenaue Angaben sind nicht erforderlich und in großen Unternehmen unrealistisch; es genügen die Zahlen des letzten Quartalsberichts. || [5] Im Grundsatz Verpflichtung zur Vorlage von Unterlagen bejahend MüKoAktG/*Jacobs*, § 4 SEBG Rz. 16. || [6] *Oetker* in Lutter/Hommelhoff, Europäische Gesellschaft, S. 292; *Vossius*, ZIP 2005, 741 (742, 747, Fn. 73); *Seibt/Reinhard*, Konzern 2005, 407 (417). || [7] MüKoAktG/*Jacobs*, § 4 SEBG Rz. 9a. || [8] S. Gegenäußerung BReg in BT-Drs. 15/3656, 10 (zu Nr. 26); *Kienast* in Jannott/Frodermann, 13 Rz. 105 Fn. 88; MüKoAktG/*Jacobs*, § 4 SEBG Rz. 17. || [9] *Kleinsorge* in Nagel/Freis/Kleinsorge, § 6 SEBG Rz. 8; MüKoAktG/*Jacobs*, § 6 SEBG Rz. 2. || [10] Rechtspolitisch zweifelhaft; vgl. MüKoAktG/*Jacobs*, § 6 SEBG Rz. 4 ff. || [11] Da das Gesetz nicht verlangt, dass die Gewerkschaft in einer der beteiligten Gesellschaften iSv. § 2 II vertreten ist, genügt es, wenn die Gewerkschaft in einer der Tochtergesellschaften vertreten ist; vgl. MüKoAktG/*Jacobs*, § 6 SEBG Rz. 5. || [12] Die Leitungen sind nicht verpflichtet, selbst aufzuklären, welche Gewerkschaften „vertreten" sind; ggf. muss eine von den Leitungen nicht berücksichtigte Gewerkschaft selbst die Initiative ergreifen; *Hinrichs/Plitt*, NZA 2010, 204 (205). || [13] *Kallmeyer*, ZIP 2004, 1442 (1443); *Kleinsorge* in Nagel/Freis/Kleinsorge, § 6 SEBG Rz. 7; unklar *Niklas*, NZA 2004, 1200 (1201). || [14] *Ziegler/Gey*, BB 2009, 1750 (1753). || [15] Im Unterschied zu § 4 EBRG bezieht das SEBG in § 2 I leitende Angestellte in den Begriff des ArbN ein; krit. *Oetker*, BB Special 2/2005, 2 (6). || [16] Krit. *Kienast* in Jannott/Frodermann, 13 Rz. 138.

5. Verteilung der auf das Inland entfallenden Sitze im BVG. § 7 I bestimmt, dass sich die Wahl oder 16
Bestellung der Mitglieder des BVG nach den jeweiligen Vorschriften in den Mitgliedstaaten vollzieht.
IÜ regelt § 7, wie die Verteilung der auf Deutschland entfallenden Sitze erfolgt. Es sollen alle an der
Gründung der SE beteiligten Gesellschaften mit Sitz im Inland durch mindestens ein Mitglied im BVG
vertreten sein (§ 7 II). Da hierfür die Zahl der Sitze aber womöglich nicht ausreicht, erfolgt die Zuordnung der Sitze zu den Inlandsgesellschaften der Größe nach (§ 7 III). Stehen hingegen mehr Sitze als inländische Gesellschaften zur Verfügung, erfolgt die Verteilung der überzähligen Sitze nach dem
d'Hondt'schen Höchstzahlenverfahren (§ 7 IV). Nur wenn keine Gesellschaften mit Sitz im Inland an
der Gründung beteiligt sind, gelten vorstehende Regelungen für im Inland belegene Betriebe ausländischer Gesellschaften entsprechend (§ 7 V).

Gesetzlich nicht präzise geregelt ist das Verhältnis zwischen § 7 II–IV und der zwingenden Berück- 17
sichtigung von Gewerkschaftsvertretern und leitenden Angestellten nach § 6 III und IV. Laut Gesetzesbegr.[1] sollen die zwingend vertretenen Gruppen keiner der Gesellschaften iSv. § 7 II–IV zuzurechnen
sein. Da § 6 III u. IV als zwingende Vorschriften Vorrang einzuräumen sei, müssten die auf die Gewerkschaften und leitenden Angestellten entfallenden Sitze von den im Inland zur Verfügung stehenden Sitzen abgezogen und nur die restlichen Sitze gem. § 7 II–IV auf die Gesellschaften aufgeteilt werden[2].

6. Wahl der Mitglieder des BVG durch Wahlgremium (Grundsatz); Wahlvorschläge. Die Mitglieder 18
des BVG werden idR nicht direkt, sondern durch ein Wahlgremium in geheimer und unmittelbarer
Wahl gewählt (§ 8 I 1; vgl. auch § 11 EBRG). Im Fall von § 6 III (dem BVG gehören mehr als zwei Mitglieder im Inland an) erfolgt die Wahl jedes dritten Mitglieds des Wahlgremiums auf Vorschlag[3] einer Gewerkschaft[4]. Wird von Gewerkschaftsseite nur ein Wahlvorschlag[5] eingereicht, muss dieser doppelt so
viele Bewerber enthalten wie Vertreter von Gewerkschaften zu wählen sind (§ 8 I 3). Im Fall des § 6 IV
(dem BVG gehören mehr als sechs Mitglieder im Inland an), ist jedes siebte Mitglied auf Vorschlag der
SprAu zu wählen; S. 3 gilt hier entsprechend (doppelte Anzahl Bewerber bei nur einem Wahlvorschlag).
Besteht kein SprAu, können die leitenden Angestellten Wahlvorschläge machen (Einzelheiten § 8 I 6).
Bestehen mehrere SprAu, soll analog § 8 II–IV der jeweils auf höchster Ebene gebildete SprAu zuständig sein[6], wenngleich sich diese Lösung nicht unzweifelhaft aus dem Gesetzeswortlaut ergibt. Da die anderen Wahlvorschläge seitens der BR und Gewerkschaften ebenfalls leitende Angestellte umfassen dürfen, kann diese Gruppe im BVG „überrepräsentiert" sein[7].

7. Zusammensetzung des Wahlgremiums. Ist an der SE-Gründung im Inland nur eine Unterneh- 19
mensgruppe beteiligt, besteht das Wahlgremium aus den Mitgliedern des KBR (hilfsweise aus den Mitgliedern der GBR bzw. BR[8]), § 8 II. Betriebsratslose Einheiten werden von den genannten Gremien mitvertreten (§ 8 II 2)[9]. Ist aus dem Inland nur ein Unternehmen an der SE-Gründung beteiligt, besteht
das Wahlgremium aus den Mitgliedern des GBR (hilfsweise des BR), § 8 III. Ist im Inland nur ein Betrieb betroffen, besteht das Wahlgremium aus den Mitgliedern der BR, § 8 IV. § 8 V regelt den Fall, dass
an der Gründung der SE eine oder mehrere Unternehmensgruppen oder nicht verbundene Unternehmen beteiligt sind oder dass von der Gründung unternehmensunabhängige Betriebe betroffen sind
und demgemäß eine Repräsentation der im Inland betroffenen Belegschaften von vornherein nicht
durch ein einziges betriebsverfassungsrechtl. Gremium erfolgen kann. In dieser Konstellation setzt
sich das Wahlgremium aus den „jeweiligen ArbN-Vertretungen" zusammen, wobei die Abs. 2–4 entsprechend gelten. Fehlt es an einem zuständigen BR, ist von der zuständigen Leitung eine Versammlung
der ArbN zur Wahl eines Wahlvorstands einzuladen (§ 8 V 4)[10]. Diese Urwahl folgt den in § 8 VII geregelten Grundsätzen, auch wenn es insofern an einer ausdrücklichen Verweisung fehlt[11].

8. Maximale Größe des Wahlgremiums. Das Wahlgremium besteht aus **max. 40 Mitgliedern** (§ 8 VI 1). 20
Ggf. müssen die ArbN-Vertretungen nach dem d'Hondt'schen Höchstzahlverfahren Sitze abgeben, beginnend mit dem Gremium, das die meisten Mitglieder stellt[12]. Durch den „Wegfall" von Mitgliedern ändert sich hinsichtlich der verbleibenden Mitglieder nichts an der im Zusammenhang mit der Abstimmung (§ 10 I 1) maßgeblichen Zahl der ArbN, die sie jeweils vertreten[13].

---

1 BR-Drs. 438/04, 117. ||2 Ebenso *Kleinsorge* in Nagel/Freis/Kleinsorge, § 7 Rz. 3; MüKoAktG/*Jacobs*, § 7 SEBG Rz. 2; *Köklü* in Van Hulle/Maul/Drinhausen, Kap. 6 Rz. 131. ||3 Ungeklärt sind die Folgen einer Nichtausübung des Vorschlagsrechts seitens der zuständigen Gewerkschaft; liegt bis zur Versammlung des Wahlgremiums kein Vorschlag vor, büßt die Gewerkschaft ihr Vorschlagsrecht ein. ||4 Diese muss in einem an der Gründung der SE beteiligten Unternehmen vertreten sein. Zweifel an der Richtlinienkonformität dieser Regelung bei *Wisskirchen/Prinz*, DB 2004, 2638 (2639); *Kallmeyer*, ZIP 2004, 1442 (1443); *Thüsing*, ZIP 2006, 1469 (1473). ||5 Zu den Formalien § 8 I 4. ||6 *Kleinsorge* in Nagel/Freis/Kleinsorge, § 7 Rz. 7; MüKoAktG/*Jacobs*, § 8 SEBG Rz. 5. ||7 MüKoAktG/*Jacobs*, § 8 SEBG Rz. 5. ||8 § 8 I 1 Hs. 2; der Fall des Bestehens mehrerer BR ohne GBR ist, weil regelwidrig, nicht geregelt. ||9 Diese Regelung wird zu Recht als richtlinienwidrig angesehen, da nach Art. 3 II Buchst. b Abschn. 3 SE-RL bei Betrieben, die „unabhängig vom Willen der Arbeitnehmer" keinen BR haben, die Mitglieder des Wahlgremiums in Urwahl zu wählen sind; vgl. MüKoAktG/*Jacobs*, § 8 SEBG Rz. 7. ||10 Die Einladung hat rechtzeitig und dergestalt zu erfolgen, dass alle ArbN davon Kenntnis nehmen können; MüKoAktG/*Jacobs*, § 8 SEBG Rz. 9. ||11 MüKoAktG/*Jacobs*, § 8 SEBG Rz. 9. ||12 S. ausf. *Kleinsorge* in Nagel/Freis/Kleinsorge, § 8 Rz. 35 ff. ||13 BR-Drs. 438/04, 119; *Kleinsorge* in Nagel/Freis/Kleinsorge, § 8 Rz. 37; MüKoAktG/*Jacobs*, § 8 SEBG Rz. 10.

9. Urwahl des BVG mangels ArbN-Vertretung. § 8 VII bestimmt für die in Abs. 2–5 geregelten Fälle, in denen keine ArbN-Vertretung besteht, dass die Mitglieder des BVG in geheimer und unmittelbarer Wahl von den ArbN gewählt werden[1].

10. Einberufung des Wahlgremiums und Wahl der Mitglieder des BVG. § 9 regelt die Zuständigkeit für die Einberufung des Wahlgremiums. Bei der Wahl der Mitglieder des BVG haben die Mitglieder des Wahlgremiums jeweils so viele Stimmen wie sie ArbN vertreten (§ 10 I 2)[2]. Die Stimmen, die auf eine ArbN-Vertretung entfallen, werden gleichmäßig unter den Mitgliedern der Vertretung, die im Wahlgremium vertreten sind, aufgeteilt (§ 10 III)[3]. Die ArbN-Vertretungen brauchen nicht einheitlich abzustimmen[4]. Die Wahl erfolgt mit einfacher Mehrheit der abgegebenen Stimmen (S. 3). Die im Wahlgremium vertretenen ArbN-Vertretungen und die in Urwahl gewählten Mitglieder vertreten jeweils alle ArbN der Einheit, für die sie nach § 8 II–V zuständig sind (§ 10 II 1). Unklar ist der Anwendungsbereich von § 10 II 2, wonach nicht nach S. 1 vertretene ArbN den ArbN-Vertretungen innerhalb der jeweiligen Unternehmensgruppe zu gleichen Teilen zugerechnet werden. Denn wenn es in der Unternehmensgruppe eine ArbN-Vertretung gibt, erfolgt immer eine Vertretung aller ArbN der Gruppe durch diese Vertretung, sofern in anderen Einheiten der Gruppe keine weitere Vertretung besteht (vgl. § 8 II u. III)[5].

Die Wahl oder Bestellung der Mitglieder des BVG soll innerhalb von zehn Wochen seit der in § 4 II u. III vorgeschriebenen Information erfolgen (§ 11 I 1). Wird die Frist aus Gründen, die die ArbN zu vertreten haben, überschritten, ist das Verhandlungsverfahren dennoch durchzuführen (Abs. 2 Satz 1). Die Leitungen können in diesem Fall zur konstituierenden Sitzung des BVG einladen und das Verhandlungsverfahren mit dem noch nicht kompletten BVG beginnen[6] (s.a. § 15 I 2). Die Fristüberschreitung schließt keines der Mitglieder des BVG von der Teilnahme an den Verhandlungen endgültig aus; ein verspätet hinzukommendes Mitglied muss den Verhandlungsstatus akzeptieren, den es vorfindet[7]. Da eine **gerichtliche Bestellung des BVG nicht vorgesehen** ist, können die Leitungen zur konstituierenden Sitzung einladen (§ 12 I) und damit die Verhandlungsfrist von sechs Monaten (§ 20) auslösen[8]. Erfolgt hingegen keine Wahl oder Bestellung der Mitglieder des BVG und entzieht sich die ArbN-Seite auf diese Weise dem Verfahren, ist dies mit einem Beschluss gem. § 16 I gleichzusetzen, so dass nunmehr unmittelbar die Eintragung der SE erfolgen kann[9].

11. Anfechtung der Wahl. Die Wahl der Mitglieder des BVG nach § 10 kann trotz fehlender gesetzl. Regelung innerhalb eines Monats nach Konstituierung des BVG analog § 37 II 1 (diese Vorschrift betrifft die Wahl der ArbN im Aufsichts- oder Verwaltungsrat der SE) angefochten werden[10]. Bei besonders schwerwiegenden Verstößen gegen Vorschriften des Wahlrechts ist die Wahl nichtig[11]. Nach zutreffender Auffassung ist hingegen die Bestellung/Wahl der Mitglieder des Wahlgremiums nicht gesondert anfechtbar, da es sich hierbei lediglich um einen Zwischenschritt zur Bildung des BVG handelt und hierfür kein Bedürfnis besteht[12]. Eine erfolgreiche Anfechtung wirkt ex tunc mit der Folge, dass die inländischen Mitglieder des BVG ihr Amt von vornherein nicht wirksam ausgeübt haben[13].

12. Konstituierung des BVG; Dauer der Verhandlungen. Die Einladung zur konstituierenden Sitzung des BVG erfolgt (unverzüglich) durch die Leitungen (§ 12 I 1), nicht jedoch bevor entweder die Mitglieder des BVG benannt wurden oder die Frist gem. § 11 I 1 abgelaufen ist (vgl. auch oben Rz. 23)[14]. Den Ort der Sitzung bestimmen die Leitungen[15]. Der Tag, zu dem die Leitungen zur konstituierenden Sitzung des BVG eingeladen haben, ist maßgeblich für die **Sechs-Monats-Frist** gem. § 20 I 2. Für die Sechs-Monats-Frist ist unmaßgeblich, wann die konstituierende Sitzung tatsächlich stattgefunden hat. Veränderungen in der Struktur oder im Hinblick auf die Beschäftigtenzahl sind für den Fristablauf unmaßgeblich, da § 5 IV lediglich von einer neuen Zusammensetzung des BVG spricht, nicht von einer

---

||1 Vgl. ausführlich *Kleinsorge* in Nagel/Freis/Kleinsorge, § 8 Rz. 42 ff. ||2 Teilzeitbeschäftigte zählen voll; maßgeblicher Zeitpunkt für die Feststellung der ArbN-Zahl ist die Informationserteilung nach § 4 II (§ 4 IV); vgl. oben Rz. 9 sowie MüKoAktG/*Jacobs*, § 10 SEBG Rz. 2. ||3 Die Gesetzesregelung führt zu Zufallsergebnissen je nachdem, ob ein KBR besteht oder nicht. Das gemessen an der ArbN-Zahl bei weitem größte Unternehmen wird bei Bestehen eines KBR im Wahlgremium nur ebenso stark repräsentiert sein wie die anderen – möglicherweise sehr viel kleineren – Konzernunternehmen. ||4 BR-Drs. 438/04, 120; MüKoAktG/*Jacobs*, § 10 SEBG Rz. 2. ||5 S. aber BR-Drs. 438/04, 120. ||6 *Wisskirchen/Prinz*, DB 2004, 2638 (2639); *Grobys*, NZA 2005, 84 (86); *Freis* in Nagel/Freis/Kleinsorge, § 11 Rz. 7; MüKoAktG/*Jacobs*, § 11 SEBG Rz. 4. ||7 *Funke*, NZA 2009, 412 (414). ||8 MüKoAktG/*Jacobs*, § 11 SEBG Rz. 6. ||9 *Kienast* in Jannott/Frodermann, 13 Rz. 162; aA MüKoAktG/*Jacobs*, § 11 SEBG Rz. 6: Ingangsetzen der Sechs-Monats-Frist und nach deren Ablauf Geltung der Auffanglösung. ||10 *Kienast* in Jannott/Frodermann, 13 Rz. 168; *Grobys*, NZA 2005, 84 (87); MüKoAktG/*Jacobs*, § 10 SEBG Rz. 6; aA *Wißmann*, FS Richardi, 2007, S. 841 (847): Danach beginnt die Monatsfrist mit der Information der Anfechtungsberechtigten über die Gewählten gem. § 11 I. ||11 MüKoAktG/*Jacobs*, § 10 SEBG Rz. 7; *Wißmann*, FS Richardi, 2007, S. 841 (848). ||12 *Wißmann* FS Richardi, 2007, S. 841 (846); aA MüKoAktG/*Jacobs*, § 10 SEBG Rz. 6. ||13 *Wißmann*, FS Richardi, 2007, S. 841 (848). ||14 MüKoAktG/*Jacobs*, § 12 SEBG Rz. 2; *Freis* in Nagel/Freis/Kleinsorge, § 12 Rz. 4 hält bei Fristablauf eine Einladung zur konstituierenden Sitzung nur für statthaft, wenn die Fristversäumnis von der ArbN-Seite zu vertreten ist; zur Ausgestaltung des § 11 I 1 als Soll-Vorschrift mit Blick auf die Rechtsfolgen bei Überschreiten der Frist *Hohenstatt/Müller-Bonanni* in Habersack/Drinhausen, § 11 SEBG Rz. 3. ||15 *Oetker* in Lutter/Hommelhoff, § 12 SEBG Rz. 5; im Rahmen der vertrauensvollen Zusammenarbeit. *Freis* in Nagel/Freis/Kleinsorge, § 12 Rz. 5 leitet aus dem Gebot der vertrauensvollen Zusammenarbeit das Erfordernis ab, den Ort mit dem BVG „abzustimmen".

Neubildung[1]. Gem. § 20 II können die Parteien einvernehmlich beschließen, die Sechs-Monats-Frist zu verlängern, maximal auf ein Jahr. Auf Seiten des BVG ist hierfür ein Beschluss erforderlich[2]. Kommt innerhalb der sechsmonatigen bzw. bis zu einjährigen Verhandlungsfrist keine Vereinbarung zustande, greift die gesetzl. Auffangregelung der §§ 22–38 (s. Rz. 40 ff.).

Die Sitzungen des BVG sind **nicht öffentlich** (§ 30 S. 4 BetrVG analog)[3]; die Leitungen haben keine Teilnahmeberechtigung[4]. Auch besteht kein allg. Teilnahmerecht der Gewerkschaften, abgesehen von der Möglichkeit, Gewerkschaftsvertreter als Sachverst. iSv. § 14 I hinzuzuziehen. Auch die Teilnahme sonstiger **Sachverst.** kann angesichts des Komplexität des Gegenstands unverzichtbar sein. Die konstituierende Sitzung hat die Wahl des Vorsitzenden und von mindestens zwei Stellvertretern zum Gegenstand (§ 12 I 2). Das BVG kann und sollte sich eine Geschäftsordnung geben (S. 3). Das Gesetz enthält zu den Formalien der Abstimmung keine Vorgaben. Es wird schriftliche und geheime Stimmabgabe empfohlen[5] (s. allg. zur Beschlussfassung im BVG § 15).

VI. Beteiligung der Arbeitnehmer kraft Vereinbarung. 1. Grundsätze der Zusammenarbeit. § 13 I legt fest, dass das BVG mit den Leitungen eine schriftl. Vereinbarung über die Beteiligung der ArbN in der SE abschließen soll. Zu diesem Zweck sollen sie vertrauensvoll zusammenarbeiten (s.a. § 40, der diesen Grundsatz für die Zusammenarbeit mit dem SE-Betriebsrat bzw. den ArbN-Vertretern aufstellt). Verhandlungsansprüche oder Verhandlungspflichten folgen daraus nicht[6]. § 13 II verpflichtet die Leitungen zur Auskunftserteilung[7] und dazu, die erforderlichen Unterlagen zur Verfügung zu stellen[8]; die bloße Möglichkeit zur Einsichtnahme genügt nicht[9]. Das Recht zur Hinzuziehung von Sachverst. regelt § 14 I, wofür ein Beschluss mit der Mehrheit des § 15 II erforderlich ist[10]. Gewerkschaftsvertreter können nur Sachverst. iSv. § 14 I sein, wenn die Gewerkschaft gemeinschaftsweit tätig ist (str.; anders § 32 für die Sachverst. des SE-BR)[11]. Die Kostentragungspflicht der beteiligten Gesellschaften im Hinblick auf die Tätigkeit von Sachverst. ergibt sich aus § 19[12]. 26

2. Beschlussfassung im BVG. Jedes Mitglied des BVG repräsentiert alle in seinem Mitgliedstaat beschäftigten ArbN, unabhängig davon, bei welcher Gesellschaft diese beschäftigt sind (§ 15 I 1). Beschlüsse des BVG bedürfen **sowohl der Mehrheit der Mitglieder** (Mehrheit der anwesenden oder abstimmenden Mitglieder reicht nicht aus[13]) **als auch der durch sie vertretenen ArbN**. Enthaltungen sind möglich, wirken sich aber wie Abwesenheit oder Nein-Stimmen aus[14]. Bei Stimmengleichheit ist ein Antrag abgelehnt. Die inländischen Mitglieder des BVG haben alle gleich viele Stimmen (Gesamtzahl der repräsentierten ArbN geteilt durch die Anzahl der inländischen BVG-Mitglieder); nur auf dieser Grundlage funktioniert auch die Mitgliedschaft von Gewerkschaftsmitgliedern und leitenden Angestellten (vgl. auch oben Rz. 22)[15]; diese vertreten dieselbe Zahl von ArbN wie alle anderen inländischen Mitglieder. Die anderen Mitgliedstaaten können hinsichtlich der von ihnen entsandten Mitglieder insoweit andere Regelungen erlassen. Beschlüsse sind in Sitzungen zu fassen; Abstimmungen im Umlaufverfahren oder zB auf telefonischem Wege sind nicht vorgesehen. Besondere Vorschriften zur Beschlussfähigkeit des BVG fehlen; deshalb genügt es, wenn so viele Mitglieder anwesend sind, dass das jeweils vorgesehene Quorum erreicht werden kann[16]. 27

3. Quorum bei „Minderung der Mitbestimmungsrechte". § 15 III sieht für den Fall einer beabsichtigten Minderung der MitbestRe das Erfordernis einer **Zweidrittelmehrheit** vor, und zwar in zweifacher Hinsicht: **Mitglieder und Stimmen** (vgl. Rz. 27). Zusätzlich ist erforderlich, dass der Beschluss von Mitgliedern aus mindestens zwei Mitgliedstaaten getragen wird. Diese besonderen Anforderungen gelten nur, wenn die besonderen Voraussetzungen gem. S. 2 Nr. 1 oder 2 vorliegen: Bei einer SE, die durch Verschmelzung gegründet werden soll, sofern sich die Mitbest. zuvor auf mindestens 25 % der Gesamtzahl der ArbN der beteiligten Gesellschaften und der betroffenen Tochtergesellschaften erstreckt hat (Nr. 1), bei einer SE, die als Holding-Gesellschaft oder als Tochtergesellschaft gegründet werden soll, beträgt der Prozentsatz 50 % (Nr. 2). Der Grund für die Ungleichbehandlung der beiden Fälle liegt im Wesentlichen darin, dass in der Konstellation gem. Nr. 2 die Mitbest. in den Ausgangsunternehmen erhalten bleibt[17]. Im Fall der Gründung der SE durch Umwandlung kann ein Beschluss, der eine Minderung der MitbestRe zur Folge hätte, nicht gefasst werden (§ 15 V; vgl. auch § 21 VI). Indem § 15 III Nr. 1 und 2 auf 28

---

1 *Grobys*, NZA 2005, 84 (90 f.); MüKoAktG/*Jacobs*, § 20 SEBG Rz. 2. ‖2 MüKoAktG/*Jacobs*, § 20 SEBG Rz. 3 unter Hinw. auf BR-Drs. 438/04, 128. ‖3 MüKoAktG/*Jacobs*, § 20 SEBG Rz. 4. ‖4 *Oetker* in Lutter/Hommelhoff, § 12 SEBG Rz. 19; *Freis* in Nagel/Freis/Kleinsorge § 12 SEBG Rz. 7; MüKoAktG/*Jacobs*, § 12 SEBG Rz. 4. ‖5 MüKoAktG/*Jacobs*, § 12 SEBG Rz. 5. ‖6 MüKoAktG/*Jacobs*, § 13 SEBG Rz. 3; vgl. auch *Freis* in Nagel/Freis/Kleinsorge § 13 Rz. 6. ‖7 Str. ist, ob sich aus § 13 II ein durchsetzbares Rechts des BVG ergibt (so *Krause*, BB 2005, 1221 (1225 f.)); *Oetker* in Lutter/Hommelhoff, § 13 SEBG Rz. 9; aA MüKoAktG/*Jacobs*, § 13 SEBG Rz. 4. ‖8 Der Vorrang des Schutzes von Betriebs- und Geschäftsgeheimnissen gem. § 41 I gilt auch hier (MüKoAktG/*Jacobs*, § 13 SEBG Rz. 4). ‖9 *Freis* in Nagel/Freis/Kleinsorge § 13 Rz. 9. ‖10 MüKoAktG/*Jacobs*, § 14 SEBG Rz. 2. ‖11 Zum Streitstand MüKoAktG/*Jacobs*, § 14 SEBG Rz. 2. ‖12 S. hierzu *Freis* in Nagel/Freis/Kleinsorge § 19 Rz. 9. ‖13 So auch bei § 13 III EBRG; vgl. *Freis* in Nagel/Freis/Kleinsorge, § 15 Rz. 5; etwas missverständlich MüKoAktG/*Jacobs*, § 15 SEBG Rz. 3, der dieser Auffassung zustimmt, andererseits von „Mehrheit nach Köpfen der abstimmenden Mitglieder" spricht. ‖14 MüKoAktG/*Jacobs*, § 15 SEBG Rz. 3; *Freis* in Nagel/Freis/Kleinsorge, § 15 Rz. 5. ‖15 *Freis* in Nagel/Freis/Kleinsorge, § 15 Rz. 7. ‖16 MüKoAktG/*Jacobs*, § 15 SEBG Rz. 4. ‖17 *Freis* in Nagel/Freis/Kleinsorge, § 15 Rz. 12.

die ArbN sowohl der beteiligten Gesellschaften als auch der Tochtergesellschaften abstellen, liegt vordergründig eine Abweichung von Art. 3 IV SE-RL vor, die jedoch wegen der Besonderheiten des deutschen MitbestR (Konzernzurechnung gem. § 5 MitbestG bzw. § 2 DrittelbG) systemkonform ist[1].

29 Von einer Minderung der MitbestRe ist auszugehen, wenn nach der vereinbarten Lösung der Anteil[2] der ArbN im Aufsichts- oder Verwaltungsorgan der SE geringer ist als bei der beteiligten Gesellschaft mit dem bislang höchsten Anteil (§ 15 IV Nr. 1; vgl. auch § 35 und unten Rz. 48)[3] oder wenn das Recht beseitigt oder eingeschränkt wird, Mitglieder des Aufsichts- oder Verwaltungsorgans der Gesellschaft zu wählen, zu bestellen, zu empfehlen oder abzulehnen (Nr. 2)[4].

30 **4. Nichtaufnahme oder Abbruch sowie Wiederaufnahme der Verhandlungen.** Ein Beschluss des BVG dahingehend, keine Verhandlungen aufzunehmen oder dieselben abzubrechen, bedarf einer qualifizierten Zweidrittelmehrheit – die Anforderungen sind dieselben wie in § 15 III 1 (s. Rz. 28). Zur Niederschrift des Beschlusses s. § 17 S. 1 Nr. 2. Parallel zu § 15 V kann ein Beschluss gem. § 16 I nicht bei einer Gründung der SE durch Umwandlung gefasst werden, sofern den ArbN der umzuwandelnden Gesellschaft bereits MitbestRe zustehen (§ 16 III). Das BVG kann den Beschluss nach § 16 I mit einer Vereinbarung zur Verkürzung der Zwei-Jahres-Frist gem. § 18 I 2 (Wiederaufnahme der Verhandlungen) verbinden. Die in § 16 I 3 geregelte Rechtsfolge eines Beschlusses gem. Satz 1 ergibt sich schon aus § 47 I Nr. 2[5]: es kommen die nationalen Regelungen zum EBRG zur Anwendung[6], soweit hierfür die Voraussetzungen vorliegen. IÜ wird das Verfahren zum Abschluss einer Vereinbarung durch einen Beschluss nach Abs. 1 beendet (§ 16 II 1); die Amtszeit des BVG endet[7]. Die Auffangregelungen in Gestalt des SE-Betriebsrats kraft Gesetzes und der Mitbest. kraft Gesetzes finden keine Anwendung. Die SE bleibt auf Unternehmensebene demnach mitbestimmungsfrei (das MitbestG und das DrittelbG finden auf die SE keine Anwendung, s.u. Rz. 46), was einer Eintragung im Handelsregister nicht entgegensteht[8].

31 Die **Wiederaufnahme der Verhandlungen** kann gem. § 18 I 1 frühestens zwei Jahre nach dem Beschluss des BVG gem. § 16 I (zur Verkürzung der Frist § 18 I 2 und vorstehend Rz. 30) auf schriftlichen Antrag[9] von 10 % der ArbN der SE, ihrer Tochtergesellschaften und Betriebe erfolgen, wobei in diesem Fall ein neues BVG auf der Grundlage aktueller ArbN-Zahlen zu bilden ist; das ursprünglich gebildete BVG kann demnach nicht reaktiviert werden. Wird mit dem neu gebildeten BVG keine Vereinbarung erzielt, greift die Auffangregelung nicht (§ 18 II). Dies macht deutlich, dass mit einem Beschluss nach § 16 I das Risiko des „dauerhaften Verlustes des mitbestimmungsrechtlichen Bestandsschutzes" verbunden ist, weshalb es hierzu in der Praxis vermutlich kaum einmal kommen wird[10].

32 **5. Wiederaufnahme der Verhandlungen bei strukturellen Änderungen.** Das SEBG sieht in mehrfacher Hinsicht Regeln für den Fall struktureller Änderungen vor (§ 1 IV, § 5 IV, § 18 III, § 21 I Nr. 6 sowie IV, § 25). Was unter strukturellen Änderungen insb. iSv. § 18 III zu verstehen ist, regelt das Gesetz nicht. Die Begr. zum Regierungsentwurf nennt als einziges Beispiel, dass eine mitbestimmungsfreie SE ein mitbestimmtes Unternehmen mit einer größeren Zahl von ArbN aufnehme[11]. Als strukturelle Änderungen sind nur **korporative Akte** zu qualifizieren, die so schwerwiegend sind wie der Gründungsakt selbst[12] („**gründungsähnlicher Charakter**"[13]), zB die Verschmelzung eines Unternehmens auf die SE. Bloße Änderungen der ArbN-Zahlen reichen nicht aus (arg. § 5 IV und § 25; s.u. Rz. 48)[14], auch nicht der Erwerb oder die Veräußerung von Betrieben (Betriebsübergang nach § 613a BGB)[15]. Hinzukommen

---

1 *Freis* in Nagel/Freis/Kleinsorge, § 15 Rz. 14; MüKoAktG/*Jacobs*, § 15 SEBG Rz. 10; aA (Richtlinienverstoß) *Grobys*, NZA 2005, 84 (89); *Hennings* in Manz/Mayer/Schröder, Europäische Aktiengesellschaft SE, 2. Aufl. 2010, § 15 SEBG Rz. 12,; *Kallmeyer*, ZIP 2004, 1442 (1443); *Henssler*, ZHR 173 (2009), 222 (234f.); *Hellwig/Behme*, AG 2008, 261 (273ff.). ǁ2 Geschützt ist nicht die absolute Zahl der ArbN-Vertreter im Gremium, sondern ihr Anteil am Gesamtgremium; zuerst *Seibt* in Lutter/Hommelhoff, Europäische Gesellschaft, S. 79; ihm folgend *Müller-Bonanni/de Beauregard*, GmbHR 2005, 195 (197); MüKoAktG/*Jacobs*, § 15 SEBG Rz. 12; im Erg. ebenso *Oetker*, BB-Special 1/2005, 2 (11); *Ziegler/Gey*, BB 2009, 1750 (1754). ǁ3 Dass sich für einen Teil der ArbN in anderen Mitgliedstaaten ein Mehr an Mitbest. ergibt, ist unerheblich, sofern nur die Voraussetzungen von Nr. 1 vorliegen; MüKoAktG/*Jacobs*, § 15 SEBG Rz. 12. Bei einem Wechsel vom Aufsichts- zum Verwaltungsorgan kommt es bei Letzterem nur auf die nicht geschäftsführenden Mitglieder an; MüKoAktG/*Jacobs*, § 15 SEBG Rz. 13. ǁ4 Nr. 2 soll den Fall des Wechsels vom Repräsentationsmodell zum Kooptationsmodell (Holland) erfassen; BR-Drs. 438/04, 125. Die Einzelheiten sind str.; zahlreiche Autoren halten die Vorschrift für richtlinienwidrig: *Grobys*, NZA 2005, 84; *Hennings* in Manz/Mayer/Schröder, Europäische Aktiengesellschaft SE, 2. Aufl. 2010, § 15 SEBG Rz. 13; diff. MüKoAktG/*Jacobs*, § 15 SEBG Rz. 14ff. ǁ5 *Freis* in Nagel/Freis/Kleinsorge, § 16 Rz. 8. ǁ6 *Oetker*, BB-Special 1/2005, 2 (10). ǁ7 *Freis* in Nagel/Freis/Kleinsorge, § 16 Rz. 10. ǁ8 *Freis* in Nagel/Freis/Kleinsorge, § 16 Rz. 9. ǁ9 Zu den Formalien des Antrages MüKoAktG/*Jacobs*, § 18 SEBG Rz. 3. ǁ10 MüKoAktG/*Jacobs*, § 18 SEBG Rz. 5. ǁ11 BR-Drs. 438/04, 127. ǁ12 MüKoAktG/*Jacobs*, § 18 SEBG Rz. 12; *Kienast* in Jannott/Frodermann, 13 Rz. 192; *Krause*, BB 2005, 1221 (1228); *Seibt*, ZIP 2005, 2248 (2250); *Seibt*, AG 2005, 413 (427); *Rieble*, BB 2006, 2018 (2022); aA *Köklü* in Van Hulle/Maul/Drinhausen, Kap. 6 Rz. 90; *Köstler* in Theisen/Wenz, Die Europäische AG, 2. Aufl. 2005, Kap. E S. 370f. ǁ13 *Wollburg/Banerjea*, ZIP 2005, 277 (278); MüKoAktG/*Jacobs*, § 18 SEBG Rz. 12; *Feldhaus/Vanscheidt*, BB 2008, 2246 (2247). ǁ14 *Kienast* in Jannott/Frodermann, 13 Rz. 193; MüKoAktG/*Jacobs*, § 18 SEBG Rz. 12 und 18; *Seibt*, AG 2005, 413, 427; dies bedeutet, dass das Mitbest.-Niveau trotz Überschreitung der Schwellenwerte 500/2000 in der SE „eingefroren" wird, allerdings nach oben und unten. ǁ15 *Wollburg/Banerjea*, ZIP 2005, 277 (281f.); MüKoAktG/*Jacobs*, § 18 SEBG Rz. 18; *Rieble*, BB 2006, 2018 (2022); aA *Köklü* in Van Hulle/Maul/Drinhausen, Kap. 6 Rz. 90.

muss, dass die Veränderung geeignet sein muss, Beteiligungsrechte (vgl. § 2 IX) der ArbN zu mindern (§ 18 III 1), was bspw. bei einem Überschreiten der Schwellenwerte gem. MitbestG oder DrittelbG nicht der Fall ist – diese Gesetze finden auf die SE keine Anwendung mehr; das Ausbleiben eines Mitbest.-Zuwachses kommt keiner Minderung der Mitbest. gleich[1]. Nicht unter § 18 III fällt auch ein Anteilserwerb an einer mitbestimmten Gesellschaft. Zum einen stellt ein solcher Anteilserwerb keine strukturelle Änderung dar. Zum anderen werden durch ihn keine Beteiligungsrechte gemindert, weil das nationale Mitbest.-Regime in der erworbenen Gesellschaft beibehalten wird (§ 47 I)[2]; dies gilt jedenfalls dann, wenn die Gesellschaft selbst mehr als 2000 ArbN beschäftigt (§ 1 I MitbestG). Fällt die übernommene Gesellschaft durch Zurechnung von ArbN in Konzerngesellschaften unter das MitbestG, greift § 5 III MitbestG (str.)[3], so dass auch insoweit der Mitbest.-Satus der übernommenen Gesellschaft unverändert bleibt. Allerdings wird für den Fall, dass eine SE-Vorratsgesellschaft eine solche Beteiligung erwirbt, um hierdurch gezielt die Mitbest. auf der Ebene der SE zu vermeiden oder auf niedrigerem Niveau einzufrieren, eine analoge Anwendung von § 18 III bzw. des § 43 erwogen[4]; für eine analoge Anwendung von § 18 III fehlt es allerdings an einer planwidrigen Gesetzeslücke[5]. Auch eine Anwendung des Missbrauchsverbots des § 43 kommt angesichts der Sondervorschrift des § 18 III nicht in Betracht[6]. Eine Minderung der Beteiligungsrechte kann auch dann relevant sein, wenn sie ArbN betrifft, die bislang nicht zur SE oder ihren Tochterunternehmen gehörten[7]. Bsp.: Verschmelzung durch Aufnahme eines mitbestimmten Unternehmens in eine nicht mitbestimmte SE[8], oder Aufnahme eines – im Vergleich zur SE – auf höherem Niveau mitbestimmten Unternehmens[9]. Kein Fall des § 18 III ist hingegen dann gegeben, wenn eine von der SE durch Anteilsübertragung erworbene Gesellschaft aus einem Konzernverbund herausgelöst wird und hierdurch die bisherige Konzernmitbest. einbüßt (§ 5 I MitbestG)[10]. S. zur Strafandrohung im Zusammenhang mit dem missbräuchlichen Entzug von Beteiligungsrechten ohne Durchführung des Verfahrens gem. § 18 III in § 43 und unten Rz. 54[11].

Sind strukturelle Änderungen geplant, können die Leitung der SE oder des SE-Betriebsrats **Verhandlungen über die Beteiligungsrechte** der ArbN veranlassen. Eine durchsetzbare Verpflichtung trifft die genannten Leitungen jedoch nicht. Finden Verhandlungen statt und führen sie nicht zu einer Einigung, gelten die Auffangregelungen gem. §§ 22–33 (SE-Betriebsrat kraft Gesetzes) und §§ 34–38 (Mitbest. kraft Gesetzes)[12]. Das Gesetz regelt nicht, ob sich die Auffangregelungen auf die Situation vor der strukturellen Änderung beziehen[13] oder ob – was vom Zweck der Regelung her sinnvoll wäre – die veränderten Rahmenbedingungen maßgeblich sind; rechtspolitisch ist die Regelung in jedem Fall verfehlt, da sie eine bereits getroffene Vereinbarung wieder zur Disposition stellt[14]. Die Verhandlungen werden zwischen der Leitung der SE (§ 18 IV) und entweder einem neu gebildeten BVG oder dem SE-Betriebsrat geführt. Letzteres wird aus praktischen Gründen häufig vorzuziehen sein. Allerdings müssen auf einvernehmlicher Basis[15] zusätzlich die ArbN, die von der strukturellen Änderung betroffen sind, jedoch nicht vom SE-Betriebsrat vertreten werden, repräsentiert sein (§ 18 III 2; Bsp.: die Vertreter der ArbN eines hereinverschmolzenen Unternehmens). Gewerkschaftsvertreter sind nicht beteiligt, soweit die Verhandlungen mit dem SE-Betriebsrat geführt werden[16]; § 6 II und III gelten nur für das BVG.

6. Inhalt der Vereinbarung. § 21 I betont zwar einerseits die „Autonomie der Parteien" im Hinblick auf den Inhalt der Vereinbarung; andererseits werden im Einzelnen die zwingenden[17] Inhalte aufgeführt:

---

1 *Rieble*, BB 2006, 2018 (2022); *Köklü* in Van Hulle/Maul/Drinhausen, Kap. 6 Rz. 93 ff.; aA wohl *Freis* in Nagel/Freis/Kleinsorge, § 18 Rz. 12 ff., insb. 15. ‖ 2 *Wollburg/Banerjea*, ZIP 2005, 277 (280f.); *Müller-Bonanni/de Beauregard*, GmbHR 2005, 195 (199f.); aA *Oetker* in Lutter/Hommelhoff, § 18 SEBG Rz. 16. ‖ 3 *Müller-Bonanni/de Beauregard*, GmbHR 2005, 195 (198 mwN sowie 199f.). ‖ 4 OLG Düss. 30.3.2009, I-3 Wx 248/08, ZIP 2009, 918; MüKoAktG/*Jacobs*, § 18 SEBG Rz. 17; *Ege/Grzimek/Schwarzfischer*, DB 2011, 1205 (1209); offen gelassen („Risiko") bei *Rieble*, BB 2006, 2018 (2022); vgl. auch (ohne inhaltl. Festlegung) *Wißmann*, FS Richardi, 2007, S. 841 (855 ff.); generell zur Zulässigkeit der Vorrats-SE *Forst*, NZG 2009, 687. ‖ 5 Ablehnend auch *Seibt*, ZIP 2005, 2248 (2250); WHSS/*Seibt*, Rz. F 184; *Köklü* in Van Hulle/Maul/Drinhausen, Kap. 6 Rz. 107; *Götze/Winzer/Arnold*, ZIP 2009, 245 (252); für eine Anwendung von § 18 III *Köstler* in Theisen/Wenz, Die Europäische AG, 2. Aufl. 2005, Kap. E S. 372 ff.; diff. *Habersatt/Müller-Bonanni* in Habersack/Drinhausen, § 18 SEBG Rz. 11. ‖ 6 So aber *Casper/Schäfer*, ZIP 2007, 653 (659). ‖ 7 *Wollburg/Banerjea*, ZIP 2005, 277 (279); MüKoAktG/*Jacobs*, § 18 SEBG Rz. 14. ‖ 8 Begr. RegE BR-Drs. 438/04, 127. ‖ 9 *Wollburg/Banerjea*, ZIP 2005, 277 (282); *Herfs-Röttgen*, NZA 2002, 358 (365); MüKoAktG/*Jacobs*, § 18 SEBG Rz. 16; *Rieble*, BB 2006, 2018 (2022). ‖ 10 *Rieble*, BB 2006, 2018 (2022); *Köklü* in Van Hulle/Maul/Drinhausen, Kap. 6 Rz. 90. ‖ 11 S.a. *Rieble*, BB 2006, 2018 (2022). ‖ 12 Für das Eingreifen der Auffanglösung gelten die allg. Voraussetzungen gem. § 20 (Sechs-Monats-Zeitraum abgelaufen; kein Beschluss nach § 16 I), vgl. MüKoAktG/*Jacobs*, § 18 SEBG Rz. 23. Die Auffanglösung kommt auch in Betracht, wenn schon zuvor eine Verhandlungsregelung (§ 21) bestand, die jedoch keine Regularien iSv. § 21 IV enthielt. Dies würde aber bedeuten, dass es bei einem Scheitern der Verhandlungen zur Geltung der Auffangregelung käme; eine Fortgeltung der Vereinbarung gem. § 21 wäre rechtspolitisch vorzugswürdiger; vgl. MüKoAktG/*Jacobs*, § 18 SEBG Rz. 24. ‖ 13 So wohl („wieder") *Kienast* in Jannott/Frodermann, 13 Rz. 195. ‖ 14 *Kienast* in Jannott/Frodermann, 13 Rz. 195. ‖ 15 Hierfür ist eine Einigung zwischen dem SE-BR und den Repräsentanten der von diesem noch nicht vertretenen ArbN erforderlich; auch die SE-Leitung muss mit der Lösung einverstanden sein; vgl. MüKoAktG/*Jacobs*, § 18 SEBG Rz. 20; vgl. auch die Begr. des RegE BR-Drs. 438/04, 127. ‖ 16 MüKoAktG/*Jacobs*, § 18 SEBG Rz. 20. ‖ 17 BR-Drs. 438/04, 128; allg. zum Umfang der Gestaltungsfreiheit *Jacobs*, FS K. Schmidt, 2009, S. 795 ff.

Die Vereinbarung[1] muss ihren **Geltungsbereich** regeln (Abs. 1 Nr. 1), wobei auch Unternehmen und Betriebe einbezogen werden können, die außerhalb der Mitgliedstaaten (§ 3 II) angesiedelt sind[2]. Nach Nr. 6 sind auch der Zeitpunkt des **Inkrafttretens** und die **Laufzeit** zu regeln, einschl. der Festlegung derjenigen Fälle, bei deren Eintreten die Vereinbarung neu ausgehandelt werden soll und dem dabei anzuwendenden Verfahren. Gem. Abs. 4 sollen insb. die **Folgen struktureller Änderungen** geregelt werden (s. Rz. 32f.). Die Parteien können getrennte Vereinbarungen zum SE-Betriebsrat einerseits und über die Mitbest. andererseits treffen; sie können auch Teile der Auffangregelungen übernehmen bzw. in der Vereinbarung auf sie verweisen[3]. Fehlen zwingende Inhalte der Vereinbarung, kann die SE dennoch eingetragen werden; Lücken sind ggf. unter Heranziehung der gesetzl. Auffangregelung zu füllen[4].

35 **a) SE-Betriebsrat.** Gem. § 21 I Nr. 2 muss die Vereinbarung die Zusammensetzung des SE-Betriebsrats[5] regeln, die Anzahl seiner Mitglieder und die Sitzverteilung, einschl. der Auswirkungen wesentlicher Änderungen der Zahl der in der SE beschäftigten ArbN (vgl. § 18 I Nr. 6 EBRG). Ebenso sind die Befugnisse des SE-Betriebsrats[6] und das Verfahren zur Unterrichtung und Anhörung zu regeln, die Häufigkeit der Sitzungen (Nr. 4) und die finanzielle und materielle Ausstattung (Nr. 5). Es genügt (ist zum Ausschluss der Auffangregelungen jedoch auch erforderlich[7]), wenn die Vereinbarung diese Punkte regelt, auch wenn die Vereinbarung von den Rechten des SE-Betriebsrates kraft Gesetzes abweicht[8]. Gem. § 21 II können anstelle des SE-Betriebsrates auch andere Verfahren zur Unterrichtung und Anhörung vereinbart werden; dabei kann auch auf bereits bestehende Gremien (zB EBR, KBR) zurückgegriffen werden; die Vereinbarung muss dann allerdings die „Durchführungsmodalitäten" des Unterrichtungs- und Anhörungsverfahrens regeln. Der EBR kann zwar für das vereinbarte Verfahren genutzt werden; seine Funktion als Organ dem. dem EBRG bzw. der EBR-RL kann er jedoch angesichts der klaren Regelung in § 47 I Nr. 2 nicht fortsetzen. Es ist nicht erforderlich, dass ArbN aller Mitgliedstaaten direkt im SE-Betriebsrat repräsentiert sind. Die Vereinbarung kann abweichend von § 23 I Schwellenwerte[9] festlegen; alternativ kommt die Bildung von Entsendungskreisen (gemeinsamer Delegierter für mehrere Mitgliedstaaten) in Betracht. Diese Lösungen können sich aus Gründen der Effizienz anbieten. Ein kompletter Verzicht auf ein Verfahren zur Unterrichtung und Anhörung im Rahmen einer Vereinbarung ist nicht vorgesehen und daher unzulässig[10]; er würde zur Geltung der gesetzl. Auffangregelung führen.

36 **b) Mitbestimmung.** Mit § 21 III wird den Parteien die fakultative[11] (s. aber § 21 VI) Möglichkeit eingeräumt, eine Vereinbarung über die Mitbest. zu treffen. In diesem Fall soll der „Inhalt" der Mitbest.[12] geregelt werden, insb. die Zahl der ArbN-Vertreter[13] im Aufsichts- oder Verwaltungsorgan[14] (§ 21 III Nr. 1), das Verfahren zur Wahl, Bestellung, Empfehlung oder Ablehnung dieser Vertreter (Nr. 2) und deren Rechte[15] (Nr. 3). Bei einer Minderung von MitbestR sind allerdings § 15 III und IV zu beachten (s. Rz. 28f.) Die Größe des Mitbest.-Organs ist tauglicher Gegenstand der Mitbest.-Vereinbarung[16]. Entgegenstehende Satzungsbestimmungen sind ggf. anzupassen (Art. 12 IV SE-VO)[17]. Entscheidend ist, dass in der SE die Zahl der Aufsichtsrats- bzw Verwaltungsratsmitglieder abweichend von § 7 MitbestG geregelt werden kann, und zwar sowohl bei Zustandekommen einer Vereinbarung als auch bei Geltung der gesetzl. Auffanglösung[18]. Nicht geregelt werden kann ua. die Einführung eines Arbeitsdirektors oder die innere Ordnung des Aufsichts- oder Verwaltungsorgans (zB Regeln zur Beschlussfassung oder Beschlussfähigkeit)[19].

---

1 Eine Mustervereinbarung stellen *Heinze/Seifert/Teichmann*, BB 2005, 2524, vor; ausf. *Hoops*, Die Mitbestimmungsvereinbarung, 2008. ‖2 Problematisierend *Thüsing*, ZIP 2006, 1469 (1472f.). ‖3 MüKoAktG/*Jacobs*, § 21 SEBG Rz. 10. ‖4 *Kienast* in Jannott/Frodermann, 13 Rz. 405ff.; MüKoAktG/*Jacobs*, § 21 SEBG Rz. 15; *Freis* in Nagel/Freis/Kleinsorge, § 21 Rz. 8. ‖5 Es ist nicht zulässig, den SE-BR mit externen Mitgliedern (zB Gewerkschaftsfunktionären) zu besetzen, vgl. § 23 I 2; *Kuffner*, Die Beteiligung der ArbN in der Europäischen. AG, 2003, S. 153; MüKoAktG/*Jacobs*, § 21 SEBG Rz. 17; großzügiger *Thüsing*, ZIP 2004, 1469 (1474). ‖6 Problematisch sind hingegen über das jeweilige nationale Recht hinausgehende Vereinbarungen über die Rechtsstellung der Mitglieder des SE-BR; vgl. *Thüsing*, ZIP 2006, 1469 (1476). ‖7 BR-Drs. 438/04, 128. ‖8 MüKoAktG/*Jacobs*, § 21 SEBG Rz. 17; zu den Grenzen einer Erweiterung der Befugnisse des SE-BR s. *Thüsing*, ZIP 2006, 1469 (1472). ‖9 Vgl. hierzu bei Geltung des EBRG *Blanke*, § 41 EBRG Rz. 18. ‖10 *Thüsing*, ZIP 2006, 1469 (1471); MüKoAktG/*Jacobs*, § 21 SEBG Rz. 12. ‖11 Die Parteien können – außer im Fall der durch Umwandlung gegründeten SE (vgl. § 21 VI) – auf die Mitbest. im Aufsichts- oder Verwaltungsorgan verzichten; *Grobys*, NZA 2005, 84 (88); MüKoAktG/*Jacobs*, § 21 SEBG Rz. 13; *Oetker*, BB-Special 1/2005, 2 (9); *Oetker*, ZIP 2006, 1113 (1114); *Rieble*, BB 2006, 2018 (2020). ‖12 Zulässig ist zB die „Verschiebung" der Mitbest. in einen Kontrollausschuss des Aufsichts- oder Verwaltungsorgans, um die Strategie und die Unternehmensplanung mitbestimmungsfrei behandeln zu können; vgl. *Seibt*, AG 2005, 413 (422); *Gruber/Weller*, NZG 2003, 297ff.; WHSS/*Seibt*, Rz. F 176; ähnlich *Teichmann*, BB 2004, 53 (57); *Müller-Bonanni/de Beauregard*, GmbHR 2005, 195 (199). ‖13 Auch Vertreter aus Nicht-Mitgliedstaaten können zugelassen werden; BR-Drs. 438/04, 129; ebenfalls möglich: höhere Repräsentanz leitender Angestellter und ihre Wahl durch den SprAu; *Oetker*, BB-Special 1/2005, 2 (9). ‖14 Zu den Schwierigkeiten der Mitbest. im Verwaltungsorgan beim monistischen System s. *Oetker*, BB-Special 1/2005, 2 (5) mwN. ‖15 Zulässig ist auch eine Verschärfung der gesetzl. Regeln zum Geheimnisschutz, *Kienast* in Jannott/Frodermann, 13 Rz. 391. ‖16 LG Nürnberg-Fürth 8.2.2010 – 1 HKO 8471/09; *Oetker*, ZIP 2006, 1113 (1115f.); WHSS/*Seibt*, Rz. F 176; aA statt aller *Kiem*, ZHR 173 (2009), 156 (175) mwN. ‖17 Insb. *Oetker*, ZIP 2006, 1113 (1115ff.); aA iS eines „Primats der Satzung" WHSS/*Seibt*, Rz. F 176; ähnlich *Ihrig/Wagner*, BB 2004, 1749 (1755); generell zum Verhältnis von Satzungsstrenge und Parteiautonomie *Teichmann*, AG 2008, 797 (800ff.); *Forst*, AG 2010, 350 (352ff.). ‖18 WHSS/*Seibt*, Rz. F 177. ‖19 *Jacobs*, FS K. Schmidt, 2009, S. 795 (810ff.).

c) Mitbestimmungserhaltung bei SE-Gründung qua Umwandlung. Gem. § 21 VI muss die Verein- 37
barung in der durch Umwandlung gegründeten SE die ArbN-Beteiligung in Bezug auf „alle Komponenten", also SE-Betriebsrat und Mitbest., im „gleichen Ausmaß" gewährleisten wie bei der umgewandelten Gesellschaft, wodurch eine „Flucht aus der Mitbestimmung" verhindert werden soll[1]. Die Formulierung „gleiches Ausmaß" spricht dafür, dass im Hinblick auf die Mitbest. im Aufsichts- oder Verwaltungsorgan nur die proportionale Beteiligung der ArbN gewahrt bleiben muss[2]; im Hinblick auf die Größe des Gremiums insg. oder auf dessen Befugnisse besteht Vertragsfreiheit.

d) Strukturelle Änderungen. Gem. § 21 IV soll die Vereinbarung festlegen, dass vor strukturellen Än- 38
derungen Verhandlungen über die Beteiligung der ArbN in der SE aufgenommen werden sollen. Das diesbezügliche Verfahren kann geregelt werden[3]. Die Regelung ergänzt § 18 III[4]. Selbst wenn die Vereinbarung diese Inhalte enthält, sind die daraus folgenden Verpflichtungen nicht einklagbar. Falls sich eine der Parteien den Verhandlungen entzieht, gilt die Auffangregelung (s. Rz. 40 ff.).

7. Formelle Anforderungen an die Vereinbarung; Rechtswirkungen. § 21 I 1 verlangt zwingend 39
Schriftform. Sich aufeinander beziehende einseitige Erklärungen des BVG bzw der Leitungen genügen nicht[5]. Die Unterzeichnung seitens des BVG (bzw. im Fall des § 18 III 2 seitens des SE-Betriebsrats) erfolgt durch den Vorsitzenden (§ 12 I 2). Das BVG muss einen entsprechenden Beschluss fassen, der den Anforderungen von § 15 genügen muss. Der Beschluss ist in eine Niederschrift aufzunehmen; eine Abschrift ist den Leitungen zu übermitteln (§ 17 Satz 1 Nr. 1, Satz 2). Alle Leitungen müssen die Vereinbarung gesondert unterschreiben, sofern sie nicht ein einheitliches Verhandlungsorgan gebildet haben[6]. Die Vereinbarung ist weder TV noch BV[7]; ihre Regelungen wirken mangels Rechtsgrundlage nicht normativ auf die ArbVerh ein[8], wofür angesichts der Regelungsmaterie auch kein Bedürfnis besteht. Es handelt sich vielmehr um einen Organisationsvertrag[9], der Regelungen zu Gunsten Dritter enthält. Für die Auslegung ist § 1 III zu beachten. Regelungslücken können durch Heranziehung der gesetzl. Auffanglösung geschlossen werden, sofern Sinn und Zweck der Vereinbarung iÜ nicht dagegen sprechen. Zur Bedeutung der Vereinbarung für die Eintragung der SE im Handelsregister s. Art. 12 II–IV SE-VO[10].

VII. Beteiligung der Arbeitnehmer kraft Gesetzes. Die Regelungen über die Beteiligung der ArbN 40
kraft Gesetzes finden gem. § 22 Anwendung, wenn (1) die Parteien die Anwendung der **gesetzl. Auffangregelungen vereinbaren** oder (2) bis zum Ende des auf sechs Monate begrenzten Verhandlungszeitraums (der auf bis zu zwölf Monate verlängert werden kann) **keine Vereinbarung mit dem BVG** zustande gekommen ist[11] und das BVG keinen Beschluss über die Nichtaufnahme oder den Abbruch der Verhandlungen gefasst hat oder (3) bei der Wiederaufnahme von Verhandlungen aus Anlass struktureller Änderungen der SE keine Einigung erzielt wird (§ 18 III 3)[12]. In diesen Fällen finden die Vorschriften über den SE-Betriebsrat kraft Gesetzes (§§ 23 ff.) sowie – bei Vorliegen bestimmter weiterer Voraussetzungen – über die Mitbest. kraft Gesetzes (§§ 34 ff.) Anwendung[13].

1. SE-Betriebsrat kraft Gesetzes. Zur Sicherung des Rechts auf Unterrichtung und Anhörung ist ein 41
SE-Betriebsrat zu errichten (§ 23 I 1). Auf die Errichtung des SE-Betriebsrats finden im Wesentlichen die Regelungen Anwendung, die auch für die Bildung des BVG gelten (s. Rz. 8 ff.), allerdings mit der Maßgabe, dass bei der Anwendung dieser Vorschriften an die Stelle der „beteiligten Gesellschaften", „betroffenen Tochtergesellschaften" und „betroffenen Betriebe", die SE, ihre Tochtergesellschaften und ihre Betriebe treten (§ 23 I 3)[14]. Der SE-Betriebsrat ist ein **ständiges Organ**[15]. Die Mitgliedschaft für aus Deutschland kommende Mitglieder beträgt vier Jahre, sofern sie nicht durch Abberufung oder aus anderen Gründen vorzeitig endet (§ 23 I 6). Die Leitung der SE lädt unverzüglich nach Benennung der Mitglieder zur konstituierenden Sitzung des SE-Betriebsrats ein. Dieser wählt aus seiner Mitte einen Vorsitzenden und dessen Stellvertreter (§ 23 II). Vom Tag der konstituierenden Sitzung des SE-Betriebsrats an gerechnet ist die Leitung der SE alle zwei Jahre verpflichtet zu prüfen, ob Änderungen der SE, ihrer Tochtergesellschaften und Betriebe eingetreten sind, und zwar insb. bei den ArbN-Zahlen in den einzelnen Mitgliedstaaten. Das Ergebnis dieser Prüfung ist dem SE-Betriebsrat mitzuteilen, der

---

1 BR-Drs. 438/04, 130. ‖ 2 *Seibt* in Lutter/Hommelhoff, Europäische Gesellschaft, S. 78 f.; *Grobys*, NZA 2005, 84 (88); *Ihrig/Wagner*, BB 2004, 1749 (1755); MüKoAktG/*Jacobs*, § 21 SEBG Rz. 21. ‖ 3 Hierzu *Seibt*, AG 2005, 413 (427). ‖ 4 Fraglich ist, ob vorgesehen werden kann, dass sich der Anteil der ArbN-Vertreter im Aufsichts- oder Verwaltungsorgan bei Unterschreiten der nach deutschem MitbestR geltenden Schwellenwerte reduziert; uE stellt dies keine Minderung der Mitbest. dar; aA *Rieble*, BB 2006, 2018 (2021). ‖ 5 MüKoAktG/*Jacobs*, § 21 SEBG Rz. 4. ‖ 6 MüKoAktG/*Jacobs*, § 21 SEBG Rz. 5; *Kienast* in Jannott/Frodermann, 13 Rz. 100, 337; *Oetker* in Lutter/Hommelhoff, Europäische Gesellschaft, S. 297 f. ‖ 7 MüKoAktG/*Jacobs*, § 21 SEBG Rz. 6. ‖ 8 Deshalb auch der Notwendigkeit von § 12 IV SE-VO; vgl. dazu auch noch MüKoAktG/*Jacobs*, 2. Aufl. 2006, § 21 SEBG Rz. 7; aA nunmehr MüKoAktG/*Jacobs*, § 21 SEGB Rz. 7; *Kienast* in Jannott/Frodermann, 13 Rz. 353; zur Rechtslage bei § 17 EBRG GK-BetrVG/*Oetker*, vor § 106 Rz. 133 mwN. ‖ 9 *Oetker* in Lutter/Hommelhoff, Europäische Gesellschaft, S. 299 Fn. 84; *Hohenstatt/Müller-Bonanni* in Habersack/Drinhausen, § 21 SEBG Rz. 4: Kollektivvertrag sui generis mit normativer Wirkung. ‖ 10 Vgl. *Oetker*, BB-Special 1/2005, 2 (5). ‖ 11 Hierzu gehört auch der Fall der Nichtigkeit der geschlossenen Vereinbarung; so ArbG Stuttgart 24.10.2007 – 12 BVGa 4/07. ‖ 12 *Köklü* in Van Hulle/Maul/Drinhausen, Abschn. 6 Rz. 163. ‖ 13 Vgl. den Überblick bei WHSS/*Seibt*, Rz. F 171. ‖ 14 *Niklas*, NZA 2004, 1200 (1203). ‖ 15 *Nagel* in Nagel/Freis/Kleinsorge, § 23 Rz. 3.

ggf. veranlasst, dass Mitglieder in bestimmten Mitgliedstaaten neu gewählt oder bestellt werden (§ 25). Auf diese Weise wird sichergestellt, dass der SE-Betriebsrat als ständiges Organ gleichwohl regelmäßig etwaigen Veränderungen angepasst wird, insb. im Hinblick auf Veränderungen der relevanten ArbN-Zahlen.

42 Die Vorschriften über die Aufgaben und die Geschäftsführung des SE-Betriebsrats kraft Gesetzes ähneln den entsprechenden Vorschriften über den EBR kraft Gesetzes[1]. Folgerichtig ist **kein EBR neben dem SE-Betriebsrat** zu errichten und EBR, die bei den beteiligten Gesellschaften ggf. bestehen, erlöschen mit Eintragung der SE (§ 47 I Nr. 2). Hinsichtlich der **Geschäftsführung** ist vorgesehen, dass der SE-Betriebsrat sich eine schriftliche Geschäftsordnung geben soll. Die Sitzungen des SE-Betriebsrats sind nicht öffentlich (§ 24 II 3). Ein Teilnahmerecht für Gewerkschaftsvertreter an den Sitzungen des SE-Betriebsrats besteht nicht[2]. Für die Führung der laufenden Geschäfte hat der SE-Betriebsrat aus seiner Mitte einen geschäftsführenden Ausschuss zu bilden, der aus drei Mitgliedern besteht (§ 23 IV).

43 Da ein SE-Betriebsrat kraft Vereinbarung die Regel und ein SE-Betriebsrat kraft Gesetzes die Ausnahme sein soll, hat der SE-Betriebsrat kraft Gesetzes vier Jahre nach seiner Einsetzung zu beschließen, ob eine Vereinbarung über die Beteiligung der ArbN (§ 21) verhandelt werden soll oder ob es bei dem SE-Betriebsrat kraft Gesetzes bleiben soll (§ 26). Wird ein **Beschluss zur Aufnahme von Neuverhandlungen** gefasst, so gelten die Vorschriften über das Verhandlungsverfahren, die bereits im Rahmen der Gründung der SE zur Anwendung gekommen sind, allerdings mit dem Unterschied, dass der SE-Betriebsrat kraft Gesetzes die Verhandlungen mit der Leitung der SE führt und kein BVG gebildet wird. Kommt keine Vereinbarung zustande, findet die bisherige Regelung weiterhin Anwendung.

44 Aufgaben und Zuständigkeiten des SE-Betriebsrats erstrecken sich auf **grenzüberschreitende Angelegenheiten** (§ 27). Hierzu sieht das Gesetz einerseits mindestens einmal pro Kalenderjahr eine Unterrichtung und Anhörung des SE-Betriebsrats durch die Leitung der SE über die im Katalog des § 28 II genannten Gegenstände vor. Andererseits hat eine rechtzeitige Unterrichtung und Anhörung über außergewöhnliche Umstände, insb. die Verlegung, Verlagerung oder Stilllegung von Unternehmen, Betrieben oder wesentlichen Betriebsteilen sowie Massenentlassungen zu erfolgen (§ 29 I). Die in § 28 II genannten Gegenstände entsprechen dem Katalog des § 32 II EBRG, also denjenigen Gegenständen, über die ein EBR einmal im Jahr durch die zentrale Leitung zu unterrichten ist (s. zu den Einzelheiten EBRG Rz. 108). § 29 ist § 33 EBRG nachgebildet (s. zu den Einzelheiten EBRG Rz. 109), geht jedoch in folgenden Punkten über die Regelung im EBRG hinaus: Anders als § 33 EBRG begründet § 29 II ein Recht des SE-Betriebsrats, zu außergewöhnlichen Umständen in gemeinsamer Sitzung mit der Leitung der SE angehört zu werden[3]. Des Weiteren gewährt § 29 IV einen Anspruch auf ein zweites Zusammentreffen, wenn die Leitung der SE beschließt, einer Stellungnahme des SE-Betriebsrats zu den geplanten außergewöhnlichen Maßnahmen nicht zu folgen. Bei dem zweiten Treffen ist ein erneuter Einigungsversuch zu unternehmen. Das zweite Treffen muss vor Beginn der Umsetzung der entsprechenden Maßnahme erfolgen, weil ein erneuter Einigungsversuch andernfalls leer liefe[4]. Ein Unterlassungsanspruch des SE-Betriebsrats wegen nicht oder nicht vollständig erfolgter Unterrichtung und Anhörung ist ebenso wenig anzuerkennen wie ein Unterlassungsanspruch des BR bei Betriebsänderungen nach §§ 111 ff. BetrVG (s. § 111 Rz. 80)[5]. Der SE-Betriebsrat informiert die ArbN-Vertreter der SE über Inhalt und Ergebnis des Unterrichtungs- und Anhörungsverfahrens. Sind keine ArbN-Vertreter vorhanden, sind die ArbN direkt zu informieren (§ 30).

45 Die erforderlichen **Kosten** des SE-Betriebsrats trägt die SE (§ 33). Hierzu gehören auch die Kosten für die Fortbildung vom Mitgliedern des SE-Betriebsrats (§ 31) sowie die Kosten für Sachverst., die zur ordnungsgemäßen Erfüllung der Aufgaben des SE-Betriebsrats erforderlich sind (§ 32).

46 2. Mitbestimmung kraft Gesetzes. a) Voraussetzungen. Während die Bildung des SE-Betriebsrats kraft Gesetzes der Sicherung der (in der Terminologie des deutschen Arbeitsrechts) betriebl. Mitbest. dient, behandelt die „Mitbest. kraft Gesetzes" gem. §§ 34 ff. die **Unternehmensmitbestimmung** (s. Rz. 7). Die SE unterliegt hinsichtlich der Unternehmensmitbest. allein dem Sonderregime des SEBG; nationales MitbestR findet auf sie gem. § 47 I Nr. 1 keine Anwendung[6]. Im Unterschied zum SE-Betriebsrat kraft Gesetzes, der unter den Voraussetzungen des § 22 stets zu errichten ist, finden die Regelungen über die Mitbest. kraft Gesetzes nur bei Vorliegen weiterer Voraussetzungen Anwendung. Welche zusätzlichen Voraussetzungen vorliegen müssen, hängt davon ab, auf welche Weise die SE gegründet wird (vgl. Rz. 4). Erfolgt die Gründung durch formwechselnde **Umwandlung in eine SE**, so finden die Regelungen über die Mitbest. kraft Gesetzes Anwendung, wenn in der Gesellschaft vor der Umwandlung Bestimmungen über die Mitbest. der ArbN im Aufsichts- oder Verwaltungsorgan galten (§ 34 I Nr. 1). Bei der Gründung der SE durch **Verschmelzung** findet die Mitbest. kraft Gesetzes Anwendung, wenn vor der Eintragung der SE eine oder mehrere der beteiligten Gesellschaften mitbestimmt waren und sich die Mitbest. auf mindestens 25 % der Gesamtzahl der ArbN aller beteiligten Gesellschaf-

---

[1] *Müller-Bonanni/de Beauregard*, GmbHR 2005, 195 (196). ||[2] MüKoAktG/*Jacobs* Vor § 23 SEBG Rz. 6. ||[3] *Oetker* in Lutter/Hommelhoff, § 29 SEBG Rz. 2. ||[4] *Grobys*, NZA 2005, 84 (89). ||[5] AA *Köstler* in Theisen/Wenz, Die Europäische AG, 2. Aufl. 2005, S. 359. ||[6] WHSS/*Seibt*, Rz. F 178; UHH/*Ulmer/Habersack*, § 1 MitbestG Rz. 33.

ten und betroffenen Tochtergesellschaften erstreckte. Wird der Schwellenwert von 25 % nicht erreicht, ist für die Anwendung der Mitbest. kraft Gesetzes zusätzlich ein entsprechender Beschluss des BVG erforderlich (§ 34 I Nr. 2). Wird eine **Holding-SE** oder eine **Tochter-SE** gegründet, findet die Mitbest. kraft Gesetzes Anwendung, wenn vor der Eintragung der SE eine oder mehrere der beteiligten Gesellschaften mitbestimmt waren und sich die Mitbest. auf mindestens 50 % der Gesamtzahl der ArbN aller beteiligten Gesellschaften und betroffenen Tochtergesellschaften erstreckte[1]. Wird der Schwellenwert von 50 % nicht erreicht, ist für die Anwendung der Mitbest. kraft Gesetzes zusätzlich ein entsprechender Beschluss des BVG erforderlich (§ 34 I Nr. 3).

b) Festlegung der Form der Mitbestimmung. Wenn bei einer Gründung durch Verschmelzung oder Errichtung einer Holding-SE oder einer Tochter-SE in den an der Gründung beteiligten Gesellschaften unterschiedliche Formen der Mitbest. Anwendung finden, stellt sich die Frage, welche Form der Mitbest. bei der SE gelten soll. Vorrangig entscheidet das BVG, welche Form der Mitbest. Anwendung finden soll (§ 34 II 1). Fasst das BVG hierüber keinen Beschluss und ist eine mitbestimmte inländische Gesellschaft an der Gründung der SE beteiligt, so findet Mitbest. in der Form des Repräsentationsmodells gem. § 2 XII Nr. 1 Anwendung, dh. die ArbN haben das Recht, einen Teil der Mitglieder des Aufsichts- oder Verwaltungsorgans der Gesellschaft zu wählen oder zu bestellen (§ 34 II 2). Ist dagegen keine mitbestimmte inländische Gesellschaft an der Gründung der SE beteiligt, so findet entweder das Repräsentationsmodell oder das Kooptationsmodell Anwendung (§ 2 XII Nr. 1 bzw. Nr. 2), je nachdem, welches Modell für die höchste Zahl der in den beteiligten Gesellschaften beschäftigten ArbN gilt (§ 34 II 3)[2].

c) Umfang der Mitbestimmung. Liegen die Voraussetzungen der Mitbest. kraft Gesetzes vor und steht fest, welche Form der Mitbest. anwendbar ist, so ist als nächstes der Umfang der Mitbest. zu klären, also die Frage, mit welchem Anteil die ArbN im Aufsichts- oder Verwaltungsorgan der SE vertreten sind. Erfolgt die Gründung der SE durch **Umwandlung**, „bleibt die Regelung zur Mitbest. erhalten" (§ 35 I). Diese missverständliche Regelung besagt lediglich, dass die proportionale Zusammensetzung des Aufsichts- oder Verwaltungsorgans unverändert bleibt[3]. Unterlag die Gesellschaft vor dem Formwechsel bspw. dem MitbestG und wird bei der SE ein Aufsichtsorgan gebildet (dualistisches System), so gehören diesem Aufsichtsorgan ein gleichgroßer *Anteil* von ArbN- und Anteilseignervertretern an[4]. Nicht erforderlich ist dagegen, dass die *absolute Zahl* der Mitglieder des Aufsichtsorgans nach der Umwandlung in eine SE unverändert bleibt: Die Zahl der Mitglieder des Aufsichtsorgans kann im Rahmen der formwechselnden Umwandlung in eine SE verringert werden[5]. War eine Gesellschaft, die in eine SE umgewandelt wird, bis zum Formwechsel mitbestimmungsfrei[6], so bleibt sie auch als SE mitbestimmungsfrei. Die Umwandlung in eine SE kann daher zur **Vermeidung der Unternehmensmitbest.** führen, wenn der Formwechsel erfolgt, bevor der Schwellenwert von 500 regelmäßig beschäftigten ArbN überschritten wird[7]. Bei den **übrigen Gründungsformen** bemisst sich der Anteil der ArbN-Vertreter im Aufsichts- oder Verwaltungsorgan der SE „nach dem höchsten Anteil an Arbeitnehmervertretern, der in den Organen der beteiligten Gesellschaften vor der Eintragung der SE bestanden hat" (§ 35 II 2). Dies bedeutet im Klartext, dass das höchste Mitbest.-Niveau erhalten bleibt. § 35 II 2 wird daher regelmäßig zu einem „Import" des deutschen Mitbest.-Niveaus in die SE führen[8]. Das Mitbest.-Niveau wird allerdings *statisch* fortgeschrieben, so dass sich die Gründung einer SE als Gestaltungsmöglichkeit zum **Einfrieren der Unternehmensmitbest.** eignet[9]. Ebenso wie bei der Gründung durch Umwandlung gewährleistet auch § 35 II 2 lediglich die Beibehaltung des Anteils von ArbN- und Anteilseignervertretern, nicht dagegen die Wahrung der bisherigen absoluten Zahl der Vertreter[10]. In der Praxis ist die Gründung einer SE bereits des Öfteren zur Verringerung der Zahl der AR-Mitglieder genutzt worden[11].

Führt § 35 zur Beibehaltung paritätischer Mitbest., wird jedoch eine monistisch verfasste SE gegründet, so sind ArbN-Vertreter anders als bei der an der Gründung beteiligten Gesellschaft nicht lediglich im AR, sondern im Verwaltungsrat vertreten, so dass eine paritätische Repräsentation im Leitungsorgan der SE entsteht. Dies wird zu Recht überwiegend für verfassungswidrig gehalten, weil Anteilseignervertreter im Leitungsorgan der Gesellschaft gezwungen werden, einheitlich abzustimmen, andernfalls sie durch die ArbN-Vertreter überstimmt werden können[12].

---

1 Krit. zur Übertragung des Mitbest.-Regimes auf Tochter-SE *Müller-Bonanni/de Beauregard*, GmbHR 2005, 195 (198). ‖ 2 S. jedoch *Lunk/Hinrichs*, NZA 2007, 773 (779) (für die entsprechende Regelung im MgVG). ‖ 3 *Seibt* in Lutter/Hommelhoff, Art. 37 SE-VO Rz. 51; MüKoAktG/*Jacobs*, § 35 Rz. 9. ‖ 4 *Oetker* in Lutter/Hommelhoff, Europäische Gesellschaft, S. 306; *Ziegler/Gey*, BB 2009, 1750 (1755). ‖ 5 *Seibt* in Lutter/Hommelhoff, Europäische Gesellschaft, S. 79; *Ihrig/Wagner*, BB 2004, 1749 (1755); *Müller-Bonanni/de Beauregard*, GmbHR 2005, 195 (197); *Rieble*, BB 2006, 2018 (2021). ‖ 6 Entscheidend ist der Status quo zum Zeitpunkt der Unterrichtung gem. § 4. Dies gilt auch dann, wenn trotz Überschreitung der Schwellenwerte ein Statusverfahren gem. §§ 97 ff. AktG unterblieben ist. In diesem Fall wird nur das tatsächlich praktizierte Mitbest.-Niveau erhalten; aA *Grambow*, BB 2012, 902. ‖ 7 UHH/*Habersack*, § 34 SEBG Rz. 13. ‖ 8 *Grobys*, NZA 2005, 84 (90). ‖ 9 WHSS/*Seibt*, Rz. F 178 f.; *Forst*, Der Konzern 2010, 151 (153). ‖ 10 *Oetker* in Lutter/Hommelhoff, Europäische Gesellschaft, S. 310. ‖ 11 WHSS/*Seibt*, Rz. F 177 und Übersicht in Rz. F 175. ‖ 12 WHSS/*Seibt*, Rz. F 177; *Kämmerer/Veil*, ZIP 2005, 369 ff.; *Henssler*, FS Ulmer, 2003, S. 193 (202); MüKoAktG/*Jacobs*, § 35 SEBG Rz. 16 ff.

49 **d) Sitzverteilung.** Steht der Anteil der ArbN-Vertreter im Aufsichts- oder Verwaltungsorgan der SE fest, so ist im nächsten Schritt die **Verteilung der Sitze auf die einzelnen Mitgliedstaaten** vorzunehmen. Anders als in einem nach dem MitbestG oder DrittelbG mitbestimmten AR, in dem nur deutsche ArbN repräsentiert sind, sollen in der SE die ArbN aus möglichst vielen Mitgliedstaaten repräsentiert sein[1]. Die Verteilung der Sitze obliegt dem SE-Betriebsrat (§ 36 I 1), der folgende Vorgaben zu beachten hat. Die Verteilung der Sitze richtet sich nach dem jeweiligen Anteil der in den einzelnen Mitgliedstaaten beschäftigten ArbN der SE, ihrer Tochtergesellschaften und Betriebe (§ 36 I 2)[2]. Sind an der Gründung der SE Gesellschaften aus mehr Mitgliedstaaten beteiligt, als Sitze zur Verfügung stehen, bleiben die ArbN einzelner Mitgliedstaaten ohne eigenen Vertreter. Allerdings hat der SE-Betriebsrat in einem solchen Fall den letzten zu verteilenden Sitz an einen bisher unberücksichtigten Mitgliedstaat zu vergeben, und zwar selbst dann, wenn dies zu Lasten eines Mitgliedstaats mit einer großen Anzahl von ArbN geht[3] (§ 36 I 3). Soweit angemessen, soll dieser letzte Sitz dem Mitgliedstaat zugewiesen werden, in dem die SE ihren Sitz hat (§ 36 I 4).

50 Steht die Verteilung der Sitze auf die einzelnen Mitgliedstaaten fest, so ist zu bestimmen, **welche Personen** die Sitze im Aufsichts- oder Verwaltungsorgan besetzen. Für die deutschen ArbN-Vertreter im Aufsichts- oder Verwaltungsorgan gilt, dass sie von einem Wahlgremium bestimmt werden, das ebenso zusammengesetzt ist wie das Wahlgremium bei der Bildung des BVG (§ 36 III 1). Eine Direktwahl durch die ArbN ist anders als bspw. im MitbestG oder DrittelbG nicht vorgesehen. Jedes dritte inländische Mitglied im Aufsichts- oder Verwaltungsorgan ist ein Gewerkschaftsvertreter, jedes siebte ein leitender Angestellter (§§ 36 I 2, 6 III, IV)[4]. Für die ausländischen ArbN-Vertreter regelt das Recht des jeweiligen Mitgliedstaates, wie die Person bestimmt wird, die den Sitz im Aufsichts- oder Verwaltungsorgan einnimmt. Hat ein Mitgliedstaat keine entsprechende Regelung getroffen, wird der ArbN-Vertreter durch den SE-Betriebsrat bestimmt (§ 36 II). Mit Wahl durch das Wahlgremium bzw. anderweitigen Bestimmung ist der entsprechende ArbN allerdings noch nicht Mitglied des Aufsichts- oder Verwaltungsorgans. Es bedarf noch der Bestellung durch die Hauptversammlung; die Hauptversammlung ist jedoch an ordnungsgemäß unterbreitete Vorschläge gebunden (§ 36 IV).

51 **e) Wahlanfechtung.** Ist bei der Wahl eines inländischen ArbN-Vertreters im Aufsichts- oder Verwaltungsorgan gegen wesentliche Vorschriften über das Wahlrecht, die Wählbarkeit oder das Wahlverfahren verstoßen worden, kann nach Maßgabe des § 37 II u.a. durch mindestens drei wahlberechtigte ArbN, den SE-Betriebsrat oder die Leitung der SE eine **Wahlanfechtung** erfolgen. Die Wahlanfechtung muss innerhalb eines Monats nach dem Bestellungsbeschluss der Hauptversammlung erfolgen (§ 37 II 3). Bei besonders schwerwiegenden Verstößen gegen Wahlvorschriften ist die Wahl ex tunc nichtig[5]. Die **Nichtigkeit** kann auch außerhalb der genannten Monatsfrist geltend gemacht werden[6]. Unterlaufen während des Wahlverfahrens Fehler, die zur Anfechtbarkeit oder Nichtigkeit der Wahl führen würden, so kann das Wahlverfahren auf Antrag der Leitung der SE durch **einstweilige Verfügung** abgebrochen werden[7].

52 **f) Sonstiges.** Den ArbN-Vertretern im Aufsichts- oder Verwaltungsorgan stehen die **gleichen Rechte und Pflichten** wie den Vertretern der Anteilseigner zu (§ 38 I). Ein Mitglied des Leitungsorgans oder einer der geschäftsführenden Direktoren ist für den Bereich Arbeit und Soziales zuständig (§ 38 II), anders als etwa im Rahmen des MitbestG ist die Bestellung eines Arbeitsdirektors jedoch nicht erforderlich[8].

53 **VIII. Tendenzschutz.** Auf Tendenzunternehmen findet die Mitbest. kraft Gesetzes **keine Anwendung**. Die Unterrichtung und Anhörung des SE-Betriebsrats beschränkt sich auf die in § 28 II Nr. 5–10 und § 29 genannten Gegenstände und erfolgt nur im Hinblick auf den Ausgleich oder die Milderung der wirtschaftl. Nachteile, die den ArbN infolge der Unternehmens- oder Betriebsänderung entstehen (§ 39). Wie im MitbestG und DrittelbG werden Tendenzunternehmen somit auch im Anwendungsbereich des SEBG von der Unternehmensmitbest. ausgenommen, und in Anlehnung an § 118 BetrVG werden Tendenzunternehmen vor einer zu weit reichenden Einschränkung ihrer Rechte durch betriebl. Mitbest. abgeschirmt (s. § 118 BetrVG Rz. 1). Da § 39 allerdings über den Wortlaut von Art. 8 III SE-RL hinaus geht und den Tendenzschutz auch auf eine konfessionell, karitativ, erzieherisch, wissenschaftlich oder künstlerisch ausgerichtete SE anwendet, und im Hinblick auf den Tendenzzweck der Berichterstattung und Meinungsäußerung keine bestimmte weltanschauliche Tendenz verlangt, wird § 39 teilweise für europarechtswidrig gehalten[9]. Nach aA ist § 39 europarechtskonform nur dann auf eine konfessionell, karitativ, erzieherisch, wissenschaftlich oder künstlerisch ausgerichtete SE anzuwenden, wenn diese im Bereich der Meinungsäußerung oder Berichterstattung tätig wird[10]. Nach zutr. Ansicht ist § 39

---

[1] BR-Drs. 438/04, 138. || [2] Berechnungsbsp. bei *Oetker* in Lutter/Hommelhoff, § 36 SEBG Rz. 6. || [3] MüKoAktG/*Jacobs*, § 36 SEBG Rz. 3. || [4] MüKoAktG/*Jacobs*, § 36 SEBG Rz. 7. || [5] Vgl. zur Differenzierung zwischen Anfechtbarkeit und Nichtigkeit einer BR-Wahl: *Dzida/Hohenstatt*, BB 2005, Special zu Heft 50, 1 ff. || [6] MüKoAktG/*Jacobs*, § 37 SEBG Rz. 12; *Oetker* in Lutter/Hommelhoff, § 37 SEBG Rz. 16. || [7] Vgl. zum Abbruch einer BR-Wahl durch einstw. Verfügung: *Dzida/Hohenstatt*, BB 2005, Special zu Heft 50, 1 ff.; die Zulässigkeit einer einstw. Verfügung im Rahmen des § 37 bejaht *Nagel* in Nagel/Freis/Kleinsorge, § 37 Rz. 20. || [8] *Oetker* in Lutter/Hommelhoff, Europäische Gesellschaft, S. 311 f. || [9] *Hennings* in Manz/Mayer/Schröder, Europäische Aktiengesellschaft SE, 2. Aufl. 2010, Art. 9 SE-RL Rz. 20. || [10] UHH/*Henssler*, Einl. SEBG Rz. 198.

dagegen trotz des Wortlautunterschieds zu Art. 8 III SE-RL **richtlinienkonform:** Art. 8 III SE-RL bezweckt, Systemwidersprüche zum bestehenden Recht einzelner Mitgliedstaaten zu vermeiden[1]. Zu einem Systemwiderspruch käme es aber, wenn bspw. eine deutsche AG nach § 1 IV 1 MitbestG bzw. § 1 II 1 DrittelbG mitbestimmungsfrei, dagegen eine deutsche SE identischen Unternehmensgegenstands mitbestimmt wäre. § 39 ist daher vom Zweck des Art. 8 III SE-RL gedeckt.

IX. Missbrauchsverbot. Zu den besonders problematischen Vorschriften des SEBG gehört das Verbot, eine SE dazu zu missbrauchen, ArbN Beteiligungsrechte zu entziehen oder vorzuenthalten. Ein Missbrauch wird dabei vermutet, wenn ohne Durchführung eines Wiederaufnahmeverfahrens nach § 18 III innerhalb eines Jahres nach Gründung der SE strukturelle Änderungen stattfinden, die bewirken, dass den ArbN Beteiligungsrechte vorenthalten oder entzogen werden (§ 43). Das Missbrauchsverbot ist gem. § 45 I Nr. 2 strafbewehrt. Weil aber allein eine Vermutung nicht zur Strafbarkeit führen darf, findet die Missbrauchsvermutung im Rahmen der Strafvorschrift keine Anwendung, weil andernfalls ein Verstoß gegen den im Rechtsstaatsprinzip verankerten Grundsatz in dubio pro reo vorläge[2]. Auch iÜ ist die Vorschrift problematisch. In der SE-VO, dem SEAG und dem SEBG sind so zahlreiche Missbrauchsschranken enthalten, dass ein Missbrauchsvorwurf schwer begründbar ist, wenn gesetzesgemäß verbleibende Gestaltungsspielräume genutzt werden, und zwar selbst dann, wenn dies zu einem Verlust von Beteiligungsrechten führt[3]. Zu Recht wird deshalb bei der Gründung einer mitbestimmungsfreien SE-Vorratsgesellschaft[4] ein Verstoß gegen das Missbrauchsverbot abgelehnt[5].

X. Grundsätze der Zusammenarbeit und Schutzbestimmungen. Abgerundet wird das Gesetz durch einige Grundsätze und Schutzbestimmungen, darunter den **Grundsatz der vertrauensvollen Zusammenarbeit** (§ 40) sowie **Geheimhaltungs- und Vertraulichkeitspflichten** (§ 41). Letztere gelten auch nach Beendigung des jeweiligen Mandats fort[6]. Mitglieder des BVG, Mitglieder des SE-Betriebsrats, ArbN-Vertreter, die in sonstiger Weise an einem Verfahren zur Unterrichtung und Anhörung mitwirken, sowie die ArbN-Vertreter im AR oder Verwaltungsrat der SE werden durch § 42 insb. im Hinblick auf Kündigungsschutz und Entgeltfortzahlung geschützt: Sie unterliegen den gleichen Schutzvorschriften, denen ArbN-Vertreter nach den Gesetzen des Mitgliedstaats, in dem sie beschäftigt sind, unterliegen. Dementsprechend gilt bspw. der Kündigungsschutz des § 15 KSchG für Mitglieder des SE-Betriebsrats, nicht aber für ArbN im SE-Aufsichts- oder Verwaltungsorgan, weil § 15 KSchG außerhalb der SE zwar auf BR-Mitglieder, nicht aber auf ArbN-Vertreter im Aufsichtsrat anwendbar ist[7]. **Straf- und Bußgeldvorschriften** flankieren schließlich insb. die Geheimhaltungs- und Vertraulichkeitspflicht, das Missbrauchsverbot, das Verbot, die Bildung eines BVG oder eines SE-Betriebsrats sowie deren Tätigkeit zu stören oder zu behindern, sowie die Einhaltung wesentlicher Unterrichtungs- und Informationspflichten (§§ 45, 46).

---

1 MüKoAktG/*Jacobs*, § 39 SEBG Rz. 2; *Oetker* in Lutter/Hommelhoff, § 39 SEBG Rz. 7. || 2 *Calle Lambach*, RIW 2005, 161 (168); *Grobys*, NZA 2005, 84 (91). || 3 MüKoAktG/*Jacobs*, § 43 SEBG Rz. 2a; *Drinhausen/Keinath*, BB 2011, 2699. || 4 Vgl. zur SE-Vorratsgesellschaft AG Hamburg 28.6.2005 – 66 AR 76/05 und LG Hamburg 30.9.2005 – 417 T 15/05, ZIP 2005, 2017ff.; *Seibt*, ZIP 2005, 2248 (2250); *Müller-Bonanni/de Beauregard*, GmbHR 2005, 195 (200); *Wicke*, MittBayNot 2006, 196 (202). || 5 *Henssler*, RdA 2005, 330 (334). || 6 *Köklü* in Van Hulle/Maul/Drinhausen, Abschn. 6 Rz. 190. || 7 MüKoAktG/*Jacobs*, § 42 SEBG Rz. 6; *Oetker* in Lutter/Hommelhoff, § 42 SEBG Rz. 14.

Sozialgesetzbuch (SGB) Drittes Buch (III) – Arbeitsförderung –

vom 24.3.1997 (BGBl. I S. 594),
zuletzt geändert durch Gesetz vom 19.10.2013 (BGBl. I S. 3836)

– Auszug –

Drittes Kapitel. Aktive Arbeitsförderung

Erster Abschnitt. Beratung und Vermittlung

Zweiter Unterabschnitt. Vermittlung

38 *Rechte und Pflichten der Ausbildung- und Arbeitsuchenden*
(1) Personen, deren Ausbildungs- oder Arbeitsverhältnis endet, sind verpflichtet, sich spätestens drei Monate vor dessen Beendigung persönlich bei der Agentur für Arbeit arbeitsuchend zu melden. Liegen zwischen der Kenntnis des Beendigungszeitpunktes und der Beendigung des Ausbildungs- oder Arbeitsverhältnisses weniger als drei Monate, haben sie sich innerhalb von drei Tagen nach Kenntnis des Beendigungszeitpunktes zu melden. Zur Wahrung der Frist nach den Sätzen 1 und 2 reicht eine Anzeige unter Angabe der persönlichen Daten und des Beendigungszeitpunktes aus, wenn die persönliche Meldung nach terminlicher Vereinbarung nachgeholt wird. Die Pflicht zur Meldung besteht unabhängig davon, ob der Fortbestand des Ausbildungs- oder Arbeitsverhältnisses gerichtlich geltend gemacht wird oder vom Arbeitgeber in Aussicht gestellt wird. Die Pflicht zur Meldung gilt nicht bei einem betrieblichen Ausbildungsverhältnis. Im Übrigen gelten für Ausbildung- und Arbeitsuchende die Meldepflichten im Leistungsverfahren nach den §§ 309 und 310 entsprechend.

(2)–(4) (...)

1 **I. Inhalt und Bedeutung der Vorschrift.** Die durch das 1. Gesetz für moderne Dienstleistungen am Arbeitsmarkt eingefügte Vorschrift des § 37b (seit dem Gesetz zur Neuausrichtung der arbeitsmarktpolitischen Instrumente § 38 I) zur frühzeitigen Meldung als arbeitsuchend dehnte die vorzeitige Arbeitslosmeldung ggü. dem früheren Recht (s. insoweit § 122 I 2 aF) in zeitlicher und sachlicher Hinsicht aus: Hiernach musste sich der ArbN schon unverzüglich nach Kenntnis vom Beendigungszeitpunkt des ArbVerh bei der AA als Arbeitsuchender melden. Seit dem **31.12.2005** gilt eine Verpflichtung zur Arbeitsuchendmeldung spätestens drei Monate vor der Beendigung des Arbeits- oder Ausbildungsverhältnisses, es sei denn, dass die Kenntnis von der Beendigung später erfolgt. Mit dieser Rechtsänderung sind zugleich die Sanktionen einer verspäteten Meldung umgestaltet worden: Statt als Kürzungstatbestand (§ 140 aF, mWv. 31.12.2005 entfallen) ist nunmehr die Sanktion als spezieller **Sperrzeittatbestand** in § 159 (bis 31.3.2012: § 144) I 2 Nr. 7 in Form einer einwöchigen Sperrzeit ausgestaltet (§ 159 VI). Die **Arbeitsuchendmeldung** erfüllt aber noch nicht die Anforderungen, die das Gesetz verschiedentlich an einen als arbeitslos gemeldeten ArbN knüpft, wie etwa in § 3 ATZG für die Leistungen an den ArbGeb bei Wiederbesetzung des Arbeitsplatzes[1].

2 Die neue Obliegenheit des ArbN mit der daran anknüpfenden Sanktion der Anspruchskürzung erscheint im Hinblick darauf problematisch, dass der Gesetzgeber als Voraussetzung für den Eintritt von Rechtsnachteilen regelmäßig eine vorherige Belehrung über die Rechtsfolgen einer Obliegenheitsverletzung vorschreibt[2]. Ob mit der Vorschrift des § 2 II 2 Nr. 3, die dem **ArbGeb eine Aufklärungspflicht ggü. dem ArbN über die Pflicht zur frühzeitigen Meldung** auferlegt, ein ausreichendes Pendant zur Hinweispflicht der AA besteht, erscheint zweifelhaft. Nicht zweifelhafter und deshalb umstritten ist die Frage, ob der Verstoß des ArbGeb gegen seine Aufklärungspflicht einen Schadensersatzanspruch des ArbN für die Kürzung seines Alg nach sich zieht (s. Rz. 11f.).

3 Das Gesetz zur Neuausrichtung der arbeitsmarktpolitischen Instrumente[3] hat mWv. 1.1.2009 die frühzeitige Arbeitsuchendmeldung des § 37b aF in § 38 I geregelt. Hierbei erfuhr die Vorschrift zwei weitere Änderungen. Nach dem geänderten S. 2 genügt zur Wahrung der Meldefrist eine Anzeige unter Angabe der persönlichen Daten und des Beendigungszeitpunktes, wenn die persönliche Meldung nach terminlicher Vereinbarung nachgeholt wird. Der eingefügte S. 6 erweitert die Meldepflichten der §§ 309 und 310 schon auf den Zeitraum zwischen der Meldung nach Abs. 1 und dem Eintritt der Arbeitslosigkeit (s. dazu Rz. 13).

---

1 Vgl. dazu § 3 ATZG Rz. 25 und BSG 3.12.2009 – B 11 AL 40/08 R, DB 2010, 1892. ||2 Vgl. im Einzelnen *Voelzke* in Kasseler Handbuch des Arbeitsförderungsrechts, 2003, § 12 Rz. 487. ||3 V. 21.12.2008, BGBl. I S. 2917.

II. Einzelheiten.

1. Persönliche Meldung bei der Agentur für Arbeit. Nach ausdrücklicher Anordnung des S. 4 besteht die Pflicht zur frühzeitigen Meldung nicht im Falle der Beendigung eines betriebl. Ausbildungsverhältnisses. Damit umfasst der Anwendungsbereich der Vorschrift den gesamten von den Regelungen des SGB III erfassten **Personenkreis**, der in der ArblV versicherungspflichtig ist; also gegen Arbeitsentgelt oder zur Berufsausbildung beschäftigt ist (§ 25 I). Die Ausnahme für Auszubildende in betriebl. Ausbildungsverhältnissen hat zum Hintergrund, dass bei diesem Personenkreis die Beendigung ohnehin an die Voraussetzung der erfolgreichen Abschlussprüfung geknüpft ist und der Gesetzgeber für diesen Fall eine Übernahme durch den Ausbildungsbetrieb als Regelfall unterstellt[1]. Da aber auch im Falle betriebl. Ausbildung eine Vermittlung vor Kenntnis der erfolgreichen Abschlussprüfung kaum möglich ist, sollte für Auszubildende (auch in außerbetriebl. Ausbildungsstätten) gänzlich von der Meldung zur frühzeitigen Arbeitsuche abgesehen werden[2].

Während die **Meldung** bis zum 30.12.2005 unverzüglich nach Kenntnis des ArbN vom Ende seines versicherungspflichtigen ArbVerh erfolgen musste, gilt nunmehr eine **Frist von drei Monaten**: Der ArbN muss sich spätestens drei Monate vor der Beendigung seines ArbVerh arbeitsuchend melden, es sei denn, er erhält erst später Kenntnis. Da es sich um eine Rückrechnung der Frist handelt, finden §§ 187, 188 II BGB entsprechend Anwendung.

- **Beispiel:** Der ArbGeb beendet das ArbVerh zum 31.12. Die Frist zur Arbeitsuchendmeldung endet am 30.9., wenn nicht die Kündigungserklärung später zugeht. Für befristete ArbVerh gilt Entsprechendes. Die Zweifelsfragen daraus, dass sich der ArbN bei befristeten ArbVerh „frühestens" drei Monate vor deren Beendigung arbeitslos zu melden hatte, sind seit 31.12.2005 obsolet. Die entsprechende Vorschrift ist entfallen.

Die Frist beträgt also nunmehr **drei Monate bzw. drei Tage** nach Kenntnis des Beendigungszeitpunktes, wenn bis zur Beendigung ein Zeitraum von weniger als drei Monaten liegt (S. 2). Bis zum 30.12.2005 galt für unbefristete ArbVerh uneingeschränkt eine Pflicht zur unverzüglichen Meldung nach Kenntniserlangung von der bevorstehenden Beendigung. Mit dem Merkmal der Unverzüglichkeit knüpfte das Gesetz an den Sprachgebrauch des BGB an (§ 121 I BGB: ohne schuldhaftes Zögern). Kein schuldhaftes Verzögern lag vor, wenn der ArbN von der Pflicht zur frühzeitigen Meldung nicht in Kenntnis gesetzt worden war – insb. weil ihn der ArbGeb nicht darüber informiert hatte[3]. Das BSG ist dieser Auffassung gefolgt, indem es unter Heranziehung anderer Sanktionen im SGB III hergeleitet hat, dass eine schuldhafte Obliegenheitsverletzung mit nachteiligen Auswirkungen auf den Leistungsanspruch nur bejaht werden könne, wenn dem Leistungsberechtigten **Kenntnis der konkreten Verhaltensforderung vorgeworfen** werden kann (subjektiver Fahrlässigkeitsmaßstab)[4]. Diese Rspr. ist auf die **jetzige Fassung**, da sie nicht nur an das Merkmal der Unverzüglichkeit anknüpft, ohne Einschränkungen **übertragbar**[5]. § 159 I 2 Nr. 7 als Sperrzeittatbestand verlangt überdies – wie jeder andere Sperrzeittatbestand als Obliegenheitsverstoß – ein insoweit **schuldhaftes Verhalten**[6], das zumindest Kenntnis der Meldepflicht einschließt. Insoweit hat eine verspätete Meldung auch für den ArbGeb keine Konsequenzen, da dem ArbN keine für eine Sperrzeit vorausgesetzte Verletzung seiner Meldepflicht zur Last gelegt werden kann (s. dazu noch Rz. 11f.). Ebenso entfällt ein Verschulden für Tage, für die der ArbN entgegen der nach § 629 BGB[7] bestehenden Freistellungsverpflichtung nicht für das Aufsuchen der AA zur Geschäftsöffnungszeit freigestellt wird[8]. Der ArbN hat sein unverschuldetes Zögern aber nicht selbst darzulegen und zu beweisen – vielmehr ist es nach der eindeutigen Gesetzesfassung in § 159 I 1 Sache der BA als Trägerin der ArblV, ein schuldhaftes Unterlassen der persönlichen Meldung durch den ArbN nachzuweisen (vgl. auch § 159 I 3). Ein Hinweis des ArbGeb im Kündigungsschreiben auf die Pflicht zur „unverzüglichen" Meldung soll aber ausreichen, um eine schuldhafte Verletzung der Meldepflicht bei Verstreichenlassen von einer Woche nach Kenntnis der Beendigung anzunehmen, auch wenn der genaue Wortlaut im Kündigungsschreiben nicht wiedergegeben war[9].

Die **Meldung** bei der AA konnte bis zum 30.4.2007 **nur persönlich** erfolgen, eine Vertretung schied aus. Mit Wirkung ab 1.5.2007 war zur Fristwahrung nur noch eine fernmündliche Meldung erforderlich, wenn die persönliche Meldung auf Grund einer Terminvereinbarung anschließend nachgeholt wurde. MWz. **1.1.2009** wurde die fernmündliche Meldung durch eine **Anzeige** ersetzt, so dass nunmehr eine Anzeige der drohenden Arbeitslosigkeit **mit allen Kommunikationsmitteln** erfolgen kann, also telefonisch, schriftlich mit der Post, per Telefax, per E-Mail usw. Ausreichend ist die Anzeige innerhalb der Meldefrist unter Angabe der persönlichen Daten (Name und Anschrift sowie telefonische Erreichbarkeit zwecks Terminvereinbarung) und des Beendigungszeitpunktes, wenn die persönliche Arbeitslosmel-

---

[1] BT-Drs. 15/25, 27. ||[2] So mit Recht Gagel/*Winkler*, § 38 Rz. 48. ||[3] Vgl. Gagel/*Winkler*, § 38 Rz. 34; zweifelnd *Hanau*, ZIP 2003, 1573 (1574), der auf die Obliegenheit des ArbN zur Meldung bei der AA gem. § 2 V Nr. 2 verweist. ||[4] BSG 25.5.2005 – B 11a/11 AL 81/04 R, NJW 2005, 3803; ebenso BSG 7. Senat v. 18.8.2005 – B 7a/7 AL 94/04, NZA-RR 2006, 48. ||[5] Ebenso *Rolfs*, DB 2006, 1009 (1010). ||[6] Vgl. Gagel/*Winkler*, § 159 Rz. 42 („Risikofälle ... deren Eintritt der Versicherte selbst zu vertreten hat"); Hauck/Noftz/*Valgolio*, § 159 Rz. 18f. ||[7] IVm. § 2 II 2 Nr. 3 (Pflicht zur Freistellung für die persönliche Meldung bei der AA) – eine Erweiterung des § 629 BGB wurde entgegen dem ursprünglichen Entwurf durch das 1. Gesetz für moderne Dienstleistungen am Arbeitsmarkt nicht vorgesehen, s. dazu Erl. bei § 629 BGB. ||[8] Ebenso Gagel/*Winkler*, § 159 Rz. 338. ||[9] LSG NRW 2.2.2012 – L 16 AL 201/11.

dung zu dem vereinbarten Termin nachgeholt wird. Die Anzeige kann auch durch einen Vertreter erfolgen. Auch ist die AA nicht berechtigt, frühere Meldungen zurückzuweisen oder unbearbeitet zu lassen[1]. Unerheblich ist ferner, wenn der ArbN die Aufnahme einer weiteren Beschäftigung und damit die Bereitschaft zur Mitwirkung an Vermittlungsversuchen der AA nur als eine von mehreren Möglichkeiten in Betracht zieht – auch dann ist er als arbeitsuchend iSv. § 15 S. 2 anzusehen. Steht fest, dass der ArbN eine selbständige Tätigkeit aufnehmen wird, entfällt die Meldepflicht, da dann auch keine Sperrzeit für den Bezug des Alg (mangels Anspruchs) droht.

8 Bei **Änderungskündigungen** sind verschiedene Fallgestaltungen zu unterscheiden: Nimmt der ArbN das Änderungsangebot an, ist angesichts fehlender Beendigung die Meldung hinfällig. Gleiches gilt für die Annahme unter Vorbehalt der sozialen Rechtfertigung der Änderungskündigung (§ 2 KSchG), da es auch hier beim Fortbestand des ArbVerh, entweder zu den alten oder den geänderten Bedingungen, bleibt. S. 4, wonach die Meldepflicht ungeachtet des Ausgangs eines noch zu führenden Kündigungsschutzprozesses gilt, greift also hier nicht. Lehnt der ArbN das Änderungsangebot ab, tritt mit der Erklärung der Ablehnung der Zeitpunkt der Kenntniserlangung vom Beendigungstatbestand ein, da der ArbN nach S. 4 ungeachtet seines etwaigen Prozessausgangs um den Bestand des ArbVerh zu den alten Bedingungen zur Meldung verpflichtet ist. Je nach Zeitraum von der Ablehnung bis zum Wirksamwerden der Kündigung beträgt die Frist für die Arbeitsuchendmeldung drei Monate vor der Beendigung (s. Rz. 5) oder drei Tage nach Ablehnung des Änderungsangebots.

9 Eine Anspruchskürzung (und die Sperrzeit) tritt nur nach Verletzung der Meldepflicht im Hinblick auf das Alg-Stammrecht, also den durch das beendete ArbVerh begründeten Alg-Anspruch ein. Nimmt der Arbl. nach ordnungsgemäßer Meldung und Alg-Bezug eine **Zwischenbeschäftigung** ohne erneute Begründung einer Anwartschaft auf und lebt der Zahlungsanspruch aus dem früheren Stammrecht wieder auf, darf dieser Anspruch auf Grund eines Meldeversäumnisses iSv. § 38 nicht gekürzt werden. Dies ergibt sich aus dem Wortlaut des § 140 aF („… so mindert sich das Arbeitslosengeld, das dem Arbeitslosen auf Grund des Anspruchs zusteht, der nach der Pflichtverletzung entstanden ist.")[2]. Der Anspruch (das Stammrecht und nicht lediglich der Anspruch auf Zahlung) ist in diesen Fällen vor der Pflichtverletzung entstanden. Diese Rspr. ist auf die Sperrzeitregelung des § 159 I 2 Nr. 7 („… ruht der Anspruch …") ohne Weiteres übertragbar.

10 Für Fälle, in denen sich die Pflicht zur Arbeitsuchendmeldung **nach der seit dem 31.12.2005**[3] **geltenden Rechtslage** richtet, die also an diesem Tag erstmals meldepflichtig sind, gilt die **Sperrzeitregelung des § 159 I 2 Nr. 7** mit der Begrenzung auf eine einwöchige Sperrzeit für das Alg (§ 159 VI). Wie auch bei anderen Sperrzeittatbeständen beginnt die Sperrzeit mit Eintritt der Beschäftigungslosigkeit, die auch bereits bei Freistellung des ArbN unter Fortzahlung des Arbeitsentgelts gegeben sein kann (vgl. § 159 Rz. 30). Dies bedeutet, dass der Ruhenszeitpunkt mit Zeiten des laufenden (und ggf. bezahlten) ArbVerh zusammenfallen kann. Gleichzeitig tritt allerdings auch eine Kürzung des Gesamtanspruchs um die Tage des Ruhens wegen der Sperrzeit ein (§ 148 I Nr. 3). Bei gleichzeitiger Verwirklichung eines weiteren Sperrzeittatbestands, zB wegen Arbeitsaufgabe (§ 159 I 2 Nr. 1), folgt die Sperrzeit wegen verspäteter Arbeitsuchendmeldung der Sperrzeit zeitlich (in der Reihenfolge der Vorschrift) nach (§ 159 II 2).

11 **2. Belehrungspflicht des Arbeitgebers und Schadensersatz.** Fraglich ist, ob den ArbGeb, der nach § 2 II 2 Nr. 3 den ArbN über seine Pflicht zur frühzeitigen Meldung belehren soll, eine arbeitsvertragl. Hinweispflicht über die Meldepflicht und die Rechtsfolgen der verspäteten Meldung trifft. Kern des Problems ist die Frage der Qualifizierung des Rechtscharakters der im SGB III normierten Aufklärungspflicht des ArbGeb und der sich daraus ergebenden Konsequenzen für vertragsrechtl. Ansprüche. Das **BAG** hat[4] einen zivilrechtl. Schadensersatzanspruch aus der Verletzung der Sollvorschrift zur Belehrung über die Meldepflicht des ArbN wegen des fehlenden Schutzzweckes der Norm zu Gunsten des Vermögens des ArbN **abgelehnt**. Eine Ausnahme könne allenfalls bei Abschluss von Aufhebungsverträgen auf Veranlassung des ArbGeb gelten, wenn nach allg. Grundsätzen auf Grund einer vertragl. Nebenpflichtverletzung wegen mangelnder Hinweise oder Aufklärung über die Folgen für den etwaigen Alg-Anspruch Schadensersatzansprüche in Betracht kommen (Anh. § 9 KSchG Rz. 18f.)[5]. Mit der Entscheidung des **BSG**[6] zur erforderlichen Kenntnis des ArbN von der Meldepflicht als Voraussetzung für eine Kürzung nach § 140 aF (s. Rz. 6) ist die Frage der Schadensersatzpflicht des ArbGeb bei unterlassener Belehrung ohnehin obsolet, weil eine für den Schaden relevante Sperrzeit nur dann eintreten kann, wenn der ArbN Kenntnis von der Meldepflicht hatte[7]. Diese setzt eine schuldhafte Obliegenheitsverletzung voraus (s. Rz. 6).

12 Hatte der ArbN die erforderliche **Kenntnis von seiner Meldepflicht** aus anderen Quellen, scheitert das Schadensersatzbegehren an der **Kausalität**. Die Pflichtverletzung des ArbGeb ist nicht adäquat kausal

---

1 S. BT-Drs. 16/109, 6 zu § 37b. || 2 LSG NW 9.5.2005 – L 19 AL 22/05; LSG BW 15.4.2005 – L 8 AL 5414/04. || 3 Vgl. Art. 6 des 5. SGB III-ÄndG (BGBl. 2005 I S. 3676), wonach der Zeitpunkt des Inkrafttretens am Tag nach der Verkündung liegt. || 4 BAG 29.9.2005 – 8 AZR 571/04, NZA 2005, 1406. || 5 BAG 29.9.2005 – 8 AZR 571/04, NZA 2005, 1406. || 6 BSG 25.5.2005 – B 11a/11 AL 81/04 R, NJW 2005, 3803. || 7 Nach Gagel/*Winkler*, § 38 Rz. 20, ist dies im Rahmen des wichtigen Grundes nach § 159 I 2 zu entscheiden.

für den Schaden des ArbN, wenn dieser trotz eigener Kenntnis seiner versicherungsrechtl. Obliegenheit diese verletzt und damit eine Kürzung des Alg erfährt. Eine Reduzierung dieser Frage auf den Aspekt des Mitverschuldens (§ 254 BGB) erscheint angesichts des in einem solchen Fall grob pflichtwidrigen Handelns des Geschädigten (ArbN) selbst nicht vertretbar[1]. Das BAG hat allerdings entschieden, dass im Hinblick auf den Schutzzweck der arbeitgeberseitigen Belehrungspflicht des § 2 II 2 Nr. 3 eine Schadensersatzpflicht des ArbGeb für Kürzungen des Alg ohnehin ausscheidet, da diese Vorschrift nur dem Schutz der Solidargemeinschaft vor längerer Sucharbeitslosigkeit, nicht aber dem Vermögen des ArbN diene (s.a. Rz. 11)[2].

Die Meldepflicht wurde durch den mWz. 1.1.2009 eingefügten S. 6 verschärft. Nunmehr finden §§ 309 und 310, die nach ihrem Wortlaut nur für Zeiten der Arbeitslosigkeit gelten, auch für die Dauer der Pflicht zur Arbeitsuchendmeldung und damit auch für Nichtleistungsbezieher Anwendung. Nach § 159 I Nr. 6 führen solche Verstöße unter der Voraussetzung einer vorherigen Belehrung durch die AA zu Sperrzeiten von je einer Woche (§ 159 VI). Die Meldepflichten der §§ 309, 310 gelten damit aber nicht für die Zeit vor dem spätesten Meldetermin nach § 38 I, wenn der Arbeitsuchende sich früher meldet. Die Vermittlung darf wegen eines Meldeversäumnisses nicht eingestellt werden (s. zu dieser Möglichkeit § 38 III 2). Der Gesetzgeber wollte mit S. 6 die Verbindlichkeit im Vermittlungsprozess für Nichtleistungsbezieher erhöhen[3]. Die Meldepflicht gilt auch für Ausbildungsuchende.   13

Sechster Abschnitt. Verbleib in Beschäftigung

Erster Unterabschnitt. Kurzarbeitergeld

Erster Titel. Regelvoraussetzungen

95 *Anspruch*
Arbeitnehmerinnen und Arbeitnehmer haben Anspruch auf Kurzarbeitergeld, wenn
1. ein erheblicher Arbeitsausfall mit Entgeltausfall vorliegt,
2. die betrieblichen Voraussetzungen erfüllt sind,
3. die persönlichen Voraussetzungen erfüllt sind und
4. der Arbeitsausfall der Agentur für Arbeit angezeigt worden ist.

Arbeitnehmerinnen und Arbeitnehmer in Betrieben nach § 101 Absatz 1 Nummer 1 haben in der Schlechtwetterzeit Anspruch auf Kurzarbeitergeld in Form des Saison-Kurzarbeitergeldes.

Die Zahlung von Kug durch die AA dient seit jeher dem Zweck[4], **Arbeitsplätze trotz wirtschaftl. bedingten Arbeitsausfalls in den Betrieben zu erhalten**. Obwohl in den durch das SGB III neu gefassten Vorschriften zum Kug[5] das Ziel des Arbeitsplatzerhalts ggü. dem früheren § 63 AFG weniger deutlich zum Ausdruck kommt (nach § 96 muss es sich um einen „vorübergehenden" Arbeitsausfall handeln, dazu § 96 Rz. 2), scheidet die Gewährung von Kug an gekündigte ArbN grds. aus (§ 98 I Nr. 1 und 2). Mit dem Dritten Gesetz für moderne Dienstleistungen am Arbeitsmarkt wurde das ehemals in § 175 aF geregelte Struktur-Kug als eine der flankierenden Transferleistungen für betriebl. Umstrukturierungsprozesse in § 111 durch das Transfer-Kug neben den Transfermaßnahmen in § 110 (ehemals Zuschüsse zu Sozialplänen) ersetzt. Erl. s. dort. Seit dem 1.2.2009 hatte der Gesetzgeber[6] mit einer Übergangsvorschrift in § 412t aF (§ 419 nF) die Inanspruchnahme von Kurzarbeit durch ArbGeb um einige Modalitäten erleichtert (s. im Einzelnen § 96 Rz. 3, 9; § 104 Rz. 1; § 106 Rz. 3, 4). Diese Regelungen sind zum 31.12. 2011 aufgehoben worden, insb. auch die dort vorgesehene Regelung zur Übernahme der SozV-Beiträge um 50 % für die ersten sechs Monate und für Kurzarbeiter, die zu mindestens 50 % der Arbeitszeit an berücksichtigungsfähigen (dazu § 419 I Nr. 2 letzter Hs.) beruflichen Qualifizierungsmaßnahmen teilnehmen, die volle SozV-Beitragserstattung an den ArbGeb in pauschalierter Form erfolgt. Mit dem weiteren G v. 21.7.2009[7] wurde ferner –auch befristet für die Zeit v. 1.2.2009 bis 31.12.2011 – eine pauschalierte 100 %-ige Erstattung der SozV-Beiträge nach sechs Monaten Kug-Bezug in *einem* Betrieb des ArbGeb eingeführt (§ 419 I 1 Nr. 3).   1

Die Zahlung des Kug setzt eine **wirksame Anordnung von Kurzarbeit** (= vorübergehende Verkürzung der Arbeitszeit mit entsprechendem Entgeltausfall) voraus, die nicht dem Direktionsrecht des ArbGeb unterliegt. Bei unwirksamer Anordnung besteht der Lohnanspruch nach § 615 BGB fort und es entsteht kein Lohnausfall und damit kein Bedürfnis für eine versicherungsmäßige Absicherung. Damit   2

---

[1] Die Frage des Mitverschuldens wird soweit ersichtlich auch nur für den über die Meldepflicht uninformierten ArbN behandelt, vgl. *Hanau*, ZIP 2003, 1573 (1575 mwN); *Bauer/Krets*, NJW 2003, 537 (541); *Kreutz*, AuR 2003, 201 (203). ||[2] BAG 29.9.2005 – 8 AZR 571/04, NZA 2005, 1401. ||[3] BT-Drs. 16/10810, 51. ||[4] Ausf. zu Funktion und Wirkung von Kurzarbeit Gagel/*Bieback* Vor § 95 Rz. 4ff. ||[5] Zu den Neuerungen *Hammer/Weiland*, BB 1997, 2582; *Nimscholz*, AuA 1998, 10. ||[6] G zur Sicherung von Beschäftigung und Stabilität v. 2.3.2009 (BGBl. I S. 416). ||[7] BGBl. I S. 1939 („Kurzarbeitergeld Plus").

setzt das Kug eine arbeitsrechtl. Regelung der Verteilung des Betriebs- und Wirtschaftsrisikos voraus und knüpft an diese an; ersetzt sie aber nicht[1]. Arbeitsvertragl. Grundlagen für die Anordnung/Einführung von Kurzarbeit können der Arbeitsvertrag, eine Zustimmung des ArbN, aber auch kollektivrechtl. Regelungen wie TV[2] oder BV[3] sein.

3 Die Einführung der Kurzarbeit unterliegt in mitbestimmten Betrieben der zwingenden **Mitbest. des BR** nach § 87 I Nr. 3 BetrVG (s. im Einzelnen die Erl. dort). Nicht zuletzt der Absicherung seiner Beteiligungsrechte dient die Beifügung einer Stellungnahme des BR bei Erstattung der Anzeige des Arbeitsausfalls durch den ArbGeb. Missachtet der ArbGeb das MitbestR des BR, besteht trotz individualrechtl. oder kollektivrechtl. Ermächtigung zur Einführung von Kurzarbeit ein Lohnanspruch nach § 615 BGB[4] (mit der Folge, dass der für das Kug vorausgesetzte Entgeltausfall – § 96 I Nr. 4 – nicht entsteht).

4 Bei wirksamer Anordnung von Kurzarbeit hat der ArbN Anspruch auf ein **seiner Arbeitsleistung entsprechendes Arbeitsentgelt** sowie einen **arbeitsrechtl. Lohnanspruch in Höhe des Kug** aus § 615 BGB, der aber in der kollektiven oder einzelvertragl. Vereinbarung ausgeschlossen werden kann[5]. Entsprechend verringert sich der Anspruch auf das fortzuzahlende Arbeitsentgelt im Krankheitsfall (§ 4 III EFZG). Für den Anspruch auf Kug enthält § 98 II insoweit eine Klarstellung, dass Kug weiter zu gewähren ist. Ansprüche auf Urlaubsentgelt (§ 11 I 3 BUrlG) und Feiertagsvergütung (§ 2 II EFZG) bleiben unberührt, die Feiertagsvergütung während einer Kurzarbeitsperiode soll aber nach Auffassung des BAG auf die Höhe des in dieser Zeit bezogenen Kug begrenzt sein[6] (vgl. iÜ § 106 II und § 106 Rz. 2). Die rechtl. Grundlagen für eine Gratifikationszahlung können die Kürzung für Zeiten des Arbeitsausfalls wegen Kurzarbeit vorsehen; dies kann auch die Auslegung der jeweiligen Klausel ergeben[7].

5 Da das Kug der Höhe nach nur dem Alg entspricht (§ 105), sehen zahlreiche TV und auch BV **Zuschüsse zum Kug** vor. Solche Zuschüsse sind zwar grds. als Bestand des Arbeitsentgelts steuer- und sozialversicherungspflichtig, nach § 1 I Nr. 8 SVeV[8] aber beitragsfrei, soweit sie zusammen mit dem Kug 80 % des Lohnverlusts (= Unterschiedsbetrag zwischen Sollentgelt und Istentgelt nach § 106) nicht übersteigen. Die TV sehen aber in aller Regel eine Nettogarantie vor, so dass die LSt und SozV-Beiträge zusätzlich zu entrichten sind[9].

6 **Übersicht:** § 96 regelt die Anforderungen an den Arbeitsausfall iSd. Nr. 1, § 97 die betriebl. und § 98 die persönlichen Anspruchsvoraussetzungen, § 99 die Anzeige des Arbeitsausfalls als vierte Anspruchsvoraussetzung. § 100 enthält den Hinweis auf die Neutralitätspflicht der BA bei der Gewährung von Kug in Arbeitskämpfen (Verweis auf § 160). In § 175 aF wurden bis 31.12.2003 die besonderen Voraussetzungen für das strukturelle Kug geregelt – seit 1.1.2004 ersetzt durch § 216b und seit 1.4.2012 durch § 111 (s. Rz. 1); nunmehr enthält § 101 das sog. Saison-Kug; in § 103 finden sich die Voraussetzungen für Kug an Heimarbeiter. §§ 104–106 schließlich regeln den Leistungsumfang (Dauer und Höhe).

Fünfter Unterabschnitt. Anordnungsermächtigung

96 *Erheblicher Arbeitsausfall*
(1) Ein Arbeitsausfall ist erheblich, wenn
1. er auf wirtschaftlichen Gründen oder einem unabwendbaren Ereignis beruht,
2. er vorübergehend ist,
3. er nicht vermeidbar ist und
4. im jeweiligen Kalendermonat (Anspruchszeitraum) mindestens ein Drittel der in dem Betrieb beschäftigten Arbeitnehmerinnen und Arbeitnehmer von einem Entgeltausfall von jeweils mehr als 10 Prozent ihres monatlichen Bruttoentgelts betroffen ist; der Entgeltausfall kann auch jeweils 100 Prozent des monatlichen Bruttoentgelts betragen.

Bei den Berechnungen nach Satz 1 Nummer 4 sind Auszubildende nicht mitzuzählen.

---

1 So aber *Eichenhofer*, RdA 1981, 208 ff.; *Ehmann*, NJW 1987, 401 (404); aA *Richardi*, NJW 1987, 1231 (1232 f.) und BSG 21.7.2009 – B 7 AL 3/08 R, NZS 2101, 292; vgl. auch *Boecken*, RdA 2000, 7 (13) in seiner Auseinandersetzung mit *Heinze* (RdA 1998, 14). ||2 Auch mit Wirkung ggü. nicht tarifgebunden ArbN, vgl. Wiedemann/*Thüsing*, § 1 TVG Rz. 369 mwN; s.a. § 1 TVG Rz. 124. ||3 Str., wie hier BAG 14.2.1991 – 2 AZR 415/90, NZA 1991, 607; Gagel/*Bieback*, § 95 Rz. 152 ff.; ErfK/*Kania*, § 87 BetrVG Rz. 35; aA *Boecken*, RdA 2000, 7 (11); *Waltermann*, NZA 1993, 679 (681). ||4 BAG 10.7.1969 – 5 AZR 323/68, NJW 1969, 1734; 11.7.1990 – 5 AZR 557/89, NZA 1991, 67. ||5 BAG 22.4.2009 – 5 AZR 310/08, NZA 2009, 913; zu arbeitsrechtl. Implikationen der Kurzarbeit siehe *Seitz/Reiche*, BB 2009, 1862. ||6 BAG 5.7.1997 – 3 AZR 173/78, AP Nr. 33 zu § 1 Feiertagslohnzahlungsg. ||7 Vgl. BAG 10.5.1995 – 10 AZR 650/94, EzA § 611 BGB Gratifikation, Prämie Nr. 128. ||8 V. 21.12.2006 (BGBl. I S. 3385), zuletzt geändert durch 5. ÄndVO v. 19.12.2012 (BGBl. I S. 2714). ||9 Vgl. die Bsp. bei Gagel/*Bieback*, § 95 Rz. 151.

(2) Ein Arbeitsausfall beruht auch auf wirtschaftlichen Gründen, wenn er durch eine Veränderung der betrieblichen Strukturen verursacht wird, die durch die allgemeine wirtschaftliche Entwicklung bedingt ist.

(3) Ein unabwendbares Ereignis liegt insbesondere vor, wenn ein Arbeitsausfall auf ungewöhnlichen, von dem üblichen Witterungsverlauf abweichenden Witterungsverhältnissen beruht. Ein unabwendbares Ereignis liegt auch vor, wenn ein Arbeitsausfall durch behördliche oder behördlich anerkannte Maßnahmen verursacht ist, die vom Arbeitgeber nicht zu vertreten sind.

(4) Ein Arbeitsausfall ist nicht vermeidbar, wenn in einem Betrieb alle zumutbaren Vorkehrungen getroffen wurden, um den Eintritt des Arbeitsausfalls zu verhindern. Als vermeidbar gilt insbesondere ein Arbeitsausfall,

1. überwiegend branchenüblich, betriebsüblich oder saisonbedingt ist oder ausschließlich auf betriebsorganisatorischen Gründen beruht,
2. durch die Gewährung von bezahltem Erholungsurlaub ganz oder teilweise verhindert werden kann, soweit vorrangige Urlaubswünsche der Arbeitnehmerinnen und Arbeitnehmer der Urlaubsgewährung nicht entgegenstehen, oder
3. durch die Nutzung von im Betrieb zulässigen Arbeitszeitschwankungen ganz oder teilweise vermieden werden kann.

Die Auflösung eines Arbeitszeitguthabens kann von der Arbeitnehmerin oder dem Arbeitnehmer nicht verlangt werden, soweit es

1. vertraglich ausschließlich zur Überbrückung von Arbeitsausfällen außerhalb der Schlechtwetterzeit (§ 101 Absatz 1 [Saison-Kurzarbeitergeld]) bestimmt ist und den Umfang von 50 Stunden nicht übersteigt,
2. ausschließlich für die in § 7c Absatz 1 des Vierten Buches genannten Zwecke bestimmt ist,
3. zur Vermeidung der Inanspruchnahme von Saison-Kurzarbeitergeld angespart worden ist und den Umfang von 150 Stunden nicht übersteigt,
4. den Umfang von 10 Prozent der ohne Mehrarbeit geschuldeten Jahresarbeitszeit einer Arbeitnehmerin oder eines Arbeitnehmers übersteigt oder
5. länger als ein Jahr unverändert bestanden hat.

In einem Betrieb, in dem eine Vereinbarung über Arbeitszeitschwankungen gilt, nach der mindestens 10 Prozent der ohne Mehrarbeit geschuldeten Jahresarbeitszeit je nach Arbeitsanfall eingesetzt werden, gilt ein Arbeitsausfall, der im Rahmen dieser Arbeitszeitschwankungen nicht mehr ausgeglichen werden kann, als nicht vermeidbar.

Abs. 1 zählt die besonderen Anforderungen an Ursachen und Mindestumfang des Arbeitsausfalls auf. Anschließend werden einzelne Begriffe in Abs. 2–4 näher erläutert. Insb. werden in Abs. 4 Vorkehrungen und Pflichten zur Vermeidung eines Arbeitsausfalls angeordnet. Nr. 1 nennt die Ursachen des Arbeitsausfalls (wirtschaftl. Gründe oder unabwendbares Ereignis), die in Abs. 2 und 3 näher erläutert werden. Neuerdings wird von der Rspr. in Zweifel gezogen, ob bei Kurzarbeit „Null" noch ein erheblicher Arbeitsausfall vorliegt, der die Voraussetzung für die Gewährung von Kug erfülle[1], obgleich deren Zulässigkeit auch von der BA, die bereits mit bindendem Anerkennungsbescheid die Voraussetzungen für die Gewährung von Kug anerkannt hatte (vgl. dazu § 99 Rz. 1), niemals in Abrede gestellt wurde (vgl. dazu aber Rz. 3).

Abs. 1 Nr. 2 nennt den nicht näher erläuterten Begriff des vorübergehenden Arbeitsausfalls. **Vorübergehend** meint, dass mit gewisser Wahrscheinlichkeit binnen absehbarer Zeit zur Vollarbeit zurückgekehrt werden kann. Hierfür hat sich in der Rspr. als Faustformel herausgebildet, dass der Arbeitsausfall die Bezugszeit des § 104 „nicht deutlich überschreiten darf"[2]. Hierbei orientiert man sich auch an den durch RVO verlängerten Bezugsfristen (s. § 104 Rz. 2) jedenfalls bei außergewöhnlichen Umständen[3]. Rückkehr zur Vollarbeit bedeutet nicht, dass alle bei Beginn der Kurzarbeit im Betrieb tätigen ArbN wieder arbeiten werden, sondern eine erhebliche, arbeitsmarktpolitisch vertretbare Anzahl erhalten bleibt[4]. Wird dagegen voraussichtlich der gesamte Betrieb geschlossen, kommt nur Transfer-Kug gem. § 111 in Betracht. Maßgebender Zeitpunkt für die Beurteilung, ob ein nur vorübergehender Arbeitsausfall vorliegt, ist der Zeitpunkt der Entscheidung über die Gewährung per Anerkennungsbescheid[5].

Wann ein Arbeitsausfall unvermeidbar iSd. Nr. 3 ist, regeln Abs. 3 und 4 (Rz. 5 ff.). **Abs. 1 Nr. 4** schreibt einen **gewissen Mindestumfang** der betroffenen ArbN (ein Drittel ohne Auszubildende) und des Entgeltausfalls (mehr als 10 % des monatl. Bruttogehalts je betroffener ArbN) innerhalb eines Kalender-

---

1 BSG 14.9.2010 – B 7 AL 21/09 R, NZA-RR 2011, 319; krit. dazu *Bieback*, NZS 2011, 241. ||2 BSG 17.5.1983 – 7 RAr 13/82, SozR 4100 § 63 Nr. 2 (S. 13). ||3 HM, so *Hammer/Weiland*, BB 1997, 2582 (2584); ausf. Gagel/*Bieback*, § 96 Rz. 74f.; Brand/*Kühl*, § 96 Rz. 4: Überschreitung von 1–2 Monaten unschädlich. ||4 BSG 9.9.1986 – 7 RAr 39/85, NZA 1987, 36. ||5 Brand/*Kühl*, § 96 Rz. 8.

monats (= Anspruchszeitraum) vor. Ist der Schwellenwert bei einem Drittel der ArbN erreicht, kann der Entgeltausfall auch bei dem Rest der kurzarbeitenden ArbN ausgeglichen werden[1]. Die Ausfallquote muss entweder voll in einem Betrieb oder in einer Betriebsabteilung erfüllt werden (vgl. § 97 S. 2). Für die Zeit **vom 1.2.2009 bis 31.12.2011** war ein Arbeitsausfall auch dann erheblich, wenn im jeweiligen Kalendermonat weniger als ein Drittel der in dem Betrieb beschäftigten ArbN von einem Entgeltausfall betroffen war, soweit dieser jeweils mehr als 10 % ihres monatlichen Bruttoentgelts betrifft. Es haben aber nur diejenigen ArbN Anspruch auf Kug, deren Ausfallzeit mindestens 10 % beträgt.

Nach dem durch das **EingliederungschancenverbesserungsG** v. 20.12.2011[2] eingefügten letzten Hs. in Abs. 1 Nr. 4 ist mWv. 1.4.2012 klargestellt, dass der Entgeltausfall bei den betroffenen ArbN auch jeweils 100 % des Bruttoentgelts betragen kann. Damit reagierte der Gesetzgeber auf die diesbezügliche Rechtsprechungsankündigung des 7. Senats des BSG[3] (s. Rz. 1), wo dieser ernst zu nehmende Zweifel geäußert hatte, ob bei sog. Kurzarbeit „Null", also wenn in dem betr. Zeitraum keine Arbeit geleistet werde, noch von einem erheblichen Arbeitsausfall ausgegangen werden könne.

4   **Wirtschaftliche Ursachen** iSd. **Abs. 1 Nr. 1, Abs. 2** sind in erster Linie Konjunkturschwankungen, aber auch betriebl. Strukturveränderungen (= Änderungen der arbeitstechnischen Organisation), die auf der allg. wirtschaftl. Entwicklung beruhen[4]. Ausgeschlossen sind aber Ursachen iSd. Abs. 4 (insb. ausschließlich auf betriebsorganisatorischen Gründen beruhende oder saisonale Gründe). Wirtschaftl. Ursachen können auch arbeitskampfbedingt sein. Eine strukturelle wirtschaftl. Änderung (wirtschaftl. Strukturwandel) ist zwar Anspruchsvoraussetzung für das Transfer-Kug (§ 111), kommt aber als Ursache für das Regel- oder konjunkturelle Kug ebenso in Betracht[5]. Die Anpassung von gesetzl. Rahmenbedingungen etwa für das Verhältnis der Leistungserbringer zu den Krankenkassen im Rahmen der gesetzl. KV, selbst wenn sie zu kurzfristigen und vorübergehenden Veränderungen führen, stellen keine wirtschaftl. Ursachen iS einer gesamtwirtschaftlichen Ausgangslage dar[6].

5   Als Beispiele für ein **unabwendbares Ereignis** nennt Abs. 3 ungewöhnliche, nicht dem üblichen Witterungsverlauf entsprechende Witterungsverhältnisse (aber nicht hierdurch bedingte Verkehrsstörungen beim Weg zur Arbeit[7]) und auf behördlichen (behördlich anerkannten) Maßnahmen beruhende Arbeitsausfälle (Straßensperren, Fahrverbote und Produktionssperren, zB bei Smog-Alarm). Allgemein erfasst der Begriff des unabwendbaren Ereignisses ein objektiv feststellbares Ereignis, das durch die äußerste, nach den Umständen des Einzelfalles gebotene Sorgfalt für den vom Arbeitsausfall betroffenen Betrieb nicht abzuwenden war, bspw. auch der Verkehrsunfall eines Betriebsleiters[8]. Fehlverhalten der für die Sicherheit des Betriebes zuständigen ArbN wird dem ArbGeb zugerechnet[9].

6   **Nicht** zu den unabwendbaren Ereignissen oder wirtschaftl. Ursachen des Arbeitsausfalls zählen nach Abs. 4 S. 2 Nr. 1 überwiegend branchenübliche, betriebsübliche oder saisonale Ursachen oder ausschließlich betriebsorganisatorische Gründe für den Arbeitsausfall (sie gelten als vermeidbar[10] im Rechtssinne). Sie gehören zur betriebl. Risikosphäre und rechtfertigen deshalb nicht die Absicherung durch Kug[11]. Zur betriebl. Risikosphäre gehören danach die auf der Eigenheit des Betriebes beruhenden – betriebsüblichen – Ursachen wie Störanfälligkeit bestimmter Produktionsweisen, aber auch Inventur, Betriebsverlegung oder Produktionsumstellungen aus rein betriebsorganisatorischen Gründen. In der **Leiharbeitsbranche** gelten wegen der Regelung in § 11 IV 2 AÜG, wonach das Recht auf Vergütung nach § 615 BGB nicht durch Vertrag ausgeschlossen werden kann, Entgeltausfälle, selbst wenn sie auf konjunkturellen Schwankungen beruhen, regelmäßig als branchenüblich und daher vermeidbar[12]. Treffen die nicht abgesicherten Ursachen mit den allg. wirtschaftl. Gründen oder versicherten Ereignissen iSd. Abs. 1 Nr. 1 und 2 zusammen, ist Kug nicht ausgeschlossen, da bei den betriebsorganisatorischen Gründen nur ausschließlich wirkende Ursachen und bei den übrigen betriebsnahen Ursachen nur überwiegend wirkende Gründe als vermeidbar im Rechtssinne gelten. Entsprechendes gilt aber für Betriebe der AÜ nicht, weil hier konjunkturell bedingte Schwankungen der Beschäftigungslage in der Eigenart des Betriebes bedingt sind und regelmäßig wiederkehren[13].

7   Weiterhin wird verlangt, dass im Betrieb alle **zumutbaren Maßnahmen** getroffen werden, um den Arbeitsausfall zu verhindern (Abs. 4 S. 1). Hierzu werden genannt[14]: Arbeit auf Lager, Vorratshaltung; Umstellung auf andere Zulieferer, Roh- und Betriebsstoffe, Transportwege; Erledigung und Vorziehen notwendiger Aufräum- und Instandsetzungsarbeiten; Verbesserung der Arbeitsorganisation und des Materialflusses. Zur Ausnutzung von Arbeitszeitschwankungen sogleich Rz. 9 ff. Das einschränkende

---

1 BA in Kug-RdErl. § 170 unter 2.10.1. ||2 BGBl. I S. 2854. ||3 BSG 14.9.2010 – B 7 AL 21/09 R, NZA-RR 2011, 319. ||4 BSG 29.4.1998 – B 7 AL 102/97, NZS 1999, 94. ||5 Gagel/*Bieback*, § 96 Rz. 34; Brand/*Kühl*, § 96 Rz. 17; BSG 29.4.1998 – B 7 AL 102/97, NZS 1999, 94 (Übergang von der Plan- zur Marktwirtschaft). ||6 LSG Hess. 28.1.2011 – L 7 AL 80/08, ZM 2011 Nr. 6, 132. ||7 Brand/*Kühl*, § 96 Rz. 25. ||8 BSG 21.2.1991 – 7 RAr 20/90, DBlR Nr. 3827 zu § 64 AFG; 29.10.1997 – 7 RAr 48/96, NZS 1998, 390: Schiffshavarie. ||9 BSG 29.10.1997 – 7 RAr 48/96, NZS 1998, 390. ||10 Nach den Gesetzesmaterialien wurden sie im Interesse der besseren Übersichtlichkeit unter der Anspruchsvoraussetzung der Nichtvermeidbarkeit zusammengefasst, vgl. BT-Drs. 4941, 184 zu Abs. 4. ||11 Ausf. BSG 29.4.1998 – B 7 AL 102/97, NZS 1999, 94. ||12 BSG 21.7.2009 – B 7 AL 3/08 R, NZS 2010, 292. ||13 BSG 21.7.2009 – B 7 AL 3/08 R, NZS 2010, 292, Rz. 20. ||14 Gagel/*Bieback*, § 96 Rz. 116 f. mwN.

Kriterium der Zumutbarkeit trägt vor allem der Frage Rechnung, ob derartige Maßnahmen wirtschaftl. vertretbar sind.

Abs. 4 S. 2 Nr. 2 nennt die Pflicht, zur Vermeidung von Kurzarbeit Ansprüche auf **Erholungsurlaub** – freilich nur nach den Möglichkeiten des BUrlG – zu gewähren. Ausdrücklich bezieht das Gesetz vorrangige Urlaubswünsche (nach den Maßgaben des § 7 BUrlG, s. Erl. dort) bei der Frage der Vermeidbarkeit ein. Insb. ist zu beachten, dass eine kurzfristige Urlaubsgewährung vielfach den Erholungszweck des Urlaubs nicht erfüllen kann. Nach Auffassung des BAG[1] wird im Falle eines vorher festgelegten Urlaubs die Pflicht zur Freistellung von der Arbeitspflicht infolge der Kurzarbeit unmöglich, so dass dem ArbN gem. §§ 283 S. 1, 280 I, 275 I und 249 I BGB Ersatzurlaub zu gewähren ist, soweit nicht durch eine zugrunde liegende (Betriebs-)Vereinbarung (s. dazu § 95 Rz. 2 ff.) die Verrechnung auf Urlaubstage ausdrücklich vorgesehen ist.

Abs. 4 S. 2 Nr. 3 und S. 3 und 4 enthalten eine detaillierte Regelung zum **Einsatz von Arbeitszeitguthaben**. Hierbei dürfen indes nur Arbeitszeitkonten für die Vermeidung von Arbeitsausfällen herangezogen werden, wenn diese auch für betriebl. Zwecke, also Flexibilisierung der betriebl. Arbeitszeit, rechtl. zur Verfügung stehen. Denn bei der Nutzung von Zeit- oder Wertguthaben bestehen arbeitsrechtl. Bindungen. Sind die Zeitkonten nur oder überwiegend für die individuelle Arbeitszeitgestaltung durch den ArbN bestimmt (wie zB in Gleitzeitmodellen), entfällt die Möglichkeit der Verweisung auf ihre vorrangige Nutzung[2]. Gleiches gilt, wenn eine tarifvertragl. Möglichkeit der Flexibilisierung der betriebl. Arbeitszeit nicht umgesetzt worden ist[3]. Für die Zeit v. 1.2.2009 bis 31.12.2011 gilt § 96 IV 2 Nr. 3 auf Grund des § 419 II Nr. 2 mit der Maßgabe, dass im Rahmen vereinbarter Arbeitszeitschwankungen Minussalden nicht gebildet werden müssen, um den Arbeitsausfall zu vermeiden.

Die **Aufzählung von Schonguthaben** in Abs. 4 S. 3 verdeutlicht damit nur das allg. Prinzip, dass Arbeitszeitguthaben nur im Rahmen ihrer allg. arbeitsrechtl. Bindung herangezogen werden können[4]. Die Verschonung von Arbeitszeitguthaben oberhalb einer Schwelle von 10 % der geschuldeten Jahresarbeitsleistung (jetzt Abs. 4 S. 3 Nr. 4) und von länger als ein Jahr bestehenden Guthaben (jetzt Nr. 5) ist wiederum Ausdruck der Zumutbarkeit bei der Frage der Vermeidbarkeit (s. Rz. 7). Seit dem 1.1.2004 sind als Schonguthaben auch solche Arbeitszeitguthaben geschützt, die mit einer kollektivrechtl. Zweckbestimmung zu Gunsten inner- und außerbetrieblicher Qualifizierungsmaßnahmen gebildet worden sind (Abs. 4 S. 3 Nr. 2 idF des sog. Flexi-II-Gesetzes[5]); daneben sind auch Wertguthaben für Freistellungen zugunsten von Eltern- oder Pflegezeit oder für vertragl. vereinbarte Arbeitsfreistellungen privilegiert. Ferner sind die zur „Vorfinanzierung" einer vorzeitigen Freistellung des ArbN im Rahmen der ATZ gebildeten Arbeitszeitguthaben vor der Auflösung geschützt (Abs. 2 Nr. 3 1. Alt.). Die durch das Gesetz zur Förderung ganzjähriger Beschäftigung v. 24.4.2006 aufgenommenen Bestimmungen zu Schonguthaben gem. Abs. 4 S. 3 Nr. 1 und Nr. 3 sind Folgeänderungen zur Einführung des Saison-Kug und privilegieren Guthaben, die für den Erhalt ergänzender Leistungen nach § 102 verwendet werden sollen, ferner auch solche im Umfang bis zu 50 Stunden, die allg. zur Überbrückung von Arbeitsausfällen außerhalb der Schlechtwetterzeit dienen (weil ein sog. verstetigter Monatslohn erzielt werden soll) oder aber auch in anderen Branchen für kurze Arbeitsausfälle herangezogen werden (etwa zur Vorarbeit der „Brückentage")[6].

Abs. 4 S. 4 enthält eine etwas schwer verständliche Fiktion der Unvermeidbarkeit des Arbeitsausfalls bei **ausgeschöpften Flexibilisierungsreserven**. Ein Arbeitsausfall in Betrieben, die in einer Vereinbarung mindestens 10 % der Jahresarbeitszeit (ohne Mehrarbeit) für einen unterschiedlichen Arbeitsausfall eingesetzt haben, gilt, wenn er hierdurch nicht mehr ausgeglichen werden kann, als unvermeidbar. Begünstigt werden also Betriebe, in denen Vorkehrungen gegen Arbeitsausfall in einem gewissen Mindestumfang getroffen worden sind. Ein bestehender TV ohne betriebl. Umsetzung der Möglichkeit, Arbeitsausfälle in gewissem Mindestumfang auszugleichen, genügt nicht[7].

§ 97 Betriebliche Voraussetzungen

Die betrieblichen Voraussetzungen sind erfüllt, wenn in dem Betrieb mindestens eine Arbeitnehmerin oder ein Arbeitnehmer beschäftigt ist. Betrieb im Sinne der Vorschriften über das Kurzarbeitergeld ist auch eine Betriebsabteilung.

---

1 BAG 16.12.2008 – 9 AZR 164/08, MDR 2009, 990. ||2 So zutr. Gagel/Bieback, § 96 Rz. 160 ff. auch unter Hinweis auf entsprechende Einschränkungen bei der vorrangigen Inanspruchnahme von Erholungsurlaub; die BA beschränkt dies auf Gleitzeitmodelle, vgl. dazu GA-Kug (Geschäftsanweisung Kurzarbeitergeld, abrufbar unter http://www.arbeitsagentur.de), § 96 unter 2.9.6 ||3 BT-Drs. 13/4941, 184 zu Abs. 4. ||4 Gagel/Bieback, § 96 Rz. 163 ff.; aA (abschließende Regelung von Schonguthaben): Brand/Kühl, § 96 Rz. 38; Hammer/Weiland, BB 1997, 2582 (2584). ||5 V. 21.12.2008 (BGBl. I S. 2940); dazu BT-Drs. 15/1515, 88 zu Nr. 90: Voraussetzung ist, dass der ArbN durch die entsprechenden Qualifikationsmaßnahmen Kenntnisse und Fähigkeiten erwirbt, die nicht ausschließlich im gegenwärtigen Betrieb oder am gegenwärtigen Arbeitsplatz verwertbar sind. ||6 Zum Ganzen Bieback, SGb 2007, 197 (201). ||7 BT-Drs. 13/4941, 184 zu Abs. 4.

1 Die betriebl. Voraussetzungen für die Gewährung von Kug sind weit gefasst; insb. sind die früher in § 172 III Nr. 3 aF genannten **Branchen (Schaustellergewerbe und künstlerische Darbietungen)** nicht mehr ausgeschlossen (§ 98 Rz. 9). Mit der Streichung des früheren Erfordernisses einer „regelmäßigen" Beschäftigung durch das Gesetz zur Förderung der ganzjährigen Beschäftigung sollen jetzt auch erst über eine kurzen Zeitraum bestehende Arbeitsplätze bei Arbeitsausfall gefördert werden, sofern der Arbeitsausfall nur vorübergehend ist und mit einer Rückkehr zum bisherigen Beschäftigungsumfang in absehbarer Zeit gerechnet werden kann[1].

2 Es gilt der **arbeitsrechtl. Betriebsbegriff**[2] (s. Erl. zu § 4 BetrVG). Maßgeblich ist die Verfolgung eines arbeitstechnischen Zwecks unter einer einheitlichen personalpolitischen Organisation und Leitung, weil damit sichergestellt ist, dass die das durch das Kug abgesicherte Risiko betreffenden Entscheidungen einheitlich getroffen werden. Bei mehreren Produktionsstätten, Niederlassungen oder Verwaltungseinheiten entscheidet die personalpolitische Verbundenheit; diese kann sich insb. durch einen Austausch von Personal äußern[3]. Eine räumliche Schranke setzt die BA bei 50 km[4].

3 Auch **öffentl.-rechtl.** Betriebe unterfallen den Vorschriften zur Gewährung von Kug. Eine Beschränkung auf bestimmte Betriebszwecke ist dem Gesetz fremd[5]. Eine wirtschaftl. Zwecksetzung lässt sich insb. aus den in § 96 beschriebenen Ursachen des Arbeitsausfalls nicht begründen.

4 Ausreichend ist die **Beschäftigung mindestens eines ArbN**. Anders als in § 96 I Nr. 4 zählt hier auch ein Auszubildender, der sozialversicherungspflichtig beschäftigt wird. Für Heimarbeiter gilt eine Sonderregelung (§ 103).

5 S. 2 setzt die **Betriebsabteilung** einem Betrieb gleich. Damit wird dem Gedanken Rechnung getragen, dass wegen der Eigenheiten einer einzelnen Abteilung ein personeller Austausch und damit Ausgleich des Arbeitsausfalls häufig nicht in Betracht kommt. Der Mindestarbeitsausfall (§ 96 I Nr. 4) wird in solchen Fällen nicht für den Betrieb, sondern für die kleinere Einheit der Betriebsabteilung berechnet. Denkbar ist auch die Gewährung von Kug für mehrere Betriebsabteilungen, die jede für sich die Voraussetzungen für die Gewährung erfüllen[6]. Erforderlich ist eine gewisse organisatorische, insb. personalpolitische Selbständigkeit, die aber nicht die einheitliche Leitungsmacht des Betriebes ersetzen darf. Auch ein zuweilen erfolgender personeller Austausch schadet nicht, wenn der Personalbestand als solcher relativ dauerhaft abgegrenzt bleibt[7]. In verschiedenen Abteilungen desselben Betriebes muss auch nicht notwendig ein eigener Betriebszweck verfolgt werden, in Fällen gleicher Zwecksetzung ist aber wohl eine räumliche Trennung erforderlich (Filialen)[8]. Klassischer Fall ist die betriebseigene Werkstätte; aber auch Fertigung in verschiedenen Werkstätten oder verschiedenen Fertigungssträngen im Rahmen der Fließbandproduktion. Verwaltungen bilden wegen ihrer abgrenzbaren Aufgaben- und Beschäftigtenstruktur häufig eigene Betriebsabteilungen[9].

98 Persönliche Voraussetzungen
(1) Die persönlichen Voraussetzungen sind erfüllt, wenn

1. die Arbeitnehmerin oder der Arbeitnehmer nach Beginn des Arbeitsausfalls eine versicherungspflichtige Beschäftigung

   a) fortsetzt,

   b) aus zwingenden Gründen aufnimmt oder

   c) im Anschluss an die Beendigung eines Berufsausbildungsverhältnisses aufnimmt,

2. das Arbeitsverhältnis nicht gekündigt oder durch Aufhebungsvertrag aufgelöst ist und

3. die Arbeitnehmerin oder der Arbeitnehmer nicht vom Kurzarbeitergeldbezug ausgeschlossen ist.

(2) Die persönlichen Voraussetzungen sind auch erfüllt, wenn die Arbeitnehmerin oder der Arbeitnehmer während des Bezugs von Kurzarbeitergeld arbeitsunfähig wird, solange Anspruch auf Fortzahlung des Arbeitsentgelts im Krankheitsfall besteht oder ohne den Arbeitsausfall bestehen würde.

(3) Die persönlichen Voraussetzungen sind nicht erfüllt bei Arbeitnehmerinnen oder Arbeitnehmern

1. während der Teilnahme an einer beruflichen Weiterbildungsmaßnahme mit Bezug von Arbeitslosengeld oder Übergangsgeld, wenn diese Leistung nicht für eine neben der Beschäftigung durchgeführte Teilzeitmaßnahme gezahlt wird, sowie

2. während des Bezuges von Krankengeld sowie

---

1 Vgl. BT-Drs. 16/429, 41. ||2 BSG 30.5.1978 – 7/12 RAr 100/76, SozR 4100 § 63 Nr. 1 (S. 2 mwN); Brand/*Kühl*, § 97 Rz. 3. ||3 BSG 6.11.1985 – 8 RK 20/84, SozR 2200 § 245 Nr. 4; vgl. auch BAG 11.11.1997 – 1 ABR 6/97, NZA 1998, 723. ||4 GA-Kug (Geschäftsanweisung Kurzarbeitergeld, abrufbar unter http://www.arbeitsagentur.de), § 97 unter 3.2 (4); zust. Gagel/*Bieback*, § 97 Rz. 15. ||5 BSG 30.5.1978 – 7/12 RAr 100/76, BSGE 46, 218. ||6 Vgl. Brand/*Kühl*, § 97 Rz. 6a. ||7 Vgl. GA-Kug § 97 unter 3.2 (5). ||8 Ebenso Henkes/Baur/Kopp/Polduwe, Handbuch der Arbeitsförderung, 1999, „Betriebsabteilung" (S. 262). ||9 BAG 23.9.1982 – 6 ABR 42/81, BAGE 40, 163 f.; offen gelassen in BSG 21.1.1987 – 7 RAr 76/85, NZA 1987, 396.

Persönliche Voraussetzungen

3. während der Zeit, in der sie von einem privaten Krankenversicherungsunternehmen, von einem Beihilfeträger des Bundes, von einem sonstigen öffentlich-rechtlichen Träger von Kosten in Krankheitsfällen auf Bundesebene, von dem Träger der Heilfürsorge im Bereich des Bundes, von dem Träger der truppenärztlichen Versorgung oder von einem öffentlich-rechtlichen Träger von Kosten in Krankheitsfällen auf Landesebene, soweit Landesrecht dies vorsieht, Leistungen für den Ausfall von Arbeitseinkünften im Zusammenhang mit einer nach den §§ 8 und 8a des Transplantationsgesetzes erfolgenden Spende von Organen oder Geweben beziehen.

(4) Die persönlichen Voraussetzungen sind auch nicht erfüllt, wenn und solange Arbeitnehmerinnen und Arbeitnehmer bei einer Vermittlung nicht in der von der Agentur für Arbeit verlangten und gebotenen Weise mitwirken. Arbeitnehmerinnen und Arbeitnehmer, die von einem erheblichen Arbeitsausfall mit Entgeltausfall betroffen sind, sind in die Vermittlungsbemühungen der Agentur für Arbeit einzubeziehen. Hat die Arbeitnehmerin oder der Arbeitnehmer trotz Belehrung über die Rechtsfolgen eine von der Agentur für Arbeit angebotene zumutbare Beschäftigung nicht angenommen oder nicht angetreten, ohne für dieses Verhalten einen wichtigen Grund zu haben, sind die Vorschriften über die Sperrzeit beim Arbeitslosengeld entsprechend anzuwenden.

Die Vorschrift regelt die **materielle Anspruchsberechtigung** für das Kug in der Person der ArbN, die nicht selbst am Verfahren beteiligt sind (s. § 99 Rz. 4). Grundvoraussetzung ist die Ausübung einer versicherungspflichtigen Beschäftigung bei Beginn des Arbeitsausfalls, da Kug eine Versicherungsleistung mit Lohnersatzfunktion darstellt. Entsprechend schließt Abs. 2 für bestimmte ArbN beim Bezug anderer Lohnersatzleistungen nach dem SGB III oder Krankengeld den Anspruch aus. Zusätzlich verlangt Abs. 3 wie beim Bezug von Alg die Bereitschaft für eine Vermittlung in ein anderes Beschäftigungsverhältnis und beschreibt damit eine typische versicherungsrechtl. Obliegenheit. **1**

Eine **versicherungspflichtige Beschäftigung** nach § 25 übt aus, wer gegen Arbeitsentgelt beschäftigt ist. Zum Beschäftigtenbegriff des SozV-Rechts s. Erl. zu § 7 SGB IV. Zeiten der Beschäftigung ohne Arbeitsentgelt begründen keine Versicherungspflicht, es sei denn es liegt eine Vereinbarung über flexible Arbeitszeiten iSd. § 7a SGB IV vor (s. Erl. zu § 7 SGB IV). Nicht versicherungspflichtig in der ArblV ist eine nach § 8 SGB IV geringfügige Beschäftigung (s. Erl. dort). Werkstudenten, die ihrem Erscheinungsbild nach nicht Beschäftigte[1], sondern entweder Schüler an einer allgemeinbildenden Schule oder Studierende an einer Hochschule oder der fachlichen Ausbildung dienenden Schule (§ 27 IV) sind, sind versicherungsfrei; ebenso ArbN nach Erreichen der Altersgrenze für den Bezug einer Regelaltersrente und Bezieher einer Rente wegen voller Erwerbsminderung (§ 28). **2**

Auszubildende werden nur bei der Berechnung der Ausfallquote nicht berücksichtigt (s. § 96 Rz. 3), sind aber versicherungspflichtig beschäftigt (§ 25) und damit grds. anspruchsberechtigt. Wegen des Anspruchs auf Vergütungsfortzahlung nach § 19 I Nr. 2a BBiG für die Dauer von sechs Wochen besteht idR erst ab der siebten Woche Anspruch auf Kug[2]. **3**

Nach **Abs. 1 Nr. 1a** soll Kug grds. nur bei **Fortsetzung einer versicherungspflichtigen Beschäftigung** nach dem Arbeitsausfall gezahlt werden; das ArbVerh muss also bereits vorher bestanden haben. Dies liegt vor, wenn der ArbN aus einer Elternzeit oder vom Wehrdienst zurückkehrt; zumindest liegt eine Wiederaufnahme iSd. Nr. 1b vor. Die Beendigung eines befristeten ArbVerh zu einem späteren Zeitpunkt während des Arbeitsausfalls schadet nicht. Anders als bei gekündigten ArbVerh liegt die Entscheidung zur Beendigung längere Zeit zurück und eine Fortsetzung über das Fristende hinaus erscheint immerhin noch möglich[3]. **4**

Abs. 1 Nr. 1b verlangt für eine **Einstellung von ArbN** während der Kurzarbeitsperiode, dass diese **aus zwingenden Gründen** erfolgt: Hierzu werden sowohl rechtl. Bindungen (Rückkehr aus einem unbezahlten Urlaub oder Freistellung, s.a. Rz. 4) als auch besondere betriebl. Interessen (Einstellung einer lang gesuchten Fachkraft) und arbeitsmarktpolitisch sinnvolle Gesichtspunkte gezählt wie die Beschäftigung eines schwer vermittelbaren ArbN und die Unzumutbarkeit der Auflösung eines ArbVerh mit einem ArbN, mit dem vor Beginn des Arbeitsausfalls ein ArbVerh geschlossen worden ist[4]. Grds. aber haben ArbN, die erst nach Beginn der Kurzarbeitsperiode eine beitragspflichtige Beschäftigung in dem Betrieb aufnehmen, keinen Anspruch auf Kug[5]. Etwas anderes gilt nach Abs. 1 Nr. 1c im Anschluss an die Beendigung eines Berufsausbildungsverhältnisses. **5**

Nach **Abs. 1 Nr. 2** liegt in der Person des ArbN ein Ausschlussgrund vor, wenn sein **Arbeitsverhältnis gekündigt oder aufgehoben** worden ist. Hier kann das Ziel, den Arbeitsplatz mit der Zahlung von Kug zu erhalten (s. Rz. 1), nicht mehr erreicht werden. Zudem hielt der Gesetzgeber es für gerechtfertigt, **6**

---

1 Nach der Rspr. wird das Erscheinungsbild durch den Schulbesuch oder das Studium geprägt, wenn die wöchentliche Arbeitszeit 20 Stunden nicht überschreitet bzw. eine höhere Arbeitszeit ausschließlich in der vorlesungsfreien Zeit geleistet wird, vgl. BSG 26.6.1975 – 3/12 RK 14/73, BSGE 40, 93 (94); 11.12.1993 – 7 RAr 52/92, SozR 3-4100 § 169b Nr. 1; zu Ausnahmen aber BSG 10.12.1998 – B 12 22/97 R, MDR 1999, 619; 21.5.1996 – 12 RK 77/94, BSGE 78, 229. ||2 Gagel/*Bieback*, § 98 Rz. 27. ||3 Gagel/*Bieback*, § 98 Rz. 33; Brand/*Kühl*, § 98 Rz. 7. ||4 Vgl. GA-Kug (Geschäftsanweisung Kurzarbeitergeld, abrufbar unter www.arbeitsagentur.de), § 98 unter 4.3. ||5 Gagel/*Bieback*, § 98 Rz. 28.

diese ArbN auf ihr Kündigungsrecht infolge der Lohnkürzung und die anschließende Möglichkeit des Bezugs von Alg zu verweisen (vgl. aber zur Möglichkeit der Zahlung sog. strukturellen Kug § 111). ArbN, die Kündigungsschutzklage erhoben haben, wird wegen der Möglichkeit der Fortsetzung des ArbVerh und den Weiterbeschäftigungsansprüchen für die Dauer des Kündigungsschutzprozesses (s. Erl. zu § 102 BetrVG) Kug gezahlt[1]. Der Ausschlussgrund des Abs. 1 Nr. 2 greift demggü. auch ein, wenn der ArbN das ArbVerh gekündigt hat[2]. Zum Auslaufen befristeter ArbVerh s. Rz. 4. Dazu, ob das Ultima-Ratio-Prinzip die Einführung von Kurzarbeit vor Ausspruch von betriebsbedingten Kündigungen gebietet, s. § 1 KSchG Rz. 272[3].

7 **Bezieher von Alg oder Übergangsgeld** infolge Teilnahme an einer berufl. Weiterbildungsmaßnahme sind nach **Abs. 1 Nr. 3 iVm. Abs. 2** gleichfalls vom Bezug von Kug ausgeschlossen, da ein Doppelbezug von Leistungen verhindert werden soll. Sind die betroffenen ArbN allerdings nur in einer Teilzeitmaßnahme gefördert, kommt Kug für eine daneben ausgeübte Teilzeitbeschäftigung in Betracht.

8 Bezieht der ArbN **Krankengeld**, ist diese Leistung vorrangig (Abs. 2 Alt. 2). Sie ist aber der Höhe nach nicht auf das sonst zu zahlende Kug beschränkt, sondern berechnet sich nach dem erzielten Entgelt vor der Kurzarbeitsperiode (47b III SGB V). Für ArbN, die **innerhalb der Kurzarbeitsperiode erkranken**, stellt **Abs. 2**[4] ausdrücklich klar, dass Kug für den Zeitraum zu zahlen ist, für den sonst Anspruch auf Entgeltfortzahlung im Krankheitsfall (§ 3 I EFZG) besteht. Sinn dieser gesetzl. Regelungen ist es, den ständigen Wechsel in der Leistungszuständigkeit zwischen Krankenkasse und BA nach Möglichkeit zu vermeiden[5]. Ist der ArbN **vor** Beginn der Kurzarbeitsperiode erkrankt, verdrängt wiederum das Krankengeld den Kug-Anspruch, indem ein Teil-Krankengeld in Höhe der Differenz zwischen Entgeltfortzahlungsanspruch und sonst zu zahlendem Kug gezahlt wird (§ 47b IV SGB V). Dies ist vom ArbGeb kostenlos zu errechnen und auszuzahlen (§ 47b IV 2 SGB V).

9 Die nach der früheren Fassung in **Abs. 2 Nr. 3** vom Bezug ausgeschlossenen ArbN in Betrieben des Schaustellergewerbes oder Beschäftigte in Theater-, Lichtspiel- oder Konzertunternehmen sind seit dem Gesetz zur Förderung ganzjähriger Beschäftigung in den Schutz durch Kug einbezogen. Ihr früherer Ausschluss beruhte auf dem Gedanken, dass in diesen Betrieben der Arbeitsanfall ohnehin ungleichmäßig ist und die Betriebe den schwankenden Arbeitsanfall als zu den Produktionskosten zählend selbst tragen sollten[6]. Nunmehr geht der Gesetzgeber davon aus, dass sich die ArbVerh in diesen Branchen stabilisiert hätten und nicht mehr von anderen ArbVerh unterscheiden[7].

10 Schließlich setzt der Bezug von Kug nach **Abs. 4** die **Mitwirkung des ArbN an Vermittlungsbemühungen seitens der AA** voraus. Die Mitwirkungspflicht umfasst die Auskunftserteilung und Vorlage von Unterlagen (§ 38 II). Nach § 107 iVm. § 309 hat der Arbl. sich auf Aufforderung der AA persönlich zu melden und an evtl. erforderlichen Untersuchungen teilzunehmen; bei der Nichtbefolgung einer Aufforderung droht eine Sperrzeit von einer Woche (§ 159 I 2 Nr. 6, VI). Der Entzug des Kug wegen fehlender Mitwirkung setzt die vorherige Belehrung des ArbN über seine Mitwirkungspflicht voraus sowie den Hinweis, dass bei Nichterfüllung die Versagung der Leistung droht[8]. Der Entzug der Leistung ist zeitlich auf die Dauer der Weigerung zur Mitwirkung beschränkt.

11 Darüber hinaus wird der ArbN durch die Möglichkeit der Verhängung einer **Sperrzeit bei Ablehnung einer zumutbaren Beschäftigung** zur gesteigerten Mitwirkung angehalten[9]. Die Dauer der Sperrzeit beträgt zwölf Wochen und kann in entsprechender Anwendung von § 159 I und III 1 bei einer besonderen Härte auf sechs Wochen reduziert werden. Ein Erlöschen des Anspruchs bei wiederholter Sperrzeit kommt nicht infrage[10]. Der Tatbestand eines Anspruchsübergangs wäre durch die recht unklare Verweisung, „sind die Vorschriften über die Sperrzeit beim Alg entsprechend anzuwenden" (nicht: Sperrzeiten) nur unzureichend benannt; ferner ist im Hinblick auf die Regelbezugsdauer von sechs Monaten beim Kug eine erneute Sperrzeit schon technisch schwer unterzubringen. Es kann deshalb nicht davon ausgegangen werden, dass der Gesetzgeber eine solch weit reichende Rechtsfolge auch für ArbN in noch bestehenden ArbVerh anordnen wollte.

12 Bei der Frage, welche Beschäftigungsangebote dem ArbN **zumutbar** sind, kann nicht auf die Anforderungen des § 140 (in erster Linie abgestellt auf die hinnehmbare Entgeltminderung) zurückgegriffen werden. Dies ergibt sich schon daraus, dass der ArbN beim Bezug von Kug nicht „arbeitslos" ist. Vielmehr sind die Zumutbarkeitsanforderungen an denen einer Erwerbsobliegenheit während eines bestehenden ArbVerh zu messen, so dass sich anbietet, auf die zu § 615 S. 2 BGB entwickelten Kriterien des „böswilligen" Unterlassens anderweitiger Verwendung seiner Dienste zurückzugreifen (s.a. Erl. zu § 615 BGB)[11]. Ferner ist an die Regelung des § 112 V 2 Nr. 2 BetrVG zur Berücksichtigung von Weiterbeschäftigungs-

---

1 Vgl. zu einzelnen Fallgestaltungen GA-Kug, § 98 unter 4.2. ‖ 2 BSG 21.11.2002 – B 11 AL 17/02 R, SozR 3-4100 § 172 Nr. 1. ‖ 3 Dazu auch *Wahlig/Jeschke*, NZA 2010, 607. ‖ 4 Klarstellung durch das Job-AQTIV-Gesetz v. 10.12.2001, BGBl. I S. 3443. ‖ 5 Vgl. BT-Drs. 8/4022, 89 zu § 2. ‖ 6 BSG 30.5.1978 – 7/12 RAr 100/76, BSGE 46, 218. ‖ 7 BT-Drs. 16/429, 42. ‖ 8 AllgM, vgl. Gagel/*Bieback*, § 98 Rz. 57; GA-Kug zu § 98 unter 4.9; abrufbar unter http://www.arbeitsagentur.de. ‖ 9 Zu den Verschärfungen ggü. dem Rechtszustand nach dem AFG vgl. Gagel/*Bieback*, § 98 Rz. 60ff. ‖ 10 So mit Recht Gagel/*Bieback*, § 98 Rz. 66; jetzt auch Brand/*Kühl*, § 98 Rz. 19. ‖ 11 Dazu *Peters-Lange*, Zumutbarkeit von Arbeit, 1992, S. 54f.

möglichkeiten bei Abschluss eines Sozialplans zu denken, die jedoch bereits die Gefahr des Arbeitsplatzverlusts in die vorzunehmende Interessenabwägung einbezieht (s. Erl. zu § 112 BetrVG). Die Vermittlung eines dauerhaften (unbefristeten) neuen Arbeitsplatzes kommt überhaupt nur in Betracht, wenn der ArbGeb zustimmt oder beim Bezug des Transfer-Kug nach § 111 durch bereits gekündigte oder durch Aufhebungsvertrag ausscheidende ArbN[1]. Erst bei länger dauernder Kurzarbeit sinkt dagegen das Interesse des ArbGeb an dem Erhalt seiner Belegschaft und des ArbN an der Beibehaltung des früheren Arbeitsplatzes. Im Hinblick darauf, dass er seinen alten Arbeitsplatz noch innehat, sind ihm Einkommensverluste oder Abstriche bei der berufl. Qualifikation aber auch dann nicht zumutbar[2].

99 Anzeige des Arbeitsausfalls

(1) Der Arbeitsausfall ist bei der Agentur für Arbeit, in deren Bezirk der Betrieb seinen Sitz hat, schriftlich anzuzeigen. Die Anzeige kann nur vom Arbeitgeber oder der Betriebsvertretung erstattet werden. Der Anzeige des Arbeitgebers ist eine Stellungnahme der Betriebsvertretung beizufügen. Mit der Anzeige ist glaubhaft zu machen, dass ein erheblicher Arbeitsausfall besteht und die betrieblichen Voraussetzungen für das Kurzarbeitergeld erfüllt sind.

(2) Kurzarbeitergeld wird frühestens von dem Kalendermonat an geleistet, in dem die Anzeige über den Arbeitsausfall bei der Agentur für Arbeit eingegangen ist. Beruht der Arbeitsausfall auf einem unabwendbaren Ereignis, gilt die Anzeige für den entsprechenden Kalendermonat als erstattet, wenn sie unverzüglich erstattet worden ist.

(3) Die Agentur für Arbeit hat der oder dem Anzeigenden unverzüglich einen schriftlichen Bescheid darüber zu erteilen, ob auf Grund der vorgetragenen und glaubhaft gemachten Tatsachen ein erheblicher Arbeitsausfall vorliegt und die betrieblichen Voraussetzungen erfüllt sind.

Die Vorschrift regelt das Verfahren der Anzeige, Beantragung und Gewährung von Kug. Es handelt sich um ein **zweistufiges Verfahren:** Zunächst erfolgt eine Anzeige des Arbeitsausfalls, auf die hin ein Bescheid über das Vorliegen oder Nichtvorliegen der allg. (§ 96) und betriebl. Voraussetzungen (§ 97) dem Grunde nach ergeht (**Anerkennungsbescheid**). Auf zweiter Stufe ist ein Antrag für die einzelnen ArbN zu stellen (§§ 323 II, 325 III), über den durch **weiteren Bescheid eine konkrete Entscheidung über die persönlichen Voraussetzungen und die einzelnen Ansprüche** erfolgt. Nach Eintritt der Unanfechtbarkeit des Anerkennungsbescheides ist eine Ablehnung von Kug nur noch aufgrund fehlender persönlicher Voraussetzungen für den Anspruch möglich[3]. 1

Die **Anzeige** ist schriftl. vom ArbGeb oder BR bei der nach Abs. 1 S. 1 zuständigen AA zu stellen. Für den Nachweis der Anspruchsvoraussetzungen genügt die Glaubhaftmachung, also die Beweisführung mit allen zur Verfügung stehenden Beweismitteln (mit Ausnahme der Versicherung an Eides statt, § 23 I SGB X); wobei eine mindere Gewissheit iSd. überwiegenden Wahrscheinlichkeit der zu beweisenden Tatsachen erreicht werden muss – § 23 I 2 SGB X. Als Beweismittel können ua. dienen: die BV über Kurzarbeit, Lohnabrechnungslisten, Angaben über die Lagerhaltung, Auftragslage, Möglichkeiten der Urlaubsgewährung oder des Einsatzes von Arbeitszeitguthaben[4]. Die Pflicht zur Glaubhaftmachung entbindet die BA nicht von der Amtsermittlungspflicht. 2

Mit dem Eingang der Anzeige des Arbeitsausfalls bei der AA wird der **Leistungsbeginn** festgelegt (Abs. 2), eine verspätete Anzeige (nicht: verspätete Beifügung der Stellungnahme des BR[5]) legt auch einen späteren Leistungszeitraum fest. Die Anzeige als materiell-rechtl. Anspruchsvoraussetzung (§ 95 Nr. 4) stellt zugleich eine materielle Ausschlussfrist für frühere Anspruchszeiträume dar[6]. Deshalb kommt weder eine Wiedereinsetzung in den vorigen Stand noch die Berufung auf den sozialrechtl. Herstellungsanspruch zur Herbeiführung der Folgen einer unterstellt rechtzeitigen Anzeige in Betracht[7]. Die Rspr. billigt den betroffenen ArbN zum Ausgleich Schadensersatzansprüche gegen den ArbGeb wegen einer verspäteten Anzeige des Arbeitsausfalls zu[8]. 3

Im weiteren Verfahren treten ArbGeb bzw. BR als **Verfahrens- und Prozessstandschafter**[9] der ArbN auf, die selbst weder anzeige- noch antragsberechtigt sind. Dies hat das BSG[10] 2005 bestätigt und ist auch verfassungsrechtl. Bedenken nicht beigetreten. Alle verfahrensrechtl. und insb. gerichtl. Rechtsschutzmöglichkeiten gegen den Anerkennungs- und den nachfolgenden Leistungsbescheid obliegen dem ArbGeb (bzw. dem BR, wenn er Anzeige und Antrag gestellt hat). Als nicht antragstellende Partei sind sie, also der ArbGeb, wenn der BR einen Antrag gestellt hat, oder umgekehrt, als notwendig Beteiligte iSv. § 12 SGB X bzw. als notwendig Beizuladende iSv. § 75 II SGG am Verwaltungs- und Gerichtsverfahren beteiligt. 4

---

1 Gagel/*Bieback*, § 98 Rz. 620 f.; Brand/*Kühl*, § 98 Rz. 18. ||2 Gagel/*Bieback*, § 98 Rz. 630; Brand/*Kühl*, § 98 Rz. 19. ||3 BSG 14.9.2010 – B 7 AL 21/09 R, NZA-RR 2011, 319. ||4 Vgl. Gagel/*Bieback*, § 99 Rz. 50. ||5 BSG 30.5.1978 – 7/12 RAr 100/76, BSGE 46, 218. || 6 BSG 14.2.1989 – 7 RAr 18/87, SozR 4100 § 66 Nr. 2; aA Gagel/*Bieback*, § 99 Rz. 25 ff. ||7 BSG 14.2.1989 – 7 RAr 18/87, SozR 4100 § 66 Nr. 2. ||8 BSG 17.7.1979 – 12 RAr 4/79, DB 1979, 2332. ||9 St. Rspr., vgl. nur BSG 25.6.1998 – B 7 AL 126/95 R, NZS 1999, 43; 19.2.1986 – 7 RAr 9/84, NZA 1986, 725. ||10 BSG 25.5.2005 – B 11a/11 AL 15/04 R, NZS 2006, 378.

5   Der **Antrag auf Gewährung von Kug** ist innerhalb einer Ausschlussfrist von drei Monaten für den jeweiligen Anspruchszeitraum zu beantragen (§ 325 III), wobei die Frist mit dem Ablauf des Anspruchszeitraums beginnt. Anspruchszeitraum ist die Bezugsfrist iSv. § 104 (längstens sechs Monate), für die der Arbeitsausfall besteht. Auf die Antragsfrist ist der ArbGeb von der AA auch bei ablehnender Entscheidung über die Anzeige durch einen negativen Anerkennungsbescheid hinzuweisen, da die Antragsfrist im Widerspruchsverfahren über den Anerkennungsbescheid ablaufen kann[1]. Anzeige und Antrag können auch gleichzeitig gestellt werden[2]. Lehnt die BA den Erlass eines Anerkennungsbescheids ab, ist im anschließenden Widerspruch der Antrag jedoch gewissermaßen mitenthalten[3], so dass im anschließenden Klageverfahren unmittelbar auf Gewährung von Kug im Wege der sog. kombinierten Anfechtungs- und Leistungsklage nach § 54 I und IV SGG geklagt werden kann[4].

100 *Kurzarbeitergeld bei Arbeitskämpfen*

(1) § 160 über das Ruhen des Anspruchs auf Arbeitslosengeld bei Arbeitskämpfen gilt entsprechend für den Anspruch auf Kurzarbeitergeld bei Arbeitnehmerinnen und Arbeitnehmern, deren Arbeitsausfall Folge eines inländischen Arbeitskampfes ist, an dem sie nicht beteiligt sind.

(2) Macht der Arbeitgeber geltend, der Arbeitsausfall sei die Folge eines Arbeitskampfes, so hat er dies darzulegen und glaubhaft zu machen. Der Erklärung ist eine Stellungnahme der Betriebsvertretung beizufügen. Der Arbeitgeber hat der Betriebsvertretung die für die Stellungnahme erforderlichen Angaben zu machen. Bei der Feststellung des Sachverhalts kann die Agentur für Arbeit insbesondere auch Feststellungen im Betrieb treffen.

(3) Stellt die Agentur für Arbeit fest, dass ein Arbeitsausfall entgegen der Erklärung des Arbeitgebers nicht Folge eines Arbeitskampfes ist, und liegen die Voraussetzungen für einen Anspruch auf Kurzarbeitergeld allein deshalb nicht vor, weil der Arbeitsausfall vermeidbar ist, wird das Kurzarbeitergeld insoweit geleistet, als die Arbeitnehmerin oder der Arbeitnehmer Arbeitsentgelt (Arbeitsentgelt im Sinne des § 115 des Zehnten Buches) tatsächlich nicht erhält. Bei der Feststellung nach Satz 1 hat die Agentur für Arbeit auch die wirtschaftliche Vertretbarkeit einer Fortführung der Arbeit zu berücksichtigen. Hat der Arbeitgeber das Arbeitsentgelt trotz des Rechtsübergangs mit befreiender Wirkung an die Arbeitnehmerin oder den Arbeitnehmer oder an einen Dritten gezahlt, hat die Empfängerin oder der Empfänger des Kurzarbeitergeldes dieses insoweit zu erstatten.

1   Abs. 1 verweist auf die Vorschriften über das Ruhen von Alg für nicht am Arbeitskampf unmittelbar beteiligte ArbN (§ 160 III, s. Erl. dort). Sind die ArbN unmittelbar Beteiligte an einem Arbeitskampf, kommt ohnehin kein Kug in Betracht, weil der Arbeitsausfall dann nicht auf wirtschaftl. Gründen oder einem unabwendbaren Ereignis beruht (§ 96)[5]. § 100 sichert wie § 160 die Neutralität der BA bei Arbeitskämpfen.

2   Nach Abs. 2 obliegt dem ArbGeb die **Darlegung und Glaubhaftmachung** dafür, dass der Arbeitsausfall auf einem Arbeitskampf beruht. Hiermit will der Gesetzgeber verhindern, dass ArbGeb, die nicht am Arbeitskampf beteiligt sind, diesen zum Anlass nehmen, einen Arbeitskampf lediglich zu behaupten, um sich auf diese Weise mittelbar am Arbeitskampf zu beteiligen[6]. Hierzu wiederholt der Gesetzgeber die auch in Fällen des Nachweises des Arbeitsausfalls bestehenden Pflichten zur Beifügung einer Stellungnahme des BR (§ 99 I 3) und zur Glaubhaftmachung (§ 99 I 4, vgl. § 99 Rz. 2). Letztlich trägt der ArbGeb die (objektive) Beweislast für das Vorliegen eines Ursachenzusammenhangs zwischen Arbeitskampf und Arbeitsausfall[7]. Beruht der **Arbeitsausfall von Leih-ArbN** im Betrieb des Entleihunternehmens auf einem Streik, so sieht das LSG NW[8] einen arbeitskampfbedingten Arbeitsausfall nicht für gegeben, weil das Risiko der Nichtunterbringung der Leih-ArbN wegen Arbeitskampfes zum **wirtschaftlichen Risiko des Verleihers** zähle und damit der Leih-ArbN nicht von Arbeitsausfall mit Entgeltausfall betroffen sei. Das Recht der AA zur Ermittlung unmittelbar im Betrieb (Abs. 2 S. 4) entspricht den ihr im Rahmen der Amtsermittlungspflicht allg. zur Verfügung stehenden Beweismitteln (§ 21 I Nr. 4 SGB X) und wird wegen der Verpflichtung des ArbGeb zur Glaubhaftmachung an dieser Stelle ausdrücklich wiederholt.

3   Nach **Abs. 3** kommt eine **Gleichwohlgewährung** von Kug in Betracht, wenn der Arbeitsausfall nach den Feststellungen der BA vermeidbar ist. Hierfür müssen aber die übrigen Anspruchsvoraussetzungen vorliegen. Gleichwohl der Anspruch auf Kug an sich nach § 160 ruhen könnte, springt die BA mit Kug-Zahlungen ein, da der Anspruch auf Arbeitsentgelt nach § 615 BGB bei einem **vermeidbaren Arbeitsausfall** nicht ausgeschlossen ist[9]. Der Sache nach handelt es sich um eine Art (teilweiser) Vorfinanzierung des Arbeitsentgelts[10]. Rechtstechnisch entspricht sie der Gleichwohlgewährung beim Ruhen des Anspruchs auf Alg neben einem Anspruch auf Arbeitsentgelt (vgl. § 157 Rz. 19 ff.). Die Vermeidbarkeit des Arbeitsausfalls muss tatsächlich feststehen[11].

---

1 Brand/*Kühl*, § 99 Rz. 15. ‖ 2 BSG 30.5.1978 – 7/12 RAr 100/76, BSGE 46, 218. ‖ 3 BSG 18.5.1995 – 7 RAr 28/94, NZA 1996, 1118. ‖ 4 Bestätigt durch BSG 29.10.1997 – 7 RAr 48/96, NZS 1998, 390. ‖ 5 BSG 5.6.1991 – 7 RAr 26/89, NZA 1991, 982. ‖ 6 BT-Drs. 10/5214, 14. ‖ 7 Gagel/*Bieback*, § 100 Rz. 21. ‖ 8 LSG NW 30.8.2006 – L 12 AL 168/05, NZA 2007, 84. ‖ 9 MünchArbR/*Otto*, § 292 Rz. 81. ‖ 10 MünchArbR/*Otto*, § 292 Rz. 81. ‖ 11 *Otto*, RdA 1987, 1 (3); *Löwisch*, NZA 1986, 345 (351); aA Gagel/*Bieback*, § 100 Rz. 40.

Das Gesetz erwähnt bei der Frage der Vermeidbarkeit des Arbeitsausfalls ausdrücklich die **wirtschaftl. Vertretbarkeit**. Neben der technischen Fortführungsmöglichkeit muss also auch die Fortführung des Betriebes wirtschaftl. zumutbar sein. Die BA legt hierzu in ihrer Geschäftsanweisung[1] zum Kug fest, dass die obere Grenze der zumutbaren Mehrkosten die Kostenbelastung ist, die der ArbGeb im Falle der Kurzarbeit ohnehin hat. Der ArbGeb soll also im Rahmen von Arbeitskampfmaßnahmen nicht höher belastet werden als bei regulärer Kurzarbeit (Mehrkosten der Arbeitsfortführung ggü. Fixkosten bei stillliegender Produktion[2]).

Zweiter Titel. Sonderformen des Kurarbeitergeldes

101–103 *(nicht kommentiert)*

Dritter Titel. Leistungsumfang

104 *Dauer*
(1) Kurzarbeitergeld wird für den Arbeitsausfall für eine Dauer von längstens sechs Monaten von der Agentur für Arbeit geleistet. Die Bezugsdauer gilt einheitlich für alle in einem Betrieb beschäftigten Arbeitnehmerinnen und Arbeitnehmer. Sie beginnt mit dem ersten Kalendermonat, für den in einem Betrieb Kurzarbeitergeld vom Arbeitgeber gezahlt wird.

(2) Wird innerhalb der Bezugsdauer für einen zusammenhängenden Zeitraum von mindestens einem Monat kein Kurzarbeitergeld gezahlt, verlängert sich die Bezugsdauer um diesen Zeitraum.

(3) Sind seit dem letzten Kalendermonat, für den Kurzarbeitergeld gezahlt worden ist, drei Monate vergangen und liegen die Voraussetzungen für einen Anspruch auf Kurzarbeitergeld erneut vor, beginnt eine neue Bezugsdauer.

(4) Saison-Kurzarbeitergeld wird abweichend von den Absätzen 1 bis 3 für die Dauer des Arbeitsausfalls während der Schlechtwetterzeit von der Agentur für Arbeit geleistet. Zeiten des Bezugs von Saison-Kurzarbeitergeld werden nicht auf die Bezugsdauer für das Kurzarbeitergeld angerechnet. Sie gelten nicht als Zeiten der Unterbrechung im Sinne des Absatzes 3.

Die **Regelbezugsfrist** beträgt sechs Monate, wobei Unterbrechungen von einem bis unter drei Monaten die Bezugsfrist entsprechend verlängern, und ab einer Unterbrechung von drei Monaten eine neue Bezugsfrist läuft (Abs. 1 u. 2). In der Zeit v. **1.1.2009 bis 31.12.2011** konnte der ArbGeb beantragen, dass der Kug-Bezugszeitraum nicht unterbrochen wird (§ 419 I Nr. 4), so dass eine erneute Anzeige des Arbeitsausfalls nicht erforderlich war. Der ArbGeb nahm dafür aber eine Anrechnung der Unterbrechungszeit auf die Höchstbezugsdauer in Kauf. Der Grundsatz der einheitlichen Gewährung an alle ArbN kann bei unterschiedlichen Arbeitsausfällen in verschiedenen Betriebsabteilungen durchbrochen sein[3].

Die Regelbezugsfrist kann **durch Rechtsverordnung des Bundesministeriums für Arbeit und Soziales verlängert** werden, § 109 I Nr. 2. Hiervon ist seit 1975 fast ununterbrochen Gebrauch gemacht worden, zuletzt durch die Erste ÄnderungsVO v. 7.12.2012[4]. Zuvor war die Bezugsfrist für Kurzarbeit, die in der Zeit vom 1.1.–31.12.2010 begonnen wurde, auf 18 Monate verlängert worden. Seit dem 1.1.2011 (mit Unterbrechung für das Jahr 2012) gilt eine Bezugsdauer von nur noch 12 Monaten[5].

Die Bezugsfristen beginnen nach **Unterbrechung** von mindestens drei Kalendermonaten neu zu laufen (Abs. 3). Unterbrechungen von mindestens einem Kalendermonat rechnen nicht in die Bezugsfrist ein (Abs. 2). Die Regelungen zur Höchstbezugsdauer in Abs. 4 aF sind mWv. 1.1.2004 entfallen.

105 *Höhe*
Das Kurzarbeitergeld beträgt
1. für Arbeitnehmerinnen und Arbeitnehmer, die beim Arbeitslosengeld die Voraussetzungen für den erhöhten Leistungssatz erfüllen würden, 67 Prozent,
2. für die übrigen Arbeitnehmerinnen und Arbeitnehmer 60 Prozent
der Nettoentgeltdifferenz im Anspruchszeitraum.

---

1 GA-Kug (Geschäftsanweisung Kurzarbeitergeld, abrufbar unter http://www.arbeitsagentur.de) zu § 100 unter 6.3 (8); zust. MünchArbR/*Otto*, § 292 Rz. 86. ||2 Brand/*Kühl*, § 100 Rz. 5. ||3 Brand/*Kühl*, § 104 Rz. 4. ||4 BGBl. I S. 2570. ||5 Die Erste Verordnung zur Änderung der Verordnung über die Bezugsdauer für das Kurzarbeitergeld v. 31.10.2013 verlängert den Zeitraum bis Ende 2014 (BGBl. 2013 I S. 3905).

106 *Nettoentgeltdifferenz*
(1) Die Nettoentgeltdifferenz entspricht der Differenz zwischen

1. dem pauschalierten Nettoentgelt aus dem Soll-Entgelt und
2. dem pauschalierten Nettoentgelt aus dem Ist-Entgelt.

Soll-Entgelt ist das Bruttoarbeitsentgelt, das die Arbeitnehmerin oder der Arbeitnehmer ohne den Arbeitsausfall in dem Anspruchszeitraum erzielt hätte, vermindert um Entgelt für Mehrarbeit. Ist-Entgelt ist das Bruttoarbeitsentgelt, das die Arbeitnehmerin oder der Arbeitnehmer in dem Anspruchszeitraum tatsächlich erzielt hat, zuzüglich aller zustehenden Entgeltanteile. Arbeitsentgelt, das einmalig gezahlt wird, bleibt bei der Berechnung von Soll-Entgelt und Ist-Entgelt außer Betracht. Soll-Entgelt und Ist-Entgelt sind auf den nächsten durch 20 teilbaren Euro-Betrag zu runden. § 153 über die Berechnung des Leistungsentgelts beim Arbeitslosengeld gilt mit Ausnahme der Regelungen über den Zeitpunkt der Zuordnung der Lohnsteuerklassen und den Steuerklassenwechsel für die Berechnung der pauschalierten Nettoentgelte beim Kurzarbeitergeld entsprechend.

(2) Erzielt die Arbeitnehmerin oder der Arbeitnehmer aus anderen als wirtschaftlichen Gründen kein Arbeitsentgelt, ist das Ist-Entgelt um den Betrag zu erhöhen, um den das Arbeitsentgelt aus diesen Gründen gemindert ist. Arbeitsentgelt, das unter Anrechnung des Kurzarbeitergeldes gezahlt wird, bleibt bei der Berechnung des Ist-Entgelts außer Betracht. Bei der Berechnung der Nettoentgeltdifferenz nach Absatz 1 bleiben auf Grund von kollektivrechtlichen Beschäftigungssicherungsvereinbarungen durchgeführte vorübergehende Änderungen der vertraglich vereinbarten Arbeitszeit außer Betracht; die Sätze 1 und 2 sind insoweit nicht anzuwenden.

(3) Erzielt die Arbeitnehmerin oder der Arbeitnehmer für Zeiten des Arbeitsausfalls ein Entgelt aus einer anderen während des Bezugs von Kurzarbeitergeld aufgenommenen Beschäftigung, selbständigen Tätigkeit oder Tätigkeit als mithelfende Familienangehörige oder mithelfender Familienangehöriger, ist das Ist-Entgelt um dieses Entgelt zu erhöhen,

(4) Lässt sich das Soll-Entgelt einer Arbeitnehmerin oder eines Arbeitnehmers in dem Anspruchszeitraum nicht hinreichend bestimmt feststellen, ist als Soll-Entgelt das Arbeitsentgelt maßgebend, das die Arbeitnehmerin oder der Arbeitnehmer in den letzten drei abgerechneten Kalendermonaten vor Beginn des Arbeitsausfalls in dem Betrieb durchschnittlich erzielt hat, vermindert um Entgelt für Mehrarbeit. Ist eine Berechnung nach Satz 1 nicht möglich, ist das durchschnittliche Soll-Entgelt einer vergleichbaren Arbeitnehmerin oder eines vergleichbaren Arbeitnehmers zugrunde zu legen. Änderungen der Grundlage für die Berechnung des Arbeitsentgelts sind zu berücksichtigen, wenn und solange sie auch während des Arbeitsausfalls wirksam sind.

(5) Die Absätze 1 bis 4 gelten für Heimarbeiterinnen und Heimarbeiter mit der Maßgabe, dass als Soll-Entgelt das durchschnittliche Bruttoarbeitsentgelt der letzten sechs abgerechneten Kalendermonate vor Beginn des Entgeltausfalls zugrunde zu legen ist. War die Heimarbeiterin oder der Heimarbeiter noch nicht sechs Kalendermonate für den Auftraggeber tätig, so ist das in der kürzeren Zeit erzielte Arbeitsentgelt maßgebend.

1 Die Vorschriften zur Höhe des Kug sind durch das SGB III ggü. den Regelungen des AFG **wesentlich umgestaltet und vereinfacht** worden, indem nicht mehr auf der Basis des Arbeitsentgelts je Ausfallstunde, sondern der Nettoentgeltdifferenz im jeweiligen Anspruchszeitraum (Kalendermonat, § 96 I Nr. 4) der maßgebliche Prozentwert erhoben wird. Dieser beträgt für ArbN, die oder deren Ehegatte oder Lebenspartner mindestens ein Kind iSd. § 32 I, III–V EStG haben, **67 %**[1]; für alle übrigen ArbN 60 %.

2 Der **Berechnungsweg** für die zugrunde zu legende Entgeltdifferenz ergibt sich wie folgt: Zunächst ist das Bruttoentgelt, das der ArbN ohne den Arbeitsausfall erzielt hätte (= **Sollentgelt**) nach den Einzelheiten in Abs. 1 S. 2 zu ermitteln. Maßgeblich ist nur Arbeitsentgelt, von dem Beiträge entrichtet werden (Verweis auf § 154). Einmalig gezahltes Arbeitsentgelt wie Jahressonderzahlungen, Prämien, Tantiemen oder Jubiläumszuwendungen bleiben ebenso außer Ansatz wie Arbeitsentgelt für Mehrarbeit. Ist das Sollentgelt (als fiktives Arbeitsentgelt) nicht zu ermitteln, wird nach Abs. 4 das Durchschnittsentgelt der letzten drei Monate vor dem Arbeitsausfall (ohne Mehrarbeit) oder hilfsweise das Sollentgelt eines vergleichbaren ArbN zugrunde gelegt. Dem Sollentgelt ist das tatsächlich erzielte Bruttoarbeitsentgelt (= **Istentgelt**) gegenüberzustellen. Dies ist wiederum zu erhöhen um Arbeitsentgelt, das der ArbN aus anderen als wirtschaftl. Gründen[2] oder wegen eines Feiertags nicht erzielt hat (vgl. § 2 II EFZG), sowie um anstelle des Arbeitsausfalls in einem anderen Betrieb oder aus selbständiger Tätigkeit erzielten Entgelts (Abs. 3). Arbeitsentgelt, das unter Anrechnung des Kug gezahlt wird (= Aufstockungsbeträge des ArbGeb, vgl. dazu § 95 Rz. 5), fließt nicht in die Berechnung ein. Der maßgebliche Betrag ist nicht die Bruttoentgeltdifferenz (vgl. dazu die Rundungsvorschrift in Abs. 1 S. 5), sondern

---

[1] Verweis auf § 149 Nr. 1 in § 105 Nr. 1. || [2] ZB Arbeitsverhinderung aus persönlichen Gründen, für die kein Fortzahlungsanspruch nach § 616 BGB besteht, oder wegen der Wahrnehmung staatsbürgerlicher Pflichten, vgl. Gagel/*Bieback*, § 95 Rz. 199, 200; Brand/*Kühl*, § 106 Rz. 12.

die aus den pauschalierten Nettoentgelten des Soll- und Istentgelts (auf der Grundlage der für die Zahlung von Kug gebildeten Leistungstabellen, § 109 I Nr. 1)[1].

Nach der durch das EingliederungschancenverbesserungsG v. 20.12.2011 eingefügten Klarstellung in Abs. 2 S. 3 bleiben bei der Berechnung der Nettoentgeltdifferenz nach § 106 I **auf Grund kollektivrechtlicher Beschäftigungssicherungsvereinbarungen** ab dem 1.1.2008 durchgeführte vorübergehende Änderungen der vertragl. Arbeitszeit (= Verminderungen der Arbeitszeit) außer Betracht (s.a. § 421t II Nr. 3 idF bis 31.12.2011 durch das BeschäftigungschancenG v. 24.10.2010[2], sog. fiktives Soll-Entgelt). Sich ergebende finanzielle Besserstellungen ggü. dem vorher erzielten Einkommen sind systemimmanent und leistungsunschädlich. Als vorübergehend sind Arbeitszeitverminderungen nur anzusehen, die binnen 18 Monaten vor Einführung der Kurzarbeit vorgenommen worden sind[3]. 3

Neben der Zahlung von Kug als Nettoleistung fallen für den **ArbGeb** die **Beiträge zur SozV** (Gesamtsozialversicherungsbeitrag) sowie die Beitragszuschüsse für freiwillig Versicherte oder privat versicherte ArbN an. Diese zählen zu den Lohnnebenkosten und sollen bei auf wirtschaftl. Gründen beruhenden Arbeitsausfällen nicht von der Allgemeinheit zu tragen sein. Die Rechtsgrundlagen für die Beiträge zur Kranken-, Renten-, Unfall- und Pflegeversicherung finden sich in §§ 249 II, 257 SGB V; 168 I Nr. 1a SGB VI; 58 I 2, 61 SGB XI; lediglich die Beiträge zur ArblV entfallen. Für die Zeit vom 1.1.2009 bis zum 31.12.2011 schaffte der eingefügte § 421t aF (jetzt: § 419) Erleichterungen hinsichtlich der Tragung von sog. Remanenz-Kosten beim Kug-Bezug; so bestand eine generelle Erstattungsmöglichkeit auf Antrag für 50 % der vom ArbGeb zu tragenden Beiträge zur SozV und für 100 % bei Durchführung von Qualifizierungsmaßnahmen oder ab dem siebten Kalendermonat des Kug-Bezugs, vgl. im Einzelnen § 419 I Nr. 1, 2 u. 3. 4

107–109 *(nicht kommentiert)*

Zweiter Unterabschnitt. Transferleistungen

110 *Transfermaßnahmen*

(1) Nehmen Arbeitnehmerinnen und Arbeitnehmer, die auf Grund einer Betriebsänderung oder im Anschluss an die Beendigung eines Berufsausbildungsverhältnisses von Arbeitslosigkeit bedroht sind, an Transfermaßnahmen teil, wird diese Teilnahme gefördert, wenn

1. sich die Betriebsparteien im Vorfeld der Entscheidung über die Einführung von Transfermaßnahmen, insbesondere im Rahmen ihrer Verhandlungen über einen die Integration der Arbeitnehmerinnen und Arbeitnehmer fördernden Interessenausgleich oder Sozialplan nach § 112 des Betriebsverfassungsgesetzes, von der Agentur für Arbeit beraten lassen haben,
2. die Maßnahme von einem Dritten durchgeführt wird,
3. die Maßnahme der Eingliederung der Arbeitnehmerinnen und Arbeitnehmer in den Arbeitsmarkt dienen soll und
4. die Durchführung der Maßnahme gesichert ist.

Transfermaßnahmen sind alle Maßnahmen zur Eingliederung von Arbeitnehmerinnen und Arbeitnehmern in den Arbeitsmarkt, an deren Finanzierung sich Arbeitgeber angemessen beteiligen. Als Betriebsänderung gilt eine Betriebsänderung im Sinne des § 111 des Betriebsverfassungsgesetzes, unabhängig von der Unternehmensgröße und unabhängig davon, ob im jeweiligen Betrieb das Betriebsverfassungsgesetz anzuwenden ist.

(2) Die Förderung wird als Zuschuss geleistet. Der Zuschuss beträgt 50 Prozent der erforderlichen und angemessenen Maßnahmekosten, jedoch höchstens 2 500 Euro je geförderter Arbeitnehmerin oder gefördertem Arbeitnehmer.

(3) Eine Förderung ist ausgeschlossen, wenn die Maßnahme dazu dient, die Arbeitnehmerin oder den Arbeitnehmer auf eine Anschlussbeschäftigung im gleichen Betrieb oder in einem anderen Betrieb des gleichen Unternehmens vorzubereiten oder, falls das Unternehmen einem Konzern angehört, auf eine Anschlussbeschäftigung in einem Betrieb eines anderen Konzernunternehmens des Konzerns vorzubereiten. Durch die Förderung darf der Arbeitgeber nicht von bestehenden Verpflichtungen entlastet werden. Von der Förderung ausgeschlossen sind Arbeitnehmerinnen und Arbeitnehmer des öffentlichen Dienstes mit Ausnahme der Beschäftigten von Unternehmen, die in selbständiger Rechtsform erwerbswirtschaftlich betrieben werden.

---

1 Anlage 2 der jeweiligen VO über die pauschalierten Nettoentgelte (für 2014 vgl. VO v. 9.12.2013, BGBl. I S. 4073. ǁ 2 BGBl. I S. 1417. ǁ 3 So die BA in der GA-Kug (Geschäftsanweisung Kurzarbeitergeld, abrufbar unter http://www.arbeitsagentur.de), § 105 unter 12.1 (2).

(4) Während der Teilnahme an Transfermaßnahmen sind andere Leistungen der aktiven Arbeitsförderung mit gleichartiger Zielsetzung ausgeschlossen.

111 *Transferkurzarbeitergeld*
(1) Um Entlassungen von Arbeitnehmerinnen und Arbeitnehmern zu vermeiden und ihre Vermittlungsaussichten zu verbessern, haben diese Anspruch auf Kurzarbeitergeld zur Förderung der Eingliederung bei betrieblichen Restrukturierungen (Transferkurzarbeitergeld), wenn

1. und solange sie von einem dauerhaften nicht vermeidbaren Arbeitsausfall mit Entgeltausfall betroffen sind,
2. die betrieblichen Voraussetzungen erfüllt sind,
3. die persönlichen Voraussetzungen erfüllt sind,
4. sich die Betriebsparteien im Vorfeld der Entscheidung über die Inanspruchnahme von Transferkurzarbeitergeld, insbesondere im Rahmen ihrer Verhandlungen über einen die Integration der Arbeitnehmerinnen und Arbeitnehmer fördernden Interessenausgleich oder Sozialplan nach § 112 des Betriebsverfassungsgesetzes, von der Agentur für Arbeit beraten lassen haben und
5. der dauerhafte Arbeitsausfall der Agentur für Arbeit angezeigt worden ist.

Die Agentur für Arbeit leistet Transferkurzarbeitergeld für längstens zwölf Monate.

(2) Ein dauerhafter Arbeitsausfall liegt vor, wenn auf Grund einer Betriebsänderung im Sinne des § 110 Absatz 1 Satz 3 die Beschäftigungsmöglichkeiten für die Arbeitnehmerinnen und Arbeitnehmer nicht nur vorübergehend entfallen. Der Entgeltausfall kann auch jeweils 100 Prozent des monatlichen Bruttoentgelts betragen.

(3) Die betrieblichen Voraussetzungen für die Gewährung von Transferkurzarbeitergeld sind erfüllt, wenn

1. in einem Betrieb Personalanpassungsmaßnahmen auf Grund einer Betriebsänderung durchgeführt werden,
2. die von Arbeitsausfall betroffenen Arbeitnehmerinnen und Arbeitnehmer in einer betriebsorganisatorisch eigenständigen Einheit zusammengefasst werden, um Entlassungen zu vermeiden und ihre Eingliederungschancen zu verbessern,
3. die Organisation und Mittelausstattung der betriebsorganisatorisch eigenständigen Einheit den angestrebten Integrationserfolg erwarten lassen und
4. ein System zur Sicherung der Qualität angewendet wird.

Wird die betriebsorganisatorisch eigenständige Einheit von einem Dritten durchgeführt, tritt an die Stelle der Voraussetzung nach Satz 1 Nummer 4 die Trägerzulassung nach § 178.

(4) Die persönlichen Voraussetzungen sind erfüllt, wenn die Arbeitnehmerin oder der Arbeitnehmer

1. von Arbeitslosigkeit bedroht ist,
2. nach Beginn des Arbeitsausfalls eine versicherungspflichtige Beschäftigung fortsetzt oder im Anschluss an die Beendigung eines Berufsausbildungsverhältnisses aufnimmt,
3. nicht vom Kurzarbeitergeldbezug ausgeschlossen ist und
4. vor der Überleitung in die betriebsorganisatorisch eigenständige Einheit aus Anlass der Betriebsänderung
   a) sich bei der Agentur für Arbeit arbeitsuchend meldet und
   b) an einer arbeitsmarktlich zweckmäßigen Maßnahme zur Feststellung der Eingliederungsaussichten teilgenommen hat; können in berechtigten Ausnahmefällen trotz Mithilfe der Agentur für Arbeit die notwendigen Feststellungsmaßnahmen nicht rechtzeitig durchgeführt werden, sind diese im unmittelbaren Anschluss an die Überleitung innerhalb eines Monats nachzuholen.

§ 98 Absatz 2 bis 4 gilt entsprechend.

(5) Arbeitnehmerinnen und Arbeitnehmer des Steinkohlenbergbaus, denen Anpassungsgeld nach § 5 des Steinkohlefinanzierungsgesetzes gezahlt werden kann, haben vor der Inanspruchnahme des Anpassungsgeldes Anspruch auf Transferkurzarbeitergeld.

(6) Für die Anzeige des Arbeitsausfalls gilt § 99 Absatz 1, 2 Satz 1 und Absatz 3 entsprechend. Der Arbeitsausfall ist bei der Agentur für Arbeit anzuzeigen, in deren Bezirk der personalabgebende Betrieb seinen Sitz hat.

(7) Während des Bezugs von Transferkurzarbeitergeld hat der Arbeitgeber den geförderten Arbeitnehmerinnen und Arbeitnehmern Vermittlungsvorschläge zu unterbreiten. Stellt der Arbeitgeber oder die Agentur für Arbeit fest, dass Arbeitnehmerinnen oder Arbeitnehmer Qualifizierungsdefizite aufweisen, soll der Arbeitgeber geeignete Maßnahmen zur Verbesserung der Eingliederungsaussichten anbieten. Als geeignet gelten insbesondere

1. Maßnahmen der beruflichen Weiterbildung, für die und für deren Träger eine Zulassung nach dem Fünften Kapitel vorliegt, oder
2. eine zeitlich begrenzte, längstens sechs Monate dauernde Beschäftigung zum Zwecke der Qualifizierung bei einem anderen Arbeitgeber.

Bei der Festlegung von Maßnahmen nach Satz 3 ist die Agentur für Arbeit zu beteiligen. Nimmt die Arbeitnehmerin oder der Arbeitnehmer während der Beschäftigung in einer betriebsorganisatorisch eigenständigen Einheit an einer Qualifizierungsmaßnahme teil, deren Ziel die anschließende Beschäftigung bei einem anderen Arbeitgeber ist, und wurde das Ziel der Maßnahme nicht erreicht, steht der Rückkehr der Arbeitnehmerin oder des Arbeitnehmers in den bisherigen Betrieb dem Anspruch auf Transferkurzarbeitergeld nicht entgegen.

(8) Der Anspruch ist ausgeschlossen, wenn Arbeitnehmerinnen und Arbeitnehmer nur vorübergehend in der betriebsorganisatorisch eigenständigen Einheit zusammengefasst werden, um anschließend einen anderen Arbeitsplatz in dem gleichen oder einem anderen Betrieb des Unternehmens zu besetzen, oder, falls das Unternehmen einem Konzern angehört, einen Arbeitsplatz in einem Betrieb eines anderen Konzernunternehmens des Konzerns zu besetzen. § 110 Absatz 3 Satz 3 gilt entsprechend.

(9) Der Arbeitgeber übermittelt der Agentur für Arbeit monatlich mit dem Antrag auf Transferkurzarbeitergeld die Namen und die Sozialversicherungsnummern der Bezieherinnen und Bezieher von Transferkurzarbeitergeld, die bisherige Dauer des Transferkurzarbeitergeldbezugs, Daten über die Altersstruktur sowie die Abgänge in Erwerbstätigkeit. Mit der ersten Übermittlung sind zusätzlich Daten über die Struktur der betriebsorganisatorisch eigenständigen Einheit sowie die Größe und die Betriebsnummer des personalabgebenden Betriebs mitzuteilen.

(10) Soweit nichts Abweichendes geregelt ist, sind die für das Kurzarbeitergeld geltenden Vorschriften des Ersten Unterabschnitts anzuwenden, mit Ausnahme der ersten beiden Titel und des § 109 Absatz 1 Nummer 2 und Absatz 2 bis 4.

I. Ziele 1	IV. Transferkurzarbeitergeld 13
II. Gemeinsame Voraussetzungen 2	1. Voraussetzungen 13
1. Beratungsverpflichtung 2	2. Vermittlung von Transfer-Kug-Beziehern . 18
2. Betriebsänderung 3	3. Vermittlungsvorschläge durch den ArbGeb 19
3. Bedrohung von Arbeitslosigkeit 4	4. Qualifizierung 20
III. Transfermaßnahmen (§ 110) 5	5. Zeitlich begrenzte Beschäftigung bei einem anderen ArbGeb 21
1. Anspruchsberechtigte 5	
2. Durchführung durch einen Dritten 6	6. Anspruchsausschluss bei einer gezielten Qualifizierung für einen Arbeitsplatz im Unternehmen 22
3. Sicherung der Durchführung 6a	
4. Qualitätssicherung 7	
5. Förderfähige Maßnahmen 8	7. Bezugsfrist 23
6. Förderungsausschluss 9	8. Höhe der Leistungen 24
7. Förderumfang 10	9. Verfahren 26
8. Verfahren 12	10. Anwendung der Kug-Vorschriften 28

I. Ziele. Durch das Dritte Gesetz für moderne Dienstleistungen am Arbeitsmarkt[1] wurden die früheren Instrumente Struktur-Kug (§ 175 aF) und Zuschüsse zu Sozialplanmaßnahmen (§§ 254–259 aF) ersetzt und fortentwickelt. Die neuen Instrumente Transfermaßnahmen (§ 110) und Transfer-Kug (§ 111) wurden gesetzessystematisch als „Transferleistungen" zusammengefasst. Ziel ist eine bessere Abstimmung und verstärkte Vermittlungsorientierung beider Instrumente, um so bei betriebl. Restrukturierungsprozessen Arbeitslosigkeit durch Vermittlung aus Arbeit in Arbeit zu vermeiden. Durch ein Anreizsystem sollten die bei Betriebsänderungen verantwortlich Handelnden dazu bewegt werden, den von Arbeitslosigkeit bedrohten ArbN beschäftigungswirksame Maßnahmen anstelle von Abfindungen zu gewähren[2]. Durch die Betonung des Transfercharakters und die Verkürzung der Bezugsdauer des Transfer-Kug wurde die Nutzung des Transfer-Kug als Instrument zur Heranführung an eine Frührentrung erschwert[3]. Das Gesetz enthielt zu beiden Instrumenten, korrespondierend mit den im BetrVG enthaltenen Beratungsverpflichtungen (vgl. §§ 80, 92a, 111 S. 2, 112 V 2 Nr. 2a BetrVG), eine Verpflichtung der BA, schon im Vorfeld von Betriebsänderungen ArbGeb und ArbN-Vertretungen **zu informieren und zu beraten** (§ 216a IV und § 216b V 3 aF).

Da in der Praxis die frühzeitige Einschaltung der BA nicht immer gewährleistet war, hat der Gesetzgeber mit dem BeschäftigungschancenG[4] zum einen die Beratung durch die BA als Tatbestandsvoraussetzung für die Transferleistungen gesetzl. verankert, um sicherzustellen, dass dem Eingliederungsgedanken besser Rechnung getragen werden kann, und zum anderen durch konkrete gesetzl. Vorgaben

---

1 BGBl. 2003 I S. 2848. || 2 BT-Drs. 15/1515, 74. || 3 BT-Drs. 15/1515, 92. || 4 BGBl 2010 I S. 1417 ff.

für das Qualitätsmanagement die Effizienz der Transfermaßnahmen gesteigert[1]. Ob diese Neuregelung zu einer Verbesserung oder Bürokratisierung des Transfergeschehens führt, ist umstritten[2]. Durch das EingliederungschancenverbesserungsG wurden die Vorschriften zu den Transferleistungen dem Sechsten Abschnitt „Verbleib in Beschäftigung" zusammen mit den Regelungen zum Kug zugeordnet[3]. Die Transferleistungen nach §§ 110 und 111 kommen unabhängig voneinander oder in Kombination in Betracht.

2 **II. Gemeinsame Voraussetzungen. 1. Beratungsverpflichtung.** Die Beratungsverpflichtung durch die BA im Vorfeld von Interessenausgleichs- oder Sozialplanverhandlungen ist Voraussetzung für eine Förderung der Transfermaßnahme durch die BA. Ziel von Seiten der BA ist, dass die Betriebsparteien im Interessenausgleich/Sozialplan arbeitsmarktpolitische Inhalte zum Transfer der betroffenen ArbN vereinbaren. Die Beratung hat sich dabei auf die sozialrechtl. Bewertung der Vereinbarung zu beschränken. Die arbeitsrechtliche Ausgestaltung ist allein Sache der Betriebsparteien[4].

3 **2. Betriebsänderung.** Die Instrumente greifen dann, wenn eine Betriebsänderung iSd. § 111 BetrVG vorliegt. Da Anknüpfungspunkt für die Transferleistungen eine Betriebsänderung iSd. BetrVG ist, haben Anspruch auf Transferleistungen zunächst ArbGeb oder ArbN, deren Betriebe – unabhängig von der Betriebsgröße – in den **Geltungsbereich des BetrVG** fallen. Von der Regelung werden auch ArbN in Betrieben oder Verwaltungen der öffentl. Hand, die in privater Rechtsform erwerbswirtschaftl. geführt werden (§ 110 III 3). Auch ArbN kirchlicher oder kirchennaher Einrichtungen, bei denen nach § 118 II BetrVG das BetrVG keine Anwendung findet, können gefördert werden[5].

Bei einem bloßen Personalabbau kommt eine Förderung mit Transferleistungen nur dann in Betracht, wenn eine **größere Zahl von ArbN** (Ausnahme Kleinbetriebe, die nicht vom BetrVG erfasst werden) von der Betriebsänderung betroffen ist. Eine Betriebsänderung liegt bei bloßem Personalabbau schon dann vor, wenn die in § 17 KSchG genannten Größen erreicht werden[6].

ArbN von Kleinunternehmen (nicht mehr als 20 Beschäftigte) haben einen Anspruch auf Transferleistungen, wenn in diesen Betrieben eine einer Betriebsänderung vergleichbare Maßnahme durchgeführt wird (§ 110 I 3 iVm. § 111 III 1 Nr. 1), durch die mindestens 30 % der im Kleinunternehmen Beschäftigten betroffen sind[7]. Auf die Gründe für die Betriebsänderung kommt es nicht an[8].

4 **3. Bedrohung von Arbeitslosigkeit.** Gefördert werden nur ArbN, die von Arbeitslosigkeit bedroht sind. Nach Eintritt der Arbeitslosigkeit scheidet eine Förderung aus. Von Arbeitslosigkeit bedroht sind gem. § 17 ArbN, die zwar noch versicherungspflichtig beschäftigt sind, aber alsbald mit der Beendigung der Beschäftigung rechnen müssen, weil die Beendigung des ArbVerh bereits eingeleitet wurde (Kündigung bereits ausgesprochen, Aufnahme in eine Namensliste iSd. § 1 V KSchG, Aufhebungsvertrag abgeschlossen, Ende des befristeten Beschäftigungsverhältnisses), und die voraussichtlich nach Beendigung des Beschäftigungsverhältnisses arbeitslos werden. Zeiträume von 18 bis zu 24 Monaten sind als „alsbald" anzusehen[9]. Die BA hat ihre ursprüngliche Weisungslage, nach der für ArbN, die auf Grund eines Tarif- oder Einzelvertrages oder auf Grund einer BV ordentlich nicht mehr kündbar sind und bei denen die Regelung über den Kündigungsschutz keine Öffnungsklausel enthält, eine Förderung ausscheidet, weil sie nicht von Arbeitslosigkeit bedroht sind, zwischenzeitlich aufgegeben[10]. Die Weisungslage entspricht nunmehr der Entscheidung des BSG v. 29.1.2008[11]. Danach reicht es für die Bedrohung von Arbeitslosigkeit aus, wenn durch konkrete und objektive Anhaltspunkte die berechtigte Annahme besteht, dass in absehbarer Zeit das Beschäftigungsverhältnis beendet wird. Auf die Rechtmäßigkeit der Kündigung kommt es dabei nicht an.

Auch ArbN, die nach Beendigung des Beschäftigungsverhältnisses in eine Maßnahme nach § 111 einmünden sollen, sind von Arbeitslosigkeit bedroht[12]. Eine **Förderung** ist **nur so lange** möglich, wie die Bedrohung von Arbeitslosigkeit besteht. Wird aber während der Teilnahme an der Transfermaßnahme ein neuer Arbeitsvertrag abgeschlossen, erfolgt die Förderung bis zum Zeitpunkt der Aufnahme des neuen Beschäftigungsverhältnisses. Wird das neue Beschäftigungsverhältnis erst nach Abschluss der Maßnahme aufgenommen, erfolgt die Förderung durchgehend[13]. Eine Förderung, die von vornherein über das Ende des Beschäftigungsverhältnisses hinausgeht, ist nicht möglich[14].

Für ArbN des Steinkohlebergbaues, die einen Anspruch auf Anpassungsgeld haben, gilt die durch das Gesetz zur Neuausrichtung der arbeitsmarktpolitischen Instrumente v. 21.12.2008[15] eingeführte Sonderregelung des § 216b IVa (jetzt § 111 V) weiter. Obwohl bei diesen ArbN durch den nahtlosen Übergang in das Anpassungsgeld keine Arbeitslosigkeit eintritt, haben sie Anspruch auf Transfer-Kug.

---

1 BR-Drs. 225/10, 10, 16. ||2 *Thannheiser*, AiB 2011, 222; *Böhnke/Kreuzinger*, AuA 2011, 14; *Mückl*, ArbR 2010, 515. ||3 BGBl. 2011 I S. 2854. ||4 GA Kug der BA (Stand Juni 2013), S. 182. ||5 BT-Drs. 15/3674, 9. ||6 *Fitting*, § 111 BetrVG Rz. 73 u. 74. ||7 GA Kug der BA, S. 191. ||8 GA Kug der BA, S. 188. ||9 GA Kug der BA, S. 192. ||10 Anlage zur E-Mail-Info v. 30.8.2013 – 75110/75111/9031/9042/9043. ||11 BSG 29.1.2008 – B 7/7a AL 20/06 R mwN. ||12 GA Kug der BA, S. 192. ||13 GA Kug der BA, S. 192. ||14 GA Kug der BA, S. 194. ||15 BGBl. I S. 2917.

III. Transfermaßnahmen (§ 110).

1. Anspruchsberechtigte. Anspruchsberechtigt ist der einzelne durch eine Betriebsänderung von Arbeitslosigkeit bedrohte ArbN. Durch das Gesetz über den Arbeitsmarktzugang im Rahmen der EU-Erweiterung[1] wurde der Kreis der Anspruchsberechtigten auf Personen, die im Anschluss an die **Beendigung eines Berufsausbildungsverhältnisses** von Arbeitslosigkeit bedroht sind, erweitert. Mit dieser Erweiterung soll zum einen der Einstieg von Ausgebildeten in Beschäftigung erleichtert werden, zum anderen soll von Umstrukturierung betroffenen Unternehmen ermöglicht werden, die vorhandenen Ausbildungskapazitäten trotz fehlender Übernahmemöglichkeiten zu erhalten[2]. Aus Gründen der Praktikabilität und Verfahrensvereinfachung ist der Anspruch – ähnlich den Regelungen zum Kug – durch den ArbGeb geltend zu machen (§ 323 II 1, s. Rz. 12). Die Förderleistung der Transfermaßnahmen ist eine Pflichtleistung[3].

2. Durchführung durch einen Dritten. Eingliederungsmaßnahmen können nur dann gefördert werden, wenn sie von einem Dritten, also einem vom ArbGeb verschiedenen Rechtsträger, durchgeführt werden (§ 110 I Nr. 2). Die Auswahl des Dritten obliegt dabei den betriebl. Akteuren (ArbGeb und BR).

3. Sicherung der Durchführung. Eine Förderung ist dann nicht möglich, wenn die Durchführung der Transfermaßnahme bis zum geplanten Ende finanziell nicht gesichert ist (§ 110 I Nr. 4). Daher muss schon zu Beginn der Eingliederungsmaßnahme nachgewiesen werden, dass die Durchführung der Maßnahme bis zu dem geplanten Ende gesichert ist. Dies ist durch eine Erklärung des beauftragten Dritten ggü. der BA nachzuweisen[4].

4. Qualitätssicherung. Voraussetzung für die Förderung ist, dass der die Maßnahme durchführende Dritte durch die Akkreditierungsstelle für die Zulassung nach dem Recht der Arbeitsförderung zertifiziert ist (§ 176)[5]. Dass der Träger der Maßnahme zertifiziert ist, hat der ArbGeb nachzuweisen. Der Träger hat die Ergebnisse der Transfermaßnahmen zu dokumentieren. Die Daten zum Maßnahmeerfolg sollen sowohl dem Auftraggeber als auch auf Anforderung der BA zur Verfügung gestellt werden (§ 320 IVa 2)[6].

5. Förderfähige Maßnahmen. Förderfähig sind alle Maßnahmen, die einer Verbesserung der Eingliederungsaussichten (Job to Job) der von Arbeitslosigkeit bedrohten ArbN dienen (§ 110 I 3). Da die geförderten Maßnahmen noch **während des Beschäftigungsverhältnisses** zu einer Eingliederung in den ersten Arbeitsmarkt führen sollen, können Maßnahmen, die über das Ende des Beschäftigungsverhältnisses hinausgehen, nicht gefördert werden[7].

Werden **Profilingmaßnahmen** gefördert, die im Vorfeld des Bezuges von Transfer-Kug durchgeführt werden (§ 111 IV Nr. 4 Buchst. b), müssen sie einem von der BA vorgegebenen Mindeststandard entsprechen. Nach den Vorgaben der BA soll es Ziel der maximal zweitägigen Profilingmaßnahmen sein, die vorhandenen Kenntnisse und Fähigkeiten des ArbN und seine Eignung für berufl. Tätigkeiten in anderen Berufszweigen festzustellen[8].

6. Förderungsausschluss. Um eine Verlagerung der Fortbildungskosten auf die Beitragszahler zu verhindern[9], ist eine Förderung ausgeschlossen, wenn der ArbGeb die Maßnahme für eine Fortbildung auf eine Anschlussbeschäftigung im eigenen Unternehmen oder im Konzern nutzt (§ 110 III).

Auch ist die gleichzeitige Gewährung sonstiger Leistungen der aktiven Arbeitsförderung zur berufl. Wiedereingliederung ausgeschlossen, da dies zu einer Doppelförderung führen würde (§ 110 IV).

7. Förderumfang. Gefördert werden ausschließlich 50 % der erforderlichen und angemessenen Maßnahmekosten bis zu einem Höchstbetrag von 2500 Euro pro Förderfall (§ 110 II). Die Mitfinanzierung von Lebenshaltungskosten ist ausgeschlossen. Als Grundlage für die Berechnung der erforderlichen und angemessenen Maßnahmekosten dienen die von der BA ermittelten Bundesdurchschnittskostensätze.[10]. Ob diese pauschale Verfahrensweise Bestand hat, wird wohl gerichtlich geklärt werden müssen. Der ArbGeb muss sich angemessen an den Kosten der vorgesehenen Eingliederungsmaßnahmen beteiligen (§ 110 I 2)[11]. Eine **angemessene Eigenbeteiligung** liegt vor, wenn der ArbGeb die ihm tatsächlich entstehenden Maßnahmekosten (Maßnahmekosten abzüglich evtl. Leistungen Dritter) zu mindestens 50 % trägt[12]. Eine Förderung ist daher ausgeschlossen, wenn die Maßnahmekosten voll durch die finanzielle Beteiligung Dritter und die Zuschussgewährung abgedeckt würden.

Um einen Anreiz für die Vermittlung aus Transfermaßnahmen in neue Beschäftigungsverhältnisse zu erhöhen, wird durch die zunächst bis zum 31.12.2014 befristete Regelung des § 134 eine erfolgsabhängige pauschale Vermittlungsprämie, die den Betrag von 1 000 Euro nicht übersteigen darf, eingeführt[13].

8. Verfahren. Das interne Verfahren der BA ist in Teil E der Geschäftsanweisungen Kurzarbeitergeld geregelt[14]. Für Leistungen zur Förderung der Teilnahme an Transfermaßnahmen ist die AA **zuständig**, in deren Bezirk der Betrieb des ArbGeb liegt (§ 327 III 3). Leistungen sind gem. § 323 II 1 **schriftlich** un-

---

1 BGBl. 2004 I S. 602. ||2 BT-Drs. 15/2672, 10. ||3 BT-Drs. 15/1515, 91. ||4 GA Kug der BA, S. 196.
||5 BR-Drs. 313/11, 207, BT-Drs. 17/6277, 106. ||6 GA Kug der BA, S. 197. ||7 GA Kug der BA, S. 194.
||8 GA Kug der BA, S. 199. ||9 BT-Drs. 15/1515, 91. ||10 GA Kug der BA, S. 199 ff. ||11 BT-Drs. 15/1515, 74, 91. ||12 GA Kug der BA, S. 195. ||13 BR-Drs. 313/11, 209. ||14 GA Kug der BA, S. 306 ff.

ter Beifügung einer Stellungnahme der Betriebsvertretung vor Beginn der Transfermaßnahme vom ArbGeb zu beantragen (§ 323 II 1 iVm.§ 324 I). Der Antrag kann auch von der **Betriebsvertretung** gestellt werden (§ 323 II 2). Für die Durchführung der Maßnahmen ist eine vertragl. Regelung zwischen dem ArbGeb und dem mit der Maßnahmedurchführung beauftragten Dritten erforderlich. Die Ansprüche der ArbN ggü. dem ArbGeb müssen sich aus einem **Sozialplan** oder einer sozialplanähnlichen Vereinbarung ergeben[1]. Die Leistungen zur Förderung der Teilnahme an Transfermaßnahmen sind innerhalb einer **Ausschlussfrist** von drei Monaten nach Ende der Maßnahme zu beantragen (§ 325 V). Der ArbGeb hat die Voraussetzung für die Erbringung von Leistungen zur Förderung der Teilnahme an Transfermaßnahmen nachzuweisen (§ 320 IVa).

13   **IV. Transferkurzarbeitergeld. 1. Voraussetzungen. a) Dauerhafter unvermeidbarer Arbeitsausfall mit Entgeltausfall.** Voraussetzung ist das Vorliegen einer Betriebsänderung iSd. § 111 BetrVG verbunden mit einem dauerhaften unvermeidbaren Arbeitsausfall und einem Entgeltausfall für die betroffenen ArbN (§ 111 I 1 Nr. 1 iVm. § 111 II). Auch ArbN von **Kleinbetrieben** unterhalb der Größenordnung des BetrVG haben einen Anspruch auf Transfer-Kug, wenn 30 % der im Kleinbetrieb Beschäftigten betroffen sind (s.a. Rz. 3). Unabdingbare Voraussetzung für die Gewährung von Transfer–Kug ist auch, dass sich die Betriebsparteien im Vorfeld der Entscheidung von der AA haben beraten lassen (§ 111 I Nr. 4; s.a. Rz. 2). Der Arbeitsausfall ist dann **unvermeidbar**, wenn für den einzelnen von der Transferkurzarbeit betroffenen ArbN infolge der Betriebsänderung der Arbeitsplatz nicht nur vorübergehend weggefallen ist und im Betrieb keine Beschäftigungsmöglichkeiten für den ArbN mehr bestehen (§ 111 II). Ein **Entgeltausfall** für den ArbN ist dann gegeben, wenn er das arbeitsrechtl. Vereinbarung über den Bezug von Transfer-Kug, mit der die Arbeitszeit idR auf null reduziert wird, auch der Entgeltanspruch vollständig abbedungen wird, ohne dass das Beschäftigungsverhältnis beendet wird (§ 111 II 2). Zuschusszahlung des ArbGeb zum Transfer-Kug sind zulässig (§ 106 II 2).

14   **b) Betriebliche Voraussetzungen.** Bei der Frage, ob die betriebl. Voraussetzungen für den Bezug von Transfer-Kug erfüllt sind, wird nach § 111 III 1 Nr. 1 auf den Betrieb und nicht das Unternehmen abgestellt. Maßgeblich ist der arbeitsrechtl. Betriebsbegriff. Die von der Betriebsänderung betroffenen ArbN müssen zur Vermeidung von Entlassungen und zur Verbesserung ihrer Eingliederungschancen endgültig aus dem Betrieb ausgegliedert und in einer **betriebsorganisatorisch eigenständigen Einheit (BeE)** zusammengefasst werden (§ 111 III 1 Nr. 2). Es besteht die Möglichkeit, Transferkurzarbeit intern oder mit einem externen Dritten (Transfergesellschaft) durchzuführen. Wird die Durchführung einem Dritten übertragen, muss dieser gem. § 178 zugelassen sein (§ 111 III 2). Werden die von der Betriebsänderung betroffenen ArbN in eine interne BeE überstellt, ist eine eindeutige Trennung zwischen den ArbN der BeE und den im Betrieb verbleibenden ArbN zwingend erforderlich. Bei Überstellung in eine **Beschäftigungs- und Qualifizierungsgesellschaft/Transfergesellschaft (BQG)** mit eigener Rechtspersönlichkeit scheiden die ArbN aus dem bisherigen Betrieb idR durch einen dreiseitigen Vertrag aus dem abgebenden Unternehmen während der noch laufenden Kündigungsfrist aus und begründen gleichzeitig ein befristetes ArbVerh mit der Transfergesellschaft. Die von der Transfergesellschaft übernommenen ArbN sind in der Transfergesellschaft auf einem Arbeitsplatz iSd. § 73 I SGB IX „beschäftigt"[2]. Die Überstellung in eine Transfergesellschaft stellt nur dann eine Umgehung des § 613a BGB dar, wenn zugleich ein neues ArbVerh zu einem Betriebsübernehmer vereinbart oder zumindest verbindlich in Aussicht gestellt wird[3], oder wenn die Beschäftigungsgesellschaft zum Schein vorgeschoben oder offensichtlich bezweckt wird, die Sozialauswahl zu umgehen[4]. Dabei begründet der Abschluss eines Aufhebungsvertrages mit dem Insolvenzverwalter keine Schadensersatzansprüche gem. § 113 S. 3 InsO[5]. Tritt nach Ende der BQG Arbeitslosigkeit ein, tritt dann keine Sperrzeit iSd. § 159 I 1 wegen des Abschlusses eines Aufhebungsvertrages zum abgebenden Unternehmen ein, wenn die Verweildauer in der BQG über die Kündigungsfrist der ansonsten anstelle des Aufhebungsvertrages ausgesprochenen Kündigung hinausgeht (wichtiger Grund)[6]. Werden im Rahmen von Personalanpassungskonzepten auf Grund einer Betriebsänderung ArbN **zu einem späteren Zeitpunkt** aus dem produktiven Bereich des Betriebes zur Aufstockung in die BeE **überstellt**, kann Transfer-Kug auch für diese ArbN nach der restlichen Bezugsfrist der BeE gewährt werden. Es besteht allerdings auch die Möglichkeit, **mehrere BeE** bei einem ArbGeb bzw. unter dem Dach einer Transfergesellschaft für einen personalabgebenden Betrieb zu bilden, wenn zeitlich versetzt ArbN in der notwendigen Größenordnung (s. Rz. 3) aus dem produktiven Betrieb ausscheiden. ArbN können jedoch nicht von einer BeE in eine andere versetzt werden.

14a   Auch bei Übergang in eine externe BeE ist eine **Anzeige nach § 17 KSchG** erforderlich. Diese muss auch im Insolvenzfall nach Abschluss des innerbetriebl. Konsultationsverfahrens und vor dem Ausspruch der Kündigung erfolgen[7]. Die Voraussetzungen für den Bezug von Transfer-Kug müssen beim abgebenden ArbGeb vorliegen. Gleiches gilt, wenn mehrere ArbGeb eine BeE bilden.

15   Durch den Eintritt in eine interne oder externe BeE müssen Entlassungen vermieden und die Eingliederungschancen der betroffenen ArbN verbessert werden (§ 111 III 1 Nr. 2). **Entlassungen** werden im-

---

1 GA Kug der BA, S. 309. || 2 VGH Bay. 2.5.2012 – 12 BV 10.2058. || 3 BAG 18.8.2005 – 8 AZR 523/04, NZA 2006, 145. || 4 BAG 23.11.2006 – 8 AZR 349/06, NZA 2007, 866. || 5 BAG 25.4.2007 – 6 AZR 622/06, ZIP 2007, 1875. || 6 GA Kug der BA, S. 215. || 7 EuGH 27.1.2005 – Rs. C-188/03, NZA 2005, 213.

mer dann **vermieden**, wenn bei den gekündigten ArbN Arbeitslosigkeit durch den nahtlosen Übergang in die BQG nicht eintritt. Die Verweildauer der einzelnen ArbN in der BeE/Transfergesellschaft sollte den Zeitraum der Kündigungsfrist übersteigen, da ansonsten das Ziel des Transfer-Kug-Bezuges – Vermeidung von Entlassungen – nicht erreicht wird. Im Insolvenzverfahren werden die nicht mehr benötigten ArbN in aller Regel gekündigt und freigestellt. Obwohl die freigestellten ArbN Alg gem. § 157 III beziehen können, besteht das versicherungspflichtige Beschäftigungsverhältnis bis zum Ablauf der Kündigungsfrist weiter[1].

Im **Insolvenzfall** ist ein Übergang in eine BQG nach erfolgter Kündigung und Freistellung nach der rechtl. wohl kaum haltbaren Weisungslage der BA nur dann möglich, wenn sich Insolvenzverwalter und ArbN über die ungekündigte Fortsetzung des ArbVerh einig sind und das Beschäftigungsverhältnis „wiederaufgelebt" ist. Auch die Auffassung der BA, dass eine einvernehmliche unwiderrufliche Freistellung ohne Kündigung eine die Förderung ausschließende Entlassung darstellt[2], ist nach der Rspr. des BSG[3] und der daraufhin geänderten Rechtsauffassung der Spitzenverbände der Sozialversicherung[4] rechtl. zumindest dann nicht mehr haltbar, wenn der Übertritt in die BQG noch während der laufenden Kündigungsfrist erfolgen soll. 15a

Von einer Verbesserung der Eingliederungschancen der in die BeE einmündenden ArbN ist immer dann auszugehen, wenn auf Grund des vorgeschalteten Profilings Vermittlungshemmnisse bestehen, die während des Bezuges von Transfer-Kug durch entsprechende Qualifizierung behoben werden, oder wenn eine sofortige Vermittlung in Arbeit nicht möglich ist. Weitere Voraussetzung ist, dass die BeE/BQG organisatorisch und finanziell so ausgestattet ist, dass die erfolgreiche Durchführung der Maßnahmen gesichert ist (§ 111 III 1 Nr. 3). 15b

c) **Persönliche Voraussetzungen.** Neben den betriebl. Voraussetzungen müssen auch die persönlichen Voraussetzungen für den Bezug von Transfer-Kug gem. § 111 I Nr. 3 iV m. Abs. 4 erfüllt sein. ArbN, die in den Transfer-Kug-Bezug wechseln sollen, müssen konkret von Arbeitslosigkeit bedroht sein (§ 111 IV 1 Nr. 1) (zum Begriff der Bedrohung durch Arbeitslosigkeit vgl. Rz. 4). Trotz der Überstellung in eine BeE muss der ArbN weiter **versicherungspflichtig beschäftigt** sein oder nach Abschluss der Ausbildung nahtlos eine versicherungspflichtige Beschäftigung aufnehmen (§ 111 IV 1 Nr. 2). Diese Voraussetzungen sind immer dann erfüllt, wenn vor dem Übergang in die BeE keine Arbeitslosigkeit eintritt. Auch dürfen die ArbN in der BeE nicht **vom Kug-Bezug ausgeschlossen** sein (§ 111 IV 1 Nr. 3). Nach § 98 I Nr. 3, III sind ArbN vom Kug-Bezug ausgeschlossen, wenn sie wegen der Teilnahme an einer berufl. Bildungsmaßnahme Alg oder Übergangsgeld oder Krankengeld beziehen. 16

Weitere verpflichtende Voraussetzung ist, dass sich der ArbN bereits vor Überleitung in eine BeE oder eine Transfergesellschaft bei einer AA **arbeitsuchend meldet** (§ 38). Eine weitere Arbeitsuchendmeldung vor Beendigung des Transfer-Kug-Bezuges ist dann nicht erforderlich, wenn anlässlich der Arbeitsuchendmeldung zum Übertritt in die BeE die voraussichtliche Verweildauer in der BeE mitgeteilt wurde[5]. Auch muss der ArbN an einer Maßnahme zur Feststellung seiner Eingliederungsaussichten (**Profiling**) teilgenommen haben (§ 111 IV 1 Nr. 4). Die Maßnahme kann vom ArbGeb selbst oder einem Dritten durchgeführt werden. Wird die Maßnahme von einem Dritten durchgeführt, kann sie auch mit dem Zuschuss nach § 110 an den ArbN gefördert werden[6], wenn der die Maßnahme durchführende Dritte zertifiziert ist (s. Rz. 7). Mit dem Profiling soll eine Feststellung der berufl. Kenntnisse und Eingliederungschancen erfolgen. ArbN, die keine Vermittlungsdefizite aufweisen, können sich auf dieser Erkenntnisbasis gegen den Eintritt in eine BeE aussprechen und für die bevorstehenden Bewerbungsverfahren erforderliche Kenntnisse durch eine Teilnahme an einer geförderten Transfermaßnahme erwerben oder sich um eine sofortige Vermittlung bemühen[7]. Der Eintritt in eine BeE ist im Einzelfall gleichwohl dann sinnvoll, wenn der ArbN auf Grund einer ungünstigen Arbeitsmarktlage zurzeit nicht vermittelbar ist. Ausnahmsweise wird in den Fällen, in denen die Entscheidung der Betriebsparteien zur Einrichtung einer (idR externen) BeE unverschuldet so kurzfristig erfolgt, dass trotz Einschaltung der AA eine qualitative Maßnahme der Eignungsfeststellung im Vorfeld nicht mehr durchführbar ist, das Nachholen der Feststellungsmaßnahmen nach Überleitung in die BeE zugelassen (§ 111 IV 1 Nr. 4 Buchst. b Hs. 2). Für die Dauer der Teilnahme besteht dann aber kein Anspruch auf Transfer-Kug. Ein durch die AA (zB im Rahmen einer Arbeitsuchendmeldung des ArbN) durchgeführtes Profiling reicht grds. nicht aus, um einen Anspruch auf Transfer-Kug zu begründen[8]. 17

Ebenso wie bei § 110 ist Voraussetzung für den Bezug von Transfer-Kug, dass sich die Betriebsparteien im Vorfeld durch die AA haben **beraten** lassen (§ 111 I 1 Nr. 4); zur Beratungsverpflichtung s. Rz. 2.

2. **Vermittlung von Transfer-Kug-Beziehern.** Eine Vermittlung in Arbeit hat Vorrang ggü. dem Bezug von Transfer-Kug (§ 4 II). Ein **Einverständnis des ArbGeb** und des jeweiligen Kurzarbeiters für eine Vermittlung in ein DauerArbVerh oder befristetes ZweitArbVerh ist, im Gegensatz zum konjunkturel- 18

---

1 Besprechungsergebnis der Spitzenverbände der Krankenkassen, des VDR und der BA am 5./6.7.2005 Punkt 4. ||2 GA Kug der BA, S. 217. ||3 BSG 24.9.2008 – B 12 KR 22/07 R und B 12 KR 27/07 R, NZA-RR 2009, 272. ||4 Punkt 2 der Niederschrift über die Besprechung v. 30./31.3.2009. ||5 GA Kug der BA, S. 102. ||6 GA Kug der BA, S. 227. ||7 BT-Drs. 15/1515, 92. ||8 GA Kug der BA, S. 227.

lem oder Saison-Kug-Bezug **nicht erforderlich**. ArbN haben keinen Anspruch auf Transfer-Kug, wenn und solange sie bei einer Vermittlung nicht in der von der AA verlangten und gebotenen Weise **mitwirken** (§ 98 IV). Weigert sich der Transfer-Kug-Bezieher, im Rahmen einer beratenden und vermittlerischen Tätigkeit angemessen mitzuwirken, wird er für die Dauer der Weigerung vom Anspruch auf Transfer-Kug ausgeschlossen. Lehnt der ArbN eine ihm von der AA angebotene Stelle trotz Belehrung über die Rechtsfolgen ab, ohne sich auf einen wichtigen Grund berufen zu können, tritt eine **Sperrzeit** ein (§ 98 IV 2 iVm. § 159 I Nr. 1). Das gilt für eine Vermittlung in ein DauerArbVerh, aber gleichermaßen auch für eine Vermittlung in ein ZweitArbVerh[1]. Im Falle der Sperrzeit ruht der Anspruch auf Transfer-Kug für die in § 159 IV genannte Dauer.

19 3. **Vermittlungsvorschläge durch den ArbGeb.** Während des Bezuges von Transfer-Kug sind sowohl der ArbGeb als auch die von ihm eingeschaltete Transfergesellschaft verpflichtet, durch Unterbreitung geeigneter Vermittlungsvorschläge die übergeleiteten ArbN zu aktivieren (§ 111 VII 1). Der ArbGeb kann für die Erbringung der Vermittlungsleistungen auch einen Dritten beauftragen. Da die Vorschrift Bestandteil der betriebl. Voraussetzungen ist, können leistungsrechtl. Konsequenzen zu einer Aufhebung der Entscheidung dem Grunde nach führen, wenn der ArbGeb entgegen seiner Verpflichtung keine Vermittlungsvorschläge unterbreitet. Die Verpflichtung besteht unabhängig davon, dass auch die AA auf Grund der Arbeitsuchendmeldung der ArbN während der gesamten Dauer des KuG-Bezuges zusätzlich Vermittlungsbemühungen unternimmt[2].

20 4. **Qualifizierung.** ArbN mit durch den ArbGeb, die BQG oder die AA festgestellten Qualifizierungsdefiziten müssen während des Bezugs von Transfer-Kug auf den konkreten betroffenen Mitarbeiter ausgerichtete geeignete Maßnahmen zur Verbesserung ihrer Eingliederungschancen möglichst frühzeitig angeboten werden (§ 111 VII 2). Zur Sicherung der Qualität der Qualifizierung soll bei der Auswahl der Maßnahmen, die in enger Absprache mit der AA erfolgen soll (§ 111 VII 4), vorrangig auf Maßnahmen zurückgegriffen werden, die für die Förderung der berufl. Weiterbildung zugelassen sind[3]. Vom Grundsatz her hat der ArbGeb die **Qualifizierungskosten** zu tragen. Eine **Zusatzfinanzierung** der Qualifizierungsmaßnahmen (notwendige Lehrgangskosten) kann in entsprechender Anwendung des § 80 nach § 5 der ESF-Richtlinien (Europäischer Sozialfond) bis Ende 2013 erfolgen, wenn die Qualifizierungsmaßnahmen zur Bewältigung eines Strukturwandels durchgeführt werden. Werden die Lehrgangskosten nach den ESF-Richtlinien gefördert, besteht darüber hinaus die Möglichkeit, je Teilnehmer eine Fahrkostenpauschale von drei Euro je Unterrichtstag zu zahlen, wenn Fahrkosten in mindestens dieser Höhe tatsächlich anfallen und der ArbGeb die Berechnung und Auszahlung übernimmt[4]. Wenn der ArbGeb keine geeigneten Maßnahmen zur Verbesserung der Eingliederungsaussichten anbietet, kann die Bewilligung des Transfer-Kug aufgehoben werden.

21 5. **Zeitlich begrenzte Beschäftigung bei einem anderen ArbGeb.** Als Sonderform eines betriebsnahen Weiterbildungs- und Qualifizierungsangebotes kommt auch eine sog. Schnupperbeschäftigung bis zu sechs Monaten bei anderen ArbGeb in Betracht (§ 111 VII 3 Nr. 2). Ziel einer solchen Schnupperbeschäftigung ist nicht nur die betriebsnahe Qualifizierung bei einem anderen ArbGeb, sondern die Aussicht, bei dem anderen ArbGeb ein neues Beschäftigungsverhältnis aufzunehmen (§ 111 VII 5). Die Weiterzahlung von Transfer-Kug ist jedoch nur dann möglich, wenn der ArbN während der Schnupperphase kein Arbeitsentgelt bezieht. Die Regelung des § 111 VII 5 stellt insoweit eine Ausnahmeregelung zu § 111 VIII dar, weil sie eine ansonsten nicht zulässige vorübergehende Verweildauer in einer BeE ermöglicht und den Zugang zu Transfer-Kug auch für ArbN eröffnet, bei denen zunächst noch nicht feststeht, dass sie von Arbeitslosigkeit konkret bedroht sind. Kommt die anschließende Übernahme einer Beschäftigung im anderen Betrieb nicht zustande, steht einer Rückkehr des betreffenden ArbN in den bisherigen Betrieb nichts entgegen. Bei einem direkten Verleih durch die Transfergesellschaft ist der Bezug von Transfer-Kug ausgeschlossen[5].

22 6. **Anspruchsausschluss bei einer gezielten Qualifizierung für einen Arbeitsplatz im Unternehmen.** Ebenso wie bei dem Instrument Transfermaßnahmen ist die Teilnahme an Qualifizierungs- und Weiterbildungsmaßnahmen, die im Eigeninteresse des Unternehmens oder eines Konzernunternehmens liegen, ausgeschlossen (§ 111 VIII). Wenn sich aber im Laufe der Umstrukturierungsphase ein gesicherter Arbeitskräftebedarf im abgebenden Betrieb oder Unternehmen auf Dauer ergibt, können einzelne im Rahmen des betriebl. Anpassungskonzeptes in die BeE versetzte ArbN wieder in den Betrieb oder das Unternehmen einmünden.

23 7. **Bezugsfrist.** Die Höchstbezugsdauer für das Transfer-Kug beträgt **maximal zwölf Monate** ohne Verlängerungsmöglichkeit (§ 111 I 2). Damit will der Gesetzgeber der Nutzung des Transfer-Kug als Instrument zur Heranführung an eine Frühverrentung entgegenwirken[6].

24 8. **Höhe der Leistungen.** Die Höhe des Tranfer-Kug richtet sich nach den Regelungen für das Kug (§§ 105, 106).

---

1 GA Kug der BA, S. 106, 107. ||2 GA Kug der BA, S. 101. ||3 BR-Drs. 225/10, 17f. ||4 ESF-Richtlinie v. 15.10.2008 idF der Bekanntmachung v. 19.3.2012 (Qualifizierungsangebote für Bezieher von Transferkurzarbeitergeld). ||5 GA Kug der BA, S. 230. ||6 BT-Drs. 15/1515, 74.

Wird ein Mitarbeiter nach Beendigung des Transfer-Kug Bezuges arbeitslos, bestimmt sich die Höhe des Anspruches auf Alg gem. §§ 149, 150 aus dem im letzten Jahr vor Eintritt der Arbeitslosigkeit erzielten Bruttoentgelt. Für die Zeiten des Transfer-Kug-Bezuges ist dabei als Arbeitsentgelt das Sollentgelt gem. § 106 I 2 iVm. § 151 III Nr. 1 zu berücksichtigen. 25

9. Verfahren. a) Anzeige und Antrag auf Leistungen. Die Anzeige über der Arbeitsausfall ist bei der für den Sitz des personalabgebenden Betriebes zuständigen AA zu erstatten und nicht im Zuständigkeitsbereich einer der die ArbGebFunktion wahrnehmenden externen Transfergesellschaft (§ 99 I, II 1 und III iVm. § 111 VI 2). Mit der Anzeige sind die Voraussetzungen für den Bezug von Transfer-Kug vom ArbGeb nachzuweisen. Der Antrag auf Transfer-Kug (Leistungsantrag) ist für den jeweiligen Kalendermonat innerhalb einer Ausschlussfrist von drei Kalendermonaten zu stellen (§ 325 III). 26

b) Strukturdaten. Sowohl der ArbGeb als auch die von ihm eingeschaltete Transfergesellschaft sind verpflichtet, jeweils monatlich zusammen mit dem Antrag auf Transfer-Kug Informationen zur Struktur der in der BeE zusammengefassten ArbN sowie der Integrationsquote der zuständigen AA zuzuleiten (§ 111 IX). Diese Angaben sollen der Markttransparenz und damit mittelbar der Qualitätskontrolle dienen[1]. 27

10. Anwendung der Kug-Vorschriften. Da das Transfer-Kug als Sonderform des konjunkturellen Kug konzipiert ist – es unterscheidet sich vom konjunkturellen Kug hauptsächlich dadurch, dass nicht ein vorübergehender, sondern ein dauerhafter Arbeitsausfall vorliegt – sind die sonstigen gesetzl. Vorschriften zum (konjunkturellen) Kug mit Ausnahme der §§ 95 bis 103 und des § 109 I Nr. 2 und II bis IV auf das Transfer-Kug anzuwenden (§ 111 X). Dies gilt nicht nur im Bereich des SGB III, sondern auch für Regelungen anderer Gesetze, etwa § 3 Nr. 2 EStG. 28

Viertes Kapitel. Arbeitslosengeld und Insolvenzgeld

Erster Abschnitt. Arbeitslosengeld

Fünfter Unterabschnitt. Minderung des Arbeitslosengeldes, Zusammentreffen des Anspruchs mit sonstigem Einkommen und Ruhen des Anspruchs

157 *Ruhen des Anspruchs bei Arbeitsentgelt und Urlaubsabgeltung*
(1) Der Anspruch auf Arbeitslosengeld ruht während der Zeit, für die die oder der Arbeitslose Arbeitsentgelt erhält oder zu beanspruchen hat.

(2) Hat die oder der Arbeitslose wegen Beendigung des Arbeitsverhältnisses eine Urlaubsabgeltung erhalten oder zu beanspruchen, so ruht der Anspruch auf Arbeitslosengeld für die Zeit des abgegoltenen Urlaubs. Der Ruhenszeitraum beginnt mit dem Ende des die Urlaubsabgeltung begründenden Arbeitsverhältnisses.

(3) Soweit die oder der Arbeitslose die in den Absätzen 1 und 2 genannten Leistungen (Arbeitsentgelt im Sinne des § 115 des Zehnten Buches) tatsächlich nicht erhält, wird das Arbeitslosengeld auch für die Zeit geleistet, in der der Anspruch auf Arbeitslosengeld ruht. Hat der Arbeitgeber die in den Absätzen 1 und 2 genannten Leistungen trotz des Rechtsübergangs mit befreiender Wirkung an die Arbeitslose, den Arbeitslosen oder an eine dritte Person gezahlt, hat die Bezieherin oder der Bezieher des Arbeitslosengeldes dieses insoweit zu erstatten.

I. Inhalt und Bedeutung der Vorschrift	1	IV. Gleichwohlgewährung, Anspruchsübergang auf die BA und Erstattung (Abs. 3)	19
II. Ruhen nach Abs. 1	5	1. Arbeitslosengeld trotz Ruhens, Gleichwohlgewährung	19
1. Anspruch auf Arbeitslosengeld	5	2. Anspruchsübergang auf die BA	23
2. Arbeitsentgelt	6	3. Erstattung durch den Arbeitnehmer	26
3. Dauer des Ruhens	11		
4. Rückwirkender Wegfall des Entgeltanspruchs	12		
III. Ruhen wegen einer Urlaubsabgeltung (Abs. 2)	14		

I. Inhalt und Bedeutung der Vorschrift. Die Vorschrift **vermeidet Doppelleistungen**, wenn der ArbN für Zeiten, in denen er den Anspruch auf Alg geltend gemacht hat, noch Anspruch auf Arbeitsentgelt oder eine Urlaubsabgeltung hat. Lohnersatzleistungen des SGB III sollen nicht gewährt werden, solange trotz Arbeitslosigkeit kein Verdienstausfall eintritt[2]. Maßgeblich für das Ruhen ist, wie Abs. 3 1

---

1 BR-Drs. 225/10, 18. || 2 BSG 12.12.1984 – 7 RAr 87/83, NZA 1985, 302.

SGB III § 157 Rz. 2   Ruhen des Anspruchs bei Arbeitsentgelt und Urlaubsabgeltung

zeigt, dass der ArbN noch Anspruch auf Arbeitsentgelt hat, ohne dass es auf die Zahlung durch den ArbGeb ankommt.

2   Solange der ArbN das von ihm zu beanspruchende Arbeitsentgelt oder die Urlaubsabgeltung **nicht erhält**, schreibt Abs. 3 vor, dass der an sich ruhende Anspruch gerade nicht ruht, sondern die BA „gleichwohl" Alg gewährt[1]. Der Anspruch auf Arbeitsentgelt sowie die Urlaubsabgeltung geht in diesen Fällen, wie auch der Klammerzusatz in Abs. 3 verdeutlicht, nach § 115 SGB X auf die BA über. Der Klammerzusatz stellt insoweit klar, dass es sich bei allen Varianten der den Anspruchsübergang auslösenden Tatbestände der Vorschrift um Arbeitsentgelt iSv. § 115 SGB X handelt[2] (vgl. auch die entspr. Fassung in § 158 für Abfindungen). Für den Fall der späteren Zahlung ordnet Abs. 3 S. 2 die Erstattung des Alg durch den ArbN an (vgl. Rz. 26).

3   Die **Bedeutung** der Ruhensvorschrift erschöpft sich nicht in der Wirkung auf den Alg-Anspruch, sondern erstreckt sich infolge des Rechtsübergangs nach § 115 SGB X, wenn der ArbN gleichwohl Alg nach Abs. 3 erhält, auf die Ansprüche gegen den ArbGeb auf Arbeitsentgelt. Erhebt der ArbN parallel zu einer Kündigungsschutzklage Klage auf Zahlung von Arbeitsentgelt und ergeht hierüber, nachdem über das Ende des ArbVerh entschieden ist, ein Leistungsurteil, so ist das zwischenzeitlich infolge des Alg-Bezugs übergegangene Nettoentgelt[3] vom Arbeitsentgelt in Abzug zu bringen. Mithin ist bereits im Klageantrag das für denselben Zeitraum erhaltene Alg abzusetzen („... Euro brutto abzüglich ... Euro netto gezahlten Arbeitslosengeldes"[4]). Zur Bedeutung für die Dispositionsbefugnis der Arbeitsvertragsparteien über Beginn und Ende des ArbVerh s. Rz. 11 ff.

4   § 157 enthält nur eine neben **anderen Regelungen des Ruhens von Alg**. Das Ruhen des Alg während des Bezugs von Sozialleistungen ist in § 156 geregelt. Die Ausübung einer geringfügigen Tätigkeit während der Dauer der Arbeitslosigkeit schließt, wie sich auch aus der Definition der Beschäftigungslosigkeit in § 138 ergibt, den Anspruch auf Alg nicht aus, sondern führt allenfalls zur Anrechnung auf den Anspruch nach Maßgabe des § 155. Das Ruhen wegen Anspruchs auf eine Abfindung regelt § 158, wegen Verhängung einer Sperrzeit § 159. Für Zeiten eines Arbeitskampfes darf durch die Leistung von Alg nicht in die Neutralitätspflicht der BA eingegriffen werden; deshalb ordnet § 160 hier unter den dort näher geregelten Voraussetzungen das Ruhen von Alg und Kug (über § 100) an (s. Erl. dort).

5   **II. Ruhen nach Abs. 1. 1. Anspruch auf Arbeitslosengeld.** Das Ruhen des Anspruchs setzt denknotwendig einen Anspruch auf Alg für die Zeit voraus, für die der Arbl. Anspruch auf Arbeitsentgelt hat. Dies setzt aber voraus, dass der ArbN iSv. § 138 **beschäftigungslos** ist, also keine Beschäftigung im Umfang von mindestens 15 Wochenstunden ausübt, und eine Beschäftigung von mindestens 15 Wochenstunden sucht. Darin liegt aber nur ein scheinbarer Widerspruch zu dem für das Ruhen nach Abs. 1 erforderlichen gleichzeitigen Anspruch auf Arbeitsentgelt, da das BSG hierfür zwischen dem beitragsrechtl. und leistungsrechtl. Beschäftigungsverhältnis unterscheidet[5]. Das leistungsrechtl. Beschäftigungsverhältnis endet (trotz fortbestehenden Arbeits- und beitragspflichtigen Beschäftigungsverhältnisses), wenn nach einer Gesamtwürdigung aller Umstände das Beschäftigungsverhältnis faktisch sein Ende gefunden hat, namentlich der ArbGeb seine (arbeitsrechtl.) faktische Verfügungsmöglichkeit nicht mehr wahrnimmt[6]. Hier kommt auch dem Umstand, dass der ArbN seinerseits Alg beantragt, indizielle Wirkung für die Annahme von Beschäftigungslosigkeit zu[7]. Insb. während eines Kündigungsschutzprozesses, wenn der Fortbestand des ArbVerh in der Schwebe ist, liegen danach die Voraussetzungen für den Anspruch auf Alg (vgl. § 137) vor, wenn der ArbN bereit ist, jederzeit die Arbeit (beim bisherigen oder einem anderen ArbGeb[8]) aufzunehmen. Der Anspruch auf Alg ruht nach dieser Vorschrift aber auch, wenn die Zeit der faktischen Beschäftigungslosigkeit am Beginn des ArbVerh liegt[9].

6   **2. Arbeitsentgelt.** Arbeitsentgelt, das den Anspruch auf Alg zum Ruhen bringt, umfasst **alle Formen der Vergütung** von Arbeit, soweit sie zeitlich dem Zeitraum zuzuordnen sind, in dem der ArbN Alg bezieht. In aller Regel ist der Anspruch aus § 615 BGB begründet[10], da der ArbN ja Alg infolge Beschäftigungslosigkeit bezieht. Aber es können auch Sonderformen des Arbeitsentgelts, die zeitlich einer Phase ohne Anspruch auf laufendes Arbeitsentgelt – etwa infolge längerer Krankheit – zuzuordnen sind, den Anspruch auf Alg für denselben Zeitraum (teilweise) zum Ruhen bringen, etwa das Urlaubsgeld für das laufende Kalenderjahr oder eine jährliche Sondervergütung (Weihnachtsgeld), die trotz der – krankheitsbedingt – fehlenden Gegenleistung in voller Höhe zu zahlen sind. Der Umfang der Ruhenswirkung hängt in solchen[11] Fällen von der zeitlichen Zuordnung der Jahressondervergütungen ab[11]:

---

1 BSG 14.7.1994 – 7 RAr 104/93, SGb 1995, 405; 14.9.1990 – 7 RAr 128/89, BSGE 60, 168 (171). ||2 BSG 3.3.1993 – 11 RAr 49/92, BSGE 72, 111 (114). ||3 Vgl. dazu BAG 26.5.1992 – 9 AZR 41/91, NZA 1993, 848. ||4 Vgl. MünchArbR/*Krause*, § 55 Rz. 96 ff.; BAG 15.11.1978 – 5 AZR 199/77, BB 1979, 735; zu den SozV-Beiträgen auch Schaub/*Koch*, ArbRHdb, § 23 Rz. 99. ||5 Grundl. BSG 26.11.1985 – 12 RK 51/83, BSGE 59, 183; im Anschluss daran BSG 9.9.1993 – 7 Rar 96/92, BSGE 73, 90; 28.9.1993 – 11 RAr 69/92, MDR 1994, 389. ||6 BSG 9.9.1993 – 7 RAr 96/92, BSGE 73, 90 (94) (für den Fall langandauernder Erkrankung des ArbN). ||7 BSG 28.9.1993 – 11 RAr 69/92, MDR 1994, 389; vgl. auch BSG 10.9.1998 – B 7 AL 96/97, NZS 1999, 305 (betr. Aussetzzeiten bei fortbestehenden ArbVerh, in denen die Hauptpflichten suspendiert sind). ||8 Dazu BSG 11.6.1987 – 7 RAr 16/86, SozR 4100 § 117 Nr. 18. ||9 BSG 20.6.2002 – B 7 AL 108/01 R, SozR 3-4300 § 143 Nr. 4. ||10 Vgl. BAG 9.10.1996 – 5 AZR 246/95, NZA 1997, 376. ||11 BAG 26.5.1992 – 9 AZR 41/91, NZA 1993, 848.

Sind sie als **Sonderzahlungen mit hinausgeschobener Fälligkeit** (Jahresleistungen ohne Bindungswirkung[1]) den einzelnen Monaten des Kalenderjahres, für das sie versprochen sind, anteilig zuzuordnen, so gehen sie dem ArbN mit der Zahlung des Alg und dem Anspruchsübergang nach Abs. 3 iVm. § 115 SGB X verloren, weil das Alg, das neben einem nicht bestehenden Anspruch auf laufendes Arbeitsentgelt idR höher sein wird als die anteilige Sonderzahlung, diese aufzehrt. Handelt es sich dagegen um eine **Jahressonderzahlung mit Stichtagsregelung**, deren Auszahlung vom Erreichen des Stichtags abhängt und die als Entgelt für Betriebstreue gewährt wird[2], so wird die Sonderzahlung nur durch das für den Auszahlungsmonat gezahlte Alg aufgezehrt und bleibt damit noch zu dem übersteigenden Anteil dem ArbN erhalten. Schwierigkeiten bereiten dagegen die Sonderzahlungen mit **Mischcharakter**, die wegen der anteiligen Kürzung für Zeiten nicht erbrachter Arbeitsleistung als auch der Vereinbarung einer Stichtagsregelung (an dem das ArbVerh regelmäßig ungekündigt bestehen muss) sowohl die erwiesenen Betriebstreue als auch die Arbeitsleistung vergüten: Bei einer vorgesehenen Kürzung auch wegen unverschuldeter Fehltage wird man trotz der Stichtagsregelung zu der Auslegung gelangen, dass sie als Entgelt für die erbrachte Arbeitsleistung einzuordnen sind ungeachtet dessen, dass sie zusätzlich durch Vereinbarung einer gewissen Bindungswirkung auch die Betriebstreue abgelten sollen[3]. 7

Der Anspruch auf Arbeitsentgelt, der zum Ruhen des Alg führt, kann auch durch **andere Weise als durch Zahlung erloschen** sein, etwa durch Aufrechnung[4], tarifl. Ausschlussfrist[5] oder Verzicht (vgl. Rz. 13). Unerheblich ist auch, ob für den Arbeitsentgeltanspruch eine vertragl. Vereinbarung ein **späterer Fälligkeitszeitpunkt** vereinbart wird, etwa durch eine Stundungsvereinbarung oder eine Abrede über eine zu zahlende Abfindung, in der rückständiges Arbeitsentgelt „versteckt wird"[6]. Eine Vereinbarung über das Ende des ArbVerh, ohne dass für den Zeitraum bis zur Beendigung Vergütung fortgezahlt wird, entfaltet nur dann Bindungswirkung, wenn das ArbVerh auch ohne Einhaltung einer Kündigungsfrist hätte beendet werden können[7]. Handelt es sich um eine „echte" Abfindung, die keine bis zum Beendigungszeitpunkt fälligen Arbeitsentgeltansprüche abgelten soll, so richtet sich ein evtl. Ruhen des Alg nach § 158. 8

Nicht zum Ruhen führt der Anspruch auf Schadensersatz nach § 628 II BGB, da er für Zeiten nach Beendigung des ArbVerh gezahlt wird. Insoweit kommt eine Anwendung der für Abfindungen geltenden Ruhensregelungen nach § 158 in Betracht (§ 158 Rz. 19). Ebenso scheidet ein Ruhen aus, wenn mangels Annahmeverzugs des ArbGeb (zB wenn der ArbN nach Krankheit seine Arbeitsleistung nicht mehr angeboten hat[8]) ein Arbeitsentgeltanspruch für die Zeit des Alg-Bezugs ausscheidet. Das nachträglich in Erfüllung von Arbeitsentgeltansprüchen geleistete Arbeitsentgelt für Zeiträume vor dem Bezug von Alg erfüllt mangels Deckungsgleichheit von Alg und Arbeitsentgelt gleichfalls nicht den Tatbestand von Abs. 1[9]. 9

Hat der ArbN **Arbeitsentgelt erhalten** und **danach** noch Alg für denselben Zeitraum bezogen, liegt kein Fall der Gleichwohlgewährung (Abs. 3) vor, sondern der unrechtmäßigen Gewährung infolge des Ruhens nach Abs. 1. Der Alg-Bescheid ist in solchen Fällen nach § 45 SGB X aufzuheben und das Alg vom ArbN zu erstatten (§ 50 SGB X). Der Anspruch auf Arbeitsentgelt bringt den Anspruch in voller Höhe zum Ruhen[10], auch wenn er hinter dem Alg zurückbleibt; übersteigt er das Alg, findet nur insoweit eine Erstattung oder Rückzahlung nach Abs. 3 S. 2 statt (dazu Rz. 24). Im Falle einer Gleichwohlgewährung findet demggü. eine Anrechnung des Alg auf das Arbeitsentgelt nach § 115 SGB X statt („... bis zur Höhe der erbrachten Sozialleistung über"), dh. der ArbGeb muss entweder nur das Arbeitsentgelt in Höhe des Alg oder das geringere Arbeitsentgelt auf den Anspruchsübergang zahlen. 10

3. Dauer des Ruhens. Das Ende des Ruhenszeitraums wird grds. durch das **Ende des Arbeitsverhältnisses** fixiert, da über diesen Zeitpunkt hinaus kein Arbeitsentgelt geschuldet wird. Die Arbeitsvertragsparteien haben es damit in der Hand, durch zeitliche Festlegung des Endes des ArbVerh den Anspruch auf Alg endgültig wirksam werden zu lassen, indem sie im Falle des Bezugs von Alg bei Ungewissheit über den Fortbestand des ArbVerh ein zeitlich frühes Ende bestimmen. Die Rspr.[11] sieht lediglich durch einen mit einer vorausgegangenen Kündigung fixierten Endzeitpunkt der Dispositions- 11

---

1 Ausf. MünchArbR/*Krause*, § 59 Rz. 5 ff.; Preis/*Lindemann*, Der Arbeitsvertrag, II S 40 Rz. 5 ff. ‖ 2 So in dem v. BAG 26.5.1992 – 9 AZR 41/91, NZA 1993, 848, entschiedenen Fall; ausf. MünchArbR/*Krause*, § 59 Rz. 16 ff. ‖ 3 Vgl. zu einem solchen Fall auch die konkursrechtl. Einordnung durch BAG 4.9.1985 – 5 AZR 655/84, NJW 1986, 1063. ‖ 4 BSG 18.11.1980 – 12 RK 47/79, SGb 1981, 275. ‖ 5 Diese erfasst auch den bereits übergegangenen Anspruch, vgl. BSG 10.6.1994 – 10 RAr 3/93, SozR 3-4100 § 160 Nr. 2 mwN. ‖ 6 BAG 25.3.1992 – 5 AZR 254/91, NZA 1992, 1081; BSG 21.2.1990 – 12 RK 20/88, NZA 1990, 751. ‖ 7 BAG 28.4.1983 – 2 AZR 446/81, BB 1983, 1859; aA BAG 23.6.1981 – 7 AZR 29/80, BSGE 52, 57, wo der Berechtigung der vorausgegangenen fristlosen Kündigung für die Zuordnung als Arbeitsentgelt während der Beendigungsphase nicht nachgegangen wurde; vorsichtiger dagegen in BSG 14.7.1994 – 7 RAr 104/93, MDR 1994, 389, wo eine Auslegung des Vergleichs für die fragliche Zuordnung für geboten erachtet wird. ‖ 8 Angebot nur noch erforderlich, wenn das ArbVerh nicht gekündigt ist, vgl. BAG 26.11.1994 – 2 AZR 179/94, NZA 1995, 263; 29.10.1992 – 2 AZR 250/92, EzA § 615 BGB Nr. 77. ‖ 9 Brand/*Düe*, § 157 Rz. 12; Gagel/*Winkler*, § 157 Rz. 21. ‖ 10 Gagel/*Winkler*, § 157 Rz. 12. ‖ 11 BAG 23.9.1981 – 5 AZR 527/79, ZIP 1981, 1364 („bis zum Ablauf der gesetzlichen Kündigungsfrist"); 28.4. 1983 – 2 AZR 446/81, BB 1983, 1859; 9.11.1989 – 4 AZR 433/88, NJW 1989, 1381 (1383) (in Zukunft liegender Beendigungstermin jederzeit möglich, auch wenn vor Ablauf der Kündigungsfrist).

befugnis eine Grenze gesetzt, als die Arbeitsvertragsparteien nicht durch Rückverlegung des Beendigungstermins der BA bereits übergegangene Ansprüche wieder entziehen können sollen. Ein in Zukunft liegender Beendigungstermin vor Ablauf der Kündigungsfrist bleibt demnach möglich. Ebenso ist es den Arbeitsvertragsparteien unbenommen, die Beendigung auf einen Zeitpunkt mit oder nach dem Ablauf der Kündigungsfrist zurückzuverlegen, da die Ansprüche auf Arbeitsentgelt ab diesem Zeitpunkt auf Grund der vorausgegangenen Kündigung, die der ArbN mit der Kündigungsschutzklage angegriffen hat, im Streit standen[1].

12 **4. Rückwirkender Wegfall des Entgeltanspruchs.** Den Arbeitsvertragsparteien steht es aber nicht frei, rückwirkend über bereits entstandene Arbeitsentgeltansprüche zu verfügen, wenn der **ArbN für denselben Zeitraum Alg bezogen hat** und damit ein Fall der Gleichwohlgewährung mit der Folge des Anspruchsübergangs (Abs. 3 iVm. § 115 SGB X) vorgelegen hat[2]. Damit war der ArbN nicht mehr Inhaber des Anspruchs und konnte nicht zu Lasten der BA eine Vereinbarung – etwa im Wege des Erlasses, einer Ausgleichsquittung oder Ausgleichsklausel, wie sie häufig noch nach Beendigung des ArbVerh erklärt werden – treffen, selbst wenn ein verständiger Grund für den Erlass vorgelegen haben sollte[3]. Vor der Beantragung von Alg können die Parteien indes wirksam disponieren – es ist dann eine Frage des Leistungsrechts, ob der Anspruch noch für die Vergangenheit geltend gemacht werden kann.

13 Hat der ArbN den **Erlass wirksam für die Vergangenheit** erklärt, was arbeitsrechtl. möglicherweise wegen § 4 III TVG oder § 12 EFZG (oder anderer gesetzl. Anordnungen der Indisponibilität) problematisch ist, so sind die SozV-Träger grds. an diese zivilrechtl. Ausgangslage gebunden. Ansätze in der Rspr.[4], bei vorsätzlichem oder grob fahrlässigem Verzicht des ArbN auf einen Lohnfortzahlungsanspruch im Krankheitsfall nach Beendigung des ArbVerh[5] den Krankengeldanspruch nach § 44 SGB V zu versagen, weil der Ruhenstatbestand wegen Zahlung von Arbeitsentgelt (§ 49 SGB V) dann analog heranzuziehen sei, haben zwar zu entsprechenden Überlegungen im Schrifttum zum Alg-Anspruch geführt[6]. Sie lassen aber eine dogmatische Begründung fehlen, weil die maßgeblichen Normen als Ansatzpunkt für eine mögliche Unwirksamkeit der Erlassvereinbarung, § 32 oder § 46 II SGB I, nicht die privatrechtl. Vereinbarung zu Lasten von Sozialleistungsträgern (§ 23 SGB I) bzw. nur den Verzicht auf Sozialleistungen und nicht auf zivilrechtl. Ansprüche (§ 46 II SGB I) erfassen. Eine analoge Anwendung von Ruhensbestimmungen scheidet auch auf Grund der in § 2 II SGB I angeordneten Sicherstellung aus, die sozialen Rechte des Einzelnen möglichst weitgehend zu verwirklichen. Letztlich kann sich die BA auf den Ruhenstatbestand ja auch berufen, wenn rückwirkend Ansprüche im Wege des Vergleichs erst begründet werden[7]. Zweifelhaft erscheinen Fälle, in denen der ArbN nach Ausspruch einer fristlosen Kündigung durch vergleichsweise Einigung bis zum Ablauf der Kündigungsfrist freigestellt wird und eine höhere „Sozialabfindung" erhält. Hierbei handelt es sich möglicherweise um „verdecktes Arbeitsentgelt", das zum Ruhen des Alg nach Abs. 1 führt[8].

14 **III. Ruhen wegen einer Urlaubsabgeltung (Abs. 2).** Eine Urlaubsabgeltung bringt den Anspruch auf Alg zum Ruhen, wenn sie entweder tatsächlich gezahlt wurde oder beansprucht werden kann. Die Rspr.[9] subsumiert mit Recht auch als Urlaubsabgeltung gewährte Zahlungen, für die kein Rechtsgrund (mehr) besteht, unter den Ruhenstatbestand nach der 1. Alt. (erhalten hat). Der Grund für das Ruhen ist auch hier die **Vermeidung von Doppelleistungen**, die den Lebensunterhalt in der betr. Zeit sicherstellen sollen, weshalb es keinen Unterschied macht, ob urlaubsrechtl. der Anspruch bestand oder nicht. Insb. wenn der ArbGeb für erloschene Urlaubsansprüche Zahlung gewährt, tritt diese ebenso wie die Urlaubsabgeltung des § 7 IV BUrlG als Surrogat (vgl. Erl. zu § 7 BUrlG) an die Stelle des Urlaubsanspruchs und erfüllt für die Tage des abgegoltenen Urlaubs eine Unterhaltsfunktion.

15 Keine Ruhensfolge hat dagegen ein **Schadensersatzanspruch wegen eines durch schuldhaftes Verhalten des ArbGeb untergegangenen Urlaubsanspruchs**[10]. Der Schadensersatzanspruch ist ein selbständiger, neben den (tarif-)vertragl. oder gesetzl. begründeten Abgeltungsanspruch tretender Anspruch auf gesetzl. Grundlage (§§ 280 I, 281 I iVm. § 275 I BGB), der in seiner Entstehung und seinen Voraussetzungen nach anderen Bedingungen unterliegt als der Anspruch auf Urlaubsabgeltung, der als Surrogat des Erfüllungsanspruchs die Entstehungsvoraussetzungen desselben teilt (s. § 7 BUrlG Rz. 93)[11]. Für eine Berücksichtigung von Schadensersatzleistungen bei der Ruhensberechnung, die durchaus auch nach anderen Gesichtspunkten als die Abgeltung selbst bemessen sein kann, sprechen weder Regelungsziel

---

1 Brand/*Düe*, § 157 Rz. 17; Gagel/*Winkler*, § 157 Rz. 37 ff. ǁ 2 BAG 23.9.1981 – 5 AZR 527/79, ZIP 1981, 1364; 28.4.1983 – 2 AZR 446/81, BB 1983, 1859. ǁ 3 Gagel/*Winkler*, § 157 Rz. 42, will den verständigen Grund vor der Entstehung des Alg-Anspruchs heranziehen; dafür besteht angesichts der in dieser Situation noch nicht eingeschränkten Verfügungsbefugnis kein Grund. ǁ 4 BSG 16.12.1980 – 3 RK 40/79, BSGE 51, 82; 16.12.1980 – 3 RK 27/79, BKK 1981, 268 (269); 13.5.1992 – 1/3 RK 10/90, NZA 1993, 142; die Entscheidungen haben aber aus unterschiedlichen Gründen nicht zu endgültigen Ergebnissen zu der Frage der Leistungsversagung geführt. ǁ 5 Hier bejahte die Rspr. des BAG regelmäßig die Verzichtsmöglichkeit, vgl. BAG 28.11.1979 – 5 AZR 955/77, BB 1980, 1158; 11.6.1976 – 5 AZR 506/75, BB 1976, 1417. ǁ 6 Brand/*Düe*, § 157 Rz. 16; Hauck/Noftz/*Nehls*, § 115 SGB X Rz. 15; Gagel/*Winkler*, § 157 Rz. 43. ǁ 7 So bereits *Hanau*, ArbuR 1984, 335; vgl. auch BSG 29.7.1993 – 11 RAr 17/92, EzA § 117 AFG Nr. 9 betr. Urlaubsabgeltung. ǁ 8 Zu einem solchen Fall LSG Hess. 23.7.2004 – L 10 AL 442/02. ǁ 9 BSG 29.7.1993 – 11 RAr 17/92, EzA § 117 AFG Nr. 9; 23.1.1997 – 7 RAr 72/94, NZS 1997, 530. ǁ 10 BSG 21.6.2001 – B 7 AL 62/00, NZA-RR 2002, 275. ǁ 11 *Leinemann/Linck*, § 7 BUrlG Rz. 177.

noch Entstehungsgeschichte, die eng an den arbeitsrechtl. feststehenden Begriff der Urlaubsabgeltung angeknüpft haben[1] und gerade eine neben dem Arbeitsentgelt gezahlte Abgeltung zum Anlass für das Ruhen des Alg genommen haben.

Schwieriger zu beantworten ist die Frage, ob auch solche Leistungen, die **vor der rechtl. Beendigung des ArbVerh während einer Freistellungsphase** als Abgeltung nicht genommener Urlaubstage gewährt werden, zum Ruhen des Anspruchs nach Abs. 2 (oder Abs. 1) führen. Der Wortlaut des Abs. 1 ließe zwar grds. eine Subsumtion unter den Ruhenstatbestand wegen erhaltenen Arbeitsentgelts zu, wirft dann aber das Problem auf, dass das Arbeitsentgelt einem bestimmten Zeitraum (für die Bestimmung des Ruhenszeitraums) zugeordnet werden muss, die sich der Vereinbarung als Urlaubsabgeltung eben nicht entnehmen lässt, weil diese Zweckbestimmung ja gerade eine bezahlte Freistellung von der Arbeitsleistung nicht mehr zulässt. Als Urlaubsabgeltung ist sie eine Entschädigungsleistung gerade für nicht realisierte Freizeitgewährung, deren zeitliche Zuordnung Abs. 2 als Ruhensregelung selbst trifft. Danach müsste sie erst im Anschluss an die rechtl. Beendigung des ArbVerh zum Ruhen des Alg-Anspruchs führen, während für den Zeitraum bis zur Beendigung infolge der Freistellung Alg zu zahlen wäre. Das BSG[2] ordnet sie gleichwohl dem Zeitraum der Freistellungsphase vor der rechtl. Beendigung zu und rechtfertigt dies mit der sozialrechtl. Beendigung des Beschäftigungsverhältnisses im leistungsrechtl. Sinne (s. Rz. 5). Letztendlich ließ es aber offen[3], ob der Ruhenstatbestand des Abs. 1 oder 2 als erfüllt anzusehen sei, was den genannten Bedenken gegen die Zuordnung als Arbeitsentgelt iSv. Abs. 1 begegnet. Einer Zuordnung als Urlaubsabgeltung während der Freistellungsphase aber widerspricht der Wortlaut des Abs. 2 S. 2, der eindeutig eine Zuordnung nach dem Ende des ArbVerh vorsieht. 16

Die **Dauer des Ruhenszeitraums nach Abs. 2** entspricht grds. der Dauer des abgegoltenen Urlaubs, wobei die Zahl der Urlaubstage auf Wochentage zu verteilen ist. Sieht der Urlaubsanspruch aus dem beendeten ArbVerh eine Berücksichtigung von Werktagen[4] bei der Berechnung der Urlaubsdauer bzw. -abgeltung vor, finden die Samstage auch bei der Berechnung der Dauer des Ruhenszeitraums Berücksichtigung; ansonsten werden die Urlaubstage auf Arbeitstage verteilt[5]. Der Ruhenszeitraum endet demgemäß mit dem letzten Kalendertag, auf den ein abgegoltener Urlaubstag entfällt. Für den gesamten Ruhenszeitraum besteht kein Versicherungsschutz (s.a. § 159 Rz. 36). 17

Hat der Arbl. Anspruch auf **Alg wegen Erkrankung** nach § 146 bis zur Dauer von sechs Wochen in der Zeit, für die der Anspruch nach Abs. 2 ruhen würde, so führt die Urlaubsabgeltung nicht zum Ruhen des Anspruchs[6]. Die Rspr. legte den früheren § 117 I Buchst. a AFG insoweit einschränkend aus, weil der Alg-Anspruch an die Stelle des sonst zu gewährenden Krankengeldes trete, bei dem ein Ruhen wegen einer Urlaubsabgeltung nicht vorgesehen sei. An dieser Rechtslage hat sich mit §§ 157 und 146 als Grundlage für den Anspruch bei Arbeitsunfähigkeit nichts geändert. IÜ spricht für dieses Ergebnis, dass auch der Anspruch auf Urlaubsabgeltung an die Arbeitsfähigkeit nach der Beendigung des ArbVerh geknüpft ist, wenngleich mit der einschränkenden Bedingung, dass die Arbeitsfähigkeit gerade in der Fähigkeit zu der vertragl. geschuldeten Leistung bestehen muss (vgl. Erl. zu § 7 BUrlG). Erhält der ArbN gleichwohl eine Abgeltung – etwa weil die Arbeitsunfähigkeit nicht voraussehbar war oder nicht feststeht, dass er trotz Leistungseinschränkungen seine konkrete Verrichtung noch hätte ausüben können[7] – kann dem ArbN sein Krankheitsrisiko, das für die Dauer von sechs Wochen die ArbLV trägt, nicht durch den Verweis auf die Abgeltung selbst aufgebürdet werden[8]. Auch eine Verschiebung des Ruhenszeitraums beim Bezug von Krankengeld im unmittelbaren Anschluss an die Beendigung des ArbVerh hat das BAG abgelehnt[9]. 18

IV. Gleichwohlgewährung, Anspruchsübergang auf die BA und Erstattung (Abs. 3). 1. Arbeitslosengeld trotz Ruhens, Gleichwohlgewährung. Abs. 3 verpflichtet die BA zur Zahlung des Alg, wenn der Arbl. die in Abs. 1 und 2 genannten Leistungen **tatsächlich nicht erhält**. Da der Anspruch eigentlich ruht, spricht man hier von Gleichwohlgewährung. Bei der Gleichwohlgewährung tritt die BA wirtschaftl. betrachtet in Höhe des Alg in Vorleistung für den ArbGeb[10] und nimmt folglich in Höhe der geleisteten Zahlung die Gläubigerstellung ihm ggü. ein: Nach § 115 SGB X geht der Anspruch in Höhe der erbrachten Leistung auf die in Abs. 1 und 2 genannten Leistungen auf sie über, wobei der Klammerzusatz klarstellt, dass es sich bei diesen ArbGebLeistungen um Arbeitsentgelt iSv. § 115 SGB X handelt. § 158 IV erstreckt die Wirkungen der Gleichwohlgewährung auf den Fall des Ruhens wegen einer Abfindung (s. § 158 Rz. 42 ff.). 19

Bei der Zahlung von Alg im Wege der Gleichwohlgewährung handelt es sich um eine **echte (reguläre) Zahlung von Alg.** Dies ergibt sich schon daraus, dass die materiellen Anspruchsvoraussetzungen erfüllt 20

---

1 BSG 21.6.2001 – B 7 AL 62/00, NZA-RR 2002, 275. || 2 BSG 23.1.1997 – 7 RAr 72/94, NZS 1997, 530. || 3 BSG 23.1.1997 – 7 RAr 72/94, NZS 1997, 530. || 4 Wie die gesetzl. Bestimmung der Urlaubsdauer nach § 3 BUrlG. || 5 Wie hier BSG 29.3.2001 – B 7 AL 14/00 R; vgl. auch Gagel/*Winkler*, § 157 Rz. 51; weitergehend Hauck/Noftz/*Valgolio*, § 157 Rz. 73, der den gesamten Urlaubszeitraum (auch Sonntage) als Leistungstag für das Ruhen zugrunde legt. || 6 BSG 26.6.1991 – 10 RAr 9/90, SozR 4100 § 117 Nr. 4. || 7 BAG 14.5.1986 – 8 AZR 604/84, NZA 1986, 834; 20.4.1989 – 8 AZR 621/87, NZA 1989, 763. || 8 Zu weiteren Fällen der Erkrankung s. *Voelzke*, SGb 2007, 713 (718). || 9 BAG 17.11.2010 – 10 AZR 649/09, NZA 2011, 288 mwN. || 10 BSG 24.7.1986 – 7 RAr 4/85, BSGE 60, 168 (171); 14.7.1994 – 7 RAr 104/93, SozR 3-4100 § 117 Nr. 11 (S. 11).

sein müssen (s. Rz. 5), also insb. Beschäftigungslosigkeit und Arbeitslosmeldung. Damit wird der Anspruch auf Alg, der nur eine zeitlich begrenzte Dauer entfaltet (vgl. § 147), ebenso behandelt wie im Falle regulärer Arbeitslosigkeit; insb. zählen die Tage der Gleichwohlgewährung für die Minderung der Anspruchsdauer nach § 148 grds. mit[1]. Dem steht nicht entgegen, dass der Anspruch auf Arbeitsentgelt in Höhe des Alg auf die BA übergeht[2].

21 Die **Minderung der Anspruchsdauer entfällt** jedoch, wenn und soweit die BA für das Alg Ersatz erlangt[3]. Hierbei spielt es keine Rolle, ob der ArbGeb auf den Rechtsübergang nach § 115 SGB X an die BA das Arbeitsentgelt zahlt oder der Arbl. das im Wege der Gleichwohlgewährung erhaltene Alg erstattet, soweit er selbst durch den ArbGeb befriedigt wird (s. Rz. 27). Denkbar ist auch, dass ein Dritter die Aufwendungen der BA ersetzt, etwa weil er zum Schadensersatz verpflichtet ist oder durch Verfügungen seitens des ArbGeb zur Zahlung veranlasst wurde. Ebenso rechnet hierzu der Fall, dass die BA als Inhaberin des Arbeitsentgeltanspruchs wegen Zahlungsunfähigkeit des ArbGeb aus der Insolvenzausfallversicherung nach § 165 Ersatz erlangt[4]. Es reicht indes nicht aus, dass sich die BA nicht um die Durchsetzung ihrer Ansprüche bemüht hat. Das BSG lehnt es ab, wenn es zu keinerlei Zahlungen gekommen ist, eine Gutschrift deshalb zu veranlassen, weil die BA nicht mit der erforderlichen Sorgfalt die auf sie übergegangenen Ansprüche verfolgt[5]. Gleiches gilt, wenn der ArbN bereits Klage auf Zahlung erhoben hatte und die Klage nach dem Forderungsübergang insoweit zurückgenommen hat. Dann wahrt eine erneute Klage der BA uU nicht mehr eine tarifl. Ausschlussfrist, der auch nach der Rspr. des BAG keine fristwahrende Wirkung – im Hinblick auf die fristgerechte Klage des ArbN – mehr zukommen kann[6].

22 Ebenso lehnt das BSG in std. Rspr.[7] ab, den Anspruch auf Alg **hinsichtlich der Höhe und Dauer zu korrigieren**, wenn mit der Beitreibung des Arbeitsentgelts für die Zeit bis zur Beendigung des ArbVerh danach an sich ein neuer (höherer) Anspruch begründet würde. Der im Wege der Gleichwohlgewährung begründete Anspruch auf Alg bleibt auch für weitere Fälle der Arbeitslosigkeit maßgeblich, bis eine neue Anwartschaft erfüllt ist. Es ändern sich weder der Bemessungszeitraum noch das Bemessungsentgelt. Hinsichtlich der Dauer des Anspruchs kann dies von Nachteil sein, wenn die bis zum ersten Tag der Gleichwohlgewährung zurückgelegten Zeiten nicht ausreichen, um einen Anspruch auf Alg mit einer längeren Dauer entstehen zu lassen. Die Höhe kann nachteilig dadurch beeinflusst werden, dass bei ordnungsgemäßer Abrechnung zum Zeitpunkt der Beendigung des ArbVerh ein für den ArbN günstigerer Bemessungszeitraum mit höherem Bemessungsentgelt zugrunde zu legen wäre[8]. Gleichwohl hält das BSG eine Korrektur nicht für geboten, da der ArbN von der Möglichkeit Gebrauch gemacht habe, Alg schon zu einer Zeit in Anspruch zu nehmen, in der über fortbestehende Arbeitsentgeltansprüche noch gestritten wurde, und damit nicht das Risiko getragen habe, für die fragliche Zeit keinerlei Leistungen zu erhalten. Daher sei er einer Vergleichsperson, die zunächst ihre Rechte aus dem ArbVerh klären ließe, bevor sie Leistungen aus der ArblV in Anspruch nehme, nicht gleich zu stellen[9]. Schließlich könnten ja die erzielten Entgelte bei einer erneuten Erfüllung der Anwartschaftszeit Grundlage einer späteren Alg-Bewilligung sein[10]. Zum Ausgleich dieser Rspr. kommen nur **Schadensersatzansprüche gegen den ArbGeb** in Betracht, wenn die zu dem früheren Zeitpunkt ausgesprochene Kündigung ersichtlich rechtswidrig war und damit eine schuldhafte Pflichtverletzung des Arbeitsvertrages nach §§ 280 I, 241 II BGB darstellte bzw. unter dem Gesichtspunkt des Schuldnerverzuges (§§ 280, 286, 287 BGB) wegen vorenthaltener Vergütungszahlung[11].

23 **2. Anspruchsübergang auf die BA.** Der Anspruch auf Arbeitsentgelt bzw. die Urlaubabgeltung geht **zum Zeitpunkt der Zahlung des Alg**, nicht bereits mit dessen Bewilligung, nach § 115 SGB X auf die BA über. Bei § 115 SGB X handelt es sich um einen gesetzl. Forderungsübergang zu Gunsten von Sozialleistungsträgern mit der Folge der Anwendbarkeit der §§ 412, 399–404, 406–410 BGB[12]. So kann der BA eine tarifl. Ausschlussfrist, soweit sie gerichtl. Geltendmachung erfordert, auch dann entgegengehalten werden, wenn der ArbN vor dem Anspruchsübergang fristwahrend Klage erhoben hatte und diese aber im Hinblick auf den Rechtsübergang teilweise zurückgenommen hatte und damit die Klage insoweit als nicht anhängig gilt[13]. Der Rechtsübergang **entfällt rückwirkend**, wenn die Bewilligung des Alg aufgehoben wird[14]. Der Rückfall an den ArbN erfolgt aber nicht, wenn der ArbN vom ArbGeb Arbeitsentgelt erhält und die BA daraufhin gegen den ArbN nach Abs. 3 S. 2 vorgeht und Erstattung verlangt, weil der

---

1 Nach § 148 I Nr. 1 mindert sich die Dauer des Anspruchs auf Alg um die Anzahl von Tagen, für die der Anspruch auf Alg erfüllt worden ist. ‖ 2 BSG 24.7.1986 – 7 RAr 4/85, BSGE 60, 168 (171); 11.6.1987 – RAr 16/86, SozR 4100 § 117 Nr. 18. ‖ 3 BSG 24.7.1986 – 7 RAr 4/85, BSGE 60, 168 (171); 11.11.1993 – 7 RAr 94/92, nv. ‖ 4 BSG 24.7.1986 – 7 RAr 4/85, BSGE 60, 168 (171). ‖ 5 BSG 11.6.1987 – RAr 16/86, SozR 4100 § 117 Nr. 18; krit. Gagel/*Winkler*, § 143 Rz. 71 f.; aA LSG Nds.-Bremen 3.9.2009 – L 12 AL 46/07, info also 2010, 251 = NZS 2010, 467 (nur LS). ‖ 6 BAG 19.2.2003 – 4 AZR 168/02, EzA § 4 TVG Ausschlussfristen Nr. 164. ‖ 7 BSG 3.12.1998 – B 7 AL 34/98, SozR 3-4100 § 117 Nr. 17; vgl. bereits BSG 11.6.1987 – 7 RAr 40/86, SozR 4100 § 117 Nr. 19. ‖ 8 Zusammenfassend BSG 29.9.1987 – 7 RAr 59/86, SozR 4100 § 117 Nr. 20 (S. 108). ‖ 9 BSG 3.12.1998 – B 7 AL 34/98, NZS 1999, 468. ‖ 10 BSG 11.6.1987 – 7 RAr 40/86, BSGE 59, 183 (186 f.). ‖ 11 Vgl. BAG 17.7.2003 – 8 AZR 486/02, AP Nr. 27 zu § 611 BGB Haftung des Arbeitgebers, wo ein entsprechendes Schadensersatzbegehren ggü. dem ArbGeb an der Ausschlussfrist scheiterte. ‖ 12 KassKomm/*Kater*, § 115 SGB X Rz. 32. ‖ 13 BAG 19.2.2003 – 4 AZR 168/02, EzA § 4 TVG Ausschlussfristen Nr. 164. ‖ 14 Gagel/*Winkler*, § 157 Rz. 87.

ArbN dann die Leistung tatsächlich erhalten hat[1]. Ob die BA trotz der Zahlung an den ArbN noch gegen den ArbGeb vorgehen kann, bestimmt sich nach § 407 BGB (s. Rz. 26).

Der Rechtsübergang nach § 115 SGB X beschränkt sich auf Zeiten, für die Alg gezahlt wird, und auf die Höhe des gezahlten Alg. Der Spitzbetrag verbleibt beim ArbN. Im Falle des Abs. 2 geht der Anspruch nur für die Dauer des abgegoltenen Urlaubs über (s. Rz. 17) und beschränkt sich auf die Höhe des gezahlten Alg in diesem Zeitraum. Im Rahmen der Entgeltklage gegen den ArbGeb ist das gezahlte Alg vom Klageantrag abzusetzen (s. Rz. 3). Auch hinsichtlich der Beiträge zur SozV wird der ArbGeb durch die der BA nach § 335 III u. V zu leistenden Beiträge von der Zahlung an die Einzugsstelle befreit, welche von der Einzugsstelle und nicht vom ArbGeb der Höhe nach zu ermitteln und entsprechend in Abzug zu bringen sind[2]. Zahlt der ArbGeb das Arbeitsentgelt dennoch in voller Höhe an den ArbN, kommt ein Rückforderungsanspruch wegen ungerechtfertigter Bereicherung nach § 812 BGB in Betracht[3]. 24

Der ArbGeb wird durch die Zahlung an den ArbN nur frei, wenn er vom Rechtsübergang auf die BA nichts wusste (§ 407 BGB). Grob fahrlässige Unkenntnis steht der Kenntnis vom Forderungsübergang aber nicht gleich[4]. Beim gesetzl. Forderungsübergang stellt die Rspr. keine hohen Anforderungen an die Kenntnis, sondern lässt genügen, dass dem Schuldner die den Forderungsübergang begründenden Tatsachen bekannt sind[5]. Die Kenntnis der Arbeitslosigkeit des ArbN wird man daher ausreichen lassen müssen, wenn der Kündigungstermin abgelaufen ist, weil sich ArbN im Anschluss auch im Falle der Erhebung einer Kündigungsschutzklage regelmäßig arbeitslos melden[6]. Die BA übersendet aber auch unmittelbar im Anschluss an die Arbeitslosmeldung eine Mitteilung über den Forderungsübergang[7], wenn die Voraussetzungen für eine Alg-Zahlung vorliegen. 25

3. Erstattung durch den Arbeitnehmer. a) Befreiende Zahlung durch den Arbeitgeber nach Anspruchsübergang. Der ArbN hat das Alg, wenn der ArbGeb mit befreiender Wirkung (s. Rz. 25) an den ArbN gezahlt hat, nach Abs. 3 S. 2 an die BA zu erstatten. Diese Vorschrift entspricht § 816 II BGB. Den Erstattungsanspruch kann die BA mittels Verwaltungsaktes geltend machen; einer vorherigen Aufhebung des Bewilligungsbescheides bedarf es dafür nicht[8]. Insoweit erstattet der ArbN nicht eigentlich Alg, sondern zahlt das vom ArbGeb geleistete Arbeitsentgelt an die BA als wahre Berechtigte zurück[9]. Der ArbGeb kann einem etwaigen Zahlungsverlangen der BA die Leistung an den ArbN nach §§ 412, 407 BGB entgegenhalten. 26

b) Genehmigung nicht befreiender Zahlung durch die BA (Wahlrecht). Die BA kann aber auch die nicht befreiende Zahlung durch den ArbGeb (s. Rz. 25) genehmigen und gegen den ArbN nach Abs. 3 S. 2 vorgehen und Zahlung an sich verlangen, § 185 II iVm. § 362 II BGB[10]. Die Genehmigungsmöglichkeit setzt nicht voraus, dass die BA zunächst erfolglos gegen den ArbGeb vorgegangen ist[11]. Der ArbN, der in einem solchen Fall Doppelleistungen erhält, ist nur in Ausnahmefällen schutzwürdig, wenn die Genehmigung gegen § 242 BGB verstößt oder die Arbeitsentgeltzahlung zwischen ArbGeb und ArbN rückgängig gemacht worden ist (s. Rz. 24)[12]. Die Genehmigung erfolgt konkludent, wenn die BA gegen den ArbN vorgeht[13], iÜ, wenn sie gegen den ArbGeb wegen einer vereinbarten Ausschlussfrist nicht mehr vorgehen kann[14]. 27

c) Zahlung vor Anspruchsübergang. Eine Erstattung nach Abs. 3 S. 2 kommt nicht in Betracht, wenn der ArbN **Arbeitsentgelt oder eine Urlaubsabgeltung erhalten hat, bevor das Alg** ausgezahlt wird. Die Gleichwohlgewährung nach Abs. 3 setzt nämlich voraus, dass der das Ruhen bewirkende Anspruch auf Arbeitsentgelt oder Urlaubsabgeltung nicht erfüllt worden ist. Das BSG[15] hat dies im Zusammenhang mit einer vorher ausgezahlten Abfindung mehrfach entschieden (vgl. dazu § 158 IV, der eine gleich lautende Erstattungsregelung enthält). Die BA hat in einem solchen Fall, wenn sie von der Zahlung erfährt, den Alg-Bescheid nach vorheriger Anhörung des ArbN aufzuheben und das gezahlte Alg nach § 50 SGB X zurückzufordern. Die Rückforderung nach Abs. 3 S. 2 enthält eine solche Aufhebung nicht. Bei der Rückforderung handelt es sich nämlich um eine gebundene Entscheidung, während die Aufhebung des Bewilligungsbescheides eine Ermessensausübung sowie Verschuldensprüfung voraussetzt (vgl. § 45 I iVm. II SGB X); eine Umdeutung scheitert deshalb an § 43 II SGB X[16]. 28

---

1 AA Brand/*Düe*, § 157 Rz. 37; wie hier Gagel/*Winkler*, § 157 Rz. 87 unter Hinweis auf BGH 25.6.1990 – II ZR 119/89, BB 1990, 1653. ||2 SG Düss. 31.5.2010 – S 52 (10) R 41/08, ZIP 2010, 1814. ||3 BAG 25.3.1992 – 5 AZR 254/91, NZA 1992, 1081; 17.11.2010 – 10 AZR 649/09, NZA 2011, 288. ||4 Palandt/*Grüneberg*, § 407 BGB Rz. 6. ||5 Vgl. BGH 20.9.1994 – VI ZR 285/93, BGHZ 127, 120 (128), betr. Forderungsübergang nach § 116 SGB X: Kenntnis der die Versicherungspflicht ausmachenden Tatsachen ausreichend. ||6 Zurückhaltender wohl die Rspr., die die Kenntnis vom Alg-Bezug ausreichen lassen will, vgl. BSG 29.8.1991 – 7 RAr 130/90, NZA 1992, 387; BAG 13.1.1982 – 5 AZR 546/79, BB 1982, 1364. ||7 *Weber/Ehrich/Burmester/Fröhlich*, Teil 6 Rz. 56, wo aber unzutr. von einer „Überleitungsanzeige" die Rede ist; der Rechtsübergang nach § 115 SGB X setzt aber keinen Verwaltungsakt zu seiner Wirksamkeit voraus, vgl. dazu BSG 14.7.1994 – 7 RAr 104/93, SGb 1995, 405. ||8 BSG 14.9.1990 – 7 RAr 128/89, BSGE 67, 221. ||9 BSG 8.2.2001 – B 11 AL 59/00, NZS 2002, 230. ||10 BSG 14.9.1990 – 7 RAr 128/89, BSGE 67, 221; 16.10.1991 – 11 RAr 137/90, NZA 1992, 619. ||11 BSG 22.10.1998 – B 7 AL 106/96 R, BSGE 82, 83. ||12 BSG 22.10.1998 – B 7 AL 106/96 R, BSGE 82, 83. ||13 BSG 14.9.1990 – 7 RAr 128/89, BSGE 67, 221; 16.10.1991 – 11 RAr 137/90, NZA 1992, 619. ||14 BSG 14.9.1990 – 7 RAr 128/89, BSGE 67, 221. ||15 BSG 3.3.1993 – 11 RAr 49/92, BSGE 72, 111; 14.7.1994 – 7 RAr 104/93, SGb 1995, 405. ||16 BSG 3.3.1993 – 11 RAr 49/92, BSGE 72, 111 (117).

29 **d) Folge von Teilzahlungen.** Fraglich ist, ob die BA auch dann nach Abs. 3 S. 2 **Erstattung vom ArbN vorlangen kann,** wenn der ArbN **nur Teilzahlungen bis zur Höhe der ihm verbliebenen Anteile** auf den Anspruch erhält, der Anlass für das Ruhen nach Abs. 1 oder 2 (Ansprüche auf Arbeitsentgelt oder Urlaubsabgeltung; im Falle des § 158: Abfindungen) ist. Denn § 157 III SGB III iVm. § 115 SGB X lässt den Anspruch nur in Höhe des gezahlten Alg übergehen, so dass der Anspruch auf den Spitzbetrag beim ArbN verbleibt. Nach Auffassung des BSG[1] kann die BA jedoch auch bei Teilzahlungen die Rückforderung des gezahlten Alg bis zum Betrag der erhaltenen Teilzahlung nach Abs. 3 S. 2 ggü. dem ArbN geltend machen (evtl. nach Genehmigung einer nicht befreienden Leistung des ArbGeb, vgl. Rz. 27), jedenfalls in Höhe des auf sie entfallenden Anteils (was insb. auch bei der Ruhensregelung wegen eines Abfindungsanspruchs nach § 158 I iVm. IV eine Rolle spielt). Das Gesetz sehe ein Vorrecht des ArbN an den tatsächlichen Zahlungen nicht vor. Dies führt dazu, dass sich der ArbN bei Teilzahlungen auf das Arbeitsentgelt, wenn er gleichzeitig Alg bezogen hat, eine Verrechnung auf das Alg gefallen lassen muss.

30 Diese Rspr. begegnet **Bedenken.** Der Senat stellt entscheidend auf den Umstand ab, dass der Anspruch auf Alg auch geruht hätte, wenn die Teilzahlung vorher erfolgt wäre, und dann eine Gleichwohlgewährung ausgeschlossen gewesen wäre: Die Ansprüche dagegen, die der ArbGeb nicht erfülle, blieben grds. außer Betracht, insoweit wäre ein Tatbestand des Abs. 3 S. 1 (Gleichwohlgewährung) gegeben[2]. Folglich solle die BA als wirtschaftl. für den ArbGeb Vorleistende nicht gänzlich zurückstehen, wenn der ArbGeb nachträglich seine Schulden zahle. Aber damit wird nicht erklärt, dass dem ArbN kein Anspruch auf Alg im Wege der Gleichwohlgewährung zusteht, wenn er nur einen erheblich geringeren Anteil an dem ihm für denselben Zeitraum zustehenden Arbeitsentgelts erhält. Die Logik des § 157 I und III lässt die Gleichwohlgewährung auch dann zu, wenn der Anspruch zT gezahlt und zT nur zu beanspruchen ist; denn in beiden Fällen ruht der Anspruch nach Abs. 1 und für die teilweise Nichtzahlung dann wieder nicht (Abs. 3). Vielmehr beruht die Wendung des Abs. 3 „soweit der Arbeitslose die ... genannten Leistungen (...) tatsächlich nicht erhält, wird das Arbeitslosengeld auch für die Zeit geleistet ..." auf dem Gedanken, dass eine teilweise Nichterfüllung vorliegen kann und insoweit Alg gleichwohl gezahlt werden kann. Erhält der ArbN nur zehn Euro für einen Monat, ist hierdurch nicht schon die Zahlung von Alg für den Monat ausgeschlossen! Der Vergleich, ob das Arbeitsentgelt (teilweise) vorher oder nachher gezahlt wird, begründet daher ein tatsächliches Vorrecht der BA an geleisteten Teilzahlungen nicht. Vielmehr gibt der ArbGeb zu erkennen, dass er mit Zahlung an den ArbN dessen Forderung und nicht die auf die BA übergegangene erfüllen will. Sollte er hinsichtlich des gesetzl. Forderungsübergangs gutgläubig sein, hindert dies eine entsprechende Wertung zu Gunsten seines Altgläubigers nicht.

158 *Ruhen des Anspruchs bei Entlassungsentschädigung*

(1) Hat die oder der Arbeitslose wegen der Beendigung des Arbeitsverhältnisses eine Abfindung, Entschädigung oder ähnliche Leistung (Entlassungsentschädigung) erhalten oder zu beanspruchen und ist das Arbeitsverhältnis ohne Einhaltung einer der ordentlichen Kündigungsfrist des Arbeitgebers entsprechenden Frist beendet worden, so ruht der Anspruch auf Arbeitslosengeld von dem Ende des Arbeitsverhältnisses an bis zu dem Tag, an dem das Arbeitsverhältnis bei Einhaltung dieser Frist geendet hätte. Diese Frist beginnt mit der Kündigung, die der Beendigung des Arbeitsverhältnisses vorausgegangen ist, bei Fehlen einer solchen Kündigung mit dem Tag der Vereinbarung über die Beendigung des Arbeitsverhältnisses. Ist die ordentliche Kündigung des Arbeitsverhältnisses durch den Arbeitgeber ausgeschlossen, so gilt bei

1. zeitlich unbegrenztem Ausschluss eine Kündigungsfrist von 18 Monaten,
2. zeitlich begrenztem Ausschluss oder bei Vorliegen der Voraussetzungen für eine fristgebundene Kündigung aus wichtigem Grund die Kündigungsfrist, die ohne den Ausschluss der ordentlichen Kündigung maßgebend gewesen wäre.

Kann der Arbeitnehmerin oder dem Arbeitnehmer nur bei Zahlung einer Entlassungsentschädigung ordentlich gekündigt werden, so gilt eine Kündigungsfrist von einem Jahr. Hat die oder der Arbeitslose auch eine Urlaubsabgeltung (§ 157 Absatz 2) erhalten oder zu beanspruchen, verlängert sich der Ruhenszeitraum nach Satz 1 um die Zeit des abgegoltenen Urlaubs. Leistungen, die der Arbeitgeber für eine arbeitslose Person, deren Arbeitsverhältnis frühestens mit Vollendung des 55. Lebensjahres beendet wird, unmittelbar für deren Rentenversicherung nach § 187a Absatz 1 des Sechsten Buches aufwendet, bleiben unberücksichtigt. Satz 6 gilt entsprechend für Beiträge des Arbeitgebers zu einer berufsständischen Versorgungseinrichtung.

(2) Der Anspruch auf Arbeitslosengeld ruht nach Absatz 1 längstens ein Jahr. Er ruht nicht über den Tag hinaus,

1. bis zu dem die oder der Arbeitslose bei Weiterzahlung des während der letzten Beschäftigungszeit kalendertäglich verdienten Arbeitsentgelts einen Betrag in Höhe von 60 Prozent der nach Absatz 1 zu berücksichtigenden Entlassungsentschädigung als Arbeitsentgelt verdient hätte,

---

[1] BSG 8.2.2001 – B 11 AL 59/00 R, NZS 2002, 230; anders noch BSG 13.3.1990 – 11 RAr 69/89, NJW 1990, 2772.
[2] So der 7. Senat in BSG 28.8.1991 – 7 RAr 130/90, NZA 1992, 387.

2. an dem das Arbeitsverhältnis infolge einer Befristung, die unabhängig von der Vereinbarung über die Beendigung des Arbeitsverhältnisses bestanden hat, geendet hätte oder
3. an dem der Arbeitgeber das Arbeitsverhältnis aus wichtigem Grund ohne Einhaltung einer Kündigungsfrist hätte kündigen können.

Der nach Satz 2 Nummer 1 zu berücksichtigende Anteil der Entlassungsentschädigung vermindert sich sowohl für je fünf Jahre des Arbeitsverhältnisses in demselben Betrieb oder Unternehmen als auch für je fünf Lebensjahre nach Vollendung des 35. Lebensjahres um je 5 Prozent; er beträgt nicht weniger als 25 Prozent der nach Absatz 1 zu berücksichtigenden Entlassungsentschädigung. Letzte Beschäftigungszeit sind die am Tag des Ausscheidens aus dem Beschäftigungsverhältnis abgerechneten Entgeltabrechnungszeiträume der letzten zwölf Monate; § 150 Absatz 2 Satz 1 Nummer 3 und Absatz 3 gilt entsprechend. Arbeitsentgeltkürzungen infolge von Krankheit, Kurzarbeit, Arbeitsausfall oder Arbeitsversäumnis bleiben außer Betracht.

(3) Hat die oder der Arbeitslose wegen Beendigung des Beschäftigungsverhältnisses unter Aufrechterhaltung des Arbeitsverhältnisses eine Entlassungsentschädigung erhalten oder zu beanspruchen, gelten die Absätze 1 und 2 entsprechend.

(4) Soweit die oder der Arbeitslose die Entlassungsentschädigung (Arbeitsentgelt im Sinne des § 115 des Zehnten Buches) tatsächlich nicht erhält, wird das Arbeitslosengeld auch für die Zeit geleistet, in der der Anspruch auf Arbeitslosengeld ruht. Hat der Verpflichtete die Entlassungsentschädigung trotz des Rechtsübergangs mit befreiender Wirkung an die Arbeitslose, den Arbeitslosen oder an eine dritte Person gezahlt, hat die Bezieherin oder der Bezieher des Arbeitslosengeldes dieses insoweit zu erstatten.

I. Allgemeines 1	III. Berechnung des Ruhenszeitraums 20
1. Inhalt und Bedeutung der Vorschrift 1	1. Berechnung des Ruhenszeitraums nach Abs. 1 20
2. Gesetzeshistorischer Hintergrund 8	2. Begrenzungen des Ruhenszeitraums nach Abs. 2 27
3. Verfassungsfragen 11	
II. Ruhen des Arbeitslosengeldes wegen Zahlung einer Entlassungsentschädigung 12	3. Ruhenszeitraum bei Beendigung der Beschäftigung (Abs. 3) 40
1. Struktur 12	IV. Gleichwohlgewährung (Abs. 4) 42
2. Begriff der Entlassungsentschädigung 18	

I. Allgemeines. 1. Inhalt und Bedeutung der Vorschrift. Die Vorschrift ordnet das Ruhen eines im Anschluss an das ArbVerh (Ausnahme Abs. 3, dazu Rz. 40 f.) bestehenden Anspruchs auf Alg wegen Zahlung einer Abfindung an, wenn das ArbVerh unter Nichteinhaltung der Kündigungsfrist beendet wird. Damit knüpft sie gedanklich an die voranstehende Ruhensregelung des § 157 an, der für Zeiten während des ArbVerh bei gleichzeitigem Anspruch auf Alg dessen Ruhen bestimmt, bzw. für Zeiten im Anschluss an den Anspruch auf eine Urlaubsabgeltung. Ebenso wie bei § 157 löst sowohl die Zahlung der ArbGebLeistung als auch das Bestehen eines Anspruchs das Ruhen aus; solange der ArbN die Leistung nicht erhält, besteht die Möglichkeit der Gleichwohlgewährung (Abs. 4). Der Anspruch geht dann in Höhe des gleichwohl gezahlten Alg auf die BA nach § 115 SGB X über.

Das Ruhen gilt auch, wenn erst **während eines Kündigungsschutzprozesses**, in dessen Verlauf die Arbeitsvertragsparteien sich vergleichsweise über die Beendigung des ArbVerh gegen Zahlung einer Abfindung einigen, der ArbN Alg bezogen hat. Die Abfindungssumme verringert sich dann rechnerisch um den zum Ruhen gelangten Teil (Einzelheiten der Berechnung s. Rz. 29 ff.). Es bedarf einer besonderen Regelung im Vergleich, dass die auf die BA übergegangenen Ansprüche zusätzlich vom ArbGeb zu tragen sind[1]. Der ArbN hat dem ArbGeb einen zu viel gezahlten Betrag nach § 812 I BGB zurückzuzahlen, es sei denn, dass der ArbGeb hinsichtlich des Ruhens gutgläubig war (§ 407 BGB) oder die BA gegen den ArbN – ggf. nach Genehmigung der Zahlung durch den ArbGeb (§§ 362 II, 185 II BGB) – nach Abs. 4 vorgeht.

Die Vorschrift beruht auf der unwiderlegbaren **Vermutung, dass eine Abfindung immer dann auch Arbeitsentgelt enthält**, wenn das ArbVerh beendet wird, ohne dass die für den ArbN maßgebende Kündigungsfrist eingehalten wird[2]. Der ArbN erhält statt des Arbeitsentgelts eine Entlassungsentschädigung, deren Höhe sich idR auch an der Dauer der für den ArbN geltenden Kündigungsfrist orientiert. § 158 greift folglich überhaupt nicht ein, wenn die Arbeitsvertragsparteien bei der Wahl des Beendigungszeitpunktes den Termin des Ablaufs der ordentl. Kündigung einhalten. Dazu, wie der Lauf der Kündigungsfrist im jeweiligen Fall berechnet wird, s. Rz. 20 ff. Die Vorschrift greift auch nicht ein für einen Zeitraum des Alg-Bezugs, zu dem der ArbGeb zur Kündigung des ArbVerh aus wichtigem Grund ohne Einhaltung der Kündigungsfrist berechtigt war (Abs. 2 S. 2 Nr. 3), weil dann nicht vermutet werden kann, dass die gezahlte Entschädigung Arbeitsentgelt enthält.

---

1 BAG 25.3.1992 – 5 AZR 254/91, NZA 1992 1081; 9.10.1996 – 5 AZR 246/95, NZA 1997, 376. || 2 *Rockstroh/Polduwe*, DB 1999, 529 (530).

4   Die Vorschrift unterscheidet nicht zwischen ArbN, deren ArbVerh regulär, und solchen, **denen nur gegen Zahlung einer Abfindung überhaupt gekündigt** werden kann (Abs. 1 S. 4). Soll den ArbN aber mit der Zahlung der Entlassungsentschädigung der Bestandsschutz (durch TV, Arbeitsvertrag oder BV) genommen werden, kann nicht vermutet werden, dass die Abfindung in gleicher Weise wie bei ordentlich kündbaren ArbN den Verlust des Arbeitsentgelts ausgleichen soll, sondern dass sie in erster Linie den sozialen Besitzstand ausgleicht. Dem gelten aber die Freibetragsregelungen der Abs. 2 S. 2 Nr. 1 und S. 3 (s. Rz. 42ff.). Damit ist die Vorschrift des Abs. 1 S. 4, die sogar die Berücksichtigung einer fiktiven Kündigungsfrist von einem Jahr (!) vorsieht, von der Gesetzessystematik und ihrem Grundgedanken missglückt. Außerdem kann der Fall, dass dem ArbN nur bei Zahlung einer Abfindung gekündigt werden kann, nicht mit dem Fall, dass die Kündigung erst von der Zustimmung der Tarifpartner abhängig ist oder an die Aufstellung eines Sozialplans geknüpft ist, gleichgestellt werden. Das BSG[1] hat sich entsprechenden Bedenken *Gagels*[2] jedoch nicht angeschlossen, sondern lediglich bei unkündbaren ArbN, denen nach § 626 BGB aus wichtigem Grund unter Wahrung einer Auslauffrist gekündigt werden kann[3], die fiktive Kündigungsfrist des Abs. 1 S. 4 auf die sonst geltende Auslauffrist reduziert[4]. Auch eine Wiedereröffnung der Kündbarkeit, die an das Vorliegen einer Betriebsänderung geknüpft ist, soll die fiktive Kündigungsfrist von einem Jahr auslösen (vgl. Rz. 23).

5   Das Ruhen bewirkt, dass der ArbN keine Leistungen der ArbIV für den Ruhenszeitraum in Anspruch nehmen kann. Damit hat er aber auch **keinen Schutz in den übrigen Zweigen der SozV** (Renten-, Kranken- und Pflegeversicherung). Anders sieht es aus, wenn der Anspruch auf Alg zwar ruht, der ArbN aber gleichwohl Alg nach Abs. 4 bezieht (s. Rz. 42ff.), weil der ArbGeb die Abfindung nicht ausgezahlt hat. In diesem Fall ist der Arbl. infolge des Leistungsbezugs kranken-[5], renten- und pflegeversichert (vgl. auch § 159 Rz. 36). Der Anspruch auf Erstattung im Falle nachträglicher Erfüllung durch den ArbGeb (Abs. 4 S. 2) lässt diesen Versicherungsschutz grds. auch nicht rückwirkend entfallen[6].

6   **Die nachteiligen Folgen für den Schutz in der SozV** lassen sich vermeiden, indem durch Fälligstellung geringerer Ratenzahlungen in dem für das Ruhen in Betracht kommenden Zeitraum, für den dann Alg zunächst im Wege der Gleichwohlgewährung zu einem Teil zu zahlen ist[7], der Versicherungsschutz mit dem Leistungsbezug begründet wird. Infolge der Kapitalisierung (s. Rz. 19) der Ratenzahlungen für die Berechnung des zum Ruhen führenden Anteils wird sich später uU ein höherer Erstattungsanspruch der BA errechnen, der aber nur das gezahlte Alg, nicht die darauf entrichteten Beiträge umfasst (anders bei Geltendmachung des nach § 157 III gezahlten Alg, bei dem den ArbGeb eine Erstattungspflicht für gezahlte Beiträge trifft, vgl. § 335 III). Eine spätere Fälligstellung nach Ablauf des Ruhenszeitraums begründet für den gesamten Zeitraum Ansprüche auf Alg im Wege der Gleichwohlgewährung und damit ebenso den Versicherungsschutz in der SozV. Auch hier müssen spätere Erstattungsansprüche der BA bzw. der Anspruchsübergang nach § 115 SGB X infolge der Gleichwohlgewährung bedacht werden (s. Rz. 43).

7   Anders als beim Ruhen wegen Sperrzeit nach § 159 führt das Ruhen wegen Zahlung einer Entlassungsentschädigung nicht zum „Verbrauch", sprich zur Minderung der Anspruchsdauer für das Alg (vgl. dazu § 148 I Nr. 3 und 4). Vielmehr verlängert sich der Anspruch zeitlich nach hinten. War der Ruhenszeitraum von der AA irrtümlich zu lang berechnet worden, ist das rechtswidrig vorenthaltene Alg auch dann nachzuzahlen, wenn der Anspruch zwischenzeitlich erschöpft ist. Eine Leistungsgewährung für spätere Zeiträume führt nicht zur Erfüllung des für den früheren Zeitraum zu gewährenden Anspruchs[8].

8   **2. Gesetzeshistorischer Hintergrund.** Die Regelung ist 1.4.1999 als § 143a (aF) in Kraft getreten und hat ihre **Vorgängerregelung** zur Anrechnung von Entlassungsentschädigungen auf das Alg **nach § 140 aF** abgelöst[9]. Sie ist exakt der früheren Ruhensregel in § 117 II und III AFG nachgebildet und führte mit einer leichten Anhebung der Freibetragsregelung (vgl. Rz. 29ff.) den früheren Rechtszustand (vor 1.4. 1997) wieder herbei (s.a. § 427 IV). MWz. 1.4.2012 ist § 158 an die Stelle von § 143a aF getreten.

9   Für Abfindungen nach **§ 1a KSchG** gilt die Vorschrift nach übereinstimmender Auffassung nicht[10]. Sie gleicht lediglich den verlorenen Besitzstand aus, da sie an die (Vorstellung der) Einhaltung der Kündigungsfrist durch den ArbGeb anknüpft (vgl. Rz. 3).

10 Die Anrechnungsregelung nach derzeitigem Muster wird vielfach durch **Rückdatierung von Aufhebungsvereinbarungen** zu umgehen versucht, wobei bereits mehrere Gerichtsentscheidungen zur Sittenwidrigkeit der zu Lasten der BA rückdatierten Verträge vorliegen[11]. Richtigerweise wird von einem

---

1 BSG 5.2.1998 – B 11 AL 65/97 R, NZS 1998, 538; 29.1.2001 – B 7 AL 62/99 R, NZA-RR 2002, 441. ||2 Vgl. Gagel/Bender, § 158 Rz. 58ff.; *Gagel*, NZS 2000, 327ff.; im Anschluss auch GK-SGB III/*Masuch*, § 143 Rz. 52ff.; *Köster*, NZS 2000, 536 (537); Hauck/Noftz/*Valgolio*, § 158 Rz. 80ff. ||3 Dazu BAG 11.3.1999 – 2 AZR 427/98, AP Nr. 150 zu § 626 BGB. ||4 BSG 29.1.2001 – B 7 AL 62/99 R, BSGE 87, 250 (259). ||5 Nach § 5 I Nr. 2 SGB V. ||6 Vgl. zu Einzelheiten *Hanau/Peters-Lange*, NZA 1989, 785 (788f.). ||7 Vgl. Gagel/Bender, § 158 Rz. 44. ||8 LSG Hess. 21.5.2012 – L 7 AL 188/11. ||9 Gesetz zur Änderung der Berücksichtigung von Entlassungsentschädigungen im Arbeitsförderungsrecht v. 24.3.1999, BGBl. I S. 396. ||10 *Gagel/Peters-Lange*, NZA 2005, 740 (742); *Voelzke*, SGb 2007, 713 (716). ||11 ArbG Wetzlar 24.8.1993 – 1 Ca 209/93, EzA § 611 BGB Aufhebungsvertrag Nr. 14; LAG Hamm 27.11.1997 – 8 Sa 1263/97, BB 1998, 541; aA LAG BW 22.5.1991 – 12 Sa 160/90, BB 1991, 2225; *Weber/Ehrich/Burmester/Fröhlich*, Teil 3 Rz. 7; nach *Gagel*, § 143a Rz. 27 ist lediglich die Rückdatierung sittenwidrig, der Vertrag aber iÜ wirksam.

Scheingeschäft nach § 117 BGB auszugehen sein, das verdeckte Geschäft (§ 117 II BGB) ist demggü. nach der Regelung des § 158 zu beurteilen. Soweit § 623 BGB für Aufhebungsverträge die Schriftform vorsieht, ist die fehlende schriftl. Datumsangabe des verdeckten Aufhebungsvertrages ohne Auswirkungen auf die Einhaltung der Form.

3. Verfassungsfragen. Das BVerfG hat zu einer Vorläuferregelung der mit § 143a aF übernommenen Anrechnungsregelung in § 117 II und III AFG Stellung genommen und hier insb. die Bedeutung des gestaffelten Freibetrages als Entschädigung für den sozialen Besitzstand hervorgehoben[1]. Die Ausgangsregelung in § 117 II AFG[2] war vom BVerfG[3] wegen der fehlenden Freibetragsregelung und fehlender Differenzierung zwischen ArbN, denen ordentlich und denen außerordentl. gekündigt worden war, für verfassungswidrig erklärt worden. Spätere Änderungen des Gesetzes haben nur die Berechnungsvorschriften bei der Umrechnung der Abfindung in Arbeitsentgelt (s. Rz. 29 ff.) und die Frage des Ruhens bei Ausspruch einer außerordentl. Kündigung unter Einhaltung der sonst geltenden ordentl. Kündigung (Abs. 1 S. 3 Nr. 2) betroffen, so dass für die Frage der Verfassungsmäßigkeit auf die früheren Gerichtsentscheidungen zurückgegriffen werden kann. Dies gilt umso mehr, als die Freibetragsregelung durch die Neufassung in § 143a aF zu Gunsten der ArbN verbessert wurde (s. bereits Rz. 8). Zur Frage der Verfassungsmäßigkeit der Ruhensregelung für ordentl. unkündbare ArbN, denen nur bei Zahlung einer Abfindung gekündigt werden kann, s. Rz. 4. Auch das BSG geht von der Verfassungs- und Europarechtskonformität der Ruhensregelung aus[4].

II. Ruhen des Arbeitslosengeldes wegen Zahlung einer Entlassungsentschädigung. 1. Struktur. a) Zeitliche Begrenzungen des Ruhenszeitraums. Die Anrechnungsregelungen sanktionieren gewissermaßen die **Abkürzung von Kündigungsfristen** durch Disposition der Arbeitsvertragsparteien. Dies bedeutet, dass, wenn das Ende des ArbVerh vor einen durch die ordentl. Kündigungsfrist festgelegten Termin gelegt wird, der ArbN dies im Falle anschließender Arbeitslosigkeit mit der teilweisen Behandlung der Abfindung als eigentlichem Arbeitsentgelt „bezahlt". Eine im Hinblick auf die Abkürzung der Kündigungsfrist erhöhte Abfindung nutzt ihm also, soweit er ohnehin eine Abfindung erhalten hätte, nichts, wenn er im Anschluss arbeitslos ist, weil er dann bis zum Ablauf der Kündigungsfrist so behandelt wird, als würde ihm Arbeitsentgelt gezahlt. Nach dem Ablauf der Kündigungsfrist liegt dagegen, sofern nicht auch noch eine Sperrzeit wegen Lösung des ArbVerh zum Ruhen des Anspruchs geführt hat[5], deren kalendermäßiger Ablauf noch nicht beendet ist (s. dazu Erl. zu § 159), bei Erfüllung der sonstigen Voraussetzungen für den Anspruch auf Alg nach § 136 der Leistungsfall wieder vor. Die Anspruchsdauer wird durch den Ruhenstatbestand – anders als beim Lauf einer Sperrzeit (§ 148 I Nr. 4) auch nicht vermindert. Er wird also nur um die Zeit des Ruhens hinausgeschoben; im Anschluss aber in vollem Umfang wirksam. Damit treffen den Arbl. bei anschließender Langzeitarbeitslosigkeit keine gravierenden Nachteile.

Der Anspruch auf Alg ruht für die **Zeit zwischen der Beendigung** des ArbVerh auf Grund nicht fristgerechter Kündigung oder Abschluss eines Aufhebungsvertrages **und dem Zeitpunkt, zu dem das Arbeitsverhältnis geendet hätte**, wenn eine ordentl. Kündigung ausgesprochen worden wäre. Längstens darf dieser Zeitraum ein Jahr betragen (Abs. 2 S. 1). Der Ruhenszeitraum stimmt damit aber nicht notwendig mit der Kündigungsfrist für den ArbN überein: Diese beginnt nämlich grds. mit dem Ausspruch der Kündigung, die der Beendigung vorausgegangen ist; wenn eine Kündigung nicht vorausging, mit dem Datum des Abschlusses des Aufhebungsvertrages (Abs. 2 S. 2). Dieser Zeitpunkt wird idR vor dem Ende des ArbVerh liegen, es sei denn, es liegt eine außerordentl. Kündigung seitens des ArbN[6] vor. Wenn der ArbGeb außerordentlich kündigt oder ein solches Kündigungsrecht hat, unterstellt das Gesetz der gleichwohl gezahlten Abfindung keine Ausgleichsfunktion für entgangenes Arbeitsentgelt, vgl. Abs. 2 S. 2 Nr. 3.

Der Ruhenszeitraum endet also grds. mit dem **Ablauf der ordentl. Kündigungsfrist**. Dies bedeutet für sog. **unkündbare ArbN** aber nicht, dass hier kein Ruhen eintritt, denn das Gesetz unterstellt für eine gleichwohl vereinbarte Beendigung, dass auch hier die gezahlte Abfindung Arbeitsentgeltanteile enthält. Deshalb fingiert das Gesetz für solche ArbN Kündigungsfristen (Abs. 1 S. 3 u. 4). Für **befristete ArbVerh**, gleichgültig ob kündbar oder nicht, begrenzt der Ablauf der zeitlichen Befristung den Ruhenszeitraum nach hinten.

b) Quantitative Begrenzungen des Ruhenszeitraums. Die quantitativen Grenzen des Ruhenszeitraums ergeben sich aus dem **anrechenbaren Teil der Abfindung**, der auf die Zahl der Arbeitstage umgelegt wird, an denen der ArbN einen entsprechenden Teil der Abfindung verdient hätte. Als Vergleichsmaßstab gilt das Arbeitsentgelt, das der ArbN in der letzten Beschäftigungszeit erzielt hat. Maßgeblich sind als letzte Beschäftigungszeit die abgerechneten Entgeltabrechnungszeiträume der letzten 52 Wochen (bzw. zwölf Monate) des ArbVerh; so dass bei Entgelterhöhungen in der letzten Zeit oder schwan-

---

1 BVerfG 14.12.1981 – 1 BvR 1011/81, SozR 4100 § 117 Nr. 8. ‖ 2 IdF vor dem 4. AFG-ÄndG v. 12.12.1977, BGBl. I S. 2557. ‖ 3 BVerfG 12.5.1976 – 1 BvL 31/73, BVerfGE 42, 176. ‖ 4 BSG 17.10.2007 – B 11a AL 51/06 R, DB 2008, 1048. ‖ 5 Zum Verhältnis der beiden Ruhenstatbestände der §§ 158 und 159 s. Rz. 24 und § 159 Rz. 2; vgl. dazu auch BSG 7.8.1999 – B 7 AL 14/99, SozR 3-4100 § 119 Nr. 17. ‖ 6 BSG 29.8.1991 – 7 RAr 130/90, NZA 1992, 387.

kenden Arbeitsentgelten ein Durchschnittswert zugrunde gelegt wird. Abs. 2 S. 4 Hs. 2 nimmt insoweit Bezug auf für die Berechnung des Alg geltende Vorschriften für eine Verlängerung des Bemessungszeitraums. Auch Arbeitsentgelt, auf das keine Steuern oder Beiträge zu entrichten waren, wie Aufstockungsleistungen auf Arbeitsentgelt während ATZ nach § 3 I Nr. 1a ATZG, werden dem für den Ruhenszeitraum maßgeblichen Arbeitsentgelt eingerechnet[1].

16 Der anrechenbare Teil, der für die Berechnung des Ruhens zugrunde gelegt wird, ergibt sich aus einem Grundbetrag von 60 % der Abfindung, vermindert um 5 % je fünf Jahre Betriebszugehörigkeit und 5 % je fünf Lebensjahre nach Vollendung des 35. LJ. Der Gesetzgeber unterstellt damit richtig, dass ein höherer Anteil auf den Entschädigungsanteil der Abfindung für den Verlust des sozialen Besitzstandes entfällt, wenn das ArbVerh im selben Unternehmen längere Zeit bestanden hat und/oder der ArbN ein höheres Lebensalter erreicht hat. Der Entschädigungsanteil für den Verlust des sozialen Besitzstandes kann sich maximal von 40 auf 75 % erhöhen, denn für den anrechenbaren Teil legt das Gesetz gleichzeitig eine Mindesthöhe fest (Abs. 2 S. 3 letzter Hs.).

17 **Herauszurechnen** aus der Abfindung sind eine Urlaubsabgeltung, für die bereits nach § 157 II das Gesetz eine Ruhensbestimmung trifft – sie wird bei Ruhen des Alg wegen einer Abfindung zum Ruhenszeitraum hinzuaddiert (Abs. 1 S. 5). Ferner sind aus dem Abfindungsbetrag bestimmte Vorsorgeaufwendungen, die der ArbGeb für die Aufstockung der RV-Beiträge oder Beiträge zu einer berufsständischen Versorgungseinrichtung bei ausscheidenden ArbN ab vollendeten 55. LJ trägt, herauszurechnen. Abzuziehen ist ferner der Teil der Abfindung, der noch Arbeitsentgelt für die Zeit bis zum Ende des ArbVerh enthält, wenn der ArbN nicht bis zum Ende des ArbVerh laufendes Arbeitsentgelt erhalten hat oder dessen Höhe umstr. war und deshalb Teile des Arbeitsentgelts in die Abfindung versteckt worden sind (dieses Arbeitsentgelt ist noch der Zeit vor Beendigung des ArbVerh zuzuordnen)[2].

18 **2. Begriff der Entlassungsentschädigung.** Das Gesetz umschreibt den Begriff der zum Ruhen führenden Leistung als „wegen der Beendigung des ArbVerh eine Abfindung, Entschädigung oder ähnliche Leistung (Entlassungsentschädigung)". Mit der Aufzählung soll ersichtlich nur unterschiedlichen Bezeichnungen Rechnung getragen werden. Näheren Aufschluss über den Begriff gibt der beschriebene **Kausalzusammenhang** zwischen der Leistung und Beendigung des ArbVerh. Damit ist entscheidend, ob der ArbN die Zahlung auch ohne Beendigung des ArbVerh beanspruchen kann oder nicht[3]. Zahlungen, die nur anlässlich des Ausscheidens ausgezahlt werden, aber bereits während des ArbVerh erdient wurden, gehören deshalb nicht dazu, wie Jahressonderzahlungen, Urlaubsabgeltungen[4], Abfindungen von Betriebsrenten[5], Auszahlungen aus Anlagen im Rahmen der Vermögensbildung oder von Gewinnanteilen, Treueprämien für das Erreichen eines bestimmten Lebensalters oder Betriebszugehörigkeit[6].

19 Unter den Begriff der Entlassungsentschädigung als **Synonym** für Abfindung, Entschädigung oder ähnliche Leistung wegen Beendigung des ArbVerh fallen demzufolge solche Leistungen, die den Verlust des Arbeitsplatzes ausgleichen und das wegfallende Arbeitsentgelt vorübergehend ersetzen sollen. Dazu gehören Überbrückungsgelder, Sozialplanleistungen[7], Schadensersatzansprüche nach § 628 II BGB[8], Raten- und Rentenzahlungen[9] und Darlehen, die ein Dritter gewährt und deren Rückführung durch den ArbGeb in Aussicht gestellt worden ist[10]. Nicht hierzu zählen Aufstockungsleistungen auf das Alg[11] (s.a. Rz. 44) und Abfindungen gem. § 1a KSchG (s. Rz. 8). Ratenzahlungen und Rentenzahlung sind für die Berechnung zu kapitalisieren, was sich uU günstig auf den Versicherungsschutz während des Ruhenszeitraums auswirken kann (s. Rz. 5 f.).

20 **III. Berechnung des Ruhenszeitraums. 1. Berechnung des Ruhenszeitraums nach Abs. 1. a) Ablauf der ordentlichen Kündigungsfrist.** Der Anspruch ruht längstens bis zum Ablauf der Frist, die im Falle einer ordentl. Kündigung für die Beendigung des ArbVerh gegolten hätte. Kündigungsfrist ist die im Einzelfall geltende gesetzl., tarifl. oder einzelvertragl. Frist für die Beendigung durch einseitige Gestaltungserklärung. Gesetzl. Kündigungsfristen ergeben sich aus § 622 BGB, § 113 InsO, § 86 SGB IX, § 29 HAG; im öffentl. Dienst regelt § 34 TVöD besondere Kündigungsfristen. Maßgeblich sind nur Kündigungsfristen für eine Kündigung seitens des ArbGeb.

21 **Die Frist rechnet** grds. von dem Ausspruch der Kündigung an oder, wenn eine Kündigung nicht vorausgegangen ist, vom Zeitpunkt einer einverständlichen Beendigung durch Abschluss des Aufhebungsvertrages (Abs. 1 S. 2). Die Frist für das Ruhen des Anspruchs beginnt aber erst mit der Beendigung des ArbVerh (Abs. 1 S. 1) – das ist der Tag nach Beendigung des ArbVerh (§ 187 I BGB) – ungeachtet dessen, ob die Anspruchsvoraussetzungen für den Anspruch auf Alg vorliegen. Besonderheiten gelten für das Ruhen nach Abs. 3 (s. Rz. 40 f.). Der Ruhensbeginn verschiebt sich auch nicht da-

---

[1] SG Frankfurt 21.6.2012 – S 15 AL 238/11. || [2] Ausf. dazu HzA/*Gagel*, Teil 1, Teilbereich 8, Rz. 2864 ff. || [3] *Schaub*, BB 1999, 1059 (1061). || [4] Für sie begründet § 157 II eine eigenständige Ruhensanordnung. || [5] *Gagel/Bender*, § 58 Rz. 32; *Gitter*, NJW 1985, 1125 (1127). || [6] *Schaub*, BB 1999, 1059 (1061). || [7] BSG 29.8.1991 – 7 RAr 130/90, NZA 1992, 387; 29.1.2001 – B 7 AL 62/99 R, NZS 2001, 552. || [8] BSG 13.3.1990 – 11 RAr 69/89, NZA 1990, 829; 29.8.1991 – 7 RAr 130/90, NZA 1992, 387. || [9] *Gagel/Bender*, § 158 Rz. 43. || [10] BSG 3.3.1993 – 11 RAr 57/92, NZS 1993, 462. || [11] BSG 4.11.1999 – B 7 AL 72/98 R, BSGE 85, 116.

durch, dass der ArbN im Anschluss an das ArbVerh, das er gegen Zahlung einer Abfindung vorzeitig beendet hat, mit dem selben ArbGeb ein befristetes ArbVerh abschließt, es sei denn, es tritt eine klare Absicht zur Umgehung der Ruhensfolge des § 158 zutage[1].

b) Fiktive Kündigungsfristen. Für **ordentlich nicht kündbare ArbN** regelt das Gesetz den Fristablauf mittels fingierter Kündigungsfristen. Ist die ordentl. Kündigung auf Dauer ausgeschlossen, gilt eine Frist von 18 Monaten (Abs. 1 S. 3 Nr. 1). Diese Frist betrifft insb. die auf Grund langer Betriebszugehörigkeit und idR auch höheren Lebensalters unkündbaren ArbN. Besteht der Kündigungsausschluss nur für begrenzte Zeit, so gilt die ordentl. Kündigungsfrist, die ohne den Ausschluss der ordentl. Kündigung maßgeblich gewesen wäre; betroffen sind ua. BR-Mitglieder oder Mitglieder anderer Vertretungsorgane (§ 15 KSchG), ArbN in Mutterschutz oder Elternzeit (§§ 9 I MuSchG; 18 I BEEG), ArbN in Pflegezeit (§ 5 I PflegeZG), Wehrdienst- und Zivildienstleistende (§ 2 I, II ArbPlSchG iVm. § 78 I Nr. 1 ZDG) oder Abgeordnete (§ 2 III AbgeordnetenG). Die „an sich" geltende ordentl. Kündigungsfrist ist auch anzuwenden, wenn den ArbN, deren Kündigung auf Dauer ausgeschlossen ist, wegen fehlender Weiterbeschäftigungsmöglichkeit im Betrieb oder Unternehmen aus wichtigem Grund unter Wahrung einer sozialen Auslauffrist[2] gekündigt werden konnte (Abs. 1 S. 3 Nr. 2). 22

Die problematische Gruppe innerhalb der ordentlich nicht kündbaren ArbN bildet die Gruppe des Abs. 1 S. 4, also ArbN, deren (ordentl.) **Kündigung von der Zahlung einer Entlassungsentschädigung abhängt**. Das Gesetz fingiert hier eine Kündigungsfrist von einem Jahr. Diese überzogene Rechtsfolge an die Kündigungsmöglichkeit bei Zahlung einer Entlassungsentschädigung, die im Grunde nur einem vom Gesetzgeber unterstellten erhöhten Bestandsschutz Rechnung tragen soll, aber nicht die Voraussetzungen der Kündbarkeit iÜ[3] im Auge hat, ist vom BSG[4] insoweit korrigiert worden, dass bei ArbN, denen gleichzeitig nur aus wichtigem Grund bei fehlender Weiterbeschäftigungsmöglichkeit gekündigt werden darf, die fiktive Kündigungsfrist des Abs. 1 S. 3 Nr. 2, also eine der sozialen Auslauffrist entsprechende Frist gilt. Die teleologische Reduktion des Abs. 1 S. 4 ist insoweit aus der Überlegung geboten, dass die Kündigungsmöglichkeit bei Zahlung einer Abfindung hier keine Kündigungserleichterung schafft. Gleiches gilt, wenn für den Fall einer Betriebsänderung iSv. § 111 BetrVG die Unkündbarkeitsbestimmung tariflich außer Kraft gesetzt ist[5]: Aber auch hier gilt, dass trotz grundsätzlicher Anwendung der Jahresfrist zu prüfen ist, ob die Kündigung nur aus wichtigem Grund mit sozialer Auslauffrist erklärt werden kann. Dann gilt wiederum Abs. 1 S. 3 und die dann geltende (ordentliche) Kündigungsfrist. Die fiktive Kündigungsfrist nach Abs. 1 S. 4 von einem Jahr findet ferner keine Anwendung, wenn die Möglichkeit, das ArbVerh gegen Zahlung einer Entlassungsentschädigung ordentlich zu kündigen, auf die betriebsbedingte Kündigung beschränkt ist[6]. 23

c) Verlängerung um Zeit des Ruhens wegen Urlaubsabgeltung. Abs. 1 S. 5 sieht trotz seines irreführenden Wortlauts **keine Verlängerung des Ruhenszeitraums** wegen Zahlung einer Entlassungsentschädigung, sondern nur eine Hintereinanderschaltung zweier Ruhenstatbestände (§ 157 II und § 158) vor. Dadurch wird klargestellt, dass sich die Ruhenszeiträume, die beide an das Ende des ArbVerh anschließen, nicht zeitlich überschneiden, denn in beiden Fällen soll das Ruhen Doppelleistungen, die für den Lebensunterhalt bestimmt sind, vermeiden[7]. Daraus ergibt sich zugleich der wichtige gesetzl. Hinweis, dass bei anderen Ruhenstatbeständen von einem kalendermäßigen Ablauf und damit der Möglichkeit der zeitlichen Überschneidung auszugehen ist (s. § 159 Rz. 2). 24

Die Urlaubsabgeltung ist aus der Entlassungsentschädigung grds. herauszurechnen (s. Rz. 17); sie ist keine Abfindung oder ähnliche Leistung[8]. 25

d) Herausrechnen von anrechnungsfreien Vorsorgeaufwendungen (Abs. 1 S. 6 u. 7). Nach Abs. 1 S. 6 u. 7 sind aus dem Abfindungsbetrag, bevor der zum Ruhen führende anrechnungsfähige Teil nach Abs. 2 berechnet wird, noch bestimmte Vorsorgeaufwendungen des ArbGeb für die Alterssicherung des ArbN herauszurechnen. Es handelt sich hierbei um freiwillige Beiträge zur Aufstockung der Rente nach § 187a SGB VI, wenn diese durch eine vorzeitige Inanspruchnahme[9] gemindert ist. Da der durch diese Vorschrift begünstigte Personenkreis infolge des ATZG privilegiert worden ist, indem entsprechende Beitragszahlungen des ArbGeb als förderungsfähig ausgestaltet worden sind (§ 3 I Nr. 1b 26

---

1 BSG 15.2.2000 – B 11 AL 45/99 R, SozR 3-4100 § 117 Nr. 21 betr. ein im Anschluss zwecks Aufräumarbeiten abgeschlossenes ArbVerh mit einem Konkursverwalter, der zuvor auch die Beendigung mit dem ArbN vereinbart hatte; vgl. insoweit auch § 140 III 2 aF, wonach ein AnschlussArbVerh das Ruhen ausschloss, es sei denn es war beim selben ArbGeb geschlossen worden.   ‖2 BAG 28.3.1985 – 2 AZR 113/84, BAGE 48, 220; 17.9.1998 – 2 AZR 419/97, NZA 1999, 258.   ‖3 Vgl. die Kritik *Benders* in Gagel, § 158 Rz. 58 ff., insb. auch zur Gruppe der nur mit Zustimmung der TV-Parteien kündbaren ArbN (s.a. Rz. 4).   ‖4 BSG 29.1.2001 – B 7 AL 62/99 R, SozR 3-4100 § 117 Nr. 22; vgl. auch BSG 5.2.1998 – B 11 AL 65/97, SozR 3-4100 § 117 Nr. 15 zu der durch Tarifparteien zustimmungspflichtigen Kündigung, wenn gleichzeitig eine Entlassungsentschädigung Bedingung für die Zustimmung ist.   ‖5 BSG 9.2.2006 – B 7a AL 44/05, NZS 2006, 662.   ‖6 LSG Nds. 26.6.2012 – L 11 AL 20/10; Nichtzulassungsbeschwerde vom BSG zurückgewiesen: Beschl. v. 17.12.2012 – B 11 AL 107/12 B, NZS 2013, 313.   ‖7 Vgl. auch BSG 14.7.1994 – 7 RAr 104/93, MDR 1994, 389.   ‖8 *Gagel*, ZIP 2000, 257 (258).   ‖9 Vgl. dazu § 41 SGB VI iVm. Anlagen 19–22 zum SGB VI.

ATZG)[1], wenn das ArbVerh frühestens mit Vollendung des 55. LJ aufgelöst worden ist, knüpft die Privilegierung entsprechender Aufwendungen sachlich an die Altersgrenze des § 2 ATZG an.

27 2. **Begrenzungen des Ruhenszeitraums nach Abs. 2. a) Jahreszeitraum.** Die äußerste Grenze für den Ruhenszeitraum des Abs. 1 bildet nach Abs. 2 S. 1 der Ablauf eines Jahres, gerechnet vom Ruhensbeginn an (Rz. 19). Damit ist der äußerste Punkt des Ruhensablaufs markiert:

Kündigung oder   Beendigung des   1 Jahr
Aufhebungsvertrag   Arbeitsverhältnisses
×   ×   ×
Lauf der ordentlichen oder fingierten Kündigungsfrist →   Längster Ruhenszeitraum

28 Nach Abs. 1 S. 1 beginnt der Ruhenszeitraum mit dem Ende des ArbVerh. Das Fristende errechnet sich folglich aus dem Endzeitpunkt des ArbVerh und liegt ein Jahr nach diesem Tag (§§ 187 I, 188 I BGB).

29 b) **Begrenzung durch anrechnungsfähigen Anteil. aa) Freibetragsregelung.** Der **Freibetrag von 40 %** für das Ruhen des Alg ergibt sich aus dem Umkehrschluss des anrechnungsfähigen Betrages von 60 % (Abs. 2 S. 1 Nr. 1). Der Freibetrag **erhöht sich um je 5 %** für fünf Jahre der Betriebszugehörigkeit und je weitere 5 % für fünf Lebensjahre nach vollendetem 35. LJ, aber nicht auf mehr als 75 % der Abfindungssumme (Abs. 2 S. 3e contrario). Der schnellen Orientierung, welcher individuelle Abfindungsanteil zum Ruhen führt, dient folgende Tabelle:

30 Für das Ruhen **berücksichtigungsfähiger Teil der Abfindung** (in %):

Betriebs- oder Unternehmenszugehörigkeit	Alter unter 40	ab 40	ab 45	ab 50	ab 55	ab 60
Weniger als 5 Jahre	60	55	50	45	40	35
5 und mehr Jahre	55	50	45	40	35	30
10 und mehr Jahre	50	45	40	35	30	25
15 und mehr Jahre	45	40	35	30	25	25
20 und mehr Jahre	40	35	30	25	25	25
25 und mehr Jahre	35	30	25	25	25	25
30 und mehr Jahre		25	25	25	25	25
35 und mehr Jahre			25	25	25	25

31 Die **Dauer der Betriebszugehörigkeit** ist wie bei der Ermittlung der Kündigungsfrist zu ermitteln; Beschäftigungszeiten bei einem früheren Betriebsinhaber (§ 613a BGB) sind zusammenzurechnen, ebenso die Arbeitszeit bei einem anderen Konzernunternehmen[2]. Beim **Lebensalter** zählt der Zeitpunkt der Vollendung; dies ist der Tag vor dem Geburtstag. Hat der ArbN also am Tag nach dem Ende des ArbVerh Geburtstag, rechnet das höhere Lebensalter.

32 bb) **Umrechnung des berücksichtigungsfähigen Betrages in Tage mit entsprechendem Arbeitsentgelt.** Aber nicht stets führt der gesamte auf das Ruhen anrechnungsfähige Anteil zum Ruhen des Alg. Zur **individuellen Ermittlung des für das Ruhen zu berücksichtigenden Abfindungsanteils** müssen die Tage bis zum Ende der Ruhensfrist, die für das Ruhen nach Abs. 1 und Abs. 2 S. 1 in Betracht kommen, in Tage mit Arbeitsentgelt umgerechnet werden. Hierfür ist das kalendertägliche Arbeitsentgelt der letzten Beschäftigungszeit zugrunde zu legen: Reicht der zu berücksichtigende Anteil der Abfindung nicht zur Abdeckung der Tage bis zum zeitlichen Ende der Ruhensfrist aus, so endet er nach Abs. 2 S. 2 Nr. 1 früher, dh. an dem Tag, bis zu dem er den berücksichtigungsfähigen Anteil der Abfindung verdient hätte. Es gelten stets die Bruttobeträge, sowohl beim Arbeitsentgelt als auch bei der das Ruhen begründenden Abfindung[3].

33 Das **kalendertägliche Arbeitsentgelt** berechnet sich im Grunde wie das der Bemessung des Alg zugrunde zu legende Arbeitsentgelt (Bemessungsentgelt). Maßgeblich ist das abgerechnete Arbeitsentgelt aus den letzten 52 Wochen (bzw. zwölf Monaten) des Beschäftigungsverhältnisses. Anders als beim Alg zählen nur Entgeltabrechnungszeiträume des letzten ArbVerh, da es um die Abfindung aus diesem konkreten ArbVerh geht[4]. Der Verweis auf § 150 III bedeutet, dass selbst wenn die letzten 52 Wochen (dieses ArbVerh) keine 150 Tage mit Anspruch auf Arbeitsentgelt enthalten, weiter davor liegende Zeiten einzubeziehen sind, bis 150 Tage mit Anspruch auf Arbeitsentgelt erreicht sind (dafür wird der Bemessungszeitraum auf Antrag auf zwei Jahre erweitert, § 150 III).

---

1 S. Erl. zu § 3 ATZG. ||2 Brand/*Düe*, § 158 Rz. 34. ||3 LSG Hamburg 27.5.2010 – L 5 AL 28/08. ||4 Gagel/*Bender*, § 158 Rz. 96.

Arbeitsentgeltkürzungen wegen Krankheit, Kurzarbeit, Arbeitsausfall und Arbeitsversäumnis **bleiben außer Betracht** (Abs. 2 S. 5); hier wird vom regulären Arbeitsentgelt ausgegangen. Ebenso werden Zeiten, in denen das Arbeitsentgelt wegen Betreuung oder Erziehung eines Kindes das Arbeitsentgelt oder die durchschnittliche Arbeitszeit gemindert war, nicht berücksichtigt (Verweis auf § 150 II 1 Nr. 3). Dies hat zur Folge, dass sich der Bemessungszeitraum für die Ermittlung des kalendertäglichen Arbeitsentgelts weiter zurückverlagert[1]. 34

Bei der Zahlung von **Monatsgehältern** berechnet die BA das kalendertäglich erzielte Arbeitsentgelt durch Division des auf den Bemessungszeitraum entfallenden Entgelts durch die Zahl der Kalendertage dieses Zeitraums[2]. Aus Verwaltungsvereinfachungsgründen kann dem zugestimmt werden, da bei einem Zeitraum von nunmehr zwölf Monaten als Bemessungszeitraum die Abweichungen geringfügig sind. Bei wöchentlichem Arbeitsentgelt ist wegen der Gleichbehandlung mit Beziehern von Monatsentgelt auf sieben Kalendertage umzurechnen[3]. 35

c) **Begrenzung durch Ablauf einer Befristung (Abs. 3 S. 2 Nr. 2).** Der Ruhenszeitraum endet unabhängig von dem nach Abs. 2 Nr. 1 zu berücksichtigenden Kalendertagen spätestens zu dem Zeitpunkt, zu dem das ArbVerh **auch ohne die Vereinbarung über die vorzeitige Beendigung** gegen Zahlung einer Abfindung geendet hätte. Darauf, ob die Befristung zulässig vereinbart war (vgl. die Erl. zu §§ 14ff. TzBfG), kommt es infolge der Fiktion des § 17 TzBfG nicht an[4]. Etwas anderes gilt nur, wenn die Arbeitsvertragsparteien im Streit um die Befristung einen Zeitpunkt vor oder mit Fristablauf für die Beendigung vereinbaren und der ArbN eine Abfindung erhält (vgl. auch den Wortlaut: „... die unabhängig von der Vereinbarung über die Beendigung des Arbeitsverhältnisses bestanden hat"). Dann ist der Berechtigung der Befristung im Rahmen der Frage, ob infolge der Aufhebung von Kündigung gegen Abfindungszahlung eine „vorzeitige" Beendigung erfolgt ist oder das ArbVerh ohnehin mit der vereinbarten Befristung geendet hätte (Abs. 2 S. 2 Nr. 2), nachzugehen. IÜ wird ja auch für die Anwendung des § 158 die Kündigung unter Einhaltung der ordentl. Kündigungsfrist nicht auf ihre Berechtigung hin überprüft. Dass grds. die Rechtmäßigkeit der Befristung zu unterstellen ist, zeigt auch der im Vergleich zu Abs. 2 S. 2 Nr. 3 anders formulierte Wortlaut des Beendigungstatbestandes. 36

d) **Begrenzung durch außerordentliches Kündigungsrecht des Arbeitgebers (Abs. 2 S. 2 Nr. 3).** Während in Abs. 2 S. 2 Nr. 2 nur auf das Bestehen der Befristungsabrede abgestellt ist, wird in Nr. 3 auf das Recht zur Kündigung des ArbGeb aus wichtigem Grund abgestellt, **ohne dass eine solche Kündigung ausgesprochen worden sein muss**. Das Gesetz unterstellt, dass niemand eine Abfindung von Arbeitsentgeltansprüchen für Zeiten zahlt, nach denen er ohnehin zur Lösung des ArbVerh berechtigt war. Grundgedanke der Regelung ist mithin, dass eine Abfindung, die bei Vorliegen eines wichtigen Grundes zur sofortigen Kündigung gewährt wird, allein der Entschädigung für den sozialen Besitzstand dient[5]. Aus diesem Grund ist die Regelung nicht analog auf den Fall anwendbar, dass der ArbN zur Kündigung aus wichtigem Grund berechtigt war[6]. 37

Dies aber bedingt, dass der **wichtige Grund** zur Kündigung **vor der Kündigung oder Vertragsaufhebung dem ArbGeb** bekannt gewesen sein muss. Erfährt er erst nach der Verpflichtung zur Abfindungszahlung, dass er dem ArbN fristlos zu kündigen berechtigt war oder tritt der Kündigungsgrund erst später auf, liegt Abs. 2 S. 2 Nr. 3 nach seinem Sinn und Zweck, der Abfindungszahlung von diesem Zeitpunkt an keine Entgeltfunktion mehr beizumessen, nicht vor (teleologische Restriktion)[7]. Ob der ArbN zur Rückforderung der Abfindung wegen Wegfalls der Geschäftsgrundlage berechtigt ist[8], ist eine in diesem Zusammenhang zunächst nicht interessierende Frage, sondern erst nach erfolgter Rückzahlung durch den ArbN zu prüfen. Dann ist der Ruhensbescheid uU iSv. § 44 SGB X rechtswidrig und nach dessen Abs. 1 aufzuheben. Eine rückwirkende Bewilligung von Alg erfolgt aber nur in den zeitlichen Grenzen des § 44 IV SGB X (vier Jahre vor dem Rücknahmeantrag). 38

Das Vorliegen eines wichtigen Grundes zur außerordentl. Kündigung ist **von Amts wegen** zu prüfen[9]. Hat der ArbN gegen den Ausspruch einer außerordentl. Kündigung Kündigungsschutzklage erhoben und einigen sich die Parteien im Wege des Vergleichs über einen Beendigungstermin, so müssen die AA oder das SG gewissermaßen in Fortsetzung der arbeitsgerichtl. Zuständigkeit die Berechtigung der Kündigung im Hinblick auf das Vorliegen eines wichtigen Grundes prüfen. Der ArbN erfährt hier einen ungewollten Rollentausch, da das Vorliegen eines wichtigen Grundes ihm eine günstige Rechtsfolge (das Ende des Ruhenszeitraums) beschert. Allerdings droht dann, auch wenn keine Mitwirkung des ArbN an der Beendigung vorliegt, nach § 159 I S. 2 Nr. 1 Alt. 2 eine Sperrzeit von zwölf Wochen (s. § 159 Rz. 15ff.). 39

3. **Ruhenszeitraum bei Beendigung der Beschäftigung (Abs. 3).** Abs. 3 sieht eine **entsprechende Anwendung der Abs. 1 und 2** für den Fall vor, dass die Arbeitsvertragsparteien ohne Beachtung der für 40

---

1 Gagel/*Bender*, § 158 Rz. 98. ‖ 2 Brand/*Düe*, § 158 Rz. 37 mwN. ‖ 3 Brand/*Düe*, § 158 Rz. 37. ‖ 4 AA Gagel/*Bender*, § 158 Rz. 83f.; BSG 12.12.1984 – 7 RAr 87/83, NZA 1985, 302, noch zur alten Rechtslage. ‖ 5 BSG 17.2.1981 – 7 RAr 94/79, DB 1981, 1983. ‖ 6 LSG Hess. 22.5.2013 – L 6 AL 5/10. ‖ 7 Ebenso Gagel/*Bender*, § 158 Rz. 86f. ‖ 8 BAG 29.1.1997 – 2 AZR 292/96, NZA 1997, 813. ‖ 9 BSG 17.3.1981 – 7 RAr 16/80, SozR 1700 § 31 Nr. 1.

den ArbN geltenden Kündigungsfrist das Beschäftigungsverhältnis bei formaler Aufrechterhaltung des ArbVerh gegen Zahlung einer Abfindung vorzeitig beenden. Der Anspruch auf Alg ruht dann von der Beendigung des Beschäftigungsverhältnisses an – ab dem Zeitpunkt ist dann auch der ArbN idR arbeitslos (vgl. auch § 157 Rz. 5). Wird das Beschäftigungsverhältnis vorzeitig aufgehoben, soll nach der Rspr. des BSG[1] in analoger Anwendung auch der Anspruch auf eine Urlaubsabgeltung zum Ruhen des Alg nach dem Ende des Beschäftigungsverhältnisses und nicht nach dem Ende des ArbVerh führen (zweifelhaft, vgl. dazu bereits § 157 Rz. 16).

41 Das **Beschäftigungsverhältnis wird beendet**, indem der ArbGeb auf seine Verfügungsmöglichkeit über die Arbeitsleistung verzichtet und der ArbN sich nicht mehr weiter der Dispositionsbefugnis des ArbGeb unterstellt[2] (Gründe sind etwa die formale Aufrechterhaltung des ArbVerh wegen Ansprüchen aus der betrAV[3]). Indiz für die fehlende Dienstbereitschaft des ArbN ist letztlich auch die Arbeitslosmeldung. Formal wird man aber die Freistellung des ArbN ohne Dienstbezüge verlangen müssen, was impliziert, dass der ArbN zuvor Arbeitsentgelt bezogen hat[4]. Ansonsten kann der Abfindung für den während des ArbVerh gezahlten Zeitraum auch nicht unterstellt werden, sie enthalte einen Entgeltanteil[5].

42 **IV. Gleichwohlgewährung (Abs. 4).** Nach Abs. 4 wird **trotz des Ruhens Alg auch dann gewährt**, wenn der ArbN trotz des Anspruchs auf die Abfindung diese ArbGebLeistung tatsächlich nicht erhält. Maßgeblich ist, wann und für welchen Zeitraum der Arbl. Alg beantragt. Da der Ruhenszeitraum nach Abs. 1 und 3 kalendermäßig abläuft, liegt ein Fall der Gleichwohlgewährung nur vor, wenn der Arbl. für den Ruhenszeitraum Alg beansprucht. Die Vorschrift entspricht § 157 III für das Nebeneinander von Ansprüchen auf Alg und Arbeitsentgelt bzw. Urlaubsabgeltung. Zu Einzelheiten s. § 157 Rz. 19 ff.

43 Die **wesentliche Rechtsfolge** der Gleichwohlgewährung liegt in der **Legalzession des § 115 SGB X**. Infolge derer kann der ArbGeb nach der Gewährung von Alg nicht mehr die Abfindung hinsichtlich ihres zum Ruhen des Alg führenden Anteils (zu Teilzahlungen s. § 157 Rz. 29 f.) mit befreiender Wirkung an den ArbN zahlen, es sei denn, er ist hinsichtlich dessen Arbeitslosigkeit und Arbeitslosmeldung als für den Anspruchsübergang wesentlicher Tatsache nach § 407 BGB gutgläubig (vgl. § 157 Rz. 25). Der BA steht aber trotz nicht befreiender Leistung durch den ArbGeb die Genehmigung der Zahlung nach §§ 185 II, 362 II BGB offen. Sie kann sich dann nach Abs. 4 S. 2 an den ArbN halten und von diesem Erstattung des Alg verlangen (§ 157 Rz. 26 ff.).

44 **Nicht** vom Anspruchsübergang des § 115 SGB X erfasst werden **Aufstockungsleistungen**, die der ArbGeb gerade in Anrechnung eines sonstigen Betrages auf das Alg während des Ruhenszeitraums zahlt[6]. Der 7. Senat des BSG hat die Verschonung des Aufstockungsbetrages vom Anspruchsübergang nicht davon abhängig gemacht, ob der ArbGeb auch den Sockelbetrag ausgezahlt hat oder wie im entschiedenen Fall nur aufstockende Leistungen auf das Alg – trotz Verpflichtung zu einem gesamten Abfindungsbetrag – erbracht hatte. Die den ArbN zugeflossenen „Aufstockungsbeträge", also Spitzbeträge, seien auf Grund einer Leistungsbestimmung nach § 366 I BGB nicht auf das zum Ruhen gekommene Alg anzurechnen, weil der ArbGeb gerade mit der Zahlung des Spitzbetrages zu erkennen gegeben habe, dass er nicht auf den der BA infolge des Anspruchsübergangs zustehenden Teil der Abfindungsbeträge leisten wollte[7]. Entsprechende Überlegungen hat der 11. Senat indes in einer späteren Entscheidung[8] nicht angestellt (vgl. § 157 Rz. 29 f.). Damit bleibt das Problem der Teilleistungen auf den Abfindungsanspruch des ArbN bei vorheriger Gleichwohlgewährung von der Rspr. noch ungelöst.

159 Ruhen bei Sperrzeit

(1) Hat die Arbeitnehmerin oder der Arbeitnehmer sich versicherungswidrig verhalten, ohne dafür einen wichtigen Grund zu haben, ruht der Anspruch für die Dauer einer Sperrzeit. Versicherungswidriges Verhalten liegt vor, wenn

1. die oder der Arbeitslose das Beschäftigungsverhältnis gelöst oder durch ein arbeitsvertragswidriges Verhalten Anlass für die Lösung des Beschäftigungsverhältnisses gegeben und dadurch vorsätzlich oder grob fahrlässig die Arbeitslosigkeit herbeigeführt hat (Sperrzeit bei Arbeitsaufgabe),

(...)

7. die oder der Arbeitslose seiner Meldepflicht nach § 38 Absatz 1 nicht nachgekommen ist (Sperrzeit bei verspäteter Arbeitsuchendmeldung).

Die Person, die sich versicherungswidrig verhalten hat, hat die für die Beurteilung eines wichtigen Grundes maßgebenden Tatsachen darzulegen und nachzuweisen, wenn diese Tatsachen in ihrer Sphäre oder in ihrem Verantwortungsbereich liegen.

---

1 BSG 23.1.1997 – 7 RAr 72/94, NZS 1997, 530. ‖ 2 Grundl. BSG 9.9.1993 – 7 RAr 96/92, BSGE 73, 90. ‖ 3 Vgl. die amtl. Begr. zum G v. 23.6.1993 (BGBl. I S. 944) in BT-Drs. 12/4401, 91 f. ‖ 4 Anders als in dem vom BSG im Urt. 28.9.1993 – 11 RAr 69/92, MDR 1994, 389, entschiedenen Fall, in dem der ArbN vor der Arbeitslosmeldung Krankengeld bezogen hatte. ‖ 5 Gagel/Bender, § 158 Rz. 115; aA für den Fall des Ruhens nach Abs. 1 und 2 BSG 20.1.2000 – B 7 AL 48/99 R, NZS 2000, 568. ‖ 6 BSG 4.11.1999 – B 7 AL 72/98, BSGE 85, 116. ‖ 7 BSG 4.11.1999 – B 7 AL 72/98, BSGE 85, 116. ‖ 8 BSG 8.2.2001 – B 11 AL 59/00 R, NZA-RR 2002, 385.

(2) Die Sperrzeit beginnt mit dem Tag nach dem Ereignis, das die Sperrzeit begründet, oder, wenn dieser Tag in eine Sperrzeit fällt, mit dem Ende dieser Sperrzeit. Werden mehrere Sperrzeiten durch dasselbe Ereignis begründet, folgen sie in der Reihenfolge des Absatzes 1 Satz 2 Nummer 1 bis 7 einander nach.

(3) Die Dauer der Sperrzeit bei Arbeitsaufgabe beträgt zwölf Wochen. Sie verkürzt sich

1. auf drei Wochen, wenn das Arbeitsverhältnis innerhalb von sechs Wochen nach dem Ereignis, das die Sperrzeit begründet, ohne eine Sperrzeit geendet hätte,
2. auf sechs Wochen, wenn
   a) das Arbeitsverhältnis innerhalb von zwölf Wochen nach dem Ereignis, das die Sperrzeit begründet, ohne eine Sperrzeit geendet hätte oder
   b) eine Sperrzeit von zwölf Wochen für die arbeitslose Person nach den für den Eintritt der Sperrzeit maßgebenden Tatsachen eine besondere Härte bedeuten würde.

(...)

(6) Die Dauer einer Sperrzeit bei Meldeversäumnis oder bei verspäteter Arbeitsuchendmeldung beträgt eine Woche.

I. Allgemeines	1	3. Kausalität	19
II. Sperrzeit wegen Arbeitsaufgabe	5	4. Verschulden	22
1. Lösung des Beschäftigungsverhältnisses	5	5. Nichtvorliegen eines wichtigen Grundes	26
2. Arbeitsvertragswidriges Verhalten als Anlass für die Lösung	15	III. Rechtsfolgen der Sperrzeit	30

I. Allgemeines. Die Vorschrift beruht auf dem Gedanken, dass dem Arbl. im Falle **selbst verursachter Arbeitslosigkeit** ein Teil der hierdurch der Versichertengemeinschaft entstehenden Kosten aufzuerlegen ist. Zugleich soll sie die Versichertengemeinschaft davor schützen, dass die Arbeitsvertragsparteien oder der ArbN durch willkürliches Verhalten das Risiko der Arbeitslosigkeit bewusst manipulieren[1]. Der vom BSG[2] der Sperrzeit beigelegte Charakter als einer Vertragsstrafe ähnlicher versicherungsrechtl. Ausgleich ist dagegen im Schrifttum auf Kritik gestoßen[3]. Der Gesetzgeber selbst hat ausdrücklich sowohl dem Strafcharakter als auch einem erzieherischen Zweck der Sperrzeit widersprochen[4], sondern den Sperrzeittatbeständen lediglich die Funktion zugedacht, die Übernahme des Risikos der Arbeitslosigkeit in diesen Fällen für einen begrenzten Zeitraum zu versagen. Seit dem 31.12.2005 ist ein neuer Tatbestand in die Sperrzeitregelung aufgenommen worden (Nr. 7, vgl. dazu schon § 38 Rz. 5, 11). Diese Sperrzeitregelung, die den aufgehobenen § 140 aF ersetzt, ist von der Dauer auf eine Woche begrenzt, womit dem verminderten Zurechnungsanteil des Arbl. für die eingetretene Beschäftigungslosigkeit bei lediglich verspäteter Meldung als arbeitsuchend Rechnung getragen wird. 1

Die Sperrzeit läuft **kalendermäßig** ab[5], dh. ihre Wirkungen werden ausgelöst durch die gesetzl. bestimmten Ereignisse ungeachtet dessen, ob ein Anspruch auf Alg besteht, der überhaupt nach Abs. 2 ruhen kann. Es spielt auch keine Rolle, ob der Anspruch auf Alg noch aus anderen Gründen ruht, etwa wegen einer Abfindung für die vorzeitige Beendigung des ArbVerh nach § 158[6]. Die Ruhensfolge ist lediglich eine an den Lauf der Sperrzeit geknüpfte Rechtsfolge, ebenso wie die Minderung des Anspruchsdauer des Alg nach § 148 I Nr. 3, 4 (s. Rz. 34). Für die gleichzeitige Verwirklichung zweier Sperrzeittatbestände als Ruhenstatbestände trifft Abs. 2 S. 2 demggü. eine Sonderregelung, indem sie in der Reihenfolge des Abs. 1 S. 2 Nr. 1 bis 7 einander nachfolgen. Damit wird wiederum dem Gedanken der Zurechnung der Arbeitslosigkeit beim ArbN auf Grund eigenen Verhaltens Rechnung getragen. 2

Rechtsfolge des kalendermäßigen Ablaufs ist, dass der ArbN den Eintritt der Sperrzeit nicht dadurch vermeiden kann, dass er den **Antrag erst zu einem Zeitpunkt stellt, zu dem er ohnehin arbeitslos geworden wäre**. Damit entsteht der Versichertengemeinschaft zwar im Grunde genommen kein Schaden; der Gesetzeszusammenhang mit § 148 I Nr. 4 und dessen Abs. 2 S. 2[7] lässt aber keine andere Deutung als diejenige zu, dass die Wirkungen der Sperrzeit frühestens im Jahr nach dem sperrzeitbegründenden Ereignis erlöschen[8]. Die Frage der späteren Antragstellung ist mithin keine der gesetzl. geforderten Kausalität zwischen Arbeitsaufgabe und Arbeitslosigkeit, sondern eine solche der sozialrechtl. Dispositionsmöglichkeiten[9] im Hinblick auf eine möglichst vorteilhafte Gestaltung der sozialrechtl. Ansprüche. 3

---

1 Brand/*Karmanski*, § 159 Rz. 2; Gagel/*Winkler*, § 159 Rz. 40. ||2 BSG 12.12.1984 – 7 RAr 49/84, NZA 1986, 161. ||3 *Bieback*, NZA 1986, 121; *Estelmann*, VSSR 1997, 313 (324); Gagel/*Winkler*, § 159 Rz. 44. ||4 Amtl. Begr. zum AFG (Vorbem. zu §§ 114–120, Abs. 1), BT-Drs. V/2291, 83. ||5 St. Rspr. des BSG, vgl. nur BSG 5.8.1999 – B 7 AL 14/99 R, NZS 2000, 261. ||6 BSG 25.4.1991 – 11 RAr 99/90, NZA 1992, 95; 5.8.1999 – B 7 AL 14/99, NZA-RR 2000, 552. ||7 Danach entfällt die Wirkung der Sperrzeit, wenn das Ereignis, das die Sperrzeit begründet, bei der Erfüllung der Voraussetzungen für den Anspruch auf Alg länger als ein Jahr zurückliegt. ||8 Ausf. BSG 5.8.1999 – B 7 AL 14/99, NZS 2000, 261, unter Aufgabe seiner früheren Rspr. ||9 Vgl. dazu auch Preis/*Peters-Lange*, Der Arbeitsvertrag, 2. Aufl. 2005, I D Rz. 37 ff.

4 Die AA hat den Arbl., der seinen Antrag erst zu einem Zeitpunkt stellt, in dem die Sperrzeit bereits zu laufen begonnen hat oder abgelaufen ist, über die weiteren Folgen der Sperrzeit (Kürzung der Anspruchsdauer nach § 148 I Nr. 4 um die Dauer der Sperrzeit, mindestens aber um ein Viertel des Gesamtanspruchs) zu **beraten**[1]. Ggf. hat sie auf eine spätere Antragstellung (nach Ablauf des Jahreszeitraums des § 148 II 2 nach dem Eintritt des die Sperrzeit begründenden Ereignisses) hinzuwirken, um auch diesen weiteren Sperrzeitfolgen zu entgehen; anderenfalls kann der Arbl. so gestellt werden, als wenn er nach erfolgter Beratung die Antragstellung verschoben hätte (sozialrechtl. Herstellungsanspruch[2]). Ferner bestehen im Hinblick auf eine erhöhte Gesamtanspruchsdauer wegen Erreichens eines höheren Lebensalters (vgl. dazu § 147 II) (relevant für ArbN kurz vor Vollendung des 50. bzw. 55. oder 58. LJ) günstige Gestaltungsmöglichkeiten durch eine spätere Antragstellung, auf die die AA gleichfalls hinzuweisen hat[3].

5 **II. Sperrzeit wegen Arbeitsaufgabe. 1. Lösung des Beschäftigungsverhältnisses.** Der Sperrzeittatbestand wegen Arbeitsaufgabe nach Abs. 1 besteht in den Alternativen des aktiven Lösens durch den ArbN und einer passiven Variante des „Gelöstwerdens", indem der ArbN Veranlassung für eine Kündigung seitens des ArbGeb gibt. Andere ArbGebKündigungen als die im Gesetz genannte Kündigung wegen vertragswidrigen Verhaltens kommen nicht in Betracht[4], insb. nicht Kündigung durch den ArbGeb für den Fall der Ablehnung eines Änderungsangebots seitens des ArbN[5]. Umstr. ist die Bewertung der Ausübung des Widerspruchsrechts im Falle des § 613a BGB und anschließende betriebsbedingte Kündigung seitens des Veräußerers[6]. Das BAG[7] hat mit der Bindung des ArbGeb bei einer anschließenden betriebsbedingten Kündigung an sachliche Gründe für die Ausübung des Widerspruchsrechts (bei der Berücksichtigung im Rahmen der Sozialauswahl) hier eine Vorgabe auch für die Bewertung des Verhaltens des ArbN im Rahmen des § 159 gesetzt (s. Erl. zu § 613a BGB). Dem ist das BSG aber nicht gefolgt, sondern hat klargestellt, dass der Widerspruch gegen den Übergang des ArbVerh auf den Betriebserwerber kein Lösen iSd. Sperrzeitregelung bedeutet[8]. Die aktive Variante des Lösens ist wiederum in zwei Alternativen, die Kündigung seitens des ArbN und die Mitwirkung an der einverständlichen Beendigung mittels Aufhebungsvertrages, denkbar. Einer dritten Variante, wie sie die BA[9] unter den Tatbestand des Lösens subsumieren will, nämlich die Hinnahme einer offensichtlich rechtswidrigen Kündigung gegen finanzielle Vergünstigungen oder eine Wiedereinstellungszusage[10], kann ein aktives Lösungsverhalten nur entnommen werden, wenn über die Nichterhebung der Kündigungsschutzklage zuvor eine Einigung getroffen worden ist[11] (s. Rz. 10 ff.).

6 Die aktivste Form des Lösens besteht in der einseitigen **Kündigung des ArbVerh durch den ArbN**. Sie wird auch dann als wirksamer Beendigungstatbestand des Sperrzeittatbestandes wegen Arbeitsplatzaufgabe anzuwenden sein, wenn der ArbN entgegen § 623 BGB nur mündlich kündigt und sich im weiteren Verlauf an dieser mündlichen Kündigungserklärung festhalten lassen will. Entscheidend ist allein der zur Beendigung des „Beschäftigungsverhältnisses" führende Sachverhalt, der eben auch in einem faktischen Verhalten liegen kann. Auch die Umwandlung eines unbefristeten ArbVerh in ein befristetes erfüllt das Merkmal des „Lösens" (s. aber zur Kausalität Rz. 20), u.a. auch bei **Vereinbarung eines ATZ-Verhältnisses im Blockmodell**[12]. Hier kann dem Eintritt der Sperrzeit aber idR ein wichtiger Grund entgegenstehen (s. Rz. 29).

7 Die **Anfechtbarkeit der Kündigungserklärung seitens des ArbN** schließt aber möglicherweise den Sperrzeittatbestand des Abs. 1 Alt. 1 aus. Hat der ArbN sich zB durch eine widerrechtl. Drohung des ArbGeb zur Kündigung bestimmen lassen, hängt der Eintritt der Sperrzeitfolge des § 159 I 2 Nr. 1 davon ab, ob er seine Arbeitslosigkeit hierdurch grob fahrlässig herbeigeführt hat. Dafür müsste er die Anfechtung nach Kenntnis vom Anfechtungsgrund grob fahrlässig unterlassen haben[13]. IÜ wird auch eine grob fahrlässig unterbliebene Anfechtung häufig durch einen wichtigen, in dem Anfechtungsgrund liegenden Grund iSd. Abs. 1 Hs. 2 gerechtfertigt sein.

8 Keine aktive Lösung vom ArbVerh liegt in der Antragstellung des ArbN zur **Auflösung des ArbVerh nach §§ 9, 10 KSchG**. Die zum Lösen führende maßgebliche Rechtsgestaltung liegt hier in der gerichtl. Entscheidung über den Antrag, der die Feststellung über die Unzumutbarkeit der Fortsetzung des Arb-

---

1 BSG 5.8.1999 – B 7 AL 38/98 R, NZA-RR 2000, 325; Gagel/*Steinmeyer*, § 122 Rz. 2. ‖ 2 BSG 5.8.1999 – B 7 AL 38/98 R, NZA-RR 2000, 325. ‖ 3 BSG 26.10.1994 – 11 RAr 5/94, NZS 1995, 325; bei fehlender Beratung kann sich aus den näheren Maßgaben dieses Urt. möglicherweise auch ein Anspruch auf entsprechende Behandlung des Antrags nach den Grundsätzen des sozialrechtl. Herstellungsanspruchs ergeben. ‖ 4 AA offensichtlich *Löwisch*, NZA 1998, 729 (730); ihm folgend *Heinze*, SGb 2000, 241 (244). ‖ 5 Die Zumutbarkeitskriterien des § 140 spielen nach der Systematik des §§ 136 ff. auch nur für die Frage der Beendigung des bereits eingetretenen Arbeitslosigkeit und damit bei der Sperrzeit wegen Arbeitsablehnung (Abs. 1 Nr. 2) eine Rolle, vgl. zur Kritik an *Löwisch* (NZA 1998, 729) auch Gagel/*Winkler*, § 158 Rz. 62. ‖ 6 Einen Sperrzeittatbestand iSd. „Lösens" bejahend *Pottmeyer*, NZA 1988, 512 (523 f.); *Commandeur*, NJW 1996, 2537 (2544); aA Brand/*Karmanski*, § 159 Rz. 14; *Schaub*, § 23 Rz. 51; ebenso BSG 8.7.2009 – B 11 AL 17/08 R, BB 2010, 443. ‖ 7 Vgl. BAG 7.4.1993 – 2 AZR 449/91 (B), NZA 1993, 795. ‖ 8 BSG 8.7.2009 – B 11a AL 17/08 R, NJW 2010, 2459. ‖ 9 Geschäftsanweisung zu § 159 unter Ziff. 159.14 und 159.17, abrufbar unter http://www.arbeitsagentur.de. ‖ 10 Dazu BSG 25.4.2002 – B 11 AL 89/01 R, NZA-RR 2003, 162. ‖ 11 Vgl. dazu auch BSG 9.11.1995 – 11 RAr 27/95, BSGE 77, 48. ‖ 12 BSG 21.7.2009 – B 7 AL 6/08 R, NZA-RR 2010, 323. ‖ 13 Gagel/*Winkler*, § 159 Rz. 59.

Verh für den ArbN vorauszugehen hat[1]. Selbst wenn man dem Antrag eine ausreichende Intensitätswirkung iSd. Lösungstatbestandes zumessen wollte, liegt in dem gerichtl. Ausspruch über die Auflösung zugleich die Feststellung der Unzumutbarkeit einer Vertragsfortsetzung, so dass immer auch ein wichtiger Grund iSd. Abs. 1 Hs. 2 vorliegen wird (s. Rz. 26 ff.).

Das BSG[2] stellt ferner klar, dass die bloße **Hinnahme einer auch rechtswidrigen Kündigung** keine Form des aktiven Lösens darstellt. In seiner Entscheidung v. 18.12.2003[3] hat das BSG diese Auffassung im Hinblick auf sog. „Abwicklungsverträge" (s. Rz. 13) nicht revidiert: Vielmehr wurde lediglich im Hinblick auf die in dem Abwicklungsvertrag liegende Vereinbarung über die Wirkungen der Kündigung entschieden, dass diese als Lösung des Beschäftigungsverhältnisses zu behandeln sein könnten, weil der ArbN eine verbindliche Vereinbarung über den Bestand der ausgesprochenen Kündigung trifft. Dies komme einer passiven Hinnahme nicht gleich[4]. Anderes muss aber für den **nach § 1a KSchG zwecks Erhalts einer Abfindung erfolgenden (nicht notwendig erklärten) Verzicht** auf die Erhebung der Kündigungsschutzklage gelten[5]. Die Eröffnung einer vorgerichtl. Streitbeilegung über die Wirksamkeit einer Kündigung kann nicht anders zu bewerten sein als die im **Gerichtsverfahren erzielte Einigung**, für die eine Sperrzeit wegen Lösens für den Regelfall (es sei denn, dass eine Manipulation zu Lasten der Versichertengemeinschaft festgestellt werden kann) ebenfalls abgelehnt wird[6]. Darüber hinaus hat das BSG[7] in einem obiter dictum ausgeführt, dass im Falle einer **die Höhe des § 1a KSchG nicht überschreitenden Abfindung** auch ohne Prüfung der Rechtmäßigkeit der Kündigung künftig ein wichtiger Grund für die Lösung des Beschäftigungsverhältnisses angenommen werden könne. Der Missbrauchsgefahr, dass in Wahrheit bestehende verhaltensbedingte Kündigungsgründe in eine betriebsbedingte Kündigung umdeklariert werden und dann nicht mehr auf Sperrzeitfolgen hin überprüft werden könnten[8], steht bereits entgegen, dass der ArbGeb in solchen Fällen kaum bereit sein dürfte, eine Abfindung in der gesetzl. Höhe von ½ Monatsgehalt je Beschäftigungsjahr zu bezahlen. Auch die offensichtliche Rechtswidrigkeit einer Kündigung steht in solchen Fällen der Annahme eines wichtigen Grundes nicht entgegen[9]. Allenfalls unter dem Gesichtspunkt einer Gesetzesumgehung zu Lasten der Versichertengemeinschaft kann hier der Ausschluss der (ordentlichen) Kündbarkeit des ArbN eine Rolle spielen[10].

Die **einverständliche Auflösung** iSd. Alt. 1 des Sperrzeittatbestandes wegen Arbeitsaufgabe liegt idR in einem arbeitsrechtl. Aufhebungsvertrag. Nicht erforderlich ist, dass die Initiative vom ArbN ausgegangen ist[11]. Der einseitige Druck seitens des ArbGeb oder das Inaussichtstellen einer alternativen Kündigung können allerdings als wichtiger Grund iSd. Abs. 1 Hs. 2 zu bewerten sein (s. Rz. 27). War eine vorausgegangene Kündigung des ArbGeb Anlass für die Vertragsaufhebung, fehlt es uU an der Kausalität (s. Rz. 19).

Seit dem 1.5.2000 bedürfen auch Aufhebungsverträge der **Schriftform**. Der Mangel der Schriftform nach § 623 BGB kann hier aber zumindest – wie auch bei einer formnichtigen Kündigung seitens des ArbN – die Lösung des Beschäftigungsverhältnisses herbeiführen, was für den Sperrzeittatbestand ausreicht. Voraussetzung ist, dass der ArbN trotz Kenntnis von der Nichtigkeit am Vertrag festhalten will; macht er hingegen auf Grund der Nichtigkeit des Aufhebungsvertrages die Weiterbeschäftigung ggü. dem ArbGeb geltend, fehlt es an einer für den Tatbestand des Abs. 1 Nr. 1 relevanten Beendigung der Beschäftigung, da sich der ArbN weiterhin dem Weisungsrecht des ArbGeb unterstellt[12]. Dies gilt auch dann, wenn der ArbGeb die Weiterbeschäftigung ablehnt und hierdurch in Annahmeverzug (§ 615 BGB) gerät.

Bei nicht der Form des § 623 BGB entsprechenden Auflösungsvereinbarungen ist zu unterscheiden zwischen denen **mit vorausgegangener ArbGebKündigung** und solchen Situationen, in denen eine Einigung über die Aufhebung dem Ausspruch der Kündigung vorausgeht. Im Falle der vorausgegangenen Kündigung seitens des ArbGeb ist fraglich, ob der Aufhebungsvertrag noch kausal für die Beendigung war, wenn er für den Zeitpunkt des Ablaufs der Kündigungsfrist geschlossen worden ist (s. Rz. 19). Stimmt der ArbN der vorzeitigen Beendigung unter Abkürzung von Kündigungsfristen zu, liegt auch dann, wenn er sich erst zum Ablauf der ordentl. Kündigung arbeitslos meldet, ein Sperrzeitsachverhalt vor (vgl. bereits Rz. 3)[13]. Keine entscheidende Bedeutung kommt dagegen dem Umstand zu, ob die Kündigung rechtswidrig oder rechtmäßig war, da der ArbN nicht zur Erhebung der Kündigungsschutz-

---

1 Ebenso HzA/*Gagel*, Gruppe 1 Teilbereich 8, Rz. 2732. ‖ 2 Ausdrückl. BSG 25.4.2002 – B 11 AL 89/01, SozR 3-4100 § 119 Nr. 24; ebenso 25.4.2002 – B 11 AL 65/01, SozR 3-4300 § 144 Nr. 8. ‖ 3 BSG 18.12.2003 – B 11 AL 35/03 R, NZA 2004, 661. ‖ 4 BSG 18.12.2003 – B 11 AL 35/03 R, NZA 2004, 661. ‖ 5 Ebenso *Preis*, DB 2004, 70 (76); *Löwisch*, NZA 2003, 689 (694); so auch BT-Drs. 15/1587, 30. ‖ 6 BSG 17.10.2007 – B 11a AL 51/06 R, NZS 2008, 663. ‖ 7 BSG 12.7.2006 – B 11 AL 47/05 R, NJW 2006, 3514 m. abl. Anm. *Rixen*; s. dazu bereits die geänderte Fassung der Geschäftsanweisung zu § 159 unter Ziff. 159.103, abrufbar unter http://www.arbeitsagentur.de; unlängst bestätigt durch BSG 2.5.2012 – B 7 AL 6/11 R, NZS 2012, 874. ‖ 8 So *Preis*, DB 2004, 70 (76). ‖ 9 BSG 2.5.2012 – B 11 AL 6/11 R, NZS 2012, 874; aA die BA in ihrer Geschäftsanweisung zu § 159 unter Ziff. 159.102, wo die Unkündbarkeit noch als Ausschlussgrund für den wichtigen Grund in diesen Fällen gedeutet wird. ‖ 10 BSG 2.5.2012 – B 11 AL 6/11 R, NZS 2012, 874 (877). ‖ 11 BSG 29.11.1989 – 7 RAr 86/88, SozR 4100 § 119 Nr. 36. ‖ 12 Vgl. dazu BSG 10.9.1998 – B 7 AL 96/96, SozR 3-4100 § 101 Nr. 9. ‖ 13 BSG 5.8.1999 – B 7 AL 14/99, SozR 3-4100 § 119 Nr. 17 (S. 83 ff.) unter Aufgabe seiner früheren Rspr.

klage verpflichtet ist[1]. Mit dem Unterlassen der Erhebung der Kündigungsschutzklage kann der ArbN keinen wesentlichen Ursachenbeitrag für die anschließende Arbeitslosigkeit setzen, wenn er nicht selbst iSd. Abs. 1 Nr. 1 das Beschäftigungsverhältnis löst (s. Rz. 9)[2].

13 Schließen die Parteien nach einer vorausgegangenen Kündigung einen **Abwicklungsvertrag**[3], so ist es Sache der Vertragsauslegung, ob darin ein verdeckter Aufhebungsvertrag liegt (dazu Anh. § 9 KSchG Rz. 50), mit dem der ArbN das Beschäftigungsverhältnis löst[4]. Höchst zweifelhaft erscheint die in diesem Zusammenhang im Urt. des BSG 9.11.1995 (obiter dictum[5]) geäußerte Rechtsauffassung, dass der ArbN durch einen Abwicklungsvertrag über Abfindungen, Entschädigungen oder ähnliche Leistungen sich an der Beendigung seines Beschäftigungsverhältnisses beteilige, weil er sich der Möglichkeit begebe, die Rechtswidrigkeit der ausgesprochenen Kündigung geltend zu machen. Dem Verzicht auf die Geltendmachung der Rechtswidrigkeit einer Kündigung im Wege einer Kündigungsschutzklage kann auf Grund der oben Rz. 9 dargelegten Begründung nicht das entscheidende Moment für ein aktives „Lösen" entnommen werden. Das hat auch das BSG in seiner Entscheidung v. 18.3.2003 (s. Rz. 9) klargestellt. Es kann keinen Unterschied machen, ob der ArbN den Verzicht ausdrücklich oder nur stillschweigend erklärt, wenn er damit die Kündigung des ArbGeb in ihrem Bestand beeinflusst. Entscheidend ist das Gewicht der Mitwirkung, das nicht den Äußerungen des schriftl. oder mündl. Vertrages allein entnommen werden kann. Vielmehr ist nach den tatsächlichen Umständen (betriebl. Situation, Verfahren bei anderen ArbN) zu ermitteln, ob der ArbGeb die Kündigung erst im Hinblick auf die begründete Annahme hin ausgesprochen hat, dass der ArbN mit ihm einen Abwicklungsvertrag schließen wird und er also keinen kostspieligen Kündigungsschutzprozess riskiert. Dann liegt in der Tat der Verdacht nahe, dass eine vorausgegangene Einigung stattgefunden hat, die durch den Abschluss eines „Abwicklungsvertrages" verschleiert wird[6]. Die Mitwirkung kann indes durch **eine objektive Berechtigung des ArbGeb zur Kündigung** entwertet werden, weil dann der ArbN für seine aktive Beteiligung an der Beendigung des Beschäftigungsverhältnisses einen **wichtigen Grund** (nämlich die objektiv anstehende Beendigung des ArbVerh) geltend machen kann (ausf. dazu Rz. 28).

14 Eine **vorausgegangene Einigung** über eine daraufhin erklärte Kündigung seitens des ArbGeb stellt ein Lösen iSd. Sperrzeittatbestandes wegen Arbeitsaufgabe dar, wenn ihr der beiderseitige Wille zur Beendigung des ArbVerh entnommen werden kann. Hinter der Vereinbarung einer Kündigung durch den ArbGeb kann sich insb. eine auf Initiative des ArbN geschlossene Aufhebung des ArbVerh verbergen, um die Sperrzeit zu umgehen. Diese Vermutung liegt insb. nahe, wenn der ArbN von den in einer BV oder TV zugesagten Vorruhestandsleistungen Gebrauch machen will. Dann ist ohne Rücksicht auf die Rechtmäßigkeit einer ausgesprochenen ArbGebKündigung die Anwendung des § 117 BGB gerechtfertigt, da diese nur zum Schein ausgesprochen worden ist[7].

15 **2. Arbeitsvertragswidriges Verhalten als Anlass für die Lösung.** Hat der ArbN eine Kündigung seitens des ArbGeb veranlasst, ist zu prüfen, ob ein **verhaltensbedingter Kündigungsgrund** iSv. § 1 II 1 KSchG vorliegt. Sonstige Wirksamkeitsvoraussetzungen für die Kündigung wie Einhaltung der Ausschlussfrist des § 626 II BGB, Anhörung des BR nach § 102 BetrVG, Einhaltung der gesetzl. Zustimmungserfordernisse zB bei Schwerbehinderten (§ 85 SGB IX), Frauen im Mutterschutz (§ 9 III MuSchG) oder ArbN in Elternzeit (§ 18 III BEEG) sowie Pflegezeit (§ 5 PflegeZG), und auch Wahrung der Schriftform nach § 623 BGB spielen keine Rolle, sofern es zur Auflösung des ArbVerh kommt. Das Fehlen einer erforderlichen Abmahnung (vgl. Erl. zu § 1 KSchG) kann jedoch die grobe Fahrlässigkeit des ArbN hinsichtlich der Verursachung der Arbeitslosigkeit infrage stellen[8].

16 Auch die **Umbenennung des Kündigungsgrundes** in einem zwischen den Arbeitsvertragsparteien geschlossenen Vergleich nützt in aller Regel nichts, weil die Arbeitsverwaltung und die SG von Amts wegen den wahren Kündigungssachverhalt als Voraussetzung der Sperrzeit nach Abs. 1 Nr. 1 Alt. 2 zu prüfen haben[9]. Etwas anderes gilt, wenn der ArbGeb zum selben Termin eine betriebsbedingte Kündigung hätte aussprechen können, es sei denn das vertragswidrige Verhalten hat dazu geführt, dass ihm und nicht einem anderen ArbN aus betriebsbedingten Gründen gekündigt worden ist[10]. Letztlich sind dies aber Fragen der Kausalität (s. Rz. 19 ff.).

17 Wurde vom ArbGeb eine **außerordentl. Kündigung** ausgesprochen, rechtfertigt das Verhalten aber nur die ordentl. Kündigung, so fängt die Sperrzeit auch erst mit Ablauf der ordentl. Kündigungsfrist an zu laufen, gleichgültig, zu welchem Datum das ArbVerh endet[11]. Auch hierbei handelt es sich bereits um eine Frage der Kausalität. Wenn nach der insoweit geänderten Rspr. des BAG[12] zu Bagatellstrafta-

---

1 Klargestellt durch BSG 25.4.2002 – B 11 AL 89/01, SozR 3-4100 § 119 Nr. 24. ||2 Ebenso Brand/*Karmanski*, § 159 Rz. 13; Gagel/*Winkler*, § 159 Rz. 76. ||3 Zurückgehend auf *Hümmerich*, NZA 1994, 200. ||4 BSG 9.11.1995 – 11 RAr 27/95, BSGE 77, 48. ||5 BSG 9.11.1995 – 11 RAr 27/95, BSGE 77, 48. ||6 Apodiktisch die BA in ihrer Geschäftsanweisung zu § 159 unter Ziff. 159.14, wo der Abwicklungsvertrag selbst einem „Lösen" gleichgestellt wird. ||7 Vgl. dazu Geschäftsanweisung zu § 159 unter Ziff. 159.15; Gagel/*Winkler*, § 159 Rz. 58. ||8 HzA/*Gagel*, Gruppe 1 Teilbereich 8, Rz. 2711; BSG 6.3.2003 – B 11 AL 69/02, BSGE 91, 18. ||9 BSG 25.4.1991 – 11 RAr 99/90, NZA 1992, 95; s.a. BSG 3.6.2004 – B 11 AL 70/03, NZA-RR 2005, 52. ||10 Gagel/*Winkler*, § 159 Rz. 1343. ||11 BSG 25.4.1990 – 7 RAr 106/89, NZA 1990, 971. ||12 BAG 10.6.2010 – 2 AZR 541/09, DB 2010, 2395.

ten eine bereits vorher ausgesprochene Kündigung ohne vorausgegangene Abmahnung keine fristlose oder fristgerechte Kündigung mehr rechtfertigt, ist dies bei der Beurteilung des Sperrzeittatbestandes jedenfalls dann zu berücksichtigen, wenn der Sperrzeitbescheid noch nicht bestandskräftig war[1].

Liegt das die Kündigung rechtfertigende Verhalten dagegen **im außervertragl. Bereich**, etwa durch Vorspiegelung falscher Tatsachen bei Vertragsschluss oder Verhalten im Privatleben, das nur Anlass für eine Kündigung wegen Mängeln im persönlichen Vertrauensbereich oder personenbedingten Eignungsmängeln liefert (zB der Berufskraftfahrer verliert seine Fahrerlaubnis wegen einer privaten Trunkenheitsfahrt, ohne dass dies nach dem Arbeitsvertrag eine Pflichtverletzung bedeutet[2]), liegt kein vertragswidriges Verhalten iSd. Alt. 2 des Sperrzeittatbestandes wegen Arbeitsaufgabe vor. Ebenso kann eine spätere andere Bewertung des Verhaltens, wenn sie in einer außergerichtl. oder gerichtl. Einigung hinreichend deutlich wird (denkbar insb. bei Verfehlungen im Vertrauensbereich), den Sperrzeitanlass des vertragswidrigen Verhaltens ausschließen[3]. 18

3. Kausalität. Die **Ursächlichkeit des sperrzeitbegründenden Ereignisses** (Lösung bzw. Anlass für eine ArbGebKündigung) **für die anschließende Arbeitslosigkeit** beurteilt sich nach der Rspr.[4] allein nach dem tatsächlichen Geschehensablauf; ob der ArbN einer ohnehin bevorstehenden ArbGebKündigung zuvor gekommen ist, kann allenfalls als wichtiger Grund zur Vertragsaufhebung iSd. Hs. 2 des Abs. 1 zu bewerten sein (dazu Rz. 28). War einer gerichtl. oder außergerichtl. Einigung dagegen eine arbeitgeberseits erklärte Kündigung vorausgegangen, bleibt sie für die nach dem Ende des Beschäftigungsverhältnisses eingetretene Arbeitslosigkeit grds. kausal, wenn die Kündigung das Ende des ArbVerh zum selben Zeitpunkt herbeigeführt hätte[5]. Ob die Kündigung rechtswidrig oder rechtmäßig war, kann für die Beurteilung schon deshalb keine Rolle spielen, weil der ArbN im Falle der Nichterhebung der Kündigungsschutzklage wegen der Heilungswirkung des § 7 KSchG ebenfalls arbeitslos geworden wäre. Einer der ArbGebKündigung nachfolgenden **Vereinbarung kann nach Ablauf der Frist für die Erhebung der Kündigungsschutzklage** keine Relevanz mehr für den Ausspruch oder den Bestand der das Ende des ArbVerh herbeiführenden Kündigung beigemessen werden. Entsprechendes gilt für Vereinbarungen im Rahmen eines gerichtl. Vergleichs, wenn diese ohne vorherige Absprache getroffen werden und verfahrensbeendende Wirkung haben, weil den ArbN keine Obliegenheit zur Erhebung der Kündigungsschutzklage trifft (s.a. Rz. 9)[6]. 19

Zweifelhaft ist, ob die Beendigung eines unbefristeten ArbVerh und **Begründung eines befristeten ArbVerh** noch für die anschließende Arbeitslosigkeit nach Ablauf der Befristung kausal ist[7]. Dem steht entgegen, dass die Sperrzeit grds. kalendermäßig zu laufen beginnt, gleichgültig, ob die Voraussetzungen für den Anspruch auf Alg erfüllt sind[8] (s. Rz. 2). Deshalb wird zumindest der Beginn der Sperrzeit auf den Tag nach dem Ende des unbefristeten ArbVerh zu legen sein[9]. IÜ kann im Falle der Aussicht auf einen Anschlussarbeitsplatz auch das Verschulden des ArbN zu verneinen sein (s. Rz. 23). Ferner hat das BSG neuerdings einen wichtigen Grund für die Lösung und den Abschluss eines befristeten ArbVerh gesehen, wenn mit dem Wechsel eine berufl. Umorientierung verbunden ist (s. Rz. 29). Mangels Kausalität tritt auch keine Sperrzeit für das Alg ein, wenn ein zunächst befristetes ArbVerh nach einem arbeitsvertragswidrigen Verhalten des ArbN – unabhängig von der Rechtmäßigkeit einer anschließenden Kündigung – zunächst unbefristet fortgesetzt worden war[10]. 20

Ist die Arbeitslosigkeit auch durch eine **fehlende Vermittlungstätigkeit der AA** eingetreten, entfällt die Kausalität eines sperrzeitbegründenden Ereignisses, wenn bei pflichtgemäßer Vermittlung der ArbN nicht arbeitslos geworden wäre[11]. Die Rspr. entscheidet hier nach der sozialrechtl. Kausalitätslehre der wesentlichen Bedingung und nicht nach der zivilrechtl. Lehre der Adäquanz, dass beim Zusammenwirken mehrerer Ursachen auch das pflichtwidrige Unterlassen der AA als rechtl. wesentlich für den Eintritt des Erfolges angesehen werden kann. Hinzu kam, dass der ArbN frühzeitig an die AA um Vermittlung herangetreten war und der Aufgabe seines früheren Arbeitsplatzes berechtigte Interessen zur Seite standen, die sonst erst im Rahmen des wichtigen Grundes nach Abs. 1 Hs. 2 zu prüfen waren[12]. 21

---

1 LSG BW 11.5.2011 – L 3 AL 5286/10. ||2 AA aber die sozialgerichtl. Judikatur, vgl. LSG Saarland 23.11.2010 – L 6 AL 4/10, wonach der Besitz der Fahrerlaubnis „Geschäftsgrundlage" für das ArbVerh eines Berufskraftfahrers sei. ||3 Vgl. HzA/*Gagel*, Gruppe 1 Teilbereich 8, Rz. 2706. ||4 BSG 12.12.1984 – 7 RAr 49/83, NZA 1986, 141; 29.11.1989 – 7 RAr 86/88. ||5 BSG 23.3.1995 – 11 RAr 39/94, nv.; offen gelassen in BSG 5.8.1999 – B 7 AL 14/99 R, NZA-RR 2000, 552; Brand/*Karmanski*, § 144 Rz. 37; in dem vom BSG mit Urt. 8.6.1989 – 127/87, SozR 4100 § 117 Nr. 25 entschiedenen Sachverhalt war der Aufhebungsvertrag erst nach Feststellung der Rechtswidrigkeit der Kündigung durch das ArbG geschlossen worden. ||6 BSG 18.12.2003 – B 11 RAr 35/03 R, NZA 2004, 661. ||7 So die BA, Geschäftsanweisung zu § 159 unter Ziff. 159.25, abrufbar unter http://www.arbeitsagentur.de; diff. Hauck/Noftz/*Valgolio*, § 159 Rz. 150 unter Hinweis auf BSG 26.10.2004 – B 7 AL 98/03 R, SozR 3-4300 § 144 Nr. 9, wo ein wichtiger Grund angenommen wird. ||8 Wie hier Brand/*Karmanski*, § 159 Rz. 19. ||9 AA wohl Gagel/*Winkler*, § 159 Rz. 341; zumindest wird es in solchen Fällen an der grob fahrlässigen Herbeiführung der Arbeitslosigkeit (nach dem befristeten Anschlussarbeitsplatz) fehlen. ||10 BSG 15.12.2005 – B 7a AL 46/05 R, BSGE 96, 22. ||11 BSG 28.6.1991 – 11 RAr 81/90, NZA 1992, 285. ||12 Vgl. insoweit auch BSG 29.4.1998 – B 7 AL 56/97 R, NZS 1998, 581, wo die Ablehnung von Vermittlungsbemühungen seitens der AA als der Sperrzeit entgegenstehender wichtiger Grund gewertet wurde.

22 **4. Verschulden.** Der ArbN muss für den Eintritt einer Sperrzeit seine Arbeitslosigkeit **vorsätzlich oder grob fahrlässig** herbeigeführt haben. Es gilt ein subjektiver Fahrlässigkeitsbegriff[1]; hiernach kommt es auf die persönliche Urteils- und Kritikfähigkeit, das Einsichtsvermögen und Verhalten des Betroffenen sowie auf die besonderen Umstände des Falles an[2]. Die grobe Fahrlässigkeit verlangt im SozV-Recht eine Sorgfaltspflichtverletzung ungewöhnlich hohen Ausmaßes, dh. eine grobe und subjektiv schlechthin unentschuldbare Pflichtverletzung, die das gewöhnliche Maß der Fahrlässigkeit erheblich übersteigt[3]. Sie muss nicht nur hinsichtlich des die Sperrzeit begründenden Verhaltens vorliegen (bei Lösung des ArbVerh ohnehin nur als vorsätzliches Handeln denkbar, s. aber Rz. 24), sondern auch hinsichtlich der anschließenden Arbeitslosigkeit.

23 Das Verschulden im Rahmen der Herbeiführung der Arbeitslosigkeit durch vertragswidriges Verhalten ist auf **alle Glieder der Kausalkette** zu beziehen, also auf (1) das vertragswidrige Verhalten (zumindest grob fahrlässig), (2) die Erwartung, nicht gekündigt zu werden, (3) den Verlust des Arbeitsplatzes und (4) die Erwartung, einen Anschlussarbeitsplatz zu erhalten[4]. Insb. entfällt die grobe Fahrlässigkeit, wenn der ArbN auf Grund des bisherigen Verhaltens nicht mit einer Kündigung rechnen musste, wenn also eine arbeitsrechtl. für die verhaltensbedingte Kündigung erforderliche Abmahnung fehlt (s. Rz. 13).

24 Bei der **Lösung des ArbVerh** ist der Verschuldensvorwurf idR derjenige vorsätzlichen Handelns. Denkbar erscheint aber, dass der ArbN unter Drohung oder irrtümlich gehandelt hat, insb. weil er die Folgen nicht übersehen hat. Für den Vorwurf der groben Fahrlässigkeit kommt es dann darauf an, ob der ArbN einfachste, ganz nahe liegende Überlegungen nicht angestellt hat[5]. Der Tatbestand der Anfechtbarkeit einer auf den Abschluss eines Aufhebungsvertrages gerichteten Erklärung[6], die der ArbN nicht wahrgenommen hat, begründet keinen Verschuldensvorwurf, da dem ArbN die Fortsetzung des ArbVerh unter Ergreifung rechtl. Schritte nicht zugemutet werden kann – zumindest begründet der Umstand einer die freie Willensentschließung beeinträchtigenden Täuschung oder Drohung des ArbGeb einen Vertrauensverlust, der als wichtiger Grund iSd. Abs. 1 S. 1 der Sperrzeitfolge entgegensteht[7].

25 An der schuldhaften Herbeiführung der Arbeitslosigkeit fehlt es auch, wenn der ArbN **begründete Aussicht auf einen Anschlussarbeitsplatz** hat[8]. Die Zusicherung eines konkreten Arbeitsplatzes ist zwar nicht erforderlich[9]. Es kommt aber auf die jeweiligen Vermittlungsaussichten auf dem regionalen Arbeitsmarkt an: Grobe Fahrlässigkeit liegt vor, wenn der ArbN auf Grund der allg. Verhältnisse auf dem Arbeitsmarkt vernünftigerweise nicht mit einem Anschlussarbeitsplatz rechnen konnte[10]. Bei der Aussicht auf ein nur **befristetes** ArbVerh nimmt die Rspr. dagegen einen wichtigen Grund für die Auflösung des ArbVerh an, wenn auf Grund der tatsächlichen Umstände eine konkrete Aussicht bestand, das zunächst befristete Beschäftigungsverhältnis werde sich in ein unbefristetes umwandeln[11].

26 **5. Nichtvorliegen eines wichtigen Grundes.** Der ArbN hat für sein Verhalten einen wichtigen Grund iSv. Abs. 1 Hs. 2, wenn ihm unter Berücksichtigung aller Umstände des Einzelfalles und unter Abwägung seiner Interessen mit denjenigen der Gesamtheit der Beitragszahler ein anderes Verhalten nicht zuzumuten ist[12]. Bezugspunkt ist sowohl das zur Aufgabe des Arbeitsplatzes führende unmittelbare (vertragl.) Verhalten als auch persönliche Lebensumstände wie Gewissensgründe, familiäre Gründe für einen Wohnortwechsel oder Entscheidungen im berufl. Bereich (Aufgabe eines Berufsausbildungsverhältnisses)[13]. Umständen im Rahmen des bestehenden Beschäftigungsverhältnisses muss der ArbN aber zuvor durch einen Einigungsversuch mit dem ArbGeb zu deren Abhilfe entgegengetreten sein – hiervon kann nur in Fällen offensichtlicher Erfolglosigkeit eines solchen Versuchs abgesehen werden[14].

27 Das Vorliegen eines wichtigen Grundes ist von Amts wegen zu prüfen. Die **Nichterweislichkeit einer Tatsache**, die einen als wichtiger Grund zu rechtfertigenden Umstand im Rahmen der Prüfung der Sperrzeitvoraussetzungen bilden würde, ist nach der allg. Regeln der objektiven Beweislast von der BA als durch die Rechtsnorm Begünstigte zu tragen. Das Nichtvorliegen eines wichtigen Grundes ist nämlich im Rahmen des Sperrzeittatbestandes eine rechtsbegründende Tatsache[15]. Es geht aber zu Lasten des Arbl., wenn er sich nachträglich auf gesundheitliche Einschränkungen beruft und die Nichtaufklärbarkeit zu verantworten hat, weil die AA mangels entsprechender zeitnaher Angaben des Arbl. keinen Anlass hatte, diese rechtzeitig aufzuklären[16]. Der Gesetzgeber hat dieser Rspr. des BSG Rech-

---

1 BSG 15.5.1985 – 7 RAr 83/83, BSGE 58, 97; ErfK/*Rolfs*, § 159 SGB III Rz. 22; HzA/*Gagel*, Gruppe 1 Teilbereich 8 Rz. 2719; Gagel/*Winkler*, § 159 Rz. 88. ||2 BSG 31.8.1976 – 7 RAr 112/74, BSGE 42, 184. ||3 BSG 31.8.1976 – 7 RAr 112/74, BSGE 42, 184; 25.8.1981 – 7 RAr 44/80, BB 1982, 559. ||4 HzA/*Gagel*, Gruppe 1 Teilbereich 8, Rz. 2718. ||5 BSG 31.8.1976 – 7 RAr 112/74, BSGE 42, 184. ||6 Vgl. dazu BAG 30.1.1986 – 2 AZR 196/85, NZA 1987, 91; 31.1.1996 – 2 AZR 91/95, NZA 1996, 756. ||7 Vgl. Gagel/*Winkler*, § 159 Rz. 68, wonach in einer drohenden ArbGebKündigung ein wichtiger Grund für das Lösen durch den ArbN liegen kann. ||8 BSG 20.4.1977 – 7 RAr 112/75, BSGE 43, 269 (270); 11.12.1981 – 7 RAr 21/81, BSGE 52, 276 (281); 13.8.1986 – 7 RAr 1/86, NZA 1987, 180. ||9 BSG 12.11.1981 – 7 RAr 21/81, BSGE 52, 276 (281). ||10 BSG 18.2.1987 – 7 RAr 72/85, SGb 1987, 574. ||11 BSG 26.10.2004 – B 7 AL 98/03 R, SozR 3-4300 § 144 Nr. 9. ||12 BSG 13.8.1986 – 7 RAr 1/86, NZA 1987, 180. ||13 BSG 13.3.1990 – 11 RAr 69/88, NZA 1990, 956. ||14 BSG 6.2.2003 – B 7 AL 72/01, SGb 2003, 477 (Verstoß gegen zwingende Vorschriften über Lenk- und Ruhezeiten bei Lkw-Fahrern). ||15 BSG 26.11.1992 – 7 RAr 38/92, BSGE 71, 256. ||16 BSG 26.11.1992 – 7 RAr 38/92, BSGE 71, 256.

nung getragen, indem er bereits mit dem Ersten Gesetz für moderne Dienstleistungen am Arbeitsmarkt die Darlegungs- und Beweislastregel des Abs. 1 S. 2 (heute S. 3) eingefügt hat[1].

Häufig ergeben sich wichtige Gründe aus dem Bereich der **Grundrechte**, insb. Art. 4, 6, 11, 12 GG (Einzelheiten s. Rz. 29). Die Berufung auf den grundrechtl. geschützten Lebensbereich setzt sich aber wie allg. bei der Geltendmachung eines wichtigen Grundes nur nach sorgfältiger Abwägung der Interessen des ArbN an der Berücksichtigung seiner grundrechtl. geschützten Rechtspositionen mit dem Interesse der Versichertengemeinschaft an der Geringhaltung der Kosten der Arbeitslosigkeit. Dies gilt insb. auch bei der Gewährleistung sog. schrankenloser Grundrechte, also solcher ohne Gesetzesvorbehalt[2]. Denn sie stehen unter dem Vorbehalt kollidierender Grundrechte Dritter oder bzw. mit Verfassungsrang ausgestatteter Rechtswerte und Gemeinschaftsgüter. Hierzu gehört auch die Funktionsfähigkeit der ArblV[3]. Das BSG[4] hat darüber hinaus die Notwendigkeit betont, bei der Konkretisierung des wichtigen Grundes den Zweck der Sperrzeit wegen Arbeitsaufgabe und das verfassungsrechtl. Übermaßverbot zu beachten: Daher kann im Falle einer einverständlichen Aufhebung des ArbVerh bei angedrohter betriebsbedingter Kündigung des ArbVerh ein wichtiger Grund zur Lösung anerkannt werden, wenn die **Kündigung objektiv sozial gerechtfertigt** gewesen wäre und dem ArbN auch im Hinblick auf sein berufliches Fortkommen das **Abwarten der Kündigung nicht zuzumuten** war[5]. In einer früheren Entscheidung zu diesem Komplex hatte der 7. Senat zugleich angedeutet, dass auch im Falle der Rechtswidrigkeit der angedrohten Kündigung auf Grund sonstiger Umstände, etwa des Verhaltens des ArbGeb, ein wichtiger Grund iSd. Rspr. gegeben sein kann[6]. Diese Rspr. hat der 11. Senat fortgeführt und bestätigt, dass auch im Hinblick auf die bereits ausgesprochene Kündigung eine Mitwirkung an der Beendigung sanktionslos bleibt, wenn der Eintritt der Beschäftigungslosigkeit ohnehin nicht zu vermeiden war und damit kein Interesse der Versichertengemeinschaft besteht, den ArbN von der Wahrnehmung berechtigter Interessen (auch zu Gunsten einer Abfindung) abzuhalten[7]. Diese „Wendung" in der Entscheidung wird von den Kritikern[8] häufig übersehen. Bei einem **leitenden Angestellten**, für den § 14 KSchG gilt und dessen ArbVerh mithin auch ohne Begründung auf Antrag des ArbGeb vom ArbG aufzuheben ist, kommt es auf die **objektive Rechtmäßigkeit der drohenden Kündigung nicht** an, wenn das ArbVerh durch Aufhebungsvertrag zum Ablauf der für den ArbN geltenden ordentl. Kündigung beendet wurde[9]. Mit der Andeutung einer Rechtsprechungsänderung hat das BSG[10] ferner ausgeführt, künftig auf die Prüfung der Rechtmäßigkeit der Kündigung verzichten zu wollen, wenn die im Aufhebungsvertrag vereinbarte Abfindungshöhe die in § 1a KSchG gezogenen Grenzen nicht überschreitet (s. bereits Rz. 9).

Für die Fälle der **offensichtlichen Rechtswidrigkeit einer bevorstehenden oder bereits ausgesprochenen Kündigung** ist damit ein Weg über die außergerichtl. Einigung versperrt. Ob der ArbN über den Weg einer Kündigungsschutzklage und darauf folgenden gerichtl. Einigung über die Beendigung seines ArbVerh eine Sperrzeit vermeiden kann, erscheint zweifelhaft[11]. Das BSG hat einen wichtigen Grund für Fälle einer Manipulation der Versichertengemeinschaft – etwa bei Kündigungen ohne BR-Anhörung oder ohne Beachtung des Sonderkündigungsschutzes – zur Beendigung des ArbVerh und zugleich des Kündigungsschutzprozesses ausgeschlossen[12]. Zwar erscheint es nahe liegend, dass der ArbN im Falle der Nichterhebung einer Kündigungsschutzklage das Ende seines Beschäftigungsverhältnisses gleichwie nicht verhindert hätte und er nicht zur Erhebung der Kündigungsschutzklage verpflichtet ist. Von jeher tut sich unser Recht aber mit der Berufung auf rechtmäßiges Alternativverhalten schwer. Klagt der ArbN aktiv auf eine Fortsetzung des ArbVerh und gibt er im Hinblick auf eine ausgehandelte Abfindung später die erworbene Rechtsposition auf, liegt darin ein aktives Lösen iSv. § 159 II 1 Nr. 1. Auch der ArbGeb soll nicht über den Weg des Kündigungsschutzprozesses mit allen Chancen der Einigung gewissermaßen risikolos kündigen können (vgl. bereits Rz. 13 f.). Das Sperrzeitinstrument muss auch für derartige Konstellationen seiner Disziplinierungsfunktion gerecht werden. Etwas anderes gilt, wenn dem ArbN wegen der in der Weiterführung des Prozesses liegenden Risiken und Belastungen auch im Hinblick auf das letztlich fortzuführende ArbVerh eine Fortsetzung des Prozesses und die Wiederaufnahme der Arbeit beim kündigenden ArbGeb nicht zugemutet werden kann. Dies sind Fälle, die ohnehin auf die Anwendung der §§ 9, 10 KSchG herauslaufen würden (s. Rz. 8). Für einen leitenden Angestellten gilt dies bereits dann, wenn ihm ohne Abschluss des Aufhebungsvertrages die frist-

---

1 G. v. 23.12.2002, BGBl. I S. 4607; vgl. dazu BT-Drs. 15/25, 31 zu § 144 I 2. || 2 S. dazu LSG Rh.-Pf. 30.3.2006 – L 1 AL 162/05, NZS 2006, 666 betr. Kirchenaustritt. || 3 BSG 18.2.1987 – 7 RAr 72/85, SGb 1987, 574 (betr. Art. 4 GG); zurückhaltender dagegen in BSG 20.4.1977 – 7 RAr 112/75, BSGE 43, 269 hinsichtlich Art. 6 I GG beim Zuzug zum Ehepartner. || 4 BSG 25.4.2002 – B 11 AL 65/01 R, NZA-RR 2003, 105. || 5 BSG 25.4.2002 – B 11 AL 65/01 R, NZA-RR 2003, 105; im Anschluss auch BSG 17.10.2002 – B 7 AL 136/01 R, SozR 3-4300 § 144 Nr. 12. || 6 BSG 17.10.2002 – B 7 AL 136/01 R, SozR 3-4300 § 144 Nr. 12. || 7 BSG 18.12.2003 – B 11 AL 35/03 R, NZA 2004, 661. || 8 *Schundt*, NZA 2005, 861; *Boecken/Hümmerich*, DB 2004, 2046; anders *Bauer/Steffen*, NZA 2004, 640 (641). || 9 BSG 17.11.2005 – B 11a/11 AL 69/04 R, AP Nr. 7 zu § 144 SGB III. || 10 BSG 12.7.2006 – B 11 AL 47/05 R, NJW 2006, 3514; bestätigt in BSG 8.7.2009 – B 11 AL 17/08 R, NJW 2010, 2459, || 11 Offen gelassen in BSG 18.12.2003 – B 11 AL 35/03 R, NZA 2004, 661 (664); dagegen auch *Gagel*, NZA 2005, 1328, der nur im Falle der nicht offensichtlichen Rechtswidrigkeit auf Grund des für den ArbN im Falle der Fortführung des Prozesses bestehenden Prozessrisikos einen wichtigen Grund anerkennt. || 12 BSG 17.10.2007 – B 11a AL 51/06 R, DB 2008, 1048.

gerechte Kündigung und für den Fall ihrer Sozialwidrigkeit die Auflösung des ArbVerh auf Antrag des ArbGeb gem. § 9 I 2 iVm. § 14 II 2 KSchG droht[1].

29 Wichtige Gründe, die nach der **Rspr. anerkannt** sind, kommen im Rahmen der Arbeitsplatzaufgabe in folgenden **Lebenssachverhalten** in Betracht: Auflösung des ArbVerh aus wichtigem Grund nach § 626 BGB[2]; gesundheitliche Gründe[3]; Heirat, auch wenn noch unmittelbar bevorstehend[4]; Mobbing, wenn dadurch unzumutbarer psychischer Druck entsteht[5]; objektiv starke Überforderung durch die konkreten Arbeitsbedingungen etwa wegen nichtplanbarer Arbeits- und Freizeiten, Massierung von Einsätzen und dadurch bedingter Gefährdungen Dritter[6]; nichteheliche Lebensgemeinschaft bei gemeinsamer Erziehung eines (nicht notwendig eigenen) Kindes oder nach vorheriger intensiver Arbeitssuche am neuen Wohnort[7]; religiöse oder Gewissensgründe[8]; aber nicht Kirchenaustritt und darauf beruhende ArbGebKündigung wegen Vertragsverletzung[9]; Personalabbau im Rahmen betriebl. Strukturänderungen, wenn mindestens ¼ aller Arbeitsplätze betroffen sind und der ArbN einen jüngeren (sozial schwächeren) ArbN vor der Entlassung bewahrt[10]; Pflege eines auch nicht verheirateten Partners[11]; Verweigerung von Vermittlungsbemühungen seitens der AA[12]; Zuvorkommen einer arbeitgeberseits in Aussicht gestellten Kündigung aus betriebl. Gründen, wenn diese, etwa wegen einer Betriebsstilllegung, unausweichlich erscheint[13] (vgl. auch Rz. 26, 28). Die **Aufgabe eines unbefristeten** ArbVerh zu Gunsten eines (mindestens auf zwei Monate) befristeten ArbVerh hat die Rspr.[14] für drei Fallgruppen anerkannt: (1) wenn mit dem neuen befristeten Arbeitsplatz ein Wechsel in ein anderes Berufsfeld und damit die Erlangung zusätzlicher beruflicher Fertigkeiten verbunden ist; (2) wenn die befristete Beschäftigung einer bereits erworbenen höheren Qualifikation entspricht und (3) wenn ein um mindestens 10 % höheres Arbeitsentgelt erzielt wird. Bei **Umwandlung eines unbefristeten ArbVerh in ein befristetes ATZ-Verhältnis im Blockmodell** liegt in dem beabsichtigten Ausscheiden aus dem Erwerbsleben ein wichtiger Grund, wenn diese Annahme prognostisch gerechtfertigt war (wegen Erreichens einer vorgezogenen Altersgrenze der RV)[15]. Dagegen stellt die Sicherung eines Anspruchs mit längerer Anspruchsdauer durch vorzeitige Beendigung des ArbVerh vor Ablauf der Übergangsfrist des § 434l I aF nach der Rspr. keinen wichtigen Grund iSd. Sperrzeitregelung dar[16].

30 **III. Rechtsfolgen der Sperrzeit.** Während des Laufs einer Sperrzeit **ruht der Anspruch auf Alg für die im Gesetz bestimmte Dauer**. Dies sind bei der Sperrzeit wegen Arbeitsplatzaufgabe seit jeher **zwölf Wochen**. Die Sperrzeit beginnt mit dem Tag nach dem Ereignis, das die Sperrzeit begründet (Abs. 2 S. 1) – dies ist bei der Sperrzeit wegen Arbeitsaufgabe das rechtl. Ende des Beschäftigungsverhältnisses[17]. Durch zwei Entscheidungen des 11. und des 7. Senats des BSG[18] wurde klargestellt, dass auch die Freistellung des ArbN unter Fortzahlung des Arbeitsentgelts bereits Anknüpfungstatbestand für den Lauf der Sperrzeit ist – und nicht erst das rechtl. Ende des ArbVerh. Die Entscheidung liegt im System des Gesetzes, wonach selbst bei bestehendem ArbVerh ein Anspruch auf Alg dem Grunde und auch der Höhe nach begründet sein kann, vorausgesetzt, dass der ArbN nicht mehr dem Weisungsrecht des ArbGeb untersteht. Der Beginn einer vertragl. vereinbarten Freistellung unter Fortzahlung des Arbeitsentgelts setzt damit die Sperrzeitfrist in Gang, unabhängig davon, zu welchem Zeitpunkt der ArbN den Antrag auf Alg stellt (was er regelmäßig erst nach der Beendigung des ArbVerh tun wird, vgl. auch Rz. 4).

31 Fällt der erste Tag der Sperrzeit in eine bereits laufende Sperrzeit, so beginnt die nächste Sperrzeit erst mit dem Ende dieser Sperrzeit (Abs. 2 S. 1 letzter Hs.).

32 Die Sperrzeitdauer kann wegen einer für den Arbl. **nach den für den Eintritt der Sperrzeit maßgebenden Tatsachen besonderen Härte** gemindert werden. Die Minderung reduziert die Sperrzeit bei Vorliegen einer Härte auf sechs Wochen. Eine besondere Härte kann danach nur durch die für den Eintritt der Sperrzeit ursächlichen Umstände[19] begründet werden; Gründe außerhalb und vor allem erst nach

---

1 BSG 17.11.2005 – 11a/11 AL 69/04 R, BSGE 95, 232. || 2 BSG 17.7.1964 – 7 RAr 4/64, BSGE 21, 205. || 3 BSG 26.11.1992 – 7 RAr 38/92, BSGE 71, 256. || 4 BSG 29.11.1988 – 11/7 RAr 91/87, NZA 1989, 616. || 5 BSG 25.4.1990 – 7 RAr 16/89, DBlR § 119 Nr. 3649; einschr. v. 21.10.2003 – B 11 AL 92/02, NZS 2004, 382, mit der Beschränkung auf objektiv unrechtmäßiges oder nicht sozialadäquates Verhalten des Vorgesetzten (aufschlussreich!). || 6 Vgl. LSG Hess. 18.6.2009 – L 9 AL 129/08, info also 2010, 11. || 7 BSG 25.10.1988 – 7 RAr 37/87, NJW 1989, 3036; 29.4.1998 – B 7 AL 56/97 R, NZS 1998, 581; einschr. v. 5.11.1998 – B 11 AL 5/98, NZA-RR 1999, 267 betr. Aufgabe des Arbeitsplatzes zwecks Begründung einer nichtehelichen Lebensgemeinschaft; vor dem Hintergrund des LPartG aber zweifelhaft; s.a. BSG 17.10.2002 – B 7 AL 72/00 R, SozR 3-4300 § 144 Nr. 10 (Aufgabe der bisherigen Rspr.); ebenso 17.10.2002 – B 7 AL 96/00 R, BSGE 90, 90. || 8 BSG 10.12.1980 – 7 RAr 93/79; 26.3.1982 – 7 RAr 89/81, SozR 4100 § 119 Nr. 19; 18.2.1987 – 7 RAr 72/85, SozR 4100 § 119 Nr. 30; 28.10.1987 – 7 RAr 8/86, DBlR § 119 Nr. 3333. || 9 LSG Rh.-Pf. 30.3.2006 – L 1 AL 162/05, NZS 2006, 666. || 10 BSG 29.11.1989 – 7 RAr 86/88, NZA 1990, 628; 25.4.1990 – 7 RAr 84/88, SozSich 1991, 94. || 11 BSG 25.10.1988 – 7 RAr 37/87, NJW 1989, 3036 (3038). || 12 BSG 29.4.1998 – B 7 AL 56/97 R, NZS 1998, 581. || 13 Offen gelassen in BSG 29.11.1989 – 7 RAr 86/88, NZA 1990, 628. || 14 BSG 12.7.2006 – B 11a AL 55/05 R, NJW 2006, 3517 m. abl. Anm. Rixen; 12.6.2006 – B 11a AL 73/05 R. || 15 BSG 21.7.2009 – B 7 AL 6/08 R, NZA-RR 2010, 323. || 16 BSG 14.9.2010 – B 7 AL 33/09 R, NZS 2011, 713. || 17 BSG 25.4.2002 – B 11 AL 65/01, NZA-RR 2003, 105; Brand/Karmanski, § 159 Rz. 145; aA Gagel/Winkler, § 159 Rz. 343 || 18 BSG 25.4.2002 – B 11 AL 65/01; im Anschluss auch BSG 17.10.2002 – B 7 AL 136/01, SozR 3-4300 § 144 Nr. 12. || 19 BSG 21.7.1988 – 7 RAr 41/86, SozR 4100 § 119 Nr. 32 (S. 155).

dem Ereignis, das die Sperrzeit begründet, finden keine Berücksichtigung[1]; ebenso wenig wirtschaftl. und sonstige persönliche Umstände, wie finanzielle Situation, Behinderung oder Unterhaltspflichten[2]. Maßgeblich ist, dass nach den Umständen des Einzelfalles der Eintritt einer Sperrzeit von zwölf Wochen nach den für ihren Eintritt maßgebenden Tatsachen als unverhältnismäßig anzusehen ist[3].

In den Fällen des Abs. 3 S. 2 Nr. 1 unterstellt das Gesetz **unwiderleglich eine Härte wegen Unverhältnismäßigkeit**. Es sind dies Fälle, in denen das ArbVerh innerhalb von sechs Wochen nach dem Ereignis, das die Sperrzeit begründet, geendet hätte, also Ablauf eines befristeten ArbVerh oder hypothetische Kündigung seitens des ArbGeb, ohne dass den ArbN hieran eine Verantwortung trifft[4]. Die Sperrzeit verkürzt sich hier auf drei Wochen. Abs. 3 S. 2 Nr. 2 folgt dem gleichen Gedanken und setzt in seiner Fassung durch das Dritte Gesetz für moderne Dienstleistungen am Arbeitsmarkt[5] die bisherige Rspr. des BSG um. Eine darüber hinaus gehende Verkürzung der Sperrzeit auf die Dauer der durch die Lösung des Beschäftigungsverhältnisses verursachten längeren Arbeitslosigkeit kommt nach der Rspr. des BSG[6] nicht in Betracht. 33

Die Sperrzeit führt zum Ruhen und zur **Minderung des Anspruchs auf Alg** um die Tage des Ruhens, mindestens aber um ein Viertel des Gesamtanspruchs (§ 148 I Nr. 4). Im Gegensatz zu den Ruhensfolgen der §§ 157, 158 wird der Anspruch also aufgezehrt. Die Minderung der Anspruchsdauer entfällt, wenn das Ereignis, das die Sperrzeit begründet, bei Erfüllung der Voraussetzungen für den Anspruch auf Alg länger als ein Jahr zurückliegt. Mit anderen Worten, der Arbl. kann der Kürzung seines Anspruchs dadurch entgehen, dass er den Antrag auf Alg erst ein Jahr nach dem Eintritt der Sperrzeit stellt. Hierüber hat die AA ihn grds. zu belehren[7]. Darauf hat die AA ihn den Arbl. bei späterer Antragstellung hinzuweisen (s. Rz. 4). Besteht Anlass zu der Annahme, dass das Zuwarten bis zum Ablauf der Wartefrist für den ArbN günstiger ist, kann eine unterlassene Beratung zur Herstellung des Zustandes führen, der bei verspäteter Antragstellung eingetreten wäre (sozialrechtl. Herstellungsanspruch[8]). 34

Nach zweimaligem Eintritt einer Sperrzeit von zwölf Wochen **erlischt der Anspruch auf Alg** (§ 161 I Nr. 2). Er erlischt ferner, wenn der Arbl. Anlass für den Eintritt von Sperrzeiten von insg. 21 Wochen gegeben hat, mithin Anlass für weitere Sperrzeittatbestände mit geringeren Ruhenszeiträumen (wegen Ablehnung bzw. Abbruchs einer berufl. Eingliederungsmaßnahme). 35

Nach § 5 I Nr. 2 SGB V ist der Arbl. in den ersten vier Wochen einer Sperrzeit nicht **krankenversichert**; es besteht aber idR nachgehender Krankenversicherungsschutz aus dem ArbVerh nach § 19 II SGB V (einmonatiger Nachschutz). Danach genießt der Arbl. – anders als in den Ruhensfällen der §§ 157 I, 158; nicht: II; 158 – nach § 5 I Nr. 2 SGB V während der Sperrzeit Krankenversicherungsschutz. Der Anspruch auf Krankengeld ruht aber für die Zeit, in der das Alg wegen einer Sperrzeit ruht[9]. Der Anspruch auf Weiterzahlung des Alg für die Dauer von sechs Wochen bei Arbeitsunfähigkeit infolge von Krankheit (§ 146) entfällt ebenso, wenn die Arbeitsunfähigkeit während einer Sperrzeit eintritt, und zwar über den Zeitraum der Sperrzeit hinaus[10]. Der Arbl. erhält nach dem Ablauf der Sperrzeit aber Krankengeld[11]. 36

160 *Ruhen bei Arbeitskämpfen*

(1) **Durch die Leistung von Arbeitslosengeld darf nicht in Arbeitskämpfe eingegriffen werden. Ein Eingriff in den Arbeitskampf liegt nicht vor, wenn Arbeitslosengeld Arbeitslosen geleistet wird, die zuletzt in einem Betrieb beschäftigt waren, der nicht dem fachlichen Geltungsbereich des umkämpften Tarifvertrags zuzuordnen ist.**

(2) Ist die Arbeitnehmerin oder der Arbeitnehmer durch Beteiligung an einem inländischen Arbeitskampf arbeitslos geworden, so ruht der Anspruch auf Arbeitslosengeld bis zur Beendigung des Arbeitskampfes.

(3) Ist die Arbeitnehmerin oder der Arbeitnehmer durch einen inländischen Arbeitskampf arbeitslos geworden, ohne an dem Arbeitskampf beteiligt gewesen zu sein, so ruht der Anspruch auf Arbeitslosengeld bis zur Beendigung des Arbeitskampfes nur, wenn der Betrieb, in dem der Arbeitslose zuletzt beschäftigt war,

1. dem räumlichen und fachlichen Geltungsbereich des umkämpften Tarifvertrags zuzuordnen ist oder

2. nicht dem räumlichen, aber dem fachlichen Geltungsbereich des umkämpften Tarifvertrags zuzuordnen ist und im räumlichen Geltungsbereich des Tarifvertrags, dem der Betrieb zuzuordnen ist,

   a) eine Forderung erhoben worden ist, die einer Hauptforderung des Arbeitskampfes nach Art und Umfang gleich ist, ohne mit ihr übereinstimmen zu müssen, und

---

1 BSG 29.11.1988 – 11/7 Rar 91/87, BSGE 64, 202 (208); 15.11.1995 – 7 RAr 32/95, BSGE 67, 71.   ‖ 2 Brand/*Karmanski*, § 159 Rz. 161.   ‖ 3 BSG 21.7.1988 – 7 RAr 41/86, SozR 4100 § 119 Nr. 32 (S. 155).   ‖ 4 Hauck/Noftz/*Valgolio*, § 159 Rz. 457.   ‖ 5 V. 23.12.2003, BGBl. I S. 2848.   ‖ 6 BSG 5.2.2004 – B 11 AL 31/03, NZS 2005, 219.   ‖ 7 BSG 5.8.1999 – B 7 AL 38/98 R, NZA-RR 2000, 325.   ‖ 8 BSG 5.8.1999 – B 7 AL 38/98 R, NZA-RR 2000, 325.   ‖ 9 § 49 I Nr. 3 SGB V.   ‖ 10 BSG 14.3.1985 – 7 RAr 61/84, SozR 4100 § 105b Nr. 3.   ‖ 11 § 49 I Nr. 3a SGB V e contrario.

b) das Arbeitskampfergebnis aller Voraussicht nach in dem räumlichen Geltungsbereich des nicht umkämpften Tarifvertrags im Wesentlichen übernommen wird.

Eine Forderung ist erhoben, wenn sie von der zur Entscheidung berufenen Stelle beschlossen worden ist oder auf Grund des Verhaltens der Tarifvertragspartei im Zusammenhang mit dem angestrebten Abschluss des Tarifvertrags als beschlossen anzusehen ist. Der Anspruch auf Arbeitslosengeld ruht nach Satz 1 nur, wenn die umkämpften oder geforderten Arbeitsbedingungen nach Abschluss eines entsprechenden Tarifvertrags für die Arbeitnehmerin oder den Arbeitnehmer gelten oder auf sie oder ihn angewendet würden.

(4) Ist bei einem Arbeitskampf das Ruhen des Anspruchs nach Absatz 3 für eine bestimmte Gruppe von Arbeitslosen ausnahmsweise nicht gerechtfertigt, so kann der Verwaltungsrat bestimmen, dass ihnen Arbeitslosengeld zu leisten ist.

(5) Die Feststellung, ob die Voraussetzungen nach Absatz 3 Satz 1 Nummer 2 Buchstabe a und b erfüllt sind, trifft der Neutralitätsausschuss (§ 380). Er hat vor seiner Entscheidung den Fachspitzenverbänden der am Arbeitskampf beteiligten Tarifvertragsparteien Gelegenheit zur Stellungnahme zu geben.

(6) Die Fachspitzenverbände der am Arbeitskampf beteiligten Tarifvertragsparteien können durch Klage die Aufhebung der Entscheidung des Neutralitätsausschusses nach Absatz 5 und eine andere Feststellung begehren. Die Klage ist gegen die Bundesagentur zu richten. Ein Vorverfahren findet nicht statt. Über die Klage entscheidet das Bundessozialgericht im ersten und letzten Rechtszug. Das Verfahren ist vorrangig zu erledigen. Auf Antrag eines Fachspitzenverbandes kann das Bundessozialgericht eine einstweilige Anordnung erlassen.

I. Inhalt und Bedeutung der Vorschrift 1	1. Allgemeines 16
II. Überblick 4	2. Partizipation an den Ergebnissen des Arbeitskampfes 17
III. Neutralitätsgrundsatz (Abs. 1) 6	VI. Härteregelung zu Abs. 3 (Abs. 4) 30
1. Passive Neutralitätspflicht 6	VII. Entscheidung des Neutralitätsausschusses
2. Teilkonkretisierung für nicht am Arbeitskampf beteiligte Arbeitnehmer 8	(Abs. 5) 31
IV. Ruhen der Leistungen bei Beteiligung am Arbeitskampf (Abs. 2) 10	VIII. Rechtsschutz gegen die Entscheidung des Neutralitätsausschusses 34
V. Ruhen der Leistungen für nicht am Arbeitskampf unmittelbar beteiligte Arbeitnehmer (Abs. 3) 16	1. Klageverfahren 34
	2. Vorläufiger Rechtsschutz 37

1 **I. Inhalt und Bedeutung der Vorschrift.** Die Vorschrift trifft eine Bestimmung über das **Leistungsverhalten der BA in Arbeitskämpfen.** Obwohl sie im Abschnitt über die Gewährung und das Ruhen von Alg angesiedelt ist, findet sie ihre zentrale Bedeutung bei der Leistung von Kug, für das sie kraft Verweisung in § 100 I entsprechend gilt. Beansprucht der ArbGeb weiterhin seine Dispositionsbefugnis über den ArbN, ist dieser nicht arbeitslos (s.a. § 157 Rz. 5), und es kommt nur Kug (und dessen evtl. Ruhen) in Betracht. Der ArbN kann aber alternativ Alg beantragen, wenn der ArbGeb den Antrag auf Kug nicht stellt (s.a. § 99 Rz. 4)[1] und kein BR vorhanden ist[2] (vgl. § 323 II). Der ArbGeb hat im Streitfall darzulegen und glaubhaft zu machen, dass der Arbeitsausfall Folge eines inländischen Arbeitskampfes ist (§ 100 II).

2 Mit § 146 aF wurde die Regelung der **Neutralitätspflicht der BA durch den früheren § 116 AFG** unverändert übernommen. Dessen Fassung beruhte auf dem Gesetz zur Änderung der Neutralität der BA bei Arbeitskämpfen v. 15.5.1986[3], das den verfassungsrechtl. Bedenken an der ausreichenden Ermächtigung der Neutralitäts-Anordnung[4] und deren Verfassungsmäßigkeit[5] Rechnung trug. Mithin können Rspr. und Lit. zum alten Recht auf die seit 1998 geltende Regelung übertragen werden. Die Beanspruchung von Leistungen der ArblV hat seit jeher vor allem die Arbeitsrechtswissenschaft (s.a. Art. 9 GG Rz. 333ff., 337) aufgerufen, da mit der Gewährung oder Nichtgewährung die Kampfkraft der TV-Parteien im Arbeitskampf entscheidend beeinflusst werden kann.

3 Das BVerfG hat in seiner Entscheidung v. 14.7.1995[6] die Regelung über die Versagung von Alg oder Kug ggü. nicht unmittelbar am Arbeitskampf beteiligten ArbN nach Abs. 3 S. 1 für (noch) verfassungsgemäß erklärt. Die auch im LS 1[7] zum Ausdruck kommende Einschränkung, dass durch die Regelung

---

1 Nach § 323 II ist der Antrag auf Kug nur vom ArbGeb oder einer im Betrieb vorhandenen Betriebsvertretung zu stellen. ‖ 2 So Brand/Düe, § 160 Rz. 13; aA Bieback, SGb 1987, 177 (180), der eine Erweiterung des Antragsrechts auf Kug für nötig hält. ‖ 3 BGBl. I S. 740. ‖ 4 AO des Verwaltungsrates der BA bei Arbeitskämpfen v. 22.3.1973, ANBA 1973, 363. ‖ 5 Nachw. bei Seiter, NJW 1987, 1 (2 Fn. 14). ‖ 6 BVerfG 14.7.1995 – 1 BvF 2/86 ua., 1 BvR 1421/86, BVerfGE 92, 365. ‖ 7 „1. § 116 Abs. 3 Satz 1 AFG ist mit dem GG vereinbar. Treten in der Folge dieser Regelung strukturelle Ungleichheiten der Tarifvertragsparteien auf, die ein ausgewogenes Aushandeln der Arbeits- und Wirtschaftsbedingungen nicht mehr zulassen und durch die Rechtsprechung nicht mehr ausgeglichen werden können, muss der Gesetzgeber Maßnahmen zur Wahrung der Tarifautonomie treffen."

nicht ausgeschlossen würde, dass es bei entsprechender Kampftaktik zu Störungen der Kampfparität kommen könne, hat das BVerfG mit entsprechendem Vortrag der beschwerdeführenden Gewerkschaftsseite begründet, dass durch gezielte Abwehraussperrungen seitens der ArbGeb eine Kampfüberlegenheit und damit Paritätsstörung zu Gunsten der ArbGebSeite eintreten könne. Wegen der Unsicherheiten der tatsächlichen und (arbeits)rechtl. Bewertung einer entsprechenden Kampftaktik sah sich das Gericht aber nicht in der Lage, auf den Vortrag der Beschwerdeführer hin eine Paritätsstörung durch sog. „kalte" Aussperrungen festzustellen, und überließ eine solche Feststellung der tatsächlichen Entwicklung[1]. Seit der Entscheidung des BVerfG haben sich die dort dargestellten Befürchtungen einer Störung der Kampfparität durch gezielte Abwehraussperrungen der ArbGeb noch nicht bewahrheitet[2].

II. Überblick. Die Regelung zur Neutralitätspflicht der BA in Arbeitskämpfen unterscheidet zwischen verschiedenen Fallgruppen, für die das Ruhen oder Nichtruhen von Leistungen angeordnet wird. **Keine Leistungen** erhalten hiernach ArbN,

- die sich an dem Arbeitskampf beteiligen (Abs. 2);
- die in einem von Fernwirkungen eines Arbeitskampfes betroffenen Betrieb beschäftigt sind, der dem räumlichen und fachlichen Geltungsbereich des umkämpften TV zuzuordnen ist (Abs. 3 S. 1 Nr. 1), und am Ergebnis persönlich partizipieren (S. 3);
- die in einem von Fernwirkungen eines Arbeitskampfes betroffenen Betrieb beschäftigt sind, der zwar dem fachlichen, nicht aber dem räumlichen Geltungsbereich des umkämpften TV zuzuordnen ist, wenn in dem räumlichen Geltungsbereich des TV, dem der Betrieb zuzuordnen ist,
  a) eine gleichartige Forderung erhoben worden ist und
  b) das Ergebnis aller Voraussicht nach in dem räumlichen Geltungsbereich des TV, dem der Betrieb des ArbN zuzuordnen ist, übernommen wird, sofern der ArbN an dem Ergebnis auch persönlich partizipiert (Abs. 3 S. 1 Nr. 2, S. 3).

Alg oder Kug erhalten aber ArbN von Betrieben **außerhalb des fachlichen Geltungsbereichs** des umkämpften TV. Das Gesetz beruht durchgehend nicht mehr auf dem Gedanken der Partizipation und nicht mehr auf der im Arbeitsrecht herrschenden Binnendrucktheorie. Nach der Binnendrucktheorie reicht es für die Beeinflussung des Arbeitskampfes durch die Leistungen der BA aus, wenn hiernach der Druck auf die kampfführenden Verbände einseitig gemildert wird[3]. Entscheidend für die Versagung von Versicherungsleistungen dem Einzelnen ggü. ist nach Auffassung des Gesetzgebers allein, dass der ArbN durch Partizipation an den Leistungen so gestellt wird, als sei der Arbeitskampf stellvertretend auch für ihn geführt worden und er „nach einer natürlichen Betrachtungsweise als auch in wirtschaftl. Sinne als beteiligt angesehen" werden müsse[4]. Daran anknüpfend wird mit der fortschreitenden Tarifpluralität unter Aufgabe des Grundsatzes der Tarifeinheit eine zunehmende Ausweitung von Alg- und Kug-Zahlungen im Rahmen von Arbeitskämpfen befürchtet[5] und in diesem Zusammenhang auch eine Streichung des § 160 III befürwortet[6].

III. Neutralitätsgrundsatz (Abs. 1). 1. Passive Neutralitätspflicht. Der Grundsatz des Abs. 1 S. 1 verpflichtet die BA zur passiven Neutralität[7]. Die Neutralitätspflicht des Staates in Arbeitskämpfen ist Teil der durch Art. 9 GG garantierten Tarifautonomie und kann als paritätsgestaltende fördernde Neutralität das Recht zur Regelung von Sachverhalten umfassen, durch die die Kräfteverhältnisse der Tarifparteien ins Gleichgewicht gebracht werden (paritätsfördernde Neutralität). Die einfachgesetzl. Ausgestaltung der Neutralitätspflicht der BA beinhaltet aber lediglich die Verpflichtung, die Kräfteverhältnisse der Koalitionen zu respektieren und nicht durch Gewährung oder Nichtgewährung von Leistungen positiv zu beeinflussen[8]. Demggü. sind Funktionsstörungen im Arbeitskampf vorrangig auf dem Gebiet des Arbeitskampfrechts zu beheben[9]. Letztlich soll die Vorschrift Sachverhalte in sozialrechtl. Hinsicht nur abwickeln, die aus arbeitskampfrechtl. Wertentscheidungen herrühren[10].

Der Neutralitätsgrundsatz ist **Auslegungsmaxime** für die Anwendung der Ruhenstatbestände der Abs. 2 und 3. Die Arbeitsverwaltung ist nicht zur selbständigen Auslegung der vom Neutralitätsausschuss zu treffenden Feststellungen befugt, die aber nur die generellen Voraussetzungen für ein arbeitskampfbedingtes Ruhen von Leistungen umfassen (s. Rz. 31). IÜ können die Tatbestände des Ruhens im Lichte der Neutralitätsverpflichtung nicht dazu benutzt werden, die Entscheidung bei der Prüfung der Ruhensvoraussetzungen daran auszurichten, ob diese geeignet ist, die Kampfparität zu fördern, sondern hat sich allein an den Vorgaben des Gesetzgebers zu orientieren[11].

---

1 BVerfG 14.7.1995 – 1 BvF 2/86 ua., 1 BvR 1421/86, BVerfGE 92, 365. ||2 Wie hier *Lieb*, JZ 1995, 1174 (1178); wohl auch *Zachert*, ArbuR 2000, 53 (55), der aber die gewerkschaftliche Arbeitskampftaktik hierfür verantwortlich hält; neuerdings auch *Deinert*, ArbuR 2010, 290. ||3 Ausf. *Seiter*, NJW 1987, 1 (4). ||4 BR-Drs. 600/85, 13; vgl. auch Ausschussbericht, BT-Drs. 10/5214, 22. ||5 *Giesen*, NZA 2009, 11. ||6 *Löwisch*, RdA 2010, 263. ||7 BSG 5.6.1991 – 7 RAr 26/89, NZA 1991, 982. ||8 BSG 4.10.1994 – 7 KlAr 1/93, NZA 1995, 320. ||9 *Bieback*, SGb 1987, 177; *Gagel*, Jura 1986, 281. ||10 ErfK/*Rolfs*, § 160 SGB III Rz.12; Brand/*Düe*, § 160 Rz. 1. ||11 BSG 5.6.1991 – 7 RAr 26/89, NZA 1991, 982.

8 **2. Teilkonkretisierung für nicht am Arbeitskampf beteiligte Arbeitnehmer.** Abs. 1 S. 2 trifft eine Klarstellung für die Anwendung der speziellen Ruhenstatbestände des Abs. 3: **Außerhalb des fachlichen Geltungsbereichs des umkämpften TV** liegt in der Gewährung von Alg oder Kug (s. Rz. 1) kein Eingriff in den Arbeitskampf seitens der BA. Grundgedanke ist, dass wegen der Verfolgung eigener Tarifabschlüsse durch branchenfremde TV-Parteien in nicht dem Fachbereich des umkämpften Tarifgebietes unterfallenden Betrieben nicht davon ausgegangen werden kann, dass das Tarifergebnis übernommen wird (s. Rz. 5). Der Partizipationsgedanke als übergeordnete Leitidee der Neutralitätspflicht lässt hier ein Ruhen der Leistungen nicht zu. Anderen Ansätzen für eine umfassendere Prüfung der Beeinflussung des Arbeitskampfes, wie der im Arbeitsrecht herrschende Binnendrucktheorie[1] ist damit für den Bereich der sozialversicherungsrechtl. Leistungen der Boden entzogen[2].

9 Wer zum fachlichen Geltungsbereich des umkämpften TV gehört, beurteilt sich nach der **Branchenzugehörigkeit des Betriebes**, dem der ArbN angehört[3]. Maßgeblich ist somit der normative Geltungsbereich des TV und nicht die fachliche berufliche Tätigkeit des ArbN, der ja auch im Falle der Tarifgebundenheit bei fachfremder Tätigkeit dem TV unterfällt[4]. Abs. 1 S. 2 knüpft infolge der Partizipationsidee streng an die Zuordnung durch die Tarifpraxis an.

10 **IV. Ruhen der Leistungen bei Beteiligung am Arbeitskampf (Abs. 2).** Der Neutralitätsverpflichtung entspricht es, **grds. keine Leistungen an streikende oder (rechtmäßig) ausgesperrte**[5] **ArbN** zu erbringen. Ebenso wie das Lohnrisiko bei Teilnahme an Arbeitskampfmaßnahmen den ArbN zufällt (vgl. Erl. zu § 615 BGB); gleichgültig ob sie aktiv durch Streik oder durch Gegenmaßnahmen des gegnerischen Verbandes vom Arbeitskampfgeschehen unmittelbar betroffen sind, würden Zahlungen der BA ihnen die mit der Teilnahme am Arbeitskampf zufallende Last des Lohnausfalls durch die BA teilweise abnehmen, was gegen die Neutralitätspflicht verstieße.

11 Grds. erfasst die durch Abs. 2 konkretisierte Neutralitätspflicht **auch rechtswidrige Arbeitskampfmaßnahmen**, da jedwede Beteiligung an Arbeitskampfmaßnahmen nicht durch Leistungen der BA unterstützt werden soll. Dies gilt insb. für die Teilnahme an rechtswidrigen (zB nicht durch eine Gewerkschaft geführten) Streiks, die anderenfalls noch honoriert würde, ließe man eine Beschränkung auf rechtmäßige Arbeitskampfmaßnahmen zu[6]. Zweifelhaft erscheint dagegen, ob im Falle rechtswidriger Aussperrungsmaßnahmen, die gegen das vom BAG konkretisierte Verhältnismäßigkeitsgebot verstoßen[7] oder andere allg. Voraussetzungen rechtmäßiger Arbeitskampfmaßnahmen an Kampfziele oder Kampfbeteiligte sowie Kampfbeginn nicht erfüllen (dazu Erl. zu Art. 9 GG), vom Ausschlusstatbestand des Abs. 2 erfasst werden.

12 Die ganz hM bezieht Abs. 2 grds. auch auf **rechtswidrige ArbGebKampfmaßnahmen**, misst ihm aber wegen des dann bestehenden Lohnanspruchs nach § 615 BGB keine Bedeutung zu[8]. Ggf. müsste die BA über § 157 Alg erbringen[9]. Diese Auffassung greift aber zu kurz, da § 160 II und § 157 III gleichberechtigt nebeneinander stehen und der Ausschlusstatbestand des Abs. 2 auch einer Gleichwohlgewährung nach § 157 III entgegenstehen dürfte. Zudem stellt sich dem AA auch dann die schwierig zu beurteilende Frage der Rechtswidrigkeit der Aussperrungsmaßnahme, der sie durch die Einbeziehung rechtswidriger ArbGebKampfhandlungen ja gerade enthoben werden sollte[10]. ME ist daher nur die auch von *Otto* vertretene Auffassung konsequent, den ArbN hier seines Anspruchs nicht im Wege des Abs. 2 zu berauben, den er dann auf § 157 III ggü. der BA zu stützen vermag. Die AA sind nach Abs. 1 S. 1 wegen ihrer grds. Neutralitätspflicht gehalten, die Rechtmäßigkeit der Aussperrung sorgfältig zu prüfen[11].

13 Der Ausschlusstatbestand des Abs. 2 geht auch der Konkretisierung der Neutralitätspflicht für **Mitglieder anderer fachlicher Tarifbereiche nach Abs. 1 S. 2 vor.** Dies gilt allerdings wiederum nur für den (fachfremdem) Sympathiestreik, auf dessen fehlende Unterstützung durch die BA im Gesetzgebungsverfahren ausdrücklich hingewiesen wurde[12]. Sympathieaussperrungen in Drittbetrieben, soweit sie überhaupt zulässig sein sollten (s. Erl. zu Art. 9 GG), können nur nach den Maßstäben des Abs. 3 beur-

---

1 Vgl. BAG 12.12.1980 – 1 ABR 2/79, BAGE 34, 331. Hiernach reicht eine enge organisatorische Verbundenheit oder Identität der kampfführenden Verbände für die unmittelbar und nur mittelbar betroffenen Betriebe aus, um die Lohnzahlungspflicht in den mittelbar betroffenen Betrieben (zur Vermeidung von Paritätsstörungen) zu verneinen. ||2 Aus diesem Grund krit. *Isensee*, DB 1986, 429 (430f.); noch deutlicher *Seiter*, NJW 1987, 1 (4); zust. aber *Otto*, RdA 1987, 1 (4f.); *Löwisch*, NZA 1986, 345 (347). ||3 Hauck/Noftz/*Valgolio*, § 160 Rz. 14; *Schmidt-Preuß*, DB 1986, 2488 (2493). ||4 BAG 12.7.1957 – 2 AZR 23/55, AP Nr. 7 zu § 4 TVG Geltungsbereich. ||5 Zur zahlenmäßigen Beschränkung der Aussperrung vgl. BAG 10.6.1980 – 1 AZR 822/79, NJW 1980, 1642. ||6 HM, vgl. Brand/*Düe*, § 160 Rz. 16; Hauck/Noftz/*Valgolio*, § 160 Rz. 17; ausführl. Gagel/*Bender*, § 160 Rz. 92ff.; für eine Einbeziehung insb. rechtswidriger Streiks auch BSG 4.10.1994 – 7 KlAr 1/93, NZA 1995, 320. ||7 Nach MünchArbR/*Otto*, § 292 Rz. 28 entspr. für die sog. suspendierende Betriebsstillegung, dazu MünchArbR/*Otto*, § 286 Rz. 103ff.; BAG 22.3.1994 – 1 AZR 622/93, BAGE 76, 196 (202). ||8 Brand/*Düe*, § 160 Rz. 16, 20 aE; ErfK/*Rolfs*, § 160 SGB III Rz. 7; aA Hauck/Noftz/*Valgolio*, § 160 Rz. 17; vermittelnd *Gagel*, Jura 1986, 281 für offensichtlich rechtswidrige Aussperrungsmaßnahmen. ||9 Brand/*Düe*, § 160 Rz. 20 aE; ErfK/*Rolfs*, § 160 SGB III Rz. 7. ||10 ErfK/*Rolfs*, § 160 SGB III Rz. 6. ||11 Vgl. MünchArbR/*Otto*, § 292 Rz. 28: „Allerdings muss sich die BA hüten, ihre Neutralitätspflicht zu verletzen, indem sie vorschnell die Rechtswidrigkeit einer Aussperrung oder Betriebsstillegung bejaht."; ebenso Gagel/*Bender*, § 160 Rz. 96. ||12 *Isensee*, DB 1986 (430f.); *Seiter*, NJW 1987, 1 (6); BT-Drs. 10/5214, 11.

teilt werden, dh. die betroffenen ArbN werden in aller Regel nicht am Arbeitskampfergebnis beteiligt sein. Deshalb bleibt es für diese ArbN bei der logischen Vorrangstellung des Abs. 1 S. 2 ggü. Abs. 2, da sonst Abs. 1 S. 2, der durch Abs. 3 aufgegriffen wird, ausschließlich Deklarationscharakter hätte. Grund für die ggü. aktiven Maßnahmen der ArbN-Seite andere Bewertung ist hier die fehlende Zurechenbarkeit des Lohnausfalls[1].

Der Anspruch **ruht bis zum Ende des Arbeitskampfes** (Abs. 2 Hs. 2). Der entgegenstehenden Auffassung, wonach der Ruhenstatbestand durch Beendigung der Beteiligung am Arbeitskampf beendet werden kann[2], widerspricht der eindeutige Wortlaut der Vorschrift. Es besteht auch kein Grund, den ArbN, der seine Rechte als ausreichend gesichert ansieht, während der Arbeitskampf durch andere fortgeführt wird, zu privilegieren, zumal er wie die Übrigen von den weiteren Ergebnissen profitiert. Sofern der Arbeitskampf noch für andere ArbN-Gruppen ohne eigene Beteiligung fortgesetzt wird, bietet Abs. 3 S. 3 eine ausreichende Grundlage für eine Ablehnung des Ruhens in dem Fall, dass der ArbN seine Beteiligung bereits beendet hat.

Etwas anderes gilt nur, wenn das ArbVerh während des Arbeitskampfes aus anderen Gründen endet (Ablauf der Kündigungsfrist einer vorher ausgesprochenen Kündigung, Befristung). Dann ist der ursächliche Zusammenhang zwischen der Beteiligung am Arbeitskampf und Arbeitslosigkeit bzw. Arbeitsausfall (im Falle des § 100) nicht mehr gegeben[3].

V. Ruhen der Leistungen für nicht am Arbeitskampf unmittelbar beteiligte Arbeitnehmer (Abs. 3).
1. Allgemeines. Abs. 3 behandelt die **Ansprüche der mittelbar betroffenen ArbN**, die also selbst am Arbeitskampf nicht beteiligt sind. Nach der Rspr. des BAG zum Arbeitskampfrisiko ruht der Anspruch auf Arbeitsentgelt in mittelbar vom Arbeitskampf betroffenen Betrieben wegen der zu erwartenden Störungen der Kampfparität, wenn sonst infolge der Belastung mit Lohnfortzahlungskosten einseitiger Druck auf ArbGebSeite entstünde (sog. Binnendrucktheorie)[4]. Dies wird dann angenommen, wenn die kampfführenden und die für den mittelbar betroffenen Betrieb zuständigen Verbände identisch oder organisatorisch eng verbunden sind – nach aA soll auch bei Fernwirkungen in Außenseiterunternehmen oder branchenfremden Betrieben, ohne dass eine Partizipation am Arbeitskampfergebnis erwartet werden kann[5], der Lohnanspruch entfallen und hier nach den Partizipationskriterien des § 160 II und III zu klären sein, ob der nunmehr auf der ArbN-Seite ausgeübte Druck durch Leistungen der ArbIV evtl. gemildert werden kann. Die Voraussetzungen der Arbeitskampfrisikolehre sind noch nicht abschließend geklärt, müssen aber für die Anwendung des Ruhenstatbestandes des Abs. 3 im Auge behalten werden, weil bei Bestehen eines Lohnanspruchs nach § 615 BGB der Anspruch bereits nach § 157 I ruht und nur eine Gleichwohlgewährung nach dessen Abs. 3 (bzw. § 100 III, s. Erl. dort) infrage kommt.

2. Partizipation an den Ergebnissen des Arbeitskampfes. a) Räumlicher und fachlicher Geltungsbereich des umkämpften Tarifvertrages. Das Ruhen nach Abs. 3 S. 1 Nr. 1 richtet sich nach den tarifvertragl. Abgrenzungen zum Geltungsbereich der jeweils umkämpften TV. Unerheblich ist dagegen die Zuständigkeit der TV-Parteien. Auch wenn zB die IG Metall sowohl für den Abschluss im Metall- als auch im Stahlbereich zuständig ist, liegt noch kein einheitlicher fachlicher Geltungsbereich vor. Vgl. iÜ zum fachlichen Geltungsbereich Rz. 9.

Zum **räumlichen Geltungsbereich** gehören nur diejenigen Betriebe, auf die bei Abschluss des Vertrages der TV Anwendung findet. Deshalb fallen nicht unter den räumlichen Geltungsbereich Betriebe, für die ein FirmenTV abgeschlossen ist. Denkbar ist insoweit nur die Anwendung des Abs. 3 S. 1 Nr. 1 auf nicht am Arbeitskampf beteiligte ArbN in teilbestreikten Betrieben, für die um einen FirmenTV gekämpft wird, wenn es hierdurch zu Arbeitsausfällen für nicht streikende ArbN kommt (gleicher räumlicher und fachlicher Geltungsbereich des FirmenTV)[6]. Nicht unter den räumlichen Geltungsbereich fallen grds. auch Außenseiterunternehmen, wenn nicht der umkämpfte TV in der jeweiligen Region für allgemeinverbindlich erklärt wird (vgl. auch Abs. 3 S. 3).

b) Fachlicher, aber nicht räumlicher Geltungsbereich des umkämpften Tarifvertrages (Abs. 3 S. 1 Nr. 2). Kernstück und neuralgischer Punkt[7] der Regelung zur Neutralitätspflicht bildet die Regelung für ArbN, deren Arbeitsausfall/-losigkeit Folge eines außerhalb des räumlichen, aber im selben fachlichen Geltungsbereich geführten Arbeitskampfes ist, die aber **wegen der Pilotwirkung möglicherweise am Ergebnis des Arbeitskampfes partizipieren**. Das Gesetz misst die mögliche Partizipation anhand zweier Kriterien, der Erhebung gleicher nach Art und Umfang annähernd gleicher Hauptforderungen in den verschiedenen räumlichen Tarifgebieten (Buchst. a) und der voraussichtlichen Übernahme des Arbeitskampfergebnisses im Geltungsbereich des nicht umkämpften TV (Buchst. b). Wegen der auf Grund der historischen Entwicklung zu beobachtenden Tendenz, Arbeitskämpfe in einem Tarif-

---

1 Brand/*Düe*, § 160 Rz. 20. ||2 Brand/*Düe*, § 160 Rz. 19; wie hier ErfK/*Rolfs*, § 160 SGB III Rz. 7; Hauck/Noftz/ *Valgolio*, § 160 Rz. 17. ||3 Hauck/Noftz/*Valgolio*, § 160 Rz. 17. ||4 BAG 12.12.1980 – 1 ABR 2/79, BAGE 34, 331 (345ff.). ||5 Vgl. MünchArbR/*Otto*, § 290 Rz. 15, 35f. (Kausalprinzip). ||6 Brand/*Düe*, § 160 Rz. 30 mwN. ||7 *Löwisch*, NZA 1986, 345 (347).

bezirk stellvertretend auch für die übrigen Tarifbezirke zu führen[1], sah auch das BVerfG im Partizipationsgedanken einen ausreichenden Differenzierungsgrund für die Gewährung/Nichtgewährung von Leistungen der ArblV an ArbN, die von Fernwirkungen eines Arbeitskampfes betroffen sind[2].

20   **aa) Gleichartigkeit der erhobenen Forderungen (Buchst. a).** Zentrales Anliegen der gesetzl. Neufassung in § 116 III 1 Nr. 2a AFG[3] war zu verhindern, dass **durch geringfügige Variierung der Forderungen in den einzelnen Tarifbezirken die Anwendung der Ruhensregelung ausgeschaltet würde.** Mithin sollte es fortan nicht möglich sein, durch unterschiedliche Nebenforderungen – etwa in Bezug auf Mehrarbeitszuschläge[4] – der Ruhensanordnung zu entgehen, wenn eine nach Art und Umfang identische Hauptforderung erhoben wird. Außerdem wurde die Identitätsklausel durch den Zusatz „ohne mit ihr übereinstimmen zu müssen" weiter abgeschwächt. Darüber hinaus wurde einer zeitlichen Taktik der Gewerkschaften bei der Erhebung ihrer Forderungen zur Ausschaltung der Ruhensfolge mit dem Zusatz in Abs. 3 S. 2 zur faktischen Forderungserhebung entgegengewirkt.

21   Als **Hauptforderung** eines Arbeitskampfes wird vom Gesetzgeber diejenige bezeichnet, mit der die Gewerkschaft ihre Mitglieder für den Arbeitskampf mobilisiert, so zB die Forderung nach Einführung der 35-Stunden-Woche[5]. Anhaltspunkte dafür, was als Hauptforderung anzusehen ist, liefert insb. die Formulierung des Gegenstandes der Urabstimmung[6]. Bei ausschließlichen Lohnrunden kann auch die Forderung nach einer linearen Lohnerhöhung Hauptforderung iSd. gesetzl. Ruhensregel sein[7]. Beim Arbeitskampf in der Metall- und Elektroindustrie 1993 in Mecklenburg-Vorpommern bildete die Durchsetzung einer Stufenregelung zur Angleichung der Löhne an das Westniveau die Hauptforderung des dort geführten und auf Betriebe Sachsens übergreifenden Streiks[8].

22   Die Forderungen in den verschiedenen Tarifgebieten sind **nach Art und Umfang gleich**, wenn sie sowohl bezogen auf den Gegenstand als auch hinsichtlich der Höhe der Forderung im Wesentlichen übereinstimmen. Die Forderung nach einer wöchentlichen Arbeitszeitverkürzung (ohne Lohnausgleich) bildet danach den Gegenstand, die geforderte Verringerung der Arbeitszeit (bspw. von 40 stufenweise auf 35 Stunden) die Höhe. Bei Lohnerhöhungen ist grds. auf die prozentualen Steigerungswerte und nur ausnahmsweise auf die absoluten Ecklohnwerte abzustellen, wenn nicht ausnahmsweise von gleichen Ausgangsbeträgen ausgegangen werden kann[9].

23   Beim **materiellen Forderungsvergleich** ist auf den wirtschaftl. Kern und ihren Grad der Übereinstimmung abzustellen, wobei die zunächst gewählte Formulierung „annähernd gleich" durch die nunmehrige Fassung „gleich, ohne mit ihr übereinstimmen zu müssen" im Gesetzgebungsverfahren[10] ersetzt wurde. Damit wurde klargestellt, dass eine Identität keinesfalls vorliegen müsse. Der Gesetzgeber sah insoweit ein Auseinanderfallen um materiell 20 % der im Erg. angestrebten Lohnerhöhung – bei Auseinanderfallen der Hauptforderung nach Wochenarbeitszeitverkürzung von 40 auf 36 statt auf 35 Stunden, also um eine von max. fünf geforderten Stunden – noch als im Rechtssinne gleich an[11]. Daran wird man sich bei Forderungen nach linearen Lohnerhöhungen orientieren können. Daneben sollen qualitative Gesichtspunkte wie unterschiedliche Lebenshaltungskosten, Produktivitätszuwächse, Ungleichheiten im Lohnniveau insg.[12] gewichtet werden, wobei zur Konkretisierung die Ermittlung des nach etwaigen unterschiedlichen Tarifstrukturen und Ausgangslagen gewichteten Durchschnittsbetrages pro Beschäftigtem („konkreter Partizipationseffekt") vorgeschlagen worden ist[13].

24   Eine Forderung gilt als erhoben, wenn sie entweder förmlich beschlossen oder auf Grund des Verhaltens der TV-Partei als im Zusammenhang mit dem angestrebten Abschluss des TV als beschlossen anzusehen ist, mithin **konkludent beschlossen** worden ist (Abs. 3 S. 2). Damit soll missbräuchlichem Vorenthalten von Forderungen in Tarifbezirken, in denen die Friedenspflicht gleichfalls abgelaufen ist, entgegengewirkt werden. Das BVerfG[14] fordert allerdings den Abschluss der satzungsmäßigen Willensbildung durch die zuständigen Organe, da anderenfalls das durch die Satzung bestimmte Verfahren, das die Beteiligung der Mitglieder an wesentlichen Entscheidungen gewährleisten und die Verantwortlichkeit der Organe festlegen solle, nicht mehr durch die TV-Partei beherrscht würde. Entscheidungen, die der abschließenden Willensbildung vorgelagert seien, dürften nicht mit der Verantwortlichkeit belastet werden, als Grundlage einer gesetzl. Forderungsfiktion genommen zu werden. Einer weiter gehenden Auslegung, wie sie im Schrifttum propagiert worden war (ausreichend seien bereits entsprechende Äußerungen von Gewerkschaftsmitgliedern[15]; enger *Schmidt-Preuß*[16]: von Mitgliedern des

---

1 BSG 5.6.1991 – 7 RAr 26/89, NZA 1991, 982 („Modellarbeitskampf"); *Isensee*, DB 1986, 429 (430); *Otto*, RdA 1987, 1 (3); *Schmidt-Preuß*, DB 1986, 2488; krit. dazu *Bieback*, SGb 1987, 177 ff. ||2 BVerfG 14.7.1995 – 1 BvF 2/86 ua., 1 BvR 1421/86, BVerfGE 92, 365. ||3 Vgl. die amtl. Begr. in BT-Drs. 10/4989, 7. ||4 Vgl. dazu BSG 5.6.1991 – 7 RAr 29/89, NZA 1991, 982. ||5 BT-Drs. 10/4989, 7; BSG 4.10.1994 – 7 KlAr 1/93, SozR 3-4100 § 116 Nr. 2 (S. 70: „die als zentrale Forderung den Arbeitskampf geprägt hat"). ||6 *Seiter*, NJW 1987, 1 (5). ||7 *Löwisch*, NZA 1986, 345 (348). ||8 BSG 4.10.1994 – 7 KlAr 1/93, NZA 1995, 320. ||9 Brand/*Düe*, § 160 Rz. 44. ||10 Beschlussempfehlung des Ausschusses für Arbeit und Sozialordnung, BT-Drs. 10/5214, 19. ||11 BT-Drs. 10/4989, 8. ||12 Brand/*Düe*, § 160 Rz. 43; *Löwisch*, NZA 1986, 345 (348). ||13 *Schmidt-Preuß*, DB 1986, 2488 (2492). ||14 BVerfG 14.7.1995 – 1 BvF 2/86 ua., 1 BvR 1421/86, BVerfGE 92, 365. ||15 *Löwisch*, NZA 1986, 345 (348). ||16 DB 1986, 2488 (2490).

Hauptvorstandes oder der Tarifkommission), erteilte das BVerfG damit auf Grund von Art. 9 III GG eine Absage.

Als **Missbrauchsfälle**, die eine **Anwendung des Abs. 3 S. 2** nach der engen Interpretation des BVerfG zulassen, kommen demnach nur Sachverhalte in Betracht, in denen die verbandsinterne Willensbildung nach dem satzungsmäßigen Verfahren abgeschlossen und nur die förmliche Beschlussfassung über die Forderungserhebung zurückgehalten worden ist oder es an den öffentl. Verlautbarungen hierüber fehlt. Die Beweismittel des Arbeitskampfgegners über eine abgeschlossene Willensbildung sind freilich, da es entscheidend auf Äußerungen durch die Gegenseite ankommt, recht dürftig.

bb) Übernahmeprognose (Buchst. b). Die Beurteilung, ob das Arbeitskampfergebnis iSd. Buchst. b **aller Voraussicht nach im Wesentlichen übernommen wird**, erfordert eine echte Prognose über das zu erwartende Arbeitskampfergebnis im Geltungsbereich des nicht umkämpften TV. Allein die Gleichartigkeit der Forderungen iSv. Buchst. a rechtfertigt diesen Schluss noch nicht[1], da dem sowohl die Wortfassung als auch die Gesetzgebungsgeschichte entgegensteht[2]. Daher sind für die Prognose alle zum Zeitpunkt des Arbeitsausfalls bekannten Tatsachen, Verhaltensweisen und Verlautbarungen in der laufenden Auseinandersetzung heranzuziehen. Die spätere Entwicklung hat hier ggf. die Wirkung eines Indizes für die Aussagekraft der zum Zeitpunkt der Tarifauseinandersetzung bekannten Anzeichen für die Übernahme[3].

Zweifelhaft erscheint, inwieweit das **frühere Verhalten in vorausgegangenen Tarifrunden** als Grundlage für die Übernahmeprognose herangezogen werden kann. Der Gesetzgeber führt es als eine von mehreren Faktoren (neben den Erklärungen und allen übrigen Umständen der laufenden Tarifrunde) für das Wahrscheinlichkeitsurteil an[4]. Von Gewerkschaftsseite wird die Tauglichkeit auch im Hinblick darauf in Zweifel gezogen, dass vor allem die ArbGebSeite ein zunehmendes Interesse an Differenzierung wesentlicher Tarifinhalte verfolge[5]. Andererseits kann das Interesse an einheitlichen Arbeits- und Entgeltbedingungen auf Gewerkschaftsseite durchaus auch mit einem entsprechenden Interesse an einheitlichen Wettbewerbsbedingungen durch einheitliche Lohnkosten auf ArbGebSeite einhergehen, mit denen aber strukturelle regionale Besonderheiten abzuwägen sind[6]. Insg. kann damit der Verlauf der bisherigen Tarifpraxis nur als eines unter anderen Indizien für die Übernahmewahrscheinlichkeit gewertet werden[7].

c) Persönliche Partizipation (Abs. 3 S. 3). Bei beiden Ruhenstatbeständen, sowohl beim Ruhen nach Abs. 3 S. 1 Nr. 1 für ArbN in Betrieben, die dem räumlichen und fachlichen Geltungsbereich zuzuordnen sind, als auch nach Abs. 3 S. 1 Nr. 2 für ArbN in Betrieben, die außerhalb des räumlichen, aber im fachlichen Geltungsbereich des umkämpften TV liegen, hängt das Ruhen zusätzlich davon ab, dass die Arbeitsbedingungen nach Abschluss eines entsprechenden TV für den ArbN gelten oder angewendet würden (Prinzip der persönlichen Partizipation). „Gelten" meint hierbei alle Fälle der normativen Wirkung des TV und „angewendet würden" Fälle, in denen der TV kraft einzelvertragl. Bezugnahme oder betrieblicher Übung Inhalt des Arbeitsvertrages wird (s. Erl. zu § 4 TVG). Hierfür ist eine rechtl. Verpflichtung des ArbGeb zur Anwendung der tarifvertragl. Normen und nicht lediglich die Erwartung der Übernahme und Anwendung des Arbeitskampfergebnisses auf die ArbVerh der nicht dem TV unterfallenden ArbN erforderlich[8].

Gilt der umkämpfte TV in der betroffenen Branche kraft **Allgemeinverbindlichkeitserklärung** und ist eine solche in der Vergangenheit auf Antrag nach § 5 TVG bereits mehrfach ergangen, so kann Abs. 3 S. 3 auch auf nicht tarifgebundene ArbN oder bei Außenseiterunternehmen beschäftigte ArbN angewendet werden, ohne dass es der zusätzlichen Feststellung der späteren Anwendung des TV bedarf. Der Tarifabschluss gilt dann für die ArbVerh der unter seinen persönlichen Geltungsbereich fallenden ArbN iSv. S. 3, solange es keinen Anhalt dafür gibt, dass eine AVE nach dem neuen Abschluss unterbleibt.

VI. Härteregelung zu Abs. 3 (Abs. 4). Abs. 4 lässt die Feststellung von Ausnahmen von der Ruhensfolge des Abs. 3 in mittelbar betroffenen Betrieben für **bestimmte ArbN-Gruppen** zu. Das BSG hält vor dem Hintergrund der umfassenden Regelung zur Neutralitätspflicht der BA durch Abs. 1–3 die Befugnis des ermächtigten Verwaltungsrates zur Anwendung der Härteregelung nur in engen Grenzen für ge-

---

1 So aber *Löwisch*, NZA 1986, 345 (348). || 2 Buchst. b wurde erst auf Empfehlung des Ausschusses für Arbeit und Sozialordnung in das Gesetz aufgenommen, vgl. BT-Drs. 10/5214, 16: „... soll klarstellen, dass die *Gleichheit der Forderungen* allein für das Ruhen von Arbeitslosengeld nicht ausreicht. Hinzu kommen muss, dass insoweit die Arbeitskampfergebnisse aller Voraussicht nach auch in dem räumlichen Geltungsbereich des nicht umkämpften Tarifgebietes übernommen wird. Nur dann ist die Annahme gerechtfertigt, dass der Arbeitskampf stellvertretend auch für die Arbeitsbedingungen des außerhalb des Kampfgebietes betroffenen Arbeitnehmers geführt wird." || 3 Brand/*Düe*, § 160 Rz. 46; BSG 4.10.1994 – 7 KlAr 1/93, SozR 3-4100 § 116 Nr. 2 (S. 83 f.). || 4 BT-Drs. 10/5214, 12. || 5 *Bieback/Mayer/Mückenberger/Zachert/Seegert*, BB 1987, 676 (677 mwN). || 6 *Schmidt-Preuß*, DB 1986, 2488 (2493). || 7 Zu weitgehend BSG 4.10.1994 – 7 KlAr 1/93, NZA 1995, 320, wo die Übernahmeprognose allein auf die bisherige Tarifentwicklung gestützt wird. || 8 Ebenso wohl Brand/*Düe*, § 160 Rz. 50 f.; Hauck/Noftz/*Valgolio*, § 160 Rz. 41; abschwächend *Löwisch*, NZA 1986, 345 (349), der eine tatsächliche Erwartung für ausreichend hält.

rechtfertigt: Es müsse sich um eine zahlenmäßig zur Gesamtzahl der Betroffenen bestimmte Gruppe von untergeordneter Bedeutung handeln und ihre Begünstigung müsse durch eine besonders schwierige wirtschaftl. Situation oder durch besondere Bedürfnisse der betroffenen Personen sachlich gerechtfertigt sein[1]. Beispielhaft werden in der Lit. genannt: Erkrankte, schwerbehinderte oder ältere ArbN; ausländische ArbN, die durch den Bezug von Sozialhilfe von Ausweisung bedroht würden; ArbN eines insolvenzgefährdeten Betriebes, die bereits erhebliche finanzielle Opfer erbracht hätten; Berufsgruppen mit besonders geringem Lohnniveau oder ArbN, die schon längere Zeit von Kurzarbeit betroffen sind[2]. Vor diesem Hintergrund einer gebotenen engen Auslegung und zurückhaltenden Anwendung der Härteregelung erscheint die Anwendung auf nur durch mittelbar betroffene Betriebe vom Arbeitsausfall erfasste Betriebe (sog. „mittelbare Betroffenheit zweiten oder entfernteren Grades"[3]) rechtswidrig[4]. Der Beschluss des Verwaltungsrates der BA ist ein Verwaltungsakt ggü. den TV-Parteien, und für diese daher mittels einer Anfechtungsklage gerichtlich überprüfbar[5].

31 **VII. Entscheidung des Neutralitätsausschusses (Abs. 5).** Über die Ruhensvoraussetzungen des Abs. 3 S. 1 Nr. 2 (Ruhen außerhalb des räumlichen Geltungsbereichs des umkämpften TV) trifft der Neutralitätsausschuss eine **bindende Teilentscheidung**, welche die generellen Voraussetzungen des Ruhens eines individuellen Leistungsanspruchs betrifft[6]. Es sind dies folgende **allg. Ruhensvoraussetzungen:**

- Vorliegen eines inländischen Arbeitskampfes,
- räumlicher und fachlicher Geltungsbereich des TV, um dessen Abschluss der Arbeitskampf geführt wird,
- Dauer des Arbeitskampfes,
- Hauptforderung des Arbeitskampfes,
- außerhalb des räumlichen, aber innerhalb des fachlichen Geltungsbereichs des umkämpften TV erhobene tarifvertragl. Forderung,
- Gleichheit dieser Forderung nach Art und Umfang mit einer Hauptforderung des Arbeitskampfes, ohne mit ihr übereinstimmen zu müssen, und
- voraussichtliche Übernahme des erzielten Arbeitskampfergebnisses im Wesentlichen in anderen Tarifgebieten[7].

32 Beim **Neutralitätsausschuss** handelt es sich um ein eigenes Organ der BA (vgl. § 380 II). Er besteht aus den Vertretern der ArbN und der ArbGeb im Vorstand der BA sowie dem Präsidenten der BA als Vorsitzenden. Dieser vertritt den Neutralitätsausschuss auch vor dem BSG (§ 380 I 4).

33 Für das **Verfahren der Beschlussfassung** des Neutralitätsausschusses und deren **Form** gelten die allg. Vorschriften des SGB X[8]. Bei Verfahrens- und Formmängeln gilt § 42 SGB X, dh. sie führen – falls keine Nichtigkeit nach § 40 SGB X vorliegt – dann nicht zur Rechtswidrigkeit des Beschlusses, wenn offensichtlich ist, dass die Verletzung die Entscheidung in der Sache nicht beeinflusst hat. Dies gilt allerdings nicht für Anhörungsmängel (§ 42 S. 2 SGB X). Hierzu trifft Abs. 5 S. 2 eine Sonderregelung, wonach vor der Entscheidung den Fachspitzenverbänden der am Arbeitskampf beteiligten TV-Parteien Gelegenheit zur Stellungnahme zu geben ist.

34 **VIII. Rechtsschutz gegen die Entscheidung des Neutralitätsausschusses. 1. Klageverfahren.** Für die Überprüfung der Feststellungen des Neutralitätsausschusses über die generellen Voraussetzungen des Abs. 3 S. 1 Nr. 2a und b (s. Rz. 31) sieht Abs. 6 ein **eigenes Klageverfahren** vor, das **vor dem BSG** als im ersten und abschließenden Rechtszug anhängig zu machen ist. Klagebefugt sind nur die Fachspitzenverbände der jeweils beteiligten TV-Parteien (auch Dachverbände)[9]. Ein Vorverfahren findet nicht statt (Abs. 6 S. 3). Damit ist zum Zwecke der raschen und endgültigen Klärung der Ruhensvoraussetzungen ein erheblich eingeschränkter Rechtsschutz geschaffen worden, der das BSG zur ersten und letzten Tatsacheninstanz – auch im vorläufigen Rechtsschutz (s. Rz. 37) – werden lässt.

35 Der eingeschränkte Rechtsschutz erstreckt sich nach Auffassung des BSG[10] auch auf die übrigen Beteiligten, insb. die vom Ruhen betroffenen ArbN. Danach soll der Entscheidung des Neutralitätsausschusses eine **Drittbindungswirkung** für die Behörden der BA und die Gerichte der Sozialgerichtsbarkeit hinsichtlich der in Rz. 31 genannten Voraussetzungen des Ruhens zukommen. Unter ausführlicher Auseinandersetzung mit den Vertretern der Gegenmeinung[11] gewinnt das BSG aus der systematischen Stellung der Vorschriften zum Neutralitätsausschuss die Überzeugung, dass das

---

1 BSG 9.9.1975 – 7 RAr 5/73, BSGE 40, 190 (207). || 2 GK-SGB III/*Masuch*, § 146 Rz. 90; ebenso Brand/*Düe*, § 160 Rz. 60. || 3 Vgl. dazu RdErl. des Präs. der BA v. 28.6.1984 – IIIa 4/IIIa 5 – 7116/7070, ZIP 1984, 895. || 4 In BSG 9.9.1975 – 7 RAr 5/73, BSGE 40, 190 (206), wurde die pauschale Anwendung auf alle mittelbar betroffenen ArbN für rechtswidrig erklärt. || 5 BSG 9.9.1975 – 7 RAr 5/73, BSGE 40, 190 (193). || 6 BSG 24.7.1996 – 7 KlAr 1/95, NZA 1997, 285. || 7 BSG 24.7.1996 – 7 KlAr 1/95, NZA 1997, 285; ebenso bereits BSG 4.10.1994 – 7 KlAr 1/93, BSGE 75, 97 (123). || 8 BSG 4.10.1994 – 7 KlAr 1/93, NZA 1995, 320. || 9 BVerfG 14.7.1995 – 1 BvF 2/86 ua., 1 BvR 1421/86, BVerfGE 92, 365. || 10 BSG 4.10.1994 – 7 KlAr 1/93, NZA 1995, 320. || 11 BSG 4.10.1994 – 7 KlAr 1/93, NZA 1995, 320.

gesondert ausgestaltete Verfahren zur Überprüfung der Entscheidung des Neutralitätsausschusses nur unter Verdrängung des üblichen Rechtsschutzes Bestand haben könne. Demggü. hat das BVerfG eine solche Bindungswirkung allein der Überprüfung durch das BSG nach Abs. 6 zugemessen, Dritten aber die gesetzl. eröffneten Klagemöglichkeiten auch hinsichtlich der Entscheidung des Neutralitätsausschusses (inzidenter) eröffnet[1].

Eine **Fortsetzungsfeststellungsklage** nach Erledigung des Beschlusses des Neutralitätsausschusses durch Beendigung des Arbeitskampfes hat das BSG für unzulässig angesehen, wenn es nicht zu mittelbaren Fernwirkungen des Arbeitskampfes gekommen ist[2]. Angesichts zu erwartender unterschiedlicher Tarifforderungen und Streikaktiken sei eine Wiederholungsgefahr nicht gegeben und auch ein Schadens- oder Rehabilitationsinteresse wegen fehlender Grundrechtsbeeinträchtigung nicht erkennbar. Da Gegenstand des Beschlusses nur die Regelung einzelner Elemente individueller Leistungsansprüche vorsorglich für den Fall sei, dass es zur Geltendmachung von Leistungsansprüchen komme, entfalte er keine rechtl. Wirkungen, wenn es nicht zu mittelbaren Auswirkungen des Arbeitskampfes gekommen sei. 36

2. Vorläufiger Rechtsschutz. Auch wenn das Verfahren vor dem BSG nach Abs. 6 S. 5 vorrangig zu erledigen ist, kommt wegen der besonderen Eilbedürftigkeit eine einstw. Anordnung nach § 86b II 2 SGG (Regelungsanordnung) in Betracht, wenn der antragstellenden Partei sonst **unzumutbare und nicht anders abwendbare Nachteile** entstünden. Abs. 6 S. 6 stellt dies für das Verfahren um die Rechtmäßigkeit des Beschlusses des Neutralitätsausschusses ausdrücklich klar; zuständig ist das BSG. Dabei ist regelmäßig nicht zu vermeiden, dass durch die Entscheidung im einstw. Anordnungsverfahren die Hauptsache vorweggenommen wird[3], was aber wegen der überragenden Bedeutung der Entscheidung des Neutralitätsausschusses für den weiteren Verlauf des Arbeitskampfes hingenommen werden muss[4]. 37

---

1 BVerfG 14.7.1995 – 1 BvF 2/86 ua., 1 BvR 1421/86, BVerfGE 92, 365. ||2 BSG 24.7.1996 – 7 KlAr 1/95, NZA 1997, 285. ||3 Wie hierErfK/*Rolfs*, § 160 Rz. 26; Hauck/Noftz/*Valgolio*, § 160 Rz. 51; einschr. aus diesem Grunde aber Brand/*Düe*, § 160 Rz. 72. ||4 Nur vor diesem Hintergrund der besonderen Eilbedürftigkeit hat das BVerfG einer Beschränkung des Rechtsschutzes durch die alleinige Zuständigkeit des BSG keine unzulässige Verkürzung der Rechtsweggarantie beigemessen, vgl. BVerfG 14.7.1995 – 1 BvF 2/86 ua., 1 BvR 1421/86, BVerfGE 92, 365.

Sozialgesetzbuch (SGB)
Viertes Buch (IV)
– Gemeinsame Vorschriften für die Sozialversicherung –

in der Fassung vom 12.11.2009 (BGBl. I S. 3710, 3973, 2011 I S. 363),
zuletzt geändert durch Gesetz v. 19.10.2013 (BGBl. I S. 3836)

– Auszug –

Erster Abschnitt. Grundsätze und Begriffsbestimmungen
Zweiter Titel. Beschäftigung und selbständige Tätigkeit

§ 7 *Beschäftigung*

(1) Beschäftigung ist die nichtselbständige Arbeit, insbesondere in einem Arbeitsverhältnis. Anhaltspunkte für eine Beschäftigung sind eine Tätigkeit nach Weisungen und eine Eingliederung in die Arbeitsorganisation des Weisungsgebers.

(1a) Eine Beschäftigung besteht auch in Zeiten der Freistellung von der Arbeitsleistung von mehr als einem Monat, wenn

1. während der Freistellung Arbeitsentgelt aus einem Wertguthaben nach § 7b fällig ist und
2. das monatlich fällige Arbeitsentgelt in der Zeit der Freistellung nicht unangemessen von dem für die vorausgegangenen zwölf Kalendermonate abweicht, in denen Arbeitsentgelt bezogen wurde.

Satz 1 gilt entsprechend, wenn während einer bis zu dreimonatigen Freistellung Arbeitsentgelt aus einer Vereinbarung zur flexiblen Gestaltung der werktäglichen oder wöchentlichen Arbeitszeit oder dem Ausgleich betrieblicher Produktions- und Arbeitszyklen fällig ist. Beginnt ein Beschäftigungsverhältnis mit einer Zeit der Freistellung, gilt Satz 1 Nummer 2 mit der Maßgabe, dass das monatlich fällige Arbeitsentgelt in der Zeit der Freistellung nicht unangemessen von dem für die Zeit der Arbeitsleistung abweichen darf, mit der das Arbeitsentgelt später erzielt werden soll. Eine Beschäftigung gegen Arbeitsentgelt besteht während der Zeit der Freistellung auch, wenn die Arbeitsleistung, mit der das Arbeitsentgelt später erzielt werden soll, wegen einer im Zeitpunkt der Vereinbarung nicht vorhersehbaren vorzeitigen Beendigung des Beschäftigungsverhältnisses nicht mehr erbracht werden kann. Die Vertragsparteien können beim Abschluss der Vereinbarung nur für den Fall, dass Wertguthaben wegen der Beendigung der Beschäftigung auf Grund verminderter Erwerbsfähigkeit, des Erreichens einer Altersgrenze, zu der eine Rente wegen Alters beansprucht werden kann, oder des Todes des Beschäftigten nicht mehr für Zeiten einer Freistellung von der Arbeitsleistung verwendet werden können, einen anderen Verwendungszweck vereinbaren. Die Sätze 1 bis 4 gelten nicht für Beschäftigte, auf die Wertguthaben übertragen werden. Bis zur Herstellung einheitlicher Einkommensverhältnisse im Inland werden Wertguthaben, die durch Arbeitsleistung im Beitrittsgebiet erzielt werden, getrennt erfasst; sind für die Beitrags- oder Leistungsberechnung im Beitrittsgebiet und im übrigen Bundesgebiet unterschiedliche Werte vorgeschrieben, sind die Werte maßgebend, die für den Teil des Inlandes gelten, in dem das Wertguthaben erzielt worden ist.

(1b) Die Möglichkeit eines Arbeitnehmers zur Vereinbarung flexibler Arbeitszeiten gilt nicht als eine die Kündigung des Arbeitsverhältnisses durch den Arbeitgeber begründende Tatsache im Sinne des § 1 Absatz 2 Satz 1 des Kündigungsschutzgesetzes.

(2) Als Beschäftigung gilt auch der Erwerb beruflicher Kenntnisse, Fertigkeiten oder Erfahrungen im Rahmen betrieblicher Berufsbildung.

(3) Eine Beschäftigung gegen Arbeitsentgelt gilt als fortbestehend, solange das Beschäftigungsverhältnis ohne Anspruch auf Arbeitsentgelt fortdauert, jedoch nicht länger als einen Monat. Eine Beschäftigung gilt auch als fortbestehend, wenn Arbeitsentgelt aus einem der Deutschen Rentenversicherung Bund übertragenen Wertguthaben bezogen wird. Satz 1 gilt nicht, wenn Krankengeld, Krankentagegeld, Verletztengeld, Versorgungskrankengeld, Übergangsgeld oder Mutterschaftsgeld oder nach gesetzlichen Vorschriften Erziehungsgeld oder Elterngeld bezogen oder Elternzeit in Anspruch genommen oder Wehrdienst oder Zivildienst geleistet wird. Satz 1 gilt auch nicht für die Inanspruchnahme von Pflegezeit im Sinne des § 3 des Pflegezeitgesetzes.

(4) Beschäftigt ein Arbeitgeber einen Ausländer ohne die nach § 284 Absatz 1 des Dritten Buches erforderliche Genehmigung oder ohne die nach § 4 Absatz 3 des Aufenthaltsgesetzes erforderliche Berechtigung zur Erwerbstätigkeit, wird vermutet, dass ein Beschäftigungsverhältnis gegen Arbeitsentgelt für den Zeitraum von drei Monaten bestanden hat.

7b Wertguthabenvereinbarungen
Eine Wertguthabenvereinbarung liegt vor, wenn

1. der Aufbau des Wertguthabens auf Grund einer schriftlichen Vereinbarung erfolgt,
2. diese Vereinbarung nicht das Ziel der flexiblen Gestaltung der werktäglichen oder wöchentlichen Arbeitszeit oder den Ausgleich betrieblicher Produktions- und Arbeitszeitzyklen verfolgt,
3. Arbeitsentgelt in das Wertguthaben eingebracht wird, um es für Zeiten der Freistellung von der Arbeitsleistung oder der Verringerung der vertraglich vereinbarten Arbeitszeit zu entnehmen,
4. das aus dem Wertguthaben fällige Arbeitsentgelt mit einer vor oder nach der Freistellung von der Arbeitsleistung oder der Verringerung der vertraglich vereinbarten Arbeitszeit erbrachten Arbeitsleistung erzielt wird und
5. das fällige Arbeitsentgelt insgesamt 450 Euro monatlich übersteigt, es sei denn, die Beschäftigung wurde vor der Freistellung als geringfügige Beschäftigung ausgeübt.

I. Vorbemerkungen 1	4. Wertguthaben 39
II. Beschäftigung 2	5. Störfall 43
1. Typusbegriff 3	6. Portabilität 44
2. Arbeitsrecht und Steuerrecht 5	7. Kündigungsschutz 45
3. Missglückter Arbeitsversuch 7	V. Beschäftigungsverhältnis bei Freistellung aus Arbeitszeitkonten 47a
4. Weisungsgebundenheit 8	VI. Gesetzliche Fiktion des Fortbestehens einer entgeltlichen Beschäftigung 48
5. Eingliederung in den Betrieb 10	1. Unterbrechung des Beschäftigungsverhältnisses 49
6. Sonstige Kriterien 11	2. Bezug von Arbeitsentgelt aus einem der DRV Bund übertragenen Wertguthaben . 55
7. Besondere Fallgestaltungen 15	VII. Illegale Beschäftigung von Ausländern .. 56
8. Beginn und Ende des Beschäftigungsverhältnisses 30	VIII. Anfrageverfahren 58
III. Betriebliche Berufsbildung 32	IX. Versicherungspflicht und selbständige Tätigkeit 61
IV. Beschäftigungsverhältnis bei Freistellung aus Wertguthabenvereinbarung 33	
1. Allgemeines 34	
2. Freistellung 36	
3. Freistellungsvereinbarung 38	

I. Vorbemerkungen. In allen Zweigen der SozV wird zur Begründung eines Versicherungsverhältnisses ua. an den Beschäftigungsbegriff angeknüpft (vgl. zB § 5 I Nr. 1 SGB V, § 1 S. 1 Nr. 1 SGB VI, § 2 I Nr. 1 SGB VII). Dies unterstreicht die traditionelle Zielsetzung der SozV, die im Wesentlichen darin bestand, die abhängig arbeitende Bevölkerung im Wege des Versicherungszwanges für die Risiken Krankheit, Arbeitsunfall, Alter etc. abzusichern. Ob und unter welchen weiteren Voraussetzungen das Beschäftigungsverhältnis zu einer SozV-Pflicht führt, ist in den speziellen Vorschriften für die einzelnen SozV-Zweige geregelt. § 7 enthält insoweit die früher im Gesetz fehlende Definition für den Begriff Beschäftigung, ohne aber damit zugleich die Frage regeln zu wollen, ob auf Grund dieser Definition die Versicherungspflicht in dem jeweiligen Versicherungszweig eintritt. Teilweise wird in den einzelnen Rechtsbereichen zusätzlich zwischen dem Beschäftigungsverhältnis im leistungsrechtl. und im beitragsrechtl. Sinne unterschieden[1]. Mit § 7 I soll klargestellt werden, dass eine Beschäftigung im Falle der unselbständigen, vom Weisungsrecht eines ArbGeb[2] abhängigen Arbeit vorliegt. Des Weiteren soll eine Beschäftigung stets angenommen werden, wenn nach **arbeitsrechtl. Grundsätzen** ein rechtl. wirksames oder sog. **faktisches ArbVerh** besteht. Auch bei einer **arbeitnehmerähnlichen Tätigkeit** soll eine Beschäftigung vorliegen[3]. Ergänzend bestimmt § 7 II, dass im SozV-Recht als Beschäftigung auch die Teilnahme an der **betriebl. Berufsbildung** gilt[4]. Demggü. fingieren der nachträglich eingefügte Abs. 1a und Abs. 3 eine Beschäftigung für Zeiten, in denen die Erwerbstätigkeit nicht ausgeübt, aus sozialen Gründen aber eine Beschäftigung gegen Entgelt unterstellt wird, um auf diese Weise die versicherungsrechtl. Konsequenzen einer abhängigen Beschäftigung auch für diese Zeiten zu sichern. Eine Regelung zur Bekämpfung der sog. „Scheinselbständigkeit", die früher in § 7 IV aF geregelt war, hat der Gesetzgeber zwischenzeitlich wieder gestrichen.

II. Beschäftigung. Zentralbegriff des § 7 I ist der der „Beschäftigung". Der Beschäftigungsbegriff knüpft dabei an den wirtschaftl. und gesellschaftl. Unterschied zwischen dem selbständigen Unternehmer und dem unselbständig tätigen ArbN an[5]. Der Regelung liegt die gesetzgeberische Vorstellung zugrunde, dass der Beschäftigte ggü. dem selbständig Tätigen **sozial schutzbedürftiger** sei, da regelmäßig der Beschäftigte ggü. dem selbständig Tätigen weniger wohlhabend wäre, so dass hier eine Absiche-

---

[1] Vgl. *Voelzke* in Personalrecht im Wandel, 2006, S. 345; Rittweger in BeckOK-SGB IV, § 7 Rz. 8 mwN. || [2] Zum Begriff des ArbGeb im sozialversicherungsrechtl. Sinne vgl. BSG 27.7.2011 – B 12 KR 10/09 R, SozR 4-2400 § 7 Nr. 13. || [3] Vgl. BR-Drs. 300/75, 31. || [4] Näher dazu Wannagat/*Dankelmann*, § 7 Rz. 78 ff. || [5] KassKomm/*Seewald*, § 7 Rz. 6.

rung bestimmter allg. Risiken besonders erforderlich sei[1]. Es dürfte mittlerweile fraglich sein, ob diese Unterscheidung zwischen Beschäftigten und selbständig Tätigen im Hinblick auf ihre soziale Schutzbedürftigkeit angesichts der heutigen vielfältigen Formen des Erwerbslebens noch zeitgemäß ist. Mangels anderer greifbarer, insb. sachgerechter Kriterien, wird man jedoch den gewachsenen Begriff der Beschäftigung als grundsätzliches Unterscheidungskriterium für die soziale Schutzbedürftigkeit von Menschen noch immer als angemessen ansehen müssen.

1. Typusbegriff. § 7 I definiert die Beschäftigung als **nichtselbständige Arbeit, insb. in einem ArbVerh**. Dieser Definition fehlt jede scharfe Konturierung. Das Gesetz bedient sich gerade nicht eines tatbestandlich scharf abgegrenzten Begriffs, der auf eine einfache Subsumtion hoffen ließe, sondern der Rechtsfigur des Typus. Die versicherten Personen werden nicht im Detail definiert, sondern ausgehend vom Normalfall in der Form eines **Typus** beschrieben[2]. Damit übernimmt das Gesetz den jeweiligen Typus, so wie ihn der Gesetzgeber in der sozialen Wirklichkeit idealtypisch, dh. in einem Normalfall vorgefunden hat und setzt dessen Kenntnis stillschweigend voraus[3]. Insofern bedarf der Begriff der Beschäftigung der Konkretisierung durch die Rspr. und die sozialrechtl. Lit.

Hieran ändern auch die vom Gesetzgeber in § 7 I 2 benannten **Anhaltspunkte** für eine Beschäftigung nichts. Danach sind eine **Tätigkeit nach Weisungen** und eine **Eingliederung in die Arbeitsorganisation** des Weisungsgebers als Anhaltspunkte für eine Beschäftigung zu werten. Allerdings enthalten auch sie keine Definition für den Typus der nichtselbständigen Arbeit in einem ArbVerh, sondern greifen lediglich zwei Zentralkriterien heraus. Insofern wird zu Recht in der rechtswissenschaftl. Lit. kritisiert, dass diese Regelung in § 7 I 2 letztlich überflüssig ist[4].

2. Arbeitsrecht und Steuerrecht. § 7 I 1 nennt beispielhaft das ArbVerh als Regelfall abhängiger Beschäftigung. Hierbei ist das ArbVerh nicht etwa kraft gesetzl. Fiktion, sondern wegen seiner faktischen Verhältnisse Beschäftigungsverhältnis iSd. SozV. Insofern liegt hier eine **Verknüpfung zum Arbeitsrecht** vor. Allg. lässt sich das ArbVerh als ein Rechtsverhältnis zwischen ArbGeb und ArbN beschreiben, das durch Arbeitsvertrag begründet wird. Der Tatbestand der abhängigen Beschäftigung iSd. SozV-Rechts stimmt zwar mit dem Tatbestand der ArbN-Eigenschaft und mit dem **steuerrechtl. Tatbestand** der Einkünfte aus nichtselbständiger Arbeit im Grundtatbestand weitgehend überein, so dass der sozialversicherungsrechtl. Beurteilung eines bestimmten Sachverhalts für dessen arbeitsrechtl. und steuerrechtl. Beurteilung zumindest eine gewisse **Indizwirkung** zugute kommt. Knüpft das Steuerrecht an sozialversicherungsrechtl. Tatbestände an, entfalten feststellende Verwaltungsakte der SozV-Träger sogar Bindungswirkung für das Steuerrecht[5], allerdings nur betreffend sozialversicherungsrechtl. Fragestellungen[6]. Die genannten Rechtsinstitute des SozV-Rechts, des Arbeitsrechts und des Steuerrechts sind indes nicht vollständig deckungsgleich[7]. So setzt ein sozialversicherungsrechtl. Beschäftigungsverhältnis kein ArbVerh voraus. Vielmehr können auch öffentl.-rechtl. ausgestaltete Dienstverhältnisse Beschäftigungsverhältnisse iSd. § 7 sein[8]. Nach st. Rspr. des BSG können auch **Ehrenbeamte** in einem Beschäftigungsverhältnis stehen, wenn sie über Repräsentationsfunktionen hinaus dem allg. Erwerbsleben zugängliche Verwaltungsaufgaben wahrnehmen und etwa hierfür eine den tatsächlichen Aufwand übersteigende pauschale Aufwandsentschädigung erhalten[9]. Auch **arbeitnehmerähnliche Tätigkeiten** können Beschäftigungsverhältnisse im sozialversicherungsrechtl. Sinne darstellen[10]. Dieses gilt ebenso für sog. Ausbildungsdienstverhältnisse[11]. Kein Beschäftigungsverhältnis liegt dagegen vor, wenn die zu beurteilende Tätigkeit lediglich im Rahmen einer Mitgliedschaft zu einem privatrechtl. Verein in Erfüllung mitgliedschaftlicher Vereinspflichten ausgeübt wird[12].

Das sozialversicherungsrechtl. Beschäftigungsverhältnis setzt keinen zwischen ArbGeb und ArbN bestehenden **wirksamen Arbeitsvertrag** voraus. Vielmehr genügt auch das Vorliegen eines faktischen ArbVerh[13], jedenfalls dann, wenn bei Nichtigkeit des Arbeitsvertrages tatsächlich ein faktisches ArbVerh besteht[14]. Insofern kommt es auf die tatsächlichen Verhältnisse an. Die Grundsätze des faktischen ArbVerh finden allerdings keine Anwendung, wenn dem Vertrag so schwere Rechtsmängel anhaften, dass die Anerkennung quasi-vertragl. Ansprüche den grundlegenden Wertungen der geltenden Rechtsordnung widersprechen würde[15]. Nach Auffassung der Rspr. steht der Annahme eines Beschäftigungsverhältnisses zwar grds. eine etwaige Sittenwidrigkeit der Rechtsbeziehung nicht entgegen[16]. Maßgeblich

---

1 Vgl. dazu *Ricken*, FS Tröster, 2009, S. 316 (325). || 2 *Neumann*, NZS 2001, 14 (16). || 3 BVerfG 20.5.1996 – 1 BvR 21/96, NJW 1996, 2644. || 4 Vgl. *Bauer/Diller/Schuster*, NZA 1999, 1297. || 5 Vgl. BFH 21.1.2010 – VI R 52/08, DStR 2010, 974. || 6 Vgl. BFH 9.7.2012 – VI B 38/12. || 7 BSG 17.10.1990 – 11 BAr 39/90, Die Beiträge 1991, 115. || 8 BSG 11.10.2001 – B 12 KR 7/01 R, NJW 2002, 919; 15.7.2009 – B 12 KR 1/09, BSGE 104, 71. || 9 BSG 30.11.1978 – 12 RK 33/76, SozR 2200 § 165 Nr. 32; 22.2.1996 – 12 RK 6/95, SozR 3-2940 § 2 Nr. 5; 23.7.1998 – B 11 AL 3/98 R, SozR 3-4100 § 138 Nr. 11; 25.1.2006 – B 12 KR 12/05 R, SozR 4-2400 § 7 Nr. 6; 4.4.2006 – B 12 KR 76/05 B, 27.1.2010 – B 12 KR 3/09 R, NZS 2011, 28; vgl. dazu *Seewald*, SGb 2001, 286 (287); SGb 2006, 538; *Kasper*, NWVBl. 2007, 219 ff. || 10 Vgl. BSG 27.6.2000 – B 2 U 21/99 R, SozR 3-2200 § 548 Nr. 37; 25.1.2006 – B 12 KR 30/04, ZIP 2006, 678; LSG Hess. 17.12.2007 – L 1 KR 92/06. || 11 BSG 11.3.2009 – B 12 KR 20/07 R, SGb 2009, 283. || 12 BSG 27.10.2009 – B 2 U 26/08 R, SGb 2010, 29. || 13 KassKomm/*Seewald*, § 7 Rz. 15. || 14 BSG 10.8.2000 – B 12 KR 21/98 R, SozR 3-2400 § 7 Nr. 15. || 15 BAG 1.4.1976 – 4 AZR 96/75, NJW 1976, 1958; BSG 10.8.2000 – B 12 KR 21/98 R, SozR 3-2400 § 7 Nr. 15. || 16 BSG 10.8.2000 – B 12 KR 21/98 R, SozR 3-2400 § 7 Nr. 15; SG Hamburg 6.4.1982 – 21 KR 77/82, Die Beiträge 1983, 118; *Felix*, NZS 2002, 225 (229).

sind aber immer die Rechtsbeziehung, so wie sie praktiziert wird, und die praktizierte Beziehung, so wie sie rechtlich zulässig ist[1], dh. die tatsächlichen Verhältnisse müssen sich im Bereich des rechtlich Zulässigen halten[2]. Privatrechtl. Vereinbarungen können daher lediglich den Ausgangspunkt einer Beurteilung nach § 7 I darstellen[3]. Dementsprechend ist es auch ausgeschlossen, dass tarifvertragl. Vereinbarungen von vornherein (zwingend) über die sozialversicherungsrechtl. Einordnung der Tätigkeit entscheiden[4].

3. Missglückter Arbeitsversuch. Für den **Bereich der gesetzl. Krankenversicherung** gab es insoweit eine Besonderheit, als nach ständiger sozialgerichtl. Rspr. trotz Bestehens eines wirksamen ArbVerh die Voraussetzungen für ein versicherungspflichtiges Beschäftigungsverhältnis bei Vorliegen eines sog. missglückten Arbeitsversuches verneint wurden[5]. In der Zwischenzeit ist diese Rspr. sowohl vom 12. Senat des BSG als auch vom 1. Senat aufgegeben worden[6].

4. Weisungsgebundenheit. Ein Beschäftigungsverhältnis iSv. § 7 I liegt insb. dann vor, wenn der Arbeitende Weisungen eines anderen unterliegt und in dessen Arbeitsorganisation eingegliedert ist. Diese beiden Merkmale bezeichnet § 7 I 2 als typische Merkmale einer Beschäftigung. Hierbei ist jedoch darauf hinzuweisen, dass diese Merkmale nicht zwingend kumulativ für das Bestehen eines Beschäftigungsverhältnisses erforderlich sind. So kann das Weisungsrecht – vornehmlich bei Diensten höherer Art – eingeschränkt und zur „**funktionsgerecht dienenden Teilhabe am Arbeitsprozess**" verfeinert sein[7]. Demggü. ist eine selbständige Tätigkeit in erster Linie durch das eigene **Unternehmerrisiko**[8], das Vorhandensein einer **eigenen Betriebsstätte**, die **Verfügungsmöglichkeit über die eigene Arbeitskraft** und die im **Wesentlichen frei gestaltete Tätigkeit und Arbeitszeit** gekennzeichnet[9]. Entscheidend für die Frage, ob ein Beschäftigungsverhältnis besteht, ist aber letzten Endes das **Gesamtbild der Tätigkeit** und der berufl. Stellung[10]. Das bedeutet, dass es für die Bejahung eines Beschäftigungsverhältnisses gem. § 7 I jeweils auf die gesamten Umstände des Einzelfalles ankommt[11]. Der Gesetzgeber hat deshalb konsequent davon abgesehen, den Begriff der Beschäftigung in § 7 I durch bestimmte Tatbestandsmerkmale definitiv abzugrenzen, da ansonsten die Gefahr bestanden hätte, sozialpolitisch sinnvolle Lösungen der Praxis und Rspr. bei der Beurteilung der Versicherungspflicht zu verhindern, was angesichts der sich wandelnden Arbeitsformen und der neuen technischen Entwicklungen der Arbeitswelt problematisch geworden wäre[12].

Ein entscheidendes Kriterium für die Annahme einer abhängigen Beschäftigung ist die **Tätigkeit nach Weisungen**[13]. Das Weisungsrecht des ArbGeb korrespondiert dabei mit der Arbeitspflicht des ArbN. Es umfasst ein rechtsgestaltendes, auf dem Arbeitsvertrag beruhendes Recht des ArbGeb, die jeweilige Arbeitsverpflichtung des ArbN zu bestimmen und zu konkretisieren[14]. Das **Direktionsrecht des ArbGeb** bezieht sich dabei vor allem auf **Art, Ort und Zeit der Tätigkeit, aber auch auf arbeitsbegleitende Verhaltensregeln**[15]. Grundlage der Beurteilung sind hierfür die tatsächlichen Verhältnisse. Die in einer vertragl. Vereinbarung gewählte Bezeichnung oder rechtl. Einordnung einer Tätigkeit sind lediglich Indizien und nicht maßgebend, wenn sie von den tatsächlichen Gegebenheiten abweichen[16]. Welchen Umfang die Weisungsabhängigkeit haben muss, um von einer abhängigen Beschäftigung zu sprechen, hängt von der Eigenart der jeweiligen Tätigkeit ab. Manche Tätigkeiten können sowohl im Rahmen eines ArbVerh und damit weisungsgebunden als auch im Rahmen eines freien Dienstverhältnisses erbracht werden. Grds. wird man dabei von einem freien Dienstverhältnis auszugehen haben, wenn zwar die Ziele der jeweiligen Tätigkeit durch Regeln und Normen vorgegeben werden, aber die Art und Weise, wie diese Ziele erreicht werden, der Entscheidung des Arbeitenden überlassen bleibt[17]. Für das Direktionsrecht kommt es nicht darauf an, in welchem Umfang es ausgeübt wird; vielmehr reicht es aus, dass dem ArbGeb auf Grund der vertragl. Vereinbarungen das Recht zusteht und er nach den tatsächlichen Gegebenheiten die Möglichkeit hat, die Durchführung der Beschäftigung entscheidend zu bestimmen. Bei **Diensten höherer Art** ist die Eigenverantwortlichkeit des Dienstleistenden allerdings für sich allein noch kein Beweis für die persönliche Unabhängigkeit. Das BSG hat hierzu ausgeführt, dass die Weisungsgebundenheit auch dort noch vorhanden ist, wo sie sich bei hoch qualifizierten Mitarbei-

---

1 BSG 24.1.2007 – B 12 KR 31/06 R, SozR 4-2400 § 7; 28.5.2008 – B 12 KR 13/07 R, SGb 2008, 401. ||2 LSG Sa.-Anh. 8.3.2012 – L 3 R 260/10. ||3 BSG 29.8.2012 – B 12 KR 25/10 R, SozR 4-2400 § 7 Nr. 17. ||4 BSG 20.3.2012 – B 12 R 13/10 R, SozR 4-2400 § 7 Nr. 19. ||5 Vgl. BSG 11.5.1993 – 12 RK 36/91, SozR 3-2200 § 165 Nr. 10. ||6 BSG 4.12.1997 – 12 RK 3/97, SozR 3-2500 § 5 Nr. 37; 29.9.1998 – B 1 KR 10/96 R, SozR 3-2500 § 5 Nr. 40; vgl. auch BSG 8.2.2000 – B 1 KR 13/99 R, SGb 2000, 207; vgl. zur Kritik auch *Preis*, NZA 2000, 914 (915). ||7 Vgl. BSG 23.9.1982 – 10 RAr 10/81, SozR 2100 § 7 Nr. 7; ausführlich dazu im Hinblick auf Honorarärzte *Uffmann*, ZfA 2012, 1 (23f.). ||8 Hierzu LSG Bay. 24.1.2006 – L 5 KR 185/04. ||9 Vgl. zu den Kriterien bei einer im Aufbau befindlichen selbständigen Tätigkeit LSG BW 25.1.2013 – L 8 AL 3283/11. ||10 Vgl. BSG 31.10.1972 – 2 RU 186/69, SozR 34 zu § 539 RVO; 25.1.2006 – B 12 KR 30/04, ZIP 2006, 678; 30.6.2009 – B 2 U 3/08 R, NZA-RR 2010, 370. ||11 Wenn eine vers.-pflichtige Beschäftigung erstmals in zeitlicher Nähe zu einem Leistungsfall behauptet wird, ist der Prüfungsmaßstab besonders streng, vgl. LSG Berlin 19.12.2007 – L 9 KR 141/03. ||12 Vgl. Hauck/Noftz/*Knospe*, § 7 Rz. 3. ||13 Vgl. *Hanau/Strick*, DB-Beil. 14/1998, 1 (6ff.). ||14 *Junker*, Arbeitsrecht, Rz. 205ff. ||15 BSG 29.1.1981 – 12 RK 63/79, SozR 2400 § 2 Nr. 16; 28.1.1999 – B 3 KR 2/98 R, SozR 3-5425 § 1 Nr. 5. ||16 BSG 28.10.1960 – 3 RK 13/56, SozR Nr. 20 zu § 165 RVO; 12.2.2004 – B 12 KR 26/02 R, USK 2004-25; LSG Bay. 25.2.2010 – L 9 AL 201/07. ||17 BSG 27.3.1980 – 12 RK 26/79, SozR 2200 § 165 Nr. 45, vgl. dazu auch LSG BW 14.2.2012 – L 11 KR 3007/11, NZS 2012, 667.

tern zu einer funktionsgerecht dienenden Teilhabe am Arbeitsprozess verfeinert[1]. Allerdings darf das Weisungsrecht nicht vollständig entfallen[2].

10 **5. Eingliederung in den Betrieb.** Die Fremdbestimmtheit der Arbeit zeigt sich auch durch die Eingliederung in den Betrieb. Hierbei ist unter Betrieb jede, nicht nur eine gewerbl. Arbeitsorganisation zu verstehen[3]. Die Eingliederung in den Betrieb stellt dabei nicht die Einordnung in eine betriebl. Organisationseinheit, eine Betriebsstätte, eine Verwaltung oder einen Haushalt dar, sondern nur die Ausübung einer dem Betriebszweck dienenden und ihm untergeordneten Tätigkeit[4], unabhängig davon, an welchem Ort die jeweilige Tätigkeit erbracht wird[5]. Soweit es sich aber um **Heimarbeit** handelt, ist § 12 II zu beachten. Danach gelten Heimarbeiter und sonstige Personen, die in eigener Arbeitsstätte im Auftrag und für Rechnung von Gewerbetreibenden, gemeinnützigen Unternehmen oder öffentl.-rechtl. Körperschaften erwerbsmäßig arbeiten, als Beschäftigte, auch wenn sie Roh- oder Hilfsstoffe selbst beschaffen.

11 **6. Sonstige Kriterien.** Da es für die Annahme eines Beschäftigungsverhältnisses entscheidend auf das Gesamtbild der Tätigkeit und der berufl. Stellung ankommt, hat die Rspr. für die Prüfung dieser Frage Rückgriff auf eine Vielzahl von Kriterien genommen. So spricht etwa das **Fehlen eines Unternehmerrisikos** eher für die Annahme eines Beschäftigungsverhältnisses als für eine selbständige Tätigkeit[6]. Dabei ist das Unternehmerrisiko zum einen durch den Einsatz finanzieller Mittel geprägt, um einen zum Zeitpunkt des Einsatzes dieser Mittel ungewissen Gewinn zu erzielen, zum anderen auch durch das Risiko des Einsatzes der eigenen Arbeitskraft, wenn offen bleibt, ob der Arbeitende für seine Tätigkeit überhaupt ein Entgelt erhält[7]. Allerdings zeichnet sich das Unternehmerrisiko dadurch aus, dass sowohl **Risiken** übernommen werden müssen, als auch gleichzeitig **Chancen** eröffnet werden.[8] Von der Überbürdung eines derartigen Risikos kann deshalb nur dann gesprochen werden, wenn dem eine größere Freiheit bei Gestaltung und Bestimmung des Einsatzes der eigenen Arbeitskraft gegenübersteht[9]. Demgemäß kann aus der Risikozuweisung, bei krankheits- oder urlaubsbedingten Ausfällen kein Honorar zu erhalten, nur dann auf die Annahme einer selbständigen Tätigkeit geschlossen werden, wenn einer solchen Vereinbarung auch eine größere Unabhängigkeit oder höhere Verdienstchance gegenübersteht. Allein die Belastung eines Erwerbstätigen mit zusätzlichen Risiken spricht nicht für eine selbständige Tätigkeit[10]. Das Risiko, nicht arbeiten zu können, wird also zum Unternehmerrisiko, wenn bei Arbeitsmangel nicht nur kein Einkommen oder Entgelt aus Arbeit erzielt wird, sondern zusätzlich Kosten für betriebl. Investitionen und/oder ArbN anfallen oder früher getätigte Investitionen brachliegen[11]. Daher gilt der **Einsatz eigenen Kapitals** als typisch für eine selbständige Tätigkeit[12], ebenso wie die **eigene Beschaffung von Arbeitsmaterialien und Arbeitsgeräten**[13], das **Tragen der geschäftlichen Unkosten** oder das Bestehen einer Delegationsbefugnis[14]. Ein gewichtiges Indiz stellt darüber hinaus die **steuerrechtl. Behandlung** der erzielten Einkünfte dar, der zwar im Hinblick auf die sozialversicherungsrechtl. Einordnung der Tätigkeit keine Bindungswirkung zukommt. Dennoch bietet sie einen wichtigen Anhaltspunkt für die versicherungsrechtl. Beurteilung in der Weise, dass eine LStPflicht für das Vorliegen eines Beschäftigungsverhältnisses spricht, während eine Veranlagung zur Gewerbesteuer auf eine selbständige Tätigkeit weist[15]. Auch die Vereinbarung eines Entgelts zzgl. Mehrwertsteuer spricht gegen ein abhängiges Beschäftigungsverhältnis[16]. Nicht entscheidend ist dagegen, ob der Beschäftigte von einem anderen Träger der SozV eine Leistung erhält, deren Voraussetzung eine selbständige Tätigkeit ist[17].

12 Ebenso kann die **Art und Weise der Entlohnung** Anhaltspunkte dafür bieten, ob es sich um eine selbständige oder eine unselbständige Tätigkeit handelt. Zwar gehört die Entgeltlichkeit der Tätigkeit nicht zum Begriff des Beschäftigungsverhältnisses iSd. § 7 I. Zunehmend wird aber von der Rspr. aus den Modalitäten der Entgeltlichkeit auf die Existenz eines Beschäftigungsverhältnisses geschlossen[18]. Eine feste Entlohnung spricht eher für ein ArbVerh als für ein freies Dienstverhältnis[19]. Umgekehrt je-

---

1 BSG 14.12.1999 – B 2 U 48/98 R, EzA § 7 SGB IV Nr. 1; 23.9.1982 – 10 RAr 10/81, SozR 2100 § 7 Nr. 7 mwN. ||2 BSG 14.12.1999 – B 2 U 48/98 R, EzA § 7 SGB IV Nr. 1. ||3 Vgl. BSG 18.11.1980 – 12 RK 76/79, SozR 2200 § 165 Nr. 51. ||4 Krauskopf/*Baier*, § 7 Rz. 10. ||5 IdR wird bei Hospitations- oder Probearbeitstagen im Rahmen eines laufenden Bewerbungsverfahrens eine Eingliederung zu verneinen sein, vgl. hierzu LSG NW 1.10.2008 – L 17 U 43/08, UV-Recht Aktuell 2009, 41; LSG Nds. 25.1.2007 – L 14 U 70/05, UV-Recht Aktuell 2007, 531; zur Abgrenzung vgl. auch LSG Hamburg 31.1.2012 – L 3 U 21/11, UV-Recht Aktuell 2012, 784; FG BW 10.10.2012 – 14 K 4711/10. ||6 BSG 30.4.1981 – 8/8a RU 12/80, SozR 2200 § 539 RVO Nr. 80; 19.8.2003 – B 2 U 38/02 R, SozR 4-2700 § 2 Nr. 1; 11.3.2009 – B 12 KR 21/07 R, SGb 2009, 283. ||7 LSG Hamburg 26.2.1997 – III UBf 56/95, E-LSG U-076; LSG Saarl. 25.8.2010 – L 2 KR 3/09. ||8 Vgl. auch LSG NW 18.2.2010 – L 8 B 13/09 R ER. ||9 Vgl. etwa BSG 4.6.1998 – B 12 KR 5/97 R, SozR 3-2400 § 7 Nr. 13 mwN. ||10 BSG 25.1.2001 – B 12 KR 17/00 R, SozVers 2001, 329. ||11 Vgl. LSG BW 2.9.2011 – L 4 R 1036/10. ||12 BSG 1.12.1977 – 12/3/12 RK 39/74, SozR 2200 § 1227 Nr. 8; s. aber auch BSG 16.8.2010 – B 12 KR 100/09 B. ||13 Vgl. LSG BW 21.11.2008 – L 4 KR 4098/06, ArbuR 2009, 173. ||14 LSG NW 8.8.2007 – L 11 (8) KR 196/05; s. aber auch LSG Bln.-Bbg. 30.3.2012 – L 1 KR 118/09, NZS 2012, 795. ||15 Vgl. BSG 27.3.1980 – 12 RK 26/79, SozR 2200 § 165 Nr. 45. ||16 LSG Sa.-Anh. 1.11.2012 – L 1 R 306/10; aA LSG BW 19.7.2012 – L 11 R 1789/12 ER-B. ||17 LSG BW 4.9.2013 – L 11 R 2315/13 ER-B. ||18 BSG 11.3.2009 – B 12 R 11/07 R, SozR 4-2400 § 7a Nr. 2; LSG Bln.-Bbg. 17.10.2021 – L 9 KR 364/11 WA; vgl. KassKomm/*Seewald*, § 7 Rz. 119b. ||19 KassKomm/*Seewald*, § 7 Rz. 67; vgl. auch LSG NW 1.6.2012 – L 8 R 150/12 B ER (fester Stundenlohn).

doch bildet eine erfolgsabhängige Vergütung kein zwingendes Indiz für ein selbständiges Beschäftigungsverhältnis[1].

Sprechen nach der tatsächlichen Ausgestaltung ebenso viele Gründe für eine Selbständigkeit wie für eine abhängige Beschäftigung, kommt es auf den **Willen der Parteien**, den diese im Vertrag zum Ausdruck bringen[2], bzw. auf den von den Parteien **gewählten Vertragstypus** an[3].

Lässt sich weder anhand der tatsächlichen Ausgestaltung einer Berufstätigkeit noch unter Berücksichtigung des im Vertrag zum Ausdruck gekommenen Willens der Vertragspartner feststellen, ob es sich um eine abhängige Beschäftigung oder um eine selbständige Tätigkeit handelt, greift das BSG auf das **bisherige Berufsleben** als Indiz dafür zurück, was nach dem Willen der Vertragspartner gewollt war[4]. Nur insoweit kann es daher relevant werden, ob der Betreffende sein bisheriges Berufsleben als Beschäftigung oder als selbständige Tätigkeit gestaltet hat. Dabei hat aber das Alter des Betreffenden unberücksichtigt zu bleiben. Bei der Prüfung eines Beschäftigungsverhältnisses kommt es nämlich weder auf das Motiv der Arbeitsaufnahme noch darauf an, ob zum ersten Mal im hohen Lebensalter eine versicherungspflichtige Beschäftigung ausgeübt wird[5]. Demggü. haben Kriterien wie „**wirtschaftliche Abhängigkeit**" oder „**soziale Schutzbedürftigkeit**" entgegen der früheren Rspr. keine Relevanz mehr für die Prüfung eines Beschäftigungsverhältnisses. Die Annahme einer Beschäftigung hängt gerade nicht von der individuellen Schutzbedürftigkeit der betreffenden Person ab[6]. Der Schutzzweck der SozV und ihre „Natur" als eine Einrichtung des öffentl. Rechts haben für die Beschäftigung insofern Bedeutung, als sie es ausschließen, über die rechtl. Einordnung allein nach dem **Willen der Vertragsparteien** und ihren Vereinbarungen zu entscheiden. Als Merkmal der Beschäftigung ist aber das Ziel der SozV, die sozial Schwächeren vor den Wechselfällen des Lebens zu schützen, nicht geeignet. Dies gilt auch für das Kriterium der wirtschaftl. Abhängigkeit, die als maßgeblich für eine soziale Schutzbedürftigkeit angesehen wird[7].

Die Annahme eines Beschäftigungsverhältnisses iSd. § 7 setzt grds. zwingend den **freien Austausch von Arbeitskraft und Entgelt** voraus. Das BSG hat wiederholt entschieden, dass unter Zwang zustande gekommene und verrichtete Arbeit nicht als (versicherungspflichtige) Beschäftigung einzustufen sei[8]. Anders als bei **Strafgefangenen** ist jedoch die Tätigkeit eines **Freigängers** außerhalb der Anstalt bei einem privaten Unternehmer als ein im Grundsatz versicherungspflichtiges Beschäftigungsverhältnis anzusehen, selbst wenn der Arbeitsvertrag des Freigängers der Zustimmung des Direktors der Strafvollzugsanstalt bedarf und der Strafvollzugsbehörde ein Recht zur sofortigen Beendigung des ArbVerh vorbehalten ist[9]. Für die Tätigkeit von Verfolgten in einem **Ghetto**, die sich dort zwangsweise aufhielten, hat mittlerweile das BSG entschieden, dass unter gewissen Voraussetzungen diese als versicherungspflichtige Beschäftigung einzustufen ist[10]. Bei **Alg II-Beziehern**, die etwa einem sog. Ein-Euro-Job nachgehen, wird – auch wenn § 16d SGB II ausdrücklich anordnet, dass es sich hierbei nicht um ein „Arbeitsverhältnis" handelt – wie bisher zu differenzieren sein. Allein die Ableistung im öffentl. Interesse liegender zusätzlicher Arbeit führt nicht zu einem Beschäftigungsverhältnis, sondern begründet ein öffentl.-rechtl. Beschäftigungsverhältnis eigener Art[11]. Dagegen schließt auch eine gemeinnützige zusätzliche Arbeit ein Beschäftigungsverhältnis nicht aus, sofern der Hilfeempfänger für seine Arbeit eine besondere Gegenleistung in Gestalt von Arbeitsentgelt erhalten hat, ihm also nicht lediglich Alg II zzgl. einer angemessenen Aufwendungsentschädigung gewährt worden ist[12]. Ähnliches gilt für Behinderte, die in einer **Werkstatt für behinderte Menschen** tätig sind (vgl. § 138 SGB IX). Erfolgt diese Tätigkeit auf Grund eines Arbeitsvertrages gegen leistungsgerechte Entlohnung, liegt regelmäßig ein Beschäftigungsverhältnis vor[13]. Dagegen ist der Teilnehmer an einer Trainingsmaßnahme, die er im Arbeitstrainingsbereich einer Werkstatt für Behinderte absolviert, nicht Beschäftigter iSd. § 7[14], ebenso wie Teilnehmer an einer von einem Träger der Grundsicherungsleistungen geförderten Maßnahme, die primär dem Ziel einer Qualifikation bzw. der späteren Integration des Teilnehmers in ein reguläres ArbVerh dient[15].

---

1 BSG 4.6.1998 – B 12 KR 5/97 R, SozR 3-2400 § 7 Nr. 13; 10.8.2000 – B 12 KR 21/98 R, SozR 3-2400 § 7 Nr. 15; 19.8.2003 – 2 U 38/02 R, SozR 4-2400 § 7 Nr. 1. ||2 BSG 28.5.2008 – B 12 KR 13/07 R, SGb 2008, 401; 13.7.1978 – 12 RK 14/78, SozR 2200 § 1227 Nr. 17. ||3 BAG 9.6.2010 – 5 AZR 332/09, NZA 2010, 877. ||4 BSG 24.10.1978 – 12 RK 58/76, SozR 2200 § 1227 Nr. 19; LSG NW 14.7.2010 – L 8 R 50/09. ||5 LSG Bay. 24.6.1996 – L 4 KR 24/94, EzS 130/376. ||6 BSG 10.9.1975 – 3/12 RK 6/74, SozR 2200 § 169 Nr. 1. ||7 BSG 22.11.1973 – 12 RK 17/72, SozR Nr. 8 zu § 441 RVO; 25.1.2001 – B 12 KR 17/00 R, SozVers 2001, 329. ||8 BSG 31.10.1967 – 3 RK 84/65, SozR Nr. 54 zu § 165 RVO; 14.7.1999 – B 13 RJ 75/98 R, SGb 1999, 557; vgl. auch LSG BW 11.3.2009 – L 13 AL 4569/07 und BSG 14.12.2006 – B 4 R 29/06 R, SozR 4-5075 § 1 Nr. 3. ||9 BSG 16.10.1990 – 11 RAr 3/90, SozR 3-4100 § 103 Nr. 2. ||10 Vgl. hierzu BSG 2.6.2009 – B 13 R 81/08 R, SozR 4-5075 § 1 Nr. 7; *Pawlita*, ZfS 1999, 71 ff; *Glatzel*, NJW 2010, 1178. ||11 BAG 17.1.2007 – 5 AZB 43/06, NJW 2007, 3303 (3304); 26.9.2007 – AZR 857/06, NZA 2007, 1422 (1423); 20.2.2008 – 5 AZR 290/07, NZA-RR 2008, 401 (402); 19.3.2008 – 5 AZR 435/07, NZA 2008, 760 (760); 19.11.2008 – 10 AZR 658/07, NZA 2009, 269 (270); Hauck/Noftz/*Voelzke*, § 16d SGB II Rz. 121; *Rixen/Pananis*, NJW 2005, 2177; teilweise wird von einem privatrechtl. Beschäftigungsverhältnis eigener Art gesprochen: *Eicher* in Eicher/Spellbrink, SGB II, 2. Aufl. 2008, § 16 Rz. 239. ||12 BSG 16.4.1985 – 12 RK 53/83, SozR 2200 § 165 Nr. 79. ||13 BSG 1.6.1978 – 12 RK 23/77, SozR 4100 § 168 Nr. 7. ||14 BSG 14.2.2001 – B 1 KR 1/00 R, SGb 2001, 303. ||15 BSG 29.1.2008 – B 7/7a AL 70/06 R, SozR 4-4300 § 25 Nr. 2.

15 **7. Besondere Fallgestaltungen.** Im Hinblick auf die Annahme eines Beschäftigungsverhältnisses musste sich die sozialgerichtl. Rspr. in der Vergangenheit immer wieder mit bestimmten Fallgestaltungen auseinander setzen:

16 **a) Beschäftigung unter Familienangehörigen.** Im Recht der gesetzl. SozV gibt es keine Vorschrift, die die Annahme eines versicherungspflichtigen Beschäftigungsverhältnisses unter Familienangehörigen von vornherein ausschließt. Von daher ist die Frage, ob ein Beschäftigungsverhältnis vorliegt, nach den auch sonst bei der Beurteilung dieser Rechtsfrage anzuwendenden Maßstäben zu prüfen. Ergibt diese Prüfung, dass kein Beschäftigungsverhältnis besteht, sondern lediglich eine **familienhafte Mithilfe** anzunehmen ist, schließt dies auch die Versicherungspflicht aus. Die entsprechende Prüfung bereitet aber häufig Schwierigkeiten, weil der Arbeitseinsatz von mitarbeitenden Angehörigen sich oftmals unter anderen Bedingungen oder Umständen vollzieht, als dies unter Fremden üblich ist. Zwar dürfen für den Nachweis eines versicherungspflichtigen Beschäftigungsverhältnisses keine zu großen Hürden aufgebaut werden. Allerdings muss sich von den Angehörigen **ernsthaft gewolltes und vereinbarungsgemäß durchgeführtes Beschäftigungsverhältnis** sich überhaupt nachweisen lassen[1]. Insb. muss ausgeschlossen werden, dass der Arbeitsvertrag nur zum Schein geschlossen wurde, der Angehörige Mitunternehmer ist oder seine Tätigkeit lediglich eine familienhafte Mitarbeit darstellt. Hierbei gilt es zu betonen, dass die Frage, ob zwischen Angehörigen eine Beschäftigung gegen Arbeitsentgelt vorliegt, sich nach den gleichen Grundsätzen beurteilt, wie sie allg. für die Beurteilung der Versicherungspflicht maßgebend sind[2]. Insofern kann nach Auffassung der SozV-Träger ein entgeltliches Beschäftigungsverhältnis zwischen Angehörigen insb. dann angenommen werden, wenn der **Angehörige** in den Betrieb des ArbGeb **wie eine fremde Arbeitskraft eingegliedert ist** und die **Beschäftigung tatsächlich ausübt,** der Angehörige dem **Weisungsrecht** des ArbGeb – wenn auch in abgeschwächter Form – unterliegt, der Angehörige **an Stelle einer fremden Arbeitskraft beschäftigt wird,** ein der Arbeitsleistung angemessenes, dh. grds. tarifl. oder ortsübliches **Arbeitsentgelt** vereinbart ist und auch regelmäßig gezahlt wird, von dem Arbeitsentgelt regelmäßig **LSt** entrichtet wird und das Arbeitsentgelt als Betriebsausgabe gebucht wird[3]. Zur Missbrauchsbekämpfung ist es notwendig, an den Nachweis der Voraussetzungen für die Versicherungspflicht oder -berechtigung besonders strenge Anforderungen zu stellen (vgl. § 7a)[4]. Bei der Prüfung dieser Frage kann es auch angezeigt sein, auf die Rspr. des BFH zum EhegattenArb-Verh zurückzugreifen[5]. Deshalb sind Vertragsgestaltung und Vertragsdurchführung beim Tätigwerden von Familienangehörigen daraufhin zu überprüfen, ob die Bedingungen grds. auch unter fremden Personen üblich wären[6]. Jedoch ist zu berücksichtigen, dass etwa das Weisungsrecht des Betriebsinhabers auch nur in abgeschwächter Form bestehen kann, ohne dass ein Beschäftigungsverhältnis zu verneinen wäre. Daher stehen nach Auffassung des BSG im Allg. bei Familienangehörigen, insb. Ehegatten, die weniger stark ausgeprägte Abhängigkeit und daraus resultierende Einschränkungen des Weisungsrechts der Annahme eines abhängigen Beschäftigungsverhältnisses grds. nicht entgegen[7]. Eine Mitunternehmerschaft ergibt sich auch nicht schon allein daraus, dass mitarbeitende Familienmitglieder, die idR ein gesteigertes Interesse am wirtschaftlichen Erfolg des Unternehmens haben, Gelder in die Firma investieren oder Darlehen gewähren[8] oder mittelbar auf dem Weg über eheliche Unterhalts- und Ausgleichsansprüche vom Unternehmenserfolg profitieren[9]. Gleiches gilt für die routinemäßige Mitverpflichtung ggü. Kreditinstituten im Rahmen einer Bürgschaft oder Mitübernahme eines Darlehens. Entscheidend sind auch hier die Gesamtumstände[10].

17 Gerade im Hinblick auf die **Entgeltzahlung** ist jedoch die Grenze zwischen einem abhängigen Beschäftigungsverhältnis mit Entgeltzahlung und einer nichtversicherungspflichtigen Beschäftigung auf Grund eines Gesellschaftsverhältnisses oder der familienhaften Zugehörigkeit nicht immer leicht zu ziehen. So kommt es nicht nur auf die Vereinbarung eines Beschäftigungsverhältnisses gegen Entgelt an, sondern grds. auch auf die tatsächliche Auszahlung eines angemessenen Arbeitsentgelts[11]. Wird dagegen dem in der Familiengemeinschaft lebenden Angehörigen im Rahmen seines freien Unterhaltes neben Kost, Wohnung und Kleidung nur ein geringfügiges Taschengeld gewährt, so wird im Allg. kein entgeltliches Beschäftigungsverhältnis vorliegen[12]. Das BSG sieht auch in der Nichtauszahlung des vereinbarten Arbeitsentgelts bzw. dessen nicht nachvollziehbarer Verrechnung mit Gegenansprüchen des anderen Partners im Hinblick auf den in partnerschaftlichen Beziehungen typischerweise vorhandenen

---

1 So auch das LSG NW 11.4.2007 – L 11 KR 33/06, das bei der Prüfung im Falle einer hauswirtschaftlichen Tätigkeit besonders strenge Maßstäbe anlegt. ||2 BSG 5.4.1956 – 3 RK 65/55, SozR § 164 SGG Nr. 18. ||3 Vgl. hierzu ausf.: Gemeinsames Rundschreiben der Spitzenorganisationen der SozV zur Statusfeststellung von Erwerbstätigen v. 13.4.2010; LSG NW 11.4.2007 – L 11 KR 33/06; 7.1.2011 – L 8 R 864/10 B ER, NZS 2011, 906. ||4 *Knospe/Zierke,* ZESAR 2007, 269 (276); vgl. hier auch die soziale Absicherung von mithelfenden Partnern innerhalb der EU. ||5 Wannagat/Brandenburg/*Woltjen,* § 7 Rz. 34. ||6 BFH 17.7.1984 – VIII R 69/84, NJW 1985, 1486. ||7 BSG 21.4.1993 – 11 RAr 67/92, SozR 3-4100 § 168 Nr. 11; vgl. auch LSG NW 29.2.2012 – L 8 R 166/10 und 4.9.2013 – L 8 R 462/13 B ER. ||8 Vgl. LSG BW 23.2.2010 – L 11 KR 2460/09; LSG Bay. 25.2.2010 – L 9 AL 201/07. ||9 Vgl. LSG NRW 2.5.2013 – L 16 KR 32/12, Breithaupt 2013, 865. ||10 Vgl. Gemeinsames Rundschreiben der Spitzenorganisationen der SozV zur Statusfeststellung von Erwerbstätigen v. 13.4.2010, Anlage 4, S. 9. ||11 LSG NW 8.2.2006 – L 12 AL 118/05; Bedenken gegen eine Zahlung jeweils zum Jahresende: *Matern,* DAngVers 2005, 1 (18). ||12 Vgl. bereits BSG 29.3.1962 – 3 RK 83/59, SozR Nr. 31 zu § 165 RVO; 19.2.1987 – 12 RK 45/85, SozR 2200 § 165 Nr. 90.

Gleichklang der Interessen ein gewichtiges Indiz dafür, dass entgegen etwaiger vertragl. Abmachungen über das zu zahlende Arbeitsentgelt ein abhängiges Beschäftigungsverhältnis tatsächlich nicht vorliegt. Jedoch kommt der Höhe des Entgelts lediglich Indizwirkung zu, ohne dass aber allein eine erheblich untertarifl. Bezahlung des Ehegatten schon die Annahme eines Beschäftigungsverhältnisses ausschließt[1]. Insofern vermag das Merkmal der Entgeltzahlung nicht die **Gesamtwürdigung** aller Umstände des Einzelfalles zu ersetzen[2]. Hier folgt das BSG der finanzgerichtl. Rspr. nur mit Einschränkungen. Nach der st. Rspr. des BFH sind Verträge zwischen Ehegatten und nahen Angehörigen steuerrechtl. nur dann zu berücksichtigen, wenn sie nach Inhalt und tatsächlicher Durchführung dem zwischen Fremden Üblichen entsprechen und insb., sofern sie einem Fremdvergleich standhalten, auch diesem Vertragsinhalt gemäß vollzogen werden. Deshalb verlangt der BFH, dass dem ArbN-Ehegatten das vereinbarte Gehalt auch tatsächlich zeitgerecht ausgezahlt wird und in seinen alleinigen Einkommens- und Vermögensbereich übergeht[3]. Das BSG will aber entgegen der Rspr. des BFH nicht darauf verzichten, zur Feststellung des Beschäftigungsverhältnisses sämtliche Umstände heranzuziehen, auch wenn das Gehalt an den Angehörigen nicht ausgezahlt wird[4]. IÜ ist auf die Entscheidung des BVerfG zu verweisen, wonach einem ArbVerh zwischen Ehegatten die (steuerrechtl.) Anerkennung nicht allein deshalb versagt werden darf, weil das Arbeitsentgelt auf ein Konto überwiesen wird, über das jeder der beiden Ehegatten allein verfügungsberechtigt ist[5]. Die Rspr. des BSG erkennt aber Konstruktionen, bei denen die Arbeitsentgeltzahlung an einen Familienangehörigen von der Anerkennung der Entgeltzahlung als Betriebsausgaben abhängig gemacht wird, ausdrücklich nicht an[6]. Die Praxis behilft sich mit der **Faustformel**, dass wenn das gezahlte Arbeitsentgelt steuerrechtl. nicht als Arbeitslohn behandelt und nicht als Betriebsausgabe gebucht wird, dieses wegen der dadurch entgangenen steuerrechtl. Vorteile gegen ein abhängiges Beschäftigungsverhältnis spräche, wohingegen die Zahlung von LSt und die Buchung der Einkünfte als Betriebsausgabe ein Indiz für ein abhängiges Beschäftigungsverhältnis darstelle[7]. Die gleichen Grundsätze gelten auch, wenn zwischen **nichtehelichen Lebenspartnern** ein sozialversicherungspflichtiges Beschäftigungsverhältnis begründet werden soll[8].

Besondere Probleme bereitet immer wieder die Einordnung von **Pflegeleistungen unter Angehörigen**. Auch diese Frage beurteilt die sozialgerichtl. Rspr. unter Berücksichtigung des Gesamtgepräges der Tätigkeit, wobei insb. die Art, Umfang und Zeitdauer der verrichteten Tätigkeit sowie die Stärke der tatsächlichen verwandtschaftlichen Beziehung zu berücksichtigen sind[9]. Unentgeltliche allg. Pflegeleistungen für einen erkrankten Elternteil außerhalb der beruflichen Tätigkeit des Betreffenden sind jedoch selbst bei einem erheblichen Umfang idR von den engen verwandtschaftlichen Eltern-Kind-Beziehungen geprägt und deshalb dem **privaten familiären Lebensbereich** zuzuordnen[10]. Ein entgeltliches Beschäftigungsverhältnis ist ebenfalls zu verneinen, wenn der im Haushalt lebende und tätige Verwandte nur freien Unterhalt einschl. eines geringfügigen Taschengeldes erhält und diese Bezüge keinen Gegenwert für die Pflegetätigkeit darstellen[11]. 18

b) Mitarbeitende Gesellschafter, Geschäftsführer etc. Immer wieder umstritten ist des Weiteren, ob die in einer Gesellschaft mitarbeitenden Gesellschafter, Kommanditisten und Mitunternehmer sowie die **Vorstandsmitglieder** und Geschäftsführer versicherungspflichtig sind. Hier ergeben sich in der Praxis häufig Abgrenzungsschwierigkeiten. 19

Bei einer **Gesellschaft bürgerlichen Rechts** kann der Gesellschafter grds. niemals zu der Gesellschaft in einem versicherungspflichtigen Beschäftigungsverhältnis stehen[12]. Allenfalls unter der Voraussetzung, dass der mitarbeitende Gesellschafter nicht vom Unternehmerrisiko betroffen wird, keinen Einfluss auf die Führung des Betriebes hat, den Weisungen der Gesellschaft unterliegt und in Abhängigkeit von der Gesellschaft Arbeit leistet und als echter ArbN anzusehen ist, kann ausnahmsweise auch einmal der mitarbeitende Gesellschafter einer GbR in einem abhängigen Beschäftigungsverhältnis zur Gesellschaft stehen[13]. 20

Bei einer **offenen Handelsgesellschaft** sind die Gesellschafter auch dann nicht ArbN, wenn sie durch Gesellschafterbeschluss von der Geschäftsführung und Vertretung der Gesellschaft ausgeschlossen sind. Nur in eng begrenzten Ausnahmefällen kann der OHG-Gesellschafter zu einer Gesellschaft in einem Verhältnis persönlicher Abhängigkeit stehen, wenn er sich außerhalb seiner gesellschaftsrechtl. Verpflichtung Weisungen der Gesamthand unterwirft und insb. arbeitnehmertypische Tätigkeiten verrichtet, die jenseits der Geschäftsführung liegen[14]. 21

---

1 BSG 17.12.2002 – B 7 AL 34/02 R, USK 2002-42. || 2 BSG 21.4.1993 – 11 RAr 67/92, SozR 3-4100 § 168 Nr. 11. ||3 Vgl. BFH 15.1.1980 – VIII R 154/78, BFHE 130, 149. ||4 BSG 21.4.1993 – 11 RAr 67/92, SozR 3-4100 § 168 Nr. 11; vgl. auch Wannagat/Brandenburg/*Woltjen*, § 7 Rz. 36. ||5 BVerfG 7.11.1995 – 2 BvR 802/90, NZA 1996, 470; 19.12.1995 – 2 BvR 1791/92, NJW 1996, 834; aA für die versicherungsrechtl. Einordnung LSG Hess. 27.4.2004 – L 1 KR 1114/00. ||6 BSG 7.2.2002 – B 12 KR 13/01 R, NJW 2002, 1972. ||7 Gemeinsames Rundschreiben der Spitzenorganisationen der SozV zur Statusfeststellung von Erwerbstätigen v. 13.4.2010, Ziff. 1.2.5; ebenso LSG NRW 18.4.2012 – L 8 KR 312/10. ||8 LSG Nds. 21.9.1994 – L 4 KR 16/94; vgl. auch LSG Saarbrücken 22.5.2001 – L 6 AL 64/99. ||9 BSG 20.4.1993 – 2 RU 38/92, NJW 1994, 676. ||10 BSG 25.10.1989 – 2 RU 4/89, SozR 2200 § 539 Nr. 134. ||11 BSG 19.2.1987 – 12 RK 45/85, SozR 2200 § 165 Nr. 90. ||12 LSG Hess. 1.2.1956 – K VI 59/55, Breithaupt 1956, 783. ||13 BSG 26.5.1966 – 2 RU 178/64, BSGE 25, 51. ||14 BSG 26.5.1966 – 2 RU 178/64, BSGE 25, 51.

22 Gleiches wie für den OHG-Gesellschafter gilt auch für den **Komplementär einer Kommanditgesellschaft**. Dagegen kann der **Kommanditist** einer Kommanditgesellschaft grds. in einem abhängigen Beschäftigungsverhältnis zur KG stehen[1]. Eine für ein Beschäftigungsverhältnis charakteristische persönliche Abhängigkeit eines Kommanditisten liegt allerdings dann nicht vor, wenn dieser durch seine eigene Entscheidung sein Beschäftigungsverhältnis bei der KG entscheidend beeinflussen kann. Dies wäre der Fall, wenn er durch seine Kommanditeinlage oder durch die sonstige Gestaltung des Gesellschaftsvertrages maßgeblich die Geschicke der Gesellschaft bestimmen und sein eigenes Beschäftigungsverhältnis jederzeit durch seine Entschließungen beeinflussen kann. Ein Kommanditist dagegen, der unmittelbar und ausschließlich auf Grund des Gesellschaftsvertrages zur Mitarbeit in der KG verpflichtet ist und kein dem Umfang seiner Dienstleistung entsprechendes Arbeitsentgelt erhält, sondern dessen Vergütung sich als vorweggenommene Gewinnbeteiligung darstellt, steht nicht in einem versicherungspflichtigen Beschäftigungsverhältnis[2].

23 Dagegen fehlen bei einem **stillen Gesellschafter** die typischen Merkmale einer echten Mitunternehmerschaft. Der bei seiner Gesellschaft tätige stille Gesellschafter steht daher regelmäßig in einem Verhältnis persönlicher und wirtschaftl. Abhängigkeit und unterliegt somit den allg. Bestimmungen der SozV[3]. Ebenso steht das Bestehen einer Ehegatten-Innengesellschaft im Rahmen einer KG der Annahme eines versicherungspflichtigen Beschäftigungsverhältnisses nicht entgegen[4]. Ausnahmsweise hat das BSG jedoch in dem Fall ein Beschäftigungsverhältnis verneint, wenn die am Unternehmen ihres Ehemanns als stille Gesellschafterin beteiligte Ehefrau nach dem Gesellschaftsvertrag zur Hälfte sowohl am Gewinn als auch am Verlust des Unternehmens teilnimmt, und sie als mit ihrem Ehemann gleichberechtigte Geschäftsführerin in dem Unternehmen tätig ist und damit einen maßgeblichen Einfluss auf die Betriebsführung und die kaufmännische Leitung des Betriebes hat[5].

24 Immer wieder zu Streitigkeiten führt die Frage der versicherungsrechtl. Beurteilung von **Gesellschafter-Geschäftsführern** einer **GmbH** und **mitarbeitenden Gesellschaftern** einer GmbH[6]. Mitarbeitende Gesellschafter einer GmbH können durchaus in einem abhängigen Beschäftigungsverhältnis zur GmbH stehen. Dies gilt auch für mitarbeitende Gesellschafter einer **englischen Limited**[7], die sozialversicherungsrechtl. grds. analog zu den Gesellschaftern/Geschäftsführern, mitarbeitenden Gesellschaftern und Fremdgeschäftsführern einer GmbH zu behandeln sind[8]. Nach der Rspr. des BSG liegt bei mitarbeitenden Gesellschaftern, wie auch bei Gesellschafter-Geschäftsführern, ein abhängiges Beschäftigungsverhältnis zur GmbH dann vor, wenn der Gesellschafter funktionsgerecht dienend am Arbeitsprozess der GmbH teilnimmt, für seine Beschäftigung ein entsprechendes Arbeitsentgelt erhält und keinen maßgeblichen Einfluss auf die Geschicke der Gesellschaft kraft seines Anteils am Stammkapital geltend machen kann[9]. Aber auch bei der Beurteilung von Gesellschafter-Geschäftsführern bzw. mitarbeitenden Gesellschaftern kommt es nach Auffassung des BSG maßgeblich auf das **Gesamtbild** der Arbeitsleistung an. Dies gilt auch, wenn den Geschäftsführern dieselben Personen als Gesellschafter gegenüberstehen[10]. Weichen die Vereinbarungen, die mit dem Gesellschafter-Geschäftsführer bzw. mit dem mitarbeitenden Gesellschafter getroffen wurden, von den tatsächlichen Verhältnissen ab, so muss auf die tatsächlichen Verhältnisse für die Beurteilung über das Vorliegen eines abhängigen Beschäftigungsverhältnisses abgestellt werden[11]. Bei einem **Geschäftsführer einer GmbH** kommt es auf die Umstände des Einzelfalles an, ob er als abhängiger Beschäftigter oder Selbständiger anzusehen ist. Unterliegt er etwa keinem eine persönliche Abhängigkeit begründenden Weisungsrecht der Gesellschafter oder ggf. des Aufsichtsrates, so ist sein Rechtsverhältnis nicht als abhängiges Beschäftigungsverhältnis zu charakterisieren, selbst wenn der Geschäftsführer am Stammkapital der GmbH nur einen geringfügigen Anteil hält[12]. Ein abhängiges Beschäftigungsverhältnis ist auch zu verneinen, wenn der Minderheitsgesellschafter und Geschäftsführer als Einziger über ein Fachwissen verfügt, von dem die GmbH wirtschaftlich abhängig ist[13].

---

1 Dies kann auch nicht durch eine Konstruktion umgangen werden, bei der eine Unternehmergesellschaft als Kommanditistin auftritt, wenn das Gesamtbild der Tätigkeit der alleinigen Inhaberin und Geschäftsführerin der Unternehmergesellschaft für eine abhängige Beschäftigung spricht, SG Oldenburg 31.10.2012 – S 81 R 580/11. ||2 BSG 27.7.1972 – 2 RU 122/70, USK 72116. ||3 BSG 24.1.2007 – B 12 KR 31/06 R, SozR 4-2400 § 7 Nr. 7; vgl. auch LSG BW 20.7.2010 – L 11 KR 3910/09, DStR 2010, 2367 mwN. ||4 Vgl. LSG BW 23.2.2010 – L 11 KR 2460/09. ||5 BSG 2.5.1979 – 2 RU 93/78, USK 79135. ||6 Ausführlich *Klose*, GmbHR 2012, 1097; *Freckmann*, BB 2006, 2077. ||7 BSG 27.2.2008 – B 12 KR 23/06 R, SozR 4-2600 § 1 Nr. 3. ||8 Besprechung der Spitzenverbände der Krankenkassen, des VDR, der Bundesversicherungsanstalt für Angestellte, der Bundesagentur für Arbeit und der Spitzenverbände der Unfallversicherungsträger v. 17./18.3.2005, wiedergegeben bei *Giesen/Ricken*, NZA 2005, 806; vgl. dazu auch *Schreiber/Moritz-Ritter*, Die sozialversicherungspflichtige Beschäftigung, 2010, S. 65f. ||9 Vgl. hierzu BSG 17.5.2001 – B 12 KR 34/00 R, SozR 3-2400 § 7 Nr. 17; 30.6.1999 – B 2 U 35/98 R, SozR 3-2200 § 723 Nr. 4; BFH 2.12.2005 – VI R 16/03, GmbHR 2006, 268. ||10 BSG 4.7.2007 – B 11a AL 5/06 R, SozR 4-2400 § 7 Nr. 8. ||11 BSG 4.6.1998 – B 12 KR 5/97 R, SozR 3-2400 § 7 Nr. 13; 17.5.2001 – B 12 KR 34/00 R, SozR 3-2400 § 7 Nr. 17. ||12 BSG 13.12.1960 – 3 RK 2/56, BSGE 13, 196; LSG Nds. 29.9.2008 – L 6 U 79/05, UV-Recht Aktuell 2009, 564; vgl. auch LSG Hess. 23.11.2006 – L 1 KR 763/06, GmbHR 2007, 489, wonach noch nicht einmal erforderlich ist, dass der Geschäftsführer überhaupt einen Anteil am Stammkapital innehat. Es wird nur auf den tatsächlich beherrschbaren Einfluss auf die Gesellschaft abgestellt; vgl. dazu *Löw/Rupp*, GmbHR 2007, 489. ||13 LSG BW 26.6.2012 – L 11 KR 2769/11, ZIP 2013, 381.

Hat ein mitarbeitender Gesellschafter bzw. ein Gesellschafter-Geschäftsführer auf Grund seiner Gesellschafterstellung einen maßgeblichen rechtl. oder auch nur tatsächlichen Einfluss auf die Willensbildung der Gesellschaft dahin gehend, dass er **Einzelanweisungen** an sich im Bedarfsfall jederzeit **verhindern könnte**, so ist regelmäßig ein Beschäftigungsverhältnis mit dem Gesellschafter-Geschäftsführer bzw. mitarbeitenden Gesellschafter ausgeschlossen[1]. Eine derartige Rechtsmacht besitzt ein Gesellschafter-Geschäftsführer bzw. ein mitarbeitender Gesellschafter regelmäßig dann, wenn er über mindestens 50 % des Stammkapitals verfügt[2], ggf. liegt eine selbständige Tätigkeit ab dem Zeitpunkt vor, in dem die Schwelle überschritten wird[3]. So steht etwa ein Alleingesellschafter einer GmbH grds. nicht in einem Beschäftigungsverhältnis zu der Gesellschaft. Dies gilt auch im Falle eines umfassenden Stimmbindungsvertrages, mit dem der Gesellschafter seine Bestimmungsrechte auf einen Dritten überträgt, da die Rspr. derartiges für rechtswidrig erachtet[4]. Anders ist dies dagegen zu beurteilen, wenn der GmbH-Geschäftsführer die Gesellschaftsanteile nur treuhänderisch hält[5]. Allerdings kann sich auch dort, wo die Kapitalbeteiligung des Gesellschafter-Geschäftsführers an der GmbH unter 50 % der Kapitalanteile liegt, aus den Bestimmungen des Gesellschaftsvertrages ergeben, dass der Gesellschafter-Geschäftsführer mit seinem Anteil alle ihm nicht genehmen Entscheidungen verhindern kann, etwa wenn sein Anteil mehr als ⅓ beträgt und für die Entscheidungen der Gesellschafterversammlung eine ⅔-Mehrheit vorgeschrieben ist[6]. Nicht ausreichend ist dagegen ein jederzeit frei widerrufliches Vetorecht[7]. Nach der Rspr. des BSG schließt die gesellschaftsrechtl. Möglichkeit, Entscheidungen der Gesellschaft zu bestimmen oder zu verhindern, selbst dann die Annahme einer abhängigen Beschäftigung aus, wenn der Gesellschafter tatsächlich die Entscheidungen weitgehend anderen überlässt, weil ihm zB die notwendige Sachkunde fehlt[8]. Aber auch, wenn die Beteiligung des Gesellschafters unter 50 % liegt, die einfache Mehrheit der Stimmen zur Beschlussfassung der Gesellschaft genügt und dem Gesellschafter-Geschäftsführer auch sonst keine rechtl. Möglichkeiten zur Verfügung stehen, Weisungen zu verhindern, ist eine versicherungspflichtige Beschäftigung des Gesellschafter-Geschäftsführers zu verneinen, wenn er nach der Gestaltung seiner vertragl. Beziehungen zur GmbH und der tatsächlichen Durchführung des Vertrages hinsichtlich Zeit, Dauer, Umfang und Ort der Tätigkeit im Wesentlichen weisungsfrei ist. Insofern wird die gesellschaftsrechtl. Abhängigkeit durch den tatsächlich eingeräumten Einfluss aufgehoben[9]. Hier kann auch eine Befreiung vom **Selbstkontrahierungsverbot** des § 181 BGB Bedeutung erlangen. Darin ist ein deutliches Indiz gegen ein abhängiges Beschäftigungsverhältnis zu sehen[10]. Dies gilt insb. dann, wenn der Geschäftsführer einer GmbH, selbst wenn keine Kapitalbeteiligung seinerseits vorliegt, alleinvertretungsberechtigt von den Beschränkungen des § 181 BGB befreit ist und nach der besonderen Gestaltung keinen Beschränkungen durch die fachfremden Gesellschafter unterliegt[11]. Ebenfalls ein Indiz gegen die Annahme eines Beschäftigungsverhältnisses ist darin zu sehen, dass der Geschäftsführer den rückständigen Lohn weder geltend macht, noch irgendeine konkrete Absprache darüber trifft, wann der rückständige Lohn gezahlt werden soll[12]. Auf der anderen Seite ist der Geschäftsführer einer GmbH, der weder über die Mehrheit der Gesellschaftsanteile noch über eine Sperrminorität verfügt, idR abhängig Beschäftigter der GmbH, wenn er bei seiner Tätigkeit der Kontrolle durch die Gesellschafter unterliegt und diese ihre Gesellschafterrechte tatsächlich ausüben[13]. Gleiches gilt, wenn mehrere Minderheitsgesellschafter-Geschäftsführer zwar bislang ihren Willen immer einheitlich betätigten und daher in dieser Konstellation frei „schalten und walten" konnten, dies aber nicht in jedem Fall auch in der Zukunft so fortbestehen muss. Hier kann für die Beurteilung einer Tätigkeit als abhängige Beschäftigung oder selbständig nicht nur auf die „guten Zeiten" abgestellt werden[14].

Bei sog. **Fremdgeschäftsführern**, die nicht am Stammkapital der GmbH beteiligt sind, liegt nach der Rspr. des BSG grds. **ein abhängiges Beschäftigungsverhältnis** vor[15]. Nach Auffassung des BSG dürfe allein aus der weisungsfreien Ausführung einer fremdbestimmten Tätigkeit nicht auf eine selbständige Tätigkeit geschlossen werden. Schließlich sei der Fremdgeschäftsführer in eine nicht von ihm selbst gegebenen Ordnung des Betriebes eingegliedert und auch nur im Rahmen des Gesellschaftsvertrages und der Gesellschafterbeschlüsse handlungsfähig, so dass er selbst bei Belassung großer Freiheiten der Überwachung durch die Gesellschafter unterliege. Dies gelte auch dann, wenn die Gesellschafter von ihrer Überwachungsbefugnis regelmäßig keinen Gebrauch machten[16]. Wie bei Diensten höherer Art üb-

---

1 BSG 8.8.1990 – 11 RAr 77/89, SozR 3-2400 § 7 Nr. 4; 29.8.2012 – B 12 KR 14/10 R, Die Beiträge Beilage 2012, 308. ||2 BSG 14.12.1999 – B 2 U 48/98 R, EzA § 7 SGB IV Nr. 1; 17.5.2001 – B 12 KR 34/00 R, SozR 3-2400 § 7 Nr. 17; 25.1.2006 – B 12 KR 30/04 R, SGb 2006, 219. ||3 Vgl. LSG Saarl. 15.2.2012 – L 2 KR 73/11, NZS 2012, 626. ||4 BSG 25.1.2006 – B 12 KR 30/04 R, SGb 2006, 219; LSG Hess. 28.10.2004 – L 14 KR 186/01. ||5 Vgl. LSG Schl.-Holst. 14.1.2010 – L 5 KR 81/08, NZS 2011, 184. ||6 So ausdrücklich BSG 8.8.1990 – 11 RAr 77/89, SozR 3-2400 § 7 Nr. 4. ||7 LSG Bay. 19.2.2013 – L 5 R 810/10. ||8 BSG 9.11.1989 – 11 RAr 39/89, SozR 4100 § 104 Nr. 19. ||9 BSG 27.7.1989 – 11/7 RAr 71/87, USK 8951; 8.8.1990 – 11 RAr 77/89, SozR 3-2400 § 7 Nr. 4. ||10 *Menthe*, DAngVers 2005, 125 (129); LSG Nds. 5.11.2010 – L 1 KR 471/09. ||11 LSG Schl.-Holst. 18.8.1992 – L 1 KR 85/91, E-LSG Kr-018. ||12 LSG NW 4.3.2004 – L 9 AL 150/02, NotBZ 2005, 231; vgl. auch LSG Bay. 22.4.2010 – L 10 AL 156/08. ||13 BSG 6.3.2003 – B 11 AL 25/02 R, SozR 4-2400 § 7 Nr. 1. ||14 LSG Bay. 23.10.2012 – L 5 R 767/10. ||15 BSG 22.8.1973 – 12 RK 24/72, USK 73122; 24.6.1982 – 12 RK 45/80, USK 82160; 18.12.2001 – B 12 KR 10/01 R, SGb 2002, 207; 4.7.2007 – B 11a AL 5/06 R, SozR 4-2400 § 7 Nr. 8; vgl. auch *v. Alvensleben/Haug/Schnabel*, BB 2012, 774 (777). ||16 BSG 22.8.1973 – 12 RK 24/72, USK 73122.

lich, „verfeinert" sich die Weisungsgebundenheit des Fremdgeschäftsführers zur funktionsgerecht dienenden Teilhabe am Arbeitsprozess[1].

27   c) **Mitarbeit in einer Familien-GmbH.** Besonderheiten können sich bei der Mitarbeit in einer Familien-GmbH ergeben. Hier können bei Geschäftsführern, die am Stammkapital der GmbH nicht beteiligt sind, die Verhältnisse so liegen, dass ein abhängiges Beschäftigungsverhältnis zu verneinen ist. Das ist dann der Fall, wenn die Mitarbeit in einer Familien-GmbH mehr durch familienhafte Rücksichtnahmen und ein gleichberechtigtes Nebeneinander als durch einen für ein ArbN-ArbGeb-Verhältnis typischen Interessengegensatz gekennzeichnet ist[2]. Insoweit kann die familiäre Verbundenheit ein Gefühl erhöhter Verantwortung füreinander schaffen und einen Einklang der Interessen bewirken, so dass der Geschäftsführer nicht für ein fremdes, sondern im „eigenen" Unternehmen weisungsfrei und somit selbständig tätig wird[3]. Ebenfalls spricht für eine selbständige Tätigkeit des Gesellschafter-Geschäftsführers, wenn er „Kopf und Seele" der Gesellschaft ist, was man namentlich bei Familiengesellschaften häufig antrifft[4]. Allerdings genügt es für die Annahme einer selbständigen Tätigkeit nicht allein, dass die Mitarbeit durch eine besondere familiäre Rücksichtnahme geprägt ist, solange die aus den gesetzl. oder vertragl. Verhältnissen entspringende Rechtsmacht zur Erteilung von Weisungen als Bestandteil der tatsächlichen Verhältnisse fortbesteht und daher bspw. im Falle eines familiären Zerwürfnisses eine Weisungsunterworfenheit bestände. Es gibt insoweit keine „Schönwetter-Selbständigkeit"[5].

28   d) **AG-Vorstandsmitglieder** sind grds. Beschäftigte iSd. Abs. 1[6], obwohl sie die AG in eigener Verantwortung leiten und aus Sicht der Belegschaft ArbGeb-Funktionen innehaben. Dies gilt jedenfalls dann, wenn sie nicht über eine qualifizierte Anteilsmehrheit an der AG verfügen[7]. Ein Grund, ein Beschäftigungsverhältnis anzunehmen, mag zwar in den (zB durch Gesetz, Satzung, Beschlüsse der Hauptversammlung) begrenzten Handlungsmöglichkeiten des Vorstandes bestehen, die auf eine Eingliederung in eine fremde Organisation hinweisen. Entscheidend ist aber, dass Sonderregeln in einzelnen SozV-Zweigen, welche gerade Versicherungsfreiheit anordnen (vgl. für die RV § 1 S. 4 SGB VI), dafür sprechen, dass grds. von einer Versicherungspflicht auf Grund einer Beschäftigung iSd. § 7 I auszugehen ist[8]. Dies gilt auch für in Deutschland tätige Mitglieder/Vorstandsmitglieder ausländischer Kapitalgesellschaften. Für sie gelten indes nicht die Sonderregeln, welche sonst für Vorstandsmitglieder gelten, da die Regelungen restriktiv anzuwenden sind[9].

29   Weitere Besonderheiten gelten für **Vorstände von eingetragenen Vereinen**[10]. Erweist sich die Arbeitsleistung eines Vereinsmitglieds als ein unmittelbarer Ausfluss der Vereinsmitgliedschaft, was zB auch eine Tätigkeit als Vereinsvorstand sein kann, so handelt es sich hierbei nicht um ein Beschäftigungsverhältnis[11]. Dies stellt sich allerdings anders dar, wenn Vorstandsmitglieder von Vereinen für den Verein gegen Arbeitsentgelt tätig sind[12]. Hier kann das Gesamtbild der Tätigkeit ergeben, dass das Vorstandsmitglied einem umfassenden Weisungsrecht des Vereins, welches etwa durch einen Verwaltungsausschuss ausgeübt wird, unterliegt. Dabei kann dieses Weisungsrecht, wie bei allen Diensten höherer Art, auch eingeschränkt und zur funktionsgerecht dienenden Teilhabe am Arbeitsprozess verfeinert werden. Unter dieser Voraussetzung sind dann auch Mitglieder von Vorständen eines Vereins, aber auch einer **eingetragenen Genossenschaft**, als abhängig Beschäftigte zu qualifizieren[13], ebenso Mitglieder des Vorstandes einer rechtsfähigen Stiftung[14].

30   **8. Beginn und Ende des Beschäftigungsverhältnisses.** Regelmäßig **beginnt** das versicherungspflichtige **Beschäftigungsverhältnis** mit der Arbeitsaufnahme. Es reicht allerdings auch aus, dass der Beschäftigungsbeginn zu einem Zeitpunkt vereinbart wurde, der ArbN seine Arbeitskraft zur Verfügung stellt und der ArbGeb zur Annahme grds. bereit ist, selbst wenn die Beschäftigung noch nicht zu dem betreffenden Zeitpunkt stattfindet. So kann ein Beschäftigungsverhältnis auch mit einem unbezahlten Urlaub eines ArbN beginnen[15]. Ein Beschäftigungsverhältnis beginnt allerdings dann nicht, wenn der Eintritt in die Beschäftigung wegen bestehender **Arbeitsunfähigkeit** des Beschäftigten scheitert[16]. Da-

---

1 BSG 14.12.1999 – B 2 U 48/98 R, EzA § 7 SGB IV Nr. 1. || 2 BSG 10.5.2007 – B 7a AL 8/06 R, ArbuR 2007, 227; LSG BW 17.4.2007 – L 11 KR 2644/05. || 3 BSG 8.12.1987 – 7 RAr 25/86, USK 87170; 11.2.1993 – 7 RAr 48/92, USK 9347; 14.12.1999 – B 2 U 48/98 R, EzA § 7 SGB IV Nr. 1. || 4 BSG 23.9.1982 – 10 RAr 10/81, SozR 2100 § 7 Nr. 7; LSG Stuttgart 20.11.2000 – L 4 KR 3842/98, EzS 130/516. || 5 BSG 29.8.2012 – B 12 KR 25/10 R, SozR 4-2400 § 7 Nr. 17. || 6 BSG 27.2.2008 – B 12 KR 23/06, ZIP 2008, 2231; 19.6.2001 – B 12 KR 44/00, SozR 3-2400 § 7 Nr. 18; 31.5.1989 – RA 22/88, NZA 1990, 668; aA ErfK/*Rolfs*, § 7 SGB IV Rz. 25 u. KassKomm/*Seewald*, § 7 Rz. 99, die auf das Urt. des BSG 14.12.1999 (B 2 U 38/98 R) hinweisen. Jedoch betrafen die Entscheidungen der Versicherungsfreiheit in der AV bzw. UV. || 7 LSG Bln.-Bbg. 7.8.2013 – L 9 KR 269/11. || 8 Vgl. auch SG Berlin 19.3.2009 – S 72 KR 1620/07; Besprechung der Spitzenverbände der Krankenkassen, des VDR und der BA über Fragen des gemeinsamen Beitragseinzuges am 30./31.10.2003 Nr. 1. || 9 Vgl. hierzu BSG 27.2.2008 – B 12 KR 23/06 R, SGb 2009, 29; krit. zum Urt., aber im Erg. zustimmend, *Günzel*, SGb 2009, 298 (307); Besprechung des GKV Spitzenverbandes, der Deutschen Rentenversicherung Bund und der Bundesagentur für Arbeit über Fragen des gemeinsamen Beitragseinzuges am 30./31.3.2009 Nr. 1; vgl. zur Societas Europaea Forst, NZS 2012, 801; *Middendorf/Fahrig*, BB 2011, 54. || 10 BSG 19.6.2001 – B 12 KR 44/00 R, SozR 3-2400 § 7 Nr. 18. || 11 Vgl. hierzu BSG 26.6.1980 – 8a RU 48/79, SozR 2200 § 539 Nr. 68; LSG Schl.-Holst. 11.1.2006 – L 5 KR 18/05, NZS 2006, 320. || 12 Vgl. BSG 19.6.2001 – B 12 KR 44/00 R, SozR 3-2400 § 7 Nr. 18. || 13 BSG 21.2.1990 – 12 RK 47/87, SozR 3-2940 § 3 Nr. 1; LSG Bln.-Bbg. 7.9.2012 – L 1 KR 185/10. || 14 Vgl. LSG Bln.-Bbg. 25.10.2013 – L 1 KR 477/12. || 15 BSG 22.11.1968 – 3 RK 9/67, BSGE 29, 30. || 16 BSG 15.12.1994 – 12 RK 7/93, USK 9483.

gegen liegt ein Beschäftigungsverhältnis vor, wenn die Beschäftigung wegen einer Erkrankung des ArbN nicht zu dem im Arbeitsvertrag vorgesehenen Zeitpunkt aufgenommen werden kann, der ArbN aber gleichwohl, etwa auf Grund seines Arbeitsvertrages oder auf Grund einer tarifvertragl. Bestimmung oder sonstigen Rechtsgrundlage, **Anspruch auf Fortzahlung** des Arbeitsentgelts hat[1]. Wird aber der ArbN erst auf dem Weg zur Arbeitsaufnahme arbeitsunfähig, hat die Rspr. die Begründung eines Beschäftigungsverhältnisses bereits an diesem Tage bejaht[2]. Anders ist die Rechtslage nur in dem Fall, wenn eine der Vertragsparteien erkennbar das Beschäftigungsverhältnis nicht vollziehen will[3] oder ein Scheingeschäft vorliegt, um Leistungen der KV zu erlangen[4]. Auch bloße Probearbeitstage begründen kein Beschäftigungsverhältnis, da es an einer Eingliederung in den Betrieb fehlt[5].

31 Mit dem Wegfall der Arbeitsbereitschaft des ArbN und dem Erlöschen des Weisungsrechts des ArbGeb **endet das Beschäftigungsverhältnis**[6]. Hat der ArbGeb das ArbVerh gekündigt und bietet der ArbN über den Ablauf der Kündigungsfrist hinaus seine Arbeitskraft an, bleibt das ArbVerh auch für die Dauer des **Annahmeverzuges** des ArbGeb bestehen, wenn in einem **Kündigungsschutzprozess** später festgestellt wird, dass die Kündigung das ArbVerh nicht beendet hat[7]. Allerdings knüpft die Annahme eines Beschäftigungsverhältnisses an arbeitsrechtl. wirksam zustande gekommene Vereinbarungen und Regelungen an, soweit nicht eine diesen Vereinbarungen entgegenstehende tatsächliche Handhabung vorliegt. Deshalb kommt es im Falle eines **Abfindungsvergleiches** im Kündigungsschutzprozess für die versicherungsrechtl. Beurteilung nicht darauf an, wie der Arbeitsrechtsstreit ohne Vergleich zu entscheiden gewesen wäre, sondern entscheidend ist die im Wege des Vergleichs vereinbarte wirksame Beendigung des ArbVerh[8]. Konsequenterweise geht die Rspr. deshalb davon aus, dass **Beitragsansprüche**, wenn über das Bestehen eines ArbVerh ein arbeitsgerichtl. Verfahren schwebt, grds. erst mit dessen rechtskräftiger Beendigung fällig werden, da erst dann die für die versicherungsrechtl. Beurteilung erforderlichen Tatsachen feststehen[9].

31a Die Annahme eines Beschäftigungsverhältnisses kann aber dann problematisch werden, wenn der ArbN vor der Freistellungsphase, mit deren Ablauf das ArbVerh enden soll, **unwiderruflich freigestellt** wird[10]. Wenn im gegenseitigen Einvernehmen ArbN und ArbGeb unwiderruflich auf die vertragl. geschuldete Arbeitsleistung des ArbN verzichten, bestand auf Seiten der SozV-Träger die Auffassung, dass es dann an einer das Beschäftigungsverhältnis iSd. § 7 kennzeichnenden zweiseitigen Beziehung von ArbN und ArbGeb fehle. Diese Auffassung wird allerdings vom BSG zu Recht nicht geteilt[11]. Schließlich ist auch der freigestellte ArbN ua. auf Grund fortbestehender Nebenpflichten nicht wie ein Selbständiger in der Lage, seine Arbeitskraft frei zu verwerten[12]. Auch ist das sozialversicherungsrechtl. Schutzbedürfnis nicht geringer einzuschätzen als bei tatsächlicher Erfüllung der arbeitsrechtl. Hauptpflichten. Für Fälle seit dem 1.7.2009 hatten sich zunächst auch die SozV-Träger dieser Sichtweise angeschlossen[13], diese aber ab der Begründung wieder in Frage gestellt, dass eine sozialversicherungsrechtl. relevante Beschäftigung über einen Monat hinaus nur dann bestehe, wenn Arbeitsentgelt aus einem Wertguthaben nach § 7b fällig ist[14], was allerdings nicht der gesetzgeberischen Intention entsprechen dürfte[15]. Demnach endet nach Ansicht der SozV-Träger die Beschäftigung bei sämtlichen anderen Freistellungen im Rahmen „sonstiger flexibler Arbeitszeitregelungen über einen längeren Zeitraum" nach Ablauf eines Monats[16]. Zudem ist nach Auffassung der SozV-Träger bei unwiderruflicher Freistellung jedenfalls kein Beschäftigungsverhältnis iSd. Unfallversicherung gegeben, da es sich bei dieser ihrem Charakter nach um eine Haftpflichtversicherung handele und insoweit kein zu versicherndes Risiko mehr vorliege[17]. Hieran zeigt sich, dass zumindest in der Praxis der Begriff des Beschäftigungsverhältnisses vielfach funktionsdifferent verstanden wird[18]. Das darf aber nicht als Rechtfertigung verstanden werden, dem Beschäftigungsbegriff jede Kontur zu nehmen.

---

1 AA LSG NW 23.8.2012 – L 16 KR 372/10 und 30.7.2013 – L 1 KR 457/11. ||2 BSG 28.2.1967 – 3 RK 17/65, BSGE 26, 124. ||3 BSG 28.2.1967 – 3 RK 17/65, BSGE 26, 124; LSG Hamburg 22.7.2010 – L 1 KR 33/07; 6.4.2011 – L 2 AL 88/10 WA. ||4 LSG BW 31.10.2007 – L 5 KR 2154/06; 1.3.2011 – L 11 KR 2278/09; LSG Sa.-Anh. 19.5.2011 – L 10 KR 52/07; vgl. auch *Schäfer*, FuR 2012, 215. ||5 LSG NW 1.10.2008 – L 17 U 43/08; UV-Recht Aktuell 2009, 41. ||6 Krauskopf/*Baier*, § 7 Rz. 48. ||7 BSG 25.9.1981 – 12 RK 58/80, SozR 2100 § 25 Nr. 3. ||8 BSG 30.6.1993 – 12 BK 75/92. ||9 BSG 13.8.1996 – 12 RK 76/94, SozR 3-2400 § 25 Nr. 6. ||10 *Oberthür*, NZA 2005, 377 (379); vgl. BAG 10.2.2004 – 9 AZR 401/02, NZA 2004, 606. ||11 BSG 24.9.2008 – B 12 KR 22/07 R, SozR 4-2400 § 7 Nr. 9; 24.9.2008 – B 12 KR 27/07 R, SozR 4-2400 § 7 Nr. 10; vgl. hierzu *Bergwitz*, NZA 2009, 518. ||12 Vgl. auch *Ricken*, FS Tröster, 2009, S. 316 (325f.); *Schmitt-Rolfes*, AuA 2009, 327. ||13 Besprechung des GKV-Spitzenverbandes, der Deutschen Rentenversicherung Bund und der Bundesagentur für Arbeit über Fragen des gemeinsamen Beitragseinzugs v. 30./31.3.2009, Ziff. 2. ||14 Besprechung des GKV-Spitzenverbandes, der Deutschen Rentenversicherung Bund und der Bundesagentur für Arbeit über Fragen des gemeinsamen Beitragseinzugs v. 30./31.3.2009, Ziff. 3 und Frage-/Antwortkatalog zum Versicherungs-, Beitrags- und Melderecht für flexible Arbeitszeitregelungen v. 13.4.2010; dazu *Giesen/Ricken*, NZA 2010, 1056. ||15 Der Gesetzgeber selbst spricht hier von einer „Sonderregelung", vgl. BT-Drs. 13/9741, 9 und BT-Drs. 13/9818, 10. ||16 Dazu ausführlich: *Rolfs/Witschen*, NZA 2011, 881. ||17 Besprechung des GKV-Spitzenverbandes, der Deutschen Rentenversicherung Bund und der Bundesagentur für Arbeit über Fragen des gemeinsamen Beitragseinzugs v. 2./3.11.2010, Ziff. 2. ||18 So lassen § 7 I und Ia die unfallversicherungsrechtl. Bedeutung des Rechtsbegriffs „Beschäftigte" iSd. § 2 I Nr. 1 SGB VII unberührt. Daher reicht die Fiktion einer Beschäftigung für Personen nach § 7 Ia, die aufgrund von ATZ von der Pflicht zur Arbeitsleistung freigestellt sind, zur Begründung der Versicherteneigenschaft nach dem SGB VII nicht aus, vgl. BSG 15.5.2012 – B 2 U 8/11 R, SozR 4-2700 § 2 Nr. 20.

32 III. Betriebliche Berufsbildung. In Ergänzung zu § 7 I sieht § 7 II vor, dass als Beschäftigung auch der Erwerb berufl. Kenntnisse, Fertigkeiten oder Erfahrungen im Rahmen betriebl. Berufsbildung gilt. Diese Regelung ist als ergänzende Vorschrift zu verstehen. Selbst wenn bei der Berufsausbildung weniger die Erbringung produktiver Arbeit als vielmehr die Vermittlung berufl. Kenntnisse, Fertigkeiten und Erfahrungen sowie Erziehung und Bildung im Vordergrund steht, müssen im Rahmen einer Berufsausbildung die allg. Voraussetzungen eines Beschäftigungsverhältnisses vorliegen[1]. Insofern kann auf die obigen Ausführungen verwiesen werden. Grds. sind daher nur diejenigen Auszubildenden iSd. § 7 Beschäftigte, die in einer Betriebstätigkeit ausgebildet und in den Produktions- oder Dienstleistungsprozess zum Erwerb praktischer Kenntnisse und Fertigkeiten eingegliedert sind. Dies gilt im Grundsatz auch für betriebl. Praktika[2]. Ein Beschäftigungsverhältnis nach § 7 II ist mangels betriebl. Berufsbildung dann zu verneinen, wenn die praktische Ausbildung im Wesentlichen außerbetrieblich, also zB durch die Hochschule geregelt und gelenkt wird[3], weil dann die berufspraktischen Phasen als Bestandteil des Studiums anzusehen sind[4]. Dies gilt grds. auch für die Ausbildung in nicht-akademischen Berufen[5].

33 IV. Beschäftigungsverhältnis bei Freistellung aus Wertguthabenvereinbarung. § 7 Ia trifft eine allg. sozialversicherungsrechtl. Regelung für Modelle der Flexibilisierung der Arbeitszeit, bei denen der ArbN zeitweise von der Arbeitsleistung freigestellt ist. Mit dem Gesetz zur sozialrechtl. **Absicherung flexibler Arbeitszeitregelungen** v. 6.4.1998[6] wurde erstmalig eine gesetzl. Regelung für den Versicherungsschutz flexibler Arbeitszeiten in der SozV geschaffen. Mit dem 4. Euro-Einführungsgesetz v. 21.12.2000[7] wurde darüber hinaus das Ziel verfolgt, insb. das bisherige Verfahren zur Berechnung der Beiträge in den Fällen, in denen der ArbN die geleistete Vorarbeit (**Wertguthaben**) nicht für Zeiten der Freistellung von der Arbeit verwendet (**Störfall**), für alle Beteiligten einfacher zu gestalten. Diese Regelungen hat der Gesetzgeber durch das Flexi-Gesetz II, das im Wesentlichen am 1.1.2009 in Kraft trat[8], weiter ausgebaut. Sie wurden zuletzt durch das Vierte Gesetz zur Änderung des Vierten Buches Sozialgesetzbuch und anderer Gesetze v. 22.12.2011[9] im Zusammenhang mit der zurückliegenden Wirtschafts- und Finanzkrise um den neuen S. 2 in § 7 Ia ergänzt.

34 1. Allgemeines. Durch § 7 Ia unterstützt der Gesetzgeber eine Tendenz in der Praxis, die auf eine verstärkte Abkehr vom Prinzip der starren Arbeitszeit gerichtet ist. Stichworte, die diese Tendenz umschreiben, sind der Jahresarbeitszeitvertrag, das **Sabbatical**, **Job-Sharing-Modelle**, KAPOVAZ sowie Bedarfsarbeitsverträge. Hinsichtlich dieser Erscheinungsformen war der sozialversicherungsrechtl. Status der ArbN in der jeweiligen Freistellungsphase früher unklar, da grds. die Versicherungs- und Beitragspflicht davon abhing, dass eine tatsächliche Arbeitsleistung gegen Entgelt erbracht wurde. Hier sollte durch die Neuregelung eine Klarstellung erfolgen. Diverse Arbeitszeitmodelle sehen vor, dass ArbN in einem bestimmten Zeitraum keine Arbeitsleistungen zu erbringen haben, jedoch ein Arbeitsentgelt erhalten, das durch tatsächliche Arbeitsleistung vor oder nach der Freistellungsphase erzielt wird (Wertguthaben). § 7 Ia regelt nunmehr, dass eine Beschäftigung gegen Arbeitsentgelt unter bestimmten Voraussetzungen auch während dieser Freistellungsphasen besteht. Bei Auszahlung des Wertguthabens in einer solchen Freistellungsphase sind darauf auch Beiträge zur SozV zu entrichten. Das gilt selbst dann, wenn das Wertguthaben aus Arbeitsentgelt herrührt, das in der Ansparphase die Beitragsbemessungsgrenze überschritt[10]. Damit werden nicht nur Unterbrechungen des Arbeitslebens, wie etwa ein Sabbatical, sondern auch Freistellungsphasen zum Ende des Arbeitslebens, zB **ATZ-Arbeit in Blockbildung**, sozialversicherungsrechtl. abgesichert[11]. Ein Anwendungsfall bildet auch die sog. **Familienpflegezeit**, die idR über ein (zunächst negatives) Wertguthaben nach § 7b abgewickelt werden soll[12]. Der ArbN hat sogar seit dem 1.7.2009 durch die Übertragbarkeit von angesammelten Wertguthaben (vgl. § 7f) die Möglichkeit, seine Lebensarbeitszeit selbst, unabhängig von seinem ArbGeb, zu planen.

35 Gem. §§ 7 Ia 1, 7b besteht eine Beschäftigung gegen Arbeitsentgelt in Zeiten der Freistellung von der Arbeitsleistung nur, wenn die Freistellung auf Grund einer schriftl. Vereinbarung[13] erfolgt, ein Wertguthaben iSd. § 7b mit dem Ziel der Freistellung aufgebaut wird, in der Freistellungsphase Arbeitsentgelt fällig ist, das mit einer vor oder nach der Freistellungsphase erbrachten Arbeitsleistung erzielt wird (Wertguthaben), die Höhe des für die Freistellungsphase bezahlten Arbeitsentgelts nicht unangemessen von dem monatlich fälligen Arbeitsentgelt der der Freistellungsphase unmittelbar vorausgegangenen zwölf Kalendermonate abweicht und die Arbeitsentgelte während der Arbeitsphase und während der Freistellung 450 Euro im Monat übersteigen, es sei denn, es handelt sich um ein Wertguthaben aus einem Minijob iSd. § 8 I Nr. 1[14]. Dabei spielt es keine Rolle, ob das Beschäftigungsverhältnis nach Ablauf der

---

1 BSG 12.10.2000 – B 12 KR 7/00 R, SozR 3-2600 § 1 Nr. 7. || 2 BSG 3.2.1994 – 12 RK 78/92, SozR 3-2500 § 5 Nr. 15. || 3 Vgl. BSG 6.10.1988 – 1 RA 53/87, SozR 2200 § 1232 Nr. 26; 27.7.2011 – B 12 R 16/09 R, SGb 2011, 516. || 4 BSG 1.12.2009 – B 12 R 4/08 R, SozR 4-2400 § 7 Nr. 11. || 5 Vgl. BSG 27.7.2011 – B 12 R 16/09 R, SozR 4-2500 § 7 Nr. 14. || 6 BGBl. I S. 688. || 7 BGBl. I S. 1983. || 8 BGBl. I S. 2940. || 9 BGBl. I S. 3057. || 10 BSG 20.3.2013 – B 12 KR 7/11 R, SozR 4-2400 § 7 Nr. 18; vgl. zu dieser Problematik auch *Hartmannshenn*, NZS 2012, 165 (166ff.). || 11 BSG 17.4.2007 – B 5 R 16/06 R, SGb 2008, 300–305. || 12 Ausführlich dazu *Brose*, NZS 2012, 499 (501f.); *Glatzel*, NJW 2012, 1175. || 13 Zur dogmatischen Einordnung *Peiter*, Haftung des Arbeitgebers für den Werterhalt von Wertguthaben im Rahmen von Zeitwertkonten, 2010, S. 34f. || 14 Durch diese Ausnahme sollen ua. sowohl der geringfügig Beschäftigte als auch der ArbGeb rechtl. besser gestellt werden, vgl. *Rolfs/Witschen*, NZS 2009, 295 (296).

Freistellungsphase fortgesetzt wird. Unter den Voraussetzungen der Regelungen des § 7 Ia 3 kann ein Beschäftigungsverhältnis sogar mit einer Freistellungsphase beginnen. Weiterhin darf die Höhe des für die Freistellungsphase gezahlten Arbeitsentgelts nicht unangemessen von der Höhe des Arbeitsentgelts in der späteren Arbeitsphase abweichen. Der Annahme eines Beschäftigungsverhältnisses steht es desgleichen nicht entgegen, dass die Arbeitsleistung, mit der das Arbeitsentgelt später erzielt werden soll, wegen einer im Zeitpunkt der Vereinbarung nicht vorhersehbaren vorzeitigen Beendigung des ArbVerh gem. § 7 Ia 4 nicht mehr erbracht werden kann. Die Vorschriften des § 7 Ia 3–5 gelten allerdings nicht für Personen, auf die die Wertguthaben lediglich übertragen werden. Damit soll ausgeschlossen werden, dass Dritte durch Erwerb von Wertguthaben, die ein anderer Beschäftigter durch Arbeitsleistung angesammelt hat, einen sozialversicherungsrechtl. Schutz ohne Arbeitsleistung begründen können.

2. Freistellung. Soweit die gesetzl. Regelung von Freistellung spricht, ist damit der Begriff der Freistellung im **sozialversicherungsrechtl. Sinne** zu verstehen[1]. So wird das sozialversicherungsrechtl. Beschäftigungsverhältnis nicht unterbrochen, wenn während der Freistellung das ArbVerh fortbestand, die Arbeitsvergütung weitergezahlt wurde und damit der Wille der Vertragspartner zur Fortsetzung der Beschäftigung nach der Freistellung dokumentiert wurde[2]. Freistellung setzt begrifflich voraus, dass der ArbN zur Arbeitsleistung in der Lage wäre. Dies hat zur Konsequenz, dass, wenn der ArbN auf Grund von **Erwerbsunfähigkeit** nicht mehr in der Lage ist, die Arbeitsleistung zu erbringen, von einer Freistellung nicht mehr ausgegangen werden kann[3].

Unter **flexible Arbeitszeitregelungen** iSd. § 7 Ia fallen nicht alle Regelungen, die es gestatten, geleistete Arbeitszeiten oder erzielte Arbeitsentgelte in späteren Abrechnungszeiträumen für Freistellungen von der Arbeit zu verwenden. Die sog. **gleitende Arbeitszeit** stellt keine flexible Arbeitszeitregelung idS dar, da § 7b Nr. 2 ausdrücklich solche Vereinbarungen aus dem Anwendungsbereich herausnimmt, die das Ziel haben, lediglich die Lage der Arbeitszeit zu flexibilisieren. Nur Regelungen, die das Primärziel verfolgen, die Arbeitszeit insg. zu verlängern oder zu verkürzen, sollen in den Anwendungsbereich fallen (zB vorzeitiger Ruhestand, Sabbatjahre, Zeiten für die Erziehung von Kindern oder die Pflege von Angehörigen)[4]. Somit ist auch die sog. Vertrauensarbeitszeit, in der keine Aufzeichnungen über Arbeitszeiten geführt werden, keine flexible Arbeitszeit iSd. SozV. Vielmehr besteht während der gesamten Dauer des Vertrauensarbeitszeitmodells eine Beschäftigung gegen Arbeitsentgelt nach § 7 I.

3. Freistellungsvereinbarung. Inhaltlich muss die Freistellungsvereinbarung, abgesehen von den Fällen des § 7 Ia 2, vorsehen, dass während der Freistellung Arbeitsentgelt aus einem Wertguthaben nach § 7b fällig ist. Sie nimmt damit auf die sog. Wertguthaben-Vereinbarung Bezug. Diese muss **schriftl.** vereinbart und damit nachweisbar sein. Solche schriftl. Vereinbarungen können in **tarifvertragl. Regelungen, BV** sowie **einzelvertragl. Vereinbarungen** zu sehen sein[5]. Inhaltlich müssen diese Vereinbarungen insb. Regelungen über die **Freistellungsphase** und die **Höhe des während der Freistellung fälligen Arbeitsentgelts** enthalten und ihrem Zweck nach darauf gerichtet sein, die Freistellung zu erreichen. Nach § 7 Ia 5 kann die Freistellungsvereinbarung vorsehen, dass das angesammelte Wertguthaben, welches nicht mehr für Zeiten der Freistellung von der Arbeitsleistung verwendet werden kann, anderweitig verwandt wird, wobei der Verwendungszweck zwingend im Zeitpunkt des Abschlusses der Vereinbarung bestimmt werden muss, nachträgliche Änderungen sind nach dem Wortlaut der Norm nicht möglich. Dies ist zulässig bei Beendigung der Beschäftigung wegen Eintritts einer verminderten Erwerbsfähigkeit, des Erreichens einer Altersgrenze, zu der eine Rente wegen Alters beansprucht werden kann, oder des Todes des Beschäftigten. Für derartige **Störfälle** kann geregelt werden, dass das jeweilige Wertguthaben zB an den Beschäftigten bzw. an dessen Hinterbliebene ausgezahlt wird. Hierbei ist die Regelung zur Beitragspflicht von Einnahmen bei flexiblen Arbeitszeitregelungen in **§ 23b IIIa** zu beachten[6]. Die Möglichkeit, angesparte Wertguthaben für Zwecke der **betrAV** zu verwenden (vgl. § 23b IIIa aF), wurde aufgehoben, weil die Regelung nach Auffassung des Gesetzgebers in der Praxis exzessiv ausgenutzt worden sei und Wertguthaben entgegen der gesetzl. Intention nicht zum Zweck der Freistellung, sondern ausschließlich zur späteren Überführung in die betrAV gebraucht würden[7]. Diese Möglichkeit besteht nur noch übergangsweise für Vereinbarungen, die bis zum 13.11.2008 geschlossen wurden (vgl. § 23b IIIa aE). Wird das Wertguthaben nicht für eine laufende Freistellung von der Arbeit und auch nicht auf Grund einer entsprechenden Vereinbarung für die betrAV verwendet, ist eine besondere Beitragsberechnung erforderlich.

4. Wertguthaben. § 7 Ia 1 enthält keine Legaldefinition des Begriffs Wertguthaben mehr, sondern verweist auf § 7b. Als Wertguthaben sind alle im Rahmen der vertragl. vereinbarten flexiblen Arbeitszeitregelungen erzielten Guthaben zu verstehen[8]. Dies gilt seit dem 1.1.2009 nur noch für Guthaben, die als Geldguthaben geführt werden (vgl. § 7d I 1). Guthaben, welche in Zeitguthabenkonten geführt werden,

---

1 Krauskopf/*Baier*, § 7 Rz. 32. || 2 Vgl. BSG 18.4.1991 – 7 RAr 106/90, SozR 3-4100 § 104 Nr. 6; vgl. auch BSG 24.9.2008 – B 12 KR 22/07, NZA 2008, 424. || 3 Krauskopf/*Baier*, § 7 Rz. 32. || 4 Rolfs/Witschen, NZS 2009, 295 (296); *Ars*, BB 2009, 1358 (1358). || 5 *Skorczyk/Klups/Jacobsen*, ZTR 2007, 234 (236); Rolfs/Witschen, NZS 2009, 295 (295). || 6 S. dazu auch BT-Drs. 15/1199 in Art. 1 Nr. 3c. || 7 BT-Drs. 16/10901, 15 zu Art. 1c; aA wohl *Langohr-Plato/Sopora*, NZA 2008, 1377 (1382). || 8 Nach dem BMF-Schreiben v. 17.6.2009 (dort A. I.) entspricht der steuerliche Begriff des Zeitwertkontos dem Begriff der Wertguthabenvereinbarung iSv. § 7b (sog. Lebensarbeitszeit- bzw. Arbeitszeitkonto).

sind umzustellen, es sei denn, sie bestanden bereits vor dem 1.1.2009. Dann gilt die Übergangsregel des § 116 I, so dass diese Konten weiterhin unverändert Bestand haben und der ArbGeb nicht gezwungen ist, sein System zu ändern. Diesen Bestandsschutz genießen auch Zeitkonten, die auf Grund von vor dem 31.12.2008 geschlossenen Vereinbarungen (zB durch TV oder BV) entstehen[1]. Insofern gelten als Wertguthaben im sozialversicherungsrechtl. Sinne alle angesparten Arbeitsentgelte nach § 14 (zB Teile des laufenden Arbeitsentgelts, Mehrarbeitsvergütungen, Einmalzahlungen, freiwillige Leistungen des ArbGeb, Überstunden- und Urlaubsabgeltungen[2]) einschl. der Gesamtsozialversicherungsbeiträge, dh. auch inkl. des ArbGebAnteils[3]. Beim sog. **Blockmodell** ist das Wertguthaben die Differenz zwischen dem bisherigen Arbeitsentgelt und dem Arbeitsentgelt für die ATZ-Arbeit. Verzichtet der ArbGeb aus betriebsbedingten Gründen während einer vertragl. vorgesehenen Arbeitsphase nicht nur vorübergehend auf die tatsächliche Arbeitsleistung des ArbN, ohne dass ein bereits angesammeltes Wertguthaben in dieser Freistellungsphase abgebaut wird, und besteht keine Vereinbarung, dass diese Freistellung noch nachgearbeitet und damit negatives Wertguthaben ausgeglichen wird, sind die Voraussetzungen des § 7 Ia in Zeiten einer Freistellung von der Arbeitsleistung nicht erfüllt. Sofern der ArbGeb jedoch lediglich **vorübergehend** den ArbN von der Arbeitsleistung **freistellt**, besteht das Beschäftigungsverhältnis nach der allg. Vorschrift des § 7 I fort, wenn der ArbN weiterhin dienstbereit bleibt und der Verfügungsmacht des ArbGeb untersteht. Auf Grund der Vergütung, die für die Zeit der vorübergehenden Freistellung in der Arbeitsphase zu leisten ist, kann auch ein Beschäftigungsverhältnis iSd. § 7 Ia für die spätere Freistellungsphase begründet werden[4].

40 Arbeitsentgelte für die Zeit der Arbeitsleistung und der Freistellung dürfen nicht **unangemessen voneinander abweichen**. Damit soll erreicht werden, dass es einerseits dem Beschäftigten für die Zeit der Freistellung gelingt, seinen bisherigen Lebensstandard zu wahren, dass andererseits aber auch verhindert wird, dass ein **Versicherungsschutz zu Minibeträgen** begründet werden kann. Für die Verhältnisbildung ist grds. das Arbeitsentgelt iSd. § 14 maßgebend. Das Entgelt muss mindestens die Entgeltgrenze für geringfügige Beschäftigungen übersteigen, es sei denn, die Ausnahme des § 7b Nr. 5 aE liegt vor[5]. Der Gesetzgeber hat jedoch darauf verzichtet, das angemessene Verhältnis der jeweiligen Arbeitsentgelte exakt festzulegen. Insofern ist grds. eine individuelle Beurteilung im Einzelfall erforderlich[6]. In der Praxis gilt Arbeitsentgelt während der Freistellungsphase dann noch als angemessen, wenn es im Monat mindestens 70 % und maximal 130 % des durchschnittlich gezahlten Arbeitsentgelts der unmittelbar vorangegangenen zwölf Kalendermonate der Arbeitsphase beträgt[7]. Die Untergrenze von 70 % ist im Grundsatz rechtlich nicht zu beanstanden[8]. In den Fällen der teilweisen Freistellung im Zusammenhang mit der Verringerung der vertraglich vereinbarten Arbeitszeit gilt dies für das insg. monatlich fällige Arbeitsentgelt[9].

41 Die Verwaltung und Führung der Wertguthaben verlangt vom ArbGeb nicht unerhebliche Anstrengungen. Nicht nur, dass § 7d dem ArbGeb eine **jährliche Informationspflicht** über das Entgeltguthaben in Textform ggü. dem ArbN auferlegt, das Gesetz schreibt sogar eine **Wertgarantie** vor. Nach § 7d III 1 ist sicherzustellen, dass bei Inanspruchnahme mindestens der angelegte Wertguthabenbetrag verfügbar ist[10]. Des Weiteren dürfen grds. nur 20 % des Guthabens in Aktien oder Aktienfonds angelegt werden, um den Bestand zu schützen. Es gelten iÜ besondere beitrags- und melderechtl. Arbeitgeberpflichten (§ 23b).

41a Darüber hinaus besteht eine **Pflicht zur Insolvenzsicherung** (§ 7e), und es drohen Sanktionen bei Nichteinhaltung dieser strengen Vorgaben[11]. Bei Missachtung der Vorgaben wird dem ArbN eine Kündigungsmöglichkeit eingeräumt, was im Falle der Kündigung zu einer Beendigung der Vereinbarung mit der Konsequenz einer „Störfallabrechnung" (§ 7e V) führt. Auch Beanstandungen des RV-Trägers können in besonderen Fällen zur Unwirksamkeit der Vereinbarung und vollständigen Rückabwicklung des Wertguthabens führen (§ 7e VI). Kommt es wegen eines nicht geeigneten oder nicht ausreichenden Insolvenzschutzes zu einer Verringerung oder einem Verlust des Wertguthabens, so haftet hierfür der ArbGeb. Ist der ArbGeb eine juristische Person oder eine Gesellschaft ohne Rechtspersönlichkeit, haften grds. auch die organschaftlichen Vertreter gesamtschuldnerisch für den Schaden[12].

---

[1] Da o.g. Zeitkonten nur noch übergangsweise geführt werden, ist im Folgenden nur auf Geldguthabenkonten einzugehen. || [2] Bedenken hiergegen bei LAG Rh.-Pf. 15.4.2010 – 10 Sa 755/09. || [3] Dass der ArbGeb-Anteil dazu zählt, ergibt sich aus der Gesetzesbegr., vgl. BT-Drs. 16/10289, 16 zu § 7d III; zur Berechnung der ArbGebAnteile s. *Ars/Blümke/Scheithauer*, BB 2009, 1358 (1358–1359) u. Gemeinsames Rundschreiben zur sozialrechtlichen Absicherung flexibler Arbeitszeitregelungen der Sozialversicherungsträger und der BA v. 31.3.2009. || [4] Rundschreiben der Spitzenverbände der Sozialversicherungsträger und der BA v. 2.11.2010 zum Altersteilzeitgesetz, Ziff. 2.5.6. || [5] Zu Arbeitszeitkonten geringfügig Beschäftigter s. *Boemke*, BB 2008, 722. || [6] Vgl. *Krauskopf/Baier*, § 7 SGB IV Rz. 37. || [7] Gemeinsames Rundschreiben zur sozialrechtlichen Absicherung flexibler Arbeitszeitregelungen der Sozialversicherungsträger und der BA v. 31.3.2009, Ziff. 3.3.4. || [8] BSG 20.3.2013 – B 12 KR 7/11 R, SozR 4-2400 § 7 Nr. 18. || [9] Gemeinsames Rundschreiben zur sozialrechtlichen Absicherung flexibler Arbeitszeitregelungen der Sozialversicherungsträger und der BA v. 31.3.2009, Ziff. 3.3.4. || [10] Hierzu *Peiter*, Haftung des Arbeitgebers für den Werterhalt von Wertguthaben im Rahmen von Zeitwertkonten, 2010, S. 38 ff. || [11] Ausführlich dazu *Hanau/Veit*, Das neue Recht der Arbeitszeitkonten, 2012, S. 50 ff. || [12] Vgl. zur Durchgriffshaftung nach alter Rechtslage BAG 12.4.2011 – 9 AZR 229/10, NZA 2011, 1350; 23.2.2010 – 9 AZR 44/09, MDR 2010, 1268.

Eine **Übertragung** von Wertguthaben **auf einen Dritten** ist in den Lohnunterlagen des Dritten als solches kenntlich zu machen (§ 8 Beitragsverfahrensverordnung). Allerdings gilt die Beschäftigungsfiktion nicht für Personen, soweit auf sie Wertguthaben lediglich übertragen werden[1]. Bzgl. des ArbN, der das Wertguthaben gebildet hat, führt die Übertragung des Wertguthabens zu einer Störfall-Beitragsberechnung für den übertragenen Teil des Guthabens.

5. Störfall. Für den Fall, dass das Wertguthaben nicht wie vereinbart für eine laufende Freistellung von der Arbeit bzw. nicht nach § 7c verwendet wird (Störfall), sehen § 23b II und IIa ein **besonderes Beitragsberechnungsverfahren** vor[2]. Hierfür gibt es in der Praxis zwei Berechnungsmodelle, das sog. **Summenfelder-Modell** sowie das **Alternativ-/Optionsmodell**[3]. Störfälle bei negativem Wertguthaben haben keine besonderen sozialrechtl. Folgen[4].

6. Portabilität. § 7f I eröffnet die Möglichkeit, bei einer vorzeitigen Beendigung der Beschäftigung das angesparte Wertguthaben auf den neuen ArbGeb oder auf die DRV Bund zu übertragen, anstatt es aufzulösen und zu verbeitragen. Die Übertragung auf die DRV Bund ist jedoch nur möglich, wenn das Wertguthaben einschl. des Gesamtsozialversicherungsbeitrages einen Betrag in Höhe des Sechsfachen der monatlichen Bezugsgröße (§ 18) übersteigt. Die Übertragung ist unumkehrbar. Der ArbN kann so seine Lebensarbeitszeit selbst planen.

7. Kündigungsschutz. § 7 Ib enthält eine **arbeitsrechtl. Regelung**. Danach kann die Möglichkeit eines ArbN zur Vereinbarung flexibler Arbeitszeiten im Kündigungsschutz nicht zu seinem Nachteil geltend gemacht und berücksichtigt werden. Insb. ist die Möglichkeit zur Vereinbarung flexibler Arbeitszeiten keine die Kündigung des ArbVerh durch den ArbGeb begründende Tatsache iSd. § 1 II 1 KSchG. Die Vorschrift wirft für die Praxis viele Zweifelsfragen auf.

Nach dem Wortlaut der Regelung sind nicht nur **Beendigungskündigungen**, sondern auch **Änderungskündigungen**, die auf die Einführung von flexiblen Arbeitszeitmodellen gerichtet sind, sozial ungerechtfertigt[5]. Der Gesetzgeber wollte jedoch gerade den Trend zu flexiblen Arbeitszeitmodellen unterstützen. Wollte man deshalb auch Änderungskündigungen zur Einführung flexibler Arbeitszeitmodelle unter § 7 Ib fassen, würde das geradezu im Gegensatz zur gesetzgeberischen Intention stehen[6]. Deshalb ist § 7 Ib insofern teleologisch zu reduzieren, als dass **Änderungskündigungen zur Einführung flexibler Arbeitszeitregelungen** nicht unter dessen Schutzbereich fallen[7].

Der Verweis auf § 1 II 1 KSchG zeigt, dass sowohl die Wartezeit erfüllt als auch die **Anwendungsvoraussetzungen des § 23 KSchG** vorliegen müssen. Wenn ein ArbN geltend machen will, dass eine Kündigung wegen Verstoßes gegen § 7 Ib sozial ungerechtfertigt ist, muss er gem. § 4 KSchG **innerhalb von drei Wochen** nach Zugang der Kündigung **Klage beim ArbG** auf Feststellung erheben, dass das ArbVerh durch die Kündigung nicht aufgelöst ist.

V. Beschäftigungsverhältnis bei Freistellung aus Arbeitszeitkonten. Der Gesetzgeber hat mit dem **Gesetz zur Änderung des Vierten Buches Sozialgesetzbuch und anderer Gesetze v. 22.12.2011**[8] § 7 Ia um einen neuen S. 2 ergänzt. Danach gilt S. 1 entsprechend, wenn während einer bis zu dreimonatigen Freistellung Arbeitsentgelt aus einer Vereinbarung zur flexiblen Gestaltung der werktäglichen oder wöchentlichen Arbeitszeit oder dem Ausgleich betrieblicher Produktions- und Arbeitszyklen fällig ist. Damit hat der Gesetzgeber an eine Formulierung angeknüpft, die sich in § 7b Nr. 2 findet. Man bezeichnet solche Vereinbarungen, die dem Ziel der flexiblen Gestaltung der Arbeitszeit dienen, als „Flexi-Konten"[9]. Derartige „Flexi-Konten" sind kraft ausdrücklicher Regelung in § 7b Nr. 2 gerade keine Wertguthabenvereinbarungen. Diese Klarstellung erfolgte, weil Wertguthaben die vom Gesetzgeber erwünschte Möglichkeit einer vollständigen oder teilweisen Freistellung für einen längeren Zeitraum, etwa für einen vorzeitigen Ruhestand oder Sabbaticals begründen sollen, während es bei „Flexi-Konten" in erster Linie um die flexible Gestaltung der Arbeitszeit für einen kurzfristigen Zeitraum geht[10]. Die im Gesetzgebungsverfahren zum Vierten Gesetz zur Änderung des Vierten Buches Sozialgesetzbuch und anderer Gesetze durch den Ausschuss für Arbeit und Soziales gefundene Formulierung des S. 2 ist insofern kurios, als diese bei Freistellungen aus „Flexi-Konten" die entsprechende Anwendung des S. 1 anordnet, obwohl durch § 7b Nr. 2 gerade geregelt wurde, dass für „Flexi-Konten" die Vorschriften zu den Wertguthabenvereinbarungen, also auch § 7 Ia 1 nicht anwendbar sein sollen. Da es sich bei den in § 7 Ia 2 angesprochenen „Flexi-Konten" gerade nicht um Wertguthabenvereinbarungen iSd. § 7b handelt, wäre es sicherlich besser gewesen, die Vorschrift zur Freistellung aus „Flexi-Konten" nicht in § 7 Ia aufzunehmen, da es schließlich nicht um Wertguthabenvereinbarungen geht. Ziel des Gesetz-

---

1 Gemeinsames Rundschreiben zur sozialrechtlichen Absicherung flexibler Arbeitszeitregelungen der Sozialversicherungsträger und der BA v. 31.3.2009, Ziff. 3.3.1. ‖ 2 Vgl. näher dazu *Ulbrich/Rihn*, DB 2009, 1466 (1469). ‖ 3 Vgl. die erläuterten Bsp. im Gemeinsamen Rundschreiben zur sozialrechtlichen Absicherung flexibler Arbeitszeitregelungen der Sozialversicherungsträger und der BA v. 31.3.2009, Ziff. 4.6.2. ‖ 4 Vgl. dazu *Deinert*, AiB 2013, 252 (255) mwN. ‖ 5 KassKomm/*Seewald*, § 7 Rz. 145p. ‖ 6 Vgl. hierzu *Diller*, NZA 1998, 792 (795); *Marschner*, AR-Blattei SD, Arbeitszeit I/I Flexibilisierung, Rz. 37; *Diller*, BB 1998, 844. ‖ 7 Vgl. *Diller*, NZA 1998, 792 (795); MünchArbR/*Schüren*, § 40 Rz. 60; aA *Necati*, Arbeitszeitkonten bei flexibler Arbeitszeit, 2005, S. 185ff. ‖ 8 BGBl. I S. 3057. ‖ 9 BT-Drs. 16/10289, 14; ErfK/*Rolfs*, § 7b SGB IV Rz. 3. ‖ 10 *Rolfs/Witschen*, NZS 2009, 295; KassKomm/*Seewald*, § 7b Rz. 8f.

gebers war es allerdings, eine Entwicklung in der Praxis aufzugreifen, bei der viele Unternehmen in Krisenzeiten zur Vermeidung von Entlassungen und Sozialplankosten darauf zurückgegriffen haben, Zeitguthaben aus Arbeitszeitkonten abzubauen oder mit Minus-Salden Entlassungen zu vermeiden[1]. Machte ein Unternehmen von dieser Möglichkeit Gebrauch, bestand in der Praxis das Problem, dass die SozV-Träger bei einer Freistellung von mehr als einem Monat aus einem Arbeitszeitkonto davon ausgingen, dass dann das Beschäftigungsverhältnis beendet sei[2]. Der Gesetzgeber hat sich dieser Einschätzung der SozV-Träger entgegengestellt und zumindest für eine Freistellung aus „Flexi-Konten" bis zu einem Zeitraum von drei Monaten den Fortbestand des Beschäftigungsverhältnisses dadurch angeordnet, dass er für diesen Fall auf die Rechtsfolge des § 7 Ia 1 verwiesen hat. Die Neuregelung in § 7 Ia 2 ist insofern als Reaktion des Gesetzgebers auf eine von ihm als unangemessen empfundene Rechtseinschätzung durch die Spitzenverbände der SozV zu sehen. Mit der Regelung sollte für den Sachverhalt der Freistellung aus „Flexi-Konten" eine rechtssichere Lösung geschaffen werden, die sich aber auf den Sachverhalt der „Flexi-Konten" beschränkt[3]. Infolgedessen können aus der Regelung des § 7 Ia 2 keine über die „Flexi-Konten" hinausgehenden Rechtsfolgen für andere Sachverhalte gezogen werden[4]. Die Vorschrift erfasst also gerade keine Freistellungen, die nicht auf einer Vereinbarung zur flexiblen Gestaltung der werktäglichen oder wöchentlichen Arbeitszeit beruhen und nicht dem Ausgleich betrieblicher Produktions- und Arbeitszyklen dienen[5]. Anforderungen an die Vereinbarung zur flexiblen Gestaltung der Arbeitszeit hat der Gesetzgeber nicht aufgestellt. Es kann sich hierbei um kollektive oder individualarbeitsrechtl. Vereinbarungen handeln[6]. Anders als bei der Wertguthabenvereinbarung ist die Einhaltung eines bestimmten Formerfordernisses nicht vorgeschrieben.

48 **VI. Gesetzliche Fiktion des Fortbestehens einer entgeltlichen Beschäftigung.** § 7 III enthält zwei Fälle, in denen eine entgeltliche Beschäftigung als fortbestehend gilt, obwohl der ArbN tatsächlich keine Arbeitsleistung mehr erbringt. S. 1 regelt eine solche Fiktion für **Unterbrechungen des Beschäftigungsverhältnisses** und S. 3 fingiert das Fortbestehen bei **Bezug von Arbeitsentgelt aus einem der DRV Bund übertragenen Wertguthaben.**

49 **1. Unterbrechung des Beschäftigungsverhältnisses.** Nach der sozialversicherungsrechtl. Vorschrift des § 7 III 1 gilt eine Beschäftigung gegen Arbeitsentgelt als fortbestehend, solange das Beschäftigungsverhältnis ohne Anspruch auf Arbeitsentgelt fortdauert, jedoch nicht länger als einen Monat. Diese Vorschrift enthält eine einheitliche Regelung für die KV, PflV, RV und ArblV. Die in ihr enthaltene Fiktion des Fortbestehens ist unwiderlegbar[7]. Fälle, die insb. unter den Anwendungsbereich dieser Regelung fallen, sind zB **Streik, Aussperrung, Pflegesituationen nach § 2 PflegeZG** sowie **unbezahlter Urlaub**. Sofern mehrere Unterbrechungstatbestände unterschiedlicher Art aufeinander treffen (zB unbezahlter Urlaub im Anschluss an den Bezug von Krankengeld, Mutterschaftsgeld oder Elternzeit), sind die Zeiten der einzelnen Arbeitsunterbrechungen nicht zusammenzurechnen[8]. Etwas anderes gilt nur dann, wenn Unterbrechungstatbestände iSv. § 7 III 1 aufeinander treffen (zB unbezahlter Urlaub im Anschluss an einen Streik)[9].

50 **a) Voraussetzungen.** Die Fiktion eines Fortbestehens einer Beschäftigung gegen Arbeitsentgelt setzt bereits begrifflich voraus, dass zunächst eine Beschäftigung gegen Arbeitsentgelt tatsächlich vorgelegen haben muss[10]. Darüber hinaus setzt § 7 III 1 voraus, dass das **Beschäftigungsverhältnis** fortdauert. Es muss sich also um eine **Unterbrechung** und nicht etwa um eine **Beendigung des Beschäftigungsverhältnisses** handeln. Ob die Unterbrechung einvernehmlich oder einseitig durch unentschuldigtes Fernbleiben von der Arbeit erfolgt, spielt hierbei keine Rolle[11]. Weiter verlangt § 7 III 1, dass der **Anspruch auf Arbeitsentgelt entfallen** sein muss. Gerät der ArbGeb lediglich in Annahmeverzug, sind die Voraussetzungen des § 7 III nicht erfüllt.

51 **b) Dauer der Unterbrechung.** Liegen die Voraussetzungen des § 7 III 1 vor, so wird eine Beschäftigung gegen Arbeitsentgelt **längstens für die Dauer eines Monats fingiert**. Eine **Sonderregelung** hierzu besteht im Recht der **gesetzl. Krankenversicherung**. Gem. § 192 I Nr. 1 SGB V bleibt ua. die Mitgliedschaft in der gesetzl. KV als Versicherungspflichtiger erhalten, solange sich die Versicherungspflichtigen in einem rechtmäßigen Arbeitskampf befinden. Fehlt jedoch eine derartige Sonderregelung, gilt die Monatsfrist des § 7 III 1. Die Zeitdauer von längstens einem Monat dürfte auf Fälle der Unterbrechung einer versicherungspflichtigen selbständigen Tätigkeit übertragbar sein[12].

52 Für die **Fristberechnung** gelten die Vorschriften des BGB (§§ 187 ff. BGB). Insofern beginnt die Monatsfrist mit dem ersten Tag der Arbeitsunterbrechung. Sie endet mit dem Ablauf desjenigen Tages des nächsten Monats, welcher dem Tag vorhergeht, der durch seine Zahl dem Anfangstag der Frist ent-

---

1 BT-Drs. 17/7991, 18. || 2 *Giesen/Ricken*, NZA 2010, 1056 mwN. || 3 Redebeitrag des Vorsitzenden des Ausschusses für Arbeit und Soziales, BT-Protokoll 17/146, S. 17562 f. || 4 Vgl. auch *Rolfs/Witschen*, NZS 2012, 241 (242). || 5 ErfK/*Rolfs*, § 7 SGB IV Rz. 32. || 6 Einzelheiten bei *Hanau/Veit*, Das neue Recht der Arbeitszeitkonten, 2012, S. 104 ff. || 7 KassKomm/*Seewald*, § 7 Rz. 180. || 8 BSG 17.2.2004 – B 1 KR 7/02 R, NZS 2005, 147 (151). || 9 Gemeinsame Verlautbarung der Spitzenverbände der Sozialversicherungsträger v. 13.3.2013 zum Fortbestand des Versicherungsverhältnisses bei Arbeitsunterbrechung (§ 7 III SGB IV), Ziff. 1.8. || 10 KassKomm/*Seewald*, § 7 Rz. 181. || 11 Krauskopf/*Baier*, § 7 Rz. 55. || 12 Vgl. LSG Nds. 15.12.2011 – L 10 R 39/09; 21.2.2007 – L 2 R 195/06.

spricht. Fehlt dem nächsten Monat der für den Ablauf der Frist maßgebende Tag, dann endet die Frist mit Ablauf des letzten Tages dieses Monates. Nicht vorausgesetzt wird allerdings, dass die Dauer von vornherein auf diesen Zeitraum befristet war. Hatten die Beteiligten bereits im Vorhinein absehen können, dass die Unterbrechung den Zeitraum von mehr als einem Monat überschreiten wird, so hindert dies nicht den Eintritt der Fiktion für den ersten Monat.

c) **Anspruch auf Entgeltersatzleistungen.** Nach § 7 III 3 gilt die Beschäftigung gegen Arbeitsentgelt nicht als fortbestehend, wenn **Krankengeld, Krankentagegeld, Verletztengeld, Versorgungskrankengeld, Übergangsgeld, Mutterschaftsgeld** oder nach gesetzl. Vorschriften **Elterngeld** bezogen oder **Elternzeit** in Anspruch genommen oder **Wehrdienst oder Zivildienst** geleistet oder **Pflegezeit** iSd. § 3 PflegeZG in Anspruch genommen wird. Liegen derartige Umstände vor, ergibt sich die Versicherungspflicht oder die soziale Absicherung aus speziellen Regelungen in den SV-Zweigen. Erhält etwa der Betreffende eine Sozialleistung, die dazu führt, dass § 7 III 1 nicht gilt, so kommt es allein auf den **Bezug** an[1], nicht aber auf die **Rechtmäßigkeit der empfangenen Leistung** an[1]. Zahlt der ArbGeb für die Dauer der Unterbrechung das Arbeitsentgelt fort, ist dies kein Fall von § 7 III. In diesem Fall wird das Beschäftigungsverhältnis nicht unterbrochen. Jedoch soll nach Ansicht der SozV-Träger wegen des Wortlautes des § 7 III 3 bei einer vollständigen Freistellung von der Arbeitsleistung durch die Inanspruchnahme von Pflegezeit nach § 3 PflegeZG das entgeltliche Beschäftigungsverhältnis nicht fortbestehen, selbst wenn vom ArbGeb weiterhin Leistungen gewährt werden[2]. Dies kann aber nur dann richtig sein, wenn es sich bei den vom ArbGeb weitergewährten Leistungen nur um geringfügige handelt. Übersteigen dagegen die ArbGeb-Leistungen diese Grenze, liegt ein entgeltliches Beschäftigungsverhältnis vor. Weiterhin ist zu beachten, dass, falls ein Wertguthaben gem. § 7c I Nr. 1a verwendet wird, das Beschäftigungsverhältnis fiktiv fortbesteht. § 7 Ia ist lex specialis zu § 7 III 3.

d) **Auswirkungen der Unterbrechung.** § 7 III hat darüber hinaus Auswirkungen auf die **Beitragsberechnung** und ggf. auf die Höhe der zu zahlenden Beiträge, da die Zeiten der Arbeitsunterbrechung ohne Anspruch auf Arbeitsentgelt keine beitragsfreien, sondern dem Grunde nach beitragspflichtige Zeiten sind. Für den Bereich der KV und PflV sind darüber hinaus im Falle eines rechtmäßigen Arbeitskampfes auch die über einen Monat hinausgehenden Tage als SozV-Tage anzusehen, was im Interesse einer einheitlichen Berechnung der Beiträge aus Arbeitsentgelt für alle vier Versicherungszweige in der Praxis zu erheblichen Problemen führt. Diese Problematik beruht letztlich darauf, dass der Gesetzgeber in § 192 I Nr. 1 SGB V eine Sonderregelung für den Fall des rechtmäßigen Arbeitskampfes getroffen hat.

2. Bezug von Arbeitsentgelt aus einem der DRV Bund übertragenen Wertguthaben. Hat der ArbN gem. § 7f I Nr. 2 sein Wertguthaben auf die DRV Bund übertragen und es für Zeiten der Freistellung von der Arbeitsleistung und Zeiten der Verringerung der vertragl. vereinbarten Arbeitszeit nach § 7c I sowie auch außerhalb eines ArbVerh für die in § 7c I Nr. 2a genannten Zeiten in Anspruch genommen, gilt auch für diese Zeit gem. § 7 III 3 das Beschäftigungsverhältnis als fortbestehend.

VII. Illegale Beschäftigung von Ausländern. Durch die Einfügung von Abs. 4 wurde Art. 6 Abs. 3 der Sanktionsrichtlinie (RL 2009/52/EG) umgesetzt. Die Vorschrift normiert zugunsten des ausländischen Beschäftigten und der Versichertengemeinschaft[3] eine **widerlegbare Vermutung**, dass der ArbGeb den ausländischen Beschäftigten für die Dauer von drei Monaten beschäftigt hat. Der Begriff des „Beschäftigungsverhältnisses" iSd. Abs. 4 dürfte identisch mit dem in Abs. 1 verwendeten sein[4]. Sinn und Zweck der Regelung ist eine Erleichterung bei der Berechnung und Nachforderung von Beiträgen und damit eine Vereinfachung des Verwaltungsverfahrens.[5] Voraussetzungen sind, dass **ein ausländischer Beschäftigter** vom ArbGeb illegal beschäftigt wurde. Die **Illegalität** kann sich dabei entweder aus **einem Fehlen der erforderlichen Arbeitsgenehmigung nach § 284 I SGB III** oder aus dem **Fehlen der Berechtigung zur Erwerbstätigkeit nach § 4 III AufenthG** ergeben. Für eine weitere Vereinfachung sorgt die in § 98a II AufenthG aufgenommene (ebenfalls widerlegbare) Vergütungsvermutung[6].

Mit dem LSV-NOG[7] wurde der neue Abs. 4 bereits kurz nach seiner Einführung insoweit ergänzt, als nunmehr ein Beschäftigungsverhältnis „**gegen Arbeitsentgelt**" vermutet wird[8], womit sich die Fiktion bereits nach Abs. 4 nicht nur auf die Dauer, sondern auch auf die Entgeltlichkeit erstreckt.

VIII. Anfrageverfahren. Der Gesetzgeber hat in § 7a ein Anfrageverfahren geschaffen, das es den Beteiligten ermöglicht, schnellstmöglich Klarheit über den **versicherungsrechtl. Status** einer erwerbsmäßig tätigen Person zu erlangen[9]. Danach können die Beteiligten schriftl. eine rechtsverbindliche Entscheidung durch die DRV Bund beantragen, ob eine versicherungspflichtige Beschäftigung vorliegt, sofern nicht die Einzugsstelle oder ein anderer Versicherungsträger im Zeitpunkt der Antragstellung

---

1 Hauck/Noftz/*Gerlach*, § 7, Rz. 53. ‖2 Besprechung der Spitzenverbände der Krankenkassen, der Deutschen Rentenversicherung Bund und der Bundesagentur für Arbeit über Fragen des gemeinsamen Beitragseinzugs v. 25./26.9.2008, Ziff. 2. ‖3 Vgl. BT-Drs. 17/6764, 17. ‖4 Vgl. *Berchtold*, NZS 2012, 481. ‖5 BT-Drs. 17/6764, 17. ‖6 Vgl. dazu BT-Drs. 17/5470, 28. ‖7 Gesetz zur Neuordnung der Organisation der landwirtschaftlichen Sozialversicherung v. 12.4.2012, BGBl. I S. 579. ‖8 Das ursprüngliche Fehlen der Formulierung „gegen Arbeitsentgelt" soll laut Gesetzgeber auf ein „redaktionelles Versehen" zurückzuführen sein, vgl. BT-Drs. 17/8616, 19. ‖9 BSG 11.3.2009 – B 12 R 11/07 R, SGb 2009, 282; zum Anfrageverfahren ausf. *Reiserer/Freckmann*, NJW 2003, 180 (182 ff.).

bereits ein Verfahren zur Feststellung einer Beschäftigung eingeleitet hat[1]. Eine nur angekündigte Betriebsprüfung steht dagegen nicht der Durchführung des Anfrageverfahrens entgegen[2]. Das Unterlassen der Einleitung eines Anfrageverfahrens durch den ArbGeb trotz Unklarheiten hinsichtlich der versicherungs- und beitragsrechtl. Einordnung einer Erwerbstätigkeit kann iSd. § 14 II 2 vorwerfbar sein, soweit es die beitragsrechtl. Folgen einer Fehlbeurteilung anbelangt[3]. Nach der Rspr. des BSG hat die DRV Bund konkrete Feststellungen zur Versicherungspflicht in allen Zweigen der SozV zu treffen und darf sich nicht auf die Prüfung einzelner Merkmale in Form einer „Elementenfeststellung" beschränken[4]. **Antragsberechtigt ist jeder Beteiligte**. Es ist nicht etwa erforderlich, dass sich die Beteiligten für ein Antragsverfahren einig sind. Nach neuester Rspr. des BSG ist das Anfrageverfahren nicht nur zu Beginn einer Beschäftigung eröffnet, sondern auch noch nach deren Beendigung[5]. Hierbei muss sich die jeweilige Anfrage auf konkrete rechtl. und tatsächliche Gegebenheiten beziehen[6]. Die Angaben und Unterlagen, die die DRV Bund für ihre Entscheidung benötigt, kann sie nach § 7a III schriftl. bei den Beteiligten unter Fristsetzung anfordern. Entscheidungsgrundlage sind allein und ausschließlich die von den Antragstellern vorgelegten Tatsachen und Unterlagen. Kann danach keine Aussage zur Geringfügigkeit einer Beschäftigung getroffen werden, so ist die Entscheidung zur Versicherungspflicht auf der Grundlage allg. Beweisregeln zu treffen[7]. Nach Abschluss der Ermittlungen hat die DRV Bund vor Erlass ihrer Entscheidung den Beteiligten Gelegenheit zu geben, sich zu der beabsichtigten Entscheidung zu äußern. In den besonders problematischen Fällen der **Beschäftigung von Ehegatten, Lebenspartnern oder Abkömmlingen des ArbGeb** und der **versicherungsrechtl. Beurteilung von Gesellschafter-Geschäftsführern** ist die Einzugsstelle gem. § 7a I 2 verpflichtet, einen Antrag nach § 7a I 1 zu stellen, wenn sich aus der Meldung des ArbGeb ergibt, dass der Beschäftigte **Angehöriger des ArbGeb** oder **geschäftsführender Gesellschafter einer GmbH** ist. Durch dieses **obligatorische Verfahren** soll verhindert werden, dass, wenn für diesen Personenkreis SozV-Beiträge vereinnahmt werden, sich im Leistungsfall ein SozV-Träger darauf beruft, dass die betreffende Person nicht in einem Beschäftigungsverhältnis gestanden habe und deshalb keinen Anspruch auf Versicherungsleistungen besitze. Sämtliche Meldungen in diesen Verfahren sind ausschließlich durch die DRV Bund zu beurteilen[8].

59 Wenn ein Anfrageverfahren innerhalb eines Monats nach Aufnahme der Tätigkeit beantragt wird, sieht das Gesetz in § 7a VI insofern eine **Begünstigung** für die Beteiligten vor, dass bei Feststellung eines versicherungspflichtigen Beschäftigungsverhältnisses die **Versicherungspflicht** erst **mit der Bekanntgabe der Entscheidung** eintritt, wenn der Beschäftigte zustimmt und er für den Zeitraum zwischen Aufnahme der Beschäftigung und Entscheidung eine Absicherung gegen das finanzielle Risiko von Krankheit und zur Altersvorsorge vorgenommen hat, die der Art nach den Leistungen der gesetzl. KV und der gesetzl. RV entspricht. Das gilt selbst dann, wenn der ArbGeb für den in Frage stehenden Zeitraum bereits SozV-Beiträge abgeführt hat[9]. Zu welchem Zeitpunkt die Zustimmung erteilt werden darf, ist bisher nicht geklärt. Nach Auffassung der SozV-Träger darf diese erst nach Bekanntgabe der Entscheidung im Anfrageverfahren erteilt werden[10]. Dafür finden sich im Gesetz jedoch keine Anhaltspunkte[11]. Die anderweitige Absicherung muss bereits im Zeitpunkt des Beginns des Anfrageverfahrens vorhanden sein. Die Absicherung im Hinblick auf das Krankheitsrisiko kann dabei durch eine freiwillige Versicherung in der gesetzl. KV oder eine private KV erfolgen, wobei letztere Leistungen vorsehen muss, die der Art nach den Leistungen der gesetzl. KV entsprechen (Gewährung von ärztlicher Behandlung, zahnärztliche Behandlung einschl. Versorgung mit Zahnersatz, Versorgung mit Arznei- und Heilmitteln, Krankenhausbehandlung sowie ein Anspruch auf Krankengeld bzw. eine andere, dem Ersatz von Arbeitsentgelt dienende Leistung). Darüber hinaus muss sich die private Absicherung auf Angehörige erstrecken, die gem. § 10 SGB V familienversichert wären. Aus einer freiwilligen gesetzl. oder einer privaten KV folgt auch die Versicherungspflicht in der PflV, auch wenn § 7a VI 1 dies nicht ausdrücklich vorsieht. Eine Absicherung gegen das finanzielle Risiko von Krankheit ist für Zeiten ab dem 1.1.2009 auch dann erforderlich, wenn das Arbeitsentgelt des Versicherten die Jahresarbeitsentgeltgrenze überschreitet und deshalb keine gesetzl. KV-Pflicht eintritt[12]. Die Absicherung zur Altersvorsorge kann ebenfalls durch eine freiwillige Versicherung in der gesetzl. RV oder durch eine private Lebens-/RV für den Fall des Erlebens des 60. oder eines höheren LJ erfolgen. Von einem ausreichenden sozialen Schutz geht nach derzeitigem Stand die Praxis dann aus, wenn für die private Versicherung Prämien aufgewendet werden, die der Höhe des jeweiligen freiwilligen Mindestbeitrags zur gesetzl. RV entsprechen[13].

---

1 Zur Frage der Zulässigkeit, wenn eine bestandkräftige Entscheidung der Einzugsstelle vorliegt: LSG Sachs. 14.8.2006 – L 1 B 205/05 KR-PKH. ‖2 LSG BW 11.5.2011 – L 11 R 1075/11 ER-B. ‖3 BSG 9.11.2011 – B 12 R 18/09 R, SozR 4-2400 § 14 Nr. 13. ‖4 Vgl. BSG 11.3.2009 – B 12 R 11/07 R, SozR 4-2400 § 7a Nr. 2; 4.6.2009 – B 12 R 6/08 R, WzS 2010, 157; *Giesen*, SGb 2012, 305 (308); aA SG Berlin 27.10.2010 – S 112 KR 1764/09; 13.4.2010 – S 81 KR 176/08. ‖5 BSG 4.6.2009 – B 12 KR 31/07 R, SozR 4-2400 § 7a Nr. 3; anders noch LSG Bay. 7.12.2004 – L 5 KR 163/03; 23.10.2007 – L 5 KR 267/07; ebenfalls aA LSG Sachs. 30.8.2013 – L 1 KR 129/13 B ER. ‖6 BSG 11.3.2009 – B 12 R 11/07 R, SGb 2009, 282. ‖7 LSG Hess. 25.8.2011 – L 8 KR 306/08. ‖8 Vgl. Gemeinsames Rundschreiben der Spitzenorganisationen der SozV zur Statusfeststellung von Erwerbstätigen v. 13.4.2010, Ziff. 5.2. ‖9 LSG BW 23.3.2010 – L 11 R 5564/08. ‖10 Gemeinsames Rundschreiben v. 13.4.2010, Ziff. 4.3.1. ‖11 LSG BW 23.3.2010 – L 11 R 5564/08. ‖12 Vgl. Gemeinsames Rundschreiben der Spitzenorganisationen der SozV zur Statusfeststellung von Erwerbstätigen v. 13.4.2010, Ziff. 4.3.1. ‖13 Gemeinsames Rundschreiben der Spitzenorganisationen der SozV zur Statusfeststellung von Erwerbstätigen v. 13.4.2010, Ziff. 4.3.1.

Gem. § 7a VI 2 wird die Fälligkeit des Gesamtsozialversicherungsbeitrags in Fällen eines Anfrageverfahrens auf den Zeitpunkt hinausgeschoben, zu dem die Entscheidung, dass eine Beschäftigung vorliegt, unanfechtbar wird. Da dann für die zurückliegende Zeit ein Lohnabzug nach § 28g nicht vorgenommen werden konnte und damit nicht „unterblieben ist", ist der Abzug des ArbN-Beitragsanteils nicht auf die letzten drei Monate begrenzt. Das **Hinausschieben der Fälligkeit** tritt unabhängig davon ein, ob Versicherungspflicht mit Aufnahme der Beschäftigung oder mit Bekanntgabe der Statusentscheidung eintritt[1]. Nach § 336 SGB III ist die BA an Statusentscheidungen der DRV Bund leistungsrechtl. gebunden. 60

IX. Versicherungspflicht und selbständige Tätigkeit. Für selbständig Tätige ist ua. § 2 S. 1 Nr. 9 SGB VI zu beachten[2]. Danach sind in der gesetzl. RV versicherungspflichtig selbständig tätige Personen, die im Zusammenhang mit ihrer selbständigen Tätigkeit regelmäßig keinen versicherungspflichtigen ArbN beschäftigen und auf Dauer und im Wesentlichen nur für einen Auftraggeber tätig sind. Diese Versicherungspflicht entfällt auch, wenn der Betroffene mehrere ArbN geringfügig beschäftigt, sofern die Summe der Entgelte über der 450-Euro-Grenze liegt[3]. Dieser Sichtweise hat sich auch der Gesetzgeber in seiner Gesetzesbegr. zum RV-Altersgrenzenanpassungsg angeschlossen, ohne das allerdings im Gesetzestext des § 2 SGB VI ausdrücklich klarzustellen[4]. 61

8 Geringfügige Beschäftigung und geringfügige selbständige Tätigkeit

(1) Eine geringfügige Beschäftigung liegt vor, wenn

1. das Arbeitsentgelt aus dieser Beschäftigung regelmäßig im Monat 450 Euro nicht übersteigt,
2. die Beschäftigung innerhalb eines Kalenderjahrs auf längstens zwei Monate oder 50 Arbeitstage nach ihrer Eigenart begrenzt zu sein pflegt oder im Voraus vertraglich begrenzt ist, es sei denn, dass die Beschäftigung berufsmäßig ausgeübt wird und ihr Entgelt 450 Euro im Monat übersteigt.

(2) Bei der Anwendung des Absatzes 1 sind mehrere geringfügige Beschäftigungen nach Nummer 1 oder Nummer 2 sowie geringfügige Beschäftigungen nach Nummer 1 mit Ausnahme einer geringfügigen Beschäftigung nach Nummer 1 und nicht geringfügige Beschäftigungen zusammenzurechnen. Eine geringfügige Beschäftigung liegt nicht mehr vor, sobald die Voraussetzungen des Absatzes 1 entfallen. Wird beim Zusammenrechnen nach Satz 1 festgestellt, dass die Voraussetzungen einer geringfügigen Beschäftigung nicht mehr vorliegen, tritt die Versicherungspflicht erst mit dem Tag ein, an dem die Entscheidung über die Versicherungspflicht nach § 37 des Zehnten Buches durch die Einzugsstelle nach § 28i Satz 5 oder einen anderen Träger der Rentenversicherung bekannt gegeben wird. Dies gilt nicht, wenn der Arbeitgeber vorsätzlich oder grob fahrlässig versäumt hat, den Sachverhalt für die versicherungsrechtliche Beurteilung der Beschäftigung aufzuklären.

(3) Die Absätze 1 und 2 gelten entsprechend, soweit an Stelle einer Beschäftigung eine selbständige Tätigkeit ausgeübt wird. Dies gilt nicht für das Recht der Arbeitsförderung.

I. Vorbemerkung	1	III. Zusammenrechnung	17
II. Geringfügige Beschäftigung	5	1. Anwendungsbereich des Abs. 2	17
1. Geringfügige Beschäftigung gem. Abs. 1 Nr. 1	6	2. Feststellungslast	23
2. Geringfügige Beschäftigung gem. Abs. 1 Nr. 2	10	3. Rechtsfolgen für Arbeitgeber	24
3. Geringfügige Beschäftigung in Privathaushalten (§ 8a)	16	IV. Geringfügige selbständige Tätigkeit	26
		V. Rechtsfolgen der Geringfügigkeit	27

I. Vorbemerkung. Mit Abs. 1 wollte der Gesetzgeber die früher sowohl im KV- als auch im RV-Recht geregelten Begriffsbestimmungen der **Nebenbeschäftigung** und **Nebentätigkeit** in überarbeiteter und vereinfachter Form zusammenfassen und neu umschreiben. Ergänzend hierzu soll in Abs. 2 die Frage geklärt werden, wie in Fällen mehrerer geringfügiger Beschäftigungen oder im Falle des nachträglichen Wegfalls der Voraussetzung des Abs. 1 zu verfahren ist. Die Regelungen des Abs. 3 sollen die Anwendung des Abs. 1 und 2 auf die Fälle erstrecken, in denen statt oder neben einer Beschäftigung eine selbständige Tätigkeit ausgeübt wird[5]. Dabei beschränkt sich § 8 auf eine **Begriffsdefinition**. Die Konsequenzen, die sich aus dieser Definition ergeben, insb. die Frage, ob bestimmte Beschäftigungsverhältnisse oder Tätigkeiten versicherungsfrei sind, finden sich bei den Vorschriften der einzelnen Versicherungszweige[6]. 1

Sozialpolitisch ist die Versicherungsfreiheit geringfügiger Beschäftigungen seit Jahren Gegenstand der Diskussion[7]. So war das **Gesetz zur Neuregelung der geringfügigen Beschäftigungsverhältnisse** v. 24.3.1999[8] noch von der Vorstellung getragen, dass geringfügig Beschäftigte weitgehend in den SozV- 2

---

1 Krauskopf/*Baier*, § 7a Rz. 20; ebenso Hauck/Noftz/*Knospe*, § 7a Rz. 48; aA Gemeinsames Rundschreiben der Spitzenorganisationen der SozV zur Statusfeststellung von Erwerbstätigen v. 13.4.2010, Ziff. 4.3.2. ||2 Vgl. *Preis/Temming*, SGb 2006, 385 ff. ||3 So für den vergleichbaren Fall des § 2 S. 1 Nr. 1 SGB VI BSG 23.11.2005 – B 12 RA 5/04 R, SozR 4-2600 § 231 Nr. 1; aA LSG NW 29.10.2004 – L 4 RA 63/03, NZS 2005, 373. ||4 BT-Drs. 16/3794, 32. ||5 BR-Drs. 300/75, 31. ||6 Vgl. etwa § 27 II SGB III; § 7 SGB V; § 5 II SGB VI. ||7 Vgl. dazu *Waltermann*, Gutachten zum DJT 2010, B 27 f., B 116; *Waltermann*, NJW 2013, 118; *Knospe*, VSSR 2011, 233. ||8 BGBl. I S. 388.

Schutz einbezogen werden müssten, um ua. der Erosion der Finanzgrundlagen der beitragsfinanzierten SozV entgegenzuwirken und Frauen, die vor allem in geringfügigen Beschäftigungsverhältnissen arbeiten, eine Option auf eine verbesserte Alterssicherung zu geben[1]. Kernpunkt war die Festschreibung der Entgeltgrenze des Abs. 1 Nr. 1 sowie die Einführung der Zusammenrechnung geringfügiger und nicht geringfügiger Beschäftigungen. Die letzte tiefgreifende Änderung des § 8 vollzog der Gesetzgeber durch das **Zweite Gesetz für moderne Dienstleistungen am Arbeitsmarkt** v. 23.12.2002[2]. Erklärtes Ziel war dabei, ArbGeb und Beschäftigte zu motivieren, bisher illegale Beschäftigungsverhältnisse der SozV zu melden und diese aus der Illegalität herauszuführen und in abgesicherte Rechtsverhältnisse zu überführen[3]. Damit verbunden war eine Ausweitung der geringfügigen Beschäftigungsverhältnisse, indem die Zeitgrenze von 15 Wochenstunden gestrichen und die Entgeltgrenze auf 400 Euro angehoben wurde. Darüber hinaus privilegierte man haushaltsnahe Dienstleistungen (§ 8a) in besonderem Maße. Abs. 2 S. 3 der Vorschrift wurde durch das Dritte Gesetz zur Änderung des Vierten Buches Sozialgesetzbuch und anderer Gesetze v. 5.8.2010[4] dahingehend konkretisiert, dass die Feststellung einen Verwaltungsakt iSd. § 37 SGB X darstellt und Einzugsstelle die Deutsche Rentenversicherung Knappschaft-Bahn-See ist. Zuletzt wurde durch das **Gesetz zu Änderungen im Bereich der geringfügigen Beschäftigungen** v. 5.12.2012[5] mWv. 1.1.2013 die Entgeltgrenze auf 450 Euro angehoben und sind geringfügig Beschäftigte nach Abs. 1 Nr. 1 mit Beschäftigungsbeginn nach dem 31.12.2012 in der gesetzl. RV pflichtversichert (verbunden mit der Möglichkeit der Befreiung). Beschäftigte mit einem regelmäßigen Arbeitsentgelt von 400,01 bis 450 Euro bleiben im Wege einer Bestandsschutzregelung bis 31.12.2014 zunächst sozialversicherungspflichtig, wobei in der KV Versicherungsfreiheit angeordnet wird für den Fall, dass eine Familienversicherung besteht. Die fortbestehende Sozialversicherungspflicht ist ebenfalls verbunden mit einer Befreiungsmöglichkeit. In der RV besteht diese Option allerdings erst ab dem 1.1.2015, § 231 IX SGB VI.

3   Inzwischen sind auch **europarechtl. Vorbehalte** gegen die Versicherungsfreiheit von geringfügigen Beschäftigungsverhältnissen[6] durch die Rspr. des EuGH widerlegt[7]. Danach steht den an § 8 anknüpfenden Regelungen über die Versicherungsfreiheit geringfügiger Beschäftigungsverhältnisse nicht Art. 4 Abs. 1 RL 79/7/EWG v. 19.12.1978 zur schrittweisen Verwirklichung des Grundsatzes der **Gleichbehandlung von Männern und Frauen im Bereich der sozialen Sicherheit** entgegen. Dies gilt selbst dann, wenn die Versicherungsfreiheit geringfügiger Beschäftigungsverhältnisse erheblich mehr Frauen als Männer betrifft. Nach Auffassung des EuGH durfte der deutsche Gesetzgeber davon ausgehen, dass die entsprechenden Regelungen erforderlich waren, um ein sozialpolitisches Ziel zu erreichen, das mit einer Diskriminierung auf Grund des Geschlechts nichts zu tun hat (Befriedigung einer sozialen Nachfrage nach geringfügigen Beschäftigungen)[8].

4   Teilweise werden die Regelungen zur geringfügigen Beschäftigung als unvereinbar mit dem **allg. Gleichheitsgrundsatz** des Art. 3 I GG angesehen[9]. Hintergrund dieser Auffassung ist, dass der ArbGeb eines geringfügig Beschäftigten relativ stärker zu SozV-Beiträgen herangezogen wird als der ArbGeb eines gewöhnlichen Vollzeitbeschäftigten, für den er „lediglich" einen ArbGeb-Anteil zu entrichten hat, der im Regelfall prozentual geringer ist als die Pauschalbeiträge zur gesetzl. KV und RV für den geringfügig Beschäftigten[10]. Allerdings hat das BVerfG bisher die entsprechenden Regelungen nicht beanstandet[11].

Ebenfalls keinen verfassungsrechtl. Bedenken begegnet im Hinblick auf Art. 3 I GG nach der Rspr. des BSG die Sozialversicherungspflicht der zu ihrer Berufsausbildung betriebl. Beschäftigten auch bei einem monatlichen Entgelt im Bereich der Geringfügigkeitsgrenze[12].

5   **II. Geringfügige Beschäftigung.** Abs. 1 enthält die Begriffsbestimmung für geringfügige Beschäftigungen. Hier sieht das Gesetz **zwei Varianten** vor: Geringfügig ist einmal eine Beschäftigung wegen der geringen Höhe des Arbeitsentgelts (**geringfügig entlohnte Beschäftigung**). Zum anderen liegt eine geringfügige Beschäftigung iSd. Abs. 1 Nr. 2 auch wegen ihrer kurzen Dauer vor (**kurzfristige Beschäftigung**). Zwischen beiden Varianten ist zu unterscheiden. Übt ein ArbN bei demselben ArbGeb gleichzeitig mehrere Beschäftigungen aus, so ist ohne Rücksicht auf die arbeitsvertragl. Gestaltung sozialversicherungsrechtl. von einem **einheitlichen Beschäftigungsverhältnis** auszugehen, welches anhand von § 3 zu überprüfen ist[13]. Dieser Grundsatz gilt auch für die geringfügige Beschäftigung in Privathaushalten nach § 8a[14].

---

1 BT-Drs. 14/280. ||2 BGBl. I S. 4621. ||3 BT-Drs. 15/26, 24. ||4 BGBl. I S. 1127. ||5 BGBl. I S. 2474. ||6 Vgl. etwa SG Speyer 26.10.1993 – S 3 K 136/92, NZS 1994, 80 ff.; SG Hannover 25.5.1993 – S 7 J 629/89, NZS 1993, 367 ff. ||7 Vgl. EuGH 14.12.1995 – Rs. C-317/93, SozR 3-6083 Art. 4 Nr. 11; 14.12.1995 – Rs. C-444/93, SozR 3-6083 Art. 4 Nr. 12. ||8 Vgl. hierzu *Knospe*, VSSR 2011, 233 (249 ff.) m. umfangr. wN. ||9 So insb. *Rolfs*, SGb 1999, 611 (613 ff.). ||10 Vgl. ErfK/*Rolfs*, § 8 SGB IV Rz. 7; *Boecken*, NZA 1999, 393 (399); vgl. auch Hauck/Noftz/*Knospe*, § 8 Rz. 13 ff. ||11 Vgl. BVerfG 28.7.1999 – 1 BvQ 5/99, NJW 1999, 3036; 20.4.1999 – 1 BvQ 2/99, NZA 1999, 583. ||12 BSG 15.7.2009 – B 12 KR 14/08 R, SozR 4-2500 § 7 Nr. 1. ||13 BSG 16.2.1983 – 12 RK 26/81, SozR 2200 § 168 Nr. 7; 27.6.2012 – B 12 KR 28/10 R, SozR 4-2500 § 8 Nr. 5; LSG Saarbrücken 8.4.2000 – L 6 AL 36/99, EzS 130/488. Richtlinien der Spitzenverbände der Krankenkassen, der Deutschen Rentenversicherung Bund und der Bundesagentur für Arbeit für die versicherungsrechtliche Beurteilung von geringfügigen Beschäftigten (Geringfügigkeits-RL) v. 20.12.2012, B.2.1; aA LSG NW 9.9.2010 – L 16 KR 203/08. ||14 LSG BW 20.6.2013 – L 7 R 2757/11, Die Beiträge Beil. 2013, 314.

1. Geringfügige Beschäftigung gem. Abs. 1 Nr. 1. a) Dauerbeschäftigung. Eine geringfügig entlohnte 6
Beschäftigung liegt vor, wenn das Arbeitsentgelt aus der Beschäftigung regelmäßig im Monat 450 Euro
nicht überschreitet. Hierbei unterstellt die Regelung des Abs. 1 Nr. 1, dass es sich um eine **Dauerbeschäftigung mit gewisser Regelmäßigkeit** handelt. Insofern unterscheidet sich die geringfügig entlohnte Beschäftigung von der kurzfristigen Beschäftigung[1]. Daher ist in Bezug auf die Regelmäßigkeit der Beschäftigung strikt zwischen Abs. 1 Nr. 1 und Abs. 1 Nr. 2 zu unterscheiden. Regelmäßig ist eine Beschäftigung, die von vornherein auf ständige Wiederholung gerichtet ist und über einen längeren Zeitraum ausgeübt werden soll, was insb. bei einer auf Dauer angelegten Rechtsbeziehung anzunehmen ist[2]. Jedoch ist eine auf Dauer angelegte Rechtsbeziehung nicht notwendige Voraussetzung, um von einer Regelmäßigkeit der Beschäftigung sprechen zu können. So kommt es nicht darauf an, ob Arbeitseinsätze im Rahmen eines DauerArbVerh von vornherein feststanden oder von Mal zu Mal vereinbart wurden[3]. Demzufolge sieht die Rspr. des BSG das Merkmal der Regelmäßigkeit auch dann als erfüllt an, wenn der Beschäftigte zu den sich wiederholenden Arbeitseinsätzen auf Abruf bereitsteht, ohne verpflichtet zu sein, jeder Aufforderung zur Arbeitsleistung Folge zu leisten[4]. Darum sind regelmäßig ausgeübte Beschäftigungen nicht am Beschäftigungsumfang einer bestimmten Anzahl von Arbeitstagen pro Jahr, sondern ausschließlich am erzielten Entgelt zu messen.

b) Entgeltgrenze. Bei der Prüfung der Frage, ob das **regelmäßige Arbeitsentgelt** 450 Euro übersteigt, 7
ist vom regelmäßigen Arbeitsentgelt auszugehen. Gem. § 14 I 1 sind Arbeitsentgelt alle laufenden oder
einmaligen Einnahmen aus einer Beschäftigung, gleichgültig ob ein Rechtsanspruch auf die Einnahmen besteht, unter welcher Bezeichnung in welcher Form sie geleistet werden und ob sie unmittelbar aus der Beschäftigung oder im Zusammenhang mit ihr erzielt werden. Dementsprechend ist mindestens auf das Arbeitsentgelt abzustellen, worauf ein **Rechtsanspruch** besteht[5]. Nur soweit das **tatsächlich gezahlte Arbeitsentgelt** dieses überschreitet, ist letzteres maßgeblich[6]. Auf welcher Rechtsgrundlage ein Arbeitsentgeltanspruch beruht, zB **TV, BV, Arbeitsvertrag**, ist unerheblich. Da aber mindestens auf das Arbeitsentgelt abzustellen ist, auf welches der ArbN einen Rechtsanspruch hat, ist, wenn das Beschäftigungsverhältnis in den Anwendungsbereich eines allgemeinverbindlichen GehaltsTV fällt, der Arbeitsentgeltanspruch mindestens in Höhe des tarifl. Gehalts maßgeblich, selbst wenn die Parteien arbeitsvertragl. ein geringeres Arbeitsentgelt vereinbart haben[7]. Insofern weicht das SozV-Recht mit dem dort geltenden **Entstehungsprinzip** grds. von dem für das Steuerrecht geltenden sog. **Zuflussprinzip** ab[8]. Von besonderer Problematik sind die Fälle, bei denen eine tarifvertragl. Regelung besteht, wonach geringfügig Beschäftigte, im Gegensatz zu versicherungspflichtig Beschäftigten, keinen Anspruch auf bestimmte regelmäßige Leistungen haben. Darin hat der EuGH[9] eine mittelbare Diskriminierung auf Grund des Geschlechts gesehen. Selbst wenn sich aber eine tarifl. Regelung als mittelbar diskriminierend herausstellt, meint die Praxis der SozV-Träger hieraus keine sozialversicherungsrechtl., insb. beitragsrechtl. Konsequenzen ziehen zu brauchen, da allein eine abstrakte Feststellung eines Verstoßes gegen das Diskriminierungsverbot keinen Arbeitsentgeltanspruch in sozialversicherungsrechtl. Hinsicht begründen könne[10].

Bei der Ermittlung des regelmäßigen Arbeitsentgelts können ferner **einmalige Einnahmen** Berück- 8
sichtigung finden, sofern deren Gewährung mit hinreichender Sicherheit mindestens einmal jährlich zu
erwarten ist, so dass der Empfänger sie als Teil seines Einkommens einplanen kann. Dies ist uU dann der Fall, wenn auf die Sonderzahlung kein fester Rechtsanspruch besteht, sondern über ihre Gewährung vielmehr in jedem Jahr neu vom ArbGeb entschieden wird[11]. Diese Sonderzahlungen sind ihrem Betrag nach bei der Berechnung des „regelmäßig im Monat" erzielten Entgelts auf die einzelnen Monate zu verteilen[12]. Mit dem Zweiten Gesetzes für moderne Dienstleistungen am Arbeitsmarkt wurde § 22 I dahin gehend geändert, dass Beitragsansprüche der SozV-Träger bei einmalig gezahltem Arbeitsentgelt erst entstehen, sobald dieses ausgezahlt ist. Damit wird für einmalig gezahltes Arbeitsentgelt das **Zuflussprinzip** festgeschrieben. Maßgebend für die Beitragspflicht bei einmalig gezahltem Arbeitsentgelt ist somit die Frage, ob und wann die Einmalzahlung zugeflossen ist, so dass Beiträge nicht mehr geltend gemacht werden können, wenn das einmalig gezahlte Arbeitsentgelt tatsächlich nicht gezahlt worden ist. Dies gilt entsprechend bei der Prüfung, ob das regelmäßige Arbeitsentgelt die Gering-

---

1 BSG 11.5.1993 – 12 RK 23/91, SozR 3-2400 § 8 Nr. 3; 23.5.1995 – 12 RK 60/93, SozR 3-2400 § 8 Nr. 4. ||**2** BSG 11.5.1993 – 12 RK 23/91, SozR 3-2400 § 8 Nr. 3. ||**3** BSG 23.5.1995 – 12 RK 60/93, SozR 3-2400 § 8 Nr. 4. ||**4** BSG 23.5.1995 – 12 RK 60/93, SozR 3-2400 § 8 Nr. 4; 1.2.1979 – 12 RK 7/77, SozR 2200 § 165 Nr. 36; LSG NW 8.11.2001 – L 5 KR 225/00. ||**5** BSG 14.7.2004 – B 12 KR 1/04 R, SozR 4-2400 § 22 SGB IV Nr. 2. ||**6** BSG 14.7.2004 – B 12 KR 1/04 R, SozR 4-2400 § 7 SGB IV Nr. 3. ||**7** LSG NW 28.6.2007 – L 16 R 2/07; BFH 29.5.2008 – VI R 57/05, NZA 2009, 600; BeckOK-SGB IV/*Rittweger*, § 8 Rz. 10; *Giesen/Ricken*, NZA 2004, 1378. ||**8** Vgl. § 22. Dies kann etwa zu Problemen führen, wenn Beschäftigte unter der Geringfügigkeitsgrenze bleiben wollen und deshalb auf den Tariflohn „verzichten" (vgl. *Schumacher-Mohr*, ZTR 2003, 120). ||**9** EuGH 9.9.1999 – Rs. C-281/97, NZA 2000, 405; vgl. auch EuGH 18.7.2007 – Rs. C-213/05, NZA 2007, 887. ||**10** Besprechung der Spitzenverbände der Krankenkassen, des Verbandes Deutscher Rentenversicherungsträger und der Bundesanstalt für Arbeit über Fragen des gemeinsamen Beitragseinzugs am 21./22.11.2001 zu den beitragsrechtlichen Behandlung von nicht gezahlten Arbeitsentgelten; hier: Auswirkung des Urt. des EuGH 9.9.1999 sowie des TzBfG. ||**11** BSG 28.2.1984 – 12 RK 21/83, SozR 2100 § 8 Nr. 4. ||**12** BSG 28.2.1984 – 12 RK 2183, NZA 1984, 301.

fügigkeitsgrenze von 450 Euro des Abs. 1 Nr. 1 überschreitet[1]. Dagegen beeinflussen unvorhersehbare und nicht einplanbare Sonderzahlungen die Geringfügigkeit der Beschäftigung nicht. Bei **schwankendem Arbeitsentgelt** oder in den Fällen, in denen im Rahmen eines DauerArbVerh saisonbedingt unterschiedliche Arbeitsentgelte erzielt werden, ist nach allg. Meinung für ein Jahr im Voraus der Durchschnitt zu schätzen[2].

9 Haben die Parteien ein **Nettoarbeitsentgelt** vereinbart, gelten gem. § 14 II als Arbeitsentgelt die Einnahmen des Beschäftigten einschl. der darauf entfallenden Steuern und der seinem gesetzl. Anteil entsprechenden Beträge zur SozV und zur Arbeitsförderung[3]. Wird bei Pauschalversteuerung die pauschale Lohn- und Kirchensteuer vom ArbGeb übernommen, liegt darin keine Nettolohnvereinbarung iSd. § 14 II. Die vom ArbGeb getragene pauschale Lohn- und Kirchensteuer ist **kein Entgelt** iSd. SozV und bleibt bei der Ermittlung des Bruttoentgelts unberücksichtigt. Entsprechendes gilt für die Pauschalversteuerung gem. § 40a EStG[4]. Gem. § 14 I 3 gelten **steuerfreie Aufwandsentschädigungen** und die in § 3 Nr. 26 u. Nr. 26a des EStG genannten steuerfreien Einnahmen nicht als Arbeitsentgelt.

10 **2. Geringfügige Beschäftigung gem. Abs. 1 Nr. 2. a) Allgemeines.** Im Gegensatz zu Abs. 1 Nr. 1 definiert Abs. 1 Nr. 2 die geringfügige Beschäftigung ohne Rücksicht auf die Höhe des dabei erzielten Arbeitsentgelts. Voraussetzung ist jedoch, dass es sich hierbei um eine Beschäftigung mit zeitlich begrenztem Umfang handelt. Trotz eines begrenzten Umfanges liegt eine kurzfristige Beschäftigung aber dann nicht vor, wenn die Zeitdauer von zwei Monaten oder 50 Arbeitstagen im Kalenderjahr **innerhalb eines DauerArbVerh oder eines über ein Jahr hinausgehenden Rahmenarbeitsvertrages** oder eines wiederkehrenden ArbVerh nicht überschritten wird. Hier kann allenfalls eine geringfügig entlohnte Beschäftigung vorliegen[5].

11 **b) Zeitliche Beschränkung.** Die Regelung in Abs. 1 Nr. 2 enthält im Hinblick auf die Beschäftigungshöchstgrenzen zwei Alternativen (zwei Monate oder 50 Arbeitstage). Nach dem Wortlaut der Vorschrift können beide Alternativen unabhängig voneinander auf jedes Beschäftigungsverhältnis angewendet werden. Das BSG will indes von dem Zwei-Monats-Zeitraum nur dann ausgehen, wenn die Beschäftigung mindestens an fünf Tagen in der Woche ausgeübt wird[6]. Dies bedeutet aber gleichzeitig, dass bei Beschäftigungen von regelmäßig weniger als fünf Tagen in der Woche bei der Beurteilung auf den Zeitraum von 50 Arbeitstagen abgestellt werden muss. Dies heißt aber nicht, dass stets von einem zusammenhängenden Zwei-Monats-Zeitraum im Rahmen von Abs. 1 Nr. 2 auszugehen ist. Vielmehr sind auch Unterbrechungen der Zwei-Monats-Frist denkbar, ohne dass dann die 50-Tage-Frist gilt[7]. Während also die Zahl der Arbeitstage im Zwei-Monats-Zeitraum unerheblich ist, kommt es bei der 50-Tage-Frist auf jeden Arbeitstag an. Ein „**Arbeitstag**" kann auch eine sich auf zwei Kalendertage erstreckende **Nachtschicht** sein[8]. Bei mehreren kurzfristigen Beschäftigungen an einem Kalendertag gilt dieser Kalendertag als Arbeitstag[9].

12 Beide **Zeitgeringfügigkeitsgrenzen** des Abs. 1 Nr. 2 beziehen sich auf das **Kalenderjahr**[10]. Beschäftigungen, die die Zeitgeringfügigkeitsgrenze erfüllen, sind nur dann als geringfügige Beschäftigungen anzusehen, wenn sie nach ihrer **Eigenart begrenzt zu sein pflegen** oder im **Voraus vertragl. begrenzt** sind[11]. Eine Beschäftigung, die in ihrer Eigenart von vornherein zeitlich beschränkt ist, setzt voraus, dass sie nach Art und Weise oder Umfang der zu verrichtenden Arbeit auf einen bestimmten Zeitraum begrenzt ist (zB Urlaubsvertretung, Inventurarbeiten usw.[12]). Es muss sich also um Beschäftigungsverhältnisse handeln, deren Begrenztheit sich aus objektiven und nicht vom Willen der Vertragsparteien abhängigen Gründen ergibt.

13 Der Gesetzgeber hat Beschäftigungsverhältnisse, die nach ihrer Eigenart auf die Zeitgeringfügigkeitsgrenze begrenzt zu sein pflegen, solchen Beschäftigungsverhältnissen gleichgestellt, die im Voraus **vertragl. begrenzt** sind. Bei derartig befristeten Beschäftigungsverhältnissen müssen aber die **arbeitsrechtl. Voraussetzungen für den Abschluss befristeter ArbVerh** eingehalten werden. Dies gilt insb. für die Einhaltung der Schriftform gem. § 14 IV TzBfG. Ist eine Befristung unwirksam, so liegt gerade kein Beschäftigungsverhältnis vor, welches im Voraus vertragl. begrenzt ist[13]. Abs. 1 Nr. 2 verlangt ausdrücklich, dass die vertragl. Begrenzung des Beschäftigungsverhältnisses im Voraus zu erfolgen hat. Um von einer wirksamen Befristung zu sprechen, ist nicht unbedingt ein umfassender, schriftl. Arbeitsvertrag erforderlich. Vielmehr genügt irgendeine schriftliche, von beiden Seiten unterzeichnete Vereinbarung über eine Befristung bzw. den Umfang des Arbeitseinsatzes[14]. Liegt eine unwirksame Befristung vor, so steht damit fest, dass ein im Voraus vertragl. begrenztes Beschäftigungsverhältnis nicht gegeben ist, auch wenn der ArbN es unterlässt, gem. § 17 TzBfG rechtzeitig Klage beim ArbG auf Feststellung zu er-

---

1 KassKomm/*Seewald*, § 8 Rz. 8. ||2 KassKomm/*Seewald*, § 8 Rz. 12. ||3 Vgl. Hauck/Noftz/*Gerlach*, § 8 Rz. 27. ||4 BSG 13.10.1993 – 2 RU 41/92, BB 1994, 943. ||5 BSG 11.5.1993 – 12 RK 23/91, SozR 3-2400 § 8 Nr. 3; 23.5.1995 – 12 RK 60/93, SozR 3-2400 § 8 Nr. 4. ||6 BSG 27.1.1971 – 12 RJ 118/70, BSGE 32, 182 (184); vgl. hierzu auch BeckOK-SGB IV/*Rittweger*, § 8 Rz. 35 ff. ||7 Krauskopf/*Baier*, § 8 Rz. 13. ||8 Vgl. etwa Steuerrecht: BFH 28.1.1994 – VI R 51/93, DB 1994, 963. ||9 Geringfügigkeits-Richtlinien v. 20.12.2012, B.2.3.1. ||10 *Niermann/Plenker*, DB 2003, 304 (305). ||11 Vgl. LSG NW 14.8.2008 – L 16 (4,5) R 84/06. ||12 Vgl. Küttner/*Schlegel*, Geringfügige Beschäftigung, Rz. 76 ff. ||13 Vgl. hierzu LSG Bremen 14.2.1975 – L 1 KR 5/74, Breithaupt, 1975, 817. ||14 LSG NW 14.8.2008 – L 16 (4,5) R 84/06.

heben, dass das ArbVerh auf Grund der Befristung nicht beendet ist. Schließlich tritt die Fiktionswirkung des § 17 S. 2 TzBfG iVm. § 7 KSchG erst im Nachhinein ein, so dass von einer vertragl. Begrenztheit des Beschäftigungsverhältnisses im Voraus gerade nicht gesprochen werden kann[1].

c) Keine berufsmäßige Ausübung. Gem. Abs. 1 Nr. 2 gelten kurzfristige Beschäftigungen idS nur dann nicht als geringfügig, wenn die Beschäftigung **berufsmäßig** ausgeübt wird und ihr Entgelt 450 Euro im Monat übersteigt[2]. Diese negative Voraussetzung bezieht sich aber nur auf geringfügige Beschäftigungsverhältnisse auf Grund von Zeitgeringfügigkeit, nicht aber auf geringfügige Beschäftigungsverhältnisse auf Grund von Entgeltgeringfügigkeit. Nach der Rspr. des BSG übt jemand eine Beschäftigung oder Tätigkeit berufsmäßig aus, wenn er hierdurch seinen Lebensunterhalt überwiegend oder doch in solchem Umfang bestreitet, dass seine wirtschaftl. Stellung zu einem erheblichen Teil auf dieser Beschäftigung oder Tätigkeit beruht[3]. IdS ist eine Beschäftigung für die jeweilige Person nicht nur von untergeordneter wirtschaftl. Bedeutung, wenn sie nicht nur gelegentlich, sondern mit einer gewissen Regelmäßigkeit ausgeübt wird. Beschäftigungen etwa, die nur gelegentlich, zB zwischen Schulabschluss und beabsichtigtem Studium, ausgeübt werden, sind grds. von untergeordneter wirtschaftl. Bedeutung und daher nicht als berufsmäßig anzusehen[4]. Hiervon sind solche Fälle zu unterscheiden, in denen ein ArbN von seinem ArbGeb für ein Studium Sonderurlaub erhalten hat, von ihm eine Studienförderung bezieht und in den Semesterferien bei seinem ArbGeb die frühere Beschäftigung vorübergehend wieder ausübt. Hierbei handelt es sich dann um eine berufsmäßige Beschäftigung[5]. Eine Berufsmäßigkeit der Tätigkeit kann auch bei einem kurzzeitigen Einsatz ausländischer Erntehelfer zu bejahen sein, wobei es nicht darauf ankommt, ob diese Tätigkeiten während eines bezahlten oder unbezahlten Erholungsurlaubs erbracht werden[6]. Auf der anderen Seite braucht aber selbst bei wiederholten Beschäftigungen keine Berufsmäßigkeit vorzuliegen, wenn sie in größeren Abständen aufgenommen werden oder wenn die betreffende Aushilfskraft hauptsächlich, etwa durch einen Hauptberuf, durch eine Ausbildung oder durch Haushaltstätigkeit, anderweitig in Anspruch genommen ist[7]. Arbeitslos gemeldete ArbN sollen dagegen grds. zum Kreis der berufsmäßigen ArbN zählen[8]. IÜ stellt die Rspr. darauf ab, ob bei einem unregelmäßigen Arbeitseinsatz dieser nach dem allg. Berufsbild der ausgeübten Tätigkeit als typisch anzusehen ist[9]. Sollte anhand dieser Kriterien keine abschließende Klärung der Frage der Berufsmäßigkeit herbeigeführt werden können, muss nach der Rspr. des BSG auch das vorherige und spätere Erwerbsverhalten des jeweiligen Beschäftigten in die Betrachtung einbezogen werden und im Rahmen einer Gesamtabwägung gewürdigt werden[10].

Auf die Prüfung der Berufsmäßigkeit kommt es allerdings nicht mehr an, wenn das auf Grund der Beschäftigung erzielte Entgelt 450 Euro nicht überschreitet. In diesem Fall wäre selbst eine berufsmäßig ausgeübte Beschäftigung als geringfügige Beschäftigung einzuordnen. Die SozV-Träger wollen iÜ auch bei der Prüfung der Berufsmäßigkeit die Regelung des Abs. 2 S. 3 anwenden, wenn die Versicherungspflicht durch die Zusammenrechnung von Beschäftigungszeiten ausgelöst wurde[11].

3. Geringfügige Beschäftigung in Privathaushalten (§ 8a). Gem. § 8a S. 1 gelten für geringfügige Beschäftigungen, die ausschließlich in Privathaushalten ausgeübt werden, die Regelungen des § 8. Insofern handelt es sich bei § 8a S. 1 um eine lediglich deklaratorische Vorschrift. Eine geringfügige Beschäftigung in Privathaushalten liegt gem. § 8a S. 2 dann vor, wenn diese durch einen privaten Haushalt begründet ist und die Tätigkeit sonst gewöhnlich durch Mitglieder des privaten Haushalts erledigt wird. Dies umfasst etwa die Betreuung von Kindern, älteren oder pflegebedürftigen Menschen, Reinigungsarbeiten im Haushalt, Gartenarbeiten, einfache Reparatur- und Wartungsarbeiten an Haus, Wohnung oder Einrichtungsgegenständen[12]. Dabei kommt es nicht darauf an, ob im konkreten Fall die Arbeiten tatsächlich auch von Haushaltsangehörigen erbracht werden können[13]. Vielmehr ist dieses typisierend zu beurteilen. Nicht mehr um Haushaltstätigkeiten iSd. § 8a soll es sich aber dann handeln, wenn Hausverwaltungen oder Wohnungseigentümergemeinschaften ArbN mit Reinigungsarbeiten betrauen[14]. Vielmehr muss die Beschäftigung gerade im Privathaushalt liegen. Rechtsfolgen ergeben sich durch die Einordnung eines Beschäftigungsverhältnisses als geringfügige Beschäftigung in Privathaushalten im Hinblick auf die **Höhe des ArbGebBeitrags** (§ 249b S. 2 SGB V, §§ 168 I Nr. 1c, 172 IIIa SGB VI) insofern, als die geringfügige Beschäftigung in Privathaushalten ggü. einer geringfügigen Beschäftigung im gewerbl. Bereich beitragsrechtl. besonders begünstigt wird.

---

1 Vgl. zum Erfordernis der Schriftform im Rahmen von § 8 I Nr. 2 ErfK/*Rolfs*, § 8 SGB IV Rz. 15. ‖ 2 Diese Grenze gilt nach Auffassung der SozV-Träger anteilig, vgl. Geringfügigkeits-Richtlinien v. 20.12.2012, B.2.2. und B.2.3.3.; aA SG Gießen 18.10.2011 – S 15 KR 136/10. ‖ 3 BSG 30.11.1978 – 12 RK 32/77, SozR 2200 § 168 Nr. 3; 25.4.1991 – 12 RK 14/89, SozR 3-2400 § 8 Nr. 1; 21.1.1997 – 12 BK 33/96, SdL 1999, 285. ‖ 4 Vgl. BSG 11.6.1980 – 12 RK 30/79, SozR 2200 § 168 Nr. 5. ‖ 5 BSG 21.5.1996 – 12 RK 77/94, SozR 2-2400 § 8 SGB IV Nr. 7. ‖ 6 LSG Rh.-Pf. 26.4.2007 – L 1 KR 36/05, Breithaupt 2007, 650; 25.6.2007 – L 2 RI 340/04, Breithaupt 2008, 18; *Figge*, rv 2006, 104. ‖ 7 BSG 11.5.1993 – 12 RK 23/91, SozR 3-2400 § 8 Nr. 3. ‖ 8 LSG BW 5.4.2005 – L 11 KR 2533/04. ‖ 9 Vgl. bereits BSG 13.2.1962 – 3 RK 2/58, BSGE 16, 158 (164). ‖ 10 BSG 11.5.1993 – 12 RK 23/91, SozR 3-2400 § 8 Nr. 3. ‖ 11 Geringfügigkeits-Richtlinien v. 20.12.2012, B.6.3. ‖ 12 Krit. zu Reparaturtätigkeiten: ErfK/*Rolfs*, § 8a SGB IV Rz. 2. ‖ 13 Krauskopf/*Baier*, § 8a Rz. 4. ‖ 14 Gemeinsame Verlautbarung der Spitzenorganisationen der SozV-Träger zum Haushaltsscheckverfahren v. 23.4.2007, Ziff. 2.1; vgl. auch LSG NW 28.1.2010 – L 2 KN 106/08; NJW-Spezial 2010, 419.

17 **III. Zusammenrechnung. 1. Anwendungsbereich des Abs. 2.** Abs. 2 bestimmt, dass **mehrere geringfügige Beschäftigungen zusammenzurechnen** sind, außerdem werden geringfügige Beschäftigungen iSd. Abs. 1 Nr. 1 und nicht geringfügige Beschäftigungen nur unter bestimmten Voraussetzungen zusammengerechnet. Im Hinblick auf die Zusammenrechnung geringfügiger Beschäftigungen hat das BVerfG auf der Grundlage der damaligen Fassung des Abs. 2 keine verfassungsrechtl. Bedenken gesehen[1]. Die jetzige Fassung des Abs. 2 enthält **drei Fallgruppen**, bei denen es zu einer Zusammenrechnung der Beschäftigungsverhältnisse kommt:

18 – Der Beschäftigte übt **mehrere geringfügig entlohnte Beschäftigungen** aus. In diesem Fall sind die erzielten Arbeitsentgelte zusammenzurechnen. Wird eine zweite Beschäftigung erst später aufgenommen, sind die Verhältnisse ab dem Zeitpunkt dieser Beschäftigung maßgebend[2].

19 – Ebenfalls zusammenzurechnen sind **mehrere kurzfristige Beschäftigungen** iSv. Abs. 1 Nr. 2. Damit ist bei Aufnahme einer zeitlich begrenzten Beschäftigung zu prüfen, ob mit vorausgegangenen geringfügigen Beschäftigungen iSd. Abs. 1 Nr. 2 die Zeitgeringfügigkeitsgrenze überschritten wird. Dies gilt unabhängig davon, ob die jeweiligen Beschäftigungen geringfügig entlohnt oder mehr als geringfügig entlohnt worden sind[3]. Es ist also jeweils bei Beginn einer neuen Beschäftigung zu prüfen, ob diese zusammen mit den schon im Kalenderjahr ausgeübten Beschäftigungen die maßgebende Zeitgrenze überschreitet. Steht bereits bei Aufnahme der ersten kurzfristigen Beschäftigung fest, dass diese zusammen mit weiteren kurzfristigen Beschäftigungen innerhalb des Jahreszeitraums die Zeitgeringfügigkeitsgrenze überschreiten wird, handelt es sich vom Beginn der ersten Beschäftigung an nicht mehr um eine geringfügige Beschäftigung[4]. Falls aber bei Aufnahme der ersten kurzfristigen Beschäftigung noch nicht feststeht, dass sie zusammen mit weiteren kurzfristigen Beschäftigungen die Zeitgeringfügigkeitsgrenze überschreiten wird, entfällt die Kurzfristigkeit der Beschäftigung für die Zukunft erst dann, wenn feststeht, dass die Zeiträume überschritten werden, spätestens aber gem. Abs. 2 S. 2 mit dem tatsächlichen Überschreiten der Zeitgeringfügigkeitsgrenze.

20 – Eine **Zusammenrechnung von geringfügigen Beschäftigungen nach Abs. 1 Nr. 1 mit nicht geringfügigen Beschäftigungen** erfolgt nur unter besonderen Voraussetzungen. Übt ein in einem anderen Beschäftigungsverhältnis sozialversicherungspflichtiger ArbN nur eine weitere Beschäftigung aus, die unter Betrachtung des Abs. 1 Nr. 1 als geringfügig zu qualifizieren wäre, erfolgt keine Zusammenrechnung mit der nicht geringfügigen Beschäftigung. Wird aber mehr als eine geringfügige Nebenbeschäftigung nach Abs. 1 Nr. 1 ausgeübt, so erfolgt eine Zusammenrechnung dieser Nebenbeschäftigungen mit der Hauptbeschäftigung. Nach überwiegender Auffassung bleibt jedoch bei dieser Zusammenrechnung die (von allen ausgeübten Nebenbeschäftigungen des Beschäftigten nach Abs. 1 Nr. 1) zeitlich zuerst aufgenommene Nebenbeschäftigung unberücksichtigt. Diese Nebenbeschäftigung ist also weiterhin als geringfügig iSd. Abs. 1 Nr. 1 einzuordnen[5]. Eine Zusammenrechnung einer sozialversicherungspflichtigen Beschäftigung mit einer Beschäftigung iSv. Abs. 1 Nr. 2 findet nicht statt. Dies folgt bereits im Umkehrschluss aus Abs. 2 S. 1 Hs. 2, gilt allerdings nur, wenn es sich um Beschäftigungsverhältnisse bei unterschiedlichen ArbGeb handelt. Andernfalls handelt es sich nach Auffassung der Rspr. um ein einheitliches Beschäftigungsverhältnis[6].

21 Bei der Anwendung der Regelung in Abs. 2 ist zu beachten, dass die besonderen Teile des SGB **Ausnahmevorschriften** zu dieser Zusammenrechnungsregel enthalten. In der **ArblV** werden nach § 27 II 1 SGB III nicht geringfügige Beschäftigungen und geringfügige Beschäftigungen nicht zusammengerechnet, mit der Folge, dass geringfügige Beschäftigungen gem. Abs. 1 Nr. 1 versicherungsfrei bleiben, sofern die Arbeitsentgelte aus mehreren nebeneinander ausgeübten geringfügig entlohnten Beschäftigungen die Grenzen des Abs. 1 Nr. 1 nicht erreichen[7]. Sonderregelungen enthalten für den Bereich der **KV und RV** die §§ 7 I 2 SGB V bzw. 5 II 1 SGB VI. Nach diesen beiden Vorschriften kommt eine Zusammenrechnung nur in Betracht, wenn die nicht geringfügige Beschäftigung Versicherungspflicht in dem jeweiligen Versicherungszweig begründet. Ist dies gegeben, besteht auch in einer geringfügig entlohnten Beschäftigung – sofern es sich hierbei nicht um die zeitlich zuerst aufgenommene geringfügig entlohnte Beschäftigung handelt – Versicherungspflicht[8].

22 **Nicht zusammenzurechnen** sind jedoch **ungleichartige geringfügige Beschäftigungen**. Dh. eine geringfügige Beschäftigung nach Abs. 1 Nr. 1 kann nicht mit einer geringfügigen Beschäftigung nach Abs. 1 Nr. 2 zusammengerechnet werden. Dies folgt bereits aus dem Wort „oder" in Abs. 2 S. 1. Außerdem weist die Regelung in Abs. 2, nämlich die Zusammenrechnung von geringfügiger Beschäftigung nach Abs. 1 Nr. 1 mit einer nicht geringfügigen Beschäftigung darauf hin, dass eine Zusammenrechnung von Beschäftigungen nach Abs. 1 Nr. 1 und solchen nach Abs. 1 Nr. 2 nicht erfolgt[9].

---

1 BVerfG 21.4.1989 – 1 BvR 1591/87, SGb 1989, 386. ‖2 Krauskopf/*Baier*, § 8 Rz. 20. ‖3 Geringfügigkeits-Richtlinien v. 20.12.2012, B.2.3.2. ‖4 KassKomm/*Seewald*, § 8 Rz. 24; vgl. auch BSG 29.4.1971 – 3 RK 84/70, BSGE 32, 268. ‖5 Geringfügigkeits-Richtlinien v. 20.12.2012, B.2.2.2.2; *Kazmierczak*, NZS 2003, 186 (188); *Rombach*, SGb 2003, 196 (198); *Wiegelmann*, Sozialversicherung 2003, 85; aA Krauskopf/*Baier*, § 8 Rz. 25f.; *Figge*, DB 2003, 150 (152); KassKomm/*Seewald*, § 8 Rz. 28ff. ‖6 BSG 16.2.1983 – 12 RK 26/81, SozR 2200 § 168 Nr. 7; 27.6.2012 – B 12 KR 28/10 R; SozR 4-2500 § 8 Nr. 5; LSG Schl.-Holst. 19.10.2005 – L 5 KR 101/04; aA LSG NW 9.9.2010 – L 16 KR 203/08. ‖7 Vgl. hierzu *Boecken*, NZA 1999, 393 (400). ‖8 Geringfügigkeits-Richtlinien v. 20.12.2012, B.2.2.2.2. ‖9 Krauskopf/*Baier*, § 8 Rz. 19; aA *Neumann-Duesberg*, WzS 1977, 65 (70).

2. Feststellungslast. Für den Fall, dass sich trotz Ausschöpfung aller Ermittlungsmöglichkeiten nicht mit der erforderlichen Gewissheit feststellen lässt, ob eine geringfügige Tätigkeit vorliegt, trifft im Verfahren des Beitragseinzugs regelmäßig den ArbGeb die **Feststellungslast** hinsichtlich des Grundtatbestandes des Abs. 1. Nur bzgl. der Frage, ob die Tätigkeit iSd. Abs. 1 Nr. 2 berufsmäßig ausgeübt wird, trifft den Versicherungsträger die Feststellungslast[1]. Diese Grundsätze gelten allerdings ausschließlich im Hinblick auf das Verfahren des Beitragseinzuges. Will ein Beschäftigter mit der Behauptung, er sei versicherungspflichtig beschäftigt, Leistungen aus dem Versicherungsverhältnis geltend machen, so trifft den SozV-Träger die Feststellungslast dafür, dass es sich bei der Tätigkeit um eine geringfügige Beschäftigung handelt, die zu einem Leistungsausschluss führt[2].

3. Rechtsfolgen für Arbeitgeber. Die Vorschriften über die Zusammenrechnung von Beschäftigungsverhältnissen (Abs. 2) bergen für ArbGeb erhebliche wirtschaftl. Risiken. Führt die Zusammenrechnung dazu, dass ein angeblich geringfügig Beschäftigter tatsächlich als versicherungspflichtig einzustufen ist, so ist allein der ArbGeb der Schuldner nachzuentrichtender SozV-Beiträge. Um den ArbGeb vor möglicherweise erheblichen **Beitragsnachforderungen** zu schützen, sieht Abs. 2 S. 3 auch in der aktuellen Fassung vor, dass die Versicherungspflicht eines Beschäftigten erst mit dem Tage der Bekanntgabe der Feststellung durch die Einzugsstelle oder einen anderen Träger der RV eintritt, wenn bei der Zusammenrechnung nach Abs. 2 S. 1 festgestellt wird, dass die Voraussetzungen einer geringfügigen Beschäftigung nicht mehr vorliegen[3]. Dh., in Abweichung von sonst in der SozV geltenden Grundsätzen, wonach sich die Versicherungspflicht unmittelbar aus dem Gesetz ergibt, wird bei der Zusammenrechnung der Eintritt der Versicherungspflicht von einem konstitutiven Verwaltungsakt abhängig gemacht, was dazu führen kann, dass der Versicherungsschutz des Beschäftigten mit einer kaum zu kalkulierenden zeitlichen Verzögerung eintritt. Die Feststellung iSd. S. 3 ist folglich nicht als tatsächliche, sondern als solche im rechtlichen Sinne zu behandeln und erfolgt dementsprechend durch Verwaltungsakt[4]. Bis zum 31.12.2008 galt die Regelung des Abs. 2 S. 3 dabei unabhängig davon, ob die Einzugsstelle einen Sachverhalt iSd. Abs. 2 S. 1 ermittelt oder der ArbGeb selbst einen solchen Sachverhalt mitgeteilt hat[5]. Seit dem 1.1.2009 gilt jedoch durch das Einfügen des S. 4[6] in Abs. 2 der S. 3 nicht, wenn der ArbGeb **vorsätzlich oder grob fahrlässig** versäumt hat, den Sachverhalt für die Beurteilung der Versicherungspflicht aufzuklären. In diesen Fällen beginnt die Versicherungspflicht nicht erst mit Bekanntgabe eines entsprechenden Bescheides ggü. dem ArbGeb, sondern bereits mit Eintritt der durch die Zusammenrechnung mehrerer Beschäftigungsverhältnisse begründeten Versicherungspflicht. Durch die Einfügung des Abs. 2 S. 4 hat der Gesetzgeber eine dem § 7b Nr. 3 vergleichbare Einschränkung geschaffen und die Auffassung der SozV-Träger bestätigt. Diese wollten Abs. 2 S. 3 nicht anwenden, wenn ein ArbGeb einfachste, jedem einleuchtende Überlegungen in Bezug auf eine Zusammenrechnung bei geringfügigen Beschäftigungsverhältnissen nicht angestellt hat oder er Hinweisen auf weitere Beschäftigungsverhältnisse seines geringfügig tätigen Beschäftigten nicht nachgeht[7]. Jedoch haben das LSG Baden-Württemberg und das Bayrische LSG entschieden[8], dass ein rückwirkender Eintritt der Versicherungspflicht ausgeschlossen ist, auch wenn dem ArbGeb vorsätzliches bzw. grob fahrlässiges Verhalten vorzuwerfen ist, da dies bis zum 31.12.2008 mit dem Gesetzeswortlaut, der Gesetzessystematik und dem Gesetzeszweck nicht vereinbar war, was vom BSG bestätigt wurde[9]. Für Fälle vor dem 1.1. 2009 spielt es also keine Rolle, ob der ArbGeb vorsätzlich oder fahrlässig etwas versäumt hat. Dies ist erst seit dem 1.1.2009 relevant. Wann genau der ArbGeb vorsätzlich bzw. grob fahrlässig gehandelt hat, ist bisher noch nicht abschließend geklärt[10].

Angesichts dieser Verwaltungspraxis ist daher einem ArbGeb weiterhin anzuraten, bereits vor Abschluss des Arbeitsvertrages den Beschäftigten nach entsprechenden anderweitigen Tätigkeiten zu fragen und sich ggf. **schriftl. versichern zu lassen**, dass eine anderweitige Tätigkeit vom Beschäftigten nicht ausgeübt wird[11]. Ein solches **Fragerecht** hat das BSG ausdrücklich für zulässig erachtet. Danach ist der ArbGeb geringfügig beschäftigter ArbN berechtigt, seine ArbN unter Darlegung der Voraussetzungen für das Entstehen der Versicherungs- und Beitragspflicht zu fragen, ob sie bei einem anderen ArbGeb in einem Umfang beschäftigt seien, der zusammen mit der bei ihm ausgeübten Beschäftigung Versicherungspflicht und Beitragspflicht begründet[12]. Beim geringsten **Zweifel** ist dem ArbGeb anzuraten, eine **Entscheidung der Einzugsstelle** zu beantragen, um dem Vorwurf zu entgehen, er habe grob fahrlässig versäumt, den Sachverhalt aufzuklären. Gibt der ArbN auf eine klare und zulässig gestellte Frage nach einer von ihm ausgeübten Nebenbeschäftigung oder Nebentätigkeit bewusst eine unzutreffende Antwort oder verschweigt er eine solche Nebentätigkeit, kann dies uU auch zu Schadensersatzansprüchen des ArbGeb gegen den ArbN führen[13]. Selbst wenn eine gesonderte arbeitsvertragl. Vereinbarung nicht existiert, ist ein ArbN, der geringfügig beschäftigt ist und eine weitere geringfügige Beschäftigung auf-

---

1 BSG 11.5.1993 – 12 RK 23/91, SozR 3-2400 § 8 Nr. 3. ||2 Hierauf weist zutr. ErfK/*Rolfs*, § 8 SGB IV Rz. 24 hin. ||3 *Rolfs*, NZA 2003, 65 (68). ||4 BR-Drs. 152/10, 13. ||5 Krauskopf/*Baier*, § 8 Rz. 30. ||6 BGBl. I S. 2933. ||7 Geringfügigkeits-Richtlinien v. 24.8.2006, B.5.3. ||8 LSG BW 9.4.2008 – L 5 R 2125/07, FD-ArbR 2008, 261011; LSG Bay. 22.10.2008 – L 13 KN 16/08. ||9 BSG 15.7.2009 – B 12 R 1/08 R; B 12 R 5/08. ||10 Vgl. dazu Geringfügigkeits-Richtlinien v. 20.12.2012, B.6.3; Krauskopf/*Baier*, § 8 Rz. 35; Hauck/Noftz/*Knospe*, § 8 Rz. 32 a ff.
||11 BeckOK-SGB IV/*Rittweger*, § 8 Rz. 22. ||12 BSG 23.2.1988 – 12 RK 43/87, SozR 2100 § 8 Nr. 5; LSG Schl.-Holst. 10.6.2003 – L 1 KR 83/02, NZS 2004, 432. ||13 Vgl. BSG 23.2.1988 – 12 RK 43/87, SozR 2100 § 8 Nr. 5; *Laber*, ArbRB 2009, 205 (207).

nimmt, verpflichtet, dies seinem ArbGeb mitzuteilen[1]. Insb. wird problematisch sein, ob der ArbGeb nur die Pflicht hat, sich bei Beginn der Beschäftigung eine schriftl. Erklärung aushändigen zu lassen, oder ob sogar grobe Fahrlässigkeit vorliegt, wenn er solche Erklärungen nicht häufiger einholt. Dieses könnte sich aus § 28a I Nr. 5 ergeben, da der ArbGeb ohne solche Aufklärungsmaßnahmen seiner Pflicht zur Mitteilung meldepflichtiger Veränderungen nicht nachkommen kann. In melderechtlicher Hinsicht ist aber gem. § 28o I auch der ArbN verpflichtet, bei mehreren Beschäftigungen allen ArbGeb die zur Durchführung des Meldeverfahrens und der Beitragszahlung erforderlichen Angaben zu machen. Ein Verstoß hiergegen stellt gem. § 111 eine Ordnungswidrigkeit dar. Darüber hinaus eröffnet die vorsätzliche oder grob fahrlässige Verletzung dieser Pflicht dem ArbGeb die Möglichkeit, auch noch nachträglich den ArbN-Anteil am SozV-Beitrag vom ArbN einzufordern (§ 28g S. 4). Da der Gesetzgeber damit ein eigenes Sanktionssystem geschaffen hat, wird man kaum aus der Verletzung der melderechtlichen Vorschrift[2] des § 28o I einen arbeitsrechtl. Schadensersatzanspruch ableiten können[3]. Fraglich ist aber, inwieweit unabhängig davon eine dem § 28o entsprechende schuldrechtl. Nebenpflicht aus dem Arbeitsvertrag angenommen werden kann. Jedoch dürfte diese Möglichkeit durch § 32 SGB I weitgehend Grenzen finden. Stattdessen hat die Rspr. für einen mögl. Schadensersatzanspruch auf § 826 BGB zurückgegriffen[4].

26   **IV. Geringfügige selbständige Tätigkeit.** Gem. Abs. 3 gelten die Regelungen der Abs. 1 und 2 entsprechend, soweit anstelle einer Beschäftigung eine selbständige Tätigkeit ausgeübt wird. Darüber hinaus wird mit Abs. 3 S. 2 klargestellt, dass selbständige Tätigkeiten im Recht der Arbeitsförderung grds. außer Betracht bleiben. Die praktische Bedeutung dieser Vorschrift ist gering[5]. Ihre Hauptbedeutung erlangt die Vorschrift, soweit die besonderen Teile des SGB auch selbständig Tätige in die SozV miteinbeziehen (vgl. insb. für die rentenversicherungspflichtigen selbständig Tätigen § 2 SGB VI[6]). Die Regelungen des Abs. 3 bedeuten, dass an die Stelle des Arbeitsentgelts (§ 14) das Arbeitseinkommen (§ 15) tritt. Insofern kommt es auf den nach den allg. Gewinnermittlungsvorschriften des EStRechts ermittelten Gewinn aus der selbständigen Tätigkeit an, also grds. auf das entsprechende, aus dem Jahresgewinn ermittelte Monatseinkommen, wenn es darum geht, die entsprechenden Voraussetzungen für eine geringfügige selbständige Tätigkeit gem. Abs. 1 zu überprüfen[7]. Dabei gilt auch für Selbständige eine vorausschauende Betrachtungsweise, selbst wenn die Entscheidung über die Feststellung von Versicherungsfreiheit wegen Geringfügigkeit erst im Nachhinein getroffen werden soll[8]. Ebenso erfolgt unter entsprechender Anwendung des Abs. 2 eine Zusammenrechnung bei mehreren selbständigen Tätigkeiten unter den dort genannten Voraussetzungen. Dagegen findet **keine Zusammenrechnung von Beschäftigungen und selbständigen Tätigkeiten** statt[9].

27   **V. Rechtsfolgen der Geringfügigkeit**[10]. § 8 definiert lediglich, unter welchen Voraussetzungen eine geringfügige Beschäftigung anzunehmen ist. Welche Rechtsfolgen sich ergeben, ist in den **besonderen Vorschriften des SGB** geregelt (vgl. für die gesetzl. **KV** etwa: § 7 SGB V; für die gesetzl. **PflegeV:** § 20 I SGB XI iVm. § 7 SGB V; für die gesetzl. **RV:** § 5 II SGB VI; für die **ArbIV:** § 27 II SGB III)[11]. In der gesetzl. RV besteht allerdings seit 1.1.2013 für geringfügig Beschäftigte nach Abs. 1 Nr. 1 mit Beschäftigungsbeginn nach dem 31.12.2012 Versicherungspflicht. Von dieser kann Befreiung nach § 6 Ib SGB VI beantragt werden[12]. Demggü. spielt die geringfügige Beschäftigung im Bereich der **gesetzl. Unfallversicherung** keine Rolle, da die Versicherungspflicht hier regelmäßig an das Bestehen eines Beschäftigungsverhältnisses anknüpft[13].

28   Liegen die Voraussetzungen für ein geringfügiges Beschäftigungsverhältnis nicht vor, ist die sog. Gleitzone zu beachten. Diese gilt bei monatlichen Arbeitsentgelten oberhalb von 450 Euro bis zur Grenze von 850 Euro (§ 20 II). Liegt ein Beschäftigungsverhältnis innerhalb dieser Gleitzone, so besteht grds. Versicherungspflicht in allen Zweigen der SozV. Allerdings hat der ArbN nur einen verminderten ArbN-Anteil zur SozV zu leisten, wobei dieser Anteil innerhalb der Gleitzone bis zum vollen ArbN-Anteil ansteigt, während demggü. der ArbGeb schon ab einem Betrag von mehr als 450 Euro den vollen ArbGeb-Anteil aufzubringen hat[14]. Für eine Übergangszeit bis zum 31.12.2014 bleiben bereits vor dem 1.1.2013 Beschäftigte mit einem regelmäßigen Arbeitsentgelt von 400,01 bis 450 Euro zunächst sozialversicherungspflichtig. Sofern in der KV eine Familienversicherung besteht, ist die Beschäftigung versicherungsfrei, § 7 III 1 SGB V, auf Antrag kann von der KV-Pflicht befreit werden, § 7 III 2 SGB V. In der RV ist eine Befreiung erst ab dem 1.1.2015 möglich, § 231 IX SGB VI.

---

1 BAG 18.11.1988 – 8 AZR 12/86, NZA 1989, 389. ||2 AA KassKomm/*Wehrhahn*, § 28o Rz. 3: „komplexe arbeitsrechtliche Pflicht". ||3 So auch BAG 27.4.1995 – 8 AZR 382/94, NZA 1995, 935. ||4 BAG 27.4.1995 – 8 AZR 382/94, NZA 1995, 935; LAG München 25.3.2009 – 11 Sa 987/08. ||5 KassKomm/*Seewald*, § 8 Rz. 38. ||6 Vgl. hierzu aus der Rspr.: BSG 25.5.2011 – B 12 R 13/09 R, SozR 4-2600 § 2 Nr. 14; 27.7.2011 – B 12 R 15/09 R, SGb 2012, 408. ||7 BSG 9.10.2012 – B 5 R 8/12 R; LSG Nds. 21.2.2007 – L 2 R 195/06. ||8 Vgl. BSG 27.7.2011 – B 12 R 15/09 R, SGb 2012, 408. ||9 ErfK/*Rolfs*, § 8 SGB IV Rz. 23; aA *Löwisch*, BB 1999, 739 (740). ||10 Zur unterschiedlichen Behandlung von geringfügigen Beschäftigten in Europa s. *Knospe*, ZESAR 2008, 323. ||11 *Thüsing*, ZTR 2005, 118 (125ff.). ||12 Vgl. dazu *Hanau*, ZIP 2013, 1752 (1753). ||13 Vgl. *Griese/Preis/Kruchen*, NZA 2013, 113 (116). ||14 Vgl. (noch zur alten Entgeltgrenze von 400 Euro) Gemeinsames Rundschreiben der Spitzenverbände der Krankenkassen, der Deutschen Rentenversicherung Bund und der Bundesagentur für Arbeit v. 2.11.2006 zum Zweiten Gesetz für moderne Dienstleistungen am Arbeitsmarkt (hier: versicherungs-, beitrags- und melderechtliche Auswirkungen auf Beschäftigungsverhältnisse in der Gleitzone), Ziff. 4.3.1, 4.3.3.1; ErfK/*Rolfs*, 10. Aufl. 2010, § 20 SGB IV Rz. 3ff.

Sozialgesetzbuch (SGB)
Sechstes Buch (VI)
– Gesetzliche Rentenversicherung –

in der Fassung der Bekanntmachung vom 19.2.2002 (BGBl. I S. 754, ber. 1404, 3384),
zuletzt geändert durch Gesetz vom 19.10.2013 (BGBl. I S. 3836)

– Auszug –

41 *Altersrente und Kündigungsschutz*

Der Anspruch des Versicherten auf eine Rente wegen Alters ist nicht als ein Grund anzusehen, der die Kündigung eines Arbeitsverhältnisses durch den Arbeitgeber nach dem Kündigungsschutzgesetz bedingen kann. Eine Vereinbarung, die die Beendigung des Arbeitsverhältnisses eines Arbeitnehmers ohne Kündigung zu einem Zeitpunkt vorsieht, zu dem der Arbeitnehmer vor Erreichen der Regelaltersgrenze eine Rente wegen Alters beantragen kann, gilt dem Arbeitnehmer gegenüber als auf das Erreichen der Regelaltersgrenze abgeschlossen, es sei denn, dass die Vereinbarung innerhalb der letzten drei Jahre vor diesem Zeitpunkt abgeschlossen oder von dem Arbeitnehmer innerhalb der letzten drei Jahre vor diesem Zeitpunkt bestätigt worden ist.

I. Zweck und Entwicklungsgeschichte	1	2. Sonderregelungen	8
II. Kündigungsschutz	2	3. Regelungsgegenstand	9
1. Geschützter Personenkreis	2	4. Drei-Jahres-Frist	16
2. Umfang des Kündigungsschutzes	4	5. Rechtsfolgen	17
3. Rechtsfolgen	5	IV. Übergangsvorschriften	18
III. Vereinbarungen über Altersgrenzen	6		
1. Persönlicher Anwendungsbereich	7		

I. Zweck und Entwicklungsgeschichte. § 41 enthält keine versicherungsrechtl., sondern eine **arbeitsrechtl. Regelung**. Ihr Zweck besteht darin, die Flexibilisierung der Altersgrenzen zu fördern und die Weiterarbeit über die gesetzl. Regelaltersgrenze hinaus zu ermöglichen[1]. Die Vorschrift, die auf dem RRG 1992 aufbaute, wurde seither mehrfach novelliert, wobei die jeweils vorgenommenen Änderungen für das Verständnis der Norm von erheblicher Bedeutung sind[2]. Die durch das RRG 1999 v. 16.12.1997[3] mWv. 1.1.2000 eingeführte Fassung des § 41 beinhaltete in ihrem S. 1 eine Kündigungsschutzvorschrift und in ihrem S. 2 eine Regelung zur Vereinbarung von Altersgrenzen. An dieser grundsätzlichen Regelungskonzeption hat auch der Gesetzgeber des RV-Anpassungsgesetzes v. 20.4.2007[4] nichts geändert. Angesichts der mit diesem Gesetz erfolgten stufenweisen Anhebung der Regelaltersgrenze auf 67 Jahre musste der Gesetzgeber allerdings die Regelung in S. 2 mWv. 1.1.2008 anpassen[5]. 1

II. Kündigungsschutz. 1. Geschützter Personenkreis. Der Kündigungsschutz nach S. 1 steht nur **Versicherten in der gesetzl. RV** zu. Hierbei verlangt die Rspr., dass gerade das ArbVerh den Versicherungsschutz in der gesetzl. RV vermitteln soll. Schließlich soll die Vorschrift keine Beendigungstatbestände erfassen, die nichts mit dem Anspruch auf Rente wegen Alters aus der gesetzl. RV zu haben[6]. Sind also ArbN in ihrem ArbVerh versicherungsfrei oder von der Versicherungspflicht befreit, besteht kein Kündigungsschutz gem. S. 1[7]. Auch findet die Kündigungsschutzvorschrift des S. 1 nur Anwendung auf solche ArbVerh, die dem KSchG unterliegen. Dies bedeutet, dass der betreffende ArbN sowohl die **Wartezeit** des § 1 I KSchG erfüllt haben muss, als auch, dass die **notwendige Beschäftigtenzahl** gem. § 23 KSchG gegeben ist[8]. 2

Aus dem Verweis auf das KSchG folgt weiter, dass für die Anwendung des S. 1 ein ArbVerh im arbeitsrechtl. Sinne Voraussetzung ist. Auf den sozialversicherungsrechtl. Begriff des Beschäftigungsverhältnisses (§ 7 SGB IV) kommt es hier nicht an[9]. Soweit die Vorschrift von einem Anspruch des Versicherten auf eine Rente wegen Alters spricht, liegt diese Voraussetzung vor, wenn nach den sozialrechtl. Bestimmungen alle Voraussetzungen der Rentenzahlung mit Ausnahme des Rentenantrags des ArbN erfüllt sind. Hierbei spielt das Alter des ArbN keine Rolle. Die Regelung verweist vielmehr auf die Rentenansprüche gem. § 33 II. Insofern wird der ArbN auch davor geschützt, durch eine arbeitgeberseitige Kündigung zum Bezug von vorzeitiger Altersrente gezwungen zu sein. Aus dem Gesetzeswortlaut geht 3

---

[1] BT-Drs. 11/4124, 163. ||[2] Vgl. dazu ausführlich die Voraufl., § 41 SGB VI Rz. 1. ||[3] BGBl. I S. 2998.
||[4] BGBl. I S. 554. ||[5] Obwohl es sich bei § 41 um eine arbeitsrechtl. Benachteiligung Älterer handelt und dies dem Ziel der Beschäftigung im Alter zuwiderläuft, soll man nach Ansicht von *Giesen*, NZA 2008, 905 (909) an der aktuellen Fassung festhalten. Vertiefend zur rechtspolitischen Sicht *Sprenger*, EuZA 2009, 355 ff.
||[6] Vgl. BAG 14.10.1997 – 7 AZR 660/96, BB 1998, 321. ||[7] KassKomm/*Gürtner*, § 41 Rz. 6. ||[8] ErfK/*Rolfs*, § 41 SGB VI Rz. 5. ||[9] KassKomm/*Gürtner*, § 41 Rz. 5.

allerdings nicht ganz klar hervor, ob zudem derjenige, der bereits einen **Rentenanspruch** realisiert hat und Altersrente tatsächlich bezieht, unter den Schutz des S. 1 fällt. Ausgehend vom Zweck der Norm gebietet S. 1 dem ArbGeb nur, den versicherten ArbN nicht aus dem Erwerbsleben in die Altersrente abzudrängen, nicht aber, ihm die **Kumulation von Erwerbseinkommen und Rente** zu ermöglichen[1]. Für eine Kündigung eines solchen rentenbeziehenden ArbN gelten dann, unter den dortigen Voraussetzungen, die Kündigungseinschränkungen des KSchG.

4 **2. Umfang des Kündigungsschutzes.** Der Grundsatz des S. 1 steht aber einer Kündigung aus verhaltensbedingten, personenbedingten oder betriebsbedingten Gründen nicht entgegen, auch wenn die Kündigung mit dem Zeitpunkt des Erwerbs eines Anspruchs des Versicherten auf eine Rente wegen Alters zusammenfällt[2]. Der Anspruch eines ArbN auf eine Rente wegen Alters aus der gesetzl. RV führt also nicht zu einem generellen Kündigungsschutz, sondern S. 1 bewirkt lediglich, dass der Anspruch eines ArbN auf eine Rente wegen Alters aus der gesetzl. RV sich nicht zu Lasten des ArbN bei der Prüfung der Kündigungsgründe entwickelt. Insofern gewährleistet S. 1 zum einen die verfassungsrechtl. verbürgte **Berufsfreiheit auch älterer ArbN** und ihr Recht, den gewählten Arbeitsplatz beizubehalten oder aufzugeben[3], zum anderen aber schließt die Vorschrift nicht aus, dass auch älteren ArbN unter Berücksichtigung der gesetzl. Vorgaben gekündigt werden kann. In diesem Zusammenhang ist auch auf das Verbot der Altersdiskriminierung hinzuweisen (vgl. § 2 AGG Rz. 12ff.; § 10 AGG Rz. 3)[4]. Mittlerweile hat das BAG entschieden, dass die Diskriminierungsverbote des AGG bei der Auslegung der unbestimmten Rechtsbegriffe des KSchG zu beachten sind und dass § 2 IV AGG keine Bereichsausnahme vorschreibt, sondern nur eine Aussage darüber trifft, wie die Diskriminierungsverbote in das bisherige System einzupassen sind[5].

5 **3. Rechtsfolgen.** Für die Geltendmachung des Kündigungsschutzes gem. S. 1 gilt § 4 KSchG. Wird also ein ArbVerh eines ArbN gekündigt, weil dieser Anspruch auf eine Rente wegen Alters hat, gilt diese Kündigung als sozial gerechtfertigt und aus sonstigen Gründen rechtswirksam, wenn der ArbN die **Drei-Wochen-Frist des § 4 KSchG** verstreichen lässt[6].

6 **III. Vereinbarungen über Altersgrenzen.** In der Vergangenheit heftig diskutiert wurde die gesetzl. Einschränkung von Vereinbarungen über Altersgrenzen[7]. Eine Regelung findet sich hierzu in S. 2. Diese Regelung soll wie S. 1 die Flexibilisierung der Altersgrenzen in der RV arbeitsrechtl. so absichern, dass dem einzelnen ArbN die verfassungsrechtl. gebotene Freiheit der Entscheidung für eine Fortsetzung der Erwerbstätigkeit nach Erreichen einer gesetzl. Altersgrenze für den Anspruch auf eine Rente bis zum Erreichen der Regelaltersgrenze verbleibt[8]. Angesichts dieses Regelungszwecks unterfällt eine Vereinbarung, die lediglich eine Option auf vorzeitige Beendigung des ArbVerh einräumt, nicht dem Anwendungsbereich des S. 2[9].

7 **1. Persönlicher Anwendungsbereich.** Da in S. 2 ein Verweis auf das KSchG fehlt, wird teilweise vertreten, dass die Vorschrift **unabhängig vom Anwendungsbereich des KSchG** auf alle ArbVerh Anwendung findet[10]. Allerdings würde ein derart weiter Anwendungsbereich der Vorschrift für die Praxis nur wenig Sinn machen. Unterliegt das konkrete ArbVerh nicht dem KSchG, könnte der ArbGeb dies grds. einseitig im Wege der Kündigung beenden. Eine Abschluss einer Vereinbarung, wonach das ArbVerh beendet wird, wenn der ArbN vor Erreichen der Regelaltersgrenze eine Rente wegen Alters beantragen kann, wäre letztlich überflüssig. Insofern ist die Vorschrift des S. 2 systematisch der des S. 1 zuzuordnen, mit der Folge, dass auch S. 2 für das entsprechende ArbVerh die Anwendbarkeit des KSchG voraussetzt.

8 **2. Sonderregelungen.** Eine Sonderregelung zu S. 2 stellt **§ 8 III ATZG** dar[11]. Danach ist eine Vereinbarung zwischen ArbN und ArbGeb über die ATZ-Arbeit, die die Beendigung des ArbVerh ohne Kündigung zu einem Zeitpunkt vorsieht, in dem der ArbN Anspruch auf eine Rente wegen Alters hat, zulässig[12]. Für die rechtl. Beurteilung einer solchen Vereinbarung kommt es auf den Zeitpunkt ihres Abschlusses an[13]. Keine Spezialregelung stellt demggü. **§ 14 III TzBfG** dar[14]. Aber auch in diesem Zusammenhang gilt es zu betonen, dass es sich zumindest bei einer einzelvertragl. vereinbarten Altersgrenze um eine kalendermäßige Befristung des ArbVerh handelt, auf die die Anforderungen des TzBfG Anwendung finden[15]. Während durch § 41 die Entscheidungsfreiheit des ArbN geschützt wird, gilt für die Befristungskontrolle der individualvertraglichen Altersgrenzenvereinbarung grds. das TzBfG[16].

---

1 KassKomm/*Gürtner*, § 41 Rz. 6. ||2 Vgl. *Waltermann*, RdA 1993, 209 (213). ||3 Vgl. hierzu *Waltermann*, NZA 1994, 822 (824f.). ||4 Vgl. zur Problematik der Privilegierung älterer ArbN: *Preis*, Gutachten B zum 67. Deutschen Juristentag B 1ff. ||5 BAG 6.11.2008 – 2 AZR 523/07, NZA 2009, 361. ||6 ErfK/*Rolfs*, § 41 SGB VI Rz. 9; aA Hauck/Noftz/*Fichte*, § 41 Rz. 9. ||7 Vgl. etwa *Waltermann*, NZA 1994, 822ff.; *Börner*, ZfA 1995, 537ff.; *Ehrich*, BB 1994, 1633ff. ||8 KassKomm/*Gürtner*, § 41 Rz. 11. ||9 LAG Köln 31.1.2002 – 6 Sa 899/01, AiB 2002, 262. ||10 ErfK/*Rolfs*, § 41 SGB VI Rz. 10. ||11 Hierzu BAG 16.11.2005 – 7 AZR 86/05, NZA 2006, 535; 22.5.2012 – 9 AZR 453/10 AP Nr. 58 zu § 1 TVG Altersteilzeit. ||12 Vgl. *Schreiner*, NZA 2007, 846; *Hanau*, NZA 2007, 848. ||13 BAG 22.5.2012 – 9 AZR 453/10, AP Nr. 58 zu § 1 TVG Altersteilzeit. ||14 Vgl. zur europarechtl. Problematik dieser Vorschrift: EuGH 22.11.2005 - Rs. C-144/04, NZA 2005, 1345ff. – Mangold; 16.10.2007 - Rs. C-411/05, NZA 2007, 1219ff. – Palacios; 10.3.2011 – Rs. C-109/09, NZA 2011, 397 – Deutsche Lufthansa AG/Kumpan; BAG 23.6.2010 – 7 AZR 1021/08, NZA 2010, 1248ff.; *Giesen*, NZA 2008, 905 (909). ||15 Vgl. Berg/*Natzel*, ZfA 2012, 65 (94ff.). ||16 *Waltermann*, GS Blomeyer, 2004, S. 495 (501ff.); *Gitter*, AP Nr. 3 zu § 17 TzBfG

Dass unter dem Blickwinkel des § 41 eine auf das Erreichen der Regelaltersgrenze abstellende Beendigung des ArbVerh regelmäßig sachlich gerechtfertigt sein kann, mag nachvollziehbar sein. Auch das BAG geht davon aus, dass eine Altersgrenze, die eine Beendigung des ArbVerh für den Zeitpunkt des Erreichens der sozialversicherungsrechtl. Regelaltersgrenze vorsieht, durch einen sachlichen Grund iSv. § 14 I TzBfG gerechtfertigt sein kann[1]. Das soll nach Auffassung des BAG selbst für eine auf das 63. LJ abstellende Altersgrenze gelten[2]. Jedoch macht die Rspr. einen Vorbehalt. Weil der ArbN durch eine Altersgrenze seinen Vergütungsanspruch verliert, ist nach Auffassung des BAG eine solche Altersgrenze nur verfassungsrechtlich zu rechtfertigen, wenn an die Stelle der Arbeitsvergütung der dauerhafte Bezug von Leistungen aus einer Altersversorgung tritt. Allerdings soll die Wirksamkeit der Befristung nicht von der konkreten wirtschaftl. Absicherung des ArbN bei Erreichen der Altersgrenze abhängig sein[3]. Dagegen kommt es aus Sicht des EuGH für die Wirksamkeit einer Altersgrenze nicht darauf an, in welcher Höhe der ArbN, der aus Altersgründen ausscheidet, Altersrente bezieht[4]. Die Vereinbarung einer nachträglichen Befristung eines zuvor langjährig bestehenden ArbVerh, nachdem der ArbN die Regelaltersgrenze erreicht und Anspruch auf gesetzl. Altersrente hat, ist nach § 14 I Nr. 6 TzBfG jedenfalls dann gerechtfertigt, wenn die Parteien das Erreichen der Regelaltersgrenze zum Anlass für die Befristung nehmen und den nach § 41 S. 2 möglichen Beendigungstermin hinausschieben, da auch in einem solchen Falle die Gründe für die Zulässigkeit der Vereinbarung von Altersgrenzen bezogen auf die Regelaltersgrenze gelten[5].

3. Regelungsgegenstand. a) Inhalt von Altersgrenzenvereinbarungen. Gegenstand der Regelung des S. 2 sind Vereinbarungen, die die Beendigung eines ArbVerh zu einem Zeitpunkt vorsehen, in dem der ArbN vor Erreichen der gesetzl. Regelaltersgrenze eine Rente wegen Alters beantragen kann. Derartige Vereinbarungen setzen mithin voraus, dass für den ArbN ein Anspruch auf Rente wegen Alters vor Vollendung der Regelaltersgrenze besteht[6]. Dh. im Umkehrschluss, dass eine Vereinbarung über die Beendigung eines ArbVerh nicht an S. 2 zu messen ist, wenn der Betroffene überhaupt keinen Anspruch auf eine vorgezogene Altersrente erwerben kann[7]. Gleichzeitig bedeutet die Regelung aber auch, dass die Auflösung eines ArbVerh ohne Kündigung zum Zeitpunkt des Erreichens der gesetzl. Regelaltersgrenze vom Gesetz für zulässig erachtet wird. Durch das RV-Anpassungsgesetz wird beginnend 2012 mit dem Jahrgang 1947 die Regelaltersgrenze bis 2019 in Stufen von 65 bis auf 67 Jahre angehoben (§§ 35 S. 2, 235 II)[8]. Insofern kann für diese Übergangszeit nicht von einer einheitlichen Regelaltersgrenze ausgegangen werden, sondern diese ist vielmehr individuell für den einzelnen ArbN zu ermitteln. Damit werden aber nunmehr auch Vereinbarungen erfasst, die die Beendigung des ArbVerh zur Vollendung des 65. LJ vorsehen[9]. Allerdings wird man zunächst die auf das 65. LJ bezogenen Altersgrenzenvereinbarungen, die bereits bei Veröffentlichung des RV-Anpassungsgesetzes im BGBl. vereinbart waren, dahingehend auszulegen haben, ob es sich jeweils um eine deklaratorisch auf die gesetzl. Regelaltersgrenze bezogene Altersgrenzenvereinbarung oder um eine auf das 65. LJ bezogene konstitutive Beendigungsvereinbarung handelt[10]. Allein aus der Bezugnahme auf die bisherige Regelaltersgrenze von 65 LJ wird man indes nicht den Schluss ziehen können, dass die Parteien das ArbVerh unabhängig von der jeweiligen rentenversicherungsrechtl. geltenden Regelaltersgrenze stets mit Vollendung des 65. LJ beenden wollten[11]. Die Tatsache, dass der ArbGeb dadurch möglicherweise länger am ArbVerh festgehalten wird, ändert nichts an der rechtl. Wirksamkeit der Vereinbarung, insb. liegt hier keine Störung der Geschäftsgrundlage vor[12].

In der jetzigen Fassung der Regelung ist es nicht mehr erforderlich, dass eine ausdrückliche Verknüpfung der Beendigung des ArbVerh und des Anspruches auf eine Altersrente besteht[13]. Es spielt daher keine Rolle, ob die Parteien gerade im Hinblick auf einen Anspruch des ArbN auf eine Altersrente die Beendigung des ArbVerh vereinbart haben oder nicht. Vielmehr ist eine objektive Sichtweise im Gesetz vorgegeben. Es kommt nur darauf an, dass die Parteien einen Beendigungszeitpunkt gewählt haben, bei dem der Anspruch auf eine Altersrente gegeben war. Insofern dürfte die Rspr. zur damaligen Rechtslage als überholt anzusehen sein, nach der bei einer Vereinbarung zur Beendigung eines ArbVerh, in der nicht ausdrücklich auf die Möglichkeit des Anspruches auf eine Rente wegen Alters Bezug genommen wird, sondern lediglich eine Altersgrenze zwischen der Vollendung des 60. und des 65. LJ als Beendigungszeitpunkt genannt wird, idR davon auszugehen sei, dass der in S. 2 vorausgesetzte Zusammenhang zwischen Altersgrenze und SozV-Rente bestehe[14]. Auf Grund der objektiven Betrachtungsweise, die der Vorschrift des S. 2 immanent ist, bedarf es einer derartigen Vermutungsregelung nicht mehr[15].

---

1 BAG 27.7.2005 – 7 AZR 443/04, NZA 2006, 37 (39); 5.3.2013 – 1 AZR 417/12, NZA 2013, 916; 12.6.2013 – 7 AZR 917/11; ErfK/*Müller-Glöge*, § 14 TzBfG Rz. 56a. ||2 BAG 19.11.2003 – 7 AZR 296/03, AP Nr. 3 zu § 17 TzBfG; zu Befristungen vor dem 63. LJ: *Bahnsen*, NJW 2008, 407 (409). ||3 BAG 5.3.2013 – 1 AZR 417/12, NZA 2013, 916; 12.6.2013 – 7 AZR 917/11. ||4 EuGH 5.7.2012 – Rs. C-141/11, NZA 2012, 785 – Hörnfeldt. ||5 LAG Bln.-Bbg. 20.11.2012 – 12 Sa 1303/12, BB 2013, 435. ||6 *Schreiner*, NZA 2007, 846 (847); *Birk*, NZA 2007, 244 (247). ||7 *Zöllner*, GS Blomeyer, 2004, S. 417 (524). ||8 *Berger-Delhey*, ZTR 2007, 429; dazu auch *Hanau*, NZA 2011, 537. ||9 BR-Drs. 2/07, 86f. ||10 AA wohl *Grimm/Brock*, ArbRB 2007, 211. ||11 *Berger-Delhey*, ZTR 2007, S. 429; so auch BAG 15.5.2012 – 3 AZR 11/10, NZA 2012, 433 (438f); LAG Bln.-Bbg. 20.8.2013 – 7 Sa 83/13. ||12 Vgl. *Löwisch*, ZTR 2011, 78 (79). ||13 Krit. hierzu *Zöllner*, GS Blomeyer, 2004, S. 417 (525), der dem Gesetzgeber die Aufhebung der Regelung empfiehlt. ||14 BAG 20.10.1993 – 7 AZR 135/93, NZA 1994, 128–133. ||15 AA offenbar KassKomm/*Gürtner*, § 41 Rz. 13.

11 **b) Vereinbarungstypen. aa) Einzelvertragliche Vereinbarungen.** Unstreitig unterfallen einzelvertragl. Vereinbarungen, die allerdings zu ihrer Wirksamkeit gem. § 14 IV TzBfG der Schriftform bedürfen[1], dem Anwendungsbereich des S. 2. Um eine einzelvertragl. Altersgrenzenvereinbarung handelt es sich auch dann, wenn die beiderseits tarifungebundenen Arbeitsvertragsparteien durch Bezugnahme auf einen TV, speziell durch Bezugnahme auf eine Altersgrenze in einem TV, eine entsprechende Regelung treffen[2]. Dies gilt ebenso für kirchl. Arbeitsrechtsregelungen, auf die der Arbeitsvertrag Bezug nimmt[3]. Allerdings gelten einzelvertragl. Altersgrenzen, die in AGB enthalten sind, regelmäßig als betriebsvereinbarungsoffen[4]. Für die Praxis gilt es darüber hinaus zu beachten, dass auf Grund der objektiven Fassung des S. 2 und dem fehlenden Verknüpfungserfordernis zwischen Beendigung des ArbVerh und Anspruch auf eine Altersrente einzelvertragl. Altersgrenzenregelungen, die auf besondere Anforderungen der beruflichen Tätigkeit oder andere Umstände abstellen, an S. 2 zu messen sind[5].

12 **bb) Kollektivarbeitsrechtliche Vereinbarungen.** Seit jeher umstritten ist die Frage, inwieweit auch kollektivarbeitsrechtl. Vereinbarungen unter den Regelungsbereich des jetzigen S. 2 fallen. Der Gesetzeswortlaut spricht insofern nur von „Vereinbarung". Als kollektivarbeitsrechtl. Vereinbarungen über Altersgrenzen kommen in der Praxis sowohl **TV** als auch **BV** in Betracht. Hierbei wird man grds. zwei Fragen zu unterscheiden haben: Auf einer ersten Ebene wird zu prüfen sein, ob die rechtl. Vorgaben für die beiden Regelungsinstrumente überhaupt den jeweiligen Parteien einen Freiraum geben, um Regelungen über die Beendigung des ArbVerh aus Anlass des Erreichens einer gewissen Altersgrenze zu treffen. Auf einer zweiten Stufe muss, wenn man den Regelungsspielraum der jeweiligen Parteien der Kollektivverträge bejaht, geprüft werden, ob die Altersgrenzenregelung der Vorschrift des S. 2 unterfällt und ggf. deren Voraussetzungen für die einzelne kollektivarbeitsrechtl. Altersgrenzenregelung vorliegen.

13 **(1) Altersgrenzen in Tarifverträgen.** Das BAG geht grds. davon aus, dass die TV-Partner **Altersgrenzen zum Bestandteil der Tarifwerke** machen können. Jedoch sind derartige tarifvertragl. Altersgrenzen an Art. 12 GG zu messen, wobei auf den Prüfungsmaßstab die Grundsätze der arbeitsgerichtl. Befristungskontrolle entsprechende Anwendung finden sollen[6]. Zwar ist im Schrifttum vielfach darauf hingewiesen worden, dass mit der dauerhaften Fortsetzung des ArbVerh über die gesetzl. Regelaltersgrenze der RV hinaus der ArbN ein legitimes wirtschaftl. und ideelles Anliegen verfolgt. Ein solches ArbVerh sichere nicht nur seine wirtschaftl. Existenzgrundlage, sondern biete ihm auch die Möglichkeit beruflicher Selbstverwirklichung[7]. Das BAG hat demggü. dem Interesse des ArbGeb an einer kalkulierbaren Personalplanung den Vorrang vor dem Bestandsschutzinteresse des ArbN jedenfalls dann eingeräumt, wenn der ArbN durch den Bezug einer gesetzl. Altersrente bei Erreichen der gesetzl. Regelaltersgrenze abgesichert ist[8]. Regeln aber tarifvertragl. Vereinbarungen, dass der ArbN zu einem früheren Zeitpunkt als dem, zu dem er Altersrente beantragen kann, aus dem ArbVerh ausscheiden muss, so bedarf dies einer eigenständigen Rechtfertigung. Das BAG hat dabei auf den Grundsatz zurückgegriffen, dass tarifl. Altersgrenzen, die den Anforderungen der arbeitsgerichtl. Befristungskontrolle genügen, mit Art. 12 I GG vereinbar seien[9].

13a Altersgrenzen müssen aber auch den **europarechtl. Anforderungen** genügen. Bereits in der Rechtssache Mangold hatte der EuGH einen primärrechtlich wirkenden allg. Rechtsgrundsatz des Verbots der Altersdiskriminierung entwickelt[10]. Dieser allg. Rechtsgrundsatz wird nach Ansicht des EuGH für die Sozialpartner durch die RL 2000/78/EG konkretisiert[11]. Darüber hinaus sind, wenn eine nationale Rechtsvorschrift in den Geltungsbereich des Unionsrechts fällt, die in der Charta der Grundrechte der Europäischen Union garantierten Grundrechte und die allg. Grundsätze des Unionsrechts zu beachten[12]. Das betrifft insb. das **Verbot der Diskriminierung** (Art. 21 GrCh). Insofern misst der EuGH Altersgrenzenregelungen am Verbot der Diskriminierung und greift zur Auslegung dieses Verbots auf die RL 2000/78/EG zurück. Für Altersgrenzenregelungen kommen zwei Rechtfertigungstatbestände in Betracht. In Bezug auf die Rechtfertigung von Altersgrenzen aus dem Gesichtspunkt der beruflichen Anforderungen hat sich der EuGH insb. mit den Altersgrenzen in der Verkehrsluftfahrt beschäftigt und

---

1 Vgl. *Kleinebrink*, ArbRB 2003, 154 mit entsprechenden Formulierungsbsp. ‖ 2 So zu Recht *Preis*, FS Stahlhacke, 1995, S. 417 (420 f.); KassKomm/*Gürtner*, § 41 Rz. 16. ‖ 3 BAG 12.6.2013 – 7 AZR 917/11. ‖ 4 BAG 5.3.2013 – 1 AZR 417/12, NZA 2013, 916; krit. *Waltermann*, SAE 2013, 94. ‖ 5 Vgl. die Fallgestaltung bei BAG 11.3.1998 – 7 AZR 700/96, NZA 1998, 716. (dort nimmt die Rspr. Bezug auf § 41 IV 3 idF v. 18.12.1989, ohne zu berücksichtigen, dass bereits vom Wortlaut diese Vorschrift von der jetzigen Fassung des § 41 S. 2 deutlich abweicht. Angesichts des jetzigen eindeutigen Wortlauts des S. 2 ist es verfehlt, auf die Motive für eine Altersgrenzenvereinbarung abzustellen.); dieser Rspr. hat sich teilweise auch die Lit. angeschlossen: *Boecken*, ArztR 2000, 60 (63); *Boecken*, ArztR 2005, 60 (61, 63 ff.); *Waltermann*, GS Blomeyer, 2004, S. 495 (498). ‖ 6 BAG 11.6.1997 – 7 AZR 186/96, NZA 1997, 1290 ff.; 14.10.1997 – 7 AZR 660/96, BB 1998, 321 f.; *Löwisch*, ZTR 2000, 531 (532); ausführlich dazu *Linsenmaier*, RdA 2012, 193 (202 f.). ‖ 7 Vgl. hierzu *Gitter/Börner*, RdA 1990, 129 (132); *Henssler*, DB 1993, 1669 (1673); *Steinmeyer*, RdA 1992, 6 (11); *Schlüter/Belling*, NZA 1988, 297; *Waltermann*, NZA 1994, 822. ‖ 8 BAG 20.11.1987 – 2 AZR 284/86, NZA 1988, 617; 11.6.1997 – 7 AZR 186/96, NZA 1997, 1290; 18.6.2008 – 7 AZR 116/07, BB 2009, 217; krit. dazu *Dickerhof-Borello*, AuR 2009, 521. ‖ 9 BAG 21.9.2011 – 7 AZR 134/10, NZA 2012, 271. ‖ 10 EuGH 22.11.2005 – Rs. C-144/04, NJW 2005, 3695 – Mangold. ‖ 11 EuGH 6.12.2012 – Rs. C-152/11, NZA 2012, 1435 – Odar; 13.9.2011 – Rs. C-447/09, NJW 2011, 3209 – Prigge; 7.6.2012 – Rs. C-132/11, NZA 2012, 742 – Tyrolean Airways Tiroler Luftfahrt. ‖ 12 EuGH 26.2.2013 – Rs. C-617/10, NJW 2013, 1415 – Åkerberg Fransson; 21.12.2011 – Rs. C-411/10 und C-493/10, DVBl 2012, 299 – N. S./Secretary of State for the Home Department u.a.

hierbei geprüft, ob allein aufgrund des Alters dem ArbN die geschuldete Tätigkeit unmöglich wird[1]. Soweit es um beschäftigungspolitisch motivierte Altersgrenzen geht, sah der EuGH Altersgrenzen, die an das 65. oder 67. LJ anknüpfen, idR als gerechtfertigt an[2]. Dabei kommt es nicht darauf an, ob der ArbN, der aufgrund einer Altersgrenze ausscheidet, einen ausreichenden Rentenanspruch hat[3]. In diesem Zusammenhang gehen sowohl EuGH als auch BAG von dem Erfahrungssatz aus, dass bei typisierender Betrachtungsweise bei fortgeschrittenem Alter das berufliche Leistungsvermögen des Einzelnen regelmäßig nachlässt[4]. Gerade diesen Gesichtspunkt, durch Altersgrenzen den Streit um altersbedingte Kündigungen zu vermeiden, hat der EuGH ausdrücklich akzeptiert[5].

(2) **Altergrenzen in Betriebsvereinbarungen.** Weit größeren Bedenken unterliegen dagegen die Altersgrenzen in BV. Das BAG hat in der Vergangenheit die Zulässigkeit derartiger betriebsverfassungsrechtl. Altersgrenzen immer wieder gebilligt[6]. Insb. hat es die Wirksamkeit einer Altersgrenze nicht davon abhängig machen wollen, ob zusätzlich eine auf die Altersgrenze abgestellte betriebl. Altersvorsorge besteht[7]. Auf ihre inhaltliche Rechtmäßigkeit überprüft das BAG die in BV festgesetzten Altersgrenzen dabei im Wesentlichen nach denselben Kriterien, wie es sie bei tarifvertragl. Altersgrenzenregelungen anlegt, wobei anders als beim TV die BV einer weitergehenden gerichtl. Kontrolle, die auch Billigkeitsgesichtspunkte miteinbezieht, unterliegen[8]. Das rechtswissenschaftl. Schrifttum spricht jedoch vielfach den Betriebspartnern die Befugnis zur Festsetzung von Altersgrenzen durch BV ab[9]. Unabhängig davon gilt in europarechtl. Hinsicht auch für BV das Verbot der Altersdiskriminierung[10].

(3) **Anwendung des § 41 auf kollektivarbeitsrechtliche Regelungen.** Von der Frage der Zulässigkeit von Altersgrenzenregelungen in Kollektivverträgen ist die Frage zu unterscheiden, ob derartige kollektivarbeitsrechtl. Regelungen dem Anwendungsbereich des § 41 unterfallen. S. 2 erfasst von seinem Wortlaut her alle Vereinbarungen, worunter auch kollektivarbeitsrechtl. Vereinbarungen fallen würden[11]. Auch das BAG hatte im Hinblick auf die Vorläufervorschrift des jetzigen S. 2 Kollektivverträge dem Anwendungsbereich des S. 2 zugeordnet[12]. Diese Sichtweise wird jedoch der jetzigen Fassung des S. 2 nicht gerecht[13]. Der Gesetzgeber wollte mit der Neufassung des § 41 durch das Änderungsgesetz von 1994 kollektivvertragl. Altersgrenzen aus dem Anwendungsbereich des § 41 herausnehmen, um auf diese Weise die Rspr. des BAG zu korrigieren[14]. Darüber hinaus sprechen rechtssystematische Überlegungen zwingend gegen eine Anwendbarkeit des S. 2 auf kollektivarbeitsrechtl. Vereinbarungen. Nach dem Wortlaut der Regelung sind Vereinbarungen, die die Beendigung des ArbVerh eines ArbN ohne Kündigung zu einem Zeitpunkt vorsehen, in dem der ArbN vor Erreichen der Regelaltersgrenze eine Rente wegen Alters beantragen kann, ohne weiteres zulässig, wenn die Vereinbarung innerhalb der letzten drei Jahre vor diesem Zeitpunkt abgeschlossen oder von dem ArbN bestätigt worden ist. Angesichts dieser Regelung im letzten Hs. des S. 2 muss davon ausgegangen werden, dass „Vereinbarung" nur die **Individualvereinbarung** meint. Wenn das Gesetz etwa auf den Zeitpunkt der Vereinbarung abstellen will, so macht dies für TV keinen Sinn. TV erheben den Anspruch, Geltung für eine Vielzahl von ArbVerh zu erlangen. Es würde zu höchst willkürlichen Ergebnissen führen, wenn man die Wirksamkeit einer tarifl. Altersgrenzenregelung bezogen auf einen ArbN vom Zeitpunkt des Abschlusses des TV abhängig machen wollte. Schließlich ist nicht einzusehen, wieso eine tarifvertragl. Altersgrenzenregelung nur deshalb keine Geltung beanspruchen soll, weil der TV bereits länger als drei Jahre in Geltung ist. Wollte man darüber hinaus S. 2 auf tarifvertragl. Altersgrenzenregelungen anwenden, so würde dies letztlich auch bedeuten, dass damit bezogen auf die Altersgrenzenregelung das Grundprinzip der unmittelbaren und zwingenden Wirkung von TV bei beiderseits Tarifgebundenen aufgegeben wird. Unterstellt, S. 2 sei auf TV anwendbar, hätte es schließlich der ArbN in der Hand, durch eine „Bestätigung" der Vereinbarung die tarifvertragl. Altersgrenzenregelung in Geltung zu belassen bzw. durch die Nichtbestätigung der tarifvertragl. Vereinbarung die tarifvertragl. Vereinbarung außer Kraft zu setzen. Hierin wäre ein erheblicher Systembruch zu sehen, der mangels Anhaltspunkten in den Gesetzesmaterialien vom Gesetzgeber so nicht beabsichtigt war. Insofern sprechen erhebliche rechtssystematische Über-

---

1 EuGH 13.9.2011 – Rs. C-447/09, NJW 2011, 3209 – Prigge; vgl. dazu auch *Thüsing/Pötters*, ZIP 2011, 1886; *Bauer/v. Medem*, NZS 2012, 945; vgl. hierzu auch BAG 15.2.2012 – 7 AZR 946/07, NZA 2012, 866; 7 AZR 904/08, AP Nr. 94 zu § 14 TzBfG; 7 AZR 756/09, AP Nr. 90 zu § 14 TzBfG; 18.1.2012 – 7 AZR 112/08, NZA 2012, 575.   ‖2 EuGH 12.10.2010 – Rs. C-45/09, NJW 2010, 3767 – Rosenbladt; 5.7.2012 – Rs. C-141/11, NZA 2012, 785 – Hörnfeldt; vgl. dazu *Joussen*, ZESAR 2011, 201 (203).   ‖3 EuGH 5.7.2012 – Rs. C-141/11, NZA 2012, 785 – Hörnfeldt; vgl. auch *Bayreuther*, NJW 2011, 19 (22).   ‖4 Vgl. BAG 25.2.1998 – 7 AZR 641/96, NZA 1998, 715; 31.7.2002 – 7 AZR 140/01, NZA 2002, 1155.   ‖5 EuGH 5.7.2012 – Rs. C-141/11, NZA 2012, 785 – Hörnfeldt.   ‖6 Vgl. zuletzt BAG 5.3.2013 – 1 AZR 417/12, NZA 2013, 916.   ‖7 BAG 20.11.1987 – 2 AZR 284/86, NZA 1988, 617-620.   ‖8 Vgl. BAG 12.8.1982 – 6 AZR 1117/79, NJW 1983, 68; zur Kontrolle von BV *Preis/Ulber*, RdA 2013, 211.   ‖9 Vgl. *Börner*, Altersgrenzen für die Beendigung von Arbeitsverhältnissen in Tarifverträgen und Betriebsvereinbarungen, 1992, S. 180 ff.; *Pfeiffer*, ZIP 1994, 264 (272); *Waltermann*, RdA 1993, 209 (216); *Waltermann*, NJW 1998, 2488 (2491); *Schmidt*, FS Dieterich, 1999, S. 585 (590); *Boecken*, Wie sollte der Übergang vom Erwerbsleben in den Ruhestand rechtlich gestaltet werden?, Gutachten B für den 62. Deutschen Juristentag, DJT I, B 42 ff. mwN; *Preis/Ulber*, RdA 2013, 211 (216).   ‖10 EuGH 6.12.2012 – Rs. C-152/11, NZA 2012, 1435 – Odar.   ‖11 Vgl. *Hauck/Noftz/Fichte*, § 41 Rz. 20; KassKomm/*Gürtner*, § 41 Rz. 15 ff.   ‖12 BAG 11.6.1997 – 7 AZR 186/96, NZA 1997, 1290.   ‖13 Vgl. *Löwisch*, ZTR 2011, 78 (80).   ‖14 Vgl. Beschlussempfehlung und Bericht des Ausschusses für Arbeit und Sozialordnung, BT-Drs. 12/8145.

legungen gegen die Einbeziehung von Kollektivverträgen in den Anwendungsbereich des § 41[1]. Das BAG versucht diesen auch von ihm erkannten Systembruch dadurch zu rechtfertigen, dass es S. 2 letzter Hs. ausschließlich auf die Wirksamkeit einzelvertragl. Vereinbarungen anwenden will[2]. Indes bedeute dies nicht, dass kollektivrechtl. Altersgrenzen ohne weiteres zulässig seien. Vielmehr entnahm das BAG aus dem Zweck der gesetzl. Regelung, dass kollektivrechtl. Altersgrenzen, die zu einer automatischen Beendigung des ArbVerh führen und auf den Zeitpunkt des Entstehens sozialversicherungsrechtl. Ansprüche der ArbN abstellen, zu ihrer Wirksamkeit einer individualrechtl. Vereinbarung zwischen ArbN und ArbGeb bedurften[3]. Diese Rspr. hatte somit zur Konsequenz, dass, sofern tarifl. Altersgrenzen gegen den damaligen Abs. 4 S. 3 verstießen, diese gem. § 134 BGB nichtig waren. In Reaktion auf diese Rspr. hat der Gesetzgeber mit Gesetz v. 26.7.1994 dieses Auslegungsergebnis des BAG korrigiert. Nach der jetzigen Fassung des Gesetzestextes, die auch nicht durch das RV-Anpassungsgesetz substantiell geändert wurde, gibt es keine gesetzl. Anordnung der Unwirksamkeit für eine kollektive Altersgrenzenvereinbarung mehr. Insofern verbietet sich die Anwendung des § 41 auf **Kollektivvereinbarungen**. Die Fiktion eines bestimmten Vertragsinhaltes zu Gunsten des ArbN, ebenso wie die allein auf einzelvertragl. Vereinbarungen passenden Regelungen des letzten Hs. von S. 2 verdeutlichen, dass S. 2 in der seit dem 1.8.1994 geltenden Fassung ausschließlich auf einzelvertragl. Vereinbarungen und nicht auf TV oder BV anwendbar ist[4].

16 **4. Drei-Jahres-Frist.** Aber auch eine einzelvertragl. Vereinbarung über Altersgrenzen unterliegt nicht der Rechtsfolge des S. 2, wenn die Vereinbarung **innerhalb der letzten drei Jahre** vor der vereinbarten Beendigung des ArbVerh **abgeschlossen** oder von dem ArbN innerhalb dieser Frist **bestätigt** worden ist. Die Berechnung dieser Frist folgt aus den §§ 187ff. BGB. Maßgeblich für die Berechnung der Drei-Jahres-Frist des S. 2 letzter Hs. ist nicht das Erreichen der gesetzl. Regelaltersgrenze, sondern der vereinbarte Zeitpunkt des Ausscheidens[5]. Rechtl. ist die **Bestätigung** eine einseitige Willenserklärung des ArbN[6]. Insoweit finden auf sie die allg. Vorschriften über Willenserklärungen Anwendung. Einer bestimmten Form bedarf die Erklärung nicht. Die Bestätigung kann auch konkludent erfolgen[7]. Insb. ist die Bestätigung gerade keine Befristung eines Arbeitsvertrages gem. § 14 IV TzBfG, da sie schließlich die Vereinbarung einer Altersgrenze voraussetzt. Ebenso wenig ist sie als einseitige Willenserklärung, die eine vertragl. Vereinbarung erst wirksam werden lässt, mit einer Kündigung vergleichbar, die gem. § 623 BGB der Schriftform bedürfte. Jedoch ist aus Beweisgründen dem ArbGeb dringend anzuraten, eine schriftl. Bestätigung vom ArbN einzuholen. Teilweise wird vertreten, dass diese Bestätigung nur wirksam sei, wenn sie so rechtzeitig erfolgt, dass – fiktiv – die vom ArbN einzuhaltenden Kündigungsfristen gewahrt seien[8]. Eine solche Beschränkung ist jedoch dem Gesetzestext nicht zu entnehmen.

17 **5. Rechtsfolgen.** Liegt eine Vereinbarung vor, die die Beendigung des ArbVerh eines ArbN ohne Kündigung zu einem Zeitpunkt vorsieht, in dem der ArbN vor Erreichen der Regelaltersgrenze eine Rente wegen Alters beantragen kann, und ist die Vereinbarung nicht innerhalb der letzten drei Jahre vor diesem Zeitpunkt abgeschlossen oder von dem ArbN bestätigt worden, so gilt sie dem ArbN ggü. als auf das Erreichen der gesetzl. Regelaltersgrenze abgeschlossen. Hierdurch erhält der ArbN die Wahlfreiheit, ob er zu dem vereinbarten Termin ausscheiden oder aber das ArbVerh entsprechend der Fiktion bis zum Erreichen der gesetzl. Regelaltersgrenze fortsetzen will[9]. Beabsichtigt der ArbN entgegen der getroffenen Vereinbarung, sein ArbVerh fortzusetzen, so ist § 17 TzBfG zu beachten. Will also der ArbN geltend machen, dass die Befristung seines Arbeitsvertrages auf Grund der Altersgrenze rechtsunwirksam ist, so muss er innerhalb von **drei Wochen** nach dem vereinbarten Ende Klage beim ArbG auf Feststellung erheben, dass das ArbVerh auf Grund dieser Altersgrenze nicht beendet ist. Hier gelten die §§ 5–7 KSchG gem. § 17 S. 2 TzBfG entsprechend. Wird die **Klagefrist** versäumt, so wird eine wirksame Altersgrenze fingiert. Das Anstellungsverhältnis endet dann zu dem in der Altersgrenzenregelung vorgesehenen Termin[10].

18 **IV. Übergangsvorschriften.** Für Alt-Fälle ist § 300 I zu beachten. Danach gilt § 41 ebenso für ältere Altersgrenzenvereinbarungen[11].

---

1 Vgl. hierzu *Henssler*, DB 1993, 1669 (1671); ErfK/*Rolfs*, § 41 SGB VI Rz. 14; vgl. hierzu auch BAG 20.10.1993 – 7 AZR 135/93, NZA 1994, 128. ||2 BAG 20.10.1993 – 7 AZR 135/93, NZA 1994, 128. ||3 BAG 20.10.1993 – 7 AZR 135/93, NZA 1994, 128; ArbG Hamburg 6.12.2007 – 7 Ca 378/07, AuR 2008, 111. ||4 Überzeugend *Löwisch*, ZTR 2000, 531 (532); auch ArbG Frankfurt/M. 25.11.2003 – 4 Ca 1555/03; aA Hauck/Noftz/*Fichte*, § 41 Rz. 21; unklar insoweit EuGH 12.10.2010 – Rs. C-45/09, NJW 2010, 3767 – Rosenbladt, wonach auch eine Anwendung des letzten Hs. von S. 2 auf kollektivarbeitsrechtl. Vereinbarungen nicht auszuschließen ist. ||5 BAG 17.4.2002 – 7 AZR 40/01, DB 2002, 1941. ||6 So auch BAG 22.5.2012 – 9 AZR 453/10, AP Nr. 58 zu § 1 TVG Altersteilzeit. ||7 BAG 22.5.2012 – 9 AZR 453/10, AP Nr. 58 zu § 1 TVG Altersteilzeit. ||8 Vgl. *Henssler*, DB 1993, 1669 (1675). ||9 Der ArbGeb kann sich dagegen nicht auf § 41 S. 2 berufen (BAG 17.4.2002 – 7 AZR 40/01, DB 2002, 1941f.). ||10 ErfK/*Rolfs*, § 41 SGB VI Rz. 19. ||11 Vgl. BAG 11.6.1997 – 7 AZR 186/96, NZA 1997, 1290ff.

Sozialgesetzbuch (SGB)
Siebtes Buch (VII)
– Gesetzliche Unfallversicherung –

vom 7.8.1996 (BGBl. I S. 1254),
zuletzt geändert durch Gesetz vom 19.10.2013 (BGBl. I S. 3836)

Vor §§ 104–113

Das Recht der gesetzl. Unfallversicherung nimmt in den §§ 104–113 erheblichen Einfluss auf das allg. zivilrechtl. Haftungssystem. In Abweichung vom allg. vertragsrechtl. und deliktsrechtl. Grundsatz, nach dem schuldhafte Vertrags- oder Rechtsgutsverletzungen zum Schadensersatz verpflichten (vgl. §§ 280 I, 823 ff. BGB), wird eine Vielzahl von Schädigern in den §§ 104–109 **von einer Haftung befreit**. Die Regelungen setzen voraus, dass ein Versicherungsfall iSd. Unfallversicherungsrechts vorliegt, sie greifen also nur bei Körperschäden und bei Schäden an Hilfsmitteln (zB Brillen, Prothesen), welche bei Arbeitsunfällen und Berufskrankheiten eingetreten sind. Für andere Ansprüche bleibt es beim allg. Haftungsrecht. Die Freistellung der in §§ 104–107 genannten ArbGeb, ArbN sowie weiterer privilegierter Personen geht so weit, dass die Einstandspflicht ggü. dem Geschädigten nur bei Vorsatz und bei Wegeunfällen iSd. § 8 II Nr. 1–4 greift. An die Stelle der solchermaßen weitgehend freigestellten Schädigers tritt die Versicherungsleistung des Unfallversicherungsträgers, sog. **Haftungsersetzungsprinzip**. Der Unfallversicherungsträger seinerseits kann – mangels entsprechender Haftung des Schädigers – nicht aus übergegangenem Recht des Geschädigten beim Schädiger Regress nehmen. Ein Rückgriff aus abgeleitetem Recht nach § 116 SGB X ist dann ausgeschlossen, §§ 104 I 2, 105 I 3, 106 f. Dem Unfallversicherungsträger stehen ggf. parallel zum nach § 116 SGB X übergegangenen Anspruch nach §§ 110, 111 **eigene Haftungsansprüche gegen den Schädiger** zu, allerdings nur bei Vorsatz, grober Fahrlässigkeit und bei Schwarzarbeit. **1**

Das gesetzl. System der §§ 104 ff. richtet sich für die Regelung der Haftungsbeschränkungen primär nach den unterschiedlichen **privilegierten Personen**. Zunächst regelt § 104 die Haftungsbeschränkung zu Gunsten der Unternehmer, dann folgt in § 105 diejenige der im Betrieb Tätigen, also der Arbeitskollegen (§ 105 I) oder Beschäftigten des Geschädigten (§ 105 II). Zuletzt erfassen §§ 106 und 107 Sonderfälle, wobei insb. das Privileg der auf der gemeinsamen Betriebsstätte Tätigen zu nennen ist (§ 106 III). Soweit jeweils der in der Haftung Privilegierte feststeht, unterscheiden die betreffenden Regelungen dann sekundär nach den durch die Haftungsbeschränkung **belasteten Personen**. Dies sind gem. § 104 I der Versicherte und die aus seiner Versicherung Ansprüche herleitenden Angehörigen und Hinterbliebenen sowie nach § 104 II die Leibesfrucht. Gem. § 105 I sind es wiederum der Versicherte, seine Angehörigen und Hinterbliebenen sowie die Leibesfrucht; nach § 105 II ist es der „nicht versicherte" Unternehmer. In § 106 wird zuletzt in den unterschiedlichen Fallvarianten der einzelnen Absätze jeweils genau zwischen dem von der Haftungsbeschränkung erfassten Schädiger und dem jeweils betroffenen Geschädigten unterschieden. Auf Grund dessen wird in §§ 104 II, 105–107 jeweils auf die materielle Ausformung der Haftungsbeschränkung in § 104 I verwiesen. **2**

Das System der Haftungsprivilegierung bewirkt, dass die gesetzl. Unfallversicherung wirtschaftl. nicht nur den Körper- und Vermögensschaden des Geschädigten sowie seiner Angehörigen absichert; sie ist auch eine Art „Haftpflichtversicherung" des Schädigers. Die sozialpolitische Begründung für die Abweichung vom allg. deliktischen und vertragsrechtl. Haftungsprinzip wird in folgenden „Argumenten" gesehen: Das „**Finanzierungsargument**" geht davon aus, dass regelmäßiger Schuldner bei Arbeitsunfällen und Berufskrankheiten der ArbGeb ist. Dieser schädigt den Versicherten entweder unmittelbar oder er ist mittelbar für seine Organe (vgl. § 31 BGB), seine Erfüllungsgehilfen (§ 278 BGB) und seine Verrichtungsgehilfen (§ 831 BGB) verantwortlich. Da die gesetzl. Unfallversicherung ausschließlich aus ArbGebBeiträgen finanziert wird, sieht man in der Haftungsbeschränkung des ArbGeb bzw. der weiteren in §§ 105 ff. genannten Personen eine Gegenleistung für diese Beiträge[1]. S. bereits die Begr. zu §§ 92–95 UVG[2], wonach sich die Freistellung „rechtfertigt … mit Rücksicht auf die durchgreifende, auf Kosten der Unternehmer erfolgende Versicherung der Arbeiter". Ein weiteres, mindestens ebenso wichtiges Motiv ist das sog. „**Friedensargument**". Dieses begründet die Übernahme der Haftungsrisiken aus Arbeitsunfällen und Berufskrankheiten damit, dass dadurch die Arbeitsbeziehungen zwischen ArbGeb und ArbN sowie innerhalb der Gruppe der ArbN entlastet werden. Insb. werden die Beziehungen nicht durch uU langwierige Haftungsprozesse erschwert. So beklagte die Gesetzesbegr. zum UVG von 1884, **3**

---

1 Vgl. zum „Finanzierungsargument" Hauck/*Nehls*, § 104 Rz. 3; Lauterbach/*Dahm*, § 104 Rz. 6; *Rolfs*, AR-Blattei SD 860.2 Rz. 6; ErfK/*Rolfs*, § 104 SGB VII Rz. 1 f.; *Waltermann*, NJW 2002, 1225 (1226); *Waltermann*, Rz. 305; *Tischendorf*, VersR 2002, 1188 f. || 2 RT-Drs. 1884, Nr. 4, S. 82.

4 Probleme ergeben sich bei alledem aber daraus, dass zwischen den allg. zivilrechtl. Haftungsansprüchen und den an ihre Stelle tretenden Leistungsansprüchen gegen den Unfallversicherungsträger große Unterschiede bestehen können. **Vorteile** des Unfallversicherungsrechts ggü. dem allg. Haftungsrecht liegen für den Geschädigten darin, dass sein evtl. Mitverschulden meist unberücksichtigt bleibt (vgl. § 101), dass bei Vorliegen des Arbeitsunfalls ein evtl. Verschulden des Haftenden nicht nachgewiesen werden muss[2] und dass mit den Unfallversicherungsträgern auch stets liquide Schuldner zur Verfügung stehen. Andererseits können sich **Nachteile** daraus ergeben, dass die Leistungen der Unfallversicherungsträger teilweise weniger umfassend sind als diejenigen, die der Geschädigte nach allg. Haftungsrecht zu beanspruchen hätte. Das beruht insb. auf dem Prinzip des abstrakten Schadensausgleichs[3]. Rentenleistungen an Geschädigte richten sich nach dem „Jahresarbeitsverdienst" (§§ 81 ff.), der bis zur Höhe von ⅔ ersetzt werden kann (§§ 56 ff.); dies ist meist weniger als das nach §§ 249 ff., 823 ff. BGB und insb. nach §§ 842 ff. BGB Geschuldete. Immaterielle Schäden werden von der gesetzl. Unfallversicherung nicht ersetzt, da eine dem § 253 II BGB vergleichbare Regelung über das Schmerzensgeld fehlt. Dennoch unterliegen auch sie dem Haftungsersetzungsprinzip, so dass bei Eingreifen der §§ 104 ff. kein Schmerzensgeld geschuldet wird. Trotz diesbezüglicher Kritik hat das BVerfG das Haftungsersetzungsprinzip mehrfach für **verfassungsmäßig** erklärt[4]. Hauptargument sind die insg. überwiegenden Vorteile, die der Geschädigte aus der Zurverfügungstellung des Haftungssystems nach dem SGB VII zieht. Die Kritik am Gesetz ist noch einmal lauter geworden, nachdem in § 105 II zu Gunsten einer erweiterten Haftungsersetzung auch die in §§ 2 ff. nicht erfassten Unternehmer versichert werden. Für diese Geschädigten wird nach § 105 II 3 der Mindestjahresarbeitsverdienst als Jahresarbeitsverdienst fingiert; dies führt nach §§ 14 f. SGB IV, §§ 82, 85 zu äußerst niedrigen Leistungen. Die Vorschrift des § 105 II 3 wird daher von vielen zu Recht für verfassungswidrig gehalten[5]. Auch die Ausweitung des Haftungsersetzungsprinzips in § 106 (vgl. insb. die diffuse Privilegierung der Tätigkeit „auf einer gemeinsamen Betriebsstätte", § 106 III) hat zu einer vermehrten Diskussion der Rechtfertigung des Haftungsersetzungsprinzips sowie des „Finanzierungsarguments" und des „Friedensarguments" geführt (s.u. § 106 Rz. 8 ff., 14). Ein unausgesprochenes Motiv für die Kritik am Bestand und an der Ausweitung der Haftungsprivilegien nach §§ 104–109 liegt bei alledem wohl auch darin, dass die schädigenden ArbGeb bzw. ArbN heute häufig haftpflichtversichert sind. Soweit in Gestalt der Privatversicherung ein unbeteiligter Dritter eintreten kann und das anspruchsminderne Mitverschulden (§ 254 BGB) nicht allzu hoch ist, ist die Versuchung groß, zu Gunsten der Haftung etwa nach §§ 843 f. BGB und zur Ermöglichung von Schmerzensgeldleistungen nach § 253 II BGB die Freistellung gem. §§ 104 ff. nicht greifen zu lassen[6].

Viertes Kapitel. Haftung von Unternehmern, Unternehmensangehörigen und anderen Personen

Erster Abschnitt. Beschränkung der Haftung gegenüber Versicherten, ihren Angehörigen und Hinterbliebenen

104 *Beschränkung der Haftung der Unternehmer*
(1) Unternehmer sind den Versicherten, die für ihre Unternehmen tätig sind oder zu ihren Unternehmen in einer sonstigen die Versicherung begründenden Beziehung stehen, sowie deren Angehörigen und Hinterbliebenen nach anderen gesetzlichen Vorschriften zum Ersatz des Personenschadens, den ein Versicherungsfall verursacht hat, nur verpflichtet, wenn sie den Versicherungsfall vorsätzlich oder auf einem nach § 8 Abs. 2 Nr. 1 bis 4 versicherten Weg herbeigeführt haben. Ein Forderungsübergang nach § 116 des Zehnten Buches findet nicht statt.

(2) Absatz 1 gilt entsprechend für Personen, die als Leibesfrucht durch einen Versicherungsfall im Sinne des § 12 geschädigt worden sind.

(3) Die nach Absatz 1 oder 2 verbleibenden Ersatzansprüche vermindern sich um die Leistungen, die Berechtigte nach Gesetz oder Satzung infolge des Versicherungsfalls erhalten.

---

[1] Erster Entwurf für ein Gesetz betr. die Unfallversicherung der Arbeiter, RT-Drs. 1881, Nr. 41, S. 21. Vgl. zum „Friedensargument" Brackmann/*Krasney*, § 104 Rz. 3; Hauck/*Nehls*, § 104 Rz. 3; KassKomm/*Ricke*, § 104 Rz. 2; *Krasney*, AuR 2001, 423; Lauterbach/*Dahm*, § Rz. 6; *Maschmann*, SGb 1998, 54 f.; *Rolfs*, AR-Blattei SD 860.2 Rz. 21; ErfK/*Rolfs*, § 104 SGB VII Rz. 1; *Waltermann*, NJW 2002, 1225 (1226); *Waltermann*, Rz. 305. ||2 Vgl. die Gesetzesbegr., RT-Drs. 1881, Nr. 41, S. 24 f. ||3 *Rolfs*, AR-Blattei SD 860.2 Rz. 9; KassKomm/*Ricke*, § 56 Rz. 2. ||4 BVerfG 22.6.1971 – 2 BvL 10/69, BVerfGE 31, 212 (218 ff.); 7.11.1972 – 1 BvL 4, 17/71 und 10/72, BVerfGE 34, 118 (128 ff.); 8.1.1992 – 2 BvL 9/88, BVerfGE 85, 176 (184 ff.); s. näher *Fuhlrott*, NZS 2007, 237. Die Verfassungsmäßigkeit insb. der Haftungsfreistellung unter Schülern (§ 106 I Nr. 1) nimmt an BGH 8.3.2012 – III ZR 191/11, VersR 2012, 714. ||5 ErfK/*Rolfs*, § 105 SGB VII Rz. 7; *Plagemann*, NZV 2001, 233 (237); *Stern-Krieger/Arnau*, VersR 1997, 408 (411). ||6 OLG Zweibrücken 6.5.1997 – 6 U 1/97, NJW 1998, 995 (996); *Schloën*, BG 1987, 150.

Beschränkung der Haftung der Unternehmer   Rz. 2 § 104 SGB VII

I. Beschränkte Haftung des Unternehmers	1	VI. Kein Forderungsübergang nach § 116 SGB X (Abs. 1 S. 2)	12
1. Begünstigte Personen	1	VII. Schädigung der Leibesfrucht (Abs. 2)	13
2. Belastete Personen	2	VIII. Anrechnung bei Vorsatz und Wegeunfall (Abs. 3)	14
II. Versicherungsfall	5	IX. Internationales	15
III. Betroffene Ansprüche	6	X. Beweisfragen	16
IV. Nicht erfasste weitere Schädiger (gestörter Gesamtschuldnerausgleich)	7		
V. Ausnahmen	10		
1. Vorsatz	10		
2. Wegeunfall	11		

I. Beschränkte Haftung des Unternehmers. 1. Begünstigte Personen. Der „Unternehmer" iSd. **1** SGB VII ist zwar meistens, aber nicht immer gleichzusetzen mit dem ArbGeb des Versicherten. Unternehmer ist nach der Legaldefinition des § 136 III Nr. 1 „derjenige, dem das Ergebnis des Unternehmens unmittelbar zum Vor- oder Nachteil reicht". In § 136 III Nr. 2–4 existieren zusätzlich gesonderte Regelungen über die Unternehmereigenschaft von Rehabilitationsträgern, von Sachkostenträgern sowie von Reedern. Der Betrieb eines Unternehmens ist eine planmäßige, auf Dauer angelegte Vielzahl von Tätigkeiten, die regelmäßig ausgeübt wird und auf ein einheitliches Ziel ausgerichtet ist[1]. Die in § 136 III Nr. 1 verwendete Formulierung „zum Vor- oder Nachteil" besagt, dass Unternehmer derjenige ist, der das Geschäftswagnis, also das Unternehmerrisiko trägt[2]. Eine darüber hinausgehende Begünstigung von konzernrechtl. mit diesem Unternehmen verbundenen weiteren Unternehmen besteht nicht[3]. Bei juristischen Personen sind die Organmitglieder nicht erfasst, sondern fallen ggf. unter § 105. Im Fall von Personengesellschaften sind wegen des Grundsatzes der Selbstorganschaft die Gesellschafter selbst Unternehmer (der Regress des Unfallversicherungsträgers richtet sich bei ihnen nach § 111)[4]. Unerheblich für die Haftungsbeschränkung ist, ob der Unternehmer Mitglied der Unfallversicherung ist, ob er Beiträge geleistet hat und wo der Versicherungsfall eingetreten ist. Nach Meinung der Rspr. greift das Haftungsprivileg nicht mehr, wenn der Unternehmer eine Unfallursache setzt, die erst nach Übernahme des Betriebs durch einen Dritten zu einem Schadensereignis führt[5]. Soweit ein **Haftpflichtversicherer** gem. § 115 I Nr. 1 VVG selbst unmittelbar haftet, greift das Haftungsprivileg der §§ 104 ff. wegen der Akzessorietät des Direktanspruchs gegen den Haftpflichtversicherer ebenfalls[6].

Mehrere Personen, die gemeinschaftlich die Voraussetzungen der Unternehmereigenschaft nach § 136 **1a** erfüllen, sind Mitunternehmer und können dementsprechend auch bei einem einzigen Versicherungsfall zu mehreren haftungsprivilegiert sein. Freilich kann nach der neueren Rspr. des BGH, welche ausdrücklich eine ständige ältere Rspr. verwirft, **bei nebeneinander tätigen Unternehmern nur einer von ihnen haftungsprivilegiert** sein. Es ist also jeweils exakt nach den Prioritätenregelungen des § 135 zu ermitteln, welches Versicherungsverhältnis vorrangig eingreift; danach richtet sich auch, welche Person als „Unternehmer" gem. § 104 haftungsprivilegiert ist[7]. Diese Rspr. ist zutreffend von *Ricke* kritisiert worden[8]. Die Bedenken gegen die Rspr. fußen im Kern darauf, dass § 135 lediglich eine sozialversicherungstechnisch notwendige Prioritätenregelung enthält, die mit dem Sinn und Zweck der Haftungsprivilegierung nach §§ 104 ff. nichts gemein hat. Es kann nicht sein, dass ein haftungsprivilegierter Schädiger sein Haftungsprivileg deshalb verliert, weil – in vielen Fällen zufällig – ein weiterer ebenfalls haftungsprivilegierter Schädiger hinzutritt. Ein weiterer Schädiger kann schon der Logik nach allenfalls entlastend, aber nicht belastend wirken. Die neue Rspr. läuft außerdem den Grundgedanken des „Friedensarguments" (Vor §§ 104–113 Rz. 3) und den Überlegungen zu einer Gefahrengemeinschaft zwischen Schädiger und Geschädigtem entgegen. Dass der zuständige Unfallversicherungsträger dieses Schädigers nach § 135 für den Schaden aufkommt, stellt zwar eine beitragsmäßige Entlastung des Schädigers dar (insoweit könnte man an das „Finanzierungsargument" denken, Vor §§ 104–113 Rz. 3), hilft ihm aber gerade im Versicherungsfall nichts. Die Kritik *Rickes* ist so überzeugend, dass die **Möglichkeit einer erneuten Rechtsprechungsänderung** nicht ausgeschlossen werden sollte. Soweit das nicht der Fall ist, folgt aus der neuen Rspr., dass nachrangig beteiligte Unternehmer zunächst **nicht** unmittelbar nach § 104 haftungsprivilegiert sind. Ihre Haftungsprivilegierung kommt aber uU nach § 106 III und nach den Grundsätzen über die gestörte Gesamtschuldnerschaft in Betracht, s. dazu eingehend unten Rz. 7 ff. und § 106 Rz. 10 ff.

2. Belastete Personen. Von der Haftungsbeschränkung belastete Personen sind die **geschädigten Ver- 2 sicherten sowie ihre Angehörigen und Hinterbliebenen**. Die Haftungsbeschränkung des § 104 greift zu Lasten von Versicherten, die für ihre Unternehmen tätig sind oder zu ihrem Unternehmen in einer sons-

---

[1] *Kater/Leube*, § 104 Rz. 4; *Schmitt*, § 136 SGB VII Rz. 17; s. zu öffentl.-rechtl. Körperschaften BGH 26.11.2002 – VI ZR 449/01, NJW 2003, 1121 (betr. Schulen). ‖ [2] BGH 5.7.1977 – VI ZR 134/76, LM RVO § 636 Nr. 12; 4.10. 1988 – VI ZR 7/88, LM RVO § 636 Nr. 38; ErfK/*Rolfs*, § 104 SGB VII Rz. 11. ‖ [3] BGH 11.11.2003 – VI ZR 13/03, BGHZ 157, 9. ‖ [4] OLG Köln 23.10.1998 – 19 U 47/98, VersR 1999, 777; ErfK/*Rolfs*, § 104 SGB VII Rz. 11. ‖ [5] BGH 11.1.1966 – VI ZR 185/64, NJW 1966, 653 f.; *Kater/Leube*, § 104 Rz. 13 (zweifelhaft). ‖ [6] BAG 14.12.2000 – 8 AZR 92/00, VersR 2002, 720 m. Anm. *Drong-Wilmers*; 24.6.2004 – 8 AZR 292/03, AP Nr. 3 zu § 104 SGB VII; *Ricke*, VersR 2002, 413. ‖ [7] BGH 19.5.2009 – VI ZR 56/08, BGHZ 181, 160 unter ausdrücklicher Aufgabe von BGH 4.4.1995 – VI ZR 327/93, BGHZ 129, 195, jew. mwN. ‖ [8] *Ricke*, NZS 2011, 454.

tigen die Versicherung begründenden Beziehung stehen. Damit knüpft das Gesetz an den Versichertenbegriff nach §§ 2, 3, 6 an, wobei aber zusätzlich zur Versicherteneigenschaft noch die Tätigkeit für das jeweilige Unternehmen bzw. die sonstige eine Versicherung begründende Beziehung erforderlich ist (zu Letzterem unten Rz. 4).

3   a) Hinsichtlich der **Versicherteneigenschaft** s. §§ 2 ff. Von besonderer Bedeutung im Haftungsrecht ist insb. der Versicherungsschutz nach § 2 II 1 für Personen, die „wie" nach § 2 I Nr. 1 Versicherte tätig werden. Diese **„Wie"-Beschäftigten** sind Personen, die auf Grund fremdnützigen Verhaltens, welches einer Beschäftigung gleich steht, tätig werden. Es muss sich um eine ernstliche, dem fremden Unternehmen dienende Tätigkeit handeln, die dem wirklichen oder mutmaßlichen Willen des Unternehmers entspricht und ihrer Art nach von ArbN verrichtet wird. Das bedeutet, dass auch derjenige, der im fremden Unternehmen bei Handreichungen mit hilft, nach § 2 II 1 versichert ist und demgemäß auch der Haftungsbeschränkung nach §§ 104 ff. unterliegt[1]. Dient ein- und dieselbe Tätigkeit allerdings sowohl einem Fremd- als auch dem Stammunternehmen, kommt eine Zuordnung als „Wie"-Beschäftigter des Fremdunternehmens so lange nicht in Betracht, wie sich die Tätigkeit als Wahrnehmung einer Aufgabe des Stammunternehmens darstellt[2]. Der Versicherungsschutz wird in diesen Fällen in dem Unfallbetrieb trotz einer Förderung der Fremdunternehmerinteressen nicht ausgelöst.

- **Beispiele:** Die Versicherteneigenschaft als „Wie"-Beschäftigter ist vor allem zu bejahen bei der Tätigkeit für Arbeitsgemeinschaften mehrerer Unternehmen (Arge), in LeihArbVerh oder bei kurzfristiger sonstiger Tätigkeit für Dritte (s. Rz. 7 ff.)[3]. Nicht ausreichend für die Tätigkeit „wie" ein ArbN ist es bspw., wenn ein Werkstattkunde sein Kfz auf eine Hebebühne fährt und sich dabei verletzt. Zwar können auch Tätigkeiten vom Versicherungsschutz umfasst sein, die der Verletzte nur spontan und punktuell für den Unfallbetrieb erbracht hat. Auch braucht kein ArbVerh vorzuliegen. Jedoch muss der Geschädigte eine dem Aufgabenbereich des Unfallbetriebs zuzuordnende Tätigkeit wie ein Beschäftigter ausgeübt haben. Soweit bei ihm ein „eigenwirtschaftliches" Interesse bei der Tätigkeit im Vordergrund stand, kann § 2 II 1 nicht greifen[4]. Dasselbe gilt bei reinen Gefälligkeiten[5]. Laut Rspr. ist auch ein Pannenhelfer, der einen Privatwagen aus dem Graben zieht, als „Wie-Beschäftigter" von der Haftungsbeschränkung belastet[6].

4   b) **Sonstige die Versicherung begründende Beziehung.** Eine die Versicherung begründende Beziehung zu einem Unternehmen kommt nach §§ 2, 3, 6 immer dann in Betracht, wenn der Versicherte auf Grund der dort genannten – die Versicherungspflicht begründenden – Tatbestände für ein Unternehmen tätig wird. Das kann bspw. das Lernen während der Ausbildung sein (§ 2 I Nr. 2), die Tätigkeit von Behinderten in Werkstätten (§ 2 I Nr. 4) oder etwa auch die Mitarbeit von Angehörigen (§ 2 I Nr. 5–7). Neben den genannten Tatbeständen kommen praktisch alle in §§ 2, 3, 6 genannten Fälle in Betracht, solange die Geschädigten tatsächlich für ein Unternehmen tätig werden. Nicht erfasst sind deshalb aber bspw. gerettete Personen iSd. § 2 Nr. 13 a[7]. **Angehörige und Hinterbliebene** sind all diejenigen Personen, die als Verwandte Anspruch auf Leistungen nach dem SGB VII wegen des Eintritts des Versicherungsfalls haben[8]. Die Versicherten-, Angehörigen- und Hinterbliebeneneigenschaft kann als Teil der Entscheidung über die Frage des „Versicherungsfalls" durch rechtskräftigen Bescheid bzw. rechtskräftige Gerichtsentscheidung nach § 108 bindend festgestellt sein. Vgl. für **Beamte** und **Soldaten** § 46 II BeamtVG, § 91 a SVG[9].

5   **II. Versicherungsfall.** Für den Versicherten muss das schädigende Ereignis ein Versicherungsfall gewesen sein, also ein Arbeitsunfall oder eine Berufskrankheit (zum Begriff §§ 7–9). Nicht erforderlich ist, dass für den schädigenden Unternehmer eine unternehmerische Tätigkeit vorlag. **Beispiel:** Der Unternehmer führt private Tätigkeiten aus, bei welchen er den im Betrieb tätigen Beschäftigten verletzt, für den die Verletzung ein Arbeitsunfall ist (s.a. Rz. 11); anders bei der Haftungsfreistellung nach § 105, bei der seitens des schädigenden Kollegen eine „betriebliche Tätigkeit" vorliegen muss, s. unten § 105 Rz. 4[10]. Der Versicherungsfall muss nicht notwendig die Verpflichtung des gesetzl. Unfallversicherungs-

---

1 BSG 12.4.2005 – B 2 U 5/04 R, NZS 2006, 100; 17.3.1992 – 2 RU 6/91, SozR 3-2200 § 539 RVO Nr. 15; 29.9.1992 – 2 RU 44/91, SozR 3-2200, § 539 RVO Nr. 19; OLG Düss. 12.6.2012 – I-1 W 12/12, r+s 2012, 462; *Diederichsen*, VersR 2006, 293 f.; *Rolfs*, DB 2001, 2294; *Rolfs*, AR-Blattei SD 860.2 Rz. 107; *Krasney*, NZS 1999, 577 ff.; *Waltermann*, Rz. 307, 311. ||2 BGH 23.3.2004 – VI ZR 160/03, VersR 2004, 1045; 28.10.1986 – VI ZR 181/85, NJW 1987, 1022 f.; *Maschmann* SGb 1998, 54 (58); *Rolfs*, DB 2001, 2294 (2295); *Diederichsen*, VersR 2006, 293 (294). ||3 Vgl. hierzu *Rolfs*, AR-Blattei SD 860.2 Rz. 84 ff.; zusätzlich kann hier die Haftungsprivilegierung auf der „gemeinsamen Betriebsstätte" in Betracht kommen, § 106 III. ||4 OLG Hamm 26.9.2002 – 6 U 14/02, NJW-RR 2003, 239; *Krasney*, NZS 2004, 7 (9). S. noch zu § 539 II RVO BGH 8.3.1994 – VI ZR 141/93, NJW 1994, 1480 f.; 5.7.1983 – VI ZR 273/81, NJW 1983, 2882; 28.10.1986 – VI ZR 181/85, NJW 1987, 1022 f.; 17.4.1990 – VI ZR 244/89, VersR 1990, 994 f.; *Rolfs*, DB 2001, 2294; *Kater/Leube*, § 104 Rz. 24 ff. ||5 OLG Stuttgart 27.3.2002 – 2 U 213/01, ZfS 2002, 384; OLG Hamm 20.3.2002 – 13 U 229/01, VersR 2003, 192; OLG Dresden 8.9.1999 – 8 U 2048/99, VersR 2001, 1035 (1037 f. mwN); bei gleichzeitiger Gefälligkeit und betriebl. Tätigkeit greift die Haftungsbeschränkung, s. OLG Köln 31.1.2002 – 12 U 145/01, VersR 2002, 1109. ||6 Thür. OLG 29.6.2004 – 8 U 1153/03, NZV 2004, 466; *Piagemann*, ZfS 2004, 201 (202 f.). ||7 BGH 24.1.2006 – VI ZR 290/04, NJW 2006, 1592; 20.3.1979 – VI ZR 14/78, VersR 1979, 668; 2.12.1980 – VI ZR 265/78, VersR 1981, 260; *Lepa*, Haftungsbeschränkungen, S. 74 ff.; *Kater/Leube*, § 104 Rz. 28; *Michael*, NZV 2007, 57; aA LG Stuttgart 1.9.2004 – 13 S 152/04, nv. ||8 *Kater/Leube*, § 104 Rz. 29. ||9 S. dazu (obiter) BGH 27.6.2002 – III ZR 234/01, NJW 2002, 3096. ||10 *Kater/Leube*, § 104 Rz. 31.

trägers zur Leistung nach sich ziehen. Wo also der Tatbestand des Arbeitsunfalls bzw. der Berufskrankheit vorliegt, die Schädigungen aber bspw. nicht die Minderung der Erwerbsfähigkeit von 20 % erreichen (Leistungsvoraussetzung nach § 56 I 1), greift dennoch die Haftungsbeschränkung nach § 104[1]. Eine Ausnahme hiervon macht das OLG Zweibrücken für den Schmerzensgeldanspruch aus Anlass einer Persönlichkeitsrechtsverletzung (psychische Schädigung eines Schülers durch den Lehrer). Diese Ausnahme beruht wohl darauf, dass das OLG unbillige Ergebnisse wegen der Erfassung von § 253 II BGB (früher § 847 BGB) durch § 104 vermeiden möchte (s. dazu vor §§ 104–113 Rz. 4 und unten Rz. 6)[2]. Das Vorliegen des Versicherungsfalls kann nach § 108 auf Grund rechtskräftiger Behörden- bzw. Gerichtsentscheidung bindend feststehen.

III. Betroffene Ansprüche. Erfasst sind sämtliche gegen den Unternehmer gerichteten Ansprüche auf „Ersatz des Personenschadens", wobei **Sachschäden** iSd. § 8 III wegen der Beschädigung zB von Brillen, Körperersatzstücken oder orthopädischen Hilfsmitteln ebenfalls in Betracht kommen[3]. Sachschäden iSd. § 13 dürften nicht erfasst sein, was sich nicht zuletzt aus § 13 S. 2 ergibt[4]. Ansprüche aus **Personenschäden**, die durch § 104 erfasst sind, sind ua. solche aus §§ 280 I, 823, 825, 826, 829–834, 836–839a BGB, § 117 BBergG, § 30 LuftverkehrsG, § 3 BinnenschifffahrtsG, § 1 ProdHG, §§ 2 f. HaftpflG, § 1 UmweltHG, §§ 7, 18 StVG, § 84 ArzneimittelG oder aus dem Warschauer Abkommen[5]. Dasselbe gilt für Ansprüche von Angehörigen, etwa aus §§ 844 f. BGB[6]. Mit erfasst ist auch die Haftung aus Amtspflichtverletzung nach Art. 34 GG iVm. § 839 BGB, wenn bspw. ein beamteter Lehrer, ein Soldat oder öffentl. Bediensteter bei der Wahrnehmung hoheitl. Aufgaben Verletzungshandlungen begeht, vgl. § 105 I 2[7]. Gegenstand der ausgeschlossenen Ansprüche sind alle Personenschäden sowie sämtliche hiermit verbundenen weiteren Kosten und Aufwendungen, also zB Heilungskosten, Erwerbsausfall, entgangener Gewinn, Beerdigungskosten, entgangener Unterhalt, entgangene Dienste usw[8]. Zum Personenschaden zählt auch der **Schmerzensgeldanspruch**[9], obwohl das SGB VII immaterielle Schäden nicht ersetzt. Das führt zu erheblichen Nachteilen, insb. bei der Verursachung psychischer Schäden oder etwa bei ästhetisch entstellenden Verletzungen. Trotzdem hat das BVerfG das als verfassungsgemäß eingestuft[10]. Teilweise wird versucht, auf diesen Mangel durch Beschränkung des Anwendungsbereichs von § 104 zu reagieren, zB durch Nichtanwendung auf Persönlichkeitsrechtsverletzungen[11]. Schockschäden, welche Dritte auf Grund der Verletzung des Versicherten erleiden, sind nicht von § 104 erfasst, da es sich um originäre Ansprüche der Geschädigten handelt[12].

IV. Nicht erfasste weitere Schädiger (gestörter Gesamtschuldnerausgleich). Soweit bei der Entstehung des Personenschadens neben den in §§ 104 ff. erfassten privilegierten Schädigern noch weitere Schädiger[13] mitgewirkt haben, stellt sich die Frage, wie sich die Privilegierung auf sie auswirkt. Dabei ist von folgender Konstellation auszugehen: Der von §§ 104 ff. erfasste privilegierte **Schädiger S** verletzt eine von der Haftungsbeschränkung belastete Person, den **Geschädigten G**. An der Verletzungshandlung beteiligt (oder sonst mithaftend) ist der von den §§ 104 ff. nicht erfasste **Dritte D als weiterer Schädiger**. Ohne die §§ 104 ff. würden S und D als Gesamtschuldner nach § 426 BGB (oder etwa nach § 17 StVG) haften mit der Folge, dass sie nach ihren Haftungsbeiträgen einander zur Haftungsfreistellung und zum Ausgleich verpflichtet wären[14]. Damit stellt sich die Frage, wie sich die nach §§ 104 ff. erfolgende Haftungsbeschränkung auswirkt.

Nach der Rspr. wird der **Anspruch des G gegen den D entsprechend dem Haftungsbeitrag des S gekürzt**[15]. Vertragl. Vereinbarungen zwischen dem nach §§ 104 ff. privilegierten Schädiger S und dem wei-

---

1 BGH 12.11.1992 – III ZR 19/92, BGHZ 120, 176 (183); ErfK/*Rolfs*, § 104 SGB VII Rz. 7; *Kater/Leube*, § 104 Rz. 32. || 2 OLG Zweibrücken 6.5.1997 – 6 U 1/97, NJW 1998, 995 ff. || 3 Vgl. BSG 11.9.2001 – B 2 U 38/00 R, ZfS 2002, 51. || 4 Bei Ersatzleistungen für Sachschäden nach dem SGB VII ordnet § 13 S. 2 den Anspruchsübergang nach § 116 SGB X an, vgl. KassKomm/*Kater*, § 116 SGB X Rz. 39. || 5 S. zu letzterem *Steinfeltz*, BG 2002, 470. || 6 *Kater/Leube*, § 104 Rz. 35; KassKomm/*Ricke*, § 104 Rz. 5; s.a. die eingehende Aufzählung von Haftungstatbeständen bei KassKomm/*Kater*, § 116 SGB X Rz. 47 ff. || 7 BGH 27.6.2002 – III ZR 234/01, NJW 2002, 3096; *Kater/Leube*, § 105 Rz. 10; vgl. auch *Leube*, ZTR 1999, 302 ff. || 8 ErfK/*Rolfs*, § 104 SGB VII Rz. 15; vgl. zu Beerdigungskosten BAG 24.5.1989 – 8 AZR 240/87, AP Nr. 16 zu § 636 RVO. || 9 Das Schmerzensgeldrecht ist mWv. 1.8.2002 geändert worden, BGBl. I, S. 2674. Dabei sind neben § 253 II BGB zahlreiche weitere Verpflichtungstatbestände für Schmerzensgeld geschaffen worden, s. § 11 StVG, § 6 HaftpflG, § 36 LuftverkehrsG, § 13 UmweltHG, § 32 V GenTG, § 8 ProdHG, § 52 II BGSG, § 20 G über die Abgeltung von Besatzungsschäden, § 29 II AtomG, s. G. *Wagner*, Das neue Schadensersatzrecht, 2002. || 10 BVerfG 7.11.1972 – 1 BvL 4/71 ua., BVerfGE 34, 118; 8.2.1995 – 1 BvR 753/94, NJW 1995, 1607; vgl. *Denck*, Der Schutz des Arbeitnehmers vor der Außenhaftung, 1980, S. 95 ff.; *Fuhlrott*, NZS 2007, 237; *Rolfs*, Versicherungsprinzip, S. 466 ff.; *Schloen*, BG 1987, 150 ff.; *Kater/Leube*, § 104 Rz. 36. || 11 OLG Zweibrücken 6.5.1997 – 6 U 1/97, NJW 1998, 995 ff. || 12 BGH 6.2.2007 – VI ZR 55/06, VersR 2007, 803 mwN; ErfK/*Rolfs*, § 104 SGB VII Rz. 15; *Rolfs*, AR-Blattei SD 860.2 Rz. 172 ff. mwN; aA OLG Celle 25.8.1986 – 5 W 28/86, VersR 1988, 67 f. || 13 Neben weiteren Schädigern kommt auch die Haftung von Personen in Betracht, die für den Schädiger einzutreten haben, wie zB Kfz-Haftpflichtversicherer oder als Halter haftende Dritte. Diesen kommt die Freistellung des Schädigers zugute, OLG Stuttgart 8.10.2003 – 9 U 67/03, VersR 2004, 68. Ob bei Freistellung des GbR-Gesellschafters auch die GbR freigestellt ist (mE ja), hat der BGH offen gelassen, BGH 24.6.2003 – VI ZR 434/01, BGHZ 155, 205. || 14 Vgl. im Einzelnen Palandt/*Grüneberg*, § 426 BGB Rz. 18 ff. || 15 BGH 24.6.2003 – VI ZR 434/01, BGHZ 155, 205; 14.6.1996 – VI ZR 79/95, NJW 1996, 2023; 2.12.1980 – VI ZR 265/78, NJW 1981, 760; *Kater/Leube*, § 104 Rz. 34; Palandt/*Grüneberg*, § 426 BGB Rz. 18 ff.

teren Schädiger D über eine abweichende Schadensverantwortung sind hierbei unbeachtlich[1]. Das gilt auch dann, wenn **zwischen dem privilegierten Schädiger S und dem weiteren Schädiger D ein ArbVerh** besteht, kraft dessen die besonderen arbeitsrechtl. Haftungsregeln zur Anwendung kommen (dazu § 106 Rz. 10ff.). Alternativ wäre denkbar gewesen, dass G einen vollen Anspruch gegen D hat, wobei dieser dann uU beim privilegierten Schädiger (S) nach § 426 II BGB Regress nehmen könnte. Evtl. wäre dann wiederum daran zu denken, dass S bei G weiteren Rückgriff nähme („Haftungskreisel"). Die hM hat diese Haftungs- und Rückgriffvarianten im Anschluss an die Rspr. zu Recht verworfen, da sie dem Sinn und Zweck der Haftungsbeschränkung nach §§ 104 ff. und des Haftungsersetzungsprinzips zuwiderlaufen.

9   Die **Ersatzansprüche des G gegen D gehen nach** Maßgabe und im Rahmen des **§ 116 SGB X** auf den Träger der gesetzl. Unfallversicherung **über** (Abs. 1 S. 2 gilt mangels Haftungsbeschränkung des D nicht)[2]. Hierbei ist darauf zu achten, dass sich der Anspruchsübergang auf den Unfallversicherungsträger nach § 116 I 1 SGB X nur insofern vollzieht, als dessen Leistungspflichten „der Behebung eines Schadens der gleichen Art dienen und sich auf denselben Zeitraum (beziehen) wie der vom Schädiger zu leistende Schadensersatz". Deshalb kann mangels Schmerzensgeldleistung des Unfallversicherungsträgers auch kein Schmerzensgeldanspruch auf ihn übergehen[3]. **Beispiel:** D und S schädigen G, wobei sie zu gleichen Teilen verantwortlich sind. Es entstehen Behandlungskosten von 10 000 Euro; G erleidet Schmerzen, die nach § 253 II BGB mit 3000 Euro zu entschädigen wären. S ist nach §§ 104 ff. von der Haftung freigestellt. D haftet gekürzt auf 5000 Euro Behandlungskosten und 1500 Euro Schmerzensgeld. Der Anspruch des G gegen D auf Zahlung von 5000 Euro geht gem. § 116 I 1 SGB X auf den Unfallversicherungsträger über. Der Anspruch auf Schmerzensgeld verbleibt dem G, da es sich nicht um einen Schaden „der gleichen Art" (§ 116 I 1 SGB X) handelt wie der körperliche Schaden, welcher nach §§ 27 ff. Behandlungsleistungen nach sich zieht. Ein eventuelles Mitverschulden des Geschädigten nach § 254 BGB reduziert sämtliche Ansprüche in Höhe der Mitverschuldensquote; vgl. § 116 III SGB X. Soweit der Unfallversicherungsträger zusätzlich nach § 110 auch gegen den in §§ 104 ff. privilegierten Schädiger einen Regressanspruch hat (bei grober Fahrlässigkeit, Vorsatz oder Schwarzarbeit), kann er zwischen dessen (voller) Inanspruchnahme gem. § 110 und der Inanspruchnahme des weiteren Schädigers gem. § 116 SGB X wählen[4]. S. zu alledem die Komm. zu § 116 SGB X.

10 **V. Ausnahmen. 1. Vorsatz.** Die Haftungsbeschränkung greift nicht bei Vorsatz des Schädigenden (vgl. zur Regressmöglichkeit des Unfallversicherungsträgers bei Vorsatz, grober Fahrlässigkeit des Schädigenden oder bei Schwarzarbeit § 110). Der Vorsatzbegriff wird definiert wie auch sonst im Schuldrecht als Wissen und Wollen des rechtswidrigen Erfolges. Dieser muss vom Handelnden bzw. Unterlassenden vorausgesehen und in seinen Willen aufgenommen worden sein, wobei nicht erforderlich ist, dass der Erfolg tatsächlich gewünscht war. Neben dem unbedingten ist auch der bedingte Vorsatz möglich, der dann greift, wenn der als möglich erkannte rechtswidrige Erfolg billigend in Kauf genommen worden ist. Bewusste Fahrlässigkeit, bei welcher der Haftende darauf vertraut hat, der Schaden werde nicht eintreten, begründet keinen Vorsatz[5]. Der vorsätzl. Verstoß gegen gesetzl. oder satzungsrechtl. Arbeitssicherheitsvorschriften rechtfertigt ebenfalls nicht die Annahme, dass auch die hierauf beruhende Schädigung von Personen vorsätzlich ist[6]. Nach der Rspr. zum alten Unfallversicherungsrecht (§ 636 RVO) musste der **Vorsatz** nicht nur die Rechtsgutsverletzung, sondern auch den **Eintritt des konkreten Schadensumfangs** erfassen[7]. Die Rspr. geht davon aus, dass dies auch unter der Geltung von § 104 der Fall ist[8]. Die (rechtspolitisch vorzugswürdige) Gegenansicht beruft sich auf die geänderte Fassung des § 104, der vom „Versicherungsfall" und nicht vom „Arbeitsunfall" spricht, sowie auf den Bedarf einer Harmonisierung mit dem Regressrecht, in dem nach § 110 I 3 ausdrücklich Vorsatz oder grobe

---

1 BGH 11.11.2003 – VI ZR 13/03, VersR 2004, 202; 10.5.2005 – VI ZR 366/06, VersR 2005, 1087; BGH 13.3.2007 – VI ZR 178/05, VersR 2007, 948. Etwas anderes gilt für Vereinbarungen, durch welche die Rolle der Beteiligten in Bezug auf die Schadensverhütung und damit die Gewichte ihres Beitrags an der Schadensentstehung verteilt werden, BGH 23.1.1990 – VI ZR 209/89, BGHZ 110, 114; *Kater/Leube*, § 104 Rz. 34. || 2 BGH 29.10.1968 – VI ZR 137/67, BGHZ 51, 37; 9.6.1970 – VI ZR 311/67, BGHZ 54, 177; 12.6.1973 – VI ZR 163/71, BGHZ 61, 51; 23.4.1985 – VI ZR 91/83, BGHZ 94, 173; 23.1.1990 – VI ZR 209/89, BGHZ 110 (114); 7.4.1981 – VI ZR 251/78, VersR 1981, 649; OLG Jena 5.8.1997 – 3 U 1489/96, VersR 1998, 1990; *Kater/Leube*, § 104 Rz. 33f.; vgl. generell zum „gestörten Gesamtschuldverhältnis" *Medicus/Petersen*, Bürgerliches Recht, 23. Aufl. 2011, Rz. 928 ff.; Palandt/*Grüneberg*, § 426 BGB Rz. 18 ff. S. zur abweichenden Vorgehensweise der Rspr. im Fall des Haftungsprivilegs nach § 1664 I BGB (D haftet voll) BGH 1.3.1988 – VI ZR 190/87, BGHZ 103, 338; 16.1.1990 – VI ZR 170/89, NJW 1990, 1360. || 3 S. dazu KassKomm/*Kater*, § 116 SGB X Rz. 62 ff., 80, 134. || 4 BGH 19.10.1971 – VI ZR 91/70, VersR 1972, 171; OLG Rostock 27.3.2003 – 1 U 118/01, OLGReport Rostock 2003, 372; *Kater/Leube*, § 104 Rz. 34. || 5 Palandt/*Grüneberg*, § 276 BGB Rz. 10 f. || 6 BAG 10.10.2002 – 8 AZR 103/02, BAGE 103/92; LAG Schl.-Holst. 29.1.2010 – 1 Ta 190b/09, nv.; LAG Köln 30.1.2003 – 5 Sa 966/02, HVBG-Info 2003, 1381; *Kater/Leube*, § 104 Rz. 37. || 7 BGH 20.11.1979 – VI ZR 238/78, BGHZ 75, 328. || 8 BGH 15.7.2008 – VI ZR 212/07, NJW 2009, 681; 11.2.2003 – VI ZR 34/02, BGHZ 154, 11; 30.3.2004 – VI ZR 163/03, VersR 2004, 789; BAG 19.8.2004 – 8 AZR 349/03, AP Nr. 4 zu § 104 SGB VII; 10.10.2002 – 8 AZR 103/02, NZA 2003, 436; 22.4.2004 – 8 AZR 159/03, VersR 2005, 366 (368f.); *Kock*, NZS 2005, 18; *Diederichsen*, VersR 2006, 221 (294f.); *Kater/Leube*, § 104 Rz. 37; KassKomm/*Ricke*, § 104 Rz. 12; *Dahm*, SozVers 2003, 149; *Falkenkötter*, NZS 1999, 379 (380); *Maschmann* SGb 1998, 54 (56); *Waltermann* NJW 2002, 1225 (1226).

Fahrlässigkeit in Bezug auf das den Versicherungsfall verursachende Handeln oder Unterlassen ausreichend ist[1].

2. Wegeunfall. Die Haftungsbeschränkung greift auch dann nicht, wenn der Versicherungsfall auf einem nach § 8 II Nr. 1–4 versicherten Weg des Geschädigten[2] herbeigeführt wurde. Damit ist die frühere Ausnahmeregelung in § 636 RVO über die „Teilnahme am allgemeinen Verkehr" obsolet. § 8 II Nr. 1–4 umfassen alle unmittelbaren Wege nach und vom Ort der Tätigkeit, evtl. Umwege beim Fortbringen bzw. Abholen von Kindern und Umwege wegen der Teilnahme an Fahrgemeinschaften sowie Familienheimfahrten. Der versicherte Weg beginnt idR mit dem Durchschreiten der heimischen Außentür und endet mit dem Erreichen des Betriebsgeländes. Eine nach § 8 II Nr. 5 versicherte Tätigkeit, die sich auf Arbeitsgerät oder Schutzausrüstung bezieht, unterliegt auch dann nicht der Ausnahmeregelung des Abs. 1 S. 1, wenn hierbei Wege zurückgelegt werden[3]. Soweit der Versicherte im Rahmen seines Beschäftigungsverhältnisses zB beim Transport von Arbeitsgerät oder als Kraftfahrer einen Arbeitsunfall erlitten hat, ist dieser als Betriebswegeunfall nach § 8 I und nicht § 8 II Nr. 1–4 versichert; hier gilt die Ausnahmeregelung des Abs. 1 S. 1 nicht. Dienst- oder Geschäftsreisen sind demnach gem. § 8 I versichert. Soweit Fahrten sowohl aus betrieblichen als auch aus persönlichen Gründen durchgeführt wurden, ist zu prüfen, welche Gründe überwiegen[4].

Die Ausnahme von der Haftungsbeschränkung gilt nur dann, wenn es sich für den Geschädigten um einen nach § 8 II Nr. 1–4 versicherten Weg handelte. Auf die Frage, ob seitens des Schädigers ein Wegeunfall vorlag, kommt es nicht an. Allerdings wird dann, wenn ein Kollege nach § 105 als Schädiger die Handlung bspw. auf seinem Heimweg begangen hat, regelmäßig keine „betriebliche Tätigkeit" iSd. § 105 I vorliegen (s. § 105 Rz. 4); anders bei der Haftungsprivilegierung des Unternehmers nach § 104 (s. Rz. 1). Wenn also der schädigende Unternehmer auf seinem Weg iSd. § 8 II Nr. 1–4 den auf einem Betriebsweg befindlichen ArbN verletzt, greift die Haftungsbeschränkung des Abs. 1 S. 1; die Ausnahmeregelung des Abs. 1 S. 1 aE kommt nicht zur Anwendung. Wenn dagegen der schädigende Unternehmer (wie auch immer) den auf einem Weg iSd. § 8 II Nr. 1–4 befindlichen ArbN verletzt, greift die Haftungsbeschränkung wegen der Ausnahmeregelung des Abs. 1 S. 1 aE nicht ein. Wenn der schädigende Kollege auf seinem Weg iSd. § 8 II Nr. 1–4 einen auf einem Betriebsweg befindlichen ArbN oder Unternehmer verletzt, greift die Haftungsbeschränkung des § 105 I oder II ebenfalls nicht ein, weil seitens des Schädigers keine „betriebliche Tätigkeit" vorlag[5].

VI. Kein Forderungsübergang nach § 116 SGB X (Abs. 1 S. 2). Abs. 1 S. 2 stellt klar, dass, soweit der Haftungsausschluss nach Abs. 1 S. 1 greift, ein Forderungsübergang nach § 116 SGB X nicht stattfindet. Stattdessen gelten §§ 110 f., wonach der Unfallversicherungsträger eigene Ansprüche gegen den Schädiger und gegen die von ihm vertretenen Personen haben kann. Dementsprechend kann der Unfallversicherungsträger aber auch gegen den Schädiger Ansprüche nach § 116 SGB X geltend machen, soweit Abs. 1 S. 1 nicht anzuwenden ist, also bei Vorsatz oder bei Versicherungsfällen auf nach § 8 II Nr. 1–4 versicherten Wegen. IÜ greift § 116 SGB X beim Regress gegen von § 104 nicht erfasste weitere Schädiger (s. Rz. 9)[6].

VII. Schädigung der Leibesfrucht (Abs. 2). Nach § 12 ist Versicherungsfall iSd. SGB VII auch der Gesundheitsschaden einer Leibesfrucht in Folge des Versicherungsfalls der Mutter während der Schwangerschaft. Dementsprechend erstreckt Abs. 2 das Haftungsprivileg des Unternehmers auch auf das noch nicht geborene Kind. Auf Grund der Akzessorietät der Versicherung (vgl. § 12 S. 1 Hs. 2) wird man für die Anwendung von Abs. 2 fordern müssen, dass die Mutter von Abs. 1 S. 1 erfasst wird, also eine Versicherte ist, die für den schädigenden Unternehmer tätig ist oder zu dessen Unternehmen in einer sonstigen die Versicherung begründenden Beziehung steht (s. Rz. 2–4)[7].

VIII. Anrechnung bei Vorsatz und Wegeunfall (Abs. 3). Abs. 3 kommt zur Anwendung, wenn ein Versicherungsfall durch den **vorsätzlich** handelnden Unternehmer oder diesem **auf einem nach § 8 II Nr. 1–4 versicherten Weg** herbeigeführt wurde. Dann hat der Versicherte Ersatzansprüche gegen den Unternehmer **und** gleichzeitig Leistungsansprüche in Folge des Versicherungsfalls. Beide Anspruchspositionen müssen aufeinander abgestimmt werden, um Doppelleistungen zu verhindern. Dies geschieht in der Weise, dass die Ansprüche des Geschädigten gegen den Unfallversicherungsträger voll er-

---

1 LG Stendal 23.11.2000 – 22 S 67/00, VersR 2001, 1294 (1295 ff.); *Rolfs*, NJW 1996, 3177 (3178); ErfK/*Rolfs*, § 104 SGB VII Rz. 12; *Otto*, FS 50 Jahre BAG, 2004, S. 97 (101); Hauck/*Nehls*, § 104 Rz. 28a.   ‖ 2 Entscheidend ist, dass der Geschädigte sich auf dem versicherten Weg befand; auf den Schädiger kommt es nicht an, BAG 30.10.2003 – 8 AZR 548/02, DB 2004, 656; BGH 25.10.2005 – VI ZR 334/04, VersR 2006, 221.   ‖ 3 S. OLG Koblenz 19.5.2008 – 12 U 382/07, UV-Recht Aktuell 2008, 743; näher zu alledem *Kater/Leube*, § 104 Rz. 39 f.   ‖ 4 BGH 12.10.2000 – III ZR 39/00, VersR 2001, 335 f.; 2.12.2003 – VI ZR 349/02, VersR 2004, 379; 9.3.2004 – VI ZR 439/02, VersR 2004, 788; *Stöhr*, VersR 2004, 809 (816); BAG 19.8.2004 – 8 AZR 349/03, AP Nr. 4 zu § 104 SGB VII; 30.10.2003 – 8 AZR 548/02, VersR 2004, 1047; 24.6.2004 – 8 AZR 292/03, AP Nr. 3 zu § 104 SGB VII; BSG 7.11.2000 – B 2 U 39/99 R, NZA 2001, 436; *Krasney* NZS 2004, 7 (10 ff.); *Kock*, NZS 2005, 18.   ‖ 5 BAG 14.12.2000 – 8 AZR 92/00, VersR 2001, 720 m. Anm. *Drong-Wilmers*; *Ricke*, VersR 2002, 413.   ‖ 6 *Kater/Leube*, § 104 Rz. 41–43; BGH 29.10.1968 – VI ZR 137/67, NJW 1969, 236 f. (zur beschränkten Regressmöglichkeit nach § 116 SGB X).   ‖ 7 IdS auch ErfK/*Rolfs*, § 104 SGB VII Rz. 17; KassKomm/*Ricke*, § 104 Rz. 15.

halten bleiben, während die Ersatzansprüche gegen den Schädiger um die Höhe der Leistungsansprüche vermindert werden. Hierbei ergeben sich regelmäßig Differenzen zwischen dem allg. zivilrechtl. Schadensersatzanspruch und dem jeweiligen Ersatzanspruch nach dem SGB VII, da ersterer idR nach dem Prinzip des konkreten Schadensersatzes ausgestaltet ist, während letzterer nur den sog. abstrakten Schaden ausgleicht. Überschießende Ansprüche aus allg. Zivilrecht können sich insb. ergeben beim Ausgleich des Erwerbsschadens des Geschädigten oder seiner Hinterbliebenen, bei den Kosten privatärztlicher Behandlung, bei den Kosten des Krankenbesuchs durch Angehörige, beim Ausfall im Haushalt mitarbeitender Angehöriger sowie beim Schmerzensgeld (s. Rz. 4)[1]. Die Anrechnung von Leistungsansprüchen gegen den Unfallversicherungsträger auf Schadensersatzansprüche gegen den Schädiger ist nur insoweit zulässig, als beide Ansprüche kongruent sind, also auf „Behebung eines Schadens der gleichen Art" nach § 116 I 1 SGB X gerichtet sind (s. dazu im Einzelnen § 116 SGB X Rz. 13 ff.). Deswegen können Behandlungsansprüche nicht auf Erwerbsschadensersatz angerechnet werden. Schmerzensgeldansprüche nach § 253 II BGB können nie nach § 104 III reduziert werden, weil in der SozV keine dem Schmerzensgeld entsprechende Leistungen erbracht werden[2]. **Beispiel:** Der Unternehmer schädigt den versicherten ArbN vorsätzlich, wobei die Voraussetzungen für einen Arbeitsunfall erfüllt werden. Hat nun der ArbN gegen den Unfallversicherungsträger einen Rentenanspruch aus §§ 56 ff. von 1500 Euro monatlich und betrüge der Schadensersatzanspruch gegen den Unternehmer nach §§ 823 I, 843 Abs. 1 BGB monatlich 2000 Euro, reduziert sich der letztere Anspruch auf 500 Euro im Monat. Der ArbN kann vom Unternehmer also 500 Euro monatlich verlangen. Wegen der weiteren 1500 Euro, die er monatlich vom Unfallversicherungsträger erhält, nimmt dieser beim Unternehmer gem. § 110 I 1 Regress. Soweit der Schadensersatzanspruch des geschädigte ArbN gegen den Unternehmer aus § 823 I BGB sowie aus §§ 280 I, 241 II BGB auch gem. § 253 II BGB Schmerzensgeld umfasst, bleibt er ihm gem. § 116 I 1 SGB X voll erhalten.

15 **IX. Internationales.** Bei grenzüberschreitenden Sachverhalten kann sich für das Haftungsrecht, für das Sozialrecht, für eine Haftungsbeschränkung und für den Regress des Unfallversicherungsträgers die Geltung unterschiedlicher Rechtsordnungen ergeben. Die Feststellung der nationalen Rechtsordnung, welche für den **Schadensersatzanspruch** gilt (Haftungsstatut), richtet sich, wenn der Anspruch aus einem vertragl. Schuldverhältnis resultiert, nach den dafür gültigen Regeln. Wenn also zwischen Schädiger und Geschädigtem ein ArbVerh besteht, richtet sich auch die Haftung aus dem ArbVerh in Altfällen nach Art. 27 ff., insb. Art. 30 EGBGB, und für Verträge, die ab dem 18.12.2009 geschlossen werden, nach Art. 8 Rom-I-VO (s. Art. 3, 8, 9 Rom-I-VO Rz. 1)[3]. Wenn kein vertragl. Schuldverhältnis zwischen Schädiger und Geschädigtem besteht (zB zwischen Arbeitskollegen), gelten Art. 40 ff. EGBGB bzw. seit dem 11.1.2009 Art. 4 Rom-II-VO[4]. Dagegen richtet sich die Geltung des jeweiligen nationalen **Sozialrechts** (Sozialrechtsstatut) nach §§ 3 ff. SGB IV; ggf. gilt internationales Recht vorrangig, bei EU- und EWR-Staaten Art. 11 ff. VO 883/2004/EG. Wenn sowohl das Haftungsrecht als auch das Sozialrecht demselben nationalen Recht zuzuordnen sind, richtet sich hiernach eine evtl. Haftungsbeschränkung und auch der Regress des Unfallversicherungsträgers, so dass bei Einschlägigkeit deutschen Rechts §§ 104 ff. und §§ 110 ff. anzuwenden sind. Wenn zivilrechtl. Haftung und sozialrechtl. Leistungspflicht unterschiedlichen Rechtsordnungen unterliegen, richtet sich die Zuordnung für die Beziehung zwischen EU- und EWR-Staaten nach Art. 85 VO 883/2004/EG. All diese Regelungen verweisen idR auf das Sozialrechtsstatut; s. im Einzelnen die Komm. zu § 116 SGB X Rz. 91 ff.

16 **X. Beweisfragen.** Es gilt der allg. Grundsatz, dass derjenige beweisbelastet ist, der sich auf die Anwendbarkeit einer Norm beruft. Demnach hat der Schädiger zu beweisen, dass er zu dem von der Haftungsbeschränkung begünstigten Personenkreis gehört, dass der Geschädigte zu dem von der Haftungsbeschränkung belasteten Personen gehört, dass ein Versicherungsfall vorliegt und dass der vom Geschädigten geltend gemachte Schadensersatzanspruch von der Haftungsbeschränkung erfasst ist[5]. In all diesen Fällen kann die Bindungswirkung der behördlichen oder gerichtl. Entscheidung nach § 108 eingreifen. Dasselbe wie für den Schädiger gilt für den nicht von der Haftungsbeschränkung erfassten weiteren Schädiger, wenn dieser sich auf die Reduzierung seiner Haftungsverpflichtung beruft. Die Einschlägigkeit der Ausnahmen (Vorsatz; Wegeunfall nach § 8 II Nr. 1–4) hat der Geschädigte zu beweisen. Soweit der SozV-Träger das Vorliegen eines versicherten Wegeunfalles nach § 8 II Nr. 1–4 verbindlich festgestellt hat, gilt auch hierfür die Bindungswirkung nach § 108[6] (s. § 108 Rz. 7).

---

[1] ErfK/*Rolfs*, § 104 SGB VII Rz. 19. ||[2] *Kater/Leube*, § 104 Rz. 45; KassKomm/*Ricke*, § 104 Rz. 16; ErfK/*Rolfs*, § 104 SGB VII Rz. 15; BGH 22.9.1970 – VI ZR 270/69, VersR 1970, 1053 f. ||[3] Verordnung (EG) Nr. 593/2008 des Europäischen Parlaments und des Rates v. 17.6.2008 über das auf vertragliche Schuldverhältnisse anzuwendende Recht (Rom I), ABl. 2008 L 177/6. S. zu der Rom-I-VO *R. Wagner*, NJW 2008, 2225; *Junker*, RIW 2006, 401. ||[4] Verordnung (EG) Nr. 864/2007 des Europäischen Parlaments und des Rates v. 11.7.2007 über das auf außervertragliche Schuldverhältnisse anzuwendende Recht (Rom II), ABl. 2007 L 199/40. Die Rom-II-VO ist am 11.1.2009 in Kraft getreten. ||[5] Vgl. zB BGH 27.6.2002 – III ZR 234/01, NJW 2002, 3096. ||[6] BAG 19.8.2004 – 8 AZR 349/03, AP Nr. 4 zu § 104 SGB VII; KassKomm/*Ricke*, § 108 Rz. 7.

105 *Beschränkung der Haftung anderer im Betrieb tätiger Personen*
(1) Personen, die durch eine betriebliche Tätigkeit einen Versicherungsfall von Versicherten desselben Betriebs verursachen, sind diesen sowie deren Angehörigen und Hinterbliebenen nach anderen gesetzlichen Vorschriften zum Ersatz des Personenschadens nur verpflichtet, wenn sie den Versicherungsfall vorsätzlich oder auf einem nach § 8 Abs. 2 Nr. 1 bis 4 versicherten Weg herbeigeführt haben. Satz 1 gilt entsprechend bei der Schädigung von Personen, die für denselben Betrieb tätig und nach § 4 Abs. 1 Nr. 1 versicherungsfrei sind. § 104 Abs. 1 Satz 2, Abs. 2 und 3 gilt entsprechend.

(2) Absatz 1 gilt entsprechend, wenn nicht versicherte Unternehmer geschädigt worden sind. Soweit nach Satz 1 eine Haftung ausgeschlossen ist, werden die Unternehmer wie Versicherte, die einen Versicherungsfall erlitten haben, behandelt, es sei denn, eine Ersatzpflicht des Schädigers gegenüber dem Unternehmer ist zivilrechtlich ausgeschlossen. Für die Berechnung von Geldleistungen gilt der Mindestjahresarbeitsverdienst als Jahresarbeitsverdienst. Geldleistungen werden jedoch nur bis zur Höhe eines zivilrechtlichen Schadensersatzanspruchs erbracht.

I. Allgemeines. Über den Rahmen des § 104 hinaus weitet § 105 den Kreis der von der Haftungsbeschränkung begünstigten Personen sowie den Kreis der von der Haftungsbeschränkung belasteten Personen weiter aus. Dabei geht es in Abs. 1 S. 1 – umgangssprachlich gesprochen – um die Haftungsprivilegierung von „Arbeitskollegen" als Schädigern. Der Sinn der Vorschrift liegt darin, im Interesse des Betriebsfriedens und gem. dem „Finanzierungsargument" (s. vor §§ 104–113 ff. Rz. 3) nicht nur den Unternehmer von der Haftungsbeschränkung profitieren zu lassen, sondern auch die Kollegen des Geschädigten. Der wichtigste Grund für die Regelung liegt darin, dass ohne diese Haftungsprivilegierung der Unternehmer neben den schädigenden Arbeitskollegen für deren schädigendes Verhalten nach § 831 BGB sowie nach §§ 280 I, 241 II, 278 BGB (ggf. iVm. 618 BGB) einstehen müsste. Des Weiteren bestünde auf Grund des arbeitsrechtl. Haftungsrechts ein Freistellungsanspruch der schädigenden ArbN gegen den ArbGeb (§§ 426 I, 670 BGB)[1]. Zudem ist dem Betriebsfrieden nicht nur durch die mittelbare Verschonung des ArbGeb von Haftungspflichten gedient, sondern auch durch die Vermeidung der Inanspruchnahme der schädigenden Arbeitskollegen.

Abs. 1 S. 1 privilegiert den schädigenden „betrieblich Tätigen"; dieser Begriff ist nicht zwingend mit dem umgangssprachlichen Begriff des „Arbeitskollegen" identisch, s. Rz. 3 f. Das geschieht in derselben Weise, wie dies § 104 I 1 zu Gunsten des Unternehmers tut. Der Kreis der von der Haftungsbeschränkung belasteten Personen umfasst zunächst die Versicherten desselben Betriebs und deren Angehörige. Weiter werden nach Abs. 1 S. 2 iVm. § 4 I Nr. 1 auch Beamte sowie nach Abs. 2 auch die *nicht versicherten* Unternehmer mit einbezogen. Auf Grund einer Unachtsamkeit des Gesetzgebers ist nicht ganz klar, ob auch *versicherte* Unternehmer zu den von der Haftungsbeschränkung belasteten Personen gehören (s. dazu Rz. 9). In Entsprechung des „Haftungsersetzungsprinzips" (s. vor §§ 104–113 Rz. 1) begründet Abs. 2 S. 2 eine eigene, atypische Versicherung „nicht versicherter" Unternehmer. Eine besondere Belastung bei dieser atypischen Versicherung „nicht versicherter" Unternehmer ergibt sich daraus, dass die Rentenleistungen für diesen Personenkreis gem. Abs. 2 S. 3 sehr niedrig angesetzt werden (s. im Einzelnen Rz. 10 f.). Unabhängig davon ergeben sich erhebliche Begründungsprobleme für die Ausweitung des Kreises der von der Haftungsbeschränkung belasteten Personen auf die (nicht versicherten) Unternehmer. Deren Benachteiligung lässt sich kaum mit dem Finanzierungsargument und dem Argument des Betriebsfriedens (s. vor §§ 104–113 Rz. 4) rechtfertigen[2].

II. Beschränkte Haftung von im Betrieb Tätigen (Abs. 1). 1. Begünstigte Personen. a) Unfallverursacher iSd. Abs. 1 S. 1 sind alle Beschäftigten, die in den Unfallbetrieb eingegliedert, also dem arbeitgeberseitigen Direktionsrecht im Unfallbetrieb unterworfen sind[3]. Dies ist unabhängig davon, ob sie im Unfallbetrieb beschäftigt oder – bspw. als LeihArbN – einem anderen Betrieb zuzuordnen sind[4]. Des Weiteren sind auch solche Personen erfasst, die als „Wie-Beschäftigte" nach § 2 II 1 vorübergehend und damit ohne Eingliederung in den Unfallbetrieb tätig werden (zum Begriff s. § 104 Rz. 3)[5]. Als „betrieblich Tätige" kommen weiter in Betracht bspw. Beamte, mithelfende Angehörige, ehrenamtlich im Betrieb Tätige, mitarbeitende Strafgefangene sowie die in § 111 genannten Personen (Organmitglieder, Abwickler, Liquidatoren usw.)[6]. Der Schädiger muss nicht nach §§ 2 ff. unfallversichert sein[7].

b) Betriebliche Tätigkeit. Die Haftungsbeschränkung greift nur bei betriebl. Tätigkeit. Der Grund dafür ist, dass der Unternehmer, welcher im Erg. von der Beschränkung profitieren soll, nur bei betriebl. veranlassten Tätigkeiten haftet. Der Schädiger muss den Arbeitsunfall durch eine Tätigkeit verursacht haben, „die ihm von dem Betrieb oder für den Betrieb übertragen war oder die von ihm im Betriebsinte-

---

1 Palandt/*Weidenkaff*, § 611 BGB Rz. 159; ErfK/*Rolfs*, § 105 SGB VII Rz. 1; Erman/*Ehmann*, § 670 BGB Rz. 27. ||2 S. im Einzelnen *Rolfs*, Versicherungsprinzip, S. 468 ff.; *Gamillscheg/Hanau*, Die Haftung des Arbeitnehmers, S. 165; *Maschmann*, SGb 1998, 54 (60); *Stern-Krieger/Arnau*, VersR 1997, 408 (411); *Waltermann*, NJW 1997, 3401 (3403). ||3 AA OLG Celle 12.05.2010 – 14 U 166/09, r+s 2010, 483. ||4 BGH 23.3.2004 – VI ZR 160/03, VersR 2004, 1045; *Lepa*, Haftungsbeschränkungen, S. 43 ff.; *Rolfs*, NJW 1996, 3177 f.; *Kater/Leube*, § 105 Rz. 8. ||5 BGH 23.3.2004 – VI ZR 160/03, VersR 2004, 1045; BSG 24.6.2003 – B 2 U 39/02 R, NZA 2003, 1136; OLG Hamm 15.6.1998 – 6 U 34/98, VersR 1999, 597; BT-Drs. 13/2204, 100; *Rolfs*, NJW 1996, 3177 (3180); *Kater/Leube*, § 105, Rz. 12; *Waltermann*, NJW 2004, 901 (903 f.). ||6 *Kater/Leube*, § 105 Rz. 9 ff.; *Krasney*, NZS 2004, 7 (12 f.). ||7 OLG München 8.1.2004 – 1 U 3924/03, OLGR München 2004, 266; *Kater/Leube*, § 105 Rz. 13.

resse ausgeführt wurde"[1]. Die Arbeiten müssen also im nahen Zusammenhang mit dem Betrieb und seinem Wirkungskreis stehen. Das kann auch dann der Fall sein, wenn die betreffende Tätigkeit nicht zum eigentlichen Aufgabenbereich des Schädigers gehört, wenn dieser hierbei gegen Arbeitssicherheitsvorschriften verstößt oder Anweisungen außer Acht lässt[2]. Zwar zählt das BAG auch den Rempler gegen einen zu spät am Arbeitsplatz erschienenen Kollegen zur betriebl. Tätigkeit[3]. Jedoch haben Spielereien, Neckereien und Raufereien am Arbeitsplatz keinen Bezug mehr zur betriebl. Tätigkeit und können daher auch nicht dem Haftungsausschluss nach § 105 unterliegen[4]. Betriebl. Tätigkeit ist auch das Verlassen des Arbeitsplatzes einschl. des Weges auf dem Werksgelände zum Werkstor; die Ausnahmeregelung des Abs. 1 S. 1, § 8 II Nr. 1–4 greift erst mit dem Durchschreiten oder Durchfahren des Werkstors (s.a. die Bsp. oben § 104 Rz. 11)[5].

5 **2. Belastete Personen.** Von der Haftungsbeschränkung als Geschädigte betroffen sind nach Abs. 1 S. 1 dieselben Personen wie diejenigen nach § 104 I 1. Dementsprechend gelten die dazu gemachten Ausführungen, Rz. 2–4. Erweitert wird der Kreis der belasteten Personen durch § 105 I 2, der Personen iSd. § 4 I Nr. 1 erfasst, also solche, die beamtenrechtl. Unfallfürsorgevorschriften oder entsprechenden Grundsätzen unterliegen; ausgenommen sind Ehrenbeamte und ehrenamtliche Richter[6]. Weiter greift gem. § 105 II die Haftungsbeschränkung auch bei der Verletzung nicht-versicherter Unternehmer (s. Rz. 8); nach der wohl hM sind mit Abs. 1 S. 1 auch verletzte versicherte Unternehmer belastet (s. Rz. 9).

6 **a) Derselbe Betrieb.** Die von der Haftungsbeschränkung belastete Person muss ferner demselben Betrieb angehören wie der Schädiger. Der Betrieb wird generell definiert als „organisatorische Einheit, innerhalb deren ein ArbGeb allein oder mit seinen ArbN mithilfe von technischen und immateriellen Mitteln bestimmte arbeitstechnische Zwecke fortgesetzt verfolgt, die sich nicht in der Befriedigung von Eigenbedarf erschöpfen"[7]. Unter Geltung des alten § 637 RVO hatte das BAG zuletzt angenommen, unfallversicherungsrechtl. müsse ein eigener Betriebsbegriff definiert werden[8]. Die wohl hM geht heute zutreffend davon aus, dass man sich beim Erlass des SGB VII entschlossen hat, zum allg. arbeitsrechtl. Betriebsbegriff zurückzukehren. Dafür spricht, dass der Gesetzgeber vom ursprünglichen Vorhaben, den Betriebsbegriff im SGB VII aufzugeben, abgerückt ist[9]. Hinzu kommt, dass mit dem Versicherungsschutz auf der „gemeinsamen Betriebsstätte" nach § 106 III eine Weiterung vorgenommen wurde[10].

7 **b) Anwendung von § 104.** Für das Vorliegen eines Versicherungsfalls, für den Umfang der von der Beschränkung betroffenen Ansprüche sowie zur Position der nicht erfassten, weiteren Schädiger gelten die zu § 104 gemachten Ausführungen (s. § 104 Rz. 5 ff.). Dasselbe gilt für die Ausnahmen von der Haftungsbeschränkung wegen Vorsatzes oder bei Vorliegen eines Wegeunfalls nach § 8 II Nr. 1–4 (s. § 104 Rz. 10 f.). Auch für die in Abs. 1 S. 3 vorgenommenen Verweise auf § 104 I 2, II u. III gelten die entsprechenden Bemerkungen (s. § 104 Rz. 12 ff.).

8 **III. Beschränkte Haftung ggü. „nicht versicherten" Unternehmern (Abs. 2 S. 1). 1. Nicht versicherte Unternehmer als von der Haftungsbeschränkung belastete Personen.** Der Kreis der von der Haftungsbeschränkung belasteten Personen wird nach Abs. 2 S. 1 auf „nicht versicherte Unternehmer" ausgeweitet (s. zum Begriff des Unternehmers § 104 Rz. 1). Der Unternehmer muss ebenso wie der schädigende Arbeitskollege Betriebsangehöriger sein. Weiter darf er „nicht versichert" sein, also nicht die Tatbestände der Unternehmerversicherung nach § 2 I Nr. 5–7, 9 sowie gem. Satzung nach § 3 I erfüllen; es darf auch kein freiwillig versicherter Unternehmer nach § 6 sein (s. zu den versicherten Unternehmern sogleich unter Rz. 9)[11]. Die Versicherung für „nicht versicherte" Unternehmer nach Abs. 2 S. 2 zählt naturgemäß nicht dazu, da sonst die Regelung leer laufen würde (s. zu Abs. 2 S. 2 unten Rz. 10).

9 **2. Haftungsbeschränkung zu Lasten versicherter Unternehmer.** Abs. 2 S. 1 erfasst seinem Wortlaut nach ausschließlich „nicht versicherte" Unternehmer. Da Unternehmer nach § 2 I Nr. 5–7, 9, § 3, § 6 ver-

---

1 BAG 9.8.1966 – 1 AZR 426/65, BAGE 19, 41; 14.3.1974 – 2 AZR 155/73, AP Nr. 8 zu § 637 RVO, IIa; BGH 2.3.1971 – VI ZR 146/69, AP Nr. 6 zu § 637 RVO; ErfK/*Rolfs*, § 105 SGB VII Rz. 3; *Kater/Leube*, § 105 Rz. 5 ff. ‖ 2 BGH 19.12.1967 – VI ZR 6/66, AP Nr. 2 zu § 637 RVO; BAG 9.8.1966 – 1 AZR 426/65, BAGE 19, 41; ErfK/*Rolfs*, § 105 SGB VII Rz. 3; *Kater/Leube*, § 105 Rz. 6; *Schmitt*, § 2 Rz. 5. ‖ 3 BAG 22.4.2004 – 8 AZR 159/03, VersR 2004, 366. ‖ 4 BAG 9.8.1966 – 1 AZR 462/65, BAGE 19, 41; *Kater/Leube*, § 105 Rz. 7; KassKomm/*Ricke*, § 105 Rz. 6; BGH 30.6.1998 – VI ZR 286/97, HVBG-Info 1998, 2594. ‖ 5 BGH 25.10.2005 – VI ZR 334/04, VersR 2006, 221; BAG 14.12.2000 – 8 AZR 92/00, VersR 2001, 720 m. Anm. *Drong-Wilmers*; *Ricke*, VersR 2002, 413, weist zu Recht auf eine Ungenauigkeit des BAG hin; KassKomm/*Ricke*, § 105 Rz. 6; *Diederichsen*, VersR 2006, 293 (295 f.); vgl. auch OLG Köln 31.1.2002 – 12 U 145/01, VersR 2002, 1109. ‖ 6 S. im Einzelnen *Lepa*, Haftungsbeschränkungen, S. 83 ff.; *Rolfs*, NJW 1996, 3177 (3180). Die Vorschrift kommt nicht zur Anwendung bei der Schädigung von Beamten auf der gemeinsamen Betriebsstätte nach § 106 III, OLG Hamm 7.2.2001 – 13 U 154/00, VersR 2002, 1108. Vgl. auch BGH 27.6.2002 – III ZR 234/01, NJW 2002, 3096. ‖ 7 S. etwa BAG 11.11.1997 – 1 ABR 6/97, AP Nr. 11 zu § 1 BetrVG 1972 gemeinsamer Betrieb, II 1a; *Fitting*, § 1 BetrVG Rz. 55; *Preis*, RdA 2000, 257 ff. ‖ 8 BAG 24.9.1992 – 8 AZR 572/91, AP Nr. 22 zu § 637 RVO; *Saum*, SGb 1994, 172; krit. hierzu *Hanau*, FS Steffen, 1995, S. 177 (186 ff.). ‖ 9 *Kater/Leube*, § 105 Rz. 4; *Denck*, Der Schutz des Arbeitnehmers vor der Außenhaftung, 1980, S. 97. ‖ 10 *Rolfs*, NJW 1996, 3177 (3180); *Kater/Leube*, § 105 Rz. 3 f.; *Maschmann*, SGb 1998, 54 (59) mwN; aA, nämlich für die Zugrundelegung des Unternehmensbegriffs, *Lepa*, Haftungsbeschränkungen, S. 78 ff.; Hauck/*Nehls*, § 105 Rz. 12a; KassKomm/*Ricke*, § 105 Rz. 5; *Otto/Schwarze*, Rz. 572 ff.; einer vermittelnden Auffassung folgen Brackmann/*Krasney*, § 105 Rz. 11; Lauterbach/*Dahm*, § 105 Rz. 12. ‖ 11 *Rolfs*, Versicherungsprinzip, S. 464 f.

sichert sein können, stellt sich die Frage, ob diese „versicherten" Unternehmer ebenfalls mit der Haftungsbeschränkung nach § 105 belastet sind. Nach der Rspr. zum früheren § 637 RVO waren Unternehmer niemals „in demselben Betrieb tätige Betriebsangehörige" und konnten daher auch nicht mit der diesbezüglichen Haftungsbeschränkung belastet werden[1]. Nachdem das SGB VII nicht mehr von „Betriebsangehörigen", sondern von „Personen" bei „betrieblicher Tätigkeit" spricht, zieht das Textargument jedoch nicht mehr in derselben Weise wie zum alten Recht. Auch der Sinn und Zweck des Abs. 2 spricht für die Erfassung auch der versicherten Unternehmer. Zwar wird der versicherte Unternehmer bei einer ihn belastenden Haftungsbeschränkung dafür bestraft, dass er selbst für sich Versicherungsbeiträge einzahlt, was dem Finanzierungsargument widerspricht[2]. Andererseits gebietet das Friedensargument, den Unternehmer umfassend in den Anwendungsbereich der §§ 104 ff. einzubeziehen, denn es macht für die Störung des Betriebsfriedens keinen Unterschied, ob der ArbGeb im Prozess beklagter Geschädiger oder klagender Geschädigter ist. Nach der Intention des Gesetzgebers soll Ersteres durch § 104 und Letzteres durch § 105 verhindert werden. Bei einer Differenzierung zwischen versichertem und nicht-versichertem Unternehmer würde die Haftungsbefreiung des schädigenden ArbN von dem für ihn zufälligen Umstand abhängen, ob der Unternehmer versichert ist oder nicht. Zuletzt spricht auch der Wortlaut des § 105 I von „Versicherten desselben Betriebes", ohne den Unternehmer hiervon auszunehmen. Dementsprechend trifft auch den versicherten Unternehmer die Haftungsbeschränkung des Abs. 1 S. 1[3].

IV. Besonderer Versicherungsschutz für geschädigte nicht versicherte Unternehmer (Abs. 2 S. 2–4). 10
Entsprechend dem Haftungsersetzungsprinzip (s. Vor §§ 104–113 Rz. 1) muss demjenigen Unternehmer, der mit der Haftungsbeschränkung nach Abs. 2 S. 1 belastet wird, zum Ausgleich ein entsprechender Versicherungsschutz gewährt werden. Normalerweise hätte dies dadurch geschehen müssen, dass er dem Kreis der Versicherungspflichtigen nach §§ 2 ff. zugewiesen wird. Da der besondere Versicherungsschutz aber nur insoweit greifen soll, als der Schädiger von der Haftung freigestellt wird, begründet Abs. 2 S. 2 einen **atypischen Versicherungsschutz**, wie er früher in der RVO nicht bekannt war. Voraussetzung ist aber (anders als in den übrigen Fällen der Haftungsfreistellung bzw. der Versicherung), dass tatsächlich ohne Haftungsbeschränkung nach Abs. 2 S. 1 eine **Ersatzpflicht des Schädigers bestanden hätte**. Soweit diese Ersatzpflicht zivilrechtl. ausgeschlossen ist, greift der Versicherungsschutz nicht. **Beispiel:** Der ArbN schädigt den Unternehmer bei betrieblich veranlasster Tätigkeit auf Grund leichtester Fahrlässigkeit. Da in diesem Fall nach den Grundsätzen über die ArbN-Haftung der ArbN dem ArbGeb nicht zum Schadensersatz verpflichtet ist, ist hier die Ersatzpflicht des Schädigers ggü. dem Unternehmer nach Abs. 2 S. 2 „zivilrechtlich ausgeschlossen"[4]. Es besteht dementsprechend kein Versicherungsschutz nach Abs. 2 S. 2, obwohl – wenn der Unternehmer in den Katalog der nach §§ 2 ff. genannten Versicherten aufgenommen worden wäre – ein „Versicherungsfall" iSd. §§ 7 ff. vorgelegen hätte. Bei alledem ist der **Begriff des Unternehmers** auch bei der „**Wie-Beschäftigung**" iSd. § 2 II 1 erfüllbar (§ 104 Rz. 3), so dass etwa eine Person, die aufwendige Pannenhilfe leistet, ggü. dem Hilfeempfänger (=„Unternehmer") laut OLG Düsseldorf von der Haftung freigestellt sein soll[5].

Die an den gem. Abs. 2 S. 2 atypisch versicherten Unternehmer zu erbringenden Leistungen richten 11
sich grds. nach den allg. Regeln über die Leistungspflicht der gesetzl. Unfallversicherung, §§ 26 ff. Eine wichtige Ausnahme macht aber Abs. 2 S. 3. Danach ist für die Berechnung von Geldleistungen der **Mindestjahresarbeitsverdienst als Jahresarbeitsverdienst** zugrunde zu legen. Das bedeutet, dass Verletztengeld und insb. Renten uU in sehr viel niedrigerem Maß geleistet werden, als sie dem geschädigten Unternehmer bzw. seinen Hinterbliebenen nach zivilrechtl. Grundsätzen (etwa nach §§ 823, 842 ff. BGB) zustünden.

- **Beispiel:** Ein Unternehmer mit einem monatlichen Einkommen von 6 000 Euro wird im Jahr 2014 vom ArbN geschädigt und verliert dadurch die Erwerbsfähigkeit. Es steht ihm nach §§ 56 III, § 82, § 85 I Nr. 2 SGB VII, § 18 SGB IV eine Rente zu, die (bei Zugrundelegung der West-Sätze) auf der Grundlage von 60 % der Jahres-Bezugsgröße von 33 180 Euro, also 19 908 Euro, berechnet wird. Hiervon erhält er gem. § 56 III zwei Drittel, also 13 272 Euro im Jahr = 1106 Euro monatlich (bei Zugrundelegung der Ost-Sätze 938 Euro monatlich). Nach §§ 823, 843 BGB wären ihm dagegen die vollen 6 000 Euro monatlich zu ersetzen gewesen. Hinzu kommt ggf. der Verlust eines Schmerzensgelds, das er nach § 253 II BGB beanspruchen könnte[6].

V. Verfassungswidrigkeit von Abs. 2. Angesichts der dargestellten völlig unangemessenen Ergebnisse 12
liegt es auf der Hand, dass die Regelung des Abs. 2 mehrheitlich auf verfassungsrechtl. Bedenken stößt[7]. Dabei ist zu berücksichtigen, dass nicht nur – wie eben ausgeführt – die Geldleistungen nach Abs. 2 S. 2

---

1 BGH 6.5.1980 – VI ZR 58/79, NJW 1981, 53 (54); 26.6.1990 – VI ZR 233/89, NJW 1991, 174 (175 f.); vgl. *Rolfs*, Versicherungsprinzip, S. 465. ||2 *Rolfs*, Versicherungsprinzip, S. 465. ||3 BGH 17.6.2008 – VI ZR 257/06, NJW 2008, 2916 m. Anm. *Waltermann*; Hauck/Nehls, § 105 Rz. 16; KassKomm/*Ricke*, § 105 Rz. 4; *Kater/Leube*, § 105 Rz. 24; *Waltermann*, NJW 2002, 1225 (1227). ||4 S. im Einzelnen BSG 24.6.2003 – B 2 U 39/02 R, NZA 2003, 1136; *Krause*, NZA 2003, 577 (582); *Maschmann*, SGb 1998, 54 (59 f.). ||5 OLG Düss. 12.6.2012 – I-1 W 12/12, r+s 2012, 462. ||6 S. die entspr. Berechnung bei *Rolfs*, Versicherungsprinzip, S. 467. ||7 *Plagemann*, NZV 2001, 233 (237); *Rolfs*, Versicherungsprinzip, S. 466 ff.; *Lepa*, Haftungsbeschränkungen, S. 103 ff.; *Stern-Krieger/Arnau*, VersR 1997, 408 (411); *Waltermann*, BG 1997, 310 (317 f.); ErfK/*Rolfs*, § 105 SGB VII Rz. 7. Neutral, aber ohne nähere Befassung mit dem Problem, KassKomm/*Ricke*, § 105 Rz. 10 ff.; *Kater/Leube*, § 105 Rz. 23 ff.

und der nicht zu ersetzende Schaden in einem unangemessenen Verhältnis zueinander stehen. Auch der Geltungsgrund für das Haftungsersetzungsprinzip kann im Fall des Abs. 2 nicht herangezogen werden. Sowohl das „Finanzierungsargument" als auch das „Friedensargument" (s. Vor §§ 104–113 Rz. 3) greifen im Fall des Abs. 2 nicht durch. Der schädigende ArbN finanziert die Unfallversicherung nicht, und auch die Entlastung des hinter dem schädigenden ArbN haftenden Unternehmers kommt bei der Schädigung des Unternehmers regelmäßig nicht zum Tragen (s. Rz. 1). Jedenfalls unter Geltung der unzureichenden Ersatzregelung des Abs. 2 S. 3 wird deshalb auch von einem Schutz des Betriebsfriedens keine Rede sein können[1]. Zudem werden durch Abs. 2 S. 2 und 3 gerade diejenigen Unternehmer schlechter gestellt, die sich durch Mitarbeit im Betrieb selbst körperlich einem Verletzungsrisiko aussetzen, also vor allem Inhaber kleinerer Betriebe wie zB Handwerker. Es ist deshalb von einer ungerechtfertigten Ungleichbehandlung der betroffenen Geschädigten mit anderen auszugehen (Verletzung von Art. 3 IGG) sowie von einer ungerechtfertigten Beeinträchtigung der Ausübung von Vertragsfreiheit und Berufsfreiheit der Betroffenen (Verletzung von Art. 2 I, Art. 12 I GG), weil sie während der Ausübung dieser Grundrechte staatlicherseits zivilrechtl. weitgehend schutzlos gestellt werden.

13 **VI. Internationales; Beweisfragen.** Für die Fragen der Anwendung internationalen Rechts und der Verteilung der Beweislasten gelten die Ausführungen zu § 104 Rz. 15, 16 entsprechend. Insb. muss auch im Fall des § 105 der Schädiger beweisen, dass er selbst zum Kreis der von der Haftungsbeschränkung begünstigten Personen und dass der Geschädigte zum Kreis der von der Haftungsbeschränkung belasteten Personen zählt.

106 Beschränkung der Haftung anderer Personen

(1) In den in § 2 Abs. 1 Nr. 2, 3 und 8 genannten Unternehmen gelten die §§ 104 und 105 entsprechend für die Ersatzpflicht

1. der in § 2 Abs. 1 Nr. 2, 3 und 8 genannten Versicherten untereinander,
2. der in § 2 Abs. 1 Nr. 2, 3 und 8 genannten Versicherten gegenüber den Betriebsangehörigen desselben Unternehmens,
3. der Betriebsangehörigen desselben Unternehmens gegenüber den in § 2 Abs. 1 Nr. 2, 3 und 8 genannten Versicherten.

(2) Im Fall des § 2 Abs. 1 Nr. 17 gelten die §§ 104 und 105 entsprechend für die Ersatzpflicht

1. der Pflegebedürftigen gegenüber den Pflegepersonen,
2. der Pflegepersonen gegenüber den Pflegebedürftigen,
3. der Pflegepersonen desselben Pflegebedürftigen untereinander.

(3) Wirken Unternehmen zur Hilfe bei Unglücksfällen oder Unternehmen des Zivilschutzes zusammen oder verrichten Versicherte mehrerer Unternehmen vorübergehend betriebliche Tätigkeiten auf einer gemeinsamen Betriebsstätte, gelten die §§ 104 und 105 für die Ersatzpflicht der für die beteiligten Unternehmen Tätigen untereinander.

(4) Die §§ 104 und 105 gelten ferner für die Ersatzpflicht von Betriebsangehörigen gegenüber den nach § 3 Abs. 1 Nr. 2 Versicherten.

I. Allgemeines 1	2. Zusammenwirken von Unternehmen des Zivilschutzes 7
II. Versicherte nach § 2 Abs. 1 Nr. 2, 3 und 8 (Abs. 1) 2	3. Die „vorübergehende betriebliche Tätigkeit auf einer gemeinsamen Betriebsstätte" ... 8
III. Pflegebedürftige und Pflegepersonen (Abs. 2) 5	V. Nach § 3 Abs. 1 Nr. 2 Versicherte als von der Haftungsbeschränkung belastete Personen (Abs. 4) 16
IV. Zusammenwirken bei Unglücksfällen, im Zivilschutz und auf „gemeinsamen Betriebsstätten" (Abs. 3) 6	
1. Zusammenwirken von Unternehmen zur Hilfe bei Unglücksfällen 6	

1 **I. Allgemeines.** § 106 weitet ebenso wie § 105 den Kreis der von der Haftungsbeschränkung begünstigten Personen sowie den Kreis der von der Haftungsbeschränkung belasteten Personen aus. Im Wesentlichen geht es dabei um Lernende während der berufl. Aus- und Fortbildung, Kinder in Tageseinrichtungen und Schulen sowie Studierende in Hochschulen sowie um Personen, die sich Untersuchungen und Prüfungen unterziehen (Abs. 1). Weiter sind erfasst Pflegebedürftige und Pflegepersonen (Abs. 2), Schädigungen beim Zusammenwirken von Unternehmen in Unglücksfällen und beim Zivilschutz sowie insb. bei der Tätigkeit auf einer gemeinsamen Betriebsstätte (Abs. 3); zuletzt geht es um die Haftung ggü. Personen, die sich auf der Unternehmensstätte aufhalten und nach Satzungsrecht versichert sind (Abs. 4). Ggü. den Vorgängerregelungen der RVO ist die Zahl der Haftungsprivilegierten sowie der

---
[1] S. im Einzelnen *Rolfs*, Versicherungsprinzip, S. 466 f.

II. Versicherte nach § 2 Abs. 1 Nr. 2, 3 und 8 (Abs. 1). Die in Abs. 1 Nr. 1–3 geregelten Fälle betreffen sämtliche die Einrichtungen nach § 2 I Nr. 2, 3 und 8. Erfasst werden zum einen die Versicherten bei der Schädigung untereinander (Nr. 1), zum anderen die Schädigung Betriebsangehöriger durch Versicherte (Nr. 2) sowie die Schädigung Versicherter durch Betriebsangehörige (Nr. 3). Die Schädigung von Betriebsangehörigen durch andere Betriebsangehörige wird durch § 105 I erfasst (wenn bspw. ein angestellter Lehrer einen beamteten Lehrer schädigt, greift § 105 I 2).

Die in Abs. 1 Nr. 1–3 geregelten Fälle knüpfen an § 2 I Nr. 2, 3 und 8 an. § 2 I Nr. 2 nennt insb. Kinder in Tageseinrichtungen, Schüler, Studierende, Prüflinge und Lernende während der beruflichen oder nicht-beruflichen Aus- und Fortbildung sowie Personen, die sich auf behördliche Veranlassung hin Untersuchungen, Prüfungen oder ähnlichen Maßnahmen unterziehen[1]. Bei der Anwendung der Haftungsbeschränkungen nach §§ 104f. ist darauf zu achten, dass die dortigen Tatbestandsmerkmale *entsprechend* angewendet werden, weshalb bspw. „betriebliche Tätigkeit" etwa iSv. schulischer Aktivität zu verstehen ist. Die entsprechende Anwendung von § 104 (soweit nicht § 105 auf ihn verweist) ist praktisch ausgeschlossen, denn die Einzeltatbestände des Abs. 1 Nr. 1–3 nennen jeweils „Versicherte" sowie „Betriebsangehörige", so dass Unternehmer kaum betroffen sein können. Laut OLG Koblenz muss der Tatbestand „desselben Betriebs" aber nicht erfüllt sein. Das bedeutet bspw. für Tageseinrichtungen und Schulen, dass Schädiger und Geschädigter nicht Angehörige derselben Tageseinrichtung bzw. derselben Schule sein müssen[2]. Demnach dürfte die Regelung auch zur Anwendung kommen bei gemeinsamen Sportfesten unterschiedlicher Schulen oder bei der Begegnung von Klassen verschiedener Schulen an einem dritten Ort[3]. Hinsichtlich der „betrieblichen Tätigkeit" gelten zunächst die Grundsätze zu § 105 (s. § 105 Rz. 4). Obwohl § 106 keine Regelung für kurzfristig tätige „Wie-Beschäftigte" nach § 2 II 1 enthält, ist ein entsprechender Versicherungsschutz nach der Rspr. gegeben. Der beim Schulfest mithelfende Lehrerinnen-Gatte wird durch Abs. 1 also privilegiert[4], ebenso die Mitarbeiter einer schulisch genutzten Sportstätte[5].

Allerdings sind gerade **für Kinder und Jugendliche großzügigere Maßstäbe** bei der Beurteilung anzulegen, ob eine Tätigkeit dem jeweiligen **Betriebszweck** dient. Die schulische Zielsetzung liegt darin, das gesamte soziale Zusammenleben zu fördern. Aus diesem Grunde erkennt die Rspr. anders als bei §§ 104 f. auch Neckereien, Rangeleien und Gewalttätigkeiten uU als versicherte Tätigkeit nach Abs. 1 an. **Beispiele** sind Raufereien, Werfen von Papierkugeln, Haareziehen mit schweren Kopfhautverletzungen, Kniestoß in den Unterleib und sogar der Stich mit dem Taschenmesser durch einen Schüler, der vorher „bespritzt und bespuckt worden war"[6]. Diese **Rspr. geht zu weit**, denn es ist kaum zu verstehen, wenn selbst Gewaltexzesse noch in einen Zusammenhang mit der Schulausbildung gebracht werden und damit Zugang zu Haftungsfreistellungen finden können. Hinzu kommt, dass nach st. Rspr. die Ausnahmeregelung für Vorsatz nur greift, wenn sich der Vorsatz auch auf den konkreten Schaden bezieht (s. § 104 Rz. 10). Die fast universelle Annahme „betrieblicher Tätigkeit" bei Schülern in und an der Schule bei gleichzeitiger Verneinung des erfolgsbezogenen Vorsatzes zieht im Erg. geradezu bizarre Haftungsfreistellungen auch bei üblen vorsätzlichen Verletzungshandlungen nach sich[7].

III. Pflegebedürftige und Pflegepersonen (Abs. 2). Abs. 2 unterwirft die in § 2 I Nr. 17 erfassten Pflegebedürftigen und Pflegepersonen einer Haftungsbeschränkung. Einzige in der Regelung nicht erfasste Haftungskonstellation ist die Schädigung von Pflegebedürftigen durch andere Pflegebedürftige. Von der Haftungsbeschränkung privilegierte und belastete „Pflegebedürftige" sind die in § 14 SGB XI genannten Personen. „Pflegepersonen" sind nur solche nach § 19 SGB XI; das sind Menschen, die nicht erwerbsmäßig einen Pflegebedürftigen iSd. § 14 SGB XI in seiner häuslichen Umgebung pflegen, also bspw. Familienangehörige, Nachbarn, Freunde usw. Soweit der Pflegebedürftige den professionell Pflegenden eingestellt hat, greifen §§ 104 f. Für (nicht-ehrenamtliche) Pflegeunternehmer und ihr Personal gelten ebenfalls §§ 104 f.[8]. Gegen den kompensationslosen Ausschluss von Ansprüchen nach Abs. 2 Nr. 2 bestehen verfassungsrechtl. Zweifel[9].

---

1 S. im Einzelnen *Kater/Leube*, § 2 Rz. 110, 121, 174 ff., § 106 Rz. 3. ‖ 2 OLG Koblenz 3.12.2012 – 12 U 1472/11, r+s 2013, 152. ‖ 3 Anderer Ansicht *Kater/Leube*, § 106 Rz. 12; *Krasney*, NZS 2004, 68 f. ‖ 4 BGH 25.9.1979 – VI ZR 184/78, VersR 1980, 43. ‖ 5 BGH 26.11.2002 – VI ZR 449/01, NJW 2003, 1121; vgl. auch BGH 3.4.1984 – VI ZR 288/82, VersR 1984, 652. ‖ 6 BGH 12.10.1976 – VI ZR 271/75, BGHZ 67, 279 ff.; 11.2.2003 – VI ZR 34/02, BGHZ 154, 11; 30.3.2004 – VI ZR 163/03, VersR 2004, 789 (Werfen mit Feuerwerkskörper); OLG Hamburg 15.3.2002 – 14 U 183/01, HVBG-Info 2003, 1555; OLG Köln 26.7.1976 – 12 U 17/76, VersR 1977, 451; BGH 20.11.1979 – VI ZR 238/78, VersR 1980, 164; OLG Bremen 29.7.1980 – 1 U 32/80, VersR 1981, 929; OLG Karlsruhe 29.6.1989 – 14 U 40/87, VersR 1990, 405; OLG Hamm 30.4.1990 – 13 U 278/88, VersR 1991, 900 f.; 28.1.2002 – 6 U 63/01, r+s 2002, 287; OLG Schleswig 16.3.2000 – 7 U 118/98, VersR 2002, 238; OLG Celle 24.9.2003 – 9 11 114/03, NZS 2004, 216; vgl. auch BGH 15.7.2008 – VI ZR 212/07, NJW 2009, 681 (Werfen mit Schneeball bei Bejahen des Schulbezugs, wenn dies an einer 100 m von der Schule entfernten Haltestelle geschah); *Kater/Leube*, § 106 Rz. 6; KassKomm/*Ricke*, § 106 Rz. 4; *Rolfs*, VersR 1996 1194. ‖ 7 Vgl. bspw. die Fallkonstellationen bei BGH 12.10.1976 – VI ZR 271/75, BGHZ 67, 279 ff.; 20.11.1979 – VI ZR 238/78, VersR 1980, 164; OLG Bremen 29.7.1980 – 1 U 32/80, VersR 1981, 929; OLG Karlsruhe 29.6.1989 – 14 U 40/87, VersR 1990, 405; zu Recht krit. *Ebers*, NJW 2003, 2655; *Graßl*, BG 1987, 156. ‖ 8 *Ricke*, SozVers 2001, 174 ff.; *Kater/Leube*, § 106 Rz. 13. ‖ 9 *Lepa*, Haftungsbeschränkungen, S. 109 ff.

SGB VII § 106 Rz. 6

6 **IV. Zusammenwirken bei Unglücksfällen, im Zivilschutz und auf „gemeinsamen Betriebsstätten" (Abs. 3). 1.** Das **Zusammenwirken von Unternehmen zur Hilfe bei Unglücksfällen** knüpft an die Begriffswahl in § 2 I Nr. 12 an. „Zusammenwirken" bedeutet, dass im selben Unglücks- oder Katastrophenfall Rettungsaktivitäten verbunden werden[1].

7 **2.** Für das **Zusammenwirken von Unternehmen des Zivilschutzes** gilt dasselbe wie für dasjenige von Unternehmen bei Unglücksfällen. Unternehmen des Zivilschutzes sind Feuerwehr, Rotes Kreuz, Bergwachten, Lebensrettungsgesellschaften ua.[2]

8 **3. Die „vorübergehende betriebliche Tätigkeit auf einer gemeinsamen Betriebsstätte"** ist der häufigste und problematischste Fall des § 106. **a) Von der Haftungsbeschränkung erfasste Personen** sind aufseiten der Geschädigten alle unfallversicherten Personen und aufseiten der Schädiger alle für die beteiligten Unternehmen Tätigen. Als belastete Geschädigte kommen nach dem Gesetzeswortlaut zunächst nur „Versicherte" in Betracht, was sich nicht zuletzt aus dem Haftungsersetzungsprinzip ergibt. Das können auch versicherte Unternehmer sein[3]. Aus der Verweisung des Abs. 3 auf §§ 104 und 105 folgt allerdings nicht die zusätzliche Einbeziehung nicht versicherter Unternehmer nach § 105 II (s. § 105 Rz. 8, 10 ff.)[4]. Ihre Einbeziehung würde bedeuten, dass ein nicht versicherter Unternehmer, der bspw. von einem fremden ArbN auf der gemeinsamen Betriebsstätte verletzt wird, hierdurch „automatisch" Versicherungsschutz erhält und zusätzlich aber auch der Haftungsbeschränkung nach Abs. 3 unterworfen wird. Diese Schlussfolgerung ist unrichtig, da Abs. 3 mit dem Wortlaut „... für die Ersatzpflicht ..." eine deutliche Rechtsfolgenverweisung enthält, die keine weitere Ausdehnung des Versicherungsschutzes und der damit verbundenen Haftungsbeschränkungen zulässt[5].

9 **Als privilegierte Schädiger** kommen nach wohl allg. Annahme nur die für ein beteiligtes Unternehmen **betrieblich Tätigen** in Betracht (s. § 105 Rz. 4). Allerdings existiert eine Entscheidung des BGH, nach der nur **„Versicherte"** haftungsprivilegierte Schädiger sein können. Deshalb, so das Gericht, seien insb. (versorgungsberechtigte) Soldaten und Beamte nicht erfasst[6]. Das dürfte kaum mit Sinn und Zweck der Regelung übereinstimmen, insb. nicht mit dem „Finanzierungsargument" und dem „Friedensargument" (s. Vor §§ 104–113 Rz. 3). Es widerspricht auch völlig dem Begriff der betrieblich Tätigen iSd. § 105 (dazu § 105 Rz. 4), an den Abs. 3 ganz offensichtlich anknüpft. Soweit ersichtlich, hat die Rspr. die Versicherteneigenschaft des nach Abs. 3 „betrieblich Tätigen" bis dahin nie problematisiert. Insb. in den Entscheidungen, welche die Frage nach der Haftungsprivilegierung „tätiger" Unternehmer betreffen (dazu Rz. 10), wurde nie auch nur die Frage gestellt, ob der Schädiger versichert gewesen sei.

Auf der Grundlage der genannten Rspr. wird teilweise zusätzlich die Forderung aufgestellt, der „Versicherte" idS dürfe **nur ein in Deutschland Versicherter** sein[7]. Dem hat das OLG Linz (Österreich) zu Recht widersprochen[8]. Die These widerspricht nicht nur dem Wortlaut von Abs. 3. Im internationalen Kontext verschafft sie Deutschen mittelbar einen ungerechtfertigten Vorteil, der von §§ 4, 5 SGB IV nicht gedeckt ist. Im Anwendungsbereich der europäischen VO 883/2004 (dazu § 104 Rz. 15) verletzt sie deren Diskriminierungsverbot, Art. 4 VO 883/2004.

10 **b) Unternehmerhaftung und gestörter Gesamtschuldnerausgleich.** Damit stellt sich die Frage, ob auch **Unternehmer** (dazu § 104 Rz. 1) als haftungsprivilegierte „betrieblich Tätige" (dazu § 105 Rz. 4) von Abs. 3 erfasst sein können. Der BGH hat sich gegen die bis dahin wohl hM dafür entschieden, Unternehmer **grds. nicht** als **privilegierte Personen** in den Geltungsbereich des Abs. 3 aufzunehmen. Zur Begründung beruft er sich auf den Begriff der „betrieblich Tätigen". Er lässt Unternehmer **ausnahmsweise** und nur dann unter die Norm fallen, **wenn** diese körperlich **„selbst auf der gemeinsamen Betriebsstätte tätig"** waren und hieraus den Versicherten anderer Unternehmen Schädigungen erwachsen sind. Das führt dazu, dass nach der Rspr. zwar ein handelnder Beschäftigter, aber nicht der hinter ihm stehende und damit für ihn (zB nach §§ 278, 280 oder 831 BGB) haftende ArbGeb freigestellt wird[9]. Bei **Amtshaf-**

---

1 Vgl. BGH 18.12.2007 – VI ZR 235/06, VersR 2008, 410; 14.7.1987 – III ZR 183/86, VersR 1987, 1135; 21.3.1991 – III ZR 77/90, VersR 1991, 1053; *Kater/Leube*, § 106 Rz. 15; s.a. *Ricke*, SGb 2003, 566. ||2 BGH 18.12.2007 – VI ZR 235/06, VersR 2008, 410; *Kater/Leube*, § 106 Rz. 15, § 2 Rz. 282 ff. ||3 BGH 17.6.2008 – VI ZR 257/06, NJW 2008, 2916 m. Anm. *Waltermann*; OLG Koblenz 19.4.2004 – 12 U 544/03, r+s 2004, 345. ||4 BSG 26.6.2007 – B 2 U 17/06 R, nv.; aA LSG BW 3.8.2001 – L 1 U 5070/00, NJW 2002, 1290. ||5 So zu Recht *Waltermann*, NJW 2002, 1225 (1230); *B. Schmidt*, BB 2002, 1859 (1861 f.). ||6 BGH 27.6.2002 – III ZR 234/01, NJW 2002, 3096; bestätigt in BGH 24.6.2003 – VI ZR 434/01, BGHZ 155, 205 (die Beweislast dafür, dass ein Versicherter der Schädiger war, trägt danach derjenige, der sich auf die Haftungsfreistellung beruft); ebenso in einem obiter dictum BSG 26.6.2007 – B 2 U 17/06 R, BSGE 98, 285 (293); *Kater/Leube*, § 106 Rz. 20; Becker/Burchardt/Krasney/Kruschinsky/*Krasney*, § 106 Rz. 16; KassKomm/*Ricke*, § 106 Rz. 12; ErfK/*Rolfs*, § 106 SGB VII Rz. 5; *Schmitt*, § 106 Rz. 10 ||7 LG Ellwangen 16.3.2012 – 5 O 341/11; KassKomm/*Ricke*, § 106 SGB Rz. 12; *Pabst*, ZESAR 2011, 423 (426 f.). ||8 OLG Linz 19.2.2013 – 6 R 171/12b, nv. ||9 BGH 17.6.2008 – VI ZR 257/06, NJW 2008, 2916; 13.3.2007 – VI ZR 178/05, VersR 2007, 948; 29.10.2002 – VI ZR 283/01, NJW-RR 2003, 239; 3.7.2001 – VI ZR 284/00, NZA 2001, 1143 mwN; 3.7.2001 – VI ZR 198/00, VersR 2001, 1156; 25.6.2002 – VI ZR 279/01, VersR 2002, 1107. Beispielsfälle, in denen sowohl Schädiger als auch Geschädigter selbst betrieblich. tätig waren, sind OLG Koblenz 8.1.2013 – 3 U 731/12, BauR 2013, 826; OLG Hamm 6.5.2002 – 13 U 224/01, r+s 2002, 331. Zust. zum BGH *Waltermann*, NJW 2004, 901 (903); *Otto*, NZV 2002, 10 (14); *B. Schmidt*, BB 2002, 1859 (1861); *Lemcke*, r+s 2001, 371; *Dahm*, r+s 2001, 397; *Stöhr*, VersR 2004, 809 (813); zu Recht krit. hierzu *Klumpp*, EWiR 2002, 123 f.; *Imbusch*, VersR 2001, 1485 (1486 f.); *Rolfs*, DB 2001, 2294 (2297); *Tischendorf*, VersR 2002, 1188; zur vorangegangenen Diskussion s. dort und bei BGH 3.7.2001 – VI ZR 284/00, NZA 2001, 1143; vgl. auch *Rolfs*, AR-Blattei 860.2, Rz. 133 ff.; *Lemcke*, r+s 2000, 221 ff.; *Risthaus*, VersR 2000, 1203 ff.

tungsanspüchen (insb. nach Art. 34 GG, § 839 BGB) nimmt die Rspr. an, dass der haftende Staat nicht als „Unternehmer" anzusehen ist, sondern dass jeweils für den die Haftung auslösenden Amtsträger zu prüfen ist, ob er sich mit dem Geschädigten auf einer gemeinsamen Betriebsstätte befand[1].

Dennoch haftet der Unternehmer nach der Rspr. **in der Regel nicht** (Ausnahmen sogleich unter Rz. 12), weil zu seinen Gunsten die Grundsätze über die **Haftung bei gestörter Gesamtschuld** greifen (§ 104 Rz. 7, 8). Weil danach der Unternehmer ggü. dem geschädigten Dritten nur in dem Maß haftet, in welchem er im „Innenverhältnis" zum haftungsprivilegierten Schädiger haften müsste, schließt der BGH die Haftung des Unternehmers grds. aus. Denn für die Beurteilung dieses „Innenverhältnisses" zieht er ausschließlich § 840 II BGB heran, wonach in der Beziehung zwischen Schädiger und dem für ihn haftenden Geschäftsherrn nur der Erstere allein verpflichtet ist. Dass zwischen dem Schädiger und dem Unternehmer uU ein ArbVerh besteht, welches die Haftungsanteile zwischen beiden abweichend von § 840 II BGB aufteilt[2], hat nach Meinung des BGH für die Beurteilung im Außenverhältnis keine Bedeutung, da auch schon nach herkömmlicher Rspr. Vereinbarungen zwischen dem haftungsprivilegierten Schädiger und einem weiteren Haftenden über eine abweichende Schadensverantwortung bei der Beurteilung des Außenverhältnisses zum Geschädigten unbeachtlich sind (s.o. § 104 Rz. 8). Das bedeutet im Erg., dass trotz fehlender Erfassung des Unternehmers in Abs. 3 dieser dem Geschädigten ggü. nicht haftet[3]. 11

- **Beispiel:** Auf der gemeinsamen Betriebsstätte schädigt der beim Unternehmen A Beschäftigte X den beim Unternehmen B Beschäftigten Y. X haftet dem Y nicht, § 106 III iVm. § 105 I 1. Die Voraussetzungen für eine Haftung des (nicht nach § 106 III privilegierten) A ggü. dem Y sind zunächst erfüllt, und zwar nach § 831 BGB sowie uU aus dem Gesichtspunkt des Vertrags mit Schutzwirkung zu Gunsten Dritter (abhängig vom jeweils zugrunde liegenden Schuldverhältnis) entsprechend § 328 iVm. §§ 278, 280 BGB. Dennoch ist die Haftung des A ggü. Y nach den Regeln über den gestörten Gesamtschuldnerausgleich ausgeschlossen, weil A im Innenverhältnis zu X gem. § 840 II BGB nicht haftet (dass zwischen A und X ein ArbVerh besteht, ist hierbei unbeachtlich). Y hat also letztendlich weder gegen A noch gegen X einen Schadensersatzanspruch.

Eine **Ausnahme von dieser Haftungsfreistellung des Unternehmers** ist laut BGH gegeben, wenn er aus eigener (also nicht nach § 278 oder § 831 BGB zugerechneter) Verantwortlichkeit zur Schadensverhütung, etwa wegen Verletzung von Verkehrssicherungspflichten oder wegen eines Organisationsverschuldens, haftet[4]. Das setzt allerdings weiter auch voraus, dass der Unternehmer bei diesem haftungsauslösenden Verhalten nicht selbst körperlich auf der gemeinsamen Betriebsstätte tätig war und hierdurch den Schaden angerichtet hat (s. Rz. 10). Eine weitere „Ausnahme" ist dann gegeben, wenn den privilegierten Schädiger kein Verschulden trifft und er bereits aus diesem Grund nicht haftet, der Unternehmer aber dagegen – zB aus Gefährdungshaftung – für den Schaden einstehen muss. Dann liegt weder Gesamtschuld noch gestörte Gesamtschuld vor, und der Unternehmer haftet voll[5]. 12

Mit der in Rz. 11, 12 referierten Rspr. bringt der BGH eine umfassende **Diskussion um die Haftung des Unternehmers nach Abs. 3** nach den Regeln über den gestörten Gesamtschuldnerausgleich zum Abschluss. Davor war meist die Ansicht vertreten worden, dass (abweichend von § 840 II BGB) bei der Anwendung der Regeln über den gestörten Gesamtschuldnerausgleich die Sonderregeln des arbeitsrechtl. Haftungsrechts anzuwenden seien[6]. Daneben war erwogen worden, die arbeitsrechtl. Haftungsquoten ins Außenverhältnis zum Geschädigten zu tragen und ihm nur dasjenige zuzubilligen, was der Schädiger im Innenverhältnis zum Unternehmer tragen muss[7]. Insg. ließen sich alle dargestellten Lösungen mit Blick auf die Wertungen des Gesetzes und die Probleme der praktischen Handhabung angreifen. Mit der Lösung der Rspr. hat diese letztendlich ihre – verfehlte – Ansicht im Erg. korrigiert, nach welcher der Unternehmer grds. nicht als privilegierte Person in den Geltungsbereich des Abs. 3 fällt (Rz. 10). Zur Vermeidung von Rechtsunsicherheit und wenig sinnvoller Ausnahmen (Rz. 12) wäre es klüger gewesen, von vornherein den Unternehmer dem Kreis der Haftungsprivilegierten zuzurechnen. Die Rspr. zur zwischen ArbN und ArbeitGeb „gespaltenen" Haftungsbeschränkung (oben Rz. 10) ist verfehlt und sollte korrigiert werden. 13

Soweit zwischen dem freigestellten Schädiger und dem haftenden Unternehmer kein ArbVerh besteht, bleibt der gesamte referierte Streit um dessen Berücksichtigung bei der Haftung von Schädiger und Unternehmer irrelevant. Dann kommen die allg. Regeln zum gestörten Gesamtschuldnerausgleich zur Anwendung[8] (oben § 104 Rz. 7 ff.).

---

1 BGH 27.6.2002 – III ZR 234/01, NJW 2002, 3096. ||2 Palandt/*Sprau*, § 840 BGB Rz. 11. ||3 BGH 11.11.2003 – VI ZR 13/03, VersR 2004, 202; 14.6.2005 – VI ZR 25/04, NJW 2005, 3144; OLG Jena 19.10.2004 – 8 U 259/04, MDR 2005, 448; OLG München 20.3.2002 – 27 U 276/01, NZV 2003, 472; *Diederichsen*, VersR 2006, 291 (297); *Tischendorf*, VersR 2002, 1188 (1191f.); *Waltermann*, NJW 2004, 901 (905f.); *Stöhr*, VersR 2004, 809 (814f.). ||4 BGH 14.6.2005 – VI ZR 25/04, NJW 2005, 3144; 11.11.2003 – VI ZR 13/03, VersR 2004, 202; *Stöhr*, VersR 2004, 809 (814f.). ||5 BGH 10.5.2005 – VI ZR 366/03, VersR 2005, 1087. ||6 OLG Hamm 11.12.2000 – 6 W 41/00, r+s 2001, 150; OLG Oldenburg 23.5.2001 – 2 U 74/01, r+s 2002, 66; *Imbusch*, VersR 2001, 1485 (1486f.); *Lemcke*, r+s 2001, 371; *Otto*, NZV 2002, 10 (14ff.). ||7 So *Lemcke*, r+s 2000, 221 (224), der seinen Standpunkt aber später aufgegeben hat, *Lemcke*, r+s 2001, 371; s. die entsprechenden Erwägungen bei *Tischendorf*, VersR 2002, 1188 (1190ff.). ||8 BGH 24.6.2003 – VI ZR 434/01, BGHZ 155, 205; *Finn*, JA 2004, 6; *Waltermann*, LBK 2004, 43; *Otto*, NZV 2002, 10 (16); *Lemcke*, r+s 2001, 371.

- **Beispiel:** Auf der gemeinsamen Betriebsstätte schädigt der für das Unternehmen A tätige Subunternehmer X den beim Unternehmen B Beschäftigten Y. X haftet als selbst auf der Betriebsstätte „Tätiger" dem Y ggü. nicht, § 106 III iVm. § 105 I 1 (Rz. 10). Dagegen haftet A dem Y uU aus dem Gesichtspunkt der Verletzung des Vertrags mit Schutzwirkung zu Gunsten Dritter entsprechend § 328 iVm. §§ 280, 278, 241 Abs. 2 BGB. Hier wird nach den allg. Regeln der Anspruch des Y gegen X entsprechend dem Haftungsbeitrag des A gekürzt. Dabei wird man idR davon ausgehen können, dass X als unmittelbar Handelnder (abweichend von §§ 426 I 1 BGB) im Verhältnis zu A die volle Haftung zu übernehmen hat; soweit das der Fall ist, haftet auch A nicht ggü. Y.

14 c) **Vorübergehende Tätigkeit.** Gegenstand der Haftungsbeschränkung auf der gemeinsamen Betriebsstätte ist die vorübergehende betriebl. Tätigkeit. Das Tatbestandsmerkmal „vorübergehend" hat die Funktion, klarzustellen, dass bei längerer Dauer der gemeinsamen Tätigkeit ohnehin eine betriebl. Tätigkeit besteht, die der Haftungsbeschränkung nach §§ 104f. unterliegt[1].

15 d) **Gemeinsame Betriebsstätte.** Ebenso wie über die Frage der Unternehmerhaftung (s.o. Rz. 10ff.) hat sich der Gesetzgeber offenbar wenig Gedanken darüber gemacht, wie der Begriff „gemeinsamen Betriebsstätte" zu definieren sei. Die Gesetzesbegr. gibt keinerlei Hinweise[2]; der Begriff der „gemeinsamen Betriebsstätte" hat kein brauchbares gesetzl. Vorbild[3]. Es ist davon auszugehen, dass der Begriff der „Stätte" keine örtliche Begrenzung impliziert, sondern jeden Standort erfasst, an dem betriebsbezogene Verrichtungen stattfinden[4]. Auf Grund der unklaren Gesetzesfassung lässt sich ein breites Spektrum von Ansichten zur Begriffsbestimmung vertreten. Zum einen ist es möglich, nur solche Formen der Zusammenarbeit als „gemeinsame Betriebsstätte" zu umschreiben, die schon vor Erlass des SGB VII als „Betrieb" die Zusammenfassung der ArbN unterschiedlicher Unternehmen zu einer haftungsprivilegierten Gemeinschaft bewirkt hätten (§ 637 RVO aF). Andererseits ist es denkbar, sämtliche Kontakt von zeitlich neben- oder nacheinander stattfindenden Verrichtungen als Handeln auf einer „gemeinsame Betriebsstätte" zu definieren und damit praktisch alle Formen des arbeitstechnischen Zusammentreffens unter diesen Begriff zu fassen. Der BGH hat beide Auslegungsextreme verworfen und sich für einen Mittelweg entschieden. Danach ist erforderlich „ein **bewusstes Miteinander im Arbeitsablauf** ..., das zwar nicht nach einer rechtl. Verfestigung oder auch nur ausdrücklichen Vereinbarung verlangt, sich aber zumindest tatsächlich als ein aufeinander bezogenes betriebliches Zusammenwirken mehrerer Unternehmen darstellen. Die Haftungsfreistellung ... erfasst damit über die Fälle der Arbeitsgemeinschaft hinaus **betriebliche Aktivitäten** von Versicherten mehrerer Unternehmen, die **bewusst und gewollt bei einzelnen Maßnahmen ineinander greifen**, miteinander verknüpft sind, sich ergänzen oder unterstützen, wobei es ausreicht, dass die gegenseitige Verständigung stillschweigend durch bloßes Tun erfolgt"[5]. Hierdurch entsteht eine Gefahrengemeinschaft zwischen Angehörigen verschiedener Unternehmen, welche sich bei ihren versicherten Tätigkeiten „ablaufbedingt in die Quere kommen"[6]. Deshalb befinden sich bspw. der Mitarbeiter eines Reinigungsunternehmens, der auf dem Bahnhofsgelände Müll transportiert, und der DB-Lokführer, der mit einer Rangierabteilung unterwegs ist, nicht auf einer „gemeinsamen Betriebsstätte"[7], ebenso wenig ein Gerüstbauer und ein Dachdecker, der wegen des schlechten Gerüsts zu Fall kommt[8]. Eine Begegnung auf einer gemeinsamen Betriebsstätte liegt dagegen vor beim Zusammentreffen des Kranführers eines Bauunternehmens und des Zimmerers auf der Baustelle, wenn letzterer dem ersteren – ohne nähere Absprache – beim Transport von Schalungselementen zur Hand geht[9]. Dasselbe gilt für Berufssportler beim Turnierspiel gegeneinander[10]. Die „Kompromisslösung" des BGH hat zwar zunächst weitere Rechtsklarheit gebracht, wird aber sicherlich zu einer großen Zahl von Abgrenzungsproblemen führen. Eine gesetzgeberische Klärung wäre hilfreich; man sollte dabei auch die Streichung der Haftungsprivilegien auf der gemeinsamen Betriebsstätte in Betracht ziehen.

---

1 KassKomm/*Ricke*, § 106 Rz. 10a; aA *Kater/Leube*, § 106 Rz. 18, der zu Unrecht die Ansicht vertritt, im Fall dauernder Zusammenarbeit verschiedener Unternehmen bleibe es bei dem Grundsatz, dass die Verletzung eines betriebsfremden Beschäftigten keine Haftungsbeschränkung nach sich ziehe. ||2 BT-Drs. 13/2204, 100. ||3 Vgl. den Gebrauch des Begriffs „Betriebsstätte" in §§ 2, 9, 28 ff. GewStG; § 12 KStG; §§ 2, 4 FördG. ||4 *Leube*, VersR 2005, 622; idS auch LG Bochum 31.8.2004 – 2 O 222/04, NZV 2005, 104. ||5 BGH 17.10.2000 – VI ZR 67/00, BGHZ 145, 331 mwN zum bisherigen Meinungsspektrum (Hervorhebungen hier durch den Verf.); 23.1.2001 – VI ZR 70/00, VersR 2001, 372 (373); 3.7.2001 – VI ZR 284/00, NZA 2001, 1143 (1144); 8.4.2003 – VI ZR 251/02, NJW-RR 2003, 1104; 24.6.2003 – VI ZR 434/01, BGHZ 155, 205; 16.12.2003 – VI ZR 103/03, VersR 2004, 381; 14.9.2004 – VI ZR 32/04, VersR 2004, 1604; 17.6.2008 – VI ZR 257/06, NJW 2008, 2916; 22.1.2008 – VI ZR 17/07, VersR 2008, 642; 13.3.2007 – VI ZR 178/05, VersR 2007, 948; 22.1.2013 – VI ZR 175/11, VersR 2013, 460; BAG 28.10.2014 – 8 AZR 443/03, r+s 2005, 304; OLG Hamm 6.5.2004 – 6 U 179/01, r+s 2004, 347; OLG Stuttgart 14.10. 2004 – 7 U 96/04, NJW-RR 2005, 151; LSG Bay. 30.10.2002 – L 2 U 500/00, HVBG-Info 2003, 848; *Rolfs*, DB 2001, 2294 (2296 f.); *Rolfs*, AR-Blattei 860.2 Rz. 125 ff.; *B. Schmidt*, BB 2002, 1859 (1860 f.); *Lepa*, Haftungsbeschränkungen, S. 129 ff.; *Stöhr*, VersR 2004, 809; *Krasney*, NZS 2004, 68 (70 f.); *Waltermann*, NJW 2002, 1225 (1228 ff.); *Waltermann*, Rz. 315; *Otto*, NZV 2002, 10 ff.; *Gamperl*, NZV 2001, 401 (403); *Dahm*, SozVers 2001, 208 ff.; *Dahm*, r+s 2001, 397; *Imbusch*, VersR 2001, 547 ff.; krit. *Tischendorf*, VersR 2003, 1361. ||6 BGH 16.12.2003 – VI ZR 103/03, BGHZ 157, 213. ||7 BGH 17.10.2000 – VI ZR 67/00, BGHZ 145, 331. ||8 BGH 16.12.2003 – VI ZR 103/03, VersR 2004, 381; OLG Frankfurt 9.11.2005 – 1 U 119/05, nv. ||9 BGH 3.7.2001 – VI ZR 284/00, NZA 2001, 1143 (1144). ||10 OLG Karlsruhe 27.9.2012 – 4 U 256/11, NZS 2013, 106.

V. Nach § 3 Abs. 1 Nr. 2 Versicherte als von der Haftungsbeschränkung belastete Personen (Abs. 4). 16
Gem. Abs. 4 werden nach § 3 I Nr. 2 satzungsrechtl. versicherte „Personen, die sich auf der Unternehmensstätte aufhalten" (Unternehmensbesucher), mit der Haftungsbeschränkung nach §§ 104f. belastet. Es muss also eine entsprechende Satzungsbestimmung des Unfallversicherungsträgers vorliegen. Der Unternehmensbesucher ist selbst nicht als Schädiger in der Haftung beschränkt; ihm käme lediglich eine Haftungsbeschränkung als „Wie-Beschäftigter" nach § 2 II 1, § 105 I 1 in Betracht (s. § 105 Rz. 3)[1]. Außerdem sind haftungsprivilegiert nur „Betriebsangehörige", so dass Unternehmer als privilegierte Schädiger ebenfalls nicht erfasst sind[2].

107 *Besonderheiten in der Seefahrt*
(1) Bei Unternehmen der Seefahrt gilt § 104 auch für die Ersatzpflicht anderer das Arbeitsentgelt schuldender Personen entsprechend. § 105 gilt für den Lotsen entsprechend.

(2) Beim Zusammenstoß mehrerer Seeschiffe von Unternehmen, für die die Berufsgenossenschaft für Transport und Verkehrswirtschaft zuständig ist, gelten die §§ 104 und 105 entsprechend für die Ersatzpflicht, auch untereinander, der Reeder der dabei beteiligten Fahrzeuge, sonstiger das Arbeitsentgelt schuldender Personen, der Lotsen und der auf den beteiligten Fahrzeugen tätigen Versicherten.

§ 107 erweitert den Kreis der von der Haftungsbeschränkung begünstigten und der von der Haftungsbeschränkung belasteten Personen, wobei die Besonderheiten der Seefahrt Berücksichtigung finden sollen. Dementsprechend gelten die Privilegien der schädigenden Unternehmer auch für andere das Arbeitsentgelt schuldende Personen, zB Charterer. Abs. 1 S. 2 trägt der Tatsache Rechnung, dass der Lotse trotz seiner Eigenschaft als selbständig Tätiger als Hilfspersonal des Unternehmers einem Betriebsangehörigen vergleichbar ist. Die Vorschrift ordnet daher eine Haftungsbeschränkung in entsprechender Anwendung des § 105 an. Abs. 2 regelt den besonderen Fall des Zusammenstoßes mehrerer Seeschiffe von Unternehmen, für welche die Berufsgenossenschaft für Transport und Verkehrswirtschaft zuständig ist. „Zusammenstoß" bedeutet, dass die Schiffe tatsächlich kollidieren müssen; die Verunfallung etwa beim gemeinsamen Liegen im Hafen (zB von einem auf das andere Schiff übergreifendes Feuer) reicht nicht aus. Die Zuständigkeit der Berufsgenossenschaft für Transport und Verkehrswirtschaft richtet sich nach §§ 121 f. Sämtliche der in Abs. 2 genannten Personen sind sowohl als Schädiger als auch als Geschädigte von der Haftungsbeschränkung erfasst[3]. 1

108 *Bindung der Gerichte*
(1) Hat ein Gericht über Ersatzansprüche der in den §§ 104 bis 107 genannten Art zu entscheiden, ist es an eine unanfechtbare Entscheidung nach diesem Buch oder nach dem Sozialgerichtsgesetz in der jeweils geltenden Fassung gebunden, ob ein Versicherungsfall vorliegt, in welchem Umfang Leistungen zu erbringen sind und ob der Unfallversicherungsträger zuständig ist.

(2) Das Gericht hat sein Verfahren auszusetzen, bis eine Entscheidung nach Absatz 1 ergangen ist. Falls ein solches Verfahren noch nicht eingeleitet ist, bestimmt das Gericht dafür eine Frist, nach deren Ablauf die Aufnahme des ausgesetzten Verfahrens zulässig ist.

I. Allgemeines. Für die Feststellung von Versicherungsfällen nach §§ 7 ff. und für die Feststellung der 1 zivilrechtl. Haftung oder Nicht-Haftung nach §§ 104 ff. bestehen unterschiedliche Zuständigkeiten. Ersteres geschieht meist im Verwaltungsverfahren und im SG-Verfahren, Letzteres geschieht im Zivilverfahren vor den ordentl. Gerichten oder den ArbG. § 108 hat die Funktion, trotz dieser Zuständigkeitsspaltung zu einheitlichen Ergebnissen zu kommen, um eine einheitliche Bewertung der unfallversicherungsrechtl. Kriterien zu gewährleisten[4]. Das geschieht in der Weise, dass zwar für die Frage der zivilrechtl. Haftung die Zivilgerichte bzw. ArbG zuständig bleiben. Jedoch sollen die hierfür (mit-) entscheidenden Fragen sozialrechtl. Art im Verwaltungsverfahren bzw. im SG-Verfahren vorgreiflich geklärt werden können. Umgekehrt bindet eine Entscheidung der Zivilgerichte, wenn sie über die Haftungsbeschränkung nach §§ 104 ff urteilen, die SG nicht[5]. Den Umfang der vorgreiflichen Klärung regelt Abs. 1, wobei die jeweiligen mit Bindungswirkung ausgestatteten Entscheidungsinhalte im Einzelnen genannt werden. Nach Abs. 2 hat das über die Haftungsansprüche entscheidende Gericht sein Verfahren auszusetzen, um eine vorgreifliche Entscheidung des SozV-Trägers bzw. des SG abzuwarten. Dementsprechend ermöglicht es § 109 dem Schädiger, die entsprechenden sozialrechtl. Feststellungen zu beantragen sowie das diesbezügliche Verfahren beim SG zu betreiben.

II. Voraussetzungen der Bindungswirkung nach Abs. 1. 1. Prozessuale Voraussetzungen. Zur Auslösung der Bindungswirkung muss eine „unanfechtbare Entscheidung" des Unfallversicherungsträgers vorliegen. Das ist regelmäßig ein Verwaltungsakt nach §§ 31 ff. SGB X, ggf. aber auch ein öffentl.-rechtl. Vertrag gem. §§ 53 ff. SGB X, zB als Vergleichsvertrag nach § 54 SGB X. Die Feststellungen nach § 108 2

---
[1] KassKomm/*Ricke*, § 106 Rz. 15; *Leube*, BG 2001, 139 (142). ||[2] *Kater/Leube*, § 107 Rz. 21; s. aber OLG Hamm 4.2.2002 – 6 U 130/01, NJW-RR 2002, 1389. ||[3] S. zu alledem *Kater/Leube*, § 107 Rz. 1 ff.; § 121 Rz. 5 ff.; *Otto/Schwarze*, Rz. 593. ||[4] OLG Celle 5.3.2010 – 14 W 1/10, nv. ||[5] BSG 27.4.2010 – B 2 U 11/09 R, NZS 2011, 313.

werden im sozialgerichtl. Prozess entweder gem. § 54 I, IV SGG bei Gelegenheit der Entscheidung über die Leistungsklage oder nach § 55 I Nr. 3 SGG durch Feststellungsentscheidung getroffen, insb. bei Feststellungsbegehren des Schädigers nach § 109[1]. Unanfechtbar bedeutet, dass die jeweiligen Entscheidungen nicht durch ordentl. Rechtsbehelf angefochten werden können. Die Unanfechtbarkeit richtet sich nach § 77 SGG. Sie ergibt sich für rechtskräftige Gerichtsbescheide oder Urteile der SG aus §§ 105, 125 SGG sowie für Anerkenntnisse oder Vergleiche im sozialgerichtl. Verfahren aus § 101 SGG[2]. Die Fehlerhaftigkeit der Entscheidung, zB die Zugrundelegung unvollständiger Tatsachen, ist mit Blick auf das Ziel der Erlangung von Rechtssicherheit unschädlich[3].

3   **2. Personelle Voraussetzungen.** Die Bindungswirkung nach Abs. 1 kann nur eintreten, wenn die jeweils von einer Entscheidung betroffenen Personen am sozialverwaltungsrechtl. bzw. sozialgerichtl. Verfahren beteiligt wurden[4]. Diese Verfahrensbeteiligung ist beim Geschädigten regelmäßig gegeben, wenn er beim Unfallversicherungsträger den Antrag auf Entschädigungsleistungen gestellt hat. Im Fall dieser Antragstellung durch den Geschädigten muss der Schädiger zwar nicht zwingend am Verfahren beteiligt werden; jedoch greifen dann auch nicht die Rechtsfolgen des § 108. Die Behörde kann den Schädiger von Amts wegen oder auf seinen Antrag hin nach § 12 II SGB X als Beteiligten hinzuziehen, so dass dann auch die Voraussetzungen des § 108 erfüllt sind. Auf seinen Antrag hin ist der Schädiger zwingend hinzuzuziehen, da die Entscheidung auf Grund der §§ 104 ff. rechtsgestaltende Wirkung iSd. § 12 II 2 SGB X für ihn hat. Sobald der Schädiger sich auf die Benachrichtigung der Behörde nicht erklärt hat, tritt die Bindungswirkung nach § 108 nicht schon dann ein, wenn er einen längeren Zeitraum ohne Reaktion hat verstreichen lassen. Es müssen vielmehr weitere Umstände dafür sprechen, dass er sein Beteiligungsrecht nicht mehr ausüben wird[5]. Mit Blick auf die Schwierigkeiten bei der Beurteilung des einschlägigen Zeitraums ist es erforderlich, dass der Schädiger Kenntnis vom Verfahren hatte und dessen Auswirkungen auf seine Position kannte. Dies ist dadurch sicherzustellen, dass die Behörde ihn gem. § 12 II 2 SGB X benachrichtigt und ihn auf sein Recht auf Beteiligung hinweist[6]. Daher wird empfohlen, den Schädiger nach § 12 II SGB X unter Fristsetzung anzuhören[7]. Soweit der Geschädigte keinen Antrag stellt, besteht die Möglichkeit des Feststellungsantrags durch den Schädiger nach § 109. IÜ können sich sämtliche Dritte, zu deren Gunsten sich die Haftungsbeschränkung nach §§ 104 ff. auswirken kann, gem. § 109 sowie nach § 12 SGB X am Verfahren beteiligen und so die hieraus folgenden Bindungswirkungen auslösen. Das gilt insb. für die privaten Haftpflichtversicherungsunternehmen der beteiligten Schädiger[8]. Umgekehrt kommt auch die Bindung Dritter auf Geschädigtenseite in Betracht. Hat zB der ArbGeb dem Geschädigten Entgeltfortzahlung geleistet und nimmt er dann gegen den Schädiger Regress (§ 6 EFZG), so kann die Haftungsfreistellung des Schädigers nach §§ 104 ff. auch dem ArbGeb entgegengehalten werden. Voraussetzung ist, dass er am Verfahren beteiligt war[9].

4   **III. Gegenstand der Bindungswirkung nach Abs. 1. 1. Versicherungsfall.** Sowohl die positive wie auch die negative Feststellung des SozV-Trägers bzw. des SG ist bindend für die Frage, ob ein Versicherungsfall nach §§ 104 ff. vorgelegen hat. Deshalb ist hiermit auch die vorgreifliche Frage entschieden, ob der Geschädigte „Versicherter" war oder nicht[10].

5   **2. Leistungsumfang.** Die Feststellung des Leistungsumfangs (Art, Höhe, Dauer) ist für die Haftungsbeschränkung nach §§ 104 ff. und für den Rückgriff nach §§ 110 f. vorgreiflich. Insb. ergibt sich hieraus bindend die Höhe der Summe, welche sich der Geschädigte bei Vorsatztaten oder bei Wegeunfällen nach § 8 II Nr. 1–4 dem § 104 III anrechnen lassen muss (s. § 104 Rz. 14). Für den Umfang der Schädigung und damit für die Schadensersatzfolgen wie bspw. die Höhe der Erwerbsminderung oÄ ist die Entscheidung nicht bindend[11].

6   **3. Zuständigkeit des Versicherungsträgers.** Die (meist nicht ausdrückliche, sondern nur inzident erfolgende) Feststellung der Zuständigkeit eines Unfallversicherungsträgers in einer Verwaltungs- oder Gerichtsentscheidung hat insofern Bindungswirkung für zivilrechtl. Haftungsansprüche, als sich aus ihr ergibt, welchem Unternehmen (§ 104) und welchem Unternehmensmitarbeiter (§§ 105 f.) sich eine schädigende Handlung zurechnen lässt. Aus diesem Grunde sind die Unfallversicherungsträger dem Schädiger ggü. verpflichtet, festzustellen, welchem Unternehmen die unfallbringende Tätigkeit gedient hat[12]. Allerdings kann die Bindungswirkung hinsichtlich der Unternehmenszuordnung nur insoweit

---

1 BSG 16.5.1984 – 9b RU 68/82, BSGE 56, 279 ff.; *Kater/Leube*, § 108 Rz. 5.   ‖ 2 *Kater/Leube*, § 108 Rz. 2; Brackmann/*Krasney*, § 108 Rz. 7; *Dahm*, SozVers 1996, 39 (40).   ‖ 3 BAG 14.12.2006 – 8 AZR 628/05, NZA 2007, 262.   ‖ 4 BGH 22.4.2008 – VI ZR 202/07, VersR 2008, 820; 20.11.2007 – VI ZR 244/06, MDR 2008, 263; 12.6.2007 – VI ZR 70/06, VersR 2007, 1131; 20.4.2004 – VI ZR 189/03, VersR 2004, 931; *Stöhr*, VersR 2004, 809 (816 f.).   ‖ 5 S. im Einzelnen BGH 20.11.2007 – VI ZR 244/06, MDR 2008, 263; 4.4.1995 – VI ZR 327/93, NJW 1995, 2038 f. mwN; Brackmann/*Krasney*, § 108 Rz. 9.   ‖ 6 BGH 20.11.2007 – VI ZR 244/06, MDR 2008, 263.   ‖ 7 KassKomm/*Ricke*, § 108 Rz. 2.   ‖ 8 BSG 1.7.1997 – 2 RU 26/96, SozR 3 – 2200 § 639 Nr. 1; *Rolfs*, DB 2001, 2294 (2299).   ‖ 9 BGH 12.6.2007 – VI ZR 70/06, VersR 2007, 1131.   ‖ 10 RG v. 7.2.1918 – VI 356/17, RGZ 92, 296 (297 f.); BAG 6.11.1974 – 5 AZR 22/74, AP Nr. 8 zu § 636 RVO; 14.12.2006 – 8 AZR 628/05, NZA 2007, 262; BGH 19.10.1993 – VI ZR 158/93, VersR 1993, 1540; 22.4.2008 – VI ZR 202/07, VersR 2008, 820; ErfK/*Rolfs*, § 108 SGB VII Rz. 2; KassKomm/*Ricke*, § 108 Rz. 3.   ‖ 11 BGH 25.4.2006 – VI ZR 109/05, NZS 2006, 600; 25.3.1958 – VI ZR 13/57, VersR 1958, 377; KassKomm/*Ricke*, § 108 Rz. 4; *Krasney*, NZS 2004, 68 (72); *Rolfs*, Die Haftung unter Arbeitskollegen und verwandte Tatbestände, 1995, S. 222.   ‖ 12 BSG 29.6.1962 – 2 RU 82/60, NJW 1962, 1983 f.

greifen, als durch die betreffende ausdrückliche Feststellung (bei Feststellungsentscheidungen) oder schlüssige Feststellung (bei Leistungsbescheiden oder Leistungsurteilen durch konkludente Annahme der Zuständigkeit eines Unfallversicherungsträgers) sich tatsächlich eine eindeutige Aussage über die Zuordnung für ein bestimmtes Unternehmen treffen lässt. So sind bspw. bei Beschäftigungen für mehrere Unternehmen überlappende Versicherungsverhältnisse in verschiedenen Betrieben nach § 2 I Nr. 1 möglich. Dasselbe gilt für die „Wie-Beschäftigung" einer Person (§ 2 II 1), die gleichzeitig in einem anderen Betrieb versicherungspflichtig beschäftigt ist (§ 2 I Nr. 1)[1]. Eindeutige Aussagen lassen sich aber dort treffen, wo ein Versicherungstatbestand ggü. einem anderen subsidiär ist. So ist der Versicherungsschutz nach § 2 I Nr. 13a (Hilfe bei Unglücksfällen) subsidiär ggü. der Versicherung als Beschäftigter (§ 2 I Nr. 1) oder als „Wie-Beschäftigter" (§ 2 II 1). Geht also der Unfallversicherungsträger im Leistungsbescheid davon aus, dass der Geschädigte gem. § 2 I Nr. 13a versichert war, enthält dies die rechtsverbindliche Feststellung, dass keine Tätigkeit für ein Unternehmen iSd. § 104 I 1 vorlag, so dass auch der dort geregelte Haftungsausschluss nicht zur Anwendung kommt[2]. Auf Grund dieser Rspr. wird teilweise gefordert, generell die Bindungswirkung von Bescheiden der Unfallversicherungsträger auf die Frage zu erstrecken, in welchem Betrieb sich der Unfall ereignet habe[3]. Dem kann aber nicht gefolgt werden, weil und soweit die Zuordnung von Versicherungsfällen zu Unfallversicherungsträgern auf nicht-gesetzl. Teilungsabkommen beruht[4]. Hinzu kommt, dass die Bindungswirkung bspw. bei Schädigungen durch betriebsfremde Personen zumindest die Anwendung von § 106 III („gemeinsame Betriebsstätte") nicht ausschließen kann.

4. Weitere Haftungsvoraussetzungen. Bindungswirkung wird auch der Entscheidung darüber zugerechnet, ob ein **Wegeunfall** nach § 8 II Nr. 1–4 vorliegt, soweit dies aus der Begründung der Entscheidung folgt (s. § 104 Rz. 16)[5]. Zwar ergibt sich eine solche Bindungswirkung nicht direkt aus Abs. 1, wegen der häufigen Ausführungen der Unfallversicherungsträger und der Gerichte zum Tatbestand des Wegeunfalls im Rahmen der Entscheidung über das Vorliegen eines Versicherungsfalles ist eine entsprechende Anwendung aber gerechtfertigt. **Nicht erfasst** von der Bindungswirkung sind bspw. Tatbestände wie die „Angehörigen und Hinterbliebenen" (§ 104 I 1), der Vorsatz (§ 104 I 1), die „betriebliche Tätigkeit" (§ 105 I 1), die „vorübergehende betriebliche Tätigkeit auf einer gemeinsamen Betriebsstätte" (§ 106 III)[6], die Höhe des entstandenen Schadens sowie die Frage der Kausalität der Verursachung[7]. Auch bei vertragl. Regelungen, welche auf die Einschlägigkeit oder Nicht-Einschlägigkeit der §§ 104ff. oder einige ihrer Tatbestände abstellen, greift § 108 nicht ein[8].

IV. Verfahrensaussetzung nach Abs. 2. Abs. 2 setzt die Bindungswirkung nach Abs. 1 prozessual durch, indem er das über den Ersatzanspruch befindende Gericht (Zivil- oder ArbG) verpflichtet, das Verfahren bis zur Entscheidung nach Abs. 1 auszusetzen. Die Verfahrensaussetzung ist zwingend, steht also – anders als bei § 148 ZPO – nicht im Ermessen des Gerichts[9]. Ein Aussetzungsgrund ist auch dann zu bejahen, wenn lediglich Anhaltspunkte für das Vorliegen eines Versicherungsfalles der gesetzl. Unfallversicherung bestehen[10]. Die Entscheidung ist nach Abs. 1 erst „ergangen", wenn sie unanfechtbar ist. Die Verpflichtung zur Verfahrensaussetzung besteht auch dann, wenn ein Antrag des Geschädigten auf Ersatzleistung bzw. ein Feststellungsantrag des Schädigers nach § 109 noch nicht gestellt ist, vgl. Abs. 2 S. 2[11]. Wenn es absehbar nicht zum Abschluss eines eingeleiteten Verwaltungsverfahrens kommt, ist der Haftungsprozess fortzusetzen[12]. Soweit keiner der Beteiligten einen Antrag gestellt hat, hat das über den Haftungsanspruch entscheidende Gericht eine entsprechende Frist zu setzen, Abs. 2 S. 2. Nach deren Ablauf können die Parteien das Verfahren wieder aufnehmen. Eine ausdrückliche Aufhebung der Aussetzung nach § 150 ZPO ist nicht erforderlich. Die Aussetzungspflicht greift auch dann, wenn der Schädiger als Verfahrensbeteiligter nach § 12 II SGB X bzw. nach § 75 SGG gehört werden muss (s. § 109 Rz. 1)[13]. Ist der Schädiger nicht nach § 12 II SGB X bzw. nach § 75 SGG gehört worden, kann gegen ihn kein gesonderter feststellender Verwaltungsakt über die Verpflichtung zur Unfallversicherungsleistung an den Geschädigten ergehen[14]. Die Aussetzung nach Abs. 2 wegen unterlassener Beteiligung des Schädigers am Verwaltungsverfahren ist laut BGH ausnahmsweise entbehrlich, wenn sie bloße Förmelei wäre[15].

---

1 BGH 22.4.2008 – VI ZR 202/07, VersR 2008, 820; 4.4.1995 – VI ZR 327/93, NJW 1995, 2038 mwN; KassKomm/*Ricke*, § 108 Rz. 5; *Kater/Leube*, § 108 Rz. 3. ||2 BGH 24.1.2006 – VI ZR 290/04, NJW 2006, 1592. ||3 *Rolfs*, NJW 1996, 3177 (3182); *Hanau*, FS Steffen, 1995, S. 177 (189). ||4 Vgl. *Rolfs*, NJW 1996, 3177 (3182); *Hanau*, FS Steffen, 1995, S. 177 (189). ||5 KassKomm/*Ricke*, § 108 Rz. 7; Brackmann/*Krasney*, § 108 Rz. 10. ||6 BGH 22.1.2013 – VI ZR 175/11, VersR 2013, 460. ||7 KassKomm/*Ricke*, § 108 Rz. 7; RG v. 22.10.1943 – V 42/43, RGZ 172, 101 (103); BGH 25.3.1958 – VI ZR 13/57, VersR 1958, 377ff. ||8 BGH 20.9.2005 – VI ZB 78/04, VersR 2005, 1751. ||9 BGH 22.4.2008 – VI ZR 202/07, r+s 2008, 308; 20.4.2004 – VI ZR 189/03, VersR 2004, 931; OLG Hamm 24.9.2012 – I-6 U 16/12, r+s 2013, 252; *Stöhr*, VersR 2004, 809 (816f.). ||10 OLG Celle 5.3.2010 – 14 W 1/10, 14 W 10/10, nv.; s.a. *Dahm*, NZV 2011, 118 (120). ||11 OLG Hamm 28.2.2000 – 6 W 1/00, HVBG-Info 2000, 1880f.; KassKomm/*Ricke*, § 108 Rz. 8. ||12 KassKomm/*Ricke*, § 108 Rz. 8. ||13 BGH 4.4.1995 – VI ZR 327/93, NJW 1995, 2038 (2039); *Dahm*, SozVers 1997, 61 (62). ||14 BSG 31.1.2012 – B 2 U 12/11 R, NZS 2012, 548. ||15 BGH 30.4.2013 – VI ZR 155/12, NJW 2013, 2031.

109 *Feststellungsberechtigung von in der Haftung beschränkten Personen*
Personen, deren Haftung nach den §§ 104 bis 107 beschränkt ist und gegen die Versicherte, ihre Angehörigen und Hinterbliebene Schadensersatzforderungen erheben, können statt der Berechtigten die Feststellungen nach § 108 beantragen oder das entsprechende Verfahren nach dem Sozialgerichtsgesetz betreiben. Der Ablauf von Fristen, die ohne ihr Verschulden verstrichen sind, wirkt nicht gegen sie; dies gilt nicht, soweit diese Personen das Verfahren selbst betreiben.

1 Die Vorschrift stellt eine verfahrensrechtl. Ergänzung zu § 108 dar (s. § 108 Rz. 1). Durch sie wird es dem (vermeintlichen) Schädiger ermöglicht, mittels eigenen Antrags die Feststellungen nach § 108 zu veranlassen und so die Bindungswirkungen des § 108 auszulösen. Das Antragsrecht hat jede Person, die die tatbestandlichen Voraussetzungen der §§ 104–107 erfüllt. Der Haftende muss tatsächlich auf Schadensersatz in Anspruch genommen werden, wobei es gleichgültig ist, ob der Geschädigte selbst oder ein SozV-Träger dies tut[1]. Die bloße Möglichkeit der Erhebung von Forderungen gegen den Schädiger allein reicht dagegen nicht aus[2]. Zulässig ist auch die Antragstellung durch den wegen Vorsatz oder auf Grund einer Verletzung auf dem Weg nach § 8 II Nr. 1–4 Haftenden, da hier die Minderung der Ersatzpflicht nach § 104 III in Betracht kommt[3]. Antragsberechtigt sind ebenfalls in Anspruch genommene Haftpflichtversicherungsträger der Haftenden[4]. Die Antragstellung nach § 109 ist subsidiär, da der Antrag nur „statt der Berechtigten" gestellt werden kann. Soweit also der Geschädigte Leistungen beantragt hat, ist der Antrag nach § 109 unzulässig. In diesem Fall erfolgt die Beteiligung des Schädigers nach § 12 II SGB X, § 75 SGG (s. § 108 Rz. 3). Eine notwendige Streitgenossenschaft nach § 74 SGG iVm. § 62 ZPO ist ausgeschlossen, da S. 1 als speziellere Vorschrift eine nebeneinander bestehende, gleichrangige Prozessstellung von Berechtigtem und Priviligiertem ausschließt („können statt")[5]. Der Antrag ist ein reiner Feststellungsantrag, der ausschließlich auf die Tatbestände des § 108 ausgerichtet ist, also auf die Frage, ob ein Versicherungsfall vorliegt, in welchem Umfang Leistungen zu erbringen sind und ob der Unfallversicherungsträger zuständig ist (s. § 108 Rz. 4ff.). Die Rspr. stellt keine hohen formalen Anforderungen an die Antragstellung; es genügt die einfache Erklärung, der Unfallversicherungsträger möge Feststellungen über die in § 108 genannten Tatsachen treffen[6]. Der Antragsteller verfolgt mit dem Feststellungsbegehren eigene Interessen, so dass er im Verfahren nicht zu Gunsten des Berechtigten tätig werden muss[7]. Mit der Antragstellung im Prozess wird der Ersatzpflichtige zum Prozessstandschafter[8].

2 S. 2 regelt den Fall, dass der Verletzte und nicht die in der Haftung beschränkte Person das Verfahren betreibt. In dieser Situation sollen Fristen, die ohne das Verschulden des gem. §§ 104–107 in der Haftung Privilegierten verstrichen sind, nicht gegen ihn wirken. Soweit also der Geschädigte ohne verfahrensrechtl. Beteiligung des Schädigers einen Leistungsantrag gestellt hat, dieser abgelehnt wurde und die diesbezüglichen Rechtsbehelfsfristen abgelaufen sind (§§ 84, 87, 151 ff. SGG), wirkt dieser Fristablauf nicht gegen den privilegierten Schädiger. Dieser kann also zum Zweck der Feststellung nach § 109 iVm. § 108 seinerseits fristgerecht entsprechende Rechtsbehelfe einlegen. Zu beachten ist hierbei, dass diese sich aber ausschließlich und nur auf das Feststellungsbegehren hinsichtlich der Tatsache nach § 108 I richten können[9]. Verschulden liegt insb. vor, wenn der Schädiger den Fristablauf kannte oder kennen musste oder den Rechtsbehelf nicht rechtzeitig eingelegt hat[10]. Bei Kenntniserlangung im Lauf der Rechtsbehelfsfrist muss der Antragsberechtigte unverzüglich handeln[11].

Zweiter Abschnitt. Haftung gegenüber den Sozialversicherungsträgern

110 *Haftung gegenüber den Sozialversicherungsträgern*
(1) Haben Personen, deren Haftung nach den §§ 104 bis 107 beschränkt ist, den Versicherungsfall vorsätzlich oder grob fahrlässig herbeigeführt, haften sie den Sozialversicherungsträgern für die infolge des Versicherungsfalls entstandenen Aufwendungen, jedoch nur bis zur Höhe des zivilrechtlichen Schadensersatzanspruchs. Statt der Rente kann der Kapitalwert gefordert werden. Das Verschulden braucht sich nur auf das den Versicherungsfall verursachende Handeln oder Unterlassen zu beziehen.

(1a) Unternehmer, die Schwarzarbeit nach § 1 des Schwarzarbeitsbekämpfungsgesetzes erbringen und dadurch bewirken, dass Beiträge nach dem Sechsten Kapitel nicht, nicht in der richtigen Höhe

---

1 LSG Bln.-Bbg. 24.9.2008 – L 31 U 467/08, UV-Recht Aktuell 2008, 1481. ||2 KassKomm/*Ricke*, § 109 Rz. 3; ErfK/*Rolfs*, § 109 SGB VII Rz. 2; vgl. BSG 28.10.1960 – 2 RU 272/57, BSGE 13, 122. ||3 *Kater/Leube*, § 109 Rz. 2. ||4 BSG 1.7.1997 – 2 RU 26/96, BSGE 80, 279 = SGb 1998, 280 m. Anm. *Seewald*; *Krasney*, NZS 2004, 68 (73); KassKomm/*Ricke*, § 109 Rz. 3. ||5 LSG BW 19.11.2010 – L 8 U 996/09, UV-Recht aktuell 2010, 1345; aA Hauck/*Nehls*, K § 109 Rz. 7f. ||6 BSG 28.10.1960 – 2 RU 272/57, BSGE 13, 122 (125). ||7 BSG 16.5.1984 – 9b RU 68/82, BSGE 56, 279 (280 f.); 18.12.1969 – 2 RU 238/66, SozR 1 Nr. 1 zu § 639 RVO. ||8 BSG 28.10.1960 – 2 RU 272/57, BSGE 13, 122 (123); 16.5.1984 – 9b RU 68/82, BSGE 56, 279 (280); 26.4.1990 – 2 RU 47/89, BB 1990, 1703; *Kater/Leube*, § 109 Rz. 6; *Boudon*, BB 1993, 2446 (2448); *Dahm*, BG 1995, 262; *Dahm*, SozVers 1996, 39 f.; ErfK/*Rolfs*, § 109 SGB VII Rz. 2. ||9 S. *Kater/Leube*, § 109 Rz. 7. ||10 Vgl. BSG 16.5.1984 – 9b RU 68/82, BSGE 56, 279 (280). ||11 *Kater/Leube*, § 109 Rz. 7.

oder nicht rechtzeitig entrichtet werden, erstatten den Unfallversicherungsträgern die Aufwendungen, die diesen infolge von Versicherungsfällen bei Ausführung der Schwarzarbeit entstanden sind. Eine nicht ordnungsgemäße Beitragsentrichtung wird vermutet, wenn die Unternehmer die Personen, bei denen die Versicherungsfälle eingetreten sind, nicht nach § 28a des Vierten Buches bei der Einzugsstelle oder der Datenstelle der Träger der Rentenversicherung angemeldet hatten.

(2) Die Sozialversicherungsträger können nach billigem Ermessen, insbesondere unter Berücksichtigung der wirtschaftlichen Verhältnisse des Schuldners, auf den Ersatzanspruch ganz oder teilweise verzichten.

I. Allgemeines. § 110 gewährt dem infolge des Versicherungsfalls leistenden SozV-Träger ggü. den Schädigern, deren Haftung nach §§ 104–107 beschränkt ist, einen eigenen, originären Regressanspruch. Die Notwendigkeit der Begründung eines eigenen Anspruchs beruht darauf, dass nach § 104 I 2 der Forderungsübergang nach § 116 SGB X ausgeschlossen ist (s. Vor §§ 104–113 Rz. 1, § 104 Rz. 12). Die Regressmöglichkeiten sind anders definiert als die Haftung des Schädigers. Während der Schädiger nach §§ 104–107 nur dann haftet, wenn er vorsätzlich gehandelt hat oder wenn ein Wegeunfall nach § 8 II Nr. 1–4 vorlag, greift der Regress gem. § 110 bei **Vorsatz, Schwarzarbeit** und **grober Fahrlässigkeit**. Eine Sonderregelung für **Wegeunfälle** existiert nicht. Hier bleibt es deshalb bei der Haftung des Schädigers, so dass auch der Ausschluss des Forderungsübergangs nach § 104 I 2 nicht zum Tragen kommt. Bei Wegeunfällen kann der SozV-Träger daher nach § 116 SGB X aus übergegangenem Recht beim Schädiger Regress nehmen. Bei alledem wird der Umfang des Regresses mehrfach begrenzt. Es können nur die entstandenen Aufwendungen und auch diese lediglich bis zur Höhe des zivilrechtl. Schadensersatzanspruchs geltend gemacht werden. Zudem ist es dem SozV-Träger möglich, nach billigem Ermessen auf den Ersatzanspruch ganz oder teilweise zu verzichten, Abs. 2. Da der SozV-Träger bei der Geltendmachung des Regressanspruchs nicht in seiner Eigenschaft als Träger öffentl. Gewalt handelt, begründen §§ 110f. eine privatrechtl. Forderung[1]. Zuständig für die Durchsetzung des Regressanspruchs sind ausschließlich die **ordentl. Gerichte** und nicht die Sozial- oder ArbG, denn die §§ 110f. sind zivilrechtlicher Natur und begründen keine Forderungen „aus dem Arbeitsverhältnis" nach § 2 I Nr. 3a, d, Nr. 9 oder Nr. 10 ArbGG (s. insb. zu Abs. 1a Rz. 8). Die betreffenden Vorschriften können lediglich dann die Zuständigkeit der ArbG begründen, wenn § 104 I 2 nicht zur Anwendung kommt und der Überleitungstatbestand des § 116 SGB X greift (s. § 104 Rz. 12)[2]. Bezüglich der örtlichen Zuständigkeit greift der Gerichtsstand der unerlaubten Handlung nach § 32 ZPO[3].

II. Regressvoraussetzungen. 1. Haftende Personen. Erfasst sind sämtliche Personen, die nach §§ 104–107 haftungsprivilegiert sind (s. § 104 Rz. 1, § 105 Rz. 3f., § 106 Rz. 2ff., § 107 Rz. 1). Deshalb kann bspw. auch ein nach § 4 I Nr. 1 versicherungsfreier Beamter passivlegitimiert sein, weil er gem. § 105 I 2 in seiner Haftung beschränkt wird[4]. Der Kreis der haftenden Personen wird gem. § 111 auch auf Personengesellschaften und juristische Personen ausgedehnt, wenn der Schädiger als Organ oder gesetzl. Vertreter in Ausführung der ihm zustehenden Verrichtungen den Versicherungsfall vorsätzlich oder grob fahrlässig verursacht hat (s. § 111 Rz. 1). Soweit ein (weiterer) Schädiger, der nicht gem. §§ 104–107 in der Haftung beschränkt ist, in Regress genommen wird, greift nicht § 110, sondern § 116 SGB X (s. § 104 Rz. 9).

2. Berechtigter Sozialversicherungsträger. Aktivlegitimiert ist der SozV-Träger, der in Folge des Versicherungsfalls Aufwendungen getätigt hat. Das muss nicht zwingend ein Unfallversicherungsträger sein (§§ 114ff.). In Betracht kommt auch ein sonstiger SozV-Träger, der auf Grund vorläufiger oder irrtümlich angenommener Zuständigkeit zB Krankenbehandlung oder Renten geleistet hat[5]. Soweit hier der zuständige Unfallversicherungsträger nach §§ 103ff. SGB X erstattungspflichtig ist und seine Erstattungspflicht erfüllt hat, geht die Aktivlegitimation auf ihn über[6].

3. Verschulden. Der Regress nach § 110 ist nur zulässig, wenn der Haftende den Versicherungsfall vorsätzlich oder grob fahrlässig herbeigeführt hat (s. zum Sonderfall der Schwarzarbeit Rz. 8ff.). Grobe Fahrlässigkeit oder Vorsatz brauchen sich nur auf das den Versicherungsfall verursachende Handeln oder Unterlassen zu beziehen, Abs. 1 S. 3 (die Erfassung des konkreten Schadensumfangs ist anders als nach § 104 I 1 also nicht gegeben, vgl. § 104 Rz. 10). Sowohl für die Bestimmung des Vorsatzes als auch für die Bestimmung der groben Fahrlässigkeit wird auf die allg. zivilrechtl. Definitionen zurückgegriffen. **Vorsatz** ist das Wissen und Wollen des rechtswidrigen Erfolges. Dieser muss vom Handelnden bzw. Unterlassenden vorausgesehen und in seinen Willen aufgenommen worden sein. Es ist nicht erforderlich, dass der Erfolg tatsächlich gewünscht war; neben dem unbedingten ist auch der bedingte Vorsatz möglich, der dann greift, wenn der als möglich erkannte rechtswidrige Erfolg billigend in Kauf genommen

---

1 BGH 29.1.1963 – VI ZR 67/62, VersR 1963, 243ff.; 28.9.1971 – VI ZR 216/69, BGHZ 57, 96 (100f.); 30.4.1968 – VI ZR 32/67, NJW 1968, 1429; 7.11.1967 – VI ZR 79/66, NJW 1968, 251; 30.1.1968 – VI ZR 132/66; BAG 19.12.1967 – 1 AZR 185/67, NJW 1968, 908f.; Brackmann/*Krasney*, § 110 Rz. 3; KassKomm/*Ricke*, § 110 Rz. 2; *Rolfs*, AR-Blattei SD 860.2 Rz. 216. ||2 BGH 30.4.1968 – VI ZR 32/67, NJW 1968, 1429f.; *Kater/Leube*, § 110 Rz. 3. ||3 OLG Hamm 19.4.2013 – I-32 SA 18/13. ||4 BGH 27.11.1984 – VI ZR 296/81, VersR 1985, 237; *Kater/Leube*, § 110 Rz. 7. ||5 Vgl. zur Anwendung von § 110 bei Rechtsnachfolge von Berufsgenossenschaften nach DDR-SozV-Trägern BGH 30.5.2000 – VI ZB 34/99, VersR 2000, 1390. ||6 S. im Einzelnen *Kater/Leube*, § 110 Rz. 4.

worden ist[1]. **Grobe Fahrlässigkeit** hat zur Voraussetzung, dass die im Verkehr erforderliche Sorgfalt in besonders schwerem Maße verletzt wurde, und dasjenige unbeachtet geblieben ist, das im gegebenen Fall jedem hätte einleuchten müssen[2]. Für die Annahme der groben Fahrlässigkeit gilt kein objektiver Maßstab; es sind vielmehr die in der Individualität des Handelnden begründeten Umstände zu berücksichtigen[3]. Gem. Abs. 1 S. 3 muss sich das Verschulden **nur auf das den Versicherungsfall verursachende Handeln oder Unterlassen** beziehen, womit die Schadensfolgen ausgeschlossen sind. Es genügt also für die Annahme von Vorsatz und grober Fahrlässigkeit, dass der Arbeitsunfall nach § 8 bzw. die Berufskrankheit nach § 9 vorsätzlich oder grob fahrlässig herbeigeführt worden sind[4]. Dabei kann es einen Hinweis auf grobe Fahrlässigkeit bedeuten, wenn die entsprechende Pflichtwidrigkeit bereits mehrfach vom Unfallversicherungsträger gerügt worden ist[5]. Andererseits kann für die Annahme grober Fahrlässigkeit nicht zwingend auf die **Verletzung von Unfallverhütungsvorschriften** abgestellt werden. Nach der Rspr. des BGH kommt es bei der Verletzung von Unfallverhütungsvorschriften darauf an, ob die Vorschriften vor tödlichen Gefahren schützen sollen und sie „elementare" Sicherungspflichten zum Inhalt haben. Wenn der Schädiger zusätzlich nicht nur unzureichende Sicherungsvorkehrungen vorgenommen hat, sondern „von Sicherungsvorkehrungen völlig abgesehen hat, obwohl die Sicherungsanweisungen eindeutig waren", kann der Verstoß ein so großes Gewicht haben, „dass der Schluss auf ein auch subjektiv gesteigertes Verschulden gerechtfertigt ist"[6]. Allerdings kann man fragen, ob diese Formel überhaupt praktikabel ist, zumal Sicherheitsvorschriften den Beteiligten in der Praxis meist gar nicht bekannt sind – übrigens auch denjenigen nicht, die sich an sie halten. Deshalb verdienen solche Entscheidungen den Vorzug, in denen die Rspr. bei der Feststellung der groben Fahrlässigkeit auch beim Verstoß gegen Unfallverhütungsregeln die Prüfung aller für eine gesteigerte Schuld des Haftenden sprechenden Umstände fordert[7].

5   **III. Regressumfang. 1. Aufwendungen der Sozialversicherungsträger.** Der Regressanspruch des § 110 umfasst alle Aufwendungen der SozV-Träger, die infolge des Versicherungsfalls entstanden sind. Das betrifft den Wert sämtlicher Behandlungs- sowie Geldleistungen etc.; des Weiteren sind auch Kosten ärztlicher Begutachtung und die Kosten der Rechtsverfolgung zu ersetzen. Ein Anspruch auf Ersatz der von den SozV-Trägern getragenen Verwaltungskosten für die Bearbeitung von Versicherungsfällen besteht nicht[8]. Da die Aufwendungen tatsächlich durch den Versicherungsfall entstanden sein müssen, kann der Schädiger dem Versicherungsträger entgegenhalten, dass dieser von einem bestimmten Zeitpunkt an auch ohne den Versicherungsfall dem Verunglückten oder dessen Hinterbliebenen hätte Rente zahlen müssen[9]. Trifft den SozV-Träger eine Leistungspflicht, weil der Geschädigte wegen einer späteren, zusätzlichen Schädigung die Mindestanforderungen für einen Rentenanspruch erfüllt, so haftet der Erstschädiger anteilig nach § 110[10]. Leistungen, die der SozV-Träger erbracht hat, ohne hierzu verpflichtet zu sein bzw. die er unter Verletzung des hierfür uU eingeräumten Ermessensspielraums erbracht hat, sind nicht zu ersetzen. Soweit für den Schädiger eine private Haftpflichtversicherung eintritt, kommt die Erweiterung bzw. Beschränkung des Regressanspruchs aus § 110 auf Grund von Teilungsabkommen in Betracht, die zwischen den SozV-Trägern und Unternehmen der Privatversicherungswirtschaft abgeschlossen werden[11].

6   **2. Zivilrechtlicher Schadensersatzanspruch als Kappungsgrenze.** Der Regressanspruch kann nach Abs. 1 S. 1 aE nicht höher sein als der zivilrechtl. Schadensersatzanspruch, der ohne die evtl. Haftungsbeschränkung nach §§ 104–107 bestünde. Insb. ist zu berücksichtigen, dass der Anspruch gem. § 254 BGB wegen eines Mitverschuldens des Geschädigten gemindert sein kann[12]. Nach Auffassung des BGH ist der zivilrechtl. Schadensersatz nicht nur insoweit zu berücksichtigen, wie er den Aufwendungen der SozV-Träger kongruent ist. Anders als nach § 116 SGB X (s. § 116 SGB X Rz. 11 ff.) verneint der Gerichtshof bei § 110 das Erfordernis der Kongruenz, so dass der SozV-Träger bspw. auch in Höhe eines (ggf. fiktiven) Schmerzensgeldanspruchs Regress nehmen kann, obwohl er selbst keine Leistungen er-

---

1 Palandt/*Grüneberg*, § 276 BGB Rz. 10 f. ||2 BGH 15.7.2008 – VI ZR 212/07, NJW 2009, 681; s.a. BGH 30.11. 1971 – VI ZR 53/70, VersR 1972, 251 (252); 29.9.1992 – XI ZR 265/91, NJW 1992, 3235 (3236); BAG 23.1.1997 – 8 AZR 893/95, NZA 1998, 140 f.; Palandt/*Grüneberg*, § 277 BGB Rz. 4 f.; *Kater/Leube*, § 110 Rz. 9 ff.; *Schmitt*, § 110 Rz. 7 ff. ||3 Palandt/*Grüneberg*, § 277 BGB Rz. 4; *Kater/Leube*, § 110 Rz. 13; BGH 12.1.1988 – VI ZR 158/87, NJW 1988, 1265 (1266). ||4 BGH 15.7.2008 – VI ZR 212/07, NJW 2009, 681; 11.2.2003 – VI ZR 34/02, VersR 2003, 595 m. zust. Anm. *Deutsch*; zum früheren Recht abweichend BGH 20.11.1979 – VI ZR 238/78, BGHZ 75, 328 (330). ||5 BGH 18.10.1988 – VI ZR 15/88, NJW-RR 1989, 339 f.; ErfK/*Rolfs*, § 110 SGB VII Rz. 6; *Kater/Leube*, § 110 Rz. 12. ||6 BGH 30.1.2001 – VI ZR 49/00, VersR 2001, 985; ähnlich bereits BGH 18.10.1988 – VI ZR 15/88, VersR 1989, 109; OLG Düss. 24.9.2003 – I-15 U 188/02, VersR 2004, 65. ||7 BGH 12.1.1988 – VI ZR 158/87, NJW 1988, 1265 f. ||8 *Kater/Leube*, § 110 Rz. 14; *Schmitt*, § 111 Rz. 12; s. zu den Kosten der Rechtsverfolgung als Teil des Schadensersatzanspruchs Palandt/*Grüneberg*, § 249 BGB Rz. 56 ff. ||9 BGH 30.11.1971 – VI ZR 53/70, BGHZ 57, 314. ||10 LG Köln 9.2.2005 – 25 O 649/03, VersR 2005, 710. ||11 Vgl. BGH 7.4.1981 – VI ZR 251/78, VersR 1981, 649; 8.2.1983 – VI ZR 48/81, VersR 1983, 534; OLG Düss. 27.8.2002 – 4 U 232/01, OLGReport Düss. 2003, 138; OLG Celle 29.12.2000 – 9 U 169/00, VersR 2002, 114; *Kater/Leube*, § 110 Rz. 16; KassKomm/*Kater*, § 116 SGB X Rz. 269 ff.; *Wussow*, Teilungsabkommen zwischen Sozialversicherern und Haftpflichtversicherern, 4. Aufl. 1975, S. 76 ff.; *Denck*, NJW 1982, 2048 ff. ||12 BGH 29.1.2008 – VI ZR 70/07, VersR 2008, 659; OLG Rostock 27.3.2003 – 1 U 118/01, OLGReport Rostock 2003, 372; *Waltermann*, NJW 1997, 3401 (3404); *Rolfs*, NJW 1996, 3177 (3181); *Schmitt*, § 111 SGB VI Rz. 13; Brackmann/*Krasney*, § 110 Rz. 16.

bracht hat, die den immateriellen Schaden ersetzen sollen[1]. Die Darlegungs- und Beweislast für Bestehen und Höhe des fiktiven zivilrechtl. Schadensersatzanspruchs liegt beim SozV-Träger[2].

3. Kapitalwert statt Rente (Abs. 1 S. 2). Der SozV-Träger ist berechtigt, statt des Ersatzes laufender Rentenleistungen deren Kapitalwert zu fordern. Dies gilt unabhängig davon, ob er selbst die Rente abfindet. Für die Berechnung des Wertes der Abfindung wird vorgeschlagen, auf die AbfindungsVO abzustellen[3]. Andere Berechnungsweisen dürften aber ebenfalls zulässig sein.

IV. Regress bei Schwarzarbeit (Abs. 1a). 1. Allgemeines. MWv. 1.8.2004 ist § 110 um Abs. 1a ergänzt worden. Diese Regelung gewährt dem Unfallversicherungsträger im Fall von Versicherungsfällen, die bei Schwarzarbeit nach § 1 SchwarzArbG eintreten, einen eigenen Ersatzanspruch gegen den Unternehmer. Hintergrund ist, dass §§ 2 ff. Versicherungsschutz unabhängig davon gewähren, ob für die Versicherten Beiträge gezahlt werden oder nicht. Daran und an der entsprechenden Haftungsfreistellung der Schädiger ggü. den Versicherten nach §§ 104–107 ändert sich durch die Neuregelung nichts. Jedoch soll derjenige Unternehmer, der bei Schwarzarbeit ohne entsprechende Beitragszahlung in den Genuss dieser Vorteile kommt, die Beitragszahler und die Versichertengemeinschaft nicht belasten, sondern dem Unfallversicherungsträger haften[4]. Aus Abs. 1a folgt richtigerweise ein **zivilrechtlicher Anspruch**, für dessen Geltendmachung der **Rechtsweg zu den ordentlichen Gerichten** eröffnet ist[5].

2. Verfassungskonforme Auslegung: Erfordernis der zivilrechtl. Haftung des Unternehmers; zivilrechtl. Schadensersatzanspruch als Kappungsgrenze. Anders als Abs. 1 setzt Abs. 1a nach seinem Wortlaut nicht voraus, dass der Unternehmer nach §§ 104–107 haftungsprivilegiert ist (vgl. Rz. 2), so dass es nach dem Gesetzestext auch nicht darauf ankommt, ob er ohne Haftungsfreistellung zivilrechtl. haften müsste (vgl. § 104 Rz. 6). Zusätzlich kommt es nach Abs. 1a S. 1 nicht auf Verschulden oder sonstiges Vertretenmüssen des Unternehmers bei der Schädigung, der Schwarzarbeit oder der nicht ordnungsgemäßen Beitragsentrichtung an[6]. Auch der Vermutungstatbestand des Abs. 1a S. 2 ist **verschuldensunabhängig**. Abs. 1a stellt einen Tatbestand der Gefährdungshaftung dar, allerdings mit der Besonderheit, dass er nicht an die besondere Gefährlichkeit des Tuns anknüpft, sondern an die Schwarzarbeit, welche mit der Schädigung des Versicherten gar nicht in Zusammenhang steht. Damit enthält die Regelung einen echten **Sanktions- oder Strafcharakter**. Um eine verfassungsrechtl. unzulässige Norm über Strafschadensersatz[7] zu vermeiden, ist daher eine **verfassungskonforme Auslegung** geboten. Diese lässt sich am ehesten gewährleisten, wenn man bei der Auslegung von Abs. 1a systematisch auf Abs. 1 zurückgreift und dessen Erfordernis übernimmt, nach welchem der Unternehmer nur in Regress genommen werden kann, wenn er tatsächlich ohne §§ 104–107 zivilrechtl. haften würde (oben Rz. 2) und wenn dieser zivilrechtl. Schadensersatzanspruch Kappungsgrenze für den Regress ist (oben Rz. 6). Diese Auslegung bewirkt, dass Abs. 1a den Unternehmer im Schadensfall nicht zusätzlich zum allg. Haftungsrecht belastet, sondern ihm lediglich den Schutz der „Haftpflichtversicherung" des SGB VII entzieht (vgl. Vor §§ 104–113 Rz. 3). Ein solcher Entzug des Haftungsschutzes auf Grund mangelnder Beitragsleistung hat keinen Strafcharakter und ist daher mE zulässig[8].

3. Weitere Haftungsvoraussetzungen. a) Unternehmer. S. zum Begriff § 104 Rz. 1. **b) Schwarzarbeit nach § 1 SchwarzArbG.** Der Begriff der Schwarzarbeit ist in § 1 II, III SchwarzArbG definiert. Dort sind ausführlich Einzeltatbestände umschrieben, nach denen Schwarzarbeit leistet, wer Dienst- oder Werkleistungen erbringt oder ausführen lässt, ohne dabei sozial- oder steuerrechtl. Mitteilungs-, Melde-, Aufzeichnungs-, Beitrags- oder sonstige Leistungspflichten zu beachten; außerdem sind Verletzungen der GewO und der HwO erfasst[9]. Die Erfüllung des Tatbestandes von § 1 SchwarzArbG ist verschuldensunabhängig[10].

c) Unternehmer, die Schwarzarbeit erbringen. Abs. 1a S. 1 erfasst nur das „Erbringen" von Schwarzarbeit, womit nach dem Wortlaut von § 1 II SchwarzArbG („Schwarzarbeit leistet, wer Dienst- oder Werkleistungen erbringt oder ausführen lässt ...") lediglich eine von zwei Varianten der Schwarzarbeit genannt ist. Da das SchwarzArbG grds. sowohl den die Schwarzarbeit Leistenden als auch seinen Auftraggeber erfassen soll, liegt hiermit der Schluss nahe, dass mit dem „erbringt" der erstere und mit dem „ausführen lässt" der letztere gemeint ist. Wenn man nun berücksichtigt, dass Abs. 1a einerseits nur das „Erbringen" und andererseits lediglich den „Unternehmer" betrifft (jemanden, der „ausführen

---

1 BGH 27.6.2006 – VI ZR 143/05, NJW 2006, 3563 mwN; *Krasney*, NZS 2004, 68 (75); *Lehmacher*, NZV 2006, 63; aA *Stern-Krieger/Arnau*, VersR 1997, 408 (412); anders noch 2. Aufl. ‖2 BGH 29.1.2008 – VI ZR 70/07, VersR 2008, 659 mzwN. ‖3 Abfindungs-VO v. 17.8.1965, abgedr. bei *Schmitt*, § 76 Rz. 11; so der Vorschlag bei *Nehls*, BG 1975, 234 ff.; *Kater/Leube*, § 110 Rz. 17. ‖4 BT-Drs. 15/2573, 31 f.; KassKomm/*Ricke*, § 110 Rz. 10; *Dahm*, r+s 2004. 403. ‖5 LG Erfurt 10.5.2012 – 10 O 1061/11, r+s 2013, 47; SG Mannheim 19.11.2008 – S 7 U 533/06; *Leube*, SGB 2006, 404; aA *Lehmacher*, BG 2005, 408 f.; *Riedel*, Der unfallversicherungsrechtliche Regreß des § 110 SGB VII unter besonderer Berücksichtigung des neu eingeführten Absatzes 1a, 2008, S. 121; *Waltermann*, BG 2006, 79. ‖6 BT-Drs. 15/2573, 32; KassKomm/*Ricke*, § 110 Rz. 13. ‖7 Dem Grundsatz, dass jede strafähnliche Sanktion Schuld voraussetzt, kommt auch im Zivilrecht verfassungsrechtl. Rang zu, BVerfG 25.10.1966 – 2 BvR 506/63, BVerfGE 20, 323 (331); MüKoBGB/*Grundmann*, § 276 Rz. 49. ‖8 S. im Einzelnen *Giesen*, FS Leinemann, 2006, S. 831; aA *Leube*, SGb 2006, 404; KassKomm/*Ricke*, § 110 Rz. 13 f. ‖9 S. im Einzelnen zu § 1 SchwarzArbG BT-Drs. 15/2573, 18 ff. ‖10 BT-Drs. 15/2573, 32.

lässt"), müsste diese Vorschrift deshalb eigentlich leer laufen. Das ist aber ganz offensichtlich nicht Sinn der Regelung[1]. Deshalb dürfte Abs. 1a so auszulegen sein, dass solche Unternehmer erfasst sind, die Schwarzarbeiter beschäftigen **und gleichzeitig** für andere Personen **Dienst- oder Werkleistungen erbringen**, also zB Reinigungs- oder Bauunternehmen. Diejenigen Unternehmer, die Schwarzarbeit ausschließlich für den eigenen Bedarf ausführen lassen, zB als Hilfe im Haushalt oder bei der Kinderbetreuung, kann man dagegen nicht als Personen bezeichnen, die Dienst- oder Werkleistungen „erbringen". Diese Auslegung entspricht allerdings nur teilweise der Entwurfsbegr. zu Abs. 1a. Danach unterliegen nämlich auch Privathaushalte als „Unternehmen" der Regressregelung, jedoch will die Begr. hier zu deren Gunsten verstärkt von der Verzichtsmöglichkeit des Abs. 2 Gebrauch machen[2].

12   d) **Bewirken der fehlerhaften Beitragsentrichtung.** Abs. 1a S. 1 fordert eine fehlerhafte Beitragsentrichtung nach § 1 SchwarzArbG durch Nichtleistung, unrichtige Beitragshöhe (gemeint ist die zu niedrige und nicht die zu hohe Beitragszahlung) sowie die nicht rechtzeitige Beitragsleistung. Die fehlerhafte Beitragsentrichtung muss durch die Schwarzarbeit „bewirkt" sein, also kausal auf ihr beruhen. Verschulden ist nicht erforderlich[3]. **Zu einer fehlerhaften Beitragsentrichtung wird es in der Praxis aber häufig nicht kommen**, da im Unfallversicherungsrecht die Beiträge idR erst nach Ablauf desjenigen Kalenderjahres, für welches sie anfallen, gezahlt werden müssen (§ 152 I). Deshalb kann der Unternehmer selbst dann, wenn er zunächst Schwarzarbeit ausführen lassen wollte, nach Eintritt des Versicherungsfalls zwecks Vermeidung der Forderung aus Abs. 1a den Schwarzarbeitnehmer dem Unfallversicherungsträger melden und Beiträge zur Unfallversicherung zahlen. Das gilt nur dann nicht, wenn der zuständige Unfallversicherungsträger ausnahmsweise Beitragsvorschüsse verlangt (§ 164)[4]. Dies alles führt dazu, dass faktisch vor allem diejenigen Unternehmer nach Abs. 1a haften, die auf Grund schlechter Beratung oder verspäteter Entdeckung des Versicherungsfalls durch den Unfallversicherungsträger nicht mehr dazu kommen, ihre verunfallten Schwarzarbeiter zu melden und für sie Beiträge zu zahlen. Hinzu kommen diejenigen Unternehmer, die einer beitragsrechtl. Vorschusspflicht unterliegen. Deshalb hat *Ricke* zu Recht bemerkt, dass hier die Präventionsfunktion von Abs. 1a vermindert wird[5]. Zu einem anderen Ergebnis kommt aber die – unzutreffende – Rechtsansicht, nach welcher nicht nur die fehlerhafte Beitragsentrichtung in der gesetzl. Unfallversicherung, sondern – wohl – auch die fehlerhafte Beitragsentrichtung in einem anderen Sozialversicherungszweig anspruchsauslösend sein soll[6]. Diese Rechtsansicht widerspricht deutlich dem Gesetzeswortlaut, nach welchem Beiträge „nach dem Sechsten Kapitel" nicht, nicht in der richtigen Höhe oder nicht rechtzeitig entrichtet worden sein müssen. Gemeint sind hier die Beiträge nach §§ 150 ff.

13   e) **Vermutung nicht ordnungsgemäßer Beitragsentrichtung (Abs. 1a S. 2).** Nach Abs. 1a S. 2 greift die Vermutung nicht ordnungsgemäßer Beitragsentrichtung, wenn der Unternehmer den Versicherten nicht nach § 28a SGB IV bei der Einzugsstelle oder der Datenstelle der Träger der Rentenversicherung angemeldet hat. Hinsichtlich dieser Vermutung gilt dasselbe wie für die fehlerhafte Beitragsentrichtung: Weil der Unternehmer nach § 165 die versicherten Beschäftigten erst nach Ablauf des Kalenderjahres der Versicherung melden muss, kann er dies idR auch nach Eintritt des Versicherungsfalls zwecks Vermeidung der Schadensersatzforderung tun (s. soeben Rz. 12)[7].

14   **V. Regressverzicht (Abs. 2).** Trotz vorsätzlicher oder grob fahrlässiger Herbeiführung des Versicherungsfalles ist es den SozV-Trägern möglich, wegen der besonderen **Härten, welche die Ersatzpflicht für den Schädiger nach sich ziehen kann**, auf ihre Ansprüche ganz oder teilweise zu verzichten. Dabei sind die wirtschaftl. Verhältnisse des – möglicherweise in seiner Existenz bedrohten – Schädigers zu berücksichtigen, ebenso der Grad des Verschuldens sowie das Mitverschulden des Geschädigten oder des SozV-Trägers. Der SozV-Träger hat bei der Entschließung über den Verzicht, insb. wenn es um den Rückgriff gegen einen ArbN geht, auch den Erziehungs- und Strafcharakter des Rückgriffs sowie fürsorgliche Gesichtspunkte zu beachten[8]. Nach Ansicht des BGH besteht bei Einstehen eines Haftpflichtversicherers für den Schädiger kein Anlass zum Verzicht[9]. Teilweise wird dies auch angenommen, wenn – ausnahmsweise[10] – trotz grober Fahrlässigkeit ein Freistellungsanspruch gegen den ArbGeb besteht[11]. Bei Vorsatz dürfte der Regressverzicht regelmäßig ausgeschlossen sein; andererseits sind die jeweiligen persönlichen Besonderheiten bei Kindern, Jugendlichen sowie bei sonstigen Personen mit beschränkter Einsichtsfähigkeit zu berücksichtigen[12]. Die **Ausübung „billigen Ermessens"** steht nicht im Belieben des SozV-Trägers. Es ist ihm bei seiner Entschließung zwar ein gewisser Beurteilungsspielraum zuzubilligen; jedoch ist dessen Nutzung daraufhin zu überprüfen, ob sie sich im Rahmen des

---

1 Vgl. BT-Drs. 15/2573, 32. ||2 S. im Einzelnen *Giesen*, FS Leinemann, 2006, S. 831; anders aber *Leube*, SGb 2006, 404; vgl. zu § 1 SchwarzArbG BT-Drs. 15/2573, 18 ff. ||3 Vgl. BT-Drs. 15/2573, 32. ||4 KassKomm/*Ricke*, § 110 Rz. 12a; *Giesen*, FS Leinemann, 2006, S. 831. ||5 KassKomm/*Ricke*, § 110 Rz. 14. ||6 So offenbar LG Erfurt 10.5.2012 – 10 O 1061/11, r+s 2013, 47. ||7 KassKomm/*Ricke*, § 110 Rz. 13 f. ||8 *Kater/Leube*, § 110 Rz. 20; BGH 28.9.1971 – VI ZR 216/69 NJW 1972, 107 (108 f.); BT-Drs. IV/938, Begr. zu § 639. ||9 BGH 28.9.1971 – VI ZR 216/69, NJW 1972, 107 (109 f.); ErfK/*Rolfs*, § 110 SGB VII Rz. 10, s. dort auch im Einzelnen zum Haftungsumfang nach den Bedingungen der privaten Versicherungswirtschaft. ||10 Vgl. BAG 18.4.2002 – 8 AZR 348/01, NZA 2003, 37; 23.1.1997 – 8 AZR 893/95, NZA 1998, 140 f.; ErfK/*Preis*, § 619a BGB Rz. 18; *Walker*, JuS 2002, 736; s. zur Erfassung arbeitnehmerähnlicher Personen BSG 24.6.2003 – B 2 U 39/02 R, NZA 2003, 1136. ||11 *Kater/Leube*, § 110 Rz. 20, zweifelhaft. ||12 *Kater/Leube*, § 110 Rz. 20; *Baltzer*, SGb 1987, 529 (574).

rechtl. Gebots der Billigkeit hält. Aus diesem Grunde kann der SozV-Träger im Extremfall auch **verpflichtet** sein, sein billiges Ermessen auszuüben und auf die Durchsetzung des Regressanspruchs zu verzichten[1]. Da es sich bei dem Anspruch aus § 110 um eine privatrechtl. Forderung handelt (s. Rz. 1), ist das diesbezüglich ausgeübte Ermessen des SozV-Trägers privatrechtl. Natur. Deshalb liegt auch die Überprüfung der Entschließung über Verzicht oder Nicht-Verzicht nach Abs. 2 in der Zuständigkeit der ordentl. Gerichte und nicht der SG[2]. Der Verzicht bindet nur den ihn aussprechenden SozV-Träger[3]. Die zusätzliche Anwendung des Familienprivilegs nach § 116 VI SGB X kommt nicht in Betracht, da insoweit § 110 II eine abschließende Regelung enthält, welche bei der Beteiligung von Familienangehörigen den Ausschluss des Rückgriffs ermöglicht[4]. Im Fall von Abs. 1a will die Gesetzesbegr. Abs. 2 zu Gunsten von Privathaushalten verstärkt anwenden, während nach der hier vertretenen Meinung keine Haftung greift (s. im Einzelnen Rz. 11).

111 *Haftung des Unternehmens*

Haben ein Mitglied eines vertretungsberechtigten Organs, Abwickler oder Liquidatoren juristischer Personen, vertretungsberechtigte Gesellschafter oder Liquidatoren einer Personengesellschaft des Handelsrechts oder gesetzliche Vertreter der Unternehmer in Ausführung ihnen zustehender Verrichtungen den Versicherungsfall vorsätzlich oder grob fahrlässig verursacht, haften nach Maßgabe des § 110 auch die Vertretenen. Eine nach § 110 bestehende Haftung derjenigen, die den Versicherungsfall verursacht haben, bleibt unberührt. Das Gleiche gilt für Mitglieder des Vorstandes eines nicht rechtsfähigen Vereins oder für vertretungsberechtigte Gesellschafter einer Personengesellschaft des bürgerlichen Rechts mit der Maßgabe, dass sich die Haftung auf das Vereins- oder das Gesellschaftsvermögen beschränkt.

Da § 110 lediglich die persönliche Haftung handelnder Schädiger erfasst, bedurfte es mit § 111 einer zusätzlichen Regelung für den Fall, dass die Schädiger als Organe oder gesetzl. Vertreter für Dritte – natürliche oder juristische Personen – gehandelt haben. Die Regelung entspricht in ihrem Rechtsgedanken den §§ 31, 89 und § 278 I 1 Alt. 1 BGB, Art. 34 GG iVm. § 839 BGB. Erfasst werden sämtliche Konstellationen, in welchen der Schädiger als Organ, gesetzl. Vertreter oder Partei kraft Amtes gehandelt hat, und zwar unabhängig davon, ob ein privatrechtl. oder öffentl.-rechtl. Rechtsverhältnis zugrunde lag. Damit sind neben den im Gesetz genannten Abwicklern, Liquidatoren etc. auch weitere Personen erfasst, die diese Voraussetzungen erfüllen, also bspw. Testamentsvollstrecker, Nachlassverwalter, Insolvenzverwalter, Vormünder, Betreuer und Pfleger. Bei vorläufiger Insolvenzverwaltung kommt § 111 nur zur Anwendung, wenn der vorläufige Insolvenzverwalter als „starker" Verwalter eingesetzt ist, also verwaltungs- und verfügungsbefugt ist nach § 21 II 1 Nr. 2, § 22 InsO. Die Haftung greift nur insofern, als die Schädigenden „in Ausführung ihnen zustehender Verrichtungen" den Versicherungsfall verursacht haben. Hier wird angeknüpft an die Haftungszurechnung im Gesellschaftsrecht, wie sie in § 31 BGB („… in Ausführung der ihm zustehenden Verrichtungen …") geregelt ist. Das bedeutet, dass der Schädigende im Rahmen des ihm zustehenden Aufgabenkreises gehandelt haben muss. Die Handlung muss nicht durch die Vertretungsmacht erfasst gewesen sein, sondern erstreckt sich auch und gerade auf solche Fälle, in denen das Organ oder der Vertreter ihre Vertretungsmacht überschritten haben[5]. 1

S. 2 stellt klar, dass neben der vertretenen Person auch weiterhin der vertretende Schädiger voll persönlich haften kann. Beide sind dem SozV-Träger ggü. als Gesamtschuldner verpflichtet[6]. 2

S. 3 stellt eine Privilegierung derjenigen Personen dar, die für die Verbindlichkeiten von GbR oder von nicht rechtsfähigen Vereinen einstehen müssen. Das geschieht in der Weise, dass deren Haftung auf das Vereins- oder Gesellschaftsvermögen beschränkt wird. Dies sind bei der GbR die Gesellschafter[7]. Beim nicht rechtsfähigen Idealverein wird dagegen regelmäßig ohnehin angenommen, dass entsprechend § 31 BGB und entgegen § 54 S. 2 BGB eine persönliche unbeschränkte Haftung der Mitglieder des Vereinsvorstandes ausgeschlossen sei. Allerdings greift die unbeschränkte Haftung beim nicht eingetragenen wirtschaftl. Verein iSd. § 22 BGB, so dass hier S. 3 zur Anwendung kommt[8]. Mit der Privilegierung der Vorstandsmitglieder nicht rechtsfähiger Vereine und vertretungsberechtigter GbR-Gesellschafter ist umgekehrt klargestellt, dass außerhalb des Anwendungsbereichs von S. 3 Dritte für die gem. S. 1 begründeten Verbindlichkeiten nach den allg. Vorschriften haften. Soweit also zB eine OHG nach § 111 in Regress genommen wird, haften ihre Gesellschafter hierfür unbeschränkt nach § 128 HGB, ohne dass irgendwelche Besonderheiten gelten. 3

---

1 BGH 28.9.1971 – VI ZR 216/69, NJW 1972, 107 (108); KassKomm/*Ricke*, § 110 Rz. 15. ‖ 2 BGH 28.9.1971 – VI ZR 216/69, NJW 1972, 107 (108f.); BSG 11.12.1973 – 2 RU 30/71, BSGE 37, 20 (25f.), KassKomm/*Ricke*, § 110 Rz. 15. ‖ 3 *Kater/Leube*, § 110 Rz. 21. ‖ 4 *Kater/Leube*, § 110 Rz. 6; BGH 18.10.1977 – VI ZR 62/76, VersR 1978, 35f.; *v. Koppenfels-Spies*, ZfS 2004, 97 (100f.). ‖ 5 S. im Einzelnen Palandt/*Ellenberger*, § 31 BGB Rz. 10f. ‖ 6 KassKomm/*Ricke*, § 111 Rz. 1. ‖ 7 Palandt/*Sprau*, § 714 BGB Rz. 11ff. ‖ 8 S. im Einzelnen Palandt/*Ellenberger*, § 54 BGB Rz. 12f.

112 Bindung der Gerichte
§ 108 über die Bindung der Gerichte gilt auch für die Ansprüche nach den §§ 110 und 111.

1   § 112 bewirkt, dass die über Schadensersatzverpflichtungen entscheidenden Zivilgerichte an Feststellungen gebunden sind, welche die SozV-Träger oder SG über das Vorliegen von Versicherungsfällen, den Leistungsumfang und die Zuständigkeit von Unfallversicherungsträgern treffen. Ebenso wie bei der Frage der zivilrechtl. Haftung gem. §§ 104–107 greift demnach auch bei der Geltendmachung des zivilrechtl. Regressanspruchs nach §§ 110 f. die Bindungswirkung verwaltungs- oder sozialgerichtl. Entscheidungen. Auch hier geht es nur um Versicherungsfälle, Leistungsumfang und Zuständigkeit, so dass zB eine Entscheidung über die Frage, ob Schwarzarbeit vorlag (§ 110 Ia), nicht vorgreiflich ist. Es gelten die zu § 108 gemachten Bemerkungen; insb. ist darauf zu achten, dass die Bindungswirkung auch ggü. den nach §§ 110 f. Haftenden nur insofern greift, als sie am Verfahren beteiligt waren (s. § 108 Rz. 3)[1].

113 Verjährung
Für die Verjährung der Ansprüche nach den §§ 110 und 111 gelten die §§ 195, 199 Abs. 1 und 2 und § 203 des Bürgerlichen Gesetzbuchs entsprechend mit der Maßgabe, dass die Frist von dem Tag an gerechnet wird, an dem die Leistungspflicht für den Unfallversicherungsträger bindend festgestellt oder ein entsprechendes Urteil rechtskräftig geworden ist. Artikel 229 § 6 Abs. 1 des Einführungsgesetzes zum Bürgerlichen Gesetzbuche gilt entsprechend.

1   **I. Allgemeines.** § 113 regelt die Verjährung der durch §§ 110 f. begründeten Ansprüche. Zu diesem Zweck wird auf deliktsrechtl. Verjährungsrecht des BGB verwiesen, wobei sich der Beginn des Fristablaufs nach der bindenden bzw. rechtskräftigen Feststellung der Leistungspflicht des Unfallversicherungsträgers richtet. **Seit dem 1.1.2002** ist die deliktsrechtl. Verjährung in das allg. Verjährungsrecht insb. der §§ 195, 199 BGB eingegliedert worden[2]. Nachdem der Gesetzgeber der Schuldrechtsreform den Änderungsbedarf für § 113 zunächst übersehen hatte, wurde § 113 mit Gesetz v. 21.6.2002 rückwirkend zum 1.1.2002 geändert, so dass die Vorschrift seitdem auf das reformierte BGB verweist[3].

2   **II. Verjährung des Regressanspruchs (S. 1).** Die Regelung soll die originären Regressansprüche aus §§ 110 f. mit dem deliktsrechtl. Verjährungsrechtsynchronisieren und verweist daher – allerdings nur teilweise – auf das für deliktsrechtl. Ansprüche gültige Verjährungsrecht der §§ 194 ff. BGB. Soweit es sich beim Versicherungsfall um eine Verletzung des Lebens, des Körpers, der Gesundheit oder der Freiheit handelt (was bei §§ 110 f. regelmäßig der Fall ist), greift die **dreißigjährige Verjährungsfrist** nach § 199 II BGB iVm. § 113. Wenn ausnahmsweise Hilfsmittel beschädigt sind (§ 8 III, s. § 104 Rz. 6) und deshalb § 199 II BGB nicht anzuwenden ist, greift für die Ansprüche aus §§ 110, 111 die **dreijährige Verjährung** nach § 195 BGB (die für die Sachbeschädigung greifende Verjährungsregel des § 199 III BGB kommt mangels Verweises in § 113 nicht zur Anwendung).

3   **Verjährungsbeginn** ist – abweichend von § 199 I BGB – die **bindende bzw. rechtskräftige Feststellung der Leistungspflicht.** Eine bindende Feststellung der Leistungspflicht ist bereits dann gegeben, wenn ein vorläufiger diesbezüglicher Bescheid vorliegt[4]. Die Anknüpfung an die Feststellung der Leistungspflicht des *Unfall*versicherungsträgers greift auch dann, wenn ein anderer SozV-Träger Ansprüche aus §§ 110 f. geltend macht (vgl. § 110 Rz. 3). Angesichts der regelmäßig dreißigjährigen Verjährungsfrist kann nicht (mehr) angenommen werden, dass ausnahmsweise an andere Ereignisse anzuknüpfen ist wie etwa den Beginn der Leistungspflicht eines RV-Trägers[5].

4   Für den Fall **schwebender Verhandlungen** greift die Hemmung der Verjährung gem. § 203 BGB, so dass sich währenddessen die Verjährung nach Maßgabe von § 209 BGB hinauszögern kann[6]. Zwar verweist S. 1 nicht insg. auf die Titel 2 und 3 des Verjährungsabschnitts im BGB (§§ 203–218 BGB), sondern nur auf § 203 BGB. Da es sich bei §§ 110 f. aber um privatrechtl. Ansprüche handelt (§ 110 Rz. 1), sind für die weitere Beurteilung insb. der Hemmung, der Ablaufhemmung und des Neubeginns der Verjährung die **§§ 204–218 BGB entsprechend** anzuwenden[7].

5   **III. Übergangsrecht (S. 2).** § 113 gilt rückwirkend seit dem 1.1.2002[8].

---

1 *Kater/Leube*, § 112 Rz. 1. || 2 SchuldrechtsmodernisierungsG v. 26.11.2001, BGBl. I S. 3138 ff.; für die Zeit davor vgl. 4. Aufl. || 3 Art. 9 Hüttenknappschaftliches Zusatzversicherungs-Neuregelungs-Gesetz – HZvNG v. 21.6.2002, BGBl. I S. 2167, s. die knappe Gesetzesbegr. BT-Drs. 14/9007, 38. || 4 BGH 18.5.1955 – VI ZR 74/54, BGHZ 17, 297; Wannagat/*Waltermann*, § 113 Rz. 1. || 5 So zum früheren Recht Wannagat/*Waltermann*, § 113 Rz. 3; offen dazu unter Geltung der RVO BGH 21.9.1971 – VI ZR 206/70, NJW 1972, 110. || 6 S. dazu Palandt/*Ellenberger*, § 203 BGB Rz. 2 ff. || 7 Ebenso zum früheren Recht *Kater/Leube*, § 113 Rz. 3; *Schmitt*, § 113 Rz. 5; Wannagat/*Waltermann*, § 113 Rz. 4. || 8 Art. 25 Abs. 5 HZvNG, BGBl. I S. 2167. Für die Zeit davor vgl. 4. Aufl.

Sozialgesetzbuch (SGB)
Neuntes Buch (IX)
– Rehabilitation und Teilhabe behinderter Menschen –

vom 19.6.2001 (BGBl. I S. 1046),
zuletzt geändert durch Gesetz vom 14.12.2012 (BGBl. I S. 2598)

– Auszug –

Teil 2. Besondere Regelungen zur Teilhabe schwerbehinderter Menschen (Schwerbehindertenrecht)

Kapitel 3. Sonstige Pflichten der Arbeitgeber; Rechte der schwerbehinderten Menschen

81 *Pflichten des Arbeitgebers und Rechte schwerbehinderter Menschen*

(1) Die Arbeitgeber sind verpflichtet zu prüfen, ob freie Arbeitsplätze mit schwerbehinderten Menschen, insbesondere mit bei der Agentur für Arbeit arbeitslos oder arbeitsuchend gemeldeten schwerbehinderten Menschen, besetzt werden können. Sie nehmen frühzeitig Verbindung mit der Agentur für Arbeit auf. Die Bundesagentur für Arbeit oder ein Integrationsfachdienst schlägt den Arbeitgebern geeignete schwerbehinderte Menschen vor. Über die Vermittlungsvorschläge und vorliegende Bewerbungen von schwerbehinderten Menschen haben die Arbeitgeber die Schwerbehindertenvertretung und die in § 93 genannten Vertretungen unmittelbar nach Eingang zu unterrichten. Bei Bewerbungen schwerbehinderter Richter und Richterinnen wird der Präsidialrat unterrichtet und gehört, soweit dieser an der Ernennung zu beteiligen ist. Bei der Prüfung nach Satz 1 beteiligen die Arbeitgeber die Schwerbehindertenvertretung nach § 95 Abs. 2 und hören die in § 93 genannten Vertretungen an. Erfüllt der Arbeitgeber seine Beschäftigungspflicht nicht und ist die Schwerbehindertenvertretung oder eine in § 93 genannte Vertretung mit der beabsichtigten Entscheidung des Arbeitgebers nicht einverstanden, ist diese unter Darlegung der Gründe mit ihnen zu erörtern. Dabei wird der betroffene schwerbehinderte Mensch angehört. Alle Beteiligten sind vom Arbeitgeber über die getroffene Entscheidung unter Darlegung der Gründe unverzüglich zu unterrichten. Bei Bewerbungen schwerbehinderter Menschen ist die Schwerbehindertenvertretung nicht zu beteiligen, wenn der schwerbehinderte Mensch die Beteiligung der Schwerbehindertenvertretung ausdrücklich ablehnt.

(2) Arbeitgeber dürfen schwerbehinderte Beschäftigte nicht wegen ihrer Behinderung benachteiligen. Im Einzelnen gelten hierzu die Regelungen des Allgemeinen Gleichbehandlungsgesetzes.

(3) Die Arbeitgeber stellen durch geeignete Maßnahmen sicher, dass in ihren Betrieben und Dienststellen wenigstens die vorgeschriebene Zahl schwerbehinderter Menschen eine möglichst dauerhafte behinderungsgerechte Beschäftigung finden kann. Absatz 4 Satz 2 und 3 gilt entsprechend.

(4) Die schwerbehinderten Menschen haben gegenüber ihren Arbeitgebern Anspruch auf

1. Beschäftigung, bei der sie ihre Fähigkeiten und Kenntnisse möglichst voll verwerten und weiterentwickeln können,
2. bevorzugte Berücksichtigung bei innerbetrieblichen Maßnahmen der beruflichen Bildung zur Förderung ihres beruflichen Fortkommens,
3. Erleichterungen im zumutbaren Umfang zur Teilnahme an außerbetrieblichen Maßnahmen der beruflichen Bildung,
4. behinderungsgerechte Einrichtung und Unterhaltung der Arbeitsstätten einschließlich der Betriebsanlagen, Maschinen und Geräte sowie der Gestaltung der Arbeitsplätze, des Arbeitsumfeldes, der Arbeitsorganisation und der Arbeitszeit, unter besonderer Berücksichtigung der Unfallgefahr,
5. Ausstattung ihres Arbeitsplatzes mit den erforderlichen technischen Arbeitshilfen

unter Berücksichtigung der Behinderung und ihrer Auswirkungen auf die Beschäftigung. Bei der Durchführung der Maßnahmen nach den Nummern 1, 4 und 5 unterstützt die Bundesagentur für Arbeit und die Integrationsämter die Arbeitgeber unter Berücksichtigung der für die Beschäftigung wesentlichen Eigenschaften der schwerbehinderten Menschen. Ein Anspruch nach Satz 1 besteht nicht, soweit seine Erfüllung für den Arbeitgeber nicht zumutbar oder mit unverhältnismäßigen Aufwendungen verbunden wäre oder soweit die staatlichen oder berufsgenossenschaftlichen Arbeitsschutzvorschriften oder beamtenrechtliche Vorschriften entgegenstehen.

(5) Die Arbeitgeber fördern die Einrichtung von Teilzeitarbeitsplätzen. Sie werden dabei von den Integrationsämtern unterstützt. Schwerbehinderte Menschen haben einen Anspruch auf Teilzeit-

beschäftigung, wenn die kürzere Arbeitszeit wegen Art oder Schwere der Behinderung notwendig ist; Absatz 4 Satz 3 gilt entsprechend.

I. Entstehung und Entwicklung 1	VI. Beschäftigungspflicht (Abs. 3) 20
II. Inhalt und Zweck 2	VII. Gestaltungsansprüche des ArbN (Abs. 4) 22
III. Geschützter Personenkreis 3	1. Idee des Abs. 4 22
IV. Pflichten bei der Besetzung freier Arbeitsplätze (Abs. 1) 4	2. Behinderungsrechtlicher Beschäftigungsanspruch (Nr. 1) 23
1. Prüfungspflicht 4	3. Anspruch auf Förderung beruflicher Bildung (Nr. 2 und 3) 27
2. Konsultationspflicht ggü. der BA (Abs. 1 S. 2) 5	4. Schaffung behindertengerechter Beschäftigungsbedingungen (Nr. 4) 28
3. Beteiligung der betrieblichen Interessenvertretungen 6	5. Technische Arbeitshilfen (Nr. 5) 29
4. Entscheidung (Abs. 1 S. 9) 11	6. Unterstützung durch BA und Integrationsämter (Abs. 4 S. 2) 30
5. Widerspruch gegen die Beteiligung der Schwerbehindertenvertretung (Abs. 1 S. 10) 12	7. Zumutbarkeit (Abs. 4 S. 3) 31
6. Pflichtverletzung 13	8. Verschuldensabhängige Haftung 32
V. Benachteiligungsverbot (Abs. 2) 15	9. Durchsetzung der Ansprüche durch den ArbN 33
1. Bezugnahme auf das AGG 15	VIII. Teilzeitanspruch (Abs. 5) 35
2. Vermutungstatsachen 16	
3. Beweislast 18	

1   I. Entstehung und Entwicklung. Das seit dem 1.7.2001 geltende SGB IX hat das Schwerbehindertengesetz idF v. 26.8.1986 (SchwbG) abgelöst. Das SGB IX dient der Rehabilitation und Teilhabe behinderter Menschen. Teil 1 enthält allg. Regelungen für behinderte und von Behinderung bedrohte Menschen. Teil 2 ist der Teilhabe schwerbehinderter Menschen und diesen gleichgestellter behinderter Menschen (§ 68 I) am Leben in der Gesellschaft gewidmet. Die Selbstbestimmung und gleichberechtigte Teilhabe am Leben in der Gesellschaft von Behinderten oder von Behinderung bedrohter Menschen ist zu fördern (§ 1), ihre Teilhabe am Arbeitsleben möglichst auf Dauer zu sichern (§ 33). Hierfür werden einzelnen Behörden und den ArbGeb, aber auch den betriebl. Interessenvertretungen Pflichten auferlegt und zugunsten der schwerbehinderten Menschen gesetzl. Ansprüche begründet.

2   II. Inhalt und Zweck. Um die **gleichberechtigte Teilhabe behinderter Menschen** am Arbeitsleben zu fördern, regelt § 81 wesentliche dem ArbGeb auferlegte Pflichten, die ihn in direkter Beziehung zum schwerbehinderten Menschen verpflichten. Ferner regeln Abs. 4 und 5 Ansprüche der schwerbehinderten ArbN ggü. ihrem ArbGeb, und zwar insb. in Bezug auf die Art und Weise der Gestaltung der Beschäftigungsverhältnisse unter besonderer Berücksichtigung der behinderten ArbN als Einzelne und als Gruppe.

3   III. Geschützter Personenkreis. Die Regelungen des Teils 2 des SGB IX (§§ 68–160) gelten nach § 68 I für schwerbehinderte und diesen gleichgestellte behinderte Menschen. Seit Inkrafttreten des AGG ist eine europarechtsbedingte Ausdehnung des Geltungsbereichs auch auf einfach behinderte Menschen nicht mehr angezeigt[1]. Ein einfach behinderter Bewerber kann sich daher nicht iSv. Vermutungstatsachen auf Verstöße des ArbGeb gegen die §§ 81ff. berufen[2]. **Schwerbehindert** sind Menschen, bei denen ein GdB von wenigstens 50 vorliegt, § 2 II. Ihnen sollen behinderte Menschen mit einem GdB von weniger als 50, aber mindestens 30 **gleichgestellt** werden, bei denen die übrigen Voraussetzungen nach § 2 II vorliegen und die infolge ihrer Behinderung ohne die Gleichstellung einen geeigneten Arbeitsplatz nicht erlangen oder nicht behalten können, § 2 III. Die Gleichstellung erfolgt aufgrund einer Feststellung nach § 69 auf Antrag des behinderten Menschen durch die BA, sie wirkt konstitutiv[3]. Zur weiteren Definition dieser Begriffe s. § 85 Rz. 4–6.

4   IV. Pflichten bei der Besetzung freier Arbeitsplätze (Abs. 1). 1. Prüfungspflicht. Bei **jedem freien Arbeitsplatz** muss der ArbGeb prüfen, ob dieser mit einem schwerbehinderten Menschen besetzt werden kann. Zweck der Prüfungspflicht ist es, die Einstellung und Beschäftigung schwerbehinderter Menschen zu fördern[4]. Dies gilt auch für drittmittelfinanzierte[5] Arbeitsplätze sowie solche, die mit LeihArbN besetzt werden sollen, jedenfalls ggü. den bereits im Betrieb beschäftigten ArbN[6]. Hierzu muss sich der ArbGeb zunächst orientieren, welche behinderten Menschen mit welchen konkreten Behinderungen für den Arbeitsplatz in Betracht kommen und ob der Arbeitsplatz behindertengerecht gestaltet werden kann. Die Prüfungspflicht gilt in Bezug auf schwerbehinderte Bewerber und auch für bereits bei dem ArbGeb beschäftigte schwerbehinderte ArbN[7].

---

1 BAG 27.1.2011 – 8 AZR 580/09, NZA 2011, 737. ||2 BAG 27.1.2011 – 8 AZR 580/09. ||3 BAG 27.1.2011 – 8 AZR 580/09. ||4 BAG 17.6.2008 – 1 ABR 20/07, NZA 2008, 1139. ||5 BAG 15.8.2006 – 9 ABR 61/05, NZA 2007, 224. ||6 BAG 23.6.2010 – 7 ABR 3/09, NZA 2010, 1361; krit. *Hamann*, Anm. v. 17.11.2010, jurisPR-ArbR 46/2010. ||7 BAG 17.8.2010 – 9 AZR 839/08.

2. Konsultationspflicht ggü. der BA (Abs. 1 S. 2). Um die Prüfung mit sachverständiger Unterstützung durchzuführen, muss der ArbGeb mit der BA **frühzeitig** Verbindung aufnehmen, um die dort arbeitslos oder arbeitsuchend gemeldeten schwerbehinderten Menschen zu erfragen. Die umfassende Prüf- und Konsultationspflicht der ArbGeb besteht, sobald der ArbGeb die Möglichkeit der externen Besetzung ernsthaft in Betracht zieht[1]. Ab der Entscheidung über die Wieder- oder Erstbesetzung muss der ArbGeb mit der BA Kontakt aufnehmen und den zu besetzenden Arbeitsplatz melden und beschreiben. Hierdurch soll gewährleistet werden, dass sich ArbGeb tatsächlich bemühen, schwerbehinderten Menschen die Chance zu geben, den aktuell freien Arbeitsplatz zu besetzen. Erst durch diese Meldung kommt die BA in die Lage, allein oder gemeinsam mit dem Integrationsfachdienst zu prüfen, ob der Arbeitsplatz zur Besetzung mit einem behinderten Menschen geeignet ist und dem ArbGeb geeignete schwerbehinderte Menschen vorgeschlagen werden können.

3. Beteiligung der betrieblichen Interessenvertretungen. Das Gesetz verpflichtet die ArbGeb, die Prüfung nach S. 1 nicht allein vorzunehmen, sondern alle betriebl. Interessenvertretungen in den Prüfprozess einzubinden.

a) Unterrichtungspflicht (Abs. 1 S. 4). Zunächst müssen die ArbGeb die Schwerbehindertenvertretung und die in § 93 genannten Vertretungen über Vermittlungsvorschläge der BA und über vorliegende Bewerbungen behinderter Menschen **unmittelbar nach Eingang** unterrichten, dh. ohne diese zunächst zu sammeln oder zu filtern. Für Bewerbungen schwerbehinderter Richter ist eine Unterrichtungs- und Anhörungspflicht des am Ernennungsverfahren zu beteiligenden **Präsidialrats** ausdrücklich gesetzlich genannt, **Abs. 1 S. 5**. Auch diese Unterrichtung hat unverzüglich nach Eingang zu geschehen. Spätestens an dieser Stelle ist ggü. den betriebl. Interessenvertretungen eine genaue Beschreibung des zu besetzenden Arbeitsplatzes notwendig, sofern die Gremien (noch) keine Kenntnis von der Beschaffenheit, den Bedingungen und Besonderheiten desselben haben.

b) Schwerbehindertenvertretung (Abs. 1 S. 6). Die Schwerbehindertenvertretung ist **gem. § 95 II zu beteiligen**, und zwar ausdrücklich schon bei der Prüfung nach S. 1. Danach ist der ArbGeb in allen Angelegenheiten, die schwerbehinderte Menschen berühren, zur **unverzüglichen und umfassenden Unterrichtung** der Schwerbehindertenvertretung **und** deren **Anhörung** vor einer Entscheidung sowie zur unverzüglichen Mitteilung der getroffenen Entscheidung verpflichtet, und zwar selbst dann, wenn die Vertrauensperson selbst zum Bewerberkreis gehört[2]. § 95 II 3 regelt ausdrücklich (nochmals) das Recht der Schwerbehindertenvertretung auf Beteiligung am Verfahren nach § 81 I und beim Vorliegen von Vermittlungsvorschlägen der BA oder von Bewerbungen schwerbehinderter Menschen. Konkret wird hier das Recht auf Einsicht in die entscheidungsrelevanten Teile der **Bewerbungsunterlagen** und Teilnahme an **Vorstellungsgesprächen** genannt. Eine unverzügliche und umfassende Unterrichtung erfordert jedoch ein schnelles Tätigwerden des ArbGeb bereits vor der Ausschreibung der Stelle[3] und eine genaue Beschreibung des zu besetzenden Arbeitsplatzes mit all seinen Bedingungen und Besonderheiten. Unterlässt der ArbGeb diese Beteiligung, ist die Durchführung oder Vollziehung der **Entscheidung auszusetzen** und die **Beteiligung innerhalb von sieben Tagen nachzuholen** (§ 95 II 2).

c) Betriebliche Interessenvertretungen nach § 93. Das Gesetz verpflichtet die ArbGeb ferner, bei der Prüfung nach Abs. 1 die in § 93 genannten Vertretungen **anzuhören**. Der ArbGeb muss den Vertretungen den freiwerdenden Arbeitsplatz benennen, und zwar in der Weise, dass diesen Gremien eine eigene Prüfung der Möglichkeit der Besetzung mit einem schwerbehinderten Menschen möglich wird. Diese Bestimmung korrespondiert mit der in § 93 S. 2 geregelten Pflicht der betriebl. Interessenvertretungen, die Einhaltung der den ArbGeb auferlegten Pflichten nach den §§ 71, 72 und 81 bis 84 zu überwachen.

d) Erörterungspflicht (Abs. 1 S. 7). Besondere Pflichten hat der ArbGeb, der die Beschäftigungspflicht nach § 71 SGB IX nicht erfüllt. Wenn er eine Entscheidung bei der Besetzung des freien Arbeitsplatzes beabsichtigt, mit der die Schwerbehindertenvertretung oder die betriebl. Interessenvertretungen nach § 93 nicht einverstanden sind, hat der ArbGeb die Entscheidung mit diesen zu erörtern. Er hat sich ernsthaft mit den Argumenten der Interessenvertretungen idR im Rahmen eines Gespräches[4] auseinanderzusetzen, und zwar in der Weise, dass die Entscheidung auch geändert werden kann. Um die Belange des betroffenen schwerbehinderten Menschen zu berücksichtigen, ordnet das Gesetz dabei die **Anhörung des schwerbehinderten Menschen** an, **Abs. 1 S. 8**.

4. Entscheidung (Abs. 1 S. 9). Der ArbGeb hat **alle Beteiligten** über die getroffene Entscheidung unter Darlegung der Gründe unverzüglich zu unterrichten. Hierbei ist ihm überlassen, in welcher Form er dies tut, insb. muss er die Unterrichtung nicht schriftlich vornehmen[5]. Diese Unterrichtungspflicht besteht nicht, wenn der ArbGeb die Beschäftigungsquote nach § 71 I erfüllt[6].

5. Widerspruch gegen die Beteiligung der Schwerbehindertenvertretung (Abs. 1 S. 10). Dem Schutz des schwerbehinderten Bewerbers wird Rechnung getragen, indem er die Beteiligung der Schwerbehindertenvertretung ablehnen kann. Der Widerspruch muss **ausdrücklich** geltend gemacht werden. Arb-

---

1 BAG 17.6.2008 – 1 ABR 20/07, NZA 2008, 1139. ||2 BAG 22.8.2013 – 8 AZR 574/12, AuA 2013, 607. ||3 *Düwell*, jurisPR-ArbR 36/2012 Anm. 4. ||4 BAG 15.8.2006 – 9 AZR 571/05, NZA 2007, 1310. ||5 BAG 18.11.2008 – 9 AZR 643/07, NZA 2009, 381. ||6 BAG 22.8.2013 – 8 AZR 563/12, NZA 2014, 82; 21.2.2013 – 8 AZR 180/12, NZA 2013, 840.

13 **6. Pflichtverletzung.** Ein ArbGeb verstößt gegen seine Pflichten nach Abs. 1, wenn er auf einen freien Arbeitsplatz einen nicht schwerbehinderten ArbN einstellt, ohne geprüft zu haben, ob der Arbeitsplatz mit einem schwerbehinderten Menschen besetzt werden könnte[1]. Um seine Pflichten aus Abs. 1 nicht zu verletzen, muss der ArbGeb die Bewerbungen genau lesen. Übersieht er (oder sein Vertreter) den Hinweis auf die Schwerbehinderung in einem Bewerbungsschreiben und verstößt er deshalb gegen Pflichten nach § 81, wird die Benachteiligung wegen der Behinderung **vermutet**[2]. Auch die Nichteinschaltung der BA ist geeignet, die Vermutung einer Benachteiligung wegen der Schwerbehinderung zu begründen[3]. Dies gilt nicht in gleicher Weise für die Neubesetzung eines freien Arbeitsplatzes im Wege einer betriebs- oder unternehmensinternen Versetzung[4].

14 Ein Verstoß des ArbGeb gegen seine Pflichten aus Abs. 1 S. 1 und 2 begründet ein **Zustimmungsverweigerungsrecht des BR** nach § 99 II Nr. 1 BetrVG bei Einstellungen, nicht aber bei Versetzungen[5]. Der vom Gesetzgeber verfolgte Zweck kann nur dadurch erreicht werden, dass die endgültige Einstellung des nicht schwerbehinderten ArbN jedenfalls zunächst unterbleibt. Durch die Einstellung eines nicht schwerbehinderten ArbN verwirklichen sich für die Gruppe der schwerbehinderten Menschen in typischer Weise die mit ihrer Schwerbehinderung verbundenen erhöhten Schwierigkeiten bei der Arbeitsplatzsuche, die durch die in Abs. 1 S. 1 und 2 normierte Prüf- und Konsultationspflicht gemindert werden sollen.

15 **V. Benachteiligungsverbot (Abs. 2). 1. Bezugnahme auf das AGG.** Nach **Abs. 2** darf der ArbGeb schwerbehinderte **Beschäftigte** nicht **wegen ihrer Behinderung** benachteiligen. Ein Verstoß liegt idR bereits vor, wenn die Behinderung (mit-)ursächlich für die benachteiligende Handlung gewesen ist. Das ist ausgeschlossen, wenn der ArbGeb beweist, dass ausschließlich andere Gründe erheblich waren[6]. Abs. 2 nimmt ausdrücklich Bezug auf das AGG, ohne selbst weitere Regelungen hierzu aufzustellen. Auf die dortige Komm., insb. zu den §§ 2, 3, 7, 8, 16, 22 und 24 AGG wird verwiesen. Nach § 6 I 2 AGG gelten als Beschäftigte iSd. AGG **auch Bewerber** für ein Beschäftigungsverhältnis und Personen, deren Beschäftigungsverhältnis beendet ist. Für den **Status als Bewerber** kommt es nicht darauf an, ob der Bewerber für die ausgeschriebene Tätigkeit objektiv geeignet ist, sofern nicht ein krasses Missverhältnis zwischen Anforderungsprofil der zu vergebenden Stelle und Qualifikation des Bewerbers oder andere Gründe die Ernsthaftigkeit seiner Bewerbung in Frage stehen lassen[7].

16 **2. Vermutungstatsachen.** Jeder Verstoß des ArbGeb gegen Vorschriften zur Förderung der Chancen schwerbehinderter Menschen kann Vermutungstatsachen begründen. Zwischen nachteiliger Behandlung und Behinderung wird ein Kausalzusammenhang bereits angenommen, wenn die Benachteiligung an die Behinderung anknüpft oder durch sie (mit)motiviert ist. Ausreichend ist, dass die Behinderung Bestandteil eines die Entscheidung beeinflussenden Motivbündels ist. Ein schuldhaftes Handeln oder eine Benachteiligungsabsicht ist nicht erforderlich[8].

17 Ein **Nachteil** im Rahmen einer Auswahlentscheidung, insb. bei einer Einstellung und Beförderung, liegt bereits vor, wenn der Beschäftigte nicht in die Auswahl einbezogen wird. Es genügt, wenn unterlassene Maßnahmen objektiv geeignet sind, schwerbehinderten Menschen keine oder schlechtere Chancen einzuräumen, zB der Verstoß gegen die Prüf- und Meldepflichten nach Abs. 1 S. 1 und 2[9]. Die Benachteiligung liegt in der **Versagung der Chance**[10]. Auch eine diskriminierende Gestaltung des Bewerbungsverfahrens kann eine Pflichtverletzung darstellen. Eine vergleichbare Situation iSd. § 3 I 1 AGG setzt voraus, dass der ArbN objektiv für die ausgeschriebene Stelle geeignet ist, denn vergleichbar (nicht: gleich) ist die Auswahlsituation nur für ArbN, die gleichermaßen die objektive Eignung für die zu besetzende Stelle aufweisen. Daraus ergibt sich auch, dass das Anforderungsprofil entscheidet, das der ArbGeb aufstellen darf, ohne die Vergleichbarkeit der Situation willkürlich zu gestalten[11]. Die Vermutung eines Verstoßes gegen das Benachteiligungsverbot aus Abs. 2 leitet sich zB aus der entgegen § 82 S. 2 unterbliebenen Einladung zum Vorstellungsgespräch ab, wenn die fachliche Eignung des Bewerbers zweifelhaft, aber nicht offensichtlich ausgeschlossen ist, § 82 S. 3[12]. Auch lässt die entgegen

---

1 BAG 23.6.2010 – 7 ABR 3/09, NZA 2010, 1361; 17.6.2008 – 1 ABR 20/07, NZA 2008, 1139. ||2 BAG 16.9.2008 – 9 AZR 791/07, NZA 2009, 79. ||3 BAG 12.9.2006 – 9 AZR 807/05. ||4 BAG 17.6.2008 – 1 ABR 20/07. ||5 BAG 17.6.2008 – 1 ABR 20/07. ||6 BAG 16.2.2012 – 8 AZR 697/10, NZA 2012, 667; 21.7.2009 – 9 AZR 431/08, NZA 2009, 1087. ||7 BAG 13.10.2011 – 8 AZR 608/10, AP Nr. 9 zu § 15 AGG; 19.8.2010 – 8 AZR 370/09, NZA 2011, 200. ||8 BAG 24.1.2013 – 8 AZR 429/11, NZA 2013, 498; 16.2.2012 – 8 AZR 697/10; 7.7.2011 – 2 AZR 396/10, NZA 2012, 34; 17.8.2010 – 9 AZR 839/08, NZA 2011, 153; 18.3.2010 – 8 AZR 1044/08. ||9 BAG 24.1.2013 – 8 AZR 188/12, BB 2013, 1524; 13.10.2011 – 8 AZR 608/10. ||10 BAG 13.10.2011 – 8 AZR 608/10; 17.8.2010 – 9 AZR 839/08. ||11 BAG 7.4.2011 – 8 AZR 679/09, AP Nr. 6 zu § 15 AGG. ||12 BAG 22.8.2013 – 8 AZR 563/12, NZA 2014, 82; 16.2.2012 – 8 AZR 697/10, NZA 2012, 667; 21.7.2009 – 9 AZR 431/08, NZA 2009, 1087; 12.9.2006 – 9 AZR 807/05, NZA 2007, 507.

Abs. 1 S. 4 unterbliebene Unterrichtung der Schwerbehindertenvertretung über eine eingegangene Bewerbung eines schwerbehinderten Menschen die Vermutung von dessen Benachteiligung wegen seiner Schwerbehinderteneigenschaft entstehen[1]. Die unterbliebene unverzügl. Unterrichtung nach Abs. 1 S. 9 kann zumindest gemeinsam mit anderen Indizien die Vermutung der Benachteiligung (§ 22 AGG) auslösen. Erfüllt der ArbGeb die Beschäftigungspflicht nach § 71, löst eine unterlassene Unterrichtung nach Abs. 1 S. 9 keine Indizwirkung aus[2].

3. Beweislast. Der ArbN muss – sofern der ArbGeb nicht nur eine allg. Pflicht verletzt hat – die Kenntnis (mindestens die Möglichkeit der Kenntniserlangung) des ArbGeb von der Schwerbehinderteneigenschaft oder Gleichstellung sowie Indizien darlegen, die zumindest in ihrer Gesamtbetrachtung eine Benachteiligung wegen der Behinderung aus objektiver Sicht mit überwiegender Wahrscheinlichkeit vermuten lassen[3]. Sodann trägt der ArbGeb nach § 22 AGG die Beweislast dafür, dass er entweder die Schwerbehinderteneigenschaft nicht kannte oder kennen musste und/oder dass ausschließlich nicht auf die Behinderung bezogene, sachliche Gründe eine unterschiedliche Behandlung rechtfertigen oder eine bestimmte körperliche Funktion, geistige Fähigkeit oder seelische Gesundheit wesentliche und entscheidende berufliche Anforderung für diese Tätigkeit ist[4]. Hierbei lässt § 122 eine Zurücksetzung schwerbehinderter Menschen ggü. anderen Merkmalsträgern nach § 1 AGG nicht zu. Auch kann der ArbGeb im öffentl. Dienst die Indiztatsache Nichteinladung zum Vorstellungsgespräch nicht entkräften, indem er Gründe der Nichteignung des Bewerbers anführt, wenn diesem die fachl. Eignung nicht offensichtlich fehlt; § 82 S. 3 enthält hierzu eine abschließende Regelung[5].

Ein Verstoß gegen das Benachteiligungsverbot begründet nach § 15 II 1 AGG iV m. Abs. 2 S. 2 einen Anspruch auf Zahlung einer angemessenen **Entschädigung** in Geld wegen des Schadens, der nicht Vermögensschaden ist, nicht aber zu einem auch schwerbehinderten Menschen auf Begründung eines ArbVerh[6]. Ein unbezifferter, nur die Größenordnung der geltend gemachten Forderung angebender Zahlungsantrag ist zulässig[7]. Bei der Festsetzung der Höhe der Entschädigung hat das Gericht alle Umstände des Einzelfalls zu berücksichtigen, wie etwa die Art und Schwere sowie Dauer und Folgen der Benachteiligung, Anlass, Beweggrund und Verantwortlichkeit für das Handeln des ArbGeb, den Sanktionszweck der Norm[8].

VI. Beschäftigungspflicht (Abs. 3). Abs. 3 weist den ArbGeb an, durch geeignete Maßnahmen sicherzustellen, dass mindestens die nach § 71 vorgeschriebene Zahl schwerbehinderter Menschen eine möglichst dauerhafte behindertengerechte Beschäftigung im Betrieb findet und behält. Zu den zu ergreifenden Maßnahmen gehört ausdrücklich, die in Abs. 4 S. 2 genannte **Unterstützung** durch die BA und die Integrationsämter in Anspruch zu nehmen. Hierzu gehören alle Maßnahmen zur Schaffung und Erhaltung behindertengerechter Arbeitsplätze in technischer und tatsächlicher Hinsicht. Das betrifft insb. die Gestaltung, Ausstattung und sonstigen Bedingungen des Arbeitsplatzes, die Organisation der Arbeitsabläufe und die Suche nach technischen Hilfsmitteln sowie deren Beantragung bei den zuständigen Stellen. Die Einbeziehung aller in Betracht kommenden Stellen soll der umfassenden **Nutzung vorhandenen Sachverstands** zur Sicherung behindertengerechter Arbeitsplätze dienen.

Die Bezugnahme auf Abs. 4 S. 3 stellt auch die Beschäftigungspflicht unter den Vorbehalt der **Zumutbarkeit** der Maßnahme für den ArbGeb. Die Berufung auf die Unzumutbarkeit einer Maßnahme setzt eine umfassende Prüfung und Inanspruchnahme von Unterstützungsleistungen voraus. Sie ist abhängig von der Leistungsfähigkeit des ArbGeb. Der ArbGeb ist idR nicht zur Schaffung neuer, ausschließlich der (Weiter-)Beschäftigung schwerbehinderter ArbN dienender Arbeitsplätze verpflichtet. Die anderweitige Verteilung der anfallenden Arbeit kann ihm jedoch zumutbar sein, wenn der schwerbehinderte ArbN nicht alle an einem Arbeitsplatz anfallenden Tätigkeiten ausüben kann[9].

VII. Gestaltungsansprüche des ArbN (Abs. 4). 1. Idee des Abs. 4. Das Gesetz formuliert die weiteren Pflichten des ArbGeb, die ihn ggü. den schwerbehinderten ArbN treffen, als **Ansprüche der ArbN**. Dadurch stärkt das Gesetz einerseits die Eigeninitiative der schwerbehinderten ArbN; es schränkt anderseits die Entscheidungsfreiheit des ArbGeb bei der Besetzung freier Arbeitsplätze ein[10]. Der einzelne schwerbehinderte ArbN kann seine Interessen idR selbst am besten verfolgen, da er weiß, welche Hindernisse, Schwierigkeiten, Barrieren, Ungereimtheiten sein Arbeitsplatz aufweist, welche Umstände zu Energieverlusten führen. Hierbei sind alle Arten behinderungsbedingter Schwierigkeiten denkbar, diese können zwischenmenschlicher, technischer, örtlicher, klimatischer, räumlicher, hierarchischer Art sein. Für alle Pflichten/Ansprüche gilt, dass sie unter Berücksichtigung der (jeweiligen) Behin-

---

1 BAG 22.8.2013 – 8 AZR 574/12, AuA 2013, 607; 15.2.2005 – 9 AZR 635/03, NZA 2005, 870. ||2 BAG 22.8.2013 – 8 AZR 563/12, NZA 2014, 82; 21.2.2013 – 8 AZR 180/12, NZA 2013, 840; 15.2.2005 – 9 AZR 635/03; a.A.: *Beyer*, jurisPR-ArbR 25/2012 Anm. 3 unter Hinweis auf EuGH 19.4.2012 – Rs. C-415/10 (zu LAG Bln.-Bbg. 20.12.2011 – 3 Sa 1505/11). ||3 BAG 7.7.2011 – 2 AZR 396/10, NZA 2012, 34. ||4 BAG 18.11.2008 – 9 AZR 643/07, NZA 2009, 728; 17.8.2010 – 9 AZR 839/08, NZA 2011, 153. ||5 BAG 16.2.2012 – 8 AZR 697/10. ||6 BAG 19.8.2010 – 8 AZR 370/09, NZA 2011, 200; 26.4.2006 – 7 AZR 190/05, NZA 2007, 55. ||7 BAG 24.1.2013 – 8 AZR 429/11, NZA 2013, 498; 7.7.2011 – 2 AZR 396/10. ||8 BAG 24.1.2013 – 8 AZR 188/12, BB 2013, 1524; 16.2.2012 – 8 AZR 697/10. ||9 LAG Schl.-Holst. 19.6.2012 – 1 Sa 225e/11, LAGE § 81 SGB IX Nr. 11. ||10 BAG 1.2.2011 – 1 ABR 79/09, NZA 2011, 703.

23 **2. Behinderungsrechtlicher Beschäftigungsanspruch (Nr. 1).** Er begründet für schwerbehinderte Menschen ggü. ihrem ArbGeb einen Anspruch auf Beschäftigung, bei der sie ihre Fähigkeiten und Kenntnisse möglichst voll verwerten und weiterentwickeln können. Im Schwerbehindertenrecht schließt die Unfähigkeit zur Erbringung der vertragl. geschuldeten Arbeit einen Beschäftigungsanspruch nicht ohne Weiteres aus. Kann der Schwerbehinderte wegen Art oder Schwere seiner Behinderung die vertragl. geschuldete Arbeit nicht oder nur noch teilweise leisten, hat er Anspruch auf entsprechende **Vertragsänderung.** Der besondere Beschäftigungsanspruch entsteht unmittelbar kraft Gesetzes und kann daher ohne vorherige Änderungsvereinbarung geltend gemacht werden[1]. Der schwerbehinderte ArbN kann die Weiterbeschäftigung auf einem freien Arbeitsplatz verlangen. Der ArbGeb muss aber keinen neuen Arbeitsplatz schaffen, um den ArbN dort behindertengerecht beschäftigen zu können[2]. Beschäftigt der ArbGeb LeihArbN, um mit ihnen ein nicht schwankendes, ständig vorhandenes (Sockel-)Arbeitsvolumen abzudecken, kann von einer alternativen Beschäftigungsmöglichkeit auszugehen sein; anders, wenn LeihArbN lediglich zur Abdeckung von ‚Auftragsspitzen' eingesetzt werden[3].

24 Um eine behinderungsgerechte Beschäftigung zu ermöglichen, ist der ArbGeb nach Abs. 4 S. 1 Nr. 4 auch zu einer **Umgestaltung der Arbeitsorganisation** verpflichtet[4]. So kann der schwerbehinderte ArbN bspw. verlangen, dass er nur mit leichteren Arbeiten beschäftigt wird, sofern im Betrieb die Möglichkeit zu einer solchen Aufgabenumverteilung besteht. Im öffentl. Dienst wird hieraus auch ein Anspruch auf eine über den Verwaltungszweig hinausgehende Weiterbeschäftigung auf einem freien Arbeitsplatz hergeleitet werden können[5]. Der Beschäftigungsanspruch kann zu einem Vorrang des durch Nr. 1 geschützten ArbN bei der Besetzung des einem LeihArbN zugedachten Arbeitsplatzes führen[6]. Auch kann der ArbGeb verpflichtet sein, einen freien Arbeitsplatz mit einem bereits beschäftigten leistungsgeminderten ArbN zu besetzen, wenn ihm die Neubestimmung der auszuübenden Tätigkeit innerhalb des arbeitsvertraglich vereinbarten Rahmens rechtlich möglich und zumutbar ist[7].

25 Der schwerbehinderte ArbN kann nach Nr. 1 eine anderweitige Tätigkeit auch im Rahmen einer **Wiedereingliederung** verlangen. Voraussetzung ist, dass der nach allg. Recht darlegungsbelastete ArbN eine ärztliche Bescheinigung seines behandelnden Arztes vorlegt, aus der sich Art und Weise der empfohlenen Beschäftigung, Beschäftigungsbeschränkungen, Umfang der täglichen oder wöchentlichen Arbeitszeit sowie die Dauer der Maßnahme ergeben. Sie muss eine **Prognose** enthalten, wann die Wiederaufnahme der Tätigkeit in einem betriebl. nutzbaren Umfang zu erwarten ist[8]. Kein Anspruch besteht auf eine Mitwirkung an einer nur therapeutischen Erprobung, ohne dass in absehbarer Zeit eine mögliche, wenn auch quantitativ oder qualitativ reduzierte Fortsetzung des ArbVerh ersichtlich wird. Erst nach Vorlage der ärztlichen Bescheinigung kann der ArbGeb beurteilen, ob er an der Wiedereingliederung mitwirken muss oder wegen der Art oder der voraussichtlichen Dauer der Maßnahme berechtigt ist, sie als unzumutbar iSv. Abs. 4 S. 3 abzulehnen. Die Unzumutbarkeit hat der ArbGeb substantiiert vorzutragen und zu beweisen[9].

26 Der schwerbehindertenrechtl. Beschäftigungsanspruch nach Abs. 4 S. 1 Nr. 1 lässt **Mitbestimmungsrechte** des BR nach § 99 BetrVG unberührt. Soweit für die Erfüllung des schwerbehindertenrechtl. Beschäftigungsanspruchs eine Versetzung erforderlich ist, hat der schwerbehinderte Mensch einen Anspruch darauf, dass der ArbGeb die Zustimmung nach § 99 BetrVG beim BR einholt. Dies umfasst ggf. auch die Pflicht zur Durchführung des gerichtl. Zustimmungsersetzungsverfahrens nach § 99 IV BetrVG. Führt der ArbGeb das Zustimmungsersetzungsverfahren schuldhaft nicht durch, kann das einen Schadenersatzanspruch begründen[10].

27 **3. Anspruch auf Förderung beruflicher Bildung (Nr. 2 und 3).** Nr. 2 verstärkt den besonderen Teilhabeanspruch schwerbehinderter ArbN, indem sie **bevorzugte** Berücksichtigung bei **innerbetrieblichen** Maßnahmen der berufl. Bildung zur Förderung ihres berufl. Fortkommens erfahren sollen. **Nr. 3** fordert **Erleichterungen** für schwerbehinderte ArbN im zumutbaren Umfang zur Teilnahme an **außerbetrieblichen** Maßnahmen der berufl. Bildung.

28 **4. Schaffung behindertengerechter Beschäftigungsbedingungen (Nr. 4).** Schwerbehinderte ArbN haben Anspruch auf eine behindertengerechte Einrichtung und Unterhaltung der Arbeitsstätten einschl. der Betriebsanlagen, Maschinen und Geräte sowie der Gestaltung der Arbeitsplätze, des Arbeitsumfelds, der Arbeitsorganisation und der Arbeitszeit, unter besonderer Berücksichtigung der Unfallgefahr. Schwerbehinderte ArbN haben ua. einen einklagbaren Anspruch auf **behindertengerechte Gestaltung der Arbeitszeit**, soweit dessen Erfüllung für den ArbGeb nicht unzumutbar oder mit unver-

---

1 BAG 13.6.2006 – 9 AZR 229/05, NZA 2007, 91; 10.5.2005 – 9 AZR 230/04, NZA 2006, 155; LAG Rh.-Pf. 16.1.2013 – 8 Sa 333/12. ||2 BAG 22.11.2005 – 1 ABR 49/04, NZA 2006, 389. ||3 BAG 15.11.2011 – 2 AZR 42/10, NZA 2012, 1044; LAG Hess. 5.11.2012 – 21 Sa 593/10. ||4 BAG 14.3.2006 – 9 AZR 411/05, NZA 2006, 1214. ||5 BAG 10.6.2010 – 2 AZR 1020/08, NZA 2010, 1234. ||6 BAG 19.5.2010 – 5 AZR 162/09. ||7 BAG 1.2.2011 – 1 ABR 79/09, NZA 2011, 703. ||8 BAG 13.6.2006 – 9 AZR 229/05, NZA 2007, 91. ||9 BAG 14.3.2006 – 9 AZR 411/05, NZA 2006, 1214; 4.10.2005 – 9 AZR 632/04, NZA 2006, 1691; LAG Hess. 5.11.2012 – 21 Sa 593/10. ||10 BAG 3.12.2002 – 9 AZR 481/01, NZA 2003, 1215.

hältnismäßigen Aufwendungen verbunden ist. So ist jede über acht Stunden hinausgehende werktägliche Arbeitszeit Mehrarbeit iSv. § 124, wovon schwerbehinderte ArbN auf Verlangen freizustellen sind. Auch kann sich die Pflicht ergeben, einen schwerbehinderten ArbN nicht zur Nachtarbeit einzuteilen und dessen Arbeitszeit auf eine Fünf-Tage-Woche zu beschränken. Durch tarifl. Flexibilisierungsregelungen (zB Arbeitszeitkonten) wird häufig eine Verlängerung der Arbeitszeit erreicht, die nicht behindertengerecht ist[1].

5. Technische Arbeitshilfen (Nr. 5). Der ArbGeb ist nach Nr. 5 verpflichtet, den Arbeitsplatz des schwerbehinderten ArbN mit den erforderlichen technischen Arbeitshilfen auszustatten, wenn hierdurch eine Beschäftigung möglich wird. Hierbei handelt es sich insb. um besondere Büroausstattungsgegenstände, Hebe- und Transportvorrichtungen, visuelle, akustische oder haptische Hilfsmittel. Häufig lösen derartige Arbeitshilfen die auftretenden Schwierigkeiten nur zum Teil. Etwa dennoch notwendige Aufgabenumverteilungen sind ggf. aus dem Anspruch auf behindertengerechte Gestaltung der Arbeitsorganisation nach Nr. 4 herzuleiten[2].   29

6. Unterstützung durch BA und Integrationsämter (Abs. 4 S. 2). Bei der Durchführung der Maßnahmen nach Nr. 1, 4 und 5 müssen die BA und die Integrationsämter die ArbGeb unter Berücksichtigung der für die Beschäftigung wesentlichen Eigenschaften der schwerbehinderten Menschen unterstützen. Diese Unterstützung dient wiederum der Einholung externen Sachverstands zur Bewältigung und zum Aufspüren behinderungsbedingter Schwierigkeiten oder Gefahren, zur Realisierung der Ansprüche schwerbehinderter ArbN und der Nutzung von Fördermöglichkeiten.   30

7. Zumutbarkeit (Abs. 4 S. 3). Ein Anspruch eines schwerbehinderten ArbN besteht nicht, soweit seine Erfüllung für den ArbGeb **nicht zumutbar oder mit unverhältnismäßigen Aufwendungen verbunden** wäre oder soweit die staatlichen oder berufsgenossenschaftl. Arbeitsschutzvorschriften oder beamtenrechtl. Vorschriften entgegenstehen. Hierbei sind die Interessen des schwerbehinderten ArbN an der Veränderung der Arbeitsbedingungen und die Interessen des ArbGeb abzuwägen. Die Unzumutbarkeit des Einsatzes technischer Hilfen oder einer anderen Gestaltung der Arbeitsorganisation etc. setzt voraus, dass der ArbGeb substantiiert darlegt, welche mit der Maßnahme verbunden Umstände im Einzelnen oder in ihrer Gesamtheit ihm unzumutbar sind[3]. Hierfür ist auch darzulegen, dass alle Unterstützungsmöglichkeiten in Eigenleistung oder durch Beteiligung Dritter (Fördermittel, Krankenkassen) ermittelt wurden.   31

8. Verschuldensabhängige Haftung. Versäumt es der ArbGeb schuldhaft, die behinderungsgerechte Beschäftigung eines schwerbehinderten ArbN oder behindertengerechte Gestaltung der Arbeitsbedingungen nach Abs. 4 S. 1 Nr. 1 bis 5 zu ermöglichen, hat der ArbN einen **Schadenersatzanspruch** idR in Höhe der ihm entgangenen Vergütung. Abs. 4 ist Schutzgesetz iSv. § 823 II BGB. Die Verletzung der Ansprüche nach **Abs. 4 S. 1 Nr. 1, 4 oder 5** führt nicht zu einer verschuldensunabhängigen Haftung aus Annahmeverzug. Es handelt sich um eine Verletzung von Fürsorgepflichten, die verschuldensabhängig ausgestaltet ist und den ArbGeb zu einer Änderung des zugewiesenen Arbeitsplatzes verpflichten kann, um eine Beschäftigung trotz Leistungseinschränkung zu ermöglichen[4].   32

9. Durchsetzung der Ansprüche durch den ArbN. Macht der schwerbehinderte ArbN den schwerbehindertenrechtl. Beschäftigungsanspruch nach Abs. 4 Nr. 1 oder die weiteren Ansprüche nach Nr. 2 bis 5 geltend, so hat er nach den allg. Regeln grds. die **Darlegungs- und Beweislast** für die anspruchsbegründenden Voraussetzungen. Dagegen hat der ArbGeb die anspruchshindernden Umstände vorzutragen. Dazu gehören insb. diejenigen, aus denen sich die Unzumutbarkeit der Beschäftigung, Förderung oder Unterstützung des ArbN ergeben soll. IÜ gilt hier eine **abgestufte Darlegungs- und Beweislast**[5]. Zur Begründung des Anspruchs auf behindertengerechte Beschäftigung hat der ArbN regelmäßig bereits dann schlüssig vorgetragen, wenn er Beschäftigungsmöglichkeiten aufzeigt, die seinem infolge der Behinderung eingeschränkten Leistungsvermögen und seinen Fähigkeiten und Kenntnissen entsprechen. Der ArbGeb hat sich hierauf substantiiert einzulassen und die Tatsachen vorzutragen, aus denen sich ergibt, dass solche behinderungsgerechte Beschäftigungsmöglichkeiten nicht bestehen oder deren Zuweisung ihm unzumutbar ist. Hierzu gehört auch die Darlegung, dass kein entsprechender freier Arbeitsplatz vorhanden ist und auch nicht durch Versetzung freigemacht werden kann. Es obliegt dann dem ArbN der Nachweis, dass entgegen der Behauptung des ArbGeb ein freier Arbeitsplatz zur Verfügung steht oder vom ArbGeb frei gemacht werden kann. Eine Unzumutbarkeit der Beschäftigung des ArbN hat der ArbGeb sowohl darzulegen als auch zu beweisen[6].   33

Steht fest, dass der ArbN seine Arbeitspflicht nur nach Umgestaltung oder besonderer Ausstattung seines Arbeitsplatzes erfüllen kann, hat er zumindest nachvollziehbar darzulegen, welche Maßnahmen hierzu notwendig sind. Ansonsten zeigt er nicht schlüssig anderweite Beschäftigungsmöglichkeiten auf. Etwas anders gilt, wenn der ArbGeb seine Pflichten zur rechtzeitigen Beteiligung des Integrations-   34

---

1 BAG 3.12.2002 – 9 AZR 462/01, NZA 2004, 1219. ||2 BAG 4.10.2005 – 9 AZR 632/04, NZA 2006, 1691.
||3 BAG 4.10.2005 – 9 AZR 632/04, NZA 2006, 1691. ||4 BAG 4.10.2005 – 9 AZR 632/04, NZA 2006, 1691; 23.1.2001 – 9 AZR 287/99. ||5 BAG 10.5.2005 – 9 AZR 230/04, NZA 2006, 155. ||6 LAG Hess. 5.11.2012 – 21 Sa 593/10.

amtes und der Schwerbehindertenvertretung im **Präventionsverfahren nach § 84 I** verletzt hat, weil der ArbGeb in diesem Fall gerade nicht alle Möglichkeiten der Beschäftigungssicherung, insb. nicht die Beiziehung des Rates Sachkundiger genutzt hat. Fand hingegen die Erörterung mit allen sachkundigen Stellen statt und kamen diese unter Beteiligung der Schwerbehindertenvertretung zu dem Ergebnis, es gäbe keine Möglichkeiten zur Sicherung der Beschäftigung des ArbN, bleibt es bei der primären Darlegungslast des schwerbehinderten ArbN. Er hat dann vorzutragen, welche konkreten technischen oder organisatorischen Veränderungen seine behinderungsgerechte Beschäftigung ermöglichen[1].

35 **VIII. Teilzeitanspruch (Abs. 5).** Abs. 5 begründet iV m. Abs. 4 Nr. 1 für den schwerbehinderten Menschen einen individualrechtl. Anspruch auf tatsächliche Beschäftigung mit der verringerten Arbeitszeit, die wegen Art und Schwere der Behinderung notwendig ist. Ob eine nur **befristete Herabsetzung der Arbeitszeit** in Betracht kommt, bestimmt sich nach dem in Bezug genommenen Zumutbarkeitsmaßstab des Abs. 4 S. 3.

36 Das Verlangen des schwerbehinderten Menschen nach Abs. 5 bewirkt **unmittelbar** eine Verringerung der geschuldeten Arbeitszeit, ohne dass es einer Zustimmung des ArbGeb zur Änderung der vertragl. Pflichten bedarf. Der schwerbehinderte Mensch kann – ohne an Formen und Fristen gebunden zu sein – jederzeit verlangen, nur noch in einem seiner Behinderung Rechnung tragenden zeitlichen Umfang eingesetzt zu werden. Im Streitfall hat der ArbN die Kausalität zwischen Art und Schwere der Behinderung und der verlangten Arbeitszeitverkürzung nachzuweisen[2]. Kommen zur leidensgerechten Anpassung der Arbeitsbedingungen mehrere Möglichkeiten in Betracht, hat die Auswahl unter Beachtung der beiderseitigen Interessen zu erfolgen, ein Wahlrecht des ArbN sieht das Gesetz nicht vor[3].

37 Der Anspruch nach Abs. 5 steht neben den Ansprüchen der ArbN aus dem TzBfG. Dies gilt auch für einen Verlängerungswunsch nach § 9 TzBfG. Danach hat der ArbGeb einen teilzeitbeschäftigten ArbN, der ihm den Wunsch nach einer Verlängerung seiner vertragl. vereinbarten Arbeitszeit angezeigt hat, bei der Besetzung eines entsprechenden freien Arbeitsplatzes unter den in der Vorschrift benannten Maßgaben bei gleicher Eignung bevorzugt zu berücksichtigen[4].

82, 83 *(nicht kommentiert)*

84 *Prävention*

(1) Der Arbeitgeber schaltet bei Eintreten von personen-, verhaltens- oder betriebsbedingten Schwierigkeiten im Arbeits- oder sonstigen Beschäftigungsverhältnis, die zur Gefährdung dieses Verhältnisses führen können, möglichst frühzeitig die Schwerbehindertenvertretung und die in § 93 genannten Vertretungen sowie das Integrationsamt ein, um mit ihnen alle Möglichkeiten und alle zur Verfügung stehenden Hilfen zur Beratung und mögliche finanzielle Leistungen zu erörtern, mit denen die Schwierigkeiten beseitigt werden können und das Arbeits- oder sonstige Beschäftigungsverhältnis möglichst dauerhaft fortgesetzt werden kann.

(2) Sind Beschäftigte innerhalb eines Jahres länger als sechs Wochen ununterbrochen oder wiederholt arbeitsunfähig, klärt der Arbeitgeber mit der zuständigen Interessenvertretung im Sinne des § 93, bei schwerbehinderten Menschen außerdem mit der Schwerbehindertenvertretung, mit Zustimmung und Beteiligung der betroffenen Person die Möglichkeiten, wie die Arbeitsunfähigkeit möglichst überwunden werden und mit welchen Leistungen oder Hilfen erneuter Arbeitsunfähigkeit vorgebeugt und der Arbeitsplatz erhalten werden kann (betriebliches Eingliederungsmanagement). Soweit erforderlich wird der Werks- oder Betriebsarzt hinzugezogen. Die betroffene Person oder ihr gesetzlicher Vertreter ist zuvor auf die Ziele des betrieblichen Eingliederungsmanagements sowie auf Art und Umfang der hierfür erhobenen und verwendeten Daten hinzuweisen. Kommen Leistungen zur Teilhabe oder begleitende Hilfen im Arbeitsleben in Betracht, werden vom Arbeitgeber die örtlichen gemeinsamen Servicestellen oder bei schwerbehinderten Beschäftigten das Integrationsamt hinzugezogen. Diese wirken darauf hin, dass die erforderlichen Leistungen oder Hilfen unverzüglich beantragt und innerhalb der Frist des § 14 Abs. 2 Satz 2 erbracht werden. Die zuständige Interessenvertretung im Sinne des § 93, bei schwerbehinderten Menschen außerdem die Schwerbehindertenvertretung, können die Klärung verlangen. Sie wachen darüber, dass der Arbeitgeber die ihm nach dieser Vorschrift obliegenden Verpflichtungen erfüllt.

(3) Die Rehabilitationsträger und die Integrationsämter können Arbeitgeber, die ein betriebliches Eingliederungsmanagement einführen, durch Prämien oder einen Bonus fördern.

---

1 BAG 4.10.2005 – 9 AZR 632/04, NZA 2006, 1691. || 2 BAG 14.10.2003 – 9 AZR 100/03, NZA 2004, 614.
|| 3 LAG Hamm 27.9.2012 – 8 Sa 1095/11, LAGE § 81 SGB IX Nr. 12. || 4 BAG 1.2.2011 – 1 ABR 79/09, NZA 2011, 703.

- I. Inhalt und Zweck 1
- II. Präventionsverfahren nach Abs. 1 3
  1. Anwendungsbereich 3
  2. Geschützter Personenkreis 4
  3. Beteiligte 5
  4. Verhaltenspflicht des ArbGeb 6
  5. Folgen unterlassenen Präventionsverfahrens 7
- III. Betriebliches Eingliederungsmanagement nach Abs. 2 (BEM) 10
  1. Anwendungsbereich 10
  2. Geschützter Personenkreis 12
  3. Beteiligte des BEM 13
  4. Inhalt; Verhaltenspflicht des ArbGeb 14
  5. Aufgaben der betriebl. Interessenvertretungen 16
  6. Bedeutung des BEM im Kündigungsschutzprozess 19
  7. Datenschutz 26

I. Inhalt und Zweck. Dem Ziel des Gesetzes entsprechend, Arbeits- und Beschäftigungsverhältnisse behinderter Menschen auf Dauer zu sichern, enthält § 84 in Abs. 1 eine generelle Verpflichtung des ArbGeb, aktiv jeglicher Art von Störung des ArbVerh behinderter Menschen entgegenzuwirken. Abs. 2 fordert ihn zudem auf, speziell eine durch Krankheit bedingte Gefährdung eines ArbVerh (behinderter und nicht behinderter Menschen) durch ein betriebliches Eingliederungsmanagement (BEM) abzuwehren. Abs. 2 greift damit schon die aus der Vorstufe einer evtl. bevorstehenden Behinderung resultierende Gefährdung an. Ziel der gesetzl. Prävention des Abs. 1[1] und des BEM nach Abs. 2[2] ist damit die frühzeitige Klärung, ob und ggf. welche Maßnahmen zu ergreifen sind, um die möglichst dauerhafte Fortsetzung des ArbVerh zu fördern. 1

Einstweilen frei. 2

II. Präventionsverfahren nach Abs. 1. 1. Anwendungsbereich. Das allg. Präventionsverfahren nach Abs. 1 betrifft jede Art von Schwierigkeit, die eine nachhaltige Störung des ArbVerh auslösen kann. Es gilt für jedes Arbeits- oder Beschäftigungsverhältnis und trotz der formulierten Arten der möglichen Schwierigkeiten auch für solche, bei denen das KSchG nicht eingreift. Allerdings hat das Unterlassen eines Präventionsverfahrens wegen dieser Terminologie außerhalb der Anwendbarkeit des KSchG keine kündigungsrechtl. Folgen[3]. Da das Präventionsverfahren einer Kündigung vorbeugen soll, muss es sich um Unzuträglichkeiten handeln, die noch nicht den Charakter von Kündigungsgründen aufweisen. Denn nach dem Gesetz sollen die präventiven Maßnahmen eine Gefährdung des ArbVerh verhindern, es soll also gerade der Entstehung von Kündigungsgründen zuvorkommen. Sind solche Gründe aber bereits entstanden, so können sie nicht mehr verhindert werden. Eine Prävention, also eine Vorbeugung, kann es bei dieser Lage nicht mehr geben[4]. Die möglichen **Schwierigkeiten** können die persönliche Eignung und Fähigkeit des ArbN betreffen, zB sein Arbeitstempo, seine Einsetzbarkeit, seine Belastbarkeit; sie können sich aber auch auf sein Verhalten beziehen, zB seine Zuverlässigkeit, seine Arbeitsmoral, sein soziales Verhalten. Außerdem können die Schwierigkeiten auf betriebl. Gegebenheiten beruhen, also den Arbeitsplatz und dessen Gestaltung und Erreichbarkeit, die Produktion- oder Betriebsabläufe oder sonstige Umstände betreffen, die auf die Tätigkeit des ArbN einwirken. 3

2. Geschützter Personenkreis. Das frühzeitige allg. Präventionsverfahren ist entsprechend der in § 68 I geregelten Geltung der Bestimmungen des Teils 2 des SGB IX nur für schwerbehinderte und diesen nach § 2 III gleichgestellte ArbN vorgeschrieben (zur Definition dieser Begriffe s. § 85 Rz. 4–6). 4

3. Beteiligte. Die Schwerbehindertenvertretung, die in § 93 genannten Vertretungen, also Betriebs-, Personal-, Richter-, Staatsanwalts- und Präsidialrat sowie das Integrationsamt sind Beteiligte im gesetzl. Präventionsverfahren nach Abs. 1. 5

4. Verhaltenspflicht des ArbGeb. Der ArbGeb muss **aktiv** werden, er muss die genannten Stellen „einschalten", also eigeninitiativ auf sie zutreten und die eingetretenen Schwierigkeiten mit ihnen ernsthaft **erörtern**, um möglichst dauerhaft eine Sicherung des ArbVerh zu erreichen. Dem ArbGeb wird damit eine aktive Rolle für Eingliederung und gegen Ausgliederung des schwerbehinderten ArbN zugewiesen. Diese Pflichten begründen nicht nur eine privatrechtlich gesteigerte Fürsorgepflicht ggü. dem schwerbehinderten ArbN[5]. Vielmehr soll die Beteiligung sachkundiger Stellen auch gewährleisten, dass **alle Möglichkeiten** zur Fortsetzung des ArbVerh fachkundig untersucht und deren technische sowie wirtschaftl. Realisierbarkeit geprüft werden. Dem schwerbehinderten ArbN fehlen zumeist zur Beurteilung der Frage, wie eine behinderungsgerechte Beschäftigungsmöglichkeit gefunden oder geschaffen werden kann, die notwendigen Fähigkeiten und Kenntnisse[6]. Durch die Einschaltung aller innerbetriebl. Gremien und aller in Betracht kommenden außerbetriebl. Stellen wird Sach- und Fachverstand zur möglichst breitangelegten, alle Möglichkeiten ausschöpfenden Problemlösung gebündelt. So wird sichergestellt, dass keine Ansätze übersehen werden. 6

---

[1] BAG 4.10.2005 – 9 AZR 632/04, NZA 2006, 442. ||[2] BAG 12.7.2007 – 2 AZR 716/06, NZA 2008, 173. ||[3] BAG 28.6.2007 – 6 AZR 750/06, NZA 2007, 1049. ||[4] BAG 7.12.2006 – 2 AZR 182/06, NZA 2007, 617. ||[5] BAG 10.5.2005 – 9 AZR 230/04, NZA 2006, 155; 4.10.2005 – 9 AZR 632/04, NZA 2006, 442. ||[6] BAG 10.5.2005 – 9 AZR 230/04, NZA 2006, 155; 4.10.2005 – 9 AZR 632/04, NZA 2006, 442.

7 **5. Folgen unterlassenen Präventionsverfahrens. a) Vergütungspflicht.** Verletzt der ArbGeb seine gesetzl. Erörterungspflichten, verhindert er damit die Durchführung dieses Präventionsverfahrens. Das hat Folgen für die **Darlegungslast**. Nach § 81 IV 1 Nr. 1, 4 und 5 haben schwerbehinderte ArbN Anspruch auf behinderungsgerechte Beschäftigung und Gestaltung und Ausstattung ihres Arbeitsplatzes. Die schuldhafte Verletzung dieser Pflicht kann Schadensersatzansprüche des ArbN begründen. Diese sind auf Ersatz der entgangenen Vergütung gerichtet. Der ArbN hat nach den allg. Regeln grds. die primäre Darlegungs- und Beweislast für die anspruchsbegründenden Voraussetzungen des Schadensersatzanspruchs. Hat der ArbGeb allerdings seine Erörterungspflichten nach Abs. 1 verletzt, trifft ihn die sekundäre Darlegungslast dafür, dass ihm auch unter Berücksichtigung der besonderen ArbGeb-Pflicht nach § 81 IV eine zumutbare Beschäftigung des schwerbehinderten ArbN nicht möglich war[1]. Das Wissen, wie ein behindertengerechter Arbeitsplatz in seinem Betrieb einzurichten und auszustatten ist, kann einem ArbGeb zwar nicht unterstellt werden. Auf dieses fehlende Wissen kann er sich aber nicht berufen, wenn er seinen Pflichten nach Abs. 1 nicht nachgekommen ist. Denn die Erörterung mit den in Abs. 1 genannten fachkundigen Stellen dient gerade dazu, sich das entsprechende Wissen zu verschaffen[2]. Erforderliche Eingriffe in die Arbeitsorganisation und die Anschaffung notwendiger technischer Hilfsmittel müssen dabei zumutbar sein und dürfen nicht mit unverhältnismäßigen Aufwendungen verbunden sein oder gegen Unfallverhütungsvorschriften verstoßen (§ 81 IV 3). Der Anspruch des ArbN beschränkt sich aber auf solche Tätigkeiten, für die er nach seinen Fähigkeiten und Kenntnissen unter Berücksichtigung seiner Behinderung befähigt ist. Einen zusätzlichen Arbeitsplatz muss der ArbGeb hierbei ebenso wenig schaffen, wie er verpflichtet werden kann, dem behinderten Menschen eine Beförderungsstelle anzubieten[3].

8 **b) Kündigung.** Die Durchführung des Präventionsverfahrens ist **keine formelle Wirksamkeitsvoraussetzung** für den Ausspruch einer Kündigung. Es handelt sich aber auch nicht um eine reine Ordnungsvorschrift mit bloßem Appelativcharakter. Die in Abs. 1 genannten Maßnahmen dienen der Vermeidung eines Kündigungsausspruchs zur Verhinderung der Arbeitslosigkeit schwerbehinderter Menschen. Vor diesem Hintergrund ist davon auszugehen, dass Abs. 1 eine **Konkretisierung** des dem gesamten Kündigungsschutzrecht innewohnenden **Verhältnismäßigkeitsgrundsatzes** darstellt[4]. Nach diesem Grundsatz ist eine Kündigung nicht gerechtfertigt, wenn es andere, mildere Mittel gibt, um die Vertragsstörung künftig zu vermeiden. Solche Mittel können beim ArbVerh eines schwerbehinderten Menschen die in Abs. 1 genannten Möglichkeiten und Hilfen zur Beratung und mögliche finanzielle Hilfen darstellen. Eine Kündigung kann damit wegen Verstoßes gegen das Verhältnismäßigkeitsprinzip als sozial ungerechtfertigt zu beurteilen sein, wenn bei gehöriger Durchführung des Präventionsverfahrens Möglichkeiten bestanden hätten, die Kündigung zu vermeiden.

9 Im Umkehrschluss steht das Unterbleiben des Präventionsverfahrens einer Kündigung dann nicht entgegen, wenn die Kündigung auch durch das Präventionsverfahren nicht hätte verhindert werden können. Hierbei ist aber grds. auch zu beachten, dass eine Kündigung ggü. einem schwerbehinderten Menschen nur nach Zustimmung des Integrationsamts zulässig ist, § 85. Das Verfahren vor dem Integrationsamt stellt ein geordnetes Verfahren zur Prüfung der Rechte des schwerbehinderten ArbN dar, dessen Entscheidung in mehreren Instanzen nachgeprüft werden kann. Das Integrationsamt hat hierbei die Interessen des Schwerbehinderten und die betriebl. Interessen gegeneinander abzuwägen. Ist das Integrationsamt nach eingehender Prüfung zu dem Ergebnis gelangt, dass die Zustimmung zur Kündigung zu erteilen ist, kann nur bei Vorliegen besonderer Anhaltspunkte davon ausgegangen werden, ein Präventionsverfahren hätte die Kündigung verhindern können[5]. Da der Verhältnismäßigkeitsgrundsatz außerhalb des Geltungsbereichs des KSchG bei der Prüfung der Wirksamkeit einer Kündigung keine Anwendung findet[6], ist der ArbGeb (aus kündigungsrechtlicher Sicht) außerhalb des KSchG weder zur Durchführung des Präventionsverfahrens nach Abs. 1 noch zur Umsetzung von aus dem Verfahren gewonnenen Erkenntnissen zur Vermeidung einer Kündigung verpflichtet[7].

10 **III. Betriebliches Eingliederungsmanagement nach Abs. 2 (BEM). 1. Anwendungsbereich.** Durch die jedem ArbGeb in Abs. 2 auferlegten besonderen Verhaltenspflichten soll möglichst frühzeitig der Gefährdung des ArbVerh eines kranken Menschen begegnet und die dauerhafte Fortsetzung der Beschäftigung erreicht werden[8]. Das BEM ist damit das für krankheitsbedingte Schwierigkeiten und Störungen ggü. dem allg. Präventionsverfahren nach Abs. 1 **speziellere** Verfahren. Wie auch das Präventionsverfahren gilt es grds. für jede Art von Beschäftigungsverhältnis. Aus der Terminologie des Abs. 1 wird hergeleitet, dass das Unterbleiben des BEM nur für ArbVerh, auf die das KSchG Anwendung findet, kündigungsrechtl. Folgen hat[9].

11 **Voraussetzung** ist, dass ein ArbN **innerhalb eines Jahres**, unabhängig vom Lauf des Kalenderjahres, **länger als sechs Wochen ununterbrochen oder wiederholt arbeitsunfähig** ist. Für die Bemessung des

---

1 BAG 4.10.2005 – 9 AZR 632/04, NZA 2006, 442.   ‖2 BAG 10.5.2005 – 9 AZR 230/04, NZA 2006, 155; 4.10.2005 – 9 AZR 632/04, NZA 2006, 442.   ‖3 BAG 23.2.2010 – 2 AZR 656/08, NZA 2010, 1288; 10.5.2005 – 9 AZR 230/04, NZA 2006, 155.   ‖4 BAG 7.12.2006 – 2 AZR 182/06, NZA 2007, 617.   ‖5 BAG 7.12.2006 – 2 AZR 182/06, NZA 2007, 617.   ‖6 BAG 28.8.2003 – 2 AZR 333/02.   ‖7 BAG 24.1.2008 – 6 AZR 96/07, NZA-RR 2008, 405.   ‖8 BAG 12.7.2007 – 2 AZR 716/06, NZA 2008, 173.   ‖9 BAG 28.6.2007 – 6 AZR 750/06, NZA 2007, 1049.

Sechs-Wochen-Zeitraums sind die dem ArbGeb vom ArbN nach § 5 I EFZG angezeigten Arbeitsunfähigkeitszeiten maßgeblich[1]. Das Gesetz enthält **keine formalen Vorgaben** für die Durchführung des Verfahrens, schreibt aber vor, dass der ArbN der Durchführung des BEM zustimmen muss und er vor Durchführung auf die Ziele des BEM sowie auf Art und Umfang der hierfür erhobenen und verwendeten Daten hinzuweisen ist, Abs. 2 S. 3[2].

2. Geschützter Personenkreis. Die Pflicht, ein BEM anzubieten, besteht bei Vorliegen entsprechender Arbeitsunfähigkeitszeiten ggü. **allen ArbN**, nicht nur bei erkrankten behinderten Menschen[3]. Dem betroffenen ArbN steht es frei, das Angebot anzunehmen und sich dem BEM zu unterziehen; er ist hierzu nicht verpflichtet. Die Durchführung des BEM bedarf nach Abs. 2 S. 1 der Zustimmung und Beteiligung des Betroffenen. Dies folgt schon aus datenschutzrechtl. Gründen. Zur Durchführung eines BEM sind schließlich die Umstände zu ermitteln, die die Arbeitsunfähigkeit verursachen, da nur bei Kenntnis ihrer Ursachen nach Möglichkeiten gesucht werden kann, Krankheitszeiten künftig zu vermeiden. Zu deren Preisgabe kann der ArbN aber nicht verpflichtet werden. Die Art und Weise seiner Beteiligung und Mitwirkung am BEM, insb. eine Zustimmungsverweigerung, aber auch eine unterlassene oder eingeschränkte Kooperation bei Durchführung des BEM, kann sich für den ArbN allerdings im Verfahren nach § 85 und bei der Darlegungs- und Beweislast im Kündigungsschutzprozess auswirken[4].

3. Beteiligte des BEM. Zu beteiligen sind außer den betriebl. Interessenvertretungen der betroffene Beschäftigte, soweit erforderlich der Betriebs- oder Werksarzt, die örtlichen Servicestellen und ggf. das Integrationsamt, wenn Leistungen zur Teilhabe oder begleitende Hilfen im Arbeitsleben in Betracht kommen[5]. Nach sechswöchiger Arbeitsunfähigkeit binnen eines Jahres ist dem ArbN ein BEM unabhängig davon, ob eine betriebl. Interessenvertretung iSv. § 93 gebildet ist, anzubieten und ggf. durchzuführen[6]. Die Beteiligung der Servicestellen und des Integrationsamtes ist wichtig, da diese über die notwendige Kenntnis geeigneter Mittel und Wege verfügen, um insb. technische und finanzielle Unterstützungsmöglichkeiten zu ermitteln und zu realisieren. Hierzu sind diese Stellen nach Abs. 2 S. 5 sogar ausdrücklich verpflichtet.

4. Inhalt; Verhaltenspflicht des ArbGeb. Das Gesetz beschreibt den im Wege des BEM durchzuführenden Klärungsprozess nicht als formalisiertes Verfahren, sondern lässt den Beteiligten jeden denkbaren Spielraum[7]. Allerdings obliegt dem ArbGeb die **Initiative**. Er hat die Zustimmung des ArbN zum Verfahren einzuholen und diesen entsprechend Abs. 2 S. 3 zuvor über die Ziele des Verfahrens und die Art und den Umfang der hierfür erhobenen und verwendeten Daten zu unterrichten. Diese Belehrung gehört zu einem regelkonformen BEM[8]. Sie soll dem ArbN die Entscheidung ermöglichen, ob er ihm zustimmt oder nicht. Nach den Regelungen in Abs. 2 entspricht iÜ jedes Verfahren den gesetzl. Anforderungen, das die zu beteiligenden Stellen, Ämter und Personen einbezieht, das keine vernünftigerweise in Betracht zu ziehende Anpassungs- und Änderungsmöglichkeit ausschließt und in dem die von den Teilnehmern eingebrachten Vorschläge sachlich erörtert werden[9].

Der ArbGeb muss das BEM nicht notwendig leiten. Das Gesetz benennt gerade keine Personen oder Stellen, denen die Leitung des BEM anvertraut wäre. Er wird dafür zu sorgen haben, dass alle Beteiligten konstruktiv und zielführend mitwirken, Vorschläge einbringen und zur Klärung beitragen, sofern er diese Moderationspflicht nicht im Rahmen eines abstrakt generellen oder auf den Einzelfall bezogenen Verfahrens delegiert hat. Die im Rahmen eines ordnungsgemäß durchgeführten BEM erzielten Ergebnisse sind vom ArbGeb umzusetzen, soweit die Umsetzung in seiner Macht steht. Insb. sind die vorgeschlagenen Maßnahmen als milderes Mittel vor Ausspruch einer personenbedingten Kündigung zu realisieren[10].

5. Aufgaben der betriebl. Interessenvertretungen. a) Initiativrecht. Nach Abs. 2 S. 6 können die betriebl. Interessenvertretung und bei Schwerbehinderten auch die Schwerbehindertenvertretung die Klärung verlangen, also den ArbGeb auffordern, dem betroffenen ArbN ein BEM anzubieten und dieses ggf. durchzuführen. Soweit die Personalvertretung nach Abs. 2 S. 6 die Klärung verlangen kann, bedeutet das, dass der BR/PersR (erst) dann, wenn der betreffende ArbN seine Zustimmung zum BEM erteilt hat, initiativ werden und den Klärungsprozess als individuelle Maßnahme durchsetzen kann. Eine Durchsetzung des Klärungsprozesses gegen den Willen des Betroffenen kommt nach der eindeutigen Regelung des Abs. 2 S. 1 nicht in Betracht[11].

b) Überwachungspflicht. Die zuständigen Interessenvertretungen haben außerdem darüber zu wachen, dass der ArbGeb seine aus Abs. 2 folgenden Verpflichtungen erfüllt, Abs. 2 S. 7. Diese Überwachungspflicht setzt früher als das Initiativrecht an und gibt dem BR/PersR einen Anspruch ggü. dem ArbGeb, ihm regelmäßig die ArbN mitzuteilen, die binnen Jahresfrist mehr als sechs Wochen arbeits-

---

1 BAG 13.3.2012 – 1 ABR 78/10, NZA 2012, 748. ||2 BAG 24.3.2011 – 2 AZR 170/10, NZA 2011, 993. ||3 BAG 12.7.2007 – 2 AZR 716/06, NZA 2008, 173. ||4 OVG Bln.-Bbg. 23.1.2013 – 6 B 35.11. ||5 BAG 30.9.2010 – 2 AZR 88/09, NZA 2011, 39, Rz. 33. ||6 BAG 30.9.2010 – 2 AZR 88/09, NZA 2011, 39. ||7 BAG 10.12.2009 – 2 AZR 198/09, NZA 2010, 639. ||8 BAG 24.3.2011 – 2 AZR 170/10, NZA 2011, 993. ||9 BAG 10.12.2009 – 2 AZR 400/08, NZA 2010, 398. ||10 BAG 10.12.2009 – 2 AZR 400/08, NZA 2010, 398. ||11 OVG Bln.-Bbg. 20.11.2008 – OVG 60 PV 9.07, ZTR 2009, 342.

unfähig waren, und zwar auch, wenn der betroffenen ArbN der Weitergabe der Daten nicht zustimmt, § 28 VI Nr. 3 iVm. § 3 IX BDSG[1]. Diese Verpflichtung besteht auch ggü. der Schwerbehindertenvertretung, § 95 I Nr. 1.

18 **c) Mitbestimmungsrecht.** Aus dem Initiativrecht und der Überwachungspflicht folgt noch kein erzwingbares MitbestR des BR oder PersR. Allerdings ist bei der Ausgestaltung des BEM für jede einzelne Regelung zu prüfen, ob ein MitbestR besteht. Ein solches kann sich bei allg. Verfahrensfragen aus § 87 I Nr. 1 BetrVG, in Bezug auf die Nutzung und Verarbeitung von Gesundheitsdaten aus § 87 I Nr. 6 BetrVG und hinsichtlich der Ausgestaltung des Gesundheitsschutzes aus § 87 I Nr. 7 BetrVG ergeben, denn Abs. 2 ist eine Rahmenvorschrift iSd. Bestimmung[2]. Abs. 2 regelt die Frage, wann ein BEM, nicht aber, wie es durchzuführen ist. Daraus resultieren Möglichkeiten abstrakt genereller Regelungen bzgl. der Erhebung der betroffenen ArbN, der Durchführung der Eingehungsgespräche, seines Ablaufs, der Gewinnung und Nutzung von Daten, der Art der Beteiligung Dritter etc.. Das MitbestR kann sich nur auf konkrete Regelungen beziehen, an deren Ausgestaltung der BR mitzuwirken beabsichtigt, die aus seiner Sicht zur betriebl. Umsetzung konkreter Handlungspflichten des ArbGeb in Betracht kommen. Der Begriff der Arbeitsunfähigkeit ist in § 5 I EFZG geregelt, so dass ein der Mitbest des BR nach § 87 I Nr. 7 BetrVG zugänglicher Spielraum bei der Konkretisierung nicht besteht[3].

19 **6. Bedeutung des BEM im Kündigungsschutzprozess.** Die Durchführung eines BEM ist **keine formelle Wirksamkeitsvoraussetzung für den Ausspruch einer krankheitsbedingten Kündigung**[4]. Wie aus der Terminologie des Abs. 1 hergeleitet wird, hat das Unterbleiben des BEM allerdings bei Anwendbarkeit des KSchG kündigungsrechtl. Folgen[5]. In Abs. 1 als der allg. Norm wird an die Terminologie des § 1 II KSchG angeknüpft, indem die Durchführung des Präventionsverfahrens von „personen-, verhaltens- und betriebsbedingten Schwierigkeiten" abhängig gemacht wird. Das verdeutlicht, dass ein Unterbleiben des Präventionsverfahrens nur dann kündigungsrechtl. Folgen haben kann, wenn das KSchG anwendbar ist und ein nach § 1 II 1 KSchG geeigneter Kündigungsgrund vorliegt. Entsprechendes gilt für das BEM nach Abs. 2. Auch dort wird mit dem Erfordernis einer sechswöchigen Arbeitsunfähigkeit an die vom BAG entwickelten Voraussetzungen der sozialen Rechtfertigung einer krankheitsbedingten Kündigung angeknüpft[6].

20 Abs. 2 stellt die **Konkretisierung des Verhältnismäßigkeitsgrundsatzes** dar. Ziel des BEM – wie das der gesetzl. Prävention des Abs. 1[7] – ist die frühzeitige Klärung, ob und ggf. welche Maßnahmen zu ergreifen sind, um die möglichst dauerhafte Fortsetzung des ArbVerh zu fördern. Die in Abs. 2 genannten Maßnahmen dienen damit letztlich der Vermeidung einer Kündigung und der Verhinderung von Arbeitslosigkeit erkrankter und kranker Menschen[8].

21 Die im Rahmen eines ordnungsgemäß durchgeführten BEM erzielten Ergebnisse sind vom ArbGeb umzusetzen, soweit die Umsetzung in seiner Macht steht. Hierzu gehören auch etwaige Erkenntnisse einer Gefährdungsbeurteilung gem. § 5 ArbSchG. Insb. sind die vorgeschlagenen Maßnahmen als **milderes Mittel** vor Ausspruch einer personenbedingten Kündigung zu realisieren. Bedarf es zur Umsetzung der empfohlenen Maßnahmen der Initiative oder Einwilligung des ArbN, muss der ArbGeb den ArbN hierzu auffordern. Lehnt der ArbN seine Mitwirkung bei der Umsetzung der Ergebnisse ab, muss der ArbGeb den ArbN vor Ausspruch einer personenbedingten Kündigung ausdrücklich darauf hinweisen, dass er im Weigerungsfall mit einer Kündigung zu rechnen hat[9]. Erst wenn der ArbN trotzdem weiter seine erforderliche Mitwirkung unterlässt, bedarf es vor Ausspruch der Kündigung nicht mehr der Realisierung der Maßnahme als milderes Mittel.

22 Hat der ArbGeb entgegen seiner gesetzl. Pflicht überhaupt **kein** oder ein **BEM durchgeführt**, das nicht den gesetzl. Mindestanforderungen genügt, darf er dadurch keine darlegungs- und beweisrechtlichen Vorteile haben. Der ArbGeb trägt daher die **Darlegungs- und Beweislast** dafür, dass ein BEM entbehrlich war oder ein BEM in keinem Fall dazu hätte beitragen können, erneuten Krankheitszeiten des ArbN vorzubeugen und ihm den Arbeitsplatz zu erhalten. Dazu muss er von sich aus denkbare oder vom ArbN (außergerichtlich) bereits genannte Alternativen würdigen und im Einzelnen darlegen, aus welchen Gründen sowohl eine Anpassung des bisherigen Arbeitsplatzes an dem ArbN zuträgliche Arbeitsbedingungen als auch die Beschäftigung auf einem anderen – leidensgerechten – Arbeitsplatz ausscheiden[10]. Erst dann ist es Sache des ArbN, sich hierauf substantiiert einzulassen und darzulegen, wie er sich selbst eine leidensgerechte Beschäftigung vorstellt.

23 Ist ein **BEM ordnungsgemäß** durchgeführt worden, ist der ArbGeb seiner Verpflichtung aus Abs. 2 nachgekommen. Das BEM hat seinen Zweck erfüllt und sein Ende gefunden. Dieser Umstand hat – je

---

1 BAG 7.2.2012 – 1 ABR 46/10, NZA 2012, 744; BVerwG 4.9.2012 – 6 P 5/11, ZTR 2013, 103. || 2 BAG 13.3.2012 – 1 ABR 78/10, NZA 2012, 748. || 3 BAG 13.3.2012 – 1 ABR 78/10, NZA 2012, 748. || 4 BAG 28.4.2011 – 8 AZR 515/10, NJW 2011, 2458; 12.7.2007 – 2 AZR 716/06, NZA 2008, 173, Rz. 36; OVG NRW 7.1.2013 – 6 A 2371/11 (Beamtenverhältnis). || 5 BAG 28.6.2007 – 6 AZR 750/06, NZA 2007, 1049. || 6 BAG 28.6.2007 – 6 AZR 750/06, NZA 2007, 1049. || 7 BAG 4.10.2005 – 9 AZR 632/04, NZA 2006, 442. || 8 BAG 12.7.2007 – 2 AZR 716/06, NZA 2008, 173. || 9 BAG 10.12.2009 – 2 AZR 400/08, NZA 2010, 398. || 10 BAG 24.3.2011 – 2 AZR 170/10, NZA 2011, 993; LAG Hamm 26.4.2013 – 10 Sa 24/13; LAG Köln 13.4.2012 – 5 Sa 551/11, LAG Hess. 19.3.2012 – 17 Sa 518/11.

nach dem Ergebnis des BEM – weitere Folgen für die Darlegungslast[1]. Dies gilt auch, wenn der ArbN – nach ordnungsgemäßer Unterrichtung nach Abs. 2 S. 3 – der Durchführung eines BEM widersprochen hat und es deshalb nicht zu dessen Durchführung gekommen ist. In diesem Fall kann sich der ArbN im Kündigungsschutzprozess nicht darauf berufen, die Kündigung hätte durch ein BEM vermieden werden können.

Hat das BEM zu einem **negativen Ergebnis**, also zu der Erkenntnis geführt, es gebe keine Möglichkeit, die Arbeitsunfähigkeit des ArbN zu überwinden oder künftig zu vermeiden, genügt der ArbGeb seiner Darlegungslast nach § 1 II 4 KSchG, wenn er auf diesen Umstand hinweist und behauptet, es bestünden keine anderen Beschäftigungsmöglichkeiten. Der nunmehr darlegungspflichtige ArbN genügt seiner Darlegungslast grds. nicht dadurch, dass er auf alternative Beschäftigungsmöglichkeiten verweist, die während des BEM behandelt und verworfen worden sind. Auch der Verweis auf nicht behandelte Alternativen wird grds. ausgeschlossen sein. Der ArbN muss diese bereits in das BEM einbringen. Er kann allenfalls auf Möglichkeiten verweisen, die sich erst nach Abschluss des BEM bis zum Zeitpunkt der Kündigung ergeben haben[2].

Hat das BEM zu einem **positiven Ergebnis** geführt, ist der ArbGeb grds. verpflichtet, die empfohlene Maßnahme – soweit dies in seiner alleinigen Macht steht – vor Ausspruch einer krankheitsbedingten Kündigung als milderes Mittel umzusetzen[3], zB auch die stufenweise Wiedereingliederung bei bestehender Arbeitsunfähigkeit[4]. Kündigt er, ohne sie umgesetzt zu haben, muss er im Einzelnen und konkret darlegen, warum die Maßnahme entweder trotz Empfehlung undurchführbar war oder selbst bei einer Umsetzung keinesfalls zu einer Vermeidung oder Reduzierung von Arbeitsunfähigkeitszeiten geführt hätte. Dem wird der ArbN regelmäßig mit einem einfachen Bestreiten entgegentreten können[5].

7. Datenschutz. Nach Abs. 2 S. 1 kann ein BEM nur mit Zustimmung und unter Beteiligung des betroffenen ArbN durchgeführt werden, dieser ist damit Herr des Verfahrens. Er kann die Durchführung verhindern. Deswegen besteht die in Abs. 2 S.3 vorgeschriebene Pflicht des ArbGeb, ihn vor Durchführung des BEM auf die Ziele des BEM sowie auf Art und Umfang der hierfür erhobenen und verwendeten Daten hinzuweisen. Er ist aber auch laufend über den Fortgang zu unterrichten, so dass er auch während des Verfahrens noch der Einholung, Verwertung oder auch Weitergabe bestimmter oder weiterer Daten widersprechen kann. Danach wird der ArbN insb. darüber zu unterrichten sein, dass die Einbeziehung und Unterrichtung der betriebl. Interessenvertretungen und sonstiger Beteiligter von seiner Zustimmung abhängig sind. Es empfiehlt sich, die Zustimmungserklärung des ArbN eindeutig zu formulieren, ihr Inhalt ist ggf. auszulegen[6].

Die Mitteilung der Dienststelle an den BR/PersR/die Schwerbehindertenvertretung, dass ein bestimmter Beschäftigter länger als sechs Wochen arbeitsunfähig erkrankt war oder ist, ist auch bei fehlender Einwilligung des ArbN nach § 28 VI Nr. 3 BDSG zulässig. Danach ist die Erhebung, Verarbeitung und Nutzung von besonderen Arten personenbezogener Daten iSv. § 3 IX BDSG für eigene Geschäftszwecke auch ohne Einwilligung des Betroffenen zulässig, wenn dies zur Geltendmachung, Ausübung oder Verteidigung rechtl. Ansprüche erforderlich ist und kein Grund zu der Annahme besteht, dass das schutzwürdige Interesse des Betroffenen an dem Ausschluss der Erhebung, Verarbeitung oder Nutzung überwiegt. Die Ausübung rechtl. Ansprüche iSv. § 28 VI Nr. 3 BDSG umfasst auch eine Nutzung sensitiver Daten durch den ArbGeb, die dieser zur Erfüllung seiner gesetzl. Pflichten vornehmen muss. Der BR ist auch nicht Dritter iSv. § 3 IV Nr.3 BDSG, der außerhalb der verantwortlichen Stelle iSd. § 3 VII BDSG steht[7]. Anders verhält es sich mit der Erhebung, Nutzung und Weitergabe von weiteren Gesundheitsdaten, die im Rahmen eines BEM ermittelt werden. Wegen der Sensibilität dieser persönlichen Daten wird bzgl. **jedes Beteiligten** vor Weitergabe von Daten genau zu klären sein, ob der ArbN zur jeweiligen Beteiligung seine **Zustimmung** erteilt hat.

Problematisch ist die Frage, ob der ArbN mit der Zustimmung zur Durchführung eines BEM auch gleichzeitig die Zustimmung zur **Verwendung der darin gewonnen Daten durch den ArbGeb im Kündigungsschutzprozess** erteilt. Dies wird insb. im Falle eines negativen Ergebnisses des BEM bedeutsam werden, weil der ArbGeb möglicherweise erst durch das BEM die Daten der Bestätigung einer negativen Prognose hinsichtlich der zu erwartenden weiteren Ausfallzeiten des ArbN erlangt hat, er jedenfalls durch das BEM auch die Unvermeidbarkeit weiterer Ausfallzeiten belegen kann. Dieses Dilemma ist – soweit ersichtlich – bisher ungeklärt. Für die Praxis dürfte dies bedeuten, dass der ArbGeb versucht sein wird, die Einverständniserklärung des ArbN zum BEM weit zu fassen und den Inhalt der Erklärung durch eine umfassende Dokumentation der Unterrichtung nach Abs. 2 S. 3 zu belegen.

---

1 BAG 10.12.2009 – 2 AZR 400/08, NZA 2010, 398. ||2 BAG 10.12.2009 – 2 AZR 400/08, NZA 2010, 398. ||3 LAG Hamm 11.11.2011 – 13 Sa 805/11. ||4 LAG Hamm 4.7.2011 – 8 Sa 726/11. ||5 BAG 10.12.2009 – 2 AZR 400/08, NZA 2010, 398. ||6 LAG Rh.-Pf. 25.2.2013 – 6 Sa 441/12. ||7 BAG 7.2.2012 – 1 ABR 46/10, NZA 2012, 744.

Kapitel 4. Kündigungsschutz

85 *Erfordernis der Zustimmung*
Die Kündigung des Arbeitsverhältnisses eines schwerbehinderten Menschen durch den Arbeitgeber bedarf der vorherigen Zustimmung des Integrationsamtes.

1   **I. Inhalt und Zweck.** § 85 enthält eine sog. **Verbotsnorm mit Erlaubnisvorbehalt**. Sie verbietet die Kündigung des ArbVerh eines schwerbehinderten Menschen ohne vorherige Zustimmung des Integrationsamts. Der Verstoß führt zur **Nichtigkeit** der Kündigung **nach § 134 BGB** ungeachtet der Kenntnis des kündigenden ArbGeb vom Status des ArbN[1]. Der Sonderkündigungsschutz ist **unabdingbar**. Auf den Schutz kann weder im Voraus verzichtet, noch kann er durch tarifvertragl. Regelungen eingeschränkt werden. Nach Zugang der Kündigung kann der ArbN jedoch frei entscheiden, ob er den Schutz in Anspruch nehmen will[2].

2   **II. Anwendungsbereich.** Die Regelung betrifft mit den Ausnahmen des § 90 **jede Art von Kündigung** des ArbVerh eines schwerbehinderten Menschen durch den ArbGeb. Sie umfasst damit ordentl. und außerordentl. Kündigungen sowie Änderungskündigungen. Nicht anwendbar ist die Vorschrift auf Aufhebungsverträge, auf Beendigungen des ArbVerh infolge einer Befristung, einer auflösenden Bedingung[3] oder einer Anfechtung des Arbeitsvertrages. Zum **erweiterten Beendigungsschutz** bei Eintritt einer teilweisen Erwerbsminderung etc. s. § 92.

3   Für die Geltung des besonderen Kündigungsschutzes schwerbehinderter Menschen kommt es nicht darauf an, ob den ArbGeb überhaupt eine **Beschäftigungspflicht** nach § 71 trifft oder er diese (über-)erfüllt. Der Sonderkündigungsschutz gilt auch in **Kleinbetrieben**[4] iSv. § 23 I KSchG.

4   **1. Geschützter Personenkreis.** Die Bestimmungen des Teils 2 des SGB IX gelten nach § 68 I nur für **schwerbehinderte Menschen** und diesen **gleichgestellte Menschen**. Die **Definition** dieser Begriffe **enthält** § 2. Nach § 2 I sind Menschen **behindert**, wenn ihre körperliche Funktion, geistige Fähigkeit oder seelische Gesundheit mit hoher Wahrscheinlichkeit länger als sechs Monate von dem für das Lebensalter typischen Zustand abweicht und daher ihre Teilhabe am Leben in der Gesellschaft beeinträchtigt ist. Körperliche Funktionen können bei Störungen jedes Körperorgans einschl. der Sinnesorgane beeinträchtigt sein. Geistige Fähigkeiten sind betroffen, wenn Denk-, Wahrnehmungs- oder Steuerungsfunktionen gestört sind. Die seelische Gesundheit umfasst jede Art psychischer Erkrankungen. Die Abweichung kann auch in dem Zusammenwirken mehrerer Einzelstörungen begründet sein.

5   Nach § 2 II sind Menschen iSd. Teils 2 **schwerbehindert**, wenn bei ihnen ein GdB von **wenigstens 50** vorliegt und sie ihren Wohnsitz, ihren gewöhnlichen Aufenthalt oder ihre Beschäftigung auf einem Arbeitsplatz iSd. § 73 rechtmäßig im Geltungsbereich des SGB IX haben (s. Rz. 9f.).

6   § 2 III definiert den Begriff des **gleichgestellten** behinderten Menschen. Dies sind Menschen mit einem GdB von weniger als 50, aber **wenigstens 30**, bei denen die übrigen Voraussetzungen des § 2 II vorliegen. Sie sollen schwerbehinderten Menschen gleichgestellt werden, wenn sie infolge ihrer Behinderung ohne die Gleichstellung einen geeigneten Arbeitsplatz iSd. § 73 nicht erlangen oder nicht behalten können. Die Gleichstellungsentscheidung trifft die BA, die anhand der konkreten Umstände des Einzelfalls zu prüfen hat, ob die Schwierigkeiten bei der Beschaffung oder Sicherung eines Arbeitsplatzes behinderungsbedingt sind.

7   **2. Sachliche und räumliche Voraussetzungen. a) Bestehen eines ArbVerh.** Nur ArbN genießen den besonderen Kündigungsschutz § 85. Zum arbeitsrechtl. **ArbN-Begriff** s. Vor § 611 BGB Rz. 19ff. Nach der Rspr. des BAG ist ArbN, wer seine Dienste für einen anderen in persönlicher Abhängigkeit und im Rahmen einer von Dritten bestimmten Arbeitsorganisation erbringt[5]. Dazu gehören Teilzeitbeschäftigte, geringfügig sowie in ATZ Beschäftigte in der Freistellungsphase ebenso wie Auszubildende[6], LeihArbN, leitende Angestellte und über § 127 II 2 auch Heimarbeiter. Bei sog. GruppenArbVerh (s. Vor § 611 BGB Rz. 121ff.) steht allen Mitgliedern einer Eigengruppe, die sich gemeinsam zur Arbeitsleistung für einen gemeinsamen Zweck verpflichtet haben, der Sonderkündigungsschutz zu, da ihnen nur gemeinsam gekündigt werden kann (zB Heimleiterehepaar[7]). Keinen Sonderkündigungsschutz haben freie und selbständige Dienstleistende sowie **Organvertreter**, die kraft Gesetzes, Satzung oder Gesellschaftsvertrags zur Vertretung einer juristischen Person oder einer Personengesamtheit berufen sind (s. § 5 ArbGG Rz. 14ff.), es sei denn, es besteht wegen starker Weisungsabhängigkeit ein ArbVerh[8]. Für Richter, Beamte und Soldaten gilt § 128.

8   **b) Territorialitätsprinzip.** § 2 II verlangt, dass die schwerbehinderten oder gleichgestellten Menschen ihren **Wohnsitz**, ihren **gewöhnlichen Aufenthalt** oder ihre **Beschäftigung auf einem Arbeitsplatz** iSd.

---

1 BAG 23.2.1978 – 2 AZR 472/76; 14.5.1982 – 7 AZR 1221/79. ||2 BAG 11.3.1999 – 2 AZR 461/98, NZA 1999, 761. ||3 LAG Rh.-Pf. 11.4.2013 – 10 Sa 528/12. ||4 VGH Mannheim 4.3.2002 – 7 S 1651/01, NZA-RR 2002, 417. ||5 BAG 12.9.1996 – 5 AZR 1066/94, NZA 1997, 194; 26.5.1999 – 5 AZR 469/98, NZA 1999, 983. ||6 BAG 10.12.1987 – 2 AZR 385/87, NZA 1988, 428. ||7 BAG 21.10.1971 – 2 AZR 17/71. ||8 BAG 8.6.2000 – 2 AZR 207/99, NZA 2000, 1013.

§ 73 rechtmäßig im Geltungsbereich des Gesetzes haben. Unabhängig davon, ob die Anwendbarkeit des deutschen Arbeitsrechts vereinbart worden ist, ist die Geltung des Sonderkündigungsschutzes auf ArbVerh in der Bundesrepublik Deutschland beschränkt[1]. Bei einem reinen **AuslandsArbVerh**, das nach Vertrag und Abwicklung auf den Einsatz des ArbN im Ausland beschränkt ist und keinerlei **Ausstrahlung** auf den inländischen Betrieb hat, besteht der Sonderkündigungsschutz nicht. Anders, wenn der Einsatz im Ausland nur vorübergehend oder im Voraus befristet ist (§ 4 SGB IV)[2].

c) **Arbeitsplatz iSd. § 73.** Der Begriff des Arbeitsplatzes wird in § 73 I definiert, der für alle Bestimmungen des 2. Teils des SGB IX, insb. auch für die Erfüllung der Pflichtquote nach § 71 maßgeblich ist. Im Rahmen des Sonderkündigungsschutzes kommt der Bestimmung nur Bedeutung zu, wenn der ArbN weder seinen Wohnsitz noch seinen gewöhnlichen Aufenthalt im Geltungsbereich des Gesetzes hat. Arbeitsplätze sind alle Stellen, auf denen ArbN, Beamte, Richter, Auszubildende ua. zur beruflichen Bildung beschäftigt werden. Nicht dazu zählen die in § 73 II und III genannten Stellen. Das sind nach Abs. 2 Arbeitsplätze, auf denen Rehabilitanten (Nr. 1), karitativ oder religiös (Nr. 2), zu ihrer Heilung, Wiedereingliederung oder Erziehung (Nr. 3), in Arbeitsbeschaffungsmaßnahmen (Nr. 4) tätige oder gewählte (Nr. 5) Personen beschäftigt werden sowie Arbeitsplätze von Personen, deren ArbVerh ruht, solange für sie eine Vertretung eingestellt ist (Nr. 7). Abs. 3 nimmt ferner die Stellen aus, die nur höchstens acht Wochen besetzt sind, sowie Stellen, auf denen Beschäftigte weniger als 18 Stunden wöchentlich beschäftigt werden.

d) **Ausnahmen.** § 90 regelt die Fälle, in denen der Sonderkündigungsschutz nicht gilt. Nach § 90 I Nr. 1 sind insb. schwerbehinderte Menschen nicht geschützt, deren ArbVerh zum Zeitpunkt der Kündigung ohne Unterbrechung noch nicht **länger als sechs Monate** besteht.

III. Beginn und Ende des Sonderkündigungsschutzes. 1. Nachweis gem. § 90 IIa. Die Vorschriften über den Sonderkündigungsschutz finden gem. § 90 IIa keine Anwendung, wenn zum Zeitpunkt der Kündigung die Eigenschaft als schwerbehinderter Mensch nicht nachgewiesen ist oder das Versorgungsamt nach Ablauf der Frist des § 69 I 2 seine Feststellung wegen fehlender Mitwirkung des Antragstellers nicht treffen konnte. Zu dieser inhaltlich umstrittenen Regelung hat das BAG entschieden, dass schwerbehinderte Menschen und Gleichgestellte Sonderkündigungsschutz nur genießen, wenn sie entweder bei Zugang der Kündigung bereits als Schwerbehinderte anerkannt oder ihnen gleichgestellt sind oder den entsprechenden Antrag mindestens **drei Wochen** vor Zugang der Kündigung gestellt haben[3].

2. **Schwerbehinderteneigenschaft.** Die Feststellung der Schwerbehinderteneigenschaft durch das Versorgungsamt hat an sich nur **deklaratorische Bedeutung.** Dies folgt aus § 69 I 1, wonach das Versorgungsamt die Behinderung und den GdB im **Anerkennungsverfahren** auf Antrag des behinderten Menschen lediglich feststellt. Der ArbGeb kann die Anerkennungsentscheidung des Versorgungsamts nicht anfechten[4]. Die Behörden stellen über die Eigenschaft als schwerbehinderter Mensch, den GdB sowie weitere gesundheitliche Merkmale einen **Ausweis** aus (§ 69 V).

Die Kündigung des ArbGeb bedarf der vorherigen Zustimmung des Integrationsamts, wenn zum Zeitpunkt des Zugangs der Kündigung die Schwerbehinderteneigenschaft bereits anerkannt ist oder der ArbN den Antrag auf Anerkennung der Schwerbehinderung mindestens drei Wochen vor Zugang der Kündigung gestellt hat[5], sofern das Versorgungsamt den Schwerbehindertenstatus dann ohne Verschulden des ArbN später rückwirkend für einen Zeitpunkt vor Kündigungszugang zuspricht[6]. Dies gilt auch, wenn die Anerkennung erst im Widerspruchs- oder Klageverfahren erfolgt[7]. Der Sonderkündigungsschutz besteht ferner, wenn die Schwerbehinderung inkl. eines GdB von mindestens 50 **offenkundig** ist[8]. Der ArbGeb muss sich dann (Rechtsgedanke des § 162 BGB) so behandeln lassen, als habe der Schwerbehinderte den Antrag rechtzeitig vor Zugang der Kündigung gestellt.

3. **Gleichstellung.** Im Unterschied zur Feststellung der Schwerbehinderteneigenschaft ist die Feststellung der Gleichstellung durch die BA gem. § 68 II für die Inanspruchnahme der Schutzrechte **konstitutiv.** § 90 IIa gilt auch hier für die Entstehung der Kündigungssperre des § 85. Gem. § 68 II 2 wird die Gleichstellung mit dem Tag des Eingangs des Antrags wirksam. Sie kann befristet werden (§ 69 II 3). Der Sonderkündigungsschutz entsteht frühestens mit dem **Tag des Eingangs des Antrags** auf Gleichstellung bei der BA. Die Voraussetzungen einer Gleichstellung nach §§ 2 III, 68 können für den ArbGeb nicht offenkundig sein[9].

4. **Ende des Sonderkündigungsschutzes.** Dieser endet für einen schwerbehinderten Menschen mit dem *Wegfall der Voraussetzungen* des § 2 II. Wird dies durch behördlichen Bescheid festgestellt, erlischt der Schutz erst am Ende des dritten Kalendermonats nach Eintritt der Unanfechtbarkeit des Be-

---

1 BAG 30.4.1987 – 2 AZR 192/86, NZA 1988, 135. ‖ 2 BAG 30.4.1987 – 2 AZR 192/86, NZA 1988, 135; 21.10.1980 – 6 AZR 640/79, DB 1981, 696. ‖ 3 BAG 29.11.2007 – 2 AZR 613/06, NZA 2008, 361; 1.3.2007 – 2 AZR 217/06, DB 2007, 1702. ‖ 4 BSG 22.10.1986 – 9aRVs 3/84; 19.12.2001 – B 11 AL 57/01 R, NZA 2002, 664. ‖ 5 BAG 1.3.2007 – 2 AZR 217/06, DB 2007, 1702. ‖ 6 BAG 11.5.2000 – 2 AZR 276/99, NZA 2000, 1106. ‖ 7 BAG 6.9.2007 – 2 AZR 324/06, NZA 2008, 407. ‖ 8 BAG 13.2.2008 – 2 AZR 864/06, NZA 2008, 1055; 7.3.2002 – 2 AZR 612/00, NZA 2002, 1145. ‖ 9 BAG 24.11.2005 – 2 AZR 514/04, NZA 2006, 665.

scheides (§ 116 I). Das Ende des Schutzes für den gleichgestellten Menschen tritt nach § 116 II 1 mit dem Widerruf oder der Rücknahme der Gleichstellung ein. Der Widerruf ist zulässig, wenn die Voraussetzungen nach § 2 III iVm. § 68 II weggefallen sind. Er wird am Ende des dritten Kalendermonats nach Eintritt seiner Unanfechtbarkeit wirksam (§ 116 II 3).

16   **5. Kenntnis des ArbGeb.** Auf die Kenntnis des kündigenden ArbGeb von der Schwerbehinderteneigenschaft, von der Gleichstellung oder von der auf die Anerkennung bzw. Feststellung gerichteten Antragstellung des ArbN kommt es nicht an[1]. Der ArbGeb wird bereits durch die Einleitung des Feststellungsverfahrens objektiv in die Lage versetzt, die Zustimmung zur Kündigung zu beantragen. Verzögerungen im Zustimmungsverfahren sind dem ArbGeb zumutbar[2]. Das Integrationsamt kann eine vorsorgliche Entscheidung treffen[3]. Der ArbGeb darf den ArbN aber zur Vorbereitung einer Kündigung jedenfalls nach sechsmonatigem Bestand des ArbVerh nach der Schwerbehinderung oder einem gestellten Antrag fragen[4].

17   **IV. Kündigung des ArbGeb. 1. Nach Zustimmung.** Eine **ordentliche Kündigung** ist nur wirksam, wenn dem ArbGeb zum Zeitpunkt des Zugangs der Kündigung beim ArbN die Zustimmungsentscheidung des Integrationsamts zugestellt ist, also nicht notwendig bereits zum Zeitpunkt der Absendung der Kündigung[5]. Eine außerordentl. Kündigung kann demgü. wegen des Beschleunigungsgrundsatzes gem. § 91 bereits ausgesprochen werden, wenn das Integrationsamt die Zustimmungsentscheidung getroffen hat und dies dem ArbGeb mündlich, auch telefonisch, mitgeteilt hat[6] (s. § 91 Rz. 5). Es muss sich um den zum Zeitpunkt der Kündigung aktuellen ArbGeb handeln, der den Antrag beim Integrationsamt gestellt hat oder für den (zB vor Betriebsübergang) er gestellt worden ist. Auf eine nur vom Rechtsvorgänger (zB Insolvenzverwalter) beantragte und ihm zugestellte Zustimmung kann sich der Betriebserwerber nicht berufen[7].

18   **2. Nach Negativ-Attest.** Kommt das Integrationsamt zu dem Ergebnis, dass ein Zustimmungserfordernis nicht vorliegt, erteilt es dem ArbGeb von sich aus ein Negativ-Attest. Dieses ersetzt bei Erteilung (Zugang beim ArbGeb) das Zustimmungserfordernis und beseitigt die Kündigungssperre[8]. Diesen Weg kann der ArbGeb auch wählen, wenn er über das Zustimmungserfordernis unsicher ist.

19   **3. Kündigung ohne Zustimmung.** Ein Nachholen der Zustimmungsentscheidung des Integrationsamts für eine einmal ausgesprochene Kündigung ist nicht möglich, die Kündigung ist gem. § 134 BGB nichtig. Der ArbGeb muss eine neue Kündigung aussprechen, nachdem er die Zustimmung des Integrationsamts eingeholt hat, auch, wenn er erst nach Ausspruch der Kündigung vom Zustimmungserfordernis erfährt.

20   **4. Vorgehen gegen die Entscheidung des Integrationsamts.** Der ArbN kann sowohl die Zustimmungsentscheidung als auch ein Negativ-Attest des Integrationsamts mit Widerspruch und verwaltungsgerichtl. Klage anfechten. Die durch das Integrationsamt erteilte Zustimmung zur Kündigung entfaltet für den Kündigungsschutzprozess solange Wirksamkeit, wie sie nicht bestands- oder rechtskräftig aufgehoben worden ist[9].

21   **5. Kündigungsschutzklage des ArbN.** Dem ArbN steht es frei, sich im Rahmen des Kündigungsschutzprozesses auf die Unwirksamkeit der Kündigung wegen Verletzung des § 85 zu berufen. Gem. § 4 I 1 KSchG kann der ArbN diesen Unwirksamkeitsgrund nur geltend machen, wenn er innerhalb der Drei-Wochen-Frist vor dem ArbG Kündigungsschutzklage erhoben hat (näher § 4 KSchG Rz. 1 f.). Die Drei-Wochen-Frist beginnt gem. § 4 S. 4 KSchG erst mit Bekanntgabe der Entscheidung des Integrationsamts an den ArbN, wenn der ArbGeb die Schwerbehinderteneigenschaft des ArbN zum Zeitpunkt des Kündigungszugangs kennt[10].

22   **6. Berufung des ArbN auf den besonderen Kündigungsschutz.** Ist dem ArbGeb die Schwerbehinderung unbekannt und hat er deshalb die vorherige Zustimmung des Integrationsamts nicht beantragt, bleibt dies nur dann unerheblich, wenn der ArbN den ArbGeb nicht **binnen einer Frist von drei Wochen** (früher: ein Monat[11]) nach Zugang der Kündigung über die Anerkennung seiner Schwerbehinderteneigenschaft, die Gleichstellungsentscheidung oder die entsprechende Antragstellung unterrichtet[12]. Eine Verwirkung des Rechts, sich auf den Sonderkündigungsschutz zu berufen, tritt idR auch dann nicht ein, wenn der ArbN die Unwirksamkeit der Kündigung wegen der unterbliebenen Zustimmung des Integrationsamts innerhalb der Klagefrist des § 4 S. 1 KSchG gerichtl. geltend gemacht hat[13]. Die Mitteilung an den ArbGeb bedarf keiner Form. Der ArbN muss die rechtzeitige Kenntniserlangung

---

1 BAG 11.12.2008 – 2 AZR 395/07, NZA 2009, 556; 12.1.2006 – 2 AZR 539/05, NZA 2006, 1035.   ‖2 BAG 23.2.1978 – 2 AZR 462/76; 7.3.2002 – 2 AZR 612/00, FA 2002, 154.   ‖3 BAG 30.6.1983 – 2 AZR 10/82; BVerwG 15.12.1988 – 5 C 67/85, NZA 1989, 554.   ‖4 BAG 16.2.2012 – 6 AZR 553/10, NZA 2012, 555.   ‖5 BAG 15.5.1997 – 2 AZR 43/96, NZA 1998, 33; LAG BW 22.9.2006 – 18 Sa 28/06.   ‖6 BAG 12.5.2005 – 2 AZR 159/04.   ‖7 BAG 15.11.2012 – 8 AZR 827/11, ArbR 2013, 159.   ‖8 BAG 27.5.1983 – 7 AZR 482/81.   ‖9 BAG 23.5.2013 – 2 AZR 991/11, NZA 2013, 1373.   ‖10 BAG 9.2.2011 – 7 AZR 221/10, NZA 2011, 854; 19.2.2009 – 2 AZR 286/07, NZA 2009, 980; 13.2.2008 – 2 AZR 864/06; 3.7.2003 – 2 AZR 487/02, NZA 2003, 1335.   ‖11 BAG 23.2.1978 – 2 AZR 462/76.   ‖12 BAG 9.6.2011 – 2 AZR 703/09, NZA-RR 2011, 516; 11.12.2008 – 2 AZR 395/07, NZA 2009, 556; 12.1.2006 – 2 AZR 539/05, NZA 2006, 1035.   ‖13 BAG 23.2.2010 – 2 AZR 659/08, NZA 2011, 411.

des ArbGeb ggf. beweisen[1]. Einer gesonderten Information des ArbGeb durch den ArbN bedarf es nicht, wenn der BR in seiner Anhörung auf eine etwaige Schwerbehinderung oder Antragstellung des ArbN hingewiesen hat[2].

86 Kündigungsfrist
Die Kündigungsfrist beträgt mindestens vier Wochen.

Die Bestimmung enthält eine **Mindestkündigungsfrist** für ordentl. **ArbGeb-Kündigungen**. Für das ArbVerh etwa geltende längere Kündigungsfristen oder bestimmte Kündigungstermine (zB Monats- oder Quartalsende) bleiben unberührt. Die Bedeutung dieser Vorschrift ist für ArbVerh mit **gesetzl. Kündigungsfrist** wegen der Wartefrist des § 90 I Nr. 1 sehr gering. Bei **tarifl. Kündigungsfristen**, die häufig auch nach längerer Dauer des ArbVerh kürzer als vier Wochen sind, führt die Bestimmung dazu, dass das ArbVerh durch den ArbGeb nicht mit der kürzeren tarifvertragl. Kündigungsfrist, sondern nur mit der Mindestkündigungsfrist von vier Wochen gekündigt werden kann.

Für die **Fristberechnung** gilt § 187 I BGB. Wird die vierwöchige Mindestkündigungsfrist durch den ArbGeb nicht eingehalten, ist die Kündigung idR in eine Kündigung zum nächsten zulässigen Termin umzudeuten (s. § 622 BGB Rz. 130).

87 Antragsverfahren
(1) **Die Zustimmung zur Kündigung beantragt der Arbeitgeber bei dem für den Sitz des Betriebes oder der Dienststelle zuständigen Integrationsamt schriftlich. Der Begriff des Betriebes und der Begriff der Dienststelle im Sinne des Teils 2 bestimmen sich nach dem Betriebsverfassungsgesetz und dem Personalvertretungsrecht.**

(2) **Das Integrationsamt holt eine Stellungnahme des Betriebsrates oder Personalrates und der Schwerbehindertenvertretung ein und hört den schwerbehinderten Menschen an.**

(3) **Das Integrationsamt wirkt in jeder Lage des Verfahrens auf eine gütliche Einigung hin.**

I. Inhalt. Die Bestimmung ergänzt wie auch § 88 die für das Zustimmungsverfahren vor dem Integrationsamt geltenden Verwaltungsverfahrensvorschriften des SGB X. Es herrscht das **Amtsermittlungsprinzip** nach § 20 SGB X. Die Vorschrift gilt für das Zustimmungsverfahren vor Ausspruch jeder Kündigung, sofern § 91 keine Sonderregelungen für die außerordentl. Kündigung vorsieht.

Zuständig zur Entgegennahme des Antrags des ArbGeb ist das für den Betriebssitz (die Dienststelle) örtlich zuständige Integrationsamt. Der **Betriebsbegriff** (s.a. § 1 BetrVG Rz. 5 ff.) ist nach dem BetrVG (bzw. PersVG) zu definieren. Danach gilt als Betrieb die organisatorische Einheit von Arbeitsmitteln, mit denen Hilfe jemand in Gemeinschaft mit seinen Mitarbeitern einen oder mehrere technische Arbeitszwecke fortgesetzt verfolgt[3]. Die Definition einer Dienststelle richtet sich nach § 6 BPersVG bzw. den LänderPersVG.

II. Antrag des Arbeitgebers. 1. Form. Der ArbGeb hat die Zustimmung beim Integrationsamt schriftl. zu beantragen. Dies bedeutet **Schriftform nach § 126 BGB**, also eigenhändige Unterschrift des ArbGeb. Bedient sich der ArbGeb eines Bevollmächtigten, muss er auf Verlangen eine Vollmacht vorlegen (§ 13 SGB X). Die Einreichung des Antrags durch **Fax** oder **Telegramm** (E-Mail) ist zulässig, ebenso die Stellung des Antrags **zu Protokoll** der Behörde. Erteilt das Integrationsamt trotz **Verletzung** der Schriftform die Zustimmung, ist diese Entscheidung anfechtbar (§ 41 SGB X). Bis zur Aufhebung der Zustimmung ist sie jedoch für das ArbG bindend. Den Antrag muss der zum Zeitpunkt der Antragstellung aktuelle ArbGeb stellen. Steht ein Betriebsübergang bevor, kann er ihn auch für den Betriebserwerber stellen[4].

2. Inhalt. Die Integrationsämter halten für die Antragstellung Formulare bereit. Unerlässlich sind die genaue Bezeichnung der **Person des ArbN** mit Namen und Anschrift sowie des ArbGeb einschl. des Sitzes der Beschäftigungsstelle sowie die eindeutige Erklärung darüber, für welche **Art der Kündigung** die Zustimmung beantragt wird. Will der ArbGeb außerordentl. (§ 91) und nur hilfsweise ordentl. kündigen, muss er auch zu der ordentl. Kündigung die Zustimmung des Integrationsamts einholen. Sonst ist eine Umdeutung der außerordentl. in eine ordentl. Kündigung gem. § 140 BGB nicht möglich[5].

Sodann sind die **Kündigungsgründe** darzulegen, und zwar so umfassend wie möglich. Dazu gehören auch Angaben zur persönlichen Situation des ArbN, wie Alter, Unterhaltspflichten und **sonstige Besonderheiten** des ArbN oder des ArbGeb, die bei der Interessenabwägung eine Rolle spielen können. Das Integrationsamt darf keine Amtsermittlung betreiben, wenn eine Antragsbegründung fehlt, kann aber dazu auffordern, eine etwa fehlende oder ergänzungsbedürftige Begründung vorzulegen (§ 20 SBG X).

---

1 BAG 5.7.1990 – 2 AZR 8/90, NZA 1991, 667. ‖ 2 BAG 20.1.2005 – 2 AZR 675/03, AuA 2005, 498. ‖ 3 BAG 10.11.2004 – 7 ABR 17/04, NZA 2005, 895. ‖ 4 BAG 15.11.2012 – 8 AZR 827/11, ArbR 2013, 159. ‖ 5 LAG Berlin 9.7.1984 – 12 Sa 18/84, NZA 1985, 95; LAG Köln 13.2.1991 – 7 Sa 48/90.

Ferner sollte sich der ArbGeb darüber erklären, welches betriebsinterne oder -externe Gremium zu der beabsichtigten Kündigung bereits beteiligt worden ist. Vorliegende Stellungnahmen der Schwerbehindertenvertretung (§ 95 II) oder des BR (§ 102 BetrVG)/PersR sind dem Antrag beizufügen.

6 **3. Fristen.** Der Antrag des ArbGeb auf Zustimmung zu einer ordentl. Kündigung unterliegt keiner Frist; bei einer beabsichtigten außerordentl. Kündigung gilt gem. § 91 II 1 die Zwei-Wochen-Frist. Das Integrationsamt soll gem. § 88 I bei ordentl. Kündigungen binnen Monatsfrist entscheiden, für außerordentl. Kündigungen gilt § 91 III.

7 **III. Verfahren. 1. Verfahrensbeteiligte.** Beteiligt sind als Antragsteller der ArbGeb, ggf. dessen Rechtsnachfolger, sofern der Antrag auch für diesen gestellt worden ist[1], und als Antragsgegner der betroffene ArbN. Eine Vertretung durch Bevollmächtigte ist zulässig, § 13 SGB X.

8 **2. Amtsermittlung.** Das Integrationsamt hat den Sachverhalt auf der Grundlage des Antragsinhalts zu ermitteln und aufzuklären. Es kann Auskünfte einholen, Unterlagen beiziehen, Zeugen oder Sachverst. hören und gem. § 80 VII auch den Arbeitsplatz des ArbN besichtigen. Das Integrationsamt hat die Beteiligten über die Ergebnisse seiner Ermittlungen zu unterrichten und Gelegenheit zur Anhörung zu geben, § 24 I SGB X. **Fehler im Anhörungsverfahren** führen zur Anfechtbarkeit der Entscheidung (§ 42 SGB X). Die **Nachholung** der Versäumnisse **im Widerspruchsverfahren** ist zulässig[2].

9 **3. Anhörung des schwerbehinderten Menschen.** Nach Abs. 2 Hs. 2 muss das Integrationsamt den schwerbehinderten Menschen anhören. In welcher Form und in welchem Umfang rechtl. Gehör gewährt wird, steht im Ermessen des Integrationsamts und hängt von der zu treffenden Ermessensentscheidung ab[3].

10 **4. Einholung von Stellungnahmen.** Abs. 2 schreibt dem Integrationsamt vor, Stellungnahmen des BR/PersR sowie der Schwerbehindertenvertretung einzuholen. Unterlässt das Integrationsamt die Beteiligung, ist die Entscheidung fehlerhaft und anfechtbar. Werden bereits vorliegende Stellungnahmen mit dem Antrag eingereicht, kann eine eigene erneute Anfrage entbehrlich sein[4].

11 **a) Betriebsrat/Personalrat.** Ob eine erneute BR/PersR-Beteiligung durch das Integrationsamt erforderlich ist, hängt zB davon ab, ob die Beteiligung durch den ArbGeb umfassend war oder eine andere Einlassung im Verfahren zu erwarten ist.

12 **b) Schwerbehindertenvertretung.** Zu den **Aufgaben** der Schwerbehindertenvertretung gehört nach § 95 II die Mitwirkung am Kündigungsverfahren schwerbehinderter ArbN. Sie ist vom ArbGeb unverzüglich und umfassend vor einer Maßnahme zu **unterrichten, ferner** steht ihr im Vorfeld ein Überwachungsrecht für Präventionsmaßnahmen nach § 84 zu. Das Integrationsamt hat die Beteiligung zu prüfen und ggf. den ArbGeb aufzufordern, diese binnen sieben Tagen nachzuholen, § 95 II 2.

13 **5. Gütliche Einigung.** Nach Abs. 3 hat das Integrationsamt in jeder Lage des Verfahrens auf eine gütliche Einigung der Beteiligten hinzuwirken. Nach dem Schutzzweck des Gesetzes soll diese Pflicht in erster Linie dem Erhalt des Arbeitsplatzes, ggf. durch Veränderung der Arbeitsbedingungen, dienen. Es ist aber auch der Abschluss eines Aufhebungsvertrages möglich[5]; hierbei sollte die AA einbezogen werden, um eine Sperrfrist zu vermeiden.

88 Entscheidung des Integrationsamtes

(1) Das Integrationsamt soll die Entscheidung, falls erforderlich auf Grund mündlicher Verhandlung, innerhalb eines Monats vom Tage des Eingangs des Antrages an treffen.

(2) Die Entscheidung wird dem Arbeitgeber und dem schwerbehinderten Menschen zugestellt. Der Bundesagentur für Arbeit wird eine Abschrift der Entscheidung übersandt.

(3) Erteilt das Integrationsamt die Zustimmung zur Kündigung, kann der Arbeitgeber die Kündigung nur innerhalb eines Monats nach Zustellung erklären.

(4) Widerspruch und Anfechtungsklage gegen die Zustimmung des Integrationsamtes zur Kündigung haben keine aufschiebende Wirkung.

(5) In den Fällen des § 89 Abs. 1 Satz 1 und Abs. 3 gilt Absatz 1 mit der Maßgabe, dass die Entscheidung innerhalb eines Monats vom Tage des Eingangs des Antrages an zu treffen ist. Wird innerhalb dieser Frist eine Entscheidung nicht getroffen, gilt die Zustimmung als erteilt. Die Absätze 3 und 4 gelten entsprechend.

1 **I. Mündliche Verhandlung.** Abs. 1 S. 1 sieht eine mündliche Verhandlung als Grundlage für die Entscheidung des Integrationsamts vor, sofern das Integrationsamt sie nach pflichtgemäßem Ermessen für erforderlich hält. Sie dient der umfassenden Sachaufklärung. Zu ihr sind ArbGeb und ArbN zu la-

---

1 BAG 15.11.2012 – 8 AZR 827/11, ArbR 2013, 159. ||2 VGH Bay. 25.11.2008 – 12 ZB 07.2677; 22.10.2008 – 12 BV 07.2256; BVerwG 11.11.1999 – 5 C 23.99. ||3 VGH Bay. 21.12.2010 – 12 CS 10.2676; 17.12.2009 – 12 CS 09.2691; VG München 8.10.2008 – M 18 K 08.1654. ||4 VGH Bay. 12.7.2006 – 9 ZB 05.2539. ||5 BGH 2.6.2010 – IV ZR 241/09, VersR 2010, 1211.

den, die sich vertreten lassen können. Es steht dem Integrationsamt frei, die nach § 87 II einzuholenden Stellungnahmen im Rahmen der mündl. Verhandlung entgegenzunehmen oder den BR/PersR und die Schwerbehindertenvertretung zu laden. In der Praxis erweist sich die mündl. Verhandlung als zeitsparend und besonders geeignet, um auf eine gütliche Einigung hinzuwirken und den gesetzl. Auftrag aus § 87 III zu erfüllen. Über die Verhandlung muss weder ein Protokoll geführt werden[1], noch sind bestimmte Formalien einzuhalten.

II. Entscheidung. 1. Entscheidungsgrundlage. Das Integrationsamt entscheidet nach **pflichtgemäßem Ermessen**. Hierbei sind die Interessen der Beteiligten auf der Grundlage des im Verfahren ermittelten Sachverhalts gegeneinander abzuwägen[2]. Die Zielrichtung des Gesetzes, den Schutz schwerbehinderter Menschen zu gewährleisten und ihre Nachteile auf dem Arbeitsmarkt zu verringern, ist bei dieser Abwägung bezogen auf die individuelle Situation des ArbN besonders zu berücksichtigen[3]. Demggü. steht das Interesse des ArbGeb, sein Unternehmen in Betriebsablauf und Organisation frei gestalten zu dürfen[4]. Stehen die Kündigungsgründe im Zusammenhang mit der Behinderung, sind an die Zumutbarkeit der Fortsetzung des ArbVerh besonders hohe Anforderungen zu stellen[5]. Dabei hat das Integrationsamt die arbeitsrechtl. Wirksamkeit der beabsichtigten Kündigung, insb. ihre soziale Rechtfertigung nach dem KSchG idR nicht zu prüfen[6]. Umstände, die den schwerbehinderten Menschen nicht als Schwerbehinderten, sondern wie jeden anderen ArbN treffen, wie etwa das Erfordernis einer Abmahnung oder eine zutreffende Sozialauswahl, sind dem Prüfungsumfang des Integrationsamts entzogen. Unterlässt das Integrationsamt die Prüfung oder ermittelt es sich aufdrängende Umstände des Einzelfalls nicht, ist seine Entscheidung ermessensfehlerhaft[7]. Besondere Beachtung ist einer durch die Schwerbehinderung bedingten **Leistungsminderung** zu widmen. Ist sie Ursache des Kündigungsgrundes, sind gesteigerte Anforderungen an die Kündigungsbegründung, insb. an die Darlegung einer fehlenden Umsetzungsmöglichkeit im Betrieb bzw. Schaffung eines leidensgerechten Arbeitsplatzes zu stellen[8], dies gilt insb. wegen des Präventionsverfahrens des § 84 I und des **betrieblichen Eingliederungsmanagements** des § 84 II. Deren Durchführung ist nicht Voraussetzung für eine zustimmende Entscheidung des Integrationsamts[9], ggf. sind die Umstände, aufgrund derer die Durchführung unterblieben ist, in die Abwägungsentscheidung einzubeziehen[10] oder eigene Ermittlungen zu Möglichkeiten des Erhalts des Arbeitslatzes durchzuführen[11]. Ist eine **Änderungskündigung** beabsichtigt, hat das Integrationsamt neben dem Kündigungsgrund auch die Zumutbarkeit des alternativ angebotenen Arbeitsplatzes zu prüfen (§ 89 II). In bestimmten Fällen ist das **Ermessen** des Integrationsamts bei seiner Entscheidungsfindung **eingeschränkt**, s. § 89 und § 91 IV.

2. Form und Inhalt. Die Entscheidung des Integrationsamts ist ein **Verwaltungsakt mit Drittwirkung** und unterliegt dem Begründungszwang nach § 35 SGB X. Er ist schriftl. abzufassen und mit einer Rechtsbehelfsbelehrung zu versehen (§ 36 SGB X). Die Entscheidung kann die Zustimmung oder die Ablehnung des Antrags oder ein Negativ-Attest enthalten. Der Begründung muss zu entnehmen sein, über welchen konkreten Sachverhalt entschieden wurde.

3. Frist; Soll-Vorschrift. Die in Abs. 1 vorgesehene **Frist von einem Monat** ab Antragseingang gilt nur für ordentl. Kündigungen und hier auch nur, soweit nicht die Sonderregelung des Abs. 5 eingreift. Für außerordentl. Kündigungen gilt § 91 III. Die Nichteinhaltung der Frist führt nicht zur Fehlerhaftigkeit der Entscheidung.

4. Zustellung. Abs. 2 schreibt die Zustellung der Entscheidung des Integrationsamts an den ArbGeb und den ArbN vor. Die förmliche Zustellung der Entscheidung an den ArbGeb vor Zugang der Kündigung beim ArbN ist Wirksamkeitsvoraussetzung für die ordentl. Kündigung[12]. Die Bekanntgabe an den betroffenen ArbN ist nach § 87 I SGB X zwar Wirksamkeitsvoraussetzung für den Verwaltungsakt des Integrationsamts, berührt aber die Wirksamkeit der Kündigung des ArbGeb nicht[13]. Die Zustellung muss ggü. dem zum Zeitpunkt der Kündigung aktuellen ArbGeb bewirkt werden, der den Antrag beim Integrationsamt gestellt hat oder für den (zB vor Betriebsübergang) er gestellt worden ist[14].

5. Aussetzung des Verwaltungsverfahrens. Das Integrationsamt kann das Zustimmungsverfahren aussetzen, wenn über einen Antrag auf Anerkennung der Schwerbehinderteneigenschaft oder auf Feststellung der Gleichstellung noch nicht entschieden ist. Es kann aber auch eine **vorsorgliche Entscheidung** treffen. Die Aussetzung durch das Integrationsamt für die Dauer eines oft langwierigen Feststellungsverfahrens belastet den ArbGeb, ohne einen größeren Schutz des ArbN zu erreichen. Entscheidet das Integrationsamt in dieser Situation (vorsorglich), behandelt es den ArbN so, als stünden ihm alle Schutzrechte des Gesetzes zu.

---

1 BVerwG 1.7.1993 – 5 B 73.93. ‖ 2 BVerwG 31.7.2007 – 5 B 81/06. ‖ 3 OVG NW 25.2.2009 – 12 A 96/09; BVerwG 2.7.1992 – 5 C 31/91. ‖ 4 BVerwG 19.10.1995 – 5 C 24/93, NZA-RR 1996, 288. ‖ 5 BayVGH 31.1.2013 – 12 B 12860. ‖ 6 VGH Bay. 18.3.2009 – 12 B 08.3327; OVG NRW 22.1.2009 – 12 A 2094/08; BVerwG 19.10.1995 – 5 C 24/93, NZA-RR 1996, 288. ‖ 7 BayVGH 31.1.2013 – 12 B 12860. ‖ 8 OVG NW 5.3.2009 – 12 A 122/09; BVerwG 18.9.1989 – 5 B 100/89; VG Köln 16.12.2010 – 26 K 2017/10. ‖ 9 BVerwG 29.8.2007 – 5 B 77/07. ‖ 10 OVG Bln.-Bbg. 23.1.2013 – OVG 6 B 35.11. ‖ 11 BayVGH 31.1.2013 – 12 B 12860. ‖ 12 BAG 16.10.1991 – 2 AZR 332/91; LAG BW 22.9.2007 – 18 Sa 28/06. ‖ 13 BAG 17.2.1982 – 7 AZR 846/79; LAG Nürnberg 29.8.1995 – 2 Sa 203/95. ‖ 14 BAG 15.11.2012 – 8 AZR 827/11, ArbR Aktuell 2013, 159.

7 **6. Sonderregelung des Abs. 5.** In den Fällen des § 89 I 1 und III gilt eine **zwingende Entscheidungsfrist** von einem Monat, beginnend mit dem Tag des Eingangs des Antrags. Eine entsprechende Regelung findet sich in § 91 III für die außerordentl. Kündigung. Das **Treffen einer Entscheidung** bedeutet den Abschluss des (internen) Entscheidungsvorgangs des Integrationsamts[1]. Es genügt, wenn das Integrationsamt seine Entscheidung innerhalb der Frist des Abs. 5 ausgefertigt zur Post oder mündlich (auch fernmündlich) bekannt gibt[2].

8 **7. Zustimmungsfiktion.** Trifft das Integrationsamt in den Fällen des Abs. 5 innerhalb der Monatsfrist keine Entscheidung, so gilt die Zustimmung als erteilt. Dies gilt nicht, wenn innerhalb der Frist eine ablehnende Entscheidung getroffen wurde und den Machtbereich der Behörde verlassen hat[3]. **Konsequenz für die Praxis:** am Tag nach Fristablauf ist abzufragen, ob eine Entscheidung getroffen worden ist.

9 **III. Verwertung der Entscheidung. 1. Vollziehungsfrist.** Abs. 3 bestimmt eine Vollziehungsfrist von einem Monat nach Zustellung der Zustimmungsentscheidung, innerhalb derer die ArbGeb die Kündigung ggü. dem betroffenen ArbN erklären muss, maßgeblich ist der Zugang der Kündigung[4]. In diesem Zeitraum kann der ArbGeb bei gleich bleibendem Kündigungssachverhalt auch mehrfach kündigen[5]. Der Zugang der Kündigung beim ArbN nach Fristablauf führt wegen dieser **materiell-rechtlichen Ausschlussfrist** zur Unwirksamkeit der Kündigung[6]. Die **Berechnung** der Frist richtet sich nach §§ 187 I, 188 II BGB. Die Frist beginnt auch dann mit Zustellung der Zustimmungsentscheidung beim ArbGeb[7], wenn erst Widerspruch oder Klage zur Zustimmung führen. Bedarf die Kündigung zusätzlich der Zustimmung nach § 18 I 2 BEEG, kann der ArbGeb die Monatsfrist des Abs. 3 auch wahren, wenn er die Kündigung unverzüglich nach Vorliegen der weiteren Zustimmung erklärt[8].

10 **2. Negativ-Attest.** Erlässt das Integrationsamt ein Negativ-Attest, beseitigt dies im Fall seiner Bestandskraft die Kündigungssperre nach § 85[9]. Die Frist des Abs. 3 gilt dann nicht.

11 **3. Beteiligung von Betriebsrat/Personalrat.** Grds. ist bei dem Verfahren auf Zustimmung zur ordentl. Kündigung die Beteiligung des BR/PersR vor, während oder nach dem Integrationsverfahren zulässig[10]. Die MitbestR des BR/PersR und sonstige **Beteiligungsrechte**, die vor Ausspruch der Kündigung durch den ArbGeb zu wahren sind, sind – sofern sie nicht bereits ausreichend erfüllt wurden – innerhalb der Monatsfrist des Abs. 3 einzuhalten. Hat die Anhörung nach § 102 I BetrVG vor Antragstellung bereits stattgefunden, ist eine erneute Beteiligung **nach** erfolgter Zustimmung des Integrationsamts nicht erforderlich, sofern im Zustimmungsverfahren keine neuen Umstände auftreten oder Argumente eingeführt werden, die dem BR/PersR nicht bekannt sind. Dies gilt selbst dann, wenn zwischen der Beteiligung des BR/PersR und der Zustimmung ein jahrelanges verwaltungsgerichtl. Verfahren liegt[11].

12 **IV. Widerspruch und verwaltungsgerichtl. Klage. 1. Allgemeines zum Verfahren.** Das Widerspruchsverfahren ist in den §§ 118 ff. geregelt. Widerspruch und Anfechtungsklage gegen die Zustimmungsentscheidung haben **keine aufschiebende Wirkung,** Abs. 4. Der ArbGeb muss also trotz Widerspruchs des ArbN gegen die Zustimmungsentscheidung des Integrationsamts die ordentl. Kündigung innerhalb der Monatsfrist des Abs. 3 und die außerordentl. Kündigung unverzüglich iSd. § 91 II erklären. Maßgeblich für die Beurteilung der Rechtmäßigkeit der Zustimmungsentscheidung ist die Sach- und Rechtslage im Zeitpunkt des Zugangs der Kündigung beim schwerbehinderten Menschen[12]. Die durch das Integrationsamt erteilte Zustimmung zur Kündigung entfaltet im Kündigungsschutzprozess solange Wirksamkeit, wie sie nicht bestands- oder rechtskräftig aufgehoben worden ist[13]. Ist hingegen die Zustimmung verweigert worden, ist auf die Sach- und Rechtslage zum Zeitpunkt des Erlasses des Widerspruchsbescheids für die Rechtmäßigkeit der Entscheidung abzustellen.

13 **2. Rechtsbehelfe.** Der schwerbehinderte ArbN kann gegen die Zustimmungsentscheidung sowie gegen ein Negativ-Attest des Integrationsamts innerhalb eines Monats nach Zustellung des Bescheids Widerspruch einlegen. Wird die Zustimmung gem. Abs. 5 S. 2 oder § 91 III 2 fingiert, beginnt die Frist mit Zustellung der die Fiktion bestätigenden Entscheidung. Bleibt der Widerspruch erfolglos, kann der ArbN beim Verwaltungsgericht **Anfechtungsklage** erheben. Wird die ursprüngliche Zustimmung des Integrationsamts im Widerspruchsbescheid aufgehoben, steht dem ArbGeb die Anfechtungsklage offen. Der **ArbGeb** kann gegen die Ablehnung der Zustimmung Widerspruch einlegen. Bleibt sein Widerspruch erfolglos, muss er beim Verwaltungsgericht **Verpflichtungsklage** erheben. Gem. § 113 V VwGO erlässt das Verwaltungsgericht die Zustimmungsentscheidung nicht selbst, so dass die Kündigungssperre des § 85 erst mit Zustellung der Entscheidung des Integrationsamts aufgehoben wird.

14 **3. Aussetzung des Kündigungsschutzverfahrens vor dem Arbeitsgericht.** Die zustimmende Entscheidung des Integrationsamts ist sofort vollziehbar und für das ArbG bindend (Abs. 4). Der ArbN kann im Verwaltungsverfahren gegen die Zustimmung und im arbeitsgerichtl. Verfahren gegen die Kündigung

---

1 BAG 9.2.1994 – 2 AZR 720/93. ‖2 BAG 12.8.1999 – 2 AZR 748/98. ‖3 BAG 15.11.1990 – 2 AZR 255/90; 9.2.1994 – 2 AZR 720/93; 15.11.1990 – 2 AZR 255/90. ‖4 LAG Hamm 19.11.2009 – 8 Sa 771/09. ‖5 BAG 8.11.2007 – 2 AZR 425/06, NZA 2008, 471. ‖6 LAG Hamm 19.11.2009 – 8 Sa 771/09; LAG Köln 27.2.1997 – 5 Sa 1377/96, NZA-RR 1997, 337. ‖7 BAG 16.10.1991 – 2 AZR 332/91, NZA 1992, 503. ‖8 BAG 24.11.2011 – 2 AZR 429/10, NZA 2012, 610. ‖9 LAG Köln 16.7.2008 – 3 Sa 190/08. ‖10 BAG 11.5.2000 – 2 AZR 276/99. ‖11 BAG 18.5.1994 – 2 AZR 626/93. ‖12 BVerwG 12.7.2012 – 5 C 16/11, NJW 2013, 99. ‖13 BAG 23.5.2013 – 2 AZR 991/11, NZA 2013, 1373.

vorgehen. Das ArbG kann in diesem Fall das Kündigungsschutzverfahren gem. § 148 ZPO bis zum Abschluss des Verwaltungsverfahrens aussetzen oder den Kündigungsschutzprozess entscheiden und den ArbN auf eine etwaige Restitutionsklage nach § 580 Nr. 6 ZPO verweisen[1].

89 Einschränkungen der Ermessensentscheidung

(1) Das Integrationsamt erteilt die Zustimmung bei Kündigungen in Betrieben und Dienststellen, die nicht nur vorübergehend eingestellt oder aufgelöst werden, wenn zwischen dem Tage der Kündigung und dem Tage, bis zu dem Gehalt oder Lohn gezahlt wird, mindestens drei Monate liegen. Unter der gleichen Voraussetzung soll es die Zustimmung auch bei Kündigungen in Betrieben und Dienststellen erteilen, die nicht nur vorübergehend wesentlich eingeschränkt werden, wenn die Gesamtzahl der weiterhin beschäftigten schwerbehinderten Menschen zur Erfüllung der Beschäftigungspflicht nach § 71 ausreicht. Die Sätze 1 und 2 gelten nicht, wenn eine Weiterbeschäftigung auf einem anderen Arbeitsplatz desselben Betriebes oder derselben Dienststelle oder auf einem freien Arbeitsplatz in einem anderen Betrieb oder einer anderen Dienststelle desselben Arbeitgebers mit Einverständnis des schwerbehinderten Menschen möglich und für den Arbeitgeber zumutbar ist.

(2) Das Integrationsamt soll die Zustimmung erteilen, wenn dem schwerbehinderten Menschen ein anderer angemessener und zumutbarer Arbeitsplatz gesichert ist.

(3) Ist das Insolvenzverfahren über das Vermögen des Arbeitgebers eröffnet, soll das Integrationsamt die Zustimmung erteilen, wenn

1. der schwerbehinderte Mensch in einem Interessenausgleich namentlich als einer der zu entlassenden Arbeitnehmer bezeichnet ist (§ 125 der Insolvenzordnung),
2. die Schwerbehindertenvertretung beim Zustandekommen des Interessenausgleichs gemäß § 95 Abs. 2 beteiligt worden ist,
3. der Anteil der nach dem Interessenausgleich zu entlassenden schwerbehinderten Menschen an der Zahl der beschäftigten schwerbehinderten Menschen nicht größer ist als der Anteil der zu entlassenden übrigen Arbeitnehmer an der Zahl der beschäftigten übrigen Arbeitnehmer und
4. die Gesamtzahl der schwerbehinderten Menschen, die nach dem Interessenausgleich bei dem Arbeitgeber verbleiben sollen, zur Erfüllung der Beschäftigungspflicht nach § 71 ausreicht.

I. Inhalt. § 89 enthält Einschränkungen des Ermessens des Integrationsamts zu Gunsten des ArbGeb. Je weniger die besondere Situation des schwerbehinderten Menschen für die Kündigung ursächlich ist, desto geringere Bedeutung kann das Integrationsamt in seiner Ermessensentscheidung der sonst im Vordergrund stehenden Stellung des schwerbehinderten Menschen zumessen. Es bleibt dann nur die besondere Situation des schwerbehinderten Menschen auf dem Arbeitsmarkt als Abwägungskriterium. Die Bestimmungen des § 89 setzen diesen Gedanken fort. Bei den hier behandelten Sachverhalten ist der Schwerbehinderte wie alle anderen ArbN des ArbGeb auch betroffen.

II. Ermessensentscheidung des Integrationsamts. Maßgeblicher Kündigungssachverhalt für die Zustimmungsentscheidung ist der bis zum Zeitpunkt der Kündigungserklärung vorliegende historische Sachverhalt[2], und zwar auch bei Durchführung eines Widerspruchsverfahrens über die erteilte Zustimmung[3]. Versagt das Integrationsamt die Zustimmung, ist die Sachlage zum Zeitpunkt des Erlasses des Widerspruchsbescheids maßgeblich[4].

III. Ermessensreduzierung nach Abs. 1. 1. Voraussetzungen des Abs. 1 S. 1. a) Nicht nur vorübergehende Einstellung oder Auflösung. In diesen Fällen **muss** das Integrationsamt die Zustimmung zur Kündigung erteilen. Die **Einstellung** des Betriebes bedeutet die Auflösung der Arbeits- und Produktionsgemeinschaft zwischen Unternehmer und Belegschaft auf Grund eines ernsthaften Willensentschlusses des ArbGeb[5]. Die **Auflösung** einer Dienststelle liegt vor, wenn in der öffentl. Verwaltung eine selbständige Verwaltungseinheit oder ein öffentl. Betrieb eingestellt wird. Es gelten die zum Begriff der Betriebsstilllegung gem. § 15 IV KSchG entwickelten Grundsätze (s. § 15 KSchG Rz. 55 ff.).

b) Drei Monate Gehalts- oder Lohnfortzahlung. Die Ermessensreduzierung tritt nur ein, wenn zwischen dem Tag des Zugangs der Kündigung und dem Tag, bis zu dem Gehalt oder Lohn gezahlt wird, mindestens drei Monate liegen. Diese Regelung verlängert nicht die Mindestkündigungsfrist des § 86, sondern verpflichtet nur zur Zahlung, ggf. auch über den Ablauf der Kündigungsfrist hinaus. Zur Absicherung der Zahlung kann das Integrationsamt seine Zustimmung mit einer **Auflage** versehen oder sie unter eine aufschiebende oder auflösende Bedingung stellen[6]. Erfüllt der ArbGeb eine Auflage nicht, kann die Zustimmungsentscheidung gem. § 47 I Nr. 2, § 32 II Nr. 4 SGB X widerrufen werden.

2. Voraussetzungen des Abs. 1 S. 2. a) Nicht nur vorübergehende wesentliche Einschränkung. Im Fall des Abs. 1 S. 2 **soll** das Integrationsamt die Zustimmung erteilen. Notwendig ist eine auf unbe-

---

1 BAG 23.10.2008 – 2 AZR 163/07; LAG Hamm 25.9.2008 – 8 Sa 963/08. || 2 VGH Bay. 28.9.2010 – 12 B 10.1088. || 3 BVerwG 7.3.1991 – 5 B 114/89, NZA 1991, 511. || 4 BVerwG 22.1.1993 – 5 B 80/92, DVBl. 1993, 803. || 5 BAG 18.1.2001 – 2 AZR 514/99, NZA 2001, 719. || 6 BAG 12.7.1990 – 2 AZR 35/90, NZA 1991, 348.

stimmte Dauer gerichtete Entscheidung des ArbGeb oder für eine wirtschaftl. nicht unerhebliche Zeitspanne. Was „**wesentliche Einschränkung**" iSv. Abs. 1 S. 2 bedeutet, kann unter Anwendung von § 111 S. 2 BetrVG oder im Falle lediglich beabsichtigter Personalreduzierung nach dem Zahlenverhältnis des § 17 I KSchG beurteilt werden[1] (s. § 111 BetrVG Rz. 22 ff. und § 17 KSchG Rz. 8 ff.). Angemessen iSv. Abs. 2 ist der Arbeitsplatz, der nach Entgelt und Art der Tätigkeit den Fähigkeiten, den durch die Behinderung bedingten Einsatzmöglichkeiten und der Vorbildung des Schwerbehinderten entspricht[2].

6   **b) Drei Monate Gehalts- oder Lohnfortzahlung.** Auch bei Abs. 1 S. 2 tritt die Ermessensreduzierung nur ein, wenn der ArbGeb nach Zugang der Kündigung noch mindestens weitere drei Monate Lohn oder Gehalt zahlt.

7   **c) Erfüllung der Beschäftigungspflicht nach § 71.** Das Ermessen ist im Falle des Abs. 1 S. 2 ferner nur dann eingeschränkt, wenn trotz Entlassung die Beschäftigungspflicht nach § 71 erfüllt wird. § 71 schreibt vor, dass private und öffentl. ArbGeb mit jahresdurchschnittlich monatlich mindestens 20 Arbeitsplätzen iSd. § 73 auf wenigstens 5 % der Arbeitsplätze schwerbehinderte Menschen beschäftigen müssen. Die Pflichtquote wird unternehmensbezogen ermittelt. Auch diese Pflicht kann das Integrationsamt mit einer Auflage oder einer Bedingung absichern, § 32 SGB X[3].

8   **3. Ausnahmen. a) Weiterbeschäftigungsmöglichkeit.** Abs. 1 S. 3 sieht vor, dass die Ermessenseinschränkungen des Abs. 1 S. 1 oder S. 2 nicht eintreten, wenn eine **Weiterbeschäftigung auf einem anderen Arbeitsplatz desselben Betriebes** oder derselben Dienststelle oder auf einem freien Arbeitsplatz mit Einverständnis des schwerbehinderten Menschen möglich und für den ArbGeb zumutbar ist. Das BAG hält einen Anspruch auf Freikündigung eines anderen Arbeitsplatzes „allenfalls dann für möglich, wenn der andere ArbN nicht behindert ist und die Kündigung für ihn keine soziale Härte darstellt"[4]. Einen **neuen Arbeitsplatz** für den schwerbehinderten Menschen braucht der ArbGeb nicht einzurichten[5]. Ob die Weiterbeschäftigung des schwerbehinderten ArbN auf einem **freien Arbeitsplatz** eines anderen Betriebes oder einer anderen Dienststelle desselben ArbGeb möglich ist, hängt davon ab, ob der andere Arbeitsplatz zum Zeitpunkt der Kündigung bereits frei ist oder mit seinem Freiwerden in absehbarer Zeit zu rechnen ist. Die **Zumutbarkeit für den ArbGeb** erhält durch die in § 81 IV festgeschriebene Verpflichtung zur behindertengerechten Gestaltung des Arbeitsplatzes sowie durch die Präventionsmaßnahmen des § 84 eine besondere Ausprägung.

9   **b) Einverständnis des ArbN.** Da auch eine Weiterbeschäftigung auf einem geringwertigeren Arbeitsplatz in Betracht kommt, ist Voraussetzung für die Ausnahmeregelung des Abs. 1 S. 3, dass der ArbN mit der möglichen Weiterbeschäftigung einverstanden ist, was das Integrationsamt ermitteln muss.

10 **IV. Ermessensreduzierung nach Abs. 2.** Das Integrationsamt soll gem. Abs. 2 die Zustimmung auch dann erteilen, wenn dem schwerbehinderten ArbN **ein anderer angemessener und zumutbarer Arbeitsplatz gesichert** ist. **Angemessen** kann auch ein Arbeitsplatz sein, der mit einer Herabgruppierung einhergeht oder allg. geringwertiger ist. Der neue Arbeitsplatz muss den Fähigkeiten und Kenntnissen des schwerbehinderten ArbN gerecht werden und für ihn geeignet sein. Die **Zumutbarkeit** richtet sich etwa danach, ob der neue Arbeitsplatz für den ArbN erreichbar ist, er geänderte Arbeitszeiten mit seiner familiären und gesundheitlichen Situation in Einklang bringen kann etc.[6]. **Gesichert** ist der Arbeitsplatz nur, wenn dem ArbN in dem neuen ArbVerh der besondere Kündigungsschutz des Schwerbehinderten erhalten bleibt und eine rechtsverbindliche Verpflichtung zum Abschluss eines Arbeitsvertrages besteht.

11 **V. Ermessensreduzierung in der Insolvenz nach Abs. 3.** Die Bestimmung greift nur ein, wenn das Insolvenzverfahren über das Vermögen des ArbGeb bereits **eröffnet** ist. Auch hier soll die Zustimmung erteilt werden, dh. das Integrationsamt darf den Antrag nur bei einem atypischen Sachverhalt ablehnen[7]. Alle in Abs. 3 genannten Voraussetzungen müssen **kumulativ** vorliegen.

90 Ausnahmen

(1) Die Vorschriften dieses Kapitels gelten nicht für schwerbehinderte Menschen,

1. deren Arbeitsverhältnis zum Zeitpunkt des Zugangs der Kündigungserklärung ohne Unterbrechung noch nicht länger als sechs Monate besteht oder
2. die auf Stellen im Sinne des § 73 Abs. 2 Nr. 2 bis 5 beschäftigt werden oder
3. deren Arbeitsverhältnis durch Kündigung beendet wird, sofern sie
    a) das 58. Lebensjahr vollendet haben und Anspruch auf eine Abfindung, Entschädigung oder ähnliche Leistung auf Grund eines Sozialplanes haben oder
    b) Anspruch auf Knappschaftsausgleichsleistung nach dem Sechsten Buch oder auf Anpassungsgeld für entlassene Arbeitnehmer des Bergbaus haben,

---

1 BAG 2.8.1983 – 1 AZR 516/81; 22.5.1979 – 1 AZR 46/76, DB 1979, 1751. ||2 VGH Bay. 13.11.2012 – 12 B 12.1675, NVwZ-RR 2013, 265. ||3 VG Dresden 1.4.2009 – 1 K 449/08. ||4 BAG 10.7.1991 – 5 AZR 383/90. ||5 BAG 28.4.1998 – 9 AZR 348/97. ||6 VGH Bay. 17.9.2009 – 12 B 09.52. ||7 Zur Behandlung der Soll-Vorschriften BVerwG 6.3.1995 – 5 B 59/94.

wenn der Arbeitgeber ihnen die Kündigungsabsicht rechtzeitig mitgeteilt hat und sie der beabsichtigten Kündigung bis zu deren Ausspruch nicht widersprechen.

(2) Die Vorschriften dieses Kapitels finden ferner bei Entlassungen, die aus Witterungsgründen vorgenommen werden, keine Anwendung, sofern die Wiedereinstellung der schwerbehinderten Menschen bei Wiederaufnahme der Arbeit gewährleistet ist.

(2a) Die Vorschriften dieses Kapitels finden ferner keine Anwendung, wenn zum Zeitpunkt der Kündigung die Eigenschaft als schwerbehinderter Mensch nicht nachgewiesen ist oder das Versorgungsamt nach Ablauf der Frist des § 69 Abs. 1 Satz 2 eine Feststellung wegen fehlender Mitwirkung nicht treffen konnte.

(3) Der Arbeitgeber zeigt Einstellungen auf Probe und die Beendigung von Arbeitsverhältnissen schwerbehinderter Menschen in den Fällen des Absatzes 1 Nr. 1 unabhängig von der Anzeigepflicht nach anderen Gesetzen dem Integrationsamt innerhalb von vier Tagen an.

I. Inhalt. Die Bestimmung nimmt bestimmte Personen oder Personengruppen sowie Kündigungen aus witterungsbedingten Gründen von dem besonderen Kündigungsschutz des Schwerbehindertenrechts aus. Die **Aufzählung** ist **enumerativ**. 1

II. Die Ausnahmen im Einzelnen: 1. Bestand des Arbeitsverhältnisses länger als sechs Monate (Abs. 1 Nr. 1). Die Bestimmung entspricht § 1 I 1 KSchG, auf die dortige Komm. zur **Wartezeit** wird verwiesen (s. § 1 KSchG Rz. 7ff.). **Ohne Unterbrechung** besteht ein ArbVerh auch, wenn mehrere ArbVerh aneinandergereiht werden, die in einem **engen sachlichen Zusammenhang** stehen[1]. Wird der Eintritt des Kündigungsschutzes oder der Zugang der Kündigung[2] vereitelt, ist § 162 BGB zu prüfen (s. § 1 KSchG Rz. 20). 2

2. Beschäftigung des ArbN auf Stellen iSd. § 73 II Nr. 2–5 (Abs. 1 Nr. 2). Hierbei handelt es sich um Stellen, die nach § 73 nicht als Arbeitsplatz zählen. Betroffen sind Personen, die nicht in erster Linie zu ihrem Erwerb, sondern vorwiegend aus karitativen oder religiösen Beweggründen (Nr. 2) oder zu ihrer eigenen Heilung, Wiedereingliederung oder Erziehung beschäftigt werden (Nr. 3), die an Arbeitsbeschaffungsmaßnahmen gem. SGB III teilnehmen (Nr. 4) oder die üblicherweise in ihre Stellung gewählt werden (Nr. 5). 3

3. ArbN nach Vollendung des 58. Lebensjahrs (Abs. 1 Nr. 3). Soll das ArbVerh eines schwerbehinderten, zum Zeitpunkt des Zugangs der Kündigung über 58-jährigen Menschen beendet werden **und** hat dieser **Anspruch auf eine Abfindung**, Entschädigung oder ähnliche Leistung auf Grund eines Sozialplans, unterliegt die Kündigung nicht der Kündigungssperre des § 85, sofern zwischen ArbGeb und ArbN Einverständnis über das Ausscheiden besteht. Gleiches gilt nach Abs. 3 Buchst. b für schwerbehinderte ArbN, die Anspruch auf **Knappschaftsausgleichsleistung** nach dem SGB VI oder auf Anpassungsgeld für entlassene ArbN des **Bergbaus** haben. Die Bestimmung betrifft sozial abgesicherte ArbN, die der Beendigung des ArbVerh nicht widersprechen. In beiden Alternativen reicht der Anspruch des ArbN aus, dessen Höhe weder feststehen muss, noch muss er bereits erfüllt sein. Ein gewisser Schutz des ArbN resultiert daraus, dass für Nr. 3 Buchst. a nur Ansprüche auf Grund **kollektivrechtl.** Grundlage und nach Nr. 3 Buchst. b sogar nur **öffentl.-rechtl.** Ansprüche zur Erleichterung des Ausscheidens älterer ArbN die Kündigungssperre aufheben. 4

Die Kündigungssperre des § 85 entfällt in den Fällen des Abs. 1 Nr. 3 Buchst. a und b nur, wenn der ArbGeb die **Absicht der Kündigung rechtzeitig mitteilt** und der ArbN der Kündigung bis zu deren Ausspruch nicht widerspricht. **Rechtzeitig** ist die Mitteilung nur, wenn sich der ArbN vor Zugang der Kündigung noch umfassend über die Konsequenzen einer Beendigung des ArbVerh informieren kann. In Anlehnung an die Frist des § 4 KSchG wird dem ArbN eine **dreiwöchige Überlegungsfrist** einzuräumen sein. Die Rechtzeitigkeit hängt jedoch von den Umständen des Einzelfalls ab. Der ArbGeb muss in seiner Unterrichtung die Art der Kündigung, den Kündigungstermin sowie die Kündigungsfrist benennen. Über die Widerspruchsmöglichkeit nach Nr. 3 muss er nicht informieren. Die Mitteilung der Kündigungsabsicht ist **formlos** gültig. 5

Die Kündigung des schwerbehinderten ArbN bedarf nur dann nicht der Zustimmung des Integrationsamts nach § 85, wenn der ArbN der ihm rechtzeitig angekündigten Kündigung **nicht widerspricht**. Der formlos gültige Widerspruch des ArbN ist ggü. dem ArbGeb vor Zugang der Kündigung zu erklären. Der ArbN kann seinen Widerspruch jederzeit zurücknehmen, wodurch die Kündigungssperre des § 85 nachträglich entfällt. 6

4. Witterungsbedingte Entlassung (Abs. 2). Sofern die Wiedereinstellung des ArbN bei Wiederaufnahme der Arbeit gewährleistet ist, unterliegt die witterungsbedingte Entlassung nicht den Schutzbestimmungen des Kapitels 4. Witterungsbedingte Gründe liegen vor, wenn an sich mögliche Außenarbeiten wegen Regen, Schnee, zu niedriger oder zu hoher Temperaturen etc. nicht ausgeführt werden können. Die Vorschrift befreit nur von Sonderbestimmungen des Schwerbehindertenrechts; etwa bestehende tarifvertragl. Verbote bleiben unberührt. Die **Wiedereinstellung ist nur gewährleistet**, wenn 7

---

1 BAG 19.6.2007 – 2 AZR 94/06. || 2 BAG 22.9.2005 – 2 AZR 366/05.

der ArbGeb dem ArbN mit Zugang der Kündigung die Weiterbeschäftigung mit Wiederaufnahme der Arbeit zusagt. Hält der ArbGeb die Zusage nicht ein, muss der ArbN auf Wiedereinstellung klagen. Die ursprüngliche Wirksamkeit der Kündigung ohne Zustimmung des Integrationsamts wird davon nicht berührt[1].

8   **5. Nachweis der Schwerbehinderteneigenschaft (Abs. 2a).** Nachgewiesen ist die Eigenschaft als schwerbehinderter oder gleichgestellter Mensch nur, wenn der ArbN bei Zugang der Kündigung bereits als Schwerbehinderter anerkannt oder gleichgestellt ist[2]. Auf die Kenntnis des ArbGeb oder einer ihm ggü. geführten Nachweis kommt es nicht an[3]. **Offenkundigkeit** der Behinderung reicht aus, wenn auch der GdB von mindestens 50 offenkundig ist[4]. Die Gleichstellung kann nicht offenkundig sein[5]. Gem. Alt. 2 finden die Vorschriften über den Sonderkündigungsschutz keine Anwendung, wenn zum Zeitpunkt der Kündigung das Versorgungsamt nach Ablauf der Frist des § 69 I 2 seine Feststellung wegen fehlender Mitwirkung des Antragstellers nicht treffen konnte. Um dies zu verhindern, muss der Antrag auf Anerkennung der Schwerbehinderung bzw. der Gleichstellungsantrag mindestens **drei Wochen** vor Zugang der Kündigung gestellt werden[6]. Abs. 2a Alt. 2 erweist sich insoweit als Bestimmung einer Vorfrist. Denn nur wenn der vollständige Antrag des ArbN spätestens drei Wochen vor Zugang der Kündigung gestellt wird, ist eine Entscheidung binnen der Frist des § 69 I 2 vor Ausspruch der Kündigung überhaupt möglich. In diesem Fall lässt eine spätere Entscheidung zu Gunsten des ArbN den Schwerbehindertenschutz noch nachträglich entstehen.

9   **III. Anzeigepflicht des ArbGeb (Abs. 3).** Dem Schutzzweck des Schwerbehindertenrechts entsprechend, muss der ArbGeb **Einstellungen** schwerbehinderter Menschen **auf Probe** und **Entlassungen** von schwerbehinderten ArbN, die zum Zeitpunkt der Kündigung die **Wartefrist des Abs. 1 Nr. 1 noch nicht erfüllt** haben, beim Integrationsamt anzeigen. Dem Integrationsamt wird durch die Anzeige ermöglicht, seine Aufgaben nach § 102 zu erfüllen und dem Verlust des Arbeitsplatzes entgegen zu wirken. Die **Anzeigefrist** beträgt **vier Tage**, sie beginnt bei ProbeArbVerh mit dem Tag der vereinbarten Arbeitsaufnahme und bei Entlassungen mit dem Tag des Zugangs der Kündigung beim ArbN[7].

91 *Außerordentliche Kündigung*

(1) Die Vorschriften dieses Kapitels gelten mit Ausnahme von § 86 auch bei außerordentlicher Kündigung, soweit sich aus den folgenden Bestimmungen nichts Abweichendes ergibt.

(2) Die Zustimmung zur Kündigung kann nur innerhalb von zwei Wochen beantragt werden; maßgebend ist der Eingang des Antrages bei dem Integrationsamt. Die Frist beginnt mit dem Zeitpunkt, in dem der Arbeitgeber von den für die Kündigung maßgebenden Tatsachen Kenntnis erlangt.

(3) Das Integrationsamt trifft die Entscheidung innerhalb von zwei Wochen vom Tage des Eingangs des Antrages an. Wird innerhalb dieser Frist eine Entscheidung nicht getroffen, gilt die Zustimmung als erteilt.

(4) Das Integrationsamt soll die Zustimmung erteilen, wenn die Kündigung aus einem Grunde erfolgt, der nicht im Zusammenhang mit der Behinderung steht.

(5) Die Kündigung kann auch nach Ablauf der Frist des § 626 Abs. 2 Satz 1 des Bürgerlichen Gesetzbuchs erfolgen, wenn sie unverzüglich nach Erteilung der Zustimmung erklärt wird.

(6) Schwerbehinderte Menschen, denen lediglich aus Anlass eines Streiks oder einer Aussperrung fristlos gekündigt worden ist, werden nach Beendigung des Streiks oder der Aussperrung wieder eingestellt.

1   **I. Inhalt und Geltungsbereich.** Die Bestimmung enthält Sonderregelungen für das Verfahren bei außerordentl. Kündigungen einschl. einer in Abs. 4 geregelten Einschränkung des Ermessens des Integrationsamts. Mit Ausnahme der Mindestkündigungsfrist des § 86 gelten alle Vorschriften des Kapitels 4 auch für außerordentl. Kündigungen. Der **Anwendungsbereich** erstreckt sich auf alle Arten von außerordentl. Kündigungen schwerbehinderter Menschen (vgl. § 85 Rz. 2 ff.), auch auf solche ggü. ArbN, die ordentlich unkündbar sind, und auf Kündigungen mit Auslauffrist[8].

2   **II. Antrag des ArbGeb. 1. Antragsfrist nach Abs. 2.** Der ArbGeb kann die Zustimmung für eine außerordentl. Kündigung nur innerhalb von **zwei Wochen** beim Integrationsamt eingehend beantragen. Der **Fristbeginn** ist wie in § 626 II 2 BGB geregelt, s. § 626 BGB Rz. 348 ff. Das Integrationsamt muss die Fristeinhaltung prüfen. Eine Fristverlängerung oder Wiedereinsetzung kommt nicht in Betracht[9]. Eine fehlerhafte Entscheidung ist anfechtbar, sie bleibt bis zu ihrer Aufhebung für das ArbG bindend[10]. Unabhängig davon stehen aber die Fristen des Abs. 2 S. 1 und des § 626 II BGB selbständig nebeneinan-

---

1 BAG 7.3.1996 – 2 AZR 180/95, NZA 1996, 931. ||2 BAG 29.11.2007 – 2 AZR 613/06; 1.3.2007 – 2 AZR 217/06, DB 2007, 1702; OVG Koblenz 7.3.2006 – 7 A 11 298/05, NZA 2006, 1109. ||3 BAG 11.12.2008 – 2 AZR 395/07; 13.2. 2008 – 2 AZR 864/06. ||4 BAG 16.1.1985 – 7 AZR 373/83, NZA 1986, 31. ||5 BAG 24.11.2005 – 2 AZR 514/04, NZA 2006, 665. ||6 BAG 9.6.2011 – 2 AZR 703/09, NZA-RR 2011, 516; 1.3.2007 – 2 AZR 217/06, DB 2007, 1702. ||7 BAG 21.3.1980 – 7 AZR 314/78. ||8 BAG 12.8.1999 – 2 AZR 748/98. ||9 BAG 12.8.1999 – 2 AZR 748/98. ||10 BAG 11.5.2000 – 2 AZR 276/99, NZA 2000, 1106.

der, so dass das ArbG im Kündigungsschutzprozess die Einhaltung der Frist des § 626 II BGB eigenständig prüfen muss[1]. Hat der ArbGeb keine Kenntnis von dem Schwerbehindertenschutz des ArbN, beginnt für den ArbGeb eine neue Zwei-Wochen-Frist nach Abs. 2 mit Kenntniserlangung[2].

2. Antragsform und Antragsinhalt. Der Antrag unterscheidet sich nicht von dem bei ordentl. Kündigungen (s. § 87 Rz. 3 f.), nur ist der Fristbeginn zusätzlich mitzuteilen. Die **Art der beabsichtigten Kündigung** als außerordentl. ggf. mit Auslauffrist und, wenn beabsichtigt, hilfsweise als ordentl. Kündigung ist deutlich zu erklären, damit das Integrationsamt die unterschiedlichen Entscheidungswege und Bearbeitungsfristen beachten kann. Eine Zustimmung zur außerordentl. Kündigung enthält nicht konkludent eine Zustimmung zu einer ordentl. Kündigung, und kann auch nicht in eine solche umgedeutet werden[3].

III. Entscheidung des Integrationsamts. 1. Entscheidungsgrundlage. Wie auch bei der ordentl. Kündigung hat das Integrationsamt den die Kündigung begründenden Sachverhalt von Amts wegen auf der Grundlage des Antragsinhalts, der Anhörung des ArbN sowie der Stellungnahmen der betriebl. Interessenvertretungen zu ermitteln (s. § 87 Rz. 8 ff.).

2. Ermessensspielraum. Die Entscheidung ist auch hier nach freiem pflichtgemäßen Ermessen zu treffen. **Abs. 4** regelt allerdings eine **Ermessensreduzierung** für den Fall, dass der Grund für die Kündigung nicht mit der Schwerbehinderung im Zusammenhang steht[4]. Bejaht das Integrationsamt den auch nur mittelbaren Zusammenhang zwischen Kündigungsgrund und Schwerbehinderung, so kann es nach freiem pflichtgemäßem Ermessen entscheiden.

3. Entscheidungsfrist. Abs. 3 bestimmt, dass die Entscheidung des Integrationsamtes binnen **zwei Wochen**, vom Tag des Eingangs an gerechnet, zu treffen ist. Für die Fristberechnung gelten die §§ 187 I, 188 II, 193 BGB. Das **Treffen einer Entscheidung** knüpft an den Abschluss des Entscheidungsvorgangs des Integrationsamtes an[5]. Es genügt, wenn das Amt die Zustimmungsentscheidung innerhalb der Frist des Abs. 3 zur Post gibt. Dementsprechend löst bereits die mündliche oder fernmündliche Bekanntgabe der getroffenen Entscheidung innerhalb der Zwei-Wochen-Frist die Pflicht des ArbGeb aus, unverzüglich die Kündigung auszusprechen[6]. Dies gilt auch bei einer außerordentl. Kündigung mit Auslauffrist[7].

4. Zustimmungsfiktion. Trifft das Integrationsamt innerhalb der Zwei-Wochen-Frist keine Entscheidung, so gilt die Zustimmung gem. **Abs. 3 S. 2** als erteilt, allerdings erst nach Fristablauf[8]. Die Fiktionswirkung tritt nicht ein, wenn eine getroffene Entscheidung innerhalb der Frist den Machtbereich des Integrationsamts verlassen hat. Die Zustimmungsfiktion ist ein Verwaltungsakt und dementsprechend den Beteiligten schriftl. bekannt zu geben. Sie ist mit Widerspruch und Anfechtungsklage anfechtbar. Streitig ist, ob die Zustimmungsfiktion auch bei außerordentl. Kündigungen mit Auslauffrist Anwendung findet. Das BAG hat dies aus Rechtssicherheitsgründen bejaht[9]. Hiergegen werden in Lit. und Instanzrspr. wegen der damit verbunden Kündigungserleichterung zu Recht Bedenken erhoben[10]. In der Praxis wird die hieraus resultierende Unsicherheit dadurch zu überwinden sein, ggf. zwei Kündigungen auszusprechen.

5. Negativ-Attest. Gelangt das Integrationsamt zu der Auffassung, dass die Kündigung seiner Zustimmung nicht bedarf, so erteilt es ein Negativ-Attest. Dieses beseitigt die Kündigungssperre[11], was bei einer außerordentl. Kündigung die Folge des Abs. 5 auslöst.

6. Präklusion. Ist die Zustimmung des Integrationsamts auf Grund eines bestimmten Sachverhaltes erklärt, so ist das Nachschieben anderer Gründe unzulässig, jedenfalls dann, wenn nicht ausgeschlossen werden kann, dass die nachgeschobenen Gründe im Zusammenhang mit der Behinderung stehen. Nur solche Gründe, die auch der präventiven Kontrolle des Integrationsamts unterlegen haben, sind für eine spätere Rechtfertigung der Kündigung verwendbar[12].

IV. Verwertung des Verfahrensergebnisses durch den ArbGeb. Gem. **Abs. 5** kann nach Ablauf der Frist des § 626 II BGB die Kündigung nur dann noch ausgesprochen werden, wenn sie **unverzüglich, dh. ohne schuldhaftes Zögern** nach erteilter Zustimmung erklärt wird[13], ggf. nach Vorliegen weiterer notwendiger Zustimmungen (MuSchG, BEEG)[14]. Umgekehrt gilt: Ist die Frist des § 626 II BGB nach Entscheidung des Integrationsamts noch nicht abgelaufen, muss die Kündigung innerhalb der Frist des § 626 II dem ArbN zugehen[15]. Bei einem Dauerkündigungsgrund, der sich fortlaufend neu verwirklicht, ist die Frist des § 626 II BGB idR noch nicht abgelaufen[16]. Der ArbN, der in Kenntnis des Zustimmungs-

---

1 BAG 1.2.2007 – 2 AZR 333/06, NZA 2007, 744; 2.3.2006 – 2 AZR 46/05, NZA 2006, 1211. ‖ 2 BVerwG 15.9.2005 – 5 B 48/05; VGH BW 20.6.2006 – 9 S 604/06. ‖ 3 BAG 7.7.2011 – 2 AZR 355/10, NZA 2011, 1412. ‖ 4 BVerwG 2.7.1992 – 5 C 31/91. ‖ 5 BAG 9.2.1994 – 2 AZR 720/93, NZA 1994, 1030. ‖ 6 BAG 15.11.1990 – 2 AZR 255/90, NZA 1991, 553; 12.8.1999 – 2 AZR 748/98. ‖ 7 BAG 12.8.1999 – 2 AZR 748/98, NZA 1999, 1267; 15.5.1997 – 2 AZR 43/96. ‖ 8 BAG 19.6.2007 – 2 AZR 226/06, DB 2007, 2268. ‖ 9 BAG 12.8.1999 – 2 AZR 748/98. ‖ 10 LAG Köln 31.10.2012 – 3 Sa 1062/11, ArbR 2013, 273 mwN. ‖ 11 BAG 27.5.1983 – 7 AZR 482/81. ‖ 12 BVerwG 2.7.1992 – 5 C 31.91; aA LAG Sa.-Anh. 24.11.1999 – 3 Sa 164/99. ‖ 13 BAG 19.4.2012 – 2 AZR 118/11, NZA 2013, 507; LAG Hamm 19.4.2012 – 15 Sa 248/12. ‖ 14 BAG 24.11.2011 – 2AZR 429/10. ‖ 15 BAG 15.11.2001 – 2 AZR 380/00, NZA 2002, 970. ‖ 16 BAG 13.5.2004 – 2 AZR 36/04, NZA 2004, 1271; 7.11.2002 – 2 AZR 475/01.

verfahrens und seines Ausgangs das die Kündigung enthaltende Einschreiben nicht abholt, kann sich nicht auf den verspäteten Kündigungszugang berufen (§ 242 BGB)[1]. **Fristbeginn:** Die Frist beginnt mit der Bekanntgabe der Entscheidung, aber spätestens mit dem 15. Tag, der auf den Eingang des Antrags beim Integrationsamt folgt. Trifft erst der Widerspruchsausschuss die Zustimmungsentscheidung, beginnt die Frist mit deren mündlicher Bekanntgabe[2]. Der ArbGeb muss sich über die Daten erkundigen[3].

11   Wie bei der ordentl. Kündigung ist die **Beteiligung des BR/PersR** vor, während oder nach dem Zustimmungsverfahren zulässig[4]. Wegen der Notwendigkeit, unverzüglich nach getroffener Entscheidung zu kündigen (Abs. 5), muss der ArbGeb in der kürzest möglichen Zeit das Anhörungsverfahren einleiten und die Kündigung aussprechen. Das bedeutet: Beteiligung am **ersten Arbeitstag** nach Ablauf der Frist des Abs. 3 und Zustellung der Kündigung am ersten Arbeitstag nach Ablauf der Frist des § 102 II 3 BetrVG (bzw. § 79 III 3 BPersVG)[5].

12   **V. Streik oder Aussperrung.** Abs. 6 regelt die Fälle der außerordentl. Kündigung aus Anlass eines Streiks oder einer Aussperrung. Sind schwerbehinderte Menschen von einer solchen Maßnahme betroffen, so sind sie nach Beendigung des Streiks oder der Aussperrung wieder einzustellen. Da außerordentl. Kündigungen aus diesen Gründen nach der Rspr. unzulässig sind, kommt der Vorschrift nur geringe Bedeutung zu, und zwar bei rechtswidrigen Streiks[6].

92 Erweiterter Beendigungsschutz

Die Beendigung des Arbeitsverhältnisses eines schwerbehinderten Menschen bedarf auch dann der vorherigen Zustimmung des Integrationsamtes, wenn sie im Falle des Eintritts einer teilweisen Erwerbsminderung, der Erwerbsminderung auf Zeit, der Berufsunfähigkeit oder der Erwerbsunfähigkeit auf Zeit ohne Kündigung erfolgt. Die Vorschriften dieses Kapitels über die Zustimmung zur ordentlichen Kündigung gelten entsprechend.

1   In den in § 92 aufgezählten Fällen gelten die Bestimmungen des Sonderkündigungsschutzes schwerbehinderter Menschen entsprechend. Da die Beendigung des ArbVerh allerdings nicht im Wege der Kündigung eintritt, sind die §§ 86 und 91 nicht anwendbar.

2   Wenn die Beendigung wegen Eintritts einer teilweisen Erwerbsminderung (§ 43 I SBG VI), der Erwerbsminderung auf Zeit (§ 43 II 1 SBG VI), der Berufsunfähigkeit oder der Erwerbsunfähigkeit auf Zeit ohne Kündigung erfolgen soll, ist die Zustimmung des Integrationsamts einzuholen, sofern nicht ein Ausnahmetatbestand des § 90 vorliegt. Die Regelung ist auf diese Fälle beschränkt[7]. Die Bestimmung soll nicht mehr entsprechend anwendbar sein, wenn ein Dienstordnungsangestellter in den Ruhestand versetzt werden soll[8]. Eine analoge Anwendung scheidet auch für die – vor allem tarifl. geregelten – Fälle aus, in denen der Eintritt einer auflösenden Bedingung nicht an die Gewährung gesetzl. Erwerbsminderungsrenten anknüpft[9]. Die Zustimmung muss vor dem Beendigungszeitpunkt beantragt werden. Das Integrationsamt soll binnen eines Monats entscheiden, § 88 I. Es hat die Umstände des Einzelfalls in seiner Ermessensentscheidung abzuwägen. Das ArbVerh endet in diesen Fällen auf Grund auflösender Bedingung, und deshalb idR frühestens zwei Wochen nach Zugang der nach §§ 21, 15 Abs. 2 TzBfG notwendigen Beendigungsmitteilung des ArbGeb. Hierfür ist die Zustimmung des Integrationsamts einzuholen. Kennt der ArbGeb zu diesem Zeitpunkt die Schwerbehinderung oder Gleichstellung des ArbN, beginnt die Klagefrist der §§ 21, 17 S. 1 TzBfG in Analogie zu § 4 S. 4 KSchG erst mit Bekanntgabe der zustimmenden Behördenentscheidung. Der ArbN kann den Beendigungskontrollantrag bis zur Grenze der Verwirkung stellen. Kennt hingegen der ArbGeb den besonderen Beendigungsschutz der Schwerbehinderung nicht, wird die Klagefrist der §§ 21, 17 S. 1 TzBfG in Gang gesetzt und der ArbN, der den besonderen Beendigungsschutz des § 92 in Anspruch nehmen möchte, muss sich auf diesen innerhalb von drei Wochen ggü. dem ArbGeb berufen[10].

3   **Nicht anwendbar** ist die Bestimmung bei dauernder, vollständiger Erwerbsunfähigkeit[11] oder auf Fälle, in denen das ArbVerh nur ruhen soll. Ebenso wenig werden Aufhebungsverträge erfasst, weil der ArbN auf den Sonderkündigungsschutz verzichten kann.

---

1 BAG 7.11.2002 – 2 AZR 475/01, NZA 2003, 719. ‖ **2** BAG 21.4.2005 – 2 AZR 255/04, NZA 2005, 991. ‖ **3** BAG 19.4.2012 – 2 AZR 118/11, NZA 2013, 507. ‖ **4** BAG 11.5.2000 – 2 AZR 276/99. ‖ **5** BAG 13.5.2004 – 2 AZR 36/04, NZA 2004, 1271. ‖ **6** BAG 14.2.1978 – 1 AZR 103/76; 21.4.1971 – GS 1/68. ‖ **7** LAG Rh.-Pf. 11.4.2013 – 10 Sa 528/12. ‖ **8** BAG 24.5.2012 – 6 AZR 679/10, NZA 2012, 1158; aA Roettegen, jurisPR-ArbR 44/2012 Anm. 2. ‖ **9** BAG 27.7.2011 – 7 AZR 402/10, ZTR 2012, 162. ‖ **10** BAG 9.2.2011 – 7 AZR 221/10, NZA 2011, 854; 9.6.2011 – 2 AZR 703/09, NZA-RR 2011, 516; 23.10.2010 – 2 AZR 659/08, NZA 2011, 411. ‖ **11** VG Frankfurt 6.4.2009 – 6 K 176/05.

Sozialgesetzbuch (SGB)
Zehntes Buch (X)
– Sozialverwaltungsverfahren und Sozialdatenschutz –

in der Fassung der Bekanntmachung vom 18.1.2001 (BGBl. I S. 130),
zuletzt geändert durch Gesetz vom 25.7.2013 (BGBl. I S. 2749)

– Auszug –

Drittes Kapitel. Zusammenarbeit der Leistungsträger und ihre Beziehungen zu Dritten

Dritter Abschnitt. Erstattungs- und Ersatzansprüche der Leistungsträger gegen Dritte

116 *Ansprüche gegen Schadenersatzpflichtige*
(1) Ein auf anderen gesetzlichen Vorschriften beruhender Anspruch auf Ersatz eines Schadens geht auf den Versicherungsträger oder Träger der Sozialhilfe über, soweit dieser auf Grund des Schadensereignisses Sozialleistungen zu erbringen hat, die der Behebung eines Schadens der gleichen Art dienen und sich auf denselben Zeitraum wie der vom Schädiger zu leistende Schadenersatz beziehen. Dazu gehören auch
1. die Beiträge, die von Sozialleistungen zu zahlen sind, und
2. die Beiträge zur Krankenversicherung, die für die Dauer des Anspruchs auf Krankengeld unbeschadet des § 224 Abs. 1 des Fünften Buches zu zahlen wären.

(2) Ist der Anspruch auf Ersatz eines Schadens durch Gesetz der Höhe nach begrenzt, geht er auf den Versicherungsträger oder Träger der Sozialhilfe über, soweit er nicht zum Ausgleich des Schadens des Geschädigten oder seiner Hinterbliebenen erforderlich ist.

(3) Ist der Anspruch auf Ersatz eines Schadens durch ein mitwirkendes Verschulden oder eine mitwirkende Verantwortlichkeit des Geschädigten begrenzt, geht auf den Versicherungsträger oder Träger der Sozialhilfe von dem nach Absatz 1 bei unbegrenzter Haftung übergehenden Ersatzanspruch der Anteil über, welcher dem Vomhundertsatz entspricht, für den der Schädiger ersatzpflichtig ist. Dies gilt auch, wenn der Ersatzanspruch durch Gesetz der Höhe nach begrenzt ist. Der Anspruchsübergang ist ausgeschlossen, soweit der Geschädigte oder seine Hinterbliebenen dadurch hilfebedürftig im Sinne der Vorschriften des Zwölften Buches werden.

(4) Stehen der Durchsetzung der Ansprüche auf Ersatz eines Schadens tatsächliche Hindernisse entgegen, hat die Durchsetzung der Ansprüche des Geschädigten und seiner Hinterbliebenen Vorrang vor den übergegangenen Ansprüchen nach Absatz 1.

(5) Hat ein Versicherungsträger oder Träger der Sozialhilfe auf Grund des Schadensereignisses dem Geschädigten oder seinen Hinterbliebenen höhere Sozialleistungen zu erbringen als vor diesem Ereignis, geht in den Fällen des Absatzes 3 Satz 1 und 2 der Schadenersatzanspruch nur insoweit über, als der geschuldete Schadenersatz nicht zur vollen Deckung des eigenen Schadens des Geschädigten oder seiner Hinterbliebenen erforderlich ist.

(6) Ein Übergang nach Absatz 1 ist bei nicht vorsätzlichen Schädigungen durch Familienangehörige, die im Zeitpunkt des Schadensereignisses mit dem Geschädigten oder seinen Hinterbliebenen in häuslicher Gemeinschaft leben, ausgeschlossen. Ein Ersatzanspruch nach Absatz 1 kann dann nicht geltend gemacht werden, wenn der Schädiger mit dem Geschädigten oder einem Hinterbliebenen nach Eintritt des Schadenereignisses die Ehe geschlossen hat und in häuslicher Gemeinschaft lebt.

(7) Haben der Geschädigte oder seine Hinterbliebenen von dem zum Schadenersatz Verpflichteten auf einen übergegangenen Anspruch mit befreiender Wirkung gegenüber dem Versicherungsträger oder Träger der Sozialhilfe Leistungen erhalten, haben sie insoweit dem Versicherungsträger oder Träger der Sozialhilfe die erbrachten Leistungen zu erstatten. Haben die Leistungen gegenüber dem Versicherungsträger oder Träger der Sozialhilfe keine befreiende Wirkung, haften der zum Schadenersatz Verpflichtete und der Geschädigte oder dessen Hinterbliebene dem Versicherungsträger oder Träger der Sozialhilfe als Gesamtschuldner.

(8) Weist der Versicherungsträger oder Träger der Sozialhilfe nicht höhere Leistungen nach, sind vorbehaltlich der Absätze 2 und 3 je Schadensfall für nicht stationäre ärztliche Behandlung und Versorgung mit Arznei- und Verbandmitteln 5 vom Hundert der monatlichen Bezugsgröße nach § 18 des Vierten Buches zu ersetzen.

(9) Die Vereinbarung einer Pauschalierung der Ersatzansprüche ist zulässig.

(10) Die Bundesagentur für Arbeit gilt als Versicherungsträger im Sinne dieser Vorschrift.

I. Allgemeines 1	VII. Mitverschulden oder Mitverantwortung des Geschädigten (Abs. 3) 53
II. Geltungsbereich und Verhältnis zu anderen Regressvorschriften 3	1. Mitverschulden des Geschädigten (Abs. 3 S. 1) 54
III. Versicherungsträger oder Träger der Sozialhilfe als neuer Gläubiger 6	2. Doppelte Haftungsbeschränkung (Abs. 3 S. 2) 57
IV. Übergang des Schadensersatzanspruchs auf den leistungspflichtigen Träger (Abs. 1 S. 1) 7	3. Ausschluss bei Hilfebedürftigkeit (Abs. 3 S. 3) 60
1. Erfasste Schadensersatzansprüche 7	VIII. Vorrang des Geschädigten in der Vollstreckung (Abs. 4) 63
2. Erfasste Sozialleistungsansprüche 10	IX. Vorrang des Geschädigten bei fehlender Mehrbelastung des Trägers (Abs. 5) 65
3. Kongruenz von Schadensersatz- und Leistungsgegenstand 11	X. „Familienprivileg" (Abs. 6) 67
4. Anspruchsübergang 28	1. Allgemeines 67
5. Verfügungen über den Schadensersatzanspruch und Ausgleichspflicht nach Leistung an den falschen Gläubiger des Schadensersatzanspruchs 36	2. Familienangehörige (Abs. 6 S. 1) 69
	3. Verlobte (Abs. 6 S. 2) 73
6. Einziehungsermächtigung bei Anspruch auf Sozialhilfe 39	XI. Regress bei Ersatzleistung an den Geschädigten statt an den Träger (Abs. 7) .. 76
7. Auskunftsansprüche 40	1. Leistung mit befreiender Wirkung (Abs. 7 S. 1) 77
8. Verjährung 41	2. Leistung ohne befreiende Wirkung (Abs. 7 S. 2) 79
9. Zuständigkeit 43	XII. Gesetzliche Pauschalierung kleinerer Regressansprüche (Abs. 8) 81
V. Erfassung von Beiträgen (Abs. 1 S. 2) 44	XIII. Pauschalierungsvereinbarungen (Teilungsabkommen) (Abs. 9) 85
1. Anwendungsbereich 44	1. Abfindungsvergleich 86
2. Voraussetzungen des Beitragsregresses ... 46	2. Teilungsabkommen 87
3. Verhältnis Abs. 1 S. 2 zu § 119 49	XIV. Einbeziehung der Bundesagentur für Arbeit (Abs. 10) 90
4. Exkurs: Übergang von Beitragsansprüchen nach § 119 50	XV. Internationales 91
VI. Vorrang des Geschädigten bei gesetzlicher Anspruchsbegrenzung (Abs. 2) 51	

1 I. Allgemeines. Sozialrechtl. Ansprüche beruhen oft darauf, dass ein Versicherter oder sonst Leistungsberechtigter Schädigungen erlitten hat. Gleichzeitig bestehen wegen dieser Schädigungen häufig auch Schadensersatzansprüche gegen einen Schädiger, so dass es zu teilweisen oder vollständigen Überschneidungen der sozialrechtl. und der schadensrechtl. Ansprüche kommt. Es ist klar, dass der Geschädigte nicht zur Empfangnahme von Doppelleistungen berechtigt sein sollte, so dass sich die Notwendigkeit der **Abstimmung von Sozialrecht und Schadensrecht** ergibt. Einerseits kann es nicht Aufgabe der leistungsverpflichteten Träger sein, anstelle der Schädiger zu haften und diese damit zu entlasten. Andererseits darf die Tatsache allein, dass mit dem Schädiger ein weiterer Schuldner für eine Ersatzleistung zur Verfügung steht, jedenfalls nicht zu einer Entlastung des Trägers führen, die den Geschädigten schlechter stellt. Wäre bspw. der Geschädigte gezwungen, trotz Anspruchs auf Sozialleistungen zunächst den Schädiger in Anspruch zu nehmen, würde ihm aus dem (zusätzlichen) Schadensersatzanspruch ein sozialrechtl. Nachteil erwachsen. Abs. 1 S. 1 löst dieses Problem in der Weise, dass die Leistungspflicht des Versicherungsträgers oder des Sozialhilfeträgers vom Bestehen eines Schadensersatzanspruchs grds. unberührt bleibt. Jedoch geht der Schadensersatzanspruch des Geschädigten auf den Träger über. Der Geschädigte kann also, soweit er entsprechende Sozialleistungsansprüche hat, die Schadensersatzansprüche gegen den Schädiger nicht mehr geltend machen; dies ist nur dem Träger als nunmehrigem Gläubiger möglich (anders etwa das System der §§ 104–107, §§ 110 f. SGB VII, die dem Geschädigten den Anspruch entziehen und dem Träger einen neuen Anspruch gewähren). Voraussetzung ist die Gleichartigkeit (Kongruenz) der betreffenden Ansprüche in sachlicher und zeitlicher Hinsicht.

2 Der Forderungsübergang erfolgt bei **Bestehen einer Leistungsverpflichtung des Trägers**; es kommt also nicht wie bei § 426 II 1 BGB auf die Befriedigung des Gläubigers an und auch nicht wie bei § 93 SGB XII auf eine besondere Überleitungsanzeige. Das hat erhebliche Vorteile für den Träger, da die Geltendmachung des Anspruchs verfahrensrechtl. nicht verzögert wird und andere Personen – insb. der Geschädigte oder seine Gläubiger – nicht mehr über die Ansprüche verfügen oder vollstreckungsrechtl. auf sie Zugriff nehmen können. Soweit der Schädiger (irrtümlich) an den Geschädigten statt an den Träger leistet, bleibt ihm nur der Schutz nach §§ 412, 407 ff. BGB mit den Konsequenzen des Abs. 7.

Abs. 1 S. 1 ist keine Anspruchsgrundlage, sondern regelt nur den **Übergang der jeweiligen Schadensersatzforderung**. Deren Rechtsnatur bleibt deshalb trotz Übergangs unverändert. Sie kann nicht durch Leistungsbescheid geltend gemacht werden, sondern ist bei den für den Schadensersatzanspruch zuständigen Gerichten einzuklagen; allerdings kommt ggf. eine Bindung der entsprechend befassten

Gerichte an unanfechtbare Entscheidungen (VAe, Gerichtsentscheidungen) nach § 118 in Betracht[1]. Während Abs. 1 S. 1 das Grundprinzip des gesetzl. Forderungsübergangs, also der cessio legis, normiert, betreffen die übrigen Vorschriften des § 116 einzelne Modalitäten des Forderungsübergangs. Abs. 1 S. 2 regelt die Einbeziehung von Beiträgen in den Ersatzanspruch (s. dazu auch § 119), Abs. 2, 4 und 5 gewähren dem Geschädigten Vorteile bei der gesetzl. Begrenzung der Anspruchshöhe, bei Beschränkungen der tatsächlichen Durchsetzbarkeit des Anspruchs sowie im besonderen Fall der fehlenden Mehrbelastung des Trägers trotz Bestehens eines Schadensersatzanspruchs. Abs. 3 regelt das Mitverschulden bzw. die Mitverantwortung des Geschädigten am Schaden. Abs. 6 gewährt Vorteile bei der Schädigung durch Angehörige („Familienprivileg") und Abs. 7 regelt den Fall der Leistung an den Geschädigten nach Anspruchsübergang. Die Abs. 8 bis 10 enthalten Pauschalierungen bei niedrigen Ersatzansprüchen, in Teilungsabkommen und die Einbeziehung der BA in die Vorschrift.

II. Geltungsbereich und Verhältnis zu anderen Regressvorschriften. § 116 erfasst im alten Bundesgebiet alle seit dem 1.7.1983 eingetretenen Schadensfälle; für die Zeit davor gilt § 1542 RVO. Im neuen Bundesgebiet gilt § 116 laut Einigungsvertrag grds. seit dem 3.10.1990, in der gesetzl. Kranken-, Renten- und Unfallversicherung erst seit dem 1.1.1991[2]. Vgl. zum internationalen Anwendungsbereich Rz. 91ff.

In sachlicher Hinsicht gilt § 116 gem. der allg. Vorschrift des § 37 SGB I für **alle Sozialleistungsbereiche des SGB** (alle Bücher), so dass grds. die fünf Zweige der SozV erfasst sind, also gesetzl. RV, gesetzl. KV, gesetzl. PV, ArblV und gesetzl. Unfallversicherung (Ausnahmen Rz. 4), und zwar unabhängig davon, ob der Geschädigte pflichtversichert ist oder freiwillig versichert[3]. Weiter greift die Vorschrift auch für die Leistungen nach dem SGB II (Grundsicherung für Arbeitsuchende), dem SGB VIII (Kinder- und Jugendhilfe) und nach dem SGB IX (Rehabilitation und Teilhabe behinderter Menschen). Durch die Nennung des Trägers der Sozialhilfe in Abs. 1 S. 1 wird auch der Leistungsbereich des SGB XII mit einbezogen. IÜ kann § 116 mit anderen Regelungen konkurrieren[4].

§ 115 SGB X konkurriert nicht mit § 116, da ersterer nur soziale Leistungen wegen der Nichterfüllung von Ansprüchen auf Arbeitsentgelt betrifft und keine Schadensersatzansprüche. Soweit also bspw. die AA nach § 157 III 1 SGB III Alg im Wege der Gleichwohlgewährung leistet, greift der Regress gegen den nichtzahlenden ArbGeb ausschließlich nach § 115. Der Entgeltausfallschaden, der wegen vorzeitiger Kündigung durch den Insolvenzverwalter nach § 113 S. 3 InsO zur Tabelle gemeldet werden kann, ist jedoch, da es sich um Schadensersatz handelt, von § 116 erfasst. Soweit also bspw. an den gem. § 113 S. 1 InsO frühzeitig Entlassenen in der Zeit des damit verbundenen Entgeltausfalls Alg geleistet wird, kann der Träger einen gem. § 116 auf ihn übergegangenen Anspruch des ArbN aus § 113 S. 3 InsO zur Tabelle anmelden.

Soweit die **unfallversicherungsrechtl. Haftungsbeschränkungen** nach §§ 104–107 SGB VII gelten, kann ein Schadensersatzanspruch gegen den Schädiger nicht entstehen und dementsprechend auch nicht auf den Träger übergehen, § 104 I 2 SGB VII. Der Träger kann dann nur nach §§ 110f. SGB VII aus eigenem Recht beim Schädiger Regress nehmen. Wo wegen der Ausnahmen für Wegeunfälle und Vorsatz die Haftungsbeschränkung nach §§ 104–107 SGB VII nicht greift, kommt der Anspruchsübergang auf den Träger gem. § 116 in Betracht. Wenn in einer solchen Situation zusätzlich wegen eines vorsätzlich oder grob fahrlässig herbeigeführten Versicherungsfalls der SozV-Träger nach §§ 110f. SGB VII einen Regressanspruch hat, kann er zwischen der Geltendmachung der §§ 110f. SGB VII und des gem. § 116 übergegangenen Anspruch wählen[5]. Nach § 13 S. 2 SGB VII gilt § 116 auch bei gem. § 2 I Nr. 11 lit. a und Nr. 13 lit. a, c SGB VII versicherten Sachbeschädigungen (s. zu alledem auch die Komm. zu §§ 104ff., 116f. SGB VII). § 116 hat **Vorrang vor** dem nach § 33 SGB II und § 93 SGB XII erfolgenden Anspruchsübergang auf Grund Überleitungsanzeige, § 33 IV SGB II, § 93 IV SGB XII. Im Fall von Beitragserstattungen zur RV für behinderte Menschen gilt § 179 Ia SGB VI (s. Rz. 50). Der Anspruchsübergang auf den ArbGeb nach **Entgeltfortzahlung** gem. § 6 EFZG und der **Anspruchsübergang auf den Privatversicherer** gem. § 86 I VVG erfolgen erst, *nachdem* der ArbGeb bzw. der Versicherer geleistet haben; weil der Übergang nach § 116 *sofort* mit Anspruchsentstehung greift, geht § 116 dem § 6 EFZG und dem § 86 I VVG regelmäßig vor[6]. Deshalb kommt auch eine Abtretung an die Krankenkasse infolge des Umlageverfahrens des AAG gem. § 5 AAG nur in Betracht, wie der ArbGeb gem. § 6 EFZG Forderungsinhaber geworden ist.

Weil und soweit Leistungsfälle nach **§ 76 BBG, § 30 III SoldG und dem Beamtenversorgungsrecht der Länder** sowie die durch § 116 erfassten Leistungsfälle gleichzeitig eintreten können, ist auch die gleich-

---

1 S. dazu OLG Sa.-Anh. 23.9.2008 – 9 U 146/07, OLGR Naumburg 2009, 165; 25.8.2006 – 10 U 30/06, OLGR Naumburg 2007, 415 (betr. ebenfalls von § 118 erfasste Vergleiche). ||2 Art. 8 Anl. I Kap. VIII D III Nr. 2; s. im Einzelnen KassKomm/*Kater*, § 116 Rz. 2, 16ff. ||3 OLG Hamm 28.1.2002 – 6 U 124/01, RuS 2002, 505. ||4 S. zur fehlenden Überschneidung von § 116 und § 119 unten Rz. 48f.; LG Stuttgart 30.1.2008 – 4 S 70/07, r+s 2008, 402. ||5 *Kater*/*Leube*, § 104 SGB VII Rz. 41–43; KassKomm/*Ricke*, § 104 SGB VII Rz. 14; BGH 29.10.1968 – VI ZR 137/67, NJW 1969, 236f. (zur beschränkten Regressmöglichkeit nach § 116). ||6 BGH 3.4.1984 – VI ZR 253/82, NJW 1984, 2628 (zur Entgeltfortzahlung); 13.10.1970 – VI ZR 31/69, NJW 1971, 240 (zum versicherungsrechtl. Anspruchsübergang) *Epping*, Die Leistungen 2003, 193, 257, 321.

zeitige Anwendung der Vorschriften über den Anspruchsübergang denkbar. Es kann dann zur Gesamtgläubigerschaft der jeweils erfassten Leistungsträger entsprechend § 117[1] kommen[2].

6 **III. Versicherungsträger oder Träger der Sozialhilfe als neuer Gläubiger.** Nach dem Anspruchsübergang tritt der gem. den jeweilig einschlägigen Sozialgesetzen (oben Rz. 3) leistungsverpflichtete Versicherungsträger oder der Träger der Sozialhilfe in die Gläubigerposition des nach Schadensersatzrecht berechtigten Anspruchsinhabers ein. Als neue Gläubiger kommen daher insb. in Betracht die Kranken-, Renten- und Unfallversicherungsträger, die Pflegekassen, die BA (Abs. 10), die Grundsicherungssowie die Sozialhilfeträger (§§ 3, 97 ff. SGB XII; AsylbLG)[3]. Keine SozV-Träger iSd. Abs. 1 sind die Träger der Kriegsopferversorgung (§ 81a BVG) oder der Opferentschädigung (§ 50 OEG[4]) sowie bspw. die Versorgungsanstalt der Deutschen Bundespost[5]. Wenn auf Grund eines Schadensereignisses **mehrere Träger unterschiedliche Leistungen** schulden, geht der Schadensersatzanspruch in Teilen auf den jeweils zuständigen Träger über, je nachdem, welcher Leistungsanspruch mit dem jeweilig zu ersetzenden Schaden personell, sachlich und zeitlich kongruent ist (dazu unten Rz. 11 ff.). Beim **Wechsel von einem Versicherungsträger zum anderen** wechselt die Gläubigereigenschaft nach § 116 mit, wobei der spätere Träger in die Rechtsposition des „Vorgängers" eintritt. Mehrere Träger, die kongruente, also **identische Leistungsverpflichtungen** für ein und denselben Zeitraum innehaben, werden nach Maßgabe des § 117 **Gesamtgläubiger**, wobei sich die Ausgleichspflichten unter ihnen nach § 117 S. 2–4 richten[6].

7 **IV. Übergang des Schadensersatzanspruchs auf den leistungspflichtigen Träger (Abs. 1 S. 1). 1. Erfasste Schadensersatzansprüche. a) Gesetzliche Ansprüche.** Die nach § 116 übergehenden Ansprüche müssen auf „gesetzl. Vorschriften beruhen" und auf Schadensersatz gerichtet sein. Die Regelung spricht von „anderen" gesetzl. Vorschriften, um den Übergang von Sozialleistungsansprüchen (s. dazu Rz. 10 ff.) auszuschließen. Als übergangsfähige Schadensersatzansprüche kommen in Betracht ua. Ansprüche aus §§ 823, 825, 826, 829–834, 836–839, 844 f. BGB, Art. 34 GG iVm. § 839a BGB, § 33, 44 Luftverkehrsg, §§ 25 ff. AtG, § 3 BinSchG, § 1 ProdHG, §§ 2 f. HaftpflG, § 1 UmweltHG, §§ 7, 18 StVG, § 84 AMG sowie Direktansprüche aus § 115 VVG[7]. Einbezogen ist auch der Schadensersatzanspruch gegen den Entschädigungsfonds iSd. § 12 I PflVG[8] oder aus dem Warschauer Abkommen[9].

8 Da es sich um gesetzl. Ansprüche handeln muss, kommen **Erfüllungsansprüche** etwa aus Versicherungsverträgen (zB nach §§ 1, 192 I VVG) **nicht** in Betracht. Andererseits werden Ansprüche aus Schlechtleistung, Schutz- und Nebenpflichtverletzung (§§ 280 I, 241 II BGB), etwa bei pflegedienstlichen oder ärztlichen Behandlungsfehlern[10], Schutzpflichtverletzung bei **Vertragsverhandlungen, Vertragsanbahnungen oder ähnlichen geschäftlichen Kontakten** nach §§ 280, 311a II, 241 II BGB[11] sowie nach § 651f. BGB[12] nach dem Sinn und Zweck des § 116 ebenfalls dem Übergangstatbestand unterworfen, obwohl es sich um vertragsähnliche Haftungstatbestände handelt[13]. Dasselbe muss für den Anspruch auf Ersatz tätigkeitsspezifischer Personenschäden nach § 670 BGB gelten[14]. Ansprüche aus **Geschäftsführung ohne Auftrag**, §§ 683, 670 BGB, sind grds. nicht auf den Ersatz eines Schadens gerichtet. Die Rspr. schließt sie heute jedenfalls insoweit aus, als es um die Eintrittspflicht der gesetzl. Unfallversicherung nach § 2 I Nr. 13a SGB VII geht und sich das Unfallopfer nicht schuldhaft in die Notlage gebracht hat[15]. Denkbar wäre aber bspw. bei der Verletzung eines Kindes der Übergang des Erstattungsanspruchs der Angehörigen wegen eines auf Grund der Kindesbetreuung erlittenen Entgeltausfalls aus §§ 683, 670 BGB an den Krankenversicherungsträger der Eltern, der nach § 45 SGB V Krankengeld bei

---

1 BGH 14.2.1989 – VI ZR 244/88, BGHZ 106, 381. ‖ 2 Zum Verhältnis des § 116 zu anderen Regressregelungen *G. Schneider* in Wussow, Unfallhaftpflichtrecht, Kap. 73 Rz. 70 ff.; KassKomm/*Kater*, § 116 Rz. 12. ‖ 3 S. zur Einbeziehung von Trägern nach dem AsylbLG LG Frankfurt/M. 29.9.1999 – 2/4 O 132/99, VersR 2000, 340. ‖ 4 *Dahm*, Die Sozialversicherung 2002, 119 ff., s. dort die für diese Träger geltenden spezialrechtl. Übergangstatbeständen; Wannagat/*Eichenhofer*, § 116 SGB X/3 Rz. 20, mit dem Hinweis, dass allerdings eine Gesamtgläubigerschaft zwischen Trägern iSd. § 116 I und Trägern sozialer Entschädigung im Hinblick auf übergangene Ersatzansprüche entstehen kann; BGH 28.3.1995 – VI ZR 244/94, VersR 1995, 600 (601 f.). ‖ 5 OLG Frankfurt/M. 21.12.1999 – 14 U 60/94, VersR 2000, 1523. ‖ 6 S. im Einzelnen KassKomm/*Kater*, § 116 Rz. 153 ff.; BGH 17.4.1958 – II ZR 198/56, BGHZ 27, 107; 28.3.1995 – VI ZR 244/94, NJW 1995, 2413; 9.7.1985 – VI ZR 219/83, VersR 1985, 1083; 13.3.2001 – VI ZR 290/00, VersR 2001, 1005; 3.12.2002 – VI ZR 304/01, BGHZ 153, 113; 12.4.2005 – VI ZR 50/04, VersR 2005, 1004; *Dahm*, SozVers 2003, 205. ‖ 7 S. näher KassKomm/*Kater*, § 116 Rz. 47 ff.; Wannagat/*Eichenhofer*, § 116 SGB X/3 Rz. 15. ‖ 8 BGH 25.1.2000 – VI ZR 64/99, VersR 2000, 471. ‖ 9 S. zu Letzterem *Steinfeltz*, BG 2002, 470. ‖ 10 OLG Düss. 16.6.2004 – 15 U 160/03, PflR 2005, 62; KG 25.5.2004 – 14 U 37/03, PflR 2005, 45; *Marburger*, ZfS 2002, 161 ff.; *G. Schneider* in Wussow, Unfallhaftpflichtrecht, Kap. 74 Rz. 1; KassKomm/*Kater*, § 116 Rz. 61; *Jung*, BG 2002, 416 ff.; s. zur Nebenpflichtverletzung nach §§ 241 II, 280 BGB Palandt/*Grüneberg*, § 280 BGB Rz. 24 ff. ‖ 11 Dazu im Einzelnen Palandt/*Grüneberg*, § 311 BGB Rz. 3 ff.; Dauner-Lieb/Heidel/Lepa/Ring/*Lieb*, Schuldrecht, § 3 Rz. 35 ff. ‖ 12 BGH 22.6.2004 – X ZR 171/03, VersR 2004, 1187; OLG Celle 27.7.2006 – 11 U 263/05, OLGR Celle 2007, 3; s. beide Entscheidungen auch zur Fristwahrung durch den SozV-Träger bei der Geltendmachung der Ansprüche nach § 651g BGB. ‖ 13 St. Rspr. seit BGH 20.2.1958 – VII ZR 76/57, BGHZ 26, 365; näher *G. Schneider* in Wussow, Unfallhaftpflichtrecht, Kap. 74 Rz. 1; Hauck/*Nehls*, § 116 Rz. 7; einschr. Wannagat/*Eichenhofer*, § 116 SGB X/3 Rz. 15. ‖ 14 Vgl. Bamberger/Roth/*Czub*, § 670 BGB Rz. 13 f. ‖ 15 BGH 10.10.1984 – IVa ZR 167/82, NJW 1985, 492 (noch zu § 539 I Nr. 9a RVO); KassKomm/*Kater*, § 116 Rz. 40; s. im Einzelnen *Waltermann*, NJW 1996, 1644 (1648).

der Erkrankung eines Kindes gezahlt hat[1]. Soweit tätigkeitsspezifische Personenschäden nach §§ 683, 670 BGB zu ersetzen sind[2], müssen sie ebenfalls von § 116 erfasst sein. Ein Anspruchsübergang ist auch ausgeschlossen, wenn auf Grund der Schädigung gar **keine Verpflichtung zur Schadensersatzleistung** bestand, etwa bei Zahlungen oder Anerkenntnissen von (vermeintlichen) Schädigern oder Versicherern aus Angst vor strafrechtl. Verfolgung, Kulanz oder Gefälligkeit. Nach Meinung des LAG Hamm kommen auch **diskriminierungsrechtliche Entschädigungsansprüche** für den Übergang nach § 116 in Betracht, wenn ein Arbeitslosenversicherter auf Grund Diskriminierung keine Arbeitsstelle erhalten und anschließend Leistungen der BA (hier: Existenzgründerzuschuss) erhalten hat[3]. Das dürfte schon deshalb fehlgehen, weil die Entschädigung nicht stoffgleich ist mit der Leistung wegen Arbeitslosigkeit.

b) **Sozialrechtliche Sonderregeln zum Umfang des Schadensersatzanspruchs.** Teilweise wird der Umfang des übergehenden Schadensersatzanspruchs sozialrechtl. gesondert geregelt, insb. um den Schädiger nicht in den Genuss der Vorteilsanrechnung zu bringen[4]. Nach § 224 II SGB V kommt dem Schädiger die Beitragsfreiheit des Geschädigten beim Bezug von Kranken-, Mutterschafts- oder Elterngeld nicht zugute[5]. Gem. § 62 SGB VI wird der Schadensersatzanspruch durch die Berücksichtigung rentenrechtl. Zeiten nicht ausgeschlossen oder gemindert. Wenn also bspw. einem auf Grund der Schädigung krankheitsbedingt Arbeitsunfähigen nach § 58 I 1 Nr. 1 SGB VI Anrechnungszeiten gutgeschrieben werden, wird der hieraus resultierende Vorteil bei der Schadensberechnung ignoriert. Nach Abs. 1 S. 2 werden Beiträge, zu deren Leistung der Geschädigte nicht verpflichtet ist und die deshalb nicht zwingend zu seinem Schaden gehören, ebenfalls mit in die Regressverpflichtung aufgenommen (s. dazu Rz. 47). Eine Weiterung ergibt sich auch aus der Geltendmachung des Schadens von Angehörigen bei der Sozialhilfe nach § 114 SGB XII[6].

2. **Erfasste Sozialleistungsansprüche.** Weitere Voraussetzung für den Übergang ist naturgemäß das Bestehen eines Anspruchs des Geschädigten (genauer: derjenigen Person, die ohne Anspruchsübergang Gläubiger des Schadensersatzanspruchs wäre) gegen einen der von § 116 erfassten Träger aus den oben Rz. 3 f. genannten Gesetzen (s. zu den Modalitäten des Anspruchsübergangs Rz. 28 ff.).

3. **Kongruenz von Schadensersatz- und Leistungsgegenstand.** Schadensersatz- und Leistungsanspruch müssen auf demselben Schadensereignis beruhen. Außerdem müssen sie in sachlicher und zeitlicher Hinsicht kongruent sein, also dieselbe Ausprägung des Schadens betreffen. Sie müssen nach Abs. 1 S. 1 „der Behebung eines Schadens der gleichen Art dienen und sich auf denselben Zeitraum ... beziehen". Hierdurch soll eine Doppelleistung an den Geschädigten vermieden und gleichzeitig nur wegen solcher Schädigungen Zugriff auf die Ersatzansprüche des Geschädigten genommen werden, die denselben Gegenstand haben wie der soziale Leistungsanspruch.

a) **Personelle Kongruenz.** Diese Überschneidung bzw. Kongruenz der sozialrechtl. und der schadensrechtl. Ansprüche bewirkt zunächst, dass der Gläubiger des Schadensersatzanspruchs und derjenige des Leistungsanspruchs identisch sein müssen. Hierbei ist zu beachten, dass nicht nur der in seinem Rechtsgut Verletzte in Betracht kommt, sondern auch seine Angehörigen, etwa als Hinterbliebene oder als Dienstberechtigte nach §§ 844 f. BGB; dasselbe gilt in den Fällen der Drittschadensliquidation[7]. Zudem kann nach Maßgabe des § 114 SGB XII bei der Sozialhilfe auch der von Angehörigen erlittene Schaden geltend gemacht werden. Die Beziehungen mehrerer beteiligter Leistungsträger richten sich nach §§ 102 ff. (vgl. die einzelnen Konstellationen der Einbeziehung mehrerer Personen unten Rz. 14, 16, 18, 23, 24).

b) **Sachliche Kongruenz.** Ein Schaden „der gleichen Art" liegt immer dort vor, wo ein Ersatzanspruch und ein Leistungsanspruch auf der Schädigung desselben Gegenstandes beruhen (deshalb ist hier zT auch von „gegenständlicher Kongruenz" die Rede). Der sozialrechtl. Leistungsanspruch muss in einem „inneren Zusammenhang" mit demjenigen Schaden stehen, auf dessen Ersatz der Schadensersatzanspruch gerichtet ist; beide Ansprüche müssen **dieselbe Zweckbestimmung** haben. Jedoch müssen die Ansprüche nicht gleichartig sein[8]. Es ist daher unerheblich, wenn der Sozialleistungsanspruch nach abstrakten (oder sonstigen, von §§ 249 ff. BGB abweichenden) Kriterien berechnet wird oder wenn kein Schadensersatz- oder Entschädigungsanspruch besteht, sondern lediglich bestimmte schadensbedingte Mehraufwendungen des Geschädigten erfasst werden. Hierbei kann der Sozialleistungsanspruch auch von weiteren Erfordernissen abhängen, bspw. von der Bedürftigkeit des Geschädigten.

---

1 Vgl. zum Anspruch der Angehörigen (aus §§ 683, 670 BGB) oder der Verletzten (aus § 823 BGB) wegen Betreuungsaufwandes bzw. Fahrtkosten zum Verletzten BGH 19.2.1991 – VI ZR 171/90, NJW 1991, 2340; 21.12.1978 – VII ZR 91/77, NJW 1979, 598. ||2 Vgl. Bamberger/Roth/*Gerlein*, § 683 BGB Rz. 4. ||3 LAG Hamm 26.2.2009 – 17 Sa 923/08. ||4 Vgl. zur Vorteilsanrechnung im Schadensersatzrecht Palandt/*Grüneberg*, Vorb. v. § 249 BGB Rz. 119 ff.; § 249 BGB Rz. 10 ff.; KassKomm/*Kater*, § 116 Rz. 86. ||5 *G. Schneider* in Wussow, Unfallhaftpflichtrecht, Kap. 74 Rz. 34; Wannagat/*Eichenhofer*, § 116 SGB X/3 Rz. 25. ||6 Vgl. BGH 13.7.2004 – VI ZR 273/03, r+s 2005, 128. ||7 Vgl. zur personellen Zuordnung von Schadensereignissen Palandt/*Grüneberg*, Vorb. v. § 249 BGB Rz. 105 ff., § 249 BGB Rz. 11; KassKomm/*Kater*, § 116 Rz. 98. ||8 Vgl. BGH 20.3.1984 – VI ZR 14/82, NJW 1984, 1811; 3.4.1984 – VI ZR 253/82, NJW 1984, 2628; 15.4.1986 – VI ZR 146/85, BGHZ 97, 330; 5.12.1989 – VI ZR 73/89, BGHZ 109, 291; 3.12.2002 – VI ZR 304/01, BGHZ 153, 113; *Dahm*, SozVers 2003, 205; näher *G. Schneider* in Wussow, Unfallhaftpflichtrecht, Kap. 74 Rz. 28; Wannagat/*Eichenhofer*, § 116 SGB X/3 Rz. 23.

Vor diesem Hintergrund sind in der Rspr. und der Lit. unterschiedliche „**Schadensgruppen**" gebildet worden, bei deren Einschlägigkeit die sachliche Identität von Leistungs- und Schadensersatzanspruch gegeben ist[1].

c) ABC der sachlichen Kongruenz.

14 – **Beiträge** sowie **Beitragslasten**, die ein Sozialleistungsträger für den Geschädigten übernimmt, sind Teil von dessen Erwerbsschaden und damit kongruent mit allen auf Ersatz – beitragspflichtiger – Einnahmen gerichteten Schadensersatzansprüchen[2]; ihr Übergang ist in Abs. 1 S. 2, § 119 gesondert geregelt, s. näher Rz. 44 ff.

15 – **Bestattungskosten** einschl. Überführungskosten, die auf Grund Schadensersatzrechts geschuldet werden, sind kongruent mit hierauf bezogenen Sozialleistungsansprüchen, insb. Sterbegeld (§§ 63 f. SGB VII). Die Rspr. erlaubt den Regress wegen Bestattungskosten auch, wenn derjenige, der die Bestattungskosten getragen hat (zB der Haftpflichtversicherer des Schädigers), ein anderer ist als der Gläubiger des diesbezüglichen Schadensersatzanspruchs (zB Hinterbliebene des Geschädigten)[3].

16 – **Entgangene Dienste** sind insb. nach § 845 BGB durch Geldrente oder Abfindung zu ersetzen, wenn sie einem dienstberechtigten Angehörigen des Geschädigten zustanden. Dieser Anspruch ist nicht kongruent mit der Hinterbliebenenversorgung, welche der Fallgruppe des Unterhaltsschadens zuzuordnen ist (s. Rz. 23). Soweit der Geschädigte aber als Pflegeperson iSd. § 19 SGB XI die Pflege als Dienst im Hauswesen nach § 845 BGB geleistet hat und der dienstberechtigte Angehörige auf Grund der Schädigung erhöhte Pflegeansprüche gegen die Pflegekasse hat, muss Kongruenz zwischen diesen Pflegeansprüchen und dem Anspruch aus § 845 BGB bestehen[4].

17 – **Erwerbsschäden** sind zu ersetzen gem. §§ 252, 843 I 1 Alt. 1 BGB sowie den entsprechenden deliktsrechtl. Regelungen zB in § 10 I 1 Alt. 1 StVG, § 7 I 1 Alt. 1, § 8 Alt. 1 ProdHG, § 12 I 1 Alt. 1, § 13 Alt. 1 UmweltHG. Nach diesen Vorschriften hat der Geschädigte einen Anspruch auf Schadensersatz wegen seiner durch die Schädigung aufgehobenen oder geminderten Erwerbsfähigkeit. Das umfasst auch den Verlust, der daraus resultiert, dass der Geschädigte daran gehindert ist, Beiträge zur RV oder für ein System der betrAV zu leisten (s. Rz. 44 ff.)[5]. Kongruenz besteht zwischen allen Ansprüchen auf Ersatz von Entgeltausfällen und Sozialleistungsansprüchen, die auf Entgeltersatz oder auf die Herstellung des Zustandes gerichtet sind, der auf Grund des Entgelterhalts herrschen würde. Das gilt auch im Fall der Kapitalabfindung von Sozialleistungen. Sozialrechtl. Entgeltersatzleistungen sind u.a. Verletztenrente, Rente wegen verminderter Erwerbsfähigkeit, Krankengeld, Leistungsfortzahlung des Alg bei Arbeitsunfähigkeit (§ 146 SGB III)[6] und Verletztengeld[7], Betriebshilfe, Übergangsgeld, Überbrückungsgeld, Versorgungskrankengeld, Ausbildungsgeld, Unterhaltsbeihilfe sowie Sozialhilfe nach dem SGB XII oder Grundsicherung nach dem SGB II (die letzteren beiden, wenn die Schädigung zur Bedürftigkeit geführt hat)[8]. Bei Unfallrenten reicht der zu ersetzende Schaden regelmäßig nur bis zum Erreichen des Rentenalters für die Regelaltersrente (§ 35 SGB VI).

18 – Die **Regelaltersrente** selbst ist nicht kongruent mit Ersatzansprüchen, aber – bei schädigungsbedingter Behinderung – die vorgezogene Altersrente für schwerbehinderte Menschen (§ 37 SGB VI)[9]. Kongruent mit dem Erwerbsschaden sind auch Kosten der Aus- und Fortbildung sowie Entgeltersatzleistungen von Rehabilitationsträgern (§ 9 SGB IX) oder auch zB der Arbeitsverwaltung (einschl. der schädigungsbedingten Zahlung von Kug), wenn sie auf schädigungsbedingter Arbeitslosigkeit oder auf einer schädigungsbedingt notwendigen Umschulung, Aus- oder Weiterbildung beruhen. Kosten für Schulungsmaßnahmen sind insoweit kongruent, als sie zur Erreichung eines Berufs dienen, der dem vor der Schädigung bestehenden Beruf gleichwertig ist[10]. War der Geschädigte bereits arbeitslos, besteht Kongruenz bei schädigungsbedingtem Verlust der Chancen auf einen neuen Arbeitsplatz[11]. Zu den dem Erwerbsschaden kongruenten Sozialleistungen zählt auch die Leistungsfortzahlung an arbeitsunfähige Arbl. nach § 146 SGB III[12] sowie nach § 25 SGB II.

Mangels personeller Kongruenz dürften Entgeltzuschüsse an ArbGeb (zB nach §§ 217, 225, 235 SGB III aF) nicht regressfähig sein. Dasselbe gilt etwa für Leistungen an ArbGeb nach § 34 SGB IX. Soweit der Geschädigte vom ArbGeb Entgeltfortzahlung nach dem EFZG erhält, geht der hierin enthaltene Ersatz von Verpflegungskosten bei stationärer Behandlung wegen des Vorrangs des § 116 vor § 6 EFZG (s. Rz. 4) auf den Träger über. Der Regressanspruch des ArbGeb nach § 6 EFZG ist also ent-

---

1 S. zu den Schadensgruppen im Einzelnen G. *Schneider* in Wussow, Unfallhaftpflichtrecht, Kap. 74 Rz. 31 ff.; KassKomm/*Kater*, § 116 Rz. 108 ff. || 2 BGH 5.12.1989 – VI ZR 73/89, BGHZ 109, 291. || 3 BGH 20.2.1958 – VII ZR 76/57, BGHZ 26, 365 (insoweit nicht in NJW 1958, 710); 18.1.1977 – VI ZR 250/74, VersR 1977, 427. || 4 Unklar KassKomm/*Kater*, § 116 Rz. 79, 139. || 5 S. zur Berechnung des Schadens im Einzelnen Palandt/*Grüneberg*, § 252 BGB Rz. 7 ff. || 6 BGH 8.4.2008 –VI ZR 49/07, NJW 2008, 2185. || 7 OLG Nürnberg 7.6.2002 – 6 U 3849/01, VersR 2004, 1290. || 8 S. zum Anspruch auf Erwerbsschadensersatz aus § 842 BGB, wenn nach einer Schädigung der Anspruch auf Grundsicherung nach dem SGB II durch einen Anspruch auf Sozialhilfe nach dem SGB XII ersetzt wird, BGH 25.6.2013 –VI ZR 128/12, VersR 2013, 1050. || 9 OLG Thür. 25.3.2009 – 7 U 701/08, OLGR Jena 2009, 569. || 10 BGH 26.2.1991 – VI ZR 149/90, VersR 1991, 596; 24.9.1985 – VI ZR 101/84, VersR 1986, 163. || 11 G. *Schneider* in Wussow, Unfallhaftpflichtrecht, Kap. 74 Rz. 41. || 12 Str., wie hier KassKomm/*Kater*, § 116 Rz. 128 mwN.

sprechend zu mindern[1]. Bei Beeinträchtigung oder Ausfall der Haushaltstätigkeit eines Geschädigten ist nach der Rspr. zu unterscheiden. Soweit der Geschädigte seine Arbeitsleistung zum Familienunterhalt einsetzte, ist der Schaden dem Erwerbsschaden zuzurechnen; soweit er seinen eigenen Bedürfnissen diente, gehört der Schaden zur Gruppe der vermehrten Bedürfnisse (s. Rz. 24)[2]. Weil also auch Ersatz für Haushaltstätigkeit in den Erwerbsschaden fallen kann, zählt hierzu auch die Leistung von Haushaltshilfe durch den Träger (s. zB § 38 SGB V).

– **Heilungs- und Pflegekosten** sind kongruent mit sämtlichen sozialrechtl. Ansprüchen auf Behandlung und Ersatz von Behandlungskosten sowie mit Ansprüchen auf Heil- und Hilfsmittel, Rehabilitationsmaßnahmen, Transport- und Fahrkosten etc. Zu beachten ist hierbei das allg. Schadensersatzrecht, nach dem zB ersparte Fahrtkosten und Aufwendungen für die häusliche Verpflegung schadensmindernd anzusetzen sind[3]. Sozialrechtl. Beschränkungen der Leistungen (bspw. die begrenzte Kostenübernahme oder Zuzahlungen des Versicherten) bewirken eine Reduzierung der Leistungspflicht des Trägers. Soweit deshalb der Träger den Schaden nicht zu ersetzen hat, geht auch der Schadensersatzanspruch nicht auf ihn über, sondern steht weiterhin dem Geschädigten zu. Dasselbe gilt für nicht vom Sozialleistungs-, aber vom Schadensersatzanspruch gedeckte Fahrtkosten oder Zusatzkosten zB für Einzelzimmer und Privatbehandlung[4]. 19

– **Kosten der Rechtsverfolgung** bei der Durchsetzung eines Schadensersatzanspruchs können als Schadensfolge nach § 249 BGB mit ersatzpflichtig sein[5]. Sie sind allerdings nicht kongruent mit Sozialleistungen, so dass ein Anspruchsübergang ausscheidet. Das lässt den eigenen Anspruch des Trägers aus §§ 91ff. ZPO unberührt, wenn dieser den übergegangenen Anspruch bei den Zivilgerichten einklagt. 20

– **Sachschäden** sind nur selten Gegenstand von Ansprüchen auf Sozialleistungen. Soweit entsprechende Tatbestände einschlägig sind, kommt Kongruenz mit Schadensersatzansprüchen in Betracht, insb. bei Ersatzleistungen für Hilfsmittel (Brillen, Prothesen etc.). Eine weitere Möglichkeit ist der Sachschadenersatz im Fall der Unterstützung von Diensthandlungen, der Heranziehung als Zeuge, der Hilfe bei Unglücksfällen sowie bei der Verfolgung von Verdächtigen und des Schutzes von Angegriffenen gem. § 2 I Nr. 11 Buchst. a, Nr. 13 Buchst. a, c, § 13 SGB VII. Kongruenz greift ebenfalls im Sozialhilferecht bei Bedürftigkeit, die auf einer Sachbeschädigung beruht[6]. 21

– **Schmerzensgeld.** Kongruenz zwischen Sozialleistungen und Schmerzensgeld nach § 253 II BGB besteht nicht, weil es keine auf die Erfassung des Schmerzes gerichteten Sozialleistungen gibt[7]. 22

– **Unterhaltsschäden.** Gem. § 844 II BGB sowie den entsprechenden deliktsrechtl. Regelungen zB in § 10 II StVG, § 7 II ProdHG, § 12 II UmweltHG haben unterhaltsberechtigte Angehörige des Geschädigten Anspruch auf Geldrente bzw. Abfindung. Hierzu kongruent sind die entsprechenden Sozialleistungsansprüche auf Witwen-, Witwer- und Waisenrente sowie auf Elternrente einschl. eventueller Abfindungsansprüche[8]. Das gilt laut Rspr. auch dann, wenn der Unterhalt in Form von Mithilfe im Haushalt geleistet worden ist[9]. 23

– **Vermehrte Bedürfnisse.** Nach § 843 I 1 Alt. 2 BGB sowie den entsprechenden Regelungen zB in § 10 I 1 Alt. 2 StVG, § 7 I 1 Alt. 2, § 8 Alt. 2 ProdHG, § 12 I 1 Alt. 2, § 13 Alt. 2 UmweltHG hat der Geschädigte Anspruch auf Ersatz der ihm durch die Schädigung entstehenden vermehrten Bedürfnisse, dh. alle wiederkehrenden Aufwendungen, welche diejenigen Nachteile auszugleichen haben, die auf Grund der dauerhaften Störung seines körperlichen Wohlbefindens entstehen. Beispiele sind Pflegepersonal, höhere Miete oder Baukosten für eine behindertengerechte Ausstattung, entsprechende Kuren oder Verpflegung. Ebenfalls dazu gehören RV-Beiträge für Behinderte oder Besuchskosten für ein dauerhaft behindertes Kind[10]. Sachliche Kongruenz besteht hier nicht mit den sozialrechtl. Behandlungs- und sonstigen Heilungsansprüchen (s. Rz. 19), sondern mit den sozialrechtl. Ansprüchen auf (ambulante oder stationäre) Pflege, Pflegegeld, Haushaltshilfe, Kraftfahrzeug- und Wohnungshilfe sowie sämtliche sonstigen Leistungen zu Gunsten von behinderten Menschen, also Hilfen für 24

---

1 BGH 3.4.1984 – VI ZR 253/82, VersR 1984, 583 (584); vgl. auch BAG 5.11.2003 – 5 AZR 676/02, NZA 2005, 64. ||2 BGH 25.9.1973 – VI ZR 49/72, NJW 1974, 41; *G. Schneider* in Wussow, Unfallhaftpflichtrecht, Kap. 74 Rz. 33; s. zum Schadensersatz bei Beeinträchtigung der Möglichkeit zur Erbringung von Eigenleistungen BGH 6.6.1989 – VI ZR 66/88, NJW 1989, 2539; 24.10.1989 – VI ZR 263/88, NJW 1990, 1037 (s. dort auch zur Erstattungsfähigkeit von Babysitterkosten für den Verletzten während des Besuchs seines Ehepartners im Krankenhaus). ||3 Vgl. Palandt/*Grüneberg*, § 249 BGB Rz. 10ff. ||4 Zur Frage, wann diese zu ersetzen sind, BGH 6.7.2004 – VI ZR 266/03, VersR 2004, 1180; 29.6.2004 – VI ZR 211/03, VersR 2004, 1189; OLG München 29.7.2004 – 24 U 827/03, DAR 2004, 651; *Diederichsen*, VersR 2006, 299 (299f.); Palandt/*Grüneberg*, § 249 BGB Rz. 10; KassKomm/*Kater*, § 116 Rz. 113. ||5 Palandt/*Grüneberg*, § 249 BGB Rz. 56ff. ||6 Wannagat/*Eichenhofer*, § 116 SGB X/3 Rz. 24; weniger generell als hier, aber für den Anspruchsübergang bei Übernahme von Reparaturkosten durch einen Sozialhilfeträger sprechen sich aus Geigel/*Plagemann*, Kap. 30 Rz. 23; KassKomm/*Kater*, § 116 Rz. 133. ||7 Wannagat/*Eichenhofer*, § 116 SGB X/3 Rz. 24. ||8 S. zur (Nicht-)Anrechnung, wenn bei einem Sterbefall ein bereits bestehender Rentenanspruch durch einen neuen, zusätzlichen Rentenanspruch beeinflusst wird, BGH 27.10.1970 – VI ZR 47/69, BGHZ 54, 377; 7.5.1974 – VI ZR 223/72, NJW 1974, 1237. ||9 BGH 1.12.1981 –VI ZR 203/79, NJW 1982, 1045; OLG Saarbrücken 28.3.2013 – 4 U 400/11. ||10 S. im Einzelnen mwN Palandt/*Sprau*, § 843 BGB Rz. 3.

Blinde, Gehbehinderte etc. Das ist unabhängig davon, ob die Pflegeleistungen nach dem SGB V, dem SGB VII, dem SGB IX, dem SGB XI, dem SGB XII oder anderen Gesetzen geleistet werden. Hierzu gehören auch die Beiträge der Pflegekasse zur RV oder auch Mehrbedarfszuschläge der Grundsicherung für Arbeitsuchende und der Sozialhilfe, die wegen einer verletzungsbedingten Behinderung geleistet werden[1]. Bei Beeinträchtigung oder Ausfall der Haushaltstätigkeit einer geschädigten Person besteht Kongruenz zu den vermehrten Bedürfnissen nur, wenn die Tätigkeit den eigenen Bedürfnissen des Geschädigten diente (sonst Einordnung beim Erwerbsschaden oder bei den entgangenen Diensten, s. Rz. 16, 17).

25 **d) Zeitliche Kongruenz.** Der Träger kann keinen Rückgriff wegen Ansprüchen nehmen, die sich auf Zeiträume beziehen, für welche er keine Leistungen erbringt. Auch wegen der Höhe der Leistungen ist jeweils auf die zugrunde liegenden Zeiträume abzustellen, so dass ein „Verschieben" unterschiedlicher Einnahmephasen nicht zulässig ist. Schuldet der Schädiger Schadensersatz für Januar bis Mai iHv. 1 000 Euro monatlich und ist der Träger von April bis Dezember zur monatlichen Leistung von je 400 Euro verpflichtet, geht der Schadensersatzanspruch nur iHv. je 400 Euro für April und Mai über, insg. also 800 Euro. Der Rest steht weiter dem Geschädigten zu. Unterschiedliche Berechnungszeiten sind im Bruchteil umzurechnen. Deshalb wird bei Unfallrenten zeitliche Kongruenz nur bis zu demjenigen Zeitpunkt angenommen, in dem der Geschädigte einen Anspruch auf Altersrente gehabt hätte[2].

26 **e) Umfang des Übergangs.** Grds. ergibt sich aus dem Gesetzeswortlaut („*soweit* dieser … Sozialleistungen zu erbringen hat"), dass der Schadensersatzanspruch – entsprechend und im Rahmen der Kongruenz – in demjenigen Umfang auf den Träger übergeht, in dem dieser leistungspflichtig ist. Wenn also der Träger auf Grund eines Umstandes zur Leistung verpflichtet ist, der nichts mit dem schädigenden Ereignis zu tun hat, greift auch kein Anspruchsübergang. Soweit die durch die Schädigung bedingte Leistung durch eine andere, nicht auf der Schädigung beruhende Leistung ganz oder teilweise zum Ruhen gebracht wird, greift der Übergang nur in dem Maß, in dem die Erstere die Letztere übersteigt[3].

27 **f) Sonderregeln zum Umfang des Übergangs.** Teilweise wird die Grundregel, nach welcher der Anspruch auf den Träger nur im Umfang seiner (Mehr-)Leistungspflicht übergeht, durch Sondervorschriften verdrängt, s. Rz. 9.

28 **4. Anspruchsübergang. a) Gesetzlicher Anspruchsübergang (cessio legis).** Der Anspruchsübergang erfolgt durch Gesetz, und zwar bereits im Zeitpunkt, in dem der Schadensersatzanspruch entsteht und die Leistungsverpflichtung des Trägers begründet ist. Das geschieht ohne Rücksicht auf die Fälligkeit der betreffenden Schadensersatz- und Leistungsansprüche, auf die Erfüllung der Leistungspflicht oder etwa auf sonstige Handlungen des Trägers. Insb. eine Überleitungsanzeige wie bei § 33 I SGB II, § 93 SGB XII oder eine sonstige Information des Schädigers oder des Geschädigten ist nicht erforderlich. Da es sich um einen gesetzl. Forderungsübergang handelt, sind nach § 412 BGB die §§ 399–404, 406–410 BGB anzuwenden, wobei im Einzelnen aber die in § 116 geregelten Modifikationen zu beachten sind.

29 **b) Zeitpunkt des Übergangs; Änderungen nach Anspruchsübergang.** Der Gesetzgeber hat den Zeitpunkt des Anspruchsübergangs möglichst früh angesetzt, um eine reibungslose Geltendmachung durch den zuständigen[4] Träger sicherzustellen, die nicht durch eventuelle Verfügungen des Geschädigten über den Schadensersatzanspruch beeinträchtigt wird. Dieses Anliegen prägt die Auslegung von Abs. 1 S. 1, und zwar sowohl für das Bestehen des Schadensersatzanspruchs als auch für das Bestehen des Sozialleistungsanspruchs.

30 **aa) Bestehen eines Schadensersatzanspruchs dem Grunde nach.** Zunächst muss der Schadensersatzanspruch nur dem Grunde nach gegeben sein. Das bedeutet, dass er bereits mit der Schädigung übergeht, selbst wenn der eingetretene Schaden sich noch erweitern sollte, also bspw. eine Verletzung später auf weitere Rechtsgüter übergreift oder noch zu weiteren behandlungsbedingten Schäden führen sollte, wenn etwa der Geschädigte auf Grund der Verletzung später seine Erwerbsfähigkeit einbüßt. Allerdings setzt die Entstehung des Anspruchs „dem Grunde nach" voraus, dass zumindest irgendein Schaden eingetreten ist; die Vollendung der Schädigungshandlung vor Eintritt des Erfolgs allein reicht nicht aus[5]. Die Entstehung des Anspruchs „dem Grunde nach" hat nach Ansicht der Rspr. zB bei Verletzungen mit späterer Todesfolge zur Konsequenz, dass nicht erst mit dem Tod des Geschädigten Ansprüche der Hinterbliebenen nach §§ 844 f. BGB entstehen und übergehen können; vielmehr greifen die Ansprüche und damit auch der Anspruchsübergang bereits mit der Verletzung des später Verstorbenen[6].

---

1 S. die Aufzählung von Haftungsnormen über vermehrte Bedürfnisse mit einer Aufschlüsselung der Kongruenzen nach sozialrechtl. Leistungspflichten im Einzelnen bei *G. Schneider* in Wussow, Unfallhaftpflichtrecht, Kap. 74 Rz. 35 f.; KassKomm/*Kater*, § 116 Rz. 64, 115 ff.; vgl. aus der Rspr. zB BGH 27.6.2006 – VI ZR 337/04, NJW 2006, 3565; 28.11.2000 – VI ZR 352/99, VersR 2001, 215. ||2 Hauck/*Nehls*, § 116 Rz. 20 f.; vgl. BGH 30.11.1971 – VI ZR 53/70, BGHZ 57, 314. ||3 BGH 27.10.1970 – VI ZR 47/69, BGHZ 54, 377; 7.5.1974 – VI ZR 223/72, VersR 1974, 966 (967). ||4 Die irrtümliche Leistung durch den unzuständigen Träger lässt den Anspruch nicht auf diesen übergehen; hier gelten §§ 102 ff., s. den Beispielfall OLG Rostock 18.6.2004 – 8 U 93/03, r+s 2004, 481 (zu § 11 LV SGB V). ||5 RG 12.11.1917 – 2 Rep. IV 347/17, RGZ 91, 142 (146); BGH 10.7.1967 – III ZR 78/66, BGHZ 48, 181; *v. Wulffen*, § 116 Rz. 2; *Dahm*, Die Sozialversicherung 2002, 119 (120). ||6 BGH 13.2.1996 – VI ZR 318/94, VersR 1996, 649 (650).

bb) Möglichkeit des Bestehens eines (künftigen) Sozialleistungsanspruchs; Übergang unter auflösender Bedingung. Noch weiter geht die Rspr. bei der Prüfung des Sozialleistungsanspruchs, der Voraussetzung für den Anspruchsübergang ist. Hier genügt es für den Anspruchsübergang, dass die für den Forderungsübergang geeignete **Leistungspflicht eines Trägers in Betracht** kommen kann. Nach der Rspr. lassen sich **drei Fallgruppen** unterscheiden. *Fallgruppe 1:* Wenn im Zeitpunkt des schadensstiftenden Ereignisses zwischen dem Geschädigten und dem betreffenden SozV-Träger bereits ein SozV-Verhältnis besteht, ist grds. vom sofortigen Anspruchsübergang auszugehen. Ist also zB das Opfer eines Verkehrsunfalls gesetzl. krankenversichert, geht sein Anspruch gegen den Schädiger und dessen Versicherung mit dem Unfalleintritt über. Wenn erst nach dem schadensstiftenden Ereignis ein SozV-Verhältnis entsteht, aufgrund dessen ein SozV-Träger leistungsverpflichtet ist, findet der Anspruchsübergang auch erst mit dem Entstehen dieses SopzV-Verhältnisses statt. *Fallgruppe 2:* Das gilt – auch bei bestehendem SozV-Verhältnis – nur dann nicht, wenn die Entstehung der Leistungspflicht im Zeitpunkt des schadensstiftenden Ereignisses „völlig unwahrscheinlich, also geradezu ausgeschlossen ist". *Fallgruppe 3:* Wieder anderes gilt, wenn die betreffende Sozialleistung nicht vom Bestehen eines SozV-Verhältnisses abhängt. Wer aufgrund des schadenstiftenden Ereignisses soziale Entschädigungsleistungen oder soziale Hilfeleistungen (zB bedürftigkeitsabhängige Leistungen nach dem SGB II) verlangen kann, für den besteht mangels SozV-Verhältnisses kein rechtl. Bindeglied zu einem Träger, aus welchem auf die voraussichtliche Leistung geschlossen werden kann. Weil der Geschädigte hier gewissermaßen als „Jedermann" möglicherweise Leistungsberechtigter wird, nimmt der BGH einen Anspruchsübergang an, sobald nach den konkreten Umständen des jeweiligen Einzelfalls Sozialleistungen „ernsthaft in Betracht zu ziehen sind"[1].

Soweit die Leistungspflicht eines Trägers deshalb noch nicht feststeht, weil die **Art und Weise der Schadensentwicklung noch nicht absehbar** ist (Art der Verletzung; Zukunftsfolgen der Verletzung), muss es im Interesse eines möglichst weit gehenden Schutzes der Versicherungsträger genügen, dass selbst eine *weit entfernte Möglichkeit* des Eintritts solcher Tatsachen gegeben ist, auf Grund derer Versicherungsleistungen zu erbringen sein werden …"[2].

- **Beispiel:** Der Geschädigte wird am Bein verletzt, wobei man zunächst von der Wiederherstellung seiner Erwerbsfähigkeit ausgeht. Erst später entwickelt sich die Verletzung so, dass die Erwerbsfähigkeit vermindert wird und ein entsprechender Rentenanspruch entsteht. Der BGH nimmt einen Anspruchsübergang wegen eventueller künftiger Rentenleistungspflichten des RV-Trägers schon im Zeitpunkt der anfänglichen Beinverletzung an, weil der Träger auf Grund und im Rahmen des SozV-Verhältnisses bereits vor Eintritt der Minderung der Erwerbsfähigkeit zu deren Verhinderung verpflichtet ist. Wenn die Erwerbsunfähigkeit zumindest entfernt in Betracht kommt, greift bereits wegen dieser Möglichkeit des Bestehens eines (künftigen) Sozialleistungsanspruchs der Anspruchsübergang[3]. Auch im Fall von Ansprüchen auf Grundsicherung für Arbeitsuchende und auf Sozialhilfe kommt es bereits dann zum Anspruchsübergang, wenn mit der schädigungsbedingten Bedürftigkeit des Geschädigten (insb. wegen infolge der Schädigung drohender Arbeitslosigkeit) ernsthaft zu rechnen ist[4].

Auf Grund des weit vorausgreifenden Anwendungsbereichs von § 116 ist von einem Anspruchsübergang auszugehen, der in seinem Bestand und seinem Umfang von der künftigen Entwicklung abhängig ist, also gem. § 158 II BGB **unter der auflösenden Bedingung** übergeht, dass die in Betracht kommenden **Sozialleistungen** auch tatsächlich **zu erbringen** sein werden[5]. Wenn daher später die – auch entfernte – Möglichkeit der Leistungspflicht des Trägers nicht mehr in Betracht kommt, fällt der zunächst übergegangene Anspruch auf den Geschädigten zurück. Soweit die Leistungspflicht zu Unrecht angenommen wurde und die Leistungspflicht des Trägers in einer Verwaltungsentscheidung (also insb. durch einen Leistungsbescheid) oder einer Gerichtsentscheidung rechtskräftig festgestellt worden ist, ist ein diesbezüglicher späterer Wegfall der Leistungspflicht und der hierauf beruhende Anspruchsübergang nicht mehr möglich. Wenn lediglich eine bestandskräftige, aber noch nicht unanfechtbare bzw. noch nicht rechtskräftige Entscheidung vorliegt, muss der Bescheid bzw. die Entscheidung zuerst aufgehoben werden[6]. Auch in diesen Fällen fällt der zuvor übergegangene Anspruch nach der Rspr. wegen Eintritts der auflösenden Bedingung nach § 158 II BGB auf den Geschädigten „automatisch" zurück[7]. Jedoch fordert der BGH zT auch eine Rückabtretung, wenn Forderungen auf die BA übergegangen und nicht wieder auf den

---

[1] BGH 24.4.2012 – VI ZR 329/10, NJW 2012, 3639; s. im Einzelnen *Giesen* NJW 2012, 3609 f. || [2] BGH 10.7.1967 – III ZR 78/66, BGHZ 48, 181 (Hervorhebung im Original); bestätigt zB in BGH 17.6.2008 – VI ZR 197/07, VersR 2008, 1350; 8.12.1998 – VI ZR 318/97, NJW 1999, 1782; 8.7.2003 – VI ZR 274/02, NJW 2003, 3193; 2.12.2003 – VI ZR 243/02, VersR 2004, 492 f. (s. dort auch zur fehlenden Möglichkeit der Prozessstandschaft); vgl. Wannagat/*Eichenhofer*, § 116 SGB X/3 Rz. 21. || [3] BGH 10.7.1967 – III ZR 78/66, BGHZ 48, 181. || [4] BGH 12.12.1995 – VI ZR 271/94, BGHZ 131, 274 (279); 25.6.1996 – VI ZR 117/95, BGHZ 133, 129 (134, 135); OLG Celle 7.2.2002 – 14 U 126/01, HVBG-Info 2002, 3172. || [5] BGH 10.7.1967 – III ZR 78/66, BGHZ 48, 181; 8.12.1998 – VI ZR 318/97, NJW 1999, 1782; *G. Schneider* in Wussow, Unfallhaftpflichtrecht, Kap. 73 Rz. 13 ff.; KassKomm/*Kater*, § 116 Rz. 143 ff. || [6] BSG 17.7.1979 – 12 Rar 15/78, SozR 4100, Nr. 11 zu § 141b; KassKomm/*Kater*, § 116 Rz. 144, § 115 Rz. 36. || [7] BGH 8.12.1998 – VI ZR 318/97, NJW 1999, 1782; der Fall betraf den Austritt des Geschädigten aus der gesetzl. KV nach der Schädigung und während der Behandlung.

Versicherten „automatisch" zurückgefallen sind[1]. Evtl. auf Grund des Anspruchsübergangs durch den Träger eingezogene Schadensersatzleistungen sind an den Geschädigten nach § 159 BGB auszuzahlen[2].

33 Soweit der Träger in einem **Abfindungsvergleich** auf den zurückgefallenen Anspruch (teilweise) verzichtet und damit die Rechte des Geschädigten beeinträchtigt hat, ist das diesem ggü. unwirksam[3]. Denkbar ist auch, dass der Sozialleistungsanspruch **zunächst nicht** – auch nicht entfernt – **in Betracht** kommt (vgl. Rz. 31); sobald dann aber zB wegen einer Komplikation bei der Heilbehandlung die Sozialleistung (zB Rente) in Betracht kommt, geht der Anspruch **mit dem Eintreten dieses „In-Betracht-Kommens"** auf den Sozialleistungsträger über, also uU lange nach der Schädigungshandlung. Weil und solange hier die Forderung vor dem Übergang dem Geschädigten zustand, sind dessen zu dieser Zeit über die Forderung vorgenommenen Verfügungen (insb. Vergleiche und Erlasse) wirksam.

34 **c) Fehlender Antrag und Verzicht auf Sozialleistungen.** Da Sozialleistungen regelmäßig von einer Antragstellung abhängen, stellt sich die Frage nach den Auswirkungen dieses Erfordernisses auf den Anspruchsübergang. Grds. gilt, dass der Anspruchsübergang bereits erfolgt, wenn ein Anspruch auf Sozialleistungen in Betracht kommt (s. Rz. 31). In diesem Fall kann auch ein noch nicht erfülltes Antragserfordernis nichts am sofortigen Anspruchsübergang ändern. Sobald endgültig feststeht, dass ein Antrag nicht mehr gestellt werden wird, fällt der Schadensersatzanspruch wegen Wegfalls der Bedingung auf den Geschädigten zurück. Soweit ein Verzicht auf Sozialleistungen vorliegt, ist seine evtl. Unwirksamkeit wegen Belastung Dritter sowie von Leistungsträgern oder Umgehung nach § 46 II SGB I zu prüfen. Weiter kommt hinsichtl. des Schadensersatzanspruchs eine Minderung nach § 254 II BGB in Betracht[4].

35 **d) Gesetzliche Änderungen des Sozialleistungsanspruchs** können dessen Beschränkung, Erweiterung oder inhaltliche Änderung bewirken, so dass sich damit auch der (mögliche) Umfang des nach § 116 angeordneten Anspruchsübergangs ändern kann[5].

36 **5. Verfügungen über den Schadensersatzanspruch und Ausgleichspflicht nach Leistung an den falschen Gläubiger des Schadensersatzanspruchs.** Verfügungen über den Schadensersatzanspruch kann grds. nur der Gläubiger vornehmen, also nach Anspruchsübergang der zuständige[6] Sozialleistungsträger und iU der Geschädigte[7]. Dasselbe gilt für die Einziehungsbefugnis, die ebenfalls prinzipiell nur dem Gläubiger zusteht. Jedoch können Leistungen an den bisherigen Gläubiger und mit ihm geschlossene Vereinbarungen über die Forderung (Erlasse, Vergleiche etc.[8]) nach §§ 412, 407 BGB wirksam sein.

37 Voraussetzung ist, dass der Schuldner **keine Kenntnis hat vom Anspruchsübergang**. Der neue Gläubiger muss beweisen, dass diese Kenntnis bestand. Jedoch werden generell im Fall des gesetzl. Forderungsübergangs keine zu hohen Anforderungen an diese Kenntnis gestellt, um den Sinn und Zweck der gesetzl. Regelung nicht zu konterkarieren[9]. Deshalb hält man die Kenntnis der Bedingungen, die zum gesetzl. Forderungsübergang führen, für genügend[10]. Dementsprechend geht die Rspr. im Fall möglicher Leistungspflichten von Sozialleistungsträgern iSd. § 116 davon aus, dass der Schädiger die tatsächlichen Umstände gekannt haben muss, die bekanntermaßen ein SozV-Verhältnis auslösen oder die sonstige, eine Sozialleistungspflicht auslösende Position des Geschädigten begründen[11]. Wer also einen Beschäftigten schädigt, von dem man allg. annehmen kann, dass er sozialversichert ist, der „kennt" nach §§ 412, 407 BGB die Tatsachen, welche den Forderungsübergang begründen[12]. Deswegen wird er keine ggü. dem Träger wirksame Leistung an den Geschädigten erbringen oder eine vergleichsweise Regelung über die Forderung mit diesem treffen können. Noch weiter geht die Rspr. bei der Behandlung von Schadensfällen durch **Versicherungsunternehmen** bzw. deren Schadensbearbeiter. Diesen wird sogar dann noch „Kenntnis" unterstellt, wenn nach der Schädigung neu eingeführte spezielle Gesetzesregelungen zur Leistungspflicht führen[13]. Beim Anspruchsübergang auf Grund von Leistungen zur Grundsicherung Arbeitsuchender oder **Sozialhilfe** ist eine Kenntnis des Schädigers nur anzunehmen, wenn ihm die Bedürftigkeit begründende Vermögensverhältnisse des Geschädigten bekannt sind[14].

---

1 BGH 25.6.1990 – II ZR 119/89, BB 1990, 1653. ||2 KassKomm/*Kater*, § 116 Rz. 144. ||3 BGH 8.12.1998 – VI ZR 318/97, NJW 1999, 1782. ||4 BGH 17.11.1964 – VI ZR 171/63, VersR 1965, 161 (163); OLG Hamm 17.5.1983 – 9 U 28/82, VersR 1984, 1049 (1050); KassKomm/*Kater*, § 116 Rz. 162 ff.; s.a. Palandt/*Grüneberg*, § 254 BGB Rz. 8 zur möglichen Anwendung von § 254 BGB im öffentl. Recht. ||5 BGH 27.6.2006 – VI ZR 337/04, NJW 2006, 3565; 3.12.2002 – VI ZR 142/02, NJW 2003, 1455 (Ablösung von §§ 53 ff. SGB V aF durch §§ 36 ff. SGB XI); *Dahm*, SozVers 2003, 205. ||6 S. dazu BGH 5.5.2009 – IV ZR 208/08, VersR 2009, 995; 4.3.1986 – VI ZR 234/84, VersR 1986, 810. ||7 Wannagat/*Eichenhofer*, § 116 SGB X/3 Rz. 18. Abweichendes gilt nach § 115 bei Arbeitslosenleistungen, LAG Rh.-Pf. 17.1.2002 – 4 Sa 1110/01, DB 2002, 1113. ||8 Vgl. zur Anwendbarkeit der Erlassvorschrift des § 76 II Nr. 3 S. 1 SGB IV durch den Träger im Fall des Anspruchsübergangs KassKomm/*Kater*, § 116 Rz. 180 ff. Die Vorschrift kann insb. bei unversicherten unbeschränkt haftenden Schädigern angewendet werden; s. zu Abfindungsvergleichen *Lang*, VersR 2005, 894. ||9 KassKomm/*Kater*, § 116 Rz. 258; Wannagat/*Eichenhofer*, § 116 SGB X/3 Rz. 67. ||10 Palandt/*Grüneberg*, § 407 BGB Rz. 8. ||11 OLG Nürnberg 17.12.1975 – 4 U 93/75, VersR 1977, 613 (614); BGH 4.10.1983 – VI ZR 44/82, SGB 1984, 170; 4.10.1985 – VI ZR 44/82, VersR 1984, 35 (36); 17.4.1990 – VI ZR 276/89, VersR 1990, 1028 (1030). ||12 BGH 30.11.1955 – VI ZR 211/54, BGHZ 19, 177 (181); 7.5.1968 – VI ZR 179/66, VersR 1968, 771 (772); 13.2.1975 – VI ZR 209/73, VersR 1975, 446 (447); Palandt/*Grüneberg*, § 407 BGB Rz. 8; *v. Wulffen*, § 116 Rz. 40. ||13 BGH 7.5.1968 – VI ZR 179/66, VersR 1968, 771 (772); OLG Nürnberg 17.12.1975 – 4 U 93/75, VersR 1977, 613 (614); BGH 4.10.1983 – VI ZR 44/82, NJW 1984, 607. ||14 KassKomm/*Kater*, § 116 Rz. 258; Hauck/*Nehls*, § 116 Rz. 51; *v. Wulffen*, § 116 Rz. 40.

Soweit der Schädiger nach §§ 412, 407 BGB wegen „Unkenntnis" vom Anspruchsübergang mit befreiender Wirkung an den Geschädigten oder seine Hinterbliebenen statt an den Träger als wahren Gläubiger leistet, hat der Träger gegen den Zahlungsempfänger den Erstattungsanspruch des Abs. 7 S. 1. Wenn keine befreiende Wirkung eintritt, haften Zahlungsempfänger und Schädiger dem Träger gem. Abs. 7 S. 2 als Gesamtschuldner (s. Rz. 79).

Sobald der Träger nach Abs. 1 S. 1 unter der **auflösenden Bedingung seiner eigenen künftigen Leistungspflicht** Gläubiger einer Schadensersatzforderung wird und diese Bedingung später wegfällt, fällt auch die Forderung auf den Geschädigten bzw. seinen Rechtsnachfolger zurück (s. Rz. 32). Wenn daher der Träger zwischenzeitlich über die Forderung verfügt (zB durch Abschluss eines Abfindungsvergleichs mit dem Schädiger), tut er dies zwar als Berechtigter. Jedoch wird die Verfügung laut BGH ggü. dem nachmaligen Gläubiger (dem Geschädigten oder seinem Rechtsnachfolger) gem. § 161 II BGB unwirksam und steht dann auch einem Rückfall auf den Geschädigten nicht entgegen[1]. 38

6. Einziehungsermächtigung bei Anspruch auf Sozialhilfe. Soweit der Schadensersatzanspruch auf Grund eines Sozialhilfeanspruchs übergeht, nimmt die Rspr. eine Ermächtigung des Geschädigten und Bedürftigen an, den Ersatzanspruch im eigenen Namen einzuziehen, um die Bedürftigkeit zu vermeiden. Zu weiter gehenden Verfügungen (insb. Erlassvergleichen, Aufrechnungen etc.) ist der Bedürftige nicht berechtigt (s.a. Rz. 42)[2]. Das dürfte entsprechend bei der Grundsicherung für Arbeitsuchende gelten. 39

7. Auskunftsansprüche. Gem. § 401 I BGB analog, § 412 BGB geht ein eventueller **Auskunftsanspruch des Geschädigten gegen den Schädiger auf den Träger über.** Die Rspr. nimmt dies richtigerweise an, wenn und soweit mit Hilfe des Auskunftsanspruchs das Bestehen von Schadensersatzansprüchen geklärt werden soll und eine eventuelle Verschwiegenheitpflicht dem Gläubigerwechsel nicht entgegensteht. Das ist bspw. dann der Fall, wenn mithilfe der Einsichtnahme in die Pflegedokumentation des Pflegeheims das Bestehen von Schadensersatzansprüchen geklärt werden soll und eine Einwilligung des Heimbewohners vorliegt oder sein Einverständnis zumindest vermutet werden kann[3]. Insb. kann bei Verstorbenen, sofern sich diese zu Lebzeiten nicht hierzu geäußert haben, nach den Umständen des Einzelfalls ein Einverständnis angenommen werden. Hier ist naturgemäß der Geheimnisträger derjenige, der das am ehesten darlegen kann. Sofern er das nicht tut, ist nach zutreffender Rspr. von seiner Offenbarungspflicht auszugehen[4]. 40

Aus § 60 SGB I, §§ 412, 402 BGB folgt ein **Auskunftsanspruch des Trägers gegen den Geschädigten.** Nach Ansicht des BSG handelt es sich um einen sozialrechtl. Anspruch, so dass für seine Geltendmachung die SG zuständig sind[5]. Gleiches dürfte für den eigenen Auskunftsanspruch aus § 294a SGB V gelten[6].

8. Verjährung. Da § 116 ausschließlich den Anspruchsübergang anordnet und keinen neuen Anspruch begründet, richtet sich auch die Verjährung nach dem für den jeweiligen Schadensersatzanspruch geltenden Recht. Damit wird es meist auf die Verjährung deliktsrechtl. Ansprüche ankommen (s. zu den von § 116 erfassten Ansprüchen oben Rz. 7f.). 41

Weil und soweit es sich bei den in § 116 erfassten gesetzl. Schadensersatzansprüchen regelmäßig um solche wegen Verletzung des Lebens, des Körpers oder der Gesundheit handelt, greift damit meist die 30-jährige Verjährungsfrist nach § 199 II BGB[7]. Soweit Sachschäden ersetzt werden (s. Rz. 21), greift § 199 III BGB. Das neue Verjährungsrecht gilt gem. Art. 229 § 5 EGBGB ohne Einschränkungen für alle seit dem 1.1.2002 entstandenen Ansprüche. Für die am 1.1.2002 bereits verjährten Ansprüche bleibt es bei der Verjährung gem. altem Recht, also insb. nach § 852 BGB aF. Für alle bis zum 1.2.2002 entstandenen, aber noch nicht verjährten Ansprüche gilt die Übergangsvorschrift des Art. 229 § 6 EGBGB[8]. Soweit der Schädiger bzw. Versicherer bereits an den Geschädigten geleistet hat, ist die Erhebung der Verjährungseinrede ggü. dem SozV-Träger regelmäßig treuwidrig[9].

---

1 BGH 8.12.1998 – VI ZR 318/97, NJW 1999, 1782; s. bereits BGH 29.2.1956 – IV ZR 202/55, BGHZ 20, 127. Der BGH befasst sich nicht mit der Frage, ob wegen des Forderungsrückfalls nach § 161 II BGB die befreiende Wirkung von Verfügungen des kenntnislosen Schuldners nach § 407 BGB besteht (Palandt/*Ellenberg*, § 161 BGB Rz. 1). Bejahendenfalls müsste der Schädiger bei Vorliegen der Voraussetzungen des § 407 BGB seine Leistungen wahlweise vom Träger kondizieren und nochmals an den Geschädigten leisten, oder er belässt es bei seiner Befreiung mit der Konsequenz, dass der Träger das Vereinnahmte gem. § 816 II BGB an den Geschädigten auskehren muss und iÜ uU aus Amtspflichtverletzung haftet, vgl. Palandt/*Grüneberg*, § 407 BGB Rz. 5. ||2 BGH 12.12.1995 – VI ZR 271/94, BGHZ 131, 274 (284, 285); 25.6.1996 – VI ZR 117/95, BGHZ 133, 129; 23.6.1998 – VI ZR 317/97, VersR 1998, 1387; 5.3.2002 – VI ZR 442/00, VersR 2002, 869; 10.10.2002 – III ZR 205/01, NJW 2002, 3769. ||3 BGH 26.2.2013 – VI ZR 359/11, VersR 2013, 648; 23.3.2010 – VI ZR 249/08, BGHZ 185, 74; 23.3.2010 – VI ZR 327/08, VersR 2010, 971; *Schultze-Zeu*, VersR 2011, 194; aA *Pregartbauer/Pregartbauer*, VersR 2010, 973. ||4 BGH 26.2.2013 – VI ZR 359/11, VersR 2013, 648. ||5 BSG 10.11.1977 – 3 RK 44/75, BSGE 45, 119 (120). ||6 S. dazu näher *Schultze-Zeu/Riehn*, VersR 2007, 467. ||7 Vgl. zur Kenntnis bzw. grob fahrlässigen Unkenntnis iSd. § 199 II BGB der zuständigen Mitarbeiter von Trägern BGH 17.4.2012 – VI ZR 108/11, NJW 2012, 2644; 28.2.2012 – VI ZR 9/11, NJW 2012, 1789. ||8 S. im Einzelnen Palandt/*Grüneberg*, Art. 229 § 5 EGBGB; Dauner-Lieb/Heidel/Lepa/Ring/*Mansel*, Schuldrecht, § 14 Rz. 14ff. ||9 BGH 17.6.2008 – VI ZR 197/07, VersR 2008, 1350.

42 Die Verjährung des auf den Träger übergegangenen Schadensersatzanspruchs wird nicht dadurch beeinflusst, dass der Geschädigte eigene, nicht übergegangene Ansprüche aus dem Schadensereignis geltend macht. Jedoch ist zu beachten, dass **im Sozialhilferecht** und bei der Grundsicherung für Arbeitsuchende eine Einziehungsermächtigung des Geschädigten zu Gunsten des Trägers anzunehmen ist (s. näher Rz. 39). Auf Grund dessen führt hier die **Klageerhebung durch den Geschädigten** dazu, dass die Verjährungshemmung nach § 204 I BGB **auch zu Gunsten des Trägers** greift. Ebenso führt die Verurteilung des Schädigers auf die Klage des Geschädigten oder ein titelersetzendes Anerkenntnis dazu, dass die Forderung des Trägers der 30-jährigen Verjährung nach § 197 I Nr. 3–5 BGB unterliegt[1]. Ggf. kommt auch die Rechtskrafterstreckung nach § 325 ZPO in Betracht[2].

43 **9. Zuständigkeit.** Da nach Abs. 1 S. 1 nur ein Anspruchsübergang erfolgt, bleibt die Rechtsnatur des übergegangenen Schadensersatzanspruchs unverändert. Er kann also nicht etwa durch den Träger im Wege des Leistungsbescheids, sondern muss auf dem Rechtsweg bei den für den Schadensersatzanspruch zuständigen Zivilgerichten geltend gemacht werden. Demggü. ist laut BSG der Sozialrechtsweg eröffnet, sofern ein Schadensersatzanspruch auf den Sozialhilfeträger übergegangen ist, weil dieser aufgrund des Schadensereignisses Sozialleistungen zu erbringen hatte, und der Schädiger trotz des Anspruchsübergangs an den Geschädigten gezahlt hat[3].

44 **V. Erfassung von Beiträgen (Abs. 1 S. 2). 1. Anwendungsbereich.** Soweit der Geschädigte einen Erwerbsschaden erleidet (s. Rz. 17), kommt es regelmäßig zu der Situation, dass er deshalb auch nicht mehr entsprechende SozV-Beiträge zahlen kann. Solche Beiträge hätten ihm bspw. im Alter eine (höhere) Rentenanwartschaft eingebracht oder wären als KV-Beiträge eingesetzt worden. Die für den Geschädigten einschlägigen Sozialleistungsregelungen sehen häufig vor, dass bei der Schädigung nicht nur Heilbehandlung und Renten (zB wegen verminderter Erwerbsfähigkeit) gezahlt werden, sondern dass zusätzlich Mittel zur Verfügung stehen, von denen der Geschädigte SozV-Beiträge zahlen kann. Grds. muss der Schädiger alle SozV-Beiträge des Geschädigten für die Dauer der Arbeitsunfähigkeit ersetzen, unabhängig davon, ob ein Fall der Entgeltfortzahlung durch den ArbGeb vorliegt oder ob in einem Fall von schädigungsbedingter Sozialleistungsentrichtung SozV-Beiträge zu zahlen sind[4].

45 Die von den Sozialleistungsträgern übernommenen **SozV-Beiträge** (oder zusätzlich gewährten Leistungen) dienen dazu, den Schaden des geschädigten Versicherten auszugleichen, der dadurch entsteht, dass dieser auf Grund der Verletzung nicht mehr in der Lage ist, seine Beiträge zu zahlen. Die fehlende Zahlung der SozV-Beiträge und die daraus resultierenden Folgen sind somit ein Schaden des Geschädigten. Mithin besteht auch eine sachliche Kongruenz zwischen den von den Sozialleistungsträgern übernommenen Beiträgen (oder zusätzlichen Leistungen) und dem Ersatzanspruch des Geschädigten gegen den Schädiger. Keine Kongruenz besteht hinsichtlich solcher Beiträge, die keine versicherungsrechtl. Besserstellung des Geschädigten herstellen[5]. Zu RV-Beiträgen s. § 119 (Rz. 48 f.).

46 **2. Voraussetzungen des Beitragsregresses.** Abs. 1 S. 2 dient lediglich der Klarstellung der Gesetzeslage, da Ersatzansprüche wegen fehlender Beitragszahlung bereits nach Abs. 1 S. 1 auf den Sozialleistungsträger übergegangen wären[6]. Abs. 1 S. 2 Nr. 1 nennt nochmals die Beiträge, die von Sozialleistungen zu zahlen sind, und in Abs. 1 S. 2 Nr. 2 die KV-Beiträge, die für die Dauer des Anspruchs auf Krankengeld unbeschadet des § 224 I SGB V zu zahlen wären. Sozialleistung iSd. Abs. 1 S. 2 Nr. 1 ist auch die Beitragsleistung eines Sozialleistungsträgers aus seinen Eigenmitteln zu Gunsten des Versicherten an einen anderen Träger[7], nicht aber die ihm auf Grund schädigungsbedingt geringerer Beitragspflicht des Geschädigten entgangenen KV-Beiträge[8]. Aus dem Klarstellungscharakter der Vorschrift des Abs. 1 S. 2 geht auch hervor, dass sich der Übergang des Beitragsersatzanspruchs nach denselben Regeln beurteilt wie bei anderen Sozialleistungen, die nach Abs. 1 S. 1 übergehen. Danach ergeben sich keine Besonderheiten für den Beitragsregress bzgl. einer möglichen Pauschalierung der Ansprüche nach Abs. 9 (s. Rz. 85 ff.), wegen der Verjährung der übergegangenen Beitragsersatzansprüche oder hinsichtlich des Zeitpunkts des Anspruchsübergangs[9].

47 Abs. 1 S. 2 dient letztlich demselben **Normzweck** wie Abs. 1 S. 1, nur dass der Beitragsregress speziell geregelt ist[10]. Bei bestimmten Entgeltersatzleistungen hat der Geschädigte Beitragsbelastungen selbst zu tragen, die ihm von der Entgeltersatzleistung abgezogen werden. Dieser sog. Versichertenanteil geht dann aber nicht nach § 116 oder § 119 auf den SozV-Träger über, sondern verbleibt bei dem Geschädigten, der ihn selbst gegen den Schädiger geltend machen muss[11]. Das wurde jedoch insoweit infrage ge-

---

1 BGH 5.3.2002 – VI ZR 442/00, VersR 2002, 869; 23.6.1998 – VI ZR 317/97, VersR 1998, 1387; OLG Köln 8.5.1998 – 19 U 210/97, VersR 1998, 1307; beide Entscheidungen sind zum alten BGB ergangen. ‖ 2 *Hofmann*, VersR 2003, 288. ‖ 3 BSG 27.4.2010 – B 8 SO 2/10 R, NJW 2011, 256. ‖ 4 BGH 8.11.1983 – VI ZR 134/82, USK 83 220; KassKomm/*Kater*, § 116 Rz. 196. ‖ 5 BGH 18.2.1986 – VI ZR 55/85, VersR 1986, 485 (487); 15.4.1986 – VI ZR 146/85, BGHZ 97, 330; 17.3.1987 – VI ZR 297/85, BGHZ 109, 291. ‖ 6 KassKomm/*Kater*, § 116 Rz. 192. ‖ 7 KassKomm/*Kater*, § 116 Rz. 198, mit dem Hinweis, dass im Fall der schädigungsbedingten Sozialleistung die Beitragsleistung auch der Behebung des entstandenen Schadens dient. ‖ 8 OLG Karlsruhe 16.11.2000 – 19 U 195/99, VersR 2001, 612. ‖ 9 KassKomm/*Kater*, § 116 Rz. 211. ‖ 10 KassKomm/*Kater*, § 116 Rz. 192. ‖ 11 *Küppersbusch*, NZV 1992, 58 (60); *Meyer*, DOK 1991, 768 (769); *Stelzer*, VersR 1994, 518 (519); KassKomm/*Kater*, § 116 Rz. 195 und Rz. 202 ff. mwN; zu § 1385b I RVO teils abweichend BGH 5.12.1989 – VI ZR 73/89, BGHZ 109, 261; KassKomm/*Kater*, § 116 Rz. 205.

stellt, als der Versichertenanteil an der Beitragszahlung bereits begrifflich keine Sozialleistung iSd. Abs. 1 darstellt[1]. Ebenso kann es aber auch dazu kommen, dass der Geschädigte durch die Entrichtung der SozV-Beiträge von der Sozialleistung höhere Beiträge gutgeschrieben bekommt, als ihm auf Grund des Schadensersatzanspruches eigentlich zustehen würden, so zB bei einer niedrigen Haftungsquote[2]. Dieser sozialversicherungsrechtl. Vorteil kommt dem Geschädigten in Höhe des den Schadensersatzanspruch übersteigenden Anteils zu[3].

Der vom Schädiger zu ersetzende Schaden erfasst sowohl die **nicht** nach Abs. 1 S. 2 oder § 119 **übergehenden** als auch die **übergehenden Schadensersatzansprüche**, wobei unerheblich ist, ob die Beiträge oder Beitragsanteile vom Versicherten oder vom Träger der Entgeltersatzleistung zu tragen gewesen wären[4]. Mithin sind die Beitragsbelastungen des Sozialleistungsträgers kein Drittschaden im eigentlichen Sinn, sondern ein „Reflexschaden", der mit der Leistung an den Versicherten durch den Sozialleistungsträger entstanden ist[5]. 48

3. Verhältnis Abs. 1 S. 2 zu § 119. Der Beitragsregress ist in zwei Teile, Abs. 1 S. 2 und § 119 (s. Rz. 50), aufgespalten. Das Verhältnis beider Vorschriften zueinander regelt § 119 I 2 Nr. 2, wonach Abs. 1 S. 2 zur Rückerstattung der Beitragszahlungen an den Sozialleistungsträger dem Beitragsregress nach § 119 vorgeht[6]. Soweit die von der Sozialleistung zu zahlenden Beiträge nicht ausreichen, um den Beitragsschaden des Geschädigten anzugleichen, erfolgt der Rückgriff des Trägers hinsichtlich der nicht ausgeglichenen Schadensteile gem. § 119[7]. 49

4. Exkurs: Übergang von Beitragsansprüchen nach § 119. Der Schadensersatzanspruch umfasst häufig auch den Ersatz von Beiträgen zur RV, vor allem dann, wenn unfallbedingt durch den Versicherten keine Beiträge zur RV geleistet werden[8]. Hier greift § 119, der den entsprechenden Schadensersatzanspruch subsidiär zu § 116 (§ 119 I 1 Nr. 2) übergehen lässt. Die entsprechenden beitragsersetzenden Leistungen gelten dann gem. § 119 III 1 als Pflichtbeiträge; zudem stellt § 119 III 2 sicher, dass der Geschädigte durch die Ersatzleistung nicht schlechter gestellt wird als ohne den Schadensersatzanspruch; vgl. zum Vergleichsschluss über Beitragsersatz § 119 IV. Zudem kommt bei Beitragserstattungen an RV-Träger ein Anspruchsübergang nach § 179 Ia SGB VI in Betracht[9]. 50

VI. Vorrang des Geschädigten bei gesetzlicher Anspruchsbegrenzung (Abs. 2). In den Fällen einer vollen Haftung des Schädigers bei gleichzeitiger gesetzl. Begrenzung des Ersatzanspruchs wird dem Geschädigten durch Abs. 2 ein Quotenvorrecht eingeräumt. Gesetzl. Anspruchsbegrenzungen iSd. Abs. 2 ergeben sich bspw. aus §§ 12, 12a StVG, § 10 ProdHaftG, § 9 HaftpflG, §§ 37, 46 LuftVG, § 15 UmweltHG, § 117 I BBergG[10]. Sinn des Abs. 2 ist es, die Folgen einer möglichen Unterdeckung des Schadens auf Grund der gesetzl. Summenbegrenzung nicht dem Geschädigten, sondern dem Versicherungsträger oder Träger der Sozialhilfe anzulasten[11]. Allerdings hat die Vorschrift inzwischen erheblich an Bedeutung verloren, da die frühere Haftungshöchstgrenze für den Straßenverkehr durch die Neufassung von §§ 12, 12a StVG zum 18.12.2007 stark erhöht worden ist. Nunmehr gilt hier ein Höchstsatz von 5 Mio. Euro, der bei Rentenzahlungen zu kapitalisieren ist; für gefährliche Güter und gewerbliche Personenbeförderung liegt der Wert uU höher[12]. 51

Wegen Einzelfragen zu Abs. 2 sei auf die 5. Aufl. verwiesen; s. dort auch eine Beispielsrechnung zum StVG in der bis zum 17.12.2007 geltenden Fassung.

Keine Anwendung findet Abs. 2, wenn der Schädiger gleichzeitig aus anderen Rechtsgrundlagen haftet, die keine Begrenzung des Schadensersatzanspruchs vorsehen (zB § 823 BGB)[13]. Auch im Fall der unbegrenzten Haftung eines Schädigers, für den ein Haftpflichtversicherer ausschließlich mit einer Mindestsumme einstehen muss, wird der Übergang des Ersatzanspruches nicht durch Abs. 2 tangiert[14]. Ebenso ist Abs. 2 nicht in den Fällen einer Begrenzung des Ersatzanspruches wegen Mitverschuldens oder der Mitverursachung des Geschädigten anzuwenden; insofern gilt Abs. 3 (sogleich unter Rz. 53ff.)[15]. 52

---

1 KassKomm/*Kater*, § 116 Rz. 205; *v. Einem*, SGb 1990, 568 (569). ||2 KassKomm/*Kater*, § 116 Rz. 195. ||3 KassKomm/*Kater*, § 116 Rz. 195. ||4 BGH 18.2.1986 – VI ZR 55/85, VersR 1986, 485 (486); 5.12.1989 – VI ZR 73/89, BGHZ 109, 291; KassKomm/*Kater*, § 116 Rz. 197. ||5 *v. Einem*, SGb 1988, 276 (277); KassKomm/*Kater*, § 116 Rz. 197; während der spiegelbildliche Schaden des Versicherten demggü. als „zusätzlicher Folgeschaden" bezeichnet wird, so BGH 5.12.1989 – VI ZR 73/89, BGHZ 109, 291 (296). Eine Übersicht über die von Abs. 1 S. 2 Nr. 1 erfassten Ansprüche findet sich bei KassKomm/*Kater*, § 116 Rz. 206–209; wegen der Einzelheiten im Hinblick auf die von Abs. 1 S. 2 Nr. 2 erfassten fiktiven Beiträge bei Krankengeldbezug s. KassKomm/*Kater*, § 116 Rz. 210–210c. ||6 KassKomm/*Kater*, § 116 Rz. 194. ||7 KassKomm/*Kater*, § 116 Rz. 194, s. LG Stuttgart 30.1.2008 – 4 S 70/07, r+s 2008, 402. ||8 *v. Wulffen*, § 119 Rz. 7; Palandt/*Grüneberg*, Vorb v. § 249 BGB Rz. 119; vgl. BGH 2.12.2003 – VI ZR 243/02, VersR 2004, 492; *Diederichsen* VersR 2006, 291 (301). ||9 S. dazu OLG München 4.5.2006 – 24 U 681/05, r+s 2006, 348; *Langenick*, NZV 2007, 105. ||10 Soweit mehrere Leistungsträger so viel gezahlt haben, dass durch ihre Leistungen die gesetzl. Haftungsgrenze überschritten ist, haben sie den Haftungsbetrag nach ihren Beiträgen prozentual untereinander aufzuteilen, BGH 3.3.1969 – III ZR 97/68, VersR 1969, 569 f.; 21.11.2000 – VI ZR 120/99, VersR 2001, 387. ||11 KassKomm/*Kater*, § 116 Rz. 213. ||12 S. zu §§ 12, 12a StVG BGBl. 2007 I S. 2833; BT-Drs. 16/5551, 18 f. ||13 KassKomm/*Kater*, § 116 Rz. 215; *v. Wulffen*, § 116 Rz. 23; Wannagat/*Eichenhofer*, § 116 SGB X/3 Rz. 40. ||14 KassKomm/*Kater*, § 116 Rz. 215. ||15 KassKomm/*Kater*, § 116 Rz. 215, mit dem Hinweis, dass dies auch in den Fällen gilt, in denen sowohl die Voraussetzungen des Abs. 2 als auch des Abs. 3 S. 1 vorliegen (vgl. Abs. 3 S. 2).

Außerdem findet Abs. 2 keine Anwendung für vertragl. Haftungsbegrenzungen, die stattdessen nach den Regeln des Haftungsverzichts zu behandeln sind[1].

53 **VII. Mitverschulden oder Mitverantwortung des Geschädigten (Abs. 3).** In Abs. 3 sind die Fälle eines Anspruchsübergangs geregelt, in denen der Schadensersatzanspruch durch ein Mitverschulden oder eine Mitverursachung des Geschädigten seiner Höhe nach begrenzt ist. Dabei ist ein Mitverschulden bzw. eine Mitverantwortung des Geschädigten sowohl bei der Entstehung des Schadens (§ 254 I BGB) als auch im Hinblick auf die Schadensminderungspflicht (§ 254 II BGB) anzurechnen[2].

54 **1. Mitverschulden des Geschädigten (Abs. 3 S. 1).** Ziel des Abs. 3 S. 1 ist es, für den Schadensersatzanspruch eine **gleichmäßige Verteilung der Unterdeckung** zu schaffen[3]. Gem. Abs. 3 S. 1 wird der Grad des Mitverschuldens bzw. der Mitverursachung des Geschädigten am Schaden beim Anspruchsübergang insofern berücksichtigt, als nur der Teil des Schadensersatzanspruches auf den Versicherungsträger oder den Träger der Sozialhilfe übergeht, welcher der Haftungsquote des Schädigers entspricht (sog. **relative Theorie**)[4]. Damit beschränkt sich der Rückgriffsanspruch des Versicherungsträgers gegen den Schädiger auf den Vomhundertsatz der von ihm erbrachten Sozialleistung, welcher der Haftungsquote des Schädigers entspricht[5]. Abs. 3 S. 1 setzt voraus, dass die vom Versicherungsträger zu erbringenden Leistungen beim Geschädigten nicht zu einem vollen Ausgleich des Schadens führen[6].

55 Der auf den Versicherungsträger übergehende Ersatzanspruch wird in der Weise **berechnet**, dass der bei unbeschränkter Haftung nach Abs. 1 übergehende Anspruch entsprechend der Haftungsquote gemindert wird. Dem Geschädigten verbleibt dann der ebenfalls entsprechend der Haftungsquote geminderte Restanspruch[7].

- **Beispiel:** Schädiger S verletzt den sozialversicherten G; G trifft ein Mitverschulden von einem Viertel. Der Schaden beträgt 5000 Euro, die Sozialleistungen betragen 3000 Euro. Hier ergibt sich folgende Berechnung: Der Restschaden des G beträgt nach Abzug der Sozialleistungen noch 2000 Euro. Der Sozialleistungsträger erhält von S ¾ von 3000 Euro, also 2250 Euro. G erhält von S ¾ von 2000 Euro, also 1500 Euro. Zusätzlich steht dem G gegen den Träger die unbeschränkte Sozialleistung von 3000 Euro zu[8].

56 Das Quotenrecht nach Abs. 3 S. 1 ist, im Gegensatz zum Quotenvorrecht nach Abs. 2 (dazu Rz. 51), **auf kongruente Sozialleistungs- und Schadensersatzansprüche beschränkt**, so dass etwa ein Schmerzensgeldanspruch als nicht kongruenter Anspruch (s. Rz. 22) nicht in die Berechnung mit einzubeziehen ist. Wenn also im soeben genannten Beispiel von den 5000 Euro eine Summe von 2400 Euro auf Schmerzen entfällt, erhält der Sozialleistungsträger von S ¾ von 2600 Euro, also 1950 Euro, und G erhält von S ¾ von 2400 Euro, also 1800 Euro Schmerzensgeld. Unverändert steht G gegen den Träger die Sozialleistung von 3000 Euro zu[9].

57 **2. Doppelte Haftungsbeschränkung (Abs. 3 S. 2).** Abs. 3 S. 2 regelt das Verhältnis zwischen Abs. 2 und Abs. 3 S. 1 für den Fall, dass der Schadensersatzanspruch der Höhe nach gesetzl. begrenzt ist und zusätzlich ein Mitverschulden oder Mitverursachen des Schadens durch den Geschädigten die Höhe des Ersatzanspruches mindert.

58 Für den Fall dieser „**doppelten Haftungsbeschränkung**" (gesetzl. Höchsthaftungssumme plus Mitverschuldensquote) existieren mehrere Berechnungsmethoden. Die – inzwischen auch von der Rspr. vertretene – vorherrschende Ansicht geht in der Weise vor, dass zunächst die Haftungsaufteilung nach der relativen Theorie gem. Abs. 1 S. 1 ohne Berücksichtigung der Haftungshöchstgrenzen ermittelt wird; danach wird die so ermittelte Regressaufteilung an die gesetzl. Anspruchshöchstgrenzen angepasst (ohne Anwendung eines Quotenvorrechts nach Abs. 2)[10].

59 Wegen der Erhöhung der Haftungshöchstgrenze für den Straßenverkehr zum 18.12.2007 (Rz. 51) hat die Vorschrift erheblich an Bedeutung verloren. Wegen Einzelfragen sei auf die Vorauflage verwiesen, s. dort auch eine Beispielrechnung zum StVG in der bis zum 17.12.2007 geltenden Fassung.

60 **3. Ausschluss bei Hilfebedürftigkeit (Abs. 3 S. 3).** Abs. 3 S. 3 schließt einen Anspruchsübergang nach Abs. 3 S. 1 aus, wenn der Geschädigte oder seine Hinterbliebenen im Fall des Anspruchsübergangs hilfebedürftig iSd. SGB XII werden würden[11]. Dadurch werden der Geschädigte und seine Hinterbliebenen im Fall einer Mitverantwortlichkeit bzw. Mitschuld des Geschädigten am Schaden gem. Abs. 3 S. 1 vor einer

---

[1] Wannagat/*Eichenhofer*, § 116 SGB X/3 Rz. 39. ||[2] KassKomm/*Kater*, § 116 Rz. 220. ||[3] Wannagat/*Eichenhofer*, § 116 SGB X/3 Rz. 45. ||[4] KassKomm/*Kater*, § 116 Rz. 218; zur sog. Modifizierten Theorie (Quotenvorrecht des Geschädigten abhängig von der Höhe des Mitverschuldens) s. v. *Wulffen*, § 116 Rz. 24; Wannagat/*Eichenhofer*, § 116 SGB X/3 Rz. 43. ||[5] BGH 14.2.1989 – VI ZR 244/88, BGHZ 106, 381 (385); KassKomm/*Kater*, § 116 Rz. 222. ||[6] KassKomm/*Kater*, § 116 Rz. 220; v. *Wulffen*, § 116 Rz. 25; vgl. zu der Frage, ob Abs. 3 S. 1 das Mitverschulden zusätzlich zur Bestimmung der Höhe des Ersatzanspruches, also „doppelt" in Ansatz bringt, Wannagat/*Eichenhofer*, § 116 SGB X/3 Rz. 9 und Rz. 46. ||[7] KassKomm/*Kater*, § 116 Rz. 221. ||[8] S.a. die Berechnungsbsp. bei KassKomm/*Kater*, § 116 Rz. 221. ||[9] KassKomm/*Kater*, § 116 Rz. 223. ||[10] BGH 21.11.2000 – VI ZR 120/99, VersR 2001, 387; KassKomm/*Kater*, § 116 Rz. 225; *André*, BG 1983, 716 (717, 718); *Plumeyer*, BG 1985, 206 (208, 209); aA *Behrends*, DOK 1983, 409 (413); *Küppersbusch*, VersR 1983, 193 (203); krit. auch OLG Hamm 16.10.2003 – 6 U 16/03, VersR 2004, 1425 m. Anm. *Kerpen*. ||[11] Zur Beweislast hinsichtl. des Vorliegens der Voraussetzungen des § 116 III 3 (Sozialhilfebedürftigkeit, Kausalität) s. v. *Wulffen*, § 116 Rz. 31; zum Rückgriff wegen Beitragsleistung s. KassKomm/*Kater*, § 116 Rz. 230.

Sozialhilfebedürftigkeit iSd. SGB XII bewahrt[1]. Abs. 3 S. 3 stellt insofern ein weiteres Quotenvorrecht des Geschädigten für den Fall des Eintritts einer Sozialhilfebedürftigkeit durch das Schadensereignis dar[2]. Der Geschädigte kann mithin zur Vermeidung des Eintritts seiner Sozialhilfebedürftigkeit auch nach Übergang des Anspruchs auf den SozV-Träger den Schadensersatzanspruch im eigenen Namen gegen den Schädiger geltend machen[3]. Nachdem Leistungen an Bedürftige wesentlich als **Grundsicherung für Arbeitsuchende** nach dem SGB II erbracht werden, sollte Abs. 3 S. 3 hier entsprechend angewandt werden.

Anwendungsvoraussetzung des Abs. 3 S. 3 ist, dass die fiktive **Hilfebedürftigkeit durch den Anspruchsübergang** nach Abs. 3 S. 1 hervorgerufen werden würde[4]. Die erforderliche Kausalität ist zu verneinen, wenn sie schon vor Eintritt des Schadensereignisses bestanden hat oder nach dem Schadensereignis aus anderen Gründen eintritt, die damit in keinem Zusammenhang stehen[5]. Ebenso nicht „durch den Anspruchsübergang" ausgelöst ist der Eintritt der Hilfebedürftigkeit auf Grund des Schadensereignisses oder ihre Verstärkung durch das Schadensereignis[6]. 61

Der Forderungsübergang wird gem. Abs. 3 S. 3 nicht im Ganzen ausgeschlossen, sondern nur „soweit" durch den Anspruchsübergang Hilfebedürftigkeit entstehen würde[7]. 62

VIII. Vorrang des Geschädigten in der Vollstreckung (Abs. 4). Gem. Abs. 4 steht dem Geschädigten und seinen Hinterbliebenen im Fall des Bestehens von tatsächlichen Hindernissen in der Durchsetzung des Ersatzanspruches ein Befriedigungsvorrecht zu. Die Vorschrift betrifft den Fall, in dem das Vermögen des Schädigers nicht dazu ausreicht, sowohl die auf den SozV-Träger übergegangenen Schadensersatzansprüche als auch die Restansprüche des Geschädigten zu erfüllen. Im Gegensatz zu Abs. 2, 3 S. 1 und S. 3 und Abs. 5 regelt Abs. 4 nicht, welcher Teil des Schadensersatzanspruches dem Geschädigten materiell-rechtl. zusteht, sondern räumt diesem ein Vollstreckungsvorrecht ein[8]. Dieses Vorrecht beruht auf dem Grundsatz, dass kein Gläubiger eine Forderung zu seinem Nachteil abtritt oder abtreten muss[9]. Vom Vorrecht des Abs. 4 werden alle kongruenten und alle nicht kongruenten Ersatzansprüche des Geschädigten gleichermaßen erfasst (vgl. auch Rz. 51, 56)[10]. 63

Das Befriedigungsvorrecht des Abs. 4 ist **nicht dadurch ausgeschlossen,** dass die Schadensersatzansprüche des Geschädigten **nach Abs. 2 oder 3 S. 1 beschränkt sind**[11]. Allerdings greift das Befriedigungsrecht nur insoweit, als die Ersatzansprüche nach dem Quotenrecht auf den Träger übergegangen sind[12]. Der Vorrang nach Abs. 4 gilt nur für die Durchsetzung der Schadensersatzansprüche, nicht aber für bereits vom Träger durchgesetzte Ansprüche[13]. Der Träger braucht mithin das aus der Durchsetzung bereits Erlangte nicht an den Geschädigten herauszugeben[14]. Abs. 4 gibt **dem Schädiger kein Leistungsverweigerungsrecht,** so dass der Sozialleistungsträger nicht gehindert ist, den übergegangenen Ersatzanspruch geltend zu machen und durchzusetzen[15]. 64

IX. Vorrang des Geschädigten bei fehlender Mehrbelastung des Trägers (Abs. 5). Abs. 5 ist eine Ausnahme zu Abs. 3 S. 1 und 2. Dem Geschädigten (oder seinen Hinterbliebenen) wird ein Quotenvorrecht eingeräumt, sobald er das Schadensereignis mitverschuldet oder mitzuverantworten hat, die Anwendung des Abs. 3 S. 1 und S. 2 nicht zur vollen Deckung des Schadens des Geschädigten führt und der Sozialleistungsträger durch Eintritt des Schadens aber keine höheren Sozialleistungen erbringen muss als vor dem Schadenseintritt. Der Ersatzanspruch soll nach dem Sinn und Zweck des Abs. 5 dem Geschädigten oder seinen Hinterbliebenen zustehen, solange durch das Schadensereignis keine Mehrbelastung des Sozialleistungsträgers eintritt[16]. 65

Nach Abs. 5 muss es sich bei dem leistungsgewährenden SozV-Träger um **ein und denselben Versicherungsträger** handeln. Ein Quotenvorrecht wird nur in Fällen gewährt, in denen der vorher leistende Sozialleistungsträger nach dem Schadensereignis keine Mehrbelastung zu tragen hat. Wird dagegen ein anderer SozV-Träger belastet, der anstelle des ursprünglichen Versicherungsträgers Leistungen gewährt, liegt kein Fall des Abs. 5 vor. **Relevante Fallgruppen** des Abs. 5 sind vor allem Unfälle von Beziehern von Unterhaltsgeld, Alg, Alg II, Kug, der Unfalltod eines Rentners (§§ 33 ff. SGB VI, infolge dessen niedrigere Renten an die Hinterbliebenen zu zahlen sind und der Träger somit entlastet wird[17]) oder Arbeitsunfälle von unfallversicherten Unternehmern ohne zusätzliche Ansprüche gegen die RV[18]. 66

---

1 v. *Wulffen,* § 116 Rz. 29, der als Grund für den Wegfall eines Anspruchsübergangs das fehlende Quotenvorrecht im Fall der Mithaftung anführt. ‖ 2 v. *Wulffen,* § 116 Rz. 31. ‖ 3 BGH 12.12.1995 – VI ZR 271/94, BGHZ 131, 274. ‖ 4 KassKomm/*Kater,* § 116 Rz. 227; v. *Wulffen,* § 116 Rz. 29; Wannagat/*Eichenhofer,* § 116 SGB X/3 Rz. 50. ‖ 5 v. *Wulffen,* § 116 Rz. 29. ‖ 6 BGH 12.12.1995 – VI ZR 271/94, BGHZ 131, 274 (282); 8.6.1996 – VI ZR 117/95, BGHZ 133, 129 (136). ‖ 7 Str., s. Wannagat/*Eichenhofer,* § 116 SGB X/3 Rz. 52; KassKomm/*Kater,* § 116 Rz. 228, mit Berechnungsbsp.; v. *Wulffen,* § 116 Rz. 30; vgl. auch *Deinhardt,* VersR 1984, 697 (701); aA *Küppersbusch,* VersR 1983, 193 (204 f.). ‖ 8 KassKomm/*Kater,* § 116 Rz. 231; Wannagat/*Eichenhofer,* § 116 SGB X/3 Rz. 34. ‖ 9 v. *Wulffen,* § 116 Rz. 32. ‖ 10 KassKomm/*Kater,* § 116 Rz. 232 mwN und einer Begr., warum sowohl kongruente als auch nicht kongruente Ansprüche von § 116 IV erfasst werden; v. *Wulffen,* § 116 Rz. 32. ‖ 11 v. *Wulffen,* § 116 Rz. 32. ‖ 12 Wannagat/*Eichenhofer,* § 116 SGB X/3 Rz. 37 mwN. ‖ 13 KassKomm/*Kater,* § 116 Rz. 235. ‖ 14 *Ritze,* DRV 1983, 598. ‖ 15 KassKomm/*Kater,* § 116 Rz. 235. ‖ 16 KassKomm/*Kater,* § 116 Rz. 236; Wannagat/*Eichenhofer,* § 116 SGB X/3 Rz. 54 und 55. ‖ 17 KassKomm/*Kater,* § 116 Rz. 236. ‖ 18 Zur Ausnahme der Anwendung des § 116 V bei unfallbedingter Tötung eines Versicherten (Rentners) und Bezug von Hinterbliebenenrente einer Witwe, die nach dem Schadensereignis wieder erwerbstätig wird oder eine eigene Rente erhält, s. KassKomm/*Kater,* § 116 Rz. 240.

67 **X. „Familienprivileg" (Abs. 6). 1. Allgemeines.** Nach Abs. 6 S. 1 ist der Übergang des Schadensersatzanspruchs gem. Abs. 1 S. 1 ausgeschlossen, wenn die Schädigung durch einen Familienangehörigen des Geschädigten erfolgte und dieser zur Zeit des Schadensereignisses mit dem Geschädigten oder seinen Hinterbliebenen in häuslicher Gemeinschaft lebte. Abs. 6 S. 2 schließt die Geltendmachung des nach Abs. 1 S. 1 übergegangenen Ersatzanspruches aus, wenn nach Eintritt des Schadensereignisses der Schädiger mit dem Geschädigten die Ehe schließt und in häuslicher Gemeinschaft lebt. Sinn und Zweck des Abs. 6 ist die **Erhaltung des Familienfriedens** der in häuslicher Gemeinschaft lebenden Familie des Geschädigten sowie der wirtschaftl. Schutz der Familie des Geschädigten[1]. § 116 soll nicht dazu führen, dass der Sozialleistungsträger dem Geschädigten die erbrachte Sozialleistung mittelbar wieder entzieht, indem er bei einem Familienmitglied des Geschädigten Rückgriff nimmt, mit dem dieser wirtschaftl. verbunden ist[2].

68 Dass der Schädiger **haftpflichtversichert** ist, schließt die Anwendung des Abs. 6 nicht aus[3]. Soweit ein **Haftpflichtversicherungsträger gem. § 115 I 1 Nr. 1 VVG** selbst unmittelbar haftet, wendet die Rspr. das Haftungsprivileg des Abs. 6 wegen der Akzessorietät des Direktanspruchs gegen den Haftpflichtversicherer ebenfalls – entsprechend – an.

- **Beispiel:** Die Mutter schädigt ihr mitfahrendes Kind bei einem Autounfall fahrlässig. Der Haftpflichtversicherer der Mutter haftet dem Kind auf Schadensersatz aus § 115 I 1 Nr. 1 VVG. Soweit ein Träger Behandlungs- oder Pflegeleistungen an das Kind zu erbringen hat, geht der Anspruch des Kindes gegen den Haftpflichtversicherer gem. Abs. 6 *nicht* auf den Träger über. Daher haftet der Haftpflichtversicherer dem Kind weiterhin in vollem Umfang[4]. Etwas anderes gilt auf Grund der Nachrangigkeit der Sozialhilfe (§ 2 SGB XII), wenn es sich bei den Leistungsträger um einen Träger der Sozialhilfe handelt[5]. Dasselbe wird man auch für die Leistungen der Grundsicherung für Arbeitsuchende annehmen müssen (s. § 1 I 2, § 3 III SGB II).

69 **2. Familienangehörige (Abs. 6 S. 1).** Der Übergangsausschluss nach Abs. 6 S. 1 setzt voraus, dass der Schädiger ein Familienangehöriger des Geschädigten ist, dieser mit dem Schädiger zum Zeitpunkt des Schadensereignisses in häuslicher Gemeinschaft lebte und die Schädigung unvorsätzlich erfolgte. Zunächst muss der Schädiger ein **Familienangehöriger** des Geschädigten sein. Bei der Beantwortung der Frage, wer Familienangehöriger ist, ist paradox auf den Normzweck des Abs. 6 auch auf § 86 IV VVG abzustellen[6]. Familienangehörige iSd. Abs. 6 S. 1 sind bspw. Eheleute sowie Verwandte und Verschwägerte gem. §§ 1589, 1590 BGB[7]. Auch **Lebenspartner** nach dem LPartG dürften Familienangehörige iSd. Abs. 6 S. 1 sein[8]. Nach neuerer Rspr. des BGH fallen zudem **Partner in nichtehelicher Lebensgemeinschaft** als Familienangehörige unter Abs. 6 S. 1[9]. Damit dürfte sich auch die frühere Rspr. erledigt haben, nach welcher **Verlobte** von der Norm nicht erfasst waren[10]. Heute ist für Verlobte von einer Anwendung der Regelung auszugehen, wobei natürlich wie stets zu beachten ist, dass eine häusliche Gemeinschaft bestehen muss (dazu Rz. 70). Bei einer späteren (nach Schadenseintritt) erfolgten **Auflösung der Ehe** bleibt Abs. 6 S. 1 anwendbar[11]. Dasselbe wird denn auch für die **Auflösung der übrigen angeführten Lebensgemeinschaften** gelten.

70 Schädiger und Geschädigter müssen im Zeitpunkt des Schadensereignisses in **häuslicher Gemeinschaft** leben. Häusliche Gemeinschaft iSd. Abs. 6 S. 1 liegt vor, wenn die Lebens- und Wirtschaftsführung von Schädiger und Geschädigtem auf Dauer in einem gemeinsamen Haushalt praktiziert wird[12]. Dabei hebt eine nur zeitweilige räumliche Trennung die häusliche Gemeinschaft nicht auf[13]. Andererseits kann ein lediglich gemeinsames Wohnen die „häusliche Gemeinschaft" noch nicht begründen[14]. Je ferner der Verwandtschaftsgrad ist, umso genauer ist zu prüfen, ob durch die Beteiligten tatsächlich eine gemeinschaftliche Lebens- und Wirtschaftsführung gewollt und vollzogen wird[15]. Der Forderungsübergang bleibt auch dann ausgeschlossen, wenn die häusliche Gemeinschaft nach Schadenseintritt aufgelöst wird[16].

---

1 BGH 24.1.1989 – VI ZR 130/88, BGHZ 106, 284 (288); OLG Köln 17.10.1990 – 24 U 43/90, MDR 1991, 255; Wannagat/*Eichenhofer*, § 116 SGB X/3 Rz. 56. || 2 LG Hannover 9.10.1985 – 6 O 271/85, VersR 1986, 333 (334); BGH 1.12.1987 – VI ZR 50/87, BGHZ 102, 257 (259); KassKomm/*Kater*, § 116 Rz. 241 f. mwN zur rechtl. Grundlage des § 116. ||3 S. dazu KassKomm/*Kater*, § 116 Rz. 244, m. weit. (auch krit.) Nachw. ||4 BGH 28.11.2000 – VI ZR 352/99, VersR 2001, 215 f.; OLG Koblenz 21.6.1999 – 12 U 679/98, VersR 2000, 1436. Krit. hierzu *v. Koppenfels-Spies*, ZfS 2004, 97 (100); *Halfmeier/Schnitzler*, VersR 2002, 11. ||5 BGH 9.7.1996 – VI ZR 5/95, BGHZ 133, 192 (195 f.). ||6 BGH 1.12.1987 – VI ZR 50/87, BGHZ 102, 257 (259). ||7 KassKomm/*Kater*, § 116 Rz. 245, m. vielen weit. Bsp.; *v. Wulffen*, § 116 Rz. 35; Wannagat/*Eichenhofer*, § 116 SGB X/3 Rz. 57 mwN. ||8 *v. Koppenfels-Spies*, ZfS 2004, 97 f.; *Dahm*, BG 2003, 114. ||9 BGH 5.2.2013 – VI ZR 274/12, VersR 2013, 520, unter ausdrücklicher Aufgabe der eigenen früheren Rspr. (BGH 1.12.1987 – VI ZR 50/87, NJW 1988, 1091). ||10 BGH 21.9.1976 – VI ZR 210/75, VersR 1977, 149. ||11 BGH 30.6.1971 – VI ZR 189/69, VersR 1971, 901 (902); str., s. Wannagat/*Eichenhofer*, § 116 SGB X/3 Rz. 62; *v. Wulffen*, § 116 Rz. 34. ||12 OLG Frankfurt 30.9.1982 – 1 U 179/81, VersR 1984, 254 (255); KassKomm/*Kater*, § 116 Rz. 247; *v. Wulffen*, § 116 Rz. 36. ||13 BSG 16.8.1973 – 3 RK 63/71, BSGE 36, 117 (119); *v. Wulffen*, § 116 Rz. 36; Wannagat/*Eichenhofer*, § 116 SGB X/3 Rz. 61. ||14 *v. Wulffen*, § 116 Rz. 36; KassKomm/*Kater*, § 116 Rz. 247 f. ||15 BGH 15.1.1980 – VI ZR 270/78, MDR 1980, 481; 12.7.1979 – 4 StR 204/79, BGHSt 29, 54 (56). ||16 BGH 14.7.1970 – VI ZR 179/68, NJW 1970, 1844; 30.6.1971 – IV ZR 189/69, NJW 1971, 1938; str., s. Wannagat/*Eichenhofer*, § 116 SGB X/3 Rz. 62; *v. Wulffen*, § 116 Rz. 34.

Die Schädigung darf **nicht vorsätzlich** herbeigeführt worden sein. Der **Vorsatz** iSd. Abs. 6 muss sowohl 71
den **Schaden** selbst als auch alle konkreten **Schadensfolgen** erfassen[1] (Letzteres ist mE falsch, vgl. zur parallelen Fragestellung in der gesetzl. Unfallversicherung § 104 SGB VII Rz. 10, § 110 SGB VII Rz. 4).

Wenn ein **Zweitschädiger** neben dem familienangehörigen Schädiger auf Grund desselben Schadens- 72
ereignisses haftet, besteht ein Anspruch auf Rückgriff des Sozialleistungsträgers gegen diesen Schädiger nur insoweit, als dieser im Innenverhältnis zum familienangehörigen Schädiger (Erstschädiger) für den eingetretenen Schaden haftet[2]. Durch diese Begrenzung soll verhindert werden, dass durch einen eventuellen Regress des Zweitschädigers gem. § 426 BGB gegen den Erstschädiger (Familienangehöriger) der Schutzvorschrift des Abs. 6 umgangen wird[3]. Vgl. zu Ansprüchen gegen für Angehörige eintretende **Haftpflichtversicherungsträger** oben Rz. 68.

3. Verlobte (Abs. 6 S. 2). Voraussetzung des Ausschlusses der Geltendmachung des übergegangenen 73
Ersatzanspruches gem. Abs. 6 S. 2 ist die **Ehe** zwischen dem Schädiger und dem Geschädigten oder einem Hinterbliebenen nach Eintritt des Schadensereignisses bei gleichzeitigem **Zusammenleben in häuslicher Gemeinschaft**. Abs. 6 S. 2 bezweckt, den **Schutz des Abs. 6 S. 1 auch auf Verlobte** auszuweiten, die erst nach dem Schadensereignis die Ehe schließen[4]. Jedoch ist der Schutzzweck sogar darüber hinaus noch auszuweiten, da laut Wortlaut des Abs. 6 S. 2 nicht erforderlich ist, dass die Verlobung zum Zeitpunkt des schädigenden Ereignisses bereits bestand[5]. Der Eheschließung iSd. Abs. 6 S. 2 wird auch die eingetragene **Lebenspartnerschaft** gem. §§ 1 ff. LPartG gleichzustellen sein[6]. Zusätzlich wird, ebenso wie in Abs. 6 S. 1 (s. Rz. 71), vorausgesetzt, dass die Schädigung durch den Schädiger **nicht vorsätzlich** herbeigeführt worden sein darf[7].

Abs. 6 S. 2 findet nur Anwendung, wenn spätestens in der **letzten mündlichen Verhandlung vor dem** 74
Tatsachengericht im Regressverfahren sowohl die Ehe als auch die häusliche Lebensgemeinschaft vorliegen[8]. Die **Geltendmachung der übergegangenen Schadensersatzansprüche** ist gem. Abs. 6 S. 2 nur **solange gehindert**, wie die Ehe und die häusliche Gemeinschaft **tatsächlich** Bestand haben. Im Fall einer Auflösung von Ehe oder häuslicher Gemeinschaft ist der SozV-Träger wieder ermächtigt, die Ansprüche gegen den Schädiger geltend zu machen[9].

Der Geschädigte hat **keinen Anspruch auf Rückerstattung** der Leistung, wenn der übergangene An- 75
spruch bereits vom Schädiger erfüllt wurde, bevor die Voraussetzungen des Abs. 6 S. 2 erfüllt waren[10].

XI. Regress bei Ersatzleistung an den Geschädigten statt an den Träger (Abs. 7). Soweit der Schädi- 76
ger (irrtümlich) an den Geschädigten statt an den Träger leistet, bleibt ihm nur der Schutz nach §§ 412, 407 ff. BGB mit den Konsequenzen des Abs. 7. Das können bspw. Fälle sein, in denen der Schädiger (häufig auch der Haftpflichtversicherer) und der Geschädigte einen Abfindungsvergleich schließen, aus dem der Geschädigte Leistungen erhält, ohne dass der Schädiger Kenntnis von der Legalzession hat, s. im Einzelnen Rz. 36 f.[11]

1. Leistung mit befreiender Wirkung (Abs. 7 S. 1). Abs. 7 S. 1 regelt den Fall, dass der Geschädigte 77
oder seine Hinterbliebenen vom Schädiger Ersatz für die Schädigung trotz des erfolgten Anspruchsübergangs erhalten haben und der Schädiger insoweit von seiner Leistungspflicht frei wurde, s. im Einzelnen oben Rz. 36 f.[12]. Der aus Abs. 7 S. 1 folgende Anspruch auf Erstattung der empfangenen Schadensersatzleistungen ist ein **öffentl.-rechtl. Anspruch gem. § 50**, den der SozV-Träger oder Träger der Sozialhilfe **durch Bescheid geltend machen** muss[13]. Insofern stellt dieser öffentl.-rechtl. Erstattungsanspruch eine spezialgesetzl. Regelung ggü. § 816 II BGB dar[14], so dass die Vorschriften des Bereicherungsrechts des BGB (insb. § 818 III BGB) nicht auf den Anspruch nach Abs. 7 S. 1 anzuwenden sind[15]. Wegen der öffentl.-rechtl. Natur des Erstattungsanspruchs ist für Rechtsstreite über sein Bestehen, insb. für die Anfechtung eines auf seiner Grundlage ergangenen Leistungsbescheids, der Rechtsweg zu den **Sozialgerichten** eröffnet[16].

---

1 KassKomm/*Kater*, § 116 Rz. 249. ||2 BGH 14.7.1970 – VI ZR 179/68, BGHZ 54, 257 (258); OLG Karlsruhe 3.6. 1981 – 13 U 150/80, VersR 1982, 450 (451, 452); *Jahnke*, NZV 1995, 377 (381); KassKomm/*Kater*, § 116 Rz. 250; *v. Wulffen*, § 116 Rz. 37. ||3 *v. Wulffen*, § 116 Rz. 37. ||4 *v. Wulffen*, § 116 Rz. 38. ||5 BGH 21.9.1976 – VI ZR 210/75, NJW 1977, 108. ||6 Die Vergleichbarkeit der Interessenlagen in beiden Fällen wird durch § 11 I LPartG vorausgesetzt. Zur ausnahmsweise möglichen Anwendung des Abs. 6 S. 2 in anderen Fällen einer späteren Begründung einer Familienangehörigkeit, insb. bei Adoption oder einem auf Dauer angelegten Pflegekinderverhältnis, s. KassKomm/*Kater*, § 116 Rz. 253. ||7 *v. Wulffen*, § 116 Rz. 38, mit dem Hinweis, dass ebenso wie bei Abs. 6 S. 1 ansonsten die Gefahr einer Kollusion zwischen Schädiger und Geschädigten bestünde, die damit umgangen werden soll. ||8 KassKomm/*Kater*, § 116 Rz. 252. ||9 KassKomm/*Kater*, § 116 Rz. 254 mwN; *v. Wulffen*, § 116 Rz. 38; *Plumeyer*, BG 1985, 206 (209); *Fenn*, ZfS 1983, 107 (113); aA Hauck/*Nehls*, § 116 SGB X Rz. 49; *Breuer*, NJW 1984, 276 (277). ||10 KassKomm/*Kater*, § 116 Rz. 252; aA OLG Frankfurt 11.1.1984 – 25 U 21/83, VersR 1985, 936. ||11 *v. Wulffen*, § 116 Rz. 39. ||12 KassKomm/*Kater*, § 116 Rz. 255. ||13 Str., KassKomm/*Kater*, § 116 Rz. 255; Wannagat/*Eichenhofer*, § 116 SGB X/3 Rz. 65 mwN; *v. Wulffen*, § 116 Rz. 41; aA *Bley*, DOK 1981, 143 (154); *Ebel*, VersR 1985, 897 (898), wonach für Ansprüche aus Abs. 7 immer der Zivilrechtsweg gegeben ist. ||14 Hauck/*Nehls*, § 116 Rz. 52. ||15 *v. Wulffen*, § 116 Rz. 41; KassKomm/*Kater*, § 116 Rz. 256, der die Ansicht vertritt, dass der Erstattungsanspruch aus Abs. 7 S. 1 in derselben Weise verjährt wie der übergegangene Ersatzanspruch. ||16 *v. Wulffen*, § 116 Rz. 41; aA *Bley*, DOK 1981, 143 (154); *Ebel*, VersR 1985, 897 (989).

78 Schadensersatzleistung vor Anspruchsübergang erfolgte, ist Abs. 7 S. 1 nicht anzuwenden[1]. Weiter muss die **Leistung** an den Geschädigten oder seinen Hinterbliebenen trotz deren fehlender Gläubigerschaft **mit befreiender Wirkung** erfolgt sein, und zwar gem. §§ 412, 407 BGB. Danach muss der Neugläubiger (Sozialleistungsträger oder Träger der Sozialhilfe) die Leistung an den Altgläubiger (Geschädigter oder Hinterbliebener) gegen sich gelten lassen, wenn der Schuldner (Schädiger) keine Kenntnis vom Anspruchsübergang hat. An diese Kenntnis sind im Fall eines gesetzl. Forderungsübergangs, also auch bei Anspruchsübergängen gem. Abs. 1 S. 1, Abs. 2, 3 S. 1 und 2, Abs. 5, keine hohen Anforderungen zu stellen. Sie ist bereits dann anzunehmen, wenn der Schädiger die Tatsachen kennt, die eine Versicherungspflicht des Geschädigten begründen. Beim Anspruchsübergang auf einen Träger der Sozialhilfe ist Kenntnis anzunehmen, wenn dem Schädiger die zur Bedürftigkeit führenden Vermögensverhältnisse des Geschädigten bekannt sind, s. im Einzelnen Rz. 36 f. Der Sozialleistungsträger kann mit dem Erstattungsanspruch gegen Sozialleistungsansprüche nach § 51 SGB I **aufrechnen**[2].

79 **2. Leistung ohne befreiende Wirkung (Abs. 7 S. 2).** Soweit die Leistung des Schädigers an den Geschädigten oder seinen Hinterbliebenen als Altgläubiger **keine** befreiende Wirkung hat (dazu Rz. 36 f.), bleibt der Schädiger dem Sozialleistungsträger als Neugläubiger naturgemäß weiter zur Leistung verpflichtet[3]. Neben den übergegangenen Anspruch gegen den Schädiger tritt dann gem. Abs. 7 S. 2 noch ein **Anspruch des Trägers gegen den Geschädigten oder seinen Hinterbliebenen** auf Herausgabe der empfangenen Schadensersatzleistungen. Schädiger und Geschädigter bzw. seine Hinterbliebenen sind insoweit **Gesamtschuldner** gem. § 421 BGB[4]. Allerdings ist der Innenausgleich zwischen Schädiger und Geschädigtem (bzw. seinen Hinterbliebenen) **abweichend von § 426 I 1 BGB** vorzunehmen[5]; der Schädiger kann vom Geschädigten die bereits erbrachte Schadensersatzleistung nur gem. § 812 BGB zurückfordern, wenn er vom Sozialleistungsträger in Anspruch genommen wurde[6].

80 Der aus Abs. 7 S. 2 folgende Anspruch auf Erstattung der empfangenen Schadensersatzleistungen ist wie derjenige aus Abs. 7 S. 1 ein **öffentl.-rechtl. Anspruch**; es gelten die diesbezüglichen Ausführungen oben Rz. 77[7].

81 **XII. Gesetzliche Pauschalierung kleinerer Regressansprüche (Abs. 8).** Zum Zweck der Verminderung des Verwaltungsaufwands in Bagatellfällen sieht Abs. 8 für bestimmte Leistungen einen **pauschalierten Mindestersatz** vor, den der Träger auf Grund von übergegangenen Ansprüchen nach § 116 geltend machen kann. Erreicht wird eine Reduzierung des Aufwands in der Massenverwaltung dadurch, dass Abs. 8 pro Schadensfall einen einheitlichen und einmaligen Betrag vorsieht[8]. Bei Anspruchsübergängen auf die Träger gem. Abs. 2 oder Abs. 3 S. 1 und S. 2 wird der nach Abs. 8 pauschalierte Mindestersatz nochmals gekürzt[9].

82 Voraussetzung des Abs. 8 ist, dass es sich bei den zu erbringenden Leistungen um schadensbedingte **ambulante ärztliche oder zahnärztliche Behandlungen** gem. §§ 28 SGB V, 28 SGB VII (auch ambulante Behandlung im Krankenhaus[10] und ambulante Notfallbehandlung[11]) oder um eine **Versorgung mit Arznei- und Verbandsmitteln** nach § 31 SGB V, § 29 SGB VII handelt. Nicht von Abs. 8 umfasst sind dagegen Transportkosten nach § 60 SGB V. In der Praxis werden vor allem Ansprüche der KV-Träger von Abs. 8 erfasst[12]. Außerdem muss es sich um **Leistungen aus einem einzigen Schadensereignis** im schadensersatzrechtl. Sinn handeln und nicht aus einem Versicherungsfall im sozialversicherungsrechtl. Sinn[13].

83 Die Möglichkeit eines Nachweises höherer Leistungen besteht für den Sozialleistungsträger bis zur Entrichtung der geforderten Pauschale durch den Verpflichteten[14]. Ihm bleibt es ebenfalls offen, bei einer Verschlechterung der Gesundheit des Geschädigten in Folge des Schadensereignisses, die nicht vorhersehbar war, auch noch **nach der Entrichtung der Pauschale** auf eine konkrete Leistungsberechnung umzuschwenken[15].

---

1 KassKomm/*Kater*, § 116 Rz. 257. ||2 KassKomm/*Kater*, § 116 Rz. 259, mit dem Hinweis, dass auf Grund des Erstattungsanspruches ebenso eine Ermächtigung gem. § 52 SGB I eines anderen verpflichteten Sozialleistungsträgers zur Verrechnung mit Sozialleistungsansprüchen möglich ist. ||3 Zu den Möglichkeiten des Schädigers, sich gegen einen Rückgriff des SozV-Trägers zu verteidigen, s. Wannagat/*Eichenhofer*, § 116 SGB X/3 Rz. 67. ||4 Zu den Auswirkungen der Gesamtschuld zwischen Schädiger und Geschädigtem (bzw. den Hinterbliebenen) s. Palandt/*Grüneberg*, § 421 BGB Rz. 1 ff. ||5 KassKomm/*Kater*, § 116 Rz. 262. ||6 KassKomm/*Kater*, § 116 Rz. 262; Geigel/*Plagemann*, Kap. 30 Rz. 88. ||7 Vgl. KassKomm/*Kater*, § 116 Rz. 261. ||8 Im selben Schadensfall können einzelne Leistungen konkret und andere Leistungen pauschaliert abzurechnen sein, s. KassKomm/*Kater*, § 116 Rz. 264 f. ||9 KassKomm/*Kater*, § 116 Rz. 263. ||10 S. Gesetzesbegr. BT-Drs. 9/1753 zu § 122, 44 (45). ||11 *Chavet*, KrV 1983, 177 (181). ||12 *v. Wulffen*, § 116 Rz. 42. ||13 Vgl. Gesetzesbegr. BT-Drs. 9/1753 zu § 112, 18; KassKomm/*Kater*, § 116 Rz. 265; *v. Wulffen*, § 116 Rz. 43; *Behrends*, DOK 1983, 409 (416); *Küppersbusch*, VersR 1983, 193 (204). ||14 LG München 8.6.1989 – 19 S 5117/89, ZfSch 1990, 45 (46); KassKomm/*Kater*, § 116 Rz. 267; Hauck/*Nehls*, § 116 K Rz. 55. ||15 KassKomm/*Kater*, § 116 Rz. 267; *André*, BG 1983, 716 (719); zum Vorbehalt einer späteren Neuberechnung s. OLG München 2.4.1987 – 1 U 4525/86, r+s 1987, 345.

Die **Höhe des** in Abs. 8 geregelten **Pauschalbetrags** ist nicht statisch, sondern passt sich durch die Bezugnahme auf **§ 18 SGB IV**[1] (Bezugsgröße) immer neu an[2] (Bezugsgröße für 2014 gem. § 18 SGB IV = 33 180 Euro, 5 % ergibt einen Pauschalbetrag gem. Abs. 8 von 1659 Euro)[3]. 84

XIII. Pauschalierungsvereinbarungen (Teilungsabkommen) (Abs. 9). Neben der in Abs. 8 gesetzl. 85
vorgesehenen Pauschalierung von Ersatzleistungen für ambulante ärztliche Behandlung und für die Versorgung mit Arznei- und Verbandmitteln (s. Rz. 81 ff.) sieht Abs. 9 die Möglichkeit einer Pauschalierung von Ersatzleistungen durch einmalige Abfindungsvergleiche (nach dem Schadenseintritt) oder durch den Abschluss eines Teilungsabkommens (bereits vor einem möglichen Schadenseintritt) vor[4].

1. Abfindungsvergleich. Auf Grund des gesetzl. Forderungsübergangs nach Abs. 1, 2, 3 S. 1 und 2, 86
Abs. 5 (s. Rz. 1 ff., 51 ff., 53 ff. und 65 f.) kann der Geschädigte keine wirksamen Verfügungen über die Schadensersatzansprüche treffen, so dass nur dem SozV-Träger die Möglichkeit bleibt, mit dem Schädiger einen Vergleich nach Abs. 9 zu schließen, in dem die Zahlung einer pauschalierten Summe als Kapitalabfindung festgelegt wird. Dabei findet Abs. 9 neben Abs. 8 Anwendung, so dass gleichzeitig auch die Pauschalierung der Kosten für die ambulante ärztliche Behandlung und die Versorgung mit Arznei- und Verbandmitteln genutzt werden kann (s. Rz. 81 ff.). Im Gegensatz zum Teilungsabkommen (s. Rz. 87) ist ein Abfindungsvergleich, der etwa zwischen Krankenkasse und Schädiger geschlossen wurde, bindend auch für den Versorgungsträger[5]. Ein irrtümlich mit einem unzuständigen Träger geschlossener Vergleich ist dagegen unwirksam und verpflichtet den Unzuständigen zur Rückzahlung nach § 812 I BGB[6]. Soweit ein KV-Träger mit dem Schädiger bzw. dessen Haftpflichtversicherer einen Abfindungsvergleich für künftige Schäden vereinbart, trifft den KV-Träger bei einem späteren Kassenwechsel des Geschädigten keine Verpflichtung, die neue Krankenkasse an der Abfindung zu beteiligen[7].

2. Teilungsabkommen. In der Praxis erfolgen Pauschalierungen von Ersatzleistungen zumeist in Tei- 87
lungsabkommen zwischen privaten Haftpflichtversicherern und SozV-Trägern[8]. Dabei stellt das Teilungsabkommen einen privatrechtl. Rahmenvertrag dar[9]. Inhalt ist die Regelung zukünftiger Schadensfälle dadurch, dass sich der Haftpflichtversicherer verpflichtet, unabhängig vom Bestehen oder dem Grad der Haftung seines Versicherungsnehmers in Höhe einer vereinbarten Quote einzutreten[10]. Im Gegenzug verpflichtet sich der Sozialleistungsträger, keine weiteren Erstattungsansprüche wegen erbrachter Sozialleistungen gegen den Versicherer oder den Schädiger geltend zu machen. Ein Teilungsabkommen ermöglicht eine Vereinfachung des Regressverfahrens, indem die Zahlung einer Quote ohne Überprüfung der Sach- und Rechtslage im Einzelfall vorgenommen werden kann[11]. Es werden ausschließlich pauschalierte Erstattungsansprüche in Quotenhöhe pro Schadensfall gezahlt, so dass die Schadensregulierung mithin auch ohne Anhörung oder sonstige Beteiligung des Versicherungsnehmers bzw. Schädigers erfolgen kann[12]. Die Vereinbarung einer Haftungsquote im Teilungsabkommen soll sicherstellen, dass bei einer großen Anzahl von pauschal abgerechneten Fällen beide Versicherungsträger (mehr oder weniger) so stehen, als ob sie in jedem Einzelfall eine konkrete Einzelabrechnung erbracht hätten und dass bei alledem geringerer Abwicklungsaufwand anfällt[13].

Teilungsabkommen iSd. Abs. 9 haben **keinen Einfluss auf den gesetzl. Forderungsübergang** nach 88
Abs. 1, 2, 3 S. 1 und 2, Abs. 5. Sie begründen **neue Ansprüche des SozV-Trägers gegen den Versicherer**[14]. Die Zahlung des Haftpflichtversicherers wirkt als Leistung durch Dritte gem. § 267 BGB, die der SozV-Träger gem. § 364 BGB an Erfüllungs statt annimmt[15]. Regelmäßig wird im Teilungsabkommen auch ein **Stillhalteabkommen** zwischen Haftpflichtversicherer und Sozialleistungsträger liegen, **auf das sich der Schädiger** gem. **§ 328 II BGB berufen kann**, wenn der Sozialleistungsträger versucht, ihn in Anspruch zu nehmen[16]. Solange der Haftpflichtversicherer auf Grund des Teilungsabkommens an den Sozialleistungsträger die vereinbarten Pauschalbeträge erbringt, ist die Verjährung des Anspruch des Trägers gegen den Schädiger gem. § 205 BGB gehemmt[17].

---

1 Hauck/*Haines/Udsching*, § 18 SGB IV K Rz. 1 ff. || 2 KassKomm/*Kater*, § 116 Rz. 266; Wannagat/*Eichenhofer*, § 116 SGB X/3 Rz. 68. || 3 Vgl. zum Einwand unzulässiger Rechtsausübung bei einem Missverhältnis zwischen Pauschalbetrag und tatsächlichen Behandlungskosten *v. Wulffen*, § 116 Rz. 44. || 4 Hauck/*Nehls*, § 116 Rz. 57. || 5 Hauck/*Nehls*, § 116 Rz. 57a; s. generell zu Abfindungsvergleichen *Lang*, VersR 2005, 894. || 6 BGH 8.7.2003 – VI ZR 274/02, NJW 2003, 3193. || 7 BGH 9.7.1985 – VI ZR 219/83, USK 8585; *v. Wulffen*, § 116 Rz. 46. || 8 KassKomm/*Kater*, § 116 Rz. 270 mwN. || 9 BGH 2.11.1961 – II ZR 126/59, VersR 1962, 19 (20); 14.7.1976 – IV ZR 239/74, VersR 1976, 923 (924); OLG Celle 29.12.2000 – 9 U 169/00, VersR 2002, 114; aA KassKomm/*Kater*, § 116 Rz. 273, der in einem Teilungsabkommen einen definitiven Vertrag sieht, da ansonsten in jedem Schadensfall zusätzlich ein Einzelvertrag über die Regulierung abgeschlossen werden müsste. || 10 Wannagat/*Eichenhofer*, § 116 SGB X/3 Rz. 69; OLG Hamm 12.4.2002 – 29 U 73/01, VersR 2003, 333. Teilweise ist zumindest eine objektive Pflichtverletzung Anwendungsvoraussetzung für das Teilungsabkommen, s. OLG Köln 18.6.2002 – 9 U 181/01, VersR 2003, 97; vgl. auch BGH 8.7.2003 – VI ZR 274/02, NJW 2003, 3193. || 11 BGH 6.7.1977 – IV ZR 147/46, VersR 1977, 854; KassKomm/*Kater*, § 116 Rz. 271. || 12 KassKomm/*Kater*, § 116 Rz. 271. || 13 Hauck/*Nehls*, § 116 Rz. 59. || 14 Hauck/*Nehls*, § 116 Rz. 58. || 15 BGH 13.12.1977 – VI ZR 14/76, VersR 1978, 278; 7.2.1984 – VI ZR 90/82, NJW 1984, 1819 (1820); aA *Bischoff*, VersR 1974, 217 (221); KassKomm/*Kater*, § 116 Rz. 280. || 16 BGH 10.4.1973 – VI ZR 48/72, VersR 1973, 759 (760); Hauck/*Nehls*, § 116 Rz. 58. || 17 BGH 22.2.1972 – IV ZR 109/72, VersR 1974, 546 (547).

89 Ob ein **Teilungsabkommen im Einzelfall Anwendung findet**, ist jeweils konkret zu prüfen[1]. Grds. ist in jedem einzelnen Fall festzustellen, ob ein Versicherungsverhältnis zwischen Schädiger und Haftpflichtversicherer vorliegt, ein Kausalverhältnis zwischen versichertem Risiko (für das ein Teilungsabkommen besteht) und dem Schadensfall existiert und ob auf den Sozialleistungsträger gem. § 116 der entsprechende Schadensersatzanspruch übergegangen ist[2]. Zumeist wird in den Teilungsabkommen eine Pauschalierungshöchstgrenze festgelegt, bis zu der eine Regulierung nach dem Abkommen vorgenommen wird. Überschreitet der Schaden diese Höchstgrenze, sind die über die Grenze hinausgehenden Beträge nach der Sach- und Rechtslage konkret abzurechnen[3].

90 **XIV. Einbeziehung der Bundesagentur für Arbeit (Abs. 10).** Auf Grund der Unterscheidung des Gesetzgebers zwischen SozV und Arbeitsförderung zählt der Arbeitsförderungsträger nicht zu den Versicherungsträgern nach Abs. 1 S. 1[4]. Um sicherzustellen, dass § 116 dennoch gilt, wurde Abs. 10 hinzugefügt[5].

91 **XV. Internationales.** Bei grenzüberschreitenden Sachverhalten ist zu berücksichtigen, dass die Anwendbarkeit der konkurrierenden nationalen Rechtsordnungen für das Haftungsrecht, das Sozialrecht und den Anspruchsübergang unterschiedlich geregelt ist. Um festzustellen, nach welchem Recht sich ein eventueller Anspruchsübergang richtet, ist zunächst zu prüfen, welcher nationalen Rechtsordnung der Schadensersatzanspruch und welcher nationalen Rechtsordnung der Sozialleistungsanspruch unterliegt.

92 Die Feststellung der nationalen Rechtsordnung, welche für den **Schadensersatzanspruch** gilt (sog. **Haftungsstatut** oder – genereller – Forderungsstatut), richtet sich, wenn der Anspruch aus einem vertragl. Schuldverhältnis resultiert, nach den hierfür gültigen Regeln. Wenn also zwischen Schädiger und Geschädigtem ein ArbVerh besteht, richtete sich auch die Haftung aus dem ArbVerh bisher nach Art. 27 ff., insb. Art. 30 EGBGB. Andernfalls galten bisher Art. 40 ff. EGBGB[6]. Die genannten Regelungen des EGBGB wurden 2009 im EU-Bereich abgelöst durch die Rom-I-VO und die Rom-II-VO. Die Rom-I-VO gilt für vertragl. Haftung und greift für Verträge, die seit dem 18.12.2009 geschlossen wurden[7]. Die Rom-II-VO, welche das auf außervertragl. Schuldverhältnisse anwendbare Recht (also insb. das Deliktsrecht) betrifft, gilt seit dem 11.1.2009[8].

92a Für **vertragliche Haftungsansprüche**, etwa aus Arzthaftungsrecht, gilt nunmehr Folgendes: Gem. Art. 4 Abs. 1 lit. b Rom-I-VO greift für Dienstleistungsverträge das Recht desjenigen Staates, in welchem der Dienstleister seinen gewöhnlichen Aufenthalt hat. Das bedeutet, dass bei Behandlungsverträgen idR das Recht des Praxisorts anzuwenden ist. Eine Ausnahme wird aber dann anzunehmen sein, wenn der Arzt die Behandlung in einem anderen Staat durchgeführt hat als in demjenigen seiner Praxis; dann gilt gem. Art. 4 III Rom-I-VO das Recht des Behandlungsorts. Bei Arztverträgen, bei denen nicht nur Dienstleistungen zum Gegenstand haben, und die deshalb nach dem Katalog der Art. 4 I lit. a–h Rom-I-VO dem Recht noch anderer Staaten unterliegen können, gilt die Konkurrenzvorschrift des Art. 4 Abs. 2 Rom-I-VO. Hiernach wird das Recht des Orts der vertragscharakteristischen Leistung für anwendbar erklärt. Somit ergibt sich für die Rom-I-VO, dass mangels Rechtswahl (s. dazu Art. 3, Art. 9 Rom-I-VO) bei der Arzthaftung idR das Recht des Behandlungsorts anzuwenden ist. Ausnahmsweise kann sich nach Art. 6 Rom-I-VO eine Abweichung im Fall von Verbraucherverträgen ergeben – dies führt zur Geltung des Wohnortrechts des Verbrauchers. Dies hat nach Art. 6 I lit. a und b Rom-I-VO aber ua. zur Voraussetzung, dass der beteiligte Unternehmer seine Tätigkeit auf irgendeine Weise auf den Verbraucherwohnstaat ausgerichtet hat.

92b Für **deliktische Haftungsansprüche** gilt Folgendes: Nach Art. 4 I Rom-II-VO gilt für außervertragl. Ansprüche aus Delikt mangels Rechtswahl grds. das Recht des Erfolgsorts[9]. Haben jedoch die haftende und die geschädigte Person zur Zeit des Schadenseintritts ihren gewöhnlichen Aufenthalt im selben Staat, dann gilt gem. Art. 4 II Rom-II-VO das Recht dieses gewöhnlichen Aufenthaltsstaates (lex communis domicilii)[10]. Nach Art. 4 III 1 Rom-II-VO ist aber das Recht desjenigen Staates vorrangig anwend-

---

1 Hauck/Nehls, § 116 Rz. 60. ‖ 2 S. zum Begriff des Schadenfalles BGH 12.6.2007 – VI ZR 110/06, VersR 2007, 1247; *Lang/Stahl*, NZV 2006, 628; zum Kausalzusammenhang BGH 1.10.2008 – IV ZR 285/06, VersR 2008,1560; s. iÜ *G. Schneider* in Wussow, Unfallhaftpflichtrecht, Kap. 76 Rz. 10; Hauck/*Nehls*, § 116 Rz. 60. ‖ 3 Hauck/*Nehls*, § 116 Rz. 61. S. des Weiteren zum Anwendungsbereich von Teilungsabkommen, zu den Grenzen einer zulässigen Pauschalierung und zur Haftung von mehreren Beteiligten (Schädiger/Haftpflichtversicherer oder SozV-Träger) untereinander bei Bestehen von Teilungsabkommen KassKomm/*Kater*, § 116 Rz. 283 ff. und Rz. 309 ff. ‖ 4 Die Vorschrift des Abs. 10 entspricht § 1 I 2 u. 3 SGB IV, welche die – nur teilweise – Einbeziehung der Arbeitsförderung in das Recht der SozV regeln, vgl. Wannagat/*Eichenhofer*, § 116 SGB X/3 Rz. 6, 12; KassKomm/*Kater*, § 116 Rz. 21; Hauck/*Nehls*, § 116 Rz. 61a. ‖ 5 BGBl. 1997 I S. 594. ‖ 6 S. OLG Koblenz 29.8.2002 – 5 U 1459/01, RIW 2002, 880 (irrtümliche Anwendung von §§ 4 f. SGB IV statt VO 1408/71, vgl. *Eichenhofer*, IPRax 2003, 525); Wannagat/*Eichenhofer*, § 116 SGB X/3 Rz. 72. ‖ 7 Verordnung (EG) Nr. 593/2008 des Europäischen Parlaments und des Rates v. 17.6.2008 über das auf vertragliche Schuldverhältnisse anzuwendende Recht (Rom I), ABl. 2008 L 177/6. S. zur Rom-I-VO *R. Wagner*, NJW 2008, 2225; *Junker*, RIW 2006, 401. ‖ 8 Verordnung (EG) Nr. 864/2007 des Europäischen Parlaments und des Rates v. 11.7.2007 über das auf außervertragliche Schuldverhältnisse anzuwendende Recht (Rom II), ABl. 2007 L 199/40. ‖ 9 Dabei beachte, dass es (anders als nach Art. 40 EGBGB) keine Konkurrenz von Begehungs- und Erfolgsort gibt, *Adolphsen* in Terbille, Münchener AnwaltsHandbuch Medizinrecht, 2. Aufl. 2013, § 16 Rz 21; *G. Wagner*, IPRax 2008, 1 (4 f.). ‖ 10 *Adolphsen* in Terbille, Münchener AnwaltsHandbuch Medizinrecht, 2. Aufl. 2013, § 16 Rz. 23; *G. Wagner*, IPRax 2008, 1 (5).

bar, zu welchem die unerlaubte Handlung eine „offensichtlich engere Verbindung" aufweist. Diese engere Verbindung folgt gem. Art. 4 III 2 Rom-II-VO insb. aus einem bereits bestehenden Rechtsverhältnis, insb. aus einem Vertrag. Auf diese Weise wird dasjenige Recht für anwendbar erklärt, welches (nach Rom-I-VO) für vertragl. Ansprüche gilt[1]. Bei konkurrierenden vertragl. Ansprüchen folgt daraus dann die vorrangige Anwendung des danach einschlägigen Rechts[2]. Bei alledem ist zu beachten, dass nach Art. 14 I Rom-II-VO – beschränkte – Rechtswahlmöglichkeiten bestehen[3].

Die Feststellung der nationalen Rechtsordnung, welche für den **Sozialleistungsanspruch** gilt (**Sozialrechtsstatut**), ist in unterschiedlichen Vorschriften geregelt. Im Bereich des SozV-Rechts (s. § 1 SGB IV) gelten grds. die §§ 4 f. SGB IV[4]; ggf. gilt internationales Recht vorrangig[5], bei EU- und EWR-Staaten seit dem 1.5.2010[6] Art. 11 ff. VO 883/2004/EG. Diese Normen gehen – bei vielfachen Modifikationen und einigen Ausnahmen – von der Grundregel aus, dass das Sozialrechtsstatut an den **Ort der Beschäftigung** anknüpft (Prinzip des Beschäftigungsorts)[7]. Im Bereich der Grundsicherung für Arbeitsuchende und im Sozialhilferecht gelten gem. §§ 7 I 1 Nr. 4, 8 II SGB II, 23 f. SGB XII das Prinzip des gewöhnlichen Aufenthalts sowie teilweise das Staatsangehörigkeitsprinzip.

Wenn sowohl das Haftungsrecht als auch das Sozialrecht **demselben** nationalen Recht zuzuordnen sind, ist auf den möglichen **Anspruchsübergang** ebenfalls dieses nationale Recht anzuwenden (**Zessionsstatut**)[8]. Das bedeutet, dass bei Einschlägigkeit deutschen Rechts § 116 anzuwenden ist. Dasselbe gilt auch für die Anwendung eines **sozialrechtl. Haftungsprivilegs** (insb. nach §§ 104 ff. SGB VII) und für **originäre Regressansprüche**, also solche, die nicht auf übergegangenem Recht beruhen (insb. nach §§ 110 ff. SGB VII)[9]. Zuordnungsprobleme ergeben sich aber dann, wenn zivilrechtl. Haftung und sozialrechtl. Leistungspflicht verschiedenen Rechtsordnungen unterliegen, wenn also Haftungsstatut und Sozialrechtsstatut unterschiedlich sind. Im Zweifel ist hier für die Beurteilung des Anspruchsübergangs, für sozialrechtl. Haftungsprivilegien und für originäre Regressansprüche das Sozialrechtsstatut einschlägig, wobei im Einzelnen Folgendes gilt:

Die eingehendste (der Rom-I-VO, der Rom-II-VO vorgehende) Regelung dieser Frage enthält für die EU- und EWR-Staaten **Art. 85 VO 883/2004/EG** (früher Art. 93 VO 1408/71). Der Anspruchsübergang (§ 116), also das Zessionsstatut, richtet sich nach dem **Sozialrechtsstatut**. Soweit statt eines Anspruchsübergangs ein originärer Erstattungsanspruch des Trägers vorgesehen ist (§ 110 SGB VII), richtet sich dieser ebenfalls nach dem Sozialrechtsstatut[10]. Auch der Haftungsausschluss (§§ 104 ff. SGB VII) richtet sich nach dem Sozialrechtsstatut. Dies schließt auch die Beschränkungen des Anspruchsübergangs ein, wie sie bspw. in den sog. „Quotenvorrechten" in Abs. 2 bis 5 geregelt sind[11]. Eine Ausnahme hiervon enthält Art. 85 Abs. 3 VO 883/2004/EG für den Fall zwischenstaatlicher Erstattungsverzichte bei Kranken- und Unfallversicherungsleistungen.

Soweit nicht die VO 883/2004/EG greift, gelten folgende Grundsätze: Das Zessionsstatut, also der Anspruchsübergang (§ 116), richtet sich nach dem Sozialrechtsstatut, Art. 15 Rom-I-VO oder Art. 19 Rom-II-VO[12]. Für den originären Erstattungsanspruch (§ 110 SGB VII) ergibt sich aus dem Gesetz nicht klar, ob hier das Haftungsstatut oder das Sozialrechtsstatut (§§ 4 f. SGB IV) greift. Richtigerweise dürfte das Sozialrechtsstatut hier ebenfalls zur Anwendung kommen; dasselbe gilt für die sozialrechtl. Haftungsbeschränkung nach §§ 104 ff. SGB VII[13].

---

1 *Adolphsen* in Terbille, Münchener AnwaltsHandbuch Medizinrecht, 2. Aufl. 2013, § 16 Rz. 24; *G. Wagner*, IPRax 2008, 1 (5). ‖ 2 *Adolphsen* in Terbille, Münchener AnwaltsHandbuch Medizinrecht, 2. Aufl. 2013, § 16 Rz. 24 f. ‖ 3 *Adolphsen* in Terbille, Münchener AnwaltsHandbuch Medizinrecht, 2. Aufl. 2013, § 16 Rz. 26 f.; *G. Wagner*, IPRax 2008, 1 (13 f.). ‖ 4 S. *Eichenhofer*, Internationales Sozialrecht, Rz. 145 ff.; *Giesen*, Die Vorgaben des EG-Vertrages für das Internationale Sozialrecht, 1999, S. 5 ff. ‖ 5 S. insb. zum deutsch-schweizerischen SozV-Abkommen *Eichenhofer*, Internationales Sozialrecht, 1994, Rz. 202 ff.; Wannagat/*Eichenhofer*, § 116 SGB X/3 Rz. 71. ‖ 6 S. zum Inkrafttreten Art. 91 VO 883/2004/EG iVm. Art. 97 VO 987/2009/EG, ABl. 2009 L 284/1. ‖ 7 S. dazu *Steinmeyer* in M. Fuchs (Hrsg.), Europäisches Sozialrecht, Komm. zu Art. 13 ff. VO 1408/71. ‖ 8 Wannagat/*Eichenhofer*, § 116 SGB X/3 Rz. 71. ‖ 9 Vgl. OLG Koblenz 29.8.2002 – 5 U 1459/01, RIW 2002, 880: Wird ein ausländischer ArbN von seinem dortigen ArbGeb vorübergehend nach Deutschland entsandt, ist das deutsche Sozialrecht nicht anzuwenden. Eine Haftungsbeschränkung (nach deutschem Recht) scheidet aus, auch wenn nach dem Recht des Herkunftsstaates kein Versicherungsschutz besteht. Umgekehrt ergibt sich die Anwendung deutschen Sozialrechts einschl. der Regrestatbestände bei Entsendungen deutscher Versicherter ins Ausland, s. dazu *Steinfeltz*, BG 2002, 470. ‖ 10 EuGH 2.6.1994 – Rs. C-428/92, Slg. 1994, I – 2259 (2278) – DAK; LSG NW 9.5.2003 – L 13 RJ 85/99, HVBG-Info 2003, 2570; *Eichenhofer* in M. Fuchs (Hrsg.), Europäisches Sozialrecht, 93 VO 1408/71, Rz. 1, 5 ff.; Wannagat/*Eichenhofer*, § 116 SGB X/3 Rz. 72; *Dahm*, VersR 2004, 1242 f. ‖ 11 BGH 15.7.2008 – VI ZR 105/07, VersR 2008, 1358: Überlässt ein niederländischer ArbGeb seinen in den Niederlanden beschäftigten deutschen ArbN ein Kfz zur Heimfahrt, richten sich deren Ansprüche bei Unfall in Deutschland nach niederländischem Recht. Gleiches gilt für eine eventuelle Haftungsprivilegierung des ArbGeb. S. a. BGH 7.11.2006 – VI ZR 211/05, VersR 2007, 64; *Eichenhofer* in M. Fuchs, Europäisches Sozialrecht, 93 VO 1408/71, Rz. 5 ff.; KassKomm/*Kater*, § 116 Rz. 15; s. dort Rz. 16 ff. zum Anspruchsübergang bei Schädigungen in der früheren DDR. ‖ 12 Das gilt nach hM auch dann, wenn das Haftungsstatut den Forderungsübergang ausschließt, *Beitzke*, IPRax 1989, 250 ff.; *Eichenhofer* in M. Fuchs, Europäisches Sozialrecht, 93 VO 1408/71, Rz. 5; *Schuler*, Das Internationale Sozialrecht der Bundesrepublik Deutschland, 1988, S. 470 ff., 649 ff.; einschr. aber *Eichenhofer*, Internationales Sozialrecht, Rz. 636. ‖ 13 *Eichenhofer*, Internationales Sozialrecht, Rz. 633 ff.; *Eichenhofer* in M. Fuchs, Europäisches Sozialrecht, 93 VO 1408/71, Rz. 1, 4.

Sprecherausschussgesetz (SprAuG)
Gesetz über Sprecherausschüsse der leitenden Angestellten

vom 20.12.1988 (BGBl. I S. 2312),
zuletzt geändert durch Verordnung vom 31.10.2006 (BGBl. I S. 2407)

Erster Teil. Allgemeine Vorschriften

1 *Errichtung von Sprecherausschüssen*
(1) In Betrieben mit in der Regel mindestens zehn leitenden Angestellten (§ 5 Abs. 3 des Betriebsverfassungsgesetzes) werden Sprecherausschüsse der leitenden Angestellten gewählt.

(2) Leitende Angestellte eines Betriebs mit in der Regel weniger als zehn leitenden Angestellten gelten für die Anwendung dieses Gesetzes als leitende Angestellte des räumlich nächstgelegenen Betriebs desselben Unternehmens, der die Voraussetzungen des Absatzes 1 erfüllt.

(3) Dieses Gesetz findet keine Anwendung auf
1. Verwaltungen und Betriebe des Bundes, der Länder, der Gemeinden und sonstiger Körperschaften, Anstalten und Stiftungen des öffentlichen Rechts sowie
2. Religionsgemeinschaften und ihre karitativen und erzieherischen Einrichtungen unbeschadet deren Rechtsform.

1 I. **Vorbemerkung.** Für leitende Angestellte war weder im **BetrVG 1952** noch im **BetrVG 1972** eine spezielle gesetzl. Interessenvertretung vorgesehen. Da leitende Angestellte auch nicht durch den BR repräsentiert werden, konnte ein innerbetriebl. Beteiligungsverfahren nur auf der Grundlage einer **freiwilligen schuldrechtl. Abrede** installiert werden. Nicht nur in der begrenzten Legitimation dieses Vertretungsorgans[1], sondern auch in dessen Abhängigkeit von der Unternehmensleitung lagen Umstände, die ein Tätigwerden des Gesetzgebers notwendig machten, wollte man eine gleichheitswidrige Benachteiligung der leitenden Angestellten vermeiden[2]. Diese Defizite wurden mit Erlass des SprAuG, das in den alten Bundesländern am 1.1.1989 in Kraft getreten ist, behoben. In den neuen Bundesländern ist das SprAuG am 3.10.1990 in Kraft getreten[3].

2 Erklärtes **Ziel** des Gesetzgebers ist nicht nur, eine ausreichende Information der leitenden Angestellten „auch über ihren eigenen Tätigkeitsbereich hinaus" sicherzustellen, sondern ferner im Bereich gemeinsamer Interessen die Schaffung von „angemessenen Arbeitsbedingungen" für diese ArbN mit Führungsfunktionen zu ermöglichen; schließlich sollen über die Beteiligungsrechte des SprAu „die besonderen Kenntnisse und Einsichten der leitenden Angestellten in die organisatorischen und wirtschaftlichen Zusammenhänge des Unternehmens in Entscheidungsprozesse" eingebracht werden[4].

3 Der für die besondere Gruppe der leitenden Angestellten gewählte SprAu stellt **kein „Konkurrenzorgan"** zu dem daneben bestehenden BR dar, vielmehr dienen beide Organe der Betriebsverfassung innerhalb desselben Repräsentationsbereichs (s. Rz. 7) der Interessenwahrnehmung eines jeweils unterschiedlichen Beschäftigtenkreises[5].

4 Nach der Konzeption des Gesetzes soll der grds. auf betriebl. Ebene angesiedelte SprAu eine interessennahe Vertretung der leitenden Angestellten gewährleisten. Es besteht **kein gesetzl. Errichtungszwang**[6].

5 Sind in einem Unternehmen mehrere SprAu vorhanden, **ist** gem. § 16 I ein **GesamtSprAu** zu errichten (s. §§ 16–19 Rz. 1). **Fakultativ** ist gem. § 21 I die Bildung eines KonzernSprAu innerhalb eines Unterordnungskonzerns iSd. § 18 I AktG. Vorbehaltlich § 20 I stellt das SprAuG damit für die Bildung der SprAu ein **dreistufiges Ordnungsmodell** zur Verfügung.

6 II. **Persönlicher Geltungsbereich.** § 5 III 2 BetrVG enthält die **Legaldefinition**[7] des Begriffs des leitenden Angestellten, die auch im SprAuG verbindlich ist, § 1 I (s. § 5 BetrVG Rz. 43 ff.). Die nicht leitenden außertarifl. Angestellten werden vom BR vertreten[8]. Um Abgrenzungsschwierigkeiten zu vermeiden, ordnen § 5 I 2 sowie § 13 I 2 BetrVG die **gleichzeitige Einleitung** der BR- und SprAu-Wahlen an. Ergänzt werden diese Bestimmungen durch das in § 18a BetrVG vorgesehene **besondere Zuordnungsverfahren**.

---

1 BAG 19.2.1975 – 1 ABR 94/73, AP Nr. 10 zu § 5 BetrVG 1972 mit Anm. *Richardi*; *Richardi*, Kollektivgewalt und Individualwille bei der Gestaltung der Arbeitsverhältnisse, 1968, S. 164f. ||2 BT-Drs. 11/2503, 26. ||3 EVertr Art. 8 Anl. I Kap. VIII Sachgebiet A Abschn. III Nr. 13. ||4 BT-Drs. 11/2503, 26. ||5 *Richardi/Richardi*, § 5 BetrVG Rz. 293. ||6 *Löwisch*, § 1 Rz. 50; *Goldschmidt*, FA 2003, 6. ||7 *Richardi/Richardi*, § 5 BetrVG Rz. 194; diese Definition gilt im BetrVG, im SprAuG und im MitbestG, BAG 29.1.1980 – 1 ABR 45/79, AP Nr. 22 zu § 5 BetrVG 1972 m. Anm. *Martens*. ||8 *Hromadka/Sieg*, § 30 Rz. 4.

III. Sachlicher Geltungsbereich. In **Betrieben** mit idR mindestens 10 leitenden Angestellten werden SprAu gewählt. Eine Legaldefinition des Betriebsbegriffs findet sich im SprAuG ebenso wenig wie im BetrVG. Durch §§ 5 I, 37 I SprAuG und §§ 13 I, 18a BetrVG werden beide Gesetze miteinander verzahnt und bilden **gemeinsam die materielle Grundlage der Betriebsverfassung**[1]. Anknüpfungspunkt für die Bildung der ArbN-Vertretung ist damit ein grds. **einheitlicher Begriff des Betriebs** (s. § 1 BetrVG Rz. 8 ff.)[2]. Soweit das SprAuG Vorschriften bzgl. **Errichtung und Organisation von SprAu** enthält, handelt es sich um **zwingendes Recht**; eine mit § 3 BetrVG vergleichbare Norm, die den TV-Parteien einen weit gehenden Gestaltungsraum bzgl. der Repräsentationsstruktur einräumt, findet sich im SprAuG nicht[3].

Unterschiedlich wird beurteilt, ob mit Inkrafttreten des SprAuG (s. § 37) die Möglichkeit zur Bildung „freiwilliger SprAu" generell aufgehoben wurde. Jedenfalls ausgeschlossen ist die Errichtung „freiwilliger SprAu", soweit bereits SprAu iSd. SprAuG errichtet sind.

Besteht ein einheitl. Leitungsapparat für eine arbeitstechnische Organisationseinheit, innerhalb derer der Schwellenwert des § 1 I nicht erreicht wird, werden dessen leitende Angestellte gem. § 1 II dem räumlich nächstgelegenen Betrieb – das muss jedoch nicht der örtlich nächst gelegene sein, da es auf die schnellste Erreichbarkeit mit öffentl. Verkehrsmitteln ankommt[4] – zugerechnet; andernfalls (im sog. Nebenbetrieb) können sie gem. § 1 I einen eigenständigen SprAu wählen[5]. **Betriebsteile** sind selbst **nicht sprecherausschussfähig**; die dort eingesetzten leitenden Angestellten werden durch einen im Betrieb gebildeten SprAu vertreten. § 4 I BetrVG findet keine entsprechende Anwendung[6]. Im **gemeinsamen Betrieb** iSd. § 1 I 2 BetrVG – die gesetzl. Vermutung des § 1 II BetrVG findet im SprAuG entsprechende Anwendung[7] – wird unter den Voraussetzungen des § 1 I ein SprAu errichtet.

Es müssen mindestens zehn leitende Angestellte regelmäßig beschäftigt werden, damit eine **sprecherausschussfähige Einheit** vorliegt. Die Wählbarkeit iSd. § 3 II spielt hier – anders als bei § 1 I 1 BetrVG keine Rolle. Entscheidend ist nicht die zur Zeit des Wahltermins aktuelle Zahl der leitenden Angestellten, sondern der „Normalfall"[8], also der die Beschäftigungslage im überwiegenden Zeitraum prägende Stamm der leitenden Angestellten; damit nicht identisch ist die auf ein Kalenderjahr berechnete durchschnittliche Zahl der leitenden Angestellten[9].

Im Bereich des **öffentl. Dienstes** findet das SprAuG **keine Anwendung**. Abs. 3 Nr. 1 entspricht § 130 BetrVG, so dass es **ausschließlich auf die Rechtsform** des Unternehmens ankommt[10]. Ohne Bedeutung für die Geltung des SprAuG ist damit die Rechtsform des (auch alleinigen) Inhabers der Geschäftsanteile; SprAu können nur in Unternehmen und Betrieben gebildet werden, die nach den Gestaltungsformen des privaten Rechts errichtet sind[11]. Auch der Bereich der **verfassten Kirche** fällt von vornherein nicht in den Anwendungsbereich des SprAuG; die Behörden und Dienststellen der Kirchenorganisation besitzen gem. Art. 140 GG iVm. Art. 137 V WRV den Status einer Körperschaft des öffentl. Rechts.

Ebenfalls **keine Anwendung** findet das SprAuG gem. Abs. 3 Nr. 2 auf **Religionsgemeinschaften** und ihre **karitativen und erzieherischen Einrichtungen**, unabhängig von deren Rechtsform[12]. Insoweit besteht die verfassungsrechtl. in Art. 140 GG iVm. Art. 137 III 1 WRV garantierte **arbeitsrechtl. Regelungsautonomie** für alle Einrichtungen, die sich nach dem Selbstverständnis der Religionsgemeinschaft als deren **Wesens- und Lebensäußerung** darstellen[13]. Entscheidend ist, ob diese Einrichtungen „nach kirchlichem Selbstverständnis ihrem Zweck oder ihrer Aufgabe entsprechend berufen sind, ein Stück Auftrag der Kirche in dieser Welt wahrzunehmen und zu erfüllen"[14]. Eine solche Grundfunktion erfüllen mit Blick auf die ev. und kath. Kirche jedenfalls Einrichtungen von Diakonie und Caritas, kirchliche Krankenhäuser und Pflegeeinrichtungen sowie Einrichtungen, die sich der Betreuung und Erziehung von Jugendlichen widmen. Die Beteiligungsrechte dieser kirchlichen Dienstnehmer werden durch kircheneigenes Gesetz geregelt[15].

Da der SprAu keine echten MitbestR hat (s. Vor § 25 Rz. 1), ist nur ein beschränkter **Tendenzschutz** erforderlich (§ 32 I 2)[16].

---

[1] Borgwardt/Fischer/Janert/*Borgwardt*, Teil 2 SprAuG Rz. 40; MünchArbR/*Joost*, § 233 Rz. 4. ‖ [2] MünchArbR/*Joost*, § 233 Rz. 15; tendenziell anders wohl Hromadka/Sieg, § 1 Rz. 4; *Löwisch*, § 1 Rz. 36. ‖ [3] ErfK/*Oetker*, Einl. SprAuG Rz. 3; *Goldschmidt*, FA 2003, 6 (7); MünchArbR/*Joost*, § 233 Rz. 44f.; Schaub/*Koch*, ArbRHdb, § 246 Rz. 1. Vgl. zur Behandlung eines in Verkennung des Betriebsbegriffs errichteten SprAu *Goldschmidt*, FA 2003, 6 (7); s.a. *Däubler*, FS Wißmann, 2005, S. 275 (283 f. mwN), ua. zur Problematik der Wirksamkeit der Maßnahmen rechtswidrig errichteter Repräsentationsorgane. ‖ [4] ErfK/*Oetker*, § 1 SprAuG Rz. 4; *Goldschmidt*, FA 2003, 6 (7). ‖ [5] ErfK/*Oetker*, § 1 SprAuG Rz. 4 mwN; *Goldschmidt*, FA 2003, 6 (7); aA wohl Borgwardt/Fischer/Janert/*Fischer*, § 1 Rz. 2, der davon ausgeht, „dass der Betriebsbegriff des § 1 Abs. 1 auch räumlich getrennte ... Nebenbetriebe umfasst". ‖ [6] Hromadka/Sieg, § 1 Rz. 21; *Kramer*, Rechtsfragen des Sprecherausschussgesetzes, Diss. 1993, S. 48; Richardi/*Richardi*, § 5 BetrVG Rz. 275; aA *Oetker*, ZfA 1990, 43 (47f.); Schaub/*Koch*, ArbRHdb, § 246 Rz. 2. ‖ [7] *Goldschmidt*, FA 2003, 6 (7); ErfK/*Oetker*, § 1 SprAuG Rz. 2. ‖ [8] Hromadka/Sieg, § 1 Rz. 42. ‖ [9] Richardi/*Richardi*, § 1 BetrVG Rz. 116. ‖ [10] MünchArbR/*v. Hoyningen-Huene*, § 211 Rz. 4. ‖ [11] MünchArbR/*Joost*, § 233 Rz. 20. ‖ [12] Diese Regelung entspricht § 118 II BetrVG. ‖ [13] *Richardi*, Arbeitsrecht in der Kirche, § 3 Rz. 8 ff.; MünchArbR/*Richardi*, 2. Aufl., § 192 Rz. 34 ff., 42 ff. ‖ [14] BVerfG 11.10.1977 – 2 BvR 209/76, BVerfGE 46, 73 (85). ‖ [15] Dazu *Richardi*, Arbeitsrecht in der Kirche, §§ 14 ff. ‖ [16] *Hanau*, RdA 1985, 291 (292).

13 **IV. Räumlicher Geltungsbereich.** Der räumliche Geltungsbereich des SprAuG wird durch das **Territorialitätsprinzip** bestimmt[1]. Entscheidend ist die Lage der organisatorischen Einheit innerhalb der Grenzen der BRD; es kommt weder auf die Staatsangehörigkeit des ArbGeb sowie der ArbN noch auf die Quelle des für die ArbVerh maßgeblichen Rechts an[2]. Damit findet das SprAuG Anwendung auf inländische Betriebe ausländischer Unternehmen, nicht aber auf ausländische Betriebe inländischer Unternehmen[3]. Die Bildung eines **Gesamt-** oder **UnternehmensSprAu** im Ausland scheidet damit aus; für inländische Unternehmensbereiche gebildete SprAu können einen GesamtSprAu errichten[4]. Eine abweichende Regelung ist nicht zulässig.

14 Ob einzelne im Ausland tätige leitende Angestellte der im Inland gelegenen Einheit zuzurechnen sind, richtet sich nach den Grundsätzen der **Betriebsausstrahlung** (s. § 5 BetrVG Rz. 14)[5].

2 Zusammenarbeit

(1) Der Sprecherausschuss arbeitet mit dem Arbeitgeber vertrauensvoll unter Beachtung der geltenden Tarifverträge zum Wohl der leitenden Angestellten und des Betriebs zusammen. Der Arbeitgeber hat vor Abschluss einer Betriebsvereinbarung oder sonstigen Vereinbarung mit dem Betriebsrat, die rechtliche Interessen der leitenden Angestellten berührt, den Sprecherausschuss rechtzeitig anzuhören.

(2) Der Sprecherausschuss kann dem Betriebsrat oder Mitgliedern des Betriebsrats das Recht einräumen, an Sitzungen des Sprecherausschusses teilzunehmen. Der Betriebsrat kann dem Sprecherausschuss oder Mitgliedern des Sprecherausschusses das Recht einräumen, an Sitzungen des Betriebsrats teilzunehmen. Einmal im Kalenderjahr soll eine gemeinsame Sitzung des Sprecherausschusses und des Betriebsrats stattfinden.

(3) Die Mitglieder des Sprecherausschusses dürfen in der Ausübung ihrer Tätigkeit nicht gestört oder behindert werden. Sie dürfen wegen ihrer Tätigkeit nicht benachteiligt oder begünstigt werden; dies gilt auch für ihre berufliche Entwicklung.

(4) Arbeitgeber und Sprecherausschuss haben Betätigungen zu unterlassen, durch die der Arbeitsablauf oder der Frieden des Betriebs beeinträchtigt werden. Sie haben jede parteipolitische Betätigung im Betrieb zu unterlassen; die Behandlung von Angelegenheiten tarifpolitischer, sozialpolitischer und wirtschaftlicher Art, die den Betrieb oder die leitenden Angestellten unmittelbar betreffen, wird hierdurch nicht berührt.

1 **I. Vorbemerkung.** In Abs. 1 S. 1 wird deutlich, dass auch das SprAuG auf dem **Kooperationsmodell** beruht. Abs. 1 S. 1 enthält ein **rechtsschutzfähiges Gebot zur beiderseitigen Kooperation**[6]. Auch der Charakter als institutionalisierte Interessenvertretung (§ 25 I 1) der leitenden Angestellten begründet somit keine reine Frontstellung ggü. dem ArbGeb. Zu beachten ist stets der besondere Status der leitenden Angestellten, der ihre Ausklammerung aus dem vom BR repräsentierten Personenkreis rechtfertigt: Leitende Angestellte sind nicht im gleichen Sinne wie die anderen ArbN soziale Gegenspieler des ArbGeb (s.a. § 1 Rz. 2)[7].

2 **II. Zusammenarbeit mit dem Arbeitgeber.** Trotz des Wortlauts des Abs. 1 S. 1 zählt **auch der ArbGeb** zum **Adressatenkreis** dieser Norm[8]. Der ArbGeb hat den im Rahmen seiner Beteiligungsrechte tätig werdenden SprAu ernst zu nehmen und sich mit dessen Vorbringen zu befassen[9]. Auch wenn ihm das **Letztentscheidungsrecht** zusteht, hat der ArbGeb den SprAu über Angelegenheiten, die den von ihm repräsentierten Personenkreis betreffen, zu **informieren** und unter der **Zielvorgabe**, eine **einvernehmliche Lösung** zu erreichen, Verhandlungen mit dem SprAu aufzunehmen. Eine **Pflicht zum Kompromiss** besteht für den ArbGeb allerdings **nicht**.

3 **III. Zusammenarbeit mit dem Betriebsrat.** Auch wenn das SprAuG **kein ausdrückliches Gebot** zur vertrauensvollen Zusammenarbeit im Verhältnis SprAu – BR statuiert, hat die gem. § 2 I BetrVG und Abs. 1 S. 1 für beide Interessenvertretungen gleichermaßen geltende Verpflichtung auf die Wahrung der betriebl. Belange zumindest zur Folge, dass bei übergreifenden Themenkomplexen eine **wechselseitige Information und Abstimmung** zu erfolgen hat[10]. Allerdings gilt es die im Wesen des SprAu als durch Wahl legitimierter Repräsentant einer tatsächlichen Gemeinschaft liegenden Grenzen zu beachten[11]. Auf Interessen der durch den BR repräsentierten ArbN muss der SprAu daher weder „unmittelbar noch gar vorrangig" Rücksicht nehmen[12].

---

1 MünchArbR/*Joost*, § 233 Rz. 23; ErfK/*Oetker*, § 1 SprAuG Rz. 5. ||2 *Hromadka/Sieg*, Vorb. zu § 1 Rz. 33 mwN. ||3 Eine Ausnahme kommt für im Ausland gelegene Betriebsteile ohne „feste und dauerhafte betriebliche Organisation" in Betracht, BAG 25.4.1978 – 6 ABR 2/77, DB 1978, 1840 (1840). ||4 MünchArbR/*Joost*, § 233 Rz. 23. ||5 ErfK/*Oetker*, § 1 SprAuG Rz. 5; MünchArbR/*v. Hoyningen-Huene*, § 211 Rz. 17 ff. ||6 BAG 21.4.1983 – 6 ABR 70/82, BAGE 42, 259 (269). ||7 Borgwardt/Fischer/Janert/*Borgwardt*, § 2 Rz. 1; *Kaiser*, Rz. 184. ||8 MünchArbR/*Joost*, § 233 Rz. 25; *Kaiser*, Rz. 182; Schaub/*Koch*, ArbRHdb, § 245 Rz. 5. ||9 Für Verhandlungspflicht s. *Kaiser*, Rz. 186. ||10 Borgwardt/Fischer/Janert/*Fischer*, § 2 Rz. 12. ||11 Richardi/*Richardi*, Einl. BetrVG Rz. 95 f., 99. ||12 Belange dieses Personenkreises können aber als „betriebliche Interessen des ArbGeb" von Bedeutung sein; MünchArbR/*Joost*, § 233 Rz. 27; aA *Hromadka/Sieg*, § 2 Rz. 5.

4 Durch Beschlussfassung kann der SprAu gem. Abs. 2 S. 1 dem BR oder Mitgliedern des BR ein **Teilnahmerecht** an einzelnen Sitzungen einräumen. Ob davon Gebrauch gemacht wird, steht **im Ermessen** des SprAu; der BR erhält insoweit keine durchsetzungsfähige Rechtsposition[1]. Eine **Pflicht zur Teilnahme** an der Sitzung des SprAu wird dadurch **nicht** begründet[2]. **Stimmberechtigt** in der Sitzung sind ausschließlich die Mitglieder des SprAu[3].

5 Darüber hinaus **soll** gem. Abs. 2 S. 3 einmal jährlich eine **gemeinsame Sitzung** von SprAu und BR stattfinden. Auch wenn das SprAuG damit keine eindeutige Rechtspflicht begründet und diese Norm auch nicht sanktionsbewehrt ist, steht die Einberufung dieser Sitzung **nicht im Belieben** der Interessenvertretungen. Mit der Wortwahl ist vielmehr zum Ausdruck gebracht, dass eine gemeinsame Sitzung stattzufinden **hat**, sofern nicht sachliche Gründe im Einzelfall eine Ausnahme rechtfertigen[4]. **Geladen** werden die Mitglieder von SprAu und BR jeweils von ihren Vorsitzenden, falls man sich nicht auf ein abweichendes Verfahren geeinigt hat[5].

IV. Zusammenarbeit zwischen Sprecherausschuss, Betriebsrat und Arbeitgeber. Für das Zusam- **6** menwirken von SprAu, BR und ArbGeb ist **kein selbständiges Organ** vorgesehen. Der ArbGeb wird zwar unter den Voraussetzungen des Abs. 1 S. 2 verpflichtet, den SprAu rechtzeitig anzuhören, eine besondere institutionelle Absicherung ist damit aber nicht verbunden. Den genannten Organen ist es jedoch nicht verwehrt, sich unter Wahrung des zwingenden Organisationsrechts darüber hinaus **im wechselseitigen Einvernehmen** auf die Errichtung einer „Informationsplattform", zB turnusmäßige gemeinsame Besprechungen, zu verständigen[6].

7 Im Rahmen solcher gemeinsamer Besprechungen können auch **Kollektivvereinbarungen** abgeschlossen werden. Dabei gilt es allerdings zum einen die für die unterschiedlichen Repräsentationsbereiche zur Verfügung stehenden Rechtsinstitute und deren Voraussetzungen und zum anderen deren Rechtswirkungen zu beachten. Vereinbarungen über die Zusammenarbeit von BR, ArbGeb und SprAu dürfen keine Einschränkungen der gesetzl. verliehenen Beteiligungsrechte oder abschließender organisations- und verfahrensrechtl. Normen enthalten[7]. Solche „**Gesamtvereinbarungen**" können mit dem BR im Wege einer BV iSd. § 77 IV BetrVG und mit dem SprAu als Richtlinie iSd. § 28 geschlossen werden[8].

V. Stellung der Koalitionen. Besondere **Beteiligungsrechte** sind den Verbänden im SprAuG nicht ein- **8** geräumt (s.a. §§ 3–8 Rz. 2)[9]. Jedoch ist ihre Einbeziehung auf **freiwilliger Grundlage möglich**[10]. Abgesehen davon können die Koalitionen nicht daran gehindert werden, ihre **unmittelbar** in Art. 9 III GG wurzelnden Rechte geltend zu machen[11].

VI. Behinderungsverbot. Das Störungs- und Behinderungsverbot der Tätigkeit der Mitglieder des **9** SprAu gilt gem. §§ 18 III, 20 IV, 24 I in gleicher Weise für die Tätigkeit im **Gesamt-, Unternehmens- und KonzernSprAu**[12]. S.a. §§ 11–14 Rz. 1.

Das strafbewehrte (§ 34 I Nr. 2) Verbot, den SprAu bei seiner Tätigkeit zu behindern, ist nicht auf den **10** ArbGeb beschränkt, sondern richtet sich an **jeden Dritten** innerhalb und außerhalb der organisatorischen Einheit[13]. Über den Schutz der einzelnen Mitglieder wird auch der SprAu als Repräsentant der leitenden Angestellten in seiner Funktionsfähigkeit geschützt[14].

Darüber hinaus ist eine Maßnahme, die gegen das Behinderungsverbot verstößt, gem. **§ 134 BGB** nich- **11** tig[15]. Handelt es sich bei der Maßnahme um eine arbeitgeberseitige Kündigung, muss der betroffene ArbN die Verletzung des Abs. 3 S. 1 **innerhalb der Frist des § 4 S. 1 KSchG** vor den ArbG geltend machen[16]. Ein **besonderer Kündigungsschutz** der Mitglieder des SprAu kann aus dem Behinderungsverbot nicht abgeleitet werden[17]. § 15 KSchG findet weder unmittelbar noch analog Anwendung auf leitende Angestellte[18].

Dem ArbGeb steht es grds. frei, ein Mitglied des SprAu mit dem allg. Verhandlungsauftrag iSd. § 3 II 3 **12** **Nr. 1** zu betrauen, was dessen Ausscheiden aus dem SprAu gem. § 9 II Nr. 4 zur Folge hat. Sofern keine besonderen Umstände vorliegen, wird dieses Verhalten nicht als unzulässige Behinderung iSd. Abs. 3 S. 1 gewertet werden können[19].

Die Regelung des Abs. 3 S. 1 entspricht der des **§ 78 S. 1 BetrVG**; die zu dieser Norm entwickelten **13** Grundsätze finden auch hier Anwendung.

---

[1] *Hromadka/Sieg*, § 2 Rz. 21a. ||[2] *Kaiser*, Rz. 351. ||[3] MünchArbR/*Joost*, § 233 Rz. 30. ||[4] *Hromadka/Sieg*, § 2 Rz. 22; *Löwisch*, § 2 Rz. 12, versteht § 2 II 3 lediglich als Appell zur Zusammenarbeit. ||[5] *Fitting*, § 29 BetrVG Rz. 42; Richardi/*Thüsing*, § 29 BetrVG Rz. 31. ||[6] MünchArbR/*Joost*, § 233 Rz. 32 u. § 234 Rz. 71. ||[7] *Kaiser*, Rz. 355. ||[8] ErfK/*Oetker*, § 2 SprAuG Rz. 6; Schaub/*Koch*, ArbRHdb, § 245 Rz. 12. ||[9] Eine analoge Anwendung der einschlägigen Normen des BetrVG kommt nicht in Betracht, *Romer*, Das Sprecherausschussgesetz und die analoge Anwendung des Betriebsverfassungsgesetzes, 1996, S. 69 ff. ||[10] *Hromadka/Sieg*, § 2 Rz. 64. ||[11] MünchArbR/*Joost*, § 233 Rz. 39; Schaub/*Koch*, ArbRHdb, § 245 Rz. 5; s.a. Richardi/*Richardi*, § 2 BetrVG Rz. 79. ||[12] In den Schutz der Vorschrift sind auch amtierende Ersatzmitglieder aufgenommen, *Fitting*, § 78 BetrVG Rz. 2 mwN. ||[13] ErfK/*Oetker*, § 2 Rz. 7; Borgwardt/Fischer/Janert/*Borgwardt*, § 2 Rz. 10. ||[14] Richardi/*Thüsing*, § 78 BetrVG Rz. 8. ||[15] *Hromadka/Sieg*, § 2 Rz. 26. ||[16] KR/*Rost*, § 14 KSchG Rz. 50; Schaub/*Koch*, ArbRHdb, § 245 Rz. 14. ||[17] *Kaiser*, Rz. 96. ||[18] *Hromadka/Sieg*, § 2 Rz. 34; *Diringer*, AuA 2004, 19 (23). ||[19] *Hromadka/Sieg*, § 3 Rz. 26.

14 **VII. Benachteiligungs- und Begünstigungsverbot.** Die Mitglieder des SprAu dürfen **wegen ihrer Tätigkeit als Mitglieder des SprAu** weder benachteiligt noch begünstigt werden, Abs. 3 S. 2 Hs. 1. In den Schutzbereich der Norm fallen auch **Ersatzmitglieder** vor ihrem Eintritt in den SprAu, wenn ein Zusammenhang zwischen der Maßnahme und ihrem absehbaren Einrücken besteht[1]. Für die Abgrenzung der **Vergleichsgruppe** ist grds. auf die im **Betrieb** beschäftigten leitenden Angestellten abzustellen (s.a. § 1 Rz. 7f.). Weicht der Repräsentationsbereich des SprAu vom gesetzl. vorgesehenen „Normalfall" ab (s. § 20), so soll diese organisatorische Einheit für die Bildung der Vergleichsgruppe maßgebend sein[2]. Unzulässig ist **jede objektive Besser- oder Schlechterstellung** eines Mitglieds des SprAu, die ihren Grund gerade in der Wahrnehmung des Amtes findet; eine entsprechende **Absicht** ist nicht erforderlich[3]. Die Darlegungs- und Beweislast für den Kausalzusammenhang zwischen Amtsausübung und Benachteiligung oder Besserstellung liegt bei demjenigen, der sich darauf beruft. Vorsätzliches Handeln steht unter der Strafandrohung des § 34 I Nr. 3.

15 Abs. 3 S. 2 ist ein **Schutzgesetz iSd. § 823 II BGB**[4]. Nach § 249 S. 1 BGB kann der ArbGeb verpflichtet sein, den übergangenen leitenden Angestellten auf eine freie oder demnächst frei werdende Stelle zu befördern und ihm bis dahin bereits das entsprechende Gehalt zu zahlen[5]. Ein Beförderungsanspruch kann sich nach Ansicht des BAG auch **direkt** aus Abs. 3 S. 2 ergeben, da über das Benachteiligungsverbot hinaus auch eine **positive Pflicht des ArbGeb** begründet werde[6].

16 **VIII. Friedenspflicht.** Wie § 74 II 2 BetrVG – auf dessen Konkretisierung durch Rspr. und Lit. hier zurückgegriffen werden kann – verpflichtet Abs. 4 S. 1 ArbGeb und SprAu, Betätigungen zu unterlassen, durch die der Arbeitsablauf oder der Frieden des Betriebs beeinträchtigt werden. Unter **Arbeitsablauf** ist die tatsächliche Durchführung der im Betrieb anfallenden Arbeit zu verstehen[7]. Die Wahrung des **Betriebsfriedens** verpflichtet zum einen zum Einsatz der vorgesehenen Konfliktlösungsinstrumente (formelle Seite), zum anderen dazu, nur innerhalb des gesetzl. vorgesehenen Zuständigkeitsbereichs tätig zu werden (materielle Seite)[8].

17 **Adressaten** der Friedenspflicht sind neben ArbGeb und SprAu auch die einzelnen Mitglieder des SprAu. Für die übrigen leitenden Angestellten ergibt sich eine vergleichbare Pflicht aus dem ArbVerh[9]. Leitende Angestellte besitzen idR Vorgesetztenstellung und haben ihr Verhalten auch unter dem Aspekt der Vorbildfunktion und der Einflussnahmemöglichkeiten ihrer Position zu steuern. Ihr Recht zur freien Meinungsäußerung wird dadurch nicht ausgeschlossen, dessen Betätigung hat sich aber an der besonderen Stellung der leitenden Angestellten auszurichten und den genannten Belangen Rechnung zu tragen (s. Rz. 19).

18 Abs. 4 S. 1 begründet eine Unterlassungspflicht, der ein vor dem ArbG gem. § 2a I Nr. 2, Abs. 2 iVm. §§ 80ff. ArbGG durchzusetzender **Unterlassungsanspruch** entspricht. Da der Zweck der Norm gerade in der Vermeidung einer Störung liegt, setzt dieser Anspruch nicht eine bereits eingetretene Beeinträchtigung voraus. Es genügt vielmehr eine **aus konkreten Umständen** ableitbare Gefahr, deren Verwirklichung mit hoher Wahrscheinlichkeit droht[10]. Eine lediglich **abstrakte Gefährdung** reicht aber nicht aus.

19 Hingegen genügt beim strikten **Verbot der parteipolitischen Betätigung** gem. Abs. 4 S. 2 bereits eine abstrakte Gefahr, um einen **Unterlassungsanspruch** zu begründen[11]. Es handelt sich um ein **absolutes Verbot**, das die Entstehung einer Gefahrenlage nicht erfordert[12]. Wegen der engen Bindung an den gesetzl. übertragenen Aufgabenkreis fallen Äußerungen **allgemeinpolitischer Natur**, ohne unmittelbaren Bezug zum Betrieb, ebenso unter dieses Verbot wie Werbemaßnahmen für eine bestimmte Partei[13]. Ein **Arbeitskampfverbot** ist im SprAuG zwar nicht ausdrücklich normiert, ergibt sich aber aus der allg. Friedenspflicht[14].

---

1 Borgwardt/Fischer/Janert/*Borgwardt*, § 2 Rz. 10. ||2 *Kramer*, DB 1993, 1138 (1138); MünchArbR/*Joost*, § 234 Rz. 93; aA *Kaiser*, Rz. 86; *Hromadka/Sieg*, § 2 Rz. 30; auf den Betrieb stellt Borgwardt/Fischer/Janert/*Borgwardt*, § 2 Rz. 8, ab. ||3 Borgwardt/Fischer/Janert/*Borgwardt*, § 2 Rz. 8; s. näher Richardi/*Annuß*, § 119 BetrVG Rz. 26; MünchArbR/*Joost*, § 220 Rz. 129. ||4 Schaub/*Koch*, ArbRHdb, § 245 Rz. 13 u. § 230 Rz. 22; ErfK/*Oetker*, § 2 SprAuG Rz. 9. ||5 *Hromadka/Sieg*, § 2 Rz. 39. ||6 BAG 29.9.1999 – 7 AZR 378/98, nv.; 15.1.1992 – 7 AZR 194/91, DB 1993, 1379 (1380), beide zu § 78 S. 2 BetrVG; 26.9.1990 – 7 AZR 208/89, NZA 1991, 694 (695) zu §§ 8, 46 III 6 BPersVG. ||7 Schaub/*Koch*, ArbRHdb, § 245 Rz. 15 u. § 230 Rz. 15. ||8 Richardi/*Richardi*, § 74 BetrVG Rz. 48. ||9 Richardi/*Richardi*, § 74 BetrVG Rz. 51. ||10 *Fitting*, § 74 BetrVG Rz. 29. ||11 Richardi/*Richardi*, § 74 BetrVG Rz. 46; ErfK/*Oetker*, § 2 SprAuG Rz. 10. ||12 Schaub/*Koch*, ArbRHdb, § 245 Rz. 15 u. § 230 Rz. 16; MünchArbR/*v. Hoyningen-Huene*, § 214 Rz. 26. ||13 MünchArbR/*v. Hoyningen-Huene*, § 214 Rz. 26. ||14 *Hromadka/Sieg*, § 2 Rz. 43; MünchArbR/*Joost*, § 233 Rz. 35.

Zweiter Teil. Sprecherausschuss, Versammlung der leitenden Angestellten, Gesamt-, Unternehmens- und Konzernsprecherausschuss

Erster Abschnitt. Wahl, Zusammensetzung und Amtszeit des Sprecherausschusses

3 *Wahlberechtigung und Wählbarkeit*
(1) Wahlberechtigt sind alle leitenden Angestellten des Betriebs.

(2) Wählbar sind alle leitenden Angestellten, die sechs Monate dem Betrieb angehören. Auf die sechsmonatige Betriebszugehörigkeit werden Zeiten angerechnet, in denen der leitende Angestellte unmittelbar vorher einem anderen Betrieb desselben Unternehmens oder Konzerns (§ 18 Abs. 1 des Aktiengesetzes) als Beschäftigter angehört hat. Nicht wählbar ist, wer

1. auf Grund allgemeinen Auftrags des Arbeitgebers Verhandlungspartner des Sprecherausschusses ist,
2. nicht Aufsichtsratsmitglied der Arbeitnehmer nach § 6 Abs. 2 Satz 1 des Mitbestimmungsgesetzes in Verbindung mit § 105 Abs. 1 des Aktiengesetzes sein kann oder
3. infolge strafgerichtlicher Verurteilung die Fähigkeit, Rechte aus öffentlichen Wahlen zu erlangen, nicht besitzt.

4 *Zahl der Sprecherausschussmitglieder*
(1) Der Sprecherausschuss besteht in Betrieben mit in der Regel
– 10 bis 20 leitenden Angestellten aus einer Person,
– 21 bis 100 leitenden Angestellten aus drei Mitgliedern,
– 101 bis 300 leitenden Angestellten aus fünf Mitgliedern,
– über 300 leitenden Angestellten aus sieben Mitgliedern.

(2) Männer und Frauen sollen entsprechend ihrem zahlenmäßigen Verhältnis im Sprecherausschuss vertreten sein.

5 *Zeitpunkt der Wahlen und Amtszeit*
(1) Die regelmäßigen Wahlen des Sprecherausschusses finden alle vier Jahre in der Zeit vom 1. März bis 31. Mai statt. Sie sind zeitgleich mit den regelmäßigen Betriebsratswahlen nach § 13 Abs. 1 des Betriebsverfassungsgesetzes einzuleiten.

(2) Außerhalb dieses Zeitraums ist der Sprecherausschuss zu wählen, wenn

1. im Betrieb ein Sprecherausschuss nicht besteht,
2. der Sprecherausschuss durch eine gerichtliche Entscheidung aufgelöst ist,
3. die Wahl des Sprecherausschusses mit Erfolg angefochten worden ist oder
4. der Sprecherausschuss mit der Mehrheit seiner Mitglieder seinen Rücktritt beschlossen hat.

(3) Hat außerhalb des in Absatz 1 festgelegten Zeitraums eine Wahl des Sprecherausschusses stattgefunden, ist der Sprecherausschuss in dem auf die Wahl folgenden nächsten Zeitraum der regelmäßigen Wahlen des Sprecherausschusses neu zu wählen. Hat die Amtszeit des Sprecherausschusses zu Beginn des in Absatz 1 festgelegten Zeitraums noch nicht ein Jahr betragen, ist der Sprecherausschuss in dem übernächsten Zeitraum der regelmäßigen Wahlen des Sprecherausschusses neu zu wählen.

(4) Die regelmäßige Amtszeit des Sprecherausschusses beträgt vier Jahre. Die Amtszeit beginnt mit der Bekanntgabe des Wahlergebnisses oder, wenn zu diesem Zeitpunkt noch ein Sprecherausschuss besteht, mit Ablauf von dessen Amtszeit. Die Amtszeit endet spätestens am 31. Mai des Jahres, in dem nach Absatz 1 die regelmäßigen Wahlen des Sprecherausschusses stattfinden. In dem Fall des Absatzes 3 Satz 2 endet die Amtszeit spätestens am 31. Mai des Jahres, in dem der Sprecherausschuss neu zu wählen ist.

(5) In dem Fall des Absatzes 2 Nr. 4 führt der Sprecherausschuss die Geschäfte weiter, bis der neue Sprecherausschuss gewählt und das Wahlergebnis bekannt gegeben ist.

6 *Wahlvorschriften*
(1) Der Sprecherausschuss wird in geheimer und unmittelbarer Wahl gewählt.

(2) Die Wahl erfolgt nach den Grundsätzen der Verhältniswahl; wird nur ein Wahlvorschlag eingereicht, erfolgt die Wahl nach den Grundsätzen der Mehrheitswahl.

(3) In Betrieben, deren Sprecherausschuss aus einer Person besteht, wird dieser mit einfacher Stimmenmehrheit gewählt. In einem getrennten Wahlgang ist ein Ersatzmitglied zu wählen.

(4) Zur Wahl des Sprecherausschusses können die leitenden Angestellten Wahlvorschläge machen. Jeder Wahlvorschlag muss von mindestens einem Zwanzigstel der leitenden Angestellten, jedoch von mindestens drei leitenden Angestellten unterzeichnet sein; in Betrieben mit in der Regel bis zu zwanzig leitenden Angestellten genügt die Unterzeichnung durch zwei leitende Angestellte. In jedem Fall genügt die Unterzeichnung durch fünfzig leitende Angestellte.

7 *Bestellung, Wahl und Aufgaben des Wahlvorstands*
(1) Spätestens zehn Wochen vor Ablauf seiner Amtszeit bestellt der Sprecherausschuss einen aus drei oder einer höheren ungeraden Zahl von leitenden Angestellten bestehenden Wahlvorstand und einen von ihnen als Vorsitzenden.

(2) Besteht in einem Betrieb, der die Voraussetzungen des § 1 Abs. 1 erfüllt, kein Sprecherausschuss, wird in einer Versammlung von der Mehrheit der anwesenden leitenden Angestellten des Betriebs ein Wahlvorstand gewählt. Zu dieser Versammlung können drei leitende Angestellte des Betriebs einladen und Vorschläge für die Zusammensetzung des Wahlvorstands machen. Der Wahlvorstand hat unverzüglich eine Abstimmung darüber herbeizuführen, ob ein Sprecherausschuss gewählt werden soll. Ein Sprecherausschuss wird gewählt, wenn dies die Mehrheit der leitenden Angestellten des Betriebs in einer Versammlung oder durch schriftliche Stimmabgabe verlangt.

(3) Zur Teilnahme an der Versammlung und der Abstimmung nach Absatz 2 sind die Angestellten berechtigt, die vom Wahlvorstand aus Anlass der letzten Betriebsratswahl oder der letzten Wahl von Aufsichtsratsmitgliedern der Arbeitnehmer, falls diese Wahl später als die Betriebsratswahl stattgefunden hat, oder durch gerichtliche Entscheidung den leitenden Angestellten zugeordnet worden sind. Hat zuletzt oder im gleichen Zeitraum wie die nach Satz 1 maßgebende Wahl eine Wahl nach diesem Gesetz stattgefunden, ist die für diese Wahl erfolgte Zuordnung entscheidend.

(4) Der Wahlvorstand hat die Wahl unverzüglich einzuleiten, sie durchzuführen und nach Abschluss der Wahl öffentlich die Auszählung der Stimmen vorzunehmen, deren Ergebnis in einer Niederschrift festzustellen und es im Betrieb bekannt zu geben. Dem Arbeitgeber ist eine Abschrift der Wahlniederschrift zu übersenden.

8 *Wahlanfechtung, Wahlschutz und Wahlkosten*
(1) Die Wahl kann beim Arbeitsgericht angefochten werden, wenn gegen wesentliche Vorschriften über das Wahlrecht, die Wählbarkeit oder das Wahlverfahren verstoßen worden ist und eine Berichtigung nicht erfolgt ist, es sei denn, dass durch den Verstoß das Wahlergebnis nicht geändert oder beeinflusst werden konnte. Zur Anfechtung berechtigt sind mindestens drei leitende Angestellte oder der Arbeitgeber. Die Wahlanfechtung ist nur innerhalb einer Frist von zwei Wochen, vom Tage der Bekanntgabe des Wahlergebnisses an gerechnet, zulässig.

(2) Niemand darf die Wahl des Sprecherausschusses behindern. Insbesondere darf kein leitender Angestellter in der Ausübung des aktiven und passiven Wahlrechts beschränkt werden. Niemand darf die Wahl des Sprecherausschusses durch Zufügung oder Androhung von Nachteilen oder durch Gewährung oder Versprechen von Vorteilen beeinflussen.

(3) Die Kosten der Wahl trägt der Arbeitgeber. Versäumnis von Arbeitszeit, die zur Ausübung des Wahlrechts, zur Betätigung im Wahlvorstand oder zur Tätigkeit als Vermittler (§ 18a des Betriebsverfassungsgesetzes) erforderlich ist, berechtigt den Arbeitgeber nicht zur Minderung des Arbeitsentgelts.

1 **I. Vorbemerkung.** Zwischen den das Wahlverfahren des BR und des SprAu regelnden Normen besteht in wesentlichen Punkten Übereinstimmung, so dass hier in erster Linie auf die Besonderheiten bei der Wahl des SprAu eingegangen wird.

2 Unmittelbare **Wahlen** werden **nur** zum Betriebs- und UnternehmensSprAu durchgeführt. Die **Gewerkschaften** haben – anders als nach dem BetrVG (§§ 14 III u. V, 16 I 6 u. II, 17 III u. IV 1, 18 I 2 BetrVG) – keine Möglichkeit zur unmittelbaren Einwirkung auf die Wahl eines SprAu (s.a. § 2 Rz. 8). Ob in einer sprecherausschussfähigen Einheit iSd. § 1 I ein SprAu gewählt wird, liegt daher allein in der Hand der dieser Einheit zuzuordnenden leitenden Angestellten (s. Rz. 10, § 1 Rz. 7f.). Das SprAuG sieht keine Möglichkeit zur **Ersatzbestellung** des Wahlvorstands (vgl. §§ 16 II u. III, 17 I u. IV BetrVG) vor. Auch das Wahlverfahren ist so ausgestaltet, dass ein SprAu nur errichtet werden kann, wenn sich die Mehrheit der leitenden Angestellten dafür ausspricht; der Gesetzgeber wollte damit der besonderen Stellung der leitenden Angestellten Rechnung tragen, „indem er ihnen ein Wahlrecht zwischen der ausschließlich individuellen Interessenwahrnehmung und der gesetzlichen durch den SprAu einräumt[1]."

3 **II. Behinderungs- und Beeinflussungsverbot.** § 8 II entspricht inhaltlich § 20 I u. II BetrVG. Das Verbot wirkt ggü. jedermann, entsprechende Rechtsgeschäfte sind gem. § 134 BGB nichtig. § 8 II ist Schutzgesetz iSd. § 823 BGB.

---

1 BT-Drs. 11/2503, 38.

III. Wahlberechtigung. Wahlberechtigt sind gem. § 3 I alle leitenden Angestellten (s. § 1 Rz. 6) des Betriebs. Das Bestehen einer arbeitsvertragl. Beziehung zum Betriebsinhaber ist nicht unbedingt erforderlich. Im Rahmen der ATZ-Modelle verfügen ArbN im „klassischen Altersteilzeitmodell" und während der Arbeitsphase des Blockmodells über das aktive Wahlrecht[1]. Zudem ist gem. § 2 II WOSprAuG die Eintragung in die Wählerliste erforderlich, um das aktive Wahlrecht wahrzunehmen. Die **Dauer** der Betriebszugehörigkeit spielt hier keine Rolle. Ist ein leitender Angestellter **nicht ausschließlich einem bestimmten Betrieb** zuzuordnen, kann er in jeder betreffenden Einheit von seiner Wahlberechtigung Gebrauch machen[2]. 4

Als gesetzl. Normalfall sehen § 5 I u. § 13 I BetrVG die gleichzeitige Einleitung der Wahlen des SprAu und des BR vor; die Wahlvorstände haben sich unter Anwendung des besonderen Zuordnungsverfahrens des **§ 18a BetrVG** bei Erstellung der jeweiligen Wählerlisten abzustimmen und so eine eindeutige Abgrenzung sicherzustellen. 5

IV. Wählbarkeit. Neben der Betriebszugehörigkeit (§ 1 Rz. 7f.), der Aufnahme in die Wählerliste (s. Rz. 12) und in eine Vorschlagsliste (§§ 2 I I u. III, 3 II Nr. 7, 5, 10 WOSprAuG) ist gem. § 3 II 1 eine **sechsmonatige Beschäftigung** im Betrieb erforderlich, um passiv wahlberechtigt zu sein. Abzustellen ist auf den Zeitpunkt des letzten Tages der Stimmabgabe[3]. Neben anrechenbaren Zeiten der Vorbeschäftigung iSd. § 3 II 2 werden diese Voraussetzungen weiter dadurch relativiert, dass es genügt, wenn der betreffende ArbN **bei der Wahl** die Voraussetzungen des § 5 III BetrVG erfüllt[4]. Ist die maßgebliche sprecherausschussfähige Organisationseinheit erst **neu gegründet** worden, kann auch vor Ablauf der Frist iSd. § 3 II 1 ein SprAu gewählt werden, da das SprAuG insoweit eine Regelungslücke enthält, die nach einer **analogen** Anwendung des § 8 II BetrVG verlangt[5]. Soweit ein leitender Angestellter **verschiedenen Betrieben** zuzuordnen ist und ein mehrfaches aktives Wahlrecht besitzt (s. Rz. 4), kann er dort auch jeweils in den SprAu gewählt werden[6]. 6

Ausgeschlossen sind die in § 3 II 3 Nr. 1–3 genannten Personen, bei denen ein Interessenkonflikt auf Grund „ihrer unmittelbaren Nähe zur Unternehmensleitung" zu befürchten ist[7]: Die Voraussetzungen der **Nr. 1** erfüllt, wer in einem gewissen allg. Rahmen die Kompetenz zu selbständigen Verhandlungen mit dem SprAu besitzt und nicht nur anlässlich einer konkreten Maßnahme einen allg. Verhandlungsauftrag zumindest für bestimmte Sachbereiche innehat. Zwar muss ein vorbehaltenes Letztentscheidungsrecht des ArbGeb nicht unbedingt schädlich sein, die Funktion eines bloßen Informationsüberbringers muss aber deutlich überschritten werden[8]. Nach **Nr. 2** sind Prokuristen, die dem gesetzl. Vertretungsorgan des Unternehmens (Vorstand der AG, Geschäftsführung der GmbH) unmittelbar unterstellt und zur Ausübung der Prokura für den gesamten Geschäftsbereich des Organs ermächtigt sind, vom passiven Wahlrecht ausgeschlossen. 7

V. Zusammensetzung des Sprecherausschusses. Die Zahl der Mitglieder des SprAu legt § 4 I **zwingend** fest. Entscheidend ist die Beschäftigtenzahl **bei Einleitung der Wahl**. Ein nachträgliches, auch dauerhaftes Absinken der Zahl der leitenden Angestellten hat keinen Einfluss auf den Bestand des gewählten SprAu. Gleiches gilt für ein Unterschreiten der Gesamtzahl der Mitglieder des SprAu, soweit die Organisationseinheit nur überhaupt noch die Voraussetzung des § 1 I erfüllt[9]. Insoweit weist das SprAuG keine Regelungslücke auf, die eine analoge Anwendung des § 13 II Nr. 1 oder 2 BetrVG rechtfertigen könnte[10]. 8

Männer und Frauen sollen nach § 4 II entsprechend ihrem zahlenmäßigen Verhältnis innerhalb der Repräsentationseinheit im SprAu vertreten sein. Diese Norm entspricht § 15 II aF BetrVG; sie hat weder zwingenden Charakter – ein Verstoß berechtigt also nicht zur Anfechtung der Wahl gem. § 8 – noch führt sie zu einer Trennung des Wahlverfahrens nach Geschlechtern[11]. 9

VI. Ablauf des Wahlverfahrens. Die Wahl des SprAu wird durch den Wahlvorstand iSd. § 7 **eingeleitet und durchgeführt**. Besteht bereits ein SprAu, bestellt dieser gem. § 7 I zehn Wochen vor Ablauf seiner Amtszeit den aus drei oder einer höheren ungeraden Zahl von leitenden Angestellten bestehenden Wahlvorstand[12]; **andernfalls** können drei leitende Angestellte – ohne an eine bestimmte Form oder Frist[13] gebunden zu sein – zu einer **Versammlung der leitenden Angestellten** laden, in der dann die Mitglieder des Wahlvorstands mit der **Mehrheit der Stimmen** der Teilnehmer – die Mehrheit der abgegebenen Stimmen genügt also nicht – gewählt werden, § 7 II 1. Wer **zur Teilnahme** an dieser Versammlung 10

---

[1] Sieg/Maschmann, FS Blomeyer, 2003, S. 397 (417ff.), die tatsächliche Eingliederung in den Arbeitsprozess und damit der Erbringung weisungsgebundener Tätigkeit ist maßgebender Anknüpfungspunkt für die Aufgabenerfüllung des Repräsentationsorgans. || [2] Hromadka/Sieg, § 3 Rz. 7; MünchArbR/Joost, § 234 Rz. 14. || [3] Borgwardt/Fischer/Janert/Fischer, § 3 Rz. 2. || [4] MünchArbR/Joost, § 234 Rz. 15. || [5] ErfK/Oetker, § 8 SprAuG Rz. 4; Hromadka/Sieg, § 3 Rz. 18. || [6] Richardi/Thüsing, § 8 BetrVG Rz. 11; Hromadka/Sieg, § 3 Rz. 20. || [7] BT-Drs. 11/2503, 37. || [8] Borgwardt/Fischer/Janert/Fischer, § 3 Rz. 3; Hromadka/Sieg, § 3 Rz. 25. || [9] Kramer, Rechtsfragen des Sprecherausschussgesetzes, Diss. 1993, S. 53. || [10] Romer, Das Sprecherausschussgesetz und die analoge Anwendung des BetrVG, 1996, S. 74f.; MünchArbR/Joost, § 234 Rz. 22. || [11] Richardi, BetrVG, 7. Aufl., § 15 Rz. 7f. || [12] Die Mitgliedschaft im amtierenden SprAu schließt die Möglichkeit, eine Funktion als Wahlvorstand wahrzunehmen, nicht aus, MünchArbR/Joost, § 234 Rz. 30. || [13] Allerdings muss diese Ladung so rechtzeitig erfolgen, dass der Zeitrahmen des § 5 I eingehalten werden kann.

berechtigt ist, ergibt sich aus § 7 III. Eine **Mindestzahl** von Teilnehmern schreibt das Gesetz nicht vor. Der Wahlvorstand hat die Grundabstimmung über die Frage, ob ein SprAu gewählt werden soll, vorzubereiten. Die Bildung des Wahlvorstands kann – ebenso wie die Abstimmung über die Errichtung eines SprAu – **jederzeit** erfolgen[1]. IÜ besitzen weder die Gewerkschaften noch der **Gesamt- bzw. KonzernSprAu** oder das ArbG die Kompetenz zur Bestellung eines Wahlvorstands (s.a. Rz. 2).

11 Der **Vorsitzende** des Wahlvorstands wird, abhängig von der Verfahrensart, entweder vom SprAu bestellt oder von der Versammlung der leitenden Angestellten mit absoluter Stimmenmehrheit gewählt. Bei der Besetzung des Wahlvorstands bleiben **geschlechtsspezifische Gesichtspunkte** außer Betracht. Die Wahl von **Ersatzmitgliedern** ist – ohne dass dies im Gesetz ausdrücklich geregelt wird – zulässig[2]. Für die Mitglieder des Wahlvorstands sieht das SprAuG – im Gegensatz zu §§ 103 BetrVG, 15 III KSchG – keinen besonderen **Kündigungsschutz** vor. Allerdings kann sich aus § 8 II 1 im Einzelfall die Unwirksamkeit der Kündigung ergeben, sollte mit ihr die Wahl des SprAu behindert werden.

12 Zur Vorbereitung der Grundabstimmung (s.a. § 20 Rz. 2) hat der Wahlvorstand eine **Abstimmungsliste** aufzustellen (§ 26 II 1 WOSprAuG), in die die Wahlberechtigten iSd. § 7 III aufzunehmen sind. Entscheidet sich die **absolute Mehrheit** der abstimmungsberechtigten leitenden Angestellten für die Wahl eines SprAu, wird die nächste Stufe des Wahlverfahrens eingeleitet; andernfalls endet das Amt des Wahlvorstands. In der nächsten Phase hat der Wahlvorstand die **Wählerliste** gem. § 2 WOSprAuG aufzustellen und ggf. das **Zuordnungsverfahren** nach § 18a BetrVG durchzuführen. Die Wahl des SprAu ist mit dem Erlass des **Wahlausschreibens** eingeleitet, § 3 I 2 WOSprAuG. Die Wahlberechtigung ergibt sich wieder aus § 7 III. Nach Abschluss der Wahl hat der Wahlausschuss die Stimmenauszählung öffentl. vorzunehmen, deren Ergebnis in einer Niederschrift festzustellen und im Betrieb bekannt zu machen (§ 7 IV 1). Eine Abschrift der Niederschrift ist dem ArbGeb zuzuleiten (§ 7 IV 1). Die Gewählten werden unverzüglich schriftl. benachrichtigt, §§ 15 I 1, 21, 22 IV 3 WOSprAuG.

13 Zur Wahl des **UnternehmensSprAu** und einem Wechsel in der Organisationsform s. §§ 16–19 Rz. 1.

14 **VII. Amtszeit.** Die **regelmäßige** Amtszeit beträgt gem. § 5 IV 1 vier Jahre. Die regelmäßigen Wahlen finden in der Zeit vom 1. März bis 31. Mai statt und sind zugleich mit den BR-Wahlen abzuhalten, § 5 I. Eine **Verkürzung der Amtsperiode** ergibt sich, falls Wahlen außerhalb dieses Zeitraums stattgefunden haben und der SprAu zum Zeitpunkt der nächsten regelmäßigen Wahl bereits ein Jahr im Amt ist, § 5 III. Andernfalls **verlängert** sich die Amtszeit des SprAu, da Neuwahlen erst im übernächsten Zeitraum der regelmäßigen Wahlen des SprAu stattfinden, § 5 III 2.

15 Weitere **Beendigungsgründe** liegen in den in § 5 II Nr. 2–4 genannten Sachverhalten. Diese Aufzählung ist aber nicht abschließend; allgemein führt das dauerhafte Absinken der Zahl der leitenden Angestellten unter die in § 1 I genannte Grenze zum Verlust der SprAu-Fähigkeit und damit zur Auflösung des SprAu[3]; zu einer Beendigung des SprAu-Amtes kommt es auch bei einer Stilllegung des Betriebs (s. § 32 Rz. 6) oder dem Zusammenschluss von Betrieben unter Verlust der Betriebsidentität. Ein **Übergangsmandat** (vgl. § 21a BetrVG) des SprAu kommt nicht in Betracht[4], wohl aber ein **Restmandat** (vgl. § 21b BetrVG)[5].

16 Ohne Einfluss auf das Amt des SprAu bleibt grds. eine **Veräußerung des Betriebs** oder eines Betriebsteils im Wege der Einzelrechtsnachfolge als solche. Eine Ausnahme gilt aber, wenn im aufnehmenden Unternehmen ein UnternehmensSprAu gewählt ist, neben dem ein – für den veräußerten Betrieb gebildeter – BetriebsSprAu nicht bestehen kann[6]. Die leitenden Angestellten des veräußerten Betriebs werden im Unternehmen des Erwerbers durch den dort bestehenden UnternehmensSprAu bis zum Ablauf von dessen Amtszeit mit vertreten und somit nicht vertretungslos gestellt[7]. Auch wenn dadurch die Gesamtzahl der vertretenen leitenden Angestellten erheblich verändert werden sollte, führt das nicht zu einer Beendigung der Amtszeit des UnternehmensSprAu. Besteht dagegen im Unternehmen des Veräußerers ein UnternehmensSprAu und sind auf Erwerberseite SprAu auf betribl. Ebene eingerichtet, kann für den veräußerten Betrieb jederzeit ein BetriebsSprAu gewählt werden – soweit dort die Voraussetzungen des § 1 I erfüllt sind[8].

9 *Ausschluss von Mitgliedern, Auflösung des Sprecherausschusses und Erlöschen der Mitgliedschaft*
(1) Mindestens ein Viertel der leitenden Angestellten oder der Arbeitgeber können beim Arbeitsgericht den Ausschluss eines Mitglieds aus dem Sprecherausschuss oder die Auflösung des Sprecherausschusses wegen grober Verletzung seiner gesetzlichen Pflichten beantragen. Der Ausschluss eines Mitglieds kann auch vom Sprecherausschuss beantragt werden.

---

[1] ErfK/*Oetker*, § 37 SprAuG Rz. 1. ||[2] *Romer*, Das Sprecherausschussgesetz und die analoge Anwendung des BetrVG, 1996, S. 76f.; s.a. MünchArbR/*Joost*, § 234 Rz. 29; Borgwardt/Fischer/Janert/*Fischer*, § 7 Rz. 3. ||[3] *Kramer*, Rechtsfragen des Sprecherausschussgesetzes, Diss. 1993, S. 53; MünchArbR/*Joost*, § 234 Rz. 56. ||[4] So *Rieble*, NZA 2002, 233 (240); *Löwisch/Schmidt-Kessel*, BB 2001, 2162; aA *Sieg*, FS Richardi, 2007, S. 777 (792ff.), der eine analoge Anwendung von § 21a BetrVG unter Hinweis auf Art. 6 BetriebsübergangsRL 2001/23/EG befürwortet. ||[5] So *Hromadka/Sieg*, § 5 Rz. 34; *Sieg*, FS Richardi, 2007, S. 777 (795). ||[6] ErfK/*Oetker*, § 8 SprAuG Rz. 8; *Löwisch*, BB 1990, 1698 (1698). ||[7] *Löwisch*, BB 1990, 1698 (1698). ||[8] *Kramer*, Rechtsfragen des Sprecherausschussgesetzes, Diss. 1993, S. 61.

(2) Die Mitgliedschaft im Sprecherausschuss erlischt durch
1. Ablauf der Amtszeit,
2. Niederlegung des Sprecherausschussamtes,
3. Beendigung des Arbeitsverhältnisses,
4. Verlust der Wählbarkeit,
5. Ausschluss aus dem Sprecherausschuss oder Auflösung des Sprecherausschusses auf Grund einer gerichtlichen Entscheidung oder
6. gerichtliche Entscheidung über die Feststellung der Nichtwählbarkeit nach Ablauf der in § 8 Abs. 1 Satz 3 bezeichneten Frist, es sei denn, der Mangel liegt nicht mehr vor.

Abs. 1 entspricht § 23 I BetrVG, dessen Grundsätze hier Anwendung finden. Entsprechend dieser Norm kann auch hier eine grobe, also **objektiv erhebliche und schuldhafte**[1] Pflichtverletzung iSd. Abs. 1 zu den **völlig verschiedenen Rechtsfolgen** der Amtsenthebung eines SprAu-Mitglieds oder zur Auflösung des gesamten SprAu führen. Erforderlich ist dafür stets eine Entscheidung des ArbG, womit deutlich wird, dass der SprAu **kein imperatives Mandat** ausübt[2]. Zur Stellung der **Koalitionen** s. § 2 Rz. 8. Ihres Amtes enthoben werden können auch **Ersatzmitglieder**, soweit sie im Rahmen ihrer Amtsausübung eine grobe Pflichtverletzung begehen[3]. Im Falle des Abs. 1 S. 2 ist das betroffene SprAu-Mitglied von Beratung und Abstimmung **ausgeschlossen**[4]. Mangels echter MitbestR (s. Vor § 25 Rz. 1) des SprAu **fehlt ein besonderes Zwangsverfahren** bei Verstößen des ArbGeb iSd. § 23 III BetrVG. Der SprAu kann aber ein **Beschlussverfahren** iSd. § 2a I Nr. 2 ArbGG gegen den ArbGeb einleiten[5]. Das **automatische Erlöschen** der Mitgliedschaft im SprAu regelt § 9 II, der § 24 BetrVG entspricht. Dessen Grundsätze finden auch hier Anwendung. 1

10 *Ersatzmitglieder*
(1) Scheidet ein Mitglied des Sprecherausschusses aus, rückt ein Ersatzmitglied nach. Dies gilt entsprechend für die Stellvertretung eines zeitweilig verhinderten Mitglieds des Sprecherausschusses.

(2) Die Ersatzmitglieder werden der Reihe nach aus den nicht gewählten leitenden Angestellten derjenigen Vorschlagslisten entnommen, denen die zu ersetzenden Mitglieder angehören. Ist eine Vorschlagsliste erschöpft, ist das Ersatzmitglied derjenigen Vorschlagsliste zu entnehmen, auf die nach den Grundsätzen der Verhältniswahl der nächste Sitz entfallen würde. Ist das ausgeschiedene oder verhinderte Mitglied nach den Grundsätzen der Mehrheitswahl gewählt, bestimmt sich die Reihenfolge der Ersatzmitglieder nach der Höhe der erreichten Stimmenzahl.

(3) In dem Fall des § 6 Abs. 3 gilt Absatz 1 mit der Maßgabe, dass das gewählte Ersatzmitglied nachrückt oder die Stellvertretung übernimmt.

Zweiter Abschnitt. Geschäftsführung des Sprecherausschusses

11 *Vorsitzender*
(1) Der Sprecherausschuss wählt aus seiner Mitte den Vorsitzenden und dessen Stellvertreter.

(2) Der Vorsitzende vertritt den Sprecherausschuss im Rahmen der von diesem gefassten Beschlüsse. Zur Entgegennahme von Erklärungen, die dem Sprecherausschuss gegenüber abzugeben sind, ist der Vorsitzende berechtigt. Im Falle der Verhinderung des Vorsitzenden nimmt sein Stellvertreter diese Aufgaben wahr.

(3) Der Sprecherausschuss kann die laufenden Geschäfte auf den Vorsitzenden oder andere Mitglieder des Sprecherausschusses übertragen.

12 *Sitzungen des Sprecherausschusses*
(1) Vor Ablauf einer Woche nach dem Wahltag hat der Wahlvorstand die Mitglieder des Sprecherausschusses zu der nach § 11 Abs. 1 vorgeschriebenen Wahl einzuberufen. Der Vorsitzende des Wahlvorstands leitet die Sitzung, bis der Sprecherausschuss aus seiner Mitte einen Wahlleiter zur Wahl des Vorsitzenden und seines Stellvertreters bestellt hat.

(2) Die weiteren Sitzungen beruft der Vorsitzende des Sprecherausschusses ein. Er setzt die Tagesordnung fest und leitet die Verhandlung. Der Vorsitzende hat die Mitglieder des Sprecherausschusses zu den Sitzungen rechtzeitig unter Mitteilung der Tagesordnung zu laden.

(3) Der Vorsitzende hat eine Sitzung einzuberufen und den Gegenstand, dessen Beratung beantragt ist, auf die Tagesordnung zu setzen, wenn dies ein Drittel der Mitglieder des Sprecherausschusses oder der Arbeitgeber beantragen.

---

1 Richardi/*Thüsing*, § 23 BetrVG Rz. 28f. || 2 BT-Drs. 11/2503, 39; s.a. Richardi/*Thüsing*, § 23 BetrVG Rz. 5. || 3 MünchArbR/*Joost*, § 234 Rz. 104. || 4 *Oetker*, ZfA 1990, 43 (52f.). || 5 ErfK/*Oetker*, § 9 SprAuG Rz. 2.

(4) Der Arbeitgeber nimmt an den Sitzungen, die auf sein Verlangen anberaumt sind, und an den Sitzungen, zu denen er ausdrücklich eingeladen ist, teil.

(5) Die Sitzungen des Sprecherausschusses finden in der Regel während der Arbeitszeit statt. Der Sprecherausschuss hat bei der Anberaumung von Sitzungen auf die betrieblichen Notwendigkeiten Rücksicht zu nehmen. Der Arbeitgeber ist über den Zeitpunkt der Sitzung vorher zu verständigen. Die Sitzungen des Sprecherausschusses sind nicht öffentlich; § 2 Abs. 2 bleibt unberührt.

13 Beschlüsse und Geschäftsordnung des Sprecherausschusses

(1) Die Beschlüsse des Sprecherausschusses werden, soweit in diesem Gesetz nichts anderes bestimmt ist, mit der Mehrheit der Stimmen der anwesenden Mitglieder gefasst. Bei Stimmengleichheit ist ein Antrag abgelehnt.

(2) Der Sprecherausschuss ist nur beschlussfähig, wenn mindestens die Hälfte seiner Mitglieder an der Beschlussfassung teilnimmt. Stellvertretung durch Ersatzmitglieder ist zulässig.

(3) Über jede Verhandlung des Sprecherausschusses ist eine Niederschrift anzufertigen, die mindestens den Wortlaut der Beschlüsse und die Stimmenmehrheit, mit der sie gefasst sind, enthält. Die Niederschrift ist von dem Vorsitzenden und einem weiteren Mitglied zu unterzeichnen. Der Niederschrift ist eine Anwesenheitsliste beizufügen, in die sich jeder Teilnehmer eigenhändig einzutragen hat.

(4) Die Mitglieder des Sprecherausschusses haben das Recht, die Unterlagen des Sprecherausschusses jederzeit einzusehen.

(5) Sonstige Bestimmungen über die Geschäftsführung können in einer schriftlichen Geschäftsordnung getroffen werden, die der Sprecherausschuss mit der Mehrheit der Stimmen seiner Mitglieder beschließt.

14 Arbeitsversäumnis und Kosten

(1) Mitglieder des Sprecherausschusses sind von ihrer beruflichen Tätigkeit ohne Minderung des Arbeitsentgelts zu befreien, wenn und soweit es nach Umfang und Art des Betriebs zur ordnungsgemäßen Durchführung ihrer Aufgaben erforderlich ist.

(2) Die durch die Tätigkeit des Sprecherausschusses entstehenden Kosten trägt der Arbeitgeber. Für die Sitzungen und die laufende Geschäftsführung hat der Arbeitgeber in erforderlichem Umfang Räume, sachliche Mittel und Büropersonal zur Verfügung zu stellen.

1 **I. Vorbemerkung.** Die rechtl. Stellung der SprAu-Mitglieder unterscheidet sich deutlich von derjenigen der BR-Mitglieder. Die §§ 37 III–VII, 38, 39, 41 BetrVG sowie die Regelungen des besonderen Kündigungs- und Versetzungsschutzes, §§ 103 BetrVG, 15 KSchG, finden im SprAuG keine Entsprechung. § 14 liegt die Annahme des Gesetzgebers zugrunde, dass die Mitglieder des SprAu ihr Amt **unentgeltlich** ausüben und sie wegen ihres Amtes **weder begünstigt noch benachteiligt** werden dürfen (vgl. § 37 IV u. V BetrVG)[1], s.a. § 2 III 2.

2 **II. Arbeitsbefreiung ohne Entgeltminderung.** Soweit die ordnungsgemäße Wahrnehmung ihrer **Amtsobliegenheiten** es erfordert, sind Mitglieder des SprAu von ihrer berufl. Tätigkeit freizustellen. § 14 I entspricht § 37 II BetrVG, auf dessen Grundsätze hier verwiesen werden kann[2]. Das SprAuG sieht im Gegensatz zu § 37 III BetrVG **keinen** Anspruch auf **Freizeitausgleich** vor. Ob § 37 III BetrVG Ausdruck eines **allgemeinen Rechtsgedankens** ist, so dass auch ohne ausdrückliche Normierung ein entsprechender Anspruch der SprAu-Mitglieder anzuerkennen ist, ist umstritten[3]. Einigkeit besteht aber darin, dass in besonderen Situationen die Erbringung der Arbeitsleistung für das SprAu-Mitglied **unzumutbar** sein kann, so dass jedenfalls ein Leistungsverweigerungsrecht besteht[4]. Es bedarf **keiner Zustimmung** des ArbGeb zur Arbeitsbefreiung. Das SprAu-Mitglied hat sich aber **ordnungsgemäß abzumelden**[5]. Ob sich im Rahmen der Erforderlichkeit auch eine **vollständige Freistellung** einzelner Mitglieder rechtfertigen lässt, ist umstritten[6].

3 **III. Kostentragung.** § 14 II begründet **unabdingbar**[7] die Pflicht des ArbGeb, die durch die Tätigkeit des SprAu entstehenden Kosten zu tragen; im Wesentlichen entspricht die Regelung § 40 BetrVG, dessen Grundsätze hier entsprechend angewendet werden können. Die Kostentragungspflicht steht unter dem **Vorbehalt der Verhältnismäßigkeit**[8]. Damit tragen die SprAu-Mitglieder das Risiko der Eigenhaf-

---

1 BT-Drs. 11/2503, 39. || 2 Zum Begriff der Erforderlichkeit s.a. Richardi/*Thüsing*, § 37 BetrVG Rz. 21 ff. || 3 Bejahend: MünchArbR/*Joost*, § 234 Rz. 86; abl.: ErfK/*Oetker*, § 14 SprAuG Rz. 2; *Löwisch*, § 14 Rz. 1; *Sieg*, FS Richardi, 2007, S. 777 (787). || 4 *Hromadka/Sieg*, § 14 Rz. 9; *Löwisch*, § 14 Rz. 1; MünchArbR/*Joost*, § 234 Rz. 87. || 5 Angaben über Ort und voraussichtliche Dauer der SprAu-Tätigkeit; eine persönliche Abmeldung beim ArbGeb kann nicht verlangt werden, s. Richardi/*Thüsing*, § 37 BetrVG Rz. 27. || 6 ErfK/*Oetker*, § 14 SprAuG Rz. 3, zumindest für vorübergehende vollständige Freistellung; ebenso *Sieg*, FS Richardi, 2007, S. 777 (787); MünchArbR/*Joost*, § 234 Rz. 88, unter Hinweis auf die zu § 37 II BetrVG entwickelten Grundsätze, s.a. § 37 BetrVG Rz. 6 ff.; aA *Hromadka/Sieg*, § 14 Rz. 2; *Löwisch*, § 14 Rz. 1. || 7 MünchArbR/*Joost*, § 234 Rz. 101. || 8 ErfK/*Oetker*, § 14 SprAuG Rz. 4 mwN.

tung bei Überschreitung dieses Rahmens¹. Neben dem Sachaufwand des SprAu sind auch persönliche Kosten einzelner SprAu-Mitglieder ersatzfähig (s.a. Rz. 4)².

IV. Schulungs- und Bildungsveranstaltungen. Das SprAuG gewährt den SprAu-Mitgliedern für deren Teilnahme an Schulungs- und Bildungsveranstaltungen iSd. § 37 VI u. VII BetrVG **keinen Anspruch** auf Befreiung von der Arbeitspflicht. Zur Möglichkeit einer einvernehmlichen Einigung zwischen ArbGeb und SprAu s. § 28 Rz. 14. **Im Einzelfall** kann sich aber im Rahmen der ordnungsgemäßen Aufgabenerfüllung iSd. § 14 I ein entsprechender Anspruch ergeben³ – wenn dies unumgänglich für die Tätigkeit im SprAu ist. Nimmt das SprAu-Mitglied an Schulungen teil, kann **Kostenersatz** vom ArbGeb verlangt werden, wenn dieser Aufwand erforderlich und verhältnismäßig ist und er auch im Hinblick auf Größe und Leistungsfähigkeit des Betriebs angemessen ist⁴. Ist eine Organisation der leitenden Angestellten Träger einer Schulungseinrichtung, ergibt sich für die Kostentragungspflicht eine **immanente Schranke** aus den Grundsätzen des Koalitionsrechts⁵.

V. Entgelt- und Tätigkeitsschutz. Zwar findet sich im SprAuG keine mit § 37 IV u. V BetrVG vergleichbare Regelung, allerdings werden (auch die ehemaligen) SprAu-Mitglieder insoweit durch das Benachteiligungsverbot iSd. § 2 III 2 geschützt.

Dritter Abschnitt. Versammlung der leitenden Angestellten

15 *Zeitpunkt, Einberufung und Themen der Versammlung*
(1) Der Sprecherausschuss soll einmal im Kalenderjahr eine Versammlung der leitenden Angestellten einberufen und in ihr einen Tätigkeitsbericht erstatten. Auf Antrag des Arbeitgebers oder eines Viertels der leitenden Angestellten hat der Sprecherausschuss eine Versammlung der leitenden Angestellten einzuberufen und den beantragten Beratungsgegenstand auf die Tagesordnung zu setzen.

(2) Die Versammlung der leitenden Angestellten soll während der Arbeitszeit stattfinden. Sie wird vom Vorsitzenden des Sprecherausschusses geleitet. Sie ist nicht öffentlich.

(3) Der Arbeitgeber ist zu der Versammlung der leitenden Angestellten unter Mitteilung der Tagesordnung einzuladen. Er ist berechtigt, in der Versammlung zu sprechen. Er hat über Angelegenheiten der leitenden Angestellten und die wirtschaftliche Lage und Entwicklung des Betriebs zu berichten, soweit dadurch nicht Betriebs- oder Geschäftsgeheimnisse gefährdet werden.

(4) Die Versammlung der leitenden Angestellten kann dem Sprecherausschuss Anträge unterbreiten und zu seinen Beschlüssen Stellung nehmen. § 2 Abs. 4 gilt entsprechend.

I. Einberufung der Versammlung. Zuständig für die Einberufung einer Versammlung der leitenden Angestellten ist der SprAu oder der UnternehmensSprAu (§§ 15 I 1, 20 I 2). Vorauszugehen hat eine entsprechende Beschlussfassung, die auch die Tagesordnung, den Zeitpunkt und ggf. den Ort der Versammlung zum Gegenstand hat. Es ist zwischen einer **ordentl.** (Abs. 1 S. 1) und einer **außerordentl.** (Abs. 1 S. 2) Versammlung zu unterscheiden. Bei der Erstgenannten wird durch die Sollvorschrift eine **flexible** Verfahrenspraxis ermöglicht⁶. Ob damit die Durchführung der Versammlung in das **freie Ermessen** des SprAu gestellt wird, ist umstritten⁷. Der **ArbGeb** ist bei **jeder** Versammlung teilnahmeberechtigt (Abs. 3 S. 1).

Neben der ordentl. **kann** der SprAu bei Vorliegen entsprechender Gründe⁸ auch weitere Versammlungen einberufen. Mit Blick auf die entstehenden Kosten (s. Rz. 6) ist unter dem Gesichtspunkt der **Verhältnismäßigkeit** zu verlangen, dass die zu erörternden Angelegenheiten für die leitenden Angestellten oder den Betrieb von so wesentlicher Bedeutung sind, dass ein Abwarten bis zur nächsten regelmäßigen Versammlung mit dem Zweck der Norm nicht zu vereinbaren ist⁹. Liegen die Voraussetzungen des Abs. 1 S. 2 vor und sind auch die weiteren Zulässigkeitsvoraussetzungen gegeben¹⁰, **muss** eine außerordentl. Versammlung einberufen werden.

---

1 *Hromadka/Sieg*, § 14 Rz. 14a; evtl. als Gesamtschuldner iSd. § 427 BGB, *Löwisch*, § 14 Rz. 8; vgl. BGH 25.10. 2012 – III ZR 266/11, NZA 2012, 1382. ||2 Bsp. *Kaiser*, Rz. 60 ff.; *Hromadka/Sieg*, § 14 Rz. 17 ff. ||3 MünchArbR/*Joost*, § 234 Rz. 89; ErfK/*Oetker*, §§ 11–14 SprAuG Rz. 5; Schaub/*Koch*, ArbRHdb, § 246 Rz. 19; aA *Romer*, Das Sprecherausschussgesetz und die analoge Anwendung des BetrVG, 1996, S. 91 f.; *Kramer*, DB 1993, 1138 (1140 mwN). ||4 *Hromadka/Sieg*, § 14 Rz. 22. ||5 Diese Organisationen dürfen insoweit keinen finanziellen Gewinn erwirtschaften, s. Richardi/*Thüsing*, § 40 BetrVG Rz. 36; ErfK/*Oetker*, § 14 SprAuG Rz. 5 mwN. ||6 BT-Drs. 11/2503, 39. ||7 Nach ErfK/*Oetker*, § 15 Rz. 2 mwN, kann auf die Versammlung verzichtet werden, wenn dies dem Willen der leitenden Angestellten entspricht; aA MünchArbR/*Joost*, § 234 Rz. 109, der für einen Verzicht das Vorliegen besonderer objektiver Gründe verlangt. ||8 Welche Anforderungen insoweit gelten, wird ebenfalls nicht einheitlich beurteilt: MünchArbR/*Joost*, § 234 Rz. 110, verlangt besondere Gründe iSd. § 43 I 4 BetrVG, der hier entsprechend anzuwenden sei; *Hromadka/Sieg*, § 15 Rz. 7a, lässt dagegen genügen, dass dem SprAu eine zusätzliche Versammlung nach pflichtgemäßer Prüfung notwendig erscheint. ||9 Richardi/*Annuß*, § 43 BetrVG Rz. 26. ||10 Vor allem das Vorliegen eines Beratungsgegenstandes, der in die Zuständigkeit der Versammlung der leitenden Angestellten fällt, Richardi/*Annuß*, § 43 BetrVG Rz. 29.

3 **II. Durchführung der Versammlung.** Die Versammlung wird vom Vorsitzenden des SprAu **geleitet** (Abs. 2 S. 2) der auch das **Hausrecht** ausübt und die Ordnung zu wahren hat[1]. Auch hier besteht die **Pflicht zur Wahrung des innerbetrieblichen Friedens** (Abs. 4 S. 2, s.a. § 2 Rz. 16). Ob die Möglichkeit zur Abhaltung von **Teilversammlungen** besteht, ist umstritten[2]; eine mit § 42 I 3 BetrVG vergleichbare Regelung fehlt im SprAuG.

4 Die Versammlungen sollen **während der betrieblichen Arbeitszeit** stattfinden (Abs. 2 S. 1). Eine Abweichung hiervon ist nur bei Vorliegen besonderer Gründe möglich. Ob dies auch für außerordentl. Versammlungen gilt oder ob § 44 I 1 und II 1 BetrVG einen allg. Rechtsgedanken enthalten, den es auch hier zu beachten gilt, ist umstritten[3]. **Zeit** und **Ort** der Versammlung legt zwar der SprAu fest, doch verpflichtet ihn der Grundsatz der vertrauensvollen Zusammenarbeit iSd. § 2 I, dabei auch **Rücksicht auf die betrieblichen Belange** zu nehmen.

5 Die Versammlung ist grds. im Betrieb abzuhalten. **Teilnahmeberechtigt** sind die leitenden Angestellten der durch den SprAu repräsentierten Organisationseinheit, der SprAu und der ArbGeb (s. Rz. 1) bzw. sein Vertreter[4] (Abs. 2 S. 3). Die **Hinzuziehung weiterer Personen** wird durch den Grundsatz der Nichtöffentlichkeit nicht völlig ausgeschlossen und kann auch auf einzelne Tagesordnungspunkte beschränkt werden[5]. Mit dem **Tätigkeitsbericht** muss der SprAu ein umfassendes Bild seiner Arbeit im Berichtszeitraum geben[6]. Den ArbGeb trifft nur auf den ordentl. Versammlungen eine **Berichtspflicht** iSd. Abs. 3 S. 3[7]. Die **Funktion** der Versammlung legt Abs. 4 fest. **Entscheidungs- oder Kontrollbefugnisse** stehen der Versammlung **nicht** zu[8].

6 **III. Entgeltfortzahlung und Kosten.** Auch ohne ausdrückliche gesetzl. Regelung ergibt sich aus Abs. 2 S. 1 die Pflicht des ArbGeb, leitenden Angestellten das Arbeitsentgelt für **innerhalb der persönlichen Arbeitszeit** liegende Versammlungen **ohne Minderung weiter zu zahlen**[9]. Den für die Versammlung erforderlichen **Personal- und Sachaufwand** hat der ArbGeb in den Grenzen des § 14 II zu tragen (s. § 14 Rz. 3). Der ArbGeb hat auch erforderliche **Fahrtkosten** zu erstatten[10].

Vierter Abschnitt. Gesamtsprecherausschuss

16 *Errichtung, Mitgliederzahl und Stimmengewicht*
(1) Bestehen in einem Unternehmen mehrere Sprecherausschüsse, ist ein Gesamtsprecherausschuss zu errichten.

(2) In den Gesamtsprecherausschuss entsendet jeder Sprecherausschuss eines seiner Mitglieder. Satz 1 gilt entsprechend für die Abberufung. Durch Vereinbarung zwischen Gesamtsprecherausschuss und Arbeitgeber kann die Mitgliederzahl des Gesamtsprecherausschusses abweichend von Satz 1 geregelt werden.

(3) Der Sprecherausschuss hat für jedes Mitglied des Gesamtsprecherausschusses mindestens ein Ersatzmitglied zu bestellen und die Reihenfolge des Nachrückens festzulegen; § 10 Abs. 3 gilt entsprechend.

(4) Jedes Mitglied des Gesamtsprecherausschusses hat so viele Stimmen, wie in dem Betrieb, in dem es gewählt wurde, leitende Angestellte in der Wählerliste der leitenden Angestellten eingetragen sind. Ist ein Mitglied des Gesamtsprecherausschusses für mehrere Betriebe entsandt worden, hat es so viele Stimmen, wie in den Betrieben, für die es entsandt ist, leitende Angestellte in den Wählerlisten eingetragen sind. Sind für einen Betrieb mehrere Mitglieder des Sprecherausschusses entsandt worden, stehen diesen die Stimmen nach Satz 1 anteilig zu.

---

1 Richardi/*Annuß*, § 42 BetrVG Rz. 22 ff. ||2 Abl.: MünchArbR/*Joost*, § 234 Rz. 108; zwischen ordentlicher und außerordentlicher Versammlung diff. ErfK/*Oetker*, § 15 SprAuG Rz. 3: Letztere soll der SprAu als Teil- bzw. Abteilungsversammlung durchführen können, wenn dies sachlich gerechtfertigt ist. Hromadka/Sieg, § 15 Rz. 4, nehmen eine Regelungslücke an, so dass jedenfalls bei Einvernehmen zwischen ArbGeb und SprAu Teilversammlungen zulässig sein sollen. ||3 Für die analoge Anwendung des § 44 BetrVG ErfK/*Oetker*, § 15 SprAuG Rz. 4; *Oetker*, ZfA 1990, 43 (58); aA MünchArbR/*Joost*, § 234 Rz. 114; *Löwisch*, § 15 Rz. 4; Hromadka/Sieg, § 15 Rz. 9. ||4 ErfK/*Oetker*, § 15 SprAuG Rz. 6 mwN; *Löwisch*, § 15 Rz. 9, schränkt die Vertretungsmöglichkeit des ArbGeb auf solche Personen ein, die auf Grund ihres allg. Auftrags Verhandlungspartner des SprAu sind. ||5 Ist die Teilnahme dieser Person zur zweckdienlichen Beratung erforderlich, kann der SprAu auch ohne Zustimmung des ArbGeb eine entsprechende Einladung aussprechen, MünchArbR/*Joost*, § 234 Rz. 119, § 224 Rz. 39; ErfK/*Oetker*, § 15 SprAuG Rz. 6. In Frage kommen zB Mitglieder des BR, anderer SprAu, des GesamtSprAu, des KonzernSprAu, Verbandsvertreter oder Sachverst., Hromadka/Sieg, § 15 Rz. 13. ||6 Richardi/*Annuß*, § 43 BetrVG Rz. 9. ||7 MünchArbR/*Joost*, § 234 Rz. 122. ||8 MünchArbR/*Joost*, § 234 Rz. 106. ||9 ErfK/*Oetker*, § 15 SprAuG Rz. 7 mwN. ||10 ErfK/*Oetker*, § 15 SprAuG Rz. 7; MünchArbR/*Joost*, § 234 Rz. 128; *Löwisch*, § 15 Rz. 15; Schaub/*Koch*, ArbRHdb § 247 Rz. 4; aA Hromadka/Sieg, § 15 Rz. 36, der aber für den Fall, dass der Versammlungsort nicht im eigenen Betrieb liegt, eine Erstattungspflicht für möglich hält.

17 *Ausschluss von Mitgliedern und Erlöschen der Mitgliedschaft*
(1) Mindestens ein Viertel der leitenden Angestellten des Unternehmens, der Gesamtsprecherausschuss oder der Arbeitgeber können beim Arbeitsgericht den Ausschluss eines Mitglieds aus dem Gesamtsprecherausschuss wegen grober Verletzung seiner gesetzlichen Pflichten beantragen.

(2) Die Mitgliedschaft im Gesamtsprecherausschuss endet mit Erlöschen der Mitgliedschaft im Sprecherausschuss, durch Amtsniederlegung, durch Ausschluss aus dem Gesamtsprecherausschuss auf Grund einer gerichtlichen Entscheidung oder Abberufung durch den Sprecherausschuss.

18 *Zuständigkeit*
(1) Der Gesamtsprecherausschuss ist zuständig für die Behandlung von Angelegenheiten, die das Unternehmen oder mehrere Betriebe des Unternehmens betreffen und nicht durch die einzelnen Sprecherausschüsse innerhalb ihrer Betriebe behandelt werden können. Er ist den Sprecherausschüssen nicht übergeordnet.

(2) Der Sprecherausschuss kann mit der Mehrheit der Stimmen seiner Mitglieder den Gesamtsprecherausschuss schriftlich beauftragen, eine Angelegenheit für ihn zu behandeln. Der Sprecherausschuss kann sich dabei die Entscheidungsbefugnis vorbehalten. Für den Widerruf der Beauftragung gilt Satz 1 entsprechend.

(3) Die Vorschriften über die Rechte und Pflichten des Sprecherausschusses und die Rechtsstellung seiner Mitglieder gelten entsprechend für den Gesamtsprecherausschuss.

19 *Geschäftsführung*
(1) Für den Gesamtsprecherausschuss gelten § 10 Abs. 1, die §§ 11, 13 Abs. 1, 3 bis 5 und § 14 entsprechend.

(2) Ist ein Gesamtsprecherausschuss zu errichten, hat der Sprecherausschuss der Hauptverwaltung des Unternehmens oder, sofern ein solcher nicht besteht, der Sprecherausschuss des nach der Zahl der leitenden Angestellten größten Betriebs zu der Wahl des Vorsitzenden und des stellvertretenden Vorsitzenden des Gesamtsprecherausschusses einzuladen. Der Vorsitzende des einladenden Sprecherausschusses hat die Sitzung zu leiten, bis der Gesamtsprecherausschuss aus seiner Mitte einen Wahlleiter zur Wahl des Vorsitzenden und seines Stellvertreters bestellt hat. § 12 Abs. 2 bis 5 gilt entsprechend.

(3) Der Gesamtsprecherausschuss ist nur beschlussfähig, wenn mindestens die Hälfte seiner Mitglieder an der Beschlussfassung teilnimmt und die Teilnehmenden mindestens die Hälfte aller Stimmen vertreten. Stellvertretung durch Ersatzmitglieder ist zulässig.

I. Vorbemerkung. Der GesamtSprAu soll die Belange der leitenden Angestellten **betriebsübergreifend** vertreten. Seine Errichtung steht – soweit mehrere SprAu im Unternehmen gebildet sind – nicht im Belieben der SprAu, § 16 I. Der GesamtSprAu ist ein **selbständiges** Organ mit **eigenem Zuständigkeitsbereich** (s. Rz. 3) und wie der GesamtBR als **Dauereinrichtung** konzipiert[1]. Den einzelnen SprAu ist er **nicht übergeordnet** (§ 18 I 2). Sowohl der GesamtSprAu als auch seine Mitglieder haben dieselben Rechte und Pflichten wie der SprAu und dessen Mitglieder[2]. Zur Möglichkeit, durch die Wahl eines UnternehmensSprAu ein **zweistufiges Ordnungsmodell** der Interessenvertretung zu etablieren, s. § 20 Rz. 1 ff. Eine **Versammlung** des GesamtSprAu mit den Vorsitzenden der SprAu, vergleichbar der Betriebsräteversammlung iSd. § 53 BetrVG, ist im SprAuG nicht vorgesehen. **Errichtet** wird der GesamtSprAu durch die Entsendung von Mitgliedern der einzelnen SprAu. Kommen diese ihrer Pflicht (s. § 1 Rz. 5) nicht nach, kann darin eine grobe Verfehlung iSd. § 9 liegen[3].

II. Zusammensetzung und Größe. Grds. entsendet **jeder SprAu** durch Mehrheitsbeschluss iSd. § 13[4] **je einen Vertreter**[5] in den GesamtSprAu (§ 16 II 1). Wird ein Betrieb von zwei Unternehmen **gemeinsam geführt**, ist angesichts des Fehlens einer dem § 47 IX BetrVG vergleichbaren Regel zweifelhaft, ob und wie der SprAu in den GesamtSprAu entsendet[6]. Es liegt im Ermessen von GesamtSprAu und ArbGeb, sich gem. § 16 II 3 auf eine abweichende Regelung zu einigen, dh. den GesamtSprAu zu **verkleinern oder** zu **vergrößern**. Um das Beteiligungsrecht der SprAu nicht auszuhebeln, muss ein Verfahren vorgesehen werden, das deren gleichberechtigten Einfluss auf die Person des gemeinsamen Vertreters sicherstellt[7]. Für jedes entsandte Mitglied hat der SprAu mindestens ein **Ersatzmitglied** zu bestellen und die Reihenfolge des Nachrückens festzulegen (§ 16 III Hs. 1).

III. Zuständigkeit. Originäre Zuständigkeit besitzt der GesamtSprAu gem. § 18 I für **überbetriebliche** Angelegenheiten, die nicht durch die einzelnen SprAu innerhalb ihrer Betriebe geregelt werden können. Es muss ein **zwingendes Bedürfnis** an einer unternehmenseinheitlichen bzw. betriebsübergreifenden

---

[1] BT-Drs. 11/2503, 40. ||[2] *Hromadka/Sieg*, § 18 Rz. 22. ||[3] S. a. Richardi/*Annuß*, § 47 BetrVG Rz. 40. ||[4] *Löwisch*, § 16 Rz. 7. ||[5] Besteht der SprAu nur aus einer Person, wird diese ohne weiteres Mitglied im GesamtSprAu, *Löwisch*, § 16 Rz. 7; s.a. Richardi/*Annuß*, § 47 BetrVG Rz. 30. Die Beachtung eines Geschlechterproporzes ist bei der Entsendung nicht vorgeschrieben. ||[6] Bejahend *Kaiser*, Rz. 15; zum Streitstand Richardi/*Annuß*, § 47 BetrVG Rz. 76ff. ||[7] MünchArbR/*Joost*, § 234 Rz. 135 mwN.

Regelung bestehen, wobei auf die Verhältnisse des konkreten Unternehmens abzustellen ist[1]; reine Zweckmäßigkeitsüberlegungen genügen hier nicht (s.a. § 50 BetrVG Rz. 4). Unabhängig von einer konkreten Aufgabenwahrnehmung können die **einzelnen SprAu** innerhalb des eigenen Zuständigkeitsbereichs des GesamtSprAu **keine Befugnisse** geltend machen[2]. Die Zuständigkeit des GesamtSprAu **erstreckt sich auch auf Betriebe ohne SprAu**[3].

4   Darüber hinaus kann der GesamtSprAu **in bestimmten Angelegenheiten** außerhalb seines originären Zuständigkeitsbereichs **kraft Auftrags** eines SprAu tätig werden (§ 18 II 2). Zwar existiert insoweit keine inhaltliche bzw. gegenständliche Begrenzung. Eine **vollständige Verlagerung** der Aufgaben auf den GesamtSprAu oder die Zuweisung einzelner Sachkomplexe zur selbständigen Erledigung widerspricht aber dem zwingenden gesetzl. Organisations- und Zuständigkeitssystem und kommt daher nicht infrage[4].

5   Der **schriftlichen**[5] **Übertragung** hat eine entsprechende Beschlussfassung **durch die Mehrheit aller Mitglieder** des SprAu voranzugehen (§ 18 II 1)[6]. Die Angelegenheit ist **exakt** zu bezeichnen[7]. Ob der GesamtSprAu **verpflichtet** ist, die Beauftragung anzunehmen und tätig zu werden, ist umstritten[8]. Die Beteiligungsrechte nimmt der GesamtSprAu jedenfalls in **eigener Verantwortung** mit Wirkung für den auftraggebenden SprAu wahr. Allerdings kann der Auftrag – solange er noch nicht erledigt wurde[9] – durch den übertragenden SprAu jederzeit und ohne Angabe von Gründen **widerrufen** werden (§ 18 II 3). Für den Widerruf gelten die **selben formalen Anforderungen** wie für die Übertragung.

6   **IV. Stimmengewichtung.** Jedes Mitglied hat so viele Stimmen, wie in der repräsentierten Organisationseinheit leitende Angestellte in der entsprechenden Wählerliste eingetragen sind (§ 16 IV 1). Ist ein Mitglied **für mehrere Einheiten** gemeinsam entsandt, addieren sich die Stimmen (§ 16 IV 2). Sind für eine Einheit **mehrere Vertreter** entsandt, stehen ihnen die Stimmen anteilig zu (§ 16 IV 3). Die Stimmabgabe kann je Mitglied **nur einheitlich** erfolgen.

7   **V. Amtszeit.** Als Dauereinrichtung ist der GesamtSprAu **unabhängig vom Wechsel seiner Mitglieder** (s. Rz. 1). Sein **Amt wird nur beendet**, wenn die Errichtungsvoraussetzungen iSd. § 16 I nicht mehr gegeben sind[10]. Auch durch gerichtl. Entscheidung kann er nicht aufgelöst werden. Die **Mitgliedschaft des entsandten Vertreters** eines SprAu endet dagegen durch Abberufung, Erlöschen der Mitgliedschaft im SprAu und in den weiteren in § 17 I u. II genannten Fällen.

Fünfter Abschnitt. Unternehmenssprecherausschuss

20 *Errichtung*
(1) Sind in einem Unternehmen mit mehreren Betrieben in der Regel insgesamt mindestens zehn leitende Angestellte beschäftigt, kann abweichend von § 1 Abs. 1 und 2 ein Unternehmenssprecherausschuss der leitenden Angestellten gewählt werden, wenn dies die Mehrheit der leitenden Angestellten des Unternehmens verlangt. Die §§ 2 bis 15 gelten entsprechend.

(2) Bestehen in dem Unternehmen Sprecherausschüsse, hat auf Antrag der Mehrheit der leitenden Angestellten des Unternehmens der Sprecherausschuss der Hauptverwaltung oder, sofern ein solcher nicht besteht, der Sprecherausschuss des nach der Zahl der leitenden Angestellten größten Betriebs einen Unternehmenswahlvorstand für die Wahl eines Unternehmenssprecherausschusses zu bestellen. Die Wahl des Unternehmenssprecherausschusses findet im nächsten Zeitraum der regelmäßigen Wahlen im Sinne des § 5 Abs. 1 Satz 1 statt. Die Amtszeit der Sprecherausschüsse endet mit der Bekanntgabe des Wahlergebnisses.

(3) Besteht ein Unternehmenssprecherausschuss, können auf Antrag der Mehrheit der leitenden Angestellten des Unternehmens Sprecherausschüsse gewählt werden. Der Unternehmenssprecherausschuss hat für jeden Betrieb, der die Voraussetzungen des § 1 Abs. 1 erfüllt, einen Wahlvorstand nach § 7 Abs. 1 zu bestellen. Die Wahl von Sprecherausschüssen findet im nächsten Zeitraum der regelmäßigen Wahlen im Sinne des § 5 Abs. 1 Satz 1 statt. Die Amtszeit des Unternehmenssprecherausschusses endet mit der Bekanntgabe des Wahlergebnisses eines Sprecherausschusses.

---

1 BAG 28.4.1992 – 1 ABR 68/91, DB 1992, 2641 (2642); ErfK/*Oetker*, § 19 SprAuG Rz. 6 mwN; *Kaiser*, Rz. 21 f. ‖2 LAG Düss. 4.3.1992 – 5 TaBV 116/91, NZA 1992, 613 (613 ff.); aA LAG Nürnberg 21.9.1992 – 7 TaBV 29/92, NZA 1993, 281 (281 f.). ‖3 *Hromadka/Sieg*, § 18 Rz. 13; aA *Löwisch*, § 18 Rz. 2; *Kaiser*, Rz. 19 mwN; s.a. Richardi/*Annuß*, § 50 BetrVG Rz. 49 f. ‖4 *Hromadka/Sieg*, § 18 Rz. 21; *Bauer*, SprAuG, § 18 Anm. IV; MünchArbR/*Joost*, § 234 Rz. 139; aA *Kaiser*, Rz. 24; missverständlich insoweit *Löwisch*, § 18 Rz. 10; s.a. Richardi/*Annuß*, § 50 BetrVG Rz. 54. ‖5 Die Niederschrift im Sitzungsprotokoll gem. § 13 III reicht nicht aus; vgl. auch Richardi/*Annuß*, § 50 BetrVG Rz. 60. ‖6 Für die Möglichkeit, die schriftl. durch die elektronische Form zu ersetzen, Richardi/*Annuß*, § 50 BetrVG Rz. 60. ‖7 *Löwisch*, § 18 Rz. 10. ‖8 Für ein Recht zur Ablehnung: *Kaiser*, Rz. 25; für ein Ablehnungsrecht bei Vorliegen eines sachlichen Grundes: ErfK/*Oetker*, § 19 SprAuG Rz. 7 mwN; Richardi/*Annuß*, § 50 BetrVG Rz. 63; gegen ein Ablehnungsrecht: MünchArbR/*Joost*, § 234 Rz. 140. ‖9 *Hromadka/Sieg*, § 18 Rz. 20. ‖10 Richardi/*Annuß*, § 47 BetrVG Rz. 27.

(4) Die Vorschriften über die Rechte und Pflichten des Sprecherausschusses und die Rechtsstellung seiner Mitglieder gelten entsprechend für den Unternehmenssprecherausschuss.

Die leitenden Angestellten haben mit der Wahl eines UnternehmensSprAu die Möglichkeit, ein **zweistufiges Ordnungsmodell** ihrer Interessenvertretung zu verwirklichen. Zwischen drei- und zweistufigem System besteht **echte Wahlfreiheit**. Bei jeder regelmäßigen SprAuWahl (§ 5 I) können sich die leitenden Angestellten **neu für eines der Modelle entscheiden**. **Nebeneinander** können SprAu und UnternehmensSprAu aber **nicht** gebildet werden. Entgegen § 1 I genügt es, wenn in einem **Unternehmen** mit **mehreren selbständigen** (s. § 1 Rz. 7f.) **Betrieben** mindestens 10 leitende Angestellte beschäftigt sind[1].

Der **erstmaligen Errichtung** eines UnternehmensSprAu in einem Unternehmen **ohne SprAu** hat **eine Entscheidung** der leitenden Angestellten (**Grundabstimmung**) **über diese Form** der Interessenvertretung voranzugehen[2]. Gem. §§ 20 I 2, 7 II 2 können drei leitende Angestellte des Unternehmens zu einer **Versammlung** zur Wahl eines Unternehmenswahlvorstandes einladen (s.a. §§ 3–8 Rz. 10). Zur Vermeidung einer parallelen Wahl von SprAu s. § 35 WOSprAuG[3]. Im Falle der Wahl hat der Unternehmenswahlvorstand unverzüglich die geheime Grundabstimmung durchzuführen (§§ 20 I 2, 7 II 3 SprAuG, § 36 S. 1 WOSprAuG). Erforderlich ist ein Votum mit der **Mehrheit der Stimmen aller** leitenden Angestellten[4]. 1

Bestehen im Unternehmen **bereits SprAu**, kann ein Wechsel zur Bildung eines UnternehmensSprAu gem. § 20 II iVm. § 37 WOSprAuG erfolgen; die Wahl des UnternehmensSprAu findet gem. § 20 II 2 erst im Zeitraum der nächsten regelmäßigen Wahlen iSd. § 5 I statt. **Besteht bereits ein UnternehmensSprAu**, bedarf es im Falle einer Neuwahl keiner erneuten Grundabstimmung (s. Rz. 2). Gem. Abs. 1 S. 2 gelten die §§ 5ff. Ein Wechsel zum SprAu ist gem. Abs. 3 möglich. 3

Die **Zahl der Mitglieder** des UnternehmensSprAu richtet sich grds. nach § 4 I. Da diese Norm aber auf die Organisationseinheit Betrieb zugeschnitten ist, wird teilweise – durch Vereinbarung mit dem ArbGeb – eine Vergrößerung in Analogie zu §§ 16 II 2, 21 II 3 für zulässig erachtet[5]. Gem. Abs. 4, Abs. 1 S. 2 sind hinsichtlich der **Rechte und Pflichten** des UnternehmensSprAu und der Rechtsstellung seiner Mitglieder die für den SprAu geltenden Vorschriften entsprechend anzuwenden. 4

Der UnternehmensSprAu ersetzt die SprAu und nimmt zugleich die Aufgaben des GesamtSprAu wahr[6]. Die **Amtszeit** beträgt idR vier Jahre (§§ 20 I 2, 5 I). Beschließen die leitenden Angestellten den Wechsel zum dreistufigen Ordnungsmodell (Rz. 1), endet die Amtszeit des UnternehmensSprAu mit der Bekanntgabe des Wahlergebnisses eines SprAu (Abs. 3 S. 4). 5

Sechster Abschnitt. Konzernsprecherausschuss

21 *Errichtung, Mitgliederzahl und Stimmengewicht*

(1) Für einen Konzern (§ 18 Abs. 1 des Aktiengesetzes) kann durch Beschlüsse der einzelnen Gesamtsprecherausschüsse ein Konzernsprecherausschuss errichtet werden. Die Errichtung erfordert die Zustimmung der Gesamtsprecherausschüsse der Konzernunternehmen, in denen insgesamt mindestens 75 vom Hundert der leitenden Angestellten der Konzernunternehmen beschäftigt sind. Besteht in einem Konzernunternehmen nur ein Sprecherausschuss oder ein Unternehmenssprecherausschuss, tritt er an die Stelle des Gesamtsprecherausschusses und nimmt dessen Aufgaben nach den Vorschriften dieses Abschnitts wahr.

(2) In den Konzernsprecherausschuss entsendet jeder Gesamtsprecherausschuss eines seiner Mitglieder. Satz 1 gilt entsprechend für die Abberufung. Durch Vereinbarung zwischen Konzernsprecherausschuss und Arbeitgeber kann die Mitgliederzahl des Konzernsprecherausschusses abweichend von Satz 1 geregelt werden.

(3) Der Gesamtsprecherausschuss hat für jedes Mitglied des Konzernsprecherausschusses mindestens ein Ersatzmitglied zu bestellen und die Reihenfolge des Nachrückens festzulegen; nimmt der Sprecherausschuss oder der Unternehmenssprecherausschuss eines Konzernunternehmens die Aufgaben des Gesamtsprecherausschusses nach Absatz 1 Satz 3 wahr, gilt § 10 Abs. 3 entsprechend.

(4) Jedes Mitglied des Konzernsprecherausschusses hat so viele Stimmen, wie die Mitglieder des Gesamtsprecherausschusses, von dem es entsandt wurde, im Gesamtsprecherausschuss Stimmen

---

1 Auf die Verteilung der leitenden Angestellten auf die Betriebe kommt es nicht an, es genügt, wenn zumindest zwei Betriebe leitende Angestellte haben, MünchArbR/*Joost*, § 234 Rz. 163. || 2 BT-Drs. 11/2503, 41. || 3 Genauer bei ErfK/*Oetker*, § 20 SprAuG Rz. 3, der im Wege einer teleologischen Auslegung des § 35 II WOSprAuG verlangt, dass sich absolut die Mehrheit der leitenden Angestellten für die Wahl von SprAu ausgesprochen haben muss, um die Möglichkeit der Wahl eines Unternehmenswahlvorstands zu verhindern; so auch MünchArbR/*Joost*, § 234 Rz. 166; aA *Löwisch*, § 20 Rz. 6; Borgwardt/Fischer/Janert/*Janert*, § 35 WOSprAuG Rz. 10. || 4 §§ 20 I 2, 7 II 3 iVm. § 36 WOSprAuG. || 5 *Hromadka/Sieg*, § 20 Rz. 6; MünchArbR/*Joost*, § 234 Rz. 174; aA *Kaiser*, Rz. 42, die auf die Möglichkeit zur Bildung von SprAu und GesamtSprAu verweist. || 6 *Hromadka/Sieg*, § 20 Rz. 6; *Kaiser*, Rz. 43; MünchArbR/*Joost*, § 234 Rz. 173.

haben. Ist ein Mitglied des Konzernsprecherausschusses von einem Sprecherausschuss oder Unternehmenssprecherausschuss entsandt worden, hat es so viele Stimmen, wie in dem Betrieb oder Konzernunternehmen, in dem es gewählt wurde, leitende Angestellte in der Wählerliste der leitenden Angestellten eingetragen sind. § 16 Abs. 4 Satz 2 und 3 gilt entsprechend.

22 *Ausschluss von Mitgliedern und Erlöschen der Mitgliedschaft*
(1) Mindestens ein Viertel der leitenden Angestellten der Konzernunternehmen, der Konzernsprecherausschuss oder der Arbeitgeber können beim Arbeitsgericht den Ausschluss eines Mitglieds aus dem Konzernsprecherausschuss wegen grober Verletzung seiner gesetzlichen Pflichten beantragen.

(2) Die Mitgliedschaft im Konzernsprecherausschuss endet mit dem Erlöschen der Mitgliedschaft im Gesamtsprecherausschuss, durch Amtsniederlegung, durch Ausschluss aus dem Konzernsprecherausschuss auf Grund einer gerichtlichen Entscheidung oder Abberufung durch den Gesamtsprecherausschuss.

23 *Zuständigkeit*
(1) Der Konzernsprecherausschuss ist zuständig für die Behandlung von Angelegenheiten, die den Konzern oder mehrere Konzernunternehmen betreffen und nicht durch die einzelnen Gesamtsprecherausschüsse innerhalb ihrer Unternehmen geregelt werden können. Er ist den Gesamtsprecherausschüssen nicht übergeordnet.

(2) Der Gesamtsprecherausschuss kann mit der Mehrheit der Stimmen seiner Mitglieder den Konzernsprecherausschuss schriftlich beauftragen, eine Angelegenheit für ihn zu behandeln. Der Gesamtsprecherausschuss kann sich dabei die Entscheidungsbefugnis vorbehalten. Für den Widerruf der Beauftragung gilt Satz 1 entsprechend.

24 *Geschäftsführung*
(1) Für den Konzernsprecherausschuss gelten § 10 Abs. 1, die §§ 11, 13 Abs. 1, 3 bis 5, die §§ 14, 18 Abs. 3 und § 19 Abs. 3 entsprechend.

(2) Ist ein Konzernsprecherausschuss zu errichten, hat der Gesamtsprecherausschuss des herrschenden Unternehmens oder, sofern ein solcher nicht besteht, der Gesamtsprecherausschuss des nach der Zahl der leitenden Angestellten größten Konzernunternehmens zu der Wahl des Vorsitzenden und des stellvertretenden Vorsitzenden des Konzernsprecherausschusses einzuladen. Der Vorsitzende des einladenden Gesamtsprecherausschusses hat die Sitzung zu leiten, bis der Konzernsprecherausschuss aus seiner Mitte einen Wahlleiter zur Wahl des Vorsitzenden und seines Stellvertreters bestellt hat. § 12 Abs. 2 bis 5 gilt entsprechend.

1 **I. Vorbemerkung.** Der KonzernSprAu soll den leitenden Angestellten ermöglichen, auf der Ebene der Konzernleitung eine institutionalisierte Interessenvertretung einzurichten, um damit eine effektive Interessenwahrnehmung bei konzernweiten oder unternehmensübergreifenden Entscheidungen der Konzernspitze zu gewährleisten[1]. Die Regelung für das entsprechende Organ im BetrVG findet sich in § 54, auf dessen Grundsätze hier zurückgegriffen werden kann. Wie der GesamtSprAu ist der KonzernSprAu ein **selbständiges Organ** mit **eigenem Zuständigkeitsbereich** (§ 23). Er ist dem GesamtSprAu **weder über-**[2] **noch untergeordnet**. Die Bildung eines KonzernSprAu ist der **freien Entscheidung** der Repräsentanten der leitenden Angestellten überlassen (s. § 1 Rz. 5).

2 **II. Errichtung.** Ein KonzernSprAu kann in einem **Unterordnungskonzern** iSd. § 18 I AktG (zum Begriff s. § 54 BetrVG Rz. 3) gebildet werden, falls zumindest zwei GesamtSprAu existieren (§ 21 I 1). Unter den Voraussetzungen des § 21 I 3 kann auch ein SprAu an die Stelle des GesamtSprAu treten. Das gilt **nicht für den Fall**, dass die SprAu eines Konzernunternehmens ihrer Pflicht zur Bildung eines GesamtSprAu gem. § 16 I nicht nachgekommen sind[3]. Für die Sonderfälle „**Konzern im Konzern**", „**Mehrmütterherrschaft**" und „**Konzerne mit Auslandsberührung**" s. § 54 BetrVG Rz. 6 ff.[4]

3 Die Errichtung des KonzernSprAu erfolgt durch selbständige Beschlussfassung der GesamtSprAu (SprAu oder UnternehmensSprAu, s. Rz. 2; § 21 I 1). **Jede** zuständige Interessenvertretung kann **jederzeit** die **Initiative** ergreifen. Gem. §§ 19 I bzw. 20 I 2 genügt einfache Stimmenmehrheit. Die Errichtung des KonzernSprAu hängt nicht davon ab, dass die Mehrheit der GesamtSprAu der Konzernunternehmen dafür votiert. Erforderlich ist vielmehr, dass die zustimmenden GesamtSprAu (s. Rz. 2) im Zeitpunkt der Beschlussfassung mindestens **75 %** der leitenden Angestellten der Konzernunternehmen[5] repräsentieren (§ 21 I 2). Ob auch die leitenden Angestellten **sprecherausschussloser Betriebe** mitzuzählen sind, ist umstritten (s. §§ 16–19 Rz. 3)[6]. Wird das erforderliche Quorum erreicht, ist der KonzernSprAu **kraft Gesetzes** errichtet[7]. Zur Einberufung der **konstituierenden** Sitzung s. § 24 II.

---

1 BT-Drs. 11/2503, 41. || 2 § 23 I 2. || 3 *Hromadka/Sieg*, § 21 Rz. 24; *Goldschmidt*, FA 2003, 6 (8 f.). || 4 *Richardi/Annuß*, § 54 BetrVG Rz. 10 ff., 18 ff., 34 f. || 5 ErfK/*Oetker*, §§ 21–24 SprAuG Rz. 3 mwN. || 6 Abl.: *Löwisch*, § 21 Rz. 9; *Kaiser*, Rz. 34; bejahend: BAG 11.8.1993 – 7 ABR 34/92, BAGE 74, 68 (70 ff.); *Hromadka/Sieg*, § 21 Rz. 29; Richardi/*Annuß*, § 54 BetrVG Rz. 40 mwN. || 7 Richardi/*Annuß*, § 54 BetrVG Rz. 43.

III. Zusammensetzung, Größe und Stimmgewichtung. Jeder GesamtSprAu **hat** eines seiner Mitglieder in den KonzernSprAu zu entsenden (§ 21 II 1). Der KonzernSprAu kann wie der GesamtSprAu (s. §§ 16–19 Rz. 2) durch Vereinbarung mit dem ArbGeb **vergrößert oder verkleinert** werden (§ 21 II 3 u. IV 3 iVm. § 16 IV 2 u. 3). Die Regelungen der Abs. 2–4 hinsichtlich der Bestellung von Ersatzmitgliedern (Abs. 3) und Stimmengewichtung[1] (Abs. 4) entsprechen im Wesentlichen § 16 II–IV, auf die hier verwiesen wird (s. §§ 16–19 Rz. 2, 6).

IV. Zuständigkeit. Die Regelung des § 23 ist der des § 18 für GesamtSprAu nachgebildet[2]. Wie dort kann zwischen **originären** (§ 23 I) und **übertragenen** (§ 23 II) Aufgaben unterschieden werden. Das durch wertende Beurteilung zu ermittelnde **zwingende Bedürfnis** (s. § 58 BetrVG Rz. 4) nach einer konzerneinheitlichen Regelung iSd. § 23 I kommt in personellen Angelegenheiten etwa bei Maßnahmen der Personalplanung der Konzernspitze in Betracht[3]. Denkbar ist es vor allem bei freiwilligen ArbGebLeistungen, bei konzerneinheitlicher Regelung allg. Arbeitsbedingungen, konzerneinheitlicher Gehaltsgestaltung und unternehmensübergreifenden Sozialeinrichtungen[4].

Der KonzernSprAu und seine Mitglieder haben in ihrem Zuständigkeitsbereich **dieselben Rechte und Pflichten** wie ein SprAu, §§ 24 I, 18 III, verfügen also auch über dieselben Beteiligungsrechte. Verhandlungspartner des KonzernSprAu ist im originären Zuständigkeitsbereich die Leitung des herrschenden Unternehmens. Umstritten ist, ob der KonzernSprAu (Konzern)**Sprechervereinbarungen** iSd. § 28 II 1 (s. dort Rz. 10f.) mit unmittelbarer Wirkung auch zu Lasten der abhängigen Unternehmen eigenständig treffen kann oder dafür der Bevollmächtigung durch die GesamtSprAu bedarf bzw. diese selbst an der Einigung zu beteiligen sind[5].

V. Amtszeit. Der KonzernSprAu ist – wie der GesamtSprAu – eine **Dauereinrichtung** ohne bestimmte Amtszeit. Er **besteht**, solange die Errichtungsvoraussetzungen gegeben sind, und endet **kraft Gesetzes**[6] (s.a. §§ 16–19 Rz. 7). Wie bei der Errichtung des KonzernSprAu haben es die GesamtSprAu in der Hand, den KonzernSprAu als fakultative Interessenvertretung jederzeit durch selbständige Beschlussfassung wieder **aufzulösen**[7]. Insoweit fehlt zwar eine gesetzl. Regelung, allerdings kann aus dem Erfordernis einer qualifizierten Mehrheit für seine Errichtung nicht auf einen besonderen Bestandsschutz geschlossen werden[8]. Ausreichend ist, wenn die GesamtSprAu, die **mehr als die Hälfte** der leitenden Angestellten repräsentieren, für die Auflösung stimmen[9]. Die **Beendigung der Mitgliedschaft** im KonzernSprAu regelt § 22, der § 17 entspricht. Mit dem Erlöschen der Mitgliedschaft im SprAu endet auch die Mitgliedschaft in GesamtSprAu und KonzernSprAu.

Dritter Teil. Mitwirkung der leitenden Angestellten

Vorbemerkung

Echte MitbestR, die dem SprAu ein paritätisches Mitgestaltungs- bzw. Mitbeurteilungsrecht[10] gewähren, sind im SprAuG nicht vorgesehen. Die §§ 30–32 räumen dem SprAu in sozialen, personellen und wirtschaftl. Angelegenheiten **bloße Mitwirkungsrechte** in Form von Unterrichtungs-, Anhörungs- und Beratungsrechten ein; das Letztentscheidungsrecht bleibt aber immer dem ArbGeb vorbehalten (s. § 2 Rz. 2). Im Gegensatz zum BetrVG folgen die in diesem Teil aufgeführten Beteiligungsrechte **keinem einheitlichen Gliederungsprinzip**[11]. Einzelne Tatbestände sind also nicht (nur) einem bestimmten Sachbereich zugeordnet. Der SprAu ist weder Teil der Personalverwaltung noch Teil der Unternehmensleitung. An **Weisungen** ist der SprAu nicht gebunden (s. § 9)[12]. Bei Ausübung der Beteiligungsrechte sind die aus dem Kollegialgedanken (s. § 2 Rz. 1) abzuleitenden Grundsätze zu beachten.

Erster Abschnitt. Allgemeine Vorschriften

25 *Aufgaben des Sprecherausschusses*
(1) Der Sprecherausschuss vertritt die Belange der leitenden Angestellten des Betriebs (§ 1 Abs. 1 und 2). Die Wahrnehmung eigener Belange durch den einzelnen leitenden Angestellten bleibt unberührt.

---

1 S. MünchArbR/*Joost*, § 234 Rz. 192, für den Fall, dass in einem Unternehmen mit mehreren sprecherausschussfähigen Betrieben nur ein SprAu gebildet ist: Dann hat das entsandte Mitglied nur so viele Stimmen, wie in seinem Betrieb leitende Angestellte in die Wählerliste eingetragen sind. ‖2 BT-Drs. 11/2503, 41. ‖3 S. Richardi/*Annuß*, § 58 BetrVG Rz. 11. ‖4 *Hromadka/Sieg*, § 23 Rz. 4; krit. für den Bereich der Sozialeinrichtungen Richardi/*Annuß*, § 58 BetrVG Rz. 9. ‖5 Zweifelnd MünchArbR/*Joost*, § 234 Rz. 197; andererseits *Hromadka/Sieg*, § 23 Rz. 2; s.a. Richardi/*Annuß*, § 58 BetrVG Rz. 7 und 44ff. ‖6 MünchArbR/*Joost*, § 234 Rz. 201. ‖7 *Bauer*, SprAuG, § 21 Anm. IV. ‖8 *Richardi*, 7. Aufl., § 54 BetrVG Rz. 46 mwN. ‖9 ErfK/*Oetker*, § 24 SprAuG Rz. 5; MünchArbR/*Joost*, § 234 Rz. 202. ‖10 Richardi/*Richardi*, Vorb. z. 4. Teil BetrVG Rz. 21. ‖11 *Hromadka/Maschmann*, Arbeitsrecht Band 2, 6. Aufl. 2014, § 16 Rz. 706. ‖12 BT-Drs. 11/2503, 39.

(2) Der Sprecherausschuss ist zur Durchführung seiner Aufgaben nach diesem Gesetz rechtzeitig und umfassend vom Arbeitgeber zu unterrichten. Auf Verlangen sind ihm die erforderlichen Unterlagen jederzeit zur Verfügung zu stellen.

1 **I. Allgemeiner Aufgabenbereich.** Über den Bedeutungsgehalt des Abs. 1 S. 1 besteht in der einschlägigen Lit. kein Einvernehmen. Einerseits wird diese Norm für eine **umfassende funktionelle Zuständigkeit** des SprAu für die **kollektiven Belange**[1] der leitenden Angestellten vereinnahmt[2]. Neben dem Fehlen einer ausdrücklichen Zuständigkeitsbegrenzung könnte der in Abs. 2 S. 1 formulierte allg. Informationsanspruch des SprAu für diese Interpretation sprechen[3]. Dagegen wird geltend gemacht, Abs. 1 S. 1 diene lediglich der Klarstellung, dass individuelle Legitimationsakte für den nach Erlass des SprAuG gewählten SprAu keine Bedeutung mehr haben (s. § 1 Rz. 2)[4], zumal es auch an einer § 88 BetrVG vergleichbaren Norm fehle[5]. Dieses Ergebnis entspreche auch dem Willen des Gesetzgebers[6]. Ohne auf die Reichweite des dem SprAu zugewiesenen Aufgabenbereichs einzugehen, werde nur dessen **allgemeine Funktion als gesetzl. institutionalisierte Interessenvertretung** bestätigt[7]. Einigkeit besteht jedoch darin, dass **aus Abs. 1 S. 1 keine Mitwirkungsrechte** abgeleitet werden können[8]; diese sind ausschließlich in den §§ 30–32 enthalten. Die Wahrnehmung **individueller Interessen** bleibt den einzelnen leitenden Angestellten vorbehalten, die insoweit ein Mitglied des SprAu gem. § 26 hinzuziehen können.

2 **II. Unterrichtungspflicht.** Die Generalklausel des § 25 II gibt dem SprAu – unter **Vorbehalt des Aufgabenbezugs** – ein allg. und umfassendes Unterrichtungsrecht, das gerade **bei der Wahrnehmung seiner allgemeinen Aufgaben** iSd. Abs. 1 von Bedeutung ist. Die für § 80 II BetrVG maßgeblichen Grundsätze sind hier entsprechend anzuwenden. Der ArbGeb muss dem SprAu „in allen Angelegenheiten, die in dessen Zuständigkeit fallen"[9] Gelegenheit geben, Bedenken bzw. Anregungen zu äußern[10]. Eine Anfrage des SprAu hat der ArbGeb **unverzüglich** zu bearbeiten. Auch wenn es den leitenden Angestellten auf Grund ihrer Position möglich sein sollte, ist es ihnen **nicht** gestattet, sich die fraglichen Informationen **selbständig** zu beschaffen[11].

3 Da eine ausdrückl. Regelung wie in § 80 II 2 Hs. 2 BetrVG fehlt, ist umstritten, ob dem SprAu im Rahmen seiner Aufgaben Zugang zu den **Gehaltslisten** zu gewähren ist[12] (s.a. § 30 Rz. 2). Dafür spricht nicht nur, dass dem SprAu sonst in einem wichtigen Bereich die Wahrnehmung seiner Aufgaben nach § 27 I (s. § 27 Rz. 1) nicht möglich wäre, sondern vor allem, dass dieses Einsichtsrecht des BR durch die genannte Regelung nicht erst begründet wird, sondern nur eine Ergänzung des allg. Informationsrechts darstellt[13]. Wahrnehmen können dieses Recht der Vorsitzende oder ein damit dauerhaft[14] beauftragtes Mitglied des SprAu[15].

26 *Unterstützung einzelner leitender Angestellter*
(1) Der leitende Angestellte kann bei der Wahrnehmung seiner Belange gegenüber dem Arbeitgeber ein Mitglied des Sprecherausschusses zur Unterstützung und Vermittlung hinzuziehen.

(2) Der leitende Angestellte hat das Recht, in die über ihn geführten Personalakten Einsicht zu nehmen. Er kann hierzu ein Mitglied des Sprecherausschusses hinzuziehen. Das Mitglied des Sprecherausschusses hat über den Inhalt der Personalakten Stillschweigen zu bewahren, soweit es von dem leitenden Angestellten im Einzelfall nicht von dieser Verpflichtung entbunden wird. Erklärungen des leitenden Angestellten zum Inhalt der Personalakten sind diesen auf sein Verlangen beizufügen.

---

1 Also in Angelegenheiten, deren Bedeutung sich nicht in der konkreten Beziehung ArbGeb – einzelner leitender Angestellter erschöpft, sondern darüber hinaus zumindest für einen Teil der leitenden Angestellten relevant ist, ErfK/*Oetker*, § 25 SprAuG Rz. 2. Bsp. und Einzelheiten bei *Hromadka/Sieg*, § 25 Rz. 8 ff.; zu nennen sind jedenfalls Personalplanung, betriebl. Sozialleistungen, Arbeitsplatzausstattung und Überwachung der Einhaltung arbeitsrechtl. Vorschriften, zu denen auch Vereinbarungen iSd § 28 zählen. ||2 Wegen des schlichten Rechts auf Information wird auch das zwingende System der Beteiligungsrechte nicht verletzt, s. Richardi/*Richardi*, Vorb. z. 4. Teil BetrVG Rz. 25; *Hromadka/Sieg*, § 25 Rz. 9. ||3 *Kaiser*, Rz. 190; *Hromadka/Sieg*, § 25 Rz. 17 f.; *Hromadka/Maschmann*, Arbeitsrecht Band 2, 6. Aufl. 2014, § 16 Rz. 703. ||4 *Bauer*, SprAuG, § 25 Anm. II; s.a. die Nachw. bei *Kramer*, Rechtsfragen des Sprecherausschussgesetzes, Diss. 1993, S. 106 Fn. 6. ||5 *Wlotzke*, DB 1989, 173 (177). ||6 In der Begr. des Gesetzesentwurfs heißt es: „Die sachliche Reichweite seiner Mitwirkung im Einzelnen ergibt sich aus dem zweiten Abschnitt", BT-Drs. 11/2503, 42. Allerdings sollte gerade der allg. Aufgabenbereich umschrieben werden, so dass auch für das gegenteilige Ergebnis der Wille des Gesetzgebers angeführt werden kann. ||7 Eingehend *Kramer*, Rechtsfragen des Sprecherausschussgesetzes, Diss. 1993, S. 106 f. ||8 Der SprAu kann nach Ansicht der Vertreter einer umfassenden Aufgabenzuweisung initiativ tätig werden, Borgwardt/Fischer/Janert/*Fischer*, § 25 Rz. 2; s.a. *Goldschmidt*, FA 2003, 98; *Sieg*, FS Richardi, 2007, S. 777 (788); allerdings bleiben seine Möglichkeiten – neben dem allg. Informationsanspruch gem. § 25 II – auf Anregungen beschränkt; s.a. ErfK/*Oetker*, § 25 SprAuG Rz. 3; MünchArbR/*Joost*, § 235 Rz. 51. *Hromadka/Sieg*, § 25 Rz. 10, sprechen von einer Befassungskompetenz. ||9 BT-Drs. 11/2503, 42. ||10 Borgwardt/Fischer/Janert/*Fischer*, § 25 Rz. 3. ||11 Schaub/*Koch*, ArbRHdb, § 249 Rz. 4; *Hromadka/Sieg*, § 25 Rz. 19; nicht unter dieses Verbot fallen ein schlichter Informationsaustausch mit anderen leitenden Angestellten oder die Durchführung von Fragebogenaktionen. ||12 Dafür: *Löwisch*, § 25 Rz. 20; *Hromadka/Sieg*, § 25 Rz. 29 ff.; *Hromadka/Maschmann*, Arbeitsrecht Band 2, 6. Aufl. 2014, § 16 Rz. 703; *Kaiser*, Rz. 248; abl. *Wlotzke*, DB 1989, 173 (177); einschr. Borgwardt/Fischer/Janert/*Fischer*, § 25 Rz. 5. ||13 Richardi/*Thüsing*, § 80 BetrVG Rz. 69 ff. ||14 Ein Wechsel von Fall zu Fall ist nicht zulässig, s. Richardi/*Thüsing*, § 80 BetrVG Rz. 74. ||15 ErfK/*Oetker*, § 25 SprAuG Rz. 5; MünchArbR/*Joost*, § 235 Rz. 53.

Die Geltendmachung individueller Belange liegt in der Eigenverantwortung der einzelnen leitenden Angestellten (s. § 25 Rz. 1; § 27 Rz. 1). Dabei sind sie aber nicht auf sich allein gestellt, sondern können sich der Hilfe des SprAu bedienen. Das Gesetz sieht keine Eingrenzung auf bestimmte Sachbereiche oder Rechtsfragen vor; soweit die Belange **Bezug zur ArbN-Eigenschaft** aufweisen, kann der SprAu hinzugezogen werden. **Welches Mitglied** des SprAu dem leitenden Angestellten zur Seite steht, bestimmt nicht einseitig der SprAu, sondern richtet sich nach dem Vertrauen des Hilfesuchenden[1]. Auch ohne ausdrückliche Normierung ist das tätig gewordene Mitglied des SprAu verpflichtet, **Stillschweigen** über Tatsachen zu wahren, von denen es anlässlich dieser Tätigkeit Kenntnis erlangt hat[2]. Das Einsichtsrecht hat **individualrechtl. Charakter** und kann unabhängig davon geltend gemacht werden, ob eine sprecherausschussfähige Einheit iSd. § 1 I besteht[3]. Die Regelung entspricht § 83 II u. I BetrVG, dessen Grundsätze auch hier Anwendung finden[4]. Abs. 2 begründet keinen Anspruch auf Aktenherausgabe[5]. Ein Verstoß gegen die Verschwiegenheitspflicht nach Abs. 2 S. 3 ist gem. § 35 II **strafbewehrt**.

27 Grundsätze für die Behandlung der leitenden Angestellten

(1) **Arbeitgeber und Sprecherausschuss haben darüber zu wachen, dass alle leitenden Angestellten des Betriebs nach den Grundsätzen von Recht und Billigkeit behandelt werden, insbesondere, dass jede Benachteiligung von Personen aus Gründen ihrer Rasse oder wegen ihrer ethnischen Herkunft, ihrer Abstammung oder sonstigen Herkunft, ihrer Nationalität, ihrer Religion oder Weltanschauung, ihrer Behinderung, ihres Alters, ihrer politischen oder gewerkschaftlichen Betätigung oder Einstellung oder wegen ihres Geschlechts oder ihrer sexuellen Identität unterbleibt.**

(2) **Arbeitgeber und Sprecherausschuss haben die freie Entfaltung der Persönlichkeit der leitenden Angestellten des Betriebs zu schützen und zu fördern.**

§ 27 verpflichtet ArbGeb und SprAu gleichermaßen zur Wahrung der personenbezogenen Fundamentalrechte, insb. des **Gleichbehandlungsgrundsatzes** und der Förderung der freien Entfaltung der Persönlichkeit, hinsichtlich der im Betrieb tätigen leitenden Angestellten[6]. Beide müssen **zusammenwirken**, um Verstöße zu verhindern, sich im Verletzungsfall um **Abhilfe** bemühen[7]. Untersagt ist eine willkürliche, also nicht an sachlichen Kriterien orientierte Behandlung der leitenden Angestellten. Über die Anpassung des Wortlauts an die Vorgaben des AGG hinaus wurde in Abs. 1 im Vergleich zur ursprünglichen Fassung S. 2 gestrichen, der ein Benachteiligungsverbot „wegen Überschreitung bestimmter Altersstufen" vorsah. In der jetzigen Fassung wird umfassend jede Benachteiligung wegen des Lebensalters erfasst. Zum AGG im Einzelnen s. die Komm. dort. ArbGeb und SprAu haben den leitbildartigen Pflichtenkatalog mit seinen **absoluten Differenzierungsverboten** nicht nur ihrem Handeln zugrunde zu legen, sondern auch darüber zu wachen, dass kein anderer dagegen verstößt[8]. Auch ein Tätigwerden auf Grund der Überwachungspflicht berechtigt den SprAu **nicht**, sich ungebeten in **individualrechtl. Belange** leitender Angestellter einzumischen (s. § 26)[9]. Die **einzelnen** leitenden Angestellten können **unmittelbar** aus § 27 **keine** Rechte ableiten. Vgl. ergänzend § 75 BetrVG Rz. 5.

Verstößt der ArbGeb gegen § 27, kann der SprAu **Unterlassung** verlangen[10]. Unter Verstoß gegen § 27 abgeschlossene Vereinbarungen iSd. § 28 sind nichtig[11]. Verstöße des SprAu gegen § 27 können **grobe Verletzungen** der gesetzl. Pflichten des SprAu darstellen und gem. §§ 9 I, 17 I, 20 IV, 22 I zu dessen Auflösung bzw. zum Ausschluss einzelner Mitglieder berechtigen. § 27 ist kein Schutzgesetz iSd. § 823 II BGB[12].

28 Richtlinien und Vereinbarungen

(1) **Arbeitgeber und Sprecherausschuss können Richtlinien über den Inhalt, den Abschluss oder die Beendigung von Arbeitsverhältnissen der leitenden Angestellten schriftlich vereinbaren.**

(2) **Der Inhalt der Richtlinien gilt für die Arbeitsverhältnisse unmittelbar und zwingend, soweit dies zwischen Arbeitgeber und Sprecherausschuss vereinbart ist. Abweichende Regelungen zu Gunsten leitender Angestellter sind zulässig. Werden leitenden Angestellten Rechte nach Satz 1 eingeräumt, so ist ein Verzicht auf sie nur mit Zustimmung des Sprecherausschusses zulässig. Vereinbarungen nach Satz 1 können, soweit nichts anderes vereinbart ist, mit einer Frist von drei Monaten gekündigt werden.**

---

[1] MünchArbR/*Joost*, § 235 Rz. 62; dessen Bitte ist auch nachzukommen, da die Unterstützungstätigkeit in den gesetzl. Aufgabenkreis des SprAu fällt, *Löwisch*, § 26 Rz. 3. || [2] Mit unterschiedlicher Begründung, aber im Erg. übereinstimmend: ErfK/*Oetker*, § 26 SprAuG Rz. 1 mwN; MünchArbR/*Joost*, § 235 Rz. 64. || [3] Richardi/*Thüsing*, § 83 BetrVG Rz. 2. || [4] Zum Begriff der Personalakte Richardi/*Thüsing*, § 83 BetrVG Rz. 4 ff. || [5] BAG 16.11.2010 – 9 AZR 573/09, NJW 2011, 1306. || [6] *Löwisch*, § 27 Rz. 1. || [7] Richardi/*Richardi*, § 75 BetrVG Rz. 6. || [8] *Hromadka/Sieg*, § 27 Rz. 6. || [9] MünchArbR/*Joost*, § 235 Rz. 61 f. || [10] S. *Goldschmidt*, FA 2003, 98 f. || [11] ErfK/*Oetker*, § 27 SprAuG Rz. 7; *Hromadka/Sieg*, § 27 Rz. 46. || [12] Sonst würden über den Umweg des Deliktsrechts subjektive Rechte geschaffen, die § 27 gerade nicht vorsieht, ErfK/*Oetker*, § 27 SprAuG Rz. 3 mwN; diese können sich aber aus vertragl. Nebenpflichten ergeben, Schaub/*Koch*, ArbRHdb, § 252 Rz. 6.

SprAuG § 28 Rz. 1   Richtlinien und Vereinbarungen

1   **I. Allgemeines.** Der **ArbGeb** kann **nicht gezwungen werden**, Vereinbarungen mit dem SprAu abzuschließen. Ein **Tarifvorbehalt** wird im SprAuG nicht ausdrücklich angeordnet; inwieweit ein solcher unmittelbar aus der verfassungsrechtl. gewährleisteten Tarifautonomie resultiert, ist umstritten[1]. Im Rahmen seines umfassenden Vertretungsmandats in kollektiven Angelegenheiten kann der SprAu von sich aus mit Vorschlägen zu Inhalt und Abschluss von Vereinbarungen an den ArbGeb herantreten. Auch wenn den ArbGeb **weder eine Kontrahierungs- noch eine Kompromisspflicht** trifft (s. § 2 Rz. 2), hat er gem. § 2 I 1 diese Anregungen nicht nur zur Kenntnis zu nehmen, sondern sich ernsthaft mit ihnen auseinander zu setzen (s. § 2 Rz. 2)[2].

2   **II. Regelungsgegenstand. Nicht** im Wege der Vereinbarung regelbar sind Abweichungen von den gesetzl. Bestimmungen, soweit es um organisations- oder beteiligungsrechtl. Angelegenheiten geht. Der SprAu muss innerhalb seines gesetzl. zugewiesenen Aufgabenkreises und der übertragenen Kompetenzen tätig werden; auch eine Erweiterung seiner Beteiligungsrechte, zB auf echte MitbestR, ist nicht zulässig[3]. Vereinbarungen treffen generelle Regelungen, sind aber nicht auf bloße Rahmenregelungen limitiert, sondern können eine **ins Einzelne** gehende Gestaltung der nachfolgend genannten Bereiche enthalten[4].

3   Einer einvernehmlichen Regelung **zugänglich** ist gem. Abs. 1 neben Abschluss und Beendigung der gesamte denkbare Inhalt eines ArbVerh[5]. Als **Inhaltsregelung** kommen in Betracht: der Bereich der Gehaltsgestaltung (Regelungen über die Höhe des Gehalts, sowie Sondervergütungen – zB 13. Monatsgehalt, Tantiemen, Gratifikationen) und Sachleistungen, ebenso die betrAV oder Regelungen über den Ausgleich von wirtschaftl. Nachteilen bei Betriebsänderungen (§ 32 II 2; s. § 32 Rz. 6). Ebenso fallen Vereinbarungen über Angelegenheiten der betriebl. Ordnung, Reisekosten- und Spesenregelungen, die Gewährung von Umzugsbeihilfen oder einer Parkmöglichkeit auf dem Betriebsgelände darunter. Gleiches gilt für Regelungen über den Urlaub und das Urlaubsgeld. Auf der Pflichtenseite der leitenden Angestellten sind Vereinbarungen über Dauer und Lage der Arbeitszeit, Verschwiegenheitspflichten, Wettbewerbsverbote und sonstige Loyalitätspflichten sowie über Haftungsfragen denkbar[6]. Schließlich auch Regelungen über allg. Arbeitsbedingungen, die die leitenden Angestellten als besondere Gruppe betreffen, etwa Regelungen über Fortbildungsmaßnahmen, Werkswohnungen, Kantinen oder spezielle Versorgungseinrichtungen und deren Dotierung[7]. Zum **Abschluss** von ArbVerh können ArbGeb und SprAu Vereinbarungen treffen über: die Vorgehensweise bei Einstellungen, also Stellenausschreibung, Verwendung und Inhalt von Fragebögen, Umfang der Bewerbungsunterlagen, die Durchführung von Eignungstests, die Eignungskriterien, die Formbedürftigkeit des Arbeitsvertrags. Hinsichtl. der **Beendigung** von ArbVerh kommen etwa Regelungen über einzuhaltende Fristen bzw. Auswahlkriterien oder über Abfindungen in Betracht (zum Sozialplan s. § 32 Rz. 8)[8].

4   **III. Abschluss von Vereinbarungen. Parteien** der Vereinbarung sind ArbGeb und SprAu. Für den SprAu handelt gem. § 11 II 1 der Vorsitzende, dessen Handeln insoweit durch einen zuvor gefassten Beschluss des SprAu legitimiert wird. Der **GesamtSprAu** kann innerhalb seiner originären Zuständigkeit iSd. § 18 I oder auf Grund Übertragung gem. § 18 II Vereinbarungen mit dem ArbGeb abschließen. Im ersten Fall wirken diese **Gesamtvereinbarungen** im Bereich der gesamten repräsentierten Organisationseinheit; darin bestehende SprAu können weder Inhalt noch Bestand dieser Vereinbarungen beeinflussen. Soweit der GesamtSprAu dagegen im Auftrag von SprAu Vereinbarungen abgeschlossen hat, hängt die Reichweite ihrer Geltung vom Inhalt des Übertragungsbeschlusses ab[9]. Für den **Konzern-SprAu** gilt Entsprechendes. Zur Zusammenarbeit von ArbGeb, SprAu und BR s. § 2 Rz. 6ff. Da es sich bei den Vereinbarungen um rechtsgeschäftliche Einigungen handelt, können die konstituierenden Willenserklärungen auch angefochten werden, §§ 119ff. BGB[10].

5   Die Vereinbarung hat die **Schriftform** iSd. § 126 BGB zu wahren. Erforderlich ist also die handschriftl. Unterschrift der Parteien bzw. ihrer Vertreter unter einer als einheitlich zu beurteilenden Urkunde. Eine Ersetzung der schriftl. Form durch die **elektronische Form** iSd. § 126a BGB kommt hier ebenso wenig in Betracht wie bei einer BV iSd. § 77 II BetrVG[11].

6   **IV. Schranken.** Höherrangige Rechtsquellen sind zu beachten und führen bei Verstoß zur Unwirksamkeit der abweichenden Vereinbarungen[12]. Die Grundsätze zur Behandlung der leitenden Angestellten iSd. § 27 sind ebenfalls vorrangig und zu beachten[13]. Eingriffe in Individualrechte der leitenden An-

---

[1] Abl.: *Kaiser*, Rz. 215; *Sieg*, FS Richardi, 2007, S. 777 (788); bejahend: MünchArbR/*Joost*, § 235 Rz. 10, allerdings mit dem Hinweis „auf die geringe Bedeutungslosigkeit der Tarifautonomie für leitende Angestellte". ||[2] MünchArbR/*Joost*, § 235 Rz. 12; *Sieg*, FS Richardi, 2007, S. 777 (784). ||[3] *Mitzlaff*, Vereinbarungen nach § 28 Sprecherausschussgesetz, Diss. 1996, S. 124ff. ||[4] *Mitzlaff*, Vereinbarungen nach § 28 Sprecherausschussgesetz, Diss. 1996, S. 135; MünchArbR/*Joost*, § 235 Rz. 24. ||[5] *Löwisch*, § 28 Rz. 6; *Hromadka/Sieg*, § 28 Rz. 9. ||[6] *Löwisch*, § 28 Rz. 6. ||[7] *Kaiser*, Rz. 218. ||[8] Ist zur Beendigung des ArbVerh das Erreichen einer bestimmten Altersgrenze vertragl. festgelegt, kann diese Altersgrenze nicht nachträglich durch eine Vereinbarung iSd. § 28 gesenkt werden, BAG (GS) 7.11.1989 – GS 3/85, BAGE 63, 211 (221). ||[9] *Kaiser*, Rz. 230. ||[10] *Löwisch*, § 28 Rz. 22. ||[11] *Richardi/Richardi*, § 77 BetrVG Rz. 33. ||[12] Sind einzelne Regelungen nichtig, führt das nur dann zur Unwirksamkeit der gesamten Vereinbarung, wenn der wirksame Teil seine ordnende Funktion nicht mehr erfüllen kann, *Kaiser*, Rz. 233. ||[13] MünchArbR/*Joost*, § 235 Rz. 25; *Mitzlaff*, Vereinbarungen nach § 28 Sprecherausschussgesetz, Diss. 1996, S. 136.

gestellten sind grds. nicht zulässig (s. § 27 Rz. 1)¹. Vereinbarungen unterliegen einer **am Maßstab des § 27 I 1 orientierten Rechtskontrolle**². Sie erfolgt auf Antrag des ArbGeb oder des SprAu im Beschlussverfahren vor dem ArbG oder inzident in einem Urteilsverfahren im Rahmen eines Streits zwischen leitendem Angestellten und ArbGeb über einen entsprechenden Anspruch.

V. Verbindliche Richtlinie iSd. Abs. 1. Aus der Richtlinie selbst kann der einzelne leitende Angestellte grds. keine Individualansprüche ableiten. Vielmehr bedarf sie vergleichbar der Regelungsabrede im Betriebsverfassungsrecht der **einzelvertragl. Umsetzung**³. Im Rahmen der Zuständigkeit des SprAu kommt weiterhin der Abschluss eines Vertrags zu Gunsten der leitenden Angestellten in Betracht⁴. Im Fall einer bereits umgesetzten Richtlinie kann sich allerdings ein Teilhaberecht über den Gleichbehandlungsgrundsatz ergeben.

Wohl überwiegend wird dem ArbGeb ein gewisser **Spielraum** bei der Umsetzung von Richtlinien **zugestanden**⁵. Danach haben ArbGeb und SprAu bei Vereinbarung einer Richtlinie die Regelung des „Normalfalls" vor Augen, so dass bei Vorliegen besonderer Gründe keine Umsetzungspflicht für den ArbGeb besteht⁶. Dies soll nach teilw. vertretener Ansicht auch dann gelten, wenn sich der ArbGeb ggü. dem SprAu zur Umsetzung verpflichtet hat⁷. Der Verstoß gegen eine Richtlinie iSd. Abs. 1 führt nicht zur Unwirksamkeit der individualrechtl. Maßnahme. Der SprAu kann aber im arbeitsgerichtl. Beschlussverfahren iSd. §§ 2a I Nr. 2, 80 ff. ArbGG gegen den ArbGeb vorgehen.

Die auf unbestimmte Zeit abgeschlossene Richtlinie kann – soweit keine anderweitige Vereinbarung getroffen wurde – **jederzeit mit sofortiger Wirkung** gekündigt werden. Die Kündigung unterliegt **keinem Formzwang**⁸. Die Entscheidung über die Kündigung ist **keine laufende Angelegenheit** iSd. § 11 III; will der SprAu kündigen, bedarf es eines entsprechenden Beschlusses⁹. Beendigende Wirkung hat neben einem vorab aufgenommenen **Befristungstermin** auch ein jederzeit möglicher **Aufhebungsvertrag**. Ob dieser – als actus contrarius – dem Schriftformerfordernis unterliegt, wird nicht einheitlich beurteilt¹⁰.

VI. Sprechervereinbarung iSd. Abs. 2. SprAu (s. Rz. 4) und ArbGeb können einer Vereinbarung **einvernehmlich** unmittelbare und zwingende Wirkung beilegen (Abs. 2 S. 1). Diese Wirkung kann auf **bestimmte Teile** der Vereinbarung begrenzt werden, so dass eine Mischung aus schriftl. Regelungsabrede iSd. Abs. 1 und Sprechervereinbarung iSd. Abs. 2 vorliegt¹¹; darüber hinaus steht es in der **Dispositionsbefugnis** von SprAu und ArbGeb zu entscheiden, ob Regelungen einer Sprechervereinbarung **unmittelbar und zwingend** oder **lediglich unmittelbar** gelten¹². Die Sprechervereinbarung kann demnach **Öffnungsklauseln** für abweichende Individualvereinbarungen vorsehen und deren Zulässigkeit an bestimmte Voraussetzungen knüpfen¹³.

Unmittelbare Wirkung bedeutet, dass die entsprechende Regelung von außen auf das ArbVerh einwirkt, ohne dass es auf den Willen oder die Kenntnis der Arbeitsvertragsparteien ankommt¹⁴. Keiner normativen Regelung zugänglich sollen nach verbreiteter, allerdings wohl zu undifferenzierter Ansicht grds. die Ansprüche von Ruheständlern sein, da dieses jeweilige ArbVerh bereits beendet sei¹⁵. Soweit Sprechervereinbarungen den leitenden Angestellten Rechte gewähren, haben die Begünstigten einen einklagbaren Erfüllungsanspruch ggü. dem ArbGeb. **Zwingende** Regelungen schließen eine abweichende Vereinbarung über denselben Regelungsgegenstand aus. Abs. 2 S. 2 lässt Abweichungen zu Gunsten leitender Angestellter aber ausdrücklich zu, so dass von einer „halbzwingenden" Wirkung gesprochen werden kann. Bereits bestehende ungünstige individualvertragl. Regelungen werden nicht etwa nichtig, sondern für die Dauer der normativen Wirkung nur verdrängt¹⁶. Die Vereinbarung der normativen Wirkung muss nicht notwendig gesondert getroffen oder in einer getrennten Urkunde niedergelegt werden¹⁷. Allerdings muss sich der hierauf gerichtete gemeinsame Wille deutlich und zweifelsfrei

---

1 *Mitzlaff*, Vereinbarungen nach § 28 Sprecherausschussgesetz, Diss. 1996, S. 132 f. ‖ 2 S. zur vergleichbaren Frage bei § 75 BetrVG Richardi/*Richardi*, § 77 BetrVG Rz. 117 ff. ‖ 3 Dazu BAG 10.2.2009 – 1 AZR 767/07, AP Nr. 1 zu § 28 SprAuG m. Anm. *Hromadka*. ‖ 4 AA *Mitzlaff*, Vereinbarungen nach § 28 Sprecherausschussgesetz, Diss. 1996, S. 90 f. ‖ 5 ErfK/*Oetker*, § 28 SprAuG Rz. 8.; MünchArbR/*Joost*, § 235 Rz. 28 ff.; *Mitzlaff*, Vereinbarungen nach § 28 Sprecherausschussgesetz, Diss. 1996, S. 77 ff.; aA *Löwisch*, § 28 Rz. 12. ‖ 6 MünchArbR/*Joost*, § 235 Rz. 29; *Mitzlaff*, Vereinbarungen nach § 28 Sprecherausschussgesetz, Diss. 1996, S. 77, sieht in diesem Normalfallvorbehalt ein ungeschriebenes Tatbestandsmerkmal jeder Richtlinie; ErfK/*Oetker*, § 28 SprAuG Rz. 8 gewinnt dieses Ergebnis aus dem Begriff der „Richtlinie", der sich mit dem Ausschluss eines Entscheidungsspielraumes nicht verträge. Zu der Konkretisierung dieses Beurteilungs- bzw. Ermessensspielraums und dessen Justiziabilität s. *Mitzlaff*, Vereinbarungen nach § 28 Sprecherausschussgesetz, Diss. 1996, S. 78 ff. ‖ 7 ErfK/*Oetker*, § 28 SprAuG Rz. 8; aA MünchArbR/*Joost*, § 235 Rz. 30; *Löwisch*, § 28 Rz. 12. ‖ 8 *Löwisch*, § 28 Rz. 29. ‖ 9 ErfK/*Oetker*, § 28 SprAuG Rz. 16. ‖ 10 Bejahend: *Kaiser*, Rz. 238; *Löwisch*, § 28 Rz. 30; ohne Erwähnung bei: ErfK/*Oetker*, § 28 SprAuG Rz. 18; MünchArbR/*Joost*, § 235 Rz. 43; *Hromadka/Sieg*, § 28 Rz. 56. ‖ 11 In BT-Drs. 11/2503, 42, heißt es, „die unmittelbare und zwingende Wirkung reicht so weit, wie dies in der Vereinbarung niedergelegt ist". ‖ 12 Richardi/*Richardi*, § 77 BetrVG Rz. 139; *Mitzlaff*, Vereinbarungen nach § 28 Sprecherausschussgesetz, Diss. 1996, S. 101 mwN. ‖ 13 Richardi/*Richardi*, § 77 BetrVG Rz. 140. ‖ 14 MünchArbR/*Matthes*, § 239 Rz. 25; ein weiterer Umsetzungsakt wie für § 28 I entfällt somit. ‖ 15 *Hromadka/Sieg*, § 28 Rz. 26a; Richardi/*Richardi*, § 77 BetrVG Rz. 76 mwN. ‖ 16 ErfK/*Oetker*, § 28 SprAuG Rz. 9; MünchArbR/*Matthes*, § 239 Rz. 28. ‖ 17 Vgl. BAG 10.2.2009 – 1 AZR 767/07, AP Nr. 1 zu § 28 SprAuG; aA MünchArbR/*Joost*, § 235 Rz. 32.

aus der geschlossenen Vereinbarung ergeben.[1] Insoweit empfiehlt sich eine eindeutige Formulierung. Die **Auslegung** einer normativ wirkenden Richtlinie ist nach den für BV geltenden Grundsätzen vorzunehmen[2].

12 **VII. Günstigkeitsprinzip.** Maßgeblich ist, wie ein verständiger leitender Angestellter den Vergleich zwischen der Vertrags- und der Sprechervereinbarungsregelung unter Zugrundelegung eines objektiven Beurteilungsmaßstabs und unter Berücksichtigung der Umstände des Einzelfalls bewerten würde. Enthält die Sprechervereinbarung sowohl günstigere als auch nicht günstigere Regelungen, ist nach hM ein **Sachgruppenvergleich** durchzuführen, dh. es sind alle Bestimmungen zu vergleichen, die in einem sachl. Zusammenhang stehen[3]. Die Anwendung des vom BAG entwickelten sog. „kollektiven Günstigkeitsvergleichs"[4] bei der Umstrukturierung von Sozialleistungen, die auf allg. Arbeitsbedingungen beruhen, ist für das SprAuG umstritten[5]. Die Ablösung einer Richtlinie iSd. Abs. 1 durch eine ungünstigere Sprechervereinbarung ist nach hM allerdings prinzipiell möglich[6]. Unwirksam sind gem. Abs. 2 S. 3 iVm. § 134 BGB ein Erlassvertrag, ein negatives Schuldanerkenntnis iSd. § 397 BGB und die sog. **Ausgleichsquittung** ohne Zustimmung des SprAu; erfasst werden aber auch das Anerkenntnis oder der Verzicht im Prozess (§§ 306 f. ZPO) und der (Prozess-)Vergleich (§§ 779 BGB, 794 I Nr. 1 ZPO).

13 **VIII. Beendigung.** Sprechervereinbarungen sind gem. Abs. 2 S. 4 mit einer Frist von drei Monaten kündbar. Die **Kündigungsfrist** steht zur **Disposition** der Vertragsparteien, sie können sowohl nach oben wie nach unten von der gesetzl. Frist abweichen[7]. Eine Kündigung **aus wichtigem Grund** entsprechend § 626 BGB ist aber jederzeit möglich und kann auch nicht ausgeschlossen werden. Die **Kündigungserklärung** selbst ist auch hier formfrei möglich (s. Rz. 9). Mit der **Beendigung** der Vereinbarung tritt – ungeachtet einer eventuellen zwischenzeitlichen Besserstellung – wieder der vor ihrem Abschluss bestehende Rechtszustand ein. Allerdings können ArbGeb und SprAu die **Nachwirkung vereinbaren**[8]. Eine Nachwirkung kraft Gesetzes kommt nicht in Betracht. Wird über den gleichen Regelungsgegenstand erneut eine Vereinbarung geschlossen, tritt die **zeitlich vorangehende** außer Kraft; das Günstigkeitsprinzip findet insoweit keine Anwendung, allerdings ist nach hM der Grundsatz des Vertrauensschutzes zu beachten[9]. Jedenfalls für Vereinbarungen iSd. Abs. 2 findet § 613a I 2 bis 4 BGB – soweit dessen weitere Voraussetzungen erfüllt sind – entsprechende Anwendung[10]. Soweit Vereinbarungen nicht gerade für diesen Fall abgeschlossen wurden, enden sie automatisch mit der **Stilllegung** des Betriebs[11].

14 **IX. Sonstige Regelungsabreden.** Auch ohne ausdrückliche Normierung besitzt der SprAu im Rahmen seiner Zuständigkeit die Möglichkeit, außerhalb des § 28 bestimmte Angelegenheiten im Einvernehmen mit dem ArbGeb zu regeln[12]. Infrage kommen nicht nur Angelegenheiten iSd. § 28 ohne kollektiven Bezug, sondern auch Regelungen in Bereichen mit Bezug zum allg. Aufgabenkreis des SprAu, die aber nicht von § 28 erfasst werden, zB Vereinbarungen über die Ausstattung des SprAu, den Besuch von Schulungsveranstaltungen oder Freistellungen. Der Gegenstand der Regelung muss aber das Verhältnis ArbGeb – SprAu betreffen. Für das Zustandekommen dieser Regelungsabreden gelten obige Ausführungen (s. Rz. 4 ff.), allerdings besteht kein Formzwang. Welchen Grad an Verbindlichkeit diese Regelungsabreden haben, richtet sich nach dem Parteiwillen.

29 Geheimhaltungspflicht

(1) Die Mitglieder und Ersatzmitglieder des Sprecherausschusses sind verpflichtet, Betriebs- oder Geschäftsgeheimnisse, die ihnen wegen ihrer Zugehörigkeit zum Sprecherausschuss bekannt geworden und vom Arbeitgeber ausdrücklich als geheimhaltungsbedürftig bezeichnet worden sind, nicht zu offenbaren und nicht zu verwerten. Dies gilt auch nach dem Ausscheiden aus dem Sprecherausschuss. Die Verpflichtung gilt nicht gegenüber Mitgliedern des Sprecherausschusses, des Gesamtsprecherausschusses, des Unternehmenssprecherausschusses, des Konzernsprecherausschusses und den Arbeitnehmervertretern im Aufsichtsrat.

(2) Absatz 1 gilt entsprechend für die Mitglieder und Ersatzmitglieder des Gesamtsprecherausschusses, des Unternehmenssprecherausschusses und des Konzernsprecherausschusses.

---

1 BAG 10.2.2009 – 1 AZR 767/07, AP Nr. 1 zu § 28 SprAuG. || 2 BAG 10.2.2009 – 1 AZR 767/07, AP Nr. 1 zu § 28 SprAuG. || 3 ErfK/*Oetker*, § 28 SprAuG Rz. 11; MünchArbR/*Joost*, § 235 Rz. 36; *Mitzlaff*, Vereinbarungen nach § 28 Sprecherausschussgesetz, Diss. 1996, S. 105. || 4 S. dazu ausf. *Annuß*, NZA 2001, 756 ff.; vgl. auch § 77 BetrVG Rz. 63. || 5 Abl.: *Löwisch*, § 28 Rz. 18; *Kaiser*, Rz. 227; bejahend: MünchArbR/*Joost*, § 235 Rz. 38; ErfK/*Oetker*, § 28 SprAuG Rz. 12; *Mitzlaff*, Vereinbarungen nach § 28 Sprecherausschussgesetz, Diss. 1996, S. 106 f.; offen gelassen bei Schaub/*Koch*, ArbRHdb, § 250 Rz. 12. || 6 *Mitzlaff*, Vereinbarungen nach § 28 Sprecherausschussgesetz, Diss. 1996, S. 107. || 7 *Hromadka/Sieg*, § 28 Rz. 56; MünchArbR/*Joost*, § 235 Rz. 40. || 8 *Hromadka/Sieg*, § 28 Rz. 55; ErfK/*Oetker*, § 28 SprAuG Rz. 17 mwN. || 9 Bereits entstandene Ansprüche oder erdiente Anwartschaften leitender Angestellter bleiben unberührt, *Löwisch*, § 28 Rz. 31. || 10 ErfK/*Oetker*, § 28 SprAuG Rz. 19; MünchArbR/*Joost*, § 235 Rz. 44, der allerdings auch Richtlinien einbezieht. || 11 *Löwisch*, § 28 Rz. 34. || 12 MünchArbR/*Joost*, § 235 Rz. 8; *Hromadka/Sieg*, § 28 Rz. 33 ff.; aA *Löwisch*, § 28 Rz. 1; *Oetker*, ZfA 1990, 43 (83); offen gelassen von ErfK/*Oetker*, § 28 SprAuG Rz. 2.

Die Pflicht zur Geheimhaltung gem. Abs. 1 S. 1 u. 2 entspricht § 79 I 1 u. 2 BetrVG, auf dessen Grundsätze hier verwiesen wird, s. § 79 BetrVG Rz. 2 ff. Um eine effektive Zusammenarbeit zu ermöglichen, wird das **Innenverhältnis** der verschiedenen ArbN-Vertreter iSd. Abs. 1 S. 3 **nicht** erfasst. Ggü. dem **BR** besteht hingegen keine Ausnahme von der Verschwiegenheitspflicht[1]. Die Verletzung der Verschwiegenheitspflicht ist strafbar gem. § 35. Es handelt sich um ein Antragsdelikt, § 35 V 1. **Zusätzlich** wird eine besondere Pflicht der SprAu-Mitglieder, Stillschweigen zu bewahren, durch §§ 26 II 3 u. 31 III 1 begründet, s. dort.

Zweiter Abschnitt. Mitwirkungsrechte

30 Arbeitsbedingungen und Beurteilungsgrundsätze

Der Arbeitgeber hat den Sprecherausschuss rechtzeitig in folgenden Angelegenheiten der leitenden Angestellten zu unterrichten:

1. Änderungen der Gehaltsgestaltung und sonstiger allgemeiner Arbeitsbedingungen;
2. Einführung oder Änderung allgemeiner Beurteilungsgrundsätze.

Er hat die vorgesehenen Maßnahmen mit dem Sprecherausschuss zu beraten.

I. Vorbemerkung. S. 1 Nr. 1 regelt die Beteiligung des SprAu **in sozialen Angelegenheiten**. Anders als § 87 BetrVG enthält er aber keine abschließende Aufzählung der Beteiligungstatbestände, sondern ist in gewisser Hinsicht als **Generalklausel** gestaltet[2]. Er räumt dem SprAu kein paritätisches MitbestR iSd. positiven Konsensprinzips ein[3], sondern nur ein Mitwirkungsrecht in Form **eines Unterrichtungs- und Beratungsrechts**. S. 1 Nr. 2 betrifft einen Teilbereich der **allg. personellen Angelegenheiten** (s.a. Vor § 25 Rz. 1). Als Gegenstand der Beteiligung kommen nur **Maßnahmen mit Kollektivbezug** in Betracht (s. § 25 Rz. 1; § 28 Rz. 3; s. aber § 31 Rz. 1).

II. Änderungen der Gehaltsgestaltung. Der Begriff der Gehaltsgestaltung entspricht dem der Lohngestaltung iSd. § 87 I Nr. 10 BetrVG[4] (s. dort Rz. 174 ff.). Beteiligungspflichtig ist die **Einführung**[5] und **Änderung** des kollektiven **Systems** der Gehaltsfindung, **nicht** die Regelung der Gehaltshöhe (str.)[6]. Der **Dotierungsrahmen** fällt nicht unter das Beteiligungsrecht[7]. Der SprAu kann in diesem Zusammenhang auch Einblick in die Gehaltslisten verlangen (s. § 25 Rz. 3). Entscheidungen, die die **individuelle Gehaltshöhe** betreffen, lösen nach keiner Ansicht das Mitwirkungsrecht des SprAu aus (s. Rz. 1).

III. Sonstige allgemeine Arbeitsbedingungen. Das Mitwirkungsrecht des SprAu erfasst sowohl **formelle wie auch materielle Arbeitsbedingungen**, also den gesamten Inhalt des ArbVerh, soweit er **vertragseinheitlich** geregelt ist[8]. Darunter fallen auch Dauer und Lage der Arbeitszeit, allg. Urlaubsregelungen, Vorschriften der betriebl. Ordnung, Reisekosten- und Spesenregelungen usw. (s.a. § 28 Rz. 3)[9].

IV. Einführung oder Änderung allgemeiner Beurteilungsgrundsätze. Dieser Mitwirkungstatbestand dient dem Ziel, das Verfahren bei Personalentscheidungen zu **versachlichen**[10] und entspricht der Regelung in § 94 II BetrVG, auf dessen Grundsätze hier verwiesen werden kann (s. Rz. 8). Erfasst werden sowohl die **formellen** (zB Gestaltung von Mitarbeitergesprächen) wie die **materiellen** Beurteilungskriterien, die der Erfassung und Bewertung des Verhaltens und der Arbeitsleistung der leitenden Angestellten im weitesten Sinne dienen, zB Führungsverhalten, Überzeugungsfähigkeit, Arbeitseinsatz und -ergebnis, Zusammenarbeit mit anderen[11]. Unter den Beteiligungstatbestand fallen **weder** Anforderungs- oder Führungsrichtlinien noch die Anwendung der Beurteilungsgrundsätze auf den einzelnen leitenden Angestellten[12].

V. Unterrichtung und Beratung. Der Verstoß gegen die Pflicht, den SprAu rechtzeitig zu unterrichten und die geplanten Maßnahmen mit ihm zu beraten, kann gem. § 36 I eine **Ordnungswidrigkeit** darstellen. Hinzuweisen ist auf die zu § 25 gemachten Ausführungen (s. dort Rz. 2) und § 2 II (s. § 2 Rz. 3 ff.).

---

1 ErfK/*Oetker*, § 29 SprAuG Rz. 3; MünchArbR/*Joost*, § 234 Rz. 98 mwN. ‖2 Richardi/*Richardi*, § 5 BetrVG Rz. 280. ‖3 Richardi/*Richardi*, § 87 BetrVG Rz. 6. ‖4 Str.; bejahend: Richardi/*Richardi*, § 5 BetrVG Rz. 281; ErfK/*Oetker*, § 30 SprAuG Rz. 2; Hromadka/*Sieg*, § 30 Rz. 11; abw. *Löwisch*, § 30 Rz. 3. ‖5 Ein Gegenschluss zur Regelung in § 30 S. 1 Nr. 2 ist hier nicht zulässig, da der Gesetzgeber bei Erlass des Gesetzes davon ausging, entsprechende Regelungen bestünden idR, MünchArbR/*Joost*, § 235 Rz. 71; *Goldschmidt*, FA 2003, 98 (100); *Löwisch*, § 30 Rz. 7. ‖6 ErfK/*Oetker*, § 30 SprAuG Rz. 3; Richardi/*Richardi*, § 5 BetrVG Rz. 281, § 87 BetrVG Rz. 813; aA *Löwisch*, § 30 Rz. 3, der aus dem schwächeren Beteiligungsrecht des SprAu auf die Beteiligung bei „Gehaltserhöhungen und Gehaltskürzungen" schließt; ebenso nehmen Borgwardt/Fischer/Janert/*Fischer*, § 30 Rz. 4, ein Beteiligungsrecht für die Frage der „Dotierung einzelner Gehaltsgruppen oder -bänder wie auch gruppenbezogene Grundsätze der Gehaltsregulierung" an. ‖7 Hromadka/*Sieg*, § 30 Rz. 14. ‖8 Richardi/*Richardi*, § 5 BetrVG Rz. 281; ErfK/*Oetker*, § 30 SprAuG Rz. 4 mwN; MünchArbR/*Joost*, § 235 Rz. 70. ‖9 *Löwisch*, § 30 Rz. 6. ‖10 BT-Drs. 11/2503, 43. ‖11 *Kaiser*, Rz. 254; dazu zählen auch formalisierte Zielsetzungsgespräche, falls sie der Bewertung der Leistung anhand bestimmter Kriterien in einem bestimmten Zeitraum dienen, Hromadka/*Maschmann*, Arbeitsrecht, Band 2, 6. Aufl. 2014, § 16 Rz. 713. ‖12 *Bauer*, SprAuG, § 30 Anm. III; ErfK/*Oetker*, § 30 SprAuG Rz. 6 f. mwN.

Zeitlich hat die Unterrichtung – gemessen an Bedeutung und Umfang des Gegenstandes – in einem **Stadium** zu erfolgen, in dem die Phase bloßer Vorüberlegungen verlassen ist und konkrete Maßnahmen ins Auge gefasst sind. Dem SprAu müssen eine Auseinandersetzung in der Sache und das Vorbringen von Bedenken oder Anregungen möglich sein, ohne dass bereits Fakten geschaffen sind. Der SprAu kann zwar auch eine **nachträgliche Durchführung** des Mitwirkungsverfahrens verlangen[1], allerdings bleibt davon die **Wirksamkeit** einer unter Verletzung des Beteiligungsrechts ergangenen Maßnahme unberührt[2]. Ob dem SprAu ein im Wege des einstw. Rechtsschutzes durchzusetzender **Unterlassungsanspruch** zusteht, ist umstritten[3]. Die **Beratungspflicht** des ArbGeb, also eine inhaltliche Auseinandersetzung mit der Position des SprAu, ändert nichts am **Letztentscheidungsrecht** des ArbGeb – es besteht keine Pflicht zum Kompromiss (s. § 2 Rz. 2).

31 Personelle Maßnahmen

(1) Eine beabsichtigte Einstellung oder personelle Veränderung eines leitenden Angestellten ist dem Sprecherausschuss rechtzeitig mitzuteilen.

(2) Der Sprecherausschuss ist vor jeder Kündigung eines leitenden Angestellten zu hören. Der Arbeitgeber hat ihm die Gründe für die Kündigung mitzuteilen. Eine ohne Anhörung des Sprecherausschusses ausgesprochene Kündigung ist unwirksam. Bedenken gegen eine ordentliche Kündigung hat der Sprecherausschuss dem Arbeitgeber spätestens innerhalb einer Woche, Bedenken gegen eine außerordentliche Kündigung unverzüglich, spätestens jedoch innerhalb von drei Tagen, unter Angabe der Gründe schriftlich mitzuteilen. Äußert er sich innerhalb der nach Satz 4 maßgebenden Frist nicht, so gilt dies als Einverständnis des Sprecherausschusses mit der Kündigung.

(3) Die Mitglieder des Sprecherausschusses sind verpflichtet, über die ihnen im Rahmen personeller Maßnahmen nach den Absätzen 1 und 2 bekannt gewordenen persönlichen Verhältnisse und Angelegenheiten der leitenden Angestellten, die ihrer Bedeutung oder ihrem Inhalt nach einer vertraulichen Behandlung bedürfen, Stillschweigen zu bewahren; § 29 Abs. 1 Satz 2 und 3 gilt entsprechend.

I. Vorbemerkung. § 31 weicht vom Grundsatz der Beschränkung auf eine rein kollektiv-rechtl. Interessenwahrung (s. § 25 Rz. 1, § 30 Rz. 1) insoweit ab, als er die Zuständigkeit des SprAu auf Einstellungen, personelle Veränderung und Kündigung eines leitenden Angestellten – also auf individualrechtl. Angelegenheiten – erweitert.

II. Einstellung und personelle Veränderung eines leitenden Angestellten. Das Mitwirkungsrecht des SprAu ist unabhängig von Wirksamkeit oder Bestand der rechtsgeschäftl. Einigung von ArbGeb und einzelnem leitenden Angestellten und knüpft allein an die Tatsache der personellen Veränderung auf vorhandenen oder neu geschaffenen Arbeitsplätzen an[4]. Erfasst wird auch die **Beförderung** eines bereits im Betrieb beschäftigten ArbN zum leitenden Angestellten[5]. Es genügt auch eine **vorübergehende** Übertragung einer entsprechenden Position[6].

Der SprAu soll über die **Besetzung der Leitungspositionen** ständig unterrichtet sein und ist über Versetzungen (s. § 99 BetrVG Rz. 36), Umgruppierungen (s. § 99 BetrVG Rz. 32), Erteilung oder Widerruf von handelsrechtl. Vollmachten (Prokura, Handlungsvollmacht, Generalvollmacht) sowie **sonstige Veränderungen der Aufgabe oder der Position** von leitenden Angestellten rechtzeitig zu informieren[7]. Der Mitteilungspflicht sollen auch **Veränderungen im Bestand der Arbeitsverträge** unterliegen[8]. Die Informationspflicht erstreckt sich auf die im Einzelfall jeweils entscheidungsrelevanten Angaben. Neben der Person des Einzustellenden bzw. des von der Maßnahme Betroffenen ist dem SprAu Mitteilung über die Art und Wirkung der Maßnahme – bezogen auf den Aufgabenkreis des SprAu – zu machen. Der ArbGeb unterliegt keiner ausdrücklichen Pflicht zur **Beratung** der Maßnahme mit dem SprAu[9]. Eine **Verletzung** kann als Ordnungswidrigkeit iSd. § 36 geahndet werden, lässt aber die Wirksamkeit der Maßnahme auf Individualebene unberührt (Ausnahme Abs. 2 S. 3 für den Fall der Kündigung, s. Rz. 4).

---

[1] *Löwisch*, § 30 Rz. 12; ErfK/*Oetker*, § 30 SprAuG Rz. 8. ||[2] *Oetker*, BB 1990, 2181 (2186), im Gegenschluss zu § 31 II 3. ||[3] Bejahend: *Löwisch*, § 30 Rz. 16, wegen des Fehlens einer § 23 III BetrVG entsprechenden Regelung im SprAuG; abl.: ErfK/*Oetker*, § 30 SprAuG Rz. 8 ohne Begründung mwN; *Hromadka/Sieg*, § 30 Rz. 32, mit dem Argument, der SprAu dürfe nicht in die Unternehmensführung eingreifen und der SprAu habe keine über die Möglichkeiten des Betriebsrats hinausgehenden Befugnisse; *Bauer*, SprAuG, § 30 Anm. VI. ||[4] Richardi/*Thüsing*, § 99 BetrVG Rz. 29 f. ||[5] *Löwisch*, § 31 Rz. 3, da die Interessen der übrigen leitenden Angestellten berührt werden. ||[6] BAG 9.3.1976 – 1 ABR 53/74, AuR 1976, 152 (152); vgl. näher § 99 BetrVG Rz. 44 ff. ||[7] ErfK/*Oetker*, § 31 SprAuG Rz. 4 f. mwN; MünchArbR/*Joost*, § 235 Rz. 77 f. mwN. ||[8] *Hromadka/Maschmann*, Arbeitsrecht, Band 2, 6. Aufl. 2014, § 16 Rz. 717; *Goldschmidt*, FA 2003, 98 (100); Schaub/*Koch*, ArbRHdb. § 253 Rz. 4; *Hromadka/Sieg*, § 31 Rz. 11; Schaub/*Koch*, ArbRHdb, § 253 Rz. 5 halten bei Auflösung des ArbVerh durch Aufhebungsvertrag eine nachträgliche Information des SprAu für ausreichend. ||[9] MünchArbR/*Joost*, § 235 Rz. 79, leitet aber aus *dem Grundsatz* zur vertrauensvollen Zusammenarbeit iSd. § 2 I 1 ab, der ArbGeb könne sich dem Wunsch nach einer Erörterung nicht entziehen, soweit der SprAu im Rahmen des § 25 I tätig wird; nach Schaub/*Koch*, ArbRHdb, § 253 Rz. 10, ergibt sich aus diesem Gebot, dass der SprAu „wenigstens Bedenken vortragen können muss".

III. Kündigung. Vor **jeder** Kündigung eines leitenden Angestellten ist der SprAu anzuhören, Abs. 2 S. 1[1]. Die Pflicht zur Anhörung besteht auch in Eilfällen und ist nicht dispositiv. Ohne ordnungsgemäße Beteiligung des SprAu ist die Kündigung **unwirksam**, Abs. 2 S. 3[2]. Insoweit macht es keinen Unterschied, ob der SprAu überhaupt nicht beteiligt wurde oder ob der ArbGeb seiner Unterrichtungspflicht „nicht richtig, insbesondere nicht ausführlich genug, oder bewusst irreführend nachgekommen ist"[3]. Ob und wie der SprAu zu der mangelhaften Anhörung Stellung genommen hat, ist dabei unerheblich[4]. Der SprAu muss vollständig über die konkreten maßgeblichen Kündigungsgründe informiert werden; insb. darf der ArbGeb keine ihm bekannten und – bereits aus seiner Sicht – für die Stellungnahme des SprAu möglicherweise relevanten Tatsachen verschweigen[5]. Bzgl. Gegenstand, Zeitpunkt, Inhalt und Form des Anhörungsverfahrens s. § 102 BetrVG Rz. 18 ff.

Im Gegensatz zum BR hat der SprAu keine Möglichkeit, Widerspruch gegen die Kündigung zu erheben; das SprAuG sieht dementsprechend auch **keinen besonderen Weiterbeschäftigungsanspruch** des gekündigten leitenden Angestellten vor. Wegen der besonderen Stellung der leitenden Angestellten und dem schützenswerten Interesse des ArbGeb, Leitungspositionen mit Personen seines Vertrauens zu besetzen, wird idR auch kein **allg. Weiterbeschäftigungsanspruch** in Betracht kommen[6]. Ein leitender Angestellter iSd. BetrVG, der nicht als solcher iSd. § 14 KSchG zu qualifizieren ist, hat keine Möglichkeit, in entspr. Anwendung des § 3 KSchG **Kündigungseinspruch** beim SprAu einzulegen[7].

IV. Pflicht zur Verschwiegenheit. Nach Abs. 3 trifft die Mitglieder des SprAu eine besondere Pflicht zur Verschwiegenheit[8]. Diese Pflicht gilt **nicht ggü.** den in § 29 I 3 genannten Organen bzw. deren Mitgliedern, die ebenfalls Stillschweigen zu wahren haben[9]. Die **Verletzung** dieser Verschwiegenheitspflicht wird gem. § 35 II als **Straftat** sanktioniert; Abs. 3 ist ein **Schutzgesetz iSd.** § 823 II BGB.

32 Wirtschaftliche Angelegenheiten

(1) Der Unternehmer hat den Sprecherausschuss mindestens einmal im Kalenderhalbjahr über die wirtschaftlichen Angelegenheiten des Betriebs und des Unternehmens im Sinne des § 106 Abs. 3 des Betriebsverfassungsgesetzes zu unterrichten, soweit dadurch nicht die Betriebs- oder Geschäftsgeheimnisse des Unternehmens gefährdet werden. Satz 1 gilt nicht für Unternehmen und Betriebe im Sinne des § 118 Abs. 1 des Betriebsverfassungsgesetzes.

(2) Der Unternehmer hat den Sprecherausschuss über geplante Betriebsänderungen im Sinne des § 111 des Betriebsverfassungsgesetzes, die auch wesentliche Nachteile für leitende Angestellte zur Folge haben können, rechtzeitig und umfassend zu unterrichten. Entstehen leitenden Angestellten infolge der geplanten Betriebsänderung wirtschaftliche Nachteile, hat der Unternehmer mit dem Sprecherausschuss über Maßnahmen zum Ausgleich oder zur Milderung dieser Nachteile zu beraten.

I. Vorbemerkung. Wie der BR soll der SprAu einen laufenden Einblick in die wirtschaftl. Situation des Unternehmens erhalten und drohende wirtschaftl. Nachteile für die leitenden Angestellten in Folge geplanter Betriebsänderungen abwenden. Im Gegensatz zum BR kann der SprAu aber **weder einen Interessenausgleich iSd.** § 111 BetrVG vereinbaren **noch einen Sozialplan erzwingen**. Ausgenommen von der Unterrichtungspflicht sind Tendenzunternehmen und -betriebe, Abs. 1 S. 2.

II. Unterrichtung über wirtschaftliche Angelegenheiten. Die Unterrichtung über die wirtschaftl. Angelegenheiten des Unternehmens erfolgt ggü. dem **SprAu als Organ** und ist unabhängig vom Kenntnisstand einzelner Mitglieder. Diese Informationspflicht trifft den **ArbGeb**[10], sobald in einem Betrieb ein **SprAu gebildet** ist; auf dessen Beschäftigtenzahl kommt es nicht an. Eine **Ausnahme** gilt gem. Abs. 1 S. 2 für Tendenzunternehmen bzw. -betriebe iSd. § 118 I BetrVG (s. § 118 BetrVG Rz. 2 ff.). Ausgenommen von der Unterrichtungspflicht sind auch Informationen, die eine Gefährdung von Betriebs- oder Geschäftsgeheimnissen bedeuten (zu den Begriffen s. § 106 BetrVG Rz. 48 ff.).

Was **Gegenstand der Unterrichtung** ist, richtet sich gem. Abs. 1 S. 1 nach § 106 III BetrVG (s. § 106 BetrVG Rz. 55 ff.). Zwar verweist Abs. 1 nicht auf § 108 V BetrVG, doch fällt die Vorstellung und Erläuterung des **Jahresabschlusses** in dieselbe. Pflicht des ArbGeb zur Unterrichtung über die wirtschaftl. Angelegenheiten[11]. Eine mit § 106 II BetrVG vergleichbare Pflicht des ArbGeb, dem SprAu erforderliche **Unterlagen vorzulegen**, ist nicht ausdrücklich vorgesehen. Dennoch besteht im Erg. Einigkeit darüber,

---

1 BAG 27.9.2001 – 2 AZR 176/00, AP Nr. 6 zu § 14 KSchG. ‖ 2 Der ArbGeb trägt die Darlegungs- und Beweislast für die ordnungsgemäße Durchführung des Anhörungsverfahrens. ‖ 3 BAG 27.9.2001 – 2 AZR 176/00, AP Nr. 6 zu § 14 KSchG. ‖ 4 BAG 29.3.1990 – 2 AZR 420/89, AP Nr. 56 zu § 102 BetrVG 1972. ‖ 5 BAG 27.9.2001 – 2 AZR 176/00, AP Nr. 6 zu § 14 KSchG. ‖ 6 MünchArbR/*Joost*, § 235 Rz. 83; offen bei ErfK/*Oetker*, § 31 SprAuG Rz. 8. ‖ 7 ErfK/*Oetker*, § 31 SprAuG Rz. 9; MünchArbR/*Joost*, § 235 Rz. 84f.; *Hromadka/Sieg*, § 31 Rz. 25, hält diese Frage auf Grund der vorherigen Anhörungspflicht von BR und SprAu für bedeutungslos. ‖ 8 MünchArbR/*Joost*, § 235 Rz. 86; *Hromadka/Sieg*, § 31 Rz. 44 ff. ‖ 9 ErfK/*Oetker*, § 31 SprAuG Rz. 10, der diese Pflicht aus § 35 II ableitet. ‖ 10 MünchArbR/*Joost*, § 231 Rz. 2 und § 235 Rz. 97; wie § 106 II BetrVG bezieht sich auch § 32 I 1 auf den Rechtsträger des Unternehmens, der in diesem Zusammenhang identisch mit dem ArbGeb ist. ‖ 11 Schaub/*Koch*, ArbRHdb, § 254 Rz. 3, zählt dies allg. zur Unterrichtungspflicht iSd. § 32 I; MünchArbR/*Joost*, § 235 Rz. 95 mwN.

dass dem SprAu die jeweils maßgeblichen Unterlagen **zur Einsichtnahme vorzulegen** sind und die Unterrichtung unter Bezugnahme auf sie erfolgt[1]. Wegen der Vertraulichkeit des Materials dürfen eigenmächtig **keine** Abschriften oder Ablichtungen erstellt werden[2].

4   Das **Mitwirkungsrecht** des SprAu beschränkt Abs. 1 auf die **bloße Unterrichtung** über die wirtschaftl. Angelegenheiten. Der SprAu kann also keine Beratung mit dem ArbGeb verlangen; allerdings kann er die erlangten Informationen verwenden, um im Rahmen der **§§ 25 I 1, 28** initiativ zu werden und die dort eingeräumten Beteiligungsrechte wahrzunehmen. Darüber hinaus wird dem SprAu teilweise das Recht zugestanden, eine **Stellungnahme** zu der Unterrichtung bzw. der wirtschaftl. Situation abzugeben, die der ArbGeb entgegennehmen müsse[3].

5   Die Unterrichtung hat **einmal (kalender)halbjährlich** zu erfolgen. Ein **bestimmter Termin** ist **nicht** vorgesehen, so dass der ArbGeb insoweit nach eigenem Ermessen verfahren kann; dabei ist aber nicht nur das Gebot der vertrauensvollen Zusammenarbeit (§ 2 I), sondern auch § 25 II 1 zu beachten, wonach der SprAu zur Wahrnehmung seiner Aufgaben rechtzeitig zu unterrichten ist[4]. Unter diesem Gesichtspunkt wird eine Unterrichtungspflicht **auch außerhalb des gesetzl. Turnus** anerkannt[5]. **Zuständig** ist regelmäßig der SprAu bzw. der alternativ gebildete UnternehmensSprAu, allerdings kann der GesamtSprAu gem. § 18 II von einzelnen SprAu **beauftragt** werden, das Unterrichtungsrecht wahrzunehmen.

6   **III. Betriebsänderungen.** Zum **Begriff** der Betriebsänderung s. § 111 BetrVG Rz. 19 ff. Änderungen, die **allein die Ebene des Rechtsträgers** betreffen und keine Auswirkungen auf die betriebl. Organisationsebene haben, bleiben **unberücksichtigt**; sie fallen aber unter Abs. 1. Der Verweis auf § 111 BetrVG dient **lediglich der Klarstellung**, „dass der dort umschriebene Begriff der Betriebsänderung auch im Rahmen dieser Vorschrift gilt"[6]. Nach zutreffender Ansicht wird mit der Verweisung das Beteiligungsrecht des SprAu **weder an die Existenz eines BR**[7] **noch an den Schwellenwert des § 106 I BetrVG gekoppelt**[8]. Es handelt sich um selbständige Organe, die einen unterschiedlichen Personenkreis repräsentieren. Zum **Begriff** der **wesentlichen Nachteile** s. § 111 BetrVG Rz. 21. Abs. 2 S. 1 verlangt ausdrücklich, dass bei Betriebsänderungen Nachteile im o.g. Sinn „auch" für leitende Angestellte eintreten können; ob insoweit eine **konkrete Gefahr** besteht, bedarf einer **Prüfung der Umstände des Einzelfalls**[9]. Ausreichend ist bereits die Betroffenheit **eines** leitenden Angestellten.

7   Die **Unterrichtung** des SprAu hat **rechtzeitig und umfassend** zu erfolgen (s. § 111 BetrVG Rz. 59 ff.), Abs. 2 S. 1, also vor allem Umfang und Auswirkungen der Betriebsänderung zu einem Zeitpunkt darzustellen, in dem die Planung noch keine endgültige Gestalt angenommen hat und auch Verhandlungen iSd. Abs. 2 S. 2 noch ohne zeitlichen Druck erfolgen können. Die Pflicht des ArbGeb, dem SprAu **Unterlagen vorzulegen**, wird nicht ausdrücklich festgelegt, ist im Erg. aber anerkannt[10]. Zur Offenlegung von Betriebs- oder Geschäftsgeheimnissen ist der ArbGeb auch hier nicht verpflichtet[11]. Hinsichtlich des „Ob", „Wann" oder „Wie" der geplanten Betriebsänderung hat der SprAu keine durchsetzungsfähigen (Mit-)Gestaltungsrechte, er kann im Gegensatz zum BR vom ArbGeb keine Verhandlung über einen **Interessenausgleich** verlangen.

8   Eine **Beratungspflicht** trifft den ArbGeb nur hinsichtlich der wirtschaftl. Nachteile, die leitenden Angestellten in Folge der Betriebsänderung entstehen (Abs. 2 S. 2)[12]. Abs. 2 S. 2 verlangt **nicht** den Eintritt **wesentlicher** Nachteile. Ob ein wirtschaftl. Nachteil vorliegt, **bemisst** sich nach der Rechtsstellung, die der leitende Angestellte auf Grund seines ArbVerh hat[13]. Es genügt, wenn ein leitender Angestellter betroffen ist[14]. Nachdem auch hier die Beratungspflicht in das **Planungsstadium** fällt, muss der Eintritt der Nachteile **als Folge** der Betriebsänderung **absehbar** sein. Die Aufstellung eines **Sozialplans** iSd. § 112 I 2 BetrVG kann **nicht erzwungen** werden. Ist der ArbGeb aber zu Leistungen bereit, kann eine

---

1 Für die Anwendung des § 25 II 2: *Löwisch*, § 32 Rz. 21, der eine Pflicht zur Vorlage von Unterlagen annimmt, wenn andernfalls keine ordnungsgemäße Unterrichtung des SprAu zu erreichen ist; vgl. auch *Hromadka/Sieg*, § 32 Rz. 52, für Fälle komplizierter technischer und wirtschaftlicher Vorgänge; eine Pflicht zur Überlassung der Unterlagen wird aber nicht angenommen. Für analoge Anwendung des § 106 II BetrVG: MünchArbR/*Joost*, § 235 Rz. 99, wegen der in § 25 II 2 ggü. § 106 II BetrVG weiter gehenden Pflicht zur Zurverfügungstellung der Unterlagen, so dass dem SprAu weiter reichende Befugnisse eingeräumt wären als dem Wirtschaftsausschuss; auch Schaub/*Koch*, ArbRHdb, § 254 Rz. 5. ||2 *Fitting*, § 106 BetrVG Rz. 40 mwN. ||3 Schaub/*Koch*, ArbRHdb, § 254 Rz. 4, zieht dafür den Grundsatz der vertrauensvollen Zusammenarbeit (§ 2 I, heran; *Löwisch*, § 32 Rz. 20 greift auf die allg. Aufgabe der Interessenwahrung der leitenden Angestellten gem. § 25 I 1 zurück. ||4 MünchArbR/*Joost*, § 235 Rz. 98. ||5 ErfK/*Oetker*, § 32 SprAuG Rz. 6; *Hromadka/Sieg*, § 32 Rz. 51. ||6 BT-Drs. 11/2503, 43; s.a. ErfK/*Oetker*, § 32 SprAuG Rz. 8 mwN; *Sieg*, FS Richardi, 2007, S. 777 (790). ||7 *Kaiser*, Rz. 333; MünchArbR/*Joost*, § 235 Rz. 105; Schaub/*Koch*, ArbRHdb, § 254 Rz. 7. ||8 S. ErfK/*Oetker*, § 32 SprAuG Rz. 8 mwN; *Sieg*, FS Richardi, 2007, S. 777 (790); aA *Löwisch*, § 32 Rz. 54. ||9 Dagegen besteht für die Beteiligung des BR eine entsprechende Vermutung, s. *Fitting*, § 111 BetrVG Rz. 42 f. ||10 Auf § 25 II 2 stellt MünchArbR/*Joost*, § 235 Rz. 109, ab, der damit auch einen Anspruch des SprAu anerkennt; ebenso Schaub/*Koch*, ArbRHdb, § 254 Rz. 10, soweit dies „zum Verständnis notwendig" sei. ||11 *Löwisch*, § 32 Rz. 59, plädiert für eine analoge Anwendung des § 106 II BetrVG; *Kaiser*, Rz. 337, will § 32 I 1 Hs. 2 entsprechend heranziehen. ||12 Der SprAu kann aber auch selbst die Initiative ergreifen, indem er im Rahmen des § 25 I tätig wird. ||13 Richardi/*Annuß*, § 112 BetrVG Rz. 86. ||14 *Hromadka/Sieg*, § 32 Rz. 56.

Vereinbarung iSd. § 28 abgeschlossen werden, die – in der Form einer Sprechervereinbarung (s. § 28 Rz. 10 f.) – dieselbe Wirkung hat wie ein Sozialplan iSd. § 112 I 2 BetrVG. **Gegenstand** dieser Vereinbarung kann alles sein, was zulässigerweise in einem Sozialplan geregelt werden kann. Schließt der ArbGeb mit dem BR einen Sozialplan ab, will aber den leitenden Angestellten keinen Ausgleich ihrer wirtschaftl. Nachteile gewähren, können diese auch unter dem Gesichtspunkt der **Gleichbehandlung** keine Rechte geltend machen.

Zuständig für die Wahrnehmung dieses Beteiligungsrechts ist grds. der SprAu oder der UnternehmensSprAu. Soweit die Betriebsänderungen aber betriebsübergreifende Folgen haben, kann auch ein Fall der originären Zuständigkeit des GesamtSprAu bzw. des KonzernSprAu gegeben sein (§§ 18 und 23). Um insoweit Unklarheiten zu vermeiden, können die SprAu einen **Verhandlungsauftrag** iSd. § 18 II an den GesamtSprAu erteilen. Die **Verletzung** der Beteiligungsrechte stellt eine Ordnungswidrigkeit iSd. § 36 dar. Ein Anspruch des SprAu ggü. dem ArbGeb **auf Unterlassung** der Betriebsänderung besteht allerdings nach h.M. **nicht**[1]. 9

33–39 *(nicht kommentiert)*

---

[1] ErfK/*Oetker*, § 32 SprAuG Rz. 13.

Tarifvertragsgesetz (TVG)

in der Fassung vom 25.8.1969 (BGBl. I S. 1323),
zuletzt geändert durch Gesetz vom 8.12.2010 (BGBl. I S. 1864)

Einleitung

I. Grundlagen 1	2. Bindung an Verfassungsrecht 15
1. Historische Entwicklung des Tarifvertragsrechts in Deutschland 1	3. Gesetzesrecht 22
	4. Tarifdispositives Richterrecht 32
2. Rechtstatsächliche Bedeutung des Tarifvertrags 3	5. Sonstige staatliche Rechtsnormen 33
	6. Verhältnis zur Betriebsvereinbarung 34
II. Tarifautonomie 5	IV. Innenschranken der Tarifautonomie 35
1. Verfassungs- und europarechtl. Garantie .. 5	V. Gesetzliche Mindestlöhne 38
2. Unverzichtbare Grundbedingungen der Tarifautonomie 6	VI. Reformvorschläge/Aktuelle Entwicklungen 39
3. Aufgaben und Funktionen 8	VII. Internationales 40
III. Verhältnis zu anderen Rechtsquellen 14	
1. Europäisches und internationales Recht ... 14	

1 **I. Grundlagen. 1. Historische Entwicklung des Tarifvertragsrechts in Deutschland.** In Reaktion auf die seit der Mitte des 19. Jahrhunderts[1] gestiegene faktische Verbreitung von TV wurde das bis dato geltende **Koalitionsverbot** durch §§ 152, 153 der Gewerbeordnung v. 21.6.1869 für den Norddeutschen Bund[2] aufgehoben. Damit war der Weg geebnet für große FlächenTV wie den Buchdruckertarif des Jahres 1873, der als erster TV reichseinheitlich galt. Eine umfassende Regelung des Tarifrechts erfolgte durch die **TV-Verordnung** v. 23.12.1918,[3] die 1923 durch eine Ordnung des Schlichtungswesens ergänzt wurde[4]. Während des Dritten Reiches war das freiheitliche Tarifsystem faktisch beseitigt.

2 Nach 1945 kam es auf Initiative der Besatzungsmächte nach Diskussion verschiedener Entwürfe[5] zur Verabschiedung des **TVG** v. 9.4.1949[6] für das Vereinigte Wirtschaftsgebiet (amerikanische und britische Besatzungszone). Im Gebiet der französischen Zone, im Saarland und in Westberlin entstanden zeitgleich Regelungen des Tarifrechts, in der sowjetischen Besatzungszone wurden TV nur in Form staatl. kontrollierter und beeinflusster Kollektivverträge zugelassen. Sukzessiv wurde in der Folgezeit das im Vereinigten Wirtschaftsgebiet geltende TVG auf die verbleibenden westlichen Länder einschl. Westberlin erstreckt: 1953 wurde die französische Zone einbezogen[7], 1959 das Saarland[8] und 1975 Westberlin[9]. Seit dem 3.10.1990 gilt es auch im Beitrittsgebiet[10]. Ggü. der ursprünglichen Fassung von 1949 erfuhr das TVG bis heute eher marginale Änderungen, die im Wesentlichen die Voraussetzungen der AVE, die Spitzenorganisationen und die Erstreckung des Anwendungsbereichs durch den mWz. 1.11.1974 eingefügten § 12a betreffen[11]. Die heutige Fassung beruht auf einer Neubekanntmachung v. 25.8.1969[12].

3 **2. Rechtstatsächliche Bedeutung des Tarifvertrags.** Die Gesamtzahl der am 31.12.2012 gültigen TV belief sich auf knapp 68 000, davon ca. 46 000 sog. UrsprungsTV. Diese setzen sich zu 31 % aus **VerbandsTV** und zu 69 % aus **FirmenTV** zusammen, wobei allerdings der deutlich größere Anteil der Beschäftigten von VerbandsTV erfasst wird[13]. FirmenTV und firmenbezogene VerbandsTV gewinnen damit zunehmend an Bedeutung. Ende 2012 gab es bereits 10 161 Unternehmen mit FirmenTV; dies bedeutet einen Anstieg von 400 % ggü. 1990. Die Flächentarifbindung ist hingegen seit Jahren rückläufig[14].

4 **Allgemeinverbindlich** gem. § 5 waren am 31.12.2012 502, also rd. 0,74 % der TV (vgl. § 5 Rz. 4)[15]. 53 % der ArbN in Westdeutschland arbeiteten 2012 in Betrieben mit Bindung an einen VerbandsTV, 7 % in Betrieben mit FirmenTV. Für Ostdeutschland betrugen die Zahlen 36 % bzw. 12 %. Im Jahr 2012 waren

---

1 Vgl. zu den gesellschaftl. Rahmenbedingungen und der geschichtl. Entwicklung Kempen/Zachert/*Kempen/Zachert*, TVG, Grundlagen Rz. 1 ff.; *Däubler*, Einl. TVG Rz. 2 ff.; ausf. Darstellung der historischen Entwicklung des TV bei Wiedemann/*Oetker*, TVG, Geschichte Rz. 1 ff.; s.a. *Kempen*, Sonderbeil. zu NZA Heft 3/2000, 7. ‖ 2 BGBl. S. 245. ‖ 3 RGBl. 1918, S. 1456, abgedr. bei Wiedemann/*Oetker*, TVG, Geschichte Rz. 8. ‖ 4 Verordnung über das Schlichtungswesen v. 30.10.1923, RGBl. I S. 1043 f. und Verordnung v. 29.12.1923, RGBl. 1924 I S. 9. ‖ 5 Eingehend zur Entstehung des TVG *Herschel*, ZfA 1973, 183 ff. ‖ 6 Verkündet am 22.4.1949, WiGBl. S. 55. ‖ 7 Gesetz über die Erstreckung des Tarifvertragsgesetzes v. 23.4.1953, BGBl. I S. 165. ‖ 8 Gesetz v. 30.6.1959, BGBl. I S. 361. ‖ 9 Übernahme G v. 16.1.1975, GVBl. S. 194. ‖ 10 Art. 8 EVertr. mit der Maßgabe nach Anl. I Kap. VIII Sachgeb. A Abschnitt III Nr. 14 EVertr. ‖ 11 ÄnderungsG v. 11.1.1952, BGBl. I S. 19; Erstes Arbeitsrechtsbereinigungs G v. 14.8.1969, BGBl. I S. 1106; Heimarbeitsänderungs G v. 29.10.1974, BGBl. I S. 2879. ‖ 12 BGBl. I S. 1323. ‖ 13 Vgl. zu den statistischen Angaben Bundesministerium für Arbeit und Soziales (www.bmas.bund.de); WSI-Statistisches Taschenbuch Tarifpolitik 2013, Tabelle 1.3. ‖ 14 *Ellguth/Kohaut*, WSI Mitteilungen 2013, 281 (284). ‖ 15 Vgl. Bundesministerium für Arbeit und Soziales (www.bmas.bund.de).

deutschlandweit 58 % aller ArbN bei tarifgebundenen ArbGeb beschäftigt. Darüber hinaus orientierten sich nicht tarifgebundene Unternehmen in Westdeutschland mit etwa 20 % und in Ostdeutschland mit etwa 26 % der ArbN am jeweils einschlägigen TV, so dass TV für die ArbVerh von rd. 79 % aller ArbN in Deutschland maßgebend sind[1]. Damit kommt dem TV unverändert eine zentrale Bedeutung für die Gestaltung der Arbeitsbeziehungen zu. Erkennbar sind Ansätze einer – überfälligen, aber noch vorsichtigen – Flexibilisierung der Arbeitsbedingungen durch Öffnungsklauseln, die Arbeitsbedingungen sind daher nicht derart einheitl., wie sich dies angesichts der genannten Zahlen annehmen ließe.

II. Tarifautonomie. 1. Verfassungs- und europarechtl. Garantie. Grundlage des Tarifwesens ist die in Art. 9 III GG verfassungsrechtl. verankerte Tarifautonomie iSd. Befugnis der ArbGeb(Verbände) und Gewerkschaften, die Arbeits- und Wirtschaftsbedingungen ihrer Mitglieder in kollektiven Verträgen mit zwingender Wirkung selbständig und selbstverantwortlich zu regeln (s.a. Art. 9 GG Rz. 107 ff.)[2]. Die TV-Parteien können kraft ihrer verbürgten Regelungszuständigkeit Abschluss, Inhalt und Beendigung von ArbVerh gestalten. Bei ihnen liegt die Entscheidung, ob und für welche Wirtschaftszweige und räumlichen Bereiche, für welche Berufsgruppen und Tätigkeiten Regelungen getroffen werden. In der Wahl der Geltungsbereiche ihrer TV sind sie im Rahmen ihrer Tarifzuständigkeit frei[3]. Die TV-Parteien tragen die Verantwortung für die kollektive Regelung der Arbeitsbedingungen. Aus dem Grundsatz der Vertragsfreiheit folgt jedoch, dass bestimmte inhaltl. Regelungen nicht verlangt werden können. Neben Art. 9 III GG garantiert auch Art. 28 GrCh ausdrücklich die Tarifautonomie. Da die GrCh gem. Art. 6 I EUV Teil des Europäischen Primärrechts ist, verbürgt damit auch das Europarecht das Recht der Arbeitsvertragsparteien und ihrer Verbände, TV auszuhandeln und zu schließen sowie kollektive Maßnahmen (Arbeitskämpfe) zur Durchsetzung ihrer Interessen zu ergreifen[4].

2. Unverzichtbare Grundbedingungen der Tarifautonomie. Verwirklichen lässt sich die Tarifautonomie nur, sofern bestimmte Grundbedingungen erfüllt sind. Namentlich die durch Art. 9 III GG garantierte **Koalitionsfreiheit** und die **Konfliktlösung durch Arbeitskämpfe** zählen zu den essentiellen Bedingungen realer Tarifautonomie. Anders als im Bereich der Privatautonomie, in dem ein Interessent bei unwilligen potenziellen Vertragspartnern auf deren Konkurrenten oder sonstige Dritte ausweichen kann, bietet sich den Tarifpartnern regelmäßig nur ein einziger Gegenspieler, der mit seiner Weigerung die tarifvertragl. Lösung blockieren könnte. Erst die Zulassung des Arbeitskampfes gleicht diesen strukturellen Nachteil aus und fördert die Konsensbereitschaft (vgl. näher Art. 9 GG Rz. 107 ff.).

Verfassungsrechtl. abgesichert iS einer dritten Grundvoraussetzung der Tarifautonomie ist nach überwiegender Lehre die **zwingende Natur der TV-Normen**[5]. Nach § 4 schaffen TV zwingende **Mindestbedingungen**, von denen zu Ungunsten der ArbN nur abgewichen werden kann, wenn dies der TV ausdrücklich vorsieht (§ 4 I, III). Die zwingende Wirkung der Tarifnormen setzt den freien Wettbewerb außer Kraft, schafft somit auf ArbN-Seite ein Tarifkartell. Handelt es sich um einen VerbandsTV, ergeben sich auch auf ArbGebSeite **Kartellwirkungen**. Sowohl für ArbN als auch für ArbGeb bewirkt die Kartellbildung neben positiven Effekten auch unbestreitbare Nachteile: ArbN sind zwar geschützt vor einer Gefährdung ihres Arbeitsplatzes durch andere ArbN, die bereit sind, die gleiche Arbeit zu geringerem Lohn zu verrichten. Auf der anderen Seite wird den Arbeitsuchenden aber eben diese marktkonforme Möglichkeit genommen, durch ein preiswertes Angebot ihrer Arbeitskraft einen Arbeitsplatz zu erhalten. Auch den Beschäftigten bleibt die Chance verwehrt, in Krisensituationen ihren Arbeitsplatz durch partiellen Lohnverzicht zu bewahren. Besonders deutlich wird dies in der aktuell geführten Debatte über Mindestlöhne, die branchenspezifisch durch für allgemeinverbindlich erklärte TV, über das AEntG und neuerdings nach den Plänen der Großen Koalition über den allg. gesetzl. Mindestlohn gewährleistet werden sollen. ArbGeb haben auf Grund des Tarifkartells branchenweit ähnliche Lohnkosten, was sich je nach Blickwinkel als Vor- oder Nachteil darstellen kann. Trotz Kritik bleiben die Tarifkartelle vom Geltungsbereich des § 1 GWB[6] sowie der Art. 101, 102 AEUV[7] ausgenommen[8]. Ob die zwingende Wirkung des TV wirklich eine unverzichtbare Vorbedingung der Tarifautonomie ist, muss schon deshalb bezweifelt werden, weil andere Arbeitsrechtsordnungen, etwa die englische, auf sie verzichten, ohne dass deshalb das Tarifsystem gefährdet wäre[9]. Art. 11 EMRK gewährt zwar sowohl die Koalitionsfreiheit als auch das Arbeitskampfrecht, schützt aber nicht die nach deutschem Verständnis elementare Befugnis, die Arbeitsbedingungen mit normativer Wirkung zu gestalten[10].

---

1 WSI-Statistisches Taschenbuch Tarifpolitik 2013, Tabellen 1.9, 1.10. || 2 *Wiedemann*, TVG, Einl. Rz. 1; s.a. *Henssler*, ZfA 1998, 1. || 3 So insb. zur Beschränkung des TV auf bestimmte Personengruppen: BAG 24.4.1985 – 4 AZR 457/83, AP Nr. 4 zu § 3 BAT; 18.9.1985 – 4 AZR 75/84, AP Nr. 20 zu § 23a BAT; *Löwisch/Rieble*, § 4 Rz. 122. || 4 Zur schon vorher erfolgten Anerkennung eines entspr. Schutzes als allg. Grundsatz des Gemeinschaftsrechts EuGH 11.12.2007 C-438/05 Slg. 2007, I-10779 – Viking Line; 19.12.2007 C-341/05 Slg. 2007, I-11767 – Laval; Thüsing/Braun/*Thüsing* 1. Kap. Rz. 69 ff. || 5 *Wiedemann*, TVG, Einl. Rz. 33 ff.; *Däubler*, Einl. TVG Rz. 98 ff.; aA *Sachs/Höfling*, Art. 9 GG Rz. 93a; *Höfling/Burkiczak* NJW 2005, 469 (nur die normative, nicht aber die zwingende Wirkung ist geschützt). || 6 BAG 27.6.1989 – 1 AZR 404/88, AP Nr. 113 zu Art. 9 GG Arbeitskampf; KG 21.2.1990 – Kart U 4357/89, AP Nr. 60 zu Art. 9 GG. || 7 EuGH 21.9.1999 – C-67/96 Slg. 1999, I-5751 – Albany: schriftl. Anfrage Nr. 777/89, ABl. EG 1990 Nr. C 328/3. || 8 Vgl. *Wiedemann*, TVG, Einl. Rz. 38. || 9 *Henssler*, ZfA 1998, 1 (31 f.); *Suckow*, Gewerkschaftliche Mächtigkeit als Determinante korporatistischer Tarifsysteme, 2000, S. 179 ff. || 10 Vgl. dazu EGMR 6.2.1976, EuGRZ 1976, 62 (64); 2.7.2002, ÖJZ 2003, 729 m. Anm. *Zachert*, AuR 2003, 370; *Grillberger*, ZAS Bd. 19 (1984), S. 92 (98).

8 **3. Aufgaben und Funktionen.** TV erfüllen als zentrale Bestandteile einer freiheitlichen Arbeitsrechtsordnung vielfältige Aufgaben und Funktionen. Während der Schutz der ArbN und die Befriedung sozialer Konflikte als Aufgaben der Tarifautonomie anerkannt sind, ist für die Ordnungsfunktion umstritten, ob sie lediglich eine faktische Auswirkung der Tarifautonomie[1] oder aber eine den Sozialpartnern übertragene Aufgabe darstellt[2].

9 **a) Schutzfunktion.** Als Ausfluss des Schutzbedürfnisses des einzelnen ArbN ist die Tarifautonomie darauf angelegt, die strukturelle Unterlegenheit der einzelnen ArbN beim Abschluss von Arbeitsverträgen durch kollektives Handeln auszugleichen und so ein gleichgewichtiges Aushandeln der Arbeitsbedingungen zu ermöglichen[3]. Obwohl ein Mindestschutz weitgehend durch den Gesetzgeber verwirklicht wird, haben TV weiterhin die Aufgabe, die **ArbN vor unangemessenen Arbeitsbedingungen zu schützen**. Die zum 1.1.2002 erfolgte Erstreckung des AGB-Rechtes auf das Individualarbeitsrecht (§ 310 IV BGB) lässt den Schutz durch TV ebenfalls nicht obsolet werden, auch wenn nunmehr ein weiteres Schutzsystem zu Gunsten der ArbN greift. Denn der AGB-Inhaltskontrolle bleiben nach § 307 III BGB Preisabreden, also die zentralen Vereinbarungen über das Verhältnis der zum Austausch gebrachten Leistungen, entzogen[4]. Weiterhin gilt, dass TV keine Anhaltspunkte für die Angemessenheit einer individualvertragl. Klausel liefern[5]. Ihr Geltungsbereich bleibt auf die unmittelbar Normunterworfenen beschränkt.

10 **b) Friedensfunktion.** Die Tarifautonomie verfolgt den Zweck, sozialen Frieden zu schaffen. Sie zielt nicht nur auf einen temporären Waffenstillstand zwischen den Kontrahenten, sondern auf eine **Befriedung des Arbeitslebens**[6]. Die TV-Parteien verpflichten sich, für die Laufzeit des Vertrags und im Umfang seiner Regelung sämtliche Kampfmaßnahmen zu unterlassen und im Rahmen ihrer Einwirkungspflichten ihre Mitglieder von Kampfaktionen abzuhalten[7]. Zu einer gesellschaftl. Befriedung trägt bei, dass Arbeitskonflikte institutionalisiert und damit entschärft werden, insb. aber wirkt die mittelbare Einbeziehung der ArbN in die Gestaltung ihrer Arbeitsbedingungen konfliktvermeidend.

11 **c) Ordnungsfunktion.** TV ordnen das Arbeitsleben[8]. Sie rationalisieren den Aufwand der individuellen Vertragsgestaltung, für die bei Tarifbindung nur wenige grundlegende oder aber außer- und übertarifl. Bedingungen übrig bleiben. Auch jenseits der Tarifbindung bieten sie ein verlässliches Regelwerk, das in Bezug genommen oder als Orientierung dienen kann. Im Rang unterhalb der gesetzl. Regelung schaffen TV vielfach eine Kodifikation der Arbeitsbedingungen (zB TVöD) und können Belange der gesamten Belegschaft organisieren und regeln. Gesamtgesellschaftlich betrachtet trägt die Tarifautonomie zur Ordnung des Gemeinwesens bei. Die Unternehmer erhalten mit dem TV eine **verlässliche Kalkulationsgrundlage** hinsichtlich der Arbeitskosten. Dies stabilisiert die Konjunktur. FlächenTV stärken die Rolle der Gewerkschaften, die als Vertreter der gesamten Arbeitnehmerschaft auftreten und Lohnkonkurrenz unter ArbN durch einheitliche Arbeitsbedingungen verhindern können. Die ArbN schließlich haben eine reale und vertrauensbegründende Aussicht auf eine kontinuierliche Fortentwicklung ihres Arbeitsentgelts sowie der sonstigen Arbeitsbedingungen. Der Gesetzgeber erkennt die Ordnungsfunktion der Tarifautonomie an, indem er den Tarifparteien gestattet, überbetriebl. und betriebsverfassungsrechtl. Fragen für nicht organisierte ArbN (§ 3 II) sowie gemeinsame Einrichtungen (§ 4 II) zu regeln. Ausprägung der Ordnungsfunktion ist die gesetzl. angeordnete Nachwirkung (§ 4 V).

12 **d) Verteilungsfunktion.** Unbestritten haben TV die Funktion, Lohngerechtigkeit innerhalb ihres jeweiligen Geltungsbereiches zu erzielen. Sie bestimmen nicht nur die Lohnhöhe, sondern auch das Verhältnis der Löhne untereinander. In tarifvertragl. Lohn- und Gehaltsgruppen wird zunächst die Wertigkeit einer bestimmten Tätigkeit im Vergleich zu einer anderen festgelegt. Die Wertigkeit der Gruppen wird in den Lohn- und GehaltsTV sodann in Geldwert umgesetzt. Schließlich sorgen branchenbezogene und regionale Untergliederungen für eine **Entgeltstruktur der Volkswirtschaft**. Inwiefern die TV-Parteien zu einer gerechten Verteilung verpflichtet sind, bleibt fraglich. Jedenfalls müssen sie die Gleichbehandlungsgrundsätze nach Art. 3 GG und Art. 157 AEUV beachten. Umstritten ist, ob die Tarifpartner die funktionale Verteilung des Sozialprodukts zu Gunsten der ArbN nachhaltig verändern dürfen[9].

13 **e) Gesamtgesellschaftliche Aufgaben.** Obwohl die Tarifpartner in erster Linie die Interessen ihrer jeweiligen Mitglieder wahrnehmen und durchzusetzen suchen, lassen sich gesamtgesellschaftliche Auswirkungen ihrer Entscheidungen nicht ernsthaft bezweifeln. Umstritten ist jedoch, inwiefern die TV-

---

1 Kempen/Zachert/*Kempen*, TVG, Grundlagen Rz. 124 ff. || 2 *Wiedemann*, TVG, Einl. Rz. 13 ff. || 3 BVerfG 26.6.1991 – 1 BvR 779/85, BVerfGE 84, 212 (229). || 4 BAG 27.11.2003 – 2 AZR 135/03, NZA 2004, 597; ErfK/*Preis*, §§ 305–310 BGB Rz. 36. AA AR-Blattei/*Lakies*, SD AGB-Kontrolle im Arbeitsrecht, Rz. 143 ff., 155. || 5 *Henssler*, RdA 2002, 129; anders *Reinecke*, DB 2002, 583. || 6 Vgl. BVerfG 1.3.1979 – 1 BvR 532, 533/77, 419/78 und 1 BvL 21/78, BVerfGE 50, 290 (371). || 7 BAG 8.2.1957 – 1 AZR 169/55, AP Nr. 1 zu § 1 TVG Friedenspflicht; 21.12.1982 – 1 AZR 411/80, AP Nr. 76 zu Art. 9 GG Arbeitskampf (absolute und relative Friedenspflicht); 27.6.1989 – 1 AZR 404/88, AP Nr. 113 zu Art. 9 GG Arbeitskampf (Friedenspflicht bei Mehrheit von Tarifverträgen). || 8 *BVerfG 1.3.1979 – 1 BvR 532, 533/77, 419/78 und 1 BvL 21/78, BVerfGE 50, 290 (371)*; BAG 9.6.1982 – 4 AZR 274/81, AP Nr. 1 zu § 1 TVG Durchführungspflicht; *Wiedemann*, TVG, Einl. Rz. 13. || 9 Vgl. *Wiedemann*, TVG, Einl. Rz. 9 ff.

Parteien bei Verhandlungen und Abschlüssen von TV auch verpflichtet sind, diese gesamtgesellschaftlichen Interessen, insb. stabilitäts- und beschäftigungspolitische Ziele zu berücksichtigen. Eine solche in konkrete Rücksichtnahmepflichten mündende Verantwortung der Tarifpartner wird weitgehend abgelehnt[1]. Mit Blick auf den Verfassungsauftrag der Wahrung und Förderung der Arbeits- und Wirtschaftsbedingungen (Art. 9 III GG) und angesichts der Diskrepanz zwischen Einfluss und Verantwortung der Tarifpartner erscheint diese Auffassung kaum haltbar[2].

III. Verhältnis zu anderen Rechtsquellen. 1. Europäisches und internationales Recht. TV, die gegen europäisches Primärrecht (v.a. Art. 157 AEUV) oder gegen unmittelbar anwendbares Sekundärrecht verstoßen, sind unanwendbar. Regelmäßig beschränkt sich die Unanwendbarkeit auf die europarechtswidrige Norm. Mitunter kommt eine Anpassung in Betracht[3]. Internationale Abkommen können als Auslegungsrichtlinie für TV dienen. Zu Einzelheiten s. Art. 9 Rom-I-VO Rz. 46 ff. und Vorb. AEUV Rz. 24; Art. 157 AEUV Rz. 3.

2. Bindung an Verfassungsrecht. a) Grundrechtsbindung. Obwohl im Detail umstritten, besteht in Rspr. und Lit. im Erg. weitgehend Einigkeit darüber, dass die TV-Parteien im Rahmen ihrer Normsetzung die Grundrechte zu beachten haben. Nachdem die hM lange Zeit die Tarifpartner sogar unmittelbar an die Grundrechte binden wollte, wird heute überwiegend nur eine mittelbare Grundrechtsbindung bejaht[4]. Die unmittelbare Geltung der Grundrechte hatte das BAG früher mit dem Charakter von Tarifnormen als materielle Gesetzgebung und dem Delegationsgedanken begründet, wonach die Rechtsetzungsbefugnis der TV-Parteien nicht weiter als diejenige des Gesetzgebers gehen könne[5]. Dagegen ist einzuwenden, dass die TV-Parteien als Vereinigungen des privaten Rechts keine staatl. Gesetzgebung iSv. Art. 1 III GG vollziehen und ihre Normsetzungsbefugnis unmittelbar aus der Tarifautonomie folgt[6]. Verschiedene Senate des BAG befürworten daher heute nur eine mittelbare Grundrechtsbindung[7]. Eine klärende Entscheidung des GS des BAG steht noch aus.

Überzeugend ist es, mit dem BVerfG[8] auf den **Schutzauftrag der Grundrechte als Grundlage der Grundrechtsbindung** abzustellen. Grundrechte richten sich an die staatl. Gewalt, bilden allerdings nicht nur Abwehrrechte der Bürger, sondern begründen darüber hinaus Schutzpflichten der staatl. Gewalt zur Durchsetzung der Grundrechte auch in Privatrechtsverhältnissen. Diese Schutzpflicht trifft alle staatl. Grundrechtsadressaten, somit auch die Gerichte, und zwar auch bei der Auslegung und Anwendung von TV als den Ergebnissen kollektiv ausgeübter Privatautonomie[9]. Die Gerichte haben auf Grund dieser Freiheits- wie Gleichheitsrechte gleichermaßen betreffenden Funktion den Grundrechtsträger vor einer unverhältnismäßigen Beschränkung seiner Freiheitsrechte und vor einer gleichheitswidrigen Regelbildung durch die TV-Parteien zu bewahren. Nicht abschließend geklärt ist der genaue Maßstab der Grundrechtskontrolle von Tarifnormen[10]. Die Prüfung einer gleichheitswidrigen Benachteiligung ist allerdings in jedem Falle identisch mit derjenigen bei staatl. Eingriffen[11].

Beispiele aus der Rspr. Der Umfang der Schutzpflicht ist je nach Grundrecht unterschiedlich. **Art. 1 GG Menschenwürde:** Eine Tarifnorm, die Bereitschaftsdienst im Anschluss an einen Tagesdienst anordnet, an den sich erneut ein Tagesdienst anschließt, ohne dass mindestens sechs Stunden Ruhezeit zur Verfügung stehen, überschreitet die menschliche Leistungsfähigkeit und ist wegen Verstoßes gegen die Menschenwürde unwirksam[12]. **Art. 2 GG Allgemeine Handlungsfreiheit:** Keine Pflicht einer TV-Partei, mit der Gegenseite zu verhandeln[13]; Unwirksamkeit eines Bevollmächtigungsverbotes für den Abschluss des Arbeitsvertrages[14]. **Art. 3 GG Gleichheitsgebote:** S. dazu Art. 3 GG Rz. 35 ff. **Art. 4 GG Glaubens- und Gewissensfreiheit:** Ein TV darf die Glaubens- und Gewissensfreiheit und die Freiheit des religiösen und weltanschaulichen Bekenntnisses nicht verletzen. Art. 140 GG und Art. 137 II und III WRV müssen beachtet werden. **Art. 5 GG Meinungsfreiheit:** Ein TV darf nicht gezielt die Meinungsäußerung unterbinden. **Art. 6 GG Ehe und Familie:** Ein TV darf Ehegatten nicht schlechter stellen als ledige ArbN. Gewährt ein TV verwitweten, geschiedenen oder ledigen weiblichen ArbN Rechtsansprü-

---

1 BAG 14.12.1982 – 3 AZR 251/80, AP Nr. 1 zu § 1 BetrAVG Besitzstand; 6.2.1985 – 4 AZR 275/83, AP Nr. 1 zu § 1 TVG Tarifverträge Süßwarenindustrie; Nachw. zum Schrifttum bei *Wiedemann*, TVG, Einl. Rz. 24 ff., 342 ff.; *Thüsing*, FS 50 Jahre BAG, 2004, S. 889 ff.; keine Tarifmacht besteht für den Umweltschutz, *Rieble*, ZTR 2000, 1. ||2 *Wiedemann*, TVG, Einl. Rz. 27, 342 ff.; *Hanau/Thüsing*, ZTR 2001, 1. ||3 EuGH 8.4.1976 – 43/75, Slg. 1976, 455 (473); BAG 28.7.1992 – 3 AZR 173/92, AP Nr. 18 zu § 1 BetrAVG Gleichbehandlung. ||4 *Wiedemann*, TVG, Einl. Rz. 183 ff.; *Löwisch/Rieble*, § 1 Rz. 582; *Dieterich*, Anm. zu BAG RdA 2001, 110; *Schliemann*, ZTR 2000, 198 (202); aA noch *Löwisch*, Anm. zu BAG RdA 2000, 310. ||5 BAG 15.1.1955 – 1 AZR 305/54, AP Nr. 4 zu Art. 3 GG (*Beitzke*). ||6 Vgl. die Nachw. bei *Dieterich*, RdA 2005, 177 (178). ||7 BAG 25.2.1998 – 7 AZR 641/96, NZA 1998, 715; 30.8.2000 – 4 AZR 563/99, NZA 2001, 613; 24.4.2001 – 3 AZR 329/00, NZA 2002, 912; 27.5.2004 – 6 AZR 129/03, NZA 2004, 1399 mit zust. Anm. *Henssler*, BAGReport 2005, 57; offen gelassen in BAG 22.12.2009 – 3 AZR 895/07, NZA 2010, 521. ||8 BVerfG 23.4.1986 – 2 BvR 487/80, BVerfGE 73, 261; allg. zu den Schutzpflichten: BVerfG 28.5.1993 – 2 BvF 2/90, BVerfGE 88, 203 (254); vgl. auch BAG 28.3.1996 – 6 AZR 501/95, BAGE 82, 344. ||9 BAG 25.2.1998 – 7 AZR 641/96, NZA 1998, 715; 27.5.2004 – 6 AZR 129/03, NZA 2004, 1399; 7.6.2006 – 4 AZR 316/05, NZA 2007, 343 (345). ||10 Vgl. dazu: BAG 27.5.2004 – 6 AZR 129/03, NZA 2004, 1399; *Wiedemann*, TVG, Einl. Rz. 197 ff.; *Däubler/Schiek*, Einl. TVG Rz. 232 ff.; *Dieterich*, FS Schaub, 1998, S. 117 (120 ff.); *Schliemann*, ZTR 2000, 198 (202 f.). ||11 BAG 27.5.2004 – 6 AZR 129/03, NZA 2004, 1399 mit zust. Anm. *Henssler*, BAGReport 2005, 57. ||12 BAG 24.2.1982 – 4 AZR 233/80, AP Nr. 7 zu § 17 BAT. ||13 BAG 2.8.1963 – 1 AZR 9/63, AP Nr. 5 zu Art. 9 GG. ||14 BAG 7.11.1958 – 1 AZR 249/58, AP Nr. 1 zu § 611 BGB Film.

che auf Zulagen, so ist ein TV, der verheiratete weibliche ArbN von dem Bezug solcher Zulagen trotz Vorliegens gleicher Voraussetzungen ausschließt, mit Art. 6 GG unvereinbar[1], ebenso eine Bestimmung, die das ArbVerh im Falle der Eheschließung der ArbNin auflöst[2]. Gleiches gilt für die Beendigung aus Anlass der Schwangerschaft[3]. Ein TV, der Vergütungsfortzahlung auf den Fall der Niederkunft der ehelichen Lebenspartnerin beschränkt, verstößt nicht gegen Art. 6 GG[4]. **Art. 9 III GG Koalitionsfreiheit:** dazu Art. 9 GG Rz. 10 ff. **Art. 12 GG Berufsfreiheit:** dazu Art. 12 GG Rz. 54 ff. **Art. 14 GG Eigentumsgarantie:** dazu Art. 14 GG Rz. 57 f.

18 **b) Bindung an verfassungsrechtliche Grundsätze.** Aus dem **Rechtsstaatsprinzip** folgt, dass tarifl. Regelungen hinreichend bestimmt sein müssen. Betroffen sind tarifl. Bestimmungsklauseln, die zu einseitigen Regelungen – regelmäßig durch den ArbGeb – ermächtigen. Sie müssen nach Adressat und Umfang hinreichend präzise sein[5]. **Gemischte Vereinbarungen** des ArbGeb mit Gewerkschaft und BR müssen dem Gebot der Rechtsquellenklarheit genügen[6]. Relevant wird der Bestimmtheitsgrundsatz ferner bei Blankettverweisungen auf andere Normen, die nur bei einem engen Sachzusammenhang der beiden Tarifbereiche zulässig sind[7]. Auch für die Rückwirkung von TV spielt das Rechtsstaatsprinzip eine Rolle. Die Befugnis zur rückwirkenden Änderung tarifvertragl. Regelungen ist durch den Vertrauensschutz der Normunterworfenen begrenzt; es gelten die gleichen Regeln wie bei der Rückwirkung von Gesetzen[8]. Tarifvertragl. Regelungen tragen auch während der Laufzeit des TV den immanenten Vorbehalt ihrer rückwirkenden Abänderbarkeit in sich. Im Falle der Bekanntgabe einer entsprechenden Änderungsabsicht gilt dies sogar für bereits entstandene und fällig gewordene, noch nicht abgewickelte Ansprüche (sog „wohlerworbene Rechte")[9].

19 Das **Sozialstaatsprinzip** verpflichtet primär den Staat, für eine gerechte Sozialordnung zu sorgen[10]. Die Sozialpartner dürfen die darauf abzielenden staatl. Maßnahmen nicht unterlaufen. Überträgt der Staat die Umsetzung den TV-Parteien, wie bei § 1 IV KSchG, so haben diese die Vorgaben des Verfassungsprinzips zu berücksichtigen. Zwar rechtfertigt auch die Bindung an das Sozialstaatsprinzip keine Tarifzensur[11]. Tarifl. „Hungerlöhne" verletzen aber die maßgeblichen elementaren Gerechtigkeitsvorstellungen und überschreiten daher die Grenzen zulässiger Lohngestaltung[12].

20 Das **Demokratieprinzip** verlangt von den TV-Parteien eine demokratische Organisationsstruktur. Entscheidungen müssen zumindest mittelbar demokratisch, dh. durch die Mitglieder legitimiert sein. Auch wenn die dogmatische Begründung unsicher ist[13], muss außerdem eine **Gemeinwohlbindung** der TV-Parteien bejaht werden[14]. Im Rahmen des Verhältnismäßigkeitsgrundsatzes sind auch Belange des Gemeinwohles zu beachten[15]. Gemeinwohlwidrige TV sind dennoch grds. nicht unwirksam. Sie behalten ihre Wirksamkeit selbst bei negativen Auswirkungen auf die gesamtwirtschaftl. Lage[16].

21 **c) Gerichtliche Kontrolle der Verfassungsmäßigkeit.** Während eine gerichtl. Inhaltskontrolle von TV gleichbedeutend mit einer den Autonomiegedanken verletzenden Tarifzensur wäre[17], ist eine Rechtskontrolle von TV unverzichtbar. Sie stellt die Vereinbarkeit von TV mit höherrangigem Recht sicher[18]. Im Rahmen der Kontrolle der Verfassungsmäßigkeit der Tarifnormen[19] ist auch zu überprüfen, ob die Tarifpartner die der Tarifautonomie durch Art. 9 III GG gezogenen Grenzen eingehalten haben[20]. Verfassungswidrige Tarifnormen werden für nichtig erklärt. Die Unwirksamkeit einer TV-Klausel zieht im Zweifel nicht die Unwirksamkeit der übrigen Bestimmungen des TV nach sich[21]. Die Kontrolle der Verfassungsmäßigkeit erfolgt durch die ArbG anhand einer inzidenten Prüfung. Eine Vorlage von TV an das BVerfG gem. Art. 100 I GG ist unzulässig, da TV keine Gesetze im formellen Sinn darstellen. Ob eine Verfassungsbeschwerde nach § 90 BVerfGG zulässig ist, ist umstritten[22].

---

1 BAG 2.6.1961 – 1 AZR 573/59, AP Nr. 68 zu Art. 3 GG. ||2 Vgl. BAG 10.5.1957 – 1 AZR 249/56, AP Nr. 1 zu Art. 6 GG Ehe und Familie. ||3 Vgl. BAG 28.11.1958 – 1 AZR 199/58, AP Nr. 3 zu Art. 6 GG Ehe und Familie. ||4 BAG 18.1.2001 – 6 AZR 492/99, DB 2001, 1672 noch gegen Art. 3 GG. ||5 BAG 18.10.1994 – 1 AZR 503/93, AP Nr. 11 zu § 615 BGB Kurzarbeit; 28.11.1984 – 5 AZR 123/83, AP Nr. 1 zu § 4 TVG Bestimmungsrecht. ||6 BAG 15.4.2008 – 1 AZR 86/07, SAE 2009, 67 m. zust. Anm. *Steinmeyer*. ||7 BAG 9.7.1980 – 4 AZR 564/78, AP Nr. 7 zu § 1 TV Form (Verweis von TV Goethe-Institut auf TV Ang. Ausland); 10.11.1982 – 4 AZR 1203/79, AP Nr. 8 zu § 1 TVG Form. ||8 BAG 21.8.2007 – 3 AZR 102/06, AP Nr. 69 zu § 1 BetrAVG Zusatzversorgungskassen. ||9 BAG 23.11.1994 – 4 AZR 879/93, AP Nr. 12 zu § 1 TVG Rückwirkung (Rückwirkende Tariflohnsenkung). ||10 BVerfG 13.1.1982 – 1 BvR 848/77, BVerfGE 59, 231 (263). ||11 *Löwisch/Rieble*, § 1 Rz. 907. ||12 BAG 24.3.2004 – 5 AZR 303/03, AP Nr. 59 zu § 138 BGB. ||13 Vgl. *Wiedemann*, TVG, Einl. Rz. 336 ff. ||14 BVerfG 18.12.1974 – 1 BvR 430/65 und 259/66, BVerfGE 38, 281 (307). ||15 BAG 21.4.1971 – GS 1/68, AP Nr. 43 zu Art. 9 GG Arbeitskampf; 29.11.1967 – GS 1/67, AP Nr. 13 zu Art. 9 GG. ||16 BGH 14.3.1978 – VI ZR 68/76, NJW 1978, 2031; BAG 20.8.1986 – 4 AZR 272/85, AP Nr. 6 zu § 1 TVG Tarifverträge: Seniorität. ||17 BAG 5.12.1990 – 4 AZR 285/90, AP Nr. 153 zu §§ 22, 23 BAT 1975 (weit gehende Gestaltungsfreiheit der TV-Parteien); 23.10.1996 – 4 AZR 245/95, AP Nr. 38 zu § 23a BAT (keine Überprüfung, ob die gerechteste und zweckmäßigste Lösung gefunden wurde); 12.12.2006 – 1 AZR 96/06, NZA 2007, 453 (456) (keine Überprüfung anhand des Grundsatzes der Verhältnismäßigkeit); *Schliemann*, ZTR 2000, 198. ||18 BAG 14.12.1982 – 3 AZR 251/80, AP Nr. 1 zu § 1 BetrAVG Besitzstand. ||19 BAG 16.11.1982 – 3 AZR 220/81, AP Nr. 4 zu § 62 BAT. ||20 BAG 5.12.1990 – 4 AZR 285/90, AP Nr. 153 zu §§ 22, 23 BAT 1975; 23.10.1996 – 4 AZR 245/95, AP Nr. 38 zu § 23a BAT. ||21 Nach BAG 18.8.1971 – 4 AZR 342/70, AP Nr. 8 zu § 4 TVG Effektivklausel – sind TV insofern wie Gesetze zu behandeln. ||22 Vgl. Kempen/Zachert/*Kempen*, TVG, Grundlagen Rz. 350.

3. Gesetzesrecht. Eine Bindung der TV-Parteien ergibt sich auch aus einfachgesetzl. Regelungen. Zwar enthält die Gewährleistung der Tarifautonomie in Art. 9 III GG keinen Gesetzesvorbehalt. Das bedeutet allerdings nicht, dass jedes staatl. Handeln im Schutzbereich dieses Grundrechts unzulässig wäre. Art. 9 III GG gewährt den TV-Parteien ein Normsetzungsrecht, aber kein Normsetzungsmonopol. Der Gesetzgeber bleibt befugt, zum Schutze der Grundrechte Dritter oder anderer mit Verfassungsrang ausgestatteter Belange das Arbeitsrecht zu regeln. Damit verbundene Beeinträchtigungen der Tarifautonomie sind hinzunehmen[1]. 22

a) Zwingendes und dispositives Recht. Nicht alle gesetzl. Regelungen binden die TV-Parteien gleichermaßen. Ebenso wie den Arbeitsvertragsparteien bleibt ihnen eine für die ArbN günstige Abweichung bei nur einseitig zwingendem Gesetzesrecht erlaubt. Lediglich zweiseitig zwingende Gesetze verbieten jede Abweichung. Ob einseitig oder – als seltene Ausnahme – zweiseitig zwingendes Recht vorliegt, ist mangels ausdrücklicher Hinweise des Gesetzgebers im Einzelfall durch Auslegung des Gesetzestextes zu ermitteln. Als Faustformel lässt sich festhalten, dass arbeitsrechtl. Schutzgesetze im Zweifel einseitig zwingende Normen, arbeitsrechtl. Organisationsgesetze dagegen zweiseitig zwingend sind. 23

Beispiele für zweiseitig zwingende Normen: § 1 WissZeitVG[2]; § 3 I BUrlG; § 107 II GewO[3]. IÜ zählen hierzu auch die tragenden Grundsätze des Arbeitsrechts[4], der Grundsatz von Treu und Glauben, das Sittengebot[5], die Kooperationspflicht im Arbeitsrecht[6] sowie Bestimmungen zur Unternehmens- und Wirtschaftsordnung im Gesellschafts- und Kapitalmarktrecht[7]. Einseitig zwingend sind zB: § 14 TzBfG[8], das EFZG mit Ausnahme von § 4 IV (vgl. § 12 EFZG), das AGG, § 1 KSchG[9], § 125 SGB IX[10]. 24

Dispositives Recht dient den TV-Parteien ebenso wie den Parteien des Einzelarbeitsvertrags als bloße Leitlinie. Beispiele bieten das BUrlG (vgl. § 13 I 1)[11], §§ 74 ff. HGB und § 17 BetrAVG. Trotz der Abdingbarkeit dürfen die TV-Parteien die gesetzl. Grundvorstellungen nicht willkürlich (ohne sachl. Grund) abdingen, besonders nicht, wenn damit die Interessen einer Partei oder einer bestimmten Gruppe ungebührlich vernachlässigt würden[12]. Eine Zweckmäßigkeits- oder Billigkeitskontrolle der Tarifregelungen durch die Gerichte bleibt jedoch unzulässig[13]. 25

b) Tarifdispositives Recht. Neben den im Privatrecht allg. bekannten Formen des zwingenden und des dispositiven Rechts kennt das Arbeitsrecht das tarifdispositive Recht. Es handelt sich um Gesetzesnormen, die nur die TV-Parteien abbedingen können, nicht jedoch die Parteien des Arbeitsvertrages oder die Betriebspartner. Da eine die ArbN begünstigende Regelung bei gesetzl. ArbN-Schutzvorschriften ohnehin stets möglich ist, geht es in den relevanten Fällen um eine Verschlechterung der Arbeitsbedingungen. Teilweise knüpft das Gesetz die Ausübung des tarifl. Gestaltungsrechts an Voraussetzungen (zB § 7 ArbZG). Praktisch bedeutsam ist, inwiefern die nicht organisierten ArbN den organisierten im Hinblick auf die (im Vergleich zur gesetzl. Regelung ungünstigeren) Tarifnormen gleichgestellt werden können. Da den TV die Richtigkeitsgewähr zukommt und die Tarifpartner zudem meist sachnäher sind als der Gesetzgeber, ist die Möglichkeit der Erstreckung auf Außenseiter grds. systemkonform[14]. 26

Soweit es sich um **betriebl. oder betriebsverfassungsrechtl. Tarifregelungen** handelt, ergeben sich bei einer Tarifbindung des ArbGeb keine Probleme, da die Normen dann ohnehin gem. § 3 II auf alle Beschäftigten anzuwenden sind. Andere Regelungen können über eine AVE zur Anwendung kommen. IÜ kommt eine Bezugnahme im Einzelarbeitsvertrag in Betracht. Führt sie zu für den Außenseiter ungünstigeren Arbeitsbedingungen, ist sie nur in den gesetzl. vorgesehenen Fällen zulässig[15], und zwar unter folgenden Voraussetzungen: (1) Es darf nur auf den im Unternehmen geltenden TV Bezug genommen werden (vgl. § 48 II ArbGG, § 622 IV BGB, § 13 I BUrlG, § 17 III BetrAVG, §§ 12 III, 13 IV, 14 II 4 TzBfG, § 4 IV EFZG). (2) Ferner muss der einschlägige TV insg. (§ 48 II 2 ArbGG) einbezogen werden, zumindest aber alle mit der Verschlechterung in Sachzusammenhang stehenden Regeln (vgl. § 4 IV 2 EFZG), selbst wenn sich dies nicht ausdrücklich aus dem Gesetz ergibt[16]. Damit soll eine bloße Bezugnahme 27

---

1 BVerfG 3.4.2001 – 1 BvL 32/97, AP Nr. 2 zu § 10 BUrlG Kur; BAG 21.7.2004 – 7 AZR 589/03, ZTR 2005, 255. ‖ 2 Zu § 57a HRG (aF): BAG 25.9.1987 – 7 AZR 315/86, AP Nr. 1 zu § 1 BeschFG 1985; BVerfG 24.4.1996 – 1 BvR 712/86, BVerfGE 94, 268 (293). ‖ 3 BAG 20.3.1974 – 5 AZR 351/73, AP Nr. 1 zu § 115 GewO (zu § 115 II GewO aF). ‖ 4 BAG 30.1.1970 – 3 AZR 44/68, AP Nr. 142 zu § 242 BGB Ruhegehalt (Ablösbarkeit einer betriebl. Ruhegeldordnung durch eine BV); 14.12.1982 – 3 AZR 251/80, AP Nr. 1 zu § 1 BetrAVG Besitzstand (Gleichheitssatz); 10.10.1989 – 3 AZR 200/88, AP Nr. 3 zu § 1 TVG Vorruhestand (Vertrauensgrundsatz und Verhältnismäßigkeit). ‖ 5 BAG 30.1.1970 – 3 AZR 44/68, AP Nr. 142 zu § 242 BGB Ruhegehalt; 14.12.1982 – 3 AZR 251/80, AP Nr. 1 zu § 1 BetrAVG Besitzstand; 10.10.1989 – 3 AZR 200/88, AP Nr. 3 zu § 1 TVG – Vorruhestand. ‖ 6 *Wiedemann*, TVG, Einl. Rz. 355. ‖ 7 *Wiedemann*, TVG, Einl. Rz. 355. ‖ 8 Noch zu § 1 BeschFG: BAG 25.9.1987 – 7 AZR 315/86, AP Nr. 1 zu § 1 BeschFG 1985. ‖ 9 BAG 14.5.1987 – 2 AZR 380/86, AP Nr. 5 zu § 1 KSchG 1969 Wartezeit. ‖ 10 Vgl. zu § 47 SchwbG: BAG 8.3.1994 – 9 AZR 49/93, AP Nr. 5 zu § 47 SchwbG 1986. ‖ 11 *Gamillscheg*, Kollektives Arbeitsrecht I, S. 701. ‖ 12 BAG 2.11.1955 – 1 ABR 6/55, AP Nr. 1 zu § 27 BetrVG 1952; 7.11.1958 – 1 AZR 249/58, AP Nr. 1 zu § 611 BGB Film. ‖ 13 BAG 19.12.1958 – 1 AZR 109/58, AP Nr. 3 zu § 2 TVG; 21.12.1970 – 3 AZR 510/69, AP Nr. 1 zu § 305 BGB Billigkeitskontrolle. ‖ 14 Vgl. etwa BT-Drs. 12/5888, 20; krit. *Ulber*, Tarifdispositives Gesetzesrecht im Spannungsfeld von Tarifautonomie und grundrechtlichen Schutzpflichten, 2010. ‖ 15 BAG 29.6.2000 – 6 AZR 50/99, NZA 2001, 670 (zu § 616 II BGB aF). ‖ 16 *Wiedemann*, TVG, Einl. Rz. 395.

auf dem ArbN ungünstige Regelungen („Rosinentheorie") verhindert werden. Soweit das Gesetz die Möglichkeit einer Bezugnahme sogar für „nicht tarifgebundene ArbGeb und ArbN" vorsieht (vgl. etwa §§ 3 I Nr. 3, 9 Nr. 2 AÜG, s.a. § 3 AÜG Rz. 37 ff.), gilt dies auch für eine Bezugnahme zwischen tarifgebundenen ArbGeb und nicht oder anders organisierten ArbN sowie für eine solche zwischen kongruent tarifgebundenen ArbGeb und ArbN[1]. Problematisch sind Regelungen, in denen die Tariföffnung eines Gesetzes ausschließl. dazu dient, ein gesetzl. Schutzniveau zu unterschreiten, wie dies bei der Abweichung vom „equal pay"-Grundsatz im Bereich der Leiharbeit der Fall ist[2]. Dem TV wird hier vom Gesetzgeber eine undankbare und langfristig für das Tarifsystem schädliche Rolle zugewiesen.

28 c) **Bindung an das AGG.** Die TV-Parteien sind an die Diskriminierungsverbote des AGG gebunden[3]. Einschränkungen lassen sich weder über die Tarifautonomie noch über die Richtigkeitsgewähr von TV rechtfertigen. Dies zeigt schon § 15 III AGG, der auch bei einer Benachteiligung durch kollektivrechtl. Vereinbarungen einen Entschädigungsanspruch zulässt. Gegen das Benachteiligungsverbot des § 7 I AGG verstoßende Klauseln sind gem. § 7 II AGG in Individual- und Kollektivverträgen nichtig. Nach einer jüngeren Entscheidung des EuGH sind etwa tarifl. Regelungen, die eine Einordnung von ArbN in unterschiedliche Entgeltgruppen anhand ihres Lebensalters vorsehen, als eine unzulässige Altersdiskriminierung einzuordnen, die nicht gerechtfertigt werden kann (§ 1 Rz. 94)[4]. Weiterhin zulässig sind Klauseln, die an die Betriebszugehörigkeit anknüpfen, soweit sie tatsächlich die Berufserfahrung honorieren[5].

29 d) **Tarifvertragliche Bezugnahme.** Auslegungsfragen ergeben sich, wenn ein TV dispositives Gesetzesrecht durch Bezugnahme oder durch wörtliche bzw sachliche Übernahme in seinen Inhalt integriert. Dies kann bloß **deklaratorisch** gemeint sein, sofern die TV-Parteien keinen eigenen Normsetzungswillen haben. Es kann ihnen aber auch um die **konstitutive** Einbindung des Gesetzesinhalts in den TV gehen. Bedeutung hat dies im Fall von Gesetzesänderungen, zB bei der Neufassung des § 4 I EFZG im Jahre 1996. Kommt der Bezugnahme nur deklaratorische Bedeutung zu (dynamische Verweisung), ändert sich der Inhalt des TV mit der Neufassung des Gesetzes. Bei einer konstitutiven Bezugnahme (statische Verweisung) bleibt es beim bisherigen Inhalt des TV, soweit die neue gesetzl. Regelung keine zwingende Wirkung hat und sofern der TV nicht aus anderen Gründen undurchführbar geworden ist.

30 Die Bedeutung der Bezugnahme ist durch Auslegung zu ermitteln. Erfolgt die Übernahme des Gesetzes unter inhaltlicher Modifikation oder Ergänzung, liegt in jedem Fall eine konstitutive Bezugnahme vor[6]. IÜ nimmt die Rspr. **im Zweifel eine deklaratorische Verweisung** an[7]. Hierfür spreche, dass der TV den Tarifunterworfenen eine vollständige und umfassende Darstellung ihrer Arbeitsbedingungen bieten wolle. Aus dem tarifl. Gesamtzusammenhang könne sich aber der Wille zur Schaffung einer eigenständigen Regelung ergeben. Ein solcher eigenständiger Normierungswille müsse im TV einen deutlichen Niederschlag gefunden haben[8].

31 Entgegen dieser Rspr. ist auch bei wörtlicher Übernahme der gesetzl. Bestimmungen im Einzelfall zu überprüfen, ob die TV-Parteien nicht bewusst den nur dispositiven gesetzl. Regelungen über den TV einseitig zwingenden Charakter beimessen wollten[9]. Im Schrifttum wird unter Hinweis auf das verfassungsrechtl. Gebot der Normenklarheit im Zweifel sogar eine konstitutive Regelung bejaht[10]. Der Bürger müsse Regelungen ohne Zuhilfenahme spezieller Kenntnisse erkennen können. Soweit den TV-Parteien der Regelungswille abgesprochen werde, verletze dies die durch Art. 9 III GG gewährleistete Tarifautonomie[11].

32 4. **Tarifdispositives Richterrecht.** Tarifdispositives Richterrecht umfasst richterrechtliche Regeln, die nur für die Einzelarbeitsvertragsparteien und die Betriebspartner, nicht aber für die TV-Parteien zwingende Wirkung entfalten[12]. Den Umfang legt die Rspr. fest, jedoch bildet tarifoffenes Richterrecht den Regelfall. Ihm liegt die Annahme zugrunde, dass die von den TV-Parteien ausgehandelten Regelungen dem Richterrecht vergleichbar angemessen sind[13]. Beispiele bietet die Rspr. zur Rückerstattung von Gratifikationen[14] sowie zu befristeten Arbeitsverträgen[15], Wettbewerbsverboten[16] und Arbeitskampfregeln[17]. Tarifoffen sind auch die Grundsätze über das Betriebsrisiko[18]. Im Bereich des tarifdispositiven Richterrechts ist eine einzelvertragl. Bezugnahme unter Umständen zulässig[19].

---

1 BAG 4.9.1996 – 4 AZR 135/95, AP Nr. 5 zu § 1 TVG Bezugnahme auf Tarifvertrag. || 2 Zu den aktuellen Problemen im Bereich der Leiharbeit vgl. *Schüren/Wank*, RdA 2011, 1. || 3 *Schleusener/Suckow/Voigt*, § 7 AGG Rz. 43; MüKo/*Thüsing*, § 15 AGG Rz. 36. || 4 EuGH 8.9.2011 – Rs. C-297/10, NZA 2011, 1100 – Hennigs; dazu *Henssler/Kaiser*, RdA 2012, 248. || 5 EuGH 3.10.2006 – Rs. C-17/05, NZA 2006, 1205; dazu MüKoBGB/*Thüsing*, § 10 AGG Rz. 54. || 6 BAG 30.8.2000 – 5 AZR 510/99, AP Nr. 48 zu § 4 EntgeltFG. || 7 BAG 28.1.1988 – 2 AZR 296/87, AP Nr. 24 zu § 622 BGB; 14.2.1996 – 2 AZR 166/95, NZA 1997, 97. || 8 BAG 21.4.2010 – 10 AZR 308/09, NZA-RR 2010, 448. || 9 Vgl. auch *Rieble*, RdA 1997, 134; *Sandmann*, RdA 2002, 73. || 10 *Wiedemann*, Anm. zu AP Nr. 133 zu § 1 TVG Auslegung; *Rieble*, RdA 1997, 134 (140); *Buchner*, NZA 1996, 1177 (1182); *Däubler*, Einl. TVG Rz. 534. || 11 *Sandmann*, RdA 2002, 73 (75ff.). || 12 *Gamillscheg*, Kollektives Arbeitsrecht I, S. 706; *Jacklofsky*, NZA 2001, 644; vgl. BAG 31.3.1966 – 5 AZR 516/65, AP Nr. 54 zu § 611 BGB Gratifikation. || 13 Vgl. *Wiedemann*, TVG, Einl. Rz. 400. || 14 Vgl. BAG Nr. 54ff. zu § 611 BGB Gratifikation. || 15 BAG 4.12.1969 – 5 AZR 84/69, AP Nr. 32 zu § 620 BGB Befristeter Arbeitsvertrag; 25.11.1973 – 2 AZR 158/72, AP Nr. 37 zu § 620 BGB Befristeter Arbeitsvertrag. || 16 *Wiedemann*, TVG, Einl. Rz. 413. || 17 BAG 21.4.1971 – GS 1/68, AP Nr. 43 zu Art. 9 GG Arbeitskampf. || 18 BAG 30.1.1991 – 4 AZR 338/90, AP Nr. 33 zu § 615 BGB Betriebsrisiko. || 19 BAG 23.2.1967 – 5 AZR 234/66, AP Nr. 57 zu § 611 Gratifikation.

5. **Sonstige staatliche Rechtsnormen.** Der TV ist an staatl. VO des Bundes und der Länder gebunden. Autonomes Recht der Gemeinden, Landkreise oder anderer öffentl.-rechtl. Körperschaften, etwa der Berufskammern, ist grds. gleichrangig, sofern nicht der staatl. Gesetzgeber etwas anderes angeordnet hat. Die Unfallverhütungsvorschriften, Berufsausbildungsanordnungen, Dienstordnungen gehen den TV danach vor[1]. 33

6. **Verhältnis zur Betriebsvereinbarung.** Zum Verhältnis von TV und BV s. § 77 BetrVG Rz. 48 ff., § 87 BetrVG Rz. 9 ff. und § 112 BetrVG Rz. 78. 34

IV. Innenschranken der Tarifautonomie. Über die durch Verfassung und Gesetzesrecht gezogenen Grenzen hinaus sind der Tarifautonomie Binnenschranken gesetzt. Sie dienen dem Schutz der normunterworfenen ArbGeb und ArbN und verwirklichen deren **Individual- und Minderheitenrechte**[2]. Geschützt werden sowohl die Vertragsgegenseite als auch die individuell Normunterworfenen. **Schutz der kollektiven Vertragsgegenseite: Qualif. Differenzierungsklauseln (Spannensicherungs- und Tarifausschlussklauseln** sind unzulässig)[3] (s. § 1 Rz. 110 f.). **Einfache Differenzierungsklauseln** sind dagegen nach jüngster Rspr. zulässig[4]. Die Unterstützung gewerkschaftl. Vertrauensleute durch TV in Form von **Freistellungsabreden** mit Entgeltfortzahlung wird zumeist für zulässig erachtet[5]. Zur Zulässigkeit zusätzlicher oder alternativer betriebsverfassungsrechtl. Organe s. § 3 BetrVG Rz. 14 ff. Für gewerkschaftl. Vertrauensleute oder Mandatsträger kann ein **Sonderkündigungsschutz** in Form vorheriger Anhörung oder Information der zuständigen Gewerkschaft vereinbart werden. Die **Einziehung der Gewerkschaftsbeiträge** durch den ArbGeb über die Einbehaltung von Lohnbestandteilen ist nur mit Zustimmung des ArbN wirksam. Eine dahin gehende Tarifvereinbarung ist nur mit einem entsprechenden Vorbehalt zulässig. Ein TV kann die **Unternehmens- und Gesellschaftsverfassung** nicht abändern[6]. Originärer Zuständigkeitsbereich der Unternehmensleitung und damit von der tarifvertragl. Regelungskompetenz ausgeschlossen sind Produktion, Vertrieb, Finanzierung, Investition und internes Rechnungswesen. Kein zulässiger Verhandlungsgegenstand der TV-Parteien sind auch die gesellschaftsrechtl. Beschlüsse zur Liquidation, Umwandlung oder Konzernierung einer Handelsgesellschaft. 35

Zum originären Zuständigkeitsbereich der Tarifautonomie gehört dagegen das Personalwesen. Der Rationalisierungsschutz wird von der Tarifmacht erfasst, soweit die personellen und sozialen Folgen von Rationalisierungsmaßnahmen für die beschäftigten ArbN geregelt werden[7]. Bei Änderung der Betriebsorganisation können die sozialen Folgen geregelt werden. Grds. zulässig sind nach der Rspr. sog. **Tarifsozialpläne**, dh. TV, die einen Nachteilsausgleich bei (Teil-)Betriebsschließungen bezwecken (zur Erstreikbarkeit vgl. Art. 9 GG Rz. 267)[8]. Sowohl Abfindungszahlungen als auch verlängerte Kündigungsfristen und arbeitgeberfinanzierte Qualifizierungsmaßnahmen sind tarifl. regelbar[9]. Den §§ 111 ff. BetrVG lässt sich insoweit keine Regelungssperre entnehmen[10]. Allerdings muss der unantastbare Kernbereich der unternehmerischen Entscheidungsfreiheit des ArbGeb unberührt bleiben[11]. Die Tarifforderungen der Gewerkschaft dürfen daher weder direkt noch indirekt die unternehmerische Entscheidung als solche in Frage stellen[12]. Zulässig ist eine Tarifklausel, welche die Schließung der Geschäftsstellen an Silvester vorsieht[13]. 36

Schutz der individuell Normunterworfenen: TV haben die **Privatsphäre** von ArbN und ArbGeb zu respektieren und dürfen nicht über die arbeitsfreie Zeit des ArbN bestimmen. Dementsprechend kann ein TV dem ArbN nicht jegliche **Nebentätigkeit** verbieten. Die Ausübung subjektiver Rechte, insb. der **Gestaltungs- und Klagerechte** aus dem ArbVerh, liegt außerhalb des Regelungsbereichs der Tarifpartner. **Ausschlussklauseln** sind in TV jedoch zulässig[14]. TV dürfen den ArbN nicht vorschreiben, wie sie ihren Lohn zu verwenden haben. **Entgeltabtretungsverbote** sind aber nicht zu beanstanden[15]. Ein nachträglicher Verzicht durch TV auf vom ArbGeb bereits erfüllte Lohnansprüche ist wohl unzulässig[16]. Eine Innenschranke stellt auch das **Günstigkeitsprinzip** dar, da es günstigere Individualvereinbarungen der Veränderung durch den TV entzieht (vgl. § 4 Rz. 34 ff.). 37

---

1 *Wiedemann*, TVG, Einl. Rz. 414 ff.; Däubler/*Schiek*, Einl. TVG Rz. 338 ff. ‖ 2 Zur rechtsdogmatischen Begr. *Wiedemann*, TVG, Einl. Rz. 420 f. ‖ 3 BAG 29.11.1967 – GS 1/67, AP Nr. 13 zu Art. 9 GG; 23.3.2011 – 4 AZR 366/09; dazu *Franzen*, RdA 2006, 1; *Baeck*/*Winzer*, NZG 2011, 460. ‖ 4 BAG 18.3.2009 – 4 AZR 64/08, NZA 2009, 1028; *Kocher*, NZA 2009, 119. ‖ 5 BAG 11.9.1985 – 4 AZR 147/85, AP Nr. 67 zu § 616 BGB; 21.2.2001 – 4 AZR 23/00, BB 2001, 1640; vgl. auch v. 20.4.1999 – 3 AZR 352/97, AP Nr. 28 zu § 1 TVG Tarifverträge: Rundfunk; 5.4.1978 – 4 AZR 640/76, AP Nr. 2 zu § 1 TVG Tarifverträge: Banken; 19.7.1983 – 1 AZR 307/81, AP Nr. 5 zu § 87 BetrVG Betriebsbuße. ‖ 6 Vgl. *Wiedemann*, TVG, Einl. Rz. 440. ‖ 7 Vgl. BAG 15.12.1998 – 3 AZR 374/97, nv.; vgl. *Wiesner*, ZTR 2001, 304. ‖ 8 BAG 24.4.2007 – 1 AZR 252/06, AP Nr. 2 zu § 1 TVG Sozialplan – zugleich zur Frage der Erstreikbarkeit. S.a. LAG Nds. 2.6.2004 – 7 Sa 819/04, NZA-RR 2005, 200; LAG Schl.-Holst. 27.3.2003 – 5 Sa 137/03, NZA-RR 2003, 592; LAG Hamm 31.5.2000 – 18a Sa 858/00, NZA-RR 2000, 535; LAG Hess. 2.2.2006 – 9 Sa 915/05, LAGE Nr. 75 zu Art. 9 GG Arbeitskampf; *Wank*, RdA 2009, 1; *Gaul*, RdA 2008, 13; *Höfling*, ZfA 2008, 1; *Henssler*, FS Richardi, 2007, S. 553; *Schneider*/*Sittard*, ZTR 2007, 590; HMB/*Moll*, Teil 12 Rz. 120 ff. ‖ 9 BAG 24.4.2007 – 1 AZR 252/06, NZA 2007, 987. ‖ 10 BAG 24.4.2007 – 1 AZR 252/06, NZA 2007, 987. ‖ 11 BVerfG 14.10.1970 – 1 BvR 306/68, NJW 1971, 368. ‖ 12 Vgl. LAG Schl.-Holst. 27.3.2003 – 5 Sa 137/03, NZA-RR 2003, 592. ‖ 13 BAG 7.11.1995 – 3 AZR 676/94, AP Nr. 1 zu § 3 TVG Betriebsnormen. ‖ 14 BAG 28.9.2005 – 5 AZR 52/05, AP Nr. 7 zu § 307 BGB; 25.5.2005 – 5 AZR 572/04, AP Nr. 1 zu § 310 BGB; 13.12.2000 – 10 AZR 168/00, NZA 2001, 723. ‖ 15 BAG 2.6.1966 – 2 AZR 322/65, AP Nr. 8 zu § 399 BGB. ‖ 16 Vgl. *Wiedemann*, TVG, Einl. Rz. 459.

38 V. Gesetzliche Mindestlöhne. Die Forderung nach gesetzl. Mindestlöhnen bedeutet zugleich das Eingeständnis eines partiellen Versagens des Tarifsystems, das Dumpinglöhne offenbar teilw. nicht verhindern kann. Der Gesetzgeber hat mit den Novellen des AEntG (§ 5 Rz. 39) und des MiArbG 2008 (dazu eingehend § 5 Rz. 40) die Möglichkeiten zur Einführung von Mindestlöhnen deutlich erweitert, ohne indes ein lückenloses System zu schaffen. Das AEntG hat sich im Zuge der Novellierung von seiner ursprünglichen Zielsetzung, Mindestarbeitsbedingungen für aus dem Ausland entsandte ArbN vorzuschreiben, entfernt und ist zu einem Mindestlohngesetz für bestimmte Branchen, die zT überhaupt keinen Bezug zur Entsendeproblematik aufweisen, mutiert. Anders als bei Mindestlöhnen nach dem MiArbG 2008 bleibt im Rahmen des AEntG allerdings das Primat der Tarifpartner gewahrt. Ein faktischer allg. Mindestlohn mit Bezug zum Tarifrecht ergibt sich aus § 138 II BGB, da ein **auffälliges Missverhältnis** iSd. Regelung anzunehmen ist, wenn die vertragl. vereinbarte Arbeitsvergütung nicht einmal **zwei Drittel** des in der Branche üblicherweise gezahlten Tariflohnes erreicht[1]. Im Koalitionsvertrag haben CDU/CSU und SPD jüngst die Einführung eines flächendeckenden gesetzl. Mindestlohns in Höhe von 8,50 Euro je Stunde zum 1.1.2015 beschlossen[2]. Von dieser Regelung sollen ausdrücklich nur Mindestlöhne nach dem AEntG unberührt bleiben[3].

39 VI. Reformvorschläge/Aktuelle Entwicklungen. Das geltende TV-Recht wird zunehmend als reformbedürftig angesehen[4]. Vorgeschlagen wird eine Verkürzung der zeitl. Tarifbindung, um es den Unternehmen zu ermöglichen, in Krisensituationen der strengen Tarifbindung nicht länger als unbedingt nötig unterworfen zu sein[5]. Anknüpfungspunkte für entsprechende Änderungen bieten die Regelungen über die Fortwirkung (§ 3 III) bzw. die Nachwirkung (§ 4 V)[6]. Auch ein Recht zur außerordentl. Kündigung von TV für Unternehmen in existenziellen Notlagen ist im Gespräch[7]. Verfassungsrechtl. ist jedenfalls eine „Ewigkeitsbindung" ausgetretener Verbandsmitglieder an unbefristete (Mantel-)TV bedenklich. Daher spricht viel für eine zeitl. Begrenzung der Fortwirkung in Anlehnung an § 613a I 2 BGB auf ein Jahr seit Beendigung der Verbandsmitgliedschaft[8]. Das BAG hat de lege lata jüngst allen Vorschlägen zur Begrenzung der zeitl. Tarifbindung eine Absage erteilt[9]. Auch ein Einschreiten des Gesetzgebers ist vorerst nicht zu erwarten. Die Rechtspraxis wählt daher den Weg über Umstrukturierungen, weil die zwingende Wirkung der Tarifnormen dann in jedem Fall nach Ablauf der Veränderungssperre (§ 613a I 2 BGB) endet. Gefordert wurde zudem eine Flexibilisierung der Arbeitsbedingungen durch eine Neuinterpretation des Günstigkeitsprinzips[10]; zT wurde sogar eine gesetzl. Konkretisierung dieses Prinzips verlangt[11]. So soll die Beschäftigungslage, insb. die Sicherheit des Arbeitsplatzes, in den Günstigkeitsvergleich einfließen[12]. In der aktuellen rechtspolitischen Diskussion spielen diese Forderungen nur noch eine untergeordnete Rolle. Im Vordergrund steht die Forderung nach einer gesetzl. Regelung der Tarifeinheit[13]. Jüngst haben CDU, CSU und SPD im Koalitionsvertrag vereinbart, den Grundsatz der Tarifeinheit nach dem betriebsbezogenen Mehrheitsprinzip unter Einbindung der Spitzenorganisationen gesetzlich festzuschreiben[14]. Gegen dieses Vorhaben der gesetzl. Wiederbelebung des Grundsatzes der Tarifeinheit streiten jedoch verfassungsrechtl. Bedenken (vgl. § 4 Rz. 57 ff.). Auf dem Prüfstand steht schließlich § 77 III BetrVG[15]. Durch gesetzl. Öffnungsklauseln sollen im Interesse betriebsnaher Regelungen die Gestaltung der Arbeitsbedingungen teilweise auf die Betriebspartner übertragen[16] und „Bündnisse für Arbeit" ermöglicht werden[17]. Die Aktivitäten des Gesetzgebers anlässlich der aktuellen Mindestlohndebatte führen dagegen eher zu einer Entflexibilisierung des Tarifrechts[18]. Durch die Erstreckung von TV über § 5 oder das AEntG wird die Kartellwirkung der TV gesteigert. Zudem haben gem. § 8 II AEntG nach dem AEntG erstreckte TV Vorrang vor konkurrierenden TV. ArbGeb, die von nach dem AEntG erstreckten TV erfasst werden, können daher durch FirmenTV nicht zuungunsten der ArbN vom Niveau des AEntG abweichen.

---

1 BAG 22.4.2009 – 5 AZR 436/08, AP Nr. 64 zu § 138 BGB; *Henssler/Sittard*, RdA 2007, 159 (163). ||2 Deutschlands Zukunft gestalten, Koalitionsvertrag zwischen CDU, CSU und SPD für die 18. Legislaturperiode v. 16.12.2013, S. 49. ||3 Zu den verschiedenen Arten von Mindestlöhnen *Sittard*, RdA 2013, 301. ||4 Vgl. *Winkler*, Sonderbeil. zu NZA 3/2000, 11; *Zachert*, Sonderbeil. zu NZA 3/2000, 17; *Lesch*, DB 2000, 322; *Schleusener*, NJ 1998, 561; *Büdenbender*, NZA 2000, 509; *Dieterich*, RdA 2002, 1; für mehr Wettbewerb unter den Gewerkschaften als Reformansatz plädiert *Franzen*, RdA 2001, 1. ||5 Vgl. *Dieterich/Hanau/Henssler ua.*, RdA 2004, 65 (75 f.); *Wiedemann*, TVG, Einl. Rz. 62. ||6 Vgl. *Adomeit*, Regelung von Arbeitsbedingungen und ökonomischen Notwendigkeiten, 1996, S. 55 (70); *Wiedemann*, TVG, Einl. Rz. 62; *Löwisch/Rieble*, § 3 Rz. 268 ff. mwN; *Beuthien/Meik*, DB 1993, 15 (19); krit.: *Henssler*, ZfA 1994, 487 (514). ||7 Vgl. *Belling*, NZA 1996, 906; *Löwisch*, NJW 1997, 905; *Oetker*, RdA 1995, 94; *Rieble*, RdA 1996, 151. ||8 Vgl. *Henssler*, FS Picker, 2010, S. 987. ||9 BAG 1.7.2009 – 4 AZR 261/08, BB 2010, 59. ||10 Vgl. *Buchner*, DB 1990, 1720; *Adomeit*, Regelung von Arbeitsbedingungen und ökonomischen Notwendigkeiten, 1996, S. 38 ff.; *Eekhoff*, Beschäftigung und soziale Sicherung, 4. Aufl. 2008, S. 63 f.; *Hundt*, Arbeitgeber 1998, S. 49 f.; *Schliemann*, NZA 2003, 122; *Robert*, NZA 2004, 633; krit. *Dieterich/Hanau/Henssler ua.*, RdA 2004, 65 (69 f.); zur Verfassungsmäßigkeit: *Höfling/Burkiczak*, NJW 2005, 469 (471 ff.). ||11 Vgl. den Gesetzesvorschlag des Bundeslandes Bayern (BR-Drs. 863/02) v. 22.11.2002. ||12 Vgl. den Antrag der FDP-Fraktion v. 28.1.2000, BT-Drs. 14/2612; hierzu *Dieterich*, RdA 2002, 1. ||13 Dazu *Henssler*, RdA 2011, 65 (70 ff.) mwN. ||14 Deutschlands Zukunft gestalten, Koalitionsvertrag zwischen CDU, CSU und SPD für die 18. Legislaturperiode v. 16.12.2013, S. 70. ||15 Vgl. *Wiedemann*, TVG, Einl. Rz. 58; *Dieterich*, RdA 2002, 1 (15 ff.). ||16 *Kempen/Zachert/Kempen/Stein/Wendeling-Schröder*, TVG, Grundlagen Rz. 129 ff., § 2 Rz. 180 ff., § 4 Rz. 515 ff.; *Henssler*, ZfA 1998, 517 (520); *Wendeling-Schröder*, NZA 1998, 624 (626); *Hromadka*, NJW 2003, 1273; krit. *Wolter*, NZA 2003, 1317; *Dieterich/Hanau/Henssler ua.*, RdA 2004, 65 (70); *Natzel*, NZA 2005, 903. ||17 Vgl. den Gesetzesvorschlag des Bundeslandes Bayern (BR-Drs. 863/02) v. 22.11.2002. ||18 Dazu *Henssler/Sittard*, RdA 2007, 159 (163).

VII. Internationales. Ein kodifiziertes internationales Tarifrecht besteht nicht, mangels Kompetenzgrundlage auch nicht auf europäischer Ebene[1]. Der von deutschen TV-Parteien geschlossene TV entfaltet seine Wirkung auch in dem deutschen Recht unterliegenden ArbVerh mit Auslandsberührung, etwa bei der Entsendung ins Ausland[2]. Ein deutscher TV kann ArbVerh unter ausländischem Arbeitsstatut erfassen, allerdings mangels normativer Wirkung[3] nur, wenn die Tarifnormen in den Arbeitsvertrag überführt wurden. Gem. Art. 3, 8 Rom-I-VO kann der deutsche TV bei Tätigkeit ausländischer ArbN im Inland greifen, selbst wenn an sich ausländisches Arbeitsstatut gilt[4]. Auch reine AuslandsTV, die ausschließl. Auslandssachverhalte erfassen – etwa die Hauptleistungen während einer Entsendung – sind zulässig[5]. Für verschiedene Branchen (vgl. § 4 AEntG) erstreckt § 3 AEntG die Geltung bestimmter tarifl. geregelter Arbeitsbedingungen (vgl. § 5 AEntG) bei Vorliegen einer AVE oder einer Rechtsverordnung gem. § 7 AEntG zwingend auf ausländischem Vertragsstatut unterliegende ArbVerh (vgl. § 5 Rz. 39)[6]. Die Tarifnormen werden zu zwingenden Vorschriften iSv. Art. 8 I 2 Rom-I-VO. Transnationale Vereinbarungen lassen sich in der Form sog. **International Framework Agreements** treffen, wie sie vermehrt zwischen multinationalen Unternehmen und internationalen Branchengewerkschaften geschlossen werden[7]. 40

1 Inhalt und Form des Tarifvertrages

(1) Der Tarifvertrag regelt die Rechte und Pflichten der Tarifvertragsparteien und enthält Rechtsnormen, die den Inhalt, den Abschluss und die Beendigung von Arbeitsverhältnissen sowie betriebliche und betriebsverfassungsrechtliche Fragen ordnen können.

(2) Tarifverträge bedürfen der Schriftform.

I. Begriff des Tarifvertrages 1	2. Fortbildung von Tarifverträgen 84
II. Rechtsnatur 3	3. Prozessrechtliche Fragen 87
III. Arten und Parteien des Tarifvertrages 5	VIII. Kontrolle von Tarifverträgen 88
IV. Abschluss und Beendigung des Tarifvertrages 12	IX. Einzelne Tarifnormen 91
1. Abschluss 12	1. Altersgrenzen 91
2. Beendigung 22	2. Anknüpfungen an das Alter 94
V. Normativ wirkender Inhalt des Tarifvertrages 40	3. Annahmeverzug 95
1. Allgemeines 40	4. Arbeitsentgelt 96
2. Regelungsgegenstand des normativen Teils 41	5. Arbeitsverhinderung 97
3. Inhaltsnormen 45	6. Ausschlussfristen/Verfallklauseln 98
4. Abschlussnormen 47	7. Besetzungsregeln 105
5. Beendigungsnormen 50	8. Betriebsverfassungsrechtliche Fragen . . . 109
6. Betriebsnormen 51	9. Differenzierungsklauseln 110
7. Betriebsverfassungsrechtliche Normen . . . 53	10. Effektivlohnklauseln 112
8. Normen für gemeinsame Einrichtungen . . . 55	11. Eingruppierung 117
9. Tarifnormen zu Gunsten Dritter 56	12. Entgeltfortzahlungsklauseln 121
10. Prozessuale Normen 57	13. Formvorschriften 122
11. Rechtsfolgen unzulässiger Regelungen . . . 58	14. Kündigungsschutzbestimmungen 123
VI. Der Tarifvertrag als Schuldverhältnis 61	15. Kurzarbeitsklauseln 128
1. Die allgemeinen Rechte und Pflichten der Tarifvertragsparteien 61	16. Leistungsbestimmungsrechte 129
2. Vereinbarte Pflichten im tarifvertraglichen Schuldverhältnis 73	17. Maßregelungsverbote 130
	18. Regelungen zur Teilzeit 131
	19. Rückwirkungsvereinbarungen 132
	20. Rückzahlungsklauseln 136
VII. Auslegung von Tarifverträgen 76	21. Unternehmenspolitische Fragen 137
1. Allgemeine Auslegungsgrundsätze 76	22. Verweisungsklauseln 138
	23. Weiterbildung 140
	24. Wiedereinstellungsklauseln 141

I. Begriff des Tarifvertrages. Der TV ist eine formbedürftige, **privatrechtl. Vereinbarung** zwischen einzelnen ArbGeb oder deren Vereinigungen auf der einen und tariffähigen Gewerkschaften auf der anderen Seite, die Rechte und Pflichten der TV-Parteien regelt und Arbeits- und Wirtschaftsbedingungen 1

---

[1] *Löwisch/Rieble*, Grundlagen Rz. 417 ff.; Wiedemann/*Thüsing*, TVG, § 1 Rz. 116 ff. ||[2] *Gamillscheg*, Kollektives Arbeitsrecht I, S. 488; *Däubler*, Einl. Rz. 626 ff. ||[3] Str., zur uneinheitlichen Rspr. BAG 6.11.2002 – 5 AZR 617/01 (A), NZA 2003, 490 und 9.7.2003 – 10 AZR 593/02, NJOZ 2003, 3477. ||[4] *Däubler*, Tarifvertragsrecht, Nr. 1662 ff. ||[5] Vgl. BAG 11.9.1991 – 4 AZR 71/91, NZA 1992, 321; 12.12.1990 – 4 AZR 238/90, NZA 1991, 386. ||[6] Zur Vereinbarkeit mit Europarecht EuGH 24.1.2002 – Rs. C-164/99, BB 2002, 624; EWiR Art. 49 EG, 1/02, 245 (*Henssler/Müller*). ||[7] Dazu Thüsing/Braun/*Thüsing*, 1. Kap. Rz. 89 ff.

festsetzt. Anders als typische private Verträge begründet er nicht nur Rechte und Pflichten der Vertragsparteien selbst (schuldrechtl. Teil), sondern stellt darüber hinaus Regeln auf, deren Adressaten Dritte sind, die nicht am Vertragsschluss mitgewirkt haben (normativer Teil). In dieser Doppelnatur liegt das Spezifikum des TV, aus dem sich zahlreiche eigenständige Rechtsfragen ergeben.

2   Sein Zustandekommen erfordert einen **Vertrag** iS einer Willenseinigung mindestens zweier tariffähiger Parteien. Einseitige Richtlinien und Anstellungsbedingungen des ArbGeb erfüllen diese Voraussetzung nicht, auch wenn sie der ArbGeb als „Haustarif" bezeichnet[1]. Es handelt sich dann um AGB, die an den §§ 305 ff. BGB zu messen sind[2]. Ein Vorvertrag ist zulässig[3]; ob er schon als TV zu qualifizieren ist und damit der Schriftform gem. Abs. 2 bedarf, ist umstritten[4]. Aus der Zulässigkeit des Vorvertrages folgt, dass sich Tarifpartner verpflichten können, einen noch nicht geschlossenen VerbandsTV in einem AnschlussTV zu übernehmen[5].

3   **II. Rechtsnatur.** Der **schuldrechtl. Teil** des TV, in dem die Rechte und Pflichten der TV-Parteien festgeschrieben sind, wird einhellig als privatrechtl. Vertrag eingestuft. Zur Rechtsnatur des normativen Teils gehen die Meinungen dagegen bis heute auseinander[6]. Überholt ist der Versuch, die Befugnis der TV-Parteien zur Normsetzung ausschließlich als rechtsgeschäftl. Handeln zu deuten[7]. Der mandatarischen Theorie zufolge wird den TV-Normen zwar Rechtssatzcharakter beigemessen, die Befugnis zur tarifl. Gestaltung des ArbVerh soll aber auf privater Rechtsetzungsbefugnis beruhen[8]. Verschiedene Besonderheiten des Tarifrechts, etwa die Erstreckung von betriebs- und betriebsverfassungsrechtl. Normen auf Außenseiter (§ 3 II), die Möglichkeit, bei tarifdispositiven Normen von an sich zwingendem Gesetzesrecht abzuweichen sowie die Anknüpfung der AVE (§ 5) an tarifvertragl. Regelungen, lassen sich über dieses gedankl. Modell nicht zufriedenstellend erklären. Herrschend ist die Rechtfertigung der Tarifautonomie über das Modell staatl. Delegation[9]. Unbefriedigend bleibt auch nach diesem Ansatz, dass das TVG den Voraussetzungen des Art. 80 GG nicht genügt und die tarifvertragl. Vereinbarungen nicht der Staatsaufsicht unterliegen.

4   Mit der überwiegenden Ansicht sind die TV-Normen trotz der Nähe der Normsetzung zum öffentl. Recht als **Teil des Privatrechts** zu qualifizieren[10]. Für diese Einordnung sprechen der Verzicht auf eine Staatsaufsicht und die Qualität der TV-Parteien als Subjekte des Privatrechts.

5   **III. Arten und Parteien des Tarifvertrages.** Partei eines TV kann sein, wer **tariffähig** ist (s. § 2 Rz. 1 ff.). Gem. der Aufzählung in § 2 sind dies grds. Gewerkschaften, ArbGebVerbände, die Spitzenorganisationen der Verbände und einzelne ArbGeb (zu den weiteren Voraussetzungen der Tariffähigkeit s. § 2 Rz. 4 ff.). Dementsprechend wird zwischen **VerbandsTV** (auch FlächenTV), bei dem auf ArbGebSeite ein Verband auftritt, und dem mit einzelnen ArbGeb geschlossenen **FirmenTV** (auch Werks-, Haus- oder UnternehmensTV[11]) unterschieden. Der Geltungsbereich eines VerbandsTV bezieht sich typischerweise auf eine bestimmte Branche in einer Region und umfasst alle Mitglieder der tarifvertragsschließenden Koalitionen. Zulässig ist aber auch der sog. firmenbezogene VerbandsTV[12]. Dabei schließt ein ArbGebVerband einen TV ab, dessen Geltungsbereich auf ein Mitgliedsunternehmen beschränkt ist. FirmenTV bieten an einen VerbandsTV gebundenen Unternehmen insb. bei wirtschaftl. Schwierigkeiten die Möglichkeit, die Arbeitsbedingungen zu Lasten der ArbN zu verschlechtern und den ökonomischen Gegebenheiten anzupassen (sog. **SanierungsTV**). Als Vertragspartner kommt nur jene Gewerkschaft in Betracht, die den VerbandsTV abgeschlossen hat, da nur ihr TV Wirkungen ggü. ihren Mitgliedern entfaltet. Als speziellere Regelung geht der FirmenTV dann vor (s. § 4 Rz. 47 ff.). Für nicht verbandsangehörige Unternehmen und solche mit bloßer OT-Mitgliedschaft (dazu § 3 Rz. 3 ff.) ist der FirmenTV die einzige Möglichkeit, eine normative Tarifbindung herzustellen. Anerkennungs- oder VerweisungsTV (Rz. 139) können hier den Aufwand des einzelnen ArbGeb begrenzen, indem Regelungen aus einem VerbandsTV übernommen werden[13]. Solche Verweisungen auf andere TV sind allerdings für den ArbGeb mit Gefahren auf Grund der Tarifdynamik verbunden (ausf. zu FirmenTV § 2 Rz. 26 ff.).

---

1 BAG 25.6.1964 – 5 AZR 440/63, AP Nr. 1 zu § 611 Gewerkschaftsangestellte. ||2 BAG 11.2.2009 – 10 AZR 222/08, NZA 2009, 428; vgl. dazu *Preis*, NZA 2010, 361. ||3 BAG 5.7.2006 – 4 AZR 381/05, AP Nr. 38 zu § 1 TVG; 26.1.1983 – 4 AZR 224/80, AP Nr. 20 zu § 1 TVG; 19.10.1976 – 1 AZR 611/75, AP Nr. 6 zu § 1 TVG Form. ||4 Bejahend: *Löwisch/Rieble*, § 1 Rz. 1017; abl.: BAG 26.1.1983 – 4 AZR 224/80, AP Nr. 20 zu § 1 TVG; 25.8.1982 – 4 AZN 305/82, AP Nr. 23 zu § 72a ArbGG 1979 – Grundsatz: Der Vorvertrag dient noch nicht unmittelbar der Normsetzung; offen lassend BAG 5.7.2006 – 4 AZR 381/05, AP Nr. 38 zu § 1 TVG; 26.8.2009 – 4 AZR 285/08, NZA 2010, 230. ||5 BAG 19.10.1976 – 1 AZR 611/75, AP Nr. 6 zu § 1 TVG Form. ||6 Vgl. Wiedemann/*Thüsing*, § 1 Rz. 42 ff.; Däubler/*Reim/Nebe*, § 1 Rz. 35 ff. ||7 *Jacobi*, Grundlehren des Arbeitsrechts, 1927, S. 246 ff., 272 ff. ||8 *Rehbinder*, JR 1968, 167 ff.; *Richardi*, Kollektivgewalt und Individualrecht bei der Gestaltung des Arbeitsverhältnisses, 1968, S. 127 ff.; *Rieble*, Arbeitsmarkt und Wettbewerb, Rz. 1194 ff. (1530); vgl. auch Wiedemann/*Thüsing*, § 1 Rz. 48. ||9 BVerfG 18.11.1954 – 1 BvR 629/52, BVerfGE 4, 96 (108); 27.2.1973 – 2 BvL 27/69, BVerfGE 34, 307 (316 f.); BAG 23.3.1957 – 1 AZR 64/56, AP Nr. 18 zu Art. 3 GG; vgl. bei Wiedemann/*Thüsing*, § 1 Rz. 45 ff. ||10 BVerfG 27.2.1973 – 2 BvL 27/69, BVerfGE 34, 307 (317); BAG 29.4.1992 – 4 AZR 432/91, AP Nr. 3 zu § 1 TVG Durchführungspflicht; Däubler/*Reim/Nebe*, § 1 Rz. 37; *Gamillscheg*, Kollektives Arbeitsrecht I, S. 487; Wiedemann/*Thüsing*, § 1 Rz. 13. ||11 Dazu *Henssler*, ZfA 1998, 517 ff. ||12 BAG 24.4.2007 – 1 AZR 252/06, AP Nr. 2 zu § 1 TVG Sozialplan; krit. zur Erstreikbarkeit *Schneider/Sittard*, ZTR 2007, 590 (592). ||13 *Kleinebrink*, DB 2007, 518.

Vertragspartei des VerbandsTV ist immer der Berufsverband, nicht das einzelne Mitglied. Rechte und 6
Pflichten aus dem TV treffen, soweit dieser keine normative Wirkung entfaltet, zunächst nur die Vertragsparteien selbst. Enthält der TV außerhalb der Tarifnormen Verpflichtungen der Mitglieder, so handelt es sich um einen unzulässigen Vertrag zu Lasten Dritter. Bedenklich ist daher die Rspr. des BAG, wonach im Fall des Blitzaustritts/-wechsels eine Informationspflicht „für die ArbGebSeite" bestehen soll[1]. Jede Vertragspartei übernimmt allerdings die Pflicht, im Rahmen der satzungsmäßig möglichkeiten die Mitglieder zur Beachtung des TV anzuhalten (s. Rz. 69ff.)[2]. Die TV-Parteien können sich auch schuldrechtl. zu Gunsten Dritter, dh. zu Gunsten der Verbandsmitglieder oder außenstehender Personen, binden[3]. Die Willenserklärungen müssen beim VerbandsTV durch das allg. zur Vertretung befugte Organ, dh. den Vorstand (§ 26 BGB), oder durch in der Satzung bestimmte Vertreter (§ 30 BGB) bzw. durch wirksam bestellte Bevollmächtigte (§ 164 BGB) abgegeben werden. Bei mehrgliedrigen TV (s. Rz. 9) kann ein Verband andere Tarifparteien nach den Regeln der Stellvertretung (§§ 164 ff. BGB) vertreten[4]. Eine Beschränkung der Vertretungsmacht ist möglich[5]. Soll die Beschränkung Dritten entgegengehalten werden, muss sie aus der Satzung hervorgehen. Dort muss abschließend der Umfang der Vertretungsmacht angegeben sein[6]. Die Beschränkung darf allerdings die grds. unbeschränkte Tariffähigkeit (§ 2) nicht konterkarieren. So wäre eine satzungsmäßige Beschränkung der Vollmacht eines ArbGebVerbandes auf Lohnerhöhungen von maximal 5 % unzulässig[7]. Gem. § 167 II BGB bedarf die Vollmachtserteilung nicht der Schriftform des § 1.

Schließt ein ArbGeb eine Vereinbarung mit einer Gewerkschaft, handelt es sich auch dann um einen 7
FirmenTV und nicht um eine BV, wenn die Vereinbarung als „Interessenausgleich" oder „Sozialplan" bezeichnet wird[8]. Auch ein verbandsangehöriger ArbGeb kann auf Grund des eindeutigen Wortlauts des § 2 I einen FirmenTV abschließen (vgl. § 2 Rz. 23)[9]. Ob er zum Abschluss durch Streik gezwungen werden kann, ist umstritten (vgl. § 2 Rz. 23; Art. 9 III GG Rz. 189). Eine **Konzernobergesellschaft** ist nur dann und insoweit tariffähig, als sie ArbGeb ist. Ein von ihr im eigenen Namen abgeschlossener TV bindet nur sie, wirkt demzufolge nur für die bei ihr beschäftigten ArbN[10]. Denkbar ist aber ein konzerneinheitl. geltender TV oder ein sog. **mehrgliedriger TV**, bei dem auf ArbGebSeite mehrere Konzernunternehmen entweder selbst handeln oder durch die Konzernmutter vertreten (dazu Rz. 15) werden. Schließlich können sich Konzerntöchter auch über einen **AnerkennungsTV** dem TV der Muttergesellschaft anschließen.

Die **Spitzenorganisationen** von Gewerkschaften und ArbGebVerbänden können TV im eigenen Na- 8
men oder in dem der ihnen angeschlossenen Verbände abschließen (s. § 2 Rz. 31ff.). Wird die Willenserklärung im Namen und in Vertretung eines angeschlossenen Verbandes abgegeben, so ist dieser und nicht die Spitzenorganisation Vertragspartei[11].

Auf einer oder auf beiden Seiten können mehrere Tarifparteien auftreten (**mehrgliedriger TV**; Bei- 9
spiel: TVöD). Durch Auslegung ist dann zu ermitteln, ob ein einheitl. Tarifwerk oder mehrere selbständige TV vorliegen[12]. Regelmäßig werden **mehrere selbständige TV** gewollt sein, selbst wenn sie in einer Urkunde abgefasst sind[13]. In diesem Fall bleiben die Vertragsparteien in der Lage, unabhängig voneinander den TV zu ändern und zu kündigen. Weitere Folgen sind: keine Erfüllungspflichten für andere Parteien der gleichen Seite, keine Gesamtschuld, keine Haftung für andere Beteiligte, einfache Streitgenossenschaft.

Bei einem Willen zu einem **einheitlichen Tarifwerk** werden die Parteien gemeinsam berechtigt und 10
verpflichtet. Sie können ihre Rechte ggü. der Gegenpartei nur gemeinsam ausüben (Änderung des TV, Kündigung). Verfahren müssen als notwendige Streitgenossenschaft geführt werden[14]. Die AVE kann nur gemeinsam beantragt werden.

Beim Auftreten sog. **Tarifgemeinschaften**[15] muss durch Auslegung ermittelt werden, welche rechtl. 11
Konstruktion gewollt ist. In der Praxis wird der Begriff der Tarifgemeinschaft unterschiedlich verwendet. Je nach Begriffsverständnis können beide Formen eines mehrgliedrigen TV auch von Tarifgemeinschaften geschlossen werden. Allg. anerkannt ist der Abschluss eines einheitlichen Tarifwerks durch

---

1 BAG 4.6.2008 – 4 AZR 419/07, AP Nr. 38 zu § 3 TVG; krit. dazu *Höpfner*, ZfA 2009, 541 (567ff.). ||2 Wiedemann/*Thüsing*, § 1 Rz. 179. ||3 BAG 29.11.1967 – GS 1/67, AP Nr. 13 zu Art. 9 GG. ||4 So zur Vertretung eines Unternehmens durch ein anderes: BAG 10.11.1993 – 4 AZR 184/93, AP Nr. 43 zu § 1 TVG Tarifverträge: Einzelhandel. ||5 Wiedemann/*Thüsing*, § 1 Rz. 184; vgl. aber BAG 11.6.1975 – 4 AZR 395/74, AP Nr. 29 zu § 2 TVG. ||6 Wiedemann/*Thüsing*, § 1 Rz. 185. ||7 *Löwisch/Rieble*, § 1 Rz. 1314. ||8 BAG 16.5.1995 – 3 AZR 535/94, AP Nr. 15 zu § 4 TVG Ordnungsprinzip; vgl. auch 7.11.2000 – 1 AZR 175/00, AP Nr. 14 zu § 77 BetrVG 1972 Tarifvorbehalt zu einer Vereinbarung, die von BR, ArbGeb und zuständiger Gewerkschaft gemeinsam geschlossen wurde. ||9 BAG 20.12.2002 – 1 AZR 96/02, BB 2003, 1116; 4.4.2001 – 4 AZR 237/00, AP Nr. 26 zu § 4 TVG Tarifkonkurrenz; Wiedemann/*Thüsing*, § 1 Rz. 199; *Lobinger*, RdA 2006, 12 (13). ||10 Zum Ganzen § 2 Rz. 25; *Höpfner*, in Arbeitsrecht im Konzern, 2010, S. 113ff.; *Rieble*, Der Konzern 2005, 475. ||11 Kempen/Zachert/*Kempen*, § 2 Rz. 90. ||12 Vgl. BAG 28.9.1977 – 4 AZR 446/76, AP Nr. 1 zu § 9 TVG 1969 in dem besonderen Fall, dass eine TV-Partei nur mittels eines AnschlussTV gebunden war; *Ricken*, Autonomie und tarifl. Rechtsetzung, S. 285 f. ||13 BAG 8.9.1976 – 4 AZR 359/75, AP Nr. 5 zu § 1 TVG Form; 28.9.1977 – 4 AZR 446/76, AP Nr. 1 zu § 9 TVG 1969. ||14 *Löwisch/Rieble*, § 9 Rz. 58. ||15 Dazu *Löwisch/Rieble*, § 2 Rz. 394ff.; Thüsing/Braun/*Emmert*, 2. Kap. Rz. 145 ff.; HMB/*Höpfner*, Teil 2 Rz. 182 ff.; aA *Ricken*, Autonomie und tarifliche Rechtsetzung, S. 287.

mehrere TV-Parteien, die sich mit dem Zweck des gemeinsamen Abschlusses eines TV zusammengeschlossen haben und deshalb als Tarifgemeinschaft auftreten[1]. Der einheitliche TV basiert auf der Tariffähigkeit der Mitglieder, die einheitliche Willensbildung erfolgt im Rahmen der gemeinsamen gesellschaftsrechtl. Zweckbindung. Die Tarifgemeinschaft wird als Außen-GbR eingeordnet[2], ohne dass hieraus geschlossen werden könnte, dass sie selbst auch Partei des TV ist. Seit Anerkennung der Rechtsfähigkeit der GbR bestehen zwar keine durchgreifenden zivilrechtl. Bedenken gegen ein Auftreten der Tarifgemeinschaft als Vertragspartei[3]. Ein solches Auftreten setzt allerdings voraus, dass die Tarifgemeinschaft selbst tariffähig ist, was neben der Tariffähigkeit ihrer Mitglieder eine klar definierte Tarifzuständigkeit und Tarifwilligkeit voraussetzt. Umstritten ist dagegen, ob Tarifgemeinschaften auch mehrgliedrige TV ieS, bei denen mehrere selbständige und damit isoliert kündbare EinzelTV gewollt sind[4], schließen können. Angesichts der Offenheit des Begriffs der Tarifgemeinschaft überzeugt es nicht, hier eine Einschränkung vorzunehmen. Zum Teil bezeichnen sich missverständlich als Tarifgemeinschaften auch Zusammenschlüsse, die nach ihrem satzungsmäßig verankerten Selbstverständnis tariffähige Spitzenorganisationen iSv. § 2 II, III sein wollen[5]. Sie müssen sich an den vom BAG[6] aufgestellten besonderen Anforderungen an die Tariffähigkeit von Spitzenorganisationen messen lassen. Zu den Anforderungen an Mitglieder einer Tarifgemeinschaft vgl. § 2 Rz. 34.

12 **IV. Abschluss und Beendigung des Tarifvertrages. 1. Abschluss. a) Verhandlungsanspruch.** Ein Tarifpartner hat nach der Rspr. grds. **keinen Anspruch** gegen den tarifl. Gegenspieler auf Aufnahme und Führung von TV-Verhandlungen[7]. Das BAG sieht es allerdings als Aufgabe der Arbeitskampfparteien an, sich um eine Regelung des Notdienstes zu bemühen. Außerdem seien Vereinbarungen über die Errichtung und den Umfang von Notdienstarbeiten vorrangig anzustreben[8]. Daraus kann eine partielle Verhandlungspflicht abgeleitet werden. Aus dem Ultima-ratio-Grundsatz folgt zunächst eine Verhandlungspflicht vor Ausspruch der außerordentl. Kündigung eines FirmenTV[9] und darüber hinaus im Vorfeld von Arbeitskampfmaßnahmen neben der Verhandlungspflicht der kampfwilligen Partei[10] sogar eine Pflicht zur Durchführung eines Schlichtungsverfahrens[11]. Vereinbarungen über einen Verhandlungsanspruch der TV-Partner sind unbestritten zulässig[12] und können auch Gegenstand eines Vorvertrages sein (vgl. Rz. 62).

13 **b) Anwendung des Vertragsrechts.** Ein TV ist ein **Vertrag iSd. BGB**; für den Vertragsschluss gelten also grds. die §§ 145 ff. BGB. An die Stelle der Rechtsfähigkeit tritt die Tariffähigkeit nach § 2. Auf Grund der normativen Wirkung des TV lassen sich die Vorschriften des Allg. Teils des BGB sowie des Allg. Teils des Schuldrechts allerdings nicht unbesehen übernehmen. So verbietet der Schutz des Vertrauens der Verbandsmitglieder auf die Wirksamkeit der Tarifnormen einen Rückgriff auf die Dissensregeln der §§ 154, 155 BGB[13]; gleiches gilt für § 139 BGB[14] und die Unmöglichkeit gem. § 275 BGB. Die Auslegung des schuldrechtl. Teils des TV richtet sich nach §§ 133, 157 BGB; im Bereich der Tarifnormen gelten die Grundsätze der Gesetzesauslegung (Rz. 75 ff.). Zur Anwendbarkeit der §§ 116, 119, 123 BGB vgl. Rz. 20[15].

14 **c) Vertragsschluss, Form und Bekanntgabe des Tarifvertrages.** Ein TV kommt – meist über Willenserklärungen unter Anwesenden – durch **Angebot und Annahme** gem. §§ 145 ff. BGB zustande. Häufig wird der vorgesehene Tarifinhalt von den TV-Parteien nur niedergelegt und einer oder beiden Seiten eine Erklärungsfrist eingeräumt. Besondere, von der Satzung der Tarifpartner vorgesehene Organe (zB Tarifkommissionen) erhalten so die Möglichkeit, ihr Letztentscheidungsrecht auszuüben. Die Wirksamkeit hängt dann von einer aufschiebenden (oder auch auflösenden) Bedingung ab. Das Verhandlungsergebnis kann auch nur vorläufig niedergelegt werden mit der Folge, dass der Vertrag erst nach der endgültigen Zustimmungserklärung der Vertragspartner zustande kommt.

15 Wird der TV von einem Verband geschlossen, so handeln für ihn seine **Organmitglieder** bzw. **sonstige satzungsgemäße Vertreter** (s. Rz. 6). Die Satzung kann die tarifl. relevanten Willenserklärungen an die

---

1 Dafür *Löwisch/Rieble*, § 1 Rz. 1293, § 2 Rz. 394 ff. ‖ 2 *Löwisch/Rieble*, § 1 Rz. 1293, § 2 Rz. 406 ff.; die Tariffähigkeit ist jedoch vom Personenrecht des BGB unabhängig, vgl. *Henssler*, FS 25 Jahre ARGE Arbeitsrecht, 2006, S. 37 (38). ‖ 3 *Henssler*, FS 25 Jahre ARGE Arbeitsrecht, 2006, S. 37 (38). ‖ 4 Dafür BPSU-TVG, § 1 Rz. 28 f.; Kittner/Zwanziger/Deinert/*Deinert*, § 8 Rz. 17; *Stein*, Tarifvertragsrecht, Rz. 53; aA *Löwisch/Rieble*, § 2 Rz. 400 ff.; Thüsing/Braun/*Emmert*, 2. Kap. Rz. 157. ‖ 5 So verstand sich die – vom BAG (v. 14.12.2010 – 1 ABR 19/10, NZA 2011, 289) als nicht tariffähig qualifizierte – Tarifgemeinschaft Christlicher Gewerkschaften für Zeitarbeit und Personalserviceagenturen (CGZP) nach § 1 ihrer Satzung als Spitzenorganisation iSv. § 2 III. ‖ 6 BAG 14.12.2010 – 1 ABR 19/10, NZA 2011, 289. ‖ 7 BAG 14.7.1981 – 1 AZR 159/78, AP Nr. 1 zu § 1 TVG Verhandlungspflicht; 14.2.1989 – 1 AZR 142/88, AP Nr. 52 zu Art. 9 GG; Kempen/Zachert/*Kempen*, § 2 Rz. 34; aA Wiedemann/*Thüsing*, § 1 Rz. 217 ff. ‖ 8 BAG 31.1.1995 – 1 AZR 142/94, AP Nr. 135 zu Art. 9 GG Arbeitskampf. ‖ 9 BAG 18.12.1996 – 4 AZR 129/96, AP Nr. 1 zu § 1 TVG Kündigung, zu einem Fall, in dem noch nicht einmal der Versuch einer Nachverhandlung unternommen wurde; ebenso v. 18.6.1997 – 4 AZR 710/95, AP Nr. 2 zu § 1 TVG Kündigung. ‖ 10 Vgl. auch Wiedemann/*Thüsing*, § 1 Rz. 218 ff. ‖ 11 Vgl. BAG 21.4.1971 – GS 1/68, AP Nr. 43 zu Art. 9 GG Arbeitskampf. ‖ 12 *Däubler/Reim/Ahrendt*, § 1 Rz. 1188. ‖ 13 BAG 9.3.1983 – 4 AZR 61/80, AP Nr. 128 zu § 1 TVG Auslegung; 20.2.2001 – 3 AZR 252/00, EzA § 1 BetrAVG Ablösung Nr. 24. ‖ 14 BAG 26.6.1985 – 7 AZR 125/83, AP Nr. 1 zu § 1 TVG Teilnichtigkeit; 15.12.1998 – 3 AZR 239/98, AP Nr. 71 zu § 2 BeschFG 1985; 9.5.2007 – 4 AZR 275/06, NZA 2007, 1139, 1141 f. ‖ 15 Keine Anwendung: *Gamillscheg*, Kollektives Arbeitsrecht I, S. 512; Kempen/Zachert/*Stein*, § 4 Rz. 193; Wiedemann/*Thüsing*, § 1 Rz. 327; Anwendung: *Löwisch/Rieble*, § 1 Rz. 1339 ff.; offen gelassen bei BAG 19.10.1976 – 1 AZR 611/75, AP Nr. 6 zu § 1 TVG Form.

Zustimmung eines besonderen Organs, etwa einer Tarifkommission, binden. Für den Abschluss von TV durch öffentl.-rechtl. Körperschaften sind § 40 BHO, § 24 HaushaltsgrundsätzeG (Zustimmung des Finanzministeriums) und ähnliche Vorschriften in den Landeshaushaltsordnungen zu beachten. Stellvertretung gem. §§ 164ff. BGB ist zulässig[1]. Aus der Urkunde muss sich das Handeln in fremdem Namen eindeutig ergeben[2]. Der Abschluss eines TV durch eine **Konzernobergesellschaft** hat eine unmittelbar zwingende Tarifbindung auch der konzernabhängigen Tochtergesellschaften nur dann zur Folge, wenn die Umstände, die iSd. § 164 II 1 BGB für eine Stellvertretung sprechen, einen einer ausdrücklichen Nennung als TV-Parteien gleichwertigen Grad an Klarheit und Eindeutigkeit erreichen und in einer dem Schriftformerfordernis des § 1 II TVG genügenden Form niedergelegt sind[3]. Schließt ein Organ oder ein Stellvertreter einen TV ohne entsprechende Vollmacht, so hängt die Wirksamkeit des TV gem. § 177 I BGB von der Genehmigung der TV-Partei ab.

Nach Abs. 2 bedürfen TV der **Schriftform**. Das Formerfordernis dient hauptsächlich der Klarstellung des Vertragsinhalts und rechtfertigt den Verzicht auf einen Verkündungszwang bzw. auf eine Wirksamkeitsvoraussetzung einer **Bekanntgabe** des TV durch förmliche Veröffentlichung (s. aber § 8 Rz. 1ff.). Die Parteien des Einzelarbeitsvertrages sollen sich über den Tarifinhalt jederzeit verlässlich unterrichten können[4]. **16**

Für die Schriftform gilt § 126 BGB. Die Urkunde muss daher von den TV-Parteien oder ihren Vertretern **eigenhändig unterzeichnet** werden. Damit ist nicht nur Klarheit über den Inhalt des TV, sondern ebenso über die Normurheberschaft bezweckt[5]. Die Unterschrift muss auf derselben Urkunde erfolgen. Werden über den TV mehrere gleich lautende Urkunden aufgenommen, so reicht es aus, wenn jede Partei die für die andere Partei bestimmte Urkunde unterzeichnet. Die elektronische Form (vgl. § 126a BGB) genügt nach dem klaren Wortlaut zu § 126 III BGB und Abs. 2[6], nicht jedoch ein Brief- bzw. Telegrammwechsel oder ein Telefax[7]. Einer körperlichen Verbindung der einzelnen Blätter einer Urkunde bedarf es nicht, solange sich deren Einheit zB aus fortlaufender Paginierung, einheitlicher grafischer Gestaltung etc. zweifelsfrei ergibt[8]. Eine Änderung oder Ergänzung des über den Unterschriften stehenden Textes ist durch die Unterschriften gedeckt, sofern die Änderung oder Ergänzung dem übereinstimmenden Willen der Vertragschließenden entspricht[9]. Der TV muss nicht notwendigerweise in deutscher Sprache abgefasst sein. **17**

Der Abschluss eines **AnschlussTV** bedarf ebenfalls der Schriftform. Im Falle des **Beitritts** zu einem bestehenden TV muss der Vertrag zumindest mit der auf der Gegenseite stehenden Partei geschlossen werden. Eine einseitige Beitrittserklärung reicht nicht aus. Die **Bezugnahme** auf bloß benannte, aber nicht angefügte Tarifwerke, Gesetze, Rechtsverordnungen, Verwaltungsvorschriften[10] oder andere Regelungswerke ist sowohl bei statischen als auch bei dynamischen Verweisungen zulässig. Die Regelwerke müssen aber so genau bezeichnet sein, dass Irrtümer über Art und Ausmaß der in Bezug genommenen Regelung ausgeschlossen sind[11]. Verwies ein FirmenTV auf die Bestimmungen des (ehemaligen) BAT in seiner jeweils geltenden Fassung, so waren auch die Sonderregelungen nach § 2 BAT in den Tarif einbezogen, es sei denn, deren Ausschluss war im VerweisungsTV klar erkennbar normiert[12]. **18**

Das Schriftformerfordernis gilt für alle tarifvertragl. Vereinbarungen, nicht etwa nur für den normativen Teil. **Schuldrechtl. Abreden** sind nur ausgeklammert, wenn sie nach dem erkennbaren Willen der Tarifpartner kein Bestandteil des TV werden sollen[13]. Ebenfalls formbedürftig sind Protokollnotizen[14], Änderungen des TV[15] sowie Neuabschlüsse nach Kündigung[16]. Keiner Schriftform bedürfen nach der im Schrifttum[17] überwiegend abgelehnten Auffassung des BAG[18] Aufhebungsverträge (Grund: Regelungsziel der Normenklarheit ist nicht betroffen), ferner Anfechtungen, Kündigungen[19] und Vorverträge[20]. **19**

---

1 BAG 24.11.1993 – 4 AZR 407/92, AP Nr. 39 zu § 1 TVG Tarifverträge: Einzelhandel und 10.11.1993 – 4 AZR 184/93, AP Nr. 43 zu § 1 TVG Tarifverträge: Einzelhandel, zur Vertretung durch einen ArbGeb-Zusammenschluss, der keine Vereinigung von ArbGeb iSd. § 2 I ist. ‖2 BAG 12.2.1997 – 4 AZR 419/95, AP Nr. 46 zu § 2 TVG zur Vertretung durch einen Spitzenverband; vgl. dazu auch unter § 2 Rz. 27. ‖3 BAG 18.11.2009 – 4 AZR 491/08, NJW 2010, 888. ‖4 BAG 19.10.1976 – 1 AZR 611/75, AP Nr. 6 zu § 1 TVG Form; 10.11.1982 – 4 AZR 1203/79, AP Nr. 8 zu § 1 TVG Form. ‖5 BAG 15.4.2008 – 1 AZR 86/07, AP Nr. 96 zu § 77 BetrVG 1972. ‖6 So auch ErfK/*Franzen*, § 1 TVG Rz. 29; JKOS/*Schubert*, § 3 Rz. 20; aA HMB/*Bepler*, Teil 3 Rz. 45. ‖7 Vgl. Wiedemann/*Thüsing*, § 1 Rz. 312. ‖8 BAG 24.1.2001 – 4 ABR 4/00, AP Nr. 28 zu § 3 TVG: v. 3.5.2006 – 1 ABR 2/05, AP Nr. 31 zu § 99 BetrVG 1972 Eingruppierung (Bezugnahme auf Anlage). ‖9 BAG 24.1.2001 – 4 ABR 4/00, AP Nr. 28 zu § 3 TVG. ‖10 BAG 24.9.1986 – 4 AZR 543/85, AP Nr. 50 zu § 1 Feiertagslohnzahlungsgesetz. ‖11 BAG 30.5.1958 – 1 AZR 198/57, AP Nr. 8 zu § 9 TVG; 10.11.1982 – 4 AZR 1203/79, AP Nr. 8 zu § 1 TVG Form; Wiedemann/*Thüsing*, § 1 Rz. 320. ‖12 BAG 8.3.1995 – 10 AZR 27/95, AP Nr. 5 zu § 1 TVG Verweisungstarifvertrag. ‖13 Vgl. Wiedemann/*Thüsing*, § 1 Rz. 316. ‖14 BAG 16.9.1987 – 4 AZR 265/87, AP Nr. 15 zu § 4 TVG Effektivklausel. ‖15 BAG 21.3.1973 – 4 AZR 225/72, AP Nr. 12 zu § 4 TVG Geltungsbereich (zu mündl. Erklärungen über die Beschränkung des Geltungsbereichs eines TV). ‖16 LAG Köln 2.8.1999 – 3 Sa 404/99, NZA-RR 2000, 147. ‖17 Kempen/Zachert/*Stein*, § 4 Rz. 190; Löwisch/Rieble, § 1 Rz. 1442; ErfK/*Franzen*, § 1 TVG Rz. 27; Wiedemann/*Thüsing*, § 1 Rz. 319; HMB/*Bepler*, Teil 3 Rz. 215. ‖18 BAG 8.9.1976 – 4 AZR 359/75, AP Nr. 5 zu § 1 TVG Form. ‖19 Vgl. BAG 26.9.1984 – 4 AZR 343/83, AP Nr. 21 zu § 1 TVG; aA Löwisch/Rieble, § 1 Rz. 1443. ‖20 BAG 19.10.1976 – 1 AZR 611/75, AP Nr. 6 zu § 1 TVG; offen lassend BAG 5.7.2006 – 4 AZR 381/05, AP Nr. 38 zu § 1 TVG.

20 **d) Mängel beim Abschluss des Tarifvertrages.** Ob eine Partei einen TV wegen **Irrtums, Täuschung oder Drohung** gem. §§ 119, 123, 142 BGB anfechten kann, ist umstritten[1]. Einigkeit besteht darüber, dass es zu keiner rückwirkenden Nichtigkeit kommen darf. Dagegen steht einer Anfechtung mit Wirkung für die Zukunft[2] ebenso wie einer außerordentl. Kündigung[3] nichts entgegen[4], so dass die Anfechtungsregeln insoweit anwendbar bleiben. Im Falle der Anfechtung kommt eine Bestätigung des Rechtsgeschäfts (§ 144 I BGB) durch die anfechtungsberechtigte Partei in Betracht[5].

21 Grds. ziehen Mängel, die nach allg. zivilrechtl. Grundsätzen zur Nichtigkeit eines Vertrags führen, auch im Tarifrecht die Nichtigkeit des Vertrags als Ganzes nach sich. So führt die Nichteinhaltung der Schriftform zur **Nichtigkeit des TV** (§ 125 S. 1 BGB)[6]. Gleiches gilt für Gesetzesverstöße (§ 134 BGB) oder Verstöße gegen die guten Sitten (§ 138 BGB)[7]. Wirksamkeitsvoraussetzungen sind ferner Tariffähigkeit und Tarifzuständigkeit der TV-Parteien (§ 2 Rz. 3, 39). Ist nur ein Teil des TV von der Nichtigkeit betroffen, so bleibt der TV iÜ wirksam, solange er eine in sich durchführbare Regelung enthält. Wegen der ratio des Schriftformerfordernisses (Rz. 16) kann die Nichtigkeitsfolge in diesem Fall auch nicht mit dem Einwand der Arglist oder der Verletzung von Treu und Glauben überspielt werden[8].

21a **e) Fehlerhafter Tarifvertrag.** Die Beachtlichkeit von Willensmängeln beim Abschluss von TV ist nur schwer mit dessen normativer Wirkung zu vereinbaren. Aus dem Rechtsstaatsprinzip folgt, dass Normunterworfene grds. auf die Gültigkeit und den Fortbestand der Norm vertrauen dürfen.[9] Bei **formalen Mängeln des Vertragsschlusses** ist daher auf die **Lehre vom fehlerhaften TV** zurückzugreifen[10]. Die Erwägungen, die im Gesellschafts- und Arbeitsrecht zur Anerkennung der Regeln des fehlerhaften, aber in Vollzug gesetzten Dauerschuldverhältnisses geführt haben, lassen sich auf fehlerhafte TV übertragen[11]. Die Schwierigkeiten, die sich bei einer bereicherungsrechtl. Rückabwicklung von durch Tarifnormen geprägten ArbVerh ergeben, gleichen jenen, die bei der Rückabwicklung fehlerhafter Gesellschafts- oder Arbeitsverträge auftreten. Aufgrund des schutzwürdigen Vertrauens der Normunterworfenen, denen der Unwirksamkeitsgrund regelmäßig verborgen bleibt, drängt es sich sogar in besonderer Weise auf, Unwirksamkeitsgründe nur für die Zukunft wirken zu lassen. Für den Fall der Anfechtung des TV ist dies anerkannt (Rz. 20). Es ist kein überzeugender Grund ersichtlich, weshalb dies bei sonstigen formalen Fehlern des Vertragsschlusses anders zu beurteilen ist. Dies gilt namentlich für Verstöße gegen das Schriftformerfordernis oder für die Beteiligung geschäftsunfähiger. Erfasst sind aber auch diejenigen Fälle, in denen die Tariffähigkeit oder Tarifzuständigkeit aus rein formalen Gründen entfällt. Nicht anwendbar ist die Lehre vom fehlerhaften TV dagegen, wenn der TV aufgrund des Unwirksamkeitsgrundes keine Richtigkeitsgewähr für sich in Anspruch nehmen kann, etwa wenn der beteiligten Gewerkschaft rechtskräftig die soziale Mächtigkeit abgesprochen wird[12].

21b Das BAG hat bisher offen gelassen, ob es sich der Lehre vom fehlerhaften TV anschließen wird. Jedenfalls im Bereich des § 9 Nr. 2 AÜG hält der 5. Senat einen Rückgriff auf dieses Institut für ungeeignet, da es dort nicht um die Rückabwicklung vollzogener TV gehe, sondern lediglich um die Rechtsfolge des Scheiterns einer vom Gesetz eröffneten Gestaltungsmöglichkeit.[13] Zu konzedieren ist, dass es sich bei für den ArbN ungünstigen TV um einen Sonderfall handelt. Gleichwohl birgt auch die rückwirkende Anwendung des Equal-pay-Grundsatzes erhebliche praktische Schwierigkeiten, da sich zuverlässige Informationen über die jeweils vergleichbaren Arbeitsbedingungen im Entleiherbetrieb zu jedem einzelnen Überlassungsvorgang im Nachhinein kaum zuverlässig ermitteln lassen werden[14].

22 **2. Beendigung. a) Beendigungsgründe. aa) Befristung und Bedingung.** Ein TV kann für eine **bestimmte Zeit** geschlossen werden. Ein sachl. Grund für die Befristung ist nicht erforderlich[15]. Verlängerungsklauseln sind möglich. Trotz Befristung können ordentl. Kündigungsrechte vorgesehen werden, sonst bleibt nur die außerordentl. Kündigung (vgl. § 314 BGB). Zulässig ist auch der Abschluss unter einer auflösenden Bedingung. Der Bedingungseintritt muss von den Normunterworfenen aber ohne weiteres festgestellt werden können.

---

1 Dafür *Löwisch/Rieble*, § 1 Rz. 1339; ErfK/*Franzen*, § 1 TVG Rz. 26; dagegen *Gamillscheg*, Kollektives Arbeitsrecht I, S. 512; Kempen/Zachert/*Stein*, § 4 Rz. 193; Wiedemann/*Thüsing*, § 1 Rz. 327; offen gelassen bei BAG 19.10.1976 – 1 AZR 611/75, AP Nr. 6 zu § 1 TVG Form. ||2 *Löwisch/Rieble*, § 1 Rz. 1340; *Rieble*, BB 2012, 2925 (2948). ||3 Kempen/Zachert/*Stein*, § 4 Rz. 193; *Henssler*, ZfA 1994, 487 (490). ||4 Anders: Wiedemann/*Thüsing*, § 1 Rz. 327. ||5 *Löwisch/Rieble*, § 1 Rz. 1343; vgl. auch BAG 20.4.1999 – 4 AZR 354/93, AP Nr. 9 zu § 1 TVG Tarifverträge DDR (Bestätigung eines bisher unwirksamen TV). ||6 BAG 13.6.1958 – 1 AZR 591/57, AP Nr. 2 zu § 4 TVG Effektivklausel; 14.2.1957 – 2 AZR 344/54, AP Nr. 1 zu § 32 AOG Weitergeltung von Tarifverträgen als Tarifordnung. ||7 *Zöllner/Loritz/Hergenröder*, § 34 VI 3; Wiedemann/*Thüsing*, § 1 Rz. 330f. ||8 BAG 21.3.1973 – 4 AZR 225/72, AP Nr. 12 zu § 4 TVG Geltungsbereich; vgl. aber v. 6.9.1972 – 4 AZR 422/71, AP Nr. 2 zu § 4 BAT. ||9 Zustimmend LSG Schl.-Holst. 20.4.2012 – L 5 KR 9/12 B ER, NZA 2012, 861; zweifelnd HMB/*Bepler*, Teil 3 Rz. 168; aA *Rieble*, BB 2012, 2925 (2948); *Stein*, FS Kempen, 2013, S. 88. ||10 Ausf. dazu *Henssler/Höpfner/Orlowski*, Der CGZP-Beschluss des Bundesarbeitsgerichts und seine tarifrechtlichen Folgen, 2012, S. 26ff. ||11 So auch *Gamillscheg*, Kollektives Arbeitsrecht, § 16 VI 1; *Zöllner/Loritz/Hergenröder*, § 34 VI 3; auch das BAG spricht von fehlerhaften TV: BAG 22.1.2002 – 9 AZR 601/00, NZA 2002, 1041 (1043). ||12 Hierdurch werden die dahin zielenden Bedenken von *Rieble*, BB 2012, 2925 (2948) und *Stein*, FS Kempen, 2013, S. 88 (98) entkräftet. ||13 BAG 13.3.2013 – 5 AZR 954/11, NZA 2013, 680 (683); 13.3.2013 – 5 AZR 146/12, NZA 2013, 782 (784); 13.3.2013 – 5 AZR 424/12, NZA 2013, 785 (786). ||14 Vgl. näher *Henssler/Höpfner/Orlowski*, Der CGZP-Beschluss des Bundesarbeitsgerichts und seine tarifrechtlichen Folgen, 2012, S. 65ff. ||15 ErfK/*Franzen*, § 1 TVG Rz. 30.

bb) Aufhebungsvertrag. Ein TV kann durch einen Aufhebungsvertrag als actus contrarius beendet werden (zur Schriftform s. Rz. 19)[1]. Beim mehrgliedrigen TV ist zu unterscheiden, ob ein einheitl. Tarifwerk oder aber mehrere selbständige TV gewollt waren (s. Rz. 9 ff.). Ein einheitl. Tarifwerk kann nur unter Mitwirkung aller am Vertragsschluss Beteiligten aufgehoben werden. Mehrere zwar verbundene, aber rechtl. selbständige TV können dagegen auch einzeln durch die Parteien aufgehoben werden. 23

Durch **Schlichterspruch** kann ein TV nicht gegen den Willen einer Partei aufgehoben werden[2]. Ebenso wenig wird ein TV dadurch beendet, dass er seinem Inhalt nach gegenstandslos wird. 24

cc) Ordentliche Kündigung. Typischer Regelungsbestandteil von (unbefristeten) TV sind Bestimmungen über **Frist und Zeitpunkt** ordentl. Kündigungen. Fehlt eine solche Vereinbarung, so ist nach nahezu einhelliger Auffassung eine ordentl. Kündigung unbefristeter TV dennoch möglich, wie sich mittelbar aus § 314 I BGB ergibt. Analog der für BV geltenden Regel des § 77 V BetrVG soll eine Kündigungsfrist von drei Monaten gelten[3]. Einer Begründung bedarf die ordentl. Kündigung nicht. Zur Form s. Rz. 19. **Teilkündigungen** sind nur möglich, wenn die TV-Parteien dies ausdrückl. (unter Bezeichnung der entsprechenden Teile) festgelegt haben, sonst sind sie unwirksam. Ansonsten würde die Ausgewogenheit des TV gefährdet[4]. Eine Umdeutung einer Teilkündigung in eine Vollkündigung kommt nicht in Betracht[5]. 25

dd) Außerordentliche Kündigung. Jeder TV, auch ein befristeter, ist außerordentl. kündbar[6]. In Betracht kommen sowohl **Beendigungs-** als auch **Änderungskündigungen**. Das Recht zur außerordentl. Kündigung folgt auch ohne vertragl. Vereinbarung aus § 314 I BGB. Der dort geforderte **wichtige Grund** ist zu bejahen, wenn dem Kündigenden unter Berücksichtigung aller Umstände des Einzelfalles und unter Abwägung der Interessen beider Vertragsteile sowie mit Rücksicht auf die Interessen der vom TV unmittelbar oder mittelbar betroffenen Personen die Fortsetzung bis zur vereinbarten Beendigung oder bis zum Ablauf einer Kündigungsfrist nicht zugemutet werden kann[7]. Stets ist darauf zu achten, dass die Unzumutbarkeitsprüfung nicht zu einer mittelbaren Tarifzensur führt[8]. Eine unwirksame außerordentl. Kündigung kann gem. § 140 BGB in eine ordentl. umgedeutet werden[9]. 26

Die Rspr. behandelt das Kündigungsrecht ausgesprochen restriktiv. **Unzumutbarkeit** des weiteren Festhaltens am Vertrag soll nur in seltenen, krassen Ausnahmefällen in Betracht kommen, etwa bei einer schuldhaften Verschleppung der Verhandlungen[10], einer groben Verletzung der Friedens- und Durchführungspflicht[11], dem Wegfall eines Gesetzes, das für den TV die Ausgangslage gebildet hatte[12] oder dem Verlust der Tariffähigkeit (vgl. § 2 Rz. 3)[13]. Die Eröffnung des Insolvenzverfahrens genügt dagegen nicht[14]. 27

Die Bindung an einen TV kann nicht nur für eine Tarifpartei, sondern auch für deren Mitglieder unzumutbar werden. Praxisrelevant ist der Fall der nach Abschluss eingetretenen **wirtschaftl. untragbaren Belastung** durch den TV. Einzelheiten sind insoweit noch ungeklärt[15]. Unstreitig dürfte sein, dass die wirtschaftl. Situation vereinzelter Verbandsmitglieder **keine generelle** Durchbrechung der Tarifbindung rechtfertigt. Hier kann bzw. könnte allein eine vertragl. oder gesetzl. Öffnungsklausel für Härtefälle helfen. Teilweise wird bei VerbandsTV auf die wirtschaftl. Unzumutbarkeit für das **Durchschnittsunternehmen** bzw. für die Mehrzahl der Unternehmen abgestellt, wobei die Grenze der Tragbarkeit erreicht sein soll, wenn die Erfüllung der tarifvertragl. Verpflichtungen zwingend eine akute Gefahr für die Arbeitsplätze nach sich zieht[16]. Teile der Lit. lehnen es generell ab, die Unzumutbarkeit nach den ökonomischen Schwierigkeiten der Verbandsmitglieder zu bewerten. Maßgebend sei die Unzumutbarkeit der Fortführung des TV für die TV-Partei selbst, die dann in Frage stehe, wenn deren Fortbestand 28

---

1 BAG 8.9.1976 – 4 AZR 359/75, AP Nr. 5 zu § 1 TVG Form. ||2 Vgl. Wiedemann/*Wank*, § 4 Rz. 17. ||3 Dahin tendierend BAG 10.11.1982 – 4 AZR 1203/79, AP Nr. 8 zu § 1 TVG Form und 18.6.1997 – 4 AZR 710/95, AP Nr. 2 zu § 1 TVG Kündigung; *Gamillscheg*, Kollektives Arbeitsrecht I, S. 771; Kempen/Zachert/*Stein*, § 4 Rz. 178; Wiedemann/*Wank*, § 4 Rz. 24. ||4 BAG 3.12.1985 – 4 ABR 7/85 und 4 ABR 60/85, AP Nr. 1 und 2 zu § 74 BAT; 16.8.1990 – 8 AZR 439/89, AP Nr. 19 zu § 4 TVG Nachwirkung; *Gamillscheg*, Kollektives Arbeitsrecht I, S. 771; *Löwisch/Rieble*, § 1 Rz. 1385. ||5 BAG 3.5.2006 – 4 AZR 795/05, NZA 2006, 1125. ||6 Allg. Ansicht, BAG 14.11.1958 – 1 AZR 247/57, AP Nr. 4 zu § 1 TVG Friedenspflicht; 18.2.1998 – 4 AZR 363/96, AP Nr. 3 zu § 1 TVG Kündigung; 18.6.1997 – 4 AZR 710/95, AP Nr. 2 zu § 1 TVG Kündigung; *Henssler*, ZfA 1994, 487 (490); Däubler/*Deinert*, § 4 Rz. 118 ff.; Wiedemann/*Wank*, § 4 Rz. 28 ff. ||7 BAG 18.2.1998 – 4 AZR 363/96, AP Nr. 3 zu § 1 TVG Kündigung; Wiedemann/*Wank*, § 4 Rz. 29. ||8 *Henssler*, ZfA 1994, 487 (491). ||9 Vgl. BAG 18.6.1997 – 4 AZR 710/95, AP Nr. 2 zu § 1 TVG Kündigung; offen lassend für eine Kündigung mit notwendiger Auslauffrist BAG 25.4.2007 – 6 AZR 746/06, NZA 2007, 881 (884). ||10 BAG 14.11.1958 – 1 AZR 247/57, AP Nr. 4 zu § 1 TVG Friedenspflicht. ||11 BAG 14.11.1958 – 1 AZR 247/57, AP Nr. 4 zu § 1 TVG Friedenspflicht; *Däubler*, Tarifvertragsrecht, Rz. 1445; *Gamillscheg*, Kollektives Arbeitsrecht I, S. 772; *Otto*, FS Kissel, 1994, S. 787 (789). ||12 BAG 23.4.1957 – 1 AZR 477/56, AP Nr. 1 zu § 1 TVG; 5.3.1957 – 1 AZR 420/56, AP Nr. 1 zu § 1 TVG Rückwirkung; *Gamillscheg*, Kollektives Arbeitsrecht I, S. 772; aA BAG 17.12.1959 – GS 2/59, AP Nr. 21 zu § 616 BGB. ||13 Wiedemann/*Wank*, § 4 Rz. 54, 78; aA Kempen/Zachert/*Stein*, § 4 Rz. 187; offen gelassen von BAG 15.10.1986 – 4 AZR 289/85, AP Nr. 4 zu § 3 TVG. Nach hier vertretener Ansicht verliert der TV in diesem Fall ohnehin seine Wirkung, da die Tariffähigkeit eine Wirksamkeitsvoraussetzung ist. ||14 Offen gelassen von BAG 27.6.2000 – 1 ABR 31/99, AP Nr. 56 zu § 2 TVG. ||15 Offen gelassen von BAG 18.2.1998 – 4 AZR 363/96, AP Nr. 3 zu § 1 TVG Kündigung. ||16 *Buchner*, NZA 1993, 289 (298); *Henssler*, ZfA 1994, 487 (492); *Löwisch/Rieble*, § 1 Rz. 1414; s.a. *Otto*, FS Kissel, 1994, S. 787 (805).

(zB durch zahlreiche Verbandsaustritte) gefährdet werde[1]. Wieder andere billigen dem einzelnen Unternehmen bei Unzumutbarkeit ein individuelles Kündigungsrecht zu[2].

29 Da beim VerbandsTV nur die Verbände Parteien des Vertrages sind, kommt dem einzelnen Unternehmen kein Kündigungsrecht zu[3]. Das Mitglied kann aber bei **existentieller Notlage** von **seinem ArbGeb-Verband verlangen**, dass dieser mit der Gewerkschaft über nachträgliche Öffnungsklauseln verhandelt[4]. Erwägenswert erscheint es zudem, der TV-Partei das Recht zu einer personellen Teilkündigung einzuräumen iSd. Befugnis, die Geltung des TV durch Kündigung für bestimmte Mitgliedsunternehmen zu beenden[5].

30 Im Rahmen der Unzumutbarkeitsprüfung ist die **Restlaufzeit des TV** bzw. die Frist für eine ordentl. Kündigung zu berücksichtigen. Je kürzer die Zeitspanne bis zum Ablauf des TV ist, desto höher sind die Hürden für die Unzumutbarkeit. **Vorhersehbare** Fehlentwicklungen müssen außerdem grds. schon in der vertragl. Absprache berücksichtigt werden[6].

31 Die **Änderungskündigung** eines TV ist nur zu erwägen, wenn die Auslegung des Vertrages ergibt, dass der zu ändernde Teil isolierbar ist[7]. Häufig werden die einzelnen Teile des TV das Ergebnis eines Kompromisses sein, der durch die Änderungskündigung nicht aus dem Gleichgewicht gebracht werden darf.

32 Eine außerordentl. Kündigung kommt nach allg. Auffassung nur als **ultima ratio** in Betracht[8]. Die Partei, die kündigen will, muss zuvor mildere, gleich geeignete Mittel ausschöpfen. Ein im Verhältnis zur außerordentl. Kündigung des TV milderes Mittel ist insb. die TV-Anpassung. Die durch den TV unzumutbar belastete Partei muss daher zunächst die Möglichkeiten der tarifautonomen Anpassung ausschöpfen. Sie trifft, auch ohne eine im TV ausdrücklich geregelte Nachverhandlungsklausel, die Obliegenheit, mit der anderen Seite Verhandlungen zur Angleichung des TV aufzunehmen[9]. Das gilt auch für eine Gewerkschaft, die sich von einem – für den ArbN ungünstigen – FirmenTV mit einem verbandsgebundenen ArbGeb lösen möchte[10]. Ein milderes Mittel kann auch eine **Teilkündigung** sein, wenn diese im Vertrag vorgesehen ist[11]. Vor einer Kündigung durch die ArbGebSeite müssen über- und außertarifl. Löhne gekürzt werden[12].

33 Einer **Kündigung wegen Pflichtverletzung** muss regelmäßig eine Abmahnung oder eine Fristsetzung vorhergehen (vgl. § 314 II BGB)[13]. Der Kündigende ist für die Voraussetzungen der Kündigung darlegungs- und beweispflichtig. Wird als Kündigungsgrund geltend gemacht, eine **künftige wirtschaftl. Belastung** bedinge die fristlose Kündigung des TV, so muss auf Grund greifbarer, vom Kündigenden vorzutragender Tatsachen anzunehmen sein, dass die Unzumutbarkeit bei Eintritt der Belastung vorliegt[14].

34 Gem. § 314 III BGB ist die Kündigung innerhalb einer angemessenen Frist zu erklären, nachdem der Berechtigte vom Kündigungsgrund Kenntnis erlangt hat[15]. Die Angemessenheit hängt von den Umständen des Einzelfalles ab. Falls eine gründliche Prüfung, zB der wirtschaftl. Lage der Unternehmen, erforderlich ist, kann die Frist über die zwei Wochen des § 626 II BGB deutlich hinausgehen. Die Frist beginnt erst, wenn die Nachverhandlungen gescheitert sind. Zur **Nachwirkung** nach einer außerordentl. Kündigung s. § 4 Rz. 6.

35 ee) **Störung der Geschäftsgrundlage.** Ob neben oder statt einer außerordentl. Kündigung auf das in § 313 BGB geregelte Institut der Störung der Geschäftsgrundlage rekurriert werden kann, ist im Schrifttum umstritten[16]. Das BAG hat die Frage offen gelassen[17]. Nach § 313 III 2 BGB geht bei Dauerschuldverhältnissen die außerordentl. Kündigung (§ 314 BGB) nicht per se der Anpassung nach § 313 BGB vor. Vielmehr ist bei Störungen der Geschäftsgrundlage grds. § 313 BGB vorrangig anwendbar[18]. Das Recht zur außerordentl. Kündigung soll nur bei Unmöglichkeit oder Unzumutbarkeit der Vertrags-

---

1 Kempen/Zachert/*Stein*, § 4 Rz. 182; Däubler/*Deinert*, § 4 Rz. 136f. || 2 *Löwisch*, NJW 1997, 905. || 3 Vgl. BAG 26.4.2000 – 4 AZR 170/99, AP Nr. 4 zu § 1 TVG Kündigung (zur Kündigung eines TV durch einen Fachverband, dessen Spitzenverband den TV ohne Vertretungsangabe geschlossen hatte); *Löwisch/Rieble*, § 1 Rz. 1416. || 4 *Däubler*, ZTR 1996, 241 (244); *Wank*, FS Schaub, 1998, S. 761 (773). || 5 Wiedemann/*Wank*, § 4 Rz. 34; aA *Löwisch/Rieble*, § 1 Rz. 1414. || 6 ArbG Wiesbaden 5.2.1997 – 3 Ca 4347/96, AuR 1997, 121; Kempen/Zachert/*Stein*, § 4 Rz. 181. Zur parallel gelagerten Bedeutung dieses Kriteriums für das Institut der Geschäftsgrundlage *Henssler*, Risiko als Vertragsgegenstand, 1994, S. 49ff. || 7 *Löwisch/Rieble*, § 1 Rz. 1385f.; aA Wiedemann/*Wank*, § 1 Rz. 26, 40, 74. || 8 BAG 18.6.1997 – 4 AZR 710/95, AP Nr. 2 zu § 1 TVG Kündigung; 18.12.1996 – 4 AZR 129/96, AP Nr. 1 zu § 1 TVG; *Oetker*, RdA 1995, 82 (95f.); Kempen/Zachert/*Stein*, § 4 Rz. 183; Däubler/*Deinert*, § 4 Rz. 144; *Zachert*, RdA 1996, 149. || 9 BAG 18.12.1996 – 4 AZR 129/96, AP Nr. 1 zu § 1 TVG; *Löwisch/Rieble*, § 1 Rz. 1406. || 10 BAG 24.1.2001 – 4 AZR 655/99, AP Nr. 173 zu § 1 TVG Tarifverträge: Metallindustrie. || 11 JKOS/*Oetker*, § 8 Rz. 19. || 12 *Däubler*, ZTR 1996, 241. || 13 Däubler/*Deinert*, § 4 Rz. 144; Wiedemann/*Wank*, § 4 Rz. 40, 43. || 14 Vgl. BAG 18.2.1998 – 4 AZR 363/96, AP Nr. 3 zu § 1 TVG Kündigung (zu einer künftigen wirtschaftl. Belastung). || 15 Däubler/*Deinert*, § 4 Rz. 123. || 16 Dafür: *Otto*, FS Kissel, 1994, S. 787 (788ff.); *Löwisch/Rieble*, § 1 Rz. 1405ff.; dagegen: Kempen/Zachert/*Stein*, § 4 Rz. 194; Däubler/*Deinert*, § 4 Rz. 161ff.; Wiedemann/*Wank*, § 4 Rz. 65 ff; HMB/*Bepler*, Teil 3 Rz. 224. || 17 BAG 18.12.1996 – 4 AZR 129/96, AP Nr. 1 zu § 1 TVG Kündigung; 18.6.1997 – 4 AZR 710/95, AP Nr. 2 zu § 1 TVG Kündigung; 9.12.1999 – 6 AZR 299/98, AP Nr. 14 zu § 1 BAT-O. || 18 BT-Drs. 14/6040, 177; dazu MüKoBGB/*Finkenauer*, § 313 Rz. 168ff.

anpassung bestehen[1]. Inwieweit die Tatbestandsvoraussetzungen einer Geschäftsgrundlagenstörung hinter einem wichtigen Grund iSd. § 314 BGB zur Kündigung eines TV zurückbleiben, ist ebenso unklar wie die Frage, ob es sich bei § 313 III 2 BGB um eine Rechtsgrund- oder eine Rechtsfolgenverweisung handelt[2]. Auf der Rechtsfolgenseite darf es bei TV jedenfalls nicht zu einer richterlichen Vertragsanpassung kommen. Die Vorschrift ermöglicht zwar im Bereich der Privatautonomie richterliche Vertragshilfe. Ein Eingriff in die durch Art. 9 III GG geschützte Tarifautonomie lässt sich damit jedoch nicht rechtfertigen. Die grds. vorrangige Vertragsanpassung bekräftigt aber die für die kündigende Partei bestehende Obliegenheit zu Nachverhandlungen[3].

ff) Ablösung. Ein **neuer TV** zwischen den TV-Parteien ersetzt grds. einen entsprechenden alten TV in vollem Umfang[4]. Jede Durchbrechung dieses Ablösungsprinzips (lex posterior) muss im neuen TV hinreichend deutlich zum Ausdruck gebracht werden[5]. Die Regelungen des neuen TV können für die ArbN ungünstiger sein[6]. Zur rückwirkenden Ablösung s. Rz. 132 ff. **36**

gg) Auflösung einer Tarifvertragspartei. Entgegen der aktuellen Rspr. des BAG[7] wird mit der Auflösung, spätestens aber mit der Vollbeendigung einer TV-Partei auch der TV beendet[8]. Normative Wirkungen sind ab diesem Zeitpunkt nicht mehr denkbar (s. § 4 Rz. 5 ff.). **37**

hh) Insolvenzverfahren. Nicht zur Beendigung des TV soll die Eröffnung eines Insolvenzverfahrens über den ArbGebVerband führen[9]. **38**

b) Wirkung der Beendigung. Mit der Beendigung des TV enden die **schuldrechtl. Pflichten** der TV-Parteien, namentlich die Friedens- und Durchführungspflicht (dazu Rz. 63 ff.). Im TV können aber nachvertragl. Pflichten (Verhandlungspflicht, Schlichtungsabsprachen) vereinbart werden. Zudem können sich aus § 242 BGB wie bei jedem Schuldverhältnis nachvertragl. Schutz- und Rücksichtnahmepflichten ergeben (culpa post contractum finitum). Der normative Teil verliert mit der Beendigung des TV seine unmittelbare und zwingende Wirkung für die beiderseits Tarifgebundenen. Es bleibt die Nachwirkung der Tarifnormen gem. § 4 V (§ 4 Rz. 5 ff.). **39**

V. Normativ wirkender Inhalt des Tarifvertrages. 1. Allgemeines. TV können gem. Abs. 1 sowohl die Rechte und Pflichten der TV-Parteien regeln (**schuldrechtl. Teil**) als auch Inhalts-, Abschluss- und Beendigungsnormen vorsehen sowie betriebl. und betriebsverfassungsrechtl. Fragen ordnen (**normativer Teil**). Schuldrechtl. Vereinbarungen wirken lediglich zwischen den TV-Parteien. Die Tarifnormen gelten dagegen unmittelbar und zwingend für die ArbN und Unternehmen, die Mitglieder der tarifschließenden Gewerkschaft bzw. des entsprechenden ArbGebVerbandes sind (kongruente Tarifbindung) und unter den Geltungsbereich des TV fallen (§ 4 Rz. 15 ff.). **40**

2. Regelungsgegenstand des normativen Teils. Im normativen Teil eines TV können Regelungen zu **Inhalt, Abschluss** und **Beendigung** von ArbVerh getroffen sowie **betriebl. und betriebsverfassungsrechtl. Fragen** geordnet werden. Aus § 4 II folgt, dass auch Vorschriften zu gemeinsamen Einrichtungen zulässig sind. **41**

Geregelt werden nur **Arbeitsverhältnisse iSd. schuldrechtl. Beziehungen** zwischen ArbN und ArbGeb. Es gelten die allg. Begriffe (zur Definition s. Vor § 611 BGB Rz. 19 ff.). Ausgeklammert bleiben demnach die Verträge mit mitarbeitenden Unternehmern[10] und die Anstellungsverträge der Organmitglieder juristischer Personen, sofern sie nicht ausnahmsweise als ArbN zu qualifizieren sind (zum ArbN-Status von Organmitgliedern s. Vor § 611 BGB Rz. 36f.)[11]. Auch die Rechtsverhältnisse der Beamten stehen außerhalb des Tarifrechts. Zu den regelungsfähigen Schuldverhältnissen gehören Teilzeit-[12] und befristete[13] ArbVerh sowie die Zeitarbeitsverträge zwischen ArbN und Verleiher; ebenso die staatl. geförderten ArbVerh gem. §§ 88 ff. SGB III (nF) bzw. die inzwischen aufgehobenen §§ 260 ff. SGB III (aF)[14]. Auch Berufsausbildungsverhältnisse sowie Verträge mit Praktikanten und Volontären unterliegen der tarifl. Regelungsbefugnis. Ausgenommen sind solche Praktika, die als integrierter Bestandteil eines Studiums absolviert werden oder bei denen die Ausbildung auf öffentl.-rechtl. Grundlage durchgeführt wird (Schüler, Studenten, Referendare)[15]. Der TV soll auch nachvertragl. Rechtsverhältnisse regeln können[16] **42**

---

1 Vgl. BT-Drs. 14/6040, 176. ||2 Vgl. *Henssler*, ZfA 1994, 487 (494); dazu MüKoBGB/*Finkenauer*, § 313 Rz. 168 ff. ||3 *Löwisch/Rieble*, § 1 Rz. 1406. ||4 BAG 6.6.2007 – 4 AZR 382/06, AP Nr. 39 zu § 1 TVG Tarifverträge: Lufthansa; 24.10.2007 – 10 AZR 878/06, DB 2008, 247 (248); 21.10.2009 – 4 AZR 477/08, nv. ||5 BAG 30.1.1985 – 4 AZR 117/83, AP Nr. 9 zu § 1 TVG Tarifverträge: Einzelhandel. ||6 BAG 14.10.2003 – 9 AZR 678/02, AP Nr. 31 zu § 1 TVG Tarifverträge: Lufthansa; Wiedemann/*Wank*, § 4 Rz. 77. ||7 BAG 23.1.2008 – 4 AZR 312/01, NZA 2008, 771. ||8 BAG 28.5.1997 – 4 AZR 546/95, AP Nr. 26 zu § 4 TVG Nachwirkung; Wiedemann/*Oetker*, § 2 Rz. 36 ff.; *Henssler*, FS 25 Jahre ARGE Arbeitsrecht, 2006, S. 37 (39 ff.). ||9 BAG 27.6.2000 – 1 ABR 31/99, AP Nr. 56 zu § 2 TVG. ||10 BAG 28.11.1990 – 4 AZR 198/90, AP Nr. 137 zu § 1 TVG Tarifverträge: Bau. ||11 *Henssler*, RdA 1992, 289. ||12 BAG 18.12.1963 – 4 AZR 89/63, AP Nr. 1 zu § 1 TVG Tarifverträge: Lederindustrie; 12.11.1969 – 4 AZR 523/68, AP Nr. 1 zu § 1 TVG Teilzeitbeschäftigung. ||13 Wiedemann/*Thüsing*, § 1 Rz. 390. ||14 Vgl. BAG 26.4.1995 – 7 AZR 936/94, AP Nr. 4 zu § 91 AFG. ||15 BAG 19.6.1974 – 4 AZR 436/73, AP Nr. 3 zu § 3 BAT; vgl. auch BAG 3.9.1998 – 8 AZR 14/97, nv. ||16 *Biedenkopf*, Tarifautonomie, 1964, S. 234; *Löwisch/Rieble*, § 1 Rz. 142; *Reichel/Koberski/Ansey*, § 1 Rz. 333; Wiedemann/*Thüsing*, § 1 Rz. 399 f.; offen gelassen von BAG 10.10.1989 – 3 AZR 200/88, AP Nr. 3 zu § 1 TVG Vorruhestand; bejaht wird dies von der Rspr. aber für den Vorruhestand: BAG 10.10.1989 – 3 AZR 200/88, AP Nr. 3 zu § 1 TVG Vorruhestand; 25.10.1994 – 9 AZR 66/91, AP Nr. 22 zu § 1 TVG Vorruhestand.

(zu sog. Tarifsozialplänen vgl. Einl. Rz. 36). Dementsprechend werden auch Betriebsrentner von der Regelungskompetenz der TV-Parteien erfasst[1]. Gleiches gilt für vorvertragl. Regelungen[2]. Vertragsverhältnisse mit arbeitnehmerähnlichen Personen werden durch § 12a einbezogen (s. dort Rz. 5ff.).

43 Seit der Anerkennung der Rechts- und Parteifähigkeit der Außen-**GbR**[3] ist es folgerichtig, solchen Gesellschaften den Status als **ArbGeb** zuzuerkennen (s. auch § 2 Rz. 24). Die ältere Rspr. des BAG[4], der zufolge nur die Gesellschafter als ArbGeb anzusehen waren, ist überholt[5]. Regelmäßig ist die Gesellschaft damit nur dann tarifgebunden, wenn sie selbst dem Verband angehört. Bei der parallel gelagerten Frage, ob für die Tarifbindung einer KG die Verbandsmitgliedschaft des Komplementärs ausreicht, stellt das BAG auf die Umstände des Einzelfalls ab[6].

44 Tarifl. geregelt werden können ausnahmsweise auch **außerhalb des Arbeitsrechts stehende Rechtsbeziehungen** zwischen ArbGeb und ArbN, wenn sie ihre Grundlage im ArbVerh haben. Voraussetzung ist, dass das Rechtsverhältnis ohne das ArbVerh überhaupt nicht oder nicht zu den vereinbarten Konditionen zustande gekommen wäre, so zB bei Werksmietwohnungen[7], Mitarbeiterdarlehen[8] und Jahreswagen[9], uU auch bei gesellschaftsrechtl. Beteiligungen[10].

45 **3. Inhaltsnormen.** Inhaltsnormen sind alle Bestimmungen, die nach dem Willen der TV-Parteien den **Inhalt von Arbeitsverhältnissen** iSd. Arbeitsrechts regeln. Regelungsgegenstand ist das gesamte aus Haupt-, Nebenleistungs- und Schutzpflichten bestehende arbeitsvertragl. Synallagma. Dazu gehören Vereinbarungen zur Art der Arbeit, zur Arbeitszeit (Dauer, Lage, Mehr- und Kurzarbeit, Mindestarbeitszeit bei Teilzeitbeschäftigten), zum Entgelt (Höhe, Eingruppierung in das Entgeltsystem, Zuschläge für Nacht-, Sonn- und Feiertagsarbeit, Sonderzahlungen wie zB Urlaubsgeld und Sonderzuwendungen wie Gratifikationen) sowie zum Urlaub. Regelmäßige Bestandteile von TV sind ferner Normen über Aufwendungsersatz, Auslösungen und Fahrtkosten sowie Regelungen der Leistungsstörungen auf ArbN- und ArbGebSeite (Unmöglichkeit, Verzug, Schlechtleistung), Modifikationen des § 615 BGB (Betriebsrisiko) und Wettbewerbsverbote. Gesetzl. Schuldverhältnisse können geregelt werden, soweit sie in engem Zusammenhang mit dem ArbVerh stehen[11].

46 **Unzulässig** sind Vorschriften zur Regelung der dinglichen Rechtslage oder zu sachenrechtl. Ansprüchen[12] sowie Vorgaben zur Unternehmenspolitik. TV dürfen den Unternehmen nicht vorschreiben, bestimmte Aufträge zu übernehmen oder abzulehnen. Bereits entstandene Ansprüche fallen dem BAG zufolge ebenfalls nicht in die Zuständigkeit der TV-Parteien, da sie sich bereits von dem ArbVerh gelöst haben[13].

47 **4. Abschlussnormen.** Abschlussnormen sind Vorschriften, die das Zustandekommen neuer, die Wiederaufnahme alter oder die Fortsetzung unterbrochener ArbVerh regeln[14]. Hierzu zählen **Abschlussgebote**, dh. die tarifvertragl. Pflicht des ArbGeb, unter bestimmten Bedingungen einen Arbeitsvertrag fortzusetzen, ihn wiederaufleben zu lassen oder neu zu begründen. Sie sind als Übernahme- oder Wiedereinstellungsklauseln üblich und zulässig[15]. Dagegen ist ein allg. Kontrahierungszwang des ArbGeb iS einer Verpflichtung, eine bestimmte Anzahl von ArbN einzustellen bzw. eine bestimmte Personalstärke zu unterhalten, in VerbandsTV ein verfassungswidriger Eingriff[16] in die unternehmerische Entscheidungsfreiheit.

48 **Abschlussverbote** verbieten den Abschluss eines Arbeitsvertrages schlechthin, nicht nur die Beschäftigung mit bestimmten Tätigkeiten oder unter bestimmten Arbeitsbedingungen. Sie können die Einstellung oder Versetzung als solche untersagen oder sich darauf beschränken, eine Wiederbeschäftigung nach Zeitablauf zu verhindern. Die Rspr. ordnet auch **Befristungsregeln** den Abschlussnormen zu[17].

49 Zu den Abschlussnormen zählen auch Bestimmungen über die **Form** und sonstige **Modalitäten** des Vertragsschlusses.

50 **5. Beendigungsnormen.** Beendigungsnormen regeln das Recht von ArbGeb und ArbN zur Beendigung des ArbVerh und die Modalitäten der Beendigung (Vorschriften zu Form, Kündigungsfristen, Auf-

---

1 BAG 11.8.2009 – 3 AZR 23/08, NZA 2010, 408. ||2 *Löwisch/Rieble*, § 1 Rz. 142. ||3 BGH 29.1.2001 – II ZR 331/00, NJW 2001, 1056. ||4 Vgl. nur BAG 6.7.1989 – 6 AZR 771/87, AP Nr. 4 zu § 705 BGB. ||5 Ebenso ErfK/*Franzen*, § 2 TVG Rz. 23. ||6 So BAG 4.5.1994 – 4 AZR 418/93, AP Nr. 1 zu § 1 TVG Tarifverträge: Elektrohandwerk – für den Fall, dass die Mitgliedschaft allein im Interesse und mit Billigung der KG erworben wurde. ||7 ErfK/*Franzen*, § 1 TVG Rz. 40. ||8 BAG 18.6.1980 – 4 AZR 463/78, AP Nr. 8 zu § 4 TVG Ausschlussfristen. ||9 Vgl. BAG 20.1.1982 – 5 AZR 755/79, AP Nr. 72 zu § 4 TVG Ausschlussfristen. ||10 *Löwisch/Rieble*, § 1 Rz. 203. ||11 BAG 26.4.1978 – 5 AZR 62/77, AP Nr. 64 zu § 4 TVG Ausschlussfristen (ungerechtfertigte Bereicherung); 10.1.1974 – 5 AZR 573/72, AP Nr. 54 zu § 4 TVG Ausschlussfristen (unerlaubte Handlung); 14.9.1994 – 5 AZR 407/93, AP Nr. 127 zu § 4 TVG Ausschlussfristen; *Löwisch/Rieble*, § 1 Rz. 206. ||12 *Löwisch/Rieble*, § 1 Rz. 210. ||13 BAG 28.9.1983 – 4 AZR 313/82, AP Nr. 9 zu § 1 TVG Rückwirkung (zum bereits entstandenen Anspruch eines Copiloten auf Beförderung zum Flugkapitän); aA BAG 14.6.1962 – 2 AZR 267/60, AP Nr. 4 zu § 1 TVG Rückwirkung. ||14 Wiedemann/*Thüsing*, § 1 Rz. 601. ||15 Für die Zulässigkeit von Einstellungsgeboten Kempen/Zachert/*Schubert/Zachert*, § 1 Rz. 78ff.; diff. *Löwisch/Rieble*, § 1 Rz. 318ff. ||16 Das BVerfG (v. 27.1.1998 – 1 BvL 15/87, NZA 1998, 470: Kleinbetriebsklausel) und das BAG (v. 24.4.1997 – 2 AZR 352/96, EzA § 2 KSchG Nr. 26) leiten aus Art. 12 GG das Recht des ArbGeb her, frei darüber zu entscheiden, mit welcher ArbN-Zahl er seinen Betrieb führen will. ||17 BAG 14.2.1990 – 7 AZR 68/89, AP Nr. 12 zu § 1 BeschFG 1985; aA *Löwisch/Rieble*, § 1 Rz. 315f. (Beendigungsnorm).

hebungsverträgen, Stellvertretung, etc.) („**Ob**" und „**Wie**"). Praktisch bedeutsam sind **Kündigungsverbote** für langjährig beschäftigte ArbN oder bestimmte Beschäftigtengruppen. In FirmenTV kann sich der ArbGeb in Form eines tarifl. „Bündnisses für Arbeit" wirksam verpflichten, für einen bestimmten Zeitraum keine betriebsbedingten Kündigungen auszusprechen[1]. Nicht erfasst ist von solchen Klauseln das auch tarifl. nicht ausschließbare Recht zur außerordentl. Kündigung[2]. Für **Beendigungsgebote** besteht in der Praxis kein Bedarf. Als geeigneter haben sich Beendigungstatbestände in Form von Befristungen oder auflösenden Bedingungen erwiesen, welche zB die Beendigung des ArbVerh bei Erreichen einer bestimmten Altersgrenze oder Eintritt der Erwerbsunfähigkeit vorsehen. Zu üblichen Beendigungsnormen s. Rz. 91 ff.

6. Betriebsnormen. Betriebsnormen regeln über das einzelne ArbVerh hinausgehend das „**betriebl. Rechtsverhältnis**" zwischen ArbGeb und Belegschaft. ArbGeb in diesem Sinn können auch mehrere Unternehmen sein, die sich zur Führung eines gemeinsamen Betriebes zusammengeschlossen haben. Belegschaft ist die Gesamtheit aller betriebszugehörigen ArbN. Nicht dazu gehören Ruheständler, ArbN, die ihre Arbeit noch nicht angetreten haben, und entliehene ArbN. Ruht das ArbVerh, besteht die Betriebszugehörigkeit grds. fort[3]. Voraussetzung für die Einordnung einer Tarifnorm als Betriebsnorm ist stets, dass die Vorschrift nicht nur schuldrechtl. Pflichten der Arbeitsvertragsparteien regelt[4]. 51

Betriebsnormen gelten gem. § 3 II für die gesamte Belegschaft eines tarifgebundenen ArbGeb, erfassen also auch **Außenseiter**[5]. Auf Grund dieser gesetzl. angeordneten Wirkung stehen Betriebsnormen in einem vorgegebenen Spannungsverhältnis zur negativen Koalitionsfreiheit[6]. In verfassungskonformer Auslegung der §§ 1, 3 II **beschränkt** die Rspr. daher mit Recht den **sachlich-gegenständlichen Anwendungsbereich** der Betriebsnormen. Allein dann, wenn die entsprechenden Bestimmungen in der sozialen Wirklichkeit aus tatsächlichen oder rechtl. Gründen nur einheitlich gelten können[7], darf auf Betriebsnormen zurückgegriffen werden. Demnach ist zunächst zu überprüfen, ob die TV-Parteien eine Betriebsnorm und nicht lediglich eine Individualnorm schaffen wollten. In einem zweiten Schritt ist zu klären, ob die Norm notwendigerweise nur einheitlich im Betrieb gelten kann. Als **tatsächliche Gründe** für eine betriebseinheitliche Regelung sind aus dem technisch-organisatorischen Bereich zu nennen[8]: Lehrlingsskalen, qualitative Besetzungsregelungen[9], Geschäftsstellenschließungen, technische Überwachungseinrichtungen und sonstige Maßnahmen zur Ordnung des Betriebes, Torkontrollen, Rauchverbote, Kleiderordnungen, etc. Auch Kurzarbeitsklauseln sind hier zu verorten (str.; dazu Rz. 124). Bei Sozialeinrichtungen wird schon die **wirtschaftliche** Vernunft für eine einheitliche Regelung sprechen, zudem wären getrennte Einrichtungen für Gewerkschaftsmitglieder und Außenseiter dem Diskriminierungsverdacht ausgesetzt. Folgt bereits aus **rechtl. Gründen** die Notwendigkeit einer betriebseinheitlichen Regelung (zB bei Auswahlrichtlinien für die soziale Auswahl oder für Ansprüche aus einem Sozialplan gem. § 112 BetrVG), so kommt es auf den Willen der Tarifpartner, die Regelung als Inhalts- oder Betriebsnorm zu verabschieden, nicht mehr an. S. ferner § 3 Rz. 36. 52

7. Betriebsverfassungsrechtliche Normen. Regelungsgegenstand der betriebsverfassungsrechtl. Normen sind **Einrichtung und Organisation der Betriebsvertretung** sowie deren Befugnisse und Rechte[10]. Da das BetrVG einen fein austarierten gesetzl. Kompromiss zwischen ArbN- und ArbGebBelangen vorsieht, sind tarifl. Eingriffe in dieses Gesamtkonzept nicht unbedenklich. Nur betriebsspezifische Besonderheiten werden eine Abweichung von dem gesetzl. Regelungskonzept rechtfertigen, so dass in erster Linie FirmenTV in Betracht kommen. Sofern das BetrVG keine Änderungsmöglichkeiten durch TV vorsieht (§§ 3, 38, 47, 55, 72, 117 BetrVG), ist eine Umgestaltung der gesetzl. festgelegten **Organisation der Betriebsverfassung** und der für sie geltenden demokratischen Regeln unzulässig[11]. Mit der Neufassung des § 3 BetrVG sind die Möglichkeiten, zusätzliche ArbN-Vertretungen oder spezifische Betriebseinheiten zu schaffen, erweitert worden[12]. Ein legitimer Bedarf für tarifl. Regelungen kann sich außerdem bei betriebsratsähnlichen Einrichtungen in Betrieben mit deutschen ArbN im Ausland ergeben. 53

In **materieller Hinsicht** kommt lediglich eine **Erweiterung und Verstärkung** der Beteiligung des BR in sozialen, personellen und wirtschaftl. Angelegenheiten in Betracht. Dazu können Beteiligungsrechte zu MitbestR aufgewertet sowie zusätzl. Tatbestände in die §§ 9 II, 87 I, 106 III, 111 S. 2 BetrVG aufgenommen werden. Eine Einschränkung der MitbestR des BR ist unzulässig[13]. Eine Normsetzungsbefugnis besteht nur für die Betriebs-, nicht dagegen für die Unternehmensverfassung[14]. Ebenso wie Betriebsnormen können auch betriebsverfassungsrechtl. Normen nur betriebseinheitlich ergehen. § 3 II ordnet 54

---

1 BAG 27.9.2001 – 6 AZR 404/00, EzA § 1 TVG Nr. 44. || 2 MüKoBGB/*Henssler*, § 626 Rz. 48, 53 mwN. || 3 BAG 29.3.1974 – 1 ABR 27/73, AP Nr. 2 zu § 19 BetrVG 1972. || 4 BAG 1.8.2001 – 4 AZR 388/99, Nr. 5 zu § 3 TVG Betriebsnormen. || 5 Dazu *Wiedemann*, RdA 2007, 65 (67 f.). || 6 Vgl. zur Problematik *Reuter*, FS Birk, 2008, S. 717 (732 ff.). || 7 BAG 26.4.1990 – 1 ABR 84/87, AP Nr. 57 zu Art. 9 GG zu qualitativen Besetzungsregeln; 27.4.1988 – 7 AZR 593/87, AP Nr. 4 zu § 1 BeschFG 1985; LAG BW 27.4.1999 – 10 Sa 82/98, nv. zur Verkürzung der regelmäßigen Wochenarbeitszeit. || 8 S.a. die Übersicht bei JKOS/*Krause*, § 4 Rz. 51 ff. || 9 BAG 26.4.1990 – 1 ABR 84/87, AP Nr. 57 zu Art. 9 GG. || 10 ErfK/*Franzen*, § 1 TVG Rz. 48. || 11 Wiedemann/*Thüsing*, § 1 Rz. 763. || 12 Zu Einzelheiten *Giesen*, BB 2002, 1480; *Hanau*, NJW 2001, 2513; *Schaub*, ZTR 2001, 437; *Leßmann/Liersch*, DStR 2001, 1302; *Löwisch*, BB 2001, 1734. || 13 BAG 10.2.1988 – 1 ABR 70/86, AP Nr. 53 zu § 99 BetrVG 1972; 18.8.1987 – 1 ABR 30/86, AP Nr. 23 zu § 77 BetrVG 1972. || 14 Wiedemann/*Thüsing*, § 1 Rz. 760.

daher bei tarifgebundenen ArbGeb eine Erstreckung der normativen Wirkung auf die Außenseiter an. Im Einzelnen § 3 Rz. 34 ff.

55 **8. Normen für gemeinsame Einrichtungen.** In TV können auch Normen für gemeinsame Einrichtungen aufgenommen werden, dh. **Regeln über die Errichtung, Erhaltung und Benutzung** solcher Einrichtungen sowie der Rechte und Pflichten der ArbGeb und der ArbN ggü. der Einrichtung. Gem. § 4 II gelten solche Normen nicht nur für die nach § 3 I beiderseitig Tarifgebundenen, sondern auch im Verhältnis zwischen gemeinsamer Einrichtung und ArbGeb bzw. ArbN. Einseitige Tarifbindung genügt – nach allerdings bestrittener Auffassung – nicht (dazu § 4 Rz. 27)[1]. Das Problem stellt sich in der Praxis kaum, da die meisten TV über gemeinsame Einrichtungen für allgemeinverbindlich erklärt wurden und daher alle ArbGeb und ArbN im Geltungsbereich des TV erfassen. Zu Einzelheiten § 4 Rz. 25 ff.

56 **9. Tarifnormen zu Gunsten Dritter.** Tarifnormen können Rechte zu Gunsten Dritter schaffen. Praxisrelevant ist der Bereich der Alters- und Hinterbliebenenversorgung[2]. Tarifnormen zu Lasten Dritter, dh. tarifungebundener Personen, sind unzulässig.

57 **10. Prozessuale Normen.** Prozessuale Normen können die Tarifpartner grds. **nicht treffen**, da diese in § 1 nicht erwähnt werden[3]. Nach § 48 II ArbGG können die TV-Parteien jedoch in bestimmten Fällen die Zuständigkeit eines an sich örtl. nicht zuständigen Gerichts festlegen. § 101 ArbGG gestattet den TV-Parteien, in bestimmten Fällen die Arbeitsgerichtsbarkeit zu Gunsten eines Schiedsgerichts auszuschließen (zu den Problemen bei der AVE solcher Normen vgl. § 5 Rz. 10).

58 **11. Rechtsfolgen unzulässiger Regelungen.** Widersprechen TV-Normen zwingendem höherrangigem Recht, sind sie **nichtig**[4]. Entgegen der Zweifelsregel des § 139 BGB führt dies allerdings im Normalfall nicht zur Gesamtnichtigkeit des TV. Welchen Umfang die Nichtigkeit hat, hängt vielmehr davon ab, ob der TV ohne die unwirksamen Bestimmungen noch eine sinnvolle und in sich geschlossene Regelung enthält[5]. Die Unanwendbarkeit einer TV-Norm auf einen Teil des von ihr erfassten Personenkreises beeinträchtigt ihre Geltung für den Rest der tarifgebundenen Personen nicht, sofern anzunehmen ist, dass die TV-Parteien die Regelung auch allein für diesen restl. Personenkreis gewollt hätten[6]. Eine regional begrenzte Nichtigkeit ist ebenfalls denkbar. Die TV-Parteien können eine Teilnichtigkeit verhindern, indem sie im TV die Unteilbarkeit bestimmter Regelungskomplexe festlegen[7]. Entsteht durch die Nichtigkeit einer Tarifnorm eine Regelungslücke, so kann der TV unter Umständen ergänzt werden (s. Rz. 84 ff.).

59 Das höherrangige Recht kann bei Abschluss des TV bereits gelten oder erst später in Kraft treten. Auch im letztgenannten Fall sind widersprechende TV-Normen grds. nichtig. Lediglich in Ausnahmefällen steht den TV-Parteien eine Übergangszeit zur Anpassung des TV zu, etwa wenn bei Verstößen gegen den Gleichheitssatz des Art. 3 GG die sofortige Aufhebung einer Vergünstigung mit dem Vertrauensschutz der Begünstigten nicht vereinbar oder eine umfassende Gleichstellung für den ArbGeb wirtschaftl. nicht zumutbar ist[8]. Haben die Tarifpartner ihre Regelungsbefugnis überschritten, so können die unwirksamen Tarifnormen uU als schuldrechtl. Vertrag aufrechterhalten werden[9].

60 Verstößt eine Tarifnorm gegen ein **gemeinschaftsrechtl. Diskriminierungsverbot** (zB Art. 157 AEUV; s.a. Einl. Rz. 14), so gilt für die Angehörigen der benachteiligten Gruppe die günstigere Regelung („Anpassung nach oben")[10]. § 7 II AGG enthält eine ausdrückliche Regelung für Verstöße gegen das **Benachteiligungsverbot** des § 7 I AGG in Kollektivvereinbarungen, wonach solche Vereinbarungen unwirksam sind. Trotz der unklaren Formulierung kommt es auch bei einem Verstoß gegen das AGG nur zur Teilnichtigkeit der Regelung, soweit sie rechtswidrig ist[11]. In Anlehnung an die Rspr. des EuGH zu gemeinschaftsrechtl. Diskriminierungsverboten[12] wird die durch das BAG inzwischen ebenfalls im Wege einer Gleichstellung mit den nicht diskriminierten ArbN geschlossen, so dass es auch im Geltungsbereich des AGG – anders als bei bloßen Verstößen gegen den Gleichbehandlungsgrundsatz[13] – zu einer „**Anpassung nach oben**" kommt[14]. Grenzen sollten bei für den ArbGeb unzumutbaren Belastungen gelten[15]. Eine Differenzierung dahingehend, dass es zu einer Anpassung nach oben nur bei einer unzulässigen Benachteiligung kommt, bei einer unzulässigen Begüns-

---

1 *Bötticher*, Die gemeinsamen Einrichtungen der Tarifvertragsparteien, 1966, S. 79; *Löwisch/Rieble*, § 3 Rz. 219 für Inhaltsnormen; aA Kempen/Zachert/*Seifert*, § 4 Rz. 316 ff.; Däubler/Hensche/*Heuschmid*, § 1 Rz. 1055; Wiedemann/*Oetker*, § 1 Rz. 844. ‖ 2 ErfK/*Franzen*, § 1 TVG Rz. 51. ‖ 3 Vgl. BAG 18.5.1983 – 4 AZR 456/80, AP Nr. 51 zu § 1 TVG Tarifverträge: Bau. ‖ 4 Vgl. aber EuGH 7.2.1991 – Rs. C-184/89, AP Nr. 25 zu § 23a BAT bei Verstoß gegen Gemeinschaftsrecht – Nimz. ‖ 5 BAG 18.8.1971 – 4 AZR 342/70, AP Nr. 8 zu § 4 TVG Effektivklausel; 26.2.1986 – 4 AZR 535/84, AP Nr. 12 zu § 4 TVG Ordnungsprinzip. ‖ 6 BAG 26.6.1985 – 7 AZR 125/83, AP Nr. 1 zu § 1 TVG Teilnichtigkeit. ‖ 7 *Löwisch/Rieble*, § 1 Rz. 506. ‖ 8 *Löwisch/Rieble*, § 1 Rz. 841 f. ‖ 9 *Löwisch/Rieble*, § 1 Rz. 502. ‖ 10 EuGH 27.6.1990 – Rs. C-33/89, AP Nr. 21 zu Art. 119 EWG-Vertrag. ‖ 11 BT-Drs. 16/1780, 34; *Wiedemann*, NZA 2007, 950; nunmehr auch *Schleusener/Suckow/Voigt*, § 7 AGG Rz. 45. ‖ 12 Vgl. nur EuGH 7.2.1991 – Rs. C-184/89, AP Nr. 25 zu § 23a BAT – Nimz; 20.03.2003 – Rs. C-187/00, NZA 2003, 506 – Kutz-Bauer. ‖ 13 Dazu eingehend *Kaiser*, Tarifverträge und Altersdiskriminierungsschutz, 2011, S. 121 f. ‖ 14 BAG 10.11.2011 – 6 AZR 148/09, NZA 2012, 161 (163); 20.3.2012 – 9 AZR 529/10, NZA 2012, 803 (806 f.); so bereits *Wiedemann*, NZA 2007, 950 (951); *Henssler/Tillmanns*, FS Birk, 2010, S. 179 (190); zu den Problemen bei Entgeltstaffelung nach dem Alter Rz. 91b. ‖ 15 *Dornbusch/Kasprzyk*, NZA 2009, 1000 (1001).

tigung dagegen zu einer „Anpassung nach unten"[1], ist nicht durchführbar. Jede Differenzierung ist immer Benachteiligung und Begünstigung zugleich. Eine ergänzende Vertragsauslegung zur Lückenfüllung[2] sieht sich europarechtl. Bedenken ausgesetzt, soweit sie auf eine geltungserhaltende Reduktion hinausläuft, die keine abschreckende Sanktion iSv. Erwägungsgrund 35 der RL 2000/78/EG bietet[3].

VI. Der Tarifvertrag als Schuldverhältnis. 1. Die allgemeinen Rechte und Pflichten der Tarifvertragsparteien. a) Grundlagen. Gem. Abs. 1 können im TV wie in jedem vertragl. Schuldverhältnis die Rechte und Pflichten der TV-Parteien geregelt werden. **Auch ohne ausdrückl. Vereinbarung** im TV treffen die TV-Parteien die Friedenspflicht und die Durchführungspflicht (Rz. 64ff.). Darüber hinaus können vielfältige weitere Pflichten explizit vereinbart werden (Rz. 72ff.). 61

Schon im **Anbahnungsstadium** eines TV ergeben sich nach allg. Grundsätzen (vgl. §§ 311 II, 241 II BGB) Auskunfts- und Mitteilungspflichten sowie Schutz- und Rücksichtnahmepflichten, so zB wenn die Delegierten der einen Seite bei der anderen zu Gast sind. In der nachvertragl. Phase nach Beendigung der Laufzeit eines TV können ähnl. Pflichten (culpa post contractum finitum) bestehen. Außerhalb konkreter TV kann die zwischen langjährigen TV-Parteien entstehende Dauerrechtsbeziehung für gegenseitige Rechte und Pflichten sorgen[4]. Sie kann sogar Grundlage eines Verhandlungsanspruchs sein (Rz. 12). 62

Nach ihren Außenwirkungen lassen sich tarifvertragl. Pflichten in Erfüllungs-, Einwirkungs- und Garantiepflichten unterteilen: **Erfüllungspflichten** ergeben sich für die beteiligten Verbände, soweit sie selbst der Gegenseite ein bestimmtes Verhalten – etwa das Unterlassen friedensstörender Maßnahmen – schulden. **Einwirkungspflichten** verpflichten einen Verband, auf seine Mitglieder dahin gehend einzuwirken, ein bestimmtes Ziel zu erreichen. Dies gilt insb. für die Friedens- und die Durchführungspflicht. Der Verband verpflichtet sich, alle ihm zur Verfügung stehenden Mittel anzuwenden, um die Mitglieder dazu zu bringen, die Friedenspflicht zu wahren bzw. den TV anzuwenden (Einl. Rz. 10). Eine Garantie für den Erfolg übernehmen die TV-Parteien aber nur, wenn sie sich dazu im TV verpflichtet haben. Ob eine solche **Garantiepflicht** vereinbart wurde, ist durch Auslegung zu ermitteln, im Zweifel aber zu verneinen. 63

b) Friedenspflicht. Unter Friedenspflicht ist das an die TV-Parteien gerichtete Verbot zu verstehen, während der Laufzeit des TV eine Änderung der tarifl. geregelten Arbeitsbedingungen mit den **Mitteln des Arbeitskampfes** (Streik, Aussperrung, Boykott) anzudrohen oder durchzusetzen[5]. Die Friedenspflicht ist unabdingbar[6]. Bloße Verhandlungen zwischen den TV-Parteien begründen keine auf ihren Gegenstand bezogene Friedenspflicht[7]. Der Inhalt der Friedenspflicht besteht hauptsächlich in einer Pflicht der TV-Parteien zu einem Unterlassen; ihnen ist es, wenn einen Arbeitskampf anzudrohen oder zu veranstalten, die Mitglieder dazu anzuhalten oder dabei zu unterstützen. Zugleich begründet die Friedenspflicht aktive Verhaltenspflichten der TV-Parteien: Sie haben auf ihre Mitglieder einzuwirken, keine die Friedenspflicht verletzenden Arbeitskampfmaßnahmen zu ergreifen und bereits begonnene rechtswidrige Arbeitskämpfe zu beenden[8]. Die Verbände übernehmen aber grds. keine entsprechende Garantiehaftung[9]. Die Friedenspflicht trifft nur die TV-Parteien selbst, nicht deren Mitglieder. Da allerdings nur von Gewerkschaften geführte Streiks überhaupt zulässig sind, kommt es zu einer mittelbaren Erstreckung auf die einzelnen ArbN. 64

Ein Verstoß gegen die Friedenspflicht sind nach der Rspr. des BAG auch **bloße Vorbereitungshandlungen** wie der Beschluss oder die Durchführung einer Urabstimmung[10]. Warnstreiks sind erst nach Ablauf der Friedenspflicht zulässig[11]. Bei einem Unterstützungs- bzw. Sympathiestreik verletzt nach zweifelhafter Auffassung des BAG die streikende Gewerkschaft nicht die Friedenspflicht ggü. dem mit dem Unterstützungsstreik überzogenen ArbGeb; wohl aber erfasse die Rechtswidrigkeit eines gegen die Friedenspflicht verstoßenden Hauptarbeitskampfs auch den Unterstützungsstreik[12]. Während des Nachwirkungszeitraums nach § 4 V besteht – trotz evtl. fortwirkender Dauerrechtsbeziehung zwischen den Tarifpartnern – keine Friedenspflicht mehr[13]. 65

Von der Friedenspflicht unberührt bleibt das Recht, den TV unter Einhaltung der entsprechenden Voraussetzungen zu **kündigen oder einvernehmlich aufzuheben**. Die Friedenspflicht schützt nicht nur den Tarifpartner, sondern auch dessen Mitglieder. Der TV ist insoweit ein Vertrag mit Schutzwirkung 66

---

1 So aber *Bauer/Göpfert/Krieger*, § 7 AGG Rz. 29. ||2 *Hanau*, ZIP 2006, 2189 (2200); ähnlich Däubler/Bertzbach/*Brors*, § 10 AGG Rz. 62. ||3 Zum Ganzen *Kaiser*, Tarifverträge und Altersdiskriminierungsschutz, 2011, S. 206ff. ||4 *Löwisch/Rieble*, § 1 Rz. 995. ||5 BAG 8.2.1957 – 1 AZR 169/55, AP Nr. 1 zu § 1 TVG Friedenspflicht; 21.12.1982 – 1 AZR 411/80, AP Nr. 76 zu Art. 9 GG Arbeitskampf; s.a. die Übersicht bei *Melot de Beauregard*, NZA-RR 2007, 393 (394f.). ||6 ErfK/*Franzen*, § 1 TVG Rz. 84; Wiedemann/*Thüsing*, § 1 Rz 887; aA Däubler/*Reim/Ahrendt*, § 1 Rz. 1137 mwN. ||7 BAG 24.4.2007 – 1 AZR 252/06, AP Nr. 2 zu § 1 TVG Sozialplan; Schneider/Sittard, ZTR 2007, 590 (592). ||8 *Brox/Rüthers/Henssler*, Arbeitsrecht, Rz. 731. ||9 Wiedemann/*Thüsing*, § 1 Rz. 871. ||10 BAG 31.10.1958 – 1 AZR 632/57, AP Nr. 2 zu § 1 TVG Friedenspflicht; gegen eine Verallgemeinerung der Entscheidung mit bedenkenswerter Begründung Wiedemann/*Thüsing*, § 1 Rz. 878. ||11 Vgl. BAG 21.6.1988 – 1 AZR 651/86, AP Nr. 108 zu Art. 9 GG Arbeitskampf. ||12 BAG 19.6.2007 – 1 AZR 396/06, AP Nr. 173 zu Art. 9 GG Arbeitskampf. ||13 BAG 29.1.1985 – 1 AZR 179/84, AP Nr. 83 zu Art. 9 GG Arbeitskampf; 24.4.2007 – 1 AZR 252/06, AP Nr. 2 zu § 1 TVG Sozialplan.

zu Gunsten Dritter[1]. Eine am Vertragsschluss nicht beteiligte und deshalb nicht gebundene Gewerkschaft kann vom ArbGebVerband oder von einem einzelnen ArbGeb den Abschluss eines TV verlangen[2]. Nachdem der 4. Senat des BAG den Grundsatz der Tarifeinheit aufgegeben hat (s. § 4 Rz. 46 ff.)[3], können Arbeitskämpfe auch dann noch geführt werden, wenn im Betrieb bereits ein TV mit einer anderen Gewerkschaft existiert. De lege ferenda erscheint eine Regelung erstrebenswert, durch die einerseits mittels verfahrensrechtlicher Vorgaben die Tarifverhandlungen koordiniert werden und andererseits das Streikrecht kleinerer, bzw. nicht repräsentativer Gewerkschaften während der Laufzeit eines betriebsweit geltenden TV der repräsentativen Gewerkschaft maßvoll eingeschränkt wird. Die damit verbundene Einschränkung der durch Art. 9 III GG geschützten Betätigungsfreiheit wäre durch den Schutz der Funktionsfähigkeit der Tarifautonomie gerechtfertigt[4].

67 **aa) Relative Friedenspflicht.** Ohne besondere Vereinbarung besteht lediglich eine **relative Friedenspflicht**. Sie beschränkt sich auf die im TV normierten Regelungsgegenstände, hindert die Tarifparteien aber nicht, in bislang nicht geregelten Bereichen der Arbeitsbedingungen Forderungen an die Gegenseite zu stellen und diesen mit den Mitteln des Arbeitskampfes Nachdruck zu verleihen[5]. Welche Arbeitsbedingungen in dem TV bereits geregelt sind, ist nicht nach rein formalistischen Kriterien zu beurteilen. Vielmehr kommt es darauf an, über welche Regelungsgegenstände der Sache nach schon Vereinbarungen getroffen wurden. Dies ist durch Auslegung zu ermitteln[6].

68 **bb) Absolute Friedenspflicht.** Die TV-Parteien haben auf Grund der Vertragsfreiheit die Möglichkeit, eine absolute Friedenspflicht zu vereinbaren, die jegliche arbeitskampfbegleitete Forderung – also auch solche über bislang nicht geregelte Arbeitsbedingungen – während der Laufzeit des TV verbietet. Die absolute Friedenspflicht bedarf einer ausdrücklichen Vereinbarung[7]. Sie kann – etwa durch Schlichtungsabkommen – über die Laufzeit des TV hinaus verlängert werden. Denkbar ist auch eine allg. gehaltene Vereinbarung, nach der Arbeitskampfmaßnahmen etwa erst vier Wochen nach Ablauf des TV durchgeführt werden dürfen.

69 Wird die Friedenspflicht verletzt, kann sowohl positiv auf Handlung (etwa Einwirkung auf die Mitglieder) als auch negativ auf eine Unterlassung der Arbeitskampfmaßnahme **geklagt** werden[8]. Werden Dritte durch die Friedenspflicht berechtigt, können auch diese klagen[9]. Die Vollstreckung erfolgt nach §§ 888, 890 ZPO. Im Falle einer schuldhaften Verletzung entstehen **Schadensersatzansprüche** (§§ 280, 823 BGB).

70 **c) Durchführungspflicht.** Die TV-Parteien sind zur Durchführung des TV verpflichtet. Zunächst trifft sie die Pflicht, den TV selbst zu erfüllen (**Tariferfüllungspflicht**). Außerdem haben sie dafür Sorge zu tragen, dass sich ihre Verbandsmitglieder an die ihnen auferlegten tarifvertragl. Pflichten halten (**Einwirkungspflicht**)[10]. Ursprünglich war nach Ansicht des BAG einer TV-Partei die Einwirkung auf ihre Mitglieder nur zumutbar, wenn eindeutig feststeht, ob das Verhalten dem TV entspricht oder nicht. Bei zweifelhafter Rechtslage könne einer Vertragspartei nicht abverlangt werden, eine bestimmte, von ihr nicht akzeptierte Auslegung ggü. ihren Verbandsmitgliedern vertreten und durchsetzen zu müssen. In einem solchen Fall bestehe eine Einwirkungspflicht nur dann, wenn über die Tarifwidrigkeit des Verhaltens ein entsprechendes rechtskräftiges Urteil bzw. eine verbindliche Entscheidung der tariflichen Schiedsstelle vorliegt.[11] In seiner aktuellen Entscheidungspraxis gibt der 4. Senat diese restriktive Haltung zunehmend auf. Einer vorherigen rechtskräftigen Entscheidung über den Inhalt der tarifl. Verpflichtung bedürfe es jedenfalls dann nicht, wenn in dem Rechtsstreit über die Einwirkungspflicht auch über die ausdrücklich zum Streitgegenstand erhobene Auslegungsfrage entschieden wird.[12] Im Schrifttum wird gefordert, auf das Erfordernis eines gesonderten Feststellungsantrags nach § 9 gänzlich zu verzichten und stattdessen die strittige Tarifauslegung zunächst als Vorfrage im Rahmen der Einwirkungsklage zu entscheiden.[13] Andernfalls würden die TV-Parteien in ihrer freien Entscheidung, ob sie den Tarifinhalt durch einen Antrag gem. § 9 erga omnes feststellen lassen wollen, über Gebühr beeinträchtigt.[14]

Als Mittel der Einwirkung kommen Mahnungen, die Androhung und Festsetzung von Strafen und bei ganz schwerwiegenden Verstößen auch ein Verbandsausschluss in Betracht. Maßgeblich ist auf Grund

---

1 BAG 31.10.1958 – 1 AZR 632/57, AP Nr. 2 zu § 1 TVG Friedenspflicht. ||2 BAG 4.5.1955 – 1 AZR 493/54, AP Nr. 2 zu Art. 9 GG Arbeitskampf. ||3 BAG 27.1.2010 – 4 AZR 549/08, NZA 2010, 645; 23.6.2010 – 10 AS 2/10, NZA 2010, 778. ||4 Zum Arbeitskampf im tarifpluralen Betrieb vgl. *Henssler*, RdA 2010, 65. ||5 BAG 21.12.1982 – 1 AZR 411/80, AP Nr. 76 zu Art. 9 GG Arbeitskampf; 24.4.2007 – 1 AZR 252/06, AP Nr. 2 zu § 1 TVG Sozialplan. ||6 BAG 27.6.1989 – 1 AZR 404/88, AP Nr. 113 zu Art. 9 GG Arbeitskampf; 10.12.2002 – 1 AZR 96/02, AP Nr. 162 zu Art. 9 GG Arbeitskampf. ||7 BAG 21.12.1982 – 1 AZR 411/80, AP Nr. 76 zu Art. 9 GG Arbeitskampf. ||8 ErfK/*Franzen*, § 1 TVG Rz. 85. ||9 LAG Hess. 23.4.1985 – 5 SaGA 507/85, LAGE § 1 TVG Friedenspflicht Nr. 1. ||10 BAG 9.6.1982 – 4 AZR 274/81, AP Nr. 1 zu § 1 TVG Durchführungspflicht; 25.1.2006 – 4 AZR 552/04, AP Nr. 6 zu § 1 TVG Durchführungspflicht. ||11 BAG 29.4.1992 – 4 AZR 432/91, AP Nr. 3 zu § 1 TVG Durchführungspflicht; vgl. auch v. 18.2.1998 – 4 AZR 363/96, AP Nr. 3 zu § 1 TVG Kündigung. ||12 BAG 10.06.2009 – 4 AZR 77/08, ZTR 2010, 73; 17.11.2010 – 4 AZR 118/09, NZA-RR 2011, 365. ||13 *Löwisch*/*Rieble*, § 1 Rz. 1092; Kempen/Zachert/*Stein*, § 4 Rz. 271; *Däubler*/*Reim*/*Ahrendt*, § 1 Rz. 1088; Wiedemann/*Thüsing*, § 1 Rz. 933; JKOS/*Krause*, § 4 Rz. 128; *Annuß*, RdA 2000, 287 (288); *Walker*, FS Stein, S. 741 (750). ||14 *Löwisch*/*Rieble*, § 1 Rz. 1092; Däubler/*Reim*/*Ahrendt*, § 1 Rz. 1088.

der Verbandssouveränität in erster Linie die Satzung oder sonstige Ordnung des Verbandes, wobei der Verband im konkreten Fall selbst über die zu ergreifenden Sanktionen zu befinden hat[1]. Der Verband kann sich seiner Vertragspflichten allerdings nicht durch mündl. Ermahnungen oder symbolische Handlungen entledigen[2].

Da die Tarifpartei, die vor Gericht gegen ihren Vertragspartner auf Durchführung klagt, meist keine bestimmte verbandsrechtl. Maßnahme verlangen kann, hat die Rspr. zunächst nur eine **Feststellungsklage** für zulässig erachtet[3]. Mittlerweile hält sie eine Klage auf Einwirkung zur Durchführung des TV auch in der Form einer **Leistungsklage** für zulässig. Das gilt selbst dann, wenn kein bestimmtes Einwirkungsmittel benannt wird[4]. Für die Bestimmtheit des Klageantrags genügt die Bezeichnung des durch die Einwirkung zu erreichenden Ergebnisses. Der Anspruch kann im einstw. Verfügungsverfahren geltend gemacht werden (§ 935 ZPO), seine Zwangsvollstreckung erfolgt nach §§ 888, 890 ZPO. Wird die Einwirkung schuldhaft verzögert oder unmöglich, so haftet der Verband auf Schadensersatz statt der Leistung[5].

Sofern der TV keine gegenteilige Vereinbarung enthält, ist ein **herrschendes Unternehmen** nicht verpflichtet, die Umsetzung eines kraft Mitgliedschaft verbindlichen VerbandsTV bei den abhängigen Konzernunternehmen durchzusetzen[6]. Nach Abschluss eines FirmenTV darf ein Unternehmen dagegen die Konsequenzen seiner tarifl. Bindung nicht durch Ausgründung von Unternehmensteilen in ein Tochterunternehmen unterlaufen. Es muss vielmehr durch Einwirkung auf die erst nach Tarifabschluss ausgegliederten Tochterunternehmen dafür Sorge tragen, dass die firmentarifl. Arbeitsbedingungen auch dort gewährt werden[7]. IÜ greift § 613a I 2 BGB.

2. Vereinbarte Pflichten im tarifvertraglichen Schuldverhältnis. a) Rechts- und Pflichtenstellung der Parteien. Über die jedem TV immanenten gegenseitigen Pflichten wie der Friedens- und der Durchführungspflicht (dazu Rz. 64 ff.) hinaus können die Parteien weitere schuldrechtl. Regelungen treffen. In Betracht kommen neben der Vereinbarung einer absoluten Friedenspflicht Absprachen zu Schieds- oder Schlichtungsverfahren[8], Arbeitskampfregeln oder Absprachen über das Betreiben bzw. Nichtbetreiben der AVE des TV (dazu § 5 Rz. 17). Manche dieser schuldrechtl. Regelungen, zB Bestimmungen über das Inkrafttreten, eine feste Laufzeit oder die Kündigung des TV, wirken auf den normativen Teil ein. Umstritten sind sog. **Meistbegünstigungsklauseln**, die einer TV-Partei die Übernahme von (günstigeren) Tarifbedingungen ermöglichen, welche die andere in der Folge des Tarifabschlusses mit einem dritten Tarifpartner vereinbart[9]. Die Gewerkschaft soll davon abgehalten werden, mit anderen Verbänden oder einzelnen ArbGeb abweichende TV zu schließen. Die hieraus resultierende faktische Bindung der Gewerkschaft an die durch die Meistbegünstigungsklausel gesicherten Tarifbedingungen beeinträchtigt in unzulässiger Weise ihre Tarifautonomie wie auch die des nachfolgend kontrahierenden Verbandes und nimmt dem zwischen ihnen geschlossenen TV die materielle Richtigkeitsgewähr[10]. Die Verpflichtung des ArbGeb, die Mitgliedschaft in einem bestimmten Verband dauerhaft aufrechtzuerhalten, ist wegen Verstoßes gegen Art. 9 III 2 GG unwirksam[11].

Die TV-Parteien können im Rahmen der durch höherrangiges Recht gesetzten Grenzen **alles in ihrem Belieben Stehende** vereinbaren. Dabei müssen sie nicht notwendigerweise rechtl. durchsetzbare Verpflichtungen schaffen. Sie können sich auch darauf beschränken, Empfehlungen an die jeweiligen Mitglieder auszusprechen.

b) Schuldrechtliche Regelungen der Arbeitsbedingungen der Verbandsmitglieder. Wollen die Tarifpartner die **Arbeitsbedingungen** regeln, so steht ihnen neben der normativen Rechtsetzung die Möglichkeit offen, entsprechende schuldrechtl. Vereinbarungen zu treffen. Derartige Verträge werden als „Koalitionsverträge", „sonstige Kollektivverträge", „Sozialpartner-Vereinbarungen", „Außertarifliche Sozialpartner-Vereinbarungen" oder „soft agreements" bezeichnet[12]. Es handelt sich um Verträge zu Gunsten Dritter (§ 328 BGB). Mitglieder der Tarifpartner können auf diese Weise ebenso wie jeder Dritte Rechte erhalten, Pflichten zu Lasten Dritter können dagegen nach allg. zivilrechtl. Grundsätzen nicht vereinbart werden. Schuldrechtl. Regelungen der Arbeitsbedingungen liegen in erster Linie in FirmenTV nahe. In den seltenen Fällen einer Regelung per VerbandsTV haben die TV-Parteien die Pflicht, ihre Mitglieder zur Einhaltung der Verpflichtungen anzuhalten.

VII. Auslegung von Tarifverträgen. 1. Allgemeine Auslegungsgrundsätze. a) Schuldrechtlicher Teil. Hinsichtl. des schuldrechtl. Teils gelten nach hM die allg. Grundsätze für die Vertragsauslegung[13]. Das-

---

1 BAG 9.6.1982 – 4 AZR 274/81, AP Nr. 1 zu § 1 TVG Durchführungspflicht. ‖ 2 Wiedemann/*Thüsing*, § 1 Rz. 924. ‖ 3 BAG 9.6.1982 – 4 AZR 274/81, AP Nr. 1 zu § 1 TVG Durchführungspflicht. ‖ 4 BAG 29.4.1992 – 4 AZR 432/91, AP Nr. 3 zu § 1 TVG Durchführungspflicht (unter ausdrückl. Aufgabe seiner früheren Rspr.), ferner BAG 18.2.1998 – 4 AZR 363/96, AP Nr. 3 zu § 1 TVG Kündigung; Kempen/Zachert/*Stein*, § 1 TVG Rz. 271. ‖ 5 Wiedemann/*Thüsing*, § 1 Rz. 924. ‖ 6 *Henssler*, FS Schaub, 1998, S. 311 (328); Wiedemann/*Thüsing*, § 1 Rz. 927. ‖ 7 BAG 11.9.1991 – 4 AZR 71/91, AP Nr. 28 zu Internationales Privatrecht Arbeitsrecht. („Goethe-Institut"); *Henssler*, ZfA 1998, 540; aA *Heinze*, DB 1997, 2122 (2155). ‖ 8 Vgl. BAG 31.10.1958 – 6 AZR 632/57, AP Nr. 2 zu § 1 TVG Friedenspflicht. ‖ 9 Vgl. etwa die zwischen dem Bund/Vereinigung der kommunalen Arbeitgeberverbände (VKA) und ver.di/dbb tarifunion im Tarifvertrag-Meistbegünstigung v. 9.2.2005 getroffenen Vereinbarungen. ‖ 10 Vgl. *Rieble*/*Klebeck*, RdA 2006, 65. ‖ 11 BAG 26.8.2009 – 4 AZR 290/08, NJW 2010, 1017. ‖ 12 BAG 5.11.1997 – 4 AZR 872/95, AP Nr. 29 zu § 1 TVG. ‖ 13 Wiedemann/*Wank*, § 1 Rz. 984 ff. mwN.

selbe gilt für die vorgelagerte Frage, ob es sich bei einer Vereinbarung der TV-Parteien um einen TV oder eine rein schuldrechtl. wirkende Regelung handelt[1]. Gem. §§ 133, 157 BGB ist der wirkliche Wille der TV-Parteien zu erforschen. Die falsa demonstratio-Regel ist anzuwenden[2]. Handelt es sich dagegen um einen nicht tarifl. Koalitionsvertrag, der schuldrechtl. Regelungen über Arbeitsbedingungen zu Gunsten Dritter trifft, so ist er nach den Interpretationsregeln für den normativen Teil, mithin wie ein Gesetz, auszulegen. Grund hierfür ist das schutzwürdige Vertrauen der betroffenen Dritten[3].

77 **b) Normativer Teil.** Über die methodologischen Grundsätze, die zur Auslegung des normativen Teils heranzuziehen sind, herrscht bis heute Streit. Die Meinungsvielfalt folgt aus der Doppelnatur des TV. Er entsteht wie ein Vertrag, wirkt aber wie ein Gesetz. Wegen seiner Begründung durch Willenserklärungen wird im Schrifttum teilweise auch für die Tarifnormen eine Auslegung nach vertragsrechtl. Grundsätzen vertreten[4]. Die Rspr.[5] und (überwiegend ältere) Literaturstimmen[6] legen Tarifnormen dagegen objektiv aus. Im Vordringen befindet sich ein dritter Ansatz, der eine Kombination verschiedener Auslegungsmethoden befürwortet[7].

78 Im Kern dreht sich der Meinungsstreit um die Frage, inwieweit der **wahre Wille** der Tarifpartner bei Auslegung eines (mitunter schon älteren) TV beachtet werden darf. Die Antwort muss mit Blick auf die Interessen der Regelungsadressaten gefunden werden. Sind nur die Vertragsschließenden betroffen, kann auf deren Willen unbeschränkt zurückgegriffen werden. Sind dagegen Dritte Adressaten der Regelung, können deren Interessen einen Rückgriff auf den Willen der Texturheber verbieten[8]. Da den tarifgebundenen Personen der subjektive Wille der Vertragsschließenden unbekannt ist, sie sich vielmehr nur auf den fixierten Vertragstext einstellen können, darf im Interesse der Rechtssicherheit der wahre Wille der TV-Parteien nur berücksichtigt werden, soweit er seinen Niederschlag im Text oder in der Systematik des TV gefunden hat (**Andeutungstheorie**)[9]. Ist der Wille der Tarifpartner sogar eindeutig erkennbar, ist er für die Auslegung verbindlich. Eine Auslegungsregel, die im Zweifelsfall die der ArbN-Seite günstigere Auslegung vorschreibt, lässt sich dogmatisch – etwa aus § 305c II BGB – nicht begründen. Sie vernachlässigt, dass auch beim TV die Interessen paritätischer Vertragspartner zu einem Ausgleich gebracht worden sind[10].

79 Seine **Auslegungsgrundsätze** hat das BAG wie folgt zusammengefasst: „Bei der Tarifauslegung ist über den reinen Tarifwortlaut hinaus der wirkliche Wille der TV-Parteien zu berücksichtigen, wie er in den tarifl. Normen seinen Niederschlag gefunden hat. Hierzu ist auch auf den tarifl. Gesamtzusammenhang abzustellen. Für die bei Zweifeln darüber hinaus mögliche Heranziehung weiterer Auslegungskriterien (Tarifgeschichte, praktische Tarifübung und Entstehungsgeschichte des TV) gibt es keinen Zwang zu einer bestimmten Reihenfolge. Die „Auffassung der beteiligten Berufskreise" ist kein selbständiges Auslegungskriterium"[11].

80 Mit dem neueren methodologischen Schrifttum ist zu unterscheiden zwischen dem Ziel der Auslegung und den Mitteln hierfür[12]. Ziel der Auslegung auch von TV ist die Ermittlung des **Normzwecks**. Als Hilfsmittel hierfür stehen Wortlaut, Systematik und die Entstehungsgeschichte zur Verfügung. Ausgangspunkt ist der **Wortlaut**. Treffen die TV-Parteien eine Legaldefinition, so ist diese vorrangig zu beachten[13]. Bei einem Klammerzusatz kann es sich um einen bloßen Hinweis auf die Gesetzeslage handeln[14]. Gemeinsame Protokollnotizen bei Abschluss des TV können Inhalt des TV sein und abschließende Festsetzungen treffen. Denkbar ist auch eine Funktion als bloße Auslegungshilfe[15]. Die TV-Parteien können ebenso wie der Gesetzgeber die von ihnen selbst geschaffenen Normen – auch nachträglich – authentisch interpretieren, so dass die Gerichte an die entsprechende Auslegung gebunden sind[16]. Ergibt sich aus TV und Protokollnotizen kein Anhaltspunkt, ist auf die Fachsprache zurückzugreifen. Hinweise bieten vergleichbare TV und Gesetze[17] sowie die allg. fachsprachliche juristische Bedeutung. Bleibt die Auslegung weiter unklar, ist auf die umgangssprachliche Verwendung unter Zu-

---

1 BAG 14.4.2004 – 4 AZR 232/03, AP Nr. 188 zu § 1 TVG Auslegung. ‖ 2 ErfK/*Franzen*, § 1 TVG Rz. 95. ‖ 3 BAG 5.11.1997 – 4 AZR 872/95, AP Nr. 29 zu § 1 TVG; *Däubler*, Einl. TVG Rz. 536. ‖ 4 *Däubler*, Einl. TVG Rz. 499 ff.; *Däubler*, Tarifvertragsrecht, Rz. 134 ff.; Kempen/Zachert/*Brecht-Heitzmann*/*Zachert*, TVG, Grundlagen Rz. 505 ff.; *Zöllner*, RdA 1964, 443. ‖ 5 BAG 2.6.1961 – 1 AZR 573/59, AP Nr. 68 zu Art. 3 GG; 30.1.2002 – 10 AZR 441/01, ZTR 2002, 389; 29.8.2007 – 4 AZR 555/06, nv. ‖ 6 *Hueck*/*Nipperdey*, Arbeitsrecht II 1, § 18 V 3, S. 356; HMB/*Bepler*, Teil 3 Rn 132 ff. ‖ 7 *Löwisch*/*Rieble*, § 1 Rz. 1459 ff.; *Stein*, Tarifvertragsrecht, Rz. 84 ff.; Wiedemann/*Wank*, § 1 Rz. 991 ff. ‖ 8 Wiedemann/*Wank*, § 1 Rz. 991. ‖ 9 BAG 30.1.2002 – 10 AZR 441/01, ZTR 2002, 389. ‖ 10 LAG Hamm 26.6.1991 – 2 Sa 277/91, LAGE § 1 TVG Auslegung Nr. 5; Wiedemann/*Wank*, § 1 Rz. 998; *Löwisch*/*Rieble*, § 1 Rz. 1509 ff.; aA *Däubler*, Tarifvertragsrecht, Rz. 151; Kempen/Zachert/*Brecht-Heitzmann*/*Zachert*, TVG, Grundlagen Rz. 535. ‖ 11 BAG 12.9.1984 – 4 AZR 336/82, AP Nr. 135 zu § 1 TVG Auslegung; s. aber Kempen/Zachert/*Zachert*, § 1 TVG Rz. 530 ff. ‖ 12 *Rüthers*, Rechtstheorie, Rz. 725 ff.; *Larenz*/*Canaris*, Methodenlehre, S. 137, 141; *Höpfner*, Die systemkonforme Auslegung, 2008, S. 144. ‖ 13 BAG 28.4.1982 – 4 AZR 642/79, AP Nr. 39 zu § 1 TVG Tarifverträge: Bau; 19.8.1987 – 4 AZR 128/87, AP Nr. 3 zu § 1 TVG Tarifverträge: Fernverkehr. ‖ 14 BAG 10.5.1994 – 3 AZR 721/93, AP Nr. 3 zu § 1 TVG Tarifverträge: Verkehrsgewerbe; 19.11.1996 – 3 AZR 494/95, AP Nr. 147 zu § 1 TVG Metallindustrie. ‖ 15 *Däubler*, Tarifvertragsrecht, Rz. 113; *Herschel*, FS Molitor, 1962, S. 161 (186). ‖ 16 BAG 9.4.2008 – AZR 164/07, EzA § 4 TVG Gaststättengewerbe Nr. 3. ‖ 17 BAG 25.4.1979 – 4 AZR 791/77, AP Nr. 49 zu § 611 BGB Dienstordnungs-Angestellte; 23.1.1977 – 5 AZR 145/76, AP Nr. 1 zu § 1 TVG Tarifverträge: Ziegelindustrie; 5.2.1971 – 4 AZR 66/70, AP Nr. 120 zu § 1 TVG Auslegung.

hilfenahme von Grammatiken, Lexika und Wörterbüchern zurückzugreifen[1]. Ein Rückgriff auf den allg. Sprachgebrauch ist zulässig[2]. Falsa demonstratio ist unschädlich, sofern sich der übereinstimmende Wille der TV-Partner irgendwo in TV oder Protokollnotizen niederschlägt. Bei Redaktionsversehen ist auf das wirklich Gewollte abzustellen[3]. Ausnahmebestimmungen, zB Ausschlussklauseln[4], sind eng auszulegen[5], soweit dies ihrem Zweck entspricht. Zur Auslegung einer Norm als konstitutiv oder nur deklaratorisch s. Einl. Rz. 29 ff.

Unverzichtbar ist ein Blick auf den **systematischen Zusammenhang**, in den die auszulegende Tarifnorm innerhalb des vertragl. Gesamtgefüges gestellt ist[6]. Die Einordnung unter eine Überschrift[7], die örtl. Nähe zu anderen Bestimmungen, die innere Zergliederung der Norm in Absätze und Sätze sind auszuwerten. Ergänzend können Vergleiche zur Verwendung identischer oder ähnl. Begriffe und Regelungen in anderen TV zwischen denselben Tarifpartnern gezogen werden[8]; gelegentlich hilft der Vergleich mit Protokollnotizen[9]. Begriffe werden üblicherweise zwischen identischen Vertragsparteien mit derselben Bedeutung verwendet[10]. Das Ergebnis der systematischen Auslegung kann einen scheinbar eindeutigen Wortlaut korrigieren[11]. Um Verstöße gegen höherrangiges Recht zu vermeiden, sind TV wie alle Rechtsnormen gemeinschaftsrechtskonform[12], richtlinienkonform[13], verfassungskonform[14] und gesetzeskonform[15] auszulegen. Bieten sich mehrere Auslegungsmöglichkeiten, so ist die mit höherrangigem Recht vereinbare Auslegung zu wählen. 81

Der Rückgriff auf die **Entstehungsgeschichte** des TV ist zulässig und geboten, wenngleich meist wenig ergiebig. Materialien stehen nur selten zur Verfügung. Auskünfte der Parteien sind üblicherweise widersprüchlich[16]. Selbst wenn sich im Einzelfall der wahre Wille der TV-Parteien ermitteln lässt, berücksichtigt ihn das BAG nur insoweit, als er im TV seinen Niederschlag gefunden hat[17]. Weiterführende Erkenntnisse verspricht der Vergleich mit älteren TV, in denen ähnliche Begriffe und Regelungen verwendet wurden[18]. Die Bedeutung ändert sich im Regelfall nicht. Liegt gar Rspr. zu bereits verwandten Klauseln vor, werden die TV-Parteien im Zweifel keine davon abweichende Regelung treffen wollen[19]. Eine bestimmte Tarifpraxis nach Abschluss des Vertrages hat dagegen allenfalls Indizfunktion für die Auslegung[20], lässt sie doch keinen zwingenden Schluss auf die Rechtslage zu. 82

Ergänzend stellt das BAG vor allem auf **Sinn und Zweck** der tarifl. Vorschrift ab. Bei mehrdeutigem oder unverständlichem Tarifwortlaut sei davon auszugehen, dass die TV-Parteien eine „vernünftige, gerechte, zweckorientierte und praktisch brauchbare Regelung" treffen wollten. Im Zweifel sei derjenigen Auslegung der Vorzug zu geben, die diesen Anforderungen des Rechts- und Arbeitslebens am ehesten entspreche[21]. Führten alle nach den anerkannten Auslegungsregeln heranzuziehenden Gesichtspunkte zu keinem eindeutigen Ergebnis, sei der TV so zu verstehen, wie es bei einem unbefangenen Durchlesen der Regelung nahe liege[22]. Diese zT kaum über Leerformeln hinausgehenden Grundsätze eröffnen die Möglichkeit, im Einzelfall das gewünschte Ergebnis scheinbar rational argumentativ abzusichern. 83

2. Fortbildung von Tarifverträgen. Weist der TV **Lücken** auf, steht der Interpret vor der sowohl aus der Vertrags- als auch der Gesetzesauslegung bekannten Aufgabe der Lückenfüllung. Der Idealfall ist die Lückenfüllung durch die TV-Parteien, die durch einen ÄnderungsTV oder im Rahmen eines Schlichtungsverfahrens erfolgen kann. Für den schuldrechtl. Teil gelten unbestritten die Regeln der ergänzenden Vertragsauslegung. Auch für den normativen Teil überzeugt nur eine Fortbildung des TV, die sich an Vertragsgrundsätzen orientiert[23]. Die für die Gesetzesauslegung entwickelten Konzepte, die auf Wer- 84

---

1 BAG 5.3.1974 – 1 ABR 19/73, AP Nr. 1 zu § 5 BetrVG 1972; 20.4.1994 – 4 AZR 354/93, AP Nr. 9 zu § 1 TVG Tarifverträge: DDR. ‖ 2 BAG 19.9.2007 – 4 AZR 617/06, nv. ‖ 3 BAG 31.10.1990 – 4 AZR 114/90, AP Nr. 11 zu § 1 TVG Tarifverträge: Presse; 18.5.1994 – 4 AZR 412/93, AP Nr. 175 zu §§ 22, 23 BAT 1975. ‖ 4 BAG 19.11.1968 – 1 AZR 195/68, AP Nr. 39 zu § 4 TVG Ausschlussfristen; 4.9.1991 – 5 AZR 647/90, AP Nr. 113 zu § 4 TVG Ausschlussfristen; 7.2.1995 – 3 AZR 483/94, AP Nr. 54 zu § 1 TVG Tarifverträge: Einzelhandel. ‖ 5 BAG 13.1.1981 – 6 AZR 678/78, AP Nr. 2 zu § 46 BPersVG; 24.11.1988 – 6 AZR 243/87, AP Nr. 127 zu § 611 BGB Gratifikation; 25.10.1995 – 4 AZR 478/94, AP Nr. 57 zu § 1 TVG Tarifverträge: Einzelhandel. ‖ 6 BAG 28.2.1990 – 2 AZR 425/89, AP Nr. 8 zu § 1 KSchG 1969 Wartezeit; 17.4.1996 – 10 AZR 617/95, AP Nr. 18 zu §§ 22, 23 BAT Zulagen. ‖ 7 BAG 16.5.1995 – 3 AZR 627/94, AP Nr. 8 zu § 4 TVG Verdienstsicherung; 16.4.1997 – 3 AZR 28/96, AP Nr. 16 zu § 1 BetrAVG Hinterbliebenenversorgung. ‖ 8 BAG 23.2.1995 – 6 AZR 586/94, AP Nr. 38 zu § 15 BAT. ‖ 9 BAG 5.9.1995 – 3 AZR 216/95, AP Nr. 11 zu § 1 TVG Tarifverträge: Papierindustrie. ‖ 10 BAG 12.10.2004 – 3 AZR 444/03, NZA 2005, 595. ‖ 11 BAG 31.10.1990 – 4 AZR 114/90, AP Nr. 11 zu § 1 TVG Tarifverträge: Presse; 16.1.1991 – 4 AZR 341/90, AP Nr. 95 zu § 1 TVG Tarifverträge: Metallindustrie. ‖ 12 *Löwisch/Rieble*, § 1 Rz. 1496. ‖ 13 *Höpfner*, Die systemkonforme Auslegung, 2008, S. 297. ‖ 14 BAG 21.1.1987 – 4 AZR 486/86, AP Nr. 46 zu Art. 9 GG; 21.1.1987 – 4 AZR 547/86, AP Nr. 47 zu Art. 9 GG; 23.9.2010 – 6 AZR 338/09, NZA-RR 2011, 388. ‖ 15 *Däubler*, Tarifvertragsrecht, Rz. 150; *Löwisch/Rieble*, § 1 Rz. 1501ff. ‖ 16 *Wiedemann/Wank*, § 1 Rz. 1027. ‖ 17 BAG 12.9.1984 – 4 AZR 336/82, AP Nr. 135 zu § 1 TVG Auslegung. ‖ 18 Vgl. BAG 4.4.2001 – 4 AZR 180/00, AP Nr. 172 zu § 1 TVG Auslegung. ‖ 19 BAG 18.9.2001 – 9 AZR 397/00, AP Nr. 3 zu § 3 ATG. ‖ 20 BAG 31.1.1969 – 3 AZR 439/68, AP Nr. 26 zu § 1 Feiertagslohnzahlungsgesetz; 24.2.1988 – 4 AZR 640/87, AP Nr. 2 zu § 1 TVG Tarifverträge: Dachdecker. ‖ 21 BAG 9.3.1983 – 4 AZR 61/80, AP Nr. 128 zu § 1 TVG Auslegung; 25.8.1982 – 4 AZR 1072/79, AP Nr. 9 zu § 1 TVG Auslösung; 12.9.1984 – 4 AZR 336/82, AP Nr. 135 zu § 1 TVG Auslegung. ‖ 22 BAG 22.4.2010 – 6 AZR 962/08, DB 2010, 481. ‖ 23 BAG 3.11.1998 – 3 AZR 432/97, AP Nr. 41 zu § 1 BetrAVG Gleichbehandlung; 29.4.2004 – 6 AZR 101/03, NZA 2005, 57; *Wiedemann/Wank*, § 1 Rz. 1034ff.; aA *Schlachter*, FS Schaub, 1998, S. 651 (659); *Löwisch/Rieble*, § 1 Rz. 1518ff.

85 War den TV-Parteien bei Abschluss des TV die Lückenhaftigkeit ihrer Regelung **bewusst**, kommt eine richterliche Fortbildung nicht in Betracht[2]. Unbewusste Regelungslücken, insb. solche, die durch die Unwirksamkeit von Klauseln entstehen, sind dagegen unter Berücksichtigung von Treu und Glauben zu schließen[3]. Es ist darauf abzustellen, wie die TV-Parteien die betreffende Frage bei objektiver Betrachtung der wirtschaftl. und sozialen Zusammenhänge im Zeitpunkt des TV-Abschlusses voraussichtlich geregelt hätten, falls sie den nicht geregelten Fall bedacht hätten. Das setzt voraus, dass hinreichende und vor allem auch sichere Anhaltspunkte für eine solche vermutete Leistungsbestimmung durch die TV-Parteien gegeben sind oder dass nur eine ganz bestimmte Regelung billigem Ermessen entspricht[4].

86 Kommen mehrere Möglichkeiten zur Lückenschließung in Betracht, so bleibt diese dem Gericht wegen der verfassungsrechtl. Garantie der Tarifautonomie verwehrt[5]. Es muss dann den TV-Parteien überlassen bleiben, für welche Lösung sie sich entscheiden[6]. Ohnehin ist es den Parteien unbenommen, eine von ihnen missbilligte richterliche Tariffortbildung durch einen ÄnderungsTV zu ersetzen. Weist der TV gravierende Wirksamkeitsmängel auf, wäre eine Fortbildung durch die Rspr. ebenfalls ein Verstoß gegen die Tarifautonomie. Einer Fortbildung abgeneigt ist das BAG mittlerweile generell bei Regelungen über Sonderzuwendungen[7].

87 **3. Prozessrechtliche Fragen.** Ergibt sich aus dem Parteivortrag, dass tarifl. Normen für die Entscheidung erheblich sein könnten, so haben die Gerichte für Arbeitssachen den Inhalt dieser Rechtsnormen nach den Grundsätzen des § 293 ZPO zu **ermitteln**[8]. In der Revisionsinstanz kann das Gericht die Auslegung der TV-Bestimmungen voll überprüfen[9]. Bei Streitigkeiten über die Auslegung eines TV ist die Feststellungsklage zulässig.

88 **VIII. Kontrolle von Tarifverträgen.** Ob TV gegen **höherrangiges Recht** verstoßen, wird von den ArbG von Amts wegen überprüft. Eine an Zweckmäßigkeits- oder Billigkeitserwägungen ausgerichtete Kontrolle der TV ist den Gerichten verwehrt. Sie käme einer Art. 9 III GG verletzenden Tarifzensur gleich[10].

89 TV sind grds. keiner **AGB-Kontrolle** unterworfen. § 310 IV BGB nimmt TV von der Inhaltskontrolle der §§ 307 ff. BGB ausdrücklich aus, schreibt damit für das kollektive Arbeitsrecht die Bereichsausnahme vom AGB-Recht fort[11]. Gem. § 310 IV 3 BGB stehen TV außerdem Rechtsvorschriften iSv. § 307 III BGB gleich, mit der Folge, dass bei arbeitsvertragl. Bezugnahmeklauseln, die fachlich einschlägige Tarifnormen zum Inhalt des Arbeitsvertrages erheben, keine Inhaltskontrolle stattfindet. Anderenfalls käme es zu einer mittelbaren Tarifzensur (vgl. § 3 Rz. 18).

90 Bei der AGB-rechtl. Inhaltskontrolle bleibt es jedoch, wenn der Arbeitsvertrag nur auf einzelne Teile des einschlägigen Tarifwerkes verweist[12]. Die Ausklammerung der Tarifinhalte von der AGB-Kontrolle findet ihre Rechtfertigung in der erhöhten Richtigkeitsgewähr eines TV, die grds. nur für das in seiner Gesamtheit typischerweise sorgfältig austarierte Tarifgefüge gilt. Wurde indes ein in sich abgeschlossener tarifl. Regelungskomplex in Bezug genommen, so greift § 310 IV 2 BGB (§ 3 Rz. 18)[13]. Zu den Grenzen tarifl. Gestaltungsmacht s. Einl. Rz. 14ff.

91 **IX. Einzelne Tarifnormen. 1. Altersgrenzen.** Häufiger Bestandteil von RahmenTV sind Regelungen, welche die **automatische Beendigung** des ArbVerh mit dem Erreichen einer bestimmten Altersgrenze – zumeist mit dem Ablauf des Monats, in dem der ArbN das Renteneintrittsalter erreicht – vorsehen. Die Rspr. hat flexible[14], aber auch allg.[15] tarifl. Altersgrenzen von (bislang) 65 Jahren grds. für zulässig erachtet. Mit der sukzessiven Anhebung der Regelaltersgrenze auf 67 Jahre muss es zu einer entsprechenden Anpassung kommen[16]. Die Rspr. qualifiziert tarifl. Altersgrenzenregelungen als Beendigungsnormen iSv. **auflösenden Bedingungen**. Zu ihrer Rechtfertigung verlangt sie ebenso wie bei Befristungen einen

---

1 AA Wiedemann/*Wank*, § 1 Rz. 1040. ‖ 2 BAG 10.11.1982 – 4 AZR 109/80, AP Nr. 69 zu §§ 22, 23 BAT 1975; 23.9.1981 – 4 AZR 569/79, AP Nr. 19 zu § 611 BGB Lehrer, Dozenten. ‖ 3 Dazu BAG 19.5.2010 – 4 AZR 796/08, NZA 2010, 1183 (1185f.) mwN. ‖ 4 BAG 23.9.1981 – 4 AZR 569/79, AP Nr. 19 zu § 611 BGB Lehrer, Dozenten. ‖ 5 BAG 21.4.2010 – 4 AZR 750/08, NZA 2011, 175. ‖ 6 BAG 10.12.1986 – 5 AZR 517/86, AP Nr. 1 zu § 42 MTB II; LAG Thür. 24.10.1994 – 8 Sa 242/94, BB 1995, 1085; BAG 20.7.2000 – 6 AZR 64/99, ZTR 2001, 182; vgl. auch BAG 9.12.1999 – 6 AZR 299/98, AP Nr. 14 zu § 1 BAT-O. ‖ 7 BAG 16.3.1994 – 10 AZR 669/92, AP Nr. 162 zu § 611 BGB Gratifikationen; 19.4.1995 – 10 AZR 49/94, AP Nr. 173 zu § 611 BGB Gratifikationen; vgl. auch Wiedemann/*Wank*, § 1 Rz. 1046. ‖ 8 BAG 29.3.1957 – 1 AZR 208/55, AP Nr. 4 zu § 4 TVG Tarifkonkurrenz; 9.8.1995 – 6 AZR 1047/94, AP Nr. 8 zu § 293 ZPO. ‖ 9 BAG 10.10.1957 – 2 AZR 48/55, AP Nr. 12 zu § 1 TVG Auslegung; 13.6.1996 – 2 AZR 547/95, AP Nr. 21 zu § 1 TVG Tarifverträge: Lufthansa. ‖ 10 Vgl. BAG 19.12.1958 – 1 AZR 109/58, AP Nr. 3 zu § 2 TVG; 5.12.1990 – 4 AZR 285/90, AP Nr. 153 zu §§ 22, 23 BAT 1975; 23.10.1996 – 4 AZR 245/95, AP Nr. 38 zu § 23a BAT; *Schliemann*, ZTR 2000, 198. ‖ 11 Wiedemann/*Wank*, § 1 Rz. 1033. ‖ 12 BAG 6.5.2009 – 10 AZR 390/08, NZA-RR 2009, 593, 594; *Hümmerich/Holthausen*, NZA 2002, 173 (179); *Henssler*, RdA 2002, 129 (135ff.). ‖ 13 So jetzt auch BAG 6.5.2009 – 10 AZR 390/08, NZA-RR 2009, 593, 594; aA *Löwisch/Rieble*, § 3 Rz. 501f. ‖ 14 BAG 20.12.1984 – 2 AZR 3/84, AP Nr. 9 zu § 620 BGB Bedingung; 6.3.1986 – 2 AZR 262/85, AP Nr. 1 zu § 620 BGB Altersgrenze. ‖ 15 BAG 12.2.1992 – 7 AZR 100/91, AP Nr. 5 zu § 620 BGB Altersgrenze; vgl. auch BAG 20.11.1987 – 2 AZR 284/86, AP Nr. 2 zu § 620 BGB Altersgrenze; 18.6.2008 – 7 AZR 116/07, NZA 2008, 1302. ‖ 16 JKOS/*Krause*, § 1 Rz. 65.

sachl. Grund[1], wie gesetzl. durch §§ 21, 14 I 1 TzBfG bestätigt wird. Ein sachl. Grund kann im Schutz der ArbN selbst vor Überforderung liegen, ferner im Schutz der Öffentlichkeit vor Gefahren (Bsp.: Flugpersonal[2]) oder aber in der Sicherstellung eines ausgewogenen Altersaufbaus im Unternehmen. Die Verhältnismäßigkeit sei gewahrt, wenn der ArbN bei Ausscheiden ein gesetzl. Altersruhegeld beantragen könne[3].

Das **AGG** steht tarifl. Altersgrenzen nicht generell entgegen, jedoch sind seine Vorgaben bei der Auslegung des § 14 I TzBfG zu berücksichtigen. § 10 S. 3 Nr. 5 AGG erlaubt Altersgrenzen, wenn der ArbN zum Beendigungszeitpunkt Rente wegen Alters beantragen kann. Das BAG[4] und die hM in der Lit.[5] vertreten seit längerem, dass § 10 S. 3 Nr. 5 AGG als Konkretisierung der Ausnahmeregelung des Art. 6 I RL 2000/78/EG **europarechtl. zulässig** ist. Dem hat sich auch der EuGH angeschlossen und auf das Renteneintrittsalter bezogene tarifl. Altersgrenzen für mit europäischem Antidiskriminierungsrecht vereinbar erklärt, wenn sie ein legitimes Ziel verfolgen und die gewählten Mittel angemessen und erforderlich sind. Ein legitimes Ziel sieht der EuGH insb. in der Ermöglichung einer sachgerechten und berechenbaren Personal- und Nachwuchsplanung sowie einer in der Altersstruktur ausgewogenen Personalverwaltung in den Unternehmen[6]. 92

Vorgezogene tarifl. Altersgrenzen, die nicht an die Rentenbezugsberechtigung anknüpfen (dazu bereits Rz. 91), sind nach hM auch unter der Geltung des AGG nicht von vornherein unzulässig[7] insb. wenn die betreffende Tätigkeit eine besondere körperliche und geistige Leistungsfähigkeit erfordert und mit besonderer Schwierigkeit und Verantwortung verbunden ist. Allerdings stellen der EuGH und ihm folgend das BAG zunehmend strenge Anforderungen an die Rechtfertigung solcher Regelungen. So können etwa beim Kabinenpersonal in der Luftfahrt der altersbedingte Leistungsabbau oder das mit zunehmendem Alter erhöhte Risiko gesundheitlicher Ausfallerscheinungen eine Altersgrenze von 60 Jahren gem. §§ 8 I, 10 AGG nicht rechtfertigen, da bedeutende Rechtsgüter dadurch nicht gefährdet sind[8]. Eine tarifl. Altersgrenze von 60 Jahren für Piloten hat der EuGH nach einer entspr. Vorlage des BAG[9] ebenfalls für europarechtswidrig erklärt[10]. Es liege eine Ungleichbehandlung wegen des Alters vor, die nicht nach Art. 4 I der RL 2000/78/EG gerechtfertigt sei. Zwar sei die Flugsicherheit von dem in Art. 2 V der RL aufgeführten Ziel der Gewährleistung der öffentl. Sicherheit erfasst. Die tarifl. Altersgrenze sei jedoch nicht erforderlich, da sie im Widerspruch zu nationalen und internationalen gesetzl. Regelungen stünde, die Piloten bis zum 65. LJ erlauben, ihrer beruflichen Tätigkeit unter bestimmten Beschränkungen weiter nachzugehen. Aus denselben Erwägungen scheide eine Rechtfertigung der Ungleichbehandlung nach Art. 4 I der RL aus. Das Ziel der Flugsicherheit sei nicht geeignet, eine Ungleichbehandlung wegen des Alters nach Art. 6 I der RL zu rechtfertigen, da nur sozialpolitische Ziele als „legitim" iSd. Vorschrift anzuerkennen seien. Dieser engen Auslegung von Art. 6 der RL 2000/78/EG durch den EuGH hat sich das BAG jüngst angeschlossen[11]. Rechtfertigt nicht einmal der Schutz von Leib und Leben einer Vielzahl von Personen, die bei einem altersbedingten Pilotenversagen gefährdet wären, eine Altersgrenze von 60 Jahren, bleibt den TV-Parteien erkennbar kaum noch Raum für die wirksame Vereinbarung einer vorgezogenen tarifl. Altersgrenze. Individualvertragl. Vereinbarungen, die dem ArbN die Möglichkeit einer längeren Lebensarbeitszeit einräumen, sind gem. § 4 III (Günstigkeitsprinzip) hingegen unproblematisch zulässig[12]. § 41 SGB VI greift nach heute überwiegender Auffassung bei vorgezogenen tarifl. Altersgrenzen nicht[13]. 93

2. Anknüpfungen an das Alter. Früher waren Regelungen, die – zB iS einer **Entgeltstaffelung** – unmittelbar oder mittelbar an das Alter des ArbN anknüpften, ganz üblicher Bestandteil vieler TV. Das AGG schränkt solche Regelungen nunmehr erheblich ein. Zu einer mittelbaren Diskriminierung iSd. § 3 II AGG kann es selbst dann kommen, wenn die tarifl. Regelung nur an die Dauer der Betriebszugehörigkeit anknüpft. Nach der EuGH-Rspr. lässt sich dieses Kriterium der Betriebszugehörigkeit nur rechtfertigen, soweit hierüber tatsächl. die Berufserfahrung honoriert wird, die den ArbN befähigt, seine Arbeit besser zu verrichten[14]. Insb. bei den unteren Gehaltsgruppen dürfte der EuGH ein Abstellen auf dieses Kriterium aber missbilligen, wenn ernstliche Zweifel bestehen, ob die Betriebszugehörigkeit tatsächlich mit einer zusätzlichen Berufserfahrung einhergeht, die den ArbN für seine Tätigkeit qualifi- 94

---

1 BAG 20.12.1984 – 2 AZR 3/84, AP Nr. 9 zu § 620 BGB Bedingung; 23.2.2000 – 7 AZR 891/98, AP Nr. 1 zu § 62 MTL II. ‖ 2 BAG 21.7.2004 – 7 AZR 589/03, NZA 2004, 1352; anders aber für das Kabinenpersonal, vgl. BAG 31.7.2002 – 7 AZR 140/01, AP Nr. 14 zu § 1 TVG Tarifverträge: Luftfahrt; 23.6.2010 – 7 AZR 1021/08, NZA 2010, 1248. ‖ 3 BAG 6.3.1986 – 2 AZR 262/85, AP Nr. 1 zu § 620 BGB Altersgrenze; 20.11.1987 – 2 AZR 284/86, AP Nr. 2 zu § 620 BGB Altersgrenze. ‖ 4 BAG 18.06.2008 – 7 AZR 116/07, NZA 2008, 1302. ‖ 5 *Joussen*, ZESAR 2011, 201 (206f.); *Linsenmaier*, RdA Sonderbeil. Heft 5/2003, 22 (31); *Lingemann/Gotham*, NZA 2007, 663 (666); *Temming*, NZA 2007, 1193; HMB/*Hexel*, Teil 5 (1) Rz. 23ff.; aA *Schmidt/Senne*, RdA 2002, 80 (87); *Waltermann*, ZfA 2006, 305 (324). ‖ 6 EuGH 12.10.2010 – Rs. C-45/09, NZA 2010, 1167 – Rosenbladt. ‖ 7 BAG 17.6.2009 – 7 AZR 112/08, NZA 2009, 1355; *Lingemann/Gotham*, NZA 2007, 663 (666); *Waltermann*, ZfA 2006, 305 (313f., 323). ‖ 8 BAG 23.6.2010 – 7 AZR 1021/08, NZA 2010, 1248. ‖ 9 BAG 17.6.2009 – 7 AZR 112/08, NZA 2009, 1355. ‖ 10 EuGH 13.9.2011 – Rs. C-447/09, NZA 2011, 1039 – Prigge. ‖ 11 BAG 18.1.2012 – 7 AZR 211/09, NZA 2012, 671. ‖ 12 BAG GS v. 7.11.1989 – GS 3/85, AP Nr. 46 zu § 77 BetrVG 1972; Wiedemann/*Thüsing*, § 1 Rz. 672. ‖ 13 ErfK/*Rolfs*, § 41 SGB VI Rz. 14; Wiedemann/*Thüsing*, § 1 Rz. 653: das BAG hat in einer älteren Entscheidung dagegen die Anwendbarkeit von § 41 SGB VI auf TV bejaht (v. 11.6.1997 – 7 AZR 186/96, AP Nr. 7 zu § 41 SGB VI). ‖ 14 EuGH 3.10.2006 – Rs. C-17/05, NJW 2007, 47ff. – Cadman.

ziert. TV-Normen, welche die Entgelthöhe direkt an das Lebensalter knüpfen, sind unmittelbare Benachteiligungen iSd. §§ 7 I, 3 I AGG. Entsprechende altersabhängige Entlohnungssysteme werden im Schrifttum überwiegend als unzulässig eingestuft[1]. Dementsprechend hat der EuGH in einer jüngeren Entscheidung nach Vorlage durch das BAG[2] in der Vergütung nach Lebensaltersstufen eine nicht mit Art. 21 EU-Charta und der RL 2000/78/EG zu vereinbarende Altersdiskriminierung gesehen, die nicht gerechtfertigt werden kann[3].

Während eine pauschale Rechtfertigung von Altersstufen ausscheidet[4], können an das Alter anknüpfende Entgeltstufen ausnahmsweise zur Eingliederung Jugendlicher und zum Schutz von Personen mit Fürsorgepflichten (§ 10 S. 3 Nr. 1 AGG) zulässig sein[5]. Zudem ist an positive Maßnahmen gem. § 5 AGG zu denken[6]. Ähnliche Probleme entstehen bei **Kündigungsverboten für ältere ArbN**[7]. Zwar steht § 2 IV AGG der Anwendbarkeit des AGG bzw. der RL 2000/78/EG auf tarifl. Kündigungsverbote nicht entgegen. Die Angemessenheit von Kündigungsverboten wegen Alters ist aber zweifelhaft[8], weil sie bei der Auswahl der zu Kündigenden zu Lasten der jüngeren ArbN gehen. Als rechtfertigendes Ziel kommt nur der Schutz älterer Beschäftigter vor Arbeitsplatzverlust in Betracht.

95 **3. Annahmeverzug.** § 615 BGB ist **dispositives Recht**, kann daher durch TV abbedungen oder modifiziert werden[9]. Die Verteilung des Betriebsrisikos unterliegt auch nach der 2001 erfolgten Ergänzung des § 615 BGB um S. 3[10] weiterhin der freien Vereinbarung der TV-Parteien[11]. Gleiches gilt für das Arbeitskampfrisiko[12].

96 **4. Arbeitsentgelt.** Tarifvertragl. **Abtretungsverbote** sind wirksam[13]. Die Fälligkeit des Entgelts[14] ist ebenso zulässiger Regelungsgegenstand wie Details der bargeldlosen Entgeltzahlung, etwa der Termin, an dem das Arbeitsentgelt auf das Konto des ArbN zu überweisen ist[15]. Nettolohnvereinbarungen sind unbedenklich[16]. Ein TV kann eine eigenständige Pflicht zur Rückerstattung von Überzahlungen begründen[17]. Bereicherungsrechtl. Ansprüche mit arbeitsvertragl. Bezug können durch TV verdrängt werden (vgl. auch Rz. 45)[18]. Zur Eingruppierung s. Rz. 117ff.

97 **5. Arbeitsverhinderung.** TV können den Entgeltfortzahlungsanspruch gem. § 616 BGB aufheben, beschränken, erweitern oder sonst strukturell verändern[19]. So kann ein TV vorsehen, dass ein ArbN bei schwerer Erkrankung eines Kindes unter bestimmten Voraussetzungen bis zu vier Tage unter Lohnfortzahlung von der Arbeit freizustellen ist[20]. Ob der TV den Zahlungsanspruch abschließend regeln will[21], ist durch Auslegung zu ermitteln. Enthält er nur eine Aufzählung von Fällen der Entgeltfortzahlung, wird eine abschließende Regel im Zweifel zu verneinen sein[22].

98 **6. Ausschlussfristen/Verfallklauseln.** Tarifl. Ausschlussfristen bzw. Verfallklauseln schließen Rechte aus, wenn diese nicht binnen **bestimmter Fristen** geltend gemacht werden. Trotz ihrer ArbN-Rechte beschränkenden Funktion haben sie im Arbeitsrecht lange Tradition. Unterschieden wird zwischen ein- und zweistufigen Ausschlussfristen (zu Einzelheiten s. § 4 Rz. 72ff.).

99 Üblicherweise beschränkt sich eine Ausschlussklausel nicht auf tarifl. Rechte[23], sondern umfasst **alle beiderseitigen Ansprüche** aus dem ArbVerh. Einbezogen werden sowohl einzelvertragl. als auch normativ verankerte Rechte (vgl. § 4 Rz. 74f.)[24], dh. konkret Erfüllungsansprüche (Lohn- oder Gehaltsansprüche, Abgeltung von Überstunden, Zahlung von Zuschlägen, Entgeltfortzahlung, Abgeltung des nach lang andauernder Arbeitsunfähigkeit bestehenden Mindesturlaubs[25] usw.), tarifl. Ansprüche einschließl. der Rechte aus BV, Ansprüche aus Vertragsverletzungen (Schadensersatzansprüche, Regressansprüche usw.), Bereicherungsansprüche (Rückzahlung von Vorschüssen, Darlehen usw.), Ansprüche

---

1 *Lingemann/Gotham*, NZA 2007, 663 (666); *Rieble/Zedler*, ZfA 2006, 273 (294f.); *Löwisch*, DB 2006, 1729 (1730f.); *Däubler/Bertzbach/Brors*, § 10 AGG Rz. 56.   ‖2 Dazu das Vorabentscheidungsersuchen des BAG 20.5.2010 – 6 AZR 148/09 (A), NZA 2010, 961.   ‖3 EuGH 8.9.2011 – Rs. C-297/10, NZA 2011, 1100.   ‖4 So bereits *Henssler/Tillmanns*, FS Birk, 2010, S. 179 (182).   ‖5 *Henssler/Tillmanns*, FS Birk, 2010, S. 179; ähnlich in Bezug auf „Bedarf aus dem sozialen Umfeld" *Wiedemann/Thüsing*, NZA 2002, 1234 (1241).   ‖6 MüKoBGB/*Thüsing*, § 10 AGG Rz. 54.   ‖7 *Löwisch*, DB 2006, 1729 (1730); *Lingemann/Gotham*, NZA 2007, 663 (665).   ‖8 Weiterführend MüKoBGB/*Thüsing*, § 10 AGG Rz. 44ff.   ‖9 BAG 8.12.1982 – 4 AZR 134/80, AP Nr. 58 zu § 616 BGB.   ‖10 Dazu MüKoBGB/*Henssler*, § 615 Rz. 90.   ‖11 BAG 4.7.1958 – 1 AZR 559/57, AP Nr. 5 zu § 615 BGB Betriebsrisiko; 23.6.1994 – 6 AZR 853/93, AP Nr. 56 zu § 615 BGB.   ‖12 Vgl. BAG 22.12.1980 – 1 ABR 2/79, AP Nr. 70 zu Art. 9 GG Arbeitskampf.   ‖13 Vgl. BAG 20.12.1957 – 1 AZR 237/56, AP Nr. 1 zu § 399 BGB.   ‖14 BAG 7.11.1968 – 5 AZR 80/68, AP Nr. 38 zu § 4 TVG Ausschlussfristen; 16.5.1984 – 7 AZR 143/81, AP Nr. 85 zu § 4 TVG Ausschlussfristen.   ‖15 BAG 15.12.1976 – 4 AZR 531/75, Nr. 1 zu § 1 TVG Arbeitsentgelt; 5.3.1991 – 1 ABR 41/90, AP Nr. 11 zu § 87 BetrVG 1972 Auszahlung.   ‖16 BAG 3.4.1974 – 4 AZR 273/73, AP Nr. 2 zu § 1 TVG Tarifverträge: Metallindustrie.   ‖17 LAG Hess. 29.3.1956 – IV/V LA 548/55, AP Nr. 1 zu § 611 BGB Lohnrückzahlung.   ‖18 BAG 25.2.1993 – 6 AZR 334/91, AP Nr. 10 zu § 37 BAT.   ‖19 BAG 25.4.1960 – 1 AZR 16/58, AP Nr. 23 zu § 616 BGB; 20.6.1979 – 5 AZR 392/78, AP Nr. 51 zu § 616 BGB; MüKoBGB/*Henssler*, § 616 Rz. 66.   ‖20 BAG 20.6.1979 – 5 AZR 392/78, AP Nr. 51 zu § 616 BGB.   ‖21 BAG 25.8.1982 – 4 AZR 1147/79, AP Nr. 1 zu § 26 ArbGG 1979; 4.9.1985 – 7 AZR 249/83, AP Nr. 1 zu § 29 BMT-G II.   ‖22 BAG 20.6.1979 – 5 AZR 479/77, AP Nr. 49 zu § 616 BGB.   ‖23 So aber bei BAG 15.11.2001 – 8 AZR 95/01, AP Nr. 121 zu § 611 BGB Haftung des Arbeitnehmers.   ‖24 LAG Schl.-Holst. 23.11.1954 – 1 Sa 225/54, AP Nr. 1 zu § 4 TVG Ausschlussfristen; BAG 30.10.1962 – 3 AZR 405/61, AP Nr. 1 zu § 4 TVG Ordnungsprinzip; *Wiedemann/Wank*, § 4 Rz. 739.   ‖25 BAG 9.8.2011 – 9 AZR 365/10, NZA 2011, 1421.

aus unerlaubten Handlungen, soweit sie in engem Zusammenhang mit der Erbringung der Arbeitsleistung stehen. Bislang höchstrichterlich nicht geklärt ist die Frage, ob tarifl. Verfallfristen im Bereich der ArbN-Überlassung auch den Anspruch auf gleiches Entgelt („equal pay") erfassen[1]. Zur Wahrung des Rechtsschutzinteresses der Betroffenen sind Ausschlussklauseln **im Zweifel eng auszulegen**[2].

100 Keine Anwendung finden Verfallklauseln auf **Stammrechte** (Anspruch auf eine Betriebsrente, richtige Eingruppierung)[3]. Die Rentenzahlung selbst oder die Gehaltsnachzahlung wegen einer fehlerhaften Eingruppierung werden aber von der Klausel erfasst. Ebenfalls nicht ausgeschlossen werden Ansprüche aus dem durch §§ 129 ff. InsO begründeten Schuldverhältnis[4] und sonstige absolute Rechte (Ansprüche auf Herausgabe des Eigentums, aus Urheberrechten oder wegen Verletzung des allg. Persönlichkeitsrechts[5]), sich ständig aktualisierende Rechte (Anspruch auf Entfernung einer Abmahnung aus der Personalakte, Anspruch auf Weiterbeschäftigung) und öffentl.-rechtl. Ansprüche[6]. Fehlt – wie im Fall der CGZP – einer TV-Partei bei Abschluss des TV die Tariffähigkeit, sind nach zweifelhafter Rspr. des BAG der TV und mit ihm auch die tarifl. Verfallklausel von Anfang an unwirksam[7] (vgl. Rz. 21af.). Fehlt der arbeitsvertragl. Zusammenhang (Warenkauf[8], Wohnungsmiete[9]), ist die Ausschlussklausel nicht anwendbar. Ob bei einem ArbGebDarlehen der Rückzahlungsanspruch des ArbGeb von der Verfallklausel erfasst wird, hängt von der Formulierung der Klausel und der konkreten Ausgestaltung des Darlehensvertrags ab[10]. Zur Erstreckung auf zwingende gesetzl. Ansprüche § 4 Rz. 74.

101 Die Zulässigkeit tarifl. Ausschlussfristen wird in § 4 IV 3 vorausgesetzt (§ 4 Rz. 72 ff.). Wirksamkeitsgrenzen[11] ergeben sich aus dem Gebot der Verhältnismäßigkeit und dem Verbot willkürlicher Differenzierung. Die Rspr.[12] bejaht die **Wirksamkeit von Ausschlussfristen** für die Lohnfortzahlung[13], den Nachteilsausgleich[14], die Urlaubsabgeltung[15], den Entgeltfortzahlungsanspruch im Krankheitsfall[16] und den Zeugnisanspruch[17]. Nicht zulässig sollen dagegen Ausschlussklauseln für den Anspruch auf Abfindung gem. §§ 9, 10 KSchG[18], Ansprüche aus einer Tätigkeit als BR-Mitglied[19] sowie Versorgungsbezüge[20] sein. Tarifl. Ausschlussfristen müssen nicht zwingend beide Arbeitsvertragsparteien erfassen. Erlaubt ist es auch, nur ArbN-Ansprüche einzubeziehen[21]. Zu allg. gehaltene Ausschlussklauseln in TV sind nicht unwirksam, sondern auf das zulässige Maß zu reduzieren.

102 TV enthalten vielfach ggü. den gesetzl. Verjährungsfristen deutlich verkürzte Ausschlussfristen von wenigen Wochen bis hin zu mehreren Monaten. Einzelvertragl. Ausschlussfristen werden hinsichtl. ihrer Länge insb. nach der Einführung der AGB-Kontrolle einer strengeren Prüfung unterzogen[22]. Auf tarifl. Ausschlussfristen kann diese Rspr. nicht übertragen werden. Das BAG bewertet in seiner Rspr. im Gegenteil die typischerweise sehr kurzen tarifl. Ausschlussfristen als arbeitsrechtl. Besonderheit. Im Schrifttum wird eine Untergrenze von einem Monat angenommen[23].

103 Die Ausschlussfrist wirkt auch für den **Rechtsnachfolger**, auf den der Anspruch kraft vertragl. Vereinbarung oder kraft Gesetzes übergeht[24]. Sie **beginnt** idR mit der **Fälligkeit** des Anspruchs. Die Rspr. geht allerdings davon aus, dass Fälligkeit erst anzunehmen ist, wenn der Gläubiger die tatbestandlichen Voraussetzungen des Anspruchs kennt und er seine Forderung zumindest annähernd beziffern kann[25]. Ergeben sich Ansprüche jeweils aus einem gleichbleibenden Grundtatbestand, genügt die einmalige ordnungsgemäße Geltendmachung, so dass ausnahmsweise eine Ausschlussfrist auch in Bezug auf noch nicht entstandene Ansprüche gewahrt sein kann[26]. Versäumt eine Vertragspartei die in der Ausschlussklausel vorgesehene Frist, kann der Anspruch nicht mehr geltend gemacht oder gerichtl. durchgesetzt werden. Zu Fällen treuwidriger Berufung auf Ausschlussfristen (§ 4 Rz. 86).

---

1 Offen gelassen von BAG 13.3.2013 – 5 AZR 954/11, NZA 2013, 680; ablehnend LAG Düss. 29.8.2012 – 12 Sa 576/12, AuR 2013, 50. || 2 Wiedemann/*Wank*, § 4 Rz. 800. || 3 BAG 14.7.1965 – 4 AZR 358/64, AP Nr. 5 zu § 1 TVG Tarifverträge: BAVAV; 15.5.1975 – 3 AZR 257/74, AP Nr. 7 zu § 242 BGB Ruhegehalt VBL. || 4 BAG 19.11.2003 – 10 AZR 110/03, ZIP 2004, 229. || 5 BAG 15.5.1991 – 5 AZR 271/90, AP Nr. 23 zu § 611 BGB Beschäftigungspflicht. || 6 BSG 16.4.1985 – 12 RK 69/82, AP Nr. 91 zu § 4 TVG Ausschlussfristen. || 7 BAG 13.3.2013 – 5 AZR 954/11, NZA 2013, 680. || 8 BAG 20.1.1982 – 5 AZR 755/79, AP Nr. 72 zu § 4 TVG Ausschlussfristen. || 9 BAG 20.1.1982 – 5 AZR 755/79, AP Nr. 72 zu § 4 TVG Ausschlussfristen. || 10 BAG 21.1.2010 – 6 AZR 556/07, AP Nr. 3 zu § 61 BGB Arbeitnehmerdarlehen. || 11 Dazu Thüsing/Braun/*Mengel*/*Burg*, 5. Kap. Ausschlussklauseln Rz. 7 || 12 Übersicht bei Wiedemann/*Wank*, § 4 Rz. 760. || 13 BAG 24.5.1973 – 5 AZR 21/73, AP Nr. 52 zu § 4 TVG Ausschlussfristen; 7.12.1983 – 5 AZR 425/80, AP Nr. 84 zu § 4 TVG Ausschlussfristen. || 14 BAG 18.12.1984 – 1 AZR 176/82, AP Nr. 11 zu § 113 BetrVG 1972. || 15 BAG 9.8.2011 – 9 AZR 365/10, NZA 2011, 1421; 21.2.2012 – 9 AZR 486/10, NZA 2012, 750; zust. *Höpfner*, RdA 2013, 65 (68). || 16 BAG 16.1.2002 – 5 AZR 430/00, AP Nr. 13 zu § 3 EntgeltFG. || 17 BAG 23.2.1983 – 5 AZR 515/80, AP Nr. 10 zu § 70 BAT. || 18 BAG 13.1.1982 – 5 AZR 546/79, AP Nr. 7 zu § 9 KSchG. || 19 BAG 30.1.1973 – 1 ABR 1/73, AP Nr. 3 zu § 40 BetrVG 1972. || 20 BAG 29.3.1983 – 3 AZR 537/80, AP Nr. 11 zu § 70 BAT; Wiedemann/*Wank*, § 4 Rz. 761 mwN. || 21 BAG 4.12.1997 – 2 AZR 809/96, AP Nr. 143 zu zu § 4 VG Ausschlussfristen. || 22 BAG 25.5.2005 – 5 AZR 572/04, AP Nr. 1 zu § 310 BGB; 28.9.2005 – 5 AZR 52/05, AP Nr. 7 zu § 307 BGB. || 23 Däubler/*Zwanziger*, § 4 Rz. 1090; JKOS/*Jacobs*, § 7 Rz. 156; vgl. auch BAG 22.9.1999 – 10 AZR 839/98, AP Nr. 226 zu § 1 TVG Tarifverträge Bau (Ausschlussfrist von zwei Monaten zulässig). || 24 Vgl. BAG 24.5.1973 – 5 AZR 21/73, AP Nr. 52 zu § 4 TVG Ausschlussfristen; anders aber für Ansprüche der Hinterbliebenen eines ArbN auf Sterbegeld: BAG 4.4.2001 – 4 AZR 242/00, AP Nr. 156 zu § 4 TVG Ausschlussfristen. || 25 BAG 19.2.2004 – 6 AZR 664/02, AP Nr. 3 zu § 70 Nr. 3 BAT-O. Für eine Hemmung dagegen *Krause*, RdA 2004, 106 (107 ff.). || 26 BAG 16.1.2013 – 10 AZR 863/11, NZA 2013, 975.

104 Hat der ArbGeb in einer Abrechnung die Forderung des ArbN **vorbehaltlos ausgewiesen**, so muss diese Forderung nicht mehr zur Wahrung einer Ausschlussfrist geltend gemacht werden. Gleiches gilt für ein deklaratorisches Anerkenntnis, selbst wenn es später widerrufen wird[1]. Besonderheiten gelten im Kündigungsschutzprozess: Im Regelfall genügt die fristgerecht erhobene Kündigungsschutzklage für die fristgerechte Geltendmachung der Entgeltansprüche (zB aus Annahmeverzug, Entgeltfortzahlung). Allerdings muss die Klageschrift noch innerhalb der Ausschlussfrist zugestellt werden. § 167 ZPO gilt nicht[2]. Will der ArbN den Verfall eines Anspruchs auf Urlaubsabgeltung verhindern, reicht die Erhebung einer Kündigungsschutzklage hingegen nicht aus, da der Abgeltungsanspruch an die Beendigung des ArbVerh anknüpft und somit zum Erfolg der Kündigungsschutzklage im Widerspruch steht[3]. Zu den Anforderungen an die Wahrung einer zweistufigen Ausschlussfrist s. § 4 Rz. 83.

105 **7. Besetzungsregeln. Qualitative** Besetzungsregeln verfolgen das Ziel, **bestimmte Arbeitsplätze** für ArbN mit einer speziellen Ausbildung zu erhalten, auch wenn diese Qualifikation auf Grund technologischer Veränderungen für die nunmehr „nur noch" geforderten Tätigkeiten nicht mehr erforderl. ist (Bsp.: EDV-Arbeitsplätze für gelernte Drucker). Besetzungsregeln können den von ihnen verfolgten Zweck nur erreichen, wenn sie für alle, dh. auch für die nicht organisierten ArbN eines Betriebs gelten. Es handelt sich daher um betriebl. Normen[4] (vgl. Rz. 51 f. und § 3 Rz. 34 ff.).

106 Durch **qualitative Besetzungsregeln** wird in umfassender Weise in die Grundrechte der betroffenen Außenseiter auf freie Wahl des Arbeitsplatzes und in die Berufsfreiheit des ArbGeb (Art. 12 I GG) eingegriffen. Ein schützenswertes Interesse für den Abschluss derartiger Regelungen ist zumindest fraglich. Meist ist weder ein über die gesetzl. Regelungen hinausgehender Schutz des ArbN vor einer physischen oder psychischen Überforderung geboten, noch muss der Bedarf der Unternehmen an einem ausreichenden Potenzial an Fachkräften über Besetzungsregeln gesichert werden. Qualitative Besetzungsregeln werden trotz des mit ihnen verbundenen Eingriffs in die unternehmerische Entscheidungsfreiheit des ArbGeb überwiegend für zulässig erachtet[5]. Sachgerecht wird jedenfalls eine Besetzungsregelung sein, die den betroffenen Fachkräften das berufliche Risiko des technologischen Fortschritts teilweise abnimmt und aus sozialen Gründen einen gewissen Ausgleich schafft[6].

107 Im Gegensatz zu qualitativen Besetzungsregeln legen **quantitative Besetzungsregeln** fest, wie viele ArbN an einer bestimmten Maschine bzw. für eine bestimmte Tätigkeit mindestens zu beschäftigen sind. Im Zuge der einschneidenden technischen Entwicklung haben die ursprüngl. auf eine Absicherung berufsbezogener Standards ausgerichteten quantitativen Besetzungsvorschriften in jüngerer Zeit eine andere Qualität erhalten. Sie zielen nun in erster Linie auf den Schutz vor Arbeitslosigkeit bzw. psychischen und physischen Belastungen[7].

108 Auch quantitative Besetzungsklauseln sind nach hM **zulässig**[8]. Bedenklich erscheint die Festschreibung des Arbeitskräftebedarfs für einen bestimmten Produktionsvorgang oder eine bestimmte Dienstleistungstätigkeit, wenn der ArbGeb hierdurch zur Beschäftigung arbeitstechnisch nicht mehr erforderl. ArbN gezwungen wird. Der Eingriff in die Unternehmerfreiheit des ArbGeb aus Art. 12 I GG steht dann außer Verhältnis zu den Gemeinwohlinteressen, die mit solchen Klauseln verfolgt werden können. Das BAG betont mit Recht die gerichtl. nicht kontrollierbare Befugnis des ArbGeb, autonom die **Stärke der Belegschaft** festzusetzen, mit der das Betriebsziel erreicht werden soll[9]. Zur verfassungsrechtl. geschützten freien Unternehmerentscheidung gehört danach neben der Festsetzung der Belegschaftsstärke auch die Entscheidung darüber, wie die Arbeitskapazität über die Betriebszeiten bzw. Ladenöffnungszeiten verteilt werden soll, und ggf. auch die Vorgabe, künftig mit weniger Personal auszukommen[10].

109 **8. Betriebsverfassungsrechtliche Fragen.** Die Tarifpraxis kennt Regelungen, die **gewerkschaftl. Vertrauensleuten** und **betriebl. Mandatsträgern** besondere **Unterstützung und Vergünstigungen** gewähren. Einzelheiten der Zulässigkeit solcher Vereinbarungen sind umstritten[11]. Ein TV über gewerkschaftl. Vertrauensleute entfaltet grds. Nachwirkung, die jedoch konkludent (vgl. § 4 Rz. 5) ausgeschlossen ist, wenn die Tarifpartner für die Dauer einer längeren Kündigungsfrist eine Pflicht zu Verhandlungen über einen neuen TV vereinbart haben[12]. Freistellungsabreden unter Entgeltfortzahlung werden für zulässig gehalten[13]. TV über die Organisation der Betriebsverfassung sind innerhalb der Grenzen von § 3 BetrVG

---

1 BAG 10.10.2002 – 8 AZR 8/02, AP Nr. 169 zu § 4 TVG Ausschlussfristen. ||2 BAG 4.11.1969 – 1 AZR 141/69, AP Nr. 3 zu § 496 ZPO. ||3 BAG 21.2.2012 – 9 AZR 486/10, NZA 2012, 750. ||4 BAG 17.6.1999 – 2 AZR 456/98, AP Nr. 103 zu § 1 KSchG 1969 Betriebsbedingte Kündigung (zumindest auch Betriebsnormen). ||5 Vgl. BAG 26.4.1990 – 1 ABR 84/87, AP Nr. 57 zu Art. 9 GG; 22.1.1991 – 1 ABR 19/90, NZA 1991, 675; vgl. aber *Löwisch/Rieble*, § 1 Rz. 1832 ff. ||6 BAG 13.9.1983 – 1 ABR 69/81, AP Nr. 1 zu § 1 TVG Tarifverträge: Druckindustrie. ||7 Vertiefend Kempen/Zachert/*Schubert/Zachert*, § 1 Rz. 875 ff. ||8 BAG 26.4.1990 – 1 ABR 84/87, AP Nr. 57 zu Art. 9 GG; 2.1.1991 – 1 ABR 19/90, AP Nr. 67 zu Art. 12 GG (Verstoß weder gegen Art. 12 I GG noch gegen Art. 3 I GG); vgl. ferner Kempen/Zachert/*Zachert*, 4. Aufl., § 1 Rz. 475 ff. ||9 BAG 24.4.1997 – 2 AZR 352/96, AP Nr. 42 zu § 2 KSchG 1969; *Hillebrecht*, ZfA 1991, 107 (110). ||10 BAG 24.4.1997 – 2 AZR 352/96, AP Nr. 42 zu § 2 KSchG 1969. ||11 Dazu *Löwisch/Rieble*, § 1 Rz. 1930 ff.; *Gamillscheg*, Kollektives Arbeitsrecht, I, S. 163 ff.; MünchArbR/*v. Hoyningen-Huene*, § 294 Rz. 29–32, S. 844; offen gelassen von BAG 8.10.1997 – 4 AZR 87/96, AP Nr. 29 zu § 4 TVG Nachwirkung. ||12 BAG 8.10.1997 – 4 AZR 87/96, AP Nr. 29 zu § 4 TVG Nachwirkung. ||13 BAG 5.4.1978 – 4 AZR 640/76, AP Nr. 2 zu § 1 TVG Tarifverträge: Banken; 11.9.1985 – 4 AZR 147/85, AP Nr. 67 zu § 616 BGB; noch weiter: v. 20.4.1999 – 3 AZR 352/97, AP Nr. 28 zu § 1 TVG Tarifverträge: Rundfunk; offen gelassen von v. 8.10.1997 – 4 AZR 87/96, AP Nr. 29 zu § 4 TVG Nachwirkung; aA *Blomeyer*, DB 1977, 101; *Rieble*, RdA 1993, 140.

bzw. § 3 BPersVG zulässig. Darüber hinausgehende organisatorische Änderungen sind wegen der grds. zwingenden Natur der Organisationsvorschriften unzulässig. TV-Normen, die über § 3 BetrVG/§ 3 BPersVG hinausgehende zusätzliche oder alternative betriebsverfassungs- oder personalvertretungsrechtl. Organe schaffen, sind daher unwirksam[1]. Das Gleiche gilt für Tarifnormen, die während der Arbeitszeit Wahl-, Informations- und Werbeveranstaltungen der gewerkschaftl. Vertrauensleute vorsehen[2]. Sonderkündigungsschutz kann tarifl. gewährt werden, sofern er nicht zu Lasten der anderen – insb. nicht organisierten – ArbN in die Sozialauswahl eingreift[3]. Außerdem darf er nicht an die Zustimmung der Gewerkschaft anknüpfen und damit die betriebsverfassungsrechtl. gesicherte Sonderstellung des BR unterlaufen[4]. Die vorherige Information oder Anhörung der zuständigen Gewerkschaft bei Versetzung oder Kündigung darf dagegen tarifl. vorgeschrieben werden[5].

9. Differenzierungsklauseln. Über Differenzierungsklauseln sollen **gewerkschaftsangehörigen ArbN** zusätzliche tarifl. Leistungen gewährt werden, die den nicht oder anders organisierten ArbN verwehrt bleiben. 110

Zu unterscheiden sind einfache und qualifizierte Differenzierungsklauseln. Einfache Differenzierungsklauseln beschränken den tarifl. Anspruch auf Mitglieder der betr. Gewerkschaft. Sie verbieten aber dem ArbGeb nicht die Gewährung von Vorteilen an nicht oder anders Organisierte. Qualifizierte Differenzierungsklauseln schränken dagegen die Vertragsfreiheit des ArbGeb zusätzlich ein. In Form von Tarifausschlussklauseln sollen sie verhindern, dass die Außenseiter an tarifvertragl. Vergünstigungen partizipieren. Dem ArbGeb wird verboten, den Außenseitern tarifl. Leistungen zu gewähren. Als Spannen(sicherungs)klauseln verpflichten sie den ArbGeb, die allg. gewährten Leistungen (Entgelt, Urlaub) jeweils für die der vertragsschließenden Gewerkschaft angehörenden ArbN aufzustocken und ihnen dadurch einen bestimmten Vorsprung zu erhalten[6].

Dem GS des BAG zufolge sind sowohl einfache als auch qualifizierte Differenzierungsklauseln wegen des Eingriffs in die negative Koalitionsfreiheit **unzulässig**[7]. Gewerkschaftl. Streiks zur Durchsetzung von Differenzierungsklauseln sind rechtswidrig und verpflichten die Gewerkschaft bei schuldhaftem Verhalten zum Schadensersatz. Schon seit einer Entscheidung des 4. Senats aus dem Jahre 2007 musste zweifelhaft erscheinen, ob das BAG diese Rechtsprechungslinie fortsetzen würde[8]. In einem Grundsatzurteil aus dem Jahr 2009 hat der 4. Senat – ohne den GS anzurufen – **einfache Differenzierungsklauseln** ausdrücklich **gebilligt**[9]. Auf qualifizierte Differenzierungsklauseln lässt sich diese Rspr. nicht übertragen, da durch solche Klauseln die negative Koalitionsfreiheit der nicht organisierten ArbN und die positive Koalitionsfreiheit anders organisierter ArbN verletzt wird[10]. Für sog. **Spannensicherungsklauseln,** nach denen etwaige Kompensationsleistungen des ArbGeb an nicht organisierte ArbN jeweils zwingend und unmittelbar einen entsprechenden Zahlungsanspruch auch für Gewerkschaftsmitglieder begründen, so dass der „Vorsprung" der Gewerkschaftsmitglieder nicht ausgleichbar ist, hat der Senat eine Überschreitung der Regelungsmacht der Koalitionen festgestellt[11]. Im Schrifttum werden Differenzierungen bis zur Höhe des einfachen oder doppelten Mitgliedsbeitrages für möglich gehalten[12], was schon deshalb nicht überzeugen kann, weil der ArbGeb auf diese Weise mittelbar den Mitgliedsbeitrag finanziert. Zulässig sind tarifl. vorgesehene Zuwendungen des ArbGeb an die Gewerkschaft oder eine gewerkschaftsnahe Organisation (zB Beschäftigungs- und Qualifizierungsgesellschaft), auch wenn sie mittelbar allein den Mitgliedern zugutekommen[13]. 111

10. Effektivlohnklauseln. Bei Abschluss eines neuen TV wird von Gewerkschaftsseite häufig Wert auf ein **„Durchschlagen" der Tariflohnerhöhung** auf die arbeitsvertragl. vereinbarte übertarifl. Entlohnung gelegt. Einzelvertragl. ist dem ArbGeb die Vereinbarung einer Anrechnung grds. möglich[14]. Über Effektivlohnklauseln in TV soll ein „Aufsaugen" der bisherigen übertarifl. Vergütung durch die Tariflohnerhöhung verhindert werden. Der effektiv gezahlte Lohn soll um die Differenz zwischen dem bisherigen und dem neuen Tariflohn aufgestockt werden (Effektivklausel)[15]. 112

Ist die Klausel in dem Sinne zu verstehen, dass zusätzlich zum erhöhten Tariflohn auch der bisher gezahlte übertarifl. Lohnbestandteil zum tarifl. Mindestlohn erklärt wird (Effektivlohn = Tariflohn), 113

---

1 Ausführl. Däubler/Hensche/Heuschmid, § 1 Rz. 904 ff. ||2 Wiedemann, TVG, Einl. Rz. 435. ||3 Vgl. Löwisch/Rieble, § 1 Rz. 1971 ff. ||4 Wiedemann, TVG, Einl. Rz. 436; aA ArbG Kassel 5.8.1976 – 1 Ca 217/76, DB 1976, 1675. ||5 Wiedemann, TVG, Einl. Rz. 436. ||6 Zum Ganzen HMB/Steffan, Teil 5 (8). ||7 BAG 29.11. 1967 – GS 1/67, AP Nr. 13 zu Art. 9 GG; dem GS folgend BAG 21.3.1978 – 1 AZR 11/76, AP Nr. 62 zu Art. 9 GG Arbeitskampf (Unzulässigkeit der Differenzierung eines tarifl. Urlaubsgeldes nach der Gewerkschaftszugehörigkeit und Absicherung der Differenzierung durch eine Spannenklausel). In der Lit. wird die Zulässigkeit von Differenzierungsklauseln nicht grds. abgelehnt (Däubler, BB 2002, 1643; Gamillscheg, NZA 2005, 146; Franzen, RdA 2008, 304). ||8 BAG 9.5.2007 – 4 AZR 275/06, AP Nr. 23 zu § 3 TVG Verbandszugehörigkeit. ||9 BAG 18.3.2009 – 4 AZR 64/08, NZA 2009, 1028; bestätigt durch BAG 23.3.2011 – 4 AZR 366/09, nv.; krit. dazu Boss, BB 2009, 1238; Leyendecker, AuR 2009, 338; Richardi, NZA 2010, 417. ||10 Bauer/Arnold, NZA 2009, 1169 (1173). ||11 BAG 23.3.2011 – 4 AZR 366/09, NZA 2011, 920. ||12 Zum Tarifvertragsrecht, Rz. 1183; Däubler, BB 2002, 1647; dazu Bietmann, Differenzierungsklauseln im System des deutschen Tarifrechts, 2010, S. 134 ff. mwN. ||13 Vgl. Franzen, RdA 2006, 1; Gamillscheg, NZA 2005, 146 (150). ||14 ErfK/Franzen, § 1 TVG Rz. 63; zur Inhaltskontrolle BAG 1.3.2006 – 5 AZR 363/05, AP Nr. 3 zu § 308 BGB. ||15 Überblick bei BAG 16.9. 1987 – 4 AZR 265/87, AP Nr. 15 zu § 4 TVG Effektivklausel; HMB/Greiner, Teil 5 (10).

spricht man von einer sog. **Effektivlohngarantieklausel** oder **allg. Effektivklausel**. Eine solche Gestaltung ist nach st. Rspr. des BAG[1] unzulässig, da es nicht in der Macht der TV-Parteien liegt, die verschieden hohen, in den Arbeitsverträgen individuell, dh. leistungsbezogen vereinbarten Löhne als tarifl. Mindestlöhne festzusetzen. Zudem verstößt eine entsprechende Regelung gegen den Gleichheitssatz des Art. 3 GG. Durch einen TV dürfen für die gleiche Arbeitstätigkeit nicht unterschiedliche Tariflöhne zwingend vorgeschrieben werden[2].

114 Erschöpft sich die unmittelbare und zwingende Wirkung der Tarifklausel in der einmaligen Erhöhung des Tariflohnes, soll also der neben dem neuen Tariflohn zu zahlende Lohnbestandteil seinen Rechtsgrund allein in der arbeitsvertragl. Lohnabrede haben und unterliegt er demgemäß wieder der freien Parteidisposition (**begrenzte Effektivklausel**; Beispiel: Die Tariflohnerhöhung muss in jedem Fall zusätzlich zu dem tatsächlich gezahlten Entgelt gewährt werden)[3], greifen die vorgenannten Erwägungen ebenfalls, so dass entsprechende Gestaltungen unzulässig sind[4]. Unzulässig sind ferner negative Effektivklauseln oder Anrechnungsklauseln, die vorsehen, dass übertarifl. Entgelte von der Lohnerhöhung aufgezehrt werden müssen[5].

115 Zulässig sollen dagegen **Besitzstandsklauseln** sein, die dem ArbGeb die Ausübung eines vertragl. vereinbarten Widerrufs- oder Anrechnungsrechts hinsichtl. einer übertarifl. Leistung aus Anlass der Tariflohnerhöhung untersagen[6]; ebenso **Verdienstsicherungsklauseln**, die bezwecken, dem auf einen geringer bezahlten Arbeitsplatz umgesetzten leistungsgeminderten ArbN das bisherige Einkommen zu sichern[7]. Die Rspr. begegnet Bedenken, da Klauseln, die es den Parteien des Arbeitsvertrages untersagen, freiwillige, übertarifl. Vertragsbedingungen durch Ausübung eines Anrechnungsvorbehalts wieder an die übliche Vergütung anzupassen, in ihrer Zielsetzung mit begrenzten Effektivklauseln sachlich vergleichbar sind und daher auch rechtl. identisch bewertet werden sollten[8].

116 Im Zweifel ist bei der **Auslegung** von einschlägigen Klauseln davon auszugehen, dass die Tarifparteien durch die Tarifnorm nicht die Rspr. zur Überprüfung ihres Standpunktes veranlassen, sondern eine nach der Rspr. zulässige Klausel vereinbaren wollten[9].

117 **11. Eingruppierung.** Häufig werden in TV **Vergütungsgruppen** festgesetzt, die bestimmte Anforderungen an die Person und die auszuübende Tätigkeit stellen. Die Tätigkeit wird zunächst allg. beschrieben, gefolgt von einer Liste von Tätigkeitsbeispielen. Bei der Anwendung solcher Regeln ist zunächst zu prüfen, ob die Tätigkeit des ArbN einer der beispielhaft aufgezählten entspricht. Ggf. kann es dahinstehen, ob die allg. Voraussetzungen erfüllt sind[10]. Sind die Beispiele nicht einschlägig, erfolgt eine Subsumtion unter die allg. Voraussetzungen[11]. Enthält ein Tätigkeitsbeispiel unbestimmte Rechtsbegriffe, die nicht aus sich heraus ausgelegt werden können, ist auf die abstrakten Tätigkeitsmerkmale zurückzugreifen; dasselbe gilt, wenn eine Tätigkeit von den Richtbeispielen nicht erfasst wird[12]. Bei Mischtätigkeiten ist von der überwiegenden Beschäftigung des ArbN auszugehen. Maßgeblich ist die Tätigkeit, die mehr als die Hälfte der Gesamtarbeitszeit in Anspruch nimmt[13].

118 Die Eingruppierungsentscheidung des ArbGeb ist nicht verbindlich. Maßgeblich sind wegen der unmittelbaren und zwingenden Wirkung der Tarifnormen allein die übertragenen und tatsächlich ausgeführten Arbeiten (**Tarifautomatik**)[14]. Ändert sich die Tätigkeit des ArbN oder die Vergütungsgruppe, so erfolgt automatisch die Umgruppierung. Wird der ArbN im Arbeitsvertrag einer bestimmten Vergütungsgruppe zugewiesen, hindert dies eine spätere Umgruppierung grds. nicht. Die vertragl. Abrede besagt lediglich, dass die Vertragsparteien diese Vergütungsgruppe einmal für zutreffend befunden haben[15].

---

1 BAG 15.10.1997 – 3 AZR 443/96, AP Nr. 10 zu § 4 TVG Verdienstsicherung mwN zur älteren Rspr. || 2 BAG 13.6.1958 – 1 AZR 591/57, AP Nr. 2 zu § 4 TVG Effektivklausel. || 3 BAG 14.2.1968 – 4 AZR 275/67, AP Nr. 7 zu § 4 TVG Effektivklausel: Erhöhung des tarifl. Lohns je ArbN und Stunde, die voll wirksam werden muss. || 4 BAG 14.2.1968 – 4 AZR 275/67, AP Nr. 7 zu § 4 TVG Effektivklausel; 18.8.1971 – 4 AZR 342/70, AP Nr. 8 zu § 4 TVG Effektivklausel; 21.7.1993 – 4 AZR 468/92, AP Nr. 144 zu § 1 TVG Auslegung; aA LAG Hamburg 12.7.1990 – 7 Sa 27/90, LAGE § 4 TVG Effektivklausel Nr. 2; *Däubler*, Tarifvertragsrecht, Rz. 592 ff.; Kempen/Zachert/*Stein*, § 4 Rz. 502 ff. || 5 BAG 18.8.1971 – 4 AZR 342/70, AP Nr. 8 zu § 4 TVG Effektivklausel; 16.9.1987 – 4 AZR 265/87, AP Nr. 15 zu § 4 TVG Effektivklausel. || 6 BAG 5.9.1985 – 6 AZR 216/81, AP Nr. 1 zu § 4 TVG Besitzstand; 16.6.2004 – 4 AZR 408/03, AP Nr. 24 zu § 4 TVG Besitzstand. || 7 BAG 16.4.1980 – 4 AZR 261/78, AP Nr. 9 zu § 4 TVG Effektivklausel; 28.5.1980 – 4 AZR 351/78, AP Nr. 8 zu § 1 TVG Tarifverträge: Metallindustrie. || 8 *Hansen*, Betriebsvereinbarungsbezogene Besitzstands- und Effektivklauseln, 1984, S. 56 ff.; *Wiedemann*, Anm. zu BAG AP Nr. 1 zu § 4 TVG Besitzstand; für die Zulässigkeit dagegen Däubler/*Deinert*, § 4 Rz. 799; Thüsing/Braun/Mengel/*Burg*, 5. Kap. Effektivklausel Rz. 7. || 9 BAG 21.7.1993 – 4 AZR 468/92, AP Nr. 144 zu § 1 TVG Auslegung. || 10 BAG 18.1.1984 – 4 AZR 41/83, AP Nr. 60 zu § 1 TVG Tarifverträge: Bau; 25.9.1991 – 4 AZR 87/91, AP Nr. 7 zu § 1 TVG Tarifverträge: Großhandel; 17.3.2005 – 8 ABR 8/04, AP Nr. 90 zu § 1 TVG Tarifverträge: Einzelhandel. || 11 BAG 8.2.1984 – 4 AZR 369/83, AP Nr. 3 zu § 1 TVG Tarifverträge: Einzelhandel; 21.7.1993 – 4 AZR 486/92, AP Nr. 10 zu § 1 TVG Tarifverträge: Luftfahrt. || 12 BAG 21.10.1987 – 4 AZR 49/87, AP Nr. 19 zu § 1 TVG Tarifverträge: Druckindustrie; 20.9.1995 – 4 AZR 450/94, AP Nr. 32 zu § 1 TVG Tarifverträge: Druckindustrie; 17.3.2005 – 8 ABR 8/04, AP Nr. 90 zu § 1 TVG Tarifverträge: Einzelhandel. || 13 BAG 25.9.1991 – 4 AZR 87/91, AP Nr. 7 zu § 1 TVG Tarifverträge: Großhandel; 22.3.1995 – 4 AZR 71/94, AP Nr. 194 zu §§ 22, 23 BAT 1975. || 14 BAG 23.4.1980 – 4 AZR 378/78, AP Nr. 2 zu § 1 TVG Tarifverträge: Brauereien; 1.3.1995 – 4 AZR 970/93, AP Nr. 191 zu §§ 22, 23 BAT 1975. || 15 BAG 12.12.1990 – 4 AZR 306/90, AP Nr. 1 zu § 12 AVR Diakonisches Werk; 25.10.1995 – 4 AZR 495/94, AP Nr. 21 zu §§ 22, 23 BAT Sozialarbeiter.

Wurde der ArbN **zu niedrig eingruppiert**, ist ihm wegen des Tarifautomatismus die Vergütung der hypothetisch korrekten Eingruppierung zu gewähren[1]. Wurde der ArbN **zu hoch** eingruppiert, so ist der ArbGeb an diese Eingruppierung gebunden und auf eine ggf. mögliche Änderungskündigung angewiesen[2]; anders evtl. im öffentl. Dienst[3]. Hier kann es – auch gegen den Willen des PersR – zu einer **korrigierenden Rückgruppierung** ohne Änderungskündigung kommen[4]. Dieser Weg ist nur dann verschlossen, wenn der ArbGeb ein besonderes Vertrauen in die Richtigkeit der Eingruppierung geschaffen hat (zB durch eine schon vorgenommene korrigierende Rückgruppierung)[5]. Die Gegenansicht unterscheidet zwischen einer korrigierbaren unbewusst falschen Eingruppierung und der wissentlichen Zubilligung einer tarifvertragl. nicht geschuldeten Vergütung nach einer höheren Vergütungsgruppe, bei der eine korrigierende Rückgruppierung nicht in Betracht kommt[6]. Die Darlegungs- und Beweislast dafür, dass eine übertarifl. Vergütung vereinbart worden ist, liegt bei demjenigen, der daraus für sich Rechte herleitet. Liegt keine bewusste Zubilligung einer übertarifl. Vergütung vor, so hat der ArbGeb zur Begründung der korrigierenden Rückgruppierung die fehlerhafte Bewertung der Tätigkeit im tarifvertragl. Vergütungsgefüge und die dieser korrigierten Bewertung zugrunde liegenden Tatsachen darzulegen und zu beweisen[7]. Der ArbN kann seine richtige Eingruppierung auch im Wege der Feststellungsklage durchsetzen[8].

Der **BR/PersR** ist an der Eingruppierungsentscheidung gem. §§ 99 BetrVG/75 BPersVG zu beteiligen. Das Mitwirkungsrecht ist als bloßes Mitbeurteilungsrecht für die Eingruppierung nicht konstitutiv; näher § 99 BetrVG Rz. 29. Die Eingruppierung in die richtige Vergütungsgruppe erfolgt automatisch (Rz. 118).

12. Entgeltfortzahlungsklauseln. Um an die Bedürfnisse der Wirtschaftszweige und Unternehmen angepasste Regelungen zu ermöglichen, erklärt § 4 IV EFZG die – aus Berechnungsmethode und Berechnungsgrundlage zusammengesetzte[9] – Bemessungsgrundlage für die Entgeltfortzahlung im Krankheitsfall für tarifdispositiv. So kann ein TV etwa der Berechnung der Entgeltfortzahlung nicht die individuelle, sondern die betriebsübliche oder die tarifl. Arbeitszeit zugrunde legen[10]. Zur Wirkung von Entgeltfortzahlungsklauseln anlässlich einer Änderung des EFZG s. Einl. Rz. 29 ff.

13. Formvorschriften. Die TV-Parteien können für Abschluss (Bsp.: § 2 I, III TVöD), Änderung oder Beendigung von Arbeitsverträgen oder für einzelne, besonders wichtige oder besonders gefährliche Bedingungen oder Gestaltungserklärungen Formvorschriften vorsehen. Es handelt sich dann um gesetzl. Formvorschriften iSv. § 126 BGB[11] (s. § 4 Rz. 4); der Einwand des Rechtsmissbrauchs greift nur in Ausnahmefällen. Ob sie konstitutiv oder lediglich deklaratorisch gemeint sind, ist durch Auslegung zu ermitteln. Eine globale, sich auf den ganzen Vertrag erstreckende Formvorschrift dient der Beweissicherung, wirkt also nur deklaratorisch[12]. Die anderenfalls bei einem Verstoß eintretende Unwirksamkeitsfolge gem. § 125 BGB[13] wäre wenig interessengerecht[14]. Wird die Schriftform für Nebenabreden vereinbart, so ist damit regelmäßig eine konstitutive Wirkung beabsichtigt[15]. § 623 BGB ist zwingendes Recht und kann von den TV-Parteien nicht abbedungen werden[16]. Auch von der Pflicht des § 2 NachwG, demzufolge die wesentlichen Vertragsbedingungen schriftl. niederzulegen sind, kann nicht zuungunsten des ArbN abgewichen werden (§ 5 NachwG).

14. Kündigungsschutzbestimmungen. TV gewähren häufig zusätzlich Kündigungsschutz durch den **Ausschluss der ordentl. Kündigung** von älteren bzw. dem Betrieb langjährig zugehörigen ArbN (vgl. ua. § 34 II TVöD; zur Vereinbarkeit mit dem AGG vgl. Rz. 94). Zudem können die TV-Parteien Kündigungsfristen abkürzen oder verlängern (§ 622 IV BGB). Unterschiedl. Fristen für Arbeiter und Angestellte sind nur zulässig, wenn für diese Differenzierung im Einzelfall ein sachl. Grund vorliegt[17]. Die außerordentl. Kündigung kann tarifl. nicht ausgeschlossen werden[18].

Da ein ArbGeb auch durch einen TV nicht gezwungen werden kann, das ArbVerh mit einem ArbN fortzusetzen, obwohl eine Beschäftigungsmöglichkeit nicht mehr besteht, ist in diesen Fällen die **außer-**

---

1 BAG 23.4.1980 – 4 AZR 378/78, AP Nr. 2 zu § 1 TVG Tarifverträge: Brauereien. ‖ 2 BAG 15.3.1991 – 2 AZR 582/90, AP Nr. 28 zu § 2 KSchG 1969; Däubler/*Deinert*, § 4 Rz. 379. Zur Änderungskündigung vgl. BAG 19.10.1961 – 2 AZR 457/60, AP Nr. 13 zu § 1 KSchG Betriebsbedingte Kündigung. ‖ 3 Vgl. *Bergwitz*, ZTR 2001, 539; für eine korrigierende Rückgruppierung: BAG 16.2.2000 – 4 AZR 62/99, AP Nr. 3 zu § 2 NachwG; aA LAG Köln 29.11.2001 – 5 Sa 414/01, ZTR 2002, 125; ausf. dazu Däubler/*Deinert*, § 4 Rz. 385 ff.; *Friedrich/Kloppenburg*, RdA 2001, 293. ‖ 4 Vgl. nur aus neuerer Zeit BAG 6.9.2001 – 8 AZR 26/01, AP Nr. 92 zu §§ 22, 23 BAT Lehrer; 17.5.2000 – 4 AZR 232/99, AP Nr. 18 zu §§ 22, 23 BAT-O. ‖ 5 BAG 23.8.2006 – 4 AZR 417/05, NZA 2007, 516. ‖ 6 Wiedemann/*Wank*, § 4 Rz. 207 ff. ‖ 7 Zum Ganzen BAG 16.2.2000 – 4 AZR 62/99, AP Nr. 3 zu § 2 NachwG; 8.10.1997 – 4 AZR 167/96, AP Nr. 2 zu § 23b BAT; 18.2.1998 – 4 AZR 581/96, AP Nr. 239 zu §§ 22, 23 BAT 1975; 6.9.2001 – 8 AZR 26/01, AP Nr. 92 zu §§ 22, 23 BAT Lehrer; ‖ 8 BAG 20.9.1995 – 4 AZR 450/94, AP Nr. 32 zu § 1 TVG Tarifverträge: Druckindustrie. ‖ 9 Dazu BAG 26.9.2001 – 5 AZR 539/00, NZA 2002, 387. ‖ 10 BAG 24.3.2004 – 5 AZR 346/03, NZA 2004, 1042. ‖ 11 BAG 6.9.1972 – 4 AZR 422/71, AP Nr. 2 zu § 4 BAT. ‖ 12 BAG 24.6.1981 – 7 AZR 198/79, AP Nr. 1 zu § 4 TVG Formvorschriften; *Wiedemann*, § 1 Rz. 459. ‖ 13 Vgl. LAG Berlin 17.4.1978 – 9 Sa 130/77, AP Nr. 1 zu § 4 TVG Formvorschriften. ‖ 14 BAG 24.6.1981 – 7 AZR 198/79, AP Nr. 1 zu § 4 TVG Formvorschriften. ‖ 15 BAG 9.12.1981 – 4 AZR 312/79, AP Nr. 8 zu § 4 BAT. ‖ 16 Vgl. Palandt/*Weidenkaff*, § 623 BGB Rz. 3. ‖ 17 BAG 21.3.1991 – 2 AZR 616/90, AP Nr. 31 zu § 622 BGB. ‖ 18 BAG 12.4.1978 – 4 AZR 580/76, AP Nr. 13 zu § 626 BGB Ausschlussfrist; 5.2.1998 – 2 AZR 227/97, AP Nr. 143 zu § 626 BGB; näher *Hanau/Thüsing*, ZTR 2001, 49.

ordentl. Kündigung anstatt der ordentl. zulässig. Die Weiterbeschäftigung nach Ablauf der hypothetischen ordentl. Kündigungsfrist ist dann regelmäßig unzumutbar[1] (sog. „Orlando-Kündigung"[2]). Hinsichtl. der Sozialauswahl und der BR- bzw. PersR-Beteiligung steht diese außerordentl. Kündigung einer ordentl. Kündigung gleich. § 102 III–V BetrVG und § 79 I, II BPersVG sind entsprechend anwendbar[3]. Vgl. auch § 626 BGB Rz. 110 ff.

125 Nach wohl hM sind tarifl. unkündbare ArbN nicht in die **soziale Auswahl** des § 1 III KSchG mit einzubeziehen[4]. Höchstrichterlich ist die Frage noch nicht geklärt, sondern nur obiter dicta angesprochen[5].

126 TV können **Form und Verfahren** der Kündigung regeln. Gem. § 1 IV KSchG können die TV-Parteien festlegen, welche Gesichtspunkte für die soziale Auswahl bei der betriebsbedingten Kündigung zu berücksichtigen sind und wie diese Gesichtspunkte im Verhältnis zueinander zu bewerten sind (Auswahlrichtlinien). TV können auch Abfindungen für betriebsbedingt gekündigte ArbN vorsehen. Knüpft eine tarifl. Regelung einen Abfindungsanspruch an einen bestimmten Kündigungsgrund des ArbGeb, so entsteht für einen aus diesem Grund gekündigten ArbN kein Abfindungsanspruch, wenn er vor Ablauf der Kündigungsfrist stirbt[6].

127 TV enthalten teilw. **Abfindungsregelungen** für den Fall einer betriebsbedingten Kündigung. Nach der Rspr. des BAG ist der Ausschluss eines tarifl. Abfindungsanspruchs für den Fall der Erhebung einer Kündigungsschutzklage durch den gekündigten ArbN zulässig, wenn der ArbGeb vorher auf die Bedingung hingewiesen hat[7]. Die Norm verstoße weder gegen Art. 3 I GG noch gegen § 612a BGB.

128 **15. Kurzarbeitsklauseln.** Kurzarbeitsklauseln legen die näheren Voraussetzungen für die Einführung von Kurzarbeit fest. So kann der TV den ArbGeb und den BR ermächtigen, nach Ablauf einer **Ankündigungsfrist**[8] Kurzarbeit einzuführen. Denkbar ist auch, dass der TV die Vergütungsmodalitäten der Kurzarbeit regelt oder dem ArbN einen Anspruch auf einen Zuschuss zum Kurzarbeitergeld gewährt. Eine generelle Ermächtigung des ArbGeb zur Einführung von Kurzarbeit ist dagegen unwirksam[9]. Vereinzelt wird die Einführung von Kurzarbeit nur nach Einschaltung (Zustimmung) der TV-Parteien ermöglicht. Die hM beurteilt solche Klauseln als Betriebsnormen mit der Folge der Geltung für Außenseiter (§ 3 II)[10]. Dem ist zuzustimmen, da gerade die Verkürzung der Arbeitszeit aus wirtschaftl. Gründen nur einen Sinn ergibt, wenn keine Differenzierung zwischen organisierten und nicht organisierten ArbN erfolgen muss. Da Kurzarbeitsklauseln lediglich das Verhältnis der Arbeitsvertragsparteien zueinander normieren, schließen sie das MitbestR des BR gem. § 87 I BetrVG in aller Regel nicht aus[11].

129 **16. Leistungsbestimmungsrechte.** Überlassen die TV-Parteien die **Konkretisierung der Arbeitsbedingungen** dem ArbGeb, dem ArbN, den Arbeitsvertragsparteien, den Betriebspartnern oder Dritten (zB paritätisch besetzte Kommissionen[12]), liegen sog. **Bestimmungsklauseln** vor. Sie sind grds. zulässig. Aus Gründen der Rechtssicherheit und Rechtsklarheit müssen sie aber nach Adressat und Umfang hinreichend deutlich sein und zwingende MitbestR des BR/PersR beachten[13]. Ebenso dürfen die Vorschriften des KSchG (zB durch eine Ausweitung des Direktionsrechts) nicht umgangen werden[14]. So kann der ArbGeb ermächtigt werden, die Arbeitszeit einseitig zu verkürzen[15] oder festzulegen[16], die Grenzen der tarifl. Mindestvergütung der ArbN einseitig festzusetzen[17], über eine Verlegung der tarifl. Altersgrenze zu entscheiden[18] oder niedriger vergütete Tätigkeiten zuzuweisen[19]. Der BR ist hinsichtl. des Arbeitsverh. nicht regelungsbefugt[20]. Gibt der TV den Rahmen der Bestimmung nicht vor, ist die Ent-

---

1 BAG 5.2.1998 – 2 AZR 227/97, AP Nr. 143 zu § 626 BGB; vgl. auch BAG 17.9.1998 – 2 AZR 419/97, AP Nr. 148 zu § 626 BGB. ‖2 Zu Einzelheiten der außerordentl. Kündigung mit Auslauffrist *Bröhl*, FS Schaub, 1998, S. 55 ff.; MüKoBGB/*Henssler*, § 626 Rz. 111 ff. mwN. ‖3 BAG 5.2.1998 – 2 AZR 227/97, AP Nr. 143 zu § 626 BGB. ‖4 Vgl. LAG Bbg. 29.10.1998 – 3 Sa 229/98, NZA-RR 1999, 360; Kempen/Zachert/*Kempen*, TVG, Grundlagen Rz. 365; Däubler/Hensche/*Heuschmid*, § 1 Rz. 826 f.; aA ArbG Cottbus 17.5.2000 – 6 Ca 38/00, AP Nr. 48 zu § 1 KSchG 1969 Soziale Auswahl; *Bauer*, DB 1994, 274 (277); MünchArbR/*Berkowsky*, § 135 Rz. 99; *Oetker*, ZfA 2001, 287 (310 ff.); diff. Wiedemann/*Thüsing*, § 1 Rz. 681. ‖5 Vgl. aber BAG 8.8.1985 – 2 AZR 464/84, AP Nr. 10 zu § 1 KSchG 1969 Soziale Auswahl und die obiter dicta in BAG 17.5.1984 – 2 AZR 161/83, AP Nr. 3 zu § 55 BAT und 5.6.2008 – 2 AZR 907/06, NZA 2008, 1120 (zwar Herausnahme aus der Sozialauswahl, aber Wirkungslosigkeit der Unkündbarkeitsregelung mit sich im Ergebnis fehlerhaften Ergebnissen). ‖6 BAG 22.5.1996 – 10 AZR 907/95, AP Nr. 13 zu § 4 TVG Rationalisierungsschutz. ‖7 BAG 6.12.2006 – 4 AZR 798/05, AP Nr. 1 zu § 1 TVG Sozialplan. ‖8 Dazu *Säcker/Oetker*, ZfA 1991, 131 (141 ff.); zum Ganzen HMB/*Ulber* Teil 5 (13) Rz. 9. ‖9 BAG 18.10.1994 – 1 AZR 503/93, NZA 1995, 1064. ‖10 BAG 1.8.2001 – 4 AZR 388/99, AP Nr. 5 zu § 3 TVG Betriebsnorm (der Senat hält die Einordnung als Betriebsnorm „für möglich"); *Gamillscheg*, Kollektives Arbeitsrecht I, S. 594; *Farthmann*, RdA 1974, 69; aA (Inhaltsnormen) ErfK/*Franzen*, § 1 TVG Rz. 47; Kempen/Zachert/*Buschmann*, § 1 Rz. 486; wohl für einen Doppelcharakter Wiedemann/*Thüsing*, § 1 Rz. 369. ‖11 Ausf. MünchArbR/*Matthes*, § 335 Rz. 7 f. ‖12 BAG 6.2.1980 – 4 AZR 127/78, AP Nr. 1 zu § 4 TVG Regelungsausschuss. ‖13 BAG 3.5.1978 – 4 AZR 731/76, AP Nr. 6 zu § 1 TVG Tarifverträge: Rundfunk; 18.11.1984 – 5 AZR 123/83, AP Nr. 1 zu § 4 TVG Bestimmungsrecht; 18.10.1994 – 1 AZR 503/93, AP Nr. 11 zu § 615 BGB Kurzarbeit. ‖14 LAG Bbg. 30.6.2005 – 9 Sa 79/05, BB 2005, 2017. ‖15 BAG 15.12.1961 – 1 AZR 310/60, AP Nr. 2 zu § 56 BetrVG Arbeitszeit; 28.11.1984 – 5 AZR 123/83, AP Nr. 1 zu § 4 TVG Bestimmungsrecht. ‖16 BAG 16.11.2000 – 6 AZR 353/99, NZA 2002, 112. ‖17 BAG 25.1.1978 – 4 AZR 509/76, AP Nr. 10 zu § 611 BGB Croupier. ‖18 BAG 20.12.1984 – 2 AZR 3/84, AP Nr. 9 zu § 620 BGB Bedingung. ‖19 BAG 22.5.1985 – 4 AZR 88/84, AP Nr. 6 zu § 1 TVG Tarifverträge: Bundesbahn; aA LAG Düss. 17.3.1995 – 17 Sa 1981/94, DB 1995, 2224. ‖20 *Löwisch/Rieble*, § 1 Rz. 2008; ErfK/*Franzen*, § 1 TVG Rz. 71; aA Däubler/*Reim/Nebe*, § 1 Rz. 232.

scheidung nach billigem Ermessen (§§ 315, 317 BGB) zu treffen. Ob dies geschehen ist, unterliegt der uneingeschränkten gerichtl. Kontrolle[1]. Sieht ein TV vor, dass einem ArbN ein angemessenes Gehalt oberhalb einer bestimmten Tarifgruppe zusteht, so hat der **ArbN** das Entgelt nach billigem Ermessen zu bestimmen, wenn eine einzelvertragl. Vereinbarung nicht zustande gekommen ist (§ 316 BGB)[2].

17. Maßregelungsverbote. Maßregelungsverbote untersagen es dem ArbGeb, einzelnen ArbN wegen ihrer Beteiligung am Streik zu **kündigen** oder sie in anderer Weise zu **bestrafen**[3]. Zugleich wird eine **Benachteiligung** in der Zukunft dadurch verhindert, dass das ArbVerh als nicht unterbrochen oder verändert gilt[4]. Tarifl. Maßregelungsverbote erweitern das gesetzl. Verbot des § 612a BGB. Keine relevante Benachteiligung liegt im Verlust des Lohnanspruchs der streikenden ArbN für die Zeit des Streiks[5]. Ein Verstoß gegen ein Maßregelungsverbot ist idR die Zahlung einer Prämie (**Streikbruchprämie**) an die ArbN, die sich nicht am Streik beteiligt haben[6]. Dem BAG zufolge ist es dem ArbGeb auch verwehrt, arbeitswilligen ArbN Sonderzahlungen schon vor oder während eines Streiks zur Beeinflussung des Streikverhaltens zu versprechen oder zu zahlen[7]. Keine unzulässige Maßregelung liegt vor, wenn ein TV die anteilige Kürzung einer Jahressonderleistung für alle Zeiten vorsieht, in denen das ArbVerh ruht, und den Streikenden daher wegen des Ruhens ihres ArbVerh während eines Streiks nur eine anteilige Sonderzuwendung gezahlt wird[8]. Ferner begründen Maßregelungsverbote im Zweifel keinen Verzicht auf **Unterlassungs- oder Schadensersatzansprüche** in Folge rechtswidriger Arbeitskämpfe[9]. Eine abweichende Regelung im TV ist aber zulässig. 130

18. Regelungen zur Teilzeit. In TV finden sich häufig Regelungen zur Teilzeitarbeit. Das TzBfG gewährt über § 22 TzBfG Gestaltungsspielräume. Die TV-Parteien bleiben aber an das Diskriminierungsverbot des § 4 I TzBfG gebunden[10]. Vgl. § 4 TzBfG Rz. 2. 131

19. Rückwirkungsvereinbarungen. TV ordnen bisweilen ein **rückwirkendes Inkrafttreten** von Normen an[11]. Das gilt insb. für Lohn- und Gehaltserhöhungen. Inwieweit eine Rückwirkung gewollt ist, muss durch Auslegung ermittelt werden. Die **echte Rückwirkung** knüpft Rechtsfolgen an in der Vergangenheit bereits abgeschlossene Tatbestände. Bei der **unechten Rückwirkung** wirkt eine Norm auf in der Vergangenheit begonnene, aber noch nicht beendete Vorgänge ein. Da die TV-Parteien ähnlich wie der Gesetzgeber Normen setzen, sind die für Gesetze geltenden Grenzen der Rückwirkung zu beachten[12]. Die echte Rückwirkung ist wegen des Vertrauensschutzes der Normunterworfenen grds. unzulässig. Ausnahmen bestehen, wenn der Normunterworfene im Zeitpunkt des Inkrafttretens der Norm mit einer Regelung rechnen musste, wenn das geltende Recht unklar und verworren war, wenn der Normunterworfene sich nicht auf den durch eine ungültige Norm erzeugten Rechtsschein verlassen durfte oder wenn zwingende Gründe des Gemeinwohls, die dem Gebot der Rechtssicherheit übergeordnet sind, eine Rückwirkung rechtfertigen[13]. Bei der Frage, ob ArbN mit der Änderung rechnen mussten, setzt der Wegfall des Vertrauensschutzes nicht voraus, dass jeder Adressat positive Kenntnis von den Umständen hat. Ausreichend ist die Kenntnis der betroffenen Kreise[14]. Für die unechte Rückwirkung gelten großzügigere Maßstäbe. Höherrangige Kollektivinteressen sind mit dem Vertrauen des Einzelnen auf den Fortbestand der Rechtslage abzuwägen[15]. Zur Rückwirkung der AVE § 5 Rz. 28. 132

Tarifvertragl. Regelungen tragen während der Laufzeit des TV den **immanenten Vorbehalt ihrer rückwirkenden Abänderbarkeit** durch neue TV in sich (vgl. Einl. Rz. 18)[16]. Dies gilt auch für bereits entstandene und fällige, aber noch nicht abgewickelte Ansprüche, die aus einer Tarifnorm folgen. Sie genießen keinen Sonderschutz gegen eine rückwirkende Abänderung[17]. 133

Demnach können eine rückwirkende **Lohnherabsetzung** vereinbart[18] oder Eingruppierungsmerkmale zum Nachteil von ArbN rückwirkend geändert werden[19]. Bei tarifvertragl. Beendigungsnormen (zB **Ausschluss der Kündigung**) können Gesichtspunkte des Vertrauensschutzes nur im Ausnahmefall ggü. einer Neuregelung durchschlagen, etwa wenn ein bereits erlangter Unkündbarkeitsstatus durch eine 134

---

1 BAG 28.11.1984 – 5 AZR 123/83, AP Nr. 1 zu § 4 TVG Bestimmungsrecht; Däubler/*Reim/Nebe*, § 1 Rz. 233. ‖2 BAG 7.11.1990 – 4 AZR 90/90, AP Nr. 26 zu § 1 TVG Tarifverträge: Druckindustrie. ‖3 Wiedemann/*Thüsing*, § 1 Rz. 621. ‖4 Wiedemann/*Thüsing*, § 1 Rz. 620, 623. ‖5 Vgl. BAG 17.6.1997 – 1 AZR 674/96, AP Nr. 150 zu Art. 9 GG Arbeitskampf; für Sonderzuwendungen s. BAG 3.8.1999 – 1 AZR 735/98, AP Nr. 156 zu Art. 9 GG Arbeitskampf. ‖6 BAG 28.7.1992 – 1 AZR 87/92, AP Nr. 123 zu Art. 9 GG Arbeitskampf; 13.7.1993 – 1 AZR 676/92, AP Nr. 127 zu Art. 9 GG Arbeitskampf; aA LAG Düss. 17.12.1991 – 8 Sa 675/91, NZA 1992, 519; LAG Rh.-Pf. 21.10.1992 – 3 Sa 409/92, LAGE Art. 9 GG Arbeitskampf Nr. 49. ‖7 BAG 4.8.1987 – 1 AZR 486/85, AP Nr. 88 zu Art. 9 GG Arbeitskampf; vgl. dazu Wiedemann/*Thüsing*, § 1 Rz. 626. ‖8 BAG 3.8.1999 – 1 AZR 735/98, AP Nr. 156 zu Art. 9 GG Arbeitskampf. ‖9 Wiedemann/*Thüsing*, § 1 Rz. 624. ‖10 ErfK/*Franzen*, § 1 TVG Rz. 75. ‖11 Dazu *Beckers*, ZTR 1999, 145. ‖12 BAG 23.11.1994 – 4 AZR 879/93, AP Nr. 12 zu § 1 TVG Rückwirkung; 2.2.2006 – 2 AZR 58/05, AP Nr. 7 zu § 1 TVG Tarifverträge: Gewerkschaften; 24.10.2007 – 10 AZR 878/06, NZA 2008, 131. ‖13 BVerfG 14.1.2010 – 1 BvR 1627/09, NVwZ 2010, 771 (776). ‖14 Vgl. BAG 24.10.2007 – 10 AZR 878/06, NZA 2008, 131; kein Vertrauen auf die obj. Rechtslage bei Unkenntnis, dazu BAG 5.7.2006 – 4 AZR 381/05, AP Nr. 38 zu § 1 TVG. ‖15 BAG 6.6.2007 – 4 AZR 382/06, AP Nr. 39 zu § 1 TVG Tarifverträge; Wiedemann/*Wank*, § 4 Rz. 244 mwN und Wiedemann/*Thüsing*, § 1 Rz. 167 mwN. ‖16 BAG 2.2.2006 – 2 AZR 58/05, AP Nr. 7 zu § 1 TVG Tarifverträge: Gewerkschaften. ‖17 BAG 24.10.2007 – 10 AZR 878/06, NZA 2008, 131. ‖18 BAG 23.11.1994 – 4 AZR 879/93, AP Nr. 12 zu § 1 TVG Rückwirkung. ‖19 BAG 9.7.1997 – 4 AZR 635/95, AP Nr. 47 zu § 2 KSchG 1969.

tarifl. Neuregelung nachträglich entfallen soll. Sind nach dem bisherigen TV bestimmte Fallgestaltungen von dem Schutz gegen ordentl. Kündigungen ausgenommen, muss auch der ArbN, der die Voraussetzungen für den Sonderkündigungsschutz (Lebensalter, Betriebszugehörigkeit) erfüllt hat, damit rechnen, dass die TV-Parteien diese Ausnahmeregelung in ihren Einzelheiten modifizieren bzw. präzisieren, ohne die Unkündbarkeit selbst in Frage zu stellen[1].

135 Ob sich die Rückwirkung der TV-Norm auf **schon beendete Arbeitsverhältnisse** erstrecken soll, muss durch Auslegung ermittelt werden. Im Zweifel ist eine umfassende Rückwirkung anzunehmen[2]. Tarifunterworfene müssen im Stadium der **Nachwirkung** eines TV grds. damit rechnen, dass die Nachwirkung rückwirkend beseitigt wird, indem die TV-Parteien den ablösenden TV nahtlos an den vorherigen TV anschließen lassen[3].

136 **20. Rückzahlungsklauseln.** Rückzahlungsklauseln verpflichten den ArbN, **Ausbildungsbeihilfen, Sonderzahlungen** oÄ zurückzuzahlen, wenn das ArbVerh vor Ablauf bestimmter Fristen beendet wird oder sachliche Voraussetzungen entfallen. Die durch die Rspr. entwickelten Anforderungen an Rückzahlungsklauseln bei **Gratifikationen** sind grds. tarifdispositiv[4]. Als Grenze ist auch von den TV-Parteien das verfassungsrechtl. über Art. 12 GG geschützte Recht des ArbN auf freie Arbeitsplatzwahl zu beachten[5]. Eingriffe in dieses Recht sind am Verhältnismäßigkeitsgebot zu messen. Bei der Gestaltung von Rückzahlungsklauseln für Ausbildungskosten haben die TV-Parteien einen weiteren Spielraum als bei einzelvertragl. Vereinbarung[6].

137 **21. Unternehmenspolitische Fragen.** Äußerst umstr. ist die Zulässigkeit von TV über unternehmenspolitische Fragen[7]. Es gilt zwischen der durch Art. 12 GG geschützten Unternehmensautonomie und der Kompetenz der TV-Parteien zur Regelung der Arbeits- und Wirtschaftsbedingungen iSd. Art. 9 III GG praktische Konkordanz herzustellen. Ein Kernbereich der Unternehmensautonomie muss aber immer unantastbar bleiben, so dass ökonomisch erforderliche Anpassungen möglich bleiben müssen[8]. Deswegen sind TV-Normen, die zu einer früheren Schließung von Betriebsstätten führen, unzulässig[9] (s. bereits Einl. Rz. 35). TV zur **Beschäftigungs- und Standortsicherung** sind dagegen zulässig[10]. Derartige TV enthalten häufig Arbeitszeitreduzierungen und Entgeltkürzungen einerseits und einen Verzicht auf betriebsbedingte Kündigungen andererseits. Die außerordentl. Kündigung von ArbN können auch diese TV aber nicht wirksam ausschließen (Rz. 123). TV-Normen zur Beschäftigungssicherung sind richtigerweise als Betriebsnormen (§ 3 II) einzuordnen[11]. Praktische Bedeutung haben in den letzten Jahren **Tarifsozialpläne** erlangt, die zumeist als FirmenTV oder firmenbezogene VerbandsTV abgeschlossen werden. Auch diese hat das BAG gebilligt[12] (s. Einl. Rz. 36). Die §§ 111 ff. BetrVG begründen keine Regelungssperre für die TV-Parteien. Allerdings darf die Tarifforderung nicht das Ziel verfolgen, die unternehmerische Entscheidung – zB die Standortverlagerung – als solche zu verhindern[13]. Der EuGH hat vergleichbare Grundsätze aus der europarechtl. geschützten Niederlassungsfreiheit hergeleitet[14].

138 **22. Verweisungsklauseln.** TV können auf staatl. Normen oder andere TV Bezug nehmen. Eine **statische Verweisung** auf bestimmte bereits bestehende TV bzw. Gesetze oder VO wird einhellig für zulässig erachtet[15]. Übernimmt ein TV ohne inhaltliche Änderung gesetzl. Vorschriften, die auch ohne die Übernahme für die betroffenen ArbVerh gelten würden, so kann die Auslegung ergeben, dass es am Rechtsetzungswillen der TV-Parteien fehlt. Die übernommenen Bestimmungen sind dann keine Tarifnormen[16]. Es kann den Tarifparteien aber gerade darum gehen, den dispositiven gesetzl. Bestimmungen den zwingenden Charakter von Tarifnormen beizumessen (dazu Einl. Rz. 29 ff.). Auch **dynamische Verweisungen**, dh. Bezugnahmen auf gültige Bestimmungen eines anderen TV bzw. auf staatl. Normen, sind zulässig und in FirmenTV auch gebräuchlich (dazu Rz. 5, 139). Das Schriftformerfordernis des Abs. 2 steht solchen dynamischen Verweisungen nicht entgegen[17]. Wird auf einen anderen TV verwiesen, muss aber ein enger Sachzusammenhang zu diesem Regelungswerk bestehen[18]. Außerdem dürfen

---

1 BAG 15.11.1995 – 5 AZR 521/95, AP Nr. 20 zu § 1 TVG Tarifverträge: Lufthansa; 2.2.2006 – 2 AZR 58/05, AP Nr. 7 zu § 1 TVG Tarifverträge: Gewerkschaften. ‖ 2 BAG 6.8.2002 – 1 AZR 247/01, AP Nr. 154 zu § 112 BetrVG 1972; 24.10.2007 – 10 AZR 878/06, NZA 2008, 131 (133). ‖ 3 BAG 8.9.1999 – 4 AZR 661/98, AP Nr. 33 zu § 4 TVG Nachwirkung. ‖ 4 BAG 23.2.1967 – 5 AZR 234/66, AP Nr. 57 zu § 611 BGB Gratifikation; 31.3.1966 – 5 AZR 516/65, AP Nr. 54 zu § 611 BGB Gratifikation. ‖ 5 Vgl. BAG 27.10.1978 – 5 AZR 287/77, AP Nr. 98 zu § 611 BGB Gratifikation; 24.7.1991 – 5 AZR 443/90, AP Nr. 16 zu § 611 BGB Ausbildungsbeihilfe; Wiedemann/*Thüsing*, § 1 Rz. 518. ‖ 6 BAG 6.9.1995 – 5 AZR 174/94, AP Nr. 22 zu § 611 BGB Ausbildungsbeihilfe; vgl. auch BAG 5.7.2000 – 5 AZR 883/98, AP Nr. 29 zu § 611 BGB Ausbildungsbeihilfe. ‖ 7 Ausführl. Däubler/*Hensche/Heuschmid*, § 1 Rz. 939 ff.; *Wiedemann*, TVG, Einl. Rz. 442 ff. ‖ 8 *Löwisch/Rieble*, § 1 Rz. 695. ‖ 9 AA BAG 31.8.1982 – 1 ABR 27/80, AP Nr. 8 zu § 87 BetrVG 1972 Arbeitszeit (für das BetrVG); *Wiedemann*, TVG, Einl. Rz. 447. ‖ 10 BAG 25.10.2000 – 4 AZR 438/99, AP Nr. 1 zu § 1 TVG Tarifverträge: Internationaler Bund; ErfK/*Franzen*, § 1 TVG Rz. 74; *Wiedemann*, TVG, Einl. Rz. 448 ff. ‖ 11 Wohl ebenso BAG 1.8.2001 – 4 AZR 388/99, AP Nr. 5 zu § 3 TVG Betriebsnormen. ‖ 12 BAG 24.4.2007 – 1 AZR 252/06, NZA 2007, 987. ‖ 13 *Franzen*, ZfA 2005, 315 (329 ff.); *Henssler*, FS Richardi, 2007, S. 553 (558 ff.); HMB/*Moll*, Teil 12 Rz. 37; diff. *Krause*, Standortsicherung und Arbeitsrecht, 2007, S. 56 f.; *Schneider/Sittard*, ZTR 2007, 590 (593). ‖ 14 EuGH 11.12.2007 – Rs. C-348/05, NZA 2008, 124 – Viking; vgl. krit. dazu *Zwanziger*, DB 2008, 294 ff. ‖ 15 BAG 8.10.1959 – 2 AZR 503/56, AP Nr. 14 zu § 56 BetrVG 1952; vgl. Kempen/Zachert/*Zeibig/Zachert*, § 1 Rz. 1028. ‖ 16 BAG 27.8.1982 – 7 AZR 190/80, AP Nr. 133 zu § 1 TVG Auslegung. ‖ 17 BAG 9.7.1980 – 4 AZR 564/78, AP Nr. 7 zu § 1 TVG Form; 8.3.1995 – 10 AZR 27/95, AP Nr. 5 zu § 1 TVG Verweisungstarifvertrag. ‖ 18 BAG 10.11.1993 – 4 AZR 316/93, AP Nr. 169 zu § 1 TVG Tarifverträge: Bau.

die TV-Parteien ihre Normsetzungsbefugnis nicht so weitgehend aufgeben, dass sie die Unkündbarkeit der Verweisungsnorm vereinbaren oder durch eine besonders lange Laufzeit oder Kündigungsfrist eine zeitl. allzu lange Bindung eingehen[1]. Eine tarifl. Bezugnahme auf einen anderen TV muss zudem die Klauseln, auf die verwiesen wird, so genau bezeichnen, dass Irrtümer über Art und Ausmaß der in Bezug genommenen Regelungen ausgeschlossen sind[2].

In der Praxis finden sich häufig **Anerkennungs-** oder **VerweisungsTV**, durch die fremde TV-Normen inkorporiert werden. Solche TV sind zulässig, wenn sie eine dynamische Verweisung enthalten, in der auf die „jeweils gültige Fassung" des einzubeziehenden TV verwiesen wird und ein enger sachlicher Zusammenhang der Geltungsbereiche der Tarifnormen besteht (vgl. § 2 Rz. 27)[3]. Änderungen des in Bezug genommen TV finden dann automatisch Eingang in den AnerkennungsTV[4].   139

23. Weiterbildung. Von wachsender Relevanz sind TV über die Weiterbildung der ArbN. Derartige TV verpflichten ArbGeb zur regelmäßigen Ermittlung des Qualifizierungsbedarfs und zur Vorlage von Qualifizierungsplänen[5]. IdR begründen sie keine Rechtsansprüche des einzelnen ArbN[6], ohne dass dies unzulässig wäre. Im Anschluss an Rationalisierungsmaßnahmen oder Standortschließungen kommt es häufig zur Gründung von **Beschäftigungs- und Qualifizierungsgesellschaften**, deren Einrichtung und Finanzierung tarifl. regelbar ist (zB im sog. Tarifsozialplan, dazu Rz. 137, Einl. Rz. 36)[7].   140

24. Wiedereinstellungsklauseln. Zulässiger tarifl. Regelungsgegenstand sind Abschlussgebote in Form von Wiedereinstellungsklauseln. Praktisch relevant sind über den vom BAG[8] anerkannten Wiedereinstellungsanspruch hinausgehende ArbN-Rechte bei Wegfall des Kündigungsgrundes nach Ablauf der Kündigungsfrist[9]. Denkbar sind vergleichbare Ansprüche ferner nach Beendigung eines befristeten ArbVerh[10], nach Wiederherstellung der Berufsfähigkeit[11], nach Zeiten der Kindererziehung oder nach Arbeitskämpfen, wenn diese ausnahmsweise nicht nur suspendierende[12] Wirkungen hatten. Der Wiedereinstellungsanspruch wird regelmäßig an bestimmte Fristen gebunden[13].   141

2 *Tarifvertragsparteien*

(1) **Tarifvertragsparteien sind Gewerkschaften, einzelne Arbeitgeber sowie Vereinigungen von Arbeitgebern.**

(2) Zusammenschlüsse von Gewerkschaften und von Vereinigungen von Arbeitgebern (Spitzenorganisationen) können im Namen der ihnen angeschlossenen Verbände Tarifverträge abschließen, wenn sie eine entsprechende Vollmacht haben.

(3) Spitzenorganisationen können selbst Parteien eines Tarifvertrages sein, wenn der Abschluss von Tarifverträgen zu ihren satzungsgemäßen Aufgaben gehört.

(4) In den Fällen der Absätze 2 und 3 haften sowohl die Spitzenorganisationen wie die ihnen angeschlossenen Verbände für die Erfüllung der gegenseitigen Verpflichtungen der Tarifvertragsparteien.

I. Tariffähigkeit – Grundlagen 1	3. Beginn und Ende der Tariffähigkeit 25
1. Regelungsgegenstand 1	4. Einzelfragen des Firmentarifvertrages 26
2. Begriff der Tariffähigkeit 2	IV. Beteiligung von Spitzenorganisationen (Abs. 2–4) 31
II. Tariffähigkeit von Berufsverbänden 4	1. Allgemeines 31
1. Gesetzliche Grundlagen 4	2. Abschluss von Tarifverträgen in eigenem Namen (Abs. 3) 32
2. Einzelne Voraussetzungen 5	3. Vertretung der angeschlossenen Verbände (Abs. 2) 36
3. Beginn und Ende der Tariffähigkeit von Verbänden 22	4. Gesamtschuldnerische Haftung (Abs. 4) .. 37
III. Tariffähigkeit des einzelnen Arbeitgebers 23	V. Tarifzuständigkeit 38
1. Allgemeines 23	VI. Feststellung der Tariffähigkeit und Tarifzuständigkeit 48
2. Begriff des Arbeitgebers 24	

I. Tariffähigkeit – Grundlagen. 1. Regelungsgegenstand. § 2 zählt abschließend die Personen bzw. Vereinigungen auf, die als TV-Parteien in Betracht kommen und steckt damit – ohne eine präzise Definition zu liefern – die Grenzen der **Tariffähigkeit** ab. Welchen Anforderungen die aufgeführten Verbände   1

---

[1] BAG 10.11.1982 – 4 AZR 1203/79, AP Nr. 8 zu § 1 TVG Form. ‖ [2] BAG 7.6.2006 – 4 AZR 272/05, AP Nr. 37 zu § 1 TVG. ‖ [3] BAG 10.11.1982 – 4 AZR 1203/79, AP Nr. 8 zu § 1 TVG Form; *Löwisch/Rieble*, § 1 Rz. 26f. ‖ [4] BAG 7.6.2006 – 4 AZR 272/05, AP Nr. 37 zu § 1 TVG. ‖ [5] Vgl. Däubler/*Hensche*/*Heuschmid*, § 1 Rz. 873. ‖ [6] Däubler/*Hensche*/*Heuschmid*, § 1 Rz. 873. ‖ [7] BAG 24.4.2007 – 1 AZR 252/06, NZA 2007, 987. ‖ [8] Vgl. nur BAG 28.6.2000 – 7 AZR 904/98, AP Nr. 6 zu § 1 KSchG 1969 Wiedereinstellung. ‖ [9] *Löwisch/Rieble*, § 1 Rz. 2135. ‖ [10] Hier besteht grds. kein Wiedereinstellungsanspruch: BAG 20.2.2002 – 7 AZR 600/00, AP Nr. 11 zu § 1 KSchG 1969 Wiedereinstellung. ‖ [11] BAG 24.1.1996 – 7 AZR 602/95, AP Nr. 7 zu § 59 BAT. ‖ [12] Zum Ruhen der Hauptleistungspflichten BAG 17.6.1997 – 1 AZR 674/96, AP Nr. 150 zu Art. 9 GG Arbeitskampf. ‖ [13] Übersichten bei Thüsing/Braun/*Mengel*/*Burg*, 5. Kap. Wiedereinstellung Rz. 3; HMB/*Hexel*, Teil 5 (23).

genügen müssen, lässt das TVG offen. Auch in anderen Gesetzen findet sich keine Legaldefinition. Der inzwischen gem. Art. 40 I EVertr gegenstandslos gewordene Leitsatz III. 2 des **Staatsvertrages über die Wirtschafts-, Währungs- und Sozialunion** bietet nur einen unverbindlichen Anhaltspunkt. In der dort verankerten, an der Rspr. des BAG orientierten Definition heißt es: „Tariffähige Gewerkschaften und Arbeitgeberverbände müssen frei gebildet, gegnerfrei, auf überbetriebl. Grundlage organisiert und unabhängig sein sowie das geltende Tarifrecht als für sich verbindlich anerkennen; ferner müssen sie in der Lage sein, durch Ausüben von Druck auf den Tarifpartner zu einem Abschluss zu kommen."[1] Der Begriff der Tariffähigkeit ist von dem weiteren der Koalition iSv. Art. 9 III GG zu unterscheiden. Tariffähig ist eine durch Art. 9 III GG geschützte Koalition nur dann, wenn sie auch dazu in der Lage ist, die Funktion, die ihr im Rahmen der Tarifautonomie zugewiesen ist, auszufüllen.

2 **2. Begriff der Tariffähigkeit.** Die Tariffähigkeit lässt sich verallgemeinernd formuliert als die Fähigkeit umschreiben, durch Vereinbarung mit dem sozialen Gegenspieler (u.a.) die Arbeitsbedingungen des Einzelarbeitsvertrages mit der Wirkung zu regeln, dass diese für die tarifgebundenen Personen unmittelbar und unabdingbar wie Rechtsnormen gelten[2]. Wer tariffähig ist, kann also **Partei eines TV** sein[3]. Die Tariffähigkeit einer Vertragspartei setzt nicht – wie es zivilrechtsdogmatisch selbstverständlich wäre – die **Rechtsfähigkeit** voraus. Aus historischen Gründen wird sie auch Institutionen gewährt, die nach dem überkommenen Ansatz des BGB nicht rechtsfähig sind[4], vor allem den traditionell als nicht eingetragene Vereine organisierten Gewerkschaften. Mit der Anerkennung der Rechtsfähigkeit der Außen-GbR hat die Tariffähigkeit die Funktion verloren, die fehlende Rechtsfähigkeit der Gewerkschaften zu kompensieren[5]. Tariffähig sind gem. Abs. 1 Vereinigungen von ArbGeb und Gewerkschaften sowie einzelne ArbGeb und gem. Abs. 3 Spitzenorganisationen. Außerdem werden in Spezialgesetzen (zB § 54 III Nr. 1 HwO) weitere Institutionen mit der Tariffähigkeit ausgestattet.

3 Die Tariffähigkeit ist eine **Wirksamkeitsvoraussetzung des TV**. Fehlt sie bei seinem **Abschluss**, ist der Vertrag grds. nichtig; schuldrechtl. Wirkungen können ggf. als Vertrag iSd. §§ 311, 241 BGB aufrechterhalten werden[6]. Von Anfang an nichtig sind demnach auch bereits abgeschlossene TV einer Koalition, deren fehlende Tariffähigkeit im Verfahren nach §§ 2a I Nr. 4, 97 ArbGG (vgl. Rz. 48ff.) rechtskräftig festgestellt wurde[7]. Erlangt eine Partei erst nach Abschluss des TV Tariffähigkeit, kann eine Heilung des Vertrages nicht eintreten[8]. Entfällt die Tariffähigkeit **nach Abschluss** des TV, wird dieser ex nunc unwirksam, wenn nicht eine andere tariffähige Person an die Stelle der bisherigen Partei tritt[9]. Der gute Glaube an die Tariffähigkeit wird nicht geschützt[10]. Das Vertrauen der Normunterworfenen kann es jedoch rechtfertigen, die Normgeltung für die Vergangenheit unangetastet zu lassen[11]. Die Grundsätze des fehlerhaften, aber in Vollzug gesetzten Dauerschuldverhältnisses sind nach hier vertretener Auffassung auf TV übertragbar (**fehlerhafter TV**; dazu § 1 Rz. 21af.). Das gilt auch für TV, die aufgrund mangelnder Tariffähigkeit unwirksam sind. Gerade wenn die Tariffähigkeit an rein formalen Mängeln scheitert, zwingt das schutzwürdige Vertrauen der Normunterworfenen dazu, die Unwirksamkeit nur für die Zukunft wirken zu lassen. Ausnahmen gelten, wenn der TV keine Richtigkeitsgewähr für sich in Anspruch nehmen kann, so etwa beim Abschluss eines FirmenTV mit einer tarifunfähigen Gewerkschaft zur Durchsetzung von Dumping-Löhnen.

4 **II. Tariffähigkeit von Berufsverbänden. 1. Gesetzliche Grundlagen.** Gewerkschaften und Vereinigungen von ArbGeb iSv. Abs. 2 sind grds. nur **Koalitionen iSd. Art. 9 III GG**. **Nicht jede Koalition** iSv. Art. 9 III GG ist indes auch tariffähig (s.a. Art. 9 GG Rz. 48ff.)[12]. Dem einfachen Gesetzgeber, dem die Aufgabe zukommt, die Rahmenbedingungen für ein funktionsfähiges TV-System zu schaffen, ist ein Entscheidungsfreiraum bei der Umschreibung der Tariffähigkeit zuzubilligen. Im Interesse eines funktionsfähigen Tarifsystems kann er die Tariffähigkeit an zusätzl. Voraussetzungen knüpfen, die über die Anforderungen an den Koalitionsschutz durch Art. 9 III GG hinausgehen[13]. Allerdings verbietet es das Grundrecht der Koalitionsfreiheit, die Tariffähigkeit von Umständen abhängig zu machen, die nicht von der Sache selbst, also von der im allg. Interesse liegenden Aufgabe der Ordnung und Befriedung des Arbeitslebens, gefordert sind[14]. Zu den Ausnahmen zählen ua. die Beamtenverbände. Sie genießen zwar den verfassungsrechtl. Schutz des Art. 9 III GG, die Tariffähigkeit wurde ihnen jedoch nicht verliehen. Umgekehrt kann der Gesetzgeber die Tariffähigkeit im Einzelfall auch solchen Personenverbänden oder Einrichtungen verleihen, die keine Koalitionen iSv. Art. 9 III GG sind (vgl. Rz. 6).

---

1 BGBl. 1990 II S. 537ff.; vgl. dazu BAG 6.6.2000 – 1 ABR 21/99, AP Nr. 9 zu § 97 ArbGG 1979. ‖2 BVerfG 19.10.1966 – 1 BvL 24/65, AP Nr. 24 zu § 2 TVG; BAG 28.3.2006 – 1 ABR 58/04, AP Nr. 4 zu § 2 TVG Tariffähigkeit m. Anm. *Henssler/Heiden*. ‖3 BAG 27.11.1964 – 1 ABR 13/63, AP Nr. 1 zu § 2 TVG Tarifzuständigkeit; Wiedemann/*Oetker*, § 2 Rz. 8. ‖4 JKOS/*Schubert*, § 2 Rz. 3. ‖5 ErfK/*Franzen*, § 2 TVG Rz. 4. ‖6 BAG 27.11.1964 – 1 ABR 13/63, AP Nr. 1 zu § 2 TVG Tarifzuständigkeit; 15.11.2006 – 10 AZR 665/05, AP Nr. 34 zu § 4 TVG Tarifkonkurrenz; *Gamillscheg*, Kollektives Arbeitsrecht I, § 14 I 4. ‖7 BAG 15.11.2006 – 10 AZR 665/05, AP Nr. 34 zu § 4 TVG Tarifkonkurrenz. ‖8 *Löwisch/Rieble*, § 2 Rz. 165f.; Wiedemann/*Oetker*, § 2 Rz. 15. ‖9 BAG 11.11.1970 – 4 AZR 522/69, AP Nr. 28 zu § 2 TVG; 15.10.1986 – 4 AZR 289/85, AP Nr. 4 zu § 3 TVG; *Löwisch/Rieble*, § 2 Rz. 168. Anderes gilt, wenn die Tariffähigkeit infolge einer „gewollten Tarifunwilligkeit" des Verbandes wegfällt, vgl. Rz. 15. ‖10 BAG 15.11.2006 – 10 AZR 665/05, AP Nr. 34 zu § 4 TVG Tarifkonkurrenz; Wiedemann/*Oetker*, § 2 Rz. 15. ‖11 *Gamillscheg*, Kollektives Arbeitsrecht I, S. 526. ‖12 Kempen/Zachert/*Kempen*, § 2 Rz. 4; ErfK/*Franzen*, § 2 TVG Rz. 3. ‖13 BVerfG 19.10.1966 – 1 BvL 24/65, AP Nr. 24 zu § 2 TVG; 20.10.1981 – 1 BvR 404/78, AP Nr. 31 zu § 2 TVG. ‖14 BVerfG 20.10.1981 – 1 BvR 404/78, AP Nr. 31 zu § 2 TVG.

2. Einzelne Voraussetzungen. Das BAG bekennt sich – mit Billigung des BVerfG[1] – ausdrücklich zu Mindestanforderungen, die jede tariffähige Vereinigung erfüllen müsse. Teilweise differenziert das Gericht allerdings zwischen ArbN-Vereinigungen und ArbGebVerbänden[2]. Eine **ArbN-Vereinigung** müsse sich als satzungsgemäße Aufgabe die Wahrnehmung der Interessen ihrer Mitglieder in ihrer Eigenschaft als ArbN gesetzt haben und willens sein, TV abzuschließen. Sie müsse ferner frei gebildet, gegnerfrei, unabhängig und auf überbetriebl. Grundlage organisiert sein und das geltende Tarifrecht als verbindlich anerkennen[3].

Der Berufsverband muss als Koalition iSd. Art. 9 III GG auf einem **freiwilligen, privatrechtl. Zusammenschluss** von ArbN oder ArbGeb beruhen[4]. Auch **arbeitnehmerähnliche Personen** können tariffähige Berufsverbände gründen (dazu § 12a). Öffentl.-rechtl. Verbände mit Zwangsmitgliedschaft, zB Rechtsanwaltskammern und Industrie- und Handelskammern, oder sonstige öffentl.-rechtl. Körperschaften sind keine tariffähigen Verbände[5]. Handwerksinnungen wird gem. §§ 54 III Nr. 1, 82 Nr. 3, 85 II 1 HwO[6] Tariffähigkeit verliehen[7].

Der Verband muss **auf Dauer angelegt** sein. Sog. ad-hoc-Koalitionen, die lediglich zu einem einmaligen Zweck gebildet werden, kommt keine Koalitionseigenschaft und damit auch keine Tariffähigkeit zu[8]. Tariffähig ist dagegen eine Koalition, die zwar ad hoc gegründet, aber auf längere Dauer angelegt ist (sog. Gründungsverband)[9].

Unabhängig von einer bestimmten Rechtsform muss der Berufsverband **körperschaftlich strukturiert** sein, dh. sein Fortbestand muss vom Wechsel seiner Mitglieder unabhängig sein. Außerdem muss – idealiter auf der Grundlage einer Satzung – die einheitliche Willensbildung (von unten nach oben) möglich und die Handlungsfähigkeit nach außen durch Organe gesichert sein[10]. Ohne eine gewisse institutionelle Verfestigung kann der Verband seine Aufgaben als Interessenvertreter mit Normsetzungskompetenz nicht wahrnehmen. Auch Unterverbände können tariffähig sein[11].

Die **Gegnerunabhängigkeit** der jeweiligen Koalition muss in personeller, finanzieller und organisatorischer Hinsicht gewährleistet sein, damit der Verband dem besonderen Zweck des Art. 9 III GG entsprechen kann[12]. Dabei genügt relative Gegnerunabhängigkeit im Verhältnis zum jeweiligen Gegenspieler, so dass es sogar Koalitionen gibt, die sowohl ArbN- wie ArbGebKoalitionen sind (zB Vereinigung von Hausgewerbetreibenden)[13]. Ein sog. **Harmonieverband**, in dem ArbGeb und ArbN mit den gleichen Rechten zusammengeschlossen sind, ist dagegen keine Koalition. In einem solchen Verband kann weder den Interessen der ArbN noch denen der ArbGeb hinreichend Nachdruck verliehen werden[14]. Die personellen Verflechtungen durch die Unternehmensmitbestimmung in den Aufsichtsräten und die Zusammenarbeit in gemeinsamen Einrichtungen der TV-Parteien stellen die Gegnerunabhängigkeit nicht in Frage[15]. Leitende Angestellte iSv. § 5 III BetrVG sind erst dann dem ArbGebLager zuzuordnen, wenn sie „Aufgaben in Unternehmer- und Arbeitgeberorganisationen wahrzunehmen haben, die auf die arbeitsrechtl. und wirtschaftl. Situation der vom Verband erfassten außertarifl. und leitenden Angestellten einwirken können"[16]. Die Vereinigung darf nicht von der Gegenseite in erheblichem Umfang finanziert werden[17]. Die Einziehung von Gewerkschaftsbeiträgen durch den ArbGeb steht der Gegnerunabhängigkeit nicht entgegen[18], ebenso nicht die Finanzierung von BR-Schulungen durch den ArbGeb[19] oder die Pflicht eines betriebsfremden Einigungsstellen-Beisitzers, das ihm vom ArbGeb für seine Tätigkeit gezahlte Honorar teilweise an die Gewerkschaft abzuführen[20].

Die Gründung einer **Gewerkschaft für Gewerkschaftsbeschäftigte** (VGB) hat das BAG für zulässig erachtet, jedoch auf Einschränkungen bei der Ausübung des Streikrechts im Hinblick auf besondere Loyalitätspflichten hingewiesen[21]. Das vom DGB ggü. seinen Mitgliedern ausgesprochene Verbot, die-

---

1 BVerfG 20.10.1981 – 1 BvR 404/78, AP Nr. 31 zu § 2 TVG. ||2 Vgl. BAG 20.11.1990 – 1 ABR 62/89, AP Nr. 40 zu § 2 TVG; ein Differenzierungsbedarf ergibt sich etwa in der Frage der sozialen Mächtigkeit. ||3 BAG 15.11. 1963 – 1 ABR 5/63, AP Nr. 14 zu § 2 TVG; 15.3.1977 – 1 ABR 16/75, AP Nr. 24 zu Art. 9 GG; 25.11.1986 – 1 ABR 22/85, AP Nr. 36 zu § 2 TVG. ||4 Wiedemann/*Oetker*, § 2 Rz. 275 f.; Kempen/Zachert/*Kempen*, § 2 Rz. 36; Kempen/Zachert/*Stein*, § 2 Rz. 114; Däubler/*Peter*, § 2 Rz. 106. ||5 *Löwisch/Rieble*, § 2 Rz. 52; Tariffähigkeit besteht dagegen für den EinzelArbGeb bei FirmenTV. ||6 Zur Vereinbarkeit mit dem GG vgl. BVerfG 19.10.1966 – 1 BvL 24/65, AP Nr. 24 zu § 2 TVG. ||7 Dies gilt nicht für Kreishandwerkerschaften, BAG 27.1.1961 – 1 AZR 311/59, AP Nr. 26 zu § 11 ArbGG. ||8 BAG 14.2.1978 – 1 AZR 76/76, AP Nr. 30 zu Art. 9 GG; Wiedemann/*Oetker*, § 2 Rz. 273. ||9 Wiedemann/*Oetker*, § 2 Rz. 274, 221. ||10 Wiedemann/*Oetker*, § 2 Rz. 235 f. zu losen Arbeitgebervereinigungen. ||11 S. dazu ausf. Wiedemann/*Oetker*, § 2 Rz. 258 ff. ||12 BVerfG 18.11.1954 – 1 BvR 629/2, AP Nr. 1 zu Art. 9 GG; BAG 17.2.1998 – 1 AZR 364/97, AP Nr. 87 zu Art. 9 GG; 14.12.2004 – 1 ABR 51/03, AP Nr. 1 zu § 2 TVG Tariffähigkeit; *Löwisch/Rieble*, § 2 Rz. 69; Wiedemann/*Oetker*, § 2 Rz. 298 ff; diff. HMB/*Greiner*, Teil 2 Rz. 50 f. ||13 BAG 15.11.1963 – 1 ABR 5/63, AP Nr. 14 zu § 2 TVG; *Löwisch/Rieble*, § 2 Rz. 65 f. ||14 BVerfG 18.11.1954 – 1 BvR 629/52, AP Nr. 1 zu Art. 9 GG. ||15 *Löwisch/Rieble*, § 2 Rz. 61; zur Unternehmensmitbest.: BVerfG 1.3.1979 – 1 BvR 532/77, AP Nr. 1 zu § 1 MitbestG; zu den gemeinsamen Einrichtungen: *Bötticher*, Die gemeinsamen Einrichtungen der Tarifvertragsparteien, 1966, S. 143 ff. ||16 BAG 15.3.1977 – 1 ABR 16/75, AP Nr. 24 zu Art. 9 GG; *Löwisch/Rieble*, § 2 Rz. 60. ||17 BAG 14.12.2004 – 1 ABR 51/03, AP Nr. 1 zu § 2 TVG Tariffähigkeit. ||18 Vgl. Gamillscheg, Kollektives Arbeitsrecht I, S. 422 ff.; *Löwisch/Rieble*, § 2 Rz. 74, jew. mwN. ||19 BVerfG 14.2.1978 – 1 BvR 466/75, AP Nr. 13 zu § 40 BetrVG 1972. ||20 BAG 14.12.1988 – 7 ABR 73/87, AP Nr. 30 zu § 76 BetrVG 1972. ||21 BAG 17.2.1998 – 1 AZR 364/97, AP Nr. 87 zu Art. 9 GG (Gründung des Verbandes für Gewerkschaftsbeschäftigte – VGB – durch Angestellte des DGB).

sem Verband beizutreten, war rechtswidrig[1]. Ohne einen entsprechenden Verband wären die Mitarbeiter des DGB ohne kollektive Interessenvertretung. Allerdings beansprucht die Gewerkschaft ver.di nach dem im Anhang 1 zu ihrer Satzung geregelten Organisationsbereich – ungeachtet des Postulats der Gegnerfreiheit – auch die Zuständigkeit für „Gewerkschaftsverwaltungen und sonstige Interessenvertretungen" (Ziff. 1.1.4.6.).

11 Die **Unabhängigkeit der Koalition ggü. Dritten** setzt voraus, dass weder der Staat noch andere gesellschaftl. Gruppen, wie politische Parteien oder Kirchen, maßgebenden Einfluss auf sie ausüben oder ihr erhebliche finanzielle Mittel zuwenden[2]. Das bedeutet nicht, dass die Koalition parteipolitisch oder religiös neutral sein muss. Es gehört zur inneren Autonomie einer Koalition, sich bestimmten gesellschaftl. Ordnungsvorstellungen zu eigen zu machen, mögen diese auch von politischen Parteien oder Kirchen entlehnt sein[3].

12 Eine tariffähige Gewerkschaft muss **überbetriebl. organisiert** sein. Ihr Mitgliederbestand wäre ansonsten von Einstellungen und Entlassungen durch den ArbGeb abhängig[4]. Zudem wäre die Abgrenzung von TV-System und Betriebsverfassung erschwert.

13 Die innere Ordnung des Berufsverbandes sowie seine Willensbildung müssen **demokratischen Grundsätzen** entsprechen[5]. Zu diesen Grundsätzen gehören das Mehrheitsprinzip, das Recht jedes Mitglieds auf Mitwirkung bei der Meinungs- und Willensbildung, das Recht jedes Mitglieds auf Gleichbehandlung, das Recht, aus dem Verband auszutreten, sowie gewisse interne Publizitätspflichten der Verbandsorgane[6]. Ihre Rechtfertigung findet diese Voraussetzung in der Funktion der tariffähigen Koalition als Normsetzungsinstanz, die einer besonderen Legitimation bedarf.

14 Die **Anerkennung des staatlichen Tarif-, Schlichtungs- und Arbeitskampfrechts** ist Voraussetzung der Tariffähigkeit, da sich an dem gesetzl. Normsetzungs- und Konfliktlösungssystem nur beteiligen kann, wer dessen „Spielregeln" beachtet[7].

15 Ein Berufsverband muss **tarifwillig** sein, dh. der Abschluss von TV muss zu den satzungsmäßigen Aufgaben des jeweiligen Verbands zählen[8]. Der Gegenstand der Tariffähigkeit kann in der Satzung nicht eingeschränkt werden; eine Teiltariffähigkeit ist daher ausgeschlossen[9]. Ein Verband kann folglich heikle Themen nicht dadurch von TV-Verhandlungen und Arbeitskämpfen freihalten, dass diese per Satzung von der Tarifwilligkeit ausgenommen werden[10]. Es gilt das Prinzip „Alles oder Nichts". Einem Verband in Liquidation fehlt die Tarifwilligkeit nur hinsichtlich neu abzuschließender TV[11].

16 Von großer praktischer Bedeutung ist die rechtl. Beurteilung von – partiell für bestimmte Verbandsmitglieder (sog. **OT-Mitgliedschaften**) oder auch generell („Tarifgemeinschaften") – nicht tarifwilligen ArbGebVerbänden. Obwohl das BAG die Zulässigkeit der OT-Mitgliedschaft anerkannt hat[12], ist diese Frage im Schrifttum weiterhin umstritten (§ 3 Rz. 3 ff.)[13].

17 **Arbeitskampfbereitschaft** ist **keine notwendige Bedingung** der Tariffähigkeit. Ein Verband, dessen Satzung den Arbeitskampf als letztes Kampfmittel ausschließt, kann ebenso wie ein zum Arbeitskampf bereiter Verband in der Lage sein, der Gegenseite gleichgewichtig gegenüberzutreten und die Interessen seiner Mitglieder beim Aushandeln eines TV mit hinreichendem Druck zu vertreten[14]. Eine Bindung der Tariffähigkeit an die Kampfwilligkeit würde die von sich aus kampfunwilligen Koalitionen in der Freiheit der Wahl ihrer Mittel zur Erreichung des Koalitionszwecks einengen und ihnen Methoden aufzwingen, die sie nach ihrem Selbstverständnis nicht benötigen oder aus anderen Gründen ablehnen[15].

---

1 BAG 17.2.1998 – 1 AZR 364/97, AP Nr. 87 zu Art. 9 GG. || 2 BVerfG 1.3.1979 – 1 BvR 532/77, AP Nr. 1 zu § 1 MitbestG unter C IV 1; *Löwisch/Rieble*, § 2 Rz. 83 ff. || 3 *Löwisch/Rieble*, § 2 Rz. 88. || 4 St. Rspr. – vgl. BAG 16.1.1990 – 1 ABR 10/89, NZA 1990, 623; aA Däubler/*Peter*, § 2 Rz. 51; *Löwisch/Rieble*, § 2 Rz. 133; ErfK/*Franzen*, § 2 TVG Rz. 6 unter Hinweis auf den derzeit erreichten Bestandsschutz des ArbVerh. || 5 Vgl. BAG 15.11.1963 – 1 ABR 5/63, AP Nr. 14 zu § 2 TVG; 25.11.1986 – 1 ABR 22/85, AP Nr. 36 zu § 2 TVG; *Löwisch/Rieble*, § 2 Rz. 91 ff.; Wiedemann/*Oetker*, § 2 Rz. 341; einschränkend zuletzt BAG 28.3.2006 – 1 ABR 58/04, AP Nr. 4 zu § 2 TVG Tariffähigkeit; dazu *Höpfner*, ZfA 2009, 541 (548). || 6 Wiedemann/*Oetker*, § 2 Rz. 342 mwN. || 7 BAG 10.9.1985 – 1 ABR 32/83, AP Nr. 34 zu § 2 TVG; 25.11.1986 – 1 ABR 22/85, AP Nr. 36 zu § 2 TVG; *Löwisch/Rieble*, § 2 Rz. 156. Krit. Kempen/Zachert/*Kempen*, § 2 Rz. 83 ff.; Däubler/*Peter*, § 2 Rz. 50. || 8 BAG 10.9.1985 – 1 ABR 32/83, AP Nr. 34 zu § 2 TVG; 25.11.1986 – 1 ABR 22/85, AP Nr. 36 zu § 2 TVG; *Löwisch/Rieble*, § 2 Rz. 147 ff.; *Löwisch*, ZfA 1970, 295 (304); Wiedemann/*Oetker*, § 2 Rz. 366. || 9 BAG 28.3.2006 – 1 ABR 58/04, AP Nr. 4 zu § 2 TVG Tariffähigkeit m. Anm. Henssler/*Heiden*; Gamillscheg, Kollektives Arbeitsrecht I, S. 529; Wiedemann/*Oetker*, § 2 Rz. 370; Däubler/*Peter*, § 2 Rz. 10a, 48, 108f. AA *Richardi*, Kollektivgewalt, 1968, S. 158. || 10 ErfK/*Franzen*, § 2 TVG Rz. 8; Däubler/*Peter*, § 2 Rz. 48. || 11 *Henssler*, FS 25 ARGE Arbeitsrecht, 2006, S. 37 (43); *Höpfner*, in Rieble/Junker/Giesen, Arbeitsrecht im Konzern, 2010, S. 113 (143); Wiedemann/*Oetker*, § 2 Rz. 68; aA *Löwisch/Rieble*, § 2 Rz. 27, 37: Wegfall der Tarifwilligkeit für bereits abgeschlossene TV. || 12 Vgl. BAG 18.7.2006 – 1 ABR 36/05, AP Nr. 19 zu § 2 TVG Tarifzuständigkeit; dazu *Buchner*, RdA 2006, S. 308. Vgl. zudem BAG 23.10.1996 – 4 AZR 409/95, AP Nr. 15 zu § 2 TVG Verbandszugehörigkeit; 23.2.2005 – 4 AZR 186/04, NJOZ 2005, 4775. || 13 Für die Zulässigkeit: Wiedemann/*Oetker*, § 3 Rz. 136f.; *Buchner*, NZA 1995, 761; *Höpfner*, ZfA 2009, 541; *Otto*, NZA 1996, 624 (628); dagegen: Däubler/*Peter*, § 2 Rz. 122 ff.; Kempen/Zachert/*Stein*, § 2 Rz. 129 ff.; *Röckl*, DB 1993, 2382. || 14 BVerfG 6.5.1964 – 1 BvR 79/62, AP Nr. 15 zu § 2 TVG; zust. Wiedemann/*Oetker*, § 2 Rz. 379. || 15 Anders früher BAG 19.1.1962 – 1 ABR 14/60, AP Nr. 13 zu § 2 TVG.

ArbN-Koalitionen müssen nach der vom BVerfG gebilligten[1] Rspr. des BAG[2] über eine gewisse **soziale** **Mächtigkeit** verfügen, wenn sie Tariffähigkeit beanspruchen. Soziale Mächtigkeit bedeutet nach Ansicht der Rspr. die Durchsetzungsfähigkeit ggü. dem sozialen Gegenspieler. Die soziale Mächtigkeit sei kein Kriterium des Koalitionsschutzes, sondern nur für die Tariffähigkeit von Bedeutung. Ein angestrebter Interessenausgleich durch TV könne nur dann zustande kommen, wenn eine ArbN-Koalition so leistungsfähig sei, dass sich die ArbGebSeite veranlasst sehe, auf Verhandlungen über tarifl. Regelungen der Arbeitsbedingungen einzugehen und zum Abschluss eines TV zu kommen. Ohne diese Fähigkeit sei sie von dem guten Willen der ArbGebSeite und anderer ArbN-Koalitionen abhängig[3]. Die Tariffähigkeit eines ArbGebVerbandes setzt dagegen nach hM keine bestimmte Durchsetzungskraft (Mächtigkeit) voraus[4]. Das richterrechtlich aufgestellte Erfordernis der sozialen Mächtigkeit begegnet **Bedenken mit Blick auf Art. 9 III GG**, da es die Bildung neuer und die Betätigung kleinerer Gewerkschaften und ihren Wettbewerb stark beeinträchtigt und die Koalitionen bei der Gestaltung der Arbeits- und Wirtschaftsbedingungen unverhältnismäßig beschränkt[5].

Die Überprüfung der sozialen Mächtigkeit einer Gewerkschaft bedarf einer auf das in der jeweiligen Satzung festgelegte Tätigkeitsgebiet der Koalition gerichteten Einzelfallbetrachtung[6]. **Indizien für soziale Mächtigkeit** sind: die Anzahl der Mitglieder und deren („Schlüssel"-)Funktion im Arbeits- und Wirtschaftsprozess[7], die Finanzkraft, die Stärke potenzieller Gegenspieler, die branchenspezifische Art und Weise der Tarifauseinandersetzung, die in der Vergangenheit bewiesene Fähigkeit zur Mobilisierung von Nicht- und Andersorganisierten für Arbeitskämpfe und schließlich ein bereits erfolgtes aktives Eingreifen in den Prozess der tarifl. Regelung – auch durch AnschlussTV, sofern es sich bei den abgeschlossenen TV nicht um Schein- oder GefälligkeitsTV oder um TV handelt, die auf einem Tarifdiktat der ArbGebSeite beruhen[8]. Hat eine Koalition bereits in „nennenswertem Umfang" TV und sonstige Koalitionsvereinbarungen abgeschlossen, ist nach dem BAG von einer ausreichenden Durchsetzungskraft auszugehen[9]. In diesem Fall greift eine Tatsachenvermutung, die zu einer Umkehr des sonst geltenden „Regel-Ausnahme-Verhältnisses"[10] führt[11]. Der gegen das Kriterium der erfolgten aktiven Teilnahme am Tarifgeschehen vorgebrachte Einwand, es führe zu einem Zirkelschluss, da die Tariffähigkeit Voraussetzung für den Abschluss eines TV und nicht dessen Folge sei[12], überzeugt nicht. Der Abschluss von TV in der Vergangenheit führt gerade nicht zum Entstehen sozialer Mächtigkeit; ihm wird lediglich Indizwirkung hinsichtl. der tatsächlichen Anerkennung der ArbN-Vereinigung durch die ArbGebSeite beigemessen[13]. Die Indizwirkung bereits abgeschlossener TV unterliegt zwei Einschränkungen: Erstens sind Tarifabschlüsse nur dann von Bedeutung, wenn angesichts festgestellter Mitgliederstärke und organisatorischem Aufbau Zweifel an der Durchsetzungs- und Leistungsfähigkeit der Gewerkschaft bleiben[14]. Erforderlich ist also stets, dass die Gewerkschaft ihre Mitgliederzahl im Beschlussverfahren darlegt. Zweitens bleiben frühere Tarifabschlüsse einer Tarifgemeinschaft unberücksichtigt, da diese nicht als Beleg für die Durchsetzungsfähigkeit einzelner Mitgliedsgewerkschaften dienen können[15].

In der Rspr. uneinheitlich beurteilt wird die soziale Mächtigkeit christl. Gewerkschaften. Verneint wurde die Tariffähigkeit für die Christliche Gewerkschaft Bergbau-Chemie-Energie (CGBCE)[16] und die Christliche Gewerkschaft Holz und Bau Deutschlands[17]. Nach Ansicht des LAG Köln soll die Gewerkschaft Neue Brief- und Zustelldienste (GNBZ) nicht tariffähig sein[18]. Nach Rücknahme der Rechtsbeschwerden der GNBZ und des ArbGebVerbandes der Neuen Brief- und Zustelldienste e.V. ist der Beschluss des LAG Köln rechtskräftig[19]. Dagegen hat das LAG Hamburg schon früh die Tariffähigkeit der DHV (heute: DHV - Die Berufsgewerkschaft e.V.) bejaht[20]. Das BAG hat die – zwischenzeitlich umstrit-

---

1 BVerfG 20.10.1981 – 1 BvR 404/78, AP Nr. 31 zu § 2 TVG. ‖ 2 BAG 15.3.1977 – 1 ABR 16/75, AP Nr. 24 zu Art. 9 GG; 16.1.1990 – 1 ABR 10/89, AP Nr. 39 zu § 2 TVG; 6.6.2000 – 1 ABR 21/99, AP Nr. 9 zu § 97 ArbGG 1979; 28.3.2006 – 1 ABR 58/04, AP Nr. 4 zu § 2 TVG Tariffähigkeit – m. Anm. *Henssler/Heiden*; zust. *Dörlich*, Die Tariffähigkeit der Gewerkschaft, 2002, S. 325 ff. ‖ 3 BVerfG 20.10.1981 – 1 BvR 404/78, AP Nr. 31 zu § 2 TVG. Vgl. *Suckow*, Gewerkschaftliche Mächtigkeit als Determinante korporatistischer Tarifsysteme, 2000. ‖ 4 BAG 20.11.1990 – 1 ABR 62/89, AP Nr. 40 zu § 2 TVG; 10.12.2002 – 1 AZR 96/02, AP Nr. 162 zu Art. 9 GG Arbeitskampf; *Kempen/Zachert/Stein*, § 2 Rz. 125; *Däubler/Peter*, § 2 Rz. 116ff.; aA *Wiedemann/Oetker*, § 2 Rz. 396f.; *Löwisch/Rieble*, § 2 Rz. 135ff.; ErfK/*Franzen*, § 2 TVG Rz. 11; *Schrader*, NZA 2001, 1337 (1340). ‖ 5 Eingehend dazu *Henssler*, Soziale Mächtigkeit und organisatorische Leistungsfähigkeit als Voraussetzungen der Tariffähigkeit von Gewerkschaften, 2006. ‖ 6 BAG 16.1.1990 – 1 ABR 10/89, NZA 1990, 623. ‖ 7 BAG 9.7.1968 – 1 ABR 2/67, AP Nr. 25 zu § 2 TVG; 23.4.1971 – 1 ABR 26/70, AP Nr. 2 zu § 97 ArbGG 1953; 10.9.1985 – 1 ABR 32/83, AP Nr. 34 zu § 2 TVG; vgl. auch *Zöllner/Loritz/Hergenröder*, § 35 I 2a m. Nachw. des Schrifttums. ‖ 8 BAG 10.9.1985 – 1 ABR 32/83, AP Nr. 34 zu § 2 TVG; 25.11.1986 – 1 ABR 22/85, AP Nr. 36 zu § 2 TVG; 16.1.1990 – 1 ABR 10/89, AP Nr. 39 zu § 2 TVG; 28.3.2006 – 1 ABR 58/04, AP Nr. 4 zu § 2 TVG Tariffähigkeit m. Anm. *Henssler/Heiden*. Vgl. insg. *Löwisch/Rieble*, § 2 Rz. 120ff. ‖ 9 BAG 28.3.2006 – 1 ABR 58/04, AP Nr. 4 zu § 2 TVG Tariffähigkeit m. Anm. *Henssler/Heiden*. ‖ 10 BAG 28.3.2006 – 1 ABR 58/04, AP Nr. 4 zu § 2 TVG Tariffähigkeit m. Anm. *Henssler/Heiden*. ‖ 11 *Greiner*, Anm. zu EzA § 2 TVG Nr. 28 (S. 36). ‖ 12 *Rieble*, FS Wiedemann, 2002, S. 519 (534); *Rieble*, BB 2004, 885 (888). ‖ 13 Vgl. *Henssler*, Soziale Mächtigkeit und organisatorische Leistungsfähigkeit als Voraussetzungen der Tariffähigkeit von Gewerkschaften, 2006, S. 42 f.; zust. *Greiner*, Anm. zu EzA § 2 TVG Nr. 28 (S. 38). ‖ 14 BAG 5.10.2010 – 1 ABR 88/09, NZA 2011, 301. ‖ 15 BAG 5.10.2010 – 1 ABR 88/09, NZA 2011, 301. ‖ 16 BAG 16.1.1990 – 1 ABR 10/89, AP Nr. 39 zu § 2 TVG. ‖ 17 BAG 16.1.1990 – 1 ABR 93/88, AP Nr. 38 zu § 2 TVG. ‖ 18 LAG Köln 20.5.2009 – 9 TaBV 105/08, AuR 2009, 316 (rkr.). ‖ 19 Vgl. BAG 15.4.2010 – 1 ABR 101/09, PM 28/10. ‖ 20 LAG Hamburg 29.10.1980 – 5 TaBV 1/80, nv.

tene – Tariffähigkeit der Christlichen Gewerkschaft Metall (CGM) anerkannt[1]. Seine Entscheidung verdient im Erg. Zustimmung, allerdings zeigt gerade dieses Verfahren deutlich, dass die vom Senat vertretene Mächtigkeitsrspr. nicht nur in verfassungsrechtl., sondern auch in praktischer Hinsicht Zweifelsfragen aufwirft. Der Senat hatte in seiner Grundsatzentscheidung die Regel aufgestellt, dass bei Gewerkschaften, die bereits TV abgeschlossen haben, die hierzu erforderliche Durchsetzungskraft unterstellt werden könne[2]. Von diesem Grundsatz ist das BAG kurz darauf jedoch wieder abgewichen. Es hat eine Entscheidung des LAG Hamm, wonach die Gewerkschaft für Kunststoffgewerbe und Holzverarbeitung (GKH im CGB) tariffähig sei[3], aufgehoben und zur weiteren Sachaufklärung zurückverwiesen[4]. Das LAG habe die Tariffähigkeit nicht allein anhand der bisherigen Tarifabschlüsse anerkennen dürfen. Erforderlich sei vielmehr, anhand konkreter Mitgliederzahlen zu prüfen, ob die Gewerkschaft bereits unmittelbar nach ihrer Gründung über eine ausreichende Durchsetzungskraft und eine eigene organisatorische Leistungsfähigkeit verfügt habe. Das LAG Hamm hat die Tariffähigkeit der GKH inzwischen verneint[5]. Unlängst hat das BAG die Tariffähigkeit der Tarifgemeinschaft Christlicher Gewerkschaften für Zeitarbeit und Personalserviceagenturen (CGZP) verneint[6]. Der 1. Senat hatte zunächst nur gegenwartsbezogen entschieden, dass die CGZP keine tariffähige Spitzenorganisation ist (vgl. Rz. 31a, 33a). Nachdem das LAG Berlin-Brandenburg die Tariffähigkeit der CGZP für einzelne entscheidungserhebliche Zeitpunkte in der Vergangenheit rechtskräftig verneint hatte[7], hat das BAG nunmehr entschieden, dass sich die materielle Rechtskraft dieser Entscheidung des LAG über die konkreten Zeitpunkte hinaus auf den Zeitraum seit Gründung der CGZP im Jahre 2002 erstreckt[8]. Der CGZP fehlte aufgrund von Satzungsmängeln demnach zu jedem Zeitpunkt die Tariffähigkeit[9]. Zur Frage, inwieweit tarifl. Ausschlussklauseln einer rückwirkenden Geltendmachung von Equal-Pay-Ansprüchen entgegenstehen, vgl. Rz. 99. Schließlich steht nach einem Beschluss des LAG Hamburg[10] und der Rücknahme der gegen diese Entscheidung eingelegten Rechtsbeschwerden beim BAG rechtskräftig fest, dass der CGM-Gesundheitsgewerkschaft „medsonet" seit ihrer Gründung 2008 die Tariffähigkeit fehlte[11].

21 Nicht erforderlich ist, dass alle in der Koalition zusammengeschlossenen Personen die deutsche Staatsangehörigkeit besitzen oder (bei juristischen Personen) ihren Sitz in Deutschland haben. Die Koalitionsfreiheit ist als Menschenrecht („Jedermann-Recht") ausgestaltet[12].

22 **3. Beginn und Ende der Tariffähigkeit von Verbänden.** Die Tariffähigkeit eines Verbandes beginnt mit Vorliegen der genannten Voraussetzungen und endet, sobald eine oder mehrere der Voraussetzungen wegfallen. Löst sich der Verband auf, so sollen nach der Rspr. des BAG[13] die Tariffähigkeit des Verbands und damit die unmittelbare und zwingende Wirkung der von ihm abgeschlossenen TV nicht ohne weiteres entfallen. Stattdessen sollen die TV bis zur Kündigung durch die Liquidatoren fortgelten. Der 4. Senat lässt ausdrücklich offen, ob und wie TV beendet werden können, wenn das Liquidationsverfahren bereits abgeschlossen ist. Richtigerweise muss man sogar von einer Pflicht der Liquidatoren zur Kündigung der bestehenden TV ausgehen[14]. Sollte dies nicht geschehen sein oder wurde ein Liquidationsverfahren mangels Verbandsvermögens von vornherein nicht eingeleitet, enden die TV im Zeitpunkt der Vollbeendigung des Verbands automatisch, ohne dass es einer Kündigung bedarf[15]. Denn mit Abschluss der Liquidation existiert der Verband rechtlich nicht mehr. Zur Fortgeltung oder Nachwirkung des TV bei Auflösung s. § 3 Rz. 10, 40, 43; § 4 Rz. 6. Entsprechendes gilt für den Fall, dass über das Vermögen eines ArbGebVerbandes das Insolvenzverfahren eröffnet wird. Hier bedarf es einer Kündigung, die auch vom Insolvenzverwalter ausgesprochen werden kann[16].

23 **III. Tariffähigkeit des einzelnen Arbeitgebers. 1. Allgemeines.** Gem. Abs. 1 sind auch die einzelnen ArbGeb tariffähig. Wären nur ArbGebKoalitionen tariffähig, so könnte der einzelne ArbGeb durch Unterlassen des Beitritts zu einer Koalition die Geltung von TV vereiteln[17]. Einer sozialen Mächtigkeit des ArbGeb bedarf es ebenso wenig[18] wie seiner Tarifwilligkeit[19]. Die Mitgliedschaft in einem ArbGebVer-

---

1 BAG 28.3.2006 – 1 ABR 58/04, AP Nr. 4 zu § 2 TVG Tariffähigkeit m. Anm. *Henssler/Heiden*; vgl. dazu *Richardi*, RdA 2007, 117; *Rieble*, BB 2004, 885; HMB/*Greiner*, Teil 2 Rz. 63 ff. ||2 BAG 28.3.2006 – 1 ABR 58/04, AP Nr. 4 zu § 2 TVG Tariffähigkeit m. Anm. *Henssler/Heiden*. ||3 LAG Hamm 13.3.2009 – 10 TaBV 89/08, nv. ||4 BAG 5.10.2010 – 1 ABR 88/09, NZA 2011, 301; dazu HMB/*Greiner*, Teil 2 Rz. 74 ff. ||5 LAG Hamm 23.9.2011 – 10 TzBV 14/11, rkr. ||6 BAG 14.12.2010 – 1 ABR 19/10, NZA 2011, 289; eingehend dazu *Henssler/Höpfner/Orlowski*, Der CGZP-Beschluss des Bundesarbeitsgerichts und seine tarifrechtlichen Folgen, 2012. ||7 LAG Bln.-Bbg. 9.1.2012 – 24 TaBV 1285/11, BB 2012, 1733, rkr. ||8 BAG 23.5.2012 – 1 AZB 58/11, NZA 2012, 623. ||9 BAG 13.3.2013 – 5 AZR 954/11, NZA 2013, 680. ||10 LAG Hamburg 21.3.2012 – 3 TaBV 7/11, rkr. ||11 BAG 11.6.2013 – 1 ABR 33/12, PM 36/13. ||12 BAG 9.7.1968 – 1 ABR 2/67, AP Nr. 25 zu § 2 TVG. ||13 BAG 23.1.2008 – 4 AZR 312/01, AP Nr. 36 zu § 3 TVG m. krit. Anm. *Höpfner*; aA noch BAG 28.5.1997 – 4 AZR 546/95, AP Nr. 26 zu § 4 TVG Nachwirkung und 28.5.1997 – 4 AZR 545/95, AP Nr. 27 zu § 4 TVG Nachwirkung. ||14 *Henssler*, FS Picker, 2010, S. 987 (992); aA *Höpfner*, Anm. AP Nr. 36 zu § 3 TVG. ||15 Für eine Fünf-Jahres-Frist ab Auflösung des Verbands *Höpfner*, Anm. AP Nr. 36 zu § 3 TVG. ||16 BAG 27.6.2000 – 1 ABR 31/99, AP Nr. 56 zu § 2 TVG; aA ErfK/*Franzen*, § 2 TVG Rz. 18. ||17 *Gamillscheg*, Kollektives Arbeitsrecht I, S. 524. ||18 BAG 20.11.1990 – 1 ABR 62/89, AP Nr. 40 zu § 2 TVG; *Gamillscheg*, Kollektives Arbeitsrecht I, S. 524; *Löwisch/Rieble*, § 2 Rz. 340; *Schrader*, NZA 2001, 1337 (1341). ||19 *Gamillscheg*, Kollektives Arbeitsrecht I, S. 524; *Löwisch/Rieble*, § 2 Rz. 340; JKOS/*Schubert*, § 2 Rz. 13.

band nimmt dem ArbGeb nicht die Fähigkeit, FirmenTV abzuschließen[1]. Untersagt die Verbandssatzung den Abschluss eines FirmenTV, so bleibt die Wirksamkeit eines unter Verstoß gegen die mitgliedschaftl. Pflichten im Innenverhältnis abgeschlossenen FirmenTV davon unberührt[2]. Andererseits sind auch Streiks zur Erzwingung von FirmenTV gegen verbandsangehörige ArbGeb nicht generell ausgeschlossen (dazu Art. 9 GG Rz. 189)[3].

2. Begriff des Arbeitgebers. ArbGeb iSv. Abs. 1 ist – entsprechend dem im Arbeitsrecht üblichen Begriff – **jeder, der einen anderen auf Grund eines Arbeitsverhältnisses abhängig beschäftigt.** Das kann jede natürliche oder juristische Person des privaten oder öffentl. Rechts sein. Auch die rechtsfähigen Personengesellschaften (OHG, KG, GbR, Partnerschaft, EWIV) sind als solche tariffähig (vgl. auch § 1 Rz. 43)[4]. Soweit die privatisierten Nachfolgeunternehmen von Bahn und Post nicht ohnehin gem. § 2 I tariffähig sind, gelten die §§ 4 I, 7 III 1 BENeuglG, § 23 PostPersRG. Die Tariffähigkeit der Gewerkschaft als ArbGeb ist im Hinblick auf ihre Doppelstellung als ArbGeb und ArbN-Vertreter wegen § 181 BGB umstritten[5]. Auch Kleinunternehmen sind ohne Rücksicht auf ihre Durchsetzungsfähigkeit tariffähig[6]. Der Konzern ist als Gesamtheit der unter einheitlicher Leitung zusammengefassten rechtl. selbständigen Unternehmen nicht tariffähig[7], was die Möglichkeit eines konzerneinheitlich geltenden TV (§ 55 IV BetrVG) unberührt lässt (dazu auch § 1 Rz. 7, 15)[8]. Dagegen kann die Konzernobergesellschaft TV-Partei sein, wenn ArbN ihr arbeitsrechtl. zugeordnet sind[9]. Auch Beschäftigungsgesellschaften können ArbGeb sein[10].

3. Beginn und Ende der Tariffähigkeit. Die Tariffähigkeit des einzelnen ArbGeb beginnt nicht erst mit Abschluss des ersten Arbeitsvertrages; ausreichend ist, dass die **Beschäftigung von ArbN vorgesehen** ist[11]. Ein FirmenTV kann auch bereits für eine künftige Gesellschaft abgeschlossen werden[12]. Die Tariffähigkeit endet mit Verlust seiner ArbGebEigenschaft oder ersatzlosem Wegfall als TV-Partei[13]. Durch Eintritt des ArbGeb in einen ArbGebVerband endet dessen Tariffähigkeit als einzelner ArbGeb nicht (Rz. 23). Die Auflösung der ArbGebGesellschaft ändert an der Weitergeltung des Firmentarifs nichts; vielmehr sind die sich aus dem TV ergebenden Rechte im Rahmen der Liquidation abzuwickeln (Rz. 22). Die Insolvenz des ArbGeb beeinträchtigt die Tariffähigkeit ebenfalls nicht. Der Insolvenzverwalter bleibt an den TV gebunden. Er kann auch einen neuen FirmenTV abschließen. Im Erbfall treten die Erben im Wege der Universalsukzession in die TV ein.

4. Einzelfragen des Firmentarifvertrages. Beim Auftreten eines ArbGeb als TV-Partei kommt es zum Abschluss eines FirmenTV (vgl. auch § 1 Rz. 5, 7). Der ArbGeb wirkt hier als Normgeber, ist als Arbeitsvertragspartner zugleich aber auch Normunterworfener[14]. Als ein Gestaltungsinstrument, das unternehmensspezifische Regelungen und damit eine betriebsnahe Tarifpolitik ermöglicht, hat der FirmenTV im Zuge der Bemühungen um eine Flexibilisierung des Tarifwesens in den letzten Jahren erheblich an Bedeutung gewonnen (Einl. Rz. 3)[15]. Inhaltlich lässt sich zwischen HausTV und Anerkennungs- bzw. VerweisungsTV (vgl. § 1 Rz. 1) unterscheiden. Während der HausTV spezielle, von den Regelungen des VerbandsTV abweichende Vorschriften für ein Unternehmen bzw. einen oder mehrere Betriebe eines Unternehmens enthält, nimmt der AnerkennungsTV die in einem VerbandsTV enthaltenen Regelungen (weitgehend) in Bezug[16]. HausTV werden insb. in Form von Sanierungs- (s.a. § 1 Rz. 5) und ÜberleitungsTV sowie als Firmentarifsozialpläne (vgl. Einl. Rz. 36, § 1 Rz. 137) vereinbart[17].

Die Möglichkeit, in einem **AnerkennungsTV** auf andere Tarifwerke zu verweisen, besteht nach der Rspr. des BAG nicht uneingeschränkt. Erforderlich sei vielmehr, dass der Geltungsbereich der in Bezug genommenen Tarifnorm mit dem der verweisenden Tarifnorm in engem sachl. Zusammenhang stehe[18].

---

1 BAG 25.9.1996 – 1 ABR 4/96, AP Nr. 10 zu § 2 TVG Tarifzuständigkeit; 4.4.2001 – 4 AZR 237/00, AP Nr. 26 zu § 4 TVG Tarifkonkurrenz; 10.12.2002 – 1 AZR 96/02, AP Nr. 162 zu Art. 9 GG Arbeitskampf; ausf. dazu und zu abweichenden Auffassungen *Fischinger*, ZTR 2006, 518. ||2 BAG 24.1.2001 – 4 AZR 655/99, AP Nr. 173 zu § 1 TVG Tarifverträge: Metallindustrie; 10.12.2002 – 1 AZR 96/02, AP Nr. 162 zu Art. 9 GG Arbeitskampf; *Gamillscheg*, Kollektives Arbeitsrecht I, S. 524; Wiedemann/*Oetker*, § 2 Rz. 151. ||3 So die hM – vgl. BAG 10.12.2002 – 1 AZR 96/02, NZA 2003, 734; LAG Köln 16.6.1996 – 4 Sa 177/96, AP Nr. 149 zu Art. 9 GG Arbeitskampf; *Henssler*, ZfA 1998, 517 (534f.) mwN; aA LAG Schl.-Holst. 25.11.1999 – 4 Sa 584/99, AP Nr. 157 zu Art. 9 GG Arbeitskampf; *Hanau/Thüsing* ZTR 2002, 506 (509); *Buchner*, DB-Beil. 9/2001, 1; *Lieb*, DB 1999, 2058; *Reuter*, NZA 2001, 1097. ||4 Wiedemann/*Oetker*, § 2 Rz. 129f.; ErfK/*Franzen*, § 2 TVG Rz. 23. ||5 Abl. BAG 28.4.1992 – 1 ABR 68/91, AP Nr. 11 zu § 50 BetrVG 1972; diff. Wiedemann/*Oetker*, § 2 Rz. 135f.; anders dagegen, wenn die ArbN einer Gewerkschaft durch eine eigene Gewerkschaft vertreten werden, s. BAG 17.2.1998 – 1 AZR 364/97, AP Nr. 50 zu § 2 TVG; Däubler/*Peter*, § 2 Rz. 89. ||6 BAG 20.11.1990 – 1 ABR 62/89, AP Nr. 40 zu § 2 TVG zu einer Tarifgemeinschaft von wenigen Rechtsanwälten; 10.12.2002 – 4 AZR 96/02, AP Nr. 162 zu Art. 9 GG Arbeitskampf. ||7 Kempen/Zachert/*Stein*, § 2 Rz. 111; *Gamillscheg*, Kollektives Arbeitsrecht I, S. 525; *Löwisch/Rieble*, § 2 Rz. 359ff. ||8 Ausf. dazu *Höpfner*, in Rieble/Junker/Giesen, Arbeitsrecht im Konzern, 2010, S. 113ff. ||9 Wiedemann/*Oetker*, § 2 Rz. 143; Kempen/Zachert/*Stein*, § 2 Rz. 111. ||10 LAG Bbg. 24.2.1994 – 3 Sa 869/93, AP Nr. 45 zu § 2 TVG. ||11 *Löwisch/Rieble*, § 2 Rz. 370f.; ErfK/*Franzen*, § 2 TVG Rz. 25. ||12 BAG 24.1.2001 – 4 ABR 4/00, AP Nr. 1 zu § 3 BetrVG 1972. ||13 *Löwisch/Rieble*, § 2 Rz. 373ff., dort auch zu den Einzelfragen. ||14 ErfK/*Franzen*, § 2 TVG Rz. 21, § 3 TVG Rz. 15. ||15 Am Jahresende 2012 bestanden 38 269 FirmenTV (56,4 % der insg. gültigen TV), die sich auf 10 116 Unternehmen erstreckten, vgl. WSI-Statistisches Taschenbuch Tarifpolitik 2013, Tabelle 1.4. ||16 *Kleinebrink*, DB 2007, 518; Däubler/*Reim/Nebe*, § 1 Rz. 76. ||17 Dazu HMB/*Seitz*, Teil 11 Rz 1ff. ||18 BAG 9.7.1980 – 5 AZR 564/78, AP Nr. 7 zu § 1 TVG Form m. Anm. *Wiedemann*.

Dies sei anzunehmen, wenn auf einen VerbandsTV verwiesen werde, der für den ArbGeb bei einer Mitgliedschaft im ArbGebVerband unmittelbar und zwingend gelten würde[1]. Endet im Falle einer dynamischen Verweisung (vgl. § 1 Rz. 138 f.) die Friedenspflicht des BezugsTV, so entfällt diese auch im Bereich des VerweisungsTV. Solange der FirmenTV ungekündigt ist, dürfen von der Gewerkschaft indes keine Forderungen erhoben werden, die von den in der Verbandsauseinandersetzung erhobenen Forderungen abweichen[2]. Ob eine dynamische Verweisung dann ihre Grenze findet, wenn sich die in Bezug genommenen Normen „grundlegend verändern"[3], muss angesichts der aus der Unbestimmtheit dieses Kriteriums folgenden Rechtsunsicherheit bezweifelt werden.

28 **SanierungsTV**, die auch als firmenbezogene VerbandsTV (s. § 1 Rz. 5, § 4 Rz. 21) denkbar sind, werden vorrangig zur Sicherung eines Betriebsstandorts vereinbart. Dies geschieht idR durch ein Unterschreiten des Flächentarifniveaus, zB in Form einer zeitweisen Absenkung der Vergütung bzw. von Entgeltbestandteilen (Urlaubsgeld, Weihnachtsgeld), verbunden mit einer Erhöhung und/oder Flexibilisierung der Arbeitszeit. Im Gegenzug werden häufig Beschäftigungssicherungszusagen abgegeben. Das BAG geht davon aus, dass zumindest solche arbeitsvertragl. Bezugnahmeklauseln, die als Gleichstellungsabrede vereinbart werden, auch verschlechternde SanierungsTV in der Form von FirmenTV oder firmenbezogenen VerbandsTV erfassen, ohne dass dies einer ausdrücklichen Klarstellung bedürfe[4] (dazu § 3 Rz. 32a). Ein SanierungsTV kann bereits entstandene tarifl. Ansprüche rückwirkend beseitigen, soweit die betroffenen ArbN nicht auf den Fortbestand dieser Ansprüche vertrauen durften. Allerdings müssen bereits im Zeitpunkt der Entstehung des Anspruchs hinreichende Anhaltspunkte dafür vorliegen, dass die TV-Parteien diesen zu Ungunsten der ArbN ändern werden. Voraussetzung ist zudem, dass sowohl zum Zeitpunkt des rückwirkenden Inkrafttretens als auch im Zeitpunkt des Abschlusses des TV beiderseitige Tarifbindung besteht[5].

29 **ÜberleitungsTV** treten in der Praxis mit unterschiedlichen Zielsetzungen auf. Häufig handelt es sich um HausTV anlässlich eines Betriebsüberganges oder einer sonstigen Umstrukturierung[6]. Regelungsgegenstand ist in den meisten Fällen eine Vereinheitlichung der Arbeitsbedingungen im Betrieb[7] sowie die Klärung offener Rechtsfragen, insb. im Zusammenhang mit kleinen dynamischen Bezugnahmeklauseln bei einem Betriebsübergang[8]. Der Vereinheitlichung der Arbeitsbedingungen wird durch Art. 3 I GG eine Grenze gezogen: Eine Besser- oder Schlechterstellung von ArbN auf Grund ihrer Tarifherkunft ist unzulässig[9]. Nach dem BAG liegt aber dann kein Verstoß gegen Art. 3 I GG vor, wenn die TV-Parteien übernommene Beschäftigte iS einer Besitzstandswahrung entsprechend ihrer bisherigen Vergütung eingruppieren und nicht der Stammbelegschaft gleichstellen[10].

30 Existiert neben dem FirmenTV auch ein VerbandsTV, entsteht eine Tarifkonkurrenz (s. § 4 Rz. 47 ff.), die zu Gunsten des FirmenTV aufzulösen ist[11]. Zur Erstreikbarkeit von FirmenTV s. Art. 9 GG Rz. 189.

31 **IV. Beteiligung von Spitzenorganisationen (Abs. 2–4). 1. Allgemeines.** Der Begriff der Spitzenorganisation nach Abs. 1 ist nicht identisch mit demjenigen des § 12. Spitzenorganisationen sind nach der Legaldefinition des Abs. 2 **Zusammenschlüsse von Gewerkschaften und Vereinigungen von ArbGeb**. Sie können TV im Namen der ihnen angeschlossenen Verbände abschließen. Die Möglichkeit der Stellvertretung ergibt sich für rechtsfähige Verbände bereits aus den allg. Grundsätzen (§§ 164 ff. BGB). Da heute jede in der Rechtsform des Vereins oder der GbR organisierte Spitzenorganisation rechtsfähig ist, hat Abs. 2 lediglich deklaratorische Wirkung. Darüber hinaus verleiht Abs. 3 ihnen selbst die Tariffähigkeit. Dabei handelt es sich nach Auffassung des BAG nicht um eine originäre eigene, sondern nur um eine von ihren Mitgliedern abgeleitete Tariffähigkeit[12]. Eine Vereinigung kann als Mitglieder neben Vereinigungen auch Einzelmitglieder aufnehmen[13]. In diesem Fall kann sie sowohl nach Abs. 1 als auch nach Abs. 3 tariffähig sein[14].

31a Das BAG hat jüngst im Beschluss über die Tariffähigkeit der **CGZP** (vgl. auch Rz. 20, 33a) über die Legaldefinition des Abs. 2 hinaus als weitere Anforderung an eine Spitzenorganisation verlangt, dass die Mitgliedsverbände ihre **Tariffähigkeit** der Spitzenorganisation **vollständig vermitteln** müssen[15]. Das setze voraus, dass sich die angeschlossenen Mitgliedsverbände in ihrem Organisationsbereich nicht nur teilweise, sondern vollständig miteinander verbinden. Für dieses neu kreierte Erfordernis gibt es indes **keine gesetzliche Grundlage**. Weder der Begriff „Zusammenschluss" in Abs. 2 noch die Entstehungsgeschichte des TVG liefern einen Anhaltspunkt für eine derartige Einschränkung[16]. So wurden

---

1 BAG 18.2.2003 – 1 AZR 142/02, AP Nr. 163 zu Art. 9 GG Arbeitskampf. ||2 BAG 18.2.2003 – 1 AZR 142/02, AP Nr. 163 zu Art. 9 GG Arbeitskampf. ||3 So JKOS/*Krause*, § 4 Rz. 5. ||4 BAG 14.12.2005 – 10 AZR 296/05, AP Nr. 37 zu § 1 TVG Bezugnahme auf Tarifvertrag; 11.10.2006 – 4 AZR 486/05, AP Nr. 24 zu § 1 TVG Rückwirkung. ||5 BAG 11.10.2006 – 4 AZR 486/05, AP Nr. 24 zu § 1 TVG Rückwirkung; 22.10.2003 – 10 AZR 152/03, AP Nr. 21 zu § 1 TVG Rückwirkung; vgl. auch BAG 14.11.2001 – 10 AZR 698/00. ||6 Dazu etwa LAG BW 6.8.2003 – 4 Sa 76/02, nv. ||7 BAG 30.8.2005 – 3 AZR 477/04. ||8 Vgl. *Lingemann*, FS 25 Jahre ARGE Arbeitsrecht, 2006, S. 71 (85). ||9 *Löwisch/Rieble*, § 3 Rz. 443. ||10 BAG 29.8.2001 – 4 AZR 352/00, AP Nr. 291 zu Art. 3 GG m. krit. Anm. *Rieble*. ||11 BAG 10.12.2002 – 1 AZR 96/02, AP Nr. 162 zu Art. 9 GG Arbeitskampf; dazu HMB/*Sittard*, Teil 14 Rz 68 ff. ||12 BAG 14.12.2010 – 1 ABR 19/10, NZA 2011, 289. ||13 BAG 6.5.2003 – 1 AZR 241/02, AP Nr. 21 zu § 3 TVG Verbandszugehörigkeit. ||14 BAG 22.3.2000 – 4 ABR 79/98, AP Nr. 49 zu § 2 TVG. ||15 BAG 14.12.2010 – 1 ABR 19/10, NZA 2011, 289. ||16 Vgl. *Löwisch*, SAE 2011, 61 (62 f.).

auch zuvor weder vom BAG noch von Seiten des Schrifttums Zweifel am abschließenden Charakter der Definition in Abs. 2 geäußert[1]. Das Argument, eine nur teilweise Vermittlung der Tariffähigkeit in Randbereichen könne keine ausreichende Durchsetzungskraft der Spitzenorganisation gewährleisten, überzeugt ebenfalls nicht, da es für die Tariffähigkeit allein auf die Durchsetzungsfähigkeit der Spitzenorganisation selbst ankommt (Rz. 32).

2. Abschluss von Tarifverträgen in eigenem Namen (Abs. 3). Das Recht der Spitzenorganisation zum Vertragsschluss in eigenem Namen besteht nur, sofern dies zu ihren **satzungsmäßigen Aufgaben** gehört. Da die Spitzenorganisation nur über eine von ihren Mitgliedern abgeleitete Tariffähigkeit besitzt, ist erforderlich, dass ihre Mitgliedsverbände selbst tariffähig sind. Umstritten ist, ob *alle* der Organisation angeschlossenen Mitgliedsverbände tariffähig sein müssen. Das BAG geht davon aus, dass nur **alle** das Tarifgeschehen der Spitzenorganisation bestimmenden **Mitgliedsverbände selbst tariffähig** sein müssen. Tarifunfähige Vereinigungen könnten zwar ebenfalls Mitglied der Spitzenorganisation sein, müssten aber nach der Satzung von der Mitwirkung bei tarifpolitischen Entscheidungen ausgeschlossen sein[2]. Auch diese Einschränkung überzeugt nicht. Vielmehr reicht es aus, wenn wenigstens zwei Mitgliedsverbände tariffähig sind[3]. Das gilt insb. für das Kriterium der sozialen Mächtigkeit (Rz. 18), weil es insoweit nur auf die Durchsetzungsfähigkeit und organisatorische Leistungsfähigkeit des Spitzenverbandes ankommen kann. Diese wird aber nach der Funktion des Mächtigkeitskriteriums bereits durch die soziale Mächtigkeit einzelner Mitglieder vermittelt. Das Hinzutreten weiterer Verbände kann – in aller Regel – allenfalls zu einer Stärkung, nicht dagegen zu einer Schwächung des Dachverbandes führen. Aufgrund der sozialen Mächtigkeit der Gesamtorganisation erscheint es folgerichtig, den von der Spitzenorganisation nach Abs. 3 abgeschlossenen TV Rechtswirkungen auch für die für sich genommen nicht durchsetzungsfähigen Mitgliedsverbände und deren Mitglieder anzuerkennen[4]. Dagegen müssen andere Voraussetzungen der Tariffähigkeit, insb. die Gegnerunabhängigkeit, bei allen Mitgliedern der Spitzenorganisation vorliegen[5]. 32

Fehlt eine ausdrückliche Regelung der Tarifbefugnis in der Satzung, so reicht es aus, wenn sie sich durch Auslegung der Satzung ermitteln lässt[6]. Die Satzung einer Spitzenorganisation kann vorsehen, dass ihre tarifrechtl. Aufgaben durch eine in ihr gebildete Arbeitsgemeinschaft wahrgenommen werden, der nur Einzelmitglieder angehören dürfen. Dem BAG zufolge gehört der Abschluss von TV dann **nicht** zu den **satzungsgemäßen Aufgaben** der Spitzenorganisation[7]. Die einzelnen Mitglieder der ArbGebVerbände, die der Spitzenorganisation angehören, sind folglich nicht generell tarifgebunden. Einer Zustimmung der Mitgliedsverbände zum Abschluss von TV bedarf es nicht[8]. Über den TV sind die Spitzenorganisationen allein verfügungsberechtigt, dh. nur sie können ihn später kündigen, aufheben oder ändern[9]. Der Tarifabschluss durch die Spitzenorganisationen hindert die Mitgliedsverbände nicht, selbständig eigene (weitere) TV zu schließen[10]. Widersprüche zwischen den TV sind nach den Grundsätzen der Tarifkonkurrenz zu lösen (dazu § 4 Rz. 47 ff.)[11]. 33

Nach der jüngsten Rspr. des BAG darf die **satzungsmäßige Zuständigkeit** einer Spitzenorganisation, die gem. Abs. 3 im eigenen Namen TV abschließt, **nicht** über die Organisationsbereiche der ihr angeschlossenen Mitgliedsverbände **hinausgehen**. Ansonsten handele es sich „schon begrifflich nicht mehr um einen Zusammenschluss von Gewerkschaften"[12]. Diese begriffsjuristische Argumentation kann nicht überzeugen[13]. Zunächst ist es widersprüchlich, wenn das BAG einerseits tarifunfähige Mitgliedsverbände einer Spitzenorganisation verbandsrechtl. im Grundsatz zulässt, im Rahmen der Tarifzuständigkeit aber andererseits eine vollständige Kongruenz der Zuständigkeitsbereiche von Spitzenorganisation und Mitgliedern verlangt. Vor allem aber handelt es sich bei der Reichweite der Tarifzuständigkeit nicht um eine rechtl. Eigenschaft der Spitzenorganisation, sondern um eine **Frage der maximalen Tarifbindung der Mitglieder**. Das BAG weist zu Recht selbst darauf hin, dass ein TV „in einem Bereich, der außerhalb der Organisationsbereiche der Mitgliedsgewerkschaften liegt, auf Arbeitnehmerseite keine Tarifbindung erzeugen" kann[14]. Nach allg. Auffassung sind TV (nur) insoweit unwirksam, wie sie die gemeinsame Tarifzuständigkeit der TV-Parteien überschreiten[15]. Es gibt keinen nachvollziehbaren 34

---

1 Vgl. BAG 2.11.1960 – 1 ABR 18/59, SAE 1961, 80; 22.3.2000 – 4 ABR 79/98, NZA 2000, 893; *Löwisch/Rieble*, § 2 Rz. 286; Wiedemann/*Oetker*, § 12 Rz. 3.   ‖2 BAG 14.12.2010 – 1 ABR 19/10, NZA 2011, 289; ebenso schon BAG 2.11.1960 – 1 ABR 18/59, AP Nr. 1 zu § 97 ArbGG 1953; *Ulber*, NZA 2008, 438 (441).   ‖3 *Franzen*, BB 2009, 1472 (1474); *Jacobs*, ZfA 2010, 27 (42 ff.); *Lembke*, NZA 2007, 1333 (1335 f.); *Löwisch*, SAE 2011, 61; Wiedemann/*Thüsing*, RdA 1995, 280 (281 f.); *Löwisch/Rieble*, § 2 Rz. 291.   ‖4 LAG Nds. 25.8.1998 – 11 Sa 1455/97, LAGE § 2 TVG Nr. 5; Wiedemann/*Thüsing*, RdA 1995, 280 (281 f.); *Löwisch/Rieble*, § 2 Rz. 291; *Lembke*, NZA 2007, 1333 (1335 f.); Thüsing/Braun/*Emmert*, 2. Kap, Rz. 129; aA Wiedemann/*Oetker*, § 2 TV Rz. 432; *Ulber*, NZA 2008, 438 (441); HMB/*Greiner*, Teil 2 Rz. 196.   ‖5 *Wiedemann/Thüsing*, RdA 1995, 280 (281); *Löwisch/Rieble*, § 2 Rz. 292.   ‖6 Zur Auslegung von Satzungsbestimmungen: BAG 11.6.1975 – 4 AZR 395/74, AP Nr. 29 zu § 2 TVG; Wiedemann/*Oetker*, § 2 Rz. 434; *Zachert*, NZA 2000, 121 (123).   ‖7 BAG 22.3.2000 – 4 ABR 79/98, AP Nr. 49 zu § 2 TVG.   ‖8 Wiedemann/*Oetker*, § 2 Rz. 438.   ‖9 BAG 22.2.1957 – 1 AZR 426/56, AP Nr. 2 zu § 2 TVG; *Gamillscheg*, Kollektives Arbeitsrecht I, S. 524 f.   ‖10 BAG 22.2.1957 – 1 AZR 426/56, AP Nr. 2 zu § 2 TVG; *Löwisch/Rieble*, § 2 Rz. 304.   ‖11 BAG 22.2.1957 – 1 AZR 426/56, AP Nr. 2 zu § 2 TVG.   ‖12 BAG 14.12.2010 – 1 ABR 19/10, NZA 2011, 289.   ‖13 Krit. auch *Löwisch*, SAE 2011, 61 (63).   ‖14 BAG 14.12.2010 – 1 ABR 19/10, NZA 2011, 289 (297).   ‖15 BAG 15.11.2006 – 10 AZR 665/06, NZA 2007, 448; ErfK/*Franzen*, § 2 TVG Rz. 38; *Löwisch/Rieble*, § 2 Rz. 180.

TVG § 2 Rz. 35 Tarifvertragsparteien

Grund, dies bei TV, die von Spitzenorganisationen abgeschlossen werden, anders zu beurteilen und eine **Gesamtnichtigkeit des TV** anzunehmen[1]. Indem das BAG die Frage der Tarifzuständigkeit in den Begriff der Spitzenorganisation hineinliest, führt es faktisch ein Verbot der geltungserhaltenden Reduktion des von einer Spitzenorganisation abgeschlossenen TV ein.

35 Treten beim Tarifabschluss sog. **Tarifgemeinschaften** auf (dazu § 1 Rz. 11), ist zu differenzieren. Zum Teil handelt es sich bei den (missverständlich) so bezeichneten Zusammenschlüssen nach dem in der Satzung geäußerten Selbstverständnis um Spitzenorganisationen iSv. Abs. 2 oder 3, so dass für die Tariffähigkeit das in Rz. 32 Gesagte gilt, die fehlende Tariffähigkeit einzelner Mitglieder also entgegen der Rspr. des BAG unschädlich ist (so etwa im Fall der CGZP[2]). Daneben wird der Begriff für Zusammenschlüsse von Gewerkschaften oder ArbGebVerbänden verwendet, die das Ziel verfolgen, zwar die Tarifmacht ihrer Mitglieder zu bündeln und einen EinheitsTV zu schließen, aber nicht selbst als TV-Partei aufzutreten. Partner des TV bleiben in diesem Fall die gesellschaftsrechtl. verbundenen Einzelgewerkschaften. Der Verbund fällt nicht unter Abs. 3[3]. Will die Tarifgemeinschaft dagegen selbst TV schließen, muss sie auch selbst alle Voraussetzungen der Tariffähigkeit erfüllen. Zumindest idR wird sie dann zugleich als Spitzenorganisation iSv Abs. 3 zu qualifizieren sein.

36 **3. Vertretung der angeschlossenen Verbände (Abs. 2).** Beim Abschluss von TV kann sich jede Tarifpartei im Rahmen der allg. Vorschriften **durch beliebige Personen gem. § 164 BGB rechtsgeschäftlich vertreten** lassen. Abs. 2 stellt klar, dass Spitzenorganisationen auch dann als Vertreter bei Tarifabschlüssen agieren können, wenn sie selbst nicht rechtsfähig sind, obwohl die Rechtsfähigkeit generell Voraussetzung für wirksames Vertreterhandeln ist[4]. Unverzichtbar ist die Erteilung entsprechender Vollmacht. IÜ gelten die allg. zivilrechtl. Grundsätze: Das Handeln in fremdem Namen kann auch durch die Umstände offenbar werden[5]. Wurde das Vertretungsverhältnis im TV nicht hinreichend deutlich, so ist der angeblich Vertretene nicht Partei des TV geworden und zur Kündigung des TV nicht befugt[6]. Bei fehlender Bevollmächtigung finden die Grundsätze der Anscheins- und Duldungsvollmacht Anwendung[7].

37 **4. Gesamtschuldnerische Haftung (Abs. 4).** Abs. 4 sieht eine gesamtschuldnerische Haftung von Spitzenverband und ihm angeschlossenen Mitgliedsverbänden vor. Unabhängig davon, ob Spitzenverbände im eigenen Namen oder im Namen der Mitgliedsverbände einen TV abgeschlossen haben, haften sowohl sie als auch die Mitgliedsverbände für die Erfüllung der gegenseitigen schuldrechtl. Verpflichtungen. Die Haftungserweiterung betrifft je nach Abgabe der Willenserklärungen im eigenen oder fremden Namen entweder den Spitzenverband oder aber seine Mitglieder: Hat der Spitzenverband im **fremden Namen** gehandelt, so begründet Abs. 4 entgegen §§ 164, 179 BGB trotz vorliegender Vertretungsmacht eine Eigenhaftung des Vertreters. Hat der (eingetragene) Spitzenverband im **eigenen Namen** gehandelt, so wäre nach allg. Vereinsrecht/Gesellschaftsrecht an sich eine Haftung der Vereinsmitglieder zu verneinen. Abs. 4 wirkt hier als **gesetzl. normierte Durchgriffshaftung**[8]. Wurde ein TV durch einen Spitzenverband nur im Namen eines Teils der ihm angehörenden Verbände geschlossen, beschränkt sich die gesamtschuldnerische Haftung auf die vertretenen Verbände[9]. Sie umfasst die Erfüllung der gegenseitigen vertragl. Verpflichtungen, namentlich also die Durchführungs- und die Friedenspflicht und weitere explizit vereinbarte **schuldrechtl. Pflichten** (§ 1 Rz. 73 ff.), sowie die Sekundärhaftung aus einer Verletzung dieses Pflichtenprogramms. Keine unmittelbare Haftung besteht für die Einhaltung der Rechtsnormen des TV[10]. Die gesamtschuldnerische Haftung führt nach den allg. Grundsätzen nicht zu einer notwendigen Streitgenossenschaft[11].

38 **V. Tarifzuständigkeit.** Die Tarifzuständigkeit einer tariffähigen Partei bestimmt den **Geschäftsbereich, innerhalb dessen die Partei TV abschließen kann**[12]. Die Tarifzuständigkeit entscheidet damit über den maximalen tarifl. Geltungsbereich in räumlicher, betriebl.-branchenbezogener, berufl.-fachl. und persönlicher Hinsicht[13]. Vergleichbar mit der Tarifzuständigkeit ist die Zuständigkeit einer staatl. Behörde, die den Geltungskreis ihrer Rechtsakte festlegt[14]. Im Unterschied zur Behörde hat eine Tarifpartei aber die verfassungsrechtl. abgesicherte Befugnis, ihre Tarifzuständigkeit autonom über ihre **Satzung** festzulegen[15]. Nur für den persönlichen Geltungsbereich setzt das Gesetz in § 3 I und II Grenzen. Eine ArbGeb- oder ArbN-Vereinigung kann ihre Tarifzuständigkeit nicht auf ihre jeweiligen Mit-

---

1 Ebenso *Löwisch*, SAE 2011, 61 (63); vgl. auch HMB/*Greiner*, Teil 2 Rz. 200. ||2 Str., aA *Ulber*, NZA 2008, 438 (441). ||3 *Löwisch/Rieble*, § 2 Rz. 394 ff.; *Höpfner*, in Rieble/Junker/Giesen, Arbeitsrecht im Konzern, 2010, S. 113 (130 ff.). ||4 BAG 11.6.1975 – 4 AZR 395/74, AP Nr. 29 zu § 2 TVG; 12.2.1997 – 4 AZR 419/95, AP Nr. 46 zu § 2 TVG; Wiedemann/*Oetker*, § 2 Rz. 443. ||5 BAG 31.10.1958 – 1 AZR 632/57, AP Nr. 2 zu § 1 TVG. ||6 BAG 26.4.2000 – 4 AZR 170/99, AP Nr. 4 zu § 1 TVG Kündigung. ||7 BAG 12.12.2007 – 4 AZR 996/06, NZA 2008, 892; Wiedemann/*Oetker*, § 2 TG Rz. 446; aA Wiedemann/*Thüsing*, § 1 Rz. 188; MünchArbR/*Rieble/Klumpp*, § 165 Rz. 22 f.: nur Duldungsvollmacht. ||8 ErfK/*Franzen*, § 2 TVG Rz. 32; JKOS/*Schubert*, § 2 Rz. 160. ||9 Wiedemann/*Oetker*, § 2 Rz. 454 f. ||10 Wiedemann/*Oetker*, § 2 Rz. 449; Däubler/*Peter*, § 2 Rz. 62. ||11 *Löwisch/Rieble*, § 2 Rz. 327; ErfK/*Franzen*, § 2 TVG Rz. 32. ||12 BAG 24.7.1990 – 1 ABR 46/89, AP Nr. 7 zu § 2 TVG Tarifzuständigkeit; 12.11.1996 – 1 ABR 33/96, AP Nr. 11 zu § 2 TVG Tarifzuständigkeit; grundlegend zur Tarifzuständigkeit *Ricken*, Autonomie und tarifliche Rechtsetzung, S. 6 ff.; HMB/*Sittard*, Teil 2 Rz. 204 ff. ||13 Wiedemann/*Oetker*, § 2 Rz. 56. ||14 Wiedemann/*Oetker*, § 2 Rz. 56. ||15 BAG 24.7.1990 – 1 ABR 46/89, AP Nr. 7 zu § 2 TVG Tarifzuständigkeit; 27.9.2005 – 1 ABR 41/04, NZA 2006, 273; *Henssler*, ZfA 1998, 517 (523); *Buchner*, ZfA 1995, 95 (99).

glieder beschränken und sie damit von deren Entscheidung über ihren Ein- oder Austritt abhängig machen. Eine solche Satzungsbestimmung ist mit den Erfordernissen eines funktionstüchtigen TV-Systems und der darauf bezogenen Ausgestaltung der Tarifautonomie durch die Vorschriften der §§ 3 III, 5 IV TVG und § 77 III 1 BetrVG nicht vereinbar[1]. Ebenso wenig kann ein Verband seine Tarifzuständigkeit auf seine Mitglieder mit Tarifbindung (Vollmitglieder) beschränken. Die Zulässigkeit der **OT-Mitgliedschaft** ist kein Problem der Tarifzuständigkeit des Verbandes, sondern der Tarifgebundenheit seiner Mitglieder (dazu § 3 Rz. 3 ff.)[2].

Auch wenn die Tarifzuständigkeit im TVG nicht ausdrücklich erwähnt wird, so ist sie als **Voraussetzung der Wirksamkeit** eines TV nahezu **allg. anerkannt**[3]. Eine einfachgesetzl. Anerkennung hat sie seit 1979 durch §§ 2a I Nr. 4, 97 ArbGG erfahren. Hieraus folgt auch ihre Gleichrangigkeit im Verhältnis zur Tariffähigkeit.

Wirksame TV setzen voraus, dass sich die **Tarifzuständigkeiten** der Vertragspartner in Bezug auf den vertragl. Regelungsbereich **decken**[4]. Eine vollständige Kongruenz der Tarifzuständigkeiten der Vertragspartner ist dagegen nicht erforderlich; sie wird sogar nur selten vorliegen.

Das Erfordernis der Tarifzuständigkeit trägt dazu bei, **Abgrenzungsschwierigkeiten und Kompetenzstreitigkeiten** zwischen gleichrangigen Organisationen zu vermeiden, und führt zu sachnäheren Regelungen. Verwirklichen lassen sich diese Vorteile indes nur, wenn die Tarifzuständigkeiten der einzelnen Verbände aufeinander abgestimmt sind, wie das bei den im DGB zusammengeschlossenen Gewerkschaften der Fall ist (Grundsatz: Ein Betrieb, eine Gewerkschaft). Andernfalls entstehen Tarifkonkurrenzen (dazu § 4 Rz. 47 ff.)[5]. Die Tarifzuständigkeit begünstigt damit auch die einheitliche Geltung eines TV innerhalb eines Betriebes.

Die Tarifzuständigkeit wird von den Tarifparteien **selbst und autonom in ihren Satzungen** festgelegt[6] und kann jederzeit neu bestimmt werden. Für welche Branchen bzw. ArbN die Tarifparteien zuständig sind, ist durch Auslegung der Satzung zu ermitteln. Dabei stellt das BAG[7] unter Berücksichtigung von Wortlaut, Sinn und Zweck, Entstehungszeit sowie Gesamtzusammenhang auf den (objektivierten) Willen des Satzungsgebers und damit auf die Grundsätze der Gesetzesauslegung[8] ab. Es gilt das Bestimmtheitsgebot (Rz. 44). Ein schlichtes Tätigwerden außerhalb der satzungsmäßigen Aufgaben erweitert die Tarifzuständigkeit nicht[9]. Auch durch Satzung kann dies nicht angeordnet werden. Das BAG erklärte jüngst eine Klausel in der Satzung der DHV für unwirksam, nach der die Festlegung des Organisationsbereiches der DHV von ihrer Tätigkeit als „Tarifpartner" in Unternehmen oder Branchen abhängig sein sollte[10]. Im Ergebnis hat der 1. Senat die Tarifzuständigkeit der DHV für den Bereich der Privatkliniken verneint (vgl. auch Rz. 44)[11]. Die DGB-Gewerkschaften und die Christlichen Gewerkschaften sind nach dem **Industrieverbandsprinzip** organisiert und damit regelmäßig zuständig für alle **Unternehmen** des Wirtschaftssektors einschl. der brancheneigenen und branchenfremden Betriebsabteilungen, Betriebsstätten und Nebenbetriebe. Branchenfremde Betriebe können durch die Satzung von der Zuständigkeit ausgenommen werden. Die Tarifzuständigkeit kann auf einen Teilbereich des Wirtschaftssektors beschränkt werden oder mehrere Wirtschaftssektoren umfassen. Der Verband kann die Tarifzuständigkeit auch mit der Branchenzugehörigkeit des einzelnen **Betriebs** verknüpfen, gleich welchem Wirtschaftssektor das Unternehmen angehört[12]. Wachsende Bedeutung erlangen die iS des **Berufsverbandsprinzips** für bestimmte Berufssparten zuständigen Gewerkschaften wie die Gewerkschaft Deutscher Lokomotivführer (GDL), der Marburger Bund (MB), die Vereinigung Cockpit (VC) oder die Unabhängige Flugbegleiter Organisation (UFO)[13]. Die von ihnen abgeschlossenen TV erfassen als SpartenTV jeweils nur einen Teil der Belegschaftsmitglieder, was regelmäßig zu einer Tarifpluralität im Betrieb führt (dazu § 4 Rz. 46 ff.).

Knüpft die Satzung an der Branchenzugehörigkeit des Unternehmens an, so ist tarifzuständig derjenige Verband, dessen **satzungsgemäßer Organisationsbereich** der Tätigkeit entspricht, die dem Unternehmen das **Gepräge** gibt. Maßgebend ist der Gegenstand des Unternehmens, nicht derjenige einzelner Betriebe, Betriebsabteilungen oder Nebenbetriebe. Indizien für die das Unternehmen prägende Branche bieten bei Mischtätigkeiten der arbeitstechnische Zweck und die Zahl der einschlägig beschäftig-

---

1 BAG 18.7.2006 – 1 ABR 36/05, AP Nr. 19 zu § 2 TVG Tarifzuständigkeit. ||2 BAG 18.7.2006 – 1 ABR 36/05, AP Nr. 19 zu § 2 TVG Tarifzuständigkeit; zum Streitstand *Höpfner*, ZfA 2009, 541 (545 f.). ||3 BAG 19.12.1958 – 1 AZR 109/58, AP Nr. 3 zu § 2 TVG; Däubler/*Peter*, § 2 Rz. 164; Wiedemann/*Oetker*, § 2 Rz. 52 mwN; krit. *Gamillscheg*, Kollektives Arbeitsrecht I, S. 535. ||4 BAG 19.12.1958 – 1 AZR 109/58, AP Nr. 3 zu § 2 TVG. ||5 Die auf Grund der Nichtbeachtung der DGB-Satzung entstehende Doppelzuständigkeit zweier Gewerkschaften führt im Außenverhältnis nicht zur Unwirksamkeit einer Satzung, BAG 27.9.2005 – 1 ABR 41/04, NZA 2006, 273. ||6 BAG 12.11.1996 – 1 ABR 33/96, AP Nr. 11 zu § 2 TVG Tarifzuständigkeit; 10.2.2009 – 1 ABR 36/08, NZA 2009, 908. ||7 BAG 27.11.1964 – 1 ABR 13/63, AP Nr. 1 zu § 2 TVG Tarifzuständigkeit; 18.7.2006 – 1 ABR 36/05, AP Nr. 19 zu § 2 TVG Tarifzuständigkeit. ||8 BAG 10.2.2009 – 1 ABR 36/08, NZA 2009, 908. ||9 BAG 24.7.1990 – 1 ABR 46/89, AP Nr. 7 zu § 2 TVG Tarifzuständigkeit; 17.4.2012 – 1 ABR 5/11, NZA 2012, 1104. ||10 BAG 17.4.2012 – 1 ABR 5/11, NZA 2012, 1104. ||11 BAG 17.4.2012 – 1 ABR 5/11, NZA 2012, 1104. ||12 Vgl. BAG 25.9.1996 – 1 ABR 4/96, AP Nr. 10 zu § 2 TVG Tarifzuständigkeit. ||13 Die Tariffähigkeit der UFO hat das BAG mit Beschl. v. 14.12.2004 – 1 ABR 51/03, AP Nr. 1 zu § 2 TVG Tariffähigkeit, festgestellt; zum Ganzen *Henssler*, RdA 2011, 65 (72 f.).

ten Facharbeiter sowie der maßgebende Anteil am Umsatz und Gewinn[1]. Die Tarifzuständigkeit kann durch Änderung des Unternehmenszwecks oder Verlegung eines Betriebes enden[2].

43 Auch beim **FirmenTV** kommt es im Bereich des Industrieverbandsprinzips regelmäßig auf den überwiegenden Gegenstand des Unternehmens des ArbGeb an[3]. Die Rspr. des BAG sieht dies allerdings anders: Der einzelne ArbGeb soll seine Tarifzuständigkeit nicht selbständig festlegen können. Er sei tarifzuständig für alle seine Betriebe[4], könne damit auch gegen seinen Willen gezwungen werden, für jeden seiner Betriebe unterschiedliche TV abzuschließen. Diese Rspr. missachtet das über Art. 12 GG (unternehmerische Entscheidungsfreiheit) geschützte Recht des ArbGeb, sein Unternehmen einer einheitlichen Tarifordnung zu unterwerfen, stellt damit der verfassungsrechtl. geschützten Satzungsautonomie der Gewerkschaft keine gleichwertige Organisationsautonomie des ArbGeb ggü. Die Anknüpfung an den Betrieb überzeugt auch deshalb nicht, weil das BAG den Gleichbehandlungsgrundsatz nicht mehr betriebs-, sondern unternehmens- bzw. arbeitgeberbezogen verstanden wissen will[5].

44 Die Begrenzungen oder Erweiterungen des Zuständigkeitsbereichs müssen in der Satzung **hinreichend deutlich bestimmt** sein[6]. Für eine über den verlautbarten Satzungsinhalt hinausgehende ungeschriebene Annex-Zuständigkeit besteht kein Raum[7]. Nach Ansicht des BAG ist etwa die Satzungsregelung der DHV, nach der sich der Organisationsbereich der Gewerkschaft danach bestimmt, ob sie in Unternehmen oder Branchen über die „hinreichende Repräsentativität" verfügt, nicht hinreichend bestimmt[8]. Das Abstellen auf das Vertretensein reiche ohne Verknüpfung zu weiteren, objektiv bestimmbaren Bezugspunkten (etwa Organisationsgrad oder Mindestanzahl an Gewerkschaftsmitgliedern) nicht aus (vgl. auch Rz. 41). Trotz Satzungsautonomie darf die Tarifzuständigkeit nicht willkürlich oder funktionswidrig festgelegt werden, da die Koalitionsfreiheit in Art. 9 III GG funktionsgebunden verliehen wird[9]. Die räumliche Begrenzung oder Erweiterung der eigenen Tarifzuständigkeit steht im Ermessen der Verbände. Einzelne Betriebe können aus sachlichen Gründen ein- oder ausgeschlossen werden[10]. Die Tarifzuständigkeit kann auch auf Betriebsstätten im Ausland ausgedehnt werden[11]. Personell muss die Tarifzuständigkeit mit tatsächlich vorhandenen Mitgliedern korrespondieren. Hat der Verband kein einziges Mitglied im fraglichen Wirtschaftssektor, darf er sich keine Zuständigkeit für diesen Sektor zuschreiben[12]. Eine Begrenzung der Tarifzuständigkeit auf bestimmte Gruppen innerhalb eines Berufsverbandes ist dagegen möglich. Es entsteht dann eine Tarifgemeinschaft, eine tarifl. selbständige Unterorganisation (zur OT-Mitgliedschaft s. § 3 Rz. 3 ff.). Die personelle Gestaltungsfreiheit erlaubt aber keine geschlechtsbezogene Diskriminierung[13].

45 Sachl. muss die Tarifzuständigkeit die Regelung der Arbeits- und Wirtschaftsbedingungen iSv. Art. 9 III GG umfassen. Einzelne Bereiche, die nach allg. Ansicht zum Gegenstand der Tarifautonomie gehören, dürfen nicht ausgeklammert werden[14]. Ansonsten könnten Verbände in der Folge TV-Verhandlungen und einen Arbeitskampf über bestimmte Regelungsbereiche mangels erforderlicher Tarifzuständigkeit verhindern. Aus dem gleichen Grund darf die Satzung die Tarifzuständigkeit nicht auf bestimmte Gegner reduzieren oder die Verhandlung und den Vertragsabschluss mit gegnerischen Verbänden ausschließen, die ihrerseits tariffähig und tarifzuständig sind[15].

46 **Innerhalb des DGB** sind die Tarifzuständigkeiten der Mitgliedsverbände aufeinander abzustimmen, um Kompetenzkonflikte zu vermeiden[16]. Bei Streitigkeiten ist ein Schiedsverfahren durchzuführen (dazu auch § 4 Rz. 54)[17]. Der Schiedsspruch kann eine Satzung nicht iS einer echten Zuständigkeitserweiterung ergänzen oder berichtigen[18]. Er kann die Satzungen der beteiligten Mitglieder aber verbindlich, und zwar auch für Dritte, zB den Tarifgegner, auslegen[19]. Dabei ist der Schiedsstelle ein Beurteilungsspielraum zuzubilligen[20]. Solange das zur verbindlichen Klärung einer solchen Zuständigkeitsüberschneidung vorgesehene Schiedsverfahren nach § 16 DGB-Satzung nicht durchgeführt ist, bleibt es zunächst bei der Alleinzuständigkeit derjenigen Gewerkschaft, die vor Entstehen der Konkurrenzsi-

---

1 BAG 22.11.1988 – 1 ABR 6/87, AP Nr. 5 zu § 2 TVG Tarifzuständigkeit; 19.2.2003 – 4 AZR 118/02, AP Nr. 17 zu § 2 TVG Tarifzuständigkeit. ||2 Vgl. BAG 22.11.1988 – 1 ABR 6/87, AP Nr. 5 zu § 2 TVG Tarifzuständigkeit. ||3 So früher auch das BAG: BAG 22.11.1988 – 1 ABR 6/87, AP Nr. 5 zu § 2 TVG Tarifzuständigkeit; HMB/*Sittard*, Teil 2 Rz. 217; aA Kempen/Zachert/*Stein*, § 2 Rz. 105. ||4 BAG 25.9.1996 – 1 ABR 4/96, AP Nr. 10 zu § 2 TVG Tarifzuständigkeit; abl. *Henssler*, ZfA 1998, 517 (523). ||5 BAG 17.8.1998 – 1 AZR 147/98, AP Nr. 162 zu § 242 BGB Gleichbehandlung. ||6 BAG 10.2.2009 – 1 ABR 36/08, NZA 2009, 908 (912). ||7 BAG 10.2.2009 – 1 ABR 36/08, NZA 2009, 908 m. Anm. *Eberling*, BB 2009, 2432. ||8 BAG 17.4.2012 – 1 ABR 5/11, NZA 2012, 1104. ||9 Wiedemann/*Oetker*, § 2 Rz. 73; vgl. auch BVerfG 18.11.1954 – 1 BvR 629/52, AP Nr. 1 zu Art. 9 GG. ||10 BAG 19.11.1985 – 1 ABR 37/83, AP Nr. 4 zu § 2 TVG Tarifzuständigkeit. ||11 Vgl. § 3 II der Satzung von ver.di. ||12 Wiedemann/*Oetker*, § 2 Rz. 77; *Wiedemann*, RdA 1975, 78; aA Staudinger/*Richardi*/*Fischinger*, Vorb. zu §§ 611 ff. BGB Rz. 682. ||13 BAG 7.3.1995 – 3 AZR 282/94, AP Nr. 26 zu § 1 BetrAVG Gleichbehandlung; 28.7.1992 – 3 AZR 173/92, AP Nr. 18 zu § 1 BetrAVG Gleichbehandlung. ||14 Wiedemann/*Oetker*, § 2 Rz. 81. ||15 Wiedemann/*Oetker*, § 2 Rz. 82. ||16 § 15 Satzung des DGB. ||17 § 16 Satzung des DGB; s. dazu *Dieterich*, RdA 2003, 59; *Ricken*, Autonomie und tarifl. Rechtsetzung, S. 168 ff. ||18 BAG 17.2.1970 – 1 ABR 15/69, AP Nr. 3 zu § 2 TVG Tarifzuständigkeit. ||19 Gleiche Wirkung kommt einer Einigung der beteiligten Gewerkschaften über die Tarifzuständigkeit in einem Vermittlungsverfahren zu, BAG 14.12.1999 – 1 ABR 74/98, AP Nr. 14 zu § 2 TVG Tarifzuständigkeit. ||20 BAG 25.9.1996 – 1 ABR 4/96, AP Nr. 10 zu § 2 TVG Tarifzuständigkeit; 14.12.1999 – 1 ABR 74/98, AP Nr. 14 zu § 2 TVG Tarifzuständigkeit; s. dazu auch *Henssler*, ZfA 1998, 517 (523).

tuation als zuständig angesehen worden war, so dass sich alle Beteiligten (Verbände, ArbGeb und ArbN) darauf einstellen konnten[1].

Fehlt die Tarifzuständigkeit bei Abschluss des TV vollständig oder teilweise, so ist der TV insoweit rechtsunwirksam[2]. Eine Heilung kann auch nicht nachträglich durch eine Satzungsänderung erfolgen[3]. Der TV muss neu abgeschlossen werden. **Fällt** die Tarifzuständigkeit **nachträglich weg** und hat die Satzung des Verbandes keine Übergangsregelung getroffen[4], wird der TV nicht automatisch unwirksam[5]. Ansonsten könnte ein Verband die Wirksamkeit eines TV durch schlichte Satzungsänderung einseitig beenden. Der Wegfall der Tarifzuständigkeit kann aber Anlass für eine Kündigung des TV bieten[6]. 47

VI. Feststellung der Tariffähigkeit und Tarifzuständigkeit. Bestehen oder Nichtbestehen von Tariffähigkeit und Tarifzuständigkeit können gem. § 2a I Nr. 4, § 97 ArbGG im Wege des **Beschlussverfahrens** festgestellt werden[7]. Bestehen Zweifel an der Tariffähigkeit oder -zuständigkeit einer TV-Partei und hängt die Entscheidung eines Rechtsstreits von der Frage ab, muss das Verfahren bis zur Klärung im Beschlussverfahren gem. § 97 V ArbGG ausgesetzt werden[8]. Dies gilt nicht nur im arbeitsgerichtl. Verfahren, sondern auch in Rechtsstreitigkeiten vor Gerichten anderer Gerichtsbarkeiten[9]. Tariffähigkeit und -zuständigkeit können auch abstrakt festgestellt werden. So wird der Schein wirksamer TV vermieden; Arbeitskämpfe werden vom Risiko fehlender Tariffähigkeit befreit[10]. Antragsberechtigt ist jede räumlich und sachlich zuständige Vereinigung von ArbN oder von ArbGeb sowie die oberste Arbeitsbehörde des Bundes und die oberste Arbeitsbehörde eines Landes, auf dessen Gebiet sich die Tätigkeit der Vereinigung erstreckt[11]. Dies betrifft damit neben den Arbeitsbehörden diejenige Vereinigung, deren Tariffähigkeit oder -zuständigkeit bestritten wird[12], ihren Tarifpartner, einen einzelnen ArbGeb, aber nicht, wenn er bloßer Normunterworfener ist[13], sowie konkurrierende Vereinigungen[14]. Der BR verfügt dagegen weder nach § 97 I ArbGG noch nach § 97 V ArbGG über die erforderliche Antragsbefugnis[15]. 48

Der Antragsteller muss – soweit es sich nicht um eine Arbeitsbehörde oder eine nach § 97 V 2 ArbGG antragsberechtigte Partei handelt – selbst tariffähig sein[16]. Stellt sich die Frage in einem laufenden Rechtsstreit, sind auch die jeweiligen Parteien antragsberechtigt (§ 97 V 2 ArbGG). Die Antragsbefugnis beschränkt sich in diesem Fall aber auf die Vorfrage, auf Grund derer das mit dem Ausgangsrechtsstreit befasste Gericht das Verfahren ausgesetzt hat[17]. Für eine Feststellungsklage, mit der geklärt werden soll, welcher TV auf das ArbVerh Anwendung findet, ist das **Feststellungsinteresse** gegeben, wenn hiervon die Entscheidung über mehrere Forderungen aus dem ArbVerh abhängt[18]. **Beteiligte** am Verfahren nach § 97 ArbGG über die Tarifzuständigkeit einer Vereinigung für einen bestimmten Betrieb sind neben einer antragstellenden Gewerkschaft alle diejenigen, deren materielle Rechtsstellung im Hinblick auf die Tarifzuständigkeit unmittelbar betroffen ist (konkurrierende Gewerkschaften, ArbGeb, ArbGebVerbände)[19]. 49

In entsprechender Anwendung des § 9 **bindet die Entscheidung** alle von der Tarifnorm Betroffenen[20]. Haben sich die Verhältnisse erheblich geändert, so entfällt die Bindungswirkung[21]. 50

3 *Tarifgebundenheit*

(1) Tarifgebunden sind die Mitglieder der Tarifvertragsparteien und der Arbeitgeber, der selbst Partei des Tarifvertrages ist.

(2) Rechtsnormen des Tarifvertrages über betriebliche und betriebsverfassungsrechtliche Fragen gelten für alle Betriebe, deren Arbeitgeber tarifgebunden ist.

(3) Die Tarifgebundenheit bleibt bestehen, bis der Tarifvertrag endet.

---

1 BAG 12.11.1996 – 1 ABR 33/96, AP Nr. 11 zu § 2 TVG Tarifzuständigkeit; offen gelassen in BAG 27.9.2005 – 1 ABR 41/04, NZA 2006, 273. ‖ 2 BAG 15.11.2006 – 10 AZR 665/06, NZA 2007, 448. ‖ 3 Vgl. BAG 24.7.1990 – 1 ABR 46/89, AP Nr. 7 zu § 2 TVG Tarifzuständigkeit. ‖ 4 Dazu Kempen/Zachert/*Wendeling-Schröder*, § 2 Rz. 243f. ‖ 5 Wiedemann/*Oetker*, § 2 Rz. 55; Kempen/Zachert/*Wendeling-Schröder*, § 2 Rz. 244ff.; aA *Löwisch/Rieble*, § 2 Rz. 272; ErfK/*Franzen*, § 2 TVG Rz. 38. ‖ 6 Vgl. auch Wiedemann/*Oetker*, § 2 Rz. 55. ‖ 7 Durch die Entscheidung im Verfahren nach §§ 2a I Nr. 4, 97 ArbGG wird die Tariffähigkeit einer Vereinigung nicht begründet oder beendet, sondern ihr Bestehen oder Fehlen nur festgestellt; BAG 15.11.2006 – 10 AZR 665/05, AP Nr. 34 zu § 4 TVG Tarifkonkurrenz. ‖ 8 BAG 25.9.1996 – 1 ABR 4/96, AP Nr. 4 zu § 97 ArbGG. ‖ 9 Schwab/Weth/*Walker*, § 97 ArbGG Rz. 45; vgl. JKOS/*Schubert*, § 2 Rz. 194ff.; Thüsing/Braun/*Lembke*, Tarifrecht, 12. Kap. Rz. 144. ‖ 10 *Löwisch/Rieble*, § 2 Rz. 496, 528. ‖ 11 BAG 14.12.2010 – 1 ABR 19/10, NZA 2011, 289 (293f.). ‖ 12 BAG 25.11.1986 – 1 ABR 22/85, AP Nr. 36 zu § 2 TVG. ‖ 13 BAG 17.2.1970 – 1 ABR 14/69, AP Nr. 2 zu § 2 TVG Tarifzuständigkeit. ‖ 14 BAG 19.1.1962 – 1 ABR 14/60, AP Nr. 13 zu § 2 TVG; 10.9.1985 – 1 ABR 32/83, AP Nr. 34 zu § 2 TVG. ‖ 15 BAG 13.3.2007 – 1 ABR 24/06, NZA 2007, 1069; 17.4.2012 – 1 ABR 5/11, NZA 2012, 1104; dazu HMB/*Gäntgen*, Teil 16 Rz. 28. ‖ 16 BAG 14.12.2010 – 1 ABR 19/10, NZA 2011, 289 (293); *Löwisch/Rieble*, § 2 Rz. 557, 568; HMB/*Gäntgen*, Teil 16 Rz. 29. ‖ 17 BAG 29.6.2004 – 1 ABR 14/03, AP Nr. 10 zu § 97 ArbGG 1979; 18.7.2006 – 1 ABR 36/05, AP Nr. 19 zu § 2 TVG Tarifzuständigkeit. ‖ 18 BAG 28.5.1997 – 4 AZR 663/95, AP Nr. 6 zu § 1 TVG Bezugnahme auf Tarifvertrag. ‖ 19 BAG 25.9.1996 – 1 ABR 4/96, AP Nr. 10 zu § 2 TVG Tarifzuständigkeit. ‖ 20 BAG 10.5.1989 – 4 AZR 80/89, AP Nr. 6 zu § 2 TVG Tarifzuständigkeit; *Gamillscheg*, Kollektives Arbeitsrecht I, S. 529f.; *Löwisch/Rieble*, § 2 Rz. 478. ‖ 21 BAG 1.2.1983 – 1 ABR 33/78, AP Nr. 14 zu § 322 ZPO; 19.11.1985 – 1 ABR 37/83, AP Nr. 4 zu § 2 TVG Tarifzuständigkeit (Satzungsänderung); 25.11.1986 – 1 ABR 22/85, AP Nr. 36 zu § 2 TVG; 6.6.2000 – 1 ABR 21/99, AP Nr. 9 zu § 97 ArbGG 1979.

I. Begriff und Umfang der Tarifgebundenheit	1	3. Bezugnahmeklauseln	15
1. Überblick	1	4. Außenseiterklauseln	33
2. Umfang	2	**III. Rechtsnormen über betriebliche und betriebsverfassungsrechtliche Fragen (Abs. 2)**	34
3. Die Mitgliedschaft „OT"	3		
II. Tarifunterworfene Personen (Abs. 1)	6		
1. Tarifbindung auf Grund Mitgliedschaft im Berufsverband	6	**IV. Beginn und Ende der Tarifbindung**	37
		1. Beginn	37
2. Der Arbeitgeber als Partei des Tarifvertrages	14	2. Ende der Tarifbindung	40
		V. Prozessuales	50

1 I. Begriff und Umfang der Tarifgebundenheit. 1. Überblick. Abs. 1 bestimmt den Personenkreis, für den die TV-Parteien mit gesetzesgleicher Wirkung Regelungen treffen können, und vermittelt insoweit eine **staatl. Legitimation** für die Normsetzung. Grundlage der Legitimation ist die Verbandsmitgliedschaft. Tarifgebunden sind dementsprechend nur die **Mitglieder der TV-Parteien** und – beim FirmenTV – **der ArbGeb, der selbst Partei des TV ist**. Für anders oder nicht organisierte Personen gewährt Abs. 1 den TV-Parteien keine Normsetzungskompetenz[1]. Gemeint ist in Abs. 1 die **kongruente beiderseitige Tarifbindung**, dh. die Mitgliedschaft in konkret jenen Verbänden, die den TV geschlossen haben. Andere Arbeitsvertragsparteien können grds. nur über eine AVE in den Kreis der Normadressaten einbezogen werden (s. § 5). Die Nachbindung gem. Abs. 3 führt iS einer weiteren Ausnahme zu einer Tarifbindung über den Zeitpunkt der Beendigung der Koalitionsmitgliedschaft hinaus. Der Grundsatz der beiderseitigen Tarifbindung wird zudem in Abs. 2 für den Geltungsbereich der betriebl. und betriebsverfassungsrechtl. Rechtsnormen durchbrochen. Hier genügt aus rein praktischen Gründen die Tarifgebundenheit des ArbGeb. Zur Tarifbindung bei Normen über gemeinsame Einrichtungen der TV-Parteien vgl. § 4 Rz. 25 ff. Weitere Bsp. bieten die tarifvertragl. Erstreckungstatbestände des § 7 AEntG sowie der §§ 3 I Nr. 3, 9 Nr. 2 AÜG. Faktisch reicht die Wirkung der Tarifnormen weiter, da die Rspr. die übl. Vergütung gem. § 612 II BGB an der tarifl. Vergütung orientiert[2] und die tarifl. Vergütung auch für die Berechnung der Sittenwidrigkeitsschwelle nach § 138 BGB maßgeblich ist[3].

2 2. Umfang. Die TV-Parteien können den **Umfang der Tarifbindung grds. nicht beeinflussen**, da die Reichweite der gesetzl. Legitimation nicht zu ihrer Disposition steht. Sie können aber eine Mitgliedschaft vorsehen, die zu keiner Tarifbindung führt (Rz. 3 f.). Die Bindung an die Tarifnormen kann durch die TV-Parteien weder erweitert noch eingeschränkt werden. Eine Erweiterung der Tarifbindung ist unwirksam, da den TV-Parteien im Verhältnis zu Außenseitern keine Rechtsetzungsbefugnis zusteht. Ebenfalls unzulässig wären gegenständliche Einschränkungen der Tarifbindung. Nur mittelbar lässt sich eine beschränkte Geltung des TV erreichen, indem der betriebl., fachl. oder persönl. Geltungsbereich des TV festgelegt und so bestimmte ArbVerh oder einzelne ArbGeb vom Geltungsbereich des TV ausgenommen werden[4]. Auf Grund ihrer Satzungsautonomie können die Tarifparteien ihre Tarifzuständigkeit selbständig festlegen (vgl. § 2 Rz. 37)[5]. Es gilt jedoch der Bestimmtheitsgrundsatz[6]. Zwingenden Charakter hat schließlich auch die gesetzl. Festschreibung von Beginn und Beendigung der Tarifbindung nach Abs. 1[7].

3 3. Die Mitgliedschaft „OT". In der Verbandspraxis hat sich für die Unternehmen ein Bedarf an einer Mitgliedschaft ergeben, die es ermöglicht, die Serviceleistungen des ArbGebVerbands und die Vorteile der Interessenvertretung in Anspruch zu nehmen, ohne von der Tarifbindung erfasst zu werden. Dieser Forderung kann über verschiedene Modelle[8], die für die Verbände zugleich den Vorteil steigender Mitgliederzahlen und damit verbundener Mehreinnahmen haben[9], Rechnung getragen werden: Nach dem seit jeher anerkannten **Aufteilungsmodell** werden zwei getrennte Organisationen geschaffen; eine, die sich auf Dienstleistungs- und Interessenvertretungsfunktionen ggü. den Mitgliedern beschränkt, und eine mit tarifrechtl. Aufgaben. Dies kann in Form von rechtl. selbständigen und getrennten Verbänden erfolgen, denkbar ist auch eine Aufteilung in einen allg. ArbGebVerband und eine Tarifgemeinschaft innerhalb des Verbandes. Nur der ArbGeb, der auch dem tarifpolitischen Verband beitritt bzw. Mitglied der Tarifgemeinschaft ist, wird von der Tarifbindung nach Abs. 1 erfasst. Voraussetzung für die Begrenzung der Tarifbindung ist die Unabhängigkeit des Tarifverbandes vom allg. ArbGebVerband[10].

4 Nach dem **Stufenmodell** erfolgt die Differenzierung auf der Ebene der Mitgliedschaften. Neben der üblichen Vollmitgliedschaft besteht die Möglichkeit zu einer Mitgliedschaft ohne Tarifbindung („OT").

---

1 Zu rechtspolitischen Vorschlägen, § 3 um eine Regelung zur erga-omnes-Wirkung von TV für alle ArbVerh im Betrieb eines tarifgebundenen ArbGeb zu ergänzen, *Kamanabrou*, in dies., Erga-Omnes-Wirkung von Tarifverträgen, 2011, S. 3 (108 ff.); s. hierzu auch *Franzen*, ZfA 2012, 533. ||2 St. Rspr. für den öffentl. Dienst, vgl. zB BAG 21.1.1998 – 5 AZR 50/97, AP Nr. 55 zu § 612 BGB; 21.11.2001 – 5 AZR 87/00, AP Nr. 63 zu § 612 BGB; für den Bereich außerhalb des öffentl. Dienstes v. 26.5.1993 – 4 AZR 461/92, AP Nr. 2 zu § 612 BGB Diskriminierung. ||3 Dazu *Henssler/Sittard*, RdA 2007, 159 (160 ff.). Vgl. jüngst BAG 22.4.2009 – 5 AZR 436/08, NZA 2009, 837; 17.10.2012 – 5 AZR 792/11, NZA 2013, 266 (Grenze von 2/3 des Tariflohns). ||4 BAG 24.2.1999 – 4 AZR 62/98, AP Nr. 17 zu § 3 TVG Verbandszugehörigkeit. ||5 BAG 18.7.2006 – 1 ABR 36/05, NZA 2006, 1225. ||6 BAG 10.2.2009 – 1 ABR 36/08, NZA 2009, 908. ||7 BAG 20.12.1988 – 1 ABR 57/87, AP Nr. 9 zu § 87 BetrVG 1972 Auszahlung. ||8 Vgl. bei HMB/*Höpfner*, Teil 2 Rz. 151 f.; *Otto*, NZA 1996, 624; *Ostrop*, Mitgliedschaft ohne Tarifbindung, 1997. ||9 *Wilhelm/Dannhorn*, NZA 2006, 466 (467). ||10 Im Einzelnen dazu *Otto*, NZA 1996, 624 (625).

Es handelt sich also um verschiedenartige Mitgliedschaften in *einem* Verband. Die Mitglieder „OT" nehmen an den tarifpolitischen Aktivitäten des Verbandes nicht teil, können aber die Beratungs- und Bildungsdienste des Verbandes in Anspruch nehmen. Im Gegenzug sind diese Mitglieder nicht an die FlächenTV des Verbandes gebunden und können unternehmensspezifische FirmenTV abschließen. Der Wegfall der Tarifbindung bedingt, dass die „OT"-Mitglieder keinen Einfluss auf die tarifpolitischen Beschlüsse und Wahlen nehmen dürfen[1]. Nicht zu beanstanden ist es dagegen, wenn den „OT"-Mitgliedern Teilnahme- und Mitberatungsrechte ohne Stimmrecht eingeräumt werden, da diese keinen unmittelbaren Einfluss auf Vereinsentscheidungen begründen[2]. Die Bindung eines solchen „Mitglieds OT" an die von seinem Verband geschlossenen TV betrifft nicht die Frage der **Tarifzuständigkeit**[3]. Vielmehr handelt es sich um eine besondere Art der Verbandsmitgliedschaft, die nicht zu einer Tarifgebundenheit nach Abs. 1 führt[4]. Zu differenzieren ist zwischen der Tarifzuständigkeit, die sich allein nach der Satzung bestimmt, und der Tarifgebundenheit[5]. Da die Mitgliedschaft „OT" keine Regelung zur personellen Tarifzuständigkeit eines ArbGebVerbands darstellt, kann sie nicht in einem Beschlussverfahren nach §§ 2a I Nr. 4, 97 V ArbGG überprüft werden. Die Frage, ob ein „OT"-Mitglied iSv. § 3 I TVG tarifgebunden ist, muss vielmehr inzident in denjenigen Verfahren, in denen sie entscheidungserheblich ist, von dem jeweils angerufenen Gericht als Vorfrage beantwortet werden[6].

Das BAG hat die **Zulässigkeit der Mitgliedschaft „OT"** auch für das Stufenmodell bestätigt[7]. OT-Mitgliedschaften sind dem Gericht zufolge Ausfluss der Satzungsautonomie und der Koalitionsfreiheit des Verbandes, ArbGeb, die die Mitgliedschaft „OT" wählen, sind demnach keine Mitglieder gem. Abs. 1. Die Auslegung des Abs. 1 im Lichte der negativen Koalitionsfreiheit gebietet es, als „Mitglied" iS dieser Vorschrift nur diejenigen ArbGeb zu sehen, die sich mit dem Beitritt freiwillig der Tarifbindung unterwerfen wollen. An dieser freiwilligen Unterwerfung und damit zugleich an der Legitimationsbasis für die Tarifbindung fehlt es bei „OT"-Mitgliedern[8]. Die verfassungsrechtl. garantierte Satzungsautonomie[9] stützt dieses Ergebnis zusätzlich[10].

Nach diesen Grundsätzen muss in der Verbandssatzung hinreichend deutlich der Unterschied zwischen der Vollmitgliedschaft und der OT-Mitgliedschaft zum Ausdruck kommen[11]. Dafür reicht es nicht aus, dass die Satzung für OT-Mitglieder lediglich die Tarifbindung abbedingt[12]. Vielmehr muss gewährleistet sein, dass nicht tarifgebundene Mitglieder keinen maßgebenden Einfluss auf tarifpolitische Entscheidungen haben. Insb. dürfen OT-Mitglieder kein Stimmrecht bei tarifpolitischen Entscheidungen haben, nicht in Tarifkommissionen entsendet werden und den Verband nicht in tarifl. Angelegenheiten vertreten[13]. Das LAG Mecklenburg-Vorpommern hat demggü. die Zugehörigkeit eines OT-Mitglieds im nach § 26 BGB vertretungsberechtigten Vorstand des Vereins gebilligt[14]. Die OT-Mitgliedschaft ist auch bei allg. Beitragspflicht zulässig, lediglich ein unmittelbarer Einfluss auf die Verwendung des Arbeitskampffonds muss ausgeschlossen sein[15].

Wird die Verbandssatzung den genannten Anforderungen nicht gerecht, führt dies nach Auffassung des BAG zur Unwirksamkeit des Statuswechsels[16]. Das in die OT-Mitgliedschaft gewechselte Mitglied bleibt dann tarifgebundenes Vollmitglied. Welche Folgen diese Rspr. für den Beitritt als OT-Mitglied hat, ist bislang nicht geklärt[17]. Zum „Blitzwechsel" in die OT-Mitgliedschaft vgl. Rz. 11 ff.

---

1 *Otto*, NZA 1996, 624 (628). ||2 BAG 26.8.2009 – 4 AZR 285/08, NZA 2010, 230; 19.6.2012 – 1 AZR 775/10, NZA 2012, 1372. ||3 So aber *Thüsing/Stelljes*, ZfA 2005, 527 (561 ff.); *Buchner*, RdA 2006, 308. ||4 BAG 18.7.2006 – 1 ABR 36/05, NZA 2006, 1225. Dazu *Deinert*, RdA 2007, 83. ||5 Wiedemann/*Oetker*, § 2 TVG Rz. 80; *Deinert*, AuR 2006, 217 (221). ||6 BAG 18.7.2006 – 1 ABR 36/05, NZA 2006, 1225. Anders noch BAG 23.10.1996 – 4 AZR 409/95 (A), AP Nr. 15 zu § 3 TVG Verbandszugehörigkeit. ||7 BAG 18.7.2006 – 1 ABR 36/05, NZA 2006, 1225; 4.6.2008 – 4 AZR 419/07, AP Nr. 38 zu § 3 TVG u. 4 AZR 316/07, nv. Ähnl. bereits BAG 23.2.2005 – 4 AZR 186/04, AP Nr. 42 zu § 4 TVG Nachwirkung. Vgl. *Buchner*, RdA 2006, 308; *Deinert*, RdA 2007, 83; *Wilhelm/Dannhorn*, NZA 2006, 466. Im Schrifttum war die Frage äußerst umstr., vgl. für die Möglichkeit der Mitgliedschaft OT: *Buchner*, NZA 1995, 761; Wiedemann/*Oetker*, § 3 TVG Rz. 136 ff.; *Otto*, NZA 1996, 624 (628); *Reuter*, RdA 1996, 201; dagegen: Däubler/*Peter*, § 2 Rz. 122 ff.; *Glaubitz*, NZA 2003, 140; Kempen/Zachert/*Stein*, § 2 Rz. 129 ff.; *Röckl*, DB 1993, 2382; offen gelassen in BAG 23.10.1996 – 4 AZR 409/95, AP Nr. 15 zu § 3 TVG Verbandszugehörigkeit; LAG Hess. 6.10.1997 – 16 Sa 585/97, LAGE § 97 ArbGG 1979 Nr. 1. ||8 *Buchner*, NZA 1995, 761 (764, 768); Wiedemann/*Oetker*, § 3 Rz. 137; *Otto*, NZA 1996, 624 (628); nach BAG 23.10.1996 – 4 AZR 409/95, AP Nr. 15 zu § 3 TVG Verbandszugehörigkeit sollte es sich um eine Frage der Tarifzuständigkeit handeln; anders BAG 18.7.2006 – 1 ABR 36/05, NZA 2006, 1225. ||9 BVerfG 4.7.1995 – 1 BvF 2/86, BVerfGE 92, 365 (393 ff.); *Henssler*, ZfA 1998, 1 (15). ||10 BAG 18.7.2006 – 1 ABR 36/05, NZA 2006, 1225 (1230); *Otto*, NZA 1996, 624 (629). ||11 Zu den Anforderungen an die Gestaltung der Verbandssatzung vgl. BAG 4.6.2008 – 4 AZR 419/07, NZA 2008, 1366; 25.2.2009 – 4 AZR 986/07, AP Nr. 40 zu § 3 TVG; 20.5.2009 – 4 AZR 179/08, NZA 2010, 102 und 15.12.2010 – 4 AZR 256/09, DB 2011, 1001. Die Rspr. des BAG zur satzungsmäßigen Trennung der Befugnisse von T- und OT-Mitgliedern wurde jüngst vom BVerfG gebilligt, vgl. BVerfG (K) 1.12.2010 – 1 BvR 2593/09, NZA 2011, 60. S.a. *Höpfner*, ZfA 2009, 541 (547 ff.); *Bayreuther*, BB 2007, 325 (326); *Wroblewski*, NZA 2007, 421 (424); *Wilhelm/Dannhorn*, NZA 2006, 466 (472). ||12 BAG 21.11.2012 – 4 AZR 27/11; 25.2.2009 – 4 AZR 986/07, nv.; 4.6.2008 – 4 AZR 419/07, AP Nr. 38 zu § 3 TVG und 4.6.2008 – 4 AZR 316/07, nv. ||13 Vgl. HMB/*Höpfner*, Teil 2 Rz. 157 ff. mwN. ||14 LAG MV 20.2.2013 – 2 Sa 102/12, NZA-RR 2013, 247. ||15 Vgl. BAG 20.5.2009 – 4 AZR 179/08, NZA 2010, 102. ||16 BAG 22.4.2009 – 4 AZR 111/08, NZA 2010, 105; 15.12.2010 – 4 AZR 256/09, NZA-RR 2012, 260; *Bayreuther*, BB 2007, 325 (326); *Besgen*, FA 2007, 162 (163); *Buchner*, NZA 2006, 1377 (1381); *Deinert*, RdA 2007, 83 (90). Dagegen *Höpfner*, ZfA 2009, 541 (551 ff.); HMB/*Höpfner*, Teil 2 Rz. 167 ff.: Lösung über § 242 BGB; *Thüsing/Stelljes*, ZfA 2005, 527 (570): Nichtigkeit der Mitgliedschaft wegen Perplexität. ||17 Vgl. zum Meinungsstand *Höpfner*, ZfA 2009, 541 (551 ff.).

6 **II. Tarifunterworfene Personen (Abs. 1). 1. Tarifbindung auf Grund Mitgliedschaft im Berufsverband. a) Mitgliedschaft.** Neben dem ArbGeb, der selbst Partei des TV ist, sind die **Mitglieder der TV-Parteien** tarifgebunden. Ob sie dem Tarifabschluss zustimmen oder widersprechen, ist auf Grund der normativen Wirkung ohne Belang. Nicht einmal der Kenntnis vom Tarifabschluss bedarf es für den Eintritt der Bindungswirkung, die Möglichkeit der Kenntnisnahme genügt[1]. Ohnehin besteht keine Verpflichtung einer Vertragspartei zur Offenlegung der Verbandsmitgliedschaft. Der gute Glaube des ArbN oder ArbGeb an die Tarifgebundenheit des Vertragspartners ist nicht geschützt[2]. Ob der bloße Rechtsschein einer Mitgliedschaft die Tarifbindung begründen kann, wird in der Lit. kontrovers beurteilt[3]. Gastmitglieder, denen die mit der Mitgliedschaft verbundenen wesentl. Rechte (Stimmrecht, aktives und passives Wahlrecht) nicht zustehen, unterfallen nicht der Tarifbindung[4].

7 **b) Mitgliedschaft des Arbeitgebers.** Auf ArbGebSeite kommt es auf die **Mitgliedschaft des Unternehmensträgers** als ArbGeb, nicht auf diejenige eines Betriebes oder des Konzerns an. Ist der ArbGeb eine juristische Person, so muss diese Mitglied im ArbGebVerband sein. Abhängige, aber rechtl. selbständige Unternehmen werden nicht dadurch tarifgebunden, dass die Muttergesellschaft Verbandsmitglied ist[5]. Vielmehr steht ihnen ebenfalls das Koalitionsgrundrecht zur Seite. Dementsprechend gibt es keinen „**Konzerntarifvertrag**"[6]. Bei Personengesellschaften kommt es auf die Mitgliedschaft der Gesellschaft an (§ 1 Rz. 43)[7]. Eine ARGE des Baugewerbes kann als rechtsfähige GbR dem ArbGebVerband beitreten und dadurch tarifgebunden werden[8]. Mitunter reicht auch die Tarifbindung einzelner Gesellschafter aus. Ist bei einer KG der einzige persönlich haftende Gesellschafter Mitglied in einer tarifähigen ArbGebOrganisation, so kann die Auslegung ergeben, dass statt seiner oder zusätzlich die KG selbst Mitglied der Organisation und damit tarifgebunden sein soll[9]. Das wird insb. dann gelten, wenn der Komplementär selbst keine ArbVerh begründet hat. Sind alle Gesellschafter einer ARGE tarifgebunden, so wird regelmäßig die Tarifgebundenheit der ARGE selbst anzunehmen sein[10]. Ausschlaggebend ist die Auslegung der Beitrittserklärung, aber auch die Rechtsmacht des(r) jeweiligen Gesellschafter(s), wirksam eine Mitgliedschaft der Gesellschaft begründen zu können.

8 **c) Eintritt in den Verband.** Einzelheiten der Mitgliedschaft bestimmen sich **nach der Verbandssatzung**[11]. Voraussetzung für den Erwerb der Mitgliedschaft ist ein Aufnahmeantrag und die Annahme durch den Verband[12]. In welcher Form beide vorzunehmen sind und welches Organ des Verbands über die Aufnahme entscheidet, regelt die Satzung. Minderjährige benötigen zum Erwerb der Mitgliedschaft die Zustimmung des gesetzl. Vertreters (§§ 107, 108 BGB). Liegt eine generelle Ermächtigung gem. § 113 BGB vor, umfasst sie im Allg. den Beitritt zu einer Gewerkschaft[13]. Die Unwirksamkeit des Vertragsschlusses steht der Tarifbindung bei in Vollzug gesetzten Mitgliedschaftsverhältnissen nicht entgegen, die Nichtigkeit kann aber mit Wirkung ex nunc geltend gemacht werden, ohne dass es zu einer Fortwirkung nach Abs. 3 kommt[14]. Kommt es zu einer Verschmelzung zweier Gewerkschaften, erwerben ihre jeweiligen Mitglieder die Mitgliedschaft in der neu gegründeten Gewerkschaft[15].

9 **d) Aufnahmeanspruch.** Das Vereinsrecht kennt keinen Aufnahmeanspruch. Er kann sich daher auch bei den Berufsverbänden grds. nur aus der Satzung ergeben. Die DGB-Satzungen kennen einen Aufnahmeanspruch nur für den Sonderfall des Übertritts aus einer anderen DGB-Gewerkschaft wegen eines Zuständigkeitswechsels[16]. Bei Verbänden, denen wie den Koalitionen eine **überragende Machtstellung** in wirtschaftl. oder sozialen Bereich zukommt, bejaht der BGH in st. Rspr. einen Anspruch außerdem dann, wenn ein wesentliches Interesse am Erwerb der Mitgliedschaft besteht und die Ablehnung im Verhältnis zu bereits aufgenommenen Mitgliedern eine sachlich nicht gerechtfertigte Ungleichbehandlung und unbillige Benachteiligung des Bewerbers darstellen würde[17]. Die Rspr. gilt für Gewerkschaften und ArbGebVerbände gleichermaßen[18]. Darüber hinaus folgt aus dem **AGG ein Anspruch auf Mitgliedschaft in einer TV-Partei**, wenn die Ablehnung gegen das Benachteiligungsverbot

---

1 Wiedemann/*Oetker*, § 3 Rz. 40. ||2 Vgl. JKOS/*Oetker*, § 6 Rz. 22. ||3 Dafür Däubler/*Lorenz*, § 3 Rz. 20 („Als-ob-Behandlung"); Wiedemann/*Oetker*, § 3 Rz. 138; JKOS/*Oetker*, § 6 Rz. 22 (Vertrauensschutz für die Vergangenheit); sowie obiter BAG 2.12.1992 – 4 AZR 277/92, AP Nr. 14 zu § 3 TVG; dagegen LAG BW 24.10.2000 – 10 TaBV 2/99, AP Nr. 18 zu § 3 TVG Verbandszugehörigkeit; ErfK/*Franzen*, § 3 TVG Rz. 5; *Löwisch/Rieble*, § 3 Rz. 287ff.; vgl. auch LAG Hess. 6.10.1997 – 16 Sa 585/97, LAGE § 97 ArbGG 1979 Nr. 1; diff. HMB/*Höpfner*, Teil 6 Rz. 12. ||4 BAG 16.2.1962 – 1 AZR 167/61, AP Nr. 12 zu § 3 TVG Verbandszugehörigkeit; 25.9.2002 – 4 AZR 294/01, AP Nr. 26 zu § 1 TVG Bezugnahme auf Tarifvertrag; vgl. auch v. 23.2.2005 – 4 AZR 186/04, AP Nr. 42 zu § 4 TVG Nachwirkung. ||5 BAG 11.9.1991 – 4 AZR 71/91, AP Nr. 29 Internat Privatrecht, Arbeitsrecht. ||6 Eingehend BAG 17.10.2007 – 4 AZR 1005/06, NZA 2008, 713. ||7 BAG 4.5.1994 – 4 AZR 418/93, AP Nr. 1 zu § 1 TVG Tarifverträge Elektrohandwerk. ||8 Zum Ganzen Wiedemann/*Oetker*, § 3 Rz. 124f.; vgl. auch BAG 10.12.1997 – 4 AZR 247/96, AP Nr. 20 zu § 3 TVG. ||9 Vgl. dazu BAG 4.5.1994 – 4 AZR 418/93, AP Nr. 1 zu § 1 TVG Tarifverträge Elektrohandwerk; 22.2.1957 – 1 AZR 426/56, AP Nr. 2 zu § 2 TVG; s. aber v. 10.12.1997 – 4 AZR 247/96 und 4 AZR 193/97, AP Nr. 20, 21 zu § 3 TVG; JKOS/*Oetker*, § 6 Rz. 25. ||10 Wiedemann/*Oetker*, § 3 Rz. 124. ||11 Vgl. BAG 14.10.1960 – 1 AZR 233/58, AP Nr. 10 zu Art. 9 GG Arbeitskampf; 16.2.1962 – 1 AZR 167/61, AP Nr. 12 zu § 3 TVG Verbandszugehörigkeit. ||12 LAG Hamm 11.5.1989 – 17 Sa 1767/88, LAGE 4 TVG Abschlussnormen Nr. 1. ||13 LG Frankenthal v. 14.3.1966 – 1 T 56/66, DB 1966, 586; LG Düss. v. 10.3.1966 – 15 T 24/66, DB 1966, 587; LG Essen v. 18.3.1965 – 11 T 633/64, NJW 1965, 2382. ||14 *Löwisch/Rieble*, § 3 Rz. 87.; Däubler/*Lorenz*, § 3 Rz. 17. ||15 BAG 11.5.2005 – 4 AZR 315/04, NZA 2005, 1362. ||16 Vgl. zB § 7 Nr. 4 Satzung ver.di. ||17 BGH 10.12.1984 – II ZR 91/84, NJW 1985, 1216; 1.10.1984 – II ZR 292/83, NJW 1985, 1214; 23.11.1998 – II ZR 54/98, NJW 1999, 1326; vgl. auch 15.10.1990 – II ZR 255/89, NJW 1991, 485. ||18 Wiedemann/*Oetker*, § 2 Rz. 239ff.

nach den §§ 7 I iVm. 1 AGG verstoßen würde (vgl. § 18 II AGG, dazu auch § 18 AGG Rz. 3). Der Benachteiligte kann also seine Mitgliedschaft erzwingen[1].

e) Gesetzliche Beendigungsgründe und Austritt aus dem Verband. Die Tarifbindung endet ua. mit der Beendigung der Mitgliedschaft. Der **Tod** des ArbN (§ 38 BGB) und die **Vollbeendigung** einer juristischen Person führen zur automatischen Beendigung der Mitgliedschaft. Der Auflösungsbeschluss allein genügt ebenso wenig wie die Eröffnung des Insolvenzverfahrens über das Vermögen des ArbGeb. Der Insolvenzverwalter kann gem. § 80 InsO die Mitgliedschaftsrechte wahrnehmen[2]. Wird ein Verband im Zuge der Verschmelzung mit einem weiteren Verband aufgelöst, so bleibt für die Verbandsmitglieder die Tarifbindung gem. Abs. 3 bestehen; anders bei der Auflösung ohne Rechtsnachfolge – dann soll der Rspr. zufolge die unmittelbare und zwingende Tarifbindung bestehen bleiben, bis der TV ggf. auf Grund von Befristung oder Kündigung durch die Liquidatoren endet (vgl. Rz. 40, 43, § 4 Rz. 6)[3]. Der neu gebildete Verband tritt nur im Fall der Gesamtrechtsnachfolge nach dem UmwG in die zuvor bestehenden TV ein (vgl. auch Rz. 46ff.). Die Mitgliedschaft ist nach dem abdingbaren (§ 40 BGB) § 38 BGB weder übertragbar noch vererbbar.

10

Nach allg. Vereinsrecht endet die Mitgliedschaft ferner durch **Austritt** bzw. Kündigung (§ 39 I BGB). Maßgebl. ist auch insoweit die **Satzung des Verbandes**[4]. Nach § 39 II BGB kann die Satzung den Austritt an eine Kündigungsfrist von maximal zwei Jahren knüpfen. Für Gewerkschaften ist diese Maximalfrist wegen der besonderen Bedeutung der Koalitionszugehörigkeit auf sechs Monate zu reduzieren[5]. Diese zeitl. Schranke dürfte auch für ArbGeb-Verbände gelten[6]. Längere Fristen sind auf das angemessene Maß zu reduzieren. Wird die Kündigung zum „nächstmöglichen Termin" erklärt, endet die Mitgliedschaft zum nächstmöglichen satzungsmäßigen Beendigungstermin[7]. IÜ steht dem Mitglied das Recht zum fristlosen Austritt aus wichtigem Grund zu[8]. Als solcher Grund gilt allerdings nicht eine ordnungsgemäß beschlossene Beitragserhöhung. Das weitere Festhalten an der Tarifbindung muss für das Mitglied vielmehr unzumutbar sein. Mit der außerordentl. Kündigung wegen Unzumutbarkeit entfällt auch die Nachbindung gem. Abs. 3, da die Wirkung der Kündigung ansonsten konterkariert würde[9] (zur Nachwirkung s. § 4 Rz. 6). Alternativ zum einseitig erklärten Austritt kommt ein Ausscheiden aus dem ArbGebVerband mit sofortiger Wirkung durch einvernehmliche Auflösungsvereinbarung in Betracht, und zwar auch dann, wenn die Satzung lediglich einseitige Beendigungstatbestände für die Verbandsmitgliedschaft festlegt[10]. Das folgt schon aus dem Grundsatz der Vertragsfreiheit[11]. Der sofortige Austritt aus dem ArbGebVerband kann entweder generell von der Satzung erlaubt oder im Einzelfall vom Verband (etwa durch Beschluss der Mitgliederversammlung) genehmigt werden (sog. **„Blitzaustritt"**); gleiches gilt für den **„Blitzwechsel"** in die OT-Mitgliedschaft[12]. Ist ein Wechsel der Mitgliedschaft unter einem Satzungsverstoß zustande gekommen, können sich ArbN hierauf nicht berufen, da die entsprechenden Satzungsbestimmungen nicht dem Schutz Dritter, sondern allenfalls dem der anderen Verbandsmitglieder dienen[13].

11

Wird die Möglichkeit einer OT-Mitgliedschaft im ArbGebVerband erstmals durch Satzungsänderung eröffnet, ist zu deren Wirksamkeit die Eintragung der Satzungsänderung in das Vereinsregister erforderlich (§ 71 I 1 BGB). Die Eintragung hat konstitutive Wirkung, und zwar sowohl für das Außenverhältnis wie für das Innenleben des Vereins[14]. Erfolgt die Eintragung nicht rechtzeitig vor Abschluss des neuen TV, so bleibt der ArbGeb Vollmitglied und als solches tarifgebunden, obwohl er bereits seinen Wechsel in die OT-Mitgliedschaft erklärt hat[15].

Auch wenn Blitzaustritt und -wechsel dem Ziel dienen, die Bindung an einen TV, dessen Abschluss unmittelbar bevorsteht, zu vermeiden, liegt hierin kein Unterlaufen des Abs. 1, sofern sie nicht aus-

11a

---

1 *Schubert*, AR-Blattei SD 1550.3, Rz. 18; ErfK/*Schlachter*, § 18 AGG Rz. 2. ‖2 BAG 28.1.1987 – 4 AZR 150/86, AP Nr. 14 zu § 4 TVG Geltungsbereich; 27.6.2000 – 1 ABR 31/99, AP Nr. 56 zu § 2 TVG. ‖3 BAG 23.1.2008 – 4 AZR 312/01, NZA 2008, 771 ff.; AA *Höpfner*, Anm. AP Nr. 36 zu § 3 TVG (Anwendung von § 4 V), ebenso wie die bisherige Rspr., vgl. BAG 15.10.1986 – 4 AZR 289/85, AP Nr. 4 zu § 3 TVG; 28.5.1997 – 4 AZR 546/95, AP Nr. 26 zu § 4 TVG Nachwirkung. ‖4 Vgl. *Plander*, NZA 2005, 897ff. zur Möglichkeit einvernehmlicher Abweichung von der satzungsgemäßen Kündigungsfrist. ‖5 BGH 22.9.1980 – II ZR 34/80, AP Nr. 33 zu Art. 9 GG; 4.7.1977 – II ZR 30/76, AP Nr. 25 zu Art. 9 GG. ‖6 Offen gelassen von BAG 1.12.2004 – 4 AZR 55/04, AP Nr. 12 zu § 3 TVG Verbandsaustritt und 19.9.2006 – 1 ABR 2/06, AP Nr. 22 zu § 3 TVG Verbandszugehörigkeit. Wie hier HMB/*Höpfner*, Teil 6 Rz. 38; *Löwisch/Rieble*, § 3 Rz. 123; aA *Däubler/Lorenz*, § 3 Rz. 47 (1 Jahr); offen gelassen von Wiedemann/*Oetker*, § 3 Rz. 53. ‖7 BAG 1.12.2004 – 4 AZR 55/04, AP Nr. 12 zu § 3 TVG Verbandsaustritt. ‖8 Soergel/*Hadding*, § 39 BGB Rz. 5. ‖9 Ebenso *Mückl/Krings*, BB 2012, 769 (771 f.); *Löwisch/Rieble*, § 3 Rz. 284; Wiedemann/*Oetker*, § 3 Rz. 54; ErfK/*Franzen*, § 3 TVG Rz. 10; aA *Däubler/Lorenz*, § 3 Rz. 54. ‖10 BAG 18.5. 2011 – 4 AZR 457/09, NZA 2011, 1378. ‖11 S. nur ErfK/*Franzen*, § 3 TVG Rz. 11; *Löwisch/Rieble*, § 3 Rz. 146; Wiedemann/*Oetker*, § 3 Rz. 55; *Krause*, GS Zachert, 2010, S. 605 (610); *Oetker*, ZfA 1998, 41 (46f.). ‖12 Ausf. dazu *Höpfner*, ZfA 2009, 541. ‖13 BAG 4.6.2008 – 4 AZR 419/07, NZA 2008, 1366; LAG Sachs. 6.8.2013 – 7 Sa 666/12 (Rev. eingelegt beim BAG unter 4 AZR 797/13): Dritte sind von einem satzungsrechtl. nicht wirksamen Wechsel in eine OT-Mitgliedschaft jedoch dann berührt, wenn es sich um eine die Funktionsfähigkeit der Tarifautonomie beeinträchtigende Abrede handelt, etwa weil ein solcher Wechsel während laufender Tarifverhandlungen erfolgt. ‖14 BGH 17.1.1957 – II ZR 239/55, BGHZ 23, 122. ‖15 BAG 26.8.2009 – 4 AZR 294/08, NZA-RR 2010, 305; 19.6.2012 – 1 AZR 775/10, NZA 2012, 1372. Auch eine Rückwirkung der Eintragung der Satzungsänderung auf den Zeitpunkt der Beschlussfassung kommt nicht in Betracht.

nahmsweise die Funktionsfähigkeit der Tarifautonomie beeinträchtigen. Letzteres bejaht der 4. Senat des BAG, wenn das Verhandlungsergebnis verfälscht wird, die Gewerkschaft also auf den Blitzaustritt oder -wechsel in den laufenden Tarifverhandlungen nicht mehr reagieren kann. Der Wechsel in der Mitgliedschaft müsse der Gewerkschaft[1] deshalb zu einem Zeitpunkt[2] transparent gemacht werden, zu dem der Statuswechsel noch vor dem Abschluss der Tarifverhandlungen berücksichtigt werden könne[3]. Ansonsten sei die Statusänderung (trotz vereinsrechtl. Wirksamkeit) tarifrechtl. unwirksam gem. Art. 9 III 2 GG iVm. § 134 BGB[4]. Entsprechendes gelte, wenn die TV-Parteien zum Zeitpunkt des Statuswechsels bereits einen Vorvertrag über den Abschluss eines TV abgeschlossen haben[5]. Damit schafft der 4. Senat eine neue Form der Tarifbindung ohne mitgliedschaftliche Legitimation[6]. ArbGeb sollten eine geplante Statusänderung unverzüglich der Gewerkschaft anzeigen, um eine ungewollte Tarifbindung abzuwehren. Dies ist auch formlos möglich. Hat der ArbGeb selbst die Gewerkschaft über den Statuswechsel mündlich informiert und bestehen keine begründeten Zweifel an der Richtigkeit der Information, ist den Transparenzanforderungen Genüge getan[7]. Aus Beweisgründen ist gleichwohl eine schriftl. Anzeige anzuraten.

11b Nach rechtzeitiger Mitteilung des Statuswechsels darf die Gewerkschaft nicht mehr zu einem Warnstreik gegen das OT-Mitglied aufrufen, der die Durchsetzung verbandsbezogener Tarifforderungen zum Gegenstand hat[8]. Auch ein Partizipationsstreik ist nur zulässig, wenn der in die OT-Mitgliedschaft gewechselte ArbGeb durch Vereinbarung der dynamischen Übernahme des VerbandsTV auf ein eigenständiges Aushandeln der Arbeitsbedingungen verzichtet hat und stattdessen an der Tarifgestaltung durch den ArbGebVerband partizipieren will[9]. Nicht höchstrichterlich geklärt ist bisher, ob die Gewerkschaft zur Unterstützung eines Hauptarbeitskampfes gegen den Verband einen Unterstützungsstreik gegen die OT-Mitglieder führen darf[10].

12 f) **Ausschluss.** Für den vereinsrechtl. grds. mögl. Ausschluss ist das in der Satzung vorgesehene **Ausschlussverfahren** einzuhalten[11]. Verfahrensfehler können geheilt werden. Der Ausschluss darf nicht gesetzeswidrig, grob unbillig oder willkürlich sein. Sofern der Verband einer Aufnahmepflicht unterliegt (s. Rz. 9), muss der Ausschluss durch die Satzung gestützt und durch sachliche Gründe gerechtfertigt sein[12]. Den Verbänden ist eine gewisse Einschätzungs- und Bewertungsprärogative zuzubilligen[13]. Sachliche Ausschlussgründe können in einer Betätigung als Streikbrecher[14] oder in der Mitgliedschaft in einer Organisation oder Partei liegen, deren Programmatik den Zielen des Verbandes zuwiderläuft[15]. Zu dulden ist dagegen innerverbandliche Kritik (s.a. § 2 Rz. 10 zur Gründung einer Gewerkschaft für Gewerkschaftsbeschäftigte). So darf eine Gewerkschaft ein missliebiges Mitglied nur dann ausschließen, wenn dieses von grds. Gegnerschaft getragene gewerkschaftsfeindliche Angriffe unternommen oder ein prinzipiell anders geartetes Verständnis von der Rolle der Gewerkschaften im demokratischen Staat hat[16]. Das BVerfG[17] hat einen Ausschluss unter Hinweis auf das **Selbstbestimmungsrecht der Koalitionen als wesentlicher Bestandteil der Koalitionsfreiheit** erleichtert[18]. Die Solidarität ihrer Mitglieder und ein **geschlossenes Auftreten nach außen** seien für Koalitionen von besonderer Bedeutung, um die Glaubwürdigkeit ihrer Wahlaussagen und das Vertrauen in ihre Durchsetzungsfähigkeit sicherzustellen. Konkurrierende Listen von Gewerkschaftsmitgliedern bei BR-Wahlen stünden dem entgegen[19]. Ein unberechtigter Ausschluss kann dennoch wirksam werden, wenn das Mitglied versäumt, rechtzeitig einen von der Satzung vorgesehenen Ausschuss, die Mitgliederversammlung oder ein Schiedsgericht anzurufen[20].

13 g) **Bedingung und Befristung.** Ist die Mitgliedschaft auflösend bedingt oder befristet, so **endet sie mit Eintritt der Bedingung bzw. Ablauf der Befristung.** Die Bedingung kann so ausgestaltet werden, dass die Mitgliedschaft bei höheren Beitragsrückständen bzw. Nichtzahlung von Beiträgen trotz Mahnun-

---

1 Nicht aber dem einzelnen ArbN, vgl. BAG 20.5.2009 – 4 AZR 179/08, NZA 2010, 102. ‖ 2 Zur Bestimmung von Beginn und Ende der vom 4. Senat des BAG statuierten Informationsobliegenheit *Bauer*, FS Picker, 2010, S. 889 (902 ff.). ‖ 3 BAG 20.2.2008 – 4 AZR 64/07, AP Nr. 34 zu Art. 9 GG zum Blitzaustritt; 4.6.2008 – 4 AZR 419/07, NZA 2008, 1366; 4.6.2008 – 4 AZR 316/07, nv. und 26.8.2009 – 4 AZR 285/08, NZA 2010, 230; 19.6.2012 – 1 AZR 775/10, NZA 2012, 1372 zum Blitzwechsel in die OT-Mitgliedschaft. ‖ 4 Zur abgestuften Darlegungs- und Beweislast hinsichtl. des Verstoßes von Blitzaustritt und Blitzwechsel in die OT-Mitgliedschaft gegen Art. 9 III 2 GG iVm. § 134 BGB s. Rz. 50. ‖ 5 BAG 26.8.2009 – 4 AZR 285/08, NZA 2010, 230. ‖ 6 Krit. daher *Bauer/Haußmann*, RdA 2009, 99 (104 f.); *Franzen*, FS Picker, 2010, S. 929 (936 ff.); *Höpfner*, ZfA 2009, 541 (561 ff.); HMB/*Höpfner*, Teil 6 Rz. 50; *Konzen*, FS Bauer, 2010, S. 559; *Willemsen/Mehrens*, NJW 2009, 1916 (1917 ff.). Zust. hingegen *Krause*, GS Zachert, 2010, S. 605; *Wiedemann*, FS Reuter, 2010, S. 889 (893 ff.). ‖ 7 BAG 19.6.2012 – 1 AZR 775/10, NZA 2012, 1372. ‖ 8 BAG 19.6.2012 – 1 AZR 775/10, NZA 2012, 1372. ‖ 9 BAG 19.6.2012 – 1 AZR 775/10, NZA 2012, 1372. ‖ 10 Dagegen *Rieble*, EzA Art. 9 GG Arbeitskampf Nr. 135; *Willemsen/Mehrens*, NZA 2004, 79 (82). ‖ 11 BGH 27.9.1993 – II ZR 25/93, AP Nr. 70 zu Art. 9 GG. ‖ 12 BGH 19.10.1987 – II ZR 43/87, BGHZ 102, 265 (277); 15.10.1990 – II ZR 255/89, NJW 1991, 485; 27.9.1993 – II ZR 25/93, AP Nr. 70 zu Art. 9 GG; *Wiedemann/Oetker*, § 2 Rz. 245. ‖ 13 *Wiedemann/Oetker*, § 2 Rz. 248. ‖ 14 BGH 19.1.1978 – II ZR 192/76; AP Nr. 56 zu Art. 9 GG Arbeitskampf. ‖ 15 BGH 15.10.1990 – II ZR 255/98, NJW 1991, 485; 27.9.1993 – II ZR 25/93, AP Nr. 70 zu Art. 9 GG; 4.3.1991 – II ZR 90/90, EzA Art. 9 GG Nr. 51. ‖ 16 BGH 19.10.1987 – II ZR 43/87, BGHZ 102, 265. ‖ 17 BVerfG 24.2.1999 – 1 BvR 123/93, RdA 2000, 99 mit krit. Anm. *Reuter*. ‖ 18 Zurückhaltender die ältere Rspr. des BGH: BGH 19.10.1987 – II ZR 43/87, BGHZ 102, 265; 30.5.1983 – II ZR 138/82, AP Nr. 9 zu § 20 BetrVG 1972; 25.3.1991 – II ZR 170/90, AP Nr. 3 zu § 25 BGB. ‖ 19 BGH 19.1.1981 – II ZR 20/80, AP Nr. 7 zu § 20 BetrVG 1972; BVerfG 24.2.1999 – 1 BvR 123/93, AP Nr. 18 zu § 20 BetrVG 1972. ‖ 20 BGH 6.3.1967 – II ZR 231/64, BGHZ 47, 172.

gen endet[1]. In ArbGebVerbänden kann – abweichend vom Regelfall (dazu Rz. 12) – die Eröffnung des Insolvenzverfahrens über das Vermögen des ArbGeb oder der Beschluss über die Auflösung der juristischen Person die automatische Beendigung der Mitgliedschaft nach sich ziehen.

2. Der Arbeitgeber als Partei des Tarifvertrages. Beim FirmenTV wird der ArbGeb gleichzeitig Partei des TV und Partei der Arbeitsverträge (Abs. 1). Er ist damit Normgeber und Normunterworfener. Einer speziellen Legitimation für die Normunterwerfung bedarf es nicht. Von Bedeutung ist die Unterscheidung zwischen TV-Partei und Arbeitsvertragspartei für die Fortgeltung von FirmenTV nach einem Betriebsübergang. § 613a I BGB vermittelt dem Erwerber nur den Eintritt in die Rechtsstellung als Arbeitsvertragspartei, nicht in diejenige als TV-Partei (Rz. 47). Denkbar ist auch der Abschluss eines mehrgliedrigen FirmenTV, bei dem mehrere ArbGeb für ihre Betriebe mit einer Gewerkschaft einen TV abschließen[2]. Im Falle eines firmenbezogenen VerbandsTV ist der ArbGeb hingegen selbst nicht Partei des TV (vgl. § 1 Rz. 5, § 4 Rz. 21). 14

3. Bezugnahmeklauseln. Der weit überwiegende Teil aller Arbeitsverträge enthält **Verweisungen auf TV**. Näher definierte tarifl. Regelungen sollen danach ganz oder teilweise für das ArbVerh gelten. 15

a) Überblick. Durch Bezugnahmeklauseln werden TV-Normen auf arbeitsvertragl. Ebene zum Bestandteil des ArbVerh gemacht. Da der ArbGeb kein Recht hat, die ArbN vor ihrer Einstellung nach ihrer Gewerkschaftszugehörigkeit zu befragen[3], finden sich die Verweisungen regelmäßig nicht nur in den Arbeitsverträgen der Außenseiter, sondern auch in denen der Gewerkschaftsmitglieder. Neben der Vereinfachung und Standardisierung der Vertragsgestaltung[4] bezweckt die Bezugnahme auf TV regelmäßig die Gleichstellung der Außenseiter mit den Gewerkschaftsmitgliedern und damit die **Gleichbehandlung aller Belegschaftsmitglieder** durch den – tarifgebundenen – ArbGeb. Ihre Folge sind einheitliche Arbeitsbedingungen im Betrieb unabhängig von der Organisation der ArbN[5]. Zugleich erübrigt sich für den ArbGeb die Frage nach der Gewerkschaftszugehörigkeit, sofern nicht der TV selbst eine Differenzierung vornimmt (zu Differenzierungsklauseln vgl. § 1 Rz. 110 ff.). Gelegentlich will der ArbGeb auch – etwa als OT-Mitglied – durch die Bezugnahme die Anwendung bestimmter Tarifnormen unabhängig von seiner tarifrechtl. Bindung zusichern. 16

Zu unterscheiden ist zwischen **statischen und dynamischen Verweisungen**. Bei der statischen Verweisung nehmen die Arbeitsvertragsparteien einen bestimmten TV in seiner zum Zeitpunkt des Arbeitsvertragsschlusses bestehenden Fassung in Bezug. Es gelten dann die Bestimmungen des TV für das ArbVerh, und zwar unabhängig von einer späteren Änderung des TV oder von einem Verbandswechsel bzw. -austritt einer der Parteien. Diese Form der Verweisung ist eher selten. Die dynamischen Klauseln lassen sich weiter in kleine und große Verweisungen unterteilen. Eine **kleine dynamische Verweisung** liegt vor, wenn die Normen eines bestimmten TV „in seiner jew. gültigen Fassung" zum Inhalt des Arbeitsvertrages gemacht werden. Ändert sich der TV, gelten die geänderten Bedingungen unmittelbar für das betreffende ArbVerh. Inhaltlich am weitesten reicht die **große dynamische Verweisung**, nach der die jeweils sachlich einschlägigen oder die normativ geltenden Tarifbestimmungen in ihrer jeweils gültigen Fassung für das ArbVerh maßgeblich sein sollen (sog. **Tarifwechselklausel**). Hier kann es – etwa nach einer Umstrukturierung oder einer unternehmerischen Neuausrichtung des Betriebes – zur Anwendung eines neuen, nämlich des für die nunmehr einschlägige Branche maßgeblichen TV kommen. Welche Verweisung vorliegt, ist durch Auslegung zu ermitteln, ggf. unter Rückgriff auf die Grundsätze der ergänzenden Vertragsauslegung (s. Rz. 23)[6]. Im Zweifel ist von einer dynamischen Verweisung auszugehen (Rz. 24). 17

b) Wirksamkeit der Bezugnahmeklausel. Die Verweisung auf TV ist **allg. zulässig**. TV genießen nach § 5 UrhG keinen Urheberrechtsschutz[7]. Zur Bezugnahme auf Grund gesetzl. oder richterrechtlicher Zulassung s. Einl. Rz. 27, 32. Auch die arbeitsvertragl. in Bezug genommene TV unterliegen wegen § 310 IV 1 BGB nicht der Inhaltskontrolle; selbst eine Transparenzkontrolle der Tarifbestimmungen scheidet aus, sofern der ArbGeb tarifgebunden ist und im Arbeitsvertrag global auf den normativ geltenden TV verwiesen wird[8]. Dies gilt auch, wenn der in Bezug genommene TV nur noch nachwirkt[9]. Die in der Unzulässigkeit einer mittelbaren Tarifzensur begründete Privilegierung von Bezugnahmeklauseln greift aber nur, wenn auf den fachlich einschlägigen TV verwiesen wurde (dazu § 1 Rz. 89 f.[10]) und die Verweisung nicht nur Einzelregelungen des TV, sondern zumindest zusammenhängende Regelungsbereiche 18

---

1 *Löwisch/Rieble*, § 3 Rz. 157 f. || 2 Vgl. BAG 24.11.1993 – 4 AZR 407/92, AP Nr. 39 zu § 1 TVG Tarifverträge: Einzelhandel; 10.11.1993 – 4 AZR 184/93, AP Nr. 43 zu § 1 TVG Tarifverträge: Einzelhandel. || 3 BAG 26.9.2001 – 4 AZR 544/00, NZA 2002, 634 (635); 28.3.2000 – 1 ABR 16/99, AP Nr. 27 zu § 99 BetrVG 1972 Einstellung; *Hromadka/Maschmann/Wallner*, Tarifwechsel, Rz. 72. || 4 Vgl. zu den neben die Gleichstellung tretenden Zweckrichtungen *Bayreuther*, DB 2002, 1008; *Thüsing/Lambrich*, RdA 2002, 193 (200); *Stein*, AuR 2003, 361. || 5 BAG 4.9.1996 – 4 AZR 135/95, AP Nr. 5 zu § 1 TVG Bezugnahme auf Tarifvertrag; *Wiedemann/Oetker*, § 3 Rz. 265; *Gaul*, ZfA 2003, 75 (76 f.). || 6 BAG 4.9.1996 – 4 AZR 135/95, AP Nr. 5 zu § 1 TVG Bezugnahme auf Tarifvertrag. || 7 BAG 11.11.1968 – 1 AZR 16/68, AP Nr. 14 zu Art. 9 GG; *Wiedemann/Oetker*, § 3 Rz. 288. AA *Leydecker*, GRUR 2008, 1030. || 8 BAG 28.6.2007 – 6 AZR 750/06, NZA 2007, 1049. AA *Lakies*, AGB im ArbR, Rz. 165 ff.; ErfK/*Preis*, §§ 305–310 BGB Rz. 15; Ulmer/Brandner/Hensen/*Fuchs*, § 310 BGB Rz. 162. || 9 BAG 18.9.2012 – 9 AZR 1/11, NZA 2013, 216. || 10 *Henssler* in Henssler/v. Westphalen, § 310 BGB Rz. 33; *Löwisch/Rieble*, § 3 Rz. 548; s. zum Ganzen HMB/*Henssler* Teil 10 Rz. 21.

erfasst (§ 1 Rz. 90)[1]. Die Bezugnahmeklauseln selbst unterliegen dagegen idR als AGB iSv. § 305 I BGB der AGB-Kontrolle[2]. Sie sind insb. an § 305c I BGB (Schutz vor überraschenden Verweisungen, etwa bei Dynamik und fremden TV) und § 305c II BGB (Unklarheitenregel) zu messen (eingehend § 305 BGB Rz. 11, § 305c BGB Rz. 5, § 307 BGB Rz. 13 f., § 310 BGB Rz. 23). Das BAG hat nunmehr geklärt, dass große dynamische Klauseln, die auf den „betrieblich/fachlich jeweils einschlägigen TV" verweisen, weder überraschend iSv. § 305c I BGB noch intransparent iSv. § 307 III 2 iVm. I BGB sind. Sie unterliegen auch nicht der Inhaltskontrolle gem. § 307 III 1 BGB und stellen zudem keinen Änderungsvorbehalt iSd. § 308 Nr. 4 BGB dar[3]. Das Transparenzgebot verlangt aber, dass der in Bezug genommene TV bestimmbar ist[4]. Damit ist die Wirksamkeit von großen dynamischen Klauseln weitgehend geklärt. Bei ihrer Verwendung ist grds. kein Hinweis des ArbGeb erforderlich, dass es evtl. zu einer deutlichen Reduzierung der bisherigen Ansprüche kommen kann[5]. Bezugnahmen in Arbeitsverträgen von bereits tarifgebundenen ArbN sind unbedenklich und zwar unabhängig davon, ob auf einen fremden oder einen von der eigenen Gewerkschaft abgeschlossenen TV verwiesen wird[6].

19 Die – auch konkludent mögliche[7] – Bezugnahme durch den Arbeitsvertrag ist **formlos wirksam**[8]. Der in Bezug genommene TV muss aber eindeutig bestimmbar sein[9]. Auch auf Grund einer betriebl. Übung kann sich die Inbezugnahme eines TV ergeben[10]. Eine solche Tarifbindung kraft betriebl. Übung scheidet jedoch aus, wenn der ArbGeb nur eine vermeintlich bestehende rechtl. Verpflichtung erfüllen will[11]. Die für den ArbN ungünstigen Tarifnormen, etwa Ausschlussklauseln, werden von der schuldrechtl. Bindung ebenfalls erfasst[12]. Da dies für die ArbN überraschend sein kann, ist es wichtig, dass der ArbGeb seiner Pflicht aus § 2 I 2 Nr. 10 NachwG nachkommt.

20 Ist der ausdrücklich in Bezug genommene TV mangels Tariffähigkeit einer Vertragspartei unwirksam, so berührt dies die Wirkungen der Verweisung nicht[13]. Folgt die **Unwirksamkeit des TV** dagegen aus einem Verstoß gegen höherrangiges Recht oder allg. Rechtsprinzipien, läuft auch die Bezugnahme ins Leere[14]. Die Verweisung auf einen nicht mehr wirksamen TV ist ebenfalls unbedenklich, solange sich sein Inhalt weiterhin im Rahmen der Rechtsordnung hält[15]. Ist der TV nicht ohnehin auf Grund beidseitiger Tarifgebundenheit anwendbar, gehen abweichende Bestimmungen des Arbeitsvertrages dem in Bezug genommenen TV vor[16]. Im Falle beidseitiger Tarifbindung sind die Grenzen von § 4 I und III zu beachten (s. § 4 Rz. 3 ff., 34 ff.).

21 Über Bezugnahmeklauseln kann je nach Umfang der gesetzl. Öffnung regelmäßig auch von nur tarifdispositivem Gesetzesrecht (etwa § 622 IV BGB; § 13 I 2 BUrlG) abgewichen werden (s. Einl. Rz. 27 f.). Dies soll Wettbewerbsnachteile der nicht tarifgebundenen ArbGeb verhindern, die mangels Tarifbindung nicht zu Lasten der ArbN vom zwingenden Gesetzesrecht abweichen können[17]. Die Teilhabe an der Richtigkeitsgewähr des TV wird den Arbeitsvertragspartnern allerdings meist (vgl. § 622 IV 2 BGB) nur dann zugestanden, wenn der Arbeitsvertrag den fachlich und betriebl. einschlägigen TV in Bezug nimmt[18].

22 **c) Umfang.** Die Festlegung des Umfangs der Bezugnahme ist den Arbeitsvertragsparteien überlassen. Sie können auf den räumlich, betriebl. und fachlich einschlägigen oder auf einen (partiell) fremden TV verweisen[19]. Die Verweisung kann sich auf den gesamten TV oder nur auf einzelne Regelungen beziehen[20]. Fehlen entgegenstehende Abreden, so greift der TV mit seinem gesamten Inhalt, einschl. der belastenden Normen[21]. Verweist der Arbeitsvertrag etwa für den Jahresurlaub auf die „einschlägigen tarifl. Bestimmungen", so findet der gesamte tarifvertragl. Regelungskomplex „Urlaub" einschl. des erhöhten Urlaubsgeldes Anwendung, ohne dass auf die Unklarheitenregel des § 305c II BGB zurückgegriffen werden müsste[22].

---

1 So jetzt auch BAG 6.5.2009 – 10 AZR 390/08, NZA-RR 2009, 593 (594); *Henssler* in Dauner-Lieb/Konzen/Schmidt, S. 615 (639); Däubler/*Lorenz*, § 3 Rz. 236 f.; *Lindemann*, Flexible Gestaltung von Arbeitsbedingungen, S. 137 ff. ||2 BAG 9.11.2005 – 5 AZR 128/05, NZA 2006, 202; vgl. ferner BT-Drs. 14/6857, 54; Däubler/*Lorenz*, § 3 Rz. 219 f.; *Reichel*, AuR 2003, 366 (367); *Gaul*, ZfA 2003, 75 (86). ||3 BAG 21.11.2012 – 4 AZR 85/11, NZA 2013, 512. ||4 S. hierzu *Haußmann*, DB 2013, 1359 (1360). ||5 Wie hier *Jacobs*, BB 2011, 2037 (2041); zweifelnd *Preis*, FS Bepler, 2012, S. 479 (486); skeptisch auch *Bayreuther*, DB 2007, 166 f. ||6 BAG 22.3.1994 – 1 ABR 47/93, EzA § 4 TVG Geltungsbereich Nr. 10; 21.9.2011 – 5 AZR 520/10, NZA 2012, 31. ||7 *Gaul*, ZfA 2003, 75 (77); Wiedemann/*Oetker*, § 3 Rz. 295. ||8 BAG 19.1.1999 – 1 AZR 606/98, AP Nr. 9 zu § 1 TVG Bezugnahme auf Tarifvertrag. ||9 BAG 8.3.1995 – 10 AZR 27/95, AP Nr. 5 zu § 1 TVG Verweisungstarifvertrag. ||10 BAG 19.1.1999 – 1 AZR 606/98, AP Nr. 9 zu § 1 TVG Bezugnahme auf Tarifvertrag; s. zum Ganzen HMB/*Henssler*, Teil 10 Rz. 103 ff. ||11 BAG 16.10.2002 – 4 AZR 467/01, NZA 2003, 390; 18.4.2007 – 4 AZR 751/06, AP Nr. 54 zu § 1 TVG Bezugnahme auf Tarifvertrag. AA Däubler/*Lorenz*, § 3 Rz. 272. ||12 BAG 19.1.1999 – 1 AZR 606/98, AP Nr. 9 zu § 1 TVG Bezugnahme auf Tarifvertrag mit zust. Anm. Oetker. ||13 BAG 7.12.1977 – 4 AZR 474/76, AP Nr. 9 zu § 4 TVG Nachwirkung; LAG Nürnberg, 2.5.2012 – 2 Sa 516/11. ||14 Wiedemann/*Oetker*, § 3 Rz. 320. ||15 Dazu BAG 1.6.1995 – 6 AZR 922/94, AP Nr. 5 zu § 1 BAT-O; 20.9.2006 – 10 AZR 33/06, NZA 2007, 164; Wiedemann/*Oetker*, § 3 Rz. 324. ||16 LAG Hamm 17.10.1955 – 2 Sa 233/55, AP Nr. 2 zu § 21 HandwO. ||17 Wiedemann/*Oetker*, § 3 Rz. 377. ||18 Zu den Einzelheiten *Löwisch/Rieble*, § 3 Rz. 542; Wiedemann/*Oetker*, § 3 Rz. 387 ff. ||19 BAG 25.10.2000 – 4 AZR 506/99, AP Nr. 13 zu § 1 TVG Bezugnahme auf Tarifvertrag. ||20 BAG 29.7.1986 – 3 AZR 71/85, AP Nr. 16 zu § 1 BetrAVG Zusatzversorgungskassen; 19.1.1999 – 1 AZR 606/98, AP Nr. 9 zu § 1 TVG Bezugnahme auf Tarifvertrag. Krit. zur Einzelverweisung jedoch Kempen/Zachert/*Brecht-Heitzmann*, § 3 Rz. 208; Däubler/*Lorenz*, § 3 Rz. 236. ||21 Vgl. BAG 4.4.2001 – 4 AZR 194/00, AP Nr. 45 zu § 23a BAT. ||22 BAG 17.11.1998 – 9 AZR 584/97, AP Nr. 10 zu § 1 TVG Bezugnahme auf Tarifvertrag; 17.1.2006 – 9 AZR 41/05, NZA 2006, 923.

d) **Auslegung der Bezugnahmeklausel.** Gegenstand und Reichweite der Bezugnahme sind durch Auslegung der Verweisungsklausel unter Berücksichtigung ihres Zwecks zu bestimmen. Die Auslegung von Bezugnahmeklauseln zählt zu den für die Praxis aktuell bedeutsamsten Fragen des Tarifrechts und hat das BAG in den letzten Jahren fortlaufend beschäftigt. Grund hierfür sind die wachsenden Bestrebungen der Unternehmen, tarifl. Bindungen abzustreifen oder in andere, günstigere Tarifbereiche zu wechseln[1]. Bei diesen Bemühungen kommt den einzelvertragl. Bezugnahmeklauseln oft entscheidende Bedeutung zu. Ihre Auslegung hat nach §§ 133, 157 BGB den wirklichen Willen der Parteien, allerdings unter Berücksichtigung der typischen Interessenlage zu erforschen. Der Parteiwille ist regelmäßig darauf gerichtet, die nach Branche und fachlichem Geltungsbereich einschlägigen TV in Bezug zu nehmen[2]. Insb. bei älteren Bezugnahmeklauseln kann die Situation eintreten, dass das in Bezug genommene Tarifwerk nicht fortgeführt, sondern durch ein gänzlich neues Tarifwerk ersetzt wird (sog. Tarifsukzession)[3]. Enthält der Arbeitsvertrag eine lediglich zeitdynamische Verweisung auf das nicht fortgeführte Tarifwerk, so entsteht durch die Tarifsukzession eine nachträgliche Regelungslücke im Arbeitsvertrag, die im Wege der ergänzenden Vertragsauslegung zu schließen ist. Aus der dynamischen Ausgestaltung der Bezugnahme auf das jeweils geltende tarifl. Regelungswerk ergibt sich der Wille der Parteien, die Arbeitsbedingungen nicht in einer bestimmten Weise festzuschreiben, sondern sie dynamisch an der Tarifentwicklung auszurichten[4].

Wird das in Bezug genommene Tarifwerk durch mehrere konkurrierende NachfolgeTV ersetzt, muss im Rahmen der ergänzenden Vertragsauslegung darauf abgestellt werden, welcher der konkurrierenden NachfolgeTV die größte inhaltliche Nähe zu dem in Bezug genommenen TV aufweist[5].

Bei großen dynamischen Bezugnahmeklauseln kann **nach Aufgabe des Grundsatzes der Tarifeinheit im Betrieb** unklar sein, auf welchen TV verwiesen wird. Bei einer Kollision zwischen mehreren dem Industrieverbandsprinzip folgenden TV wird die ergänzende Vertragsauslegung im Regelfall ergeben, dass der repräsentativere TV maßgebliches Bezugsobjekt ist. Bei der Konkurrenz zwischen einem IndustrieverbandsTV und einem BerufsverbandsTV bietet es sich an, auf den letztgenannten TV als den mitgliedschaftlich stärker legitimierten abzustellen[6].

Das BAG geht bei der Auslegung arbeitsvertragl. Bezugnahmeklauseln seit jeher davon aus, dass im Zweifel auch bei Fehlen einer „Jeweiligkeitsklausel" eine (kleine) dynamische Verweisung und damit eine **zeitliche Dynamik** gewollt ist[7]. Eine Auslegung einer kleinen dynamischen Klausel über ihren Wortlaut hinaus als große dynamische Klausel kommt dagegen nur unter besonderen Umständen in Betracht[8]. Der typische Zweck solcher kleiner dynamischer Klauseln wurde früher mit Blick auf die „besonderen arbeitsrechtl. vorstrukturierten Bedingungen bei Vertragsschluss"[9] in der Gleichstellung der nicht-organisierten mit den gewerkschaftsangehörigen ArbN des Betriebes gesehen (sog. **Gleichstellungsabrede**)[10]. Die arbeitsvertragl. Verweisung sollte danach lediglich widerspiegeln, was tarifrechtl. galt. Sie ersetzte die fehlende Mitgliedschaft des ArbN in der tarifschließenden Gewerkschaft und stellte ihn so, als wäre er tarifgebunden[11]. War der ArbGeb allerdings nicht tarifgebunden oder nahm der Arbeitsvertrag von vornherein Bezug auf ein für den ArbGeb nicht normativ geltendes Tarifwerk, so kam ein Gleichstellungszweck nicht in Betracht[12].

Die schon unter der Geltung der das Arbeitsrecht betreffenden AGB-rechtl. Bereichsausnahme im Schrifttum vorgebrachte **Kritik**[13] an der Auslegung als Gleichstellungsabrede wurde vom BAG schließlich aufgegriffen[14]. Der Bedeutungsinhalt von nach dem 31.12.2001 abgeschlossenen Bezugnahmeklau-

---

1 *Thüsing/Lambrich*, RdA 2002, 193. || 2 Vgl. BAG 23.3.2005 – 4 AZR 203/04, NZA 2005, 1003 (Bezugnahme auf einen VerbandsTV als Verweis auf einen FirmenTV); s. aber auch BAG 22.9.2010 – 4 AZR 98/09, AP Nr. 59 zu § 133 BGB, wonach der Verweis auf TV eines konkret bezeichneten Gewerbes nicht zugleich TV mit einem engeren räuml. Geltungsbereich erfassen soll. || 3 So wurde bspw. der Bundes-Angestelltenvertrag für den öffentlichen Dienst (BAT) in den Jahren 2005/2006 vom TV für den öffentlichen Dienst (TVöD) und dem TV für den öffentlichen Dienst der Länder (TV-L) ersetzt. || 4 BAG 19.5.2010 – 4 AZR 796/08, NZA 2010, 1183; 6.7.2011 – 4 AZR 706/09, NZA 2012, 100; 18.4.2012 – 4 AZR 392/10, NZA 2012, 1171; 3.7.2013 – 4 AZR 41/12, NZA 2014, 102; *Henssler/Seidensticker*, RdA 2011, 247 (248ff.). || 5 BAG 29.6.2011 – 5 AZR 135/09, AP Nr. 44 zu § 1 TVG Tarifverträge Arzt; 18.4.2012 – 4 AZR 392/10, AP Nr. 112 zu § 1 TVG Bezugnahme auf Tarifvertrag (*Uffmann*). || 6 HMB/*Henssler*, Teil 10 Rz. 32f. || 7 BAG 26.9.2001 – 4 AZR 544/00, NZA 2002, 634; 9.11.2005 – 5 AZR 128/05, NZA 2006, 202. || 8 BAG 29.8.2007 – 4 AZR 765/06 und 4 AZR 767/06, SAE 2008, 365 und AP Nr. 61 zu § 1 TVG Bezugnahme auf Tarifvertrag; 22.10.2008 – 4 AZR 784/07, AP Nr. 66 zu § 1 TVG Bezugnahme auf Tarifvertrag; 15.4.2008 – 9 AZR 159/07, AP Nr. 38 zu § 1 TVG Altersteilzeit; 6.7.2011 – 4 AZR 706/09, NZA 2012, 100. || 9 BAG 26.9.2001 – 4 AZR 544/00, BB 2002, 1264 (1265) (*Lambrich*) = AP Nr. 21 zu § 1 TVG Bezugnahme auf Tarifvertrag (*Thüsing*); 27.11.2002 – 4 AZR 661/01, AP Nr. 28 zu § 1 TVG Bezugnahme auf Tarifvertrag („soziotypische Ausgangslage"). || 10 BAG 4.9.1996 – 4 AZR 135/95, AP Nr. 5 zu § 1 TVG Bezugnahme auf Tarifvertrag; 30.8.2000 – 4 AZR 581/99, AP Nr. 12 zu § 1 TVG Bezugnahme auf Tarifvertrag; 21.8.2002 – 4 AZR 263/01, AP Nr. 21 zu § 157 BGB. || 11 Krit. *Thüsing/Lambrich*, RdA 2002, 193 (195ff.). || 12 BAG 1.12.2004 – 4 AZR 50/04, NZA 2005, 478; 25.9.2002 – 4 AZR 294/01, AP Nr. 26 zu § 1 TVG Bezugnahme auf Tarifvertrag; 25.10.2000 – 4 AZR 506/99, AP Nr. 13 zu § 1 TVG Bezugnahme auf Tarifvertrag. Zu weiteren Umständen, die gegen die Auslegung als Gleichstellungsabrede sprechen, vgl. BAG 13.9.2006 – 4 AZR 803/05, ZTR 2007, 151. || 13 Vgl. zB *Hanau/Kania*, FS Schaub, 1998, S. 239 (261); *Annuß*, ZfA 2005, 405 (421ff.); *Thüsing/Lambrich*, RdA 2002, 193 (198ff.); *Lambrich*, FS Ehmann, 2005, S. 169 (227). || 14 BAG 14.12.2005 – 4 AZR 536/04, NJW 2006, 2571ff.

seln (sog. **Neuklauseln**) ist nunmehr in erster Linie anhand des Wortlauts zu ermitteln. Gem. der Unklarheitenregel des § 305c II BGB gehen Unklarheiten zu Lasten des Verwenders, dh. des ArbGeb[1]. Die Vereinbarung einer Gleichstellungsabrede bleibt zwar möglich, der Gleichstellungszweck muss der Bezugnahmeabrede aber zweifelsfrei zu entnehmen sein. Für bis zum 31.12.2001 geschlossene Verträge (sog. **Altklauseln**) hält der 4. Senat an der Auslegung als Gleichstellungsabrede fest[2]. Der Unterscheidung zwischen Alt- und Neuklausel kommt damit zentrale Bedeutung zu. Entscheidend ist dabei nicht der erstmalige Abschluss des Arbeitsvertrags, in dem die Bezugnahmeklausel enthalten war. Auch bei einer Neufassung bzw. Überarbeitung des Arbeitsvertrags kann eine Neuklausel vorliegen. Für die Beurteilung, ob die Auslegungsmaßstäbe für Alt- oder Neuverträge heranzuziehen sind, kommt es maßgeblich darauf an, ob die Klausel in einem Änderungsvertrag zum Gegenstand der rechtsgeschäftlichen Willensbildung der Vertragsparteien gemacht worden ist,[3] wobei dem 4. Senat schon geringfügige Änderungen des Wortlauts der Bezugnahmeklausel genügen[4]. Von einer Neuklausel ist auch auszugehen, wenn die Parteien ausdrücklich erklären, dass „alle anderen Vereinbarungen aus dem Anstellungsvertrag unberührt bleiben"[5]. Bezieht sich die Änderung des Altvertrages dagegen nur auf einzelne Arbeitsbedingungen, reicht der Hinweis, es handle sich um einen Änderungsvertrag zum Arbeitsvertrag, nicht aus, um den Arbeitsvertrag als Neuvertrag auslegen zu können. Eine solche Formulierung stellt nur eine Verknüpfung zum ursprünglichen Arbeitsvertrag her, ohne dass dessen gesamter Inhalt zum Gegenstand der rechtsgeschäftl. Willensbildung gemacht würde[6].

26 Dem EuGH-Urteil in der Rechtssache **Werhof**[7] lassen sich entgegen einer im Schrifttum vertretenen Auffassung[8] keine europarechtl. Bedenken gegen den Rspr.-Wechsel entnehmen. Die negative Koalitionsfreiheit der ArbGeb wird nicht tangiert. Die Pflicht zur Anwendung der TV folgt aus der privatautonomen Entscheidung des Erwerbers, den Betrieb zu übernehmen; die Koalitionsfreiheit ist hierbei nicht betroffen. Die Unzulässigkeit einer dynamischen Tarifbindung kann dem Urteil daher nicht entnommen werden[9] (s. zu dieser Problematik auch Rz. 30b).

27 **e) Wirkung der Bezugnahme.** Die Tarifnormen werden auf Grund der Bezugnahme Inhalt des Arbeitsvertrages und **wirken damit rein individualrechtlich**[10] nicht anders, als wenn die Parteien die Regelungen als Vertragsklauseln direkt in den Arbeitsvertrag aufgenommen hätten (**hM**)[11].

28 Hinsichtl. der Rechtsfolgen ist zu differenzieren: Im Falle **beidseitiger Tarifbindung** wird teilweise vertreten, dass der arbeitsvertragl. Bezugnahme nur deklaratorische Bedeutung zukomme[12]. Da der ArbN jedoch nicht wissen muss bzw. kann, wie es um die aktuelle und zukünftige Tarifbindung des ArbGeb bestellt ist, muss er die Verweisung als konstitutive Gestaltung des ArbVerh ansehen. Ansonsten würde bei fehlender oder wegfallender Tarifbindung des ArbGeb keine (ggf. eine Nachwirkung beendende) vertragl. Regelung der Arbeitsbedingungen bestehen. Auch aus Sicht des ArbGeb erscheint dieses Ergebnis richtig. Da er bei Vertragsschluss regelmäßig nicht über die Gewerkschaftszugehörigkeit des ArbN Bescheid wissen wird (und diese auch nicht erfragen darf, s. Rz. 16), wäre es gekünstelt, ihm einen unterschiedlichen Regelungswillen abhängig von der Tarifgebundenheit des ArbN zu unterstellen. Der Verweisung kommt daher auch bei beiderseitiger Tarifgebundenheit **konstitutive Wirkung** zu[13].

29 Wird im Arbeitsvertrag von kongruent tarifgebundenen Vertragspartnern auf einen fremden TV verwiesen, sind dessen Regelungen nur insoweit anzuwenden, als sie günstiger iSv. § 4 III sind[14]. Eine Tarif-

---

1 BAG 22.10.2008 – 4 AZR 793/07, AP Nr. 67 zu § 1 TVG Bezugnahme auf Tarifvertrag. ||2 Vgl. BAG 14.12.2005 – 4 AZR 536/04, NJW 2006, 2571; 26.8.2009 – 4 AZR 285/08, DB 2010, 171; 17.11.2010 – 4 AZR 391/09, NZA 2011, 356 und 17.11.2010 – 4 AZR 127/09, NZA 2011, 457; 14.12.2011 – 4 AZR 79/10, AP Nr. 104 zu § 1 TVG Bezugnahme auf Tarifvertrag; vgl. auch BAG 21.10.2009 – 4 AZR 396/08, AP Nr. 72 zu § 1 TVG Bezugnahme auf Tarifvertrag. Krit. bzgl. der Wahl des Stichtages Hanau, RdA 2007, 180 (182); Höpfner, NZA 2008, 91 (92ff.); Höpfner, NZA 2009, 420. Zustimmend Däubler/Lorenz, § 3 Rz. 233; Annuß, ZfA 2005, 405 (429). Das BAG hat einen weiter gehenden Vertrauensschutz abgelehnt, vgl. BAG 22.10.2008 – 4 AZR 793/07, AP Nr. 67 zu § 1 TVG Bezugnahme auf Tarifvertrag. ||3 BAG 24.2.2010 – 4 AZR 691/08, AP Nr. 75 zu § 1 TVG Bezugnahme auf Tarifvertrag; 19.10.2011 – 4 AZR 811/09, AP Nr. 93 zu § 1 TVG Bezugnahme auf Tarifvertrag. ||4 Verweisung auf die „jeweilige Fassung der einschlägigen Tarifverträge" an Stelle der Verweisung auf die „gültigen Tarifverträge in der jeweils gültigen Fassung". ||5 BAG 19.10.2011 – 4 AZR 811/09, AP Nr. 93 zu § 1 TVG Bezugnahme auf Tarifvertrag. ||6 BAG 18.11.2009 – 4 AZR 514/08, AP Nr. 70 zu § 1 TVG Bezugnahme auf Tarifvertrag; 19.10.2011 – 4 AZR 811/09, AP Nr. 93 zu § 1 TVG Bezugnahme auf Tarifvertrag. ||7 EuGH 9.3.2006 – Rs. C-499/04, NZA 2006, 376. ||8 Nicolai, DB 2006, 670 (671f.); Simon/Kock/Halbsguth, ZIP 2006, 723. ||9 BAG 29.8.2007 – 4 AZR 765/06 und 4 AZR 767/06, SAE 2008, 365 und AP Nr. 61 zu § 1 TVG Bezugnahme auf Tarifvertrag; 22.10.2008 – 4 AZR 793/07, AP Nr. 67 zu § 1 TVG Bezugnahme auf Tarifvertrag; 23.9.2009 – 4 AZR 331/08, NZA 2010, 513; E. M. Willemsen, Arbeitsvertragliche Bezugnahme, 2009, S. 185ff.; Reinecke, BB 2006, 2637 (2641); Sittard/Ulbrich, ZTR 2006, 458 (461); aA Meinel/Herms, DB 2006, 1429 (1430). ||10 Unklar noch die ältere Rspr. vgl. BAG 20.3.1991 – 4 AZR 455/90, NZA 1991, 736; ähnlich v. Hoyningen-Huene, RdA 1978, 138ff. ||11 Vgl. nunmehr BAG 18.3.2009 – 4 AZR 64/08, NZA 2009, 1208; 9.5.2007 – 4 AZR 275/06, AP Nr. 23 zu § 3 TVG Verbandszugehörigkeit; 23.3.2005 – 4 AZR 203/04, NZA 2005, 1003; 25.10.2000 – 4 AZR 507/99, nv.; und schon der 10. Senat in der Entscheidung v. 22.9.1993 – 10 AZR 207/92, AP Nr. 21 zu § 4 TVG Tarifkonkurrenz; Löwisch/Rieble, § 3 Rz. 510; Wiedemann/Oetker, § 3 Rz. 285 mwN und Rz. 277ff. zu den anderen Ansätzen. ||12 Schwab, BB 1994, 781 (783); Hanau, NZA 2005, 489 (490f.); Nachw. bei Thüsing/Lambrich, RdA 2002, 193 (201 Fn. 94). ||13 BAG 19.3.2003 – 4 AZR 331/02, NZA 2003, 1207; 26.9.2001 – 4 AZR 544/00, AP Nr. 21 zu § 1 TVG – Bezugnahme auf Tarifvertrag; Däubler/Lorenz, § 3 Rz. 225ff. mwN; HMB/Hensslerl, Teil 10 Rz. 8. ||14 BAG 22.3.1994 – 1 ABR 47/93, EzA § 4 TVG Geltungsbereich Nr. 10.

konkurrenz entsteht nicht[1]. Ist der ArbGeb nicht tarifgebunden, findet der in Bezug genommene TV – gleich, ob für den ArbN fremd oder eigen – Anwendung.

Entfällt die **zwingende normative Wirkung des in Bezug genommenen TV** bei einem bislang kraft Verbandszugehörigkeit tarifgebundenen ArbGeb, so führt dies bei einer **kleinen dynamischen Altklausel** auf Grund des Gleichstellungszwecks dazu, dass die arbeitsvertragl. Verweisung von nun an nur noch statisch die im Zeitpunkt des Wegfalls geltenden TV in Bezug nimmt[2]. Auf Grund der Gleichstellungsklausel soll der nicht-tarifgebundene ArbN nur so lange an der Tarifentwicklung teilnehmen, wie es für einen tarifgebundenen Mitarbeiter auf Grund der normativen Wirkung des TV der Fall wäre (vgl. § 4 Rz. 5 ff.)[3]. Für **Neuklauseln** gilt seit der **Rspr.-Änderung**, dass immer dann, wenn es an einer klar und eindeutig vereinbarten Gleichstellungsabrede fehlt, die dynamische Bezugnahme fortwirkt, auch wenn die Tarifgebundenheit des ArbGeb endet. UU kann sich eine – vom ArbGeb meist unerwünschte – „ewige" dynamische Bindung an den in Bezug genommenen TV ergeben[4], obwohl auf normativer Ebene längst keine Tarifbindung iSv. Abs. 1, § 4 I mehr besteht („konstitutive Ewigkeitsbindung")[5]. **30**

Für den Fall des **Verbandsaustritts** hat das BAG seine Rspr.-Änderung mit seiner Entscheidung v. 18.4.2007 erstmals umgesetzt[6]. Nach der geänderten Rspr. bleibt es trotz Verbandsaustritts des ArbGeb bei kleinen dynamischen Neuklauseln bei der dynamischen Bindung an den bislang geltenden TV. Dies gilt auf Grund der konstitutiven Wirkung auch für die Gewerkschaftsmitglieder, die bisher kongruent tarifgebunden waren. **30a**

Nach einem **Betriebsübergang** kommt es auf Grund der individualrechtl. Natur der Bezugnahmeklausel zu ihrer unveränderten einzelvertraglichen Weitergeltung nach § 613a I 1 BGB[7]. Ist der Erwerber nicht kongruent tarifgebunden, wird der TV gem. § 613a I 2 BGB in das ArbVerh transformiert. Der von der älteren Rspr. postulierte Gleichstellungszweck bewirkte in diesem Fall eine nur noch statische Auslegung der (dynamischen) Bezugnahmeklausel[8]. Nach der aktuellen Rspr. des BAG hat ein Betriebsübergang keine Auswirkungen auf die Dynamik der Klausel[9]; eine Tarifwechselklausel muss ausdrücklich vereinbart worden sein. Daher kann eine Klausel, die auf einen namentlich bezeichneten HausTV verweist, nicht ergänzend dahin ausgelegt werden, dass sie mit derselben Gewerkschaft abgeschlossene HausTV von ausgegliederten Tochterunternehmen erfasst[10]. Der Klausel kommt auf Grund des Günstigkeitsprinzips evtl. sogar der Vorrang vor dem für Gewerkschaftsmitglieder normativ geltenden TV zu; entspr. gilt für alle ArbN bei einem kraft AVE verbindlichen TV[11]. Eine große dynamische Klausel kann dagegen zum Wechsel des Bezugnahmeobjekts führen[12], wenn beim Erwerber ein anderer TV gilt. Für Gewerkschaftsmitglieder ist eine solche Klausel als „Vereinbarung" iSd. § 613a I 4 BGB anzusehen, die die Weitergeltung des VeräußererTV gem. § 613a I 2 BGB beseitigen kann[13]. Zweifel an der Wirksamkeit einer dynamischen Inbezugnahme nach einem Betriebsübergang könnten sich jedoch aus der jüngsten Rspr. des EuGH in der Rechtssache „Alemo-Herron"[14] ergeben. Dem EuGH zufolge dürfen die Mitgliedstaaten nicht vorschreiben, dass im Fall eines Unternehmensübergangs die Klauseln, die dynamisch auf nach dem Zeitpunkt des Übergangs verhandelte und abgeschlossene TV verweisen, ggü. dem Erwerber durchsetzbar sind, wenn dieser nicht die Möglichkeit hat, an den Verhandlungen über die nach dem Übergang abgeschlossenen TV teilzunehmen. Ob hieraus folgt, dass dynamische Bezugnahmeklauseln infolge eines Betriebsübergangs künftig als unwirksam anzusehen sind, bleibt jedoch weiterhin offen[15]. **30b**

Kommt es zu einem **Verbandswechsel** des ArbGeb (idR nach einem **Herauswachsen** aus dem branchenmäßigen Geltungsbereich), wirkt der bisherige TV mangels fachlicher Anwendbarkeit nur gem. § 4 V nach. Je nachdem, ob dieselbe oder eine andere Gewerkschaft den neuen TV geschlossen hat, wird dieser durch den neuen TV abgelöst oder es kommt zu einem Nebeneinander von altem und neuem **30c**

---

1 So nun auch BAG 29.8.2007 – 4 AZR 765/06 u. 767/06, SAE 2008, 365 und AP Nr. 61 zu § 1 TVG Bezugnahme auf Tarifvertrag; 22.10.2008 – 4 AZR 784/07, NZA 2009, 151. Anders v. 23.3.2005 – 4 AZR 203/04, NJW 2005, 1003. ||2 So schon die ältere Rspr.: BAG 26.9.2001 – 4 AZR 544/00, AP Nr. 33 zu § 1 TVG Bezugnahme auf Tarifvertrag; 1.12.2004 – 4 AZR 50/04, NZA 2005, 478. ||3 BAG 26.9.2001 – 4 AZR 544/00, AP Nr. 21 zu § 1 TVG Bezugnahme auf Tarifvertrag; 27.11.2002 – 4 AZR 661/01, AP Nr. 28 zu § 1 TVG Bezugnahme auf Tarifvertrag. ||4 Zu den verfassungsrechtl. Bedenken *Bayreuther*, DB 2007, 166 (167); *Meinel/Herms*, DB 2006, 1429 (1431). ||5 *Henssler*, FS Wißmann, 2005, S. 133 (139 f.); umfassend zu den Folgen der Rspr.-Änderung bei Tarifwechsel *E. M. Willemsen*, Arbeitsvertragliche Bezugnahme, 2009, S. 198 ff. ||6 BAG 18.4.2007 – 4 AZR 652/05, AP Nr. 53 zu § 1 TVG Bezugnahme auf Tarifvertrag. ||7 BAG 28.5.1997 – 4 AZR 663/95, NZA 1997, 1066; Däubler/*Lorenz*, § 3 Rz. 252; JKOS/*Oetker*, § 6 Rz. 286. ||8 BAG 29.8.2001 – 4 AZR 332/00, NZA 2002, 513; 14.12.2005 – 4 AZR 536/04, NJW 2006, 2571. ||9 Vgl. BAG 22.10.2008 – 4 AZR 793/07, AP Nr. 67 zu § 1 TVG Bezugnahme auf Tarifvertrag; 21.10.2009 – 4 AZR 396/08, AP Nr. 72 zu § 1 TVG Bezugnahme auf Tarifvertrag und 24.2.2010 – 4 AZR 691/08, AP Nr. 75 zu § 1 TVG Bezugnahme auf Tarifvertrag; *Bepler*, RdA 2009, 65 ff. ||10 BAG 6.7.2011 – 4 AZR 706/09, NZA 2012, 100. ||11 BAG 29.8.2007 – 4 AZR 765/06 und 4 AZR 767/06, SAE 2008, 365 und AP Nr. 61 zu § 1 TVG Bezugnahme auf Tarifvertrag. ||12 BAG 16.10.2002 – 4 AZR 467/01, AP Nr. 22 zu § 1 TVG Bezugnahme auf Tarifvertrag. ||13 Ebenso § 613a BGB Rz. 283; *Annuß*, ZfA 2005, 405 (455). ||14 EuGH 18.7.2013 – Rs C-426/11, NZA 2013, 835; krit. *Thüsing*, EWiR § 613a BGB 5/13; *Jacobs/Frieling*, EuZW 2013, 737; zu möglichen Konsequenzen für das deutsche Recht *Lobinger*, NZA 2013, 945 und *Schiefer/Hartmann*, BB 2013, 2614. ||15 Vgl. *Forst*, DB 2013, 1847 und *Heuschmid*, AuR 2013, 498, die ua. darauf verweisen, dass die Rs. Alemo-Herron eine englische Bezugnahmeklausel betraf; s.a. *Commandeur/Kleinebrink*, BB 2014, 181; aA wohl *Lobinger*, NZA 2013, 945; *Schiefer/Hartmann*, BB 2013, 2614; *Mückl*, ZIP 2014, 207.

TV[1]. Eine als Gleichstellungsabrede ausgelegte Bezugnahmeklausel verwies früher grds. statisch auf den nachwirkenden (§ 4 V) alten TV (s. Rz. 24)[2]. Nach der aktuellen Rspr. des BAG ändert sich mit dem Verbandswechsel die Auslegung der individualvertraglichen Bezugnahmeklausel nicht. Trotz des Verbandswechsels gilt daher der bisherige TV dynamisch weiter, anders nur bei Vorliegen einer Tarifwechselklausel[3]. Eine Bezugnahmeklausel kann als „andere Abmachung" (§ 4 V) bei den Gewerkschaftsmitgliedern die auf tarifvertragl. Ebene vorliegende Nachwirkung des bisherigen TV beenden[4].

31 Sind arbeitsvertragl. die bei dem ArbGeb für eine Gruppe von ArbN jeweils gültigen TV in Bezug genommen, so gelten für die Zeit einer von einer **konzernbezogenen Versetzungsklausel** gedeckten Abstellung zu einer anderen Konzerngesellschaft auch die (schlechteren) Bedingungen eines von dem ArbGeb und der Konzerngesellschaft mit einer Gewerkschaft über den Einsatz von Angehörigen dieser ArbN-Gruppe bei der Konzerngesellschaft abgeschlossenen TV[5].

32 Für die **Auslegung der in Bezug genommenen TV-Normen** gelten die gleichen Grundsätze, die auch bei normativer Geltung heranzuziehen sind (dazu § 1 Rz. 76 ff.)[6]. Anderenfalls ließe sich die vielfach bezweckte einheitliche Anwendung der Normen auf Gewerkschaftsmitglieder und Außenseiter nicht verwirklichen. Zu den Wirkungen einer Bezugnahmeklausel nach einem Betriebsübergang gem. § 613a BGB s.a. § 613a BGB Rz. 279 ff.

32a **f) Bezugnahme und Sanierungstarifvertrag.** Das BAG ging bisher davon aus, dass eine kleine dynamische Bezugnahmeklausel, die sich auf einen VerbandsTV bezieht, auch **SanierungsTV** in der Form von FirmenTV oder firmenbezogenen VerbandsTV erfasst[7]. Nach der Rspr.-Änderung ist jedoch unklar, ob solche Klauseln bei wortlautgetreuer Auslegung den Vorrang des FirmenTV aushebeln können. Das BAG hat seine noch auf die Gleichstellungsfunktion abstellende Rspr. ausdrücklich bestätigt[8]. Zumindest dann, wenn der FirmenTV mit derselben Gewerkschaft geschlossen wurde, sollte auch bei Neuklauseln der Vorrang des FirmenTV greifen. Das gilt erst recht für firmenbezogene VerbandsTV[9].

32b **g) Klauselvorschläge.** Von entscheidender Bedeutung ist die präzise **Formulierung**[10] der Klausel, soll eine unerwünschte dauerhafte Bindung an fachlich nicht passende TV verhindert werden. Bei einem **tarifgebundenen** ArbGeb kommt folgende Formulierung einer Gleichstellungsabrede in Betracht:

● Formulierungsvorschlag:
Auf das Arbeitsverhältnis sind die jeweils für den Betrieb normativ geltenden Tarifverträge in ihrer jeweils gültigen Fassung anzuwenden. Dies sind zurzeit (Zeitpunkt des Vertragsschlusses) die von der X-Gewerkschaft mit dem Y-Arbeitgeberverband für das Tarifgebiet Z abgeschlossenen Tarifverträge für die A-Branche. Die anzuwendenden Tarifverträge können im Personalbüro eingesehen werden[11].

Alternativ können die verschiedenen Fallgestaltungen, die zu einer Änderung in der Tarifbindung führen, jew. explizit geregelt werden. Eine Beschränkung der Klauselwirkung auf Außenseiter mit dem Ziel, bei den Gewerkschaftsmitgliedern eine Anwendung des Günstigkeitsprinzips zu vermeiden[12], ist bei einer korrekten Formulierung der Klausel nicht notwendig und zudem verfassungsrechtl. fragwürdig. Die Aufgabe des Grundsatzes der Tarifeinheit zwingt zur Berücksichtigung und Auflösung von Tarifpluralitäten (vgl. § 4 Rz. 55 ff.).

● Formulierungsvorschlag:
Kommen nach dieser Regelung unterschiedliche Tarifverträge in Betracht, so ist bei einem Nebeneinander von Verbands- und Firmentarifvertrag der Firmentarif und im Übrigen derjenige Tarifvertrag anzuwenden, an den die meisten Belegschaftsmitglieder normativ gebunden sind[13].

Der in Bezug genommene TV wird dann grds. mittels des Spezialitätsprinzips bestimmt[14].

32c Bei **nicht tarifgebundenen** ArbGeb kommt eine Gleichstellungsabrede nicht in Betracht. Bei ihnen kann sich folgende Gestaltung anbieten:

---

1 Vgl. *Henssler*, FS Wißmann, 2005, S. 133 (139 f.); *Bauer/Günther*, NZA 2008, 6 (8). Eine Tarifpluralität wird hierdurch nicht begründet, vgl. BAG 28.5.1997 – 4 AZR 546/95, AP Nr. 26 zu § 4 TVG Nachwirkung; 21.2.2001 – 4 AZR 18/00, AP Nr. 20 zu § 4 TVG. ‖ 2 BAG 30.8.2000 – 4 AZR 581/99, AP Nr. 12 zu § 1 TVG Bezugnahme auf Tarifvertrag. ‖ 3 S. hierzu HMB/*Henssler*, Teil 10 Rz. 74 ff. ‖ 4 Zu der Frage, ob eine „andere Abmachung" auch bereits vor Ablauf des TV vereinbart werden kann, vgl. BAG 23.2.2005 – 4 AZR 186/04, AP Nr. 42 zu § 4 TVG Nachwirkung; 22.10.2008 – 4 AZR 789/07, NZA 2009, 265; 20.5.2009 – 4 AZR 230/08, AP Nr. 42 zu § 3 TVG; 1.7.2009 – 4 AZR 261/08, NZA 2010, 53. S. hierzu *Henssler*, FS Picker, 2010, S. 987 (997). ‖ 5 BAG 18.6.1997 – 4 AZR 699/95, Nr. 24 zu § 1 TVG Tarifverträge: Lufthansa. ‖ 6 BAG 12.8.1959 – 2 AZR 75/59, AP Nr. 1 zu § 305 BGB. ‖ 7 BAG 14.12.2006 – 10 AZR 296/05, NZA 2006, 744. ‖ 8 BAG 1.10.2006 – 4 AZR 486/05, NZA 2007, 634. ‖ 9 Vgl. BAG 11.10.2006 – 4 AZR 486/05, NZA 2007, 634; *Simon/Kock/Halbsguth*, EWS 2006, 400 (401). ‖ 10 Formulierungsbsp. bei *Henssler/Moll*, AGB-Kontrolle vorformulierter Arbeitsbedingungen, 2011, S. 128 ff.; *Henssler*, FS Wißmann, 2005, S. 133 (155 f.); *E. M. Willemsen*, Arbeitsvertragliche Bezugnahme, 2009, S. 426 ff.; *Klebeck*, NZA 2006, 15 (20); *Giesen*, NZA 2006, 625 (630). ‖ 11 *Henssler/Moll*, AGB-Kontrolle vorformulierter Arbeitsbedingungen, 2011, S. 128. ‖ 12 So *Preis/Greiner*, NZA 2007, 1073 (1078). ‖ 13 *Henssler/Moll*, AGB-Kontrolle vorformulierter Arbeitsbedingungen, 2011, S. 131. ‖ 14 So auch BAG 23.1.2007 – 4 AZR 602/06, AP Nr. 63 zu § 1 TVG Bezugnahme auf Tarifvertrag.

● **Formulierungsvorschlag:**
Es gilt der X-Tarifvertrag in seiner Fassung vom ... Änderungen dieses Tarifvertrages gelten für das Arbeitsverhältnis, wenn der Arbeitgeber ihrer Geltung nicht aus wirtschaftlichen Gründen innerhalb einer Frist von vier Wochen nach ihrem Inkrafttreten widerspricht. Die Geltung des Tarifvertrages endet mit einer Tarifbindung des Arbeitgebers durch Beitritt zu einem Arbeitgeberverband. In diesem Fall ist der nunmehr kraft Tarifbindung geltende Tarifvertrag anzuwenden[1].

Der Verweis auf die „wirtschaftlichen Gründe" greift die Rspr. des BAG zum formularmäßigen Widerrufsvorbehalt auf, die auch bei diesem einseitigen Leistungsbestimmungsrecht des ArbGeb die Angabe eines Widerrufsgrundes verlangt[2].

4. Außenseiterklauseln. Ausnahmsweise kann auch ein **nicht organisierter ArbN** Ansprüche gegen den tarifgebundenen ArbGeb auf tarifl. Leistungen auf Grund einer sog. Außenseiterklausel im TV erwerben. Sie verpflichtet den ArbGeb, die nicht organisierten ArbN wie die tarifgebundenen zu behandeln. Eine entsprechende Vereinbarung ist ein zulässiger Vertrag zu Gunsten Dritter und verstößt nicht gegen die negative Koalitionsfreiheit[3]. Da Außenseiterklauseln regelmäßig den Interessen der Gewerkschaften nach Mitgliederwerbung zuwiderlaufen, ist ihre praktische Bedeutung gering.

III. Rechtsnormen über betriebliche und betriebsverfassungsrechtliche Fragen (Abs. 2). Rechtsnormen über betriebl. und betriebsverfassungsrechtl. Fragen gelten auch für nicht oder anders organisierte ArbN in Betrieben, in denen **nur der ArbGeb tarifgebunden** ist. Betroffen sind Regelungsbereiche, die aus Gründen der innerbetriebl. Gerechtigkeit und Gleichbehandlung notwendigerweise die gesamte Belegschaft eines Betriebes in gleicher Weise angehen oder aber in der sozialen Wirklichkeit aus tatsächlichen oder rechtl. Gründen nur einheitlich gelten können[4].

Nach hM ist **nicht erforderlich, dass überhaupt ein ArbN des Betriebs Gewerkschaftsmitglied ist**[5]. Besteht ein gemeinsamer Betrieb, müssen alle ArbGeb tarifgebunden sein[6]. Abs. 2 ist als restriktiv zu handhabende Ausnahmevorschrift einzustufen. Er begegnet im Hinblick auf die negative Koalitionsfreiheit **verfassungsrechtl. Bedenken**[7]. Das BAG hat die Vereinbarkeit von Betriebsnormen mit Art. 9 III GG und mit dem Demokratie- und Rechtsstaatsprinzip (Art. 20 GG) gleichwohl ausdrücklich bejaht[8]. Zur Begründung wird darauf verwiesen, Abs. 2 enthalte eine vom Gesetzgeber geschaffene, ausreichend eingeschränkte Ermächtigung zur Normsetzung ggü. nicht organisierten ArbN. IÜ sei die in Abs. 2 angeordnete Ausdehnung des TV-Systems auf nicht organisierte ArbN wegen der Notwendigkeit betriebseinheitlicher Geltung der erfassten Normen verfassungsgemäß.

Betriebsnormen (vgl. § 1 Rz. 51f.) müssen normative und nicht nur schuldrechtl. Regelungen für alle oder bestimmte ArbVerh enthalten. Klauseln in FirmenTV zur Beschäftigungssicherung, die nur den Charakter einer schuldrechtl. Verhaltens- und Verhandlungsklausel bzw. denjenigen einer Öffnungsklausel mit Zustimmungsvorbehalt iSd. § 77 III BetrVG haben, sind damit keine Betriebsnormen[9]. Das Gleiche gilt für tarifl. Regelungen zur absoluten Entgelthöhe und die in einer tarifl. Vergütungsordnung zum Ausdruck kommenden Entlohnungsgrundsätze[10]. Betriebsnormen betreffen ua. die Betriebsmittel (Schutz- und Sicherheitsvorkehrungen, Wohlfahrtseinrichtungen), die betriebl. Ordnung (Rauchverbot, Kontrollmaßnahmen), die Zusammensetzung des Mitarbeiterkreises, die Einführung oder das Verbot der gleitenden Arbeitszeit, die Einführung von Schichtarbeit oder die Voraussetzungen, die der Inhaber eines bestimmten Arbeitsplatzes erfüllen muss. Zu betriebsverfassungsrechtl. Normen vgl. § 1 Rz. 53 f.

IV. Beginn und Ende der Tarifbindung. 1. Beginn. Sind ArbGeb und ArbN bereits Mitglieder der tarifschließenden Verbände, beginnt die Tarifgebundenheit außerhalb der Sonderfälle gem. Abs. 2 **mit dem Abschluss des TV** bzw. mit dessen Inkrafttreten. Fehlt die Mitgliedschaft auf einer Seite, beginnt die Bindung an einen bestehenden TV in dem Zeitpunkt, zu dem beide Vertragsparteien Mitglieder der entsprechenden Verbände geworden sind. Im Rahmen des Abs. 2 genügt die Mitgliedschaft des ArbGeb (s. Rz. 35). Bei Fortwirkung des TV nach Abs. 3 tritt die Tarifbindung mit dem Eintritt des ArbN in die Gewerkschaft ein[11]. Im Nachwirkungszeitraum des § 4 V führt der Beitritt zu den Verbänden hingegen nicht mehr zur Tarifbindung (vgl. auch § 4 Rz. 7f.)[12].

---

1 *Henssler/Moll*, AGB-Kontrolle vorformulierter Arbeitsbedingungen, 2011, S. 132. ‖2 BAG 12.1.2005 – 5 AZR 364/04, NZA 2005, 465 (467); 11.10.2006 – 5 AZR 721/05, NZA 2007, 87 (89f.). ‖3 Vgl. BAG 29.11.1967 – GS 1/67, AP Nr. 13 zu Art. 9 GG. ‖4 BAG 17.6.1997 – 1 ABR 3/97, AP Nr. 2 zu § 3 TVG Betriebsnormen; 21.1.1987 – 4 AZR 486/86, AP Nr. 46 zu Art. 9 GG; 21.1.1987 – 4 AZR 547/86, AP Nr. 47 zu Art. 9 GG; Kempen/Zachert/*Kempen*, § 3 Rz. 25. ‖5 Wiedemann/*Oetker*, § 3 Rz. 167f.; Däubler/Hensche/Heuschmid, § 1 Rz. 1055; aA ErfK/Franzen, § 3 TVG Rz. 17; nicht eindeutig BAG 20.3.1991 – 4 AZR 455/90, AP Nr. 20 zu § 4 TVG Tarifkonkurrenz; 5.9.1990 – 4 AZR 59/90, AP Nr. 19 zu § 4 TVG Tarifkonkurrenz. ‖6 Wiedemann/*Oetker*, § 3 Rz. 169. AA Däubler/*Lorenz*, § 3 Rz. 68. ‖7 *Schleusener*, ZTR 1998, 100ff.; *Loritz*, FS Zöllner, Bd. II, 1998, S. 865ff.; *Schubert*, RdA 2001, 199. ‖8 Vgl. BAG 7.11.1995 – 3 AZR 676/94, AP Nr. 1 zu § 3 TVG Betriebsnormen; 26.4.1990 – 1 ABR 84/87, AP Nr. 57 zu Art. 9 GG. ‖9 BAG 1.8.2001 – 4 AZR 388/99, AP Nr. 5 zu § 3 TVG Betriebsnormen. ‖10 BAG 11.11.2008 – 1 ABR 68/07, NZA 2009, 450. ‖11 BAG 4.8.1993 – 4 AZR 499/92, AP Nr. 15 zu § 3 TVG. ‖12 BAG 6.6.1958 – 1 AZR 515/57, AP Nr. 1 zu § 4 TVG Nachwirkung; 10.12.1997 – 4 AZR 247/96, AP Nr. 20 zu § 3 TVG. AA *Gamillscheg*, Kollektives Arbeitsrecht I, S. 721f.; Wiedemann/*Oetker*, § 3 Rz. 34.

38 Wann die Mitgliedschaft in einem Verband beginnt, bestimmt grds. dessen Binnenrecht (etwa: Annahme des Aufnahmeantrags)[1]. Allerdings können die Verbände durch eine **satzungsrechtl. Vorverlagerung** des Beginns der Mitgliedschaft (etwa auf den Zeitpunkt der Abgabe der Beitrittserklärung) keinen rückwirkenden Beginn der Tarifgebundenheit erreichen[2]. Die Rückdatierung wirkt hier nur innerverbandlich. Für die Tarifbindung ist der „tatsächliche Beitritt" maßgeblich[3].

39 TV können unter gewissen Voraussetzungen eine **Rückwirkung** der Tarifnormen anordnen (§ 1 Rz. 132 ff.). Der TV kann allerdings stets nur bis zu dem Zeitpunkt zurückwirken, zu dem das Mitglied dem Verband „tatsächlich" beigetreten ist[4]. Tritt umgekehrt ein Mitglied aus einer TV-Partei aus, bevor ein neuer TV geschlossen wird, fehlt es an der Regelungsmacht der Tarifpartner[5]. Auch über eine Rückwirkung kann das ausgeschiedene Mitglied nicht mehr erfasst werden. Die Legitimation zur Normsetzung muss im Zeitpunkt des Abschlusses des TV noch vorhanden sein. Nur dann ist der Verband berechtigt, auch noch für einen früheren Zeitraum Normen zu setzen[6]. Dem ehemaligen Mitglied können allenfalls über die Konstruktion eines Vertrages zu Gunsten Dritter Ansprüche gewährt werden[7]. Bei rückwirkenden Lohn- und Gehaltserhöhungen entspricht dies regelmäßig dem Willen der TV-Parteien[8].

40 **2. Ende der Tarifbindung. a) Beendigungstatbestände.** Die Tarifgebundenheit endet im Grundsatz mit dem **Ablauf des TV** auf Grund Kündigung, Befristung oder Eintritt eines Unwirksamkeitsgrundes sowie mit dem **Ende der Mitgliedschaft** im TVschließenden Verband. Wann die Mitgliedschaft beendet ist, beurteilt sich nach der Satzung des jeweiligen Verbandes (vgl. bereits Rz. 11, 38). Ebenso endet die Tarifbindung, wenn der ArbGeb auf Grund einer unternehmerischen Neuausrichtung aus dem Geltungsbereich des TV herauswächst[9] oder wenn durch einen Betriebsübergang der tarifl. Geltungsbereich wechselt[10]. Löst sich ein TVschließender Verband auf, fanden nach bisheriger Rspr. der von ihm abgeschlossene TV und damit die Tarifgebundenheit gleichfalls ihr Ende[11]. Diese Rspr. hat das BAG nunmehr aufgegeben (vgl. Rz. 10)[12]. Wird über das Vermögen eines ArbGebVerbandes das Insolvenzverfahren eröffnet, so endet damit nicht ohne weiteres die normative Wirkung eines von dem Verband abgeschlossenen TV. Hierzu bedarf es – mangels sonstiger Beendigungstatbestände – vielmehr einer Kündigung, die vom Insolvenzverwalter ausgesprochen werden kann[13]. Der Insolvenzverwalter ist aber selbst nicht tarifgebunden[14].

41 **b) Fortwirkung bei Verbandsaustritt.** Gem. Abs. 3 verlängert sich die Tarifgebundenheit im Falle des Verbandsaustritts bis zur Beendigung des TV. Sinn und Zweck der Anordnung ist es, die „**Tarifflucht**" eines Tarifgebundenen zu verhindern[15]. Ohne die Fortwirkung des Abs. 3 stünde die Tarifbindung und damit auch die zwingende Wirkung der Tarifnormen quasi zur Disposition der Partner des Arbeitsvertrages. Die verlängerte Tarifgebundenheit erfasst lediglich den normativen, nicht jedoch den schuldrechtl. Teil des TV. Nur die Friedenspflicht, bei der es sich um einen echten Vertrag zu Gunsten Dritter handelt, bleibt im Fortwirkungszeitraum bestehen[16]. Die Tarifnormen wirken weiterhin unmittelbar und zwingend gem. § 4 I. Bei StufenTV ist zu unterscheiden: Liegt bereits eine abschließende Regelung sämtl. Stufen vor, gilt der TV bis zum vereinbarten Ende zwingend fort. Müssen für die Ausführung noch weitere TV geschlossen werden, endet die Fortwirkung zu dem Zeitpunkt, in dem ein AusführungsTV eingreifen soll[17]. Werden die einzelnen Stufen in Abhängigkeit von einem anderen TV bestimmt, auf den Bezug genommen wird, und ändert sich dieser TV, so endet mit der Änderung auch die Fortwirkung gem. Abs. 3[18]. Die Nachbindung an einen VerweisungsTV entfällt mit dem Ende des in Bezug genommenen TV[19].

42 Voraussetzung für die Fortwirkung ist, dass die vormals nach Abs. 1 bestehende Tarifgebundenheit endet, da eine oder beide Arbeitsvertragsparteien **den Berufsverband durch Austritt verlassen haben**.

---

1 BAG 22.11.2000 – 4 AZR 688/99, AP Nr. 20 zu § 3 TVG Verbandszugehörigkeit. ‖ 2 BAG 27.4.1988 – 7 AZR 593/87, AP Nr. 4 zu § 1 BeschFG 1985; 22.11.2000 – 4 AZR 688/99, AP Nr. 20 zu § 3 TVG Verbandszugehörigkeit. ‖ 3 BAG 22.11.2000 – 4 AZR 688/99 AP Nr. 20 zu § 3 TVG Verbandszugehörigkeit; Wiedemann/Oetker, § 3 Rz. 32; Löwisch/Rieble, § 3 Rz. 79, 83 f. ‖ 4 BAG 30.4.1969 – 4 AZR 335/68, AP Nr. 6 zu § 1 TVG Rückwirkung; 6.8.2002 – 1 AZR 247/01, AP Nr. 154 zu § 112 BetrVG 1972; Wiedemann/Oetker, § 3 Rz. 37; aA ErfK/Franzen, § 3 TVG Rz. 20. ‖ 5 BAG 6.8.2002 – 1 AZR 247/01, AP Nr. 154 zu § 112 BetrVG 1972; 13.12.1995 – 4 AZR 603/94, AP Nr. 15 zu § 1 TVG Rückwirkung. ‖ 6 BAG 13.12.1995 – 4 AZR 603/94, AP Nr. 15 zu § 1 TVG Rückwirkung; 13.9.1994 – 3 AZR 148/94, AP Nr. 11 zu § 1 TVG Rückwirkung. ‖ 7 Vgl. Kempen/Zachert/Kempen, § 3 Rz. 16; wie hier JKOS/Oetker, § 6 Rz. 46. ‖ 8 BAG 6.8.2002 – 1 AZR 247/01, AP Nr. 154 zu § 112 BetrVG 1972; JKOS/Oetker, § 6 Rz. 46. ‖ 9 BAG 10.12.1997 – 4 AZR 247/96, AP Nr. 20 zu § 3 TVG. ‖ 10 BAG 26.9.1979 – 4 AZR 819/77, AP Nr. 17 zu § 613a BGB; 14.6.1994 – 9 AZR 89/93, AP Nr. 2 zu § 3 TVG Verbandsaustritt; 9.11.1999 – 3 AZR 690/98, AP Nr. 5 zu § 3 TVG Verbandaustritt; Henssler, NZA 1994, 294 (300); Gamillscheg, Kollektives Arbeitsrecht I, S. 722 ff. ‖ 11 BAG 28.5.1997 – 4 AZR 546/95, AP Nr. 26 zu § 4 TVG Nachwirkung; aA Buchner, RdA 1997, 259; Däubler, Tarifvertragsrecht, Rz. 1521; Kempen/Zachert/Kempen, § 3 Rz. 83 ff.; Wiedemann/Oetker, § 2 Rz. 38 ff. ‖ 12 BAG 23.1.2008 – 4 AZR 312/01, NZA 2008, 771 ff.; krit. Henssler, FS Picker, 2010, S. 987 (991 ff.); Höpfner, AP Nr. 36 zu § 3 TVG. ‖ 13 BAG 27.6.2000 – 1 ABR 31/99, AP Nr. 56 zu § 2 TVG; 28.1.1987 – 4 AZR 150/86, AP Nr. 14 zu § 4 TVG Geltungsbereich. ‖ 14 BAG 28.1.1987 – 4 AZR 150/86, AP Nr. 14 zu § 4 TVG Geltungsbereich. ‖ 15 BAG 4.8.1993 – 4 AZR 499/92, AP Nr. 15 zu § 3 TVG; Büdenbender, NZA 2000, 509. ‖ 16 Willemsen/Mehrens, NZA 2009, 169 (171 ff.). ‖ 17 HMB/Höpfner, Teil 6 Rz. 79. ‖ 18 BAG 17.5.2000 – 4 AZR 363/99, AP Nr. 8 zu § 3 TVG Verbandsaustritt; 4.4.2001 – 4 AZR 215/00, AP Nr. 9 zu § 3 TVG Verbandsaustritt. ‖ 19 BAG 22.2. 2012 – 4 AZR 8/10, AP Nr. 108 zu § 1 TVG Bezugnahme auf Tarifvertrag.

Die Norm gilt damit gleichermaßen für ArbGeb und ArbN[1]. Entscheidend ist, dass die Person, deren Tarifgebundenheit fingiert werden soll, zuvor Mitglied im entsprechenden Verband war. Dem Austritt gleichzustellen ist der (provozierte) Ausschluss aus dem Verband[2], nicht dagegen der Tod des Verbandsmitglieds. Vielmehr können die Erben (insb. des ArbGeb) frei entscheiden, ob sie eine Verbandsmitgliedschaft und damit die Tarifbindung eingehen wollen (zu Betriebsübergang und Umwandlung s. Rz. 45 ff.). Auch der Wechsel des ArbGeb in die **OT**-Mitgliedschaft führt zur Fortwirkung[3]. Hierfür spricht, dass der Wechsel in die OT-Mitgliedschaft einem Verbandsaustritt ähnl. ist; es besteht auch hier das Bedürfnis, eine „Tarifflucht" des ArbGeb zu verhindern[4]. Die fingierte Tarifgebundenheit gilt auch für solche ArbVerh, die erst im Fortwirkungszeitraum begründet werden, sofern die andere Arbeitsvertragspartei Mitglied des entsprechenden Berufsverbandes ist. Wird ein gewerkschaftsangehöriger ArbN nach Austritt des ArbGeb aus dem zuständigen ArbGebVerband und vor Ablauf des geltenden TV eingestellt, so findet daher der TV auf das ArbVerh noch Anwendung[5]. Das Gleiche gilt, wenn ein im ArbVerh stehender ArbN im Nachbindungszeitraum in die Gewerkschaft eintritt[6].

Abs. 3 fingiert nur die fehlende Mitgliedschaft, greift daher nicht, **wenn der ArbGeb den Geltungsbereich eines TV verlässt**[7] oder der tarifl. Geltungsbereich infolge eines Betriebsübergangs wechselt[8]. Gleiches gilt für den Fall, dass der TV beendet oder unwirksam wird. Auch bei Auflösung einer TV-Partei (ohne gleichzeitige Fusion, vgl. Rz. 10) ist Abs. 3 nicht einschlägig, da der TV nach neuester Rspr. weiterhin unmittelbar und zwingend gilt[9]. 43

Die Fortwirkung des Abs. 3 erstreckt sich **bis zum Ende des TV**. Neue TV gelten damit für das ausgeschiedene Mitglied nicht mehr[10]. Wird ein befristeter TV verlängert, ist das vor der Verlängerung ausgeschiedene Mitglied an den VerlängerungsTV nicht gebunden. Dies soll allerdings nicht gelten, wenn die Verlängerung vereinbarungsgemäß automatisch mangels rechtzeitiger Kündigung erfolgt[11]. Unbefristete TV wirken bis zu ihrer Beendigung durch Kündigung oder Aufhebung fort, und zwar unabhängig von möglichen früheren Kündigungsterminen[12]. Die Tarifgebundenheit endet also nicht schon mit der auf den Austritt folgenden nächsten Kündigungsmöglichkeit. Auch eine vom Schrifttum geforderte[13] analoge Anwendung der Jahresfrist des § 613a I 2 BGB lehnt das BAG de lege lata ab[14]. Wegen der aus dem Fehlen jeglicher zeitlichen Limitierung resultierenden Gefahr einer **„Ewigkeitsbindung"** ist § 3 III im Hinblick auf die negative individuelle Koalitionsfreiheit des ArbGeb verfassungsrechtl. bedenklich und sollte – jedenfalls de lege ferenda – um eine zeitliche Obergrenze ergänzt werden[15]. Obwohl der Wortlaut des Abs. 3 nur vom Ende des TV ausgeht, führt nach zutreffender Auffassung des BAG[16] **jede inhaltl. Änderung** des TV während seiner Laufzeit ebenfalls zur Beendigung der verlängerten Tarifgebundenheit[17]. Dies soll auch für jene Tarifbestimmungen gelten, die von der Änderung nicht berührt wurden. Nach einer im Schrifttum vertretenen Gegenauffassung soll es darauf ankommen, ob der nicht geänderte Teil für sich genommen eine sinnvolle und abgeschlossene Regelung darstellt[18]. An die Fortwirkung gem. Abs. 3 kann sich die Nachwirkung gem. § 4 V anschließen[19]. 44

---

1 BAG 4.4.2001 – 4 AZR 237/00, AP Nr. 26 zu § 4 TVG Tarifkonkurrenz; Wiedemann/*Oetker*, § 3 Rz. 60, 76; für eine teleologische Reduktion des § 3 III im Falle beiderseitigen Verbandsaustritts HMB/*Höpfner*, Teil 6 Rz. 56. ‖ **2** ErfK/*Franzen*, § 3 TVG Rz. 23; Däubler/*Lorenz*, § 3 Rz. 81; JKOS/*Oetker*, § 6 Rz. 55. ‖ **3** BAG 25.2.2009 – 4 AZR 986/07, AP Nr. 40 zu § 3 TVG. Ebenso Däubler/*Lorenz*, § 3 Rz. 81; *Willemsen/Mehrens*, NZA 2009, 169 (170); *Bayreuther*, BB 2007, 325 (327); *Wroblewski*, NZA 2008, 421 (425); *Wilhelm/Dannhorn*, NZA 2006, 466 (472); *Otto*, NZA 1996, 624 (630f.). Nach Auffassung des LAG Hess. (v. 17.9.2008 – 9 SaGa 1442/08, NZA-RR 2009, 26) endet mit dem Wechsel in die OT-Mitgliedschaft auch die Friedenspflicht. ‖ **4** So auch das BAG 18.7.2006 – 1 ABR 36/05, NZA 2006, 1225; *Otto*, NZA 1996, 624 (631). ‖ **5** BAG 7.11.2001 – 4 AZR 703/00, AP Nr. 11 zu § 3 TVG Verbandsaustritt. ‖ **6** BAG 4.8.1993 – 4 AZR 499/92, AP Nr. 15 zu § 3 TVG; 6.7.2011 – 4 AZR 424/09, NZA 2012, 281. ‖ **7** BAG 10.12.1997 – 4 AZR 247/96, AP Nr. 20 zu § 3 TVG; 2.12.1992 – 4 AZR 277/92, AP Nr. 14 zu § 1 TVG; HMB/*Höpfner*, Teil 6 Rz. 73. AA Däubler/*Lorenz*, § 3 Rz. 88. ‖ **8** BAG 26.9.1979 – 4 AZR 819/77, AP Nr. 17 zu § 613a BGB. ‖ **9** BAG 23.1.2008 – 4 AZR 312/01, NZA 2008, 771 ff.; vgl. zur alten Rspr. BAG 15.10.1986 – 4 AZR 289/85, AP Nr. 4 zu § 3 TVG; 28.5.1997 – 4 AZR 546/95, AP Nr. 26 zu § 4 TVG Nachwirkung; 27.6.2000 – 1 ABR 31/99, AP Nr. 56 zu § 2 TVG. ‖ **10** BAG 13.12.1995 – 4 AZR 603/94, AP Nr. 15 zu § 1 TVG Rückwirkung. ‖ **11** Wiedemann/*Oetker*, § 3 Rz. 87; Däubler/*Lorenz*, § 3 Rz. 116; aA *Löwisch/Rieble*, § 3 Rz. 266. ‖ **12** BAG 1.7.2009 – 4 AZR 261/08, NZA 2010, 53; 6.7.2011 – 4 AZR 424/09, NZA 2012, 281; Wiedemann/*Oetker*, § 3 Rz. 88f.; Kempen/Zachert/*Kempen*, § 3 Rz. 70; *Däubler*, ZTR 1994, 448 (449); aA *Löwisch/Rieble*, § 3 Rz. 266; ErfK/*Franzen*, § 3 TVG Rz. 27; *Hanau*, RdA 1998, 65 (68); *Henssler* FS Picker, 2010, S. 987 (994); *Höpfner*, NJW 2010, 2173 (2176). ‖ **13** *Löwisch/Rieble*, § 3 Rz. 269; *Willemsen/Mehrens*, NZA 2010, 307 (309); anders *Höpfner*, NJW 2010, 2173 (2177), der de lege lata nur eine analoge Anwendung der Fünf-Jahres-Frist der §§ 736 II, 160 HGB für möglich hält; zust. *Krois*, EWiR 2012, 189 (190); dagegen *Jacobs/Czycholl*, Anm. zu BAG AP Nr. 51 zu § 3 TVG. ‖ **14** BAG 1.7.2009 – 4 AZR 261/08, NZA 2010, 53. ‖ **15** Für eine Übertragung der Jahresfrist des § 613a I 2 BGB auf § 3 III *Henssler*, FS Picker, 2010, S. 987 (1009); *Höpfner*, NJW 2010, 2173 (2177); *Wiedemann*, FS Reuter, 2010, S. 889 (900). ‖ **16** BAG 18.3.1992 – 4 AZR 339/91, AP Nr. 13 zu § 3 TVG; 17.5.2000 – 4 AZR 363/99, AP Nr. 8 zu § 3 TVG Verbandsaustritt; 7.11.2001 – 4 AZR 703/00, AP Nr. 11 zu § 3 TVG Verbandsaustritt. ‖ **17** Ebenso Wiedemann/*Oetker*, § 3 Rz. 95ff.; *Löwisch/Rieble*, § 3 Rz. 272; *Hanau/Kania*, DB 1995, 1229 (1232); *Stein*, Tarifvertragsrecht, Rz. 174; *Henssler*, FS Picker, 2010, S. 987 (989f.). ‖ **18** Kempen/Zachert/*Kempen*, § 3 Rz. 71; *Däubler*, Tarifvertragsrecht, Rz. 300, 1513; *Gamillscheg*, Kollektives Arbeitsrecht I, S. 728. ‖ **19** St. Rspr. BAG 14.2.1991 – 8 AZR 166/90, AP Nr. 10 zu § 3 TVG; 15.10.2003 – 4 AZR 573/02, AP Nr. 41 zu § 4 TVG Nachwirkung; 6.7.2011 – 4 AZR 424/09, NZA 2012, 281; ErfK/*Franzen*, § 3 TVG Rz. 28; Wiedemann/*Oetker*, § 3 Rz. 106; *Henssler*, ZfA 1994, 487 (507).

45 **c) Betriebsübergang.** Geht ein Betrieb oder Betriebsteil auf einen anderen Inhaber über, so ist dieser nur dann kraft kollektivrechtl. Wirkung an den bisher gültigen TV gebunden, wenn auch bei ihm die Voraussetzungen der Tarifbindung gem. Abs. 1 oder § 5 erfüllt sind[1]. Anderenfalls greift die ggü. Abs. 3 speziellere Vorschrift des § 613a I 2 BGB, die grds. zu einer Transformation der Tarifnormen in arbeitsvertragl. Regelungen führt (dazu § 613a BGB Rz. 252 ff. sowie im Folgenden in Rz. 46 ff.).

46 **d) Fortwirkung von Firmen- und Verbandstarifen in Umwandlungsfällen.** In den Fällen der Umwandlung eines Unternehmens (vgl. § 1 UmwG) ist zwischen verschiedenen Fallgestaltungen zu unterscheiden[2]. Keine Probleme bereitet die **formwechselnde Umwandlung**. Da die Identität des Rechtsträgers erhalten bleibt, ändert sich die Tarifbindung weder beim Firmen- noch beim VerbandsTV.

47 Besteht ein **FirmenTV**, geht dieser bei einer Verschmelzung wegen der vom Gesetz angeordneten **Gesamtrechtsnachfolge** (§ 20 I Nr. 1 UmwG) uneingeschränkt auf den neu gegründeten Rechtsträger über, da auch die Pflichten aus dem FirmenTV zu den Verbindlichkeiten des übertragenden Rechtsträgers zählen[3]. Dies gilt auch für die Verschmelzung durch Aufnahme[4]. Bei der **Aufspaltung** erlischt der bisherige Rechtsträger und mit ihm seine Tarifgebundenheit. Bei **Abspaltung und Ausgliederung** bleibt demggü. der bisherige Rechtsträger und damit auch seine Tarifgebundenheit bestehen. Nur bei Vereinbarung im Übernahmevertrag kann angenommen werden, dass der übernehmende Rechtsträger auch Partei des FirmenTV werden soll[5]. Eine Vervielfältigung von Rechtspositionen widerspricht den Grundsätzen der partiellen Gesamtrechtsnachfolge[6]. Für eine analoge Anwendung des Abs. 3 ist kein Raum. Bei einer **Einzelrechtsnachfolge** im Rahmen eines Betriebsübergangs geht der FirmenTV dem BAG[7] und der hM im Schrifttum[8] zufolge nicht auf den Übernehmenden über, und zwar auch dann nicht, wenn der Vertrag nur für den übertragenden Betrieb geschlossen wurde und dieser unverändert erhalten bleibt. Denn die Bindung des ArbGeb (Abs. 1) an den FirmenTV basiert auf seiner Stellung als TV-Partei, nicht aber auf der als Partei des Arbeitsvertrages. Bei der Einzelrechtsnachfolge greift als speziellere Norm § 613a I BGB.

48 Beim **VerbandsTV** führt die Verschmelzung dagegen nicht zu einer kollektivrechtl. Fortwirkung. Da die Verbandsmitgliedschaft gem. § 38 S. 1 BGB regelmäßig nicht übertragen werden kann, ist auch der automatische Übergang der an die Mitgliedschaft geknüpften Tarifbindung ausgeschlossen[9]. Ist indes der neue Rechtsträger ebenfalls Mitglied des gleichen Verbandes, so ändert sich an der Tarifbindung oder dem Geltungsbereich des TV nichts. Gehört der neue Rechtsträger keinem anderen Verband an, so kann es zu einer weiteren Anwendung des TV nur über §§ 324 UmwG, 613a I BGB kommen. Die Fortgeltung ist dann allerdings nicht normativ (zur Transformation des TV in das ArbVerh s. § 613a BGB Rz. 252 ff.). Unter Umständen kann die Auslegung der Verbandssatzung ergeben, dass der gem. § 40 S. 1 BGB dispositive § 38 BGB abbedungen wurde und die Mitgliedschaft übertragen werden kann. Liegen auch die Voraussetzungen bzgl. des fachlichen Geltungsbereichs sowie der Tarifzuständigkeit vor, kann ein Übergang der Tarifbindung auf den Übernehmenden anzunehmen sein[10].

49 Bei der **Aufspaltung** erlischt der übertragende Rechtsträger und mit ihm die Mitgliedschaft im Verband sowie die Tarifgebundenheit. Bei **Abspaltung und Ausgliederung** bleibt der Rechtsträger bestehen und im Regelfall damit auch seine Tarifgebundenheit unberührt[11]. Auf Grund der grds. Unübertragbarkeit des Mitgliedschaftsrechtes geht die Tarifbindung nicht auf den übernehmenden Rechtsträger über. Ausnahmen greifen bei abweichender Satzungsgestaltung[12]. Bei einer Einzelrechtsnachfolge bleibt die Tarifbindung des Veräußerers bestehen. Im Rahmen des § 613a I BGB findet der TV uU weitere (individualvertragl.) Anwendung.

50 **V. Prozessuales.** Wer einen Anspruch auf eine infolge beidseitiger Tarifgebundenheit zwingend anzuwendende Inhaltsnorm eines TV stützt, muss **darlegen und ggf. beweisen**, dass im Anspruchszeitraum Tarifgebundenheit (Abs. 1) bestand. Die bloße Erklärung, einer TV-Partei (Gewerkschaft oder ArbGeb-Verband) anzugehören, besagt für sich allein nicht, seit wann Tarifgebundenheit vorliegen soll[13]. Behauptet eine Partei die Mitgliedschaft der anderen Partei in einem TVschließenden Verband, so muss der Gegner dies substantiiert bestreiten[14]. Ob ein **Blitzaustritt** oder ein **Blitzwechsel in die OT-Mitgliedschaft** gegen Art. 9 III 2 GG iVm. § 134 BGB verstößt, ist nach den Regeln einer abgestuften Darlegungs- und Beweislast festzustellen. Da der Austritt aus dem Verband im Grundsatz rechtmäßig ist

---

1 BAG 2.12.1992 – 4 AZR 277/92, AP Nr. 14 zu § 3 TVG; 10.11.1993 – 4 AZR 375/92, AP Nr. 13 zu § 3 TVG Verbandszugehörigkeit. ‖2 Vertiefend *Henssler*, FS Schaub, 1998, S. 311. ‖3 BAG 24.6.1998 – 4 AZR 208/97, AP Nr. 1 zu § 20 UmwG; *Henssler*, FS Schaub, 1998, S. 311 (326); Kempen/Zachert/*Kempen*, § 3 Rz. 156 mwN. ‖4 BAG 4.7.2007 – 4 AZR 491/06, AP Nr. 35 zu § 4 TVG Tarifkonkurrenz. ‖5 BAG 21.11.2012 – 4 AZR 85/11, NZA 2013, 512; aA ErfK/*Preis*, § 613a BGB Rz. 186; *Sagan*, RdA 2011, 163 (165): Vorrang der §§ 324 UmwG, 613a I 2 – 4 BGB vor § 20 I Nr. 1 UmwG. ‖6 BAG 21.11.2012 – 4 AZR 85/11, NZA 2013, 512. ‖7 BAG 20.6.2001 – 4 AZR 295/00, AP Nr. 18 zu § 1 TVG Bezugnahme auf Tarifvertrag. ‖8 AR-Blattei/*Hergenröder*, SD 500.1, Rz. 551; Wiedemann/*Oetker*, § 3 Rz. 199 ff.; *Löwisch/Rieble*, § 3 Rz. 373; aA Däubler/*Lorenz*, § 3 Rz. 176; Kempen/Zachert/*Kempen*, § 3 Rz. 122; *Moll*, RdA 1996, 275. ‖9 BAG 4.12.1974 – 5 AZR 75/74, AP Nr. 2 zu § 3 TVG; 13.7.1994 – 4 AZR 555/93, AP Nr. 14 zu § 3 TVG Verbandszugehörigkeit; LAG BW 24.10.2000 – 10 TaBV 2/99, AP Nr. 18 zu § 3 TVG Verbandszugehörigkeit. ‖10 Wiedemann/*Oetker*, § 3 Rz. 208. ‖11 Näher Wiedemann/*Oetker*, § 3 Rz. 219 f. ‖12 LAG BW 24.10.2000 – 10 TaBV 2/99, AP Nr. 18 zu § 3 TVG Verbandszugehörigkeit; im Einzelnen Wiedemann/*Oetker*, § 3 Rz. 221. ‖13 BAG 18.8.1999 – 4 AZR 247/98, AP Nr. 22 zu § 3 TVG. ‖14 ErfK/*Franzen*, § 3 TVG Rz. 45.

und allenfalls im Einzelfall unter den beschriebenen Umständen (s.o. Rz. 11) gegen ein gesetzl. Verbot verstößt, liegt die **Darlegungs- und Beweislast** für die Tatsachen, die eine tarifrechtl. Unwirksamkeit des Verbandsaustritts oder -wechsels begründen sollen, **beim ArbN:** Er hat zunächst vorzutragen, dass die Tarifverhandlungen im Zeitpunkt des Austritts oder Wechsels bereits begonnen hatten und sich in einem Stadium befanden, in dem eine Störung der Funktionsfähigkeit der Tarifautonomie in Betracht kam. Darüber hinaus muss der ArbN darlegen, dass der Austritt des ArbGeb für die andere TV-Partei nicht transparent war. Der ArbGeb hat sodann substantiiert darzulegen, aus welchen Umständen sich eine Transparenz des Verhaltens für die Gewerkschaftsseite ergeben habe. Nach einer solchen Darlegung ist es wiederum Aufgabe des ArbN, diese Behauptungen im Wege des Beweises zu entkräften[1]. Die Gerichte haben den Inhalt von entscheidungserheblichen Tarifnormen nach den Grundsätzen des § 293 ZPO zu ermitteln[2], sobald der Parteivortrag entsprechende Anhaltspunkte gibt.

4 Wirkung der Rechtsnormen

(1) Die Rechtsnormen des Tarifvertrages, die den Inhalt, den Abschluss oder die Beendigung von Arbeitsverhältnissen ordnen, gelten unmittelbar und zwingend zwischen den beiderseits Tarifgebundenen, die unter den Geltungsbereich des Tarifvertrages fallen. Diese Vorschrift gilt entsprechend für Rechtsnormen des Tarifvertrages über betriebliche und betriebsverfassungsrechtliche Fragen.

(2) Sind im Tarifvertrag gemeinsame Einrichtungen der Tarifvertragsparteien vorgesehen und geregelt (Lohnausgleichskassen, Urlaubskassen usw.), so gelten diese Regelungen auch unmittelbar und zwingend für die Satzung dieser Einrichtung und das Verhältnis der Einrichtung zu den tarifgebundenen Arbeitgebern und Arbeitnehmern.

(3) Abweichende Abmachungen sind nur zulässig, soweit sie durch den Tarifvertrag gestattet sind oder eine Änderung der Regelungen zu Gunsten des Arbeitnehmers enthalten.

(4) Ein Verzicht auf entstandene tarifliche Rechte ist nur in einem von den Tarifvertragsparteien gebilligten Vergleich zulässig. Die Verwirkung von tariflichen Rechten ist ausgeschlossen. Ausschlussfristen für die Geltendmachung tariflicher Rechte können nur im Tarifvertrag vereinbart werden.

(5) Nach Ablauf des Tarifvertrages gelten seine Rechtsnormen weiter, bis sie durch eine andere Abmachung ersetzt werden.

I. Normwirkung des Tarifvertrags (Abs. 1, 5) . 1	2. Durchbrechung der Bindungswirkung (Abs. 3) 32
1. Geltung von Rechtsnormen 2	3. Verhältnis zu ranghöheren Regelungen . . . 43
2. Wirkungsweise 3	4. Verhältnis zu anderen Tarifverträgen 44
3. Nachwirkung von Tarifnormen (Abs. 5) 5	5. Verhältnis zu sonstigen kollektiven Regelungen 62
II. Geltungsbereich des Tarifvertrages 15	
1. Räumlicher Geltungsbereich 16	6. Verhältnis zu Individualvereinbarungen . . 64
2. Branche 17	IV. Verlust tariflicher Rechte (Abs. 4) 65
3. Fachlicher Geltungsbereich 20	1. Regelungszweck 65
4. Persönlicher Geltungsbereich im engeren Sinn 21	2. Verzicht (Abs. 4 S. 1) 67
5. Zeitlicher Geltungsbereich 24	3. Verwirkung (Abs. 4 S. 2) 70
6. Sonderregelung für gemeinsame Einrichtungen (Abs. 2) 25	4. Vereinbarung von Ausschlussfristen (Abs. 4 S. 3) 72
III. Verhältnis zu anderen Regelungen (Abs. 3) . 30	
1. Grundprinzipien – Normenhierarchie 31	

I. Normwirkung des Tarifvertrags (Abs. 1, 5). Das TVG erkennt den Bestimmungen eines TV, soweit sie den Inhalt, den Abschluss oder die Beendigung von ArbVerh ordnen, normative Wirkung zu (zur Rechtsnatur des TV und den daraus für dessen Rechtsnormen zu ziehenden Folgerungen § 1 Rz. 3 f.). Die unmittelbare und zwingende Wirkung des TV ist verfassungsrechtl. durch Art. 9 III GG nicht geboten; vielmehr zeigen ausländische Rechtsordnungen wie die britische, dass die Tarifautonomie auch dann funktionsfähig sein kann, wenn die Einhaltung der tarifl. Arbeitsbedingungen allein von der faktischen Machtposition der Gewerkschaften abhängt und die (schuldrechtl.) Bindung an den TV sich nur aus dem Arbeitsvertrag ergibt[3]. 1

1. Geltung von Rechtsnormen. Die Regelung des § 4 gilt nur für die in einem TV enthaltenen Rechtsnormen. Für die schuldrechtl. Inhalte (zur Unterscheidung § 1 Rz. 40 ff., 61 ff.) eines TV bleibt es bei dem allg. Grundsatz der Relativität der Schuldverhältnisse. Nur die TV-Parteien werden aus ihnen unmittelbar verpflichtet, nur sie können unmittelbar Rechte herleiten[4]. Umgekehrt sind grds. die TV-Parteien 2

---

1 BAG 4.6.2008 – 4 AZR 419/07, NZA 2008, 1366; 17.2.1010 – 5 AZR 191/09, AP Nr. 211 zu § 1 TVG Tarifverträge: Metallindustrie; 18.5.2011 – 4 AZR 457/09, BB 2011, 1395. ‖2 BAG 9.8.1995 – 6 AZR 1047/94, AP Nr. 8 zu § 293 ZPO. ‖3 Dazu *Henssler*, ZfA 1998, 1 (31); *Suckow*, Gewerkschaftliche Mächtigkeit als Determinante korporatistischer Tarifsysteme, 2000, S. 179 ff. ‖4 Kempen/Zachert/*Stein*, § 4 Rz. 11.

nicht Normadressaten der tarifvertragl. Rechtsnormen. Eine Ausnahme gilt für FirmenTV (zum Begriff § 1 Rz. 5), bei denen der ArbGeb sowohl TV-Partei als auch tarifgebunden ist[1].

3 **2. Wirkungsweise.** Die Rechtsnormen des TV gelten nach Abs. 1 **unmittelbar und zwingend.** Die Regelungswirkung entspricht damit derjenigen anderer Rechtsnormen. Die Normen werden nicht Bestandteil des Arbeitsvertrages[2], sondern wirken von außen auf das ArbVerh ein[3]. Der TV bedarf, sofern die TV-Parteien dies nicht vorsehen, keines zusätzlichen Umsetzungsaktes, um Wirkung für und gegen die Tarifgebundenen zu entfalten. Auf den Willen der Tarifgebundenen kommt es für die Geltung der sie betreffenden Tarifnormen nicht an[4], nicht einmal ihre Kenntnis ist erforderlich[5] (s.a. § 8 Rz. 8 ff.).

4 Als Rechtsnormen sind die Bestimmungen des TV **Gesetz im materiellen Sinne**[6]. Art. 2 EGBGB[7], § 12 EGZPO, § 7 EGStPO stellen klar, dass Bezugnahmen auf „Gesetze" jeweils alle Rechtsnormen und damit auch tarifvertragl. Vorschriften erfassen. So können tarifvertragl. Normen Schutzgesetze iSd. § 823 II BGB[8] oder gesetzl. Verbote iSv. § 134 BGB (str.[9]) sein. Im letztgenannten Fall ist jeweils im Einzelfall zu überprüfen, ob die Verbotsnorm die Nichtigkeit nach § 134 BGB nach sich ziehen soll[10]. Bei dispositiven Verbotsnormen ist § 134 BGB wegen des Günstigkeitsprinzips grds. nicht anwendbar[11]. Relevanz hat die Qualifikation als Gesetz für die Schriftform gem. § 126 BGB. Bei tarifvertragl. festgelegter Schriftform handelt es sich um eine gesetzl. iSv. § 126 I BGB[12] und nicht um eine durch Rechtsgeschäft bestimmte iSd. § 127 I BGB. Die Schriftformerleichterungen des § 127 II BGB greifen daher nicht. Auch zur Einhaltung der elektronischen Form gem. § 126a BGB (dazu § 1 Rz. 17) darf nicht auf die Erleichterung des § 127 III 1 BGB zurückgegriffen werden. In § 36 I SGB III umfasst der Begriff des „Gesetzes" ebenfalls tarifvertragl. Rechtsnormen[13]. Gleich gelagert ist schließlich der Fall, dass gesetzl. Vorschriften unmittelbar auf den Begriff „Rechtsnormen" Bezug nehmen (zB §§ 73 I, 110 I Nr. 2 ArbGG).

5 **3. Nachwirkung von Tarifnormen (Abs. 5). a) Regelungsanliegen.** Auf Grund der unmittelbaren Wirkung seiner Normen wird der TV nicht Bestandteil des zwischen den Tarifgebundenen geschlossenen Arbeitsvertrages (Rz. 3). Als Rechtsnormen müssten die Tarifbestimmungen daher an sich mit Beendigung der Geltung des TV (§ 1 Rz. 22 ff.) ihre Wirkung für die dem TV bislang unterworfenen ArbVerh verlieren[14]. Dieses unerwünschte Ergebnis verhindert Abs. 5: Danach kommt es zu einer Erweiterung der Tarifgeltung, und zwar unabhängig davon, ob die beiderseitige Verbandsmitgliedschaft im Nachwirkungszeitraum fortbesteht[15]. Die Rechtsnormen des TV **gelten weiter, bis** sie durch eine **andere Abmachung** ersetzt werden[16]. Die TV-Normen behalten folglich ihre unmittelbare, verlieren aber ihre zwingende Wirkung. Die Nachwirkung verfolgt im Interesse aller Beteiligten[17] den Zweck, die Zeitspanne vom Ablauf eines TV bis zum Abschluss eines neuen TV (oder einer „anderen Abmachung") zu überbrücken (**Überbrückungsfunktion**). Zudem sollen die Inhalte des bisherigen TV zumindest dispositiv erhalten bleiben, um einen regelungslosen Zustand zu verhindern (**Inhaltsschutz**). Die Nachwirkung greift auch bei der Tarifbindung kraft AVE[18] und zwar nach hM selbst bei der Aufhebung gem. § 5 V 1[19]. Nicht nachwirken soll dagegen ein durch RVO gem. § 7 AEntG auf nicht organisierte ArbN erstreckter TV, da die RVO den TV in staatl. Recht umwandele und das TVG keine Anwendung mehr finde[20].

---

1 MünchArbR/*Rieble/Klumpp*, § 180 Rz. 18. ‖2 BAG 29.1.1975 – 4 AZR 218/74, AP Nr. 8 zu § 4 TVG Nachwirkung; Wiedemann/*Wank*, § 4 Rz. 320; *Gamillscheg*, Kollektives Arbeitsrecht I, S. 791. ‖3 Wiedemann/*Wank*, § 4 Rz. 320. ‖4 Zum potentiell heteronomen Charakter von TV *Kirchhof*, Private Rechtsetzung, 1987, S. 184 f.; *Neuner*, ZfA 1998, 83 (87); *Rieble*, ZfA 2000, 5 (9). ‖5 *Gamillscheg*, Kollektives Arbeitsrecht I, S. 792. ‖6 BVerfG 24.5.1977 – 2 BvL 11/74, BVerfGE 44, 322 (341, 346); 15.7.1980 – 1 BvR 24/74 und 439/79, BVerfGE 55, 7 (21); BAG 28.10.1987 – 5 AZR 518/85, AP Nr. 1 zu § 7 AVR Caritasverband; 14.6.1994 – 9 AZR 284/93, AP Nr. 21 zu § 7 BUrlG Übertragung; 9.3.1995 – 2 AZR 484/94, AP Nr. 1 zu § 9 GesO; *Gamillscheg*, Kollektives Arbeitsrecht I, S. 541 mwN. ‖7 Dazu Staudinger/*Merten*, Art. 2 EGBGB Rz. 80. ‖8 Staudinger/*Hager*, § 823 BGB Rz. G 13 mwN. ‖9 BAG 10.2.1999 – 2 AZR 422/98, AP Nr. 5 zu § 2 KSchG 1969 (Unwirksamkeit einer Änderungskündigung zum Abbau tariflicher Rechte); MünchArbR/*Rieble/Klumpp*, § 180 Rz. 19; aA MüKoBGB/*Armbrüster*, § 134 Rz. 31 und MünchArbR/*Richardi/Buchner*, § 34 Rz. 4; offen gelassen von BGH 14.12.1999 – X ZR 34/98, BGHZ 143, 283 (289 f.). ‖10 BGH 14.12.1999 – X ZR 34/98, BGHZ 143, 283 (286 ff.): Annahme von Geschenken entgegen § 10 I BAT. ‖11 *Beckmann*, JZ 2001, 150 (151). ‖12 BAG 9.2.1972 – 4 AZR 149/71, AP Nr. 1 zu § 4 BAT; 14.6.1994 – 9 AZR 284/93, AP Nr. 21 zu § 7 BUrlG Übertragung; MüKoBGB/*Einsele*, § 126 Rz. 3; zur unzulässigen Berufung auf die Schriftform BAG 16.5.1972 – 5 AZR 459/71, AP Nr. 11 zu § 4 TVG; zur Wahrung der Schriftform durch Erhebung der Kündigungsschutzklage v. 7.11.1991 – 2 AZR 34/91, AP Nr. 114 zu § 4 TVG Ausschlussfristen; vgl. auch BAG 11.6.2002 – 1 ABR 43/01, AP Nr. 118 zu § 99 BetrVG 1972 (zu § 99 III BetrVG). Zu tarifvertragl. Formvorschriften *Kliemt*, Formerfordernisse im Arbeitsverhältnis, S. 251 ff.; s.a. *Wiedemann*, § 1 Rz. 459. ‖13 Gagel/*Peters-Lange*, § 36 SGB III Rz. 3. ‖14 Zu den Folgen einer Anwendung der Regeln des intertemporalen Rechts s. *Rotter*, Nachwirkung der Normen eines Tarifvertrags, 1998, S. 15 f., 22, 26 f. ‖15 BAG 15.10.2003 – 4 AZR 573/02, NZA 2004, 387. ‖16 Vgl. BAG 1.7.2009 – 4 AZR 250/08, NZA-RR 2010, 30; 15.10.2003 – 4 AZR 573/02, NZA 2004, 387 (zeitl. unbegrenzte Nachwirkung). Zur rückwirkenden Inkraftsetzung eines TV BAG 8.9.1999 – 4 AZR 661/98, AP Nr. 33 zu § 4 TVG Nachwirkung. ‖17 *Henssler*, FS Picker, 2010, S. 987 (995). ‖18 St. Rspr. und hL, s. BAG 11.2.2009 – 5 AZR 168/08, AP Nr. 192 zu § 4 TVG Ausschlussfristen; 15.10.2003 – 4 AZR 573/02, NZA 2004, 387 und 25.10.2000 – 4 AZR 212/00, AP Nr. 38 zu § 4 TVG Nachwirkung mwN; krit. *Creutzfeld*, FS Bepler, 2012, S. 45 ff. ‖19 JKOS/*Oetker*, § 8 Rz. 35. ‖20 BAG 20.4.2011 – 4 AZR 467/09, NZA 2011, 1105; zust. *Creutzfeld*, FS Bepler, 2012, S. 45 (59); *Sittard*, NZA 2012, 299; HMB/*Sittard*, Teil 7 Rz. 159 f.; aA *Löwisch/Rieble*, § 4 Rz. 685; zweifelnd auch HMB/*Höpfner*, Teil 9 Rz. 28.

Es steht den TV-Parteien frei, die Nachwirkung (auch konkludent[1]) zu befristen, zu beschränken oder gänzlich **auszuschließen**[2]. Zu beachten ist jedoch, dass die tarifl. Regelungen trotz des Ausschlusses der Nachwirkung als Teil der betriebl. Vergütungsordnung iSd. § 87 I Nr. 10 BetrVG mitbestimmungsrechtl. relevant bleiben[3].

Beendigungsgründe, die zur Anwendung des Abs. 5 führen, sind nicht nur das Außerkrafttreten des TV[4] (dazu § 3 Rz. 40), sondern auch jeder andere Grund, der die Geltung des zunächst einschlägigen TV für das ArbVerh beseitigt[5] mit Ausnahme der spezieller geregelten Fälle des Betriebsübergangs gem. § 613a BGB und des Eintritts der Nachbindung gem. § 3 III bei Verbandsaustritt oder Wechsel in die OT-Mitgliedschaft, an die sich nach BAG-Rspr. aber jeweils die Nachwirkung anschließen kann[6]. Die Nachwirkung entsteht damit auch im Falle des Herauswachsens eines ArbGeb aus dem TV durch Änderung des unternehmerischen Schwerpunktes[7] und nach Auflösung einer TV-Partei (str., s. § 3 Rz. 10, 40, 43)[8]. Bei einer außerordentl. Kündigung des TV ist die Nachwirkung zweifelhaft. Ist das Festhalten am TV für eine Partei unzumutbar, lässt sich auch die Nachwirkung nur schwer begründen[9]. Die hL will Abs. 5 dennoch anwenden[10]. 6

b) **Weitergeltung als Rechtsnorm.** Die Rechtsnormen des TV gelten als solche weiter, werden also anders als in § 613a I 2 BGB nicht in individualvertragl. Abmachungen transformiert. Folge des unter Rz. 5 geschilderten Regelungsanliegens des Abs. 5 ist, dass sich die Nachwirkung des TV auf den normativen Inhalt beschränkt, den schuldrechtl. Teil also nicht erfasst[11]. St. Rspr. des BAG zufolge beruht die **Nachwirkung** nicht (mehr) auf Tarifrecht, sondern auf der **gesetzl. Anordnung** in Abs. 5 und damit auf staatl. Recht[12]. Demggü. soll nach ganz hL der TV die Grundlage für die normative Wirkung im Nachwirkungszeitraum bilden[13]. 7

Praktische Relevanz entfaltet dieser dogmatische Streit für die Möglichkeiten, den außer Kraft getretenen **TV mit Wirkung für die Nachwirkungszeit** zu ändern oder neu zu erlassen. Für das BAG ergibt sich aus der gesetzl. Anordnung der Nachwirkung tarifl. Rechtsnormen, dass die TV-Parteien – mangels gesetzl. Grundlage – nicht mehr die Macht haben, einen entsprechenden TV mit normativer Wirkung zu schließen[14]. Das Gericht folgert aus der gesetzl. Anordnung der Fortgeltung und der hinter Abs. 5 stehenden ratio (Überbrückung tarifloser Zeiten), dass der nachwirkende TV bei während des Nachwirkungszeitraums **neu begründeten ArbVerh keine Anwendung** finde (zur Geltung eines TV bei Abschluss eines Arbeitsvertrages während des Fortwirkungszeitraumes gem. § 3 III s. § 3 Rz. 41)[15]. Ausnahmen sollen für ArbVerh gelten, die aus der Umwandlung eines Ausbildungsverhältnisses während des Nachwirkungszeitraums entstehen[16]. Die Begründung des ArbVerh im Nachwirkungszeitraum schließt es aber nicht aus, dass die Vertragsparteien den abgelaufenen TV einzelvertragl. in Bezug nehmen[17]. Die Folgen der unterschiedlichen Auffassungen werden zusätzlich dadurch abgeschwächt, dass nach der Rspr. eine arbeitsvertragl. pauschale Verweisung auf die geltenden TV so auszulegen ist, dass sie auch nachwirkende TV erfasst[18]. Auf Grundlage der Verweisungsklauseln (dazu § 3 Rz. 15 ff.) erhalten dann auch ArbN, die erst nach Ablauf des TV eingestellt wurden, die tarifl. Arbeitsbedingungen. 8

---

1 BAG 3.9.1986 – 5 AZR 319/85, AP Nr. 12 zu § 4 TVG Nachwirkung: Eine gemeinsame Einrichtung der TV-Parteien wird nicht mehr unterhalten; 8.10.1997 – 4 AZR 87/96, AP Nr. 29 zu § 4 TVG Nachwirkung: Verpflichtung, während einer Kündigungsfrist über den Neuabschluss zu verhandeln; 16.5.2012 – 4 AZR 366/10, NZA 2013, 220: In einem SanierungsTV wird eine befristete Arbeitszeiterhöhung ohne Lohnausgleich mit einem befristeten Ausschluss betriebsbedingter Kündigungen kombiniert; Wiedemann/*Wank*, § 4 Rz. 363 mwN. || 2 BAG 3.9.1986 – 5 AZR 319/85, AP Nr. 12 zu § 4 TVG Nachwirkung; 8.10.1997 – 4 AZR 87/96, AP Nr. 29 zu § 4 TVG Nachwirkung; Wiedemann/*Wank*, § 4 Rz. 362 f. mwN. || 3 BAG 11.1.2011 – 1 AZR 310/09, AP Nr. 137 zu § 87 BetrVG 1972 Lohngestaltung. || 4 Bsp.: Auflösung einer TV-Partei, BAG 28.5.1997 – 4 AZR 545/95, AP Nr. 27 zu § 4 TVG Nachwirkung; 27.6.2000 – 1 ABR 31/99, AP Nr. 56 zu § 2 TVG m. Anm. *Buchner*. || 5 BAG 18.3.1992 – 4 AZR 339/91, AP Nr. 13 zu § 3 TVG m. abl. Anm. *Löwisch/Rieble*; 10.12.1997 – 4 AZR 247/96, AP Nr. 20 zu § 3 TVG; s. aber auch v. 9.11.1999 – 3 AZR 690/98, AP Nr. 5 zu § 3 TVG Verbandsaustritt mit Anm. *Waas* (keine Nachwirkung bei Ausscheiden aus betriebl. Geltungsbereich); aA MünchArbR/*Rieble/Klumpp*, § 170 Rz. 33; *Frölich*, NZA 1992, 1105 ff.; *Löwisch/Rieble*, § 4 Rz. 687. || 6 Zum Austritt: BAG 14.2.1991 – 8 AZR 166/90, AP Nr. 10 zu § 3 TVG; 15.10.2003 – 4 AZR 573/02, AP Nr. 41 zu § 4 TVG Nachwirkung; ErfK/*Franzen*, § 3 TVG Rz. 28; Wiedemann/*Oetker*, § 3 Rz. 106; *Henssler*, ZfA 1994, 487 (507); zum Statuswechsel: BAG 23.2.2005 – 4 AZR 186/04, NZA 2005, 1320. || 7 BAG 10.12.1997 – 4 AZR 247/96, AP Nr. 20 zu § 3 TVG; JKOS/*Oetker*, § 8 Rz. 37. || 8 AA jetzt BAG 23.1.2008 – 4 AZR 312/01, NZA 2008, 771; zur Auflösung einer Tarifgemeinschaft vgl. *Henssler*, FS 25 Jahre ARGE Arbeitsrecht, 2006, S. 37 ff. || 9 Zweifel auch bei Däubler/*Bepler*, § 4 Rz. 854. || 10 Däubler/*Bepler*, § 4 Rz. 855 ff.; ErfK/*Franzen*, § 4 TVG Rz. 56; HMB/*Höpfner*, Teil 9 Rz. 30; JKOS/*Oetker*, § 8 Rz. 33. || 11 Wiedemann/*Wank*, § 4 Rz. 324. || 12 BAG 29.1.1975 – 4 AZR 218/74, AP Nr. 8 zu § 4 TVG Nachwirkung; 7.12.1977 – 4 AZR 474/76, AP Nr. 9 zu § 4 TVG Nachwirkung; 16.8.1990 – 8 AZR 439/89, AP Nr. 19 zu § 4 TVG Nachwirkung; zum Verhältnis zwischen privatautonomer und durch Gesetz angeordneter Normgeltung *Neuner*, ZfA 1998, 83 (88). || 13 Däubler/*Bepler*, § 4 Rz. 819; Wiedemann/*Wank*, § 4 Rz. 325 m. umfangr. Nachw.; ausf. *Rotter*, Nachwirkung der Normen eines Tarifvertrags, 1992, S. 34 ff., 46 ff; aA *Löwisch/Rieble*, § 4 Rz. 752. || 14 BAG 14.2.1973 – 4 AZR 176/72, AP Nr. 6 zu § 4 TVG Nachwirkung; 29.1.1975 – 4 AZR 218/74, AP Nr. 8 zu § 4 TVG Nachwirkung; ebenso sw. *Frölich*, NZA 1992, 1105 (1109). || 15 S. BAG 2.3.2004 – 1 AZR 271/03, AP Nr. 31 zu § 3 TVG; 11.6.2002 – 1 AZR 390/01, NZA 2003, 570; 7.11.2001 – 4 AZR 703/00, NZA 2002, 748; 22.7.1998 – 4 AZR 403/97, AP Nr. 32 zu § 4 TVG Nachwirkung mwN; 7.11.2001 – 4 AZR 703/00, AP Nr. 11 zu § 3 TVG Verbandsaustritt. || 16 BAG 7.5.2008 – 4 AZR 288/07, AP Nr. 30 zu § 4 TVG. || 17 BAG 20.9.2006 – 10 AZR 33/06, NZA 2007, 164. || 18 BAG 29.1.1975 – 4 AZR 218/74, AP Nr. 8 zu § 4 TVG Nachwirkung; 20.9.2006 – 10 AZR 33/06, NZA 2007, 164; Wiedemann/*Wank*, § 4 Rz. 333.

9 Ob **tarifdispositives Gesetzesrecht** (s. Einl. Rz. 26 f.) auch von lediglich nachwirkenden tarifvertragl. Normen verdrängt wird, ist strittig. Das BAG bejaht dies[1], sofern das Gesetz generell Abweichungen auch bei bloßer individualvertragl. Bezugnahme auf einen gültigen TV erlaubt, ein Ergebnis, das schon aus der Auslegung der einzelnen gesetzl. Normen folgt. Besondere praktische Bedeutung hat dies im Arbeitszeitrecht (§§ 7, 12 ArbZG). Einen allg. Grundsatz der Nachwirkung von Tarifnormen wird man hierin nicht sehen können[2].

10 **c) Weitergeltende Normen.** Die Nachwirkung umfasst nach der Rspr. des BAG grds. **alle tarifl. Normen** iSd. § 1 I[3]; praxisrelevant ist sie jedoch vor allem für die Inhaltsnormen[4]. Auch betriebl. und betriebsverfassungsrechtl. Normen entfalten Nachwirkung[5] (s. iÜ § 87 BetrVG Rz. 11). Für negative Inhaltsnormen und Abschlussnormen ist die Bedeutung der Nachwirkung gering, da ein Arbeitsvertrag, der den tarifl. Bestimmungen widerspricht, als andere Abmachung iSd. Abs. 5 aufzufassen ist[6]. Bedeutsam ist die Nachwirkung ferner für die in Abschluss- und Beendigungsnormen gewährten Ansprüche. Auch bei gemeinsamen Einrichtungen gem. Abs. 2 ist eine Nachwirkung möglich[7] (zum konkludenten Ausschluss s. Rz. 5).

11 **d) Ablösung durch andere Abmachung.** Die Nachwirkung soll Regelungslücken verhindern. Sie endet daher mit ihrer Ersetzung durch eine andere Abmachung. In Betracht kommen sowohl **kollektive Regelungen** (TV, BV in den Grenzen der §§ 77, 87 BetrVG[8]; nicht aber eine Regelungsabrede[9]) als auch **arbeitsvertragl. Vereinbarungen**[10]. Diese können schon vor Beginn der Nachwirkung geschlossen werden[11]. Die Abmachung muss nach Ansicht des 4. Senats allerdings von ihrem Regelungswillen darauf gerichtet sein, eine bestimmte bestehende Tarifregelung in Anbetracht ihrer bereits absehbaren unmittelbar bevorstehenden Beendigung sowie den darauf folgenden Eintritts der Nachwirkung abzuändern[12]. Allein der Umstand, dass die Vereinbarung dieselben oder ähnliche Regelungsgegenstände betrifft und anders regelt als die vor der Nachwirkung greifende tarifl. Regelung, soll hierfür nicht ausreichen[13]. Richtig ist, dass arbeitsvertragl. Regelungen, die vor der unmittelbaren und zwingenden Wirkung des TV vereinbart wurden und durch den TV verdrängt waren, mit Ablauf des TV grds. nicht wieder aufleben[14]. Die vom BAG aufgestellten darüber hinausgehenden Beschränkungen finden dagegen im geltenden Recht keine Stütze. Der AGB-rechtl. Transparenzschutz sichert die Interessen der ArbN hinreichend[15]. Bei eindeutigem Parteiwillen besteht kein Grund, einer auf den Zeitraum der Nachwirkung explizit zugeschnittenen Regelung die Wirksamkeit zu versagen. Eine ablösende Vereinbarung kann auch in einer **arbeitsvertragl. Bezugnahmeklausel** bestehen[16]. Obwohl dies der Wortlaut nicht klar erkennen lässt („Abmachung"), kann die ersetzende Regelung auch auf einer **Änderungskündigung** beruhen[17]. Regelt ein TV einen bestimmten Komplex von Arbeitsbedingungen insg. neu, ersetzt er den vorangehenden TV grds. ganz (Ablösungsprinzip)[18]. Insofern ist auch eine stillschweigende Ablösung der ursprünglichen Regelung möglich[19]. Dadurch entstehende Regelungslücken sind hinzunehmen[20]. Die TV-Parteien können jedoch vereinbaren, dass trotz einer Neuregelung bisherige tarifl. Regelungen auch künftig weitergelten sollen. Dann löst der neue TV den vorangehenden nur in dem vorgesehenen Umfange ab[21].

12 Die Nachwirkung gem. Abs. 5 kann nur durch eine **Abmachung** beendet werden, die auf das jeweilige ArbVerh **Anwendung findet**[22]. Bei einer Ablösung durch einen neuen TV bedarf es grds. einer kongruenten Tarifbindung. Fehlt diese bei einzelnen ArbN, kommt es zu einer – vom BAG bereits auf Grundlage der überholten Rspr. zur Tarifeinheit tolerierten – Tarifpluralität im Betrieb[23]. Für die Außenseiter greift

---

1 BAG 27.6.1978 – 6 AZR 59/77, AP Nr. 12 zu § 13 BUrlG m. Anm. *Wiedemann*; Wiedemann/*Wank*, § 4 Rz. 334 mwN zu abw. Auffassungen. ||2 Vgl. *Gamillscheg*, Kollektives Arbeitsrecht I, S. 876. ||3 BAG 18.5.1977 – 4 AZR 47/76, AP Nr. 4 zu § 4 BAT; ausf. *Oetker*, FS Schaub, 1998, S. 535 (537 ff.). ||4 Wiedemann/*Wank*, § 4 Rz. 343. ||5 BAG 26.4.1990 – 1 ABR 84/87, AP Nr. 57 zu Art. 9 GG (zu betriebl. Normen); Nachw. auch zu abw. Stimmen bei *Oetker*, FS Schaub, 1998, S. 535 (537). ||6 Wiedemann/*Wank*, § 4 Rz. 345. ||7 Wiedemann/*Wank*, § 4 Rz. 348 ff. mwN; anders aber nach BAG 14.6.1994 – 9 AZR 89/93, AP Nr. 17 zu § 613a BGB, im Fall des Herauswachsens aus dem Geltungsbereich bei gemeinsamen Einrichtungen. ||8 Vgl. BAG 2.3.2004 – 1 AZR 271/03, AP Nr. 31 zu § 3 TVG. ||9 LAG Schl.-Holst. 12.5.2005 – 3 Sa 105/05, NZA-RR 2005, 426 ff.; LAG Nürnberg 6.11.2001 – 6 Sa 592/00, ZTR 2002, 227. ||10 BAG 18.3.1992 – 4 AZR 339/91, AP Nr. 13 zu § 3 TVG; 23.2.2005 – 4 AZR 186/04, NJOZ 2005, 4775. ||11 BAG 23.2.2005 – 4 AZR 186/04, NJOZ 2005, 4775; Wiedemann/*Wank*, § 4 Rz. 359; *Henssler*, FS Picker, 2010, S. 987 (997). ||12 BAG 22.10.2008 – 4 AZR 789/07, AP Nr. 37 zu § 4 TVG Tarifkonkurrenz; 1.7.2009 – 4 AZR 250/08, AP Nr. 51 zu § 4 TVG Nachwirkung; ErfK/*Franzen*, § 4 TVG Rz. 64. ||13 BAG 1.7.2009 – 4 AZR 250/08, AP Nr. 51 zu § 4 TVG Nachwirkung. ||14 ErfK/*Franzen*, § 4 TVG Rz. 64. ||15 *Henssler*, FS Picker, 2010, S. 987 (997); HMB/*Höpfner*, Teil 9 Rz. 50. ||16 BAG 17.1.2006 – 9 AZR 41/05, AP Nr. 40 zu § 1 TVG Bezugnahme auf Tarifvertrag; 20.5.2009 – 4 AZR 230/08, AP Nr. 42 zu § 3 TVG; ErfK/*Franzen*, § 4 TVG Rz. 63. ||17 BAG 25.10.2000 – 4 AZR 212/00, AP Nr. 38 zu § 4 TVG Nachwirkung m. Anm. *Hohenstatt*; BAG 27.9.2001 – 2 AZR 236/00, AP Nr. 40 zu § 4 TVG Nachwirkung (Maßstäbe für Änderungskündigungen); Wiedemann/*Wank*, § 4 Rz. 356; einschränkend: Kempen/Zachert/*Kempen*, § 4 Rz. 762. ||18 BAG 20.3.2002 – 10 AZR 501/01, AP Nr. 12 zu § 1 TVG Tarifverträge: Gebäudereinigung; 21.10.2009 – 4 AZR 477/08, AP Nr. 50 zu § 4 TVG Nachwirkung. ||19 BAG 21.10.2009 – 4 AZR 477/08, AP Nr. 50 zu § 4 TVG Nachwirkung. ||20 *Däubler*/*Bepler*, § 4 Rz. 900; JKOS/*Oetker*, § 8 Rz. 51. ||21 BAG 21.10.2009 – 4 AZR 477/08, AP Nr. 50 zu § 4 TVG Nachwirkung. ||22 BAG 27.11.1991 – 4 AZR 211/91, AP Nr. 22 zu § 4 TVG Nachwirkung; 14.2.1991 – 8 AZR 166/90, AP Nr. 10 zu § 3 TVG; 28.5.1997 – 4 AZR 545/95, AP Nr. 27 zu § 4 TVG Nachwirkung. ||23 BAG 28.5.1997 – 4 AZR 546/95, AP Nr. 26 zu § 4 TVG Nachwirkung.

die Beendigung der Nachwirkung durch einen neuen TV nach der Rspr. nur, wenn der TV für allgemeinverbindlich erklärt wurde[1]. Teile des Schrifttums vertreten unter Hinweis auf die fehlende Legitimation der Fortgeltung eines TV, für den die Allgemeinverbindlichkeit entfallen ist, abweichende Auffassungen[2]. Zu einer mittelbaren Beendigung der Nachwirkung ggü. Außenseitern kommt es bei dynamischen Bezugnahmeklauseln, die auch den neuen TV erfassen. Für ArbN, die von einem Betriebsübergang betroffen sind, richtet sich die Ersetzung tarifl. Normen nach den Spezialvorschriften des § 613a I 2–4 BGB (dazu § 613a BGB Rz. 252ff.).

Insb. bei firmentarifl. Regelungen kann sich ebenso wie bei einer BV die Frage stellen, ob bei häufigen individualvertragl. Abweichungen vom nachwirkenden Tarif – etwa Ausnahmen von arbeitszeitl. Regelungen – die Nachwirkung vollständig beendet wird, weil die tarifl. Regelung insg. ihre Funktion verliert. Die Frage ist zu verneinen, da bei den nicht betroffenen ArbVerh der Schutzzweck des Abs. 5 weiter greift. Eine andere Abmachung muss eine rechtl. relevante und auf das konkrete ArbVerh anwendbare Vereinbarung darstellen[3]. Die Beendigung der Nachwirkung durch den Arbeitsvertrag wirkt nur im einzelnen ArbVerh[4]. Etwas anderes gilt nur bei einer betriebl. Einheitsregelung[5]. 13

Ein Abs. 5 vergleichbares Regelungsmodell der Nachwirkung enthält § 77 VI BetrVG für BV, die der zwingenden Mitbestimmung unterliegen[6]. Das BAG hat es dem nicht (mehr) tarifgebundenen ArbGeb erheblich erschwert, die (ursprünglich tarifl. begründete) betriebl. Lohnstruktur ohne Beteiligung des BR zu ändern, indem es die gesamte Vergütung als „freiwillige" Leistung einstuft. Dadurch wird selbst die vollständige Streichung des Weihnachtsgeldes zu einem lediglich partiellen und somit nach § 87 I Nr. 10 BetrVG mitbestimmungspflichtigen Eingriff in die Gesamtvergütung[7]. 14

II. Geltungsbereich des Tarifvertrages. Der Geltungsbereich des TV legt fest, auf welche konkreten ArbVerh ein TV Anwendung findet. Im Laufe der Zeit haben sich Differenzierungen nach verschiedenen Aspekten herausgebildet[8], die aber rein terminologischer Natur sind. Eine äußere (Wirksamkeits-)**Grenze** für den Geltungsbereich des TV wird durch die **Tarifzuständigkeit** der TV-Parteien gesetzt (§ 2 Rz. 37ff.). Innerhalb dieses Rahmens bestimmt der TV seinen Geltungsbereich selbst. Bei der Festlegung sind die TV-Parteien autonom[9], soweit die ArbN nicht willkürlich ungleich behandelt werden[10]. Beziehen Tarifparteien eine ArbN-Gruppe nicht in den Geltungsbereich eines TV ein, verzichten sie nur auf eine ihnen mögliche Normsetzung. Dieser Regelungsverzicht verletzt nach der Rspr. nicht Art. 3 I GG, wenn bei typisierender Betrachtung der jeweiligen Gruppen sachbezogene Unterschiede erkennbar sind, die eine Ausklammerung einzelner ArbN-Gruppen aus dem persönlichen Geltungsbereich rechtfertigen (zur Grundrechtsbindung der TV-Parteien Einl. Rz. 15f.)[11]. Der TV enthält im Allg. detaillierte Regelungen über seinen Geltungsbereich. Fehlen diese, kann ggf. auf den Geltungsbereich eines MantelTV, der ausgefüllt werden soll, zurückgegriffen werden[12]. 15

1. Räumlicher Geltungsbereich. Der räumliche Geltungsbereich eines TV ist idR unproblematisch festzustellen. Die TV-Parteien können unterschiedliche Anknüpfungspunkte wählen, zB die Lage des Betriebes oder den gewöhnlichen Verrichtungsort für die Tätigkeit des ArbN. Im Zweifelsfall richtet sich die Tarifgeltung nach dem Schwerpunkt des ArbVerh, bei ständiger Tätigkeit an einem Ort ist der dort geltende TV anzuwenden[13]. Dies gilt auch für die Frage, ob nach § 38 I Buchst. a TVöD der „Ost"- oder der „West"-TV anzuwenden ist[14]. Bei vorübergehender Entsendung (auch ins Ausland[15]) verbleibt der Schwerpunkt am Ort des Betriebssitzes, bei ständiger Entsendung wechselt der anwendbare TV[16]. Bei betriebl. und betriebsverfassungsrechtl. Normen wird wegen deren betriebseinheitlicher Geltung (§ 3 II) regelmäßig an die Lage des Betriebes anzuknüpfen sein[17]. Im Anwendungsbereich des AEntG sind die TV-Parteien durch § 8 I 1 AEntG gezwungen, das sog. Arbeitsortprinzip einzuhalten, wenn der TV über 16

---

1 BAG 27.11.1991 – 4 AZR 211/91, AP Nr. 22 zu § 4 TVG Nachwirkung; 25.10.2000 – 4 AZR 212/00, AP Nr. 38 zu § 4 TVG Nachwirkung; *Däubler*, Tarifvertragsrecht, Rz. 1456; *Frölich*, NZA 1992, 1105 (1110); Wiedemann/*Wank*, § 5 Rz. 126 und § 4 Rz. 354; zur Beendigung der Fortwirkung durch Beendigung der unveränderten Geltung eines TV nach § 3 III BAG 7.11.2001 – 4 AZR 703/00, DB 2002, 642 (643).   ‖2 *Oetker*, gemeins. Anm. zu BAG EzA § 4 TVG Nachwirkung Nr. 14 und 15; *Krebs*, gemeins. Anm. zu den BAG-Urt. v. 27.11.1991 – 4 AZR 211/91 und 18.3.1992 – 4 AZR 339/91, SAE 1993, 133ff.; *Hohenstatt*, Anm. zu BAG AP Nr. 38 zu § 4 TVG Nachwirkung.   ‖3 BAG 14.2.1991 – 8 AZR 166/90, AP Nr. 10 zu § 3 TVG; 18.3.1992 – 4 AZR 339/91, NZA 1992, 700; 25.10.2000 – 4 AZR 212/00, AP Nr. 38 zu § 4 TVG Nachwirkung.   ‖4 Kempen/Zachert/*Zachert*, § 4 Rz. 760; Däubler/*Bepler*, § 4 Rz. 907.   ‖5 Vgl. *Gamillscheg*, Kollektives Arbeitsrecht I, S. 878 mwN.   ‖6 Dazu Henssler/Willemsen, FS Buchner, 2009, S. 302.   ‖7 BAG 26.8.2008 – 1 AZR 354/07, AP Nr. 15 zu § 87 BetrVG 1972 mit Anm. *Richardi*; krit. *Bauer/Günther*, DB 2009, 620; *Reichold*, BB 2009, 1470; *Henssler*, FS Picker, 2010, S. 987 (998); *Grau/Sittard*, RdA 2013, 118; etwas restriktiver nun BAG 5.10.2010 – 1 ABR 20/09, NZA 2011, 598.   ‖8 S. zu den unterschiedlichen Differenzierungen Wiedemann/*Wank*, § 4 Rz. 96ff. u. 135.   ‖9 BAG 24.4.1985 – 4 AZR 457/83, AP Nr. 4 zu § 3 BAT.   ‖10 BAG 7.3.1995 – 3 AZR 282/94, AP Nr. 26 zu § 1 BetrAVG Gleichbehandlung zur unzulässigen Ungleichbehandlung von Teilzeitbeschäftigten in der betrAV.   ‖11 BAG 27.5.2004 – 6 AZR 129/03, AP Nr. 5 zu § 1 TVG Gleichbehandlung; dazu *Dieterich*, RdA 2005, 177ff.   ‖12 BAG 13.6.1957 – 2 AZR 402/54, AP Nr. 6 zu § 4 TVG Geltungsbereich; 27.5.2004 – 6 AZR 129/03, AP Nr. 5 zu § 1 TVG-Gleichbehandlung mit Anm. *Dieterich*, RdA 2005, 177ff.   ‖13 BAG 3.12.1985 – 4 AZR 325/84, AP Nr. 5 zu § 1 TVG Tarifverträge: Großhandel.   ‖14 Wiedemann/*Wank*, § 4 TVG Rz. 127; HMB/*Stamer*, Teil 8 Rz. 36.   ‖15 BAG 20.4.2011 – 5 AZR 171/10, NZA 2011, 1173; 20.6.2007 – 10 AZR 302/06, NZA-RR 2008, 24.   ‖16 Wiedemann/*Wank*, § 4 Rz. 126, 129 mwN.   ‖17 Wiedemann/*Wank*, § 4 Rz. 134.

§§ 3, 7 AEntG erstreckt werden soll. Danach müssen alle ArbGeb, die Leistungen im räumlichen Geltungsbereich erbringen, – unabhängig vom Betriebssitz – zur Gewährung der tarifl. Arbeitsbedingungen verpflichtet werden (vgl. § 1 AEntG Rz. 9). Eine Ausnahme gilt gem. § 3 S. 2 AEntG, wonach ein bundesweiter TV nicht Voraussetzung für die Erstreckungswirkung ist, wenn insg. das Bundesgebiet abgedeckt wird.

17 2. **Branche**[1]. Auch wenn in jüngster Zeit gegenläufige Tendenzen beobachtet werden können[2], sind die deutschen Gewerkschaften weiterhin überwiegend nach dem Industrieverbandsprinzip (s. § 2 Rz. 41) organisiert. TV werden daher meist für **Betriebe** abgeschlossen, die ihren Schwerpunkt in einer bestimmten Branche haben. Weitergehend besteht – bei Tarifzuständigkeit der Gewerkschaft[3] – die Möglichkeit, TV für alle Betriebe eines **Unternehmens** abzuschließen, das schwerpunktmäßig einer bestimmten Branche zugehört[4]. Der zu erfassende Wirtschaftszweig wird im Regelfall im TV genau umschrieben[5]. Ob das einzelne ArbVerh dem typischen Berufsbild der Angehörigen dieser Branche entspricht, ist, soweit nicht tarifl. Regelungen entgegenstehen (s. Rz. 20 zum fachlichen Geltungsbereich), ohne Belang[6]. Ob **Hilfs- und Nebenbetriebe** erfasst werden, ergibt sich aus der Auslegung des TV, wobei die in der Satzung der TV-Parteien niedergelegte Tarifzuständigkeit zu berücksichtigen ist.

18 Bei gemischtwirtschaftlichen Betrieben (**Mischbetrieben**) soll es auf den Hauptzweck des Betriebes ankommen[7]. Die Rspr. stellt darauf ab, mit welchen Tätigkeiten die ArbN des betreffenden Betriebes überwiegend beschäftigt werden, während wirtschaftl. Gesichtspunkte wie Umsatz und Verdienst, aber auch handels- und gewerberechtl. Kriterien wie Handelsregistereintragung, Firmierung, Gewerbeanmeldung und Registrierung bei der IHK oder Handwerkskammer grds. außen vor bleiben[8].

19 **Endet die Tarifbindung** nach Umstellung der ausgeübten Tätigkeit wegen Herauswachsens des Betriebes oder der sonstigen tarifl. Organisationseinheit aus dem Geltungsbereich eines TV, tritt nach Abs. 5 **Nachwirkung** des TV ein (s. Rz. 6)[9].

20 3. **Fachlicher Geltungsbereich.** Der fachliche Geltungsbereich kann gemeinsam mit dem persönlichen Geltungsbereich ieS (Rz. 21) als Teil des **persönlichen Geltungsbereichs iwS** aufgefasst werden. Er ergänzt den nach der **Branche** bestimmten Geltungsbereich um die ArbN-Gruppen, für die der TV im Betrieb gelten soll[10]. Die Bestimmung eines fachlichen Geltungsbereiches kann entfallen; dann gilt der TV für alle ArbN, die in den der einschlägigen Branche unterfallenden Betrieben beschäftigt sind. Von Bedeutung ist der fachliche Geltungsbereich bei als Fachverband organisierten Gewerkschaften (s. § 2 Rz. 41), weil die von ihnen abgeschlossenen TV fachlich regelmäßig nur die von ihnen vertretenen ArbN-Gruppen erfassen (zB Lokomotivführer, Piloten, Ärzte). Folge eines solchen Tarifabschlusses ist idR Tarifpluralität, da in einem Betrieb dann mehrere TV Anwendung finden. Der fachliche Geltungsbereich kann sich auch nur auf einzelne **Betriebsabteilungen** beziehen[11]. So knüpfen insb. die TV im Baugewerbe an den Begriff der selbständigen Betriebsabteilung iSv. § 97 S. 2 SGB III an. Es reicht dann aus, wenn in der Betriebsabteilung überwiegend die vom TV erfassten Tätigkeiten ausgeübt werden.

21 4. **Persönlicher Geltungsbereich im engeren Sinn.** Der persönliche Geltungsbereich ieS stellt im Gegensatz zum fachlichen Geltungsbereich auf ArbN-Seite nicht auf die Tätigkeit des einzelnen ArbN ab, sondern betrifft persönliche Eigenschaften wie das Lebensalter oder die Dauer der Betriebsangehörigkeit. Eigenständige Tarifwerke für derart definierte ArbN-Gruppen sind zwar selten[12], häufig werden jedoch innerhalb eines Tarifwerks nach entsprechenden Kriterien differenzierte Regelungen getroffen. Grenzen der Differenzierung ergeben sich aus dem allg. Gleichheitssatz, den Vorgaben des AGG, den Diskriminierungsverboten des europäischen Primärrechts[13] und den GleichbehandlungsRL. Bei der Berücksichtigung von RL-Vorgaben billigt der EuGH den TV-Parteien jedoch einen weiten Ermessensspielraum zu[14]. Verzichten die TV-Parteien auf eine Regelung der Arbeitsbedingungen einer bestimmten Personengruppe durch Herausnahme aus dem persönlichen Geltungsbereich eines TV, so muss dies durch sachbezogene Unterschiede gerechtfertigt sein (Rz. 15)[15]. Auf ArbGebSeite besteht einerseits die Möglichkeit, einzelne ArbGeb – etwa um einer besonderen wirtschaftlichen Notlage Rechnung

---

1 Häufig wird der nach der Branche zu beurteilende Geltungsbereich auch als fachlicher Geltungsbereich bezeichnet, vgl. BAG 26.8.1998 – 4 AZR 471/97, AP Nr. 66 zu § 1 TVG Tarifverträge: Einzelhandel. ‖2 Dazu Henssler RdA 2011, 65 (72). ‖3 Dazu BAG 25.9.1996 – 1 ABR 4/96, AP Nr. 10 zu § 2 TVG Tarifzuständigkeit. ‖4 AR-Blattei/*Buchner*, SD 1550.4 Rz. 97 ff. Im Folgenden wird vom Regelfall des betriebl. Geltungsbereiches ausgegangen. Entsprechendes gilt für einen TV mit unternehmensbezogenem Anwendungsbereich. ‖5 S. AR-Blattei/*Buchner*, SD 1550.4 Rz. 83 ff. ‖6 AR-Blattei/*Buchner*, SD 1550.4 Rz. 92. ‖7 BAG 13.6.1957 – 2 AZR 402/54, AP Nr. 6 zu § 4 TVG Geltungsbereich. ‖8 BAG 25.11.1987 – 4 AZR 361/87, AP Nr. 18 zu § 1 TVG Tarifverträge: Einzelhandel; 24.8.1994 – 10 AZR 67/94, AP Nr. 182 zu § 1 TVG Tarifverträge: Bau; 14.12.2011 – 10 AZR 570/10, AP Nr. 335 zu § 1 TVG Tarifverträge: Bau. ‖9 BAG 10.12.1997 – 4 AZR 247/96, AP Nr. 20 zu § 3 TVG; anders für gemeinsame Einrichtungen BAG 14.6.1994 – 9 AZR 89/93, AP Nr. 17 zu § 613a BGB. ‖10 Zu Fallgestaltungen AR-Blattei/*Buchner*, SD 1550.4 Rz. 119 ff. ‖11 ErfK/*Franzen*, § 4 TVG Rz. 12. ‖12 Bsp.: TV über ATZ-Modelle oder Vorruhestandsregelungen für ArbN ab einem bestimmten Alter. ‖13 BAG 10.11.2011 – 6 AZR 481/09, NZA-RR 2012, 100. ‖14 EuGH 8.9.2011 – Rs. C-297/10, NZA 2011, 1100 – Hennigs. ‖15 BAG 27.5.2004 – 6 AZR 129/03, AP Nr. 5 zu § 1 TVG Gleichbehandlung mit zust. Anm. *Henssler*, BAGReport 2005, 57; 12.10.2004 – 3 AZR 571/03, NZA 2005, 1127; *Löwisch/Rieble*, § 4 Rz. 140 ff.

zu tragen – von der Geltung eines auf sie an sich anwendbaren TV auszunehmen. Andererseits kann der persönliche Geltungsbereich eines TV von vornherein auf einzelne Unternehmen beschränkt werden[1]. Dies ist beim FirmenTV notwendige Folge der nur unternehmensbezogenen Tarifzuständigkeit des einzelnen ArbGeb. Zulässig sind aber auch **firmenbezogene VerbandsTV**, bei denen der persönl. Geltungsbereich eines VerbandsTV auf ein Unternehmen beschränkt ist. Auf ArbN-Seite hat die Rspr. die Herausnahme von Lektoren aus dem BAT[2] und von AltersteilzeitArbN aus einem beschäftigungssichernden TV für zulässig befunden[3]. Str. ist, ob sich die Beschränkung des Geltungsbereichs – zusätzlich zur Bindung an den allg. Gleichheitssatz – am vereinsrechtl. Gleichbehandlungsgrundsatz messen lassen muss[4]. Das BAG lehnt dies ab. Andernfalls würden Binnenschranken der Koalitionsbetätigung eines Verbands in das Außenverhältnis zum Tarifpartner übertragen. Weder die Tariffähigkeit noch die Tarifzuständigkeit des ArbGeb-Verbands werden aber durch eine vereinsinterne Ungleichbehandlung beeinträchtigt[5]. Offen bleibt danach, ob ein firmenbezogener VerbandsTV gegen den ausdrückl. Willen des Verbandsmitglieds abgeschlossen werden darf[6] und ob ein entsprechender Streik zulässig ist[7].

Der persönliche Geltungsbereich darf nicht mit der Tarifgebundenheit verwechselt werden. Letztere wird durch § 3 I, II bzw. § 5 IV TVG und durch § 8 AEntG geregelt. Nur der Geltungsbereich kann autonom festgelegt werden. Entscheidend ist dies für die AVE und § 8 AEntG, die nur die Voraussetzung der Tarifgebundenheit betreffen[8]. Zu einer Vermischung kommt es, wenn ein sog. **organisatorischer Geltungsbereich** vereinbart wird. Hier wird die Mitgliedschaft des ArbN in der Gewerkschaft als Element des Geltungsbereichs ausgestaltet[9]. Allerdings ist zu prüfen, ob derartige Regelungen nicht nur deklaratorische Bedeutung haben und die Vorgaben des TVG widerspiegeln sollen. Sollte dies ausnahmsweise anders sein, ist mit dem BAG die Befugnis der TV-Parteien zu verneinen, auf diesem Weg die Erstreckung über eine AVE oder das AEntG zu verhindern[10]. 22

Nach der umstr. Rspr. des BAG beschränkt sich die Tarifmacht der TV-Parteien auf solche ArbVerh, die **deutschem Recht** unterfallen[11]. Daraus resultiert eine weitere Grenze der Vereinbarungsautonomie der Tarifparteien. Gleichwohl kann nach Art. 8 II 2 Rom-I-VO ein deutscher TV auf das ArbVerh eines vorübergehend ins Ausland entsandten ArbN anwendbar sein[12]. 23

5. Zeitlicher Geltungsbereich. Im Regelfall wird im TV der Zeitpunkt seines Inkraft- und Außerkrafttretens bzw. seiner Kündbarkeit festgelegt (§ 1 Rz. 25 ff.). Fehlt ausnahmsweise eine entsprechende Festlegung, tritt der TV sofort mit Abschluss in Kraft[13]. Eine der Rückwirkung von Gesetzen vergleichbare Problematik stellt sich, wenn der TV vom Zeitpunkt des Abschlusses aus gesehen **rückwirkend** in Kraft treten soll (s. § 1 Rz. 132 ff.) bzw. wenn die Allgemeinverbindlichkeit rückwirkend erklärt wird (s. § 5 Rz. 28). Mit dem Auslaufen der zeitl. Geltung des TV enden nicht zwangsläufig auch seine Wirkungen. IdR schließt sich die Nachwirkung nach Abs. 5 an (s. Rz. 5 ff.). 24

6. Sonderregelung für gemeinsame Einrichtungen (Abs. 2). Gemeinsame Einrichtungen sind von den TV-Parteien geschaffene Organisationen, deren Zweck und Struktur durch TV festgelegt wird[14]. Ihre tarifrechtl. Besonderheit liegt in den unmittelbaren Rechtsbeziehungen, die zwischen der Einrichtung und den Arbeitsvertragsparteien entstehen. Gemeinsame Einrichtungen sollen idR ArbN Leistungen gewähren, die sie aus organisatorischen, psychologischen oder finanziellen Gründen nicht unmittelbar vom ArbGeb erhalten können[15]. Bsp. für gemeinsame Einrichtungen sind die Urlaubs-, die Lohnausgleichs- und die Zusatzversorgungskasse im Baugewerbe[16]. Unterschieden wird zwischen der Beitragsbeziehung (zwischen den zur Leistung verpflichteten ArbGeb und der gemeinsamen Einrichtung) und der Leistungsbeziehung (zwischen der gemeinsamen Einrichtung und den ArbN, die anspruchsberechtigt sind). Beide Rechtsverhältnisse werden durch den TV normativ ausgestaltet[17]. 25

Abs. 2 enthält mit der Anordnung des zwingenden Charakters von Normen über gemeinsame Einrichtungen nur eine Teilregelung dieser Einrichtungen. Sie werden im TVG iÜ nicht erwähnt. Es ist aber unstr., dass diese Normen neben den in § 1 I genannten Tarifinhalten eine besondere Kategorie darstel- 26

---

1 Zur Zulässigkeit firmenbezogener VerbandsTV: Wiedemann/*Thüsing*, § 1 Rz. 63 f.; Wiedemann/*Oetker*, § 2 Rz. 186. ‖2 BAG 27.5.2004 – 6 AZR 129/03, NZA 2004, 1399. ‖3 LAG München 14.7.2010 – 10 Sa 1143/09. ‖4 Dafür Staudinger/*Richardi*/*Fischinger*, BGB, Vorbem. zu §§ 611 ff. Rz. 621. Vgl. auch *Henssler*, ZfA 1998, 517 (537). ‖5 BAG 24.4.2007 – 1 AZR 252/06, AP Nr. 2 zu § 1 TVG Sozialplan; ebenso Wiedemann/*Oetker*, § 2 Rz. 191 ff. Vgl. auch LAG Schl.-Holst. 27.3.2003 – 5 Sa 137/03, NZA-RR 2003, 592; *Rolfs*/*Clemens*, DB 2003, 1678 f.; *Meyer*, NZA 2004, 366 (367 ff.). ‖6 Krit. dazu *Lobinger*, RdA 2006, 12 (20 f.); dafür Wiedemann/*Oetker*, § 2 Rz. 191 ff. ‖7 *Schneider*/*Sittard*, ZTR 2007, 590 (593). ‖8 Vgl. *Zöllner*/*Loritz*/*Hergenröder*, S. 389. ‖9 *Löwisch*/*Rieble*, § 4 Rz. 230 ff.; s. hierzu auch BAG 18.3.2009 – 4 AZR 64/08, AP Nr. 41 zu § 3 TVG. ‖10 BAG 23.3.2005 – 4 AZR 203/04, AP Nr. 29 zu § 4 TVG Tarifkonkurrenz; aA *Löwisch*/*Rieble*, § 4 Rz. 250; *Sittard*, Tarifnormerstreckung, S. 147 ff. ‖11 BAG 25.6.2002 – 9 AZR 405/00, AP Nr. 12 zu § 1 AEntG; 9.7.2003 – 10 AZR 593/02, AP Nr. 261 zu § 1 TVG Tarifverträge: Bau; aA *Däubler*/*Deinert*, TVG, Einl. Rz. 621 ff.; AR-Blattei SD/*Hergenröder*, 1550.15 Rz. 86; *Birk*, FS Beitzke, 1979, S. 831 (860 f.); *Hauschka*/*Henssler*, NZA 1988, 597 (599 f.). ‖12 BAG 20.4.2011 – 5 AZR 171/10, NZA 2011, 1173. ‖13 AR-Blattei/*Buchner*, SD 1550.4 Rz. 151. ‖14 Wiedemann/*Thüsing*, § 1 Rz. 784. ‖15 *Bötticher*, Die gemeinsamen Einrichtungen der Tarifvertragsparteien, 1966, S. 10 ff.; Wiedemann/*Thüsing*, § 1 Rz. 804. ‖16 Vgl. *Koch*, Die Zusatzversorgungskasse im Baugewerbe, 1994; *Preis*/*Temming*, Die Urlaubs- und Lohnausgleichskasse im Kontext des Gemeinschaftsrechts, 2006; *Hauck*, FS Schaub, 1998, S. 263; *Kissel*, ZfA 1985, 39. ‖17 ErfK/*Franzen*, § 4 TVG Rz. 25.

len (s. § 1 Rz. 55 ff.). Abs. 2 ergänzt Abs. 1 insoweit, als neben die (gegenseitige) Tarifbindung der Verbandsmitglieder eine wechselseitige Bindung der Verbandsmitglieder an die gemeinsamen Einrichtungen der TV-Parteien tritt[1].

27 Nicht endgültig geklärt ist, ob Abs. 2 eine eigenständige Regelung enthält oder lediglich eine zusätzliche Rechtsfolge ggü. Abs. 1 anordnet. Relevanz besitzt diese Frage für die Voraussetzungen des Eintritts der Rechtsfolgen des Abs. 2. So ist strittig, ob in einem Umkehrschluss aus dem Wortlaut des Abs. 2 („Verhältnis zu den tarifgebundenen ArbGeb und ArbN" statt „zwischen den beiderseits Tarifgebundenen") die zwingende Wirkung des TV zwischen ArbN und gemeinsamer Einrichtung bzw. ArbGeb und gemeinsamer Einrichtung auch dann eintritt, wenn nur eine dieser Parteien an den TV gebunden ist[2]. Dass diese Frage von der Rspr. bislang nicht geklärt ist[3], dürfte daran liegen, dass TV über gemeinsame Einrichtungen größtenteils für allgemeinverbindlich erklärt werden. Systematisch überzeugender ist es, in Abs. 2 allein eine **Ergänzung des Abs. 1** zu sehen und eine **zweiseitige Tarifbindung** zu fordern. Der Aussagegehalt des Abs. 2 beschränkt sich somit auf die Erweiterung der Wirkung im Verhältnis zu den gemeinsamen Einrichtungen[4]. Anderenfalls hätte es nahe gelegen, eine § 3 II entsprechende Regelung in das Gesetz aufzunehmen.

28 Eine Auslegung des TV wird häufig ergeben, dass der ArbGeb berechtigt sein soll, durch eine vertragl. Inbezugnahme Ansprüche der nicht organisierten ArbN gegen die gemeinsame Einrichtung zu begründen, um seine ArbN gleich zu behandeln[5]. Entsprechend kann der TV vorsehen, dass der ArbGeb Beiträge auch für nicht organisierte ArbN leisten muss[6]. Demggü. reicht die nur einseitige Bindung des ArbN nicht aus, um Ansprüche gegen die (von anderen ArbGeb finanzierte) gemeinsame Einrichtung zu begründen[7].

29 Der Begriff der gemeinsamen Einrichtung setzt eine paritätische Vertretung der TV-Parteien voraus, wobei neutrale Dritte in Aufsichtsorgane einbezogen werden können[8]. Die in Abs. 2 normierte unmittelbare und zwingende Geltung des TV für die Satzung der gemeinsamen Einrichtung befreit die TV-Parteien nicht von sonstigen für die Gründung zu befolgenden Vorschriften. So muss eine zulässige Rechtsform gewählt werden. Eine Gründung als juristische Person ist nicht zwingend. Um Paritätsstörungen zu vermeiden, dürfen Dritte keine Anteile an der gemeinsamen Einrichtung halten. Gleichwohl kann die gemeinsame Einrichtung auch in der Rechtsform einer VVaG gegründet werden[9].

30 **III. Verhältnis zu anderen Regelungen (Abs. 3).** Treffen die Regelungen eines TV – wie häufig – auf abweichende Bestimmungen in anderen Rechtsquellen, stellt sich die Frage nach dem Regelungsvorrang. Abs. 3 enthält lediglich eine Teilregelung dieses Problems für das Verhältnis eines TV zu abweichenden Abmachungen, die für nachwirkende TV in Abs. 5 weiter modifiziert wird (dazu Rz. 11 f.). Zur Lösung der sonstigen Fälle einer Normenkonkurrenz ist auf allg. Grundsätze zurückzugreifen.

31 **1. Grundprinzipien – Normenhierarchie.** Die allg. Grundsätze sind nicht spezifisch tarifrechtl. Herkunft. Grds. gelten die Regeln der Normenhierarchie, dh. Normen höherrangigen Rechts verdrängen Normen niedrigeren Ranges, soweit die höherrangigen Regelungen nicht (einseitig) (tarif-)dispositiv ausgestaltet sind. Der TV steht insoweit zwischen staatl. gesetzten Normen[10] und individuell getroffenen Regelungen (vgl. Einl. Rz. 14 ff.). Die Normenhierarchie hilft bei Konkurrenz verschiedener TV nicht weiter. Da zudem eine gesetzl. Regelung fehlt, gehört diese Fragestellung seit langem zu den heftig umstrittenen Fragen des Tarifrechts.

32 **2. Durchbrechung der Bindungswirkung (Abs. 3).** Das Konzept der Normenhierarchie und zugleich der Grundsatz der Tarifbindung kennen zwei bedeutende Einschränkungen, die in Abs. 3 zusammengefasst sind. Zum einen kann der TV eine dispositive Regelung treffen, so dass die Parteien eines Arbeitsvertrages Abweichendes vereinbaren können. Zum anderen greift die Schutzfunktion des TV nicht, wenn die abweichende Regelung für den ArbN günstiger ist.

33 **a) Öffnungsklauseln.** Öffnungsklauseln in TV für „abweichende Abmachungen" betreffen dem Wortlaut des Abs. 3 zufolge sowohl BV als auch Einzelverträge. Eine Öffnungsklausel ggü. einer BV würde die Sperrwirkung gem. §§ 77 III 1 und 87 BetrVG aufheben. Wegen der spezielleren Regelungen in §§ 77 III 2[11]

---

1 S. Zöllner, Gutachten 48. DJT, S. G 64. ||2 So Däubler, Tarifvertragsrecht, Rz. 1153; Däubler/Hensche/Heuschmid, § 1 Rz. 1055; Kempen/Zachert/Kempen, § 4 Rz. 316. ||3 S. aber BAG 5.12.1958 – 1 AZR 89/57, AP Nr. 1 zu § 4 TVG Ausgleichskasse, wo das Erfordernis der zweiseitigen Tarifbindung bejaht wird. Hierzu Bötticher, Die gemeinsamen Einrichtungen der Tarifvertragsparteien, 1966, S. 61 ff. ||4 MünchArbR/Rieble/Klumpp, § 177 Rz. 45 ff.; Nachw. bei Wiedemann/Oetker, § 1 Rz. 643 ff. und § 3 Rz. 122 ff. ||5 Ob er hierzu verpflichtet ist, ist umstr., vgl. Wiedemann/Oetker, § 1 Rz. 844; LAG Hamm 11.1.1994 – 11 Sa 979/93, LAGE § 4 TVG Nr. 4. ||6 S. zu den Problemen auf der Beitragsseite Lieb, Verh. 48. DJT, S. Q 42. ||7 Vgl. Wiedemann/Oetker, § 3 Rz. 157 ff. zu den verschiedenen Auffassungen. ||8 BAG 25.1.1989 – 5 AZR 43/88, AP Nr. 5 zu § 1 GesamthafenbetriebsG. ||9 S. BAG 9.12.2009 – 10 AZR 850/08, AP Nr. 318 zu § 1 Tarifverträge: Bau.; zu weiteren Organisationsfragen der gemeinsamen Einrichtungen Wiedemann/Oetker, § 1 Rz. 818 ff. ||10 Zum Vorrang von Verwaltungsakten Löwisch/Rieble, § 1 Rz. 511; Gamillscheg, Kollektives Arbeitsrecht I, S. 695. ||11 Vgl. dazu BAG 29.10.2002 – 1 AZR 573/01, AP Nr. 18 zu § 77 BetrVG 1972; gegen ein Spezialitätsverhältnis sprechen sich aus: Löwisch/Rieble, § 4 Rz. 403; Thüsing/Braun/Forst, Kap. 7 Rz. 51.

und 87 BetrVG gilt Abs. 3 Alt. 1 heute nur noch für abweichende Individualvereinbarungen[1]. Entsprechende tarifvertragl. Öffnungsklauseln waren lange Zeit selten. Angesichts der Kritik an den starren FlächenTV werden sie zunehmend insb. für wirtschaftl. Härtefälle und zur Beschäftigungssicherung eingeführt[2]. Von einer konkludenten Ermächtigung der Betriebspartner oder gar der Arbeitsvertragsparteien zur Abweichung wird man nur in Ausnahmefällen ausgehen dürfen[3]. Dispositive Tarifnormen gleichen iÜ dispositiven Gesetzesbestimmungen. Sie gelten unmittelbar, soweit keine anderweitige Vereinbarung getroffen wird. Sieht ein TV vor, dass die TV-Parteien bei Vorliegen der tarifl. geregelten Voraussetzungen einer vom TV abweichenden BV zustimmen „sollen", kann diese Verpflichtung gerichtl. eingeklagt werden, sofern im Einzelfall keine gewichtigen Anhaltspunkte einer Zustimmung entgegenstehen[4].

b) Günstigkeitsprinzip. aa) Grundsatz und Bedeutung. Das Günstigkeitsprinzip findet seine Stütze im Gedanken der Privatautonomie[5]. TV sollen nur **Mindestarbeitsbedingungen** regeln und lassen deshalb für die ArbN günstigere Absprachen zu. Der mit dem zwingenden Charakter der Tarifnormen verbundene Eingriff in die Privatautonomie verliert dort seine Rechtfertigung, wo das Schutzbedürfnis des ArbN endet, und erst recht dort, wo der den ArbN bevormundende TV diesen zugleich benachteiligt. Der ArbN hat mit seinem Gewerkschaftsbeitritt auf seine Individualrechte aus Art. 2 I, 12 I GG nicht vollständig verzichtet, sondern nur, soweit dies für eine effektive Koalitionsbetätigung erforderlich ist, die ihrerseits über Art. 9 III GG verfassungsrechtl. Schutz genießt. TV, die günstigere Arbeitsbedingungen explizit verhindern wollen, sind nicht mehr von Art. 9 III GG gedeckt und wegen Verstoßes gegen Abs. 3 unwirksam[6].

Der offen gestaltete Wortlaut des Abs. 3 lässt einen erheblichen Interpretationsspielraum, da er jeder für den ArbN günstigeren abweichenden Regelung den Vorrang einräumt. Bei entsprechend großzügiger Interpretation lässt sich dieses Prinzip für eine weitreichende Flexibilisierung der TV nutzbar machen. Angesichts dieser fundamentalen Bedeutung für das Tarifrecht kann es nicht überraschen, dass nicht nur das Verständnis der Norm de lege lata heftig umstritten ist (vgl. Einl. Rz. 37)[7], sondern dass immer wieder der Ruf nach einer Konkretisierung des Günstigkeitsprinzips de lege ferenda laut wird[8].

bb) Vergleichsgegenstand. Nach der Rspr. ist bei der Beurteilung der Günstigkeit auf die tarifl. Norm, nicht auf die Lebensumstände, wie sie ohne die Abmachung bestünden, als Vergleichsmaßstab abzustellen[9]. Eine untertarifl. Beschäftigung sei im Vergleich mit einer Nichtbeschäftigung insoweit nicht günstiger – eine Problematik, die bei **„Bündnissen für Arbeit"** relevant wird[10]. Akzeptiert man diese Prämisse, so stellt sich die Anschlussfrage, ob ein Vergleich immer nur zwischen einzelnen Regelungen (höheres Entgelt, längerer Urlaub) erfolgen kann[11], ob zumindest ein Sachgruppenvergleich[12] möglich sein soll oder ob der Günstigkeitsvergleich generell für die im Gegenseitigkeitsverhältnis stehenden Leistungen (Vergleich der Synallagmata[13]) zu öffnen ist. Nach der vom BAG präferierten Mittellösung des **Sachgruppenvergleichs** sind die sachlich einander entsprechenden Regelungen miteinander zu vergleichen. Ein solcher sachlicher Zusammenhang[14] lässt sich etwa für die Regelung von Kündigungsfrist und Kündigungstermin[15] bejahen, für diejenige von Urlaubstagen und Urlaubsgeld und von Grundvergütung und Leistungszulage ggü. einer Gesamtvergütung[16]. Maßgeblich für die Abgrenzung der Sachgruppe ist der Rspr. zufolge der TV[17]. Den TV-Parteien steht es daher frei, das gesamte arbeitsvertragl. Synallagma oder zumindest die Hauptleistungspflichten als relevante Sachgruppe einzustufen. Es ist den TV-Parteien auch möglich, einen Zusammenhang zwischen ungleichartigen Arbeitsbedingungen herzustellen[18].

Praktische Bedeutung erlangt der Günstigkeitsvergleich beim Vergleich tarifvertragl. Arbeitszeitbeschränkungen mit der individualvertragl. Vereinbarung längerer Arbeitszeiten bei entsprechend höherem Entgelt[19]. Die Frage ist höchstrichterl. nicht entschieden[20]. Der praktischen Konkordanz zwischen den Individualgrundrechten der ArbN aus Art. 2 I, 12 I GG und der durch Art. 9 III GG geschützten Tarifautonomie entspricht es, der freiwilligen ArbN-Entscheidung den Vorrang einzuräu-

---

1 S. aber BAG 11.7.1995 – 3 AZR 8/95, AP Nr. 10 zu § 1 TVG Tarifverträge: Versicherungsgewerbe, wo eine tarifvertragl. Öffnungsklausel zu Gunsten von BV an § 4 III gemessen wird. ‖2 Bsp. bei *Kittner*, FS Schaub, 1998, S. 389 (394ff.); *Kohaut/Schnabel*, Sozialer Fortschritt 2007, 33. ‖3 *Wiedemann/Wank*, § 4 Rz. 379. ‖4 Vgl. BAG 20.10.2010 – 4 AZR 105/09, NZA 2011, 468. ‖5 Der Große Senat des BAG (BAG 16.9.1986 – GS 1/82, AP Nr. 17 zu § 77 BetrVG 1972) sieht in § 4 III den Ausdruck eines allg. Prinzips. ‖6 BAG 26.2.1986 – 4 AZR 535/84, AP Nr. 12 zu § 4 TVG Ordnungsprinzip. ‖7 Ausf. Darstellung bei *Wiedemann/Wank*, § 4 Rz. 433ff. ‖8 Vgl. den Initiativantrag der FDP-Landtagsfraktion BW LT-Drs. 11/3019 und den Gesetzentwurf des Bundesrates BT-Drs. 15/406. ‖9 Vgl. BAG 18.12.1997 – 2 AZR 709/96, AP Nr. 46 zu § 2 KSchG 1969. ‖10 BAG 7.11.2002 – 2 AZR 742/00, AP Nr. 100 zu § 615 BGB: Arbeitsentgelt und Arbeitsplatzgarantie. ‖11 In dieser Richtung *Däubler*, Tarifvertragsrecht, Rz. 206. ‖12 BAG 20.4.1999 – 1 ABR 72/98, AP Nr. 89 zu Art. 9 GG mwN; 5.8.2009 – 10 AZR 634/08, AP Nr. 21 zu § 4 TzBfG. ‖13 *Schliemann*, NZA 2003, 122 (124); für einen Gesamtvergleich *Nebeling/Arntzen*, NZA 2011, 1215 (1216f.). ‖14 Vgl. ausf. *Wiedemann/Wank*, § 4 Rz. 471ff. ‖15 Für den Vergleich mit der gesetzl. Regelung BAG 4.7.2001 – 2 AZR 469/00, AP Nr. 59 zu § 622 BGB. ‖16 BAG 10.12.1965 – 4 AZR 411/64, AP Nr. 1 zu § 4 TVG Tariflohn u. Leistungsprämien. ‖17 BAG 23.5.1984 – 4 AZR 129/82, AP Nr. 9 zu § 339 BGB; vgl. auch v. 20.4.1999 – 1 ABR 72/98, AP Nr. 89 zu Art. 9 GG. ‖18 *Wiedemann/Wank*, § 4 Rz. 472. ‖19 Eingehend *Wiedemann/Wank*, § 4 TG Rz. 479ff.; *Auktor*, DB 2002, 1714 (1715f.) mwN. ‖20 Abl. LAG BW 14.6.1989 – 9 Sa 145/88, DB 1989, 2028 m. Anm. *Buchner*; s. aber auch *Bengelsdorf*, ZfA 1990, 563 (581). Offen BAG 17.4.2002 – 5 AZR 644/00, AP Nr. 40 zu § 611 BGB Mehrarbeitsvergütung.

men und die Vereinbarung angemessen[1] vergüteter Mehrarbeit als günstiger einzustufen. Für den Fall der Entgeltumwandlung enthält § 17 V BetrAVG eine Sonderregelung für das Verhältnis von Entgeltumwandlung zur Auszahlung als Entgelt[2].

37 **cc) Vergleichsmethode.** Das Kernproblem der Vergleichsmethode (objektiver oder subjektiver Maßstab) liegt in der Feststellung, ob die Entscheidung des ArbN für eine Abweichung von der tarifl. Regelung freiwillig getroffen oder ob sie ihm vom ArbGeb – sei es auch nur mittelbar – aufgezwungen wurde. Grds. kann die Freiwilligkeit einer ArbN-Entscheidung nur dann verlässlich vermutet werden, wenn der einzelne ArbN **objektive und messbare Vorteile** aus der vom TV abweichenden Gestaltung erlangt. Rspr. und hM im Schrifttum[3] befürworten einen **objektiv-individuellen Lösungsansatz**. Eine streng subjektive Vergleichsmethode steht schon deshalb nicht mit Abs. 3 im Einklang, weil dann jede – freiwillige – individualvertragl. Vereinbarung zur Durchbrechung der Tarifbindung führen müsste[4]. Dem individuellen Maßstab entspricht es, dass stets der einzelne ArbN einen Vorteil erlangen muss, nicht nur die Belegschaft in ihrer Gesamtheit.

38 Denkbar ist es, die Entscheidung des ArbN bei nur subjektiven Vorteilen zu respektieren, wenn sonstige Umstände eine autonome Willensbildung des ArbN im wohlverstandenen Eigeninteresse nahe legen. Beispielhaft genannt sei der subjektive Wunsch des ArbN nach atypischen – dh. betriebsunüblichen – Arbeitsbedingungen, deren Gewährung zusätzliche Kosten für den ArbGeb nach sich zieht. Geht der ArbGeb auf den Wunsch des ArbN ein, so rechtfertigt dieser zusätzliche Kostenaufwand eine Unterschreitung des Tarifniveaus und somit einen teilweisen Verzicht des ArbN auf tarifl. Ansprüche. Respekt vor der subjektiven Entscheidung des ArbN ist ferner bei einer **freien Wahlmöglichkeit** des ArbN geboten, wie der Große Senat des BAG[5] für die Alternative „Arbeit oder Ruhestand" betont hat. Diese Erwägungen gelten in gleicher Weise für das Wahlrecht zwischen tarifl. Arbeitszeit und vergüteter Mehrarbeit (Rz. 36)[6].

39 Bei sog. **neutralen Regelungen**, die weder vor- noch nachteilhaft sind, bleibt es nach der BAG-Rspr. bei der tarifl. Regelung[7]. Es müsse eindeutig festgestellt werden, dass die abweichende Regelung günstiger sei[8]. Im Schrifttum wird hingegen teilweise der Vorrang der abweichenden Regelung, also des Arbeitsvertrages, vertreten[9]. Ein echtes Wahlrecht (Rz. 38) zwischen verschiedenen Regelungen ist aber in jedem Fall selbst bei Günstigkeitsneutralität der Alternative als solches günstiger[10].

40 Maßgeblicher **Zeitpunkt** für den Günstigkeitsvergleich ist das erstmalige Aufeinandertreffen der verschiedenen Regelungen[11]. Unerheblich ist, ob die einzelvertragl. Regelung vor oder nach Inkrafttreten des für den ArbN ungünstigeren TV vereinbart wurde[12]. Dem Vorrang der Vereinbarung steht das „**Ordnungsprinzip**" nicht mehr entgegen[13]. Mit diesem von der Rspr. aufgegebenen[14] Prinzip wurde früher die Zulässigkeit von verschlechternden tarifvertragl. Regelungen ggü. günstigeren Einheitsregelungen und Gesamtzusagen legitimiert[15]. Auch in diesen Fällen dürfte die Rspr. jetzt Abs. 3 anwenden[16]. Soweit der Tarifvorrang des § 77 III 1 BetrVG nicht greift, gehen dem TV auch **günstigere BV** vor[17].

41 Umstritten ist neben der Anwendung des Günstigkeitsprinzips auf **gemeinsame Einrichtungen**[18] auch seine Geltung für **Betriebsnormen**. Vieles spricht für seine Anwendbarkeit, wenn eine Abweichung zu Gunsten des einzelnen ArbN möglich ist[19], der Kollektivschutz der Belegschaft also nicht gefährdet wird[20]. Bei gemeinsamen Einrichtungen kann jedoch eine günstigere Abmachung nicht dazu führen, dass der ArbGeb von seiner Leistungspflicht ggü. der Einrichtung frei wird[21]. Das Günstigkeitsprinzip gilt auch für **negative Inhaltsnormen**[22]. In einer älteren Entscheidung hat das BAG das Prinzip allerdings auf Individualnormen, die ein Ge- oder Verbot enthalten, nicht angewendet[23]. **Abschlussnormen**, also zB ein Abschlussverbot, das die Einstellung eines ArbN hindert, betreffen hingegen idR nicht das

---

1 Vgl. BAG 17.4.2002 – 5 AZR 644/00, AP Nr. 40 zu § 611 BGB Mehrarbeitsvergütung für einen Fall fehlender Angemessenheit; s.a. LAG Köln 26.4.2007 – 6 Sa 208/07, ArbuR 2007, 357. ||2 BT-Drs. 14/5150, 43; der Tarifvorbehalt gilt nicht für Beiträge des ArbN nach § 1 II Nr. 4 BetrAVG, s. BT-Drs. 14/9442, 47. ||3 Däubler/*Deinert*, § 4 Rz. 689 ff.; *Schliemann*, NZA 2003, 122, (126); für eine subjektive Methode *Adomeit*, NJW 1984, 26; *Zöllner*, DB 1989, 2121 (2125); *Gitter*, FS Wlotzke, 1996, S. 297 (301). ||4 So aber *Heinze*, NZA 1991, 329 (332). ||5 BAG GS v. 7.11.1989 – GS 3/85, BAGE 63, 211; zur Günstigkeit eines Wahlrechtes auch *Löwisch*, DB 1989, 1185 (1187); *Hromadka*, DB 1992, 1042 (1043). ||6 *Buchner*, DB-Beil. 12/1996, 1 (10); s.a. BAG 17.4.2002 – 5 AZR 644/00, AP Nr. 40 zu § 611 BGB Mehrarbeitsvergütung: die Günstigkeit abl. bei der pauschalen Abgeltung von Überstunden. ||7 BAG 12.4.1972 – 4 AZR 211/71, AP Nr. 13 zu 4 TVG Günstigkeitsprinzip. ||8 So auch HMB/*Greiner*, Teil 9 Rz. 178; *Löwisch/Rieble*, § 4 Rz. 562f. ||9 *Buchner*, NZA 1999, 897 (901); *Heinze*, NZA 1991, 329; *Adomeit*, NJW 1984, 26. ||10 ErfK/*Franzen*, § 4 TVG Rz. 41; *Buchner*, ZfA 2004, 229 (241); aA Däubler/*Deinert*, § 4 Rz. 691; *Raab*, ZfA 2004, 371 (389). ||11 Wiedemann/*Wank*, § 4 Rz. 475; *Löwisch/Rieble*, § 4 Rz. 558. ||12 Zuletzt BAG 25.7.2001 – 10 AZR 390/00, EzA § 4 TVG Günstigkeitsprinzip Nr. 10. ||13 BAG 25.7.2001 – 10 AZR 390/00, EzA § 4 TVG Günstigkeitsprinzip Nr. 10. ||14 BAG GS v. 16.9.1986 – GS 1/82, AP Nr. 17 zu § 77 BetrVG 1972. ||15 BAG 28.2.1956 – 3 AZR 90/54, AP Nr. 1 zu § 242 BGB Betriebliche Übung; 20.12.1957 – 1 AZR 87/57, AP Nr. 11 zu Art. 44 Truppenvertrag; 4.2.1960 – 5 AZR 72/58, AP Nr. 7 zu § 4 TVG Günstigkeitsprinzip. ||16 S. dazu Wiedemann/*Wank*, § 4 Rz. 628. ||17 Wiedemann/*Wank*, § 4 Rz. 621. ||18 Dagegen BAG 5.12.1958 – 1 AZR 89/57, AP Nr. 1 zu § 4 TVG Ausgleichskasse; dafür MünchArbR/*Rieble/Klumpp*, § 183 Rz. 29 ff. mwN. ||19 *Gamillscheg*, Kollektives Arbeitsrecht I, S. 851, MünchArbR/*Rieble/Klumpp*, § 183 Rz. 21 ff.; krit. Kempen/Zachert/*Zachert*, § 4 Rz. 356. ||20 Däubler/*Deinert*, § 4 Rz. 604; Wiedemann/*Wank*, § 4 Rz. 415. ||21 Kempen/Zachert/*Zachert*, § 4 Rz. 359; aA *Löwisch/Rieble*, § 4 Rz. 516 ff. ||22 Däubler/*Deinert*, § 4 Rz. 600; *Löwisch/Rieble*, § 4 Rz. 503; ErfK/*Franzen*, § 4 TVG Rz. 33. ||23 BAG 7.12.1956 – 1 AZR 480/55, AP Nr. 1 zu § 817 BGB.

Günstigkeitsprinzip. Eine das Abschlussverbot verletzende Einstellung kann hierüber nicht gerechtfertigt werden[1].

Das Günstigkeitsprinzip gilt auch, wenn eine **einzelvertragl. Bezugnahme** auf einen TV (vgl. § 3 Rz. 15 ff.) mit einem anderen normativ geltenden TV zu vergleichen ist. Zwar kommt es zu einer „Konkurrenz" zweier tarifvertragl. Regelungen; da die Bezugnahme aber nur schuldrechtl. Wirkung entfaltet, handelt es sich nicht um einen echten Fall der Tarifkonkurrenz (eingehend Rz. 54). Im Schrifttum wird darauf hingewiesen, dass ein Sachgruppenvergleich in dieser Situation häufig ausgeschlossen sein wird, weil sich aus der Bezugnahmeklausel ergebe, dass der in Bezug genommene TV vollständig anzuwenden sei[2]. Das BAG will den Maßstab des Sachgruppenvergleichs gleichwohl anwenden[3]. Allerdings kann man die Frage der Günstigkeit nicht je nach der Art des streitigen Anspruchs und des Zeitpunkts der Geltendmachung von Fall zu Fall unterschiedlich beantworten und damit zu unterschiedlichen Auslegungsergebnissen hinsichtlich ein und derselben vertragl. Bezugnahme kommen[4]. 42

Nicht anwendbar ist das Günstigkeitsprinzip nach st. Rspr. des BAG bei der Ablösung alter TV des Veräußerers durch neue TV des Erwerbers gem. § 613a I 3 BGB[5]. Nachdem der EuGH jedoch in der Entscheidung „Scattolon" Art. 3 III RL 2001/23/EG dahin ausgelegt hat, dass eine sofortige Ablösung der nach dem beim Veräußerer geltenden TV vorgesehenen Arbeitsbedingungen nicht zum Ziel oder zur Folge haben dürfe, den übergegangenen ArbN insg. schlechtere Arbeitsbedingungen aufzuerlegen[6], werden Zweifel an dieser Rechtslage geäußert[7]. Teilweise wird davon ausgegangen, § 613a I 3 BGB sei fortan als ein allg. Verschlechterungsverbot zu verstehen[8] mit der Folge, dass ein kollektiver Günstigkeitsvergleich in Form eines Gesamtvergleichs durchzuführen sei[9]. Ein Günstigkeitsvergleich widerspräche jedoch der im Verhältnis zweier TV greifenden Zeitkollisionsregel und würde entgegen dem Sinn und Zweck der BetriebsübergangsRL das übergehende ArbVerh privilegieren. Zudem spricht vieles dafür, dass die Entscheidung auf die Anerkennung von Vorbeschäftigungszeiten im Erwerberbetrieb begrenzt bleibt und damit kein allg. Verschlechterungsverbot postuliert[10]. In keinem Fall aber hat das Urteil des EuGH Auswirkungen auf das deutsche Recht. § 613a I BGB bietet keinen Spielraum für einen Austausch des Ablösungsprinzips durch das Günstigkeitsprinzip im Wege richtlinienkonformer Auslegung oder Rechtsfortbildung[11]. 42a

3. Verhältnis zu ranghöheren Regelungen. Ranghöher als Tarifnormen sind grds. alle staatl. Regelungen[12]. Sie gehen bei zwingender Ausgestaltung tarifl. Normen vor (Rz. 31). Die gesetzl. Regelung kann allerdings in unterschiedlichem Maße dispositiv gestaltet sein (zum Verhältnis von TV und staatl. Recht sowie zur Bindung der TV-Parteien an Grundrechte Einl. Rz. 14 ff.). 43

4. Verhältnis zu anderen Tarifverträgen. Das Verhältnis verschiedener TV zueinander ist gesetzl. nicht geregelt. Für die Lösung der offenen Streitfragen ist nach der Art des Konkurrenzverhältnisses zu unterscheiden. 44

a) Zeitlich nachfolgende Verträge. Anerkanntermaßen verdrängt – soweit nicht ohnehin eine ausdrückliche Aufhebung des vorangehenden TV erfolgt – nach dem Lex-posterior-Grundsatz ein zwischen den gleichen TV-Parteien geschlossener TV einen vorangehenden TV mit dem gleichen Anwendungsbereich (Ablösungsprinzip)[13]. Eine dem neuen TV zuerkannte Rückwirkung kann Beschränkungen unterliegen (s. dazu § 1 Rz. 132). Den TV-Parteien steht es frei, bestimmte Regelungen weiter gelten zu lassen, etwa um bisherige Vergünstigungen zu erhalten (Besitzstandsklauseln)[14]. Für umfassend gestaltete Regelwerke wie MantelTV sind im Zweifel auch solche Tarifbestimmungen als aufgehoben anzusehen, zu deren Regelungsbereich der neue TV keine Aussage trifft.[15] Die Parteien werden durch den neuen MantelTV die Arbeitsbedingungen regelmäßig umfassend neu gestalten wollen[16]. 45

b) Potentiell gleichzeitig anwendbare Tarifverträge – Grundsatz der Tarifeinheit. Soweit verschiedene TV (potentiell) gleichzeitig anwendbar sind, wird eine terminologische Differenzierung vorgenommen[17]. **Tarifkonkurrenz** (ieS) liegt nur dann vor, wenn identische Regelungsbereiche[18] in mehr als einem anwendbaren TV angesprochen werden und diese TV *dasselbe ArbVerh* erfassen[19]. Typische Umstände, die zu Tarifkonkurrenzen führen, sind die parallele Geltung eines mitgliedschaftl. legitimierten 46

---

1 Wiedemann/*Wank*, § 4 Rz. 414; diff. HMB/*Greiner*, Teil 9 Rz. 149. ||2 ErfK/*Franzen*, § 4 TVG Rz. 37; Löwisch/*Rieble*, § 4 Rz. 486. ||3 BAG 17.4.2002 – 5 AZR 644/00, AP Nr. 40 zu § 611 BGB Mehrarbeitsvergütung; ebenso LAG Düss. 2.9.2010 – 5 Sa 720/10, ZTR 2011, 90. ||4 BAG 25.9.2008 – 6 AZR 76/07, AP Nr. 11 zu § 305c BGB. ||5 BAG 16.5.1995 – 3 AZR 535/94, NZA 1995, 1166; 22.4.2009 – 4 AZR 100/08, NZA 2010, 41 (46 f.). ||6 EuGH 6.9.2011 – Rs. C-108/10, NZA 2011, 1077 (1083) – Scattolon. ||7 *Willemsen*, RdA 2012, 291 (301 f.); *Sagan*, EuZA 2012, 247; *Steffan*, NZA 2012, 473 ff. ||8 So *Sagan*, EuZA 2012, 247; dagegen HMB/*Grau*, Teil 15 Rz. 104b; *Sittard/Flockenhaus*, NZA 2013, 652 (654); *Willemsen*, RdA 2012, 291 (301 f.). ||9 So *Steffan*, NZA 2012, 473 (476). ||10 So auch HMB/*Grau*, Teil 15 Rz. 104b; *Sittard/Flockenhaus*, NZA 2013, 652 (654 ff.); *Winter*, RdA 2013, 36 (38). ||11 Zutr. *Sittard/Flockenhaus*, NZA 2013, 652 (656 f.). ||12 Zu Dienstordnungen s. BAG 26.9.1984 – 4 AZR 608/83, AP Nr. 59 zu § 611 BGB Dienstordnungs-Angestellte; *Wiedemann*, Einl. TVG Rz. 350 ff.; *Däubler*, Tarifvertragsrecht, Rz. 396. ||13 Wiedemann/*Wank*, § 4 Rz. 261. ||14 Wiedemann/*Wank*, § 4 Rz. 262. ||15 Vgl. auch BAG 24.2.2010 – 4 AZR 708/08, AP Nr. 2 zu § 2 TVÜ. ||16 BAG 23.10.2001 – 3 AZR 74/01, AP Nr. 33 zu § 1 BetrAVG Ablösung. ||17 Ausf. *Jacobs*, Tarifeinheit und Tarifkonkurrenz, S. 95 ff. ||18 Die TV müssen nicht vollständig deckungsgleich sein, *Jacobs*, Tarifeinheit und Tarifkonkurrenz, S. 98. ||19 S. BAG 16.5.2001 – 10 AZR 357/00, EzA § 3 TVG Nr. 23.

TV und eines allgemeinverbindlichen TV, von Verbands- und FirmenTV mit derselben Gewerkschaft oder die Doppelmitgliedschaft von ArbGeb und ArbN in den jeweiligen Verbänden[1]. Von einer Tarifkonkurrenz zu unterscheiden ist der Fall der gegenseitigen Ergänzung von TV; ein Beispiel bietet das Nebeneinander von MantelTV und EntgeltTV. **Tarifpluralität** liegt demggü. vor, wenn innerhalb *eines Betriebes* mehrere TV nebeneinander gelten, ohne dass sie auf einzelne ArbVerh gleichzeitig anwendbar sind[2]. Das BAG löst entgegen seiner früheren Rspr. nur noch den Fall der Tarifkonkurrenz über den **Grundsatz der Tarifeinheit** (Rz. 47f.).

47 c) **Tarifkonkurrenz. aa) Grundsatz.** Eine echte Tarifkonkurrenz muss zwingend aufgelöst werden, da ansonsten unklar ist, welche Regelung für das ArbVerh maßgebend ist. Es muss verhindert werden, dass mehrere sich widersprechende Regelungen gleichzeitig Anwendung finden. Für die (echte) Tarifkonkurrenz wird ganz überwiegend der **Spezialitätsgrundsatz** als Auflösungsmechanismus vertreten[3], mit der Folge, dass der speziellere TV den generellen verdrängt, soweit es sich um die gleichen Regelungsbereiche handelt. Nach dem Spezialitätsgrundsatz ist der TV anzuwenden, der dem Betrieb räumlich, betriebl., fachlich und persönlich am nächsten steht und deshalb den Erfordernissen und Eigenarten des Betriebes am ehesten gerecht wird[4]. So geht ein mit derselben Gewerkschaft geschlossener FirmenTV einem VerbandsTV stets vor, auch wenn er für den ArbN ungünstigere Regelungen enthält[5]. Voraussetzung ist, dass er eine eigene inhaltliche Regelung und nicht lediglich eine Öffnung für abweichende Regelungen nach § 77 III 2 BetrVG enthält[6]. Eine Tarifkonkurrenz besteht auch im Verhältnis zu nach **§ 3 III fortgeltenden TV**. Das BAG löst sie – im Ansatz zutreffend – nach dem Spezialitätsprinzip auf[7]. Vielfach fällt allerdings die Beurteilung schwer, welcher TV der speziellere ist. Im Schrifttum[8] wird daher teils ergänzend, teils iS einer Alternativlösung auf die Anzahl der durch den TV erfassten ArbVerh, den Organisationsgrad, die zeitliche Abfolge[9] oder die mitgliedschaftliche Legitimation[10] abgestellt.

48 Im Rahmen der Anwendung des Spezialitätsprinzips prüft das BAG im Bereich der Tarifkonkurrenz, welcher TV **für den Betrieb** spezieller ist[11]. TV von Berufsgewerkschaften können sich danach idR nicht durchsetzen, da ihr Geltungsbereich nicht den gesamten Betrieb erfasst[12]. Hieran hat die jüngste Rspr.-Korrektur nichts geändert, da sich diese ausdrücklich nur auf den Fall der Tarifpluralität und nicht auch auf die Tarifkonkurrenz bezieht. Allerdings dürfte das betriebsbezogene Verständnis des Spezialitätsprinzips nur vor dem Hintergrund der früheren Rspr. zur Tarifeinheit im Betrieb erklärbar und damit überholt sein[13]. Überzeugender erscheint es jedenfalls, auf die Nähe des TV zum konkreten ArbVerh abzustellen[14].

49 Umstritten ist die Behandlung der Konkurrenz, die durch die **Mitgliedschaft eines ArbN in mehreren Gewerkschaften** entsteht, mit denen der ArbGeb (bzw. sein Verband) unterschiedliche TV geschlossen hat[15]. Da die Verbandssatzungen eine Doppelmitgliedschaft nicht zulassen, spricht viel dafür, iSd. Prioritätsprinzips der Tarifbindung auf Grund der zuerst begründeten Mitgliedschaft wegen ihrer stärkeren Legitimation den Vorrang einzuräumen[16]. Schwierigkeiten ergeben sich auch bei dem Nebeneinander eines für allgemeinverbindlich erklärten TV und eines weiteren TV[17], weil häufig die miteinander in Konkurrenz stehenden TV unter einzelnen Gesichtspunkten spezieller und unter anderen genereller sind[18].

---

1 Weitere Bsp. bei Däubler/*Zwanziger*, § 4 Rz. 924. ||2 Wiedemann/*Wank*, § 4 Rz. 280; s. BAG 28.5.1997 – 4 AZR 546/95, AP Nr. 26 zu § 4 TVG Nachwirkung. ||3 St. Rspr., BAG 4.4.2001 – 4 AZR 237/00, AP Nr. 26 zu § 4 TVG Tarifkonkurrenz; Wiedemann/*Wank*, § 4 Rz. 289; zur Kritik s. *Jacobs*, Anm. zu BAG 4.4.2001 – 4 AZR 237/00, AP Nr. 26 zu § 4 TVG Tarifkonkurrenz mwN; *Jacobs*, Tarifeinheit und Tarifkonkurrenz, S. 260ff.; *Waas*, Tarifkonkurrenz und Tarifpluralität, S. 42ff. mwN; zu Lösungsmöglichkeiten Wiedemann/*Arnold*, ZTR 1994, 399 (406ff.). ||4 BAG 14.6.1989 – 4 AZR 200/89, 20.3.1991 – 4 AZR 455/90, 26.1.1994 – 10 AZR 611/92, AP Nr. 16, 20, 22 zu § 4 TVG Tarifkonkurrenz. ||5 BAG 24.1.2001 – 4 AZR 655/99, AP Nr. 173 zu § 1 TVG Tarifverträge: Metallindustrie; 4.4. 2001 – 4 AZR 237/00, AP Nr. 26 zu § 4 TVG Tarifkonkurrenz mwN; dieses Erg. wird auch von denjenigen geteilt, die den Spezialitätsgrundsatz ablehnen, s. *Jacobs*, Anm. zu BAG 4.4.2001 – 4 AZR 237/00, AP Nr. 26 zu § 4 TVG Tarifkonkurrenz, oder nur ergänzend heranziehen wollen, s. ErfK/*Franzen*, § 4 TVG Rz. 69. ||6 BAG 20.4.1999 – 1 AZR 631/98, AP Nr. 12 zu § 77 BetrVG 1972 Tarifvorbehalt. ||7 St. Rspr., BAG 26.10.1983 – 4 AZR 219/81, AP Nr. 3 zu § 3 TVG; 23.3.2005 – 4 AZR 203/04, AP Nr. 29 zu § 4 TVG Tarifkonkurrenz; zustimmend Däubler/*Zwanziger*, § 4 Rz. 928; Wiedemann/*Wank*, § 4 Rz. 298. ||8 Übersicht bei Wiedemann/*Arnold*, ZTR 1994, 399 (408f.); zu verschiedenen BranchenTV BAG 22.2.1957 – 1 AZR 536/55, AP Nr. 2 zu § 4 TVG Tarifkonkurrenz (Anwendung des TV, der mit der mehrheitlich durchgeführten Arbeit korrespondiert); s.a. BAG 14.6.1989 – 4 AZR 200/89, AP Nr. 16 zu § 4 TVG Tarifkonkurrenz und 20.3.1991 – 4 AZR 455/90, AP Nr. 20 zu § 4 TVG Tarifkonkurrenz. ||9 Däubler/*Zwanziger*, § 4 Rz. 934. ||10 ErfK/*Franzen*, § 4 TVG Rz. 69; nur für Betriebsnormen Thüsing/Braun/*Forst*, Kap. 7 Rz. 58. ||11 BAG 14.6.1989 – 4 AZR 200/89, AP Nr. 16 zu § 4 TVG Tarifkonkurrenz mwN. ||12 So wohl BAG 5.9.1990 – 4 AZR 59/90, AP Nr. 19 zu § 4 TVG Tarifkonkurrenz; ausdrücklich LAG Rh.-Pf. 22.6. 2004 – 11 Sa 2096/03, AP Nr. 169 zu Art. 9 GG Arbeitskampf. Dazu *Greiner*, NZA 2007, 1023 (1025). ||13 ErfK/*Franzen*, § 4 TVG Rz. 69. ||14 ErfK/*Franzen*, § 4 TVG Rz. 69; Däubler/*Zwanziger*, § 4 Rz. 931; für Individualnormen auch Thüsing/Braun/*Forst*, Kap. 7 Rz. 58. ||15 Dazu *Jacobs*, Tarifeinheit und Tarifkonkurrenz, S. 273ff. ||16 *Franzen*, RdA 2008, 193 (198); *Henssler*, RdA 2011, 65 (66); *Jacobs/Krois*, FS Bepler, 2012, S. 241 (245); *Rieble*, Arbeitsmarkt und Wettbewerb, 1996, Rz. 1814; anders noch *Jacobs*, Tarifeinheit und Tarifkonkurrenz, S. 275f. (Wahlrecht); aA HMB/*Greiner*, Teil 9 Rz. 128 (Mehrheitsprinzip). ||17 Zum Vorrang eines nach dem AEntG für allgemeinverbindlich erklärten TV EuGH 24.1.2002 – Rs. C-164/99, BB 2002, 624 (Diskriminierung ausländischer ArbGeb). Die für ausländische ArbGeb geltenden Mindestbedingungen binden deutsche ArbGeb auch bei Geltung eines spezielleren TV, vgl. *Bayreuther*, BB 2002, 627f.; *Henssler/Müller*, EWiR 2002, 245 (246). ||18 S. BAG 25.7.2001 – 10 AZR 599/00, AP Nr. 242 zu § 1 TVG Tarifverträge: Bau.

bb) **Tarifkonkurrenz im Nachwirkungszeitraum.** Eine Tarifkonkurrenz kann auch bei der Kollision 50
eines gem. Abs. 1 geltenden mit einem nur **nachwirkenden TV** bestehen[1], wenn ersterer keine andere
Abmachung iSd. Abs. 5 darstellt. Das ist der Fall, wenn der voll wirksame TV bereits vor Beginn der
Nachwirkung galt, bisher aber verdrängt wurde. Relevant wird dies, wenn ein VerbandsTV, der während
seiner Laufzeit hinter einem FirmenTV zurücktrat, nach Beendigung des FirmenTV weiter gilt. Für den
Fall des Ausschlusses der Nachwirkung im Firmentarif hat das LAG Nürnberg den (günstigeren, die
35-Stunden-Woche vorsehenden) VerbandsTV trotz inzwischen erfolgten Verbandsaustritts nachwirken lassen[2]. Zum gleichen Ergebnis kommt das LAG Schleswig-Holstein für den Fall der Anordnung
der Nachwirkung im FirmenTV, weil der Vorrang des FirmenTV ggü. dem voll wirksamen VerbandsTV
auf die Laufzeit des ersteren begrenzt sei[3]. Überzeugender erscheint es, die Tarifkonkurrenz auch im
Nachwirkungszeitraum zu Gunsten des FirmenTV als der sachnäheren Gestaltung aufzulösen[4]. Das
BAG[5] geht ebenfalls bei Beendigung eines FirmenTV von dessen Nachwirkung aus, wenn dieser zuvor
einen VerbandsTV nach dem Spezialitätsprinzip verdrängt habe. Komme allerdings eine Nachfolgeregelung für den spezielleren FirmenTV (hier: wegen Verschmelzung des ArbGeb) nicht in Betracht,
setze sich ab dem Eintritt der Nachwirkung des FirmenTV ein bisher verdrängter, aber noch vollwirksamer VerbandsTV wieder durch[6].

cc) **Tarifkonkurrenz bei allgemeinverbindlichem TV.** Für **allgemeinverbindliche TV** kann aus dem 51
staatl. Anwendungsbefehl kein genereller Vorrang hergeleitet werden. Dem steht § 5 IV, der auf die bislang nicht tarifgebundenen ArbN abstellt, entgegen (s. § 5 Rz. 31). Maßgeblich sind nach hM die allg.
Regeln zur Auflösung von Tarifkonkurrenzen. Nach dem Spezialitätsprinzip kann damit ein FirmenTV
einen für allgemeinverbindlich erklärten TV verdrängen. Die Gegenauffassung will dem mitgliedschaftl.
legitimierten TV Vorrang einräumen[7]. Damit würde der allgemeinverbindliche TV immer verdrängt,
wenn eine anderweitige (kongruente) Tarifbindung besteht. Für diese Auffassung spricht, dass es
durch die AVE ansonsten zu einem staatl. „aufgedrängten Tarifschutz" trotz anderweitiger Tarifbindung käme. Bei der – wegen der möglichen Einschränkung der AVE (vgl. § 5 Rz. 9) seltenen – Konkurrenz allgemeinverbindlicher TV setzt sich iSd. Repräsentativitätsprinzips der TV mit der stärkeren mitgliedschaftlichen Legitimation durch[8]. Offen gelassen hat das BAG[9] bislang die Frage, ob ein
allgemeinverbindlicher TV auch dann für nicht organisierte ArbN gelten soll, wenn er durch einen spezielleren Haus-SanierungsTV verdrängt wird. Da § 5 IV nach seinem Sinn und Zweck nicht organisierte
ArbN vor einer Beschäftigung zu untertariflichen Bedingungen schützen soll, jedoch keine Besserstellung nicht organisierter ArbN bezweckt, ist die Norm im Wege einer teleologischen Reduktion als
Gleichstellungsabrede zu verstehen[10].

Im **Anwendungsbereich des AEntG** aF wandte das BAG das Spezialitätsprinzip nicht an. Vielmehr 52
sollten die vom AEntG erstreckten TV vorrangig gelten, soweit die konkurrierende TV für die ArbN ungünstigere Regelungen enthielt[11]. Begründet wurde dies vor allem mit europarechtl. Erwägungen, die
auf die EuGH-Entscheidung in der Rechtssache *Portugaia Construções*[12] zurückgehen. Da (angeblich)
ArbGeb mit Sitz im Ausland keine spezielleren TV nach dem TVG abschließen könnten, sei der Vorrang
des spezielleren TV eine Diskriminierung ausländischer ArbGeb iSv. Art. 56 AEUV. Die Rspr. des BAG
war verfassungsrechtl. nicht unbedenklich, da die Rechtsverordnungsermächtigung des § 1 IIIa AEntG
aF den Vorrang nicht anordnete[13]. Der Gesetzgeber hat die Rspr. des EuGH und des BAG nun auf eine
gesetzl. Grundlage gestellt. Gem. § 8 II AEntG nF haben nach dem AEntG erstreckte TV Vorrang vor
konkurrierenden TV. Dies gilt auch im Verhältnis zu allgemeinverbindlichen TV nach § 5. Selbst SanierungsTV können sich nicht gegen den Vorrang des AEntG durchsetzen[14]. ArbGeb, die von nach dem
AEntG erstreckten TV erfasst werden, können daher durch FirmenTV nicht zuungunsten der ArbN
vom Niveau des AEntG abweichen. Der Vorrang des TV nach dem AEntG gilt allerdings nur, soweit die
konkrete Regelung im konkurrierenden TV ungünstiger ist als diejenige in den nach dem AEntG erstreckten TV. Richtigerweise wird man einen Sachgruppenvergleich zwischen den Regelungskomplexen der
konkurrierenden TV durchführen müssen, wobei die Sachgruppen durch die Regelungsmaterien des
AEntG vorgegeben sind[15]. Es kann also zur Anwendung mehrerer TV auf ein ArbVerh kommen.

In Zukunft kann sich die Frage der Konkurrenz mit staatl. Mindestentgelten nach dem **MiArbG** stel- 53
len (dazu § 5 Rz. 40). Grds. gehen Mindestentgelte nach § 8 MiArbG tarifl. Regelungen vor, sofern diese

---

1 Däubler/*Bepler*, § 4 Rz. 861; Thüsing/Braun/*Forst*, 7. Kap. Rz. 59; ErfK/*Franzen*, § 4 TVG Rz. 64; *Jacobs*, Tarifeinheit und Tarifkonkurrenz, S. 301 f.; *Jacobs/Krois*, FS Bepler 2012, S. 241 (246); aA BAG 20.4.2005 – 4 AZR 288/04, AP Nr. 43 zu § 4 TVG Nachwirkung; 4.12.1974 – 5 AZR 75/74, AP Nr. 2 zu § 3 TVG; Däubler/*Zwanziger*, § 4 Rz. 938. ‖ 2 LAG Nürnberg 21.11.2006 – 6 Sa 470/06, NZA-RR 2007, 421. ‖ 3 LAG Schl.-Holst. 6.2.2007 – 5 Sa 328/06, NZA-RR 2007, 482. ‖ 4 Däubler/*Bepler*, § 4 Rz. 861. ‖ 5 BAG 4.7.2007 – 4 AZR 491/06, NZA 2008, 307. ‖ 6 BAG 4.7.2007 – 4 AZR 491/06, AP Nr. 35 zu § 4 TVG Tarifkonkurrenz. ‖ 7 *Löwisch/Rieble*, § 4 Rz. 287 ff.; *Jacobs*, Tarifeinheit und Tarifkonkurrenz, S. 291; *Jacobs/Krois*, FS Bepler, 2012, S. 241 (248); *Sittard*, Tarifnormerstreckung, S. 273 f. ‖ 8 *Jacobs*, Tarifeinheit und Tarifkonkurrenz, S. 287 f.; *Sittard*, Tarifnormerstreckung, S. 264 f., 274. ‖ 9 BAG 22.9.2010 – 4 AZR 98/09, AP Nr. 59 zu § 133 BGB. ‖ 10 *Bepler*, AuR 2010, 234 (236 f.); HMB/*Henssler*, Teil 10 Rz. 82; aA *Krets*, RdA 2011, 294 (297 ff.). ‖ 11 BAG 25.6.2002 – 9 AZR 405/00, AP Nr. 15 zu § 1 AEntG; 20.7.2004 – 9 AZR 343/03, AP Nr. 18 zu § 1 AEntG; 9.9.2003 – 9 AZR 478/02 (A), nv; 13.5.2004 – 10 AS 6/04, nv. ‖ 12 EuGH 24.1.2002 – Rs. C-164/99, AP Nr. 4 zu Art. 49 EG. ‖ 13 Vgl. OVG Bln.-Bbg. 18.12.2008 – OVG 1 B 13.08, SAE 2009, 167. ‖ 14 *Sittard*, Tarifnormerstreckung, S. 394. ‖ 15 *Sittard*, Tarifnormerstreckung, S. 394.

ungünstigere Arbeitsentgelte vorsehen. Für TV, die vor dem 16.7.2008 geschlossen wurden, sowie für deren NachfolgeTV enthält § 8 II MiArbG eine Bestandsschutzregelung. Eine Verdrängung dieser TV findet nicht statt[1].

54 **dd) Tarifkonkurrenz bei Bezugnahme.** Geklärt ist nunmehr die Position des BAG zur Konkurrenz zwischen einem normativ geltenden und einem **arbeitsvertragl. in Bezug genommenen TV**. Früher ging der 4. Senat auch hier von einer nach dem Grundsatz der Tarifeinheit aufzulösenden Tarifkonkurrenz aus[2]. Der 10. Senat lehnte dagegen eine Tarifkonkurrenz zumindest für den Fall ab, dass der ArbGeb normativ nicht an den in Bezug genommenen TV gebunden ist[3]. Seit seiner Entscheidung v. 22.10.2008 löst der 4. Senat das Konkurrenzverhältnis zu Recht über das Günstigkeitsprinzip[4]. Dahinter steht die Überlegung, dass eine aufzulösende Tarifkonkurrenz nur dann angenommen werden kann, wenn die Vertragsparteien mit der Verweisung die tarifl. im Betrieb geltenden Arbeitsbedingungen widerspiegeln (Gleichstellungsabrede – vgl. § 3 Rz. 23 ff.). Durch eine solche Bezugnahmeklausel kann bei richtiger Vertragsgestaltung (dazu § 3 Rz. 30a ff.) die Gleichstellung aller ArbN unabhängig von ihrer Verbandszugehörigkeit und damit eine einheitliche Tarifgeltung im Betrieb erreicht werden. In diesem Fall ist es möglich, allein auf den nach dem Spezialitätsgrundsatz zu ermittelnden TV Bezug zu nehmen. Ist dagegen keine Gleichstellung beabsichtigt, geht es also um die verbindliche Zusicherung der arbeitsvertragl. vereinbarten TV-Bestimmungen, so kommt eine Verdrängung dieser Arbeitsbedingungen nicht in Betracht. Das Verhältnis von normativ geltendem TV und in Bezug genommenem TV ist dann nach Abs. 1 und 3, regelmäßig also über das Günstigkeitsprinzip, zu lösen (Rz. 42). Dies gilt auch, wenn ein Wille der Arbeitsvertragsparteien erkennbar ist, im Betrieb nebeneinander zwei TV zur Anwendung zu bringen[5].

55 **d) Tarifpluralität. aa) Rspr. bis 2010.** Für die **Tarifpluralität** sollte nach der lange Zeit gefestigten **Rspr. des BAG** ebenfalls der Grundsatz der betriebl. **Tarifeinheit** gelten[6]. Um die Anwendbarkeit mehrerer TV innerhalb eines Betriebs zu verhindern, sollten die übrigen TV vollständig zurücktreten. Sie wurden also auch hinsichtl. ihrer Inhaltsnormen durch den geltenden TV verdrängt. Dies führte in dem häufigsten Fall der Tarifpluralität, dem Abschluss unterschiedlicher TV durch verschiedene Gewerkschaften, dazu, dass die ArbN, für die wegen ihrer Mitgliedschaft in einer tarifschließenden Gewerkschaft an sich ein – nunmehr zurücktretender – TV galt, ihren tarifvertragl. Schutz verloren. Mangels mitgliedschaftlicher Bindung war ja auch der verdrängende TV auf sie nicht anwendbar.

56 Das BAG hatte schon in seiner älteren Rspr. das Prinzip der Tarifeinheit in mehrfacher Hinsicht eingeschränkt: Erstens sollte der Grundsatz bei gewillkürten Tarifpluralitäten nicht gelten[7]. Gemeint waren Fälle, in denen die Tarifpartner bewusst eine Tarifpluralität herbeiführten. Zweitens sollte ein mit einer anderen Gewerkschaft geschlossener und nur den ArbGeb nach § 3 I bindender TV einen nach Abs. 5 nachwirkenden TV nicht verdrängen. Dies führte zu dem schwer verständlichen Ergebnis, dass der ArbN, dessen ArbVerh einem nur nachwirkenden TV unterlag, den tarifl. Schutz behalten, ihn dagegen bei einem in Geltung befindlichen TV verlieren sollte[8]. Anerkanntermaßen kam es ferner auf Grund der gesetzl. Regelung in § 613a II 2–4 BGB und auf Grund von Bezugnahmeklauseln zu Tarifpluralitäten. Die wohl wichtigste Ausnahme dürfte die sog. gewillkürte Tarifpluralität betreffen, bei der die Geltung mehrerer TV von den Parteien aufeinander abgestimmt ist[9]. Im Schrifttum wurde darüber hinausgehend eine generelle Differenzierung zwischen vom ArbGeb **freiwillig veranlassten** (zB durch Verbandswechsel, Mitgliedschaft in zwei ArbGebVerbänden, Parallelität von FirmenTV und VerbandsTV mit verschiedenen Gewerkschaften) und **unfreiwillig** (zB durch AVE[10]) begründeten **Tarifpluralitäten** erwogen[11]. Freiwillige Tarifpluralitäten sollten zulässig sein. Bei unfreiwilligen Tarifpluralitäten sollte der ArbGeb dagegen zur Vereinheitlichung der Arbeitsbedingungen berechtigt sein[12]. Den ArbN, denen „ihr" TV genommen wurde, sollte der ArbGeb als Ausgleich per schuldrechtl. Bezugnahme die im Betrieb geltenden Arbeitsbedingungen gewähren.

57 **bb) Aufgabe des Grundsatzes der Tarifeinheit.** Der Grundsatz der Tarifeinheit war als Instrument zur Auflösung von Tarifpluralitäten seit langem Kritik ausgesetzt[13]. Insb. wurde bemängelt, dass die Koalitionsfreiheit der ArbN gem. Art. 9 III GG durch die Verdrängung des von ihrer Gewerkschaft ge-

---

1 Vgl. *Löwisch*, RdA 2009, 215 (219); *Sittard*, Tarifnormerstreckung, S. 448 ff. ‖ 2 BAG 23.3.2005 – 4 AZR 203/04, NZA 2005, 1003; 20.3.1991 – 4 AZR 455/90, AP Nr. 20 zu § 4 TVG Tarifkonkurrenz. Offen gelassen in BAG 28.5.1997 – 4 AZR 546/95, AP Nr. 26 zu § 4 TVG Nachwirkung. ‖ 3 BAG 22.9.1993 – 10 AZR 207/92, AP Nr. 21 zu § 4 TVG Tarifkonkurrenz. ‖ 4 BAG 22.10.2008 – 4 AZR 784/07, AP Nr. 66 zu § 1 TVG Bezugnahme auf Tarifvertrag. ‖ 5 So schon BAG 20.3.1991 – 4 AZR 455/90, AP Nr. 20 zu § 4 TVG Tarifkonkurrenz, für den Fall, dass die Inbezugnahme erst nach und trotz Inkrafttreten des spezielleren TV erfolgt. ‖ 6 BAG 4.12.2002 – 10 AZR 113/02, AP Nr. 28 zu § 4 TVG Tarifkonkurrenz. ‖ 7 BAG 20.2.2002 – 4 AZR 22/01, nv.; vgl. *Schliemann*, NZA-Sonderbeil. zu Heft 24/2000, 24. ‖ 8 *Dauner-Lieb*, SAE 1999, 47 (49 f.); *Kania*, Anm. AP Nr. 26 zu § 4 TVG Nachwirkung; MünchArbR/*Rieble*/*Klumpp*, § 186 Rz. 18. ‖ 9 BAG 11.2.2004 – 4 AZR 94/03 NJOZ 2005, 2310 (2314). ‖ 10 Nach *Bayreuther*, NZA 2007, 187 (189) sollten auch Tarifpluralitäten durch Branchenwechsel oder Verschmelzung unfreiwillig sein. Dies war schon begrifflich zweifelhaft (krit. auch *Reichold*, RdA 2007, 321 (325). ‖ 11 *Bayreuther*, NZA 2007, 187 (188 ff.); ähnl. schon *Schliemann*, NZA-Sonderbeil. zu Heft 24/2000, 24 (25 ff.); aA *Reichold*, RdA 2007, 321 (325 f.). ‖ 12 *Bayreuther*, NZA 2007, 187 (189). ‖ 13 LAG Sachs. 2.11.2007 – 7 SaGa 19/07, NZA 2008, 59; LAG Nds. 12.11.1999 – 3 Sa 780/99, ZTR 2000, 172; Wiedemann/*Wank*, § 4 Rz. 287 und *Jacobs*, Tarifeinheit und Tarifkonkurrenz, S. 91 f.

schlossenen TV unzulässig beeinträchtigt würde[1]. Der 4. Senat des BAG hat diese Kritik schließlich zum Anlass genommen, eine Divergenzanfrage an den 10. Senat mit dem Ziel zu richten, das Prinzip der Tarifeinheit für die Fälle der Tarifpluralität aufzugeben[2]. Nachdem sich der 10. Senat der geänderten Sichtweise angeschlossen hatte, konnte der 4. Senat mit Urt. v. 7.7.2010 endgültig die parallele Anwendung mehrerer TV im Betrieb zulassen[3]. Tarifpluralitäten im Betrieb sind seither grds. hinzunehmen.

cc) Unbedenklichkeit von Tarifpluralitäten. Zu einer Kollision von TV, die von unterschiedlichen DGB-Gewerkschaften abgeschlossen wurden, darf es bereits nach der DGB-Satzung nicht kommen. Die im DGB zusammengeschlossenen Einzelgewerkschaften haben sich satzungsmäßig auf den Grundsatz festgelegt: „Ein Betrieb, eine Gewerkschaft". Für den Fall, dass Zuständigkeitsstreitigkeiten intern nicht geschlichtet werden können, sieht § 16 DGB-Satzung ein Schiedsgerichtsverfahren vor (vgl. auch § 2 Rz. 46). Nach einem vorgeschalteten Vermittlungsverfahren wird der Streit vor einem Vereinsgericht, dem „Schiedsgericht des DGB", verhandelt und entschieden. Eine Einigung oder ein Spruch des Schiedsgerichts haben Bindungswirkung nicht nur für die beteiligten Gewerkschaften, sondern auch für Dritte, insb. die ArbGeb[4]. In der Praxis kommt es kaum zu streitigen Entscheidungen[5]. Verfahren werden häufig über eine Einigung beigelegt[6]. 58

Bei einer Tarifpluralität zwischen TV von Gewerkschaften, die nicht unter dem Dach des DGB vereint sind, werden die **Individualnormen** des mit der anderen Gewerkschaft geschlossenen Tarifs nicht verdrängt[7], Bsp.: Tarifpluralität zwischen TV einer im DGB und einer im CGB organisierten Vereinigung[8] (zur Tariffähigkeit § 2 Rz. 1 ff.). Etwas anderes gilt für Normen über **betriebl. und betriebsverfassungsrechtl. Fragen** (§ 3 II) sowie für **TV über gemeinsame Einrichtungen** gem. Abs. 2. Bei betriebl. und betriebsverfassungsrechtl. Normen ist eine betriebseinheitl. Geltung erforderlich[9]. Anzuwenden ist der TV, der die meisten ArbN im Betrieb repräsentiert und damit die breiteste Legitimationsbasis hat (Quantitätsprinzip)[10]. Im Grunde handelt es sich bei diesen Konstellationen um eine (betriebsweite) Tarifkonkurrenz, da wegen § 3 II immer auch das ArbVerh selbst betroffen ist[11]. Bei gemeinsamen Einrichtungen kann der Normzweck des Abs. 2 meist nur bei einer betriebsweiten Geltung verwirklicht werden, entsprechende TV müssen sich daher durchsetzen[12]. Verfassungsrechtl. lässt sich dies durch den nur auf diesem Weg erreichbaren ArbN-Schutz rechtfertigen. 59

dd) Vorschläge zur Auflösung von Tarifpluralitäten. Versuche, das Prinzip der Tarifeinheit gesetzl. zu verankern, sehen sich den gleichen verfassungsrechtl. Bedenken ausgesetzt wie das richterrechtl. entwickelte Tarifeinheitsmodell. Dies gilt namentl. für den gemeinsamen Vorschlag von DGB und BDA, entstandene Tarifpluralitäten nach einem gesetzl. festgeschriebenen Repräsentationsprinzip aufzulösen[13]. Darin liegt ein Verstoß sowohl gegen die kollektive Koalitionsfreiheit des Verbandes, dessen TV verdrängt wird, als auch gegen die individuelle Koalitionsfreiheit des an den verdrängten TV gebundenen Gewerkschaftsmitglieds[14]. Dies gilt ebenso für das im Koalitionsvertrag vereinbarte Vorhaben der CDU/CSU und SPD, den Grundsatz der Tarifeinheit nach dem betriebsbezogenen Mehrheitsprinzip unter Einbindung der Spitzenorganisationen der ArbN und ArbGeb gesetzl. festzuschreiben[15]. Verfassungsrechtl. bedenklich ist ferner der sog. Professorenentwurf[16], der innerhalb einer Berufsgruppe Tarifeinheit herstellen will, wobei die Auflösung entstandener Tarifpluralitäten ebenfalls nach dem Mehrheitsprinzip erfolgen soll[17]. 60

ee) Auswirkungen auf das Arbeitskampfrecht. Die Aufgabe des Grundsatzes der Tarifeinheit bei Tarifpluralität öffnet Raum für TV von Spartengewerkschaften, die zugleich erstreikbar sind. Aktuelle praktische Relevanz erhält die Frage bei den TV, die von Sparten- und Berufsgewerkschaften wie der Pilotenvereinigung Cockpit, dem Marburger Bund und der GDL (Gewerkschaft der Lokomotivführer) abgeschlossen werden[18]. ArbGeb können sich zunächst selbst davor schützen, kontinuierlich mit neuen Tarifforderungen konfrontiert zu werden, indem sie auf eine Laufzeitanpassung der in ihrem Betrieb 61

---

1 Däubler/*Zwanziger*, § 4 Rz. 947; MünchArbR/*Rieble/Klumpp*, § 186 Rz. 18 mwN; *Jacobs*, Tarifeinheit und Tarifkonkurrenz, S. 411 ff.; aA *Buchner*, BB 2003, 2121 (2126 ff.).   ‖ 2 BAG 27.1.2010 – 4 AZR 549/08 (A), AP Nr. 46 zu § 3 TVG.   ‖ 3 BAG 7.7.2010 – 4 AZR 549/08, AP Nr. 140 zu Art. 9 GG.   ‖ 4 BAG 25.9.1996 – 1 ABR 4/96, AP Nr. 10 zu § 2 TVG Tarifzuständigkeit; 14.12.1999 – 1 ABR 74/98, AP Nr. 14 zu § 2 TVG Tarifzuständigkeit.   ‖ 5 Fall STN Atlas; das Schiedsurteil v. 4.4.2002 ist abgedr. in RdA 2003, 56.   ‖ 6 Vgl. zur Einigung bei IBM *Dieterich*, RdA 2003, 59.   ‖ 7 So auch statt Vieler ErfK/*Franzen*, § 4 TVG Rz. 71; *Bayreuther*, NZA 2007, 187 (188 f.); *Reichold*, RdA 2007, 321 (326 f.).   ‖ 8 Voraussetzung ist die Tariffähigkeit der Gewerkschaft, BAG 14.12.2004 – 1 ABR 51/03, AP Nr. 1 zu § 2 TVG Tariffähigkeit (UFO); 28.3.2006 – 1 ABR 58/04, AP Nr. 4 zu § 2 TVG Tariffähigkeit (CGM).   ‖ 9 Däubler/*Zwanziger*, § 4 Rz. 935.   ‖ 10 *Jacobs*, Tarifeinheit und Tarifkonkurrenz, S. 309 mwN; *Reichold*, RdA 2007, 321 (327).   ‖ 11 *Jacobs*, Tarifeinheit und Tarifkonkurrenz, S. 248, 307; *Oetker*, NZA-Beil. 2010, 13 (30 ff.).   ‖ 12 *Jacobs*, Tarifeinheit und Tarifkonkurrenz, S. 294.   ‖ 13 Gemeinsames Eckpunktepapier von BDA und DGB v. 4.6.2010, abgedr. in RdA 2010, 315.   ‖ 14 *Greiner*, NZA 2010, 743 f.; *Thüsing*, EWiR 2010, 505 (506).   ‖ 15 Deutschlands Zukunft gestalten, Koalitionsvertrag zwischen CDU, CSU und SPD für die 18. Legislaturperiode v. 16.12.2013, S. 70.   ‖ 16 C. F. v. Weizsäcker Stiftung (Hrsg.), Tarifpluralität als Aufgabe des Gesetzgebers, 2011.   ‖ 17 Krit. *Dieterich*, AuR 2011, 46 (47); *Henssler*, RdA 2011, 65 (72); *Küttner/Griese*, Personalbuch, Tarifeinheit, Rz. 7 f.; zust. dagegen HMB/*Greiner*, Teil 9 Rz. 139.   ‖ 18 Vgl. dazu LAG Sachs. 2.11.2007 – 7 SaGa 19/07, NZA 2008, 59; ArbG Düss. 1.8.2007 – 11 Ga 74/07; ArbG Frankfurt/M 25.4.2003 – 7 Ga 107/03, 110/03, 111/03, nv. und LAG Hess. 2.5.2003 – 9 Sa Ga 636/03, 637/03, 638/03, BB 2003, 1229 m. Anm. *Rieble*, BB 2003, 1227.

existierenden TV hinwirken[1]. Daneben muss aber auch das **Arbeitskampfrecht** den Besonderheiten, die durch die Aufgabe des Grundsatzes der Tarifeinheit entstehen, Rechnung tragen. Aus dem Verhältnismäßigkeitsprinzip können sich daher im Einzelfall Einschränkungen des Streikrechts ergeben[2]. Überzeugend ist ein differenzierter Lösungsansatz. Schließen mehrere nach dem Berufsverbandsprinzip organisierte Gewerkschaften jeweils eigenständige TV ab, ohne dass zuvor ein betriebsweit geltender TV existierte, bedarf es keiner Einschränkung des Streikrechts, weil ein schlichtes Nebeneinander mehrerer TV die Funktionsfähigkeit der Tarifautonomie nicht beeinträchtigen kann. Etwas anderes gilt, wenn nach Abschluss eines betriebsweit geltenden TV Spartengewerkschaften weitere, eigenständige TV erstreiken wollen. Zu beachten ist, dass durch solche Arbeitskämpfe die innerbetriebl. Lohngerechtigkeit verschoben, die Richtigkeitsgewähr des betriebsweit geltenden TV in Frage gestellt, die Tragbarkeit des Gesamtpaketes für den ArbGeb aufgehoben und der TV der Mehrheitsgewerkschaft entwertet wird. Der damit verbundenen Gefahr einer Beeinträchtigung der Funktionsfähigkeit der Tarifautonomie kann der Gesetzgeber durch eine Beschränkung des Streikrechts der Berufsverbände entgegenwirken. Als Kompensation für die Begrenzung ihres Streikrechts müsste den Berufsverbänden ein Anspruch auf Beteiligung an den Tarifverhandlungen des Industrieverbandes und ihren Mitgliedern ein Anspruch auf Übernahme des dort erzielten Verhandlungsergebnisses zugestanden werden. Darüber hinaus sollten die Berufsgruppeninteressen in einem dem Arbeitskampf vorgelagerten Schlichtungsverfahren zwingend berücksichtigt werden[3].

62 **5. Verhältnis zu sonstigen kollektiven Regelungen.** Im Vordergrund der Diskussion um das Verhältnis des TV zu sonstigen kollektiven Regelungen stehen BV[4]. Aktuelle Bedeutung haben der Beschäftigungssicherung dienende BV, die eine Verschlechterung der Arbeitsbedingungen im Vergleich zum TV vorsehen (betriebl. Bündnisse für Arbeit)[5].

63 Nach geltendem Recht kommt dem TV Vorrang vor der BV zu. Die allg. Regelung des Abs. 3 wird in ihrem Anwendungsbereich von den §§ 77 III und 87 I BetrVG als leges speciales verdrängt[6]. Diese Vorschriften begrenzen bereits die Möglichkeit, Arbeitsbedingungen, die üblicherweise Gegenstand von TV sind, durch BV zu normieren (s. die Komm. der §§ 77 und 87 BetrVG). Lediglich außerhalb ihres Anwendungsgebietes kann auf Abs. 3 zurückgegriffen werden[7]. Zulässig bleiben – nicht normativ wirkende – Regelungsabreden zwischen BR und ArbGeb[8]. Auch sie können allerdings keine Regelungen zum Nachteil tarifgebundener ArbN vorsehen.

64 **6. Verhältnis zu Individualvereinbarungen.** Das Verhältnis zu individuellen Vereinbarungen ist in den Abs. 1 und 3 geregelt. Nach dem in Abs. 1 verankerten Grundsatz gelten die Normen eines TV unmittelbar und zwingend, dh. sie gehen abweichenden individuellen Vereinbarungen vor[9]. Die kollidierende Individualvereinbarung ist nach zutreffender Ansicht nicht generell unwirksam, sondern wird verdrängt[10]. Etwas anderes gilt nur, wenn die Tarifnorm gesetzl. Verbot iSv. § 134 BGB ist[11], was durch Auslegung zu ermitteln ist. Je elementarer der Schutzzweck der Tarifnorm ist, desto näher liegt die Unwirksamkeit der einzelvertragl. Regelung. Abweichungen von tarifl. Normen lässt das Gesetz nur zu bei entsprechenden tarifvertragl. Öffnungsklauseln, bei den ArbN begünstigenden Regelungen (Abs. 3; Rz. 34) und für den Zeitraum bloßer Nachwirkung gem. Abs. 5 (s. Rz. 5).

65 **IV. Verlust tariflicher Rechte (Abs. 4). 1. Regelungszweck.** Abs. 4 enthält eine Teilregelung des Verlusts tarifl. Rechte für die Konstellationen des Verzichts, der Verwirkung und der Vereinbarung von Ausschlussfristen. Der ArbN soll davor geschützt werden, die durch den TV zwingend gewährten Rechte nach ihrer Begründung zu verlieren. In diesem Stadium hilft dem ArbN der Schutz durch die unmittelbare und zwingende Wirkung nach Abs. 1 nicht mehr, da die nachträgliche Aufrechterhaltung tarifl. Rechte nicht geschützt wird. Im Vordergrund stehen Ansprüche des ArbN, etwa Entgelt- und Abfindungsforderungen, Urlaubs- und Wiedereinstellungsansprüche sowie Ansprüche auf vermögenswirksame Leistungen, betriebsrentenrechtliche Anwartschaften und Forderungen gegen gemeinsame Einrichtungen (Abs. 2). Rechte iSd. Abs. 4 sind aber auch Gestaltungs- und Zurückbehaltungsrechte. Der Schutz des Abs. 4 reicht so weit, wie die tarifl. Rechte **zwingend** entstanden sind.

66 Während der **Nachwirkung** entstandene Rechte sind daher genauso wenig geschützt wie ArbGebRechte, die durch das Günstigkeitsprinzip begrenzt werden. Bei Öffnungsklauseln in TV muss durch Auslegung ermittelt werden, ob sie nur die vorherige Vereinbarung einer abweichenden Regelung ermöglichen sollen oder auch den nachträglichen Rechtsverlust[12]. Ob der Schutz des Abs. 4 auch bei

---

1 *Löwisch*, RdA 2010, 263 (266) möchte die Sozialpartner verpflichten, sich über die tarifl. Laufzeiten zu verständigen. ||2 AA *Greiner*, NZA 2007, 1023 (1026 ff.), wonach die lösende Aussperrung die gestörte Parität herstellen soll; dagegen *Buchner*, NZA 2007, 1411 (1412). ||3 S. zu diesem Lösungskonzept *Henssler*, RdA 2011, 65 (71 ff.). ||4 Zum Verhältnis des TV zu Dienstvereinbarungen s. Wiedemann/*Wank*, § 4 Rz. 622 ff. ||5 Krit. zur geltenden Rechtslage etwa *Möschel*, BB 2002, 1314 (1316 ff.) mwN. ||6 AA Thüsing/Braun/*Forst*, Kap. 7 Rz. 51. ||7 Wiedemann/*Wank*, § 4 Rz. 621. ||8 Kempen/Zachert/*Wendeling-Schröder*, TVG, Grundlagen Rz. 453 mwN auch zur Gegenansicht. ||9 S.a. § 105 S. 1 GewO idF des Gesetzes v. 24.8.2002 (BGBl. I S. 3412). ||10 BAG 12.12.2007 – 4 AZR 998/06, NZA 2008, 649; Däubler/*Deinert*, § 4 Rz. 484; ErfK/*Franzen*, § 4 TVG Rz. 3; Kempen/Zachert/*Stein*, § 4 Rz. 15; Wiedemann/*Wank*, § 4 Rz. 369 ff.; Löwisch/*Rieble*, § 4 Rz. 37 f.; aA noch *Rieble*, Arbeitsmarkt und Wettbewerb, 1996, Rz. 1224 ff. ||11 ErfK/*Franzen*, § 4 TVG Rz. 3; Wiedemann/*Wank*, § 4 Rz. 371. ||12 Löwisch/*Rieble*, § 4 Rz. 601.

bloßer vertragl. Vereinbarung der Geltung des TV über eine Bezugnahmeklausel gilt, ist umstritten[1], nach richtiger Ansicht aber zu verneinen. Unberührt bleiben durch Abs. 4 andere Verlustgründe in einem weiten (untechnischen) Sinn wie die Erfüllung, die Verjährung[2] oder auch die (faktische) Nichtausübung tarifl. Rechte[3].

2. Verzicht (Abs. 4 S. 1). a) Unwirksamkeit des Verzichts. Der Verzicht auf entstandene[4] tarifl. Rechte ist nach Abs. 4 S. 1 unwirksam; dies gilt unabhängig von seinem Zeitpunkt, also auch für einen erst nach Beendigung des ArbVerh erklärten Verzicht. Der Begriff des Verzichts umfasst jede Verfügung des ArbN, die zu einem Verlust der Rechte oder – diesem gleichstehend – zu dem Verlust der Durchsetzbarkeit führt, insb. einen Erlassvertrag oder ein negatives Schuldanerkenntnis. Wegen der im Erg. gleichen Wirkung fallen die nachträgliche Vereinbarung der fehlenden Klagbarkeit und die Stundung ebenfalls unter Abs. 4 S. 1[5]. Da der Zeitpunkt des Verzichts unerheblich ist, gilt dies – unabhängig von der dogmatischen Einordnung – auch für die Ausgleichsquittung (dazu § 611 BGB Rz. 420)[6]. Unwirksam ist zudem eine Vereinbarung, der zufolge ein ArbN seine Klage auf tarifvertragl. Leistungen zurücknehmen muss und keine neue Klage erheben darf[7]. Der ArbN kann folgl. auch nach erhobener Klage nicht gem. § 306 ZPO auf seinen Anspruch verzichten oder bei einer negativen Feststellungsklage des ArbGeb ein Anerkenntnis (§ 307 ZPO) abgeben[8]. Das Gericht ist zu einem solchen Urteil nicht berechtigt, gleichwohl ergehende Urteile sind mit Rechtsmitteln angreifbar[9].

Die bloße Rücknahme der Klage berührt dagegen den Anspruch nicht. In der Lit. umstritten und von der Rspr. bislang nicht entschieden ist, ob Verträge, durch welche die Forderung des ArbN entwertet werden könnte (zB privative Schuldübernahme, Leistung an Erfüllungs statt, darlehensweise Überlassung der Forderung an den ArbGeb), von dem Verbot erfasst sind[10]. Zur Abwendung einer Insolvenz und damit eines generellen Anspruchsverlusts können diese Rechtsgeschäfte im Einzelfall zulässig sein[11].

b) Ausnahme bei gebilligtem Vergleich. Eine Ausnahme enthält Abs. 4 S. 1 für den Fall eines Vergleichs mit Billigung der TV-Parteien. Der Begriff des Vergleichs ist iSd. § 779 BGB auszulegen. Er erfasst auch den Prozessvergleich[12]. Im Wege einer teleologischen Reduktion des Abs. 4 S. 1 ist allerdings der Vergleich über die tatsächlichen Grundlagen eines Anspruchs auszuklammern, so dass lediglich der Rechtsvergleich privilegiert bleibt[13]. Der Vergleich muss von beiden TV-Parteien gebilligt werden. Die Zustimmung kann vor Abschluss des Vergleichs (Einwilligung) oder nachträglich (Genehmigung) erteilt werden. Insb. bei Vertretung der Parteien in einem arbeitsgerichtl. Verfahren ist zu überprüfen, ob die den TV-Parteien angehörenden Prozessbevollmächtigten zur Billigung eines Vergleichs durch die TV-Parteien ermächtigt sind[14]. Eine allg. Vollmacht zur Vergleichsbilligung ist zulässig[15]. Mit dem Regelungsanliegen dürfte es aber nicht zu vereinbaren sein, wenn die TV-Parteien die vergleichsweise Regelung tarifl. Ansprüche generell zulassen, ohne dass die Billigung für jeden Einzelfall erklärt werden müsste[16].

3. Verwirkung (Abs. 4 S. 2). Abs. 4 S. 2 schließt die Verwirkung tarifl. Rechte aus. Die Verwirkung eines Rechts träte sonst als Unterfall der unzulässigen Rechtsausübung wegen widersprüchlichen Verhaltens ein, wenn der Berechtigte das Recht längere Zeit nicht geltend gemacht hat (Zeitmoment) und der Verpflichtete sich nach dem gesamten Verhalten des Berechtigten darauf einrichten durfte und auch eingerichtet hat (Umstandsmoment), dass dieser das Recht in Zukunft nicht ausübt[17]. Entgegen der hM[18] kann die Vorschrift – wie beim Verzicht (Rz. 67) – nicht auf Ansprüche aus nur nachwirkenden TV angewandt werden[19]. Nicht erfasst von Abs. 4 S. 2 sind Ansprüche aus einer einzelvertragl. Bezug-

---

1 Für die Möglichkeit des Verzichts in diesem Fall LAG Schl.-Holst. 26.2.1981 – 3 Sa 438/80, DB 1981, 900; LAG Rh.-Pf. 15.10.2009 – 11 Sa 408/09; Däubler/*Zwanziger*, § 4 Rz. 1061; Thüsing/Braun/*Forst*, Kap. 7 Rz.71; Wiedemann/*Wank*, § 4 Rz. 671 mwN. ‖ 2 Eine Verkürzung der Verjährung durch Individualvereinbarung wird von der hM abgelehnt, s. Wiedemann/*Wank*, § 4 Rz. 688 mwN. ‖ 3 Diese Rechte können grds. auch nicht durch Dritte für den ArbN geltend gemacht werden, Wiedemann/*Wank*, § 4 Rz. 656; MünchArbR/*Rieble/Klumpp*, § 185 Rz. 8, s. dort auch Rz. 13 zum Unterlassungsanspruch der TV-Parteien ggü. tarifwidrigem Verhalten des anderen TV-Partei; s.a. BAG 5.11.1997 – 4 AZR 682/95, AP Nr. 17 zu § 4 TVG zur Freiheit des ArbN, seine Rechte nicht auszuüben. ‖ 4 Für künftige Rechte ergibt sich Gleiches aus der zwingenden Wirkung gem. § 4 I. ‖ 5 Wiedemann/*Wank*, § 4 Rz. 655; HMB/*Greiner*, Teil 9 Rz. 56. ‖ 6 ErfK/*Franzen*, § 4 TVG Rz. 44. ‖ 7 BAG 19.11.1996 – 3 AZR 461/95, AP Nr. 9 zu § 4 TVG Verdienstsicherung. ‖ 8 Wiedemann/*Wank*, § 4 Rz. 658 mwN; aA MünchArbR/*Rieble/Klumpp*, § 184 Rz. 14. ‖ 9 ErfK/*Franzen*, § 4 TVG Rz. 45. ‖ 10 Dafür *Löwisch/Rieble*, § 4 Rz. 616; dagegen Wiedemann/*Wank*, § 4 Rz. 655 mwN; HMB/*Greiner*, Teil 9 Rz. 59. ‖ 11 So *Löwisch/Rieble*, § 4 Rz. 632ff.; Thüsing/Braun/*Forst*, Kap. 7 Rz. 72. ‖ 12 Wiedemann/*Wank*, § 4 Rz. 676; MünchArbR/*Rieble/Klumpp*, § 184 Rz. 15. ‖ 13 BAG 5.11.1997 – 4 AZR 682/95, AP Nr. 17 zu § 4 TVG mit abl. Anm. *Zachert*. ‖ 14 Vgl. BAG 25.7.1962 – 4 AZR 535/61, AP Nr. 114 zu § 1 TVG Auslegung; Wiedemann/*Wank*, § 4 Rz. 685; Däubler/*Zwanziger*, § 4 Rz. 1069. ‖ 15 Wiedemann/*Wank*, § 4 Rz. 685. ‖ 16 So Däubler/*Zwanziger*, § 4 Rz. 1069; Wiedemann/*Wank*, § 4 Rz. 685; aA MünchArbR/*Löwisch/Rieble*, § 274 Rz. 17. ‖ 17 Däubler/*Zwanziger*, § 4 Rz. 1073; zur Definition BAG 25.4.2001 – 5 AZR 497/99, AP Nr. 46 zu § 242 BGB Verwirkung und 28.5.2002 – 9 AZR 145/01, NZA 2002, 1176; enger Wiedemann/*Wank*, § 4 Rz. 695 f.; s.a. *Däubler*, Tarifvertragsrecht, Rz. 1318. ‖ 18 Wiedemann/*Wank*, § 4 TG Rz. 700; Kempen/Zachert/*Brecht-Heitzmann*, § 4 Rz. 598. ‖ 19 *Däubler*, Tarifvertragsrecht, Rz. 1321; Däubler/*Zwanziger*, § 4 Rz. 1073, 1061.

nahme auf den TV[1] sowie über- und außertarifl. Rechte[2]. Ansprüche des ArbGeb können demggü. verwirkt werden[3].

71 Verjährung und von Abs. 4 nicht erfasste Fälle treuwidriger Rechtsausübung bzw. des Rechtsmissbrauchs[4] können nach zutreffender hM[5] der Geltendmachung eines Rechts entgegengehalten werden.

72 **4. Vereinbarung von Ausschlussfristen (Abs. 4 S. 3).** Nach Abs. 4 S. 3 können nur die TV-Parteien Ausschlussfristen für die Geltendmachung tarifl. Rechte vereinbaren. Eine individualvertragl. oder in einer BV getroffene Vereinbarung einer Ausschlussfrist ist daher unwirksam, soweit sie sich auf tarifl. Ansprüche erstreckt. Dies entspricht der Unwirksamkeit individuell vereinbarter Verkürzungen der Verjährungsfristen (dazu Rz. 66). In der Praxis haben Ausschlussfristen eine große Bedeutung, die sich in einer umfangreichen Judikatur widerspiegelt[6]. Ausschlussfristen sollen **kurzfristig Rechtsklarheit** schaffen[7]. Im öffentl. Dienst bezwecken sie zudem, die Veranschlagung von Nachzahlungen für den Haushaltsgeber gering zu halten[8]. Vgl. zu Ausschlussfristen auch § 1 Rz. 98 ff.

73 **a) Begriff der Ausschlussfrist.** Der Begriff der Ausschlussfrist umfasst Regelungen, nach denen die Geltendmachung tarifl. Rechte an die Einhaltung (regelmäßig recht kurzer) Fristen gebunden ist (vgl. § 1 Rz. 98 ff.). Häufig wird ein zweistufiges, zunächst außergerichtl. und sodann gerichtl. Verfahren vereinbart. Abweichend von der Verjährung führen Ausschlussfristen dazu, dass das Recht selbst erlischt und ihm nicht lediglich. eine Einrede entgegensteht[9]. Umstr. ist allerdings, ob die Vereinbarung einer Ausschlussfrist nur die **Möglichkeit der Rechtsausübung** betrifft oder das betroffene Recht selbst modifiziert[10]. Das BAG vertritt aktuell[11] in Fortsetzung einer zwischenzeitl. unterbrochenen[12] Entscheidungspraxis[13] die erstgenannte Ansicht. Für eine Modifikation des Rechts spricht sich demggü. die ganz hL aus[14]. Davon unabhängig sind Ausschlussfristen anerkanntermaßen **von Amts wegen zu berücksichtigen**[15], ohne dass das Gericht verpflichtet wäre, von sich aus zu überprüfen, ob im Einzelfall eine tarifvertragl. Ausschlussfrist einschlägig ist[16].

74 **b) Ausschlussfristen für nicht tarifvertraglich gewährte Rechte.** Praxisrelevanz entfaltet der Streit bei der Bewertung von tarifl. Ausschlussfristen für nicht tarifl. Ansprüche. Schon aus der Tarifautonomie folgt, dass die Tarifpartner bei tarifvertragl. Ansprüchen den Zeitraum für ihre Geltendmachung selbst festlegen können; die Erfassung anderer Ansprüche lässt sich mit der Ordnungsfunktion begründen[17]. Die Rspr.[18] erlaubt sehr weitgehend die Erstreckung tarifl. Ausschlussfristen auf nicht tarifl. begründete Rechte, während die Lit.[19] zurückhaltender agiert. Kontrovers wird beurteilt, ob die Tarifpartner auch **nicht abdingbare gesetzl. Ansprüche** tarifl. Ausschlussfristen unterwerfen können. In der Lit. wird dies überwiegend abgelehnt[20]. Nachdem das BAG die Frage für das Urlaubsrecht zunächst ausdrücklich offen gelassen hatte[21], hat das Gericht in späteren Entscheidungen die Vereinbarung tarifl. Ausschlussfristen für den gesetzl. Urlaubsanspruch ausgeschlossen[22], nicht aber für die Ansprüche auf Urlaubsentgelt[23] und Urlaubsgeld[24]. Auch der Anspruch auf Urlaubsabgeltung kann als reiner Geldanspruch seit der Aufgabe der Surrogatstheorie durch die Rspr. tarifl. Ausschlussfristen unterliegen[25].

---

1 LAG Bremen 12.7.1950 – Sa 32/50, SAE 1951, 70 (73); LAG Hess. 15.5.1951 – IV LA 15/51, SAE 1951, 118 (119); Wiedemann/*Wank*, § 4 Rz. 699; s. aber auch Kempen/Zachert/*Brecht-Heitzmann*, § 4 Rz. 598 und *Däubler*, Tarifvertragsrecht, Rz. 1321 iVm. 1315 zur Frage, ob durch die Bezugnahme eine vollständige Gleichstellung erreicht werden soll; für eine solche *Gamillscheg*, Kollektives Arbeitsrecht I, S. 809. ||2 Gegen die Erfassung der hM; Wiedemann/*Wank*, § 4 Rz. 698 mwN; aA *Gamillscheg*, Kollektives Arbeitsrecht I, S. 809. Die Rspr. hat die Frage bislang nicht geklärt, vgl. dazu aber BAG 21.12.1970 – 3 AZR 510/69, AP Nr. 1 zu § 305 BGB Billigkeitskontrolle. ||3 Däubler/*Zwanziger*, § 4 Rz. 1073, 1061; Wiedemann/*Wank*, § 4 Rz. 701 mwN. ||4 Zu Einzelfällen s. Wiedemann/*Wank*, § 4 Rz. 704 ff. mwN. ||5 Wiedemann/*Wank*, § 4 Rz. 703; *Löwisch/Rieble*, § 4 Rz. 638; aA *Däubler*, Tarifvertragsrecht, Rz. 1319 f.; Kempen/Zachert/*Brecht-Heitzmann*, § 4 Rz. 594. ||6 Vgl. nur BAG 30.3.1962 – 2 AZR 101/61; 8.6.1983 – 5 AZR 632/80; 26.9.1990 – 5 AZR 218/90; 27.2.2002 – 9 AZR 543/00, AP Nr. 28, 78, 109, 162 zu § 4 TVG Ausschlussfristen. ||7 BAG 18.9.2005 – 5 AZR 52/05, AP Nr. 7 zu § 307 BGB; Däubler/*Zwanziger*, § 4 Rz. 1078. ||8 BAG 18.11.2004 – 6 AZR 512/03, nv.; Däubler/*Zwanziger*, § 4 Rz. 1078. ||9 Es steht den TV-Parteien aber frei, Klauseln die Wirkung einer Verjährung beizulegen; s. zB BAG 23.6.1961 – 1 AZR 239/59, AP Nr. 27 zu § 4 TVG Ausschlussfristen; Kempen/Zachert/*Stein*, § 4 Rz. 610; Däubler/*Zwanziger*, § 4 Rz. 1095. ||10 Wiedemann/*Wank*, § 4 Rz. 714 ff.; Däubler/*Zwanziger*, § 4 Rz. 1081 ff. ||11 BAG 16.1.2002 – 5 AZR 430/00, AP Nr. 13 zu § 3 EntgeltFG; 26.9.2007 – 5 AZR 881/06, AP Nr. 8 zu § 1 TVG Tarifverträge: Betonsteingewerbe. ||12 BAG 5.4.1984 – 6 AZR 443/81, AP Nr. 16 zu § 13 BUrlG m. Anm. *Weber* (zu einer individualvertragl. vereinbarten Ausschlussfrist); 26.9.1990 – 5 AZR 218/90, AP Nr. 109 zu § 4 TVG Ausschlussfristen (Rückwirkung einer Ausschlussklausel). ||13 S. zB BAG 23.6.1961 – 1 AZR 239/59, AP Nr. 27 zu § 4 TVG Ausschlussfristen. ||14 Wiedemann/*Wank*, § 4 Rz. 718 f. mwN; s.a. *Gamillscheg*, Kollektives Arbeitsrecht I, S. 820. ||15 Zur gerichtl. Hinweispflicht BAG 12.7.1972 – 1 AZR 445/71, AP Nr. 51 zu § 4 TVG Ausschlussfristen. ||16 BAG 12.7.1972 – 1 AZR 445/71, AP Nr. 51 zu § 4 TVG Ausschlussfristen. ||17 Wiedemann/*Wank*, § 4 Rz. 719. ||18 Vgl. BAG 24.5.1973 – 5 AZR 21/73, AP Nr. 52 zu § 4 TVG Ausschlussfrist; 7.12.1983, AP Nr. 84 zu § 4 TVG Ausschlussfrist; 21.1.2010 – 6 AZR 556/07, AP Nr. 3 zu § 611 BGB Arbeitgeberdarlehen. ||19 Wiedemann/*Wank*, § 4 Rz. 757 ff.; *Herschel*, JZ 1961, 237 (238); *Preis*, ZIP 1989, 885 (891 f.). ||20 S. Wiedemann/*Wank*, § 4 Rz. 752 ff. mwN; *Ulber*, DB 2011, 1808; diff. Däubler/*Zwanziger*, § 4 Rz. 1082 ff. ||21 BAG 25.8.1992 – 9 AZR 329/91, AP Nr. 60 zu § 7 BUrlG Abgeltung. ||22 BAG 19.4.2005 – 9 AZR 160/04, AP Nr. 12 zu § 1 TVG Tarifverträge: Bewachungsgewerbe. ||23 BAG 19.4.2005 – 9 AZR 160/04, AP Nr. 12 zu § 1 TVG Tarifverträge: Bewachungsgewerbe. ||24 BAG 20.4.2012 – 9 AZR 504/10, NZA 2012, 982. ||25 BAG 9.8.2011 – 9 AZR 365/10, NZA 2011, 1421; 21.2.2012 – 9 AZR 486/10, NZA 2012, 750; dazu *Höpfner*, RdA 2013, 65. Der Anspruch auf Urlaubsabgeltung kann erst dann fristwahrend geltend gemacht werden, wenn die Beendigung des ArbVerh sicher feststeht, BAG 18.9.2012 – 9 AZR 1/11, NZA 2013, 216.

Fristen für die Geltendmachung von **Entgeltfortzahlungsansprüchen** hat das BAG[1] nicht als (unzulässige) Abweichung vom EFZG gewertet. Die Ansprüche seien gesetzl. weder befristet noch ausdrücklich unbefristet. Nach dieser Argumentation bleiben tarifl. Ausschlussfristen für zwingende gesetzl. Ansprüche möglich, soweit das Gesetz selbst die Art und den Zeitraum der Geltendmachung nicht zwingend festlegt.

In einer jüngeren Entscheidung hat sich das BAG nunmehr eindeutig und pauschal zugunsten einer Erstreckung tarifl. Ausschlussfristen auf unabdingbare gesetzl. Ansprüche ausgesprochen[2] und zur Begründung darauf verwiesen, dass eine tarifl. Ausschlussfrist nicht den Inhalt des Anspruchs, sondern dessen Geltendmachung und zeitliche Begrenzung betreffe. 75

Eine tarifl. Ausschlussfrist setzt sich ggü. BV (§ 77 IV 4 BetrVG) und sonstigen kollektiven Tatbeständen durch[3]. Dies gilt selbst für tarifl. Ausschlussfristen, die lediglich kraft Bezugnahme gelten, jedenfalls wenn der gesamte TV in Bezug genommen ist[4]. 76

c) **Auslegung von Ausschlussfristen.** Im Wege der Auslegung ist insb. bei individualvertragl. festgelegten Ansprüchen zu ermitteln, ob sie – unter Beachtung des Günstigkeitsprinzips[5] – von der Ausschlussfrist erfasst werden sollen. Bei Regelungen der Grundlagen des ArbVerh wird dies grds. nicht der Fall sein[6] (s. § 1 Rz. 98ff.). Die Auslegung ist aber häufig unsicher, die Rspr. nicht immer konsequent. Auch der Grundsatz der engen Auslegung von Ausschlussfristen[7] hilft nicht in allen Fällen weiter. Das BAG will ohnehin tarifl. Ausschlussfristen vorbehaltlich einer abweichenden Regelung im TV auf alle mit oder nach Inkrafttreten des TV fällig werdenden Ansprüche erstrecken[8]. Insb. sind Ausschlussklauseln, die sich auf alle „gegenseitigen Ansprüche" aus dem ArbVerh beziehen, nicht auf synallagmatische Ansprüche begrenzt[9]. Ausschlaggebend ist die Auslegung der tarifl. Regelungen. Sie wird idR ergeben, dass bei unverschuldetem Fristversäumnis die Geltendmachung unverzüglich nachgeholt werden kann[10]. 77

d) **Inhaltskontrolle.** Das BAG unterwirft tarifl. Ausschlussfristen – wie andere tarifl. Normen auch – nur einer eingeschränkten Inhaltskontrolle (zur AGB-Kontrolle von TV vgl. § 1 Rz. 89f.). Ein TV unterliege keiner sollte. Kontrolle im Hinblick auf die Gerechtigkeit und Zweckmäßigkeit seiner Regelung, sondern sei nur auf seine Vereinbarkeit mit höherrangigem Recht (ua. §§ 138, 242 BGB) zu überprüfen[11]. Dies lässt den TV-Partnern einen weiten Spielraum (vgl. § 1 Rz. 98ff.). Insb. soll es zulässig sein, dass die Ausschlussfristen für die Rechte der ArbN – selbst wenn alle Forderungen aus dem ArbVerh erfasst sind – kürzer sind als diejenigen für die Rechte der ArbGeb; auch eine Differenzierung zwischen Angestellten und Arbeitern wird bei der Fristgestaltung nicht generell beanstandet[12]. Grenzen ergeben sich aus den Grundrechten der ArbN und ArbGeb. So sollen Ansprüche aus dem allg. Persönlichkeitsrecht nicht erfasst werden[13]. Gleiches gilt für Stammrechte, wie zB das Recht auf richtige Eingruppierung[14]. Zudem darf die Ausschlussfrist nicht so kurz bemessen sein, dass die betroffene Rechtsposition faktisch leer läuft. Im Schrifttum wird eine **Untergrenze von einem Monat** vorgeschlagen[15]. Das BAG hat jüngst eine sechswöchige Ausschlussfrist für angemessen erachtet[16]. Die Rspr. zur Inhaltskontrolle formularvertragl. Ausschlussfristen setzt demggü. deutlich strengere Maßstäbe[17]. Bei der formularvertragl. Inbezugnahme greift gem. § 310 IV 3 BGB eine Privilegierung, wenn der gesamte, auch die Ausschlussfrist umfassende und zudem einschlägige TV in Bezug genommen wird[18]. 78

e) **Geltendmachung des Anspruchs.** Regelmäßig sehen die tarifvertragl. Ausschlussfristen vor, dass die Rechte verfallen, soweit sie nicht in einer bestimmten Form geltend gemacht werden. Die Tarifpraxis zeichnet sich insoweit durch einen außerordentl. Gestaltungsreichtum aus. Ansprüche der ArbN müssen häufig zunächst innerhalb einer bestimmten Frist (schriftl.) beim ArbGeb geltend gemacht und sodann bei (ausdrücklicher) Ablehnung durch den ArbGeb innerhalb einer weiteren Frist einge- 79

---

1 BAG 16.1.2002 – 5 AZR 430/00, AP Nr. 13 zu § 3 EntgeltFG; bestätigt durch BAG 21.1.2010 – 6 AZR 556/07, AP Nr. 3 zu § 611 BGB Arbeitgeberdarlehen. ||2 BAG 21.1.2010 – 6 AZR 556/07, AP Nr. 3 zu § 611 BGB Arbeitgeberdarlehen. ||3 Wiedemann/*Wank*, § 4 Rz. 749f. mwN. ||4 BAG 27.1.2004 – 1 AZR 148/03, NZA 2004, 667. ||5 Die Problematik stellt sich bei einheitlicher Fristverlängerung, weil dann auch zu Gunsten des ArbGeb vom TV abgewichen wird; LAG Hess. 11.10.1979 – 11 Sa 253/79, AP Nr. 70 zu § 4 TVG Ausschlussfristen. ||6 Vgl. Wiedemann/*Wank*, § 4 Rz. 743ff. ||7 BAG 4.9.1991 – 5 AZR 647/90, AP Nr. 113 zu § 4 TVG Ausschlussfristen mwN; 4.4.2001 – 4 AZR 242/00, AP Nr. 146 zu § 4 TVG Ausschlussfrist (st. Rspr.); für eine Auslegung nach allg. Regeln BAG 21.4.2010 – 10 AZR 308/09, EzA § 1 TVG Auslegung Nr. 47; Ausnahmen von Ausschlussfristen sind demggü. weit auszulegen, v. 19.11.1968 – 1 AZR 195/68, AP Nr. 39 zu § 4 TVG Ausschlussfristen; *Gamillscheg*, Kollektives Arbeitsrecht I, S. 822; aA ErfK/*Franzen*, § 4 TVG Rz. 49. ||8 BAG 26.9.2007 – 5 AZR 881/06, AP Nr. 8 zu § 1 TVG Tarifverträge: Betonsteingewerbe. Hierzu zählen auch Nachzahlungsansprüche nach § 10 IV AÜG, s. BAG 13.3.2013 – 5 AZR 954/11, NZA 2013, 680. ||9 BAG 20.4.2012 – 9 AZR 504/10, NZA 2012, 982. ||10 Wiedemann/*Wank*, § 4 Rz. 779. ||11 St. Rspr.; zB BAG 22.9.1999 – 10 AZR 839/98, AP Nr. 226 zu § 1 TVG Tarifverträge: Bau; 18.9.2012 – 9 AZR 1/11, NZA 2013, 216. ||12 Jeweils BAG 4.12.1997 – 2 AZR 809/96, NZA 1998, 431. ||13 BAG 15.5.1991 – 5 AZR 271/90, AP Nr. 23 zu § 611 BGB Beschäftigungspflicht. ||14 BAG 14.7.1965 – 4 AZR 358/65, AP Nr. 5 zu § 1 TVG Tarifverträge: BAVAV. ||15 Däubler/*Zwanziger*, § 4 Rz. 1090; JKOS/*Jacobs*, § 7 Rz. 156. ||16 BAG 18.9.2012 – 9 AZR 1/11, NZA 2013, 216. ||17 Bei formularvertragl. Klauseln verlangt das BAG eine Mindestfrist von drei Monaten; BAG 28.9.2005 – 5 AZR 52/05, NZA 2006, 149; 25.5.2005 – 5 AZR 572/04, AP Nr. 1 zu § 310 BGB; 19.3.2008 – 5 AZR 429/07, NZA 2008, 757; vgl. auch *Preis/Roloff*, RdA 2005, 144; *Henssler*, RdA 2002, 129. ||18 Däubler/*Zwanziger*, § 4 Rz. 1197; *Preis/Roloff*, RdA 2005, 144 (150).

TVG § 4 Rz. 80   Wirkung der Rechtsnormen

klagt werden. Str. ist, ob der BR bei rechtsgeschäftlicher Bevollmächtigung die Ansprüche des ArbN geltend machen kann[1]. **LeihArbN** sind an tarifl. Ausschlussfristen, die im Entleiherbetrieb gelten, nicht gebunden[2]. Dies folgt bereits aus dem Wortlaut des § 10 IV AÜG. Ausschlussfristen begründen keine Leistungen des ArbGeb an den LeihArbN, sondern beschneiden seine Ansprüche. Sie werden daher nicht „gewährt". Die richtlinienkonforme Auslegung bestätigt dieses Ergebnis. Ausschlussfristen fallen nach der in der EU-RL 104/2008 enthaltenen abschließenden[3] Aufzählung nicht unter den Begriff der „wesentlichen Arbeitsbedingungen". Sie sind damit Vertragsbedingungen, die nur im Verhältnis des Entleihers zu den StammArbN zur Anwendung kommen.

80 Die erste Frist beginnt regelmäßig – auch ohne ausdrückliche Festlegung – mit der **Fälligkeit** des Anspruchs[4]. Dabei wird in der Rspr. teilweise[5] ein von § 271 BGB abweichender subjektiv geprägter Fälligkeitsbegriff verwendet. Die Fälligkeit iS tarifl. Ausschlussfristen trete nicht ohne Weiteres schon mit der Entstehung des Anspruchs ein. Vielmehr müsse es dem Gläubiger praktisch möglich sein, seinen Anspruch geltend zu machen. Zahlungsansprüche müsse der Gläubiger wenigstens annähernd beziffern können. Andererseits muss der Gläubiger ohne schuldhaftes Zögern die Voraussetzungen für eine solche Bezifferung schaffen[6]. Die Anforderungen richten sich nach den Umständen des Einzelfalles[7]. Für bestimmte Anspruchsarten hat sich eine eigene Rspr. entwickelt[8], so zu Schadensersatzansprüchen des ArbGeb wegen eigener Schäden[9], zu Regressansprüchen des ArbGeb[10], zu Freistellungsansprüchen des ArbN ggü. dem ArbGeb[11], zur Erstattung vom ArbGeb für den ArbN abgeführter LSt[12], zu einer Vertragsstrafe[13] und zu Entgeltforderungen aus einem gem. § 10 I AÜG fingierten Arbeitsvertrag[14]. In der Lit. wird alternativ auf eine Hemmung des Fristlaufs verwiesen, solange der Gläubiger von der Existenz des Anspruchs keine Kenntnis hat[15].

81 Soweit eine Ausschlussfrist auf die **Beendigung** des ArbVerh abstellt, ist damit regelmäßig die rechtl. und nicht die tatsächliche Beendigung des ArbVerh gemeint[16]. Der Lauf der Ausschlussfrist beginnt im Zweifel frühestens mit Fälligkeit des Anspruchs[17]. Eine vorzeitige Geltendmachung ist dadurch nicht ausgeschlossen, allerdings beginnt dann eine tarifvertragl. vorgesehene Bedenkzeit des ArbGeb nicht mit der Geltendmachung, sondern erst mit dem für den Fristlauf vorgesehenen Ereignis[18]. Die fristwahrende Geltendmachung des Anspruchs setzt grds. seinen Bestand voraus[19]. Sofern der Anspruch auf einem ständig gleichen Grundtatbestand beruht, kann eine tarifl. Ausschlussfrist jedoch ausnahmsweise auch durch Geltendmachung des Anspruchs vor dessen Entstehung gewahrt werden[20].

82 Tarifl. Ausschlussfristen verlangen häufig die **schriftl. Form** für die Geltendmachung des Rechts. Nach der Rspr. des BAG ist diese gewahrt, wenn der Anspruch per Telefax geltend gemacht wird[21] (vgl. Rz. 4 zur Einordnung der tarifvertragl. Schriftform als gesetzl. Schriftform), da es sich nicht um eine Willenserklärung handele. St. Rspr. des BAG zufolge ist jedenfalls für den Bereich der privaten Wirtschaft die Erhebung der **Kündigungsschutzklage** je nach Lage des Falles ein ausreichendes Mittel, um die Ansprüche, die während des Kündigungsstreits fällig werden und von dessen Ausgang abhängen, geltend zu machen (Annahmeverzugslohn, Entgeltfortzahlungsansprüche), sofern die einschlägige Verfallklausel nur eine formlose oder schriftl. Geltendmachung verlangt[22]. In derartigen Fällen sei über den Inhalt des Kündigungsschutzbegehrens hinaus das Gesamtziel der Klage zu beachten. Da der ArbN erkennbar die durch die Kündigung bedrohten Einzelansprüche aus dem ArbVerh aufrecht erhalten wolle[23], sei der ArbGeb bei Ausschlussklauseln, die keine bestimmten prozessualen Maßnahmen verlangen, gehörig von dem entsprechenden Willen des ArbN unterrichtet.

83 Bei **zweistufigen Ausschlussklauseln** beginnt die Frist der zweiten Stufe, wenn der Schuldner den Anspruch ablehnt oder sich innerhalb einer Frist nicht äußert. Eine Ablehnung iSd. zweiten Stufe stellt auch der Antrag des ArbGeb auf Abweisung der Kündigungsschutzklage dar[24]. An das Geltendmachen

---

1 Dafür BAG 28.4.2004 – 10 AZR 481/03, AP Nr. 175 zu § 4 TVG Ausschlussfristen; *Krause*, RdA 2004, 106 (113); dagegen *Löwisch/Rieble*, § 1 Rz. 1770.   ‖2 BAG 23.3.2011 – 5 AZR 7/10, NZA 2011, 850.   ‖3 ErfK/*Wank*, § 3 AÜG Rz.13; *Schüren/Wank*, RdA 2011, 1 (4); *Sansone*, Die Gleichstellung von Leiharbeitnehmern nach deutschem und Unionsrecht, 2011, S. 162; aA Thüsing/*Pelzner/Kock*, § 3 AÜG Rz. 69.   ‖4 BAG 18.3.2003 – 9 AZR 44/02, AP Nr. 28 zu § 157 BGB.   ‖5 BAG 16.11.1965 – 1 AZR 160/65; 19.3.1986 – 5 AZR 86/85, AP Nr. 30, 95 zu § 4 TVG Ausschlussfristen. Ausf. Wiedemann/*Wank*, § 4 Rz. 811 ff.   ‖6 Vgl. BAG 19.2.2004 – 6 AZR 664/02, AP Nr. 3 zu § 70 BAT-O.   ‖7 BAG 19.3.1986 – 5 AZR 86/85, AP Nr. 67 zu § 1 LohnFG mwN.   ‖8 Wiedemann/*Wank*, § 4 Rz. 814 ff.   ‖9 Dazu BAG 16.12.1971 – 1 AZR 335/71, AP Nr. 48 zu § 4 TVG Ausschlussfristen.   ‖10 Dazu BAG 17.10.1974 – 3 AZR 4/74; 26.5.1981 – 3 AZR 269/78; 16.5.1984 – 7 AZR 143/81, AP Nr. 55, 71, 85 zu § 4 TVG Ausschlussfristen.   ‖11 Dazu BAG 16.3.1995 – 8 AZR 58/92, AP Nr. 129 zu § 4 TVG Ausschlussfristen mwN.   ‖12 Dazu BAG 20.3.1984 – 3 AZR 124/82, AP Nr. 22 zu § 670 BGB mwN.   ‖13 BAG 7.11.1969 – 3 AZR 303/69, AP Nr. 1 zu § 340 BGB; s. dazu Wiedemann/*Wank*, § 4 Rz. 821 ff.   ‖14 Dazu BAG 27.7.1983 – 5 AZR 579/81, AP Nr. 6 zu § 10 AÜG.   ‖15 *Krause*, RdA 2004, 106 (107 ff.).   ‖16 BAG 30.3.1989 – 6 AZR 769/85, EzA § 4 TVG Ausschlussfristen Nr. 79.   ‖17 BAG 17.10.1974 – 3 AZR 4/74, AP Nr. 55 zu § 4 TVG Ausschlussfristen.   ‖18 BAG 27.3.1996 – 10 AZR 668/95, AP Nr. 134 zu § 4 TVG Ausschlussfristen.   ‖19 BAG 18.9.2012 – 9 AZR 1/11, NZA 2013, 216.   ‖20 BAG 16.1.2013 – 10 AZR 863/11, ZTR 2013, 330.   ‖21 BAG 11.10.2000 – 5 AZR 313/99, AP Nr. 153 zu § 4 TVG Ausschlussfristen.   ‖22 BAG 26.4.2006 – 5 AZR 403/05, AP Nr. 188 zu § 4 TVG Ausschlussfristen; 9.8.1990 – 2 AZR 579/89, AP Nr. 4 zu § 615 BGB mwN; JKOS/*Jacobs*, § 7 Rz. 178.   ‖23 BAG 9.8.1990 – 2 AZR 579/89, AP Nr. 4 zu § 615 BGB mwN.   ‖24 BAG 26.4.2006 – 5 AZR 403/05, AP Nr. 188 zu § 4 TVG Ausschlussfristen; aA noch BAG 11.12.2001 – 9 AZR 510/00, NZA 2002, 816.

von Zahlungsansprüchen stellte die Rspr. bei zweistufigen Ausschlussfristen lange Zeit höhere Anforderungen. Das BAG war der Ansicht, dass die Kündigungsschutzklage hier nicht die gerichtl. Geltendmachung der Zahlungsansprüche ersetze, wie sie für die zweite Stufe verlangt wird[1]. Diese Auffassung war nicht mehr aufrecht zu erhalten, nachdem das BVerfG[2] entschieden hatte, dass der ArbN in seinem Grundrecht auf Gewährung effektiven Rechtsschutzes (Art. 2 I GG iVm. Art. 20 III GG) verletzt ist, wenn er durch die zweistufige tarifl. Ausschlussfrist gezwungen wird, bereits vor Beendigung des Kündigungsschutzprozesses seine Ansprüche auf Annahmeverzugslohn einzuklagen. Da ein solcher Antrag den Streitwert erhöhe, steigere dies das Kostenrisiko des ArbN im Kündigungsschutzprozess. Das erhöhte Kostenrisiko könne dazu führen, dass dem ArbN die Inanspruchnahme gerichtl. Rechtsschutzes nicht mehr als sinnvoll erscheine. Das BAG hat nunmehr klargestellt, dass der ArbN mit Erhebung der Kündigungsschutzklage die Vergütungsansprüche „gerichtlich geltend" macht und damit die zweite Stufe der Ausschlussfrist wahrt[3]. Eine verfassungskonforme Auslegung derartiger Klauseln sei möglich, da ihr Wortlaut nicht verlange, dass die „Vergütung" selbst prozessualer Streitgegenstand sein müsse. Vielmehr sei der Zweck zweistufiger Ausschlussklauseln, dem ArbGeb zeitnah Gewissheit darüber zu verschaffen, welche Vergütungsansprüche der ArbN noch geltend machen werde, auch bei Erhebung einer Kündigungsschutzklage gewahrt[4].

Die Fristen für die **gerichtl.** Geltendmachung sind gem. § 167 ZPO gewahrt, wenn die Zustellung demnächst erfolgt[5]. Sind Fristen für die schriftl. oder mündl. Geltendmachung **ggü. dem ArbGeb** vorgesehen, so ist nach dem BAG § 167 ZPO nicht anzuwenden[6], selbst wenn der ArbN sofort zur Klageerhebung greift. Nachdem der BGH[7] seine Rspr. zum Geltungsbereich des § 167 ZPO geändert hat und die Rückwirkungsfiktion des § 167 ZPO nunmehr auch auf Fristen erstreckt, die ebenso durch private Willenserklärung gewahrt werden können, ist allerdings zweifelhaft, ob das BAG an dieser Rspr. festhalten wird[8]. § 215 BGB ist auf Ausschlussfristen nicht analog anzuwenden[9]. Gleiches gilt für § 174 BGB, wie das BAG zutreffend geklärt hat[10]. 84

Rückwirkungsprobleme ergeben sich, wenn eine tarifl. Regelung nach Entstehen eines Anspruchs erstmals in Kraft tritt oder eine bestehende Regelung ersetzt, sowie dann, wenn auf ein konkretes ArbVerh ein TV auf Grund Koalitionsbeitritts oder einer AVE neu Anwendung findet. Zu unterscheiden ist dabei zwischen dem rückwirkenden Inkrafttreten/der rückwirkenden AVE (zu den insoweit bestehenden Grenzen § 5 Rz. 28) eines TV und dem Einfluss eines nicht selbst rückwirkenden TV auf bereits entstandene Ansprüche. Tritt die Tarifbindung der Parteien eines ArbVerh erst nach Vertragsschluss ein oder erfasst ein TV ein ArbVerh erst nach Vertragsschluss, so werden die bis zum Beginn der Tarifgeltung entstandenen Ansprüche von einer tarifl. Ausschlussklausel jedenfalls dann nicht erfasst, wenn sich die Klausel keine ausdrückliche Rückwirkung beimisst[11]. Soweit eine Rückwirkung angeordnet wird, sind die vom BVerfG entwickelten Grundsätze der Rückwirkung von Rechtsnormen heranzuziehen. Schließt sich die AVE eines TV mit einer Ausschlussfrist an einen zuvor geltenden allgemeinverbindlichen TV mit einer identischen Ausschlussfrist nahtlos an, kann der Lauf der Ausschlussfrist auch vor Veröffentlichung der AVE beginnen. Der ArbN muss dann nämlich damit rechnen, dass im Anschluss an den auslaufenden TV ein neuer mit einer identischen Regelung wieder für allgemeinverbindlich erklärt wird[12]. 85

f) Unzulässige Berufung auf Ausschlussfristen. In Ausnahmefällen kann die Berufung auf Ausschlussfristen gegen Treu und Glauben verstoßen[13]. Gewisse Härten, die für ArbN mit Ausschlussfristen verbunden sind, lassen sich auf diesem Wege vermeiden. Von § 242 BGB erfasst ist insb. das **dolose Verhalten** einer Seite, das die andere Seite davon abhält, ihren Anspruch rechtzeitig geltend zu machen[14]. Auch soweit eine Vertragspartei es pflichtwidrig unterlässt, die andere Partei über ihr zustehende Ansprüche aufzuklären, bleibt ihr die Berufung auf den Ablauf der Frist versagt[15]. Diese Fall- 86

---

1 BAG 8.8.2000 – 9 AZR 418/99, AP Nr. 151 zu § 4 TVG Ausschlussfristen; 9.8.1990 – 2 AZR 579/89, AP Nr. 4 zu § 615 BGB mwN. ‖ 2 BVerfG 1.12.2010 – 1 BvR 1682/07, NZA 2011, 354. ‖ 3 BAG 19.9.2012 – 5 AZR 627/11, NZA 2013, 101; zuvor bereits LAG Düss. 20.5.2011 – 6 Sa 393/11; LAG Hamm 28.9.2011 – 3 Sa 671/11; *Nägele/Gertler*, NZA 2011, 442 (445). ‖ 4 BAG 19.9.2012 – 5 AZR 627/11, NZA 2013, 101. ‖ 5 BAG 16.1.2002 – 5 AZR 430/00, AP Nr. 13 zu § 3 EntgeltFG; *Däubler*, Tarifvertragsrecht, Rz. 1360; JKOS/*Jacobs*, § 7 Rz. 178. ‖ 6 BAG 8.3.1976 – 5 AZR 361/75, AP Nr. 4 zu § 496 ZPO; Wiedemann/*Wank*, § 4 Rz. 851 mwN; aA *G. Hueck*, Anm. AP Nr. 3 zu § 496 ZPO; *Grunsky*, Anm. AP Nr. 4 zu § 345 ZPO. ‖ 7 BGH 17.7.2008 – I ZR 109/05, BGHZ 177, 319; s.a. MüKoZPO/*Häublein*, § 167 Rz. 4 f. ‖ 8 LAG Hamm 10.5.2011 – 14 Ta 106/11; *Nägele/Gertler*, NZA 2010, 1377 (1379f.); HMB/*Gäntgen*, Teil 16 Rz. 75; aA *Gehlhaar*, NZA-RR 2011, 169 (170f.). Auf die Ausschlussfrist des § 15 IV AGG hat das BAG, ohne Auseinandersetzung mit der geänderten Rspr. des BGH, § 167 ZPO nicht angewendet: BAG 21.6.2012 – 8 AZR 188/11, NZA 2012, 1211. ‖ 9 BAG 30.3.1973 – 4 AZR 259/72, AP Nr. 4 zu § 390 BGB (s. dazu GmSOGB v. 12.10.1973 – GmS-OGB 1/73, AP Nr. 5 zu § 390 BGB); Wiedemann/*Wank*, § 4 Rz. 797f. ‖ 10 BAG 14.8.2002 – 5 AZR 341/01, AP Nr. 16 zu § 174 BGB. ‖ 11 BAG 26.9.1990 – 5 AZR 218/90, AP Nr. 109 zu § 4 TVG Ausschlussfristen. ‖ 12 BAG 25.9.1996 – 4 AZR 209/95, AP Nr. 30 zu § 5 TVG. ‖ 13 Auflistung der Einzelfälle bei Kempen/Zachert/*Stein*, § 4 Rz. 700 ff. ‖ 14 BAG 5.6.2003 – 6 AZR 249/02, ZTR 2003, 626; 10.10.2002 – 8 AZR 8/02, AP Nr. 169 zu § 4 TVG Ausschlussfristen (deklaratorisches Schuldanerkenntnis); 20.2.2001 – 9 AZR 46/00, AP Nr. 11 zu § 1 TVG Tarifverträge: Gaststätten. ‖ 15 Bedeutsam ist dies für überzahltes Arbeitsentgelt, *Reinecke*, FS Schaub, 1998, S. 593; BAG 23.5.2001 – 5 AZR 374/99, AP Nr. 25 zu § 812 BGB (Beweislast für Kenntnis der Rechtsgrundlosigkeit der Überzahlung).

gestaltung ist in Bezug zu setzen zum unverschuldeten Fristversäumnis einer Partei (s. dazu Rz. 77). Eine falsche Auskunft über das Bestehen eines Anspruchs soll aber die Berufung auf eine Ausschlussfrist nicht ausschließen[1]. Der Verstoß gegen Treu und Glauben steht einer solchen Berufung nur so lange entgegen, wie der Gläubiger von der Wahrung der Ausschlussfrist abgehalten wird. Nach Wegfall der den Arglisteinwand begründenden Umstände müssen innerhalb einer kurzen, nach den Umständen des Falles sowie Treu und Glauben zu bestimmenden Frist die Ansprüche in der nach dem TV gebotenen Form geltend gemacht werden. Eine neue Ausschlussfrist läuft insoweit nicht; der Anspruch muss binnen kurzer Zeit geltend gemacht werden[2].

87 Die Beurteilung weiterer Fälle, in denen eine Berufung auf eine Ausschlussfrist zweifelhaft ist, ist unsicher. Die Ausschlussfrist soll regelmäßig auch dann gelten, wenn die Verpflichtung zur Bekanntgabe des TV gem. § 8 verletzt wird (vgl. auch Rz. 3 sowie § 8 Rz. 8 ff. zum Schadensersatzanspruch des ArbN)[3]. Ein vergleichbares Problem stellt sich bei einem Verstoß des ArbGeb gegen § 2 I NachwG. Ausschlussfristen sind wesentliche Vertragsbedingungen iSv. § 2 I 1 NachwG[4]. Allerdings reicht bei tarifvertragl. Fristen der allg. Hinweis gem. § 2 I 2 Nr. 10 NachwG aus. Das BAG geht zutreffend davon aus, dass der Verstoß gegen die Nachweispflicht die Berufung auf tarifl. Ausschlussfristen nicht hindert[5]. Gleichwohl kann dem ArbN im Einzelfall ein Schadensersatzanspruch gem. § 280 I BGB zustehen[6]. Unberührt von § 8 TVG und § 2 NachwG bleiben tarifl. Regelungen, welche die Wirksamkeit von Ausschlussfristen an die Bekanntgabe des TV knüpfen[7].

88 Sagt der ArbGeb zu, sich im Hinblick auf einen **Musterprozess** auch in den übrigen Fällen an die dort ergehende Entscheidung zu halten[8], wird man differenzieren müssen: Den Parteien steht es im Rahmen des Günstigkeitsprinzips frei, die Geltung einer tarifl. Ausschlussfrist abzubedingen, soweit sie für Ansprüche des ArbN gilt. Daher muss es auch zulässig sein, den Ablauf der Ausschlussfrist bis zu einer Entscheidung des Musterverfahrens hinauszuschieben. Beruft sich der ArbGeb nachträglich auf die Ausschlussfrist, so bedarf es keines Rückgriffs auf § 242 BGB, da die Frist ohnehin noch nicht verstrichen ist. Hat der ArbGeb dagegen nur einseitig ein bestimmtes Verhalten angekündigt, lassen sich sachgerechte Ergebnisse über das Institut des Rechtsmissbrauchs erzielen.

89 Bei einer persönlichen **Ausnahmesituation des ArbN** (Überforderung) ist dem ArbGeb die Berufung auf eine Ausschlussfrist grds. nicht verwehrt. Die ältere Rspr. sah Einschränkungen vor, wenn die wirtschaftl. Existenz des ArbN gefährdet und der Anspruch unbestritten war[9]. Nicht entschieden ist, ob ein während der Frist bestehender Kündigungsdruck, der den ArbN von der Geltendmachung seiner Ansprüche abhält, dem Anspruchsausschluss entgegenstehen kann[10]. Ob **Urlaub, dessen Inanspruchnahme bislang unmöglich war**, nach Ablauf einer Ausschlussfrist geltend gemacht wird[11], dürfte sich nicht vorrangig nach § 242 BGB richten[12], sondern sich aus der Auslegung der tarifl. Bestimmung ergeben. Das gilt aber nicht für Ansprüche auf Urlaubsgeld[13].

5 *Allgemeinverbindlichkeit*

(1) Das Bundesministerium für Arbeit und Soziales kann einen Tarifvertrag im Einvernehmen mit einem aus je drei Vertretern der Spitzenorganisationen der Arbeitgeber und der Arbeitnehmer bestehenden Ausschuss auf Antrag einer Tarifvertragspartei für allgemeinverbindlich erklären, wenn

1. die tarifgebundenen Arbeitgeber nicht weniger als 50 vom Hundert der unter den Geltungsbereich des Tarifvertrages fallenden Arbeitnehmer beschäftigen und
2. die Allgemeinverbindlicherklärung im öffentlichen Interesse geboten erscheint.

Von den Voraussetzungen der Nummern 1 und 2 kann abgesehen werden, wenn die Allgemeinverbindlicherklärung zur Behebung eines sozialen Notstandes erforderlich erscheint.

(2) Vor der Entscheidung über den Antrag ist Arbeitgebern und Arbeitnehmern, die von der Allgemeinverbindlicherklärung betroffen werden würden, den am Ausgang des Verfahrens interessierten Gewerkschaften und Vereinigungen der Arbeitgeber sowie den obersten Arbeitsbehörden der Länder, auf deren Bereich sich der Tarifvertrag erstreckt, Gelegenheit zur schriftlichen Stellungnahme sowie zur Äußerung in einer mündlichen und öffentlichen Verhandlung zu geben.

---

1 BAG 22.1.1997 – 10 AZR 459/96, AP Nr. 27 zu § 70 BAT. ‖ 2 BAG 13.2.2003 – 8 AZR 236/02, AP Nr. 244 zu § 613a BGB. ‖ 3 BAG 23.1.2002 – 4 AZR 56/01, AP Nr. 5 zu § 2 NachwG; weitere Nachw. bei Wiedemann/*Wank*, § 4 Rz. 792. Aktuell zweifelt jedoch der 4. Senat des BAG am Charakter von § 8 als reiner Ordnungsvorschrift (vgl. § 8 Rz. 9). ‖ 4 BAG 23.1.2002 – 4 AZR 56/01, AP Nr. 5 zu § 2 NachwG; Däubler/*Zwanziger*, § 4 Rz. 1113. ‖ 5 BAG 21.2.2012 – 9 AZR 486/10, NZA 2012, 750; aA LAG Schl.-Holst. 8.2.2000 – 1 Sa 563/99, NZA-RR 2000, 196. ‖ 6 Däubler/*Zwanziger*, § 4 Rz. 1114; zum Schadensersatz als Rechtsfolge eines Nachweisverstoßes vgl. BAG 17.4.2002 – 5 AZR 89/01, AP Nr. 6 zu § 2 NachwG; 5.11.2003 – 5 AZR 676/02, AP Nr. 7 zu § 2 NachwG. ‖ 7 S. zB BAG 11.11.1998 – 5 AZR 63/98, AP Nr. 8 zu § 1 TVG Bezugnahme auf Tarifvertrag. ‖ 8 Wiedemann/*Wank*, § 4 Rz. 793 mwN. S.a. zu veränderten Umständen BAG 18.2.1992 – 9 AZR 611/90, AP Nr. 115 zu § 4 TVG Ausschlussfristen. ‖ 9 RAG v. 27.2.1940 – RAG. 162/39, ARS 38, 355 (362); offen gelassen LAG Berlin 30.1.1978 – 9 Sa 95/77, DB 1979, 120. Krit. *Weyand*, Die tariflichen Ausschlussfristen in Arbeitsrechtsstreitigkeiten, Rz. 312. ‖ 10 S. dazu Wiedemann/*Wank*, § 4 Rz. 795 mwN. ‖ 11 BAG 6.6.1968 – 5 AZR 410/67, AP Nr. 5 zu § 3 BUrlG Rechtsmissbrauch. ‖ 12 So bei Wiedemann/*Wank*, § 4 Rz. 796, 779. ‖ 13 Wiedemann/*Wank*, § 4 Rz. 796.

(3) Erhebt die oberste Arbeitsbehörde eines beteiligten Landes Einspruch gegen die beantragte Allgemeinverbindlicherklärung, so kann das Bundesministerium für Arbeit und Soziales dem Antrag nur mit Zustimmung der Bundesregierung stattgeben.

(4) Mit der Allgemeinverbindlicherklärung erfassen die Rechtsnormen des Tarifvertrages in seinem Geltungsbereich auch die bisher nicht tarifgebundenen Arbeitgeber und Arbeitnehmer.

(5) Das Bundesministerium für Arbeit und Soziales kann die Allgemeinverbindlicherklärung eines Tarifvertrages im Einvernehmen mit dem in Absatz 1 genannten Ausschuss aufheben, wenn die Aufhebung im öffentlichen Interesse geboten erscheint. Die Absätze 2 und 3 gelten entsprechend. Im Übrigen endet die Allgemeinverbindlichkeit eines Tarifvertrages mit dessen Ablauf.

(6) Das Bundesministerium für Arbeit und Soziales kann der obersten Arbeitsbehörde eines Landes für einzelne Fälle das Recht zur Allgemeinverbindlicherklärung sowie zur Aufhebung der Allgemeinverbindlichkeit übertragen.

(7) Die Allgemeinverbindlicherklärung und die Aufhebung der Allgemeinverbindlichkeit bedürfen der öffentlichen Bekanntmachung.

I. Allgemeines	1	2. Vorprüfung	19
1. Sinn und Zweck der Allgemeinverbindlicherklärung	1	3. Bekanntmachung (§ 4 Abs. 1 DVO)	20
2. Rechtstatsächliche Bedeutung	4	4. Einvernehmen des Tarifausschusses	21
3. Rechtsnatur und Verfassungsmäßigkeit	5	5. Entscheidung des Bundesministeriums	24
4. Ergänzende Regelungen durch die DVO TVG	6	6. Bekanntmachung	26
		IV. Beginn und Ende der Allgemeinverbindlicherklärung	27
II. Voraussetzungen der Allgemeinverbindlicherklärung	7	V. Wirkungen der Allgemeinverbindlicherklärung	31
1. Wirksamer Tarifvertrag	7	VI. Rechtsmängel und Rechtsschutz	35
2. 50 vH-Klausel	11	VII. Arbeitnehmer-Entsendegesetz (AEntG)	39
3. Öffentliches Interesse	13	VIII. Mindestarbeitsbedingungengesetz (MiArbG)	40
4. Sozialer Notstand	15	IX. Tariftreueerklärungen	41
III. Verfahren	16		
1. Antrag	16		

I. Allgemeines. 1. Sinn und Zweck der Allgemeinverbindlicherklärung. Die AVE erstreckt die Rechtsnormen eines TV auf die nicht iSv. § 3 kongruent tarifgebundenen ArbGeb und ArbN, die seinem Geltungsbereich unterliegen. Die AVE ist auch die Grundlage für die Erstreckung von Tarifnormen nach § 1 I–III AEntG aF und § 3 I AEntG nF. Nur § 1 IIIa AEntG aF, der 2009 durch § 7 I AEntG nF ersetzt wurde, kommt ohne AVE aus. Die AVE dient in erster Linie dem **sozialen Schutz jener ArbN**[1], die bei **nicht tarifgebundenen ArbGeb beschäftigt** sind und die deshalb trotz ihrer Gewerkschaftszugehörigkeit nicht in den Genuss der zwingenden und unmittelbaren Wirkung der Tarifnormen kommen. Außerdem soll insb. in Krisenzeiten der realen Gefahr entgegengewirkt werden, dass Arbeitsplätze auf Kosten der Organisierten zu untertarifl. Bedingungen mit Außenseitern besetzt werden (Verhinderung sog. „Schmutzkonkurrenz")[2]. 1

Bedeutung erlangt die AVE namentlich für **gemeinsame Einrichtungen** gem. § 4 II wie zB Urlaubs-, Lohnausgleichs- und Zusatzversorgungskassen. Der AVE kommt hier eine wichtige Finanzierungsfunktion zu. Sie wird mit dem Ziel beantragt, die Leistungsfähigkeit der gemeinsamen Einrichtung durch Einbeziehung aller ArbGeb ohne Rücksicht auf ihre Verbandszugehörigkeit zu stärken[3]. 2

Die AVE dient schließlich der Vervollständigung der **Kartellwirkung des TV**. Durch einheitliche Arbeitsbedingungen werden die tarifgebundenen ArbGeb nach wohl hM vor einem Verdrängungswettbewerb durch Konkurrenten geschützt, welche die tarifl. Leistungen nicht erbringen und daher ihre Leistungen bzw. Produkte kostengünstiger anbieten können[4]. Im Interesse der Verbände werden damit zugleich Anreize für einen Austritt der ArbGeb reduziert[5]. Ob § 5 dem Schutz der am TV beteiligten Koalitionen dient, ist umstritten[6]. 3

2. Rechtstatsächliche Bedeutung. Die Zahl der für allgemeinverbindl. erklärten TV sank über viele Jahre beständig und hatte 2006 einen Tiefststand seit 1975 erreicht. Seither lässt sich eine wieder leicht 4

---

1 Im Schrifttum (etwa ErfK/*Franzen*, § 5 TVG Rz. 1 f.) werden bis zu vier Schutzzwecke genannt: Soziale Schutzfunktion, Ordnungsfunktion, Kartellfunktion und Sicherung der gemeinsamen Einrichtungen; ferner Wiedemann/*Wank*, § 5 Rz. 2 ff. Zum Ganzen jüngst *Sittard*, Tarifnormerstreckung, S. 93 ff. ||2 *Gamillscheg*, Kollektives Arbeitsrecht I, S. 884; *Schaub*, ArbRHdb, § 207 I Rz. 1. ||3 Vgl. *Gamillscheg*, Kollektives Arbeitsrecht I, S. 885; HMB/*Sittard*, Teil 7 Rz. 11 ff. ||4 BAG 9.7.2003 – 10 AZR 593/02, AP Nr. 261 zu § 1 TVG Tarifverträge: Bau; *Gamillscheg*, Kollektives Arbeitsrecht I, S. 885; HMB/*Sittard*, Teil 7 Rz. 6, 8; aA BAG 24.1.1979 – 4 AZR 377/77, AP Nr. 16 zu § 5 TVG. ||5 Vgl. BVerwG 3.11.1988 – 7 C 115/86, AP Nr. 23 zu § 5 TVG; vertiefend *Sittard*, Tarifnormerstreckung, S. 112 ff. ||6 Vgl. *Löwisch/Rieble*, § 5 Rz. 15 ff.; *Sittard*, Tarifnormersetzung, S. 112 ff.

ansteigende Tendenz beobachten. Von den rund 68 000 als gültig in das Tarifregister eingetragenen TV waren am 1.4.2013 506 (also 0,74 %) allgemeinverbindl. Eine Liste der allgemeinverbindl. TV ist auf der Homepage des BMAS abrufbar[1]. Die aktuelle Mindestlohndebatte hat zu einer Aufwertung der AVE bzw. der Tarifnormerstreckung nach dem AEntG geführt. Kontinuierlich werden neue Branchen in das AEntG aufgenommen. ArbGeb und ArbN, für die ein TV auf Grund einer AVE verbindlich ist, sowie deren mandatierte Rechtsanwälte können nach § 9 der VO zur Durchführung des TVG (Rz. 6) von einer der TV-Parteien eine Abschrift des TV gegen Erstattung der Selbstkosten (Papier- und Vervielfältigungs- oder Druckkosten sowie das Übersendungsporto) verlangen. Auch das europäische Ausland kennt staatliche Erweiterungen des Geltungsbereichs von TV[2].

5 **3. Rechtsnatur und Verfassungsmäßigkeit.** Die AVE von TV ist im Verhältnis zu den ohne sie nicht tarifgebundenen ArbGeb und ArbN ein **Rechtssetzungsakt eigener Art**[3]. Die früher überwiegend vertretene Einordnung als Verwaltungsakt[4] oder die Annahme einer rechtl. Doppelnatur[5] ist heute überholt. Dem BVerfG zufolge liegt die AVE jedenfalls im Verhältnis zu den nicht tarifgebundenen ArbN[6] ihrer Natur nach zwischen autonomer Regelung und staatl. Rechtssetzung und findet ihre eigenständige Grundlage in Art. 9 III GG. Die AVE kann daher nicht an Art. 80 GG gemessen werden[7]. Dass ArbGeb und ArbN-Außenseiter auf Grund der AVE der Wirkung von Normen unterworfen werden, an deren Entstehung sie nicht einmal mittelbar Anteil haben, wird immer wieder kritisiert[8], liegt aber in der Natur dieses Rechtsinstituts. Das BVerfG hat die Erstreckung der normativen Wirkung durch Abs. 4 für verfassungskonform erklärt[9].

6 **4. Ergänzende Regelungen durch die DVO TVG.** Viele Einzelheiten des Verfahrens, der Erklärung und Beendigung der Allgemeinverbindlichkeit sowie über die Zusammensetzung des Tarifausschusses ergeben sich aus der VO zur Durchführung des Tarifvertragsgesetzes idF der Bekanntmachung v. 16.1.1989 (BGBl. I S. 76, s. Anh. zum TVG). Hierzu ermächtigt § 11 das zuständige Bundesministerium, derzeit also das BMAS; ein inhaltl. Schwerpunkt der DVO liegt dabei in der Konkretisierung des § 5.

7 **II. Voraussetzungen der Allgemeinverbindlicherklärung. 1. Wirksamer Tarifvertrag.** Es muss ein wirksamer TV nach dem TVG vorliegen, dh. sämtliche **formellen und materiellen Voraussetzungen** eines TV müssen erfüllt sein (s. § 1 Rz. 5 ff.). Die AVE kann unwirksame Bestimmungen eines TV nicht heilen[10]. Auch ein nur gem. § 4 V nachwirkender TV kann noch für allgemeinverbindl. erklärt werden[11]. Allerdings haben dann auch die allgemeinverbindl. Tarifnormen nur dispositive Wirkung.

8 Grundlage der AVE ist der TV, wie er von den TV-Parteien abgeschlossen wurde, die AVE ist also akzessorisch zum TV. Eine **Abänderung des Inhalts** steht der anordnenden Behörde nicht zu. Ob nur **einzelne Teile** eines TV für allgemeinverbindl. erklärt werden können, ist bislang nicht abschließend geklärt[12]. Da es hierfür keine gesetzl. Grundlage gibt und das von den Tarifpartnern geschaffene einheitliche und ausgewogene Gefüge auf diese Weise zerstört würde, ist eine nur partielle AVE abzulehnen. Sie kommt nur in Betracht, wenn die Tarifpartner selbst zuvor einvernehml. den TV aufteilen[13]. Auch eine **Erweiterung** des Geltungsbereiches des TV kann über eine AVE nicht erfolgen. So kann eine AVE die Normenwirkung eines TV weder **zeitlich** vorverlagern noch die zwingende Wirkung über das Ende des TV hinaus verlängern (zur Nachwirkung s. Rz. 33).

9 Klauseln, die im Rahmen der AVE den für allgemeinverbindl. erklärten **Geltungsbereich** eines TV – sei es räuml., fachl., betriebl. oder persönl. – **einschränken**, sind dagegen grds. möglich. Sie verändern nicht den TV, sondern beschränken nur den Anwendungsbereich der allgemeinverbindl. Wirkung. Nach allg. Grundsätzen muss jedoch ein sachlicher Grund vorliegen, ferner muss das Bestimmtheitsgebot beach-

---

[1] Bundesministerium für Arbeit und Soziales, Verzeichnis der für allgemeinverbindlich erklärten Tarifverträge, Stand: 1.4.2013 (http://www.bmas.bund.de/Arbeitsrecht). ||[2] Rechtsvergleichend für die EU-Mitgliedstaaten *Rebhahn*, NZA-Beil. 2011, 64 (66) sowie die Länderberichte in *Henssler/Braun*, Arbeitsrecht in Europa, 3. Aufl. 2011. ||[3] BVerfG 24.5.1977 – 2 BvL 11/74, AP Nr. 15 zu § 5 TVG; vgl. auch BVerwG 3.11.1988 – 7 C 115/86, AP Nr. 23 zu § 5 TVG; für den Charakter als Rechtsnorm auch BAG 3.2.1965 – 4 AZR 385/63, AP Nr. 12 zu § 5 TVG; zuletzt BAG 12.5.2010 – 10 AZR 559/09, AP Nr. 320 zu § 1 TVG Tarifverträge: Bau (Rechtssetzungsakt eigener Art); zur Rechtsnatur ausf. Wiedemann/*Wank*, § 5 Rz. 30 ff; HMB/*Sittard*, Teil 7 Rz. 15 ff. ||[4] Vgl. auch *Nikisch*, Arbeitsrecht II, § 87 II 2, 3, S. 492 ff. ||[5] Verwaltungsakt im Verhältnis zu den TV-Parteien und Rechtsnorm im Verhältnis zu den Außenseitern: *Hueck/Nipperdey*, Arbeitsrecht II 1, S. 660. ||[6] Zur Bewertung des BVerfG vgl. einerseits *Schaub*, ArbRHdb, § 207 Rz. 19 und andererseits Wiedemann/*Wank*, § 5 Rz. 42. ||[7] BVerfG 24.5.1977 – 2 BvL 11/74, AP Nr. 15 zu § 5 TVG; BAG 10.10.1973 – 4 AZR 68/73, AP Nr. 13 zu § 5 TVG; 19.3.1975 – 4 AZR 270/74, AP Nr. 14 zu § 5 TVG. ||[8] Dazu *Ansey/Koberski*, AuR 1987, 230 sowie *Zachert*, NZA 2003, 132; gegen eine Absenkung der Voraussetzungen von § 5 TVG das 10. Hauptgutachten der Monopolkommission 1992/1993, BT-Drs. 12/8323 v. 22.7.1994, 380. ||[9] BVerfG 24.5.1977 – 2 BvL 11/74, AP Nr. 15 zu § 5 TVG; 15.7.1980 – 1 BvR 24/74, AP Nr. 17 zu § 5 TVG. ||[10] Wiedemann/*Wank*, § 5 Rz. 53. ||[11] Kempen/Zachert/*Seifert*, § 5 Rz. 42; Däubler/*Lakies*, § 5 Rz. 58; aA *Löwisch/Rieble*, § 5 Rz. 45. ||[12] Dafür: *Löwisch/Rieble*, § 5 Rz. 65; *Sittard*, Tarifnormerstreckung, S. 133 ff.; HMB/*Sittard*, Teil 7 Rz. 34; diff. Däubler/*Lakies*, § 5 Rz. 170 ff.; dagegen: OVG Münster 23.9.1983 – 20 A 842/81, BB 1984, 723 zur Ausklammerung offensichtl. rechtswidriger Klauseln; Wiedemann/*Wank*, § 5 Rz. 59; *Däubler*, Tarifvertragsrecht, Rz. 1271. ||[13] Ohne Einvernehmen greift das von ErfK/*Franzen* (§ 5 TVG Rz. 8) für die Gegenansicht angeführte Argument nicht. Die Gefahr, dass die Aufteilung durch den Minister dem Willen einer Tarifpartei zuwiderläuft, verdeutlicht den Eingriff in die Tarifautonomie, der der Gegenansicht anzulasten ist.

tet werden und die Entscheidung der zuständigen Ministerialbehörde muss sich im Bereich pflichtgemäßen Ermessens halten. Eine Einschränkung des Geltungsbereichs kann zB legitimerweise zur Vermeidung einer Tarifkonkurrenz angeordnet werden[1].

Grds. kann jeder wirksame TV für allgemeinverbindl. erklärt werden. Grenzen bestehen bei TV, die **dynamische Verweisungen** auf andere TV enthalten. Generell werden nachträgliche Veränderungen des TV – und damit auch solche des dynamisch in Bezug genommenen – von der AVE nicht erfasst (Rz. 34). TV über prozessuale Schiedsgerichte können nicht für allgemeinverbindl. erklärt werden, da anderenfalls das Recht auf den gesetzl. Richter verletzt sein könnte[2]. Offen gelassen hat das BAG, ob „Verbandsklauseln" für allgemeinverbindl. erklärt werden können[3]. Verbandsklauseln sind tarifvertragl. Abreden, die Vergünstigungen (zB Freistellungen mit Entgeltfortzahlung) für bestimmte Verbandsangehörige vorsehen (s. § 1 Rz. 109).

2. 50 vH-Klausel. Die tarifgebundenen ArbGeb müssen **mindestens 50 %** der unter den Geltungsbereich des TV fallenden ArbN beschäftigen[4]. Ob die ArbN tarifgebunden sind, ist dabei unerheblich. Verhindert werden soll eine Majorisierung der nicht tarifgebundenen ArbGeb. Zugleich ist das erfüllte Quorum ein Indiz für die „Richtigkeit" des TV[5]. Bei einem **FirmenTV** ist die Voraussetzung folglich in jedem Fall erfüllt, da nur ein Unternehmen in Frage steht und dieses tarifgebunden ist. Allerdings ist eine AVE hier – mangels öffentl. Interesses – nur selten denkbar (Rz. 13). Sind auf ArbGebSeite mehrere Verbände beteiligt, sind die ArbN aller Mitgliedsunternehmen zu addieren. Der zuständigen Behörde obliegt von Amts wegen die Prüfung, ob diese Voraussetzung erfüllt ist. Sie hat dabei die Angaben der beteiligten Verbände über die Zahl ihrer Mitglieder und der im Geltungsbereich des TV beschäftigten ArbN und statistisches Zahlenmaterial von Ämtern, Industrie- und Handelskammern, Handwerkskammern oder der BA auszuwerten. Führt dies zu keinem sicheren Ergebnis, kommt eine sorgfältige Schätzung in Betracht[6]. In jüngster Zeit ist str. geworden, ob auch ArbN mitzuzählen sind, die bei ArbGeb beschäftigt sind, für die speziellere TV gelten[7]. Richtigerweise müssen solche Tarifkonkurrenzen bei der Berechnung des Quorums außer Betracht bleiben. Hat sich ein TV aber in seinem Geltungsbereich wegen ständiger Verdrängung durch andere TV nicht durchgesetzt, so ist unabhängig davon das öffentl. Interesse (Rz. 13) krit. zu hinterfragen[8].

Bei der Berechnung muss beachtet werden, ob die AVE einen ggü. dem betriebl. Geltungsbereich der TV nochmals eingeschränkten Anwendungsbereich hat. Solche **Einschränkungsklauseln** finden sich regelmäßig in AVE, sie werden von vielen Verbänden als Möglichkeit der Mitgliederwerbung begriffen mit dem Argument, dass Mitglieder vor der AVE der TV geschützt werden. Derartige Einschränkungen der AVE ggü. dem betriebl. Geltungsbereich des TV sind zulässig, wenn sie von den TV-Parteien zum Gegenstand ihres Antrags auf AVE gemacht werden; das BMAS darf sich hierüber schon wegen der Bindung an den Antrag nicht hinwegsetzen und die AVE für einen größeren als im Antrag bezeichneten Geltungsbereich aussprechen. Werden solche Einschränkungen beantragt, muss dies auch bei der Ermittlung der Zahlen berücksichtigt werden. Andernfalls könnte das 50 %-Quorum unterlaufen werden, wenn nachträglich – nach Feststellung des 50 %-Quorums für den gesamten Geltungsbereich des TV – im Rahmen der AVE Teilbereiche mit hoher Tarifbindung wieder aus dem Geltungsbereich herausgenommen würden. Schon bei der Zahlenermittlung sind daher diejenigen ArbN herauszurechnen, die bei Betrieben beschäftigt sind, welche nicht Mitglied bei der arbeitgeberseitigen TV-Parteien sind und nach den Einschränkungsklauseln nicht von der AVE erfasst werden. Bei **mehrgliedrigen TV** (§ 1 Rz. 9) ist zu differenzieren: Ist ein einheitlicher TV gewollt, kommt es auf die Gesamtzahl der bei allen Organisierten beschäftigten ArbN an[9]. Sollten mehrere selbständige TV geschlossen werden, ist die Zahl der Beschäftigten im Geltungsbereich des jeweils betroffenen TV ausschlaggebend[10].

Nach Ziff. 2.2 des für die 18. Legislaturperiode geschlossenen Koalitionsvertrags soll in Zukunft auf die Voraussetzung der 50 vH-Klausel verzichtet werden, um eine zeitgemäße Anpassung der AVE an die heutigen Gegebenheiten zu erreichen.

3. Öffentliches Interesse. Die AVE muss **im öffentl. Interesse geboten** erscheinen. Der Begriff des „öffentlichen Interesses" erschließt sich erst, wenn die Funktion der Tarifautonomie und der Zweck der AVE in die Betrachtung einbezogen werden[11]. Die erforderliche Abwägung muss zu dem Ergebnis führen, dass die von den Schutzzwecken gedeckten Vorteile der AVE ihre Nachteile überwiegen[12]. Dabei sind insb. die kollidierenden Interessen der Außenseiter-ArbGeb zu beachten. Unverhältnismäßige Be-

---

1 BAG 26.10.1983 – 4 AZR 219/81, AP Nr. 3 zu § 3 TVG; 20.3.1991 – 4 AZR 455/90, AP Nr. 20 zu § 4 TVG Tarifkonkurrenz; 23.2.2005 – 10 AZR 582/03, AP Nr. 270 zu § 1 TVG Tarifverträge: Bau. ‖ 2 Str.; wie hier *Löwisch/Rieble*, § 5 Rz. 48; für die unbeschränkte Zulässigkeit GMP/*Germelmann*, § 101 ArbGG Rz. 23 f.; *Grunsky*, § 101 ArbGG Rz. 5. ‖ 3 BAG 21.2.2001 – 4 AZR 23/00, AP Nr. 76 zu § 1 TVG Tarifverträge: Einzelhandel. ‖ 4 Zum Zweck der 50 %-Klausel sowie zu Reformvorschlägen *Zachert*, NZA 2003, 132. ‖ 5 So auch HMB/*Sittard*, Teil 7 Rz. 40, der von einer Doppelfunktion ausgeht. ‖ 6 BAG 11.6.1975 – 4 AZR 395/74, AP Nr. 29 zu § 2 TVG. ‖ 7 Vgl. *Sittard*, NZA 2007, 1090; bejahend HMB/*Sittard*, Teil 7 Rz. 48. ‖ 8 *Sittard*, Tarifnormerstreckung, S. 156 ff. ‖ 9 BAG 14.6.1967 – 4 AZR 282/66, AP Nr. 13 zu § 91a ZPO; vgl. auch v. 8.11.2006 – 4 AZR 590/05, NZA 2007, 576. ‖ 10 AA Kempen/*Zachert*/*Seifert*, § 5 Rz. 48; *Sittard*, Tarifnormerstreckung, S. 153 f. ‖ 11 Im Einzelnen *Zachert*, NZA 2003, 132. ‖ 12 *Löwisch/Rieble*, § 5 Rz. 135; *Sittard*, Tarifnormerstreckung, S. 162 ff.

lastungen – etwa durch Beiträge zu gemeinsamen Einrichtungen – dürfen den ArbGeb nicht aufgebürdet werden[1]. Gesamtwirtschaftl. Daten sowie die wirtschaftl. und sozialen Verhältnisse und Eigenarten des Wirtschaftszweiges fließen in die Abwägung ein[2]. Im Umkehrschluss folgt aus Abs. 1 S. 2, dass die das öffentl. Interesse rechtfertigenden Umstände nicht das Gewicht eines sozialen Notstandes erreichen müssen.

Wird – gem. der Zielsetzung des Koalitionsvertrages – zukünftig auf die 50 vH-Klausel verzichtet, ist das Bestehen eines besonderen öffentl. Interesses alleinige Voraussetzung der AVE. Ein solches Interesse soll ausweislich des Koalitionsvertrages insb. dann vorliegen, wenn die Funktionsfähigkeit von gemeinsamen Einrichtungen gesichert werden soll, die AVE die Effektivität der tarifvertragl. Normsetzung gegen die Folgen wirtschaftl. Fehlentwicklung sichert oder die TV-Parteien eine Tarifbindung von mindestens 50 % glaubhaft darlegen. Die 50 vH-Klausel ist damit nach dem Koalitionsvertrag zwar keine Voraussetzung mehr, die kumulativ neben dem öffentl. Interesse vorliegen muss, jedoch kann sie zur Begründung des öffentl. Interesses herangezogen werden.

14 Dem BMAS steht bei seiner Entscheidung zunächst auf der Tatbestandsseite (Vorliegen eines „öffentlichen Interesses") ein gerichtl. nur **eingeschränkt überprüfbarer Beurteilungsspielraum** zu[3]. Auf der Rechtsfolgenseite gewährt § 5 eine Entscheidungsprärogative in Form eines **Verwaltungsermessens** („kann" und „geboten erscheint"). Die Gegenansicht geht von einem einheitlichen normativen Ermessen aus[4]. Unabhängig von dieser Streitfrage hat das BMAS bei der nach pflichtgemäßem Ermessen zu erfolgenden Ausfüllung seines Entscheidungsspielraums auch die Interessen der (Langzeit-)Arbeitslosen zu berücksichtigen, da deren Chancen, einen Arbeitsplatz zu finden, jedenfalls dann verringert werden, wenn der TV keine Öffnungsklausel zugunsten dieser Gruppe (dazu § 4 Rz. 33) vorsieht.

15 **4. Sozialer Notstand. Ausnahmsweise** kann ein TV für allgemeinverbindl. erklärt werden, obwohl die Voraussetzungen des Abs. 1 S. 1 Nr. 1 u. 2 nicht vorliegen[5]. Die AVE muss dann der Behebung eines sozialen Notstandes dienen (§ 5 I 2). Ein solcher Notstand kann auch im Entgeltbereich bestehen. Er kann sich aus rein materiellen Gründen ergeben, wenn die Entgelte so niedrig liegen, dass die ArbN nicht in der Lage sind, ihre notwendigen sozialen und wirtschaftl. Bedürfnisse zu befriedigen[6]. Aber auch gesundheits- oder den Arbeitsfrieden gefährdende Arbeitsbedingungen können einen sozialen Notstand begründen[7]. Die Leistungsfähigkeit der ArbGeb muss auch bei dieser Tatbestandsalternative berücksichtigt werden.

16 **III. Verfahren. 1. Antrag.** Das Verfahren ist in Abs. 2 nur rudimentär geregelt. Einzelheiten ergeben sich aus der Verordnung zur Durchführung des Tarifvertragsgesetzes idF v. 16.1.1989 (Rz. 6, vgl. Anh.). Die AVE muss gem. Abs. 1 von einer TV-Partei **beantragt** werden. Anders als nach § 7 I AEntG nF genügt der Antrag *einer* tarifschließenden Partei. Eine Frist hierfür ist nicht vorgesehen. Der Antrag kann auch erst im Nachwirkungszeitraum des TV gestellt werden[8]. Eine Begründungspflicht besteht nicht, jedoch dürfte sich eine Erläuterung dringend empfehlen. Bei mehrgliedrigen TV, die als Einheit gewollt sind, muss der Antrag von allen Parteien einer Seite gestellt werden. Andernfalls genügt der Antrag eines der beteiligten Verbände. Antragsberechtigt sind nur diejenigen Verbände oder ArbGeb, die den TV unterzeichnet haben. Ein Spitzenverband kann den Antrag somit nur stellen, wenn er selbst den TV in eigenem Namen abgeschlossen hat. Bei einem Handeln in Vertretung für Mitgliedsverbände sind diese antragsbefugt. Zu **Einschränkungsklauseln** vgl. Rz. 12.

17 Häufig treffen die TV-Parteien **schuldrechtl. Vereinbarungen** über den Antrag auf AVE. Geht die Abrede von einer gemeinsamen Antragstellung aus, kann dies unter Umständen so auszulegen sein, dass zwischen den Tarifpartnern zunächst noch eine Einigung über die Antragstellung erzielt werden muss. Da das Gesetz das Antragsrecht jeder TV-Partei gewährt, ist ein vereinbarungswidrig gestellter Antrag gleichwohl wirksam[9]. Dies gilt ebenso für die Vereinbarung, keinen Antrag zu stellen[10]. Der Antrag kann jederzeit zurückgenommen werden.

18 **Adressat** ist das BMAS. Gem. Abs. 6 kann es das Recht zur AVE und zu ihrer Aufhebung für einzelne Fälle an die oberste Arbeitsbehörde eines Landes delegieren. Dies kann nahe liegen, wenn der Geltungsbereich des TV regional begrenzt ist und allenfalls unwesentl. über ein Bundesland hinausgeht (vgl. § 12 DVO). Nach der Übertragung steht dem Bundesministerium kein Weisungsrecht zu. Auch im Falle der Delegation ist der Antrag weiterhin an das Bundesministerium zu richten.

19 **2. Vorprüfung.** Liegen die Voraussetzungen für die AVE **offensichtlich** nicht vor, kann das BMAS den Antrag sofort abweisen (§ 4 II DVO). Denkbar ist dies, wenn ersichtlich die 50 %-Grenze nicht erreicht wird[11].

---

1 ErfK/*Franzen*, § 5 TVG Rz. 17. ||2 Wiedemann/*Wank*, § 5 Rz. 68. ||3 Vgl. BVerwG 3.11.1988 – 7 C 115/86, AP Nr. 23 zu § 5 TVG; BAG 28.3.1990 – 4 AZR 536/89, AP Nr. 25 zu § 5 TVG. ||4 Däubler/*Lakies*, § 5 Rz. 153; *Sittard*, Tarifnormerstreckung, S. 164ff.; HMB/*Sittard*, Teil 7 Rz. 53. ||5 In der Praxis wurde eine AVE noch nie auf einen „sozialen Notstand" gestützt, *Zachert*, NZA 2003, 132. ||6 Wiedemann/*Wank*, § 5 Rz. 77. ||7 Dazu *Straeter*, Die Allgemeinverbindlicherklärung von Tarifverträgen, 1967, S. 55. ||8 Wiedemann/*Wank*, § 5 Rz. 79. ||9 Däubler/*Lakies*, § 5 Rz. 79 mwN. ||10 HMB/*Sittard*, Teil 7 Rz. 22. ||11 *Löwisch/Rieble*, § 5 Rz. 171; *Sittard*, Tarifnormerstreckung, S. 223ff.

3. Bekanntmachung (§ 4 Abs. 1 DVO). Das BMAS macht den Antrag im **Bundesanzeiger** bekannt und 20 weist zugleich zur Begrenzung des Vertrauensschutzes darauf hin, dass die AVE mit Rückwirkung ergehen kann. Es bestimmt dabei eine Frist zur schriftl. Stellungnahme, die mindestens drei Wochen gerechnet vom Tage der Bekanntmachung betragen soll. Der Wortlaut der Bekanntmachung wird den TV-Parteien und den obersten Arbeitsbehörden der Länder, auf deren Bereich sich der TV erstreckt, mitgeteilt (§ 4 I DVO). ArbGeb und ArbN, die von der AVE im Falle ihres Inkrafttretens betroffen wären, können bereits nach Bekanntmachung des Antrags von einer TV-Partei eine Abschrift des TV gegen Erstattung der Selbstkosten verlangen (§ 5 S. 1 DVO; generell zum Anspruch auf eine Abschrift s. Rz. 4).

4. Einvernehmen des Tarifausschusses. Als zusätzliche Hürde verlangt Abs. 1, dass die AVE im Einvernehmen mit dem Tarifausschuss zu erklären ist. Der Tarifausschuss wird vom BMAS errichtet. Er 21 besteht aus je drei Vertretern der Spitzenorganisationen der ArbGeb und der ArbN (§ 1 DVO) und wird von einem Beauftragten des Bundesministeriums geleitet. Seine Mitwirkung stellt sicher, dass die AVE von einem breiten Konsens auf ArbN- und ArbGebSeite getragen wird. Im Anwendungsbereich der Rechtsverordnung nach dem AEntG wurde bislang auf diese zusätzliche Absicherung verzichtet. Nach § 7 V AEntG nF wird der Tarifausschuss nunmehr bei einer erstmaligen Einbeziehung einer Branche in das AEntG beteiligt (dazu Rz. 39 sowie § 7 AEntG Rz. 7). Allerdings ist das Mitwirkungsrecht durch das abgesenkte Mehrheitserfordernis (1/3) entwertet.

Vor der Entscheidung ist ArbGeb und ArbN, die von der AVE betroffen werden, den am Ausgang des 22 Verfahrens interessierten Gewerkschaften und Vereinigungen der ArbGeb sowie den obersten Arbeitsbehörden der Länder, auf deren Bereich sich der TV erstreckt, **Gelegenheit zur schriftl. Stellungnahme** zu geben. Die Beteiligten können an der mündl. und öffentl. Verhandlung des Tarifausschusses teilnehmen und sich mündl. äußern (Abs. 2, § 6 DVO). Eine Missachtung dieser Verfahrensvorschriften dürfte zur Nichtigkeit der AVE führen[1]. Der Koalitionsvertrag für die 18. Legislaturperiode sieht auch bzgl. des Verfahrens eine Neuerung vor: Die TV-Parteien, die den Antrag auf AVE gestellt haben, sollen an den Beratungen und Entscheidungen des Tarifausschusses beteiligt werden. Wie genau dies umgesetzt werden soll, lässt der Koalitionsvertrag offen.

Im Gegensatz zu den Verhandlungen und Anhörungen sind die Beratungen des Tarifausschusses 23 **nicht öffentl.** (§ 2 I DVO). Das Einvernehmen ist erst hergestellt, wenn die AVE mit absoluter Stimmenmehrheit, dh. mit mindestens vier Stimmen, bejaht wird. Der Beauftragte des Ministeriums hat kein Stimmrecht (§ 3 DVO). Die Mitglieder der ArbGebSeite (BDA) können daher bei einer geschlossenen Abstimmung jede AVE – auch gegen den Willen ihres Mitgliedsverbandes – verhindern. Dagegen kann die ArbGebSeite im Verfahren nach § 7 V AEntG nF die Tarifnormerstreckung nicht blockieren. Die Beschlüsse des Ausschusses sind schriftl. niederzulegen und von allen mitwirkenden Tarifausschussmitgliedern zu unterschreiben (§ 3 II DVO). Eine Begründung ist nicht erforderlich.

5. Entscheidung des Bundesministeriums. Ohne **Zustimmung des Tarifausschusses** ist die AVE nicht 24 möglich; das BMAS muss den Antrag ablehnen (Abs. 1, § 7 I DVO). Stimmt der Ausschuss zu, so liegt die endgültige Entscheidung beim BMAS. Es nimmt eine selbständige pflichtgemäße Prüfung des Antrags vor. Selbst wenn es die Voraussetzungen als erfüllt ansieht, kann es sich nach pflichtgemäßem Ermessen gegen die AVE entscheiden, wenn es ihre Zweckdienlichkeit verneint[2]. Die unbestimmten Rechtsbegriffe „öffentliches Interesse" und „sozialer Notstand" eröffnen einen weiten Beurteilungsspielraum[3]. Eine gerichtl. Beanstandung der Behördenentscheidung kommt nur bei wesentlichen Fehlern in Betracht, etwa wenn die Entscheidung in Anbetracht des Zwecks der Ermächtigung in § 5 und der zu berücksichtigenden öffentl. und privaten Interessen – einschl. der Interessen der TV-Parteien – unvertretbar und unverhältnismäßig ist[4]. Die Ablehnung ist allen TV-Parteien und den Mitgliedern des Tarifausschusses unter Angabe von Gründen mitzuteilen.

Legt die oberste Arbeitsbehörde eines beteiligten Landes nach der positiven Stellungnahme des Tarifausschusses **Einspruch** gegen die AVE ein, so kann diese nur mit Zustimmung der Bundesregierung 25 ergehen (**Abs. 3**).

6. Bekanntmachung. Die AVE ist ebenso wie die Ablehnung des Antrags im **Bundesanzeiger** bekannt 26 zu machen (§ 11 DVO). Außerdem wird sie in das Tarifregister (§ 6) eingetragen. Erst mit der konstitutiven Bekanntmachung wird die AVE wirksam. Der für allgemeinverbindl. erklärte TV selbst ist dagegen nicht bekannt zu machen[5]. § 8 TVG und § 9 DVO geben den betroffenen ArbGeb und ArbN zwar die Möglichkeit, von seinem Inhalt Kenntnis zu nehmen. Gleichwohl besteht ein von der Praxis zu Recht

---

1 So nun für das Anhörungserfordernis im AEntG BVerwG 28.1.2010 – 8 C 19.09, NZA 2010, 718; OVG Bln.-Bbg. 18.12.2008 – OVG 1 B 13.08, SAE 2009, 167; *Sittard*, Tarifnormerstreckung, S. 159 ff. ‖ 2 BVerfG 24.5.1977 – 2 BvL 11/74, AP Nr. 15 zu § 5 TVG. ‖ 3 BVerwG 3.11.1988 – 7 C 115/86, AP Nr. 23 zu § 5 TVG zur Entscheidung des Ministers, nicht alle der gemeinsam beantragten TV für allgemeinverbindl. zu erklären; BAG 28.3.1990 – 4 AZR 536/89, AP Nr. 25 zu § 5 TVG zur AVE des TV über die Altersversorgung für Redakteure an Zeitschriften; LAG Berlin 15.9.1997 – 17 Sa 95/96, NZA-RR 1998, 309. ‖ 4 BAG 28.3.1990 – 4 AZR 536/89, AP Nr. 25 zu § 5 TVG; LAG BW 11.7.1989 – 8 Sa 140/88, AfP 1989, 777; ausf. *Sittard*, Tarifnormerstreckung, S. 184 ff. ‖ 5 BAG 3.2.1965 – 4 AZR 385/63, AP Nr. 12 zu § 5 TVG.

beklagtes Transparenzdefizit, das de lege ferenda durch eine Veröffentlichung aller für allgemeinverbindl. erklärten TV im Internet behoben werden sollte[1]. Das BVerfG hat die Veröffentlichungspraxis bereits im Jahre 1977 als rechtsstaatl. bedenklich eingestuft[2]. Auf Grund der durch das Internet erleichterten Publikationsmöglichkeiten erscheint die Verfassungsmäßigkeit der Bekanntmachungspraxis heute erst recht zweifelhaft[3].

27 **IV. Beginn und Ende der Allgemeinverbindlicherklärung.** Mit der Erklärung bestimmt das BMAS im Benehmen mit dem Tarifausschuss den **Zeitpunkt des Beginns** der Allgemeinverbindlichkeit. Dieser liegt, sofern es sich nicht um die Erneuerung oder Änderung eines bereits für allgemeinverbindl. erklärten TV handelt, in aller Regel nicht vor dem Tage der Bekanntmachung des Antrages (§ 7 S. 3 DVO). Der Beginn kann in keinem Fall vor Eintritt der Wirksamkeit des TV liegen, da es insofern an einem TV als Anknüpfungspunkt für die AVE fehlt (Rz. 8).

28 Bei der Anordnung eines rückwirkenden Beginns der Allgemeinverbindlichkeit sind die allg. rechtsstaatl. Grundsätze zur **Rückwirkung** von Normen zu beachten[4]. Entscheidend ist danach, ob der Außenseiter mit der Rückwirkung rechnen musste (Vertrauensschutz). Das ist regelmäßig ab Bekanntmachung des Antrags der Fall[5]. Bei der erstmaligen AVE muss auf die Möglichkeit der Rückwirkung bei der Veröffentlichung des Antrags hingewiesen worden sein[6] (vgl. § 4 I 1 DVO). Die AVE kann auch dann mit Rückwirkung ergehen, wenn der nunmehr erneuerte oder geänderte TV bereits für allgemeinverbindl. erklärt war (vgl. § 7 S. 3 DVO). In diesem Fall bleiben die Grundsätze der Rechtssicherheit und des Vertrauensschutzes gewahrt[7].

29 Die AVE **endet automatisch mit Ablauf** des TV (Abs. 5 S. 3), dh. mit dessen vorgesehenem Zeitablauf, einvernehmliche Aufhebung, ordentl. oder außerordentl. Kündigung[8] bzw. Eintritt einer auflösenden Bedingung oder dem Abschluss eines NachfolgeTV[9]. Die Aufhebung der AVE steht damit zur Disposition der TV-Parteien. Bei mehrgliedrigen TV iS eines EinheitsTV endet sie erst, wenn der TV zwischen allen Beteiligten beendet ist[10]. Handelt es sich um mehrere inhaltsgleiche, aber rechtl. selbständige TV (zur Abgrenzung § 1 Rz. 9), so beendet die Kündigung die AVE nur für den konkret gekündigten TV. Die anderen Verträge bleiben wirksam[11]. Allerdings muss das BMAS prüfen, ob das öffentl. Interesse durch die Kündigung entfallen und die AVE aufzuheben ist. Wird der Ablauf des TV von den TV-Parteien – gem. ihrer Verpflichtung aus § 7 – angezeigt, so ist das Ende der Allgemeinverbindlichkeit bekannt zu machen (§ 11 DVO). Zur Nachwirkung Rz. 33.

30 Gem. Abs. 5 S. 1 kann auch das BMAS die AVE eines TV im Einvernehmen mit dem Tarifausschuss **aufheben**, wenn dies im öffentl. Interesse geboten erscheint. Eines Antrages bedarf es nicht. Entsprechend der Rechtslage bei Erklärung der Allgemeinverbindlichkeit (Rz. 21) hat das Ministerium auch für die Aufhebung einen Beurteilungsspielraum auf der Tatbestandsseite („öffentlichen Interesse") und einen pflichtgemäß auszufüllenden Ermessensspielraum auf der Rechtsfolgenseite („kann"). Für das Verfahren und das Einvernehmen des Tarifausschusses gilt das zur AVE Ausgeführte[12] (vgl. Rz. 16 ff.; § 10 DVO). Das Einvernehmenserfordernis erscheint freilich mit Blick auf die Letztverantwortung des BMAS fragwürdig[13]. Die Aufhebung einer AVE ist jedoch in der Praxis äußerst selten[14].

31 **V. Wirkungen der Allgemeinverbindlicherklärung.** Auf Grund der AVE **erfassen** gem. Abs. 4 die Rechtsnormen des TV in seinem Geltungsbereich (§ 4 Rz. 15 ff.) auch die bisher nicht tarifgebundenen ArbGeb und ArbN. Darin erschöpft sich die Wirkung; der Anwendungsbereich wird – anders als zB nach dem AEntG – nicht erweitert. Die Wirkung tritt unabhängig von der Kenntnis der Vertragsparteien von der AVE ein[15]. Findet der TV auf Grund der AVE auf Vertragspartner Anwendung, die bereits kraft beiderseitiger Tarifbindung einem anderen TV unterstehen, liegt ein Fall von **Tarifkonkurrenz** vor (§ 4 Rz. 47 ff.)[16]. Einen allg. Vor- oder Nachrang des für allgemeinverbindl. erklärten TV gibt es nach hM nicht[17]. Vielmehr gilt das **Spezialitätsprinzip**[18], das freilich nicht immer zu eindeutigen Ergebnissen führt, da die Normen des für allgemeinverbindl. erklärten TV im Verhältnis zum konkurrierenden TV teils speziell, teils allgemeiner sein können (vgl. § 4 Rz. 51 f.). Ein FirmenTV wird dagegen stets als speziell anzusehen sein.

---

1 Vgl. Kempen/Zachert/*Seifert*, § 5 Rz. 70f. ||2 BVerfG 24.5.1977 – 2 BvL 11/74, AP Nr. 15 zu § 5 TVG. ||3 *Sittard*, Tarifnormerstreckung, S. 310. ||4 BAG 21.8.2007 – 3 AZR 102/06, DB 2007, 2850; 3.11.1982 – 4 AZR 1255/79, AP Nr. 18 zu § 5 TVG; 25.9.1996 – 4 AZR 209/95, AP Nr. 30 zu § 5 TVG. ||5 BAG 3.11.1982 – 4 AZR 1255/79, AP Nr. 18 zu § 5 TVG. ||6 BAG 3.11.1982 – 4 AZR 1255/79, AP Nr. 18 zu § 5 TVG; 20.3.2013 – 10 AZR 744/11, NJOZ 2013, 1230. ||7 BAG 21.8.2007 – 3 AZR 102/06, DB 2007, 2850; 25.9.1996 – 4 AZR 209/95, AP Nr. 30 zu § 5 TVG, wonach kein Vertrauensschutz besteht, wenn bereits der erneuerte TV die Beantragung der AVE vorsah. ||8 BAG 8.11.2006 – 4 AZR 590/05, NZA 2007, 576. ||9 BAG 17.1.2006 – 9 AZR 41/05, AP Nr. 40 zu § 1 TVG Bezugnahme auf Tarifvertrag. ||10 *Däubler*, Tarifvertragsrecht, Rz. 1277. ||11 BAG 8.11.2006 – 4 AZR 590/05, NZA 2007, 576. ||12 Vgl. HMB/*Sittard*, Teil 7 Rz. 80, der Zweifel an der Verfassungsmäßigkeit hinsichtlich des Einvernehmens äußert. ||13 *Löwisch/Rieble*, § 5 Rz. 202; *Sittard*, Tarifnormerstreckung, S. 283 ff. ||14 HMB/*Sittard*, Teil 7 Rz. 80. ||15 BAG 16.9.1983 – 3 AZR 206/82, AP Nr. 131 zu § 1 TVG Auslegung zur Kenntnis einer Verfallklausel. ||16 AA *Sittard*, Tarifnormerstreckung, S. 234 ff., der die AVE von vornherein nicht auf bereits kongruent tarifgebundene ArbVerh anwendet. ||17 AA *Löwisch/Rieble*, § 4 Rz. 288 (Vorrang des mitgliedschaftl. legitimierten TV); *Müller*, DB 1989, 1970 (Vorrang der AVE). ||18 BAG 26.1.1994 – 10 AZR 611/92, AP Nr. 22 zu § 4 TVG Tarifkonkurrenz; 25.7.2001 – 10 AZR 599/00, EzA § 4 TVG Tarifkonkurrenz Nr. 15.

Die AVE erfasst **alle Rechtsnormen** des TV, dh. Inhalts-, Abschluss- und Beendigungsnormen, Normen über gemeinsame Einrichtungen, betriebl. und betriebsverfassungsrechtl. sowie prozessuale Normen[1]. Nicht betroffen von der AVE ist der schuldrechtl. Teil des TV. Abs. 4 erwähnt ausdrücklich nur die Rechtsnormen. 32

Nach Beendigung der Allgemeinverbindlichkeit wirken die Tarifnormen auch für die Außenseiter gem. § 4 V nach[2]. Die **Nachwirkung** endet durch eine andere Abmachung. Für Außenseiter wird die Nachwirkung allerdings nicht durch das Inkrafttreten eines neuen TV beendet, sondern erst durch die AVE dieses TV[3]. Das BMAS hat aber die Möglichkeit, die Nachwirkung des TV in der AVE auszuschließen; andernfalls könnte es zu einer „Endlosbindung" der Außenseiter an den nachwirkenden TV kommen[4]. Auch der allgemeinverbindl. TV selbst kann eine andere Abmachung iSv. § 4 V darstellen und somit einen nur nachwirkenden TV ablösen[5]. 33

Werden die tarifvertragl. Bestimmungen **geändert**, so sind die neuen Bestimmungen nicht allgemeinverbindl. Es ist eine erneute AVE erforderlich. Bis zu dieser gelten die ursprüngl. Bestimmungen kraft Nachwirkung weiter[6]. 34

VI. Rechtsmängel und Rechtsschutz. Nicht geklärt ist, ob **Rechtsmängel** einer AVE nur deren Anfechtbarkeit oder deren Nichtigkeit nach sich ziehen. Insoweit wirkt der Meinungsstreit über die Rechtsnatur der AVE fort. Sieht man in ihr einen ggü. allen Betroffenen einheitlich zu beurteilenden Rechtsetzungsakt (Rz. 5)[7], so müssen alle formellen und materiellen Mängel zur Nichtigkeit führen[8]. Betroffen sind Mängel wie fehlender Antrag (Abs. 1 S. 1), fehlende Möglichkeit zur Stellungnahme (Abs. 2), fehlendes Einvernehmen des Tarifausschusses (Abs. 1 S. 1), unterbliebene Zustimmung der Breg. in den Fällen des Abs. 3 oder Ermessensfehler. Auch das Fehlen eines wirksamen TV führt zur Nichtigkeit. Die AVE geht bzgl. der unwirksamen Normen ins Leere. 35

Auch in der Frage des **Rechtsschutzes** gehen die Meinungen auseinander. Will sich eine TV-Partei gegen die Ablehnung des Antrags auf AVE wehren, steht ihr der **Verwaltungsrechtsweg** offen[9]. Gegen eine Anfechtungsklage gem. § 42 I VwGO spricht, dass Klageziel die Vornahme der AVE ist. Da es sich bei der AVE nicht um einen Verwaltungsakt iSv. § 35 VwVfG handelt, überzeugt auch der Verpflichtungsklage nicht. Richtige Klageart ist vielmehr die allg. Leistungsklage **auf Normerlass** (str.)[10]. Nach der Rspr. des BVerwG ist zwar – mit Rücksicht auf den Gestaltungsspielraum des Normgebers – für Normerlassklagen die Feststellungsklage der statthafte Rechtsbehelf[11]. Auf § 5 lässt sich diese Überlegung jedoch nicht übertragen, weil sich der Behörde wegen der Bindung an den Inhalt des TV nur ein geringerer Spielraum bietet. Nach einer etwaigen Erledigung ist allerdings die Feststellungsklage gem. § 43 VwGO einschlägig[12], ebenso wenn eine **bereits erfolgte AVE** von einer TV-Partei beanstandet wird[13]. Klagegegner ist die Bundesrepublik Deutschland vertreten durch das BMAS, soweit dieses für die AVE zuständig ist (also insb. bei länderübergreifenden TV), sonst das jeweilige Bundesland, vertreten durch dessen oberste Arbeitsbehörde. 36

Koalitionen, die **nicht** am Verfahren **beteiligt** waren, steht nach der Rspr. des BVerwG die allg. Feststellungsklage gegen eine AVE zu, wenn sie durch deren Erlass in ihren Rechten verletzt sein könnten[14]. Das feststellungsfähige Rechtsverhältnis liege in dem konkreten Meinungsstreit darüber, ob eine Befugnis zum Erlass der AVE bestand und ob diese die Koalitionsfreiheit des Verbands aus Art. 9 III GG unzulässig verkürzt. Auch die nicht unmittelbar an die AVE gebundene Koalition könne nach Ergehen der AVE ihre Zielvorstellungen hinsichtlich des Inhalts von ihr angestrebter TV nur noch in eingeschränktem Maße verfolgen. So könnte ein von ihr noch abzuschließender TV von dem für allgemeinverbindl. erklärten TV verdrängt werden und dann keine Gestaltungswirkung zugunsten ihrer Mitglieder entfalten. Auch die **Arbeitsvertragsparteien**, deren ArbVerh. von der AVE erfasst werden, können gegen diese nach der aktuellen Rspr. des BVerwG sowie einzelner Instanzgerichte im Wege der Feststellungsklage vorgehen[15]. Da die AVE unmittelbar Rechte und Pflichten der Arbeitsvertragsparteien begründet und kein weiterer Vollzug erforderlich ist, besteht auch in dieser Konstellation ein feststellungsfähiges Rechtsverhältnis. Die **Klagebefugnis** folgt auch hier aus einer möglichen Beeinträchtigung der durch Art. 9 III GG gewährleisteten Koalitionsfreiheit. Darüber hinaus dürfte für die Arbeitsvertragsparteien 37

---

1 BAG 19.3.1975 – 4 AZR 270/74, AP Nr. 14 zu § 5 TVG zu Zuständigkeitsvereinbarungen. ‖ 2 BAG 19.1.1962 – 1 AZR 147/61, AP Nr. 11 zu § 5 TVG; 27.11.1991 – 4 AZR 211/91, AP Nr. 22 zu § 4 TVG Nachwirkung; aA *Sittard*, Tarifnormerstreckung, S. 287 ff. mwN. ‖ 3 BAG 27.11.1991 – 4 AZR 211/91, AP Nr. 22 zu § 4 TVG Nachwirkung; 25.10.2000 – 4 AZR 212/00, AP Nr. 38 zu § 4 TVG Nachwirkung. ‖ 4 *Löwisch/Rieble*, § 5 Rz. 72; ErfK/*Franzen*, § 5 TVG Rz. 10. ‖ 5 BAG 15.11.2006 – 10 AZR 665/05, NZA 2007, 448. ‖ 6 Vgl. Wiedemann/*Wank*, § 5 Rz. 118 ff. ‖ 7 Etwa BVerfG 24.5.1977 – 2 BvL 11/74, AP Nr. 15 zu § 5 TVG; BVerwG 3.11.1988 – 7 C 115/86, AP Nr. 23 zu § 5 TVG; Wiedemann/*Wank*, § 5 Rz. 49 f. ‖ 8 *Löwisch/Rieble*, § 5 Rz. 210 ff.; Däubler/*Lakies*, § 5 Rz. 157 ff. ‖ 9 BVerwG 3.11.1988 – 7 C 115/86, AP Nr. 23 zu § 5 TVG. ‖ 10 Teilw. wird auch die Feststellungsklage bevorzugt, *Mäßen/Mauer*, NZA 1996, 121 (122); *Duken*, NVwZ 1993, 546 (547 f.). ‖ 11 BVerwG 4.7.2002 – 2 C 13/01, NVwZ 2002, 1505; so auch *Düwell*, NZA-Beil. 2011, 80 (81). ‖ 12 BVerwG 3.11.1988 – 7 C 115/86, AP Nr. 23 zu § 5 TVG. ‖ 13 Str.; wie hier OVG Münster 23.9.1983 – 20 A 842/81, AfP 1984, 176; Wiedemann/*Wank*, § 5 Rz. 171; *Löwisch/Rieble*, § 5 Rz. 236 ff. ‖ 14 BVerwG 28.1.2010 – 8 C 19/09, NZA 2010, 718 (zum AEntG); 28.1.2010 – 8 C 38/09, NZA 2010, 1137. ‖ 15 BVerwG 28.01.2010 – 8 C 19/09, NZA 2010, 718 (zum AEntG); VG Düss. 16.11.2010 – 3 K 8653/08, ZTR 2011, 87 m. Anm. *Sittard*, ZTR 2011, 131.

auch Art. 12 GG einschlägig sein[1]. Schließlich ist für eine Klage sowohl einer Arbeitsvertragspartei als auch einer Koalition die Feststellungsklage **nicht nach § 43 II VwGO subsidiär**[2], da eine Anfechtungs- oder Verpflichtungsklage mangels Verwaltungsaktqualität der AVE ausscheidet (Rz. 36). Auf eine Incidenter-Prüfung nach § 2 Ib Nr. 1 ArbGG iVm. § 9 müssen sich die Koalitionen nicht verweisen lassen.

38 Die Wirksamkeit der AVE kann bei Rechtsstreitigkeiten zwischen Normunterworfenen inzident durch die ArbG überprüft werden[3]. Das Gericht muss zwar grds. von Amts wegen prüfen, ob die AVE als Rechtsnorm wirksam zustande gekommen ist. In eine Detailprüfung der Voraussetzungen muss es aber nur eintreten, wenn der Parteivortrag oder andere augenfällige Umstände hierzu Veranlassung geben[4]. Wurde ein TV für allgemeinverbindl. erklärt, so spricht der erste Anschein für die Rechtmäßigkeit der AVE[5] – dabei handelt es sich aber nicht um eine Vermutung im Rechtssinne.

39 **VII. Arbeitnehmer-Entsendegesetz (AEntG).** Besonderheiten gelten seit Inkrafttreten des AEntG v. 26.2.1996[6] für die von diesem Gesetz erfassten Branchen. Im Laufe der 16. Legislaturperiode wurde das ursprünglich auf das Bauhaupt- und Baunebengewerbe beschränkte[7] AEntG auf das Gebäudereinigerhandwerk und Briefdienstleistungen ausgedehnt, bevor mit Gesetz v. 20.4.2009 sodann eine grundlegende Novellierung erfolgte und die Sicherheitsdienstleistungen, die Bergbauspezialarbeiten auf Steinkohlebergwerken, die Wäschereidienstleistungen im Objektkundenbereich, die Abfallwirtschaft (einschl. Straßenreinigung und Winterdienst) sowie die Aus- und Weiterbildungsdienstleistungen nach dem SGB II und III aufgenommen wurden[8]. Die Grundvariante der Tarifnormerstreckung nach diesem Gesetz findet sich in § 3 AEntG. Voraussetzung ist die AVE des jeweiligen TV. Parallel dazu ermächtigt § 7 AEntG in verfassungsrechtl. bedenklicher Weise[9] das BMAS bzw. die BReg., durch **Rechtsverordnung** ohne Zustimmung des Bundesrates zu bestimmen, dass die Rechtsnormen des entsprechenden TV auf alle unter den Geltungsbereich dieses TV fallenden und nicht tarifgebundenen ArbGeb und ArbN Anwendung finden. Im Unterschied zu nach § 5 erstreckten TV gehen nach dem AEntG erstreckte TV-Normen konkurrierenden TV unabhängig von der Spezialität vor (§ 8 II AEntG). Die Bedenken des OVG Berlin-Brandenburg[10] gegen die Vorrangwirkung von nach dem AEntG erstreckten TV-Normen in Hinblick auf das Bestimmtheitsgebot des Art. 80 I GG sind durch die Neufassung der Vorschrift ausgeräumt[11]. Voraussetzung für die Rechtsverordnung ist ein *gemeinsamer* Antrag auf Erlass einer AVE. Durch § 7 I 2 AEntG wird das Tatbestandsmerkmal des öffentl. Interesses gem. Abs. 1 S. 1 Nr. 2 in Bezug genommen. Insoweit gilt das oben (Rz. 13) Gesagte, wobei die Vorrangwirkung ggü. anderen TV (und damit der Eingriff in Art. 9 III GG) in die Abwägung einbezogen werden muss. Das 50 %-Quorum des Abs. 1 greift hier nicht. Der Tarifausschuss ist für den Rechtsverordnungserlass – anders als bei § 5 – nur bei einer erstmaligen Einbeziehung einer Branche in das AEntG zu beteiligen (§ 7 V AEntG), wobei schon die Zustimmung eines Drittels der Mitglieder genügt. Eine echte Kontrollfunktion kommt der Einbeziehung des Ausschusses damit nicht zu. Eine Sonderregelung enthält das AEntG für die Pflegebranche (§§ 10 ff. AEntG), für die eine paritätisch besetzte Kommission Mindestarbeitsbedingungen vorschlagen kann, die ebenfalls durch Rechtsverordnung für allgemeinverbindl. erklärt werden können. Zu Einzelheiten s. die Komm. zum AEntG.

40 **VIII. Mindestarbeitsbedingungengesetz (MiArbG).** Mit Gesetz v. 22.4.2009 wurde als Ergänzung zum TVG und zum AEntG das MiArbG aus dem Jahr 1952 reaktiviert[12], das jedoch bisher nicht angewandt wurde[13]. Über dieses Gesetz können Mindestentgelte in Wirtschaftszweigen festgesetzt werden, in denen bundesweit die an TV gebundenen ArbGeb weniger als 50 % der unter den Geltungsbereich dieser TV fallenden ArbN beschäftigen. Der Begriff des Wirtschaftszweigs dürfte dem im Tarifrecht gebräuchlichen Begriff der Branche entsprechen[14]. Die Quote von weniger als 50 % der ArbN muss sich nach § 1 II MiArbG – anders als das Quorum des § 5 I TVG – nicht auf *einen* TV beziehen, sondern stellt auf die Bindung aller ArbN an (unterschiedliche) TV im Wirtschaftszweig ab. Ungeklärt ist, ob die TV Regelungen zum Entgelt enthalten müssen, um im Rahmen von § 1 II MiArbG Berücksichtigung zu finden[15]. Über das „Ob" der staatl. Mindestentgelte entscheidet der sog. Hauptausschuss (§§ 2, 3 MiArbG). Die konkrete Ausgestaltung (insb. die Höhe) der branchenspezifischen Mindestentgelte obliegt den Fachaus-

---

1 *Sittard*, ZTR 2011, 131. ‖ 2 BVerwG 28.1.2010 – 8 C 19/09, NZA 2010, 718 (zum AEntG); 28.1.2010 – 8 C 38/09, NZA 2010, 1137; VG Düss. 16.11.2010 – 3 K 8653/08, ZTR 2011, 87. ‖ 3 BAG 22.9.1993 – 10 AZR 371/92, AP Nr. 2 zu § 1 TVG Tarifverträge: Gerüstbau; 21.3.1973 – 4 AZR 225/72, AP Nr. 12 zu § 4 TVG Geltungsbereich. ‖ 4 BAG 19.3.1975 – 4 AZR 270/74, AP Nr. 14 zu § 5 TVG zum bloß pauschalen Bestreiten der 50 %-Hürde sowie des Vorliegens eines öffentl. Interesses; 24.1.1979 – 4 AZR 377/77, AP Nr. 16 zu § 5 TVG. ‖ 5 LAG Hamm 20.12. 1991 – 18 Sa 247/91, LAGE § 5 TVG Nr. 2. ‖ 6 BGBl. I S. 227. ‖ 7 Die Pläne der rot-grünen BReg. in der 15. Wahlperiode, den Anwendungsbereich des AEntG durch Aufhebung der Baubereichsbeschränkung auf alle Branchen auszuweiten – vgl. BT-Drs. 362/05 – sind dem Grundsatz der Diskontinuität zum Opfer gefallen. ‖ 8 BGBl. I S. 799; dazu *Willemsen/Sagan*, NZA 2008, 1216 ff. (noch zum Gesetzentwurf); *Löwisch*, RdA 2009, 215 ff.; *Sittard*, NZA 2009, 346 ff.; *Sodan/Zimmermann*, NJW 2009, 2001 ff.; *Preis/Greiner*, ZfA 2009, 825 ff. ‖ 9 Vgl. zur Vorgängervorschrift des § 1 IIIa AEntG *Badura*, FS Söllner, 2000, S. 111 (118); *v. Danwitz*, RdA 1999, 322. Das BVerfG hat die Bedenken nicht geteilt: BVerfG 18.7.2000 – 1 BvR 948/00, AP Nr. 4 zu § 1 AEntG. ‖ 10 OVG Bln.-Bbg. 18.12.2008 – OVG 1 B 13.08, SAE 2009, 167. ‖ 11 Ausführl. *Sittard*, Tarifnormerstreckung, S. 435 ff.; krit. zur Vorgängerfassung auch *Büdenbender*, RdA 2000, 191 ff. ‖ 12 BGBl. I S. 818. ‖ 13 *Hanau*, NZA 2012, 825 (830); HMB/*Sittard*, Teil 7 Rz. 182. ‖ 14 *Sittard*, Tarifnormerstreckung, S. 440 f. ‖ 15 Dafür *Löwisch*, RdA 2009, 215, 217; dagegen *Sittard*, Tarifnormerstreckung, S. 440 f.

schüssen (§§ 4–6 MiArbG). Auch die Mindestentgelte nach dem MiArbG werden durch Rechtsverordnung der BReg. verbindlich. Bislang ist aber keine Verordnung nach dem MiArbG erlassen worden. Nach § 8 I MiArbG gehen die Mindestentgelte konkurrierenden TV grds. vor. Allerdings enthält § 8 II MiArbG eine – verfassungs- wie europarechtl. bedenkliche[1] – Bestandsschutzregelung für TV, die vor dem 16.7.2008 geschlossen wurden, sowie für deren NachfolgeTV.

IX. Tariftreueerklärungen. In einigen Bundesländern (zB aus jüngerer Zeit Berlin[2], Schleswig-Holstein[3] und Saarland[4]), nicht dagegen auf Bundesebene[5] sind in der Vergangenheit Tariftreue- oder Vergabegesetze verabschiedet worden. Sie konkretisieren – mit Unterschieden im Detail – die Vergabe öffentl. Aufträge gem. § 97 GWB. Der Kern solcher Regelungen besteht in einer Bindung des öffentl. Auftraggeber. Sie dürfen öffentl. Aufträge (vor allem Bauleistungen) nur an Unternehmen vergeben, die sich verpflichteten, ihren ArbN bei der Ausführung der Leistung zumindest die am Ort der Leistungsausführung einschlägigen tarifl. Bedingungen zu gewähren[6]. Im Gegensatz zur AVE und zum Verfahren nach dem AEntG hat der Staat die „Erstreckung" der TV-Normen nicht selbst in der Hand, sondern verweist quasi dynamisch auf einschlägige TV[7]. Das BVerfG hat das Berliner Vergabegesetz für verfassungskonform erklärt[8], weil die Tariftreueregelung weder die Koalitions- noch die Berufsfreiheit berühre. Der EuGH hat dagegen in der Rechtssache „Rüffert" für die niedersächsische Tariftreueregelung einen Verstoß gegen die EntsendeRL 96/71/EG und gegen die Dienstleistungsfreiheit (Art. 49 EG; jetzt Art. 56 AEUV) bejaht[9]. Als Reaktion auf diese Entscheidung haben die Bundesländer ihre Tariftreueregelungen aufgehoben[10] bzw. angepasst[11]. Der allg. Trend zu Tariftreuegesetzen wurde durch die EuGH- Rspr. nicht gebremst. In Nordrhein-Westfalen ist neu zum 1.5.2012 das Gesetz über die Sicherung von Tariftreue und Sozialstandards sowie fairem Wettbewerb bei der Vergabe öffentlicher Aufträge (Tariftreue- und Vergabegesetz NRW/TVgG-NRW)[12] in Kraft getreten. Öffentl. Aufträge dürfen in Nordrhein-Westfalen seither nur noch an Unternehmen vergeben werden, die im Rahmen einer Verpflichtungserklärung garantieren, dass sie ihren Beschäftigten mindestens einen Stundenlohn iHv 8,62 Euro zahlen (§ 4 Abs 3 TVgG-NRW). Dies entspricht der seinerzeit untersten Entgeltgruppe des in Nordrhein-Westfalen gültigen TV für den öffentl. Dienst (TVöD-Land-West)[13].

6 Tarifregister
Bei dem Bundesministerium für Arbeit und Soziales wird ein Tarifregister geführt, in das der Abschluss, die Änderung und die Aufhebung der Tarifverträge sowie der Beginn und die Beendigung der Allgemeinverbindlichkeit eingetragen werden.

I. Normzweck. Das Tarifregister soll die Informationsinteressen des für Arbeit zuständigen Bundesministeriums über den Entwicklungsstand der tarifl. Arbeitsbedingungen und das rechtsstaatl. gebotene Publizitätsinteresse befriedigen[14]. Ein entsprechender Bedarf besteht, weil das TVG keine öffentl. Bekanntmachung von TV-Normen gebietet. Die begrenzte Publizität der TV-Normen, die zusätzlich durch § 8 TVG (Pflicht der ArbGeb zur Auslegung einschlägiger TV im Betrieb) sowie § 2 I Nr. 10 NachwG abgesichert ist, genügt nach der Rspr. des BVerfG den verfassungsrechtl. Anforderungen des Rechtsstaatsprinzips[15]. Allerdings stellt sich in Zeiten des Internets die Frage, ob nicht eine Veröffentlichung zumindest der allgemeinverbindl. TV verfassungsrechtl. geboten ist.

II. Zuständigkeit. Das Tarifregister wird nach dem Wortlaut des § 6 bei dem **Bundesministerium für Arbeit und Soziales (BMAS)**[16] geführt. Daneben können auch die obersten Arbeitsbehörden der Länder Tarifregister aufbauen[17] – dies ist durchweg geschehen[18]. Eintragungen in ein **Landestarifregister** ersetzen aber die nach § 6 vorgeschriebene Eintragung in das Register beim BMAS nicht. Auch die **Spitzenorganisationen der Sozialpartner** (BDA[19] und DGB[20]) unterhalten eigene Tarifregister, um ihre Mitglie-

---

1 Vgl. *Thüsing*, ZfA 2008, 590 (610); *Löwisch*, RdA 2009, 215 (221); *Sittard*, NZA 2009, 346 (351). ‖ 2 Berliner Ausschreibungs- und VergabeG (BerlAVG) v. 8.7.2010, GVBl. S. 399. ‖ 3 Tariftreue und VergabeG Schleswig-Holstein (TTG) v. 31.5.2013 GVOBl. Schl.-Holst. S. 239. ‖ 4 Das G über die Vergabe öffentlicher Aufträge und zur Sicherung von Sozialstandards im Saarland v. 15.9.2010 Amtsbl. I S. 1378 ist mWz. 22.3.2013 durch das Saarländische Tariftreuegesetz – STTG v. 6.2.2013, Amtsbl. I S. 84 ersetzt worden. ‖ 5 Ein entsprechendes Gesetz (vgl. BT-Drs. 14/7796) ist 2002 am Widerstand des Bundesrats gescheitert. ‖ 6 Ausf. Wiedemann/*Thüsing*, Anh. 2 zu § 5. ‖ 7 Zu den verschiedenen Gestaltungen vgl. Wiedemann/*Thüsing*, Anh. 2 zu § 5 Rz. 21 ff. ‖ 8 BVerfG 11.7.2006 – 1 BvL 4/00, AP Nr. 129 zu Art. 9 GG; dazu *Rieble*, NZA 2007, 1; *Preis/Ulber*, NJW 2007, 465. ‖ 9 EuGH 3.4.2008 – Rs. C-346/06, NZA 2008, 537; hierzu *Rödl*, EuZW 2011, 292. ‖ 10 Vgl. hierzu *Thüsing/Granetzny*, NZA 2009, 183. ‖ 11 Dazu Thüsing/Braun/*Thüsing*, 1. Kap Rz. 87 ff.; *Hoffmann*, RdA 2010, 351. ‖ 12 G v. 10.1.2012, GVBl. S. 17; für dessen Verfassungsmäßigkeit Dieterich/*D. Ulber*, ZTR 2013, 179; krit. *Greiner*, ZfA 2012, 483. ‖ 13 Dazu *Pöttering*, PuR 2012, 51. ‖ 14 Vgl. *Lindena*, DB 1988, 1114 (1115). ‖ 15 BVerfG 24.5.1977 – 2 BvL 11/74, AP Nr. 15 zu § 5 TVG; 10.9.1991 – 1 BvR 561/89, AP Nr. 27 zu § 5 TVG; BAG 28.3.1990 – 4 AZR 536/89, AP Nr. 25 zu § 5 TVG. Krit. *Gröbing*, AuR 1982, 116 (118). ‖ 16 Kontakt: Bundesministerium für Arbeit und Soziales, Mohrenstr. 62, 11017 Berlin, E-Mail: info@bmas.bund.de. ‖ 17 Vgl. die Wertung des § 7 I 2; ErfK/*Franzen*, § 6 TVG Rz. 4. ‖ 18 Vgl. auch zu den Kontaktadressen Kempen/Zachert/*Zeibig/Zachert*, § 6 Rz. 10. ‖ 19 Dazu *Lindena*, CR 1989, 951 ff. ‖ 20 In den WSI-Mitteilungen wird jährlich das beim Wirtschafts- und Sozialwissenschaftlichen Institut des DGB geführte Tarifarchiv ausgewertet.

der jederzeit über den Inhalt von TV informieren zu können. Zumeist legen zudem die **ArbG** bzw. LAG TV-Sammlungen mit der Möglichkeit zur Einsichtnahme an.

3 **III. Grundlage und Ablehnung der Eintragung, Prüfungsrecht und Rechtsschutz. Grundlage für die Eintragungen in das Tarifregister** sind ausschließl. die durch § 7 des Gesetzes geforderten Mitteilungen der TV-Parteien. Das BMAS ist grds. verpflichtet, die ihm bekannt gewordenen eintragungsfähigen Angaben in das Tarifregister aufzunehmen (**Eintragungspflicht**). Die Amtspflicht des BMAS, das Tarifregister richtig zu führen, ist nicht drittgerichtet, so dass ein **Amtshaftungsanspruch** nach Art. 34 GG, § 839 BGB **ausscheidet**[1].

4 Ein inhaltl. **Prüfungsrecht** iS einer allg. Rechtmäßigkeitskontrolle steht dem BMAS nicht zu[2]. Da das BMAS aber lediglich verpflichtet ist, rechtl. existente TV im Tarifregister zu vermerken, kann es die Eintragung verweigern, sofern die angemeldete Vereinbarung nicht die Voraussetzungen für einen TV im Rechtssinne erfüllt (Bsp.: fehlende Tariffähigkeit oder Tarifzuständigkeit einer Partei)[3].

5 Weigert sich das BMAS, einen TV einzutragen, steht den TV-Parteien grds. der **Rechtsweg** zu den **VerwG** offen (allg. Leistungsklage)[4]. Sofern die Eintragung aus tarifrechtl. Gründen (fehlende Tariffähigkeit oder Tarifzuständigkeit) unterbleibt, ist das arbeitsgerichtl. Beschlussverfahren nach § 9 TVG iVm. § 2a I Nr. 4 ArbGG – ggf. unter Aussetzung nach § 97 V ArbGG – durchzuführen[5].

6 **IV. Inhalt.** In das Tarifregister einzutragen sind der Abschluss, die Änderung und die Aufhebung der TV sowie der Beginn und die Beendigung der Allgemeinverbindlichkeit (§ 6). Einzelheiten der Eintragung regeln die §§ 14–16 der VO zur Durchführung des TVG (DVO TVG)[6]. Nach § 14 DVO TVG werden die TV bei der Eintragung in das Tarifregister durch die Angabe der TV-Parteien, des Geltungsbereichs sowie des Zeitpunktes ihres Abschlusses und ihres Inkrafttretens bezeichnet. Der Wortlaut des TV ist dagegen nicht Gegenstand der Eintragung (arg. e contrario). Die Ur- oder Abschriften der dem BMAS nach § 7 I 1 übersandten TV sind aber als Anlage zum Tarifregister aufzubewahren. Nur auf diese Weise kann die jederzeitige Einsichtnahme in die registrierten TV (§ 16 S. 1 DVO TVG) ermöglicht werden[7].

7 **V. Wirkung der Eintragung.** Die Eintragung im Tarifregister entfaltet **keine materiellen tarifrechtl. Wirkungen**. Sie begründet oder beeinträchtigt die Rechtswirksamkeit von TV, ihren Änderungen oder Aufhebungen nicht[8]. Dem Tarifregister kommt anders als etwa dem Handelsregister **keine** positive oder negative **Publizitätswirkung** zu. Unrichtige Eintragungen bleiben ohne rechtl. Wirkungen[9]. Dementsprechend sagt die Eintragung oder Nichteintragung im Tarifregister nichts darüber aus, ob ein TV von tariffähigen Partnern abgeschlossen wurde[10]. Verträge von als nicht tariffähig erkannten Parteien sind aber zu löschen.

8 Auch die **Rechtswirkungen einer AVE** bleiben von der Eintragung oder Nichteintragung im Tarifregister unberührt[11]. Die von § 5 VII des Gesetzes geforderte öffentl. Bekanntmachung meint diejenige im Bundesanzeiger, nicht diejenige im Tarifregister. Nach § 15 II DVO TVG „sollen" die in den §§ 4 I, 11 DVO TVG genannten Bekanntmachungen lediglich in das Tarifregister eingetragen werden[12]. Aus rechtsstaatl. Sicht ist die Publizität der AVE allerdings unbefriedigend.

9 **VI. Einsichts- und Auskunftsansprüche.** Nach § 16 S. 1 DVO TVG ist die **Einsicht des Tarifregisters** sowie **der registrierten TV** jedem gestattet. Das Einsichtsrecht erstreckt sich sowohl auf die Eintragung im Tarifregister als auch auf die im Tarifarchiv verwahrten TV. Der Einsichtnehmende darf auf eigene Kosten Notizen und Kopien anfertigen[13].

10 Das BMAS erteilt auf Anfrage **Auskunft über die Eintragungen** (§ 16 S. 2 DVO TVG). Dem Bürger steht gegen das BMAS ein Auskunftsanspruch zu, der sich allerdings nur auf die Eintragung im Tarifregister, nicht aber auf den Inhalt der registrierten TV erstreckt. Die Auskunft kann schriftl. oder mündl. erteilt werden. Einen Anspruch auf Erteilung einer kostenlosen Abschrift sieht die VO nicht mehr vor[14]. Einsichts- und Auskunftsansprüche gegen das BMAS können im Wege der **allg. Leistungsklage** vor den VerwG geltend gemacht werden[15].

---

1 *Löwisch/Rieble*, § 6 Rz. 17. ||2 Vgl. dazu *Löwisch/Rieble*, § 6 Rz. 18; Wiedemann/*Oetker*, § 6 Rz. 12. AA *Nikisch*, Arbeitsrecht II, § 77 II 3, S. 360. ||3 *Löwisch/Rieble*, § 6 Rz. 18; Wiedemann/*Oetker*, § 6 Rz. 13. ||4 Däubler/*Reinecke*, § 6 Rz. 22; *Däubler*, Tarifvertragsrecht, Rz. 1293; *Löwisch/Rieble*, § 6 Rz. 19; Wiedemann/*Oetker*, § 6 Rz. 10. ||5 Däubler/*Reinecke*, § 6 Rz. 23; Kempen/Zachert/*Zeibig/Zachert*, § 6 Rz. 24; *Löwisch/Rieble*, § 6 Rz. 20; Wiedemann/*Oetker*, § 6 Rz. 14. ||6 VO zur Durchführung des TVG idF der Bekanntmachung v. 16.1.1989, BGBl. 1989 I S. 76; s. Anh. nach § 13. Vgl. zur Technik der Registrierung Boedler/Keiser, BArbBl. 1979, 9/22 ff.; *Schelp*, BArbBl. 1964, 212 (215 ff.). ||7 *Lindena*, DB 1988, 1114 (1115); Kempen/Zachert/*Zeibig/Zachert*, § 6 Rz. 26; Wiedemann/*Oetker*, § 6 Rz. 16. ||8 Allg. Ansicht; vgl. nur BAG 16.5.1995 – 3 AZR 535/94, AP Nr. 15 zu § 4 TVG Ordnungsprinzip; 14.11.2001 – 10 AZR 698/00, EzA § 4 TVG Tarifkonkurrenz Nr. 16; Kempen/Zachert/*Zeibig/Zachert*, § 6 Rz. 21; *Lindena*, DB 1988, 1114 (1115); Wiedemann/*Oetker*, § 6 Rz. 25. ||9 BAG 5.11.1997 – 4 AZR 872/95, AP Nr. 29 zu § 1 TVG; 6.6.2000 – 1 ABR 10/99, AP Nr. 55 zu § 2 TVG. ||10 BAG 6.6.2000 – 1 ABR 10/99, AP Nr. 55 zu § 2 TVG. ||11 Hueck/*Nipperdey*, Arbeitsrecht II/1, S. 500; Däubler/*Reinecke*, § 6 Rz. 19; Wiedemann/*Oetker*, § 6 Rz. 26; Kempen/Zachert/*Zeibig/Zachert*, § 6 Rz. 20. ||12 Wiedemann/*Oetker*, § 6 Rz. 26. ||13 *Löwisch/Rieble*, § 6 Rz. 14; Wiedemann/*Oetker*, § 6 Rz. 30. ||14 Wiedemann/*Oetker*, § 6 Rz. 33. ||15 Wiedemann/*Oetker*, § 6 Rz. 36; Däubler/*Reinecke*, § 6 Rz. 32; Kempen/Zachert/*Zeibig/Zachert*, § 6 Rz. 27.

Übersendungs- und Mitteilungspflicht　　　　　　　　　　　　　　　　　　　　Rz. 5 § 7 TVG

Koalitionsmitglieder können den Wortlaut des TV von ihren Verbänden anfordern (**Auskunftsanspruch auf Grund der Mitgliedschaft**)[1]. ArbGeb und ArbN, für die der TV infolge einer **AVE** maßgeblich ist, können von einer der TV-Parteien eine Abschrift des TV gegen Erstattung der Selbstkosten verlangen (§ 9 I 1 DVO TVG). Gleiches gilt für ÄnderungsTV (§§ 9 I 2, 5 S. 2 DVO TVG). Selbstkosten sind die Papier- und Vervielfältigungs- oder Druckkosten sowie das Übersendungsporto (§§ 9 I 2, 5 S. 3 DVO TVG). Ansprüche gegen die TV-Parteien bestehen nicht, sofern die TV nur kraft vertragl. Verweisung gelten[2]. § 15 I DVO TVG erlegt dem BMAS ergänzend die Pflicht auf, die TV-Parteien von der Eintragung der AVE, der Aufhebung der Allgemeinverbindlichkeit sowie von der Eintragung ihrer Mitteilungen über das Außerkrafttreten und über die Änderung allgemeinverbindl. TV zu benachrichtigen. 11

7 Übersendungs- und Mitteilungspflicht

(1) Die Tarifvertragsparteien sind verpflichtet, dem Bundesministerium für Arbeit und Soziales innerhalb eines Monats nach Abschluss kostenfrei die Urschrift oder eine beglaubigte Abschrift sowie zwei weitere Abschriften eines jeden Tarifvertrages und seiner Änderungen zu übersenden; sie haben ihm das Außerkrafttreten eines jeden Tarifvertrages innerhalb eines Monats mitzuteilen. Sie sind ferner verpflichtet, den obersten Arbeitsbehörden der Länder, auf deren Bereich sich der Tarifvertrag erstreckt, innerhalb eines Monats nach Abschluss kostenfrei je drei Abschriften des Tarifvertrages und seiner Änderungen zu übersenden und auch das Außerkrafttreten des Tarifvertrages innerhalb eines Monats mitzuteilen. Erfüllt eine Tarifvertragspartei die Verpflichtungen, so werden die übrigen Tarifvertragsparteien davon befreit.

(2) Ordnungswidrig handelt, wer vorsätzlich oder fahrlässig entgegen Absatz 1 einer Übersendungs- oder Mitteilungspflicht nicht, unrichtig, nicht vollständig oder nicht rechtzeitig genügt. Die Ordnungswidrigkeit kann mit einer Geldbuße geahndet werden.

(3) Verwaltungsbehörde im Sinne des § 36 Abs. 1 Nr. 1 des Gesetzes über Ordnungswidrigkeiten ist die Behörde, der gegenüber die Pflicht nach Absatz 1 zu erfüllen ist.

I. Normzweck. Die den TV-Parteien auferlegte Übersendungs- und Mitteilungspflicht verfolgt einen dreifachen Zweck: Zunächst soll das zuständige Bundesministerium (BMAS) in die Lage versetzt werden, das in § 6 normierte Tarifregister zu führen (zum Normzweck des § 6 dort Rz. 1)[3]. Gleiches gilt für die obersten Arbeitsbehörden der Länder, die ebenfalls Tarifregister führen dürfen (dazu § 6 Rz. 2). Außerdem sollen die Arbeitsbehörden auf Grund der Kenntnis der TV die arbeitsmarktpolitischen Auswirkungen der Tarifabschlüsse abschätzen und ihre Sozialpolitik darauf abstimmen können[4]. Schließlich soll über die Arbeitsbehörden des Bundes und der Länder auch den Gerichten und Behörden der Zugriff auf die von ihnen zu beachtenden tarifvertragl. Rechtsnormen erleichtert und gesichert werden[5]. Ergänzt wird die Vorschrift durch § 63 ArbGG (Übersendung von Urteilen in TV-Sachen). 1

II. Übersendungs- und Mitteilungspflicht. Die in Abs. 1 normierten Pflichten sind **öffentl.-rechtl. Natur**[6]. Die TV-Parteien sind verpflichtet, dem BMAS innerhalb eines Monats nach Abschluss kostenfrei die Urschrift oder eine beglaubigte Abschrift sowie zwei weitere Abschriften eines jeden TV und seiner Änderungen zu übersenden (Abs. 1 S. 1 Hs. 1). Das Außerkrafttreten eines TV haben sie innerhalb eines Monats mitzuteilen (Abs. 1 S. 1 Hs. 2). Eine vergleichbare Mitteilungspflicht obliegt den TV-Parteien nach Abs. 1 S. 2 ggü. den obersten Arbeitsbehörden jener Länder, deren Gebiet der räumliche Geltungsbereich des TV betrifft. 2

Gegenstand der Übersendungspflicht sind die TV selbst, die in Bezug genommenen TV und inhaltl. Änderungen, nicht hingegen Vorverträge oder sonstige kollektivvertragl. Abreden[7]. Die schriftl. oder mündlich[8] zu erfüllende **Mitteilungspflicht** erstreckt sich auf den Umstand und den Zeitpunkt des Außerkrafttretens eines TV[9] sowie auf den Wechsel einer TV-Partei[10]. Ein abgeschlossener Aufhebungsvertrag ist demggü. nicht mitzuteilen, sondern zu übersenden[11]. 3

Sofern die Übersendung einer **beglaubigten Abschrift** gefordert ist, bedarf es nicht der Form des § 42 BeurkG; es genügt, dass die TV-Parteien die Übereinstimmung der Abschrift mit der Urschrift bestätigen[12]. Die Berechnung der jeweils vorgesehenen **Monatsfrist** richtet sich gem. § 31 VwVfG nach den §§ 187, 188 und 193 BGB. 4

III. Verpflichtete. Die Übersendungs- oder Mitteilungspflicht trifft die **TV-Parteien** (vgl. § 1 Rz. 5), die den betroffenen TV geschlossen haben. Das sind die beteiligten Gewerkschaften und die Vereinigungen der ArbGeb. Bei FirmenTV tritt an die Stelle des ArbGebVerbandes der ArbGeb (vgl. § 2 I). Schließt eine Spitzenorganisation einen TV im eigenen Namen (vgl. § 2 III), ist sie als TV-Partei Adressat der 5

---

1 *Löwisch/Rieble*, § 6 Rz. 2. ‖ 2 *Löwisch/Rieble*, § 6 Rz. 4. ‖ 3 Vgl. *Löwisch/Rieble*, § 7 Rz. 2. ‖ 4 ErfK/*Franzen*, § 7 TVG Rz. 1. ‖ 5 *Löwisch/Rieble*, § 7 Rz. 2. ‖ 6 Vgl. BAG 16.5.1995 – 3 AZR 535/94, AP Nr. 15 zu § 4 TVG Ordnungsprinzip; *Hueck/Nipperdey*, Arbeitsrecht II/1, S. 501; *Schelp*, BArbBl. 1964, 212 (213). ‖ 7 Wiedemann/*Oetker*, § 7 Rz. 6f.; Däubler/*Reinecke*, § 7 Rz. 3. ‖ 8 Vgl. Wiedemann/*Oetker*, § 7 Rz. 10; Däubler/*Reinecke*, § 7 Rz. 7. ‖ 9 Wiedemann/*Oetker*, § 7 Rz. 8. Str. ist, ob auch der Zeitablauf befristeter Verträge mitzuteilen ist, dafür Wiedemann/*Oetker*, § 7 TG Rz. 8. ‖ 10 So Wiedemann/*Oetker*, § 7 Rz. 7. ‖ 11 Wiedemann/*Oetker*, § 7 Rz. 8; *Löwisch/Rieble*, § 7 Rz. 6. ‖ 12 *Löwisch/Rieble*, § 7 Rz. 2; Wiedemann/*Oetker*, § 7 Rz. 9.

Pflichten; wird sie im fremden Namen tätig (vgl. § 2 II), verbleibt die Pflicht beim vertretenen Verband[1]. Ist die TV-Partei eine **natürliche** (ArbGeb) oder **juristische Person** bzw. eine **rechtsfähige Personenvereinigung** (GbR, OHG, KG, n. eV), so obliegen ihr selbst die genannten Pflichten[2].

6   **IV. Erfüllung der Pflicht durch eine Tarifvertragspartei.** Die Übersendungs- und Mitteilungspflicht trifft grds. jede beteiligte TV-Partei. Erfüllt aber eine TV-Partei die Verpflichtung, werden die übrigen Vertragspartner befreit (Abs. 1 S. 3), weil der Zweck der Norm bereits erreicht ist[3]. Die Befreiungswirkung tritt indes für eine TV-Partei nicht schon dann ein, wenn die Parteien vereinbart haben, dass der andere Vertragspartner der Übersendungs- und Mitteilungspflicht nachkommen soll[4].

7   **V. Durchsetzung. 1. Verwaltungsvollstreckung.** Kommen die TV-Parteien den ihnen obliegenden Pflichten nicht nach, können die Arbeitsbehörden die Mitteilungspflicht nach den VwVG des Bundes oder der Länder durchsetzen[5].

8   **2. Ordnungswidrigkeit.** Eine Ordnungswidrigkeit begeht, wer der ihm obliegenden Übersendungs- oder Mitteilungspflicht nach Abs. 1 vorsätzlich oder fahrlässig nicht, unrichtig, nicht vollständig oder nicht rechtzeitig genügt (Abs. 2 S. 1). Voraussetzung ist eine **schuldhafte Pflichtverletzung**, die dann ausscheiden kann, wenn nach einer zwischen den TV-Parteien geschlossenen Vereinbarung die andere Partei für die Übersendung oder Mitteilung verantwortl. sein sollte[6].

9   Ist die TV-Partei eine **juristische Person**, sind deren Organe für die begangene Ordnungswidrigkeit verantwortlich (§ 9 I Nr. 1 OWiG); entsprechendes gilt für die vertretungsberechtigten Gesellschafter einer **Personenhandelsgesellschaft** oder **BGB-Gesellschaft** (§ 9 I Nr. 2 OWiG) bzw. die satzungsmäßigen Vertreter **nicht eingetragener Vereine**[7]. Nach § 30 OWiG kann die Buße aber auch gegen die juristische Person, die Personengesellschaft oder den nicht eingetragenen Verein festgesetzt werden.

10 Die **Höhe der Geldbuße** liegt gem. § 17 OWiG bei vorsätzlichem Verstoß zwischen 5 und 1 000 Euro, bei fahrlässigem Verstoß zwischen 5 und 500 Euro. Für die **Verfolgung der Ordnungswidrigkeit** zuständig (vgl. § 36 I Nr. 1 OWiG) ist nach Abs. 3 das BMAS, sofern die verletzte Pflicht nach Abs. 1 ihm ggü. zu erfüllen war, ansonsten die obersten Arbeitsbehörden der Länder.

11 **VI. Schadensersatzanspruch.** Ein Schadensersatzanspruch **der Tarifunterworfenen** lässt sich aus einer Verletzung der Übersendungs- und Mitteilungspflicht nicht herleiten, weil § 7 lediglich eine Ordnungsvorschrift ist[8]. Die Wirksamkeit des TV wird durch die Verletzung der Pflichten aus § 7 ebenfalls nicht berührt[9].

8 *Bekanntgabe des Tarifvertrages*
Die Arbeitgeber sind verpflichtet, die für ihren Betrieb maßgebenden Tarifverträge an geeigneter Stelle im Betrieb auszulegen.

1   **I. Normzweck.** Die Pflicht zur Auslegung von TV im Betrieb dient zunächst dazu, den nicht öffentl. bekannt gemachten TV-Normen die rechtsstaatl. gebotene Publizität zu verschaffen[10]. Insofern ergänzt die Vorschrift die Bestimmungen des § 6 (Tarifregister; zum Normzweck des § 6 dort Rz. 1) und des § 2 I Nr. 10 NachwG, der auf der EG-NachweisRL[11] beruht. Teilweise wird auch ein Individualschutz der ArbN anerkannt, die durch die Auslegung der geltenden TV eine zusätzliche Möglichkeit erhalten, von ihren tarifvertragl. festgeschriebenen Rechten Kenntnis zu nehmen (zu weiteren Auskunftsmöglichkeiten § 6 Rz. 9 ff.)[12].

2   **II. Gegenstand der Auslegung.** Die Auslegungspflicht betrifft die für den Betrieb maßgebenden TV. **Maßgebend** sind nur solche TV, an die der ArbGeb und zumindest ein ArbN nach § 3 I gebunden sind[13], sowie die für allgemeinverbindl. erklärten TV (vgl. § 9 II DVO TVG).

3   Auszulegen ist der **gesamte TV**, dh. sowohl der schuldrechtl. als auch der normative Teil, nicht hingegen Vereinbarungen der TV-Parteien ohne TV-Charakter iSd. § 1 I[14]. Die Auslegungspflicht gilt auch

---

1 Vgl. ausf. Wiedemann/*Oetker*, § 7 Rz. 15 ff.; Däubler/*Reinecke*, § 7 Rz. 2. ||2 Der Fall einer nicht rechtsfähigen Personenvereinigung (Mitteilungspflicht der nach Satzung oder Gesellschaftsvertrag zur Vertretung berufenen Personen) ist nicht mehr relevant, Wiedemann/*Oetker*, § 7 Rz. 15 f. ||3 Däubler/*Reinecke*, § 7 Rz. 2. ||4 Löwisch/*Rieble*, § 7 Rz. 8; Wiedemann/*Oetker*, § 7 Rz. 20. ||5 Vgl. Löwisch/*Rieble*, § 7 Rz. 11; Wiedemann/*Oetker*, § 7 Rz. 21 f. ||6 Löwisch/*Rieble*, § 7 Rz. 12; Wiedemann/*Oetker*, § 7 Rz. 23 f. ||7 Vgl. näher Wiedemann/*Oetker*, § 7 Rz. 26 ff. ||8 ErfK/*Franzen*, § 7 TVG Rz. 4. ||9 BAG 16.5.1995 – 3 AZR 535/94, AP Nr. 15 zu § 4 TVG Ordnungsprinzip; ErfK/*Franzen*, § 7 TVG Rz. 4. ||10 Allg. M., vgl. nur BAG 10.11.1982 – 4 AZR 1203/79, AP Nr. 8 zu § 1 TVG Form m. Anm. *Mangen*; 23.1.2002 – 4 AZR 56/01, AP Nr. 5 zu § 2 NachwG; Hueck/*Nipperdey*, Arbeitsrecht II/1, S. 502; Wiedemann/*Oetker*, § 8 Rz. 3; aA Däubler/*Reinecke*, § 8 Rz. 4. ||11 RL 91/533/EWG über die Pflicht des ArbGeb zur Unterrichtung des ArbN über die für seinen Arbeitsvertrag oder sein ArbVerh geltenden Bedingungen, ABl. 1991 L 288/32. Dazu *Lörcher*, AuR 1994, 450 (454). ||12 LAG Nds. 9.6.1952 – Sa 251/52, RdA 1953, 237; *Däubler*, Tarifvertragsrecht, Rz. 1294; *Koch*, FS Schaub, 1998, S. 421 (428 f.); Wiedemann/*Oetker*, § 8 Rz. 4. AA BAG 23.1.2002 – 4 AZR 56/01, AP Nr. 5 zu § 2 NachwG. ||13 *Däubler*, Tarifvertragsrecht, Rz. 1295; Löwisch/*Rieble*, § 8 Rz. 10; *Lindena*, DB 1988, 1114 (1115); *Bunte*, RdA 2009, 21 (24); aA Däubler/*Reinecke*, § 8 Rz. 8; Wiedemann/*Oetker*, § 8 Rz. 14; Kempen/Zachert/Zeibig/*Zachert*, § 8 Rz. 8; JKOS/*Schubert*, § 3 Rz. 37 f. ||14 Ebenso Löwisch/*Rieble*, § 8 Rz. 13a, 15; Wiedemann/*Oetker*, § 8 Rz. 9; Däubler/*Reinecke*, § 8 Rz. 6.

für solche TV-Normen, auf die ein TV Bezug nimmt[1]. Andernfalls wird der Zweck des § 8, die ArbN über ihre tarifl. Arbeitsbedingungen zu informieren, nicht vollständig erreicht[2].

Enthält eine arbeitsvertragl. Klausel eine Bezugnahme auf tarifvertragl. Normen, ist § 8 nicht anwendbar; der ArbGeb ist bei dieser schuldrechtl. Tarifbindung aber auf Grund seiner Fürsorgepflicht zur Bekanntgabe auf Nachfrage verpflichtet[3]: Für Bezugnahmen in BV gilt § 77 II 3 BetrVG. § 2 I 2 Nr. 10 NachwG verpflichtet den ArbGeb nur zu einem schriftl. Hinweis auf den TV, nicht dagegen zur Bekanntgabe des Inhaltes des TV (etwa einer Ausschlussfrist) und auch nicht zur Auslegung im Betrieb (vgl. § 2 NachwG Rz. 41)[4].

III. Anforderungen an die Auslegung. § 8 betrifft nicht die allg. Pflicht des ArbGeb, die TV bekannt zu machen, sondern die konkrete Verpflichtung, diese im Betrieb auszulegen[5]. Die Verpflichtung kann durch ein „Auslegen", durch „Aushängen", zB am für allg. Mitteilungen vorgesehenen schwarzen Brett, aber auch etwa durch Bekanntgabe im hauseigenen Intranet, zu dem alle ArbN Zugang haben[6], erfüllt werden. Der ArbGeb bestimmt nach pflichtgemäßem Ermessen den Ort der Auslegung („geeignete Stelle im Betrieb"), an dem allerdings für sämtliche ArbN eine Kenntnisnahme mühelos möglich sein muss[7]. Diese Voraussetzungen sind – praktischen Bedürfnissen Rechnung tragend – auch bei einer Auslegung in der Personalverwaltung oder beim BR gegeben, sofern hierauf in geeigneter Weise (zB im Arbeitsvertrag oder durch Aushang) hingewiesen wird[8]. Das im Schrifttum[9] in der Vergangenheit vereinzelt geforderte Recht auf eine unbefangene Kenntnisnahmemöglichkeit besteht demggü. nicht. Die Auslegung in **deutscher Sprache** genügt auch dann, wenn ausländische ArbN beschäftigt werden[10]. Tarifvertragl. Regelungen können über die Anforderungen des § 8 hinausgehen[11]. Aus der Verpflichtung zur Auslegung gem. § 8 folgt keine Pflicht zur Herausgabe der in einem Betrieb geltenden TV und Tarifvereinbarungen an einen ArbN[12].

IV. Dauer der Auslegung. Die Auslegungspflicht beginnt mit dem Inkrafttreten des TV und endet erst mit dem Ablauf des Nachwirkungszeitraums iSd. § 4 V, nicht schon mit seinem Außerkrafttreten[13]. Denn auch während des Nachwirkungszeitraums ist der TV „für den Betrieb maßgebend".

V. Adressat der Auslegungspflicht. Adressat der Auslegungspflicht ist der ArbGeb, dh. die mit den im Betrieb beschäftigten ArbN arbeitsvertragl. verbundene Person[14].

VI. Verletzung der Auslegungspflicht. Die Rechtswirksamkeit der für den Betrieb maßgebenden TV ist nicht an ihre Auslegung gebunden[15]. Gleichwohl ist die Auslegung Teil der tarifvertragl. Durchführungspflicht (vgl. § 1 Rz. 70 ff.) und als solche einklagbar[16].

Ob die Verletzung der Auslegungspflicht **Schadensersatzansprüche** nach sich zieht, ob sie dem ArbGeb iS einer Obliegenheit nur die Möglichkeit versperrt, sich auf eine TV-Norm zu berufen, oder ob ein Verstoß völlig sanktionslos bleibt, ist umstritten[17]. Nach der bisherigen Rspr.[18] und von Teilen des Schrifttums vertretenen Auffassung ist § 8 kein Schutzgesetz iSd. § 823 II BGB[19]. Vielmehr wird § 8 ein bloßer Ordnungscharakter zugesprochen[20]. Ein Individualschutz sei dagegen mit dem Normzweck nicht

---

1 *Löwisch/Rieble*, § 8 Rz. 15; ErfK/*Franzen*, § 8 TVG Rz. 1; Däubler/*Reinecke*, § 8 Rz. 7. Offen gelassen von BAG 5.11.1963 – 5 AZR 136/63, AP Nr. 1 zu § 1 TVG Bezugnahme auf Tarifvertrag (Herschel). Diff. BAG 10.11.1982 – 4 AZR 1203/79, AP Nr. 8 zu § 1 TVG Form: Auszulegen seien nur TV, auf die in vollem Umfang verwiesen werde. ||2 Wiedemann/*Oetker*, § 8 Rz. 10; Däubler/*Reinecke*, § 8 Rz. 7. ||3 Vgl. Kempen/Zachert/*Zeibig/Zachert*, § 8 Rz. 10; JKOS/*Schubert*, § 3 Rz. 38; Hohenhaus, NZA 2001, 1107 (1109). Offen gelassen von BAG 5.11.1963 – 5 AZR 136/63, AP Nr. 1 zu § 1 TVG Bezugnahme auf Tarifvertrag m. Anm. Herschel; 23.1.2002 – 4 AZR 56/01, AP Nr. 5 zu § 2 NachwG. ||4 BAG 23.1.2002 – 4 AZR 56/01, NZA 2002, 800; 17.4.2002 – 5 AZR 89/01, AP Nr. 6 zu § 2 NachwG. Diff. Linde/Lindemann, NZA 2003, 649 (652 ff.). ||5 BAG 21.2.2007 – 4 AZR 258/06, AP Nr. 8 zu § 1 TVG Tarifverträge: Dachdecker. ||6 Däubler/*Reinecke*, § 8 Rz. 12; JKOS/*Schubert*, § 3 Rz. 36. ||7 Wiedemann/*Oetker*, § 8 Rz. 6. ||8 BAG 5.11.1963 – 5 AZR 136/63, AP Nr. 1 zu § 1 TVG Bezugnahme auf Tarifvertrag m. Anm. Herschel; 11.11.1998 – 5 AZR 63/98, AP Nr. 1 zu § 1 TVG Bezugnahme auf Tarifvertrag; JKOS/*Schubert*, § 3 Rz. 36; Hohenhaus, NZA 2001, 1107 (1109 f.); ErfK/*Franzen*, § 8 TVG Rz. 3. AA Kempen/Zachert/*Zeibig/Zachert*, § 8 Rz. 7; Löwisch/Rieble, § 8 Rz. 17. ||9 So noch Löwisch/Rieble, 2004, § 8 Rz. 6. ||10 ErfK/*Franzen*, § 8 TVG Rz. 3; JKOS/*Schubert*, § 3 Rz. 36. Däubler/*Reinecke*, § 8 Rz. 14, geht bei Nachfrage von einer Hilfestellungspflicht des ArbGeb aus; so jetzt auch Löwisch/Rieble, § 8 Rz. 20. ||11 Vgl. BAG 11.11.1998 – 5 AZR 63/98, AP Nr. 8 zu § 1 TVG Bezugnahme auf Tarifvertrag; Wiedemann/*Oetker*, § 8 Rz. 8. ||12 LAG Köln 20.1.2012 – 3 Sa 420/09, nv. ||13 Wiedemann/*Oetker*, § 8 Rz. 18; Däubler/*Reinecke*, § 8 Rz. 11. ||14 Wiedemann/*Oetker*, § 8 Rz. 12; Däubler/*Reinecke*, § 8 Rz. 5. ||15 Allg. Ansicht: BAG 25.5.2004 – 3 AZR 123/03, AP Nr. 11 zu § 1 BetrAVG Überversorgung; 20.8.2002 – 3 AZR 14/01, AP Nr. 9 zu § 1 BetrAVG Überversorgung; LAG Düss. 18.3.1955 – 4 Sa 162/54, DB 1955, 511; 18.6.1962 – 6 Sa 147/62, DB 1962, 1146 (1147); Hueck/Nipperdey, Arbeitsrecht II/1, S. 503; Kempen/Zachert/*Zeibig/Zachert*, § 8 Rz. 13; Däubler/*Reinecke*, § 8 Rz. 15; Koch, FS Schaub, 1998, S. 321 (434); Konzen, SAE 1970, 276 (277); Löwisch/Rieble, § 8 Rz. 33; HMB/*Bepler*, Teil 3 Rz. 114. ||16 Kempen/Zachert/*Zeibig/Zachert*, § 8 Rz. 24; Wiedemann/*Oetker*, § 8 Rz. 19; JKOS/*Schubert*, § 3 Rz. 39. ||17 Ausführl. hierzu Bunte, RdA 2009, 21 (24 ff.); HMB/*Bepler*, Teil 3 Rz. 115 ff. ||18 BAG 23.1.2002 – 4 AZR 56/01, AP Nr. 5 zu § 2 NachwG; LAG BW 21.6.2007 – 11 Sa 126/06, nv. ||19 Löwisch/Rieble, § 8 Rz. 34; Wiedemann/*Oetker*, § 8 Rz. 22 f. mwN; ErfK/*Franzen*, § 8 TVG Rz. 4; aA LAG Nds. 9.6.1952 – Sa 251/52, RdA 1953, 237; Däubler, Tarifvertragsrecht, Rz. 1300 f.; Kempen/Zachert/*Zeibig/Zachert*, § 8 Rz. 15 ff.; JKOS/*Schubert*, § 3 Rz. 39; Bunte, RdA 2009, 21, (24 ff.). ||20 BAG 8.1.1970 – 5 AZR 124/69, AP Nr. 43 zu § 4 TVG Ausschlussfristen m. Anm. Lieb; 6.7.1972 – 5 AZR 100/72, AP Nr. 1 zu § 8 TVG 1969 m. Anm. Herschel; krit. zur Begr. Däubler, Tarifvertragsrecht, Rz. 1300; BAG 23.1.2002 – 4 AZR 56/01, AP Nr. 5 zu § 2 NachwG; Kempen/Zachert/*Zeibig/Zachert*, § 8 Rz. 16; Koch, FS Schaub, 1998, S. 421 (428 ff.); Lindena, DB 1988, 1114 (1115); Wiedemann/*Oetker*, § 8 Rz. 23.

zu vereinbaren[1]. Das letztgenannte Argument überzeugt seit Inkrafttreten des NachwG nicht mehr. Vielmehr geht die Gesetzesbegr. zum NachwG erkennbar davon aus, dass über § 8 auch ein Individualschutz verwirklicht wird[2]. Zweifelhaft erscheint allerdings, ob die Norm einen Individualschutz gerade durch die Begründung eines Schadensersatzanspruches verwirklichen will[3]. Stattdessen wird man eine durch § 8 konkretisierte arbeitsvertragl. Nebenpflicht (Fürsorgepflicht) annehmen müssen[4], deren Verletzung, sofern sie vom ArbGeb zu vertreten ist, vertragl. Schadensersatzansprüche (§ 280 BGB) nach sich zieht[5]. Die Auslegungsverpflichtung ist dagegen keine Obliegenheit, da eine solche nur bei im eigenen Interesse liegenden Verhaltensanforderungen bejaht werden kann[6]. Dem ArbGeb ist es trotz Verstoßes gegen die Bekanntmachungspflicht daher grds. nicht verwehrt, sich auf eine ihm günstige Tarifnorm zu berufen (Bsp.: Versäumnis einer tarifl. Ausschlussfrist durch den ArbN)[7]. Der 4. Senat hat in seinem Urt. v. 21.2.2007[8] offen gelassen, ob an der bisherigen, den Individualschutz ablehnenden Rspr. künftig festzuhalten sei. Zweifel lassen sich zwischen den Zeilen allerdings deutlich herauslesen, so dass – berücksichtigt man die sehr deutlichen Stellungnahmen einzelner Senatsmitglieder[9] – eine künftige Rspr.-Änderung wahrscheinlich ist. Aus rechtspolitischer Sicht ist eine Verbesserung der Publizität von TV überfällig[10].

10 Eine **Schadensersatzpflicht** des ArbGeb aus § 280 BGB wegen Verletzung vertragl. Nebenpflichten ist in jedem Fall dann zu bejahen, wenn der ArbGeb auf Nachfrage des ArbN die Geltung von TV-Normen verheimlicht[11]. Die Berufung des ArbGeb auf eine ihm günstige Tarifnorm ist dann außerdem rechtsmissbräuchlich (§ 242 BGB)[12].

11 Die Unsicherheiten über die Rechtsfolgen eines Verstoßes gegen die Auslegungsfrist lassen sich vermeiden, wenn im TV die Folgen einer Pflichtverletzung ausdrücklich geregelt werden[13].

9 Feststellung der Rechtswirksamkeit

Rechtskräftige Entscheidungen der Gerichte für Arbeitssachen, die in Rechtsstreitigkeiten zwischen Tarifvertragsparteien aus dem Tarifvertrag oder über das Bestehen oder Nichtbestehen des Tarifvertrages ergangen sind, sind in Rechtsstreitigkeiten zwischen tarifgebundenen Parteien sowie zwischen diesen und Dritten für die Gerichte und Schiedsgerichte bindend.

I. Regelungsgegenstand und Normzweck 1	3. Rechtskräftige Arbeitsgerichtsentscheidung 14
1. Einheitliche Rechtsanwendung 2	IV. **Bindungswirkung** 17
2. Prozessökonomie 3	1. Rechtsnatur der Bindungswirkung 18
II. **Prozessuale Bedeutung** 4	2. Umfang der Bindungswirkung 19
1. Zuständigkeit der Arbeitsgerichte 5	3. Adressaten der Bindung 21
2. Statthafte Klageart 6	4. Ende der Bindung 22
III. **Voraussetzungen der Bindungswirkung** ... 10	5. Durchsetzung der Bindung 23
1. Rechtsstreitigkeiten zwischen Tarifvertragsparteien 11	V. **Pflicht zur Übersendung rechtskräftiger Urteile** 24
2. Tarifvertragliche Rechtsstreitigkeit 13	

1 I. **Regelungsgegenstand und Normzweck.** § 9 erstreckt die Bindungswirkung rechtskräftiger ArbG-Entscheidungen über den Inhalt und die Gültigkeit von TV in Rechtsstreitigkeiten zwischen den TV-Parteien auf die jeweils tarifgebundenen Personen und – unter bestimmten Voraussetzungen – auch auf Dritte. Seine Zielsetzung ist mehrgleisig:

2 1. **Einheitliche Rechtsanwendung.** Zunächst soll im Interesse weitreichender **Rechtssicherheit** und **Rechtsklarheit** eine **einheitliche Auslegung** und **Anwendung** von TV sichergestellt werden[14]. Ohne die

---

1 BAG 23.1.2002 – 4 AZR 56/01, AP Nr. 5 zu § 2 NachwG. ||2 BT-Drs. 13/668, 10f. ||3 Vgl. auch *Löwisch/Rieble*, § 8 Rz. 34; *Lindena*, DB 1988, 1114 (1115f.); Wiedemann/*Oetker*, § 8 Rz. 23; für einen entspr. Schutz *Däubler/Reinecke*, § 8 Rz. 18ff. ||4 Eine vertragl. Fürsorgepflicht bejahen *Dockhorn*, AuR 1953, 150 (151); *Däubler/Reinecke*, § 8 Rz. 18ff.; wohl auch Wiedemann/*Oetker*, § 8 Rz. 24f.; abl.: LAG Düss. 18.6.1962 – 6 Sa 147/62, DB 1962, 1146 (1147); *Hueck/Nipperdey*, Arbeitsrecht II/1, S. 504; *Nikisch*, Arbeitsrecht II, S. 358f. ||5 AA BAG 23.1.2002 – 4 AZR 56/01, AP Nr. 5 zu § 2 NachwG; 5.11.1963 – 5 AZR 136/63, AP Nr. 1 zu § 1 TVG Bezugnahme auf Tarifvertrag m. Anm. *Herschel*; Kempen/Zachert/*Zeibig/Zachert*, § 8 Rz. 19; *Lindena*, DB 1988, 1114 (1115); Wiedemann/*Oetker*, § 8 Rz. 26. ||6 BAG 23.1.2002 – 4 AZR 56/01, NZA 2002, 800. ||7 BAG 27.1.2004 – 1 AZR 148/03, NZA 2004, 667; *Däubler*, Tarifvertragsrecht, Rz. 1302; Wiedemann/*Oetker*, § 8 Rz. 27. AA *Fenski*, BB 1987, 2293ff.; *Koch*, FS Schaub, 1998, S. 421 (435f.). ||8 BAG 21.2.2007 – 4 AZR 258/06, AP Nr. 8 zu § 1 TVG Tarifverträge: Dachdecker. ||9 Vgl. auch *Bepler*, ZTR 2001, 241 (247). ||10 Dazu *Dieterich/Hanau/Henssler ua.*, RdA 2004, 65 (76ff.). ||11 BAG 5.11.1963 – 5 AZR 136/63, AP Nr. 1 zu § 1 TVG Bezugnahme auf Tarifvertrag m. Anm. *Herschel*; 22.11.1963 – 1 AZR 17/63, AP Nr. 6 zu § 611 BGB Öffentlicher Dienst; s.a. v. 17.4.2002 – 5 AZR 89/01, AP Nr. 6 zu § 2 NachwG zu einem Schadensersatz bei Verletzung der Pflichten nach dem NachwG; *Lindena*, DB 1988, 1114 (1116); Wiedemann/*Oetker*, § 8 Rz. 18. ||12 BAG 5.11.1963 – 5 AZR 136/63, AP Nr. 1 zu § 1 TVG Bezugnahme auf Tarifvertrag m. Anm. *Herschel*; 30.3.1962 – 2 AZR 101/61, AP Nr. 23 zu § 4 TVG Ausschlussfristen m. Anm. *Schelp*; 6.7.1972 – 5 AZR 100/72, AP Nr. 1 zu § 8 TVG 1969 m. Anm. *Herschel*; Wiedemann/*Oetker*, § 8 Rz. 28; *Däubler/Reinecke*, § 8 Rz. 23. ||13 Vgl. auch *Däubler/Reinecke*, § 8 Rz. 24. ||14 BAG 4.7.2007 – 4 AZR 491/06, NZA 2008, 307; *Dütz*, ArbRGeg. Bd. 20, Dok. 1982 (1983), S. 33 (37); *Löwisch/Rieble*, § 9 Rz. 5; Wiedemann/*Oetker*, § 9 Rz. 6; *Däubler/Reinecke*, § 9 Rz. 6.

ausdrückliche Bindungsanordnung in § 9 könnten ArbG-Entscheidungen – entsprechend den allg. Rechtsgrundsätzen – lediglich die am jeweiligen Rechtsstreit beteiligten Personen binden (Wirkung inter partes). Entscheidungen über Streitigkeiten zwischen den TV-Parteien selbst hätten keine Auswirkungen auf mögliche andere Rechtsstreitigkeiten zwischen den Tarifunterworfenen bzw. zwischen ihnen und Dritten. Unterschiedliche und widersprüchliche Entscheidungen über ein- und dieselbe Rechtsfrage wären zu befürchten. Rechtseinheit wäre dann allenfalls durch die Anlehnung der jeweiligen Einzelgerichte an die höchstrichterl. Rspr. oder über den Instanzenweg zu erzielen[1].

2. Prozessökonomie. Da sich Auslegungsprobleme und Zweifel an der Gültigkeit tarifvertragl. Vorschriften regelmäßig auf die Rechtsverhältnisse sämtlicher an den TV gebundenen Parteien auswirken, droht bei Unklarheiten eine Lawine von Einzelprozessen. Die in § 9 normierte Bindungswirkung vermeidet eine Vielzahl von Einzelstreitigkeiten und fördert so die Prozessökonomie[2]. 3

II. Prozessuale Bedeutung. Die prozessuale Bedeutung des § 9 ist begrenzt. Die Vorschrift regelt lediglich die Rechtswirkungen bestimmter ArbG-Entscheidungen; sie erklärt keine eigene Klageart für statthaft, knüpft vielmehr an die allg. arbeits- und zivilprozessualen Vorschriften an[3]. 4

1. Zuständigkeit der Arbeitsgerichte. Für bürgerl. Rechtsstreitigkeiten zwischen TV-Parteien oder zwischen diesen und Dritten aus TV oder über das Bestehen oder Nichtbestehen eines TV ist gem. § 2 I Nr. 1 ArbGG der Rechtsweg zu den ArbG eröffnet[4]. 5

2. Statthafte Klageart. Statthafte Klageart bei Streitigkeiten über die Auslegung bzw. Rechtswirksamkeit einer TV-Norm ist die Feststellungsklage iSd. § 256 ZPO[5]. Ohne die Regelung in § 9 wäre die Zulässigkeit der Feststellungsklage unter verschiedenen Gesichtspunkten problematisch[6]. 6

a) Feststellung eines abstrakten Rechtsverhältnisses. § 256 ZPO lässt grds. nur Klagen zur Feststellung **konkreter** Rechtsverhältnisse zu. Klagen der TV-Parteien zur Feststellung des Inhalts einzelner TV-Bestimmungen oder deren Wirksamkeit betreffen abstrakte Rechtsfragen und zwar insb. deshalb, weil die TV-Parteien lediglich aus dem schuldrechtl. Teil des TV Rechte und Pflichten ableiten können. Sie sind nicht Adressaten der den Gegenstand des Gerichtsverfahrens bildenden normativen TV-Vorschriften[7]. So konnte das RAG nur über einen Kunstgriff zur Zulässigkeit entsprechender Feststellungsklagen gelangen: Die TV-Parteien sollten im Rahmen konkreter Rechtsstreitigkeiten über ihre schuldrechtl. Friedens- und Durchführpflicht inzident den Inhalt und die Wirksamkeit der TV-Normen feststellen lassen[8]. Heute stellt § 9 klar, dass abstrakte Feststellungsklagen der TV-Parteien über die Auslegung und Gültigkeit von TV-Normen zulässig sind. Die Rspr. des BAG stellt hohe Anforderungen an den Feststellungsantrag: Geht es um die Auslegung eines TV, so ist im Antrag neben dem einschlägigen TV und der betreffenden Tarifnorm auch der umstrittene Tarifbegriff zu benennen. Darüber hinaus muss die durch das Gericht zu entscheidende Rechtsfrage in abstrakter und fallübergreifender Weise formuliert werden[9]. 7

b) Feststellungsinteresse. Auch die Verbandsklage nach § 9 ist als Feststellungsklage nur zulässig, wenn der Kläger ein nach § 256 I ZPO geschütztes Interesse an der begehrten Feststellung hat. Die Voraussetzungen des § 256 I ZPO sind somit in Rechtsstreitigkeiten zwischen TV-Parteien über das Bestehen oder Nichtbestehen von TV zu prüfen[10]. Jedoch erweitert § 9 den Schutzbereich dieses Feststellungsinteresses auf eine – ansonsten unzulässige – abstrakte Feststellung über das Bestehen oder Nichtbestehen sowie die Auslegung eines TV. Das Interesse an der begehrten Feststellung folgt regelmäßig aus der in § 9 vorgesehenen Bindungswirkung[11]. Allerdings muss über das Bestehen oder Nichtbestehen des Rechtsverhältnisses tatsächlich ein konkreter Streit bestehen und zwar gerade zwischen den Prozessparteien[12]. Zwar entfalten rechtskräftige Entscheidungen nach § 9 Bindungswirkung auch ggü. Dritten. Dies begründet jedoch kein Feststellungsinteresse des Dritten[13]. Erforderlich ist, dass sich der beklagte Tarifpartner in aktiver Wahrnehmung seiner Rolle als sozialer Gegenspieler des Dritten 8

---

1 *Löwisch/Rieble*, § 9 Rz. 4. ||2 BAG 8.11.1957 – 1 AZR 274/56, AP Nr. 7 zu § 256 ZPO m. Anm. *Tophoven*; 19.2.1965 – 1 AZR 237/64, AP Nr. 4 zu § 8 TVG m. Anm. *Schnorr v. Carolsfeld*; Wiedemann/*Oetker*, § 9 Rz. 6; Däubler/*Reinecke*, § 9 Rz. 7. ||3 Vgl. auch Wiedemann/*Oetker*, § 9 Rz. 5, 7. ||4 § 2 I Nr. 1 ArbGG regelt lediglich die sachliche Zuständigkeit der ArbG, nicht hingegen die statthafte Klageart, vgl. BAG 8.2.1963 – 1 AZR 511/61, AP Nr. 42 zu § 256 ZPO. ||5 In diese Richtung BAG 12.4.2000 – 5 AZR 372/98, AP Nr. 20 zu § 1 TVG Tarifverträge: Holz; 12.4.2000 – 5 AZR 228/98, AP Nr. 6 zu § 1 TVG Tarifverträge: Brauereien; Kempen/Zachert/*Zachert*, § 9 Rz. 2. Wiedemann/*Oetker*, § 9 Rz. 29, verweist darauf, dass Rechtsstreitigkeiten „aus einem Tarifvertrag" im Wege der Leistungsklage verfolgt werden können; da sich die Bindungswirkung des § 9 aber nur auf den Urteilstenor erstrecke, könnten Leistungsurteile zwischen den TV-Parteien für Dritte keine Bedeutung entfalten; ebenso Däubler/*Reinecke*, § 9 Rz. 2, 4, 8. ||6 BAG 6.6.2007 – 4 AZR 411/06, AP Nr. 24 zu § 9 TVG. ||7 Zum normativen Tarifvertragsteil vgl. § 1 Rz. 40ff., 60ff. ||8 RAG v. 11.1.1928 – 60/27, RAGE 1, 132; 22.2.1928 – 74/27, RAGE 1, 207; BAG 7.11.1995 – 3 AZR 676/94, AP Nr. 1 zu § 3 TVG Betriebsnormen. ||9 BAG 18.4.2012 – 4 AZR 371/10, NZA 2013, 161. ||10 Vgl. BAG 6.6.2007 – 4 AZR 411/06, AP Nr. 24 zu § 9 TVG; 30.5.2001 – 4 AZR 387/00, AP Nr. 64 zu § 256 ZPO 1977. ||11 Vgl. BAG 12.4.2000 – 5 AZR 372/98, AP Nr. 20 zu § 1 TVG Tarifverträge: Holz; 12.4.2000 – 5 AZR 228/98, AP Nr. 6 zu § 1 TVG Tarifverträge: Brauereien; Kempen/Zachert/*Zachert*, § 9 Rz. 9; zurückhaltend Wiedemann/*Oetker*, § 9 Rz. 26 mwN, der das Feststellungsinteresse aus der Stellung der TV-Parteien im Rahmen der tarifl. Ordnung und der tarifl. Regelung ableiten will. ||12 BAG 30.5.2001 – 4 AZR 387/00, AP Nr. 64 zu § 256 ZPO 1977; *Löwisch/Rieble*, § 9 Rz. 40ff. ||13 *Löwisch/Rieble*, § 9 Rz. 43.

von einem geschlossenen TV abwendet und sich auf dessen Nichtbestehen beruft. Nicht ausreichend sind hingegen bloße rechtl. Zweifel am Bestehen des TV[1]. Zu weit geht es, wenn im Schrifttum zT ein Feststellungsinteresse bereits dann angenommen wird, wenn von Behörden, nicht staatl. Stellen oder von gewichtigen Stimmen in der Lit. Zweifel an der Gültigkeit einer Tarifnorm erhoben werden[2]. Der insoweit eindeutige Wortlaut der §§ 2 I Nr. 1 ArbGG und 9 TVG setzt „Rechtsstreitigkeiten" zwischen TV-Parteien voraus. Zudem ist der Zivilprozess seiner Natur nach auf ein kontradiktorisches Verfahren ausgerichtet[3].

9 Anhängige Individualprozesse, bereits existierende höchstrichterliche Entscheidungen[4] oder die Möglichkeit, Musterprozesse zu führen, stellen das Feststellungsinteresse – wegen der weitergehenden Bindungswirkung der Verbandsklage nach § 9 – regelmäßig nicht in Frage[5]. Ein Feststellungsinteresse kann auch zur Überprüfung gekündigter oder nachwirkender TV bestehen[6], nicht hingegen für Streitigkeiten über die Notwendigkeit eines TV[7]. Nach Beendigung der Nachwirkung (§ 4 V) ist bzw. wird die Klage unzulässig[8]. Eine Ausnahme hiervon gilt nur, wenn eine Vielzahl von Rechtsstreitigkeiten einzelner ArbN und ArbGeb im Hinblick auf das Ergebnis des Verbandsklageverfahrens ausgesetzt worden ist[9].

10 **III. Voraussetzungen der Bindungswirkung.** Die Bindungswirkung des § 9 tritt unter drei Voraussetzungen ein. Es bedarf (1) einer Rechtsstreitigkeit zwischen TV-Parteien, (2) einer tarifvertragl. Rechtsstreitigkeit und (3) einer rechtskräftigen ArbG-Entscheidung.

11 **1. Rechtsstreitigkeiten zwischen Tarifvertragsparteien.** § 9 setzt eine Rechtsstreitigkeit zwischen TV-Parteien voraus, dh. zwischen den Parteien, die sich beim Abschluss des TV als Verhandlungspartner gegenüberstanden[10]. Rechtsstreitigkeiten zwischen den auf derselben Seite am Tarifabschluss Beteiligten genügen diesem Erfordernis nicht[11]. Kläger und Beklagte müssen jeweils selbst als TV-Partei den streitigen TV abgeschlossen haben. Beim **FirmenTV** sind dies die Gewerkschaft auf der einen Seite und der einzelne ArbGeb auf der anderen Seite; beim **VerbandsTV** zählen dazu ausschließlich die tarifvertragsschließenden ArbGeb- und ArbN-Verbände, nicht hingegen ihre Unterverbände oder gar einzelne ArbN oder ArbGeb[12]. **Spitzenverbände** sind lediglich dann TV-Partei, wenn sie den streitigen TV im eigenen Namen geschlossen (§ 2 III), nicht aber wenn sie als Stellvertreter gehandelt haben (§ 2 II)[13]. Anderen als den TV-Parteien fehlt die Parteifähigkeit, so dass die Klage unzulässig ist[14]. Für die Zulässigkeit der Verbandsklage kommt es nicht darauf an, dass die Parteien auch tatsächlich tariffähig sind[15]. Ist strittig, ob eine der Parteien überhaupt TV-Partei ist, kann dies im Rahmen der Verbandsklage nach § 9 geklärt werden[16]. Es genügt somit die Behauptung der klagenden Partei, sie sei TV-Partei[17]. Erweist sich die Behauptung als unrichtig, ist die Klage als unbegründet abzuweisen[18].

12 Bei der Überprüfung **selbständiger mehrgliedriger TV** (zum Begriff vgl. § 1 Rz. 9) findet § 9 auch dann Anwendung, wenn lediglich ein Verband der mehrere Beteiligte umfassenden Seite als Partei des Feststellungsprozesses auftritt; in diesem Fall trifft die Bindungswirkung aber nur die am Verfahren beteiligte TV-Partei und ihre Mitglieder, nicht hingegen die unbeteiligten Verbände samt Mitglieder[19]. Zwischen mehreren auf einer Seite beteiligten Verbänden besteht regelmäßig keine notwendige Streitgenossenschaft iSd. § 62 ZPO[20], weil sie unabhängig voneinander berechtigt und verpflichtet werden und dadurch ihre autonome Stellung wahren[21]. Abweichendes gilt beim **EinheitsTV** (dazu § 1 Rz. 9 f.)[22].

13 **2. Tarifvertragliche Rechtsstreitigkeit.** § 9 setzt Rechtsstreitigkeiten **aus einem TV** oder über das **Bestehen oder Nichtbestehen des TV** voraus. Erstere stellen die Frage nach der Auslegung von TV, Letz-

---

1 ArbG Berlin 28.11.2011 – 55 Ca 5022/11, BB 2012, 316; vgl. hierzu auch *Löwisch/Rieble*, § 9 Rz. 43. ||2 So noch *Löwisch/Rieble*, 1992, § 9 Rz. 32. Abl. BAG 30.5.2001 – 4 AZR 387/00, AP Nr. 64 zu § 256 ZPO 1977. ||3 BAG 30.5.2001 – 4 AZR 387/00, AP Nr. 64 zu § 256 ZPO 1977. ||4 AA LAG Düss. 7.12.1973 – 13 Sa 311/73, EzA § 9 TVG Nr. 1. ||5 BAG 30.5.1984 – 4 AZR 512/81, AP Nr. 3 zu § 9 TVG 1969 m. Anm. *Wiedemann*; 25.9.1987 – 7 AZR 315/86, AP Nr. 1 zu § 1 BeschFG 1985. Zu Musterprozessvereinbarungen vgl. *Däubler/Reinecke*, § 9 Rz. 54 ff. ||6 BAG 23.3.1957 – 1 AZR 64/56, AP Nr. 18 zu Art. 3 GG; 28.9.1977 – 4 AZR 446/76, AP Nr. 1 zu § 9 TVG 1969 m. Anm. *Wiedemann/Moll*; LAG BW 15.2.2005 – 2 Sa 10/05, nv.; *Herschel*, AuR 1977, 137 (138 f.); Kempen/Zachert/Zachert, § 9 Rz. 9, 11; *Krause*, Rechtskrafterstreckung im kollektiven Arbeitsrecht, 1996, S. 285 ff.; Wiedemann/Oetker, § 9 Rz. 27; Däubler/Reinecke, § 9 Rz. 24. Anders LAG Sachs. 16.3.2006 – 8 Sa 923/04, nv., wenn der TV endgültig außer Kraft getreten ist. ||7 Wiedemann/Oetker, § 9 Rz. 26. ||8 BAG 6.6.2007 – 4 AZR 411/06, AP Nr. 24 zu § 9 TVG; ErfK/Franzen, § 9 TVG Rz. 6. ||9 BAG 6.6.2007 – 4 AZR 411/06, AP Nr. 24 zu § 9 TVG. ||10 Dütz, ArbRGeg. Bd. 20, Dok. 1982 (1983), 33 (38); Wiedemann/Oetker, § 9 Rz. 15. ||11 Wiedemann/Oetker, § 9 Rz. 15; Däubler/Reinecke, § 9 Rz. 14. ||12 Kempen/Zachert/Zeibig/Zachert, § 9 Rz. 9; Wiedemann/Oetker, § 9 Rz. 17 mwN. Zur Möglichkeit einer analogen Anwendung vgl. aber BAG 14.10.1960 – 1 AZR 233/58, AP Nr. 10 zu Art. 9 GG Arbeitskampf; *Brox*, JuS 1961, 252 (254 ff.). ||13 Wiedemann/Oetker, § 9 Rz. 16. ||14 BAG 10.5.1989 – 4 AZR 80/89, AP Nr. 6 zu § 2 TVG Tarifzuständigkeit. ||15 GMP/Schlewing, § 2 ArbGG Rz. 25; GK-ArbGG/Schütz, § 2 Rz. 83; Schwab/Weth/Walker, § 2 ArbGG Rz. 46. ||16 BAG 9.12.2009 – 4 AZR 190/08, AP Nr. 48 zu § 3 TVG. ||17 Vgl. BAG 26.4.2000 – 4 AZR 170/99, AP Nr. 4 zu § 1 TVG Kündigung. ||18 Däubler/Reinecke, § 9 Rz. 10. ||19 BAG 28.9.1977 – 4 AZR 446/76, AP Nr. 1 zu § 9 TVG 1969 m. Anm. Wiedemann/Moll; Thüsing/Braun/Lembke, S. 655; Dütz, ArbRGeg. Bd. 20, Dok. 1982 (1983), 33 (39 f.); Kempen/Zachert/Zeibig/Zachert, § 9 Rz. 9; Wiedemann/Oetker, § 9 Rz. 18. ||20 BAG 28.9.1977 – 4 AZR 446/76, AP Nr. 1 zu § 9 TVG 1969 m. Anm. Wiedemann/Moll; Kempen/Zachert/Zeibig/Zachert, § 9 Rz. 9; Wiedemann/Oetker, § 9 Rz. 19. ||21 Vgl. Wiedemann/Thüsing, § 1 Rz. 211. ||22 BAG 15.7.1986 – 1 AZR 654/84, AP Nr. 1 zu Art. 3 LPVG Bayern; 29.6.2004 – 1 AZR 143/03, AP Nr. 36 zu § 1 TVG; Wiedemann/Oetker, § 9 Rz. 19; JKOS/Krause, § 4 Rz. 202.

tere diejenige nach ihrer Wirksamkeit[1]. Streitgegenstand können auch **einzelne TV-Normen** sein[2]. Da die Vorschrift keine diesbzgl. Einschränkung vorsieht, kann sowohl der **normative** als auch der **schuldrechtl.** Teil des TV den Prüfungsgegenstand bilden (str.)[3]. Die Bindung an die Auslegung einer schuldrechtl. Bestimmung kann für Dritte relevant werden, wenn die Vorschrift schuldrechtl. Ansprüche zu Gunsten Dritter (§ 328 BGB) begründet[4]. § 9 ist analog auf die im Beschlussverfahren nach **§ 2a I Nr. 4 iVm. § 97 ArbGG** ergehenden Entscheidungen über Tariffähigkeit und Tarifzuständigkeit einer Vereinigung anzuwenden[5], da in diesem Verfahren – unabhängig vom Antragsteller – die betroffenen TV-Parteien jeweils zu beteiligen sind[6]. Die Verbandsklage gem § 9 kann auch dann erhoben werden, wenn die Tarifunfähigkeit einer TV-Partei im Verfahren nach §§ 2a I Nr. 4, 97 ArbGG gegenwartsbezogen festgestellt wurde und nun in Frage steht, ob dies zur Unwirksamkeit des TV nur mit Wirkung für die Zukunft oder auch für die Vergangenheit geführt hat[7]. Die Rspr. erstreckt den Prüfungsgegenstand der Verbandsklage gem. § 9 auf TV, die auf verbindlichen **Schlichtungssprüchen** beruhen[8]. Die Allgemeinverbindlichkeit nach § 5 ist kein geeigneter Streitgegenstand der Verbandsklage[9].

3. Rechtskräftige Arbeitsgerichtsentscheidung. Bindungswirkung iSd. § 9 erzeugen allein rechtskräftige Entscheidungen der Gerichte für Arbeitssachen. 14

a) Rechtskräftige Entscheidung. Hierzu zählen zunächst **Urteile**. Entscheidend ist die Rechtskraft des Urteils, nicht hingegen, in welcher Instanz es ergangen ist[10]. Daher kann das BAG ggf. an eine Entscheidung des ArbG gebunden sein. Bindungswirkung entfalten lediglich solche Urteile, die inhaltlich zu dem tarifvertragl. Rechtsproblem Stellung nehmen, nicht dagegen Prozessurteile sowie Anerkenntnis-, Verzichts- und klageabweisende Versäumnisurteile[11], wobei die drei letztgenannten im Verfahren nach § 9 nicht ergehen können[12]. Anderenfalls bestünde die Gefahr, dass einer unwirksamen Tarifnorm mit Hilfe der staatl. Gerichte Geltung verschafft würde – ein nach tarifrechtl. Grundprinzipien untragbarer Zustand. Zusprechende Versäumnisurteile entfalten Bindungswirkung, da sie auf einer Schlüssigkeitsprüfung beruhen. Das Gleiche gilt für **Beschlüsse** nach §§ 2a I Nr. 4, 97 ArbGG[13]. Da **Prozessvergleiche** nicht in Rechtskraft erwachsen, fallen sie nicht unter § 9[14]. Allerdings können Vergleiche als authentische Interpretation durch die TV-Parteien bzw. als neue (Änderungs-)TV zu werten sein, welche die tarifunterworfenen Parteien (vgl. § 4 I) – nicht aber Dritte – binden[15]. 15

b) Entscheidung eines Gerichts für Arbeitssachen. Da für die unter § 9 fallenden Streitigkeiten über § 2 I 1 ArbGG der Rechtsweg zu den ArbG eröffnet ist (dazu Rz. 5), werden die relevanten Rechtsstreitigkeiten – wie von § 9 vorgesehen – regelmäßig durch ArbG entschieden. Einer direkten Anwendbarkeit auf Schiedssprüche, denen über § 108 IV ArbGG die Wirkung eines rechtskräftigen Urteils beigelegt wird, steht der eindeutige Wortlaut des § 9 entgegen: Schiedsgerichte sind keine „Gerichte für Arbeitssachen" iSd. § 1 ArbGG, zu denen allein staatl. Gerichte zählen[16]. Für eine analoge Anwendung des § 9[17] fehlt es an einer planwidrigen Regelungslücke, denn der Gesetzgeber hat die Schiedsgerichtsbarkeit beim Erlass des § 9 nicht übersehen, wie ihre Erwähnung innerhalb der Vorschrift zeigt[18]. 16

IV. Bindungswirkung. Als Rechtsfolge ordnet § 9 über die Rechtskraft inter partes hinausgehend die Bindungswirkung für „Rechtsstreitigkeiten zwischen tarifgebundenen Parteien sowie zwischen diesen und Dritten" an. 17

1. Rechtsnatur der Bindungswirkung. Die rechtsdogmatische Einordnung der normierten Bindung ist umstritten[19]. Derzeit werden im Wesentlichen drei Erklärungsansätze vertreten: (a) Die wohl über- 18

---

1 *Löwisch/Rieble*, § 9 Rz. 6; *Däubler/Reinecke*, § 9 Rz. 21 ff. ‖ 2 BAG 28.9.1977 – 4 AZR 446/76, AP Nr. 1 zu § 9 TVG 1969 m. Anm. *Wiedemann/Moll*; 12.4.2000 – 5 AZR 228/98, AP Nr. 6 zu § 1 TVG Tarifverträge: Brauereien; *Dütz*, ArbRGeg, Bd. 20, Dok. 1982 (1983), 33 (38); *Löwisch/Rieble*, § 9 Rz. 35; *Wiedemann/Oetker*, § 9 Rz. 22. ‖ 3 Wie hier: *Dütz*, ArbRGeg, Bd. 20, Dok. 1982 (1983), 33 (38); *Wiedemann/Oetker*, § 9 Rz. 23; JKOS/*Krause*, § 4 Rz. 205. Eine Begrenzung auf den normativen Teil legen zugrunde: BAG 8.2.1963 – 1 AZR 511/61, AP Nr. 42 zu § 256 ZPO; 9.6.1982 – 4 AZR 274/81, AP Nr. 1 zu § 1 TVG Durchführungspflicht; Kempen/Zachert/*Zeibig/Zachert*, § 9 Rz. 20; *Löwisch/Rieble*, § 9 Rz. 28; ErfK/*Franzen*, § 9 TVG Rz. 6. ‖ 4 Vgl. *Wiedemann/Oetker*, § 9 Rz. 23; *Däubler/Reinecke*, § 9 Rz. 23. ‖ 5 BAG 10.5.1989 – 4 AZR 80/89, AP Nr. 6 zu § 2 TVG Tarifzuständigkeit; Kempen/Zachert/*Zeibig/Zachert*, § 9 Rz. 39; *Wiedemann/Oetker*, § 9 Rz. 30 mwN. ‖ 6 Zur Beteiligung GMP/*Schlewing*, § 97 ArbGG Rz. 26. ‖ 7 Vgl. hierzu ArbG Berlin 30.5.2011 – 29 BV 13947/10. ‖ 8 BAG 24.2.1988 – 4 AZR 614/87, AP Nr. 2 zu § 1 TVG Tarifverträge: Schuhindustrie; ausf. *Löwisch/Rieble*, § 9 Rz. 21. ‖ 9 ErfK/*Franzen*, § 9 TVG Rz. 7; JKOS/*Krause*, § 4 Rz. 205; aA wohl GMP/*Schlewing*, § 2 ArbGG Rz. 18 ff.; *Grunsky*, § 2 ArbGG Rz. 54. ‖ 10 *Däubler/Reinecke*, § 9 Rz. 32; *Wiedemann/Oetker*, § 9 Rz. 32 mwN. ‖ 11 *Däubler/Reinecke*, § 9 Rz. 32; *Wiedemann/Oetker*, § 9 Rz. 33 mwN.; ausf. *Löwisch/Rieble*, § 9 Rz. 47 ff. ‖ 12 ErfK/*Franzen*, § 9 TVG Rz. 11. ‖ 13 *Löwisch/Rieble*, § 9 Rz. 11. ‖ 14 Vgl. auch Kempen/Zachert/*Zeibig/Zachert*, § 9 Rz. 26; *Däubler/Reinecke*, § 9 Rz. 34; *Wiedemann/Oetker*, § 9 Rz. 37. ‖ 15 *Löwisch/Rieble*, § 9 Rz. 73; *Nikisch*, Arbeitsrecht II, S. 227; JKOS/*Krause*, § 4 Rz. 209. ‖ 16 Gegen eine direkte Anwendbarkeit des § 9 auf Schiedssprüche: Kempen/Zachert/*Zeibig/Zachert*, § 9 Rz. 27; *Däubler/Reinecke*, § 9 Rz. 33; *Rieble*, NZA 1992, 250 (253); *Wiedemann/Oetker*, § 9 Rz. 35. Dafür: BAG 20.5.1960 – 1 AZR 268/57, AP Nr. 8 zu § 101 ArbGG 1953; 9.9.1981 – 4 AZR 48/79, AP Nr. 34 zu § 1 TVG Tarifverträge: Bau; 24.2.1988 – 4 AZR 614/87, AP Nr. 2 zu § 1 TVG Tarifverträge: Schuhindustrie; *Däubler*, Tarifvertragsrecht, Rz. 1408; *Schreiber*, ZfA 1983, 31 (44). ‖ 17 So Kempen/Zachert/*Zeibig/Zachert*, § 9 Rz. 27. ‖ 18 *Däubler/Reinecke*, § 9 Rz. 31 mwN; zu weiteren Argumenten vgl. *Wiedemann/Oetker*, § 9 Rz. 36. ‖ 19 Vgl. dazu ausf. *Löwisch/Rieble*, § 9 Rz. 81 ff.; *Wiedemann/Oetker*, § 9 Rz. 8 ff.

wiegende Auffassung in Schrifttum[1] und Judikatur[2] versteht die in § 9 angeordnete Bindungswirkung mit Recht als **Erweiterung der subjektiven Rechtskraft** über die §§ 325 ff. ZPO hinaus. Über § 9 werden nicht nur die TV-Parteien als Prozessbeteiligte an das Urteil gebunden, sondern auch nicht am Rechtsstreit beteiligte Dritte, so dass die Rechtskraft des Urteils in subjektiver Hinsicht erweitert wird. (b) In einem Urteil aus dem Jahre 1977[3] suchte das BAG die Bindungswirkung des § 9 in Anlehnung an die Vorschrift des **§ 318 ZPO** zu erklären. § 318 ZPO sieht indes lediglich eine Bindung des Gerichts an die im Verfahren selbst gefällten Entscheidungen vor, nicht hingegen – wie § 9 dies festschreibt – eine Bindung anderer Gerichte in anderen Verfahren zwischen anderen Parteien[4]. (c) Ein älterer Ansatz stützt die Bindungswirkung auf die **normative Wirkung des TV** und nimmt eine materiell-rechtl. Reflexwirkung des Urteils an. Die verbindliche Interpretation gebe den Tarifnormen einen bestimmten Inhalt. Die Feststellung der Gültigkeit oder Ungültigkeit von Tarifnormen habe selbst der normative Kraft, die der beurteilten Norm eigen sei[5]. Dieser Gedanke vermag indes die in § 9 vorgesehene Bindungswirkung im Rechtsstreit mit Dritten nicht zu erklären[6].

19 **2. Umfang der Bindungswirkung. a) Sachliche Reichweite.** In sachlicher Hinsicht erzeugt § 9 – entsprechend den allg. zivilprozessualen Grundsätzen – lediglich eine **Bindung an den Urteilstenor**, nicht hingegen an die Urteilsgründe[7]. Die Gründe können aber zur Auslegung des Tenors herangezogen werden[8]. Eine Bindungswirkung entsteht lediglich in solchen Rechtsstreitigkeiten, die **denselben TV** betreffen, nicht aber in Bezug auf identische Formulierungen in anderen TV[9]. Auch ÄnderungsTV oder wortidentische NachfolgeTV werden nicht von der Bindungswirkung erfasst[10].

20 **b) Persönliche Reichweite.** Die Bindungswirkung besteht zunächst in **Rechtsstreitigkeiten zwischen tarifgebundenen Parteien**. Die Tarifgebundenheit einer Partei bestimmt sich nach den allg. Vorschriften des TVG[11], also nach den §§ 3 (Mitglieder der TV-Parteien, ArbGeb), 4 II (Gemeinsame Einrichtungen) und 5 IV (Außenseiter bei Allgemeinverbindlichkeit). Darüber hinaus erstreckt sich die Bindungswirkung auf **Rechtsstreitigkeiten zwischen tarifgebundenen Parteien und Dritten**. Dritte sind die Rechtsnachfolger von tarifgebundenen Personen und die nach § 328 BGB Begünstigten[12]. Erwogen wird ferner eine Bindungswirkung für Personen, die in keiner vertragl. Beziehung zu einer tarifgebundenen Partei stehen, so für den BR und für die Einigungsstelle[13]. **Streitigkeiten zwischen nicht organisierten Parteien** fallen demggü. nach dem ausdrücklichen Wortlaut des § 9 nicht unter die Bindungswirkung[14]. Nimmt ein einzelner Arbeitsvertrag auf den fraglichen TV Bezug (**arbeitsvertragl. Bezugnahme**), so ist zu differenzieren: Eine Bindungswirkung tritt nach überwiegender Ansicht ein, wenn eine Arbeitsvertragspartei tarifgebunden ist (Rechtsstreitigkeit zwischen einer tarifgebundenen Partei und einem Dritten)[15]. Ist dagegen kein Vertragspartner an den geprüften TV gebunden (Streitigkeit zwischen nicht organisierten Parteien), so kommt es über § 9 zu keiner Bindungswirkung[16]. Allerdings wird sich aus der Auslegung der Bezugnahmeklausel häufig eine faktische Bindung an die arbeitsgerichtl. Entscheidung ergeben, da sich die Vertragsparteien im Zweifel insg. an die tarifl. Regelung binden wollen[17].

21 **3. Adressaten der Bindung.** Die rechtskräftige ArbGeb-Entscheidung ist lediglich **für Gerichte und Schiedsgerichte** (vgl. § 101 ArbGG) bindend, nicht für jedermann[18]. Zu den Gerichten iSd. § 9 sind nicht nur die ArbG, sondern auch die ordentl. Gerichte, die Verwaltungs-, Finanz- und Sozialgerichte zu zählen[19]. Eine unmittelbare rechtl. Bindung der **Verwaltung** besteht dagegen nicht[20].

---

1 So *Brox*, JuS 1961, 252 (253); *Dütz*, ArbRGeg. Bd. 20, Dok. 1982 (1983), 33 (37 f.); *Däubler/Reinecke*, § 9 Rz. 8; JKOS/*Krause*, § 4 Rz. 211; *Konzen*, FS Zeuner, 1994, S. 401 (425); Wiedemann/*Oetker*, § 9 Rz. 10, 14. Krit. dagegen *Löwisch/Rieble*, § 9 Rz. 81 ff.; *Schreiber*, ZfA 1983, 31 (46). ||2 BAG 15.11.1957 – 1 AZR 610/56, AP Nr. 1 zu § 8 TVG m. Anm. *Tophoven*; 19.2.1965 – 1 AZR 237/64, AP Nr. 4 zu § 8 TVG m. Anm. *Schnorr v. Carolsfeld*; 30.5.1984 – 4 AZR 512/81, AP Nr. 3 zu § 9 TVG m. Anm. *Wiedemann*; 25.9.1990 – 3 AZR 266/89, AP Nr. 8 zu § 9 TVG 1969. ||3 Vgl. BAG 28.9.1977 – 4 AZR 446/76, AP Nr. 1 zu § 9 TVG 1969 m. Anm. *Wiedemann/Moll*. ||4 Richtig *Löwisch/Rieble*, § 9 Rz. 84; Wiedemann/*Oetker*, § 9 Rz. 11 mwN. ||5 So *Löwisch/Rieble*, § 9 Rz. 81 f.; *Nikisch*, Arbeitsrecht II, S. 226 f. ||6 Ebenso Wiedemann/*Oetker*, § 9 Rz. 12 f. m. weiteren Argumenten und Nachw. ||7 Vgl. BAG 18.4.2012 – 4 AZR 371/10, NZA 2013, 161 (164); Kempen/Zachert/Zeibig/*Zachert*, § 9 Rz. 28; *Löwisch/Rieble*, § 9 Rz. 104; Wiedemann/*Oetker*, § 9 Rz. 38. ||8 *Däubler/Reinecke*, § 9 Rz. 35. ||9 *Löwisch/Rieble*, § 9 Rz. 103; Wiedemann/*Oetker*, § 9 Rz. 40. ||10 ErfK/*Franzen*, § 9 TVG Rz. 17. ||11 Vgl. Kempen/Zachert/Zeibig/*Zachert*, § 9 Rz. 31; Wiedemann/*Oetker*, § 9 Rz. 43. ||12 *Däubler/Reinecke*, § 9 Rz. 39; JKOS/*Krause*, § 4 Rz. 212. ||13 Vgl. näher mwN. Wiedemann/*Oetker*, § 9 Rz. 49. ||14 BAG 28.9.1977 – 4 AZR 446/76, AP Nr. 1 zu § 9 TVG 1969 m. Anm. *Wiedemann/Moll*; *Däubler*, Tarifvertragsrecht, Rz. 166; *Dütz*, ArbRGeg. Bd. 20, Dok. 1982 (1983), 33 (39); *Löwisch/Rieble*, § 9 Rz. 14 f.; Wiedemann/*Oetker*, § 9 Rz. 50; *Schreiber*, ZfA 1983, 31 (47). AA *Krause*, Rechtskrafterstreckung im kollektiven Arbeitsrecht, 1996, S. 315 f. ||15 So *Däubler/Reinecke*, § 9 Rz. 40 f., allerdings nur bei fachlich einschlägigem und insg. in Bezug genommenem TV. Dies gilt auf Grund des Gesetzeszwecks des § 9, obwohl streng genommen keine Streitigkeit „aus einem Tarifvertrag", sondern eine solche „aus dem Arbeitsvertrag" vorliegt. AA ErfK/*Franzen*, § 9 TVG Rz. 15; *Löwisch/Rieble*, § 9 Rz. 94, die allerdings eine mittelbare Bindung über die Auslegung der Bezugnahmeklausel auch insoweit annehmen. ||16 *Däubler/Reinecke*, § 9 Rz. 42 f.; Thüsing/Braun/*Lembke*, S. 650; aA GMP/*Schlewing*, § 2 ArbGG Rz. 22; für eine analoge Anwendung des § 9: JKOS/*Krause*, § 4 Rz. 212. ||17 So *Däubler*, Tarifvertragsrecht, Rz. 166; *Dütz*, ArbRGeg. Bd. 20, Dok. 1982 (1983), 33 (39); *Löwisch/Rieble*, § 9 Rz. 94; Wiedemann/*Oetker*, § 9 Rz. 47. ||18 Keine Wirkung erga omnes wie etwa im Bereich des § 47 V 2 Hs. 2 VwGO; vgl. *Dütz*, ArbRGeg. Bd. 20, Dok. 1982 (1983), 33 (41); *Prütting*, RdA 1991, 257 (261 Fn. 44); Wiedemann/*Oetker*, § 9 Rz. 52; *Löwisch/Rieble*, § 9 Rz. 86 f., nimmt darüber hinaus eine Bindung aller Normunterworfenen an. ||19 *Löwisch/Rieble*, § 9 Rz. 87; Wiedemann/*Oetker*, § 9 Rz. 53. ||20 Wiedemann/*Oetker*, § 9 Rz. 54; aA JKOS/*Krause*, § 4 Rz. 213; *Löwisch/Rieble*, § 9 Rz. 88; *Däubler/Reinecke*, § 9 Rz. 46.

4. Ende der Bindung. Die Bindungswirkung endet, wenn der TV bzw. die überprüfte und ausgelegte 22
TV-Norm keine Rechtswirkungen mehr entfaltet, dh. ggf. erst mit dem Ende des Nachwirkungszeitraums (vgl. § 4 V)[1]. Bezieht sich die Bindungswirkung auf die Tariffähigkeit eines Verbandes, so kann eine wesentl. Änderung der Rechtslage zur Beendigung der Rechtskraft führen[2]. Ein Beispiel bietet die Ratifizierung des Staatsvertrages mit der DDR über die Währungs-, Wirtschafts- und Sozialunion[3].

5. Durchsetzung der Bindung. Die Bindungswirkung ist sowohl im Rahmen von Individualstreitigkeiten als auch bei einer Durchführungsklage der TV-Parteien zu beachten[4]. Bereits rechtskräftige Entscheidungen, die sich auf eine später mit Bindungswirkung für ungültig erklärte Norm stützen, dürfen in entsprechender Anwendung von § 79 II 2 und 3 BVerfGG und § 183 S. 2 und 3 VwGO nicht vollstreckt werden[5]. Analog § 767 ZPO ist die Vollstreckungsgegenklage statthaft. Präventiven Rechtsschutz über eine einstw. Verfügung gewährt das geltende Recht nicht. 23

V. Pflicht zur Übersendung rechtskräftiger Urteile. Für Entscheidungen, die nach § 9 Bindungswirkung entfalten, gilt die in § 63 ArbGG normierte Übersendungspflicht rechtskräftiger Urteile. Danach sind rechtskräftige Urteile, die in bürgerl. Rechtsstreitigkeiten zwischen TV-Parteien aus dem TV oder über das Bestehen oder Nichtbestehen des TV ergangen sind, alsbald der zuständigen obersten Landesbehörde und dem BMAS in vollständiger Form abschriftl. zu übersenden. Ist die zuständige oberste Landesbehörde die Landesjustizverwaltung, so sind die Urteilsabschriften auch der obersten Arbeitsbehörde des Landes zu übersenden. 24

10 Tarifvertrag und Tarifordnungen

(1) Mit dem Inkrafttreten eines Tarifvertrags treten Tarifordnungen, die für den Geltungsbereich des Tarifvertrags oder Teile desselben erlassen worden sind, außer Kraft, mit Ausnahme solcher Bestimmungen, die durch den Tarifvertrag nicht geregelt worden sind.

(2) Das Bundesministerium für Arbeit und Soziales kann Tarifordnungen aufheben; die Aufhebung bedarf der öffentlichen Bekanntmachung.

I. Tarifordnungen. § 10 ist heute nur noch von geringer Bedeutung. Er regelt das Verhältnis der vor dem Inkrafttreten des TVG geltenden Tarifordnungen zu den auf der Grundlage des TVG abgeschlossenen neuen TV. Bis zum Inkrafttreten des Gesetzes über die weitere Bereinigung von Bundesrecht v. 8.12.2010[6] regelte § 10 zudem das Verhältnis dieser TV zu den Lohngestaltungsanordnungen. Im Dritten Reich lösten, gestützt auf die VO über die Lohngestaltung v. 25.6.1938[7] und ihre DVO v. 23.4.1941[8], Tarifordnungen und Lohngestaltungsanordnungen die zu diesem Zeitpunkt geltenden TV ab. Das Kontrollratsgesetz Nr. 40, welches das Gesetz zur Ordnung der nationalen Arbeit (AOG[9]) mWv. 1.1.1947 aufhob und damit der auf § 32 II AOG beruhenden VO über die Lohngestaltung samt DVO die Grundlage entzog, ließ die noch geltenden Tarifordnungen unberührt. Durch die VO über die Aufhebung von Tarifordnungen und Lohngestaltungsanordnungen v. 17.4.1968[10] wurden fast alle Tarifordnungen und Lohngestaltungsanordnungen außer Kraft gesetzt. Ausgenommen blieben die Tarifordnung für die deutschen Theater v. 27.10.1937, die Tarifordnung für die deutschen Kulturorchester v. 30.3.1938 sowie die Tarifordnung für die Mitglieder von Kurkapellen v. 1.8.1939[11]. Mit dem Gesetz über die weitere Bereinigung von Bundesrecht v. 8.12.2010 wurde der Gesetzeswortlaut des § 10 an diese Entwicklung angepasst und der Verweis auf die Lohngestaltungsanordnungen in Abs. 1 sowie in Abs. 2 gestrichen. Die Streichung gilt nur mit Wirkung für die Zukunft, bereits bewirkte Rechtsfolgen bleiben somit unberührt[12]. 1

Abs. 1 räumt den **neuen TV ggü. den alten Tarifordnungen den Vorrang** ein: Danach treten mit dem Wirksamwerden eines TV die Tarifordnungen außer Kraft, soweit sie für den Geltungsbereich des TV erlassen werden; das gilt nicht für solche Bestimmungen, die durch den TV nicht geregelt worden sind[13]. 2

Nach **Abs. 2 Hs. 1** kann das **BMAS Tarifordnungen aufheben**. Die Regelung erwies sich für Fälle als erforderlich, in denen die Tarifordnung nicht auf Grund eines neuen TV nach Abs. 1 außer Kraft tritt[14]. § 13 S. 1 der Verordnung zur Durchführung des TVG (DVO TVG[15]) bestimmt, dass das BMAS vor der Aufhebung die obersten Arbeitsbehörden der Länder, auf deren Bereich sich die Tarifordnung oder Anordnung erstreckt, sowie den Tarifausschuss hören soll. Die Anhörungsobliegenheit ist keine Wirksamkeitsvoraussetzung der Aufhebung („soll")[16]. Die Aufhebung bedarf der öffentl. Bekanntmachung (Abs. 2 Hs. 2), die im Bundesanzeiger erfolgt (§ 13 S. 2 DVO TVG). Unter Rückgriff auf diese Aufhebungsmöglichkeit wurde auch die VO über die Aufhebung von Tarifordnungen und Lohngestaltungsanordnungen v. 17.4.1968 erlassen (vgl. Rz. 1). 3

---

[1] Vgl. BAG 6.6.2007 – 4 AZR 411/06, AP Nr. 24 zu § 9 TVG; 23.3.1957 – 1 AZR 64/56, AP Nr. 18 zu Art. 3 GG; dagegen Wiedemann/*Oetker*, § 9 Rz. 56. ||[2] Wiedemann/*Oetker*, § 9 Rz. 57. ||[3] BAG 6.6.2000 – 1 ABR 21/99, AP Nr. 9 zu § 37 ArbGG 1979 (Fall CGM). ||[4] *Löwisch/Rieble*, § 9 Rz. 109. ||[5] ErfK/*Franzen*, § 9 TVG Rz. 18. ||[6] BGBl. 2010 I S. 1864. ||[7] RGBl. I S. 691. ||[8] RGBl. I S. 222. ||[9] Gesetz zur Ordnung der nationalen Arbeit (AOG) v. 20.1.1934, RGBl. I S. 45. ||[10] BAnz. Nr. 78 v. 24.4.1968, S. 1; geändert durch VO v. 10.12.1970, BAnz. Nr. 234 v. 16.12.1970, S. 1. ||[11] Vgl. den Abdruck dieser Tarifordnungen bei Wiedemann/*Oetker*, § 10 Rz. 15 ff. ||[12] BT-Drs. 17/2279 v 23.6.2010, 28. ||[13] Vgl. zu den Auslegungsproblemen in den Anfangsjahren der Geltung des TVG *Hueck/Nipperdey*, Arbeitsrecht II/1, S. 410 ff. ||[14] Wiedemann/*Oetker*, § 10 Rz. 5. ||[15] IdF der Bekanntmachung v. 16.1.1989, BGBl. 1989 I S. 76. ||[16] Vgl. Wiedemann/*Oetker*, § 10 Rz. 13 mwN.

4 **II. Rechtslage im Beitrittsgebiet. 1. Geltung der Tarifordnungen.** § 10 trat nach Art. 8 EVertr[1] im Beitrittsgebiet in Kraft[2], wodurch der Geltungsbereich der noch in Geltung stehenden Tarifordnungen auf das Gebiet der neuen Bundesländer erstreckt wurde[3], Anl. I Kap. VIII Sachgebiet H Abschn. III Nr. 2 und 3 zum Einigungsvertrag enthält Maßgaben für die Tarifordnungen für die deutschen Theater und für die deutschen Kulturorchester.

5 **2. Weitergeltung von DDR-Recht.** Die Weitergeltung von nach DDR-Recht abgeschlossenen Rahmenkollektivverträgen und TV bestimmt sich nach Anl. I Kap. VIII Sachgebiet A Abschn. III Nr. 14 zum Einigungsvertrag, der eine Abs. 1 vergleichbare Regelung trifft: Die Vorschriften gelten fort, bis sie durch nach dem TVG abgeschlossene TV ersetzt werden. Eine Abs. 2 entsprechende Regelung fehlt[4].

11 *Durchführungsbestimmungen*

Das Bundesministerium für Arbeit und Soziales kann unter Mitwirkung der Spitzenorganisationen der Arbeitgeber und der Arbeitnehmer die zur Durchführung des Gesetzes erforderlichen Verordnungen erlassen, insbesondere über

1. die Errichtung und die Führung des Tarifregisters und des Tarifarchivs;
2. das Verfahren bei der Allgemeinverbindlicherklärung von Tarifverträgen und der Aufhebung von Tarifordnungen und Anordnungen, die öffentlichen Bekanntmachungen bei der Antragstellung, der Erklärung und Beendigung der Allgemeinverbindlichkeit und der Aufhebung von Tarifordnungen und Anordnungen sowie die hierdurch entstehenden Kosten;
3. den in § 5 genannten Ausschuss.

1 § 11 ermächtigt zum Erlass von VO zur Durchführung des TVG. Auf der Grundlage dieser Bestimmung wurde die **Verordnung zur Durchführung des Tarifvertragsgesetzes** idF der Bekanntmachung v. 16.1.1989 (DVO TVG), zuletzt geändert durch VO v. 31.10.2006[5], erlassen (vgl. die Komm. zu den §§ 5 und 6)[6], die sich auf die Regelung der in den Nr. 1–3 ausdrücklich erwähnten Materien beschränkt. Die in den **Nr. 1–3** genannten Regelungsbereiche haben nur **beispielhaften Charakter** („insbesondere"). Begrenzt wird der Gegenstand zulässiger Durchführungsbestimmungen durch den in **Art. 80 I GG** festgeschriebenen Bestimmtheitsgrundsatz. Zulässig sind daher lediglich solche Verordnungsvorschriften, welche die Normen des TVG konkretisieren, nicht hingegen materielle Ergänzungen[7].

2 **Zuständig** für den Erlass der Durchführungsbestimmungen ist das BMAS unter **Mitwirkung der Spitzenorganisationen** der ArbGeb und der ArbN iSv. § 12 (nicht § 2 II). Das Mitwirkungsrecht trägt der Bedeutung der Koalitionen für die Gestaltung der Arbeits- und Wirtschaftsbedingungen gem. Art. 9 III GG Rechnung[8]. Der Begriff der „Mitwirkung" ist nicht näher bestimmt; zu fordern ist eine Form der Beteiligung, die unterhalb der Schwelle des „Einvernehmens" bzw. der „Zustimmung" liegt[9], aber oberhalb einer bloßen „Anhörung"[10]. Gerecht werden dürfte dem gesetzl. Anliegen eine „Beratung" oder „Erörterung"[11]. Die „ordnungsgemäße" Beteiligung der Spitzenorganisationen ist keine Voraussetzung für die Wirksamkeit der DVO[12].

12 *Spitzenorganisationen*

Spitzenorganisationen im Sinne dieses Gesetzes sind – unbeschadet der Regelung in § 2 – diejenigen Zusammenschlüsse von Gewerkschaften oder von Arbeitgebervereinigungen, die für die Vertretung der Arbeitnehmer- oder der Arbeitgeberinteressen im Arbeitsleben des Bundesgebietes wesentliche Bedeutung haben. Ihnen stehen gleich Gewerkschaften und Arbeitgebervereinigungen, die keinem solchen Zusammenschluss angehören, wenn sie die Voraussetzungen des letzten Halbsatzes in Satz 1 erfüllen.

1 **I. Normbedeutung.** § 12 definiert den Begriff der Spitzenorganisation. Die Legaldefinition gilt zunächst lediglich für die Bestimmungen des TVG, das in den § 5 (iVm. § 1 DVO TVG[13]) und § 11 eine Mitwirkung von Spitzenorganisationen bei der AVE und beim Erlass von Durchführungsbestimmungen zum TVG vorsieht. Innerhalb des TVG erfasst die Definition nicht die Spitzenorganisation iSd. § 2, die damit von derjenigen gem. § 12 zu unterscheiden ist. Der Begriff des § 12 ist kraft ausdrücklicher Verweisung auch

---

[1] Vertrag zwischen der Bundesrepublik Deutschland und der Deutschen Demokratischen Republik über die Herstellung der Einheit Deutschlands – Einigungsvertrag – 31.8.1990 (BGBl. 1990 II S. 885). ‖ [2] § 31 Nr. 2 des Gesetzes über die Inkraftsetzung von Rechtsvorschriften der Bundesrepublik Deutschland in der Deutschen Demokratischen Republik v. 21.6.1990 (InkrG) (GBl. 1990 I S. 357) hatte dagegen § 10 TVG von der Inkraftsetzung der Tarifvertragsgesetzvorschriften im Beitrittsgebiet ausgenommen. ‖ [3] *Löwisch/Rieble*, § 10 Rz. 3; Wiedemann/*Oetker*, § 10 Rz. 14. ‖ [4] Ausf. *Hanau/Preis*, in Hanau/Langanke/Preis/Widlak (Hrsg.), Das Arbeitsrecht der neuen Bundesländer, 1991, I. 2 S. 1, 16f. ‖ [5] BGBl. 2006 I S. 2407. ‖ [6] BGBl. 1989 I S. 76. ‖ [7] *Löwisch/Rieble*, § 11 Rz. 2; Wiedemann/*Oetker*, § 11 Rz. 5. ‖ [8] Däubler/*Reinecke*, § 11 Rz. 3. ‖ [9] Kempen/Zachert/*Zeibig/Zachert*, § 11 Rz. 1; Wiedemann/*Oetker*, § 11 Rz. 4; Däubler/*Reinecke*, § 11 Rz. 4ff. ‖ [10] *Herschel*, ZfA 1973, 183 (199). Eine Anhörung lassen genügen: *Löwisch/Rieble*, § 11 Rz. 3. ‖ [11] Wiedemann/*Oetker*, § 11 Rz. 4. ‖ [12] Wiedemann/*Oetker*, § 11 Rz. 4; aA Däubler/*Reinecke*, § 11 Rz. 6. ‖ [13] VO zur Durchführung des Tarifvertragsgesetzes idF der Bekanntmachung v. 16.1.1989 (BGBl. 1989 I S. 76).

§ 11 ArbnErfG zugrunde zu legen. Knüpfen arbeitsrechtl. Gesetze außerhalb des TVG ohne ausdrückliche Bezugnahme Beteiligungsrechte an den Status als „Spitzenorganisation" (vgl. § 98 II 1 Nr. 9 AktG; §§ 5 I, 33 I HAG; §§ 4 II Buchst. a, 6 I–III Montan-MitbestG), so ist durch eine an Sinn und Zweck der jeweiligen Vorschrift orientierte Auslegung zu ermitteln, ob und inwieweit das Begriffsverständnis des § 12 zugrunde zu legen ist[1]. Für § 37 VII BetrVG hat das BAG einen Rückgriff auf § 12 befürwortet[2].

II. Zusammenschlüsse von Gewerkschaften oder Arbeitgebervereinigungen. Den Status einer Spitzenorganisation iSd. § 12 können – vorbehaltlich des S. 2 – nur Zusammenschlüsse von Gewerkschaften oder von ArbGebVereinigungen erlangen. Die Legaldefinition des § 12 korrespondiert insoweit mit derjenigen des § 2 II[3]. Daraus folgert die ganz hM im Schrifttum, dass entweder der Zusammenschluss selbst oder aber seine Mitgliederverbände tariffähig sein müssten[4]. Spitzenorganisationen sind mithin der DGB und die BDA[5]. Von Seiten des DGB wird in Zweifel gezogen, ob der Christliche Gewerkschaftsbund Deutschlands (CGB) als Spitzenorganisation iSd. § 12 angesehen werden kann. Die Rspr. hat christl. Gewerkschaften zwar teilweise – etwa der Christlichen Gewerkschaft Bergbau-Chemie-Energie (CGBCE)[6], der Christlichen Gewerkschaft Holz und Bau Deutschlands (CGHB)[7] und der Christlichen Gewerkschaft Deutschlands (CGD)[8] – die Tariffähigkeit abgesprochen, sie dagegen für die Christliche Gewerkschaft Metall (CGM) und die „Berufsgewerkschaft" (DHV- früher: Deutscher Handels- und Industrieangestellten-Verband)[9] bejaht[10] (vgl. § 2 Rz. 20), so dass folgerichtig auch der Status des CGB als Spitzenorganisation anzunehmen ist[11]. 2

III. Wesentliche Bedeutung für die Vertretung der Arbeitnehmer- oder Arbeitgeberinteressen im Arbeitsleben des Bundesgebiets. Die Eigenschaft als Spitzenorganisation wird – iS einer weiteren Voraussetzung – nur solchen Zusammenschlüssen zuerkannt, denen für die Vertretung der ArbN- oder ArbGebInteressen im Arbeitsleben des Bundesgebiets eine wesentliche Bedeutung zukommt. Dieser starken Beschränkung der zur Mitwirkung berufenen Zusammenschlüsse bedarf es, um eine zügige Durchführung der Verfahren zur AVE iSd. § 5[12] und zum Erlass von Durchführungsbestimmungen nach § 11 zu gewährleisten. Sie verstößt nicht gegen **höherrangiges Recht**. Art. 9 III GG räumt den Koalitionen keinen originären Anspruch auf Mitwirkung an der ihre Rechte betreffenden staatl. Gesetzgebung ein[13]. Die Auswahl der zur Mitwirkung berufenen Zusammenschlüsse ist verfassungsrechtl. nicht zu beanstanden, weil sie sich an sachlichen Kriterien – Effizienz der Normgebung, überregionale Bedeutung – orientiert[14]. Art. 11 GG (Versammlungs- und Vereinigungsfreiheit) iVm. Art. 14 EMRK (Verbot der Benachteiligung) verbrieft ebenso wenig eine weitergehende Rechtsposition[15] wie die unverbindliche IAO-Empfehlung Nr. 113[16], die eine Beratung mit den Koalitionen vorsieht[17]. Die in dem von Deutschland nicht ratifizierten IAO-Übereinkommen Nr. 150[18] normierte Konsultationspflicht betrifft allein die Arbeitsverwaltung[19]. 3

Ob ein Zusammenschluss **wesentliche Bedeutung** hat, ist anhand einer Gesamtschau folgender Kriterien zu ermitteln: Mitgliederzahl, wirtschaftl. Bedeutung, Anzahl und Bedeutung der Tarifabschlüsse[20]. Dabei sind Sinn und Zweck des § 12 zu beachten. ArbN-Vereinigungen, die nur bestimmte Berufsgruppen vertreten (Berufsverbände bzw. Spartengewerkschaften wie die Vereinigung Cockpit [VC], der Marburger Bund oder die Gewerkschaft der Lokomotivführer [GDL]) und damit nur Partikularinteressen verfolgen, genügen diesen Anforderungen nicht[21]. Die Tariffähigkeit einer Spitzenorganisation iSd. § 2 II ist weder notwendige noch hinreichende Voraussetzung für ihre wesentliche Bedeutung[22]. 4

Wesentliche Bedeutung muss der Zusammenschluss für das Arbeitsleben **im gesamten Bundesgebiet** entfalten; Zusammenschlüssen mit regional begrenzter Bedeutung (zB Teile des Bundesgebiets, einzelne Bundesländer) wird somit der Status als Spitzenorganisation verwehrt[23]. 5

---

1 *Löwisch/Rieble*, § 12 Rz. 3 (Sachzusammenhang maßgebend); Wiedemann/*Oetker*, § 12 Rz. 4. || 2 Vgl. BAG 18.12.1973 – 1 ABR 35/73, AP Nr. 7 zu § 37 BetrVG m. Anm. *Richardi*; dazu Wiedemann/*Oetker*, § 12 Rz. 4; vgl. auch *Löwisch/Rieble*, § 12 Rz. 3. || 3 Wiedemann/*Oetker*, § 12 Rz. 5. || 4 ErfK/*Franzen*, § 12 TVG Rz. 2; *Löwisch/Rieble*, § 12 Rz. 5; Wiedemann/*Oetker*, § 12 Rz. 5. || 5 ErfK/*Franzen*, § 12 TVG Rz. 2; Däubler/*Reinecke*, § 12 Rz. 2. || 6 BAG 16.1.1990 – 1 ABR 93/88, AP Nr. 38 zu § 2 TVG. || 7 BAG 16.1.1990 – 1 ABR 10/89, AP Nr. 39 zu § 2 TVG. || 8 BAG 15.11.2006 – 10 AZR 665/05, NZA 2007, 448 im Anschluss an ArbG Gera 17.10. 2002 – 2 BV 3/00, AuR 2004, 149. || 9 BAG 15.11.2006 – 10 AZR 665/05, NZA 2007, 448 (Tariffähigkeit wurde hier jedenfalls unterstellt). || 10 Zu Einzelheiten vgl. *Schmidt*, Die Tariffähigkeit christlicher Gewerkschaften, Diss. 2013. || 11 BAG 28.3.2006 – 1 ABR 58/04, NZA Nr. 4 zu § 2 TVG Tariffähigkeit; aA BeckOK-ArbR/*Giesen*, § 11 TVG Rz. 1. || 12 Der beim Erlass von AVE zu beteiligende Tarifausschuss ist mit jeweils drei ArbGeb- und ArbN-Vertretern zu besetzen (vgl. § 5 TVG, § 1 DVO TVG), so dass allein die auf Bundesebene besonders bedeutsamen Organisationen beteiligt werden können; dazu Wiedemann/*Oetker*, § 12 Rz. 6. || 13 *Löwisch/Rieble*, § 12 Rz. 2; ErfK/*Franzen*, § 12 TVG Rz. 3. || 14 Wiedemann/*Oetker*, § 12 Rz. 7. || 15 EGMR 27.10.1975 – 4464/70, EuGRZ 1975, 562 – Nationale Belgische Polizeigewerkschaft; Wiedemann/*Oetker*, § 12 Rz. 7. || 16 Empfehlung betr. die Beratung und Zusammenarbeit zwischen den Staatsorganen und den Arbeitgeber- und Arbeitnehmerverbänden in einzelnen Wirtschaftszweigen und im gesamtstaatl. Rahmen. || 17 Vgl. *Löwisch/Rieble*, § 12 Rz. 2. || 18 Übereinkommen über die Arbeitsverwaltung: Rolle, Aufgaben, Aufbau, 1978. || 19 *Löwisch/Rieble*, § 12 Rz. 2. || 20 Vgl. *Löwisch/Rieble*, § 12 Rz. 5; Wiedemann/*Oetker*, § 12 Rz. 8. || 21 Däubler/*Reinecke*, § 12 Rz. 4. || 22 Vgl. Wiedemann/*Oetker*, § 12 Rz. 6; aA Kempen/Zachert/*Stein*, § 12 Rz. 4. || 23 Vgl. Kempen/Zachert/*Stein*, § 12 Rz. 4; Däubler/*Reinecke*, § 12 Rz. 4ff.; *Löwisch/Rieble*, § 12 Rz. 8, halten die Einschränkung teilweise für fragwürdig; dagegen Wiedemann/*Oetker*, § 12 Rz. 9 mwN.

6 IV. Gewerkschaften oder Arbeitgebervereinigungen, die keinem solchen Zusammenschluss angehören (S. 2). S. 2 stellt den Zusammenschlüssen von Gewerkschaften und ArbGebVereinigungen einzelne Gewerkschaften und ArbGebVereinigungen gleich, sofern sie ebenfalls eine wesentliche Bedeutung im Arbeitsleben des Bundesgebietes einnehmen. Er trägt dem Umstand Rechnung, dass – geschützt durch die negative Koalitionsfreiheit (Art. 9 III GG) – nicht jede Gewerkschaft oder ArbGebVereinigung zwingend einer übergeordneten Organisation angehört, ihre Beteiligung an Maßnahmen gem. §§ 5 und 11 auf Grund ihrer wesentlichen Bedeutung im Arbeitsleben aber gleichwohl geboten sein kann. Anlass für die Regelung gab der Aufbau der ehem. Deutschen Angestellten-Gewerkschaft (DAG) als Einheitsorganisation ohne Dachverband[1]. Die DAG ist im Juli 2001 allerdings in ver.di aufgegangen, die Mitglied des DGB als Spitzenorganisation ist.

7 V. Entscheidung über die Qualifikation als Spitzenorganisation; Rechtsschutz; Beteiligtenfähigkeit. Über den Status als Spitzenorganisation entscheidet das BMAS bzw. unter den Voraussetzungen des § 5 VI die oberste Arbeitsbehörde des jeweiligen Landes. Die Entscheidung ist nach pflichtgemäßem Ermessen zu treffen[2], wobei ein erheblicher Bewertungsspielraum anzuerkennen ist[3]. Für Streitigkeiten über die Eigenschaft als Spitzenorganisation gewähren TVG und ArbGG keinen Rechtsschutz[4]. Es besteht aber über Art. 19 IV GG die Möglichkeit, sachlich nicht gerechtfertigte Diskriminierungen (Art. 3 I GG) einzelner Koalitionen von den VerwG durch eine Feststellungsklage überprüfen zu lassen[5]. Spitzenorganisationen sind in Rechtsstreitigkeiten über die Tarifzuständigkeit von Mitgliedsverbänden nicht gem. §§ 97 I, 2a I Nr. 4 ArbGG zu beteiligen[6], wohl aber in Streitigkeiten über die Tariffähigkeit eines solchen Verbandes[7].

12a Arbeitnehmerähnliche Personen

(1) Die Vorschriften dieses Gesetzes gelten entsprechend

1. für Personen, die wirtschaftlich abhängig und vergleichbar einem Arbeitnehmer sozial schutzbedürftig sind (arbeitnehmerähnliche Personen), wenn sie auf Grund von Dienst- oder Werkverträgen für andere Personen tätig sind, die geschuldeten Leistungen persönlich und im Wesentlichen ohne Mitarbeit von Arbeitnehmern erbringen und
   a) überwiegend für eine Person tätig sind oder
   b) ihnen von einer Person im Durchschnitt mehr als die Hälfte des Entgelts zusteht, das ihnen für ihre Erwerbstätigkeit insgesamt zusteht; ist dies nicht voraussehbar, so sind für die Berechnung, soweit im Tarifvertrag nichts anderes vereinbart ist, jeweils die letzten sechs Monate, bei kürzerer Dauer der Tätigkeit dieser Zeitraum maßgebend,

2. für die in Nummer 1 genannten Personen, für die die arbeitnehmerähnlichen Personen tätig sind, sowie für die zwischen ihnen und den arbeitnehmerähnlichen Personen durch Dienst- oder Werkverträge begründeten Rechtsverhältnisse.

(2) Mehrere Personen, für die arbeitnehmerähnliche Personen tätig sind, gelten als eine Person, wenn diese mehreren Personen nach der Art eines Konzerns (§ 18 des Aktiengesetzes) zusammengefasst sind oder zu einer zwischen ihnen bestehenden Organisationsgemeinschaft oder nicht nur vorübergehenden Arbeitsgemeinschaft gehören.

(3) Die Absätze 1 und 2 finden auf Personen, die künstlerische, schriftstellerische oder journalistische Leistungen erbringen, sowie auf Personen, die an der Erbringung, insbesondere der technischen Gestaltung solcher Leistungen unmittelbar mitwirken, auch dann Anwendung, wenn ihnen abweichend von Absatz 1 Nr. 1 Buchstabe b erster Halbsatz von einer Person im Durchschnitt mindestens ein Drittel des Entgelts zusteht, das ihnen für ihre Erwerbstätigkeit insgesamt zusteht.

(4) Die Vorschrift findet keine Anwendung auf Handelsvertreter im Sinne des § 84 des Handelsgesetzbuchs.

I. Einleitung/Allgemeines 1	2. Auftraggeber der arbeitnehmerähnlichen Personen (Abs. 1 Nr. 2) 12
1. Entstehungsgeschichte, Normzweck, Bedeutung 1	3. Mehrere Personen als „Auftraggeber" (Abs. 2) 13
2. Verfassungsrechtliche Grundlage 2	
3. Verhältnis zu anderen Gesetzesvorschriften . 4	4. Personen, die künstlerische, schriftstellerische oder journalistische Leistungen erbringen (Abs. 3) 14
II. Voraussetzungen 5	
1. Begriff (Abs. 1 Nr. 1) 6	5. Handelsvertreter iSd. § 84 HGB (Abs. 4) .. 15

---

1 Dazu Kempen/Zachert/*Stein*, § 12 Rz. 2; Däubler/*Reinecke*, § 12 Rz. 1. ||2 Vgl. Hueck/*Nipperdey*, Arbeitsrecht II/1, S. 438 Fn. 64; Wiedemann/*Oetker*, § 12 Rz. 11. ||3 Löwisch/*Rieble*, § 12 Rz. 9; Wiedemann/*Oetker*, § 12 Rz. 11. ||4 Zu Überlegungen, anlässlich der Einführung des ArbGG 1953 die Feststellung der Eigenschaft als Spitzenorganisation im Beschlussverfahren zu ermöglichen, Wiedemann/*Oetker*, § 12 Rz. 11. ||5 So Hueck/*Nipperdey*, Arbeitsrecht II/1, S. 438 Fn. 64; Löwisch/*Rieble*, § 12 Rz. 9; Wiedemann/*Oetker*, § 12 Rz. 12; Kempen/Zachert/*Stein*, § 12 Rz. 4; diff. Däubler/*Reinecke*, § 12 Rz. 9. ||6 BAG 13.3.2007 – 1 ABR 24/06, AP Nr. 21 zu § 2 TVG Tarifzuständigkeit. ||7 BAG 14.12.2005 – 1 ABR 41/03, NZA 2005, 697.

III. Rechtsfolgen	16	3. Schranken der Tarifmacht	18
1. Tarifvertragsparteien	16	4. Arbeitskampf	19
2. Zulässiger Inhalt der Tarifverträge	17	IV. Prozessuales	20

I. Einleitung/Allgemeines. 1. Entstehungsgeschichte, Normzweck, Bedeutung. § 12a erstreckt den Anwendungsbereich der Vorschriften des TVG, die nach § 1 grds. nur für „Arbeitsverhältnisse" gelten, auf die Rechtsverhältnisse zwischen arbeitnehmerähnlichen Personen und ihren „Auftraggebern". Die Übernahme der allg. Differenzierung zwischen ArbN und freien Dienstleistern und die Begrenzung des weit reichenden sozialen Schutzes des Tarifwesens auf ArbVerh erwies sich frühzeitig als zu eng[1]. Der Gesetzgeber erkannte schon bald Personen als arbeitsrechtl. schutzwürdig an, die weder unter den Begriff des ArbN zu subsumieren waren noch die Unabhängigkeit eines typischen Selbständigen genossen (vgl. § 136 der GewO des Norddeutschen Bundes sowie das Heimarbeitsgesetz 1911[2]). Das arbeitsrechtl. Schutzbedürfnis weiterer Berufsgruppen (zB Handels- und Versicherungsvertreter, Journalisten, Schriftsteller, Künstler, Übersetzer, Dolmetscher sowie später auch von Rechtsanwälten und Architekten[3]) wurde fortan zunehmend anerkannt. Nach und nach wurden sie als arbeitnehmerähnliche Personen unter den Schutz des Arbeitsrechts gestellt, vgl. nur §§ 5 I 2 ArbGG, 2 S. 2 BUrlG, 17 I 2 BetrAVG, 6 I 1 Nr. 3 AGG. Die Kündigungsfristen des § 622 BGB für ArbN und des § 29 III und IV HAG für die in Heimarbeit Beschäftigten sollen auf arbeitnehmerähnliche Personen hingegen nicht anwendbar sein[4]. 1

Nachdem zuvor § 17 HAG für den Bereich der Heimarbeit die Möglichkeit zum Abschluss von TV anerkannt hatte, eröffnet § 12a[5] diese Option seit dem 1.11.1974 auch den meisten anderen arbeitnehmerähnliche Personen (Ausnahme: Abs. 4)[6]. Dadurch soll zugleich der gewerkschaftl. Organisation dieser Personen Vorschub geleistet werden[7]. Zielgruppe des § 12a sind insb. die freien Mitarbeiter aus dem Bereich der Medien sowie von Kunst, Wissenschaft und Forschung[8]. In der Praxis stößt die Vorschrift auf Akzeptanz: Insb. im Bereich der öffentl.-rechtl. Rundfunkanstalten wurden gestützt auf § 12a zahlreiche TV abgeschlossen[9].

2. Verfassungsrechtliche Grundlage. Nach ganz hL fallen arbeitnehmerähnliche Personen in den Schutzbereich des Art. 9 III GG[10]. Ihnen steht nicht nur das Recht zu, sich zur Wahrung und Förderung ihrer Arbeits- und Wirtschaftsbedingungen zu Berufsverbänden zusammenzuschließen; sie dürfen auch auf den TV als Mittel zur Durchsetzung ihrer Interessen zurückgreifen. Das wurde zwar in Anbetracht der historischen Entwicklung des TV-Rechts als ArbN-Recht in Zweifel gezogen[11]. Art. 9 III GG ist aber – ausweislich seines Wortlauts – nicht auf den Bereich der abhängigen Arbeit iSd. klassischen Arbeitsrechts beschränkt, sondern offen für eine Auslegung, die sich an neuere Entwicklungen anpasst. Zudem ist die Interessenlage arbeitnehmerähnlicher Personen, die zwar nicht in einem persönlichen, wohl aber in einem wirtschaftl. Abhängigkeitsverhältnis zu ihrem „Auftraggeber" stehen, mit derjenigen der ArbN partiell vergleichbar[12]. 2

Das BVerfG hat für Heimarbeiter die Geltung des Art. 9 III GG anerkannt[13]. Auch das von Deutschland ratifizierte IAO-Übereinkommen Nr. 141 über die Verbände ländlicher Arbeitskräfte v. 23.6.1975[14] legt in Art. 3 eine Vereinigungsfreiheit für ländliche Arbeitskräfte unabhängig davon fest, ob sie ArbN oder selbständige Erwerbstätige sind[15]. Aus dem verfassungsrechtl. Schutz der Tarifautonomie in Bezug auf arbeitnehmerähnliche Personen folgt, dass auch für sozial schutzbedürftige[16] Handelsvertreter – trotz der Ausnahmevorschrift des Abs. 4 – tarifvertragl. Regelungen getroffen werden können[17]. 3

3. Verhältnis zu anderen Gesetzesvorschriften. Da der Begriff der arbeitnehmerähnlichen Person nicht nur in § 12a, sondern auch in anderen arbeitsrechtl. Schutzvorschriften erwähnt wird, stellt sich die Frage nach dem Verhältnis dieser Vorschriften zueinander: Für **Heimarbeiter** gilt § 12a nicht; die Vorschriften des HAG sind insoweit leges speciales (vgl. insb. § 17 HAG)[18]. IÜ sind arbeitnehmerähn- 4

---

1 Zur historischen Entwicklung Kempen/Zachert/*Stein*, § 12a Rz. 1 ff.; Wiedemann/*Wank*, § 12a Rz. 17 ff. ‖ 2 Zur Verfassungsmäßigkeit des § 19 HAG BVerfG 27.2.1973 – 2 BvL 27/69, BVerfGE 34, 307 (317). ‖ 3 Zur Frage, ob auch Freiberufler wie Rechtsanwälte und Architekten unter den Schutzzweck des § 12a fallen, Wiedemann/*Wank*, § 12a Rz. 58 (befürwortend). ‖ 4 BAG 8.5.2007 – 9 AZR 777/06, BB 2007, 2298 (2299f.). ‖ 5 Vgl. Art. II § 1 des Heimarbeitsänderungsgesetzes v. 20.10.1974 (BGBl. I S. 2879). ‖ 6 Dazu *Wlotzke*, DB 1974, 2252 (2256). Zur Entstehungsgeschichte *Lund*, BArbBl. 1974, 682ff.; Wiedemann/*Wank*, § 12a Rz. 19. ‖ 7 Kempen/Zachert/*Stein*, § 12a Rz. 2. ‖ 8 Kempen/Zachert/*Stein*, § 12a Rz. 2; Wiedemann/*Wank*, § 12a Rz. 23 mwN. Vgl. Stellungnahme des Ausschusses für Arbeit und Sozialordnung, BT-Drs. 7/2050, 6. ‖ 9 Vgl. dazu Wiedemann/*Wank*, § 12a Rz. 20 mwN. ‖ 10 Vgl. BAG 23.9.1992 – 4 AZR 566/91, AP Nr. 21 zu § 1 TVG Tarifverträge: Rundfunk; 15.2.2005 – 9 AZR 51/04, AP Nr. 6 zu § 12a TVG; *Däubler*, Tarifvertragsrecht, Rz. 311; Kempen/Zachert/*Stein*, § 12a Rz. 7; *Löwisch/Rieble*, § 12a Rz. 2; *Pfarr*, FS Kehrmann, 1997, S. 75 (85); Wiedemann/*Wank*, § 12a Rz. 24; *Gamillscheg*, Kollektives Arbeitsrecht I, S. 178. ‖ 11 Vgl. *Lieb*, RdA 1974, 257 (267); *Stolterfoht*, DB 1973, 1068 (1072). ‖ 12 Ähnlich *Löwisch/Rieble*, § 12a Rz. 2; Däubler/*Reinecke*, § 12a Rz. 1; Wiedemann/*Wank*, § 12a Rz. 24m. weiteren Argumenten. ‖ 13 BVerfG 27.2.1973 – 2 BvL 27/69, AP Nr. 7 zu § 19 HAG. ‖ 14 BGBl. 1977 II, 482. ‖ 15 Wiedemann/*Wank*, § 12a Rz. 25. ‖ 16 Vgl. dazu BVerfG 7.2.1990 – 1 BvR 26/84, AP Nr. 65 zu Art. 12 GG. ‖ 17 *Däubler*, Tarifvertragsrecht, Rz. 311. AA ErfK/*Franzen*, § 12a TVG Rz. 8; *Löwisch/Rieble*, § 12a Rz. 5. Für die Verfassungswidrigkeit des § 12a IV Wiedemann/*Wank*, § 12a Rz. 53ff. ‖ 18 Wiedemann/*Wank*, § 12a Rz. 29; Däubler/*Reinecke*, § 12a Rz. 14.

liche Personen iSd. § 12a auch solche iSd. § 5 I 2 ArbGG, § 2 S. 2 BUrlG und § 6 I 1 Nr. 3 AGG[1], obwohl der Wortlaut nicht identisch ist[2]. § 2 Nr. 9 SGB VI kennt einen eigenständigen Begriff des arbeitnehmerähnlichen Selbständigen[3]. Auch in Europa gehen die Vorstellungen von der sachgerechten Abgrenzung der ArbN-Ähnlichkeit, bei der eine Anwendung arbeitsrechtl. Vorschriften auf NichtArbN zu erwägen ist, weit auseinander[4].

5 II. Voraussetzungen. Die in § 12a festgelegten Tatbestandsmerkmale sind **zwingend** und auch durch TV-Parteien nicht abdingbar[5]. Nach der Rspr. des BAG sind die TV-Parteien aber frei, den unbestimmten Rechtsbegriff der arbeitnehmerähnlichen Person iSd. § 12a auszufüllen, wenn sie den Geltungsbereich von TV für diesen Personenkreis festlegen wollen[6]. Sie müssen sich hierbei ledigl. am Leitbild des § 12a orientieren. Das TVG darf nur auf die in Abs. 1 näher definierten Personen entsprechend angewendet werden. Das sind einerseits die in Abs. 1 Nr. 1 näher umschriebenen arbeitnehmerähnlichen Personen und andererseits ihre in Abs. 1 Nr. 2 genannten Auftraggeber.

6 1. Begriff (Abs. 1 Nr. 1). Abs. 1 Nr. 1 knüpft den Status als arbeitnehmerähnliche Person[7] an folgende **Voraussetzungen:** Die Person muss wirtschaftl. abhängig und vergleichbar einem ArbN sozial schutzbedürftig sein. Diese beiden Voraussetzungen werden sodann durch weitere Tatbestandsmerkmale näher konkretisiert[8]:

– Tätigkeit für andere Personen auf Grund von Dienst- oder Werkverträgen,

– persönliche Leistungserbringung, im Wesentlichen ohne Mitarbeit von ArbN,

– überwiegende Tätigkeit für eine Person *oder* Erwerb der Hälfte des Entgelts von einer Person.

7 a) Wirtschaftliche Abhängigkeit. Sie liegt vor, wenn die Vertragsumstände eine bestimmte Tätigkeit erfordern und dem Tätigen die Möglichkeit der Eigenvorsorge nehmen. Das Kriterium der wirtschaftl. Abhängigkeit **unterscheidet** arbeitnehmerähnliche Personen[9] von der Gruppe der (sonstigen[10]) **Selbständigen.** Zwar bestimmen arbeitnehmerähnliche Personen als Selbständige Art und Umfang ihrer Tätigkeit selbst; anders als ArbN sind sie daher persönlich unabhängig[11]. Gleichzeitig unterliegen sie aber – im Gegensatz zu den sonstigen Selbständigen – weit reichenden wirtschaftl. Abhängigkeiten, die ihren Handlungsspielraum einengen[12]. **Die Höhe des Verdienstes** ist für die wirtschaftl. Abhängigkeit regelmäßig unbeachtlich, so dass auch gut verdienende Beschäftigte arbeitnehmerähnlich sein können[13]. Hat die zu beurteilende Person allerdings erhebliche sonstige Einkünfte, bspw. aus Kapitalvermögen, die sie völlig ungebunden machen, kann eine wirtschaftl. Abhängigkeit unter Umständen zu verneinen sein[14]. Für den Fall der **Franchisenehmer** hat die Rspr. die wirtschaftl. Abhängigkeit allein aus dem Umstand hergeleitet, dass diese exklusiv an das Warensortiment des Franchisegebers gebunden waren und neben ihrer Tätigkeit für diesen keine weiteren nennenswerten Tätigkeiten ausüben konnten[15]. Nicht erforderlich ist, dass der Arbeitnehmerähnliche für Rechnung eines Dritten tätig ist, der das Unternehmerrisiko trägt[16].

8 b) Soziale Schutzbedürftigkeit. Durch ihre wirtschaftl. Abhängigkeit müssen arbeitnehmerähnliche Personen „vergleichbar einem Arbeitnehmer sozial schutzbedürftig" sein. Soziale Schutzbedürftigkeit besteht, wenn das Maß der Abhängigkeit nach der Verkehrsanschauung einen solchen Grad erreicht, wie er regelmäßig nur in einem ArbVerh vorkommt, und die geleisteten Dienste nach ihrem sozialen Gepräge mit denen eines ArbN vergleichbar sind. Maßgebend sind die Umstände des Einzelfalls[17]. Von der Rspr. herangezogene Kriterien sind das Fehlen einer eigenen Unternehmensorganisation und die einem

---

1 Vgl. im Einzelnen Wiedemann/*Wank*, § 12a Rz. 31. ‖ 2 §§ 5 I 2 ArbGG, 2 S. 2 BUrlG und 6 I 1 Nr. 3 AGG knüpfen nur an die wirtschaftl. Unselbständigkeit an. ‖ 3 Dazu *Voelzke* in Henssler/Olbing/Reinecke/Voelzke, Das arbeits- und sozialrechtliche Korrekturgesetz und die Scheinselbständigkeit, 1999, S. 16 f. ‖ 4 Eingehend *Rebhahn*, RdA 2009, 236. ‖ 5 So bisher BAG 2.10.1990 – 4 AZR 106/90, AP Nr. 1 zu § 12a TVG m. Anm. *Otto*, vgl. LS 2; LAG München 19.7.2007 – 3 Sa 34/07, nv.; *Löwisch/Rieble*, § 12a Rz. 29; Wiedemann/*Wank*, § 12a Rz. 59. ‖ 6 BAG 14.12.2004 – 9 AZR 673/03, AP Nr. 43 zu § 1 TVG Tarifverträge: Rundfunk; 15.2.2005 – 9 AZR 51/04, AP Nr. 6 zu § 12a TVG. ‖ 7 Ob es einen allg. Begriff der arbeitnehmerähnlichen Person gibt, der für das gesamte (Arbeits-)Recht Gültigkeit besitzt, ist zweifelhaft, vgl. dazu Wiedemann/*Wank*, § 12a Rz. 13 ff., 32 ff. S.a. § 3 des von *Henssler/Preis* vorgelegten Entwurfs eines Arbeitsvertragsgesetzes, abgedr. in NZA-Beil. zu Heft 21/2007 sowie *Willemsen/Müntefering*, NZA 2008, 193 ff. ‖ 8 Zu dieser dogmatischen Einordnung Kempen/Zachert/*Stein*, § 12a Rz. 26 ff.; *Lund*, BArbBl. 1974, 682 (683); *Wlotzke*, DB 1974, 2252 (2257). Wiedemann/*Wank*, § 12a Rz. 60 hält die Prüfung der ersten beiden Voraussetzungen für überflüssig. ‖ 9 Zur Abgrenzung arbeitnehmerähnlicher Personen von sonstigen Selbständigen und ArbN: Kempen/Zachert/*Stein*, § 12a Rz. 9 ff.; *Löwisch/Rieble*, § 12a Rz. 26 ff.; Wiedemann/*Wank*, § 12a Rz. 32, 43 ff. ‖ 10 Arbeitnehmerähnliche Personen sind nach ganz hM Selbständige, die eines besonderen Schutzes bedürfen, vgl. Kempen/Zachert/*Stein*, § 12a Rz. 9. Zur dogmatischen Einordnung Wiedemann/*Wank*, § 12a Rz. 2. ‖ 11 Zu diesem Abgrenzungsmerkmal *Löwisch/Rieble*, § 12a Rz. 27. ‖ 12 Vgl. Kempen/Zachert/*Stein*, § 12a Rz. 9. ‖ 13 BAG 17.12.1968 – 5 AZR 86/68, AP Nr. 17 zu § 5 ArbGG 1953 Theaterintendant m. Anm. *Hueck*; Kempen/Zachert/*Stein*, § 12a Rz. 31; *Löwisch/Rieble*, § 12a Rz. 24; Wiedemann/*Wank*, § 12a Rz. 76. ‖ 14 Vgl. BAG 2.10.1990 – 4 AZR 106/90, AP Nr. 1 zu § 12a TVG. AA *Däubler/Reinecke*, § 12a Rz. 52. ‖ 15 Vgl. BGH 4.11.1998 – VIII ZB 12/98, NZA 1999, 53; 14.1.1997 – 5 AZB 22/96, AP Nr. 41 zu § 2 ArbGG 1979 („Eismann"). ‖ 16 So zum Teil aber das Schrifttum, vgl. *Martinek*, Franchising, 1987, S. 289. ‖ 17 BAG 2.10.1990 – 4 AZR 106/90, AP Nr. 1 zu § 12a TVG; 17.1.2006 – 9 AZR 61/05, EzA § 2 BUrlG Nr. 6; *Löwisch/Rieble*, § 12a Rz. 19.

ArbN vergleichbare Einbindung in die Unternehmensorganisation des Auftraggebers[1]. Auch ein im unteren Bereich liegendes Einkommen wurde als Indiz für die soziale Schutzbedürftigkeit gewertet[2]. Berücksichtigt werden kann im Einzelfall auch die Höhe des weiteren Einkommens[3]. Außerdem wird man auf die unternehmerischen Chancen des Beschäftigten abstellen müssen[4]. Außer Betracht bleiben grds. die persönl. Verhältnisse des einzelnen Betroffenen. Entscheidend ist, ob mit den Umständen der Tätigkeit typischerweise eine soziale Abhängigkeit des Beschäftigten einhergeht[5]. Wie auch bei der Beurteilung der wirtschaftl. Abhängigkeit (dazu Rz. 7) sind die Vermögensverhältnisse des Einzelnen außer Acht zu lassen. Der Begriff der sozialen Schutzbedürftigkeit kann durch die TV-Parteien nicht über die gesetzl. Begriffsbestimmung hinaus erweitert werden[6]. Eine Konkretisierung des Begriffs und die Regelung von Entgeltgrenzen, oberhalb derer die soziale Schutzbedürftigkeit fehlt, ist möglich[7]. Die Herausnahme von Studenten aus einem TV für arbeitnehmerähnliche Personen in vergleichbarer sozialer Lage verstößt dem BAG zufolge gegen Art. 3 I GG[8].

c) **Tätigkeit für andere Personen auf Grund von Dienst- oder Werkverträgen.** Das Rechtsverhältnis zwischen der arbeitnehmerähnlichen Person und ihrem Auftraggeber beschreibt § 12a als Dienst- oder Werkvertrag. Der Verweis auf die §§ 611 ff., 631 ff. BGB kann indes nicht als abschließend gelten, weil ansonsten der Schutzzweck des § 12a durch kautelarjuristische Gestaltungen unterlaufen werden könnte[9]. § 12a erfasst alle Vertragsverhältnisse, die auf den Grundtypus des Dienst- oder Werkvertrags rückführbar sind[10]. Dazu zählen insb. (unechte) Werklieferungsverträge[11], Geschäftsbesorgungsverträge[12] und gemischte Verträge wie etwa Verlagsverträge mit Buchautoren[13] oder Verträge über Arbeitsleistungen an gepachteten oder gemieteten Gegenständen für den jeweiligen Verpächter, Vermieter oder Lizenzgeber[14]. **Beispiele** für arbeitnehmerähnliche Beschäftigungsverhältnisse bieten[15] die im Zuge sog. Ausgründungen („outsourcing") entstehenden **Darlehens-, Subunternehmer-**[16] **und Franchiseverträge**[17], durch die zumeist ehemals eigene ArbN langfristig und ausschließlich an ein Unternehmen gebunden werden; ferner – abhängig von der jeweiligen Konstruktion – die **Telearbeit**[18]. Die Bereichsausnahme des Abs. 4 für Handelsvertreter ist zu beachten[19].

d) **Persönliche Erbringung der geschuldeten Leistung, im Wesentlichen ohne Mitarbeit von Arbeitnehmern.** Vergleichbar den ArbN (vgl. § 613 BGB) setzt die ArbN-Ähnlichkeit iSd. TVG eine im Wesentlichen persönliche Erbringung der Leistung voraus. § 12a sichert dadurch nicht nur die Gegnerfreiheit der Verbände arbeitnehmerähnlicher Personen[20], sondern trägt ebenso dem Umstand Rechnung, dass die soziale Schutzwürdigkeit typischerweise auf dem persönlichen Arbeitseinsatz beruht. Eine persönliche Leistungserbringung liegt vor, wenn der Verpflichtete die geschuldete Leistung selbst erbringt. Im Vergleich zu § 613 BGB sind die Anforderungen des § 12a allerdings weniger streng; es genügt, wenn die Leistung „im Wesentlichen persönlich ohne Mitarbeit von Arbeitnehmern" erbracht wird. Unschädlich ist daher – e contrario – eine Unterstützung durch Aushilfskräfte oder Familienangehörige, sofern sie lediglich Hilfstätigkeiten verrichten. Die wirtschaftl. entscheidende „Kern-Arbeitsleistung"[21] ist aber persönlich zu erbringen[22]. Insb. bei den Angehörigen der freien Berufe, bei denen auch der selbständige Unternehmer die Leistung typischerweise persönlich erbringt,[23] eignet sich das Kriterium wenig zur Abgrenzung von der „echten" Selbständigkeit.

e) **Überwiegende Tätigkeit für eine Person oder mehr als die Hälfte des Entgelts von einer Person.** Das Tatbestandsmerkmal der überwiegenden Tätigkeit für eine Person, das durch den Bezug von mehr als der Hälfte des Entgelts von einer Person ersetzt werden kann, konkretisiert die geforderte wirtschaftl. Abhängigkeit (dazu Rz. 7). Vorausgesetzt wird eine gewisse „Dauerbeziehung"[24]: Eine arbeit-

---

1 BGH 4.11.1998 – VIII ZB 12/98, NZA 1999, 53 (56); BAG 14.1.1997 – 5 AZB 22/96, AP Nr. 41 zu § 2 ArbGG 1979. ‖ 2 BGH 4.11.1998 – VIII ZB 12/98, NZA 1999, 53 (56). ‖ 3 BAG 21.6.2011 – 9 AZR 820/09, AP Nr. 12 zu § 12a TVG. ‖ 4 *Henssler* in Hensslber/Olbing/Reinecke/Voelzke, Das arbeits- und sozialrechtliche Korrekturgesetz und die Scheinselbständigkeit, 1999, S. 62 f. ‖ 5 Vgl. Kempen/Zachert/*Stein*, § 12a Rz. 31. ‖ 6 BAG 2.10.1990 – 4 AZR 106/90, AP Nr. 1 zu § 12a TVG; ErfK/*Franzen*, § 12a TVG Rz. 5; aA Däubler/*Reinecke*, § 12a Rz. 52 ff. ‖ 7 BAG 14.12.2004 – 9 AZR 673/03, AP Nr. 43 zu § 1 TVG Tarifverträge: Rundfunk; Däubler/*Reinecke*, § 12a Rz. 29. ‖ 8 BAG 20.1.2004 – 9 AZR 291/02, AP Nr. 1 zu § 112 LPVG RP. ‖ 9 Kempen/Zachert/*Stein*, § 12a Rz. 32; Löwisch/*Rieble*, § 12a Rz. 20. ‖ 10 *Däubler*, Tarifvertragsrecht, Rz. 314; Löwisch/*Rieble*, § 12a Rz. 20; aA *Wlotzke*, DB 1974, 2258. ‖ 11 Wohl allg. Ansicht; str. dagegen für echte Werklieferungsverträge (gegen eine Einbeziehung Wiedemann/*Wank*, § 12a Rz. 63; *Stolterfoht*, DB 1973, 1068 (1071); dafür Däubler/*Reinecke*, § 12a Rz. 34; AR-Blattei/*Tiefenbacher*, SD Nr. 120 Rz. 16. ‖ 12 Kempen/Zachert/*Stein*, § 12a Rz. 32; Wiedemann/*Wank*, § 12a Rz. 64; Däubler/*Reinecke*, § 12a Rz. 35. ‖ 13 Vgl. Kempen/Zachert/*Stein*, § 12a Rz. 32; Däubler/*Reinecke*, § 12a Rz. 32 f. ‖ 14 Vgl. Kempen/Zachert/*Stein*, § 12a Rz. 32. Bsp.: Toilettenpächter, vgl. BAG 13.9.1956 – 2 AZR 605/54, AP Nr. 2 zu § 5 ArbGG 1953 (Lizenzverhältnis). Zurückhaltender Wiedemann/*Wank*, § 12a Rz. 62; aA *Wlotzke*, DB 1974, 2252 (2258). ‖ 15 Dazu Kempen/Zachert/*Stein*, § 12a Rz. 11 ff.; Däubler/*Reinecke*, § 12a Rz. 32 ff. ‖ 16 Insb. Verhältnisse mit unechten Subunternehmern, die (nahezu) ausschließl. Aufträge des Hauptunternehmers ausführen, dazu Kempen/Zachert/*Stein*, § 12a Rz. 29. ‖ 17 Dazu Däubler/*Reinecke*, § 12a Rz. 36. ‖ 18 Vgl. Däubler/*Reinecke*, § 12a Rz. 39 ff.; Kempen/Zachert/*Stein*, § 12a Rz. 23 mwN. ‖ 19 ErfK/*Franzen*, § 12a TVG Rz. 6. ‖ 20 So Löwisch/*Rieble*, § 12a Rz. 21. ‖ 21 Kempen/Zachert/*Stein*, § 12a Rz. 26. ‖ 22 Wiedemann/*Wank*, § 12a Rz. 71. ‖ 23 Zur europarechtl. Definition des freien Berufs und der Bedeutung der persönlichen Leistungserbringung vgl. EuGH 11.10.2001 – Rs. C-267/99, DStRE 2002, 112 (114). ‖ 24 BAG 14.12.2004 – 9 AZR 673/03, AP Nr. 43 zu § 1 TVG Tarifverträge: Rundfunk; 15.11.2005 – 9 AZR 626/04, AP Nr. 12 zu § 611 BGB Arbeitnehmerähnlichkeit; 17.1.2006 – 9 AZR 61/05, EzA § 2 BUrlG Nr. 6.

nehmerähnliche Person ist überwiegend für eine Person tätig, wenn sie mehr als die Hälfte ihrer persönlichen Arbeitszeit auf die Verrichtung von Arbeiten für diese eine Person verwendet[1]. Ist dies nicht der Fall, so kann sich die wirtschaftl. Abhängigkeit nach Abs. 1 Nr. 1b daraus ergeben, dass der Dienstpflichtige mehr als die Hälfte des Entgelts, das er durch seine Erwerbstätigkeit erarbeitet, von einer Person beanspruchen kann; für Personen, die künstlerische, schriftstellerische oder journalistische Leistungen erbringen, gilt Entsprechendes bereits dann, wenn ihnen von einer Person im Durchschnitt mindestens ein Drittel des Gesamteinkommens zusteht (vgl. Abs. 3, dazu Rz. 14). Zum **Gesamteinkommen** gehören Entgelte aus aktiver Tätigkeit, nicht dagegen Einkommen aus Urheberrechten, Versorgungsleistungen, Versicherungen oder Vermögen[2].

12   **2. Auftraggeber der arbeitnehmerähnlichen Personen (Abs. 1 Nr. 2).** Durch Abs. 1 werden nicht nur die arbeitnehmerähnlichen Personen, sondern über Nr. 2 auch ihre Auftraggeber dem Gesetz unterworfen. Dies betrifft Unternehmer, Dienstberechtigte und sonstige Auftraggeber je nach Gestaltung des Vertragsverhältnisses[3]. Gleichfalls anwendbar ist das TVG auf die zwischen diesen Personen bestehenden Rechtsverhältnisse. Dieses Verständnis des Abs. 1 Nr. 2 gebietet entgegen einer im Schrifttum vertretenen Ansicht[4] sowohl die grammatikalische, die teleologische als auch die historische[5] Auslegung. Für die Ausdehnung des Abs. 1 Nr. 2 auf arbeitnehmerähnliche Personen, die ihrerseits arbeitnehmerähnliche Personen beschäftigen[6], besteht kein Bedürfnis. Diese Personen werden bereits von Abs. 1 Nr. 1 erfasst.

13   **3. Mehrere Personen als „Auftraggeber" (Abs. 2).** Abs. 2 soll eine Umgehung des Schutzzwecks der Vorschrift durch die Organisationsform des „Auftraggebers" verhindern[7]. Denn das maßgebende Kriterium für die Begründung der wirtschaftl. Abhängigkeit arbeitnehmerähnlicher Personen ist gerade der Grad ihrer wirtschaftl. Tätigkeit für oder ihre Entlohnung durch „eine" Person. Abs. 2 versteht den Begriff **„eine Person"** daher weit und zählt dazu auch mehrere Personen, wenn sie nach der Art eines Konzerns zusammengefasst sind oder zu einer zwischen ihnen bestehenden Organisationsgemeinschaft oder nicht nur vorübergehenden Arbeitsgemeinschaft gehören. Der Begriff des **Konzerns** wird in § 18 AktG, auf den die Vorschrift ausdrücklich verweist, näher definiert. Auf Grund der Formulierung „nach Art eines Konzerns" werden auch Unternehmensverbindungen, bei denen das herrschende Unternehmen keine AG ist, erfasst. Ausschlaggebend ist das (im Wesentlichen überholte) Kriterium der „einheitlichen Leitung", das nach dem Regelungszweck des § 12a durch das angelsächsische Gegenmodell des „Control-Konzepts" des § 290 II HGB[8] ersetzt werden kann. Der Begriff der **Organisationsgemeinschaft** wurde in Anlehnung an die Formulierung in § 92a II 1 HGB gewählt, so dass die zu dieser Vorschrift entwickelten Grundsätze entsprechend gelten[9]. Maßgebend ist, dass die verschiedenen Personen ihren Geschäftsbetrieb zumindest teilw. in gemeinsamer Organisation führen[10]. Der Begriff **Arbeitsgemeinschaft** soll insb. Rundfunk- und Fernsehanstalten – wie die ARD – erfassen, um die Anwendbarkeit des TVG auch für Mitarbeiter, die häufig für mehrere Rundfunk- und Fernsehanstalten gleichzeitig tätig sind, zu gewährleisten[11]. Unter den Begriff fällt aber auch eine ARGE des Baugewerbes[12].

14   **4. Personen, die künstlerische, schriftstellerische oder journalistische Leistungen erbringen (Abs. 3).** Abs. 3 privilegiert Personen, die künstlerische, schriftstellerische oder journalistische Leistungen erbringen, sowie das entsprechende „technische" Personal ggü. anderen arbeitnehmerähnlichen Personen. Die jeweiligen Gruppenangehörigen unterliegen bereits dann dem Schutz des TVG, wenn sie von einer Person mindestens ein Drittel – statt der Hälfte bei anderen arbeitnehmerähnlichen Personen – ihres Gesamteinkommens beanspruchen können (dazu Rz. 11)[13].

15   **5. Handelsvertreter iSd. § 84 HGB (Abs. 4).** Ausgeklammert werden von der Erweiterung des § 12a die Handelsvertreter iSd. § 84 HGB, obwohl sie sogar idealtypische arbeitnehmerähnliche Selbständige sein können. Handelsvertreter ist, wer als selbständiger Gewerbetreibender ständig damit betraut ist, für einen anderen Unternehmer Geschäfte zu vermitteln oder in dessen Namen abzuschließen (§ 84 I 1 HGB). Über die danach erforderliche Selbständigkeit verfügt, wer im Wesentlichen frei seine Tätigkeit gestalten und seine Arbeitszeit bestimmen kann (§ 84 I 2 HGB). Die Ausnahmeregelung, die auf Drängen der Handelsvertreterverbände – entgegen dem ursprünglichen Gesetzesentwurf – in § 12a aufgenommen wurde[14], ist nicht nur aus rechtspolitischer[15], sondern auch aus verfassungsrechtl.[16] Sicht krit. zu bewerten. Die Tarifautonomie arbeitnehmerähnlicher Personen genießt nach Art. 9 III GG verfassungsrechtl. Schutz. Art. 3 I GG gebietet eine Gleichstellung arbeitnehmerähnlicher Handelsvertre-

---

1 Kempen/Zachert/*Stein*, § 12a Rz. 28. ||2 Wiedemann/*Wank*, § 12a Rz. 75; aA *Kunze*, UFITA 74 (1975), 19 (33). ||3 Ebenso *Reichel/Koberski/Ansey*, § 12a Rz. 42f. ||4 Wiedemann/*Wank*, § 12a Rz. 69. ||5 Vgl. BT-Drs. 7/975, 21. ||6 So Wiedemann/*Wank*, § 12a Rz. 70. ||7 Vgl. ebenso Kempen/Zachert/*Stein*, § 12a Rz. 36; Wiedemann/*Wank*, § 12a Rz. 66. ||8 Dazu Heymann/*Henssler*, § 290 HGB Rz. 25ff.; Baumbach/*Hopt*, § 290 HGB Rz. 6ff. ||9 Kempen/Zachert/*Stein*, § 12a Rz. 36. ||10 Wiedemann/*Wank*, § 12a Rz. 67. ||11 BAG 19.10.2004 – 9 AZR 411/03, AP Nr. 42 zu § 1 TVG Tarifverträge: Rundfunk; 14.12.2004 – 9 AZR 673/03, AP Nr. 43 zu § 1 TVG Tarifverträge: Rundfunk; Kempen/Zachert/*Stein*, § 12a Rz. 36; *Löwisch/Rieble*, § 12a Rz. 25. ||12 Däubler/*Reinecke*, § 12a Rz. 45; Kempen/Zachert/*Stein*, § 12a Rz. 36. ||13 Krit. Wiedemann/*Wank*, § 12a Rz. 74. Zur Vereinbarkeit der Vorschrift mit Art. 5 GG vgl. *Löwisch/Rieble*, § 12a Rz. 23. ||14 Vgl. *Hölscher*, Sten. Berichte 7/721,1; *Schmidt*, Sten. Berichte 7/2867. ||15 Vgl. zB Wiedemann/*Wank*, § 12a Rz. 52 mwN. ||16 MünchArbR/*Löwisch*, § 239 Rz. 83; aA ErfK/*Franzen*, § 12a TVG Rz. 2; Däubler/*Reinecke*, § 12a Rz. 17.

ter mit anderen arbeitnehmerähnlichen Selbständigen[1]. Daher dürfen auch die Verbände der Handelsvertreter TV abschließen, sofern sie als arbeitnehmerähnliche Person anzusehen und nicht bereits Angestellte iSd. § 84 II HGB sind, für die das TVG ohnehin gilt[2]. Wichtig ist dies für die Einfirmenvertreter des § 92a HGB.

III. Rechtsfolgen. 1. Tarifvertragsparteien. Als Rechtsfolge sieht Abs. 1 die entsprechende Geltung der Vorschriften des TVG vor. Das bedeutet zunächst, dass die Rechtsbeziehungen zwischen den arbeitnehmerähnlichen Personen iSd. § 12a und ihren „Auftraggebern" tarifvertragl. ausgestaltet werden können. Abzuschließen sind die TV zwischen den Verbänden der arbeitnehmerähnlichen Personen auf der einen Seite und ihren „Auftraggebern" bzw. deren Verbänden auf der anderen Seite (vgl. § 2 I, dazu § 1 Rz. 5 ff.)[3]. Arbeitnehmerähnliche Personen können auch Gewerkschaften angehören, in denen sich (primär) ArbN zusammengeschlossen haben. Folglich dürfen in einen TV sowohl Normen über die Rechtsverhältnisse der ArbN als auch solche über diejenigen der arbeitnehmerähnlichen Personen aufgenommen werden[4]. 16

2. Zulässiger Inhalt der Tarifverträge. Umstritten ist, welche Inhalte die abgeschlossenen TV regeln dürfen. Inhalts- (dazu § 1 Rz. 45 f.), Abschluss-[5] (dazu § 1 Rz. 47 ff.) und Beendigungsnormen (dazu § 1 Rz. 50) sowie solche über gemeinsame Einrichtungen (§ 1 Rz. 55, § 4 Rz. 25 ff.) werden auch bei TV mit Arbeitnehmerähnlichen nahezu einhellig als zulässige Vertragsgegenstände anerkannt[6]. Bei der Vereinbarung von Abschluss- und Beendigungsnormen ist die durch Art. 5 I GG verfassungsrechtl. geschützte Medienfreiheit zu beachten, sofern entsprechende Unternehmen von den Normen betroffen werden[7]. Generell in Zweifel gezogen wird die Zulässigkeit betriebl. (dazu § 1 Rz. 51 f.) und betriebsverfassungsrechtl. (dazu § 1 Rz. 53 f.) Normen[8]. § 12a sei § 17 HAG nachempfunden, der für arbeitnehmerähnliche Heimarbeiter lediglich tarifvertragl. Vereinbarungen über Inhalt, Abschluss oder Beendigung von Vertragsverhältnissen vorsehe[9]. Eine solche pauschale Einengung der Tarifmacht ist § 12a, der die entsprechende Anwendung des gesamten TVG anordnet, indes fremd. Richtig ist, dass die Vereinbarung betriebsverfassungsrechtl. Normen ieS ausscheiden muss, weil das BetrVG arbeitnehmerähnliche Personen – mit Ausnahme der Heimarbeiter – nicht in seinen Geltungsbereich einbezieht (vgl. §§ 5, 6 BetrVG)[10]. Zulässig wäre indes die Einführung einer eigenständigen betriebl. Vertretung für arbeitnehmerähnliche Personen, die allerdings nicht mit Normsetzungsbefugnissen iSd. BetrVG ausgestattet werden könnte[11]. Bei betriebl. Normen ist darauf abzustellen, ob ihre Vereinbarung im Verhältnis zwischen arbeitnehmerähnlichen Personen und deren „Auftraggebern" sachgerecht ist[12]. Bei der notwendigen starken Eingliederung eines größeren Personenkreises in die Arbeitsorganisation des Auftraggebers, bei der an betriebl. Normen zu denken ist, wird meist der ArbN-Status der Beschäftigten zu bejahen sein. Zwingende Gründe, die gegen betriebl. Normen für die betriebl. Ordnung eingegliederte arbeitnehmerähnliche Personen sprechen, sind indes nicht ersichtlich[13]. 17

3. Schranken der Tarifmacht. Die Tarifmacht der Sozialpartner unterliegt in Bezug auf Rechtsverhältnisse arbeitnehmerähnlicher Personen grds. denselben Regelungsschranken wie in Bezug auf ArbVerh (dazu Einl. Rz. 14 ff.)[14]. 18

4. Arbeitskampf. Nicht nur das TVG selbst, sondern auch die zu seiner Durchsetzung entwickelten Grundsätze über den Arbeitskampf gelten für die Rechtsverhältnisse arbeitnehmerähnlicher Personen entsprechend: Arbeitnehmerähnliche Personen haben ein **Streikrecht**, ihre „Auftraggeber" dürfen **aussperren**[15]. Unterstützungsstreiks von ArbN für arbeitnehmerähnliche Personen oder umgekehrt hat das BAG für zulässig erklärt[16]. Nach der aktuellen Rspr. des BAG zum Unterstützungsstreik dürfte dies nicht mehr nur für Ausnahmesituationen gelten[17]. 19

IV. Prozessuales. Streitigkeiten über den Status arbeitnehmerähnlicher Personen können über eine **Feststellungsklage** (§ 256 ZPO) gerichtl. geklärt werden[18]. Das erforderliche Feststellungsinteresse liegt vor, wenn „durch die Bereinigung des Streits konkrete Folgen für das ArbVerh geklärt werden und die 20

---

1 Wiedemann/*Wank*, § 12a Rz. 53; Kempen/Zachert/*Stein*, § 12a Rz. 35; aA ErfK/*Franzen*, § 12a TVG Rz. 2, 8; Löwisch/*Rieble*, § 12a Rz. 2 ff. ‖ 2 Ausf. Wiedemann/*Wank*, § 12a Rz. 30, 51 ff. ‖ 3 *Lund*, BArbBl. 1974, 682 (684); Wiedemann/*Wank*, § 12a Rz. 79. ‖ 4 Dafür die hM: *Däubler*, Tarifvertragsrecht, Rz. 319; Kempen/Zachert/*Stein*, § 12a Rz. 42; Wiedemann/*Wank*, § 12a Rz. 90; dagegen *Lieb*, RdA 1974, 257 (267). ‖ 5 Krit. allerdings ua. *Lieb*, RdA 1974, 257 (266 f.). ‖ 6 ErfK/*Franzen*, § 12a TVG Rz. 11; Kempen/Zachert/*Stein*, § 12a Rz. 39, 43; Löwisch/*Rieble*, § 12a Rz. 11 f.; Wiedemann/*Wank*, § 12a Rz. 81 ff. ‖ 7 Wiedemann/*Wank*, § 12a Rz. 84, 86. Vgl. BVerfG 13.1.1982 – 1 BvR 848/77, BVerfGE 59, 231 (268); dazu ausf. Kempen/Zachert/*Stein*, § 12a Rz. 7. ‖ 8 Löwisch/*Rieble*, § 12a Rz. 14; zurückhaltender ErfK/*Franzen*, § 12a TVG Rz. 11. ‖ 9 Löwisch/*Rieble*, § 12a Rz. 14. ‖ 10 Wiedemann/*Wank*, § 12a Rz. 88; Däubler/*Reinecke*, § 12a Rz. 72. ‖ 11 Vgl. Kempen/Zachert/*Stein*, § 12a Rz. 43; Däubler/*Reinecke*, § 12a Rz. 74. ‖ 12 In diese Richtung Wiedemann/*Wank*, § 12a Rz. 80; auf das Kriterium der Eingliederung der arbeitnehmerähnlichen Personen in den Betrieb abstellend ErfK/*Franzen*, § 12a TVG Rz. 11. ‖ 13 Wiedemann/*Wank*, § 12a Rz. 87; Däubler/*Reinecke*, § 12a Rz. 67 ff. ‖ 14 Vgl. ErfK/*Franzen*, § 12a TVG Rz. 10; Löwisch/*Rieble*, § 12a Rz. 17. ‖ 15 *Däubler*, Tarifvertragsrecht, Rz. 320; Kempen/Zachert/*Stein*, § 12a Rz. 44; Wiedemann/*Wank*, § 12a Rz. 91 f.; aA *Eich*, DB 1973, 1699 (1703). ‖ 16 BAG 5.3.1985 – 1 AZR 468/83, AP Nr. 85 zu Art. 9 GG Arbeitskampf. Für eine allg. Zulässigkeit: *Däubler*, Tarifvertragsrecht, Rz. 320; Kempen/Zachert/*Stein*, § 12a Rz. 44; aA *Lieb*, RdA 1974, 257 (267). ‖ 17 BAG 19.6.2007 – 1 AZR 396/06, NZA 2007, 1055. ‖ 18 Vgl. BAG 22.6.1977 – 5 AZR 753/75, AP Nr. 22 zu § 611 BGB Abhängigkeit; Löwisch/*Rieble*, § 12a Rz. 30.

Feststellungsklage prozessökonomisch sinnvoll ist"[1]. §§ 2 I Nr. 3, 5 I 1 ArbGG eröffnen den Rechtsweg zu den ArbG[2], für Handelsvertreter ist § 5 III ArbGG zu beachten[3].

12b *Berlin-Klausel*
(gegenstandslos)

13 *Inkrafttreten*
(1) Dieses Gesetz tritt mit seiner Verkündung in Kraft[4].

(2) Tarifverträge, die vor dem Inkrafttreten dieses Gesetzes abgeschlossen sind, unterliegen diesem Gesetz.

1 Die aktuelle Bedeutung der Vorschrift ist gering. Der Einigungsvertrag (Anl. I Kap. VIII Sachgeb. A Abschn. I Nr. 14 EVertr) sieht eine unbegrenzte Fortgeltung der bestehenden Rahmenkollektivverträge und TV vor[5].

Verordnung zur Durchführung des Tarifvertragsgesetzes

vom 20.2.1970 (BGBl. I S. 193),
in der Fassung der Bekanntmachung vom 16.1.1989 (BGBl. I S. 76),
zuletzt geändert durch VO v. 31.10.2006 (BGBl. I S. 2407)

– Auszug –

Zweiter Abschnitt. Allgemeinverbindlicherklärung und Aufhebung der Allgemeinverbindlichkeit

9 (1) Arbeitgeber und Arbeitnehmer, für die der Tarifvertrag infolge der Allgemeinverbindlicherklärung verbindlich ist, können von einer der Tarifvertragsparteien eine Abschrift des Tarifvertrages gegen Erstattung der Selbstkosten verlangen. § 5 Satz 2 und 3 gilt entsprechend.

(2) Die in Absatz 1 genannten Arbeitgeber haben die für allgemeinverbindlich erklärten Tarifverträge an geeigneter Stelle im Betrieb auszulegen.

Vierter Abschnitt. Tarifregister

14 Bei der Eintragung des Abschlusses von Tarifverträgen in das Tarifregister werden die Tarifverträge durch die Angabe der Tarifvertragsparteien, des Geltungsbereiches sowie des Zeitpunktes ihres Abschlusses und ihres Inkrafttretens bezeichnet.

15 (1) Das Bundesministerium für Arbeit und Soziales benachrichtigt die Tarifvertragsparteien von der Eintragung der Allgemeinverbindlicherklärung, der Aufhebung der Allgemeinverbindlicherklärung sowie von der Eintragung ihrer Mitteilungen über das Außerkrafttreten und über die Änderung allgemeinverbindlicher Tarifverträge.

(2) Die Bekanntmachungen nach § 4 und § 11 sollen im Tarifregister vermerkt werden.

16 Die Einsicht des Tarifregisters sowie der registrierten Tarifverträge ist jedem gestattet. Das Bundesministerium für Arbeit und Soziales erteilt auf Anfrage Auskunft über die Eintragungen.

---

1 BAG 12.10.1978 – 7 AZR 960/77, AP Nr. 48 zu § 620 BGB Befristeter Arbeitsvertrag. ||2 *Löwisch/Rieble*, § 12a Rz. 31. ||3 BAG 17.10.1990 – 5 AZR 639/89, AP Nr. 9 zu § 5 ArbGG 1979. ||4 Amtl. Anm.: Die Vorschrift betrifft das Inkrafttreten des Gesetzes in der Fassung vom 9.4.1949 (Gesetzblatt der Verwaltung des Vereinigten Wirtschaftsgebietes S. 55). Der Zeitpunkt des Inkrafttretens der späteren Änderungen und Ergänzungen ergibt sich aus den in der vorangestellten Bekanntmachung bezeichneten Vorschriften. ||5 Eingehend Wiedemann/*Oetker*, § 13 Rz. 28 ff.

Teilzeit- und Befristungsgesetz (TzBfG)
Gesetz über Teilzeitarbeit und befristete Arbeitsverträge

vom 21.12.2000 (BGBl. I S. 1966),
zuletzt geändert durch Gesetz vom 20.12.2011 (BGBl. I S. 2854)

Vorbemerkung

Auf Grund Art. 1 des „Gesetzes über Teilzeitarbeit und befristete Arbeitsverträge und zur Änderung und Aufhebung arbeitsrechtlicher Bestimmungen" 21.12.2000[1] sind mit dem Gesetz über Teilzeitarbeit und befristete Arbeitsverträge (TzBfG) die Teilzeitarbeit und die Befristung von ArbVerh auf eine umfassende gesetzl. Grundlage gestellt worden. Mit dem am 1.1.2001 in Kraft getretenen Gesetz sind die Regelungen der Europäischen RL 97/81/EG[2] und 1999/70/EG[3] in nationales Recht umgesetzt und das Beschäftigungsförderungsgesetz v. 26.4.1985 abgelöst worden.

Erster Abschnitt. Allgemeine Vorschriften

1 Zielsetzung

Ziel des Gesetzes ist, Teilzeitarbeit zu fördern, die Voraussetzungen für die Zulässigkeit befristeter Arbeitsverträge festzulegen und die Diskriminierung von teilzeitbeschäftigten und befristet beschäftigten Arbeitnehmern zu verhindern.

I. Zweck und Inhalt. Die in der Vorschrift formulierte **Zielsetzung** entspricht den Vorgaben, wie sie sich aus § 1 der in der RL 97/81/EG übernommenen Rahmenvereinbarung über Teilzeitarbeit und § 1 der in der RL 1999/70/EG übernommenen Rahmenvereinbarung über befristete Arbeitsverträge ergeben. Verfolgt werden damit:

Im Hinblick auf **Teilzeitarbeit**

– der Schutz Teilzeitbeschäftigter vor Diskriminierung ggü. Vollzeitbeschäftigten
– die Förderung der Teilzeitarbeit auch im Interesse der Vollbeschäftigung
– die Schaffung von Transparenz durch umfassende Information der ArbN und ArbN-Vertretungen über die Möglichkeiten einer Teilzeitbeschäftigung

und im Bereich der **befristeten Arbeitsverträge**

– der Schutz befristet beschäftigter ArbN vor Diskriminierung
– die Festlegung der Zulässigkeitsvoraussetzungen befristeter Arbeitsverträge
– die Verbesserung der Chancen befristet Beschäftigter auf eine Dauerbeschäftigung[4].

Für **Teilzeitarbeit** sind maßgeblich die Begriffsbestimmungen in § 2, das Diskriminierungsverbot in § 4 I sowie die die Förderung der Teilzeitarbeit regelnden Bestimmungen im zweiten Abschnitt (§§ 6–13).

Die **Befristung** wird in § 3 begrifflich festgelegt. Für sie gilt das Diskriminierungsverbot des § 4 II. Die Voraussetzungen der Zulässigkeit befristeter Arbeitsverträge sind im dritten Abschnitt (§§ 14–21) aufgeführt. Sowohl für die Teilzeitarbeit wie auch für Befristungen gelten die **gemeinsamen Vorschriften** des Benachteiligungsverbotes in § 5, die Möglichkeit der Abdingbarkeit in § 22 und der Hinweis auf besondere gesetzl. Regelungen in § 23.

Ein **eigener Regelungsinhalt** ist § 1 nicht zu entnehmen. Der genannten Zielsetzung kann aber bei der Auslegung Bedeutung zukommen. Während für befristete ArbVerh nur die Festlegung der dafür erforderlichen Voraussetzungen angeführt wird, ist es hinsichtlich der Teilzeitarbeit Ziel des Gesetzes, diese zu fördern. Unmittelbare Rechtsansprüche lassen sich aber aus der Zielsetzung nicht ableiten[5].

II. Geltungsbereich. Mit Ausnahme von § 8 VII enthält das Gesetz keine Einschränkung seines Geltungsbereichs. Es gilt für alle privaten und öffentl. ArbVerh, auch für solche des öffentl. Dienstes[6], nicht jedoch für Beamte.

Der **persönliche Geltungsbereich** des Gesetzes erstreckt sich auf alle ArbN, auch auf **leitende Angestellte** gem. § 14 II KSchG, die die Befugnis haben, ArbN einzustellen oder zu entlassen. Eine abweichende Befristungsregelung für ArbN ab Vollendung des 52. LJ sieht § 14 III vor.

---

1 BGBl. I S. 1966. ǁ 2 ABl. 1998 L 14/9. ǁ 3 ABl. 1999 L 175/43. ǁ 4 Begr. des Gesetzesentwurfs, BT-Drs. 14/4374, 11 ff. ǁ 5 Preis/*Gotthardt*, DB 2000, 2065. ǁ 6 EuGH 1.3.2012 – Rs. C-393/10, NZA 2012, 313.

TzBfG § 1 Rz. 7   Zielsetzung

7   Der **betriebl.** Geltungsbereich erstreckt sich auf alle Betriebe privater und öffentl. ArbGeb. Das Gesetz findet daher auch auf sog. **Kleinbetriebe** gem. § 23 I 2 und 3 KSchG Anwendung. Die entgegenstehende Auffassung des Gesetzgebers, dass in Kleinbetrieben weiterhin erleichterte Befristungen deshalb vereinbart werden können, weil eine Umgehung des KSchG nicht möglich sei[1], findet weder im TzBfG noch in der diesem Gesetz zugrunde liegenden RL 1999/70/EG eine Bestätigung[2].

- **Hinweis:** Die Ausdehnung der gesetzl. Befristungsregelungen auf Kleinbetriebe gem. § 23 I 2 und 3 KSchG ist dann ohne Relevanz, wenn von der gem. § 15 III gesetzl. vorgesehenen Möglichkeit Gebrauch gemacht wird, auch während der Befristung zu kündigen. Die auf der Grundlage einer solchen vereinbarten Kündigungsmöglichkeit ausgesprochene Kündigung unterliegt gem. § 23 I 2 und 3 KSchG nicht den Vorschriften des ersten und zweiten Abschnitts des KSchG.

9   **Zeitlich** gilt das TzBfG vom ersten Tag des ArbVerh an. Die Befristungskontrolle setzt nicht den Ablauf der Wartezeit des § 1 I KSchG voraus. Demzufolge bedarf auch die Vereinbarung eines bis zu sechs Monaten befristeten ArbVerh grds. eines Sachgrundes, sofern nicht von der Möglichkeit der sachgrundlosen Befristung des § 14 II und IIa Gebrauch gemacht wird. Dies entspricht der Vorgabe durch die RL 1999/70/EG und findet seine Bestätigung in der ausdrücklich in § 14 I Nr. 5 genannten Erprobung.

2 Begriff des teilzeitbeschäftigten Arbeitnehmers

(1) Teilzeitbeschäftigt ist ein Arbeitnehmer, dessen regelmäßige Wochenarbeitszeit kürzer ist als die eines vergleichbaren vollzeitbeschäftigten Arbeitnehmers. Ist eine regelmäßige Wochenarbeitszeit nicht vereinbart, so ist ein Arbeitnehmer teilzeitbeschäftigt, wenn seine regelmäßige Arbeitszeit im Durchschnitt eines bis zu einem Jahr reichenden Beschäftigungszeitraums unter der eines vergleichbaren vollzeitbeschäftigten Arbeitnehmers liegt. Vergleichbar ist ein vollzeitbeschäftigter Arbeitnehmer des Betriebes mit derselben Art des Arbeitsverhältnisses und der gleichen oder einer ähnlichen Tätigkeit. Gibt es im Betrieb keinen vergleichbaren vollzeitbeschäftigten Arbeitnehmer, so ist der vergleichbare vollzeitbeschäftigte Arbeitnehmer auf Grund des anwendbaren Tarifvertrages zu bestimmen; in allen anderen Fällen ist darauf abzustellen, wer im jeweiligen Wirtschaftszweig üblicherweise als vergleichbarer vollzeitbeschäftigter Arbeitnehmer anzusehen ist.

(2) Teilzeitbeschäftigt ist auch ein Arbeitnehmer, der eine geringfügige Beschäftigung nach § 8 Abs. 1 Nr. 1 des Vierten Buches Sozialgesetzbuch ausübt.

1   **I. Inhalt und Zweck.** Abs. 1 enthält eine **Legaldefinition** des Begriffs des teilzeitbeschäftigten ArbN. Teilzeitbeschäftigte iSd. TzBfG sind unter ausdrücklicher Einbeziehung der geringfügig Beschäftigten nach § 8 I SGB IV alle ArbN, deren regelmäßige Wochenarbeitszeit kürzer ist als die eines vergleichbaren vollzeitbeschäftigten ArbN. Mit § 2 wird § 3 der Rahmenvereinbarung über Teilzeitarbeit (RL 97/81/EG) umgesetzt. S. 1 und 2 entsprechen § 3 I und S. 3 und 4 § 3 II der Rahmenvereinbarung über Teilzeitarbeit.

2   **II. Begriff des Teilzeitbeschäftigten (Abs. 1). 1. Grundsatz (S. 1).** Begrifflich setzt Teilzeitbeschäftigung voraus, dass die Wochenarbeitszeit eines in Teilzeit arbeitenden ArbN **kürzer** ist als die regelmäßige Wochenarbeitszeit eines vergleichbaren vollzeitbeschäftigten ArbN. Aus dem Gesetz ergibt sich nicht, um welche Zeit die Arbeitszeit unter der regelmäßigen Wochenarbeitszeit liegen muss, um als Teilzeitarbeit zu gelten. Deshalb erfüllt jede nicht nur vorübergehende Arbeitszeitverkürzung den Begriff der Teilzeit iSd. Gesetzes. Ob sich die Arbeitszeit nach Tagen, Wochen oder längeren Zeiträumen richtet oder ob sie dem Arbeitsanfall angepasst ist, sich aus einer Arbeitsplatzteilung oder Turnusarbeit ergibt, ist unerheblich. Kurzarbeit oder vorübergehende Arbeitsbefreiung gelten nicht als Teilzeitbeschäftigung iSd. Bestimmung, da sie nicht auf Dauer angelegt sind. Teilzeitbeschäftigte iS dieser Bestimmung können auch befristet beschäftigte ArbN, nebenberuflich Beschäftigte und leitende Angestellte sein.

3   **2. Arbeitszeitrelation (S. 2).** Maßgeblich ist die **individuelle Arbeitszeit** des betroffenen ArbN. Die verschiedenen Arten von Teilzeitarbeit unterscheiden sich dadurch, dass die Arbeitszeit gleichmäßig oder ungleichmäßig, regelmäßig oder unregelmäßig verkürzt ist. Neben den herkömmlichen starren Formen der Teilzeitarbeit mit festgelegter Dauer und Lage der Arbeitszeit bestehen hinsichtlich der Dauer und Lage der Arbeitszeit flexible Arbeitsgestaltungen. Ist der ArbN in einem flexiblen Arbeitszeitsystem eingesetzt (Monatsarbeitszeit, Jahresarbeitszeit, „Zeitsouveränität" und Abrufarbeit gem. § 12 I), so ist er teilzeitbeschäftigt, wenn seine regelmäßige Arbeitszeit im Durchschnitt eines bis zu einem Jahr reichenden Beschäftigungszeitraumes unter der eines vergleichbaren vollzeitbeschäftigten ArbN liegt. Insoweit kommt es auf die vertragl. Vereinbarungen an, so dass ein in der Vergangenheit liegender Bezugszeitraum von einem Jahr nur zur hilfsweisen Feststellung der durchschnittlichen Arbeitszeit herangezogen werden kann.

4   **3. Arbeitnehmervergleich. a) Betrieblicher Vergleich (S. 3).** Die Teilzeittätigkeit setzt weiterhin voraus, dass die individuelle Arbeitszeit des betroffenen ArbN kürzer ist als die eines **vergleichbaren voll-**

---

1 BT-Drs. 14/4374, 18 zu § 14 I. || 2 *Däubler*, ZIP 2001, 217 (222); *Preis/Gotthardt*, DB 2000, 2065 (2066); *Richardi/Annuß*, BB 2000, 2201 (2204).

zeitbeschäftigten ArbN. Für die Vergleichbarkeit ist nach S. 3 auf die Art des ArbVerh (zB befristetes oder unbefristetes ArbVerh) und die Gleichartigkeit oder zumindest Ähnlichkeit der ausgeübten Tätigkeit, also auf die inhaltliche Tätigkeit der betroffenen Personen abzustellen. Vergleichbar sind somit nicht nur gänzlich identische Beschäftigungen, sondern auch funktional austauschbare mit gleichem Anforderungsprofil und gleicher Belastung. Ist dieser vergleichbare ArbN im selben Betrieb nach der betriebsüblichen Arbeitszeit vollzeitbeschäftigt, so ist seine Arbeitszeit für den Vergleich maßgeblich.

b) Anwendbarer Tarifvertrag (S. 4 Hs. 1). Ist in dem Beschäftigungsbetrieb kein vergleichbarer ArbN vollzeitbeschäftigt, so beurteilt sich die Vergleichbarkeit nach dem anwendbaren TV und der dort geregelten „**Normalarbeitszeit**" für vergleichbare ArbN. – Sofern der teilzeitbeschäftigte ArbN diesem anwendbaren TV ohnehin mit seinem Beschäftigungsverhältnis unterliegt, erübrigt sich der nach dem Gesetz zunächst vorzunehmende betriebl. Vergleich. – Hat sich ein ArbN gem. der Regelung in einem TV nicht für eine generelle Arbeitszeitverlängerung ohne Lohnausgleich entschieden, sondern für die Beibehaltung seiner bisherigen Arbeitszeit mit anteiliger Kürzung des monatlichen Grundentgelts, so ist er Teilzeitbeschäftigter[1].

c) Maßgeblicher Wirtschaftszweig (S. 4 Hs. 2). Scheitert ein innerbetriebl. Vergleich und gibt es keinen auf den Betrieb anwendbaren TV, so kommt es auf eine **branchenbezogene Betrachtung** an. Vergleichbar ist dann, wer im jeweiligen Wirtschaftszweig üblicherweise als vergleichbarer vollzeitbeschäftigter ArbN angesehen wird. Grundlage für den Vergleich kann in diesem Fall regelmäßig der in dem Betrieb hypothetisch anwendbare TV sein[2]. Ansonsten bleibt nur die Möglichkeit der tatsächlichen Feststellung der allg. üblichen Arbeitszeit innerhalb der Branche.

III. Geringfügig Beschäftigte (Abs. 2). Abs. 2 stellt ergänzend fest, dass auch geringfügig Beschäftigte nach § 8 I Nr. 1 SGB IV Teilzeitbeschäftigte sind. Nach der Gesetzesbegründung soll damit klargestellt werden, dass auch geringfügig Beschäftigte teilzeitbeschäftigte ArbN iSd. TzBfG sind[3]. Dies gilt aber nur für die in § 8 I Nr. 1 SGB IV genannten geringfügig Beschäftigten. Dagegen sind VollzeitArbN nach § 8 I Nr. 2 SGB IV geringfügig Beschäftigte, wenn sie nur im Rahmen eines gem. § 8 I Nr. 2 SGB IV befristeten ArbVerh mit der vollen betriebsüblichen wöchentlichen Stundenzahl tätig sind. Aus der gesetzl. Bestimmung folgt, dass geringfügig Beschäftigte mit den Vollzeitbeschäftigten gleich zu behandeln sind. Dies gilt auch für tarifvertragl. Regelungen, soweit dort nur die unterschiedliche Dauer der Arbeitszeit Unterscheidungsmerkmal ist.

3 Begriff des befristet beschäftigten Arbeitnehmers

(1) Befristet beschäftigt ist ein Arbeitnehmer mit einem auf bestimmte Zeit geschlossenen Arbeitsvertrag. Ein auf bestimmte Zeit geschlossener Arbeitsvertrag (befristeter Arbeitsvertrag) liegt vor, wenn seine Dauer kalendermäßig bestimmt ist (kalendermäßig befristeter Arbeitsvertrag) oder sich aus Art, Zweck oder Beschaffenheit der Arbeitsleistung ergibt (zweckbefristeter Arbeitsvertrag).

(2) Vergleichbar ist ein unbefristet beschäftigter Arbeitnehmer des Betriebes mit der gleichen oder einer ähnlichen Tätigkeit. Gibt es im Betrieb keinen vergleichbaren unbefristet beschäftigten Arbeitnehmer, so ist der vergleichbare unbefristet beschäftigte Arbeitnehmer auf Grund des anwendbaren Tarifvertrages zu bestimmen; in allen anderen Fällen ist darauf abzustellen, wer im jeweiligen Wirtschaftszweig üblicherweise als vergleichbarer unbefristet beschäftigter Arbeitnehmer anzusehen ist.

I. Inhalt und Zweck. Abs. 1 erläutert den befristeten Arbeitsvertrag als einen auf eine **bestimmte Zeit** geschlossenen Arbeitsvertrag. In Übereinstimmung mit § 620 I und II BGB wird zwischen Zeit- und Zweckbefristung unterschieden. Die Beendigung eines ArbVerh kann aber auch an den Eintritt einer auflösenden Bedingung geknüpft sein. Der auflösend bedingte Arbeitsvertrag ist nicht definiert. Über die Verweisung des § 21 ist er weitgehend den gleichen Rechtsregeln unterworfen (zur auflösenden Bedingung s. § 158 II BGB). Der Begriff des vergleichbaren unbefristet beschäftigten ArbN ist in Abs. 2 definiert. Er ist bedeutsam für das Diskriminierungsverbot in § 4 II. Mit der Begriffsbestimmung in Abs. 1 wird die Definition in § 3 Nr. 1 der Rahmenvereinbarung über befristete Arbeitsverträge (RL 1999/70/EG[4]) übernommen, nicht jedoch der dort ebenfalls erfasste auflösend bedingte Arbeitsvertrag. Abs. 2 liegt § 3 Nr. 2 der Rahmenvereinbarung über befristete Arbeitsverträge zugrunde.

Die in diesem Gesetz normierten Voraussetzungen für eine wirksame Vertragsbefristung gelten für **Arbeitsverhältnisse.** Entgegen der Entscheidung des EuGH v. 11.4.2013[5] erfasst dieses Gesetz auch LeihArbN und deren Vertragsverhältnis mit dem „Leiharbeitsunternehmen"[6]. Die ArbN-Eigenschaft eines LeihArbN iSd. § 3 I ergibt sich in Deutschland aus den gesetzl. Vorgaben (s. ua. § 3 I Nr. 3 AÜG). Damit hat Deutschland von der gem. § 8 Nr. 1 der mit der RL 1999/70/EG umgesetzten EGB-UNICE-CEEP Rahmenvereinbarung über befristete Arbeitsverträge eingeräumten Möglichkeit Gebrauch gemacht, günstigere Bestimmungen für ArbN beizubehalten oder einzuführen, als sie in dieser RL bzw. Rahmen-

---

1 BAG 15.7.2009 – 5 AZR 478/07, DB 2009, 1992. ǀǀ 2 Begr. zum Gesetzentwurf, BT-Drs. 14/4374, 15. ǀǀ 3 BT-Drs. 14/4374, 15. ǀǀ 4 ABl. 1999 L 175/43. ǀǀ 5 EuGH 11.4.2013 – Rs. C-290/12, NZA 2013, 495 (Rz.45) – Della Rocca; aA *Lembke*, NZA 2013, 815. ǀǀ 6 BAG 15.5.2013 – 7 AZR 525/11, NZA 2013, 1214.

vereinbarung vorgesehen sind. Deren Schutzstandard darf aber nach § 8 Nr. 3 Rahmenvereinbarung, Art. 9 II LeiharbeitsRL nicht im Hinblick auf die Entscheidung des EuGH abgesenkt werden. Nicht anwendbar sind die gesetzl. Voraussetzungen für eine wirksame Vertragsbefristung auf Verträge mit Geschäftsführern, eine freie Mitarbeit und auch nicht auf arbeitnehmerähnliche Personen (§ 12a I Nr. 1 TVG). Für Berufsausbildungsverhältnisse gilt die besondere Regelung des § 21 BBiG.

Eine Befristung kann auch im Nachhinein vereinbart werden, so dass ein unbefristetes in ein befristetes ArbVerh umgewandelt werden kann (s. § 14 Rz. 86). Wegen des Erfordernisses der Neueinstellung gem. § 14 II 2 und des Fehlens eines engen sachlichen Zusammenhangs (§ 14 III) ist dies aber nur bei Vorliegen eines Sachgrundes möglich.

2a **II. Begriff des befristet beschäftigten Arbeitnehmers (Abs. 1). 1. Grundsatz (S. 1).** Die als S. 1 vorangestellte Definition der befristeten Beschäftigung ist im Vergleich zu § 3 Nr. 1 der Rahmenvereinbarung (RL 1999/70/EG) sprachlich missglückt. Der auf bestimmte Zeit abgeschlossene Arbeitsvertrag erfasst entgegen der auch in S. 2 gewählten Formulierung nicht den zweckbefristeten Arbeitsvertrag, sondern nur die Zeitbefristung. Auch wenn die Definition des auflösend bedingten Arbeitsvertrages fehlt, so ergibt sich die eigentliche Begriffsbestimmung des befristeten Arbeitsvertrages aus S. 2. Danach liegt ein auf bestimmte Zeit abgeschlossener Arbeitsvertrag (befristeter Arbeitsvertrag) vor, wenn seine Dauer kalendermäßig bestimmt ist (kalendermäßig befristeter Arbeitsvertrag) oder sich aus Art, Zweck oder Beschaffenheit der Arbeitsleistung ergibt (zweckbefristeter Arbeitsvertrag).

3 **2. Begriff des auf bestimmte Zeit geschlossenen Arbeitsvertrages (S. 2). a) Kalendermäßig befristeter Arbeitsvertrag.** Ein kalendermäßig befristeter Arbeitsvertrag liegt vor, wenn die zeitliche Dauer ab einem bestimmten zeitlichen Beginn bestimmbar ist oder aber der Endzeitpunkt des ArbVerh nach dem Kalender feststeht. Bei einer für eine Dauer erfolgenden Befristung muss eine exakte Bestimmung möglich sein (zB „wird vom 1.4.2014 für die Dauer von sechs Monaten eingestellt"). Unpräzise Formulierungen, die das genaue Ende der Befristung nicht erkennen lassen, sind unzureichend. Fehlt eine eindeutige Befristungsvereinbarung, besteht ein unbefristetes ArbVerh. Dies gilt auch für die Zweckbefristung, wenn in dem Vertrag der Zweck unpräzise formuliert ist. Sofern sich nicht der vertragl. Grundlage eine Zweckbefristung entnehmen lässt, ist eine derartig unpräzise formulierte Befristung unwirksam.

4 **b) Zweckbefristung.** Ein zweckbefristeter Arbeitsvertrag liegt vor, wenn sich die Dauer des befristeten ArbVerh aus Art, Zweck oder Beschaffenheit der Arbeitsleistung ergibt. Die Vertragschließenden müssen sich darüber einig sein, dass das ArbVerh mit dem **Eintritt eines bestimmten Ereignisses** ohne weiteres enden soll. Die Zweckerreichung wird von den Vertragsparteien als gewiss, aber zeitlich noch unbestimmbar angesehen (zB Einstellung für eine Saison- oder Krankheitsvertretung). Die Beschaffenheit der zu leistenden Arbeit oder deren Zweck müssen nach dem Willen der Vertragsparteien die Dauer bestimmen. Sie müssen eindeutig und unmissverständlich vereinbart sein. Es darf sich dabei nicht nur um das Motiv für den Vertragsabschluss handeln. Der Einsatz in einem begrenzten Aufgabenbereich reicht idR nicht aus, um von dem konkludenten Abschluss eines zweckbefristeten Arbeitsvertrages ausgehen zu können. Der Hauptleistungspflicht des ArbN, nämlich der Erbringung einer den arbeitsvertragl. vorausgesetzten Arbeitsanforderungen genügenden Arbeitsleistung, muss durch die Zweckerreichung objektiv insg. die Grundlage entzogen sein. Die Erreichung einzelner arbeitsvertragl. Ziele kann daher idR keine Zweckbefristung des Arbeitsvertrages rechtfertigen. Da die Zweckerreichung den Beendigungstatbestand umschreibt, muss der Zweck oder das zur Beendigung führende Ereignis gem. § 14 IV zum Gegenstand des Vertrages gemacht werden (wodurch zugleich die nach § 2 I Nr. 3 NachwG bestehende Mitteilungspflicht erfüllt wird)[1]. Zweckbefristungen können somit nur auf Verträgen mit Sachgrund beruhen.

5 Die Zweckbefristung ist nur zulässig, wenn der Zeitpunkt der Zweckerfüllung für den ArbN **voraussehbar** ist und grds. in **überschaubarer Zeit** liegt. Zwar kommt es nicht darauf an, wann die Zweckerfüllung tatsächlich eintritt. Das Wesen der Befristung liegt aber in der erkennbaren Endlichkeit, so dass eine fehlende Überschaubarkeit des Vertragszeitraums nur ein unbefristetes ArbVerh rechtfertigt. Die Zweckerreichung muss daher auch **objektiv und zweifelsfrei bestimmbar** sein[2]. Anhand objektiver Maßstäbe muss festgestellt werden können, ob für den befristet eingestellten ArbN noch Arbeit vorhanden ist. Für den zweckbefristeten Arbeitsvertrag gilt iÜ § 15 II.

6 **c) Auflösende Bedingung (§ 21).** Eine Definition des **auflösend bedingten Arbeitsvertrages** enthält das Gesetz nicht (zur auflösenden Bedingung s. § 158 II BGB). Der auflösend bedingte Arbeitsvertrag unterscheidet sich von dem zeit- und zweckbefristeten Vertrag dadurch, dass sein Ende von dem ungewissen Eintritt eines zukünftigen Ereignisses abhängt. Der Zeitpunkt des Eintritts des zukünftigen Ereignisses steht fest, ungewiss ist aber, ob dieses Ereignis eintritt. Dagegen liegt eine Befristung vor, wenn der Eintritt des zukünftigen Ereignisses feststeht, auch wenn der Zeitpunkt seines Eintritts ungewiss ist. Maßgeblich dafür, ob der Eintritt eines Ereignisses als gewiss oder als ungewiss angesehen wird, sind die subjektiven Vorstellungen der Vertragsparteien bei Vertragsabschluss. Auf Grund der

---

[1] LAG Rh.-Pf. 19.5.2004 – 9 Sa 2026/03, LAGReport 2004, 323. ||[2] BAG 26.3.1986 – 7 AZR 599/84, AP Nr. 103 zu § 620 BGB Befristeter Arbeitsvertrag; 15.5.2012 – 7 AZR 35/11, NZA 2012, 1366.

Verweisung des § 21 sind auf den auflösend bedingten Arbeitsvertrag weitgehend die gleichen Rechtsregeln anwendbar wie für den zeit- und zweckbefristeten Arbeitsvertrag.

Die gewählte Bedingung muss so umschrieben sein, dass der **Eintritt des Ereignisses**, an das die Beendigung des ArbVerh geknüpft wird, **objektiv erkennbar** ist[1]. Dies ergibt sich schon aus § 14 IV sowie § 2 I 2 Nr. 3 NachwG. Für die Beendigung des auflösend bedingten Arbeitsvertrages gilt ebenfalls § 15 II. Nicht anwendbar ist § 14 II, da mit einer auflösenden Bedingung der Beendigungstatbestand gekennzeichnet werden muss. – S. iÜ die Komm. zu § 21.

d) **Sonderformen.** Das **Probearbeitsverhältnis** wird regelmäßig kalendermäßig bestimmt. Die Eignung für eine bestimmte vertragl. übernommene Aufgabe ist zu unbestimmt, um sie als auflösende Bedingung vereinbaren zu können.

Mindestbefristung/-dauer bedeutet nur die Möglichkeit des Ausschlusses einer ordentl. Kündigung bis zu einem bestimmten Termin. Danach besteht ein unbefristetes, jederzeit ordentl. kündbares ArbVerh. Wird vertragl. vereinbart, dass sich der Vertrag jeweils um einen bestimmten Zeitraum verlängert, wenn er nicht vorher gekündigt wird, so ist eine Kündigung nur zum Ablauf des vereinbarten (Verlängerungs-) Zeitraums zulässig. Ergibt sich jedoch aus dem Arbeitsvertrag, dass das ArbVerh vorbehaltlich einer Verlängerung zu einem festen Zeitpunkt enden soll, so handelt es sich um eine Befristung.

Die Vereinbarung einer Höchstdauer des ArbVerh stellt eine Befristung dar. Auch ohne die ausdrückliche Vereinbarung eines Kündigungsrechts gem. § 15 III wird man einer solchen Regelung den Willen der Vertragschließenden entnehmen können, dass zuvor eine ordentl. Kündigung möglich ist.

Die **Beendigungs-** bzw. **Nichtverlängerungsmitteilung** stellt abgesehen vom Bühnenbereich idR eine nur zu einem bestimmten Zeitpunkt vorgesehene Kündigung dar.

Eine **Doppelbefristung** liegt vor, wenn eine Zweckbefristung (oder eine auflösende Bedingung) mit einer zeitlichen (Höchst-)Befristung **kombiniert** wird (zB „als Krankheitsvertretung für den ArbN ..., längstens jedoch bis zum ..."). Ob eine derartige Kombination vorliegt, ist im Wege der Auslegung des Vertrages nach §§ 133, 157 BGB zu ermitteln. Die Wirksamkeit der Zeitbefristung (Höchstbefristung) und der Zweckbefristung sind rechtl. getrennt zu beurteilen[2].

Kettenbefristungen oder **Kettenarbeitsverhältnisse** liegen bei mehreren aufeinander folgenden befristeten ArbVerh vor (s. dazu § 14 Rz. 89 ff.)[3]. Bedeutsam ist insoweit der Beginn der Klagefrist des § 17.

Die Befristung **einzelner Vertragsbedingungen** ist ebenfalls möglich. Das Schriftformerfordernis des § 14 IV gilt hierfür nicht. Zur Wirksamkeit der Befristung einzelner Arbeitsbedingungen s. § 14 Rz. 94 ff.

Bei vereinbarten **Altersgrenzen** (s. dazu § 14 Rz. 62 ff.) ist umstritten, welchen rechtl. Charakter ein an ein bestimmtes Alter geknüpfter Beendigungstermin hat. Der für das Befristungsrecht zuständige 7. Senat des BAG geht von einer Befristung und nicht von einer auflösenden Bedingung aus[4].

III. Vergleichbarkeit zu unbefristet beschäftigten Arbeitnehmern (Abs. 2). 1. Betrieblicher Vergleich. Die Vergleichbarkeit eines befristet beschäftigten ArbN mit einem unbefristet beschäftigten ArbN ist im Hinblick auf eine etwaige **Diskriminierung** (§ 4 II) von Bedeutung. Maßstab ist vorrangig der im selben Betrieb unbefristet beschäftigte ArbN. Diese auf den Betrieb bezogene Vergleichbarkeit ist jedoch von der Rspr. des BAG aufgegeben worden[5]. Der Befristung selbst sei keine betriebsspezifische Besonderheit zu entnehmen. Allerdings entspricht die in der ersten Stufe vorzunehmende Überprüfung der betriebl. Situation § 3 Nr. 2 der Rahmenvereinbarung der RL 1999/70/EG.

In den Vergleich einzubeziehen sind unbefristet beschäftigte ArbN mit der **gleichen oder einer ähnlichen Tätigkeit**. Gleich sind die Tätigkeiten, wenn die Arbeitsanforderungen weitgehend übereinstimmen, also die Arbeiten unter Berücksichtigung der Qualifikation, der Verantwortung sowie der Arbeitsbedingungen und Belastungen so gleichartig sind, dass die ArbN ohne weiteres austauschbar sind. Ähnliche Tätigkeiten sind anzunehmen, wenn sie in derselben Gruppe eines Vergütungssystems erfasst werden, sofern diese an die Tätigkeit anknüpft. Eine bloße Gleichwertigkeit der Tätigkeiten genügt nicht.

2. Anwendbarer Tarifvertrag. Gibt es in dem Beschäftigungsbetrieb keinen vergleichbaren unbefristet beschäftigten ArbN, so ist der vergleichbare unbefristet beschäftigte ArbN auf Grund des anwendbaren TV zu bestimmen. Maßgeblich ist insoweit ein kraft Verbandszugehörigkeit oder Tarifbindung anzuwendender TV. Ausreichend kann aber auch ein auf Grund gleich lautender vertragl. Bezugnahme oder betriebl. Übung einheitlich im Betrieb angewandter TV sein.

3. Wirtschaftszweig. Ist weder im Betrieb noch auf Grund eines TV ein vergleichbarer unbefristet beschäftigter ArbN festzustellen, so erstreckt sich die Prüfung darauf, wer im jeweiligen Wirtschaftszweig

---

1 Dass die angeführte Bedingung sodann einseitig herbeigeführt wird, steht dem nicht entgegen, wenn dies sachlich geboten erscheint; s. dazu BAG 2.7.2003 – 7 AZR 612/02, NZA 2004, 311. ||2 BAG 15.8.2001 – 7 AZR 263/00, NZA 2002, 85; 29.6.2011 – 7 AZR 6/10, NZA 2011, 1346. ||3 EuGH 26.1.2012 – Rs. C-586/10, DB 2012, 290 – Kücük; BAG 18.7.2012 – 7 AZR 443/09, NZA 2012, 1351. ||4 BAG 14.8.2002 – 7 AZR 469/01, DB 2003, 394. ||5 BAG 17.11.1998 – 1 AZR 147/98, BB 1999, 692.

üblicherweise als vergleichbarer unbefristet beschäftigter ArbN anzusehen ist. Vorrangig wird man dabei auf in der Branche geltende TV abstellen müssen, die jedoch im konkreten Einzelfall wegen fehlender Tarifbindung nicht direkt anwendbar sind. Fehlt es auch an derartigen Regelungen, so sind die tatsächlichen Beschäftigungsbedingungen bei anderen ArbGeb innerhalb derselben Branche in geeigneter Weise zu vergleichen. Das bedeutet nicht, dass sich der ArbGeb an den Arbeitsbedingungen der Konkurrenz orientieren muss, sondern unter Berücksichtigung der in seinem Betrieb geltenden Regelungen an insoweit hypothetischen Arbeitsbedingungen.

4 Verbot der Diskriminierung

(1) Ein teilzeitbeschäftigter Arbeitnehmer darf wegen der Teilzeitarbeit nicht schlechter behandelt werden als ein vergleichbarer vollzeitbeschäftigter Arbeitnehmer, es sei denn, dass sachliche Gründe eine unterschiedliche Behandlung rechtfertigen. Einem teilzeitbeschäftigten Arbeitnehmer ist Arbeitsentgelt oder eine andere teilbare geldwerte Leistung mindestens in dem Umfang zu gewähren, der dem Anteil seiner Arbeitszeit an der Arbeitszeit eines vergleichbaren vollzeitbeschäftigten Arbeitnehmers entspricht.

(2) Ein befristet beschäftigter Arbeitnehmer darf wegen der Befristung des Arbeitsvertrages nicht schlechter behandelt werden als ein vergleichbarer unbefristet beschäftigter Arbeitnehmer, es sei denn, dass sachliche Gründe eine unterschiedliche Behandlung rechtfertigen. Einem befristet beschäftigten Arbeitnehmer ist Arbeitsentgelt oder eine andere teilbare geldwerte Leistung, die für einen bestimmten Bemessungszeitraum gewährt wird, mindestens in dem Umfang zu gewähren, der dem Anteil seiner Beschäftigungsdauer am Bemessungszeitraum entspricht. Sind bestimmte Beschäftigungsbedingungen von der Dauer des Bestehens des Arbeitsverhältnisses in demselben Betrieb oder Unternehmen abhängig, so sind für befristet beschäftigte Arbeitnehmer dieselben Zeiten zu berücksichtigen wie für unbefristet beschäftigte Arbeitnehmer, es sei denn, dass eine unterschiedliche Berücksichtigung aus sachlichen Gründen gerechtfertigt ist.

I. Inhalt und Geltungsbereich des Diskriminierungsverbots 1	III. Befristet Beschäftigte (Abs. 2) 22
1. Inhalt 1	1. Benachteiligung 22
2. Geltungsbereich 2	2. Sachliche Gründe 27
II. Teilzeitarbeit (Abs. 1) 3	3. Rechtsfolgen 29
1. Benachteiligung 3	4. Darlegungs- und Beweislast 30
2. Sachliche Gründe 14	IV. Abweichende Vereinbarungen 31
3. Rechtsfolgen 18	
4. Darlegungs- und Beweislast 21	

1 **I. Inhalt und Geltungsbereich des Diskriminierungsverbots. 1. Inhalt.** Die Bestimmung enthält ein **Diskriminierungsverbot** sowohl zu Gunsten teilzeitbeschäftigter ArbN wie auch zu Gunsten befristet beschäftigter ArbN. Demgemäß darf ein teilzeitbeschäftigter ArbN **wegen** der Teilzeitarbeit nicht schlechter behandelt werden als ein vergleichbarer vollzeitbeschäftigter ArbN, ein befristet beschäftigter ArbN **wegen** der Befristung des Arbeitsvertrages – und auch nur während der Befristung[1] – nicht schlechter als ein vergleichbarer unbefristet beschäftigter ArbN, es sei denn, dass sachliche Gründe eine unterschiedliche Behandlung rechtfertigen. Mit Abs. 1 S. 1 wird § 4 I der Rahmenvereinbarung über Teilzeitarbeit (RL 97/81/EG) umgesetzt. S. 2 übernimmt den in § 4 II der Rahmenvereinbarung über Teilzeitarbeit geregelten Pro-rata-temporis-Grundsatz für die Fälle, in denen dies „angemessen" ist. Aus sachlichen Gründen kann daher auch eine nur zeitanteilige Gewährung der Leistung unterbleiben. Mit Abs. 2 wird § 4 der Rahmenvereinbarung über befristete Arbeitsverträge (RL 1999/70/EG) umgesetzt. § 4 ist im Erg. eine Konkretisierung des auch in Art. 3 I GG enthaltenen Gleichbehandlungsgrundsatzes[2].

§ 4 enthält typisierte Beispiele sachwidriger Gruppenbildung. Es ist danach ein spezifischer **Gruppenvergleich** zwischen Voll- und TeilzeitArbN (Abs. 1) oder unbefristet und befristet beschäftigten ArbN (Abs. 2) vorzunehmen. Nach der Gesetzesbegründung ist bewusst nicht das generelle Verbot einer unterschiedlichen Behandlung übernommen worden, so dass eine Besserstellung der Teilzeitbeschäftigten (zB aus arbeitsmarktpolitischen Gründen) nicht ausgeschlossen ist[3]. Damit ist jedoch keine generelle Besserstellung iS einer positiven Diskriminierung gemeint. – Zu positiven Maßnahmen zur Verhinderung oder zum Ausgleich bestehender Nachteile ua. wegen des Geschlechts, des Alters oder einer Behinderung s. §§ 5, 8 und 9 AGG und zu Präventionsmaßnahmen durch den ArbGeb § 12 AGG. – Wegen des Gleichbehandlungsgrundsatzes kann jedoch eine Besserstellung teilzeitbeschäftigter oder befristet beschäftigter ArbN ohne Vorliegen sachlich anerkennenswerter Gründe nicht ohne weiteres in Betracht kommen.

---

1 BAG 2.3.2004 – 1 AZR 271/03, NZA 2004, 852. ||2 BAG 25.10.1994 – 3 AZR 149/94, NZA 1995, 730. ||3 BT-Drs. 14/4374, 15.

2. Geltungsbereich. Die Diskriminierungsverbote der Abs. 1 und 2 gelten **für alle arbeitsrechtl. Regeln**, also auch für TV und kirchliche Arbeitsbedingungen[1]. Die Bestimmung erstreckt sich auf einseitige Maßnahmen des ArbGeb und auf vertragl. Regelungen. Auch die Ausübung des arbeitgeberseitigen Weisungsrechts unterliegt dem Diskriminierungsverbot. Auf Grund der Regelung in § 3 I Nr. 3 AÜG sind grds. auch LeihArbN nicht ausgenommen.

Die Vergleichsgruppe ggü. den Teilzeitbeschäftigen bilden die vergleichbaren Vollzeitbeschäftigten, ggü. den befristet Beschäftigten die unbefristet beschäftigten ArbN. § 4 bezieht sich nach seinem Wortlaut nur auf die Gruppenbildung Teilzeit zur Vollzeit bzw. befristet Beschäftigte zu unbefristet beschäftigten ArbN. Der Bestimmung kann daher nicht entnommen werden, dass sie auch die Ungleichbehandlung von Teilzeitbeschäftigten mit unterschiedlicher Arbeitszeit oder -dauer untereinander verbietet[2]. Bei unterschiedlicher Gruppenbildung innerhalb der Teilzeitbeschäftigten oder befristet Beschäftigten gilt der allg. arbeitsrechtl. Gleichbehandlungsgrundsatz. Sofern keine diesbezüglichen generalisierenden betriebl. Regeln gelten, wird der Grundsatz der Vertragsfreiheit aber durch den Gleichbehandlungsgrundsatz nicht eingeschränkt. Zur Vergleichbarkeit s.a. §§ 2 und 3.

II. Teilzeitarbeit (Abs. 1). 1. Benachteiligung. a) Entgelt und andere Arbeitsbedingungen (S. 1 und 2). Wegen der Teilzeit darf es zu keiner unterschiedlichen Behandlung von Teilzeitbeschäftigten ggü. vollzeitbeschäftigten ArbN kommen, es sei denn, dass dies durch sachliche Gründe gerechtfertigt ist. Dies gilt grds. auch für geringfügig Beschäftigte iSv. § 8 I Nr. 1 SGB IV. Der vergleichbare Vollzeitbeschäftigte wird in § 2 I 3 definiert. Es wird auf die inhaltliche Tätigkeit der betroffenen Personen abgestellt. Eine Ungleichbehandlung wegen der Teilzeit liegt vor, wenn die Dauer der Arbeitszeit das Kriterium ist, an das die Differenzierung hinsichtlich der unterschiedlichen Arbeitsbedingungen anknüpft. Ist die Ungleichbehandlung nicht mit der Dauer der Arbeitszeit zu begründen, so liegt keine Ungleichbehandlung wegen der Teilzeitarbeit vor. Es besteht daher nur ein relatives Differenzierungsverbot.

Das Diskriminierungsverbot erstreckt sich sowohl auf **einseitige Maßnahmen** wie auf **vertragl. Vereinbarungen**[3]. Das Verbot der unterschiedlichen Behandlung erfasst alle Arbeitsbedingungen. Es kommt allein auf das Vorliegen einer objektiven Ungleichbehandlung wegen der Teilzeitarbeit an. Ein Verschulden oder gar eine Diskriminierungsabsicht müssen aufseiten des ArbGeb nicht vorliegen.

Im Wesentlichen **vergleichbare Tatbestände** dürfen nicht ungleich behandelt werden. Dies setzt aber keine Identität der gesamten Arbeitsbedingungen voraus. § 2 I 3 lässt eine ähnliche Arbeit ausreichen. Funktional austauschbare Tätigkeiten sind daher in den Vergleich mit einbezogen. Gelten für vergleichbare vollzeitbeschäftigte ArbN unterschiedliche Arbeitsbedingungen, so ist ein Vergleich zu der Gruppe zu ziehen, die über die ungünstigsten Arbeitsbedingungen verfügt. Die Abweichung kann dann nicht ihren Grund in der Teilzeittätigkeit haben, sondern ist mit dem Grundsatz der Vertragsfreiheit zu erklären. Verboten ist ohnehin nur die Ungleichbehandlung wegen der Teilzeitbeschäftigung, nicht aus anderen sachlichen Gründen. Hierzu können auch die geringere Beitrags- und Steuerbelastung zählen[4]. Da die **geringfügig Beschäftigten** selbst und nicht die ArbGeb von SozV-Beiträgen und Steuern entlastet sind, ist das Arbeitsentgelt geringfügig Beschäftigter iSv. § 8 SGB IV am Bruttoentgelt vergleichbarer VollzeitArbN abzüglich der überdurchschnittlichen Beitragsbelastung des ArbGeb zu orientieren, soweit kein anderer Grund für eine Ungleichbehandlung besteht[5]. Die dadurch erfolgende Bevorzugung geringfügig Beschäftigter beim Nettoentgelt folgt daraus, dass hier die ArbN und nicht die ArbGeb von SozV-Beiträgen befreit sein sollen. Da auch ein geringfügig Beschäftigter die Möglichkeit hat, die Einzelbesteuerung zu verlangen, kann aus der Schlechterstellung beim Netto-Zufluss infolge der sich aus der Bruttolohnvereinbarung ergebenden Belastung mit der Pauschalsteuer keine Benachteiligung ggü. einem vollzeitbeschäftigten ArbN gefolgert werden (§ 40 III 3 EStG lässt die Abwälzung der pauschalen LSt. im ArbVerh auf den ArbN zu)[6]. Vgl. auch §§ 19/38 EStG Rz. 26 ff.

In S. 2 wird das Gleichbehandlungsgebot bzgl. des **Entgelts** konkretisiert. Danach ist einem teilzeitbeschäftigten ArbN Arbeitsentgelt oder eine andere teilbare geldwerte Leistung mindestens in dem Umfang zu gewähren, der dem Anteil seiner Arbeitszeit an der Arbeitszeit eines vergleichbaren vollzeitbeschäftigten ArbN entspricht[7]. Für das Arbeitsentgelt und andere teilbare geldwerte Leistungen gilt das **Pro-rata-temporis-Prinzip**. Eine zulässige Kürzung einer Leistung setzt voraus, dass der Entgeltcharakter der Leistung im Vordergrund steht oder ein anderer an die Dauer der Arbeitszeit anknüpfender, mit der Leistung verbundener Zweck[8]. Sieht also die Arbeitsleistung in Abhängigkeit zu der Arbeitszeit wie beim Arbeitsentgelt eine **Funktionszulage**[9] oder eine **Pflegezulage**[10] vor, darf das unterschiedliche Arbeitspensum zu einer entsprechenden anteiligen Reduzierung bzw. Anpassung dieser Vergütungsbestandteile führen. Dies gilt auch für **Sozialplanabfindungen**[11], ebenso für **Beihilfen**, so-

---

1 BAG 24.9.2008 – 6 AZR 657/07, NZA-RR 2009, 221. ||2 So aber zu § 2 I BeschFG BAG 29.8.1989 – 3 AZR 370/88, NZA 1990, 37. ||3 BAG 16.1.2003 – 6 AZR 222/01, NZA 2003, 971; 3.12.2008 – 5 AZR 469/07, NZA-RR 2009, 527. ||4 *Hanau*, DB 2005, 946. ||5 *Hanau*, NZA 2006, 809. ||6 BAG 1.2.2006 – 5 AZR 628/04, DB 2006, 1059. ||7 BAG 25.4.2001 – AZR 368/99, DB 2001, 2150; so auch die Gesetzesbegr., BT-Drs. 14/4374, 15. ||8 ErfK/*Preis*, § 4 TzBfG Rz. 45. ||9 BAG 17.4.1996 – 10 AZR 617/95, NZA 1997, 324; 18.3.2009 – 10 AZR 338/08, ArbRB 2009, 227. ||10 BAG 10.2.1999 – 10 AZR 711/97, NZA 1999, 1001. ||11 BAG 22.9.2009 – 1 AZR 316/08, ZIP 2009, 2356.

fern die tarifl. Regelung nicht der Deckung des vollen Bedarfs des Anspruchsberechtigten dient, sondern die Leistung über einen anlassbezogenen Zuschuss zur laufenden Vergütung darstellt[1]. Da der Zweck eines tarifl. **Übergangsgeldes** (s. §§ 62–64 BAT; nach dem TVöD-AT besteht darauf jedoch kein Anspruch mehr) darin besteht, dem ausgeschiedenen ArbN eine finanzielle Unterstützung zu verschaffen und in Abhängigkeit zur zuvor erbrachten Arbeitsleistung steht, hat ein Teilzeitbeschäftigter darauf ebenfalls einen Anspruch. Dagegen kann die **Anhebung der Pflichtstundenzahl** für Vollzeitkräfte zu einer entsprechenden Minderung des Gehaltsanspruchs des Teilzeitbeschäftigten führen[2]. Das Diskriminierungsverbot verpflichtet aber den ArbGeb in einem solchen Fall, dem teilzeitbeschäftigten ArbN eine Verlängerung seiner Arbeitszeit in dem Umfang anzubieten, der erforderlich ist, ihm seine bisherige monatliche Vergütung zu erhalten[3]. Bei der Gewährung von langfristigen **Baudarlehen** dürfen Teilzeitbeschäftigte nicht ausgeschlossen werden[4]. Jedoch ist es zulässig, das Darlehen der Höhe nach anteilig im Verhältnis der wöchentlichen Arbeitszeit zu der wöchentlichen Arbeitszeit einer Vollzeitarbeitskraft zu begrenzen. **Sonderzuwendungen/jährliche Einmalzahlungen** (13. Gehalt, Gratifikation, Weihnachts- und Urlaubsgeld) sind grds. Teilzeitbeschäftigten im Verhältnis zu einem vollzeitbeschäftigten ArbN zu dem für den Anspruch auf die Sonderzahlung maßgeblichen Stichtag zu gewähren[5]. Wie sich aus der besonderen Einbeziehung der geringfügig Beschäftigten iSd. § 8 I Nr. 1 SGB IV in § 2 II ergibt, dürfen geringfügig Beschäftigte ebenfalls nicht von den **Jahressonderzuwendungen** ausgenommen werden. Dies gilt auch für Regelungen in BV[6] und in TV[7].

Wird ein ArbN wegen seiner Teilzeitbeschäftigung entgegen dem Diskriminierungsverbot niedriger vergütet als ein Vollzeitbeschäftigter, ist die Vergütungsabrede gem. § 134 BGB nichtig[8]. Der ArbN hat nach § 612 II BGB Anspruch auf Zahlung der üblichen Vergütung.

7 Nur eine durch die Teilzeitarbeit kausal verursachte Ungleichbehandlung wird von dem Diskriminierungsverbot des Abs. 1 erfasst. Eine Ungleichbehandlung ist dann auf die Teilzeit zurückzuführen, wenn die Dauer der Arbeitszeit Anknüpfungspunkt für die Ungleichbehandlung ist[9]. Steht die Gegenleistung **nicht in Abhängigkeit zu der Arbeitszeit**, so kann die Ungleichbehandlung nicht an Abs. 1 gemessen werden. Ist nicht die Arbeitszeit maßgebliches Kriterium für die Differenzierung oder für die Leistung selbst, sondern soll damit zB die ungünstige Lage der Arbeitszeit ausgeglichen oder eine lange Betriebstreue belohnt werden, so ist keine anteilige Kürzung vorzunehmen. Vielmehr steht dem teilzeitbeschäftigten ArbN in derartigen Fällen die Leistung in voller Höhe zu. Teilzeitbeschäftigte haben daher grds. Anspruch auf gleich hohe **Spätarbeits- und Nachtarbeitszuschläge**[10], **Urlaubsgeld**[11], **Zuwendungen**, **vermögenswirksame Leistungen**[12] und **Essensgeldzuschuss**, wenn zu erwarten ist, dass Teilzeitbeschäftigte auch ein Mittagessen während ihrer Arbeitszeit einnehmen[13]. Knüpft die Wechsel- oder Schichtzulage nicht an die tatsächlich geleistete Arbeitszeit an, sondern wird pauschaliert ein bestimmter monatlicher Betrag gewährt, so ist eine ratierliche Kürzung dieser Zulage nach dem Anteil der Arbeitszeit der Teilzeitbeschäftigten zulässig[14].

Die Dauer des **Erholungsurlaubs** eines Teilzeitbeschäftigten richtet sich auch nicht nach dem Verhältnis der Teilzeitarbeit zur Vollzeitarbeit. Maßgeblich ist vielmehr, an wie vielen Arbeitstagen pro Woche der Teilzeitbeschäftigte im Vergleich zum Vollzeitbeschäftigten regelmäßig arbeitet. Zur **Umrechnungsformel** des BAG für Teilzeitkräfte, deren Arbeitszeit regelmäßig auf **weniger als fünf** Arbeitstage in der Woche verteilt ist, s. § 3 BUrlG Rz. 28ff. Bei einem Wechsel von Vollzeit- in Teilzeitbeschäftigung mindert sich der erworbene Urlaubsanspruch nicht im Verhältnis der Vollzeit- zur nachfolgenden Teilzeitbeschäftigung, wenn der ArbN zuvor nicht die Möglichkeit hatte, den Urlaub zu nehmen[15].

Für die **Beschäftigungsdauer** ist Teilzeit grds. auch nicht als Unterscheidungsmerkmal maßgeblich. Dies gilt für die Erlangung eines besonderen tarifl. Kündigungsschutzes und für tarifl. Jubiläumszuwendungen, da Voraussetzung für ihre Gewährung allein das Zurücklegen einer bestimmten Dienstzeit ist und nicht der Umfang der erbrachten Arbeitsleistung[16]. Anders kann es sich verhalten, wenn aus der Beschäftigungsdauer ein bestimmtes Erfahrungswissen geschlossen werden kann[17]. Bei einem monatlichen Zuschlag zur Anerkennung der Unternehmenszugehörigkeit, der sich als Vergütungsbestandteil darstellt, kann aber eine zeitanteilige Kürzung erfolgen[18].

Obwohl teilzeitbeschäftigte ArbN durch Schicht- und Wechselschicht ebenso wie vollzeitbeschäftigte ArbN belastet werden, widerspricht es nach Auffassung des BAG nicht dem Diskriminierungsverbot

---

1 BAG 19.12.1998 – 6 AZR 460/96, NZA 1998, 887; 19.2.1998 – 6 AZR 477/96, NZA 1998, 1131.   ‖2 BAG 17.5.2000 – 5 AZR 783/98, NZA 2001, 799.   ‖3 BAG 14.12.2011 – 5 AZR 457/10, NZA 2012, 663.   ‖4 BAG 27.7.1994 – 10 AZR 538/93, DB 1994, 2348.   ‖5 BAG 14.11.2012 – 10 AZR 903/11, DB 2013, 1971.   ‖6 LAG Hess. 14.3.1995 – 7 Sa 883/94, NZA 1995, 1162.   ‖7 EuGH 9.9.1999 – Rs. C-281/97, BB 1999, 2085 – Andrea Krüger; im Erg. wird aber von einer mittelbaren Diskriminierung ausgegangen.   ‖8 BAG 17.4.2002 – 5 AZR 413/00, NZA 2002, 1334.   ‖9 BAG 24.9.2008 – 6 AZR 657/07, NZA-RR 2009, 221.   ‖10 BAG 24.9.2003 – 10 AZR 675/02, BAGReport 2004, 38.   ‖11 BAG 23.4.1996 – 9 AZR 696/94, DB 1996, 2290.   ‖12 BAG 24.9.2008 – 6 AZR 657/07, NZA-RR 2009, 221.   ‖13 BAG 26.9.2001 – 10 AZR 714/00, DB 2002, 47.   ‖14 BAG 25.9.2013 – 10 AZR 4/12, NZA 2014, 8.   ‖15 EuGH 22.4.2010 – Rs. C-486/08, NZA 2010, 557; 13.6.2013 – Rs. C-415/12, NZA 2013, 775.   ‖16 BAG 22.5.1996 – 10 AZR 618/95, DB 1996, 1783.   ‖17 ErfK/*Preis*, § 4 TzBfG Rz. 54.   ‖18 BAG 16.4.2003 – 4 AZR 156/02, DB 2003, 1849.

des Abs. 1, wenn nach einer tarifl. Regelung teilzeit- und vollzeitbeschäftigte ArbN bei der Zahlung der **Schicht- und der Wechselschichtzulage** nach dem Pro-rata-temporis-Grundsatz gleich behandelt werden, also die Zulage einem teilzeitbeschäftigten ArbN entsprechend dem Anteil seiner Arbeitszeit an der Arbeitszeit eines vergleichbaren vollzeitbeschäftigten ArbN gewährt wird[1].

Ändert sich der Leistungszweck bzw. die Art der Leistung, wenn sie auch Teilzeitbeschäftigten gewährt würde, so rechtfertigt dies eine Ungleichbehandlung. Erhalten VollzeitArbN an bestimmten Tagen, wie Heiligabend oder Silvester bereits um 12 Uhr Dienstbefreiung, so können daher Teilzeitbeschäftigte, deren Arbeitszeit ohnehin um diese Zeit endet, nicht proportional anteilig **zusätzliche Freizeit** verlangen[2]. Auch wird eine hälftig teilzeitbeschäftigte Pflegekraft nicht wegen der Teilzeit ungleich behandelt, wenn sie zur gleichen Anzahl von **Wochenenddiensten** herangezogen wird wie eine vollzeitbeschäftigte Pflegekraft[3].

Überstunden-/Mehrarbeitszuschläge kann ein teilzeitbeschäftigter ArbN erst dann beanspruchen, wenn dafür auch vollzeitbeschäftigte ArbN Mehrarbeitszuschläge erhalten würden. Dem steht zwar entgegen, dass es bezogen auf die konkret vereinbarte Arbeitszeit zu einer Überschreitung der vertragl. vom ArbN vorausgesetzten und grds. gewollten Regelarbeitszeit kommt. Umgekehrt würde der Vollzeitbeschäftigte ungleich behandelt, dem bei der gleichen Anzahl vertragl. geleisteter Arbeitsstunden ein Zuschlag versagt bleibt. Begründet man den Zuschlag nicht mit der bloßen Abweichung vom vertragl. Geschuldeten, sondern mit der steigenden Belastung infolge der Mehrarbeit, so gibt die bloße Überschreitung der individuellen Arbeitszeit keinen Anspruch auf einen Überstundenzuschlag[4]. Ein dahingehender tarifl. Ausschluss ist daher wirksam[5]. Jedoch steht dem Teilzeitbeschäftigten **eine anteilige Vergütung** bis hin zur vollen Vergütung oder entsprechende Arbeitsbefreiung unter Fortzahlung der Vergütung zu, wenn er vereinbarungsgemäß zeitweise über seine Teilzeitquote hinaus bis hin zur regelmäßigen Arbeitszeit eines vergleichbaren vollzeitbeschäftigten ArbN (§ 2 I) arbeitet[6]. Die Vergütung der Mehrarbeit muss der für reguläre Arbeitsstunden entsprechen[7].

Für **teilzeitbeschäftigte BR-Mitglieder** besteht entgegen der früheren Rspr.[8] ein Anspruch auf Arbeitsbefreiung unter Fortzahlung der Vergütung, wenn die BR-Tätigkeit nicht innerhalb der persönlichen Arbeitszeit erfolgen kann (§ 37 III 1 BetrVG). Dasselbe gilt für die Teilnahme an einer für die BR-Arbeit erforderlichen Schulung außerhalb ihrer Arbeitszeit[9] und die damit im Zusammenhang stehenden Reisezeiten, es sei denn, die Reise wurde auch außerhalb der betriebsüblichen Arbeitszeit eines vollzeitbeschäftigten ArbN durchgeführt[10].

Das Gleichbehandlungsgebot gilt zudem für die **betrAV**, auch dann, wenn ein weiteres ArbVerh besteht[11]. Eine unterschiedliche Ausgestaltung der Leistungen durch die betrAV ist nicht gerechtfertigt. Jedoch können Teilzeitkräfte nicht die gleiche hohe betrAV fordern wie Vollzeitkräfte. Gleichwohl müssen sie sich auf die betriebl. Gesamtversorgung auch die auf einer früheren Vollzeitbeschäftigung beruhende SozV-Rente anrechnen lassen[12]. Dagegen konnten bis zum 31.3.1999 geringfügig Beschäftigte, die nicht der gesetzl. RV-Pflicht unterliegen, von der Zusatzversorgung ausgenommen werden[13]. Diese Differenzierung wird wohl nicht beibehalten werden können, da geringfügig Beschäftigte gem. § 5 II 2 SGB VI auf die Versicherungsfreiheit verzichten können[14] und § 2 II sie ausdrücklich Teilzeitbeschäftigten gleichstellt.

b) **Kündigung und soziale Auswahl.** Tarifliche **Unkündbarkeitsregelungen** gelten auch für Teilzeitbeschäftigte, ohne dass eine längere Dienstzeit zurückgelegt werden muss. Das unterschiedliche Arbeitspensum der Teilzeitbeschäftigten und der Vollzeitkräfte rechtfertigt keine unterschiedliche Behandlung[15]. Die tarifl. Unkündbarkeit kann auch nicht davon abhängig gemacht werden, dass die Arbeitszeit des Teilzeitbeschäftigten mindestens die Hälfte der regelmäßigen Arbeitszeit eines Vollzeitbeschäftigten beträgt[16]. Auch Zeiten geringfügiger Beschäftigung sind anzurechnen[17].

---

1 BAG 24.9.2008 – 10 AZR 634/07, NZA 2008, 1422. || 2 BAG 26.5.1993 – 5 AZR 184/92, AP Nr. 42 zu Art. 119 EWG-Vertrag; LAG Köln 10.3.1992 – 1 Sa 937/91, DB 1992, 1528. || 3 BAG 1.12.1994 – 6 AZR 501/94, NZA 1995, 590. || 4 BAG 5.11.2003 – 5 AZR 8/03, NZA 2005, 222; bzgl. des öffentl. Dienstes: BAG 25.7.1996 – 6 AZR 138/94, NZA 1997, 774; die vorübergehende Verlängerung der Arbeitszeit von Teilzeitbeschäftigten ist gem. § 87 I Nr. 3 BetrVG mitbestimmungspflichtig, auch wenn sie nicht über die regelmäßige Arbeitszeit vergleichbarer Vollzeitbeschäftigter hinausgeht, BAG 24.4.2007 – 1 ABR 47/06, NZA 2007, 818. || 5 BAG 16.6.2004 – 5 AZR 448/03, AP Nr. 20 zu § 1 TVG Tarifverträge: Großhandel. || 6 BAG 25.5.2005 – 5 AZR 566/04, NZA 2005, 981. || 7 Ansonsten ggf. auch Diskriminierung auf Grund des Geschlechts, EuGH 6.12.2007 – Rs. C-300/06, NZA 2008, 31 – Ursula Voß ./. Land Berlin. || 8 BAG 5.3.1997 – 7 AZR 581/92, BB 1997, 2218. || 9 BAG 16.2.2005 – 7 AZR 330/04, ArbRB 2005, 65. || 10 BAG 10.11.2004 – 7 AZR 131/04, NZA 2005, 704. || 11 BVerfG 27.11.1997 – 1 BvL 12/91, NZA 1998, 297; EuGH 10.2.2000 – Rs. C-50/96, NZA 2000, 313 – Lilli Schröder; 1.3.2012 – Rs. C-393/10, NZA 2012, 313; BAG 7.3.1995 – 3 AZR 282/94, BB 1995, 2217; 16.1.1996 – 3 AZR 767/94, DB 1996, 939; 27.2.1996 – 3 AZR 886/94, BB 1996, 1561; 12.3.1996 – 3 AZR 993/94, NZA 1996, 939; 9.10.1996 – 5 AZR 338/95, BB 1997, 1157. || 12 BAG 14.10.1998 – 3 AZR 385/97, NZA 1999, 874. || 13 BAG 27.2.1996 – 3 AZR 886/94, BB 1996, 1561; 12.3.1996 – 3 AZR 993/94, NZA 1996, 939. || 14 Offen gelassen: BAG 22.2.2000 – 3 AZR 845/98, DB 2000, 1083. || 15 BAG 13.3.1997 – 2 AZR 175/96, BB 1997, 1638. || 16 BAG 18.9.1997 – 2 AZR 592/96, DB 1998, 317. || 17 BAG 25.4.2007 – 6 AZR 746/06, NZA 2007, 881.

13 Im Rahmen der gem. § 1 III KSchG zu treffenden **sozialen Auswahl** sind Vollzeit- mit TeilzeitArbN zu vergleichen, wenn nur insg. eine kürzere Arbeitszeit im Betrieb durchgesetzt werden soll. Ein **Interessenausgleich**, der ohne sachliche Rechtfertigung die Entfernung von Teilzeitbeschäftigten aus dem Unternehmen zum Gegenstand hat, ist daher nichtig. Eine verbundene Namensliste entfaltet keine Vermutungswirkung iSd. § 1V KSchG[1]. Wenn hingegen ein nachvollziehbares unternehmerisches Konzept zur Arbeitszeitgestaltung vorliegt, dem zufolge bestimmten Tätigkeiten bestimmte Arbeitszeiten zugeordnet sind, so ist die dem zugrunde liegende unternehmerische Entscheidung im Rahmen eines Kündigungsschutzverfahrens hinzunehmen, wenn sie nicht offenkundig unsachlich, dh. missbräuchlich ist. ArbN, die auf Grund solcher Organisationsentscheidungen unterschiedliche Arbeitszeiten aufweisen, die nur durch Änderungskündigungen angepasst werden könnten, sind nicht miteinander vergleichbar[2]. Allerdings hat der EuGH in der Entscheidung v. 26.9.2000[3] festgestellt, dass kein Verstoß gegen Art. 2 I und Art. 5 I RL 76/207/EWG vorliegt, wenn § 1 III 1 KSchG so ausgelegt wird, dass teilzeit- und vollzeitbeschäftigte ArbN bei der sozialen Auswahl im Rahmen einer betriebsbedingten Kündigung generell nicht vergleichbar sind. Zwar gibt auch das TzBfG keinen voraussetzungslosen Anspruch auf Verlängerung der Arbeitszeit oder auf einen Vollzeitarbeitsplatz. Wenn es aber um die Vergleichbarkeit von teilzeit- und vollzeitbeschäftigten ArbN im Rahmen der sozialen Auswahl geht und der teilzeitbeschäftigte ArbN sozial schutzwürdiger ist, gibt § 9 einen Anspruch auf bevorzugte Berechtigung, solange der ArbGeb keine entgegenstehende aufgabenbezogene Organisationsentscheidung getroffen hat[4].

14 **2. Sachliche Gründe.** Eine **Benachteiligung** von teilzeitbeschäftigten ArbN ist nur zulässig, soweit dafür ein **sachlicher Grund** besteht. Dieser Begriff verlangt, dass die festgestellte Ungleichbehandlung durch das Vorhandensein genau bezeichneter, konkreter Umstände gerechtfertigt ist, die die betreffende Beschäftigungsbedingung in ihrem speziellen Zusammenhang und auf der Grundlage objektiver und transparenter Kriterien für die Prüfung der Frage kennzeichnet, ob diese Ungleichbehandlung einem echten Bedarf entspricht und ob sie zur Erreichung des verfolgten Ziels geeignet und erforderlich ist[5]. Dies gilt auch für das in Abs. 1 S. 2 angeführte Arbeitsentgelt und andere teilbare geldwerte Leistungen. Zwar ist nach dem Wortlaut des S. 2 eine Abweichung von dem Grundsatz der Gleichbehandlung auch bei Vorliegen sachlicher Differenzierungsgründe nicht zulässig. Dies entspricht aber weder der bloßen Konkretisierungsfunktion des S. 2 noch der Gesetzesbegründung. Der für Arbeitsentgelt oder andere teilbare geldwerte Leistungen geltende Pro-rata-temporis-Grundsatz soll danach nicht ausnahmslos gelten, sondern nur dann, wenn dies „angemessen" ist[6]. Bei Vorliegen eines sachlichen Grundes kann daher auch im Entgeltbereich differenziert werden. Die sachliche Rechtfertigung ist aber von der Frage zu trennen, ob überhaupt eine Ungleichbehandlung vorliegt (s. Rz. 5f.).

15 Die **sachliche Rechtfertigung** der unterschiedlichen Behandlung muss sich aus dem **Zweck der Leistung** ergeben. Die unterschiedliche Behandlung von Teilzeitbeschäftigten kann nur gerechtfertigt sein, wenn sich der Grund aus dem Verhältnis von Leistungszweck und Umfang der Teilzeitarbeit herleiten lässt[7]. Zu den **sachlichen Gründen**, die eine Ungleichbehandlung rechtfertigen können, zählen die Arbeitsleistung, Qualifikation, Berufserfahrung oder unterschiedliche Arbeitsanforderungen. Der sachliche Grund muss objektiv vorliegen. Eine etwaige geringere Arbeitsmotivation oder Eingliederungsbereitschaft Teilzeitbeschäftigter ist deshalb kein sachlicher Unterscheidungsgrund. Ein sachlich rechtfertigender Grund besteht, wenn die Unterscheidung einem legitimen Ziel dient, sie hierfür erforderlich und angemessen ist. Dabei muss es sich um das mildeste Mittel zur Zielerreichung handeln. Es darf also kein anderes, gleich wirksames Mittel zur Verfügung stehen, das gar nicht oder weniger nachteilig für die betroffene ArbN-Gruppe wäre.

16 Die getroffene Unterscheidung muss vom **Zweck der jeweiligen Leistung getragen** werden[8]. Die Ungleichbehandlung kann daher wegen des mit der jeweiligen Leistung verfolgten Zwecks gerechtfertigt sein. In Ausnahmefällen kann dieser den völligen Wegfall der Leistung rechtfertigen. Bei tarifl. Leistungen ist auf die Zwecke abzustellen, die die TV-Parteien nach ihrem im TV zum Ausdruck kommenden Willen verfolgen. Dagegen sind individualvertragl. Regelungen stets an ihrer objektiven Zweckbestimmung zu überprüfen.

17 Der sachliche Grund darf allein aus dem **Bereich der Arbeitsleistung** und der sie bestimmenden Voraussetzungen herrühren, da das Kriterium der **sozialen Lage** des ArbN für Teilzeit- und Vollzeitbeschäftigte grds. gleichermaßen gilt[9]. Die Steuerfreiheit oder die Befreiung von der SozV rechtfertigen keine Benachteiligung[10]. Keinen sachlichen Grund stellt eine hauptberufliche Existenzsicherung dar,

---

1 LAG Köln 31.3.2006 – 11 Sa 1637/05, nv. || 2 BAG 3.12.1998 – 2 AZR 341/93, NZA 1999, 431; 15.7.2004 – 2 AZR 376/03, BAGReport 2004, 367. || 3 EuGH 26.9.2000 – Rs. C-322/98, NZA 2000, 1155 – Bärbel Kachelmann. || 4 BAG 15.8.2006 – 9 AZR 8/06, NZA 2007, 255. || 5 EuGH 18.10.2012 – Rs. C-302/11 bis C-305/11, NZA 2013, 261 – Rosanna Valenza ua. || 6 BT-Drs. 14/4374, 15; *Richardi/Annuß*, BB 2000, 2201; *Kliemt*, NZA 2001, 63; *Müller*, ArbRB 2001, 87; *Hanau*, NZA 2001, 1168; aA *Däubler*, ZIP 2001, 217. || 7 BAG 11.12.2012 – 3 AZR 588/10, NZA 2013, 572. || 8 BAG 24.9.2008 – 6 AZR 657/07, NZA-RR 2009, 221. || 9 Die Gesetzesbegr. zu § 2 BeschFG 1985 hat allerdings *die soziale Lage* als einen möglichen Grund zur Ungleichbehandlung angeführt. || 10 S. dazu aber *Hanau*, DB 2005, 946, wonach das Arbeitsentgelt geringfügig Beschäftigter am Bruttoentgelt vergleichbarer Vollzeitbeschäftigter zu orientieren ist, soweit kein anderer Grund für eine Ungleichbehandlung besteht.

also der Umstand, dass für die Teilzeitkraft die Teilzeitarbeit nur eine Nebentätigkeit ist. Dies gilt jedenfalls dann, wenn die Vergütung nicht auf einer individuellen Vereinbarung beruht, sondern hierfür innerbetriebl. Regeln gelten. Bzgl. der Höhe der **Sozialplanabfindung** kann aber die Dauer der Teilzeitbeschäftigung ggü. der Vollzeitbeschäftigung nur anteilig berücksichtigt werden. Dies wird nicht nur mit dem weiten Ermessensspielraum der Betriebspartner bei der Aufstellung von Sozialplänen begründet, sondern auch damit, dass eine Teilzeitbeschäftigung wegen der Möglichkeit einer anderweitigen Beschäftigung oder Ausbildung zu einer weniger starken Bindung des ArbN an den Betrieb führen kann als eine Vollzeitbeschäftigung, so dass deshalb auch die Chancen auf dem Arbeitsmarkt weniger eingeengt sind[1]. In einer freiwilligen einzelvertragl. Abfindungszusage können teilzeitbeschäftigte ArbN entsprechend ihrer Teilzeitquote ggü. vollzeitbeschäftigten ArbN entsprechend ihrer Vollzeitbeschäftigung unterschiedlich behandelt werden[2]. Der **Bezug von Altersruhegeld** begründet keine schlechtere Bezahlung[3]. Auch rechtfertigt der unterschiedliche Arbeitsumfang keinen vollständigen Ausschluss des Teilzeitbeschäftigten von Leistungen der **betrAV**, auch nicht, wenn ein weiteres ArbVerh besteht[4].

3. Rechtsfolgen. Wird gegen das Diskriminierungsverbot verstoßen, so ist die entsprechende diskriminierende Vereinbarung oder Maßnahme **unwirksam**. Ein Arbeits- oder TV ist hinsichtlich der benachteiligenden Regelung unwirksam, also teilnichtig. Statt der unwirksamen Regelung ist dem teilzeitbeschäftigten ArbN das zu gewähren, was nicht benachteiligte Vollzeitbeschäftigte erhalten (bei zeitabhängigen Leistungen die anteilige Leistung). Diese Rechtsfolge ergibt sich aus § 134 iVm. § 612 II BGB, also nicht unmittelbar aus § 4, denn § 4 I 1 und 2 enthält ein einheitliches Verbot der sachlich nicht gerechtfertigten Benachteiligung wegen der Teilzeitarbeit[5]. Maßstab ist in erster Linie die Leistung, die konkret vergleichbare Vollzeitbeschäftigte erhalten. Dabei ist eine wertende Betrachtung anzustellen, um den Vergleichslohn einer Vollzeitkraft – vorrangig innerhalb desselben Betriebes – zu ermitteln. Demgemäß kann auch ein Anspruch auf eine von der tarifl. Regelung abweichende übertarifl. Vergütung bestehen, wenn in demselben Betrieb Vollzeitkräfte oder unbefristet beschäftigte ArbN übertarifl. vergütet werden, ohne dass hierfür ein sachlich rechtfertigender Grund vorliegt[6]. Es ist also nicht die übliche Vergütung gem. § 612 II BGB zu gewähren, wenn diese schlechter oder besser ist als die Vergütung der betriebl. vergleichbaren Vollzeitbeschäftigten oder unbefristet Beschäftigten. 18

Grds. ist auch die vorenthaltene Leistung nachzugewähren, wenn ein teilzeitbeschäftigter ArbN zu Unrecht von der **betrAV** ausgeschlossen wurde[7]. Dem ArbGeb bleibt überlassen, auf welchem Durchführungsweg er den Anspruch verwirklicht. Vornehmlich ist dem ArbN eine gleichwertige Versorgung zu verschaffen[8]. Den Ausgleich steuerlicher Nachteile umfasst der Verschaffungsanspruch aber nicht[9]. 19

Selbst wenn der Verstoß gegen den Gleichheitssatz erst **nachträglich erkannt** wird, führt dies nicht zum Wegfall oder zur Einschränkung einer rückwirkenden Erfüllung. Der Gleichheitssatz gehört zu den Grundbestandteilen der verfassungsmäßigen Ordnung, so dass ihm nicht der auf dem Rechtsstaatsprinzip beruhende Vertrauensschutz entgegengesetzt werden kann[10]. Grds. ist auch ein Verzugsschaden zu ersetzen. 20

Darüber hinaus besteht ein Schadensersatzanspruch des ohne sachlich rechtfertigenden Grund benachteiligten Teilzeit- oder befristet Beschäftigten, jedoch kein Anspruch auf „Schmerzensgeld"[11]. Gegen einen deliktischen Anspruch wird eingewandt, Teilzeit- und befristet Beschäftigte werde lediglich ein arbeitsrechtl., vertragl. Individualschutz gewährt. Als Schutzgesetze iSv. § 823 II BGB seien nur solche Normen anzusehen, die Verhaltenspflichten für denjenigen Schädiger aufstellen, mit dem der Geschädigte in keiner vertragl. Beziehung steht. Daher könne die Verletzung des Abs. 1 als konkretisierte vertragl. Nebenpflicht allenfalls vertragl., nicht aber deliktische Ansprüche auslösen[12]. Wegen der in § 1 normierten allg. Zielsetzung sind Abs. 1 und 2 jedoch jeweils als ein Schutzgesetz iSv. § 823 II BGB anzusehen. Daher kann der Anspruch auf ein Entgelt, das dem Verhältnis der Teilzeit-Arbeitsleistung zu derjenigen eines vergleichbaren vollzeitbeschäftigten ArbN entspricht, als deliktischer Anspruch geltend gemacht werden[13]. Eine nur vertragl. Ansprüche erfassende Ausschlussfrist ist demzufolge irrelevant. – Zum Anspruch auf Schadensersatz und Entschädigung eines Nichtvermögensschadens im Falle eine Verletzung des Benachteiligungsverbots s. die Komm. des AGG. –

4. Darlegungs- und Beweislast. Es gelten die **allg. Beweislastregeln**. Die Darlegungs- und Beweislast für das Vorliegen einer Benachteiligung wegen der Teilzeittätigkeit obliegt dem ArbN. Nach den Grundsätzen der abgestuften Darlegungs- und Beweislast ist zu verfahren, wenn der ArbN seiner Beweis- 21

---

1 BAG 14.8.2001 – 1 AZR 760/00, DB 2002, 153. ||2 BAG 13.2.2007 – 9 AZR 729/05, NZA 2007, 860. ||3 BAG 9.10.1996 – 5 AZR 338/95, BB 1997, 1150. ||4 BVerfG 27.11.1997 – 1 BvL 12/91, NZA 1998, 297; EuGH 10.2.2000 – Rs. C-50/96, NZA 2000, 313 – Lilli Schröder; BAG 9.10.1996 – 5 AZR 398/95, BB 1997, 1157. ||5 BAG 24.9.2008 – 6 AZR 657/07, NZA-RR 2009, 221. ||6 ErfK/*Preis*, § 4 TzBfG Rz. 72. ||7 Beschäftigungszeiten für einen Anschluss an ein Betriebsrentensystem sind grds. erst ab dem 8.4.1976 – Urt. Defrenne II – zu berücksichtigen: EuGH 10.2.2000 – Rs. C-50/96, NZA 2000, 313 – Lilli Schröder. ||8 LAG Hamm 13.7.1999 – 6 Sa 248/98, NZA-RR 1999, 541; s.a. BAG 18.9.2001 – 3 AZR 689/00, NZA 2002, 1391. ||9 BAG 14.12.1999 – 3 AZR 713/98, NZA 2000, 1348. ||10 BVerfG 19.5.1999 – 1 BvR 263/98, DB 1999, 1611. ||11 BAG 21.2.2013 – 8 AZR 68/12, NZA 2013, 955. ||12 ErfK/*Preis*, § 4 TzBfG Rz. 6. ||13 BAG 25.4.2001 – 5 AZR 368/99, DB 2001, 2115; s.a. BAG 24.10.2001 – 5 AZR 32/00, ArbRB 2002, 33; aA ErfK/*Preis*, § 4 TzBfG Rz. 6.

pflicht nicht nachkommen kann, weil er ihm nicht zugängliche Tatsachen aus der Sphäre des ArbGeb darlegen muss.

Der ArbGeb hat dagegen darzulegen und zu beweisen, dass ein eine Differenzierung rechtfertigender sachlicher Grund vorliegt. Dieser kann sich nur daraus ergeben, dass das Verhältnis von Leistungszweck zu dem Umfang der Teilzeitarbeit gerechtfertigt ist. Wenn der ArbGeb ArbN mit ähnlicher Tätigkeit nach unterschiedlichen Vergütungssystemen vergütet, hat der ArbGeb darzulegen, wie groß die begünstigte ArbN-Gruppe ist, wie sie sich zusammensetzt, wie sie abgegrenzt ist und warum der klagende ArbN nicht dazugehört. Gem. dem Koalitionsvertrag v. 27.11.2013 soll für TeilzeitArbVerh die Darlegungslast im TzBfG auf den ArbGeb übertragen werden. Des Weiteren ist pauschal die Beseitigung „bestehender Nachteile" vorgesehen[1].

22   **III. Befristet Beschäftigte (Abs. 2). 1. Benachteiligung. a) Entgelt und andere teilbare geldwerte Leistungen (S. 2).** S. 1 **verbietet**, befristet beschäftigte ArbN schlechter als vergleichbare unbefristet beschäftigte ArbN zu behandeln, es sei denn, sachliche Gründe rechtfertigen eine unterschiedliche Behandlung[2]. Danach müssen ungleiche Beschäftigungsbedingungen befristet beschäftigter ArbN ggü. denen vergleichbarer Dauerbeschäftigter aus sachlichen Gründen gerechtfertigt sein. Dieses spezielle Verbot der schlechteren Behandlung befristet Beschäftigter ggü. unbefristet beschäftigten ArbN ist zugleich ein gesetzl. geregelter Sonderfall des allg. Gleichheitssatzes des Art. 3 I GG. Die sachlichen Gründe für eine Ungleichbehandlung ggü. unbefristet beschäftigten ArbN dürfen nicht unmittelbar durch den Umstand der Befristung selbst verursacht werden. Der ArbN darf nicht **wegen** der Befristung des ArbVerh benachteiligt werden[3]. Für das Arbeitsentgelt und andere teilbare geldwerte Leistungen wird das Gleichbehandlungsgebot in S. 2 konkretisiert. Demgemäß ist einem befristet beschäftigten ArbN das Arbeitsentgelt oder eine andere teilbare geldwerte Leistung, die für einen bestimmten Bemessungszeitraum gewährt wird, mindestens in dem Umfang zu gewähren, der dem Anteil seiner Beschäftigungsdauer am Bemessungszeitraum entspricht (Pro-rata-temporis-Grundsatz). Das zu Gunsten befristet beschäftigter ArbN bestehende Diskriminierungsverbot ist aber im Rahmen aller Arbeitsbedingungen zu beachten. Auch die Gewährung anderer Leistungen unterfällt daher dem Gleichbehandlungsgebot. Erfasst werden hierdurch nicht nur die nach § 14 I–III befristeten ArbVerh, sondern auch auf Grund anderer Bestimmungen befristete Arbeitsverträge.

Ein Besserstellung von befristet Beschäftigten ist nicht ausgeschlossen. Sofern es um das Diskriminierungsverbot des Abs. 2 S. 1 geht, ist ein sachlicher Grund für die Besserstellung nicht erforderlich. Wegen des ggü. unbefristet beschäftigten ArbN zu beachtenden allg. Gleichbehandlungsgrundsatzes kann jedoch eine Besserstellung befristet beschäftigter ArbN ohne Vorliegen sachlich anerkennenswerter Gründe nicht ohne Weiteres in Betracht kommen.

23   Grds. ist die Frage der Benachteiligung gem. Abs. 2 S. 1 **betriebsbezogen** zu beantworten. Ggü. einem vergleichbaren unbefristet beschäftigten ArbN desselben Betriebes darf ein befristet beschäftigter ArbN allein wegen der Befristung des Arbeitsvertrages nicht schlechter behandelt werden. Vergleichbar ist ein ArbN mit der gleichen oder einer ähnlichen Tätigkeit im Betrieb (§ 3 II). Demgemäß hat ein befristet Beschäftigter Anspruch auf dieselbe Vergütung wie ein vergleichbarer unbefristet Beschäftigter desselben Betriebes. Hieraus ergibt sich aber kein absolutes Benachteiligungsverbot beim Entgelt[4]. Bei der Vereinbarung des **Arbeitsentgelts** ist der Grundsatz der Vertragsfreiheit zu berücksichtigen, so dass die Vereinbarung unterschiedlicher Arbeitsentgelte auch bei gleicher Arbeit nicht ohne weiteres gegen den Gleichheitsgrundsatz verstößt. Verfügen vergleichbare unbefristet beschäftigte ArbN über unterschiedliche Arbeitsentgelte, so stellt es deshalb keine Diskriminierung dar, wenn die niedrigste Vergütung als Maßstab für das Arbeitsentgelt des befristet beschäftigten ArbN dient[5]. Ein Verstoß gegen den Gleichbehandlungsgrundsatz liegt aber dann vor, wenn auch der individuellen Entgeltvereinbarung in allg. geübter Maßstab (zB gruppenspezifische Merkmale) zugrunde liegt[6].

24   Entsprechend dem Anteil seiner Beschäftigungsdauer am Bemessungszeitraum stehen dem befristet Beschäftigten ebenso **andere teilbare geldwerte Leistungen** zu, die für einen bestimmten Bemessungszeitraum gewährt werden (zB Deputate, Personalrabatte). Dasselbe gilt für **Jahressonderzuwendungen/freiwillige Leistungen**, wenn befristet Beschäftigte zumindest zeitanteilig die dafür erforderlichen Voraussetzungen erfüllen können, wie dies bei der Gewährung eines 13. Monatsgehalts grds. der Fall ist. In diesem Fall hat der befristet Beschäftigte einen der Dauer seines ArbVerh entsprechenden zeitanteiligen Zahlungsanspruch. Hinsichtlich etwaiger für die Jahressonderzahlung geltender Rückzahlungsklauseln ist zu entscheiden, ob der Grund der Befristung auf einem Wunsch des ArbN beruht. In diesem Fall ist eine Rückzahlungsverpflichtung gegeben wie bei der sog. Eigenkündigung innerhalb der Bindungsfrist.

---

1 Koalitionsvertrag zu 2.2, NZA 2013, Heft 23, IX. ||2 Deshalb besteht grds. auch keine Informationspflicht einer schwangeren Bewerberin vor der Begründung eines befristeten ArbVerh, LAG Köln 11.10.2012 – 6 Sa 641/12, NZA-RR 2013, 232. ||3 BAG 19.12.2007 – 5 AZR 260/07, NZA-RR 2008, 275; auch nicht wegen der zuvor erfolgten „Entfristung", BAG 10.7.2013 – 10 AZR 915/12, ArbRB 2013, 296. ||4 BAG 11.12.2003 – 6 AZR 64/03, BAGReport 2005, 58. ||5 *Bauer*, BB 2001, 2473. ||6 BAG 29.9.2004 – 5 AZR 43/04, AP Nr. 192 zu § 242 BGB Gleichbehandlung.

b) Von der Dauer des Bestehens des Arbeitsverhältnisses abhängige Beschäftigungsbedingungen (S. 3). Soweit bestimmte Beschäftigungsbedingungen von der Dauer des Bestehens des ArbVerh in demselben Betrieb oder Unternehmen abhängig sind, sind für befristet Beschäftigte **dieselben Zeiten** wie für unbefristet beschäftigte ArbN zu berücksichtigen[1], es sei denn, dass eine unterschiedliche Berücksichtigung aus sachlichen Gründen gerechtfertigt ist. Demgemäß kann für den Anspruch auf den vollen Jahresurlaub für befristet beschäftigte ArbN keine längere Wartefrist gelten als für unbefristet Beschäftigte. Dagegen kann ein befristet beschäftigter Lehrer, dessen ArbVerh vor den Schulsommerferien endet, keine Vergütung für diese unterrichtsfreie Zeit beanspruchen[2]. Das Diskriminierungsverbot des Abs. 2 schützt nur befristet Beschäftigte. Werden bei der Feststellung der Dauer des ArbVerh **Vorbeschäftigungszeiten** wegen einer Befristung vertragl./tarifvertragl. nicht berücksichtigt, hat der inzwischen unbefristet beschäftigte ArbN keinen Anspruch nach Abs. 2. Dagegen ist die Dauer des befristeten ArbVerh zu berücksichtigen, wenn dies bei der Berücksichtigung des Dienstalters und der erworbenen Berufserfahrung für die Zwecke eines Einstellungsverfahrens[3] oder Stufenzuordnung im Entgeltsystem[4] bedeutsam ist.

Befristet beschäftigte ArbN können **nicht** von betriebl. Leistungen **ausgenommen** werden, **die keinen Zusammenhang** zur Dauer der Beschäftigung oder zu der Tatsache haben, dass jemand unbefristet tätig ist (zB Teilnahme am verbilligten Kantinenessen oder Benutzung werkseigener Busse). In analoger Anwendung des § 629 BGB ist bei einer Auflösung des ArbVerh wegen Befristung oder auflösender Bedingung dem ArbN zum Zwecke der **Stellensuche bezahlte Freistellung** von der Beschäftigung zu gewähren. Diese Freistellung kann aber frühestens ab dem Zeitpunkt des Laufs der fiktiven Kündigungsfrist beansprucht werden.

2. Sachliche Gründe. Obwohl der Wortlaut des Abs. 2 S. 2 keine Differenzierungsmöglichkeit aus sachlichem Grund vorsieht, ist auch bei der Gewährung des Arbeitsentgelts oder anderer teilbarer geldwerter Leistungen eine Ungleichbehandlung ggü. vergleichbaren Dauerbeschäftigten zulässig, wenn dies aus sachlichen Gründen gerechtfertigt ist. Die eine Ungleichbehandlung rechtfertigenden Umstände können sich etwa aus der besonderen Art der Aufgaben, zu deren Erfüllung befristete Verträge geschlossen worden sind, und deren Wesensmerkmalen oder ggf. aus der Verfolgung eines legitimen sozialpolitischen Ziels ergeben[5]. Wie vorstehend (Rz. 14) ausgeführt wird, handelt es sich bei S. 2 nur um eine Konkretisierung von S. 1[6]. Keine sachlichen Gründe sind solche, die typischerweise in befristeten ArbVerh gegeben sind[7]. Es können daher nur solche Gründe eine Schlechterstellung rechtfertigen, die weder unmittelbar noch mittelbar durch den Umstand der Befristung selbst verursacht werden.

Nach der Gesetzesbegründung soll es aber zulässig sein, wenn bei nur kurzzeitigen ArbVerh die anteilige Gewährung von bestimmten Zusatzleistungen unterbleibt, weil dies nur zur sehr geringfügigen Beträgen führt, die in keinem angemessenen Verhältnis zum Zweck der Leistungen stehen. Dies gilt insb. für Ansprüche aus der **betrAV**[8]. Auch bedarf es einer Differenzierung nach richtigen Vergleichsgruppen.

Der sachliche Grund für eine Ungleichbehandlung kann sich auch aus dem **Leistungszweck** ergeben. Er ist der von den Vertragsparteien vorgenommenen ausdrücklichen Zweckbestimmung der Leistung zu entnehmen oder im Wege der Auslegung der Vertragsregelung (zB Tarifnorm) zu ermitteln. Auf den Leistungszweck kann aus den jeweiligen Anspruchsvoraussetzungen oder den Ausschluss- oder Kürzungstatbeständen geschlossen werden[9].

Danach ist es aus sachlichen Gründen gerechtfertigt, wenn **Sonderzuwendungen/freiwillige Leistungen** von einer bestimmten Betriebszugehörigkeit abhängig gemacht werden oder von dem Bestehen eines ungekündigten ArbVerh zu einem bestimmten Stichtag, also dem unbefristeten Fortbestehen[10]. Einem befristet beschäftigten ArbN, der diese Voraussetzungen nicht erfüllt, steht keine Sonderzuwendung zu – auch nicht zeitanteilig. Ein unbefristet eingestellter ArbN, der die gleichen Voraussetzungen erfüllt und daher ebenfalls keinen Anspruch auf die Sonderzuwendung hat, würde ansonsten ungleich behandelt. Anders verhält es sich jedoch, wenn die Sonderzuwendung nur Entgeltcharakter hat, also keine bestimmte Mindestbetriebszugehörigkeit voraussetzt und der Stichtag lediglich Fälligkeitszeitpunkt ist. In diesem Fall ist die Sonderzuwendung auch befristet beschäftigten ArbN – ggf. zeitanteilig – zu gewähren. Entscheidend für die Vergleichbarkeit ist, ob ein unbefristet beschäftigter ArbN trotz Nichterfüllen der an die Zahlung der Sonderzuwendung gestellten Voraussetzung einen Anspruch auf zumindest zeitanteilige Gewährung der Leistung hätte. Wird für den Fall einer freiwilligen Sonderzahlung des ArbGeb vereinbart, dass der ArbN keinen Anspruch auf die Sonderzahlung hat, wenn er selbst gekündigt hat oder eine Kündigung des ArbGeb veranlasst hat und deshalb vor Ablauf der Bindungs-

---

[1] EuGH 8.9.2011 – Rs. C-177/10, NZA 2011, 1219 – Santana; BAG 12.10.2010 – 9 AZR 518/09, NZA 2011, 306. ||[2] BAG 19.12.2007 – 5 AZR 260/07, NZA-RR 2008, 275. ||[3] EuGH 18.10.2012 – Rs. C-302/11 bis C-305/11, NZA 2013, 261 – Rosanna Valenza ua.; auch im Rahmen von Beförderungsentscheidungen BAG 12.10.2010 – 9 AZR 518/09, ArbRB 2011, 103. ||[4] BAG 21.2.2013 – 6 AZR 524/11, NZA 2013, 625. ||[5] EuGH 18.10.2012 – Rs. C-302/11 bis C-305/11, NZA 2013, 261 – Rosanna Valenza ua. ||[6] BAG 11.12.2003 – 6 AZR 64/03, BAGReport 2005, 58. ||[7] LAG Bremen 5.11.2002 – 1 Sa 98/02, nv. ||[8] BAG 15.1.2013 – 3 AZR 4/11 nv. ||[9] BAG 11.12. 2003 – 6 AZR 64/03, BAGReport 2005, 58. ||[10] LAG Hess. 29.4.2004 – 9 Sa 1386/03, NZA-RR 2005, 183.

frist ausscheidet, steht der Ablauf eines befristeten Arbeitsvertrags ebenso wie eine betriebsbedingte Kündigung des ArbGeb dem Anspruch auf die Sonderzahlung nicht entgegen[1].

29   **3. Rechtsfolgen.** Die diskriminierende und nicht durch sachliche Gründe gerechtfertigte Regelung ist **nichtig**. Der benachteiligt befristet Beschäftigte hat daher Anspruch auf Gewährung der Leistungen, die der konkret vergleichbare unbefristete ArbN im Betrieb beanspruchen kann. Im Zweifel findet eine „Anpassung nach oben" statt[2]. S. iÜ oben Rz. 18 ff.

30   **4. Darlegungs- und Beweislast.** Es gelten die **allg. Beweislastregeln**. Grds. obliegt es daher dem **ArbN**, darzulegen und erforderlichenfalls nachzuweisen, dass er ggü. vergleichbaren unbefristet Beschäftigten wegen der Befristung schlechter behandelt wird. Demggü. ist es Sache des **ArbGeb**, die sachlichen Gründe zur Rechtfertigung der Ungleichbehandlung vorzutragen und diese ggf. zu beweisen (s.a. Rz. 21).

31   **IV. Abweichende Vereinbarungen.** Die Vorschrift ist unabdingbar und ein Verbotsgesetz iSd. § 134 BGB. Dem Diskriminierungsverbot des § 4 unterliegen gem. § 22 I sowohl **individuelle Vereinbarungen** zwischen den Arbeitsvertragsparteien wie auch **BV**. Auch in **TV** dürfen keine Regelungen zum Nachteil der Teilzeit- und befristet Beschäftigten vereinbart werden, sofern nicht sachliche Gründe eine unterschiedliche Behandlung rechtfertigen[3]. Dabei ist es unerheblich, ob die Ungleichbehandlung durch Einschränkung des persönlichen Geltungsbereichs eines TV oder durch eine ausdrückliche Ausnahmeregelung erreicht wird. Eine Abweichung darf daher nur zu Gunsten der ArbN erfolgen.

32   Anders als der frühere § 6 III BeschFG weist das TzBfG keine „**Kirchenklausel**" auf, so dass kirchlichen ArbGeb über den sog. Dritten Weg keine abweichende Regelung möglich ist[4]. Die **kirchlichen Arbeitsrechtsregelungen** (AVR) werden ohnehin Tarifverträgen nicht gleichgestellt[5].

5 *Benachteiligungsverbot*
Der Arbeitgeber darf einen Arbeitnehmer nicht wegen der Inanspruchnahme von Rechten nach diesem Gesetz benachteiligen.

1   Speziell bezogen auf das TzBfG enthält die Vorschrift das **Verbot**, ArbN, die ihre Rechte nach diesem Gesetz in Anspruch nehmen, zu benachteiligen. Wie die Gesetzesbegründung herausstellt, ist damit jede schlechtere Behandlung bei Vereinbarungen oder Maßnahmen, zB beim beruflichen Aufstieg, verboten[6]. Die gesetzl. Regelung entspricht somit dem allg. Maßregelungsverbot des § 612a BGB.

2   **Geschützt** werden durch das Benachteiligungsverbot insb. die Wahrnehmung der Ansprüche auf Gleichbehandlung nach § 4, Arbeitszeitverkürzung/-verlängerung nach §§ 8, 9 und auf Aus- und Weiterbildung nach § 10. Nachteilig darf sich für den ArbN auch nicht auswirken, wenn er sich weigert, Abrufarbeiten nach § 12 zu leisten oder bei Arbeitsplatzteilung nach § 13 sich weigert, einen ausgefallenen Kollegen zu vertreten, sofern die dort jeweils genannten Voraussetzungen nicht vorliegen bzw. nicht eingehalten werden.

3   Entsprechend der Regelung des § 612a BGB besteht das Benachteiligungsverbot nur, wenn das ausgeübte Recht tatsächlich besteht und durch den ArbN „in zulässiger Weise" geltend gemacht wird. Aber auch eine irrtümliche Geltendmachung von Rechten und Ansprüchen nach dem TzBfG darf zu keiner Benachteiligung führen.

4   Untersagt sind dem ArbGeb **Reaktionen** durch einseitige Maßnahmen. Dazu gehören entsprechend der gesetzl. Begründung Benachteiligungen beim beruflichen Aufstieg. Ebenso müssen andere willkürliche Reaktionen, wie zB Versetzungen, oder weiter gehende Maßnahmen unterbleiben. Auch wenn **Vereinbarungen** des ArbGeb mit dem ArbN grds. von dem Einverständnis des ArbN getragen werden, können diese dem Benachteiligungsverbot unterliegen, wenn sich aus der Vereinbarung ergibt, dass unter Ausnutzung der schwächeren Position des ArbN auf die Geltendmachung von Rechten nach dem TzBfG reagiert wird.

5   Bei § 5 handelt es sich um ein **gesetzl. Verbot** iSd. § 134 BGB, so dass Maßnahmen oder Vereinbarungen, die dagegen verstoßen, nichtig sind. Auch besteht ein Schadensersatzanspruch nach § 823 II BGB iVm. § 5.

6   Zusätzlich enthält § 11 ein besonderes, eigenständiges **Kündigungsverbot**, wenn sich der ArbN weigert, von einem Vollzeit- in ein TeilzeitArbVerh oder umgekehrt zu wechseln.

7   Die Darlegungs- und Beweislast für die Tatbestandsvoraussetzungen eines Verstoßes gegen das Benachteiligungsverbot trägt der ArbN. Der ArbGeb muss dagegen die Gründe vortragen, die eine Maßregelungsabsicht ausschließen.

---

1 BAG 28.3.2007 – 10 AZR 261/06, NZA 2007, 687. ||2 BAG 21.2.2013 – 8 AZR 68/12, NZA 2013, 955. ||3 BAG 5.11.2003 – 5 AZR 8/03, NZA 2005, 222; 11.12.2003 – 6 AZR 64/03, BAGReport 2005, 58; 19.1.2005 – 6 AZR 80/03, ArbRB 2005, 132. ||4 S. dazu *Müller-Volbehr*, NZA 2002, 301. ||5 BAG 25.3.2009 – 7 AZR 710/07, NZA 2009, 1417. ||6 BT-Drs. 14/4374, 16.

Zweiter Abschnitt. Teilzeitarbeit

6 *Förderung von Teilzeitarbeit*
Der Arbeitgeber hat den Arbeitnehmern, auch in leitenden Positionen, Teilzeitarbeit nach Maßgabe dieses Gesetzes zu ermöglichen.

Mit dieser Vorschrift wird § 5 III Buchst. d Alt. 1 der Rahmenvereinbarung über Teilzeitarbeit (RL 97/81/EG) umgesetzt. Sie verfügt über keinen eigenen Regelungsgehalt. Ansprüche lassen sich aus dieser Bestimmung nicht herleiten. Sie stellt nur einen **Appell** an die ArbGeb dar, Teilzeitarbeit zu ermöglichen. Diese Verpflichtung erstreckt sich auf alle ArbN, auch auf bereits teilzeitbeschäftigte ArbN. Besonders hervorgehoben werden ArbN in leitenden Positionen. Nach der Gesetzesbegründung will man damit dem Umstand Rechnung tragen, dass „vielfach noch Vorbehalte gegen Teilzeitarbeit von Männern und in höher qualifizierten Tätigkeiten bestehen". Die ArbGeb sollen dafür sorgen, dass Teilzeitarbeit als Arbeitsform insb. im Bereich qualifizierter Tätigkeiten attraktiv wird[1]. Dem gesetzgeberischen Appell kann somit entnommen werden, dass eine leitende Position und eine qualifiziertere Tätigkeit für sich genommen kein betriebl. Grund iSd. § 8 IV sind, um Teilzeitarbeit abzulehnen. Auch kann die gem. § 7 I vorausgesetzte Eignung eines Arbeitsplatzes für eine Teilzeittätigkeit nicht mit dem Hinweis auf eine zu besetzende Führungsposition widerlegt werden.

Gem. § 92a I BetrVG kann der **BR** Vorschläge ua. zur Förderung von Teilzeitarbeit unterbreiten. Der ArbGeb hat einen dahingehenden Vorschlag des BR zu beraten. Eine Ablehnung hat er zu begründen. In diesem Zusammenhang kann der Förderungspflicht des § 6 wiederum Bedeutung zukommen.

7 *Ausschreibung; Information über freie Arbeitsplätze*
(1) Der Arbeitgeber hat einen Arbeitsplatz, den er öffentlich oder innerhalb des Betriebes ausschreibt, auch als Teilzeitarbeitsplatz auszuschreiben, wenn sich der Arbeitsplatz hierfür eignet.

(2) Der Arbeitgeber hat einen Arbeitnehmer, der ihm den Wunsch nach einer Veränderung von Dauer und Lage seiner vertraglich vereinbarten Arbeitszeit angezeigt hat, über entsprechende Arbeitsplätze zu informieren, die im Betrieb oder Unternehmen besetzt werden sollen.

(3) Der Arbeitgeber hat die Arbeitnehmervertretung über Teilzeitarbeit im Betrieb und Unternehmen zu informieren, insbesondere über vorhandene oder geplante Teilzeitarbeitsplätze und über die Umwandlung von Teilzeitarbeitsplätzen in Vollzeitarbeitsplätze oder umgekehrt. Der Arbeitnehmervertretung sind auf Verlangen die erforderlichen Unterlagen zur Verfügung zu stellen; § 92 des Betriebsverfassungsgesetzes bleibt unberührt.

I. Inhalt und Zweck. § 7 verpflichtet den ArbGeb, geeignete Arbeitsplätze als Teilzeitarbeitsplätze auszuschreiben, die ArbN zu informieren, die einen Wunsch zur Änderung ihrer Arbeitszeit angezeigt haben, und die **ArbN-Vertretung** über Teilzeitarbeit im Betrieb und Unternehmen zu **informieren**. Mit den Abs. 2 und 3 der Vorschrift werden § 5 III Buchst. c und e der Rahmenvereinbarung über Teilzeitarbeit (RL 97/81/EG) umgesetzt. Die Bestimmung dient dazu, Transparenz über bestehende Beschäftigungsmöglichkeiten in Teilzeit und Vollzeit zu schaffen. Diese Informationen ermöglichen die Geltendmachung der Ansprüche auf Arbeitszeitveränderung gem. §§ 8 und 9.

Diese Vorschrift gilt für **alle Unternehmen**, also unabhängig von der Unternehmensgröße und der Einschränkung des § 8 VII.

II. Ausschreibung des Teilzeitarbeitsplatzes (Abs. 1). 1. Ausschreibung. Wird ein Arbeitsplatz ausgeschrieben, so hat der ArbGeb ihn auch **als Teilzeitarbeitsplatz** auszuschreiben, es sei denn, der Arbeitsplatz eignet sich hierfür nicht. Eine Ausschreibungspflicht folgt hieraus nicht. – Gem. § 93 BetrVG kann der BR lediglich eine innerbetriebl. Ausschreibung verlangen. – Kommt es zu einer Ausschreibung, so kann diese entweder öffentl. (zB durch eine Stellenanzeige oder im Internet) oder innerhalb des Betriebes (zB am schwarzen Brett, durch einen Umlauf oder Intranet) erfolgen.

2. Gegenstand der Ausschreibung. Die Pflicht, in einer Ausschreibung einen Arbeitsplatz auch als Teilzeitarbeitsplatz auszuschreiben, entsteht nur, wenn „sich der Arbeitsplatz hierfür **eignet**". Geeignet ist der Arbeitsplatz nicht, wenn die am zu besetzenden Arbeitsplatz zu erfüllenden Anforderungen sowie die Tätigkeiten und Aufgaben allein durch eine Vollzeitbeschäftigung erfüllt und nicht auf mehrere Personen aufgeteilt werden können. Einer Eignung als Teilzeitarbeitsplatz können auch Gründe der Organisation, des Arbeitsablaufes oder der Sicherheit im Betrieb entgegenstehen. Die Beurteilung der Eignung obliegt dem ArbGeb. Im Rahmen der unternehmerischen Organisationsfreiheit kann er frei entscheiden, ob er Vollzeit- oder Teilzeitarbeit anbietet[2]. Bei der Eignungsbeurteilung durch den ArbGeb handelt es sich daher um eine unternehmerische Entscheidung. Sie kann deshalb nicht auf ihre sachliche Rechtfertigung oder ihre Zweckmäßigkeit hin überprüft werden, sondern nur darauf, ob sie

---

1 BT-Drs. 14/4374, 16. ||2 ArbG Hannover 13.1.2005 – 10 BV 7/04, DB 2005, 896.

offenbar unsachlich, unvernünftig oder willkürlich ist. Folgt man der vom BAG in der Entscheidung v. 15.8.2006[1] vertretenen Auffassung, muss auch hier die Einschränkung gelten, dass nur arbeitsplatzbezogene Gesichtspunkte die unternehmerische Entscheidung rechtfertigen können.

Von einer fehlenden Eignung als Teilzeitarbeitsplatz kann nicht ausgegangen werden, weil aus der eigenen Belegschaft keine Teilzeitwünsche vorliegen oder kein entsprechendes Personalkonzept besteht. Eine entgegenstehende unternehmerische Entscheidung ist für eine Arbeitszeitverringerung in einem bestehenden ArbVerh nach der gesetzl. Regelung ohne Bedeutung. Dies folgt aus der Möglichkeit der Durchsetzung eines Teilzeitwunsches gem. § 8 IV auch gegen eine unternehmerische Entscheidung, dass alle oder einzelne Arbeitsplätze nur in Vollzeit besetzt werden sollen.

5 Das **Auswahlermessen** des ArbGeb wird durch die Vorschrift nicht angetastet. Dem ArbGeb steht es frei, den Arbeitsplatz nach gesetzeskonformer vorheriger Ausschreibung, für die sich Teilzeitbewerber gefunden haben, anschließend mit einer Vollzeitarbeitskraft zu besetzen[2].

6 **3. Folgen einer unzureichenden Ausschreibung.** Die Bestimmung sieht **keine Sanktion** für den Fall vor, dass der Arbeitsplatz nur als Vollzeitarbeitsplatz ausgeschrieben wird, obwohl er auch als Teilzeitarbeitsplatz geeignet wäre. Sofern nicht in der Besetzung als Vollzeitarbeitsplatz eine Diskriminierung nach § 7 AGG liegt, besteht also für an einem Teilzeitarbeitsplatz Interessierte keinerlei Anspruch.

7 Kommt es überhaupt nicht zur Ausschreibung als Teilzeitarbeitsplatz, so kann der **BR** der Einstellung eines für eine Vollzeittätigkeit vorgesehenen ArbN nicht ohne weiteres gem. § 99 II Nr. 1 BetrVG widersprechen[3]. Nach § 99 II Nr. 5 BetrVG kann er seine Zustimmung zu einer Einstellung wegen fehlender Ausschreibung grds. nur verweigern, wenn er die Ausschreibung vor dem Zustimmungsersuchen des ArbGeb verlangt oder mit diesem eine Vereinbarung über die Ausschreibung zu besetzender Arbeitsplätze getroffen hat[4]. Erfolgt innerhalb des Betriebes eine Ausschreibung gem. § 93 BetrVG, wird jedoch auf die Möglichkeit einer Teilzeittätigkeit nicht hingewiesen, obwohl der Arbeitsplatz dafür geeignet ist, so kann der BR nach § 99 II Nr. 5 BetrVG seine Zustimmung zur Einstellung verweigern[5]. Abs. 1 statuiert zwar keine allg. Ausschreibungspflicht, wird aber bedeutsam, wenn eine Ausschreibung tatsächlich vorgenommen wird.

8 **III. Informationspflicht ggü. Arbeitnehmern (Abs. 2). 1. Voraussetzungen.** Während die Vorschrift des früheren § 3 S. 1 BeschFG den bloßen Wunsch nach Veränderung der **Dauer** *oder* **Lage** der Arbeitszeit ausreichen ließ, stellt Abs. 2 auf den Wunsch nach einer Veränderung von Dauer *und* Lage der Arbeitszeit ab. Mit den zu erteilenden Informationen soll der Wechsel von einem Vollzeit- in ein Teilzeit-ArbVerh und umgekehrt erleichtert werden. Es geht vornehmlich um die Veränderung der Dauer der Arbeitszeit, nicht um die bloße Verteilung der Arbeitszeit. Eine Informationspflicht des ArbGeb besteht daher nicht ggü. dem – teilzeitbeschäftigten – ArbN, der lediglich eine Veränderung der Lage seiner individuellen Arbeitszeit anstrebt[6].

Die Informationspflicht setzt nicht voraus, dass bereits Teilzeitarbeitsplätze vorhanden sind. Sie erfasst frei werdende sowie neu gestaltete oder umgestaltete Arbeitsplätze. Wenn auch vorrangig durch die gesetzl. vorgesehenen Informationen der Wechsel von Vollzeit- in Teilzeitarbeit gefördert werden soll, so ist doch über jede Verkürzung oder Verlängerung der Arbeitszeit zu informieren, wenn ein dahin gehender Veränderungswunsch vorliegt.

9 Voraussetzung für die Informationspflicht des ArbGeb ist, dass der ArbN seinen **Veränderungswunsch** dem ArbGeb **mitteilt**. Dies kann jederzeit und formlos geschehen. Der Wunsch ist an die Stelle zu richten, die für die Regelung der vertragl. Angelegenheiten des ArbN und deshalb auch für die Entscheidung einer Veränderung der Arbeitszeit zuständig ist. Sobald kein Interesse mehr an einer Veränderung von Dauer und Lage der Arbeitszeit besteht, ist der ArbN verpflichtet, den ArbGeb darauf hinzuweisen.

Ohne einen individuellen Wunsch nach einer Arbeitszeitveränderung besteht keine Verpflichtung des ArbGeb, allg. über freie Teilzeit- oder Vollzeitarbeitsplätze zu informieren. Eine derartige, nicht nur innerbetriebl., sondern unternehmensweite Informationspflicht über zu besetzende Teilzeit- und Vollzeitarbeitsplätze ist § 5 III Buchst. c der Rahmenvereinbarung über Teilzeit nicht zu entnehmen.

10 **2. Inhalt der Information.** Die Informationspflicht des ArbGeb beschränkt sich nicht nur auf den Beschäftigungsbetrieb, sondern auch auf „entsprechende Arbeitsplätze" anderer Betriebe des **Unternehmens**, die besetzt werden sollen. Durch das Wort „entsprechende" wird klargestellt, dass die Informationspflicht nur für solche Arbeitsplätze besteht, die für den ArbN auf Grund seiner Eignung und seiner Arbeitszeitwünsche in Betracht kommen. Es muss sich nicht um eine gleichartige Tätigkeit handeln[7]. Die Information muss einen Überblick über das aktuelle Angebot derartiger Arbeitsplätze geben, die zu

---

[1] BAG 15.8.2006 – 9 AZR 8/06, NZA 2007, 255. || [2] *Preis/Gotthardt*, DB 2000, 2065; *Schiefer*, DB 2000, 2118; Annuß/Thüsing/*Mengel*, § 7 TzBfG Rz. 4. || [3] ArbG Hannover 13.1.2005 – 10 BV 7/04, DB 2005, 896. || [4] BAG 14.12.2004 – 1 ABR 54/03, BAGReport 2005, 154. || [5] *Däubler*, ZIP 2001, 217; *Herbert/Hix*, DB 2002, 2377; dahin tendierend auch *Hanau*, NZA 2001, 1168. || [6] ErfK/*Preis*, § 7 TzBfG Rz. 6. || [7] ErfK/*Preis*, § 7 TzBfG Rz. 6.

besetzen sind oder demnächst frei werden. Die Informationsverpflichtung hinsichtlich eines konkreten entsprechenden Arbeitsplatzes endet erst dann, wenn dieser Arbeitsplatz besetzt ist.

Der ArbGeb kann dem ArbN die erforderlichen Informationen **formlos** zukommen lassen. Sie müssen aber **unverzüglich** erfolgen. Da mit der Information nach dem Gesetzeswortlaut auf einen individuellen Veränderungswunsch reagiert wird, reicht entgegen der früheren Regelung in § 3 S. 2 BeschFG die Unterrichtung durch Aushang nicht aus. Die Unterrichtung hat daher in geeigneter Weise **individuell** zu erfolgen, was auch durch E-Mail oder Intranet geschehen kann. Die Informationspflicht des ArbGeb besteht so lange, bis der geäußerte Arbeitszeitwunsch erfüllt ist. Eine „Speicherung des Wunschs" und eine laufende Information ist daher bis dahin unumgänglich[1]. 11

3. Folgen einer Verletzung der Informationspflicht. Die Erfüllung der Informationspflicht durch den ArbGeb dient dazu, dass der ArbN seinen Anspruch auf Arbeitszeitverkürzung (§ 8) oder auf Arbeitszeitverlängerung (§ 9) rechtzeitig geltend machen kann. Der Anspruch hierauf richtet sich sodann nach § 8 bzw. § 9. Weist der ArbN nach, dass er sich bei rechtzeitiger Unterrichtung auf die Stelle mit längerer Arbeitszeit und deshalb höherem Entgelt beworben und sie tatsächlich auch bekommen hätte, können **Schadensersatzansprüche** nach § 280 I iVm. §§ 251 I, 252 BGB wegen des entgangenen erhöhten Einkommens bestehen. Dagegen kann der Anspruch auf Verkürzung der Arbeitszeit in Ermangelung eines ersparten Einkommensnachteils idR nicht zu einer Schadensatzpflicht führen[2]. Ansprüche auf Schadensersatz aus Delikt bestehen nicht. Abs. 2 ist kein Schutzgesetz iSv. § 823 II BGB. 12

Der **BR** kann die Zustimmung zur beabsichtigten Einstellung **verweigern**, wenn der ArbGeb seiner Informationspflicht nicht nachgekommen ist und dadurch die gem. Abs. 2 geäußerte Arbeitszeitoption eines im Betrieb beschäftigten ArbN vereitelt. Hierdurch droht ein „sonstiger Nachteil" iSd. § 99 II Nr. 3 BetrVG. 13

4. Offenbarungspflicht des Arbeitnehmers? Für den ArbGeb, der eine **Neueinstellung** auf einem Vollzeitarbeitsplatz vornimmt, bleibt das Risiko, dass der ArbN unter den Voraussetzungen des § 8 nach sechs Monaten eine Herabsetzung der Arbeitszeit verlangt. Diesem Risiko kann der ArbGeb nicht entgehen. Seitens des ArbN besteht insoweit keine rechtzeitige Offenbarungspflicht, da es dem Sinn und Zweck des TzBfG zuwiderlaufen würde, wenn diese Möglichkeit die Einstellung verhindern könnte[3]. 14

IV. Informationspflicht ggü. Arbeitnehmervertretungen (Abs. 3). 1. Informationen. Auf der **kollektivrechtl. Ebene** ergänzt Abs. 3 die Informationsverpflichtungen des ArbGeb. Danach ist der ArbGeb verpflichtet, über vorhandene oder geplante Teilzeitarbeitsplätze, insb. über die Umwandlung von Teilzeitarbeitsplätzen in Vollzeitarbeitsplätze oder umgekehrt zu informieren. Diese Informationsverpflichtung betrifft nicht nur die Teilzeitarbeitsplätze in dem Betrieb, für welchen die ArbN-Vertretung zuständig ist, sondern das gesamte Unternehmen. Diese Informationsverpflichtung ist unaufgefordert zu erfüllen. Auf Verlangen sind der ArbN-Vertretung die erforderlichen Unterlagen zur Verfügung zu stellen. 15

ArbN-Vertretung iS dieser Vorschrift sind neben dem BR (auf Grund des mit der Informationsverpflichtung verfolgten Zwecks grds. nicht auch der GBR) auch der PersR und die Mitarbeitervertretung im kirchlichen Bereich[4]. 16

Ausdrücklich hebt Abs. 3 S. 2 Hs. 2 hervor, dass daneben die Verpflichtung des ArbGeb bestehen bleibt, den BR nach **§ 92 BetrVG** über die Personalplanung rechtzeitig und umfassend zu unterrichten. Daneben bleiben die weiteren Beteiligungsrechte der ArbN-Vertretungen zu berücksichtigen. Dazu gehört das Verlangen des BR nach einer innerbetriebl. Ausschreibung gem. § 93 BetrVG. Diesem ist nachzukommen, unabhängig davon, ob sich die ausgeschriebene Stelle als Teilzeitarbeitsplatz eignet[5]. S.a. Rz. 7. 17

2. Folgen einer Verletzung der Informationspflicht. Die ArbN-Vertretung kann die Verletzung der Informationspflicht im Beschlussverfahren vor dem ArbG oder VerwG bzw. auf dem innerkirchlichen Rechtsweg **geltend** machen. Für den BR ergibt sich diese Möglichkeit daraus, dass eine Verletzung der Informationspflicht gem. Abs. 3 idR zugleich Rechte aus § 92 BetrVG berührt. Bei groben Verstößen gegen die hier normierte Informationspflicht kann der BR auch nach § 23 III BetrVG vorgehen. 18

8 *Verringerung der Arbeitszeit*

(1) Ein Arbeitnehmer, dessen Arbeitsverhältnis länger als sechs Monate bestanden hat, kann verlangen, dass seine vertraglich vereinbarte Arbeitszeit verringert wird.

(2) Der Arbeitnehmer muss die Verringerung seiner Arbeitszeit und den Umfang der Verringerung spätestens drei Monate vor deren Beginn geltend machen. Er soll dabei die gewünschte Verteilung der Arbeitszeit angeben.

(3) Der Arbeitgeber hat mit dem Arbeitnehmer die gewünschte Verringerung der Arbeitszeit mit dem Ziel zu erörtern, zu einer Vereinbarung zu gelangen. Er hat mit dem Arbeitnehmer Einvernehmen über die von ihm festzulegende Verteilung der Arbeitszeit zu erzielen.

---

1 *Hanau*, NZA 2001, 1168; aA *Hromadka*, NJW 2001, 400. ||2 *Hanau*, NZA 2001, 1168. ||3 *Hanau*, NZA 2001, 1168. ||4 *Däubler*, ZIP 2000, 1961. ||5 ErfK/*Preis*, § 7 TzBfG Rz. 10.

(4) Der Arbeitgeber hat der Verringerung der Arbeitszeit zuzustimmen und ihre Verteilung entsprechend den Wünschen des Arbeitnehmers festzulegen, soweit betriebliche Gründe nicht entgegenstehen. Ein betrieblicher Grund liegt insbesondere vor, wenn die Verringerung der Arbeitszeit die Organisation, den Arbeitsablauf oder die Sicherheit im Betrieb wesentlich beeinträchtigt oder unverhältnismäßige Kosten verursacht. Die Ablehnungsgründe können durch Tarifvertrag festgelegt werden. Im Geltungsbereich eines solchen Tarifvertrages können nicht tarifgebundene Arbeitgeber und Arbeitnehmer die Anwendung der tariflichen Regelungen über die Ablehnungsgründe vereinbaren.

(5) Die Entscheidung über die Verringerung der Arbeitszeit und ihre Verteilung hat der Arbeitgeber dem Arbeitnehmer spätestens einen Monat vor dem gewünschten Beginn der Verringerung schriftlich mitzuteilen. Haben sich Arbeitgeber und Arbeitnehmer nicht nach Absatz 3 Satz 1 über die Verringerung der Arbeitszeit geeinigt und hat der Arbeitgeber die Arbeitszeitverringerung nicht spätestens einen Monat vor deren gewünschtem Beginn schriftlich abgelehnt, verringert sich die Arbeitszeit in dem vom Arbeitnehmer gewünschten Umfang. Haben Arbeitgeber und Arbeitnehmer über die Verteilung der Arbeitszeit kein Einvernehmen nach Absatz 3 Satz 2 erzielt und hat der Arbeitgeber nicht spätestens einen Monat vor dem gewünschten Beginn der Arbeitszeitverringerung die gewünschte Verteilung der Arbeitszeit schriftlich abgelehnt, gilt die Verteilung der Arbeitszeit entsprechend den Wünschen des Arbeitnehmers als festgelegt. Der Arbeitgeber kann die nach Satz 3 oder Absatz 3 Satz 2 festgelegte Verteilung der Arbeitszeit wieder ändern, wenn das betriebliche Interesse daran das Interesse des Arbeitnehmers an der Beibehaltung erheblich überwiegt und der Arbeitgeber die Änderung spätestens einen Monat vorher angekündigt hat.

(6) Der Arbeitnehmer kann eine erneute Verringerung der Arbeitszeit frühestens nach Ablauf von zwei Jahren verlangen, nachdem der Arbeitgeber einer Verringerung zugestimmt oder sie berechtigt abgelehnt hat.

(7) Für den Anspruch auf Verringerung der Arbeitszeit gilt die Voraussetzung, dass der Arbeitgeber, unabhängig von der Anzahl der Personen in Berufsbildung, in der Regel mehr als 15 Arbeitnehmer beschäftigt.

I. Inhalt und Zweck 1	VI. Verfahren und Fristen 29
II. Anspruchsvoraussetzungen 3	1. Verlangen (Abs. 2) 29
1. Persönliche Voraussetzungen (Abs. 1 u. 6) .. 3	2. Verhandlung (Abs. 3) 30
2. Betriebliche Voraussetzungen (Abs. 7) 6	3. Entscheidung (Abs. 5 S. 1–3) 32
III. Zeitpunkt der Geltendmachung und Inhalt des Anspruchs (Abs. 2) 8	VII. Abänderung der Arbeitszeitlage durch den Arbeitgeber (Abs. 5 S. 4) 37
1. Zeitpunkt der Geltendmachung 8	VIII. Erneutes Verringerungsverlangen des Arbeitnehmers (Abs. 6) 40
2. Form 11	IX. Mitbestimmung 43
3. Inhalt des Anspruchs 13	X. Auswirkungen auf die Gegenleistungen .. 44
IV. Ablehnungsgründe (Abs. 4) 22	XI. Durchsetzung 46
1. Gründe gegen eine Arbeitszeitverringerung . 22	1. Außergerichtliche Vorgehensweise 46
2. Prüfungsvorgang 24	2. Gerichtliche Durchsetzung 47
3. Gründe gegen die Verteilung der Arbeitszeit 26	3. Einstweilige Verfügung 58
V. Ablehnungsgründe im Tarifvertrag (Abs. 4 S. 3 u. 4) 27	4. Streitwert 64

1 **I. Inhalt und Zweck.** Mit dieser Vorschrift wird allg. das **Recht auf Teilzeitarbeit** eingeräumt. Jeder ArbN kann eine Verringerung seiner vertragl. vereinbarten Wochenarbeitszeit verlangen. Dies gilt nicht nur für den Fall, dass ein Vollzeitbeschäftigter in Teilzeit überwechseln möchte; auch Teilzeitkräfte, die eine weitere Arbeitszeitreduzierung anstreben, werden von der Vorschrift erfasst. Insoweit geht der Gesetzgeber über die Anforderung von § 5 III Buchst. a der Rahmenvereinbarung über Teilzeitarbeit (RL 97/81/EG) hinaus und macht von deren § 6 I Gebrauch. Mit dem Rechtsanspruch auf Teilzeitarbeit sollen beschäftigungspolitische Effekte erzielt werden. Der gesetzl. Anspruch bezieht sich auf eine Veränderung der Dauer und Verteilung der Arbeitszeit, lässt iÜ aber die Arbeitsbedingungen unverändert. Auch bei einer nach dieser Bestimmung reduzierten vertragl. Arbeitszeit ist Mehrarbeit bzw. sind Überstunden möglich. Es gelten hierfür die allg. Regeln (zum Anspruch auf Mehrarbeits-/Überstundenzuschlägen s. § 4 Rz. 9). Selbst bei beiderseitiger Tarifbindung erfasst der Arbeitszeitverringerungsanspruch auch die tarifl. Arbeitszeit. Abgesehen von der in § 22 II geregelten Ausnahme kann der Anspruch auf Teilzeitarbeit nicht zuungunsten des ArbN abbedungen oder eingeschränkt werden. Bei § 8 handelt es sich aber um keine international zwingende Bestimmung iSv. Art. 8 I Rom-I-VO (früher Art. 34 EGBGB)[1].

2 Der Teilzeitanspruch nach dieser Bestimmung **konkurriert** mit dem Anspruch auf Verringerung der Arbeitszeit während der Elternzeit nach § 15 BEEG. Wird der Elternzeitanspruch nicht geltend ge-

---

1 BAG 13.11.2007 – 9 AZR 134/07, NZA 2008, 761.

macht, kann der Teilzeitanspruch auf § 8 gestützt werden, auch wenn die Voraussetzungen des § 15 BEEG vorliegen[1]. S. iÜ § 23 Rz. 4 ff.

II. Anspruchsvoraussetzungen. 1. Persönliche Voraussetzungen (Abs. 1 u. 6). Anspruchsberechtigt sind alle ArbN, also auch leitende Angestellte (§ 6). Der Anspruch auf Arbeitszeitverringerung gilt auch für bereits Teilzeitbeschäftigte[2], geringfügig Beschäftigte und für befristet beschäftigte ArbN. Keinen Anspruch auf Arbeitszeitreduzierung haben Auszubildende. Wie sich aus den besonderen Vorschriften über die Dauer der Ausbildungszeit (§§ 21 III, 45 BBiG) ergibt, soll die Ausbildung grds. im Rahmen der vorgesehenen Ausbildungszeit abgeschlossen werden. Dem steht eine Verringerung der Arbeitszeit mit der Konsequenz einer entsprechenden Verlängerung der Ausbildungsdauer entgegen.

Das ArbVerh muss **länger als sechs Monate** bestanden haben. Dabei kommt es nicht auf die Betriebszugehörigkeit, sondern auf das Bestehen eines ArbVerh mit demselben ArbGeb an[3]. Unerheblich ist, ob tatsächlich gearbeitet wurde. Entscheidend ist der rechtl. Bestand des ArbVerh. Auf diese Wartefrist ist die Zeit eines vorangegangenen ArbVerh anzurechnen, wenn die Unterbrechung zwischen den ArbVerh verhältnismäßig kurz war und zwischen beiden ArbVerh ein enger sachlicher Zusammenhang besteht. Für die Einhaltung der Wartezeit von sechs Monaten ist entscheidend der Zugang des Reduzierungsverlangens, nicht der Beginn der Arbeitszeitveränderung. Eine Geltendmachung vor Ablauf der Wartefrist führt nicht zu einer Verkürzung der Arbeitszeit.

Voraussetzung für die Geltendmachung der Arbeitszeitverkürzung ist nach Abs. 6 weiterhin, dass innerhalb der **letzten zwei Jahre** der ArbGeb nicht einer Verringerung der Arbeitszeit zugestimmt oder sie berechtigt abgelehnt hat. Diese Anspruchssperre gilt auch, wenn die Entscheidung über die Arbeitszeitverringerung durch die Fiktion des Abs. 5 S. 3 zustande gekommen ist[4]. Dagegen besteht die Sperre nicht, wenn der ArbGeb die Verkürzung unberechtigt abgelehnt hat und die Zustimmung sodann rechtskräftig durch das ArbG bestätigt wurde. Nach dem Gesetzeswortlaut gilt sie dann auch nicht ab rechtskräftiger Entscheidung. Wenn der ArbN den Antrag vor einer Entscheidung des ArbGeb zurückgezogen hat, besteht keine Sperre. Da das Gesetz von einem zur Disposition des ArbN gestellten Verringerungsanspruch ausgeht, ist der ArbN daran nur gem. § 146 BGB gebunden, also nicht bis zum Ablauf der dem ArbGeb nach Abs. 5 S. 1 eingeräumten Annahmefrist.

2. Betriebliche Voraussetzungen (Abs. 7). Abs. 7 setzt voraus, dass der ArbGeb idR **mehr als 15 ArbN** beschäftigt[5]. Ausgenommen sind die zu ihrer Berufsbildung beschäftigten Personen, dh. Auszubildende (§ 10 BBiG) und Anlernlinge, Volontäre, Praktikanten sowie die zur Fortbildung, Weiterbildung und Umschulung Beschäftigten. Entgegen § 23 KSchG stellt das Gesetz nicht auf die Anzahl der ArbN im einzelnen Betrieb ab, sondern auf die Anzahl der vom ArbGeb insg. beschäftigten ArbN. Bei der Berechnung werden alle ArbN unabhängig vom Umfang ihrer Arbeitszeit gezählt, so dass anders als bei § 23 I 4 KSchG auch teilzeitbeschäftigte ArbN voll und nicht nur anteilig in die Berechnung einbezogen werden. Mitzuzählen sind gem. § 21 VII BEEG auch in Elternzeit befindliche ArbN, sofern für sie kein Vertreter eingestellt ist.

Für den Schwellenwert nach Abs. 7 ist die Anzahl der beschäftigten ArbN im **Zeitpunkt des Anspruchszugangs** maßgeblich, nicht der der beantragten Arbeitszeitreduzierung[6]. Eine Unterschreitung bleibt aber ohnehin unbeachtlich, wenn der Schwellenwert ansonsten mit der „in der Regel" beschäftigten Anzahl der ArbN überschritten wird. Maßgebend ist die Zahl der regelmäßig mit ArbN besetzten Positionen[7].

III. Zeitpunkt der Geltendmachung und Inhalt des Anspruchs (Abs. 2). 1. Zeitpunkt der Geltendmachung. Der ArbN muss den Wunsch nach Arbeitszeitverringerung und deren Umfang spätestens **drei Monate** vor dem gewünschten Beginn geltend machen. Auf Grund der gesetzl. Regelung ist die Angabe des Datums nicht erforderlich[8]. Für die Fristberechnung ist der Zugang des Antrages maßgeblich. § 193 BGB ist nicht anzuwenden[9]. Der Tag der Geltendmachung ist bei der hier vorzunehmenden Rückwärtsberechnung der Frist nicht einzubeziehen. Ist der vorgegebene Beginn der neuen Arbeitszeit der 1.4.2014, wäre gem. § 187 I, § 188 II Hs. 2 BGB der Antrag spätestens am 31.12.2013 zu stellen. – Sollte das ArbVerh erst mit dem 1.7.2013 begonnen haben, so wäre der Antrag jedoch verfrüht, da in diesem Fall noch nicht die gem. Abs. 1 vorausgesetzte Dauer des ArbVerh von mehr als sechs Monaten gegeben ist. Unter Berücksichtigung der Wartezeit von sechs Monaten kann also die verringerte Arbeitszeit erst neun Monate nach Beginn des ArbVerh eintreten.

Der ArbN muss seinen Antrag auf Verteilung der reduzierten Arbeitszeit nicht zugleich mit dem Verringerungsantrag geltend machen. Sollte der ArbN seinen Verringerungsantrag nicht mit den Wünschen auf Verteilung der Arbeitszeit zugleich geäußert haben, so kann er seinen Antrag auf Verteilung

---

1 S. im Einzelnen – auch zu den unterschiedlichen Voraussetzungen – *Rudolf/Rudolf*, NZA 2002, 602. || 2 BAG 13.11.2012 – 9 AZR 259/11, NZA 2013, 373. || 3 *Lindemann/Simon*, BB 2001, 146; *Däubler*, ZIP 2001, 217; *Viethen*, NZA Beil. Heft 24/2001, 3. || 4 *Viethen*, NZA Beil. Heft 24/2001, 3. || 5 LAG Köln 18.1.2002 – 4 Sa 1066/01, NZA-RR 2002, 511: Die Kleinbetriebsklausel des Abs. 7 ist nicht verfassungswidrig. || 6 Annuß/Thüsing/*Mengel*, § 8 TzBfG Rz. 11; aA ErfK/*Preis*, § 8 TzBfG Rz. 10. || 7 *Schell*, S. 46. || 8 BAG 23.11.2004 – 9 AZR 644/03, NZA 2005, 769. || 9 ErfK/*Preis*, § 8 TzBfG Rz. 13.

der verbleibenden Arbeitszeit gem. Abs. 2 S. 2 bis spätestens in dem Erörterungsgespräch mit dem ArbGeb nach Abs. 3 vorbringen[1]. Das bedeutet, dass der ArbN seinen Verteilungswunsch nach Abs. 2 S. 2 danach nicht unbegrenzt in ein laufendes Teilzeitverfahren einbringen, also „nachschieben" kann.

9   Hat der ArbN diese Drei-Monats-Frist für die Geltendmachung der Arbeitszeitverringerung **nicht eingehalten**, so wird die Inanspruchnahme der Teilzeit nicht ausgeschlossen. Da regelmäßig davon auszugehen ist, dass es dem ArbN vor allem um das Ob der Verringerung und erst in zweiter Linie um den Zeitpunkt der Verringerung geht, wird ein Verringerungsverlangen jedenfalls hilfsweise auf einen Zeitpunkt gerichtet sein, zu dem der ArbN den Beginn der Verringerung nach den gesetzl. Regeln frühestmöglich verlangen kann[2]. Soweit der ArbN für den Beginn der Änderung einen festen Termin wünscht, ist das bei der Auslegung zu berücksichtigen. IdR **verschiebt** sich daher der verlangte Beginn der Verkürzung entsprechend nach hinten[3] (dagegen ist die Fristwahrung nach § 15 VII 1 Nr. 5 BEEG Anspruchsvoraussetzung). – Ein zu kurzfristig gestelltes Änderungsverlangen kann nach Auffassung des BAG nicht die in Abs. 5 S. 2 und 3 geregelten Zustimmungsfiktionen auslösen[4]. Die nach Abs. 5 S. 2 und 3 zu Lasten des ArbGeb geltenden Fristen hängen davon ab, von welchem Zeitpunkt an der ArbN eine Änderung seiner Arbeitszeit verlangt. Auch wenn sich auf Grund einer Auslegung der vom ArbN unzutreffend angegebene Zeitpunkt der Arbeitszeitverringerung nach hinten verschiebe, so schließe doch zur Vermeidung eines Auslegungsrisikos die Angabe des zu frühen Beginns die Zustimmungsfiktionen aus. Demgemäß sollen sich die für die Fiktionswirkung wesentlichen Fristen des Abs. 5 S. 1 und S. 2 auch nicht nach hinten verschieben. Da sich ein ArbGeb aber durchaus darauf einstellen kann, dass das verfrühte Verringerungsverlangen zum frühesten zulässigen Zeitpunkt gestellt sein soll, können auch die Fiktionsfolgen entsprechend zeitlich nach hinten verschoben gelten[5]. Zur Vermeidung der Fiktionsfolgen empfiehlt es sich, auch auf ein Teilzeitverlangen rechtzeitig zu reagieren, das die gesetzl. Drei-Monats-Frist nicht einhält.

10   Der ArbGeb kann auf die Einhaltung der Drei-Monats-Frist verzichten. Ein solcher Verzicht ist anzunehmen, wenn der ArbGeb trotz Fristversäumnis mit dem ArbN ohne jeden Vorbehalt erörtert, ob dem Teilzeitverlangen betriebl. Gründe nach Abs. 4 entgegenstehen[6].

11   **2. Form.** Der Antrag des ArbN auf Verringerung der Arbeitszeit ist **nicht formgebunden**[7]. Die Schriftform ist aber zu empfehlen, weil dadurch später der fristgerechte Antrag leichter nachgewiesen werden kann. Wegen § 22 kann für den Antrag vertragl. kein Schriftformerfordernis vereinbart werden. Auch wenn die Schriftform – unwirksam – vereinbart ist, muss daher auf einen mündlichen Antrag innerhalb der gesetzl. Frist reagiert werden. Der ArbGeb muss seine Entscheidung über den Antrag des ArbN schriftl. mitteilen (Abs. 5 S. 1).

12   Der Antrag ist **ggü. dem ArbGeb** zu erklären, also im Zweifel der Person oder Stelle ggü., die für arbeitsrechtl. Entscheidungen, insb. auch Kündigungen, zuständig ist.

13   **3. Inhalt des Anspruchs.** Bei dem Anspruch auf **Arbeitszeitverringerung** nach Abs. 1 geht es um die Reduzierung der mit dem ArbGeb vertragl. vereinbarten Arbeitszeit. Der Anspruch richtet sich deshalb auf die Abgabe einer Willenserklärung durch den ArbGeb, nämlich seine Zustimmung zur Änderung des Arbeitsvertrages. Der den Anspruch beinhaltende Antrag muss den Wunsch nach **Arbeitszeitverringerung** und deren **Umfang konkret** bestimmen. Ansonsten liegt kein wirksames Verringerungsverlangen vor[8]. Die Angabe eines Datums, zu dem die Vertragsänderung wirksam werden soll, ist entbehrlich. Der Beginn ergibt sich aus dem Gesetz[9]. Die angestrebte Verkürzung kann auf Festsetzung einer bestimmten Stundenzahl oder Prozente der regelmäßigen wöchentlichen Vollarbeitszeit gerichtet sein. Der Verringerungsanspruch besteht unabhängig davon, ob die Wochenarbeitszeit für den ArbN arbeitsvertragl. starr oder flexibel gestaltet ist[10]. Auch bei Arbeitszeitmodellen, für die nicht die Wochenarbeitszeit gilt, muss sich aber der ArbN an dem für ihn maßgeblichen Arbeitszeitrahmen orientieren. Es verbleibt daher bei dem vertragl. vereinbarten Zeitrahmen, so dass mit der Arbeitszeitverringerung kein anderes Arbeitszeitmodell durchgesetzt werden kann[11]. Der Antrag des ArbN auf Verringerung der Arbeitszeit muss als Vertragsantrag iSv. § 145 BGB so formuliert sein, dass er mit einem einfachen „Ja" angenommen werden kann[12].

14   Nach Abs. 2 S. 2 soll mit dem Verringerungsverlangen auch die gewünschte **Verteilung** der Arbeitszeit angegeben werden. Der ArbN muss den Verteilungsantrag nicht zugleich mit dem Verringerungsantrag stellen. Die Ausgestaltung der Vorschrift als „Soll-Vorschrift" erklärt sich aus der im Gesetz angelegten einvernehmlichen Regelung des Arbeitszeitverlangens. Einvernehmen lässt sich oft erst erreichen, wenn das Für und Wider ausgetauscht ist. Dem dient die Erörterung, so dass der Verteilungswunsch noch – jedoch spätestens – in einem Erörterungsgespräch geäußert werden kann[13]. Die Angabe des Ver-

---

1 BAG 23.11.2004 – 9 AZR 644/03, NZA 2005, 769. ||2 BAG 20.7.2004 – 9 AZR 626/03, NZA 2004, 1091. ||3 *Beckschulze*, DB 2000, 2598 (2603); *Richardi/Annuß*, BB 2000, 2201 (2202). ||4 BAG 20.7.2004 – 9 AZR 626/03, NZA 2004, 1091. ||5 *Hamann*, BB-Special 6/2005, 8. ||6 BAG 16.12.2008 – 9 AZR 893/07, NZA 2009, 565. ||7 BAG 23.11.2004 – 9 AZR 644/03, NZA 2005, 769. ||8 BAG 16.10.2007 – 9 AZR 239/07, NZA 2008, 289. ||9 BAG 23.11.2004 – 9 AZR 644/03, NZA 2005, 769. ||10 BAG 27.4.2004 – 9 AZR 522/03, NZA 2004, 1225. ||11 AA LAG Düss. 25.8.2011 – 11 Sa 360/11, nv. ||12 BAG 23.11.2004 – 9 AZR 644/03, NZA 2005, 769. ||13 BAG 23.11.2004 – 9 AZR 644/03, NZA 2005, 769.

teilungswunsches ist keine Wirksamkeitsvoraussetzung des Teilzeitverlangens. Der Anspruch auf Festlegung der Lage der Arbeitszeit im Zusammenhang mit der Arbeitszeitreduzierung ist ebenfalls auf die Zustimmung des ArbGeb zu einer entsprechenden vertragl. Vereinbarung gerichtet. Die gewünschte Verteilung der verringerten Arbeitszeit ist konkret anzugeben. Da der Gesetzeswortlaut nur allg. eine Verteilung, nicht aber eine Verteilung auf die Wochentage anführt, erstreckt sich der Verteilungsanspruch sowohl auf die Festlegung der Arbeitstage als auch auf die Bestimmung von Beginn und Ende der Arbeitszeit an jedem Arbeitstag[1].

Der **Umfang** der Arbeitszeitverringerung ist nicht beschränkt. Anders als nach § 15 VII 1 Nr. 3 BEEG gilt keine zeitliche Untergrenze. Es kann jedoch gem. § 242 BGB **rechtsmissbräuchlich** sein, wenn das Teilzeitverlangen dazu dient, eine Verteilung der Arbeitszeit zu erreichen, auf die sonst kein Anspruch besteht[2]. Auch hinsichtlich der **Arbeitszeitverteilung** bestehen keine gesetzl. Vorgaben. Die zu beanspruchende Arbeitszeit und insb. deren zukünftige Verteilung sind nicht durch den Begriff der vertragl. vereinbarten Arbeitszeit iSd. Abs. 1 eingeschränkt[3]. Der Verteilung unterliegt die verbleibende Arbeitszeit insg., nicht nur der die Verringerung entfallende Zeitanteil. Die gesetzl. Regelung bezweckt eine Ausweitung der Teilzeitarbeit durch mehr Flexibilität und größere Zeitsouveränität für die ArbN. Es ist also nicht nur eine an der Verringerung der Wochenarbeitszeit orientierte Arbeitszeitverteilung möglich und insoweit auch der Übergang von der Fünf-Tage-Woche auf die Vier-Tage-Woche[4], sondern auch eine andere Form der Arbeitszeitgestaltung, wie zB eine verringerte Monatsarbeitszeit oder verringerte Jahresarbeitszeit[5].

Ein Anspruch auf eine lediglich **befristete Reduzierung** der Arbeitszeit besteht nicht[6]. Eine derartige Möglichkeit steht im Widerspruch zu § 9. Ein dahingehender Antrag stellt kein wirksames Verringerungsverlangen iSd. Abs. 1, 2 dar. Es löst deshalb nicht die Rechtsfolgen der Abs. 3–5 aus[7]. Ein Anspruch auf befristete Verringerung der Arbeitszeit kann jedoch durch einen TV begründet werden, nicht aber eine Beschränkung des Anspruchs auf bloße zeitlich befristete Teilzeit (§ 22)[8]. So kann die in § 11 TVöD-AT/§ 15 BAT vorgesehene Befristung der Teilzeittätigkeit in Anspruch genommen werden, obwohl die in § 15b BAT angeführten Voraussetzungen unwirksam sind[9] (§ 11 TVöD-AT ist dementsprechend angepasst). Dagegen sieht der Koalitionsvertrag v. 27.11.2013 vor, einen „Anspruch auf befristete Teilzeitarbeit" zu schaffen, obwohl im nachfolgenden Klammerzusatz der § 9 zuzuordnende Begriff „Rückkehrrecht" verwendet wird[10].

Ein vom ArbN geäußerter Wunsch auf Verringerung der Arbeitszeit, der nicht den gesetzl. Anforderungen der Konkretisierung des Verlangens entspricht, ist unwirksam. Eine derartige Unwirksamkeit löst nicht die Sperrfrist des Abs. 6 aus, es sei denn, der ArbGeb reagiert darauf.

Der Anspruch auf **Arbeitszeitverkürzung** ist nicht notwendig mit der Forderung nach einer **veränderten Lage** der Arbeitszeit verbunden. Dem ArbN bleibt es überlassen, ob er ausschließlich die Verringerung der Arbeitszeit beantragt und dem ArbGeb überlässt, die verbleibende Arbeitszeit zu verteilen (§ 106 GewO), oder ob er außerdem eine auf bestimmte Tage/Stunden verteilte Arbeitszeit wünscht[11]. Der Wunsch auf Arbeitszeitreduzierung kann aber auch seitens des ArbN **konditional** mit dem Wunsch einer konkreten Arbeitszeitverteilung verknüpft werden. Die Anträge nach § 8 sind Willenserklärungen auf Änderung des Arbeitsvertrages iSv. §§ 130 ff. BGB. Das folgt aus § 8 III. Danach sollen die Arbeitsvertragsparteien zu einer Vereinbarung über die gewünschte Verringerung der Arbeitszeit gelangen und außerdem Einvernehmen über ihre Verteilung erzielen. Verbindet deshalb der ArbN sein Angebot über die Verringerung der Arbeitszeit mit einem vertragl. Angebot hinsichtlich ihrer Verteilung, führt dieses Angebot nur zu einem Vertragsabschluss, wenn es unverändert angenommen wird (§ 150 II BGB)[12]. Daraus folgt, dass der ArbGeb beide Anträge auch dann insg. und berechtigt ablehnt, wenn er sich in seiner Ablehnung nur auf betriebl. Gründe gegen die neue Verteilung der Arbeitszeit stützt. Umgekehrt führt ein bloßes Einverständnis des ArbGeb mit der Arbeitszeitverringerung gem. § 150 II BGB zu einer Ablehnung des Antrags insg., sofern der ArbN nicht deutlich gemacht hat, dass sein Wunsch nach Verringerung der Arbeitszeit nicht in Abhängigkeit steht zu dem zugleich geäußerten Wunsch nach der Verteilung der Arbeitszeit[13]. Dass ein ArbN sein Verringerungs- und Verteilungsverlangen grds. voneinander abhängig verknüpft, ist nicht zwingend. Diese Abhängigkeit ist aber regelmäßig zu unterstellen[14].

Wird keine Änderung der Arbeitszeitlage konkret beantragt, kann der ArbGeb die Arbeitszeit gestalten (§ 106 GewO). Der ArbN kann den Verteilungswunsch im Rechtsstreit nicht „nachschieben"[15].

---

1 *Schell*, S. 54. ‖ 2 BAG 11.6.2013 – 9 AZR 786/11, NZA 2013, 1074. ‖ 3 LAG Düss. 1.3.2002 – 18 (4) Sa 1269/01, DB 2002, 1222; aA LAG Düss. 17.5.2006 – 12 Sa 175/06, DB 2006, 1682; ErfK/*Preis*, § 8 TzBfG Rz. 12. ‖ 4 BAG 18.8.2009 – 9 AZR 517/08, NZA 2009, 1207. ‖ 5 BAG 27.4.2004 – 9 AZR 522/03, NZA 2004, 1225; *Hamann*, BB-Special 6/2005, 2. ‖ 6 BAG 18.3.2003 – 9 AZR 126/02, DB 2004, 319; 12.9.2006 – 9 AZR 686/05, NZA 2007, 253; aA *Gruber*, DB 2007, 804. ‖ 7 BAG 12.9.2006 – 9 AZR 686/05, NZA 2007, 253. ‖ 8 LAG Hamburg 13.9.2012 – 7 Sa 8/12. ‖ 9 BAG 18.3.2003 – 9 AZR 126/02, BB 2004, 1568. ‖ 10 Koalitionsvertrag zu 2.2, NZA 2013, Heft 23, IX. ‖ 11 BAG 23.11.2004 – 9 AZR 644/03, NZA 2005, 769. ‖ 12 BAG 18.2.2003 – 9 AZR 164/02, NZA 2003, 1392; s.a BAG 18.2.2003 – 9 AZR 356/02, DB 2003, 1682. ‖ 13 *Hanau*, NZA 2001, 1168. ‖ 14 BAG 24.6.2008 – 9 AZR 514/07, NZA 2008, 1289. ‖ 15 BAG 23.11.2004 – 9 AZR 644/03, NZA 2005, 769.

19 Der Anspruch auf **Änderung der persönlichen Arbeitszeitlage** ist **nur in der Verknüpfung** mit einem Abbau der Arbeitszeit vorgesehen. Die Lage der Arbeitszeit unterliegt grds. dem Direktionsrecht des ArbGeb. Zwar trennt das Gesetz zwischen der Entscheidung der Arbeitszeitverkürzung und der gewünschten Arbeitszeitverteilung (Abs. 3 S. 2 und Abs. 5 S. 3). Daraus folgt jedoch nicht, dass eine isolierte Änderung der Arbeitszeitverteilung ohne Arbeitszeitverringerung verlangt werden kann, wofür weder die Anspruchssperre von zwei Jahren (Abs. 6) noch der Schwellenwert von 15 ArbN (Abs. 7) gelten[1]. Der Anspruch auf eine andere Verteilung der Arbeitszeit besteht daher nicht für Vollzeitbeschäftigte und ArbN, deren Arbeitszeit bereits verringert wurde. Der ArbN muss den Verteilungsantrag aber nicht zeitgleich mit dem Verringerungsantrag stellen (s. Rz. 13). Das Verringerungsverlangen kann **missbräuchlich** sein, wenn es nur dazu dienen soll, eine andere Verteilung der Arbeitszeit zu erreichen.

Aus der Konnexität zum Verringerungsanspruch folgt nicht, dass sich der Anspruch auf die Verteilung der Arbeitszeit nur auf die Zeit bezieht, um welche die bisherige Arbeitszeit verringert wird. Die Arbeitszeit, die durch die Reduzierung verloren geht, kann nicht neu verteilt werden. Der nach dem Sinn und Zweck des Gesetzes verfolgten Flexibilisierung würde damit nicht entsprochen. Vielmehr ist die Verteilung der Arbeitszeit auf die gesamte verbleibende Arbeitszeit zu beziehen[2].

20 Der Anspruch richtet sich nur auf die Verkürzung der Arbeitszeit auf dem bisher **inne gehabten Arbeitsplatz**, also nicht auf eine Änderung des Arbeitsinhalts oder auf die Zuweisung eines anderen freien Arbeitsplatzes. Es besteht deshalb keine § 1 III KSchG entsprechende Regelung, wenn die Teilzeitwünsche mehrerer ArbN konkurrieren. Allerdings ergibt sich aus der Verpflichtung des ArbGeb gem. § 7, dass bei der Berücksichtigung der betriebl. Gegengründe nach Abs. 4 freie Teilzeitarbeitsplätze berücksichtigt werden müssen.

21 Bei dem Antrag auf Arbeitszeitverkürzung handelt es sich um **Angebote** an den ArbGeb, die geschlossene Vereinbarung für die Zukunft zu ändern[3]. Es handelt sich um eine empfangsbedürftige Willenserklärung des ArbN, die auf die Änderung des Arbeitsvertrages gerichtet ist. Nach ihrem Zugang ist der ArbN hieran gem. § 145 BGB bis zur Entscheidung des ArbGeb gebunden[4]. Auch bleibt der ArbN an den geäußerten Verteilungsantrag gebunden. Ein anderer Verteilungswunsch kann nur im Rahmen eines neuen separaten Antragsverfahrens vorgebracht werden[5]. Um eine Änderung ggf. auch nur im Hinblick auf die Arbeitszeitverteilung zu erreichen, verbleibt daher dem ArbN nur die Möglichkeit, erneut die Verringerung der Arbeitszeit zu beantragen und dabei die Festlegung der gewünschten Verteilung zu verlangen. War sein Antrag zu Recht aus betriebl. Gründen abgelehnt worden, so gilt hierfür jedoch die zweijährige Sperrfrist des Abs. 6. Die Bindungswirkung endet mit der Ablehnung oder bei einer mit Änderungen versehenen Annahme durch den ArbGeb (§ 150 II BGB). Erfolgt die Ablehnung entgegen Abs. 5 S. 1 nicht schriftl., bleibt der Antrag rechtl. existent, so dass auf seiner Grundlage die Fiktion nach Abs. 5 S. 2 eintreten kann.

22 **IV. Ablehnungsgründe (Abs. 4). 1. Gründe gegen eine Arbeitszeitverringerung.** Der ArbGeb kann die beabsichtigte Verringerung der Arbeitszeit und ihre Verteilung ablehnen, wenn **betriebl. Gründe** entgegenstehen. Der Begriff der betriebl. Gründe ist ein unbestimmter Rechtsbegriff, der den Tatsachengerichten einen Beurteilungsspielraum einräumt[6]. Wie den Worten „betriebliche Gründe" zu entnehmen ist, sind die betriebl. Gründe nicht arbeitsplatz-, sondern betriebsbezogen zu bestimmen[7]. Es ist also nicht allein auf den Arbeitsplatz, den der ArbN innehat, abzustellen, sondern auf alle Arbeitsplätze im Betrieb, die der ArbGeb gem. § 106 S. 1 GewO dem ArbN zuweisen kann. Als Beispiele für betriebl. Gründe nennt das Gesetz die wesentliche Beeinträchtigung von Organisation, Arbeitsablauf und Sicherheit im Betrieb sowie die unverhältnismäßige Kostenbelastung. Die Ablehnungsmöglichkeit bezieht sich sowohl auf die eigentliche Verringerung der Arbeitszeit als auch auf die vom ArbN gewünschte Verteilung. Es ist daher möglich, dass der ArbGeb der Verringerung der Arbeitszeit an sich zustimmt, die vom ArbN gewünschte Verteilung jedoch aus betriebl. Gründen ablehnt. Hat der ArbN **nicht zugleich eine bestimmte Verteilung** der reduzierten Arbeitszeit beantragt, muss der ArbGeb darlegen, dass seine der Verringerung der Arbeitszeit entgegenstehenden betriebl. Gründe nicht durch Ausübung seines Weisungsrechts bei der Verteilung der Arbeitszeit nach § 106 GewO beseitigt werden können[8]. Anders als bei der nach Abs. 4 S. 4 vorgesehenen Neuverteilung der Arbeitszeit durch den ArbGeb sind die **Interessen des ArbN** an der Arbeitszeitverringerung unbeachtlich. Sie sind daher nicht ggü. den betriebl. Gründen abzuwägen. Die ArbN-Interessen sind aber zur Erlangung eines einstw. Rechtsschutzes in Bezug auf den Verfügungsgrund bedeutsam (s. Rz. 60).

23 Während der Referentenentwurf nur „dringende betriebl. Gründe" als betriebl. Gegengrund gelten lassen wollte, sind nach Abs. 4 S. 1 **betriebl. Gründe** ausreichend, um die Verringerung der Arbeitszeit ablehnen zu können. Nach der Gesetzesbegründung sollen damit unzumutbare Anforderungen an die Ablehnung durch den ArbGeb ausgeschlossen werden; rationale, nachvollziehbare Gründe sollen genügen[9].

---

1 *Hanau*, NZA 2001, 1168 (1170); aA *Straub*, NZA 2001, 919. || 2 *Schell*, S. 56; aA ErfK/*Preis*, § 8 TzBfG Rz. 6. || 3 BAG 18.2.2003 – 9 AZR 164/02, NZA 2003, 1392. || 4 BAG 23.11.2004 – 9 AZR 644/03, NZA 2005, 769. || 5 BAG 24.6.2008 – 9 AZR 514/07, NZA 2008, 1289. || 6 BAG 9.12.2003 – 9 AZR 16/03, NZA 2004, 921. || 7 BAG 13.11.2012 – 9 AZR 259/11, NZA 2013, 373. || 8 BAG 8.5.2007 – 9 AZR 1112/06, DB 2007, 2323. || 9 BT-Drs. 14/4374, 17.

Dem Gesetzgeber ging es bei der Herabsenkung der Anforderungen an die betriebl. Gründe um die verstärkte Berücksichtigung der Interessen der ArbGeb[1]. Obwohl es sich bei den gesetzl. genannten Ablehnungsgründen nur um eine Präzisierung der im Referentenentwurf angeführten dringenden betriebl. Erfordernisse handelt, wird von des 9. Senat des BAG aus diesen Beispielen gefolgert, dass zwar grds. „rationale nachvollziehbare Gründe" ausreichend sind, sich jedoch zusätzlich daraus Auswirkungen ergeben müssen, die zu einer **wesentlichen Beeinträchtigung** oder zu **unverhältnismäßig hohen Kosten** führen. Diese Auffassung steht einer historischen Auslegung entgegen, die auf Grund des offenen Gesetzeswortlauts bedeutsam ist. Die in Abs. 4 S. 2 genannten Beispiele können daher entgegen dem gesetzl. Wortlaut keinen Einfluss auf die Auslegung der betriebl. Gründe haben, sie können in ihrer Intensität nicht die Anforderungen an die betriebl. Gründe insg. bestimmen[2]. Es sind daher geringere Anforderungen zu stellen als in den Fällen, in denen das Gesetz dringende betriebl. Gründe fordert[3]. Nicht ausreichend sind zwar Einschränkungen und Nachteile, die sich aus der Umsetzung des Teilzeitanspruchs selbst ergeben, wie zB die Notwendigkeit der Einstellung eines zusätzlichen ArbN zur Erledigung des durch die verringerte Arbeitszeit verbleibenden Arbeitsvolumens. Dem ArbGeb wird vielmehr auferlegt, zumutbare organisatorische Veränderungen vorzunehmen, um den Teilzeitanspruch des ArbN zu erfüllen. Deshalb reicht auch die zusätzliche Beanspruchung der Mitarbeiter in der Personalabteilung auf Grund der Abwicklung zusätzlicher Teilzeitansprüche als Grund nicht aus. Dasselbe gilt hinsichtlich der zusätzlichen Kosten infolge der Beschäftigung von zwei oder mehr Teilzeitkräften. Insoweit gilt das Gesetzesbeispiel, wonach es sich um eine unverhältnismäßige Kostenbelastung handeln muss. Dies ist zB dann der Fall, wenn die infolge der Teilzeitarbeit entstehenden Personalkosten in einer unzumutbaren Relation zu der durch den teilzeitbeschäftigten ArbN erzielten Wertschöpfung stehen[4]. Kein Ablehnungsgrund ist auch die Überschreitung von sog. Schwellenwerten nach dem BetrVG, es sei denn, dass dies entweder gezielt angestrebt wird oder aber zu unverhältnismäßigen Kosten führt[5]. Den ggü. dieser Auslegung des § 8 geäußerten **verfassungsrechtl. Bedenken**[6] ist das BAG mit der Ansicht begegnet, der Eingriff in die Berufsausübungsfreiheit sei durch hinreichende Gründe des Gemeinwohls gerechtfertigt[7]. Der Gesetzgeber wolle mit der Regelung Teilzeitarbeit fördern und dadurch Entlastungseffekte auf dem Arbeitsmarkt erreichen. Demggü. belaste § 8 die ArbGeb-Seite nicht unverhältnismäßig.

2. Prüfungsvorgang. Ob hinreichend gewichtige betriebl. Gründe dem Teilzeitverlangen und der gewünschten Verteilung der Arbeitszeit entgegenstehen, ist in folgenden drei Stufen zu prüfen:

(1) Zunächst ist das vom ArbGeb aufgestellte und durchgeführte **Organisationskonzept** festzustellen, das der vom ArbGeb als betriebl. erforderlich angesehenen Arbeitszeitdauer und Arbeitszeitregelung zugrunde liegt und sie bedingt[8]. Organisationskonzept ist das Konzept, mit dem die unternehmerische Aufgabenstellung im Betrieb verwirklicht werden soll. Die Darlegungslast dafür, dass das Organisationskonzept die Arbeitszeitregelung bedingt, liegt beim ArbGeb. Die dem Organisationskonzept zugrunde liegende unternehmerische Aufgabenstellung und die daraus abgeleiteten organisatorischen Entscheidungen sind hinzunehmen, soweit sie nicht willkürlich sind[9]. Auch wenn das Organisationskonzept von plausiblen wirtschaftl. oder unternehmenspolitischen Gründen getragen wird, rechtfertigt es aber allein nach der Rspr. keinen entgegenstehenden betriebl. Grund[10]. Demzufolge ist das Argument, ein **Organisationskonzept** sehe ausschließlich die Beschäftigung von Vollzeitarbeitskräften vor, nicht ausreichend. Das Konzept der „**Unteilbarkeit**" des konkreten Arbeitsplatzes reicht für sich nicht aus[11]. Die entgegenzusetzenden betriebl. Gründe erfordern vielmehr, dass das Teilzeitverlangen nicht in Übereinstimmung mit Organisationsentscheidungen des ArbGeb gebracht werden kann und das betriebl. Organisationskonzept sowie die zugrunde liegende unternehmerische Aufgabenstellung **wesentlich beeinträchtigt**[12]. Das vorgetragene Organisationskonzept muss auch tatsächlich im Betrieb durchgeführt werden. Die Rspr. des 9. Senats hat dazu geführt, dass im Gegensatz zum Kündigungsschutzrecht die grundlegende Organisationsentscheidung des ArbGeb für ein bestimmtes Arbeitszeitmodell in seinem Betreib nicht verbindlich ist.

(2) Dann ist zu überprüfen, ob die vom Organisationskonzept bedingte Dauer der Arbeitszeit und Arbeitszeitregelung tatsächlich der gewünschten Änderung der Arbeitszeit **entgegenstehen**. In diesem Zusammenhang ist bedeutsam, ob durch eine Änderung von betriebl. Abläufen oder des Personaleinsatzes die betriebl. erforderliche Arbeitszeitregelung unter Wahrung des Organisationskonzeptes mit dem individuellen Arbeitszeitwunsch des ArbN in Einklang gebracht werden kann[13].

(3) Ergibt sich, dass das Arbeitszeitverlangen des ArbN nicht mit dem organisatorischen Konzept und der daraus folgenden Arbeitszeitregelung in Übereinstimmung gebracht werden kann, ist abschlie-

---

[1] *Schell*, S. 110. || [2] *Schell*, S. 110; ErfK/*Preis*, § 8 TzBfG Rz. 24. || [3] *Schell*, S. 117; ErfK/*Preis*, § 8 TzBfG Rz. 23. || [4] LAG Düss. 19.4.2002 – 9 (12) Sa 11/02, nv. || [5] *Hanau*, NZA 2001, 1168. || [6] *Kliemt*, NZA 2001, 63; *Lindemann/Simon*, BB 2001, 146; *Hromadka*, NJW 2001, 400; *Schiefer*, DB 2000, 2118; *Bayreuther*, DB 2004, 1726. || [7] BAG 18.2.2003 – 9 AZR 164/02, NZA 2003, 1392. || [8] BAG 9.12.2003 – 9 AZR 16/03, NZA 2004, 921. || [9] BAG 27.4.2004 – 9 AZR 522/03, NZA 2004, 1225. || [10] BAG 18.2.2003 – 9 AZR 164/02, NZA 2003, 1392. || [11] BAG 15.12.2009 – 9 AZR 72/09, DB 2010, 731. || [12] BAG 19.8.2003 – 9 AZR 542/02, ArbRB 2004, 99; 30.9.2003 – 9 AZR 665/02, DB 2004, 709; 14.10.2003 – 9 AZR 636/02, DB 2003, 986; 13.10.2009 – 9 AZR 910/08, DB 2010, 340. || [13] BAG 27.4.2004 – 9 AZR 522/03, NZA 2004, 1225.

ßend zu prüfen, ob das **Gewicht** der entgegenstehenden betriebl. Gründe so **erheblich** ist, dass die Erfüllung des Teilzeitverlangens und des Arbeitszeitwunsches des ArbN zu einer wesentlichen Beeinträchtigung des betriebl. Organisationskonzepts oder der zu Grunde liegenden unternehmerischen Aufgabenstellung führen würde[1]. Für die Beurteilung des Verringerungsanspruchs kommt es in einer gerichtl. Auseinandersetzung auf den Zeitpunkt der Ablehnung des Arbeitszeitwunsches durch den ArbGeb an (s. Rz. 55).

25 Nach der Rspr. des BAG ist somit nicht nur das unternehmerische Organisationskonzept substantiiert darzulegen, sondern auch eine Abs. 4 S. 2 entsprechende wesentliche Beeinträchtigung der Betriebsorganisation, des Arbeitsablaufs oder der Sicherheit im Betrieb. Diese und sonstige, daneben gem. Abs. 4 S. 1 beachtliche betriebl. Gründe können **bspw.** darauf beruhen:

- Besondere **persönliche Kontakte** eines ArbN erfordern eine kontinuierliche Anwesenheit (sog. Schnittstellenproblematik). So kann ein pädagogisches Konzept einer umfassenden, kontinuierlichen Kinderbetreuung ein dem Verringerungsverlangen entgegenstehendes **Organisationskonzept** begründen[2]. Auch können erhebliche **Zeitverluste** infolge notwendiger Informationen bei der Übergabe und das erhöhte Risiko von **Informationsverlusten** bzw. **Fehlinformationen** die Arbeitszeitverringerung unzumutbar machen[3]. Die bloße zusätzliche Arbeitsübergabe stellt daher keine besondere Belastung dar[4]. Schnittstellen entstehen auch bei jedem regulären Schichtwechsel. Nicht ausreichend ist auch das Bestreben nach mehr **Kundennähe**, wenn diese unabhängig von der Aufgabenstellung und der konkreten Tätigkeit des betroffenen ArbN erreicht werden soll[5].

- Unverhältnismäßige **Kosten** durch lange Einarbeitungszeiten (Schulung) einer Ersatzkraft[6]. Bei dem Begriff „unverhältnismäßige Kosten" handelt es sich um einen unbestimmten Rechtsbegriff, der dem Beurteilungsspielraum des Tatsachengerichts unterliegt. Bei seiner Anwendung sind die Kosten, die üblicherweise mit dem eingerichteten Arbeitsplatz verbunden sind, ins Verhältnis zu setzen mit denjenigen, die bei einer Arbeitsplatzteilung anfallen. Die mit einer Einarbeitungszeit verbundenen Kosten sind nur dann iSv. Abs. 4 S. 2 unverhältnismäßig, wenn die Einarbeitungszeit unverhältnismäßig lang ist. Dies kann nicht ohne weiteres aus einer Einarbeitungszeit von mehr als drei Monaten entnommen werden[7]. Ein Rückgriff auf die Rspr. des BAG bzgl. einer im Rahmen der sozialen Auswahl (§ 1 III KSchG) zu berücksichtigenden zumutbaren Einarbeitungszeit von drei Monaten zur Herstellung der sozialen Vergleichbarkeit scheidet aus. Eine solche Festlegung widerspräche der Zielsetzung des Gesetzes, das allen ArbN eine Verringerung der Arbeitszeit ermöglichen soll[8]. Die sich bei einer Teilzeitkraft über einen längeren Zeitraum erstreckende Einarbeitung wird regelmäßig dadurch ausgeglichen, dass die Teilzeitkraft auf denselben Zeitraum bezogen einen geringeren Verdienst erzielt als die Vollzeitkraft.

- Eine den fachlichen Anforderungen vergleichbare **Ersatzkraft** – Teilzeitkraft – ist auf dem Arbeitsmarkt nicht vorhanden[9]. Geeignet ist eine Ersatzkraft, die in der Lage ist, die anfallenden Arbeitsaufgaben nach der Einweisung in den Arbeitsplatz (Unterrichtung iSv. § 81 BetrVG) zu erledigen. IdR ist eine Ersatzkraft geeignet, die dem Anforderungsprofil entspricht, das der ArbGeb üblicherweise bei der Nachbesetzung von Stellen aufstellt[10]. Der ArbGeb muss durch Anfrage bei der AA und durch inner- und/oder außerbetriebl. Stellenausschreibung seinen Versuch nachweisen, eine Ersatzkraft zu finden[11]. Bei einer Ausschreibung im Hinblick auf den zusätzlich benötigten Teilzeitmitarbeiter dürfen keine höheren Anforderungen gestellt werden, als im Hinblick auf den Arbeitsplatz des Antragstellers notwendig ist. Jedoch muss die Ausschreibung nicht mit derjenigen identisch sein, die bei der Einstellung des ArbN erfolgte, der den Antrag auf Reduzierung der Arbeitszeit stellt. Der ArbGeb muss sich nur auf zumutbare Maßnahmen verweisen lassen, um den Teilzeitwunsch des ArbN zu ermöglichen. Der ArbGeb hat nur Maßnahmen zu ergreifen, die den Arbeitszeitausfall selbst ausgleichen oder die durch die Arbeitszeitreduzierung geschaffene Situation regeln. Deshalb muss keine Vollzeitkraft eingestellt werden, auch wenn diese zugleich Überstunden abbauen kann. Auch scheiden dauernde Überstunden anderer ArbN oder der Einsatz von LeihArbN aus, wenn der ArbGeb nicht ohnehin hierauf als übliche Maßnahme zurückgreift.

- Das **Organisationskonzept** des ArbGeb führt zu einer **Unteilbarkeit des Arbeitsplatzes**. Die unternehmerische Aufgabenstellung verlangt einen einheitlichen künstlerischen Marktauftritt von Produkten[12]. Diese oder berufsspezifische Anforderungen machen eine dauernde **Präsenz** einer Vollzeitkraft erforderlich, so dass der Arbeitsablauf den Einsatz von Teilzeitkräften ausschließt. Dies können auch nachvollziehbare künstlerische Belange (Art. 5 III 1 GG) sein, die durch subjektive Gesichtspunkte geprägt werden[13].

---

1 BAG 13.11.2012 – 9 AZR 259/11, NZA 2013, 373. || 2 BAG 18.3.2003 – 9 AZR 126/02, DB 2004, 319; 19.8.2003 – 9 AZR 542/02, ArbRB 2004, 99; 16.10.2007 – 9 AZR 321/06, DB 2007, 2846. || 3 ArbG Darmstadt 12.10.2004 – 4 Ca 253/04, AE 02/05, 99. || 4 LAG Köln 15.3.2006 – 3 Sa 1593/05, NZA-RR 2006, 515; 10.1.2013 – 7 Sa 766/12, NZA-RR 2013, 512. || 5 LAG Köln 3.2.2006 – 11 (13) Sa 1246/05, NZA-RR 2006, 343. || 6 BAG 14.10.2003 – 9 AZR 636/02, DB 2004, 986; 21.6.2005 – 9 AZR 409/04, ArbRB 2005, 194. || 7 BAG 23.11.2004 – 9 AZR 644/03, NZA 2005, 769. || 8 BAG 23.11.2004 – 9 AZR 644/03, NZA 2005, 769. || 9 BAG 9.12.2003 – 9 AZR 16/03, NZA 2004, 921. || 10 BAG 23.11.2004 – 9 AZR 644/03, NZA 2005, 769. || 11 BAG 27.4.2004 – 9 AZR 522/03, NZA 2004, 1225. || 12 BAG 13.10.2009 – 9 AZR 910/08, DB 2010, 340. || 13 BAG 27.4.2004 – 9 AZR 522/03, NZA 2004, 1225.

- Es stehen keine **Arbeitsplätze** oder **Räume** zur Verfügung, um dem Teilzeitanspruch gerecht werden zu können.

- Unverhältnismäßig hohe **Kosten für den Arbeitsplatz** der Ersatzkraft[1]; es muss kostenaufwändig ein weiterer Arbeitsplatz eingerichtet werden, obwohl er wegen der Teilzeit zeitweise unbesetzt bleibt, oder es muss ein zusätzliches Fahrzeug zur Wahrnehmung der dienstlichen Aufgaben angeschafft werden (Außendienst).

- **Mangelnde Einsetzbarkeit/Einplanbarkeit**; sie liegt zB vor, wenn ArbN auf Grund der gewünschten Verringerung der Arbeitszeit nicht in vollem Umfang tarif- und vertragsgerecht eingesetzt werden können[2], wie zB, wenn Teilzeitkräfte mit dem beanspruchten Arbeitszeitmodell von vornherein nicht in die durch Flugpläne vorgegebene Aneinanderreihung mehrerer Flüge zu Flugketten einplanbar sind[3].

- Die Verringerung der Arbeitszeit führt zu einer Änderung der **Arbeitsinhalte** mit der Folge, dass die bisherigen Merkmale der tarifl. Vergütungsgruppe nicht mehr erfüllt werden.

3. Gründe gegen die Verteilung der Arbeitszeit. Die gewünschte Verteilung der Arbeitszeit kann ebenfalls nur abgelehnt werden, wenn **betriebl. Gründe** entgegenstehen. Dies können andere Gründe sein als diejenigen, die der Verringerung der Arbeitszeit entgegenstehen. Die vom ArbN gewünschte Lage der Arbeitszeit muss sich in das vom ArbGeb vorgegebene Organisationskonzept einfügen, nicht aber in das bisher vereinbarte Arbeitszeitverteilungsmodell[4]. Nur innerhalb der arbeitgeberseitigen bzw. betriebl. Vorgaben ist dem Verteilungswunsch zu entsprechen, es sei denn, die Änderung der Betriebsabläufe ist zumutbar[5]. Die Regelbeispiele in Abs. 4 beziehen sich auf die Arbeitszeitreduzierung, nicht auf die Arbeitszeitverteilung. Gleichwohl gelten die Anforderungen, die an das Gewicht eines entgegenstehenden betriebl. Grundes nach Abs. 4 S. 2 zu stellen sind, nach Auffassung des BAG auch für die Verweigerung der Zustimmung zu der vom ArbN gewünschten **Festlegung der verringerten Arbeitszeit**, da die in Abs. 4 S. 2 angeführten Beispiele der Erläuterung des betriebl. Grundes dienen[6]. Bei der von dem ArbN zu treffenden Wahl über die Verteilung seiner verringerten Arbeitszeit sind die von den **Betriebsparteien gemachten Vorgaben** hinsichtlich der Lage der Arbeitszeit (s.a § 77 I BetrVG) zu beachten. Eine **Betriebs- oder Dienstvereinbarung**, aber auch eine **formlose Regelungsabrede**[7] über die Arbeitszeitlage kann einen betriebl. Grund darstellen, hinter dem die Arbeitszeitwünsche der ArbN zurückstehen müssen. Für den ArbGeb ist daher die Einhaltung dieser Regelungen ein betriebl. Grund zur Ablehnung des Arbeitszeitverteilungswunsches[8], es sei denn, dass dieser keinen kollektiven Bezug hat[9]. Dieser kollektive Bezug fehlt, wenn sich die vom ArbN gewünschte Arbeitszeitlage nicht auf die Arbeitszeiten oder -bedingungen der anderen im Betrieb beschäftigten ArbN auswirkt. Sofern die Arbeitszeitregelungen gem. § 87 I Nr. 2 BetrVG der Mitbest. des BR unterliegen, ist dieses vorrangig, auch wenn die Änderung der Arbeitszeitlage durch die gesetzl. Fiktion des Abs. 5 S. 3 eintritt. Allein die fehlende Zustimmung des BR zur begehrten Lage der Arbeitszeit ist aber kein betriebl. Grund.

V. Ablehnungsgründe im Tarifvertrag (Abs. 4 S. 3 u. 4). Die **TV-Parteien** haben die Möglichkeit, Gründe für die Ablehnung der Verringerung der Arbeitszeit zu konkretisieren und dabei den spezifischen Erfordernissen des jeweiligen Wirtschaftszweiges Rechnung zu tragen[10]. Auch die tarifvertragl. bestimmte Quote von Teilzeitarbeitsplätzen im Verhältnis zu VollzeitArbVerh kann die Konkretisierung eines entgegenstehenden betriebl. Grundes nach Abs. 4 S. 3 darstellen. Eine erhebliche Störung kann zudem darin liegen, dass der ArbGeb unter Beachtung des tarifl. Arbeitszeitmodells einer Beschäftigungspflicht nicht in vollem Umfang nachkommen kann[11]. Die ausdrückliche Festlegung der TV-Parteien, dass das im TV geregelte Teilzeitmodell die betriebl. Möglichkeiten hinsichtlich Organisation, Arbeitsablauf und Sicherheit im Betrieb ausschöpfe, ist von den ArbG zu respektieren[12]. Im Falle fehlender Tarifbindung ist eine Inbezugnahme derartiger tarifl. geregelter Ablehnungsgründe möglich[13]. Gem. § 22 I können im TV jedoch keine Abweichungen zuungunsten der ArbN getroffen werden.

Mit einer BV kann der Teilzeitanspruch nicht „kontingentiert" und befristet werden[14].

Anders als der frühere § 6 III BeschFG gestattet die gesetzl. Regelung den **Kirchen** keine abweichende Regelung[15].

VI. Verfahren und Fristen. 1. Verlangen (Abs. 2). Wie oben (Rz. 8 ff.) ausgeführt, hat der ArbN gem. Abs. 2 die Verringerung der Wochenarbeitszeit **spätestens drei Monate** vor deren Beginn **geltend zu machen**. Zugleich soll der ArbN mitteilen, wie die verringerte Arbeitszeit verteilt werden soll. Hierfür ist eine Form nicht vorgesehen. Die Geltendmachung hat spätestens drei Monate zuvor an dem Tag zu

---

1 LAG Nds. 18.11.2002 – 17 Sa 487/02, DB 2003, 1064 (Anschaffung eines weiteren Dienstwagens). ‖ 2 BAG 13.11.2007 – 9 AZR 36/07, NZA 2008, 314. ‖ 3 BAG 15.8.2006 – 9 AZR 30/06, NZA 2007, 259. ‖ 4 BAG 18.8.2009 – 9 AZR 517/08, NZA 2009, 1207. ‖ 5 LAG Schl.-Holst. 15.12.2010 – 3 SaGa 14/10, DB 2011, 244. ‖ 6 BAG 18.2.2003 – 9 AZR 164/02, NZA 2003, 1392. ‖ 7 BAG 16.12.2008 – 9 AZR 893/07, NZA 2009, 565. ‖ 8 BAG 18.2.2003 – 9 AZR 164/02, NZA 2003, 1392; LAG BW 4.11.2002 – 15 Sa 53/02, ArbRB 2003, 265; *Straub*, NZA 2001, 919. ‖ 9 BAG 16.12.2008 – 9 AZR 893/07, NZA 2009, 565. ‖ 10 BAG 21.11.2006 – 9 AZR 138/06, ZTR 2007, 371. ‖ 11 BAG 13.11.2007 – 9 AZR 36/07, NZA 2008, 314. ‖ 12 BAG 21.11.2006 – 9 AZR 138/06, ZTR 2007, 371. ‖ 13 BAG 21.11.2006 – 9 AZR 138/06, ZTR 2007, 371. ‖ 14 BAG 24.6.2008 – 9 AZR 313/07, NZA 2008, 1309; LAG Hamburg 13.9.2012 – 7 Sa 8/12. ‖ 15 S. hierzu *Möller-Volbehr*, NZA 2002, 301.

erfolgen, der dem Tag vor dem verlangten Beginn der Arbeitszeitverkürzung entspricht (§§ 187, 188 BGB). S.a. Rz. 8.

30 **2. Verhandlung (Abs. 3).** Der ArbGeb und der ArbN haben sich um eine **einverständliche Regelung** zu bemühen. Beide Arbeitsvertragsparteien sind aufgefordert, sowohl hinsichtlich der Verringerung der Arbeitszeit wie auch hinsichtlich der Verteilung der Arbeitszeit eine Vereinbarung zu treffen[1]. Der Gesetzesformulierung ist keine selbständige Verhandlungspflicht zu entnehmen. Für den ArbGeb besteht nur eine **Verhandlungsobliegenheit**. Er muss dabei seine ablehnende Meinung ggü. dem ArbN begründen. Nach Abs. 3 besteht die Verhandlungsobliegenheit nur hinsichtlich der Arbeitszeitreduzierung. Bzgl. der Verteilung der Arbeitszeit wird in Abs. 3 S. 2 nur der Vorrang der einvernehmlichen Lösung herausgestellt. Das Direktionsrecht des ArbGeb wird dadurch aber nicht zu Gunsten einer mit dem ArbN zu treffenden Vereinbarung aufgehoben. Wie sich aus Abs. 4 S. 1 ergibt, ist es nur dahingehend eingeschränkt, dass es unter Berücksichtigung der betriebl. Belange die Vorstellungen des ArbN vorrangig zu berücksichtigen hat.

31 Das Gesetz sieht keine Folgen für den Fall vor, dass eine der beiden Arbeitsvertragsparteien der **Verhandlungsaufforderung nicht nachkommt**. Die ohne Erörterung des Teilzeitwunsches und/oder des Verteilungswunsches erfolgte arbeitgeberseitige Ablehnung ist nicht unwirksam[2], so dass die Zustimmung des ArbGeb nicht deshalb als erteilt gilt. Dennoch kann sich nach Auffassung des BAG ein Verstoß gegen die Verhandlungsobliegenheit für den ArbGeb nachteilig auswirken. Es werden die Einwendungen des ArbGeb ausgeschlossen, die im Rahmen einer Verhandlung hätten ausgeräumt werden können[3]. Darlegungs- und ggf. beweispflichtig hierfür ist der ArbN.

Das Gesetz geht davon aus, dass der Antrag des ArbN einem Angebot auf eine Vertragsänderung entspricht. Demgemäß wird die gefundene Regelung Vertragsinhalt, wenn sich beide Seiten auf die neue Arbeitszeit und deren Verteilung einigen. Ist der ArbGeb mit der Verkürzung der Arbeitszeit einverstanden, jedoch nicht mit der in Abhängigkeit zum Verringerungsverlangen gewünschten Verteilung der Arbeitszeit, so kommt keine Einigung zustande (§ 150 II BGB).

32 **3. Entscheidung (Abs. 5 S. 1–3). a) Mitteilung.** Kommt es zu keiner Vereinbarung zwischen dem ArbGeb und dem ArbN über die gewünschte Arbeitszeitverringerung und die Verteilung der Arbeitszeit, so hat der ArbGeb dem ArbN **spätestens einen Monat** vor dem gewünschten Beginn der Arbeitszeitverringerung die **Entscheidung schriftlich** mitzuteilen. Es gilt die Schriftform der §§ 125 ff. BGB. Wegen des Fehlens einer abweichenden Regelung reicht gem. § 126 III BGB die elektronische Form des § 126a BGB. Die bloße Textform des § 126b BGB ist nach dem Gesetzeswortlaut unzureichend[4]. Die Entscheidung muss dem ArbN rechtzeitig vor Ablauf der Frist zugehen. Für den Fristablauf ist der Beginn der Arbeitszeitverringerung entscheidend, wie er vom ArbN angegeben wurde, es sei denn, die Drei-Monats-Frist ist wegen ihrer Nichteinhaltung nach hinten verschoben (s. Rz. 9). Für die Fristberechnung gelten die §§ 187 I, 188 II BGB, nicht aber § 193 BGB.

33 **b) Fiktion der Annahme.** Haben sich der ArbGeb und der ArbN nicht geeinigt und teilt der ArbGeb eine ablehnende Entscheidung dem ArbN **nicht spätestens einen Monat** vor dem gewünschten Beginn der **Arbeitszeitverringerung** schriftl. mit, so tritt die gewünschte Verringerung der Arbeitszeit in Kraft (anders dagegen § 15 VII 5 BEEG). Es kommt nach Abs. 5 S. 2 zu einer gesetzl. Fiktion der Zustimmung durch den ArbGeb und damit einer Vertragsänderung. Dies gilt aber nur, wenn die gesetzl. Voraussetzungen für ein wirksames Teilzeitverlangen vorliegen, also auch der Anspruch inhaltlich eindeutig konkretisiert ist. Die dadurch herbeigeführte Vertragsänderung kann nur einverständlich oder durch Änderungskündigung abgeändert werden.

Ebenso gilt der Verteilungswunsch des ArbN infolge einer gesetzl. Fiktion nach Abs. 3 S. 3 als festgelegt, wenn sich der ArbGeb und der ArbN über die Verteilung der Arbeitszeit nicht einigen und der ArbGeb die gewünschte Verteilung der Arbeitszeit nicht fristgerecht schriftl. ablehnt. Es wird insoweit ebenfalls eine Zustimmung des ArbGeb zu der gewünschten Verteilung der Arbeitszeit fingiert. Diese gesetzl. Fiktion gilt aber nur, wenn zugleich die Arbeitszeit verringert wird[5]. Dies folgt aus der Abhängigkeit der Verteilung der Arbeitszeit von einem Verringerungsverlangen (Rz. 19). Demzufolge tritt die Fiktion bzgl. der Verteilung der Arbeitszeit nicht ein, wenn der ArbGeb das Verringerungsverlangen, nicht jedoch die gewünschte Verteilung der Arbeitszeit ablehnt.

Ein zu kurzfristig gestelltes Änderungsverlangen löst nicht die in Abs. 5 S. 2 und 3 geregelten Zustimmungsfiktionen aus[6]. Die Angabe des zu frühen Beginns schließt die Zustimmungsfiktionen aus, verschiebt also die für die Fiktionswirkung wesentlichen Fristen des Abs. 5 S. 1 und S. 2 nicht nach hinten.

34 **c) Ablehnung durch den Arbeitgeber.** Eine Ablehnung muss der ArbGeb dem ArbN spätestens einen Monat vor dem gewünschten Beginn der Arbeitszeitverringerung **schriftlich** mitteilen. Sie muss durch

---

[1] BAG 18.2.2003 – 9 AZR 356/02, DB 2003, 1682. || [2] BAG 18.2.2003 – 9 AZR 356/02, DB 2003, 1682; aA LAG Düss. 1.3.2002 – 18 (4) Sa 1269/01, DB 2002, 1222. || [3] BAG 18.2.2003 – 9 AZR 356/02, DB 2003, 1682. || [4] AA ErfK/*Preis*, § 8 TzBfG Rz. 17. || [5] ArbG Mönchengladbach 30.5.2001 – 5 Ca 1157/01, NZA 2001, 970. || [6] BAG 20.7.2004 – 9 AZR 626/03, NZA 2004, 1091.

den ArbGeb oder einen in Personalangelegenheiten, also auch zu Kündigungen Bevollmächtigten erklärt werden. Diese Voraussetzungen für eine Ablehnung gelten sowohl hinsichtlich der Verringerung der Arbeitszeit wie auch für die Verteilung der Arbeitszeit. Die Ablehnung braucht **nicht begründet** zu werden. Begründet der ArbGeb seine Entscheidung dennoch, so kann er in einem nachfolgenden Prozess zusätzliche und auch andere Gründe für seine Ablehnung des Teilzeitverlangens angeben. Wegen der nach Abs. 3 bestehenden Verhandlungsobliegenheit können jedoch Gründe ausgeschlossen sein, die der ArbN in einer vorangehenden Verhandlung hätte ausräumen können. Sofern der ArbGeb mit der Verringerung der Arbeitszeit einverstanden ist, kann er auch nur die vom ArbN gewünschte Verteilung ablehnen.

Verschiebt sich der verlangte Beginn der Reduzierung wegen Nichteinhaltung der vom ArbN einzuhaltenden Antragsfrist (s. Rz. 9), so verschiebt sich auch das Ende der Äußerungsfrist für den ArbGeb entsprechend.

Versäumt der ArbGeb, spätestens einen Monat vor dem gewünschten Beginn der Arbeitszeitverringerung die vom ArbN gewünschte Teilzeitarbeit schriftl. abzulehnen, so gilt auch die Verteilung entsprechend den Wünschen des ArbN als festgelegt. Diese Fiktion bzgl. der Verteilung der Arbeitszeit tritt sowohl in dem Fall ein, in dem der ArbGeb versäumt, fristgerecht schriftl. der Arbeitszeitverringerung als solcher zu widersprechen, als auch in dem Fall, in dem zwar Einvernehmen über die Verringerung als solche, nicht aber über die Verteilung der Arbeitszeit besteht, und der ArbGeb es versäumt, die vom ArbN gewünschte Verteilung rechtzeitig schriftl. abzulehnen[1]. Hat aber der ArbGeb rechtzeitig die gewünschte Arbeitszeitverringerung schriftl. abgelehnt, so gilt dies auch als Ablehnung des Verteilungswunsches. **35**

Eine **Ablehnung, ohne** dass die **Erörterungen** des Teilzeitverlangens des ArbN abgeschlossen sind, ist nicht unwirksam[2]. Es verstößt jedoch gegen den Grundsatz von Treu und Glauben, wenn das Teilzeitbegehren abgelehnt wird, obwohl Erörterungen stattfinden und diese nicht abgeschlossen sind, es sei denn, eine Einigung kann nicht vor Ablauf der Monatsfrist erreicht werden. **36**

VII. Abänderung der Arbeitszeitlage durch den Arbeitgeber (Abs. 5 S. 4). Hinsichtlich der Verteilung der Arbeitszeit (Arbeitszeitlage) räumt das Gesetz dem ArbGeb (allerdings unter Berücksichtigung des § 87 I Nr. 2 BetrVG) eine **Änderungsbefugnis** ein. Dies gilt nicht nur für die Fälle, dass die Zustimmung des ArbGeb zu der von dem ArbN gewünschten Lage der Arbeitszeit gem. Abs. 5 S. 3 fingiert wird oder der ArbGeb mit dem ArbN gem. Abs. 3 S. 2 Einvernehmen über die Festlegung der Arbeitszeitverteilung erzielt hat, sondern auf Grund des insoweit eingeschränkten Direktionsrechts auch dann, wenn der ArbGeb die Verteilung der Arbeitszeit einseitig festgelegt hat oder die geänderte Arbeitszeitfestlegung gerichtlich durchgesetzt wurde. Das Änderungsrecht des ArbGeb gilt nur in den Fällen, in denen eine Änderung der Arbeitszeitverteilung nach Abs. 3 S. 2 oder Abs. 5 S. 3 vorausgegangen ist[3]. Dabei handelt es sich um ein einseitiges vertragl. Gestaltungsrecht und nicht um eine Teilkündigung[4]. Sofern kollektive betriebl. Interessen von der Veränderung der Arbeitszeitlage berührt sind, ist § 87 I Nr. 2 BetrVG zu beachten. **37**

Voraussetzung für die einseitige Veränderung der Verteilung der Arbeitszeit ist, dass das **betriebl. Interesse** das des ArbN an der Beibehaltung erheblich überwiegt. Es gelten insoweit die gem. Abs. 4 für die Ablehnung des ArbGeb maßgeblichen betriebl. Gründe. Sie sind aber anders als bei der Ablehnung nach Abs. 4 ggü. dem Interesse des ArbN an der Beibehaltung der Arbeitszeitlage abzuwägen. Eine Änderung der rechtskräftig festgestellten Verteilung der Arbeitszeit gem. Abs. 5 S. 4 kann auch nur auf Tatsachen gestützt werden, welche zeitlich nach der Ablehnung des früheren Verteilungswunsches entstanden sind[5]. **38**

Das Änderungsverlangen des ArbGeb **setzt voraus**, dass er die Änderung dem ArbN spätestens **einen Monat** vor der Abänderung ankündigt. Es gilt insoweit kein Schriftformerfordernis. **39**

VIII. Erneutes Verringerungsverlangen des Arbeitnehmers (Abs. 6). Der ArbN kann eine erneute Verringerung der Arbeitszeit frühestens nach Ablauf von **zwei Jahren** verlangen, nachdem der ArbGeb über die Arbeitszeitverringerung entschieden hat. Gemeint ist eine erneute **Geltendmachung** eines Teilzeitanspruchs gem. Abs. 1. Die zweijährige Sperrfrist wird gem. § 187 I, § 188 II BGB ermittelt. Das erneute Verringerungsverlangen kommt in Betracht, wenn der ArbN eine weitere Arbeitszeitverkürzung verlangt, nachdem der ArbGeb bereits einmal der Arbeitszeitverkürzung zugestimmt hat. Unerheblich ist, ob der ArbGeb unverändert dem Teilzeitverlangen entsprochen hat oder zwischen ihm und dem ArbN eine davon abweichende Regelung vereinbart wurde. Die zweijährige Anspruchssperre gilt auch, wenn die zustimmende Entscheidung für die Arbeitszeitverringerung durch die Fiktion des Abs. 5 S. 2 zustande gekommen ist[6]. Weiterhin gilt die Sperrfrist von zwei Jahren dann, wenn der ArbGeb berechtigt das Verlangen auf Arbeitszeitverkürzung abgelehnt hat[7]. Sie ist aber unbeachtlich, wenn der **40**

---

[1] *Viethen*, NZA Beil. zu Heft 24/2001, 3. ||[2] BAG 18.2.2003 – 9 AZR 356/02, DB 2003, 1682. ||[3] BAG 17.7.2007 – 9 AZR 819/06, NZA 2008, 118. ||[4] *Richardi/Annuß*, BB 2000, 2201; aA *Preis/Gotthardt*, DB 2001, 145. ||[5] LAG Hamm 16.12.2004 – 8 Sa 1520/04, NZA-RR 2005, 405. ||[6] *Viethen*, NZA Beil. Heft 24/2001, 3. ||[7] LAG München 1.12.2005 – 2 Sa 759/05, ArbRB 2006, 164.

ArbGeb den Verringerungsantrag aus formellen Gründen ohne inhaltliche Prüfung und Erörterung mit dem ArbN abgelehnt hat, also wegen Nichteinhaltung der sechsmonatigen Wartezeit, Nichterreichen der erforderlichen Beschäftigtenzahl, Nichtbeachtung der dreimonatigen Ankündigungsfrist und der Nichtbeachtung der zweijährigen Sperrfrist[1]. In diesem Fall bedarf der ArbGeb nicht des mit der Sperrfrist bezweckten Schutzes vor in kurzen Abständen wiederholten Anträgen. Die Sperrfrist des Abs. 6 tritt auch dann nicht ein, wenn der ArbGeb den Antrag des ArbN auf Verringerung der Arbeitszeit wegen der Erfüllung einer tarifl. festgelegten Quote durch befristete Teilzeitarbeitsverträge abgelehnt hat, da die Kombination von Befristung und Kontingentierung faktisch zu einer Beeinträchtigung des Anspruchs aus § 8 führt[2].

41   Eine **unberechtigte Ablehnung** setzt die Frist von zwei Jahren nicht in Gang. Im Rahmen eines neuen – vorzeitigen – Antrages wird sich der ArbN aber nur dann auf die unberechtigte Ablehnung berufen können, wenn sein Recht auf gerichtliche Prüfung der ablehnenden Entscheidung nicht verwirkt ist. Ist die Ablehnung unberechtigt und hat der ArbN die Arbeitszeitverkürzung rechtskräftig durchgesetzt, gilt nach dem Gesetzeswortlaut die Anspruchssperre von zwei Jahren allerdings ebenfalls nicht; auch nicht ab rechtskräftiger Entscheidung. Es erscheint fraglich, eine das Teilzeitverlangen ersetzende gerichtliche Entscheidung der in Abs. 6 genannten Zustimmung gleichzusetzen. Im Hinblick auf die durch die Sperrfrist bezweckte Herstellung des Rechtsfriedens und zu Gunsten einer dem ArbGeb einzuräumenden Planungssicherheit kann es aber im Einzelfall dem Gebot von Treu und Glauben (§ 242 BGB) widersprechen, wenn bereits vor Ablauf von zwei Jahren nach dem für das vorangegangene Teilzeitverlangen geltenden Entscheidungszeitpunkt gem. Abs. 5 S. 1 erneut ein Verringerungsanspruch geltend gemacht wird.

42   Da die **Arbeitszeitverteilung** im unmittelbaren Zusammenhang zur Arbeitszeitverringerung steht, gilt auch für die Geltendmachung des Anspruchs auf Veränderung der Lage der Arbeitszeit die Sperrfrist von zwei Jahren.

43   **IX. Mitbestimmung.** Das MitbestR der ArbN-Vertretung besteht regelmäßig, insb. nach dem BetrVG, nur bei kollektiven Tatbeständen, nicht bei der Regelung von Einzelfällen. Hinsichtlich der Verkürzung der Arbeitszeit und der Neuverteilung der Arbeitszeit besteht deshalb kein MitbestR des BR nach § 87 I Nr. 2 BetrVG[3]. Allenfalls bei der Aufstockung der Arbeitszeit kann ein MitbestR gem. § 99 BetrVG in Betracht kommen. Von einer Einstellung iSv. § 99 I BetrVG ist regelmäßig auszugehen, wenn die Verlängerung die Dauer von einem Monat überschreitet (insoweit in Anlehnung an die in § 95 III 1 BetrVG zum Ausdruck kommende Wertung) und mindestens zehn Stunden pro Woche beträgt (in Rückgriff auf § 12 I 3)[4]. Auch ist dies anzunehmen, wenn der ArbGeb wegen des zusätzlich benötigten Arbeitszeitvolumens einen Arbeitsplatz ausgeschrieben hat oder ihn wegen eines berechtigten Antrags des BR nach § 93 BetrVG hätte ausschreiben müssen. Damit kommt zum Ausdruck, dass das im Betrieb benötigte zusätzliche Arbeitszeitvolumen den zeitlichen Anforderungen an einen „Arbeitsplatz" genügt[5]. Auch kann ein MitbestR nach § 99 BetrVG bestehen, wenn mit der Arbeitszeitverringerung eine Versetzung verbunden ist.

Eine BV zur Lage der Arbeitszeit gem. § 87 I Nr. 2 BetrVG kann einen betriebl. Grund für die Ablehnung des seitens des ArbN geäußerten Wunsches nach Verteilung der Arbeitszeit darstellen[6].

44   **X. Auswirkungen auf die Gegenleistungen.** Wie sich die Gegenleistung bemisst, wenn sich die Arbeitszeit verändert, ist der gesetzl. Bestimmung nicht zu entnehmen (s. jedoch § 4 I 2). Besteht keine spezielle vertragl. oder tarifvertragl. Regelung für Teilzeitarbeit, reduziert sich die **Gegenleistung** bei einer Verringerung der Arbeitszeit grds. entsprechend im Verhältnis zur bisherigen Arbeitszeit. Dies folgt aus dem dem ursprünglichen Vertrag zugrunde liegenden synallagmatischen Verhältnis. Dies gilt auch für an der Vergütungshöhe orientierte Sonderzuwendungen. Etwas anderes gilt für Leistungen, die nicht in Abhängigkeit zu der Arbeitszeit stehen.

45   Bei **Sachleistungen** ist eine entsprechende Verringerung vorzunehmen, soweit es sich um teilbare Leistungen handelt. Bei der Überlassung von **Dienstwagen** (oder Dienstwohnungen) ist eine Anpassung der Dienstwagenregelung vorzunehmen. Wenn kein Widerrufsvorbehalt vereinbart ist, kann die Anpassung auf § 313 BGB (Veränderung der Geschäftsgrundlage) gestützt werden. Sofern der Dienstwagen auch für Privatfahrten zur Verfügung gestellt wird, kann die Anpassung darin bestehen, dass der ArbN einen Teil der Kosten für die zusätzliche private Nutzungsmöglichkeit übernimmt[7].

46   **XI. Durchsetzung. 1. Außergerichtliche Vorgehensweise.** Hat der ArbGeb dem ArbN die Ablehnung des Teilzeitverlangens rechtzeitig und formgültig mitgeteilt, so bleibt es bei der bislang geltenden Arbeitszeitregelung. Bei einer **eigenmächtigen Verringerung** der Arbeitszeit droht dem ArbN eine verhaltensbedingte außerordentl. oder zumindest ordentl. Kündigung.

---

1 *Hamann*, BB-Special 6/2005, 2. ||2 BAG 21.11.2006 – 9 AZR 138/06, ZTR 2007, 371. ||3 BAG 25.1.2005 – 1 ABR 59/03, DB 2005, 1630. ||4 BAG 9.12.2008 – 1 ABR 74/07, NZA-RR 2009, 260. ||5 BAG 25.1.2005 – 1 ABR 59/03, DB 2005, 1630. ||6 BAG 16.12.2008 – 9 AZR 893/07, NZA 2009, 563. ||7 S. dazu *Kelber/Zeißig*, NZA 2001, 577.

2. Gerichtliche Durchsetzung. a) Klage. Hat der ArbGeb den Teilzeitwunsch des ArbN rechtzeitig und formwirksam abgelehnt, muss der ArbN seine Ansprüche hinreichend bestimmt im Wege der allg. **Leistungsklage gerichtlich** durchsetzen. Da Gegenstand der Arbeitszeitverringerung nur ein Anspruch des ArbN darauf ist, dass der ArbGeb unter bestimmten Voraussetzungen der Verringerung der Arbeitszeit und damit einer Vertragsänderung zustimmt, muss sich die Klage **auf Abgabe einer Willenserklärung** richten[1].

- **Formulierungsvorschlag** für den Klageantrag:
  ... die Beklagte (ArbGeb) zu verurteilen, das Angebot des Klägers auf Verringerung der vertraglichen Arbeitszeit auf 20 Wochenstunden anzunehmen.
  Oder:
  ... die Beklagte (ArbGeb) zu verurteilen, dem Antrag der Klägerin zur Verringerung ihrer vertraglichen Arbeitszeit auf 20 Wochenstunden zuzustimmen.

Die Willenserklärung gilt **erst mit Rechtskraft des Urteils** als abgegeben (§ 894 ZPO). Bis dahin bleibt daher der Arbeitsvertrag mit seiner bisherigen Arbeitszeit unverändert bestehen. Aus diesem Grund ist der Zeitpunkt, zu dem die Vertragsänderung eintreten soll, nicht anzugeben. Auf Grund des § 311a I BGB ist aber der rückwirkende Abschluss eines Vertrages nicht mehr nichtig. Demgemäß kann auch eine **rückwirkende Vertragsänderung** begehrt werden[2]. In diesem Fall ist der Zeitpunkt der beanspruchten Vertragsänderung im Klageantrag anzuführen. Zur Möglichkeit eines einstw. Rechtsschutzes s. Rz. 58ff.

Die Klage auf Umsetzung der verlangten **Arbeitszeitreduzierung** kann mit der Klage auf die geforderte **Neuverteilung** der Arbeitszeit **verbunden** werden. Genau genommen kann dies nur im Wege einer Stufenklage erfolgen. Da die Verteilung der Arbeitszeit dem Direktionsrecht des ArbGeb unterliegt, kann der ArbN insoweit unmittelbar auf Leistung klagen[3], es sei denn, dass der Verringerungswunsch und die Verteilungsvorstellung voneinander abhängen. Dann ist ein einheitlicher Antrag auf Zustimmung zur Änderung des Arbeitsvertrages zu stellen[4].

- **Formulierungsvorschlag** für den Klageantrag:
  Weiterhin wird beantragt, die Beklagte zu verurteilen, die Verteilung der Arbeitszeit einschl. Pausen auf Dienstag, Mittwoch und Donnerstag, jeweils von 9 Uhr bis 17 Uhr, festzulegen.

Das ArbG muss über den Antrag als Ganzes entscheiden und darf ihn nicht in zwei prozessuale Ansprüche nach § 308 ZPO aufteilen, wenn der Kläger nach dem Wortlaut und nach dem Ziel des Antrags beides verbinden will[5].

Soweit es um die **Zustimmungsfiktion** zu der veränderten Arbeitszeit und Arbeitszeitverteilung geht, können etwaige Differenzen über diese Wirkung im Wege der Feststellungsklage geklärt werden[6].

Kommt es zu einer **Neuverteilung der Arbeitszeit** gem. Abs. 5 S. 4, kann der betroffene ArbN auf Beschäftigung zu den bisherigen Arbeitsbedingungen bzw. auf Feststellung der Unwirksamkeit der Neuverteilung klagen. Zweckmäßigerweise wird er in diesem Falle die Arbeit unter Vorbehalt zu den geänderten Arbeitsbedingungen aufnehmen, um keine Kündigung zu riskieren.

Eine **Klagefrist** ist nicht zu beachten. Verwirkung tritt jedoch ein, wenn der ArbN mit der bisherigen Arbeitszeit und/oder Arbeitszeitverteilung über den geforderten Beginn der Arbeitszeitverringerung bzw. Arbeitszeitverteilung weiter arbeitet, ohne zuvor seinen Anspruch auf Arbeitszeitverkürzung gerichtlich geltend gemacht zu haben.

Wird mit demselben ArbGeb ein neuer Arbeitsvertrag abgeschlossen, wird eine Klage auf Zustimmung zur Reduzierung der Arbeitszeit und Neuverteilung auf bestimmte Wochentage gegenstandslos[7]. Der Anspruch auf Reduzierung und Neuverteilung der Arbeitszeit bezieht sich nach Abs. 1 nicht nur auf die vertragl. vereinbarte Arbeitszeit, sondern korrespondiert auch mit den betriebl. Gründen, die der ArbGeb dem Anspruch des ArbN als Einwendung entgegenhalten kann. Wird der Arbeitsvertrag geändert, ändert sich der zu beurteilende Gegenstand für die Einlassungen des ArbGeb.

b) Maßgeblicher Beurteilungszeitpunkt. Es ist auf den Zeitpunkt der **Ablehnungsentscheidung** des ArbGeb abzustellen[8]. Die für die Ablehnung des ArbGeb maßgeblichen betriebl. Gründe können sich während eines Gerichtsverfahrens ändern. Gleichwohl ist für den **Beurteilungszeitpunkt** einer prozessualen Geltendmachung des Verringerungsanspruchs nicht der Zeitpunkt der letzten mündlichen Verhandlung maßgeblich, sondern das Datum, zu dem das arbeitgeberseitige Ablehnungsschreiben dem

---

1 LAG Nds. 2.8.2002 – 16 Sa 166/02, NZA-RR 2003, 6, bestätigt durch BAG 19.8.2003 – 9 AZR 542/02, ArbRB 2004, 99; *Diller*, NZA 2001, 589; *Ziemann*, ArbRB 2002, 30. ||2 BAG 9.11.2006 – 2 AZR 509/05, DB 2007, 861. ||3 AA ErfK/*Preis*, § 8 TzBfG Rz. 53: auch insoweit Klage auf Abgabe einer Willenserklärung. ||4 BAG 18.2.2003 – 9 AZR 164/02, NZA 2003, 1392. ||5 BAG 18.2.2003 – 9 AZR 164/02, NZA 2003, 1392. ||6 *Ziemann*, ArbRB 2002, 30. ||7 LAG Berlin 12.12.2003 – 13 Sa 2144/03, NZA-RR 2004, 522. ||8 BAG 23.11.2004 – 9 AZR 644/03, NZA 2005, 769.

ArbN zugegangen ist[1]. Auch wenn eine Parallele zum Kündigungsschutzverfahren deshalb ausgeschlossen ist, weil es dort um die Überprüfung eines bereits abschließend erfolgten Gestaltungsrechts geht, so ist auch bei der Klage auf Abgabe einer Willenserklärung die Rechtfertigung der Ablehnung im Zeitpunkt der Abgabe der Ablehnungserklärung zu überprüfen. Im Streit steht die Berechtigung der Ablehnung des Arbeitszeitwunsches[2].

Dieser für die Beurteilung der Ablehnung maßgebliche Zeitpunkt bedeutet für den ArbGeb, dass er bis zu seiner Ablehnungsentscheidung sämtliche Anstrengungen abgeschlossen haben muss, die zur Begründung seiner Ablehnung nachgewiesen werden müssen. Dies gilt zB für die Suche nach einer geeigneten Teilzeit-Ersatzkraft und die dafür erforderliche Ausschreibung. Bei der Suche nach einer Ersatzkraft ist aber nicht nur wichtig zu wissen, welche Arbeitszeitdifferenz auszugleichen ist, sondern auch, welche Lage die Arbeitszeit in Zukunft haben wird. Sollte der ArbN seinen Antrag bzgl. der Verteilung der Arbeitszeit nicht zugleich mit dem Verringerungsantrag geäußert haben, empfiehlt es sich für den ArbGeb, alsbald nach Vorlage des Verringerungsantrages das nach Abs. 3 vorgesehene Erörterungsgespräch mit dem ArbN zu führen. Spätestens in diesem Termin muss sich der ArbN hinsichtlich der Lage der Arbeitszeit festlegen[3].

Soweit es um die Verteilung der Arbeitszeit geht, ist das Korrekturrecht nach Abs. 5 S. 4 zu berücksichtigen. Danach ist das Nachschieben nur solcher Umstände zuzulassen, die der ArbGeb auch bei unterstellter Zustimmung zum Verlangen des ArbN noch nachträglich vorbringen könnte[4].

56 c) **Darlegungs- und Beweislast.** Hinsichtlich der anspruchsbegründenden Tatsachen (Dauer des Arb-Verh, Beschäftigtenzahl, Geltendmachung des Anspruchs) trägt der ArbN die Darlegungs- und Beweislast. Die dem Teilzeitanspruch entgegenstehenden **„betrieblichen Gründe"** stellen ggü. dem im Grundsatz bestehenden Anspruch des ArbN auf Gewährung von Teilzeit vom ArbGeb geltend zu machende Einwendungen dar. Dem ArbGeb obliegt daher die Darlegungs- und Beweislast für das Vorliegen betriebl. Gründe, die seine Ablehnung rechtfertigen[5]. Es handelt sich insoweit nicht um eine negative Anspruchsvoraussetzung. Soweit der ArbGeb auf ein unternehmerisches Konzept verweist, ist zwar die Unternehmerentscheidung nur auf Missbrauch und Willkür hin zu überprüfen. Der ArbGeb hat aber substantiiert darzulegen, dass die Verringerung und Neuverteilung der Arbeitszeit auf Grund der vorgegebenen unternehmerischen Konzeption zu einer wesentlichen Beeinträchtigung führen, die durch anderweitige verhältnismäßige und zumutbare organisatorische Maßnahmen nicht vermeidbar sind.

Andererseits trägt der ArbN die Darlegungs- und Beweislast, wenn er auf Feststellung einer vereinbarten Arbeitszeitreduzierung und/oder -verteilung klagt. In diesem Falle hat er entweder die Vereinbarung oder aber die für die Zustimmungsfiktion maßgeblichen Tatsachen darzulegen und ggf. zu beweisen.

57 Nach einer gem. Abs. 5 S. 4 durch den ArbGeb vorgenommenen **Änderung der neu verteilten Arbeitszeit** muss der ArbGeb die Einhaltung der einmonatigen Ankündigungsfrist und sein Interesse an der Änderung darlegen und beweisen. Auf den Vortrag des ArbGeb, dass keine überwiegenden Interessen des ArbN entgegenstehen, muss der ArbN im Wege einer abgestuften Darlegungs- und Beweislast substantiiert erwidern.

58 **3. Einstweilige Verfügung.** Da die Arbeitszeitverkürzung prozessual nur durch Klage auf Abgabe einer Willenserklärung durchgesetzt werden kann, kommt es **erst mit Rechtskraft des Urteils** zu einer endgültigen Verringerung der Arbeitszeit (§ 894 ZPO). Es stellt sich daher als widersprüchlich dar, wenn durch eine einstw. Verfügung im Ergebnis eine Vorwegnahme der Hauptsacheentscheidung erfolgen kann. Dennoch ist es auf Grund des Verfassungsgebotes eines effektiven Rechtsschutzes geboten, in Ausnahmefällen eine einstw. Verfügung auch dann zuzulassen, wenn die Willenserklärung nicht aus sich heraus vorläufig ist. Da auch im Urlaubsrecht aus Gründen der Effektivität des Rechtsschutzes eine einstw. Verfügung für zulässig gehalten wird, wird deshalb eine auf vorläufige Befriedigung gerichtete Verfügung des Teilzeitanspruchs aus § 8 für grds. zulässig erachtet. An die Darlegung und Glaubhaftmachung von Verfügungsanspruch und Verfügungsgrund sind aber wegen der teilweisen oder völligen Befriedigung infolge der einstw. Verfügung strenge Anforderungen zu stellen[6].

59 Dem **Verfügungsgrund** sind mit Rücksicht auf die gebotene Planungssicherheit für die betriebl. Disposition und die von der Arbeitszeitreduzierung betroffenen ArbN **enge Grenzen** gesetzt[7]. Erforderlich ist, dass der ArbN darlegt und glaubhaft macht, dass er auf sofortige Erfüllung dringend angewiesen und die geschuldete Handlung so kurzfristig zu erbringen ist, dass die Erwirkung eines Titels im ordentl. Verfahren nicht möglich ist, die Zurückweisung seines Antrags also einer Rechtsverweigerung gleichkäme[8]. Diese kann auch darin bestehen, dass bei Unterbleiben einer Entscheidung unumkehrbare Nachteile entstehen, die sich auch bei einem Obsiegen in der Hauptsache nicht mehr kompensie-

---

1 BAG 23.11.2004 – 9 AZR 644/03, NZA 2005, 769. || 2 *Schell*, S. 218; aA *Diller*, NZA 2001, 589. || 3 BAG 23.11.2004 – 9 AZR 644/03, NZA 2005, 769. || 4 BAG 18.2.2003 – 9 AZR 356/02, DB 2003, 1682; LAG Hamm 16.12.2004 – 8 Sa 1520/04, NZA-RR 2005, 405. || 5 LAG Köln 9.4.2003 – 3 Sa 975/02, LAGReport 2003, 293. || 6 LAG Hamburg 4.9.2006 – 4 Sa 41/06, NZA-RR 2007, 122. || 7 LAG Köln 5.3.2002 – 10 Ta 50/02, NZA-RR 2002, 635; aA *Dütz*, AuR 2003, 161. || 8 LAG Rh.-Pf. 12.4.2002 – 3 Sa 161/02, NZA 2002, 856; LAG Berlin 20.2.2002 – 4 Sa 2243/01, NZA 2002, 858: nicht auf Notfälle beschränkt; *Gotthardt*, NZA 2001, 1183.

ren lassen[1]. Außerdem muss ein **Verfügungsanspruch** vorliegen. Dazu ist Voraussetzung, dass betriebl. Ablehnungsgründe iSd. Abs. 4 S. 2 nicht ersichtlich oder mit hoher Wahrscheinlichkeit auszuschließen sind[2]. Inhaltlich ist jedoch die einstw. Verfügung auf vorläufigen Rechtsschutz beschränkt, also darauf, dass die Änderung der Arbeitszeit vorläufig bis zur Entscheidung in der Hauptsache erfolgt[3].

Auch der Anspruch auf **Festlegung der Arbeitszeit** kann erforderlichenfalls, nämlich bei Vorliegen dringender Gründe, im Wege einer einstw. Verfügung durchgesetzt werden[4]. 60

Der **Antrag** ist als Beschäftigungsantrag zu formulieren, wonach der ArbGeb verurteilt wird, bis zu einer Entscheidung in der Hauptsache den ArbN mit einer bestimmten Zahl von Wochenstunden an bestimmten Tagen zu bestimmten Zeiten zu beschäftigen. Dieser Antrag auf tatsächliche Beschäftigung entspricht zwar nicht dem Klageantrag, wie er im Hauptsacheverfahren gestellt werden muss. Letzterer stellt sich aber wegen des Eintritts der Fiktionswirkung des § 894 I 1 ZPO auch bei einer Beschränkung der Regelung bis zur Entscheidung in der Hauptsache im einstw. Verfügungsverfahren als widersprüchlich dar. Wenn dem Charakter des einstw. Rechtsschutzverfahrens Rechnung getragen und die Regelung bis zur rechtskräftigen Entscheidung in der Hauptsache begrenzt wird, so ist wegen der Notwendigkeit einer alsbaldigen Vollstreckungsmöglichkeit der Antrag auf tatsächliche Beschäftigung geradezu geboten. Bei einer Vollstreckung nach § 888 ZPO ist im Unterschied zu einer Vollstreckung gem. § 890 ZPO eine vorherige Androhung des Zwangsmittels nicht notwendig (§ 888 II ZPO)[5]. 61

Nach einer gem. Abs. 5 S. 4 durch den ArbGeb vorgenommenen **Änderung der neu verteilten Arbeitszeit** kommt ebenfalls eine einstw. Verfügung in Betracht[6]. Inhaltlich ist sie auf die vorläufige Weiterbeschäftigung zur bisherigen Arbeitszeitverteilung bzw. -lage gerichtet. Der Verfügungsgrund kann zB darin liegen, dass infolge der Änderung der Arbeitszeitlage das Kind des ArbN nicht mehr im Kindergarten betreut werden kann. 62

Umstritten ist, ob der ArbGeb zum **Schadensersatz** verpflichtet ist, wenn er einen Verringerungswunsch des ArbN schuldhaft rechtswidrig ablehnt. Als Anspruchsgrundlage kommt § 8 in Betracht iVm. einer Haftung wegen positiver Forderungsverletzung (§ 280 BGB) oder Verletzung eines Schutzgesetzes iSv. § 823 II BGB. Geht man von der Gesetzesbegründung[7] aus, so ist Ziel des Gesetzes, einen effektiven Beitrag zur Beschäftigungssicherung und zum Beschäftigungsaufbau zu leisten, die Beschäftigung von Frauen zu fördern, die Erleichterung ehrenamtlicher Aufgaben und anderer außerberuflicher Interessen sowie die Förderung von Aus- und Weiterbildung. Materielle Interessen werden danach nicht berücksichtigt[8]. Diese Ansicht übersieht jedoch, dass das Gesetz dem ArbN, der aus familiären und persönlichen Gründen die Vollzeittätigkeit aufgeben muss, die weitere Arbeitstätigkeit in Form der Teilzeittätigkeit ermöglichen will und damit seinem materiellen Interesse dient, das ArbVerh als Erwerbsgrundlage zu erhalten[9]. IdR wird die grundlos rechtswidrige Ablehnung jedoch keinen Schaden verursachen, weil der ArbN (zunächst) mit der höheren Arbeitszeit weiterarbeiten wird und deshalb keine Einkommenseinbuße erleidet. Der ArbN wird nur dann einen Schaden erleiden, wenn er entweder selbst vertragsbrüchig wird und eigenmächtig der Arbeit fernbleibt oder, was die Kausalität der grundlosen Ablehnung berührt, sich mit dem ArbGeb auf eine unbezahlte Freistellung von der Arbeit verständigt. 63

4. Streitwert. Unter Hinweis darauf, dass es bei der Arbeitszeitverringerung darum geht, in welchem Umfang wiederkehrende Leistungen – nämlich Arbeit – zu erbringen sind, wird teilweise der Streitwert nach § 42 III 1 GKG (früher § 12 VII 2 ArbGG) bemessen[10]. Tatsächlich herrscht jedoch bei der Frage der Arbeitszeitreduzierung kein Streit über wiederkehrende Leistungen. Vielmehr geht es um die Frage, ob das ArbVerh in dem bisherigen vertragl. Umfang weiter besteht. Demzufolge ist § 42 III 1 GKG nicht einschlägig. Der Streitwert ist daher nach § 3 ZPO festzusetzen. Nr. 8 des **Streitwertkatalogs**, der von der von den Präsidentinnen und Präsidenten der LAG eingesetzten Streitwertkommission vorgelegt wurde, sieht als Verfahrenswert bei einer Arbeitszeitreduzierung, die wirtschaftlich messbar ist, die 36-fache Monatsdifferenz, maximal die Vergütung für ein Vierteljahr und bei einer Arbeitszeitreduzierung ohne wirtschaftliche Messbarkeit die Bewertung wie bei einer Änderungskündigung ohne Vergütungsänderung, also eine Monatsvergütung, maximal zwei Monatsvergütungen, vor[11]. 64

9 *Verlängerung der Arbeitszeit*

Der Arbeitgeber hat einen teilzeitbeschäftigten Arbeitnehmer, der ihm den Wunsch nach einer Verlängerung seiner vertraglich vereinbarten Arbeitszeit angezeigt hat, bei der Besetzung eines entsprechenden freien Arbeitsplatzes bei gleicher Eignung bevorzugt zu berücksichtigen, es sei denn,

---

1 LAG Hamm 6.5.2002 – 8 Sa 641/02, NZA-RR 2003, 178: Interesse an einer eigenen Betreuung eines dreijährigen Kindes; LAG Hamburg 4.9.2006 – 4 Sa 41/06, NZA-RR 2007, 122: Vermeidung einer ganzheitlichen Fremdbetreuung der Kinder. ||2 LAG Berlin 20.2.2002 – 4 Sa 2243/01, NZA 2002, 858; LAG Köln 5.3.2002 – 10 Ta 50/02, DB 2002, 1280. ||3 LAG Hamburg 4.9.2006 – 4 Sa 41/06, NZA-RR 2007, 122. ||4 *Gotthardt*, NZA 2001, 1183; anders ArbG Nürnberg 28.11.2003 – 14 Ga 114/03, BB 2004, 560: Antrag ist als Beschäftigungsverfügung zu formulieren. ||5 S. dazu *Tiedemann*, ArbRB 2006, 284. ||6 *Gotthardt*, NZA 2001, 1183. ||7 BT-Drs. 14/4374, Allg. Teil der Begr. ||8 *Hanau*, NZA 2005, 1168. ||9 LAG Düss. 2.7.2003 – 12 Sa 407/03, NZA-RR 2004, 234. ||10 LAG Köln 5.4.2005 – 3 Ta 61/05, NZA 2005, 1135; *Kliemt*, NZA 2001, 63 (68); *Straub*, NZA 2001, 919 (925). ||11 *Bader/Jörchel*, NZA 2013, 809; aA die Stellungnahme der BRAK Nr. 20/2013.

dass dringende betriebliche Gründe oder Arbeitszeitwünsche anderer teilzeitbeschäftigter Arbeitnehmer entgegenstehen.

1 **I. Inhalt und Zweck.** Nach dieser Vorschrift wird jedem teilzeitbeschäftigten ArbN der **Anspruch** eingeräumt, unter bestimmten Voraussetzungen seine Arbeitszeit zu verlängern[1]. Beansprucht werden kann nur eine Verlängerung der Arbeitszeit, nicht aber eine Veränderung der Arbeitszeitlage, obwohl sich die nach § 7 II vom ArbGeb zu erteilenden Informationen auch darauf erstrecken müssen. § 9 begünstigt nicht nur ArbN, die ihre Arbeitszeit nach § 8 verringert haben und nun zur früheren Arbeitszeit zurückkehren wollen, sondern jeden teilzeitbeschäftigten Mitarbeiter, auch geringfügig Beschäftigte (§ 2 II). Höchstgrenze für das Verlangen nach Verlängerung der Arbeitszeit ist die Arbeitszeit eines vergleichbaren Vollzeitbeschäftigten (§ 2). Es wird hiermit § 5 III Buchst. b und c der Rahmenvereinbarung über Teilzeitarbeit (RL 97/81/EG) umgesetzt, wobei die Rechte der Teilzeitbeschäftigten bei der Umsetzung in das deutsche Recht eine Bestärkung erfahren haben.

2 **II. Begünstigte Arbeitnehmer.** Durch diese Vorschrift werden alle ArbN begünstigt, die **nicht Vollzeitbeschäftigte** iSd. gem. § 2 I vorzunehmenden Abgrenzung sind. Es besteht also nicht lediglich ein Rückkehrrecht für ArbN, die einmal von Vollzeit in Teilzeit gewechselt sind. Vielmehr können auch ArbN, die als Teilzeitbeschäftigte neu eingestellt worden sind, eine Arbeitszeitverlängerung nach dieser Vorschrift einfordern. Der Koalitionsvertrag für die 18. Legislaturperiode sieht vor, dass für ArbN, die wegen Kindererziehung oder der Pflege von Angehörigen ihre Arbeitszeit reduziert haben, sichergestellt wird, dass sie wieder zur früheren Arbeitszeit zurückkehren können[2]. Obwohl hierzu ein Anspruch auf befristete Teilzeitarbeit geschaffen werden soll, wird in einem Klammerzusatz von einem insoweit für § 9 relevanten „Rückkehrrecht" gesprochen[3]. Eine § 8 I entsprechende **Wartefrist** oder eine dem § 8 VI entsprechende **Sperrfrist** sind nicht einzuhalten. Die Vorschrift gilt auch für befristet beschäftigte ArbN. Anders als für die in § 8 VII und § 15 VII Nr. 1 BEEG geregelten Arbeitszeitverringerung gibt es keine Ausnahme für **Kleinunternehmen**.

3 **III. Voraussetzungen. 1. Wunsch nach Arbeitszeitverlängerung.** Es muss ein **konkreter Wunsch** nach Arbeitszeitverlängerung mitgeteilt worden sein. Insoweit ist diese Vorschrift eine Ergänzung und zugleich auch Folge der Informationspflicht nach § 7 II. Es ist keine der Regelung des § 8 II 1 entsprechende Frist und kein Formerfordernis einzuhalten. Der Umfang der gewünschten Verlängerung muss nicht konkretisiert sein. Um beurteilen zu können, ob dringende betriebl. Gründe dem Verlängerungswunsch entgegenstehen, kann es jedoch notwendig sein, dem ArbGeb genaue Angaben zu machen und sich festzulegen. Die Verlängerung kann nur auf die vertragl. vereinbarte Arbeitszeit bezogen sein. Ein anderes Arbeitszeitmodell, das regelmäßig auch mit einer nicht zu beanspruchenden Veränderung der Arbeitszeitlage verbunden wäre, kann also mit dem Verlängerungswunsch nicht geltend gemacht werden.

4 **2. Entsprechender freier Arbeitsplatz.** Es muss ein Arbeitsplatz **verfügbar** sein, der der arbeitsvertragl. gestellten Arbeitsaufgabe und den Vorstellungen hinsichtlich der Arbeitszeitverlängerung des betroffenen ArbN entspricht[4]. Der Arbeitsplatz muss der Wertigkeit des derzeitigen oder früheren[5] Arbeitsplatzes entsprechen. Ein wegen der Arbeitsanforderungen und -inhalte sowie vorausgesetzten Fähigkeiten tarifl. höher bewerteter Arbeitsplatz ist nicht vergleichbar, es sei denn, das Anforderungsprofil entspricht der ursprünglich ausgeübten Tätigkeit. Eine bloße Abweichung in der Vergütung hat keinen Einfluss auf die Vergleichbarkeit[6]. Es ist kein freier Arbeitsplatz einzurichten, aber auch nicht beizubehalten, wenn er wegen der programmgestaltenden Tätigkeit nicht mehr mit ArbN, sondern mit freien Mitarbeitern besetzt werden soll[7]. Dies bleibt der unternehmerischen Organisationsentscheidung vorbehalten. Da zu Gunsten von **befristet Beschäftigten** eine der Vorschrift des § 9 entsprechende Regelung fehlt, muss deren Interesse an der Übernahme in ein unbefristetes ArbVerh hinter dem des Teilzeitbeschäftigten zurücktreten, sofern nicht dringende betriebl. Gründe dagegen sprechen. Soweit **kein neuer Arbeitsplatz** eingerichtet wird, ist der ArbGeb in der Auswahl frei, welchen Teilzeitbeschäftigten er eine Verlängerung der Arbeitszeit anbietet[8]. § 9 verpflichtet ihn auch nicht, das gestiegene Arbeitszeitvolumen auf alle interessierten Teilzeitbeschäftigten gleichmäßig zu verteilen[9].

5 Der an einer Verlängerung der Arbeitszeit interessierte ArbN hat keinen Anspruch darauf, dass ein **frei werdender Teilzeitarbeitsplatz oder neu zu besetzender freier Arbeitsplatz** in der Weise mit seinem Arbeitsplatz verbunden wird, dass seine Arbeitszeit um die frei gewordene Arbeitszeit **aufgestockt** wird, wenn dem die betriebl. vorgegebene Situation entgegensteht. Die Bestimmung, inwieweit ein bestimmter Dienstleistungsbedarf mit Vollzeit- und inwieweit er mit Teilzeitkräften abgedeckt wird, gehört zum Bereich der „Unternehmenspolitik", obliegt also der unternehmerischen Entscheidung. Die unternehmerische Betätigungsfreiheit wird aber im Gegensatz zur kündigungsrechtl. Rspr. vom BAG in nicht ohne weiteres nachvollziehbarer Weise eingeschränkt. Ggü. dem Verlangen eines ArbN, seinen Teilzeitvertrag in einen Vollzeitvertrag aufzustocken, kann sich der ArbGeb nicht lediglich darauf beru-

---

1 BAG 15.8.2006 – 9 AZR 8/06, NZA 2007, 255; 8.5.2007 – 9 AZR 874/06, NZA 2007, 1349. ‖ 2 2.2 des Koalitionsvertrages v. 27.11.2013, NZA 2013, Heft 23, IX. ‖ 3 S. hierzu auch *Schmalenberg*, FS Bauer, 2010, S. 945. ‖ 4 BAG 8.5.2007 – 9 AZR 874/06, NZA 2007, 1349. ‖ 5 BAG 16.9.2008 – 9 AZR 781/07, NZA 2008, 1285. ‖ 6 BAG 8.5.2007 – 9 AZR 874/06, NZA 2007, 1349. ‖ 7 LAG Köln 19.5.2011 – 13 Sa 1567/10, AE 02/2012, Nr. 87. ‖ 8 BAG 13.2.2007 – 9 AZR 575/05, NZA 2007, 807. ‖ 9 BAG 13.2.2007 – 9 AZR 575/05, NZA 2007, 807.

fen, er habe die **unternehmerische Entscheidung** getroffen, grds. nur Teilzeitkräfte zu beschäftigen[1]. Die Rspr. hält die Ablehnung nur dann für gerechtfertigt, wenn das zugrunde gelegte Arbeitzeitmodell durch eine **aufgabenbezogene unternehmerische Entscheidung** infolge einer personellen Konzeption bedingt ist[2]. Es müssen **arbeitsplatzbezogene Sachgründe** bestehen. Eine derartige aufgabenbezogene unternehmerische Entscheidung ist aber dann unbeachtlich, wenn sie offenbar unvernünftig oder willkürlich ist. Es obliegt danach dem ArbGeb darzulegen, welche arbeitsplatzbezogenen Gründe für die ausschließliche Einrichtung und den Beibehalt von Teilzeitstellen maßgeblich sind[3].

Es sind nicht nur freie Arbeitsplätze im Beschäftigungsbetrieb zu berücksichtigen, sondern in Ergänzung der Regelung des § 7 II **im gesamten Unternehmen**. 6

3. Eignung. Der teilzeitbeschäftigte ArbN muss für den freien Arbeitsplatz **fachlich und persönlich** geeignet sein. Dies ist der Fall, wenn der teilzeitbeschäftigte ArbN bisher schon die gleichen Arbeitsanforderungen erfüllen musste, die sich an dem freien Arbeitsplatz stellen. Das Anforderungsprofil hierfür kann der ArbGeb vorgeben. Die erforderliche Eignung setzt voraus, dass der ArbN ohne zusätzliche Ausbildung die Arbeit aufnehmen kann. Jedoch steht der Eignung nicht entgegen, dass der teilzeitbeschäftigte ArbN wie ein externer Bewerber eine Einarbeitungszeit benötigt. Dem ArbGeb steht für die Feststellung der Eignung auch im Hinblick eines zur Auswahl stehenden externen Bewerbers ein Beurteilungsspielraum zu. 7

IV. Umsetzung des Verlängerungswunsches. 1. Bevorzugung. Sind für den freien Arbeitsplatz externe Bewerber vorhanden, ist der Teilzeitbeschäftigte bevorzugt zu berücksichtigen, sofern er gleich oder besser geeignet ist. Dasselbe gilt, wenn ein interner Bewerber vorhanden ist, der bereits mit der Arbeitszeit arbeitet, die der freie Arbeitsplatz aufweist. 8

2. Dringende betriebliche Gründe. Der Anspruch auf Berücksichtigung des Arbeitszeitverlängerungswunsches entfällt nur bei entgegenstehenden „dringenden betrieblichen Gründen". Insoweit sind die Anforderungen schon vom Wortlaut her höher als nach § 8 IV. Im Regelfall ist daher unter den genannten Voraussetzungen den Interessen des ArbN zu entsprechen, der die Arbeitszeit verlängern will. Nur besonders gewichtige Gründe rechtfertigen eine Ablehnung[4]. Die in § 9 angeführten betriebl. Gründe betreffen die personelle Auswahl[5]. Sofern der „entsprechende" Arbeitsplatz vorhanden ist und der ArbN auch „gleich geeignet" ist, können Ablehnungsgründe nur auf Umstände gestützt werden, die mit dem zeitlichen Zuschnitt des Arbeitsplatzes nichts zu tun haben. Das Erfordernis der arbeitsplatzbezogenen Gründe für das dem Verlängerungsverlangen entsprechende Arbeitsplatzangebot kann somit nicht als dringender betriebl. Grund dem Verlängerungsverlangen des teilzeitbeschäftigten ArbN entgegengesetzt werden. Die Gründe können auf der mangelnden Qualifikation des ArbN beruhen. Sie können sich aber auch aus der Organisation, den Arbeitsabläufen oder der Sicherheit des Betriebes ergeben[6]. Auch vorrangig zu berücksichtigende Ansprüche Dritter können als dringende betriebl. Gründe dem Verlängerungswunsch entgegenstehen. Dies können besondere Einstellungsansprüche auf Grund Gesetzes (§ 78a II BetrVG) oder tarif- oder einzelvertragl. Übernahmeverpflichtungen, Teilzeitwünsche anderer ArbN sowie die Notwendigkeit der Versetzung zur Vermeidung einer betriebsbedingten Kündigung sein. Im Unterschied zu dieser Bestimmung kann nach § 15 V 5 BEEG ein ArbN nach der Elternzeit ohne diese Einschränkung der dringenden betriebl. Gründe eine Rückkehr zur Vollzeittätigkeit verlangen, wenn er vor der Elternzeit in Vollzeit tätig war. 9

3. Berücksichtigung anderer teilzeitbeschäftigter Arbeitnehmer. Eine **Bevorzugung** scheidet aus, wenn auch andere Teilzeitbeschäftigte eine Verlängerung der Arbeitszeit, wie sie der freie Arbeitsplatz bietet, wünschen. Sind diese internen Bewerber gleich geeignet, so ist unter ihnen zwar keine Sozialauswahl iSd. § 1 III KSchG zu treffen, wie dies der ursprüngliche Gesetzentwurf vorsah. Im Hinblick auf die gesetzl. vorgesehene Berücksichtigung der Arbeitszeitwünsche anderer teilzeitbeschäftigter ArbN hat der ArbGeb bei gleich geeigneten internen Bewerbern die volle Auswahlfreiheit. Der ArbGeb ist bei seiner Auswahlentscheidung nicht an die **Grundsätze billigen Ermessens** gebunden[7], da es um die Änderung eines bestehenden Arbeitsvertrages geht, nicht um die bloße Ausübung des Weisungsrechts. Er ist auch nicht verpflichtet, ein gestiegenes Arbeitszeitvolumen auf alle interessierten Teilzeitbeschäftigten gleichmäßig zu verteilen[8]. 10

V. Durchsetzung. 1. Klage. Da man von einem **individuellen Rechtsanspruch** des Teilzeitbeschäftigten auf bevorzugte Berücksichtigung bei der Besetzung eines freien Arbeitsplatzes auszugehen hat, der die gewünschte Arbeitszeit aufweist, kann der betroffene ArbN eine Vertragsänderung mit der Klage nach § 894 I 1 ZPO durchsetzen[9]. Auf Grund des § 311a I BGB kann auch eine **rückwirkende Vertragsänderung** begehrt werden. In diesem Fall ist der Zeitpunkt der beanspruchten Vertragsänderung im Klageantrag anzuführen. 11

---

[1] BAG 15.8.2006 – 9 AZR 8/06, NZA 2007, 255; LAG Köln 9.7.2009 – 7 Sa 1386/08, NZA-RR 2010, 515. ‖ [2] BAG 15.8.2006 – 9 AZR 8/06, NZA 2007, 255. ‖ [3] BAG 15.8.2006 – 9 AZR 8/06, NZA 2007, 255. ‖ [4] *Lindemann/Simon*, BB 2001, 146. ‖ [5] BAG 15.8.2006 – 9 AZR 8/06, NZA 2007, 255; so auch der Koalitionsvertrag v. 27.11.2013 zu 2.2, NZA 2013, Heft 23, IX. ‖ [6] *Schell*, S. 176. ‖ [7] BAG 13.2.2007 – 9 AZR 575/05, NZA 2007, 807; aA *Lindemann/Simon*, BB 2001, 146. ‖ [8] BAG 13.2.2007 – 9 AZR 575/05, NZA 2007, 807. ‖ [9] BAG 8.5.2007 – 9 AZR 874/06, NZA 2007, 1349.

12 ● **Formulierungsvorschlag** für den **Klageantrag:**
... die Beklagte zu verurteilen, das Angebot des Klägers auf Verlängerung der vertraglichen Arbeitszeit um ... auf ... Wochenstunden anzunehmen.

Da es auch hier um die Abgabe einer Willenserklärung geht[1], wird die geltend gemachte Verlängerung der Arbeitszeit erst mit der Rechtskraft des Urteils wirksam (§ 894 ZPO).

13 Der **Streitwert** ist nach den Grundsätzen zu bewerten, die für die Arbeitszeitreduzierung gelten. Es wird insoweit auf § 8 Rz. 64 verwiesen.

14 2. **Einstweilige Verfügung.** Mit der Besetzung durch einen Dritten erlischt der Anspruch auf Berücksichtigung des Verlängerungswunsches. Um dies zu verhindern kann ein erhebliches Rechtsschutzinteresse daran bestehen, die endgültige Besetzung der Stelle mit einem konkurrierenden Mitbewerber im Wege der einstw. Verfügung zu verhindern. Es kann daher im Wege der einstw. Verfügung der Anspruch auf Unterlassung der Besetzung des freien Arbeitsplatzes geltend gemacht werden. Diese Sicherung wird man als ausreichend betrachten können, so dass eine vorläufige Übertragung des Arbeitsplatzes mit der längeren Arbeitszeit nicht in Betracht kommt[2].

15 3. **Darlegungs- und Beweislast.** Für das ausgesprochene konkrete Verlangen nach einer Arbeitszeitverlängerung sowie das Vorhandensein eines freien geeigneten Arbeitsplatzes zur Zeit der letzten mündlichen Verhandlung trägt der ArbN die Darlegungs- und Beweislast. Zu der Eignung obliegt dem ArbN eine abgestufte Darlegungs- und Beweislast. Behauptet der ArbN, er sei für die Tätigkeit geeignet, so hat der ArbGeb ungeachtet seines gegebenen Beurteilungsspielraums nachvollziehbar darzulegen, weshalb der TeilzeitArbN im Vergleich zum Konkurrenten nicht über die gleiche Eignung verfügt. Hinsichtlich der entgegenstehenden dringenden betriebl. Gründe und der zu Gunsten interner Bewerber getroffenen Ermessensentscheidung trägt der ArbGeb die Darlegungs- und Beweislast. Gem. dem Koalitionsvertrag v. 27.11.2013 soll für TeilzeitArbVerh die Darlegungslast im TzBfG auf den ArbGeb übertragen werden[3].

16 4. **Schadensersatzansprüche.** Hat der ArbGeb den freien Arbeitsplatz einem anderen Bewerber überlassen, so kann ein Anspruch auf Schadensersatz gem. §§ 280 I, III, 283 BGB in Betracht kommen, wenn der Anspruch aus § 9 vor der Besetzung der freien Stelle bestand. Dieser Anspruch ist auf die Differenz zwischen der bisherigen Vergütung und derjenigen Vergütung gerichtet, die der TeilzeitArbN auf der Vollzeitstelle erhalten hätte. Voraussetzung ist, dass es sich um eine freie Stelle handelt, die der TeilzeitArbN – bis auf die Änderung der regelmäßigen Arbeitszeit – ohne jede Vertragsänderung hätte übernehmen können (es sei denn, dass wegen der ursprünglich ausgeübten Tätigkeit mit der Arbeitszeitverlängerung eine höherwertige Tätigkeit beansprucht werden konnte), und er ggü. dem Konkurrenten als gleich geeignet anzusehen ist.

17 VI. **Mitbestimmung.** Soll ein **anderer Bewerber** unter Übergehung des Veränderungsanspruchs nach § 9 eingestellt werden, so hat der BR ein Widerspruchsrecht nach § 99 II Nr. 3 BetrVG[4].

18 Für ein MitbestR hinsichtlich der **Veränderung der Arbeitszeit** ist entscheidend, ob die Veränderung einer Neueinstellung iSd. § 99 I BetrVG entspricht. Das MitbestR des BR ist also nicht von vornherein wegen des durch § 9 eingeschränkten Regelungsspielraums des ArbGeb ausgeschlossen[5]. Bei der Aufstockung der Arbeitszeit kann daher ein MitbestR gem. § 99 BetrVG in Betracht kommen, wenn sie nach Umfang und Zeitdauer als nicht unerheblich angesehen werden muss[6]. Maßgeblich ist insoweit nicht eine betriebsbezogene Betrachtungsweise, sondern die Arbeitszeitverlängerung für den einzelnen ArbN[7]. Von einer Einstellung iSv. § 99 I BetrVG ist regelmäßig auszugehen, wenn die Arbeitszeitverlängerung für mehr als einen Monat gilt (insoweit in Anlehnung an die in § 95 III 1 BetrVG zum Ausdruck kommende Wertung) und mindestens zehn Stunden pro Woche beträgt (in Rückgriff auf § 12 I 3)[8]. Die „Einstellung" iS einer Eingliederung in den Betrieb wird von zeitlichen Ausmaß der Eingliederung bestimmt, so dass die Verlängerung des bisherigen Arbeitszeitvolumens von der Zustimmung des BR zur erstmaligen Einstellung des ArbN nicht gedeckt ist[9]. Auch kann ein MitbestR nach § 99 BetrVG bestehen, wenn mit der Arbeitszeitverlängerung eine Versetzung verbunden ist. Es wird insoweit auf die Komm. zu § 99 BetrVG verwiesen. – Die **vorübergehende Verlängerung** der betriebsüblichen Arbeitszeit unterliegt der Mitbestimmung nach § 87 I Nr. 3 BetrVG[10].

19 § 9 ist gem. § 22 **zwingend.** Auch ein TV kann keine ungünstigere Regelung bestimmen.

10 *Aus- und Weiterbildung*
Der Arbeitgeber hat Sorge zu tragen, dass auch teilzeitbeschäftigte Arbeitnehmer an Aus- und Weiterbildungsmaßnahmen zur Förderung der beruflichen Entwicklung und Mobilität teilnehmen können, es sei denn, dass dringende betriebliche Gründe oder Aus- und Weiterbildungswünsche anderer teilzeit- oder vollzeitbeschäftigter Arbeitnehmer entgegenstehen.

---

1 BAG 13.2.2007 – 9 AZR 575/05, NZA 2007, 807. ||2 *Gotthardt*, NZA 2001, 1183. ||3 Koalitionsvertrag zu 2.2, NZA 2013, Heft 23, IX. ||4 LAG Schl.-Holst. 26.8.2008 – 5 TaBV 18/08, NZA-RR 2009, 139. ||5 So *Boecken/Joussen*, TzBfG § 9 Rz. 41. ||6 BAG 25.1.2005 – 1 ABR 59/03, DB 2005, 1630; aA *Rieble/Gutzeit*, NZA 2002, 7. ||7 BAG 15.5.2007 – 1 ABR 32/06, NJW Spezial 2007, 482. ||8 BAG 9.12.2008 – 1 ABR 74/07, NZA-RR 2009, 260. ||9 BAG 25.1.2005 – 1 ABR 59/03, DB 2005, 1630. ||10 BAG 24.4.2007 – 1 ABR 47/06, NZA 2007, 818.

I. Inhalt und Zweck. Die Bedeutung der Vorschrift erschöpft sich in der Betonung des auch im Aus- und Weiterbildungsbereich zur **Förderung der beruflichen Entwicklung und Mobilität** bestehenden Diskriminierungsverbots. Teilzeitbeschäftigte ArbN sollen die gleichen Chancen zum beruflichen Aufstieg eingeräumt werden wie Vollzeitbeschäftigten. Die Bestimmung setzt § 5 III Buchst. d Alt. 2 der Rahmenvereinbarung über Teilzeitarbeit (RL 97/81/EG) um.

II. Voraussetzungen und Maßnahmen. Der Begriff der **Aus- und Weiterbildungsmaßnahmen** zur Förderung der beruflichen Entwicklung und Mobilität erfasst alle Maßnahmen der Berufsbildung iSd. § 1 I BBiG, also Berufsausbildung, berufliche Fortbildung und berufliche Umschulung. Die Vorschrift betrifft jedoch nicht Aus- und Weiterbildungsmaßnahmen jeglicher Art, sondern nur solche, die die berufliche Entwicklung und Mobilität fördern können. Dazu gehören aber nicht nur Maßnahmen, die die aktuelle Tätigkeit des Teilzeitbeschäftigten betreffen, sondern auch Bildungsmaßnahmen zur Verbesserung der beruflichen Qualifikation, die die berufliche Mobilität fördern. Bildungsmaßnahmen, die für das berufliche Fortkommen des Teilzeitbeschäftigten von Bedeutung sind, zählen deshalb ebenfalls dazu. Zu den durch die Vorschrift erfassten Bildungsmaßnahmen gehören auch solche, die außerhalb der Arbeitszeit und außerhalb des Betriebes stattfinden.

Allerdings bleiben die von der Rspr. aufgestellten Möglichkeiten und Regeln über die **Rückzahlung von Ausbildungskosten** unberührt. Daneben bestehen die Weiterbildungsansprüche nach den Bildungsurlaubsgesetzen der Bundesländer.

Aus der gesetzl. Regelung ergibt sich für den Teilzeitbeschäftigten **kein konkreter Anspruch** auf eine Aus- und Weiterbildung. Ein solcher Anspruch kann sich allenfalls aus einem Verstoß gegen den **Gleichbehandlungsgrundsatz** ergeben. Der ArbGeb wird nur aufgefordert, Teilzeitbeschäftigte gleichberechtigt an den Aus- und Weiterbildungsmaßnahmen teilhaben zu lassen, die den VollzeitArbN angeboten werden. Bedeutsam werden kann die vorherige Versagung der Teilnahme an einer Aus- und Weiterbildungsmaßnahme, wenn in einer **sozialen Auswahl** anlässlich einer betriebsbedingten Kündigung wegen der geringeren Qualifikation unterschieden wird. Dies kann im Einzelfall unzulässig sein.

III. Entgegenstehende Gründe. Ausgenommen werden können Teilzeitbeschäftigte von Aus- und Weiterbildungsmaßnahmen, wenn dies aus **dringenden betriebl. Gründen** erforderlich ist. Diese können zB darin bestehen, dass durch die Teilnahme an der Bildungsmaßnahme mehr als unwesentliche Störungen der Organisation bzw. erhebliche betriebl. Einschränkungen drohen oder die Kosten unverhältnismäßig hoch sind. Ein dringender betriebl. Grund kann auch darin liegen, dass die Arbeitskraft des teilzeitbeschäftigten ArbN unabdingbar ist und eine entsprechende Ersatzkraft im vorgesehenen Zeitraum der Aus- oder Weiterbildungsmaßnahme nicht zur Verfügung steht. Darüber hinaus ist der Aus- und Weiterbildungswunsch eingeschränkt durch die **Weiterbildungswünsche anderer teilzeit- oder vollzeitbeschäftigter ArbN**. Insoweit kann der ArbGeb die Auswahl nach billigem Ermessen treffen (§ 315 I BGB). Sie darf aber nicht dem Diskriminierungsverbot widersprechen. Auch sind berufliche und soziale Gründe zu beachten, wie die in der Gesetzesbegründung genannten Aus- und Weiterbildungswünsche vollzeitbeschäftigter älterer ArbN oder teilzeitbeschäftigter ArbN mit Unterhaltsverpflichtungen.

Dieser Vorschrift entspricht die an die Betriebsparteien gerichtete Verpflichtung in § 96 II 2 BetrVG.

11 Kündigungsverbot

Die Kündigung eines Arbeitsverhältnisses wegen der Weigerung eines Arbeitnehmers, von einem Vollzeit- in ein Teilzeitarbeitsverhältnis oder umgekehrt zu wechseln, ist unwirksam. Das Recht zur Kündigung des Arbeitsverhältnisses aus anderen Gründen bleibt unberührt.

I. Inhalt. Da der ArbGeb dem ArbN einen Wechsel von Vollzeit- zu Teilzeitarbeit oder umgekehrt nicht ohne Vorliegen entsprechender betriebl. Erfordernisse aufzwingen kann, bestimmt diese Vorschrift, dass ein ArbGeb einem ArbN **nicht kündigen darf**, weil dieser sich weigert, von einem Vollzeit- in ein TeilzeitArbVerh oder umgekehrt zu wechseln. Mit dieser Bestimmung wird § 5 II der Rahmenvereinbarung über Teilzeitarbeit (RL 97/81/EG) umgesetzt.

II. Bedeutung. Das Kündigungsverbot des S. 1 ergibt sich bereits aus dem Maßregelungsverbot des § 612a BGB. Deshalb darf diese Weigerung auch nicht entscheidender Anlass für eine Aufhebungsvereinbarung sein. Ansonsten wäre die Wirksamkeit der Aufhebungsvereinbarung infrage gestellt.

Es handelt sich um ein **besonderes Kündigungsverbot** iSv. § 13 III KSchG. Für die Geltendmachung der Unwirksamkeit einer derartigen Kündigung bedarf es der Einhaltung der dreiwöchigen Klagefrist nach § 4 KSchG. Es gelten aber nicht die Wartezeit des § 1 I KSchG sowie die Kleinbetriebsklausel nach § 23 I KSchG.

Voraussetzung ist aber, dass tragender Grund für die Kündigung die Weigerung des ArbN ist, sein Arbeitszeitvolumen zu ändern[1]. Dies **darzulegen** und zu **beweisen** obliegt dem sich hierauf berufenden ArbN.

---

1 *Preis/Gotthardt*, DB 2000, 2065; *Lindemann/Simon*, BB 2001, 146.

5   Kündigungen **aus anderen Gründen**, die zur Änderung oder Beendigung des ArbVerh führen, bleiben möglich. Insb. sind daher aus wirtschaftl., technischen oder organisatorischen Gründen ausgesprochene betriebsbedingte Änderungs- oder Beendigungskündigungen zulässig. So kann einem Vollzeitbeschäftigten eine Änderungskündigung auf Verringerung der Arbeitszeit ausgesprochen werden, wenn dies durch einen geringeren Arbeitsanfall bedingt ist. Auch kann eine unternehmerische Organisationsentscheidung, künftig keine Teilzeitkräfte mehr, sondern nur noch Vollzeitkräfte beschäftigen zu wollen, eine Kündigung rechtfertigen, sofern das Organisationskonzept von plausiblen wirtschaftl. oder unternehmenspolitischen Gründen getragen wird[1].

12 *Arbeit auf Abruf*

(1) Arbeitgeber und Arbeitnehmer können vereinbaren, dass der Arbeitnehmer seine Arbeitsleistung entsprechend dem Arbeitsanfall zu erbringen hat (Arbeit auf Abruf). Die Vereinbarung muss eine bestimmte Dauer der wöchentlichen und täglichen Arbeitszeit festlegen. Wenn die Dauer der wöchentlichen Arbeitszeit nicht festgelegt ist, gilt eine Arbeitszeit von zehn Stunden als vereinbart. Wenn die Dauer der täglichen Arbeitszeit nicht festgelegt ist, hat der Arbeitgeber die Arbeitsleistung des Arbeitnehmers jeweils für mindestens drei aufeinander folgende Stunden in Anspruch zu nehmen.

(2) Der Arbeitnehmer ist nur zur Arbeitsleistung verpflichtet, wenn der Arbeitgeber ihm die Lage seiner Arbeitszeit jeweils mindestens vier Tage im Voraus mitteilt.

(3) Durch Tarifvertrag kann von den Absätzen 1 und 2 auch zuungunsten des Arbeitnehmers abgewichen werden, wenn der Tarifvertrag Regelungen über die tägliche und wöchentliche Arbeitszeit und die Vorankündigungsfrist vorsieht. Im Geltungsbereich eines solchen Tarifvertrages können nicht tarifgebundene Arbeitgeber und Arbeitnehmer die Anwendung der tariflichen Regelungen über die Arbeit auf Abruf vereinbaren.

I. Inhalt und Zweck	1	IV. Abruf zur Arbeitsleistung (Abs. 2)	15
II. Begriff und Umsetzungsmöglichkeiten	2	1. Gesetzliche Voraussetzung (Mindestankündigungsfrist)	15
1. Dauerbeschäftigungsverhältnis	2		
2. Abrufarbeit in Vollzeit/Teilzeit	6	2. Abweichende vertragliche Regelungen	21
3. Mehrarbeit/Überstunden	7	3. Nichteinhaltung der Abruffrist und -dauer	22
III. Inhalt und Gestaltung des Vertrages (Abs. 1)	8	V. Tarifliche Regelungen (Abs. 3)	26
1. Vertragliche Grundlage (Abs. 1 S. 1)	8	VI. Betriebsvereinbarungen	28
2. Arbeitszeitrahmen bzw. Bezugszeitraum (Abs. 1 S. 2, 3 u. 4)	10	VII. Vergütung und Urlaub	29
3. Vertragliche Abweichungen	13	VIII. Darlegungs- und Beweislast	32

1   **I. Inhalt und Zweck.** Die Vorschrift regelt Bedingungen für Vereinbarungen über **Arbeit auf Abruf**. Sie fordert die vertragl. Festlegung einer wöchentlichen und täglichen Arbeitszeitdauer, für die Arbeitszeitdauer die Vereinbarung einer Mindestdauer und legt eine Mindestankündigungsfrist fest. Die in dieser Bestimmung geregelte Arbeit auf Abruf ist eine typische, wenn auch nicht die einzige Gestaltungsform flexibler Arbeitszeitregelung. Mit der Abrufarbeit wird dem Interesse an einer bedarfsorientierten Anpassung der Arbeitszeit entsprochen. Vielfach werden auch die Ausdrücke KAPOVAZ-Verträge (kapazitätsorientierte variable Arbeitszeit) oder Bedovaz/BAVAZ-Verträge (bedarfsabhängige variable Arbeitszeit) verwandt. Zur Abrufarbeit zählen auch Mischformen, bei denen ein Teil der Arbeitszeit nach Lage und Dauer fest bestimmt ist, während ein weiterer Teil variabel bleibt. So können eine **Mindestarbeitszeit** und ein von der tatsächlich geleisteten Arbeit abhängiges Entgelt vereinbart werden[2]. Nicht unter den Begriff der Abrufarbeit fällt **Gleitzeit**, da hier Arbeitsbeginn und Arbeitsende von dem ArbN selbst bestimmt werden, wobei häufig eine Kernzeit einzuhalten ist. Ebenfalls wird die **Vertrauensarbeitszeit/Zeitsouveränität** von dieser Bestimmung nicht erfasst. Hierbei erfüllt der ArbN das vertragl. vereinbarte Arbeitszeitkontingent selbständig und eigenverantwortlich. Auch **Überstundenkontenregelungen** stellen keine Abrufarbeit dar, da lediglich Überstunden auf einem Arbeitszeitkonto gutgeschrieben werden, die später als arbeitsfreie Zeit in Anspruch genommen werden können. Zu den Arbeitszeitmodellen und ihren Begriffen s. § 2 ArbZG Rz. 15.

Die TV-Parteien können auch zuungunsten der ArbN von den Vorschriften über die Anpassung der Arbeitszeit an den Arbeitsanfall abweichen, wenn sie Vorschriften über die tägliche und wöchentliche Arbeitszeit und die Vorankündigungsfrist treffen[3].

2   **II. Begriff und Umsetzungsmöglichkeiten. 1. Dauerbeschäftigungsverhältnis.** Mit der in dieser Vorschrift geregelten Abrufarbeit wird dem ArbGeb die Möglichkeit gegeben, auch im Rahmen eines Dauerbeschäftigungsverhältnisses einem **diskontinuierlich auftretenden Arbeitsbedarf** zu entsprechen und demgemäß die Arbeitszeit dem Arbeitsanfall anzupassen. Der **ArbGeb** kann die Arbeitsleistung für

---

1 *Preis/Gotthardt*, DB 2000, 2065. ||2 BAG 7.12.2005 – 5 AZR 535/04, BB 2006, 829. ||3 BT-Drs. 14/4374, 18.

eine bestimmte Dauer und zu einem bestimmten Zeitpunkt abrufen. Dies geschieht regelmäßig im Rahmen eines arbeitsvertragl. festgelegten Arbeitszeitdeputats bzw. Arbeitszeitbudgets.

Aus dem Dauerbeschäftigungsverhältnis folgt umgekehrt eine Verpflichtung zur Zahlung eines **regelmäßigen Arbeitsentgelts**. Es richtet sich nach dem auf den Vergütungszeitraum (zB ein Monat) anteilig entfallenden Arbeitszeitdeputat, so dass zB bei Jahresarbeitszeitregelungen eine monatliche Vergütung in Höhe von 1/12 entsprechend dem vereinbarten Arbeitszeitdeputat bzw. Arbeitszeitbudget zu gewähren ist. Trotz diskontinuierlichen Arbeitsanfalls besteht in diesem Fall somit Anspruch auf ein kontinuierliches Arbeitsentgelt. Ein **unregelmäßiges Arbeitsentgelt** kann vereinbart werden, wenn nur eine Mindestarbeitszeit vereinbart wird und die Vergütung arbeitszeitabhängig ist[1]. Da nicht mehr die regelmäßige wöchentliche Höchstarbeitszeit von 15 Stunden einzuhalten ist, kann ein AbrufArbVerh auch mit geringfügig Beschäftigten (§ 8 SGB IV) vorteilhaft sein. 3

Statt dieses sozial geschützten Dauerrechtsverhältnisses der Abrufarbeit kann dem unterschiedlichen Arbeitsanfall durch **jeweilige befristete Arbeitsverhältnisse** begegnet werden. Die Arbeitsvertragsparteien sind grds. nicht gezwungen, statt der Kombination von **Rahmenvereinbarung und Einzelarbeitsverträgen** ein Abrufarbeitsverhältnis zu begründen[2]. Die Rahmenvereinbarung, welche nur die Bedingungen der erst noch abzuschließenden, auf den jeweiligen Einsatz befristeten Arbeitsverträge wiedergibt, selbst aber noch keine Verpflichtung zur Arbeitsleistung begründet, ist aber kein Arbeitsvertrag. Dies ist der jeweilige kurzeitig befristete Vertrag. Er ist aber nur auf der Grundlage der in § 14 genannten Voraussetzungen wirksam. 4

Wie sich aus der vertragl. nicht abänderbaren Mindestankündigungsfrist von vier Tagen (Abs. 2) ergibt, ist Abrufarbeit **nicht geeignet, eine schnelle Verfügbarkeit** der Arbeitsleistung zu erreichen. Diesem Zweck kann nur durch die Vereinbarung von Rufbereitschaft oder Bereitschaftsdienst entsprochen werden. Im Gegensatz zur Rufbereitschaft oder zum Bereitschaftsdienst ist bei der Abrufarbeit nur die geschuldete bzw. erbrachte Arbeitsleistung selbst Vergütungsgrundlage. 5

2. Abrufarbeit in Vollzeit/Teilzeit. Bei der Abrufarbeit gem. dieser Vorschrift handelt es sich typischerweise um **Teilzeittätigkeit** iSd. § 2. Umstritten ist, ob diese Bestimmung auch für VollzeitArbVerh gilt. Gegen eine Anwendung auf Vollzeitarbeit spricht die systematische Stellung des § 12 in dem mit dem Begriff „Teilzeitarbeit" überschriebenen zweiten Abschnitt des TzBfG[3]. Diese Vorschrift stelle lediglich einen für den Bereich der Teilzeitarbeit spezialgesetzl. geregelten Anwendungsbereich der Angemessenheitskontrolle einseitiger Leistungsbestimmungsrechte dar. Grundlage für die Kontrolle einseitiger Leistungsbestimmungsrechte seien ansonsten die in den §§ 307 ff. BGB getroffenen Regelungen. Dies gelte auch für die Vereinbarung von Abrufarbeit in einer Vollzeittätigkeit[4]. Für eine Ausdehnung des § 12 auf Vollzeitarbeit spricht aber der Zweck der Bestimmung, bei der Abrufarbeit Mindeststandards zum Schutz der ArbN zu schaffen. Er steht auch begrifflich in dieser Bestimmung im Vordergrund. Der Gesetzeswortlaut selbst beschränkt die Anwendbarkeit zudem nicht auf Teilzeitarbeit. Sofern keine tarifvertragl. Arbeitszeitregelungen entgegenstehen, kann im Rahmen der durch das ArbZG gesteckten Grenzen vielmehr auch **Vollzeitarbeit** als Abrufarbeit praktiziert werden, wenn ansonsten die betriebsübliche Arbeitszeit zB 38,5 Stunden beträgt. Für Vollzeitkräfte, deren Arbeitsleistung im Rahmen eines Arbeitszeitdeputats bzw. Arbeitszeitbudgets abgerufen wird, gilt dann zumindest Abs. 2. 6

3. Mehrarbeit/Überstunden. Abgesehen von tarifl. Regelungen sind sog. **Bandbreitenregelungen** mit einer **Mindest- und Höchstarbeitszeit** nicht zulässig (s.a Rz. 14). Sie umgehen zwingende Kündigungsschutzregelungen. Flexibilität besteht nur für die Verteilung, nicht aber den Umfang der Arbeitszeit. Von Bandbreitenregelungen zu unterscheiden ist die **Vereinbarung einer Mindestarbeitszeit**, wenn die Tätigkeit arbeitszeitabhängig vergütet wird. Die Angemessenheitskontrolle (Inhaltskontrolle nach § 307 I u. II BGB) schließt in diesem Fall eine über 25 % der vereinbarten wöchentlichen Mindestarbeitszeit hinausgehende abrufbare Arbeitsleistung aus. Bei einer Vereinbarung über die Verringerung der vereinbarten Arbeitszeit beträgt das Volumen 20 % der Arbeitszeit[5]. Ist eine wöchentliche Mindestarbeitszeit von 30 Stunden mit einer arbeitszeitabhängigen Vergütung vereinbart, so kann daher die Arbeitszeit auf Abruf nur bis zu 37,5 Stunden heraufgesetzt werden. **Mehrarbeit** ist möglich, wenn das Arbeitszeitdeputat im Abrechnungszeitraum bereits überschritten ist. Andererseits können Überstunden bzw. Mehrarbeit anfallen, wenn der ArbGeb entweder auf Grund vertragl. Regelung oder nach Maßgabe des § 14 I ArbZG über die durch ordnungsgemäßen Abruf konkretisierte Arbeitspflicht hinaus kurzfristig und vorübergehend weitere Arbeitsstunden anordnet. Sofern nicht eine bestimmte Höchstarbeitszeit pro Tag oder pro Woche oder bei Jahresarbeitszeitregelungen pro Monat vereinbart ist bzw. bei bloßer Vereinbarung einer wöchentlichen Mindestarbeitszeit der Angemessenheit entspricht (25 %), wird es sich jedoch begrifflich nicht um Mehrarbeit oder Überstunden handeln. Bedeutsam ist aber auch insoweit die Ankündigungsfrist des Abs. 2. 7

---

1 BAG 7.12.2005 – 5 AZR 535/04, BB 2006, 829. || 2 BAG 31.7.2002 – 7 AZR 181/01, AP Nr. 1 zu § 12 TzBfG; 16.4.2003 – 7 AZR 187/02, BB 2004, 1004. || 3 ErfK/*Preis*, § 12 TzBfG Rz. 4. || 4 ErfK/*Preis*, § 12 TzBfG Rz. 4. || 5 BAG 7.12.2005 – 5 AZR 535/04, BB 2006, 829.

8 **III. Inhalt und Gestaltung des Vertrages (Abs. 1). 1. Vertragliche Grundlage (Abs. 1 S. 1).** Die Abrufarbeit muss ausdrücklich im Arbeitsvertrag **vereinbart** werden. Dies folgt daraus, dass die konkrete Arbeitszeitlage im Vertrag offen bleibt. Sie wird unter Berücksichtigung der Ankündigungsfrist des Abs. 2 dem Leistungsbestimmungsrecht des ArbGeb überantwortet.

9 Arbeitsvertragl. festzulegen ist weiterhin ein **fester Umfang des Arbeitszeitdeputats**, also die gesamte abrufbare Arbeitszeit oder die – wöchentliche – Mindestarbeitszeit. Von dieser konkreten Festlegung kann nur durch einen TV abgewichen werden. Der zeitliche Rahmen, innerhalb dessen diese gesamte fest vereinbarte Arbeitszeit zu leisten ist bzw. abgerufen werden kann, ist ebenfalls vertragl. zu regeln.

10 **2. Arbeitszeitrahmen bzw. Bezugszeitraum (Abs. 1 S. 2, 3 u. 4).** S. 2 bestimmt, dass der Arbeitsvertrag eine **bestimmte Dauer** der **wöchentlichen** und **täglichen** Arbeitszeit festlegen muss. Dies braucht aber bei einer arbeitszeitabhängigen Vergütung nur eine Mindestarbeitszeit zu sein[1]. Gem. § 2 I 2 Nr. 7 NachwG muss der ArbGeb spätestens einen Monat nach dem vereinbarten Beginn des ArbVerh die Dauer der Arbeitszeit schriftl. niederlegen und diese Niederschrift dem ArbN übergeben. Kommt es zu keiner vertragl. Festlegung, gilt eine wöchentliche Arbeitszeit von zehn Stunden bzw. eine tägliche Arbeitszeit von mindestens drei aufeinander folgenden Stunden. Da nach der früheren gesetzl. Regelung (§ 4 BeschFG) weder die wöchentliche noch die tägliche Arbeitszeit einer vertragl. Fixierung bedurften, spricht der Wortlaut gegen die Möglichkeit einer Abrufarbeit, die nicht nur einen Arbeitszeitrahmen bzw. Bezugszeitraum von einer Woche zulässt, sondern auch einen Arbeitszeitrahmen bzw. Bezugszeitraum von einem Monat oder einem Jahr[2]. Dies entspricht aber nicht dem gesetzgeberischen Willen. Die Gesetzesbegründung verweist vielmehr darauf, dass die Vorschrift im Wesentlichen die im früheren § 4 BeschFG getroffenen Regelungen übernimmt[3]. Überdies geht § 2 I 2 ebenfalls davon aus, dass weiterhin die Möglichkeit besteht, einen Arbeitszeitrahmen bis zu einem Jahr zu vereinbaren[4]. Es sind danach weiterhin **monatliche** oder **jährliche** Arbeitszeitrahmen bzw. feste **Monats- oder Jahresarbeitszeitkonten** zulässig.

11 Abs. 1 S. 3 ist mithin nur die sich aus dem monatlichen oder jährlichen Arbeitszeitrahmen ergebende wöchentliche Durchschnittsarbeitszeit zu entnehmen, **wenn nichts anderes vereinbart** ist. Demzufolge kann auch nach der jetzigen Vorschrift eine Monats- oder Jahresarbeitszeit vereinbart werden, ohne dass zugleich eine bestimmte Wochenarbeitszeit geregelt sein muss. Vielmehr kann nicht nur eine Mindesttagesarbeitszeit, sondern auch eine Mindestwochenarbeitszeit bzw. die Notwendigkeit des Abrufs derartiger verbindlicher Arbeitszeiten pro Woche oder pro Tag ausgeschlossen werden. Die Regelungen in S. 3 und 4 sind **keine** vertragl. Vereinbarungen **einschränkende Mindestarbeitszeiten**. Einzelvertragl. kann also eine **zehn Stunden unterschreitende** Wochenarbeitszeit und die tägliche Arbeitszeit mit **weniger als drei Stunden** vereinbart werden. Es bedarf aber einer konkreten Festlegung der Arbeitszeitdauer. Diese kann auch als Mindestarbeitszeit vereinbart sein. Der ArbGeb kann sich wirksam vorbehalten, den ArbN auch zu kürzeren Arbeitseinheiten als drei Stunden abzurufen, wenn sie nicht das Volumen von 20 % der Arbeitszeit unterschreitet[5]. Die tägliche Arbeitsleistung muss nicht am Stück erbracht werden. Es kann auch eine Stückelung in kürzere als dreistündige Arbeitsperioden vereinbart werden. Ist eine tägliche Arbeitszeit vereinbart, ohne dass festgelegt ist, ob diese Arbeitszeit zusammenhängend zu erbringen ist, ist im Zweifel davon auszugehen, dass eine zusammenhängende Arbeitszeit gewollt ist.

12 Besteht keine konkrete Vereinbarung, so gelten die **gesetzl. Auffangregelungen** in Abs. 1 S. 3 und 4. Es wird dann die Vereinbarung einer **wöchentlichen** Arbeitszeit von 10 Stunden fingiert. Bei Abruf der Arbeitsleistung beträgt die **tägliche** Mindestarbeitszeit bei Fehlen einer entgegenstehenden Regelung nach S. 4 mindestens drei aufeinander folgende Stunden (fingierte tägliche Mindesteinsatzdauer). Dies gilt auch bei der Vereinbarung einer täglichen **Höchstdauer**. Da sie dem ArbGeb vorbehält, auch eine geringere Arbeitszeit in Anspruch zu nehmen, gilt die Mindestdauer nach Abs. 1 S. 4.

13 **3. Vertragliche Abweichungen.** Der vertragl. Dispositionsregelung unterliegt nur die Verteilung der Arbeitszeit, **nicht aber der Umfang der Arbeitszeit**[6]. Dies gilt auch für den Fall der Vereinbarung einer bloßen Mindestarbeitszeit (s. Rz. 7). Ein Arbeitsvertrag, der keinen bestimmten Arbeitsumfang enthält, ist nicht unwirksam. § 12 I ist kein gesetzl. Verbot iSd. § 134 BGB. Wenn keine feste Arbeitszeit vereinbart wird (Arbeitszeitdeputat/Arbeitszeitbudget), kann sich der Umfang der vereinbarten Arbeitszeit aus schlüssigem Verhalten ergeben (es ist insoweit allerdings die Bedeutung des § 2 I 2 Nr. 7 NachwG zu beachten)[7]. Ansonsten gelten die gesetzl. Auffangregelungen der S. 3 und 4, also eine Wochenarbeitszeit von zehn Stunden und eine tägliche Arbeitszeit von drei aufeinander folgenden Stunden.

14 Eine sog. **Bandbreitenregelung**, also die Vereinbarung von einer **Mindest- und einer Höchstarbeitszeit**, ist nur in TV zulässig. Einer einzelvertragl. und daher unwirksamen Bandbreitenregelung kann nicht ohne weiteres die Mindestarbeitszeit des Abs. 1 S. 3 zugrunde gelegt werden. Dies ließe den Willen der Vertragsparteien völlig unberücksichtigt. Aus einer bereits praktizierten Bandbreitenregelung

---

[1] BAG 7.12.2005 – 5 AZR 535/04, BB 2006, 829. || [2] So *Däubler*, ZIP 2001, 217. || [3] BT-Drs. 14/4374, 18. || [4] *Busch*, NZA 2001, 593. || [5] BAG 7.12.2005 – 5 AZR 535/04, BB 2006, 829. || [6] LAG Düss. 30.8.2002 – 9 Sa 709/02, NZA-RR 2003, 407. || [7] LAG Köln 7.12.2001 – 11 (6) Sa 827/01, NZA-RR 2002, 415.

kann sich vielmehr aus der bisher geübten Praxis eine verbindliche Arbeitszeit und Arbeitszeitverteilung entnehmen lassen. Diese ist als vertragl. gewollt verbindlich zugrunde zu legen. Die **Vereinbarung einer Mindestarbeitszeit** räumt nur hinsichtlich der Arbeitszeitdauer mehr Flexibilität ein. Auch wenn eine arbeitszeitabhängige Vergütung vereinbart ist, lässt sich auf Grund der Angemessenheitskontrolle (§ 307 I u. II BGB) nur 25 % der vereinbarten Arbeitszeit zusätzlich abrufen[1].

IV. Abruf zur Arbeitsleistung (Abs. 2). 1. Gesetzliche Voraussetzung (Mindestankündigungsfrist). 15
Der ArbGeb ist verpflichtet, den Arbeitseinsatz mindestens vier Tage im Voraus **anzukündigen**. Geschieht dies nicht, so ist der ArbN nicht zur Arbeitsleistung verpflichtet. Eine zu kurze Ankündigungsfrist ist nicht in eine zulässige Frist umzudeuten, gilt also nicht mit der gesetzl. vorgesehenen Frist. Die gesetzl. Abruffrist von vier Tagen kann einzelvertragl. oder durch BV nicht verkürzt werden. Mit der Frist von vier Tagen sind Kalendertage gemeint.

Für die Mitteilung ist der **Zugang maßgeblich** und nicht deren Abgabe oder Kenntnisnahme. Für die 16
Berechnung der Abruffrist gelten die Bestimmungen der §§ 186 ff. und 193 BGB. Demgemäß sind der Tag der Ankündigung und der Tag der Arbeitsleistung nicht mitzurechnen. Der Ankündigungstag ist durch Rückrechnung vom vorgesehenen Einsatztag her zu ermitteln. Ist der letzte Tag vor der Abruffrist ein Samstag, Sonntag oder Feiertag, so muss die Mitteilung am nächsten vorhergehenden Werktag zugehen. Soll der Arbeitseinsatz am Montag erfolgen, so muss der Abruf spätestens am Mittwoch der Vorwoche zugehen, für den Arbeitseinsatz am Dienstag am Donnerstag der Vorwoche, für den Arbeitseinsatz am Mittwoch, Donnerstag und Freitag jeweils am Freitag der Vorwoche und für den Arbeitseinsatz am Sonnabend der Montag derselben Woche, sofern die Mitteilung nicht wegen eines Feiertages vorverlegt werden muss.

Inhaltlich ist die Mitteilung von der vertragl. Vereinbarung abhängig, muss also an diese in der konkret mitgeteilten Regelung anknüpfen. Neben dem Zeitpunkt des Arbeitsbeginns ist also insb. die tägliche Dauer des vorgesehenen Arbeitseinsatzes mitzuteilen. Die Mitteilung muss nicht unmittelbar ggü. dem ArbN erfolgen. Wenn dies der üblichen Information über die Arbeitseinsätze entspricht und dem ArbN auf Grund seiner Anwesenheit eine Kenntnisnahme möglich ist, reicht ein Aushang an geeigneter Stelle im Betrieb aus. 17

Der Abruf ist eine dem Direktionsrecht (§ 106 GewO) zuzuordnende Anweisung zur Arbeitsaufnahme 18
und keine auf eine Rechtsfolge gerichtete Willenserklärung. Der Arbeitsabruf kann daher auch nach seinem Zugang einseitig **geändert oder widerrufen** werden[2]. Eine einvernehmliche Änderung oder Anfechtung sind dazu nicht erforderlich. Es bleibt jedoch auch in einem solchen Fall die Abruffrist zu beachten.

Der arbeitgeberseitige Abruf ist nicht von einem tatsächlich bestehenden Arbeitsbedarf, einem **Arbeitsanfall** iSd. Abs. 1 S. 1 abhängig. Im Rahmen der vertragl. und insb. der gesetzl. Regelungen in Abs. 1 u. Abs. 2 unterliegt es der unternehmerischen Entscheidung, ob und wann die Arbeitsleistung abgerufen wird. Umgekehrt bleibt es auch der unternehmerischen Entscheidung überlassen, von einem Abruf abzusehen, obgleich ein zum Einsatz des ArbN ausreichendes Arbeitsvolumen vorhanden ist. Jedoch ist eine Bestimmung in AGB gem. § 307 I 1 BGB unwirksam, nach der sich der ArbGeb über einen Zeitraum von drei Monaten vorbehält, den ArbN zur Arbeit abzurufen oder nicht abzurufen[3]. 19

Bei der Ausübung des Leistungsabrufs hat der ArbGeb **billiges Ermessen** nach § 315 BGB zu beachten. Es sind die beiderseitigen Interessen angemessen zu berücksichtigen. Zu Gunsten des ArbN sind daher auch familiäre oder in einem weiteren TeilzeitArbVerh bestehende Verpflichtungen zu beachten. Eingeschränkt wird das Recht auf Arbeitsabruf durch die allg. gesetzl. und tarifvertragl. Bestimmungen, wie arbeitszeitliche Regelungen und Beschäftigungsverbote. 20

2. Abweichende vertragliche Regelungen. Die gesetzl. Abruffrist von vier Tagen kann einzelvertragl. 21
oder durch BV **nicht wirksam verkürzt** werden. Eine Vereinbarung, die eine kürzere Ankündigungsfrist beinhaltet oder nach welcher der ArbN auf die Einhaltung der gesetzl. Ankündigungsfrist verzichtet, ist gem. § 12 II TzBfG iVm. § 134 BGB unwirksam. Jedoch ist eine tarifvertragl. Kürzung zulässig. Sofern eine kürzere Arbeitsbereitschaft des ArbN erforderlich ist, kann dies somit nicht durch einen Abrufarbeitsvertrag vereinbart werden, sondern nur durch entsprechend vergüteten Bereitschaftsdienst oder Rufbereitschaft.

3. Nichteinhaltung der Abruffrist und -dauer. Wenn der Arbeitseinsatz ohne Einhaltung der Frist abgerufen wird, ist der Abruf unwirksam. Der ArbN ist nicht zur Arbeitsleistung verpflichtet. Sofern er nicht in der Vergangenheit gleichwohl die Arbeitsleistung erbracht hat und dadurch ein Vertrauen auf der ArbGeb-Seite erzeugt hat, ist der ArbN **nicht verpflichtet**, die nicht fristgerechte Mitteilung zurückzuweisen und den ArbGeb zu informieren, dass er dem unwirksamen Arbeitsabruf nicht nachkommen will. Wenn der ArbN erkennt, dass der ArbGeb die Fristversäumnis **nicht bemerkt** hat (zB wegen zu langer Postlaufzeit), ist er aber nach § 242 BGB verpflichtet, ausdrücklich den Abruf zurückzuweisen, es sei denn, die Arbeitsaufnahme ist zur Vermeidung erheblicher Nachteile notwendig. 22

---

1 BAG 7.12.2005 – 5 AZR 535/04, BB 2006, 829; bestätigt durch BVerfG 23.11.2006 – 1 BvR 1909/06, NZA 2007, 85.
|| 2 ErfK/*Preis*, § 12 TzBfG Rz. 28. || 3 BAG 9.7.2008 – 5 AZR 810/07, NZA 2008, 1407.

Dem ArbN bleibt es unbenommen, trotz Nichteinhaltung der Abruffrist seine Arbeit zu dem im Abruf genannten Zeitpunkt aufzunehmen, also auf die Einhaltung der gesetzl. Abruffrist zu verzichten. Dies bindet ihn nicht für die Zukunft, auf einen verspäteten Abruf ausdrücklich reagieren zu müssen, es sei denn, er hat aufseiten des ArbGeb den Eindruck erweckt, auf Dauer auf die Einhaltung der Abruffrist zu verzichten. Dann bedarf es seinerseits einer ausdrücklichen Richtigstellung, wenn er auf Einhaltung der gesetzl. Frist besteht.

23 Ein unwirksamer und deshalb vom ArbN nicht beachteter Abruf lässt das noch verbleibende **Arbeitszeitdeputat** unberührt. Es besteht auch **kein Vergütungsanspruch**. Kann das verbleibende Arbeitszeitdeputat jedoch wegen Beendigung des Bezugszeitraumes nicht mehr abgerufen werden, so ist die nicht rechtzeitig abgerufene Arbeitszeit als Annahmeverzug zu vergüten, sofern keine Übertragungsvereinbarung getroffen worden ist. Nimmt der ArbN aber trotz Nichteinhaltung der Ankündigungsfrist seine Arbeit auf, ist die geleistete Arbeit vertragsgemäß zu vergüten und auf das Arbeitszeitdeputat anzurechnen.

24 Wenn keine andere tägliche Mindesteinsatzdauer vereinbart ist, ist der ArbGeb gem. Abs. 1 S. 4 verpflichtet, Arbeitseinsätze von **mindestens drei Stunden** abzurufen und anzuordnen. Wird dies nicht beachtet, so hat der ArbN die Wahl, ob er die Arbeitsleistung für die angeforderte Dauer erbringt oder sie ablehnt. Dem ArbN steht ein Leistungsverweigerungsrecht zu. Erbringt der ArbN die Arbeitsleistung, so hat er trotz kürzerer Arbeitszeit Anspruch auf die Vergütung für drei Arbeitsstunden auch ohne den ausdrücklichen Hinweis darauf, dass dies nur unter Bezahlung und Anrechnung von drei Stunden geschieht[1]. Entsprechend reduziert sich aber auch das Arbeitszeitdeputat um drei Stunden.

25 Kommt es überhaupt **nicht zum Abruf** der Arbeitszeit innerhalb des Bezugszeitraumes oder wird nicht das gesamte Arbeitszeitdeputat/Arbeitszeitbudget abgerufen, so kommt der ArbGeb in Annahmeverzug (§ 615 BGB).

26 **V. Tarifliche Regelungen (Abs. 3).** Abrufarbeit kann durch **TV** eingeführt werden. Durch tarifl. Regelungen kann von den Bestimmungen in den Abs. 1 und 2 auch zuungunsten der ArbN abgewichen werden. Es braucht also keine feste Arbeitszeit vereinbart zu werden. **Bandbreiten** („es gilt eine Mindestarbeitszeit von ... Stunden, jedoch eine Höchstarbeitszeit von ... Stunden pro Monat") sowie eine Verkürzung der in Abs. 2 geregelten Ankündigungsfrist sind möglich. Eine Regelung der Vorankündigungsfrist **muss** aber im TV vorhanden sein. Außerdem muss der TV auch Bestimmungen hinsichtlich der täglichen und wöchentlichen Arbeitszeit enthalten. Es muss sich jedoch um keine konkrete Festlegung handeln.

27 Im Geltungsbereich eines solchen TV können **nicht tarifgebundene** ArbGeb und ArbN durch Inbezugnahme diese tarifl. Regelungen über Abrufarbeit vereinbaren.

28 **VI. Betriebsvereinbarungen.** Abrufarbeit muss ausdrücklich im Arbeitsvertrag vereinbart werden, so dass Abrufarbeit nicht allein durch eine **BV** eingeführt werden kann. Das MitbestR des BR bezieht sich aber sowohl auf die grds. Einführung bzw. Abschaffung von Abrufarbeit als auch auf ihre Ausgestaltung im Einzelnen, jedoch nicht auf den einzelnen Abruf. Durch eine BV kann gem. § 87 I Nr. 2 BetrVG ein Rahmen entsprechend den Regelungen des § 87 I Nr. 2 BetrVG vorgegeben werden. Nicht geregelt werden kann in einer BV die Dauer der von einem in einem AbrufArbVerh beschäftigten ArbN zu leistenden Arbeitszeiten (§ 77 III BetrVG).

29 **VII. Vergütung und Urlaub.** Bezogen auf eine durchschnittliche Arbeitszeit für den jeweiligen Abrechnungszeitraum (idR einen Monat) ist trotz unterschiedlichen Arbeitseinsatzes **kontinuierlich die Vergütung** zu gewähren. Eine abweichende Vereinbarung ist dann möglich, wenn von vornherein zwischen den einzelnen Abrufzeiträumen längere Freizeitintervalle liegen, was bei einem Jahresarbeitszeitkonto der Fall sein kann, wenn von vornherein feststeht, dass nur im Frühjahr und im Herbst die Arbeit abgerufen wird.

30 Für die **Feiertagsbezahlung** und die **Entgeltfortzahlung im Krankheitsfall** gilt grds. das Lohnausfallprinzip (§ 2 I und § 3 I EFZG). Feiertagsvergütung kann nur beansprucht werden, wenn der Feiertag die alleinige Ursache für den Arbeitsausfall ist[2]. Während der ArbN die tatsächlichen Umstände vorzutragen hat, aus denen sich eine hohe Wahrscheinlichkeit dafür ergibt, dass die Arbeit allein wegen des Feiertages ausgefallen ist, hat der ArbGeb die tatsächlichen Umstände dafür darzulegen, dass der Feiertag für den Arbeitsausfall nicht ursächlich war. Um bei kalendarisch festliegenden Feiertagen eine Umgehung der Feiertagsvergütung durch Nichteinteilung zur Arbeit zu vermeiden, gibt es die Möglichkeit, von einem Vergütungsanspruch auszugehen, wenn ein ansonsten bestehender Rhythmus der Arbeitseinteilung durchbrochen wird. Die andere Möglichkeit besteht darin, dem am Feiertag nicht eingeteilten ArbN ein Feiertagsgeld in entsprechender Anwendung nach der für in Heimarbeit Beschäftigte geltenden Durchschnittsberechnung des § 11 II EFZG zuzubilligen. Entsprechendes gilt für den Entgeltfortzahlungsanspruch im Krankheitsfall. Da der ArbN verpflichtet ist, seine Arbeitsverhinderung

---

1 AA ErfK/*Preis*, § 12 TzBfG Rz. 24: Dies gelte nur, wenn der ArbN die Beachtung der Drei-Stunden-Frist gefordert habe. || 2 BAG 24.10.2001 – 5 AZR 245/00, ArbRB 2002, 158; 14.8.2002 – 5 AZR 417/01, DB 2003, 155.

schon unmittelbar nach der Erkrankung und nicht erst bei Arbeitsabruf mitzuteilen, können die beiden vorgenannten Möglichkeiten auch einer Umgehung der im Krankheitsfall bestehenden Entgeltfortzahlungspflicht entgegengesetzt werden. Erstreckt sich aber die Krankheit über den gesamten Arbeitszeitrahmen, erfasst sie also das gesamte Arbeitszeitdeputat bzw. Arbeitszeitbudget, so ist die Vergütung nach dem EFZG zu gewähren. Zugrunde zu legen ist daher dann die vereinbarte durchschnittliche Wochenarbeitszeit, wenn der Arbeitseinsatz für den Zeitraum der Arbeitsunfähigkeit nicht zuvor festgelegt war. Eine BV, die die durch Arbeitsunfähigkeit ausgefallene Arbeitszeit für die Berechnung der Höhe der Entgeltfortzahlung kürzt, verstößt gegen § 4 I EFZG[1]. Eine Abweichung ist nur auf Grund TV möglich.

Auch Abrufkräfte haben Anspruch auf einen zusammenhängenden **Urlaub**. Er ist wie bei Teilzeitarbeitskräften, die nicht jeden Arbeitstag arbeiten, zu ermitteln. 31

VIII. Darlegungs- und Beweislast. Dafür, dass ein AbrufArbVerh vorliegt und deshalb im Einzelfall die Voraussetzungen der Vergütung von Arbeitsleistung vorliegen, ist der ArbN darlegungs- und beweispflichtig. Dasselbe gilt hinsichtlich der Entgeltfortzahlung an Feiertagen sowie im Krankheitsfall. Der ArbGeb ist dagegen darlegungs- und beweispflichtig dafür, welche konkreten Vereinbarungen über die Heranziehung im Einzelnen bestehen. Für die Einhaltung der Ankündigungsfrist des Abs. 2 ist ebenfalls der ArbGeb darlegungs- und beweispflichtig. 32

13 *Arbeitsplatzteilung*
(1) Arbeitgeber und Arbeitnehmer können vereinbaren, dass mehrere Arbeitnehmer sich die Arbeitszeit an einem Arbeitsplatz teilen (Arbeitsplatzteilung). Ist einer dieser Arbeitnehmer an der Arbeitsleistung verhindert, sind die anderen Arbeitnehmer zur Vertretung verpflichtet, wenn sie der Vertretung im Einzelfall zugestimmt haben. Eine Pflicht zur Vertretung besteht auch, wenn der Arbeitsvertrag bei Vorliegen dringender betrieblicher Gründe eine Vertretung vorsieht und diese im Einzelfall zumutbar ist.
(2) Scheidet ein Arbeitnehmer aus der Arbeitsplatzteilung aus, so ist die darauf gestützte Kündigung des Arbeitsverhältnisses eines anderen in die Arbeitsplatzteilung einbezogenen Arbeitnehmers durch den Arbeitgeber unwirksam. Das Recht zur Änderungskündigung aus diesem Anlass und zur Kündigung des Arbeitsverhältnisses aus anderen Gründen bleibt unberührt.
(3) Die Absätze 1 und 2 sind entsprechend anzuwenden, wenn sich Gruppen von Arbeitnehmern auf bestimmten Arbeitsplätzen in festgelegten Zeitabschnitten abwechseln, ohne dass eine Arbeitsplatzteilung im Sinne des Absatzes 1 vorliegt.
(4) Durch Tarifvertrag kann von den Absätzen 1 und 3 auch zuungunsten des Arbeitnehmers abgewichen werden, wenn der Tarifvertrag Regelungen über die Vertretung der Arbeitnehmer enthält. Im Geltungsbereich eines solchen Tarifvertrages können nicht tarifgebundene Arbeitgeber und Arbeitnehmer die Anwendung der tariflichen Regelungen über die Arbeitsplatzteilung vereinbaren.

I. Inhalt und Zweck. Die Vorschrift regelt die Möglichkeit der **Arbeitsplatzteilung** (sog. Job-Sharing) sowie der sog. **Turnusarbeit** und die Rechtsfolgen im Hinblick auf die Vertretungspflicht und den Kündigungsschutz bei Teilzeit-ArbN aus der Arbeitsplatzteilung. Nicht dem ArbGeb, sondern den ArbN, die sich einen Arbeitsplatz teilen, obliegt eigenverantwortlich die Arbeitszeitverteilung. Auf Grund der Zeitsouveränität bestimmen sie einen wesentlichen Aspekt ihrer Arbeitsorganisation selbst. Durch Verknüpfung ihrer Arbeitszeit erbringen sie damit die Leistung, die ansonsten von einem VollzeitArbN (es kann aber auch ein Teilzeitarbeitsplatz aufgeteilt werden) erbracht wird. Es handelt sich demgemäß immer um TeilzeitArbN. Zur Vermeidung einer erheblichen Belastung der sich idR einen Vollzeitarbeitsplatz teilenden Teilzeitkräfte ist eine Vertretungsverpflichtung von besonderen Voraussetzungen abhängig. 1

II. Vertragliche Regelungen (Abs. 1 S. 1). Job-Sharing liegt vor, wenn zwei oder mehr ArbN auf Grund ihrer Arbeitsverträge den ihnen gemeinsam zugewiesenen Arbeitsplatz in Abstimmung mit dem/den anderen am gleichen Arbeitsplatz Beschäftigten im Rahmen eines selbst aufgestellten Arbeitszeitplans während der betriebsüblichen Arbeitszeit alternierend besetzen. Die Zusammensetzung der Job-Sharing-Partner bestimmt der ArbGeb. Die Arbeitsplatzteilung (Job-Sharing) setzt eine **besondere arbeitsvertragl. Vereinbarung** mit dem ArbGeb voraus. Arbeitsplatzteilung iSd. Abs. 1 kann nicht durch das Direktionsrecht geschaffen werden. Jeder an der Arbeitsplatzteilung beteiligte ArbN schließt einen eigenen Arbeitsvertrag mit dem ArbGeb. Dieser beinhaltet die Verpflichtung, in Abstimmung mit dem/den anderen ArbN den ihm zugewiesenen Arbeitsplatz nach einer eigenen Arbeitszeitverteilung bzw. -planung alternierend zu besetzen. Gegenstand des Arbeitsvertrages ist nicht die alternierende Besetzung eines Arbeitsplatzes durch zwei Teilzeitkräfte, sondern die Übertragung eines Arbeitsplatzes an zwei oder mehr ArbN unter wesentlicher Übertragung eines Teils der dafür erforderlichen Arbeitsorganisation, insb. der Arbeitszeiteinteilung. Es ist Aufgabe der beteiligten ArbN, ihre Tätigkeit so zu koor- 2

---
1 BAG 13.2.2002 – 5 AZR 470/00, NZA 2002, 683.

dinieren, dass sie aus ihren individuellen Beiträgen eine den Arbeitsanforderungen des Arbeitsplatzes gerecht werdende Gesamtleistung erbringen, die der einer Vollzeitkraft entspricht. Im Unterschied zur Eigengruppe (**Job-Pairing**) bestehen aber beim Job-Sharing zwischen den einzelnen ArbN keine vertragl. Beziehungen. Die Vereinbarung von Job-Sharing begründet kein Gesamtschuldverhältnis nach § 421 BGB. Jeder beteiligte ArbN schuldet nur die von ihm arbeitsvertragl. zu erbringende Leistung und die Besetzung des Arbeitsplatzes während der von ihm einzuhaltenden Arbeitszeit. Der einzelne Job-Sharing-Vertrag ist in seinem Bestand von den Verträgen der anderen an der Arbeitsplatzteilung beteiligten ArbN unabhängig (s.a Abs. 2 S. 2).

3   Grds. wird die Arbeitsplatzteilung **einzelvertragl.** vereinbart. Um die nötige Koordination und die genügende „Abdeckung" eines Vollzeitarbeitsplatzes zu erreichen, müssen die einzelnen Arbeitsverträge bzw. das Arbeitszeitdeputat der beteiligten ArbN individuell festgelegt werden. Unzureichend ist eine Job-Sharing-Vereinbarung, in der das individuelle Arbeitszeitdeputat der einzelnen beteiligten ArbN überhaupt nicht oder nur die Gesamtleistung aller beteiligter ArbN bestimmt ist. Außerdem sind ggf. die Arbeitsaufgaben und weitere Einzelheiten zur notwendigen Koordination vertragl. zu regeln.

4   Die **Arbeitszeitverteilung bzw. -planung** obliegt nicht dem ArbGeb, sondern den beteiligten ArbN. Ihnen kommt insoweit eine das Direktionsrecht des ArbGeb einschränkende Zeitsouveränität zu. So können sie die Arbeitszeit so aufteilen, dass sie nacheinander während einer Schicht am selben Arbeitsplatz arbeiten, oder täglich, wöchentlich oder monatlich wechseln. Als Gruppe erbringen sie ggü. dem ArbGeb die Arbeitsleistung, die vonseiten eines VollzeitArbN geschuldet wird. Die beteiligten ArbN sind jedoch hinsichtlich der Arbeitspflicht keine Gesamtschuldner, sondern nur verpflichtet, ihr persönliches Arbeitsdeputat zu leisten. Der an der Arbeitsplatzteilung beteiligte ArbN schuldet somit nur seine auf Grund der vereinbarten Arbeitszeitdauer zu erbringende Arbeitsleistung innerhalb der intern verteilten Arbeitszeit. Es besteht auch kein Ausgleichsanspruch nach § 426 BGB gegen den anderen beteiligten ArbN, wenn es zu einer nicht abgesprochenen Vertretung kommt.

5   Ggü. dem ArbGeb besteht die Pflicht, die Arbeitszeitverteilung im Rahmen eines sog. **Arbeitszeitplanes** festzulegen. Der Arbeitszeitplan ist dem ArbGeb rechtzeitig bekannt zu geben. Sofern den betroffenen ArbN insoweit die Möglichkeit von Änderungen vertragl. eingeräumt wird, ist es zweckmäßig, dass arbeitsvertragl. dem ArbGeb ein Veto-Recht, ggf. auch ein Leistungsbestimmungsrecht vorbehalten bleibt. Können sich die beteiligten ArbN nicht auf einen Arbeitszeitplan einigen, und enthalten die Verträge für diesen Fall keine Regelung, so kann der ArbGeb gem. § 106 S. 1 GewO kraft seines Direktionsrechts entscheiden.

6   Hinsichtlich des **Arbeitsentgelts**, der **Entgeltfortzahlung bei Krankheit** und im **Urlaub** gelten die allg. Regelungen, wie sie auch bei Teilzeitbeschäftigten zur Anwendung gelangen.

7   **III. Vertretungsregelungen (§ 1 S. 2 u. 3).** Arbeitszeitteilung bedingt **keine automatische Vertretungspflicht** hinsichtlich des verhinderten anderen ArbN. Die Vertretung des ausgefallenen anderen ArbN bedingt Mehrarbeit. Sie als gewissermaßen automatische Verpflichtung zu unterstellen, widerspricht dem nach § 12 I bestehenden Verbot der individuellen Vereinbarung eines variablen Arbeitszeitdeputats. Auch zur Urlaubsvertretung ist der andere ArbN nur auf Grund einer entsprechenden Vereinbarung verpflichtet. Demgemäß besteht nur eine Vertretungspflicht, wenn entweder die in S. 2 oder die in S. 3 genannten Voraussetzungen vorliegen:

8   S. 2 verpflichtet den an einem Arbeitsplatz beteiligten anderen ArbN zur Vertretung eines verhinderten ArbN, wenn er der Vertretung **im Einzelfall zugestimmt** hat. Vorausgesetzt wird eine konkrete individuelle Zustimmung des vertretenden ArbN. Diese Entscheidung kann nicht vorab vertragl. geregelt werden. Eine generelle Vorabvereinbarung ist nach § 134 BGB nichtig. Das Risiko einer – anerkannten – Arbeitsverhinderung verbleibt bei dem ArbGeb. Es kann durch eine vorab getroffene Vereinbarung nicht auf den ArbN übergeleitet werden. Die konkrete Zustimmung kann aber konkludent erklärt werden, zB durch Arbeitsaufnahme. Dagegen steht es den beteiligten ArbN frei, für den einzelnen Vertretungsfall untereinander eine wechselseitige Vertretungsvereinbarung zu schließen.

9   Zum anderen kann eine Pflicht zur Vertretung nach S. 3 bestehen, wenn dies **arbeitsvertragl.** für den Fall des Vorliegens dringender betriebl. Gründe **festgelegt** ist. Die Vereinbarung ist als Arbeitszeitregelung in den schriftl. Nachweis gem. § 2 I 2 Nr. 7 NachwG aufzunehmen.

10   Das **dringende betriebl. Erfordernis** zur Vertretungsarbeit muss sodann im Einzelfall vorliegen. Dieses ergibt sich nicht bereits aus dem bloßen Ausfall des anderen ArbN. Die Arbeitsverhinderung muss zu zusätzlichen Auswirkungen (erhebliche Störung der Betriebsabläufe) führen. Außerdem ist der ArbN auch bei einer vertragl. vorgesehenen Pflicht zur Vertretung nur zu der zusätzlichen Arbeitsleistung verpflichtet, wenn ihm dies im Einzelfall zumutbar ist. Für teilzeitbeschäftigte ArbN, die sich mit anderen ArbN einen Arbeitsplatz teilen, hängt die Zumutbarkeit im Wesentlichen von der Planungsmöglichkeit bzw. dem zeitlichen Vorlauf, der Lage und der Dauer der Vertretungsarbeit ab (hinsichtlich der Zumutbarkeit wird auch auf die Regelung des § 275 III BGB verwiesen).

11   **IV. Bestandsschutz (Abs. 2).** Da es sich grds. um rechtl. **unabhängige Arbeitsverhältnisse** der an einem Arbeitsplatz beteiligten ArbN handelt, gelten für die gleichen ArbN grds. ohne Einschränkung

für sich genommen die arbeitsrechtl. Bestandsschutzbestimmungen. Gleichwohl bestimmt Abs. 2 S. 1 ausdrücklich, dass eine Kündigung nicht darauf gestützt werden darf, dass einer der anderen ArbN aus der Arbeitsplatzteilung ausscheidet. Der Grund seines Ausscheidens ist dabei unerheblich. Dieses **Kündigungsverbot** gilt auch in Kleinbetrieben (§ 23 KSchG) und auch bereits in den ersten sechs Monaten eines ArbVerh. Eine gleichwohl ausgesprochene Kündigung ist nach § 134 BGB nichtig. Demgemäß ist auch eine an den Bestand des ArbVerh mit dem anderen beteiligten ArbN geknüpfte **auflösende Bedingung** unzulässig.

Abs. 2 S. 2 lässt ausdrücklich die Möglichkeit einer **Änderungskündigung** wegen des Ausscheidens eines anderen ArbN aus der Arbeitsplatzteilung und die Möglichkeit der Beendigungskündigung aus anderen Gründen zu. Die Änderungskündigung kann aus dringenden betriebl. Gründen gerechtfertigt sein, wenn sich nach Ausscheiden des anderen an der Arbeitsplatzteilung beteiligten ArbN kein Ersatz findet und deshalb der verbliebene ArbN entweder nur an einem anderen Arbeitsplatz oder unter Übernahme der bisher von dem anderen ArbN erbrachten Tätigkeiten in Vollzeit weiterbeschäftigt werden kann. 12

V. Turnusarbeit (Abs. 3). Der Arbeitsplatzteilung dieser Bestimmung wird auch die im zeitlich festgelegten Wechsel erfolgende Besetzung mehrerer Arbeitsplätze durch **ArbN-Gruppen** zugeordnet. Für das Vorliegen eines Turnusarbeitsverhältnisses ist der Wechsel zu festgelegten Zeitabschnitten entscheidend. Es ist nicht erforderlich, dass jeweils zwei oder mehr ArbN gleichzeitig arbeiten. Auch in dem Fall, dass mehrere ArbN als Gruppe nicht nur an einem, sondern an bestimmten mehreren Arbeitsplätzen ihre Arbeitsleistung erbringen, kann dieser Gruppe die Arbeitszeit, dh. die Festlegung der Arbeitszeitlage, in eigener Verantwortung überlassen werden. Hierauf sind die Vertretungs- und Bestandsschutzregelungen der Arbeitsplatzteilung entsprechend anwendbar. 13

Derartige sich einen Arbeitsplatz teilende oder sich am Arbeitsplatz abwechselnden ArbN-Gruppen sind zu unterscheiden von den Betriebsgruppen iSd. § 75 II 2 BetrVG und des § 87 I Nr. 13 BetrVG[1].

VI. Tarifvertragliche Regelungen (Abs. 4). Durch TV kann von den Regelungen der Arbeitsplatzteilung (Abs. 1) und der Turnusarbeit (Abs. 3) auch **zuungunsten der ArbN** abgewichen werden. Bedeutsam ist dies in erster Linie wegen der Möglichkeit, durch TV von der individualrechtl. Notwendigkeit der Vereinbarung fester Arbeitszeiten abweichen zu können. Der TV muss aber auch Regelungen über die Vertretung der ArbN enthalten. Durch TV kann nicht von dem Kündigungsverbot des Abs. 2 S. 1 abgewichen werden. S. 2 gibt die Möglichkeit, dass auch nicht tarifgebundene ArbGeb und ArbN, soweit sie dem Geltungsbereich dieses TV zuzuordnen sind, diese tarifl. Regelungen durch Inbezugnahme vereinbaren. 14

VII. Mitbestimmung. Die **Einführung von Arbeitsplatzteilung** bzw. Job-Sharing ist mitbestimmungsfrei. Die betriebl. Arbeitszeit wird dadurch nicht verändert. Auch die Arbeitszeitverteilung bzw. -planung durch die beteiligten ArbN unterliegt grds. nicht dem MitbestR des BR. Ein MitbestR nach § 87 I Nr. 2 BetrVG besteht jedoch dann, wenn der ArbGeb über die Verteilung der Arbeitszeit und deren Lage entscheidet, weil sich die betroffenen ArbN nicht auf einen Arbeitszeitplan einigen. In diesem Fall handelt es sich um einen Regelungstatbestand mit kollektivem Bezug. Da es sich bei Job-Sharing um keine Gruppenarbeit iSv. § 87 I Nr. 13 BetrVG handelt, ist diese Bestimmung auf Job-Sharing nicht anwendbar. 15

Dritter Abschnitt. Befristete Arbeitsverträge

14 *Zulässigkeit der Befristung*
(1) Die Befristung eines Arbeitsvertrages ist zulässig, wenn sie durch einen sachlichen Grund gerechtfertigt ist. Ein sachlicher Grund liegt insbesondere vor, wenn

1. der betriebliche Bedarf an der Arbeitsleistung nur vorübergehend besteht,
2. die Befristung im Anschluss an eine Ausbildung oder ein Studium erfolgt, um den Übergang des Arbeitnehmers in eine Anschlussbeschäftigung zu erleichtern,
3. der Arbeitnehmer zur Vertretung eines anderen Arbeitnehmers beschäftigt wird,
4. die Eigenart der Arbeitsleistung die Befristung rechtfertigt,
5. die Befristung zur Erprobung erfolgt,
6. in der Person des Arbeitnehmers liegende Gründe die Befristung rechtfertigen,
7. der Arbeitnehmer aus Haushaltsmitteln vergütet wird, die haushaltsrechtlich für eine befristete Beschäftigung bestimmt sind, und er entsprechend beschäftigt wird oder
8. die Befristung auf einem gerichtlichen Vergleich beruht.

(2) Die kalendermäßige Befristung eines Arbeitsvertrages ohne Vorliegen eines sachlichen Grundes ist bis zur Dauer von zwei Jahren zulässig; bis zu dieser Gesamtdauer von zwei Jahren ist auch die

---

1 Zum Entgeltausfallprinzip beim Gruppenakkord s. BAG 26.2.2003 – 5 AZR 162/02, DB 2003, 1121.

höchstens dreimalige Verlängerung eines kalendermäßig befristeten Arbeitsvertrages zulässig. Eine Befristung nach Satz 1 ist nicht zulässig, wenn mit demselben Arbeitgeber bereits zuvor ein befristetes oder unbefristetes Arbeitsverhältnis bestanden hat. Durch Tarifvertrag kann die Anzahl der Verlängerungen oder die Höchstdauer der Befristung abweichend von Satz 1 festgelegt werden. Im Geltungsbereich eines solchen Tarifvertrages können nicht tarifgebundene Arbeitgeber und Arbeitnehmer die Anwendung der tariflichen Regelungen vereinbaren.

(2a) In den ersten vier Jahren nach der Gründung eines Unternehmens ist die kalendermäßige Befristung eines Arbeitsvertrages ohne Vorliegen eines sachlichen Grundes bis zur Dauer von vier Jahren zulässig; bis zu dieser Gesamtdauer von vier Jahren ist auch die mehrfache Verlängerung eines kalendermäßig befristeten Arbeitsvertrages zulässig. Dies gilt nicht für Neugründungen im Zusammenhang mit der rechtlichen Umstrukturierung von Unternehmen und Konzernen. Maßgebend für den Zeitpunkt der Gründung des Unternehmens ist die Aufnahme einer Erwerbstätigkeit, die nach § 138 der Abgabenordnung der Gemeinde oder dem Finanzamt mitzuteilen ist. Auf die Befristung eines Arbeitsvertrages nach Satz 1 findet Absatz 2 Satz 2 bis 4 entsprechende Anwendung.

(3) Die kalendermäßige Befristung eines Arbeitsvertrages ohne Vorliegen eines sachlichen Grundes ist bis zu einer Dauer von fünf Jahren zulässig, wenn der Arbeitnehmer bei Beginn des befristeten Arbeitsverhältnisses das 52. Lebensjahr vollendet hat und unmittelbar vor Beginn des befristeten Arbeitsverhältnisses mindestens vier Monate beschäftigungslos im Sinne des § 138 Abs. 1 Nr. 1 des Dritten Buches Sozialgesetzbuch gewesen ist, Transferkurzarbeitergeld bezogen oder an einer öffentlich geförderten Beschäftigungsmaßnahme nach dem Zweiten oder Dritten Buch Sozialgesetzbuch teilgenommen hat. Bis zu der Gesamtdauer von fünf Jahren ist auch die mehrfache Verlängerung des Arbeitsvertrages zulässig.

(4) Die Befristung eines Arbeitsvertrages bedarf zu ihrer Wirksamkeit der Schriftform.

I. Inhalt und Zweck 1	7. Befristung einzelner Arbeitsvertragsbedingungen 94
II. Allgemeines – Geltungsbereich und Beurteilungszeitpunkt 2	IV. Befristung ohne das Erfordernis eines sachlichen Grundes (Abs. 2, Abs. 2a u. Abs. 3) 102
1. Betroffene Arbeitnehmer 2	1. Zeitlich begrenzte Befristung ohne Sachgrund (Abs. 2) 102
2. Zeitlicher Geltungsbereich 3	
3. Betrieblicher Geltungsbereich 5	2. Zeitlich begrenzte Befristung ohne Sachgrund bei Neugründungen (Abs. 2a) 118
4. Beurteilungszeitpunkt 7	
III. Befristung aus sachlichem Grund (Abs. 1) 9	3. Altersbefristung (Abs. 3) 124
1. Grundsatz 9	V. Schriftform und Grund der Befristung (Abs. 4) 129
2. Sachgründe (Abs. 1 S. 2) 11	1. Schriftform (Abs. 4) 129
3. Weitere Sachgründe 61	2. Angabe des Grundes 139
4. Nachträgliche Befristung, Aufhebungsvertrag 86	3. Fehlende Schriftform 144
5. Dauer der Befristung und ihr sachlicher Grund 88	VI. Mitbestimmung 147
6. Mehrfache Befristung 89	

1 **I. Inhalt und Zweck.** In Abgrenzung zu sonstigen Dienstverträgen bestimmt § 620 III BGB, dass für **Arbeitsverträge, die auf bestimmte Zeit abgeschlossen werden,** das TzBfG gilt. – Aber auch die Beendigung des ArbVerh auf Grund einer in einer BV enthaltenen Befristung unterliegt der Befristungskontrolle nach dem TzBfG[1]. – Mit § 14 sind allg. die gesetzl. Voraussetzungen für befristete (kalendermäßig befristete und zweckbefristete) sowie auflösend bedingte Arbeitsverträge normiert worden. Die Vorschrift dient damit der Umsetzung des § 5 der Rahmenvereinbarung über befristete Arbeitsverträge (RL 1999/70/EG[2]), wonach die Mitgliedstaaten Maßnahmen zur **Verhinderung des Missbrauchs aufeinander folgender befristeter Arbeitsverträge** zu ergreifen haben. Dies soll dadurch vermieden werden, dass entweder sachliche Gründe für die Verlängerung von Arbeitsverträgen oder eine zulässige Maximaldauer oder eine Höchstzahl von Verlängerungen festgelegt werden.

2 **II. Allgemeines – Geltungsbereich und Beurteilungszeitpunkt. 1. Betroffene Arbeitnehmer.** Die Bestimmung gilt für **alle ArbN,** auch für ArbN mit besonderem Kündigungsschutz, so dass für diese keine erhöhten Anforderungen an den Sachgrund der Befristung gestellt werden können. Sie gilt auch für Rentner[3]. Das Mandat und die Tätigkeit als BR-Mitglied stehen der Zulässigkeit der Befristung des ArbVerh nicht entgegen[4]. Mit der Aufhebung der besonderen Befristungsverbote für die Zeitarbeit ist sie auch auf **Leiharbeitsverhältnisse** anzuwenden (s.o. § 3 Rz. 2). – Der Koalitionsvertrag v. 27.11.2013 sieht vor, dass für Leiharbeit eine Überlassungshöchstdauer von grds. 18 Monaten festgelegt wird[5]. Dies wird jedoch eine Befristung des mit dem LeihArbN bestehenden ArbVerh nicht rechtfertigen. Bei **schwerbehinderten Menschen** ist aber der erweiterte Beendigungsschutz nach § 92 SGB IX zu berück-

---

1 BAG 5.3.2013 – 1 AZR 417/12, ArbRB 2013, 271 ||2 ABl. v. 10.7.1999, L 175/43. ||3 *Bayreuther*, NJW 2012, 2758. ||4 BAG 5.12.2012 – 7 AZR 698/11, NZA 2013, 515. ||5 Koalitionsvertrag zu 2.2, NZA 2013, Heft 23, IX.

sichtigen. Es gilt keine Ausnahme für **leitende Angestellte** gem. § 14 II KSchG. Verträge mit Organen und gesetzl. Vertretern juristischer Personen unterliegen keiner Befristungskontrolle, da diese keine ArbN sind (vgl. § 5 BetrVG und § 5 ArbGG).

2. Zeitlicher Geltungsbereich. Die Vorschrift gilt vom **ersten Tag des ArbVerh** an. Die Befristungskontrolle unterliegt deshalb **keiner** dem § 1 I KSchG entsprechenden **Wartezeit**[1]. Also bedürfen auch die Vereinbarung von Ein-Tages-Arbeitsverträgen (auch auf der Grundlage einer Rahmenvereinbarung[2]) und die Befristung eines ArbVerh für die Dauer von sechs Monaten grds. eines Sachgrundes[3], es sei denn, man macht von der Möglichkeit der sachgrundlosen Befristung der Abs. 2–3 Gebrauch. Dies entspricht der Vorgabe durch die RL 1999/70/EG und findet seine Bestätigung in der ausdrücklich in Abs. 1 Nr. 5 als Sachgrund genannten Erprobung.

- **Hinweis:** Wird gem. § 15 III eine Kündigungsmöglichkeit auch während der Befristung vereinbart, so gilt aber für eine in den ersten sechs Monaten des befristeten ArbVerh ausgesprochene Kündigung die Wartefrist des § 1 I KSchG.

3. Betrieblicher Geltungsbereich. Entgegen der bis zum 31.12.2000 bestehenden rechtl. Situation gelten die Befristungsregelungen auch für sog. **Kleinbetriebe** gem. § 23 I 2 und 3 KSchG[4]. Die entgegenstehende Gesetzesbegründung[5] findet weder in dem Gesetz noch in der zugrunde liegenden RL 1999/70/EG eine Bestätigung[6]. Anders als die die Teilzeitarbeit regelnden Bestimmungen (s. § 8 VII) enthält der die befristeten Arbeitsverträge regelnde dritte Abschnitt dieses Gesetzes keine von einer bestimmten Anzahl von ArbN abhängige Ausnahme.

- **Hinweis:** Auch hier gilt allerdings die Kleinbetriebsregelung dann, wenn gem. § 15 III von der Vereinbarung einer Kündigungsmöglichkeit Gebrauch gemacht wird.

4. Beurteilungszeitpunkt. Die Rechtswirksamkeit einer Befristung richtet sich nach den **bei Vertragsabschluss** vorliegenden Umständen. Der dem Vertrag zugrunde gelegte Sachgrund muss zu diesem Zeitpunkt vorliegen und für die Dauer der Befristung als fortbestehend angenommen worden sein. Der ArbGeb muss auf Grund greifbarer Tatsachen mit einiger Sicherheit annehmen können, dass der in der Zukunft liegende Tatbestand eintreten wird. Mit hinreichender Wahrscheinlichkeit muss im Zeitpunkt des Ablaufs der Befristung kein Bedarf mehr an der Weiterbeschäftigung des ArbN mehr bestehen. Allein die bloße Unsicherheit über die weitere Entwicklung rechtfertigt keine Befristung. Später eintretende Ereignisse sind ohne Einfluss auf die Wirksamkeit der Befristung[7]. Fällt nach Vertragsabschluss der Befristungsgrund weg, liegt deshalb kein unbefristetes ArbVerh vor. Auch wandelt sich das befristete ArbVerh nicht in ein unbefristetes ArbVerh um, wenn während der Laufzeit des befristeten Vertrages der bei Vertragsschluss gegebene Sachgrund entfällt. Hierdurch ergibt sich auch kein Anspruch auf unbefristete Weiterbeschäftigung über das Befristungsende hinaus. Anders kann es sich verhalten, wenn bestimmte Umstände, von denen die Übernahme in ein unbefristetes ArbVerh abhängig gemacht wurde, inzwischen eingetreten sind, der ArbGeb sich aber dennoch auf die Befristungsabrede beruft, obwohl der oder die ArbN/in inzwischen (zB infolge Schwangerschaft) einen erhöhten Kündigungsschutz genießt. Hat man zuvor schon einen Dauerarbeitsplatz in Aussicht gestellt, so kann es sich deshalb als rechtsmissbräuchlich darstellen, wenn ersichtlich nur ein neu hinzugetretener Umstand (zB Schwangerschaft) für das Beibehalten der ursprünglich vereinbarten Befristung maßgeblich ist[8]. Werden während der Dauer eines befristeten ArbVerh die geschuldete Tätigkeit und die Vergütung vertragl. geändert, unterliegt der Vertrag mit diesem Inhalt der Befristungskontrolle, auch wenn die Vertragslaufzeit unverändert bleibt. Mit der vertragl. Vereinbarung anderer Hauptpflichten bringen die Vertragsparteien zum Ausdruck, dass diese **neue Vereinbarung** für ihr ArbVerh künftig allein bestimmend sein soll und nicht mehr der hiervon abweichende Inhalt des vorhergehenden ArbVerh[9]. Das gilt naturgemäß nicht für die sachgrundlose Befristung.

Bei mehreren aufeinander folgenden befristeten ArbVerh (sog. **Kettenbefristungen** s. dazu im Einzelnen Rz. 89 ff.) ist grds. nur die Befristung des letzten Arbeitsvertrages auf die sachliche Rechtfertigung zu überprüfen[10]. In dem Abschluss eines befristeten Arbeitsvertrages liegt regelmäßig zugleich konkludent die vertragl. Aufhebung eines – etwaigen – unbefristeten früheren Arbeitsvertrages[11]. Jedoch wird durch den vorbehaltlos geschlossenen Folgevertrag nicht darauf verzichtet, die Unwirksamkeit der Befristung des vorangegangenen Vertrages innerhalb der Frist des § 17 geltend zu machen. Soll gleichwohl

---

1 BAG 6.11.2003 – 2 AZR 690/02, ZIP 2004, 1428; *Däubler*, ZIP 2001, 217 (222); *Hromadka*, BB 2001, 621. ||2 Zu Rahmenvereinbarungen für befristete ArbVerh s. *Böhm*, ArbRB 2011, 123. ||3 BAG 6.11.2003 – 2 AZR 690/02, ZIP 2004, 1428. ||4 BAG 6.11.2003 – 2 AZR 21/03, AP Nr. 9 zu § 14 TzBfG; zur Anwendbarkeit der BefristungsRL auf mit der öffentl. Verwaltung geschlossene Arbeitsverträge s. EuGH 7.9.2006 – Rs. C-53/04, NZA 2006, 1255. ||5 BT-Drs. 14/4374, 18, zu § 14 I. ||6 *Däubler*, ZIP 2001, 217 (222), *Preis/Gotthardt*, DB 2000, 2065 (2066); *Richardi/Annuß*, BB 2000, 2201 (2204). ||7 BAG 17.2.1983 – 2 AZR 481/81, AP Nr. 14 zu § 15 KSchG 1969. ||8 BAG 26.4.1995 – 7 AZR 936/94, NZA 1996, 87; zu einem Anspruch aus § 15 AGG in einem derartigen Fall s. LAG Köln 6.4.2009 – 5 Ta 89/09, NZA-RR 2009, 526. ||9 BAG 19.10.2005 – 7 AZR 31/05, NZA 2006, 154. ||10 BAG 8.5.1985 – 7 AZR 191/84, NZA 1986, 569; 13.10.2004 – 7 AZR 654/03, NZA 2005, 469. ||11 BAG 24.8.2011 – 7 AZR 228/10, NZA 2012, 385.

bereits vor Ablauf der Klagefrist des § 17 vertragl. auf die Geltendmachung der Unwirksamkeit der Befristung verzichtet werden, so muss dies in der vertragl. Vereinbarung unmissverständlich zum Ausdruck kommen[1]. Etwas anderes gilt dann, wenn einverständlich der letzte Arbeitsvertrag unter dem Vorbehalt abgeschlossen wurde, dass nicht schon ein unbefristetes ArbVerh besteht[2]. Wegen der Klagefrist des § 17 ist aber auch in diesem Fall die rechtzeitige Klageerhebung erforderlich. Schließlich kann es auf die sachliche Rechtfertigung des vorangegangenen Vertrages ankommen, wenn es sich bei dem letzten Vertrag nur um einen **unselbständigen Annex** zum vorhergehenden Vertrag handelt. Dies ist der Fall, wenn nur die Laufzeit des alten Vertrages verhältnismäßig geringfügig korrigiert mit dem Sachgrund der Befristung in Einklang gebracht wird, dieser aber ansonsten derselbe bleibt[3] oder sich aus den ausdrücklichen oder konkludenten Vereinbarungen ergibt, dass das ArbVerh auf keine neue Grundlage gestellt werden sollte[4]. – Zur **Darlegungs- und Beweislast** s. § 17 Rz. 18 ff.

9 **III. Befristung aus sachlichem Grund (Abs. 1). 1. Grundsatz.** Nach § 620 I BGB endet ein Dienstverhältnis **mit Ablauf der Zeit**, für die es eingegangen ist. Durch das am 1.1.2001 in Kraft getretene **TzBfG** sind erstmals neben der Einführung eines Anspruchs auf Teilzeitarbeit allg. die gesetzl. Voraussetzungen für befristete und auflösend bedingte Arbeitsverträge normiert worden.

10 Ein befristetes ArbVerh ist danach grds. nur dann wirksam befristet, wenn für die Befristung ein **sachlicher Grund** vorliegt. Ausnahmen gelten gem. Abs. 2, Abs. 2a und Abs. 3 sowie nach den durch § 23 erfassten gesetzl. Sonderregelungen. Aus dem Gesetz ergibt sich nicht, worin ein eine Befristung rechtfertigender rechtl. Grund iSd. Bestimmung zu sehen ist. Das Gesetz konkretisiert diesen unbestimmten Rechtsbegriff vielmehr durch acht Beispielsfälle, in denen immer ein sachl. Grund vorliegt.

11 **2. Sachgründe (Abs. 1 S. 2).** Vor Inkrafttreten des TzBfG hatte die Rspr. verschiedene Typen anerkannter Sachgründe entwickelt. Diese **typischen Gründe**, die nach der Rspr. des BAG die Befristung eines Arbeitsvertrages rechtfertigen können, werden in Abs. 1 S. 2 in den Nr. 1–8 genannt. Wie sich aus der Formulierung ergibt, handelt es sich bei den in Abs. 1 S. 2 Nr. 1–8 genannten Sachgründen aber nur um eine beispielhafte Aufzählung. Es werden weder andere von der Rspr. bisher akzeptierte noch weitere Gründe ausgeschlossen (s. Rz. 61 ff.). Liegt jedoch einer der in den Nr. 1–8 angeführten Gründe vor, so bedarf es keiner Prüfung anhand der von der Rspr. entwickelten allg. Merkmale mehr. Es handelt sich nicht nur um Regelbeispiele, die widerlegt werden können. Die acht genannten Sachgründe schließen einander nicht aus. Sie können auch nebeneinander bestehen. Da der Befristungsgrund nicht schriftl. vereinbart und auch nicht mitgeteilt werden muss (s. Rz. 139 f.), kann einer der Gründe im Falle einer späteren gerichtl. Auseinandersetzung über die Wirksamkeit der Befristung nachgeschoben werden.

12 Einstweilen frei.

13 **a) Vorübergehender Bedarf (Nr. 1).** Dieser Sachgrund liegt vor, wenn der betriebl. Bedarf an der Arbeitsleistung nur vorübergehend besteht („**Aushilfsarbeitsverhältnis**"). In Abgrenzung zu der in Nr. 3 angeführten Vertretung setzt der Sachgrund des vorübergehenden betriebl. Bedarfs einen Zusatzbedarf voraus. Die Wirksamkeit der Befristung ist von dem im Zeitpunkt des Vertragsschlusses prognostizierten vorübergehenden erhöhten Arbeitsanfall abhängig[5]. Die Beurteilung dieser künftigen Entwicklung obliegt dem ArbGeb. Der befristeten Einstellung muss aber eine tatsächlich fundierte Prognose zugrunde liegen[6]. Es kann sich um einen vorübergehend erhöhten Arbeitskräftebedarf zur Bewältigung zusätzlicher Arbeitsaufgaben oder eines periodisch wiederkehrenden Arbeitsanfalls handeln[7]. In **Saisonbetrieben** ergibt sich der Befristungsgrund aus saisonal zusätzlich anfallenden Arbeiten oder aus dem verstärkten Arbeitsanfall während der Saison. In **Kampagnebetrieben** wird im Jahr nicht länger als drei Monate gearbeitet, so dass sich schon aus der Eigenart des Betriebes die sachliche Rechtfertigung für die Befristung ergibt. Der wirksamen Befristung steht es nicht entgegen, wenn regelmäßig ein erneuter Arbeitskräftebedarf besteht. Der Sachgrund „vorübergehender Bedarf" setzt jedoch für erneute befristete Einstellungen voraus, dass wesentliche zeitliche Zwischenräume auftreten. Für die insoweit maßgebliche Dauer können die einschlägigen Kündigungsfristen einen Anhalt bieten[8] (zu mehrfachen Befristungen s. Rz. 89). Vorübergehend kann der Bedarf aber auch deshalb sein, weil im Zeitpunkt des Vertragsschlusses mit hinreichender Sicherheit zu erwarten ist, dass für die Beschäftigung des befristet eingestellten ArbN über das vorgesehene Vertragsende hinaus kein Bedarf besteht[9]. Dies kann darauf beruhen, dass in Fällen von Rationalisierungsmaßnahmen ArbN nur noch für eine Übergangszeit bis zur vollständigen Verwirklichung des Vorhabens benötigt werden oder dass sich der ArbGeb bereits bei Vertragsabschluss zur Schließung des Betriebes bzw. der Dienststelle entschlossen hat und davon ausgehen muss, dass eine Weiterbeschäftigung des ArbN in einem anderen Betrieb bzw. in einer anderen Dienststelle nicht möglich sein wird (**Abwicklungsarbeiten**)[10]. Voraussetzung ist aber, dass der ArbN von vornherein zu dem Zweck eingestellt ist, einen vorübergehenden Bedarf an Arbeits-

---

[1] BAG 26.7.2000 – 7 AZR 43/99, NZA 2001, 264. ||[2] BAG 4.6.2003 – 7 AZR 523/02, NZA-RR 2003, 621. ||[3] BAG 1.12.1999 – 7 AZR 236/98, DB 2000, 675. ||[4] BAG 15.8.2001 – 7 AZR 144/00, NZA 2002, 696 (OS) ||[5] BAG 10.7.2013 – 7 AZR 761/11, NZA 2014, 26. ||[6] BAG 20.2.2008 – 7 AZR 950/06, DB 2008, 2131. ||[7] BAG 8.5.1985 – 7 AZR 191/84, NZA 1986, 569; s.a BAG 11.2.2004 – 7 AZR 362/03, NZA 2004, 978. ||[8] ErfK/*Müller-Glöge*, § 14 TzBfG Rz. 24. ||[9] BAG 11.2.2004 – 7 AZR 362/03, NZA 2004, 978. ||[10] BAG 3.12.1997 – 7 AZR 651/96, NZA 1998, 1000.

kräften abzudecken, der nicht durch den normalen Betriebsablauf, sondern einen zeitlich begrenzten zusätzlichen Arbeitsanfall oder später wegfallenden Arbeitskräftebedarf begründet wird. Es muss daher im Zeitpunkt des Vertragsabschlusses auf Grund greifbarer Tatsachen zu erwarten sein, dass die Arbeit demnächst wieder mit der **normalen Belegschaftsstärke** bewältigt werden kann bzw. der befristet eingestellte ArbN in absehbarer Zeit nicht mehr benötigt wird[1]. Der betriebl. Bedarf an der – zusätzlichen – Arbeitsleistung darf nach dem vorgesehenen Befristungsende nicht mehr bestehen[2]. Dies ist dann nicht der Fall, wenn der ArbGeb die Arbeiten sodann durch Leih-ArbN verrichten lässt[3]. Obwohl es aus betriebswirtschaftl. Gründen notwendig sein kann, sich zur Fremdvergabe der Arbeitsleistungen zu entscheiden, ggf. auch im Rahmen einer ArbN-Überlassung durch einen Verleiher, stellt daher die Überbrückung eines bis dahin noch mit eigenen ArbN zu deckenden Arbeitskräftebedarfs keinen nach Nr. 1 gerechtfertigten Sachgrund dar. Eine derartige Überbrückung des Arbeitskräftebedarfs kann somit entgegen der zu beachtenden unternehmerischen Freiheit nicht umgesetzt werden. Eine Ausnahme lässt die Rspr. nur zu, wenn der ArbGeb bei Vertragsschluss mit dem befristet eingestellten ArbN bereits mit dem anderen, als Dauerbesetzung vorgesehenen ArbN vertragl. gebunden ist[4] (s. Rz. 83).

Dem Sachgrund der Nr. 1 ist auch die befristete Einstellung im Rahmen eines zeitlich begrenzten **Projektes** zuzuordnen[5]. Die projektbezogene Befristung setzt voraus, dass die Aufgabe tatsächlich nur von begrenzter Dauer ist. Im Zeitpunkt des Abschlusses des befristeten Arbeitsvertrages müssen konkrete Anhaltspunkte dafür bestehen, dass nach dem Ende der Vertragslaufzeit keine weiteren Projekte mehr durchzuführen sind, bei denen der ArbN eingesetzt werden könnte[6]. Es reicht nicht aus, dass eine Aufgabe beim ArbGeb möglicherweise entfällt[7]. Die Prognose des ArbGeb muss sich nur auf das konkrete Projekt beziehen[8] und auf die Übereinstimmung der Projektdauer mit der Dauer der Drittmittelbewilligung[9]. Die **Finanzierung eines Projektes** mit Drittmitteln rechtfertigt die Befristung des Arbeitsvertrags eines projektbezogen beschäftigten ArbN nur, wenn zur Verwendung der befristet zugewiesenen Mittel konkrete Stellen vorgegeben sind[10], die drittmittelfinanzierte Arbeitsstelle nur für eine bestimmte Zeitdauer bewilligt ist und sie anschließend wegfallen soll. Ein sachlicher Grund liegt deshalb nicht vor, wenn Lehrer für bestimmte Volkshochschulkurse eingestellt werden, wenn eine Fortführung möglich ist, wenn eine entsprechende Nachfrage besteht und die erforderlichen Haushaltsmittel bewilligt werden[11]. Dies gilt auch bei sog. Drittmittelfinanzierungen im Hochschulbereich. Die bloße Ungewissheit über den weiteren Drittmittelzufluss reicht als Befristungsgrund nicht aus[12]. Bei **wiederholten** projektbezogenen Befristungen kann sich das Risiko einer über die Sachgrundprüfung hinausgehenden **Missbrauchskontrolle** ergeben, wie sie vom BAG bei Kettenbefristungen zur Vertretung von ArbN erfolgt (s. dazu Rz. 89 ff., 92)[13].

Der Sachgrund der Nr. 1 setzt **nicht** voraus, dass der befristet eingestellte ArbN **mit den Aufgaben** betraut wird, der den vorübergehenden Arbeitskräftebedarf begründen. Diese können neu verteilt und auf andere ArbN übertragen werden. Auch stellt die überwiegende **Beschäftigung mit projektfremden** Tätigkeiten den sachlichen Befristungsgrund nicht infrage, wenn die Änderung der für die Befristung ursächlichen Umstände bei Vertragsbeginn nicht absehbar war[14]. Entscheidend ist, dass nicht mehr ArbN eingestellt und beschäftigt werden als insg. zur Deckung des Mehrbedarfs erforderlich sind.

Eine Befristung des Arbeitsvertrages „auf Vorrat", um sich künftige Umsetzungsmöglichkeiten offen zu halten, ist sachlich nicht gerechtfertigt[15]. Die Sorge um die konjunkturelle und wirtschaftl. Entwicklung und die daraus resultierende **Unsicherheit in der Einschätzung** des zukünftigen Arbeitskräftebedarfs rechtfertigen keine Befristung[16]. Auch der **Verleiher** kann entsprechend dem früher für die AÜ geltenden **Synchronisationsverbot** das Risiko der zukünftig fehlenden Beschäftigungsmöglichkeit nicht auf den ArbN abwälzen[17]. Die jeder unternehmerischen Tätigkeit innewohnende Unsicherheit über die künftige Entwicklung und der dadurch hervorgerufene wechselnde Bedarf an Arbeitskräften gehen nicht zu Lasten des ArbN.

Allein eine geplante **Betriebsveräußerung** rechtfertigt keine Befristung des Arbeitsvertrages wegen eines für den bisherigen ArbGeb bestehenden vorübergehenden Bedarfs, da damit der Kündigungsschutz nach § 613a IV 1 BGB umgangen wird[18].

Der vorübergehende Bedarf kann entweder **kalendermäßig** bestimmt sein oder aber sich aus dem **Zweck** ergeben (zB Weihnachtsgeschäft). Die Wirksamkeit der Befristung wegen eines vorübergehen-

---

1 BAG 10.6.1992 – 7 AZR 346/91, EzA § 620 BGB Nr. 116; 15.8.2001 – 7 AZR 274/00, NZA 2002, 464 (OS). ||2 BAG 17.1.2007 – 7 AZR 20/06, NZA 2007, 566. ||3 BAG 17.1.2007 – 7 AZR 20/06, NZA 2007, 566. ||4 BAG 17.1.2007 – 7 AZR 20/06, NZA 2007, 566. ||5 BAG 25.8.2004 – 7 AZR 7/04, NZA 2005, 357. ||6 BAG 7.11.2007 – 7 AZR 484/06, NZA 2008, 467. ||7 BAG 11.9.2013 – 7 AZR 107/12, PM Nr. 53/13. ||8 BAG 25.8.2004 – 7 AZR 7/04, NZA 2005, 357. ||9 BAG 7.5.2008 – 7 AZR 146/07, NJW-Spezial 2008, 595. ||10 LAG Bln.-Bbg. 23.11.2012 – 17 Sa 1315/12, NZA-RR 2013, 191. ||11 BAG 8.4.1992 – 7 AZR 135/91, NZA 1993, 694. ||12 BAG 13.2.2013 – 7 AZR 284/11, NZA 2013, 1271. ||13 *Bayreuther*, NZA 2013, 23 ff. (26). ||14 BAG 7.5.2008 – 7 AZR 146/07, NJW-Spezial 2008, 595. ||15 LAG Köln 14.1.1999 – 6 Sa 1165/98, LAGE § 21 BErzGG Nr. 3. ||16 BAG 22.3.2000 – 7 AZR 758/98, NZA 2000, 881; aA Boemke/Lembke/*Lembke*, § 3 AÜG Rz. 561. ||17 Zur Inanspruchnahme des Entleihers innerhalb der Frist des § 17 S. 1, wenn der schon bisher im Rahmen eines befristeten ArbVerh beschäftigte gewesene LeihArbN auf demselben Dauerarbeitsplatz beschäftigt wird, s. LAG Berlin 7.1.2005 – 6 Sa 2008/04, LAGReport 2005, 137. ||18 BAG 30.10.2008 – 8 AZR 855/07, NZA 2009, 723.

den Bedarfs setzt nicht voraus, dass der ArbN für die gesamte Dauer dieses erhöhten Bedarfs eingestellt wird[1].

19 **b) Tätigkeit im Anschluss an eine Ausbildung oder an ein Studium (Nr. 2).** Ohne dass ein in der Person des ArbN liegender Grund iSd. Nr. 6 vorliegen muss, soll der hier angeführte sachliche Grund den **Berufsstart erleichtern** (sog. Absolventenbefristung). Ein die Befristung rechtfertigender Grund besteht daher bereits dann, wenn ein ArbN im Anschluss an eine Ausbildung oder ein Studium befristet beschäftigt wird, um ihm den Übergang in eine Anschlussbeschäftigung zu erleichtern. Die Gesetzesbegr. verweist auf entsprechende tarifl. Regelungen in vielen Wirtschaftsbereichen[2]. Zur **Ausbildung** zählen die Berufsausbildungsverhältnisse nach § 10 BBiG, die Ausbildungsverhältnisse iSv. § 26 BBiG und öffentl.-rechtl. ausgestaltete Ausbildungsverhältnisse. Das befristete ArbVerh eines zuvor als Auszubildender eingestellten ArbN muss spätestens am Tage nach Beendigung des Ausbildungsverhältnisses begründet werden. Ansonsten greift die Fiktion des § 15 V ein. Es gilt dann ein ArbVerh als auf unbestimmte Zeit begründet. Als **Studium** ist eine Ausbildung an einer Hochschule oder einer Fachhochschule, aber auch an anderen staatl. anerkannten Ausbildungsstätten zu verstehen. Ein erfolgreicher, förmlicher Abschluss des Studiums ist nicht erforderlich. Soweit der gesetzl. genannte Sachgrund die Anschlussbeschäftigung im Anschluss an ein Studium nennt, wird in der Gesetzesbegr. als Beispiel der Werkstudent angeführt, dem nach dem Studium bei seinem bisherigen ArbGeb eine befristete Beschäftigung angeboten werden kann[3].

20 Sieht man einmal davon ab, dass mit diesem Befristungsgrund tarifl. Übernahmeregelungen im Anschluss an die Ausbildung eine gesetzl. Rechtfertigung erfahren, besteht allenfalls **bei Werkstudenten** wegen des in Abs. 2 S. 2 genannten Erfordernisses der erstmaligen Beschäftigung ein praktisches Bedürfnis, von dem hier genannten Befristungsgrund Gebrauch zu machen (ein Berufsausbildungsverhältnis ist dagegen kein ArbVerh iSv. Abs. 2 S. 2[4]).

21 Im Gegensatz zu Abs. 2 S. 1 und Abs. 2a S. 1 ist bei Zugrundelegung dieses Befristungsgrundes **keine zeitliche Höchstgrenze** zu beachten. Berücksichtigt man den gesetzl. formulierten Befristungszweck der Erleichterung des Übergangs in eine Anschlussbeschäftigung, so kann jedoch die Zulässigkeit längerer Befristungen zweifelhaft sein. Der ArbN hat keine zusätzliche berufliche, praxisbezogene Ausbildung zu absolvieren, sondern es kann nach diesem Sachgrund nur um die Vermittlung erster praktischer Erfahrungen in dem erlernten Beruf gehen. Maßstab für die Dauer der Befristungen des auf diesen sachlichen Grund gestützten ArbVerh werden die in Übernahmeklauseln von TV genannten Zeiträume von einem halben Jahr bis zu zwei Jahren sein. Allerdings kommt auch der Situation auf dem Arbeitsmarkt für ArbN mit der Qualifikation des befristet eingestellten ArbN Bedeutung zu, so dass auch mehr als zwei Jahre zulässig sein können, wenn es der tatsächliche Sachgrund rechtfertigt[5]. Eine **wiederholte Befristung** kann **nicht** auf den Sachgrund der Nr. 2 gestützt werden, da hier eine Erstanstellung im Anschluss an die Ausbildung vorausgesetzt wird[6]. Eine befristete Fortsetzung des nach Nr. 2 befristeten ArbVerh ist daher nur zulässig, wenn sie danach auf einen anderen Sachgrund gestützt werden kann.

22 Nicht gesetzl. geregelt ist, ob der Umstand, dass die Befristung „im Anschluss" an eine Ausbildung oder ein Studium erfolgen muss, **eine Unterbrechung** zwischen der Ausbildung oder dem Studium zulässt, und ggf. mit welcher Dauer. Hier, wie auch hinsichtlich des Befristungsgrundes selbst, muss ein Kausalzusammenhang zu dem verfolgten Zweck der Befristung bestehen. Eine nahtlose Verlängerung der Ausbildung durch ein befristetes ArbVerh ist deshalb nicht erforderlich[7]. Eine längere Unterbrechung stellt aber den verfolgten Zweck der Befristung infrage, erst recht eine nicht nur gelegentliche zwischenzeitliche Beschäftigung bei einem anderen ArbGeb[8].

23 Der als Sachgrund genannte Zweck der Erleichterung des Übergangs in eine Anschlussbeschäftigung liegt nicht nur dann vor, wenn es um eine Überbrückung im Hinblick auf einen konkret zugedachten festen unbefristeten Arbeitsplatz geht, sondern auch schon dann, wenn der ArbN durch seine berufliche Tätigkeit **berufliche Erfahrungen** erwirbt[9]. Die Aussicht auf eine Anschlussbeschäftigung muss noch nicht konkret bestehen[10]. Da nur eine Erleichterung des Übergangs in eine Anschlussbeschäftigung bezweckt ist, reicht die Chance auf eine Übernahme.

24 Der in der Gesetzesbegr. angeführte Beispielsfall des Werksstudenten lässt den Schluss zu, dass eine Anschlussbeschäftigung iSd. in Nr. 2 angeführten Grundes nur **bei demselben ArbGeb** in Betracht kommen kann. Hierfür spricht, dass eine Befristung zu dem Zweck, die Zeit bis zum Beginn einer bereits feststehenden anderen Beschäftigung zu überbrücken, durch den in Nr. 6 genannten Sachgrund erfasst wird[11]. Andererseits setzt der hier genannte Sachgrund nicht ausdrücklich voraus, dass die Anschlussbeschäftigung bei demselben ArbGeb bezweckt ist. Diesem wäre schließlich auch schon durch

---

1 *Hromadka*, BB 2001, 621. ‖ 2 BT-Drs. 14/4374, 19; s.a BAG 14.10.1997 – 7 AZR 811/96, DB 1998, 14. ‖ 3 BT-Drs. 14/4374, 19. ‖ 4 Begr. RegE, BT-Drs. 14/4374, 20; aA *Däubler*, ZIP 2001, 217 (223); *Schlachter*, NZA 2003, 1180. ‖ 5 *Dörner*, Rz. 247. ‖ 6 BAG 10.10.2007 – 7 AZR 795/06, BB 2007, 2814. ‖ 7 *Däubler*, ZIP 2001, 217. ‖ 8 BAG 24.8.2011 – 7 AZR 368/10, DB 2012, 292. ‖ 9 BAG 22.4.2009 – 7 AZR 96/08, NZA 2009, 1099; *Hromadka*, DB 2001, 621. ‖ 10 ErfK/*Müller-Glöge*, § 14 TzBfG Rz. 33. ‖ 11 *Kliemt*, NZA 2001, 296.

eine Probezeitbefristung gem. Nr. 5 oder, wie bereits vorstehend herausgestellt wurde, durch eine sachgrundlose Befristung nach Abs. 2 S. 1 geholfen[1]. Da der in Nr. 2 angeführte Sachgrund nicht ohne weiteres eine verbindliche Konkretisierung zulässt[2], sollte, sofern nicht eine Festlegung des Sachgrundes von vornherein notwendig ist, von der Möglichkeit der sachgrundlosen Befristung des Abs. 2 S. 1 Gebrauch gemacht werden, wenn nicht eine Vorbeschäftigung iSv. Abs. 2 S. 2 vorliegt.

c) Vertretung (Nr. 3). Anders als in dem in Nr. 1 genannten Sachgrund geht es bei dem in Nr. 3 genannten Sachgrund der **Vertretung** eines anderen ArbN nicht um die Bewältigung eines vorübergehenden höheren Arbeitsanfalls. Der sachliche Rechtfertigungsgrund für diese Befristung liegt darin, dass der zu vertretende ArbN vorübergehend an der Erbringung der eigentlich von ihm auf Grund des bestehenden ArbVerh geschuldeten Arbeitsleistung verhindert ist[3]. Dies kann darauf beruhen, dass wegen der **Abwesenheit** des zu vertretenden ArbN von vornherein nur ein vorübergehender, zeitlich durch die Rückkehr des Vertretenen begrenzter Bedarf an einem Einsatz einer Vertretungskraft besteht[4]. Für diesen Fall trägt dieser Befristungsgrund auch die Zeit der Einarbeitung des Vertreters. Der Vertretungsbedarf kann sich auch daraus ergeben, dass der zu vertretende ArbN vorübergehend an einem anderen Arbeitsplatz **im Unternehmen** eingesetzt bzw. **abgeordnet** wird, zB zur Erprobung. Sachlich begründet ist die befristete Einstellung einer Ersatzkraft in diesem Fall aber nur, wenn eine unmittelbare oder mittelbare Vertretung der Stammkraft erfolgt (s. im Einzelnen Rz. 32)[5]. Nicht gerechtfertigt ist eine „**Dauervertretung**". Für die Abgrenzung zwischen einer zulässigen Befristung zur Abdeckung eines vorübergehenden Vertretungsbedarfs von einer unzulässigen Dauervertretung ist darauf abzustellen, ob ein zeitlich begrenzter Beschäftigungsbedarf besteht oder ob ein mit vorhandenen Dauerarbeitskräften nicht abzutragender zusätzlicher Arbeitsanfall von ungewisser Dauer zu bewältigen ist. Zu **Kettenbefristungen** und einer insoweit „nachgeschobenen" **Missbrauchskontrolle** s. Rz. 89 ff., 92. 25

Der Sachgrund der vorübergehenden Vertretung für den Fall eines Beschäftigungsverbotes nach dem MuSchG, für die Elternzeit oder einer Arbeitsfreistellung zur Betreuung eines Kindes ist in **§ 21 BEEG** sowie für den Fall der Pflege eines nahen Angehörigen nach § 2 oder § 3 PflegeZG in § 6 PflegeZG besonders geregelt (s. § 23 Rz. 23). 26

Auch im Falle der Vertretung eines ArbN muss im **Zeitpunkt des Vertragsabschlusses** entweder zeitlich bestimmbar oder zumindest absehbar sein, dass der **Vertretungsbedarf** durch die zu erwartende Rückkehr des zu vertretenden ArbN **wegfällt**[6]. Der genaue Zeitpunkt der Rückkehr des zu vertretenden ArbN und damit die Dauer des Vertretungsbedarfs brauchen nicht festzustehen, auch nicht, ob der zu Vertretende die Arbeit wieder in vollem Umfang aufnehmen wird[7]. Der ArbGeb muss daher vor Abschluss des befristeten Arbeitsvertrags nicht von sich aus Erkundigungen über die gesundheitliche Entwicklung des erkrankten oder über die Planung des beurlaubten ArbN einholen[8]. Muss der ArbGeb auf Grund der ihm vorliegenden Informationen aber erhebliche Zweifel daran haben, ob die zu vertretende Stammkraft überhaupt wieder zurückkehren wird, kann dies dafür sprechen, dass der Sachgrund der Vertretung nur vorgeschoben ist[9]. Die Befristung kann insb. dann unwirksam sein, wenn der zu vertretende ArbN dem ArbGeb bereits vor dem Abschluss des befristeten Arbeitsvertrages mit der Vertretungskraft verbindlich erklärt hat, dass er die Arbeit nicht wieder aufnehmen werde[10]. Teil des Sachgrundes der Vertretung ist die Prognose über den voraussichtlichen Wegfall des Vertretungsbedarfs durch die Rückkehr des Vertretenen[11]. Die bloße Unsicherheit der künftigen Entwicklung des Arbeitskräftebedarfs rechtfertigt nicht die Befristung[12]. Mit zunehmender Dauer der Beschäftigung sind an die Prognose des Vertretungsbedarfs höhere Anforderungen zu stellen; eine Befristung aus Vertretungsgründen kann daher nur sachlich gerechtfertigt sein, wenn bei Abschluss des befristeten Vertrages hinreichend sichere konkrete Anhaltspunkte für den endgültigen Wegfall des Vertretungsbedarfs vorliegen[13]. Anders als bei einem fremdbestimmten Ausfall der Stammkraft erfordert die **Rückkehrprognose** bei einer „**Abordnungsvertretung**" (s. Rz. 25) die Würdigung sämtlicher Umstände des Einzelfalls, wozu auch die Planungs- und Organisationsentscheidungen des ArbGeb zählen[14]. – Zur Wirksamkeit einer befristeten, übergangsweisen Beschäftigung, die sich nicht als konkrete Vertretung darstellt, s. Rz. 82. 27

Scheidet der zu vertretende ArbN vor Wiederaufnahme seiner Tätigkeit aus dem ArbVerh **aus**, kann auch im Wege einer ergänzenden Vertragsauslegung der Befristungsregelung nicht entnommen werden, dass das VertretungsArbVerh dann endet[15]. Durch das endgültige Ausscheiden des zu vertretenden Mitarbeiters aus dem ArbVerh entfällt schließlich nicht der Bedarf an der Arbeitsleistung der Ersatzkraft. Deshalb rechtfertigt der Sachgrund der Vertretung für sich allein nicht die Befristung des 28

---

1 Die Möglichkeit, die Anschlussbeschäftigung auch bei einem anderen ArbGeb anzutreten, bejaht *Hromadka*, BB 2001, 621. ||2 *Däubler*, ZIP 2001, 217. ||3 BAG 16.1.2013 – 7 AZR 662/11, NZA 2013, 611. ||4 BAG 4.6.2003 – 7 AZR 406/02, BB 2003, 1683. ||5 BAG 16.1.2013 – 7 AZR 662/11, NZA 2013, 611; 10.7.2013 – 7 AZR 833/11, NZA 2013,1292. ||6 BAG 23.1.2002 – 7 AZR 440/00, NZA 2002, 665; 25.3.2009 – 7 AZR 34/08, NZA 2010, 34. ||7 BAG 6.12.2000 – 7 AZR 262/99, BB 2001, 833; LAG Rh.-Pf. 5.7.2012 – 11 Sa 26/12, NZA-RR 2013, 16. ||8 BAG 4.6.2003 – 7 AZR 523/02, NZA-RR 2003, 621; LAG Rh.-Pf. 5.7.2012 – 11 Sa 26/12, NZA-RR 2013, 16. ||9 BAG 25.3.2009 – 7 AZR 34/08, NZA 2010, 34. ||10 BAG 2.7.2003 – 7 AZR 529/02, NZA 2004, 1055. ||11 BAG 13.10.2004 – 7 AZR 654/03, NZA 2005, 469. ||12 BAG 22.3.2000 – 7 AZR 758/98, NZA 2000, 881. ||13 BAG 12.9.1996 – 7 AZR 790/95, NZA 1997, 313. ||14 BAG 16.1.2013 – 7 AZR 661/11, NZA 2013, 614. ||15 BAG 26.6.1996 – 7 AZR 674/95, DB 1996, 2289; LAG Schl.-Holst. 12.9.2007 – 6 Sa 113/07, NZA-RR 2008, 137.

Arbeitsvertrages mit dem Vertreter bis zum Ausscheiden des zu Vertretenden aus seinem Beschäftigungsverhältnis[1]. Dieser Vertretungsbedarf setzt voraus, dass der ArbGeb mit der Rückkehr des zu vertretenden ArbN rechnet. Auch wenn gem. § 15 III eine Kündigungsmöglichkeit vereinbart ist, rechtfertigt das Ausscheiden des zu vertretenden ArbN keine dementsprechende vorzeitige Beendigung des ArbVerh im Wege einer betriebsbedingten Kündigung.

29 Um sich vor einem solchen Ergebnis des gewissermaßen durch Zweckverfehlung entstehenden unbefristeten ArbVerh zu schützen, ist entweder nur eine Befristung **für die Dauer des Vertretungsbedarfs** selbst zu vereinbaren, so dass gem. § 15 I das ArbVerh mit Ablauf der vereinbarten Zeit endet. Ist die Dauer des Vertretungsbedarfs, wie zB in Krankheitsfällen, nicht ohne weiteres bei Vertragsabschluss exakt bestimmbar, so sollte man sich wegen der genannten Risiken nicht auf die Benennung einer auflösenden Bedingung (§ 21) oder einer Zweckbefristung iSd. § 15 II beschränken. Vielmehr ist eine – eindeutige und transparente[2] – **Kombination von Zeit- und Zweckbefristung** bzw. auflösender Bedingung (**„Doppelbefristung"**) angeraten[3], etwa wie folgt:

30 ● **Formulierungsvorschlag** (wegen der einzuhaltenden Schriftform beachte Rz. 144):
Der Arbeitnehmer wird wegen Vertretung des erkrankten Arbeitnehmers ... befristet eingestellt. Das Arbeitsverhältnis endet mit Ablauf des ... (Datum), bei früherer Wiederaufnahme der Tätigkeit durch den Arbeitnehmer ... an diesem Tag, frühestens jedoch zwei Wochen nach Zugang der schriftlichen Unterrichtung des Arbeitnehmers durch den Arbeitgeber über den Zeitpunkt der Zweckerreichung.

31 Einstweilen frei.

32 Es sind drei Formen der Vertretung iSv. Nr. 3 zu unterscheiden, nämlich
– der Vertreter übernimmt die Aufgaben des Vertretenen (**unmittelbare Vertretung**),
– die Aufgaben des vorübergehend abwesenden ArbN werden ganz oder teilweise anderen ArbN übertragen, deren Aufgaben vom Vertreter erledigt werden (**mittelbare Vertretung**),
– der Vertreter nimmt Aufgaben wahr, die der ArbGeb einem vorübergehend abwesenden ArbN bei dessen unveränderter Weiterarbeit oder nach seiner Rückkehr tatsächlich und rechtlich übertragen könnte[4] (**„Zuordnungsvertretung"**, aber auch **„Organisationsvertretung"**[5]).

Bei der **unmittelbaren Vertretung** hat der ArbGeb darzulegen, dass der Vertreter nach dem Arbeitsvertrag mit Aufgaben betraut wird, die zuvor dem vorübergehend abwesenden ArbN übertragen waren.

Im Falle der **mittelbaren Vertretung** wird die Tätigkeit des zeitweise ausfallenden ArbN nicht von dem Vertreter, sondern von einem anderen ArbN oder mehreren anderen ArbN ausgeübt. Der Wortlaut der Nr. 3, wonach der ArbN zur Vertretung „eines anderen Arbeitnehmers" beschäftigt werden muss, steht einer mittelbaren Vertretung nicht entgegen[6]. Notwendig ist nur, dass zwischen dem zeitweiligen Ausfall eines ArbN und der befristeten Beschäftigung einer Vertretungskraft ein **ursächlicher Zusammenhang** besteht[7]. Der ArbGeb hat insoweit eine **Vertretungskette** zwischen dem Vertretenen und dem Vertreter darzulegen. Voraussetzung ist, dass Umsetzungs- oder Versetzungsbefugnisse eine Einzelvertretung des ausgefallenen Mitarbeiters ermöglichen würden[8]. Der ArbGeb muss rechtl. und tatsächlich die Möglichkeit haben, dem Vertretenen die Aufgaben des Vertreters zuzuweisen[9] oder den vertretenen ArbN im Wege des Direktionsrechts in den Arbeitsbereich des Vertreters umzusetzen[10]. Die Vertretungskraft darf also keine Tätigkeiten verrichten, die der ausgefallene ArbN wegen der abweichenden Arbeitsanforderungen nicht ausführen kann. Die befristete Aufstockung eines Teilzeit- auf ein Vollzeit-ArbVerh ist daher auch nicht durch den Sachgrund der Vertretung gerechtfertigt, wenn der vertretene ArbN **höher eingruppiert** ist als die Vertretungskraft. Der Kausalzusammenhang muss **erkennbar** sein, indem eine entsprechende Angabe im Arbeitsvertrag erfolgt oder der Name des Vertretenen in der BR-Anhörung zur Einstellung des befristet beschäftigten ArbN angegeben wird[11].

Die vom BAG als **dritte Möglichkeit** angeführte Vertretung der **gedanklichen Zuordnung** setzt voraus, dass der ArbGeb rechtl. und tatsächlich in der Lage wäre, dem vorübergehend abwesenden Mitarbeiter im Fall seiner Anwesenheit die dem Vertreter zugewiesenen Aufgaben zu übertragen[12]. Demzufolge ist seitens des ArbGeb neben dem durch die vorübergehende Abwesenheit des vertretenen ArbN bestehenden Arbeitskräftebedarf, nachzuweisen, dass ein Einsatz des Vertretenen dort möglich ist, wo der Vertreter eingesetzt wird. Der vertretene ArbN und der Vertreter müssen von den Fähigkeiten und den

---

1 BAG 8.7.1998 – 7 AZR 382/97, NZA 1998, 1279; 5.6.2002 – 7 AZR 201/01, ZIP 2002, 1738. ‖2 BAG 8.8.2007 – 7 AZR 605/06, DB 2008, 133. ‖3 BAG 15.8.2001 – 7 AZR 263/00, DB 2002, 52: Eine etwaige Unwirksamkeit der Zweckbefristung hat keine Auswirkungen auf die zugleich vereinbarte Zeitbefristung; auch für diese Befristung muss dann aber ein sachlicher Grund gegeben sein. S.a. BAG 4.12.2002 – 7 AZR 492/01, NZA 2003, 611. ‖4 BAG 15.2.2006 – 7 AZR 232/05, NZA 2006, 781; 14.4.2010 – 7 AZR 121/09, DB 2010, 1708. ‖5 *Eisemann*, NZA 2009, 1113. ‖6 *Hromadka*, BB 2001, 621. ‖7 BAG 10.3.2004 – 7 AZR 397/03, ArbRB 2004, 207; 25.8.2004 – 7 AZR 32/04, NZA 2005, 472. ‖8 BAG 10.3.2004 – 7 AZR 402/03, NZA 2004, 925; 12.1.2011 – 7 AZR 194/09, NZA 2011, 507. ‖9 BAG 20.1.2010 – 7 AZR 542/08, DB 2010, 1186. ‖10 LAG Köln 7.5.2007 – 14 Sa 1379/06, NZA-RR 2007, 517. ‖11 BAG 8.8.2007 – 7 AZR 855/06, NZA 2008, 229; 20.1.2010 – 7 AZR 542/08, DB 2010, 1186. ‖12 BAG 10.10.2012 – 7 AZR 462/11, NZA-RR 2013, 185.

vertragl. Voraussetzungen sowie den arbeitsplatzbezogenen Anforderungen her austauschbar sein, so dass der ArbGeb also in der Lage wäre, der Stammkraft im Falle ihrer Weiterarbeit anstelle ihrer bisherigen Tätigkeit den Aufgabenbereich des Vertreters zu übertragen. Dem steht nicht entgegen, dass die Stammkraft bei ihrer Rückkehr eine Einarbeitungszeit benötigt[1].

Es braucht also **keine direkte Beziehung** zu den zuvor vom Vertretenen wahrgenommenen Aufgaben zu bestehen. Es reicht zur wirksamen Befristung aus, dass durch den zeitlichen Ausfall eines ArbN ein als vorübergehend anzusehender Bedarf an der zusätzlichen Beschäftigung des ArbN entsteht ("**Gesamtvertretungsbedarf**") und dieser ArbN gerade wegen dieses Bedarfs eingestellt wird. Ein konkreter sachlicher Zusammenhang zwischen den Arbeitsaufgaben des Vertretenen und des Vertreters ist danach nicht nötig[2]. Der Vertreter muss nicht auf dem Arbeitsplatz des Vertretenen eingesetzt werden, also nicht dessen Aufgaben übernehmen. Für die Wirksamkeit der Befristung ist es unerheblich, ob und wie der ArbGeb mit der befristeten Einstellung eines Vertreters die Arbeitsaufgaben umverteilt. Zur **Darlegung des Kausalzusammenhangs** zwischen der zeitweiligen Arbeitsverhinderung der Stammkraft und der Einstellung der Vertretungskraft ist es jedoch erforderlich, dass der ArbGeb bei Vertragsschluss mit dem Vertreter dessen Aufgaben einem oder mehreren vorübergehend abwesenden ArbN **nach außen erkennbar gedanklich zuordnet**, insb. durch eine entsprechende Angabe im Arbeitsvertrag oder in der BR-Anhörung[3].

Die Vertretung in Form der „gedanklichen Zuordnung" ist aber für Vertretungsfälle ausgeschlossen, die durch die vorübergehende Abwesenheit der Stammkraft aufgrund eines **anderweitigen Einsatzes im Unternehmen** ausgelöst werden[4]. Die **Abordnung** einer Stammkraft kann die befristete Einstellung eines ArbN nach Nr. 3 nur rechtfertigen, wenn dieser die Stammkraft unmittelbar oder mittelbar vertritt[5]. Ansonsten würde dem ArbGeb die Möglichkeit eröffnet, sich ohne sachliche Rechtfertigung Befristungsmöglichkeiten selbst zu schaffen[6]. Überdies gelten für die vom ArbGeb anzustellende Rückkehrprognose weitergehende Anforderungen. Da im Falle der Abordnung die Rückkehr der Stammkraft maßgeblich von Umständen und Entscheidungen abhängt, die in der Sphäre des ArbGeb liegen, muss der ArbGeb bei der Prognose über die voraussichtliche Rückkehr der abgeordneten Stammkraft sämtliche Umstände des Einelfalls würdigen. Dazu gehören nicht nur etwaige Erklärungen der abgeordneten Stammkraft über ihre Rückkehrabsichten, sondern insb. auch die Planungs- und Organisationsentscheidungen des ArbGeb[7].

Ist die befristete Einstellung eines ArbN nur möglich, weil die für den Stelleninhaber vorgesehenen Haushaltsmittel durch dessen **zeitweise Beurlaubung oder Teilzeitbeschäftigung** vorübergehend frei werden, so kann der Sachgrund der zeitlich begrenzten Verfügbarkeit der Haushaltsmittel im Vordergrund stehen und die Befristung rechtfertigen[8].

Der Befristungsgrund des Vertretungsbedarfs setzt **keine zeitliche Kongruenz** der Befristung und des tatsächlich bestehenden Vertretungsbedarfs voraus. Für die Vertretung während der Elternzeit ergibt sich dies aus § 21 I BEEG. Danach kann die Befristung auch „für Teile" der Vertretungszeit erfolgen. Die vertragl. vereinbarte Befristungsdauer bedarf keiner eigenen sachlichen Rechtfertigung. Ein Zurückbleiben der Befristungsdauer hinter dem voraussichtlichen Bestand des Befristungsgrundes stellt daher auch den Befristungsgrund der Vertretung nach Nr. 3 selbst nicht infrage[9]. Da es dem ArbGeb frei steht, den Arbeitsausfall überhaupt durch eine Vertretungskraft zu überbrücken, verbleibt ihm auch die Entscheidung, die Vertretung nur für eine kürzere Zeit zu regeln. Dass stets ein bestimmter, messbarer Vertretungsbedarf zB im gesamten Schuldienst eines Landes besteht, der nicht oder nicht vollständig durch eine Personalreserve abgedeckt wird, steht einer wirksamen Befristung des Arbeitsvertrages einer zur Vertretung einer bestimmten Kollegin eingestellten Lehrerin deshalb nicht entgegen[10]. Die Vorhersehbarkeit weiteren Vertretungsbedarfs schließt eine wirksame Befristung nicht aus[11]. Nach Nr. 3 befristete Arbeitsverträge sind deshalb auch zulässig, wenn keine Personalreserve unterhalten wird. Der Vertretungsbedarf muss aber auf einer zeitlich entsprechenden Abwesenheit planmäßig eingesetzter ArbN beruhen[12]. Ist bereits bei Vertragsabschluss absehbar, dass der Vertreter an einem anderen Arbeitsplatz derselben oder an einer anderen Dienststelle desselben Verwaltungszweiges am selben Dienstort weiterbeschäftigt werden könnte, und war die Einstellung eines Vertreters insoweit auch bereits geplant, liegt kein sachlicher Grund für die befristete Einstellung zur Vertretung vor. Der Sachgrund der Vertretung berechtigt nicht zur Einstellung einer sog. Daueraushilfe/Dauervertretung.

---

1 BAG 14.4.2010 – 7 AZR 121/09, DB 2010, 1708. ‖ 2 BAG 20.1.1999 – 7 AZR 640/97, NZA 1999, 928. ‖ 3 BAG 20.1.2010 – 7 AZR 542/08, DB 2010, 1186; 10.10.2012 – 7 AZR 462/11, NZA-RR 2013, 185. ‖ 4 BAG 16.1.2013 – 7 AZR 662/11, NZA 2013, 611; 10.7.2013 – 7 AZR 833/11, NZA 2013,1292; 10.7.2013 – 7 AZR 761/11, NZA 2014, 26. ‖ 5 BAG 16.1.2013 – 7 AZR 662/11, NZA 2013, 611; 10.7.2013 – 7 AZR 833/11, NZA 2013, 1292. ‖ 6 BAG 16.1.2013 – 7 AZR 662/11, NZA 2013, 611; 10.7.2013 – 7 AZR 833/11, NZA 2013, 1292. ‖ 7 BAG 16.1.2013 – 7 AZR 661/11, NZA 2013, 614. ‖ 8 BAG 15.8.2001 – 7 AZR 263/00, DB 2002, 52. ‖ 9 BAG 13.10.2004 – 7 AZR 654/03, NZA 2005, 469. ‖ 10 BAG 3.12.1986 – 7 AZR 354/85, AP Nr. 110 zu § 620 BGB Befristeter Arbeitsvertrag; nicht übertragbar auf die Befristungspraxis in der Finanzverwaltung: LAG Hess. 16.9.1999 – 12 Sa 2034/98, NZA-RR 2000, 293. ‖ 11 BAG 3.10.1984 – 7 AZR 192/83, AP Nr. 87 zu § 620 BGB Befristeter Arbeitsvertrag. ‖ 12 BAG 20.1.1999 – 7 AZR 640/97, NZA 1999, 928.

34 Ist der vertretene ArbN **teilzeitbeschäftigt**, rechtfertigt der Sachgrund der Vertretung nicht die Befristung des Arbeitsvertrages einer vollzeitbeschäftigten Vertretungskraft[1].

35 Nach dem Willen des Gesetzgebers liegt ein Vertretungsfall iSd. Nr. 3 auch vor, wenn ein ArbN einen Beamten zu vertreten hat[2], obwohl dem Gesetzeswortlaut nur die Vertretung eines ArbN zu entnehmen ist.

36 **d) Eigenart der Arbeitsleistung (Nr. 4).** Der Befristungsgrund „Eigenart der Arbeitsleistung" bezieht sich insb. auf das von der Rspr. aus der Rundfunkfreiheit (Art. 5 I GG) abgeleitete Recht der Rundfunkanstalten, programmgestaltende Mitarbeiter aus Gründen der Programmplanung lediglich für eine bestimmte Zeit zu beschäftigen[3]. Entscheidend für diesen Befristungsgrund ist die zur Erfüllung des Programmauftrages notwendige **Freiheit sowie Flexibilität und das Innovationsbedürfnis der Rundfunkanstalten**[4]. Diese Gesichtspunkte sind ggü. dem Bestandsschutzinteresse des ArbN abzuwägen[5]. Der sachliche Grund liegt bei programmgestaltender Tätigkeit in der Rundfunkfreiheit und dem Innovationsinteresse selbst. Demzufolge können Rundfunk- und Fernsehanstalten ArbN, die an Hörfunk- und Fernsehsendungen inhaltlich gestaltend mitwirken, befristet einstellen. Dieser Befristungsgrund kommt daher vornehmlich bei den Beschäftigungsverhältnissen mit Redakteuren zum Tragen, so zB wegen eines aktuellen Bezugs des Redakteurs zu den Verhältnissen im Auslands-Zielgebiet[6]. Wenn aber die Redakteure im Regelfall unbefristet beschäftigt werden, kann der Sachgrund der Rundfunkfreiheit nicht eine Befristung des Arbeitsvertrages eines Redakteurs derselben Rundfunkanstalt stützen[7]. Der Gesichtspunkt der **journalistischen Freiheit** gilt auch für **andere Medien**. Ein eine wirksame Befristung rechtfertigender Sachgrund besteht dort auch nur, wenn der befristet eingestellte ArbN unmittelbar auf die inhaltlichen Aussagen, den „Tendenzzweck", Einfluss nehmen kann.

37 Zur „Eigenart der Arbeitsleistung" iSd. Nr. 4 gehört auch die Wahrung der **freien Entfaltung der Kunst** (Art. 5 III GG). Sie begründet das Recht der Bühnen, entsprechend dem vom Intendanten verfolgten künstlerischen Konzept, Arbeitsverträge mit Solisten (Schauspieler, Solosänger, Tänzer, Kapellmeister ua.) jeweils befristet abzuschließen[8]. Die Notwendigkeit, die Programmgestaltung verändern zu können, erfordert personelle Flexibilität. Auch wenn wegen des normativen Vorrangs des unbefristeten ArbVerh der Befristungsgrund der „Eigenart der Arbeitsleistung" restriktiv ausgelegt werden muss, so sind die in Art. 5 GG geschützten Rechte insg. geeignet, eine Befristung zu rechtfertigen. Demgemäß sind in den TV „Normalvertrag Bühne" und „Normalvertrag Chor/Tanz" entsprechend einem langen Bühnengebrauch befristete Arbeitsverträge vorgesehen. Für den Bereich der Wissenschaft und Lehre wird dem Gesichtspunkt der **Wissenschaftsfreiheit** im WissZeitVG Rechnung getragen (s. § 23 Rz. 24 ff.). Dagegen stellt der Aktualitätsbezug des Sprachunterrichts keinen Sachgrund zur Rechtfertigung der Befristung des Arbeitsvertrages mit einem **Lektor** nach Nr. 4 dar[9].

38 Zur Sicherung der verfassungsrechtl. geschützten Unabhängigkeit der freien Mandatsausübung sind auch die Befristungen der ArbVerh von **wissenschaftlichen Mitarbeitern einer Parlamentsfraktion** sachlich gerechtfertigt. Eine Befristung des Arbeitsvertrages nur für die Dauer einer Legislaturperiode ist aber nur bei den Mitarbeitern sachlich begründet, deren Aufgabe darin besteht, die Fraktion durch sachliche Beratung und politische Bewertung zu unterstützen[10].

39 Der Befristungsgrund der „Eigenart der Arbeitsleistung" gilt darüber hinaus für **Berufssportler**, wie zB Profifußballer. Die besondere Erfolgsorientierung und Branchenüblichkeit begründen hier den Sachgrund der „Eigenart der Arbeitsleistung"[11]. Obwohl weniger von der Tätigkeit selbst geprägt, wird deshalb auch der Befristungsgrund des **„Verschleißes"**, der geminderten Leistungsfähigkeit oder der fehlenden Motivationskraft, dem Grund der „Eigenart der Arbeitsleistung" zuzuordnen sein (s.a Rz. 85).

Die „Eigenart der Beschäftigung" und die zeitliche Begrenzung der **Entsendung eines ArbN** sind nach § 4 I SGB IV für die inländische Sozialversicherungsberechtigung bedeutsam. Die inländische Sozialversicherungsberechtigung berechtigt daher eine Befristungsvereinbarung[12].

40 **e) Erprobung (Nr. 5).** Um vor einer längeren arbeitsvertragl. Bindung die fachliche und persönliche **Eignung für die vorgesehene Tätigkeit** festzustellen, ist in st. Rspr. des BAG die Beschäftigung des ArbN zur Probe als sachlicher Befristungsgrund anerkannt[13]. Dies gilt nicht, wenn dem ArbGeb die Eignung des auf Dauer einzustellenden ArbN bereits aus einer vorhergehenden Beschäftigung bekannt ist. Die Erprobung rechtfertigt aber die Befristung, wenn eine Leitungsaufgabe oder andere höherwertige

---

1 BAG 4.6.2003 – 7 AZR 532/02, DB 2003, 2340. || 2 BT-Drs. 14/4374, 19. || 3 BT-Drs. 14/4374, 19; die zugrunde liegende Rspr.: BAG 11.12.1991 – 7 AZR 128/91, AP Nr. 144 zu § 620 BGB Befristeter Arbeitsvertrag; 24.4.1996 – 7 AZR 719/95, NZA 1997, 196; 22.4.1998 – 5 AZR 342/97, NZA 1998, 1336. || 4 BAG 26.7.2006 – 7 AZR 495/05, NZA 2007, 147; ArbG Berlin 19.1.2011 – 43 Ca 16253/10, AE 03/2012, Nr. 198. || 5 BAG 26.7.2006 – 7 AZR 495/05, NZA 2007, 147. || 6 LAG Köln 4.11.2004 – 5 Sa 962/04, NZA-RR 2005, 411. || 7 LAG Köln 1.9.2000 – 4 Sa 401/00, NZA-RR 2001, 234. || 8 BT-Drs. 14/4374, 19; BAG 2.7.2003 – 7 AZR 612/02, NZA 2004, 311. || 9 BAG 16.4.2008 – 7 AZR 85/07, NJW 2009, 795. || 10 BAG 26.8.1998 – 7 AZR 450/97, NZA 1999, 149; 29.8.2012 – 10 AZR 499/11, ZTR 2013, 155: dies folgt bereits aus dem in diesem Bereich geltenden Grundsatz der Diskontinuität. || 11 OLG Hamm 29.5.2000 – 12 W 11/00, NZA-RR 2000, 461. || 12 BAG 14.7.2005 – 8 AZR 392/02, NZA 2005, 1411. || 13 BAG 30.9.1981 – 7 AZR 789/78, AP Nr. 61 zu § 620 BGB Befristeter Arbeitsvertrag.

Tätigkeit übertragen wird[1] (so in § 31 TVöD-AT). Auch aus der Sicht des ArbN kann eine Erprobung eine Befristung rechtfertigen.

Der Befristungsgrund der Erprobung kann auch vorliegen, wenn nach einer abgeschlossenen Entziehungskur die Rückfallgefahr erprobt werden soll[2].

Die **zulässige Dauer** ist nicht beschränkt, orientiert sich aber idR an der Wartezeit des § 1 I 1 KSchG, wird also grds. die Dauer von sechs Monaten nicht überschreiten können[3]. Nur bei Vorliegen besonderer, eine längere Erprobungsdauer rechtfertigender Umstände, wie zB spezielle Anforderungen an die spätere Tätigkeit, kann eine die Dauer von sechs Monaten überschreitende Befristungsdauer für die Erprobung gerechtfertigt sein. Für Führungspositionen kann eine **längere Erprobungszeit** in Betracht kommen. So sieht § 31 TVöD-AT hierfür Befristungen bis zu zwei Jahren vor. Da die vereinbarte Befristungsdauer dem Sachgrund entsprechen muss, kann eine Probezeit von sechs Monaten uU aber auch **zu lang** bemessen sein und deshalb deren Wirksamkeit infrage gestellt werden (zB wenn die Eignung schon aus einer vorangegangenen Tätigkeit bekannt ist). 41

Der Sachgrund der Erprobung kann auch eine **nochmalige Befristung** rechtfertigen. Dies wird dann der Fall sein, wenn das erste zur Erprobung befristet abgeschlossene ArbVerh nicht ausreiche, um sich von der Eignung des ArbN für die spätere Tätigkeit überzeugen zu können. Dies kann auf den besonderen Anforderungen an die spätere Tätigkeit oder auf einer längeren Krankheit des ArbN während des zunächst vereinbarten ProbeArbVerh beruhen. Daher schließt ein vorangegangenes Ausbildungsverhältnis in demselben Unternehmen nicht von vornherein den Sachgrund der Erprobung aus. 42

Der in Nr. 5 genannte Erprobungszweck stellt auch einen sachlichen Grund für eine **auflösende Bedingung** dar (§ 21). Bei einer Einstellung zur Probe kann eine auflösende Bedingung bspw. in der Nichtvorlage eines Gesundheitsattestes[4] oder in der fehlenden Eignung für den Schuldienst[5] liegen. Wenn die Bedingung von einer Prüfungsleistung abhängig gemacht wird, muss diese objektivierbar sein oder die Prüfung muss von einer neutralen Stelle abgenommen werden. Die Bedingung darf nicht willkürlich von der subjektiven Beurteilung des ArbGeb abhängig sein[6]. 43

- **Formulierungsvorschlag:** Probezeit auf der Grundlage eines befristeten ArbVerh[7] 44
  Der Vertrag wird für die Dauer von sechs Monaten zur Probe abgeschlossen. Er endet mit Ablauf dieser Probezeit, sofern er nicht zuvor durch schriftliche Vereinbarung verlängert wird. Sofern das Arbeitsverhältnis über das Ende der Probezeit hinaus fortgesetzt wird, gilt der Inhalt dieses Vertrages, wenn nichts Abweichendes vereinbart wird. Während der vereinbarten Probezeit kann das Arbeitsverhältnis mit einer Frist von zwei Wochen gekündigt werden.

- **Formulierungsvorschlag:** Auflösende Bedingung
  Der Vertrag wird vorbehaltlich der noch festzustellenden gesundheitlichen Eignung des Arbeitnehmers abgeschlossen. Er endet daher, ohne dass es einer Kündigung bedarf, wenn auf Grund der gesundheitlichen Begutachtung feststeht, dass der Arbeitnehmer für die vertraglich vorgesehene Tätigkeit nicht geeignet ist, frühestens jedoch zwei Wochen nach Zugang der schriftlichen Mitteilung des Arbeitgebers über die Feststellung der fehlenden gesundheitlichen Eignung. Während der hier vereinbarten Vertragslaufzeit kann das Arbeitsverhältnis mit den gesetzlichen Kündigungsfristen gekündigt werden.

Auch wenn sich der ArbN während des befristeten ProbeArbVerh als für die spätere Tätigkeit geeignet erweist, hat der ArbN **keinen Anspruch auf Übernahme** in ein unbefristetes ArbVerh nach Beendigung des auf den Sachgrund der Erprobung gestützten ArbVerh[8]. Es kann sich aber als **rechtsmissbräuchlich** darstellen, wenn sich der ArbGeb auf die Befristung beruft, nachdem ihm zB die Schwangerschaft der befristet eingestellten ArbNin bekannt geworden ist, sofern er während des bisherigen befristeten ArbVerh den Eindruck erweckt hat, einer Fortsetzung des ArbVerh über den zunächst vorgesehenen Beendigungstermin stehe nichts mehr entgegen[9]. Dahingehend wird man auch den EuGH verstehen müssen, wenn er nur „unter bestimmten Umständen" in der Nichterneuerung eines befristeten Vertrages eine sich als unmittelbare Diskriminierung darstellende Einstellungsverweigerung sieht[10]. 45

Wegen des nach Abs. 2 S. 2 bestehenden sog. Vorbeschäftigungsverbotes kann an das zur Erprobung befristete ArbVerh **kein Arbeitsverhältnis ohne Sachgrund** gem. Abs. 2 und 2a angeschlossen werden. Ggf. ist von vornherein ein ArbVerh ohne Sachgrund nach Abs. 2 oder ggf. nach Abs. 2a in Erwägung zu ziehen. 46

---

1 BAG 23.6.2004 – 7 AZR 636/03, BAGReport 2005, 3. ‖ 2 LAG Köln 24.8.2007 – 11 Sa 250/07, ZTR 2008, 110 (LS). ‖ 3 BAG 2.6.2010 – 7 AZR 85/09, NZA 2010, 1293; unabhängig vom Datum des Vertragsabschlusses ist der erste Arbeitstag in die Zeitberechnung einzubeziehen: BAG 27.6.2002 – 2 AZR 382/01, BB 2003, 312. ‖ 4 LAG Hess. 8.12.1994 – 12 Sa 1103/94, LAGE § 620 BGB Bedingung Nr. 4. ‖ 5 BAG 31.8.1994 – 7 AZR 983/93, NZA 1995, 1212. ‖ 6 *Hromadka*, BB 2001, 621. ‖ 7 Diese Klausel ist im Arbeitsvertrag der Beendigung eines ArbVerh zuzuordnen und nicht der „Entstehung", LAG Bln.-Bbg. 15.1.2013 – 16 Sa 1829/12, NZA-RR 2013, 459. ‖ 8 BAG 24.4.1996 – 7 AZR 719/95, NZA 1997, 196. ‖ 9 BAG 16.3.1989 – 2 AZR 325/88, AP Nr. 8 zu § 1 BeschFG. ‖ 10 EuGH 4.10.2001 – Rs. C-438/99, NZA 2001, 1243 – Maria Louisa Jiménez Melgar.

47 Von dem gem. Nr. 5 befristeten Probearbeitsverhältnis ist die Vereinbarung einer lediglich „vorgeschalteten" Probezeit zu unterscheiden. Allein die Vereinbarung einer „Probezeit" im Arbeitsvertrag beinhaltet keine Befristung. Sie ist lediglich wegen der Kündigungsfrist nach § 622 III BGB bedeutsam. Nur dann, wenn eindeutig das ProbeArbVerh mit Ablauf einer bestimmten Dauer oder zu einem bestimmten Zeitpunkt bzw. mit Eintritt einer auflösenden Bedingung enden soll, besteht ein befristetes ProbeArbVerh.

Ist die einem unbefristeten ArbVerh vorgeschaltete Probezeit innerhalb der vorgesehenen Dauer „nicht bestanden", so kann dem ArbN eine **zusätzliche Bewährungschance** eingeräumt werden, indem das ArbVerh innerhalb der Probezeit mit einer überschaubaren, **längeren Kündigungsfrist** gekündigt und dem ArbN für den Fall seiner Bewährung die Wiedereinstellung zugesagt wird. Diese Grundsätze gelten auch für einen entsprechenden **Aufhebungsvertrag**[1] für die Dauer, die einer der verlängerten tarifl. oder vertragl. Kündigungsfrist entspricht (im vom BAG entschiedenen Fall wurde dadurch eine Verlängerung um vier Monate erreicht).

48 Aber auch bei einem aus einem **anderen Sachgrund** befristeten ArbVerh kann eine Probezeit wegen der kurzen Kündigungsfrist des § 622 III BGB „vorgeschaltet" werden, wegen Verstoßes gegen das Transparenzgebot des § 307 I 2 BGB nicht jedoch **eine zusätzliche Befristung** nach Nr. 5 in einem **ohnehin** (zu einem späteren Zeitpunkt) befristeten Arbeitsvertrag. Ob die bloße Vereinbarung einer „vorgeschalteten" Probezeit gem. § 622 III BGB aber auch iSd. § 15 III als ausreichend anzusehen ist, um während dieser mit der in § 622 III BGB genannten Frist kündigen zu können, erscheint gem. §§ 305c, § 307 I 2 BGB zweifelhaft, insb. wenn nach Ablauf der Probezeit die Möglichkeit zur ordentl. Kündigung nicht vorbehalten ist[2].

49 f) **Gründe in der Person des Arbeitnehmers (Nr. 6).** Ein in der Person des ArbN liegender sachlicher Befristungsgrund iSd. Nr. 6 liegt nach der Gesetzesbegr. unter Bezugnahme auf die Rspr. dann vor, wenn ein ArbN aus sozialen Gründen vorübergehend beschäftigt wird, um zB die Zeit bis zum Beginn einer bereits feststehenden anderen Beschäftigung oder eines Studiums **überbrücken** zu können. Darüber hinaus kann die Befristung eines Arbeitsvertrages personenbedingt gerechtfertigt sein, wenn der Arbeitsvertrag für die Dauer einer befristeten **Aufenthaltserlaubnis** des ArbN geschlossen wird und zum Zeitpunkt des Vertragsschlusses hinreichend gewiss ist, dass die Aufenthaltserlaubnis nicht verlängert wird[3]. Die **Beurlaubung** als Beamter ist ein sachlicher Befristungsgrund für die befristete Beschäftigung eines Beamten als Angestellter in einer höherwertigen und besser vergüteten Tätigkeit[4]. Auch kann die **Aus-, Fort- oder Weiterbildung** ein in der Person des ArbN liegender Sachgrund sein. Voraussetzung ist, dass diesem ArbN keine Daueraufgaben übertragen werden.

50 Wenn überwiegend aus **sozialen Erwägungen**[5] ein befristeter Arbeitsvertrag abgeschlossen wird, stellt dies einen in der Person des ArbN liegenden rechtfertigenden Grund dar. Voraussetzung ist, dass es ohne den in der Person des ArbN begründeten sozialen Zweck ansonsten überhaupt nicht zum Abschluss eines Arbeitsvertrags, auch nicht eines befristeten Arbeitsvertrags, gekommen wäre[6]. Wird ein ArbVerh befristet, um dem ArbN aus sozialen Gründen eine **Übergangsregelung** zur Suche eines anderen Arbeitsplatzes oder zur Überwindung von **Übergangsschwierigkeiten** nach Abschluss der Ausbildung zu schaffen, so handelt es sich eher um den in Nr. 2 angeführten Befristungsgrund. Der Gesetzesbegr. ist zu entnehmen, dass der Befristungsgrund der Nr. 6 eine befristete Übergangsregelung nur zulässt, wenn bereits feststeht, dass der ArbN über eine andere Beschäftigung verfügt oder aus anderen Gründen **gehindert ist, ein unbefristetes ArbVerh** zu übernehmen. Der sozialen Überbrückung iS dieses Sachgrunds dient auch die Übernahme durch eine Beschäftigungs- und Qualifizierungsgesellschaft.

51 Zu den personenbedingten Gründen iSd. Nr. 6 ist auch die in § 8 III ATZG zugelassene Befristung des ArbVerh **bis zum Bezug einer Rente nach ATZ-Arbeit** gem. § 237 SGB VI zu zählen (war beginnend bis 31.12.2009 möglich). Danach können ArbN und ArbGeb in Vereinbarung über die ATZ-Arbeit die Beendigung des ArbVerh ohne Kündigung zu einem Zeitpunkt vorsehen, in dem der ArbN Anspruch auf eine Rente nach ATZ-Arbeit hat. – Ob nach dem Gesetzeswortlaut auch die Altersgrenze zu dem in Nr. 6 genannten Befristungsgrund zu zählen ist, ist aber zweifelhaft. S. zur **Altersgrenze** im Einzelnen Rz. 62 ff.

52 Dagegen bringt der Gesichtspunkt einer bloßen **Nebenbeschäftigung** keine in der Person des ArbN liegende geringere Schutzbedürftigkeit mit sich. Auch liegt bei der Befristung von Arbeitsverträgen mit **Studenten** der sachliche Grund nicht schon darin, dass diese neben ihrer Tätigkeit einem Studium nachgehen und mit der Nebentätigkeit nicht ihren vollen Lebensunterhalt verdienen[7]. Die Befristung kann auch nicht auf den Gesichtspunkt der Anpassung der Erwerbstätigkeit an die Erfordernisse des Studiums gestützt werden[8]. Dazu bieten eine flexible Ausgestaltung des ArbVerh und § 12 geeignete Möglichkeiten.

---

1 BAG 7.3.2002 – 2 AZR 93/01, DB 2002, 1997. ||2 AA LAG Köln 21.7.2004 – 3 Sa 411/04, BB 2005, 896. ||3 BAG 12.1.2000 – 7 AZR 863/98, BB 2000, 933; BT-Drs. 14/4374, 19. ||4 BAG 25.5.2005 – 7 AZR 402/04, NZA 2005, Heft 11, VII. ||5 BAG 24.8.2011 – 7 AZR 368/10, DB 2012, 293. ||6 BAG 21.1.2009 – 7 AZR 630/07, NZA 2009, 727. ||7 BAG 10.8.1994 – 7 AZR 695/93, NZA 1995, 30. ||8 BAG 29.10.1998 – 7 AZR 561/97, BB 1999, 962.

Nach §§ 1, 7 AGG ist das **Geschlecht** kein in der Person des ArbN liegender Grund für die Befristung eines Arbeitsvertrages[1]. 53

Der **Wunsch des ArbN**, einen befristeten Arbeitsvertrag abzuschließen, kann ein in der Person des ArbN liegender Grund sein und deshalb die Befristung sachlich rechtfertigen. Dabei ist zwischen dem Interesse des ArbN an einer Beschäftigung und dem Interesse des ArbN an der Befristung zu trennen. Da im Zeitpunkt des Vertragsabschlusses Einigkeit über die Befristung unterstellt werden kann, reicht aber auch das bloße Einverständnis des ArbN zu einer Befristung nicht aus, um von einem die sachliche Befristung tatsächlich rechtfertigenden Wunsch sprechen zu können. Auch die ausdrückliche Fixierung im Arbeitsvertrag, dass die Befristung auf Wunsch des ArbN erfolgt, genügt für sich genommen nicht. Es müssen vielmehr objektive Anhaltspunkte dafür vorliegen, dass der ArbN gerade an einer befristeten Beschäftigung Interesse hat[2] und deshalb auch bei einem Angebot einer unbefristeten Einstellung nur einen befristeten Vertrag vereinbart hätte[3]. Das Interesse an der Befristung darf also nicht mit dem Interesse an der Beschäftigung als solcher verwechselt werden. Sofern auch eine unbefristete Einstellung möglich ist, sollte daher dem ArbN diese Möglichkeit zuvor aufgezeigt und dieses Angebot dokumentiert werden. 54

- **Hinweis:** Sofern die Befristung allein auf den von dem ArbN geäußerten Wunsch gestützt werden soll, empfiehlt es sich, in den Vertrag ausdrücklich aufzunehmen, dass der ArbN die Wahlmöglichkeit zwischen einem unbefristeten und einem befristeten Arbeitsvertrag hatte und sich für Letzteren entschieden hat. Diese Wahlmöglichkeit braucht jedoch dann nicht aufgezeigt zu werden, wenn vom ArbN ein von ihm genannter, ggf. auch nachweisbarer Befristungsgrund angegeben werden kann (zB ein beabsichtigter längerer Auslandsaufenthalt). 55

g) **Vergütung aus Haushaltsmitteln (Nr. 7).** Nach Nr. 7 ist die Befristung eines Arbeitsvertrages zulässig, wenn die für die befristete Beschäftigung bereitgestellten Haushaltsmittel, aus denen der ArbN vergütet wird, für eine Aufgabe von vorübergehender Dauer vorgesehen sind und sich dies aus der haushaltsrechtl. Vorschrift, mit der die Haushaltsmittel ausgebracht sind, selbst ergibt[4]. Der bloße kw (künftig wegfallend)-Vermerk im Haushaltsplan des öffentl. ArbGeb ist nicht ausreichend[5]. Dieser Befristungsgrund stellt einen Sonderbefristungstatbestand für den **öffentl. Dienst** dar. Er führt zu einer unberechtigten Privilegierung des öffentl. Dienstes ggü. der Privatwirtschaft[6]. Nach der Rspr. ist es unzureichend, wenn pauschal bestimmte Haushaltsmittel ohne zeitliche Begrenzung für bestimmte Arten von Tätigkeiten in einer befristeten Beschäftigung vorgesehen werden[7]. Nach den gemeinschaftsrechtl. Vorgaben (RL 1999/70/EG) lässt eine haushaltsrechtl. Zweckbestimmung eine befristete Beschäftigung nur zu, wenn ihr deutlich zu entnehmen ist, auf welchen objektiv vorliegenden nachprüfbaren Umständen die Erwartung beruht, dass die Haushaltsmittel nur für die Beschäftigung in einer Aufgabe von vorübergehender Dauer bereitgestellt wurden[8]. Trotz dieser von ihm bereits zuvor vorgenommenen Einschränkung hat der 7. Senat des BAG mit Beschluss v. 27.10.2010 dem EuGH die Frage zur Entscheidung vorgelegt, ob die Privilegierung durch Nr. 7 unter Berücksichtigung des allg. Gleichheitssatzes mit § 5 Nr. 1 der EGB-UNICE-CEEP-Rahmenvereinbarung über befristete Arbeitsverträge im Anhang der RL 1999/70/EG vereinbar ist[9]. – Dieses Vorabentscheidungsersuchen hat sich Anfang 2011 erledigt, weil die Parteien den Rechtsstreit für erledigt erklärt hatten. 56

Nach der Rspr. setzt die Vorschrift eine **zweckgebundene Zuweisung** der Haushaltsmittel für die Erledigung von **zeitlich begrenzten Tätigkeiten** sowie die Beschäftigung des ArbN zu Lasten und entsprechend der Mittelzuweisung voraus. Der Sachgrund erfordert daher die Vergütung des befristet beschäftigten ArbN aus Haushaltsmitteln, die im Haushaltsplan mit einer konkreten Sachregelung auf der Grundlage einer nachvollziehbaren Zwecksetzung für eine **nur vorübergehende Beschäftigung** vorgesehen sind[10]. Der ArbN muss zudem überwiegend entsprechend der haushaltsrechtl. Zwecksetzung beschäftigt werden[11]. Der Sachgrund der Nr. 7 muss aber nicht den Anforderungen an die Sachgründe in Nr. 1 und 3 genügen. Ausreichend ist, wenn der befristet Beschäftigte Aufgaben wahrnimmt, die sonst einem oder mehreren anderen ArbN der Dienststelle übertragen worden wären[12]. 57

Eine „**finanzielle Kongruenz**" zwischen dem Zeitraum der vorübergehend frei gewordenen Mittel und der Befristungsdauer ist zur sachlichen Rechtfertigung der Befristung aber grds. nicht erforderlich[13]. Vorausgesetzt wird auch nicht, dass bereits **bei Abschluss** des befristeten Arbeitsvertrags Haushaltsmittel in einem Haushaltsgesetz ausgebracht sind, aus denen die Vergütung des befristet beschäftigten ArbN während der gesamten Laufzeit des befristeten Arbeitsvertrags bestritten werden kann. Es genügt vielmehr, wenn bei Vertragsschluss auf Grund konkreter Umstände eine dahingehende **Prognose** gerechtfertigt ist[14]. Das BAG lässt offen, ob das Merkmal der Haushaltsmittel nur dann erfüllt ist, wenn

---

1 BT-Drs. 14/4374, 19. || **2** BAG 19.1.2005 – 7 AZR 115/04, BAGReport 2005, 195. || **3** BAG 4.12.2002 – 7 AZR 492/01, DB 2003, 2016; 4.6.2003 – 7 AZR 406/02, BB 2003, 1683. || **4** BAG 17.3.2010 – 7 AZR 640/08, NZA 2010, 633. || **5** BAG 2.9.2009 – 7 AZR 162/08, NZA 2009, 1257. || **6** BAG 15.12.2011 – 7 AZR 394/10, NZA 2012, 674. || **7** BAG 17.3.2010 – 7 AZR 843/08, NJW 2010, 2536. || **8** BAG 17.3.2010 – 7 AZR 843/08, NJW 2010, 2536. || **9** BAG 27.10.2010 – 7 AZR 485/09, NZA-RR 2011, 273. || **10** BAG 16.10.2008 – 7 AZR 360/07, NZA 2009, 676; 2.9.2009 – 7 AZR 162/08, NZA 2009, 1257. || **11** BAG 15.12.2011 – 7 AZR 394/10, NZA 2012, 674. || **12** BAG 15.12.2011 – 7 AZR 394/10, NZA 2012, 674. || **13** LAG Düss. 20.2.2007 – 3 Sa 1180/06, NZA-RR 2008, 96. || **14** BAG 22.4.2009 – 7 AZR 743/07, NZA 2009, 1143.

die Haushaltsmittel durch ein Gesetz ausgebracht worden sind[1]. Für diese Einschränkung spricht die Entstehungsgeschichte der Norm im Hinblick auf den gleichlautenden Wortlaut des § 57b II Nr. 2 HRG in der bis zum 22.2.2002 geltenden Fassung und die Rspr. hierzu.

58 Der Befristungstatbestand der Nr. 7 findet keine Anwendung auf **privatrechtl. organisierte ArbGeb**. Eine bloße Mittelzuweisung/Drittmittelbewilligung aus Haushaltsmitteln an private ArbGeb ist keine haushaltsrechtl. Bestimmung iSd. Nr. 7. Da nur auf eine Vergütung aus „Haushaltsmitteln", die „haushaltsrechtlich" für eine befristete Beschäftigung „bestimmt" sind, abgestellt wird, sind nicht nur der Bundeshaushalt und die Haushalte der Länder, sondern alle nach dem öffentl. Haushaltsrecht aufgestellten Haushaltspläne vom Geltungsbereich umfasst. Hierzu gehören die Haushalte der Gebietskörperschaften und anderer juristischer Personen des öffentl. Rechts[2], nicht aber der Kirchen[3] (zur Befristung bei Drittmittelbewilligung s. Rz. 81). Das den Haushaltsplan aufstellende Organ und der ArbGeb dürfen jedoch wegen einer sonst mit dem Bestandsschutz des ArbN nicht zu vereinbarenden Ungleichbehandlung **nicht identisch** sein. Auch muss der **Haushaltsplangeber** demokratisch legitimiert sein[4].

59 h) **Gerichtlicher Vergleich (Nr. 8).** Die Vereinbarung der Befristung eines Arbeitsvertrages im Rahmen eines **gerichtl. Vergleichs** ist gem. Nr. 8 ein sachlich rechtfertigender Befristungsgrund. Der **außergerichtl. Vergleich** ist somit kein selbständiger Befristungsgrund. Mit dem gerichtl. Vergleich iS dieser Vorschrift ist der **Prozessvergleich** nach § 794 I Nr. 1 ZPO gemeint, der zwischen den Parteien eines Rechtsstreits zur Beilegung des Verfahrens vor einem deutschen Gericht abgeschlossen wird. Ihm gleichgestellt ist gem. § 278 VI 1 Alt. 2 ZPO ein **Beschluss** des Gerichts, mit welchem das Zustandekommen eines Vergleichs festgestellt wird, dem ein von den Parteien durch Schriftsatz ggü. dem Gericht akzeptierter **schriftl. Vergleichsvorschlag des Gerichts** zugrunde liegt[5]. Infolgedessen ist ein auf dem schriftl. Vergleichsvorschlag der Parteien beruhender Vergleich (§ 278 VI 1 Alt. 1 ZPO) unzureichend[6], auch wenn der Wortlaut der Bestimmung einen solchen Vergleich nicht ausschließt. Dies wird damit begründet, dass das Gericht die Möglichkeit und die Obliegenheit hat, beim Abschluss des Vergleichs darauf hinzuwirken, dass bei dessen Inhalt – auch unter Berücksichtigung der Prozessaussichten in dem beigelegten Rechtsstreit – die Schutzinteressen des ArbN berücksichtigt werden[7]. Dem **Schriftformerfordernis** des Abs. 4 wird durch analoge Anwendung des § 127a BGB entsprochen. Dies setzt aber die Mitwirkung des Gerichts voraus, um dem gesetzgeberischen Zweck der Formvorschrift, nämlich vor Übereilung zu schützen und den Vertragsinhalt urkundlich sicherzustellen, zu entsprechen. Es muss ein schriftl. Vergleichsvorschlag des Gerichts vorangehen.

60 Ein eine Befristung rechtfertigender Vergleich ist aber nicht nur dem formalen Erfordernis des gerichtl. Vergleichs unterworfen, sondern auch einem qualitativen. Er setzt das Bestehen eines offenen Streits der Parteien über die Rechtslage hinsichtlich des zwischen ihnen bestehenden Rechtsverhältnisses zum Zeitpunkt des Vergleichsabschlusses voraus. Der gerichtl. Vergleich muss zur Beendigung eines Kündigungsschutzverfahrens oder eines sonstigen Feststellungsstreits über den Fortbestand des ArbVerh führen[8].

In dem Vergleichsabschluss liegt aber nicht zugleich der Verzicht des ArbN, die **Unwirksamkeit** dieser vereinbarten Befristung gerichtl. geltend zu machen[9]. Setzt die wirksame Befristung die **Zustimmung des PersR** voraus (so nach § 63 I Nr. 4 LPVG Bbg.), gilt dieses Erfordernis auch für den gerichtl. Vergleich[10].

61 3. **Weitere Sachgründe.** Die Gesetzesbegr. und ihr folgend der Gesetzeswortlaut machen deutlich, dass die Aufzählung in Abs. 1 S. 2 nur beispielhaft ist und weder andere von der Rspr. bisher akzeptierte noch weitere Gründe ausschließen soll[11].

Dass das Gesetz und die hier zugrunde liegende Begründung nicht von einer abschließenden Aufzählung der Sachgründe ausgehen, widerspricht der **europarechtl. Vorgabe** in § 5 Ia der RL 1999/70/EG[12]. Es ist jedoch von keinem Umsetzungsdefizit auszugehen[13]. Die Richtlinie schließt die Anerkennung weiterer, in Abs. 1 nicht erwähnter Sachgründe nicht aus[14]. In Einzelfällen bleibt ohnehin die Möglichkeit, mit den üblichen Auslegungsinstrumentarien Befristungssachverhalte den gesetzl. genannten Sachgründen zuzuordnen. Daher ist die Wirksamkeit der Befristung unter Berücksichtigung aller von den Parteien vorgetragenen tatsächlichen Umstände zu prüfen[15].

Außerdem bleiben gem. § 23 Befristungen von Arbeitsverträgen nach anderen gesetzl. Vorschriften möglich (s. die Komm. zu § 23). Auch das BAG hatte bereits eine „Typologie sachlicher Gründe" ent-

---

1 BAG 16.10.2008 – 7 AZR 360/07, NZA 2009, 676. ||2 AA LAG Bln.-Bbg. 16.3.2007 – 6 Sa 2102/06, ZTR 2007, 462. ||3 ErfK/*Müller-Glöge*, § 14 TzBfG Rz. 71. ||4 BAG 9.3.2011 – 7 AZR 728/09, NZA 2011, 911. ||5 BAG 15.2.2012 – 7 AZR 734/10, NZA 2012, 919. ||6 AA LAG Nds. 5.11.2013 – 1 Sa 489/13, NZA 2013, Heft 24, VII. ||7 BT-Drs.14/4374, 19; BAG 15.2.2012 – 7 AZR 734/10, NZA 2012, 919. ||8 BAG 23.11.2006 – 6 AZR 394/06, NZA 2007, 466. ||9 BAG 13.6.2007 – 7 AZR 287/06, ZTR 2007, 694. ||10 BAG 13.6.2007 – 7 AZR 287/06, ZTR 2007, 694. ||11 BT-Drs. 14/4374, 18; BAG 13.10.2004 – 7 AZR 218/04, NZA 2005, 401; 16.3.2005 – 7 AZR 289/04, BB 2005, 1856. ||12 KR/*Lipke*, § 14 TzBfG Rz. 348f. ||13 S. dazu *Thüsing/Lambrich*, BB 2002, 829. ||14 BAG 13.10.2004 – 7 AZR 218/04, NZA 2005, 401; 16.3.2005 – 7 AZR 289/04, BB 2005, 1856. ||15 BAG 16.3.2005 – 7 AZR 289/04, BB 2005, 1856.

wickelt, ohne weitere Rechtfertigungsgründe damit auszuschließen[1]. Die ausdrücklich in § 14 I 2 normierten Regelbeispiele können aber eine Rückwirkung auf die bisherige ArbG-Rspr. haben, weil in ihnen eine normative Bewertung des jeweiligen Befristungsgrundes liegt[2]. Sonstige, in Abs. 1 S. 2 Nrn. 1–8 nicht genannte Sachgründe können die Befristung eines Arbeitsvertrags daher nur rechtfertigen, wenn sie den **Wertungsmaßstäben** des Abs. 1 entsprechen und den in Abs. 1 S. 2 Nrn. 1–8 genannten Sachgründen von ihrem Gewicht her gleichwertig sind[3]. Der Rspr. sind im Wesentlichen folgende, diesen Wertungsmaßstäben entsprechende Sachgründe zu entnehmen:

a) **Altersgrenzen.** Altersgrenzen können auch dem in Nr. 4 genannten Sachgrund der Eigenart der Arbeitsleistung zugeordnet werden, wenn sie nicht an das Erreichen des Rentenalters anknüpfen. Eine Beendigung des ArbVerh mit oder nach Vollendung des 65. LJ (bzw. 67. LJ, § 35 SGB VI)[4], also mit Erreichen der **Regelaltersgrenze** in der gesetzl. RV (§ 35 SGB VI) sehen die meisten Einzelverträge und TV vor, vielfach auch BV[5], obwohl insoweit das Transparenzgebot und das Günstigkeitsprinzip dem entgegenstehen können[6]. Derartige vereinbarte Altergrenzen sind zulässig, wenn sie nicht allein an das Alter anknüpfen, sondern auch an eine rentenrechtliche oder gleichwertige Versorgung angebunden sind. 62

Während das BAG in einer derartigen Abrede früher die Vereinbarung einer **auflösenden Bedingung** gesehen hat[7], geht der für das Befristungsrecht zuständige 7. Senat des BAG von einer **Befristung** aus[8]. Ein bestimmter Zeitpunkt sieht die Beendigung des ArbVerh vor und nicht ein unsicheres Ereignis iS einer auflösenden Bedingung. Das Erreichen einer Altersgrenze wird als gewiss angesehen. Knüpft die Beendigung des ArbVerh an den Bezug von Altersruhegeld an, so handelt es sich jedoch um eine auflösende Bedingung[9]. Da nach § 21 eine auflösende Bedingung auch nur wirksam in einem Arbeitsvertrag vereinbart werden kann, wenn ein Sachgrund nach § 14 I vorliegt, kommt aber der Unterscheidung keine besondere Bedeutung mehr zu. 63

Auch, wenn man im Wege einer teleologischen Reduktion des § 15 III die **Anwendbarkeit von § 15 III** auf Altersgrenzen als ausgeschlossen betrachten kann, empfiehlt es sich, die ordentliche Kündbarkeit des ArbVerh durch eine entsprechende Klausel im Arbeitsvertrag zu sichern. 63a

Als Sachgrund für die Beendigung des ArbVerh mit Erreichen einer Altersgrenze, die mit dem Bezug einer Altersrente korrespondiert, sieht die Rspr. einerseits eine **ausgewogene Altersstruktur**[10] und das Bedürfnis des ArbGeb nach einer **sachgerechten und berechenbaren Personal- und Nachwuchsplanung** sowie andererseits die **finanzielle Absicherung** des ArbN durch den Bezug der gesetzl. Altersrente nach Vollendung des 65., ggf. 63. LJ bzw. 67. LJ, § 35 SGB VI[11], an. Das BAG lässt es aber ausreichen, wenn der ArbN nach dem Vertragsinhalt und der Vertragsdauer eine Altersversorgung in der gesetzl. RV erwerben kann oder bei Vertragsschluss bereits die für den Bezug einer Altersrente erforderliche **rentenrechtl. Wartezeit** erfüllt hat. Die Wirksamkeit der Befristung ist nicht von der – bei Vertragsabschluss ohnehin regelmäßig nicht zu beurteilenden – **konkreten wirtschaftlichen Absicherung** des ArbN bei Erreichen der Altersgrenze abhängig[12]. Die Höhe der sich im Einzelfall aus der gesetzl. RV ergebenden Ansprüche ist also für die Wirksamkeit einer auf die Regelaltersgrenze bezogenen Befristung grds. ohne Bedeutung[13]. Begründet wird dies damit, dass damit die Betroffenen nicht gezwungen werden, endgültig aus dem Arbeitsmarkt auszuscheiden. Dem stehe der Schutz gegen Ungleichbehandlung wegen des Alters entgegen, wenn man erwerbstätig bleiben wolle und eine neue Beschäftigung suche[14]. Hat bei Vertragsschluss die Möglichkeit zum Aufbau einer Altersrente bestanden, ist die Befristung auch wirksam, wenn der ArbN eine andere Versorgungsform wählt und von einer wirtschaftl. Absicherung auszugehen ist (so im Falle der Befreiung von der Versicherungspflicht, wenn Beiträge in ein berufsständisches Versorgungswerk geleistet werden, die denen für die gesetzl. RV entsprechen)[15]. – Unter dieser Voraussetzung eines Altersrentenanspruchs lässt § 10 S. 3 Nr. 5 AGG eine unterschiedliche Behandlung wegen des Alters zu. – Wegen der finanziellen Absicherung kann daher auch in **Vereinbarungen über ATZ-Arbeit** nach § 8 III ATZG die Beendigung des ArbVerh ohne Kündigung zu einem Zeitpunkt vorgesehen werden, in dem der ArbN Anspruch auf eine Altersrente nach ATZ-Arbeit gem. § 237 SGB VI hat (dem Wesen nach aber eine Zweckbefristung)[16]. 64

Soweit keine günstigeren vertragl. Vereinbarungen bestehen und ein TV anwendbar bzw. eine BV vertraglich einbezogen ist, kann eine Altersgrenze auch durch einen TV und eine BV festgelegt sein[17]. Zu- 65

---

1 BAG 13.4.1983 – 7 AZR 51/81, AP Nr. 76 zu § 620 BGB Befristeter Arbeitsvertrag; einschr.: BAG 15.3.1995 – 7 AZR 659/93, NZA 1995, 1038 (1039). || 2 BAG 16.3.2005 – 7 AZR 289/04, BB 2005, 1856; *Preis/Gotthardt*, DB 2000, 2065. || 3 BAG 22.4.2009 – 7 AZR 96/08, NZA 2009, 1099; 2.6.2010 – 7 AZR 136/09, NZA 2010, 1172. || 4 Zum maßgebenden Geburtsdatum s. BAG 14.8.2002 – 7 AZR 469/01, DB 2003, 394. || 5 BAG 5.3.2013 – 1 AZR 417/12, NZA 2013, 916. || 6 *Preis/Ulber*, NZA 2014, 6. || 7 BAG 20.12.1984 – 2 AZR 3/84, AP Nr. 9 zu § 620 BGB Bedingung; s.a für den Fall der Fluguntauglichkeit BAG 11.10.1995 – 7 AZR 119/95, DB 1996, 891. || 8 BAG 14.8.2002 – 7 AZR 469/01, DB 2003, 394. || 9 BAG 21.1.2011 – 9 AZR 565/08, NZA-RR 2011, 440. || 10 BVerfG 30.3.1999 – 1 BvR 1814/94, NZA 1999, 816; EuGH 21.7.2011 – Rs. C-159/10, ArbRB 2011, 327 – Fuchs/Köhler. || 11 BAG 18.6.2008 – 7 AZR 116/07, NZA 2008, 1302 mwN; 12.6.2013 – 7 AZR 917/11, NZA 2013, 1428. || 12 BAG 21.9.2011 – 7 AZR 134/10, NZA 2012, 271; 5.3.2013 – 1 AZR 417/12, NZA 2013, 916. || 13 EuGH 12.10.2010 – Rs. C-45/09, NZA 2010, 1167 – Rosenbladt; 5.7.2012 – Rs. C-141/11, NZA 2012, 785 – Torsten Hörnfeldt. || 14 EuGH 12.10.2010 – Rs. C-45/09, NZA 2010, 1167 – Rosenbladt. || 15 BAG 27.7.2005 – 7 AZR 443/04, NZA 2006, 37. || 16 BAG 27.4.2004 – 9 AZR 18/03, NZA 2005, 821. || 17 BAG 5.3.2013 – 1 AZR 417/12, NZA 2013, 916.

mindest mittelbar ist § 41 S. 2 SGB VI zu entnehmen, dass Vereinbarungen von Altersgrenzen in **TV**, **BV**[1] und **Einzelarbeitsverträgen**[2] zulässig sind, soweit sie auf das Erreichen der Regelaltersgrenze (67. LJ, § 35 SGB VI) abstellen[3]. Diese gesetzl. Regelung ist aber nicht selbst der Rechtsgrund für eine Befristung, sondern die an dieses Alter regelmäßig anknüpfende Altersrente[4]. Eine vertragl. vorgesehene frühere Beendigung wegen Altersrentenbezuges gilt nur, wenn die abweichende Regelung innerhalb der letzten drei Jahre vor dem Zeitpunkt abgeschlossen oder bestätigt wurde, in dem der ArbN vor Vollendung der Regelaltersgrenze (65. LJ bzw. für nach dem 31.12.1947 Geborene das in § 41 II SGB XII angeführte Lebensalter) eine Rente wegen Alters beantragen kann (s. §§ 36, 37, 40 SGB VI). Maßgeblich für die Berechnung dieser Drei-Jahres-Frist ist nicht die Vollendung der Regelaltersgrenze, sondern der mit dem ArbN vereinbarte Zeitpunkt des Ausscheidens[5]. Derartige, drei Jahre vor dem möglichen Altersrentenbezugszeitpunkt und Beendigungszeitpunkt abgeschlossene Befristungsvereinbarungen bedürfen keines (zusätzlichen) sachlichen Grundes. § 41 S. 2 SGB VI erfasst aber nicht die Vereinbarungen, in denen der für die Beendigung des ArbVerh vorgesehene Zeitpunkt nichts mit dem Entstehen eines Anspruchs auf eine SozV-Rente zu tun hat.

Da durch das RV-AltersgrenzenanpassungsG v. 20.4.2007[6] das gesetzl. Renteneintrittsalter ab 2012 zwölf Jahre lang jährlich um einen Monat, ab 2024 bis einschl. 2029 um zwei Monate pro Jahr von 65 auf dann **67 erhöht** wird, kann die Wirksamkeit von auf das 65. LJ bezogenen Altersbefristungen fraglich sein. Ähnlich wie nach der ab 15.10.1993 erfolgten Änderung des § 622 BGB ist der Begriff der Altersgrenze dahingehend auszulegen, dass das jeweilige gesetzl. vorgesehene Renteneintrittsalter bzw. der Zeitpunkt des Anspruchs auf die gesetzl. Altersrente (wirtschaftl. Absicherung) als gewollter Beendigungszeitpunkt gilt[7]. Die Verweisung ist somit nur deklaratorisch, wenn die vereinbarte Regelung lediglich die geltende Rechtslage wiedergeben soll.

66 Da sowohl eine Befristung (Abs. 4) als auch eine auflösende Bedingung (§ 21 iVm. Abs. 4) im Arbeitsvertrag schriftl. vereinbart werden müssen, bedarf auch die Altersbegrenzung der **schriftl. Fixierung**, soweit sie im Zeitpunkt ihrer Vereinbarung der Schriftform bedurfte (also erst seit 1.5.2000)[8]. Wegen der mit dem Schriftformerfordernis verfolgten Warnfunktion und § 307 I 2 BGB ist es angebracht, sich hinsichtlich dieser Regelung nicht mit einer bloßen Verweisung auf einen einschlägigen TV zu begnügen, sofern dieser nicht allgemeinverbindlich ist oder beide Vertragspartner tarifgebunden sind. Empfehlenswert ist es deshalb, ausdrücklich den Text der tarifl. Altersgrenze[9] oder zumindest eine knappe Altersbegrenzung wie folgt in den schriftl. Einzelarbeitsvertrag aufzunehmen:

67 • **Formulierungsvorschlag:**
Das Arbeitsverhältnis endet mit Ablauf des Monats, in welchem der Arbeitnehmer das für den Bezug seiner Altersrente maßgebliche Lebensjahr (Regelaltersgrenze) vollendet, es sei denn, der Arbeitnehmer kann schon vor Vollendung der Regelaltersgrenze eine Altersrente beantragen und die Beendigung des Arbeitsverhältnisses mit Bezug der vorzeitigen Altersrente wird innerhalb der letzten drei Jahre vor diesem Bezugszeitpunkt von dem Arbeitnehmer bestätigt.

Unabhängig von dieser Beendigungsregelung kann das Arbeitsverhältnis beiderseits mit den gesetzlichen Kündigungsfristen schriftlich gekündigt werden.

68 In verschiedenen Berufsgruppen sehen TV und Einzelarbeitsverträge auch eine frühere Beendigung vor (so zB bislang für Piloten mit Vollendung des 60. LJ, § 19 I 1 MTV Nr. 5a für das Cockpitpersonal bei der Lufthansa). Dies wird mit der anerkannten Lebenserfahrung begründet, dass die Gefahr einer **Beeinträchtigung der Leistungsfähigkeit** mit zunehmenden Alter größer wird[10]. Solange aber keine öffentl.-rechtl. Beschränkungen (wie zB das internationale Regelungswerk für Flugzeugführer Joint Aviation Requirements-Flight Crew Licensing 1 (JAR-FCL 1)[11] und § 4 der 1. DV zur VO über Luftfahrtpersonal v. 15.4.2003[12]) vorhanden sind oder keine gesicherten wissenschaftlichen Erkenntnisse über das Vorliegen eines konkreten Sicherheitsrisikos vorliegen, verstößt eine einzelvertragl. oder tarifl. Altersgrenze, die schon eintritt, bevor das gesetzl. Rentenalter erreicht ist (so § 19 I 1 MTV Nr. 5a für das Cockpitpersonal bei der Lufthansa), gegen das Benachteiligungsverbot wegen des Alters[13] (§ 7 I iVm. § 1 AGG). Demgemäß ist eine tarifvertragl. Klausel, mit der die Altersgrenze auf 60 Jahre festgelegt wird, nach § 7 II AGG unwirksam.

---

1 BAG 5.3.2013 – 1 AZR 417/12, NZA 2013, 916: Auch BV unterliegen der Befristungskontrolle nach dem TzBfG. ||2 *Bayreuther*, NJW 2012, 2758. ||3 BAG 12.6.2013 – 7 AZR 917/11, NZA 2013, 1428. ||4 BAG 19.11.2003 – 7 AZR 296/03, BB 2004, 892; 12.6.2013 – 7 AZR 917/11, NZA 2013, 1428. ||5 BAG 17.4.2002 – 7 AZR 40/01, BB 2002, 1865. ||6 BGBl. 2007 I S. 554. ||7 So im Hinblick auf eine Versorgungsordnung: BAG 15.5.2012 – 3 AZR 11/10, NZA-RR 2012, 433. ||8 BAG 12.6.2013 – 7 AZR 917/11, NZA 2013, 1428. ||9 *Preis/Gotthardt*, NZA 2000, 348. ||10 BVerfG 25.11.2004 – 1 BvR 2459/04, BB 2005, 1231; OVG Lüneburg 13.9.2006 – 12 ME 275/06, ArbRB 2007, 69. ||11 BAnz. Nr. 80a v. 29.4.2003. ||12 BAnz. Nr. 82b v. 3.5.2003. ||13 EuGH v. 13.9.2011 – Rs. C-447/09, NZA 2011, 1039 – Prigge/Fromm/Lambach ./. Deutsche Lufthansa; bestätigend: BAG 18.1.2012 – 7 AZR 112/08, ZIP 2012, 840; 18.1.2012 – 7 AZR 211/09, NZA 2012, 691; 15.2.2012 – 7 AZR 946/07, DB 2012, 1276; LAG Düss. 9.3.2011 – 12 TaBv 81/10: Die für Fluglotsen der Deutschen Flugsicherung tariflich bestimmte Altersgrenze von 55 Jahren ist – auch – unwirksam.

Zur wirksamen Festlegung einer Altersgrenze in **BV und TV** reicht es aus, wenn sie vom Bezug der sozialversicherungsrechtl. Altersrente abhängig gemacht wird, sofern diese eine ausreichende Altersversorgung gewährleistet[1]. Die Wirksamkeit wird mit der Kompensation des Arbeitsplatzverlustes durch Altersversorgung gerechtfertigt[2]. – Ob diese ausreichend sein muss, lässt der EuGH entgegen seiner Entscheidung v. 16.10.2007[3] im Urteil v. 12.10.2010 (Rosenbladt)[4] offen. – Ansonsten kann ein TV gem. § 22 I nicht zuungunsten der ArbN von Abs. 1 abweichen. 69

Wenn BV oder TV **unterschiedliche Altersgrenzen** vorsehen, gilt das Günstigkeitsprinzip. Als günstig wird bei der Vereinbarung von Altersgrenzen die Regelung angesehen, die dem ArbN das Wahlrecht einräumt, ob er arbeiten oder Altersrente beziehen will. Daher ist eine nachfolgende BV ungünstiger, wenn sie ein derartiges Wahlrecht beseitigt und eine feste, frühere Altersgrenze vorsieht[5]. Dies gilt auch ggü. Einzelverträgen. Enthalten diese keine Altersgrenze, so kommt auch kein Vergleich zustande, vielmehr gilt dann die Altersgrenze gem. der BV oder dem TV. 70

TV oder BV, die **für Männer und Frauen** unterschiedliche Altersgrenzen vorsehen (zB für Männer das 65. LJ und für Frauen das 60. LJ), verstoßen mit diesen Regelungen wegen ihres Diskriminierungscharakters gegen Art. 157 AEUV, Art. 21 I GrCh und Art. 3 II GG[6] sowie gegen § 7 iVm. § 1 AGG. 71

Das **Allgemeine Gleichbehandlungsgesetz (AGG)** steht grds. Altersgrenzen nicht entgegen, wenn sie an den Zeitpunkt anknüpfen, zu dem der ArbN zum **Bezug einer gesetzl. Altersrente berechtigt** ist (vgl. § 2 AGG Rz. 11 u. § 10 AGG Rz. 3 u. 10). Zwar stellen Altersgrenzen eine unmittelbare Ungleichbehandlung wegen des Alters dar (Art. 21 I GrCh, Art. 2 IIa RL 2000/78/EG, § 3 I 1 AGG)[7]. Aus dem § 10 S. 1 AGG zugrunde liegenden Art. 6 I Unterabs. 1 RL 2000/78/EG ergibt sich jedoch, dass eine Ungleichbehandlung wegen des Alters keine nach Art. 2 I RL 2000/78/EG bzw. §§ 1, 7 AGG verbotene Diskriminierung darstellt, sofern sie objektiv und angemessen ist und im Rahmen des nationalen Rechts durch ein legitimes Ziel, worunter insb. rechtmäßige Ziele aus den Bereichen Beschäftigungspolitik, Arbeitsmarkt und berufliche Bildung zu verstehen sind, gerechtfertigt ist[8]. Die Mittel zur Erreichung dieses Ziels müssen zudem angemessen und erforderlich sein[9]. Das Ziel muss sich aber nicht aus der Regelung selbst ergeben, sofern es aus dem Zusammenhang konkret festzustellen ist[10]. Ein **rechtfertigendes Ziel** ist die Eindämmung der Arbeitslosigkeit, indem Altersgrenzen jüngeren Personen, die eine Beschäftigung suchen, neue Beschäftigungsmöglichkeiten eröffnen. Fraglich bleibt insb. für einzelvertragl. Altersgrenzen, ob dieser Zweck konkret begründet sein muss, oder ob aus diesem Grund auch pauschal Altersgrenzen zugelassen sind[11]. Bei der Festlegung der Maßnahmen zur Erreichung des Ziels der Förderung von Vollbeschäftigung kommt den Mitgliedstaaten und ggf. Sozialpartnern auf nationaler Ebene ein weiter Ermessensspielraum zu. Die **finanzielle Absicherung** durch eine angemessen hohe Altersrente steht überdies einer übermäßigen Beeinträchtigung der betroffenen ArbN entgegen. **Ob allein der Anspruch auf eine Altersrente** eine Altersgrenze europarechtl. rechtfertigt (so § 10 S. 3 Nr. 5 AGG), erscheint unter diesen Umständen fraglich, insb. dann, wenn dadurch der ArbN nicht wirtschaftl. abgesichert ist[12]. Möglicherweise beruhend auf den Vorgaben des Vorlagebeschlusses wird vom EuGH entgegen seiner Entscheidung v. 16.10.2007 (Palacios)[13] in neueren Entscheidungen eine **ausreichende** Altersversorgung nicht mehr vorausgesetzt[14]. Die Möglichkeit, mit der Regelaltersgrenze eine Altersversorgung zu erhalten, sei es auf gesetzl. Grundlage oder mit Hilfe einer anderen Versorgungsform, muss ausreichen. Dies gilt nicht nur für **tarifvertragl. Regelungen** und **BV**[15], sondern auch für – vorformulierte – **Einzelarbeitsverträge**. Ohnehin bedeute die Beendigung des ArbVerh infolge des Erreichens der tarifl. Altersgrenze nach dieser Rspr. nicht, dass der betroffene ArbN gezwungen werde, endgültig aus dem Arbeitsmarkt auszuscheiden. Vielmehr behalte er den Schutz gegen Ungleichbehandlung wegen des Alters, wenn er erwerbstätig bleiben wolle und eine neue Beschäftigung suche[16]. – Letzteres wird dann aber auch ggü. dem bisherigen ArbGeb gelten müssen. 72

b) Altersteilzeit. Eine Befristung des ArbVerh bis zum Bezug einer **Altersrente nach ATZ-Arbeit** gem. § 237 SGB VI lässt § 8 III ATZG zu. – Diesem Gesetz kommt auch nach Auslaufen der Förderung durch 73

---

1 BAG 20.11.1987 – 2 AZR 284/86, AP Nr. 2 zu § 620 BGB Altersgrenze; 10.3.1992 – 1 ABR 67/91, AP Nr. 96 zu § 99 BetrVG; 12.2.1992 – 7 AZR 100/91, AP Nr. 5 zu § 620 BGB – Altersgrenzen; 14.8.2002 – 7 AZR 469/01, DB 2003, 394. ||2 EuGH 12.10.2010 – Rs. C-45/09, NZA 2010, 1167 – Rosenbladt; BAG 1.12.1993 – 7 AZR 428/93, AP Nr. 4 zu § 41 SGB VI. ||3 EuGH 16.10.2007 – Rs. C-411/05, NZA 2007, 1219 – Palacios de la Villa. ||4 EuGH 12.10.2010 – Rs. C-45/09, NZA 2010, 1167 – Rosenbladt. ||5 BAG 7.11.1989 – GS 3/85, AP Nr. 46 zu § 77 BetrVG. ||6 EuGH 17.5.1990 – Rs. C-262/88, NZA 1990, 775 – Barber; 14.12.1993 – Rs. C-110/91, NZA 1994, 165 – Moroni. ||7 EuGH 16.10.2007 – Rs. C-411/05, NZA 2007, 1219 – Palacios de la Villa. ||8 EuGH 12.10.2010 – Rs. C-45/09, NZA 2010, 1167 – Rosenbladt; BAG 8.12.2010 – 7 AZR 438/10, NZA 2011, 586; BAG 21.7.2011 – Rs. C-159/10, C-160/10, ArbRB 2011, 327 – Fuchs/Köhler; BAG 12.6.2013 – 7 AZR 917/11, NZA 2013, 1428. ||9 EuGH 18.11.2010 – Rs. C-250/09, 268/09, NZA 2011, 29 – Vasil Ivanov Georgiev. ||10 Betr. einen TV: EuGH 16.10.2007 – Rs. C-411/05, NZA 2007, 1219 – Palacios de la Villa; 12.10.2010 – Rs. C-45/09, NZA 2010, 1167 – Rosenbladt; BAG 8.12.2010 – 7AZR 438/09, NZA 2011, 586. ||11 *Bayreuther*, NJW 2012, 2758. ||12 AA BAG 8.12.2010 – 7 AZR 438/09, NZA 2011, 586; 5.3.2013 – 1 AZR 417/12, NZA 2013, 916: konkrete wirtschaftliche Absicherung irrelevant. ||13 EuGH 16.10.2007 – Rs. C-411/05, NZA 2007, 1219 – Palacios de la Villa. ||14 EuGH 12.10.2010 – Rs. C-45/09, NZA 2010, 1167 – Rosenbladt; 5.7.2012 – Rs. C-141/11, NZA 2012, 785 – Torsten Hörnfeldt. ||15 BAG 5.3.2013 – 1 AZR 417/12, NZA 2013, 916. ||16 EuGH 12.10.2010 – Rs. C-45/09, NZA 2010, 1167 – Rosenbladt.

die BA Bedeutung zu[1]. – Nach § 8 III ATZG können ArbN und ArbGeb in der Vereinbarung über die ATZ-Arbeit die Beendigung des ArbVerh ohne Kündigung zu einem Zeitpunkt vorsehen, in dem der ArbN Anspruch auf eine Rente nach ATZ-Arbeit hat. Dabei handelt es sich um eine Zweckbefristung iSv. § 21, § 15 II, da die Bewilligung einer Altersrente ein künftiges gewisses Ereignis ist, bei dem nur der Zeitpunkt nicht feststeht[2]. Die Voraussetzungen zum Bezug einer Altersrente nach ATZ werden aber nur erfüllt, wenn die Arbeitszeit auf die Hälfte der bisherigen wöchentlichen Arbeitszeit vermindert wird (§ 237 SGB VI iVm. § 2 I Nr. 2 ATZG). Eine völlige Freistellung von der Arbeitsleistung erfüllt diese Voraussetzungen nicht[3]. Das in TV zur Regelung von ATZ-Arbeit vorgesehene Ausscheiden vor Vollendung des 65. LJ bei Altersrente wegen Schwerbehinderung ist zulässig. Es handelt sich dabei um keine unzulässige Benachteiligung gem. § 8 I AGG, sondern die Befristung ist durch ein rechtmäßiges Ziel sachlich gerechtfertigt[4].

Der Befristungsgrund des § 8 III ATZG gilt nach seinem Wortlaut nur für Versicherte der Jahrgänge bis Ende 1951 (§ 237 I 1 Nr. 1 SGB VI). Durch das RV-AltersgrenzenanpassungsG v. 20.4.2007[5] wird die Regelaltersgrenze für Personen ab dem Geburtsjahrgang 1947 bis zum Geburtsjahrgang 1964 schrittweise auf die Vollendung des 67. LJ angehoben. Auch wenn das ATZG gem. § 16 ATZG eine Förderungsfähigkeit nur vorsieht, wenn die Voraussetzungen des § 2 ATZG vor dem 1.1.2010 vorgelegen haben, stellt sich für die Jahrgänge ab 1952 wie auch für ArbN, die aus anderen Gründen eine vorgezogene Rente beziehen wollen oder von der gesetzl. RV befreit sind, die Frage der Zulässigkeit einer Befristung auf den vorgezogenen Renteneintritt. Da die Befristung mit einer sog. Altersgrenze nur für den Fall sachlich gerechtfertigt ist, wenn die Versorgung des ArbN sichergestellt ist, kann eine Befristung bis zu dem vorgezogenen Renteneintritt nur mit dem ausdrücklich in dem Vertrag herauszustellenden Wunsch der Befristung auf den vorgezogenen Renteneintritt wirksam begründet werden[6]. Dies ist aber nur innerhalb des Drei-Jahres-Zeitraums des § 41 S. 2 SGB VI möglich. Eine analoge Anwendung des § 8 III ATZG bezogen auf den vorgezogenen Renteneintritt lässt die sachliche Rechtfertigung der Befristung zweifelhaft erscheinen, wenn der ArbN bei Bezug der vorgezogenen Rente wirtschaftl. schlechter gestellt ist als bei Bezug der Rente mit Erreichen der Regelaltersgrenze[7].

Wenn in dem bis zum 1.1.2010 noch geförderten ATZ-Vertrag der Anhebung der Altersgrenze ab 2012 gem. dem RV-AltersgrenzenanpassungsG nicht Rechnung getragen wird und wegen Beginn der Freistellungsphase eine Angleichung an die geänderte Regelaltersgrenze nicht möglich ist, kann ein vertragl. Ausgleich über das Rechtsinstitut der Störung der Geschäftsgrundlage in Betracht kommen[8].

74, 75 Einstweilen frei.

76 **c) Erwerbsminderung/Erwerbsunfähigkeit.** Verschiedene TV und Arbeitsverträge sehen eine Beendigung des ArbVerh nicht erst mit einer Erwerbsunfähigkeit, sondern auch schon mit der Erwerbsminderung[9] vor, dh. also mit Eintritt einer **auflösenden Bedingung** (§ 21). Derartige in TV (so in § 33 II TVöD-AT bei voller Erwerbsminderung; § 36 Abs. 2 TV-Bundesagentur f. Arbeit) getroffene Regelungen über die Beendigung des ArbVerh beruhen auf der Annahme der TV-Parteien, der ArbN werde im Falle der Erwerbsminderung künftig die arbeitsvertragl. geschuldeten Leistungen nicht mehr erbringen können. Diese Regelungen dienen deshalb dem Schutz des ArbN, der aus gesundheitlichen Gründen nicht mehr in der Lage ist, seine bisherige Tätigkeit zu verrichten, und bei dem bei einer Fortsetzung der Tätigkeit die Gefahr einer weiteren Verschlimmerung seines Gesundheitszustandes besteht. Andererseits wird mit derartigen tarifl. Bestimmungen dem berechtigten Interesse des ArbGeb Rechnung getragen, sich von einem ArbN zu trennen, der gesundheitsbedingt nicht mehr in der Lage ist, seine nach dem Arbeitsvertrag geschuldete Leistung zu erbringen. Diese berechtigten Interessen beider Arbeitsvertragsparteien sind grds. geeignet, einen sachlichen Grund für die Beendigung des ArbVerh ohne Kündigung abzugeben[10]. Die verminderte Erwerbsfähigkeit stellt allein allerdings keinen ausreichenden Sachgrund für die auflösende Bedingung dar. Erst die Einbindung der Interessen des ArbN durch die Anbindung an die rentenrechtl. Versorgung rechtfertigt die Beendigung des ArbVerh ohne Kündigung[11]. So setzt § 33 II TVöD-AT deshalb voraus, dass das ArbVerh nur bei einem voraussichtlich dauerhaften Rentenbezug ab dem Rentenbeginn enden soll. Auch hier gilt das Diskriminierungsverbot des § 7 AGG iVm. § 1 AGG. Die im Falle einer vollen Erwerbsminderung eine Beendigung vorsehenden tarifl. Regelungen sind aber durch ein rechtmäßiges Ziel iSd. § 3 II AGG sachlich gerechtfertigt, da der Rentenbezug voraussetzt, dass der Beschäftigte seine Arbeitsleistung nicht oder zumindest zu großen Teilen nicht mehr erbringen kann[12].

77 Die Beendigung des ArbVerh tritt auch dann ein, wenn der **Anspruch** auf unbefristete Rente wegen Erwerbsminderung nach Eintritt der formellen Bestandskraft des Rentenbescheides **entfällt**, weil der

---

1 S. dazu die Kommentierung des ATZG, Vorbemerkungen. ||2 BAG 27.4.2004 – 9 AZR 18/03, NZA 2005, 821; auflösende Bedingung dann, wenn Beendigung von Erfüllung der Voraussetzungen für die Inanspruchnahme einer vorzeitigen Altersrente abhängig, BAG 8.8.2007 – 7 AZR 605/06, DB 2008, 133. ||3 BAG 10.2.2004 – 9 AZR 401/02, NZA 2004, 606. ||4 BAG 27.4.2004 – 9 AZR 18/03, NZA 2005, 821. ||5 BGBl. I S. 554. ||6 AA *Hanau*, NZA 2007, 848. ||7 S. im Einzelnen *Birk*, NZA 2007, 244. ||8 *Melms/Schwarz*, DB 2006, 2010. ||9 Mit dem RRG 1999 entfiel die frühere Rente wegen Berufsunfähigkeit. ||10 BAG 6.12.2000 – 7 AZR 302/99, NZA 2001, 792. ||11 BAG 1.12.2004 – 7 AZR 135/04, BAGReport 2005, 201. ||12 LAG Bln.-Bbg. 26.10.2011 – 4 Sa 1720/11, ZTR 2012, 455.

RV-Träger dem Antrag des ArbN auf Abänderung des Bescheides entsprochen hat und dem ArbN nunmehr nur eine befristete Rente gewährt wird. Die rückwirkende Aufhebung der unbefristeten Rente wegen verminderter Erwerbsfähigkeit führt nicht dazu, dass die auflösende Bedingung nicht mehr fortwirkt[1]. Allerdings wird das ArbVerh trotz Zustellung des Rentenbescheids dann **nicht beendet**, wenn der ArbN von seiner sozialrechtl. Dispositionsbefugnis Gebrauch macht und seinen Rentenantrag vor Ablauf der Widerspruchsfrist des § 84 I SGG zurücknimmt oder einschränkt und der ArbGeb davon alsbald unterrichtet wird. Nach Ablauf der Widerspruchsfrist und ggf. einer zusätzlichen Frist von wenigen Tagen für die Übermittlung der arbeitnehmerseitigen Mitteilung über die Änderung des Rentenantrags darf der ArbGeb auf die Bestandskraft des Bescheides vertrauen[2].

Ist der ArbN **teilweise erwerbsgemindert**, so tritt die Beendigung gem. § 33 III TVöD-AT nur ein, wenn der ArbN weder auf seinem noch auf einem anderen ihm nach seinem Leistungsvermögen zumutbaren freien Arbeitsplatz weiterbeschäftigt werden kann. Dies setzt aber in den Fällen, in denen der ArbN durch seinen Rentenantrag eine Voraussetzung für den Eintritt der auflösenden Bedingung selbst geschaffen hat, voraus, dass er innerhalb von zwei Wochen nach Zugang des Rentenbescheides ggü. dem ArbGeb seine **Weiterbeschäftigung** schriftl. beantragt[3]. Der ArbGeb ist nicht verpflichtet, den ArbN von sich aus auf die in einer tarifl. Regelung vorgeschriebene Form und Frist für den Weiterbeschäftigungsantrag **hinzuweisen**[4]. Der ArbGeb muss nicht von sich aus prüfen, ob und welche Weiterbeschäftigungsmöglichkeiten bestehen[5]. Grds. ist erst die mit dem Bezug dauerhafter Rentenleistungen verbundene wirtschaftl. Absicherung des ArbN geeignet, die Beendigung des ArbVerh auf Grund **auflösender Bedingung** zu rechtfertigen[6]. 78

Darüber hinaus ergibt sich eine weitere Einschränkung aus § 81 V 3 SGB IX. Danach haben schwerbehinderte Menschen einen Anspruch auf **Teilzeitbeschäftigung**, wenn die kürzere Arbeitszeit wegen Art und Schwere der Behinderung notwendig ist. Der Anspruch kann von dem schwerbehinderten ArbN jederzeit, auch wiederholt, geltend gemacht werden. Ein Anspruch besteht nach § 81 V 3 iVm. IV 3 SGB IX nicht, soweit die Erfüllung des Teilzeitwunsches für den ArbGeb nicht zumutbar oder mit unverhältnismäßigen Aufwendungen verbunden wäre oder soweit staatl. oder berufsgenossenschaftl. Arbeitsschutzvorschriften entgegenstehen (s.a § 23 Rz. 12). 79

Gem. § 92 SGB IX bedarf **die Beendigung** des ArbVerh eines schwerbehinderten Menschen der **vorherigen Zustimmung des Integrationsamtes**, wenn sie im Falle des Eintritts einer teilweisen Erwerbsminderung, der Erwerbsminderung auf Zeit, der Berufsunfähigkeit oder der Erwerbsunfähigkeit auf Zeit ohne Kündigung, also auf Grund einer hierfür vorgesehenen Befristung (auflösenden Bedingung) erfolgt. Es gelten dann die den Kündigungsschutz schwerbehinderter Menschen betreffenden §§ 85 ff. SGB IX entsprechend. Diesem Erfordernis trägt § 33 II 4 TVöD-AT Rechnung. Die Klagefrist des § 17 beginnt dann nicht vor der Bekanntgabe der Zustimmung des Integrationsamtes (§ 4 S. 4 KSchG)[7]. **Kein Zustimmungserfordernis** besteht bei einer im Arbeitsvertrag/TV vorgesehenen Beendigung wegen dauernder voller Erwerbsminderung bzw. wegen dauernder Erwerbsunfähigkeit. § 92 S. 1 SGB IX erfasst nicht die Versetzung eines Dienstordnungsangestellten in den Ruhestand wegen Dienstunfähigkeit[8]. 80

d) **Drittmittelbewilligung.** Während Abs. 1 S. 2 Nr. 7 die Befristung wegen der Vergütung aus Haushaltsmitteln rechtfertigt, ist aber auch die Finanzierung von Maßnahmen, Forschungsaufgaben und Stellen aus anderen **Mitteln Dritter** ein zulässiger Befristungsgrund, wenn ein Bezug zur Besetzung der Stelle entsteht. Es müssen jedoch konkrete Anhaltspunkte dafür vorhanden sein, dass der zur Verfügung gestellte Arbeitsplatz zum vorgesehenen Zeitpunkt tatsächlich wegfallen wird[9]. Stellt der Drittmittelgeber seine bisherige Bezuschussung der Personalkosten vorzeitig endgültig ein, so wird ein wegen der Bezuschussung befristet abgeschlossenes ArbVerh nicht vorzeitig nach § 313 BGB (Störung der Geschäftsgrundlage) beendet. Es kann vor Ablauf der vertragl. vorgesehenen Beendigung grds. nur durch eine Kündigung aus dringenden Gründen beendet werden[10], es sei denn, dass nach § 15 III die Möglichkeit einer ordentl. Kündigung vereinbart ist. 81

e) **Übergangsweise Beschäftigung.** Ein sachlicher Grund für die Befristung eines Arbeitsvertrages liegt vor, wenn ein ArbN übergangsweise auf einem Arbeitsplatz beschäftigt werden soll, dessen **endgültige Besetzung durch einen anderen Mitarbeiter** vorgesehen ist[11]. Deshalb kann die Befristung gerechtfertigt sein, wenn sich der ArbGeb bereits im Zeitpunkt des Abschlusses des befristeten Arbeitsvertrages ggü. einem auf unbestimmte Zeit einzustellenden ArbN vertragl. gebunden hat[12]. Insb. ist der Sachgrund für die Befristung eines Arbeitsvertrages anerkannt, wenn ein ArbN vorübergehend bis zu dem Zeitpunkt beschäftigt werden soll, in dem ein Auszubildender des ArbGeb seine **Berufsausbildung** 82

---

1 BAG 23.6.2004 – 7 AZR 440/03, NZA 2005, 520. || 2 BAG 23.6.2004 – 7 AZR 440/03, NZA 2005, 520. || 3 BAG 1.12.2004 – 7 AZR 135/04, BAGReport 2005, 201; 15.3.2006 – 7 AZR 332/05, ZTR 2006, 548. || 4 BAG 15.3.2006 – 7 AZR 332/05, ZTR 2006, 548. || 5 BAG 6.12.2000 – 7 AZR 302/99, NZA 2001, 792. || 6 BAG 6.12.2000 – 7 AZR 302/99, NZA 2001, 792; s. aber BAG 3.9.2003 – 7 AZR 661/02, NZA 2004, 328. || 7 BAG 9.2.2011 – 7 AZR 221/10, NZA 2011, 854. || 8 BAG 24.5.2012 – 6 AZR 679/10, NZA 2012, 1158. || 9 BAG 16.1.1987 – 7 AZR 487/85, AP Nr. 111 zu § 620 BGB Befristeter Arbeitsvertrag. || 10 LAG Hamm 5.2.1998 – 17 Sa 913/97, NZA-RR 1999, 18 (LS). || 11 BAG 13.10.2004 – 7 AZR 218/04, NZA 2005, 401; 2.6.2010 – 7 AZR 136/09, NZA 2010, 1172. || 12 BAG 6.11.1996 – 7 AZR 909/95, DB 1997, 1927.

beendet und der ArbGeb dessen Übernahme in ein ArbVerh konkret beabsichtigt[1]. Dieser Befristungsgrund setzt nicht voraus, dass der ArbGeb dem Auszubildenden die Übernahme in ein ArbVerh bereits zugesagt hat. Es genügt vielmehr, dass der ArbGeb im Zeitpunkt des Vertragsabschlusses mit dem befristet eingestellten ArbN nach seiner Personalplanung die Übernahme des Auszubildenden für den Fall eines normalen Geschehensablaufs beabsichtigt, und dass keine greifbaren Umstände entgegenstehen, die gegen die Übernahme des Auszubildenden sprechen[2]. Auch die Anhängigkeit einer **Konkurrentenklage** um eine dauerhaft zu besetzende Stelle ist geeignet, die Befristung des Arbeitsvertrags mit einem vorübergehend auf dieser Stelle eingesetzten ArbN bis zur Entscheidung über die Konkurrentenklage zu rechtfertigen[3]. Von dem Befristungsgrund des vorübergehenden Bedarfs (Abs. 1 S. 2 Nr. 1) unterschiedet sich dieser Grund dadurch, dass der Arbeitsplatz nicht wegfallen soll. Auch geht es im eigentlichen Sinne nicht um eine Vertretung gem. Abs. 1 S. 2 Nr. 3. Dem Befristungsgrund der „übergangsweisen Beschäftigung" und den in Abs. 1 S. 2 Nr. 1 und Nr. 3 genannten Sachgründen ist gemeinsam, dass der ArbGeb ein berechtigtes Interesse an einer nur zeitlich begrenzten Beschäftigung hat, weil er im Zeitpunkt des Vertragsschlusses mit dem befristet eingestellten ArbN auf Grund konkreter Tatsachen damit rechnen muss, dass er diesen nur für eine vorübergehende Zeit beschäftigen kann[4].

83   **f) Aus- und Weiterbildung.** Auch die Aus- oder Weiterbildung eines ArbN kann die Befristung eines Arbeitsvertrags sachlich rechtfertigen[5]. Wenn die Befristung des Arbeitsvertrages mit der Aus- oder Weiterbildung begründet wird, setzt dies voraus, dass dem ArbN zusätzliche Kenntnisse und Erfahrungen vermittelt werden, die durch die übliche Berufstätigkeit nicht erworben werden können. Dies kann auch der Fall sein, wenn die Ausbildung nicht nur theoretische Kenntnisse vermittelt, sondern hauptsächlich dazu dient, bereits erworbene theoretische Kenntnisse in die Praxis umzusetzen. Bei Vertragsabschluss muss feststehen, dass ein **bestimmtes Ausbildungsziel** systematisch verfolgt wird und die dem ArbN vermittelten Kenntnisse, Erfahrungen oder Fähigkeiten auch außerhalb der Organisation des ArbGeb beruflich verwertbar sind[6]. Um die Befristung eines Arbeitsvertrags zu rechtfertigen, reicht daher eine Aus- und Weiterbildung nicht aus, die nur eine Berufserfahrung vermittelt, wie sie regelmäßig mit einer mehrjährigen Berufsausübung verbunden ist[7].

84   **g) Sicherung der personellen Kontinuität der Betriebsratsarbeit.** Das Interesse des ArbGeb an der personellen Kontinuität des BR kann grds. ein Sachgrund für die Befristung des ArbVerh sein[8]. Maßgeblich sind dabei der Erhalt der Funktionsfähigkeit des im Betrieb gebildeten BR sowie das Interesse, dass nicht durch ein vermeidbares Ausscheiden der BR-Mitglieder aus dem Betrieb und dem BR während dessen Amtszeit kostspielige Neuwahlen erforderlich werden. Die Befristung des ArbVerh des BR-Mitglieds muss aber geeignet und erforderlich sein, um die personelle Kontinuität des BR zu wahren. Erforderlich ist sie nur, wenn ohne den Abschluss des befristeten Arbeitsvertrages das ArbVerh mit dem BR-Mitglied enden würde, und der ArbGeb nicht ohne Beeinträchtigung seiner betriebl. Interessen die personelle Kontinuität der BR-Arbeit durch einen unbefristeten Arbeitsvertrag sichern könnte.

85   **h) Verschleiß.** Auch das Vorliegen eines Verschleißtatbestandes, die **Gefahr eines Verschleißes** kann ein sachlicher Befristungsgrund sein. Die insb. altersbedingten Verschleißerscheinungen in einer längeren berufl. Tätigkeit mit üblichen Anforderungen stellen aber keinen Grund für eine wirksame Befristung dar. Es muss sich um einen vertragstypischen, das übliche Maß **deutlich übersteigenden Verschleiß** bzw. wesentliche Minderung der in der Tätigkeit unbedingt vorausgesetzten Leistungsfähigkeit handeln, wie dies bei Sportlern der Fall sein kann. Auch kann eine vereinbarte Befristung geeignet sein, der Gefahr **nachlassender Motivationskraft** in der Beziehung zwischen dem Trainer und den zu betreuenden Sportlern wirksam vorzubeugen[9]. Für sich genommen ist aber der Leistungserfolg zu unpräzise und daher als Befristungsgrund ungeeignet[10]. Eine rechtswirksame Befristung muss sich an der konkreten Notwendigkeit eines Trainerwechsels und der hierfür maßgeblichen Dauer orientieren.

85a   **i) Weiterbeschäftigung nach einer Kündigung (Prozessbeschäftigung).** Um das Risiko des Verzugslohns (§ 615 BGB) zu reduzieren, bietet es sich an, dem gekündigten ArbN für die Dauer des laufenden Kündigungsrechtsstreits eine **vorläufige** Weiterbeschäftigung anzubieten. Sieht die Vereinbarung vor, dass die Weiterbeschäftigung bis zur rechtskräftigen Abweisung der Kündigungsschutzklage befristet ist, so handelt es sich um eine **auflösende Bedingung** iSd. § 21. Hat die Vereinbarung dagegen die Beschäftigung des ArbN bis zum erstinstanzlichen rechtskräftigen Abschluss des Kündigungsschutzprozesses zum Gegenstand, handelt es sich um eine **Zweckbefristung**[11]. In diesem Fall ist bei Abschluss der Weiterbeschäftigungsvereinbarung aus Sicht der Parteien die rechtskräftige Entscheidung über die Kündigungsschutzklage ein zukünftiges Ereignis, dessen Eintritt feststeht; lediglich der Zeitpunkt des Eintritts ist ungewiss.

---

1 LAG Nürnberg 2.3.2011 – 2 Sa 307/09, DB 2011, 1058. || 2 BAG 1.12.1999 – 7 AZR 449/98, BB 2000, 1525; 19.9.2001 – 7 AZR 333/00, NZA 2002, 696 (OS). || 3 BAG 16.3.2005 – 7 AZR 289/04, BB 2005, 1856. || 4 BAG 16.3.2005 – 7 AZR 289/04, BB 2005, 1856. || 5 BAG 22.4.2009 – 7 AZR 96/08, NZA 2009, 1099. || 6 BAG 22.4.2009 – 7 AZR 96/08, NZA 2009, 1099. || 7 BAG 22.4.2009 – 7 AZR 96/08, NZA 2009, 1099. || 8 BAG 23.1.2002 – 7 AZR 611/00, BB 2002, 1097. || 9 BAG 29.10.1998 – 7 AZR 436/97, DB 1999, 853; zur Möglichkeit der fristlosen Kündigung eines Trainers wegen Vertrauensverlustes *Menke/Schulz*, NJW 2011, 1845. || 10 *Dieterich*, NZA 2000, 857. || 11 BAG 19.1.2005 – 7 AZR 113/04, BAGReport 2005, 253.

Der **Sachgrund** einer derartigen Vereinbarung über eine vorläufige Weiterbeschäftigung ist nicht die vom ArbGeb bezweckte Minimierung seines Verzugslohnrisikos, sondern die **Beseitigung der Ungewissheit**, ob in dieser Zeit bis zur rechtskräftigen Entscheidung über die Kündigungsschutzklage noch ein ArbVerh mit daraus resultierenden Arbeits- und Beschäftigungspflichten besteht[1]. Zur Beseitigung dieser Ungewissheit schaffen die Arbeitsvertragsparteien durch die Weiterbeschäftigungsvereinbarung für die Beschäftigung des ArbN nach Ablauf der Kündigungsfrist bis zur Entscheidung über die Kündigungsschutzklage eine arbeitsvertragl. Grundlage.

Die Vereinbarung über eine befristete Weiterbeschäftigung während des Kündigungsschutzprozesses bedarf nach Abs. 4 der **Schriftform**[2]. Auch hier gilt es, durch die schriftl. Vereinbarung der Befristung Streitigkeiten der Parteien über die Dauer des ArbVerh und den Zeitpunkt seiner Beendigung zu vermeiden. Anders verhält es sich bei einer Beschäftigung bis zum rechtskräftigen Abschluss des Bestandsschutzverfahrens, wenn dies **allein** zur **Abwendung der Zwangsvollstreckung** dient[3]. In diesem Fall kommt kein Vertragsverhältnis zustande, sondern es entsteht nur ein gesetzl. Schuldverhältnis, das nach bereicherungsrechtl. Grundsätzen abgewickelt wird.

4. Nachträgliche Befristung, Aufhebungsvertrag. Zur wirksamen nachträglichen Befristung eines unbefristeten und unter Kündigungsschutz stehenden ArbVerh ist ebenfalls gem. Abs. 1 ein **sachlicher Grund** nötig[4]. Dies gilt auch, wenn im Zeitpunkt der Befristungsvereinbarung noch kein Bestandsschutz nach dem KSchG besteht. Die freie Wahlmöglichkeit des ArbN, ein für ihn günstiges Vertragsänderungsangebot anzunehmen oder abzulehnen, ist für sich gesehen kein Sachgrund dafür, das geänderte ArbVerh auch zu befristen[5].

Wenn mit einem bereits beschäftigten ArbN vor der Regelaltersgrenze eine – nachträgliche – Befristung auf einen Zeitpunkt nach Erreichen des Rentenalters vereinbart wird, so kann darin ein in der Person liegender Grund gesehen werden[6]. Vielfach besteht in einem solchen Fall der ausdrücklich vom ArbN formulierte Wunsch, nur noch übergangsweise weiter tätig bleiben zu wollen (s. Rz. 54).

Die nachträgliche Befristung eines zunächst auf unbestimmte Zeit eingegangenen ArbVerh kann auch im Wege der **Änderungskündigung** erfolgen. Die Änderung der Arbeitsbedingungen ist aber ua. dann unwirksam, wenn die Befristung nicht aus sachlichem Grund gerechtfertigt ist[7]. Wegen der Notwendigkeit des Vorliegens eines sachlichen Grundes für die Befristung können mit den geringeren Anforderungen an eine Änderungskündigung (§ 2 KSchG) nicht die Voraussetzungen einer wirksamen Beendigungskündigung (§ 1 KSchG) umgangen werden[8]. Der sachliche Grund der Befristung wird als Vorfrage in der sozialen Rechtfertigung der Änderungskündigung mit beurteilt. – Auch wenn der Arbeitsvertrag als ein Verbrauchervertrag zu qualifizieren und der ArbN als ein Verbraucher iSd. § 13 BGB zu definieren ist[9], steht ihm **kein Widerrufsrecht** nach §§ 355, 312 BGB zu, selbst wenn der Aufhebungsvertrag am Arbeitsplatz oder im Bereich seiner Privatwohnung verhandelt worden sein sollte[10]. Dies gilt auch für die vertragl. vereinbarte **nachträgliche Befristung**. Gleichwohl ist anzuraten, ggf. nachweisbar jede „**Überrumpelung**" **zu vermeiden**[11]. Bei einem Wechsel aus einem unbefristeten in ein befristetes ArbVerh kann bei späterer Arbeitslosigkeit eine **Sperrfrist** nach § 159 SGB III drohen, wenn für den ArbN kein wichtiger Grund für diesen Wechsel besteht, insb. er keine konkrete Aussicht auf eine unbefristete Tätigkeit hat[12].

Wenn mit einem **Aufhebungsvertrag/Auflösungsvertrag** das ArbVerh zu einem späteren Zeitpunkt beendet werden soll, so ist dies keine nachträgliche Befristung, wenn die ansonsten **geltende Kündigungsfrist** eingehalten wird, jedenfalls die Auslauffrist nicht um ein Vielfaches länger ist als die jeweilige Kündigungsfrist. Der Aufhebungsvertrag bezweckt eine Beendigung des ArbVerh und keine Fortsetzung. Er ist seinem Regelungsgehalt nach auf eine alsbaldige Beendigung der arbeitsvertragl. Beziehungen gerichtet. Dies kommt durch die Vereinbarung einer zeitnahen Beendigung, die sich idR an der jeweiligen Kündigungsfrist orientiert, und durch Regelungen zum Ausdruck, die mit der **Abwicklung** eines beendeten ArbVerh im Zusammenhang stehen, wie zB eine Abfindung, die Erteilung eines Zeugnisses, eine Freistellung und die Gewährung von Resturlaub[13]. Ein derartiger Aufhebungsvertrag bedarf **keines Sachgrundes**. Es ist aber die Schriftform des § 623 BGB einzuhalten. Ein Aufhebungsvertrag, dessen Regelungsgehalt aber nicht auf die Beendigung, sondern auf eine **befristete Fortsetzung** eines Dauerarbeitsverhältnisses gerichtet ist, was sich insb. aus einem die jeweilige Kündigungsfrist um ein Vielfaches überschreitenden Beendigungszeitpunkt ergibt, bedarf zu seiner Wirksamkeit eines **sachlichen Grundes**. Er unterliegt wie die nachträgliche Befristung eines unbefristeten Arbeitsvertrags der arbeits-

---

1 BAG 22.10.2003 – 7 AZR 113/03, NZA 2004, 1275. || 2 BAG 22.10.2003 – 7 AZR 113/03, NZA 2004, 1275; *Böhm*, ArbRB 2012, 382 mit Musterformulierungen. || 3 LAG Hamm 31.10.2003 – 5 Sa 1396/03, nv. || 4 BAG 8.7. 1998 – 7 AZR 245/97, NZA 1999, 81; 26.8.1998 – 7 AZR 349/97, BB 1999, 424. || 5 BAG 26.8.1998 – 7 AZR 349/97, BB 1999, 424. || 6 LAG Bln.-Bbg. 20.11.2012 – 12 Sa 1303/12, AE 2013, 60. || 7 BAG 25.4.1996 – 2 AZR 609/95, DB 1996, 1780; 8.7.1998 – 7 AZR 245/97, NZA 1999, 81; aA *Löwisch*, BB 2005, 1625: Es kann auch eine sachgrundlose Befristung gem. Abs. 2 und 2a angeboten werden. || 8 AA *Hromadka*, BB 2001, 674. || 9 BAG 25.5.2005 – 5 AZR 572/04, NZA 2005, 1111; aA *Tschöpe/Pirscher*, RdA 2004, 385. || 10 BAG 27.11.2003 – 2 AZR 135/03, NZA 2004, 597. || 11 S.a. BAG 27.11.2003 – 2 AZR 177/03, BB 2004, 1858. || 12 BSG 21.7.2009 – B 7 AL 6/08, NZA-RR 2010, 323. || 13 BAG 15.2.2007 – 6 AZR 286/06, NZA 2007, 614.

gerichtl. Befristungskontrolle, um eine funktionswidrige Verwendung des Rechtsinstituts des befristeten Arbeitsvertrags in der Form eines Aufhebungsvertrags auszuschließen[1]. Die von den Parteien gewählte Vertragsbezeichnung ist nicht entscheidend, sondern der Regelungsgehalt der getroffenen Vereinbarung. Auch in diesem Fall gilt das Schriftformerfordernis des § 623 BGB. Im Gegensatz zur Befristung genügt nicht die elektronische Form (Abs. 4 iVm. § 126a BGB; s. Rz. 130).

88 **5. Dauer der Befristung und ihr sachlicher Grund.** Bei der **Zeitbefristung** gem. § 15 I bedarf die **Dauer** keiner eigenständigen sachlichen Rechtfertigung[2]. Die gewählte Vertragsdauer muss nicht stets mit der Dauer des Sachgrundes für die Befristung voll übereinstimmen[3]. Eine Kongruenz von Vertragsdauer und Befristungsgrund ist nicht erforderlich. Die Befristungsdauer muss sich jedoch am Befristungsgrund orientieren und mit ihm derart in Einklang stehen, dass sie nicht gegen das Vorliegen eines sachlichen Grundes spricht[4]. Mit der vereinbarten Vertragsdauer muss der mit dem Sachgrund verfolgte Vertragszweck erreicht werden. Soll das befristete ArbVerh deutlich länger als der Sachgrund währen, stellt dies den Sachgrund infrage. Bei mehrfacher Befristung steigen mit zunehmender Dauer der Beschäftigung bei demselben ArbGeb die Anforderungen an den Sachgrund der Befristung[5]. Die Dauer des befristeten Arbeitsvertrages wird bei der Zweckbefristung und der Vereinbarung einer auflösenden Bedingung durch die **Zweckerreichung** bzw. den **Eintritt der Bedingung** selbst bestimmt, so dass der Zweck bzw. die auflösende Bedingung zugleich auch die Dauer rechtfertigen müssen.

89 **6. Mehrfache Befristung.** Auf einen Sachgrund gestützte befristete Arbeitsverträge können im Rahmen des § 624 BGB und § 15 IV ohne gesetzl. Einschränkung wiederholt abgeschlossen werden. Dabei kann ein unterschiedlicher Sachgrund zugrunde gelegt werden. Dies gilt auch für **Ein-Tages-Arbeitsverträge**. Die auf den jeweiligen Einsatz bezogenen Ein-Tages-ArbVerh stellen nach ihrem objektiven Geschäftsinhalt keine unzulässige, zu einem DauerArbVerh führende Vertragsgestaltung dar. Sie sind nicht durch die Möglichkeit der Vereinbarung eines AbrufArbVerh nach § 12 ausgeschlossen[6]. Auch kann im Anschluss an ein ohne Sachgrund befristetes ArbVerh ohne jede Einschränkung ein mit Sachgrund befristetes ArbVerh angeschlossen werden (s. zur sachgrundlosen Befristung Rz. 102ff.). Bei mehreren aufeinander folgenden befristeten ArbVerh (sog. **Kettenbefristungen**) ist im Rahmen der arbeitsgerichtl. Befristungskontrolle grds. nur die **Befristung des letzten Arbeitsvertrages** auf ihre sachliche Rechtfertigung zu prüfen[7]. Der Befristungskontrolle unterliegen die einzelnen Arbeitsverträge, so dass jeweils nach deren Ende die Drei-Wochen-Frist des § 17 zu laufen beginnt. In dem **Abschluss eines neuen befristeten Arbeitsvertrages** liegt zugleich konkludent die vertragl. Aufhebung eines – etwaigen – unbefristeten früheren Arbeitsvertrages[8]. Zugleich wird damit idR zum Ausdruck gebracht, dass nur noch der neue Vertrag maßgeblich sein soll. Es kommt daher nicht darauf an, ob die Befristung des vorangegangenen ArbVerh mangels eines die Befristung sachlich rechtfertigenden Grundes unwirksam war (zur Berücksichtigung vorangegangener Befristungen im Rahmen einer **Missbrauchskontrolle** s. Rz. 92). Unbeachtlich ist, ob die Vertragsparteien irrtümlich davon ausgingen, der vorangegangene befristete Arbeitsvertrag sei wirksam gewesen.

90 Etwas anderes gilt dann, wenn die Vertragsparteien den Folgevertrag unter dem **Vorbehalt** abgeschlossen haben, dass der neue befristete Arbeitsvertrag nur gelten soll, wenn die Parteien nicht schon auf Grund des vorangegangenen Vertrages in einem unbefristeten ArbVerh stehen[9]. Ein einseitiger vom ArbN erklärter Vorbehalt reicht nicht aus[10]. Die Befristungskontrolle des vorangegangenen ArbVerh setzt eine entsprechende vertragl. Vorbehaltsvereinbarung in dem nachfolgenden befristeten Arbeitsvertrag voraus[11]. Es muss dem ArbN ausdrücklich oder konkludent das Recht vorbehalten sein, die Wirksamkeit der vorangegangenen Befristung prüfen zu lassen[12]. Die ggü. dem ArbN erklärte Ablehnung, einen derartigen Vorbehalt vertragl. zu vereinbaren, ist **keine Maßregelung** iSd. § 612a BGB. Sofern der ArbGeb dem ArbN von vornherein ausschließlich den vorbehaltlosen Abschluss eines weiteren befristeten Arbeitsvertrags angeboten hatte, liegt in dem Aufrechterhalten dieses Angebots keine Sanktionierung der Rechtsausübung des ArbN[13]. Wegen der nach § 17 zu beachtenden Klagefrist ist neben dem Vorbehalt auch die rechtzeitige **Klageerhebung** erforderlich. Schließt der ArbN einen neuen befristeten Arbeitsvertrag, **obwohl er eine Klage** nach § 17 erhoben hat, so wirkt der anhängige Rechtsstreit über die Wirksamkeit der vorangegangenen Befristung **wie ein vereinbarter Vorbehalt**[14]. Da der ArbGeb auf Grund der ihm durch Zustellung zur Kenntnis gelangten Befristungskontrollklage damit rechnen muss, dass er mit dem ArbN möglicherweise bereits in einem unbefristeten ArbVerh steht, darf der ArbN als Empfänger des Angebots des ArbGeb, einen weiteren befristeten Arbeitsvertrag abzuschließen, der ausdrücklichen Erklärung den zusätzlichen Inhalt entnehmen, dieser Vertrag solle nur dann das ArbVerh der Parteien regeln, wenn nicht bereits der der gerichtl. Kontrolle übergebene Ar-

---

1 BAG 12.1.2000 – 7 AZR 48/99, NZA 2000, 718. || 2 BAG 21.1.2009 – 7 AZR 630/07, NZA 2009, 727. || 3 BAG 11.11.1998 – 7 AZR 328/97, BB 1999, 423. || 4 BAG 21.1.2009 – 7 AZR 630/07, NZA 2009, 727. || 5 BAG 11.12.1991 – 7 AZR 431/90, NZA 1992, 883 (886); 11.11.1998 – 7 AZR 328/97, BB 1999, 423. || 6 BAG 16.5.2012 – 5 AZR 268/11, NZA 2012, 974. || 7 BAG 18.7.2012 – 7 AZR 443/09, NZA 2012, 1351; *Bayreuther*, NZA 2013, 23. || 8 BAG 24.8.2011 – 7 AZR 228/10, NZA 2012, 385. || 9 BAG 4.6.2003 – 7 AZR 352/02, DB 2003, 2340; 4.6.2003 – 7 AZR 523/02, NZA-RR 2003, 621. || 10 BAG 14.2.2007 – 7 AZR 95/06, NZA 2007, 803. || 11 BAG 14.2.2007 – 7 AZR 95/06, NZA 2007, 803. || 12 BAG 13.10.2004 – 7 AZR 218/04, NZA 2005, 401. || 13 BAG 14.2.2007 – 7 AZR 95/06, NZA 2007, 803. || 14 BAG 13.10.2004 – 7 AZR 654/03, NZA 2005, 469.

beitsvertrag für das ArbVerh maßgeblich ist[1]. Dies muss auch gelten, wenn der ArbN einen Folgevertrag ohne ausdrücklichen Vorbehalt während eines noch anhängigen Rechtsstreits abschließt, nachdem er erstinstanzlich mit der Befristungskontrollklage obsiegt hat[2]. Anders verhält es sich, wenn der ArbGeb in dem Angebot auf Abschluss des neuen befristeten Arbeitsvertrages darauf hinweist, dass mit dem Abschluss des neuen Vertrages der vorangegangene Vertrag aufgehoben ist.

Auf die sachliche Rechtfertigung des vorangegangenen Vertrages kann es ankommen, wenn es sich bei dem letzten Vertrag nur um einen **unselbständigen Annex** zum vorhergehenden Vertrag handelt. Dies ist der Fall, wenn nur die Laufzeit des alten Vertrages verhältnismäßig geringfügig korrigiert wird, dieser aber ansonsten derselbe bleibt[3]. Wird das Fristende eines vierjährigen Arbeitsvertrags um zehn Monate geändert, so ist dies aber keine geringfügige Korrektur mehr. Den Arbeitsvertragsparteien darf es nur darum gehen, die Laufzeit des alten Vertrags mit dem Sachgrund der Befristung in Einklang zu bringen[4]. Auch kann der vorletzte Vertrag maßgeblich sein, wenn sich aus ausdrücklichen oder konkludenten Vereinbarungen ergibt, dass die Vertragschließenden ihr ArbVerh nicht auf eine neue Grundlage stellen wollten[5].

Ist aus **Vertretungsgründen** bereits mehrfach das ArbVerh befristet abgeschlossen worden, steht dies nicht der Prognose des künftigen Wegfalls des Vertretungsbedarfs entgegen[6]. Auch ein ständiger Vertretungsbedarf kann Befristungen rechtfertigen. Es muss deshalb grds. keine Personalreserve aus unbefristet beschäftigten ArbN vorgehalten werden[7]. Aus einer durch den Sachgrund der Vertretung gerechtfertigten **Kettenbefristung** folgt für sich genommen nicht das Vorliegen eines Missbrauchs iSd. § 5 Nr. 1 EGB-UNICE-CEEP-Rahmenvereinbarung über befristete Arbeitsverträge im Anhang der RL 1999/70/EG[8]. Allerdings kann eine **Missbrauchskontrolle** unter Berücksichtigung aller in der Vergangenheit mit demselben ArbGeb geschlossenen befristeten Verträgen geboten sein[9]. Wenn der ArbGeb auf Grund ihm vorliegender Informationen erhebliche Zweifel daran haben muss, dass die zu vertretende Stammkraft überhaupt wieder an ihren Arbeitsplatz zurückkehren wird, kann dies dafür sprechen, dass der Sachgrund der Vertretung nur vorgeschoben ist. Auch liegt kein sachlicher Grund vor, wenn eine **Kettenbefristung** dazu dient, einen **ständigen Arbeitskräftebedarf** zu decken, und sich aus den **Umständen des Einzelfalls**, insb. aus der **Anzahl und der Dauer** der ohne erhebliche Unterbrechungszeiten[10] vorangegangenen Befristungen bei demselben ArbGeb für dieselbe Arbeit eine **rechtsmissbräuchliche Ausnutzung** der an sich eröffneten rechtl. Gestaltungsmöglichkeit ergeben[11]. Eine dahingehende Prüfung ist im deutschen Recht nach den Grundsätzen des institutionellen Rechtsmissbrauchs (§ 242 BGB) vorzunehmen[12]. Ob die Befristung gerechtfertigt ist, ist daher in **zwei Stufen zu prüfen**: Zum einen das Vorliegen eines Sachgrunds, zum anderen ein Rechtsmissbrauch. Als Kriterien für eine **Missbrauchskontrolle** werden vom BAG die gesetzl. Wertungen in § 14 II 1 hinsichtlich der Dauer und Verlängerungsmöglichkeiten herangezogen[13]. Mit dem Vorwurf des institutionellen Rechtsmissbrauchs ist demnach zu rechnen, wenn die in § 14 II 1 genannten Grenzen alternativ oder insb. kumulativ **mehrfach überschritten** werden (vom BAG als missbräuchlich bezeichnet: 13 Befristungen für eine Gesamtdauer von mehr als elf Jahren[14]; nicht missbräuchlich: vier Befristungen für eine Gesamtdauer von von sieben Jahren und neun Monaten[15]). Für die Praxis wünschenswerte deutlichere Konturen sind der höchstrichterl. Rspr. im Augenblick nicht zu entnehmen[16].

Mehrfache Befristungen von Zeitarbeitsverträgen, sofern der einzelne nicht die Dauer von fünf Jahren überschreitet, sind auch im **öffentl. Dienst** nach der Sonderregelung§ 30 TVöD-AT zulässig.

7. Befristung einzelner Arbeitsvertragsbedingungen. Auf sie sind die Vorschriften des TzBfG nicht anwendbar[17].

Die Befristung von Arbeitsvertragsbedingungen ist der **Inhaltskontrolle nach §§ 307 ff. BGB** unterworfen, soweit es sich um vorformulierte Arbeitsvertragsbedingungen iSd. § 305 BGB handelt[18] oder der Arbeitsvertrag als ein **Verbrauchervertrag** iSv. § 310 III BGB zu qualifizieren und der ArbN als Verbraucher iSd. § 13 BGB zu definieren ist[19]. Mit der Anwendung der §§ 307 ff. BGB auf die Vereinbarung befristeter Arbeitsvertragsbedingungen kommt es daher zu keiner eigentlichen Sachgrundprüfung mehr, wie dies bei befristeten Arbeitsverträgen gem. Abs. 1 vorgesehen ist. Grundlage für die Prüfung

---

1 BAG 13.10.2004 – 7 AZR 218/04, NZA 2005, 401. || 2 AA LAG Nds. 12.1.2004 – 5 Sa 1130/03 E, NZA-RR 2004, 555. || 3 BAG 1.12.1999 – 7 AZR 236/98, DB 2000, 675. || 4 BAG 1.12.1999 – 7 AZR 236/98, DB 2000, 675. || 5 BAG 15.8.2001 – 7 AZR 144/00, NZA 2002, 696 (OS). || 6 BAG 25.3.2009 – 7 AZR 34/08, DB 2009, 2272. || 7 BAG 18.7.2012 – 7 AZR 443/09, NZA 2012, 1351. || 8 EuGH 26.1.2012 – Rs. C-586/10, NZA 2012, 135 – Kücük. || 9 EuGH 26.1.2012 – Rs. C-586/10, DB 2012, 290 – Kücük; nicht aber bei unterschiedlichem Anforderungsprofil, BAG 6.10.2010 – 7 AZR 397/09, ArbRB 2011, 102. || 10 BAG 10.7.2013 – 7 AZR 761/11, NZA 2014, 26. || 11 BAG 18.7.2012 – 7 AZR 443/09, NZA 2012, 1351 und 7 AZR 783/10, NZA 2012, 1359. || 12 BAG 18.7.2012 – 7 AZR 443/09, NZA 2012, 1351. || 13 BAG 18.7.2012 – 7 AZR 783/10, NZA 2012, 1359. || 14 BAG 18.7.2012 – 7 AZR 443/09, NZA 2012, 1351. || 15 BAG 18.7.2012 – 7 AZR 783/10, NZA 2012, 1359; einschr. BAG 15.5.2013 – 7 AZR 525/11, NZA 2013, 1214. || 16 Auch nicht BAG 13.2.2013 – 7 AZR 225/11, NZA 2013, 777; *Bayreuther*, NZA 2013, 23. || 17 BAG 15.12.2011 – 7 AZR 394/10, NZA 2012, 674; die befristete Verlängerung der Arbeitszeit unterliegt aber der Mitbest. des BR oder eines PersR, BAG 24.4.2007 – 1 ABR 47/06, NZA 2007, 818. || 18 BAG 27.7.2005 – 7 AZR 486/04, NZA 2006, 40; 18.1.2006 – 7 AZR 191/05, NZA 2007, 351. || 19 BAG 25.5.2005 – 5 AZR 572/04, NZA 2005, 1111; aA *Tschöpe/Pirscher*, RdA 2004, 385.

der Wirksamkeit der befristeten Arbeitsbedingungen ist eine Inhaltskontrolle nach § 307 BGB[1]. Mithin ist eine vorformulierte Befristung der Arbeitsbedingungen unwirksam, wenn sie den ArbN iSv. § 307 I 1 BGB unangemessen benachteiligt.

96 Eine **unangemessene Benachteiligung** liegt im Zweifel vor, wenn die Bestimmung im Formulararbeitsvertrag mit wesentlichen Grundgedanken der gesetzl. Regelung, von der abgewichen wird, nicht zu vereinbaren ist. Auch wenn die Inhaltskontrolle des § 307 I BGB begrifflich die der BAG-Rspr. zugrunde liegende Frage der Umgehung des gesetzl. Änderungskündigungsschutzes ausschließt, so legt doch das unbestimmte Rechtsbegriffspaar der unangemessenen Benachteiligung nahe, diese unter Berücksichtigung des arbeitsrechtl. Richterrechts im Hinblick auf § 310 IV 2 BGB auf der Grundlage der von der bisherigen Rspr. des BAG vorgenommenen Bewertung zu messen[2]. Die Inhaltskontrolle korrespondiert damit im Erg. mit dem materiellen Änderungsschutz des § 2 KSchG. Die Übernahme des bisherigen Prüfungssystems und -maßstabs schließt eine Benachteiligung iSv. § 307 I BGB aus, wenn ein sachlicher Grund für die Befristung vorliegt. Die Befristung des gesamten Arbeitsvertrages kann nicht unter leichteren Voraussetzungen möglich sein als diejenige einzelner Teile. Im Erg. kann der Inhaltsschutz des § 307 BGB nicht über denjenigen des Kündigungsschutzes hinausgehen[3]. Auch wenn es nur um die Befristung einzelner Vertragsbedingungen geht, sind somit die Sachgründe zur wirksamen Befristung geeignet, die ein ArbVerh insg. wirksam befristen können, also insb. die in Abs. 1 genannten Gründe[4]. Die Grundsätze, die das BAG zum institutionellen Rechtsmissbrauch im Hinblick auf die Befristungskontrolle nach Abs. 1 entwickelt hat (s. dazu Rz. 92), finden auch bei der Inhaltskontrolle der Befristung von einzelnen Arbeitsbedingungen nach § 307 BGB Anwendung, falls eine wertungsmäßige Vergleichbarkeit der Fallgestaltungen besteht[5].

97 Das **Transparenzgebot** des § 307 I 2 BGB erfordert, dass die Befristung der Arbeitsbedingungen in der vertragl. Regelung hinreichend deutlich ist. Dazu bedarf es der Bestimmung der Leistung, die der Befristung unterliegt, sowie der Angabe des Beendigungszeitpunktes bzw. der Dauer oder des Zweckes der Befristung oder der auflösenden Bedingung, die zur Beendigung des Vertrags führt. Ebenso wenig wie bei der Befristung eines Vertrages insg. muss der Befristungs- bzw. Änderungsgrund angegeben werden[6]. Anders verhält es sich bei der Zweckbefristung und auflösenden Bedingung, da die vorgesehene Beendigung aus dem Sachgrund selbst folgt, also durch den Zweck oder die auflösende Bedingung der Beendigungstatbestand erst gekennzeichnet wird.

98 Handelt es sich bei der nachträglichen Befristung von einzelnen Arbeitsbedingungen um eine **Individualvereinbarung**, so unterliegt sie nach § 305 III BGB keiner Inhaltskontrolle[7]. Im Hinblick auf die bisherige Rspr. des BAG erscheint es fraglich, ob sich die Rspr. bei individuell ausgehandelten befristeten Einzelarbeitsbedingungen jeglicher Kontrolle enthalten wird. Der durch die änderungsschutzrechtl. Bestimmung des § 2 KSchG bestehende Inhaltsschutz gilt für jedes ArbVerh. Es ist zu erwarten, dass die Rspr. den in § 2 KSchG enthaltenen Inhaltsschutz mit der bisherigen Begründung auch für individuell ausgehandelte befristete Arbeitsbedingungen anwenden und in Einzelfällen möglicherweise auf der Grundlage der §§ 138, 134 BGB zu einer Unwirksamkeit gelangen wird, wenn die Befristung von Teilen des Arbeitsvertrages zu einer unangemessenen Benachteiligung des ArbN führt.

99 Da ansonsten ein Wertungswiderspruch besteht, wenn die Befristung einzelner Arbeitsbedingungen einer Bewertung nach §§ 307 ff. BGB unterzogen wird, obwohl noch **nicht der materielle Änderungsschutz** nach § 2 KSchG besteht, wird das Sachgrunderfordernis für die Befristung von Teilen eines Arbeitsvertrages nicht gelten, wenn auch ein unbefristetes ArbVerh noch nicht dem Änderungskündigungsschutz des § 2 KSchG unterliegt oder es sich um einen **Kleinbetrieb** iSd. § 23 KSchG handelt.

100 Die Befristung einzelner Vertragsbedingungen bedarf zu ihrer Wirksamkeit **nicht der Schriftform** gem. Abs. 4. Auf die Kontrolle der Befristung einzelner Vertragsbedingungen ist **§ 17 nicht anwendbar**. Beide Bestimmungen betreffen nur die Befristung eines Arbeitsvertrages insg. und gelten nicht auch für die Befristung von Teilen eines Arbeitsvertrages. Das Klagebegehren ist demgemäß als allg. Feststellungsklage gem. § 256 I ZPO geltend zu machen.

101 Die Befristung einzelner Vertragsbedingungen kann **nicht** auf Abs. 2 oder Abs. 2a gestützt werden[8]. Da Abs. 2 S. 2 und Abs. 2a für eine wirksame sachgrundlose Befristung eine Neueinstellung voraussetzen, können bei einem bereits bestehenden ArbVerh im Nachhinein nicht einzelne Arbeitsbedingungen ohne Vorliegen eines Sachgrundes wirksam befristet werden. Wird ein ArbN iSd. Abs. 2 S. 2 oder Abs. 2a **neu eingestellt**, so wird man aber, statt das gesamte ArbVerh sachgrundlos zu befristen, in den Grenzen des Abs. 2 S. 1 bzw. Abs. 2a einzelne Arbeitsbedingungen ohne Sachgrund befristen können. Ansonsten sind befristete Vertragsänderungen vor Ablauf der Wartezeit des § 1 KSchG und in Kleinbetrieben von keinem Sachgrund abhängig.

---

1 BAG 27.7.2005 – 7 AZR 486/04, NZA 2006, 40. ‖ 2 BAG 15.12.2011 – 7 AZR 394/10, NZA 2012, 674. ‖ 3 *Preis/Bender*, NZA-RR 2005, 337. ‖ 4 BAG 15.12.2011 – 7 AZR 394/10, NZA 2012, 674. ‖ 5 LAG BW 17.6.2013 – 1 Sa 2/13. ‖ 6 BAG 15.12.2011 – 7 AZR 394/10, NZA 2012, 674. ‖ 7 *Dörner*, Rz. 137. ‖ 8 BAG 23.1.2002 – 7 AZR 563/00, ZIP 2002, 1417.

IV. Befristung ohne das Erfordernis eines sachlichen Grundes (Abs. 2, Abs. 2a u. Abs. 3). 1. Zeitlich begrenzte Befristung ohne Sachgrund (Abs. 2). a) Dauer und Anzahl der Befristungen (S. 1). Bei den in den Abs. 2, Abs. 2a und Abs. 3 geregelten sachgrundlosen Befristungen handelt sich um Ausnahmetatbestände ggü. dem sich aus Abs. 1 ergebenden Grundsatz, dass die Befristung eines Arbeitsvertrages eines sachlichen Grundes bedarf. Nach Abs. 2 ist die kalendermäßige Befristung eines Arbeitsvertrages **ohne sachlichen Grund** bis zur Dauer von **zwei Jahren** zulässig. Diese Frist muss auf den Tag genau eingehalten werden[1]. Kalendermäßig ist eine Befristung, wenn sie kalendermäßig (zB „vom 1.4. 2014 bis 31.3.2015") bzw. durch Angabe eines Beendigungstermins bestimmt oder bestimmbar (zB „ab 1.4.2014 für ein Jahr") ist. **Zweckbefristungen** oder Arbeitsverträge mit **auflösender Bedingung** iSd. § 21 können nicht nach dieser Bestimmung abgeschlossen werden, da in diesen Fällen durch den Zweck oder die auflösende Bedingung der Beendigungstatbestand gekennzeichnet wird. Bis zur Gesamtdauer von zwei Jahren ist eine **dreimalige Verlängerung** (s. Rz. 105) des kalendermäßig befristeten Arbeitsvertrages zulässig. Ohne dass ein die Befristung rechtfertigender Grund vorzuliegen braucht, kann also zB viermal ein Arbeitsvertrag mit jeweils einer Dauer von sechs Monaten abgeschlossen werden. Die Dauer bestimmt sich nach dem **vertragl.** vorgesehenen Beginn und Ende des ArbVerh. 102

b) Ohne Sachgrund. Eine wirksame Befristung ohne Sachgrund setzt nicht voraus, dass hierauf entsprechend hingewiesen oder die Anwendung dieser Bestimmung vereinbart wird. Es besteht **kein** dahingehendes **gesetzl. Zitiergebot.** Wenn ein befristetes ArbVerh ohne Festlegung auf einen bestimmten Sachgrund vereinbart wurde, kann daher der ArbGeb zur Rechtfertigung der Befristung einen Sachgrund anführen, wenn die Voraussetzungen für eine wirksame sachgrundlose Befristung nicht vorliegen. Das Vorliegen eines Sachgrundes ist keine formale, sondern eine objektive Wirksamkeitsvoraussetzung. Umgekehrt kann deshalb bei Vorliegen der in Abs. 2 genannten Voraussetzungen die Befristung auf eine sachgrundlose Befristung nach Abs. 2 gestützt werden, wenn im Arbeitsvertrag ein objektiv unzutreffender Sachgrund angeführt wird. Anders verhält es sich, wenn nicht nur ein einfacher Hinweis auf den Sachgrund erfolgt, sondern im Arbeitsvertrag eine sachliche Begründung für die Befristung enthalten ist, die eine sachgrundlose Befristung als ausgeschlossen gelten lässt. In diesem Fall gilt eine sachgrundlose Befristung als abbedungen[2]. 103

Für die wirksame **Verlängerung** nach Abs. 2 S. 1 ist es demzufolge grds. unerheblich, ob für den ersten Vertrag ein Sachgrund bestand oder nicht und ob bzw. welche Angaben hierzu im Arbeitsvertrag gemacht wurden. Aber auch wenn der erste Vertrag eine sachliche Begründung enthält, die eine sachgrundlose Befristung ausschließt, ist eine Verlängerung möglich, ohne dass im Zeitpunkt des Verlängerungsvertrags noch ein Sachgrund besteht. Abs. 2 S. 2 schließt vom Wortlaut her eine bloße Verlängerung nicht aus. 104

c) Verlängerung. Eine Verlängerung iSd. Abs. 2 S. 1 setzt eine **nahtlose Weiterbeschäftigung** voraus. Das bisherige befristete ArbVerh wird über den zunächst vereinbarten Endtermin bis zu dem neu vereinbarten Endtermin fortgesetzt. Es darf zu keiner – auch zu keiner nur kurzfristigen – Unterbrechung kommen, auch nicht auf Grund eines Wochenendes oder eines Feiertages. Ansonsten ist die Verlängerung mit der Folge unwirksam, dass wegen der – gewollten – Fortsetzung über das zuvor vereinbarte Befristungsende hinaus nach § 15 V ein unbefristetes ArbVerh besteht. Dieses Ergebnis kann durch eine rückwirkende Verlängerungsvereinbarung nicht vermieden werden, auch wenn sie einen Anschluss an den Ablauf des zu verlängernden Vertrags vorsieht. 105

Die Verlängerung muss **vor dem Ablauf** des zu verlängernden Vertrages **schriftl. vereinbart** werden (Abs. 4)[3], also bis 24 Uhr des letzten Tages, bis zu dem der zu verlängernde Vertrag gilt. Wird die Verlängerung erst nach dem Befristungsende/Vertragsablauf vereinbart, handelt es sich um einen neuen befristeten Arbeitsvertrag, dessen Wirksamkeit wegen der Vorbeschäftigung einen Sachgrund voraussetzt. Mit der Verlängerung dürfen **nur die Vertragslaufzeit**, nicht aber die übrigen Arbeitsbedingungen geändert werden. Der im Zeitpunkt des Abschlusses der Verlängerungsvereinbarung bestehende **Vertragsinhalt muss unverändert** bleiben[4]. Dies gilt auch, wenn die geänderten Arbeitsbedingungen für den ArbN günstiger sind, wie zB die unterlassene Vereinbarung einer Kündigungsmöglichkeit[5]. Dies folgt aus dem Begriff der Verlängerung und dem Umstand, dass das Gesetz eine Verlängerung des Arbeitsvertrages und nicht lediglich des ArbVerh voraussetzt. Diese Einschränkung kann nicht dadurch umgangen werden, dass unmittelbar vor Ablauf der Befristung einvernehmlich der Vertragsinhalt geändert und sodann das zuvor geänderte befristete ArbVerh verlängert wird, es sei denn, die Änderung steht mit der Verlängerungsvereinbarung **in keinem Zusammenhang**[6]. Zulässig ist aber im Zusammenhang mit der Vertragsverlängerung eine bloße arbeitsvertragl. **Umsetzung von Ansprüchen**, auf die ein vertragl. oder gesetzl. Anspruch besteht (so zB auf eine von der Dauer der Beschäftigungszeit abhängige Gehaltserhöhung oder auf Verringerung/Verlängerung der Arbeitszeit)[7]. Werden diese Vorausset- 106

---

[1] LAG MV 17.4.2013 – 2 Sa 237/12, ArbRB 2013, 235. ||[2] BAG 5.6.2002 – 7 AZR 241/01, AP Nr. 13 zu § 1 BeschFG 1996. ||[3] BAG 26.7.2000 – 7 AZR 51/99, BB 2000, 2576; 26.7.2006 – 7 AZR 514/05, NZA 2006, 1402. ||[4] BAG 18.1.2006 – 7 AZR 178/05, NZA 2006, 605. ||[5] BAG 20.2.2008 – 7 AZR 786/06, NZA 2008, 883. ||[6] BAG 26.7.2006 – 7 AZR 514/05, NZA 2006, 1402. ||[7] BAG 23.8.2006 – 7 AZR 12/06, NZA 2007, 204; 16.1.2008 – 7 AZR 603/06, NZA 2008, 701.

zungen nicht beachtet, handelt es sich um den Neuabschluss eines befristeten Arbeitsvertrages, dessen Befristung wegen des bereits bestehenden ArbVerh nach Abs. 2 S. 2 ohne Sachgrund nicht zulässig ist[1]. Unschädlich ist aber eine Vereinbarung der Parteien über die Änderung der Arbeitsbedingungen **während der Laufzeit des Vertrages**[2]. Dadurch werden die Vertragsbedingungen nur für die restliche Laufzeit des Vertrags und nicht iVm. einem weiteren befristeten Anschlussvertrag geändert. Allein die möglicherweise bei dem ArbN bestehende Erwartung, dass das ArbVerh evtl. später verlängert werden könnte, wenn er sich mit der vom ArbGeb erstrebten Änderung der Arbeitsbedingungen einverstanden erklärt, wird durch die Befristungskontrolle nicht geschützt[3]. Eine derartige Vereinbarung unterliegt auch nicht als solche der Befristungskontrolle[4].

107 • **Formulierungsvorschlag** für eine Verlängerungsklausel:
Das mit dem Arbeitnehmer seit dem ... gem. § 14 Abs. 2 TzBfG bestehende befristete Arbeitsverhältnis wird unter Beibehaltung der übrigen Vertragsvereinbarungen nach § 14 Abs. 2 S. 1 TzBfG über das zunächst vorgesehene Vertragsende am ... hinaus bis ... verlängert.

108 • **Hinweis:** Ohne Kündigungsvorbehalt (s. § 15 III) kann während der Befristung nicht gekündigt werden. Ist die Kündigung vorbehalten worden, so gelten für eine Kündigung während der Befristungsdauer die allg. kündigungsrechtl. Regelungen. Die Vereinbarung einer Probezeit ist gem. § 622 III BGB als ausreichend anzusehen, um während dieser mit der in § 622 III BGB genannten Frist kündigen zu können.

109 d) **Neueinstellung (S. 2).** Eine Befristung ohne Sachgrund kann nach dem Gesetzeswortlaut nur bei Neueinstellungen vereinbart werden. Die diese gesetzliche Situation bestätigende Rspr.[5] hat durch die Entscheidung des BAG 6.4.2011 eine grundlegende Einschränkung erfahren[6]. Eine „**Zuvor-Beschäftigung**" liege **nicht** vor, wenn ein früheres ArbVerh mit demselben ArbGeb **mehr als drei Jahre** zurückliegt. Die Gefahr missbräuchlicher Befristungsketten bestehe nach diesem Zeitraum regelmäßig nicht mehr. Der Zeitraum ist an der zivilrechtl. Verjährungsfrist orientiert. Ob diese, sich vom Wortlaut des Gesetzes und auch von der Begründung zum Gesetzentwurf der BReg. v. 24.10.2000[7] und somit vom Willen des Gesetzgebers lösende Entscheidung einer Überprüfung durch das BVerfG standhält, erscheint fraglich[8]. Schließlich hat der Gesetzgeber selbst bereits Handlungsbedarf gesehen. Die Koalitionsvereinbarung v. 27.10.2009 (dort Rz. 682 ff.) sah eine Aufhebung des generellen Vorbeschäftigungsverbots vor. Es ist dort eine Warte- bzw. Sperrzeit von einem Jahr vorgesehen. Sofern man der Entscheidung des BAG v. 6.4.2011 folgt, sind sachgrundlos befristete ArbVerh mit ArbN ausgeschlossen, die in den letzten drei Jahren mit **demselben ArbGeb** ein ArbVerh unterhielten. Unerheblich ist, ob der ArbN bereits in demselben Betrieb gearbeitet hat[9]. Vorausgehen dürfen nur Ausbildungsverhältnisse[10] einschl. berufsbezogener Praktika[11], wenn eine etwaige Vergütung in keinem Verhältnis zur Arbeitsleistung steht[12], wirksame LeihArbVerh, eine Beschäftigung im Rahmen eines freiwilligen sozialen Jahres und wegen Fehlens eines ArbVerh der Einsatz als Zivildienstleistender (s. § 15a ZDG) sowie als sog. Ein-Euro-Jobber (§ 16d S. 2 SGB II). Eine sachgrundlose Befristung an eine Befristung mit sachlichem Grund bei demselben ArbGeb ist also auch ausgeschlossen. Ebenso ist eine erneute sachgrundlose Befristung auch ohne engen sachlichen Zusammenhang unzulässig, wenn mit demselben ArbGeb in den letzten drei Jahren ein unbefristetes ArbVerh oder eine nach Abs. 2 S. 1 bzw. Abs. 2a erleichterte Befristung bestand. Das Anschlussverbot gilt auch für Befristungen bis zu sechs Monaten[13] (bzw. für die Dauer der Wartezeit des § 1 I KSchG). Ein Vertragsabschluss erst **nach Vertragsbeginn und Arbeitsaufnahme** gilt nicht mehr als Neueinstellung.

110 Bei der Beurteilung, ob es sich um einen Arbeitsvertrag mit demselben ArbGeb handelt, kommt es auf den **ArbGeb im arbeitsvertragl. Sinne** an[14]. Maßgeblich ist also nicht die tatsächliche Eingliederung in einen Betrieb, sondern die individualrechtl. Bindung. Die vorangegangene Tätigkeit in einem **gemeinsamen Betrieb** (§ 1 II BetrVG) schließt die Vereinbarung einer sachgrundlosen Befristung mit dem anderen, an dem gemeinsamen Betrieb beteiligten Unternehmen nicht aus. Auch ist die sachgrundlose Befristung eines Arbeitsvertrages mit einem **Verleiher** zulässig, wenn der ArbN an seinen vormaligen VertragsArbGeb überlassen wird[15]. Es liegt jedoch ein rechtsmissbräuchlicher Umgehungstatbestand vor, wenn mehrere rechtl. und tatsächlich verbundene VertragsArbGeb, die in bewusstem und gewolltem Zusammenhang wirken, **abwechselnd** mit einem ArbN befristete Arbeitsverträge schließen und

---

1 BAG 23.8.2006 – 7 AZR 12/06, NZA 2007, 204. ||2 BAG 19.10.2005 – 7 AZR 31/05, NZA 2006, 154. ||3 BAG 18.1.2006 – 7 AZR 178/05, NZA 2006, 605. ||4 BAG 19.10.2005 – 7 AZR 31/05, NZA 2006, 154; 18.1.2006 – 7 AZR 178/05, NZA 2006, 605. ||5 BAG 6.11.2003 – 2 AZR 690/02, ZIP 2004, 1428. ||6 BAG 6.4.2011 – 7 AZR 716/09, NZA 2011, 905. ||7 Begr. RegE, BT-Drs. 14/4374, 19. ||8 LAG BW 26.9.2013 – 6 Sa 28/13, ArbRB 2013, 365; *Höpfner*, NZA 2011, 893; aA *Wank*, RdA 2012, 361; s. dazu auch BVerfG 25.1.2011 – 1 BvR 918/10, NJW 2011, 836; 26.9.2011 – 2 BvR 2216/06, NJW 2012, 669. ||9 BAG 18.10.2006 – 7 AZR 145/06, NZA 2007, 443. ||10 Begr. RegE, BT-Drs. 14/4374, 20; BAG 21.9.2011 – 7 AZR 375/10, NZA 2012, 255; aA *Däubler*, ZIP 2001, 217 (223); *Schlachter*, NZA 2003, 1180. ||11 LAG Hess. 12.9.2005 – 10 Sa 1843/04, AE 2006, Nr. 171. ||12 BAG 19.10.2005 – 7 AZR 31/05, NZA 2006, 154; ArbG Marburg 27.8.2004 – 2 Ca 572/03, DB 2004, 2375: auch wenn es sich um ein für die Ausbildung gesetzl. vorgesehenes berufsvorbereitendes Praktikum handelt. ||13 BAG 6.11.2003 – 2 AZR 690/02, ZIP 2004, 1428. ||14 BAG 9.3.2011 – 7 AZR 657/09, NZA 2011, 1147. ||15 BAG 9.3.2011 – 7 AZR 657/09, NZA 2011, 1147.

der Wechsel ausschließlich deshalb erfolgt, um auf diese Weise über die zulässigen Befristungsmöglichkeiten hinaus sachgrundlose Befristungen aneinander reihen zu können, sich also an der konkreten Beschäftigung nichts ändert[1]. Der letzte VertragsArbGeb kann sich dann nicht auf die sachgrundlose Befristung berufen[2]. Mit ihm besteht dann ein unbefristetes ArbVerh, nicht mit dem vorangehenden ArbGeb, auch wenn dieser als Entleiher der jetzige BeschäftigungsArbGeb ist[3]. Schließt der bisherige Entleiher mit dem bisher bei ihm als LeihArbN eingesetzten ArbN einen sachgrundlos befristeten Arbeitsvertrag, ist das **Risiko des § 10 I 1 AÜG** zu beachten. Bei Unwirksamkeit des vorangegangenen Arbeitsvertrages mit dem Verleiher auf Grund von § 9 Nr. 1 AÜG gilt ein Arbeitsvertrag mit dem Entleiher als zustande gekommen. Dies stellt sich als ein einer sachgrundlosen Befristung entgegenstehendes vorausgegangenes ArbVerh dar[4]. Geht ein ArbVerh gem. § 613a BGB auf einen **neuen Betriebsinhaber** über und soll es nach seiner Beendigung durch den neuen ArbGeb nach Abs. 2 befristet fortgesetzt werden, so liegt kein ArbGebWechsel iS dieser Vorschrift vor, da durch den Betriebsinhaberwechsel das ArbVerh gem. § 613a BGB bereits auf den neuen ArbGeb übergegangen war. § 613a BGB regelt die Folgen eines ArbGebWechsels bei einem noch bestehenden ArbVerh. Ein bei dem Betriebsveräußerer bereits wirksam[5] beendetes ArbVerh darf aber vorausgehen, da nur ein vorangegangenes ArbVerh mit demselben ArbGeb eine Befristung nach Abs. 2 S. 1 bzw. Abs. 2a ausschließt. Ist der ArbN in den letzten drei Jahren bei einem durch Verschmelzung unter Rechtsträgern unter Auflösung ohne Abwicklung im Wege der Aufnahme (§ 2 Nr. 1 UmwG) gem. § 20 I Nr. 2 S. 1 UmwG erloschenen Unternehmen beschäftigt gewesen, so steht Abs. 2 oder 2a einer Einstellung durch einen übernehmenden oder neu gebildeten Rechtsträger nicht entgegen[6]. Bei einem Wechsel von einem Konzernunternehmen zu einem anderen liegt ebenfalls keine Identität des ArbGeb vor. Auch ist von keiner Identität auszugehen, wenn der ArbN von einer GbR eingestellt wird, nachdem bereits ein ArbVerh zu einem Gesellschafter dieser GbR bestand.

Ist die Befristung nach dieser Bestimmung **unzulässig**, gilt der Arbeitsvertrag gem. § 16 als auf unbestimmte Zeit geschlossen. **Kettenbefristungen** (auch: „Befristungsketten"), insb. der Wechsel zwischen Befristungen ohne und mit sachlichem Grund, sollen dadurch erheblich erschwert werden. Zulässig bleiben aber Befristungen aus sachlichem Grund nach Abs. 1 oder spezialgesetzl. Regelungen – zB §§ 2 ff. WissZeitVG – im Anschluss an eine sachgrundlose Befristung. Allerdings gilt das ArbVerh trotz der in § 16 S. 1 normierten Rechtsfolge als durch wirksame Befristung zu dem vertragl. vorgesehenen Zeitpunkt beendet, wenn der ArbN die Klagefrist des § 17 S. 1 verstreichen lässt (§ 17 S. 2 iVm. § 7 KSchG; s.a die Komm. zu § 17). 111

- **Hinweis:** Es empfiehlt sich, das Risiko der Vorbeschäftigung dadurch zu vermeiden, dass im Personalfragebogen ausdrücklich nach einer solchen gefragt wird. 112

- **Formulierungsvorschlag:**
Der Arbeitnehmer erklärt ausdrücklich, noch nie/(wenn man sich auf die Entscheidung des BAG v. 6.4.2011 verlässt:) nicht in den letzten drei Jahren in einem Betrieb dieses Unternehmens oder einer Rechtsvorgängerin gearbeitet zu haben. Ist diese Erklärung falsch, so endet das Arbeitsverhältnis spätestens zwei Wochen nach Zugang der schriftlichen Feststellung der Unrichtigkeit dieser Erklärung.

Ist die Erklärung des ArbN falsch, so kann der Arbeitsvertrag wegen arglistiger Täuschung gem. § 123 BGB angefochten werden. Fehlt es an der hierfür erforderlichen „Arglist", so stellt sich die Frage, ob auch der Gesichtspunkt der Störung der Geschäftsgrundlage (§ 313 II BGB) zu einer sofortigen Beendigung des ArbVerh führt[7]. – Das vorstehende Beispiel enthält eine auflösende Bedingung, die als Rechtsbedingung nicht dem § 21 unterfällt. 113

Der Arbeitsplatz muss **nicht mit einem Arbeitslosen** besetzt werden. Auch muss für die Befristung ohne sachlichen Grund **kein neuer Arbeitsplatz** hierfür geschaffen werden. 114

e) **Tarifvertragliche Abweichungen (S. 3 u. S. 4).** Gem. Abs. 2 S. 3 kann durch TV die **Anzahl der Verlängerungen** oder die **Höchstdauer der Befristung** ohne Sachgrund abweichend festgelegt werden. Dies kann nach § 22 I auch zuungunsten der ArbN geschehen. Entgegen dem Gesetzeswortlaut („oder") sind die TV in Abs. 2 S. 3 eingeräumten Befugnisse nicht nur alternativ möglich. Die Gesetzesbegr. lässt vielmehr eine andere Anzahl von Verlängerungen „**sowie**" eine andere Höchstbefristungsdauer zu[8]. In TV sind danach beide Veränderungen **zusammen oder nur eine** von beiden möglich, jedoch bezogen auf die Wertungsmaßstäbe des Abs. 1 nicht „schrankenlos"[9]. – Weitere Vorgaben, an denen die TV-Parteien ihre Normsetzung zukünftig ausrichten könnten, werden von der Rspr. bislang 115

---

1 BAG 15.5.2013 – 7 AZR 525/11, NZA 2013, 1214. ||2 BAG 15.5.2013 – 7 AZR 525/11, NZA 2013, 1214. ||3 BAG 15.5.2013 – 7 AZR 525/11, NZA 2013, 1214. ||4 BAG 18.7.2012 – 7 AZR 451/11, NZA 2012, 1369. ||5 Zum unwirksamen Aufhebungsvertrag im Rahmen eines unter Beteiligung des Betriebserwerbers abgeschlossenen dreiseitigen Vertrages s. BAG 25.10.2012 – 8 AZR 575/11, NZA 2013, 203. ||6 BAG 10.11.2004 – 7 AZR 101/04, NZA 2005, 514. ||7 So *Straub*, NZA 2001, 919. ||8 BT-Drs. 14/4374, 20; LAG Hess. 3.12.2010 – 10 Sa 659/10, NZA-RR 2011, 240. ||9 BAG 15.8.2012 – 7 AZR 184/11, NZA 2013, 45; 5.12.2012 – 7 AZR 698/11, NZA 2013, 515 betr. § 2 Nr. 6 S. 1 und 2 des MTV für das Wach- und Sicherheitsgewerbe v. 1.12.2006 (MRTV): Bis zur Dauer von 42 Monaten bei einer höchstens viermaligen Verlängerung.

nicht an die Hand gegeben[1]. – Soweit Abs. 2 S. 3 tarifl. Regelungen zulässt, ist auch eine Reduzierung auf null möglich, so dass eine Befristung ohne Sachgrund tarifvertragl. ausgeschlossen werden kann[2]. Die **kirchlichen Arbeitsrechtsregelungen** (AVR) stehen Tarifverträgen iSd. Abs. 2 S. 3 nicht gleich[3].

116 Auch auf der Grundlage bzw. im Geltungsbereich des **TVöD** können befristete ArbVerh ohne Sachgrund gem. Abs. 2 und 3 vereinbart werden (s. § 30 I TVöD-AT). Entgegen den Regelungen im BAT ist gem. TvöD im Arbeitsvertrag nicht ausdrücklich anzugeben, dass es sich um ein ArbVerh nach Abs. 2 oder 3 handelt. Nach § 30 III TvöD soll bei sachgrundlosen Befristungen die Dauer des ArbVerh idR zwölf Monate nicht unterschreiten, muss aber mindestens sechs Monate betragen. Der TVöD räumt die Möglichkeit einer Kündigung während der Befristung ein. Die Kündigungsmöglichkeit unterliegt aber Einschränkungen und besonderen Fristen.

Als sachgrundlose Befristung stellt sich die in § 32 TVöD-AT eingeräumte Möglichkeit der Befristung eines ArbVerh in einer Führungsposition dar. Führungspositionen können danach als befristete ArbVerh bis zur Dauer von vier Jahren vereinbart werden. Sie können in den Entgeltgruppen 10 bis 12 zweimal bis zu einer Gesamtdauer von acht Jahren, in der Entgeltgruppe 13 dreimal bis zu einer Gesamtdauer von zwölf Jahren verlängert werden.

117 Der tarifl. Regelung können sich nach Abs. 2 S. 4 im Geltungsbereich eines solchen TV nicht tarifgebundene ArbGeb und ArbN durch eine Vereinbarung anschließen (Bezugnahmeklausel). Mit dieser **Tariföffnungsklausel** sollen branchenspezifische Lösungen erleichtert werden. Die Anwendung der tarifl. Regelung kann ohne Inbezugnahme des gesamten TV vereinbart werden.

118 **2. Zeitlich begrenzte Befristung ohne Sachgrund bei Neugründungen (Abs. 2a).** Für neu gegründete Unternehmen besteht gem. Abs. 2a die Möglichkeit der sachgrundlosen Befristung mit einer Gesamtdauer von **vier Jahren**. Ziel ist es nach der Entwurfsbegründung[4], Unternehmen in der schwierigen Aufbauphase den Abschluss befristeter Arbeitsverträge besonders zu erleichtern.

Hinsichtlich des Begriffs des neu gegründeten Unternehmens knüpft die Bestimmung an die Regelung in § 112a II BetrVG an. Als Zeitpunkt der Gründung gilt die Aufnahme einer nach § 138 AO mitteilungspflichtigen Erwerbstätigkeit. Maßgeblich ist die **Aufnahme der Erwerbstätigkeit**, nicht der Zeitpunkt der Mitteilung an das FA. Ausgenommen von der Neugründung iS dieser Vorschrift sind Neugründungen im Zusammenhang mit **Umstrukturierungen** von Unternehmen. Um einer Missbrauchsmöglichkeit entgegenzuwirken, wird also eine maßgebliche gesellschaftsrechtl. Beteiligung an dem neuen Unternehmen den Begriff einer Neugründung infrage stellen. Dies betrifft in erster Linie die Gesamtrechtsnachfolge nach dem UmwG. Dagegen wird eine Neugründung infolge eines sog. Management-buy-out als Existenzgründung gelten. Ein unternehmerischer Neuanfang iSd. Vorschrift kann auch in der Übernahme eines Betriebes gem. § 613a BGB liegen[5], sofern es sich nicht um eine bloße Umgehungsmaßnahme handelt. Die Befristungsmöglichkeit des Abs. 2a besteht daher für ein neu gegründetes Unternehmen, das den Betrieb oder Betriebsteil eines anderen, länger als vier Jahre bestehenden Unternehmens übernimmt. Auf die Rechtsform des neu gegründeten Unternehmens kommt es nicht an.

119 Die sachgrundlose Befristung für die Dauer von insg. vier Jahren besteht **innerhalb der ersten vier Jahre** nach Aufnahme der Erwerbstätigkeit. Demgemäß ist die sachgrundlose und mehrfache Befristung bis zur Dauer von insg. vier Jahren nicht nur im Zeitpunkt der Existenzgründung oder unmittelbar danach möglich, sondern bis zu dem Zeitpunkt, in welchem das Unternehmen vier Jahre alt wird, so dass sie bis in das achte Jahr des Unternehmensbestands hineinreichen kann.

Nach der Gesetzesbegr. kommt es für den **Beginn** des Vier-Jahres-Befristungszeitraumes nicht auf den Abschluss des Arbeitsvertrages, sondern auf den Zeitpunkt der vereinbarten Arbeitsaufnahme an. Dem steht allerdings der Wortlaut der Vorschrift entgegen, indem dort von der Befristung des Arbeitsvertrages selbst gesprochen wird.

120 Wie nach Abs. 2 können Zweckbefristungen oder Arbeitsverträge mit auflösender Bedingung iSd. § 21 nach Abs. 2a abgeschlossen werden. Es werden durch Abs. 2a **nur kalendermäßig befristete** Arbeitsverträge erfasst.

121 Nicht die Gesamtbefristungsdauer von vier Jahren ausschöpfende befristete Arbeitsverträge können bis zur Gesamtdauer von vier Jahren **verlängert** werden. Die Anzahl der Verlängerungsmöglichkeiten ist anders als in Abs. 2 **nicht begrenzt**. Zur Verlängerung und den dabei zu beachtenden Voraussetzungen s. Rz. 105.

122 IÜ finden nach Abs. 2a die S. 2 bis 4 des Abs. 2 entsprechende Anwendung. Bei einem neu gegründeten Unternehmen kann einer **Neueinstellung** entgegenstehen, dass ein ArbN innerhalb der ersten vier

---

[1] *Francken*, NZA 2013, 122: Höchstens auf einen Zeitraum von vier Jahren, höchstens sechsmalige Verlängerung. || [2] *Däubler*, ZIP 2001, 217 (225); *Backhaus*, NZA Beil. Heft 24/2001, 8; aA *Pöttl*, NZA 2001, 582. || [3] BAG 25.3.2009 – 7 AZR 710/07, NZA 2009, 1417 (es wurde hiergegen Verfassungsbeschwerde erhoben). || [4] BT-Drs. 15/1204, 10. || [5] *Thüsing/Stelljes*, BB 2003, 1673; aA KDZ/*Däubler*, § 14 TzBfG Rz. 174e.

Jahre nach Aufnahme der Erwerbstätigkeit sachgrundlos befristet eingestellt werden soll, der unmittelbar nach Aufnahme der Erwerbstätigkeit schon einmal in dem Unternehmen tätig war. Wegen des Problems der Neueinstellung s. iÜ Rz. 109 ff.

Entsprechend Abs. 2 S. 3 kann durch **TV** die Anzahl der Verlängerungen oder die Höchstdauer der Befristung anders festgelegt werden. Durch TV können daher entgegen der gesetzl. Regelung die Anzahl der möglichen Verlängerungen begrenzt werden. Auch kann von der vierjährigen Höchstbefristungsdauer abgewichen werden. S. iÜ hierzu wie zur Anwendung der tarifl. Regelung durch nicht tarifgebundene ArbGeb und ArbN Rz. 115 ff.

● **Hinweis:** Will man nicht von der Möglichkeit Gebrauch machen, durch „Minibefristungen" und die uneingeschränkten Verlängerungsmöglichkeiten den Zeitrahmen von vier Jahren auszuschöpfen, sondern von vornherein eine längere Befristung vereinbaren, so ist eine Kündigungsmöglichkeit nach § 15 III zu bedenken. Ist die Kündigung vorbehalten worden, so gelten für eine Kündigung während der Befristungsdauer die allg. kündigungsrechtl. Regelungen, also auch der Beginn des Kündigungsschutzes nach der Wartefrist von sechs Monaten gem. § 1 KSchG. **123**

3. Altersbefristung (Abs. 3). Mit dem Gesetz zur Verbesserung der Beschäftigungschancen älterer Menschen v. 19.4.2007[1] ist der der RL 1999/70/EG widersprechende frühere Abs. 3 mWv. 1.5.2007 geändert worden. **124**

Abs. 3 lässt eine **sachgrundlose Befristung** für die Dauer von **maximal fünf Jahren** zu. Während dieser Dauer und unter Berücksichtigung dieser Maximaldauer kann der Vertrag **beliebig häufig verlängert** werden. Für die **Verlängerungen** gelten dieselben Voraussetzungen wie für die Verlängerung einer sachgrundlosen Befristung gem. Abs. 2. Sie müssen schriftlich und vor Ablauf der vorangegangenen Befristung erfolgen. Im Zusammenhang mit der Verlängerung dürfen die Arbeitsbedingungen nicht verändert werden, auch nicht zu Gunsten des ArbN. **125**

Die wirksame Altersbefristung nach Abs. 3 setzt voraus, dass der ArbN bei Beginn der befristeten Beschäftigung das **52. LJ vollendet** hat. Diese Altersvoraussetzung muss nicht bei Vertragsabschluss, sondern erst bei Beginn des ArbVerh vorliegen.

Abs. 3 verbietet im Gegensatz zu Abs. 2 keine **Vorbeschäftigung** mit demselben ArbN. Der ArbN muss aber vor Beginn des befristeten ArbVerh mindestens **vier Monate beschäftigungslos** gewesen sein, **Transfer-Kug** bezogen oder an einer **öffentl. geförderten Beschäftigungsmaßnahme** nach dem SGB II bzw. SGB III teilgenommen haben. Das befristete ArbVerh muss sich **unmittelbar** an diese viermonatige Beschäftigungslosigkeit anschließen. Dies muss keine Arbeitslosigkeit sein.

Beschäftigungslos ist ein ArbN, der gem. § 138 I Nr. 1 SGB III nicht in einem Beschäftigungsverhältnis steht. Hierdurch soll einem größeren Personenkreis arbeitsuchender Menschen eine Chance auf eine befristete Beschäftigung gegeben werden[2]. Dies gilt also auch für ArbN, die sich zuvor **nicht arbeitslos** gemeldet haben, weil sie zB bis zum Ende der Kündigungsfrist freigestellt wurden[3]. Der Beschäftigungslosigkeit stehen Zeiten des Transfer-Kug (§ 111 SGB III) gleich. Zeiten der Teilnahme an einer öffentl. geförderten Beschäftigungsmaßnahme nach dem SGB II oder SGB III (ABM oder Arbeitsgelegenheiten) gelten ebenfalls als Beschäftigungslosigkeit. Die Teilnahme an der Maßnahme muss ebenfalls in einem Zeitraum von mindestens vier Monaten unmittelbar vor dem Beschäftigungsbeginn liegen. Zu diesen Maßnahmen der aktiven Arbeitsförderung gehören Maßnahmen zur Aktivierung und beruflichen Eingliederung gem. § 45 SGB III sowie arbeitsförderungsrechtl. Einzelmaßnahmen, wie Eingliederungsleistungen für Arbeitsuchende (§ 37 SGB III).

Da der ArbGeb zum Nachweis der Wirksamkeit der Befristung darlegungs- und beweispflichtig ist, hat er das Vorliegen der vorangegangenen Beschäftigungslosigkeit zu überprüfen. In der Gesetzesbegr. ist ihm ausdrücklich ein Fragerecht zugestanden worden[4].

Wie bei der sachgrundlosen Befristung nach Abs. 2 und Abs. 2a hängt die Wirksamkeit der Befristung nicht davon ab, dass die **Anwendung dieser Bestimmung vertragl. vereinbart** ist oder darauf hingewiesen wurde. Da bei einer Zweckbefristung und einer auflösenden Bedingung der Beendigungstatbestand durch den Zweck oder die auflösende Bedingung selbst gekennzeichnet wird, scheidet schon begrifflich für derartige ArbVerh eine sachgrundlose Vereinbarung aus. In § 21 (auflösend bedingter Arbeitsvertrag) wird auch die sog. Altersbefristung gem. Abs. 3 nicht zitiert. **126**

Da Abs. 3 nicht voraussetzt, dass kein enger sachlicher Zusammenhang zu einem vorhergehenden unbefristeten Arbeitsvertrag mit demselben ArbGeb besteht, die Beschäftigungslosigkeit vielmehr schon durch eine – zwar nur einvernehmliche – Freistellung für die Dauer von mindestens vier Monaten erreicht werden kann, erscheint fraglich, ob mit dieser neu geregelten „Altersbefristung" dem Ziel der dauerhaften beruflichen Wiedereingliederung und damit dem **Diskriminierungsverbot** wegen des Al- **127**

---

1 BGBl. I S. 538. || 2 Gesetzentwurf BT-Drs. 16/3793, 7. || 3 *Dörner*, Rz. 518; Annuß/Thüsing/*Maschmann*, § 14 TzBfG Rz. 82a. || 4 BT-Drs. 14/4374, 19.

ters entsprochen wird[1]. Eine derartig kurze Beschäftigungslosigkeit weisen eher ArbN auf, die jünger als 52 LJ sind. Ein legitimes Ziel für die Ungleichbehandlung fehlt aber.

128 • **Hinweis:** Sofern eine solche „Altersbefristung" als **Beendigungsdatum** nicht die Regelaltersgrenze, sondern den **Bezug der Altersrente** anführt, ist die Bestimmung des § 41 S. 2 SGB VI zu beachten, wonach eine auf den Bezug der Altersrente bezogene Beendigungsklausel nur wirksam ist, wenn sie in den letzten drei Jahren vor diesem Zeitpunkt abgeschlossen oder von dem ArbN bestätigt worden ist.

129 **V. Schriftform und Grund der Befristung (Abs. 4). 1. Schriftform (Abs. 4).** Wegen des nach dieser Vorschrift bestehenden Schriftformerfordernisses ist eine eindeutige **schriftl. Regelung der Befristung** (nicht der Begründung) **vor dem Vertragsbeginn** notwendig (s. Rz. 130 u. 137 und zur nachträglichen Befristung Rz. 86 und 138). Die Einhaltung der Schriftform ist eine **konstitutive Wirksamkeitsvoraussetzung** für die Befristung, nicht aber die tatsächliche Bevollmächtigung des Unterzeichners[2]. Ihre Verletzung führt nach § 16 zu einem unbefristeten ArbVerh (s. Rz. 144f.)[3]. Aus der schriftl. Regelung muss hervorgehen,

– dass es sich um einen befristeten Arbeitsvertrag handelt,
– wann der Arbeitsvertrag endet – Dauer oder Zeitpunkt – (Zeitbefristung),
– bzw. für welchen Zweck die Befristung erfolgt (Zweckbefristung)[4],
– bzw. durch welches zukünftige Ereignis der Vertrag beendet wird (auflösende Bedingung).

Diesem Erfordernis widerspricht es nicht, wenn ein ArbN auf „unbestimmte Zeit" oder „**unbefristet**" eingestellt wird und zugleich eine **Altersgrenzenregelung** vereinbart wird[5]. Mit einer unbefristeten Einstellung wird auch aus der Sicht des ArbN eine Altersgrenzenregelung nicht ausgeschlossen.

Das Schriftformerfordernis gilt aber nicht für Befristungsabreden, für die im **Zeitpunkt ihrer Vereinbarung** kein gesetzl. oder ein verbindliches tarifvertragl. Formerfordernis bestand[6]. Diese Ausnahme ist idR nur noch für Altersgrenzen bedeutsam (siehe dazu Rz. 62 ff.).

130 Die **Schriftform** gem. § 126 I und II BGB kann nach § 126 III BGB durch die **elektronische Form** gem. § 126a BGB ersetzt werden, da Abs. 4 anders als § 623 BGB, der früher hierfür galt, die elektronische Form nicht ausschließt. Allerdings schließt § 2 I 3 NachwG für die nach § 2 I 2 Nr. 3 NachwG erforderliche Angabe der vorhersehbaren Dauer des ArbVerh die elektronische Form aus, so dass in der Praxis zur Vermeidung eines Risikos die **Einhaltung der Form** des § 126 I BGB empfehlenswert ist. Gem. § 126 II BGB muss die Unterzeichnung der Vertragsparteien auf **derselben Urkunde** erfolgen. Das gesetzl. Schriftformerfordernis gilt **nur für vertragl.** Befristungsvereinbarungen. Zur Wahrung der Schriftform genügt es, wenn die eine Vertragspartei in einem von ihr unterzeichneten, an die andere Vertragspartei gerichteten Schreiben den Abschluss eines befristeten Arbeitsvertrages anbietet und die andere Partei dieses Angebot annimmt, indem sie das Schriftstück ebenfalls unterzeichnet[7]. Die Annahmeerklärung der anderen Vertragspartei muss aber dem Vertragspartner **vor der Arbeitsaufnahme** zugehen[8]. Hat aber der ArbGeb das Angebot auf Abschluss eines befristeten Arbeitsvertrages von der Rückgabe des **unterzeichneten** Arbeitsvertrages **abhängig** gemacht, so wird durch die Arbeitsaufnahme kein unbefristetes ArbVerh begründet[9]. Die vorbezeichnete Abhängigkeit wird von der Rspr. schon daraus geschlossen, dass der ArbGeb dem ArbN – ohne vorangegangene Absprache – ein von ihm bereits unterschriebenes Vertragsexemplar mit der Bitte um Unterzeichnung übersendet[10]. Das Gleiche muss gelten, wenn beide Vertragspartner davon ausgehen, dass trotz vorheriger Arbeitsaufnahme erst der unmittelbar danach von beiden unterzeichnete Arbeitsvertrag die verbindliche Vertragsgrundlage und Wirksamkeitsvoraussetzung für das ArbVerh ist.

• **Hinweis:** Auf Grund der Entscheidung des BAG v. 16.4.2008[11] bietet es sich aber an, vorsichtshalber in jedem Angebot auf Abschluss eines befristeten Arbeitsvertrages hinzuzusetzen, dass das Angebot auf Abschluss eines befristeten Arbeitsvertrages von der Rückgabe des unterzeichneten Arbeitsvertrages abhängig gemacht wird.

Für den **gerichtlich protokollierten Vergleich** folgt die Einhaltung der Schriftform aus § 127a iVm. § 126 IV BGB. Es ist nicht anwendbar auf Rechtsverhältnisse, die wie **Berufsausbildungsverhältnisse** kraft Gesetzes bedingt oder befristet sind. Dem Schriftformerfordernis unterliegen weiterhin nicht die Weiterbeschäftigung auf Grund von **Vollstreckungsmaßnahmen** bzw. auf Grund eines vollstreckbaren Urteils festgestellten Weiterbeschäftigungsanspruchs sowie die **Weiterbeschäftigung nach § 102 V BetrVG**[12].

---

1 *Bayreuther*, BB 2007, 1113; *Preis/Temming*, NZA 2010, 185. ||2 BAG 25.3.2009 – 7 AZR 59/08, nv. ||3 BAG 1.12.2004 – 7 AZR 198/04, DB 2005, 1172. ||4 LAG Rh.-Pf. 19.5.2004 – 9 Sa 2026/03, LAGReport 2004, 323. ||5 BAG 8.12.2010 – 7 AZR 438/09, NZA 2011, 586 bzgl. tarifvertragl. Regelung. ||6 BAG 22.7.2005 – 7 AZR 443/04, NZA 2006, 37; 12.6.2013 – AZR 917/11, NZA 2013, 1428. ||7 BAG 26.7.2006 – 7 AZR 514/05, NZA 2006, 1402. ||8 LAG Bln.-Bbg. 28.3.2007 – 15 Sa 128/07, ZTR 2007, 462. ||9 BAG 16.4.2008 – 7 AZR 1048/06, BB 2008, 1959; s.a LAG Rh.-Pf. 14.8.2012 – 3 Sa 38/12, ZTR 2013, 158. ||10 BAG 16.4.2008 – 7 AZR 1048/06, BB 2008, 1959. ||11 BAG 16.4.2008 – 7 AZR 1048/06, BB 2008, 1959. ||12 *Bengelsdorf*, NZA 2005, 277.

Die Befristungsabrede selbst bedarf gem. Abs. 4 zu ihrer **Wirksamkeit** der Schriftform. Dieses Formerfordernis gilt deshalb für die kalendermäßig bestimmte Befristung (auch bei der Vereinbarung einer **Altersgrenze**) und die Zweckbefristung sowie für atypische befristete Verträge, wie solche mit Höchstdauer und gleichzeitigem Recht zur ordentl. Kündigung oder Zweckbefristungen verbunden mit einer Höchstdauer. Für auflösend bedingte ArbVerh gilt das Schriftformerfordernis ebenfalls (§ 21 iVm. § 14 IV). Schriftl. abgeschlossen werden müssen auch Vereinbarungen über die befristete **Weiterbeschäftigung während des Kündigungsschutzprozesses** unter der auflösenden Bedingung des Obsiegens des ArbGeb[1] (hat die Vereinbarung dagegen die Beschäftigung des ArbN bis zum erstinstanzlichen oder rechtskräftigen Abschluss des Kündigungsschutzprozesses zum Gegenstand, handelt es sich um eine Zweckbefristung[2]). In Ermangelung einer Absprache gilt das Schriftformerfordernis nicht bei der Beschäftigung bis zum rechtskräftigen Abschluss des Bestandsschutzverfahrens, wenn dies allein zur Abwendung der Zwangsvollstreckung dient[3]. Die Dauer der Befristung ist unerheblich, so dass auch Ein-Tages-ArbVerh zur wirksamen Befristung der Schriftform bedürfen. 131

Die Schriftform ist auch für befristete ArbVerh einzuhalten, die auf **gesetzl. Sonderregelungen** beruhen (§ 21 BEEG, WissZeitVG, ÄeArbVtrG). Etwas anderes gilt jedoch für Berufsausbildungsverhältnisse sowie für Volontäre und Praktikanten iSv. § 26 BBiG, da diese Verträge gem. § 21 BBiG bereits kraft Gesetzes bedingt und befristet sind. 132

Auch jede befristete **Verlängerung** eines befristeten Arbeitsvertrags und anschließende befristete Arbeitsverträge bedürfen der Schriftform. Dies gilt auch dann, wenn nur der Endtermin abgeändert wird und für eine Verlängerungsabrede, die ohne eine **Nichtverlängerungsmitteilung** (im Bühnenbereich) eine befristete Fortsetzung beinhaltet. 133

Das Schriftformerfordernis des Abs. 4 gilt nicht für die Befristung **einzelner Arbeitsbedingungen**[4]. 134

Eine Befristung in einem **TV** (zB eine Altersgrenze) ist ohne einzelvertragl. Schriftform wirksam, wenn beide Vertragspartner tarifgebunden sind. Fraglich ist, ob eine bloße schriftl. **Bezugnahme** auf einen eine Befristung enthaltenden TV ausreicht, wenn nicht beide Vertragspartner tarifgebunden sind[5]. Um der Warnfunktion des Abs. 4 gerecht zu werden, empfiehlt es sich, die tarifl. Befristungsregel als Textpassage in den schriftl. Arbeitsvertrag aufzunehmen[6]. Die Bezugnahme muss ohnehin schriftl. erfolgen. 135

Das Schriftformerfordernis gilt nur für die Befristungsabrede selbst, unabhängig davon, aus welcher gesetzl. Bestimmung die Zulässigkeit der Befristung folgt. Es gilt **nicht für den befristeten Arbeitsvertrag generell.** – Es bleibt aber die Nachweispflicht gem. § 2 NachwG zu beachten. 136

Die **schriftl.** Fixierung muss **vor dem Vertragsbeginn,** also spätestens vor der Arbeitsaufnahme[7] erfolgen (zur **nachfolgenden Annahme** eines Angebots zum Abschluss eines befristeten Arbeitsvertrages s.o. Rz. 130). Die **Verlängerung** muss **vor Ablauf** des zu verlängernden Zeitvertrags (also bis 24 Uhr des letzten Tages) schriftl. vereinbart sein. Ebenso verhält es sich bei der Vereinbarung eines sog. unselbständigen Annex-Vertrags (s. Rz. 91), da mit diesem ungeachtet der sich auf den verlängerten Vertrag beziehenden Befristungskontrolle ein neuer Beendigungstermin vereinbart wird[8]. 137

Eine erst **nach mündlicher Vereinbarung** eines befristeten Arbeitsvertrages **und nach Arbeitsaufnahme** von beiden Vertragsparteien unterzeichnete Befristungsabrede führt nicht rückwirkend zu einer wirksamen Befristung, auch wenn eine rückwirkende Geltung vereinbart ist. Es liegt dann ein unbefristetes ArbVerh vor[9]. Die Möglichkeit der Befristung ohne Sachgrund ist damit gem. Abs. 2 S. 2 bzw. Abs. 2a erschöpft[10]. Die Bestätigung eines nichtigen Vertrages ist nach § 141 I BGB als erneute Vornahme zu beurteilen. Die Bestätigung hat keine rückwirkende Kraft. Das Rechtsgeschäft gilt erst vom Zeitpunkt der Bestätigung an[11]. § 141 II BGB ist nicht auf die nach Vertragsbeginn erfolgte schriftl. Niederlegung einer mündlich und damit formnichtig getroffenen Befristungsabrede anwendbar. § 141 II BGB hat nur die Leistungsverpflichtung zur Folge. Aus der Befristung als solcher ergeben sich aber keine Ansprüche, die schon für die Zeit vor der schriftl. Bestätigung erfüllt werden könnten[12]. § 141 II BGB kann auf die nachgeholte Befristungsabrede wegen der mit dem Schriftformerfordernis bezweckten Rechtssicherheit auch **nicht analog** angewandt werden[13]. Die nachträgliche schriftl. Befristungsvereinbarung/Bestätigung kann nur für die Zukunft Wirkung entfalten, nämlich als **nachträgliche Befristung**. Voraussetzung dafür ist, dass die Vertragschließenden auf die Herbeiführung dieser Rechtsfolge gerichtete Willenserklärungen abgegeben und nicht nur die zuvor mündlich vereinbarte Befristung schriftl. festgehalten haben. 138

---

1 BAG 22.10.2003 – 7 AZR 113/03, NZA 2004, 1275; LAG Hamm 16.1.2003 – 16 Sa 1126/02, DB 2003, 1739; zu den Folgen der Unterschriftsverweigerung durch den ArbN bzgl. § 615 BGB s. LAG Nds. 30.9.2003 – 13 Sa 570/03, NZA-RR 2004, 194. || 2 BAG 19.1.2005 – 7 AZR 113/04, BAGReport 2005, 253. || 3 LAG Hamm 31.10.2003 – 5 Sa 1396/03, nv.; *Bengelsdorf*, NZA 2005, 277. || 4 BAG 3.9.2003 – 7 AZR 106/03, DB 2004, 490; *Preis/Gotthardt*, DB 2001, 145 (150); *Däubler*, ZIP 2001, 217 (224). || 5 So ErfK/*Müller-Glöge*, § 14 TzBfG Rz. 117; aA *Preis/Gotthardt*, NZA 2000, 348 (358). || 6 *Preis/Gotthardt*, NZA 2000, 348 (358). || 7 LAG Schl.-Holst. 25.7.2006 – 5 Sa 98/06, ZTR 2007, 156: vor der Arbeitsaufnahme auch rückwirkend möglich. || 8 BAG 16.3.2005 – 7 AZR 289/04, BB 2005, 1856. || 9 BAG 1.12.2004 – 7 AZR 198/04, DB 2005, 1172. || 10 AA *Nadler/v. Medem*, NZA 2005, 1214: auf Grund einer teleologischen Reduktion des § 14 II 2. || 11 BAG 16.3.2005 – 7 AZR 289/04, BB 2005, 1856. || 12 BAG 16.3.2005 – 7 AZR 289/04, BB 2005, 1856. || 13 BAG 16.3.2005 – 7 AZR 289/04, BB 2005, 1856.

Die Wiedergabe des bereits mündlich Vereinbarten ist nach Auffassung des BAG befristungsrechtl. bedeutungslos[1], obwohl ein bereits entstandenes unbefristetes ArbVerh wirksam nachträglich befristet werden kann, wenn dafür ein Sachgrund vorliegt. Haben die Vertragsparteien vor der Unterzeichnung des schriftl. Arbeitsvertrages mündlich keine Befristung vereinbart oder eine Befristungsabrede getroffen, die inhaltlich mit der in dem schriftl. Vertrag enthaltenen Befristung nicht übereinstimmt, enthält der schriftl. Arbeitsvertrag ohnehin eine eigenständige, dem Schriftformgebot genügende Befristung[2]. Diese bedarf aber eines Sachgrundes (zur nachträglichen Befristung s. Rz. 86).

139 2. **Angabe des Grundes.** Es besteht **kein gesetzl. Zitiergebot**. Das Vorliegen eines Sachgrundes ist keine formale Wirksamkeitsvoraussetzung. Das **Schriftformerfordernis** gilt somit nicht für den der Befristung zugrunde liegenden sachlichen Grund[3]. Sofern nicht eine sachgrundlose Befristung gem. Abs. 2 oder 2a vereinbart wird, ist es für eine wirksame Befristung des Arbeitsvertrages aber erforderlich, dass der **Befristungsgrund materieller Inhalt** der Vereinbarung ist. Er ist objektive Wirksamkeitsvoraussetzung für die Befristung. Für eine rechtswirksame Zeitbefristung müssen die Vertragsparteien den Befristungsgrund aber nicht benennen und vereinbaren[4]. Der Befristungsgrund muss in den Vertragsverhandlungen auch nicht erörtert oder dem ArbN bei Vertragsschluss mitgeteilt werden. In Einzelfällen bleibt somit die Möglichkeit, mit den üblichen Auslegungsinstrumentarien Befristungssachverhalte den gesetzl. genannten Sachgründen zuzuordnen. Daher ist die Wirksamkeit der Befristung unter Berücksichtigung aller von den Parteien vorgetragenen tatsächlichen Umstände zu prüfen[5]. Im Arbeitsvertrag ist auch nicht anzugeben, dass die Befristung ohne Sachgrund nach Abs. 2 erfolgt.

140 Allerdings ist bei **Zweckbefristungen** und **auflösenden Bedingungen** der Sachgrund schriftl. anzugeben, da die vorgesehene Beendigung aus dem Sachgrund folgt, also durch den Zweck oder die auflösende Bedingung der Beendigungstatbestand erst gekennzeichnet wird (was ergibt sich auch aus § 2 Nr. 3 NachwG)[6]. Dem ArbN muss der Zeitpunkt der Zweckerfüllung und damit das Ende des ArbVerh auch zweifelsfrei feststellbar sein[7]. Hier ist daher das vertragsbeendende Ereignis schriftl. zu vereinbaren[8]. – Zur zusätzlichen Mitteilungspflicht, um ein zweckbefristetes oder auflösend bedingtes ArbVerh wirksam zu beenden, s. § 15 II und die dortige Komm.

Ein etwaiger Erprobungszweck ist anzuführen, wenn die verkürzte Kündigungsfrist gem. § 622 III BGB gelten soll. Nach der Rspr. muss der Erprobungszweck des befristeten ArbVerh nach Nr. 5 nicht Vertragsinhalt sein. Es bedarf also keiner Einigung der Vertragsparteien darüber, dass der Erprobungszweck maßgeblich sein soll[9].

141 Es kann im Interesse der **Beweissicherung** liegen, den Befristungsgrund oder bei der **mittelbaren Vertretung** und „**Zuordnungs-**" oder „**Organisationsvertretung**" zum Nachweis des Kausalzusammenhanges den **Namen des Vertretenen** schriftl. anzuführen. Dies ist insb. dann zweckmäßig, wenn die Befristung aus in der Person des ArbN liegenden Gründen, etwa auf Wunsch des ArbN (Abs. 1 S. 2 Nr. 6), erfolgt.

142 Wenn der im Vertrag angegebene Sachgrund die Befristung nicht rechtfertigt, kann idR **ein anderer Grund** „nachgeschoben" werden, sofern der Sachgrund nicht vertragl. aufzunehmen ist (s. Rz. 143). Wenn die gesetzl. Voraussetzungen für eine sachgrundlose Befristung bei Vertragsschluss vorlagen[10], besteht auch die Möglichkeit, sich **auf eine sachgrundlose Befristung gem. Abs. 2 oder 2a zu berufen**, wenn nicht etwas anderes im gesetzl. oder tarifl. Erfordernis in Befristungsgrund im Arbeitsvertrag angegeben ist[11]. Grds. steht es den Vertragsparteien frei, sich bei einer kalendermäßigen Befristung auf die Rechtsgrundlage zu stützen, die die Befristung rechtfertigt[12]. Wird der Befristungsgrund in der Vereinbarung genannt, so ist daher zu prüfen, ob die Angabe nur iS einer Tätigkeitsbeschreibung gemeint ist oder ob andere Rechtsgrundlagen ausgeschlossen werden sollen. Da dazu im Allg. kein Anlass besteht, ist im Zweifel das Erste anzunehmen[13]. Anders verhält es sich, wenn nicht nur ein einfacher Hinweis auf den Sachgrund erfolgt, sondern im Arbeitsvertrag eine sachliche Begründung für die Befristung enthalten ist, die eine sachgrundlose Befristung als ausgeschlossen gelten lässt. In diesem Fall gilt eine sachgrundlose Befristung als abbedungen[14].

143 Teilweise sehen **TV** eine ausdrückliche schriftl. Angabe des Grundes vor. Auch nach den Arbeitsvertragsrichtlinien (**AVR**) für Einrichtungen, die dem Diakonischen Werk der Evangelischen Kirche in Deutschland angeschlossen sind, ist der Grund der Befristung im Arbeitsvertrag anzugeben (§ 5 V 2 AVR), nicht aber nach den AVR Caritasverband. Dagegen ist im öffentl. Dienst nach § 30 TvöD, § 30 TV-L im Gegensatz zu den bisherigen – nur noch in Berlin geltenden – Sonderregelungen für Zeitange-

---

1 BAG 13.6.2007 – 7 AZR 700/06, NZA 2008, 108. ||2 BAG 13.6.2007 – 7 AZR 700/06, NZA 2008, 108. ||3 BAG 15.8.2001 – 7 AZR 263/00, DB 2002, 52; 23.6.2004 – 7 AZR 636/03, BAGReport 2005, 3. ||4 BAG 13.10.2004 – 7 AZR 218/04, NZA 2005, 401; 26.7.2006 – 7 AZR 515/05, NZA 2007, 34. ||5 BAG 16.3.2005 – 7 AZR 289/04, BB 2005, 1856. ||6 BAG 21.12.2005 – 7 AZR 541/04, DB 2006, 564. ||7 BAG 15.5.2012 – 7 AZR 35/11, NZA 2012, 1366. ||8 *Preis/Gotthardt*, NZA 2000, 348 (359). ||9 BAG 23.6.2004 – 7 AZR 636/03, BAGReport 2005, 3. ||10 BAG 4.12.2002 – 7 AZR 545/01, NZA 2003, 916. ||11 BAG 12.8.2009 – 7 AZR 270/08, ArbRB 2009, 359. ||12 BAG 24.4.1996 – 7 AZR 719/95, NZA 1997, 196. ||13 BAG 26.6.2002 – 7 AZR 92/01, ArbRB 2002, 359; 4.12.2002 – 7 AZR 545/01, NZA 2003, 916; *Hromadka*, BB 2001, 674. ||14 BAG 5.6.2002 – 7 AZR 241/01, AP Nr. 13 zu § 1 BeschFG 1996.

stellte, Angestellte für Aufgaben von begrenzter Dauer und für Aushilfsangestellte zum BAT (SR 2y BAT) der konkrete sachliche Befristungsgrund nicht mehr im Arbeitsvertrag anzugeben.

3. Fehlende Schriftform. Eine mündlich vereinbarte Befristung ist nach Abs. 4, § 125 S. 1 BGB **nichtig**. Die Nichteinhaltung der Schriftform hat die **Unwirksamkeit der Befristung**, nicht aber gem. §§ 125, 139 BGB des ArbVerh insg. zur Folge. Der Abschluss eines Arbeitsvertrages ist auch unter Berücksichtigung von § 2 NachwG formfrei möglich. Die sich aus der fehlenden Schriftform ergebende Unwirksamkeit der Befristungsabrede hat gem. § 16 zur Folge, dass zwischen den Arbeitsvertragsparteien ein unbefristetes ArbVerh besteht. Auch ohne entsprechende Vereinbarung nach § 15 III kann dieses unbefristete ArbVerh von den Vertragsparteien vor der vereinbarten Laufzeit ordentl. gekündigt werden (§ 16 S. 2). Anders als im Falle der nur mündlich erklärten Kündigung (§ 4 S. 1 KSchG) kann bei der formunwirksamen Befristung deren Unwirksamkeit gem. § 17 S. 1 nur innerhalb von drei Wochen mit einer Klage geltend gemacht werden. Zu den Rechtsfolgen wird iÜ auf § 16 und die dortige Komm. verwiesen. **144**

Es widerspricht auch nicht **Treu und Glauben** (§ 242 BGB), sich auf die Unwirksamkeit der Befristung zu berufen[1]. Ebenso wenig wie es treuwidrig ist, vertragl. Befristungsabreden auf ihre Zulässigkeit bzw. Wirksamkeit überprüfen zu lassen, ist es dem ArbN versagt, sich auf den Mangel der Schriftform zu berufen[2]. Ist die Klagefrist des § 17 noch nicht abgelaufen, kann der ArbGeb nicht darauf vertrauen, der ArbN werde die Unwirksamkeit der Befristung nicht mehr geltend machen, so dass bis dahin auch keine Verwirkung eintreten kann. Es kann allenfalls treuwidrig sein, sich im Falle einer erst nachträglich erfolgten Unterzeichnung einer Befristungsabrede auf die vorangegangene Beschäftigung zu berufen. Nach der schriftl. Fixierung der Befristung scheidet die erleichterte Kündigungsmöglichkeit des § 16 S. 2 aus. **145**

Wird dagegen eine **formwirksam** vereinbarte Befristung nachträglich ohne Einhaltung der Form geändert (zB indem die Laufzeit verkürzt wird), so bleibt die ursprüngliche Vereinbarung in Kraft. **146**

VI. Mitbestimmung. In Unternehmen mit idR mehr als 20 wahlberechtigten ArbN besteht auch vor der befristeten Einstellung eines ArbN das MitbestR des BR nach § 99 I BetrVG. Der BR hat erneut ein MitbestR, wenn das befristete ArbVerh über das ursprüngliche Befristungsende hinaus **verlängert** wird[3]. Dies gilt auch, wenn die Befristung auf einem **gerichtl. Vergleich** beruht[4] oder wenn ein nach Abs. 1 S. 2 Nr. 5 vereinbartes befristetes ProbeArbVerh **fortgesetzt** wird, es sei denn, dem BR ist vor der Einstellung mitgeteilt worden, der ArbN solle bei Bewährung auf unbestimmte Zeit weiter beschäftigt werden[5]. **147**

Im Rahmen der gem. § 99 I BetrVG erforderlichen **Unterrichtung** ist dem BR im Falle einer beabsichtigten Befristung mitzuteilen, dass die beabsichtigte Einstellung befristet erfolgen soll. Um sodann zum Schutz eines befristet Beschäftigten die Rechte nach § 99 II Nr. 3 BetrVG geltend machen zu können, ist bei der Einstellung eines befristet beschäftigten ArbN auch die Dauer der Befristung anzugeben. Der ArbGeb ist aber **nicht** verpflichtet, dem BR mitzuteilen, ob die Befristung mit oder ohne Sachgrund sowie ggf. mit welchem Grund erfolgen soll[6].

Der BR kann seine Zustimmung bei Vorliegen eines der in § 99 II BetrVG genannten **Gründe** verweigern. Dabei kann er sich nur darauf stützen, dass die geplante Einstellung ganz unterbleiben muss[7]. Der BR kann seine Ablehnung also nicht damit begründen, dass die Befristung unwirksam sei[8], zB wegen Fehlens eines sachlichen Grundes. Das MitbestR gem. § 99 BetrVG gibt dem BR bei Einstellungen kein Instrument einer umfassenden Vertragsinhaltskontrolle[9]. Nichts anderes gilt selbst dann, wenn die tarifl. Regelung befristete Arbeitsverträge nur bei Vorliegen eines sachlichen oder in der Person des ArbN liegenden Grundes zulässt. IdR handelt es sich dabei nicht um eine Norm, deren Verletzung ein Zustimmungsverweigerungsrecht nach § 99 II Nr. 1 BetrVG begründen kann[10]. Ein Zustimmungsverweigerungsrecht besteht aber dann, wenn die Einstellung von befristet beschäftigten ArbN verbindlich ausgeschlossen ist.

Eine gleichwohl gem. § 99 III BetrVG erfolgte **Ablehnung des BR** kann jedoch nicht ohne weiteres als unbeachtlich übergangen werden. Sofern die Verweigerung der Zustimmung sich nicht von vornherein als offensichtlich unsinnig und daher als rechtsmissbräuchlich darstellt, kann der ArbGeb also auch dann zur Einleitung des **Zustimmungsersetzungsverfahrens** nach § 99 IV BetrVG gezwungen sein, wenn der BR meint, seine Zustimmungsverweigerung auf das Fehlen eines sachlichen Grundes oder die Nichtzulässigkeit einer Befristung gem. Abs. 2 oder 2a stützen zu können.

Ein **besonderes MitbestR** sehen verschiedene Landesgesetze zum Personalvertretungsrecht hinsichtlich der „Befristung von ArbVerh" vor (so zB § 63 I Nr. 4 LPVG Bbg.). Das MitbestR erstreckt sich in die- **148**

---

1 BAG 1.12.2004 – 7 AZR 198/04, DB 2005, 1172. ||2 BAG 16.3.2005 – 7 AZR 289/04, BB 2005, 1856. ||3 BAG 23.6.2009 – 1 ABR 30/08, NZA 2009, 1162. ||4 BAG 18.6.2008 – 7 AZR 214/07, ArbRB 2009, 134. ||5 BAG 7.8.1990 – 1 ABR 68/89, NZA 1991, 150. ||6 BAG 27.10.2010 – 7 ABR 86/09, NZA 2011, 418. ||7 BAG 28.6.1994 – 1 ABR 59/93, NZA 1995, 387. ||8 BAG 16.7.1985 – 1 ABR 35/83, NZA 1986, 163. ||9 BAG 28.6.1994 – 1 ABR 59/93, NZA 1995, 387. ||10 BAG 28.6.1994 – 1 ABR 59/93, NZA 1995, 387.

sen Fällen auf die inhaltliche Ausgestaltung der ArbVerh. Dem PersR sind deshalb vor dem Abschluss der Befristungsvereinbarung auch der jeweilige Befristungsgrund[1] und die beabsichtigte Befristungsdauer mitzuteilen. Der ArbGeb ist jedoch nicht verpflichtet, dem PersR unaufgefordert von sich aus die näheren Umstände, die die Befristung im Einzelnen rechtfertigen sollen, darzulegen[2]. Dazu bedarf es einer Aufforderung durch den PersR. Seine Zustimmung muss vor Abschluss der Befristungsvereinbarung vorliegen[3]. Eine Verletzung dieses MitbestR führt zur Unwirksamkeit der Befristungsabrede, ohne dass das Vertragsverhältnis iÜ berührt wird[4]. Es besteht daher als unbefristetes ArbVerh fort[5]. Die Befristung des ArbVerh ist wegen Verletzung des MitbestR auch unwirksam, wenn der PersR seine Zustimmung zu einer längeren Vertragsdauer erteilt hat, jedoch danach die Vertragsparteien einen Zeitvertrag von kürzerer Vertragsdauer schließen[6]. Es besteht dann ein ArbVerh auf Dauer und nicht nur für den zunächst geplanten Zeitraum. Unerheblich ist dagegen, wenn ein falsches Eintrittsdatum genannt wurde[7]. Hat der ArbGeb dem PersR einen bestimmten Sachgrund mitgeteilt, dann kann er sich später nicht auf eine sachgrundlose Befristung berufen[8]. Diese Grundsätze sind aber auf die betriebsverfassungsrechtl. Regelung nicht übertragbar, da sich die Mitbest. nach § 99 I BetrVG nur auf die Einstellung selbst erstreckt.

15 Ende des befristeten Arbeitsvertrages
(1) Ein kalendermäßig befristeter Arbeitsvertrag endet mit Ablauf der vereinbarten Zeit.

(2) Ein zweckbefristeter Arbeitsvertrag endet mit Erreichen des Zwecks, frühestens jedoch zwei Wochen nach Zugang der schriftlichen Unterrichtung des Arbeitnehmers durch den Arbeitgeber über den Zeitpunkt der Zweckerreichung.

(3) Ein befristetes Arbeitsverhältnis unterliegt nur dann der ordentlichen Kündigung, wenn dies einzelvertraglich oder im anwendbaren Tarifvertrag vereinbart ist.

(4) Ist das Arbeitsverhältnis für die Lebenszeit einer Person oder für längere Zeit als fünf Jahre eingegangen, so kann es von dem Arbeitnehmer nach Ablauf von fünf Jahren gekündigt werden. Die Kündigungsfrist beträgt sechs Monate.

(5) Wird das Arbeitsverhältnis nach Ablauf der Zeit, für die es eingegangen ist, oder nach Zweckerreichung mit Wissen des Arbeitgebers fortgesetzt, so gilt es als auf unbestimmte Zeit verlängert, wenn der Arbeitgeber nicht unverzüglich widerspricht oder dem Arbeitnehmer die Zweckerreichung nicht unverzüglich mitteilt.

I. Inhalt und Zweck 1	IV. Kündigungsmöglichkeit (Abs. 3) 14
II. Ende bei kalendermäßiger Befristung (Abs. 1) 4	V. Kündigungsmöglichkeit bei Verträgen über mehr als fünf Jahre (Abs. 4) ... 19
III. Ende bei Zweckbefristung (Abs. 2) 6	VI. Stillschweigende Verlängerung (Abs. 5) .. 21
1. Zweckerreichung bzw. Eintritt der Bedingung 6	VII. Nichtverlängerungs-/Beendigungsmitteilung 32
2. Ankündigung und Ausflauffrist 7	VIII. Weiterbeschäftigungsanspruch/Wiedereinstellungspflicht 33
3. Verhältnis zwischen Abs. 2 u. Abs. 5 12	IX. Mitbestimmung 35
4. Darlegungs- und Beweislast 13	

I. Inhalt und Zweck. Die Vorschrift regelt die **Beendigung** von wirksam befristeten Verträgen. Bei kalendermäßig befristeten Arbeitsverträgen ist dies der Ablauf der vereinbarten Zeit. Bei Zweckbefristungen und auflösend bedingten Verträgen endet der Vertrag mit der Zweckerreichung bzw. dem Eintritt der Bedingung, jedoch frühestens nach Zugang einer schriftl. Unterrichtung über den Zeitpunkt der Zweckerreichung bzw. des Eintritts der Bedingung. Mit den in den Abs. 1–3 geregelten Beendigungstatbeständen eines wirksam befristeten ArbVerh werden die allg. anerkannten Regeln über die Beendigung befristeter Arbeitsverträge gesetzl. normiert. Entsprechend der bisherigen gesetzl. Regelung wird vorausgesetzt, dass befristete ArbVerh nicht ordentl. kündbar sind, so dass Abs. 3 festlegt, unter welchen Voraussetzungen das befristete ArbVerh ordentl. gekündigt werden kann. Die Abs. 4 und 5 treten für ArbVerh an die Stelle der allg. Regeln der §§ 624 und 625 BGB.

Gem. § 38 SGB III sind Personen, deren Arbeits- oder Ausbildungsverhältnis endet, **verpflichtet**, sich spätestens drei Monate vor dessen Beendigung persönlich bei der AA **arbeitsuchend zu melden**. Beträgt die Befristungsdauer oder die Kündigungsfrist weniger als drei Monate, muss die Meldung innerhalb von drei Tagen nach Kenntnis des Beendigungszeitpunktes erfolgen. Diese Pflicht zur Meldung besteht also auch bei einem auf weniger als drei Monate befristeten Arbeitsvertrag. In diesem Fall muss

---

[1] S. hierzu BAG 27.9.2000 – 7 AZR 412/99, BB 2001, 412. ‖ [2] BAG 10.3.2004 – 7 AZR 397/03, ArbRB 2004, 207. ‖ [3] LAG Köln 1.8.2000 – 13 (10) Sa 637/00, FA 2001, 217. ‖ [4] BAG 20.2.2002 – 7 AZR 707/00, NZA 2002, 811. ‖ [5] Das gilt auch bei einer Verlängerung eines befristeten ArbVerh ohne Zustimmung des PersR: LAG Rh.-Pf. 28.2.2001 – 9 Sa 1451/00, NZA-RR 2002, 166. ‖ [6] BAG 8.7.1998 – 7 AZR 308/97, DB 1998, 2121. ‖ [7] LAG Düss. 1.2.2002 – 10 Sa 1628/01, NZA-RR 2003, 111. ‖ [8] LAG Bln.-Bbg. 1.10.2008 – 15 Sa 1036/08, NZA-RR 2009, 287.

sich der ArbN bereits innerhalb von drei Tagen nach Abschluss eines solchen befristeten Arbeitsvertrages arbeitsuchend melden. Diese Meldepflicht besteht unabhängig davon, ob eine Fortsetzung des ArbVerh über den vertragl. vereinbarten Beendigungszeitpunkt schon in Aussicht gestellt wurde oder der Fortbestand des Vertragsverhältnisses gerichtlich geltend gemacht wird. Bei Nichtbeachtung dieser Pflicht drohen hinsichtl. des Alg eine Sperrzeit von einer Woche (§ 159 VI SGB III) sowie eine dem entsprechende Minderung der Anspruchsdauer (§ 148 I Nr. 3 SGB III). Der ArbGeb wird durch § 2 II 2 Nr. 3 SGB III verpflichtet, frühzeitig vor Beendigung des ArbVerh den ArbN über die Pflicht zu Eigenbemühungen für einen neuen Arbeitsplatz sowie zur unverzüglichen Meldung bei der AA **zu informieren**. Eine Verletzung der Informationspflicht führt aber zu keiner Schadensersatzpflicht des ArbGeb. Die Informationspflicht des ArbGeb dient nicht dem Schutz des Vermögens des ArbN. Der ArbGeb wird zur Mitwirkung veranlasst, um den Eintritt der Arbeitslosigkeit iSd. Solidargemeinschaft möglichst zu vermeiden bzw. die Dauer eingetretener Arbeitslosigkeit einzugrenzen[1]. Zur Information des ArbN sind folgende Formulierungen geeignet:

- **Formulierungsvorschlag** für den Hinweis im Vertrag bei zeitlich befristetem ArbVerh:
  Zur Aufrechterhaltung ungekürzter Ansprüche auf Arbeitslosengeld ist der Arbeitnehmer verpflichtet, sich drei Monate vor Ablauf des Vertragsverhältnisses persönlich bei der Agentur für Arbeit arbeitsuchend zu melden. Sofern dieses Arbeitsverhältnis für eine kürzere Dauer als drei Monate befristet ist, besteht diese Verpflichtung innerhalb von drei Tagen ab Abschluss dieses Vertrages. Weiterhin wird auf die Pflicht zur eigenen aktiven Beschäftigungssuche hingewiesen.

- **Formulierungsvorschlag** für den Hinweis in schriftl. Mitteilung über die Zweckerreichung bzw. den Eintritt der auflösenden Bedingung:
  Zur Aufrechterhaltung ungekürzter Ansprüche auf Arbeitslosengeld sind Sie verpflichtet, sich innerhalb von drei Tagen nach Kenntnis dieses Schreibens persönlich bei der Agentur für Arbeit arbeitsuchend zu melden. Weiterhin wird auf die Pflicht zur eigenen aktiven Beschäftigungssuche hingewiesen.

Wird ein befristetes ArbVerh **vor Ablauf** der Befristung einvernehmlich **beendet**, so muss der ArbN gem. § 159 I u. III SGB III mit einer Sperrzeit rechnen[2]. S. iÜ auch die Komm. zu § 38 SGB III.

II. Ende bei kalendermäßiger Befristung (Abs. 1). Nach dieser Vorschrift endet ein wirksam kalendermäßig befristeter Arbeitsvertrag mit **Ablauf der vereinbarten Zeit**, ohne dass es einer Kündigung bedarf. Die Befristungsabrede kann als Beendigungszeitpunkt das Ende eines Kalendertages, einer Woche, eines Monats oder eines anderen Zeitraumes vorsehen. Im Falle der kalendermäßigen Befristung muss der ArbGeb den ArbN nicht über den Ablauf der Vertragsdauer schriftl. unterrichten.

Dies gilt auch für ArbN, die einem **besonderen Kündigungsschutz** unterliegen (zB nach dem MuSchG oder § 85 SGB IX). Das Beendigungsdatum kann sich entweder aus dem vereinbarten Enddatum ergeben oder aus der im Vertrag vereinbarten Dauer. Der Sonderkündigungsschutz kommt nicht zum Tragen. Dies gilt auch bei Zweckbefristungen. Bei schwerbehinderten Menschen ist aber der erweiterte Beendigungsschutz nach § 92 SGB IX zu berücksichtigen.

III. Ende bei Zweckbefristung (Abs. 2). 1. Zweckerreichung bzw. Eintritt der Bedingung. Ein wirksam zweckbefristeter Arbeitsvertrag (§ 3 I 2) endet mit dem **Erreichen des vereinbarten Zwecks**. Ist eine auflösende Bedingung vereinbart worden, so endet das befristete ArbVerh dementsprechend mit **Eintritt der Bedingung** (§ 21 iVm. § 15 II). **Frühestens** enden jedoch sowohl der zweckbefristete wie auch der bedingte Arbeitsvertrag zwei Wochen nach Zugang der schriftl. Unterrichtung über den Zeitpunkt der Zweckerreichung bzw. des Bedingungseintritts.

Wird der vereinbarte Zweck nicht erreicht oder fällt er fort oder tritt die Bedingung nicht ein, so ist durch Auslegung der Zweck- bzw. Bedingungsabrede festzustellen, ob das ArbVerh gleichwohl beendet wird. Ansonsten kommt eine Kündigung ab dem Zeitpunkt in Betracht, in dem der **Nichteintritt der Bedingung** bzw. das **Nichterreichen des Zwecks** feststeht. Ob die Kündigungsmöglichkeit dann nicht von einer Vereinbarung nach Abs. 3 abhängig ist, erscheint wegen der für eine unwirksame Befristung in § 16 S. 1 Hs. 1 geltenden Einschränkung zweifelhaft. Es empfiehlt sich daher auf jeden Fall, bei Zweckbefristungen oder der Vereinbarung einer auflösenden Bedingung die **Kündigungsmöglichkeit** gem. Abs. 3 vertragl. zu vereinbaren.

2. Ankündigung und Ausflauffrist. Da der ArbN den genauen Zeitpunkt der Zweckerreichung und damit das Ende des befristeten ArbVerh im Allg. nicht kennt, ist der ArbGeb verpflichtet, dem ArbN den Zeitpunkt der Zweckerreichung mindestens **zwei Wochen vorher schriftl. mitzuteilen**. Dasselbe gilt hinsichtlich des Zeitpunktes des Bedingungseintritts. Die Unterrichtung ist keine Willens-, sondern eine Wissenserklärung. Gleichwohl muss sie durch den ArbGeb erfolgen. Eine Mitteilung durch einen nicht bevollmächtigten Dritten reicht nicht. Die zweiwöchige Mindestankündigungsfrist soll dem ArbN Zeit geben, sich auf das bevorstehende Ende des ArbVerh einzustellen. In den Fällen, in denen die Zweckbefristung oder die auflösende Bedingung aber auf **Gründen in der Person** des ArbN beruht, fehlt

---

[1] BAG 29.9.2005 – 8 AZR 571/04, NZA 2005, 1406. ||[2] BSG 5.2.2004 – B 11 AL 31/03 R, NZA 2004, 1144.

dem ArbGeb naturgemäß die erforderliche Information, um einer Ankündigung entsprechen zu können. In derartigen Fällen ist eine zusätzliche Information durch den ArbGeb überflüssig, so dass man auf Grund teleologischer Reduktion in diesen Fällen von einer Beendigung des Arbeitsvertrages mit der Zweckerreichung bzw. mit Eintritt der auflösenden Bedingung selbst auszugehen hat[1].

8 Wegen der rechtl. Auswirkungen der Mitteilung des ArbGeb an den ArbN ist die **gesetzl. Schriftform** des § 623 BGB iVm. § 126 BGB einzuhalten, so dass die elektronische Form nicht ausreicht[2], obwohl die Bestimmung keine anders lautende Regelung iSv. § 126 III BGB enthält. In der Unterrichtung ist der **Zeitpunkt** der Zweckerreichung bzw. des Bedingungseintritts genau mitzuteilen. Diese Angabe muss richtig sein. Erfolgt **keine Unterrichtung**, wird die **Form nicht eingehalten** oder ist die Mitteilung hinsichtlich des Zeitpunktes der Zweckerreichung bzw. des Bedingungseintritts **unzutreffend**, so wird die Zwei-Wochen-Frist nicht in Lauf gesetzt, auch wenn der Zweck objektiv erreicht oder die Bedingung eingetreten ist[3] (zu den Folgen bei tatsächlicher Fortsetzung des ArbVerh s. Abs. 5). Die Mitteilung kann aber nach Kenntnisnahme der Zweckerreichung bzw. des Eintritts der auflösenden Bedingung unverzüglich nachgeholt werden, so dass damit die Verlängerung gem. Abs. 5 vermieden wird[4]. Bei mangelhafter oder fehlender Unterrichtung kann sich aber der ArbN auf das objektive Erreichen des Befristungszwecks berufen und mit diesem Zeitpunkt seine Arbeit einstellen[5].

9 Das ArbVerh endet frühestens **zwei Wochen nach Zugang** der schriftl. Unterrichtung. Die Dauer der Auslauffrist entspricht der gesetzl. Kündigungsfrist nach § 622 III BGB. Die Zwei-Wochen-Frist muss vollständig gewahrt werden. Für die Berechnung dieser Frist gelten die §§ 187, 188 II BGB. § 193 BGB findet keine Anwendung. Der Tag, an welchem dem ArbN die Unterrichtung zugeht, zählt daher nicht mit, und der 14. Tag endet um 24 Uhr.

10 Das ArbVerh kann nicht vor dem objektiven Erreichen des Vertragszwecks bzw. vor dem Eintritt der auflösenden Bedingung enden[6]. Erfolgt die Unterrichtung **nicht rechtzeitig**, also zwei Wochen vor der Zweckerreichung oder Eintritt der Bedingung, so endet das ArbVerh nicht vor Ablauf der zweiwöchigen Auslauffrist. Zwischen dem Zeitpunkt der Zweckerreichung bzw. des Bedingungseintritts und dem Ende der Auslauffrist besteht das ArbVerh mit allen Rechten und Pflichten fort. Nimmt der ArbGeb die Arbeitsleistung nicht an, kommt er in Annahmeverzug. Diese Rechtsfolge tritt auch ein, wenn wegen der Zweckerreichung oder des Bedingungseintritts die geschuldete Arbeitsleistung nicht mehr erbracht werden kann. Dies gilt jedoch nicht, wenn die Zweckbefristung oder die auflösende Bedingung auf Gründen in der Person des ArbN beruht und dem ArbGeb im Gegensatz zu dem ArbN die Zweckerreichung oder der Bedingungseintritt **nicht bekannt ist** (s. vorstehend Rz. 7 aE; zum Beginn der Klagefrist s. § 17 S. 3 und dort Rz. 14).

11 Die Auslauffrist kann durch TV oder einzelvertragl. **verlängert**, jedoch **nicht verkürzt** werden (§ 22 I).

12 **3. Verhältnis zwischen Abs. 2 u. Abs. 5.** Sofern das ArbVerh mit Wissen des ArbGeb tatsächlich fortgesetzt wird, **verlängert** es sich im direkten Anschluss an die Zweckerreichung bzw. den Bedingungseintritt nach Abs. 5 **auf unbestimmte Zeit**, wenn es nicht zu der erforderlichen – in diesem Fall aber auch unverzüglichen – schriftl. Unterrichtung kommt oder der ArbGeb nicht unverzüglich der Fortsetzung des ArbVerh widerspricht. Mit dieser gesetzl. vorgesehenen „stillschweigenden" Verlängerung wird sichergestellt, dass der ArbGeb trotz objektiver Zweckerreichung bzw. Bedingungseintritt das Ende des befristeten ArbVerh nicht beliebig hinausschieben kann[7].

13 **4. Darlegungs- und Beweislast.** Bei der Zweckerreichung bzw. dem Bedingungseintritt handelt es sich um eine **rechtsvernichtende Einwendung**, so dass dem ArbGeb insoweit die Darlegungs- und Beweislast obliegt. Die Darlegungs- und Beweislast erstreckt sich nicht nur auf die fiktive Zweckerreichung bzw. den Bedingungseintritt, sondern betrifft auch die wirksame schriftl. Unterrichtung über die Zweckerreichung bzw. den Bedingungseintritt und den Zeitpunkt des Zugangs dieser Information beim ArbN.

14 **IV. Kündigungsmöglichkeit (Abs. 3).** Grds. endet ein befristeter oder auflösend bedingter Arbeitsvertrag erst mit dem Ende der Befristungsdauer, dem vereinbarten Zeitpunkt, der Zweckerreichung oder dem Eintritt der Bedingung. Eine **ordentl. Kündigung** während des Laufes der Befristung ist daher nach dieser Vorschrift nur möglich, wenn dies einzelvertragl. oder durch TV ausdrücklich vereinbart ist. Eine dahingehende Regelung in einer BV ist unzureichend. Die einzelvertragl. Inbezugnahme auf einen TV, der eine derartige Kündigungsmöglichkeit einräumt, reicht aus. Die in der Rspr. anerkannte Möglichkeit einer außerordentl. Kündigung bei tarifl. Ausschluss der ordentl. Kündigung ist grds. nicht auf eine für einen überschaubaren Zeitraum (zB ein Jahr) erfolgte Befristung übertragbar[8]. Es ist deshalb besonders zu vereinbaren, dass das ArbVerh nur bis zu einem bestimmten Zeitpunkt andauern soll, dass aber eine vorzeitige ordentl. Kündigung möglich ist (sog. Höchstbefristung). Die Vereinbarung der ordentl. Kündbarkeit bedarf **keiner Schriftform**. Sie kann durch Auslegung ermittelt werden. Die Kün-

---

1 *Hromadka*, BB 2001, 674 (676); aA ArbG Berlin 23.2.2006 – 2 Ca 23 480/05, AE 2007, Nr. 10. ‖ 2 AA ErfK/*Müller-Glöge*, § 15 TzBfG Rz. 2. ‖ 3 KR/*Lipke*, § 15 TzBfG Rz. 12. ‖ 4 KR/*Lipke*, § 15 TzBFG Rz. 12; Annuß/Thüsing/*Maschmann*, § 15 TzBFG Rz. 5. ‖ 5 AA ErfK/*Müller-Glöge*, § 15 TzBfG Rz. 6: Der ArbN kann nur außerordentl. kündigen, wenn er nicht mehr vertragsgerecht beschäftigt werden kann und wird. ‖ 6 BAG 15.8.2012 – 7 AZN 956/12, NZA 2012, 1116. ‖ 7 BT-Drs. 14/4374, 21. ‖ 8 BAG 7.3.2002 – 2 AZR 173/01, NZA 2002, 963.

digungsmöglichkeit während der Befristung kann auch auf einer formlosen, auch konkludenten Vereinbarung beruhen[1]. Sie besteht auch, wenn dem angekreuzten Text im Formulararbeitsvertrag eigentlich nur die Kündigungsfrist zu entnehmen ist[2]. Die Vereinbarung einer **Probezeit** ist gem. § 622 III BGB auch iSd. § 15 III als ausreichend anzusehen, um während dieser mit der in § 622 III BGB genannten Frist kündigen zu können[3]. Auch bei **Altersgrenzen** setzt die Kündigungsmöglichkeit von Verträgen mit derartigen Altersbegrenzungen die Vereinbarung einer Kündbarkeit voraus, da es sich um Befristungen handelt (s. § 14 Rz. 62 ff.). Kündigt der ArbGeb während der Laufzeit des befristeten ArbVerh ordentlich, **ohne** dass eine **Kündbarkeit** vereinbart ist, so gilt für den ArbN die **Klagefrist** des § 4 KSchG[4].

Die **Darlegungs- und Beweislast** dafür, dass die Voraussetzungen für eine ordentl. Kündbarkeit des befristeten ArbVerh vorliegen, trägt die Vertragspartei, die sich auf die Kündigungsmöglichkeit beruft. **15**

● **Formulierungsvorschlag:** **16**
Das Arbeitsverhältnis wird befristet bis zum …, weil …
Das Arbeitsverhältnis endet am …, ohne dass es einer Kündigung bedarf.
Die ersten drei Monate gelten als Probezeit. Während der Dauer des Arbeitsverhältnisses kann beiderseits mit einer Frist von …/nach Maßgabe der gesetzlichen Kündigungsfristen gekündigt werden.

Für eine Kündigung auf Grund einer derartig vereinbarten Kündigungsmöglichkeit sind **sämtliche für Kündigungen geltenden Bestimmungen** zu beachten, also insb. §§ 622, 623 BGB und das KSchG (s.a § 38 SGB III). Die gesetzl. **Kündigungsfristen** des § 622 BGB richten sich nach der Dauer der Beschäftigung. Dabei kommt es auf die Dauer des rechtl. Bestandes des gekündigten ArbVerh an. Folgen mehrere befristete ArbVerh mit demselben ArbGeb aufeinander, so kommt es nicht nur auf die Dauer des letzten, gekündigten befristeten ArbVerh an, wenn zu den vorangegangenen befristeten ArbVerh ein enger zeitlicher und sachlicher Zusammenhang besteht. Für die Kündigungsfrist ist dann die Dauer der vorangegangenen ArbVerh ebenfalls maßgeblich. Zur Frage, wann ein enger zeitlicher und sachlicher Zusammenhang besteht, s. § 1 KSchG Rz. 14 ff. und § 622 BGB Rz. 34. **17**

Auch ohne Kündigungsvorbehalt bleiben das Recht zur **außerordentl. Kündigung** gem. § 626 BGB und das Kündigungsrecht des **Insolvenzverwalters** nach § 113 InsO unberührt. **18**

V. Kündigungsmöglichkeit bei Verträgen über mehr als fünf Jahre (Abs. 4). Speziell für befristete ArbVerh übernimmt diese Vorschrift inhaltlich unverändert die Regelung des § 624 BGB. Danach besteht **für den ArbN** die Möglichkeit, einen Arbeitsvertrag, der für die **Lebenszeit** des ArbGeb, des ArbN oder einer dritten Person oder für **längere Zeit als fünf Jahre** eingegangen wurde, nach dem Ablauf von fünf Jahren mit einer Frist von sechs Monaten (zu jedem Termin) zu kündigen. Die zweite Alternative gilt für zweckbefristete oder auflösend bedingte Arbeitsverträge, wenn die Zweckerreichung oder die Bedingung erst nach mehr als fünf Jahren eintritt. Die Fünf-Jahres-Frist beginnt mit dem **tatsächlichen Vollzug** des Arbeitsvertrages, also nicht mit dem Vertragsabschluss. Voraussetzung ist, dass das Vertragsverhältnis von vornherein auf mehr als fünf Jahre vereinbart wird. Die Bestimmung gilt nicht für Arbeitsverträge, die für fünf Jahre abgeschlossen werden; auch dann nicht, wenn vereinbart ist, dass sich das ArbVerh um weitere fünf Jahre **verlängert**, wenn es nicht zuvor rechtzeitig gekündigt wird. Auch eine bloße Verlängerung eines auf fünf Jahre befristeten ArbVerh begründet kein Kündigungsrecht nach dieser Vorschrift. Es kann sich aber als Umgehung dieser Bestimmung darstellen, wenn die Verlängerung nicht unmittelbar vor Ablauf der Vertragslaufzeit vereinbart wird. Ein ArbVerh ist auf **Lebenszeit** eingegangen, wenn nicht nur auf die Lebensdauer des ArbN oder des ArbGeb abgestellt wird, sondern auch auf die eines Dritten (zB eines pflegebedürftigen Verwandten). Die besondere Kündigungsfrist dieser Bestimmung verdrängt die Frist nach § 622 BGB[5]. Sie kann gem. § 22 nicht zuungunsten des ArbN abbedungen werden. Die Ausübung des Kündigungsrechts ist an keine Ausschlussfrist gebunden. Das Kündigungsrecht unterliegt auch nicht der Verwirkung, da dies dem mit dieser Bestimmung verfolgten Zweck zuwiderlaufen würde. Die Vorschrift gilt für alle ArbVerh, nimmt also nicht bestimmte Arten von Beschäftigungen aus. **19**

Der **ArbGeb** hat keine Kündigungsbefugnis. Die Tatsache eines einseitigen Kündigungsrechts zu Gunsten des ArbN führt nicht zur Sittenwidrigkeit eines auf die Lebenszeit abgeschlossenen Vertrags[6]. Der ArbGeb kann nur bei Vorliegen eines wichtigen Grundes iSv. § 626 BGB außerordentl., ggf. unter Gewährung einer notwendigen – sozialen – Auslauffrist kündigen. Eine außerordentl. Kündigung kann dann berechtigt sein, wenn Umstände eintreten, die das vom ArbGeb einzelvertragl. übernommene Risiko nicht mehr decken und die zur Störung der Geschäftsgrundlage führen. Die Grenze der Zumutbarkeit für den ArbGeb kann dabei nur im Einzelfall unter Berücksichtigung von Sinn und Zweck des Kündigungsausschlusses bestimmt werden[7]. Die Rechtsprechungsgrundsätze zum tarifl. Ausschluss der ordentl. Kündigung sind nicht ohne weiteres auf einen vertragl. Kündigungsausschluss für einen länge- **20**

---

1 *Hromadka*, BB 2001, 674 (676). || 2 BAG 4.8.2011 – 6 AZR 436/10, ArbRB 2011, 366. || 3 ErfK/*Müller-Glöge*, § 15 TzBfG Rz. 12; ist die vereinbarte Probezeit länger als die vorgesehene Vertragsdauer, gilt die Probezeitvereinbarung auch im Verlängerungszeitraum nach § 14 II 1, LAG Hamm 31.10.2006 – 19 Sa 1119/06, NZA-RR 2007, 243. || 4 BAG 22.7.2010 – 6 AZR 480/09, NZA 2010, 1142. || 5 BT-Drs. 14/4374, 20. || 6 BAG 25.3.2004 – 2 AZR 153/03, BAGReport 2004, 322. || 7 BAG 25.3.2004 – 2 AZR 153/03, BAGReport 2004, 322.

ren Zeitraum bzw. auf eine entsprechende Befristung zu übertragen. An einer solchen individualvertragl. Vereinbarung muss sich der ArbGeb eher festhalten lassen als an einer pauschalen, für alle ArbVerh einer Branche geltenden Tarifregelung, die dem Altersschutz dient und im extremen Ausnahmefall im einzelnen ArbVerh zu einem unzumutbaren Ergebnis führen kann (s. ergänzend die Komm. zu § 624 BGB).

21 **VI. Stillschweigende Verlängerung (Abs. 5).** Diese Vorschrift stellt eine **Spezialregelung** für befristete und gem. § 21 auflösend bedingte Arbeitsverträge ggü. der allg. Regelung des § 625 BGB dar. Die Bestimmung betrifft Zeitbefristungen, Zweckbefristungen sowie auflösend bedingte Arbeitsverträge, jedoch nicht die Fortgeltung befristeter einzelner Vertragsbedingungen[1]. Wird das ArbVerh nach einer Kündigung, Anfechtung oder einem Aufhebungsvertrag über den Endzeitpunkt hinaus fortgesetzt, gilt diese Bestimmung nicht, sondern weiterhin § 625 BGB. Für Berufsausbildungsverhältnisse gilt nach § 24 BBiG ein ArbVerh auf unbestimmte Zeit begründet, wenn der Auszubildende im Anschluss an das beendete Berufsausbildungsverhältnis beschäftigt wird[2]. Die Fiktion der Begründung eines unbefristeten ArbVerh nach Abs. 5 ist nach § 22 I **nicht abdingbar**[3].

22 Die Rechtsfolge des auf unbestimmte Zeit verlängerten ArbVerh knüpft an die willentliche **Weiterarbeit** unmittelbar nach Auslaufen eines kalendermäßig befristeten Arbeitsvertrages, Zweckerreichung oder Eintritt der auflösenden Bedingung an. Der ArbN muss die vertragl. Arbeitsleistung nach dem Ablauf der Vertragszeit tatsächlich erbringen. Ein nach Ablauf der Befristung genommener Urlaub, Freizeitausgleich für geleistete Überstunden oder die Entgeltfortzahlung an einen arbeitsunfähigen ArbN über das Vertragsende hinaus führen nicht zur Verlängerung[4]. Der ArbN muss von dem Ablauf der Vertragszeit Kenntnis haben, wenn er seine Arbeitsleistung über das Vertragsende hinaus fortsetzt. Es handelt sich um keine Willenserklärung, sondern um einen tatsächlichen Vorgang. Ein Anfechtung ist daher nicht möglich.

23 Wird das ArbVerh nach dem Befristungsende bzw. der Zweckerreichung (oder nach Eintritt der auflösenden Bedingung, § 21) mit Wissen des ArbGeb fortgesetzt, so gilt es dann als auf unbestimmte Zeit verlängert, wenn der ArbGeb nicht unverzüglich **widerspricht** oder dem ArbN die Zweckerreichung bzw. den Eintritt der auflösenden Bedingung nicht unverzüglich **mitteilt** und damit die Zwei-Wochen-Frist des Abs. 2 in Gang setzt. Der Widerspruch kann **konkludent** erklärt werden, zB durch Aushändigung der Arbeitspapiere. Der unbefristeten Fortsetzung des ArbVerh kann auch dadurch widersprochen werden, dass der ArbGeb dem ArbN **vor dem Ende** der Vertragslaufzeit den Abschluss eines weiteren befristeten ArbVerh anbietet, indem er den Entwurf eines sich anschließenden befristeten Arbeitsvertrags übergibt[5] oder den Wunsch des ArbN auf Fortsetzung des ArbVerh ablehnt[6]. Die Mitteilung über den Zeitpunkt der Zweckerreichung (Abs. 2) kann ggf. dahin ausgelegt werden, dass zugleich einer etwaigen Weiterarbeit über den Endtermin des ArbVerh hinaus widersprochen wird. Unter Fortsetzung des ArbVerh iSv. Abs. 5 ist die tatsächliche Erbringung der vertragl. geschuldeten Arbeitsleistung nach Ablauf der vereinbarten Frist, der Zweckerreichung oder dem Bedingungseintritt zu verstehen, nicht das Fortbestehen des ArbVerh infolge fehlender oder mangelhafter Unterrichtung gem. Abs. 2. Die Bestimmung setzt ein **Wissen** des ArbGeb hinsichtlich der Fortsetzung der Tätigkeit voraus, nicht aber hinsichtlich der Vertragsbeendigung infolge Zeitablaufs, der Zweckerreichung oder des Eintritts der auflösenden Bedingung[7].

24 Mit dieser Regelung für den Fall der Zweckerreichung oder des Eintritts der auflösenden Bedingung zusätzlich zu der in Abs. 2 aufgestellten Notwendigkeit der **unverzüglichen Unterrichtung** des ArbN soll sichergestellt werden, dass der ArbGeb trotz objektiver Zweckerreichung oder Eintritts der auflösenden Bedingung das Ende des befristeten ArbVerh nicht beliebig hinausschieben kann. Da Abs. 5 im Gegensatz zu Abs. 2 keine schriftl. Unterrichtung, sondern nur eine Mitteilung erfordert, reicht ein bloßer mündlicher Hinweis des ArbGeb aus. Aus Beweisgründen und zur Ermittlung des Ablaufs der Zwei-Wochen-Frist des Abs. 2 sowie wegen der Feststellung des Beginns der Klagefrist gem. § 17 S. 3 **empfiehlt** es sich für die Praxis, auch die Mitteilung gem. Abs. 5 dem ArbN **schriftlich** zukommen zu lassen.

25 Das ArbVerh muss mit Wissen des ArbGeb fortgesetzt werden. Eine unbefristete Verlängerung des ArbVerh tritt also gem. Abs. 5 nur dann ein, wenn der **ArbGeb** selbst oder ein zur Einstellung[8] oder Entlassung **befugter Mitarbeiter** des ArbGeb von der Beendigung des ArbVerh durch Ablauf der Vertragszeit und der Weiterarbeit des ArbN **Kenntnis** hat. Ein Einverständnis des ArbGeb zur weiteren Arbeitsleistung durch den ArbN muss nicht vorliegen. Irrt sich der ArbGeb über die Beendigung des ArbVerh, so schließt dies seine Kenntnis aus. In diesem Fall treten die Rechtsfolgen des Abs. 5 nicht ein.

26 Die Mitteilung der Zweckerreichung und der Widerspruch müssen **unverzüglich**, also ohne schuldhaftes Zögern (§ 121 BGB), nach Kenntnisnahme der Zweckerreichung bzw. der Fortsetzung des ArbVerh

---

1 BAG 3.9.2003 – 7 AZR 106/03, DB 2004, 490. ||2 Zum Ende des Berufsausbildungsverhältnisses BAG 16.6.2005 – 6 AZR 411/04, DB 2005, 2585. ||3 BAG 11.7.2007 – 7 AZR 501/06, DB 2007, 2777. ||4 BAG 24.10.2001 – 7 AZR 620/00, NZA 2003, 153. ||5 BAG 5.5.2004 – 7 AZR 629/03, NZA 2004, 1346. ||6 BAG 11.7.2007 – 7 AZR 501/06, DB 2007, 2777. ||7 LAG Düss. 26.9.2002 – 5 Sa 748/02, DB 2003, 668. ||8 BAG 20.2.2002 – 7 AZR 662/00, NZA 2002, 1000 (LS).

erfolgen. Maßgeblich ist die Kenntnis des ArbGeb von den für die Entscheidung über das Fortbestehen des ArbVerh maßgebenden Umständen. Der Widerspruch gegen die Fortsetzung des ArbVerh kann bereits kurz **vor dem Ablauf** des befristeten Vertrages erklärt werden (s.a Rz. 23). Die Mitteilung und der Widerspruch sind einseitige empfangsbedürftige Willenserklärungen, für die die allg. Vorschriften über Abgabe, Zugang, Vertretung usw. gelten. Die Mitteilung der **Zweckerreichung** nach Abs. 2 muss **schriftlich**, der **Widerspruch** kann **formlos** erfolgen. Der Widerspruch bedarf keiner Begründung.

Wird bereits während des Laufes des ArbVerh ein Prozess über die angeblich rechtswidrige Befristung geführt und das ArbVerh über das Fristende bzw. die Zweckerreichung oder den Eintritt der auflösenden Bedingung hinaus fortgesetzt, so ist in dem vom ArbGeb im Entfristungsprozess gestellten **Klageabweisungsantrag** der Widerspruch gegen die Fortsetzung eines ArbVerh iSd. Abs. 5 zu sehen[1]. 27

Sind die Voraussetzungen des Abs. 5 erfüllt, wird das ArbVerh kraft Gesetzes auf unbestimmte Zeit verlängert. Sein Inhalt bestimmt sich nach den bisherigen Bedingungen, so dass **alle bisherigen Rechte und Pflichten** fortgelten. Ausgenommen sind Regelungen, die dem Charakter des nunmehr unbefristeten ArbVerh entgegenstehen. Mit einer Kombination der Zweckbefristung oder auflösender Bedingung mit einer Zeitbefristung kann diese Verlängerung vermieden und eine „Auffangwirkung" erreicht werden[2]. Die wirksame Vereinbarung einer aus einer **Kombination** einer Zweckbefristung oder auflösenden Bedingung mit einer Zeitbefristung bestehenden „**Doppelbefristung**" hält das BAG trotz der Regelung in § 22 I für zulässig[3]. Der Vereinbarung einer Zeitbefristung neben der Zweckbefristung oder der auflösenden Bedingung ist kein vorweggenommener, ein nach § 22 I unzulässiger Widerspruch zu entnehmen. Vielmehr gilt die Fiktion des Abs. 5, wenn der ArbGeb den ArbN widerspruchslos über die zeitlich früher eintretende Zweckerreichung oder den Eintritt der auflösenden Bedingung hinaus weiterbeschäftigt. Bei der Kombination mit einer Zeitbefristung beschränkt sich aber entsprechend dem mit der Doppelbefristung zum Ausdruck gekommenen Willen der Arbeitsvertragsparteien die Verlängerung auf die Dauer der Kalenderbefristung. – Die Wirksamkeit der auflösenden Bedingung und der zeitlichen Höchstbefristung sind iÜ rechtlich getrennt zu beurteilen[4]. 28

Das Recht, sich auf die Begründung eines unbefristeten Arbeitsvertrages zu berufen, kann **verwirkt** werden, wenn die hierfür geltenden Voraussetzungen vorliegen. Dies kann in Betracht kommen, wenn der ArbN zunächst über das Befristungsende hinaus arbeitet, jedoch dann seine Arbeit einstellt, und daher auch die Mitteilung bzw. der Widerspruch seitens des ArbGeb nach Abs. 5 unterbleibt. 29

Für **die Zeit zwischen** dem Befristungsende bzw. der Zweckerreichung und dem Zugang des Widerspruchs bzw. der Mitteilung nach Abs. 5 besteht ein ArbVerh[5]. Dies folgt aus der für Zweckbefristungen ausdrücklich in Abs. 2 getroffenen Regelung. Es wird durch die einseitige Erklärung nach Abs. 5 aufgelöst. 30

Der ArbN muss **darlegen und beweisen**, dass das ArbVerh mit Wissen des ArbGeb fortgesetzt worden ist, wenn er sich auf die Rechtsfolgen beruft. Für einen unverzüglichen Widerspruch bzw. Mitteilung gem. Abs. 5 ist der ArbGeb darlegungs- und beweispflichtig. 31

VII. Nichtverlängerungs-/Beendigungsmitteilung. Von den Mitteilungen der Abs. 2 und 5 zu unterscheiden sind Nichtverlängerungsmitteilungen im **Bühnenbereich**. Auf Grund einer tarifl. Regelung tritt dort eine automatische Verlängerung des ArbVerh um eine Spielzeit ein, wenn nicht bis zu einem bestimmten Zeitpunkt eine Nichtverlängerungsmitteilung erfolgt. Dabei sind bestimmte Fristen einzuhalten. Außerdem hängt die Wirksamkeit der Nichtverlängerungsmitteilung von der Anhörung des betroffenen Schauspielers ab[6]. Wegen der Einzelheiten wird auf die tarifl. Besonderheiten verwiesen. 32

VIII. Weiterbeschäftigungsanspruch/Wiedereinstellungspflicht. Ein Anspruch des ArbN auf Wiedereinstellung bzw. Weiterbeschäftigung besteht nach Ablauf eines wirksam befristeten ArbVerh grds. auch dann nicht, wenn sich entgegen der ursprünglichen Prognose auf Grund neuer Umstände eine Möglichkeit zur Weiterbeschäftigung ergibt[7]. Die Rspr. zum Wiedereinstellungsanspruch nach betriebsbedingter Kündigung ist auf befristete Arbeitsverträge nicht übertragbar. Ein Weiterbeschäftigungsanspruch besteht nur in Ausnahmefällen. Der ArbGeb muss bei Vertragsabschluss oder während der Dauer des ArbVerh objektiv einen **Vertrauenstatbestand** geschaffen haben[8]. Dies kann zB dann der Fall sein, wenn dem betroffenen ArbN, insb. im Falle der Befristung wegen der Erprobung, schon Zusagen hinsichtlich einer Übernahme in ein unbefristetes ArbVerh gemacht worden sind. Eine mittelbare Sanktion besteht jedoch insofern, als der BR gem. § 99 II Nr. 3 BetrVG einen Grund zur Zustimmungsverweigerung geltend machen kann, weil bei Nichtbeachtung der Informationspflicht davon ausgegangen werden kann, dass von vornherein ein gleich geeigneter befristet beschäftigter ArbN nicht berücksichtigt wurde. Auch kann die **Verlängerung** eines sachgrundlos befristeten Arbeitsvertrages nicht auf Grund des arbeitsrechtl. Gleichbehandlungsgrundsatzes beansprucht werden[9] oder auf Grund der 33

---

1 LAG Köln 10.3.1995 – 13 Sa 842/94, nv. (zu § 625 BGB). ||2 BAG 29.6.2011 – 7 AZR 6/10, NZA 2011, 1346. ||3 BAG 29.6.2011 – 7 AZR 6/10, NZA 2011, 1346; aA *Hromadka*, BB 2001, 621 Fn. 32. ||4 BAG 29.6.2011 – 7 AZR 6/10, NZA 2011, 1346. ||5 AA ErfK/*Müller-Glöge*, § 15 TzBfG Rz. 35. ||6 BAG 15.5.2013 – 7 AZR 665/11, ArbRB 2013, 331. ||7 BAG 20.2.2002 – 7 AZR 600/00, ZIP 2002, 1162; auch nicht nach Erreichen der Altersgrenze: *Bayreuther*, NJW 2012, 2758. ||8 BAG 19.1.2005 – 7 AZR 250/04, NZA 2005, 873. ||9 BAG 13.8.2008 – 7 AZR 513/07, NZA 2009, 27.

Wahl in den BR während des befristeten ArbVerh[1]. Verschiedene TV verpflichten den ArbGeb, Zeitangestellte bei der Besetzung von Dauerarbeitsplätzen bevorzugt zu berücksichtigen (so die Protokollnotiz Nr. 4 zu Nr. 1 SR 2y BAT und § 30 II 2 TVöD-AT). Es ergibt sich daraus aber keine Verpflichtung, einen unbefristeten Arbeitsvertrag abzuschließen[2].

34 Ein Weiterbeschäftigungsanspruch bzw. **Anspruch auf Abschluss eines weiteren befristeten Arbeitsvertrags** besteht auf Grund der in § 15 VI AGG zum Ausdruck kommenden gesetzgeberischen Wertung nur, wenn hierfür ein besonderer Rechtsgrund besteht. Ansonsten ergibt sich auch aus dem **Verstoß gegen ein Diskriminierungsverbot** kein Kontrahierungszwang (§ 15 VI AGG), sondern gem. § 15 I und II AGG nur ein Anspruch auf eine Entschädigung oder ein Schadensersatzanspruch. Dementsprechend besteht auch nur ein Anspruch auf Geldersatz, wenn der ArbGeb gegen das **Maßregelungsverbot** des § 612a BGB verstößt[3].

35 IX. Mitbestimmung. Die **Beendigung des Arbeitsvertrages** auf Grund der vereinbarten Befristung, Zweckerreichung oder Eintritts der auflösenden Bedingung gibt keinen Anlass zur vorherigen Anhörung des BR gem. § 102 BetrVG, da das Vertragsverhältnis nicht auf Grund einer Kündigung beendet wird. Dies gilt auch dann, wenn der ArbN gem. § 15 II bzw. § 21 iVm. § 15 II durch den ArbGeb über den Zeitpunkt der Zweckerreichung oder des Bedingungseintritts schriftl. unterrichtet wird oder eine allg. Beendigungsmitteilung erhält. Weder die Information gem. § 15 II noch die Beendigungsmitteilung stellen eine Kündigung iSd. § 102 BetrVG dar.

36 Wird jedoch das befristete ArbVerh **vorzeitig gekündigt** (zB fristlos oder auf Grund einer Kündigungsvereinbarung gem. § 15 III), so ist der BR nach § 102 BetrVG zur beabsichtigten Kündigung vorher anzuhören.

37 Wenn der ArbGeb der Fortsetzung des ArbVerh **nicht widerspricht**, besteht im Falle des § 15 V ein MitbestR des BR gem. § 99 I BetrVG.

16 Folgen unwirksamer Befristung

Ist die Befristung rechtsunwirksam, so gilt der befristete Arbeitsvertrag als auf unbestimmte Zeit geschlossen; er kann vom Arbeitgeber frühestens zum vereinbarten Ende ordentlich gekündigt werden, sofern nicht nach § 15 Abs. 3 die ordentliche Kündigung zu einem früheren Zeitpunkt möglich ist. Ist die Befristung nur wegen des Mangels der Schriftform unwirksam, kann der Arbeitsvertrag auch vor dem vereinbarten Ende ordentlich gekündigt werden.

1 I. Grundsatz (S. 1 Hs. 1). Nach dieser Vorschrift ist Rechtsfolge einer unwirksamen Befristung oder auflösenden Bedingung, dass das ArbVerh **als unbefristetes** gilt. Unwirksam ist nur die Befristungsabrede. Der Arbeitsvertrag gilt also mit seinem übrigen Inhalt auf unbestimmte Zeit fort. Von dieser Bestimmung wird nicht nur die Unwirksamkeit aus einem der in § 14 geregelten Gründe erfasst. Sie kann sich auch aus einem Verstoß gegen MitbestR ergeben, wie es im Personalvertretungsrecht einiger Bundesländer im Hinblick auf die Befristung selbst vorgesehen ist. Voraussetzung ist aber, dass die Unwirksamkeit nicht nachträglich durch Verstreichenlassen der Klagefrist des § 17 geheilt worden ist (§ 7 KSchG). Das zunächst nach dieser Bestimmung begründete unbefristete ArbVerh ist daher auflösend bedingt durch die Versäumung der Klagefrist des § 17. Macht der ArbN die Unwirksamkeit der Befristung geltend, so kommt der ArbGeb nach § 296 BGB in Annahmeverzug.

2 II. Kündigungsmöglichkeiten. 1. Materielle Unwirksamkeit (S. 1 Hs. 2). Die Bestimmung folgt der Auffassung, dass durch die Entfristung der ArbN-Schutz verwirklicht werden soll. Auch ohne die Vereinbarung einer Kündigungsmöglichkeit nach § 15 III kann der **ArbN** im Falle einer unwirksamen Befristung von Anfang an das ArbVerh **ordentl. kündigen**. Ist dem ArbN die Unwirksamkeit der Befristung bekannt, kann er aber auch die an sich unwirksame Vereinbarung gegen sich gelten lassen und sich unter Hinweis auf die Befristungsabrede mit dem vereinbarten Ende ohne Kündigung einseitig aus dem ArbVerh lösen[4].

Sofern der ArbN nicht kündigt und nicht gem. § 17 die Unwirksamkeit der Befristung mit einer Klage angreift, bleibt es aber bei der Rechtswirksamkeit und der sodann geltenden Folge aus § 15 I (entsprechend § 7 KSchG).

3 Dagegen kann der **ArbGeb** im Falle einer unwirksamen Befristung den Arbeitsvertrag frühestens zum vereinbarten Ende ordentl. kündigen, es sei denn, dass einzelvertragl. oder tarifvertragl. eine ordentl. Kündigung während der Befristung vereinbart worden ist. Von dieser Möglichkeit kann Gebrauch gemacht werden, wenn sich herausstellt, dass die Befristung unwirksam ist. Dies widerspricht weder § 242 BGB noch dem Maßregelungsverbot des § 612a BGB[5]. Sofern für den ArbGeb nur die Kündigungsmöglichkeit nach dieser Vorschrift besteht, kann die Kündigung zwar schon vor dem vereinbarten Ende

---

1 LAG Nds. 8.8.2012 – 2 Sa 1733/11, Rev. unter 7 AZR 847/12 beim BAG anhängig. ||2 BAG 2.7.2003 – 7 AZR 529/02, NZA 2004, 1055. ||3 BAG 21.9.2011 – 7 AZR 150/10, NZA 2012, 317. ||4 KDZ/*Däubler*, § 16 TzBfG Rz. 7; aA KR/*Lipke*, § 16 TzBfG Rz. 5. ||5 BAG 6.11.2003 – 2 AZR 21/03, AP Nr. 9 zu § 14 TzBfG.

ausgesprochen werden, sie darf jedoch frühestens zum vereinbarten Ende wirken. Ggf. ist der Zeitpunkt des vereinbarten Endes durch Auslegung zu ermitteln. Dabei sind die vertragl. oder gesetzl. Kündigungsfristen zu beachten. Bei Anwendbarkeit des KSchG (also u.a. nach Ablauf der Wartezeit des § 1 I KSchG[1]) muss die Kündigung zudem nach § 1 KSchG sozial gerechtfertigt sein. Die dem ArbGeb eingeräumte Kündigungsmöglichkeit lässt nur die Kündigung zu einem bestimmten Zeitpunkt zu, begründet aber kein besonderes Kündigungsrecht[2].

2. Formelle Unwirksamkeit. Beruht die Unwirksamkeit der Befristung nur auf dem **Mangel der Schriftform** des § 14 IV, kann der Arbeitsvertrag sowohl von dem ArbN wie auch von dem ArbGeb **vor dem vereinbarten Ende** ordentl. gekündigt werden[3]. Dies gilt also auch ohne die Vereinbarung der Kündigungsmöglichkeit während der Befristung (§ 15 III). Auch für die den Arbeitsvertragsparteien eingeräumte Möglichkeit der ordentl. Kündigung wegen des Verstoßes gegen die Schriftform sind die Kündigungsfristen zu beachten, für den ArbGeb zudem die übrigen Kündigungsschutzvorschriften bzw. -einschränkungen. Leidet die Befristung (auch) an anderen Unwirksamkeitsgründen, so kann der ArbGeb erst zum vereinbarten Ende kündigen, sofern nicht die Kündigungsmöglichkeit nach § 15 III vereinbart ist[4].   4

Unberührt von der Frage der Wirksamkeit der Befristung und der sich daraus nach dieser Vorschrift ergebenden Kündigungsmöglichkeiten bleibt für beide Seiten das Recht zur **außerordentl. Kündigung**.   5

Die Vorschrift gilt nur für die Befristung des gesamten Vertrages, nicht für die **Befristung einzelner Vertragsbedingungen**.   6

17 Anrufung des Arbeitsgerichts

Will der Arbeitnehmer geltend machen, dass die Befristung eines Arbeitsvertrages rechtsunwirksam ist, so muss er innerhalb von drei Wochen nach dem vereinbarten Ende des befristeten Arbeitsvertrages Klage beim Arbeitsgericht auf Feststellung erheben, dass das Arbeitsverhältnis auf Grund der Befristung nicht beendet ist. Die §§ 5 bis 7 des Kündigungsschutzgesetzes gelten entsprechend. Wird das Arbeitsverhältnis nach dem vereinbarten Ende fortgesetzt, so beginnt die Frist nach Satz 1 mit dem Zugang der schriftlichen Erklärung des Arbeitgebers, dass das Arbeitsverhältnis auf Grund der Befristung beendet sei.

I. Inhalt und Geltungsbereich. Die Unwirksamkeit einer vertragl., tarifvertragl.[5] oder auf einer BV beruhenden Befristungsabrede muss nach dieser Vorschrift innerhalb von drei Wochen nach dem vereinbarten Ende des befristeten Arbeitsvertrages durch **Klage** bei dem ArbG geltend gemacht werden. Die Klagefrist von drei Wochen gilt nicht nur für die Fälle der kalendermäßigen Befristung, sondern auch für zweckbefristete und – entgegen der früheren Rspr. – auflösend bedingte Arbeitsverträge (§ 21 iVm. § 17). Von der dreiwöchigen Klagefrist dieser Bestimmung werden zudem Befristungsabreden auf Grund anderer Bestimmungen erfasst (zB BEEG, WissZeitVG). Nicht anwendbar ist die dreiwöchige Klagefrist auf die Befristung einzelner Arbeits- bzw. Vertragsbedingungen (zB von halber auf volle Wochenarbeitszeit)[6]. Die §§ 1, 23 KSchG sind nicht entsprechend anwendbar. Die individuelle Beschäftigungsdauer und die Betriebsgröße sind daher unerheblich. Wegen der Ergänzungsfunktion zu § 4 KSchG ist auch § 17 zwingend, so dass weder zu Gunsten noch zuungunsten des ArbN davon abgewichen werden kann (s.a § 22 Rz. 2)[7].   1

Alle Arten von Unwirksamkeitsgründen werden von der Klagefrist erfasst[8]. Dies gilt nicht nur für das Fehlen eines erforderlichen Sachgrundes, das Fehlen der Voraussetzungen nach § 14 II oder III, sondern auch für die Unwirksamkeit auf Grund fehlender Schriftform[9] oder die ggf. (nach einigen Landesgesetzen) erforderliche Zustimmung des PersR. Wenn die Klagefrist des § 17 S. 1 mit der eingelegten Klage gewahrt worden ist, kann der ArbN nach S. 2 iVm. § 6 S. 1 KSchG bis zum Schluss der mündlichen Verhandlung erster Instanz die **Unwirksamkeit der Befristung auch aus anderen Gründen** als denjenigen geltend machen, die er innerhalb der dreiwöchigen Klagefrist, also regelmäßig in seiner Klageschrift, benannt hat (zB fehlende landesrechtl. gebotene Zustimmung des PersR zur Befristung)[10]. Hat das ArbG seine Hinweispflicht aus S. 2 iVm. § 6 S. 2 KSchG verletzt, können andere Unwirksamkeitsgründe aber auch noch in der zweiten Instanz geltend gemacht werden.   2

Obwohl nach dem Wortlaut von S. 1 lediglich die Rechtsunwirksamkeit der Befristung mit einer fristgerechten Klage geltend gemacht werden muss, gilt dies auch für den **Streit über den tatsächlichen Eintritt** der auflösenden Bedingung[11]. Dies ist damit zu begründen, dass die Frage des Eintritts der auflösenden Bedingung häufig nahezu unlösbar mit der Beurteilung der Rechtswirksamkeit der Bedin-   3

---

1 BAG 6.11.2003 – 2 AZR 690/02, ZIP 2004, 1428. || 2 *Preis/Gotthardt*, DB 2001, 145. || 3 Zur Abdingbarkeit s. BAG 23.4.2009 – 6 AZR 533/08, NZA 2009, 1260. || 4 *Riesenhuber*, NJW 2005, 2268. || 5 LAG Nds. 7.9.2012 – 14 Sa 345/12, AE Nr. 1179/2013. || 6 BAG 4.6.2003 – 7 AZR 406/02, BB 2003, 1683; *Kliemt*, NZA 2001, 296. || 7 BAG 19.1.2005 – 7 AZR 115/04, BAGReport 2005, 195. || 8 *Hromadka*, BB 2001, 674. || 9 LAG Düss. 26.9.2002 – 5 Sa 748/02, LAGReport 2003, 33. || 10 BAG 24.8.2011 – 7 AZR 228/10, NZA 2012, 385. || 11 BAG 6.4.2011 – 7 AZR 704/09, NZA-RR 2013, 43; 27.7.2011 – 7 AZR 402/10, DB 2012, 692; 10.10.2012 – 7 AZR 602/11, NZA 2013, 344.

gungsabrede verknüpft ist. Die dreiwöchige Klagefrist wird dementsprechend auch für den Fall gelten, dass der ArbN geltend macht, der **Zweck sei nicht erfüllt**. Ob diese Frist auch auf den Fall anwendbar ist, wenn offen ist, ob überhaupt eine Befristung (zB wegen angeblicher Fälschung der Unterschrift) vereinbart wurde[1], erscheint fraglich. Gleichwohl empfiehlt es sich, in derartigen Zweifelsfällen ebenfalls die **Klagefrist einzuhalten**.

4 **II. Klagefrist und Antrag. 1. Ausschlussfrist (S. 1).** Die **Klagefrist** beträgt drei Wochen. Sie beginnt mit dem vereinbarten Ende des befristeten Arbeitsvertrags. Fristbeginn und -ablauf berechnen sich nach § 222 ZPO, §§ 187, 188 II BGB. Liegt das Ende der Befristung wie üblich am Ende eines Kalendertages, beginnt die Frist am darauf folgenden Tag, die Frist endet drei Wochen später mit Ablauf des Wochentages, der in seiner Benennung dem Tag entspricht, an dem das vereinbarte Ende des befristeten Arbeitsvertrags lag. Handelt es sich um einen Samstag, Sonntag oder gesetzl. Feiertag, so endet die Frist erst mit Ablauf des nächsten folgenden Werktags. Die Klagefrist ist mit der Klageerhebung gewahrt, was der Fall ist, wenn die Klage am letzten Tag der Frist beim ArbG eingeht. Die Drei-Wochen-Frist ist eine prozessuale Klageerhebungsfrist. Die Fristwahrung kann daher im Weg des Freibeweises geklärt werden[2]. Die Versäumung der Frist führt unmittelbar zum Verlust des Klagerechts.

Die Klagefrist kann in entsprechender Anwendung des § 6 S. 1 KSchG auch dadurch gewahrt sein, dass der ArbN bis zum Schluss der mündlichen Verhandlung erster Instanz einen Befristungskontrollantrag stellt, wenn er innerhalb der Drei-Wochen-Frist auf anderem Weg gerichtlich geltend gemacht hat, dass die nach diesem Antrag streitgegenständliche Befristung rechtsunwirksam ist. Wie im Kündigungsschutzverfahren reicht es dafür aus, dass innerhalb der dreiwöchigen Klagefrist **aus anderen Gründen**, wie zB wegen der über den Beendigungszeitpunkt hinaus geforderten Vergütung, auf dem Klageweg geltend gemacht wird, dass eine wirksame Befristung nicht vorliegt[3]. § 6 KSchG kommt aber auch eine **Präklusionswirkung** zu, so dass sich der klagende ArbN in der Berufungsinstanz nicht mehr auf Unwirksamkeitsgründe berufen kann, die er nicht bereits in der ersten Instanz geltend gemacht hat[4].

5 Der **zweckbefristete** Arbeitsvertrag endet an sich mit dem Zeitpunkt der Zweckerreichung, der **auflösend bedingte** mit dem Zeitpunkt des Bedingungseintritts (sofern die vorherige Zustimmung des Integrationsamtes notwendig ist – s. § 14 Rz. 80 u. § 21 Rz. 16 – erst mit der Zustimmung des Integrationsamtes[5]). Das vereinbarte Vertragsende wird aber durch die Regelung des § 15 II modifiziert. Nur dann, wenn dem ArbN mindestens **zwei Wochen** zuvor eine entsprechende **schriftl. Unterrichtung** über den Zeitpunkt der Zweckerreichung zugegangen ist, endet es mit dem Eintritt der Bedingung bzw. mit der Zweckerreichung. **Beginn für die Klagefrist** ist dann der auf den Tag des Bedingungseintritts oder der Zweckerreichung folgende Tag. Eine Befristungskontrollklage kann grds. frühestens erhoben werden, wenn der ArbGeb den ArbN nach § 15 II schriftl. über den Zeitpunkt der Zweckerreichung unterrichtet hat, es sei denn die Voraussetzungen des § 256 ZPO liegen vor[6]. Geht die schriftl. Unterrichtung nach § 15 II dem ArbN erst so spät zu, dass die dort genannte Zwei-Wochen-Frist erst **nach der Zweckerreichung bzw. dem Bedingungseintritt** endet, so beginnt die Klagefrist erst **am Tag nach dem Zugang der schriftl. Unterrichtung**[7]. Da sich aber die Unterrichtung durch den ArbGeb als überflüssig darstellen kann, weil die Zweckbefristung oder die auflösende Bedingung auf Gründen in der Person des ArbN beruht oder aber der ArbGeb für den ArbN ersichtlich von keiner Unterrichtungspflicht ausgeht (evtl. auch nur aus Unkenntnis dieser Pflicht), **empfiehlt** es sich, unabhängig vom Zugang der Unterrichtung durch den ArbGeb den Zeitpunkt der Zweckerreichung bzw. des Bedingungseintritts als Beginn der Klagefrist zugrunde zu legen. Zum Fristbeginn bei Fortsetzung des ArbVerh nach dem vereinbarten Ende s. Rz. 14.

6 Bei **mehreren aufeinander folgenden** Befristungsabreden wird die Klagefrist für jede Befristungsvereinbarung mit dem Ablauf der darin vereinbarten Befristung und nicht erst mit dem Ablauf der letzten Befristung in Lauf gesetzt[8]. Wird nur die Befristung des letzten Vertrages mit einer Klage angegriffen, so kommt es auf die Unwirksamkeit vorangegangener Befristungsabreden nicht mehr an (s. zu mehrfachen Befristungen § 14 Rz. 89 ff.). Dies gilt auch bei **Kettenbefristungen** bzw. Kettenarbeitsverhältnissen, nicht jedoch, wenn es sich bei dem letzten Vertrag nur um einen **unselbständigen Annex** zum vorhergehenden Vertrag handelt. Dies ist der Fall, wenn nur die Laufzeit des alten Vertrages verhältnismäßig geringfügig korrigiert mit dem Sachgrund der Befristung in Einklang gebracht wird, dieser aber ansonsten derselbe bleibt. Hier beginnt die Klagefrist mit dem im Annex vereinbarten Ende.

7 Die sog. Entfristungsklage kann aber auch schon **nach Abschluss des Arbeitsvertrages** erhoben werden und nicht erst nach der vertragl. vorgesehenen Beendigung. In diesem Falle muss der ArbN jedoch die Umstände darlegen, aus denen sich ein alsbaldiges Feststellungsinteresse ergibt[9].

---

1 Nicht zu beachten: BAG 20.2.2002 – 7 AZR 622/00, NZA 2002, 1304; 23.6.2004 – 7 AZR 440/03, NZA 2005, 520; Dörner, Rz. 807; ErfK/*Müller-Glöge*, § 17 TzBfG Rz. 4; zu beachten: LAG Hess. 18.1.2000 – 9 Sa 964/99, NZA 2000, 1071. ||2 BAG 18.1.2012 – 7 AZR 211/09, NZA 2012, 691. ||3 BAG 15.5.2012 – 7 AZR 6/11, NZA 2012, 1148. ||4 BAG 24.8.2011 – 7 AZR 228/10, NZA 2012, 385. ||5 BAG 9.2.2011 – 7 AZR 221/10, NZA 2011, 854. ||6 BAG 15.5.2012 – 7 AZR 35/11, NZA 2012, 1366. ||7 BAG 15.8.2012 – 7 AZN 956/12, NZA 2012, 1116; 10.10.2012 – 7 AZR 602/11, NZA 2013, 344. ||8 BAG 24.10.2001 – 7 AZR 686/00, DB 2002, 536. ||9 BAG 12.10.1979 – 7 AZR 960/77, AP Nr. 48 zu § 620 BGB Befristeter Arbeitsvertrag; LAG Düss. 18.11.1999 – 11 Sa 1039/99, NZA-RR 2000, 291.

Die Übergabe einer sog. **Nichtverlängerungsanzeige/Beendigungsmitteilung**[1] löst nicht die Klagefrist aus. Die Mitteilung, dass das ArbVerh nicht verlängert wird bzw. es bei der vereinbarten Beendigung bleibt, stellt aus Sicht des ArbGeb keine Kündigung dar, sondern hat nur klarstellende Bedeutung[2]. 8

2. **Antrag (S. 1).** Nach dem ausdrücklichen Wortlaut der Bestimmung ist die **Klage auf die Feststellung** zu richten, dass das ArbVerh auf Grund der Befristung bzw. auflösenden Bedingung nicht beendet ist. Bei einer Klage nach dieser Bestimmung besteht der Gegenstand des Streits darin, ob das ArbVerh durch die zu einem bestimmten Zeitpunkt vereinbarte Befristung zu dem in dieser Vereinbarung vorgesehenen Termin geendet hat. Da es um einen **punktuellen Streitgegenstand** geht, ist ein allg. Feststellungsantrag regelmäßig unzulässig[3]. Eine allg. Feststellungsklage wahrt daher nicht die Klagefrist. Die Erhebung einer Klage ist als Prozesshandlung aber ebenso auslegungsfähig wie eine private Willenserklärung. Ggü. dem Wortlaut des Klageantrags ist daher der geäußerte Parteiwille maßgeblich, wie er aus dem Antrag, der Begründung und sonstigen Umständen bei Erhebung der Klage erkennbar wird. Es muss sich also zumindest aus der Begründung der Feststellungsklage oder sonstigen Umständen bei Klageerhebung ergeben, dass der Kläger mit seinem Feststellungsantrag die Wirksamkeit der in dem Arbeitsvertrag vereinbarten Befristung in Abrede stellen will[4]. 9

Wenn der ArbN davon ausgeht, die Befristung sei zwar **wirksam** gewesen, es sei jedoch nach § 15 V ein unbefristetes ArbVerh begründet worden, ist die **allg. Feststellungsklage** die richtige Klageart[5].

- **Formulierungsvorschlag** für den gegen die Befristung bzw. auflösende Bedingung gerichteten Klagantrag: Festzustellen, dass das zwischen den Parteien bestehende Arbeitsverhältnis nicht auf Grund der Befristung im Vertrag vom ... am ... beendet worden ist und zu unveränderten Bedingungen unbefristet fortbesteht. 10

Aus der Klage muss sich eindeutig ergeben, gegen welche konkrete Befristungsvereinbarung sich die Klage richtet, jede einzelne Befristung ist gesondert anzugreifen. Mit dem stattgebenden Urteil wird zugleich entschieden, dass jedenfalls zum streitigen Beendigungszeitpunkt ein ArbVerh der Parteien bestanden hat.

3. **Versäumung der Frist (S. 2).** Nach dieser Bestimmung gelten die **§§ 5–7 KSchG entsprechend**. Auch bei Klagen gegen Befristungen oder auflösende Bedingungen kann nach § 5 KSchG ein Antrag auf nachträgliche Zulassung gestellt werden. S. im Einzelnen die Komm. zu § 5 KSchG. 11

Mit einer isoliert erhobenen **Leistungsklage** wird die Klagefrist nicht gewahrt, auch wenn sie auf die Unwirksamkeit der Befristung gestützt wird (zB Klage auf Zahlung der Vergütung über das Befristungsende hinaus)[6]. – S. hierzu aber auch oben Rz. 4. – Nach dem Wortlaut des § 6 KSchG muss es sich bei der fristgerecht erhobenen Klage um eine Feststellungsklage nach § 17 handeln. 12

Wird die Rechtsunwirksamkeit einer Befristung oder einer auflösenden Bedingung **nicht rechtzeitig** innerhalb der dreiwöchigen Klagefrist geltend gemacht, so gilt gem. § 7 KSchG die Befristung als von Anfang an rechtswirksam. Der Klagefrist kommt somit eine materiell-rechtl. Wirkung zu. Bei einer **Klagerücknahme** tritt diese Rechtsfolge rückwirkend ein, wenn die Drei-Wochen-Frist bereits abgelaufen ist[7]. Ist die Befristung oder auflösende Bedingung nicht hinreichend bestimmt, so hat die Klagefrist keine Bedeutung. Mit der Fiktion der Wirksamkeit der Befristung kann für diesen Fall keine Beendigung des ArbVerh zu einem bestimmten Termin herbeigeführt werden. 13

4. **Fristbeginn bei Fortsetzung über den Beendigungstermin hinaus (S. 3).** Mit der Regelung in S. 3 wird für die sog. Entfristungsklage der Beginn der Klagefrist **gehemmt** bis zum Zugang der schriftl. Erklärung des ArbGeb, das ArbVerh sei auf Grund der Befristung beendet[8]. Dies gilt nicht nur für zweckbefristete und auflösend bedingte Arbeitsverträge, sondern auch für kalendermäßig befristete Arbeitsverträge, auch wenn nach § 15 V bereits ein unbefristetes ArbVerh vorliegt[9]. Bedeutsam wird diese Regelung, wenn das **bisherige** befristete ArbVerh **fortgesetzt** wird. Erbringt also der ArbN über den vereinbarten Beendigungstermin (Fristende, Zweckerreichung oder Bedingungseintritt) hinaus die vertragl. geschuldete Arbeitsleistung, beginnt die Klagefrist erst mit dem **Zugang der schriftl. Mitteilung** nach § 15 II, dass das ArbVerh auf Grund der Befristung beendet ist. Dabei muss zum Ausdruck kommen, dass der ArbGeb das ArbVerh als beendet ansieht. Infolgedessen kann die Mitteilung nach dieser Bestimmung grds. erst nach dem vereinbarten Beendigungszeitpunkt erfolgen; aber nicht nur, wenn der ArbN ohne Kenntnis des ArbGeb weiterarbeitet, sondern auch dann, wenn es bereits zuvor zur Fiktion des § 15 V gekommen ist. Es muss sich um eine schriftl. Erklärung handeln. Wegen der rechtl. Auswirkungen der Mitteilung des ArbGeb an den ArbN ist die **Schriftform des § 623 BGB** iVm. § 126 BGB einzuhalten, so dass die elektronische Form nicht ausreicht, obwohl die Bestimmung keine anders lautende Regelung iSv. § 126 III BGB enthält. 14

---

1 Zur Nichtverlängerungsmitteilung bei befristeten BühnenArbVerh s. *Opolony*, NZA 2001, 1351. ||2 BAG 26.4.1979 – 2 AZR 431/77 u. 7.3.1980 – 7 AZR 177/78, AP Nr. 47, 54 zu § 620 BGB Befristeter Arbeitsvertrag. ||3 BAG 16.4.2003 – 7 AZR 119/02, NZA 2004, 283. ||4 BAG 16.4.2003 – 7 AZR 119/02, NZA 2004, 283. ||5 BAG 23.6.2004 – 7 AZR 440/03, NZA 2005, 520. ||6 BAG 25.3.1976 – 2 AZR 127/75, AP Nr. 10 zu § 626 BGB Ausschlussfrist; s.a die Komm. zu § 6 KSchG. ||7 BAG 26.6.2002 – 7 AZR 122/01, ZIP 2002, 1779. ||8 KR/*Bader*, § 17 TzBfG Rz. 32. ||9 AA LAG Düss. 26.9.2002 – 5 Sa 748/02, LAGReport 2003, 33.

15 **III. Prozessuales.** Für das Verfahren gelten die **allg. Verfahrensgrundsätze**.

16 Da die Vorschrift nicht auf die §§ 9, 10 KSchG verweist, können weder vom ArbN noch vom ArbGeb **Auflösungsanträge** gestellt werden.

17 Bei unwirksamen Befristungen hat der ArbN in gleichem Maße wie bei einer gerichtl. für unwirksam erklärten Kündigung nach den Grundsätzen des Beschlusses des Großen Senats v. 27.2.1985[1] einen Anspruch auf **vorläufige Weiterbeschäftigung**[2] bis zum rechtskräftigen Abschluss des Verfahrens, sofern nicht überwiegende schutzwerte Interessen des ArbGeb einer solchen Beschäftigung entgegenstehen. Zur Weiterbeschäftigung und Wiedereinstellung s. iÜ § 15 Rz. 33 f., zum ProzessArbVerh s. § 14 Rz. 83.

18 Hinsichtlich der **Darlegungs- und Beweislast** ist zu unterscheiden, ob überhaupt der Abschluss eines befristeten Arbeitsvertrages, seine Dauer oder die Unwirksamkeit der Befristung streitig sind. Nach allg. Beweisgrundsätzen hat diejenige Partei, die den Eintritt einer Rechtsfolge geltend macht, die Voraussetzungen des für sie günstigen Rechtssatzes zu beweisen. Den Anspruchsteller trifft die Beweislast für die rechtsbegründenden Tatsachen, der Antragsgegner muss den Beweis für rechtshemmende, rechtshindernde oder rechtsvernichtende Tatsachen erbringen. Beruft sich eine Partei auf die **Befristung** des ArbVerh, stellt sie mit diesem Vorbringen weder den Abschluss noch den Inhalt des Arbeitsvertrages in Abrede. Sie macht geltend, das ArbVerh habe zu dem von ihr behaupteten Zeitpunkt durch Fristablauf geendet. Das hat zur Folge, dass die wechselseitigen vertragl. Hauptpflichten erlöschen, so dass es sich um eine dem materiellen Recht folgende rechtsvernichtende Einwendung ggü. dem Anspruch der anderen Vertragspartei auf Fortdauer des ArbVerh handelt. Demgemäß hat dann die Partei das Vorliegen der tatsächlichen Voraussetzungen darzulegen und im Bestreitensfalle unter Beweis zu stellen, die sich auf die für sie günstigere Rechtsfolge des Erlöschens der Vertragspflichten, also auf die Befristung und ihre Dauer, beruft. Sie wird im Regelfall den ArbGeb treffen[3].

19 Während dem ArbGeb regelmäßig die Darlegungs- und Beweislast hinsichtlich des Vorliegens eines befristeten Vertrages obliegt, trägt der ArbN grds. die Darlegungs- und Beweislast dafür, dass bei Abschluss des befristeten Arbeitsvertrages **sachliche Gründe gefehlt** haben. Allerdings kann sich die Beweisführungslast nach Lage des jeweiligen Falles in der Weise ändern, dass der ArbGeb seinerseits das Vorbringen des ArbN, das dem ersten Anschein nach zutreffend ist, durch Gegendarlegungen und Gegenbeweise zu entkräften hat[4].

20 Wird eine **sachgrundlose Befristung** gem. § 14 II oder IIa mit der Klage angegriffen, so hat der ArbGeb die Voraussetzungen der Zulässigkeit der Befristung darzulegen und zu beweisen, also die Voraussetzungen des § 14 II 1 oder IIa und für das Vorliegen einer Neueinstellung[5]. Hinsichtlich des Vorliegens einer **Vorbeschäftigung** iSv. § 14 II 2 ist idR der ArbN darlegungs- und beweispflichtig, da hiermit die Zulässigkeit der Befristung infrage gestellt wird[6].

21 Stützt sich der Sachgrund der Befristung auf eine Prognose (wie zB in Fällen eines vorübergehenden Mehrbedarfs an Arbeitsplätzen), gilt eine **abgestufte Darlegungslast**. Wird die Prognose des ArbGeb durch die nachfolgende Entwicklung bestätigt, besteht eine ausreichende Vermutung dafür, dass sie hinreichend fundiert erstellt worden ist. Es ist Aufgabe des ArbN, Tatsachen vorzubringen, die die Richtigkeit der Prognose im Zeitpunkt des Abschlusses des Zeitvertrages infrage stellen[7]. Wenn sich eine im Zeitpunkt des Vertragsabschlusses erstellte Prognose später nicht bestätigt, muss der ArbGeb die Tatsachen vortragen, die ihm jedenfalls im Zeitpunkt des Vertragsabschlusses den hinreichend sicheren Schluss darauf erlaubten, dass nach Ablauf der Befristung die Weiterbeschäftigung des ArbN nicht mehr möglich sein werde[8].

22 Bzgl. der **Dauer** des befristeten ArbVerh trägt nach den allg. Grundsätzen derjenige die Darlegungs- und Beweislast, der sich auf die vorzeitige Beendigung des ArbVerh beruft[9]. Die tatsächlichen Grundlagen einer **Zweckerreichung** oder eines **Bedingungseintritts** hat derjenige darzulegen und zu beweisen, der die Zweckerreichung oder den Eintritt einer auflösenden Bedingung behauptet.

23 Die Befristungskontrolle ist auf den **Zeitpunkt** der Vereinbarung bezogen.

24 Der Gegenstandswert einer Entfristungsklage beträgt wie bei einer Kündigungsschutzklage ein Vierteljahresentgelt[10].

---

1 BAG 27.2.1985 – GS 1/84, AP Nr. 14 zu § 611 BGB Beschäftigungspflicht. ‖ 2 BAG 13.6.1985 – 2 AZR 410/84, AP Nr. 19 zu § 611 BGB Beschäftigungspflicht; 28.9.1988 – 7 AZR 451/87, AP Nr. 125 zu § 620 BGB Befristeter Arbeitsvertrag; LAG Nds. 12.1.2004 – 5 Sa 1130/03 E, NZA-RR 2004, 555. ‖ 3 BAG 12.10.1994 – 7 AZR 745/93, NZA 1995, 780. ‖ 4 BAG 6.5.1982 – 2 AZR 1037/79 und 13.5.1982 – 2 AZR 87/80, AP Nr. 67, 68 zu § 620 BGB Befristeter Arbeitsvertrag. ‖ 5 BAG 6.12.1989 – 7 AZR 441/89, NZA 1990, 741 (743): zu § 1 I 1 BeschFG 1985. ‖ 6 LAG Nds. 26.7.2004 – 5 Sa 234/04, NZA-RR 2005, 410. ‖ 7 BAG 3.11.1999 – 7 AZR 846/98, NZA 2000, 126. ‖ 8 BAG 12.1.2000 – 7 AZR 863/98, BB 2000, 933. ‖ 9 BAG 12.10.1994 – 7 AZR 745/93, NZA 1995, 780. ‖ 10 LAG Sachs. 19.5.2011 – 4 Ta 91/11 (3), ArbRB 2011, 271: Nr. 11 des – unverbindlichen – Streitwertkatalogs bei Bader/Jörchel, NZA 2013, 809.

18 *Information über unbefristete Arbeitsplätze*
Der Arbeitgeber hat die befristet beschäftigten Arbeitnehmer über entsprechende unbefristete Arbeitsplätze zu informieren, die besetzt werden sollen. Die Information kann durch allgemeine Bekanntgabe an geeigneter, den Arbeitnehmern zugänglicher Stelle im Betrieb und Unternehmen erfolgen.

I. Informationspflicht (S. 1). Befristet beschäftigte ArbN sind durch den ArbGeb über zu besetzende unbefristete Arbeitsplätze zu **informieren**. Die Vorschrift setzt § 6 I der Rahmenvereinbarung über befristete Arbeitsverträge (RL 1999/70/EG) um. Die Informationspflicht besteht ggü. jedem befristet beschäftigten ArbN, also nicht nur ggü. denjenigen, die konkret den Wunsch auf Übernahme in ein unbefristetes ArbVerh geäußert haben (so aber § 7 II hinsichtlich der Teilzeitkräfte). Das Gesetz geht von einem vorrangigen Interesse nach unbefristeter Beschäftigung aus. Hinzuweisen ist auf freie und frei werdende unbefristete Arbeitsplätze, wenn diese wieder mit einem unbefristet angestellten ArbN besetzt werden sollen. 1

Der Bekanntmachungsregelung des S. 2 ist zu entnehmen, dass auch bei einer individuellen Information einzelner ArbN auf Dauerarbeitsplätze **im gesamten Unternehmen**, also auch in anderen Betrieben desselben Unternehmens hinzuweisen ist[1]. 2

Die Unterrichtung hat so **rechtzeitig** zu erfolgen, dass sich der befristet beschäftigte ArbN noch für den zu besetzenden Dauerarbeitsplatz bewerben kann. 3

Werden einzelne ArbN individuell über freie unbefristete Arbeitsplätze informiert, so braucht sich die Information jedoch nur auf **„entsprechende"** Arbeitsplätze zu erstrecken. Darunter sind unter Berücksichtigung der in § 3 II erfolgten begrifflichen Festlegung auf vergleichbare Arbeitsplätze solche zu verstehen, auf denen gleiche oder ähnliche Tätigkeiten erbracht werden[2], für die die befristet beschäftigten ArbN aus objektiver Sicht persönlich und fachlich in Betracht kommen. 4

II. Form der Bekanntgabe (S. 2). Über die individuelle Information einzelner befristet beschäftigter ArbN hinaus hat der ArbGeb nach dieser Regelung die Möglichkeit, den Hinweis auf Dauerarbeitsplätze **allg. bekannt** zu geben. Dies muss an geeigneter, den ArbN zugänglicher Stelle im Betrieb und Unternehmen (also ggf. auch in mehreren Betrieben) geschehen. Entscheidend ist, dass eine Kenntnisnahme derjenigen gewährleistet ist, die befristet eingestellt sind. Die Information kann am schwarzen Brett, in der Werkzeitung, aber auch im Intranet erfolgen, wenn hierauf alle ArbN Zugriff haben[3]. Wird diese allg. Bekanntgabe gewählt, so kann die Information auf Dauerarbeitsplätze wegen der durchweg unterschiedlichen Arbeitsanforderungen der einzelnen befristeten Arbeitsplätze nicht auf „entsprechende" Dauerarbeitsplätze beschränkt bleiben. Das Angebot muss sich vielmehr nach den Adressaten dieser Information richten. Daraus folgt, dass der ArbGeb seiner Informationspflicht nur dann ordnungsgemäß nachkommt, wenn die allg. Bekanntgabe ständig aktualisiert wird, so dass rechtzeitige Bewerbungen möglich sind. 5

III. Sanktionen/Schadensersatz. Eine unmittelbare Sanktion **bei einem Verstoß** gegen die Informationspflicht sieht das Gesetz nicht vor. Insb. hat der nicht informierte befristet beschäftigte ArbN keinen Anspruch auf Weiterbeschäftigung über das Beendigungsdatum hinaus, sofern eine unbefristete Einstellung auf einem anderen vergleichbaren Arbeitsplatz möglich ist[4]. Dies gilt auch bei einer sich altersdiskriminierend darstellenden Ablehnung auf Übernahme in ein unbefristetes ArbVerh (§ 15 VI AGG)[5] oder sich als Verletzung des Maßregelungsverbots des § 612a BGB darstellenden Weigerung, einem befristet beschäftigten ArbN einen Folgevertrag anzubieten[6]. – Zum Weiterbeschäftigungs- und Wiedereinstellungsanspruch wegen Verstoßes gegen das Diskriminierungsverbot s.a § 15 Rz. 34. – Eine mittelbare Sanktion kann sich jedoch aus dem Zustimmungsverweigerungsrecht des BR nach § 99 II Nr. 3 BetrVG ergeben, weil bei Nichtbeachtung der Informationspflicht davon ausgegangen werden kann, dass von vornherein ein gleich geeigneter befristet beschäftigter ArbN nicht berücksichtigt wurde. 6

Gegen einen **Schadensersatzanspruch** wegen nicht richtiger oder nicht rechtzeitiger Information spricht, dass die Bestimmung mehr Transparenz bezweckt, um die Möglichkeit zum Übergang in ein unbefristetes ArbVerh zu schaffen. Da die Vorschrift aber eine vertragl. Nebenpflicht konkretisiert, kann wegen Verletzung der Informationspflicht ein Schadensersatzanspruch nach § 280 BGB bestehen. Ein auch nur mittelbarer Anspruch auf Übertragung eines unbefristeten Arbeitsplatzes folgt aus diesem Zweck nicht, so dass es sich um kein Schutzgesetz iSd. § 823 II BGB handelt[7]. 7

19 *Aus- und Weiterbildung*
Der Arbeitgeber hat Sorge zu tragen, dass auch befristet beschäftigte Arbeitnehmer an angemessenen Aus- und Weiterbildungsmaßnahmen zur Förderung der beruflichen Entwicklung und Mobilität teilnehmen können, es sei denn, dass dringende betriebliche Gründe oder Aus- und Weiterbildungswünsche anderer Arbeitnehmer entgegenstehen.

---

1 KR/*Bader*, § 18 TzBfG Rz. 3. || 2 KR/*Bader*, § 18 TzBfG Rz. 3. || 3 *Kliemt*, NZA 2001, 296. || 4 Auch die Protokollnotiz Nr. 4 zu Nr. 1 SR zu BAT und § 30 II 2 TVöD-AT enthalten kein Anstellungsgebot, BAG 2.7.2003 – 7 AZR 529/02, NZA 2004, 1055. || 5 Ablehnung eines befristeten Folgevertrages für einen Geschäftsführer: BGH 23.4.2012 – II ZR 163/10, NZA 2012, 797. || 6 BAG 21.9.2011 – 7 AZR 150/10, NZA 2012, 317. || 7 ErfK/*Müller-Glöge*, § 18 TzBfG Rz. 3; KR/*Bader*, § 18 TzBfG Rz. 11.

TzBfG § 19 Rz. 1   Aus- und Weiterbildung

1   **I. Arbeitgeberseitige Verpflichtung.** Der ArbGeb hat dafür zu sorgen, dass befristet beschäftigte ArbN auch an angemessenen **Aus- und Weiterbildungsmaßnahmen** teilnehmen können. Damit sollen die Chancen befristet beschäftigter ArbN auf einen Dauerarbeitsplatz verbessert und die berufliche Entwicklung sowie Mobilität des befristetet Beschäftigten gefördert werden. Mit dieser Bestimmung wird § 6 II der Rahmenvereinbarung über befristete Arbeitsverträge (RL 1999/70/EG) umgesetzt.

2   Wie die nach § 10 bestehende Verpflichtung zur Aus- und Weiterbildung von teilzeitbeschäftigten ArbN gibt diese Regelung **keinen eigenständigen Anspruch** auf Durchführung derartiger Maßnahmen. Besteht im Unternehmen kein Angebot an Aus- und Weiterbildungsmaßnahmen, so kann der befristet beschäftigte ArbN aus dieser Bestimmung keinen Anspruch herleiten.

3   Die Aus- und Weiterbildungsverpflichtung des ArbGeb bezieht sich nicht nur auf die aktuelle Tätigkeit des befristet Beschäftigten, sondern auch auf die **Verbesserung der beruflichen Qualifikation** als Voraussetzung für die Übernahme einer qualifizierteren Tätigkeit[1]. Die Aus- und Weiterbildungsmaßnahmen müssen auf die Förderung der beruflichen Entwicklung und Mobilität ausgerichtet sein. Jedoch muss die Aus- und Weiterbildungsmaßnahme insb. bezogen auf die Art der Tätigkeit des ArbN, die vorgesehene Dauer der befristeten Beschäftigung, die Dauer der Aus- und Weiterbildungsmaßnahme und den für den ArbGeb entstehenden Kostenaufwand **angemessen** sein. Wenn ein vergleichbarer Dauerarbeitsplatz die durch die Aus- und Weiterbildung vermittelte Qualifizierung erfordert, so ist die Maßnahme angemessen, so dass der Gesichtspunkt der über die Beschäftigungszeit hinausgehenden Qualifikation dem nicht entgegensteht. Die Vorschrift betrifft interne und externe Bildungsmaßnahmen des ArbGeb.

4   **II. Entgegenstehende betriebliche Gründe.** Der ArbGeb kann ggü. dem Qualifizierungswunsch eines befristet beschäftigten ArbN geltend machen, dass diesem **dringende betriebl. Gründe** entgegenstehen. Wegen der durch die Freistellung zur Aus- und Weiterbildung entstehenden betriebl. Folgen sind diese Gründe mit den in § 7 I 1 BUrlG angeführten dringenden betriebl. Gründen vergleichbar. Durch die Teilnahme an derartigen Aus- und Weiterbildungsmaßnahmen müsste es deshalb zu einer erheblichen Beeinträchtigung der Betriebsabläufe kommen.

5   Dem Qualifizierungswunsch und damit der Berücksichtigung bei der Teilnahme an Aus- und Weiterbildungsmaßnahmen kann zudem die Aus- und Weiterbildung **anderer ArbN** entgegenstehen, die unter beruflichen oder sozialen Gesichtspunkten vorrangig zu berücksichtigen sind. Die Auswahl von konkurrierenden Weiterbildungsinteressen unbefristet und befristet Beschäftigter ist nach billigem Ermessen zu treffen (§ 315 BGB)[2]. Mit der gesetzl. Regelung wird keine Besserstellung der befristet tätigen ArbN ggü. den unbefristet tätigen ArbN verlangt. Es soll zu einer Gleichbehandlung kommen.

6   Für das Vorliegen entgegenstehender betriebl. Gründe und konkurrierende Aus- und Weiterbildungswünsche anderer ArbN ist der ArbGeb **darlegungs- und beweispflichtig**.

7   Nur dann, wenn die Nichtberücksichtigung bei der Teilnahme an einer Aus- und Weiterbildungsmaßnahme den Gleichbehandlungsgrundsatz verletzt oder sich als willkürlich darstellt, kann ein **Individualanspruch** auf Teilnahme und ggf. ein Schadensersatzanspruch nach § 280 BGB bestehen. Da es sich bei dieser Bestimmung um kein Schutzgesetz iSd. § 823 II BGB handelt, besteht kein Schadensersatzanspruch aus unerlaubter Handlung.

20   *Information der Arbeitnehmervertretung*

Der Arbeitgeber hat die Arbeitnehmervertretung über die Anzahl der befristet beschäftigten Arbeitnehmer und ihren Anteil an der Gesamtbelegschaft des Betriebes und des Unternehmens zu informieren.

1   Mit dieser Vorschrift wird § 7 III der Rahmenvereinbarung über befristete Arbeitsverträge (RL 1999/70/EG) entsprochen. Der ArbN-Vertretung soll durch die hier vorgesehenen **Informationen** ermöglicht werden, Einfluss auf die betriebl. Einstellungspraxis zu nehmen und die Einhaltung der gesetzl. Vorschriften über befristete ArbVerh zu überwachen[3]. Diese Informationspflicht ist nicht von der Anzahl der im Unternehmen beschäftigten ArbN abhängig. Aus der Information muss sich die Anzahl der befristet beschäftigten ArbN ergeben. Außerdem muss der Anteil an der Gesamtbelegschaft des **Betriebes und des Unternehmens** angegeben werden. Mit dieser Bestimmung werden die Informationspflichten nach § 80 II 1 BetrVG ergänzt.

2   Informationen über die Anzahl der befristet beschäftigten ArbN und ihren Anteil an der Gesamtbelegschaft sind der zuständigen **ArbN-Vertretung** ggü. zu geben. In den vom BetrVG erfassten Betrieben und Unternehmen sind dies die BR und GBR, nicht aber die KBR, da sich die Bestimmung nur auf Betriebe und Unternehmen bezieht. Der Umfang der Angaben wird durch den jeweiligen Adressaten bestimmt, so dass der jeweilige BR nur die betriebsbezogene Anzahl und Anteile erfahren muss, während der GBR Anspruch auf die unternehmensbezogenen Informationen hat. Ebenfalls informationsberech-

---

[1] BT-Drs. 14/4374, 21. ||[2] KR/*Bader*, § 19 TzBfG Rz. 12. ||[3] BT-Drs. 14/4374, 21.

tigt sind die ArbN-Vertretungen gem. § 3 BetrVG, die abweichend oder zusätzlich gebildet werden können, wie SpartenBR (§ 3 I Nr. 2 BetrVG) oder zusätzliche betriebsverfassungsrechtl. Vertretungen (§ 3 I Nr. 4 und 5 BetrVG). Im öffentl.-rechtl. Bereich sind den Personalvertretungen und im kirchlichen Bereich den Mitarbeitervertretungen die Informationen zu erteilen.

Die Informationserteilung unterliegt **keiner Formvorschrift**. 3

Die **Häufigkeit** richtet sich nach dem aktuellen Informationsbedarf. Eine § 110 I BetrVG entsprechende Häufigkeit sieht die Bestimmung nicht vor. 4

Die nach dieser Vorschrift bestehende Informationspflicht **bezweckt** vorrangig die Einhaltung der Diskriminierungs- und Benachteiligungsverbote gem. § 4 II 1 und § 5, die Beteiligung von befristet beschäftigten ArbN an angemessenen Aus- und Weiterbildungsmaßnahmen (§ 19) sowie die Einhaltung der Informationspflicht des ArbGeb über zu besetzende unbefristete Arbeitsplätze (§ 18). 5

Der seitens des BR nach dieser Bestimmung bestehende Informationsanspruch korrespondiert mit dem in § 99 II Nr. 3 BetrVG aufgenommenen Verweigerungsgrund, dass ein gleich geeignet befristet Beschäftigter bei einer unbefristeten Neueinstellung übergangen wird. Dieses Zustimmungsverweigerungsrecht erweitert die nach § 18 ggü. befristet beschäftigten ArbN bestehende Informationspflicht über zu besetzende unbefristete Arbeitsplätze. 6

21 *Auflösend bedingte Arbeitsverträge*
Wird der Arbeitsvertrag unter einer auflösenden Bedingung geschlossen, gelten § 4 Abs. 2, § 5, § 14 Abs. 1 und 4, § 15 Abs. 2, 3 und 5 sowie die §§ 16 bis 20 entsprechend.

I. Begriff und Normzweck. Die auflösende Bedingung wird dem mit Sachgrund befristeten ArbVerh (Zeit- und Zweckbefristung) gleichgestellt. **Auflösend bedingt** ist ein Arbeitsvertrag, wenn dessen Ende von einem ungewissen Ereignis abhängt, dessen Eintritt nicht Voraussetzung des Vertrages ist. Das ist zB auch der Fall, wenn die Arbeitsvertragsparteien während eines Kündigungsrechtsstreits die vorläufige Weiterbeschäftigung bis zur rechtskräftigen Abweisung der Kündigungsschutzklage vereinbaren. Mit Eintritt der auflösenden Bedingung endet das ArbVerh (§ 158 II BGB). Im Unterschied zu dem zeitbefristeten Arbeitsvertrag ist also das Ende des auflösend bedingten Arbeitsvertrages von dem ungewissen Eintritt eines zukünftigen Ereignisses abhängig. Der Unterschied zu einem zweckbefristeten Arbeitsvertrag besteht darin, dass bei Letzterem nur der Zeitpunkt des Eintritts der Zweckerreichung und damit der Zeitpunkt des Endes des ArbVerh ungewiss ist. Zum Anwendungsbereich dieser Bestimmung gehören auch Rechtsbedingungen. 1

Indem die Bestimmung die auflösende Bedingung dem mit Sachgrund befristeten ArbVerh **gleichstellt**, können grds. alle Gründe, die eine Befristung erlauben, auch eine auflösende Bedingung rechtfertigen[1]. Demzufolge können an den sachlichen Grund bei einer Bedingung keine strengeren Anforderungen gestellt werden als bei einer Befristung[2]. Soweit in der Gesetzesbegr. auf die Rspr. des BAG verwiesen wird, gilt dies nur für die entsprechende Anwendung von Vorschriften über befristete Arbeitsverträge auf auflösend bedingte Arbeitsverträge. 2

Von einer Gleichstellung ist auch auf Grund des der Vorschrift zugrunde liegenden § 3 I der Rahmenvereinbarung über befristete Arbeitsverträge (RL 1999/70/EG) auszugehen, da die dortige Definition des befristet beschäftigten ArbN zugleich auch den auflösend bedingten Arbeitsvertrag erfasst.

II. Nicht anwendbare Bestimmungen (§ 14 Abs. 2, 2a u. 3, § 15 Abs. 1 u. 4). Von dem die befristeten Arbeitsverträge regelnden dritten Abschnitt finden § 14 II, IIa u. III sowie § 15 I u. IV keine Anwendung. Hinsichtlich der zuletzt genannten Vorschriften ergibt sich dies aus der begrifflichen Festlegung auf kalendermäßig befristete Arbeitsverträge. Die Nichtanwendbarkeit der eine sachgrundlose Befristung ermöglichenden Bestimmungen des § 14 II, IIa u. III folgt aus dem durch die auflösende Bedingung bereits begrifflich vorausgesetzten Regelungsbedarf. Da bei einer auflösenden Bedingung der Beendigungstatbestand notwendigerweise einer begrifflichen Umschreibung bedarf, folgt daraus aber nicht, dass bei der auflösenden Bedingung besonders schwerwiegende sachliche Gründe vorliegen müssen. 3

III. Anwendbare Bestimmungen. 1. Diskriminierungs- und Benachteiligungsverbot (§ 4 Abs. 2 u. § 5). Ein ArbN, der im Rahmen eines auflösend bedingten Arbeitsvertrages beschäftigt wird, darf in entsprechender Anwendung des § 4 II nicht ggü. einem vergleichbaren (s. hierzu entsprechend § 3 II) unbefristet tätigen ArbN diskriminiert werden. Ihm ggü. gilt auch das Benachteiligungsverbot des § 5. Es wird insoweit auf die Komm. zu diesen beiden Vorschriften verwiesen. 4

2. Sachgründe (§ 14 Abs. 1 S. 2). Grds. können alle Gründe, die eine Befristung rechtfertigen, auch eine auflösende Bedingung rechtswirksam begründen. Es wird daher auf die vorstehende Komm. zu § 14 I 2 verwiesen. Da sich die vereinbarte auflösende Bedingung als Beendigungstatbestand für das 5

---

[1] *Hromadka,* NJW 2001, 400. ||[2] *Hromadka,* NJW 2001, 400; KR/*Lipke,* § 21 TzBfG Rz. 17; aA KDZ/*Däubler,* § 21 TzBfG Rz. 7.

ArbVerh darstellt, bedarf sie bereits in der Vereinbarung des ArbVerh einer abschließenden Beschreibung, so dass eine objektive Nachprüfung des Bedingungseintritts und der rechtl. Relevanz der zugrunde gelegten Bedingung möglich ist[1]. Auflösende Bedingungen können die in § 14 I 2 beispielhaft genannten Sachgründe wie folgt rechtfertigen:

6   a) **Vorübergehender Bedarf (Nr. 1).** Der durch diesen Sachgrund vorausgesetzte **Zusatzbedarf** kann durch eine auflösende Bedingung begrenzt werden (zB die Einstellung von zusätzlichen Laborkräften wegen einer Seuchengefahr bzw. einer bereits ausgebrochenen Seuche).

7   b) **Tätigkeit im Anschluss an eine Ausbildung oder an ein Studium (Nr. 2).** Hier kann die auflösende Bedingung darin liegen, dass der ArbN eine **Anschlussbeschäftigung** findet. Zweckmäßigerweise wird man dies jedoch mit einer Höchstbefristung koppeln.

8   c) **Vertretung (Nr. 3).** Insb. in Krankheitsfällen erfolgt die befristete Einstellung einer **Vertretungskraft** unter der auflösenden Bedingung der Wiedergenesung des vertretenen ArbN. Wird der Vertretungsbedarf durch eine solche auflösende Bedingung begrenzt, so bedeutet dies allerdings, dass das VertretungsArbVerh nicht endet, wenn der vertretene ArbN aus dem Beschäftigungsverhältnis ganz ausscheidet[2]. Ist diese Folge nicht gewollt, so ist eine **Kombination** von auflösender Bedingung und Zweckbefristung angeraten (s. dazu auch § 14 Rz. 29 u. § 15 Rz. 28).

9   d) **Eigenart der Arbeitsleistung (Nr. 4).** Zweckmäßig kann eine auflösende Bedingung für diesen Sachgrund sein, wenn die Befristung zB an bestimmte **ungewisse Entwicklungen** der für die Programmgestaltung maßgeblichen Faktoren geknüpft wird[3]. Die Wahrung der **freien Entfaltung der Kunst** (Art. 5 III GG) umfasst auch die Möglichkeit, aus maßgeblichen künstlerischen Erwägungen die Programmgestaltung zu verändern. Dazu kann der Wegfall einer Rolle in einer Fernsehserie gehören, auf den die auflösende Bedingung gestützt wird. Auch kann der sog. **Verschleißtatbestand** eine auflösende Bedingung rechtfertigen (wie zB das Nichterreichen eines bestimmten Klassenerhalts der Mannschaft).

10 e) **Erprobung (Nr. 5).** Bei einer Einstellung zur Probe kann eine auflösende Bedingung in der Nichtvorlage eines Gesundheitsattestes[4] oder in der fehlenden Eignung für den Schuldienst[5] liegen. Allerdings muss die Eignung objektivierbar sein, darf also nicht von der subjektiven Beurteilung des ArbGeb abhängig sein.

11 f) **Gründe in der Person des Arbeitnehmers (Nr. 6).** Der diesem Sachgrund zuzuordnende **Wunsch** des ArbN nach einer Befristung kann durch die auflösende Bedingung begrenzt sein, dass der ArbN eine Anstellung in dem eigentlich erlernten Beruf findet oder die Lizenzspielermannschaft der 1. oder 2. Bundesliga angehört[6]. Entscheidend ist das Interesse des ArbN an der Befristung anstelle eines unbefristeten Vertrages. Als auflösende Bedingung kann sich auch die Abhängigkeit von dem **Vorliegen einer Aufenthaltserlaubnis** als Grund für die Befristung darstellen.

12 Sofern man in dem Erreichen einer bestimmten **Altersgrenze** die Vereinbarung einer auflösenden Bedingung sieht, wären Altersgrenzen auch diesem Sachgrund zuzuordnen (s. § 14 Rz. 62). Da die Altersgrenze (zB Vollendung des 65. LJ) ein bestimmter Zeitpunkt ist, ist aber das Erreichen eines bestimmten Alters kein unsicheres Ereignis iS einer auflösenden Bedingung. Dagegen liegt die Vereinbarung einer auflösenden Bedingung vor, wenn der ArbN die Voraussetzungen für die Inanspruchnahme einer vorzeitigen Altersrente erfüllt[7].

13 g) **Vergütung aus Haushaltsmitteln (Nr. 7).** Dieser Sachgrund ist für eine auflösende Bedingung deshalb **nicht geeignet**, weil von vornherein eine Befristung vorausgesetzt wird, also keine Ungewissheit über das Vorhandensein der Haushaltsmittel ausreicht[8].

14 h) **Gerichtlicher Vergleich (Nr. 8).** IdR bestimmt ein gerichtl. Vergleich einen konkreten Beendigungstermin. Die Beendigung kann jedoch auch von einer auflösenden Bedingung abhängig gemacht werden. Da aber die auflösende Bedingung zugleich auch den Beendigungstatbestand rechtfertigt, kommt dem gerichtl. Vergleich in diesem Falle grds. keine einen Sachgrund ersetzende Bedeutung zu.

15 **3. Weitere Sachgründe.** Folgt man der Gesetzesbegr., dass die Aufzählung in § 14 I 2 nur beispielhaft ist, so können auch auflösende Bedingungen auf andere Gründe gestützt werden[9]. In der Rspr. ist eine auflösende Bedingung für die Beendigung des ArbVerh bei festgestellter **Fluguntauglichkeit** für zulässig erachtet worden, sofern keine zumutbare Beschäftigungsmöglichkeit auf einem freien Arbeitsplatz besteht[10] oder eine „Abstiegsklausel" in einem Vertrag mit einem Eishockeyspieler vereinbart ist[11]. Ver-

---

1 Dass die abstrakt angeführte Bedingung sodann einseitig herbeigeführt wird, steht dem nicht entgegen, wenn hierfür sachliche Gründe vorliegen; s. dazu BAG 2.7.2003 – 7 AZR 612/02, NZA 2004, 311. ||2 BAG 26.6.1996 – 7 AZR 674/95, DB 1996, 2289. ||3 BAG 2.7.2003 – 7 AZR 612/02, NZA 2004, 311: „künstlerische Gestaltungsfreiheit". ||4 LAG Hess. 8.12.1994 – 12 Sa 1103/94, LAGE § 620 BGB Bedingung. ||5 BAG 31.8.1994 – 7 AZR 983/93, NZA 1995, 1212. ||6 BAG 4.12.2002 – 7 AZR 492/01, DB 2003, 2016. ||7 BAG 8.8.2007 – 7 AZR 605/06, DB 2008, 133. ||8 S. dazu die Gesetzesbegr. BT-Drs. 14/4374, 19; s. jedoch LAG Hamburg 7.9.2005 – 5 Sa 41/05, NZA-RR 2005, 658. ||9 *Thüsing/Lambrich*, BB 2002, 829. ||10 BAG 11.10.1995 – 7 AZR 119/95, BB 1996, 1441. ||11 LAG Düss. 26.5.1995 – 10 (15) Sa 1886/94, LAGE § 620 BGB Bedingung Nr. 5; bzgl. eines Fußballtrainers s. BAG 4.12.2002 – 7 AZR 492/01, NZA 2003, 611.

schiedene TV, so zB § 33 II TVöD-AT, und Arbeitsverträge sehen eine Beendigung des ArbVerh mit der Erwerbsunfähigkeit und auch schon mit der **Erwerbsminderung**[1] vor (s.a § 14 Rz. 76ff.). Die Tatsache einer geminderten Erwerbsfähigkeit stellt für sich genommen keinen eine auflösende Bedingung rechtfertigenden Grund dar. Erst die Einbindung der Interessen der betroffenen ArbN durch die Absicherung an die rentenrechtl. Versorgung rechtfertigt den Auflösungstatbestand ohne Kündigung[2] (hierzu sind die Auswirkungen der RL 2000/78/EG zu berücksichtigen). Der Sachgrund ist aber auch darin zu sehen, den ArbN vor einer gesundheitlichen Überforderung zu schützen. Andererseits trägt eine derartige Regelung dem Interesse des ArbGeb Rechnung, sich von einem ArbN zu trennen, der gesundheitsbedingt nicht mehr in der Lage ist, seine nach dem Arbeitsvertrag geschuldete Leistung zu erbringen[3]. Ist der ArbN nur **teilweise erwerbsgemindert**, so tritt die Beendigung jedoch gem. § 33 III TVöD-AT dann nicht ein, wenn der ArbN noch auf seinem oder einem anderen, ihm nach seinem Leistungsvermögen zumutbaren freien Arbeitsplatz weiterbeschäftigt werden könnte. Dies setzt aber jedenfalls in den Fällen, in denen der ArbN durch seinen Rentenantrag eine Voraussetzung für den Eintritt der auflösenden Bedingung selbst geschaffen hat, voraus, dass er innerhalb von zwei Wochen nach Zugang des Rentenbescheides ggü. dem ArbGeb seine Weiterbeschäftigung schriftl. beantragt[4]. Im Falle der teilweisen Erwerbsminderung, Erwerbsminderung und Berufs- sowie Erwerbsunfähigkeit bedarf die Beendigung des ArbVerh eines schwerbehinderten Menschen der Zustimmung des Integrationsamtes (§ 92 SGB IX; s.a § 14 Rz. 80). Erst mit der Zustimmung des Integrationsamtes beginnt die Klagefrist des § 17 zu laufen[5].

Die **Weiterbeschäftigung nach einer Kündigung** stellt sich als auflösend bedingtes ArbVerh dar, wenn die Arbeitsvertragsparteien während eines Kündigungsrechtsstreits im Rahmen einer sog. **Prozessbeschäftigung** die vorläufige Weiterbeschäftigung bis zur rechtskräftigen Abweisung der Kündigungsschutzklage vereinbaren. 16

Eine **Umgehung kündigungsrechtl. Vorschriften** ist dagegen anzunehmen, wenn das ArbVerh oder die auflösende Bedingung von der Nichtrückkehr aus dem Urlaub[6], dem Entfallen staatlicher Förderung[7], dem Trinken von Alkohol oder dem Konsum von Drogen abhängig gemacht wird. Hierdurch wird im Erg. die – unzulässige – Vereinbarung absoluter Kündigungsgründe eröffnet. 17

4. Schriftform und Grund der Befristung (§ 14 Abs. 4). Der auflösend bedingte Arbeitsvertrag unterliegt ebenfalls dem Schriftformerfordernis des § 14 IV. Da die vorgesehene Beendigung aus dem Sachgrund der auflösenden Bedingung folgt, wird der Beendigungstatbestand durch diesen selbst gekennzeichnet. Die gewählte Bedingung muss daher so **umschrieben** sein, dass der Eintritt des Ereignisses, an das die Beendigung des ArbVerh geknüpft wird, objektiv erkennbar ist (s.a die Komm. zu § 14 IV). 18

5. Beendigung, Kündigungsmöglichkeit und stillschweigende Verlängerung (§ 15 Abs. 2, 3 und 5). Das auf eine auflösende Bedingung gestützte befristete ArbVerh endet **mit Eintritt der Bedingung**. Wie bei der Zweckbefristung bedarf es aber der **schriftl. Unterrichtung** durch den ArbGeb über den Zeitpunkt des Eintritts der auflösenden Bedingung. Frühestens zwei Wochen nach Zugang dieser schriftl. Unterrichtung endet das ArbVerh[8]. 19

Auch das auflösend bedingte ArbVerh kann während seiner Laufzeit beiderseits nur dann **ordentl. gekündigt** werden, wenn dies einzelvertragl. oder im anwendbaren TV vereinbart ist (§ 15 III). 20

Wird das ArbVerh nach Eintritt der auflösenden Bedingung mit Wissen des ArbGeb **fortgesetzt**, so entsteht nach § 15 V ein unbefristetes ArbVerh, wenn der ArbGeb nicht unverzüglich widerspricht oder dem ArbN den Eintritt der auflösenden Bedingung nicht unverzüglich mitteilt (s. iÜ die Komm. zu § 15 II, III und V). 21

6. Folgen einer unzulässigen auflösenden Bedingung (§ 16). Ist die auflösende Bedingung **unwirksam**, so gilt der Arbeitsvertrag in entsprechender Anwendung des § 16 S. 1 Hs. 1 als auf unbestimmte Zeit geschlossen. Dies gilt für alle Unwirksamkeitsgründe. Da das Wesen einer auflösenden Bedingung darin besteht, dass der Eintritt des zukünftigen Ereignisses ungewiss ist, kann die dem ArbGeb nach § 16 S. 1 Hs. 2 eingeräumte Kündigungsmöglichkeit uU nicht realisiert werden. Deshalb und für den Fall, dass die auflösende Bedingung nicht eintritt, ist die Vereinbarung einer **Kündigungsmöglichkeit** gem. § 15 III unbedingt **zu empfehlen** ist. Bei Nichteinhaltung des Schriftformerfordernisses besteht nach § 16 S. 2 für beide Arbeitsvertragsparteien die Möglichkeit der ordentl. Kündigung auch vor Eintritt der Bedingung (bzgl. der Folgen einer unwirksamen Befristung s. iÜ die Komm. zu § 16). 22

7. Klagefrist (§ 17). Auf Grund der entsprechenden Anwendung des § 17 gilt auch bei auflösenden Bedingungen eine **dreiwöchige Klagefrist**[9], und zwar nicht nur bezogen auf die Rechtswirksamkeit der Be- 23

---

[1] Mit dem RRG 1999 entfiel die frühere Rente wegen Berufsunfähigkeit. || [2] BAG 11.3.1998 – 7 AZR 101/97, NZA 1998, 1180. || [3] BAG 6.12.2000 – 7 AZR 302/99, NZA 2001, 792. || [4] BAG 15.3.2006 – 7 AZR 332/05, ZTR 2006, 548. || [5] BAG 9.2.2011 – 7 AZR 221/10, NZA 2011, 854. || [6] BAG 19.12.1974 – 2 AZR 565/73, BB 1975, 651. || [7] S. jedoch zum Entzug der Einsatzgenehmigung BAG 19.3.2008 – 7 AZR 1033/06, NZA-RR 2008, 570. || [8] Im Anwendungsbereich des BAT (Berlin u. aufgrund einzelvertragl. Einbeziehung) ist die Frist gem. Nr. 7 IV SR 2y zu beachten. || [9] BAG 23.6.2004 – 7 AZR 440/03, NZA 2005, 520.

dingung, sondern auch auf die des tatsächlichen Eintritts der Bedingung[1] – s.a § 17 Rz. 3 –. Die Rechtsfolgen der §§ 5–7 KSchG gelten auch bei einer auflösenden Bedingung (s. ergänzend die Komm. zu § 17, insb. dort Rz. 5 zum Beginn der Klagefrist).

24 **8. Information und Weiterbildung (§§ 18–20).** Auf auflösend bedingte ArbVerh sind weiterhin entsprechend anwendbar die Vorschriften des **§ 18** (Information über unbefristete Arbeitsplätze), des **§ 19** (Aus- und Weiterbildung) sowie des **§ 20** (Information der ArbN-Vertretung). Da die Besonderheit einer auflösenden Bedingung darin liegt, dass die Beendigung von dem ungewissen Eintritt eines zukünftigen Ereignisses abhängt, ist es schon zur Vermeidung von Missverständnissen notwendig, bei der Information der ArbN-Vertretung die auflösend bedingten ArbVerh gesondert auszuweisen.

Vierter Abschnitt. Gemeinsame Vorschriften

22 *Abweichende Vereinbarungen*
(1) Außer in den Fällen des § 12 Abs. 3, § 13 Abs. 4 und § 14 Abs. 2 Satz 3 und 4 kann von den Vorschriften dieses Gesetzes nicht zuungunsten des Arbeitnehmers abgewichen werden.

(2) Enthält ein Tarifvertrag für den öffentlichen Dienst Bestimmungen im Sinne des § 8 Abs. 4 Satz 3 und 4, § 12 Abs. 3, § 13 Abs. 4, § 14 Abs. 2 Satz 3 und 4 oder § 15 Abs. 3, so gelten diese Bestimmungen auch zwischen nicht tarifgebundenen Arbeitgebern und Arbeitnehmern außerhalb des öffentlichen Dienstes, wenn die Anwendung der für den öffentlichen Dienst geltenden tarifvertraglichen Bestimmungen zwischen ihnen vereinbart ist und die Arbeitgeber die Kosten des Betriebes überwiegend mit Zuwendungen im Sinne des Haushaltsrechts decken.

1 **I. Abweichungsmöglichkeiten (Abs. 1). 1. Grundsatz.** Von den Regelungen des Gesetzes darf grds. **nicht zuungunsten** des ArbN abgewichen werden. Ausnahmen sind nur TV in den in der Vorschrift genannten drei Fällen gestattet. Dies gilt für bestehende und zukünftige TV. Durch BV, aber auch durch Einzelarbeitsvertrag, obwohl dieser in der Gesetzesbegr. angeführt wird[2], kann überhaupt nicht von den gesetzl. Bestimmungen zuungunsten des ArbN abgewichen werden. Die Einschränkung auch tarifl. Regelungen gilt auch für bereits bestehende TV[3].

Das TzBfG weist **keine „Kirchenklausel"** auf – auch nicht für den Bereich der Teilzeitarbeit –, so dass kirchlichen ArbGeb über den sog. Dritten Weg keine abweichende Regelung möglich ist[4]. Die kirchlichen Arbeitsvertragsrichtlinien sind „Kollektivvereinbarungen besonderer Art". Sie sind Tarifverträgen iSd. § 1 I TVG nicht gleichgestellt[5]. Ihnen kommt keine normative Wirkung zu[6]. Sie finden kraft einzelvertragl. Vereinbarung auf das ArbVerh Anwendung. Die zu Gunsten von TV in diesem Gesetz bestehenden Regelungen gelten daher nicht für die kirchlichen Arbeitsvertragsrichtlinien.

2 Wegen der Ergänzungsfunktion zu § 4 KSchG ist auch **§ 17 zwingend**, so dass weder zu Gunsten noch zuungunsten des ArbN davon abgewichen werden kann[7]. Der ArbN kann deshalb weder vor noch bei der Vereinbarung auf die spätere Erhebung einer Befristungskontrollklage wirksam verzichten[8]. Demgemäß verstößt die Berufung des Klägers auf die Unwirksamkeit der Befristung nicht gegen Treu und Glauben (§ 242 BGB), auch wenn er bei Vertragsabschluss erklärt hat, mit einer befristeten Vertragsverlängerung einverstanden zu sein und dagegen keine Klage erheben zu wollen[9]. Auch die **Fiktion der Begründung** eines unbefristeten ArbVerh nach § 15 V ist nicht abdingbar[10].

3 **2. Ausnahmen.** Nur in den in der Vorschrift genannten **drei Fällen** kann durch einen TV zuungunsten des ArbN von den gesetzl. Regelungen abgewichen werden. Dies sind die in § 12 geregelte Arbeit auf Abruf (§ 12 III), die in § 13 I und III geregelte Arbeitsplatzteilung (§ 13 IV) und die Festlegung der Anzahl der Verlängerungen oder die Höchstdauer der Befristungen von sachgrundlosen Befristungen des § 14 II und IIa (§ 14 II 3 und 4; wegen der möglichen tarifl. Regelungen und der Möglichkeit der arbeitsvertragl. Inbezugnahme in den genannten Einzelfällen s. die jeweilige Komm. zu §§ 12, 13 und 14).

4 Auch **tarifliche Regelungen** über die Beendigung von ArbVerh auf Grund von Befristungen unterliegen der arbeitsgerichtl. **Befristungskontrolle**[11]. In den nicht ausgenommenen Fällen sind ungünstigere Abweichungen in TV **unwirksam**[12]. Bei der Vereinbarung unzulässiger Befristungsregelungen führt dies nach § 16 zu einem unbefristeten Arbeitsvertrag.

5 **II. Tarifverträge des öffentlichen Dienstes (Abs. 2). 1. Tarifvertraglicher Geltungsbereich.** Die nach Abs. 1 möglichen Abweichungen in TV können auch unter den jeweiligen gesetzl. Voraussetzungen zwi-

---

1 BAG 6.4.2011 – 7 AZR 704/09, NZA-RR 2013, 43. ||2 BT-Drs. 14/4374, 22. ||3 BAG 11.12.2003 – 6 AZR 64/03, BAGReport 2005, 58. ||4 S. dazu auch *Müller-Volbehr*, NZA 2002, 301. ||5 BAG 25.3.2009 – 7 AZR 710/07, NZA 2009, 1417 (es wurde hiergegen Verfassungsbeschwerde erhoben). ||6 BAG 28.1.1998 – 4 AZR 491/96, AP Nr. 11 zu § 12 AVR Caritasverband. ||7 BAG 19.1.2005 – 7 AZR 115/04, BAGReport 2005, 195. ||8 BAG 19.1. 2005 – 7 AZR 115/04, BAGReport 2005, 195. ||9 BAG 19.1.2005 – 7 AZR 115/04, BAGReport 2005, 195. ||10 BAG 11.7.2007 – 7 AZR 501/06, DB 2007, 2777. ||11 BAG 8.12.2010 – 7 AZR 438/09, NZA 2011, 586. ||12 BAG 25.4.2007 – 6 AZR 746/06, NZA 2007, 881.

schen **nicht tarifgebundenen** ArbN und ArbGeb vereinbart werden. Dies gilt aber nur für nicht tarifgebundene ArbGeb und ArbN in dem Geltungsbereich eines solchen TV.

Eine Ausnahme sieht diese Vorschrift für die Anwendung von TV des **öffentl. Dienstes** vor. Danach kann auch zwischen nicht tarifgebundenen ArbGeb und ArbN außerhalb des öffentl. Dienstes ein TV für den öffentl. Dienst vereinbart werden, der Regelungen zu § 8 IV 3 und 4, § 12 III, § 13 IV, § 14 II 3 und 4 bzw. IIa oder § 15 III enthält. Voraussetzung ist aber, dass zwischen den Vertragsparteien die Anwendung des für den öffentl. Dienst geltenden TV vereinbart ist. Es reicht nicht, wenn nur die einzelnen verschlechternden tarifvertragl. Regelungen vereinbart werden. Dies würde auch bei vorformulierten Arbeitsverträgen (§ 305 BGB) § 307 BGB widersprechen. Vielmehr wird die Anwendung des gesamten TV vorausgesetzt[1]. Außerdem wird vorausgesetzt, dass die ArbGeb die Kosten des Betriebs überwiegend mit Zuwendungen iSd. Haushaltsrechts decken. Dies betrifft insb. die in Form einer GmbH organisierten, nicht tarifgebundenen Forschungseinrichtungen, wie die Fraunhofer-Gesellschaft und die Max-Planck-Gesellschaft. Ansonsten genügen für eine überwiegende Kostentragung mehr als 50 % der Gesamtkosten des Betriebs (nicht des Unternehmens). Sie können auch von mehreren Kostenträgern bestritten werden. 6

2. TVöD/BAT[2]**. a) Teilzeit.** Bzgl. der **Verringerung der Arbeitszeit** enthalten § 11 TVöD-AT und § 15b BAT eine Sonderregelung. Die in § 15b BAT enthaltene Regelung, dass die Arbeitszeitreduzierung nur von Vollzeitbeschäftigten beansprucht werden kann, ist wegen der sachlich nicht begründeten Benachteiligung von Teilzeitbeschäftigten unwirksam[3]. Diese Beschränkung weist daher § 11 TVöD-AT nicht mehr auf. Die in § 11 TVöD-AT sowie in § 15b BAT vorausgesetzten besonderen Anforderungen in der Person des ArbN widersprechen § 22 und den gesetzl. eingeräumten Möglichkeiten von Abweichungen zuungunsten von ArbN. Die einer tarifl. Regelung vorbehaltenen Ablehnungsgründe (§ 8 IV 3 und 4) können nicht den in § 11 I TVöD-AT und § 15b BAT angeführten persönlichen Voraussetzungen gleichgesetzt werden. 7

b) Befristungen. Auf Befristungen waren bisher im öffentl. Dienst – Tarifgebiet West – die **Sonderregelungen** für Zeitangestellte, Angestellte für Aufgaben von begrenzter Dauer und für Aushilfsangestellte (SR 2y BAT) anwendbar. Nunmehr gelten § 30 II–IV TVöD-AT (§ 30 I 2 TVöD-AT), § 30 TV-L und vergleichbare TV für Angestellte des öffentl. Dienstes oder öffentl. Einrichtungen. Sie enthalten Einschränkungen ggü. den gesetzl. Befristungsmöglichkeiten. Die im BAT-Bereich (Tarifgebiet West) früher geltenden **SR 2y** sahen entsprechend den Bedürfnissen des öffentl. Dienstes für befristete ArbVerh Typisierungen und inhaltliche Ausgestaltungen vor. Dies gilt nach dem **TVöD-AT/TV-L** nicht mehr. Nach § 30 III TVöD-AT soll die **Dauer** des ArbVerh idR zwölf Monate nicht unterschreiten, muss aber mindestens sechs Monate betragen. 8

Der Abschluss eines Zeitvertrages für die Dauer von mehr als **fünf Jahren** ist unzulässig. Dies gilt auch nach § 30 II TVöD-AT/§ 30 II TV-L. Weiter gehende Regelungen iSv. § 23 bleiben aber nach § 30 II 1 TVöD-AT/§ 30 II TV-L ausdrücklich unberührt. Ein Arbeitsvertrag für Aufgaben von begrenzter Dauer darf nicht abgeschlossen werden, wenn bereits bei Abschluss des Arbeitsvertrages zu erwarten ist, dass die vorgesehenen Aufgaben nicht innerhalb einer Frist von fünf Jahren erledigt werden können. Nicht verboten ist die **Aneinanderreihung mehrerer Verträge**, die insg. die Dauer von fünf Jahren überschreiten[4]. 9

Soweit noch der **BAT anwendbar** ist **und SR 2y gilt**, ist nach Nr. 2 Abs. 1 SR 2y BAT **im Arbeitsvertrag** anzugeben, ob der Angestellte als Zeitangestellter, als Angestellter für Aufgaben von begrenzter Dauer oder als Aushilfsangestellter eingestellt wird, nicht aber der konkrete Befristungsgrund[5]. Es ist die Vereinbarung einer der genannten Befristungsgrundform erforderlich. Auf Sachgründe, die der vertragl. vereinbarten Befristungsgrundform nicht zugeordnet werden können, kann der ArbGeb die Befristung im Anwendungsbereich des BAT nicht stützen[6]. Auf einen anderen Befristungsgrund als den im Arbeitsvertrag angegebenen kann sich der ArbGeb später nicht berufen[7]. Es können aber mehrere Befristungsgrundformen nebeneinander vereinbart werden[8]. 10

Die Tarifvorschriften der SR 2y BAT gelten nicht für die Befristung einzelner Vertragsbedingungen[9].

Gem. § 30 I TVöD-AT können **sachgrundlose Befristungen** nach § 14 II und III vereinbart werden. Entgegen SR 2y zum BAT muss dies im Arbeitsvertrag **nicht angegeben** werden. 11

23 *Besondere gesetzliche Regelungen*
Besondere Regelungen über Teilzeitarbeit und über die Befristung von Arbeitsverträgen nach anderen gesetzlichen Vorschriften bleiben unberührt.

---

1 KR/*Bader*, § 22 TzBfG Rz. 11; KDZ/*Däubler*, § 22 TzBfG Rz. 27; aA ErfK/*Müller-Glöge*, § 22 TzBfG Rz. 2. ‖2 Der BAT gilt noch in Berlin oder aufgrund statischer Verweisung im Arbeitsvertrag. ‖3 BAG 18.3.2003 – 9 AZR 126/02, BB 2004, 1568. ‖4 BAG 22.3.1985 – 7 AZR 487/84, AP Nr. 89 zu § 620 BGB Befristeter Arbeitsvertrag. ‖5 BAG 24.4.1996 – 7 AZR 605/95, DB 1997, 1137. ‖6 BAG 11.2.2004 – 7 AZR 362/03, NZA 2004, 978. ‖7 BAG 28.3.2007 – 7 AZR 318/06, NZA 2007, 937. ‖8 BAG 17.4.2002 – 7 AZR 283/01, NZA 2002, 1111 (OS). ‖9 BAG 15.4.1999 – 7 AZR 734/97, NZA 1999, 1115.

I. Allgemeines	1	III. Besondere Regelungen über befristete	
II. Besondere Regelungen über Teilzeitarbeit .	3	Arbeitsverträge	14
1. ATZG	3	1. § 8 III ATZG	14
2. § 15 BEEG	4	2. § 21 BEEG	15
3. § 3 PflegeZG, § 2 FPfZG	11	3. § 6 PflegeZG	23
4. § 81 V SGB IX	12	4. WissZeitVG	24
5. Öffentlicher Dienst	13	5. Ärzte in der Weiterbildung	41

1 **I. Allgemeines.** Nach dieser Vorschrift bleiben **besondere Regelungen** über Teilzeitarbeit und über die Befristung von Arbeitsverträgen unberührt. Die Spezialgesetze gehen den Regelungen des TzBfG vor, wenn in ihnen bestimmte Gegenstände speziell geregelt sind.

2 Fehlen einschlägige Regelungen oder weichen sie nicht vom TzBfG ab, so gelten die Vorschriften des TzBfG ggü. diesen Sonderregelungen ergänzend. Dies gilt vor allem für die Klagefrist des § 17.

3 **II. Besondere Regelungen über Teilzeitarbeit. 1. ATZG.** Das bis zum 31.12.2009 die Förderung durch die BA regelnde **ATZG** räumt ArbN, die das 55. LJ vollendet haben und innerhalb der letzten fünf Jahre vor Beginn der ATZ mindestens 1080 Kalendertage arbeitslosenversicherungspflichtig beschäftigt gewesen sind, die Möglichkeit ein, die Arbeitszeit auf die Hälfte der bisherigen wöchentlichen Arbeitszeit zu reduzieren (§ 2 I ATZG). Die Verringerung der Arbeitszeit muss sich auf die Zeit erstrecken, bis eine Rente wegen Alters beansprucht werden kann. Die Höchstförderungsdauer für ArbVerh, in denen nach dem ATZG die Arbeitszeit reduziert wird, beträgt sechs Jahre (§ 4 ATZG). S. iÜ die Komm. zum ATZG.

4 **2. § 15 BEEG.** Während der **Elternzeit** besteht für jeden Elternteil nach § 15 IV–VII BEEG Anspruch auf Verringerung der Arbeitszeit. Begrenzt wird die wöchentliche Arbeitszeit nach § 15 IV BEEG auf maximal **30 Stunden** und durch die in § 15 VII 1 Nr. 3 BEEG vorgesehene zeitliche Untergrenze von **15 Wochenstunden**. Die Reduzierungsdauer soll zwei Monate nicht unterschreiten. Voraussetzung für diesen Anspruch auf Verringerung der Arbeitszeit während der Elternzeit ist, dass das ArbVerh in demselben Betrieb oder Unternehmen länger als **sechs Monate** seit der vertragl. vorgesehenen Arbeitsaufnahme besteht und der ArbGeb unabhängig von Auszubildenden idR mehr als **15 ArbN** beschäftigt.

5 Der Anspruch auf Verringerung der Arbeitszeit muss dem ArbGeb **sieben Wochen** vor der geplanten Verringerung der Arbeitszeit bzw. vor Beginn der Tätigkeit schriftl. mitgeteilt werden (die Fristwahrung ist im Gegensatz zu § 8 II Anspruchsvoraussetzung). Er kann jedoch **frühestens** mit der Erklärung, Elternzeit in Anspruch zu nehmen, gestellt werden[1]. In dem Verringerungsantrag müssen der Beginn und der Umfang der verringerten Arbeitszeit angegeben werden[2]. Der Verringerungsanspruch aus § 15 VI BEEG erstreckt sich auch auf die Verteilung der verringerten Arbeitszeit[3]. Da jede Verringerung der Arbeitszeit nach Auffassung des BAG stets dazu führe, dass die Arbeitszeit anders verteilt werden muss, umfasse der Verringerungsanspruch auch die Ausgestaltung der verringerten Arbeitszeit. Wenn ein ArbN die nach § 15 VII BEEG gewünschte Verringerung seiner Arbeitszeit vorgerichtlich nicht ausreichend konkret ggü. dem ArbGeb schriftl. bezeichnet hat, kann er dies durch eine ausreichend konkretisierte Klage auf Erteilung der Zustimmung zur Verringerung der Arbeitszeit nachholen[4]. Die Verringerung der Arbeitszeit kann unter den in § 15 VI und VII BEEG genannten besonderen Voraussetzungen **zweimal** während der Gesamtdauer der Elternzeit verlangt werden. Einvernehmliche Elternzeitregelungen sind nach Auffassung des BAG[5] nicht auf den Anspruch auf zweimalige Verringerung der Arbeitszeit anzurechnen, obwohl erfahrungsgemäß auch ein Einvernehmen regelmäßig auf ein vorangegangenes Verlangen zurückzuführen ist. Das BAG unterscheidet aber zwischen dem bloßen Antrag nach § 15 V BEEG und der Inanspruchnahme gem. § 15 VI BEEG, die der ArbN durch ein annahmefähiges Angebot iSv. § 145 BGB auf Verringerung und ggf. auf Verteilung der verringerten Arbeitszeit geltend macht.

6 Der **Anspruch auf Verringerung der Arbeitszeit** besteht dann nicht, wenn ihm **dringende betriebl. Erfordernisse** entgegenstehen (§ 15 VII 1 Nr. 4 BEEG). Ggü. dem Teilzeitanspruch des § 8 IV müssen also hier die Voraussetzungen für die Ablehnung seitens des ArbGeb schwerer wiegen[6]. Die Prüfung ist hier auch nach dem vom BAG vorgegebenen Dreistufenschema vorzunehmen, das für die betriebl. Ablehnungsgründe iSv. § 8 gilt[7]. Der ArbGeb muss die dringenden betriebl. Gründe, die dem Anspruch auf Verringerung der Arbeitszeit während der Elternzeit entgegen stehen, konkret und nachvollziehbar darlegen. Er hat für das Vorliegen dringender betriebl. Gründe die Darlegungs- und Beweislast[8]. Eine Reduzierung der bisherigen Arbeitszeit anstelle des vom Gesetz ohne Einschränkung vorgesehenen Totalausfalls muss für die Dauer der Elternzeit nicht machbar sein[9]. Diese Voraussetzungen für eine arbeitgeberseitige Ablehnung gelten jedoch nicht für die von dem ArbN geäußerten Wünsche hinsichtlich

---

1 BAG 5.6.2007 – 9 AZR 82/07, NZA 2007, 1352. ||2 BAG 9.5.2006 – 9 AZR 278/05, NZA 2006, 1413. ||3 BAG 19.2.2013 – 9 AZR 461/11, NZA 2013, 907. ||4 BAG 19.4.2005 – 9 AZR 184/04, NZA 2005, 1208. ||5 BAG 19.2.2013 – 9 AZR 461/11, NZA 2013, 907. ||6 BAG 15.12.2009 – 9 AZR 72/09, DB 2010, 731. ||7 BAG 15.12.2009 – 9 AZR 72/09, DB 2010, 731. ||8 LAG München 3.3.2004 – 9 Sa 782/03, LAGReport 2005, 197. ||9 ArbG Hamburg 10.8.2005 – 21 Ga 5/05, NZA-RR 2006, 239.

der **Lage und** der **Verteilung der Arbeitszeit**[1]. Dem ArbGeb bleibt es überlassen, Beginn und Ende der Arbeitszeit sowie ihre Verteilung auf die Wochentage festzulegen. Eine Analogie zu § 8 IV TzBfG scheidet aus. Im Rahmen des nach § 106 GewO bestehenden Leistungsbestimmungsrechts sind aber auch **schutzwürdige familiäre Belange** des ArbN zu berücksichtigen, also auch die von diesem zu erfüllenden Personensorgepflichten, soweit nicht betriebl. Gründe oder berechtigte Belange anderer ArbN entgegenstehen[2]. Sollte der ArbN seinen Verringerungsantrag konditional mit dem Verteilungswunsch verknüpft haben, so kann der ArbGeb beide Wünsche nur einheitlich annehmen oder ablehnen. Für eine Einigung über den Antrag auf eine Verringerung der Arbeitszeit und ihre Ausgestaltung ist eine Frist von vier Wochen vorgesehen (§ 15 V BEEG). Diese Frist gilt auch für die Ablehnung der verlangten Arbeitszeitverringerung (§ 15 VII 4 BEEG). Die Ablehnung muss schriftl. begründet werden, wodurch sich die Gefahr einer Präklusion im Hinblick auf ein nachfolgendes Verfahren ergeben kann.

Wird der Elternzeitanspruch **nicht** geltend gemacht, kann der **Teilzeitanspruch** aber auf § 8 gestützt werden, auch wenn die Voraussetzungen des § 15 BEEG vorliegen. § 8 schließt aber eine befristete Verringerung aus. – Nicht nur im Falle der ausdrücklichen Ablehnung, sondern auch bei nicht rechtzeitiger Mitteilung der Entscheidung ist der ArbGeb auf Zustimmung zur Arbeitszeitverringerung zu verklagen (§ 15 VII 5 BEEG). Anders als in § 8 V 2 kann **keine Zustimmungsfiktion** eintreten.

Der ArbN kann gem. § 15 V 3 BEEG seine vor der Elternzeit bestehende **Teilzeitarbeit** auch **nach einer völligen Freistellungsphase** während der Elternzeit fortführen[3]. Dies setzt voraus, dass es sich um eine Teilzeitarbeit handelt, die nach § 15 IV BEEG keine 30 Stunden übersteigt. Um dem ArbGeb die nach dem Sinn und Zweck des Gesetzes erforderliche Planungssicherheit zu geben, ist der Antrag auf Verringerung der Arbeitszeit mit dem Verlangen auf Elternzeit zu verbinden[4]. Der ArbN muss daher im Rahmen des § 16 I BEEG vor Beginn der Elternzeit schriftl. dem ArbGeb genau die Zeitabschnitte der völligen Freistellung und des Beginns und des Umfangs der Teilzeitarbeit mitteilen.

Auch wenn der ArbN nach § 16 I 1 BEEG zunächst **nur die völlige Freistellung** von der vertragl. Arbeit (Elternzeit) in Anspruch genommen und keine Verringerung der Arbeitszeit (Elternteilzeit) beantragt hat, kann **noch ein Anspruch auf Verringerung** der Arbeitszeit gem. § 15 V–VII BEEG gestellt werden[5]. Bei dem Anspruch auf Elternzeit und demjenigen auf eine Teilzeitarbeit in der Elternzeit handelt es sich um zwei eigenständige Ansprüche und nicht um einen einheitlichen Anspruch. Dies folgt schon aus dem Wortlaut des § 15 VI BEEG, der von einem Anspruch „während der Gesamtdauer der Elternzeit" spricht. Der Anspruch auf Arbeitszeitverringerung ist weder durch die bereits genommene Elternzeit von vornherein ausgeschlossen, noch folgt daraus, dass die genommene Elternzeit beendet werden soll. Unter den Voraussetzungen des § 15 VII BEEG besteht also auch bei einer **späteren Geltendmachung** ein Anspruch auf Verringerung der Arbeitszeit während der Elternzeit. Wird ein Anspruch auf Verringerung der Arbeitszeit gem. § 15 V–VII BEEG erst gestellt, nachdem zunächst nur die völlige Freistellung in Anspruch genommen worden war, so muss der ArbN aber damit rechnen, dass der ArbGeb bereits für die gesamte Elternzeit eine Ersatzkraft eingestellt hat, so dass für den Fall, dass diese oder andere ArbN nicht zur Reduzierung der Arbeitszeit bereit sind, dringende betriebl. Gründe dem Verringerungsanspruch entgegenstehen. Auf die Elternteilzeit besteht kein Anspruch, wenn sie zu einer betriebl. nicht sinnvoll verwertbaren Beschäftigung zwingt[6].

Der Teilzeitanspruch nach § 15 VI u. VII BEEG ist für die Zeit, in der Elternzeit in Anspruch genommen wird, zu § 8 **lex specialis**. Der Rückgriff auf § 8 ist daher nur außerhalb der Elternzeit möglich (s. iÜ die Komm. zum BEEG[7]).

3. § 3 PflegeZG, § 2 FPfZG. Gem. §§ 3, 4 I PflegeZG kann ein Beschäftigter in einem Unternehmen mit mehr als 15 Beschäftigten bis zu sechs Monate **Pflegezeit** in Anspruch nehmen, wenn er einen nahen Angehörigen in häuslicher Umgebung pflegt. Zu diesem Zweck kann ein ArbN eine vollständige Freistellung von der Arbeitsleistung beanspruchen (s. wegen der Vertretungsmöglichkeit Rz. 23). Er kann aber auch nur eine **teilweise Freistellung** geltend machen. In diesem Fall haben der ArbGeb und der ArbN nach § 3 IV PflegeZG über die Verringerung und die Verteilung der Arbeitszeit eine schriftl. Vereinbarung zu treffen. Entsprechend der Regelung bei der Verringerung der Arbeitszeit während der Elternzeit (§ 15 VII 1 Nr. 4 BEEG) kann der ArbGeb den Verringerungs- und Arbeitszeitverteilungsanspruch nur **ablehnen**, wenn dafür **dringende betriebl. Gründe** bestehen (§ 3 IV 2 PflegeZG).

ArbN, die einen pflegebedürftigen nahen Angehörigen in häuslicher Umgebung pflegen, räumt das am 1.1.2012 in Kraft getretene **FPfZG** die **finanziell geförderte** Möglichkeit ein, die wöchentliche Arbeitszeit maximal zwei Jahre lang auf einen Mindestumfang von 15 Stunden pro Woche zu reduzieren. Auf diese Familienpflegezeit besteht **kein Rechtsanspruch**. Gem. § 10 FPfZG kann stattdessen eine Arbeitszeitverringerung auch gem. § 3 PflegeZG befristet für bis zu sechs Monate oder unter den Voraussetzungen des § 8 unbefristet geltend gemacht werden. Es wird iÜ auf die Komm. des FPfZG verwiesen.

---

1 LAG Schl.-Holst. 12.6.2007 – 5 Sa 83/07, NZA-RR 2007, 511. || 2 BAG 23.9.2004 – 6 AZR 567/03, BAGReport 2005, 262; 9.5.2006 – 9 AZR 278/05, NZA 2006, 1413: Eine ablehnende Ermessensentscheidung sei aber nur billig, wenn dem ArbGeb dringende betriebl. Gründe zur Seite stehen. || 3 BAG 27.4.2004 – 9 AZR 21/04, NZA 2004, 1039. || 4 BAG 27.4.2004 – 9 AZR 21/04, NZA 2004, 1039. || 5 BAG 9.5.2006 – 9 AZR 278/05, NZA 2006, 1413; *Joussen*, NZA 2005, 336. || 6 BAG 15.4.2008 – 9 AZR 380/07, NZA 2008, 998. || 7 S.a. *Oberthür*, ArbRB 2005, 189.

12 4. **§ 81 V SGB IX.** Nach § 81 V 3 SGB IX haben **schwerbehinderte Menschen** einen Anspruch auf **Teilzeitbeschäftigung, auch befristet**. Voraussetzung ist, dass die kürzere Arbeitszeit wegen der Art oder Schwere der Behinderung **notwendig** ist. Die Vorschrift begründet iVm. § 81 IV Nr. 1 SGB IX für den schwerbehinderten Menschen einen individualrechtl. Anspruch auf tatsächliche Beschäftigung mit der verringerten Arbeitszeit, die wegen Art und Schwere der Behinderung notwendig ist. Dieser schwerbehindertenrechtl. Beschäftigungsanspruch entsteht unmittelbar bei Vorliegen der gesetzl. Voraussetzungen. Es bedarf keiner vorhergehenden Vertragsänderung. Der ArbGeb muss also diesem Verlangen des ArbN auf Arbeitszeitverringerung **nicht zuvor zustimmen**[1]. Der Anspruch kann von dem schwerbehinderten ArbN jederzeit, auch wiederholt, geltend gemacht werden. Ein Anspruch besteht nach § 81 V 3 iVm. IV 3 SGB IX nicht, soweit die Erfüllung des Teilzeitwunsches für den ArbGeb nicht zumutbar oder mit unverhältnismäßigen Aufwendungen verbunden wäre oder soweit staatliche oder berufsgenossenschaftliche Arbeitsschutzvorschriften entgegenstehen. Sofern der ArbGeb Unzumutbarkeit geltend macht, reichen nicht betriebl. (§ 8 IV) oder dringende betriebl. (§ 15 VII 1 Nr. 4 BEEG) Gründe aus. Hinsichtlich der Aufwendungen für den Teilzeitarbeitsplatz ist zu berücksichtigen, dass gem. § 81 V 2 SGB IX die Integrationsämter den ArbGeb bei der Einrichtung von Teilzeitarbeitsplätzen zu unterstützen haben. Dem ArbN bleibt es unbenommen, den Verringerungsanspruch nach § 8 geltend zu machen.

13 5. **Öffentlicher Dienst.** Zur Förderung von Frauen und der Vereinbarkeit von Familie und Beruf sehen verschiedene Landesgesetze die Einräumung von **Teilzeittätigkeit für Frauen** vor. Die Gesetzesbegr. führt zu § 23 ausdrücklich §§ 8, 10 und 12 des Frauenfördergesetzes des Bundes an[2].

14 **III. Besondere Regelungen über befristete Arbeitsverträge. 1. § 8 III ATZG.** Diese Vorschrift ermöglicht **Befristungen des ATZ-Vertrages** auf den Tag, an dem der ArbN die Voraussetzungen für den Bezug von Altersrente nach ATZ-Arbeit erfüllt (§ 237 SGB VI)[3]. Dem Wesen nach handelt es sich um eine Zweckbefristung[4]. S. dazu § 14 Rz. 73.

15 2. **§ 21 BEEG.** Durch § 21 BEEG wird die befristete Einstellung von Ersatzkräften für **im Mutterschutz oder Elternzeit** befindliche ArbN/innen ermöglicht. Die Befristung muss nach § 14 IV schriftl. vereinbart werden.

Nach § 21 I BEEG liegt ein **sachlicher Grund** für die Befristung eines ArbVerh vor, wenn ein ArbGeb einen ArbN zur Vertretung eines ArbN für die Dauer der Beschäftigungsverbote nach dem MuSchG und/oder für die Dauer der Elternzeit oder einer auf TV, BV oder Individualvertrag beruhenden Arbeitsfreistellung zur Betreuung eines Kindes einstellt. Die Aushilfskraft muss nicht auf dem Arbeitsplatz des in Mutterschutz oder Elternzeit befindlichen ArbN eingesetzt werden. Der Mutterschutz bzw. die Elternzeit muss nur für die befristete Einstellung kausal sein[5].

Nach § 21 III BEEG muss die Dauer der Befristung des Arbeitsvertrages **kalendermäßig** bestimmt oder bestimmbar sein. Die Befristungsdauer muss sich nach der tatsächlich beantragten Elternzeit richten. In die Befristungsdauer können gem. § 21 II BEEG die notwendigen Einarbeitungszeiten der Ersatzkraft einbezogen werden.

16 Neben der Zeitbefristung lässt § 21 III BEEG für die in § 21 I u. II BEEG genannten Vertretungsfälle auch die **Zweckbefristung** eines Arbeitsvertrages zu. Dies erleichtert die Einstellung von Ersatzkräften. Da während des Beschäftigungsverbotes nach dem MuSchG idR das Ende der von der ArbNin/dem ArbN schon beabsichtigten anschließenden Elternzeit noch nicht „kalendermäßig bestimmbar" ist, kann nur mithilfe einer Zweckbefristung von vornherein für beide zu überbrückenden Vertretungszeiträume eine Ersatzkraft eingestellt werden. Für die Mutterschutz-/Elternzeitbefristung empfiehlt sich eine **Kombination** der Zweckbefristung mit einer Zeitbefristung, um sicherzustellen, dass der befristete Arbeitsvertrag mit dem ursprünglich vorgesehenen Ende der Elternzeit endet. Ansonsten geht das ArbVerh mit dem Ende der Elternzeit und der Nichtrückkehr des/der in Elternzeit befindlichen ArbN/ArbNin in einen unbefristeten Arbeitsvertrag über[6].

17 Die Befristungen nach § 21 BEEG können für die gesamte Zeit oder auch für Teile vorgenommen werden. Es ist daher zulässig, mehrere ArbN **nacheinander** als Ersatzkräfte einzustellen oder mit derselben Vertretungskraft mehrere befristete Arbeitsverträge abzuschließen[7].

18 Obwohl in § 21 I BEEG nicht ausdrücklich aufgenommen ist, dass die Befristung für die Dauer einer Elternzeit nur für eine solche gilt, die für den vertretenen ArbN **zu Recht** verlangt wurde, ist die Befris-

---

1 BAG 14.10.2003 – 9 AZR 100/03, NZA 2004, 614. ||2 BT-Drs. 14/4374, 22. ||3 Zur Diskriminierung von Frauen, wenn die tarifvertragl. Regelung ATZ-Arbeit nur bis zu dem Zeitpunkt erlaubt, in dem erstmals eine ungekürzte Rente aus der gesetzl. Altersversorgung in Anspruch genommen werden kann: EuGH 20.3.2003 – Rs. C-187/00, BB 2003, 1184 – Helga Kutz-Bauer. ||4 BAG 27.4.2004 – 9 AZR 18/03, NZA 2005, 821. ||5 BAG 15.8.2001 – 7 AZR 263/00, DB 2002, 152. ||6 BAG 26.6.1996 – 7 AZR 674/95, DB 1996, 2289; s. aber LAG Nürnberg 2.8.2007 – 5 Sa 564/06, BB 2007, 2076. ||7 Der vorhersehbare weitere Bedarf an Vertretungskräften schließt eine Befristung wegen Erziehungsurlaubs (jetzt: Elternzeit) nicht aus, LAG Köln 13.9.1995 – 2 Sa 568/95, NZA-RR 1996, 125.

tung nur zulässig, wenn im Zeitpunkt des Vertragsabschlusses bereits Elternzeit verlangt war, und zwar nur für diese Dauer[1]. Die befristet eingestellte Ersatzkraft hat grds. die gleichen Rechte wie ein unbefristet eingestellter ArbN.

Gem. § 21 IV BEEG kann das befristete ArbVerh ordentl. mit einer Frist von drei Wochen **gekündigt** werden, auch wenn nicht ausdrücklich ein ordentl. Kündigungsrecht während der Befristung vereinbart worden ist, wenn die Elternzeit ohne Zustimmung des ArbGeb nach § 16 III 2, 3 und IV BEEG vorzeitig beendet werden kann, und der ArbN dem ArbGeb die vorzeitige Beendigung seiner Elternzeit mitgeteilt hat. Die Kündigung kann dann zu dem Zeitpunkt ausgesprochen werden, zu dem die Elternzeit endet. 19

Das **KSchG** ist auf diese durch die vorzeitige Beendigung der Elternzeit bedingte Kündigung gem. § 21 V BEEG nicht anwendbar. Ausnahmen können sich allerdings durch Sonderkündigungsschutz (eines schwerbehinderten Menschen, Mutterschutz) ergeben. Gem. § 21 VI BEEG kann das Sonderkündigungsrecht des § 21 IV BEEG aber auch vertragl. ausgeschlossen werden. 20

Wenn **ohne diese Einschränkung eine Kündigung** während der Elternzeit vorbehalten bleiben soll, bedarf es einer ausdrücklichen Vereinbarung der Kündigungsmöglichkeit gem. § 15 III. In diesem Fall ist das KSchG anwendbar. 21

- **Formulierungsvorschlag:** 22
  Der/die Arbeitnehmer/in wird als Vertreter/in für Frau ... während der Dauer ihrer Mutterschutzfrist in der Zeit vom ... bis ... und bis zum Ablauf der evtl. sich anschließenden Elternzeit befristet eingestellt. Das Ende der Elternzeit wird dem/der Arbeitnehmer/in schriftlich mitgeteilt, wenn feststeht, ob und wie lange die/der vertretene Arbeitnehmerin/Arbeitnehmer Elternzeit nimmt. Endet die Elternzeit vor dem mitgeteilten Beendigungsdatum, so endet das Arbeitsverhältnis mit der Wiederaufnahme der Tätigkeit durch die vertretene Arbeitnehmerin, frühestens jedoch zwei Wochen nach Zugang der schriftlichen Mitteilung seitens des Arbeitgebers über die Wiederaufnahme der Tätigkeit. Ungeachtet der Kündigungsmöglichkeit nach § 21 Abs. 4 BEEG kann das Arbeitsverhältnis während der Elternzeit mit den gesetzlichen Kündigungsfristen gekündigt werden.

3. § 6 PflegeZG. Gem. § 6 PflegeZG kann eine Ersatzkraft befristet zur **Vertretung** eines ArbN für die Dauer der **kurzzeitigen Arbeitsverhinderung** nach § 2 PflegeZG oder der **Pflegezeit** nach § 3 PflegeZG eingestellt werden. Es handelt sich um einen Sonderfall des Sachgrundes der Vertretung (s. daher ergänzend § 14 Rz. 25 ff.). Die Dauer der Befristung kann gem. § 6 II PflegeZG als **Zeitbefristung** kalendermäßig ausgestaltet sein, aber auch als **Zweckbefristung** vereinbart werden. Die Befristung muss nach § 14 IV **schriftl.** vereinbart werden. Diese gesetzl. Befristungsregelung gilt für die Vertretung eines ArbN, der eine **Familienpflegezeit** in Anspruch nimmt, entsprechend (§ 9 V FPfZG). – S. im Einzelnen die Komm. zu § 6 PflegeZG. 23

4. WissZeitVG. Mit dem **Gesetz zur Änderung arbeitsrechtlicher Vorschriften in der Wissenschaft** (Wissenschaftszeitvertragsgesetz) v. 12.4.2007[2] sind die zuvor im Hochschulbereich gem. §§ 57a–f HRG geltenden Befristungsregelungen abgelöst worden. 24

a) Rechtliche Situation. Gem. § 1 I 5 WissZeitVG sind die §§ 2–6 WissZeitVG **Spezialregelungen**, die im Hochschulbereich unter den gesetzl. genannten Voraussetzungen Befristungen **ohne sachlichen Grund** zulassen und damit den spezifischen Bedürfnissen wissenschaftlicher Einrichtungen Rechnung tragen. Daneben gelten die allg. Vorschriften und Grundsätze über befristete Arbeitsverträge und deren Kündigung (so zB das Schriftformerfordernis des § 14 IV und die Klagefrist des § 17). Alternativ können daher mit dem unter den Geltungsbereich des WissZeitVG fallenden Personal auch befristete Arbeitsverträge nach den **allg. arbeitsrechtl. Regelungen** abgeschlossen werden, wie sie insb. im TzBfG niedergelegt sind. Sie werden jedoch gem. § 2 III 2 WissZeitVG auf die Befristungsdauer des § 2 I WissZeitVG angerechnet, es sei denn, diese befristeten ArbVerh lagen vor Abschluss des Studiums (§ 2 III 3 WissZeitVG). Ohne dass dies im Gegensatz zu dem HRG im Gesetz noch besonders herausgestellt wird, können nach Ablauf der Befristungshöchstdauer des § 2 I u. ggf. V WissZeitVG befristete Arbeitsverträge nach Maßgabe des TzBfG abgeschlossen werden, jedoch nicht sachgrundlos nach § 14 II. 25

b) Geltungsbereich. Die erleichterten Befristungsmöglichkeiten der §§ 2 ff. WissZeitVG gelten in Einrichtungen des Bildungswesens, die nach Landesrecht **staatliche Hochschulen** sind. Gem. § 4 WissZeitVG finden die Regelungen für die Hochschulen auf die nach Landesrecht staatl. anerkannten Hochschulen entsprechende Anwendung. Private Hochschulen und Forschungseinrichtungen sind ausgenommen[3]. 26

c) Betroffene Mitarbeiter. Die Sonderregelungen für befristete ArbVerh im Hochschulbereich sind auf das **gesamte wissenschaftliche**[4] **und künstlerische Personal** mit Ausnahme der Hochschullehrer anwendbar. Der Begriff des „wissenschaftlichen und künstlerischen Personals" bestimmt sich inhaltlich 27

---

1 BAG 9.11.1994 – 7 AZR 243/94, NZA 1995, 575. ||2 BGBl. I S. 506 ff. ||3 Zum Verstoß gegen Art. 3 I GG s. *Hirdina*, NZA 2009, 712. ||4 Zur wissenschaftl. Tätigkeit s. LAG Berlin 15.2.2002 – 2 Sa 2209/01, NZA-RR 2002, 612.

aufgabenbezogen. Anknüpfungspunkt ist die Art der zu erbringenden Dienstleistung. Es kommt nicht auf Begriffsbezeichnungen oder Zuordnungsdefinitionen nach den landeshochschulrechtl. Regelungen an[1]. Auch nicht die formelle Bezeichnung des ArbN ist entscheidend, sondern der wissenschaftliche Zuschnitt der von ihm auszuführenden Tätigkeit. Bei Mischtätigkeiten ist es erforderlich, dass die wissenschaftlichen Dienstleistungen zeitlich überwiegen oder zumindest das ArbVerh prägen. Zu wissenschaftlichen Dienstleistungen kann auch die Vermittlung von Fachwissen und praktischen Fertigkeiten an Studierende und deren Unterweisung in der Anwendung wissenschaftlicher Methoden gehören. Wissenschaftliche Betätigung ist eine Lehrtätigkeit aber nur dann, wenn dem Lehrenden die Möglichkeit zur eigenständigen Forschung und Reflexion verbleibt; wissenschaftliche Lehrtätigkeit ist insoweit von einer unterrichtenden Lehrtätigkeit ohne Wissenschaftsbezug abzugrenzen[2]. Demzufolge unterfallen mit der bloßen Vermittlung von Sprachkenntnissen betraute **Fremdsprachenlektoren** regelmäßig nicht dem Begriff des wissenschaftlichen Personals nach § 1 I 1 WissZeitVG[3].

§ 5 WissZeitVG erstreckt die Befugnis zum Abschluss befristeter Arbeitsverträge ausnahmslos auf das wissenschaftliche Personal an staatl. sowie an überwiegend staatl. oder an institutionell überwiegend staatl. oder an auf der Grundlage von Art. 91b GG finanzierten **Forschungseinrichtungen**.

Soweit sich die Befristung auf die **Drittmittelfinanzierung** nach § 2 II WissZeitVG stützt, setzt dies voraus, dass die ArbN im Rahmen eines Forschungsvorhabens eingesetzt werden. Dieser Befristungsgrund lässt auch eine Befristung mit **nichtwissenschaftlichem** und **nichtkünstlerischem** Personal zu (§ 2 II 2 WissZeitVG).

Für **Ärzte** gilt neben der Befristung als wissenschaftl. Mitarbeiter gem. § 2 I WissZeitVG das Gesetz über befristete Arbeitsverträge mit Ärzten in der Weiterbildung (s. Rz. 41).

Gem. § 3 WissZeitVG gelten die Befristungsregelungen der §§ 1, 2 und 6 WissZeitVG entsprechend für die in § 3 WissZeitVG genannten **Privatdienstverträge**. Dies sind befristete Arbeitsverträge, die ein Mitglied einer Hochschule, das Aufgaben seiner Hochschule selbständig wahrnimmt, zur Unterstützung bei der Erfüllung dieser Aufgaben mit einem überwiegend aus Mitteln Dritter vergüteten Mitarbeiter abschließt. Mit einer Einbeziehung des privaten Dienstvertrages in die Befristungsregelungen der §§ 1, 2 und 6 WissZeitVG wird eine Mehrfachausschöpfung der Befristungshöchstgrenzen durch Wechsel der ArbGeb (Hochschule, Forschungseinrichtung und Privatdienstvertrag mit Professoren) unterbunden.

Im Gegensatz zu den abgelösten Bestimmungen des HRG gelten für **wissenschaftliche/studentische Hilfskräfte** keine Sonderregelungen mehr. Ihre befristete Beschäftigung richtet sich nach den allg. für die Zeitbefristung des wissenschaftlichen und künstlerischen Personals geltenden Regeln[4].

Während früher nur für Forschungseinrichtungen die besonderen Befristungsregelungen auch für Wissenschaftler in Leitungspositionen galten, erstrecken sich nun die besonderen Befristungsbestimmungen der §§ 1–3 und 6 WissZeitVG auch auf **Leitungspersonal** in Hochschulen.

Für die erstmalige Begründung eines befristeten ArbVerh gem. §§ 2 ff. WissZeitVG gilt keine altersbezogene Einstellungsgrenze.

Ausgenommen von dem Anwendungsbereich der Befristungsmöglichkeiten nach dem WissZeitVG sind gem. § 1 I 1 WissZeitVG **Hochschullehrerinnen und Hochschullehrer**. Zu diesen gehören nach § 42 S. 1 HRG iVm. den entsprechenden landesrechtl. Vorschriften auch die Juniorprofessoren. Die Ausklammerung der Hochschullehrer aus dem Anwendungsbereich von § 1 I 1 WissZeitVG lässt die subsidiäre Gesetzgebungskompetenz der Länder nach Art. 74 I Nr. 12 GG in diesem Bereich der konkurrierenden Gesetzgebung zum Tragen kommen[5].

28 **d) Befristungsdauer.** Wie schon nach den früheren §§ 57a ff. HRG liegt den **Befristungsgrenzen** des § 2 I WissZeitVG die Vorstellung einer „typisierten Qualifikationsphase" zugrunde. Innerhalb der Befristungshöchstdauer ist nicht zu prüfen, ob die befristete Beschäftigung zur Aus-, Fort- und Weiterbildung, zum Wissenstransfer innerhalb und außerhalb der Hochschule oder zur Erprobung erfolgt. Innerhalb dieses Zeitraumes hat die Hochschule auch jede Möglichkeit, zur Verfolgung dieser Zwecke Drittmittel oder haushaltsmäßig projektgebundene Mittel einzusetzen. Der **besondere Sachgrund des § 2 II WissZeitVG** ist daher nur bedeutsam, soweit die Befristungshöchstgrenze des § 2 I WissZeitVG überschritten wird, oder es um befristete Arbeitsverträge mit nichtwissenschaftlichem und nichtkünstlerischem Personal in diesem Zusammenhang geht.

Gem. § 2 I 1 WissZeitVG kann das in § 1 WissZeitVG genannte wissenschaftliche und künstlerische Personal **ohne Promotion** für **maximal sechs Jahre** befristet beschäftigt werden. Eine befristete Beschäftigung von bis zu sechs Jahren von nicht promovierten wissenschaftlichen und künstlerischen Mitarbeitern ist aber auch dann möglich, wenn diese keine Promotion anstreben.

---

[1] BAG 1.6.2011 – 7 AZR 827/09, NZA-RR 2012, 10. [2] BAG 1.6.2011 – 7 AZR 827/09, NZA-RR 2012, 10.
[3] BAG 1.6.2011 – 7 AZR 827/09, NZA-RR 2012, 10. [4] S. dazu *Haratsch/Holljesiefken*, NZA 2008, 207.
[5] BAG 11.9.2013 – 7 AZR 843/11, NZA 2013, 1352.

Gem. § 2 I 2 WissZeitVG ist **nach abgeschlossener Promotion** (Post-doc-Phase) eine Befristung bis zu einer Dauer von **sechs Jahren**, im **medizinischen Fachbereich**[1] bis zu einer Dauer von **neun Jahren** zulässig. Eine Befristung nach dieser Bestimmung setzt voraus, dass sie **nach** Abschluss der Promotion **vereinbart** wird[2].

Eine zur Senkung des Erstberufsalters von Professoren vereinbarte **Altersgrenze** für befristete Verträge mit Habilitanden – und damit eine Einschränkung der durch § 2 I 2 WissZeitVG eingeräumten Befristungsdauer – ist nach § 7 II AGG unwirksam[3].

Eine bedeutsame **Verlängerungsregel** enthält § 2 I 2 Hs. 2 WissZeitVG. Wer innerhalb oder außerhalb eines Beschäftigungsverhältnisses nach § 2 I 1 WissZeitVG schneller als in sechs Jahren zum Abschluss einer Promotion gelangt, kann die eingesparte Zeit in der sog. Post-doc-Phase des § 2 I 2 WissZeitVG entsprechend anhängen. Damit kann die Höchstdauer der Befristungsmöglichkeit gem. § 2 I 1 und 2 WissZeitVG von **12** bzw. **15** Jahren ausgeschöpft werden. Auch Promotionszeiten, die vor dem Abschluss der Erstausbildung lagen, werden berücksichtigt. 29

Da § 2 I 1 und 2 WissZeitVG wie auch zuvor § 57b HRG jeweils von vornherein einmalige Befristungen ohne Sachgrund mit einer Dauer von sechs Jahren zulässt, besteht weiterhin eine bedeutsame **Abweichung** von der schon bisher im BGB vorhandenen **Befristungsgrenze des § 624 BGB**, wie sie für ArbVerh gleichlautend in **§ 15 IV** enthalten ist. Der Regelungsgehalt des § 624 BGB und des § 15 IV wird in dem Schutz gegen eine zu lange Bindung des Dienstverpflichteten bzw. ArbN an einen Dienstberechtigten bzw. ArbGeb gesehen. Er dient damit der persönlichen Freiheit, insb. der Sicherung der Freiheit der Berufswahl (Art. 12 GG). Auch wenn gem. § 1 I 5 WissZeitVG die arbeitsrechtl. Vorschriften und Grundsätze über befristete Arbeitsverträge und deren Kündigung nur insoweit anzuwenden sind, als sie den Vorschriften der §§ 2–6 WissZeitVG nicht widersprechen, so können dennoch die vorgenannten verfassungsrechtl. Grundsätze einer Ausschöpfung der Befristungshöchstdauer einer einmaligen Befristung entgegenstehen. **Bedenken an der Wirksamkeit** einer einmaligen Befristung mit der in § 2 I 1 und 2 WissZeitVG vorgesehenen Höchstdauer von sechs bzw. neun Jahren ergeben sich deshalb auch aus der RL 1999/70/EG[4]. Danach hat sich der nationale Gesetzgeber an den in den jeweiligen Mitgliedstaaten geltenden Prinzipien zu orientieren (§ 8 Nr. 3 der Rahmenvereinbarung über befristete ArbVerh). 30

e) **Anrechnung von Arbeitsverhältnissen.** Auf die in § 2 I WissZeitVG geregelte zulässige Befristungsdauer sind alle befristeten ArbVerh **mit mehr als ¼ der regelmäßigen Arbeitszeit**, die mit einer deutschen Hochschule oder Forschungseinrichtung iSd. § 5 WissZeitVG abgeschlossen wurden, sowie entsprechende Beamtenverhältnisse auf Zeit und Privatdienstverträge nach § 3 WissZeitVG anzurechnen (§ 2 III WissZeitVG). Die Anrechnung früherer befristeter ArbVerh ist nicht auf solche mit der jeweiligen Hochschule begrenzt, sondern es werden alle entsprechenden bisherigen befristeten ArbVerh berücksichtigt. Dies gilt aber nur für Beschäftigungszeiten als wissenschaftlicher oder künstlerischer Mitarbeiter, wie sie § 1 I WissZeitVG erfasst. Nebenbeschäftigungen, die bis zu ¼ der regelmäßigen Arbeitszeit wahrgenommen werden, bleiben anrechnungsfrei. Nicht angerechnet werden befristete ArbVerh von studentischen Hilfskräften, die vor Abschluss des Studiums liegen (§ 2 III 3 WissZeitVG)[5]. 31

Gem. § 2 III 2 WissZeitVG werden auf die Befristungshöchstdauer auch befristete ArbVerh angerechnet, die nach anderen Rechtsvorschriften abgeschlossen wurden. Im Erg. können daher die Befristungshöchstgrenzen nach einem Wechsel zwischen Hochschule und Forschungseinrichtung nicht erneut in Anspruch genommen werden.

Die Anrechnungsbestimmung des § 2 III WissZeitVG ist aber bezogen auf die jeweilige Qualifikationsphase zu verstehen, so dass bei der Höchstdauer der Befristung in der Post-doc-Phase nicht der Zeitraum anzurechnen ist, den der ArbN vor seiner Promotion länger als sechs Jahre befristet beschäftigt war[6].

f) **Verlängerungen.** § 2 I 4 WissZeitVG stellt klar, dass innerhalb der jeweils zulässigen Gesamtbefristungsdauer befristete Arbeitsverträge auch mit kürzeren Fristen abgeschlossen und dann **ohne zahlenmäßige Beschränkung** verlängert werden können. Wie bei einer Verlängerung gem. § 14 II 1 bzw. IIa setzt eine Verlängerung eine nahtlose Weiterbeschäftigung voraus. Trotz der differenzierten Regelung in § 2 WissZeitVG ist eine von § 14 II 1 bzw. IIa abweichende Auslegung dem Wortlaut nach ausgeschlossen. 32

§ 2 V WissZeitVG enthält eine abschließende Regelung derjenigen Zeiten, die auf die Dauer eines nach § 2 I WissZeitVG befristeten Arbeitsvertrages **nicht angerechnet werden**; die jeweilige Dauer eines nach § 2 I WissZeitVG befristeten Arbeitsvertrages kann also, und zwar mit Einverständnis des ArbN, um diese in § 2 V WissZeitVG angeführten Unterbrechungszeiten **verlängert** werden. Damit verlängert sich das nach § 2 I WissZeitVG befristete ArbVerh um die in § 2 V WissZeitVG angeführten Nichtanrechnungszeiträume. Abgesehen von Elternzeiten und Beschäftigungsverboten sowie Zeiten des Grund- 33

---

1 BAG 2.9.2009 – 7 AZR 291/08, NZA 2009, 1407. ||2 BAG 24.8.2011 – 7 AZR 228/10, NZA 2012, 385. ||3 BAG 6.4.2011 – 7 AZR 524/09, NZA 2011, 970. ||4 S.a. *Hirdina*, NZA 2009, 712. ||5 AA LAG Bln.-Bbg. 8.8.2012 – 15 Sa 1002/12, ZTR 2012, 659. ||6 BAG 24.8.2011 – 7 AZR 228/10, NZA 2012, 385; aA *Dörner*, Rz. 563.

wehr- und Zivildienstes während eines nach dem WissZeitVG abgeschlossenen befristeten ArbVerh sollen diese in § 2 V WissZeitVG angeführten Verlängerungen die Dauer von jeweils zwei Jahren nicht überschreiten.

34 Neben der vorgenannten vom Einverständnis der Mitarbeiterin oder des Mitarbeiters abhängigen möglichen Verlängerung der Befristungshöchstdauer ua. bei Inanspruchnahme von Elternzeit bestimmt § 2 I 3 WissZeitVG, dass sich die nach § 2 I 1 und 2 WissZeitVG insg. zulässige Befristungsdauer **bei Betreuung eines oder mehrerer Kinder unter 18 Jahren um zwei Jahre je Kind verlängert**. Diese Möglichkeit steht ggf. beiden Elternteilen gleichzeitig zur Verfügung. Für die Betreuung von Kindern iS dieser Bestimmung soll es bereits genügen, mit dem Kind im selben Haushalt zusammenzuwohnen[1]. Es muss also kein Kind sein, für das dem ArbN die Personensorge oder ein vergleichbares Sorgerecht zusteht.

Es handelt sich aber anders als nach § 2 V WissZeitVG um keine automatische Verlängerung des befristeten ArbVerh. Die Kinderbetreuung stellt vielmehr einen zusätzlichen gesetzl. zugestandenen Befristungsgrund beschränkt auf die Dauer von zwei Jahren dar. Es liegt daher in der Entscheidung des ArbGeb bzw. der Hochschule, ob er/sie im Einzelfall wegen eines solchen Betreuungstatbestandes zu einer Verlängerung über die Befristungshöchstdauer gem. § 2 I 1 WissZeitVG hinaus bereit ist oder nicht. Wegen der unpräzisen gesetzl. Regelung der Voraussetzungen dieser Verlängerungsmöglichkeit nach § 2 I 3 WissZeitVG besteht das Risiko der „Entfristung" wegen eines unzureichenden Sachgrundes für diese Verlängerung[2].

35 **g) Drittmittelfinanzierung.** § 2 II WissZeitVG enthält den eigenständigen Befristungsgrund der Drittmittelfinanzierung. Danach können ArbVerh mit dem in § 1 I 1 WissZeitVG genannten Personal, aber auch mit nichtwissenschaftlichem und nichtkünstlerischem Personal abgeschlossen werden, wenn **Drittmittel für eine bestimmte Aufgabe und Zeitdauer** bewilligt sind und die Mitarbeiterin oder der Mitarbeiter **überwiegend der Zweckbestimmung dieser Mittel entsprechend** beschäftigt, also im Rahmen eines Forschungsvorhabens eingesetzt wird. Es ist also eine konkrete aufgaben- und zeitbezogene Mittelzuweisung erforderlich. Die Drittmittel müssen hinreichend zweckgebunden und für eine von vornherein feststehende Zeitspanne zur Verfügung gestellt sein. Dies ist nicht der Fall, wenn sich die Laufzeit eines Finanzierungs- und Entwicklungsvertrages im Fall der Nichtkündigung jeweils verlängert[3]. Auch ist nur eine überwiegende Drittmittelfinanzierung ausreichend. Anders als in § 14 I 2 Nr. 7 wird nicht verlangt, dass die Drittmittel für eine befristete Beschäftigung bestimmt sind, also die Mittel mit einer Zwecksetzung für die Erledigung von vorübergehender Dauer ausgebracht sind[4]. Es wird also nur verlangt, dass die Drittmittel für eine bestimmte Aufgabe bewilligt sind und dass diese Bewilligung lediglich für eine bestimmte Zeitdauer gilt[5]. Die Bewilligung kann auch nur für einen zeitlich begrenzten Teilabschnitt erfolgen und deshalb hierfür eine Befristung rechtfertigen. Da wesentlicher Grund der Drittmittelbefristung die zeitlich begrenzte Zurverfügungstellung von Mitteln für bestimmte Forschungsvorhaben ist, ist die Befristung nur gerechtfertigt, wenn der Mitarbeiter im überwiegenden Umfang entsprechend der Zweckbestimmung der Drittmittel beschäftigt wird. Auch unter Berücksichtigung dieser Zwecksetzung erscheint es fraglich, ob die Erstreckung des Sachgrundes „Drittmittelfinanzierung" auf nichtwissenschaftliche und nichtkünstlerische Mitarbeiter wegen der in § 14 I 1 Nr. 7 erfolgten Einschränkung die in der RL 1999/70/EG zugelassenen Befristungsmöglichkeiten wegen der Anforderungen bestimmter Branchen infrage stellt. Überdies fehlt es hinsichtlich dieser Mitarbeiter an einer Notwendigkeit der Qualifizierung, die ein wesentlicher Aspekt für eine auch sie betreffende Tarifsperre nach § 1 I 2–4 WissZeitVG trifft[6].

36 **h) Tarifvertragliche Abweichungen.** Gem. § 1 I 3 können durch **TV** bzgl. bestimmter Fachrichtungen und Forschungsbereiche in Abweichung von den in § 2 I WissZeitVG angeführten Fristen kürzere oder längere Befristungshöchstdauern festgelegt werden. Ebenso können die TV für bestimmte Fachrichtungen oder Forschungsbereiche die zulässige Zahl von Verlängerungen von befristeten ArbVerh beschränken. Da die Beschränkungen selbst erst durch TV erfolgt, kommt dieser gesetzlichen Regelung als solcher keine hochschulrechtl. Bedeutung zu[7]. Da die **Sonderregelungen 2y** zum BAT keine Einschränkung auf bestimmte Fachrichtungen und Forschungsbereiche aufweisen, sind sie nicht auf Befristungen gem. § 1 WissZeitVG anwendbar. Dagegen nimmt **§ 30 I 2 TVöD-AT** ArbVerh, für die die §§ 2 ff. WissZeitVG unmittelbar oder entsprechend gelten, ausdrücklich von den zu § 30 II–V TVöD-AT genannten Bestimmungen aus.

§ 1 I 4 WissZeitVG ermöglicht es nicht tarifgebunden Arbeitsvertragsparteien, die dem Geltungsbereich eines gem. § 1 I 3 WissZeitVG abgeschlossenen TV unterliegen, die Anwendung der tarifvertragl. Regelungen einzelvertragl. zu vereinbaren.

37 **i) Vertragliche Regelungen/Angabe des Befristungsgrundes.** Nach § 2 IV 1 WissZeitVG ist im Arbeitsvertrag anzugeben, ob die Befristung auf der **Befristungsregelung** des WissZeitVG **beruht**. Wird dieses

---

1 BT-Drs. 16/3438, 18. ||2 *Kortstock*, ZTR 7007, 350. ||3 BAG 13.2.2013 – 7 AZR 284/11, NZA 2013, 1271.
||4 BAG 18.10.2006 – 7 AZR 419/05, NZA 2007, 332. ||5 *Löwisch*, NZA 2007, 479. ||6 S. *Kortstock*, ZTR 2007, 350. ||7 AA *Löwisch*, NZA 2007, 479.

Zitiergebot verletzt, folgt hieraus jedoch nicht unbedingt, dass es sich um ein unbefristetes ArbVerh handelt. Vielmehr kann die Befristung in diesen Fällen nur nicht auf den Sondertatbestand der Befristung des § 2 I WissZeitVG gestützt werden (§ 2 IV 2 WissZeitVG). Die konkrete Befristung kann nach Maßgabe des TzBfG gerechtfertigt sein, also insb. dann, wenn ein Sachgrund iSd. § 14 I vorliegt.

Nach § 2 IV 3 WissZeitG muss die **Dauer der Befristung** kalendermäßig bestimmt oder bestimmbar sein. Zweckbefristungen und auflösende Bedingungen sind deshalb in befristeten Arbeitsverträgen gem. dem WissZeitVG ausgeschlossen. 38

Abgesehen von TV kann durch Vereinbarung von den Bestimmungen der §§ 2 und 3 WissZeitVG **nicht abgewichen werden**. Abweichungen sind nur insofern zulässig, als von vornherein wissenschaftliche und künstlerische Mitarbeiter in unbefristeten ArbVerh beschäftigt werden oder man von vornherein nicht von den Befristungsmöglichkeiten des WissZeitVG Gebrauch macht, sondern sich nach den allg. Befristungsregelungen des TzBfG richtet[1]. 39

j) **Kündigungsmöglichkeit.** Eine Kündigung des befristeten ArbVerh ist während der Laufzeit nur möglich, wenn dies **ausdrücklich vereinbart** ist (§ 15 III). Dies gilt gem. § 1 I 5 WissZeitVG auch für die nach dem WissZeitVG befristeten Arbeitsverträge im Hochschul- und Forschungsbereich. 40

5. **Ärzte in der Weiterbildung.** Das Gesetz über befristete Arbeitsverträge mit Ärzten in der Weiterbildung (ÄArbVtrG oder ÄrzteBefrG) v. 15.5.1986[2] gibt eine gesetzl. **Grundlage für befristete Arbeitsverträge** mit Ärzten. Gem. § 1 I dieses Gesetzes liegt ein die Befristung eines Arbeitsvertrages mit einem Arzt rechtfertigender sachlicher Grund vor, wenn die Beschäftigung des Arztes seiner Weiterbildung zum Facharzt oder dem Erwerb einer Anerkennung für einen Schwerpunkt oder dem Erwerb einer Zusatzbezeichnung, eines Fachkundenachweises oder einer Bescheinigung über eine fakultative Weiterbildung dient. Eine Befristung nach § 1 I ÄArbVtrG setzt nicht voraus, dass der Arzt ausschließlich zu seiner Weiterbildung beschäftigt wird. Es genügt, dass die Beschäftigung diesen Zweck fördert[3], sofern die Weiterbildung nicht nur gelegentlich oder beiläufig erfolgt. 41

Nach § 1 III ÄArbVtrG sind **Höchstdauern** bei der Befristung einzuhalten. Sie darf die Dauer von acht Jahren nicht überschreiten. Im Rahmen dieser Höchstdauer kann aber die Dauer der Befristung des Arbeitsvertrages vertragl. vereinbart werden. In diesem Rahmen kann ein weiterer befristeter Arbeitsvertrag nach § 1 I ÄArbVtrG mit demselben Weiterbildungsziel und demselben weiterbildenden Arzt abgeschlossen werden[4]. Die Dauer muss gem. § 1 II ÄArbVtrG kalendermäßig bestimmt oder bestimmbar sein, darf also nicht zweckbefristet auf die Facharztanerkennung bezogen sein[5]. Die Dauer der Befristung darf **nicht den Zeitraum unterschreiten,** für den der weiterbildende Arzt die Weiterbildungsbefugnis besitzt, es sei denn, der für die Befristung maßgebliche Weiterbildungsgrund ist vorher erreicht (§ 1 III 5 und 6 ÄArbVtrG). 42

§ 1 V ÄArbVtrG schließt **entgegenstehende Bestimmungen** und damit auch etwaige entgegenstehende tarifvertragl. Regelungen aus. Als lex specialis geht das ÄArbVtrG § 14 II und IIa vor, weil bei Anwendung von § 14 II und IIa und der danach möglichen Höchstbefristungsdauer die Mindestbefristungsdauer der Weiterbildungsbefugnis des weiterbildenden Arztes nicht eingehalten werden kann. IÜ gelten die Bestimmungen des TzBfG, also ua. auch das Schriftformerfordernis. Wenn der Arbeitsvertrag unter den Anwendungsbereich des WissZeitVG fällt, so gelten die Bestimmungen des § 1 I–V ÄArbVtrG nicht (§ 1 VI ÄArbVtrG). 43

---

1 BAG 17.1.2007 – 7 AZR 487/05, ZTR 2007, 398; weitergehend LAG Bln.-Bbg. 16.10.2009 – 9 Sa 1242/09, AE 02/10 Nr. 118. ||2 BGBl. I S. 742. ||3 BAG 24.4.1996 – 7 AZR 428/95, DB 1996, 2338. ||4 BAG 13.6.2007 – 7 AZR 700/06, NZA 2008, 108. ||5 BAG 14.8.2002 – 7 AZR 266/01, DB 2002, 2549.

Umwandlungsgesetz (UmwG)[1]

vom 28.10.1994 (BGBl. I S. 3210, ber. 1995 I S. 428),
zuletzt geändert durch Gesetz vom 22.12.2011 (BGBl. I S. 3044)

– Auszug –

5 *Inhalt des Verschmelzungsvertrags*
(1) Der Vertrag oder sein Entwurf muss mindestens folgende Angaben enthalten:

(...)

9. die Folgen der Verschmelzung für die Arbeitnehmer und ihre Vertretungen sowie die insoweit vorgesehenen Maßnahmen.

(2) (...)

(3) Der Vertrag oder sein Entwurf ist spätestens einen Monat vor dem Tage der Versammlung der Anteilsinhaber jedes beteiligten Rechtsträgers, die gemäß § 13 Abs. 1 über die Zustimmung zum Verschmelzungsvertrag beschließen soll, dem zuständigen Betriebsrat dieses Rechtsträgers zuzuleiten.

I. Überblick	1		4. Mittelbare Folgen	6
II. Folgen für die Arbeitnehmer und ihre Vertretungen (Abs. 1 Nr. 9)	2		5. Folgen mangelhafter Angaben	8
1. Bedeutung	2		6. Checkliste	12
2. Zweck der Vorschrift	3		III. Zuleitung des Verschmelzungsvertrages bzw. Entwurfs an die Betriebsräte (Abs. 3) .	13
3. Unmittelbare Folgen	4			

1 I. Überblick. Abs. 1 legt den Mindestinhalt für den Verschmelzungsvertrag oder, falls den Anteilsinhabern nur der Entwurf vorgelegt wird (vgl. § 4 II), für diesen fest[2] und gilt für alle Rechtsformen. Abs. 3 regelt die Unterrichtung des BR. Die Regelung setzt das **Vorhandensein von Arbeitnehmern** bei den an der **Verschmelzung beteiligten Rechtsträgern** voraus. **Fehlt** es daran (nur) beim übertragenden Rechtsträger, sind dennoch die Folgen für (ggf.) vorhandene ArbN des aufnehmenden Rechtsträgers darzustellen[3] – und umgekehrt. In Bezug auf arbeitnehmerlose Gesellschaften entfällt die Darstellungspflicht[4].

2 II. Folgen für die Arbeitnehmer und ihre Vertretungen (Abs. 1 Nr. 9). 1. Bedeutung. Nr. 9 wurde – ebenso wie die korrespondierenden Vorschriften bei Spaltung (§ 126 I Nr. 11) und Formwechsel (§ 194 I Nr. 7) erstmals im RegE als „arbeitsrechtliche Flankierung" in das Gesetz eingefügt[5]. Für die **grenzüberschreitende Verschmelzung** findet sich eine Entsprechung in § 122e, allerdings mit der Maßgabe, dass die entsprechenden Angaben im **Verschmelzungsbericht** zu erfolgen haben[6].

Die allg. Informations- und MitbestR des BR, insb. die MitbestR nach §§ 99, 102, 111 ff. BetrVG, bleiben unabhängig von Abs. 1 Nr. 9 bestehen[7]. Es handelt sich um rein gesellschaftsrechtl. Regelungen ohne jegliche arbeitsrechtl. (Außen-) Wirkung. Daher werden durch die im Verschmelzungsvertrag enthaltenen Angaben nach Nr. 9 weder **Individualrechte der ArbN**[8] noch – über die bloße Zuleitung des Umwandlungsvertrages nach Abs. 3 hinaus – **Beteiligungsrechte des BR und/oder Wirtschaftsausschusses** begründet oder gar nach dem BetrVG bestehende Beteiligungsrechte (etwa bei Zusammenschluss von Betrieben im Zuge der Verschmelzung gem. § 106 III Nr. 8, § 111 S. 3 Nr. 3) **verbraucht**[9]. Auch die **Informationspflicht nach § 613a V BGB** ggü. den einzelnen ArbN beim Betriebsübergang (s. dazu § 613a BGB Rz. 315 ff.) bleibt **unberührt**.

3 2. Zweck der Vorschrift. Er besteht allein darin, die ArbN und insb. ihre Vertretungen (BR/GBR), und zwar diejenigen sämtlicher an der Verschmelzung beteiligten Rechtsträger, möglichst **frühzeitig** über die **individual- und kollektivarbeitsrechtl. Folgen** der Verschmelzung zu **informieren**[10]. Die diesbezügli-

---

1 Eine umfassende Komm. der arbeitsrechtl. relevanten Bestimmungen des UmwG und ihres Zusammenwirkens mit dem allg. Arbeitsrecht findet sich in *Kallmeyer*, UmwG, 5. Aufl. 2013; s. dort insb. § 5 Rz. 47 ff., 74 ff.; § 126 Rz. 43 ff., 68; § 194 Rz. 58 ff.; Vorb. zu § 322 sowie Komm. zu §§ 322–325; s. ferner auch WHSS/*Willemsen*, Rz. C 353 ff. ||2 S. dazu Kallmeyer/*Marsch-Barner*, § 5 Rz. 1 ff. ||3 Vgl. *Hausch*, RNotZ 2007, 396 (405) unter Hinweis auf OLG Düss. 15.5.1998 – 3 Wx 156/98, NZA 1998, 766. ||4 S. dazu LG Stuttgart 29.3.1996 – 4 KfHT 1/96, DNotZ 1996, 701; Lutter/*Lutter/Drygala*, § 5 Rz. 107. ||5 *Wlotzke*, DB 1995, 41. Zur Entstehungsgeschichte vgl. *Hausch*, RNotZ 2007, 308 (310). ||6 S. dazu Kallmeyer/*Marsch-Barner*, § 122e Rz. 8. ||7 Im Erg. ebenso *Boecken*, Unternehmensumwandlungen, Rz. 342 ff.; Semler/Stengel/*Simon*, § 5 Rz. 80. ||8 Ebenso *Joost*, ZIP 1995, 976 (985); für die Möglichkeit von Schadensersatzansprüchen der ArbN gegen ein Organmitglied wegen fehlender Information *Heidinger* in Henssler/Strohn, GesR, § 5 Rz. 28. ||9 S. zu dieser „Trennungstheorie" *Willemsen*, NZA 1996, 795 f. (797 f.); *Willemsen*, RdA 1998, 23 (29 f.). ||10 So ausdrücklich die Begr. RegE, BT-Drs. 12/6699, 83; im Erg. ebenso *Joost*, ZIP 1995, 978. Zu Recht daher *Hausch*, RNotZ 2007, 308 (311): „Die Information des Betriebsrats stellt sich hiernach als Hauptzweck der ... erforderlichen arbeitsrechtl. Pflichtangaben dar."

chen Angaben im Umwandlungsvertrag sind **rein deskriptiv** („Wissenserklärungen"[1]). Diese Folgen treten außerhalb des Umwandlungsvertrags ein und werden mithin **nicht Inhalt** der vertragl. Regelungen[2], so dass bei **Abweichungen** zwischen den Angaben nach Nr. 9 und dem objektiven Recht allein Letzteres gilt. Die Anforderungen an die **Darstellungsdichte und -tiefe** im Rahmen von Ab. 1 Nr. 9 werden in der umwandlungsrechtl. Lit. **kontrovers** diskutiert[3].

3. **Unmittelbare Folgen.** Wenn man ein völliges Ausufern der Angaben nach Abs. 1 Nr. 9 vermeiden will, wird man sie auf diejenigen „Folgen für die Arbeitnehmer und ihre Vertretungen" begrenzen müssen, die das Gesetz selbst direkt (in §§ 322, 323 I, 325) oder indirekt (in § 324 durch Verweisung auf § 613a BGB) anspricht, nämlich inwieweit sich nach der Verschmelzung die **betriebsverfassungsrechtl. Struktur** verändert (Wegfall bestehender bzw. Bildung neuer BR, GBR, KBR, Übergangsmandat nach § 21a BetrVG), ob das **Mitbestimmungsstatut** beeinflusst wird, ob für bestimmte ArbN sich – ggf. unter Berücksichtigung von § 323 I – die Anwendbarkeit des **KSchG** ändert, ob und inwieweit ein **Betriebsübergang oder Betriebsteilübergang** nach § 613a I BGB (iVm. § 324) stattfindet und inwieweit sich hierdurch etwas an der **Tarifbindung** bzw. an der Anwendbarkeit von **BV** ändert sowie für die arbeitnehmerrelevanten **Haftungsfolgen**[4] der Umwandlung („**Primärfolgen kraft rechtl. Zusammenhangs**")[5]. Es ist auch anzugeben, welche „**Maßnahmen**" die beteiligten Rechtsträger getroffen haben, um die sich aus dem Gesetz an sich ergebenden Folgen für die ArbN (zB im Hinblick auf TV) zu vermeiden oder abzuschwächen; dies allerdings nur, wenn die entsprechenden Vereinbarungen bzw. Regelungen bereits vor Einleitung der Verschmelzung getroffen wurden bzw. von dem neuen Rechtsträger unmittelbar nach der Verschmelzung getroffen werden sollen[6]. **Abzulehnen** ist dagegen die Auffassung, wonach die Angabe aller möglichen(!) unmittelbaren und mittelbaren Folgen erforderlich sei[7]. Als Hilfsmittel für die Formulierung von Verschmelzungs- und sonstigen Umwandlungsverträgen mag die in Rz. 12 dargestellte **Checkliste** dienen.

Auch hinsichtlich der in Rz. 4 aufgeführten „Kernangaben" ist jedoch **keine in alle Einzelheiten gehende Darstellung** erforderlich; entsprechend der **Hilfsfunktion** der Angaben nach Abs. 1 Nr. 9[8] genügt es vielmehr, wenn diese Themenbereiche in einer Art und Weise angesprochen werden, dass bei dem zuständigen Vertretungsorgan (BR) das notwendige „Problembewusstsein" erzeugt und es so in die Lage versetzt wird, eine eigenständige Prüfung der damit zusammenhängenden, teilweise komplexen arbeitsrechtl. Fragen vorzunehmen[9]. Darzustellen sind ausschließlich die Folgen für die ArbN und ArbN-Vertreter der **an der Verschmelzung beteiligten Rechtsträger**, **nicht** dagegen für diejenigen **anderer Konzernunternehmen**[10]. Besondere Darstellungsfragen können sich bei einer (sogleich stattfindenden) mehrstufigen Verschmelzung („**Kettenverschmelzung**") ergeben[11].

4. **Mittelbare Folgen.** Darüber hinaus werden im Verschmelzungsvertrag auch solche Folgen für die ArbN und ihre Vertretungen aufgezeigt werden müssen, die sich zwar nicht unmittelbar aus dem gesellschaftsrechtl. Vorgang der Verschmelzung als solcher ergeben, hinsichtlich derer sich die am Umwandlungsvertrag beteiligten Rechtsträger aber nach der Konzeption des UmwG notwendigerweise bereits bei Abschluss des Vertrages eine Meinung bilden müssen („**arbeitsrechtl. Pflichtangaben kraft direkten Sachzusammenhangs**"[12]). Hierzu gehört, wie die §§ 322 und 323 zeigen, insb. die Entscheidung darüber, ob die **betrieblichen Strukturen** nach dem Wirksamwerden der Verschmelzung bis auf Weiteres beibehalten oder sogleich den künftigen wirtschaftl. Verhältnissen angepasst werden sollen. So muss bspw. eine bereits **geplante Zusammenlegung der Hauptverwaltungen** ebenso mitgeteilt werden wie die beabsichtigte **Ausgliederung** und **Zusammenfassung** einzelner **Betriebsteile**, wenn und soweit es hierzu bei Vertragsabschluss bereits **konkrete Planung** der beteiligten Rechtsträger gibt. Entsprechendes gilt für alle sonstigen **Betriebsänderungen** iSv. § 111ff. BetrVG, mit deren Realisierung bereits vor oder gleichzeitig mit der Verschmelzung begonnen werden soll. Mit den BR der zu verschmelzenden Unternehmen muss dann hinsichtlich dieser Maßnahmen gem. §§ 111ff. BetrVG über einen **Interessenausgleich** und **Sozialplan** verhandelt werden[13]. In der Praxis kann es sich zur Entlastung der Angaben nach Abs. 1 Nr. 9 als sehr zweckmäßig erweisen, ergänzend auf einen bereits ausgehandelten **Interessenausgleich/Sozialplan Bezug zu nehmen**, und zwar unter dessen Beifügung als Anlage; ein bloßer Verweis genügt insoweit nicht[14]. Allerdings brauchen in die Angaben nach Abs. 1 Nr. 9 nur solche Folgen für

---

1 Vgl. *Willemsen*, NZA 1996, 791 (796); zust. KölnKommUmwG/*Hohenstatt/Schramm*, § 5 Rz. 144ff., auch zu möglichen Ausnahmen. ||2 Ebenso *Joost*, ZIP 1995, 978. ||3 Einzelheiten bei Kallmeyer/*Willemsen*, § 5 Rz. 50ff. sowie bei *Hausch*, RNotZ 2007, 308 (320ff.). ||4 Ihre Einbeziehung ist, soweit es nicht um arbeitsrechtsspezifische Haftungsfolgen (insb. nach § 613a I 1 und II BGB sowie § 134 UmwG) geht, zwar zweifelhaft, sollte aber aus Gründen der Vorsorge erfolgen. ||5 Vgl. *Willemsen*, RdA 1998, 23 (29); s. zu diesen „Problemfeldern" im Einzelnen die Erl. zu §§ 322 bis 325 sowie *Joost*, ZIP 1995, 976 (979ff.); Lutter/*Lutter/Drygala*, § 5 Rz. 56ff. Eine ähnliche Systematik wie die hier vorgeschlagene vertritt in Bezug auf § 613a V BGB *Grau*, Unterrichtung und Widerspruchsrecht der Arbeitnehmer bei Betriebsübergang, 2005, S. 139ff. ||6 Im Erg. ebenso Lutter/*Lutter/Drygala*, § 5 Rz. 78. ||7 So zB *Fitting*, § 1 BetrVG Rz. 169; *Joost*, ZIP 1995, 976 (979). ||8 So zutr. *Joost*, ZIP 1995, 984. ||9 Ebenso *Joost*, ZIP 1995, 984; Semler/Stengel/*Simon*, § 5 Rz. 77, 81. ||10 Ebenso KölnKommUmwG/*Hohenstatt/Schramm*, § 5 Rz. 147. ||11 S. dazu KölnKommUmwG/*Hohenstatt/Schramm*, § 5 Rz. 206f.; *Hausch*, RNotZ 2007, 308 (405) sowie unten Rz. 12. ||12 Vgl. *Willemsen*, RdA 1998, 23 (27); aA Lutter/*Lutter/Drygala*, § 5 Rz. 71ff.; wie hier dagegen *Hausch*, RNotZ 2007, 308 (323). ||13 Vgl. das Bsp. der Verschmelzung Thyssen/Krupp (Verschmelzungsvertrag v. 16.10.1998), BAnz. Nr. 197 v. 21.10.1998. ||14 *Hausch*, RNotZ 2007, 308 (327).

die ArbN und ihre Vertretungen aufgenommen zu werden, deren Eintritt **mit hinreichender Sicherheit** erwartet werden kann. Dies hängt wiederum vom **Stand der Unternehmensplanung** ab[1]. Des Weiteren ist zu fordern, dass gerade die Verschmelzung der maßgebliche **Anlass** für die jeweilige Strukturveränderung ist[2].

7 Die beteiligten Rechtsträger sind aber nicht verpflichtet, sich schon vor der Verschmelzung eine „abschließende Meinung"[3] über alle (mittelbaren) arbeitsrechtl. Folgen der Umwandlung, insb. die **künftige Realisierung von Synergiepotenzialen**, zu bilden. Sie können die Entscheidung hierüber (zB über die Frage einer späteren Betriebsverschmelzung bei gleichzeitiger Personalreduzierung) auch dem **Vertretungsorgan des verschmolzenen Unternehmens** überlassen. Dieses hat dann *nach* der gesellschaftsrechtl. Verschmelzung mit dem BR über anstehende Betriebsänderungen iSv. § 111 BetrVG mit dem Ziel eines Interessenausgleichs und Sozialplans zu beraten und zu verhandeln. Eine „Prognose" über das Ergebnis solcher Verhandlungen ist dann im Rahmen von Abs. 1 Nr. 9 weder geboten noch sinnvoll. **Keinesfalls** hat der BR die Möglichkeit, wegen seiner MitbestR bei Betriebsänderungen nach §§ 111 ff. BetrVG die (gesellschaftsrechtl.) Verschmelzung als solche zu **blockieren**, weil es sich, wie oben (Rz. 2) dargelegt, um zwei völlig verschiedene und getrennte Verfahren handelt[4].

8 **5. Folgen mangelhafter Angaben.** Zweifelhaft und von erheblicher praktischer Tragweite ist, inwieweit **unvollständige oder unrichtige Angaben** im Rahmen von Abs. 1 Nr. 9 die Eintragungsfähigkeit der Verschmelzung beeinträchtigen und/oder zur Anfechtbarkeit oder gar Nichtigkeit des Verschmelzungsbeschlusses führen. Eine **Anfechtbarkeit** (und erst recht eine **Nichtigkeit** des Verschmelzungsbeschlusses) ist nicht gegeben[5].

9 Der reine Berichtscharakter der Angaben nach Abs. 1 Nr. 9 (s. Rz. 3) ist auch zu beachten, wenn es um die weitere Frage geht, ob der Registerrichter die **Eintragung** der Verschmelzung wegen unzureichender Angaben zu den arbeitsrechtl. Folgen **ablehnen** kann. Dem Registergericht steht insoweit nur ein **formelles, nicht aber materielles Prüfungsrecht** zu[6]. Diesen formalen Anforderungen ist bereits dann genügt, wenn der Verschmelzungsvertrag zu den oben in Rz. 4 aufgeführten Kernpunkten die **Ansicht** der an der Umwandlung beteiligten Rechtsträger **nachvollziehbar wiedergibt**; eine – dazu noch ins Detail gehende – **Begründung ist nicht erforderlich**, ebenso wenig eine Stellungnahme zu allen denkbaren tatsächlichen und rechtl. Fragen[7]. Andererseits darf das Registergericht die begehrte Eintragung ablehnen, „wenn der Verschmelzungsvertrag jeder nachvollziehbaren Darstellung der arbeitsrechtl. Folgen entbehrt"[8]; Ähnliches wird zu gelten haben, wenn **wesentliche Teilbereiche offensichtlich vollständig fehlen**[9]. Eine bloße **allgemeine Bezugnahme** auf gesetzl. Vorschriften wie zB „Die Folgen der Verschmelzung für die ArbN und ihre Vertretungen richten sich nach §§ 322 ff. UmwG, 613a BGB" **reicht** also **nicht aus**.

10 Soweit sich der Verschmelzungsvertrag zu einzelnen Auswirkungen (zB im Kündigungsschutzrecht) **ausschweigt**, wird man dies im Zweifel nicht als Unvollständigkeit, sondern dahin gehend **auslegen** müssen, dass nach Auffassung der beteiligten Rechtsträger insoweit **keine Änderungen** eintreten werden[10]. Die Nichterwähnung von „Maßnahmen" wird im Zweifel bedeuten, dass solche bis auf Weiteres nicht vorgesehen sind. Da die Registergerichte insoweit zT offenkundig anderer Auffassung sind, ist der **Praxis** allerdings zu raten, das Fehlen von Folgen für die ArbN und ihre Vertretungen in bestimmten Teilbereichen (zB im Betriebsverfassungsrecht) ggf. ausdrücklich zu erwähnen (**Negativerklärung**).

11 Alles in allem wird der Registerrichter die **Eintragung** wegen unzureichender Angaben nach Abs. 1 Nr. 9 **nur ausnahmsweise ablehnen** können, nämlich wenn es an jeder nachvollziehbaren (wenn auch durchaus knappen!) Darstellung der arbeitsrechtl. Folgen fehlt. Eine Schlüssigkeitsprüfung hinsichtlich der (zT sehr komplexen) arbeitsrechtl., insb. tarifrechtl. Folgen hat der Registerrichter nicht vorzunehmen, so dass selbst bei offensichtlicher materieller Unrichtigkeit in diesem Bereich die Eintragung nicht abgelehnt werden kann (**str.**)[11]. Abs. 1 Nr. 9 ist – ebenso wie die Parallelvorschrift des § 126 I Nr. 11 – **kein Instrument für arbeitsrechtl. Blockaden einer Umstrukturierung**[12].

---

1 Ähnlich Lutter/*Grunewald*, Umwandlungsrechtstage, S. 22; wohl auch *Boecken*, Unternehmensumwandlungen, Rz. 320. ‖2 So zu Recht KölnKommUmwG/*Hohenstatt/Schramm*, § 5 Rz. 146. ‖3 Vgl. die Formulierung bei *Joost*, ZIP 1995, 976 (984). ‖4 AA *Bachner*, NJW 1995, 2881 (2886); dagegen *Willemsen*, NZA 1996, 791 (798); *Willemsen*, RdA 1998, 23 (29 ff.); Lutter/*Lutter/Drygala*, § 5 Rz. 75. ‖5 Vgl. die Nachw. bei Kallmeyer/*Willemsen*, § 5 Rz. 57 mwN. AA hinsichtlich der Anfechtbarkeit *Hausch*, RNotZ 2007, 396 (406 ff.). ‖6 Ebenso KölnKommUmwG/*Hohenstatt/Schramm*, § 5 Rz. 214; *Engelmeyer*, DB 1996, 2542 (2544); *Willemsen*, NZA 1996, 791 (796); wohl auch *A. Drygala*, ZIP 1996, 1365 (1367 Fn. 27); jedenfalls für ein formelles Prüfungsrecht: OLG Düss. 15.5.1998 – 3 Wx 156/98, NZA 1998, 766. ‖7 Ebenso *Joost*, ZIP 1995, 986; noch weiter gehend für § 126 I Nr. 11 Lutter/*Priester*, Umwandlungsrechtstage, S. 114, der ein Ablehnungsrecht des Registerrichters nur bei vollständig fehlenden oder offensichtlich unrichtigen Angaben anerkennen will. ‖8 OLG Düss. 15.5.1998 – 3 Wx 156/98, NZA 1998, 766 (2. LS). ‖9 Ebenso KölnKommUmwG/*Hohenstatt/Schramm*, § 5 Rz. 214. Für ein weitergehendes Prüfungsrecht im Hinblick auf rechtl. nicht mehr vertretbare Angaben *Hausch*, RNotZ 2007, 396 (408 f.). ‖10 Ebenso Semler/Stengel/*Simon*, § 5 Rz. 92; aA OLG Düss. 15.5.1998 – 3 Wx 156/98, NZA 1998, 766; krit. dazu *Bungert*, NZG 1998, 733; Willemsen/*Müller*, EWiR 1998, 855 (856). ‖11 AA insoweit *Joost*, ZIP 1995, 986; einschränkend *Hausch*, RNotZ 2007, 396 (308 f.): Ablehnungsrecht, wenn die Angaben „nicht mehr rechtlich vertretbar sind oder denen eine höchstrichterliche Rechtsprechung entgegensteht". ‖12 *Willemsen*, NZA 1996, 791 (798); Semler/Stengel/*Simon*, § 5 Rz. 100 f.

6. Checkliste. Die Ausführungen in Rz. 3–11 lassen sich dahingehend zusammenfassen, dass der Umwandlungsvertrag in den Fällen der übertragenden Umwandlung (Verschmelzung, Spaltung, Vermögensübertragung) in aller Regel jedenfalls die folgenden arbeitsrechtl. Angaben enthalten muss:

- **Übergang von ArbVerh** auf den bzw. die übernehmenden Rechtsträger gem. § 324 UmwG iVm. § 613a BGB unter genauer Bezeichnung der hiervon erfassten Betriebe bzw. Betriebsteile (ist der übertragende Rechtsträger **arbeitnehmerlos**, genügt dieser Hinweis, und es entfallen dann alle weiteren arbeitsrechtl. Angaben bzgl. des *übertragenden* Rechtsträgers; für den *übernehmenden* Rechtsträger müssen dann aber gleichwohl Angaben bzgl. der (oftmals fehlenden) Auswirkungen auf die *dortigen* ArbVerh, ArbN-Vertretungen, Mitbest. etc. gemacht werden[1]). Eine Darstellung der den einzelnen ArbN zustehenden Gestaltungsrechte (**Widerspruch** bzw. außerordentliche Kündigung) ist hingegen nicht erforderlich[2];

- (zumindest vorsorglich) **Haftungsfolgen** für Ansprüche aus ArbVerh (§ 613a I 1 iVm. II BGB sowie umwandlungsrechtl. (Sonder-)Regelungen nach §§ 133, 134)[3];

- Übergang von **Versorgungsanwartschaften** aktiver ArbN gem. § 613a BGB iVm. § 324 sowie der Versorgungsanwartschaften bzw. -ansprüche ausgeschiedener ArbN kraft Gesamtrechtsnachfolge; s. dazu auch § 324 Rz. 13 und 34f.; etwa konkret geplante *Anpassungen* der Versorgungssysteme;

- bereits konkret geplante Veränderungen der **arbeitsorganisatorischen Struktur** der vorhandenen Betriebe (insb. Spaltung oder Zusammenfassung von Betrieben) und deren Auswirkungen auf die **Betriebsidentität** und das **Amt** des bzw. der existierenden **Betriebsräte** sowie ggf. des **GBR und KBR** sowie eines **Wirtschaftsausschusses** und der **SprAu** der leitenden Angestellten. Hinweis auf die Entstehung eines **Übergangsmandats** nach § 21a BetrVG sowie auf eine etwaige (geplante) Vereinbarung nach § 325 II (s. Komm. dort). Bei Fehlen solcher aktuellen Planungen in Bezug auf geänderte Betriebsstrukturen: **Negativerklärung** („Maßnahmen, die zu einem Verlust der betriebsverfassungsrechtl. Identität der Betriebe … führen, sind nicht geplant; die dort bestehenden BR bleiben im Amt.");

- Hinweis auf die entweder kollektivrechtl. Fortgeltung (bei Aufrechterhaltung der Betriebsidentität, s. § 324 Rz. 21f.) oder gesetzl. Aufrechterhaltung (§ 613a I 2–4 BGB, s. § 324 Rz. 21) von **Betriebsvereinbarungen**. Bei Verlust der Betriebsidentität evtl. Ankündigung, dass mit dem neugebildeten BR (oder dem BR im Übergangsmandat) zur Herbeiführung einer kollektivrechtl. „Fortgeltung" eine wortgleiche BV abgeschlossen werden soll;

- Aussagen über die Existenz bzw. Nichtexistenz sowie Weitergeltung von **GesamtBV** und GesamtSprAuVereinbarungen (analog zu BV) sowie von **KonzernBV** und KonzernSprAuVereinbarungen[4];

- Aussagen über die Mitgliedschaft des bzw. der übertragenden Rechtsträger in einem **ArbGebVerband** und die sich daraus ergebende **Tarifbindung**; Darstellung, inwieweit sich diese Tarifbindung bei dem bzw. den übernehmenden Rechtsträgern fortsetzt (durch Mitgliedschaft im bzw. Beitritt zu dem abschließenden ArbGebVerband; s. dazu auch Erl. § 324 Rz. 20) oder mangels kollektivrechtl. Fortgeltung **§ 613a I 2–4 BGB** Anwendung findet einschl. einer etwaigen **Ablösung** durch beim übernehmenden Rechtsträger bestehende TV gem. § 613a I 3 BGB (ggf. unter Berücksichtigung vertragl. **Bezugnahmeklauseln**; s. dazu § 613a BGB Rz. 277 ff.). Bei Bestehen von **FirmenTV**: Angabe über den Eintritt des bzw. der übernehmenden Rechtsträgern kraft Gesamtrechtsnachfolge (s. § 324 Rz. 20). Bei **Fehlen jedweder Tarifbindung**: Aussagen über die etwaige Anwendung bestimmter (Branchen-)TV kraft vertragl. Inbezugnahme oder betriebl. Übung und deren Fortgeltung gem. § 613a I 1 BGB;

- Angaben über eine evtl. bestehende ArbN-Vertretung auf europäischer Ebene (insb. **EBR**) und deren Fortführung;

- Darstellung der bei den an der Umwandlung beteiligten Rechtsträgern bestehenden **Mitbest.** auf Unternehmensebene nach MitbestG, DrittelbG bzw. Montan-MitbestG/MitbestErgG; Wegfall von mitbestimmten AR und AR-Mandaten infolge Erlöschens übertragender Rechtsträger; Fortsetzung bzw. erstmalige Entstehung oder Wegfall der Mitbest. auf Unternehmensebene bei dem bzw. den an der Umwandlung beteiligten Rechtsträgern und ggf. Änderung des Mitbest.-Status (ggf. kraft Zurechnung der ArbN von Konzerngesellschaften) sowie Zahl der AR-Mitglieder insg. und auf ArbN-Seite; aktives und passives Wahlrecht; Hinweis auf eine evtl. zeitlich begrenzte **Mitbestimmungssicherung** nach § 325 I (s. Erl. dort);

- Angaben über etwaige **konkret geplante Betriebsänderungen** iSd. §§ 111 ff. BetrVG im zeitlichen und sachlichen Zusammenhang mit der Umwandlung (zB Stilllegung von Betrieben, Zusammenlegung von Betrieben oder Betriebsteilen) und deren zu erwartende Auswirkungen auf die Belegschaft (Personalabbau, Versetzungen etc.) (s. dazu auch oben Rz. 6f.). Hinweis auf die Aufnahme von **Verhand-**

---

[1] So jedenfalls OLG Düss. 15.5.1998 – 3 Wx 156/98, NZA 1998, 766. || [2] Ebenso *Henssler*, FS Kreft, 1998, S. 219 (228); Semler/Stengel/*Simon*, § 5 Rz. 86. || [3] Zum Verhältnis der unterschiedlichen Haftungsregime zueinander s. § 324 UmwG Rz. 18. Die Notwendigkeit diesbezüglicher Angaben ist umstritten; verneinend Semler/Stengel/*Simon*, § 5 Rz. 86. || [4] S. zum Ganzen auch Kallmeyer/*Willemsen*, Vorb. zu § 322 Rz. 68 ff.

lungen mit dem BR über **Interessenausgleich/Sozialplan**; falls diese bereits abgeschlossen sind: **Bezugnahme** auf die bestehenden Vereinbarungen und deren Beifügung. Bei Fehlen diesbezüglicher Planungen: (vorsorgliche) **Negativerklärung**;

– soweit einschlägig: Angaben über geplante **weitere Umwandlungen** unmittelbar nach Vollzug der ersten (vertragsgegenständlichen) Umwandlung[1], zB sofortige Ausgliederung eines im Zuge der Verschmelzung auf den übernehmenden Rechtsträger übergegangenen Betriebsteils auf einen neugegründeten Rechtsträger, Aufspaltung des übernehmenden Rechtsträgers etc. und deren Auswirkungen auf die ArbN und ihre Vertretungen (analog zu den obigen Punkten).

Diese Checkliste ist ggf. noch um unternehmensspezifische Gesichtspunkte wie zB Entstehung bzw. Wegfall eines **Tendenzschutzes** (nach § 118 BetrVG) zu ergänzen und somit **nicht als abschließend zu verstehen**. Zu allen genannten Punkten ist eine auf den konkreten Sachverhalt abstellende, knappe, die jeweiligen Rechtsfolgen unter Verweis auf die einschlägigen gesetzl. Bestimmungen bezeichnende, ergebnisbezogene Darstellung erforderlich, aber auch genügend.

13 **III. Zuleitung des Verschmelzungsvertrages bzw. Entwurfs an die Betriebsräte (Abs. 3).** Abs. 3 schreibt in direkter funktionaler Verknüpfung mit Abs. 1 Nr. 9 die Zuleitung des Verschmelzungsvertrages bzw. (bei Beschlussfassung vor Abschluss des Verschmelzungsvertrages iSv. § 13 III 2, Alt. 2 iVm. § 4 II) seines Entwurfs an den **zuständigen BR**[2] jedes beteiligten Rechtsträgers vor. Damit soll der zuständigen ArbN-Vertretung die Möglichkeit gegeben werden, etwaige Einwendungen gegen die Verschmelzung aus ihrer Sicht rechtzeitig geltend zu machen sowie ggf. auf Änderungen hinzuwirken[3]. Die **fristgebundene** (s. dazu Rz. 15f.) Vorlagepflicht betrifft den **gesamten Vertrag** einschl. Anlagen[4] und nicht etwa nur die Angaben nach Abs. 1 Nr. 9 (unstr.), bei Verschmelzung durch Neugründung wegen § 37 auch den Gesellschaftsvertrag der übernehmenden Gesellschaft[5]. Sie ist dadurch **sanktioniert**, dass der Nachweis über die rechtzeitige Zuleitung des Verschmelzungsvertrages oder seines Entwurfs an den zuständigen BR gem. § 17 I eine notwendige Anlage der Anmeldung zum Handelsregister und damit **Eintragungsvoraussetzung** ist. Es empfiehlt sich daher für die Praxis, den Zugang (nicht die bloße Absendung!) des Vertrages bzw. Entwurfs zu dokumentieren, und zwar zweckmäßigerweise durch ein **schriftl., datiertes Empfangsbekenntnis** des jeweiligen BR-Vorsitzenden (zur Rechtslage bei Fehlen eines BR s.u. Rz. 17).

14 **Welchem BR** auf Seiten der beteiligten Rechtsträger der Verschmelzungsvertrag bzw. sein Entwurf zuzuleiten ist, ergibt sich aus den allg. betriebsverfassungsrechtl. Bestimmungen, dh. aus §§ 50, 58 BetrVG[6]. Hat das Unternehmen, da aus mehreren Betrieben iSd. BetrVG bestehend, einen **GBR**, ist dieser zuständig, weil alle Umwandlungen unternehmensbezogen sind (zu Bedeutung und Aufgaben des GBR s.a. § 50 BetrVG Rz. 2ff.)[7]. Eine Zuständigkeit des **KBR** ist dagegen auch dann zu verneinen, wenn Unternehmen ein und derselben Unternehmensgruppe miteinander verschmolzen werden sollen (zur Stellung des KBR im Verhältnis zu BR und GBR s. § 58 BetrVG Rz. 2ff.)[8]. Im Zweifel sollte **vorsorglich eine Übersendung an alle (möglicherweise) zuständigen BR** erfolgen, um unnötige Risiken aus § 17 I zu vermeiden[9], denn die Zuleitung an den **unzuständigen** Repräsentanten ist **rechtl. unbeachtlich** und kann sich daher als **Eintragungshindernis** erweisen[10].

15 Die Berechnung der **Monatsfrist** richtet sich nach den allg. Bestimmungen der §§ 186ff. BGB, wobei „rückwärts", dh. ab dem Datum der Versammlung als fristauslösendem Ereignis, zu rechnen ist[11]; dieser Tag ist gem. § 187 I BGB für die Fristenberechnung nicht mitzuzählen. **Beispiel:** Soll die Versammlung am 31.8. stattfinden, ist jede Zuleitung iSv. Abs. 3 vor dem 31.7. fristgemäß[12]. Die etwas unklare Formulierung in Abs. 3 ist dahin gehend zu verstehen, dass maßgeblich für die Fristberechnung der Versammlungstermin (nur) desjenigen Rechtsträgers ist, für den der jeweils zuständige BR, dem der Verschmelzungsvertrag zugeleitet werden soll, gebildet worden ist. Der BR kann auf die Einhaltung der **Monatsfrist verzichten** (Schriftform wegen § 17 I erforderlich!), weil sie ausschließlich seinem Schutz dient[13], **nicht da-**

---

1 Zu den Besonderheiten bei solchen „Kettenumwandlungen" s.a. KölnKommUmwG/*Hohenstatt/Schramm*, § 5 Rz. 206f. ||2 Zur Zuleitung an einen nach § 3 BetrVG durch TV oder BV gebildeten BR s. *Dzida*, GmbHR 2009, 459 (462f.). ||3 *Kallmeyer*, ZIP 1994, 1746 (1754). ||4 Vgl. OLG Naumburg 17.3.2003 – 7 Wx 6/02, GmbHR 2003, 1433; zT aA LG Essen 15.3.2002 – 42 T 1/02; Semler/Stengel/*Simon*, § 5 Rz. 141. ||5 Lutter/*H. Schmidt*, Umwandlungsrechtstage, S. 72. ||6 Ebenso die BegrRegE, BT-Drs. 17/6699, 83. Zur Zuleitung an einen nach § 3 BetrVG durch TV oder BV gebildeten BR s. *Dzida*, GmbHR 2009, 459 (462f.). ||7 Zutr. *Boecken*, Unternehmensumwandlungen, Rz. 333; *Engelmeyer*, DB 1996, 2542 (2545); *Wlotzke*, DB 1995, 40 (45); diff. *Hausch*, RNotZ 2007, 308 (312f.); aA *Blechmann*, NZA 2005, 1143 (1147f.). Zu der Sondersituation, dass pflichtwidrig kein GBR gebildet wurde, vgl. *Dzida*, GmbHR 2009, 459 (460f.). ||8 Ebenso *Boecken*, Unternehmensumwandlungen, Rz. 334; Lutter/*Lutter/Drygala*, § 5 Rz. 106; *Dzida*, GmbHR 2009, 459 (461f.); aA *Engelmeyer*, DB 1996, 2542 (2545); *Mayer* in Widmann/Mayer, § 5 Rz. 254; *Melchior*, GmbHR 1996, 833 (835). ||9 Ebenso *Wlotzke*, DB 1995, 45, allerdings unter dem Aspekt der „Transparenz und des sozialen Friedens". ||10 Ebenso *Boecken*, Unternehmensumwandlungen, Rz. 333. ||11 Einzelheiten bei *Krause*, NJW 1999, 1448; *Stohlmeier*, BB 1999, 1394. Zu den Besonderheiten bei Entbehrlichkeit eines Verschmelzungsbeschlusses vgl. Kallmeyer/*Willemsen*, § 5 Rz. 77f. ||12 *Krause*, NJW 1999, 1448. ||13 Ebenso *Mayer* in Widmann/Mayer, § 5 Rz. 266; *Melchior*, GmbHR 1996, 836f.; *Müller*, DB 1997, 713 (717); Semler/Stengel/*Simon*, § 5 Rz. 145.

gegen auf die Zuleitung als solche[1]. Gegen die Möglichkeit eines Verzichts auf die Zuleitung als solche sprechen vor allem die gesetzl., nicht disponible Aufgabenstellung sowie die Parallele zu betriebsverfassungsrechtl. Beteiligungsregelungen[2].

Wird nach der Zuleitung nach Abs. 3 der Spaltungsplan bzw. -entwurf **geändert**, löst dies eine **erneute Zuleitungspflicht** nur aus, wenn es sich um wesentl. Änderungen handelt, dh. solche, die nicht rein rechtstechnischer oder redaktioneller Natur sind, sondern Interessen der ArbN und ihrer Vertretungen berühren können[3]. Wird der ursprüngl. Verschmelzungsvertrag durch weitere Urkunden **ergänzt**, sind diese ebenfalls zuzuleiten. Erst die Zuleitung aller Urkunden setzt die Monatsfrist des Abs. 3 in Gang[4].   16

Spezifische Fragen können sich stellen, wenn es bei den betroffenen Rechtsträgern **keinen BR gibt**. Entgegen einer in der Rspr. und Lit. zT vertretenen Auffassung[5] sind auch in diesem Fall die Angaben nach Abs. 1 Nr. 9 erforderlich[6], allerdings naturgemäß mit Ausnahme derjenigen, die sich auf die Vertretung der ArbN beziehen. Ebenso entfällt – in Ermangelung eines Adressaten – die Zuleitungspflicht nach Abs. 3; eine ersatzweise Zuleitung unmittelbar an die Belegschaft kommt nicht in Betracht, was sich auch aus dem Rückschluss aus § 122e S. 2 ergibt[7]. An die Stelle des Nachweises der rechtzeitigen Zuleitung an den BR nach § 17 I tritt dann der **Nachweis des Fehlens einer ArbN-Vertretung**. Das AG Duisburg[8] verlangt hierfür eine entsprechende **eidesstattliche Versicherung** der beteiligten gesetzl. Vertreter, die innerhalb der **Acht-Monats-Frist** des § 17 II 4 beigebracht werden muss, was allerdings als zu weitgehend erscheint[9]; es muss vielmehr die „einfache" schriftl. Erklärung genügen.   17

126 *Inhalt des Spaltungs- und Übernahmevertrags*
(1) Der Spaltungs- und Übernahmevertrag oder sein Entwurf muss mindestens folgende Angaben enthalten:
(...)
11. die Folgen der Spaltung für die Arbeitnehmer und ihre Vertretungen sowie die insoweit vorgesehenen Maßnahmen.
(2) (...)
(3) Der Vertrag oder sein Entwurf ist spätestens einen Monat vor dem Tag der Versammlung der Anteilsinhaber jedes beteiligten Rechtsträgers, die gemäß § 125 in Verbindung mit § 13 Abs. 1 über die Zustimmung zum Spaltungs- und Übernahmevertrag beschließen soll, dem zuständigen Betriebsrat dieses Rechtsträgers zuzuleiten.

I. Folgen für die ArbN und ihre Vertretungen. Ebenso wie bei der Verschmelzung schreibt das Gesetz auch für den Spaltungs- bzw. Ausgliederungs- und Übernahmevertrag in Nr. 11 die Angabe der Folgen für die ArbN und ihre Vertretungen vor. Hierbei wird es sich insb. um Ausführungen darüber handeln müssen, inwieweit die Spaltung zu einer Aufteilung und Neuzuordnung von Betrieben und Betriebsteilen führen wird und wie sich dies auf **Existenz und Fortbestand der BR** (einschl. eines etwaigen Übergangsmandats nach § 21a BetrVG) auswirkt, ferner auf das Schicksal von **Tarifverträgen** und **Betriebsvereinbarungen** sowie auf die **Unternehmensmitbestimmung** einschl. einer etwaigen Mitbestimmungsbeibehaltung nach § 325; s. dazu die dortigen Erl. Eine Angabe zum Übergang *einzelner* ArbVerh ist nur notwendig, soweit sie nicht eindeutig zu einem der übergehenden Betriebe bzw. Betriebsteile gehören (s. dazu Erl. § 613a BGB Rz. 227 ff.). Es handelt sich um eine Parallelvorschrift zu § 5 I Nr. 9; zu weiteren Fragen, insb. zur Einbeziehung lediglich „mittelbar" arbeitsrechtl. Folgen der Spaltung sowie zu den Konsequenzen unrichtiger bzw. unvollständiger Angaben, s. die Komm. zu § 5.   1

II. Zuleitung des Spaltungs- bzw. Ausgliederungs- und Übernahmevertrages. Bzgl. Abs. 3 kann auf die inhaltsgleiche Bestimmung des § 5 III und die dortigen Erläuterungen sinngemäß verwiesen werden (§ 5 Rz. 13 ff.). Gem. § 17 I iVm. § 125 ist die rechtzeitige Zuleitung des Spaltungs- und Übernahmevertrages an die zuständigen ArbN-Vertretungen **Eintragungsvoraussetzung**.   2

---

1 AA insoweit *Mayer* in Widmann/Mayer, § 5 Rz. 259, 266 und *Stohlmeier*, BB 1999, 1394 (1396 f.); wie hier OLG Naumburg 17.3.2002 – 7 Wx 6/02, GmbHR 2003, 1433; Lutter/*Lutter/Drygala*, § 5 Rz. 109; *Pfaff*, DB 2002, 686; Hohenstatt/Schramm, FS 25 Jahre Arbeitsgemeinschaft Arbeitsrecht im DAV, 2006, S. 629 (639 f.).   ‖ 2 Vgl. *Willemsen*, RdA 1998, 23 (33).   ‖ 3 So auch die Auffassung des Rechtsausschusses, vgl. BT-Drs. 12/7850, 142; im gleichen Sinne OLG Naumburg 6.2.1997 – 7 U 236/96, DB 1997, 466 (467); für uneingeschränkte Neuvorlagepflicht dagegen Lutter/*Priester*, Umwandlungsrechtstage, S. 116; vgl. auch *Blechmann*, NZA 2005, 1143 (1148).   ‖ 4 So ausf. OLG Naumburg 17.3.2003 – 7 Wx 6/02, GmbHR 2003, 1433.   ‖ 5 LG Stuttgart 29.3.1996 – 4 KfH T 1/96, DNotZ 1996, 701; *Heckschen*, DB 1998, 1388; *Joost*, ZIP 1995, 976 (985).   ‖ 6 Ebenso Lutter/*Lutter/Drygala*, § 5 Rz. 107.   ‖ 7 Ebenso *Stohlmeier*, BB 1999, 1394 (1395); aA insoweit *Pfaff*, BB 2002, 1604 (1608): Aushang am „Schwarzen Brett".   ‖ 8 AG Duisburg 4.1.1996 – 23 HRB 4942, 23 HRB 5935, GmbHR 1996, 372.   ‖ 9 Ebenso *Heckschen*, DB 1998, 1388; *Pfaff*, BB 2002, 1604 (1609); Semler/Stengel/*Simon*, § 5 Rz. 148.

194 Inhalt des Umwandlungsbeschlusses
(1) In dem Umwandlungsbeschluss müssen mindestens bestimmt werden:

(...)

7. die Folgen des Formwechsels für die Arbeitnehmer und ihre Vertretungen sowie die insoweit vorgesehenen Maßnahmen.

(2) Der Entwurf des Umwandlungsbeschlusses ist spätestens einen Monat vor dem Tage der Versammlung der Anteilsinhaber, die den Formwechsel beschließen soll, dem zuständigen Betriebsrat des formwechselnden Rechtsträgers zuzuleiten.

1 I. Folgen für die ArbN und ihre Vertretungen (Abs. 1 Nr. 7). Es handelt sich um eine **Parallelvorschrift** zu § 5 I Nr. 9 und § 126 I Nr. 11, so dass auf die dortigen Erl. sinngemäß verwiesen werden kann. Da es beim Formwechsel keinen Umwandlungsvertrag gibt, bestimmt Abs. 1 Nr. 7, dass die Folgen des Formwechsels für die ArbN und ihre Vertretungen in dem Umwandlungsbeschluss bestimmt werden müssen. Allerdings wird der **Umfang** der erforderlichen Angaben idR deutlich geringer sein, weil der reine Formwechsel im Unterschied zu Verschmelzung und Spaltung **keinen ArbGebWechsel** bewirkt (Prinzip der **Identität**) und die Schutzinteressen der Belegschaft auch in Bezug auf die Fortgeltung von TV deutlich weniger betroffen sind[1]. Erforderlich sind aber in jedem Falle Angaben darüber, ob sich durch den Formwechsel das **Mitbestimmungsstatut** ändert (ggf. auch in Form einer **Negativerklärung**). Die Mitbest.-Sicherung gem. § 325 I gilt beim Formwechsel ausweislich des Gesetzeswortlauts nicht. Im **Betriebsverfassungsrecht** werden sich dagegen idR keine Veränderungen ergeben, weil dieses rechtsformneutral ausgestaltet ist. Da der Formwechsel als solcher keine betriebsbezogene Relevanz aufweist, sind personelle Maßnahmen, die im zeitlichen Zusammenhang mit dem Formwechsel durchgeführt werden, nicht dessen „Folgen" iSv. Abs. 1 Nr. 1 und brauchen daher im Umwandlungsbeschluss nicht erwähnt zu werden[2] (vgl. demggü. zur Problematik sog. mittelbarer Folgen bei Verschmelzung und Spaltung § 5 Rz. 6 f.). Anzugeben sind schließlich die für die ArbN relevanten Veränderungen des **Haftungsregimes**, wie sie mit dem Formwechsel (zB von einer Personen- in eine Kapitalgesellschaft) oftmals verbunden sind[3].

Die Angaben nach Abs. 1 Nr. 7 müssen auch bei Fehlen eines BR gemacht werden[4]. Hingegen entfallen die Angaben nach Abs. 1 Nr. 7 und es genügt ein Negativattest im Umwandlungsbeschluss, wenn der formwechselnde Rechtsträger keine ArbN beschäftigt[5].

2 II. Zuleitung des Entwurfs des Umwandlungsbeschlusses an den BR (Abs. 2). Da es beim Formwechsel keinen Umwandlungsvertrag gibt, sieht Abs. 2 vor, dass der **Entwurf** des Umwandlungsbeschlusses spätestens einen Monat vor der Versammlung der Anteilsinhaber, die den Formwechsel beschließen soll, dem BR zuzuleiten ist. Von dem Umwandlungsbericht iÜ und der Vermögensaufstellung erhält der BR dagegen keine Kenntnis[6].

3 Aus dem Gesetzeszweck des Abs. 2 iVm. Abs. 1 Nr. 7 ist zu folgern, dass der Entwurf eines Umwandlungsbeschlusses auch dann erforderlich ist, wenn auf Grund der in § 192 III zugelassenen Ausnahmen die Erstattung eines **Umwandlungsberichts entfällt**. Obwohl der Entwurf des Umwandlungsbeschlusses gem. § 192 I 2 nur ein unselbständiger Teil des Umwandlungsberichts ist, verbleibt es in diesem Fall bei der verbindlichen Regelung des Abs. 2, die insoweit **Vorrang** vor § 192 III genießt[7]. Es ist also auch in diesem Fall ein kompletter Entwurf des Umwandlungsbeschlusses mit sämtlichen Angaben nach Abs. 1 erforderlich. Ohne den Nachweis einer rechtzeitigen Zuleitung an den zuständigen BR kann der Umwandlungsbeschluss nicht in das Handelsregister eingetragen werden (§ 199). Wegen aller weiteren Einzelheiten kann auf die Erl. zu § 5 III sinngemäß verwiesen werden.

Siebentes Buch. Übergangs- und Schlussvorschriften

322 Gemeinsamer Betrieb
Führen an einer Spaltung oder an einer Teilübertragung nach dem Dritten oder Vierten Buch beteiligte Rechtsträger nach dem Wirksamwerden der Spaltung oder der Teilübertragung einen Betrieb gemeinsam, gilt dieser als Betrieb im Sinne des Kündigungsschutzrechts.

1 I. Entstehungsgeschichte; systematische Verknüpfung mit § 1 II Nr. 2 BetrVG. Von § 322 aF ist auf Grund der BetrVG-Novelle 2001 nur noch der frühere Abs. 2 übrig geblieben. Abs. 1 aF, der einen Ver-

---

1 Zu den Auswirkungen im Einzelnen s. Kallmeyer/*Willemsen*, Vorb. zu § 322. ‖ 2 Ebenso Lutter/*Decher*, § 194 Rz. 25 ff. ‖ 3 Ebenso Semler/Stengel/*Bärwaldt*, § 194 Rz. 32. ‖ 4 Zweifelnd Lutter/*Decher*, § 194, Rz. 31 unter Hinweis auf LG Stuttgart 11.12.1995 – 4 KfH T 22/95, WiB 1996, 994 und LG Stuttgart 29.3.1996 – 4 KfH T 1/96, WiB 1997, 32 (jew. zu § 5 I Nr. 9). ‖ 5 So auch Lutter/*Decher*, § 194 Rz. 31. Zu den Besonderheiten bei Gründung einer SE durch formwechselnde Umwandlung vgl. Kallmeyer/*Willemsen*, § 194 Rz. 62. ‖ 6 Lutter/*Decher*, Umwandlungsrechtstage, S. 212; Lutter/*Decher*, § 194 Rz. 43. ‖ 7 Ebenso *Joost*, ZIP 1995, 976 (977); zust. Lutter/*Decher*, § 194 Rz. 40.

mutungstatbestand für das Vorliegen eines Gemeinschaftsbetriebs im betriebsverfassungsrechtl. Sinne enthielt, ist – mit Änderungen des Wortlauts – in das BetrVG „implantiert" worden (vgl. § 1 II Nr. 2 BetrVG sowie die dortige Komm.). Erhalten geblieben ist dagegen die **kündigungsrechtl.** Regelung, wonach der als „Produkt" einer Spaltung oder Teilübertragung entstehende Gemeinschaftsbetrieb kraft gesetzl. Fiktion auch als Betrieb iSd. Kündigungsschutzrechts „gilt".

II. Gemeinschaftsbetrieb im kündigungsschutzrechtlichen Sinne. 1. Bedeutung. Da die Rspr. die 2 Rechtsfigur des gemeinsamen Betriebs mehrerer rechtl. selbständiger Unternehmen inzwischen nicht nur für das Betriebsverfassungsrecht, sondern auch für das Kündigungsrecht „entdeckt" hatte[1], sah sich der Gesetzgeber des UmwG offenbar veranlasst, iS einer „Klarstellung"[2] auf die Möglichkeit eines solchen kündigungsschutzrechtl. Gemeinschaftsbetriebes als Resultat einer voraufgegangenen Spaltung eines zuvor einheitlichen Rechtsträgers besonders hinzuweisen.

Haben sich nach dem Wirksamwerden der Spaltung selbständige Rechtsträger zur gemeinsamen 3 Führung eines Betriebs rechtl. verbunden, so ist im Fall einer betriebsbedingten Kündigung zB für die Prüfung einer **anderweitigen Beschäftigungsmöglichkeit** (§ 1 II 2 Nr. 1b, S. 3 KSchG) oder bei der Frage der **Sozialauswahl** (§ 1 III KSchG) auf die Verhältnisse des gemeinsamen Betriebs abzustellen[3]. Im Klartext bedeutet dies: Liegt nach der Spaltung der Rechtsträger ein Gemeinschaftsbetrieb der an der Spaltung beteiligten Rechtsträger vor, werden die kündigungsschutzrechtl. Folgen der Spaltung gewissermaßen „**neutralisiert**", indem alle im Rahmen des Kündigungsschutzgesetzes relevanten Fragestellungen so behandelt werden, als ob dieser Betrieb weiterhin ein und demselben Rechtsträger zugeordnet wäre. Diese Rechtsfolge ist im Verhältnis zu den betroffenen ArbN **nicht abdingbar**[4]. Eine wichtige **Einschränkung** ergibt sich allerdings insofern, als sich der betriebsbedingt gekündigte ArbN auch im Gemeinschaftsbetrieb **nur** auf **Weiterbeschäftigungsmöglichkeiten** in anderen Betrieben iSv. § 1 II 2 Nr. 1b, Alt. 2 KSchG berufen kann, soweit sich die entsprechenden (freien!) Arbeitsplätze **in demjenigen Unternehmen** befinden, mit dem ihn ein **ArbVerh** verbindet[5].

Diese quasi „gesamtschuldnerische Haftung im kündigungsschutzrechtl. Außenverhältnis" lässt es rat- 4 sam erscheinen, dass die beteiligten Rechtsträger bei Vorliegen eines Gemeinschaftsbetriebs **interne Ausgleichsregelungen**, etwa für im Rahmen der §§ 9, 10 KSchG oder auf Grund arbeitsgerichtl. Vergleiche fällig werdende **Abfindungen**, treffen. Der Gemeinschaftsbetrieb führt nämlich **keineswegs zwangsläufig** dazu, dass alle beteiligten Rechtsträger „**Gesamtarbeitgeber**" sämtlicher Betriebsangehörigen werden; vielmehr können die ArbVerh individualarbeitsrechtl. durchaus separat zugeordnet werden[6].

Die unabhängig hiervon bei Vorliegen eines Gemeinschaftsbetriebes gebotene einheitliche Behand- 5 lung im Rahmen des KSchG kann dazu führen, dass nach den Grundsätzen der Sozialauswahl (§ 1 III KSchG) uU **Austauschkündigungen** bei Trägerunternehmen A durchgeführt werden müssen, weil Trägerunternehmen B in seinem Betriebsteil im Bereich des Außendienstes Personal abbaut und sich ein sozial besonders schutzbedürftiger, von der Kündigung bedrohter ArbN von B auf die Möglichkeit der Weiterbeschäftigung auf einem vergleichbaren, mit einem sozial weniger schutzbedürftigen ArbN besetzten Arbeitsplatz bei A beruft.

Eine weitere Bedeutung der Norm liegt darin, dass bei Vorliegen eines Gemeinschaftsbetriebes für die 6 Ermittlung der **Mindestarbeitnehmerzahl** für das Eingreifen des KSchG gem. § 23 KSchG alle ArbN ohne Rücksicht auf ihre individualarbeitsrechtl. Zuordnung zu den einzelnen Rechtsträgern **zusammenzurechnen** sind[7].

2. Voraussetzungen; Gestaltungsfreiheit der an der Spaltung beteiligten Rechtsträger. Die materiel- 7 len Voraussetzungen für das Vorliegen eines Gemeinschaftsbetriebes im kündigungsschutzrechtl. Sinne sind grds. dieselben wie im Rahmen des BetrVG (vgl. § 1 BetrVG Rz. 13 ff.); **die Vermutung des § 1 II Nr. 2 BetrVG gilt hier jedoch** ausweislich des Gesetzeswortlauts **nicht**.

Diese Frage war und ist allerdings in der Lit. **streitig**[8]. Die praktische Bedeutung der Streitfrage sollte 8 nicht überschätzt werden, da sich die ArbG im Kündigungsschutzprozess im Zweifel an der „vorgefundenen" betriebsverfassungsrechtl. Situation orientieren werden. Die Unterschiede in Bezug auf die Darlegungs- und Beweislast bei § 1 II Nr. 2 BetrVG einerseits und § 322 andererseits dürften daher wohl idR nur relevant werden, wenn zum Zeitpunkt des Kündigungsschutzprozesses noch eine Auseinanderset-

---

1 Vgl. etwa BAG 13.6.1985 – 2 AZR 452/84, NZA 1986, 600; 18.1.1990 – 2 AZR 355/89, NZA 1990, 977; wN bei KR/*Weigand*, § 23 KSchG Rz. 47 ff. ‖ 2 Vgl. Begr. RegE BT-Drs. 12/6699, 174. ‖ 3 So wörtl. die Begr. RegE, BT-Drs. 12/6699, 174. ‖ 4 Unstr.; vgl. nur BAG 5.5.1994 – 2 AZR 917/93, NZA 1994, 1023; *Boecken*, Unternehmensumwandlungen, Rz. 304 ff.; s. zum Ganzen auch *Bonanni*, Der gemeinsame Betrieb mehrerer Unternehmen, 2003. ‖ 5 Vgl. *Boecken*, Unternehmensumwandlungen, Rz. 296; WHSS/*Willemsen*, Rz. H 149; aA Lutter/*Joost*, § 322 Rz. 14; zur separaten Zuordnung der ArbVerh im Gemeinschaftsbetrieb sogleich unter Rz. 4. ‖ 6 Vgl. BAG 5.3.1987 – 2 AZR 623/85, NZA 1988, 32. ‖ 7 Ebenso *Bauer/Lingemann*, NZA 1994, 1057 (1060); *Boecken*, Unternehmensumwandlungen, Rz. 293; Lutter/*Joost*, § 322 Rz. 14; *Wlotzke*, DB 1995, 40 (44). ‖ 8 Wie hier *Bauer/Lingemann*, NZA 1994, 1057 (1060); *Boecken*, Unternehmensumwandlungen, Rz. 290; *Heinze*, ZfA 1997, 1 (12); KölnKommUmwG/*Hohenstatt/Schramm*, § 322 Rz. 5; *Kallmeyer*, ZIP 1994, 1746 (1757); *Mengel*, Umwandlungen im Arbeitsrecht, S. 314 f.; *Hörtnagl* in Schmitt/Hörtnagl/Stratz, § 322 Rz. 5; aA Lutter/*Joost*, § 322 Rz. 13.

zung zwischen ArbGeb und BR über das Vorliegen oder Nichtvorliegen eines Gemeinschaftsbetriebes iSv. § 1 II Nr. 2 BetrVG anhängig ist.

9 Unabhängig von der vorstehend behandelten Frage bewirkt § 322 weder für sich genommen noch iVm. § 323 I einen rechtl. Zwang, den bisher einheitlichen Betrieb nach der Spaltung als Gemeinschaftsbetrieb iSd. Rspr. zu führen. Es stellt vielmehr eine wesentliche, durch die vorgenannten Bestimmungen keineswegs eingeschränkte **unternehmerisch-strategische Entscheidung** dar, ob die an der Spaltung beteiligten Rechtsträger künftig kündigungsschutzrechtl. eigenständig und getrennt agieren oder durch einen gemeinsamen Betrieb miteinander verbunden sein sollen. Allerdings reicht insoweit eine bloße Willensbetätigung der beteiligten Rechtsträger nicht aus; es müssen, wenn eine Separierung gewollt ist, auch die entsprechenden **Fakten** (insb. getrennte Leitung in sozialen und personellen Angelegenheiten) geschaffen werden (vgl. zum Ganzen auch § 1 BetrVG Rz. 13 ff.).

10 **3. Auflösung des Gemeinschaftsbetriebes.** Mit der Auflösung des Gemeinschaftsbetriebes und der (tatsächlichen) Aufspaltung in zwei oder mehr separate Organisationseinheiten mit eigenständiger sozialer und personeller Leitung entfallen die oben (Rz. 10 ff.) beschriebenen Rechtsfolgen. Das mag sich zwar für einzelne ArbN bei späteren Kündigungen (zB im Rahmen der Sozialauswahl nach § 1 III KSchG) nachteilig auswirken, **fällt aber nicht** unter das **Verschlechterungsverbot** nach § 323 I[1]. Zu einer Beendigung des Gemeinschaftsbetriebes kann es zudem bei der **Stilllegung** eines Betriebsteils der Beteiligten kommen; uU gilt dies bereits ab dem Zeitpunkt, zu dem die Stilllegung „greifbare Formen" angenommen hat[2].

323 *Kündigungsrechtliche Stellung*

(1) Die kündigungsrechtliche Stellung eines Arbeitnehmers, der vor dem Wirksamwerden einer Spaltung oder Teilübertragung nach dem Dritten oder Vierten Buch zu dem übertragenden Rechtsträger in einem Arbeitsverhältnis steht, verschlechtert sich auf Grund der Spaltung oder Teilübertragung für die Dauer von zwei Jahren ab dem Zeitpunkt ihres Wirksamwerdens nicht.

(2) Kommt bei einer Verschmelzung, Spaltung oder Vermögensübertragung ein Interessenausgleich zustande, in dem diejenigen Arbeitnehmer namentlich bezeichnet werden, die nach der Umwandlung einem bestimmten Betrieb oder Betriebsteil zugeordnet werden, so kann die Zuordnung der Arbeitnehmer durch das Arbeitsgericht nur auf grobe Fehlerhaftigkeit überprüft werden.

1 **I. Erhaltung der kündigungsrechtlichen Stellung nach Spaltung oder Teilübertragung (Abs. 1). 1. Bedeutung und Inhalt der Vorschrift. a) Analyse des Gesetzeswortlauts.** Nach dem Wortlaut von Abs. 1 verschlechtert sich die „kündigungsrechtliche Stellung" eines ArbN auf Grund der Spaltung oder Teilübertragung für die Dauer von zwei Jahren ab dem Zeitpunkt ihres Wirksamwerdens nicht. Die erste Kernfrage lautet, was mit „kündigungsrechtl. Stellung" gemeint ist, ein Terminus, der sich sonst in keinem arbeitsrechtl. Gesetz findet. Ist damit (nur) der permanente, durch entsprechende rechtl. Regelungen „verbriefte" rechtl. Status gemeint, oder sichert Abs. 1 darüber hinaus auch das bisherige faktische kündigungsrechtl. Umfeld, das in einem späteren Kündigungsschutzprozess relevant werden kann (also bspw. die Zahl der bisher im Betrieb beschäftigten ArbN, Existenz und Zahl vergleichbarer Arbeitsplätze, Sozialdaten der anderen, bisher im Betrieb beschäftigten ArbN, alles Umstände, die für den Ausgang eines Kündigungsschutzprozesses bedeutsam werden und damit die „kündigungsrechtl. Stellung eines ArbN" zumindest mittelbar beeinflussen können)?

2 Einen ersten Hinweis gibt das Gesetz selbst, indem es von einer Verschlechterung der kündigungsrechtl. Stellung „auf Grund der Spaltung oder Teilübertragung" spricht. Die geforderte **kausale Verknüpfung** zwischen Verschlechterung der kündigungsrechtl. Stellung und Spaltung bzw. Teilübertragung lässt darauf schließen, dass Abs. 1 nur vor solchen negativen Statusveränderungen in kündigungsrechtl. Hinsicht schützen soll, die sich aktuell und unmittelbar bereits mit dem „Wirksamwerden" der Spaltung (Teilübertragung) ergeben; die kündigungsrechtl. Stellung muss also in Form eines aktuellen „Schutzdefizits" bereits im Zeitpunkt des Wirksamwerdens der Spaltung direkt berührt sein. Von einer solchen aktuellen und konkreten Einbuße kündigungsrechtl. Schutzes kann aber nur die Rede sein, wenn den kündigungsrechtl. Status prägende Normen auf Grund der Spaltung (Teilübertragung) mit ihrem Wirksamwerden keine Anwendung mehr finden; lediglich latente Verschlechterungen, die sich nicht bereits im Zeitpunkt der Spaltung (Teilübertragung), sondern, wenn überhaupt, erst im weiteren Verlauf *nach* der Spaltung (Teilübertragung) manifestieren können, wie etwa die Einengung des Kreises der in die Sozialauswahl gem. § 1 III KSchG einzubeziehenden ArbN auf Grund der Abtrennung eines Teils der bisherigen Belegschaft, müssen als nicht unmittelbar und dauerhaft statusprägende Merkmale bei dieser Auslegung außer Betracht bleiben.

3 **b) Entstehungsgeschichte.** Die Interpretation von Abs. 1 iSd. befristeten Beibehaltung (unmittelbar) statusprägender kündigungsrechtl. Normen wird durch die Entwicklung der Vorschrift im Laufe des Gesetzgebungsverfahrens untermauert. In der Gesetzesbegr.[3] heißt es wörtlich: „Für eine Übergangs-

---

1 AA Lutter/*Joost*, § 323 Rz. 25. ||2 BAG 24.2.2005 – 2 AZR 214/04, NZA 2005, 867. ||3 Begr. RegE BT-Drs. 12/6699, 175.

zeit von zwei Jahren nach dem Wirksamwerden der Spaltung oder Teilübertragung eines Rechtsträgers soll sich die kündigungsrechtliche Stellung eines Arbeitnehmers dieses Rechtsträgers auch dann nicht verschlechtern können, wenn in dem neuen, ihn beschäftigenden Rechtsträger die für die Anwendbarkeit kündigungsrechtlicher Regelungen notwendige Beschäftigtenzahl nicht erreicht wird; dies betrifft insbesondere § 23 Abs. 1 des KSchG."

c) **Teleologische und systematische Auslegung.** Einen weiteren Auslegungshinweis gibt schließlich die systematische Stellung des Abs. 1 im Gesetzesaufbau der §§ 322–325. Gem. § 322 gilt ein Betrieb nach der Spaltung dann – aber auch nur dann – als einheitlicher Betrieb iSd. Kündigungsschutzrechts, wenn die beteiligten Rechtsträger ihn nach der Spaltung oder Teilübertragung gemeinsam führen; ob dies der Fall ist, obliegt allein ihrer Entscheidung und Gestaltung (s. § 322 Rz. 9). 4

Wollte man Abs. 1 iSd. Erhaltung nicht nur des rechtl., sondern auch des faktischen Status quo (*ein Betrieb*) interpretieren, würde damit die in § 322 I vorausgesetzte **Privatautonomie** der beteiligten Rechtsträger im Erg. für die Dauer von zwei Jahren **aufgehoben**; es bliebe ihnen dann praktisch gar nichts anderes übrig, als den Betrieb für diesen Zeitraum als einheitlichen iSd. KSchG fortzuführen[1]. Gerade dies zeigt aber, dass nur die oben (Rz. 2) dargestellte „enge" Auslegung von Abs. 1 der Gesetzessystematik gerecht wird[2]. 5

Einstweilen frei. 6–9

Abs. 1 garantiert mithin für den dort genannten Zeitraum lediglich, *dass* die bisher für das ArbVerh maßgeblichen kündigungsrechtl. Normen auch nach der Spaltung (Teilübertragung) angewandt werden; *wie* sie jedoch angewandt werden, richtet sich ausschließlich **nach den tatsächlichen und rechtl. Verhältnissen, wie sie sich nach der Spaltung bzw. Teilübertragung ergeben**[3]. Es wird mithin insb. nicht die Einheitlichkeit des bisherigen Betriebs fingiert, wenn gleichzeitig mit dem bisherigen Rechtsträger auch der Betrieb gespalten wurde und die sich an der Spaltung beteiligten Rechtsträger nicht gem. § 322 auf die Weiterführung als einheitlichen Betrieb verständigt haben. Dies gilt insb. für die Sozialauswahl nach § 1 III KSchG und die Möglichkeit der unternehmensbezogenen Weiterbeschäftigung nach § 1 II KSchG. Dieser Auffassung hat sich der **6. Senat des BAG** mit Urt. v. 22.9.2005[4] **ausdrücklich angeschlossen**. 10

Aus dem (individuellen) Schutzzweck des § 323 I folgt des Weiteren, dass **er nur für solche ArbVerh gilt**, die bei Wirksamwerden der Geltung oder Teilübertragung im rechtl. Sinne **bereits begründet waren**[5]. Darauf, ob das ArbVerh im Zuge der Spaltung bzw. Teilübertragung auf einen übernehmenden Rechtsträger übergeht oder bei dem übertragenden Rechtsträger verbleibt, kommt es allerdings nicht an[6]. 10a

2. Von Abs. 1 erfasste kündigungsrechtliche Regelungen. a) Grundsatz. Eine weitere Unklarheit des Abs. 1 bezieht sich darauf, was mit „kündigungsrechtlicher" Stellung eines ArbN gemeint ist. Nach der Begr. zum RegE[7] zielt die Norm zwar in allererster Linie auf § 23 I KSchG, also die **Erhaltung des gesetzl. Kündigungsschutzes** trotz **Absinkens der Beschäftigtenzahl** unter die maßgebliche Grenze[8]. Es kommen außer den Normen des KSchG aber auch sonstige kündigungsrechtl. Regelungen in Betracht, allerdings mit der Maßgabe, dass (1) nur die (befristete) weitere Anwendung dieser Normen, nicht aber ein „Einfrieren" der für ihre Anwendung maßgeblichen tatsächlichen Begleitumstände verlangt werden kann (s. Rz. 10), und (2) es sich um solche Normen handeln muss, die die „kündigungsrechtl. Stellung des ArbN" selbst inhaltlich regeln, nicht aber solche, die sich lediglich im Wege des „Reflexes" zu Gunsten des ArbN auswirken oder auswirken können. Entsprechend dem Wortsinn des Begriffs „Stellung" muss es sich also um eine dem ArbN selbst eingeräumte **(subjektive) Rechtsposition** handeln. 11

b) Einzelne Anwendungsfälle. Als gem. Abs. 2 befristet weiter anzuwendende Regelungen kommen demzufolge aus dem KSchG neben **§§ 1–15 KSchG** insb. auch **§§ 17 ff. KSchG** in Betracht, **sofern** man die Regelungen über **Massenentlassungen** auch als Schutznormen zu Gunsten der einzelnen ArbN auffasst. Richtiger Ansicht nach verfolgt der in den §§ 17–22 KSchG geregelte Massenentlassungsschutz aber arbeitsmarktpolitische Ziele; er bezweckt (und erreicht) demgü. keine Verstärkung des individuellen Bestandsschutzes[9]. Die §§ 17 ff. KSchG fallen mithin nicht unter Abs. 1[10]. 12

---

1 So folgerichtig vom Standpunkt der Gegenmeinung *Kallmeyer*, ZIP 1994, 1746 (1757); *Trümner*, AiB 1995, 309 (312 f.). ‖2 AA zB *Boecken*, Unternehmensumwandlungen, Rz. 275; *Däubler*, RdA 1995, 136 (143); *Mengel*, Umwandlungen im Arbeitsrecht, S. 265 ff.; diff. *Wlotzke*, DB 1995, 40 (44); jedenfalls in der Tendenz wie hier dagegen: *Hausch*, RNotZ 2007, 308 (335 f.); KölnKommUmwG/*Hohenstatt/Schramm*, § 323 Rz. 13 ff.; *Lutter/Joost*, § 323 Rz. 13 ff.; vgl. ferner *Willemsen*, NZA 1996, 791 (799 f.); WHSS/*Willemsen*, Rz. H 154. ‖3 *Willemsen*, NZA 1996, 791 (800). ‖4 BAG 22.9.2005 – 6 AZR 526/04, NZA 2006, 658. ‖5 Ebenso Semler/Stengel/*Simon*, § 323 Rz. 4. ‖6 Ebenso Lutter/*Joost*, § 323 Rz. 9. ‖7 BT-Drs. 12/6699, 175. ‖8 Insoweit unstreitig; vgl. zB BAG 15.2.2007 – 8 AZR 397/06, NZA 2007, 739 (Rz. 45); *Bauer/Lingemann*, NZA 1994, 1057 (1060); *Däubler*, RdA 1995, 136 (143); Kallmeyer/*Willemsen*, § 323 Rz. 11; KölnKommUmwG/*Hohenstatt/Schramm*, § 323 Rz. 13; *Kreßel*, BB 1995, 925 (928). Dazu, dass der gesetzl. Kündigungsschutz bei Unterschreiten der nach § 23 I KSchG maßgeblichen Schwelle beim Erwerber nicht bereits nach § 613a BGB übergeht, vgl. BAG 15.2.2007 – 8 AZR 397/06, NZA 2007, 739. ‖9 Vgl. BAG 6.12.1973 – 2 AZR 10/73, NJW 1974, 1263. ‖10 Wie hier *Bauer/Lingemann*, NZA 1994, 1057 (1061); KölnKommUmwG/*Hohenstatt/Schramm*, § 323 Rz. 16; Lutter/*Joost*, § 323 Rz. 19; WHSS/*Willemsen*, Rz. H 152 mwN; aA *Mengel*, Umwandlungen im Arbeitsrecht, S. 266 mwN; Semler/Stengel/*Simon*, § 323 Rz. 14.

13 In Bezug auf § 15 KSchG (Sonderkündigungsschutz für BR-Mitglieder etc.) wird der bisher geschützte ArbN lediglich die weitere Anwendung der Bestimmung als solcher verlangen können, nicht jedoch die Fiktion des Fortbestands des BR- oder sonstigen Amts, wenn er infolge der Spaltung aus dem jeweiligen Gremium ausgeschieden ist. In diesen Fällen gilt mithin für den **Zwei-Jahres-Zeitraum** nach Abs. 1 der nachwirkende Kündigungsschutz gem. § 15 I 2 KSchG bzw. die entsprechende Regelung für andere Amtsträger, und zwar ungeachtet der nunmehrigen Betriebsgröße, nicht jedoch das Zustimmungserfordernis nach § 15 I 1 KSchG iVm. § 103 I BetrVG[1].

14 Sehr **streitig** ist die Frage, ob auch **betriebsverfassungsrechtl. Regelungen**, die sich mit der Kündigung von ArbVerh und deren Folgen befassen (zB §§ 95, 99, 102, 103 und 111, 112, 112a BetrVG), von der befristeten „Bestandsgarantie" des Abs. 1 erfasst werden[2]. Die Frage ist nach dem hier vertretenen Standpunkt (s. Rz. 2) schon deshalb zu verneinen, weil es sich hierbei nicht um Normen handelt, die die individuelle kündigungsrechtl. Rechtsstellung des ArbN regeln. Darüber hinaus würde eine Erstreckung von Abs. 1 auf kündigungsrechtl. relevante MitbestR des BR zu einem unauflösbaren **Wertungswiderspruch** zu § 325 II führen[3].

15 Dies gilt auch für alle sonstigen betriebsverfassungsrechtl. Regelungen, die im Zusammenhang mit Kündigungen relevant werden, insb. die §§ 111 ff. BetrVG (**Interessenausgleich** und **Sozialplan bei Betriebsänderungen**). Die bloße **Aussicht**, im Falle von Betriebsänderungen/Massenentlassungen in den Genuss eines Sozialplans zu gelangen, gehört **nicht** zur **kündigungsrechtl.** Stellung und wird daher nicht geschützt, wenn der Rechtsträger des „Spaltbetriebs" weniger als 21 ArbN hat und damit aus dem Anwendungsbereich der §§ 111 ff. BetrVG herausfällt[4]. Die Beibehaltung der Beteiligungsrechte des BR ist in diesem Fall (nach Ablauf eines etwaigen Übergangsmandats iSv. § 21a BetrVG) nur im Rahmen einer Kollektivvereinbarung nach § 325 II möglich[5]. Der Verlust der „Aussicht" auf einen Sozialplan bei späteren Betriebsänderungen ist auch kein im Rahmen der Spaltung ausgleichspflichtiger Nachteil iSv. § 112 BetrVG[6].

16 Bei **tarifl. Regelungen** über Kündigungsfristen und sog. „**Unkündbarkeit**" sowie entsprechenden Regelungen in **BV** lässt sich der erforderliche direkte Bezug zur „kündigungsrechtl. Stellung eines ArbN" indes nicht in Abrede stellen[7]. Hier ist allerdings die entscheidende Frage, ob der Gesetzgeber solche kollektivrechtl. Regelungen überhaupt von Abs. 1 erfasst wissen wollte oder ob ihr Fortbestand sich nicht ausschließlich nach **§ 613a I 2–4 BGB** richten soll, die gem. § 324 auf alle Spaltungsfälle anwendbar sind (s. dazu im Einzelnen § 324 Rz. 19 ff.). Die **Gesetzesmaterialien** (s. Rz. 3) legen eher den Schluss nahe, dass bei Abs. 1 an tarifvertragl. und sonstige kollektivrechtl. Regelungen überhaupt nicht gedacht war. Dies spricht dafür, „kündigungsrechtlich" iSv. „kündigungsgesetzlich" auszulegen mit der Folge, dass sich der Fortbestand kollektivrechtl. Kündigungsbestimmungen ausschließlich nach § 613a I 2–4 BGB richtet[8]. Die Frage wird insb. dann praktisch relevant, wenn nach der Spaltung/Teilübertragung die bisher die kündigungsrechtl. Stellung des ArbN regelnden Tarifnormen gem. § 613a I 3 BGB durch einen anderen, insoweit ungünstigeren TV abgelöst werden. Nach der hier vertretenen Auffassung ist dies trotz Abs. 1 möglich.

17 **3. Abdingbarkeit.** Abs. 1 ist seinem Schutzzweck entsprechend grds. nicht im Vorhinein abdingbar[9]. Allerdings schließt er nur Verschlechterungen „auf Grund der Spaltung oder Teilübertragung" aus, **Veränderungen aus sonstigen Gründen** bleiben also **zulässig**[10].

18 Für die Zeit nach der Umwandlung werden die privatautonomen Regelungsmöglichkeiten der Parteien durch Abs. 1 nicht eingeschränkt[11]. Allerdings ist in diesem Zusammenhang die – freilich im Wandel begriffene – Rspr. des BAG zu beachten, wonach im Anwendungsbereich des § 613a BGB Änderungen von Arbeitsbedingungen anlässlich eines Betriebsübergangs eines „sachlichen Grundes" bedürfen (s. zum Ganzen § 613a BGB Rz. 247)[12].

---

1 Vgl. KölnKommUmwG/*Hohenstatt/Schramm*, § 323 Rz. 18; Lutter/*Joost*, § 323 Rz. 12; WHSS/*Willemsen*, Rz. H 153; aA *Boecken*, Unternehmensumwandlungen, Rz. 275. ||2 Dafür insb. *Mengel*, Umwandlungen im Arbeitsrecht, 266 ff.; abl. *Bauer/Lingemann*, NZA 1994, 1057 (1060 f.); *Boecken*, Unternehmensumwandlungen, Rz. 277 f.; Lutter/*Joost*, § 323 Rz. 15. ||3 So zu Recht *Trümner*, AiB 1995, 309 (313); *Boecken*, Unternehmensumwandlungen, Rz. 278. ||4 Im Erg. wie hier *Bauer/Lingemann*, NZA 1994, 1057 (1061); KölnKommUmwG/*Hohenstatt/Schramm*, § 323 Rz. 20; *Trümner*, AiB 1995, 309 (312). ||5 Ebenso *Trümner*, AiB 1995, 309 (312). ||6 Vgl. BAG 10.12.1996 – 1 ABR 32/96, NZA 1997, 898; dazu ausf. WHSS/*Schweibert*, Rz. C 254 f. ||7 Ebenso *Trümner*, AiB 1995, 309 (314), allerdings mit zu weit reichenden Schlussfolgerungen hinsichtlich des Fortbestandes der Unkündbarkeit nach Ablauf der Zwei-Jahres-Frist; *Wlotzke*, DB 1995, 40 (44). ||8 Im Erg. ebenso *Kreßel*, BB 1995, 925 (928); WHSS/*Willemsen*, Rz. H 156; § 324 UmwG iVm. § 613a BGB als lex specialis; KölnKommUmwG/*Hohenstatt/Schramm*, § 323 Rz. 22; aA und genau umgekehrt dagegen *Wlotzke*, DB 1995, 40 (44): § 323 I geht insoweit dem § 613a I 2 bis 4 BGB als lex specialis vor; ebenso *Boecken*, Unternehmensumwandlungen, Rz. 276; Lutter/*Joost*, § 323 Rz. 24 mwN. ||9 Lutter/*Joost*, § 323 Rz. 22. ||10 *Bauer/Lingemann*, NZA 1994, 1057. ||11 Lutter/*Joost*, § 323 Rz. 22. ||12 Vgl. BAG 18.8.1976 – 5 AZR 95/75, NJW 1977, 1168; 26.1.1977 – 5 AZR 302/75, NJW 1977, 1470; 17.1.1980 – 3 AZR 160/79, NJW 1980, 1124; 29.10.1985 – 3 AZR 485/83, DB 1986, 1779; krit. dazu *Willemsen*, RdA 1987, 327.

4. Analogiefähigkeit. Eine analoge Anwendung der gesetzestechnisch missglückten Regelung des Abs. 1 auf Umstrukturierungsfälle außerhalb des UmwG ist **abzulehnen**[1]. 19

II. Zuordnung von Arbeitnehmern im Interessenausgleich (Abs. 2). Die Vorschrift ist ein „Produkt der allerletzten Phase der Gesetzesberatungen im BT-Rechtsausschuss"[2] und lehnt sich an „ähnliche Vorschriften in der neuen Insolvenzordnung" (gemeint ist § 125 InsO) an[3]. Sie soll die **Zuordnung** von ArbN insb. bei **Spaltung** (Teilung) von Betrieben **erleichtern**, indem den Betriebspartnern ein entsprechender Gestaltungsspielraum im Rahmen eines Interessenausgleichs gem. § 112 I BetrVG eingeräumt wird. Wegen der engen Verzahnung dieser Bestimmung mit § 126 I Nr. 9 UmwG einerseits und § 613a BGB andererseits werden weitere Einzelheiten im Zusammenhang mit § 324 (dort Rz. 28 ff.) dargestellt. 20

324 Rechte und Pflichten bei Betriebsübergang

§ 613a Abs. 1, 4 bis 6 des Bürgerlichen Gesetzbuchs bleibt durch die Wirkungen der Eintragung einer Verschmelzung, Spaltung oder Vermögensübertragung unberührt.

I. Anwendbarkeit von § 613a I und IV–VI BGB in allen Umwandlungsfällen außer Formwechsel; Tatbestandsvoraussetzungen 1	4. Fortgeltung von Tarifverträgen und Betriebsvereinbarungen gem. § 613a I 2–4 BGB 19
1. Entstehungsgeschichte; Rechtsgrundverweisung 1	III. Zuordnung von ArbN bei Verschmelzung, Spaltung und Vermögensübertragung (Verhältnis von § 613a BGB zu § 323 II) 23
2. Erfasste Umwandlungsarten; praktische Relevanz des § 613a BGB 2	1. Gestaltungsfreiheit hinsichtlich der Zuordnung von Betrieben und Betriebsteilen ... 23
3. Übergang durch Rechtsgeschäft; Zeitpunkt des Übergangs 8	2. Bindung der Zuordnung von ArbVerh an § 324 UmwG iVm. § 613a I 1 BGB 24
II. Rechtsfolgen der Geltung von § 613a I, IV–VI BGB 13	3. Zuordnung in unklaren Fällen; Möglichkeit der Zuordnung in einem Interessenausgleich gem. § 323 II 26
1. Übergang des ArbVerh kraft Gesetzes; Widerspruchsrecht des ArbN 13	IV. Zuordnung von Versorgungsansprüchen ausgeschiedener ArbN (Pensionäre und Versorgungsanwärter) 34
2. „Kündigungsverbot" gem. § 613a IV BGB .. 17	
3. Haftungsfragen 18	

I. Anwendbarkeit von § 613a I und IV–VI BGB in allen Umwandlungsfällen außer Formwechsel; Tatbestandsvoraussetzungen. 1. Entstehungsgeschichte; Rechtsgrundverweisung. Die Vorschrift ist erst auf Grund der Beratungen im Rechtsausschuss „entsprechend dem von Gewerkschaftsseite bei der Anhörung am 20.4.1994 geäußerten Wunsch"[4] in das Gesetz aufgenommen worden. Trotz der etwas unklaren Formulierung („bleibt unberührt") ist damit die zuvor in Rspr. und Lit. höchst kontrovers diskutierte Frage, ob § 613a BGB, der einen Betriebsübergang „durch Rechtsgeschäft" verlangt, auch im Falle der Gesamtrechtsnachfolge gilt[5], jedenfalls für die Verschmelzung, Spaltung und Vermögensübertragung **positiv entschieden** (s.a. § 613a BGB Rz. 187)[6]. 1

Es handelt es sich um eine **Rechtsgrundverweisung**, nicht um eine Rechtsfolgenverweisung; dh. die Frage, ob und wann ein Tatbestand des Betriebs- oder Betriebsteilübergangs iSv. § 613a BGB vorliegt, muss in jedem der in § 324 genannten Umwandlungsfälle und für jede der in Betracht kommenden (Teil-)Einheiten eigenständig geprüft werden (s. dazu auch § 613a BGB Rz. 188 sowie unten Rz. 3). Ursprünglich umfasste die Verweisung nur die Abs. 1 u. 4 des § 613a BGB; nach dessen Ergänzung um die Abs. 5 u. 6 (s. dort) wurde § 324 entsprechend angepasst.

2. Erfasste Umwandlungsarten; praktische Relevanz des § 613a BGB. Die Anwendung von § 613a BGB kommt bei allen **Umwandlungsarten** in Betracht, die mit einem **Rechtsträgerwechsel** verbunden sind, also bei der **Verschmelzung**, allen Formen der **Spaltung** sowie bei der **Vermögensübertragung**, nicht dagegen beim Formwechsel, weil hier der Rechtsträger (ArbGeb) identisch bleibt und lediglich sein „Rechtskleid" sich ändert. Für die **Spaltung** besteht eine Wechselbeziehung zu § 126 I Nr. 9, wonach der Spaltungs- und Übernahmevertrag ua. enthalten muss „... die genaue Bezeichnung und Aufteilung der Gegenstände des Aktiv- und Passivvermögens, die an jeden der übernehmenden Rechtsträger übertragen werden, sowie der übergehenden **Betriebe und Betriebsteile** unter Zuordnung zu dem übernehmenden Rechtsträger". Soweit in derartigen Fällen ein Betriebs- bzw. Betriebsteilübergang iSv. § 613a BGB zeitlich mit der Umwandlung zusammenfällt, richten sich die Rechtsfolgen für die ArbN ausschließlich nach dieser arbeitsrechtl. Norm, so dass abweichende umwandlungsvertragl. Gestaltun- 2

---

1 So ausdrückl. BAG 15.2.2007 – 8 AZR 397/06, NZA 2007, 739 (Rz 50 ff.); vgl. auch *Hanau* in Hromadka (Hrsg.), Arbeitsrecht und Beschäftigungskrise, 1997, S. 82, 91; *Mengel*, Umwandlungen im Arbeitsrecht, S. 451 f.; Semler/Stengel/*Simon*, § 323 Rz. 3; *Willemsen*, NZA 1996, 791 (800).   ‖2 *Wlotzke*, DB 1995, 40 (45).   ‖3 Vgl. Begr. des Rechtsausschusses, BT-Drs. 12/7850, 145.   ‖4 *Neye*, ZIP 1994, 919.   ‖5 Vgl. zum früheren Diskussionsstand die Nachw. bei *Boecken*, ZIP 1994, 1087 (1089 Fn. 20); *Hanau*, ZGR 1990, 515 (548 Fn. 6); *K. Schmidt*, AcP 191 (1991), 495 (516 Fn. 132) sowie zum Ganzen *Quander*, Betriebsinhaberwechsel, 1990.   ‖6 S. dazu auch Kallmeyer/*Willemsen*, § 324 Rz. 1 f.

gen unbeachtlich sind; gerade dies ist der Sinn der gesetzl. Anordnung, wonach Abs. 1 und 4 des § 613a BGB durch die Wirkung der Eintragung einer Verschmelzung, Spaltung oder Vermögensübertragung „unberührt" bleiben sollen. Nur soweit § 613a BGB mangels Vorliegens eines Betriebs- oder zumindest Betriebsteilübergangs *nicht* eingreift, kommt eine (rein) umwandlungsrechtl. Gestaltung der Rechtsfolgen für die ArbVerh in Betracht (s. dazu unten Rz. 27). Davon zu trennen ist die Frage, ob hinsichtlich der **Haftung** für Verbindlichkeiten des übertragenden Rechtsträgers ausschließlich die Regelungen des § 613a BGB oder diejenigen des UmwG gelten[1].

3   Ob und in Bezug auf welche ArbVerh es im Zusammenhang mit einer Umwandlung zu einem Betriebs- oder Betriebsteilübergang iSv. § 613a BGB kommt, ist in **jedem Einzelfall** unter Zugrundelegung der maßgeblichen **Rspr. des BAG** zu § 613a BGB zu prüfen. Dies folgt aus der Qualifizierung des § 324 als Rechtsgrundverweisung (s.o. Rz. 1). Die maßgebliche Tatsachengrundlage hierfür ist den Bestimmungen des Umwandlungsvertrages (insb. in Bezug auf die jeweils zu übertragenden Vermögensgegenstände) zu entnehmen. Daher sollte bereits bei ihrer Formulierung darauf geachtet werden, dass der Bezug zu den von der Rspr. des BAG aufgestellten Kriterien (unten Rz. 5) erkennbar wird. Die in Umwandlungsverträgen häufig anzutreffende gemeinsame abstrakte Feststellung der Parteien, dass es sich um einen bzw. mehrere Betriebs(teil)übergänge iSv. § 613a BGB handele, hat für die arbeitsrechtl. Beurteilung allenfalls indizielle Bedeutung und bindet die ArbG in einem nachfolgenden Rechtsstreit nicht.

4   Die **praktische Relevanz** der Anwendung des § 613a BGB in Umwandlungsfällen ist unübersehbar: Sobald mit dem Übertragungsvorgang ein Betrieb- oder Betriebsteilübergang iS dieser Bestimmung verbunden ist, hat der übernehmende Rechtsträger hinsichtlich der auf ihn übergehenden ArbVerh **kein freies Auswahlermessen** mehr (s. Rz. 24); andererseits bedarf es für die Übertragung der ArbVerh **nicht mehr** der **individuellen Zustimmung** der betroffenen ArbN (dazu sowie zum Widerspruchsrecht der ArbN unten Rz. 14 ff.). Des Weiteren kommt es beim Übergang eines Betriebs oder Betriebsteils zur Fortgeltung bzw. Ablösung von in **Kollektivverträgen** (TV, BV) geregelten Arbeitsbedingungen entweder auf kollektivrechtl. Grundlage oder gem. § 613a I 2–4 BGB. Schließlich findet das „Kündigungsverbot" gem. **§ 613a IV BGB** Anwendung.

5   Die Abgrenzung der **Tatbestandsseite** des § 613a BGB wirft in **Umwandlungsfällen** grds. dieselben Fragestellungen und Schwierigkeiten auf wie in den von dieser Rechtsnorm nach der Entstehungsgeschichte zunächst erfassten Fällen der Singularsukzession. Unbeschadet der **Kasuistik**, die sich in der Rspr. des BAG in der Folge von „Ayse Süzen" herausgebildet hat (vgl. § 613a BGB Rz. 88 ff.), ist für die richtige Subsumtion der **Kerngedanke** der Regelung entscheidend, dass nämlich nur die Weiternutzung einer vorhandenen, vom bisherigen Betriebsinhaber geschaffenen, auf Dauer angelegten und auf einen bestimmten Betriebszweck ausgerichteten **Arbeitsorganisation** durch den „Übernehmer" die – schwerwiegende – Rechtsfolge des automatischen Eintritts in alle dieser (Teil-)Organisation „anhaftenden" ArbVerh zu rechtfertigen vermag (vgl. § 613a BGB Rz. 5 ff., 106, 127 ff.)[2].

6   Bei der **Verschmelzung** wird dieser Grundgedanke in aller Regel zum Tragen kommen, weil der übertragende Rechtsträger erlischt (§ 20 I Nr. 2) und die Weiterführung der von diesem aufgebauten betriebl. Strukturen und bisher verfolgten wirtschaftl. Zwecke durch den aufnehmenden Rechtsträger die geradezu „klassische" Zielsetzung einer Fusion ist. Das von der Betriebsteilübertragung bekannte Unterscheidungsproblem, ob eine organisatorisch abgrenzbare Einheit oder lediglich arbeitstechnisch unverbundene „bloße" Betriebsmittel übertragen werden, stellt sich hier nicht, weil die **ungeteilte Rechtsnachfolge** nach § 20 I Nr. 1 sämtliche materiellen und immateriellen Betriebsmittel erfasst; der übernehmende Rechtsträger rückt in vollem Umfang in die Rechtsstellung des Übertragers ein. Betreibt dieser ein Unternehmen mit ArbN, ist die Anwendung des § 613a I BGB somit idR vorgegeben. Entsprechendes gilt bei der Vermögensvollübertragung iSv. § 174 I.

7   **Gänzlich anders** stellt sich die Rechtslage insoweit bei allen sonstigen Formen der **übertragenden** Umwandlung, also bei der **Spaltung, Ausgliederung und Vermögensteilübertragung**, dar. Hier kann – und wird in der Praxis sehr häufig – die **umwandlungsrechtl.** Gesamtrechtsnachfolge in Gegenstände des Anlage- und Umlaufvermögens („Betriebsmittel") zugleich die arbeitsrechtl. Sonderrechtsnachfolge in die jeweils „zugehörigen" ArbVerh auslösen; **zwingend** ist dies – im Gegensatz zur Verschmelzung – aber **keineswegs**. Der Grund für die insoweit notwendige **Unterscheidung** liegt formal in dem Charakter des § 324 als Rechtsgrundverweisung (s. Rz. 1) und materiell in der praktisch unbegrenzten **Zuweisungsfreiheit** der am Spaltungs-/Ausgliederungsvertrag bzw. Spaltungsplan beteiligten Parteien hinsichtlich der übergehenden Vermögensgegenstände, die durch die Anwendung des § 613a BGB in Umwandlungsfällen **nicht infrage gestellt** wird. Rechtsträgerspaltungen brauchen daher keineswegs so strukturiert zu werden, dass die jeweils zu übertragenden Vermögensbestandteile arbeitsrechtl. betrachtet einen Betrieb oder Betriebsteil bilden und mit ihnen auch die zuzuordnenden ArbVerh gem. § 613a BGB auf den übernehmenden Rechtsträger übergehen. So kann zB in einem Ausgliederungsver-

---

1 Im letzteren Sinne BAG 6.8.2002 – 1 AZR 247/01, NZA 2003, 449. || 2 Vgl. BAG 11.9.1997 – 8 AZR 555/95, NJW 1998, 1253: Gegensatzbildung zwischen Übernahme einer bestehenden und dem Aufbau einer neuen Arbeitsorganisation; ausf. dazu WHSS/*Willemsen*, Rz. G 33 ff. und G 99; *Willemsen*, RdA 1998, 204; zur Bedeutung der „Klarenberg"-Entscheidung des EuGH 12.2.2009 in diesem Zusammenhang vgl. § 613a BGB Rz. 90, 127 ff.

trag die Übertragung (nur) eines Betriebsgrundstücks auf einen neuen Rechtsträger vereinbart werden, ohne dass dieser damit mangels Übergangs einer wirtschaftl. Einheit iSd. EuGH- und BAG-Rspr. (s. Rz. 5) in die ArbVerh der auf dem Betriebsgrundstück beschäftigten ArbN einträte. Die zwingende Wirkung des § 613a BGB entfaltet sich also nicht auf der Tatbestands-, sondern auf der Rechtsfolgenseite (s. Rz. 13 ff.). Insoweit – und nur insoweit – ist es daher zutreffend, von einem **Vorrang des § 613a I BGB** ggü. der umwandlungsrechtl. (partiellen) Gesamtrechtsnachfolge auszugehen.

3. Übergang durch Rechtsgeschäft; Zeitpunkt des Übergangs. Die rechtsdogmatische Einordnung des § 324 als Rechtsgrundverweisung ist auch bei der Auslegung und Anwendung des Merkmals „**durch Rechtsgeschäft**" zu beachten. Allerdings ist die frühere Streitfrage, ob es sich bei der umwandlungsrechtl. Universalsukzession um eine solche durch Rechtsgeschäft handele, durch das „Machtwort des Gesetzgebers" (s. Rz. 1) im positiven Sinne entschieden (s.a. § 613a BGB Rz. 187)[1]. Als „Rechtsgeschäft" ist in den Umwandlungsfällen somit idR der Verschmelzungsvertrag, Spaltungsplan/-vertrag bzw. in den Fällen der Vermögensübertragung nach § 174 der Übertragungsvertrag anzusehen. 8

Die Qualifizierung des Umwandlungsvertrags als Rechtsgeschäft iSv. § 613a BGB ist für die Bestimmung des genauen **Zeitpunkts**, zu dem die ArbVerh im Falle der Betriebs- oder Betriebsteilübertragung auf den übernehmenden Rechtsträger übergehen, von erheblicher Bedeutung. Soweit sich aus dem Umwandlungsvertrag und seiner **tatsächlichen Durchführung** nichts Abweichendes ergibt (dazu sogleich), fallen das **Wirksamwerden** des umwandlungsrechtl. dinglichen Übertragungsakts einerseits und die gesetzl. Nachfolge des übernehmenden Rechtsträgers in die dem zu übertragenden Betrieb oder Betriebsteil „anhaftenden" ArbVerh somit zeitlich **zusammen**. Maßgeblich ist insoweit der Zeitpunkt der Eintragung der Verschmelzung oder sonstigen Umwandlung in das Handelsregister (vgl. § 20 I Nr. 1, § 131 I Nr. 1), **nicht** dagegen der **Verschmelzungsstichtag** iSv. § 5 I Nr. 6 bzw. der Spaltungsstichtag iSv. § 126 I Nr. 6. Eine auf diesen Stichtag **rückwirkende** Übertragung von ArbVerh nach § 613a BGB durch Vereinbarung im Umwandlungsvertrag kommt somit **nicht in Betracht**. Für die Beurteilung, wann ein Betriebsübergang eingetreten ist, kommt es vielmehr entscheidend auf die tatsächlichen Umstände an. Die bloße vertragl. Verpflichtung, einen Betrieb zu einem bestimmten Zeitpunkt zu übernehmen, genügt nicht für die Annahme eines Betriebsübergangs zu diesem Zeitpunkt[2] (s. dazu auch Rz. 11). 9

Wohl aber können sich die Vertragsparteien darauf verständigen bzw. kann in einem Spaltungsplan vorgesehen werden, dass der übernehmende Rechtsträger in der **Zwischenphase** zwischen Abschluss des umwandlungsrechtl. Rechtsgeschäfts und Wirksamwerden des dinglichen Übertragungsakts gem. § 20 I Nr. 1 bzw. § 131 I Nr. 1 in die Stellung des Betriebsinhabers iSv. § 613a BGB einrückt, was einen entsprechend **früheren Übergang der ArbVerh** zur Folge hat[3]. Rechtsgrundlage für einen solchen vorgezogenen Betriebsübergang ist dann aber nicht der Umwandlungsvertrag als solcher, sondern ein zeitgleich oder später abgeschlossener Betriebs(teil)überlassungsvertrag, dessen Möglichkeit daraus resultiert, dass § 613a BGB nicht die dingliche Übertragung von Rechtsmitteln voraussetzt, sondern die rechtsgeschäftl. Einräumung der **Nutzungsbefugnis** an den Betriebsmitteln (zB iS eines Pacht- oder sonstigen Überlassungsvertrages) ausreichen lässt (s. § 613a BGB Rz. 15, 46)[4]. Es kommt also für § 613a BGB und die Bestimmung des Betriebsinhabers iS dieser Norm nicht entscheidend darauf an, wem die Betriebsmittel gehören, sondern darauf, wem die zivilrechtl. Befugnis zusteht, **den Betrieb im eigenen Namen** und (jedenfalls idR) für eigene Rechnung zu **führen** (s. § 613a BGB Rz. 46f.)[5]. 10

Die Übertragung dieser sog. „**betrieblichen Leitungsmacht**" kann daher unabhängig von und zeitlich vor dem dinglichen Übergang der Betriebsmittel infolge der umwandlungsrechtl. Universalsukzession erfolgen, wenn eine entsprechende Vereinbarung zwischen den beteiligten Rechtsträgern vorliegt, die uU auch konkludent, dh. durch tatsächlichen (vorzeitigen) Eintritt in die ArbGebStellung und die betrieblich-organisatorische Leitung mit Einverständnis des übertragenden Rechtsträgers zustande kommen kann. Hier ist in der Praxis also eine gewisse **Vorsicht** angezeigt, zumal ein solches zeitliches Auseinanderklaffen von Betriebs(teil)übergang iSd § 613a BGB einerseits und Wirksamwerden der Verschmelzung/Spaltung andererseits schwierige Zweifels- und Abgrenzungsfragen (zB im Hinblick auf den Beginn der Fristablaufs für das Widerspruchsrecht der ArbN; s. Rz. 13 ff.) und ggf. auch steuerrechtl. Komplikationen mit sich bringen kann. Soll sichergestellt werden, dass Vermögens- und Betriebsübergang zeitlich zusammenfallen, muss auf Eingriffe des übernehmenden Rechtsträgers in die Betriebsführung und -organisation vor der Eintragung entweder ganz verzichtet oder zumindest im Verhältnis zu den ArbN(!) eindeutig klargestellt werden, dass die faktische Übernahme von Leitungsfunktionen in dieser Zwischenphase **im Namen und für Rechnung** des übertragenden Rechtsträgers erfolgt. Derartige bloße (echte) **Betriebsführungsverträge** lösen nämlich **nicht** die Rechtsfolge des § 613a BGB aus, wenn und solange der Betriebsführer ggü. der Belegschaft im Namen des „eigentlichen" Betriebsinhabers auftritt (s. § 613a BGB Rz. 47 f., 197)[6]. 11

---

1 Ebenso *Lutter/Joost*, § 324 Rz. 14; *Bauer/Lingemann*, NZA 1994, 1057 (1061). ‖2 BAG 21.2.2008 – 8 AZR 77/07, ZIP 2008, 2132. ‖3 So ausdrücklich auch BAG 25.5.2000 – 8 AZR 416/99, DB 2000, 1966 (1967); vgl. ferner auch KölnKommUmwG/*Hohenstatt/Schramm*, § 324 Rz. 18; Semler/Stengel/*Simon*, § 324 Rz. 13; aA *Salje*, RdA 2000, 126, der für eine zwingende Verzahnung von Betriebsübergang und Umwandlung plädiert und für den Übergang der ArbVerh ausschließlich auf den Zeitpunkt der Eintragung abstellen will. ‖4 AllgM; vgl. nur *Seiter*, Betriebsinhaberwechsel, S. 41 (44). ‖5 Vgl. *Seiter*, Betriebsinhaberwechsel, S. 41. ‖6 Vgl. *Seiter*, Betriebsinhaberwechsel, S. 38; vgl. auch BAG 24.2.2000 – 8 AZR 162/99, NZA 2000, 764.

12 Die Rechtsfigur des Betriebsführungsvertrages kann aber auch für die Zeit **nach** dem Wirksamwerden der Verschmelzung/Spaltung erhebliche Bedeutung erlangen. Mit ihrer Hilfe lässt sich nämlich – so gewollt – der Übergang von ArbVerh gem. § 613a BGB auf den die wesentlichen Betriebsmittel übernehmenden Rechtsträger vermeiden, indem dieser zeitgleich mit der Umwandlung (konkret nur möglich, soweit diese nicht zum Erlöschen des übertragenden Rechtsträgers führt) mit dem übertragenden Rechtsträger einen **Betriebsführungsvertrag** schließt, der diesen dazu verpflichtet, die zu übertragende betriebl. Einheit weiterhin (ggü. den ArbN!) **im eigenen Namen**, wenn auch künftig für Rechnung des übernehmenden Rechtsträgers, zu führen. Da es sich bei einer solchen Vertragsgestaltung der Sache nach nur um eine **Gewinnabführung** handelt, die aber an der Betriebsinhaberschaft nichts ändert, findet solchenfalls ein Übergang der ArbVerh auf den übernehmenden Rechtsträger nicht statt[1]. Auch hieran zeigt sich der **Vorrang der arbeitsrechtl. vor der umwandlungsrechtl. Bewertung** der Rechtsfolgen von Umwandlungsvorgängen in Bezug auf die Überleitung von ArbVerh.

13 **II. Rechtsfolgen der Geltung von § 613a I, IV–VI BGB. 1. Übergang des ArbVerh kraft Gesetzes; Widerspruchsrecht des ArbN.** Gem. § 613a I BGB geht das ArbVerh im Falle eines Betriebsinhaberwechsels kraft Gesetzes, also ohne dass es irgendwelcher hierauf gerichteter rechtsgeschäftl. Erklärungen der Beteiligten bedarf, auf den neuen Betriebsinhaber über. Der gesetzl. Übergang erfasst den **gesamten Inhalt** des ArbVerh einschl. der **Versorgungsanwartschaften** aktiver ArbN (zu allen weiteren Einzelheiten vgl. § 613a BGB Rz. 231 ff.). Genau dieselbe Rechtsfolge ergibt sich nach dem Grundsatz der Gesamtrechtsnachfolge in den Fällen der Verschmelzung, Spaltung oder Vermögensübertragung.

14 Die Bedeutung des Hinweises auf § 613a I BGB liegt demnach in Bezug auf die Übertragbarkeit von ArbVerh darin, dass er zum einen den gesetzl. Übergang der ArbVerh zusammen mit dem Betrieb bzw. Betriebsteil – und zwar **ohne** insoweit bestehende **Gestaltungsfreiheit** der Parteien des Umwandlungsvertrages (Rz. 24) und **ohne notwendige Zustimmung der ArbN** – bestätigt, zum anderen aber auch darin, dass das von der Rspr. des BAG[2] unter Billigung des EuGH[3] entwickelte und inzwischen gesetzl. anerkannte (**§ 613a VI BGB**) **Widerspruchsrecht des ArbN** infolge der Verweisung in § 324 auch auf diesen Absatz zugleich mit in das Gesetz „implantiert" wird[4]. Soweit § 613a BGB eingreift, braucht der einzelne ArbN also nicht im Rahmen der Verschmelzung, Spaltung usw. um Zustimmung zum Übergang eines ArbVerh ersucht zu werden (Widerspruchs- statt Zustimmungslösung); eine Zustimmung ist dagegen, wie *Boecken*[5] richtig erkannt hat, nur bei rein spaltungsrechtl. Übertragung von ArbVerh, also außerhalb eines Betriebs- oder Betriebsteilübergangs, erforderlich (s.a. Rz. 27). Auf Grund der entsprechenden Erweiterung der Verweisung in § 324 erfasst diese nunmehr auch die **Unterrichtungspflicht** des bisherigen bzw. neuen Betriebsinhabers nach § 613a V BGB; s. § 613a BGB Rz. 315 ff.

15 Auf den **Formwechsel** passen weder § 613a BGB noch das Widerspruchsrecht, da in diesem Fall die Identität des bisherigen ArbGeb vollständig erhalten bleibt. Daher erwähnt § 324 diesen Umwandlungsfall zu Recht nicht.

16 Spezifische **Schwierigkeiten** bereitet die Anerkennung und Anwendung des Widerspruchsrechts dort, wo „konstruktionsbedingt" mit der Umwandlung der bisherige Rechtsträger (ArbGeb) **erlischt**, also bei der **Verschmelzung, Aufspaltung** und **Vollübertragung**. Klar ist allerdings, dass der ArbN durch Ausübung seines Widerspruchsrechts in diesen Fällen nicht die Fortsetzung seines ArbVerh mit dem bisherigen Rechtsträger (ArbGeb) erreichen kann[6]. Wegen der weiteren Einzelheiten s. § 613a BGB Rz. 343.

17 **2. „Kündigungsverbot" gem. § 613a IV BGB.** § 613a IV BGB, der eine Kündigung „wegen Betriebsübergangs" für unwirksam erklärt, Kündigungen „aus anderen Gründen" jedoch unberührt lässt, stellt eine spezialgesetzl. Ausprägung des allg. Umgehungsverbots dar[7]. Soweit die Umwandlung mit einem Betriebsübergang oder Betriebsteilübergang einhergeht, ist auf Grund der ausdrücklichen Klarstellung im Gesetzestext das in § 613a IV BGB enthaltene **Kündigungsverbot** anwendbar[8]. Es gilt grds. für Kündigungen sowohl vor wie auch nach dem Betriebsübergang. Wie § 613a 2 BGB zeigt, schließt das Verbot Kündigungen, die nur im **zeitlichen und sachlichen Zusammenhang** mit der Umwandlung bzw. dem Betriebsübergang ausgesprochen werden, jedoch auf „anderen", dh. **eigenständigen Gründen** beruhen (zB Auftragsrückgang, Rationalisierung, Entstehen von Synergieeffekten), keineswegs aus; insoweit gilt – entgegen weit verbreiteter Ansicht in der Praxis – auch keine einjährige Sperre. Zu Einzelheiten s. die Komm. zu § 613a BGB (dort Rz. 304 ff.).

---

1 Ebenso *Seiter*, Betriebsinhaberwechsel, S. 38. ||2 St. Rspr. seit BAG 2.10.1974 – 5 AZR 504/73, NJW 1975, 1378; vgl. ferner BAG 7.4.1993 – 2 AZR 449/91-(B), NZA 1993, 795. ||3 EuGH 16.12.1992 – Rs. C-132/91, NZA 1993, 169 – Katsikas. ||4 Auf diese Konsequenz wies bereits vor Normierung des Widerspruchsrechts in § 613a VI BGB eindeutig auch die Begr. RegE, BT-Drs. 12/6699, 121, hin; im Erg. ebenso BAG 25.5.2000 – 8 AZR 416/99, DB 2000, 1966 (1967); *Bauer/Lingemann*, NZA 1994, 1057 (1061); *Boecken*, ZIP 1994, 1087 (1091 ff.); *Däubler*, RdA 1995, 136 (140); *Lutter/Joost*, § 324 Rz. 19, 69 ff.; *Kreßel*, BB 1995, 925 (930); *Mertens*, AG 1994, 73; *Willemsen*, RdA 1993, 137; *Willemsen*, NZA 1996, 798; aA *Henrichs*, ZIP 1995, 794 (799 f.). ||5 ZIP 1994, 1087 (1093). ||6 So auch die Begr. RegE BT-Drs. 12/6699, 121. ||7 Vgl. *Willemsen*, ZIP 1983, 411 (413 mwN in Fn. 12); aus der Rspr. BAG 31.1.1985 – 2 AZR 530/83, NZA 1985, 593; 5.12.1985 – 2 AZR 3/85, NZA 1986, 522; 28.4.1988 – 2 AZR 623/87, NZA 1989, 265; 19.5.1988 – 2 AZR 596/87, NZA 1989, 461. ||8 Unstreitig, vgl. nur *Lutter/Joost*, Umwandlungsrechtstage, S. 326; *Willemsen*, NZA 1996, 799; *Wlotzke*, DB 1995, 40 (43).

3. Haftungsfragen. Es fällt auf, dass § 324 lediglich Abs. 1 und Abs. 4–6 des § 613a BGB in Bezug 18
nimmt, Abs. 2 und 3 mithin ausdrücklich ausklammert. Welche Schlussfolgerungen sich daraus im Einzelnen ableiten lassen, insb., ob in Bezug auf die Haftung für arbeitsrechtl. Ansprüche § 613a II BGB neben oder anstelle der Regelung gem. §§ 22 und 133 gilt, ist in der Lit. umstritten[1]. § 613a III BGB beantwortet diese Frage jedenfalls nicht. Für den Vorrang der umwandlungsrechtl. Haftung sprechen aber ihr spezialgesetzl. Charakter sowie die Erwägung, dass ein Grund für eine Schlechterstellung der ArbN ggü. anderen Gläubigern nicht erkennbar ist (vgl. auch § 613a BGB Rz. 301).

4. Fortgeltung von Tarifverträgen und Betriebsvereinbarungen gem. § 613a I 2–4 BGB. Durch § 324 ist 19
ferner klargestellt, dass in Fällen der Verschmelzung, Spaltung und Vermögensübertragung auch § 613a
I 2–4 BGB Anwendung finden, die das Schicksal von **TV und BV** im Falle eines Betriebsübergangs zum
Gegenstand haben. Danach gelten die bisherigen Normen von TV und BV nach einem Betriebsübergang fort, indem sie zum „Inhalt des Arbeitsverhältnisses"[2] zwischen ArbN und neuem Betriebsinhaber
werden und für **ein Jahr nach Betriebsübergang** nicht zum Nachteil der ArbN geändert werden dürfen.
Die Regelung beruht auf der BetriebsübergangsRL 77/187 EWG v. 14.2.1977[3] und gibt Anlass zu zahlreichen Zweifelsfragen, hinsichtlich derer auf § 613a BGB Rz. 249 ff. verwiesen wird.

Für das Verständnis und die praktische Handhabung ist wichtig, dass es sich bei den gem. § 324 auch 20
im Umwandlungsfall anwendbaren Bestimmungen des § 613a I 2–4 BGB lediglich um eine **Auffangregelung** handelt. Eine solche ist erforderlich, weil die Mitgliedschaft des (bisherigen) ArbGeb in einem bestimmten **ArbGebVerband** und damit auch die Bindung an einen VerbandsTV **nicht** automatisch kraft
Gesamtrechtsnachfolge auf den neuen Rechtsträger **übergeht**[4], derartige TV also nicht „automatisch"
kollektivrechtl. weitergelten[5]. Daraus folgt aber umgekehrt, dass es der Regelung des § 613a I 2 BGB
dann nicht bedarf, wenn die bisherigen TV kollektivrechtl. weitergelten. Dies ist insb. dann der Fall,
wenn es sich um einen **FirmenTV** handelt (s. dazu auch § 613a BGB Rz. 262)[6]. Dieser gehört bei der **Verschmelzung** zu den Verbindlichkeiten iSv. § 20 I Nr. 1[7] und geht daher im Wege der Gesamtrechtsnachfolge auf den übernehmenden Rechtsträger über; allerdings bleibt sein **Geltungsbereich** auf die betriebl. Verhältnisse bei dem übertragenden Rechtsträger beschränkt, so dass der kollektivrechtl.
fortgeltende FirmenTV nicht für ArbN des aufnehmenden Rechtsträgers gilt[8]. Bei der **Auf-/Abspaltung**
bzw. **Ausgliederung** geht der FirmenTV gem. § 131 I Nr. 1 (nur) insoweit auf den bzw. die übernehmenden Rechtsträger über, wie dies im Spaltungs- und Übernahmevertrag vorgesehen ist (§ 3 TVG Rz. 47)[9].
Es kann hier aber nicht zu einer „Vervielfachung" des FirmenTV kommen[10] (str.); vielmehr kann die Vertragsstellung aus einem FirmenTV jeweils nur *einem* Rechtsträger zugewiesen werden, weil allein dies
der vertragsrechtl. Grundlage entspricht. Im Falle des **Verbands-(Flächen-)TV** besteht die kollektivrechtl. Bindung auf ArbGebSeite fort, wenn der neue Rechtsträger demselben ArbGebVerband wie der
bisherige Rechtsträger angehört bzw. beitritt oder wenn der TV gem. § 5 TVG für **allgemeinverbindlich**
erklärt worden ist. Bei einer solchen kollektivrechtl. Fortgeltung findet § 613a I 2–4 BGB **keine Anwendung**[11]. Schließlich kann die Wirkung dieser gesetzl. Regelung durch (dynamische) **vertragl. Bezugnahmeklauseln** überlagert werden (s. § 613a BGB Rz. 277 ff.).

Entsprechendes gilt auch für **BV**. Behält der Betrieb nach der Verschmelzung oder Spaltung des 21
Rechtsträgers seine **Identität** bei[12], ändert sich seine arbeitstechnisch-organisatorische Zusammensetzung also nicht oder nur unwesentlich, gelten nach der Rspr. des BAG alle bestehenden BV mit und gegen den neuen Betriebsinhaber (Rechtsträger) normativ weiter (s.a. § 613a BGB Rz. 255 ff.)[13]. Wird dagegen ein **Betriebsteil** aus einem bestehenden Betrieb im Zuge der Umwandlung tatsächlich
ausgegliedert (Betriebsspaltung), scheidet eine kollektivrechtl. Fortgeltung der bisher geltenden BV

---

1 Für einen generellen Vorrang der umwandlungsrechtl. Haftungsbestimmungen ggü. § 613a II BGB Lutter/Joost, § 324 Rz. 79 ff.; Kallmeyer/*Kallmeyer/Sickinger*, § 133 Rz. 10; KölnKommUmwG/*Hohenstatt/Schramm*, § 324 Rz. 103; *Wlotzke*, DB 1995, 40 (43); aus rechtspolitischer Sicht zum damaligen RefE auch *Willemsen*, RdA 1993, 138; unklar *Däubler*, RdA 1995, 136 (142). Für eine „Anspruchsgrundlagenpluralität" *Hausch*, RNotZ 2007, 308 (338).   ‖2 Die bislang herrschende Auslegung der Tarifnormen würden dadurch in den Arbeitsvertrag inkorporiert („Transformationsmodell"), hat der 4. Senat des BAG mit Urt. v. 22.4.2009 verworfen (4 AZR 100/08, NZA 2010, 41); s. dazu *Hohenstatt*, NZA 2010, 23; *Sagan*, RdA 2011, 163.   ‖3 ABl. 1977 L 61/26.   ‖4 Vgl. BAG 13.7.1994 – 4 AZR 555/93, NZA 1995, 479; ebenso oben *Henssler*, § 3 TVG Rz. 48 f.; *Joost*, ZIP 1995, 979; Wiedemann/*Oetker*, § 3 TVG Rz. 163.   ‖5 BAG 5.10.1993 – 3 AZR 586/92, NZA 1994, 848; 13.7.1994 – 4 AZR 555/93, NZA 1995, 479; für die Möglichkeit einer Rechtsnachfolge in die Verbandsmitgliedschaft bei entsprechender Regelung im Spaltungs- und Übernahmevertrag LAG BW 24.10.2000 – 10 TaBV 2/99, BB 2001, 257, rkr.   ‖6 BAG 24.6.1998 – 4 AZR 208/97, DB 1999, 290 m. Anm. *Trappehl/Lambrich*; 4.7.2008 – 4 AZR 491/06, NZA 2008, 307 m. Anm. *Hertzfeld/Isenhardt*, EwiR 2008, 345; *B. Gaul*, NZA 1995, 717 (722f.); Lutter/*Joost*, § 324 Rz. 33 f.; *Schaub*, FS Wiese, 1998, S. 535 (538).   ‖7 BAG 24.6.1998 – 4 AZR 208/97, DB 1999, 290.   ‖8 Mit der Konsequenz sog. Tarifpluralität; dazu eingehend WHSS/*Hohenstatt*, Rz. E 102.   ‖9 WHSS/*Hohenstatt*, Rz. E 99 f. mwN.   ‖10 So jedoch *Wellenhofer-Klein*, ZfA 1999, 239 (262 mwN); aA *Boecken*, Unternehmensumwandlungen, Rz. 207; Wiedemann/*Oetker*, § 3 TVG Rz. 198; WHSS/*Hohenstatt*, Rz. E 110. Allg. zur Aufteilung von Vertragsverhältnissen bei umwandlungsrechtl. Spaltungen *Berner/Klett*, NZG 2008, 601.   ‖11 AllgM, vgl. nur BAG 24.6.1998 – 4 AZR 208/97, DB 1999, 290; MünchArbR/*Wank*, § 102 Rz. 170.   ‖12 Zu den Voraussetzungen im Einzelnen WHSS/*Hohenstatt*, Rz. D 68 ff.   ‖13 Vgl. BAG 5.2.1991 – 1 ABR 32/90, NZA 1991, 639 und 27.7.1994 – 7 ABR 37/93, NZA 1995, 222; *Hanau/Vossen*, FS Hilger/Stumpf, 1983, S. 271 ff.

für diesen Betriebsteil aus, und es findet § 613a I 2–4 BGB Anwendung (zT aA BAG 18.9.2002, s. § 613a BGB Rz. 256). Dies gilt – nach streitiger, aber zutreffender Auffassung – auch dann, wenn dem BR des „abgebenden" Betriebs für den abgespaltenen Betriebsteil ein **Übergangsmandat** nach § 321 zusteht (vgl. dazu sowie zu neuen Entwicklungen in der Rspr. auch § 613a BGB Rz. 256)[1]. Wegen der Rechtslage bei Gesamt- und KonzernBV vgl. § 613a BGB Rz. 258ff.

22 Hinsichtlich aller weiterer Einzelheiten, insb. zur **Ablösung** von BV und TV durch beim Erwerber geltende Kollektivregelungen nach § 613a I 3 und 4 BGB, s. § 613a BGB Rz. 268ff.

23 **III. Zuordnung von ArbN bei Verschmelzung, Spaltung und Vermögensübertragung (Verhältnis von § 613a BGB zu § 323 II). 1. Gestaltungsfreiheit hinsichtlich der Zuordnung von Betrieben und Betriebsteilen.** Gem. § 613a I 1 BGB (iVm. § 324) geht das ArbVerh auf den „neuen" Betriebsinhaber über. Wer das ist, bestimmt sich im Umwandlungsfalle nach den Bestimmungen des Verschmelzungs-, Spaltungs- bzw. Übertragungsvertrags, bei der Spaltung zur Neugründung nach dem Spaltungsplan gem. § 136. Da § 613a BGB lediglich die Rechtsfolgen einer Betriebs- bzw. Betriebsteilübertragung regelt, nicht aber die rechtsgeschäftliche Disposition über derartige Vermögensgegenstände selbst normiert oder gar einschränkt, liegt es unbeschadet von § 324 UmwG iVm. § 613a BGB in der **Privatautonomie der beteiligten Rechtsträger**, die Zuordnung von Betrieben und Betriebsteilen für die Zeit nach der Umwandlung zu regeln, insb. bestehende Betriebe organisatorisch zu spalten und die so entstehenden Betriebsteile auf jeweils verschiedene Rechtsträger zu übertragen. Insoweit sind also für das Arbeitsrecht die Festlegungen im Spaltungs- und Übernahmevertrag (vgl. § 126 I Nr. 9) maßgeblich. Bei der **Verschmelzung** ergibt sich insoweit kein Regelungsbedarf, weil künftiger Betriebsinhaber (ArbGeb) nur der übernehmende bzw. (bei Verschmelzung im Wege der Neugründung) nur der neugegründete Rechtsträger sein kann.

24 **2. Bindung der Zuordnung von ArbVerh an § 324 UmwG iVm. § 613a I 1 BGB.** Während über das „Ob" des Betriebsübergangs also rechtsgeschäftlich entschieden wird[2], sind die Parteien des Spaltungsvertrages (bzw. bei Auf- oder Abspaltung zur Neugründung das Vertretungsorgan des übertragenden Rechtsträgers bei Aufstellung des Spaltungsplans nach § 136) hinsichtlich der **Zuordnung der ArbVerh keineswegs frei.** Insoweit gilt vielmehr (über § 324) § 613a I 1 BGB, der zwingend vorschreibt, dass die ArbVerh mit dem Betrieb bzw. Betriebsteil verbunden bleiben müssen, zu dem sie funktional gehören, der Verbund zwischen übergehendem Betrieb(steil) und ArbVerh also bestehen bleiben muss[3]. Die noch in § 126 des RefE v. 15.4.1992 enthaltene Möglichkeit einer „beliebigen" Zuordnung von ArbVerh im Spaltungs- und Übernahmevertrag[4] ist zu Recht nicht Gesetz geworden.

25 Die ArbVerh müssen also im Spaltungsvertrag/-plan bzw. Übernahmevertrag so zugeordnet werden, wie dies der **objektiven Zugehörigkeit** zu den jeweils zu übertragenden Betrieben oder Betriebsteilen entspricht. Eine dem entgegenstehende anderweitige Zuordnung im Spaltungs- oder Übernahmevertrag ist **ohne Zustimmung** des betreffenden ArbN **unwirksam**[5].

26 **3. Zuordnung in unklaren Fällen; Möglichkeit der Zuordnung in einem Interessenausgleich gem. § 323 II. a) Bei Nichtbestehen eines Betriebsrats bzw. Nichtzustandekommen eines Interessenausgleichs nach § 323 II.** Die Anwendung des § 613a BGB bereitet – auch außerhalb des UmwG – spezifische Schwierigkeiten dort, wo von der Spaltung eines Betriebs betroffene ArbVerh nicht eindeutig einem Betriebsteil zugeordnet werden können, so dass unklar ist, *ob* und ggf. auf *welchen* neuen Rechtsträger sie gem. § 613a I 1 übergehen sollen[6]. Diese Problematik ergibt sich insb. dann, wenn ein ArbN **in verschiedenen Betriebsteilen** („Springer") beschäftigt war oder **betriebsteilübergreifende Funktionen** wahrgenommen hat (Verwaltung, Stabsfunktionen) (s. § 613a BGB Rz. 227ff.)[7]. Aus praktischer Sicht empfiehlt es sich, die **Zuordnung in Form von Personallisten** als Anlage zum Spaltungs- bzw. Übernahmevertrag vorzunehmen. Diese Zuordnung vollzieht sich allerdings **nicht außerhalb des § 613a BGB**, sondern ist vielmehr an dessen Wertungen gebunden, wenn und solange das ArbVerh nach objektiven Gesichtspunkten schwerpunktmäßig einem Betrieb bzw. Betriebsteil zugeordnet werden kann (s.a. § 613a BGB Rz. 229). War bspw. ein Betriebselektriker zu 70 % in der Produktion und zu 30 % in der Betriebswerkstatt eingesetzt, gebietet es § 613a BGB im Fall der Aufspaltung des Betriebs, ihn dem Betriebsteil „Produktion" zuzuordnen (es sei denn, dass mit Zustimmung des ArbN eine anderweitige Regelung getroffen wird). Bei Wahrung solcher objektiver Kriterien kommt dem Spaltungs- bzw. Übernahmevertrag in Bezug auf § 613a I 1 BGB eine **quasi-konstitutive Bedeutung** zu[8]. Entgegen der Auffas-

---

1 Wie hier (noch zu § 321 aF) *Th. Müller*, RdA 1996, 287 (291); aA *Bachner*, NZA 1997, 79 (81f.); *Düwell*, NZA 1996, 393 (395); vgl. zum Ganzen auch WHSS/*Hohenstatt*, Rz. E 20ff. ||2 *Lutter/Joost*, Umwandlungsrechtstage, S. 320. ||3 Eingehend zu dem Prinzip des „Gleichlaufs" von Arbeitsplatz und ArbVerh im Rahmen von § 613a BGB *Willemsen*, RdA 1993, 134f.; *Willemsen*, NZA 1996, 798f.; im Erg. wie hier *Boecken*, ZIP 1994, 1087 (1091); *Lutter/Joost*, Umwandlungsrechtstage, S. 320; *Kallmeyer*, ZIP 1994, 1757. ||4 Dazu krit. *Willemsen*, RdA 1993, 135f. ||5 Ebenso *Boecken*, ZIP 1994, 1087 (1091); *Hartmann*, ZfA 1997, 1 (24f.); *Kallmeyer*, ZIP 1994, 1757; *Willemsen*, RdA 1993, 135f.; zum SpTrUG bereits *Ising/Thiell*, DB 1991, 2082. ||6 S. dazu allg. *Gentges*, RdA 1996, 265; *Kreitner*, Kündigungsrechtliche Probleme beim Betriebsinhaberwechsel, 1989; *Lieb*, ZfA 1994, 229 (232ff.); *Th. Müller/Thüsing*, ZIP 1997, 1869ff.; WHSS/*Willemsen*, Rz. G 134ff. ||7 S.a. Kallmeyer/ Willemsen, § 324 Rz. 54ff. ||8 Vgl. *Willemsen*, RdA 1993, 137; ebenso bereits für den Spaltungsplan nach dem SpTrUG *Ising/Thiell*, DB 1991, 2084.

sung von *Boecken*[1] bedarf es dann insoweit auch nicht der Zustimmung des betroffenen ArbN; es verbleibt vielmehr bei dem allg. Widerspruchsrecht im Rahmen von § 613a BGB (dazu Rz. 14ff.)[2]. Ob die Zuordnung „übergreifender" ArbVerh sachlichen Gesichtspunkten iS einer Schwerpunktbildung entspricht, unterliegt allerdings – anders als eine Zuordnung im Interessenausgleich gem. § 323 II (dazu Rz. 28 ff.) – **in vollem Umfang der gerichtlichen Nachprüfung**. Um diesbezüglichen Risiken vorzubeugen, kann es sich uU empfehlen, bereits im **Vorfeld der Spaltung** für eine sachgerechte Zuordnung der ArbVerh – ggf. auch im Wege „**korrigierender Versetzungen**" – Sorge zu tragen[3].

Der (vorherigen oder nachträglichen) Zustimmung des ArbN bedarf es mithin nur dann, wenn der Übergang des ArbVerh eindeutig **außerhalb des § 613a BGB** stattfinden soll, also wenn etwa im Zuge der Spaltung überhaupt kein Betrieb oder (geschlossener) Betriebsteil auf einen anderen Rechtsträger übergeht oder wenn zwar ein Betriebsteil übergeht, das betreffende ArbVerh jedoch zu dem „zurückbleibenden" (Rest-)Betrieb gehört[4]. In diesem Fall handelt es sich um einen „rein spaltungsrechtlichen" Übergang von ArbVerh, für den § 613a BGB insg. nicht gilt. 27

- **Beispiel:** Bei der Abspaltung des Marketing- und Vertriebsbereichs aus einem Pharma-Unternehmen sollen laut Spaltungsplan fünf Chemiker aus der (bei dem abspaltenden Unternehmen verbleibenden) Forschungs- und Entwicklungsabteilung mit in die künftige Vertriebsgesellschaft übergehen, um die dort tätigen Außendienstmitarbeiter beratend zu unterstützen. Eine solche Regelung wäre nur mit Zustimmung der betreffenden ArbN wirksam (die auch noch nachträglich erteilt werden kann). Kommt es auf diese Weise zum Übergang der ArbVerh, ist an eine analoge Anwendung (nur) des § 613a I 2–4 BGB hinsichtlich des (einstweiligen) Fortbestands kollektivrechtl. begründeter Ansprüche zu denken (s. Rz. 19 ff.). Der Übergang der ArbVerh selbst vollzieht sich aber nicht auf Grund von § 613a I BGB, sondern (allein) auf Grund des Spaltungsplans. Dieser muss die außerhalb von § 613a BGB übergehenden ArbVerh namentlich aufführen[5]; die bloße Nennung von Betrieben oder Betriebsteilen (§ 126 I Nr. 9 aE) reicht hier gerade nicht aus[6].

b) Bei Zustandekommen eines Interessenausgleichs nach § 323 II. § 323 II (Entstehungsgeschichte s. § 323 Rz. 20) ermöglicht es ArbGeb und BR in Anlehnung an § 125 InsO, bei **Verschmelzung, Spaltung und Vermögensübertragung** die Zuordnung der ArbN für die Zeit nach der Umwandlung zu einem bestimmten Betrieb oder Betriebsteil in einem **Interessenausgleich** iSv. § 112 I BetrVG zu regeln. Bei Zustandekommen eines solchen, nur auf **freiwilliger Basis** möglichen Interessenausgleichs kann die Zuordnung der ArbN durch das ArbG nur noch auf **grobe Fehlerhaftigkeit** überprüft werden. Voraussetzung für einen solchen Interessenausgleich ist allerdings das Vorliegen einer **Betriebsänderung** iSv. §§ 111 ff. BetrVG[7]; ohne eine solche ist die Regelung im Interessenausgleich wirkungslos[8]. 28

Der **rechtssystematische Standort** der Bestimmung ist **unklar**. Sie scheint eine Art „Kompensation" dafür zu sein, dass die in § 126 des RefE v. 15.4.1992 noch enthaltene Möglichkeit, die Zuordnung der ArbVerh mehr oder weniger beliebig im Spaltungs- und Übernahmevertrag zu regeln, nicht Gesetz geworden ist (s.a. Rz. 24). Ein solches „freies" Zuordnungsrecht hätte § 613a BGB und der BetriebsübergangsRL widersprochen. Es kann indes nicht angenommen werden, dass der Gesetzgeber mit § 323 II diese zwingenden Vorgaben „überspielen" wollte. § 323 II ist daher gesetzes- und europarechtskonform dahin gehend auszulegen, dass die Betriebsparteien bei einer Zuordnung qua Interessenausgleich an die **Vorgaben des § 613a BGB** gebunden sind, wonach die ArbVerh dem Betrieb bzw. Betriebsteil „folgen", dem sie bisher angehört haben. Lediglich bei insoweit bestehenden **Zweifeln**, etwa im Falle von „Springern" (s. Rz. 26 f.), können die Betriebsparteien im Interessenausgleich eine eigenständige, gleichsam konstitutive Regelung treffen, die dann sowohl im Individualprozess wie auch in einem arbeitsgerichtl. Beschlussverfahren nur noch auf „grobe Fehlerhaftigkeit" überprüft werden kann[9]. 29

Was „**grobe Fehlerhaftigkeit**" bedeutet, muss wiederum im Licht des § 613a BGB interpretiert werden: Es ist **nicht zulässig**, in einem Interessenausgleich nach § 323 II aus **reinen Zweckmäßigkeitserwägungen** – etwa wegen einer ohnehin für die Zeit nach der Umwandlung vorgesehenen Rationalisierung oder Umstrukturierung – ArbN ohne ihre Zustimmung einem anderen Betrieb oder Betriebsteil zuzuordnen als demjenigen, dem sie bisher (eindeutig) angehörten[10]. Ein eigenes Regelungsermessen haben die Betriebsparteien daher nur in den bereits mehrfach erwähnten Zweifelsfällen, deren Bedeutung 30

---

1 *Boecken*, ZIP 1994, 1091. ||2 Ebenso Semler/Stengel/*Simon*, § 323 Rz. 38. ||3 Vgl. hierzu auch *Gentges*, RdA 1996, 265 (273, 275); *Willemsen*, RdA 1993, 137. Ausführlich zu der gesamten Zuordnungsproblematik WHSS/*Willemsen*, Rz. G 134 ff. ||4 Insoweit zutr. *Boecken*, ZIP 1994, 1087 (1091); vgl. auch *Boecken*, Unternehmensumwandlungen, Rz. 71, auch zu weiteren insoweit denkbaren Konstellationen. ||5 Ebenso Begr. RegE, BR-Drs. 75/94, 118. ||6 Vgl. dazu und zu weiteren mit der umwandlungsrechtl. Zuordnung verbundenen Fragen WHSS/*Willemsen*, Rz. G 141 f. ||7 AA Semler/Stengel/*Simon*, § 323 Rz. 20 mwN; wie hier dagegen KölnKommUmwG/*Hohenstatt/Schramm*, § 323 Rz. 39. ||8 Vgl. WHSS/*Willemsen*, Rz. G 139 ff.; KölnKommUmwG/*Hohenstatt/Schramm*, § 323 Rz. 39; aA Semler/Stengel/*Simon*, § 323 Rz. 20 mwN. ||9 Ebenso Lutter/*Joost*, § 323 Rz. 40; *Wlotzke*, DB 1995, 40 (45); unklar *Bauer/Lingemann*, NZA 1994, 1057 (1061); *Däubler*, RdA 1995, 136 (141); grds. aA dagegen *Boecken*, Unternehmensumwandlungen, Rz. 123 ff., der den Anwendungsbereich von § 323 II von vornherein auf den Übergang von ArbVerh *außerhalb* von § 613a BGB begrenzen will; damit würde die Vorschrift aber weitgehend ihres – vom Gesetzgeber offensichtlich intendierten – praktischen Anwendungsbereichs beraubt. ||10 Ebenso Lutter/*Joost*, § 323 Rz. 38.

durch die neuere Rspr. des BAG (s. § 613a BGB Rz. 227 ff.) allerdings deutlich zurückgegangen ist und sich nunmehr auf diejenigen Fälle beschränken dürfte, in denen ein ArbN *in* (nicht *für*) verschiedene(n) Betriebe(n) bzw. Betriebsteile(n) tätig gewesen ist[1]. Hier ist die Zuordnung im Interessenausgleich nur gerichtl. angreifbar bei „grober Fehlerhaftigkeit", die bereits dann zu verneinen ist, wenn es für die Zuordnung einen **sachlichen Grund** gibt, der die Zuordnung mindestens **vertretbar** erscheinen lässt. Dieser sachliche Grund muss sich seinerseits am Zweck des § 613a BGB orientieren, dh. die Betriebsparteien müssen bei der Zuordnung der ArbN objektive Kriterien zugrunde legen, die für die (ggf. schwerpunktmäßige) Zugehörigkeit eines ArbN zu einem bestimmten Betrieb oder Betriebsteil sprechen. Nur wo derartige Kriterien fehlen oder zu keinem greifbaren Ergebnis führen, haben die Betriebsparteien im Rahmen des Interessenausgleichs nach § 323 II weitgehend freie Hand[2]. Die **Darlegungs- und Beweislast** für grobe Fehlerhaftigkeit der Zuordnung trägt der ArbN[3].

31 Unklar ist auch die **rechtl. Wirkungsweise** eines nach § 323 II zustande gekommenen, nicht „offensichtlich fehlerhaften" Interessenausgleichs[4]. Nach der Rspr. des BAG entfaltet ein Interessenausgleich iSv. § 112 I BetrVG **keine normative Wirkung**; es handelt sich lediglich um eine „Naturalobligation" im Verhältnis zwischen ArbGeb und BR[5]. Da nicht angenommen werden kann, dass der Gesetzgeber des UmwG dem Interessenausgleich iSv. § 323 II eine neuartige, von § 112 I BetrVG abweichende Rechtsqualität beimessen wollte, dürfte seine Wirkungsweise im Rahmen von § 323 II wohl am ehesten so zu erklären sein, dass der Interessenausgleich in diesem Fall eine kraft Gesetzes wirkende Ergänzung des Verschmelzungs-, Spaltungs- bzw. Übernahmevertrages darstellt[6]. Es handelt sich gewissermaßen um eine „Kompensation" für die ursprünglich ins Auge gefasste, dann aber wieder fallen gelassene **freie Zuordnungskompetenz** der Parteien des Umwandlungsvertrages, die – in freilich deutlich beschränktem Umfang – durch eine solche der *Betriebs*parteien ersetzt wurde. Die Zuordnung im Interessenausgleich hat also **Tatbestandswirkung** idS, dass sie die gesetzl. Rechtsfolge der nur eingeschränkten gerichtl. Überprüfbarkeit der im Einklang mit ihr vorgenommenen individualvertragl. Umsetzung auslöst[7]; allerdings bleibt dem ArbN auch in diesem Fall das **Widerspruchsrecht** im Rahmen von § 613a VI BGB (s. Rz. 13 ff.), mit dessen Ausübung er jedoch nur den Verbleib beim bisherigen ArbGeb, nicht jedoch die Zuordnung zu einem anderen Rechtsträger erreichen kann[8] (zu der Situation bei Erlöschen des übertragenden Rechtsträgers s.o. Rz. 16 ff.). Aus der „privilegierten" Zuordnungskompetenz der Betriebsparteien ist des Weiteren zu folgern, dass bei einem **Widerspruch** zwischen der Zuordnung nach Verschmelzungs-/Spaltungsvertrag einerseits und Interessenausgleich iSv. § 323 II andererseits Letzterem der **Vorrang** gebührt[9].

32 Wegen des Vorrangs der Zuordnung im **Interessenausgleich** empfiehlt es sich, einen solchen **möglichst vor bzw. zeitgleich** mit dem Verschmelzungs-/Spaltungsvertrag abzuschließen. Ist mit der Umwandlung die **Spaltung eines Betriebs** verbunden, muss das Unternehmen ohnehin idR *vor* deren Durchführung den BR unterrichten und über die geplanten Maßnahmen mit dem Ziel eines Interessenausgleichs beraten (vgl. § 111 S. 3 Nr. 3, § 112 BetrVG). Zur Vermeidung künftiger Streitigkeiten ist es dringend ratsam, einen solchen Interessenausgleich anzustreben, der auch die Zuordnungsfrage regelt. Ein derartiger Interessenausgleich ist allerdings, wie bereits erwähnt, anders als ein Sozialplan (vgl. § 112 IV BetrVG) **nicht durch Spruch einer Einigungsstelle erzwingbar**, sondern kann nur auf freiwilliger Basis und **nur** bei Vorliegen einer **Betriebsänderung** nach § 111 BetrVG im Wege der Einigung mit dem BR zustande kommen.

33 Ein nach § 323 II zustande gekommener Interessenausgleich, der die Zuordnung der ArbN zu einem bestimmten Betrieb bzw. Betriebsteil nach der Umwandlung regelt, konsumiert („**verbraucht**") richtiger Auffassung zufolge das ansonsten bestehende **MitbestR gem. § 99 BetrVG** bei (einzelnen) Einstellungen und Versetzungen[10]. Der BR kann also bei einer derartigen einvernehmlichen Zuordnung der Einstellung nicht mehr gem. § 99 II BetrVG widersprechen.

34 **IV. Zuordnung von Versorgungsansprüchen ausgeschiedener ArbN (Pensionäre und Versorgungsanwärter).** Nach ganz hM in der arbeitsrechtl. Rspr. und Lit. gilt **§ 613a BGB nicht für Pensionäre und**

---

1 S. zum Ganzen Kallmeyer/*Willemsen*, § 324 Rz. 60; aA offenbar Lutter/*Joost*, § 323 Rz. 38 iVm Rz. 29 f., der eine Zuordnung nach § 323 II auch für ArbN mit betriebs(teil)übergreifenden Tätigkeiten zulassen will, dem steht aber die o.g. neuere Rspr. des BAG entgegen. ‖ 2 Im Erg. ebenso Lutter/*Joost*, § 323 Rz. 36 ff.; weitergehend offenbar *Bauer*/*Lingemann*, NZA 1994, 1057 (1061). ‖ 3 Ebenso KölnKommUmwG/*Hohenstatt/Schramm*, § 323 Rz. 45. ‖ 4 Dazu ausf. *Hartmann*, ZfA 1997, 21 (31 ff. mwN); *Mengel*, Umwandlungen im Arbeitsrecht, S. 109 f. ‖ 5 Vgl. BAG 28.8.1991 – 7 ABR 72/90, NZA 1992, 41; *Willemsen/Hohenstatt*, NZA 1997, 345 ff.; krit. dazu im vorliegenden Zusammenhang *Däubler*, RdA 1995, 136 (141). ‖ 6 Vgl. auch *Willemsen*, NZA 1996, 799; zustimmend KölnKommUmwG/*Hohenstatt/Schramm*, § 323 Rz. 44. ‖ 7 *Hartmann*, ZfA 1997, 21 (31 ff.) und *Mengel*, Umwandlungen im Arbeitsrecht, S. 109 f. ‖ 8 Ebenso Lutter/*Joost*, § 323 Rz. 42. ‖ 9 So auch Staudinger/*Annuß*, § 613a BGB Rz. 336, 339; KölnKommUmwG/*Hohenstatt/Schramm*, § 323 Rz. 47; anders Lutter/*Joost*, § 323 Rz. 40, nach dessen Auffassung bei Bestehen eines BR die Zuordnung nur im Interessenausgleich erfolgen kann. Dagegen spricht aber, dass ein Interessenausgleich nach allg. betriebsverfassungsrechtl. Grundsätzen nicht erzwingbar ist, vgl. § 112 II und III BetrVG, so dass jedenfalls bei Scheitern eines solchen Interessenausgleichs ein praktisches Bedürfnis für die Regelung „unklarer" Fälle im Verschmelzungs- bzw. Spaltungsvertrag bestehen kann. ‖ 10 Ebenso *Däubler*, RdA 1995, 136 (141); *Hartmann*, ZfA 1997, 21 (32); offen gelassen von *Wlotzke*, DB 1995, 40 (45).

ausgeschiedene **Versorgungsanwärter**, da diese nicht mehr in einem ArbVerh zum Betriebsinhaber stehen (vgl. § 613a BGB Rz. 238). Die Möglichkeit der Zuweisung von Pensionsverpflichtungen ggü. dem vorgenannten Personenkreis wird also infolge der Verweisung von Abs. 1 auf § 613a BGB **nicht eingeschränkt**[1].

Eine Einschränkung der Zuordnungsfreiheit bei Spaltung in Bezug auf Versorgungsverpflichtungen ggü. bereits ausgeschiedenen ArbN folgt auch nicht aus **§ 4 BetrAVG**. Diese auf die vertragl. Schuldübernahme zugeschnittene Bestimmung findet im Fall der Spaltung gerade **keine Anwendung**[2]. Insb. ließ sich ein Zustimmungserfordernis auch nicht mit dem – iÜ 2007 aufgehobenen – § 132 S. 1 aF begründen, da die bei Einzelübertragung von Verbindlichkeiten erforderliche Mitwirkung des Gläubigers gem. §§ 414ff. BGB bei der Spaltung gerade nicht verlangt wird. Konkret bedeutet dies die weitgehende **Gestaltungsfreiheit** bei der Zuordnung von Pensionsverpflichtungen im Zuge der Spaltung, zu der es demzufolge einer **Zustimmung** weder des betroffenen **Pensionärs** bzw. Versorgungsanwärters noch des **Pensionssicherungsvereins** (PSV) **bedarf**[6]. Der PSV ist insoweit auf die umwandlungsrechtl. **Gläubigerschutzbestimmungen** verwiesen. Der hier vertretenen Auffassung hat sich der 3. Senat des BAG inzwischen **ausdrücklich angeschlossen**, verlangt aber eine **hinreichende finanzielle Ausstattung** der sog. Rentnergesellschaft[4]. 35

325 *Mitbestimmungsbeibehaltung*
(1) Entfallen durch Abspaltung oder Ausgliederung im Sinne des § 123 Abs. 2 und 3 bei einem übertragenden Rechtsträger die gesetzlichen Voraussetzungen für die Beteiligung der Arbeitnehmer im Aufsichtsrat, so finden die vor der Spaltung geltenden Vorschriften noch für einen Zeitraum von fünf Jahren nach dem Wirksamwerden der Abspaltung oder Ausgliederung Anwendung. Dies gilt nicht, wenn die betreffenden Vorschriften eine Mindestzahl von Arbeitnehmern voraussetzen und die danach berechnete Zahl der Arbeitnehmer des übertragenden Rechtsträgers auf weniger als in der Regel ein Viertel dieser Mindestzahl sinkt.

(2) Hat die Spaltung oder Teilübertragung eines Rechtsträgers die Spaltung eines Betriebes zur Folge und entfallen für die aus der Spaltung hervorgegangenen Betriebe Rechte oder Beteiligungsrechte des Betriebsrats, so kann durch Betriebsvereinbarung oder Tarifvertrag die Fortgeltung dieser Rechte und Beteiligungsrechte vereinbart werden. Die §§ 9 und 27 des Betriebsverfassungsgesetzes bleiben unberührt.

I. Befristete Beibehaltung der Unternehmensmitbestimmung (Abs. 1). 1. Gesetzesgeschichte, Regelungsgegenstand. Die erst im Vermittlungsausschuss in den Gesetzestext aufgenommene Norm des Abs. 1[5] bricht mit der noch dem RegE zugrunde liegenden Absicht, die unternehmensbezogene **Mitbestimmungsordnung** durch das UmwG unverändert zu lassen und aus dieser Neutralität möglicherweise resultierende mittelbare Beeinträchtigungen der MitbestR von ArbN im AR hinzunehmen[6]. Die jetzige Regelung ordnet in Anlehnung an die Konzeption des § 1 III MontanMitbestG eine auf die Fälle der **Abspaltung** (§ 123 II) und **Ausgliederung** (§ 123 III) beschränkte sowie auf fünf Jahre befristete Beibehaltung der Mitbest. an. 1

Diese Lösung offenbart eine gesetzgeberische Inkonsequenz, da man einerseits von der mitbestimmungsneutralen Gestaltung des Umwandlungsrechts abgerückt ist, was im Kern zu einer Erweiterung des geltenden MitbestR geführt hat[7], andererseits jedoch die Umwandlungsformen der Verschmelzung und Vermögensübertragung wie auch des Formwechsels trotz des hier praktisch gleichermaßen möglichen Verlustes von MitbestR[8] unberücksichtigt ließ. Auch bei **Aufspaltung** gilt Abs. 1 nicht. Eine **Analogie** scheidet angesichts des völlig eindeutigen Gesetzeswortlauts aus[9]. Die Regelung ist **zwingend** und jedenfalls einer Einschränkung im Vereinbarungswege nicht zugänglich[10]. Denkbar erscheint allenfalls eine Erweiterung im Wege freiwilliger Vereinbarung; auch diese wird jedoch von der wohl überwiegenden Meinung zu Recht abgelehnt[11]. 2

Die Regelungswirkung des Abs. 1 ist auf die **Beibehaltung** des Mitbestimmungsstatuts **beim übertragenden Rechtsträger** beschränkt, so dass sich die Unternehmensmitbest. bei den übernehmenden 3

---

1 Ebenso BAG 22.2.2005 – 3 AZR 499/03 (A), NZA 2005, 1639 und 11.3.2008 – 3 AZR 358/06, NZA 2009, 790; *Hill*, BetrAV 1995, 114 (116); aA AG Hamburg 1.7.2005 – HRA 100711, DB 2005, 1562. ||2 Ebenso im Erg. *Hill*, BetrAV 1995, 114 (117); ErfK/*Steinmeyer*, § 4 BetrAVG Rz. 2; *Willemsen*, NZA 1996, 791 (801); *Sieger/Aleth*, DB 2002, 1487; aA AG Hamburg 1.7. 2005 – HRA 10711, ZIP 2005, 1249; offenlassend LG Hamburg 8.12.2005 – 417 T 16/05, DB 2006, 941 (942); dazu *Hohenstatt/Schramm*, ZIP 2006, 546 (549ff.). ||3 Ebenso BAG 22.2.2005 – 3 AZR 499/03 (A), NZA 2005, 639; *Hill*, BetrAV 1995, 114 (117); aA AG Hamburg 1.7.2005 – HRA 100711, DB 2005, 1249; ausf. zu dieser Thematik WHSS/*Schnitker*, Rz. J 583ff. mwN. ||4 BAG 22.2.2005 – 3 AZR 499/03 (A), NZA 2005, 1639, und 11.3.2008 – 3 AZR 358/06, NZA 2009, 790; s. dazu auch Kallmeyer/*Willemsen*, § 134 Rz. 24f. ||5 BR-Drs. 843/94, Anl. Nr. 3. ||6 BT-Drs. 12/6699, 75. ||7 So richtig *Bartodziej*, ZIP 1994, 580. ||8 Dazu *Bartodziej*, ZIP 1994, 580. ||9 Lutter/*Joost*, § 325 Rz. 12f.; *Jung*, Umwandlungen unter Mitbestimmungsverlust, 2000, S. 255; WHSS/*Seibt*, Rz. F 111; *Willemsen*, NZA 1996, 791 (803). ||10 Semler/Stengel/*Simon*, § 325 Rz. 25. ||11 Bejahend Lutter/*Joost*, § 325 Rz. 35; abl. Semler/Stengel/*Simon*, § 325 Rz. 25; *Boecken*, Unternehmensumwandlungen und Arbeitsrecht, 1996, Rz. 349ff.; *Mengel*, Umwandlungen im Arbeitsrecht, 1997, S. 415f.

Rechtsträgern ohne Weiteres nach den allg. gesetzl. Vorschriften richtet[1]. Hinsichtlich der **übernehmenden Rechtsträger** wird also **in keinem Fall** die Mitbestimmungspflicht **erweitert**[2]. Mitbestimmungsverluste, die durch Veränderungen bei einem **anderen als dem übertragenden**, bisher mitbestimmungspflichtigen **Rechtsträger** verursacht werden, sind ebenfalls durch § 325 nicht erfasst[3].

4 **2. Anwendungsbereich und -voraussetzungen.** Die gesetzl. Voraussetzungen für die Beteiligung der ArbN im AR müssen durch **Abspaltung** oder **Ausgliederung** entfallen. Die für diesen Fall vorgesehene befristete Weitergeltung der Unternehmensmitbest. erfasst sämtliche insoweit bestehenden Systeme, also sowohl die entsprechenden Regelungen des DrittelbG und des MontanMitbestG als auch die Mitbestimmungsordnung des MitbestG. Dagegen reicht eine bloße spaltungsbedingte **Veränderung innerhalb** ein und desselben Mitbestimmungsgesetzes (zB Verkleinerung des nach § 7 I MitbestG gebildeten AR) für die Anwendung der Vorschrift **nicht aus**[4].

5 Auf den ersten Blick könnte zweifelhaft sein, ob es nur auf den Entfall der Voraussetzungen des bisherigen Mitbestimmungsregimes ankommt oder ob allein jene Fälle erfasst sein sollen, in denen eine Vertretung der ArbN im AR nach keinem der drei Mitbestimmungssysteme mehr gegeben wäre. Klarheit schafft insoweit Abs. 1 S. 1 Hs. 2, der die Beibehaltung des bisherigen Mitbestimmungsstatuts und nicht etwa eine Sicherung des „Minimalstandes" nach dem DrittelbG vorsieht. Dies kann nur erreicht werden, wenn man für die Anwendbarkeit des Abs. 1 ausschließlich auf den **Wegfall der Voraussetzungen nach dem bisher einschlägigen Mitbestimmungssystem** abstellt[5].

- **Beispiel:** Gliedert etwa eine GmbH mit zuvor 2500 ArbN Vermögensteile auf eine Tochter-GmbH mit 600 ArbN und eine dritte, nicht konzernangehörige Gesellschaft mit 700 ArbN aus, so wäre die verbleibende GmbH trotz der Zurechnung der ArbN der Tochtergesellschaft nach § 5 III MitbestG nicht mehr von dem MitbestG (§ 1 I Nr. 2) erfasst und unterläge nur noch der „drittelparitätischen" Mitbest. nach dem DrittelbG. Für die Dauer von fünf Jahren behält jedoch Abs. 1 S. 1 die Anwendung des MitbestG bei, so dass der AR des übertragenden Unternehmens erst nach Ablauf dieses Zeitraums nach § 1 I Nr. 3 iVm. § 4 I DrittelbG drittelparitätisch zu besetzen ist. Für die Tochter und die weitere aufnehmende Gesellschaft gilt dagegen von Anfang an das Mitbestimmungsstatut des DrittelbG.

6 Die praktisch wichtigste Ursache für den Entfall des bisherigen Mitbestimmungsstatuts dürfte die des Absinkens unter die jeweiligen Zahlengrenzen (§ 1 I Nr. 2 MitbestG, § 1 II MontanMitbestG, §§ 1, 2 DrittelbG) sein, wobei die frühere Mitbestimmungsordnung nach Abs. 1 S. 2 nur dann aufrechterhalten wird, wenn die Zahl der beim übertragenden Unternehmen beschäftigten ArbN nach der Spaltung **wenigstens noch einem Viertel** der jeweiligen gesetzl. Mindestzahl entspricht (die „kritische Grenze" liegt also für die befristete Fortgeltung des MitbestG bei 500, für diejenige der drittelparitätischen Mitbest. nach dem DrittelbG bei 125 ArbN). In vielen dieser Fälle bedarf es der Mitbestimmungsbeibehaltung nach Abs. 1 S. 1 jedoch wegen Geltung der mitbestimmungsrechtl. **Konzernklauseln** (vgl. § 5 MitbestG, §§ 1, 2 II DrittelbG) nicht. Soweit diese eingreifen, finden weder das „25 %-Quorum" noch die Fünf-Jahres-Frist Anwendung[6].

7 Dagegen ist Abs. 1 S. 1 nicht einschlägig, wenn auf Grund der Unternehmensspaltung erstmals die **Tendenzbindung** des übertragenden Unternehmens nach § 1 IV MitbestG eintreten sollte, wobei insoweit allerdings nicht allein quantitative Merkmale den Ausschlag geben dürfen (s.a. § 1 MitbestG Rz. 12 ff.)[7]. Der Fortbestand des bisherigen Mitbestimmungsstatuts gem. Abs. 1 kommt in diesem Fall nicht in Betracht, da dies gegen die den einschlägigen Gesetzen (insb. § 1 IV MitbestG) zugrunde liegende verfassungsrechtl. Wertung (Art. 4 und 5 GG) verstieße[8].

8 Unsicher erscheint, ob das bisherige Mitbestimmungsregime auch dann noch beizubehalten ist, wenn nach der Spaltung die **Gesamtzahl** der ArbN in den an der Spaltung beteiligten Unternehmen unter die jeweiligen Zahlengrenzen absinkt, weil dann die vom Gesetz geforderte **Kausalität** der Spaltung für den Verlust des bisherigen Mitbestimmungsstatuts zweifelhaft wird.

- **Beispiel:** Eine GmbH mit 2050 ArbN (A) gliedert einen Unternehmensteil mit 400 ArbN auf eine neue GmbH (B) aus. Kurz darauf werden bei A 40 ArbN und bei B 20 ArbN entlassen, so dass beide Unternehmen zusammen weniger als 2000 ArbN beschäftigen.

Es ist davon auszugehen, dass auch in diesen Fällen die Unternehmensmitbest. fortbesteht, für das Eingreifen von Abs. 1 S. 1 mithin allein auf den Zeitpunkt der Spaltung abzustellen ist. Anderenfalls bliebe unberücksichtigt, dass insb. die Abspaltung oder Ausgliederung zur Aufnahme bedeutende Rationalisierungseffekte nach sich ziehen und damit verschiedene Möglichkeiten der Personaleinsparung

---

1 *Joost*, ZIP 1995, 983; *Kreßel*, BB 1995, 926; KölnKommUmwG/*Hohenstatt/Schramm*, § 325 Rz. 4. ||2 *Willemsen*, NZA 1996, 791 (803). ||3 Vgl. die Bsp. bei WHSS/*Seibt*, Rz. F 121 ff. zu den teilweise komplexen Konzernsachverhalten sowie zu Umwandlungen bei der GmbH & Co. KG. ||4 Semler/Stengel/*Simon*, § 325 Rz. 20; WHSS/*Seibt*, Rz. F 119; *Wissmann* in Widmann/Mayer, § 325 Rz. 11; *B. Gaul*, Betriebsspaltung, § 34 Rz. 11. ||5 Im Erg. ebenso *Boecken*, Unternehmensumwandlungen, Rz. 429 ff.; Lutter/*Joost*, § 325 Rz. 11; *B. Gaul*, Betriebsspaltung, § 34 Rz. 11. ||6 WHSS/*Seibt*, Rz. F 118. ||7 Vgl. zur sog. „Geprägetheorie": *Raiser*, § 1 MitbestG Rz. 44 mwN. ||8 *Willemsen*, NZA 1996, 791 (803); WHSS/*Seibt*, Rz. F 126; *B. Gaul*, Betriebsspaltung, § 34 Rz. 14; KölnKommUmwG/*Hohenstatt/Schramm*, § 325 Rz. 11.

eröffnen kann. Abs. 1 S. 1 soll nach seinem Schutzzweck gerade auch diesen Entwicklungen begegnen[1]. Aus dem Abstellen allein auf den Zeitpunkt der Spaltung folgt weiterhin, dass ein erst nach diesem Zeitpunkt durchgeführter Personalabbau bei dem übertragenden Rechtsträger, der zu der erstmaligen Unterschreitung der für das bisherige Mitbestimmungsstatut relevanten ArbN-Zahl führt, nicht die Anwendung des S. 1 auslöst[2].

Umstritten ist das **Verhältnis zu § 1 III MontanMitbestG**, der im Fall des dauerhaften Absinkens unter die Beschäftigtenzahlen des § 1 II MontanMitbestG eine Fortgeltung der Vorschriften des MontanMitbestG für die Dauer von sechs Jahren vorsieht. Nach einer Auffassung regelt Abs. 1 die Folgen des auf Grund einer Abspaltung oder Ausgliederung an sich eintretenden Mitbestimmungsverlustes **abschließend** und lässt deshalb insoweit für die etwas weiter greifende Beibehaltungsvorschrift des § 1 III MontanMitbestG keinen Raum[3]. Richtiger erscheint es jedoch, mit der Gegenauffassung[4] von einem Vorrang von § 1 III MontanMitbestG auszugehen. Entsprechendes gilt dann auch für **§ 16 II MitbestErgG**. 9

3. Rechtsfolgen. Soweit Abs. 1 greift, sind bei dem übertragenden Rechtsträger – und nur bei diesem (s. Rz. 3) – die vor der Spaltung geltenden Vorschriften bzgl. der „Beteiligung der ArbN im Aufsichtsrat" für den Zeitraum von fünf Jahren nach dem Wirksamwerden der Abspaltung oder Ausgliederung weiterhin anzuwenden. Dieser Wortlaut spricht für eine restriktive Auslegung, insb. **gegen** eine Einbeziehung der Regelungen über den **Arbeitsdirektor**[5]. **Nach Ablauf** der Fünf-Jahres-Frist hat der Vorstand bzw. die Geschäftsführung das sog. **Statusverfahren** nach §§ 97 ff. AktG einzuleiten, es sei denn, dass wegen zwischenzeitlichen Wiederanstiegs der ArbN-Zahl beim übertragenden Rechtsträger – ggf. auch im Wege der Konzernzurechnung (vgl. Rz. 6) – die **allgemeinen** Anwendungsvoraussetzungen für das zunächst nach Abs. 1 „konservierte" Mitbestimmungsstatut nunmehr wieder erfüllt sind. Umgekehrt kann bereits während der Fünf-Jahres-Frist ein endgültiger Mitbestimmungsverlust eintreten, insb. wenn **nach dem Umwandlungsstichtag** die Mindestzahl von ArbN (s. Rz. 6) bei dem übertragenden Rechtsträger unterschritten wird[6]. 10

II. Fortgeltung der Beteiligungsrechte des Betriebsrats (Abs. 2). 1. Gesetzesgeschichte, Regelungsgegenstand. Abs. 2 enthält für den Fall der Betriebsspaltung durch Spaltung oder Teilübertragung eines Rechtsträgers eine **Öffnungsklausel**, die eine zeitlich unbegrenzte[7] Beibehaltung solcher Rechte oder Beteiligungsrechte des **BR** durch BV oder TV ermöglicht, die infolge der Umwandlung entfallen sind. Es geht also allein um eine Erweiterung der betriebsverfassungsrechtl. Mitbest., nicht um diejenige auf Unternehmensebene[8]. 11

Diese erst im Vermittlungsausschuss in den Gesetzestext eingefügte Vorschrift enthält einerseits eine bemerkenswerte **Neuerung** insofern, als die Existenz bestimmter Rechte des BR entgegen dem grds. zwingenden Charakter des Betriebsverfassungsrechts per Gesetz in die alleinige Entscheidungsgewalt der Tarif- oder Betriebspartner gelegt wird; doch ist sie andererseits im Wesentlichen nur eine Festschreibung der früheren Rechtslage, wonach durch TV oder BV einzelne Aufgaben dem obligatorischen MitbestR über den im BetrVG vorgesehenen Umfang hinaus unterworfen werden können[9]. Ergänzend ist in dem vorliegenden Zusammenhang auf **§ 3 BetrVG** hinzuweisen, der hinsichtlich der Bildung von BR als solcher der Praxis eine erhebliche Flexibilität ermöglicht, die auch und gerade in Umwandlungsfällen relevant werden kann und neben Abs. 2 besteht[10]. Des Weiteren ist darauf hinzuweisen, dass es der Regelung des § 325 II nicht bedarf, wenn die Rechtsträger den Betrieb als **gemeinsamen Betrieb** führen, weil dann eine Minderung der bisherigen Beteiligungsrechte nicht eintritt (s.a. § 322). 12

2. Anwendungsbereich. Die Spaltung oder Vermögensteilübertragung muss eine Spaltung des Betriebes iSd. BetrVG zur Folge haben, so dass der Begriff der **Betriebsspaltung** im technischen Sinne zu verstehen ist. Erforderlich ist weiterhin der Entfall von Rechten oder Beteiligungsrechten des BR, wofür nicht nur die praktisch besonders relevanten gesetzl. Rechte nach §§ 38 I (Zahl der Freistellungen), 99 (personelle Einzelmaßnahmen), 106 I (**Wirtschaftsausschuss**), 111 ff. BetrVG (**Betriebsänderungen**) in Betracht kommen, sondern auch **Rechte des BR**, die schon bislang durch TV oder BV geregelt waren[11]. Ebenso wird man die durch Betriebsabsprachen näher ausgestaltete Position des BR als beibehaltungsfähiges Recht idS anzusehen haben. Unklar ist, ob nach § 325 I auch die Befugnis des BR festgeschrieben werden kann, **zwei Mitglieder** in den **GBR** zu entsenden (§ 47 II BetrVG). Entgegen *Däubler*[12] wird man 13

---

1 AA für die soeben geschilderte Konstellation offenbar *Wissmann* in Widmann/Mayer, § 325 Rz. 18; *B. Gaul*, Betriebsspaltung, § 34 Rz. 14. ‖ 2 KölnKommUmwG/*Hohenstatt/Schramm*, § 325 Rz. 19; WHSS/*Seibt*, Rz. F 124; zust. Lutter/*Joost*, § 325 Rz. 21 ff.; aA *Wissmann* in Widmann/Mayer, § 325 Rz. 17; wie hier auch KölnKommUmwG/*Hohenstatt/Schramm*, § 325 Rz. 16. ‖ 3 *Boecken*, Unternehmensumwandlungen, Rz. 437; ausf. *Heinze*, ZfA 1997, 1 (17 f.). ‖ 4 *Wissmann* in Widmann/Mayer, § 325 Rz. 44 ff. und Lutter/*Joost*, § 325 Rz. 36. ‖ 5 Vgl. WHSS/*Seibt*, Rz. F 120; für Einbeziehung auch der Regelungen über den Arbeitsdirektor (§ 33 MitbestG, § 13 Montan-MitbestG, § 13 MitbestErgG) demggü. Lutter/*Joost*, § 325 Rz. 28; abl. wie hier dagegen KölnKommUmwG/*Hohenstatt/Schramm*, § 325 Rz. 22. ‖ 6 Ebenso Lutter/*Joost*, § 325 Rz. 31. ‖ 7 *Kallmeyer*, ZIP 1994, 1758. ‖ 8 Zu freiwilligen Modifikationen der Unternehmensmitbest. bei Umwandlung vgl. *Henssler*, ZfA 2000, 241 (260); WHSS/*Seibt*, Rz. F 13 ff., 220. ‖ 9 Vgl. BAG 18.8.1987 – 1 ABR 30/86, NZA 1987, 779; 10.2.1988 – 1 ABR 70/86, NZA 1988, 699; *Fitting*, § 88 BetrVG Rz. 3 ff.; aA *Richardi*, § 87 BetrVG Rz. 9; allg. *Neye*, DB 1994, 2069; Lutter/*Joost*, Umwandlungsrechtstage, S. 313. ‖ 10 S.a. Kallmeyer/*Willemsen*, Vorb. zu § 322 UmwG Rz. 51. ‖ 11 Ebenso Semler/Stengel/*Simon*, § 325 Rz. 32. ‖ 12 *Däubler*, RdA 1995, 136 (145).

dies verneinen müssen, da § 47 II BetrVG kein originäres Recht des EinzelBR enthält. Dies verdeutlicht insb. die Stimmengewichtung nach § 47 VII BetrVG. Auch iÜ scheidet eine Anwendung von Abs. 2 auf die Beteiligung an einem GBR aus[1]. Ebenfalls kraft ausdrücklicher Anordnung ausgeschlossen sind Vereinbarungen nach Abs. 2 im Bereich der §§ 9 und 27 BetrVG (sogleich Rz. 14). Eine **analoge** Anwendung der Bestimmung auf Übertragungsvorgänge iSd. Einzelrechtsnachfolge scheidet aus[2].

14 Zu beachten ist, dass sich nach Abs. 2 S. 2 die **Größe des BR** (§ 9 BetrVG) und die Bildung eines **Betriebsausschusses** (§ 27 BetrVG) ausschließlich an der Größe der jeweils nach der Umwandlung verbleibenden Betriebe orientieren. Abs. 2 S. 2 ist die gesetzgeberische Wertung zu entnehmen, dass der Bestand dieser Rechte strikt an die gesetzl. Vorgaben des BetrVG gebunden ist und nicht der Erweiterung durch TV oder BV zugänglich sein soll[3].

15 **3. Regelungsinstrumente.** Der Fortbestand der Rechte des BR kann durch **TV**, wobei insb. ein FirmenTV in Betracht kommt, oder durch **BV** gesichert werden. Für den TV genügt in diesem Falle die einseitige Tarifbindung des ArbGeb (vgl. § 3 II TVG). Wird eine Regelung über den Fortbestand sowohl durch TV als auch durch BV getroffen, richtet sich das Verhältnis beider Rechtsquellen zueinander nach allg. Grundsätzen[4]. Eine BV iSv. Abs. 2 ist, da freiwillig, nicht durch Anrufung der Einigungsstelle erzwingbar[5].

16 Eine Vereinbarung iSd. Abs. 2 kann für **alle** aus der Betriebsspaltung hervorgegangenen **Betriebe** getroffen werden. Angesichts des Wortlauts der Vorschrift mag auf den ersten Blick jedoch zweifelhaft erscheinen, **wer** zur Vereinbarung über die Fortgeltung berufen ist. Richtigerweise ist hier zwischen BV und TV zu **differenzieren**. Aus dem Umstand, dass die notwendig „zweipoligen" **BV** nur innerhalb des jeweiligen Betriebes wirken, ist zu folgern, dass die Vereinbarung über die Fortgeltung durch BV grds. **nur in den** sich **aus der Umwandlung ergebenden Betrieben** getroffen werden kann[6]. Diese Auffassung findet ihre Bestätigung in § 21a BetrVG, wonach der BR des früheren Betriebs allein in dem dortigen Sonderfall auch Handlungen mit Wirkung für die aus der Umwandlung hervorgehenden Betriebe vornehmen kann, und ferner darin, dass für die hier in Rede stehenden Fälle eine Fortgeltung nicht über § 324 UmwG iVm. § 613a I 2 BGB begründet werden kann. Deshalb kann also der BR des aufgespaltenen Betriebs nicht ohne Weiteres noch vor der Spaltung eine Fortgeltung seiner Rechte für die BR der Spaltbetriebe vereinbaren[7]. Dies ist vielmehr nur in den Fällen des **Übergangsmandats** gem. § 21a BetrVG möglich, so dass der BR des bisherigen Betriebes **vor** der Betriebsspaltung in Vorwegnahme seines **späteren** Übergangsmandats auch zum Abschluss einer Fortgeltungsvereinbarung befugt ist, was unmittelbar aus dem Charakter des Übergangsmandats als „Vollmacht" folgt (vgl. § 21a BetrVG Rz. 10)[8]. Grds. anderes muss hingegen für Fortgeltungsvereinbarungen in **TV** gelten. FirmenTV bleiben wegen der mit der Umwandlung verbundenen partiellen Gesamtrechtsnachfolge grds. auch nach der Umwandlung wirksam, so dass eine entsprechende Regelung mit Wirkung für die aus der Betriebsspaltung entstehenden Betriebe auch schon vor der Spaltung getroffen werden kann. Demggü. ist für die praktische Wirksamkeit einer in einem VerbandsTV enthaltenen Fortgeltungsvereinbarung notwendige und hinreichende Bedingung, dass für die Rechtsträger der neuen Betriebe die allg. Voraussetzungen der Tarifbindung gegeben sind.

17 Ein besonderes Problem ergibt sich in den Fällen der **Teilübertragung** eines Rechtsträgers nach § 174 II. Dabei kann es zu einer Übertragung von einem privaten auf einen **öffentl.-rechtl. Rechtsträger** – und umgekehrt – kommen, wodurch die Grenze zwischen dem Anwendungsbereich des BetrVG einerseits und der Personalvertretungsgesetze andererseits überschritten würde. Insoweit ist der Wortlaut des Abs. 2 etwas irreführend, da hier allein der BR und nicht auch der Personalrat Erwähnung findet. Es stellt sich daher die Frage, ob auch solche Rechte beibehalten werden können, die dem Vertretungsorgan bei an sich unveränderter Sachlage nach dem jeweils anderen Gesetz nicht zustünden. Zu verneinen ist dies für solche Rechte des BR (bzw. Personalrats), die dem auf den gespaltenen Betrieb künftig zur Anwendung kommenden Gesetz bereits ihrer Art nach fremd sind. So könnte etwa der Fortbestand des Rechts zur Bildung eines Wirtschaftsausschusses (§ 106 BetrVG) oder die Fortgeltung der Vorschriften über Interessenausgleich und Sozialplan (§§ 111 ff. BetrVG) für den Bereich der Personalvertretungsgesetze nicht wirksam vereinbart werden. Keine Bedenken bestehen jedoch dagegen, die jeweils geringeren Anwendungsvoraussetzungen eines grds. in beiden Gesetzen verankerten Rechts des BR (bzw. Personalrates) für den neuen Betrieb (bzw. für die neue Dienststelle) zu vereinbaren. So kann etwa bei Teilübertragung eines Rechtsträgers von einem öffentl.-rechtl. Versicherungsunternehmen auf eine Versicherungs-Aktiengesellschaft die Beteiligung des neuen BR bei personellen Einzelmaßnahmen auch dann vereinbart werden, wenn weder in der alten Dienststelle noch im neuen Betrieb mehr als 20 wahlberechtigte ArbN beschäftigt waren bzw. sind (vgl. etwa § 75 BPersVG einerseits, § 99 BetrVG andererseits)[9].

---

1 Ebenso Lutter/*Joost*, § 325 Rz. 50; KölnKommUmwG/*Hohenstatt/Schramm*, § 325 Rz. 38. ||2 Ebenso *B. Gaul*, Betriebsspaltung, § 27 Rz. 90. ||3 Ebenso Semler/Stengel/*Simon*, § 325 Rz. 40. ||4 Vgl. dazu etwa HSGWN/*Worzalla*, § 77 BetrVG Rz. 95 ff. ||5 Ebenso Lutter/*Joost*, § 325 Rz. 46. ||6 Lutter/*Joost*, § 325 Rz. 45 geht demggü. von einer allg. Abschlusskompetenz auch des BR des übertragenden Rechtsträgers aus; wie hier dagegen *Boecken*, Unternehmensumwandlungen, Rz. 418. ||7 Str., wie hier Semler/Stengel/*Simon*, § 325 Rz. 36; aA Lutter/*Joost*, § 325 Rz. 46. ||8 Ebenso Lutter/*Joost*, § 325 Rz. 46; Semler/Stengel/*Simon*, § 325 Rz. 36; KölnKommUmwG/*Hohenstatt/Schramm*, § 325 Rz. 48. ||9 Ebenso KölnKommUmwG/*Hohenstatt/Schramm*, § 325 Rz. 49; abl. dagegen Semler/Stengel/*Simon*, § 325 Rz. 43; Widmann/Meyer/*Wißmann*, § 325 Rz. 66.

Wertpapiererwerbs- und Übernahmegesetz (WpÜG)

vom 20.12.2001 (BGBl. I S. 3822),
zuletzt geändert durch Gesetz vom 7.8.2013 (BGBl. I S. 3154)
– Auszug –

Abschnitt 3 Angebote zum Erwerb von Wertpapieren

10 *Veröffentlichung der Entscheidung zur Abgabe eines Angebots*
(1) Der Bieter hat seine Entscheidung zur Abgabe eines Angebots unverzüglich gemäß Absatz 3 Satz 1 zu veröffentlichen. Die Verpflichtung nach Satz 1 besteht auch, wenn für die Entscheidung nach Satz 1 der Beschluss der Gesellschafterversammlung des Bieters erforderlich ist und ein solcher Beschluss noch nicht erfolgt ist. Die Bundesanstalt kann dem Bieter auf Antrag abweichend von Satz 2 gestatten, eine Veröffentlichung erst nach dem Beschluss der Gesellschafterversammlung vorzunehmen, wenn der Bieter durch geeignete Vorkehrungen sicherstellt, dass dadurch Marktverzerrungen nicht zu befürchten sind.

(2) Der Bieter hat die Entscheidung nach Absatz 1 Satz 1 vor der Veröffentlichung

1. den Geschäftsführungen der Börsen, an denen Wertpapiere des Bieters, der Zielgesellschaft und anderer durch das Angebot unmittelbar betroffener Gesellschaften zum Handel zugelassen sind,
2. den Geschäftsführungen der Börsen, an denen Derivate im Sinne des § 2 Abs. 2 des Wertpapierhandelsgesetzes gehandelt werden, sofern die Wertpapiere Gegenstand der Derivate sind,
3. der Bundesanstalt

mitzuteilen. Die Geschäftsführungen dürfen die ihnen nach Satz 1 mitgeteilten Entscheidungen vor der Veröffentlichung nur zum Zwecke der Entscheidung verwenden, ob die Feststellung des Börsenpreises auszusetzen oder einzustellen ist. Die Bundesanstalt kann gestatten, dass Bieter mit Wohnort oder Sitz im Ausland die Mitteilung nach Satz 1 gleichzeitig mit der Veröffentlichung vornehmen, wenn dadurch die Entscheidungen der Geschäftsführungen über die Aussetzung oder Einstellung der Feststellung des Börsenpreises nicht beeinträchtigt werden.

(3) Die Veröffentlichung der Entscheidung nach Absatz 1 Satz 1 ist

1. durch Bekanntgabe im Internet und
2. über ein elektronisch betriebenes Informationsverbreitungssystem, das bei Kreditinstituten, Finanzdienstleistungsinstituten, nach § 53 Abs. 1 des Gesetzes über das Kreditwesen tätigen Unternehmen, anderen Unternehmen, die ihren Sitz im Inland haben und an einer inländischen Börse zur Teilnahme am Handel zugelassen sind, und Versicherungsunternehmen weit verbreitet ist,

in deutscher Sprache vorzunehmen. Dabei hat der Bieter auch die Adresse anzugeben, unter der die Veröffentlichung der Angebotsunterlage im Internet nach § 14 Abs. 3 Satz 1 Nr. 1 erfolgen wird. Eine Veröffentlichung in anderer Weise darf nicht vor der Veröffentlichung nach Satz 1 vorgenommen werden.

(4) Der Bieter hat die Veröffentlichung nach Absatz 3 Satz 1 unverzüglich den Geschäftsführungen der in Absatz 2 Satz 1 Nr. 1 und 2 erfassten Börsen und der Bundesanstalt zu übersenden. Dies gilt nicht, soweit die Bundesanstalt nach Absatz 2 Satz 3 gestattet hat, die Mitteilung nach Absatz 2 Satz 1 gleichzeitig mit der Veröffentlichung vorzunehmen.

(5) Der Bieter hat dem Vorstand der Zielgesellschaft unverzüglich nach der Veröffentlichung nach Absatz 3 Satz 1 die Entscheidung zur Abgabe eines Angebots schriftlich mitzuteilen. Der Vorstand der Zielgesellschaft unterrichtet den zuständigen Betriebsrat oder, sofern ein solcher nicht besteht, unmittelbar die Arbeitnehmer, unverzüglich über die Mitteilung nach Satz 1. Der Bieter hat die Entscheidung zur Abgabe eines Angebots ebenso seinem zuständigen Betriebsrat oder, sofern ein solcher nicht besteht, unmittelbar den Arbeitnehmern unverzüglich nach der Veröffentlichung nach Absatz 3 Satz 1 mitzuteilen.

(6) § 15 des Wertpapierhandelsgesetzes gilt nicht für Entscheidungen zur Abgabe eines Angebots.

11 *Angebotsunterlage*
(1) Der Bieter hat eine Unterlage über das Angebot (Angebotsunterlage) zu erstellen und zu veröffentlichen. Die Angebotsunterlage muss die Angaben enthalten, die notwendig sind, um in Kenntnis der Sachlage über das Angebot entscheiden zu können. Die Angaben müssen richtig und vollständig sein. Die Angebotsunterlage ist in deutscher Sprache und in einer Form abzufassen, die ihr Verständnis und ihre Auswertung erleichtert. Sie ist von dem Bieter zu unterzeichnen.

(2) Die Angebotsunterlage hat den Inhalt des Angebots und ergänzende Angaben zu enthalten. Angaben über den Inhalt des Angebots sind

1. Name oder Firma und Anschrift oder Sitz sowie, wenn es sich um eine Gesellschaft handelt, die Rechtsform des Bieters,
2. Firma, Sitz und Rechtsform der Zielgesellschaft,
3. die Wertpapiere, die Gegenstand des Angebots sind,
4. Art und Höhe der für die Wertpapiere der Zielgesellschaft gebotenen Gegenleistung,
4a. die Höhe der für den Entzug von Rechten gebotenen Entschädigung nach § 33b Abs. 4,
5. die Bedingungen, von denen die Wirksamkeit des Angebots abhängt,
6. der Beginn und das Ende der Annahmefrist.

Ergänzende Angaben sind

1. Angaben zu den notwendigen Maßnahmen, die sicherstellen, dass dem Bieter die zur vollständigen Erfüllung des Angebots notwendigen Mittel zur Verfügung stehen, und zu den erwarteten Auswirkungen eines erfolgreichen Angebots auf die Vermögens-, Finanz- und Ertragslage des Bieters,
2. Angaben über die Absichten des Bieters im Hinblick auf die künftige Geschäftstätigkeit der Zielgesellschaft sowie, soweit von dem Angebot betroffen, des Bieters, insbesondere den Sitz und den Standort wesentlicher Unternehmensteile, die Verwendung des Vermögens, künftige Verpflichtungen, die Arbeitnehmer und deren Vertretungen, die Mitglieder der Geschäftsführungsorgane und wesentliche Änderungen der Beschäftigungsbedingungen einschließlich der insoweit vorgesehenen Maßnahmen,
3. Angaben über Geldleistungen oder andere geldwerte Vorteile, die Vorstands- oder Aufsichtsratsmitgliedern der Zielgesellschaft gewährt oder in Aussicht gestellt werden,
4. die Bestätigung nach § 13 Abs. 1 Satz 2 unter Angabe von Firma, Sitz und Rechtsform des Wertpapierdienstleistungsunternehmens.

(3) Die Angebotsunterlage muss Namen und Anschrift, bei juristischen Personen oder Gesellschaften Firma, Sitz und Rechtsform, der Personen oder Gesellschaften aufführen, die für den Inhalt der Angebotsunterlage die Verantwortung übernehmen; sie muss eine Erklärung dieser Personen oder Gesellschaften enthalten, dass ihres Wissens die Angaben richtig und keine wesentlichen Umstände ausgelassen sind.

(4) Das Bundesministerium der Finanzen kann durch Rechtsverordnung, die nicht der Zustimmung des Bundesrates bedarf,

1. nähere Bestimmungen über die Gestaltung und die in die Angebotsunterlage aufzunehmenden Angaben erlassen und
2. weitere ergänzende Angaben vorschreiben, soweit dies notwendig ist, um den Empfängern des Angebots ein zutreffendes und vollständiges Urteil über den Bieter, die mit ihm gemeinsam handelnden Personen und das Angebot zu ermöglichen.

(5) Das Bundesministerium der Finanzen kann die Ermächtigung nach Absatz 4 durch Rechtsverordnung auf die Bundesanstalt übertragen.

14 *Übermittlung und Veröffentlichung der Angebotsunterlage*

(1) Der Bieter hat die Angebotsunterlage innerhalb von vier Wochen nach der Veröffentlichung der Entscheidung zur Abgabe eines Angebots der Bundesanstalt zu übermitteln. Die Bundesanstalt bestätigt dem Bieter den Tag des Eingangs der Angebotsunterlage. Die Bundesanstalt kann die Frist nach Satz 1 auf Antrag um bis zu vier Wochen verlängern, wenn dem Bieter die Einhaltung der Frist nach Satz 1 auf Grund eines grenzüberschreitenden Angebots oder erforderlicher Kapitalmaßnahmen nicht möglich ist.

(2) Die Angebotsunterlage ist gemäß Absatz 3 Satz 1 unverzüglich zu veröffentlichen, wenn die Bundesanstalt die Veröffentlichung gestattet hat oder wenn seit dem Eingang der Angebotsunterlage zehn Werktage verstrichen sind, ohne dass die Bundesanstalt das Angebot untersagt hat. Vor der Veröffentlichung nach Satz 1 darf die Angebotsunterlage nicht bekannt gegeben werden. Die Bundesanstalt kann vor einer Untersagung des Angebots die Frist nach Satz 1 um bis zu fünf Werktage verlängern, wenn die Angebotsunterlage nicht vollständig ist oder sonst den Vorschriften dieses Gesetzes oder einer auf Grund dieses Gesetzes erlassenen Rechtsverordnung nicht entspricht.

(3) Die Angebotsunterlage ist zu veröffentlichen durch

1. Bekanntgabe im Internet und
2. Bekanntgabe im Bundesanzeiger oder durch Bereithalten zur kostenlosen Ausgabe bei einer geeigneten Stelle im Inland; im letzteren Fall ist im Bundesanzeiger bekannt zu machen, bei welcher Stelle die Angebotsunterlage bereitgehalten wird und unter welcher Adresse die Veröffentlichung der Angebotsunterlage im Internet nach Nummer 1 erfolgt ist.

Der Bieter hat der Bundesanstalt die Veröffentlichung nach Satz 1 Nr. 2 unverzüglich mitzuteilen.

(4) Der Bieter hat die Angebotsunterlage dem Vorstand der Zielgesellschaft unverzüglich nach der Veröffentlichung nach Absatz 3 Satz 1 zu übermitteln. Der Vorstand der Zielgesellschaft hat die Angebotsunterlage unverzüglich dem zuständigen Betriebsrat oder, sofern ein solcher nicht besteht, unmittelbar den Arbeitnehmern zu übermitteln. Der Bieter hat die Angebotsunterlage ebenso seinem zuständigen Betriebsrat oder, sofern ein solcher nicht besteht, unmittelbar den Arbeitnehmern unverzüglich nach der Veröffentlichung nach Absatz 3 Satz 1 zu übermitteln.

27 *Stellungnahme des Vorstands und Aufsichtsrats der Zielgesellschaft*
(1) Der Vorstand und der Aufsichtsrat der Zielgesellschaft haben eine begründete Stellungnahme zu dem Angebot sowie zu jeder seiner Änderungen abzugeben. Die Stellungnahme muss insbesondere eingehen auf

1. die Art und Höhe der angebotenen Gegenleistung,
2. die voraussichtlichen Folgen eines erfolgreichen Angebots für die Zielgesellschaft, die Arbeitnehmer und ihre Vertretungen, die Beschäftigungsbedingungen und die Standorte der Zielgesellschaft,
3. die vom Bieter mit dem Angebot verfolgten Ziele,
4. die Absicht der Mitglieder des Vorstands und des Aufsichtsrats, soweit sie Inhaber von Wertpapieren der Zielgesellschaft sind, das Angebot anzunehmen.

(2) Übermitteln der zuständige Betriebsrat oder, sofern ein solcher nicht besteht, unmittelbar die Arbeitnehmer der Zielgesellschaft dem Vorstand eine Stellungnahme zu dem Angebot, hat der Vorstand unbeschadet seiner Verpflichtung nach Absatz 3 Satz 1 diese seiner Stellungnahme beizufügen.

(3) Der Vorstand und der Aufsichtsrat der Zielgesellschaft haben die Stellungnahme unverzüglich nach Übermittlung der Angebotsunterlage und deren Änderungen durch den Bieter gemäß § 14 Abs. 3 Satz 1 zu veröffentlichen. Sie haben die Stellungnahme gleichzeitig dem zuständigen Betriebsrat oder, sofern ein solcher nicht besteht, unmittelbar den Arbeitnehmern zu übermitteln. Der Vorstand und der Aufsichtsrat der Zielgesellschaft haben der Bundesanstalt unverzüglich die Veröffentlichung gemäß § 14 Abs. 3 Satz 1 Nr. 2 mitzuteilen.

I. Einleitung 1	III. Informationspflichten ggü. ArbN des Bieters 34
II. Informationspflichten und Recht zur Stellungnahme der ArbN des Zielunternehmens 4	1. Allgemeines 34
1. Allgemeines 4	2. Mitteilung über Entscheidung des Bieters zur Angebotsabgabe 35
2. Mitteilung über Entscheidung des Bieters zur Angebotsabgabe 7	3. Inhalt der Angebotsunterlage 36
3. Inhalt der Angebotsunterlage 12	4. Verpflichtung zur Übermittlung der Angebotsunterlage 38
4. Verpflichtung zur Übermittlung der Angebotsunterlage 16	5. Folgen der Verletzung der Informationspflichten ggü. ArbN des Bieters 39
5. Stellungnahme(n) der Geschäftsleitungsorgane und des BR bzw. der ArbN zum Angebot des Bieters 17	IV. Ablaufplan 40
6. Folgen der Verletzung der Informationspflichten 26	V. Mit-Entscheidungsprärogative bei Abwehrmaßnahmen zu Gunsten des AR sowie Recht zur Stellungnahme 41
	VI. Beirat bei der Bundesanstalt 42

I. Einleitung. Seit dem 1.1.2002 ist im WpÜG das **Verfahren für sämtliche öffentl. Angebote zum Erwerb von Wertpapieren** niederlegt, die von einer AG oder KGaA mit Sitz im Inland ausgegeben wurden und zum Handel an einem organisierten Markt zugelassen sind (§§ 1, 2 III, 7 und 8). Dabei unterscheidet das Gesetz (1) öffentl. Angebote zum Erwerb von Wertpapieren, (2) freiwillige Übernahmeangebote und (3) Pflichtangebote. In Abgrenzung zu einem einfachen Angebot zum Erwerb von Wertpapieren (§ 2 I) sind Übernahmeangebote solche öffentl. Kauf- oder Tauschangebote zum Erwerb von Wertpapieren der Zielgesellschaft, die auf den Erwerb der Kontrolle an dieser Gesellschaft gerichtet sind (§ 29 I). Als Kontrolle definiert das Gesetz das Halten von mindestens 30 % der Stimmrechte an der Zielgesellschaft (§ 29 II). Die Regeln über das Pflichtangebot verpflichten denjenigen, der unmittelbar oder mittelbar die Kontrolle über eine Zielgesellschaft erlangt hat, den übrigen Aktionären ein Angebot zur Übernahme ihrer Aktien zu machen (§ 35 II). Für sämtliche öffentl. Angebote zum Erwerb von Wertpapieren legt das Gesetz dem Bieter und den Geschäftsleitungsorganen des Zielunternehmens Pflichten auf, ein detailliertes Verfahren und materielle Vorschriften einzuhalten, wobei die Bundesanstalt für Finanzdienstleistungsaufsicht (BaFin) die Aufsicht über die Einhaltung dieser gesetzl. Vorschriften ausübt. – Die Zahl der öffentl. Kaufangebote seit 2005 ist in der nachfolgenden Übersicht abzulesen[1]:

---

[1] Vgl. *Seibt*, CFL 2011, 213 (bis 30.6.2011) und *Seibt*, CFL 2013, 145 (bis 30.6.2013). – Die Gesamtzahl seit 1.1. 2002 bis 31.12.2013 beträgt ca. 390 Verfahren.

Übersicht 1: Zahl der Angebotsverfahren (1.1.2005–31.12.2013)

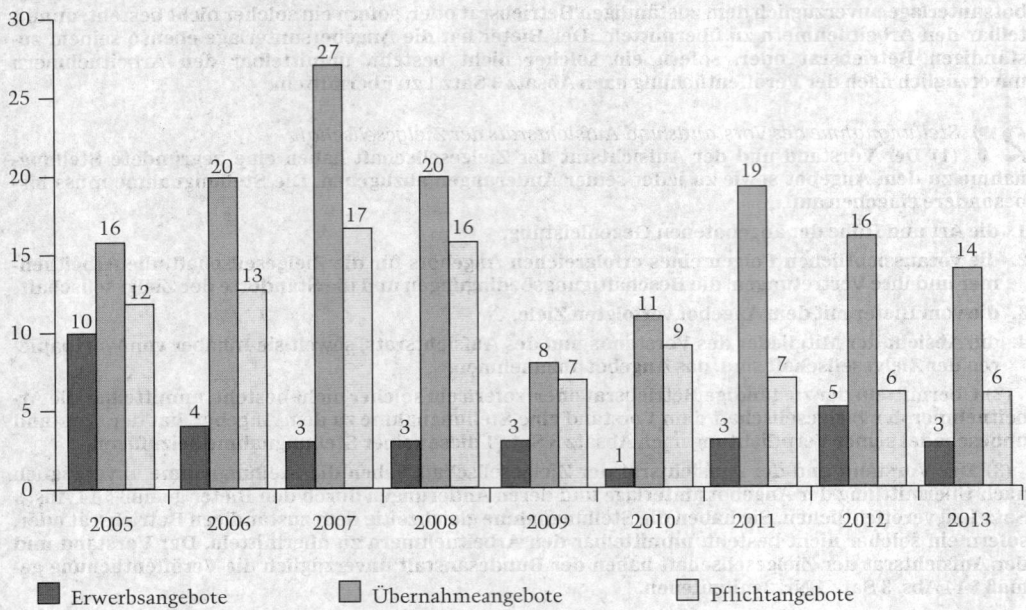

■ Erwerbsangebote ■ Übernahmeangebote □ Pflichtangebote

2 Ausweislich der Begr. zum RegE und des Berichtes des federführenden Finanzausschusses des BT sollen durch das Gesetz ua. „rasche, umfassende Informationen und Transparenz für die Anteilseigner der Zielgesellschaft und deren Arbeitnehmer, auch durch Abgabe einer begründeten Stellungnahme des Vorstandes zu dem Angebot, in die auch die Position der Arbeitnehmer aufzunehmen ist"[1], gewährleistet werden (Transparenz- und Informationsgrundsatz). Der hier genannte **doppelte Adressatenkreis des Transparenz- und Informationsgrundsatzes** ist Ausdruck des *Stakeholder*-Gedankens, demzufolge bei Aktienerwerben und Unternehmensübernahmen nicht nur die Interessen der Aktionäre geschützt werden müssen, sondern auch die Interessen anderer *Stakeholder*, wie zB der ArbN der Zielgesellschaft. Dies sieht der Gesetzgeber insb. deswegen für notwendig an, weil Unternehmensübernahmen für die ArbN der Zielgesellschaft wegen der einer Übernahme häufig nachfolgenden Umstrukturierungen weit reichende Folgen haben können. Vor diesem Hintergrund hat der Gesetzgeber zum Schutz der ArbN und den betriebsverfassungsrechtl. Organen drei Regelungstopoi verwendet, nämlich (1) Informationspflichten der Geschäftsleitungsorgane ggü. den ArbN bzw. dem zuständigen BR sowie dem Recht zur Stellungnahme der ArbN bzw. des zuständigen BR (hierzu Rz. 4ff.), (2) die Zuordnung gewisser Geschäftsleitungsmaßnahmen im Zusammenhang mit Übernahmen zum – regelmäßig mit ArbN-Vertretern besetzten – AR (hierzu Rz. 41) sowie (3) die Besetzung des Beirates bei der BaFin mit Vertretern der ArbN (hierzu Rz. 42).

3 Das WpÜG ist durch das **Übernahmerichtlinie-Umsetzungsgesetz** v. 8.7.2006 (ÜbRL-UG)[2], welches auf der RL 2004/25/EG betreffend Übernahmeangebote (ÜbRL)[3] beruht, geändert worden (u.a. Perspektiv-Erweiterung des ArbN-Schutzes durch Information der ArbN und ihrer Vertretungen beim *Bieter*unternehmen, Rz. 12f., 34). Aufgrund der Revisionsklausel in Art. 20 ÜbRL hat in 2011 eine WpÜG-Reformdiskussion begonnen[4].

4 **II. Informationspflichten und Recht zur Stellungnahme der ArbN des Zielunternehmens. 1. Allgemeines.** Der Gesetzgeber verpflichtet den Vorstand des Zielunternehmens als Geschäftsleitungsorgan, den zuständigen BR oder, sofern ein solcher nicht besteht, unmittelbar die ArbN zu informieren über (1) die Entscheidung des Bieters zur Abgabe eines Angebots (§ 10 V 2), (2) die Angebotsunterlage des Bieters, in der bestimmte Angaben über die Auswirkungen des Angebots auf die ArbN und ihre Vertretungen sowie die Beschäftigungsbedingungen enthalten sein müssen (§§ 14 IV 2, 35 II 2 iVm. § 11 II 2 Nr. 2), und (3) die Stellungnahme(n) des Vorstandes und AR des Zielunternehmens zum Angebot (§ 27 III 2). Darüber hinaus sind Vorstand und AR verpflichtet, eine etwaige Stellungnahme des zuständigen BR bzw. der ArbN der eigenen Stellungnahme beizufügen und diese zu veröffentlichen (§ 27 II). Das Ge-

---

[1] Beschluss und Bericht Finanzausschuss, BT-Drs. 14/7477 v. 14.11.2001, 54. || [2] BGBl. 2006 I S. 1426. || [3] ABl. 2004 L 142/12. || [4] Hierzu *Seibt*, CFL 2011, 213 (239f.); *Hopt*, ZHR-Beiheft 2011, 42ff.; *Hopt*, Europäisches Übernahmerecht, 2013.

setz räumt damit dem BR oder, sofern ein solcher nicht besteht, unmittelbar den ArbN der Zielgesellschaft das Recht ein, eine eigene Stellungnahme zu dem Angebot des Bieters zu entwickeln und veröffentlichen zu lassen.

Die im WpÜG geregelten Informationspflichten der Geschäftsleitungsorgane werden durch Veränderungen auf *Unternehmens*ebene (genauer: auf der Gesellschafterebene des Unternehmens) ausgelöst, während die allg. Individualrechte der ArbN und Beteiligungsrechte des BR (insb. §§ 111 ff. BetrVG) durch Änderung auf *Betriebs*ebene ausgelöst werden. In gleicher Weise wie bei den umwandlungsrechtl. Informationspflichten ggü. dem BR gilt auch hier im Grundsatz die sog. **Trennungstheorie**[1]: Die allg. arbeitsrechtl. Bestimmungen und Grundsätze finden keine Anwendung auf den unternehmensrechtl. Vorgang (das WpÜG enthält insoweit abschließende arbeitsrechtl. Begleitvorschriften; Ausnahme: § 106 III Nr. 9a, § 109a BetrVG), die WpÜG-Vorschriften verdrängen allerdings auch nicht die allg. arbeitsrechtl. Regeln und Grundsätze bei den der Unternehmensübernahme etwa nachfolgenden Umstrukturierungsmaßnahmen.

Der Vergleich der arbeitnehmerschützenden Begleitvorschriften im WpÜG mit denjenigen des Umwandlungsrechts deckt einen **Wertungswiderspruch** auf: Zwar lehnt sich der WpÜG-Gesetzgeber bei den arbeitnehmerschützenden Informationspflichten an die umwandlungsrechtl. Regelungen an[2], er geht jedoch über diese in mehrfacher Hinsicht hinaus, obwohl der vom WpÜG erfasste Sachverhalt, nämlich der Erwerb von Wertpapieren einer AG oder KGaA (also ein Gesellschafterwechsel), von der arbeitsrechtl. Intensität hinter den im Umwandlungsrecht geregelten Umwandlungsformen zurückbleibt. Denn durch den Erwerb der Wertpapiere ändert sich ja weder der Unternehmensträger selbst (wie bei den übertragenden Rechtsträgern bei Verschmelzung oder Spaltung iSv. §§ 2 ff., 123 ff. UmwG) noch deren Rechtsform (wie beim Formwechsel iSv. § 190 UmwG). Unmittelbare Rechtsfolgen für die ArbN und ihre betriebsverfassungsrechtl. Organe können sich also nur ergeben, wenn infolge des Wertpapiererwerbes sich die Konzernzugehörigkeit des Zielunternehmens ändert bzw. eine Konzernzugehörigkeit zum ersten Mal entsteht und sich dadurch Änderungen für die betriebsverfassungsrechtl. Organe[3] oder für die Unternehmensmitbest. im AR der Gesellschaft[4] ergeben[5]. Das **Auseinanderfallen der arbeitnehmerschützenden Regelungen im Übernahmerecht einerseits und im Umwandlungsrecht andererseits** ist auch deshalb misslich, weil beide Rechtsmaterien bei einem einheitlichen Vorgang (Wertpapiererwerb durch Verschmelzung oder Spaltung) durchaus parallel Anwendung finden[6].

2. Mitteilung über Entscheidung des Bieters zur Angebotsabgabe. Hat der Bieter die Entscheidung zur Abgabe eines Angebots zum Erwerb von Wertpapieren gefasst, so hat er diese Entscheidung den jeweils betroffenen Geschäftsführungen der Börsen und der BaFin mitzuteilen und durch **Bekanntmachung im Internet und über ein elektronisch betriebenes Informationsverbreitungssystem** zu veröffentlichen (§ 10 I–III). Der unspezifizierte Verweis auf das Internet soll zukünftigen technologischen Neuerungen Rechnung tragen[7]. Zweckmäßigerweise wird die Bekanntmachung auf der **Unternehmens-Website des Bieters** erfolgen[8], was auch auf Grund der materiellen Nähe dieser Bekanntmachung zu Ad-hoc-Mitteilungen systematisch überzeugend ist[9]. Darüber hinaus hat der Bieter dem **Vorstand der Zielgesellschaft** sowie dem bei ihm bestehenden zuständigen **BR bzw. den dortigen ArbN** unmittelbar (Rz. 35) nach dieser Veröffentlichung die Entscheidung zur Angebotsabgabe schriftl. mitzuteilen (§ 10 V 1). Die Übersendung per Telefax genügt[10], per E-Mail nach überwiegender Ansicht nicht[11]. Der Vorstand der Zielgesellschaft ist seinerseits nach § 10 V 2 verpflichtet, den bei ihm bestehenden, zuständigen BR oder, sofern ein solcher nicht besteht, unmittelbar den ArbN über diese Mitteilung des Bieters unverzüglich (dh. idR binnen Tagesfrist) zu unterrichten (für grafische Darstellung Rz. 35). Ausweislich der Begr. zum RegE dient diese Mitteilungspflicht dazu, die ArbN in die Lage zu versetzen, ihre betriebsverfassungsrechtl. Rechte wahrnehmen zu können[12]. Eine Erörterungs- oder gar Beratungspflicht trifft den Vorstand allerdings nicht[13].

Anders als die Mitteilungsverpflichtung des Bieters ggü. dem Vorstand der Zielgesellschaft unterliegt die Mitteilungsverpflichtung des Vorstandes ggü. dem BR bzw. den ArbN **keinem bestimmten Formerfordernis**[14]. So könnte die Unterrichtung auch mündlich erfolgen, wenngleich in der Praxis aus Beweis-

---

1 Vgl. *Seibt*, DB 2002, 529; *Willemsen*, NZA 1996, 791 (795 f.); KölnKommWpÜG/*Hirte*, § 10 Rz. 83. ‖2 Vgl. § 5 I Nr. 9, III (Verschmelzung), § 126 I Nr. 11, III (Spaltung), § 194 I Nr. 7, II (Formwechsel) UmwG. ‖3 Vgl. WHSS/*Hohenstatt*, Rz. D 5, 7, 72 ff., insb. 84 ff. (Konzernbetriebsrat). ‖4 Vgl. WHSS/*Seibt*, Rz. F 17, 27 ff., 31 ff. ‖5 Ansonsten können nur im Gefolge des Wertpapiererwerbs mittelbare Änderungen für die betriebl. Strukturen des Zielunternehmens eintreten, für die das Betriebsverfassungsrecht allerdings einen eigenständigen Regelungsmechanismus, insb. die §§ 111 ff. BetrVG, bereithält. ‖6 Hierzu ausf. *Seibt/Heiser*, ZHR 2001, 466 ff. ‖7 Begr. ÜbRL-UG, § 10 WpÜG-RegE, BR-Drs. 154/06, 32. ‖8 Begr. ÜbRL-UG, § 10 WpÜG-RegE, BR-Drs. 154/06, 32. ‖9 *Seibt/Heiser*, AG 2006, 301 (306); abw. *Schüppen*, BB 2006, 165 (171). ‖10 KölnKommWpÜG/*Hirte*, § 10 Rz. 81; Ehricke/Ekkenga/Oechsler/*Oechsler*, § 10 Rz. 65; Baums/Thoma/*Thoma*, § 10 Rz. 104. ‖11 KölnKommWpÜG/*Hirte*, § 10 Rz. 81; Ehricke/Ekkenga/Oechsler/*Oechsler*, § 10 Rz. 65; aA Baums/Thoma/*Thoma*, § 10 Rz. 104. ‖12 Begr. RegE-WpÜG zu § 10 V, BT-Drs. 14/7034, 40. ‖13 *Seibt*, DB 2002, 529 (532); *Grobys*, NZA 2002, 1 (4); KölnKommWpÜG/*Hirte*, § 10 Rz. 83; Assmann/Pötzsch/Schneider/*Assmann*, § 10 Rz. 74. ‖14 *Seibt*, DB 2002, 529 (532); KölnKommWpÜG/*Hirte*, § 10 Rz. 90; Assmann/Pötzsch/Schneider/*Assmann*, § 10 Rz. 76; Haarmann/Schüppen/*Walz*, § 10 Rz. 58; Baums/Thoma/*Thoma*, § 10 Rz. 109.

sicherungszwecken idR eine schriftl. oder textförmige (§ 126b BGB) Unterrichtung, ggf. unter Hinweis auf die vom Bieter veranlasste Veröffentlichung im Internet bzw. im elektronischen Informationsverbreitungssystem, erfolgt. Eine Übersetzung der Mitteilung für fremdsprachliche BR bzw. ArbN ist nicht gesetzl. gefordert[1].

9 Die Mitteilung über die Entscheidung des Bieters ist zu richten an den „zuständigen BR". Welcher BR zuständig ist, hängt von der Struktur des Zielunternehmens ab[2]. Dabei gilt – wie übrigens auch im Anwendungsbereich des UmwG[3] – die **Kompetenzzuordnung des BetrVG**[4]:

– Ist das **Zielunternehmen herrschendes Unternehmen eines Konzerns** iSv. § 18 AktG und besteht dort ein KBR, so ist dieser – entgegen der Begr. des RegE[5] – *nicht* der zuständige BR iS dieser Regelung. Denn nach § 58 I BetrVG ist der KBR ausschließlich zuständig „für die Behandlung von Angelegenheiten, die den Konzern oder mehrere Konzernunternehmen betreffen und nicht durch die einzelnen Gesamtbetriebsräte innerhalb ihrer Unternehmen geregelt werden können". Die Entscheidung des Bieters zur Angebotsabgabe sowie die Angebotsabgabe selbst betreffen in rechtl. Hinsicht indes nur das Zielunternehmen, nicht jedoch den Konzern oder mehrere Konzernunternehmen; diese sind nur wirtschaftl. betroffen[6]. Vielmehr ist der GBR bzw. der BR des Zielunternehmens zuständig[7].

– Besteht ein **GBR für mehrere Betriebe des Zielunternehmens**, so ist dieser GBR Mitteilungsempfänger (§ 50 I BetrVG)[8]. Bestehen zwar mehrere Betriebe mit BR, jedoch – entgegen § 47 I BetrVG – kein GBR beim Zielunternehmen, so sind – entgegen der BAG-Rspr.[9] aus gesetzesteleologischen Gründen (Transparenz und Information durch effektive Verfahrensvorschriften) – nicht die ArbN unmittelbar, sondern sämtliche BR zu informieren[10].

– Besteht bei der Zielgesellschaft **lediglich ein Betrieb und ein BR**, so ist dieser zuständiger Mitteilungsempfänger[11].

– Besteht **kein BR beim Zielunternehmen**, so entfällt – anders als in Umwandlungsfällen[12] – die Mitteilungspflicht nicht, sondern die Mitteilung hat unmittelbar ggü. den ArbN zu erfolgen[13]. Freie Mitarbeiter, LeihArbN oder im Rahmen von Werkverträgen tätige Personen sind keine mitteilungsberechtigten ArbN[14]. Auf welchem Weg die ArbN zu informieren sind, regelt das Gesetz allerdings nicht. Nach allg. arbeitsrechtl. Grundsätzen hat der Vorstand dafür zu sorgen, dass jedes Belegschaftsmitglied von der Mitteilung mühelos Kenntnis nehmen kann[15], wobei die objektive Möglichkeit der Kenntnisnahme unter gewöhnlichen Umständen ausreicht. Dies kann zB erfolgen durch (1) Veröffentlichung der Mitteilung in der Werkzeitung, (2) durch die Vervielfältigung der Mitteilung und Verteilung mit der Hauspost, über das Internet, per E-Mail oder durch Zusendung an die Privatanschrift, (3) auf einer Betriebsversammlung oder (4) durch Anschlag der Mitteilung am schwarzen Brett[16].

– Bestehen bei einem Zielunternehmen **nicht für alle Betriebe ein BR oder GBR**, so wären nach dem isolierten Gesetzeswortlaut neben dem (G)BR auch die Mitarbeiter unmittelbar zu informieren, die in Betrieben ohne BR beschäftigt sind. Allerdings folgt aus § 50 I 1 Hs. 2 BetrVG eine Annexkompetenz des GBR für die Entgegennahme der Mitteilung für alle ArbN des Zielunternehmens, was auch die praktische Durchführung der Informationspflicht sehr vereinfacht[17].

---

1 *Seibt*, DB 2002, 529 (532); KölnKommWpÜG/*Hirte*, § 10 Rz. 90. ||2 Vgl. Begr. RegE-WpÜG zu § 10 V, BT-Drs. 14/7034, 40; KölnKommWpÜG/*Hirte*, § 10 Rz. 85. ||3 Hierzu zB Schmitt/Hörtnagl/Stratz/*Stratz*, § 5 UmwG Rz. 109; Lutter/*Drygala*, § 5 UmwG Rz. 106. ||4 Daher ist auch ein etwa bestehender EBR nicht zuständiger Mitteilungsempfänger; vgl. *Seibt*, DB 2002, 529 (532 Fn. 24); *Grobys*, NZA 2002, 1 (3); KölnKommWpÜG/*Hirte*, § 10 Rz. 88. ||5 Begr. RegE-WpÜG zu § 10 V, BT-Drs. 14/7034, 40; dieser Auffassung folgend *Grobys*, NZA 2002, 1 (3); aA KölnKommWpÜG/*Hirte*, § 10 Rz. 87ff.; Ehricke/Ekkenga/Oechsler/*Oechsler*, § 10 Rz. 25; Assmann/Pötzsch/Schneider/*Assmann*, § 10 Rz. 75; Baums/Thoma/*Thoma*, § 10 Rz. 107; Haarmann/Schüppen/*Walz*, § 10 Rz. 57; MüKoAktG/*Wackerbarth*, § 10 WpÜG Rz. 75. ||6 So *Seibt*, DB 2002, 529 (532); KölnKommWpÜG/*Hirte*, § 10 Rz. 88. ||7 Zur gleichsinnigen Auffassung bei Umwandlungsfällen zB Kallmeyer/*Willemsen*, § 5 UmwG Rz. 76 mwN; Lutter/*Drygala*, § 5 UmwG Rz. 106 mwN; aA *Melchior*, GmbHR 1996, 833 (835). ||8 *Seibt*, DB 2002, 529 (532); *Grobys*, NZA 2002, 1 (2); KölnKommWpÜG/*Hirte*, § 10 Rz. 87; Assmann/Pötzsch/Schneider/*Assmann*, § 10 Rz. 75; Ehricke/Ekkenga/Oechsler/*Oechsler*, § 10 Rz. 25; Baums/Thoma/*Thoma*, § 10 Rz. 107; Haarmann/Schüppen/*Walz*, § 10 Rz. 57. ||9 Vgl. BAG 6.4.1976 – ABR 27/74, AP Nr. 2 zu § 50 BetrVG 1972; 14.12.1993 – AZR 618/93, AP Nr. 81 zu § 7 BetrAVG; vgl. auch ErfK/*Koch*, § 50 BetrVG Rz. 2; aA *Fitting*, § 50 BetrVG Rz. 14. ||10 *Seibt*, DB 2002, 529 (532); *Grobys*, NZA 2002, 1 (2); KölnKommWpÜG/*Hirte*, § 10 Rz. 87; zur gleichsinnigen Auffassung bei Umwandlungsfällen Schmitt/Hörtnagl/Stratz/*Stratz*, § 5 UmwG Rz. 112. ||11 *Seibt*, DB 2002, 529 (532); KölnKommWpÜG/*Hirte*, § 10 Rz. 86. ||12 Vgl. *Joost*, ZIP 1995, 976 (985); Schmitt/Hörtnagl/Stratz/*Stratz*, § 5 UmwG Rz. 107, § 194 UmwG Rz. 12f.; Lutter/*Drygala*, § 5 UmwG Rz. 107; *Willemsen*, RdA 1998, 23 (32); *Boecken*, Unternehmensumwandlungen und Arbeitsrecht, Rz. 336. ||13 Diese Verpflichtung zur unmittelbaren Unterrichtung der ArbN, die von der klassischen Konzeption kollektiver Beteiligungsrechte abweicht, findet sich auch bei § 613a V u. VI BGB. ||14 *Seibt*, DB 2002, 529 (532); KölnKommWpÜG/*Hirte*, § 10 Rz. 93; Baums/Thoma/*Thoma*, § 10 Rz. 108; Assmann/Pötzsch/Schneider/*Assmann*, § 10 Rz. 76. ||15 Vgl. *Fitting*, § 110 BetrVG Rz. 5; ErfK/*Kania*, § 110 BetrVG Rz. 3. ||16 Vgl. *Fitting*, § 110 BetrVG Rz. 5; *Richardi*, § 110 BetrVG Rz. 6; *Seibt*, DB 2002, 529 (532); abw. im Hinblick auf Aushänge an den für Mitarbeiterangelegenheiten vorgehaltenen schwarzen Brettern ErfK/*Kania*, § 110 BetrVG Rz. 3; DKKW/*Däubler*, § 110 BetrVG Rz. 9; Haarmann/Schüppen/*Walz*, § 10 Rz. 58. ||17 *Seibt*, DB 2002, 529 (532); *Grobys*, NZA 2002, 1 (3); KölnKommWpÜG/*Hirte*, § 10 Rz. 92; Baums/Thoma/*Thoma*, § 10 Rz. 107.

Die Mitteilungsverpflichtung besteht in jedem Fall nur ggü. dem jeweils ranghöchsten Gremium des Zielunternehmens[1] und bezieht sich ausweislich des eindeutigen Wortlauts nur auf die BR bzw. ArbN des Zielunternehmens, dh. nicht auf solche Gremien oder ArbN, die bei Konzerngesellschaften gebildet bzw. beschäftigt sind[2]. In der Praxis wird man Zweifelsfragen bei der Feststellung des zuständigen BR dadurch lösen, dass die Mitteilung vorsorglich an alle möglicherweise zuständigen BR erfolgt[3].

Die Mitteilungsverpflichtung ggü. einem BR ist unter Anwendung von § 26 III 2 BetrVG erfüllt, wenn der **Vorsitzende des BR** bzw. im Falle seiner Verhinderung sein Stellvertreter die Mitteilung wahrnimmt oder entgegennimmt. Sind sowohl der Vorsitzende als auch sein Stellvertreter verhindert und hat der BR versäumt, für diesen Fall Vorkehrungen zu treffen, so kann die Mitteilung ggü. jedem BR-Mitglied erfolgen[4]. Die Mitteilung über die Entscheidung des Bieters zur Angebotsabgabe hat durch den Vorstand unverzüglich nach deren eigener Kenntnis zu erfolgen, dh. ohne schuldhaftes Zögern (§ 121 I 1 BGB)[5].

3. Inhalt der Angebotsunterlage. Nach § 11 I hat der Bieter eine Angebotsunterlage in deutscher Sprache zu erstellen und zu veröffentlichen, welche die Angaben enthält, die notwendig sind, damit die Aktionäre in Kenntnis der Sachlage über das Angebot entscheiden können[6]. Dabei hat die Angebotsunterlage auch zu enthalten (§ 11 II 3 Nr. 2) „Angaben über die Absichten des Bieters im Hinblick auf die künftige Geschäftstätigkeit der Zielgesellschaft sowie, soweit von dem Angebot betroffen, des Bieters, insbesondere den Sitz und den Standort wesentlicher Unternehmensteile, die Verwendung des Vermögens, künftige Verpflichtungen, die Arbeitnehmer und deren Vertretungen, die Mitglieder der Geschäftsführungsorgane und wesentliche Änderungen der Beschäftigungsbedingungen einschl. der insoweit vorgesehenen Maßnahmen". Ausweislich der Gesetzesbegr. besteht der Sinn und Zweck dieser Angabenverpflichtung nicht nur darin, den Aktionär als Adressat des Angebots umfassend über die Pläne des Bieters zu informieren, sondern es sollen auch die ArbN-Vertretungen frühzeitig über die Absichten des Bieters informiert werden, damit bereits im Vorfeld der Übernahme eine sozialverträgliche Durchführung erleichtert werden kann[7].

Das Gesetz verlangt – anders als noch der Diskussionsentwurf zum WpÜG – nur Angaben über die „Absichten des Bieters" im Hinblick auf bestimmte Umstände, die in der Zukunft liegen. Dabei übernimmt der Bieter keine Garantie dafür, dass die in der Angebotsunterlage hier angegebenen Absichten tatsächlich eintreffen oder umgesetzt werden. Vielmehr müssen die Angaben (nur) zum Zeitpunkt der Veröffentlichung der Angebotsunterlage[8] zutreffend die Absichten des Bieters wiedergeben[9]. Zu den besonders die Interessen der ArbN und ihre Vertretung berührenden **Pflichtangaben** gehören die Angaben über die Absichten des Bieters betreffend

- den Sitz der Zielgesellschaft (und ggf. des Bieters);
- den Standort wesentlicher Unternehmensteile der Zielgesellschaft (und ggf. des Bieters);
- die Verwendung des Vermögens der Zielgesellschaft (und ggf. des Bieters);
- die künftigen Verpflichtungen der Zielgesellschaft (und ggf. des Bieters);
- die ArbN der Zielgesellschaft (und ggf. des Bieters) und deren Vertretungen;
- wesentliche Änderungen der Beschäftigungsbedingungen einschl. der insoweit vorgesehenen Maßnahmen.

Die Verlagerung des Sitzes der Zielgesellschaft hat, sofern er ins Ausland erfolgt, Auswirkungen auf die Zusammensetzung des AR, da die Mitbestimmungsgesetze nur auf Unternehmen mit Sitz in Deutschland Anwendung finden (s. § 1 DrittelbG Rz. 2; § 1 MitbestG Rz. 7; 2. Aufl. § 1 MontanMitbestG Rz. 14). Angaben zum Standort wesentlicher Unternehmensteile und die Verwendung des Vermögens der Zielgesellschaft werden in der Praxis häufig auf Restrukturierungsmaßnahmen hinweisen, welche dann bei der Umsetzung betriebsverfassungsrechtl. Mitwirkungsrechte der BR auslösen können. Primär arbeitsrechtl. Inhalt haben die Angaben über „die Arbeitnehmer der Zielgesellschaft und deren Vertretungen und we-

---

[1] *Seibt*, DB 2002, 529 (532); Ehricke/Ekkenga/Oechsler/*Oechsler*, § 10 Rz. 25; Assmann/Plötzsch/Schneider/*Assmann*, § 10 Rz. 75; Haarmann/Schüppen/*Walz*, § 10 Rz. 57; vgl. auch Geibel/Süßmann/*Grobys*, § 10 Rz. 76, der jedoch iÜ die abweichende Auffassung der Zuständigkeit des KBR vertritt. ‖ [2] *Seibt*, DB 2002, 529 (532); KölnKommWpÜG/*Hirte*, § 10 Rz. 85; aA *Grobys*, NZA 2002, 1 (3); Baums/Thoma/*Thoma*, § 10 Rz. 108; Assmann/Pötzsch/Schneider/*Assmann*, § 10 Rz. 76. ‖ [3] *Seibt*, DB 2002, 529 (532); *Grobys*, NZA 2002, 1 (3); Geibel/Süßmann/*Grobys*, § 10 Rz. 76. ‖ [4] *Seibt*, DB 2002, 529 (532); *Fitting*, § 26 BetrVG Rz. 40; zur gleichsinnigen Regelung bei Umwandlungsfällen Goutier/Bermel/*Hannappel*, § 5 UmwG Rz. 127. ‖ [5] *Seibt*, DB 2002, 529 (532); KölnKommWpÜG/*Hirte*, § 10 Rz. 84; Ehricke/Ekkenga/Oechsler/*Oechsler*, § 10 Rz. 25; Baums/Thoma/*Thoma*, § 10 Rz. 110. ‖ [6] Hierzu ausf. *Hamann*, ZIP 2001, 2249 ff.; KölnKommWpÜG/*Seydel*, § 11 Rz. 18 ff. – Für Muster s. *Seibt*, in Seibt (Hrsg.), Beck'sches Formularbuch M&A, 2. Aufl. 2011, Form. E. II.4 und E. II.5. ‖ [7] Vgl. Begr. RegE-WpÜG zu § 11 I, BT-Drs. 14/7034, 41. ‖ [8] *Seibt*, DB 2002, 529 (532); Assmann/Pötzsch/Schneider/*Meyer*, § 11 Rz. 47; Haarmann/Schüppen/*Renner*, § 11 Rz. 31; abw. (Abfassung der Angebotsunterlage) *Grobys*, NZA 2002, 1 (5). ‖ [9] Zur Verminderung von Haftungsrisiken ist es empfehlenswert, durch geeignete Unterlagen zu dokumentieren, worauf die Darstellung dieser Absichten beruht; vgl. *Seibt*, DB 2002, 529 (532); *Hamann*, ZIP 2001, 2249 (2252).

sentliche Änderungen der Beschäftigungsbedingungen einschl. der insoweit vorgesehenen Maßnahmen". Diese Formulierung lehnt sich an die umwandlungsrechtl. Vorschriften (vgl. § 5 I Nr. 9, § 126 I Nr. 11, § 194 I Nr. 7 UmwG) an, geht aber mit dem Hinweis auf die Änderungen der Beschäftigungsbedingungen über die Anforderungen des UmwG auch hinaus. Da die Durchführung des Aktienerwerbs bzw. der Unternehmensübernahme – mit Ausnahme etwaiger Änderungen für die Unternehmensmitbest. und die betriebsverfassungsrechtl. Organe – keine Auswirkungen auf die individualrechtl. oder kollektivarbeitsrechtl. Position der ArbN sowie die Betriebsstrukturen beim Zielunternehmen haben, werden hier auch die **mittelbaren, beabsichtigten Folgen des Aktienerwerbs** zu schildern sein, damit dem Gesetz ein sinnvoller Anwendungsbereich verbleibt[1]. Auch insoweit geht das WpÜG über das – richtig ausgelegte[2] – Umwandlungsrecht hinaus. Allerdings sind nur solche Folgen für die ArbN und deren Vertretungen sowie Änderungen der Beschäftigungsbedingungen aufzuführen, die auf hinreichend konkret formulierten Planungen des Bieters beruhen und nicht nur vage Ideen, ohne Abstimmung im Gesamtgremium der Geschäftsleitung des Bieters sind[3]. Aus dem gesetzgeberischen telos (Transparenz des Verfahrens und der Informationen für die Aktionäre) folgt, dass an den Detaillierungsgrad der arbeitsrechtl. Angaben keine übermäßigen Anforderungen zu stellen sind. IdR werden Angaben über die (mittelbaren) Folgen des Aktienerwerbs erforderlich sein auf (1) die Arbeitsverträge der Beschäftigten, (2) die Geltung von TV und BV, (3) die Struktur der betriebsverfassungsrechtl. Organe (BR, SprAu) (4) die Unternehmensmitbest. im AR der Zielgesellschaft und (5) die Beschäftigungsbedingungen[4].

15 Werden zu den vorgenannten Aspekten in den Angebotsunterlagen keine Aussagen getroffen, so ist die Angebotsunterlage dann nicht unvollständig, wenn nach vernünftiger Auffassung des Bieters keine Änderungen zum *status quo ante* bei Durchführung der beabsichtigten Maßnahmen zu erwarten sind[5]. Allerdings verlangt die BaFin in der Praxis zur Vermeidung von Missverständnissen, dass sog. **Negativerklärungen** im Hinblick auf die vorgenannten Themenkreise abgegeben werden.

16 **4. Verpflichtung zur Übermittlung der Angebotsunterlage.** Der Bieter hat in gleicher Weise wie bei seiner Entscheidung über die Abgabe des Angebots auch die Angebotsunterlage zu veröffentlichen und diese dem Vorstand der Zielgesellschaft zu übermitteln (§ 14 I–III, IV 1). Der Vorstand der Zielgesellschaft hat wiederum die Angebotsunterlage „unverzüglich dem zuständigen Betriebsrat oder, sofern ein solcher nicht besteht, unmittelbar den Arbeitnehmern zu übermitteln" (§ 14 IV 2). Auch diese Bestimmung soll – ausweislich der Begr. zum RegE – die ArbN in die Lage versetzen, die ihnen anderweitig gesetzl. eingeräumten Rechte wahrzunehmen[6]. Für die Auslegung dieser Übermittlungspflicht gelten dieselben Grundsätze wie im Hinblick auf die Mitteilungsverpflichtung des Vorstandes nach § 10 V 2[7].

17 **5. Stellungnahme(n) der Geschäftsleitungsorgane und des BR bzw. der ArbN zum Angebot des Bieters.** Nach § 27 I haben der Vorstand und der AR der Zielgesellschaft eine begründete Stellungnahme zu dem Angebot (sowie zu jeder seiner Änderungen) abzugeben. Dabei muss die Stellungnahme insb. auch eingehen auf „die voraussichtlichen Folgen eines erfolgreichen Angebots für die Zielgesellschaft, die Arbeitnehmer und ihre Vertretung, die Beschäftigungsbedingungen und die Standorte der Zielgesellschaft" (§ 27 I 2 Nr. 2). Diese Stellungnahme der Geschäftsleitungsorgane der Zielgesellschaft soll gewährleisten, dass die Aktionäre als Adressaten des Angebots umfassend über dieses sowie über die Folgen eines erfolgreichen Angebots für die Zielgesellschaft informiert werden. Nebenzweck der Stellungnahme ist allerdings auch, dass die Geschäftsleitungsorgane der Gesellschaft hierdurch angehalten werden, „ihre gesellschaftsrechtlichen Verpflichtungen zur sachgerechten Wahrnehmung der in der Gesellschaft zusammentreffenden Interessen" (darunter auch diejenigen der ArbN) wahrzunehmen, mögliche Beeinträchtigung dieser Interessen durch das Angebot zu erkennen sowie ggf. durch Begleitmaßnahmen auszugleichen (zB Abschluss von BV) und die ArbN und ihre Vertretung hierüber zu informieren[8].

18 Damit werden die Geschäftsleitungsorgane verpflichtet, iS einer **Prognoseerklärung** auf der Basis der von dem Bieter in der Angebotsunterlage (und ggf. in weiteren Dokumenten, in Presseveröffentlichungen oder im Internetauftritt des Bieters) erklärten Absichten die „voraussichtlichen" Folgen eines erfolgreichen Angebots für die ArbN und ihre Vertretungen, die Beschäftigungsbedingungen und die Standorte der Zielgesellschaft darzustellen[9]. Vorstand und AR haben hierbei nur eine Plausibilitätskon-

---

1 *Seibt*, DB 2002, 529 (532); Geibel/Süßmann/*Grobys*, § 11 Rz. 27; KölnKommWpÜG/*Seydel*, § 11 Rz. 73; aA Assmann/Pötzsch/Schneider/*Meyer*, § 11 Rz. 118. ‖2 Bei §§ 5 I Nr. 9, 126 I Nr. 11, 194 I Nr. 7 UmwG sind die nur mittelbar mit einer Umwandlung verbundenen Folgen nicht in das Umwandlungsdokument aufzunehmen; so zB Lutter/*Drygala*, § 5 UmwG Rz. 71 ff.; Kallmeyer/*Willemsen*, § 5 UmwG Rz. 50 ff.; Widmann/*Mayer*, § 5 UmwG Rz. 182; *Boecken*, Unternehmensumwandlungen und Arbeitsrecht, Rz. 319 ff.; *Engelmeyer*, DB 1996, 2542; *Bungert*, NZG 1998, 733 (734); aA *Bachner*, NJW 1995, 2881 (2886); *Däubler*, RdA 1995, 137 (138); *Hjort*, NJW 1999, 750 (751 ff.); *Wlotzke*, DB 1995, 45; wohl auch OLG Düss. 15.5.1998 – 3 Wx 156/98, NZG 1998, 648 (obiter dictum). ‖3 Vgl. KölnKommWpÜG/*Seydel*, § 11 Rz. 73. ‖4 Vgl. Geibel/Süßmann/*Grobys*, § 11 Rz. 31 f. ‖5 *Seibt*, DB 2002, 529 (533); zur gleichsinnigen Auffassung bei Umwandlungsfällen Kallmeyer/*Willemsen*, § 5 UmwG Rz. 59. ‖6 Begr. RegE-WpÜG zu § 14 IV, BT-Drs. 14/7034, 45. ‖7 Vgl. *Seibt*, DB 2002, 529 (533); KölnKommWpÜG/*Seydel*, § 14 Rz. 72; Assmann/Pötzsch/Schneider/*Assmann*, § 14 Rz. 49; Haarmann/Schüppen/*Scholz*, § 14 Rz. 50; Baums/Thoma/*Thoma*, § 14 Rz. 105. ‖8 Vgl. Begr. RegE-WpÜG zu § 27 II, BT-Drs. 14/7034, 52. ‖9 *Seibt*, DB 2002, 529 (534); vgl. auch Begr. RegE-WpÜG zu § 27 I, BT-Drs. 14/7034, 52: „Grundlage der Stellungnahme werden hierbei insbesondere die Angaben des Bieters in der Angebotsunterlage über seine strategische Planung im Hinblick auf die Zielgesellschaft sein."

trolle der in der Angebotsunterlage enthaltenen arbeitsrechtl. Angaben durchzuführen[1]. Gleichwohl steht es Vorstand und AR der Zielgesellschaft frei, im Rahmen der übernahmerechtl. und aktienrechtl. Neutralitätspflicht (§ 33 WpÜG, §§ 93, 116 AktG) eigene, auf Mitteilungen des Bieters basierende Übernahmeszenarien sowie deren Folgen darzustellen.

In der Praxis werden Vorstand und AR eine gemeinsame Stellungnahme entwerfen und veröffentlichen. Das ist allerdings nicht zwingend, sondern es können auch getrennte Stellungnahmen entwickelt werden[2]. In jedem Fall muss es sich aber um Stellungnahmen der Organe Vorstand und AR (in Form getrennter Beschlussfassungen[3]) handeln, so dass **dissentierende Stellungnahmen einzelner Organmitglieder** (zB ArbN-Vertreter im AR) zwar bei Einhaltung der allg. aktienrechtl. Grenzen zulässig[4], aber nicht im übernahmerechtl. Verfahren zu veröffentlichen sind. In der Praxis ist es idR sinnvoll, die Stellungnahme des Vorstandes und des AR zunächst in einem gemeinsamen Ausschuss mit Vertretern beider Gremien vorzubereiten (keine Beschlusskompetenz), der dann den Entwurf zur Beschlussfassung an den Vorstand und den AR bzw. AR-Ausschuss übermittelt. Mit der Delegation dieser Aufgaben an einen Ausschuss kann neben Effizienzgewinnen auch das Ziel verfolgt werden, auf (potentielle) Interessenkonflikte bei einzelnen AR-Mitgliedern angemessen zu reagieren[5]. 19

Darüber hinaus ergibt sich aus § 27 II, dass auch der zuständige BR (Rz. 9), oder, sofern ein solcher nicht besteht, unmittelbar die **ArbN der Zielgesellschaft** berechtigt sind, eine Stellungnahme zu dem Angebot des Bieters zu erstellen, die dann der Vorstand (nicht auch der AR nach dem eindeutigen Gesetzeswortlaut) seiner Stellungnahme beizufügen hat (Zweck: Information der Aktionäre über die Haltung der ArbN[6]). Wird nur eine gemeinsame Stellungnahme des Vorstandes und des AR erstellt und veröffentlicht, so ist die Stellungnahme des BR bzw. der ArbN dieser gemeinsamen Stellungnahme beizufügen[7]. Der BR bzw. die ArbN sind allerdings nicht verpflichtet, eine eigene Stellungnahme zu entwickeln[8]. In der Praxis wurden solche Stellungnahmen bis 2009 nur in etwa 10 % der Angebotsverfahren abgegeben, seitdem in etwa 15 % der Fälle[9]. 20

Bei der Stellungnahme des Vorstandes einerseits und derjenigen des BR bzw. der ArbN andererseits handelt es sich um zwei voneinander unterschiedene Stellungnahmen (vgl. § 27 II)[10]. Daher ist auch der Vorstand (bzw. bei der gemeinsamen Stellungnahme auch der AR) grds. für den Inhalt der Stellungnahme des BR bzw. der ArbN nicht verantwortlich[11]. Die Geschäftsleitungsorgane trifft insoweit auch **keine formelle oder materielle Prüfungspflicht** im Hinblick auf deren Stellungnahme[12]. Allerdings wird man dem Vorstand die Berechtigung zuerkennen müssen, **Änderungen an der Stellungnahme des BR** bzw. der ArbN vornehmen zu dürfen bzw. von der Beifügung jährlich abzusehen, wenn – ähnlich den § 126 II 1 Nr. 1 und 3 AktG zugrunde liegenden Gedanken – (1) sich der Vorstand durch die Beifügung dieser Stellungnahme strafbar machen würde[13] oder (2) diese Stellungnahme in wesentlichen Punkten offensichtlich falsche oder irreführende Angaben oder wenn sie Beleidigungen enthält[14]; entsprechend dem Transparenz- und Informationsgrundsatz wird der Vorstand auch zur Änderung an der Stellungnahme berechtigt sein bzw. in Ausnahmefällen von einer Beifügung absehen können, wenn (3) diese in Bezug auf das konkrete Angebot völlig unbedeutend ist oder bloß inhaltlose Floskeln enthält[15]. Bei extrem langen Stellungnahmen genügt der Vorstand seiner Beifügungspflicht, wenn er statt des Volltextes der Stellungnahme einen Hinweis auf eine kostenlos zugängliche Informationsquelle (zB eine Internetadresse bzw. weiterführenden Link) sowie ggf. eine ihm von dem BR bzw. den ArbN zur Verfügung gestellte Zusammenfassung veröffentlicht[16]. Da es sich bei der Stellungnahme des BR bzw. der ArbN um eine kapitalmarktrelevante Information handelt, kommt auch der BaFin eine Überwachungskompetenz zu[17]. Schadensersatzansprüche gegen die Verursacher dieser Stellungnahme kommen nicht in 21

---

[1] *Seibt*, DB 2002, 529 (534); KölnKommWpÜG/*Hirte*, § 27 Rz. 42; Ehricke/Ekkenga/Oechsler/*Ekkenga*, § 27 Rz. 21; weiter gehend wohl Haarmann/Schüppen/*Röh*, § 27 Rz. 21, der verlangt, dass der Vorstand die Angaben sorgfältig auf ihre inhaltliche Richtigkeit, Vollständigkeit und Plausibilität hin überprüft; ähnl. Baums/Thoma/*Harbarth*, § 27 Rz. 68. ||[2] *Seibt*, DB 2002, 529 (534); vgl. auch Einzelbegr. zu § 27, Beschlussempfehlung und Bericht des Finanzausschusses, BT-Drs. 14/7477, 68. ||[3] *Seibt*, DB 2002, 529 (534). ||[4] Vgl. Begr. RegE-WpÜG zu § 27 I, BT-Drs. 14/7034, 52; *Seibt*, DB 2002, 529 (534); Ehricke/Ekkenga/Oechsler/*Ekkenga*, § 27 Rz. 9. ||[5] *Seibt*, CFL 2011, 213 (236). ||[6] Begr. RegE-WpÜG zu § 27 II, BT-Drs. 14/7034, 52. ||[7] *Seibt*, DB 2002, 529 (534); KölnKommWpÜG/*Hirte*, § 27 Rz. 62. ||[8] *Seibt*, DB 2002, 529 (534); Ehricke/Ekkenga/Oechsler/*Ekkenga*, § 27 WÜG Rz. 28; Assmann/Pötzsch/Schneider/*Krause*/*Pötzsch*, § 27 Rz. 105; Haarmann/Schüppen/*Röh*, § 27 Rz. 68; Baums/Thoma/*Harbarth*, § 27 Rz. 104. ||[9] Für eine Auswertung 1.1.2010 – 30.6.2011 (7 von 42 Fällen) s. *Seibt*, CFL 2011, 213 (236); für Vorperiode vgl. die 4. Aufl. ||[10] *Seibt*, DB 2002, 529 (534). ||[11] *Seibt*, DB 2002, 529 (534); KölnKommWpÜG/*Hirte*, § 27 Rz. 62. ||[12] *Seibt*, DB 2002, 529 (534). ||[13] *Seibt*, DB 2002, 529 (534); Geibel/Süßmann/*Grobys*, § 27 Rz. 33; Assmann/Pötzsch/Schneider/*Krause*/*Pötzsch*, § 27 Rz. 118; aA KölnKommWpÜG/*Hirte*, § 27 Rz. 62. ||[14] *Seibt*, DB 2002, 529 (534); Geibel/Süßmann/*Grobys*, § 27 Rz. 33; Assmann/Pötzsch/Schneider/*Krause*/*Pötzsch*, § 27 Rz. 118; Haarmann/Schüppen/*Röh*, § 27 Rz. 73; aA KölnKommWpÜG/*Hirte*, § 27 Rz. 62. ||[15] *Seibt*, DB 2002, 529 (534); *Grobys*, NZA 2002, 1 (6); Baums/Thoma/*Harbarth*, § 27 Rz. 111; aA KölnKommWpÜG/*Hirte*, § 27 Rz. 62; Ehricke/Ekkenga/Oechsler/*Ekkenga*, § 27 Rz. 33; Assmann/Pötzsch/Schneider/*Krause*/*Pötzsch*, § 27 Rz. 117; Haarmann/Schüppen/*Röh*, § 27 Rz. 73. ||[16] Vgl. Geibel/Süßmann/*Grobys*, § 27 Rz. 35; Ehricke/Ekkenga/Oechsler/*Ekkenga*, § 27 Rz. 33; Assmann/Pötzsch/Schneider/*Krause*/*Pötzsch*, § 27 Rz. 116; wohl auch KölnKommWpÜG/*Hirte*, § 27 Rz. 71; aA Haarmann/Schüppen/*Röh*, § 27 Rz. 73; Baums/Thoma/*Harbarth*, § 27 Rz. 111. ||[17] Hierzu ausf. *Seibt* in Henze/Hoffmann-Becking (Hrsg.), Gesellschaftsrecht-Forum 2003, S. 337, 361.

Betracht, da diese ArbN-Stellungnahme nach dem Willen des Gesetzgebers nicht haftungsbewehrt sein sollte und überdies der Einfluss dieser Stellungnahme auf das Anlegerverhalten als gering einzuschätzen ist[1].

22 Da Vorstand und AR der Zielgesellschaft nach § 27 I 1, III 1 ihre gemeinsame Stellungnahme bzw. die Stellungnahmen **unverzüglich** (dh. regelmäßig wohl mindestens zwei Wochen[2]) nach Übermittlung der Angebotsunterlage veröffentlichen müssen, sind die Geschäftsleitungsorgane weder berechtigt noch verpflichtet, mit der Veröffentlichung ihrer Stellungnahme(n) auf die Erstellung der Stellungnahme des BR bzw. der ArbN über diese Zeitperiode der Unverzüglichkeit hinaus zu warten[3]. Allerdings steht es dem Vorstand der Zielgesellschaft frei (und dies wird in der Praxis nach dem Grundsatz der vertrauensvollen Zusammenarbeit auch zu empfehlen sein), nach Übermittlung der Angebotsunterlage an den zuständigen BR bzw. die ArbN Kontakt mit diesen zu halten, um bei entsprechendem Interesse des BR bzw. der ArbN eine Veröffentlichung der Stellungnahme mit der Vorstands-Stellungnahme im Rahmen der Unverzüglichkeitsfrist zu ermöglichen[4]. Zu einer Nachtrags-Veröffentlichung ist der Vorstand in keinem Fall verpflichtet, da dies dem Transparenz- und Informationsgrundsatz entgegenstehen würde[5].

23 Besteht beim Zielunternehmen kein zuständiger BR, so dürfte in der Praxis die Erstellung einer **Stellungnahme der ArbN** schwierig sein; es ist auch bislang kein solcher Fall bekannt geworden. Da nach § 27 II die ArbN der Zielgesellschaft nur *eine* Stellungnahme zur Weiterverbreitung übermitteln dürfen, sind Stellungnahmen einzelner ArbN-Gruppen unzulässig und brauchen vom Vorstand nicht berücksichtigt zu werden (Grund: Solche Einzel-Stellungnahmen würden dem Transparenz- und Informationsziel des WpÜG entgegenstehen)[6]. Die ArbN könnten sich allerdings verständigen, dass die Ergebnisse einer Betriebsversammlung, die die Angebotsunterlage zum Gegenstand hatte, protokolliert werden und diese Niederschrift als Stellungnahme der ArbN dem Vorstand übermittelt wird[7].

24 Der BR bzw. die ArbN sind berechtigt, zur Verfassung der Stellungnahme **externe Sachverständige**, zB Rechtsanwälte, Steuerberater oder Wirtschaftsprüfer, hinzuzuziehen. Eine Pflicht der Zielgesellschaft zur Übernahme der dadurch anfallenden Kosten aus §§ 80 III, 40 I BetrVG setzt jedoch voraus, dass eine vorherige Vereinbarung mit dem ArbGeb getroffen und der Grundsatz der Verhältnismäßigkeit beachtet wurde[8]. Zur Erstattung der den ArbN selbst im Zusammenhang mit der Anfertigung der Stellungnahme entstandenen Kosten ist die Zielgesellschaft dagegen nicht verpflichtet[9].

25 Vorstand und AR haben ihre Stellungnahme nach § 27 III 2 dem zuständigen BR oder, sofern ein solcher nicht besteht, unmittelbar den ArbN zu übermitteln. Die in diesem Zusammenhang auftretenden Auslegungsfragen sind entsprechend dem zu §§ 10 V 2, 14 IV 2 Ausgeführten (oben Rz. 7–11) zu entscheiden. Dabei ist die gesamte Stellungnahme des Vorstandes und der AR zu übermitteln, also nicht nur der Teil, der die arbeitsrechtl. Angaben nach § 27 I 2 Nr. 2 enthält[10].

26 **6. Folgen der Verletzung der Informationspflichten. a) Verletzung der Pflicht zur Erstellung der Angebotsunterlage.** Die BaFin überwacht im Rahmen ihrer Zuständigkeit, dass der Bieter die Angebotsunterlage nach Maßgabe von § 11 erstellt. Enthält die Angebotsunterlage Pflichtangaben nicht oder verstoßen die in der Angebotsunterlage enthaltenen Angaben offensichtlich gegen Vorschriften des WpÜG oder einer WpÜG-RechtsVO, so untersagt die BaFin das Angebot (§ 15 I). Darüber hinaus kann die BaFin zur Einhaltung der übernahmerechtl. Vorschriften alle Anordnungen treffen, die geeignet und erforderlich sind, Missstände, welche die ordnungsgemäße Durchführung des Verfahrens beeinträchtigen oder erhebliche Nachteile für den Wertpapiermarkt bewirken können, zu beseitigen oder zu verhindern (§ 4 I 3). Allerdings nimmt die BaFin die ihr zugewiesenen Aufgaben und Befugnisse nach § 4 II **ausschließlich im öffentl. Interesse** wahr. Demgemäß vermittelt auch weder § 4 I 3 noch § 15 I einen Drittschutz, so dass insb. Aktionäre der Zielgesellschaft (und erst recht nicht ArbN oder BR der Zielgesellschaft) keinen öffentl.-rechtl. Anspruch auf ein Einschreiten der BaFin geltend machen können[11]. Im

---

1 Seibt in *Henze/Hoffmann-Becking* (Hrsg.), Gesellschaftsrecht-Forum 2003, S. 337, 362; aA KölnKommWpÜG/*Hirte*, § 27 Rz. 27 aE. ‖2 Vgl. OLG Frankfurt 8.12.2005 – WpÜG 1/05, AG 2006, 207. ‖3 *Seibt*, DB 2002, 529 (534); ähnlich KölnKommWpÜG/*Hirte*, § 27 Rz. 64 (Ausnahme: geringfügige und angekündigte Verzögerung). ‖4 Vgl. Begr. RegE-WpÜG zu § 27 II, BT-Drs. 14/7034, 52; *Seibt*, DB 2002, 529 (534); KölnKommWpÜG/*Hirte*, § 27 Rz. 63; Assmann/Pötzsch/Schneider/*Krause/Pötzsch*, § 27 Rz. 122; Haarmann/Schüppen/*Röh*, § 27 Rz. 73. ‖5 *Seibt*, DB 2002, 529 (534); Ehricke/Ekkenga/Oechsler/*Ekkenga*, § 27 Rz. 36; Haarmann/Schüppen/*Röh*, § 27 Rz. 74; aA *Grobys*, NZA 2002, 1 (6); KölnKommWpÜG/*Hirte*, § 27 Rz. 65; Assmann/Pötzsch/Schneider/*Krause/Pötzsch*, § 27 Rz. 123; Baums/Thoma/*Harbarth*, § 27 Rz. 113 (diff. nach der Anzahl der Stellungnahmen in Rz. 102). ‖6 *Seibt*, DB 2002, 529 (535); Ehricke/Ekkenga/Oechsler/*Ekkenga*, § 27 Rz. 31; Assmann/Pötzsch/Schneider/*Krause/Pötzsch*, § 27 Rz. 114; aA *Grobys*, NZA 2002, 1, 6. ‖7 *Seibt*, DB 2002, 529 (535). ‖8 *Seibt*, DB 2002, 529 (535); Ehricke/Ekkenga/Oechsler/*Ekkenga*, § 27 Rz. 29; KölnKommWpÜG/*Hirte*, § 27 Rz. 58, 61; Assmann/Pötzsch/Schneider/*Krause/Pötzsch*, § 27 Rz. 108; Haarmann/Schüppen/*Röh*, § 27 Rz. 69; Baums/Thoma/*Harbarth*, § 27 Rz. 107. ‖9 *Seibt*, DB 2002, 529 (535); KölnKommWpÜG/*Hirte*, § 27 Rz. 61; Assmann/Pötzsch/Schneider/*Krause/Pötzsch*, § 27 Rz. 108; Baums/Thoma/*Harbarth*, § 27 Rz. 108. ‖10 *Seibt*, DB 2002, 529 (535); KölnKommWpÜG/*Hirte*, § 27 Rz. 74; Ehricke/Ekkenga/Oechsler, § 27 Rz. 41; gleichsinnig zur umwandlungsrechtl. Zuleitungsverpflichtung Kallmeyer/*Willemsen*, § 5 UmwG Rz. 74. ‖11 Hierzu ausf. *Seibt* in Henze/Hoffmann-Becking (Hrsg.), Gesellschaftsrecht-Forum 2003, S. 337, 352 ff.; *Seibt*, ZIP 2003, 1865 (1870 ff.); Ehricke/Ekkenga/Oechsler/*Oechsler*, § 4 WpÜG Rz. 11 f.; Haarmann/Schüppen/*Linke*, § 4 WpÜG Rz. 39 mwN.

Regelfall scheiden auch Schadensersatzansprüche von Aktionären oder ArbN gegen den Bieter aus § 823 II BGB iVm. § 11 WpÜG[1] sowie Unterlassungsansprüche des BR bzw. von ArbN gegen eine Fortführung des Angebots[2] aus.

Allerdings sieht § 12 I – den Vorschriften zur wertpapierrechtl. Prospekthaftung in § 21 WpPG (zuvor §§ 44ff. BörsG) nachgebildet – eine **Grundlage für Schadensersatzansprüche** für diejenigen Aktionäre vor, die das Angebot des Bieters angenommen haben, wenn die „für die Beurteilung des Angebots wesentliche(n) Angaben der Angebotsunterlage unrichtig oder unvollständig" sind[3]. Ob auch fehlerhafte oder unvollständige Angaben nach § 11 II 3 Nr. 2 (Angaben über die Absichten des Bieters im Hinblick auf zB die ArbN und deren Vertretungen und wesentliche Änderungen der Beschäftigungsbedingungen einschl. der insoweit vorgesehenen Maßnahmen) „wesentlich" iSv. § 12 I 1 sein können, wird man nur im Einzelfall nach dem Maßstab eines durchschnittlichen, verständigen Anlegers[4] entscheiden können. Im Regelfall wird das allerdings nicht der Fall sein[5]. 27

Das BMAS hat im Gesetzgebungsverfahren darauf hingewiesen, dass der BR oder den ArbN des Zielunternehmens zwar keine direkten Ansprüche ggü. dem Bieter zukämen, allerdings der zuständige BR die Möglichkeit habe, mit dem Vorstand Vereinbarungen zu Vermeidung der Abmilderung entstehender Nachteile zu treffen, zB verbindliche Vereinbarungen zur Beschäftigungssicherung, die dann auch der Bieter gebunden ist[6]. Der Vorstand unterliegt allerdings beim Abschluss solcher BV den sich aus § 33 I WpÜG und § 93 I 1 AktG ergebenden Grenzen[7]. Weicht der Bieter nach erfolgreicher Übernahme von seinen Angaben betr. die ArbN in der Angebotsunterlage ab und werden dadurch ArbN entlassen oder erleiden andere wirtschaftl. Nachteile, so greifen – auch nach Auffassung des BMAS – ausschließlich die Schutzregelungen des BetrVG ein, insb. die Regelung über den Interessenausgleich und die Sozialabgaben[8]. 28

Eine Verletzung der Pflichten nach § 11 II führt aus verfassungsrechtl. Gründen nicht zum Rechtsverlust nach § 59[9]. 29

b) **Verletzung der Informationspflichten des Vorstandes.** Verletzt der Vorstand seine Übermittlungspflichten aus §§ 10 V 2, 14 IV 2, 35 II 2, so stellt dies zunächst eine **Ordnungswidrigkeit** dar (§ 60 I Nr. 2b). Auch die unterbliebene oder nicht vollständige Weiterleitung der Stellungnahme des Vorstandes und des AR zum Angebot des Bieters an den BR bzw. die ArbN (§ 27 III 2) wird als Ordnungswidrigkeit qualifiziert (§ 60 I Nr. 2c). Beide Ordnungswidrigkeiten können mit einer Geldbuße bis zu 200 000 Euro geahndet werden (§ 60 III letzte Var.). Demggü. qualifiziert das Gesetz eine Verletzung von § 27 II (Pflicht zur Beifügung der Stellungnahme des BR bzw. der ArbN zur Stellungnahme des Vorstandes) nicht als Ordnungswidrigkeit. 30

Die Verletzung der den Vorstand treffenden übernahmerechtl. Pflichten wird regelmäßig auch eine **Sorgfaltspflichtverletzung** darstellen (§ 93 AktG), was eine Schadensersatzpflicht ggü. der Gesellschaft auslösen könnte. Allerdings ist der Eintritt eines Schadens bei Verletzung der Informationspflichten wohl eher theoretisch. Auch verbandsrechtl. Unterlassungsansprüche gegen den Vorstand scheiden aus, da durch die Verletzung der Informationspflichten (zB Nicht-Beifügung der BR-Stellungnahme) allenfalls die Entscheidungsbildung über die Mitgliedschaft, nicht aber die Entscheidungsbefugnisse der Aktionäre aus der Mitgliedschaft beeinträchtigt sind[10]. 31

Es bleibt natürlich dabei, dass die BaFin auf der Grundlage von § 4 I 3 auch Anordnungen ggü. den Geschäftsleitungsorganen des Zielunternehmens treffen kann, die geeignet und erforderlich sind, um Verletzungen der übernahmerechtl. Verfahrensbestimmungen abzustellen bzw. auszugleichen. Allerdings vermittelt diese Ermächtigungsnorm keinen Drittschutz, so dass Aktionäre (und erst recht ArbN oder BR) der Zielgesellschaft **keinen öffentl.-rechtl. Anspruch auf ein Einschreiten der Bundesanstalt** und im Regelfall auch keine Schadensersatzansprüche aus § 823 II BGB (iVm. den WpÜG-Mitteilungsvorschriften) geltend machen können[11]. 32

---

[1] Hierzu *Seibt* in Henze/Hoffmann-Becking (Hrsg.), Gesellschaftsrecht-Forum 2003, S. 337, 358; *Seibt*, ZIP 2003, 1865 (1868 mwN). – Jetzt zur fehlenden Schutzgesetzeigenschaft iSv. § 823 II BGB von § 35 II WpHG BGH 11.6.2013 – II ZR 80/12, ZIP 2013, 1565 m. Anm. *Seibt*, ZIP 2013, 1568. ||2 Zu Unterlassungsansprüchen des BR gegen mitbestimmungswidrige Maßnahmen ausf. WHSS/*Schweibert*, Rz. C 304f., 307ff., 328 mwN. ||3 Hierzu *Hamann*, ZIP 2001, 2249 (2255ff.). ||4 Vgl. Assmann/Lenz/Ritz/*Assmann*, § 13 VerkProspG Rz. 25; *Hamann*, ZIP 2001, 2249 (2256); KölnKommWpÜG/*Möllers*, § 12 Rz. 32ff.; Assmann/Pötzsch/Schneider/*Assmann*, § 12 Rz. 23f.; Baums/Thoma/*Thoma*, § 12 Rz. 20. ||5 So *Seibt*, DB 2002, 529 (535); aA Ehricke/Ekkenga/Oechsler/*Oechsler*, § 12 Rz. 3. Der Gesetzessystematik in § 11 II ist bereits eine Differenzierung zwischen wesentlichen Angaben (S. 2) und ergänzenden Angaben (S. 3) zu entnehmen. Darüber hinaus werden die arbeitsrechtl. Angaben nach Maßgabe von § 11 II 3 Nr. 2 selten für die Entscheidung des Aktionärs, ob das Angebot angenommen werden sollte, wesentliche Bedeutung haben. – Zum Wesentlichkeitsmaßstab auch Begr. RegE-WpÜG zu § 12 I, BT-Drs. 14/7034, 42. ||6 Vgl. Stellungnahme Ausschuss für Arbeit und Sozialordnung, abgedr. in Beschlussempfehlung und Bericht des Finanzausschusses, BT-Drs. 14/7477, 65. ||7 *Seibt*, DB 2002, 529 (535). ||8 *Seibt*, DB 2002, 529 (535); vgl. Stellungnahme Ausschuss für Arbeit und Sozialordnung, BT-Drs. 14/7477, 65. ||9 *Seibt*, DB 2002, 529 (535); KölnKommWpÜG/*Kremer/Oesterhaus*, § 59 Rz. 43; Ehricke/Ekkenga/Oechsler/*Ehricke*, § 59 Rz. 10; aA Geibel/Süßmann/*Tschauner*, § 59 Rz. 14. ||10 Hierzu LG Düss. 14.12.1999 – 10 O 495/99 Q, AG 2000, 233 (234) – Mannesmann. ||11 Hierzu *Seibt* in Henze/Hoffmann-Becking (Hrsg.), Gesellschaftsrecht-Forum 2003, S. 337 (360f.).

33 Die **Sanktionsvorschrift des § 59 S. 1 (Rechtsverlust beim Bieter)** ist nur auf die Verletzung von dem Bieter obliegenden Pflichten anwendbar, ist daher entsprechend teleologisch zu reduzieren und findet keine Anwendung auf die Verletzung von dem Vorstand der Zielgesellschaft obliegenden Pflichten (zB arbeitsrechtl. Informationspflichten)[1].

34 **III. Informationspflichten ggü. ArbN des Bieters. 1. Allgemeines.** In Umsetzung der Art. 6 I 3, II 3 und III lit. i ÜbRL (Rz. 3) sehen die §§ 10 IV 3, 14 IV 3 und § 11 II 3 Nr. 2 eine perspektivische Erweiterung des ArbN-Schutzes in der Weise vor, dass (1) auch die ArbN und ihre Vertretungen beim Bieter über die Entscheidung zur Angebotsabgabe sowie über die Angebotsunterlage zu informieren sind und (2) in der Angebotsunterlage die Darstellung der Absichten des Bieters im Hinblick auch auf für ArbN relevante Umstände beim Bieter selbst erweitert werden. Diese Schutzausdehnung auf die ArbN beim Bieter hat ihre Grundlage in der Überlegung, dass öffentl. Kaufangebote für Aktien börsennotierter Unternehmen (insb. aber Übernahmeangebote, die auf Kontrollerlangung über die Zielgesellschaft gerichtet sind) nicht nur Auswirkungen auf die ArbN der Zielgesellschaft, sondern auch auf die des Bieters haben können. Allerdings sind der zuständige BR bzw. die ArbN des Bieterunternehmens nicht gesetzlich berechtigt, eine Stellungnahme zum Angebot abzugeben, die dann der Bieter zu berücksichtigen und zu veröffentlichen hätte. Neben den übernahmerechtl. Informationspflichten treten ggf. die allg. betriebsverfassungsrechtl. Informationspflichten, insb. ggü. dem Wirtschaftsausschuss (§ 106 BetrVG). Nach dem am 19.8.2008 in Kraft getretenen Risikobegrenzungsgesetz haben der Wirtschaftsausschuss und der BR im Falle von Unternehmensübernahmen, die mit einem Erwerb der Kontrolle einhergehen, neue Informationsrechte erhalten (§§ 106 III Nr. 9a, 109a BetrVG). Wegen des Bestehens der übernahmerechtl. Vorschriften sind diese jedoch nur für nicht-börsennotierte Unternehmen von Bedeutung (s. § 106 BetrVG Rz. 81a)[2].

35 **2. Mitteilung über Entscheidung des Bieters zur Angebotsabgabe.** Die ArbN des Bieters sind in materiell vergleichbarer Weise wie die ArbN der Zielgesellschaft von der Entscheidung zur Angebotsabgabe zu unterrichten. Allerdings sieht das Gesetz in § 10 V 3 konsequenterweise eine **unmittelbare Mitteilungspflicht** des Bieters ggü. seinem zuständigen BR oder, sofern ein solcher nicht besteht, unmittelbar ggü. seinen ArbN vor.

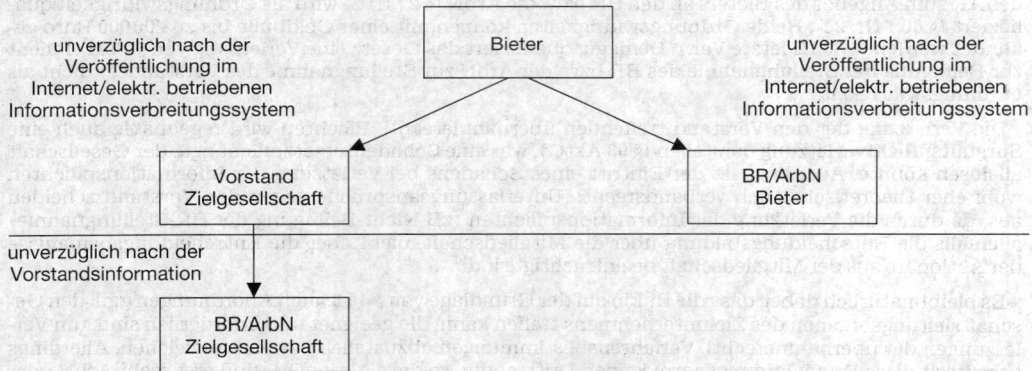

Die Mitteilung hat unverzüglich (§ 121 I BGB) nach der Veröffentlichung seiner Entscheidung im Internet und über das elektronisch betriebene Informationsverbreitungssystem zu erfolgen. Für die Bestimmung des zuständigen BR gilt die allg. Kompetenzzuordnung des BetrVG (vgl. sinngemäß Rz. 9).

36 **3. Inhalt der Angebotsunterlage.** In Umsetzung von Art. 6 III lit. i ÜbRL ist der Umfang der ergänzenden Angaben in der Angebotsunterlage (§ 11 II 3) im Hinblick auf die Absichten des Bieters bzgl. seiner eigenen künftigen Geschäftstätigkeit erweitert worden, wobei die Darstellungsbereiche und die Beschreibungsintensität den Angaben entsprechen, die bislang nur bzgl. der Zielgesellschaft gefordert waren[3]. Zur Bestimmung der „Absichten des Bieters" vgl. Rz. 13. Die Angebotsunterlage hat also auch im Interesse der ArbN des Bieters **Angaben** zu enthalten über die Absichten des Bieters betreffend

- den Sitz des Bieters;
- den Standort wesentlicher Unternehmensteile des Bieters;
- die Verwendung des Vermögens des Bieters;
- die künftigen Verpflichtungen des Bieters;
- die ArbN des Bieters und dessen Vertretungen;

---

1 *Seibt*, DB 2002, 529 (536). ||2 Vgl. ErfK/*Kania*, § 106 BetrVG Rz. 16a. ||3 Begr. ÜbRL-UG, § 10 WpÜG-RegE, BR-Drs. 154/06, 33.

- wesentliche Änderungen der Beschäftigungsbedingungen einschl. der insoweit vorgesehenen Maßnahmen.

Zu den inhaltl. Anforderungen dieser Pflichtangaben vgl. sinngemäß Rz. 14f.

Im Gegensatz zur ArbN-Seite bei der Zielgesellschaft ist die Abgabe einer Stellungnahme zur Angebotsunterlage zu Gunsten des dortigen BR bzw. der dortigen ArbN nicht vorgesehen, so dass jene auch **keinen Anspruch auf Berücksichtigung oder gar Veröffentlichung einer Stellungnahme** zur Angebotsunterlage haben[1]. Ein solcher Anspruch auf Veröffentlichung zusammen mit der Stellungnahme des Vorstandes und des AR der Zielgesellschaft (§ 27) wäre auch systemfremd, da es sich immerhin um die Meinungsäußerung eines Betriebsverfassungsorgans einer anderen Unternehmensgruppe handelte; die Veröffentlichung geschähe gleichsam „auf der falschen Seite"[2]. Allerdings steht es dem zuständigen BR bzw. den ArbN des Bieters frei, (auf eigene Kosten) eine Stellungnahme zur Angebotsunterlage zu erstellen und dann an die Geschäftsleitung des Bieters, die Geschäftsleitung der Zielgesellschaft oder die Öffentlichkeit zu übermitteln. Auch ist die Geschäftsleitung der Zielunternehmens frei, eine solche gesetzl. nicht vorgegebene Stellungnahme der ArbN-Seite des Bieters mit der eigenen Stellungnahme (§ 27) zu veröffentlichen, sofern jene nur textlich von der Stellungnahme des Vorstandes und des AR der Zielgesellschaft und dessen ArbN-Vertretung abgesetzt ist und darauf hingewiesen wird, dass es sich um eine gesetzl. nicht vorgesehene Stellungnahme handelt.

4. Verpflichtung zur Übermittlung der Angebotsunterlage. In Umsetzung von Art. 8 II iVm. Art. 6 II 3 ÜbRL sieht § 14 IV 3 vor, dass der Bieter auch seinen zuständigen BR oder, sofern ein solcher nicht besteht, seinen ArbN die Angebotsunterlage unverzüglich nach deren Veröffentlichung im Internet und im Bundesanzeiger (§ 14 III 1) übermittelt. Dies entspricht materiell der unmittelbaren Information des zuständigen BR bzw. ArbN der Zielgesellschaft. Der Bieter hat seinen zuständigen BR bzw. seine ArbN auch über jede Änderung der Angebotsunterlage zu unterrichten und die geänderte Angebotsunterlage zu übermitteln (§ 21 II 2). Für die Auslegung dieser Übermittlungspflichten gelten dieselben Grundsätze wie im Hinblick auf die Mitteilungspflicht betreffend die Entscheidung zur Angebotsabgabe (Rz. 7 ff.).

5. Folgen der Verletzung der Informationspflichten ggü. ArbN des Bieters. Die Verletzung der Informationspflichten aus § 10 V 3 und § 14 IV 3 durch den Bieter stellt eine Ordnungswidrigkeit dar (§ 60 I Nr. 2 Buchst. b). Aus der in § 60 I Nr. 2 Buchst. b enthaltenen Verknüpfung von § 14 IV mit § 21 II 2 ergibt sich, dass das Gleiche für die Verletzung der den Bieter treffenden Pflicht nach § 21 II 2 gilt, seinen BR bzw. seine ArbN über jede Änderung der Angebotsunterlage zu unterrichten und ihnen die geänderte Angebotsunterlage zu übermitteln. Diese Ordnungswidrigkeiten können mit einer Geldbuße von bis zu 200 000 Euro geahndet werden (§ 60 III letzte Var.). Die BaFin kann ferner auf der Grundlage von § 4 I 3 Anordnungen ggü. dem Bieter treffen, die geeignet und erforderlich sind, um Verletzungen der übernahmerechtl. Informationsbestimmungen abzustellen bzw. auszugleichen. Allerdings vermittelt diese Ermächtigungsnorm keinen Drittschutz, so dass weder Anteilseigner der Zielgesellschaft noch des Bieters (und erst recht nicht ArbN oder BR der Zielgesellschaft oder des Bieters) einen öffentlich-rechtl. Anspruch auf Einschreiten der BaFin und im Regelfall auch keine Schadensersatzansprüche aus § 823 II BGB (iVm. den WpÜG-Mitteilungsvorschriften) geltend machen können (vgl. sinngemäß Rz. 32). Bei Verletzung der Informationspflichten ggü. ArbN des Bieters aus § 14 IV 3 iVm. § 35 II (Pflichtangebot) kommt trotz des (an sich eindeutigen) Wortlautes von § 59 S. 1 bei Beachtung des Verhältnismäßigkeitsgrundsatzes kein Rechtsverlust beim Bieter in Betracht.

IV. Ablaufplan. Zur besseren **Einordnung der WpÜG-Informationspflichten in den Gesamtablauf eines typisierten Erwerbsangebots** soll die nachfolgende tabellarische Übersicht dienen, in der die wesentlichen Verfahrensschritte bei Abgabe eines öffentl. Kaufangebots aufgeführt und die arbeitsrechtl. Informationspflichten durch Fettdruck markiert sind:

Ziff.	Maßnahme wesentlicher Natur	Zeitrahmen/Fristen
1	Vorbereitungsmaßnahmen des Bieters (zB zur Finanzierung des Angebots) (§ 13 I)	Vor Veröffentlichung des Angebotes (Ausnahme: Finanzierungsmaßnahmen, die zwingend der Zustimmung der Hauptsammlung des Bieters bedürfen, zB Beschlussfassung über Sachkapitalerhöhung/Schaffung genehmigten Kapitals, s. Ziff. 16)
2	Veröffentlichung Entscheidung des Bieters zur Abgabe eines Angebotes (bei freiwilligem Angebot) (§ 10 I)	Unverzüglich nach Herbeiführung der Entscheidung des Bieters über Abgabe des Angebots

---

[1] Vgl. Assmann/Pötzsch/Schneider/*Krause/Pötzsch*, § 27 Rz. 25; aA *Kindler/Horstmann*, DStR 2004, 866 (872f.), die einen Anspruch des BR bzw. der ArbN des Bieters auf Beifügung zur Stellungnahme der Verwaltungsorgane der Zielgesellschaft bejahen. || [2] Vgl. Assmann/Pötzsch/Schneider/*Krause/Pötzsch*, § 27 Rz. 25.

Ziff.	Maßnahme wesentlicher Natur	Zeitrahmen/Fristen
	Veröffentlichung Erlangung der Kontrolle oder Antrag auf Befreiung gem. § 37 (bei Pflichtangebot) (§ 35 I)	Innerhalb von sieben Tagen nach Erlangung der Kontrolle
3	**Schriftl. Mitteilung an Vorstand der Zielgesellschaft und eigenen BR (bzw. eigene ArbN) über Entscheidung des Bieters zur Abgabe eines Angebots und Unterrichtung des BR (bzw. der ArbN) durch Vorstand der Zielgesellschaft (§§ 10 V, 35 I)**	**Unverzüglich nach Veröffentlichung (Ziff. 2)**
4	Übermittlung Angebotsunterlage an BaFin (§§ 14 I, 35 II)	Innerhalb von vier Wochen nach Veröffentlichung (Ziff. 2)
5	Veröffentlichung Angebotsunterlage durch den Bieter mittels Bekanntgabe im Internet und Bekanntgabe im Bundesanzeiger (§ 14 III)	Unverzüglich nach (1) Gestattung durch BaFin oder (2) Ablauf einer Frist von 10/15 Tagen seit Übermittlung der Angebotsunterlage an BaFin
6	Übermittlung Angebotsunterlage durch Bieter an Vorstand der Zielgesellschaft **und an eigenen BR (bzw. eigene ArbN)** (§ 14 IV)	**Unverzüglich nach Veröffentlichung (Ziff. 5)**
7	**Übermittlung Angebotsunterlage durch Vorstand der Zielgesellschaft an BR bzw. ArbN der Zielgesellschaft (§ 14 IV)**	**Unverzüglich nach Erhalt der Mitteilung**
8	Veröffentlichung Anzahl der dem Bieter bereits zustehenden Wertpapiere der Zielgesellschaft sowie Anzahl der Wertpapiere, über die dem Bieter bereits Annahmeerklärungen der Aktionäre der Zielgesellschaft zugegangen sind, sowie Mitteilung über Veröffentlichung an das BaFin durch Übersendung eines Belegs über Veröffentlichung (§§ 23 I, 16 II)	Nach Veröffentlichung der Angebotsunterlage wöchentlich sowie in der letzten Woche vor Ablauf der Annahmefrist täglich Unverzüglich nach Ablauf der Annahmefrist (Ergebnis des Angebots) Bei Übernahmeangeboten: ggf. unverzüglich nach Ablauf der weiteren Annahmefrist im Falle eines Übernahmeangebotes
9	Ggf. Einberufung HV der Zielgesellschaft und Zugänglichmachen bestimmter Dokumente an alle Aktionäre sowie Bekanntmachung durch den Vorstand der Zielgesellschaft (§ 16 IV)	Vor oder nach Veröffentlichung der Angebotsunterlage iSv. Ziff. 4; spätestens aber zwei Wochen vor dem Tag der HV, der innerhalb der Annahmefrist liegen muss
	Ggf. Durchführung HV der Zielgesellschaft (§ 16 IV)	Während der Annahmefrist
10	Ggf. Mitteilung an Bieter und BaFin über Einberufung HV durch Vorstand der Zielgesellschaft (§ 16 III)	Unverzüglich
11	**Ggf. Stellungnahme des BR (bzw. der ArbN) der Zielgesellschaft zum Angebot (§ 27 II)**	**Keine Frist**
12	**Veröffentlichung Stellungnahme des Vorstands und des AR der Zielgesellschaft zum Angebot (ggf. mit Stellungnahme nach Ziff. 11) (§ 27 III)**	**Unverzüglich nach Übermittlung der Angebotsunterlage (bzw. nach Übermittlung von Änderungen hierzu) – Frist beträgt in der Praxis regelmäßig mindestens zwei Wochen.**
13	Übermittlung Stellungnahme (Ziff. 12) an den BR (bzw. die ArbN) der Zielgesellschaft (§ 27 III)	Gleichzeitig mit der Veröffentlichung iSv. Ziff. 12
14	Annahme Angebot durch Aktionäre der Zielgesellschaft während der Annahmefrist (§ 16 I) ‚auch vor Ziff. 9 möglich'	Regel-Annahmefrist: vier bis zehn Wochen, beginnend mit Veröffentlichung der Angebotsunterlage (Ausnahmen in §§ 21 V, 22 II, 16 II)
15	Ggf. Abgabe konkurrierender Angebote Dritter (§ 22 I) ‚auch vor Ziff. 9 möglich'	Während der Annahmefrist

Ziff.	Maßnahme wesentlicher Natur	Zeitrahmen/Fristen
16	Ggf. Herbeiführung Beschluss Hauptversammlung des Bieters, sofern dieser zur Bedingung für die Durchführung des Angebotes gemacht wurde (§ 25)	Unverzüglich, spätestens bis zum fünften Werktag vor Ablauf der Annahmefrist
17	Ggf. Änderung des Angebotes (Veröffentlichung Änderung), Übermittlung Änderung durch den Bieter an den Vorstand der Zielgesellschaft sowie an eigenen BR (bzw. die eigenen ArbN), Übermittlung geändertes Angebot an BR (bzw. die ArbN) durch Vorstand der Zielgesellschaft, ggf. Stellungnahme des BR (bzw. der ArbN) der Zielgesellschaft, Veröffentlichung Stellungnahme des Vorstands und des AR der Zielgesellschaft zu dem geänderten Angebot, Übermittlung Stellungnahme des Vorstands und des AR an BR (bzw. die ArbN) der Zielgesellschaft (§§ 21 I, II, 14 IV, 27 I)	Angebotsänderung spätestens ein Werktag vor Ablauf der Annahmefrist
18	Ggf. Rücktritt vom Vertrag durch Aktionäre (§§ 21 IV, 22 III)	Spätestens bis zum Ablauf der ggf. verlängerten Annahmefrist bzw. der Annahmefrist des ursprünglichen Angebots des Bieters
19	Bekanntgabe Ergebnis des Angebots durch Bieter (§ 23 I)	Unverzüglich nach Ablauf der (weiteren) Annahmefrist
20	Bei Übernahmeangeboten: Erweiterte Annahmefrist (sog. Zaunkönigregelung; § 16 II)	zwei Wochen nach Bekanntgabe des Ergebnisses gem. Ziff. 19

V. Mit-Entscheidungsprärogative bei Abwehrmaßnahmen zu Gunsten des AR sowie Recht zur Stellungnahme. Der Gesetzgeber hat mit § 33 I 2 Alt. 3 bestimmte, zur Abwehr von Kaufangeboten geeignete Geschäftsleitungsmaßnahmen der Mit-Entscheidungsprärogative des AR unterstellt und zwar auch aus Gründen des ArbN-Schutzes[1]. Diese arbeitnehmerschützende Intention wird bei der Beantwortung der Frage nicht vollkommen außer Acht gelassen werden können, ob der AR die Wahrnehmung dieser beiden durch das Gesetz zugewiesenen Kompetenzen auch einem AR-Ausschuss zuweisen kann und wie dieser zusammenzusetzen ist. Das in § 107 III 2 AktG geregelte Delegationsverbot (Beschlüsse, dass bestimmte Arten von Geschäften nur mit Zustimmung des AR vorgenommen werden dürfen) regelt nach zutreffender Auffassung nur, dass der AR als Gesamtgremium zwingend darüber entscheiden muss, ob die in § 33 I 2 Alt. 3 geregelte Mit-Entscheidungsprärogative zu Gunsten des AR einem bestimmten AR-Ausschuss überwiesen wird; diese Bestimmung verbietet es aber nicht, dass der AR im Rahmen seiner Geschäftsordnung die im Einzelfall zu behandelnde Erteilung der Zustimmung zu Abwehrmaßnahmen einem **AR-Ausschuss** überträgt[2]. Auch für das Recht zur Stellungnahme nach § 27 I gilt das aktienrechtl. Delegationsverbot nicht[3]. In der Praxis wird die Überweisung dieser durch das WpÜG zugewiesenen AR-Kompetenzen zu einem bestimmten „Übernahmeausschuss" sinnvoll sein, wobei es wegen § 171 II 2 AktG (AR-Bericht über Ausschüsse) angeraten sein kann, die Einrichtung des Ausschusses zwar vorzubereiten, diesen aber erst bei einem konkreten Anlass einzusetzen (Reserveausschuss)[4]. IdR wird wegen der gesetzgeberischen Intention mindestens ein ArbN-Vertreter in den für die Erarbeitung der Stellungnahme zuständigen Ausschuss zu berufen sein (zum Diskriminierungsverbot bei der Ausschussbesetzung § 25 MitbestG Rz. 5)[5].

---

[1] BT-Drs. 14/7477, 61: „Die Interessen der Beschäftigten [werden] gewahrt, insbesondere durch die umfassenden Informationsverpflichtungen des Bieters und die Regelung, dem Vorstand der Zielgesellschaft innerhalb seiner Geschäftsführungskompetenz Abwehrmaßnahmen bereits dann zu ermöglichen, wenn ihnen der Aufsichtsrat zugestimmt [hat], weil die Anliegen der Arbeitnehmer in den Aufsichtsrat eingebracht werden [können]". – Zu den Verhaltenspflichten und Handlungsoptionen des Vorstands der Zielgesellschaft ausf. *Seibt*, ZHR-Beiheft 2011, 148 ff.; zum AR *Seibt*, FS Hoffmann-Becking, 2013, S. 1119 ff. ||2 Vgl. OLG Hamburg 15.9. 1995 – 11 U 20/95, ZIP 1995, 1673 (1674); *Seibt*, FS Hoffmann-Becking, 2013, S. 1119, 1124 f.; KölnKommAktG/*Mertens*/*Cahn*, § 107 Rz. 146; *Hüffer*, § 107 AktG Rz. 18; KölnKommWpÜG/*Hirte*, § 33 Rz. 87; Ehricke/Ekkenga/Oechsler/*Pötzsch*, § 33 Rz. 62; Assmann/Pötzsch/Schneider/*Krause*/*Pötzsch*/*Stephan*, § 33 WpÜG Rz. 182; Haarmann/Schüppen/*Röh*, § 33 WpÜG Rz. 98 hält die Übertragung der Entscheidungsbefugnis an einen Ausschuss für zulässig, aber wenig zweckmäßig; *Jaeger*, ZIP 1995, 1735 (1737 f.). ||3 *Seibt*, DB 2002, 529 (536); *Seibt*, FS Hoffmann-Becking, 2013, S. 1119, 1124 f.; KölnKommWpÜG/*Hirte*, § 27 Rz. 21; Assmann/Pötzsch/Schneider/*Krause*/*Pötzsch*, § 27 WpÜG Rz. 40; Baums/Thoma/*Harbarth*, § 27 WpÜG Rz. 32; Haarmann/Schüppen/*Röh*, § 27 WpÜG Rz. 62. ||4 *Seibt*, DB 2002, 529 (536); *Seibt*, FS Hoffmann-Becking, 2013, S. 1119, 1125. ||5 *Seibt*, DB 2002, 529 (536); *Seibt*, FS Hoffmann-Becking, 2013, S. 1119, 1125; KölnKommWpÜG/*Hirte*, § 33 Rz. 87 und § 27 Rz. 21; Haarmann/Schüppen/*Röh*, § 27 WpÜG Rz. 62; Baums/Thoma/*Harbarth*, § 27 WpÜG Rz. 32.

42 **VI. Beirat bei der Bundesanstalt.** Der Gesetzgeber hat der BaFin als zuständiger Aufsichtsbehörde einen Beirat beigestellt, der bei der Gesetzesaufsicht mitwirken und sie, insb. bei dem Erlass von RechtsVO für die Aufsichtstätigkeit, beraten soll (§ 5 III). Unter den vom BMF für eine Amtszeit von fünf Jahren bestellten Mitgliedern des 15-köpfigen Gremiums sind zwingend auch zwei Vertreter der ArbN, deren Bestellung nach Anhörung der „betroffenen Kreise" (zB DGB) erfolgen soll (§ 5 I 2 Nr. 4, S. 3)[1]. Durch die Bestellung von ArbN-Vertretern in den Beirat sollen auch bei der behördlichen Überwachungstätigkeit der Gesetzesanwendung die Belange der ArbN institutionell abgesichert werden[2]. Seit der Neukonstituierung am 1.1.2008 hat der Beirat noch nicht getagt.

---

[1] Zur Zusammensetzung http://www.bafin.de/nn–723044/SharedDocs/Artikel/DE/BaFin/Organisation/Gremier/Uebernahmebeirat/zusammensetzung_ueb.html. || [2] *Seibt*, DB 2002, 529 (536).

Stichwortverzeichnis

Bearbeiter: Klaus Thölken

Fett gedruckte Gesetzeskürzel verweisen auf das kommentierte Gesetz, fett gedruckte Zahlen
auf die kommentierte Vorschrift. Mager gedruckte Zahlen bezeichnen die Randziffer der Fundstelle.
Wegen der Bedeutung der Gesetzeskürzel wird auf das Abkürzungsverzeichnis verwiesen.

Abfindung KSchG 10 1 ff.; Abfindungsanspruch bei betriebsbedingter Kündigung *siehe dort*; Abgrenzung zur betrieblichen Altersversorgung **BetrAVG Vorb.** 60; Abtretung **KSchG 10** 16; andere Ansprüche **KSchG 10** 15; Arbeitslosengeld, Ruhen des Anspruchs **KSchG Anh.** 9 52, **SGB III 158** 1 ff.; Arbeitsmarktchancen **KSchG 10** 10; Aufhebungsvertrag **KSchG Anh.** 9 40ff.; Auflösungsantrag *siehe dort*; Bemessung **KSchG 10** 2ff.; Dauer des Arbeitsverhältnisses **KSchG 10** 9; Eigentumsgarantie **GG 14** 55; Einkommensteuer **EStG 19/38** 67, **KSchG 10** 18; Entscheidung des Gerichts **KSchG 10** 22; Fünftelungsregelung **EStG 19/38** 66; Höchstgrenze **KSchG 10** 2 ff.; Höhe **KSchG 10** 7 ff.; Insolvenz **KSchG 10** 17; Lebensalter **KSchG 10** 8; Maß der Sozialwidrigkeit **KSchG 10** 12; Monatsverdienst **KSchG 10** 5 f.; Pfändung **KSchG 10** 17; Sozialplanabfindung *siehe dort*; Streitwert **ArbGG 12** 23; Unvererblichkeit des Anspruchs **BGB 613** 12 f.; Vereinbarung der Fälligkeit **KSchG Anh.** 9 41 f.; Vererbung **KSchG 10** 16; wirtschaftliche Situation **KSchG 10** 10, 13; Zwangsvollstreckung **ArbGG 62** 33

Abfindung von Anwartschaften BetrAVG 3 1 ff.; Anwartschaft während Insolvenzverfahren **BetrAVG 3** 12; Ausweisungspflicht **BetrAVG 3** 16; Auszahlung **BetrAVG 3** 16; Bagatellversorgungsrechte **BetrAVG 3** 9; bei Beendigung des Arbeitsverhältnisses **BetrAVG 3** 3 f.; Erstattung der Rentenversicherungsbeiträge **BetrAVG 3** 11; bei fortbestehendem Arbeitsverhältnis **BetrAVG 3** 5; Höhe **BetrAVG 3** 14 f.; laufende Leistungen **BetrAVG 3** 6 f.; Leistungsbeginn vor dem 1.1.2005 **BetrAVG 30g** 2; Möglichkeiten **BetrAVG 3** 8 ff.; nichtige **BetrAVG 3** 13; Pensionssicherungsverein **BetrAVG 8** 4

Abfindungsanspruch bei betriebsbedingter Kündigung KSchG 1a 1 ff.; Berechnung **KSchG 1a** 20; gesetzlicher Anspruch **KSchG 1a** 5 f.; Hinweis des Arbeitgebers **KSchG 1a** 10 ff.; Kündigung **KSchG 1a** 7 ff.; Rechtsfolgen **KSchG 1a** 19 ff.; rein vertragliche Gestaltungen, Abgrenzung **KSchG 1a** 3 ff.; Sozialplanabfindung **KSchG 1a** 21; Sperrzeit bei Verzicht auf Kündigungsschutzklage **SGB III 159** 9; Tarifklauseln **TVG 1** 127; Verstreichenlassen der Klagefrist **KSchG 1a** 14 ff.

Abkehrwille, außerordentliche Kündigung **BGB 626** 126; betriebsbedingter Kündigungsgrund **KSchG 1** 265; verhaltensbedingter Kündigungsgrund **KSchG 1** 214

Ablehnung ArbGG 49 1 ff., 9 ff.; Ausschluss, gesetzlicher **ArbGG 49** 14; in Berufungsinstanz **ArbGG 64** 54; Besorgnis der Befangenheit *siehe dort*; Entscheidung **ArbGG 49** 21 ff.; Form **ArbGG 49** 28; Gesuch **ArbGG 49** 19; Gründe **ArbGG 49** 13 ff.; Recht zur ~ **ArbGG 49** 10 ff.; Rechtsmissbrauch **ArbGG 49** 18; Rechtsmittel **ArbGG 49** 30; Revisionsinstanz **ArbGG 72** 37; rügelose Einlassung **ArbGG 49** 16 f.; Selbstablehnungsanzeige **ArbGG 49** 20; Verfahren **ArbGG 49** 19 f.; Verfahren nach ~ **ArbGG 49** 29; Verlust des ~srechts **ArbGG 49** 16 ff.; zuständiger Spruchkörper **ArbGG 49** 21 ff.

Abmahnung BGB 626 93 ff., **KSchG 1** 186 ff.; Abschwächung der Warnfunktion **BGB 626** 103; Änderungskündigung **KSchG 2** 59; wegen Arbeitsverweigerung **BGB 626** 146; Ausnahmen vom ~serfordernis **BGB 626** 110 ff.; Berechtigter **BGB 626** 99, 101, **KSchG 1** 198; Beschwerde beim Vorgesetzten **KSchG 1** 204; besonders schwere Pflichtverletzung **BGB 626** 111; kein Beteiligungsrecht des Betriebsrats **KSchG 1** 199; betriebsverfassungsrechtliche **BetrVG 23** 9; Entbehrlichkeit **KSchG 1** 187 f.; Entfernungsanspruch **KSchG 1** 205 ff.; Erfordernis weiterer ~en **KSchG 1** 189 ff.; erneute Pflichtverletzung **BGB 626** 108; formelle Anforderungen **KSchG 1** 198 ff.; Gegendarstellung **KSchG 1** 203; Inhalt **BGB 626** 97 ff., **KSchG 1** 195 ff.; Konkretheit **BGB 626** 98; objektive Vertragspflichtverletzung **KSchG 1** 193 f.; Organmitglieder **BGB 620** 20; personenbedingte Kündigung **KSchG 1** 97 f.; Rechtsschutz **KSchG 1** 202 ff.; Rechtswirkungen **KSchG 1** 201; Rügefunktion **KSchG 1** 195; Streitwert **ArbGG 12** 26; Übermaßverbot **KSchG 1** 194; Vergleichbarkeit der Pflichtverstöße **KSchG 1** 190; Verhältnismäßigkeit **BGB 626** 105; Vertrauensbereich **BGB 626** 94; Vorgehen gegen ~ **BGB 626** 106 f.; vorweggenommene **KSchG 1** 192; Warnfunktion **BGB 626** 97, **KSchG 1** 196 f.; Wirksamkeitsvoraussetzungen **KSchG 1** 193 f.; Zeitablauf **KSchG 1** 191; zeitliche Wirkung **BGB 626** 104; Zwangsvollstreckung des Entfernungsanspruchs **ArbGG 62** 34

Abrufarbeit TzBfG 12 1 ff.; Abgrenzung zu anderen Rechtsverhältnissen **TzBfG 12** 4 f.; Abruf **TzBfG 12** 15 ff.; Annahmeverzug des Arbeitgebers **BGB 615** 14; Arbeitsentgelt **TzBfG 12** 3, 29; Arbeitszeitrahmen **TzBfG 12** 10 ff.; Bandbreitenregelung **TzBfG 12** 14; Betriebsvereinbarung **TzBfG 12** 28; Bezugszeitraum **TzBfG 12** 10 ff.; Darlegungs- und Beweislast **TzBfG 12** 32; Dauerbeschäftigungsverhältnis **TzBfG 12** 2 ff.; Entgeltfortzahlung **TzBfG 12** 30; Entgeltfortzahlung an Feiertagen **EFZG 2** 21; Frist/Dauer, Nichteinhaltung **TzBfG 12** 22 ff.; Mehrarbeit/Überstunden **TzBfG 12** 7; Störfälle **SGB IV 7/7b** 33 ff.; Tarifvertrag **TzBfG 12** 26 f.; Überstunden, Abgrenzung **GewO 106** 79a; Urlaubsberechnung **BUrlG 3** 31 f.; vertragliche Abweichungen **TzBfG 12** 13 f.; vertragliche Grundlage **TzBfG 12** 8 f.; Vollzeit/Teilzeit **TzBfG 12** 6; vorübergehende Verhinderung **BGB 616** 10

Abschlagszahlungen BGB 614 21 ff.; Rückgewähr **BGB 614** 22 ff.

Abschluss des Arbeitsvertrages BGB 611 30 ff.

Abschlussfreiheit, Berufsfreiheit **GG 12** 40 ff.; Beschränkung **BGB 611** 47 f.

Abschlussgebote BGB 611 49 ff.; tarifvertragliche **TVG 1** 47

Abschlussprüfung, vorzeitige **BBiG 21** 3; wiederholte **BBiG 21** 4

Abschlussverbote BGB 611 54 ff.; tarifvertragliche **TVG 1** 48

Abstimmung, Gericht **ArbGG 9** 7

Abteilungsversammlungen BetrVG 42 32 ff., **BetrVG 43** 6; zulässige Themen **BetrVG 45** 2 ff.

Abtretung, Abfindung **KSchG 10** 16; einzelner Ansprüche auf Arbeitsleistung **BGB 613** 16 ff.; Unterlassungsanspruch nachvertragliches Wettbewerbsverbot **HGB 74** 123; Urlaubsabgeltungsanspruch **BUrlG 1** 24, **BUrlG 7** 123; Urlaubsanspruch **BUrlG 1** 23; Urlaubsentgelt **BUrlG 11** 60 f.

Abwerbung BGB 611 386; außerordentliche Kündigung **BGB 626** 127; Verbote **HGB 75f** 5

Abwicklungsvertrag, Klageverzichtsvereinbarung und Schriftform **KSchG Anh. 9** 6a; keine Schriftform **BGB 623** 22, **KSchG Anh. 9** 6; Sperrzeit **KSchG Anh. 9** 50 f., **SGB III 159** 13

AGB-Kontrolle BGB Vor 611 6, **BGB 611** 417 ff.; keine ~ bei Betriebsvereinbarung **BGB 310** 16, 18; Abrufarbeit **GewO 106** 79a; Abweichung von der gesetzlichen Regelung **BGB 307** 16 f.; Abwicklung von Verträgen **BGB 308** 9; Altersgrenze **BGB 305c** 5; Altverträge **BGB 310** 13 f.; Änderungsvorbehalte **BGB 308** 4, **BGB Anh. zu 305–310** 19 ff.; Annahme- und Leistungsfrist **BGB 308** 2; Anrechnungsvorbehalte **BGB Anh. zu 305–310** 40; Arbeitnehmerhaftung **BGB Anh. zu 305–310** 1 f.; Arbeitsverträge und §§ 305 ff. **BGB BGB 310** 11 ff.; Arbeitsverträge als Verbraucherverträge **BGB 310** 1 ff.; Arbeitszeit **BGB Anh. zu 305–310** 28 ff.; Aufhebungsvereinbarung **BGB 305c** 5; Aufhebungsverträge **BGB Anh. zu 305–310** 3 ff., **KSchG Anh. 9** 35 ff.; Aufrechnungsverbot **BGB 309** 4; Ausgleichsquittung **BGB 305c** 5, **BGB Anh. zu 305–310** 57 ff., **BGB 611** 420 ff.; Auslegung von AGB **BGB 305c** 8; Ausschlussfristen **BGB 305c** 5, **BGB Anh. zu 305–310** 7 ff.; Befristung **BGB 305c** 5; Befristung von Einzelarbeitsbedingungen **BGB Anh. zu 305–310** 34, **TzBfG 14** 95 ff.; Begleitumstände bei Vertragsschluss **BGB 310** 9 f.; Berufsfreiheit **GG 12** 66 f.; Besonderheiten des Arbeitsrechts **BGB 310** 20 ff.; betriebliche Altersversorgung **BGB 305c** 5; Betriebsvereinbarung **BetrVG 77** 21; Beurteilungszeitpunkt **BGB 307** 2; Beweislastveränderungen **BGB 309** 14 ff., **BGB 611** 436 ff.; Bezugnahmeklauseln auf Tarifverträge **BGB 305c** 10, **BGB 307** 13 f.; Checkliste **BGB Vor 305–310** 1; Darlegungs- und Beweislast **BGB 305** 14, **BGB 307** 24; Darlegungs- und Beweislast bei Individualabreden **BGB 305b** 4 f.; Dienstwagenregelungen **BGB Anh. zu 305–310** 14 f.; Einbeziehung **BGB 305** 10 ff.; einmalige Verwendung **BGB 310** 5 ff.; einzelne Klausel **BGB 310** 6; Empfangsbekenntnisse **BGB 309** 16; Erklärungsfiktion **BGB 308** 5 ff.; Erweiterung des Direktionsrechts **BGB Anh. zu 305–310** 24 ff., **BGB 611** 294a; Fälligkeitsklauseln **BGB Anh. zu 305–310** 16; Form von Anzeigen und Erklärungen **BGB 309** 17 ff.; Fort- und Ausbildungskosten, Transparenzgebot **BGB 611** 471a; Freistellungsklauseln **BGB Anh. zu 305–310** 18; Freiwilligkeitsvorbehalt **BGB Anh. zu 305–310** 36 ff., **BGB 611** 508 ff.; Gefährdung des Vertragszwecks **BGB 307** 18; geltungserhaltende Reduktion **BGB 306** 4 f.; Generalklausel **BGB 307** 1; genereller Prüfungsmaßstab **BGB 307** 3; gesetzeswiederholende Klauseln **BGB 307** 9 ff.; Gleichstellung von Tarifverträgen, Betriebs-, Dienstvereinbarungen **BGB 310** 23 f.; Haftungsausschluss nach § 309 Nr. 7 **BGB BGB 309** 10 ff.; Haftungsausschlüsse und -erweiterungen **BGB 611** 454 ff.; Individualabreden **BGB 305** 8 f.; Individualabreden, Vorrang **BGB 305b** 1 ff.; Jeweiligkeitsklausel **BGB 305** 11; Klauselverbote mit Wertungsmöglichkeit **BGB 308** 1 ff.; Klauselverbote ohne Wertungsmöglichkeit **BGB 309** 1 ff.; Kurzarbeit **GewO 106** 80; Leistungsbeschreibungen und Preisvereinbarungen **BGB 307** 6 ff.; Leistungsbestimmung **BGB Anh. zu 305–310** 19 ff.; Leistungsverweigerungsrechte **BGB 309** 2 f.; Mahnung und Fristsetzung **BGB 309** 7; Nachweisgesetz **NachwG Vorb.** 5 f.; Pauschalierung von Mehr- und Überarbeit **BGB Anh. zu 305–310** 41; Preisnebenabreden **BGB 307** 8; Probezeitvereinbarung **BGB 307** 10; Rechtsfolgen bei Nichteinbeziehung und Unwirksamkeit **BGB 306** 1 ff.; Rückkehrrecht **BGB Anh. zu 305–310** 42; Rücktrittsvorbehalt **BGB 308** 3; Rückzahlung von Ausbildungs-/Fortbildungskosten **BGB Anh. zu 305–310** 44 ff., **BGB 611** 460 f.; Rückzahlung von Sondervergütungen **BGB Anh. zu 305–310** 47; salvatorische Klausel **BGB Anh. zu 305–310** 48; Schadenspauschalierung **BGB 309** 6 f., **BGB 611** 484 f.; Schranken der Inhaltskontrolle **BGB 307** 4 ff.; Schriftformabrede **BGB 305b** 3; Sonderzahlungen nach Ermessen **BGB Anh. zu 305–310** 39a; Sonderzahlungen und Freiwilligkeitsvorbehalte **BGB Anh. zu 305–310** 38 ff.; Stellen der Vertragsbedingungen **BGB 305** 6, **BGB 310** 4; tarifliche Regelungen **BGB 307** 11 ff.; Tarifverträge **BGB 310** 16 f., 19, **TVG 1** 89 f.; Tatsachenbestätigungen **BGB 309** 15; Teilbarkeit von Arbeitsvertragsklauseln **BGB 306** 3; Teilbefristung **BGB 611** 517; Teilzeitarbeit im Blockmodell **BGB 305c** 5; Transparenzgebot **BGB 307** 19 ff.; Überraschungsmoment **BGB 305c** 4; Überraschungsverbot **BGB 305c** 1 ff.; Überraschungsverbot, Darlegungs- und Beweislast **BGB 305c** 6; Überstunden **GewO 106** 78; Umgehungsverbot **BGB 306a** 1; Umzugskostenerstattung **BGB 611** 475 ff.; unangemessene Benachteiligung **BGB 307** 22 f.; unbeachtliche Umstände **BGB 305** 7; ungewöhnliche Klausel **BGB 305c** 3; Unklarheitenregel **BGB 305c** 7 ff.; Unwirksamkeit einzelner Vertragsbestimmungen **BGB 306** 4 f.; Versetzungsklauseln **BGB Anh. zu 305–310** 24 ff.; Vertragsbedingungen **BGB 305** 1 ff.; Vertragsstrafe **BGB 309** 8 f., **BGB Anh. zu 305–310** 50 ff., **BGB 611** 487 ff.; Verweisungen **BGB 305c** 5; Verzichtsvereinbarungen **BGB Anh. zu 305–310** 57 ff.; Vielzahl von Fällen **BGB 305** 4; Vorformulierung **BGB 305** 5; Wechsel des Vertragspartners **BGB 309** 13; Wettbewerbsverbot **BGB 305c** 5; Widerrufsvorbehalt **BGB Anh. zu 305–310** 33, **BGB 611** 512; zeitlicher Anwendungsbereich **BGB 310** 13 f.; Zieleinbarung **BGB 305c** 5, **BGB Anh. zu 305–310** 60; Zugangsfiktionen **BGB 308** 8

Aids, Frage des Arbeitgebers **BGB 123** 23; personenbedingter Kündigungsgrund **KSchG 1** 118; Test für Bewerber **BGB 611** 13

Akkordarbeit BGB 611 300; Beschäftigungsverbot bei werdenden Müttern **MuSchG 4** 6 f.; Entgeltfortzahlung an Feiertagen **EFZG 2** 33 f.; Entgeltfortzahlung im Krankheitsfall **EFZG 4** 36 f.; Jugendliche **JArbSchG 23** 1 f.; Teilvergütung bei außerordentlicher Kündigung **BGB 628** 16

Aktienoptionen BGB 611 125 ff.; aktienrechtliche Anforderungen **BGB 611** 128 ff.; Ausgestaltung der Konditionen **BGB 611** 132 f.; Einkommensteuer **EStG 19/38** 67; Gleichbehandlungsgrundsatz **BGB 611** 125a; Varianten **BGB 611** 126 f.; Wege zur Bereitstellung von Aktien **BGB 611** 129 ff.

Alkohol, außerordentliche Kündigung wegen Trunkenheit **BGB 626** 260 f., 263; außerordentliche Kündigung wegen Trunksucht **BGB 626** 264; außerordentliche Kündigung bei Verbotsverstoß **BGB 626** 184; Entgeltfortzahlung bei Trunkenheit **EFZG 3** 59; Entgeltfortzahlung bei Trunksucht **EFZG 3** 62 f.; Frage des Arbeitgebers nach Abhängigkeit **BGB 123** 20; personenbedingte Kündigung wegen Sucht **KSchG 1** 119 ff.; verhaltensbedingte Kündigungsgrund **KSchG 1** 215 ff.

Alleinentscheidung des Vorsitzenden, Antrag beider Parteien **ArbGG 55** 28 ff.; außerhalb der mündlichen Verhandlung **ArbGG 53** 3 ff.; Aussetzung des Verfahrens **ArbGG 55** 16 ff.; Beweisbeschluss vor streitiger Verhandlung **ArbGG 55** 33 ff.; Folgen unzulässiger ~ **ArbGG 55** 32; gesetzliche Ermächtigung **ArbGG 55** 2 ff.; Klagerücknahme **ArbGG 55**

2 ff.; Kostenentscheidung **ArbGG** 55 26a; örtliche Zuständigkeit **ArbGG** 55 15; Säumnis beider Parteien **ArbGG** 55 12 f.; Säumnis einer Partei **ArbGG** 55 10 f.; Tatbestandsberichtigung **ArbGG** 55 26b; Verzicht **ArbGG** 55 6 f.; wenn mündliche Verhandlung **ArbGG** 55 1 ff.; Zurückweisung des Bevollmächtigten **ArbGG** 55 27

Allgemeine Aufgaben des Betriebsrates BetrVG 80 1 ff.; Antragsrecht **BetrVG** 80 20 ff.; Arbeitsschutz und betrieblicher Umweltschutz **BetrVG** 80 57 ff.; Auskunftsperson für Betriebsrat *siehe dort*; Behandlung von Anregungen **BetrVG** 80 33 ff.; Beschäftigungssicherung **BetrVG** 80 51 ff.; Bruttolohn- und -gehaltslisten, Einblick *siehe dort*; Förderung der Beschäftigung älterer Arbeitnehmer **BetrVG** 80 45; Förderung der Eingliederung besonders schutzwürdiger Personen **BetrVG** 80 40 ff.; Förderung der Gleichstellung von Frauen und Männern **BetrVG** 80 25 ff.; Förderung der Vereinbarkeit von Familie und Erwerbstätigkeit **BetrVG** 80 29 ff.; Initiativrecht **BetrVG** 80 21; Initiativrecht beim betrieblichen Eingliederungsmanagement **SGB IX** 84 16; Integration ausländischer Arbeitnehmer **BetrVG** 80 48 ff.; Sachverständige (Betriebsrat) *siehe dort*; sämtliche Tätigkeitsbereiche **BetrVG** 80 2; Schutz vor Rassismus und Fremdenfeindlichkeit **BetrVG** 80 49 f.; Überwachungsrechte des Betriebsrates *siehe dort*; Unterlagen, Vorlage *siehe dort*; Unterrichtung des Betriebsrates *siehe dort*; Wahl und Zusammenarbeit mit Jugend- und Auszubildendenvertretung **BetrVG** 80 44

Allgemeine Geschäftsbedingungen *siehe* „AGB-Kontrolle"

Allgemeines Gleichbehandlungsgesetz, Alter **AGG** 1 10; Alter, zulässige unterschiedliche Behandlung **AGG** 10 1 ff.; Altersgrenzen in betrieblichen Sozialsystemen **AGG** 10 12; Altersgrenzenvereinbarung **AGG** 10 13, **TzBfG** 14 72; Altersgruppenbildung **KSchG** 1 405; altersneutrale Stellenausschreibung **BGB** 611 5; Anforderungen an Tarifvertragsparteien, Arbeitgeber, Beschäftigte **AGG** 17 1 ff.; Angleichung „nach oben" **AGG** 7 5; Anweisung zur Benachteiligung **AGG** 3 18 f.; Arbeitgeber **AGG** 6 6; arbeitnehmerähnliche Personen **AGG** 6 5; Arbeitnehmerbegriff **AGG** 6 3; Arbeitsbedingungen **AGG** 2 6; Beendigungsbedingungen **AGG** 2 6; Behinderung **AGG** 1 8 ff.; Bekanntmachungspflichten **AGG** 12 5; Belästigung **AGG** 3 12 ff.; Benachteiligung **AGG** 3 1 ff.; Benachteiligung, Klage *siehe dort*; Benachteiligungsrecht **AGG** 7 1 ff.; Berufsberatung **AGG** 2 7; Berufsbildung **AGG** 2 7, **AGG** 6 4; zu ihrer Berufsbildung Beschäftigte **AGG** 6 4; Berufsgruppenvereinigung **AGG** 2 8; Beschäftigte **AGG** 6 2; Beschäftigtenvereinigung **AGG** 2 8; Beschäftigungsbedingungen **AGG** 2 6; Beschwerderecht **AGG** 13 1; und BetrAVG **BetrAVG** Vorb. 32; betriebliche Altersversorgung **AGG** 2 10; Beurteilungsspielraum bei Sozialauswahl **KSchG** 1 385; Beweislast bei Benachteiligung **AGG** 22 1 ff.; Bewerber **AGG** 6 2; Bildung **AGG** 2 9; Dritter als Benachteiligender **AGG** 12 4; kein Einstellungsanspruch **AGG** 15 15; Einstellungsbedingungen **AGG** 2 3; Entgeltgleichheit **AGG** 8 3 ff.; Entschädigung nach AGG *siehe dort*; ethnische Herkunft **AGG** 1 2 f.; Geschlecht **AGG** 1 4; geschlechtsneutrale Stellenausschreibung **BGB** 611 5; Güter und Dienstleistungen **AGG** 2 9; Höchstalter für die Einstellung **AGG** 10 11; und JArbSchG **JArbSchG** 1 17; Kündigungen **AGG** 2 12 f., **KSchG** 13 26; Kündigungsfristen **AGG** 2 15; Leistungen nach SGB **AGG** 2 10; Leistungsverweigerungsrecht **AGG** 14 1 f.; Maßnahmen gegen Benachteiligenden **AGG** 12 3; Maßregelungsverbot **AGG** 16 1 ff.; mehrere Gründe für unterschiedliche Behandlung **AGG** 4 1; Mindestanforderungen an das Alter oder Berufserfahrung **AGG** 10 9 f.; Mitgliedschaft in Vereinigungen **AGG** 18 1 ff.; mittelbare Benachteiligung **AGG** 3 6 ff.; öffentlich-rechtliche Dienstverhältnisse **AGG** 24 1 f.; Organmitglieder **AGG** 2 5, **AGG** 6 7; persönlicher Anwendungsbereich **AGG** 6 1 ff.; positive Maßnahmen **AGG** 5 1 ff.; präventive Maßnahmen **AGG** 12 1 ff.; Rasse **AGG** 1 2; Religion **AGG** 1 5 ff.; Religion und Weltanschauung, zulässige unterschiedliche Behandlung **AGG** 9 1 ff.; Religionsgemeinschaften, Privilegierung **AGG** 9 2; sachlicher Anwendungsbereich **AGG** 2 1 ff.; Schadensersatz nach AGG *siehe dort*; Schulung **AGG** 12 2; Selbständige **AGG** 2 4; sexuelle Belästigung **AGG** 3 16 f.; sexuelle Identität **AGG** 1 11 f.; sonstige Benachteiligungsverbote **AGG** 2 11; sonstige Gleichbehandlungsgebote **AGG** 2 11; Sozialauswahl **AGG** 2 14; soziale Vergünstigungen **AGG** 2 9; Sozialplan **BetrVG** 112 52; Sozialplanabfindung nach Alter und Betriebszugehörigkeit **AGG** 10 14 f.; Sozialschutz **AGG** 2 9; Stellenausschreibung **AGG** 11 1 ff., **BGB** 611 5; tarifliche Altersgrenze **TVG** 1 92 f.; Tarifverträge **TVG Einl.** 28; Übergangsbestimmungen **AGG** 33 1; Umschulung **AGG** 2 7; Unabdingbarkeit **AGG** 31 1 f.; Unkündbarkeit **AGG** 2 15, **KSchG Vor** 1 19, **KSchG** 1 347; unmittelbare Benachteiligung **AGG** 3 2 ff.; unternehmerische Entscheidung bei betriebsbedingter Kündigung **KSchG** 1 267; verbotene Differenzierungsmerkmale **AGG** 1 2 ff.; Vertragsverletzung **AGG** 7 6; Weltanschauung **AGG** 1 5 ff.; Ziel des Gesetzes **AGG** 1 1; Zugang zu einer Beschäftigung **AGG** 2 3 ff.; zulässige unterschiedliche Behandlung wegen beruflicher Anforderungen **AGG** 8 1 ff.

Allgemeinverbindlicherklärung, 50 v.H.-Klausel **TVG** 5 11 f.; Antrag **TVG** 5 16 ff.; Beginn **TVG** 5 27 f.; Bekanntmachung der ~ **TVG** 5 26; Bekanntmachung des Antrags **TVG** 5 20; Berufsfreiheit **GG** 12 29; Durchführungsverordnung **TVG** 5 6; Einvernehmen des Tarifausschusses **TVG** 5 21 ff.; Ende **TVG** 5 29 f.; Entscheidung **TVG** 5 24 f.; öffentliches Interesse **TVG** 5 13 f.; Rechtsmängel **TVG** 5 35; Rechtsnatur **TVG** 5 5; Rechtsschutz **TVG** 5 36 ff.; rechtstatsächliche Bedeutung **TVG** 5 4; Rechtswegzuständigkeit **ArbGG** 2 33 f.; Sinn und Zweck **TVG** 5 1 ff.; sozialer Notstand **TVG** 5 15; Tarifkonkurrenz **TVG** 4 51 ff.; Übereinstimmung mit Art. 3 Abs. 1 **GG** **GG** 3 34; Verfahren **TVG** 5 16 ff.; Voraussetzungen **TVG** 5 7 ff.; wirksamer Tarifvertrag **TVG** 5 7 ff.; Wirkungen **TVG** 5 31 ff.

Alter, ausgewogene Personalstruktur bei Sozialauswahl **KSchG** 1 402 ff.; personenbedingter Kündigungsgrund **KSchG** 1 123; Sozialauswahlkriterium **KSchG** 1 372 f.; verbotenes Differenzierungsmerkmal **AGG** 1 10; zulässige unterschiedliche Behandlung **AGG** 10 1 ff.

Altersbefristung TzBfG 14 124 ff.

Altersgrenze, Änderung von Versorgungsregelungen wegen Anhebung der Regel-~ **BetrAVG Vorb.** 164a; Befristungsgrund **TzBfG** 14 62 ff.; Berufsfreiheit und Tarifklauseln **GG** 12 57; Berufsgruppen **TzBfG** 14 68; betriebliche Sozialsysteme und AGG **AGG** 10 12; bei betrieblicher Altersversorgung **BetrAVG Vorb.** 101 f., 105 ff., **BetrAVG** 2 20 ff.; europarechtliche Vorgaben **SGB VI** 42 13a; geschlechtsbezogene unterschiedliche ~n bei betrieblicher Altersversorgung **BetrAVG** 2 27 ff.; Gleichbehandlung von Männer bei betrieblicher Altersversorgung **BetrAVG** 30a 1; wegen Leistungsfähigkeit **TzBfG** 14 68; personenbedingter Kündigungsgrund **KSchG** 1 123; Tarifklauseln

Stichwortverzeichnis

TVG 1 91ff.; überraschende Klausel **BGB** 305c 5; unterschiedliche in Betriebsvereinbarung und Tarifvertrag **TzBfG** 14 70f.; Versorgungszusage bei Anhebung der Regel-~ **BetrAVG Vorb.** 106a; vorzeitige Betriebsrente und Anhebung der Regel-~ **BetrAVG** 6 20a; Zulässigkeit nach AGG **AGG** 10 3, **TzBfG** 14 72; *siehe auch „Altersgrenzenvereinbarungen"*

Altersgrenzenvereinbarungen SGB VI 41 6ff.; Befristungsgrund **TzBfG** 14 62ff.; Drei-Jahres-Frist **SGB VI** 41 16; einzelvertragliche Vereinbarung **SGB VI** 41 11; Inhalt **SGB VI** 41 9f.; kollektivarbeitsrechtliche Vereinbarungen **SGB VI** 41 12ff., **TzBfG** 14 65; persönlicher Anwendungsbereich **SGB VI** 41 7; Rechtsfolgen **SGB VI** 41 17; Schriftform **TzBfG** 14 66; Sonderregelungen **SGB VI** 41 8; Übergangsvorschriften **SGB VI** 41 18; Vereinbarungstypen **SGB VI** 41 11ff.; Zulässigkeit nach AGG **AGG** 10 13

Altersrente, Altersgrenze bei betrieblicher Altersversorgung **BetrAVG Vorb.** 105ff.; Altersgrenzenvereinbarungen *siehe dort*; betriebliche Altersversorgung **BetrAVG Vorb.** 36f.; Kündigungsschutz bei Altersrente *siehe dort*

Altersteilzeit ATZG Vorb. 1ff.; AGB-Kontrolle bei Blockmodell **BGB** 305c 5; Anerkennungsantrag **ATZG** 12 2ff.; Anspruch **ATZG** 2 5; Antragsverfahren **ATZG** 12 1ff.; arbeitgeberbezogene Voraussetzungen **ATZG** 3 1ff.; Arbeitnehmerbegriff **BetrVG** 5 15; arbeitnehmerbezogene Voraussetzungen **ATZG** 2 1ff.; Arbeitslosengeld **ATZG** 10 Rz.1ff.; arbeitsrechtliche Regelungen **ATZG** 8 1ff.; Aufstockungsleistungen **ATZG** 3 2ff.; Aufstockungszahlungen, bedingte **ATZG** 8 9ff.; Auskünfte und Prüfungen **ATZG** 13 1f.; Befristung der Förderungsfähigkeit **ATZG** 16 1ff.; Befristung bis Rentenbezug nach ~ **TzBfG** 14 73; Berechnung der Aufstockungsleistung **ATZG** 3 9ff.; Beschäftigtenzahl, Berechnung **ATZG** 7 1ff.; Betriebsübergang in der Insolvenz **BGB** 613a 367; Bußgeldvorschriften **ATZG** 14 1; Einkommensteuer **EStG** 19/38 67; Entgeltersatzleistungen **ATZG** 10 4ff.; Entstehung des ATZG **ATZG Vorb.** 2; Erlöschen des Anspruchs auf Förderung **ATZG** 5 1ff., 6, 10; Erstattungsbeträge **ATZG** 12 7; Erstattungspflicht des Arbeitnehmers **ATZG** 11 2; Förderung durch BA **ATZG** 4 1ff.; Förderung durch die BA **ATZG** 4 1ff.; Freiwilligkeit **ATZG** 2 4; grundsätzliche Möglichkeit **ATZG** 1 1; Halbierung der Arbeitszeit **ATZG** 2 11ff.; individuelle Festlegung des rentenbezogenen Endes **ATZG** 8 12; Insolvenzschutz **ATZG** 8a 1ff.; Kündigung während ~ **ATZG** 8 4f., 7; künftige Bedeutung **ATZG Vorb.** 11ff.; Mitwirkungspflichten des Arbeitnehmers **ATZG** 11 1ff.; Mustervertrag **ATZG Vorb.** 17; Organmitglieder **ATZG** 2 15; Rentenbeginn **ATZG** 2 10; Rückstellungsbildung **ATZG** 2 24; rückwirkende Vereinbarung **ATZG** 2 2; Ruhen des Anspruchs auf Förderung **ATZG** 5 5, 7ff.; Steuerfreiheit des Aufstockungsbetrags **ATZG** 3 7; Störfälle **ATZG** 10 9ff., **SGB IV** 7/7b 33ff.; Überforderungsklausel **ATZG** 3 29ff.; Verordnungsermächtigung **ATZG** 15 1ff.; versicherungspflichtige Beschäftigung **ATZG** 2 7f.; Verteilzeitraum **ATZG** 2 16ff.; Vertrag **ATZG** 2 2ff.; Voraussetzungen **ATZG Vorb.** 18; Vorteile **ATZG Vorb.** 18; vorzeitige Beendigung **ATZG** 12 9; Wertguthaben **ATZG** 2 14; Wiederbesetzungsproblematik **ATZG** 3 15ff.

Amtsenthebung BetrVG 24 10; Antrag **BetrVG** 23 13ff.; betriebsverfassungsrechtliche Abmahnung **BetrVG** 23 9; *gesetzliche Pflichten* **BetrVG** 23 4ff.; grobe Pflichtverletzung **BetrVG** 23 7; Verfahren **BetrVG** 23 13ff.; Verletzung der Schweigepflicht **BetrVG** 79 22; kein Verschulden **BetrVG** 23 8; Voraussetzungen **BetrVG** 23 4ff.; Wirkungen **BetrVG** 23 17; Zeitpunkt der Pflichtverletzung **BetrVG** 23 10

Anbahnung des Arbeitsverhältnisses BGB 611 1ff.

Anbahnungsverhältnis BGB 611 26ff.

Änderung des Arbeitsvertrags, Ablösung durch Betriebsvereinbarung und Tarifvertrag **BGB** 611 519ff.; AGB-Kontrolle von Änderungsvorbehalten **BGB Anh. zu 305–310** 19ff.; betriebliche Altersversorgung **BetrAVG Vorb.** 127; einseitige **BGB** 611 502ff.; einvernehmliche **BGB** 611 497ff.; Schriftformerfordernis **BGB** 611 500f.

Änderungskündigung, Abgrenzungsfragen **KSchG** 2 20ff.; Ablehnung des Änderungsangebots **KSchG** 2 47, 123; Abmahnung **KSchG** 2 59; allgemeine Rechtsunwirksamkeitsgründe **KSchG** 2 6; anderer freier Arbeitsplatz **KSchG** 2 60; Änderungsangebot **KSchG** 2 38ff.; Änderungsschutzklage **KSchG** 2 109ff.; Angebot befristeter Weiterbeschäftigung **KSchG** 2 18; aus Anlass einer Arbeitsunfähigkeit **EFZG** 8 9; Annahme unter Vorbehalt **KSchG** 2 124; Anwendungsbereich **KSchG** 2 15ff.; Arbeitskräfteüberhang **KSchG** 2 78; Arbeitslosmeldung **SGB III** 38 8; Arbeitsplatzteilung **TzBfG** 13 12; Arbeitszeitverteilung **KSchG** 2 75; Auflösungsantrag **KSchG** 9 4; außerordentliche **BGB** 626 332ff., **KSchG** 2 55, 84ff.; Beendigungskündigung statt ~ **KSchG** 2 10ff.; Beendigungskündigung als erstes Element **KSchG** 2 35ff.; Beteiligung von Betriebsrat/Personalrat **KSchG** 2 92ff.; betriebliche Altersversorgung **BetrAVG Vorb.** 128f.; betriebsbedingte **KSchG** 2 67ff.; Betriebsratsmitglied **KSchG** 2 61; Darlegungs- und Beweislast **KSchG** 2 118ff.; Direktionsrecht, Abgrenzung **KSchG** 2 25ff.; dogmatische Einordnung **KSchG** 2 1ff.; einseitige Leistungsbestimmung **KSchG** 2 22; Erlöschen des Vorbehalts **KSchG** 7 6; wegen Gleichbehandlungsgrundsatz **BGB** 611 214; Herabgruppierung **KSchG** 2 82, 89; Insolvenz **KSchG** 2 106; Klagefrist **KSchG** 2 52f., **KSchG** 4 2, 37ff.; Kosten einer Änderungsschutzklage **KSchG** 2 126ff.; Kündigungsverbote/-ausschlüsse **KSchG** 2 9; Maßregelungsverbot **BGB** 612a 13; Mischtatbestand **KSchG** 2 64; Mitbestimmungsrecht **BetrVG** 102 3, 39; mitbestimmungswidrige **BetrVG** 87 43; Nachweis wesentlicher Vertragsbedingungen **KSchG** 2 7; notwendige Zustimmungen **KSchG** 2 5; organisatorische Unternehmerentscheidung **KSchG** 2 70ff.; personenbedingte **KSchG** 2 65; prozessuale Fragen **KSchG** 2 107ff.; Reaktionsmöglichkeiten **KSchG** 2 47ff.; Rechtsfolgen **KSchG** 2 122ff.; Rücknahme **KSchG** 2 125; Schriftform **BGB** 623 18; Schwerbehinderteneigenschaft **KSchG** 2 58; Sonderkündigungsschutz von Funktionsträgern **KSchG** 2 104, **KSchG** 15 35; Sozialauswahl **KSchG** 2 79ff.; Streitwert **ArbGG** 12 22, **KSchG** 2 129; Teilkündigung, Abgrenzung **KSchG** 2 29; Ultima-Ratio-Prinzip **KSchG** 2 36; Umdeutung **KSchG** 2 124a; Unkündbarkeit **KSchG** 2 87ff.; verhaltensbedingte **KSchG** 2 66; Verringerung der Arbeitsmenge **KSchG** 2 78; Vertragsinhaltsschutz **KSchG** 2 2; Vorbehaltserklärung **KSchG** 2 50ff.; vorbehaltslose Annahme **KSchG** 2 48f.; Vorrang vor Beendigungskündigung **KSchG** 1 281f.; Weiterbeschäftigungsanspruch **KSchG** 2 54, 121; Widerrufsvorbehalt, Abgrenzung **KSchG** 2 28; widerspruchslose Weiterarbeit **KSchG** 2 49; Wiederherstellung der früheren Arbeitsbedingungen **KSchG** 8 1ff.; Zusammenhang **KSchG** 2 39ff.

Änderungsvorbehalt, AGB-Kontrolle **BGB** 308 4, **BGB Anh. zu 305–310** 19ff.; Provision **HGB** 65 4

Anerkenntnis ArbGG 55 8f.; Alleinentscheidung des Vorsitzenden **ArbGG** 55 8f.; Güteverhandlung **ArbGG** 54 36f.

Stichwortverzeichnis

Anfechtung wegen Irrtums, Anfechtungsgründe **BGB 119** 2 ff.; wegen Arbeitnehmerbegriff **BGB Vor 611** 25; Ausgleichsquittung **BGB 611** 424; außerordentliche Kündigung, Abgrenzung **BGB 626** 20 ff.; Betriebsvereinbarung **BetrVG 77** 92; Dienstvertrag **BGB 620** 24; Eigenschaftsirrtum **BGB 119** 3 ff.; Entgeltfortzahlung **EFZG 8** 13; Erklärung **BGB 119** 12; Frist **BGB 119** 14; Inhalts- und Erklärungsirrtum **BGB 119** 2; Irrtum **BGB 119** 1 ff.; Kausalität **BGB 119** 11; Klagefrist nach erklärter Anfechtung **BGB 119** 18; und Kündigung **KSchG 1** 43 f.; keine Kündigung i.S. des § 102 BetrVG **BetrVG 102** 5; Rechtsfolgen **BGB 119** 15 ff.; Treu und Glauben **BGB 119** 10

Anfechtung wegen Täuschung oder Drohung BGB 123 1 ff.; Ankündigung außerordentlicher Kündigung **BGB 123** 35; arglistige Täuschung **BGB 123** 2 ff.; Aufhebungsvertrag **BGB 123** 40 ff., **KSchG Anh. 9** 25 f.; Ausgleichsquittung **BGB 611** 424; außerordentliche Kündigung, Abgrenzung **BGB 626** 20 ff.; Dienstvertrag **BGB 620** 24; Entgeltfortzahlung **EFZG 8** 13; Erklärung **BGB 123** 36; Fragerecht des Arbeitgebers *siehe dort*; Frist **BGB 123** 37; Kausalität **BGB 123** 36; und Kündigung **KSchG 1** 43 f.; keine Kündigung i.S. des § 102 BetrVG **BetrVG 102** 5; Rechtsfolgen **BGB 123** 38; widerrechtliche Drohung **BGB 123** 35

Anfrageverfahren SGB IV 7/7b 58 ff.

Angebot der Arbeitsleistung BGB 615 25 ff.; Ablehnungserklärung **BGB 615** 33; Mitwirkungshandlung **BGB 615** 34 f.; tatsächliches **BGB 615** 27 ff.; wörtliches **BGB 615** 32 ff.; wörtliches, Entbehrlichkeit **BGB 615** 37 ff.

Angestellte BGB Vor 611 105 ff.; Rechtswegzuständigkeit **ArbGG 5** 2

Anhörungs- und Erörterungsrecht des Arbeitnehmers BetrVG 82 1 ff.; Abhilfe **BetrVG 82** 7; Anhörungsrecht **BetrVG 82** 3 ff.; Beteiligung eines Betriebsratsmitgliedes **BetrVG 82** 15; betriebliche Angelegenheiten **BetrVG 82** 4 f.; Beurteilung der Leistung **BetrVG 82** 13; Erläuterungen des Arbeitsentgelt **BetrVG 82** 10 ff.; Möglichkeiten der beruflichen Entwicklung **BetrVG 82** 14; Stellungnahme **BetrVG 82** 8; Streitigkeiten **BetrVG 82** 16; Zuständigkeit **BetrVG 82** 6

Anhörungsrüge ArbGG 78a 1 ff.; Anhörung des Gegners **ArbGG 78a** 7; Begründung **ArbGG 78a** 5; Beschlussverfahren **ArbGG 78a** 14; ehrenamtliche Richter **ArbGG 78a** 9; einstweilige Einstellung der Zwangsvollstreckung **ArbGG 78a** 11 ff.; Entscheidung des Gerichts **ArbGG 78a** 8; entscheidungserheblicher Verstoß **ArbGG 78a** 4; Form **ArbGG 78a** 6; Fortsetzung des Ausgangsverfahrens **ArbGG 78a** 10; Frist **ArbGG 78a** 6; sonstige Unanfechtbarkeit **ArbGG 78a** 3; Verfahren **ArbGG 78a** 7 ff.; Voraussetzungen **ArbGG 78a** 2 ff.

Anlernling BBiG 26 5

Annahmeverzug des Arbeitgebers BGB 615 1 ff.; Abdingbarkeit des Vergütungsanspruchs **BGB 615** 107; Angebot der Arbeitsleistung *siehe dort*; Annahme der Arbeitsleistung **BGB 615** 69 ff.; Anrechnung anderweitigen Erwerbs *siehe dort*; Anzeige wiederhergestellter Leistungsfähigkeit **BGB 615** 57 ff.; Ausschlussfristen **BGB 615** 83; Beendigung **BGB 615** 68 ff.; Beendigung des Arbeitsverhältnisses **BGB 615** 72 ff.; betriebliche Mitbestimmung **BGB 615** 19 f.; Darlegungs- und Beweislast **BGB 615** 108; Durchsetzung des Verzugslohnanspruchs **BGB 615** 108 ff.; Entgeltfortzahlung im Krankheitsfall **EFZG 3** 14; erfüllbares Arbeitsverhältnis **BGB 615** 12 ff.; Klageantrag des Arbeitnehmers **BGB 615** 111; Leiharbeitsvertrag **AÜG 11** 23 f.; Leistungsfähigkeit **BGB 615** 45, 49 ff.; Leistungswille **BGB** **615** 45 ff.; keine Nachleistung von Diensten **BGB 615** 76; Nichtannahme der Arbeitsleistung **BGB 615** 60 ff.; Rechtsfolgen **BGB 615** 76 ff.; Tarifklauseln **TVG 1** 95; Unmöglichkeit, Abgrenzung **BGB 615** 5 ff.; Unzumutbarkeit der Annahme **BGB 615** 66 f.; Vergütungsanspruch **BGB 611** 401, **BGB 615** 78 ff.; Verzicht auf Verzugslohn **BGB 615** 84; Voraussetzungen **BGB 615** 12 ff.

Anpassung der Betriebsrente BetrAVG 16 1 ff.; Anpassungssysteme **BetrAVG 16** 2 f.; Auszahlungspläne **BetrAVG 16** 24; Beitragszusage mit Mindestleistung **BetrAVG 16** 23; Belange des Versorgungsempfängers **BetrAVG 16** 9 ff.; Darlegungs- und Beweislast **BetrAVG 16** 35 f.; gerichtliche Entscheidung **BetrAVG 16** 34a; gesetzlicher Ausschluss **BetrAVG 16** 19 ff.; Insolvenz **BetrAVG 16** 25; jährliche einprozentige Anhebung **BetrAVG 16** 20 f.; Konzerndurchgriff **BetrAVG 16** 34; laufende Leistungen **BetrAVG 16** 5 ff.; nachholende **BetrAVG 16** 13 ff.; nachträgliche **BetrAVG 16** 16; öffentlicher Dienst **BetrAVG 16** 7, **BetrAVG 18** 6 f.; Prüfungspflicht, gesetzliche **BetrAVG 16** 4 ff.; reallohnbezogene Obergrenze **BetrAVG 16** 17 f.; Rhythmus der Prüfungen **BetrAVG 16** 8; Teuerungsausgleich **BetrAVG 16** 10 ff., 27 f.; Übergangsregelungen **BetrAVG 30c** 1 ff.; Überschussanteile **BetrAVG 16** 22; wirtschaftliche Lage des Arbeitgebers **BetrAVG 16** 26 ff.

Anrechnung anderweitigen Erwerbs BGB 615 85 ff.; nach § 11 KSchG **BGB 615** 87; anderweitiger Verdienst **BGB 615** 89 ff.; Arbeitssuchendmeldung bei der Arbeitsagentur **BGB 615** 101; Aufgabe/Beeinträchtigung vertraglicher Rechtspositionen **BGB 615** 98; Aufnahme anderweitiger Tätigkeit **BGB 615** 99; Auskunftsrecht des Arbeitgebers **BGB 615** 109 f.; Beschäftigungsmöglichkeit beim bisherigen Arbeitgeber **BGB 615** 95 f., 100; böswilliges Unterlassen **BGB 615** 93 ff.; Karenzentschädigung *siehe „Anrechnung anderweitigen Erwerbs (Karenzentschädigung)"*; Umfang **BGB 615** 88 ff.; Zumutbarkeit der anderweitigen Arbeit **BGB 615** 94; *siehe auch „Zwischenverdienst"*

Anrechnung anderweitigen Erwerbs (Karenzentschädigung) HGB 74c 1 ff.; 110 %-Grenze **HGB 74c** 2 ff.; 125 %-Grenze bei Wohnsitzverlegung **HGB 74c** 9 ff.; abweichende Vereinbarungen **HGB 74c** 24 f.; Arbeitslosengeld **HGB 74c** 18; Auskunfts- und Nachweisanspruch **HGB 74c** 26 ff.; Beweislast **HGB 74c** 23; böswilliges Unterlassen **HGB 74c** 21 f.; Einkünfte **HGB 74c** 13 ff.; Gewinne **HGB 74c** 16; Grenzen der Anrechnung **HGB 74c** 2 ff.; Nebeneinkünfte **HGB 74c** 17; Sozialabgaben **HGB 74c** 18

Anrechnung übertariflicher Zulagen BGB 611 539 ff.; AGB-Kontrolle bei Anrechnungsvorbehalten **BGB Anh. zu 305–310** 40; Mitbestimmung **BetrVG 87** 193 ff.

Anschlussberufung ArbGG 64 38 ff.; bedingte **ArbGG 64** 42; Begründung **ArbGG 64** 40; Begründungsfrist **ArbGG 64** 41; Berufungsanschlussschrift **ArbGG 64** 40; Kosten **ArbGG 64** 43

Anschlussbeschwerde ArbGG 89 8

Anschlussrevision ArbGG 74 38 ff.; unselbständige **ArbGG 74** 38

Antrag (Beschlussverfahren), Änderung des ~s **ArbGG 81** 24 ff.; Änderung des ~s in Beschwerdeinstanz **ArbGG 87** 13; Antragsbefugnis **ArbGG 81** 9 ff.; Antragshäufung **ArbGG 81** 8; Antragsschrift **ArbGG 81** 1 ff.; Auslegung **ArbGG 81** 14; Feststellungsanträge **ArbGG 81** 17 f.; Feststellungsinteresse **ArbGG 81** 13; Gestaltungsanträge **ArbGG 81** 16; Globalanträge **ArbGG 81** 19 ff.; Prozessstandschaft **ArbGG 81** 11 f.; Rechtsschutzinteresse **ArbGG 81** 15 ff.; Rücknahme **ArbGG 81** 29 ff.; Rück-

nahme in Beschwerdeinstanz **ArbGG 87** 11f.; Streitgegenstand **ArbGG 81** 4f.; als Wahl der Verfahrensart **ArbGG 81** 6
Antrittsgebühr, Entgeltfortzahlung **EFZG 4** 20
Anwartschaftsausweis, Pensionssicherungsverein **BetrAVG 9** 1f.
Anwerbung von Arbeitnehmern BGB 611 2ff.
Anwesenheitsprämie, Entgeltfortzahlung **EFZG 4** 22, 25
Anzeige gegen Arbeitgeber, außerordentliche Kündigung **BGB 626** 128ff.; verhaltensbedingter Kündigungsgrund **KSchG 1** 219ff.
Arbeiter BGB Vor 611 105ff.; Rechtswegzuständigkeit **ArbGG 5** 2; Ungleichbehandlung mit Angestellten **BGB 611** 219ff.
Arbeitgeber, Arbeitsverhältnis mit Mehrzahl von ~n **BGB Vor 611** 125f.; Beteiligter **ArbGG 83** 21f.; Eigentumsgarantie **GG 14** 18; Grundrechtsträger **GG 12** 29; Tariffähigkeit **TVG 2** 23ff.; Zwangsverfahren gegen den Arbeitgeber *siehe dort*
Arbeitgeberbegriff, des AGG **AGG 6** 6; des BetrAVG **BetrAVG 7** 29; des JArbSchG **JArbSchG 3** 1f.; des PflegeZG **PflegeZG 7** 3; des TVG **TVG 2** 24
Arbeitgeberdarlehen BGB 611 153ff.
Arbeitgeberhaftung BGB 619a 63ff.; Ausschlussklauseln **BGB 611** 454ff.; deliktische Ansprüche **BGB 619a** 69ff.; Klauselverbote **BGB 309** 10ff.; Leistungsstörungen **BGB 611** 404ff., **BGB 619a** 64ff.; Schutzgesetzverletzung **BGB 619a** 72; verschuldensabhängige **BGB 619a** 64ff.; verschuldensunabhängige *siehe* „Arbeitgeberhaftung, verschuldensunabhängige"; *siehe auch* „Haftungsausschluss bei Arbeitsunfall"; „Schadensersatzanspruch des Arbeitnehmers"
Arbeitgeberhaftung, verschuldensunabhängige BGB 619a 73ff.; Abgeltung des Schadensrisikos **BGB 619a** 81ff.; Analogie zu § 670 BGB **BGB 619a** 74; Einzelfälle **BGB 619a** 79f.; Kilometergeld **BGB 619a** 82; Mitverschulden **BGB 619a** 85; PKW des Arbeitnehmers, Schaden **BGB 611** 273, **BGB 619a** 80; Schaden **BGB 619a** 75; Schwerbehinderte **SGB IX 81** 32; Umfang des Ersatzanspruchs **BGB 619a** 84; Verschleißschäden **BGB 619a** 79; Verwirklichung eines betrieblichen Risikos **BGB 619a** 76ff.
Arbeitgeberverband, Aufgaben und Zuständigkeiten **GG 9** 96f.; kein Aufnahmeanspruch **TVG 3** 9; Ausschluss **GG 9** 103, **TVG 3** 12; Beteiligter **ArbGG 83** 31f.; Betriebsversammlungen **BetrVG 46** 1; Blitzaustritt **TVG 3** 11f.; Eintritt **TVG 3** 8; Ende der Mitgliedschaft **TVG 3** 10ff.; Geltungsbereich des AGG **AGG 18** 1; Mitgliedschaft **GG 9** 99ff., **TVG 3** 7; OT-Mitgliedschaft *siehe dort*; Parteifähigkeit **ArbGG 10** 3, 5f.; Satzungsautonomie **GG 9** 98; Spitzenorganisationen **TVG 12** 1ff.; Teilnahme an Betriebsversammlungen **BetrVG 46** 12ff.; Verbandsvertreter bei Prozess **ArbGG 11** 9f.; Wirtschaftsausschuss **BetrVG 108** 26f.; Zusammenwirken von Arbeitgeber und Betriebsrat mit ~ **BetrVG 2** 7ff.; *siehe auch* „Koalitionseigenschaft"; „Tariffähigkeit"; „Vereinigungen"
Arbeitnehmerähnliche Personen ArbGG 5 9f., **BGB Vor 611** 111ff.; Arbeitnehmer i.S. des BUrlG **BUrlG 2** 6; Arbeitnehmerbegriff **BetrVG 5** 11; Begriff **BGB Vor 611** 113; Einbeziehung vorformulierter Vertragsbedingungen **BGB 305** 13; Einzelfälle **BGB Vor 611** 114; Geltung des AGG **AGG 6** 5; Geltung des BetrAVG **BetrAVG 17** 7ff.; Nichtgeltung des NachwG **NachwG 1** 4; TVG *siehe* „Arbeitnehmerähnliche Personen, TVG-Geltung"
Arbeitnehmerähnliche Personen, TVG-Geltung TVG 12a 1ff.; Auftraggeber **TVG 12a** 12; Begriff der arbeitnehmerähnlichen Person **TVG 12a** 6ff.; Entstehungsgeschichte **TVG 12a** 1; Handelsvertreter

TVG 12a 15; künstlerische, schriftstellerische, journalistische Leistungen **TVG 12a** 14; mehrere Personen als Auftraggeber **TVG 12a** 13; persönliche Leistungserbringung **TVG 12a** 10; soziale Schutzbedürftigkeit **TVG 12a** 8; Tarifvertragsinhalte **TVG 12a** 17; Tarifvertragsparteien **TVG 12a** 16; Tätigkeit auf Grund von Dienst- oder Werkverträgen **TVG 12a** 9; verfassungsrechtliche Grundlagen **TVG 12a** 2f.; wirtschaftliche Abhängigkeit **TVG 12a** 7, 11
Arbeitnehmerbegriff ArbGG 5 1ff., **BetrVG 5** 1ff., **BGB Vor 611** 19ff.; abweichende Ansätze im Schrifttum **BGB Vor 611** 56ff.; nach AGG **AGG 6** 3; arbeitsrechtlicher **BGB Vor 611** 21ff.; nach ArbZG **ArbZG 2** 10; beispielhafte Abgrenzung **BetrVG 5** 11ff.; Beschäftigung aus karitativen oder religiösen Gründen **BetrVG 5** 44f.; Beschäftigung aus medizinischen oder erzieherischen Gründen **BetrVG 5** 46; besondere Personengruppen **ArbGG 5** 20ff.; nach BUrlG **BUrlG 2** 2ff.; nach DrittelbG **DrittelbG 2** 2ff.; nach EBRG **EBRG 17**; Einschränkung **BetrVG 5** 40ff.; Einzelfälle **BGB Vor 611** 103f.; fachliche Weisungsgebundenheit **BetrVG 5** 8; Familienangehörige des Arbeitgebers **BetrVG 5** 47; Feststellung und Geltendmachung **BGB Vor 611** 53f.; Freizügigkeit, EG **AEUV 45** 13ff.; Kündigungsschutz **KSchG 1** 3ff.; Merkmale **BGB Vor 611** 24ff.; nach MitbestG **MitbestG 3** 1; Mitglieder von Personengesamtheiten **BetrVG 5** 43; nach MuSchG **MuSchG 1** 3; örtliche und zeitliche Weisungsgebundenheit **BetrVG 5** 7; persönliche Abhängigkeit **BetrVG 5** 5ff., **BGB Vor 611** 42ff.; persönliche Weisungsgebundenheit **BGB Vor 611** 42ff.; privatrechtlicher Vertrag **BetrVG 5** 3f., **BGB Vor 611** 29ff.; problematische Fallgruppen **BGB Vor 611** 61ff.; rechtsmissbräuchliches Berufen auf Arbeitnehmereigenschaft **BGB Vor 611** 54; sozialversicherungsrechtlicher **BGB Vor 611** 19; steuerrechtlicher **BGB Vor 611** 20, **EStG 19/38** 37f.; Unselbständigkeit der Arbeitsleistung **BGB Vor 611** 40f.; Verpflichtung zur Arbeitsleistung **BGB Vor 611** 39; Vertreter juristischer Personen **BetrVG 5** 41f.; Weisungsgebundenheit **BGB Vor 611** 44ff.
Arbeitnehmerdarlehen BGB 611 156f.
Arbeitnehmer-Entsendegesetz, und Allgemeinverbindlichkeit **TVG 5** 39; Anmeldepflicht **AEntG Vorb.** 24; Aufsichtsbehörde **AEntG 17** 1ff.; Ausschluss von der Vergabe öffentlicher Aufträge **AEntG 21** 1f.; Bußgeldvorschriften **AEntG 23** 1ff.; EU-Recht **AEntG Vorb.** 7ff.; Entstehung **AEntG Vorb.** 1f.; Erstellen und Bereithalten von Dokumenten **AEntG 19** 1f.; Gerichtsstand **AEntG 15** 1f.; Haftung des Generalunternehmers **AEntG 14** 1ff.; Meldepflicht **AEntG 18** 1ff.; Mindestarbeitsbedingungen **AEntG 2** 1ff.; Mindestlohn **AEntG Vorb.** 16ff.; Prüfung und Kontrolle **AEntG Vorb.** 23; Tarifverträge, zwingende nach AEntG *siehe dort*; Urlaubsvergütung **AEntG Vorb.** 20; Verfassungsrecht **AEntG Vorb.** 5f.; Zweck **AEntG Vorb.** 1ff., **AEntG 1** 1f.
Arbeitnehmererfindung *siehe* „Erfindung/technischer Verbesserungsvorschlag"
Arbeitnehmerhaftung, AGB-Kontrolle **BGB Anh. zu 305-310** 1f.; gegenüber anderen Arbeitnehmern **BGB 619a** 57; Betriebsmittelgeber **BGB 619a** 60; Darlegungs- und Beweislast **BGB 619a** 43ff.; gegenüber Dritten **BGB 619a** 58ff.; Einschränkung *siehe* „Arbeitnehmerhaftung, Einschränkung"; Erweiterungsklauseln **BGB 611** 459; Grundlagen **BGB 619a** 2ff.; Haftungsausschluss bei Arbeitsunfall *siehe dort*; Leistungsstörungen **BGB 611** 407ff.; Mankohaftung *siehe dort*; *siehe auch* „Schadensersatzanspruch des Arbeitgebers"

Arbeitnehmerhaftung, Einschränkung BGB 619a 1, 11 ff.; Abdingbarkeit BGB 619a 46; begünstigter Personenkreis BGB 619a 20; betriebliche Tätigkeit BGB 619a 21 ff.; dogmatische Umsetzung BGB 619a 17 ff.; grobe Fahrlässigkeit BGB 619a 30 ff.; Haftpflichtversicherung des Arbeitnehmers BGB 619a 39; Kfz-Kaskoversicherung BGB 619a 40; leichteste Fahrlässigkeit BGB 619a 37; mittlere Fahrlässigkeit BGB 619a 34 ff.; Mitverschulden des Arbeitgebers BGB 619a 41 f.; sachliche Begründung BGB 619a 12 ff.; Schadensteilung BGB 619a 34; Schadensverteilung nach Verschuldensgrad BGB 619a 27 ff.; Sozialschutz BGB 619a 14 f.; Versicherungsschutz BGB 619a 38 ff.; Voraussetzungen BGB 619a 20 ff.; Vorsatz BGB 619a 29

Arbeitnehmerpflichten BGB 611 283 ff.

Arbeitnehmerschutzrecht, Arbeitsrecht als ~ BGB Vor 611 1 ff.

Arbeitnehmerüberlassung, Abgrenzung AÜG 1 6; Abordnung zu Arbeitsgemeinschaft AÜG 1 37 ff.; Anzeigepflichten AÜG 7 1 f.; Arbeitnehmerbegriff BetrVG 5 12 ff.; Arbeitnehmerüberlassungsvertrag siehe dort; Arbeitsleistung beim Dritten AÜG 1 21 ff.; Arbeitsschutz BGB 618 9; Arbeitsunfähigkeitsanzeige EFZG 5 13; keine Arbeitsvermittlung AÜG 1 36; Aufsichtsbehörden AÜG 17c 1; Auskunftspflichten AÜG 7 1 f., 9 ff.; Auskunftsverweigerungsrecht AÜG 7 24 f.; Ausland AÜG 1 55; Austauschkündigung KSchG 1 269; behördliche Nachschau AÜG 7 14 ff.; Berufsfreiheit GG 12 44; Betriebsratswahlberechtigung im Entleiherbetrieb BetrVG 7 15 ff.; Betriebsübergang BGB 613a 225; Betriebsübergang beim Entleiher AÜG 1 31a; Bundesagentur für Arbeit AÜG 17 1 ff.; Dauerverleih AÜG 1 35a; Dienstvertrag, Abgrenzung BetrVG 5 14; Drehtürklausel AÜG 3 39; Durchsuchungsrecht AÜG 7 19 ff.; Einschränkungen im Baugewerbe AÜG 1b 1 ff.; Erlaubniserteilung AÜG 2 1 ff.; Erlöschen der Erlaubnis AÜG 2 13 f.; Ersatzzustellung an Verleiher AÜG 18a 1; Erstellen und Bereithalten von Dokumenten AÜG 17c 1 f.; fehlende Betriebsstätte im EG-Raum oder EWR AÜG 3 40 ff.; Fiktion eines Arbeitsverhältnisses zum Entleiher AÜG 10 1 ff.; gesetzliche Vermutung der Arbeitsvermittlung AÜG 1 45 ff.; Gleichstellung natürlicher oder juristischer Personen aus dem EWR AÜG 3 53 f.; Gleichstellungsgebot AÜG 10 28 ff.; Gleichstellungsverbot, Verstoß gegen AÜG 3 28 ff.; grenzüberschreitende AEntG 8 5; Grundkenntnisse des Arbeits- und Sozialrechts AÜG 3 15 ff.; Hauptleistungspflicht des Verleihers AÜG 12 5 f.; Hinweis bei Wegfall der Erlaubnis AÜG 11 21, AÜG 12 7; internationale Abkommen AÜG 3 55; Kleinbetriebe AÜG 1a 1 ff.; Kollegenhilfe AÜG 1 54a; Konzern AÜG 1 53 f.; Kosten für Erlaubnis AÜG 2a 1 f.; Leiharbeitsvertrag siehe dort; Lohnuntergrenze AÜG 3a 1 ff.; mangelhafte Betriebsorganisation AÜG 3 23 ff.; Meldepflicht AÜG 17c 1 f.; Mitbestimmung im Entleiherbetrieb AÜG 14 14 ff.; Mitbestimmung in Entleiherdienststelle AÜG 14 24 f.; Mitbestimmung bei personeller Einzelmaßnahme BetrVG 99 10; nachvertragliches Wettbewerbsverbot HGB 74 58; natürliche oder juristische Personen außerhalb des EWR AÜG 3 47 ff.; Nebenbestimmungen zur Erlaubnis AÜG 2 6 ff.; Nebenpflichten des Entleihers AÜG 12 9; nichtige Erlaubnis AÜG 4 2; Ordnungswidrigkeiten AÜG 16 1 ff.; Personalaustausch AÜG 1 50 ff.; im Rahmen wirtschaftlicher Tätigkeit AÜG 1 5; rechtswidrige Erlaubnis AÜG 4 1, 3 ff.; Rücknahme der Erlaubnis AÜG 4 1 ff.; statistische Meldungen AÜG 8 1 ff.; Straftat: Entleih ausländischer Arbeitnehmer ohne Genehmigung AÜG 15a 1 ff.; Straftat: Verleih ausländischer Arbeitnehmer ohne Genehmigung AÜG 15 1 ff.; Synchronisationsverbot AÜG 1 35a; Tarifvertrag Mindestarbeitsbedingungen AÜG 3a 3; unwirksame Rechtsgeschäfte AÜG 9 1 ff.; Unzuverlässigkeit AÜG 3 8 ff.; Verlängerung der Erlaubnis AÜG 2 12; Vermittlungsvergütung AÜG 9 20; Versagung der Erlaubnis AÜG 3 1 ff.; Versagungsgründe AÜG 3 5 ff.; Verstoß gegen Gleichstellungsverbot AÜG 9 12; Verwaltungszwang AÜG 6 1 ff.; vorübergehende Überlassung AÜG 1 35 f.; Weisungsrecht des Entleihers AÜG 1 17 ff.; Werkvertrag, Abgrenzung BetrVG 5 14; Widerruf der Erlaubnis AÜG 5 1 ff.; wirtschaftliche Betätigung AÜG 1 32 ff.; Zugang zu Gemeinschaftseinrichtungen und -diensten AÜG 9 13, AÜG 13b 1 ff.; Zusammenarbeit von Behörden gegen illegale Beschäftigung AÜG 18 1 ff.

Arbeitnehmerüberlassungsgesetz, Ausnahmen vom Anwendungsbereich AÜG 1 49 ff.; Geltungsbereich AÜG 1 3 f.; Regelungszweck AÜG 1 1; Übergangsvorschrift AÜG 19 1

Arbeitnehmerüberlassungsvertrag AÜG 1 12 ff.; Einstellungsverbot AÜG 9 14 f.; Ende AÜG 12 10; fehlende Verleihererlaubnis AÜG 9 4 ff.; Hauptleistungspflicht des Verleihers AÜG 12 5 f.; Hinweis bei Wegfall der Erlaubnis AÜG 12 7; Nebenpflichten des Entleihers AÜG 12 9; Schriftform AÜG 12 2 ff.; Vergütung AÜG 12 8; Weisungsrecht des Entleihers AÜG 1 17 ff.; Werkvertrag, Abgrenzung AÜG 1 16 ff.

Arbeitsbefreiung wegen Betriebsratstätigkeit BetrVG 37 6 ff.; Aufgabenbereich des Betriebsrates BetrVG 37 7 ff.; Erforderlichkeit nach Art und Umfang BetrVG 37 10 ff.; Lohnausfallprinzip BetrVG 37 14; ohne Minderung des Arbeitsentgelts BetrVG 37 14 ff.; siehe auch „Freistellung von Betriebsratsmitgliedern"

Arbeitsbereitschaft ArbZG 2 5, BGB 611 324, 326; Einwilligung bei tarifvertraglicher Arbeitszeitverlängerung ArbZG 7 19; tarifvertragliche Arbeitszeitverlängerung ArbZG 7 4, 11

Arbeitsbescheinigung, materiell-rechtlicher Anspruch ArbGG 2 91; Rechtswegzuständigkeit ArbGG 2 86 f., 89

Arbeitsdirektor MitbestG 33 1 ff.; gleichberechtigte Stellung im Vertretungsorgan MitbestG 33 7 ff.; Mindestzuständigkeit MitbestG 33 3 f.; Repräsentation des Unternehmens MitbestG 33 6; zusätzliche Aufgaben MitbestG 33 5

Arbeitsentgelt BGB 611 85 ff.; Abrechnung siehe „Arbeitsentgelt, Abrechnung"; Abrufarbeit TzBfG 12 3, 29; Annahmeverzug des Arbeitgebers BGB 615 78 ff.; Anrechnung von Waren auf das ~ GewO 107 57 ff.; Arbeitsverhinderung aus persönlichen Gründen siehe dort; Aufhebungsvertrag und ~ KSchG 9 Anh. 38a; außerordentliche Änderungskündigung BGB 626 336; außerordentliche Eigenkündigung wegen Äquivalenzstörung BGB 626 310; außerordentliche Eigenkündigung wegen Rückstand BGB 626 317; Bereitschaft BGB 611 85; Bereitschaftsdienst BGB 611 322 f.; besondere Arten BGB 611 101 ff.; betriebliche Übung hinsichtlich Erhöhung BGB 611 237; Betriebsratsmitglied BetrVG 37 15; Betriebsversammlung BetrVG 44 23 ff.; Eigenkündigung wegen Rückstand BGB 614 17; einstweilige Verfügung auf Zahlung ArbGG 62 78 ff.; Elternzeit BEEG Vor 15–21 4 ff.; Entgeltgleichheit (AGG) AGG 8 3 ff.; Entgeltgleichheit (EU) siehe dort; Entgeltgleichheit (GG) GG 3 80, 82; Entstehungsgeschichte des § 107 GewO GewO 107 2; Erhöhung, Gleichbehandlung BGB 611 224; Erläuterungen des ~s durch Arbeitgeber BetrVG 82 10 ff.; Euro-Bargeld, grenzüberschreitendes Transportpersonal AEntG 13a 1 f.; Fälligkeit der Vergütung siehe *dort*; Frage des Arbeitgebers zum bisherigen ~ **BGB 123** 11; Geldschuld **BGB 611** 87; Geldzahlungspflicht **GewO 107** 12; Geltungsbereich des § 107 GewO **GewO 107** 6 ff.; Gleichbehandlungsgrundsatz **BGB 611** 223 ff.; Höhe **BGB 611** 86; Jugend- und Auszubildendenvertreter **BetrVG 65** 17; kaufmännische Angestellte **HGB 59** 4; Kreditierungsverbot **GewO 107** 47 ff.; Ladung durch Erfassungs- und Wehrersatzbehörde **ArbPlSchG 14** 1; lohnsteuerrechtlicher Arbeitslohnbegriff **EStG 19/38** 44 ff.; Mindest-~ bei fingiertem Arbeitsverhältnis zum Entleiher **AÜG 10** 17; Mindest-~, Verzicht nach AEntG **AEntG 9** 1 ff.; Mindestentgeltsätze nach AEntG **AEntG 5** 2; Mindestlohn **AEntG Vorb.** 16 ff.; Nachweis des ~s **NachwG 2** 29 ff.; Reduzierung aufgrund Tarifvertrag **BGB 611** 544 ff.; Rückzahlung des Arbeitsentgelts *siehe dort*; Sachbezüge *siehe dort*; Stillschweigend vereinbarte Vergütung *siehe dort*; Stillzeit **MuSchG 7** 4; Streik **GG 9** 192; bei Suspendierung **BGB 611** 174; Tarifklauseln **TVG 1** 96; Teilvergütung bei außerordentlicher Kündigung *siehe dort*; Teilzeitbeschäftigte **TzBfG 4** 3 ff.; Trinkgeld *siehe dort*; Truckverbot *siehe dort*; Verweigerung bei Streik **GG 9** 215 ff.; Währung **GewO 107** 16 ff.; Zahlungsmodalitäten **BGB 611** 93 ff.; Zwangsvollstreckung des Anspruchs **ArbGG 62** 38; Zwischenverdienst *siehe dort*

Arbeitsentgelt, Abrechnung **GewO 108** 1 ff.; Anspruch auf Entgeltbescheinigung **GewO 108** 31 ff.; Anspruchsinhaber **GewO 108** 9; Entfallen der Abrechnungspflicht **GewO 108** 26 ff.; Entstehungsgeschichte **GewO 108** 2 f.; Fälligkeit des Anspruchs **GewO 108** 11 ff.; Form **GewO 108** 14; Inhalt **GewO 108** 15 ff.; Rechtsnatur des Anspruchs **GewO 108** 6 ff.; Sinn und Zweck **GewO 108** 4 f.; Verletzung der Abrechnungspflicht **GewO 108** 29 f.; Zeitraum **GewO 108** 16 f.; Zusammensetzung des Arbeitsentgelts **GewO 108** 18 ff.; Zwangsvollstreckung des Anspruchs **ArbGG 62** 35

Arbeitserlaubnis, außerordentliche Kündigung bei Fehlen **BGB 626** 133 ff.; Entgeltfortzahlung im Krankheitsfall bei Fehlen **EFZG 3** 21; fehlende **BGB 611** 56; Freizügigkeit, EG **AEUV 45** 34; personenbedingte Kündigung wegen Fehlens **KSchG 1** 124

Arbeitsförderung, Arbeitskampf **GG 9** 331 ff.

Arbeitsgemeinschaften BetrVG 3 16, 18; Abordnung keine Arbeitnehmerüberlassung **AÜG 1** 37 ff.; Rechtsstellung **BetrVG 3** 35

Arbeitsgerichte, Besetzung **ArbGG 6** 1 ff.

Arbeitsgerichtsbarkeit ArbGG 1 1 ff.; Deutsche Gerichtsbarkeit *siehe dort*

Arbeitsgruppe, Begriff **BetrVG 28a** 3 ff.; Betriebsgröße **BetrVG 28a** 7; Delegation von Mitbestimmungsrechten **BetrVG 87** 31; Gruppenvereinbarungen **BetrVG 28a** 17 ff.; Inhalt und Zweck **BetrVG 28a** 1 f.; Kündigung der Gruppenvereinbarung **BetrVG 28a** 21; Nachwirkung der Gruppenvereinbarung **BetrVG 28a** 21; Rahmenvereinbarung **BetrVG 28a** 8 ff.; Rückfall der Beteiligungsrechte **BetrVG 28a** 22; Streitigkeiten **BetrVG 28a** 24; Übertragungsbeschluss **BetrVG 28a** 11 ff.; Vereinbarung als Betriebsvereinbarung **BetrVG 77** 9; Voraussetzungen für die Übertragung **BetrVG 28a** 7 ff.; Widerruf der Übertragung **BetrVG 28a** 23; Wirkungen der Übertragung **BetrVG 28a** 15 ff.

Arbeitskampf GG 9 146 ff.; arbeitnehmerähnliche Personen **TVG 12a** 19; Arbeitskampfstreitigkeiten *siehe dort*; Arbeitslosengeld bei Arbeitskämpfen *siehe dort*; außerordentliche Kündigung **BGB 626** 136 ff.; außerordentliche Kündigung Schwerbehinderter **SGB IX 91** 12; Beamte **GG 9** 320 f.; Begriff **GG 9** 146; Betriebsbesetzungen/-blockaden **GG 9** 266; Betriebsratsmitglied **BetrVG 74** 12; Betriebsverfassung **GG 9** 323 ff.; deliktisches Haftungssystem **GG 9** 176; Durchsetzung von Rechtsansprüchen **GG 9** 284; EG-Grundfreiheiten **GG 9** 356 ff.; Eigentumsgarantie **GG 14** 36 ff.; einfachgesetzliche Regelungen **GG 9** 156 f.; Entgeltfortzahlung an Feiertagen **EFZG 2** 20; Entgeltfortzahlung im Krankheitsfall **EFZG 3** 17; Entscheidung **GG 9** 346; Erhaltungsarbeiten **GG 9** 290 f., 293 f.; Erkämpfbarkeit schuldrechtlicher Vereinbarungen **GG 9** 280 f.; Ersatzgesetzgebung des BAG **GG 9** 164; Europäische Sozialcharta **GG 9** 261 f.; Existenzvernichtung des Gegners **GG 9** 269; Folgepflicht **GG 9** 348; freie Kampfmittelwahl **GG 9** 165; Friedenspflicht **GG 9** 285; Geltungsbereich des Tarifvertrages **GG 9** 289; gesamtwirtschaftliches Gleichgewicht **GG 9** 276; Grenzen **GG 9** 258 ff.; Grundsatz der Tarifeinheit **GG 9** 283; um internationalen Tarifvertrag **GG 9** 364 f.; internationales ~recht **Rom I-VO** 50; internes Verbandsrecht **GG 9** 346 ff.; Kampfrechte der Arbeitnehmerseite **GG 9** 178 ff.; kollektivrechtliche Einheitstheorie **GG 9** 175 ff.; kollektivvertragliche ~ordnungen **GG 9** 159 ff.; Kollisionsrecht bei internationalen Arbeitskämpfen **GG 9** 359 ff.; Kündigungsanhörung gemäß § 102 BetrVG **BetrVG 102** 11; Kündigungsschutzgesetz **KSchG 25** 1 ff.; Kurzarbeitergeld **SGB III 100** 1 ff.; Länderverfassungen **GG 9** 158; Leiharbeitnehmer **AÜG 11** 26 ff.; Lohnausgleichvereinbarung **GG 9** 319; Massenänderungskündigung **GG 9** 248 ff.; Maßnahmen keine Kündigung **KSchG 1** 49; Maßregelungsverbot **BGB 612a** 14 ff., **GG 9** 318; Mitbestimmung bei Kurzarbeit **BetrVG 87** 89, **GG 9** 326; Mitbestimmung bei personellen Einzelmaßnahmen **BetrVG 99** 11 ff., **GG 9** 327; Mitbestimmung bei Überstunden **BetrVG 87** 89; Notdienstarbeiten **GG 9** 290, 292 f.; öffentlicher Dienst **GG 9** 320 f.; Personalvertretungsrecht **GG 9** 328; politische ~maßnahmen **GG 9** 272 ff.; Polizeirecht **GG 9** 345; Reaktionsmöglichkeiten der Arbeitgeberseite **GG 9** 209 ff.; Rechtsfolgen bei Unzulässigkeit **GG 9** 295 ff.; Rechtsgrundlagen **GG 9** 149 ff.; Schranken aus dem Grundgesetz **GG 9** 258 ff.; Solidaritätsprinzip **GG 9** 174; Sozialrecht **GG 9** 330 ff.; staatliche Neutralität **GG 9** 171 ff.; als Straftat **GG 9** 342 f.; Straftaten im Rahmen eines ~es **GG 9** 344; Sympathie-~ **GG 9** 270 f.; Tarifautonomie **GG 9** 277 ff.; Tarifbezogenheit **GG 9** 278 f.; tariffähige Koalitionen **GG 9** 282; Tarifpluralität **GG 9** 283; Übermaßverbot **GG 9** 169 f.; überstaatliche Regelungen **GG 9** 151 ff.; Ultima-ratio-Prinzip **GG 9** 263 f.; unbeeinflussbare Ziele **GG 9** 270 f.; unbeteiligte Dritte **GG 9** 274 f.; unlautere Kampfmittel **GG 9** 265 ff.; Unternehmensmitbestimmung **GG 9** 329; unwirksame Regelungsziele **GG 9** 267; Urabstimmung **GG 9** 287; Urlaubsanspruch **BUrlG 1** 28 f., **BUrlG 3** 42 f.; Urlaubsentgelt **BUrlG 11** 52 f.; verfahrensmäßige Voraussetzungen **GG 9** 286 ff.; verhaltensbedingter Kündigungsgrund **KSchG 1** 222; Verhandlungsparität **GG 9** 166 ff.; Zivilrechtsdogmatik **GG 9** 175 ff.; Zugangsrecht von Gewerkschaften zum Betrieb **BetrVG 2** 19; Zurückbehaltungsrecht, gemeinsam ausgeübtes **GG 9** 254 ff.; *siehe auch „Aussperrung"; „Boykott"; „Streik"*

Arbeitskampfstreitigkeiten, Arbeitslosengeld/Kurzarbeitergeld **ArbGG 2** 47; bürgerliche Rechtsstreitigkeit **ArbGG 2** 45 ff.; einstweilige Verfügung **ArbGG 62** 74, **GG 9** 351 ff.; hoheitliche Maßnahmen **ArbGG 2** 46; Maßnahmen zum Zwecke des Arbeitskampfes **ArbGG 2** 50 f.; Parteien **ArbGG 2** 54 ff.; Rechtswegzuständigkeit **ArbGG 2** 44 ff., **GG 9** 349 f.; unerlaubte Handlung **ArbGG 2** 49

Arbeitskleidung, Weisungsrecht **GewO 106** 46
Arbeitsleistung *siehe* „Arbeitspflicht"
Arbeitslohn *siehe* „Arbeitsentgelt"
Arbeitslosengeld, Ablauf einer Befristung **SGB III 158** 36; Ablauf der ordentlichen Kündigungsfrist **SGB III 158** 20f.; Altersteilzeit **ATZG 10** 1ff.; Anspruch auf Arbeitsentgelt **SGB III 157** 5ff.; Arbeitsentgelt **SGB III 157** 6ff.; Arbeitskämpfe *siehe* „Arbeitslosengeld bei Arbeitskämpfen"; außerordentliche Kündigung und Abfindung **SGB III 158** 37ff.; Berechnung des Ruhenszeitraums bei Abfindung **SGB III 158** 20ff.; Entlassungsentschädigung **SGB III 158** 18f.; fiktive Kündigungsfrist **SGB III 158** 22f.; Freibetrag bei Abfindung **SGB III 158** 29ff.; Gleichwohlgewährung *siehe dort*; Jahreszeitraum **SGB III 158** 27f.; quantitative Begrenzungen des Ruhenszeitraums **SGB III 158** 15ff.; Rechtswegzuständigkeit bei Arbeitskampf **ArbGG 2** 47; rückwirkender Wegfall des Entgeltanspruchs **SGB III 157** 12f.; Ruhen des Anspruchs bei Abfindung **KSchG Anh. 9** 52, **SGB III 158** 1ff.; Ruhen des Anspruchs bei Arbeitsentgelt **SGB III 157** 1ff.; Ruhen des Anspruchs wegen Urlaubsabgeltung **SGB III 157** 14ff.; Ruhensdauer **SGB III 157** 11; Sperrzeit *siehe dort*; zeitliche Begrenzung des Ruhenszeitraums **SGB III 158** 12ff.
Arbeitslosengeld bei Arbeitskämpfen GG 9 333ff., 355, **SGB III 160** 1ff.; Entscheidung des Neutralitätsausschusses **SGB III 160** 31ff.; fachlicher, aber nicht räumlicher Geltungsbereich des umkämpften Tarifvertrags **SGB III 160** 19ff.; Gleichartigkeit der erhobenen Forderungen **SGB III 160** 20f.; Härteregelung **SGB III 160** 30; mittelbare Betroffenheit vom Arbeitskampf **SGB III 160** 16ff.; Neutralitätspflicht **SGB III 160** 2, 6ff.; Nichtbeteiligung am Arbeitskampf **SGB III 160** 8f.; persönliche Partizipation **SGB III 160** 28f.; räumlicher Geltungsbereich des umkämpften Tarifvertrags **SGB III 160** 18; Rechtsschutz gegen Entscheidung des Neutralitätsausschusses **SGB III 160** 34ff.; rechtswidrige Arbeitskampfmaßnahmen **SGB III 160** 11f.; Übernahmeprognose **SGB III 160** 26f.
Arbeitslosengelderstattung bei älteren Arbeitnehmern Anrechnung auf Sozialplanabfindungen **BetrVG 112** 56
Arbeitslosenversicherung, Elternzeit **BEEG Vor 15–21** 14
Arbeitslosmeldung *siehe* „Arbeitssuchendmeldung/Arbeitslosmeldung"
Arbeitsort BGB 611 332ff.; ausdrückliche Vereinbarung **GewO 106** 25f.; keine ausdrückliche Vereinbarung **GewO 106** 27ff.; betriebsbedingte Kündigung **KSchG 1** 321f.; Betriebsverlegung **GewO 106** 30; Einzelfälle **BGB 611** 336ff.; Gerichtsstand des ~s **ArbGG 48** 83af.; Grenzen des Weisungsrechts **GewO 106** 72ff.; langjährige Übung **BGB 611** 335; Nachweis des ~s **NachwG 2** 21ff.; prozessuale Bedeutung **BGB 611** 343; wechselnder Einsatzort **BGB 611** 337; Weisungsrecht **GewO 106** 24f.
Arbeitspapiere, außerordentliche Kündigung **BGB 626** 140; einstweilige Verfügung auf Herausgabe **ArbGG 62** 76f.; Entgeltbescheinigung **GewO 108** 31ff.; Rechtswegzuständigkeit **ArbGG 2** 82ff.; Streitwert **ArbGG 12** 26; Zwangsvollstreckung der Herausgabe **ArbGG 62** 37
Arbeitspflicht BGB 611 283ff.; Arbeitsverhinderung aus persönlichen Gründen *siehe dort*; Art und Beschaffenheit der Arbeit **BGB 611** 287ff.; ausdrückliche Inhaltsbestimmung **BGB 611** 289; außerordentliche Kündigung bei Verletzung der ~ **BGB 626** 141ff.; Direktionsrecht **BGB 626** 147f.; einseitige Inhaltsbestimmung **BGB 611** 293ff.; einstweilige Verfügung **ArbGG 62** 75; enge Tätigkeitsbeschreibung **GewO 106** 20; generelle Tätigkeitsbeschreibung **GewO 106** 16ff.; Grenzen des Weisungsrechts **GewO 106** 56ff.; Inhalt **BGB 611** 286ff., **GewO 106** 15ff.; Inhaltsbestimmung auf Grund der Umstände **BGB 611** 290f.; Intensität der Arbeit **BGB 611** 299ff.; Konkretisierung **BGB 611** 290f.; Nachweis der zu leistenden Tätigkeit **NachwG 2** 24ff.; normative Inhaltsbestimmung **BGB 611** 292; Notfall **GewO 106** 21; Persönliche Arbeitsleistung *siehe dort*; prozessuale Durchsetzung **BGB 611** 344ff.; Qualität der Arbeit **BGB 611** 301; Tätigkeitsgebundenheit **BGB 611** 285; Zwangsvollstreckung **ArbGG 62** 36
Arbeitsplatzausschreibung, Beteiligungsrechte bei Arbeitsplatzausschreibung *siehe dort*, Stellenausschreibung *siehe dort*
Arbeitsplatzteilung TzBfG 13 1ff.; Änderungskündigung **TzBfG 13** 12; Bestandsschutz **TzBfG 13** 11ff.; Mitbestimmung **TzBfG 13** 15; Störfälle **SGB IV 7/7b** 33ff.; Tarifvertrag **TzBfG 13** 14; Turnusarbeit **TzBfG 13** 13; vertragliche Regelungen **TzBfG 13** 2ff.; Vertretungsregelungen **TzBfG 13** 7ff.
Arbeitsplatzwechsel außerordentliche Eigenkündigung **BGB 626** 311
Arbeitsrechtliche Gesetze BGB Vor 611 143
Arbeitsschutz HGB 62 1f.; allgemeine Aufgaben des Betriebsrats **BetrVG 80** 57f.; Anwendungsbereich **BGB 618** 8f.; Arbeitnehmeranhörung zu ~maßnahmen **BetrVG 81** 16; Arbeitsstättenverordnung **BGB 618** 15; außerordentliche Eigenkündigung **BGB 626** 312; außerordentliche Kündigung **BGB 626** 156; Bedeutung des technischen ~es **BGB 618** 12; Beschwerderecht **BGB 618** 42; deliktische Ansprüche **BGB 618** 39; EU-Recht **BGB Vor 611** 140; Entfernungsrecht **BGB 618** 32; Erfüllungsanspruch **BGB 618** 28f.; Gefahr **BGB 618** 11; Gesundheit **BGB 618** 10; Haftungsausschluss **BGB 618** 40; häusliche Gemeinschaft **BGB 618** 27; Infektion **BGB 618** 22; Körperschutzausrüstung **BGB 618** 20; Kündigungsrecht **BGB 618** 41; Leiharbeitnehmer **AÜG 11** 32f.; Mutterschutz **MuSchG 2** 1ff.; Nachteilsverbot **BGB 618** 43; Normzweck **BGB 618** 1ff.; öffentlich-rechtlicher **BGB 618** 6f.; privatrechtliche Pflicht **BGB 618** 5; Räume **BGB 618** 14ff.; Regelung der Dienstleistungen **BGB 618** 19ff.; Relativität **BGB 618** 13; Schadensersatzanspruch **BGB 618** 34ff.; Schutzmaßnahmen **BGB 618** 1ff.; Sondervorschriften **BGB 618** 4; Überanstrengungen **BGB 618** 21; Unabdingbarkeit im Voraus **BGB 619** 1f.; verhaltensbedingte Kündigung bei Verstoß **KSchG 1** 252; Vorrichtungen und Gerätschaften **BGB 618** 17f.; Zurückbehaltungsrecht **BGB 618** 30f., 33
Arbeitssuchendmeldung/Arbeitslosmeldung BGB 620 36f., **SGB III 38** 1ff.; Anrechnung anderweitigen Erwerbs und Böswilligkeit **BGB 615** 101; Änderungskündigungen **SGB III 38** 8; Anspruchskürzung bei Arbeitslosengeld **SGB III 38** 9f.; bei Aufhebungsvertrag **KSchG Anh. 9** 54; vor Beendigung des Arbeitsverhältnisses **TzBfG 15** 2; Belehrungspflicht des Arbeitgebers **SGB III 38** 13f.; Kommunikationsmittel **SGB III 38** 7; persönliche Meldung bei Arbeitsagentur **SGB III 38** 4ff.; Sperrzeit **SGB III 38** 9f.; vorübergehende Verhinderung **SGB III 38** 5f.; Zeitpunkt **SGB III 38** 5f.
Arbeitsunfähigkeit EFZG 3 33ff.; Arbeitsunfähigkeitsanzeige *siehe dort*; Arbeitsunfähigkeitsbescheinigung *siehe dort*; außerordentliche Eigenkündigung **BGB 626** 316; außerordentliche Kündigung wegen Ankündigung **BGB 626** 161; außerordentliche Kündigung wegen Vortäuschens **BGB 626** 159ff.; Begriff **EFZG 3** 43ff.; betriebliches Eingliederungsmanagement **SGB IX 84** 11; Dauer

EFZG 3 79 ff.; Ende **EFZG** 3 78 ff.; Entgeltfortzahlung an Feiertagen **EFZG** 2 15, **EFZG** 4 41; Ersatztätigkeit **EFZG** 3 47 f.; geschuldete Arbeitsleistung **EFZG** 3 39 ff.; Hausgewerbetreibende **EFZG** 10 7; Heimarbeiter **EFZG** 10 1 ff.; Kontrolluntersuchung durch medizinischen Dienst **EFZG** 5 54; Krankheit *siehe dort*; Kündigung aus Anlass der ~ **EFZG** 8 6 ff.; als Kündigungsmotiv **EFZG** 8 15 ff.; Kurzarbeit **EFZG** 4 42; Leistungsstörung **BGB** 611 393; Teil-~ **EFZG** 3 46; während des Urlaubs **BGB** 611 405, **BUrlG** 9 1 ff.; Urlaubsanspruch **BUrlG** 7 139 f.; verhaltensbedingte Kündigung wegen vorgetäuschter ~ **KSchG** 1 234; wiederholte ~ infolge derselben Krankheit **EFZG** 3 96 ff.; Zeiten im Zeugnis **GewO** 109 28

Arbeitsunfähigkeitsanzeige, Arbeitnehmer **EFZG** 5 2; Ausland **EFZG** 5 43 ff.; außerordentliche Kündigung **BGB** 626 157; Folgemitteilung **EFZG** 5 15 f.; Fortsetzungserkrankung **EFZG** 5 8; Inhalt **EFZG** 5 6 ff.; Inland **EFZG** 5 4 ff.; Normzweck und -entstehung **EFZG** 5 1; Rückkehr aus dem Ausland **EFZG** 5 52; Transplantatentnahme **EFZG** 5 3; Unverzüglichkeit **EFZG** 5 11 f.; verhaltensbedingte Kündigung **KSchG** 1 233; Verletzung der Mitteilungspflicht **EFZG** 5 16; Zeitpunkt **EFZG** 5 9 ff.

Arbeitsunfähigkeitsbescheinigung EFZG 5 17 ff.; Arbeitnehmer **EFZG** 5 2; Arzt **EFZG** 5 19; Ausland **EFZG** 5 43, 47 f.; außerordentliche Kündigung wegen Nichtvorlage **BGB** 626 158; Berechnung der Dreitagedauer **EFZG** 5 30 f.; Beweiswert **EFZG** 5 38 ff.; Beweiswert einer ausländischen ~ **EFZG** 5 49 ff.; bis drei Krankheitstage **EFZG** 5 29; ab drei Krankheitstagen **EFZG** 5 30 ff.; Folgebescheinigung **EFZG** 5 25; Inhalt und Form **EFZG** 5 20 ff.; Inland **EFZG** 5 4; Kosten **EFZG** 5 27; Leistungsverweigerungsrecht **EFZG** 7 4 ff.; Normzweck und -entstehung **EFZG** 5 1; rückwirkende **EFZG** 5 23; Transplantatentnahme **EFZG** 5 3; „während des Urlaubs" **BUrlG** 9 10; verhaltensbedingte Kündigung **KSchG** 1 233; Verletzung der Nachweispflicht **EFZG** 5 42; Verzicht des Arbeitgebers **EFZG** 5 53; Vordruck **EFZG** 5 26; vorzeitige Vorlage auf Verlangen **EFZG** 5 36 f.; Zweifel an Richtigkeit **EFZG** 5 40 f.

Arbeitsunfall, Entgeltfortzahlung im Krankheitsfall **EFZG** 3 57; freiwillige Betriebsvereinbarung **BetrVG** 88 12 f.; Haftungsausschluss bei Arbeitsunfall *siehe dort*

Arbeitsverhältnis Begründungsformen **BGB** 611 63 ff.; faktische Beendigung **KSchG** 1 48; fingiertes ~ zum Entleiher **AÜG** 10 1 ff.; ruhendes Arbeitsverhältnis *siehe dort; siehe auch* „Beschäftigungsverhältnis"

Arbeitsverhinderung aus persönlichen Gründen BGB 616 1 ff.; Abdingbarkeit **BGB** 616 49 f.; Anspruchsvoraussetzungen **BGB** 616 8 ff.; Anzeige- und Nachweispflichten **BGB** 616 45; Arbeitslosmeldung **BGB** 616 34; Arbeitsverhinderung **BGB** 616 13 ff.; Arztbesuch **BGB** 616 21 f.; Auszubildende **BBiG** 19 5; belastungsbezogene Betrachtungsweise **BGB** 616 40; Berufsausbildungsverhältnis **BGB** 616 38; Dauer **BGB** 616 37 ff.; Dienstverhältnis **BGB** 616 8 ff.; ehrenamtliche Tätigkeiten **BGB** 616 28; Einzelfälle **BGB** 616 19 ff.; Entgeltfortzahlung **BGB** 616 46; Entgeltfortzahlung im Krankheitsfall **EFZG** 3 31; ereignisbezogene Betrachtungsweise **BGB** 616 41; familiäre Ereignisse **BGB** 616 25 f.; fehlendes Verschulden **BGB** 616 44; Fortbestand des Vergütungsanspruchs **BGB** 616 1; Freizeit zur Stellungssuche **BGB** 629 6 ff.; Kausalität **BGB** 616 36; *mehrfache Verhinderungsfälle BGB* 616 43; öffentliche Pflichten **BGB** 616 27; persönliche Gründe **BGB** 616 17 f.; Pflege naher Angehöriger **BGB** 616 23 f., 42; Prüfungen **BGB** 616 31; Rechtsfolgen **BGB** 616 46 ff.; religiöse Pflichten **BGB** 616 33; Schadensersatzanspruch gegen Dritten **BGB** 616 48; Sonderregelungen **BGB** 616 5 ff.; Tarifklauseln **TVG** 1 97; Unvermeidbarkeit der Arbeitsverhinderung **BGB** 616 16; Unwetter **BGB** 616 35; Verkehrsstörungen **BGB** 616 35

Arbeitsvermittlung, Arbeitskampf **GG** 9 331 f.

Arbeitsverträge BGB Vor 611 148 ff.; Ablösung durch Kollektivverträge **BGB** 611 519 ff.; AGB-Kontrolle *siehe dort*; Berufsfreiheit **GG** 12 63 ff.; Gleichheitssatz **GG** 3 34 ff.; grundsätzliche Formfreiheit **BGB** 611 37; inhaltliche Bestimmtheit **BGB** 611 33; Inhaltskontrolle **BGB** 611 415 ff.; Urlaub **BUrlG** 13 16 ff.; als Verbraucherverträge **BGB** 310 1 ff.; Wirksamkeitsvoraussetzungen **BGB** 611 31 ff.

Arbeitsvertragsrichtlinien NachwG 2 59

Arbeitsverweigerung, Abmahnung **BGB** 626 146; außerordentliche Kündigung **BGB** 626 141 ff.; Direktionsrecht **BGB** 626 147 f.; Gewissensgründe **BGB** 611 397, **BGB** 626 150 ff.; nach Tätigkeitswechsel **BGB** 626 155; verhaltensbedingter Kündigungsgrund **KSchG** 1 223 f.

Arbeitsvölkerrecht AEUV Vorb. 2 ff., **BGB Vor** 611 132 ff.; Arbeitskampf **GG** 9 151; Richterrecht **AEUV Vorb.** 26

Arbeitszeit BGB 611 303 ff.; Abweichungen bei tarifungebundenem Arbeitgeber **ArbZG** 7 12 ff.; AGB-Kontrolle bei Vereinbarungen **BGB Anh. zu** 305–310 28 ff.; Aufsichtsbehörde **ArbZG** 17 1 ff.; Aufzeichnungs- und Nachweispflicht **ArbZG** 16 5 ff.; Ausbildungszeit, tägliche **BBiG** 11 6; Auskunft des Arbeitgebers **ArbZG** 17 5, 7; Ausnahmen im dringenden öffentlichen Interesse **ArbZG** 15 9 ff., 13; außergewöhnliche Fälle **ArbZG** 14 1 ff.; Bau- und Montagestellen **ArbZG** 15 3, 5, 13; Befugnisse der Aufsichtsbehörde **ArbZG** 17 6; Begriff **ArbZG** 2 2 ff., **BGB** 611 303; Behandlung, Pflege, Betreuung **ArbZG** 14 17; Beispiele **ArbZG** 2 6 f.; Berufsfreiheit **GG** 12 43, 59; Bestimmung der Dauer **GewO** 106 33 ff.; Bestimmung der Lage **BGB** 611 310 ff., **GewO** 106 32, 38 ff.; betriebsbedingte Kündigung wegen Änderung **KSchG** 1 321, 323 ff.; Binnenschifffahrt **ArbZG** 21 1; bisherige ~ iSd. ATZG **ATZG** 6 1 ff.; Dauer **BGB** 611 304 ff.; Einzelfälle **BGB** 611 328 ff.; Ermächtigung des Bundesministeriums für Verteidigung **ArbZG** 15 12 ff.; europarechtswidrige Tarifverträge **ArbZG** 25 3; fingiertes Arbeitsverhältnis zum Entleiher **AÜG** 10 11 f.; Flexibilisierung **ArbZG** 7 1 ff.; Forschung und Lehre **ArbZG** 14 15; gefährliche Arbeiten **ArbZG** 8 1 ff.; Grenzen des Weisungsrechts **GewO** 106 77 ff.; Günstigkeitsprinzip **TVG** 4 36a; Höchstarbeitszeit, werktägliche *siehe dort*; nach JArbSchG **JArbSchG** 4 1 ff., **JArbSchG** 8 1 ff.; kirchlicher Bereich **ArbZG** 7 16 f.; kontinuierliche Schichtbetriebe **ArbZG** 15 3 ff., 13; Kraftfahrer **ArbZG** 21a 1 f.; Luftfahrt **ArbZG** 20 1 f.; mehrere Arbeitgeber **ArbZG** 2 8 f.; Nachweis **NachwG** 2 34; Notfallarbeiten *siehe dort*; öffentlicher Dienst **ArbZG** 15 7, 13, **ArbZG** 19 1 ff.; Offshore-Arbeiten **ArbZG** 15 11a; Saison- und Kampagnebetriebe **ArbZG** 15 6, 13; Schadensverhütung, vorübergehende Beschäftigung **ArbZG** 14 14; Stichwort-ABC **ArbZG** 2 1; tarifvertragliche Abweichungen **ArbZG** 7 3 ff.; Vor- und Abschlussarbeiten **ArbZG** 14 16

Arbeitszeitbetrug, außerordentliche Kündigung **BGB** 626 220

Arbeitszeitflexibilisierung Beschäftigungsverhältnis **SGB IV** 7/7b 33 ff.; Flexi-Konten und Beschäftigungsverhältnis bei längerer Freistellung **SGB IV** 7/7b 47a; Kündigungsschutz **SGB IV** 7/7b 45 f.; tarifvertragliche **ArbZG** 7 1 ff.

Arbeitszeitgesetz, Arbeitnehmer in häuslicher Gemeinschaft **ArbZG** 18 5; Aushangpflicht **ArbZG** 16 1 ff.; Entstehungsgeschichte **ArbZG** 1 1 f.; Flexibilisierung **ArbZG** 1 4; Geltungsbereich **ArbZG** 1 6 f.; Gesundheitsschutz des Arbeitnehmers **ArbZG** 1 2 f.; Nichtanwendbarkeit des Gesetzes **ArbZG** 18 1 ff.; Sonn- und Feiertagsarbeit **ArbZG** 1 5; Spezialregelungen **ArbZG** 1 7; Übergangsvorschriften für Tarifverträge **ArbZG** 25 1 ff.; Umsetzung von zwischenstaatlichen Vereinbarungen/von EU-Recht **ArbZG** 24 1; Zweck **ArbZG** 1 2 ff.

Arrest ArbGG 62 46 ff.; Anordnung der Klageerhebung **ArbGG** 62 60; Aufhebung wegen veränderter Umstände **ArbGG** 62 61 f.; im Beschlussverfahren **ArbGG** 85 7; Gerichtsgebühren **ArbGG** 12 5; Güteverhandlung **ArbGG** 54 14; neue Tatsachen **ArbGG** 56 74; Rechtswegzuständigkeit **ArbGG** 2 11; keine Revisionsbeschwerde **ArbGG** 77 3; Verfahren **ArbGG** 62 52 ff.; Vollziehung **ArbGG** 62 63; Zuständigkeit **ArbGG** 48 8 f.

Ärzte in der Weiterbildung, Befristungen **TzBfG** 23 41 f.

Ärztliche Untersuchung BGB 611 385; Bewerber **BGB** 611 12; Freistellung bei Schwangerschaft und Mutterschaft **MuSchG** 16 1 ff.

Assessment-Center BGB 611 18

Aufhebungsvertrag, Abfindung **KSchG Anh.** 9 40 ff.; Abschluss **KSchG Anh.** 9 1; Abwicklung des Arbeitsverhältnisses **KSchG Anh.** 9 45; AGB-Kontrolle **KSchG Anh.** 9 35 ff.; Anfechtung **KSchG Anh.** 9 25 f.; Anfechtung wegen Täuschung oder Drohung **BGB** 123 40 ff.; aus Anlass einer Arbeitsunfähigkeit **EFZG** 8 11 f.; Anrechnung von Abfindungen auf Arbeitslosengeld **KSchG Anh.** 9 52; Arbeitssuchendmeldung **KSchG Anh.** 9 54; Art und Zeitpunkt der Beendigung **KSchG Anh.** 9 38; Aufklärungs- und Hinweispflichten **BGB** 611 246, **KSchG Anh.** 9 17 ff.; Ausgleichsklausel **KSchG Anh.** 9 47; außerordentliche Kündigung, Abgrenzung **BGB** 626 24 ff.; als Befristung **TzBfG** 14 87; Betriebsübergang **BGB** 613a 311 f.; Beweislast **KSchG Anh.** 9 Anh. 23b; Dienstvertrag **BGB** 620 29 ff.; einzelne Klauseln **KSchG Anh.** 9 37 ff.; gerichtlicher Vergleich im schriftlichen Verfahren **KSchG Anh.** 9 4a; durch Geschäftsführerdienstvertrag **KSchG Anh.** 9 9 ff.; Inhalt **KSchG Anh.** 9 33 ff.; Inhaltskontrolle **BGB Anh. zu 305–310** 3 ff.; konkludenter **KSchG Anh.** 9 8 ff.; keine Kündigung i.S. des § 102 BetrVG **BetrVG** 102 6; Kündigung zwischen Abschluss und Beendigung **KSchG Anh.** 9 32; und Kündigungsschutz **KSchG** 1 45; nachvertragliches Wettbewerbsverbot **HGB** 74 70; Rückabwicklung **KSchG Anh.** 9 31; Rückkehrrecht, AGB-Kontrolle **BGB Anh. zu 305–310** 42; Rücktritt **KSchG Anh.** 9 30; Schriftform **BGB** 623 21 ff., **KSchG Anh.** 9 2 ff.; Sperrzeit **KSchG Anh.** 9 49 ff., **SGB III** 159 10 ff.; Teilvergütung bei außerordentlicher Kündigung **BGB** 628 23; Verstoß gegen Schriftformerfordernis **BGB** 623 49 ff.; durch Vorstandsdienstvertrag **KSchG Anh.** 9 9 f., 9c; Wegfall der Geschäftsgrundlage **KSchG Anh.** 9 30a; Widerrufsrecht **KSchG Anh.** 9 27 ff.; Wirksamkeit **KSchG Anh.** 9 13 ff.

Aufklärungspflicht, gerichtliche mündliche Verhandlung **ArbGG** 57 6 ff.

Aufklärungspflichten des Arbeitgebers BGB 611 244 ff.; Aufhebungsvertrag **BGB** 611 246, **KSchG Anh.** 9 17 ff.

Auflösende Bedingung, nicht anwendbare Bestimmungen **TzBfG** 21 3; Arbeitsvertrag **TzBfG** 3 6 f., **TzBfG** 21 1 ff.; Dienstvertrag **BGB** 620 23; Diskriminierungs- und Benachteiligungsverbot **TzBfG** 21 4; Erprobung als sachlicher Grund **TzBfG** 14 43 f.; Erwerbsminderung **TzBfG** 14 76 ff., **TzBfG** 21 15; Gleichstellung mit Sachgrund **TzBfG** 21 2 f.; Sachgründe **TzBfG** 21 5 ff.; unzulässige **TzBfG** 21 22; Weiterbeschäftigung nach Kündigung **TzBfG** 14 85a

Auflösung des Betriebsrates BetrVG 13 12, **BetrVG** 23 18 ff.; grobe Pflichtverletzung **BetrVG** 23 19; kollektive Pflichtverletzung **BetrVG** 23 18; Neuwahl **BetrVG** 23 25; Verfahren **BetrVG** 23 21 f.; Wirkungen **BetrVG** 23 24

Auflösungsantrag KSchG 9 1 ff.; Abfindung *siehe dort*; andere Abfindungsregelungen **KSchG** 9 27 f.; Antrag **KSchG** 9 3 ff.; des Arbeitgebers **KSchG** 9 12, 20 ff.; des Arbeitnehmers **KSchG** 9 15 ff.; außerordentliche Kündigung **KSchG** 13 9 f.; beidseitiger **KSchG** 9 23; Bestand des Arbeitsverhältnisses **KSchG** 9 13 f.; Bestandsschutz **KSchG** 9 1; Betriebsübergang **KSchG** 9 14; Entgeltfortzahlung **EFZG** 8 14; Entscheidung des Gerichts **KSchG** 9 24 ff.; Gründe **KSchG** 9 2; Gründe des Arbeitgebers **KSchG** 9 20 ff.; leitende Angestellte **KSchG** 14 12; Sozialwidrigkeit **KSchG** 9 10 ff.; Sperrzeit **SGB III** 159 8; Unzumutbarkeit der Fortsetzung des Arbeitsverhältnisses **KSchG** 9 15 ff.; Zeitpunkt **KSchG** 9 8

Auflösungsvertrag *siehe „Aufhebungsvertrag"*

Aufrechnung, Klauselverbote **BGB** 309 4; Rechtsweg **ArbGG** 48 42; Rechtswegzuständigkeit **ArbGG** 2 19; Streitwert **ArbGG** 12 26; Urlaubsabgeltungsanspruch **BUrlG** 7 123

Aufsichtsrat *siehe „Unternehmensmitbestimmung", „Aufsichtsrat (DrittelbG) – AG, KGaA", „Aufsichtsrat (DrittelbG) – GmbH", „Aufsichtsrat (MitbestG)"*

Aufsichtsrat (DrittelbG) – AG, KGaA DrittelbG 1 1; Abberufung **DrittelbG** 12 1 ff.; Alt-Gesellschaften **DrittelbG** 1 12; Anwendungsbereich **DrittelbG** 1 1 ff.; ausländische Gesellschaften **DrittelbG** 1 2 ff.; Ausschüsse **DrittelbG** 1 19; Bekanntmachung der Mitglieder **DrittelbG** 8 1; Benachteiligungsverbot **DrittelbG** 9 1; Beschlussfähigkeit **DrittelbG** 4 6 ff.; Binnenorganisation **DrittelbG** 1 18 ff.; Familiengesellschaft **DrittelbG** 1 14 ff.; Formwechsel **DrittelbG** 1 13; formwechselnde Umwandlung **DrittelbG** 1 9; Grundsatz der Gesamtverantwortung **DrittelbG** 1 25; Gründungsstadium **DrittelbG** 1 8; Mitbestimmungsvereinbarungen **DrittelbG** 1 21; Neu-Gesellschaften **DrittelbG** 1 10 f.; Rechte, Pflichten, Kompetenzen (AG) **DrittelbG** 1 22; Rechte, Pflichten, Kompetenzen (KGaA) **DrittelbG** 1 23; Rechtsstellung der Aufsichtsratsmitglieder **DrittelbG** 1 24 ff.; Schweigepflicht für Arbeitnehmervertreter **BetrVG** 79 19; Tendenzbetriebe **DrittelbG** 1 52 ff.; Verschwiegenheitsverpflichtung **DrittelbG** 1 26; Vorsitzender **DrittelbG** 1 18; vorzeitige Beendigung der Amtszeit **DrittelbG** 12 5 ff.; Wahl *siehe „Wahl der Aufsichtsratsmitglieder (DrittelbG)"*; Zusammensetzung **DrittelbG** 4 1 ff.; Zusammensetzung Arbeitnehmervertreter **DrittelbG** 4 10; *siehe auch „Unternehmensmitbestimmung"*

Aufsichtsrat (DrittelbG) – GmbH DrittelbG 1 1, 29 ff.; Abberufung **DrittelbG** 12 1 ff.; Anwendungsbereich **DrittelbG** 1 1 ff., 30; Arbeitnehmervertreter **DrittelbG** 1 46; ausländische Gesellschaften **DrittelbG** 1 2 ff.; Bekanntmachung der Mitglieder **DrittelbG** 8 1; Benachteiligungsverbot **DrittelbG** 9 1; Beschlussfähigkeit **DrittelbG** 4 6 ff.; Binnenorganisation **DrittelbG** 1 33 ff.; Formwechsel **DrittelbG** 1 32; Gründungsstadium **DrittelbG** 1 31; Handlungs- und Mitentscheidungsrechte **DrittelbG** 1 42 f.; Mitbestimmungsvereinbarung **DrittelbG** 1 34 f.; Personalkompetenz **DrittelbG** 1 40; Rechte, Pflichten, Kompetenzen **DrittelbG** 1 39 ff.; Schweigepflicht für Arbeitnehmervertreter **BetrVG** 79 19; Tendenzbetriebe **DrittelbG** 1 52ff.; Überwachungskompetenz **DrittelbG** 1 41; vorzeitige Beendigung der Amtszeit **DrittelbG** 12 5ff.; Wahl *siehe* „Wahl der Aufsichtsratsmitglieder (DrittelbG)"; Zahl der Mitglieder **DrittelbG** 1 33; Zusammensetzung **DrittelbG** 4 1ff.; Zusammensetzung Arbeitnehmervertreter **DrittelbG** 4 10; *siehe auch* „Unternehmensmitbestimmung"

Aufsichtsrat (DrittelbG) – VVaG DrittelbG 1 47ff.

Aufsichtsrat (MitbestG), Abberufung von Mitgliedern **MitbestG** 23 1ff.; Abberufung der Mitglieder des Vertretungsorgans **MitbestG** 31 1, 8; Abberufung des Vorsitzenden **MitbestG** 27 7; Abberufung aus wichtigem Grund **MitbestG** 23 3f.; Abberufungsverfahren **MitbestG** 23 2; Ablauf des Statusverfahrens **MitbestG** 6 6ff.; Abstimmungen **MitbestG** 29 1ff.; Amtszeit der Arbeitnehmervertreter **MitbestG** 18 44; Amtszeit des Vorsitzenden **MitbestG** 27 6; Arbeitsdirektor *siehe dort*; Ausschüsse **MitbestG** 25 5; Behinderungsverbot **MitbestG** 26 1ff.; Bekanntmachungsverfahren **MitbestG** 6 7ff.; Benachteiligungsverbot **MitbestG** 26 1, 5f.; Beschluss **MitbestG** 29 2; Beschlussfähigkeit **MitbestG** 28 1ff.; Beschränkung hinsichtlich Vertretungsorgans bei Ober-/Untergesellschaft **MitbestG** 32 1ff.; Bestellung und Abberufung der Mitglieder **MitbestG** 6 20f.; Bestellung und Abberufung des Vorstandsvorsitzenden **MitbestG** 31 10; Bestellung der Mitglieder des Vertretungsorgans **MitbestG** 31 1ff.; dienstrechtlicher Anstellungsvertrag **MitbestG** 31 11ff.; Entsendungsrecht **MitbestG** 8 2; Ergänzungen **MitbestG** 24 3; erstmalige Anwendung des MitbestG **MitbestG** 37 3; gerichtliches Feststellungsverfahren **MitbestG** 6 15f.; Größe **MitbestG** 7 1; innere Ordnung bei AG, KGaA, GmbH **MitbestG** 25 3ff.; innere Ordnung bei Genossenschaft **MitbestG** 25 7; Interessenkonflikt **MitbestG** 29 4; Kündigungsschutz **MitbestG** 26 6; Mehrheitsprinzip **MitbestG** 29 3; obligatorische Bildung **MitbestG** 6 1; Paritätsprinzip **MitbestG** 7 1; Rechte des Vorsitzenden **MitbestG** 27 8; Rechte, Pflichten, Kompetenzen **MitbestG** 25 8ff.; Rechte, Pflichten, Kompetenzen bei AG **MitbestG** 25 9; Rechte, Pflichten, Kompetenzen bei Genossenschaft **MitbestG** 25 14; Rechte, Pflichten, Kompetenzen bei GmbH **MitbestG** 25 11ff.; Rechte, Pflichten, Kompetenzen bei KGaA **MitbestG** 25 10; Rechtsstellung der Mitglieder bei AG, KGaA, GmbH **MitbestG** 25 15ff.; Rechtsstellung der Mitglieder bei Genossenschaft **MitbestG** 25 18; Schweigepflicht für Arbeitnehmervertreter **BetrVG** 79 19; Spaltungen **MitbestG** 6 12; Statusverfahren **MitbestG** 6 2ff.; Stimmverbot **MitbestG** 29 4; Streitigkeiten hinsichtlich Abberufung **MitbestG** 23 5; Überleitungsvollzug **MitbestG** 6 17f.; Umstrukturierungen **MitbestG** 6 11; Unternehmen(ver)käufe **MitbestG** 6 11; Verlust der Wählbarkeit **MitbestG** 24 1f.; Vermittlungsausschuss **MitbestG** 27 9ff.; Verschmelzungen **MitbestG** 6 12; Vertretungsorgan bei erstmaliger Anwendung des MitbestG **MitbestG** 37 4f.; Vorsitz **MitbestG** 27 1ff.; Wahl der Aufsichtsratsmitglieder (MitbestG) *siehe dort*; Wahl des Vorsitzenden/Stellvertreters **MitbestG** 27 2ff.; Wahlverfahren für die Mitglieder des Vertretungsorgans **MitbestG** 31 3ff.; Zusammensetzung **MitbestG** 7 1f.; zweite Abstimmung **MitbestG** 29 7; Zweitstimme des Vorsitzenden **MitbestG** 29 5ff.

Auftrag BGB Vor 611 10

Auftragsmangel, betriebsbedingter Kündigungsgrund **KSchG** 1 294

Aufwendungsersatz BGB 611 270ff.; Betriebsratsmitglieder **BetrVG** 37 16; Bewerber **BGB** 629 7; Entgeltfortzahlung im Krankheitsfall **EFZG** 4 18, 26; Fahrerkarte **BGB** 611 274; Unfallschaden am dienstlich genutzten Privat-Kfz **BGB** 611 273; Urlaubsentgelt **BUrlG** 11 26

Ausbildender BBiG 10 4; Ausbildungsmittel **BBiG** 14 7f.; Beauftragung eines Ausbilders **BBiG** 14 5f.; berufliche Fertigkeiten, Kenntnisse und Fähigkeiten **BBiG** 30 3ff.; Berufsschule **BBiG** 14 9; charakterliche Förderung **BBiG** 14 12f.; Eignung zum Einstellen und Ausbilden **BBiG** 28 1; fachliche Eignung **BBiG** 30 1ff.; Freistellung des Auszubildenden **BBiG** 15 1ff.; persönliche Eignung **BBiG** 29 1ff.; Pflicht zur Berufsausbildung **BBiG** 14 1ff.; schriftlicher Ausbildungsnachweis **BBiG** 14 10f.; Übertragung von Verrichtungen **BBiG** 14 14f.; Untersagung des Einstellens und Ausbildens **BBiG** 33 4ff.

Ausbilder, berufliche Fertigkeiten, Kenntnisse und Fähigkeiten **BBiG** 30 3ff.; Bestellung **BBiG** 28 2; Eignungsverordnung **BBiG** 30 8; fachliche Eignung **BBiG** 30 1ff.; höhere Anforderungen an Eignung **BBiG** 30 7; Mitbestimmung bei Bestellung und Abberufung **BetrVG** 98 8ff.; persönliche Eignung **BBiG** 29 1ff.; Überwachung der Eignung **BBiG** 32 1ff., 6ff.; Untersagung des Ausbildens **BBiG** 33 4ff.; widerrufliche Zuerkennung der fachlichen Eignung **BBiG** 30 9

Ausbildungsberufe, Anerkennung **BBiG** 4 1f., 5; Aufhebung der Anerkennung **BBiG** 4 5; Erprobung neuer ~ **BBiG** 6 1

Ausbildungskosten *siehe* „Fort- und Ausbildungskosten"

Ausbildungsnachweis, schriftlicher **BBiG** 14 10f.

Ausbildungsordnung BBiG 4 3f.; Mindestinhalt **BBiG** 5 1ff.; möglicher weiterer Inhalt **BBiG** 5 6ff.

Ausbildungsstätte, Ausbildung außerhalb **BBiG** 27 6f.; Eignung **BBiG** 27 1ff.; fehlende Eignung **BBiG** 33 1ff., 6ff.; Land- und Hauswirtschaft **BBiG** 27 8f.; Überwachung der Eignung **BBiG** 32 1, 3ff.

Ausbildungsvergütung, Anrechnung von Sachleistungen **BBiG** 17 8f.; Bemessung **BBiG** 18 1; besondere **BBiG** 17 10; Fälligkeit **BBiG** 18 2ff., **BGB** 614 8; Fortzahlung bei Ausfall der Berufsausbildung **BBiG** 19 4ff.; Fortzahlung bei Freistellung **BBiG** 19 1ff.; Höhe **BBiG** 17 4ff.; persönliche Verhinderung **BBiG** 19 5; Rechtsnatur **BBiG** 17 1ff.

Ausbildungsvertrag *siehe* „Berufsausbildungsvertrag"

Ausbildungszeit, Anrechnung **BBiG** 7 1ff.; Verkürzung **BBiG** 8 1; Verlängerung **BBiG** 8 3f.

Ausgleichsklausel KSchG Anh. 9 47

Ausgleichsquittung KSchG Vor 1 28ff.; AGB-Kontrolle **BGB** 305c 5, **BGB Anh. zu** 305–310 57ff., **BGB** 611 420ff.; Anfechtung **BGB** 611 424; Urlaubsabgeltungsanspruch **BUrlG** 13 50; Verzichtbarkeit des Anspruchs **BGB** 611 422

Aushilfsarbeitsverhältnis TzBfG 14 13ff.; Kündigung **BGB** 622 109ff.; Nichtgeltung des NachwG **NachwG** 1 6; Urlaubsanspruch **BUrlG** 2 7

Auskunftsperson für Betriebsrat BetrVG 80 84ff.; Aufgaben **BetrVG** 80 86; Erforderlichkeit **BetrVG** 80 87; keine jederzeitige Anforderung **BetrVG** 80 89; Sachkunde **BetrVG** 80 91; sachkundige Arbeitnehmer **BetrVG** 80 88ff.; Schutzbestimmungen **BetrVG** 80 95; Tätigkeit **BetrVG** 80 93; Vergütung **BetrVG** 80 94; Vorschlagsrecht **BetrVG** 80 92; Zweck **BetrVG** 80 85

Auskunftspflichten BGB 611 242f.

Auslagen ArbGG 12 6ff.; Fälligkeit **ArbGG** 12 8ff.; Kostenschuldner **ArbGG** 12 11f.

Ausländerfeindliche Äußerungen, außerordentliche Kündigung **BGB** 626 183

Ausländische Arbeitnehmer, Aufhebungsvertrag **KSchG Anh.** 9 12; Berufsausbildungsvertrag **BBiG**

10 9f.; Entgeltfortzahlung an Feiertagen **EFZG** 2 11; fehlende Arbeitserlaubnis **BGB 611** 56; freiwillige Betriebsvereinbarung zur Integration **BetrVG** 88 24ff.; illegale Beschäftigung **SGB IV 7/7b** 56

Auslandsentsendung, Arbeitnehmerbegriff **BetrVG** 5 15a; Ausstrahlung des BetrVG **Rom I-VO** 44f.; betriebliche Altersversorgung **BetrAVG Vorb.** 17; Entgeltfortzahlung **EFZG** 1 11; Entgeltfortzahlung an Feiertagen **EFZG** 2 10; Geltungsbereich des BetrVG **BetrVG Vorb.** 5ff.; Nachweispflicht **NachwG** 2 48ff.; Rechtsordnung **Rom I-VO** 20ff.; *siehe auch* „Arbeitnehmer-Entsendegesetz"

Auslösung BGB 611 149ff.; Entgeltfortzahlung **EFZG** 4 21

Ausschließung, Gerichtspersonen **ArbGG** 49 1ff.; Gründe **ArbGG** 49 6; Personenkreis **ArbGG** 49 5; des Prozessbevollmächtigten bei Ausbleiben der Partei **ArbGG** 51 23ff.; Verfahren **ArbGG** 49 7f.

Ausschlussfrist bei außerordentlicher Kündigung BGB 626 338ff.; Anhörung **BGB 626** 360f.; Anwendungsbereich **BGB 626** 340ff.; Beginn **BGB 626** 348ff.; Berechnung **BGB 626** 372f.; Berufsausbildungsverhältnis **BBiG** 22 13; Beteiligung des Betriebsrats **BGB 626** 382ff.; betriebsbedingte Kündigung **BGB 626** 367; Darlegungs- und Beweislast **BGB 626** 425ff.; Dauertatbestände **BGB 626** 363ff.; Druckkündigung **BGB 626** 370f.; Kenntnis von Kündigungstatsachen **BGB 626** 357ff.; Kündigungsberechtigung **BGB 626** 349ff.; mehrere zum Teil verfristete Kündigungsgründe **BGB 626** 67f.; Normzweck **BGB 626** 338f.; Rechtsfolgen des Fristablaufs **BGB 626** 375ff.; rechtsmissbräuchliches Berufen auf ~ **BGB 626** 378ff.; Unabdingbarkeit **BGB 626** 374; Verdachtskündigung **BGB 626** 294, 368f.

Ausschlussfristen BGB 611 425ff.; AGB-Kontrolle **BGB Anh. zu 305–310** 7ff.; Annahmeverzugslohn **BGB 615** 83; Auslegung **TVG** 4 77; Beendigung des Arbeitsverhältnisses **TVG** 4 81; Begriff **TVG** 4 73; Entschädigung nach AGG **AGG** 15 12f.; Fälligkeit des Anspruchs **TVG** 4 80; Geltendmachung des Anspruchs **TVG** 4 79f., 82ff.; Haftung des bisherigen Betriebsinhabers **BGB 613a** 298; Inhaltskontrolle **TVG** 4 78; Karenzentschädigung **HGB** 74 100; Mindeststundenentgelt bei Leiharbeit **AÜG** 10 31; Musterprozess **TVG** 4 88; Nachweis wesentlicher Vertragsbedingungen **NachwG** 2 63; Provision **HGB** 65 13; Rückwirkungsprobleme **TVG** 4 85; Schadensersatz nach AGG **AGG** 15 12f.; Schadensersatzanspruch statt Urlaubs-/Urlaubsabgeltungsanspruch **BUrlG** 7 153f.; tarifliche Ausschlussklauseln **TVG** 1 98ff., **TVG** 4 72ff.; nicht tarifvertraglich gewährte Rechte **TVG** 4 74ff.; treuwidriges Berufen auf ~ **BGB 611** 428, **TVG** 4 86ff.; als überraschende Klauseln **BGB 305c** 5; Urlaubsabgeltungsanspruch **BUrlG** 7 125ff.; Urlaubsentgelt **BUrlG** 11 66f.; Wirksamkeitsgrenzen **BGB 611** 429ff.; Zahlungsklage und Kündigungsschutzklage **KSchG** 4 52; Zeugnis **GewO** 109 19; zweistufige ~ **BGB 611** 434ff.; zweistufige Ausschlussklauseln **TVG** 4 83

Außendienstmitarbeiter, Arbeitnehmerbegriff **BetrVG** 5 16; Betriebsrat, Wahlberechtigung **BetrVG** 7 11

Außerdienstliches Verhalten BGB 611 376ff.; außerordentliche Kündigung **BGB 626** 167ff.; verhaltensbedingter Kündigungsgrund **KSchG** 1 225ff.

Außergewöhnliche Fälle *siehe* „Notfallarbeiten"

Außerordentliche Kündigung KSchG 1 40f.; Abgrenzung zu anderen Beendigungstatbeständen **BGB 626** 13ff.; kein absoluter Kündigungsgrund **BGB 626** 60; Änderungskündigung **BGB 626** 332ff.; Anhörung **BGB 626** 114; Ankündigung als Drohung **BGB 123** 35; Ausschlussfrist bei außerordentlicher Kündigung *siehe dort*; Berufsausbildungsverhältnis **BBiG** 22 5ff.; Berufsfreiheit **GG** 12 74; Darlegungs- und Beweislast **BGB 626** 419ff.; Eigenkündigung, außerordentliche *siehe dort*; Erweiterung des Rechts **BGB 626** 49ff.; Gebot der Rechtssicherheit **BGB 626** 61; Geltendmachung der Unwirksamkeit **KSchG** 13 7ff.; Geltungsbereich der Norm **BGB 626** 2; Gruppenbildung bei mehreren Kündigungssachverhalten **BGB 626** 65ff.; Interessenabwägung *siehe dort*; Klagefrist **KSchG** 4 4, **KSchG** 13 7ff.; und KSchG **KSchG** 13 1ff.; Kündigungsgründe **BGB 626** 122f.; mehrere Kündigungssachverhalte **BGB 626** 65ff.; Mischtatbestände **BGB 626** 69ff.; Mitteilung der Kündigungsgründe **BGB 626** 394ff.; nachvertragliches Wettbewerbsverbot **HGB** 75 27ff.; objektives Tatbestandsmerkmal **BGB 626** 115ff.; ordentliche Kündigung, Abgrenzung **BGB 626** 19; personenbedingte Kündigung **BGB 626** 277; Prognoseprinzip **BGB 626** 63f.; rechtswidriger Streik **GG** 9 302; Revision/Revisibilität des wichtigen Grundes **BGB 626** 432f.; Schadensersatz bei außerordentlicher Kündigung *siehe dort*; Schlichtungsverfahren bei Berufsausbildungsverhältnis **ArbGG** 111 15ff.; soziale Auslauffrist **BGB 622** 4, **BGB 626** 324ff.; Stufenverhältnis zur ordentlichen Kündigung **BGB 626** 62; Teilvergütung bei außerordentlicher Kündigung *siehe dort*; Umdeutung **BGB 626** 401ff., **KSchG** 1 37, **KSchG** 13 17; Unabdingbarkeit **BGB 626** 36ff.; unzumutbare Kündigungserschwerung **BGB 626** 38ff.; Verfahrensfragen **BGB 626** 407ff.; verhaltensbedingte Kündigung **BGB 626** 278f.; Verhältnismäßigkeitsprinzip **BGB 626** 69f.; Verletzung der Mitteilungspflicht **BGB 626** 397ff.; Verletzung der Schweigepflicht des Betriebsratsmitglieds **BetrVG** 79 23; Vertrauensstellung *siehe* „Außerordentliche Kündigung bei Vertrauensstellung"; Verzeihung **BGB 626** 55f.; Wartezeit **KSchG** 1 8; wichtiger Grund **BGB 626** 57ff.; Zeitpunkt der Beendigung des Arbeitsverhältnisses **BGB 626** 322ff.; Zeitpunkt der Entstehung des wichtigen Grundes **BGB 626** 119ff.; Zweck der Norm **BGB 626** 1; zweistufige Prüfung **BGB 626** 58f.; Zweiwochenfrist *siehe* „Ausschlussfrist bei außerordentlicher Kündigung"; *siehe auch* „Sonderkündigungsschutz von Funktionsträgern"

Außerordentliche Kündigung bei Vertrauensstellung BGB 627 1ff.; Abdingbarkeit **BGB 627** 12; kein dauerndes Dienstverhältnis **BGB 627** 4; Dienste höherer Art **BGB 627** 7; keine festen Bezüge **BGB 627** 6; Kündigung zur Unzeit **BGB 627** 10f.; Normzweck **BGB 627** 1; Teilvergütung bei außerordentlicher Kündigung *siehe dort*; Übertragung aufgrund besonderen Vertrauens **BGB 627** 8; Voraussetzungen **BGB 627** 4ff.

Außerordentliche Kündigung von Funktionsträgern BetrVG 103 1ff.; Entscheidung des Betriebsrats **BetrVG 103** 11ff.; geschützter Personenkreis **BetrVG 103** 5ff.; Kündigung **BetrVG 103** 10; Verfahrensfehler des Betriebsrates **BetrVG 103** 15; Zustimmungsersetzungsverfahren (Funktionsträger) *siehe dort*; Zustimmungsverfahren **BetrVG 103** 11ff.

Außertarifliche Angestellte BGB Vor 611 110; Mitbestimmung bei Eingruppierung **BetrVG** 99 25; Mitbestimmung bei Entgelt **BetrVG** 87 199

Aussetzung des Verfahrens, Alleinentscheidung des Vorsitzenden **ArbGG** 55 16ff.; Beschlussverfahren zu Tariffähigkeit oder -zuständigkeit **ArbGG** 97 18ff.; Verdacht einer Straftat **ArbGG** 55 24f.; Verfahren **ArbGG** 55 26; Vorabentscheidungsverfahren **ArbGG 55** 18; Vorgreiflichkeit **ArbGG 2** 17, **ArbGG 55** 19 ff.

Aussetzung von Betriebsratsbeschlüssen BetrVG 35 1 ff., **BetrVG 66** 1 ff.; Antragsberechtigung **BetrVG 35** 3; Antragsvoraussetzungen **BetrVG 66** 3 ff.; Aussetzung des Beschlusses **BetrVG 66** 9; Begründung **BetrVG 66** 7; Beschluss **BetrVG 66** 3; erhebliche Beeinträchtigung wichtiger Interessen **BetrVG 66** 4 ff.; erneute Beschlussfassung **BetrVG 35** 5 f., **BetrVG 66** 10 f.; Folge eines Antrags **BetrVG 35** 4; Frist **BetrVG 66** 8; Streitigkeiten **BetrVG 35** 7, **BetrVG 66** 12

Aussperrung, Abwehr rechtswidriger Kampfmaßnahmen **GG 9** 237; Angriffs~ **GG 9** 238 f.; Anschluss~ **GG 9** 230; Arbeitgeberverband bei rechtswidriger ~ **GG 9** 313 f.; Außenseiter **GG 9** 224; außerordentliche Kündigung Schwerbehinderter **SGB IX 91** 12; Einzel~ **GG 9** 229 ff.; Einzellösungsrecht des Arbeitgebers **GG 9** 236; Ende **GG 9** 225; Erklärung **GG 9** 222 f.; Firmentarifvertrag **GG 9** 231 ff.; Grenzen **GG 9** 226 ff.; lösende Abwehr~ **GG 9** 235; Rechtsfolgen bei Rechtswidrigkeit **GG 9** 303 ff.; selektive ~ und Maßregelungsverbot **BGB 612a** 21 ff.; Streik als Voraussetzung **GG 9** 221; suspendierende Abwehr~ **GG 9** 220 ff.; wilde **GG 9** 234, 253; *siehe auch* „Arbeitskampf"

Auswahlfreiheit, Beschränkung **BGB 611** 47, 49 ff.

Auswahlrichtlinien BGB 611 62, **KSchG 1** 406 ff.; beschränkte Überprüfbarkeit **KSchG 1** 412 ff.; Beteiligungsrechte bei Auswahlrichtlinien *siehe dort*; Betriebsrat bei Verstoß **BetrVG 99** 73; Betriebsratswiderspruch wegen Verstoßes **BetrVG 102** 71; Betriebsvereinbarungen **KSchG 1** 408; Darlegungs- und Beweislast **KSchG 1** 416; Dienstvereinbarungen **KSchG 1** 408; grobe Fehlerhaftigkeit **KSchG 1** 414 f.; Kriterien **KSchG 1** 409; tarifliche **KSchG 1** 407; Wirksamkeit **KSchG 1** 407 ff.

Auszehrungsverbot, betriebliche Altersversorgung **BetrAVG 5** 3 ff.

Auszubildende *siehe* „Berufsausbildungsverhältnis"

Aut-aut-Fall ArbGG 48 25, 31 f.; Abgrenzung zum sic-non-Fall **ArbGG 48** 32

Baugewerbe, Arbeitnehmerüberlassung **AÜG 1b** 1 ff.; Urlaub **BUrlG 13** 64 ff.; zwingende Tarifverträge nach AEntG **AEntG 4** 2 f.; zwingende Tarifverträge nach AEntG, Einschränkungen **AEntG 6** 1 ff.

Beamte, keine Arbeitnehmer **ArbGG 5** 18 f.; Arbeitnehmerbegriff **BetrVG 5** 17; Arbeitskampf **GG 9** 320 f.; Beamtenverhältnis neben Arbeitsverhältnis **BGB Vor 611** 27; keine Betriebsratswahlberechtigung **BetrVG 7** 7

Bedienungsgeld BGB 611 142 ff.; Urlaubsentgelt **BUrlG 11** 17 f.

Bedrohung, außerordentliche Kündigung **BGB 626** 192

Beendigungsmitteilung TzBfG 15 32, **TzBfG 17** 8; keine Betriebsratsanhörung **TzBfG 15** 35

Befangenheit *siehe* „Besorgnis der Befangenheit"

Befristetes Arbeitsverhältnis BGB 620 2, 34, **TzBfG 3** 1 ff., **TzBfG 14** 1 ff.; abweichende Vereinbarungen **TzBfG 22** 1 ff.; AGB-Kontrolle **BGB 305c** 5; Arbeitnehmerbegriff **BetrVG 5** 18; Arbeitsuchend-Meldung **TzBfG 15** 2; Aus- und Weiterbildung **TzBfG 19** 1 ff.; Beendigung **TzBfG 15** 1 ff.; befristet beschäftigter Arbeitnehmer **TzBfG 3** 2a; Befristung einzelner Arbeitsvertragsbedingungen **TzBfG 14** 94 ff.; besondere gesetzliche Regelungen **TzBfG 23** 1 f., 14 ff.; betrieblicher Geltungsbereich des TzBfG **TzBfG 14** 5 f.; Beurteilungszeitpunkt **TzBfG 14** 7 f.; Darlegungs- und Beweislast Zweckerreichung/Bedingungseintritt **TzBfG 15** 13; Dauer **TzBfG 14** 88; Diskriminierungsverbot (TzBfG) *siehe dort*; Doppelbefristung **TzBfG 3** 11; Ende bei kalendermäßiger Befristung **TzBfG 15** 4 f.; Ende bei Zweckbefristung **TzBfG 15** 6 ff.; Entfristungsklage *siehe dort*; fehlende Schriftform **TzBfG 14** 144 ff.; fingiertes Arbeitsverhältnis zum Entleiher **AÜG 10** 9 f.; Folgen unwirksamer Befristung **TzBfG 16** 1 ff.; Fristende keine Kündigung i.S. des § 102 BetrVG **BetrVG 102** 4; Geltung des TzBfG für alle Arbeitnehmer **TzBfG 14** 2; Information der Arbeitnehmervertretung **TzBfG 20** 1 ff.; Information über befristete Arbeitsplätze **TzBfG 18** 1 ff.; Insolvenz **InsO 113** 7; kalendermäßige Befristung **TzBfG 3** 3; Kettenbefristungen **TzBfG 14** 8, 89 ff.; Klagefrist (Befristungsstreitigkeit) *siehe dort*; Kündigung bei Verträgen über fünf Jahren **TzBfG 15** 19 f.; Kündigungsmöglichkeit **TzBfG 15** 14 ff.; und Kündigungsschutz **KSchG 1** 46; Mindestbefristung **TzBfG 3** 9; Mitbestimmung bei Beendigung **TzBfG 15** 35 ff.; Mitbestimmung bei Einstellung **TzBfG 14** 147 f.; nachträgliche Befristung **TzBfG 14** 86; Nachweis der Befristungsdauer **NachwG 2** 18 ff.; Nichtverlängerungsmitteilung **TzBfG 15** 32; Sachgrundlose Befristung *siehe dort*; Sachlicher Grund bei Befristung *siehe dort*; Schriftform **BGB 623** 8, **TzBfG 14** 129 ff.; Schriftform bei Nichtverlängerungsmitteilung **BGB 623** 30; Sonderformen **TzBfG 3** 8 ff.; Sozialauswahl, keine Einbeziehung **KSchG 1** 349; stillschweigende Verlängerung **TzBfG 15** 21 ff.; Tarifverträge des öffentlichen Dienstes **TzBfG 22** 5 ff.; Vergleichbarkeit zu unbefristet beschäftigten **TzBfG 3** 15 ff.; Wehrdienst **ArbPlSchG 1** 19; Weiterarbeit **TzBfG 15** 22; Weiterbeschäftigungsanspruch **TzBfG 15** 33 f.; Wiedereinstellungspflicht **TzBfG 15** 33 f.; zeitlicher Geltungsbereich des TzBfG **TzBfG 14** 3 f.; *siehe auch* „Auflösende Bedingung"; „Hochschulen"

Befristung des Urlaubsanspruchs BUrlG 1 26, **BUrlG 7** 70 ff.; Abdingbarkeit **BUrlG 13** 41; arbeits- und tarifvertragliche Mehrurlaubsansprüche **BUrlG 7** 74 d; Ausnahmen **BUrlG 7** 73 ff.; einzelvertragliche Abweichungen **BUrlG 7** 79; Krankheit über Übertragungszeitraum hinaus **BUrlG 7** 74a ff.; Rechtsfolgen **BUrlG 7** 75 ff.

Begünstigungsverbot, Betriebsrat *siehe* „Benachteiligungs- und Begünstigungsverbot (BetrVG)"

Behinderte Menschen, Ausgleichsmaßnahmen **GG 3** 110; Behinderung als verbotenes Differenzierungsmerkmal **AGG 1** 8 ff.; Gleichheitsrecht **GG 3** 109 ff.; Rehabilitation und Teilhabe **SGB IX 84** 1 ff.; Rücksichtnahme auf ~ **GewO 106** 128 ff.; *siehe auch* „Schwerbehinderte"

Behinderung, Diskriminierungsverbot nach GG **GG 3** 109 ff.; Funktionsstörung **AGG 1** 8; verbotenes Differenzierungsmerkmal **AGG 1** 8 ff.

Behinderungsverbot BetrVG 78 1 ff.; Aufsichtsratsmitglieder (MitbestG) **MitbestG 26** 1 ff.; Behinderungen **BetrVG 78** 4; Darlegungs- und Beweislast **BetrVG 78** 8; persönlicher Schutzbereich **BetrVG 78** 2; Rechtsfolgen **BetrVG 78** 7; Sprecherausschuss **SprAuG 2** 9 f.; Streitigkeiten **BetrVG 78** 15; Verschulden **BetrVG 78** 5 f.

Beihilfen im Krankheitsfall, Streik **GG 9** 202

Beiordnung eines Rechtsanwalts ArbGG 11a 1 ff., 9; früherer Sonderfall der Prozesskostenhilfe **ArbGG 11a** 1; Zeugnis **GewO 109** 58

Beistände, als Prozessvertreter **ArbGG 11** 19

Beitrittsgebiet *siehe* „Neue Bundesländer"

Bekleidungsvorschriften BGB 611 386

Belästigung, Benachteiligung iSd. AGG **AGG 3** 12 ff.; Umfeld **AGG 3** 15; Unerwünschtheit **AGG 3** 13; Verhaltensweise **AGG 3** 13; Würde der Person **AGG 3** 14

Beleidigung, außerordentliche Eigenkündigung **BGB 626** 315; außerordentliche Kündigung **BGB 626** 242 ff.; verhaltensbedingter Kündigungsgrund **KSchG 1** 229 f.
Benachteiligung AGG 3 1 ff.; Allgemeines Gleichbehandlungsgesetz *siehe dort*; Anweisung zur ~ **AGG 3** 18 f.; Benachteiligungsverbot *siehe dort*; mittelbare **AGG 3** 6 ff.; unmittelbare **AGG 3** 2 ff.; Vergleichsgruppen bei mittelbarer ~ **AGG 3** 7
Benachteiligung, Klage ArbGG 61b 1 ff.; Berechnung der Klagefrist **ArbGG 61b** 6 ff.; Frist **ArbGG 61b** 4 f.; mündliche Verhandlung **ArbGG 61b** 12 f.; örtliche Zuständigkeit **ArbGG 61b** 9 ff.
Benachteiligungs- und Begünstigungsverbot (BetrVG), Benachteiligung **BetrVG 78** 1 ff.; Betriebsverfassungsorgane **BetrVG 78** 10 ff.; Bevorzugung **BetrVG 78** 11; Darlegungs- und Beweislast **BetrVG 78** 14; Rechtsfolgen bei Verstoß **BetrVG 78** 13; Streitigkeiten **BetrVG 78** 15; Unabhängigkeit **BetrVG 78** 10; Verschulden **BetrVG 78** 12
Benachteiligungs- und Begünstigungsverbot (SprAuG), Sprecherausschuss **SprAuG 2** 14 f.
Benachteiligungsverbot, Allgemeines Gleichbehandlungsgesetz *siehe dort*; Aufsichtsratsmitglieder (MitbestG) **MitbestG 26** 1, 5 f.; nach Beendigung des Wehrdienstes **ArbPlSchG 6** 1 ff.; Betriebsrat *siehe* „Benachteiligungs- und Begünstigungsverbot (BetrVG)"; Kündigungsfrist **BGB 622** 57 ff.; schwerbehinderte Bewerber **SGB IX 81** 13; schwerbehinderte Menschen **SGB IX 81** 15 ff.; tarifvertragliche Kündigungsfristen **BGB 622** 77; *siehe auch* „Maßregelungsverbot"
Beratung ArbGG 9 7; Ergebnis **ArbGG 60** 7
Bereicherungsanspruch, Urlaubsanspruch **BUrlG 5** 42 ff.; Vergütungsüberzahlung **BGB 611** 158 ff.; Vergütungsüberzahlung, Formularverträge **BGB Anh. zu 305–310** 43
Bereitschaftsdienst ArbZG 2 5 f., **BGB 611** 319 ff.; Arbeitsentgelt **BGB 611** 322 f.; als Arbeitszeit **BGB 611** 321; EU-Recht **ArbZG 2** 5, **BGB 611** 320; Einwilligung bei tarifvertraglicher Arbeitszeitverlängerung **ArbZG 7** 19; Ruhepause **ArbZG 4** 3; tarifvertragliche Arbeitszeitverlängerung **ArbZG 7** 4, 11 f.
Bergbau, Arbeitszeit nach Klima-Bergverordnung **ArbZG 8** 3; Jugendliche **JArbSchG 24** 1 f.
Bergmannsversorgungsschein, Abschlussgebot **BGB 611** 50
Berufliche Fortbildung *siehe* „Fortbildung, berufliche"
Berufliche Umschulung *siehe* „Umschulung, berufliche"
Beruflicher Werdegang, Frage des Arbeitgebers **BGB 123** 9
Berufsausbildung BBiG 1 3 f.; Ausbildungsberufe, Anerkennung **BBiG 4** 1 f., 5; Ausbildungsordnung **BBiG 4** 3 f.; Ausbildungsordnung, Inhalt **BBiG 5** 1 ff.; Beschäftigungsverhältnis **SGB IV 7/7b** 32; Eignung zum Einstellen und Ausbilden **BBiG 28** 1; ergänzende Regelungen **BBiG 9** 1 ff.; fachliche Eignung bei ausländischen Diplomen und Bildungsabschlüssen **BBiG 31** 1 f.; Lernorte **BBiG 2** 1 ff.; Mitwirken **BBiG 28** 3; Teilberufsausbildung **BBiG 8** 2; Verbundausbildung **BBiG 10** 16; Werbungskosten **EStG 19/38** 69
Berufsausbildungsverhältnis, Abschlussprüfung *siehe dort*, Arbeitnehmer **ArbGG 5** 5 ff., **BUrlG 2** 4, Arbeitnehmer iSd. **EFZG EFZG 1** 7, Arbeitnehmerbegriff **BetrVG 5** 19, arbeitsrechtlicher Schutz **BBiG 10** 12, Aufgabe/Wechsel der Berufsausbildung **BBiG 22** 9, Ausbildungszeit *siehe dort*, Ausschlussfrist bei außerordentlicher Kündigung **BBiG 22** 13, Beachtung der Ordnung des Betriebes **BBiG 13** 8 f., Beendigung **BBiG 21** 1 ff., Befolgung von Weisungen **BBiG 13** 6 f., Betriebsübergang **BGB 613a** 225, Eigenkündigung **BBiG 22** 7 ff., einfaches Zeugnis **BBiG 16** 5 f., zwischen Eltern und Kindern **BBiG 10** 13, Elternzeit **BEEG 20** 1 ff., fristlose Kündigung **BGB 626** 4 f., Insolvenz **InsO 113** 3, Kündigung **BBiG 22** 1 ff., Kündigung nach Probezeit **BBiG 22** 5 ff., **BGB 622** 44, Kündigung während Probezeit **BBiG 22** 3 f. **BGB 622** 43, Kündigungsgründe **BBiG 22** 12, Kündigungsschutz **KSchG 1** 5, Lernpflicht **BBiG 13** 1, Pflichten **BBiG 13** 1 f., Pflichtverletzung **BBiG 13** 12 f., Probezeit **BBiG 20** 1 ff., qualifiziertes Zeugnis **BBiG 16** 7, Rechtsnatur **BBiG 10** 1 f., Rückzahlungsklauseln **BGB 611** 461, Schadensersatz bei vorzeitiger Beendigung **BBiG 23** 1 ff., Schriftform **BGB 623** 12, sorgfältige Ausführung **BBiG 13** 2 f., Teilnahme an Ausbildungsmaßnahmen **BBiG 13** 4 f., Übernahmerecht des Auszubildenden *siehe dort*, Unabdingbarkeit von Vorschriften **BBiG 25** 1 f., Verschwiegenheitspflicht **BBiG 13** 11, vorübergehende Verhinderung **BGB 616** 38, vorzeitige Abschlussprüfung **BBiG 21** 3, Weiterarbeit **BBiG 24** 1 f., **BGB 625** 10, wiederholte Abschlussprüfung **BBiG 21** 4, Zeugnis **BBiG 16** 1 ff., **GewO 109** 35, *siehe auch* „Ausbildender", „Ausbilder", „Ausbildungsvergütung", „Berufsausbildungsvertrag", „Schlichtungsverfahren (Berufsausbildungsverhältnis)"
Berufsausbildungsvertrag, Abschluss **BBiG 10** 6 ff.; Änderung **BBiG 12** 15; Anwendbarkeit von Tarifverträgen und Betriebsvereinbarungen **BBiG 11** 12; Aushändigung **BBiG 12** 14; Ausländer **BBiG 10** 9 f.; fehlende Ausbildungsberechtigung **BBiG 10** 14 f.; Mängel **BBiG 10** 11; Minderjährige **BBiG 10** 7 f.; nichtige Bindungsvereinbarung **BBiG 12** 1 ff.; nichtige Zahlungsvereinbarungen **BBiG 12** 6 f.; Niederschrift **BBiG 11** 1 ff., **NachwG Vorb.** 20 ff.; Parteien des Vertrags **BBiG 10** 3 ff.; Schadensersatz **BBiG 12** 9 f.; Unabdingbarkeit von Vorschriften **BBiG 25** 1 f.; Unterschrift **BBiG 12** 13; Vertragsstrafenverbot **BBiG 12** 8; wesentlicher Inhalt **BBiG 11** 2 ff.; *siehe auch* „Berufsausbildungsverhältnis"
Berufsausbildungsvorbereitung BBiG 1 2
Berufsbildung BBiG 1 1, **BetrVG 96** 2 ff.; Berufsausbildungsvorbereitung **BBiG 1** 2; Elternzeit **BEEG 20** 1 ff.; Geltungsbereich des AGG **AGG 2** 7, **AGG 6** 4; Geltungsbereich des BBiG **BBiG 3** 1 f.; andere Vertragsverhältnisse **BBiG 26** 1 ff.; *siehe auch* „Praktikant"
Berufsfreiheit GG 12 1 ff.; Adressaten **GG 12** 15; Allgemeinverbindlicherklärung **GG 12** 29; Arbeitsplatzwahl **GG 12** 12; Arbeitsverträge **GG 12** 63 ff.; Arbeitszwang und Zwangsarbeit **GG 12** 86 ff.; Ausbildungsfreiheit **GG 12** 82 ff.; Berufsausübung **GG 12** 14; Berufswahl **GG 12** 13; Betriebsvereinbarungen **GG 12** 30 f.; Betriebsverfassung **GG 12** 60 ff.; Eigentumsgarantie **GG 14** 10; Eingriff **GG 12** 20 ff.; einheitliches Grundrecht **GG 12** 5; geschützte Tätigkeit **GG 12** 12 ff.; Gesetz, einschränkendes **GG 12** 25; Gesetze **GG 12** 39 ff.; kollidierendes Verfassungsrecht **GG 12** 38; und Kündigungsschutzrecht **KSchG Vor 1** 7, 10; öffentlicher Dienst **GG 12** 79 f.; Rechtfertigung für Einschränkung **GG 12** 24 ff.; Rechtsfolgen eines Verstoßes **GG 12** 81; Richterrecht **GG 12** 26; Schutzbereich **GG 12** 8 ff.; Stufenlehre **GG 12** 32 ff.; Tarifautonomie **GG 12** 54 ff.; Tarifverträge **GG 12** 27 f., 54 ff.; Träger des Grundrechts **GG 12** 16 ff.; Verhältnis zu anderen Grundrechten **GG 12** 6 f.; Verhältnismäßigkeit einer Beeinträchtigung **GG 12** 32 ff.
Berufsrichter ArbGG 6 3 ff.; Dienstaufsicht **ArbGG 6** 5; Mäßigungsgebot **ArbGG 6** 6; als Prozessvertreter **ArbGG 11** 18; sachliche und persönliche Unabhängigkeit **ArbGG 6** 4

Berufsschule BBiG 14 9; Anrechnung auf Arbeitszeit **JArbSchG** 9 4; Beschäftigungsverbot **JArbSchG** 9 2 f.; kein Entgeltausfall **BBiG** 19 1 ff., **JArbSchG** 9 5; Freistellung **JArbSchG** 9 1

Berufsunfähigkeit, personenbedingter Kündigungsgrund **KSchG** 1 129; Sonderkündigungsschutz Schwerbehinderter **SGB IX** 92 1 ff.

Berufung, Alleinentscheidung des Vorsitzenden **ArbGG** 64 52; Anschlussberufung *siehe dort*; Anträge **ArbGG** 64 33; Begründung **ArbGG** 64 32 ff.; Begründung bei Mehrheit von Ansprüchen **ArbGG** 64 36; Berufungsschrift **ArbGG** 64 26 ff.; Beschleunigungspflicht in Bestandsschutzverfahren **ArbGG** 64 56; Beschwer **ArbGG** 64 5 f.; Beschwer, Berechnung **ArbGG** 64 9; Beschwerdewert **ArbGG** 64 7 ff.; Beschwerdewert, nachträgliche Minderung **ArbGG** 64 10; Bestandsschutzstreitigkeiten **ArbGG** 64 13 f.; Einlegung **ArbGG** 64 26 ff.; E-Mail **ArbGG** 64 28; Erledigung **ArbGG** 64 49; erstinstanzliche Verfahrensvorschriften **ArbGG** 64 51 ff.; Fax **ArbGG** 64 27; Inhalt der ~sschrift **ArbGG** 64 29 f.; moderne Kommunikationstechnik **ArbGG** 64 27; Nichtzulassung **ArbGG** 64 23; Prüfungssperren **ArbGG** 65 1 ff.; Prüfungsumfang des LAG **ArbGG** 64 50; Rücknahme **ArbGG** 64 44 ff.; Statthaftigkeit **ArbGG** 64 1 ff.; Unterschrift **ArbGG** 64 26; gegen Versäumnisurteil **ArbGG** 64 15 ff.; Versäumnisverfahren **ArbGG** 64 53; Verzicht **ArbGG** 64 48; ZPO analog **ArbGG** 64 25 ff.; Zulassung **ArbGG** 61 17, **ArbGG** 64 20 ff.; Zulassung verspäteter Klagen **KSchG** 5 23; Zulassungsgründe **ArbGG** 64 24

Berufungsbeantwortungsfrist ArbGG 66 1 ff., 17 ff.; Dauer **ArbGG** 66 17; einstweilige Verfügung **ArbGG** 66 20; Verlängerung **ArbGG** 66 19

Berufungsbegründungsfrist ArbGG 66 1 ff., 12 ff.; Fristversäumung **ArbGG** 66 21 f.; Verlängerung **ArbGG** 66 13 ff.

Berufungsfrist ArbGG 66 1 f.; Beginn **ArbGG** 66 6 ff.; Berechnung **ArbGG** 66 5; Fristversäumung **ArbGG** 66 21 f.; Notfrist **ArbGG** 66 4; Zustellung des Urteils **ArbGG** 66 6 ff.

Beschäftigungsgesellschaft, Arbeitnehmerbegriff **BetrVG** 5 20

Beschäftigungspflicht BGB 611 168 ff.; außerordentliche Eigenkündigung **BGB** 626 313; Befreiung des Arbeitgebers **BGB** 611 172 ff.; einstweilige Verfügung hinsichtlich Beschäftigungsanspruch **ArbGG** 62 83 ff.; Geltendmachung **BGB** 611 171; Schwerbehinderte **SGB IX** 81 20 f.; Zwangsvollstreckung des Beschäftigungsanspruchs **ArbGG** 62 39 f.

Beschäftigungsverbot BGB 611 54, 59 f.; Mutterschutz *siehe* „Beschäftigungsverbot (Mutterschutz)"; personenbedingter Kündigungsgrund **KSchG** 1 125

Beschäftigungsverbot (Mutterschutz), Akkord- und Fließbandarbeit **MuSchG** 4 6 f.; Arbeitszeit **MuSchG** 8 1 ff.; ärztliches Zeugnis **MuSchG** 3 3 f.; Einsetzen der Beschränkungen **MuSchG Vor 3–8** 2; nach der Entbindung **MuSchG** 6 1 ff.; Entgeltfortzahlung im Krankheitsfall **EFZG** 3 19; Erholungsurlaub **MuSchG** 17 1 f.; Generalklausel **MuSchG** 4 2 f.; generelles **MuSchG** 3 7 f.; generelles ~ nach Entbindung **MuSchG** 6 2 ff.; gesundheitsschädliche Einwirkungen **MuSchG** 4 3 f.; individuelles **MuSchG** 3 1 ff.; individuelles ~ nach Entbindung **MuSchG** 6 6; Mehrarbeit **MuSchG** 8 2 f.; Mitteilungspflicht **MuSchG** 5 1 ff.; potentielle Gefährdung **MuSchG** 3 2; Rechtswirkungen **MuSchG Vor 3–8** 3 ff.; schwere körperliche Arbeiten **MuSchG** 4 2; stillende Mütter **MuSchG** 6 7; System der Beschäftigungsverbote **MuSchG Vor 3–8** 1; Verbotskatalog **MuSchG** 4 5; Zuweisung einer Ersatztätigkeit **GewO** 106 22

Beschäftigungsverhältnis SGB IV 7/7b 1; Anfrageverfahren **SGB IV 7/7b** 58 ff.; Arbeitsverhältnis **SGB IV 7/7b** 5 f.; Beginn **SGB IV 7/7b** 30; Berufsausbildung **SGB IV 7/7b** 32; Beschäftigung **SGB IV 7/7b** 2 ff.; besondere Fallgestaltungen **SGB IV 7/7b** 15 ff.; bisheriges Berufsleben **SGB IV 7/7b** 13; Eingliederung in den Betrieb **SGB IV 7/7b** 10; Ende **SGB IV 7/7b** 31; fehlendes Unternehmerrisiko **SGB IV 7/7b** 11; feste Entlohnung **SGB IV 7/7b** 12; flexible Arbeitszeitregelungen **SGB IV 7/7b** 33 f.; Flexi-Konten **SGB IV 7/7b** 47a; Freistellung **SGB IV 7/7b** 36 f.; Freistellungsvereinbarung **SGB IV 7/7b** 38; illegale Beschäftigung von Ausländern **SGB IV 7/7b** 56; missglückter Arbeitsversuch **SGB IV 7/7b** 7; Unterbrechung **SGB IV 7/7b** 49 ff.; unwiderrufliche Freistellung **SGB IV 7/7b** 31a; Weisungsgebundenheit **SGB IV 7/7b** 8 f.; Wertguthaben **SGB IV 7/7b** 39 ff.

Beschleunigungsgrundsatz ArbGG 9 1 ff.; Einigungsstellenverfahren **BetrVG** 76 45 f.; Mediation **ArbGG** 54a 3; überlange Gerichtsverfahren **ArbGG** 9 7a

Beschluss (Beschlussverfahren) ArbGG 84 1 ff.; drittinstanzlicher **ArbGG** 96 1 ff.; Inhalt **ArbGG** 84 4 ff.; Kammer **ArbGG** 84 2; präjudizielle Wirkung **ArbGG** 84 11 f.; teilweise Entscheidungsreife **ArbGG** 84 3; Verkündung **ArbGG** 84 7; Verzicht auf schriftliche Niederlegung **ArbGG** 84 5; zweitstanzlicher **ArbGG** 91 1 ff.

Beschlussverfahren ArbGG 80 1 ff.; Anhörung der Beteiligten **ArbGG** 83 37 ff.; Anhörungsrüge **ArbGG** 78a 14; Antrag (Beschlussverfahren) *siehe dort*; anzuwendende Vorschriften **ArbGG** 80 3 ff.; Beschwerde (Beschlussverfahren) *siehe dort*; Besonderheiten **ArbGG** 83 1 ff.; Beteiligte *siehe dort*; Beweislast **ArbGG** 83 8; Einigungsstellenspruch **BetrVG** 76 101 ff.; Einigungsstellenspruch, Feststellung der Unwirksamkeit **ArbGG** 81 23; Güteverfahren **ArbGG** 80 8; bei Insolvenz zum Kündigungsschutz **InsO** 126 1 ff.; Kostenerstattung **ArbGG** 12a 14 ff.; Kostenfreiheit **ArbGG** 12 13 f.; Mitwirkungspflicht der Beteiligten **ArbGG** 83 6 ff.; örtliche Zuständigkeit **ArbGG** 82 1 ff.; Rechtsbeschwerde (Beschlussverfahren) *siehe dort*; Rechtswegzuständigkeit (Beschlussverfahren) *siehe dort*; Streitwert **ArbGG** 12 26; Tariffähigkeit/Tarifzuständigkeit **ArbGG** 97 1 ff.; Verfahrensvertretung **ArbGG** 80 4; verspätete Mitwirkung **ArbGG** 83 11; Vertretung der Beteiligten **ArbGG** 11 20 f.; Vorabentscheidung über Mitbestimmungsrecht der Einigungsstelle **ArbGG** 81 22; ZPO, Subsidiarität **ArbGG** 80 10

Beschlussverfahren (Einigungsstellenbesetzung) ArbGG 2a 11, **ArbGG** 98 1 ff.; Beisitzer **ArbGG** 98 9; Beschwerde gegen Entscheidung **ArbGG** 98 12; Besetzungsanträge **ArbGG** 98 7 ff.; Entscheidung **ArbGG** 98 5; offensichtliche Unzuständigkeit **ArbGG** 98 6; Verfahren **ArbGG** 98 2 ff.; Vorsitzender **ArbGG** 98 8

Beschlussverfahren (Tariffähigkeit/Tarifzuständigkeit) ArbGG 2a 22 ff., **ArbGG** 97 1 ff., **TVG** 2 48 ff.; Antragsteller **ArbGG** 97 6 f.; DGB-Schiedsverfahren **ArbGG** 97 11 ff.; Entbehrlichkeit der Verfahrensaussetzung **ArbGG** 97 19; Rechtskraft **ArbGG** 97 15 ff.; Tariffähigkeit **ArbGG** 97 2 f.; Tarifzuständigkeit **ArbGG** 97 4 f.; vorgreifliche Rechtsfrage **ArbGG** 97 18 ff.; weitere Beteiligte **ArbGG** 97 8 f.; Zulässigkeit des Antrags **ArbGG** 97 10

Beschwerde (Beschlussverfahren) ArbGG 87 1 ff.; Anschlussbeschwerde **ArbGG** 89 8; Begründung **ArbGG** 89 4 ff.; Beschluss in Beschwerdeinstanz **ArbGG** 91 4 ff.; Beschränkung **ArbGG** 88 1 ff.; Beschwer **ArbGG** 87 6 f.; Beschwerdebefugnis **ArbGG**

87 5; beschwerdefähige Entscheidung **ArbGG 87** 2 ff.; Einigungsstellenbesetzung **ArbGG 98** 12; Einlegung **ArbGG 89** 1 ff.; Entscheidung **ArbGG 91** 1 ff.; erstinstanzlicher Verfahrensfehler **ArbGG 91** 3; Meistbegünstigungsgrundsatz **ArbGG 88** 5 f.; durch Rechtsanwalt **ArbGG 11** 21; Rücknahme **ArbGG 89** 12; Verfahren **ArbGG 87** 8 ff., **ArbGG 90** 1 ff.; Vertretung im Verfahren **ArbGG 87** 10; Verwerfung **ArbGG 89** 9 f.; Verzicht **ArbGG 89** 13; Wirkung der Einlegung **ArbGG 87** 19

Beschwerde (Urteilsverfahren) ArbGG 78 1 ff.

Beschwerderecht, gegen Abmahnung **KSchG 1** 204; Adressat **BetrVG 84** 6; außerordentliche Kündigung **BGB 626** 173; Behandlung durch Arbeitgeber **BetrVG 85** 9 ff.; Behandlung durch Betriebsrat **BetrVG 85** 6 ff.; Benachteiligung nach AGG **AGG 13** 1; Benachteiligungsverbot **BetrVG 84** 12 ff.; berechtigte Beschwerde **BetrVG 85** 8, 10; Bescheidung der Beschwerde **BetrVG 84** 9 ff.; beim Betriebsrat **BetrVG 85** 1 ff.; Betriebsvereinbarung hinsichtlich Beschwerdeverfahren **BetrVG 86** 3, 5; Betriebsvereinbarung hinsichtlich betrieblicher Beschwerdestelle **BetrVG 86** 6 ff.; keine Einigung **BetrVG 85** 13; Einigungsstelle bei Beschwerde *siehe dort*; ergänzende Vereinbarungen **BetrVG 86** 1 ff.; Gegenstand der Beschwerde **BetrVG 84** 3 ff., **BetrVG 85** 3; Hinzuziehung eines Betriebsratsmitgliedes **BetrVG 84** 8; individuelles **BetrVG 84** 1 ff.; Streitigkeiten **BetrVG 84** 15; tarifliche Schlichtungsstelle **BetrVG 86** 9; Tarifvertrag hinsichtlich Beschwerdeverfahren **BetrVG 86** 3 f.; Tarifvertrag hinsichtlich betrieblicher Beschwerdestelle **BetrVG 86** 6 ff.; unberechtigte Beschwerde **BetrVG 85** 7, 11; *siehe auch* „Sexuelle Belästigung"

Besetzung der Arbeitsgerichte ArbGG 6 1 ff.

Besetzungsklauseln, Berufsfreiheit **GG 12** 58; Tarifvertrag **TVG 1** 105 ff.

Besonderer Kündigungsschutz *siehe* „Sonderkündigungsschutz"

Besonderes Verhandlungsgremium (EBRG) EBRG 4, 37 ff.; Abschluss der Vereinbarung **EBRG 50** ff.; Beendigung/Nicht-Aufnahme von Verhandlungen **EBRG 51**; Bestellung **EBRG 44**; Bildung **EBRG 40** f.; demokratisches Prinzip/Gleichheitssatz **EBRG 47**; Konstituierung **EBRG 48**; Kosten der Antragstellung **EBRG 43**; Schutzvorschriften **EBRG 39**; Stimmgewichtung **EBRG 46**; Verfassung **EBRG 48** f.; Zusammensetzung **EBRG 42**

Besonderes Verhandlungsgremium (MgVG) Abbruch von Verhandlungen **MgVG 16**; Beschlussfassung **MgVG 15**; Einleitung des Verfahrens **MgVG 10**; Inhalt der Vereinbarung **MgVG 17**; Konstituierung **MgVG 13**; Mitbestimmungsvereinbarung **MgVG 14**; Nichtaufnahme von Verhandlungen **MgVG 16**; persönliche Voraussetzungen der Mitglieder **MgVG 11**; Verteilung der Sitze **MgVG 11**; Wahl durch Wahlgremium **MgVG 12**; Zusammensetzung **MgVG 9**

Besonderes Verhandlungsgremium (SEBG) SEBG 8 ff.; Abbruch von Verhandlungen **SEBG 30**; Anfechtung der Wahl **SEBG 24**; Beschlussfassung **SEBG 27**; Beteiligung der Arbeitnehmer kraft Vereinbarung **SEBG 26** ff.; Betriebsrat **SEBG 35**; Einleitung des Verfahrens **SEBG 12** f.; formelle Anforderungen an Vereinbarung **SEBG 39**; Information der Arbeitnehmervertretungen **SEBG 13**; Inhalt der Vereinbarung **SEBG 34** ff.; Konstituierung **SEBG 25**; leitende Angestellte **SEBG 15**; Mitbestimmungsvereinbarung **SEBG 36**; Nichtaufnahme von Verhandlungen **SEBG 30**; persönliche Voraussetzungen der Mitglieder **SEBG 14**; Quorum bei Minderung der Mitbestimmungsrechte **SEBG 28** f.; Umwandlung **SEBG 37**; Urwahl **SEBG 21**; bei Verschmelzung **SEBG 10**; Verteilung der Sitze **SEBG 16** f.; Wahl der Mitglieder **SEBG 22** f.; Wahlgremium **SEBG 18** ff.; Wiederaufnahme der Verhandlungen **SEBG 32** f.; Zusammensetzung **SEBG 9** ff.

Besorgnis der Befangenheit ArbGG 49 15; Einigungsstellenmitglieder **BetrVG 76** 63 ff.

Beteiligte ArbGG 83 18 ff.; Anhörung **ArbGG 83** 37 ff.; Arbeitgeber **ArbGG 83** 21 f.; Arbeitgeberverbände **ArbGG 83** 31 f.; Arbeitnehmer **ArbGG 83** 26 f.; Betriebsrat **ArbGG 83** 23 f.; Betriebsratsmitglieder **ArbGG 83** 25; Gewerkschaften **ArbGG 83** 28 ff.; Jugend- und Auszubildendenvertretung **ArbGG 83** 33; nach materiellem Recht **ArbGG 83** 20; Schwerbehindertenvertretung **ArbGG 83** 36; Vertretung **ArbGG 11** 20 f.; Wahlvorstand **ArbGG 83** 35; Wirtschaftsausschuss **ArbGG 83** 34

Beteiligtenfähigkeit ArbGG 10 7 ff.; Ende **ArbGG 10** 9; Personen und Stellen **ArbGG 10** 8; Rechtsfolgen bei Fehlen **ArbGG 10** 10

Beteiligungsrechte bei Akkord, Prämien, leistungsbezogenen Entgelten BetrVG 87 200 ff.; Akkord **BetrVG 87** 201 ff.; Prämien **BetrVG 87** 201, 204; Umfang **BetrVG 87** 206; vergleichbare leistungsbezogene Entgelte **BetrVG 87** 205; Zweck **BetrVG 87** 200

Beteiligungsrechte bei Arbeits- und Gesundheitsschutz BetrVG 87 131 ff.; Arbeitsschutzvorschriften **BetrVG 89** 5 ff.; Arbeitsunfälle **BetrVG 87** 132; ausfüllungsbedürftige Rahmenvorschriften **BetrVG 87** 134; Aushändigung von Niederschriften **BetrVG 89** 32; Berufskrankheiten **BetrVG 87** 132; Durchführung der Arbeitsschutz- und Unfallverhütungsvorschriften **BetrVG 89** 3 ff.; Durchführung der Vorschriften **BetrVG 89** 11 ff.; Gesundheitsschutz **BetrVG 87** 133; Hinzuziehung bei Arbeitsschutzfragen **BetrVG 89** 20 f.; Initiativrecht **BetrVG 87** 139; mitbestimmungsfreie Maßnahmen **BetrVG 87** 137; mitbestimmungspflichtige Maßnahmen **BetrVG 87** 136; Regelungen **BetrVG 87** 135; Streitigkeiten **BetrVG 89** 37 f.; Teilnahmerecht an Besprechungen mit Sicherheitsbeauftragten **BetrVG 89** 30 f.; Umfang **BetrVG 87** 136 ff.; Unfallanzeige **BetrVG 89** 33 f.; Unterstützung der für den Arbeitsschutz zuständigen Stellen **BetrVG 89** 14 ff.; Verstöße **BetrVG 89** 35 f.; weitere Beteiligungsrechte **BetrVG 87** 140 f.

Beteiligungsrechte bei Arbeitsentgelt-Auszahlung BetrVG 87 95 ff.; Begriffsbestimmung **BetrVG 87** 96; Grenzen **BetrVG 87** 103; Umfang **BetrVG 87** 97 ff.; Zweck **BetrVG 87** 95

Beteiligungsrechte bei Arbeitsplatzausschreibung BetrVG 93 1 ff.; Art und Weise der Ausschreibung **BetrVG 93** 7 f.; Initiativrecht **BetrVG 93** 2 ff.; Streitigkeiten **BetrVG 93** 9

Beteiligungsrechte bei Arbeitsplatzgestaltung, Arbeitsablauf, Arbeitsumgebung BetrVG 90 1 ff., **BetrVG 91** 1 ff.; Abwendung der Belastung **BetrVG 91** 11; Änderung **BetrVG 91** 3; Arbeitsplätze **BetrVG 90** 8; Arbeitsverfahren und Arbeitsabläufe **BetrVG 90** 6 f.; Art der Unterrichtung **BetrVG 90** 10; Ausgleich **BetrVG 91** 13; Auswirkungen auf die Arbeitnehmer **BetrVG 90** 14 f.; Baumaßnahmen **BetrVG 90** 4; Beratung **BetrVG 90** 13 ff.; besondere Belastung **BetrVG 91** 6 ff.; Darlegungslast **BetrVG 91** 9; Einigungsstelle **BetrVG 91** 14; Entscheidung des Arbeitgebers **BetrVG 90** 18; Inhalt des Mitbestimmungsrechts **BetrVG 91** 10 ff.; korrigierendes Mitbestimmungsrecht **BetrVG 91** 1; menschengerechte Gestaltung der Arbeit **BetrVG 90** 17; Milderung der Belastung **BetrVG 91** 12; neue Techniken **BetrVG 90** 1; offensichtlicher Widerspruch **BetrVG 91** 5; Planungsstadium **BetrVG 90**

1; Reparatur- und Renovierungsarbeiten **BetrVG 90** 4; Streitigkeiten **BetrVG 90** 19, **BetrVG 91** 15; technische Anlagen **BetrVG 90** 5; Unterrichtungspflicht **BetrVG 90** 3 ff.; Vertreter des Arbeitgebers **BetrVG 90** 11; Voraussetzungen **BetrVG 91** 3 ff.; Widerspruch zu arbeitswissenschaftlichen Erkenntnissen **BetrVG 91** 4; Zeitpunkt der Unterrichtung **BetrVG 90** 9; Zuständigkeit des Gesamtbetriebsrates **BetrVG 50** 9; Zuständigkeit des Konzernbetriebsrates **BetrVG 58** 6

Beteiligungsrechte bei Arbeitszeit BetrVG 87 67 ff.; Arbeitsplatzteilung **TzBfG 13** 15; Ausdehnung der werktäglichen Arbeitszeit **ArbZG 3** 11; Beginn und Ende der täglichen Arbeitszeit **BetrVG 87** 70 ff.; Begriffsbestimmung **BetrVG 87** 69; betriebsübliche Arbeitszeit **BetrVG 87** 82; Einzelfälle **BetrVG 87** 73; Kurzarbeit **GewO 106** 37; Lage der Arbeitszeit **GewO 106** 42; Ruhepausen **ArbZG 4** 4 f., **BetrVG 87** 79; Teilzeitwunsch **TzBfG 8** 43; Überstunden **GewO 106** 37; Umfang **BetrVG 87** 70 ff.; Verteilung auf einzelne Wochentage **BetrVG 87** 77 f.; vorübergehende Verkürzung oder Verlängerung der betriebsüblichen Arbeitszeit **BetrVG 87** 81 ff.; Zuständigkeit des Gesamtbetriebsrates **BetrVG 50** 8

Beteiligungsrechte bei Auswahlrichtlinien BetrVG 95 1 ff.; Auswahlrichtlinien **BetrVG 95** 2; Einstellungsrichtlinien **BetrVG 95** 4; Initiativrecht **BetrVG 95** 13; Kündigungsrichtlinien **BetrVG 95** 7 ff.; Mitbestimmungsrecht **BetrVG 95** 10 ff.; Regelungsinhalte der Richtlinien **BetrVG 95** 3 ff.; Schwellenwert **BetrVG 95** 13; Streitigkeiten **BetrVG 95** 16 ff.; Umgruppierungsrichtlinien **BetrVG 95** 6; Versetzungsrichtlinien **BetrVG 95** 5; Zuständigkeiten **BetrVG 95** 14

Beteiligungsrechte bei Berufsbildung BetrVG 96 1 ff.; Auswahl von Arbeitnehmern für Berufsbildungsmaßnahme **BetrVG 98** 15 ff.; Bedarfsanalyse **BetrVG 96** 13; Beratungsrecht bei Einführung von Bildungsmaßnahmen **BetrVG 97** 1 ff.; Berufsbezug **BetrVG 96** 5; Berufsbildung **BetrVG 96** 2 ff.; Bestellung und Abberufung von Ausbildern **BetrVG 98** 8 ff.; Betriebsbezug **BetrVG 96** 6; Bildungsbezug **BetrVG 96** 3 ff.; Durchführung von Berufsbildungsmaßnahmen **BetrVG 98** 4 ff.; Gebot der Zusammenarbeit **BetrVG 96** 9; Gestaltungsspielraum des Arbeitgebers **BetrVG 98** 4; Initiativ- und Beratungsrecht **BetrVG 96** 11 ff.; Mitbestimmungsrecht in besonderen Fällen **BetrVG 97** 5 ff.; Mitbestimmungsrecht bei der Durchführung von Berufsbildungsmaßnahmen **BetrVG 98** 1 ff.; persönliche und fachliche Eignung des Ausbilders **BetrVG 98** 9; Pflicht zur Förderung **BetrVG 96** 9 ff.; sonstige Bildungsmaßnahmen **BetrVG 98** 20; Streitigkeiten **BetrVG 96** 17; Streitigkeiten hinsichtlich Bestellung oder Abberufung eines Ausbilders **BetrVG 98** 12 ff.; Tätigkeitsänderungen **BetrVG 97** 5 ff.; Überwachungspflicht **BetrVG 96** 14 ff.; Vernachlässigung der Aufgaben durch den Ausbilder **BetrVG 98** 9

Beteiligungsrechte bei Beschäftigungssicherung BetrVG 92a 1 ff.; Begründungspflicht des Arbeitgebers **BetrVG 92a** 6 ff.; Beratungsrecht **BetrVG 92a** 3 ff.; Streitigkeiten **BetrVG 92a** 9; Vorschlagsrecht **BetrVG 92a** 2

Beteiligungsrechte bei betrieblichem Vorschlagswesen BetrVG 87 208 ff.; betriebliches Vorschlagswesen **BetrVG 87** 209 ff.; Initiativrecht **BetrVG 87** 213; Umfang **BetrVG 87** 211 f.; Zweck **BetrVG 87** 208

Beteiligungsrechte bei betrieblicher Lohngestaltung BetrVG 87 174 ff.; Aufstellen von Entlohnungsgrundsätzen **BetrVG 87** 183; betriebliche Altersversorgung **BetrAVG Vorb.** 148 f., 198 f., 204; betriebliche Lohngestaltung **BetrVG 87** 180 ff.; Einführung, Anwendung, Änderung von Entlohnungsmethoden **BetrVG 87** 184; Eingruppierung – ~ im Entleiherbetrieb **AÜG 14** 18; freiwillige Leistungen **BetrVG 87** 189 ff.; Gesetzessystematik **BetrVG 87** 187; Grenzen **BetrVG 87** 185; kollektiver Tatbestand **BetrVG 87** 181; Lohn **BetrVG 87** 176 f.; lohnpolitische Entscheidungen **BetrVG 87** 179; mitbestimmungsfreie Entscheidungen **BetrVG 87** 191; mitbestimmungsfreie Individualtatbestände **BetrVG 87** 182; mitbestimmungspflichtige Entscheidungen **BetrVG 87** 192; Nichtbeachtung **BetrVG 87** 186; Zuständigkeit des Gesamtbetriebsrates **BetrVG 50** 8; Zweck **BetrVG 87** 174

Beteiligungsrechte bei Betriebsänderungen BetrVG 111 1 ff., **BetrVG 112** 1 ff.; Anwendungsvoraussetzungen **BetrVG 111** 9 ff.; Ausgliederung einzelner Betriebsteile **BetrVG 111** 26; Bagatellausgliederung **BetrVG 111** 42; Berater **BetrVG 111** 66 ff.; Beratung **BetrVG 111** 65; Bestehen eines Betriebsrats **BetrVG 111** 9 ff.; Betriebsänderung **BetrVG 111** 19 ff.; Betriebsanlagen, grundlegende Änderungen **BetrVG 111** 44, 49 f.; Betriebsorganisation, grundlegende Änderungen **BetrVG 111** 44 ff., 50; Betriebsübergang **BGB 613a** 290 f.; Betriebszweck, grundlegende Änderungen **BetrVG 111** 44, 48, 50; Einschränkung **BetrVG 111** 27 ff.; Einschränkung eines wesentlichen Betriebsteils **BetrVG 111** 33; Form der Unterrichtung **BetrVG 111** 62; Fortgeltung bei Spaltung/Teilübertragung **UmwG 325** 11 ff.; geplante Betriebsänderung **BetrVG 111** 60; Gesetzesentwicklung **BetrVG 111** 6 ff.; Inhalt und Umfang der Unterrichtung **BetrVG 111** 63 f.; Katalog **BetrVG 111** 20; neue Arbeitsmethoden und Fertigungsverfahren **BetrVG 111** 51 f.; Personalabbau **BetrVG 111** 27 ff.; Rechtzeitigkeit der Unterrichtung **BetrVG 111** 61; Sicherung der Beteiligungsrechte **BetrVG 111** 78 ff.; Sicherungsverfügung **ArbGG 85** 11; Spaltung **BetrVG 111** 39 ff.; Stilllegung **BetrVG 111** 22 ff.; Stilllegung eines wesentlichen Betriebsteils **BetrVG 111** 24 f.; Tendenzbetrieb **BetrVG 111** 17; Unternehmensgröße **BetrVG 111** 12 ff.; Verlegung des ganzen Betriebs/wesentlicher Betriebsteile **BetrVG 111** 34 ff.; wesentliche Nachteile **BetrVG 111** 21; Zeitpunkt der Unterrichtung **BetrVG 111** 59 ff.; Zusammenschluss mit anderen Betrieben **BetrVG 111** 37 f.; Zuständigkeit **BetrVG 111** 72 ff.; Zuständigkeit des Gesamtbetriebsrates **BetrVG 50** 13 f.; Zuständigkeit des Konzernbetriebsrates **BetrVG 58** 8; *siehe auch „Sozialplan"*

Beteiligungsrechte in einer Europäischen Gesellschaft SEBG 1 ff.; Abgrenzung zur „Richtlinien-Verschmelzung" **MgVG 2**; Aufgaben und Zuständigkeiten des Betriebsrats **SEBG 44**; Begriffe **SEBG 7**; Beschlussverfahren **ArbGG 2a** 21a; Besonderes Verhandlungsgremium (SEBG) *siehe dort*; Beteiligung der Arbeitnehmer kraft Gesetzes **SEBG** 40 ff.; Betriebsrat kraft Gesetzes **SEBG** 41 ff.; gesellschaftsrechtliche Grundlagen **SEBG** 3 ff.; Gesetzesstruktur **SEBG 6**; Grundsätze **SEBG 55**; Missbrauchsverbot **SEBG 54**; Mitbestimmung kraft Gesetzes **SEBG** 46 ff.; Schutzbestimmungen **SEBG 55**; Sitzverteilung im Aufsichts- oder Verwaltungsorgan **SEBG** 49 f.; Tendenzschutz **SEBG 53**; Wahlanfechtung **SEBG 51**

Beteiligungsrechte bei Gruppenarbeit BetrVG 87 214 ff.; Delegation **BetrVG 87** 218; Gruppenarbeit **BetrVG 87** 215; mitbestimmungsfreie Angelegenheiten **BetrVG 87** 216; mitbestimmungspflichtige Angelegenheiten **BetrVG 87** 217; Umfang **BetrVG 87** 216 f.; Zweck **BetrVG 87** 214

Beteiligungsrechte bei Kündigung BetrVG 102 1 ff.; Adressat der Informationen **BetrVG 102** 17; Änderungskündigung **BetrVG 102** 3, 39, **KSchG** 2 92 ff.; Art der Kündigung **BetrVG 102** 26; ausdrückliches Absehen von Stellungnahme **BetrVG 102** 60; Auslandsbezug **BetrVG 102** 8; Ausschlussfrist bei außerordentlicher Kündigung **BGB 626** 382 ff.; außerordentliche Kündigung **BetrVG 102** 30; außerordentliche Kündigung eines Unkündbaren **BetrVG 102** 67; Äußerung von Bedenken **BetrVG 102** 61 ff.; Äußerungsfristen **BetrVG 102** 62 ff.; Beendigungstatbestände **BetrVG 102** 2 ff.; Beschlussfassung des Betriebsrates **BetrVG 102** 48 ff.; Beteiligung nach anderen Vorschriften als nach § 103 **BetrVG BetrVG 102** 101 f.; betriebsbedingte Kündigung **BetrVG 102** 35 ff.; Darlegungs- und Beweislast **BetrVG 102** 46; Eigenkündigung **BetrVG 102** 13; Einlegung eines Widerspruchs **BetrVG 102** 66 ff.; Entscheidung des Betriebsrates **BetrVG 102** 55 ff.; Erweiterung der Mitbestimmung **BetrVG 102** 98 ff.; Fehler in Betriebsratssphäre **BetrVG 102** 82; fehlerhafte Einleitung des Anhörungsverfahrens **BetrVG 102** 47; fehlerhafte Sozialauswahl **BetrVG 102** 70; Form und Umfang der Unterrichtung **BetrVG 102** 18 f.; geschützte Arbeitnehmer **BetrVG 102** 7 ff.; handlungsfähiger Betriebsrat **BetrVG 102** 14 ff.; Informationsanspruch des Arbeitnehmers **BetrVG 102** 80 f.; Inhalt der Unterrichtung **BetrVG 102** 25 ff.; Interessenausgleich mit Namensliste **InsO 125** 14 f., **KSchG 1** 431 ff.; krankheitsbedingte Kündigung **KSchG 1** 167a; Kündigung **BetrVG 102** 2; Kündigung auf Veranlassung des Betriebsrates **BetrVG 102** 12; Kündigungsfrist **BetrVG 102** 27; Kündigungsgründe **BetrVG 102** 28 ff.; Massenentlassungen **KSchG 17** 17 ff.; Massenentlassungen, Konsultationen **KSchG 17** 44; Nachfrage nach weiteren Informationen **BetrVG 102** 57; Nachschieben von Kündigungsgründen **BetrVG 102** 40 ff., **BGB 626** 409 ff., **KSchG 1** 167a; ordentliche Kündigung **BetrVG 102** 31 f.; ordnungsgemäße Beschlussfassung **BetrVG 102** 53 f.; personenbedingte Kündigung **BetrVG 102** 34, **KSchG 1** 167a; Schweigen **BetrVG 102** 59; Schwerbehinderte **BetrVG 102** 23, **SGB IX 88** 11; Schwerbehinderte bei außerordentlicher Kündigung **SGB IX 91** 11; Sozialdaten **BetrVG 102** 25; subjektive Determination der Kündigungsgründe **BetrVG 102** 28 f.; Unterrichtungspflicht **BetrVG 102** 14 ff.; Verantwortungsbereich des Betriebsrates **BetrVG 102** 48; verhaltensbedingte Kündigung **BetrVG 102** 33; Verschwiegenheitspflicht **BetrVG 102** 54; Verstoß gegen Auswahlrichtlinien **BetrVG 102** 71; Verzicht auf Beteiligung **BetrVG 102** 45; Vorratskündigung **BetrVG 102** 22; Weiterbeschäftigungsmöglichkeit an anderem Arbeitsplatz **BetrVG 102** 72 ff.; Weiterbeschäftigungsmöglichkeit im Konzern **BetrVG 102** 73; Weiterbeschäftigungsmöglichkeit mit Umschulung oder Fortbildung **BetrVG 102** 75 f.; Weiterbeschäftigungsmöglichkeit unter geänderten Vertragsbedingungen **BetrVG 102** 77 f.; Widerspruch **BetrVG 102** 68; Widerspruchsgründe **BetrVG 102** 69 ff.; Wiederholungskündigungen **BetrVG 102** 21; Zeitpunkt der Unterrichtung **BetrVG 102** 20 ff.; zuständiges Gremium **BetrVG 102** 50 ff.; Zustimmung zur Kündigung **BetrVG 102** 58

Beteiligungsrechte beim Ordnungsverhalten BetrVG 87 60 ff.; Arbeitnehmerdatenerhebung und -übermittlung **BDSG Vorb.** 82; Einzelfälle **BetrVG 87** 63; Gesetzessystematik **BetrVG 87** 66; Grenzen **BetrVG 87** 65; mitbestimmungsfreies Arbeitsverhalten **BetrVG 87** 64; Umfang **BetrVG 87** 62

Beteiligungsrechte bei Personalfragebogen BetrVG 94 1 ff., **BGB 123** 4 f.; formularmäßige Einwilligung zur Datenverarbeitung usw. **BDSG Vorb.** 66; betriebsbezogenes berechtigtes Interesse des Arbeitgebers **BetrVG 94** 6; Formulararbeitsverträge **BetrVG 94** 7; Personalfragebogen **BetrVG 94** 2 ff.; persönliche Verhältnisse **BetrVG 94** 5; Streitigkeiten **BetrVG 94** 12; Zustimmungsrecht des Betriebsrates **BetrVG 94** 9 ff.

Beteiligungsrechte bei Personalplanung BetrVG 92 1 ff.; Begriffsbestimmung **BetrVG 92** 2 ff.; Beratungsrechte **BetrVG 92** 15 ff.; besondere Fördermaßnahmen **BetrVG 92** 19; Regelungszweck **BetrVG 92** 1; Streitigkeiten **BetrVG 92** 23; Umfang der Unterrichtung **BetrVG 92** 12; Unterrichtungsrechte **BetrVG 92** 10 ff.; Vorlage von Unterlagen **BetrVG 92** 13 f.; Vorschlagsrechte **BetrVG 92** 18; Zeitpunkt der Unterrichtung **BetrVG 92** 11; Zuständigkeiten **BetrVG 92** 22

Beteiligungsrechte in personellen Angelegenheiten, allgemeine Beurteilungsgrundsätze **BetrVG 94** 8; Beteiligungsrechte bei Arbeitsplatzausschreibung *siehe dort*; Beteiligungsrechte bei Auswahlrichtlinien *siehe dort*; Beteiligungsrechte bei Berufsbildung *siehe dort*; Beteiligungsrechte bei Beschäftigungssicherung *siehe dort*; Beteiligungsrechte bei Kündigung *siehe dort*; Beteiligungsrechte bei Personalfragebogen *siehe dort*; Beteiligungsrechte bei Personalplanung *siehe dort*; leitende Angestellte **BetrVG 105** 1 ff.; Zuständigkeit des Gesamtbetriebsrates **BetrVG 50** 10; Zuständigkeit des Konzernbetriebsrates **BetrVG 58** 7

Beteiligungsrechte in personellen Einzelmaßnahmen, Änderung der Arbeitsbedingungen als Einstellung **BetrVG 99** 20; Änderungskündigung **KSchG 2** 98 ff.; Arbeitnehmerüberlassung **BetrVG 99** 10; Arbeitskampf **BetrVG 99** 11 ff., **GG 9** 327; Arbeitsort, sich ändernder **BetrVG 99** 42, 47; Auslandsbeziehungen **BetrVG 99** 14; Beendigung bei Befristung **TzBfG 15** 35 ff.; Begründung des Widerspruchs **BetrVG 99** 89 f.; Benachteiligung anderer Arbeitnehmer **BetrVG 99** 74 ff.; Benachteiligung des betroffenen Arbeitnehmers **BetrVG 99** 82 f.; besondere Schweigepflicht **BetrVG 99** 60 f.; Besorgnis von Nachteilen **BetrVG 99** 75; betroffene Arbeitnehmer **BetrVG 99** 9 f.; Drittfirma **BetrVG 99** 21 f.; Eingruppierung **BetrVG 99** 24 ff.; einseitig aufgestelltes und angewandtes Vergütungssystem **BetrVG 99** 28; Einstellung **BetrVG 99** 17 f.; Einstellung mit Befristung **TzBfG 14** 147 f.; Erheblichkeit der Zuweisung eines anderen Arbeitsbereichs **BetrVG 99** 44 ff.; Erweiterung **BetrVG 99** 16; Fortgeltung bei Spaltung/Teilübertragung **UmwG 325** 11 ff.; kollektive Vergütungsordnung **BetrVG 99** 26 f.; konzerninterne Arbeitnehmerüberlassung **BetrVG 99** 23; Kündigung anderer als Nachteil **BetrVG 99** 76; kurzfristige Zuweisung eines anderen Arbeitsbereichs **BetrVG 99** 45; Missachtung bei Ein- und Umgruppierung **BetrVG 99** 97; Missachtung bei Einstellung **BetrVG 99** 95; Missachtung bei Versetzung **BetrVG 99** 96; Mitbeurteilungsrecht bei Eingruppierung **BetrVG 99** 29; Nichtberücksichtigung eines gleich geeignet befristet Beschäftigten **BetrVG 99** 80 f.; Personalien aller vorgesehenen Bewerber **BetrVG 99** 53 ff.; positives Konsensprinzip **BetrVG 99** 1; rassistische oder fremdenfeindliche Betätigung **BetrVG 99** 86; Rechtsstellung des einzelnen Arbeitnehmers **BetrVG 99** 94 ff.; Richtigkeitskontrolle bei Eingruppierung **BetrVG 99** 26; Schwellenwert **BetrVG 99** 2 ff.; schwerbehindertenrechtlicher Beschäftigungsanspruch **SGB IX 81** 26; sonstige Nachteile für Arbeitnehmer **BetrVG 99** 78; Sperrvermerke von Bewerbern **BetrVG 99** 54; Störung des Betriebsfriedens **BetrVG 99** 86 f.; Streitigkeiten **BetrVG 99** 98 f.; Teilzeitarbeit während Elternzeit

BEEG 15 24; typischer Wechsel des Arbeitsplatzes **BetrVG** 99 49; Übernahme eines Leiharbeitnehmers **AÜG** 14 14 ff.; Umfang des Unterrichtungsrechts **BetrVG** 99 52 ff.; Umgruppierung **BetrVG** 99 32 ff.; Unterlassen einer Ausschreibung **BetrVG** 99 84 f.; Unterrichtung **BetrVG** 99 50 ff.; Unterrichtung bei Eingruppierung **BetrVG** 99 58; Unterrichtung bei Einstellung **BetrVG** 99 53 ff.; Unterrichtung bei Umgruppierung **BetrVG** 99 59; Unterrichtung bei Versetzungen **BetrVG** 99 57; Verlängerung der Arbeitszeit **TzBfG** 9 17 f.; Versetzung **BetrVG** 99 36 ff.; Verstoß gegen Auswahlrichtlinien **BetrVG** 99 73; Verstoß gegen Rechtsvorschriften **BetrVG** 99 64 ff.; Vertretung bei Elternzeit **BEEG** 21 12; Vorhandensein eines Betriebsrates **BetrVG** 99 8; Vorläufige personelle Maßnahmen *siehe dort*; Weiterbeschäftigung auf anderem Arbeitsplatz **KSchG** 1 279; Wochenfrist bei Zustimmungsverweigerung **BetrVG** 99 91; Zuständigkeit des Gesamtbetriebsrates **BetrVG** 50 11; Zuständigkeit des Konzernbetriebsrates **BetrVG** 58 7; Zustimmung **BetrVG** 99 62; Zustimmungsverweigerung bei Einstellung eines nicht schwerbehinderten Bewerbers **SGB IX** 81 14; Zustimmungsverweigerungsgründe **BetrVG** 99 63 ff.; Zustimmungsverweigerungsverfahren **BetrVG** 99 88 ff.; Zuweisung anderer Tätigkeit **GewO** 106 23; Zwangsgeld bei personellen Einzelmaßnahmen *siehe dort*

Beteiligungsrechte bei Sozialeinrichtungen BetrVG 87 142 ff.; Ausgestaltung **BetrVG** 87 151; Ausübung **BetrVG** 87 153; beschränkter Wirkungsbereich **BetrVG** 87 144 f.; betriebliche Altersversorgung **BetrAVG Vorb.** 148 f., 197, 201 ff., 205; Form **BetrVG** 87 150; Gesetzessystematik **BetrVG** 87 160; Grenzen **BetrVG** 87 158; mitbestimmungsfreie Entscheidungen **BetrVG** 87 148 f.; mitbestimmungsfreie Sozialeinrichtungen **BetrVG** 87 146; mitbestimmungspflichtige Sozialeinrichtungen **BetrVG** 87 146; Nichtbeachtung **BetrVG** 87 159; Sozialeinrichtung **BetrVG** 87 143; Sozialeinrichtungen ohne eigene Rechtspersönlichkeit **BetrVG** 87 155; Sozialeinrichtungen mit eigenem Betriebsrat **BetrVG** 87 156; Sozialeinrichtungen mit eigener Rechtspersönlichkeit **BetrVG** 87 154; Umfang **BetrVG** 87 147 ff.; Verwaltung **BetrVG** 87 152; Zuständigkeit des Gesamtbetriebsrates **BetrVG** 50 8

Beteiligungsrechte in sozialen Angelegenheiten BetrVG 87 1 ff.; Beteiligungsrechte bei Akkord, Prämien, leistungsbezogenen Entgelten *siehe dort*; Beteiligungsrechte bei Arbeits- und Gesundheitsschutz *siehe dort*; Beteiligungsrechte bei Arbeitsentgelt-Auszahlung *siehe dort*; Beteiligungsrechte bei Arbeitsplatzgestaltung, Arbeitsablauf, Arbeitsumgebung *siehe dort*; Beteiligungsrechte bei Arbeitszeit *siehe dort*; Beteiligungsrechte bei betrieblichem Vorschlagswesen *siehe dort*; Beteiligungsrechte bei betrieblicher Lohngestaltung *siehe dort*; Beteiligungsrechte bei Gruppenarbeit *siehe dort*; Beteiligungsrechte beim Ordnungsverhalten *siehe dort*; Beteiligungsrechte bei Sozialeinrichtungen *siehe dort*; Beteiligungsrechte bei technischen Einrichtungen *siehe dort*; Beteiligungsrechte bei Urlaub *siehe dort*; Beteiligungsrechte bei Wohnräumen *siehe dort*; betriebliches Eingliederungsmanagement **SGB IX** 84 18; Dotierungsrahmen **BetrVG** 87 17 f.; dynamische Blankettverweisung auf Tarifverträge **BetrVG** 87 29; Eil- und Notfälle **BetrVG** 87 21 ff.; einzelne Mitbestimmungstatbestände **BetrVG** 87 60 ff.; Erweiterung des Mitbestimmungsrecht **BetrVG** 87 25 ff.; Erweiterung durch Tarifvertrag **BetrVG** 87 30; Form der Ausübung **BetrVG** 87 35 ff.; freiwillige Leistung **BetrVG** 87 17 ff.; Gesetzesvorbehalt **BetrVG** 87 6 ff.; individualrechtliche Folgen bei Nichtbeachtung **BetrVG** 87 41 ff.; Initiativrecht **BetrVG** 87 32 ff.; Kollektivmaßnahme **BetrVG** 87 3 ff.; Nichtbeachtung **BetrVG** 87 38 ff.; noch nicht gewählter Betriebsrat **BetrVG** 87 40; persönlicher Geltungsbereich **BetrVG** 87 2; Rechtsstreitigkeiten **BetrVG** 87 51 ff.; Theorie der Wirksamkeitsvoraussetzung **BetrVG** 87 38 ff.; Verzicht des Betriebsrates **BetrVG** 87 28; Zuständigkeit des Gesamtbetriebsrates **BetrVG** 50 8; Zuständigkeit des Konzernbetriebsrates **BetrVG** 58 5 ff.

Beteiligungsrechte des Sprecherausschusses, allgemeine Beurteilungsgrundsätze **SprAuG** 30 4; Behandlung leitender Angestellter **SprAuG** 27 1 f.; Betriebsänderungen **SprAuG** 32 6 ff.; bloße Mitwirkungsrechte **SprAuG Vor** 25 ff. 1; Einstellung **SprAuG** 31 2; Gehaltsgestaltung **SprAuG** 30 2; Gehaltslisten **SprAuG** 25 3; Kündigung **SprAuG** 31 4 f.; personelle Maßnahmen **SprAuG** 31 1 ff.; personelle Veränderungen **SprAuG** 31 3; soziale Angelegenheiten **SprAuG** 30 1 ff.; Sprechervereinbarungen *siehe dort*; Unterrichtung durch den Arbeitgeber **SprAuG** 25 2 f.; Unterrichtung über wirtschaftliche Angelegenheiten **SprAuG** 32 2 ff.; Unterstützung einzelner leitender Angestellter **SprAuG** 26 1; Verstöße des Arbeitgebers **SprAuG** 30 5; wirtschaftliche Angelegenheiten **SprAuG** 32 1 ff.

Beteiligungsrechte bei technischen Einrichtungen BetrVG 87 115 ff.; Arbeitnehmerdatenverarbeitung **BDSG Vorb.** 81; Bestimmung zur Überwachung **BetrVG** 87 120; Gesetzessystematik **BetrVG** 87 130; Grenzen **BetrVG** 87 128; individualrechtliche Folgen bei Nichtbeachtung **BetrVG** 87 129; mitbestimmungsfreie Einrichtungen **BetrVG** 87 124; mitbestimmungspflichtige Einrichtungen **BetrVG** 87 121; Ortung des Arbeitnehmers **BDSG Vorb.** 99; technische Einrichtungen **BetrVG** 87 116; Telekommunikationseinrichtungen **BetrVG** 87 122 f.; Überwachung **BetrVG** 87 118 f.; zur Überwachung bestimmt **BetrVG** 87 117 ff.; Umfang **BetrVG** 87 125 ff.; Verhalten oder Leistung **BetrVG** 87 119; Videoüberwachung **BDSG Vorb.** 109 ff.; Zuständigkeit des Gesamtbetriebsrates bei EDV-System **BetrVG** 50 8; Zuständigkeit des Gesamtbetriebsrates bei Telefonanlage **BetrVG** 50 8; Zweck **BetrVG** 87 115

Beteiligungsrechte beim Umweltschutz BetrVG 89 1 ff.; Aushändigung von Niederschriften **BetrVG** 89 32; betrieblicher Umweltschutz, Begriff **BetrVG** 89 23 ff.; Durchführung der Vorschriften **BetrVG** 89 11 ff.; Hinzuziehung bei Umweltschutzfragen **BetrVG** 89 21 f.; Streitigkeiten **BetrVG** 89 37 f.; Umweltschutzvorschriften **BetrVG** 89 9 f.; Verstöße **BetrVG** 89 35 f.

Beteiligungsrechte bei Urlaub BetrVG 87 104 ff., **BUrlG** 7 33; Grenzen **BetrVG** 87 113; Initiativrecht **BetrVG** 87 112; mitbestimmungsfreie Tatbestände **BetrVG** 87 111; Nichtbeachtung **BetrVG** 87 114; Streit über einzelne Urlaubswünsche **BetrVG** 87 109 f.; Urlaub **BetrVG** 87 105; Urlaubsgrundsätze **BetrVG** 87 106; Urlaubsplan **BetrVG** 87 107 f.; Zuständigkeit des Gesamtbetriebsrates **BetrVG** 50 8; Zweck **BetrVG** 87 104

Beteiligungsrechte in wirtschaftlichen Angelegenheiten BetrVG 106 2 ff.; Betriebsübergang **BGB** 613a 290 ff.; Fortgeltung bei Spaltung/Teilübertragung **UmwG** 325 11 ff.; Unternehmensübernahme **BetrVG** 109a 1 ff.; Zuständigkeit des Gesamtbetriebsrates **BetrVG** 50 12 ff.; Zuständigkeit des Konzernbetriebsrates **BetrVG** 58 8; *siehe auch* „Beteiligungsrechte bei Betriebsänderungen"

Beteiligungsrechte bei Wohnräumen BetrVG 87 161 f.; allgemeine Festlegung der Nutzungsbedingungen **BetrVG 87** 169; Ausübung **BetrVG 87** 170; Gesetzessystematik **BetrVG 87** 173; Grenzen **BetrVG 87** 171; Kündigung des Mietverhältnisses **BetrVG 87** 167; Nichtbeachtung **BetrVG 87** 172; Umfang **BetrVG 87** 165 ff.; Werkdienstwohnungen **BetrVG 87** 164; Werkmietwohnungen **BetrVG 87** 162 f.; Wohnräume **BetrVG 87** 162; Zuweisung von Wohnraum **BetrVG 87** 166; Zweck **BetrVG 87** 161

Betrieb, Begriff siehe „Betriebsbegriff", Eigentumsgarantie **GG 14** 26, Fiktion **BetrVG 3** 31 f.

Betriebliche Altersversorgung, Abänderung individualrechtlicher Zusagen **BetrAVG Vorb.** 126 ff.; Abänderung von Versorgungssystemen **BetrAVG Vorb.** 124 ff.; Abgrenzung zu anderen Leistungen **BetrAVG Vorb.** 56 ff.; Abgrenzung zur Personenversicherung **BetrAVG Vorb.** 62 f.; ablösende Betriebsvereinbarung **BetrAVG Vorb.** 146 f., **BetrVG 77** 55; Ablösung von Gesamtversorgungssystemen **BetrAVG Vorb.** 163 f.; AGB-Kontrolle **BGB 305c** 5; AGG **BetrAVG Vorb.** 32; Alterseinkünftegesetz **BetrAVG Vorb.** 9; Altersgrenzen **BetrAVG Vorb.** 101 f.; Altersvermögensgesetz **BetrAVG Vorb.** 7 ff.; am Unternehmen beteiligte Personen **BetrAVG 17** 10 ff.; am Unternehmen nicht beteiligte Personen **BetrAVG 17** 9; Änderung bei laufenden Leistungen **BetrAVG Vorb.** 160 ff.; Änderung aus nicht wirtschaftlichen Gründen **BetrAVG Vorb.** 163 f.; Änderungskündigung **BetrAVG Vorb.** 128 f.; Änderungsvereinbarung **BetrAVG Vorb.** 127; Anrechnung anderweitiger Versorgungsbezüge **BetrAVG 5** 8 ff.; anwendbares Recht bei unterbliebener Rechtswahl **BetrAVG Vorb.** 19 ff.; Äquivalenzstörung **BetrAVG Vorb.** 136a; Arbeitnehmer **BetrAVG 17** 4 ff.; arbeitnehmerähnliche Personen **BetrAVG 17** 7 ff.; Auskunftsanspruch **BetrAVG 4a** 1 ff.; Auslandsbezug **BetrAVG Vorb.** 17; Bausteinzusagen **BetrAVG Vorb.** 119; Beendigung des Arbeitsverhältnisses **BetrAVG Vorb.** 103; beitragsorientierte **BetrAVG 1** 4; Beitragszusage mit Mindestleistung **BetrAVG 1** 5 ff.; Berechnung der Versorgungsleistung **BetrAVG Vorb.** 110 ff.; Besteuerung **EStG 19/38** 54 ff.; betriebliche Übung **BetrAVG Vorb.** 82, **BGB 611** 237; Betriebsübergang **BGB 613a** 238 ff.; Betriebsvereinbarung **BetrAVG Vorb.** 88 f.; Betriebsvereinbarung, nachfolgende bei individualrechtlichen Zusagen **BetrAVG Vorb.** 137 ff.; Durchführungswege **BetrAVG Vorb.** 64 ff., **BetrAVG 1** 2, **BetrAVG 1b** 24 ff.; dynamische Versorgungssysteme **BetrAVG Vorb.** 118; Eigenvorsorge **BetrAVG 1** 9 f.; eingeschränkte freie Rechtswahl **BetrAVG Vorb.** 18; eingetragene Lebenspartnerschaft **BetrAVG Vorb.** 94a; Einheitsregelung **BetrAVG Vorb.** 79; Einstandspflicht **BetrAVG 1** 3; Einzelzusage **BetrAVG Vorb.** 78; Elternzeit **BEEG Vor 15–21** 8; Entgeltgleichheit **AEUV 157** 117 ff., 34 ff.; Entgeltumwandlung siehe dort; Ergänzungsfunktion **BetrAVG Vorb.** 25; Freiwilligkeit **BetrAVG Vorb.** 23; Funktion **BetrAVG Vorb.** 24 ff.; Fürsorge- und Entgeltcharakter **BetrAVG Vorb.** 26 f.; Geltungsbereich des AGG **AGG 2** 10; Gesamtversorgungssysteme **BetrAVG Vorb.** 122 f.; Gesamtzusage **BetrAVG Vorb.** 80 f.; geschlechtsbezogene Differenzierung **BetrAVG Vorb.** 94; geschlechtsbezogene unterschiedliche Altersgrenzen **BetrAVG 2** 27 ff.; Gesetzesvorrang **BetrAVG 17** 26; gespaltene Rentenformeln **BetrAVG Vorb.** 115, 118; Gleichbehandlungsgrundsatz **BetrAVG Vorb.** 29 f., 91 ff., **BGB 611** 226; halbdynamische Versorgungssysteme **BetrAVG Vorb.** 118; hierarchische Versorgungssysteme **BetrAVG Vorb.** 120 f.; historische Entwicklung **BetrAVG Vorb.** 3 f.; individualrechtliche Zusagen **BetrAVG Vorb.** 77 ff.; Kapitalleistungen **BetrAVG Vorb.** 53 f.; Kennzeichen **BetrAVG Vorb.** 23 ff.; kollektivrechtliche Zusagen **BetrAVG Vorb.** 83 ff.; Kündigung einer Betriebsvereinbarung **BetrVG 77** 56; langjährig Versicherte **BetrAVG 2** 30a; Legaldefinition **BetrAVG Vorb.** 22; Leibrenten **BetrAVG Vorb.** 50 f.; Leistungsarten **BetrAVG Vorb.** 34 ff.; Leistungsbegriff **BetrAVG Vorb.** 34 f.; Leistungsvoraussetzungen **BetrAVG Vorb.** 97 ff.; mehrere Anspruchsgrundlagen **BetrAVG Vorb.** 95 f.; Mitbestimmung **BetrAVG Vorb.** 148 f., 196 ff.; mitbestimmungsfreie Entscheidungen **BetrVG 87** 149; Motive des Gesetzgebers **BetrAVG Vorb.** 1; Nichtanwendbarkeit des BetrAVG **BetrAVG 17** 19 ff.; Öffentlicher Dienst, Sonderregelungen **BetrAVG 18** 1 ff.; persönlicher Anwendungsbereich **BetrAVG Vorb.** 16; persönlicher Geltungsbereich des **BetrAVG**, **BetrAVG 17** 1 ff.; Rechtsbegründungsakte **BetrAVG Vorb.** 76 ff.; Rechtswegzuständigkeit **ArbGG 2** 92 ff., **BetrAVG Vorb.** 209 ff.; Regelaltersgrenze der gesetzlichen Rentenversicherung **BetrAVG Vorb.** 106 f., 164a; sachlicher Anwendungsbereich des BetrAVG **BetrAVG Vorb.** 11 f., **BetrAVG 1** 1; Spaltung **UmwG 324** 34 f.; statische Versorgungssysteme **BetrAVG Vorb.** 117; Tariföffnungsklausel **BetrAVG 17** 23 ff.; Tarifvertrag **BetrAVG Vorb.** 84 ff.; Teilzeitbeschäftigte **TzBfG 4** 11; Übergangsregelung für öffentlichen Dienst **BetrAVG 30d** 1 ff.; Übertragung von Versorgungsrechten siehe dort; Unklarheitenregel **BetrAVG Vorb.** 33; Unverfallbarkeit der betrieblichen Altersversorgung siehe dort; Vereinbarungen nach dem SprAuG **BetrAVG Vorb.** 90; Verfehlungen während des Arbeitsverhältnisses **BetrAVG Vorb.** 167 ff.; Verfehlungen durch Ausgeschiedene **BetrAVG Vorb.** 170; Verjährung **BetrAVG 18a** 1 ff.; Versorgungsanwartschaften siehe dort; Versorgungsausgleich siehe dort; versorgungsfähige Dienstzeit **BetrAVG Vorb.** 111 f.; versorgungsfähiges Einkommen **BetrAVG Vorb.** 113 ff.; Versorgungssysteme **BetrAVG Vorb.** 116 ff.; Versorgungszweck **BetrAVG Vorb.** 24; Vertragsfreiheit **BetrAVG Vorb.** 28; Vorzeitige Betriebsrente siehe dort; Wartezeit **BetrAVG Vorb.** 99 f.; Wegfall der Geschäftsgrundlage **BetrAVG Vorb.** 133; Widerruf **BetrAVG Vorb.** 131 ff.; Widerruf wegen Treubruch **BetrAVG Vorb.** 165 ff.; wirtschaftliche Notlage **BetrAVG Vorb.** 134; Zeitrenten **BetrAVG Vorb.** 52; Zuständigkeit des Gesamtbetriebsrates **BetrVG 50** 8

Betriebliche Ordnung, außerordentliche Kündigung **BGB 626** 174; Einhaltung **BGB 611** 353 ff.

Betriebliche Übung BGB Vor 611 150, **BGB 611** 228 ff.; Ablösung **BGB 611** 234 ff.; Ablösung durch Betriebsvereinbarung **BGB 77** 62 f.; Beendigung **BGB 611** 233; betriebliche Altersversorgung **BetrAVG Vorb.** 82; Betriebsübergang **BGB 613a** 232; Bindungswille **BGB 611** 231 f.; Einzelfälle **BGB 611** 238; Fallgruppen **BGB 611** 237; als Grenze des Weisungsrechts **GewO 106** 60 ff.; Herleitung **BGB 611** 228; öffentlicher Dienst **BGB 611** 232; revisionsgerichtliche Behandlung **ArbGG 73** 13; Voraussetzungen **BGB 611** 229 ff.; Vorbehaltserklärung **BGB 611** 230

Betriebliches Eingliederungsmanagement KSchG 1 137a; Anwendungsbereich **SGB IX 84** 10 f.; Beteiligte **SGB IX 84** 13; Datenschutz **BDSG Vorb.** 88, **SGB IX 84** 26 ff.; geschützter Personenkreis **SGB IX 84** 12; Initiativrecht des Betriebsrats/Personalrats **SGB IX 84** 16; Kündigungsschutzprozess **SGB IX 84** 19 ff.; Mitbestimmungsrecht **SGB IX 84** 18; sechswöchige Arbeitsunfähigkeit **SGB IX 84** 11; Verfahren **SGB IX 84** 14 f.

Betriebsänderung, Beteiligungsrechte bei Betriebsänderungen *siehe dort*; Beteiligungsrechte des Sprecherausschusses **SprAuG 32** 6 ff.; Betriebsübergang als ~ **BetrVG 111** 53 ff.; gerichtliche Zustimmung bei Insolvenz **InsO 122** 1 ff.; Interessenausgleich mit Namensliste (InsO) *siehe dort*; Interessenausgleich mit Namensliste (KSchG) **KSchG 1** 420 f.; *siehe auch* „Transferleistungen"

Betriebsarzt, Arbeitnehmerstatus **BGB Vor 611** 73

Betriebsausschuss BetrVG 27 1 ff.; Aufgaben **BetrVG 27** 7 ff.; Ausbleiben der Wahl **BetrVG 27** 12; fehlerhafte Aufgabendelegation **BetrVG 27** 14; Geschäftsführung **BetrVG 27** 7 f.; kleinere Betriebe **BetrVG 27** 11; laufende Geschäfte **BetrVG 27** 8; Mängel bei der Wahl **BetrVG 27** 13; Nachwahl **BetrVG 27** 6; Streitigkeiten **BetrVG 27** 12 ff.; übertragene Aufgaben **BetrVG 27** 9 f.; Wahl **BetrVG 27** 3 ff.; *siehe auch* „Fachausschüsse"

Betriebsbedingte Kündigung KSchG 1 255 ff.; Abfindungsanspruch bei betriebsbedingter Kündigung *siehe dort*; während Altersteilzeit **ATZG 8** 7; Änderung des Beschäftigungsbedarfs **KSchG 1** 263 f., 319 ff.; Änderung von Ort und Art der Arbeit **KSchG 1** 321 f.; Änderungskündigung **KSchG 2** 67 ff.; Änderungskündigung, Vorrang **KSchG 1** 281 f.; keine anderweitige Weiterbeschäftigung **KSchG 1** 274 ff.; Ausschlussfrist bei außerordentlicher Kündigung **BGB 626** 367; außerbetriebliche Ursachen **KSchG 1** 260; außerordentliche **BGB 626** 193 ff.; Austauschkündigung **KSchG 1** 269, 296; Berufsfreiheit **GG 12** 75; betriebliche Erfordernisse **KSchG 1** 257 f.; Betriebsbezogenheit **KSchG 1** 258; Beurteilungszeitpunkt **KSchG 1** 289; Darlegungs- und Beweislast **KSchG 1** 290 f.; Dringlichkeit **KSchG 1** 285 ff.; einzelne Kündigungsgründe **KSchG 1** 293 ff.; innerbetriebliche Ursachen **KSchG 1** 260; Interessenabwägung **KSchG 1** 285 ff.; Konkurrenz um freie Arbeitsplätze **KSchG 1** 283; Sozialauswahl *siehe dort*; Sphäre des Arbeitgebers **KSchG 1** 257; ultima ratio **KSchG 1** 272 f.; Unkündbarkeit **KSchG 1** 284; unternehmerische Entscheidung **KSchG 1** 266 ff.; unveränderter Beschäftigungsbedarf **KSchG 1** 326; Wegfall des Beschäftigungsbedarfs **KSchG 1** 262; Widerspruch gegen Betriebsübergang **BGB 613a** 357 ff.; zumutbare Umschulungs- und Fortbildungsmaßnahme **KSchG 1** 280; *siehe auch* „Kündigungsgrund"

Betriebsbegriff BetrVG 1 5 ff.; Belegschaft **BGB 613a** 16; Betriebsinhaber **BetrVG 1** 12; Betriebsmittel **BGB 613a** 15 ff.; Betriebsübergang **BGB 613a** 11 ff.; auf Dauer angelegt **BGB 613a** 19 f.; nach DrittelbG **DrittelbG 2** 6; Einheit **BGB 613a** 13 ff.; keine Erwerbszwecke **BGB 613a** 22; hoheitliche Tätigkeiten **BGB 613a** 24 ff.; Kriterien **BetrVG 1** 7 ff.; nach KSchG **KSchG 1** 259; nach MitbestG **MitbestG 3** 2; öffentlich-rechtliche Einheiten **BGB 613a** 23; räumliche Nähe **BetrVG 1** 9; übergreifende Leitungsstruktur **BetrVG 1** 7; wirtschaftliche Einheit **BGB 613a** 11 f., 21 f.; Zweck des Betriebs **BGB 613a** 18; *siehe auch* „Betriebsteilübergang"

Betriebsferien BUrlG 7 28; kraft Weisungsrechts **GewO 106** 40 f.

Betriebsfrieden, außerordentliche Kündigung **BGB 626** 174; Betriebsrat bei Störung **BetrVG 99** 86 f.; Verbot der Störung **BetrVG 74** 14 f.

Betriebsgeheimnis, Betriebs- und Geschäftsgeheimnisse, Begriff **BetrVG 106** 50; Eigentumsgarantie **GG 14** 32 f.; Rechtswegzuständigkeit **ArbGG 2** 80; Unterrichtung des Wirtschaftsausschusses **BetrVG 106** 48 ff.; *siehe auch* „Geheimhaltungspflicht der Betriebsverfassungsorgane"; „Verschwiegenheitspflicht"

Betriebsgruppe BGB Vor 611 122; Rechtswegzuständigkeit **ArbGG 2** 115

Betriebsinhaber, Begriff **BGB 613a** 45 ff.; Drittunternehmen **BGB 613a** 51 ff.; eigenwirtschaftliche Nutzung **BGB 613a** 52 ff.; Leitungs- und Organisationskompetenz **BGB 613a** 46 ff.; rechtliche Anknüpfung **BGB 613a** 45

Betriebsrat, Ablauf der Amtszeit **BetrVG 24** 2; Allgemeine Aufgaben des Betriebsrates *siehe dort*; Amtsverlust des letzten Mitgliedes **BetrVG 21** 12; Amtszeit **BetrVG 21** 1 ff.; Auflösung des Betriebsrates *siehe dort*; Befristungsgrund Sicherung der personellen Kontinuität **TzBfG 14** 84; Beginn der Amtszeit **BetrVG 21** 2 ff.; Beschlüsse *siehe* „Betriebsratsbeschlüsse"; Beteiligter **ArbGG 83** 23 f.; Betriebsratstätigkeit außerhalb der Arbeitszeit *siehe dort*; Betriebsstilllegung **BetrVG 21** 14; Betriebsübergang **BetrVG 21** 13, **BetrVG 24** 6, **BGB 613a** 284 ff.; einstweilige Verfügung gegenüber ~ **ArbGG 85** 12; Ende der Amtszeit **BetrVG 21** 5 ff.; in der Europäischen Gesellschaft **SEBG 35**, 41 ff.; Fachausschüsse *siehe dort*; grobe Verstöße gegen betriebsverfassungsrechtliche Ordnung **BetrVG 23** 1 ff.; Hausrecht **BetrVG 40** 29; Kosten *siehe* „Betriebsratskosten"; Mitbestimmung *siehe* „Beteiligungsrechte ..."; Rechtsstellung **BetrVG 1** 2 ff.; Rechtsstellung von Betriebsräte gemäß § 3 Abs. 1 Nr. 1 bis 3 **BetrVG 3** 33 ff.; regelmäßige Amtszeit **BetrVG 21** 6; Restmandat *siehe dort*; Rücktritt **BetrVG 13** 10; Sonderkündigungsschutz von Funktionsträgern *siehe dort*; sonstige Arbeitnehmervertretungsstrukturen **BetrVG 3** 14 f.; Spartenbetriebsräte **BetrVG 3** 10 ff.; Straftat bei Behinderung/Störung **BetrVG 119** 3; Streitigkeiten über Beginn/Ende der Amtszeit **BetrVG 21** 16; Übergangsmandat *siehe dort*; Übernahmeangebote, Information über **WpÜG 4** ff.; Umstrukturierungen **BetrVG 3** 39 ff., **BetrVG 21** 15; Umwandlungsbeschluss-Entwurf, Zuleitung an ~ **UmwG 194** 2 f.; unregelmäßige Amtszeit **BetrVG 21** 7 ff.; unternehmenseinheitlicher **BetrVG 3** 8 f., 22 f.; Unterrichtung des Betriebsrates *siehe dort*; Verhältnis zu Betriebsversammlung **BetrVG 45** 20 f.; Verschmelzungsvertrag, Zuleitung an ~ **UmwG 5** 13 ff.; Vertrauensvolle Zusammenarbeit *siehe dort*; Wahl *siehe* „Betriebsratswahlen"; Weiterführung der Geschäfte **BetrVG 22** 1 ff.; Zusammenarbeit mit Sprecherausschuss **SprAuG 2** 3 ff.

Betriebsräteversammlung BetrVG 53 1 ff.; Berichtspflicht des Gesamtbetriebsrates **BetrVG 53** 8; Berichtspflicht des Unternehmers **BetrVG 53** 9 f.; Betriebsratsmitglieder **BetrVG 53** 2; Einberufung **BetrVG 53** 6 f.; Gesamtbetriebsratsmitglieder **BetrVG 53** 3; Gewerkschaftsbeauftragte **BetrVG 53** 5; Streitigkeiten **BetrVG 53** 12; Teilnahmeberechtigte **BetrVG 53** 2 ff.; Unternehmer **BetrVG 53** 4; Zeitpunkt **BetrVG 53** 7

Betriebsratsbeschlüsse BetrVG 33 1 ff.; absolute Mehrheit **BetrVG 33** 11; Abstimmungsverfahren **BetrVG 33** 14; Änderung **BetrVG 33** 15; Aufhebung **BetrVG 33** 16; Aussetzung von Betriebsratsbeschlüssen *siehe dort*; Beschlussfähigkeit **BetrVG 33** 5 ff.; Beschlussfassung **BetrVG 33** 9 ff.; einfache Mehrheit **BetrVG 33** 10 ff.; förmliche Sitzung **BetrVG 33** 3 f.; gerichtliche Rechtskontrolle **BetrVG 33** 18; Interessenkollision **BetrVG 33** 13; Jugend- und Auszubildendenvertretung **BetrVG 33** 12; Nichtigkeit **BetrVG 33** 19 ff.; ordnungsgemäße Einberufung **BetrVG 33** 4; Streitigkeiten **BetrVG 33** 17 ff.

Betriebsratsfähigkeit BetrVG 1 1; Verlust **BetrVG 21** 11

Betriebsratskosten BetrVG 40 1 ff.; Aufwendungen der Betriebsratsmitglieder **BetrVG** 40 18 ff.; Bücher und Zeitschriften **BetrVG** 40 32; Büropersonal **BetrVG** 40 37; Computer **BetrVG** 40 35; E-Mail **BetrVG** 40 36; Erforderlichkeit **BetrVG** 40 6; Freistellungsanspruch **BetrVG** 40 10; Generalklausel **BetrVG** 40 1; Gesamtbetriebsrat **BetrVG** 51 8; Geschäftsführung **BetrVG** 40 11 ff.; gesetzliches Schuldverhältnis **BetrVG** 40 3; Grundsätze der Kostentragungspflicht **BetrVG** 40 4 ff.; Informations- und Kommunikationstechnik **BetrVG** 40 2, 33 ff.; Prozesskosten **BetrVG** 40 12 f.; Räume **BetrVG** 40 28 f.; Rechtsanwaltskosten **BetrVG** 40 14 f.; Rechtsanwaltskosten Einigungsstelle **BetrVG 76a** 31 f.; Regelungsstreitigkeiten **BetrVG** 40 17; Reisekosten **BetrVG** 40 19 f.; Sachaufwand **BetrVG** 40 26 ff.; Sachmittel **BetrVG** 40 30 ff.; Schulungskosten **BetrVG** 40 21 ff.; Streitigkeiten **BetrVG** 40 38; Telefonanlage **BetrVG** 40 34; Umlageverbot **BetrVG** 41 1 ff.; Unterrichtung der Arbeitnehmer **BetrVG** 40 31; Vorschuss **BetrVG** 40 9; keine Zustimmung des Arbeitgebers **BetrVG** 40 7

Betriebsratsmitglieder, Absinken der Zahl der ~ **BetrVG** 13 9; Amtsenthebung *siehe dort*; Amtsverlust des letzten Mitgliedes **BetrVG** 21 12; Anzahl **BetrVG** 9 1 ff.; Arbeitskampf **BetrVG** 74 12; Aufwendungsersatz **BetrVG** 37 16; Beendigung des Arbeitsverhältnisses **BetrVG** 24 4 ff.; Beteiligte **ArbGG** 83 25; Beteiligung gemäß § 82 Abs. 2 S. 2 und 3 **BetrVG** 82 15; Betriebsratstätigkeit außerhalb der Arbeitszeit *siehe dort*; Ehrenamt **BetrVG** 37 1, 3 ff.; einköpfiger Betriebsrat **BetrVG** 9 7; Erlöschen der Mitgliedschaft **BetrVG** 24 1 ff.; ermäßigte Anzahl **BetrVG** 11 1 ff.; Feststellung der Nichtwählbarkeit **BetrVG** 24 11 f.; Freistellung von Betriebsratsmitgliedern *siehe dort*; Grundsatz der Unentgeltlichkeit **BetrVG** 37 3; Hinzuziehung bei Beschwerde **BetrVG** 84 8; Hinzuziehung gemäß § 83 Abs. 1 S. 2 und 3 **BetrVG** 83 7; Hinzuziehung bei Personalgespräch über Aufhebungsvertrag **KSchG** 9 Anh. 23a; mehrköpfiger Betriebsrat **BetrVG** 9 7; Niederlegung des Betriebsratsamtes **BetrVG** 24 3; Rechtsfolgen des Erlöschens der Mitgliedschaft **BetrVG** 24 13; Sonderkündigungsschutz von Funktionsträgern *siehe dort*; Straftat: Benachteiligung/Begünstigung **BetrVG** 119 4; Streitigkeiten hinsichtlich Anzahl **BetrVG** 9 9; Streitigkeiten über Erlöschen der Mitgliedschaft **BetrVG** 24 14; Teilzeitbeschäftigte **TzBfG** 4 10; unzulässiger Vorteil **BetrVG** 37 5; Veränderungen der Belegschaftsstärke **BetrVG** 9 8; Verbot der beruflichen Diskriminierung **BetrVG** 37 29 f.; Verbot der Entgeltdiskriminierung **BetrVG** 37 24 ff.; Verlust der Wählbarkeit **BetrVG** 24 7 ff.

Betriebsratssitzung, Ablauf **BetrVG** 29 15; Ablauf der konstituierenden ~ **BetrVG** 29 5 f.; Arbeitgeber, Teilnahme **BetrVG** 29 14; Benachrichtigung des Arbeitgebers **BetrVG** 30 4; Einberufung **BetrVG** 29 1 ff.; Gewerkschaftsbeauftragter **BetrVG** 31 2; Gewerkschaftsteilnahme **BetrVG** 31 1 ff.; konstituierende Sitzung **BetrVG** 29 2 ff.; Ladung **BetrVG** 29 9; Mitteilung an die Gewerkschaft **BetrVG** 31 6; Nichtöffentlichkeit **BetrVG** 30 5; Rechte und Pflichten des Gewerkschaftsbeauftragten **BetrVG** 31 7 ff.; Schweigepflicht über Verlauf **BetrVG** 79 15; Schwerbehindertenvertretung, Teilnahme **BetrVG** 32 1 ff.; Sitzungsniederschrift *siehe dort*; Streitigkeiten **BetrVG** 29 17 ff.; Streitigkeiten hinsichtlich Gewerkschaftsteilnahme **BetrVG** 31 10; Teilnehmer **BetrVG** 29 12, 14; weitere Sitzungen **BetrVG** 29 7 ff.; zeitliche Lage **BetrVG** 30 2 f.; Zeitpunkt **BetrVG** 29 11

Betriebsratstätigkeit außerhalb der Arbeitszeit BetrVG 37 17 ff.; betriebsbedingte Gründe **BetrVG** 37 18; betriebsbedingte Gründe **BetrVG** 37 19; freigestelltes Betriebsratsmitglied **BetrVG** 38 30; primärer Freizeitausgleich **BetrVG** 37 20; sekundäre Mehrarbeitsvergütung **BetrVG** 37 21 f.

Betriebsratsvorsitzender, Amtsdauer **BetrVG** 26 6; Aufgaben **BetrVG** 26 7 ff.; Geschäftsführung **BetrVG** 26 8; Stellvertreter **BetrVG** 26 12; Streitigkeiten betreffend Amtsausübung **BetrVG** 26 13, 15; Streitigkeiten betreffend Wahl **BetrVG** 26 13 f.; Vertretung des Betriebsrates **BetrVG** 26 9 ff.; Wahl **BetrVG** 26 1 ff.; Wahlmängel **BetrVG** 26 14; zwingendes Recht **BetrVG** 26 2

Betriebsratswahlen, Absinken der Zahl der Betriebsratsmitglieder **BetrVG** 13 9; abweichende Regelungen **BetrVG** 3 38; allgemeine Wahl **BetrVG** 14 8; Anschluss an Wahlzeiträume **BetrVG** 13 14; Auflösung des Betriebsrats **BetrVG** 13 12; Aushang des Ergebnisses **BetrVG** 18 8; außerhalb des regelmäßigen Wahlzeitraums **BetrVG** 13 7 ff.; Beteiligung eines Betriebsteils **BetrVG** 4 12 ff.; Betriebsöffentlichkeit hinsichtlich Wahlergebnis **BetrVG** 18 6; Betriebsräte gemäß § 3 Abs. 1 Nr. 1 bis 3 **BetrVG** 3 26 ff.; Durchführung **BetrVG** 14 1 f., **BetrVG** 18 5; Einleitung **BetrVG** 18 3 f.; Ermächtigung zum Erlass von Wahlordnungen **BetrVG** 126 1; Ermittlung der Mindestsitze für das Geschlecht in der Minderheit **BetrVG** 15 6; Feststellung betriebsratsfähiger Organisationseinheiten **BetrVG** 18 12 ff.; Feststellung des Wahlergebnisses **BetrVG** 18 6 ff.; freie Wahl **BetrVG** 14 7; geheime Wahl **BetrVG** 14 5; Gleichstellung Frau/Mann **BetrVG** 15 5; Kleinbetriebe *siehe* „Wahlverfahren in Kleinbetrieben"; Kosten **BetrVG** 20 11 ff.; Leiharbeitnehmer **AÜG** 14 7 ff.; Leitende Angestellte, Zuordnungsverfahren *siehe dort*; Mehrheitswahl **BetrVG** 14 12 f.; Nichtbestehen eines Betriebsrates **BetrVG** 13 13; Nichtigkeit **BetrVG** 19 23 ff.; persönliche Kosten **BetrVG** 20 13; Rechtswidrigkeit der Behinderung **BetrVG** 20 3; regelmäßige **BetrVG** 13 2 ff., **BetrVG** 125 1; Rücktritt **BetrVG** 13 10; Sachkosten **BetrVG** 20 12; Sanktionierung unzulässiger Störungen **BetrVG** 20 8 ff.; Sitzverteilung nach der Geschlechter **BetrVG** 15 7 ff.; Straftat: Behinderung/Beeinflussung **BetrVG** 119 2; Streitigkeiten **BetrVG** 13 15, **BetrVG** 18 16 ff.; Streitigkeiten Geschlecht in der Minderheit **BetrVG** 15 10; Streitigkeiten Störungen **BetrVG** 20 15; Streitigkeiten Wahlkosten **BetrVG** 20 15; Streitigkeiten Wahlverfahren **BetrVG** 14 20; unmittelbare Wahl **BetrVG** 14 6; unzulässige Beeinflussung **BetrVG** 20 5 ff.; Verbot der Behinderung **BetrVG** 20 2 ff.; Verhältniswahl **BetrVG** 14 10 f.; Versäumnis von Arbeitszeit **BetrVG** 20 14; Wahlanfechtung *siehe dort*; Wählbarkeit *siehe dort*; Wahlberechtigung *siehe dort*; Wahlbewerber *siehe dort*; Wahlgrundsätze **BetrVG** 14 4 ff.; Wahlkampf **BetrVG** 20 6; Wahlniederschrift **BetrVG** 18 7; Wahlschutz **BetrVG** 20 2 ff.; Wahlverfahren **BetrVG** 14 9 ff.; Wahlvorschläge **BetrVG** 14 15 ff.; Wahlvorschläge der Arbeitnehmer **BetrVG** 14 17 f.; Wahlvorschläge der Gewerkschaften **BetrVG** 14 19; Wahlvorstand (Betriebsrat) *siehe dort*; Wahlzeit **BetrVG** 13 3 f.; wesentliche Veränderung der Belegschaftsstärke **BetrVG** 13 8; Zeitpunkt **BetrVG** 13 1 ff.; Zusammensetzung des Betriebsrats **BetrVG** 15 1 ff.; Zusammensetzung nach Geschlechtern **BetrVG** 15 1, 3 ff.; Zusammensetzung nach Organisationsbereichen und Beschäftigungsarten **BetrVG** 15 2

Betriebsrisiko BGB 615 112 ff.; Abdingbarkeit **BGB** 615 122; Einschränkung der Arbeitnehmerhaftung **BGB** 619a 12 f.; Einzelfälle **BGB** 615 116; Existenzgefährdung **BGB 615** 120; soziale Arbeits- und Betriebsgemeinschaft **BGB 615** 114; Sphärentheorie **BGB 615** 115; Vertretenmüssen des Arbeitgebers **BGB 615** 119

Betriebsstilllegung BetrVG 111 22 ff.; außerordentliche Kündigung **BGB 626** 193 ff.; betriebsbedingter Kündigungsgrund **KSchG 1** 300 ff.; Betriebsrat **BetrVG 21** 14; Betriebsübergang **BGB 613a** 74 ff., 176; Kündigungsverbot wegen Betriebsübergang **BGB 613a** 307a; Sonderkündigungsschutz von Funktionsträgern **KSchG 15** 55 ff.; Sonderkündigungsschutz bei Wehrdienst **ArbPlSchG 2** 10; vorübergehende ~ als Kündigungsgrund **KSchG 1** 301

Betriebsteile, Betriebsratswahl des Hauptbetriebs **BetrVG 4** 12 ff.; Eigenständigkeit nach Aufgabenbereich und Organisation **BetrVG 4** 9 ff.; Kennzeichnung **BetrVG 4** 3 ff.; räumliche Entfernung **BetrVG 4** 6 ff.; selbständige **BetrVG 4** 2 ff.; unselbständige **BetrVG 4** 4

Betriebsteilübergang BGB 613a 31 ff.; Beteiligungsrechte **BGB 613a** 291; Betriebsrat **BGB 613a** 285 f., 288; Betriebsteil, Begriff **BGB 613a** 31 ff.; Übergang **BGB 613a** 54 f.; Widerspruch des Arbeitnehmers **KSchG 1** 338; *siehe auch „Betriebsübergang"*

Betriebsübergang BGB 613a 1 ff.; Annahmeverzug des Arbeitgebers **BGB 615** 17; Ansprüche des neuen Arbeitgebers **BGB 613a** 241 ff.; Arbeitgeberdarlehen **BGB 611** 155; Arbeitnehmerüberlassung und ~ beim Entleiher **AÜG 1** 31a; Art des Unternehmens/Betriebs **BGB 613a** 100 ff.; Aufhebungsvertrag **BGB 613a** 311, **KSchG Anh. 9** 14; Beklagter bei Kündigungsschutzklage **KSchG 4** 19; Beteiligungsrechte **BGB 613a** 290 ff.; als Betriebsänderung **BetrVG 111** 53 ff.; Betriebsbegriff *siehe dort*; Betriebsform und Methoden **BGB 613a** 103 f.; Betriebsinhaber *siehe dort*; Betriebsmittel und Belegschaft **BGB 613a** 150 f.; Betriebsmittel bei Produktionsbetrieb, fehlende Übernahme **BGB 613a** 111 ff.; Betriebsmittel bei Produktionsbetrieb, Indizfunktion bei Übergang **BGB 613a** 116 ff.; betriebsmittelarme Tätigkeiten **BGB 613a** 122 ff., 140 ff.; betriebsmittelintensive/betriebsmittelarme Tätigkeiten, Unterscheidung **BGB 613a** 97 f.; Betriebsmittelveräußerung **BGB 613a** 92; Betriebsorganisation und Betriebszweck **BGB 613a** 106 ff.; Betriebsrat **BetrVG 21** 13, **BetrVG 24** 6, **BGB 613a** 284 ff.; Betriebsstilllegung **BGB 613a** 74 ff.; Betriebsvereinbarungen **BetrVG 77** 69 f.; Betriebszweck, Fortführung **BGB 613a** 167 ff.; Bezugnahmeklauseln auf Tarifverträge **BGB 613a** 277 ff., **TVG 3** 30b; Darlegungs- und Beweislast **BGB 613a** 373 f.; Datenschutzbeauftragter **BDSG 4f/4g** 15; Dauer der tatsächlichen Fortführung **BGB 613a** 72 f.; Dienstleistungsbetrieb **BGB 613a** 122 ff.; dienstzeitabhängige Ansprüche **BGB 613a** 236; Eintritt in die Rechte und Pflichten aus dem Arbeitsverhältnis **BGB 613a** 231 ff.; Entstehung und Entwicklung **BGB 613a** 1 f.; Erlöschen der Inhaberschaft **BGB 613a** 58 ff.; fehlende Übernahme jeglichen Personals **BGB 613a** 153 ff.; Fortführungsmöglichkeit **BGB 613a** 68 f.; Fortführungswille und tatsächliche Fortführung **BGB 613a** 81 ff.; Fortgeltung von Betriebsvereinbarungen **BGB 613a** 249 ff., 262 ff.; Fortgeltung von Tarifverträgen **BGB 613a** 249 ff., 262 ff.; Funktionsnachfolge **BGB 613a** 91, 172; Haftung des bisherigen Betriebsinhabers **BGB 613a** 296 ff.; Haftung des neuen Betriebsinhabers **BGB 613a** 295; Identitätsverlust durch Eingliederung **BGB 613a** 127 ff.; Identitätswahrung **BGB 613a** 88 ff.; Inhaberwechsel **BGB 613a** 57 ff.; Innenverhältnis bisheriger/neuer Betriebsinhaber **BGB 613a** 299; Insolvenz **BGB 613a** 210; in der Insolvenz **BGB 613a** 363 ff.; internationales Privatrecht **BGB 613a** 376 ff.; Kasuistik von A-Z **BGB 613a** 182 a f.; klare vertragliche Regelungen **BGB 613a** 70 f.; Kundenverträge des Erwerbers **BGB 613a** 268 ff.; Kundenkreis, Beibehaltung **BGB 613a** 157 ff.; Kündigung **BGB 613a** 224, **KSchG 1** 305 ff.; Kündigungsverbot wegen Betriebsübergang *siehe dort*; Kundschaft, Übergang **BGB 613a** 156 ff.; Lieferanten, dieselben **BGB 613a** 163 f.; materielle Betriebsmittel, Übergang **BGB 613a** 110 ff.; mehrfache Betriebsübergänge **BGB 613a** 276; Miet- und Pachtverträge **BGB 613a** 211 f.; nachvertragliches Wettbewerbsverbot **HGB 74** 121 f.; neue Betriebsorganisation und Personalübernahme **BGB 613a** 152; Normzweck **BGB 613a** 5 ff.; Orts- und Kundenbindung **BGB 613a** 101 f.; Ortsverlagerung **BGB 613a** 171; Outsourcing **BGB 613a** 214 ff.; Privatisierung/Umstrukturierung öffentlicher Rechtsträger **BGB 613a** 192 ff.; prozessuale Fragen **BGB 613a** 369 ff.; Qualifikation des Personals **BGB 613a** 141 ff.; Rationalisierungs- und Sanierungskündigungen **BGB 613a** 313 f.; Rechtsfolgen **BGB 613a** 221 ff.; durch Rechtsgeschäft **BGB 613a** 183 ff.; Rechtsgeschäft, Anforderungen **BGB 613a** 196 ff.; Regelungsabrede **BetrVG 77** 106; Sicherungsübertragung **BGB 613a** 211; Sieben-Punkte-Prüfung **BGB 613a** 93 ff.; Sozialauswahl **BGB 613a** 312; statische Fortgeltung **BGB 613a** 265 f.; Streitwert **ArbGG 12** 26; Tarifverträge **TVG 3** 45; Tarifwechselklauseln **BGB 613a** 280b; Tatbestandsvoraussetzungen **BGB 613a** 11 ff.; tatsächliche Fortführung **BGB 613a** 64 ff.; tatsächliche Weiterführung/Wiederaufnahme **BGB 613a** 69; Transaktionsansatz **BGB 613a** 54 f.; Transfergesellschaften **BGB 613a** 311; Übergang **BGB 613a** 54 f.; Übergang der Arbeitsverhältnisse **BGB 613a** 221 ff.; Überkreuzablösung bei Betriebsvereinbarung **BGB 613a** 273; Übernahme der Belegschaft **BGB 613a** 137 ff.; Übernahme der Inhaberschaft **BGB 613a** 63 ff.; Übertragbarkeit des Arbeitsleistungsanspruchs **BGB 613** 19; Übertragung von Versorgungsverpflichtungen **BetrAVG 4** 16; Umwandlung *siehe „Betriebsübergang (Umwandlung)"*; Unabdingbarkeit **BGB 613a** 247 f.; unmittelbare Rechtsbeziehungen **BGB 613a** 198 ff.; Unterbrechung der Betriebstätigkeit **BGB 613a** 175 ff.; unternehmensspezifische Leistungen **BGB 613a** 234; Unterrichtung *siehe „Betriebsübergang, Unterrichtung des Arbeitnehmers"*; unwirksames Rechtsgeschäft **BGB 613a** 207; Urlaubsanspruch **BUrlG 1** 32 ff.; Veränderungssperre **BGB 613a** 266 f.; Vertragsverhältnisse des Arbeitnehmers mit Dritten **BGB 613a** 233; Vertragsverhältnisse außerhalb des Arbeitsverhältnisses **BGB 613a** 233; Vollmachten **BGB 613a** 237; Wert der immateriellen Aktiva **BGB 613a** 129 ff.; wesentlicher Teil der Belegschaft **BGB 613a** 147 ff.; Widerruf der Bestellung des Datenschutzbeauftragten **BDSG 4f/4g** 18 ff.; Widerspruchsrecht bei Betriebsübergang *siehe dort*; Wille des bisherigen Inhabers **BGB 613a** 201 ff.; Zuordnung der Arbeitsverhältnisse **BGB 613a** 227 ff.; Zwangsversteigerung/Zwangsverwaltung **BGB 613a** 208 f.; *siehe auch „Betriebsteilübergang"*

Betriebsübergang (Umwandlung) BGB 613a 187 ff., 301 ff.; Ausgliederung **UmwG 324** 7; betriebliche Leitungsmacht **UmwG 324** 11; Betriebsführungsvertrag **UmwG 324** 11 f.; Betriebsvereinbarungen **UmwG 324** 19, 21; Entstehungsgeschichte **UmwG 324** 1; grobe Fehlerhaftigkeit des Interessenausgleichs **UmwG 324** 30; Haftungsfragen **UmwG 324** 18; Interessenausgleich hinsichtlich Zuordnung **UmwG 324** 28 ff.; Kündigungsverbot **UmwG 324** 17; durch Rechtsgeschäft **UmwG 324** 8; Rechtsgrundverweisung **UmwG** 324 1; Spaltung **UmwG** 324 7; Tarifverträge **UmwG** 324 19f.; Teilübertragung **UmwG** 324 7; Übergang des Arbeitsverhältnisses **UmwG** 324 13f.; Umwandlungsarten **UmwG** 324 2ff.; Verschmelzung **UmwG** 324 6; Widerspruchsrecht **UmwG** 324 14ff.; Zeitpunkt **UmwG** 324 9ff.; Zuordnung von Arbeitnehmern **UmwG** 324 23ff.; Zuordnung in unklaren Fällen **UmwG** 324 26ff.; Zuordnung von Versorgungsansprüchen **UmwG** 324 34f.

Betriebsübergang, Unterrichtung des Arbeitnehmers BGB 613a 315ff.; in Aussicht genommene Maßnahmen **BGB** 613a 333f.; Betriebsvereinbarungen **BGB** 613a 327; Entstehungsgeschichte **BGB** 613a 315; Folgen des Übergangs **BGB** 613a 325ff.; Folgen unrichtiger/unvollständiger Unterrichtung **BGB** 613a 336ff.; Form **BGB** 613a 321; Fortbestand des Betriebsrats **BGB** 613a 331; Gegenstand der Unterrichtung **BGB** 613a 323ff.; Geltungsbereich **BGB** 613a 317; Grund für den Übergang **BGB** 613a 324; Haftungsvorschriften **BGB** 613a 328; Inhalt **BGB** 613a 320f., 323ff.; mittelbare Folgen **BGB** 613a 330; nachträgliche Veränderungen **BGB** 613a 339; Parteien des Unterrichtungsanspruchs **BGB** 613a 318f.; Schadensersatzanspruch **BGB** 613a 338; Tarifverträge **BGB** 613a 327; Widerspruchsrecht **BGB** 613a 332; Zeitpunkt des Übergangs **BGB** 613a 323; Zeitpunkt der Unterrichtung **BGB** 613a 322; Zweck **BGB** 613a 316

Betriebsvereinbarung BetrVG 77 1ff., **BGB Vor** 611 147; ablösende ~ bei betrieblicher Altersversorgung **BetrAVG Vorb.** 146f., **BetrVG** 77 55; Ablösung betrieblicher Einheitsregelungen **BetrVG** 77 62ff.; Ablösung durch andere Vereinbarung **BetrVG** 77 78f.; Ablösung oder Verschlechterung von Arbeitsvertragsregelungen **BGB** 611 521ff.; Abrufarbeit **TzBfG** 12 28; Abschlussgebote **BGB** 611 52; Abschlussmängel **BetrVG** 77 86ff.; Abschlussverbote **BGB** 611 57; keine AGB-Kontrolle **BetrVG** 77 21, **BGB** 310 16, 18; abweichende Regelungen Sonn- und Feiertagsarbeit **ArbZG** 12 1ff.; Altersgrenzen **SGB VI** 41 14, **TzBfG** 14 65; Änderung **BGB** 611 532ff.; Anlagen **BetrVG** 77 17; Arbeitskampfregelungen **GG** 9 160ff.; Arbeitsverträge, betriebsvereinbarungsoffene **BetrVG** 77 68; ausgeschiedene Arbeitnehmer **BetrVG** 77 25f.; Ausgliederung eines Betriebsteils **BetrVG** 77 71f.; Auslegung **BetrVG** 77 22; Ausnahmen von Veränderungssperre **BGB** 613a 281ff.; Ausschluss ordentlicher Kündigung **BetrVG** 77 35; außerordentliche Kündigung **BetrVG** 77 36; Auswahlrichtlinien *siehe dort*; Bekanntgabe **BetrVG** 77 19f.; Berufsfreiheit **GG** 12 30f.; betriebliche Altersversorgung **BetrAVG Vorb.** 88f.; Betriebsspaltung und Übertragung **BetrVG** 77 71ff.; Betriebsübergang **BetrVG** 77 69f.; vom BetrVG abweichende Regelungen **BetrVG** 3 20f.; Bezugnahme **BetrVG** 77 17; Durchführungsanspruch **BetrVG** 77 76f.; erkennbarer beiderseitiger Abschlusswille **BetrVG** 77 15; des Erwerbers bei Betriebsübergang **BGB** 613a 268ff.; Formvorschriften **BGB** 611 41; Fortgeltung bei Betriebsübergang **BGB** 613a 249ff., 263ff.; Freiwillige Betriebsvereinbarung *siehe dort*; gerichtliche Klärung von Zweifelsfragen **BetrVG** 77 93ff.; Gewerkschaften und streitige ~en **BetrVG** 77 96ff.; Gleichbehandlungsgrundsatz **BGB** 611 195; Gleichbehandlungsgrundsatz, Verstoß **BGB** 611 218; Gleichheitssatz **GG** 3 32f.; als Grenze des Weisungsrechts **GewO** 106 88, 90ff.; Hinweis auf ~ **NachwG** 2 38f.; Insolvenz **InsO** 120 1ff.; Irrtumsanfechtung **BetrVG** 77 92; kollektive Günstigkeit **BetrVG** 77 63ff.; Kündigung **BetrVG** 77 34ff.; Kündigung bei betrieblicher Altersversorgung **BetrVG** 77 56; mitbestimmte/teilmitbestimmte/freiwillige ~ **BetrVG** 77 8; Mitbestimmungsrechte bei Spaltung/Teilübertragung **UmwG** 325 11ff.; nachfolgende ~ bei betrieblicher Altersversorgung **BetrAVG Vorb.** 137ff.; Nachwirkung **BetrVG** 77 44ff.; Nichtigkeit **BetrVG** 77 87ff.; normative Wirkung **BetrVG** 77 2ff.; persönlicher Geltungsbereich **BetrVG** 77 23ff.; räumlicher Geltungsbereich **BetrVG** 77 27ff.; Rückwirkung **BetrVG** 77 31; sachlicher Geltungsbereich **BetrVG** 77 32f.; Schriftform **BetrVG** 77 14; schuldrechtliche Wirkung **BetrVG** 77 5ff.; sonstige Beendigungsgründe **BetrVG** 77 39f.; Sprache **BetrVG** 77 18; Tarifvertrag **TVG** 4 62f.; Überwachung durch Betriebsrat **BetrVG** 80 16; Umdeutung **BetrVG** 77 90f.; Umwandlung **UmwG** 324 19ff.; Urlaub **BUrlG** 13 22f.; Verhältnis zu Arbeitsvertrag **BetrVG** 77 59ff.; Verhältnis zu Gesamt-/Konzernbetriebsvereinbarung **BetrVG** 77 58; Verhältnis zwischen gleichrangigen ~en **BetrVG** 77 54ff.; Verhältnis zu höherrangigem Recht **BetrVG** 77 47ff.; verschlechternde ~ bei betrieblicher Altersversorgung **BetrAVG Vorb.** 159; Verwirkung von Ansprüchen **BetrVG** 77 4; Verzicht auf Ansprüche **BetrVG** 77 3; als „andere Vorschrift" iSd. BDSG **BDSG Vorb.** 53ff.; zeitlicher Geltungsbereich **BetrVG** 77 30f.; Zusammenschluss von Betrieben **BetrVG** 77 77; Zustandekommen **BetrVG** 77 10ff.

Betriebsverfassungsgesetz, abweichende Regelungen **BetrVG** 3 1ff., **TVG** 1 109; abweichender Tarifvertrag bei Inkrafttreten des ~es **BetrVG** 128 1; Arbeitskampf **GG** 9 323ff.; Ausstrahlung bei Auslandsentsendung **Rom I-VO** 44f.; Bedeutung der Mitbestimmung **BetrVG Vorb.** 1; keine Beeinträchtigung der Koalitionen **BetrVG** 2 20f.; Berufsfreiheit **GG** 12 60ff.; Fiktion des Betriebs **BetrVG** 3 31f.; Geltungsbereich **BetrVG Vorb.** 4; Geltungsdauer abweichender Regelungen **BetrVG** 3 24f.; Leiharbeitnehmer **AÜG** 14 1ff.; Nichtanwendbarkeit für öffentlichen Dienst **BetrVG** 130 1ff.; Verweisungen **BetrVG** 127 1

Betriebsverlegung BGB 611 342; Direktionsrecht **GewO** 106 30

Betriebsversammlung BetrVG 42 1ff.; Ablauf der regelmäßigen ~ **BetrVG** 43 8ff.; allgemeinpolitische Themen **BetrVG** 45 5; auf Antrag einer Gewerkschaft **BetrVG** 43 33ff.; während der Arbeitszeit **BetrVG** 44 6ff.; außerordentliche **BetrVG** 43 24ff.; außerordentliche ~ auf Antrag des Arbeitgebers **BetrVG** 43 26; außerordentliche ~ auf Antrag von Arbeitnehmern **BetrVG** 43 27; außerordentliche ~ außerhalb der Arbeitszeit **BetrVG** 43 30f., **BetrVG** 44 18ff.; außerordentliche ~ des Betriebsrats **BetrVG** 43 28; Berichtspflicht des Arbeitgebers **BetrVG** 43 17f.; Dauer **BetrVG** 44 11; Drei-Schicht-Betrieb **BetrVG** 44 8; Einladung **BetrVG** 42 19ff.; Einladung der Gewerkschaften **BetrVG** 46 10f.; Fahrtkostenerstattung **BetrVG** 44 30ff.; Frauenförderung **BetrVG** 45 14; gewerkschaftliche Angelegenheiten **BetrVG** 45 11; Hausrecht **BetrVG** 42 23; Integration ausländischer Arbeitnehmer **BetrVG** 45 15; Kosten der Betriebsratsarbeit **BetrVG** 43 19; Kundenbetrieb **BetrVG** 44 16; Leitung **BetrVG** 42 22f.; Nicht-Öffentlichkeit **BetrVG** 42 26ff.; ordentliche ~ außerhalb der Arbeitszeit wegen Eigenart des Betriebes **BetrVG** 44 12ff.; Ort **BetrVG** 42 18; Rechtsnatur **BetrVG** 42 10; Referenten **BetrVG** 45 6; regelmäßige ~en **BetrVG** 43 5, 7; sozialpolitische Themen **BetrVG** 45 8ff.; Streitigkeiten **BetrVG** 42 37, **BetrVG** 44 36, **BetrVG** 45 22; Streitigkeiten wegen Teilnahme eines Gewerkschaftsbeauftragten **BetrVG** 46 19; tarifpolitische Angelegenheiten **BetrVG** 45 7; Tätigkeitsbericht

BetrVG 43 9, 11; Teilnahme- und Rederecht des Arbeitgebers BetrVG 43 13 ff.; Teilnahme von Vertretern des Arbeitgeberverbands BetrVG 46 1, 12 ff.; Teilnahmerecht von Gewerkschaftsbeauftragten BetrVG 46 1 ff.; Teilnehmer BetrVG 42 14 ff.; Teilversammlungen BetrVG 42 29 ff.; umweltpolitische Fragen BetrVG 45 12; unzulässige Themen BetrVG 44 34 f., BetrVG 45 18 f.; keine Vergütung bei fehlerhafter ~ BetrVG 44 34 f.; Vergütungsanspruch BetrVG 44 23 ff.; Verhältnis zu Betriebsrat BetrVG 45 20 f.; Vernetzung der Wirtschaft BetrVG 44 15; wirtschaftliche Angelegenheiten BetrVG 45 13; Zeitpunkt BetrVG 44 1 ff., 6 ff.; zulässige Themen BetrVG 45 2 ff.; zusätzliche BetrVG 43 21 ff.

Betrug, außerordentliche Kündigung BGB 626 250

Bewachungsgewerbe, Sonn- und Feiertagsarbeit ArbZG 10 14

Beweisaufnahme, im Beschlussverfahren ArbGG 83 15 ff.; Durchführung ArbGG 58 9; Durchführung im Bereich der EU ArbGG 13a 1 f.; Einigungsstelle BetrVG 76 70 f.

Beweisbeschluss, vor streitiger Verhandlung ArbGG 55 33 ff.

Beweislast siehe „Darlegungs- und Beweislast"

Beweisverfahren ArbGG 58 1 ff.; Freibeweis ArbGG 58 8; Normen des Arbeitsgerichtsverfahrens ArbGG 58 3; selbständiges ArbGG 58 10; verfassungs- und europarechtliche Normen ArbGG 58 5 f.; zivilprozessuale Normen ArbGG 58 4; Zweck ArbGG 58 2

Beweisverwertungsverbot, Videoüberwachung BDSG Vorb. 108 ff.

Bewerber, Aufwendungen BGB 629 7; Benachteiligung AGG 6 2; Datenschutz BDSG Vorb. 43

Bewerberauswahl BGB 611 10 ff.; Informationserhebung bei Dritten BGB 611 23 f.; Mitteilungspflichten des Arbeitgebers BGB 611 25; schwerbehinderte Menschen SGB IX 81 4 ff.

Bezugnahmeklauseln auf sonstige Arbeitsbedingungen BGB 611 452 f.

Bezugnahmeklauseln auf Tarifverträge NachwG 2 57, TVG 3 15 ff.; AGB-Kontrolle BGB 305c 5, 10; Altklauseln TVG 3 25; Auslegung TVG 3 23 ff.; Auslegung der Tarifnormen TVG 3 32; Betriebsübergang BGB 613a 277 ff., TVG 3 30b; dynamische Verweisung TVG 3 17; Entgeltfortzahlung im Krankheitsfall EFZG 4 50; Inhaltskontrolle BGB 307 13 f.; Jeweiligkeitsklausel BGB 305 11, TVG 3 24; Klauselvorschläge TVG 3 32b f.; Kollision mehrerer Tarifverträge TVG 3 23b; Konkurrenz zu normativ geltendem Tarifvertrag TVG 4 54; konkurrierende Nachfolgetarifverträge TVG 3 23a; Kündigungsfristen BGB 622 117 ff.; Neuklauseln TVG 3 25, 30; Sanierungstarifvertrag TVG 3 32a; statische Verweisung TVG 3 17; Tarifwechselklauseln BGB 613a 280b; als überraschende Klauseln BGB 305c 5; Umfang TVG 3 22; Urlaub BUrlG 13 16 ff.; Verbandsaustritt TVG 3 30a; Verbandswechsel TVG 3 30c; Wirkung TVG 3 27 ff.; Zweck TVG 3 16

Bildschirmarbeitsplätze, Regelungen i.S. des § 87 Abs. 1 Nr. 7 BetrVG BetrVG 87 138; Zuständigkeit des Gesamtbetriebsrates BetrVG 50 8

Bildungsurlaub, Berufsfreiheit GG 12 49 f.

Billiges Ermessen, als Grenze des Weisungsrechts GewO 106 115 ff.; Grundsatz GewO 106 119 ff.; mittelbare Drittwirkung der Grundrechte GewO 106 125 ff.

Binnenschifffahrt, Arbeitszeit ArbZG 21 1; Jugendliche JArbSchG 20 1 f.

Boykott GG 9 240 ff.; Akzessorietät GG 9 246 f.; Begriff GG 9 240; Rechtmäßigkeit GG 9 244 f.; zwei Teilakte GG 9 245

Bruttolohn- und -gehaltslisten, Einblick, Ausnahmen BetrVG 80 82; Berechtigter BetrVG 80 83; Betriebsrat BetrVG 80 79 ff.; Bruttolohn- und -gehaltslisten BetrVG 80 80; Einsicht BetrVG 80 81; Sprecherausschuss SprAuG 25 3; Streitigkeiten BetrVG 80 102; Zweck BetrVG 80 79

Bühnen, Befristungsgrund Eigenart der Arbeitsleistung TzBfG 14 37; Nichtverlängerungsmitteilung TzBfG 15 32; Schriftform bei Nichtverlängerungsmitteilung BGB 623 30

Bundesagentur für Arbeit AÜG AÜG 17 1 ff.; Interessenausgleich, Vermittlung BetrVG 112 16 ff.; Massenentlassungen KSchG 20 1 ff.; Massenentlassungen in besonderen Betrieben KSchG 21 1 ff.; Unterstützung Schwerbehinderter SGB IX 81 30; Zusammenarbeit bei Ordnungswidrigkeiten nach AÜG AÜG 18 1 ff.

Bundesarbeitsgericht, Prozessvertretung ArbGG 11 12 ff.; Rechtsmittel gegen Beschlüsse und Verfügungen ArbGG 78 34; Vorlagepflicht EuGH AEUV 267 12 f.

Bundesfreiwilligendienst, Geltung des ArbPlSchG ArbPlSchG 1 9; Rechtswegzuständigkeit ArbGG 2 109 ff.

Bußgelder, Vorschriften siehe „Straf- und Bußgeldvorschriften"

Chefärzte, Arbeitnehmerstatus BGB Vor 611 73; ArbZG, Nichtanwendbarkeit ArbZG 18 3

Computer, Betriebsrat BetrVG 40 35; Rechtswegzuständigkeit wegen Vergütungsstreit bei ~programmen ArbGG 2 126

Darlegungs- und Beweislast, Abrufarbeit TzBfG 12 32; bei AGB-Kontrolle BGB 307 24; AGB, Vorliegen BGB 305 14; Änderungsschutzklage KSchG 2 118 ff.; Annahmeverzug des Arbeitgebers BGB 615 108; Anpassung der Betriebsrente BetrAVG 16 35 f.; Aufhebungsvertrag KSchG 9 Anh. 23b; außerordentliche Kündigung BGB 626 419 ff.; Auswahlrichtlinien KSchG 1 416; Behinderung eines Betriebsverfassungsorgans BetrVG 78 8; Benachteiligung nach AGG AGG 22 1 ff.; Benachteiligung oder Begünstigung eines Betriebsverfassungsorgans BetrVG 78 14; betriebliches Eingliederungsmanagement SGB IX 84 22 ff.; betriebsbedingte Kündigung KSchG 1 290 ff.; Betriebsübergang BGB 613a 373 f.; Diskriminierungsverbot bei Befristung TzBfG 4 30; Diskriminierungsverbot bei Teilzeit TzBfG 4 21; Entfristungsklage TzBfG 17 18 ff.; Gleichbehandlungsgrundsatz BGB 611 209 f., GG 3 55; Haftung des Arbeitnehmers BGB 619a 43 ff.; Haftungsausschluss bei Arbeitsunfall SGB VII 104 16; Individualabreden BGB 305b 4 f.; Interessenausgleich mit Namensliste KSchG 1 427 ff., 436 f.; Kleinbetriebsklausel KSchG 23 1 ff.; Kündigungsanhörung des Betriebsrates BetrVG 102 46; vor Kündigungsausspruch bei krankheitsbedingter Kündigung KSchG 1 168; vor Kündigungsausspruch bei personenbedingter Kündigung KSchG 1 168; Kündigungsfrist BGB 622 131 f.; Kündigungsschutz KSchG 1 51 ff.; im Kündigungsschutzprozess bei personenbedingter Kündigung KSchG 1 169 ff.; Nachweisgesetz NachwG Vorb. 39 f.; negative Gesundheitsprognose KSchG 1 149; Rechtswegzuständigkeit ArbGG 48 19 ff.; Schadensersatz bei außerordentlicher Kündigung BGB 628 90 ff.; Sonderkündigungsschutz bei Wehrdienst ArbPlSchG 2 6; Sozialauswahl KSchG 1 440 ff.; stillschweigende Verlängerung des Dienstverhältnisses BGB 625 46; Teilzeitanspruch TzBfG 8 56; Überraschungsverbot BGB 305c 6; Ungleichbehandlung Frau/Mann **GG 3** 78; Unzumutbarkeit der Weiterbeschäftigung eines Auszubildenden **BetrVG 78a** 50; Urlaubsbescheinigung **BUrlG 6** 24; Veränderungen durch AGB **BGB 309** 14 ff., **BGB 611** 436 ff.; verhaltensbedingte Kündigung **KSchG 1** 211 f.; Widerspruch zu arbeitswissenschaftlichen Erkenntnissen **BetrVG 91** 9; Wiedereinstellungsanspruch **KSchG 1** 86; Zeugnisberichtigung **GewO 109** 37; Zweckerreichung/Bedingungseintritt **TzBfG 15** 13

Darlehen BGB 611 153 ff.

Datenschutz BDSG Vorb. 1 ff., **BGB 611** 258 ff.; Berücksichtigung nicht erfragten Wissens **BGB 123** 34a; Aufdeckung von Straftaten **BDSG 32** 16 ff.; Aufsichtsbehörde **BDSG Vorb.** 27 ff.; Auftragsdatenverarbeitung **BDSG Vorb.** 20 ff., 25, 72; Auskunftsanspruch **BDSG Vorb.** 76; außerordentliche Kündigung **BGB 626** 198 ff.; Background Checks **BDSG Vorb.** 87; Berichtigung, Löschung, Sperrung **BDSG Vorb.** 77; im Beschäftigungsverhältnis **BDSG 32** 1 ff.; betriebliches Eingliederungsmanagement **BDSG Vorb.** 88, **SGB IX 84** 26 ff.; Betriebsrat **BetrVG 79** 16; Betriebsvereinbarung als „andere Vorschrift" **BDSG Vorb.** 53 ff.; Betroffener **BDSG Vorb.** 17; Bewerberdaten **BDSG Vorb.** 43; Cloud Computing **BDSG Vorb.** 90b; Datengeheimnis **BDSG 5** 1 ff.; Dritter **BDSG Vorb.** 19; Due Diligence **BDSG Vorb.** 91; Einstellungstests **BGB 611** 22; Einstellungsuntersuchungen **BGB 611** 22; Einwilligung **BDSG Vorb.** 57 ff.; E-Mail-Nutzung **BDSG Vorb.** 92 ff.; Empfänger **BDSG Vorb.** 26; Entstehungsgeschichte des **BDSG BDSG Vorb.** 3; Erlaubnisnorm **BDSG Vorb.** 36 ff.; Ethik-Hotlines **BDSG Vorb.** 96; Foto des Arbeitnehmers in Katalog oder Internetauftritt **BDSG Vorb.** 96a; Fragerecht des Arbeitgebers **BDSG Vorb.** 97, **BGB 123** 30 f.; Funktionsübertragung **BDSG Vorb.** 24; Geltungsbereich des § 32 **BDSG BDSG 32** 5 ff.; Geltungsbereich des **BDSG BDSG Vorb.** 4 ff.; genetische Untersuchungen **BDSG Vorb.** 97a; Gesetzentwurf **BDSG Vorb.** 3a f.; Grundsatz der Direkterhebung **BDSG Vorb.** 67; Handlungen **BDSG Vorb.** 16; Informationspflicht bei unrechtmäßiger Übermittlung **BDSG Vorb.** 73a; Internet-Nutzung **BDSG Vorb.** 92 ff.; Konzern **BDSG Vorb.** 44, 46, 85; Mitarbeiterbefragung **BDSG Vorb.** 98; Mitbestimmung bei formularmäßiger Einwilligung **BDSG Vorb.** 66; Mitbestimmungsrechte **BDSG Vorb.** 80 ff.; Nachweispapier nach NachwG **NachwG Vorb.** 55; nicht-öffentliche Stelle **BDSG Vorb.** 12; öffentliche Stelle **BDSG Vorb.** 11; Ortung des Arbeitnehmers **BDSG Vorb.** 99; Personalakten **BDSG Vorb.** 100 ff., **BetrVG 83** 10, **BGB 611** 258 f.; Personaldaten **BDSG Vorb.** 36 ff.; personenbezogene Daten **BDSG Vorb.** 13 ff.; Pflichten des Arbeitgebers **BDSG Vorb.** 69 ff.; private Geräte der Arbeitnehmer im dienstlichen Einsatz **BDSG Vorb.** 90a; Rechte des Arbeitnehmers **BDSG Vorb.** 74 ff.; Schadensersatzanspruch des Arbeitnehmers **BDSG Vorb.** 79; Schriftform der Einwilligung **BDSG Vorb.** 64 f.; Screening **BDSG Vorb.** 104a; Tarifvertrag als „andere Vorschrift" **BDSG Vorb.** 53 f.; Telefonnutzung und -überwachung **BDSG Vorb.** 105; Übermittlung von Daten ins Ausland **BDSG Vorb.** 48 ff.; Unterrichtungspflicht bei Datenerhebung **BDSG Vorb.** 68; verantwortliche Stelle **BDSG Vorb.** 10; Verbot mit Erlaubnisvorbehalt **BDSG Vorb.** 33 ff.; Verstöße **BDSG Vorb.** 86; Videoüberwachung **BDSG Vorb.** 107 ff.; Vorratsdatenspeicherung **BDSG Vorb.** 92a; Whistleblowing-Hotlines **BDSG Vorb.** 96; Zulässigkeit der Verwendung von Beschäftigtendaten **BDSG 32** 9 ff.; Zweck des BDSG **BDSG Vorb.** 2; *siehe auch* „Datenschutzbeauftragter"

Datenschutzbeauftragter BDSG Vorb. 71; Aufgaben **BDSG 4f/4g** 26 ff.; Ausstattung **BDSG 4f/4g** 11; besonderer Kündigungsschutz **BDSG 4f/4g** 24 f.; Bestellung **BDSG 4f/4g** 1 ff.; Bestellung und Grundverhältnis **BDSG 4f/4g** 12 ff.; Betriebsübergang **BDSG 4f/4g** 15; Eignung **BDSG 4f/4g** 4, 6; interner/externer **BDSG 4f/4g** 7; Person **BDSG 4f/4g** 4 ff.; Stellung **BDSG 4f/4g** 8 ff.; Teilkündigung oder Teilbefristung **BDSG 4f/4g** 20 f.; Unterstützung **BDSG 4f/4g** 11; Widerruf der Bestellung **BDSG 4f/4g** 18 ff.; Zuverlässigkeit **BDSG 4f/4g** 5 f.

Detektivkosten ArbGG 12a 10

Deutsche Gerichtsbarkeit besondere Sachentscheidungsvoraussetzung **ArbGG 1** 8; Kirchen/Religionsgemeinschaften **ArbGG 1** 7; NATO-Truppen **ArbGG 1** 6; Territorialitätsprinzip **ArbGG 1** 3 ff.

Diebstahl, außerordentliche Kündigung **BGB 626** 245 ff.

Dienstkleidung BGB 611 386

Dienstordnungsangestellte, fristlose Kündigung **BGB 626** 7; Kündigung/Entlassung **KSchG 1** 6; Urlaubsanspruch **BUrlG 2** 7

Dienstreisen, Arbeitszeit **BGB 611** 331

Dienstvereinbarungen BGB Vor 611 147; Auswahlrichtlinien **KSchG 1** 408; Fortgeltung bei Privatisierungen **BetrVG 130** 8

Dienstverschaffungsvertrag BGB Vor 611 15; Arbeitnehmerüberlassungsvertrag, Abgrenzung **AÜG 1** 28

Dienstvertrag BGB 620 3; Arbeitnehmerüberlassungsvertrag, Abgrenzung **AÜG 1** 26, **BetrVG 5** 14; Beendigung *siehe* „Dienstvertrag, Beendigung"; Freistellung/Suspendierung **BGB 620** 22; Rücktritt **BGB 620** 25; Werkvertrag, Abgrenzung **BGB Vor 611** 9; *siehe auch* „Freie Mitarbeiter"

Dienstvertrag, Beendigung BGB 620 1 ff.; Anfechtung **BGB 620** 24; Aufhebungsvertrag **BGB 620** 29 ff.; auflösende Bedingung **BGB 620** 23; Auflösungsurteil **BGB 620** 33; Befristung **BGB 620** 4 ff.; Befristungsdauer **BGB 620** 8 ff.; Befristungsgrund **BGB 620** 7; Diskriminierungsverbot bei Befristung **BGB 620** 17; Doppelbefristung **BGB 620** 9; bei fehlender Befristung **BGB 620** 18 ff.; Insolvenz **InsO 113** 3; Kündigungsfrist **BGB 621** 1 ff.; Kündigungsmöglichkeit bei Befristung **BGB 620** 12 ff.; Organmitglieder **BGB 620** 19 f.; Tod **BGB 620** 32; Unmöglichkeit **BGB 620** 27; unwirksame Befristung **BGB 620** 11; Verlängerung **BGB 620** 5; Wegfall der Geschäftsgrundlage **BGB 620** 28; Zweckbefristung **BGB 620** 6, 9; *siehe auch* „Stillschweigende Verlängerung"

Dienstwagen BGB 611 88 ff.; AGB-Kontrolle **BGB Anh. zu 305–310** 14 f.; Einkommensteuer **EStG 19/38** 67; Entgeltfortzahlung **EFZG 4** 29; Entziehung **BGB 611** 90; Teilzeitwunsch **TzBfG 8** 45

Differenzierungsklauseln TVG 1 110 f.; Spannensicherungsklauseln **TVG 1** 111

Direktionsrecht BGB Vor 611 151, **BGB 611** 293 ff., **GewO 106** 1 ff.; AGB-Kontrolle **BGB Anh. zu 305–310** 19 ff.; statt Änderungskündigung **KSchG 2** 25 ff.; Arbeitspflicht **BGB 626** 147 f.; Arbeitsvertrag als Grenze **GewO 106** 55 ff.; Arbeitsverweigerung **BGB 626** 147 f.; außerdienstliches Verhalten **GewO 106** 47; Auszubildende **BBiG 13** 6 f.; Bedeutung **GewO 106** 5 ff.; Beschäftigungsverhältnis **SGB IV 7/7b** 8 f.; betriebliche Übung als Grenze **GewO 106** 60 ff.; Betriebsbuße **GewO 106** 51; Betriebsvereinbarung als Grenze **GewO 106** 88, 90 ff.; billiges Ermessen als Grenze **GewO 106** 115 ff.; Dauer der Arbeitszeit **BGB 611** 307 f., **GewO 106** 33 ff.; Einschränkung durch betriebliche Übung **BGB 611** 237; Entleiher **AÜG 1** 17 ff.; Erweiterung durch Arbeitsvertrag **BGB 611** 294a; Erweiterung durch Tarifvertrag **BGB 611** 294; fachliche Weisungsgebundenheit **BGB Vor 611** 44; Gegenstand **GewO 106** 12ff.; Gesetze als Grenzen **GewO 106** 104ff.; Gleichbehandlungsgrundsatz **BGB 611** 189; Grenzen **GewO 106** 54ff.; Grenzen bei Dauer der Arbeitszeit **GewO 106** 78ff.; Grenzen bei Lage der Arbeitszeit **GewO 106** 81f.; Grenzen bei Ordnung und Verhalten im Betrieb **GewO 106** 87; Grenzen bei Ort der Arbeitsleistung **GewO 106** 72ff.; höherwertige Aufgabe **BGB 611** 296; Inhalt der Arbeitsleistung **GewO 106** 15ff.; Konkretisierung **GewO 106** 60ff., 75f.; Konkretisierung bei Arbeitszeit **GewO 106** 83ff.; Kontrollmaßnahmen **GewO 106** 48f.; Lage der Arbeitszeit **BGB 611** 312, **GewO 106** 32, 38ff.; Mitbestimmung bei Zuweisung anderer Tätigkeit **GewO 106** 23; mutterschutzrechtliches Beschäftigungsverbot **GewO 106** 22; niedriger vergütete Arbeit **BGB 611** 295; Ordnung und Verhalten im Betrieb **GewO 106** 43ff.; Ort der Arbeitsleistung **BGB 611** 334, **GewO 106** 24ff.; örtliche Weisungsgebundenheit **BGB Vor 611** 45, 47; Regelungsabrede als Grenze **GewO 106** 89, 92f.; Rücksichtnahme auf Behinderungen **GewO 106** 128ff.; Selbstbindung **GewO 106** 69ff.; Sinn und Zweck **GewO 106** 3f.; Streitigkeiten **GewO 106** 132f.; Tarifklauseln **TVG 1** 129; Tarifvertrag als Grenze **GewO 106** 95ff.; Vergleichbarkeit bei Sozialauswahl **GewO 106** 11; Verhaltensvorschriften **GewO 106** 46f.; zeitliche Weisungsgebundenheit **BGB Vor 611** 45f.

Direktversicherung BetrAVG Vorb. 69, **BetrAVG 1b** 25ff.; gezillmerte ~ und Entgeltumwandlung **BetrAVG 1a** 8a; Unverfallbarkeit **BetrAVG 1b** 26, **BetrAVG 2** 32ff.

Diskriminierung siehe „Diskriminierungsverbot (...)", „Gleichbehandlungsgrundsatz, arbeitsrechtlicher", „Allgemeines Gleichbehandlungsgesetz"

Diskriminierungsverbot (ArbPlSchG) nach Beendigung des Wehrdienstes **ArbPlSchG 6** 1ff.

Diskriminierungsverbot (BetrVG) BetrVG 75 1ff.; absolute Differenzierungsverbote **BetrVG 75** 9ff.; Abstammung und Herkunft **BetrVG 75** 11; „alle im Betrieb tätigen Personen" **BetrVG 75** 6; Betriebsratsmitglieder **BetrVG 37** 23ff.; Förderung der Persönlichkeit **BetrVG 75** 18ff.; Grundsätze von Recht und Billigkeit **BetrVG 75** 7; kollektives „Amtsrecht" **BetrVG 75** 2; neue Diskriminierungsmerkmale **BetrVG 75** 3; politische oder gewerkschaftliche Betätigung oder Einstellung **BetrVG 75** 13; relative Differenzierungsverbote **BetrVG 75** 8; Religion **BetrVG 75** 12; sexuelle Identität **BetrVG 75** 12; Streitigkeiten **BetrVG 75** 23f.; zur Überwachung Verpflichtete **BetrVG 75** 5; Überwachungsgebot **BetrVG 75** 4ff.; zulässige Ungleichbehandlung **BetrVG 75** 15

Diskriminierungsverbot (EU) AEUV 157 22ff., 45ff., **BGB Vor 611** 139; Unkündbarkeit **KSchG 1** 347; Altersgruppenbildung und Nichteinbeziehung in Sozialauswahl **KSchG 1** 405; bei Ausübung der Beschäftigung **AEUV 45** 38ff.; EMRK **EUV Art. 6** 14; europäische Grundrechte **EUV Art. 6** f.; Lebensalter bei Sozialauswahl **KSchG 1** 373; mittelbare Diskriminierung **AEUV 157** 24ff., 47; positive Diskriminierung **AEUV 157** 54f.; tarifvertragliche Kündigungsfristen **BGB 622** 95a; unmittelbare Diskriminierung **AEUV 157** 23, 46; siehe auch „Benachteiligung", „Entgeltgleichheit (EU)", „Freizügigkeit der Arbeitnehmer", „Gleichbehandlungsgrundsatz (EU)"

Diskriminierungsverbot (GG) GG 3 96ff.; absolutes Anknüpfungsverbot **GG 3** 106; Abstammung **GG 3** 102; Abwägungsmodell **GG 3** 107; Beeinträchtigung **GG 3** 100; Behinderte **GG 3** 109ff.; Eingriffe **GG 3** 108; EU-Angehörige **GG 3** 105; Geschlecht **GG 3** 101; Gruppenmerkmale **GG 3** 101ff.; jede Differenzierung **GG 3** 100; Rasse **GG 3** 103; Schutzbereich **GG 3** 97; Staatsangehörigkeit **GG 3** 104; Wirkung **GG 3** 98f.

Diskriminierungsverbot (TzBfG), abweichende Vereinbarungen **TzBfG 4** 31f.; Arbeitsentgelt (Befristung) **TzBfG 4** 22ff.; Arbeitsentgelt (Teilzeit) **TzBfG 4** 3ff.; auflösend bedingter Arbeitsvertrag **TzBfG 21** 4; Befristung **TzBfG 4** 22ff.; Benachteiligung (Befristung) **TzBfG 4** 22ff.; Benachteiligung (Teilzeit) **TzBfG 4** 3ff.; Beschäftigungsdauer (Befristung) **TzBfG 4** 25f.; Beschäftigungsdauer (Teilzeit) **TzBfG 4** 7; betriebliche Altersversorgung **TzBfG 4** 11; Betriebsbezogenheit (Befristung) **TzBfG 4** 23; Darlegungs- und Beweislast (Befristung) **TzBfG 4** 30; Darlegungs- und Beweislast (Teilzeit) **TzBfG 4** 21; Geltungsbereich **TzBfG 4** 2; Inhalt **TzBfG 4** 1; Kausalität (Teilzeit) **TzBfG 4** 7; Rechtsfolgen (Befristung) **TzBfG 4** 29; Rechtsfolgen (Teilzeit) **TzBfG 4** 18ff.; sachliche Gründe (Befristung) **TzBfG 4** 27f.; sachliche Gründe (Teilzeit) **TzBfG 4** 14ff.; Sozialauswahl (Teilzeit) **TzBfG 4** 13; Teilzeitarbeit **TzBfG 4** 3ff.; Unkündbarkeit (Teilzeit) **TzBfG 4** 12; Urlaub (Teilzeit) **TzBfG 4** 7; Wechselschichtzulage (Teilzeit) **TzBfG 4** 7

Dispositionsgrundsatz, im Beschlussverfahren **ArbGG 83** 2f.; Einigungsstellenverfahren **BetrVG 76** 47

Doppelarbeitsverhältnis, Arbeitnehmerbegriff **BetrVG 5** 21

Dozenten, Arbeitnehmer oder freie Mitarbeiter **BGB Vor 611** 69f.

Drittelbeteiligung DrittelbG Vorb. 1f.; Arbeitnehmerbegriff **DrittelbG 2** 2ff.; Betriebsbegriff **DrittelbG 2** 6; Rechtsverordnung, Ermächtigung **DrittelbG 13** 1

Dritthaftung, Forderungsübergang bei Dritthaftung (EFZG) siehe dort; Forderungsübergang bei Dritthaftung (SGB X) siehe dort

Drittmittelkürzung, betriebsbedingter Kündigungsgrund **KSchG 1** 310

Drogen, außerordentliche Kündigung **BGB 626** 262; außerordentliche Kündigung bei Verbotsverstoß **BGB 626** 185; Entgeltfortzahlung bei Suchterkrankung **EFZG 3** 62, 65; Frage des Arbeitgebers nach Abhängigkeit **BGB 123** 20; personenbedingte Kündigung wegen Sucht **KSchG 1** 119ff.; Test für Bewerber **BGB 611** 14; verhaltensbedingter Kündigungsgrund **KSchG 1** 215ff.

Druckkündigung BGB 626 295ff.; Ausschlussfrist bei außerordentlicher Kündigung **BGB 626** 370f.; personenbedingte Kündigung **KSchG 1** 126; Schadensersatz **BGB 626** 302f.; Voraussetzungen **BGB 626** 299ff.

Druckluftverordnung, Arbeitszeit **ArbZG 8** 2

Effektivklausel **BGB 611** 540, **TVG 1** 112ff.; allgemeine **TVG 1** 113; begrenzte **TVG 1** 114f.

EG-Recht siehe „Europäisches Arbeitsrecht"

Ehescheidung, personenbedingter Kündigungsgrund **KSchG 1** 127

Eheschließung, außerordentliche Eigenkündigung **BGB 626** 314; personenbedingter Kündigungsgrund **KSchG 1** 127

Ehrenämter, außerordentliche Kündigung **BGB 626** 201; personenbedingter Kündigungsgrund **KSchG 1** 128; vorübergehende Verhinderung **BGB 616** 28

Ehrenamtliche Richter ArbGG 6 2, 7ff.; Anhörungsrüge **ArbGG 78a** 9; Befugnisse **ArbGG 53** 11f.; Entschädigung **ArbGG 6** 9; als Prozessvertreter **ArbGG 11** 18; keine Überprüfung der Berufung

ArbGG 65 11; keine Überprüfung durch Beschwerdegericht **ArbGG 88** 4

Eigengruppe BGB Vor 611 121, 123f.; außerordentliche Kündigung **BGB 626** 118; Rechtswegzuständigkeit **ArbGG 2** 115; als Vertragspartner **BGB Vor 611** 124

Eigenkündigung KSchG 1 39; Anhörung des Betriebsrates **BetrVG 102** 13; Aufgabe/Wechsel der Berufsausbildung **BBiG 22** 9; Entgeltfortzahlung **EFZG 8** 25 ff.; Fort- und Ausbildungskosten, Rückzahlung **BGB 611** 470; Sonderkündigungsrecht (MuSchG) **MuSchG 10** 2; Sonderkündigungsrecht zum Ende der Elternzeit **BEEG 19** 1 ff.; Sozialplan, Schlechterstellung **BetrVG 112** 48f.; Sperrzeit **SGB III 159** 6 f.; *siehe auch* „Eigenkündigung, außerordentliche"

Eigenkündigung, außerordentliche BGB 626 307ff.; Arbeitsentgelt, Rückstand **BGB 614** 17; Auszubildender **BBiG 22** 7f.; Kündigungsgründe **BGB 626** 310ff.; nachvertragliches Wettbewerbsverbot **HGB 75** 4ff.

Eigenschaftsirrtum BGB 119 3ff.; verkehrswesentliche Eigenschaften **BGB 119** 3f.

Eigentum des Arbeitnehmers, Schutz **BGB 611** 264ff.

Eigentumsgarantie GG 14 1ff.; Adressaten **GG 14** 57f.; Anteilseigentum **GG 14** 34f.; Arbeitnehmerschutz **GG 14** 40f.; Arbeitskampf **GG 14** 36f.; Arbeitsplatz **GG 14** 54f.; Arbeitsrecht **GG 14** 6; Bedeutung **GG 14** 1 ff.; Beeinträchtigungen **GG 14** 60f.; Berufsfreiheit **GG 14** 10; Betriebsgeheimnisse **GG 14** 32f.; Eigentum **GG 14** 16f.; Eigentum im internationalen Recht **GG 14** 14f.; Eigentumsposition des Arbeitgebers **GG 14** 18; Eigentumspositionen der Arbeitnehmer **GG 14** 42ff.; eingerichteter und ausgeübter Gewerbebetrieb **GG 14** 23ff.; Enteignung **GG 14** 68ff.; Grenzen der Beschränkbarkeit **GG 14** 65ff.; Inhaltsbestimmung **GG 14** 62f.; Koalitionsfreiheit **GG 14** 36f.; Konkurrenzen **GG 14** 9f.; und Kündigungsschutzrecht **KSchG Vor 1** 8; Produktion **GG 14** 19ff.; Schrankennormen **GG 14** 64; Schutzbereich **GG 14** 16ff.; Träger des Grundrechts **GG 14** 59; Unternehmerfreiheit **GG 14** 12

Ein-Euro-Job, Arbeitnehmerbegriff **BetrVG 5** 22; Urlaubsanspruch **BUrlG 2** 7

Einfirmenvertreter, Arbeitnehmerbegriff **BetrVG 5** 23

Eingerichteter und ausgeübter Gewerbebetrieb, Eigentumsgarantie **GG 14** 23ff.

Eingetragene Lebenspartnerschaft, betriebliche Altersversorgung, Gleichbehandlung **BetrAVG Vorb.** 94a

Eingruppierung TVG 1 117ff.; Änderungskündigung **KSchG 2** 82, 89; korrigierende Rückgruppierung **TVG 1** 119; Mitbestimmungsrecht **BetrVG 99** 24ff.; Mitbestimmungsrecht, Missachtung **BetrVG 99** 97; Mitteilung und NachwG **NachwG Vorb.** 46; Streitwert **ArbGG 12** 24; Tarifautomatik **TVG 1** 118; Unterrichtung Betriebsrat **BetrVG 99** 58

Einigungsstelle BetrVG 76 1 ff.; Ablehnung des Vorsitzenden **ArbGG 49** 4; Amtszeit **BetrVG 76** 20; Anrufung **BetrVG 76** 16; Antragstellung vor der ~ **BetrVG 76** 18f.; Arbeitsplatzgestaltung, Arbeitsablauf, Arbeitsumgebung **BetrVG 91** 14; Art der Honorarberechnung **BetrVG 76a** 13f.; Auslagenersatz **BetrVG 76a** 16; Auswahlrichtlinien **BetrVG 95** 16f.; Bedarfs-~ **BetrVG 76** 4; Beisitzer **BetrVG 76** 23ff.; Beratung **BetrVG 76** 72; Berufsfreiheit **GG 12** 31; Beschlussfassung **BetrVG 76** 73f.; Beschlussverfahren (Einigungsstellenbesetzung) *siehe dort*; Beschlussverfahren über Bestehen des Mitbestimmungsrechts **ArbGG 81** 22; Besorgnis der Befangenheit **BetrVG 76** 63f.; Beweismittel und -aufnahme **BetrVG 76** 70f.; Bildung **BetrVG 76** 14ff.; Bindungswirkung des Spruchs **BetrVG 76** 92ff., 96; Eilfälle **BetrVG 76** 99; Ermessen, Überprüfung **BetrVG 76** 112f.; Ersatzmitglieder **BetrVG 76** 27; erzwingbare **BetrVG 76** 6f.; Fälligkeit des Honorars **BetrVG 76a** 15; Feststellung der Unwirksamkeit eines Spruchs **ArbGG 81** 23; Form des Spruchs **BetrVG 76** 90; Freistellung von Betriebsratsmitgliedern **BetrVG 38** 19ff.; freiwillige **BetrVG 76** 8; Gegenstandswert bei Streitigkeiten **BetrVG 76** 116; gerichtliche Durchsetzung von Honorar- und sonstigen Kosten **BetrVG 76a** 34ff.; gerichtliche Überprüfung des Spruchs **BetrVG 76** 100ff.; Geschäftsaufwand **BetrVG 76a** 33; gescheiterte Verhandlungen **BetrVG 76** 15; Grenzen der Entscheidung **BetrVG 76** 87ff.; gütliche Einigung **BetrVG 76** 69; Honorar und sonstige Kosten der Beisitzer **BetrVG 76a** 18ff.; Honorar und sonstige Kosten der Vorsitzenden **BetrVG 76a** 4ff.; Honorarbemessung Gewerkschaftssekretäre und Rechtsanwälte als Beisitzer **BetrVG 76a** 27; Honorarbemessung Vorsitzender **BetrVG 76a** 7ff.; Honorarregelungen durch Tarifvertrag oder Betriebsvereinbarung **BetrVG 76a** 29f.; Interessenausgleich **BetrVG 76** 92a, **BetrVG 112** 20ff.; Konstituierung **BetrVG 76** 49ff.; Kosten **BetrVG 76a** 1ff.; Kosten der Vertretung des Betriebsrats **BetrVG 76a** 31f.; Ladung der Beisitzer **BetrVG 76** 52f.; Meinungsverschiedenheiten bei Beschwerde von Arbeitnehmern *siehe* „Einigungsstelle bei Beschwerde"; Nichtöffentlichkeit **BetrVG 76** 38ff.; offensichtliche Unzuständigkeit **ArbGG 98** 6; Protokollführung **BetrVG 76** 57; Rechtsfolgen bei Unwirksamkeit **BetrVG 76** 114f.; Rechtsstellung der Mitglieder **BetrVG 76** 28ff.; Sachentscheidung **BetrVG 76** 84ff.; Säumnisentscheidung **BetrVG 76** 97f.; Schadensersatzansprüche **BetrVG 76** 33f.; Schulungs- und Bildungsveranstaltungen für Betriebsratsmitglieder **BetrVG 37** 41; Schwierigkeit der Streitigkeit **BetrVG 76a** 9; sonstige Entscheidungen **BetrVG 76** 81ff.; soziale Angelegenheiten **BetrVG 87** 44ff.; Sozialplan **BetrVG 112** 58ff.; Sprechstunden **BetrVG 39** 4; kein „Spruch" **BetrVG 76** 79f.; ständige **BetrVG 76** 5; Überprüfungsfrist **BetrVG 76** 107ff.; Umfang der gerichtlichen Überprüfung **BetrVG 76** 110ff.; Unternehmens-/Konzernebene **BetrVG 76** 12; Unterrichtung des Wirtschaftsausschusses *siehe* „Einigungsstelle (Wirtschaftsausschuss)"; Verdienstausfall bei Honorarbemessung **BetrVG 76a** 10f.; Verfahrensbevollmächtigte **BetrVG 76** 58; Verfahrensgrundsätze **BetrVG 76** 35ff.; Verfahrensordnung **BetrVG 76** 35ff.; verfassungsrechtliche Bedenken **BetrVG 76** 3; kein vollstreckbarer Titel **BetrVG 76** 94; Vorsitzender **BetrVG 76** 21f.; Vorsitzender, Abstimmungsverhalten **BetrVG 76** 76f.; Zeitaufwand bei Honorarbemessung **BetrVG 76a** 8; Zeitpunkt der Zuleitung **BetrVG 76** 91; Zuständigkeitsprüfung **BetrVG 76** 59ff.; Zuständigkeitszweifel trotz gerichtlicher Bestellung **ArbGG 98** 11

Einigungsstelle bei Beschwerde BetrVG 85 14ff.; Benachteiligungsverbot **BetrVG 85** 22; freiwilliges Verfahren **BetrVG 85** 19; Kompetenz **BetrVG 85** 20; Mitbestimmung **BetrVG 85** 18; Rechtsansprüche **BetrVG 85** 16ff.; Streitigkeiten **BetrVG 85** 23; Unterrichtung **BetrVG 85** 21; Zuständigkeit **BetrVG 85** 15ff.

Einigungsstelle (Wirtschaftsausschuss) BetrVG 109 1ff.; Auskunfts- oder Vorlageverlangen des Wirtschaftsausschusses **BetrVG 109** 6f.; Bildung **BetrVG 109** 11; bindender Spruch **BetrVG 109** 14; Durchsetzung des Spruchs **BetrVG 109** 15ff.; Einigungsversuch zwischen Unternehmer und (Gesamt-) Betriebsrat **BetrVG** 109 8 ff.; Entscheidung **BetrVG** 109 12 ff.; Streitigkeiten **BetrVG** 109 18 ff.; Verfahren **BetrVG** 109 13; Voraussetzungen des Verfahrens **BetrVG** 109 4 ff.; Zuständigkeit der Einigungsstelle **BetrVG** 109 5

Einkommensteuer EStG 19/38 1 ff.; Abfindung **EStG** 19/38 67, **KSchG** 10 18; Abfindung bei Aufhebungsvertrag **KSchG Anh.** 9 40 f.; Aktienoptionsrecht **EStG** 19/38 67; Altersteilzeit **EStG** 19/38 67; Anrufungsauskunft **EStG** 19/38 35; Arbeitnehmerbegriff **BGB Vor** 611 20, **EStG** 19/38 37 f.; Arbeitslohnbegriff **EStG** 19/38 44 ff.; Bemessungsgrundlagen im Sozialversicherungsrecht **EStG** 19/38 67a; betriebliche Altersversorgung **EStG** 19/38 54 ff.; Bruttolohn-Vereurteilung **EStG** 19/38 73; Dienstwagen **EStG** 19/38 67; ELStAM-Verfahren **EStG** 19/38 82 f.; Fünftelungsregelung **EStG** 19/38 66; Gratifikation **EStG** 19/38 67; Karenzentschädigung **HGB** 74 127; Kundenbindungsprogramme **EStG** 19/38 67; laufender Arbeitslohn **EStG** 19/38 25; Lohnrückzahlung **EStG** 19/38 77; Lohnsteuer **EStG** 19/38 13 ff.; Lohnsteuerklassen **EStG** 19/38 24; Lohnsteuertabellen **EStG** 19/38 20 ff.; Mitarbeiterkapitalbeteiligung **EStG** 19/38 67; Nachentrichtung durch Arbeitgeber **EStG** 19/38 74; nebenberufliche Tätigkeiten **EStG** 19/38 67; Nettolohnvereinbarung **EStG** 19/38 67; Pauschalierung **EStG** 19/38 26; Personalrabatte **EStG** 19/38 67; Pflicht zum richtigen Lohnsteuerabzug **EStG** 19/38 75; Progressionsvorbehalt **EStG** 19/38 63; Rechtsweg **ArbGG** 2 27; Sachbezüge **EStG** 19/38 64; Schadensersatz **EStG** 19/38 67; Schadensersatz bei außerordentlicher Kündigung **BGB** 628 79; Scheinselbständigkeit **EStG** 19/38 39 ff.; sonstige Bezüge **EStG** 19/38 23; Sozialplanabfindung **BetrVG** 112 93; Steuerschuldner **EStG** 19/38 32; Trinkgelder **EStG** 19/38 67, **GewO** 107 73; Vergütungsformen-ABC **EStG** 19/38 67; Werbungskosten **EStG** 19/38 68 f.; Zufluss von Arbeitslohn **EStG** 19/38 48 ff.; Zuschläge **EStG** 19/38 67

Einlassungsfrist ArbGG 47 1 ff.; Abkürzung **ArbGG** 47 9; Anwendungsbereich **ArbGG** 47 3 f.; Berechnung **ArbGG** 47 6; Dauer **ArbGG** 47 5; Nichteinhaltung **ArbGG** 47 10

Einsatzprämie, Entgeltfortzahlung **EFZG** 4 22

Einspruch bei Versäumnisurteil ArbGG 59 3 ff.; Form **ArbGG** 59 6 f.; Frist **ArbGG** 59 4 f.

Einstellung, Beteiligungsrechte des Sprecherausschusses **SprAuG** 31 2; Mitbestimmungsrecht **BetrVG** 99 17 ff.; Mitbestimmungsrecht, Missachtung **BetrVG** 99 95; sachgrundlose Befristung bei Neu-~ **TzBfG** 14 109 f.

Einstellungsanspruch, aufgrund Art. 33 Abs. 2 GG **BGB** 611 49; Benachteiligung nach AGG **AGG** 15 15; einzelvertraglicher **BGB** 611 53; Zwangsvollstreckung **ArbGG** 62 41

Einstellungstests BGB 611 17 ff.

Einstellungsuntersuchungen BGB 611 12 ff.

Einstweilige Verfügung ArbGG 62 46, 64 ff.; allgemeiner Unterlassungsanspruch des Betriebsrats **BetrVG** 87 58; Arbeitskampf **GG** 9 351 ff.; Aufhebung personeller Einzelmaßnahmen gemäß § 99 BetrVG **BetrVG** 99 99; Berufungsbeantwortungsfrist **ArbGG** 66 20; im Beschlussverfahren **ArbGG** 85 7 ff.; gegenüber Betriebsrat **ArbGG** 85 12; betriebsverfassungsrechtlicher Weiterbeschäftigungsanspruch **BetrVG** 102 91; Einzelfälle **ArbGG** 62 74 ff.; Entbindung von der Weiterbeschäftigungspflicht des Auszubildenden **BetrVG** 78a 55; Entscheidung im Beschlussverfahren **ArbGG** 85 15; Gerichtsgebühren **ArbGG** 12 5; Güteverhandlung **ArbGG** 54 14; Mitbestimmungsrecht, Sicherung **ArbGG** 85 10; nachvertragliches Wettbewerbsverbot **HGB** 74 115; neue Tatsachen **ArbGG** 56 74; Rechtswegzuständigkeit **ArbGG** 2 11; Regelungsverfügung **ArbGG** 62 67 ff.; keine Revisionsbeschwerde **ArbGG** 77 3; Sicherungsverfügung **ArbGG** 62 64 ff.; Streitwert **ArbGG** 12 26; Teilzeitanspruch **TzBfG** 8 58 ff.; Teilzeitbeschäftigung bei Elternzeit **BEEG** 15 29; Übernahmerecht des Auszubildenden **BetrVG** 78a 55; Unterrichtungs- und Beratungsrecht vor Betriebsänderungen **ArbGG** 85 11; Urlaubsanspruch **BUrlG** 7 61 ff.; Verfahren **ArbGG** 62 73; Verlängerung der Arbeitszeit bei Teilzeitarbeit **TzBfG** 9 14; Zeugniserteilung/-berichtigung **GewO** 109 51; Zuständigkeit **ArbGG** 48 8 f.

Eintagsarbeitsverhältnis, Feiertage, Entgeltzahlung **EFZG** 2 4

Elektronische Akte/Dokumente ArbGG 46e 1, **ArbGG** 46f 1

Elternzeit BEEG Vor 15–21 1 ff.; Ablehnung des Teilzeitanspruchs **BEEG** 15 17 ff.; Änderung der Anspruchsberechtigung **BEEG** 16 13; Anspruch auf Teilzeitarbeit **BEEG** 15 12, 14 ff.; anspruchsberechtigter Personenkreis **BEEG** 15 1 f.; Arbeitgeberwechsel **BEEG** 15 6; Arbeitsentgelt und Sonderleistungen **BEEG Vor** 15–21 4 ff.; Auswirkungen auf arbeitsrechtliche Stellung **BEEG Vor** 15–21 3 ff.; befristete Vertretung **TzBfG** 23 15 ff.; befristeter Arbeitsvertrag zur Vertretung **BEEG** 21 1 ff.; zur Berufsbildung Beschäftigte **BEEG** 20 1 ff.; Bescheinigung **BEEG** 16 7; betriebsverfassungsrechtliche Stellung **BEEG Vor** 15–21 11; Dauer **BEEG** 15 3; einstweilige Verfügung hinsichtlich Teilzeitarbeit **BEEG** 15 29; Entgeltfortzahlung im Krankheitsfall **EFZG** 3 23; Erklärung **BEEG** 16 1 ff.; Erklärungsfrist **BEEG** 16 2 ff.; Erwerbstätigkeit während ~ **BEEG** 15 9 ff.; Heimarbeiter **BEEG** 20 4; Inanspruchnahme **BEEG** 15 8, **BEEG** 16 1 ff.; Kündigungsfrist bei Eigenkündigung **BEEG** 19 1 ff.; kurze Geburtenfolge **BEEG** 15 3 f.; Mehrlingsgeburten **BEEG** 15 3 f.; Mitbestimmung **BEEG** 15 24; nachträgliche Veränderung **BEEG** 16 8 ff.; Resturlaub **BEEG** 17 6 ff.; selbständige Tätigkeit **BEEG** 15 10; Sonderkündigungsschutz bei Elternzeit *siehe dort*; sozialversicherungsrechtliche Stellung **BEEG Vor** 15–21 12 ff.; Streitigkeiten hinsichtlich Teilzeitarbeit **BEEG** 15 26 ff.; Teilzeitarbeit während ~ **BEEG Vor** 15–21 9 f., **BEEG** 15 9, **TzBfG** 23 4 ff.; Teilzeitarbeit bei fremdem Arbeitgeber **BEEG** 15 10; Teilzeitarbeit beim gleichen Arbeitgeber **BEEG** 15 11; Tod des Kindes **BEEG** 16 12; Übertragung **BEEG** 15 7; Unabdingbarkeit des Anspruchs **BEEG** 15 7; Urlaub, Kürzung **BEEG** 17 1 ff.; Urlaub, zu viel gewährter **BEEG** 17 11 f.; Urlaubsabgeltung **BEEG** 17 9 f.; Verteilung der Teilzeitarbeit **BEEG** 15 23; Zeitabschnitte **BEEG** 16 6

E-Mail, Berufungseinlegung **ArbGG** 64 28; Betriebsrat **BetrVG** 40 36; Datenschutz **BDSG Vorb.** 92 ff.

Entbindung von der Weiterbeschäftigungspflicht BetrVG 78a 24 ff.; Auflösungsantrag **BetrVG** 78a 33 ff.; Beschlussverfahren **ArbGG** 2a 10; Betriebsbezug **BetrVG** 78a 49; Darlegungs- und Beweislast **BetrVG** 78a 50; dringende betriebliche Gründe **BetrVG** 78a 45 ff.; einstweiliger Rechtsschutz **BetrVG** 78a 55; Feststellungsantrag **BetrVG** 78a 25 ff.; freier Arbeitsplatz **BetrVG** 78a 46; geänderte Arbeitsbedingungen **BetrVG** 78a 48; personenbedingte Gründe **BetrVG** 78a 44; Unzumutbarkeit der Weiterbeschäftigung **BetrVG** 78a 42 ff.; weiterer Feststellungsantrag **BetrVG** 78a 39 ff.

Entfernung betriebsstörender Arbeitnehmer BetrVG 104 1 ff.; Arbeitnehmer **BetrVG** 104 1; Beschlussverfahren **BetrVG** 104 11; Durchsetzung des Entfernungsverlangens **BetrVG** 104 11 ff.; Entfernungsverlangen **BetrVG** 104 6 ff.; Entscheidung des ArbG **BetrVG 104** 12; gesetzwidriges Verhalten **BetrVG 104** 2; grobe Verletzung der Grundsätze des § 75 BetrVG **BetrVG 104** 3; rassistische und fremdenfeindliche Betätigungen **BetrVG 104** 4; Reaktion des Arbeitgebers **BetrVG 104** 9 f.; störendes Verhalten **BetrVG 104** 2 ff.; Störung des Betriebsfriedens **BetrVG 104** 5; Zwangsgeld **BetrVG 104** 13

Entfristungsklage TzBfG 17 1 ff.; Antrag **TzBfG 17** 9 f.; Antrag auf nachträgliche Zulassung **TzBfG 17** 11; Darlegungs- und Beweislast **TzBfG 17** 18 ff.; Fortsetzung des Arbeitsverhältnisses über Beendigungstermin hinaus **TzBfG 17** 14; Klagefrist **TzBfG 17** 4 ff.; Prozessuales **TzBfG 17** 15 ff.; Versäumung der Klagefrist **TzBfG 17** 11 ff.; vorläufige Weiterbeschäftigung **TzBfG 17** 17

Entgeltbescheinigung GewO 108 31 ff.

Entgeltfortzahlung an Feiertagen EFZG 2 1 ff.; Abrufarbeit **TzBfG 12** 30; Anspruchsberechtigung **EFZG 2** 3 ff.; Arbeitsausfall infolge des Feiertages **EFZG 2** 12 ff.; Arbeitskampf **EFZG 2** 20; Arbeitstage vor/nach dem Feiertag **EFZG 2** 43 f.; Arbeitsunfähigkeit **EFZG 2** 15, **EFZG 4** 41; Auseinanderfallen von Arbeitsort und Wohnsitz **EFZG 2** 9; ausländische Arbeitnehmer **EFZG 2** 11; ausländischer Arbeitsort **EFZG 2** 10; Beschäftigungsverbote an gesetzlichen Feiertagen **EFZG 2** 5; Darlegungs- und Beweislast bei „Arbeitsbummelei" **EFZG 2** 50; Entgeltfortzahlung im Krankheitsfall **EFZG 3** 24; Feiertage **EFZG 2** 6 ff.; Fernbleiben von der Arbeit **EFZG 2** 44 ff.; fortzuzahlendes Arbeitsentgelt **EFZG 2** 25 ff.; Kurzarbeit **EFZG 2** 37 ff.; Monatsgehalt **EFZG 2** 27; pauschaliertes **EFZG 2** 36; Schichtarbeit **EFZG 2** 18 f.; Sonderurlaub **EFZG 2** 17; Streik **GG 9** 200; unentschuldigtes Fernbleiben von der Arbeit **EFZG 2** 41 ff., 47 f.; Urlaub **EFZG 2** 16; variable Arbeitszeiten **EFZG 2** 21; variable Vergütungen **EFZG 2** 28 ff.; Vor- und Nachholen der Feiertagsarbeit **EFZG 2** 23; zeitweiliges Fernbleiben von der Arbeit **EFZG 2** 46; Zweck der Bestimmung **EFZG 2** 1

Entgeltfortzahlung im Krankheitsfall, Abrufarbeit **TzBfG 12** 30; Abweichungen zu Ungunsten des Arbeitnehmers **EFZG 12** 10ff.; Annahmeverzug des Arbeitgebers **EFZG 3** 14; Anspruchsberechtigte **EFZG 3** 3; Arbeitsausfall aus anderen Gründen **EFZG 3** 13 ff.; Arbeitsentgelt **EFZG 4** 17; Arbeitsentgeltformen, zu berücksichtigende **EFZG 4** 19ff.; Arbeitserlaubnis, fehlende **EFZG 3** 21; Arbeitskampf **EFZG 3** 15 f.; Arbeitsunfähigkeit *siehe dort*; Arbeitsunwilligkeit **EFZG 3** 17; Aufhebungsvertrag **KSchG Anh. 9** 39d; Aufwendungsersatz **EFZG 4** 18; Beendigung des Arbeitsverhältnisses *siehe* „Entgeltfortzahlung und Beendigung des Arbeitsverhältnisses"; Beginn **EFZG 3** 73 ff.; Bemessungsgrundlage, abweichende aufgrund Tarifvertrag **EFZG 4** 46 f., **TVG 1** 121; Berechnungsgrundlage, abweichende aufgrund Tarifvertrag **EFZG 4** 48 f.; Beschäftigungsverbote **EFZG 3** 18 ff.; Darlegungs- und Beweislast **EFZG 3** 72, 95; Darlegungs- und Beweislast bei Fortsetzungserkrankung **EFZG 3** 111; Darlegungs- und Beweislast hinsichtlich Zeitfaktor **EFZG 4** 15; Dauer **EFZG 3** 79 ff.; Elternzeit **EFZG 3** 23; Ende **EFZG 3** 78 ff.; endgültiges Leistungsverweigerungsrecht **EFZG 7** 12 ff.; Entgeltfortzahlung an Feiertagen **EFZG 3** 24; Entgeltfortzahlungsgesetz *siehe dort*; erneuter Anspruch nach sechs Monaten **EFZG 3** 98 ff.; erneuter Anspruch nach zwölf Monaten **EFZG 3** 105 ff.; Forderungsübergang bei Dritthaftung (EFZG) *siehe dort*; Freistellung, bezahlte **EFZG 3** 22; Geldfaktor **EFZG 4** 4, 16 ff.; gesundheitswidriges und heilungswidriges Verhalten **EFZG 3** 70; gleichbleibende Arbeitszeit **EFZG 4** 7 ff.; Gleichstellungsabrede **EFZG 4** 50; Höhe **EFZG 4** 1 ff.; Kausalität **EFZG 3** 11 ff.; Kurzarbeit **EFZG 3** 25, **EFZG 4** 42; leistungsabhängiges Entgelt **EFZG 4** 32 f.; Leistungsverweigerungsrecht des Arbeitgebers **EFZG 7** 1 ff.; Mitverschulden des Arbeitgebers **EFZG 3** 54; Mitverschulden Dritter **EFZG 3** 53; modifiziertes Entgeltausfallprinzip **EFZG 4** 2 f.; mutterschutzrechtliches Verbot **EFZG 3** 19; Nebentätigkeit **EFZG 3** 71; Normzweck und -entstehung **EFZG 3** 1; Organspende **EFZG 3** 66; Rechtsmissbrauch **EFZG 3** 10; Rechtsnatur des Anspruchs **EFZG 3** 5; regelmäßige Arbeitszeit **EFZG 4** 6; ruhendes Arbeitsverhältnis **EFZG 3** 26; Schichtarbeit **EFZG 4** 8; Schulungsteilnahme **EFZG 3** 27; Schwangerschaftsabbruch **EFZG 3** 112 f.; Sportunfall **EFZG 3** 60 f.; Sterilisation **EFZG 3** 112; Streik **GG 9** 197 ff.; Suchterkrankungen **EFZG 3** 62 ff.; Suizidversuch **EFZG 3** 67; tarifvertragliche Abweichungen **EFZG 4** 43 ff.; Tätlichkeit, Schlägerei **EFZG 3** 68; Tatsachenvergleiche **EFZG 12** 8; tatsächliche Arbeitsaufnahme **EFZG 3** 83; Transplantatspende **EFZG 3a** 1 ff.; Überstunden **EFZG 4** 12, 14; Umlageverfahren *siehe dort*; Unfälle **EFZG 3** 56 ff.; Unverschulden **EFZG 3** 50 ff.; Urlaub **EFZG 3** 28 f.; Verschulden **EFZG 3** 51 ff.; Verschulden des Arbeitnehmers **EFZG 7** 20; Verzicht auf entstandene und fällige Ansprüche **EFZG 12** 7; vorläufiges Leistungsverweigerungsrecht bei Auslandserkrankung **EFZG 7** 8 f.; vorläufiges Leistungsverweigerungsrecht bei Inlandserkrankung **EFZG 7** 5 f.; Wartezeit **EFZG 3** 115 ff.; wechselnde Arbeitszeiten **EFZG 4** 9, 11; wiederholte Arbeitsunfähigkeit infolge derselben Krankheit **EFZG 3** 96 ff.; witterungsbedingter Arbeitsausfall **EFZG 3** 32; Zeitfaktor **EFZG 4** 5 ff.; Zuschuss zum Krankengeld **EFZG 4** 39 f.; *siehe auch* „Maßnahme der medizinischen Vorsorge oder Rehabilitation"

Entgeltfortzahlung und Beendigung des Arbeitsverhältnisses, Anfechtung des Arbeitsvertrages **EFZG 8** 13; Anlasskündigung **EFZG 8** 6 ff.; Anspruchsdauer bei Anlasskündigung **EFZG 8** 22; Aufhebungsvertrag **EFZG 8** 11 f.; Aufhebungsantrag **EFZG 8** 14; Darlegungs- und Beweislast bei Anlasskündigung **EFZG 8** 23 f.; Eigenkündigung **EFZG 8** 25 ff.; Ende der Entgeltfortzahlung wegen Beendigung des Arbeitsverhältnisses **EFZG 8** 30 ff.; Entgeltfortzahlung trotz Beendigung des Arbeitsverhältnisses **EFZG 8** 5 ff.; Kündigungsmotiv: Arbeitsunfähigkeit **EFZG 8** 15 ff.; Normzweck und -entstehung **EFZG 8** 1 ff.; subjektiver Beweggrund **EFZG 8** 20 f.

Entgeltfortzahlungsgesetz, Entstehung und Ziele **EFZG 1** 1; persönliche Unanwendbarkeit **EFZG 1** 8; persönlicher Anwendungsbereich **EFZG 1** 4 ff.; räumlicher Geltungsbereich **EFZG 1** 10 f.; Übergangsvorschrift **EFZG 13** 1 f.; Unabdingbarkeit **EFZG 12** 1 ff.; Zweck **EFZG 1** 2 f.

Entgeltgleichheit (AGG) AGG 8 3 ff.

Entgeltgleichheit (EU) AEUV 157 1 ff., **GG 3** 69; Altersversorgung **AEUV 157** 10 ff.; Berechtigte **AEUV 157** 5; betriebliche Altersversorgung **AEUV 157** 11 ff., 34 ff., **BetrAVG 2** 27 ff.; Beweislast **AEUV 157** 28; Diskriminierung **AEUV 157** 22 ff.; gesetzliche Rentenversicherung **AEUV 157** 10a; gleiche/gleichwertige Arbeit **AEUV 157** 16 ff.; nationales Recht **AEUV 157** 3; Normzweck **AEUV 157** 1a; Rechtsfolgen eines Verstoßes **AEUV 157** 29 ff.; Rückwirkung **AEUV 157** 33 ff.; sachlicher Anwendungsbereich **AEUV 157** 8 ff.; Sekundärrecht **AEUV 157** 2; und Tarifautonomie **GG 9** 133; unmittelbare Wirkung **AEUV 157** 4; Verpflichtete **AEUV 157** 6

Entgeltgleichheit (GG) GG 3 80, 82

Entgeltumwandlung BetrAVG 1 7f., BetrAVG 1a 1ff., BetrAVG 1b 34f.; Abfindung BetrAVG 3 10; Ausschluss des Anspruchs BetrAVG 1a 10f.; Durchführung BetrAVG 1a 4ff.; gezillmerte Direktversicherung BetrAVG 1a 8a; historische Entwicklung BetrAVG 1a 1f.; Insolvenzschutz nur nach dem 31.12.2004 BetrAVG 30b 1; Insolvenzsicherung BetrAVG 7 24; ruhendes Arbeitsverhältnis BetrAVG 1a 14; steuerliche Förderung BetrAVG 1a 12f.; nach Tarifvertrag BetrAVG 17 27f.; Tarifvorbehalt und ~szusage nach dem 29.6.2001 BetrAVG 30h 1; Übergangsregelung bei Zusagen vor dem 31.12.2000 BetrAVG 30g 1; Unverfallbarkeit BetrAVG 2 44; Zusagen nach dem 31.12.2002 BetrAVG 30e 2

Entreicherungseinwand, Vergütungsüberzahlung BGB 611 159ff.

Entschädigung gemäß § 61 Abs. 2 ArbGG BGB 628 87ff.; Antrag ArbGG 61 23ff.; Festsetzung ArbGG 61 23ff., 29; Festsetzung der Erfüllungsfrist ArbGG 61 28; Teilurteil ArbGG 61 30; Zwangsvollstreckung ArbGG 61 31ff.

Entschädigung nach AGG AGG 15 1ff.; Ansprüche nach anderen Rechtsvorschriften AGG 15 14; Ausschlussfrist AGG 15 12f.; Entschädigung AGG 15 8; Klage siehe „Benachteiligung, Klage"; bei kollektivrechtlichen Regelungen AGG 15 10f.; Obergrenze AGG 15 9; Schaden AGG 15 6; Verschulden AGG 15 7

Entwicklungshelfer, Rechtswegzuständigkeit ArbGG 2 108

Erfindung/technischer Verbesserungsvorschlag, Erfindervergütung ArbGG 2 120ff.; Leiharbeitsvertrag AÜG 11 34; Rechtswegzuständigkeit ArbGG 2 118ff.; Vergütung für technische Verbesserungsvorschläge ArbGG 2 124

Erfüllungsgehilfe, Zurechnung BGB 619a 67

Erhaltungsarbeiten, Arbeitskampf GG 9 290f., 293f.

Erinnerung ArbGG 78 5

Erledigung der Hauptsache, Güteverhandlung ArbGG 54 38; Revisionsinstanz ArbGG 75 26f.

Erledigung des Beschlussverfahrens ArbGG 83a 7ff.; allseitige Zustimmung ArbGG 83a 8; Einstellung des Verfahrens ArbGG 83a 10; Zustimmungsverweigerung eines Beteiligten ArbGG 83a 9

Ermittlungsverfahren, Frage des Arbeitgebers BGB 123 13

Erpressung, außerordentliche Kündigung BGB 626 252

Ersatzdienst, Frage des Arbeitgebers nach ~ BGB 123 27

Ersatzmitglieder BetrVG 14 14; Amtsenthebung BetrVG 23 11; Ausscheiden eines Betriebsratsmitglieds BetrVG 25 3; besonderer Kündigungsschutz BetrVG 103 8, KSchG 15 18ff., 31; Betriebsrat BetrVG 25 1ff.; Gesamtbetriebsrat BetrVG 47 17, BetrVG 51 8; Gesamt-Jugend- und Auszubildendenvertretung BetrVG 72 7, BetrVG 73 5; Jugend- und Auszubildendenvertretung BetrVG 65 5f.; Konzernbetriebsrat BetrVG 55 3; Konzern-Jugend- und Auszubildendenvertretung BetrVG 73b 4; Kündigungs- und Versetzungsschutz BetrVG 25 12; Nachrückverfahren BetrVG 25 8ff.; nachwirkender Kündigungsschutz BetrVG 25 13; rechtliche Verhinderung BetrVG 25 6f.; Rechtsstellung BetrVG 25 11ff.; Reihenfolge BetrVG 25 9; Stellvertretung BetrVG 25 4ff.; tatsächliche Verhinderung BetrVG 25 5; Übernahmerecht des Auszubildenden BetrVG 78a 4

Erwerbsminderung, auflösende Bedingung TzBfG 14 76ff., TzBfG 21 15; Sonderkündigungsschutz Schwerbehinderter SGB IX 92 1ff.

Erwerbsminderungsrente, betriebliche Altersversorgung BetrAVG Vorb. 41ff.

Erwerbsunfähigkeit, personenbedingter Kündigungsgrund KSchG 1 129; Sonderkündigungsschutz Schwerbehinderter SGB IX 92 1ff.

Et-et-Fall ArbGG 48 25, 30

Ethikrichtlinien, Tendenzbetrieb BetrVG 118 23; Zuständigkeit des Gesamtbetriebsrates BetrVG 50 8; Zuständigkeit des Konzernbetriebsrates BetrVG 58 5

Ethnische Herkunft, verbotenes Differenzierungsmerkmal AGG 1 2f.

EuGH, Vorabentscheidungsverfahren (EuGH) siehe dort

Europäische Aktiengesellschaft, Unternehmensmitbestimmung MitbestG 1 5; Unternehmensmitbestimmung wenn Konzernspitze MitbestG 5 15

Europäische Betriebsräte EBRG 1ff.; Arbeitnehmer EBRG 17; Arbeitnehmervertreter EBRG 16; Arbeitnehmerzählung EBRG 17; Auskunftsanspruch Arbeitnehmerzahl EBRG 29ff.; Beschlussverfahren ArbGG 2a 20; Beschlussverfahren, örtliche Zuständigkeit ArbGG 82 6; Betriebsübergang BGB 613a 294; bisherige Vereinbarungen EBRG 3; dreistufiges Regelungssystem EBRG 3ff.; einzelnes Unternehmen mit mindestens 1000 Beschäftigten EBRG 26; kraft Gesetzes siehe „Europäische Betriebsräte kraft Gesetzes"; grenzüberschreitende Tätigkeit EBRG 25; Richtlinie EBRG 1, 7ff.; territorialer Geltungsbereich EBRG 24; Übergangsrecht EBRG 9ff.; Übergangstatbestand EBRG 123; Unternehmen EBRG 18; Unternehmensgruppe EBRG 19f.; Unternehmensgruppe mit mindestens 1000 Beschäftigten EBRG 27; Unterrichtung und Anhörung EBRG 13ff.; kraft Vereinbarung siehe „Europäische Betriebsräte kraft Vereinbarung"; Vereinbarungen, bis 21.9.1996 geschlossene EBRG 123ff.; zentrale Leitung EBRG 21f.

Europäische Betriebsräte kraft Gesetzes EBRG 5, 88ff.; Änderung der für die Zusammensetzung maßgeblichen Umstände EBRG 114; außergewöhnliche Umstände EBRG 109; Beginn und Ende der Mitgliedschaft EBRG 100ff.; Beschlüsse EBRG 97; Bestellung der Mitglieder EBRG 100; Dauer der Mitgliedschaft EBRG 102; Durchsetzung der Unterrichtungs- und Anhörungsrechte EBRG 110f.; Ende durch Schaffung eines EBR kraft Vereinbarung EBRG 121; Ende wegen Wegfalls der gesetzlichen Grundlagen EBRG 118ff.; Entstehungsvarianten EBRG 90; Gegenstand der Unterrichtung und Anhörung EBRG 108; Geschäftsführung EBRG 93ff.; Geschäftsordnung EBRG 98; Konstituierung EBRG 93; rechtspolitische Bewertung EBRG 6; Sachverständige EBRG 99; Sitzungen EBRG 96; Streitigkeiten EBRG 95; Tendenzunternehmen EBRG 113; Unterrichtung der örtlichen Arbeitnehmer/Arbeitnehmervertreter EBRG 112; Unterrichtungs- und Anhörungsrechte EBRG 104ff.; Zusammensetzung EBRG 91f.; siehe auch „Europäische Betriebsräte"

Europäische Betriebsräte kraft Vereinbarung EBRG 3, 36ff.; alternatives Verfahren nach § 19 EBRG 87; Ausschüsse EBRG 59f.; Beginn und Ende der Mitgliedschaft EBRG 61; Besonderes Verhandlungsgremium (EBRG) siehe dort; Delegation der Vereinbarungsbefugnis EBRG 60; Durchsetzung der Unterrichtungs- und Anhörungsrechte EBRG 71; Ende der Vereinbarung EBRG 74; Grundsatz der Gestaltungsfreiheit EBRG 53; Inhalt der Vereinbarung über die Errichtung EBRG 53ff.; modifizierte Regelung des BVG-Einsetzungsverfahrens EBRG 83; offene Auslegungsfragen/Regelungslücken EBRG 55; organisatorische Regelungen

EBRG 57 ff.; Proporzregeln EBRG 62; rechtswidrige Vereinbarung EBRG 56; Regeltatbestand EBRG 36; Schulungsanspruch EBRG 73; Schutzvorschriften EBRG 72; Übergangsmandat während Verhandlungen EBRG 84 f.; Unterrichtungs- und Anhörungsrechte EBRG 65 ff.; Verschwiegenheit EBRG 64; Wechsel der zentralen Leitung in einen anderen Staat EBRG 79 f.; Wegfall der gesetzlichen Grundlagen EBRG 86; wesentliche Strukturänderung EBRG 75 ff.; Zusammensetzung EBRG 58; *siehe auch „Europäische Betriebsräte"*

Europäische Gesellschaft SEBG 2; Eintragung SEBG 5; gesellschaftsrechtliche Grundlagen SEBG 3 ff.; Gründung SEBG 4; Holding SEBG 4; örtliche Zuständigkeit im Beschlussverfahren ArbGG 82 6a; Tochter SEBG 4; Umwandlung SEBG 4; Unternehmensmitbestimmung wenn Konzernspitze MitbestG 5 15; *siehe dort*, „Beteiligungsrechte in einer Europäischen Gesellschaft"

Europäisches Arbeitsrecht AEUV Vorb. 1 ff., BGB Vor 611 135 ff.; Altersgrenzen TzBfG 14 72; Arbeitnehmer-Entsendegesetz AEntG Vorb. 7 ff.; arbeits- und tarifvertragliche Mehrurlaubsansprüche BUrlG 7 74d; Arbeitskampf GG 9 153 ff., 356 ff.; Arbeitsvölkerrecht AEUV Vorb. 2 ff.; Beitrittsländer AEUV Vorb. 5; Bereitschaftsdienst ArbZG 2 5; Beteiligung der Arbeitnehmer in wirtschaftlichen Angelegenheiten BetrVG 106 6 f.; Diskriminierungsverbot (EU) *siehe dort;* EG-Grundfreiheiten und Arbeitskampf GG 9 356 ff.; Einzelregelungen BGB Vor 611 138 ff.; Entgeltgleichheit (EU) *siehe dort;* Europäische Betriebsräte *siehe dort;* Europäische Sozialcharta und Arbeitskampf GG 9 261 f.; Europarechtswidrigkeit nationaler Regelungen BGB Vor 611 137a; Freizügigkeit der Arbeitnehmer *siehe dort*; gerichtliche Durchsetzung AEUV Vorb. 30 f.; Gleichbehandlungsgrundsatz (EU) *siehe dort*; internationaler Tarifvertrag, Arbeitskampf GG 9 364 f.; Kollektivarbeitsrecht BGB Vor 611 141; Kollision AEUV Vorb. 27 f.; Nachweis-Richtlinie NachwG Vorb. 7 ff.; primäres Gemeinschaftsrecht AEUV Vorb. 6 ff.; Richtlinien AEUV Vorb. 13 ff.; sekundäres EU-Recht AEUV Vorb. 9 ff.; Tarifverträge TVG Einl. 14; tarifvertragliche Arbeitszeitregelungen ArbZG 25 3; Urlaubsanspruch bei Krankheit über Übertragungszeitraum hinaus BUrlG 7 74a ff.; Verordnungen AEUV Vorb. 11 f.; Versicherungsfreiheit geringfügig Beschäftigter SGB IV 8 3; Vertrag von Lissabon AEUV Vorb. 7; völkerrechtliche Verträge AEUV Vorb. 24 f.; Vorrang AEUV Vorb. 27 ff.

Fachausschüsse, Aufgaben BetrVG 28 6 f.; Betriebsrat BetrVG 28 1 ff.; Errichtung BetrVG 28 2, 4; Inhalt und Zweck BetrVG 28 1; Stellung BetrVG 28 5; Streitigkeiten BetrVG 28 12

Fahrerlaubnisentziehung/Fahrverbot, außerordentliche Kündigung BGB 626 202 ff.; personenbedingter Kündigungsgrund KSchG 1 130

Fahrtkosten, Betriebsversammlung BetrVG 44 30 ff.; Werbungskosten EStG 19/38 69

Faktisches Arbeitsverhältnis KSchG Vor 1 44, KSchG 1 43; nach Anfechtung BGB 119 15 ff.; Leiharbeitsvertrag AÜG 9 9 f.

Fälligkeit der Vergütung BGB 614 1 ff., HGB 64 1 ff.; Abdingbarkeit BGB 614 4 f.; AGB-Kontrolle BGB Anh. zu 305–310 16; arbeitsrechtliche Sonderregeln BGB 614 6 f.; Urlaubsentgelt BUrlG 11 54 f.; Zahlungszeit BGB 614 2 f.

Familiäre Mitarbeit, Arbeitsverhältnis ArbGG 5 22, BetrVG 5 24, 47; Beschäftigungsverhältnis SGB IV 7/7b 16 ff.; Beschäftigungsverhältnis bei Familien-GmbH SGB IV 7/7b 27; kein privatrechtlicher Vertrag BGB Vor 611 33 f.; Urlaubsanspruch BUrlG 2 7

Familiäre Verhältnisse, Frage des Arbeitgebers BGB 123 18; personenbedingter Kündigungsgrund KSchG 1 157

Familienpflegezeit PflegeZG 1 6; Teilzeitarbeit während ~ TzBfG 23 11a

Fehlgeschlagene Vergütungserwartung, Anwendung von § 612 Abs. 1 BGB BGB 612 11 ff.; Ausbleiben einer nachträglichen Vergütungsvereinbarung BGB 612 16; Fehlen einer Vergütungsvereinbarung BGB 612 17 ff.

Fehlzeiten, krankheitsbedingte BGB 612a 26 f.; Kürzung von Sonderzahlungen BGB 611 102 ff., BGB 612a 25 ff.; streikbedingte BGB 611 105; Tantieme BGB 611 122, 124; verhaltensbedingter Kündigungsgrund bei unentschuldigten ~ KSchG 1 251

Feiertage EFZG 2 6 ff.; Entgeltfortzahlung an Feiertagen *siehe dort;* Heimarbeiter EFZG 11 1 ff.

Feiertagsarbeit *siehe* „Sonn- und Feiertagsarbeit"

Fernauslösung BGB 611 150 ff.

Feststellungsklage ArbGG 46 13 ff.; (Nicht-) Bestehen eines Rechtsverhältnisses ArbGG 46 15 ff.; außerordentliche Kündigung BGB 626 407 f.; besondere Prozessvoraussetzungen ArbGG 46 14; Feststellungsinteresse ArbGG 46 18 f.; Kündigungsschutzklage KSchG 4 10 f.; Urlaubsanspruch BUrlG 7 60

Finanzgerichtsbarkeit, Rechtsweg, Abgrenzung ArbGG 2 27

Firmenfahrzeug *siehe* „Dienstwagen"

Firmentarifvertrag TVG 1 7, TVG 2 26 ff.; Arbeitgeber TVG 3 14; Aussperrung GG 9 231 ff.; Berufsfreiheit GG 12 28; Streik GG 9 189; Tarifzuständigkeit TVG 2 43; Umwandlung TVG 3 47

Flexi-Konten, längere Freistellung und Beschäftigungsverhältnis SGB IV 7/7b 47a

Fluglizenz, personenbedingter Kündigungsgrund KSchG 1 131

Förderung eines Geschlechts GG 3 87 ff.; positive Diskriminierung – EU AEUV 157 54 ff.; Quotenregelungen GG 3 88 ff.; Teilzeitbeschäftigung für Frauen TzBfG 23 13

Forderungsübergang bei Dritthaftung (EFZG) EFZG 6 1 ff.; Arbeitskollegen EFZG 6 9; Auskunftspflicht des Arbeitnehmers EFZG 6 16; Dritter als Schädiger EFZG 6 7 ff.; Familienangehörige EFZG 6 8; gesetzlicher Schadensersatzanspruch wegen des Verdienstausfalls EFZG 6 4 ff.; konkurrierende Forderungsübergänge EFZG 6 18 f.; Maßnahmen der medizinischen Vorsorge und Rehabilitation EFZG 9 29; Nachteilsverbot EFZG 6 17; Umfang EFZG 6 10 ff.; Zeitpunkt EFZG 6 15

Forderungsübergang bei Dritthaftung (SGB X) SGB X 116 1 ff.; unter auflösender Bedingung SGB X 116 32; Auskunftsanspruch SGB X 116 40; Befriedigungsvorrecht SGB X 116 63 ff.; Beiträge SGB X 116 14; Beitragsregress SGB X 116 44 ff.; Bestattungskosten SGB X 116 15; Einbeziehung der Bundesagentur für Arbeit SGB X 116 90; Einziehungsermächtigung bei Sozialhilfeansprüchen SGB X 116 39; entgangene Dienste SGB X 116 16; Erfassung von Beiträgen SGB X 116 44 ff.; Erwerbsschäden SGB X 116 17; Familienprivileg SGB X 116 67 ff.; fehlender Antrag SGB X 116 34; Geltungsbereich SGB X 116 3 f.; gesetzliche Änderungen des Sozialleistungsanspruchs SGB X 116 35; gesetzliche Schadensersatzansprüche SGB X 116 7 ff.; gesetzlicher Anspruchsübergang SGB X 116 28; grenzüberschreitende Sachverhalte SGB X 116 91 ff.; Heilungs- und Pflegekosten SGB X 116 19; Kongruenz von Schadensersatz- und Leistungsgegenstand SGB X 116 11 ff.; Kosten der Rechtsverfolgung **SGB X** 116 20; Leistungsverpflichtung des Trägers **SGB X** 116 2; Mitverschulden/Mitverantwortung **SGB X** 116 53ff.; Möglichkeit eines (künftigen) Sozialleistungsanspruchs **SGB X** 116 31f.; neuer Gläubiger **SGB X** 116 6; pauschalierter Mindestersatz **SGB X** 116 81ff.; Pauschalierungsvereinbarungen **SGB X** 116 85ff.; personelle Kongruenz **SGB X** 116 12; Quotenvorrecht für fehlende Mehrbelastung des Trägers **SGB X** 116 65f.; Quotenvorrecht bei gesetzlicher Anspruchsbegrenzung **SGB X** 116 51f.; Regress bei Ersatzleistung an den Geschädigten **SGB X** 116 76f.; Rentensicherungsbeiträge **SGB X** 116 50; sachliche Kongruenz **SGB X** 116 13ff.; Sachschäden **SGB X** 116 21; Schadensersatzanspruch dem Grunde nach **SGB X** 116 30; Schadensersatzansprüche **SGB X** 116 7ff.; Schadensersatzumfang, sozialrechtliche Sonderregeln **SGB X** 116 9; Schmerzensgeld **SGB X** 116 22; Sozialleistungsansprüche **SGB X** 116 10; Umfang **SGB X** 116 26f.; unfallversicherungsrechtliche Haftungsbeschränkungen **SGB X** 116 4; Unterhaltsschäden **SGB X** 116 23; Verfügungen über den Schadensersatzanspruch **SGB X** 116 36ff.; Verjährung **SGB X** 116 41f.; vermehrte Bedürfnisse **SGB X** 116 24; Verzicht **SGB X** 116 34; weitere Schädiger und Haftungsbeschränkung gemäß § 104 **SGB VII SGB VII** 104 9; zeitliche Kongruenz **SGB X** 116 25; Zeitpunkt **SGB X** 116 29ff.; Zuständigkeit **SGB X** 116 43

Formulararbeitsvertrag siehe „AGB-Kontrolle"

Formvorschriften siehe „Schriftform"

Fort- und Ausbildungskosten, angemessene Gegenleistung **BGB** 611 465f.; arbeitgeberseitige Kündigung **BGB** 611 471; arbeitnehmerseitige Kündigung **BGB** 611 470; Bindungsdauer **BGB** 611 468; Bindungsintensität **BGB** 611 467ff.; Höhe der Rückzahlungslast **BGB** 611 469; Inhaltskontrolle von Rückzahlungsklauseln **BGB Anh. zu** 305–310 44ff., **BGB** 611 460ff.; Rückzahlungsklauseln **BGB** 611 460ff.; Rückzahlungstatbestand **BGB** 611 470ff.; Transparenzgebot **BGB** 611 471a; Zeitpunkt der Rückzahlungsvereinbarung **BGB** 611 472

Fortbildung, berufliche BBiG 1 5; statt betriebsbedingter Kündigung **KSchG** 1 280

Fortsetzungserkrankung EFZG 3 85ff., 98ff.; Arbeitsunfähigkeitsanzeige **EFZG** 5 8

Frachtführer, Arbeitnehmer oder freier Mitarbeiter **BGB Vor** 611 89ff.

Fragerecht des Arbeitgebers BGB 123 3ff.; Berücksichtigung nicht erfragten Wissen **BGB** 123 34a; Datenschutz **BDSG Vorb.** 97, **BGB** 123 30f.; einzelne Fragen **BGB** 123 9ff.; Falschbeantwortung **BGB** 123 8; geringfügige Beschäftigung, weitere **SGB IV** 8 25; Grenzen **BGB** 123 6ff.; Umfang **BGB** 123 6ff.

Franchising BGB Vor 611 17; Arbeitnehmerbegriff **BetrVG** 5 25; Urlaubsanspruch **BUrlG** 2 7

Frauenförderung siehe „Förderung eines Geschlechts"

Freibeweis ArbGG 58 8

Freie Berufe, Arbeitnehmerstatus **BGB Vor** 611 71ff.; Mandantschutzklauseln **HGB** 74 53; Mandantenübernahmeklauseln **HGB** 74 54

Freie Mitarbeiter, Arbeitnehmerbegriff **BetrVG** 5 26; Betriebsübergang **BGB** 613a 226; Kündigungsfrist **BGB** 621 16; nachvertragliches Wettbewerbsverbot **HGB** 74 9f.; siehe auch „Dienstvertrag"

Freischichtmodelle, Entgeltfortzahlung an Feiertagen **EFZG** 2 19; Urlaub **BUrlG** 3 23f.; Urlaubsentgelt **BUrlG** 11 40

Freistellung von Betriebsratsmitgliedern BetrVG 38 1ff.; Abberufung **BetrVG** 38 24; Abmeldung **BetrVG** 38 27; anderweitige Regelungen **BetrVG** 38 12f.; Anwesenheitspflicht **BetrVG** 38 26; Anzahl der Freistellungen **BetrVG** 38 3ff.; Bemessungsgrundlage **BetrVG** 38 4; Dauer **BetrVG** 38 23; Diskriminierungsschutz **BetrVG** 38 32ff.; Einigungsstellenverfahren **BetrVG** 38 19ff.; Entgeltfortzahlung **BetrVG** 38 29; Gesamtbetriebsrat **BetrVG** 51 8; Lohnausfallprinzip **BetrVG** 38 29; Maßnahmen der Berufsbildung **BetrVG** 38 34; Nachholung beruflicher Entwicklung **BetrVG** 38 35; Rechtsstellung **BetrVG** 38 26f.; Streitigkeiten **BetrVG** 38 36ff.; Teilfreistellungen **BetrVG** 38 6ff.; Verfahren **BetrVG** 38 16; Wahl **BetrVG** 38 16f.; zeitweilige Verhinderung **BetrVG** 38 15; zusätzliche **BetrVG** 38 9f.; siehe auch „Arbeitsbefreiung wegen Betriebsratstätigkeit"

Freistellung/Suspendierung BGB 611 172ff.; Abgrenzung zum Urlaubsanspruch **BUrlG** 1 10ff.; AGB-Kontrolle bei Freistellungsklausel **BGB Anh. zu** 305–310 18; Aufhebungsvertrag **KSchG Anh.** 9 39aff.; Ausbildungsvergütung, Fortzahlung **BBiG** 19 1ff.; außerordentliche Kündigung, Abgrenzung **BGB** 626 34f.; Berufsschulunterricht **BBiG** 15 1ff., **JArbSchG** 9 1; Beschäftigungsverhältnis **SGB IV** 7/7b 36f.; Dienstvertrag **BGB** 620 22; einseitige **BGB** 611 173f.; Freizeit zur Stellungssuche siehe dort; Jugend- und Auszubildendenvertretung **BetrVG** 65 26; bei Kündigung **KSchG** 1 177; Kündigung nicht beinhaltend **KSchG** 1 47; für Prüfungen des Auszubildenden **BBiG** 15 1ff.; für Prüfungen von Jugendlichen **JArbSchG** 10 1f.; bei Schwangerschaft und Mutterschaft **MuSchG** 16 1ff.; sozialversicherungsrechtliche Auswirkungen **KSchG Anh.** 9 39b; unwiderrufliche Freistellung und Beschäftigungsverhältnis **SGB IV** 7/7b 31a; vereinbarte **BGB** 611 175ff.; keine Versetzung i.S. des § 99 **BetrVG BetrVG** 99 41; Wettbewerbsverbot, nachvertragliches **HGB** 74 61; siehe auch „Arbeitsbefreiung wegen Betriebsratstätigkeit"

Freiwillige Betriebsvereinbarung BetrVG 88 1ff.; Errichtung von Sozialeinrichtungen **BetrVG** 88 17f.; Förderung der Vermögensbildung **BetrVG** 88 19ff.; Grenzen der Mitbestimmung **BetrVG** 88 5ff.; zu Lasten der Arbeitnehmer **BetrVG** 88 8f.; Maßnahmen zur Bekämpfung von Rassismus und Fremdenfeindlichkeit **BetrVG** 88 24ff.; Maßnahmen des betrieblichen Umweltschutzes **BetrVG** 88 14ff.; Maßnahmen zur Integration ausländischer Arbeitnehmer **BetrVG** 88 24ff.; mögliche Regelungsgegenstände **BetrVG** 88 3ff.; keine Nachwirkung **BetrVG** 88 11; Streitigkeiten **BetrVG** 88 27f.; Verhütung von Arbeitsunfällen und Gesundheitsschädigung **BetrVG** 88 12f.; Zustandekommen/Wirkung/Kündigung **BetrVG** 88 10

Freiwilliges soziales/ökologisches Jahr, Rechtswegzuständigkeit **ArbGG** 2 109f.

Freiwilligkeitsvorbehalt BGB 611 503ff.; AGB-Kontrolle **BGB Anh. zu** 305–310 36ff., **BGB** 611 503ff.

Freizeit zur Stellungssuche BGB 629 1ff.; Abdingbarkeit **BGB** 629 10; Anspruchsvoraussetzungen **BGB** 629 2ff.; Darlegungs- und Beweislast **BGB** 629 11; Dauer **BGB** 629 5; dauerndes Dienstverhältnis **BGB** 629 2; Durchsetzung **BGB** 629 9; Kündigung **BGB** 629 3; Normzweck **BGB** 629 1; Rechtsfolgen **BGB** 629 5; Vergütungsanspruch **BGB** 629 6ff.; Verlangen **BGB** 629 4

Freizügigkeit der Arbeitnehmer AEUV 45 1ff.; Arbeitgeber **AEUV** 45 19; Arbeitnehmereigenschaft **AEUV** 45 13ff.; Arbeitslosigkeit **AEUV** 45 28; Aufenthalt **AEUV** 45 24, 26ff.; Ausreise **AEUV** 45 24f.; Ausscheiden aus dem Arbeitsleben **AEUV** 45 29; Ausübung Arbeitsverhältnis **AEUV** 45 26; Berechtigte **AEUV** 45 4ff.; Beschränkungsverbote (EuGH) **AEUV** 45 45ff.; Diskriminierung, unmittel-

bare/mittelbare **AEUV 45** 40 ff.; Drittstaatsangehörige **AEUV 45** 7 ff.; Einreise **AEUV 45** 24, 26; Familienangehörige **AEUV 45** 12; gemeinschaftsrechtlicher Bezug **AEUV 45** 22; Gleichbehandlung **AEUV 45** 38 ff.; Inländerdiskriminierung **AEUV 45** 44; Koalitionsfreiheit **GG 9** 16; Normzweck **AEUV 45** 1a; öffentliche Verwaltung **AEUV 45** 23; räumlicher Anwendungsbereich **AEUV 45** 21; Rechtsgrundlagen **AEUV 45** 2 f.; Stellensuche **AEUV 45** 27; Unionsbürger **AEUV 45** 5 f.; Verpflichtete **AEUV 45** 20; Vorbehalt der öffentlichen Ordnung, Sicherheit, Gesundheit **AEUV 45** 30 ff.; Zugang zur Beschäftigung **AEUV 45** 33 ff.
Fremdpersonal BetrVG 5 27
Friedenspflicht TVG 1 64 ff.; absolute **TVG 1** 68 f.; Arbeitskampf **GG 9** 285, 324; Betriebspartner **BetrVG 74** 9 ff.; Betriebsversammlung **BetrVG 45** 16 f.; relative **TVG 1** 67; Sprecherausschuss **SprAuG 2** 16 f.; Verbot von Arbeitskampfmaßnahmen **BetrVG 74** 10 ff.
Fristlose Kündigung *siehe* „Außerordentliche Kündigung"
Fürsorgepflicht BGB 611 241, 280 ff.; leidensgerechter Arbeitsplatz **BGB 611** 282

Gaststätten, Ruhezeit **ArbZG 5** 3
Gebrauchsüberlassung, Arbeitnehmerüberlassungsvertrag, Abgrenzung **AÜG 1** 29
Gefährliche Arbeiten, Arbeitszeit **ArbZG 8** 1 ff.; Jugendliche **JArbSchG 22** 1 ff.; Verordnungen **ArbZG 8** 2 ff.
Gefälligkeitsverhältnis BGB 612 18
Gegnerunabhängigkeit, Koalition **TVG 2** 9 ff.
Geheimhaltungspflicht der Betriebsverfassungsorgane BetrVG 79 1 ff.; ausdrückliche Geheimhaltungserklärung **BetrVG 79** 6 f.; Ausnahmen **BetrVG 79** 10 ff.; Betriebs- oder Geschäftsgeheimnisse **BetrVG 79** 4 f.; Betriebsrat **BetrVG 80** 101; Dauer **BetrVG 79** 9; Kenntniserlangung **BetrVG 79** 8; Kündigungsanhörung **BetrVG 102** 54; personelle Einzelmaßnahmen **BetrVG 99** 60 f.; persönliche Arbeitnehmerdaten **BetrVG 79** 15; Rechtsfolgen **BetrVG 79** 13; sonstige Schweige- und Geheimhaltungspflichten **BetrVG 79** 14 ff.; Straftat: Verletzung der Verschwiegenheitspflicht **BetrVG 120** 1 ff.; Streitigkeiten **BetrVG 79** 27; Unterlassungsansprüche **BetrVG 79** 24; Verletzung **BetrVG 79** 22 ff.; verpflichteter Personenkreis **BetrVG 79** 2 f.; Wirtschaftsausschuss **BetrVG 107** 37 f.
Geltungsbereich des Tarifvertrags TVG 4 15 ff.; Branche **TVG 4** 17 ff.; fachlicher **TVG 4** 20; gemeinsame Einrichtungen **TVG 4** 25 ff.; persönlicher ieS **TVG 4** 21 ff.; räumlicher **TVG 4** 16; Tarifbindung, Abgrenzung **TVG 4** 22; zeitlicher **TVG 4** 24
Gemeinsame Ausschüsse BetrVG 28 8 ff.; selbständige Entscheidungen **BetrVG 28** 11; Streitigkeiten **BetrVG 28** 12
Gemeinschaftsbetrieb BetrVG 1 13 ff., **KSchG 23** 6; Auflösung **BetrVG 1** 27, **UmwG 322** 10; Betriebsübergang **BGB 613a** 50; fehlende Organisationsänderung nach Betriebsteilübertragung **BetrVG 1** 18 ff.; Führungsvereinbarung **BetrVG 1** 15; Gesamtbetriebsrat **BetrVG 47** 27 ff.; gesetzliche Kennzeichnung **BGB 611** 201; Indizien **BetrVG 1** 16; Passivlegitimation **BetrVG 1** 28; Rechtsfolge **BetrVG 1** 25; Schwellenwert für Beteiligungsrecht bei Betriebsänderung **BetrVG 111** 16; Spaltung/Teilübertragung **UmwG 322** 1 ff.; übergreifender Leitungsapparat **BetrVG 1** 14; Unternehmensmitbestimmung **MitbestG 1** 11; Vermutung **BetrVG 1** 17 ff.; Widerlegung der gesetzlichen Vermutung

BetrVG 1 24; Wirtschaftsausschuss **BetrVG 106** 27 f.; Zusammenarbeit der beteiligten Rechtsträger **BetrVG 1** 17
Genetische Analysen, Bewerber **BGB 611** 15 f.; Datenschutz **BDSG Vorb.** 97a
Genetische Veranlagung, Frage des Arbeitgebers **BGB 123** 22
Genossenschaft, Arbeitsleistung auf Grund Mitgliedschaft **BGB Vor 611** 37
Gerichtsgebühren ArbGG 12 2 ff.; Arbeitsgericht **ArbGG 12** 3; Arrest **ArbGG 12** 5; Bundesarbeitsgericht **ArbGG 12** 4; einstweilige Verfügung **ArbGG 12** 5; Fälligkeit **ArbGG 12** 8 ff.; Kostenschuldner **ArbGG 12** 11 f.; Landesarbeitsgericht **ArbGG 12** 4; Verweisungskosten **ArbGG 48** 65
Gerichtsstand *siehe* „Örtliche Zuständigkeit"
Geringfügig Beschäftigte SGB IV 8 1 ff.; Arbeitnehmerbegriff **BetrVG 5** 28; keine berufsmäßige Ausübung **SGB IV 8** 14 f.; Dauerbeschäftigung **SGB IV 8** 6; Feststellungslast **SGB IV 8** 23; Fragerecht **SGB IV 8** 25; geringfügige Entlohnung **SGB IV 8** 6 ff.; Gleitzone **SGB IV 8** 28; Hinweis auf Rentenversicherungsoption **NachwG 2** 46; kurzfristige Beschäftigung **SGB IV 8** 10 f.; Nachweis wesentlicher Vertragsbedingungen **NachwG 1** 6; Privathaushalte **SGB IV 8** 16; Rechtsfolgen **SGB IV 8** 27 f.; regelmäßiges Arbeitsentgelt **SGB IV 8** 7 ff.; Risiken für Arbeitgeber **SGB IV 8** 24 f.; selbständige Tätigkeit **SGB IV 8** 26; Teilzeitbeschäftigte **TzBfG 2** 7; Zeitgeringfügigkeitsgrenzen **SGB IV 8** 11 ff.; Zusammenrechnung **SGB IV 8** 7 ff.
Gesamtbetriebsrat BetrVG 47 1 ff.; abweichende Regelung der Mitgliederzahl **BetrVG 47** 18 ff.; Arbeitsbefreiung **BetrVG 51** 8; Ausschluss von Mitgliedern **BetrVG 48** 1 ff.; Beschlussfassung **BetrVG 51** 9 f.; Bestellung des Wirtschaftsausschusses **BetrVG 107** 20; Beteiligter **ArbGG 83** 24; Betriebsänderung **BetrVG 111** 72 ff.; Betriebsübergang **BGB 613a** 287 f.; Entsendung der Mitglieder **BetrVG 47** 14; Erlöschen der Mitgliedschaft **BetrVG 49** 1 ff.; Errichtung **BetrVG 47** 2 ff.; Ersatzmitglieder **BetrVG 47** 17, **BetrVG 51** 8; Gemeinschaftsbetrieb **BetrVG 47** 27 ff.; Gesamtbetriebsausschuss **BetrVG 51** 6; Geschäftsführung **BetrVG 51** 5 ff.; Geschäftsordnung **BetrVG 51** 8; Konstituierung **BetrVG 51** 2 ff.; Kosten **BetrVG 51** 8; Kündigungsanhörung gemäß § 102 **BetrVG BetrVG 102** 51; mehrere Betriebsräte **BetrVG 47** 6; Niederschrift **BetrVG 51** 8; obligatorische Verkleinerung **BetrVG 47** 22 ff.; Rechte und Pflichten **BetrVG 51** 11; Sitzungen **BetrVG 51** 8; Stimmengewichtung **BetrVG 47** 25 f.; Streitigkeiten zu Errichtung oder Zusammensetzung **BetrVG 47** 30; Streitigkeiten über Geschäftsführung und innere Ordnung **BetrVG 51** 12; Umstrukturierungen **BetrVG 47** 7 ff.; Umwandlung **BetrVG 47** 9 f.; Unternehmen **BetrVG 47** 2 ff.; Vorsitz **BetrVG 51** 5; weitere Ausschüsse **BetrVG 51** 7; Zahl der Mitglieder **BetrVG 47** 15; Zuständigkeit *siehe* „Gesamtbetriebsrat, Zuständigkeit"
Gesamtbetriebsrat, Zuständigkeit BetrVG 50 1 ff.; kraft Auftrags **BetrVG 50** 17 f.; betriebsratslose Betriebe **BetrVG 50** 16; fehlende betriebliche Regelungsmöglichkeit **BetrVG 50** 4 f.; kraft Gesetzes **BetrVG 50** 2 ff.; gesetzliche Zuweisung **BetrVG 50** 15; personelle Angelegenheiten **BetrVG 50** 10 f.; soziale Angelegenheiten **BetrVG 50** 8; Streitigkeiten **BetrVG 50** 19; überbetrieblicher Bezug **BetrVG 50** 3; wirtschaftliche Angelegenheiten **BetrVG 50** 12 f.; Zweifelsfälle **BetrVG 50** 6
Gesamtbetriebsvereinbarung, Betriebsübergang **BetrVG 77** 81 ff., **BGB 613a** 258 f., 260 ff.; Umstrukturierungen **BetrVG 47** 12 f.; Verhältnis zu Betriebsvereinbarung **BetrVG 77** 58

Gesamthafenbetrieb, mehrere Arbeitgeber **BGB Vor 611** 126

Gesamt-Jugend- und Auszubildendenvertretung BetrVG 72 1 ff.; Abstimmung **BetrVG 72** 11 ff.; abweichende Vereinbarungen zur Mitgliederzahl **BetrVG 72** 8 ff.; analoge Anwendung von Vorschriften **BetrVG 73** 4 ff.; Ausschluss **BetrVG 73** 15; Ausschüsse **BetrVG 73** 7, 20; Aussetzung von Beschlüssen **BetrVG 73** 22; Beschlussfassung **BetrVG 73** 19; Besprechungen **BetrVG 73** 24; bestehender Gesamtbetriebsrat **BetrVG 72** 2; Bildung **BetrVG 72** 3; Ehrenamt **BetrVG 73** 12; Ende **BetrVG 72** 4; Erlöschen der Mitgliedschaft **BetrVG 73** 16; Errichtung **BetrVG 72** 2; Ersatzmitglieder **BetrVG 72** 7, **BetrVG 73** 5; Geschäftsführung **BetrVG 73** 1 ff.; Gewerkschaftsteilnahme **BetrVG 73** 9; konstituierende Sitzung **BetrVG 73** 3, 18; Mitgliederzahl **BetrVG 72** 6 ff.; Rechte und Pflichten **BetrVG 73** 21; Rechtsstellung der Mitglieder **BetrVG 72** 5; Schulungsveranstaltungen **BetrVG 73** 12; Sitzungen **BetrVG 73** 2 f.; Streitigkeiten **BetrVG 72** 17, **BetrVG 73** 25; Teilnahme an Gesamtbetriebsratssitzungen **BetrVG 73** 23; Vorsitzender und Stellvertreter **BetrVG 73** 6; Zuständigkeit **BetrVG 73** 17

Gesamtrechtsnachfolge, kein Betriebsübergang **BGB 613a** 186

Gesamtschwerbehindertenvertretung, Teilnahme an Sitzungen des Gesamtbetriebsrates **BetrVG 52** 1 ff.

Gesamtsprecherausschuss SprAuG 19 1 ff.; Amtszeit **SprAuG 19** 7; Auftragszuständigkeit **SprAuG 19** 4 f.; Größe **SprAuG 19** 2; Stimmengewichtung **SprAuG 19** 6; überbetriebliche Angelegenheiten **SprAuG 19** 3; Zusammensetzung **SprAuG 19** 2; Zuständigkeit **SprAuG 19** 3 ff.

Gesamtzusage BGB Vor 611 149; Ablösung durch Betriebsvereinbarung **BetrVG 77** 62 ff.; betriebliche Altersversorgung **BetrAVG Vorb.** 80 f.

Geschäfts-/Rufschädigung, außerordentliche Kündigung **BGB 626** 206

Geschäftsbesorgung BGB Vor 611 11; Arbeitnehmerüberlassungsvertrag, Abgrenzung **AÜG 1** 27

Geschäftsfähigkeit BGB 611 34 ff.; erweiterte ~ des Arbeitgebers **BGB 611** 36; erweiterte ~ des Arbeitnehmers **BGB 611** 35; Nichtigkeitsfolgen, Umfang bei beschränkter ~ **BGB 611** 84

Geschäftsgeheimnis siehe „Verschwiegenheitspflicht"

Geschäftsordnung, Änderung **BetrVG 36** 6; Aufhebung **BetrVG 36** 6; Betriebsrat **BetrVG 36** 1 ff.; Erlass **BetrVG 36** 5; Europäische Betriebsräte kraft Gesetzes **EBRG** 98; Geltungsdauer **BetrVG 36** 7; Gesamtbetriebsrat **BetrVG 51** 8; Inhalt **BetrVG 36** 2 ff.; Streitigkeiten **BetrVG 36** 8

Geschäftsverteilungsplan ArbGG 48 11

Geschlecht, Diskriminierungsverbot nach GG **GG 3** 101; verbotenes Differenzierungsmerkmal **AGG 1** 4

Geschlechtsbezogene Benachteiligung BetrVG 75 10; betriebliche Altersversorgung **BetrAVG Vorb.** 94, **BetrAVG 2** 27 ff.; siehe auch „Gleichberechtigung von Frau und Mann"

Gesellschaft, Dienstleistungen für ~ **BGB Vor 611** 12 ff.

Gesellschafter, kein Arbeitnehmer **BetrVG 5** 29, **BGB Vor 611** 36; Beschäftigungsverhältnis bei GbR **SGB IV 7/7b** 20; Beschäftigungsverhältnis mitarbeitender ~ **SGB IV 7/7b** 24 f.; Beschäftigungsverhältnis bei OHG **SGB IV 7/7b** 21; Beschäftigungsverhältnis bei stillem ~ **SGB IV 7/7b** 23; Geltung des BetrAVG **BetrAVG 17** 13 f.

Gesetzesumgehung, Nichtigkeit **BGB 611** 72

Gesetzliches Verbot, Verstoß **BGB 611** 71 f., 81; Kündigung **KSchG 1** 3 24

Gestaltungsklage ArbGG 46 22

Gesundheitsschutz des Arbeitnehmers BGB 611 252 ff.; Arbeitszeitgesetz **ArbZG 1** 2 f.; freiwillige Betriebsvereinbarung **BetrVG 88** 12 f.; Zuständigkeit des Gesamtbetriebsrates **BetrVG 50** 8

Gesundheitszustand, Frage des Arbeitgebers **BGB 123** 19

Gewerkschaften, Aufgaben und Zuständigkeiten **GG 9** 96 f.; kein Aufnahmeanspruch **TVG 3** 9; Ausschluss von Mitgliedern **GG 9** 103 f., **TVG 3** 12; Beendigung der Mitgliedschaft **GG 9** 102 ff.; Beschlussverfahren bei betriebsverfassungsrechtlichen Rechten **ArbGG 2a** 14; Beteiligte **ArbGG 83** 28 ff.; Betriebsvereinbarungen, streitige **BetrVG 77** 96 ff.; Betriebsversammlung auf Antrag **BetrVG 43** 33 ff.; christliche **TVG 2** 20; Eintritt **TVG 3** 8; Ende der Mitgliedschaft **TVG 3** 10 ff.; Entsendungsrecht in Wahlvorstand **BetrVG 16** 9; Geltungsbereich des AGG **AGG 18** 1; Kostentragung Betriebsratsschulungen **BetrVG 40** 23 f.; Mitgliedschaft **GG 9** 99 ff.; mittelbare Beeinflussung der Betriebsratswahlen **BetrVG 20** 7; Parteifähigkeit **ArbGG 10** 3 f., 6, **GG 9** 94; Rechtsweg bei Mitgliedschaftsfragen **ArbGG 2** 64; Rechtsweg bei Unterlassungsanspruch **ArbGG 2** 62; rechtswidriger Streik **GG 9** 306 ff.; Satzungsautonomie **GG 9** 98; Spitzenorganisationen **TVG 2** 31 ff., **TVG 12** 1 ff.; keine Teilnahme am Monatsgespräch **BetrVG 74** 6; Teilnahme an Betriebsräteversammlung **BetrVG 53** 5; Teilnahme an Betriebsratssitzung **BetrVG 31** 1 ff.; Teilnahme an Betriebsversammlung **BetrVG 46** 1 ff.; Teilnahme an Gesamtbetriebsratssitzung **BetrVG 51** 8; Teilnahme an Sitzung der Gesamt-Jugend- und Auszubildendenvertretung **BetrVG 73** 9; Teilnahme an Sitzung der Jugend- und Auszubildendenvertretung **BetrVG 65** 10 f.; Teilnahme an Sitzung der Konzern-Jugend- und Auszubildendenvertretung **BetrVG 73b** 8 f.; Verbandsvertreter im Prozess **ArbGG 11** 9 f.; Vertretensein im Betrieb **GG 9** 95; Wahlanfechtung **BetrVG 19** 20; Wirtschaftsausschuss **BetrVG 108** 23 ff.; Zugangsrecht zum Betrieb **BetrVG 2** 11 ff.; Zusammenwirken von Arbeitgeber und Arbeitnehmer mit ~ **BetrVG 2** 7 ff.; siehe auch „Koalitionseigenschaft", „Tariffähigkeit", „Vereinigungen"

Gewerkschaftliche Betätigung BGB 611 381

Gewerkschaftszugehörigkeit, Abschlussgebot **BGB 611** 49; Differenzierungsklauseln **TVG 1** 111; Frage des Arbeitgebers **BGB 123** 14

Gewinnbeteiligung, Abgrenzung zur betrieblichen Altersversorgung **BetrAVG Vorb.** 57; Teilvergütung bei außerordentlicher Kündigung **BGB 628** 17

Gewissensgründe, Arbeitsverweigerung **BGB 611** 397, **BGB 626** 150 ff.; personenbedingter Kündigungsgrund **KSchG 1** 133

Gleichbehandlungsgrundsatz (EU) AEUV 157 37, 39 ff., **EUV 6** 6, **GG 3** 9 f.; Direktwirkung **AEUV 157** 40; Diskriminierung **AEUV 157** 45 ff.; Geschlecht als „echte Voraussetzung" **AEUV 157** 48; persönlicher Anwendungsbereich **AEUV 157** 41; Rechtsfolgen **AEUV 157** 52 f.; sachlicher Anwendungsbereich **AEUV 157** 43 f.

Gleichbehandlungsgrundsatz, arbeitsrechtlicher **BGB 611** 181 ff., **GG 3** 34 ff.; Abgrenzung **BGB 611** 183 f.; Aktienoptionen **BGB 611** 125a; Änderungskündigung **BGB 611** 214; Arbeiter/Angestellte **BGB 611** 219 ff.; Arbeitsentgelt **BGB 611** 223 ff.; Ausübung des Widerrufsrechts **BGB 611** 513; bestehendes Rechtsverhältnis **BGB 611** 192 f.; betriebliche Altersversorgung **BetrAVG Vorb.** 29 ff., 91 ff., **BGB 611** 226; Betriebsübergang **BGB 613a** 246; Betriebsvereinbarung **BGB 611** 218; Darlegungs- und Beweislast **BGB 611** 209 f., **GG 3** 55;

Diskriminierungsverbot (BetrVG) *siehe dort*; Diskriminierungsverbot (TzBfG) *siehe dort*; EG *siehe* „Gleichbehandlungsgrundsatz (EU)"; Geltung **BGB 611** 181; Geltungsbereich **BGB 611** 185 ff.; Gewerkschaftsmitglieder/Außenseiter **GG 3** 36; Gewohnheitsrecht **GG 3** 34; Herkunft **BGB 611** 181; Inhalt **BGB 611** 182; kollektiver Bezug einer Maßnahme **BGB 611** 186 ff.; Konzern **GG 3** 38; Kündigung **BGB 626** 305 f.; Kündigungsschutz **KSchG 1** 71; Leiharbeitnehmer, Gleichstellungsgebot **AÜG 3** 28 ff., **AÜG 10** 28 ff.; Rechtfertigungsgründe einer Ungleichbehandlung **BGB 611** 202 ff.; Rechtsfolgen des Verstoßes **BGB 611** 211 ff., **GG 3** 37; rückwirkende Gleichstellung **BGB 611** 215; Schadensersatzanspruch **BGB 611** 213; Sonderzahlungen **BGB 611** 225; Sozialplan **BetrVG 112** 47 ff., 57; Sozialplanabfindung **BGB 611** 227; Stichtagsregelungen **BGB 611** 208; Tarifvertrag **BGB 611** 217; Unternehmensbezug **GG 3** 38; Vergleichsgruppe **BGB 611** 196 ff.; *siehe auch* „Allgemeines Gleichbehandlungsgesetz"

Gleichberechtigung von Frau und Mann GG 3 64 ff.; Abgrenzung **GG 3** 64 ff.; Beeinträchtigung **GG 3** 70 ff.; Beweislast bei Ungleichbehandlung **GG 3** 78; Entgeltgleichheit **GG 3** 80, 82; Förderung durch Betriebsrat **BetrVG 80** 25 ff.; Gleichstellung **GG 3** 79 ff.; individuelle Auswahlentscheidungen **GG 3** 77; mittelbare Diskriminierung **GG 3** 74 ff.; Schutzbereich **GG 3** 67; Teilzeitarbeit **GG 3** 84 ff.; unmittelbare Diskriminierung **GG 3** 71 ff.; unmittelbare Geltung **GG 3** 68; *siehe auch* „Förderung eines Geschlechts"

Gleichheitssatz GG 3 1 ff.; Adressaten **GG 3** 4 ff.; Arbeitsverträge **GG 3** 34 ff.; Auslegung von Normen **GG 3** 23; Ausstrahlungswirkung **GG 3** 5; Berufung auf Differenzierungsgründe **GG 3** 50 ff.; Beschäftigungsgruppen **GG 3** 16; Betriebsvereinbarungen **GG 3** 32 f.; Differenzierungsgrund **GG 3** 43 ff.; Differenzierungsgründe bei Tarifverträgen **GG 3** 53 f.; EU-Recht *siehe* „Diskriminierungsverbot (EU)"; „Gleichbehandlungsgrundsatz (EU)"; Funktion **GG 3** 2; geringfügige Beschäftigung **SGB IV 8** 4; Gesetzgebung **GG 3** 12 ff.; Gleichbehandlungsgrundsatz, arbeitsrechtlicher *siehe dort*; Gleichberechtigung von Frau und Mann *siehe dort*; gleichheitswidrige Gesetze **GG 3** 56 ff.; gleichheitswidrige Tarifverträge **GG 3** 61 ff.; Grundrechtsträger **GG 3** 7; Konkurrenzen **GG 3** 8; „neue Formel" des BVerfG **GG 3** 41 f.; Normzweck **GG 3** 1; Rechtsprechung: Beachtung des ~es **GG 3** 24 f.; sachlicher Grund für Ungleichbehandlung **GG 3** 39 ff.; Schutzbereich **GG 3** 3; Stichtagsregelungen **GG 3** 49; Tarifverträge **GG 3** 27 ff.; Typisierung **GG 3** 46 ff.; Vergleichsgruppen **GG 3** 40; Verwaltung: Beachtung des ~es **GG 3** 26; Willkürverbot **GG 3** 41 f.; *siehe auch* „Diskriminierungsverbot (GG)"

Gleichstellungsabrede BGB 613a 278 f., **TVG 3** 24 ff.; Entgeltfortzahlung im Krankheitsfall **EFZG 4** 50; Klauselvorschläge **TVG 3** 32 b f.; Wegfall des geltenden Tarifvertrags **TVG 3** 30; *siehe auch* „Bezugnahmeklauseln auf Tarifverträge"

Gleichwohlgewährung SGB III 157 19 ff.; Abfindungsanspruch **SGB III 158** 42 ff.; Anspruchsübergang auf Bundesagentur für Arbeit **SGB III 157** 23 ff.; Erstattung durch den Arbeitnehmer **SGB III 157** 26 ff.; Kurzarbeitergeld bei Arbeitskampf **SGB III 100** 3

Gleitende Arbeitszeit, Annahmeverzug des Arbeitgebers **BGB 615** 13; vorübergehende Verhinderung **BGB 616** 9

GmbH, Beschäftigungsverhältnis mitarbeitender Gesellschafter **SGB IV 7/7b** 24 ff.; Zeugnis bei Löschung **GewO 109** 11

GmbH & Co. KG, Geltung des BetrAVG **BetrAVG 17** 16 f.

GmbH-Geschäftsführer, Anstellungsvertrag **BGB Vor 611** 94 f., 97 f.; kein Arbeitnehmer **ArbGG 5** 14, 16; Beschäftigungsverhältnis **SGB IV 7/7b** 24 ff.; Dienstvertrag als Aufhebung des Arbeitsverhältnisses **KSchG Anh. 9** 9 ff.; Geltung des AGG **AGG 2** 5, **AGG 6** 7; Kündigungsfrist **BGB 621** 11 ff., **BGB 622** 28; nachvertragliches Wettbewerbsverbot **HGB 74** 9 f.; Rechtswegzuständigkeit **ArbGG 2** 138 ff.; Schriftform des Dienstvertrags und Aufhebung des Arbeitsverhältnisses **BGB 623** 21a; Übergang Arbeitsverhältnis zum Anstellungsverhältnis **BGB Vor 611** 100 f.; Widerruf der Organstellung/Kündigung **BGB 626** 27 ff.

Graphologische Gutachten BGB 611 21
Gratifikation *siehe* „Sonderzahlungen"
Greifbare Gesetzwidrigkeit, außerordentliche Beschwerde **ArbGG 78** 32 f.
Großer Senat ArbGG 45 1 ff.; Divergenzvorlage **ArbGG 45** 4 ff.; Grundsatzvorlage **ArbGG 45** 9 ff.; Verfahren **ArbGG 45** 12 f.; Wirkung der Entscheidung **ArbGG 45** 14; Zusammensetzung **ArbGG 45** 2; Zuständigkeit **ArbGG 45** 3 ff.
Grundrechte, Charta der ~ **EUV Art. 6** 8 ff.; europäische **EUV Art. 6** 1 ff.; Europäische Menschenrechtskonvention **EUV Art. 6** 13 f.; und Kündigungsschutzrecht **KSchG Vor 1** 7 ff.; mittelbare Drittwirkung **GewO 106** 125 ff.; Tarifverträge, Grundrechtsbindung **TVG Einl.** 15 ff.; *siehe auch* „Berufsfreiheit", „Eigentumsgarantie", „Gleichheitssatz", „Koalitionsfreiheit", „Vereinigungsfreiheit"
Grundsicherung, Arbeitskampf **GG 9** 330
Gruppenarbeitsverhältnis BGB Vor 611 121 ff.; Eigengruppe **BGB Vor 611** 121, 123 f.; Kündigungsschutz **KSchG 1** 6; Rechtswegzuständigkeit **ArbGG 2** 115; Schlechtleistung **BGB 619a** 45
Günstigkeitsprinzip BGB 611 519 ff., **GG 9** 118 ff., **TVG 4** 34 ff.; Ablöseprinzip **BGB 611** 528 ff.; Ablösung des alten Tarifvertrags durch neuen Tarifvertrag des Erwerbers **TVG 4** 42a; Arbeitszeit **TVG 4** 36a; kollektives **BGB 611** 522 ff.; Kündigungsfristen **BGB 622** 104 ff.; Sprechervereinbarungen **SprAuG 28** 12; urlaubsrechtliche Regelung **BUrlG 13** 11 ff.; Vergleichsgegenstand **TVG 4** 36 f.; Vergleichsmethode **TVG 4** 37 ff.
Güterichter ArbGG 64 54a
Güterichterverhandlung ArbGG 54 3, 50 ff.; Aufgaben des Güterichters **ArbGG 54** 51 f.; Öffentlichkeit **ArbGG 54** 52
Güteverhandlung ArbGG 54 1 ff.; Ablauf **ArbGG 54** 22 ff.; Antragstellung **ArbGG 54** 26; im Beschlussverfahren **ArbGG 80** 8; Dispositionsmöglichkeiten der Parteien **ArbGG 54** 28 ff.; einstweilige Verfügung/Arrest **ArbGG 54** 1; Ergebnis **ArbGG 54** 39; Erörterung **ArbGG 54** 22 ff.; gewillkürter Parteiwechsel **ArbGG 54** 10; Mahnverfahren **ArbGG 54** 7; obligatorisches Verfahren **ArbGG 54** 6 ff.; Protokollierung **ArbGG 54** 49; Sachverhaltsaufklärung **ArbGG 54** 25; Säumnis beider Parteien **ArbGG 54** 42 ff.; Säumnis einer Partei **ArbGG 54** 40; schriftliches Vorverfahren, Ausschluss **ArbGG 47** 13; Veränderungen des Streitgegenstands **ArbGG 54** 9; Verfahren nach ergebnisloser ~ **ArbGG 54** 45 ff.; Verfahrensgrundsätze **ArbGG 54** 4 ff.; Verhandlung vor dem Vorsitzenden **ArbGG 54** 5; Verweisung wegen örtlicher Unzuständigkeit **ArbGG 54** 8; Vorbereitung **ArbGG 54** 20; Vorbringen von Angriffs- und Verteidigungsmitteln **ArbGG 54** 27; weitere **ArbGG 54** 16 ff.; *siehe auch* „Güterichterverhandlung"

Haftung des Arbeitgebers *siehe* „Arbeitgeberhaftung"; des Arbeitnehmers *siehe* „Arbeitnehmerhaftung"

Haftungsausschluss bei Arbeitsunfall BGB 619a 57, SGB VII Vor 104–113 1 ff.; Anrechnung bei Vorsatz und Wegeunfall SGB VII 104 14; Ansprüche SGB VII 104 6; belastete Personen SGB VII 104 2 ff.; betrieblich Tätige SGB VII 105 1 ff.; betriebliche Tätigkeit SGB VII 105 4; Bindung der Gerichte SGB VII 108 1 ff., SGB VII 112 1; Darlegungs- und Beweislast SGB VII 104 16; derselbe Betrieb SGB VII 105 6; Entgeltfortzahlung und Dritthaftung EFZG 6 9; Feststellungsberechtigung SGB VII 109 1 f.; Finanzierungsargument SGB VII Vor 104–113 3; und Forderungsübergang bei Dritthaftung SGB X 116 4; Friedensargument SGB VII Vor 104–113 3; gemeinsame Betriebsstätte SGB VII 106 15; geschädigte nicht versicherte Unternehmer SGB VII 105 10 f.; grenzüberschreitende Sachverhalte SGB VII 104 15; haftende Personen bei Regress SGB VII 110 2; Haftungsersetzungsprinzip SGB VII Vor 104–113 1, 4; Mitunternehmer SGB VII 104 1a; Nachteile SGB VII Vor 104–113 4; Personenschäden SGB VII 104 6; Pflegebedürftige, Pflegepersonen SGB VII 106 5; privilegierte Personen SGB VII Vor 104–113 2; Regress bei Schwarzarbeit SGB VII 110 8 ff.; Regress des Sozialversicherungsträgers SGB VII 110 1 ff.; Regressumfang SGB VII 110 5 ff.; Regressverzicht SGB VII 110 14; Schädiger als Organe/gesetzliche Vertreter SGB VII 111 1 ff.; Schädigung der Leibesfrucht SGB VII 104 13; Seefahrt SGB VII 107 1; sozialpolitische Begründung SGB VII Vor 104–113 3; Tageseinrichtungen, Schulen, Studierende usw. SGB VII 106 2 ff.; kein Übergang gemäß § 116 SGB X SGB VII 104 12; Unfallverursacher SGB VII 105 3; Unternehmensbesucher SGB VII 106 16; Unternehmer SGB VII 104 1; Unternehmer bei gemeinsamer Betriebsstätte SGB VII 106 10 ff.; Verfahrensaussetzung SGB VII 108 8; Verfassungswidrigkeit von § 105 Abs. 2 SGB VII SGB VII 105 12; Verjährung des Regressanspruchs SGB VII 113 1 ff.; Verschulden bei Regress SGB VII 110 4; Versicherte nach § 106 SGB VII SGB VII 106 1 ff.; nicht versicherte Unternehmer SGB VII 105 2, 8.; versicherte Unternehmer SGB VII 105 9; Versicherungsfall SGB VII 104 5; Vorsatz SGB VII 104 10; Vorteile SGB VII Vor 104–113 4; vorübergehende betriebliche Tätigkeit auf gemeinsamer Betriebsstätte SGB VII 106 8 ff.; vorübergehende Tätigkeit SGB VII 106 14; Wegeunfall SGB VII 104 11; weitere Schädiger SGB VII 104 7 ff.; „Wie"-Beschäftigte SGB VII 104 3; Zivilschutz SGB VII 106 7

Handelsvertreter, Arbeitnehmerstatus ArbGG 5 11 ff., BetrVG 5 30, BGB Vor 611 76 ff.; Einfirmenvertreter ArbGG 5 12; einzelne Vertragsklauseln BGB Vor 611 80 ff.; fristlose Kündigung BGB 626 8; Kündigungsfrist BGB 621 15; Nichtgeltung des TVG TVG 12a 15; Weisungsgebundenheit BGB Vor 611 77 ff.

Handlung *siehe* „Vornahme einer Handlung"

Handlungsgehilfe *siehe* „Kaufmännische Angestellte"

Hausgewerbetreibende Arbeitnehmerbegriff BetrVG 5 32; Arbeitsunfähigkeit EFZG 10 7

Haushaltshilfen Arbeitnehmerbegriff BetrVG 5 31; Kündigungsfrist BGB 622 25

Haustarifvertrag *siehe* „Firmentarifvertrag"

Hebamme, Arbeitnehmerstatus BGB Vor 611 73

Heimarbeiter, Abweichungsverbot von EFZG-Vorschriften EFZG 12 13 f.; Annahmeverzug des Arbeitgebers BGB 615 22; Anwendungsbereich des TVG TVG 12a 1; Arbeitnehmer ArbGG 5 8, BetrVG

5 32; Arbeitsunfähigkeit EFZG 10 1 ff.; Einstellung gemäß § 99 BetrVG BetrVG 99 19; Elternzeit BEEG 20 4; Feiertagsgeld EFZG 11 1 ff.; Geltung des JArbSchG JArbSchG 1 6; Kündigungsfrist BGB 621 16, BGB 622 51; Sonderkündigungsschutz nach MuSchG MuSchG 9 16; Stillzeit MuSchG 7 5; Wehrdienst ArbPlSchG 7 1 ff.

Hinterbliebenenversorgung, betriebliche Altersversorgung BetrAVG Vorb. 44 ff.; Voraussetzungen bei betrieblicher Altersversorgung BetrAVG Vorb. 108 f.; vorzeitige Betriebsrente BetrAVG 6 31; Waisen BetrAVG Vorb. 48 f.; Witwen/Witwer BetrAVG Vorb. 45 ff.

Hochschulen, Angabe des Befristungsgrunds TzBfG 23 37; Anrechnung von Arbeitsverhältnissen TzBfG 23 31; Befristungsgrund TzBfG 23 24 ff.; Befristungsdauer TzBfG 23 28 ff.; Drittmittelfinanzierung TzBfG 23 35; Geltungsbereich für Befristungen TzBfG 23 26; Kündigung bei Befristung TzBfG 23 40; Privatdienstverträge TzBfG 23 27; Spezialregelungen bei Befristung TzBfG 23 25; tarifvertragliche Abweichungen TzBfG 23 36; Verlängerungen TzBfG 23 32 ff.; wissenschaftliche und künstlerische Mitarbeiter TzBfG 23 27

Höchstarbeitszeit, werktägliche ArbZG 3 1 ff.; Ausgleichszeitraum ArbZG 3 4 ff.; Ausgleichszeiträume für Arbeitszeitverlängerungen ArbZG 7 20; mögliche Ausgleichszeiten ArbZG 3 10; verlängerte bei Arbeitsbereitschaft oder Bereitschaftsdienst ArbZG 7 4, 11 f., 19; Verlängerung ArbZG 3 3 ff.

Höhergruppierung, unterlassene ~ und Maßregelungsverbot BGB 612a 33

IAO-Abkommen BGB Vor 611 134

Informationspflichten (WpÜG) WpÜG 1 ff.; Ablaufplan WpÜG 40; Abwehrmaßnahmen WpÜG 41; gegenüber Arbeitnehmern des Bieters WpÜG 34 ff.; Beirat bei der BaFin WpÜG 41; Betriebsrat WpÜG 4 ff., 38; Inhalt der Angebotsunterlagen WpÜG 12 ff.; Stellungnahmen WpÜG 17 ff.; Übermittlung der Angebotsunterlage WpÜG 16; Umwandlungsrecht WpÜG 6; Unterrichtung über Entscheidung des Bieters zur Angebotsabgabe WpÜG 7 ff.; Verletzung der ~ WpÜG 26 ff.

Insolvenz, Abfindung KSchG 10 17; Änderungskündigung KSchG 2 106; Aufhebungsvertrag KSchG 9 Anh. 14a; außerordentliche Kündigung BGB 626 207; Berufsausbildungsverhältnis InsO 113 3; Beschlussverfahren zum Kündigungsschutz InsO 126 1 ff.; Beschlussverfahren bei Streitigkeiten ArbGG 2a 12; Betriebsänderung InsO 122 1 ff.; betriebsbedingter Kündigungsgrund KSchG 1 311; Betriebsübergang BGB 613a 210, 363 ff.; Betriebsveräußerung InsO 128 1 ff.; Betriebsvereinbarungen InsO 120 1 ff.; Drei-Wochen-Frist InsO 122 2 ff.; Insolvenzsozialplan *siehe dort*; kein Interessenausgleich InsO 122 2 ff.; Interessenausgleich mit Namensliste (InsO) *siehe dort*; Kündigung InsO 113 1 ff.; Kündigung vor Dienstantritt InsO 113 5; Kündigungsanhörung gemäß § 102 BetrVG BetrVG 102 10; Kündigungsfrist BGB 621 17, BGB 622 53 ff., InsO 113 8; Kündigungsschutz KSchG Vor 1 42 ff.; Kündigungsschutzklage bei namentlicher Bezeichnung InsO 127 1 ff.; Kündigungszustimmung des Integrationsamts SGB IX 89 11; nachvertragliches Wettbewerbsverbot HGB 74 124; Rechtswegzuständigkeit ArbGG 2 72; Schadensersatz InsO 113 9; Schadensersatz bei außerordentlicher Kündigung BGB 628 83 f.; Sonderregelung Beteiligungsrecht bei Betriebsänderung BetrVG 111 18; Urlaubsanspruch BUrlG 1 30 f.; Zeugnisanspruch,

Zwangsvollstreckung gegen ~verwalter **GewO 109** 56; Zeugniserteilung **GewO 109** 9 ff.

Insolvenzsicherung, Altersteilzeit **ATZG 8a** 1 ff.; vertragliche **BetrAVG 7** 60 f.; *siehe auch* „Pensionssicherungsverein"

Insolvenzsozialplan InsO 124 1 ff.; Abschlagszahlungen **InsO 124** 13; BetrVG-Sozialplanrecht **InsO 124** 1 f.; drei Phasen **InsO 124** 3 ff.; insolvenznaher Sozialplan **InsO 124** 11 ff.; Sozialplan nach Insolvenzeröffnung **InsO 124** 4 ff.

Integrationsamt, Amtsermittlung **SGB IX 87** 8; anderer angemessener und zumutbarer Arbeitsplatz **SGB IX 89** 10; Anhörung des Schwerbehinderten **SGB IX 87** 9; Antrag bei außerordentlicher Kündigung **SGB IX 91** 2 f.; Antragsverfahren **SGB IX 87** 1 ff.; Anwendungsbereich des § 85 SGB IX **SGB IX 85** 2 ff.; Anzeigepflicht des Arbeitgebers bei Probearbeitsverhältnis **SGB IX 90** 9; außerordentliche Kündigung **SGB IX 91** 1 ff.; Aussetzung des Verwaltungsverfahrens **SGB IX 88** 6; Berufsunfähigkeit **SGB IX 92** 1 ff.; Berufung des Arbeitnehmers auf besonderen Kündigungsschutz **SGB IX 85** 22; Bestehen eines Arbeitsverhältnisses **SGB IX 85** 7; Beteiligung von Betriebsrat/Personalrat **SGB IX 88** 11; Beteiligung von Betriebsrat/Personalrat bei außerordentlicher Kündigung **SGB IX 91** 11; Einholung von Stellungnahmen **SGB IX 87** 10; Einschränkung der Ermessensentscheidung **SGB IX 89** 1 ff.; Einstellung oder Auflösung des Betriebs **SGB IX 89** 3 f.; Entscheidung bei außerordentlicher Kündigung **SGB IX 91** 4 ff.; Entscheidungsfrist **SGB IX 88** 4; Entscheidungsfrist bei außerordentlicher Kündigung **SGB IX 91** 6; Entscheidungsgrundlage **SGB IX 88** 2; Ermessensspielraum bei außerordentlicher Kündigung **SGB IX 91** 5; Erwerbsminderung auf Zeit **SGB IX 92** 1 ff.; Erwerbsunfähigkeit auf Zeit **SGB IX 92** 1 ff.; Form des Antrags **SGB IX 87** 3; Form und Inhalt der Entscheidung **SGB IX 88** 3; geschützter Personenkreis **SGB IX 85** 4 ff.; gütliche Einigung **SGB IX 87** 13; Inhalt des Antrags **SGB IX 87** 4 f.; Insolvenzverfahren **SGB IX 89** 11; Kündigung des Arbeitgebers **SGB IX 85** 17 ff.; Kündigung ohne Zustimmung **SGB IX 85** 19; Kündigungsschutzklage **SGB IX 85** 21; mündliche Verhandlung **SGB IX 88** 1; Negativ-Attest **SGB IX 85** 18, **SGB IX 88** 10; Negativ-Attest bei außerordentlicher Kündigung **SGB IX 91** 8; Präklusion bei außerordentlicher Kündigung **SGB IX 91** 9; teilweise Erwerbsminderung **SGB IX 92** 1 ff.; Unterstützung Schwerbehinderter **SGB IX 81** 30; Verbotsnorm mit Erlaubnisvorbehalt **SGB IX 85** 1; Verfahren **SGB IX 87** 7 ff.; Verwertung der Entscheidung **SGB IX 88** 9 ff.; Verwertung der Entscheidung bei außerordentlicher **SGB IX 91** 10 f.; Vollziehungsfrist **SGB IX 88** 9; Vorgehen gegen Entscheidung **SGB IX 85** 20; nicht nur vorübergehende wesentliche Leistungseinschränkung **SGB IX 89** 5 ff.; Weiterbeschäftigungsmöglichkeit **SGB IX 89** 8 f.; Widerspruch und Klage **SGB IX 88** 12 ff.; Zustellung der Entscheidung **SGB IX 88** 5; Zustimmung und Ausschlussfrist bei außerordentlicher Kündigung **BGB 626** 388 ff.; Zustimmung bei Kündigung **SGB IX 85** 13; Zustimmungsfiktion **SGB IX 88** 8; Zustimmungsfiktion bei außerordentlicher Kündigung **SGB IX 91** 7

Interessenabwägung KSchG 1 64 f.; Abwägungskriterien bei personenbedingter Kündigung **KSchG 1** 113 ff.; Ausschluss der ordentlichen Kündigung **BGB 626** 79 ff.; außerordentliche Kündigung **BGB 626** 58 ff., 71 ff.; außerordentliche Kündigung betrieblicher Funktionsträger **KSchG 15** 45; außerordentliche Kündigungsgründe, vereinbarte **BGB 626** 53; betriebsbedingte Kündigung **KSchG 1** 285 ff.; Darlegungs- und Beweislast bei personenbedingter Kündigung **KSchG 1** 174; häufige Kurzerkrankungen **KSchG 1** 146; krankheitsbedingte Kündigung **KSchG 1** 140; krankheitsbedingte Minderung der Leistungsfähigkeit **KSchG 1** 154; Langzeiterkrankung **KSchG 1** 151; personenbedingte Kündigung **KSchG 1** 112; Unzumutbarkeit der Fortsetzung bis Fristablauf **BGB 626** 78 ff.; verhaltensbedingte Kündigung **KSchG 1** 208 ff.

Interessenausgleich BetrVG 112 1, 4 ff.; Einigungsstelle **BetrVG 112** 20 ff.; Einigungsstelle, Vorschlag **BetrVG 76** 92a; Freiwilligkeit **BetrVG 112** 10; Gegenstand **BetrVG 112** 7; Inhalt **BetrVG 112** 4 ff.; innerbetrieblich vereinbarter **BetrVG 112** 11 ff.; Insolvenz **InsO 122** 2 ff.; kollektivrechtliche Bindungswirkung **BetrVG 112** 26; normative Wirkung **BetrVG 112** 25; Vermittlung durch Bundesagentur für Arbeit **BetrVG 112** 16 ff.; Wirkungen **BetrVG 112** 25 f.; Zuordnung von Arbeitnehmern bei Umwandlung **UmwG 324** 28 ff.; Zustandekommen **BetrVG 112** 10 ff.; Zuständigkeit **BetrVG 112** 14 f.; Zuständigkeit des Gesamtbetriebsrates **BetrVG 50** 13; *siehe auch* „Interessenausgleich mit Namensliste (InsO)"; „Interessenausgleich mit Namensliste (KSchG)"

Interessenausgleich mit Namensliste (InsO) InsO 125 1 ff.; ausgewogene Personalstruktur **InsO 125** 12; beschränkte Überprüfung der Sozialauswahl **InsO 125** 10 ff.; Betriebsratsanhörung **InsO 125** 14; Betriebsveräußerung **InsO 128** 1 ff.; geplante Betriebsänderung **InsO 125** 2; grob fehlerhafte Sozialauswahl **InsO 125** 11 f.; Kündigungsschutzprozess **InsO 125** 16; namentliche Bezeichnung **InsO 125** 7; rechtliche Wirkungen **InsO 125** 8 ff.; Urkundeneinheit **InsO 125** 3; Vermutung der Betriebsbedingtheit **InsO 125** 8 f.; Weiterbeschäftigungsmöglichkeit **InsO 125** 9; wesentliche Änderung der Sachlage **InsO 125** 13

Interessenausgleich mit Namensliste (KSchG) KSchG 1 418 ff.; Änderung der Umstände **KSchG 1** 434; Änderungskündigung **KSchG 1** 422; Beteiligung des Betriebsrats **KSchG 1** 431 ff.; Betriebsänderung **KSchG 1** 420 f.; Beweislastumkehr **KSchG 1** 427 f.; bloße Namensliste **KSchG 1** 424; Darlegungs- und Beweislast **KSchG 1** 436 f.; grobe Fehlerhaftigkeit **KSchG 1** 429 f.; Rechtsfolgen **KSchG 1** 427 ff.; Schriftform **KSchG 1** 423; Voraussetzungen **KSchG 1** 420 ff.

Interessenvertretung gemäß § 51 BBiG Beschlussverfahren **ArbGG 2a** 21

Internationale Zuständigkeit ArbGG 1 9, **ArbGG 48** 4 f., Rom I-VO 3 f.; Gerichtsstand nach AEntG **AEntG 15** 1 f.

Internationales Arbeitsrecht Rom I-VO 1 ff.; Anwendung einer ausländischen Rechtsordnung **Rom I-VO** 51; anzuwendendes Recht **Rom I-VO** 11 ff.; Arbeitskampfrecht **Rom I-VO** 50; Auslandsberührung **Rom I-VO** 10; Begriff **Rom I-VO** 1 f.; Betriebsübergang **BGB 613a** 376 ff.; Betriebsverfassungsrecht **Rom I-VO** 42 ff.; deutsches Recht **Rom I-VO** 2; engere Verbindung **Rom I-VO** 25; Geltungsbereich des anzuwendenden Rechts **Rom I-VO** 38 ff.; gewöhnlicher Arbeitsort **Rom I-VO** 18 ff.; Individualarbeitsrecht **Rom I-VO** 6 ff.; inhaltlicher Anwendungsbereich **Rom I-VO** 9 f.; Jugendarbeitsschutz **JArbSchG 1** 16; kollektives Arbeitsrecht **Rom I-VO** 41 ff.; Kündigungsschutz **KSchG Vor 1** 31 ff.; objektive Anknüpfung **KSchG Vor 1** 32, **Rom I-VO** 16 ff.; räumlicher Anwendungsbereich **Rom I-VO** 7; Rechtsnormen **Rom I-VO** 5; Rechtswahl *siehe dort*; Sitz der einstellenden Niederlassung **Rom I-VO** 24; Tarifvertragsrecht **Rom I-VO** 46 ff., **TVG**

Einl. 40; zeitlicher Anwendungsbereich **Rom I-VO** 8; *siehe auch* „Europäisches Arbeitsrecht"

Internet, außerordentliche Kündigung wegen privater Nutzung **BGB 626** 219; Datenschutz **BDSG Vorb.** 92 ff.; verhaltensbedingte Kündigung wegen privater Nutzung **BDSG Vorb. 94, KSchG 1** 247

Invaliditätsrente, betriebliche Altersversorgung **BetrAVG Vorb.** 38 ff.; Voraussetzungen bei betrieblicher Altersversorgung **BetrAVG Vorb.** 107; vorzeitige Betriebsrente **BetrAVG 6** 31

IRVAZ, Entgeltfortzahlung an Feiertagen **EFZG 2** 21

Jeweiligkeitsklausel **BGB 305** 11, **TVG 3** 24

Job-Sharing *siehe* „Arbeitsplatzteilung"

Journalisten *siehe* „Medienmitarbeiter"

Jubiläumsgelder, Abgrenzung zur betrieblichen Altersversorgung **BetrAVG Vorb.** 59

Jugend- und Auszubildendenversammlung BetrVG 71 1 ff.; Durchführung **BetrVG 71** 9; Einberufung **BetrVG 71** 4; Kosten **BetrVG 71** 10; Muster einer Einladung **BetrVG 71** 11; Streitigkeiten **BetrVG 71** 12; Teilnahmerecht **BetrVG 71** 7 ff.; Versammlungsarten **BetrVG 71** 5 f.; Zuständigkeit **BetrVG 71** 3

Jugend- und Auszubildendenvertretung BetrVG 60 1 ff.; aktives Wahlrecht **BetrVG 61** 2; allgemeine Aufgaben **BetrVG 70** 1 ff.; allgemeines Teilnahmerecht an Betriebsratssitzungen **BetrVG 67** 3 ff.; Amtszeit **BetrVG 64** 3 ff.; Anregungen **BetrVG 70** 12 ff.; Antragsrecht **BetrVG 70** 3 ff.; Antragsrecht für Betriebsratssitzungen **BetrVG 67** 16 ff.; nicht anwendbare Vorschriften **BetrVG 65** 22 ff.; Arbeitsbefreiung **BetrVG 65** 16; Aufgaben **BetrVG 60** 6; Ausbildung in mehreren Betrieben **BetrVG 60** 3; Ausbildung in mehreren Unternehmen **BetrVG 60** 3; Ausbildungsbetriebe **BetrVG 60** 3; Beendigung des Amts **BetrVG 62** 4; Beschlussfassung **BetrVG 65** 12; besondere Betroffenheit **BetrVG 67** 7; besonderes Teilnahmerecht an Betriebsratssitzungen **BetrVG 67** 6 ff.; Beteiligte **ArbGG 83** 33; Betriebsratsbeschlüsse **BetrVG 33** 12; Betriebsratssitzungen **BetrVG 67** 9; Bildung von Ausschüssen **BetrVG 65** 8; keine doppelte Wählbarkeit **BetrVG 61** 4; Erforderlichkeit einer Schulungs- und Bildungsveranstaltung **BetrVG 65** 18; Erlöschen der Mitgliedschaft **BetrVG 65** 4; Ersatzmitglieder **BetrVG 65** 5 f.; fehlende Beteiligung bei Betriebsratssitzung **BetrVG 67** 14; keine Freistellung **BetrVG 65** 26; Geschäftsführung **BetrVG 65** 1 ff.; Geschäftsordnung **BetrVG 65** 14; Geschlechterquote **BetrVG 62** 3; Gleichstellung **BetrVG 70** 9; grobe Pflichtverletzungen **BetrVG 65** 31 f.; Informationspflicht des Betriebsrates **BetrVG 67** 20 f.; Integration ausländischer Arbeitnehmer **BetrVG 70** 17 ff.; Kosten **BetrVG 65** 19; Mindestgröße des Betriebs **BetrVG 60** 4; Mitgliederzahl **BetrVG 62** 1; passives Wahlrecht **BetrVG 61** 3 ff.; Rechtsstellung **BetrVG 60** 7; Rücktritt **BetrVG 64** 6; Schulungs- und Bildungsveranstaltung **BetrVG 65** 18; Sitzungen **BetrVG 65** 9, 27 ff.; Sitzungsniederschrift **BetrVG 65** 13; Sprechstunden der Jugend- und Auszubildendenvertretung *siehe dort*; Stimmrecht bei Betriebsratssitzungen **BetrVG 67** 11 ff.; Streitigkeiten hinsichtlich allgemeiner Aufgaben **BetrVG 70** 25; Streitigkeiten über Amtszeit **BetrVG 64** 8; Streitigkeiten über Anzahl **BetrVG 62** 5; Streitigkeiten über Schulungs- und Bildungsveranstaltungen **BetrVG 65** 33; Streitigkeiten wegen Teilnahme an Besprechungen mit Betriebsrat **BetrVG 68** 7; Streitigkeiten wegen Teilnahme an Betriebsratssitzung usw. **BetrVG 67** 23; Teilnahme an Betriebsratssitzungen **BetrVG 67** 1 ff.; Teilnahme an gemeinsamen Besprechungen mit Betriebsrat **BetrVG 68** 1 ff.; Teilnahme eines Gewerkschaftsvertreters **BetrVG 65** 10 f.; Teilnahme an Sprechstunde des Betriebsrates **BetrVG 39** 6; Teilnahmeberechtigte **BetrVG 65** 30; Teilnahmerecht bei speziellen Tagesordnungspunkten **BetrVG 67** 8; Übernahmerecht des Auszubildenden *siehe dort*; Überwachungsrecht **BetrVG 70** 10 f.; Umlageverbot **BetrVG 65** 20; Unterrichtung durch Betriebsrat **BetrVG 70** 20 ff.; Verdienstsicherung **BetrVG 65** 17; Verletzung gesetzlicher Pflichten **BetrVG 65** 3; Verständigung des Betriebsrates bei Sitzung **BetrVG 65** 28; Vollendung des 25. Lebensjahrs **BetrVG 64** 7; Vorberatung **BetrVG 67** 18; Vorlage von Unterlagen **BetrVG 70** 23 f.; Vorsitzender **BetrVG 65** 7; Wahl *siehe* „Jugend- und Auszubildendenvertretung, Wahl"; Wahlrecht **BetrVG 61** 1 ff.; Wegfall der Voraussetzungen **BetrVG 60** 8; Zusammensetzung **BetrVG 62** 2

Jugend- und Auszubildendenvertretung, Wahl BetrVG 63 1 ff.; Anfechtung **BetrVG 63** 3; außerordentliche **BetrVG 64** 2, 4; Grundsätze **BetrVG 63** 1 f.; Kosten **BetrVG 63** 5; Nichtigkeit **BetrVG 63** 4; regelmäßige **BetrVG 64** 1; Streitigkeiten **BetrVG 62** 5, **BetrVG 63** 21, **BetrVG 64** 8; Streitigkeiten über Wahlberechtigung und Wählbarkeit **BetrVG 61** 8; Wahlschutz **BetrVG 63** 6; Wahlvorstand (Jugend- und Auszubildendenvertretung) *siehe dort*; Zeitpunkt **BetrVG 64** 1 ff.

Jugendarbeitsschutz, „ähnliche" Ausbildungsverhältnisse **JArbSchG 1** 8; Akkordarbeit **JArbSchG 23** 1 f.; Alkohol **JArbSchG 31** 3; Arbeitszeit **JArbSchG 8** 1 ff.; ArbZG, Nichtanwendbarkeit **ArbZG 18** 7; Auslandsbeschäftigung **JArbSchG 1** 16; behördliche Anordnungen und Ausnahmen **JArbSchG 27** 1 ff.; Benachteiligung wegen des Alters **JArbSchG 1** 17; Bergbau **JArbSchG 24** 1 f.; Beschäftigung im Familienhaushalt **JArbSchG 1** 14; Freizeit **JArbSchG 13** 1 f.; Fünf-Tage-Woche **JArbSchG 15** 1 f.; Gefährdungen **JArbSchG 29** 1; gefährliche Arbeiten **JArbSchG 22** 1 ff.; häusliche Gemeinschaft **JArbSchG 30** 1 f.; Hilfeleistungen, gelegentliche/geringfügige **JArbSchG 1** 9 ff.; jede Form abhängiger Beschäftigung **JArbSchG 1** 7; Jugendliche **JArbSchG 2** 1; Kollisionsrecht **JArbSchG 1** 15 f.; menschengerechte Arbeitsgestaltung **JArbSchG 28** 1 f.; Nachtruhe **JArbSchG 14** 1 ff.; Notfallarbeiten **ArbZG 14** 10, **JArbSchG 21** 1 ff.; persönliche Abhängigkeit **JArbSchG 1** 3 f.; Prüfungen, Freistellung **JArbSchG 10** 1 f.; Rechtsverordnung, Ermächtigung **JArbSchG 21b** 1 ff., **JArbSchG 26** 1 ff.; Ruhepausen **JArbSchG 11** 1 f.; Samstagsruhe **JArbSchG 16** 1 ff.; Schichtzeit **JArbSchG 12** 1 f.; Schutzgebote **JArbSchG 31** 2; Tabak **JArbSchG 31** 3; tarifvertragliche Abweichungen **JArbSchG 21a** 1 ff.; Unterweisung über Gefahren **JArbSchG 29** 2; Verbot der Beschäftigung durch bestimmte Personen **JArbSchG 25** 1 ff.; Vollzeitschulpflicht **JArbSchG 2** 2; Züchtigungsverbot **JArbSchG 31** 1

Jugendarbeitsschutzgesetz, persönlicher Geltungsbereich **JArbSchG 1** 1; sachlicher Geltungsbereich **JArbSchG 1** 3 ff.

KAPOVAZ *siehe* „Abrufarbeit"

Karenzentschädigung HGB 74 72 ff.; Abgeltung durch andere Bezüge **HGB 74** 88; Anrechnung anderweitigen Erwerbs (Karenzentschädigung) *siehe dort*; Ausschlussfrist **HGB 74** 100; Auszahlung **HGB 74** 98 f.; Auszahlungszeitpunkt **HGB 74b** 1 ff.; Berechnung **HGB 74** 76 ff.; Berechnungsmethode **HGB 74** 84 f.; einzubeziehende Vergütungsbestandteile **HGB 74** 76 ff.; erhöhte zur Abwendung des Lösungsrechts **HGB 75** 21 ff.; Fälligkeit **HGB 74b** 1 ff.; Fünftelungsregelung **EStG 19/38** 66; Sozialversicherungsbeiträge **HGB 74** 125 f.; Steuerrecht **HGB 74** 127; Teilzeitbeschäftigung **HGB 74** 87; Umsatzsteuer **HGB 74** 103; Unabdingbarkeit **HGB 75d** 1; Untergrenze **HGB 74** 73; variable Bezüge, Berechnung **HGB 74b** 5 ff.; Verjährung **HGB 74** 99; Verzug **HGB 74** 101 f.; Wegfall bei Verstoß gegen Wettbewerbsverbot **HGB 74** 116; Zahlungspflichtiger **HGB 74** 89; zuletzt bezogene Leistungen **HGB 74** 85; Zusage **HGB 74** 90 ff.

Kaufmännische Angestellte, Fälligkeit der Vergütung **BGB 614** 7; Geltungsbereich der §§ 59 ff. HGB **HGB Vor 59** 2 f.; Handlungsgehilfe, Definition **HGB** 59 2; Umfang der Dienstleistungspflicht **HGB 59** 3; Vergütungsanspruch **HGB 59** 4

Kettenbefristungen **TzBfG 14** 8, 89 ff.

Kinder, ab 13 Jahren **JArbSchG 5** 7; Ausnahmen vom Beschäftigungsverbot **JArbSchG 5** 3 ff.; Begriff **JArbSchG 2** 1; behördliche Ausnahmen vom Beschäftigungsverbot **JArbSchG 6** 1 ff.; Beschäftigungs- und Arbeitstherapie **JArbSchG 5** 4; Beschäftigungsverbot **JArbSchG 5** 1 f.; Betriebspraktikum **JArbSchG 5** 5; Kinderarbeitsschutzverordnung **JArbSchG 5** 10; richterliche Weisung **JArbSchG 5** 6; Schulferien **JArbSchG 5** 8; Unterrichtung der Personensorgeberechtigten **JArbSchG 5** 9; nicht vollzeitschulpflichtige ~, Beschäftigung **JArbSchG 7** 1 f.

Kinderbetreuungskosten **EStG 19/38** 69

Kirchen/Religionsgemeinschaften **BetrVG 118** 32 ff.; Arbeitskampf **GG 9** 259; Arbeitszeit **ArbZG 7** 16 f.; ArbZG, Nichtanwendbarkeit im liturgischen Bereich **ArbZG 18** 6; Beamte **BGB Vor 611** 38; Begriff **BetrVG 118** 33; Einrichtung einer Religionsgemeinschaft **BetrVG 118** 35 ff.; Jugendliche bei liturgischen Handlungen **JArbSchG 21a** 4; karitative oder erzieherische Zwecke **BetrVG 118** 36; Kirchliche Arbeitnehmer *siehe dort*; Kleriker keine Arbeitnehmer **BGB Vor 611** 38; Kündigungsschutz **KSchG Vor 1** 39 f.; privatrechtliche Organisation **BetrVG 118** 34; Privilegierung nach AGG **AGG 9** 2; Sprecherausschuss **SprAuG 1** 11; staatliche Gerichte **ArbGG 1** 7; Streitigkeiten **BetrVG 118** 39; Teil der Religionsgemeinschaft **BetrVG 118** 37; Übertragung von Unternehmen oder Betrieben **BetrVG 118** 38; Unternehmensmitbestimmung **MitbestG 1** 12

Kirchliche Arbeitnehmer **BGB Vor 611** 127 ff.; Arbeitskampf **GG 9** 259; Arbeitsvertragsrichtlinien **NachwG 2** 59; außerordentliche Kündigung **BGB 626** 208 ff.; Dritter Weg **BGB Vor 611** 130; Entgeltfortzahlung **EFZG 4** 45; personenbedingter Kündigungsgrund **KSchG 1** 134 ff.; verhaltensbedingter Kündigungsgrund **KSchG 1** 228

Klage **ArbGG 46** 10 ff.; Benachteiligung, Klage *siehe dort*

Klagearten **ArbGG 46** 12 ff.

Klagefrist, Kündigungsfrist, Nichteinhaltung **BGB 622** 131

Klagefrist (Befristungsstreitigkeit) **TzBfG 17** 1 ff.; auflösend bedingter Arbeitsvertrag **TzBfG 21** 23; Beginn **TzBfG 17** 4 ff.; mehrere Befristungsabreden **TzBfG 17** 6; Unwirksamkeitsgründe **TzBfG 17** 2

Klagefrist (KSchG) **KSchG Vor 1** 22, **KSchG 4** 1 ff., 25 ff.; alle Unwirksamkeitsgründe **KSchG 4** 1; Änderungskündigung **KSchG 2** 52 f., **KSchG 4** 2, 37 f.; außerordentliche Kündigung **KSchG 4** 4, **KSchG 13** 7; Auszubildende **KSchG 1** 5; behördliche Zustimmung zur Kündigung **KSchG 4** 41 f.; Berechnung **KSchG 4** 32; Einhaltung **KSchG 4** 34; Geltungsbereich **KSchG 4** 3 ff.; Hinweispflicht des Gerichts **KSchG 6** 11; Luftfahrt **KSchG 24** 5; materiell-rechtliche Folgen **KSchG 4** 33; Seeschifffahrt **KSchG 24** 5; nicht sozialwidrige Kündigungen **KSchG 13** 2; bei Streit über Kündigungsfrist **KSchG 4** 6; verlängerte **KSchG 6** 1 ff.; Verstreichenlassen **KSchG 1a** 14 ff.; Wahrung **KSchG 4** 35 f.; Wirksamwerden der Kündigung **KSchG 7** 1 ff.; Zugang der Kündigung **KSchG 4** 26 ff.; Zulassung verspäteter Klagen *siehe dort*; Zustellung „demnächst" **KSchG 4** 35

Klagenhäufung, Rechtsweg **ArbGG 48** 40

Klagerücknahme **ArbGG 55** 2 ff.; Anschlussrevision **ArbGG 74** 41; Güteverhandlung **ArbGG 54** 33 f.; Revisionsinstanz **ArbGG 74** 35

Kleinbetriebe, Arbeitnehmerüberlassung **AÜG 1a** 1 ff.; Vereinbarung kürzerer Kündigungsfrist **BGB 622** 114 ff.; Wahlverfahren in Kleinbetrieben *siehe dort*

Kleinbetriebsklausel **KSchG 1** 50, **KSchG 23** 7 ff.; Alt-Arbeitnehmer **KSchG 23** 11; Berufsfreiheit **GG 12** 46; betriebliche Arbeitnehmer **KSchG 23** 9; Darlegungs- und Beweislast **KSchG 23** 17; Feststellung der Arbeitnehmerzahl **KSchG 23** 13 ff.; mehr als zehn Arbeitnehmer **KSchG 23** 12; Neu-Arbeitnehmer **KSchG 23** 10; regelmäßig Beschäftigte **KSchG 23** 16; Teilzeitbeschäftigte **KSchG 23** 15; Verfassungsgemäßheit **GG 3** 17 f., **KSchG Vor 1** 11, **KSchG 23** 8; Zweck **KSchG 23** 7

Kleinstbetriebe **BetrVG 4** 17

Koalitionseigenschaft **GG 9** 31 ff.; Gegnerunabhängigkeit **GG 9** 41 ff.; Koalitionszweck **GG 9** 38 ff.; leitende Angestellte und Gegnerreinheit **GG 9** 43 f.; Überbetrieblichkeit **GG 9** 47; Unabhängigkeit **GG 9** 41 ff.; Unabhängigkeit von Staaten, Kirchen, Parteien **GG 9** 46; Vereinigung **GG 9** 32 ff.; Wahrung und Förderung der Arbeits- und Wirtschaftsbedingungen **GG 9** 38 ff.; *siehe auch* „Tariffähigkeit"

Koalitionsfreiheit **GG 9** 10 ff.; Aufgaben und Zuständigkeiten der Koalitionen **GG 9** 96 f.; keine Beeinträchtigung durch BetrVG **BetrVG 2** 20 f.; Begriff **GG 9** 10 ff.; Bestandsgarantie **GG 9** 73; Betätigungsgarantie **GG 9** 74 ff.; Differenzierungsklauseln **TVG 1** 111; Drittwirkung **GG 9** 91 f.; Eigentumsgarantie **GG 14** 36 f.; einfachgesetzliche Regelungen **GG 9** 79; Ersatzgesetzgebung **GG 9** 86; kein Gesetzesvorbehalt **GG 9** 80; grundrechtsimmanente Schranken **GG 9** 81 f.; Grundrechtsträger **GG 9** 26 f.; historische Entwicklung **GG 9** 18 ff.; innere Strukturen der Koalitionen **GG 9** 98 ff.; internationales Koalitionsrecht **GG 9** 105 f.; juristische Personen **GG 9** 27; Koalitionen **GG 9** 11; kollektive **GG 9** 73 ff.; Konkurrenzen **GG 9** 28 ff.; negative individuelle **GG 9** 66 ff.; positive individuelle **GG 9** 65; Rechtsbehelfe **GG 9** 89 f.; Rechtsgrundlagen des Koalitionsrechts **GG 9** 12 ff.; Rechtsprechung zur Normkonkretisierung **GG 9** 85; Schranken **GG 9** 80 ff.; Spezialfall der Vereinigungsfreiheit **GG 9** 25; Tarifautonomie *siehe dort*; Tariftreueregelungen **GG 9** 71 f.; Vereinigungsfreiheit, Streitigkeiten *siehe dort*; Verfassungsbeschwerde **GG 9** 89 f.; verfassungsgerichtliche Schrankenziehung **GG 9** 83 f.; völkerrechtliche Regelwerke **GG 9** 19 f.; Wesentlichkeitstheorie **GG 9** 88; *siehe auch* „Arbeitgeberverband", „Gewerkschaften", „Koalitionseigenschaft", „Tariffähigkeit"

Kommanditisten, Beschäftigungsverhältnis mit KG **SGB IV 7/7b** 22; Geltung des BetrAVG **BetrAVG 17** 15

Konkurrentenklage, einstweilige Verfügung **ArbGG 62** 87

Konzern **BetrVG 54** 2 ff.; Arbeitnehmer **BetrVG 5** 33; Arbeitnehmerüberlassung **AÜG 1** 53 f.; Aufsichtsrat **DrittelbG 2** 1 ff.; Berechnungsdurchgriff bei der Betriebsrente **BetrAVG 16** 34; Betriebszugehörig-

3327

Stichwortverzeichnis

keitszeit für unverfallbare Versorgungsanwartschaft **BetrAVG 1b** 14; Datenschutz **BDSG Vorb.** 44, 46, 85; Gemeinschaftsunternehmen **BetrVG 54** 6; Gleichbehandlungsgrundsatz **BGB 611** 200, **GG 3** 38; Mitbestimmung bei ~interner Arbeitnehmerunterlassung **BetrVG 99** 23; nachvertragliches Wettbewerbsverbot **HGB 74** 47; Sozialplan **BetrVG 112** 77; Spartenbetriebsräte **BetrVG 3** 10 ff.; Tendenzschutz **MitbestG 1** 13 ff.; Unternehmensmitbestimmung **MitbestG 5** 1 ff.; Versetzungsklausel **GewO 106** 74; Wartezeit nach **KSchG KSchG 1** 13; Weiterbeschäftigung im ~ und Betriebsrat **BetrVG 102** 73

Konzernbetriebsrat, abweichende Mitgliederzahl **BetrVG 55** 5; Auslandsbezug **BetrVG 54** 9 f.; Ausschluss von Mitgliedern **BetrVG 56** 1 ff.; Beschlussfassung **BetrVG 59** 7 f.; Betriebsänderung **BetrVG 111** 72, 76; Entsendung **BetrVG 55** 2; Entsendung bei (paritätischen) Gemeinschaftsunternehmen **BetrVG 55** 6; Erlöschen der Mitgliedschaft **BetrVG 57** 1 ff.; Errichtung **BetrVG 54** 1 ff., 11 ff.; Errichtungsbeschlüsse **BetrVG 54** 12; Ersatzmitglieder **BetrVG 55** 3; faktischer Konzern **BetrVG 54** 5; keine feststehende Dienstzeit **BetrVG 54** 13; Gemeinschaftsunternehmen **BetrVG 54** 6; Geschäftsführung **BetrVG 59** 4 ff.; Konstituierung **BetrVG 59** 2 f.; Konzern im Konzern **BetrVG 54** 7 f.; Konzernbetriebsausschuss **BetrVG 59** 5; Konzernunternehmen mit nur einem Betriebsrat **BetrVG 54** 14; Stimmengewichtung **BetrVG 55** 4; Streitigkeiten bei Errichtung oder Auflösung **BetrVG 54** 21; Streitigkeiten über Geschäftsführung und innere Ordnung **BetrVG 59** 9; Streitigkeiten bei Zusammensetzung, Stimmengewichtung **BetrVG 55** 7; Umstrukturierungen **BetrVG 54** 15 ff.; Unterordnungskonzern **BetrVG 54** 3 ff.; Vertrags- oder Eingliederungskonzern **BetrVG 54** 4; Voraussetzungen für Errichtung **BetrVG 54** 2 ff.; Zusammensetzung **BetrVG 55** 1 ff.; Zuständigkeit *siehe* „Konzernbetriebsrat, Zuständigkeit"; *siehe auch* „Konzern"

Konzernbetriebsrat, Zuständigkeit BetrVG 58 1 ff.; kraft Auftrags **BetrVG 58** 12 ff.; Einzelfälle **BetrVG 58** 5 ff.; fehlende Regelungsmöglichkeit im Unternehmen **BetrVG 58** 4; kraft Gesetzes **BetrVG 58** 2 ff.; gesetzliche Zuweisung **BetrVG 58** 9; Streitigkeiten **BetrVG 58** 15; Unternehmen als Gesamtbetriebsrat **BetrVG 58** 10; unternehmensübergreifender Bezug **BetrVG 58** 3

Konzernbetriebsvereinbarung BetrVG 58 11; Abweichungen durch betriebliche Übung **BGB 611** 237; Betriebsübergang **BetrVG 77** 84, **BGB 613a** 259 f.; Umstrukturierungen **BetrVG 54** 19 f.; Verhältnis zu Betriebsvereinbarung **BetrVG 77** 58

Konzern-Jugend- und Auszubildendenvertretung BetrVG 73a 1 ff.; Amtszeit **BetrVG 73a** 7; analoge Anwendung von Vorschriften **BetrVG 73b** 3 ff.; Ausschluss von Mitgliedern **BetrVG 73b** 17; Ausschüsse **BetrVG 73b** 6; Aussetzung von Beschlüssen des Konzernbetriebsrats **BetrVG 73b** 20; Beschlussfassung **BetrVG 73b** 15; besonderer Kündigungsschutz **BetrVG 73b** 23; Ehrenamt **BetrVG 73b** 12; Erlöschen der Mitgliedschaft **BetrVG 73b** 18; Errichtung **BetrVG 73a** 2 ff.; Ersatzmitglieder **BetrVG 73b** 4; Geschäftsführung **BetrVG 73b** 1 ff.; Geschäftsordnung **BetrVG 73b** 11; Gewerkschaftsteilnahme **BetrVG 73b** 8 f.; Konzern **BetrVG 73a** 3; Konzernbetriebsrat **BetrVG 73a** 4; Kosten **BetrVG 73b** 13; mehrere Gesamt-Jugend- und Auszubildendenvertretungen **BetrVG 73a** 4; Mitgliederzahl **BetrVG 73a** 10 ff.; Quorum **BetrVG 73a** 5; Rechte und Pflichten **BetrVG 73b** 16; Schulungsveranstaltungen **BetrVG 73b** 12; Sitzungen **BetrVG 73b** 2; Sitzungsniederschrift **BetrVG 73b** 10; Stimmengewichtung **BetrVG 73a** 13 ff.; Stimmengewichtung bei gemeinsamem Betrieb **BetrVG 73a** 18; Streitigkeiten **BetrVG 73a** 20, **BetrVG 73b** 25; Teilnahme an gemeinsamen Besprechungen **BetrVG 73b** 22; Teilnahme an Konzernbetriebsratssitzungen **BetrVG 73b** 21; Vorsitzender und Stellvertreter **BetrVG 73b** 5; Zuständigkeit **BetrVG 73b** 19; Zustimmung der Gesamt-Jugend- und Auszubildendenvertretungen **BetrVG 73a** 5

Konzernschwerbehindertenvertretung, Teilnahme an Sitzungen des Konzernbetriebsrates **BetrVG 59a** 1 f.

Konzernsprecherausschuss SprAuG 24 1 ff.; Amtszeit **SprAuG 24** 7; Errichtung **SprAuG 24** 2 f.; Zuständigkeit **SprAuG 24** 5 f.

Körperbehinderung, Frage des Arbeitgebers **BGB 123** 25 f.

Kosten des Betriebsrats *siehe* „Betriebsratskosten"

Kosten im Urteilsverfahren ArbGG 12 1 ff., **ArbGG 12a** 1; Alleinentscheidung des Vorsitzenden **ArbGG 55** 26a; Änderungsschutzklage **KSchG 2** 126 ff.; Anrufung eines unzuständigen Gerichts **ArbGG 12a** 12; Arbeitsgericht **ArbGG 12a** 1, 4 ff.; Ausschluss der Kostenerstattung **ArbGG 12a** 4 ff.; Kostenrechtsmodernisierung **ArbGG 12** 1; Landesarbeitsgericht **ArbGG 12a** 2, 13; notwendige Kosten **ArbGG 12a** 11; Parteivereinbarung **ArbGG 12a** 8; Reisekosten **ArbGG 12a** 9

Kraftfahrer, Arbeitszeit **ArbZG 21a** 1 ff.; Arbeitszeit bei mehreren Arbeitgebern **ArbZG 21a** 11; Aufzeichnungspflicht der Arbeitgeber **ArbZG 21a** 10; Höchstarbeitszeit, wöchentliche **ArbZG 21a** 7; Lenkzeiten **ArbZG 21a** 4; Ruhezeiten **ArbZG 21a** 8; Sonn- und Feiertage **ArbZG 9** 4; Straßenverkehrstätigkeiten **ArbZG 21a** 2; verhaltensbedingte Kündigung **KSchG 1** 231

Krankenfürsorge BGB 617 1 ff.; Anspruchsvoraussetzungen **BGB 617** 4 ff.; Ausschluss des Anspruchs **BGB 617** 10 f.; Dauer **BGB 617** 14; Dienstverhältnis **BGB 617** 4 ff.; Erkrankung **BGB 617** 9; häusliche Gemeinschaft **BGB 617** 7 f.; Kostentragung **BGB 617** 15; Rechtsfolgen **BGB 617** 12 ff.; Sonderregeln **BGB 617** 16; Unabdingbarkeit im Voraus **BGB 619** 1 f.

Krankengeld EFZG 3 8 f.; Kurzarbeitergeld **SGB III** 98 8; Zuschuss zum ~ **EFZG 4** 39 f.

Krankenhäuser, Arbeitszeit **ArbZG 14** 17; Ruhezeit **ArbZG 5** 3 f.

Krankenversicherung, Arbeitskampf **GG 9** 338; Elternzeit **BEEG Vor 15–21** 12; Sperrzeit **SGB III 159** 36

Krankheit EFZG 3 34 ff.; aufeinander folgende ~en **EFZG 3** 92; außerordentliche Eigenkündigung **BGB 626** 316; außerordentliche Kündigung **BGB 626** 163 ff.; Begriff **KSchG 1** 136; betriebliches Eingliederungsmanagement **KSchG 1** 137a; dieselbe ~ bei Fortsetzungs-~ **EFZG 3** 88 ff.; Fortsetzungs-~ **EFZG 3** 85 ff., 98 ff.; Frage des Arbeitgebers **BGB 123** 19, 23; Organspenden **EFZG 3** 37; regelwidriger Körper- und Geisteszustand **EFZG 3** 35 ff.; Schwangerschaft **EFZG 3** 36; sich überschneidende ~en **EFZG 3** 93; während des Urlaubs **BGB 611** 405, **BUrlG 9** 1 ff.; Urlaubsübertragung **BUrlG 7** 91a; Ursache **EFZG 3** 38; verhaltensbedingte Kündigung wegen Pflichtverletzungen **KSchG 1** 232; verhaltensbedingte Kündigung wegen vorgetäuschter ~ **KSchG 1** 234; vorübergehende Verhinderung **BGB 616** 20; wiederholte Arbeitsunfähigkeit infolge derselben ~ **EFZG 3** 96 ff.; *siehe auch* „Arbeitsunfähigkeit"

Krankheitsbedingte Kündigung KSchG 1 136 ff.; Alkohol- und Drogensucht **KSchG 1** 119 ff.; Beteiligung des Betriebs-/Personalrats **KSchG 1** 167a;

betriebliches Eingliederungsmanagement **KSchG 1** 137a; Betriebsablaufstörungen **KSchG 1** 144; Beurteilungszeitpunkt **KSchG 1** 138; Darlegungs- und Beweislast hinsichtlich erheblicher Beeinträchtigung betrieblicher Interessen **KSchG 1** 173; Darlegungs- und Beweislast hinsichtlich Interessenabwägung **KSchG 1** 174; Darlegungs- und Beweislast vor Kündigungsausspruch **KSchG 1** 168; Darlegungs- und Beweislast im Kündigungsschutzprozess **KSchG 1** 169 ff.; Darlegungs- und Beweislast hinsichtlich negativer Prognose **KSchG 1** 170 ff.; Darlegungs- und Beweislast hinsichtlich Weiterbeschäftigungsmöglichkeit **KSchG 1** 175; drei Stufen **KSchG 1** 137; Entgeltfortzahlungskosten **KSchG 1** 145; erhebliche Beeinträchtigung betrieblicher Interessen **KSchG 1** 139; erhebliche Beeinträchtigung betrieblicher Interessen bei häufigen Kurzerkrankungen **KSchG 1** 144 f.; erhebliche Beeinträchtigung betrieblicher Interessen bei Langzeiterkrankung **KSchG 1** 150; erhebliche Beeinträchtigung betrieblicher Interessen bei Minderung der Leistungsfähigkeit **KSchG 1** 153; Interessenabwägung **KSchG 1** 140; Interessenabwägung bei häufigen Kurzerkrankungen **KSchG 1** 146; Interessenabwägung bei Langzeiterkrankung **KSchG 1** 151; Interessenabwägung bei Minderung der Leistungsfähigkeit **KSchG 1** 154; negative Gesundheitsprognose bei häufigen Kurzerkrankungen **KSchG 1** 142 f.; negative Gesundheitsprognose bei Langzeiterkrankung **KSchG 1** 147 ff.; negative Gesundheitsprognose bei Minderung der Leistungsfähigkeit **KSchG 1** 152; Personalreserve **KSchG 1** 145; Überbrückungsmaßnahmen **KSchG 1** 144

Kreditierungsverbot GewO 107 47 ff.

Kündigung, und AGG **KSchG 13** 26; während Altersteilzeit **ATZG 8** 4 f., 7; Anfechtung des Arbeitsvertrags **KSchG 1** 43 f.; Anzeigepflicht bei Schwerbehinderten **SGB IX 90** 9; Außerordentliche Kündigung *siehe dort*; Berufsausbildungsverhältnis **BBiG 22** 1 ff.; Beseitigung **KSchG 1** 38; Beteiligungsrechte bei Kündigung *siehe dort*; Beteiligungsrechte des Sprecherausschusses **SprAuG 31** 4 f.; vor Dienstantritt **KSchG Vor 1** 20; Erklärungs- und Willensmängel **KSchG 13** 29; Freizeit zur Stellensuche **BGB 629** 3; Geltungsbereich des AGG **AGG 2** 12 ff.; Gleichbehandlungsgrundsatz **BGB 611** 190; Gruppenarbeitsverhältnis **KSchG 1** 6; Inhalt der Erklärung **KSchG 1** 25 ff.; Kündigungsgründe, Angabe **KSchG 1** 29; Maßregelungsverbot **BGB 612a** 13, 32; Mischtatbestände **BGB 626** 69 ff.; nachvertragliches Wettbewerbsverbot bei unwirksamer ~ **HGB 74** 62; nichtiger Arbeitsvertrag **KSchG 1** 43; Ort und Zeit **KSchG 1** 28; Rücknahme **KSchG 4** 44 ff.; Schriftform **BGB 623** 17 ff., **KSchG 1** 28; Schriftsatz~ **KSchG 1** 33; sittenwidrige **KSchG 13** 1 f., 19 ff.; sonstige Beendigungstatbestände **KSchG 1** 39 ff.; aus sonstigen Gründen unwirksame ~ und **KSchG 13** 1 ff.; Streitwert **ArbGG 12** 16 ff.; Suspendierung bei ~ **BGB 611** 177; Tarifvertrag **TVG 1** 25 ff.; treuwidrige **KSchG Vor 1** 16, **KSchG 13** 25 f.; Umdeutung **KSchG 1** 36; unmittelbares Arbeitsverhältnis *KSchG* **1** 6; unterlassenes Präventionsverfahren **SGB IX 84** 8 f.; Urlaubsanspruch **BUrlG 1** 31, **BUrlG 7** 36 f.; als Verstoß gegen gesetzliches Verbot **KSchG 13** 24; Verstoß gegen Schriftformerfordernis **BGB 623** 44 ff.; Vertragspflichtverletzung durch rechtsunwirksamer ~ **KSchG Vor 1** 45 f.; Vertretung **KSchG 1** 30 f.; vorsorgliche **KSchG 1** 26; Vorvertrag **BGB 611** 29; Wiederholungskündigung *siehe dort*; Zugang der Kündigung *siehe dort*; *siehe auch* „Kündigungsgrund"

Kündigungseinspruch KSchG 3 1 ff.

Kündigungsfrist BGB 622 1 ff.; Abdingbarkeit bei Dienstverhältnis **BGB 621** 29 ff.; Altersgrenze und AGG **AGG 2** 15; Anstellung auf Lebenszeit **BGB 624** 10; Anwendungsbereich **BGB 622** 23 ff.; Benachteiligungsverbot **BGB 622** 57 ff.; Berechnung **BGB 622** 126 ff.; Beschäftigungszeiten **BGB 622** 33 ff.; besondere ~en **BGB 622** 37 ff.; Betriebsrat, Wählbarkeit nach Ablauf der ~ **BetrVG 8** 6; Betriebsratswahlberechtigung während ~ **BetrVG 7** 14; Darlegungs- und Beweislast **BGB 622** 131 f.; Dienstverhältnis für länger als fünf Jahre **BGB 624** 14 ff.; Dienstverhältnisse **BGB 621** 1 ff.; Eigenkündigung zum Ende der Elternzeit **BEEG 19** 1 f.; einzelvertragliche Regelung **BGB 622** 96 ff.; Entstehungsgeschichte **BGB 622** 7 ff.; Fristen bei Dienstverhältnis **BGB 621** 18 ff.; Grund-~ **BGB 622** 30; Günstigkeitsvergleich Einzelvertrag/Tarifvertrag **BGB 622** 104 ff.; Insolvenz **BGB 622** 17, **InsO 113** 8; Klagefrist bei Nichteinhaltung **BGB 622** 131; Klagefrist bei Streit über Kündigungsfrist **KSchG 4** 6; Leiharbeitsvertrag **AÜG 11** 22; Nachweis der ~en **NachwG 2** 37; Schwerbehinderte **SGB IX 86** 1 f.; soziale Auslauffrist **BGB 622** 4, **BGB 626** 324 ff.; tarifvertragliche Kündigungsfristen *siehe dort*; Unabdingbarkeit des § 624 BGB **BGB 624** 21 ff.; ungleiche ~ Arbeiter/Angestellte **BGB 611** 221; verlängerte ~en **BGB 622** 31 ff.; Verträge über fünf Jahre **BGB 624** 1 ff.; Vollendung des 25. Lebensjahres **BGB 622** 3

Kündigungsgrund, Abgrenzung zur außerordentlichen Kündigung **KSchG 1** 66 f.; Altersteilzeit **ATZG 8** 2 ff.; bei Berufsausbildungsverhältnis **BBiG 22** 12; Betriebsübergang *siehe* „Kündigungsverbot wegen Betriebsübergang"; Beurteilungszeitraum **KSchG 1** 73 f.; Dreiteilung der Kündigungsgründe **KSchG 1** 55; gemischte Sachverhalte **KSchG 1** 70; Konkurrenz der Kündigungstatbestände **KSchG 1** 68 ff.; Leistungsstörungen **BGB 611** 414; mehrere Sachverhalte **KSchG 1** 69; Nachschieben von Kündigungsgründen *siehe dort*; objektives Bestehen bei Zugang **KSchG 1** 59; Störung des Vertragsverhältnisses **KSchG 1** 60; ultima ratio **KSchG 1** 63; Zukunftsbezogenheit **KSchG 1** 61 f.

Kündigungsschutz, Arbeitnehmerbegriff **KSchG 1** 3 ff.; außerhalb des **KSchG** Geltungsbereichs **KSchG Vor 1** 14 ff.; Berufsfreiheit **GG 12** 71 ff.; besondere Arbeitsverhältnisse **KSchG 1** 5 f.; in besonderen Betrieben **KSchG Vor 1** 35 ff.; in besonderen Rechtslagen **KSchG Vor 1** 42 ff.; Darlegungs- und Beweislast **KSchG 1** 51 ff.; Dreiteilung der Kündigungsgründe **KSchG 1** 55; einzelvertraglicher **KSchG Vor 1** 20; Entstehung und Entwicklung **KSchG Vor 1** 1 ff.; Geltungsbereich des AGG **AGG 2** 12 ff.; Gleichbehandlungsgrundsatz **KSchG 1** 71; grundrechtlicher Rahmen **KSchG Vor 1** 7 ff.; Insolvenz **KSchG Vor 1** 42 ff.; Interessenabwägung **KSchG 1** 64 f.; kirchliche Arbeitnehmer **BGB Vor 611** 128 f.; kollektivvertraglicher **KSchG Vor 1** 19; Kündigungsschutzgesetz *siehe dort*; leitende Angestellte **KSchG 14** 8 ff.; treuwidrige Kündigung **KSchG Vor 1** 16; Verzicht **KSchG Vor 1** 26 ff.

Kündigungsschutz bei Altersrente, Entwicklungsgeschichte des § 41 SGB VI **SGB VI 41** 1; geschützter Personenkreis **SGB VI 41** 2 f.; Rechtsfolgen **SGB VI 41** 5; Umfang des Kündigungsschutzes **SGB VI 41** 4

Kündigungsschutzgesetz, Angestellte in leitender Stellung **KSchG 14**; Arbeitnehmerbegriff **KSchG 1** 3 ff.; Berufsfreiheit **GG 12** 72; betrieblicher Geltungsbereich **KSchG 23** 1 ff.; Entstehung und Entwicklung **KSchG Vor 1** 1 ff.; Geltungsbereich des 3. Abschnitts **KSchG 23** 18 f.; Inkrafttreten

Stichwortverzeichnis

KSchG 26 1; internationaler Geltungsbereich KSchG Vor 1 31 ff., KSchG 23 2; Kleinbetriebsklausel *siehe dort*; Konzeption KSchG Vor 1 21 ff.; leitende Angestellte KSchG 14 8 ff.; Luftverkehrsbetriebe KSchG 24 1 ff.; Organvertreter KSchG 14 3 ff.; Schifffahrtsbetriebe KSchG 24 1 ff.; Vertreter von Personengesamtheiten KSchG 14 7; Wartezeit (KSchG) *siehe dort*; zwingende Geltung KSchG Vor 1 24

Kündigungsschutzklage/-verfahren KSchG 4 9 ff.; Änderungskündigung KSchG 2 84 ff.; Änderungsschutzklage KSchG 2 109 ff.; Auflösungsantrag *siehe dort*; Ausschlussfrist bei außerordentlicher Kündigung BGB 626 425 ff.; außerordentliche Kündigung BGB 626 407, KSchG 13 7 ff.; Beklagter KSchG 4 17 ff.; Beklagter bei Betriebsübergang KSchG 4 19; besondere Prozessförderungspflicht ArbGG 61a 1 ff.; betriebliches Eingliederungsmanagement SGB IX 84 19 ff.; Betriebsratsmitglied, Amtsausübung BetrVG 24 5; bei Betriebsübergang BGB 613a 374; Entscheidung des Arbeitsgerichts KSchG 4 47 ff.; Feststellungsklage KSchG 4 10 f.; Form der Klage KSchG 4 12 f.; Hinweispflicht des Gerichts KSchG 6 11; Inhalt der Klageschrift KSchG 4 14 ff.; Klagefrist (KSchG) *siehe dort*; Kläger KSchG 4 17; Nachschieben von Gründen und Betriebsratsanhörung BetrVG 102 40 ff., KSchG 1 167a; namentliche Bezeichnung gemäß § 126 Abs. 1 InsO InsO 127 1 ff.; namentliche Bezeichnung bei Interessenausgleich InsO 125 16; Nichtfortsetzungserklärung *siehe dort*; Prozessverwirkung KSchG 7 4; Rechtskraftumfang bei außerordentlicher Kündigung BGB 626 435 ff.; Revision/Revisibilität des wichtigen Grundes BGB 626 432 ff.; Rücknahme der Kündigung KSchG 4 46; Stellungnahme gemäß § 3 KSchG KSchG 4 40; Streitwert bei Kündigungsschutzklage neben Leistungsklage ArbGG 12 21; Streitwert bei Kündigungsschutzklage neben Weiterbeschäftigungsanspruch ArbGG 12 20; Urlaubsanspruch BUrlG 7 37; Urlaubsanspruch und Schadensersatz BUrlG 7 146 f.; Verzichtsvereinbarung KSchG Anh. 9 6a; Wirksamwerden der Kündigung KSchG 7 1 ff.; Zulassung verspäteter Klagen *siehe dort*; zuständiges Gericht KSchG 4 20 ff.; *siehe auch* „Zwischenverdienst"

Kündigungsverbot wegen Betriebsübergang BGB 613a 304 ff.; Betriebsstillegung, Abgrenzung BGB 613a 307a; Fortsetzungs-/Wiedereinstellungsanspruch BGB 613a 308; Rationalisierungs-/Sanierungskündigungen BGB 613a 313 f.; Reichweite BGB 613a 309 ff.; Veräußererkündigung auf Erwerberkonzept BGB 613a 314; „wegen" des Betriebsübergangs BGB 613a 305 ff.; Zweck BGB 613a 304

Künstler, Arbeitnehmerstatus BGB Vor 611 74

Kur *siehe* „Maßnahme der medizinischen Vorsorge oder Rehabilitation"

Kurzarbeit BGB 611 317; Annahmeverzug des Arbeitgebers BGB 615 24; Anordnung SGB III 95 2; Arbeitszeitguthaben, Einsatz zur Vermeidung SGB III 96 9 f.; Einstellung von Arbeitnehmern SGB III 98 5; Entgeltfortzahlung an Feiertagen EFZG 2 37 f.; Entgeltfortzahlung im Krankheitsfall EFZG 3 25, EFZG 4 42; Erholungsurlaub zur Vermeidung SGB III 96 8; Klauseln GewO 106 80; Kurzarbeitergeld *siehe dort*; Leiharbeitnehmer AÜG 11 25; Massenentlassungen KSchG 19 1 ff.; Mitbestimmung BetrVG 87 84, GewO 106 37; Mitbestimmung bei Arbeitskampf GG 9 326; Tarifklauseln TVG 1 128; Urlaubsberechnung BUrlG 3 38 ff.; Urlaubsberechnung bei ~ „Null" BUrlG 3 41a f.; Urlaubsentgelt BUrlG 11 44 ff.; Weisungsrecht GewO 106 36; Zuständigkeit des Gesamtbetriebsrates BetrVG 50 8

Kurzarbeitergeld SGB III 95 1 ff.; Anordnung von Kurzarbeit SGB III 95 2; Anzeige des Arbeitsausfalls SGB III 99 1 ff.; Arbeitskampf GG 9 336 f., SGB III 100 1 ff.; Arbeitszeitguthaben, Einsatz zur Vermeidung von Kurzarbeit SGB III 96 9 f.; Berechnungsweg SGB III 106 2; betriebliche Voraussetzungen SGB III 97 1 ff.; Bezugsfrist SGB III 104 1 ff.; Einstellung von Arbeitnehmern SGB III 98 5; erheblicher Arbeitsausfall SGB III 96 1 ff.; Erholungsurlaub zur Vermeidung von Kurzarbeit SGB III 96 8; Gleichwohlgewährung bei Arbeitskampf SGB III 100 3; Höhe SGB III 106 1 ff.; Krankengeldbezug SGB III 98 8; Kündigung oder Aufhebung eines Arbeitsverhältnisses SGB III 98 6; Mindestumfang der vom Arbeitsausfall Betroffenen SGB III 96 3; Mitwirkung an Vermittlungsbemühung der Arbeitsagentur SGB III 98 10; persönliche Voraussetzungen SGB III 98 1 ff.; Rechtswegzuständigkeit bei Arbeitskampf ArbGG 2 47; Sperrzeit bei Ablehnung zumutbarer Beschäftigung SGB III 98 11 f.; Transfer-Kurzarbeitergeld *siehe* „Transferleistungen"; unabwendbares Ereignis SGB III 96 5 f.; versicherungspflichtige Beschäftigung SGB III 98 2 ff.; vorübergehend SGB III 96 2; wirtschaftliche Ursachen des Arbeitsausfalls SGB III 96 4; zumutbare Maßnahmen zur Abwendung des Arbeitsausfalls SGB III 96 7; Zuschüsse SGB III 95 5; *siehe auch* „Arbeitslosengeld bei Arbeitskämpfen"

Kürzung von Sondervergütungen EFZG 4a 1 ff.; Arbeitsentgelt EFZG 4a 24; Arbeitstage im Referenzzeitraum EFZG 4a 25 f.; Grenzen EFZG 4a 19 ff.; Jahreszeitraum EFZG 4a 22 f.; Kleingratifikationen EFZG 4a 8; Krankheitszeiten EFZG 4a 15 ff.; Maßnahmen der medizinischen Vorsorge und Rehabilitation EFZG 9 28; Normzweck und -entstehung EFZG 4a 1; Sondervergütungen EFZG 4a 2 ff.; Überschreitung der Kürzungsgrenzen EFZG 4a 27; Vereinbarung EFZG 4a 9 ff.

Ladungsfrist ArbGG 47 11 f.

Landesarbeitsgericht, Prozessvertretung ArbGG 11 12 ff.

Landwirtschaft, Ruhezeit ArbZG 5 3; Sonn- und Feiertagsarbeit ArbZG 10 13

Lehrbeauftragte BGB Vor 611 31

Lehrer, Arbeitnehmer oder freie Mitarbeiter BGB Vor 611 69 f., BUrlG 2 7

Leiharbeit *siehe* „Arbeitnehmerüberlassung"

Leiharbeitnehmer, Angebot der Arbeitsleistung BGB 615 30; Arbeitskampf AÜG 11 26 ff.; Arbeitsschutz AÜG 11 32 f.; Auskunftsanspruch AÜG 13 1 ff.; betriebsverfassungsrechtliche Rechte AÜG 14 7 ff.; betriebsverfassungsrechtliche Zuordnung AÜG 14 1 ff.; Erfindung/technischer Verbesserungsvorschlag AÜG 11 34; Gleichstellungsanspruch AÜG 10 28 ff.; Information über freie Arbeitsplätze des Entleihers AÜG 13a 1 ff.; Kündigungsfrist BGB 622 26; Kündigungsfrist, Verkürzung BGB 622 113; Kurzarbeit AÜG 11 25; Mindeststundenentgelt AÜG 10 29 ff.; Zeugnis GewO 109 13; *siehe auch* „Leiharbeitsvertrag"

Leiharbeitsvertrag AÜG 1 7 ff.; Annahmeverzug AÜG 11 23 f.; Arbeitsentgelt AÜG 11 13; Arbeitsort AÜG 11 11; Arbeitszeit AÜG 11 14; Befristungsdauer AÜG 11 10; Beginn AÜG 11 9; Einstellungsverbot AÜG 9 16 ff.; fehlende Verleihererlaubnis AÜG 9 4 f., 9 ff.; Fiktion eines Arbeitsverhältnisses zum Entleiher AÜG 10 1 ff.; gesamtschuldnerische Haftung bei Unwirksamkeit AÜG 10 24 ff.; Hinweis auf Tarifverträge/Betriebsvereinbarungen AÜG 11 17; Hinweis bei Wegfall der Erlaubnis AÜG 11 21; Kündigungsfristen AÜG 11 16, 22; Kurzarbeit AÜG 11 25;

Leistungen, wenn nicht verliehen **AÜG 11** 7; Merkblatt der Erlaubnisbehörde **AÜG 11** 20; Nachweis wesentlicher Vertragsbedingungen **AÜG 11** 1 ff., **NachwG Vorb.** 16 ff.; persönliche Daten **AÜG 11** 8; Schadensersatz bei Unwirksamkeit **AÜG 10** 18 ff.; Tätigkeitsbeschreibung **AÜG 11** 12; Urlaub **AÜG 11** 15; Verleiherdaten **AÜG 11** 6; Vermittlungsvergütung **AÜG 9** 20; Zugang zu Gemeinschaftseinrichtungen und -diensten **AÜG 13b** 1 ff., **AÜG 9** 13; *siehe auch "Leiharbeitnehmer"*

Leistungsbestimmungsrechte AGB-Kontrolle **BGB Anh. zu 305–310** 19 ff.; statt Änderungskündigung **KSchG 2** 22; im Tarifvertrag **TVG 1** 129; *siehe auch "Direktionsrecht"*

Leistungsklage ArbGG 46 12; Streitwert bei ~ neben Kündigungsschutzklage **ArbGG 12** 21; Urlaubsanspruch **BUrlG 7** 55 ff.

Leistungslohn *siehe "Akkordarbeit"*

Leistungsstörungen BGB 611 387 ff.; Haftung des Arbeitgebers **BGB 619a** 64 ff.

Leistungsverweigerungsrecht KSchG 1 224; Belästigung **AGG 14** 1; Entgeltfortzahlung **EFZG 7** 1 ff.; faktische und praktische Unmöglichkeit **BGB 611** 391; Klauselverbote **BGB 309** 2 f.; Leiharbeitnehmer bei Arbeitskampf **AÜG 11** 26 ff.; Maßnahme der medizinischen Vorsorge und Rehabilitation **EFZG 9** 30 f.; persönliche Unzumutbarkeit **BGB 611** 392 ff.; Pflegesituation, akute **PflegeZG 2** 3 ff.; sexuelle Belästigung **AGG 14** 1; Vergütungsanspruch **BGB 611** 399 f., 403

Leitende Angestellte BetrVG 5 48 ff., **BGB Vor 611** 108 ff.; Anhörung gemäß § 102 **BetrVG BetrVG 102** 7 ff.; ArbZG, Nichtanwendbarkeit **ArbZG 18** 2; Auflösungsantrag **KSchG 14** 12; Auskunftsperson für Betriebsrat **BetrVG 80** 90; Begriff **BGB Vor 611** 109; Behandlung bei letzter Wahl einer Arbeitnehmervertretung **BetrVG 5** 64; kein Beschwerderecht **BetrVG 84** 1; Besonderes Verhandlungsgremium (SEBG) **SEBG 15**; keine Beteiligungsrechte des Betriebsrates bei Personalplanung **BetrVG 92** 20; funktionaler Grundtatbestand **BetrVG 5** 58 ff.; Gegnerreinheit einer Koalition **GG 9** 43 f.; Generalvollmacht **BetrVG 5** 55 f.; Information des Betriebsrates in personellen Angelegenheiten **BetrVG 105** 1 ff.; Kündigungsschutz **KSchG 14** 8 ff.; Legaldefinition **BetrVG 5** 49 ff.; Leitungsebene **BetrVG 5** 65; Prokura **BetrVG 5** 55, 57; regelmäßiges Jahresarbeitsentgelt **BetrVG 5** 66 f.; selbständige Einstellungs- und Entlassungsberechtigung **BetrVG 5** 52 ff.; Sprecherausschuss *siehe dort*; Streitigkeiten **BetrVG 5** 68; Unterstützung durch Sprecherausschuss **SprAuG 26** 1; Versammlung der leitenden Angestellten *siehe dort*; Vorschläge für die Aufsichtsratswahl **MitbestG 18** 15 ff.; Wirtschaftsausschuss **BetrVG 107** 9; Zweifelsfälle **BetrVG 5** 63 ff.

Leitende Angestellte, Zuordnungsverfahren BetrVG 18a 1 ff.; gegenseitige Unterrichtung **BetrVG 18a** 3; gemeinsame Sitzung der Wahlvorstände **BetrVG 18a** 4; Streitigkeiten **BetrVG 18a** 8 ff.; Vermittler **BetrVG 18a** 5 f.; nicht zeitgleiche Verfahren **BetrVG 18a** 7; zeitgleiche Wahlen **BetrVG 18a** 2 ff.; Zweck **BetrVG 18a** 1

Lohngleichheit EU *siehe "Entgeltgleichheit (EU)"*

Lohnpfändungen, Abschlagszahlungen **BGB 614** 26 f.; personenbedingter Kündigungsgrund **KSchG 1** 159; Pfändungsschutz *siehe dort*; Vorschüsse **BGB 614** 26 f.

Lohnsteuer *siehe "Einkommensteuer"*

Lohnsteuerkarte, materiell-rechtlicher Anspruch des Arbeitnehmers **ArbGG 2** 91; Rechtswegzuständigkeit **ArbGG 2** 86 ff.

Luftfahrt, Arbeitszeit **ArbZG 20** 1 f.; Kündigungsschutzgesetz **KSchG 24** 1 ff.

Mahnverfahren ArbGG 46a 1 ff.; allgemeine Verfahrensvoraussetzungen **ArbGG 46a** 2; Antrag **ArbGG 46a** 9 ff.; automatisiertes **ArbGG 46a** 36; Durchführung **ArbGG 46a** 9 ff.; Entscheidung **ArbGG 46a** 17 ff.; erbrachte Gegenleistung **ArbGG 46a** 7; Erlass des Mahnbescheids **ArbGG 46a** 22 ff.; Europäisches ~ **ArbGG 46b** 1 f.; Formular **ArbGG 46a** 9; Güteverhandlung **ArbGG 54** 7; Inhalt des Antrags **ArbGG 46a** 14 ff.; Klauselverbote **BGB 309** 5; Kosten **ArbGG 46a** 34; keine öffentliche Bekanntmachung **ArbGG 46a** 8; örtliche Zuständigkeit **ArbGG 46a** 3; Rechtswegzuständigkeit **ArbGG 2** 10; Unterschrift **ArbGG 46a** 10; Vollmacht **ArbGG 46a** 11; Vollstreckungsbescheid **ArbGG 46a** 30 ff.; Widerspruch **ArbGG 46a** 25 ff.; Zahlungsanspruch **ArbGG 46a** 4 ff.; Zurückweisung **ArbGG 46a** 18 ff.; Zuständigkeit **ArbGG 48** 12; Zustellung des Mahnbescheids **ArbGG 46a** 24

Mankohaftung BGB 619a 47 ff.; AGB-Kontrolle **BGB Anh. zu 305–310** 2; Beweislast **BGB 619a** 53; gesetzliche **BGB 619a** 48 ff.; vertragliche **BGB 619a** 51 ff.

Massenänderungskündigung zur Druckausübung **GG 9** 248 ff.; Sonderkündigungsschutz von Funktionsträgern und außerordentliche ~ **KSchG 15** 44

Massenentlassungen KSchG 17 1 ff.; Anzeige vor Kündigungsausspruch **KSchG 17** 30; Anzeigepflicht **KSchG 17** 27 ff.; Arbeitnehmerzahl **KSchG 17** 8 ff.; Aufhebungsvertrag **KSchG Anh. 9** 15; Auskunftspflicht gegenüber Betriebsrat **KSchG 17** 20; Beginn der Sperrfrist **KSchG 17** 38; Beherrschungsklausel **KSchG 17** 37; Beratung mit dem Betriebsrat **KSchG 17** 24; Beteiligung des Betriebsrats **KSchG 17** 17 ff.; betrieblicher Anwendungsbereich **KSchG 17** 7; Entlassungssperre **KSchG 18** 1 ff.; Entscheidungen der Agentur für Arbeit **KSchG 20** 1 ff.; Entscheidungen der Agentur für Arbeit bei besonderen Betrieben **KSchG 21** 1 ff.; Freifrist **KSchG 18** 13; Geltungsbereich **KSchG 23** 1 f.; Konsultation mit dem Betriebsrat **KSchG 17** 44; Kündigung durch Arbeitgeber **KSchG 17** 13; Kündigungsausspruch als Entlassung **KSchG 17** 42; Kurzarbeit **KSchG 19** 1 ff.; Mindestinhalt der Anzeige **KSchG 17** 34; persönlicher Geltungsbereich **KSchG 17** 4; Pflichten nach BetrVG **KSchG 17** 25 f.; Rechtsfolgen der Anzeige **KSchG 17** 38 ff.; sachlicher Geltungsbereich **KSchG 17** 5; Saison- und Kampagnebetriebe **KSchG 22** 1 f.; Sollangaben der Anzeige **KSchG 17** 35; Spaltung/Teilübertragung **UmwG 323** 12; während Sperrfrist **KSchG 18** 4 ff.; Stellungnahme des Betriebsrats **KSchG 17** 32 f.; Unterrichtung zwischen Arbeitgeber und Betriebsrat **KSchG 17** 36; Unterrichtungspflicht gegenüber Betriebsrat **KSchG 17** 21 ff.; Verlängerung der Sperrfrist **KSchG 18** 12; verspätete Anzeige **KSchG 17** 41 f.; Voraussetzungen der Anzeigepflicht **KSchG 17** 6 ff.; Zahl der Entlassungen **KSchG 17** 12 ff.; Zeitraum der Entlassungen **KSchG 17** 15

Maßnahme der medizinischen Vorsorge oder Rehabilitation BUrlG 10 1 ff., **EFZG 9** 1 ff.; analoge Anwendung des **EFZG 9** 17 ff.; Anlasskündigung **EFZG 9** 32; Arbeitsverhinderung **EFZG 9** 19 f.; ärztliche Verordnung **EFZG 9** 15; Beginn, Ende, Dauer des Entgeltfortzahlungsanspruchs **EFZG 9** 22 ff.; Begriff **EFZG 9** 17 ff.; Bewilligung **EFZG 9** 11 ff.; Entgelt **EFZG 9** 27; Entgeltfortzahlungsanspruch **BUrlG 10** 14 ff.; Forderungsübergang bei Dritthaftung **EFZG 9** 29; Gesetzesgeschichte **BUrlG 10** 1; Kürzung Sondervergütung

EFZG 9 28; Leistungsverweigerungsrecht des Arbeitgebers **EFZG** 9 30f., 37f.; Maßnahmen der medizinischen Rehabilitation **EFZG** 9 8; Maßnahmen der medizinischen Vorsorge **EFZG** 9 7; medizinische Rehabilitation **BUrlG** 10 6ff.; medizinische Vorsorgeleistungen **BUrlG** 10 6; Nachweis **EFZG** 9 36; Normzweck und -entstehung **EFZG** 9 1, 4; personenbedingter Kündigungsgrund **KSchG** 1 155; Rechtsfolgenanordnung **BUrlG** 10 20ff.; Schonungszeiten **BUrlG** 10 11ff., **EFZG** 9 16; tarifvertragliche Regelung **BUrlG** 13 55; Unterrichtung **EFZG** 9 34ff.; Urlaub im Anschluss **BUrlG** 7 35, **BUrlG** 10 11ff.; Verschulden des Arbeitnehmers **EFZG** 9 21; vorläufiges Leistungsverweigerungsrecht des Arbeitgebers **EFZG** 7 7

Maßregelungsverbot, Arbeitgeber **BGB 612a** 5; Arbeitnehmer **BGB 612a** 4; Arbeitskampf **GG** 9 318; auflösend bedingter Arbeitsvertrag **TzBfG** 21 4; Benachteiligung **BGB 612a** 7ff.; Beweislast **BGB 612a** 35; Entstehungsgeschichte **BGB 612a** 1; Fallgruppen **BGB 612a** 13ff.; bei Inanspruchnahme von Rechten nach AGG **AGG** 16 1ff.; bei Inanspruchnahme von Rechten nach TzBfG **TzBfG** 5 1ff.; Kausalität **BGB 612a** 10f.; Maßnahme **BGB 612a** 6; Normzweck **BGB 612a** 2; Rechtsfolgen **BGB 612a** 31ff.; Tarifklauseln **TVG** 1 130; Vereinbarung **BGB 612a** 6; Verlangen der Erfüllung der Nachweispflicht **NachwG Vorb.** 38; Voraussetzungen **BGB 612a** 4ff.; zulässige Rechtsausübung **BGB 612a** 12

Mediation **ArbGG** 54 1ff., **ArbGG** 64 54a; Beschleunigungsgrundsatz **ArbGG** 54a 3; fristgebundene Klagen **ArbGG** 54a 4; gerichtsinterne siehe Güterichterverhandlung; Ruhen des Verfahrens **ArbGG** 54a 2

Medienmitarbeiter, Arbeitnehmer oder freie Mitarbeiter **BetrVG** 5 34, **BGB Vor 611** 62ff.; Arbeitnehmerbegriff bei Journalisten **BUrlG** 2 7; Befristungsgrund Eigenart der Arbeitsleistung **TzBfG** 14 36; Berufsfreiheit **GG** 12 78

Mehrarbeit **BGB** 611 315; Abrufarbeit **TzBfG** 12 7; Annahmeverzug des Arbeitgebers **BGB** 615 15; Beschäftigungsverbot (Mutterschutz) **MuSchG** 8 2; stillschweigend vereinbarte Vergütung **BGB** 612 23; Vergütung *siehe* „Überstundenvergütung"

Meinungsäußerung **BGB** 611 378f.; außerordentliche Kündigung **BGB** 626 175ff.; verhaltensbedingter Kündigungsgrund **KSchG** 1 235

Meistbegünstigungsklausel **TVG** 1 73

Mietvertrag, Betriebsübergang **BGB 613a** 212

Minderjährige **ArbGG** 11 3; Aufhebungsvertrag **KSchG Anh.** 9 10; Berufsausbildungsvertrag **BBiG** 10 7f.; Gewerkschaftsbeitritt **GG** 9 100; nachvertragliches Wettbewerbsverbot **HGB** 74a 131

Minderleistung **KSchG** 1 155a; verhaltensbedingter Kündigungsgrund **KSchG** 1 239

Mindestentgelt **AEntG** 2 1ff., **TVG Einl.** 38, **TVG** 5 40; Arbeitnehmerüberlassung **AÜG** 3a 1ff., **AÜG** 10 29ff.

Mitarbeiterversammlungen **BetrVG** 42 11

Mitarbeitervertretung, Kündigungsanhörung **BetrVG** 102 52; Recht der ~ **BGB Vor 611** 131

Mitbestimmung, Mitbestimmung bei grenzüberschreitender Verschmelzung *siehe dort*, *siehe im Übrigen* „Beteiligungsrechte ...", Unternehmensmitbestimmung *siehe dort*

Mitbestimmung bei grenzüberschreitender Verschmelzung **MgVG** 1ff.; Abgrenzung zu Verschmelzung bei Europäischer Gesellschaft **MgVG** 2; Begriffe **MgVG** 7; Besonderes Verhandlungsgremium (MgVG) *siehe dort*; gesellschaftsrechtliche Grundlagen **MgVG** 3ff.; Gesetzesstruktur **MgVG** 6; Grundsätze der Zusammenarbeit **MgVG** 30; Mitbestimmung kraft Gesetzes **MgVG** 19ff.; nachfolgende innerstaatliche Verschmelzung **MgVG** 27f.; Schutzbestimmungen **MgVG** 30; Sitzverteilung im Aufsichts- oder Verwaltungsorgan **MgVG** 23ff.; Tendenzschutz **MgVG** 29; Voraussetzungen für Anwendung der Mitbestimmung **MgVG** 8; Wahlanfechtung **MgVG** 25

Mitteilungs-/Berichtspflichten, außerordentliche Kündigung bei Verstoß **BGB** 626 214

Mittelbares Arbeitsverhältnis **BGB Vor 611** 116ff.; Kündigungsschutz **KSchG** 1 6

Mobbing **BGB** 611 256, 354f., **BGB** 619a 70; außerordentliche Kündigung **BGB** 626 187

Monatsgespräch **BetrVG** 74 3ff.; Sinn **BetrVG** 74 3; Teilnahmerecht **BetrVG** 74 5f.; volle Besetzung **BetrVG** 74 4

Mündliche Verhandlung **ArbGG** 57 1ff.; Anhörung der Parteien **ArbGG** 57 5; Antragstellung **ArbGG** 57 3; Aufklärungs- und Hinweispflichten **ArbGG** 57 6ff.; Einführung in den Sach- und Streitstand **ArbGG** 57 4; nach ergebnisloser Güteverhandlung **ArbGG** 54 45ff.; Erledigung im ersten Termin **ArbGG** 57 10ff.; Eröffnung **ArbGG** 57 2; Güteverhandlung **ArbGG** 54 4; Klage wegen Benachteiligung **ArbGG** 61b 12f.; Prozessförderungspflicht **ArbGG** 57 15ff.; Schließung **ArbGG** 60 5; Wiedereröffnung **ArbGG** 60 6; *siehe auch* „Streitige Verhandlung, Vorbereitung"

Mündlichkeitsgrundsatz, Ausschluss des schriftlichen Verfahrens **ArbGG** 46 7; Einigungsstellenverfahren **BetrVG** 76 43f.

Musiker, Arbeitnehmerstatus **BGB Vor 611** 74

Mutterschaftsgeld **MuSchG** 13 1ff.; Anspruchsberechtigte für Zuschuss **MuSchG** 14 2f.; Anspruchsverpflichtete für Zuschuss **MuSchG** 14 4f.; Berechnung des Zuschusses **MuSchG** 14 6; Berufsfreiheit **GG** 12 45; für gesetzlich Krankenversicherte **MuSchG** 13 2ff.; andere Leistungen **MuSchG** 13 7; für Nichtversicherte **MuSchG** 13 5; Wechsel vom Beamten- ins Arbeitsverhältnis **MuSchG** 13 6; Zuschuss **MuSchG** 14 1ff.

Mutterschaftslohn **MuSchG** 11 1ff.; Berechnung **MuSchG** 11 5ff.; Berechnungszeitraum **MuSchG** 11 6; berechtigter Personenkreis **MuSchG** 11 2; Beschäftigungsverbot **MuSchG** 3 5; Gesamtverdienst **MuSchG** 11 7f.; Kausalität des Beschäftigungsverbots **MuSchG** 11 3f.; Streik **GG** 9 199; Verdiensterhöhungen, -kürzungen **MuSchG** 11 9f.

Mutterschutz, Arbeitsplatzgestaltung **MuSchG** 2 1ff.; Aufsichtsbehörde **MuSchG** 20 1ff.; Auskunfts- und Vorlagepflicht des Arbeitgebers **MuSchG** 19 1ff.; Auslage des MuSchG **MuSchG** 18 1ff.; befristete Vertretung **TzBfG** 23 15ff.; Beschäftigungsverbot (Mutterschutz) *siehe dort*; Erhaltung von Rechten **MuSchG** 10 1ff.; Erholungsurlaub **MuSchG** 17 1f.; Freistellung für Untersuchungen **MuSchG** 16 1ff.; Geltungsbereich des MuSchG **MuSchG** 1 2ff.; Inhalt und Zweck des MuSchG **MuSchG** 1 1f.; Mitteilungspflicht **MuSchG** 5 1ff.; Sonderkündigungsrecht **MuSchG** 10 2; Sonderkündigungsschutz nach MuSchG *siehe dort*; sonstige Leistungen **MuSchG** 15 1; Stillzeit *siehe dort*; Wiedereinstellung **MuSchG** 10 3f.

Nachschieben von Kündigungsgründen **KSchG** 1 88ff.; außerordentliche Kündigung **BGB** 626 409ff.; Betriebsratsanhörung **BetrVG** 102 40ff., **BGB** 626 409ff., **KSchG** 1 167a; Grenzen **KSchG** 1 89ff.; Verwirkung gemäß § 626 Abs. 2 BGB **KSchG** 1 89; Zustimmungsersetzungsverfahren **BetrVG** 103 19

Nachtarbeit **ArbZG** 6 1ff.; arbeitsmedizinische Untersuchung **ArbZG** 6 7ff.; Aufsichtsbehörde **ArbZG**

6 22; Ausgleich für ~ **ArbZG** 6 18ff.; Begriff **ArbZG** 2 12; Beschäftigungsverbot (Mutterschutz) **MuSchG** 8 2, 4; Gestaltung der Arbeit **ArbZG** 6 2ff.; Gestaltungsempfehlungen **ArbZG** 6 4; Kündigung wegen Leistungseinschränkung **ArbZG** 6 16; Sanktionen **ArbZG** 6 5; Umsetzung **ArbZG** 6 13ff.; Verbot für Jugendliche **JArbSchG** 14 1ff.; Weiterbeschäftigung auf Tagesarbeitsplatz **ArbZG** 6 14; Weiterbildung **ArbZG** 6 21; werktägliche Arbeitszeit **ArbZG** 6 6; Zuschläge **ArbZG** 6 20

Nachtarbeitnehmer ArbZG 2 13.

Nachteilsausgleich BetrVG 113 1ff.; Abfindungshöhe **BetrVG** 113 14; Abweichen vom Interessenausgleich **BetrVG** 113 4ff.; Entlassung **BetrVG** 113 11; Kausalität **BetrVG** 113 11f.; Streitwert **ArbGG** 12 26; unterlassener Versuch eines Interessenausgleichs **BetrVG** 113 10; Wirksamkeit der Kündigung **BetrVG** 113 13; zwingende Abweichung vom Interessenausgleich **BetrVG** 113 8

Nachtzeit ArbZG 2 11

Nachweis wesentlicher Vertragsbedingungen GewO 105 6; und AGB-Kontrolle **NachwG Vorb.** 5f.; Änderungen **NachwG** 3 1ff.; Änderungskündigung **KSchG** 2 7; Arbeitsentgelt **NachwG** 2 29f.; Arbeitsort **NachwG** 2 21ff.; Arbeitszeit **NachwG** 2 34; Aushändigung der Niederschrift **NachwG** 2 5ff.; Aushändigung eines schriftlichen Arbeitsvertrages **NachwG** 2 62; Auslandseinsatz **NachwG** 2 48ff.; Ausschlussfristen **NachwG** 2 63; Beendigung des Arbeitsverhältnisses **NachwG** 2 65; Befristungsdauer **NachwG** 2 18ff.; Berufsausbildungsvertrag **NachwG Vorb.** 20ff.; Beweissituation **NachwG Vorb.** 15, 39ff.; Datenschutz **NachwG Vorb.** 55; deklaratorischer Charakter **NachwG Vorb.** 13f., **NachwG** 2 1; deliktischer Anspruch **NachwG Vorb.** 36; EG-Richtlinie **NachwG Vorb.** 7ff.; Erfüllungsanspruch **NachwG Vorb.** 30f.; Formvorschrift **BGB** 611 38; Frist **NachwG** 2 8ff.; andere Gesetze **NachwG Vorb.** 16ff.; Gesetzeszweck **NachwG Vorb.** 1ff.; Kollektivvereinbarungen **NachwG** 2 38ff.; Kontrollmöglichkeiten nach BetrVG **NachwG Vorb.** 53f.; korrigierende Rückgruppierung **NachwG Vorb.** 46; Kündigungsfristen **NachwG** 2 37; Leiharbeitsverhältnis **AÜG** 11 1ff., **NachwG Vorb.** 16ff.; Maßregelungsverbot **NachwG Vorb.** 38; Mindestinhalt **NachwG** 2 2ff.; Mindestkatalog **NachwG** 2 11ff.; persönlicher Anwendungsbereich **NachwG** 1 1ff.; Rechtsmissbrauchseinwand **NachwG Vorb.** 35; Rentenversicherungsoption bei geringfügig Beschäftigten **NachwG** 2 46; Rüge der inhaltlichen Unrichtigkeit **NachwG Vorb.** 47ff.; sanktionsfreier Verstoß **NachwG Vorb.** 27ff.; Schadensersatzanspruch bei Verstoß **NachwG Vorb.** 32f.; Tätigkeitsbeschreibung **NachwG** 2 24ff.; Teilersetzungsmöglichkeit durch Hinweis auf Kollektivregelungen **NachwG** 2 51ff.; Teilersetzungsmöglichkeit durch Verweisung auf Gesetze **NachwG** 2 61; Übergangsregelung **NachwG** 4 1ff.; Unabdingbarkeit **NachwG** 5 1f.; Urlaubsdauer **NachwG** 2 35f.; Verjährung **NachwG** 2 64; Verstoß **NachwG Vorb.** 27ff.; Vertragsparteien **NachwG** 2 12ff.; Verwirkung **NachwG** 2 66; „wesentlich" **NachwG** 2 3; Zeitpunkt des Beginns des Arbeitsverhältnisses **NachwG** 2 17; Zurückbehaltungsrecht bei Verstoß **NachwG Vorb.** 37

Nachwirkung von Tarifnormen TVG 4 5ff.; Ablösung durch andere Abmachung **TVG** 4 11ff.; tarifdispositives Gesetzesrecht **TVG** 4 9; Tarifkonkurrenz **TVG** 4 50; weitergeltende Normen **TVG** 4 10; Weitergeltung als Rechtsnorm **TVG** 4 7ff.

NATO-Truppen, deutsche Gerichtsbarkeit **ArbGG** 1 6; Kündigungsschutz **KSchG Vor** 1 37f.

Nebenarbeiten BGB 611 297

Nebenpflichten, Arbeitgeber **BGB** 611 239ff.; Arbeitnehmer **BGB** 611 347ff., 386; Sanktionen **BGB** 611 240

Nebentätigkeit BGB 611 368ff.; außerordentliche Kündigung **BGB** 626 215f.; berechtigte Interessen des Arbeitgebers **BGB** 611 372; Einzelfälle **BGB** 611 374; Entgeltfortzahlung **EFZG** 3 71; Folgen bei pflichtwidriger ~ **BGB** 611 375; gesetzlicher Rahmen **BGB** 611 369; öffentlicher Dienst **BGB** 611 373; personenbedingter Kündigungsgrund **KSchG** 1 128; Umfang **BGB** 611 371; Urlaubsanspruch **BUrlG** 2 7; verhaltensbedingter Kündigungsgrund **KSchG** 1 236; und Wettbewerbsverbot **HGB** 60 2; Wirksamkeitsvoraussetzung **BGB** 611 370

Nettolohnvereinbarung BGB 611 96ff.; Änderung der maßgeblichen Umstände **BGB** 611 99; Auslegung **BGB** 611 98; Einkommensteuer **EStG** 19/38 67; Fehlbeträge **BGB** 611 100; Inhalt **BGB** 611 97

Neue Bundesländer, fristlose Kündigung nach Einigungsvertrag **BGB** 626 9ff.; Insolvenzsicherung **BetrAVG** 7 25; Tarifrecht **TVG** 10 4f.

Neueinstellung, derselbe Arbeitgeber **TzBfG** 14 110; sachgrundlose Befristung bei ~ **TzBfG** 14 109f.

Neugründung, sachgrundlose Befristung **TzBfG** 14 118ff.; Sozialplan **BetrVG** 112a 6ff.

Nichtfortsetzungserklärung KSchG 12 1ff.; nicht aufgelöstes Arbeitsverhältnis **KSchG** 12 2; außerordentliche Kündigung, Abgrenzung **BGB** 626 31; Ausübung des Wahlrechts **KSchG** 12 4ff.; Beendigung des alten Arbeitsverhältnisses **KSchG** 12 6f.; Fortsetzung des alten Arbeitsverhältnisses **KSchG** 12 5; neues Arbeitsverhältnis **KSchG** 12 3; Schriftform **BGB** 623 20; Vergütungsansprüche **KSchG** 12 8f.

Nichtigkeit von Arbeitsverträgen BGB 611 70ff.; und Kündigung **KSchG** 1 43; Nichtigkeitsgründe **BGB** 611 71ff.; Rechtsfolgen **BGB** 611 80ff.

Nichtigkeitsklage ArbGG 79 2; nicht vorschriftsmäßige Besetzung des Gerichts **ArbGG** 79 5

Nichtleistung BGB 611 408f.

Nichtrauchereigenschaft, Frage des Arbeitgebers **BGB** 123 21

Nichtraucherschutz BGB 618 23ff.; Ermessen **BGB** 618 25; Publikumsverkehr **BGB** 618 26

Nichtverlängerungsmitteilung TzBfG 15 32, **TzBfG** 17 8

Nichtzulassungsbeschwerde ArbGG 72a 1ff.; abschließende Regelung **ArbGG** 72a 4; Anträge **ArbGG** 72a 10f.; aufschiebende Wirkung **ArbGG** 72a 13; Bedingung **ArbGG** 72a 7; Begründung bei Mehrfachbegründung des LAG **ArbGG** 72a 25a; Begründungsfrist **ArbGG** 72a 14f.; Belehrung **ArbGG** 72a 9; Beschluss **ArbGG** 72a 28; im Beschlussverfahren **ArbGG** 92a 11; Beurteilungszeitpunkt **ArbGG** 72a 30; Divergenzbeschwerde **ArbGG** 72a 16ff.; Einlegung **ArbGG** 72a 6ff.; Entscheidung **ArbGG** 72a 26ff.; Erschöpfung des Rechtswegs **ArbGG** 72a 5; Form **ArbGG** 72a 6; Grundsatzbeschwerde **ArbGG** 72a 22f.; Kosten **ArbGG** 72a 34; Notfrist **ArbGG** 72a 8; Richterbank **ArbGG** 72a 27; Verfahrensbeschwerde **ArbGG** 72a 24f.; Wirkung der Einlegung **ArbGG** 72a 12; Wirkung der Entscheidung **ArbGG** 72a 31f.

Notdienstarbeiten, Arbeitskampf **GG** 9 290, 292ff.

Notfallarbeiten ArbZG 14 1ff., **BGB** 611 298; keine andere Abhilfemöglichkeit **ArbZG** 14 11; trotz anderweitiger Arbeitspflichten **GewO** 106 21; außergewöhnliche Fälle **ArbZG** 14 6f.; keine außergewöhnlichen Fälle **ArbZG** 14 8; Jugendliche **ArbZG** 14 10, **JArbSchG** 21 1ff.; Notfall **ArbZG** 14 3f.; keine Notfälle **ArbZG** 14 5; Überstunden **BGB** 611 316; zulässige Arbeiten **ArbZG** 14 9

Nötigung, außerordentliche Kündigung **BGB** 626 252

Offenbarungspflichten des Arbeitnehmers BGB 123 32ff.; verhaltensbedingte Kündigung KSchG 1 237
Öffentliche Zustellung ArbGG 47 7
Öffentlicher Dienst, Anpassung der Betriebsrente BetrAVG 16 7; Arbeitskampf GG 9 320ff.; Arbeitszeit ArbZG 19 1ff.; ArbZG, Nichtanwendbarkeit bei Dienststellenleitern ArbZG 18 4; befristete Arbeitsverhältnisse und Tarifverträge TzBfG 22 5ff.; Befristung wegen Haushaltsmitteln TzBfG 14 56ff.; Berufsfreiheit GG 12 79f.; betriebsbedingte Kündigung KSchG 1 312f.; Betriebsübung BGB 611 232; Betriebsverfassungsgesetz, Nichtanwendbarkeit BetrVG 130 1ff.; bevorzugte Einstellung Wehrpflichtiger ArbPlSchG 11a 1f.; direktionsrechtliche Herabstufung GewO 106 98; Einstellungsanspruch nach Art. 33 Abs. 2 GG BGB 611 49; flexible Arbeitszeitregelungen ArbZG 15 7, 13; Freizügigkeit, EG AEUV 45 23; fristlose Kündigung in den neuen Bundesländern BGB 626 9ff.; Nebentätigkeit BGB 611 373; personenbedingte Kündigung KSchG 1 156, 227; politische Betätigung BGB 611 382; politische Betätigung als Kündigungsgrund KSchG 1 158; Quotenregelungen GG 3 93; sachgrundlose Befristungen TzBfG 14 116; Sonderkündigungsschutz KSchG 15 6; Sprecherausschuss SprAuG 1 10; Teilzeitbeschäftigung für Frauen TzBfG 23 13; Übertragung von Versorgungsrechten BetrAVG 18 5a
Öffentlichkeit ArbGG 52 1ff.; Ausschließung der ~ ArbGG 52 8ff.; Ausschließung von Amts wegen ArbGG 52 9ff.; Ausschließung auf Antrag ArbGG 52 14ff.; Ausschließungsgründe ArbGG 52 8; Ausschlussverfahren ArbGG 52 20ff.; Erfindungsgeheimnis ArbGG 52 16; Gefährdung der öffentlichen Ordnung ArbGG 52 11; Gefährdung der Sittlichkeit ArbGG 52 12; Geschäfts- und Betriebsgeheimnis ArbGG 52 15; Güterichterverhandlung ArbGG 54 52; Inhalt der Ausschlussentscheidung ArbGG 52 24f.; Jedermann-Zugänglichkeit ArbGG 52 2f.; öffentliche Verhandlung ArbGG 52 4f.; Rechtsmittel ArbGG 52 26; Revisionsinstanz ArbGG 72 37; Schutz der Privatsphäre ArbGG 52 18f.; Steuergeheimnis ArbGG 52 17; Verbot von Ton- und Filmaufnahmen ArbGG 52 6f.; Verletzung des ~sgebots ArbGG 52 27; Versagung des Zutritts ArbGG 52 3; Zweckmäßigkeitsgründe für Ausschließung ArbGG 52 13
Öffentlich-rechtliche Dienstverhältnisse BGB Vor 611 30
Offizialmaxime, im Beschlussverfahren ArbGG 83 2ff.; Einigungsstellenverfahren BetrVG 76 48
Öffnungsklausel siehe „Tariföffnungsklausel"
Ordentliche Gerichtsbarkeit, Computerprogramme, Vergütung ArbGG 2 126; Rechtsweg, Abgrenzung ArbGG 2 28
Ordentliche Kündigung KSchG 1 21ff.; befristetes Arbeitsverhältnis TzBfG 15 14ff.; nachvertragliches Wettbewerbsverbot HGB 75 15ff.; als Rechtsgeschäft KSchG 1 24ff.; rechtswidriger Streik GG 9 302; Teilvergütung BGB 628 24; Umdeutung KSchG 1 36; Umdeutung in Anfechtung BGB 119 13
Ordnungsgeld, Ausbleiben einer Partei ArbGG 51 20ff.
Ordnungswidrigkeiten siehe „Straf- und Bußgeldvorschriften"
Organmitglieder, Abmahnung BGB 620 20; Altersteilzeit ATZG 2 15; Anstellungsvertrag BGB Vor 611 94ff.; keine Arbeitnehmer ArbGG 5 14ff.; Beendigung des Dienstvertrags BGB 620 19f.; Geltung des AGG AGG 2 5, AGG 6 7; Geltung des BetrAVG BetrAVG 17 11f.; Kündigungsfrist BGB 621 11ff.; nachvertragliches Wettbewerbsverbot HGB 74 9f.; Rechtswegzuständigkeit ArbGG 2 138ff.

Ort der Arbeitsleistung siehe „Arbeitsort"
Örtliche Zuständigkeit ArbGG 2 141ff., ArbGG 48 16; Alleinentscheidung des Vorsitzenden ArbGG 55 15; allgemeiner Gerichtsstand ArbGG 2 142; arbeitsgerichtliche Entscheidung ArbGG 48 77ff.; Beschluss ArbGG 48 78; im Beschlussverfahren ArbGG 82 1ff.; besonderer Gerichtsstand ArbGG 2 143ff.; Bindungswirkung des Beschlusses ArbGG 48 79f.; Entscheidung ArbGG 48 72ff.; Gerichtsstand des Arbeitsorts ArbGG 48 83af.; Gerichtsstand des Erfüllungsortes ArbGG 2 143f.; Gerichtsstand der Niederlassung ArbGG 2 145ff.; Gerichtsstandsvereinbarung ArbGG 2 152; Güteverhandlung bei Verweisung ArbGG 54 8; Klage wegen Benachteiligung ArbGG 61b 9ff.; Kündigungsschutzklagen KSchG 4 24; Mahnverfahren ArbGG 46a 3; maßgeblicher Zeitpunkt ArbGG 48 18; mehrere Gerichtsstände ArbGG 2 151; Prüfungsreihenfolge ArbGG 48 17; Prüfungssperre für Berufungsgericht ArbGG 65 8f.; Prüfungssperre für Beschwerdegericht ArbGG 88 2f.; Säumnis ArbGG 48 75f.; tarifvertragliche Regelung ArbGG 48 84ff.; Widerklage ArbGG 2 149
OT-Mitgliedschaft GG 9 59, TVG 2 16, TVG 3 3ff.; Aufteilungsmodell TVG 3 3; Blitzwechsel TVG 3 11f.; Streik und verbandsbezogene Forderungen TVG 3 11b; Stufenmodell TVG 3 4f.; Verbandssatzung TVG 3 5af.
Outsourcing, betriebsbedingter Kündigungsgrund KSchG 1 296ff.; Betriebsübergang BGB 613a 71, 173, 214ff.

Pachtvertrag, Betriebsübergang BGB 613a 212f.
Parteifähigkeit ArbGG 10 1ff.; Arbeitgeberverbände ArbGG 10 3, 5f.; Gewerkschaften ArbGG 10 3f., 6, GG 9 94; Rechtsfolgen bei Fehlen ArbGG 10 10
Parteipolitische Betätigung Verbot BetrVG 74 16ff.
Parteiwechsel, Güteverhandlung nach gewillkürtem ~ ArbGG 54 10
Parteizugehörigkeit, Frage des Arbeitgebers BGB 123 16
Passivlegitimation, Betriebsübergang BGB 613a 369ff.
Pausen siehe „Ruhepausen"
Pensionsfonds BetrAVG Vorb. 72ff., BetrAVG 1b 28ff.; Insolvenzsicherung BetrAVG 7 4f.; Insolvenzsicherung und Übertragung der Leistungspflicht BetrAVG 8 3; Unverfallbarkeit BetrAVG 1b 29, BetrAVG 2 42
Pensionskassen BetrAVG Vorb. 70, BetrAVG 1b 28ff.; Ausscheiden des Arbeitnehmers BetrAVG 30e 3; Unverfallbarkeit BetrAVG 1b 29, BetrAVG 2 41
Pensionssicherungsverein BetrAVG 14 1ff.; Abfindung von Anwartschaften BetrAVG 8 4; Amtshilfe BetrAVG 11 7; Anmeldung von Ansprüchen BetrAVG 9 4; keine Anpassung von Anwartschaften BetrAVG 7 27; Anpassung laufender Leistungen BetrAVG 7 7.2; Anrechnung von Nachdienstzeiten BetrAVG 7 20; Anrechnung von Vordienstzeiten BetrAVG 7 19; Anschrift BetrAVG 14 1; Anwartschaften BetrAVG 7 14ff.; Auffanglösung BetrAVG 14 8; außergerichtlicher Liquidationsvergleich BetrAVG 7 34ff.; außergerichtlicher Stundungs- oder Quotenvergleich BetrAVG 7 45f.; Beiträge BetrAVG 10 1ff.; Beitragsaufkommen BetrAVG 10 3f.; Beitragsbescheide BetrAVG 10 4; Beitragspflicht BetrAVG 10 2; Bemessungsgrundlagen BetrAVG 10 5ff.; Berechnung der unverfallbaren Versorgungsanwartschaft BetrAVG 7 26; bestätigter Insolvenzplan BetrAVG 7 51; Entgeltumwandlung BetrAVG 7 24; Erstmeldung BetrAVG 11 2f.; Folgemeldungen BetrAVG 11 4f.; Forderungsübergang BetrAVG 9 5ff.; geschützte

Durchführungswege **BetrAVG 7** 2 ff.; gesetzliches Schuldverhältnis **BetrAVG 7** 7; Höchstgrenze **BetrAVG 7** 53 ff.; Insolvenzsicherung **BetrAVG 7** 1; Insolvenzstichtag **BetrAVG 7** 9 f.; Insolvenzverfahren mit Sanierungserfolg **BetrAVG 7** 47; Klagen gegen ~ **BetrAVG 14** 7; laufende Leistungen **BetrAVG 7** 7 ff.; Leistungsbescheid **BetrAVG 9** 1 ff.; Leistungseinschränkungen **BetrAVG 7** 50 ff.; Leistungserbringung trotz Insolvenz **BetrAVG 7** 52; Masselosigkeit, offensichtliche **BetrAVG 7** 41 ff.; Meldepflichten **BetrAVG 11** 1 ff.; Mitgliedschaft **BetrAVG 14** 5; Mitteilungen im Insolvenzfall **BetrAVG 11** 6; Mitteilungspflichten **BetrAVG 9** 1 ff.; neue Bundesländer **BetrAVG 7** 25; neue Unverfallbarkeitsfristen **BetrAVG 7** 21; Ordnungswidrigkeiten **BetrAVG 12** 1 ff.; Organisation **BetrAVG 14** 6; rechtliche Doppelstellung **BetrAVG 14** 4; Rechtswegzuständigkeit **ArbGG 2** 102 ff., **BetrAVG 14** 7; rückständige Leistungen **BetrAVG 7** 56; Säumniszuschläge **BetrAVG 10a** 1 f., 5; Selbsthilfeeinrichtung **BetrAVG 14** 2 f.; Sicherungsfälle **BetrAVG 7** 28 ff.; Sicherungsfälle vor dem 1.1.1999 **BetrAVG 31** 1 ff.; Übergangsvorschrift nicht ausfinanzierte Anwartschaften **BetrAVG 30i** 1; Übertragung der Leistungspflicht **BetrAVG 8** 1 ff.; Übertragung von Versorgungsrechten **BetrAVG 4** 8; Unternehmensfortführung **BetrAVG 7** 44 ff.; Unternehmensliquidation **BetrAVG 7** 30 ff.; Unverfallbarkeit der Anwartschaften **BetrAVG 7** 15 ff.; Vermögensübergang bei Unterstützungskasse **BetrAVG 9** 9 ff.; Verschwiegenheitspflicht **BetrAVG 15** 1; Versicherungsanspruch **BetrAVG 7** 8; Versicherungsmissbrauch **BetrAVG 7** 57 ff.; wirtschaftliche Notlage **BetrAVG 7** 48 f.; Zinsen bei Säumnis **BetrAVG 10a** 1, 3 ff.; Zwangsvollstreckung **BetrAVG 10** 9

Personalakten, Beginn und Ende des Einsichtsrechts **BetrVG 83** 8; Begriff **BetrVG 83** 3; Datenschutz **BDSG Vorb.** 100 ff., **BetrVG 83** 10, **BGB 611** 258 f.; Einsichtsrecht **BetrVG 83** 1 ff.; Entfernung rechtswidriger Abmahnungen **KSchG 1** 205 ff.; Erklärung des Arbeitnehmers **BetrVG 83** 9; Führung **BetrVG 83** 4 f.; Hinzuziehung eines Betriebsratsmitgliedes **BetrVG 83** 7; Streitigkeiten **BetrVG 83** 11

Personalfragebogen BDSG Vorb. 104, **BGB 123** 3 ff., 31; *siehe auch* „Beteiligungsrechte bei Personalfragebogen", „Fragerecht des Arbeitgebers"

Personalgestellung Arbeitnehmerbegriff **BetrVG 5** 34a

Personalplanung BGB 611 10; Begriff **BetrVG 92** 2 ff.

Personalrabatt BGB 611 92; Einkommensteuer **EStG 19/38** 67

Personenbedingte Kündigung KSchG 1 92 ff.; Abgrenzung zur verhaltensbedingten Kündigung **KSchG 1** 178 ff.; Abmahnung **KSchG 1** 97 f.; Änderungskündigung **KSchG 2** 65; außerordentliche Kündigung **BGB 626** 277; Beteiligung des Betriebs-/Personalrats **KSchG 1** 167a; Betriebsablaufstörungen **KSchG 1** 106 ff.; Beurteilungszeitpunkt **KSchG 1** 101; Darlegungs- und Beweislast hinsichtlich erheblicher Beeinträchtigung betrieblicher Interessen **KSchG 1** 173; Darlegungs- und Beweislast hinsichtlich Interessenabwägung **KSchG 1** 174; Darlegungs- und Beweislast vor Kündigungsausspruch **KSchG 1** 168; Darlegungs- und Beweislast im Kündigungsschutzprozess **KSchG 1** 169 ff.; Darlegungs- und Beweislast hinsichtlich negativer Prognose **KSchG 1** 170 ff.; Darlegungs- und Beweislast hinsichtlich Weiterbeschäftigungsmöglichkeit **KSchG 1** 175; Definition **KSchG 1** 93; einzelne Kündigungsgründe **KSchG 1** 117 ff.; erhebliche Beeinträchtigung betrieblicher Interessen **KSchG 1** 106 ff.; fehlende Fähigkeit und Eignung **KSchG 1** 94; Interessenabwägung **KSchG 1** 112; negative Prognose der negativen Eignung und Fähigkeit **KSchG 1** 103 ff.; öffentlicher Dienst **KSchG 1** 156; Personalreserve **KSchG 1** 109; Prüfungsschema **KSchG 1** 102 ff.; Sozialauswahl **KSchG 1** 100; Überbrückungsmaßnahmen **KSchG 1** 108 ff.; Umsetzungsmöglichkeit **KSchG 1** 108; Ursache der Leistungsstörung **KSchG 1** 95; Verschulden **KSchG 1** 96; Weiterbeschäftigungsmöglichkeit **KSchG 1** 99; Wiedereinstellungsanspruch **KSchG 1** 166; *siehe auch* „Kündigungsgrund"

Persönliche Abhängigkeit, Eigenart der Tätigkeit **BGB Vor 611** 43; Eingliederung in Organisation des Arbeitgebers **BGB Vor 611** 48; Fremdnützigkeit der Arbeitsleistung **BGB Vor 611** 49; Hilfskriterien **BGB Vor 611** 50; untaugliche Kriterien **BGB Vor 611** 51 f.; Weisungsgebundenheit **BGB Vor 611** 44 ff.

Persönliche Arbeitsleistung, Anspruch **BGB 613** 14 ff.; Arbeitsleistung durch Dritten **BGB 613** 5; Dispositivität **BGB 613** 4; gesetzliche Gestattung **BGB 613** 8; Pflicht **BGB 613** 2 f.; Übertragbarkeit **BGB 613** 16 f.; Unvererblichkeit **BGB 613** 9 ff.; Vererblichkeit **BGB 613** 15

Persönliches Erscheinen ArbGG 51 1 ff.; Anordnung **ArbGG 51** 4 ff., **ArbGG 56** 30; Anordnungsentscheidung **ArbGG 51** 8 ff.; Anordnungsgrund **ArbGG 51** 4 ff.; Ausbleiben **ArbGG 51** 14 ff.; im Beschlussverfahren **ArbGG 80** 6; entschuldigtes Ausbleiben **ArbGG 51** 14 ff.; Entschuldigungsgründe **ArbGG 51** 16; Entsendung eines Vertreters **ArbGG 51** 18 f.; Wirkung der Parteierklärungen **ArbGG 51** 13

Persönlichkeitsschutz BGB 611 255 ff., **BGB 619a** 70

Pfändungsschutz, Abfindung **KSchG 10** 17; Sachbezüge **GewO 107** 40 ff.; Schadensersatz bei außerordentlicher Kündigung **BGB 628** 86; Urlaubsabgeltungsanspruch **BUrlG 7** 123; Urlaubsentgelt **BUrlG 11** 60 f.

Pflegesituation, akute **PflegeZG 2** 1 ff.; Anzeigepflicht **PflegeZG 2** 10 f.; Dauer **PflegeZG 2** 7 f.; Entgeltfortzahlung **PflegeZG 2** 14 f.; Leistungsverweigerungsrecht **PflegeZG 2** 3 ff.; Nachweispflicht **PflegeZG 2** 10, 12 f.; Pflegebedürftigkeit **PflegeZG 7** 6; Sonderkündigungsschutz **PflegeZG 5** 5 f.; Teilzeitbeschäftigte bei akuter Pflegesituation **PflegeZG 2** 9; *siehe auch* „Pflegezeit"

Pflegeversicherung, Arbeitskampf **GG 9** 338; Elternzeit **BEEG Vor 15–21** 12

Pflegezeit PflegeZG 3 1 ff.; Ablehnung bei Teilfreistellung **PflegeZG 3** 25 ff.; Ankündigung **PflegeZG 3** 12 ff.; Ankündigungsfrist **PflegeZG 3** 14; Arbeitgeber **PflegeZG 7** 3; befristeter Arbeitsvertrag zur Vertretung **PflegeZG 6** 1 ff., **TzBfG 23** 23; Beschäftigte **PflegeZG 3** 3, **PflegeZG 7** 1 f.; Gesetzeszweck **PflegeZG 1** 2; Höchstdauer **PflegeZG 3** 14; kurzzeitige Arbeitsverhinderung **PflegeZG 2** 1 ff.; Nachweis der Pflegebedürftigkeit **PflegeZG 3** 15; nahe Angehörige **PflegeZG 7** 4; Nichtanrechnung auf Berufsbildungszeiten **PflegeZG 7** 5; Pflegebedürftigkeit **PflegeZG 7** 5; Rechtsnatur **PflegeZG 3** 7; ruhendes Arbeitsverhältnis **PflegeZG 3** 17; Schwellenwert **PflegeZG 3** 4 ff.; Sonderkündigungsschutz bei Pflegezeit *siehe dort*; sozialversicherungsrechtliche Absicherung **PflegeZG 3** 19, 29; Systematik des Gesetzes **PflegeZG 1** 3 ff.; Teilfreistellung **PflegeZG 3** 9 f., 20 ff.; Teilzeitarbeit während ~ **TzBfG 23** 11; Unabdingbarkeit des **PflegeZG PflegeZG 8** 1 ff.; Urlaub **PflegeZG 3** 18; Verlängerung **PflegeZG 4** 2 f.; Vollfreistellung **PflegeZG 3** 8, 11 ff.; Voraussetzungen der Teilfreistellung **PflegeZG 3** 21 ff.; Voraussetzungen der Vollfreistellung **PflegeZG 3** 12 ff.; vorzeitiges Ende **PflegeZG 4** 4; Zustimmung bei Teilfreistellung **PflegeZG 3** 23 f.

Pflichtenkollision BGB 611 396

Politische Betätigung BGB 611 382 f.; außerordentliche Kündigung BGB 626 175 ff.; personenbedingter Kündigungsgrund KSchG 1 158; Verbot parteipolitischer Betätigung BetrVG 74 16 ff.

Portabilität siehe „Übertragung von Versorgungsrechten"

Präklusion siehe „Zurückweisung verspäteten Vorbringens"

Praktikant BBiG 26 3 f.; Abgrenzung zu anderen Vertragsverhältnissen BGB Vor 611 102c; anderes Vertragsverhältnis BGB Vor 611 102a; kein Arbeitnehmer BGB Vor 611 102; Kündigungsschutz KSchG 1 5, 10; Unentgeltlichkeitsabrede BGB Vor 611 102b

Präventionsverfahren SGB IX 84 3 ff.; Anwendungsbereich SGB IX 84 3; Beteiligte SGB IX 84 5; geschützter Personenkreis SGB IX 84 4; Kündigung SGB IX 84 8 f.; unterlassenes SGB IX 84 7 ff.; Verhaltenspflicht des Arbeitgebers SGB IX 84 6; siehe auch „Betriebliches Eingliederungsmanagement"

Prekäre Arbeitsverhältnisse BGB Vor 611 115

Presse, Sonn- und Feiertagsarbeit ArbZG 10 9

Probearbeitsverhältnis BGB 622 40; Anzeigepflicht bei Schwerbehinderten SGB IX 90 9; auflösende Bedingung TzBfG 14 43 f.; nochmalige Befristung TzBfG 14 42; Probe als sachlicher Befristungsgrund TzBfG 14 40 ff.; kein Übernahmeanspruch TzBfG 14 45; „vorgeschaltete" Probezeit, Abgrenzung TzBfG 14 47; zulässige Dauer TzBfG 14 41

Probezeit BGB 622 37ff.; AGB-Kontrolle einer Vereinbarung BGB 307 10; Berufsausbildungsverhältnis BBiG 20 1 ff.; Kündigung Berufsausbildungsverhältnis während ~ BBiG 22 3 f.; „andere Vertragsverhältnisse" nach § 26 BBiG BBiG 26 7; „vorgeschaltete" ~, Abgrenzung zum Probearbeitsverhältnis TzBfG 14 47

Prokura, außerordentliche Eigenkündigung wegen Verweigerung BGB 626 318

Provision HGB 65 1 ff.; Änderungsvorbehalt HGB 65 4; Ausschlussfristen HGB 65 13; Begriff HGB 65 3 ff.; Bezirksschutz HGB 65 8; nicht durchgeführte Geschäfte HGB 65 11; Entgeltfortzahlung EFZG 4 38; Entstehen des Anspruchs HGB 65 9 ff.; Mindestentgelt HGB 65 5 f.; Teilvergütung bei außerordentlicher Kündigung BGB 628 18; Urlaubsentgelt BUrlG 11 14 ff.; Vereinbarung HGB 65 2; Verjährung HGB 65 12; Verweisung auf §§ 87 ff. HGB HGB 65 7 ff.; Widerrufsvorbehalt HGB 65 4

Prozessfähigkeit ArbGG 11 1 ff.; Zweifel ArbGG 11 5

Prozessförderungspflicht, besondere in Kündigungsschutzverfahren ArbGG 61a 1 ff.; in mündlicher Verhandlung ArbGG 56 77 f., ArbGG 57 15 ff.

Prozessführung, durch Dritte ArbGG 11 6 ff.; durch Parteien selbst ArbGG 11 2 ff.

Prozesskostenhilfe, analoge Geltung der ZPO-Vorschriften ArbGG 11a 2 ff.; Aufhebung der Bewilligung ArbGG 11a 10; im Bereich der EU ArbGG 13a 1; Bewilligung ArbGG 11a 7; Bewilligungsreife ArbGG 11a 8; hinreichende Erfolgsaussicht ArbGG 11a 4; Mahnverfahren ArbGG 46a 35; Nichtzulassungsbeschwerde ArbGG 72a 33; sofortige Beschwerde ArbGG 78 11; Verfahren ArbGG 11a 5 ff.; Verfassungswidrigkeit der früheren Einschränkung GG 3 22; Verweisung im PKH-Verfahren ArbGG 48 66; Voraussetzungen ArbGG 11a 4; Vordrucke ArbGG 11a 11; Zeugnis GewO 109 57; Zuständigkeit ArbGG 48 6 f.

Prozessmaximen ArbGG 46 3

Prozessstandschaft, im Beschlussverfahren ArbGG 81 11 f.; gesetzliche ArbGG 3 7; gewillkürte ArbGG 3 8

Prozessvergleich, Güteverhandlung ArbGG 54 29 f.; Widerrufsvergleich ArbGG 54 30

Prozessvertretung ArbGG 11 6 ff.; Ausschluss ArbGG 11 11; Beschlussverfahren ArbGG 11 20 f.; Beschwerdeverfahren ArbGG 87 10

Psychologische Tests BGB 611 20

Qualifikation, berufliche, Freizügigkeit, EG AEUV 45 36

Qualitätszirkel, keine Bildungsmaßnahme BetrVG 96 8

Quotenregelungen, Frauen GG 3 88 ff.; Freizügigkeit, EU AEUV 45 37

Rationalisierung, betriebsbedingte Kündigung KSchG 1 314 ff.

Rauchverbot, außerordentliche Kündigung bei Verstoß BGB 626 186; verhaltensbedingte Kündigung bei Verstoß KSchG 1 238

Rechtliches Gehör, Anhörungsrüge siehe dort, Einigungsstellenverfahren BetrVG 76 41 f., Rechtsbeschwerde wegen Verletzung des Anspruchs ArbGG 92 8, Revisionszulassung wegen Verletzung des Anspruchs ArbGG 72 25 ff.

Rechtsanwalt, Arbeitnehmerstatus BGB Vor 611 72; nachvertragliches Wettbewerbsverbot HGB 74 57; Prozessvertreter ArbGG 11 6

Rechtsanwaltsgebühren, Betriebsrat BetrVG 40 14 ff.; Festsetzungsverfahren ArbGG 12 29 ff.; Schlichtungsverfahren ArbGG 111 36 f.

Rechtsbeschwerde ArbGG 78 1 f., 27 ff.; Beschlussverfahren siehe „Rechtsbeschwerde (Beschlussverfahren)"; Einlegung und Begründung ArbGG 78 31; Rechtsmittelbelehrung ArbGG 78 29; Rechtswegzuständigkeit, Entscheidung ArbGG 48 49 f.; Spezialregelungen ArbGG 78 30; ZPO analog ArbGG 78 28

Rechtsbeschwerde (Beschlussverfahren) ArbGG 92 1 ff.; Einlegung ArbGG 94 1 ff.; Entscheidung ArbGG 96 1 ff.; Gehörsverletzung ArbGG 92 8; Gründe ArbGG 93 1 ff.; grundsätzliche Bedeutung ArbGG 92 7; durch Rechtsanwalt ArbGG 11 21; Rücknahme ArbGG 92 12; Verfahren ArbGG 92 10 ff., ArbGG 95 1 ff.; verfahrensbeendender Beschluss des LAG ArbGG 92 2 f.; nicht verfahrensbeendender Beschluss des LAG ArbGG 92 5; Wirkung ArbGG 92 13; Zulassung ArbGG 92 6 ff.; Zulassungsentscheidung ArbGG 92 9

Rechtshilfe, Ausland ArbGG 13 8 f.; Datenübermittlung an Dritte ArbGG 13 10 f.; Inland ArbGG 13 1 ff.

Rechtskraft, Beschluss 2. Instanz im Beschlussverfahren ArbGG 91 7; Beschluss im Beschlussverfahren ArbGG 84 8 ff.; Beschluss im Beschlussverfahren zu Tariffähigkeit/Tarifzuständigkeit ArbGG 97 15 ff.; Kündigungsrechtsstreit BGB 626 435 ff.

Rechtsmittelbelehrung ArbGG 9 12 ff.; befristete Rechtsmittel ArbGG 9 13 ff.; Beschluss 2. Instanz im Beschlussverfahren ArbGG 91 5; Beschluss im Beschlussverfahren ArbGG 84 6; Form ArbGG 9 16; höhere Gewalt ArbGG 9 21; Inhalt ArbGG 9 17 ff.; Jahresfrist ArbGG 9 20 ff.; Nachholung oder Berichtigung ArbGG 9 26; Rechtsbeschwerde ArbGG 78 29; Rechtsfolgen fehlender oder fehlerhafter ~ ArbGG 9 20 ff.; Sprungrevision ArbGG 76 12; unterbliebene Zustellung der Entscheidung ArbGG 9 25; Zulässigerklärung eines nicht statthaften Rechtsmittels ArbGG 9 24

Rechtsnachfolge, gesetzliche ArbGG 3 2 ff.; vertragliche ArbGG 3 5 f.; Zuständigkeit ArbGG 3 1 ff.

Rechtspfleger, Einsatz und Aufgaben ArbGG 9 8 ff.

Rechtsquellen BGB Vor 611 132 ff.; Rangfolge BGB Vor 611 154 f.

Rechtsstaatsprinzip, Tarifverträge TVG Einl. 18

Rechtsverordnungen BGB Vor 611 144
Rechtswahl Rom I-VO 12 ff.; Arbeitsverhältnis ohne Auslandsberührung **Rom I-VO** 27; Arbeitsverhältnis ohne Drittstaatenberührung **Rom I-VO** 28; betriebliche Altersversorgung **BetrAVG Vorb.** 18 ff.; Eingriffsnormen **Rom I-VO** 33 ff.; Einschränkungen **Rom I-VO** 26 ff.; Kündigungsschutz **KSchG Vor 1** 33 f.; nachvertragliches Wettbewerbsverbot **HGB 74** 14; ordre public **Rom I-VO** 37; Vereinbarung **Rom I-VO** 14 f.; zwingende Bestimmung trotz ~ **Rom I-VO** 29 ff.
Rechtswegzuständigkeit ArbGG 48 1 ff.; Abgrenzung zur ordentlichen Gerichtsbarkeit **ArbGG 48** 24 ff.; Abgrenzung zur Verwaltungs-, Finanz- und Sozialgerichtsbarkeit **ArbGG 48** 23; Anfechtbarkeit der Entscheidung **ArbGG 48** 45 ff.; Beschlussverfahren *siehe* „Rechtswegzuständigkeit (Beschlussverfahren)"; Bindungswirkung der Entscheidung **ArbGG 48** 59 f.; Darlegungs- und Beweislast **ArbGG 48** 19 f.; Entscheidung **ArbGG 48** 35 ff.; Entscheidung des Gerichts des zulässigen Rechtsweges **ArbGG 48** 61 ff.; Kosten der Verweisung **ArbGG 48** 65; maßgeblicher Zeitpunkt **ArbGG 48** 18; Prüfungsreihenfolge **ArbGG 48** 17; Rechtsfolgen des Verweisungsbeschlusses **ArbGG 48** 67; Rechtsmittel gegen Inzidententscheidung **ArbGG 48** 53 ff.; Rechtsmittel gegen Klageabweisung bei unzulässigem Rechtsweg **ArbGG 48** 58; Unzulässigkeit **ArbGG 48** 39 f.; Urteilsverfahren *siehe* „Rechtswegzuständigkeit (Urteilsverfahren)"; Vorabentscheidung **ArbGG 48** 36 f.; Zulässigkeit **ArbGG 48** 36 ff.
Rechtswegzuständigkeit (Beschlussverfahren) ArbGG 2a 1 ff.; betriebliche Ordnung **ArbGG 2a** 15; betriebsverfassungsrechtliche Angelegenheiten **ArbGG 2a** 2 ff.; Prüfungssperre für Beschwerdegericht **ArbGG 88** 2; Streitgegenstand **ArbGG 2a** 8 ff.; Tariffähigkeit/Tarifzuständigkeit **ArbGG 2a** 22 ff.; Widerklage **ArbGG 2** 18; *siehe auch* „Rechtswegzuständigkeit"
Rechtswegzuständigkeit (Urteilsverfahren) ArbGG 2 1 ff.; Abgrenzung zu anderen Gerichtsbarkeiten **ArbGG 2** 21 ff.; abschließende Aufzählung **ArbGG 2** 4; Arbeitgeber gegen Einrichtungen **ArbGG 2** 105 ff.; Arbeitnehmererfindung **ArbGG 2** 118 ff.; Arbeitskampfstreitigkeiten *siehe dort*; Aufrechnung **ArbGG 2** 19; ausschließliche Zuständigkeit **ArbGG 2** 5; Aut-aut-Fall **ArbGG 48** 25, 31 f.; besondere Verfahrensarten **ArbGG 2** 8 ff.; betriebliche Altersversorgung **ArbGG 2** 92 ff.; Bundesfreiwilligendienst **ArbGG 2** 109 ff.; bürgerlich-rechtliche Streitigkeiten **ArbGG 2** 20; Computerprogramme, Vergütung **ArbGG 2** 126; Entwicklungshelfer **ArbGG 2** 108; enumerative Aufzählung **ArbGG 2** 3; Et-et-Fall **ArbGG 48** 25, 30; fakultative Zuständigkeit **ArbGG 2** 6; Fallgruppen der Rechtswegzuständigkeit **ArbGG 2** 32 ff.; freiwilliges soziales/ökologisches Jahr **ArbGG 2** 109 f.; gemeinsame Einrichtung **ArbGG 2** 96 ff.; Kosten durch Anrufung eines unzuständigen Gerichts **ArbGG 12a** 12; Pensionssicherungsverein **ArbGG 2** 102 ff.; Prüfungssperre für Berufungsgericht **ArbGG 65** 2 ff.; Sic-non-Fall **ArbGG 48** 25 ff.; Streitigkeiten zwischen Arbeitnehmer und Arbeitgeber *siehe dort*; Streitigkeiten zwischen Arbeitnehmern *siehe dort*; Streitigkeiten der Organvertreter **ArbGG 2** 138 ff.; Tarifvertragsstreitigkeiten *siehe dort*; Urheberrecht **ArbGG 2** 125 ff.; Vereinigungsfreiheit, Streitigkeiten *siehe dort*; keine Vorabentscheidung des ArbG trotz Rüge **ArbGG 65** 4 ff.; Vorfragenprüfungskompetenz **ArbGG 2** 14 ff.; Werkstätten für Behinderte **ArbGG 2** 117; Widerklage **ArbGG 2** 18; Zusammenhangsklagen *siehe dort*; *siehe auch* „Rechtswegzuständigkeit"

Regelungsabrede BetrVG 77 99 ff.; Beendigung **BetrVG 77** 104 f.; Betriebsübergang **BetrVG 77** 106; Gegenstand **BetrVG 77** 100; als Grenze des Weisungsrechts **GewO 106** 89, 92 f.; schuldrechtliche Beziehungen **BetrVG 77** 101; Sprecherausschuss **SprAuG 28** 14; Überwachung durch Betriebsrat **BetrVG 80** 16; Umwandlung **BetrVG 77** 106
Reisekosten, Betriebsratsmitglied **BetrVG 40** 19 f.; Entgeltfortzahlung **EFZG 4** 26 f.; Werbungskosten **EStG 19/38** 69
Religion, verbotenes Differenzierungsmerkmal **AGG 1** 5 ff.
Religionsgemeinschaften *siehe* „Kirchen/Religionsgemeinschaften"
Religionszugehörigkeit, Frage des Arbeitgebers **BGB 123** 16
Rentenversicherung, gesetzliche, Arbeitskampf **GG 9** 339; Elternzeit **BEEG Vor 15–21** 13; Entgeltgleichheit **AEUV 157** 10a; selbständige Tätigkeit **SGB IV 7/7b** 61
Restitutionsklage ArbGG 79 2; Schiedsspruch **ArbGG 110** 12; Schwerbehinderte **ArbGG 79** 7
Restmandat, Anwendungsbereich **BetrVG 21b** 3 ff.; Aufwendungen **BetrVG 21b** 16; Betriebsstilllegung **BetrVG 21b** 4; Betriebszusammenlegung **BetrVG 21b** 5, 7; Dauer **BetrVG 21b** 14; Inhalt **BetrVG 21b** 9 ff.; Kosten **BetrVG 21b** 15; personelle Zusammensetzung **BetrVG 21b** 12 f.; Streitigkeiten **BetrVG 21b** 18; Verhältnis zu Übergangsmandat **BetrVG 21b** 17; kein Vollmandat **BetrVG 21b** 9; Zweck **BetrVG 21b** 1
Revision ArbGG 72 1 ff.; 2. Versäumnisurteil **ArbGG 72** 3; Anschlussrevision *siehe dort*; anwendbare Vorschriften **ArbGG 72** 35 ff.; Beschwer **ArbGG 74** 2; Eingang beim BAG **ArbGG 74** 13; Einlegung **ArbGG 74** 6 ff.; Entscheidungen vor der Terminierung **ArbGG 74** 31 ff.; Form **ArbGG 74** 6; Frist für Einlegung **ArbGG 74** 10 ff.; Gründe *siehe* „Revisionsgründe"; Inhalt der ~schrift **ArbGG 74** 8; revisible Entscheidungen **ArbGG 72** 4 f.; nicht revisible Urteile **ArbGG 72** 6; Revisionsbefugnis **ArbGG 74** 2 f.; Rücknahme **ArbGG 74** 34; Streithelfer **ArbGG 74** 3; im unterbrochenen Verfahren **ArbGG 74** 4; gegen verspätet abgesetzte Urteile **ArbGG 72b** 10; Vertretensein bei der Einlegung **ArbGG 74** 7; Verwerfung als unzulässig **ArbGG 74** 31 f.; Verzicht **ArbGG 74** 36 f.; wiederholte **ArbGG 74** 5; Zulassung *siehe* „Revisionszulassung"; Zulassung verspäteter Klagen **KSchG 5** 23
Revisionsbegründung, Änderung der Klage **ArbGG 74** 19; Antrag **ArbGG 74** 18 ff.; Auseinandersetzung mit dem angefochtenen Urteil **ArbGG 74** 21 ff.; Form **ArbGG 74** 14; Frist **ArbGG 74** 15 ff.; Fristverlängerung **ArbGG 74** 17; Hilfsantrag zum Hauptantrag **ArbGG 74** 20; Inhalt **ArbGG 74** 18 ff.; Verfahrensrügen **ArbGG 74** 25 ff.
Revisionsbeschwerde ArbGG 77 1 ff.; Beschlüsse, eine Berufung verwerfende **ArbGG 77** 2; Einlegung **ArbGG 77** 6; Entscheidung **ArbGG 77** 7; Sonderform der Rechtsbeschwerde **ArbGG 78** 3; Zulassung im Tenor **ArbGG 77** 4
Revisionsgründe ArbGG 73 1 ff.; absolute **ArbGG 73** 17 ff.; Besetzung des Gerichts **ArbGG 73** 18; betriebliche Übung **ArbGG 73** 13; Entscheidung ohne Gründe **ArbGG 73** 20 f.; Ermessensentscheidungen, Überprüfung **ArbGG 73** 9; Fünf-Monats-Frist, Überschreiten **ArbGG 73** 21; Gesetzes- und Satzungsrecht **ArbGG 73** 4 f.; irreversibles Verfahrensrecht **ArbGG 73** 22 f.; kollektives Recht **ArbGG 73** 6 f.; materielles Recht **ArbGG 73** 4 ff.; Prozesshandlungen, Auslegung **ArbGG 73** 15; Rechtsverletzungen **ArbGG 73** 2 ff.; unbestimmte Rechts-

begriffe **ArbGG 73** 8; Ursächlichkeit des Rechtsfehlers **ArbGG** 73 24; Verfahrensmängel **ArbGG** 73 16 ff.; Vertragskontrolle **ArbGG 73** 10 ff.

Revisionsurteil ArbGG 75 1 ff.; Aufhebung des Urteils **ArbGG** 75 12; Bedeutung von Sachantrag und Revisionsgründen **ArbGG** 75 2 f.; Bindungswirkung bei Zurückverweisung **ArbGG** 75 15 f.; Form **ArbGG** 75 17 f.; Inhalt **ArbGG** 75 19 f.; Tatsachenmaterial **ArbGG** 75 8 ff.; Unterschriften **ArbGG** 75 20; Verfahrensmängel **ArbGG** 75 4 ff.; Verkündung **ArbGG** 75 17 f.; Zurückverweisung **ArbGG** 75 13 ff.; Zurückweisung der Revision **ArbGG** 75 11; Zustellung **ArbGG 75** 22

Revisionszulassung ArbGG 72 2 f., 7 ff.; beschränkte **ArbGG** 72 30 ff.; Divergenz **ArbGG** 72 14 ff.; kein eigener Beurteilungsspielraum **ArbGG** 72 8; Entscheidung **ArbGG** 72 28 ff.; Entscheidung von Amts wegen **ArbGG** 72 7 f.; Form der Entscheidung **ArbGG** 72 28 f.; grundsätzliche Bedeutung **ArbGG** 72 9 ff.; unbeschränkte **ArbGG** 72 30; Verfahrensverstöße **ArbGG** 72 22 ff.; Verletzung des Anspruchs auf rechtliches Gehör **ArbGG** 72 25 ff.; Wirkung **ArbGG** 72 33 f.; Zulassungsgründe **ArbGG** 72 9 ff.

Richterrecht BGB Vor 611 152 f.; europäisches **AEUV Vorb.** 26

Richtlinien (EU) AEUV Vorb. 13 ff.; Anwendbarkeit **AEUV Vorb.** 14 ff.; Entschädigungsansprüche bei mangelhafter Umsetzung **AEUV Vorb.** 21 f.; richtlinienkonforme Auslegung **AEUV Vorb.** 19 f.; vertikale Direktwirkung **AEUV Vorb.** 15 ff.

Rolliersystem, Urlaub **BUrlG 3** 19; Urlaubsentgelt **BUrlG 11** 40

Rote-Kreuz-Schwester, kein Arbeitsverhältnis **BetrVG 5** 45, **BGB Vor 611** 35

Rücktritt, Aufhebungsvertrag **KSchG Anh.** 9 30; außerordentliche Kündigung, Abgrenzung **BGB** 626 14; Dienstvertrag **BGB** 620 25; Sperrabrede unter Arbeitgebern **HGB 75f** 8 ff.; Verstoß gegen nachvertragliches Wettbewerbsverbot **HGB 74** 119

Rückwirkungsvereinbarung, tarifvertragliche **TVG 1** 132 ff.

Rückzahlung des Arbeitsentgelts BGB 611 158 ff.; AGB-Kontrolle **BGB Anh. zu 305–310** 43; Brutto- oder Nettobetrag **BGB 611** 167; Fälligkeit **BGB 611** 166

Rückzahlungsklausel, Berufsfreiheit **GG 12** 68; Fort- und Ausbildungskosten **BGB 611** 460 ff.; als Kündigungserschwerung **BGB 622** 61; Sonderzahlungen **BGB 611** 111 ff.; tarifvertragliche **TVG 1** 136; Überzahlungen **BGB Anh. zu 305–310** 43; Umzugskosten **BGB 611** 479 ff.

Rufbereitschaft ArbZG 2 5, **BGB 611** 325 f.; Ruhepause **ArbZG 4** 3

Ruhendes Arbeitsverhältnis, Arbeitnehmerbegriff **BetrVG 5** 35; Beginn der Entgeltfortzahlung im Krankheitsfall **EFZG 3** 76; Betriebsrat, Wählbarkeit **BetrVG 8** 11; Betriebsrat, Wahlberechtigung **BetrVG 7** 13; Entgeltfortzahlung im Krankheitsfall **EFZG 3** 26; Entgeltumwandlung **BetrAVG 1a** 14; Pflegezeit **PflegeZG 3** 17; Sozialauswahl **KSchG 1** 350; Urlaubsanspruch **BUrlG 1** 14; Wehrdienst **ArbPlSchG 1** 13 ff.

Ruhepausen ArbZG 4 1 ff.; bis 6 Stunden Arbeitszeit **ArbZG 4** 5; zwischen 6 und unter 9 Stunden Arbeitszeit **ArbZG 4** 6; Begriff **ArbZG 4** 2 f.; Festlegung **ArbZG 4** 4 ff.; Gestaltung **ArbZG 4** 10; Jugendliche **JArbSchG 11** 1 f.; kurzfristige Überschreitung der 9-Stunden-Grenze **ArbZG 4** 7; Mitbestimmung **BetrVG 87** 79; Ort **ArbZG 4** 10; Sanktionen **ArbZG 4** 9

Ruhezeit ArbZG 2 4 f., **ArbZG 5** 1 ff.; abweichende zur Herbeiführung eines regelmäßigen Schichtwechsels **ArbZG 15** 8, 13; Ausnahmen **ArbZG 5** 3 ff.; Kraftfahrer **ArbZG 21a** 8; Mindest~ **ArbZG 5** 2

Rundfunk- und Fernsehen, Sonn- und Feiertagsarbeit **ArbZG 10** 9; *siehe auch* „Medienmitarbeiter"

Sachbezüge **GewO 107** 21 ff.; Anrechnung auf Ausbildungsvergütung **BBiG 17** 8 f.; Begriff **GewO 107** 25 ff.; Beschaffenheit **GewO 107** 35 ff.; Eigenart des Arbeitsverhältnisses **GewO 107** 32; Einkommensteuer **EStG 19/38** 64; Entgeltfortzahlung **EFZG 4** 28 f.; im Interesse des Arbeitnehmers **GewO 107** 29 ff.; Pfändungsfreigrenzen **GewO 107** 40 ff.; Urlaubsentgelt **BUrlG 11** 19; Verstöße **GewO 107** 33 f.

Sachgrundlose Befristung TzBfG 14 102 ff.; Altersbefristung **TzBfG 14** 124 ff.; Befristung bis zu zwei Jahren **TzBfG 14** 102; derselbe Arbeitgeber **TzBfG 14** 110; Neueinstellung **TzBfG 14** 109 f.; Neugründungen **TzBfG 14** 118 ff.; Tarifvertrag **TzBfG 14** 115 ff.; Verlängerung **TzBfG 14** 105 ff.; Zuvorbeschäftigungsverbot **TzBfG 14** 109 f.

Sachliche Zuständigkeit ArbGG 48 15

Sachlicher Grund bei Befristung TzBfG 14 9 ff.; Altersgrenze *siehe dort*; Altersteilzeit **TzBfG 14** 73; Angabe des Grundes **TzBfG 14** 139 ff.; Anschluss an Ausbildung oder Studium **TzBfG 14** 19 ff.; auflösend bedingte Arbeitsverträge **TzBfG 21** 5 ff.; Aus- und Weiterbildung **TzBfG 14** 83; Ausscheiden des Vertretenen **TzBfG 14** 28 ff.; beispielhafte Aufzählung **TzBfG 14** 61; Drittmittelbewilligung **TzBfG 14** 81; Eigenart der Arbeitsleistung **TzBfG 14** 36 ff.; Erwerbsminderung **TzBfG 14** 76 ff.; gerichtlicher Vergleich **TzBfG 14** 59 f.; Gesamtvertretungsbedarf **TzBfG 14** 32; Gründe in der Person des Arbeitnehmers **TzBfG 14** 49 ff.; mittelbare Vertretung **TzBfG 14** 32; Nachschieben des Grundes **TzBfG 14** 142; bei nachträglicher Befristung **TzBfG 14** 86; personelle Kontinuität der Betriebsratsarbeit **TzBfG 14** 84; Probearbeitsverhältnis *siehe dort*; typische Gründe **TzBfG 14** 11 ff.; übergangsweise Beschäftigung **TzBfG 14** 82; unmittelbare Vertretung **TzBfG 14** 32; Vergütung aus Haushaltsmitteln **TzBfG 14** 56 ff.; Verschleiß **TzBfG 14** 85; Vertretung **TzBfG 14** 25 ff.; Vertretung bei Elternzeit **BEEG 21** 1 ff.; Vertretung bei Pflegezeit **PflegeZG 6** 1 ff., **TzBfG 23** 23; Vertretung und Rechtsmissbrauch **TzBfG 14** 92; vorübergehender Bedarf **TzBfG 14** 13 ff.; Weiterbeschäftigung ohne Kündigung **TzBfG 14** 85a; Wunsch des Arbeitnehmers **TzBfG 14** 54 f.; keine zeitliche Kongruenz von Befristung und Vertretungsbedarf **TzBfG 14** 33

Sachverständige, Entschädigung **ArbGG 9** 11; Europäische Betriebsräte kraft Gesetzes **EBRG 99**; Ladung **ArbGG 56** 31, 34; Wirtschaftsausschuss **BetrVG 108** 18 ff.

Sachverständige (Betriebsrat) BetrVG 80 96 ff.; Begriff **BetrVG 80** 97; Erforderlichkeit **BetrVG 80** 98; Streitigkeiten **BetrVG 80** 102; Vereinbarung **BetrVG 80** 99 f.

Saison- und Kampagnebetriebe Arbeitszeit **ArbZG 15** 6, 13; Massenentlassungen **KSchG 22** 1 f.

Satzungsrecht BGB Vor 611 145

Schadensersatz bei außerordentlicher Kündigung BGB 628 1 ff., 38 ff.; Abdingbarkeit **BGB 628** 7 ff.; Anwendungsbereich **BGB 628** 2 ff.; andere Arten der Vertragsbeendigung **BGB 628** 41 ff.; Auflösungsverschulden **BGB 628** 49 ff.; Begrenzung des Arbeitgeberanspruchs **BGB 628** 66 ff.; Begrenzung des Arbeitnehmeranspruchs **BGB 628** 58 ff.; Berufsausbildungsverhältnis **BBiG 23** 1 ff.; Darlegungs- und Beweislast **BGB 628** 90 ff.; Einkommensteuer **BGB 628** 79; ersatzfähiger Schaden **BGB**

628 53 ff.; Insolvenz **BGB 628** 83 f.; Kausalität **BGB 628** 76; Kündigung **BGB 628** 41 ff.; Mitverschulden **BGB 628** 77 f.; Normzweck **BGB 628** 1; Pfändungsschutz **BGB 628** 86; Sozialversicherungsrecht **BGB 628** 80 ff.; unwirksame Kündigung **BGB 628** 48; Veranlassung der Vertragsbeendigung **BGB 628** 52; Verjährung **BGB 628** 85

Schadensersatz nach AGG AGG 15 1 ff.; Ansprüche nach anderen Rechtsvorschriften **AGG 15** 14; Ausschlussfrist **AGG 15** 12 f.; Schaden **AGG 15** 2; Verschulden **AGG 15** 3 f.

Schadensersatzanspruch, Abbruch von Vertragsverhandlungen **BGB 611** 27; gegen Auszubildenden **BBiG 13** 13 f.; Berufsausbildungsverhältnis **BBiG 12** 9 f.; Forderungsübergang bei Dritthaftung (EFZG) *siehe dort*; Forderungsübergang bei Dritthaftung (SGB X) *siehe dort*; Geheimhaltungspflicht der Betriebsverfassungsorgane **BetrVG 79** 25; Insolvenzkündigung **InsO 113** 9; gegen Mitglieder der Einigungsstelle **BetrVG 76** 33 f.; rechtswidriger Streik **GG 9** 308 f.; Schadensersatz bei außerordentlicher Kündigung *siehe dort*; Schadenspauschalierung **BGB 309** 6 f., **BGB 611** 484 f.; gegen Verleiher **AÜG 10** 18 ff.; Verstoß gegen nachvertragliches Wettbewerbsverbot **HGB 74** 118; vertragswidriges schuldhaftes Verhalten **BGB 628** 41 ff.

Schadensersatzanspruch des Arbeitgebers, Berufsausbildungsverhältnis **BBiG 23** 1 ff.; des neuen Arbeitgebers bei Zeugnis **GewO 109** 45 f.; rechtswidriger Streik **GG 9** 298 ff., 316 f.; Schlechtleistung **BGB 619a** 8; Vergütungsüberzahlung **BGB 611** 165; Wettbewerbsverbot **HGB 61** 11 ff.; *siehe auch* „Arbeitnehmerhaftung"

Schadensersatzanspruch des Arbeitnehmers, Annahmeverzugslohn **BGB 615** 104 ff.; Berufsausbildungsverhältnis **BBiG 23** 1 ff.; Druckkündigung **BGB 626** 302 f.; Einkommensteuer **EStG 19/38** 67; falsche Lohnberechnung **BGB 611** 164; Gleichbehandlungsverstoß – EU-Recht **AEUV 157** 53; Insolvenzkündigung **InsO 113** 9; nicht mögliche Gleichbehandlung **BGB 611** 213; Nichtmitteilung der Nichtübernahme eines Auszubildenden **BetrVG 78a** 13; rechtsunwirksame Kündigung **KSchG Vor 1** 45 f.; Schutzpflichtverletzung aus § 618 BGB **BGB 618** 34 ff.; unrichtige/unvollständige Unterrichtung bei Betriebsübergang **BGB 613a** 338; unterlassenes Präventionsverfahren **SGB IX 84** 7; unzulässige Datenverarbeitung usw. **BDSG Vorb.** 79; statt Urlaubsabgeltungsanspruch **BUrlG 7** 145; Urlaubsabgeltungsanspruch, Vererblichkeit **BUrlG 7** 148 ff.; Urlaubsabgeltungsanspruch, Verfall **BUrlG 7** 153 f.; Urlaubsabgeltungsanspruch, Verjährung **BUrlG 7** 152; Verletzung der Nachweispflicht **NachwG Vorb.** 32 f.; Zeugnis **GewO 109** 41 ff.; *siehe auch* „Arbeitgeberhaftung", „Forderungsübergang bei Dritthaftung (SGB X)"

Schadenspauschalierung BGB 611 484 f.; Klauselverbote **BGB 309** 6 f.

Scheinselbständigkeit, Berufsfreiheit **GG 12** 77; Steuererfolgen **EStG 19/38** 39 ff.

Schichtarbeit ArbZG 6 1 ff.; Anordnung **GewO 106** 39; Arbeitszeit in kontinuierlichen Schichtbetrieben **ArbZG 15** 3 ff., 13; Entgeltfortzahlung an Feiertagen **EFZG 2** 18 f.; Entgeltfortzahlung im Krankheitsfall **EFZG 4** 8; Gestaltung der Arbeit **ArbZG 6** 2 ff.; Gestaltungsempfehlungen **ArbZG 6** 4; Jugendliche **JArbSchG 12** 1 f.; Sanktionen **ArbZG 6** 5; Sonn- und Feiertagsarbeit in kontinuierlichen Schichtbetrieben **ArbZG 12** 8; Urlaub bei Wechsel-~ **BUrlG 3** 20 ff.

Schiedsgerichtliches Verfahren ArbGG 101 1 ff.; Ausschluss der Arbeitsgerichtsbarkeit **ArbGG 4** 1 ff.; Berufsgruppen **ArbGG 101** 10; Einzelschiedsvereinbarung **ArbGG 101** 10 ff.; einzelvertragliche Übernahmevereinbarung **ArbGG 101** 14 ff.; Gesamtschiedsvereinbarung **ArbGG 101** 7 ff.; Kündigungsschutzklage **KSchG 4** 22; Parteien des Schiedsvertrages **ArbGG 101** 5 f.; Rechtsprechung **ArbGG 101** 2; Schiedsspruch *siehe dort*; unmittelbare Tarifgeltung **ArbGG 101** 12 f.; Unzulässigkeit **ArbGG 110** 6 f.

Schiedsspruch, Aufhebung wegen Verletzung einer Rechtsnorm **ArbGG 110** 8 ff.; Aufhebungsgründe **ArbGG 110** 6 ff.; Aufhebungsklage **ArbGG 110** 14 ff.; Aufhebungsverfahren **ArbGG 110** 1 ff.; Restitutionsklagegründe **ArbGG 110** 12; Urteil des ArbG **ArbGG 110** 18 ff.

Schifffahrt *siehe* „Binnenschifffahrt", „Seeschifffahrt"

Schlechtleistung BGB 611 411 ff., **BGB 619a** 7 ff.; außerordentliche Kündigung **BGB 626** 221 f.; Schadensersatz **BGB 619a** 8; vergebliche Aufwendung **BGB 619a** 9; verhaltensbedingter Kündigungsgrund **KSchG 1** 240

Schlichtungsrecht (Tarifvertrag) GG 9 366 ff.; Schlichtungsstelle statt Einigungsstelle **BetrVG 76** 9 ff.; staatliche Schlichtung **GG 9** 370 ff.; Tarifautonomie **GG 9** 369; vertragliche Schlichtung **GG 9** 373 f.

Schlichtungsverfahren (Berufsausbildungsverhältnis) ArbGG 111 4 ff.; abschließende Klage beim ArbG **ArbGG 111** 30 ff.; Anerkennung **ArbGG 111** 23 ff.; Anrufungszwang **ArbGG 111** 12; bei außerordentlicher Kündigung **ArbGG 111** 15 ff.; Durchführung **ArbGG 111** 19 ff.; erneutes **ArbGG 111** 14; Kosten **ArbGG 111** 36 f.; mündliche Verhandlung **ArbGG 111** 19; rechtsstaatliche Grundsätze **ArbGG 111** 20; Schlichtungsausschüsse **ArbGG 111** 5 ff.; Schlichtungsspruch **ArbGG 111** 21; Streit aus einem Berufsausbildungsverhältnis **ArbGG 111** 8 f.; Streitgegenstände **ArbGG 111** 8 ff.; Wirkungen des Schlichtungsspruchs **ArbGG 111** 23 ff.; Zuständigkeit der Ausschüsse **ArbGG 111** 7; Zwangsvollstreckung **ArbGG 111** 26 ff.

Schmiergeldverbot BGB 611 364 ff.; außerordentliche Kündigung **BGB 626** 223 ff.; Rechtsfolgen **BGB 611** 366; verhaltensbedingte Kündigung **KSchG 1** 250

Schriftform BGB 623 31 ff., **GewO 105** 5; Anforderungen **BGB 611** 43 f.; Arbeitnehmerüberlassungsvertrag **AÜG 12** 2 ff.; des Arbeitsvertrags aufgrund Tarifklausel **BGB 611** 40, **TVG 1** 122; Aufhebungsvertrag **BGB 623** 21 ff., **KSchG Anh. 9** 2 ff.; Beendigungstatbestände **BGB 623** 1 ff.; befristeter Arbeitsvertrag **BGB 623** 8, **TzBfG 14** 129 ff., 144 ff.; Betriebsvereinbarung **BetrVG 77** 14, **BGB 611** 41; betriebsverfassungsrechtliche Formvorschriften **BGB 611** 40; Darlegungs- und Beweislast **BGB 623** 52 f.; einzelvertragliche **BGB 611** 42, **BGB 623** 41; Entstehungsgeschichte des § 623 BGB **BGB 623** 3 ff.; Geltendmachung der Nichtigkeit **BGB 611** 83; Geschäftsführer-Dienstvertrag und Arbeitsverhältnis **BGB 623** 21a; gesetzliche Formvorschriften **BGB 611** 39; gewillkürte **BGB 611** 44; Interessenausgleich mit Namensliste (KSchG) **KSchG 1** 423; Kündigung **BGB 623** 17 ff., **KSchG 1** 28; Kündigung aufgrund Tarifklausel **BGB 623** 40; nachvertragliches Wettbewerbsverbot **HGB 74** 28 ff.; persönlicher Anwendungsbereich des § 623 BGB **BGB 623** 11 ff.; Sprechervereinbarungen **SprAuG 28** 5; Stellvertreter, Willenserklärung **BGB 623** 36; des Tarifvertrags **TVG 1** 16 ff.; treuwidriges Berufen auf Formmangel **BGB 611** 45; Unabdingbarkeit des § 623 BGB **BGB 623** 39 ff.; ungenannte Beendigungstatbestände **BGB 623** 27 ff.; Verstoß bei Aufhebungsvertrag **BGB 623** 49 ff.; Verstoß bei Kündigung **BGB 623** 44 ff.; Vorstands-Dienstvertrag und Arbeitsverhältnis **BGB 623** 21a; Widerspruchs-

Stichwortverzeichnis

recht bei Betriebsübergang **BGB 613a** 349; zeitlicher Anwendungsbereich des § 623 BGB **BGB 623** 6ff.
Schriftformabrede, AGB-Kontrolle **BGB 305b** 3; Änderungen des Arbeitsvertrags **BGB 611** 500f.; betriebliche Übung bei ~ **BGB 611** 232a; keine Konkretisierung der Arbeitsbedingungen **GewO 106** 68
Schriftlicher Ausbildungsnachweis BBiG 14 10f.
Schriftliches Verfahren, Ausschluss im erstinstanzlichen Verfahren **ArbGG 46** 7; Berufungsinstanz **ArbGG 64** 55
Schriftsatzkündigung KSchG 1 33
Schulden, personenbedingter Kündigungsgrund **KSchG 1** 159; verhaltensbedingter Kündigungsgrund **KSchG 1** 241
Schuldnerverzug des Arbeitgebers BGB 614 10f.; Urlaubsanspruch **BUrlG 7** 134ff.
Schüler, Arbeitnehmer iS des Urlaubsrecht **BUrlG 2** 5; Arbeitnehmereigenschaft **BetrVG 5** 36
Schulungs- und Bildungsveranstaltungen für Betriebsratsmitglieder BetrVG 37 31ff.; amtsbezogener Bildungsurlaub **BetrVG 37** 31; Anerkennung **BetrVG 37** 35f.; Beschlussverfahren bei Streitigkeiten wegen Anerkennung **ArbGG 2a** 13; Einigungsstelle **BetrVG 37** 41; Entgeltanspruch bei Streik **GG 9** 203; Entgeltfortzahlung im Krankheitsfall **EFZG 3** 27; erforderliche Kenntnisse **BetrVG 37** 32f.; freigestelltes Betriebsratsmitglied **BetrVG 38** 31; kollektiver Anspruch **BetrVG 37** 31ff.; Kostentragung **BetrVG 40** 21ff.; Mitteilung an Arbeitgeber **BetrVG 37** 40; Rechtsfolgen der Arbeitsbefreiung **BetrVG 37** 42ff.; Streitigkeiten **BetrVG 37** 47f.; Verfahren bei Arbeitsbefreiung **BetrVG 37** 38ff.; Verhältnis § 36 Abs. 6 und 7 BetrVG **BetrVG 37** 37; zulässige Inhalte **BetrVG 37** 32f.
Schutzpflichten des Arbeitgebers BGB 611 252ff.; *siehe auch „Arbeitsschutz"*
Schwangerschaft, Frage des Arbeitgebers **BGB 123** 24, **MuSchG 5** 5; Geheimhaltung **MuSchG 5** 6; Irrtumsanfechtung **BGB 119** 5; Krankheit **EFZG 3** 36; Mitteilungspflicht **MuSchG 5** 1ff.; Zulassung verspäteter Klagen **KSchG 5** 5
Schwangerschaftsabbruch, Entgeltfortzahlung **EFZG 3** 112f.
Schwarzarbeit, Regress des Unfallversicherungsträgers **SGB VII 110** 8ff.
Schwerbehinderte, Benachteiligung bei Bewerbung **SGB IX 81** 13; Benachteiligungsverbot **SGB IX 81** 15ff.; Beschäftigung, behinderungsgerechte **SGB IX 81** 23ff.; Beschäftigungsbedingungen, behindertengerechte **SGB IX 81** 28; Beschäftigungspflicht **SGB IX 81** 20f.; Beteiligung betrieblicher Interessenvertretungen im Zusammenhang mit Besetzung von Arbeitsplätzen **SGB IX 81** 6ff.; Durchsetzung des Beschäftigungsanspruchs **SGB IX 81** 33f.; keine Einbeziehung in Sozialauswahl **KSchG 1** 341; Entstehung und Entwicklung des SGB IX **SGB IX 81** 1; Förderung beruflicher Bildung **SGB IX 81** 27; geschützter Personenkreis **SGB IX 81** 3; Gestaltungsansprüche **SGB IX 81** 22f.; gleichberechtigte Teilhabe am Arbeitsleben **SGB IX 81** 2; Konsultationspflicht des Arbeitgebers bei Besetzung von Arbeitsplätzen **SGB IX 81** 5; Kriterium bei Sozialauswahl **KSchG 1** 378ff.; Kündigungsanhörung des Betriebsrates **BetrVG 102** 23; Pflichten bei der Besetzung freier Arbeitsplätze **SGB IX 81** 4ff.; Präventionsverfahren **SGB IX 84** 3ff.; Rehabilitation und Teilhabe **SGB IX 84** 1ff.; Restitutionsklage **ArbGG 79** 7; Schwerbehinderteneigenschaft *siehe dort*; Sonderkündigungsschutz Schwerbehinderter *siehe dort*; technische Arbeitshilfen **SGB IX 81** 29; Teilzeitbeschäftigungsanspruch **SGB IX 81** 35ff., **TzBfG 23** 12; Unterstüt-

zung durch Bundesagentur und Integrationsämter **SGB IX 81** 30; verschuldensunabhängige Haftung des Arbeitgebers **SGB IX 81** 32; Widerspruch gegen Beteiligung bei Bewerbung **SGB IX 81** 12; Wiedereingliederung **SGB IX 81** 25; Zumutbarkeit der Ansprüche ~r **SGB IX 81** 31; Zusatzurlaub von Schwerbehinderten *siehe dort*; *siehe auch „Behinderte Menschen"*
Schwerbehinderteneigenschaft SGB IX 85 11ff.; Änderungskündigung **KSchG 2** 58; Frage des Arbeitgebers **BGB 123** 25f., **GG 3** 113; Gleichstellung **SGB IX 81** 3, **SGB IX 85** 14; Irrtumsanfechtung **BGB 119** 6; Kenntnis des Arbeitgebers **SGB IX 85** 16; Nachweis **SGB IX 90** 8; Stichtagsregelungen **GG 3** 114
Schwerbehindertenvertretung BetrVG 32 2; Beteiligte **ArbGG 83** 36; Beteiligung im Zusammenhang mit Besetzung von Arbeitsplätzen **SGB IX 81** 7ff.; Betriebsratssitzungen **BetrVG 32** 1ff.; Geheimhaltungspflicht **BetrVG 79** 20; Sonderkündigungsschutz **KSchG 15** 16, 20, 53; Streitigkeiten über Teilnahme an Betriebsratssitzung **BetrVG 32** 5; Wählbarkeit **BetrVG 32** 3; Widerspruch des schwerbehinderten Bewerbers gegen Beteiligung **SGB IX 81** 12; Wirtschaftsausschuss **BetrVG 108** 28f.
Scientology-Kirche, außerordentliche Kündigung **BGB 626** 227ff.; Frage nach Mitgliedschaft **BGB 123** 17
Seemannsämter, Zuständigkeit **ArbGG 111** 1ff.
Seeschifffahrt, außerordentliche Kündigung **BGB 626** 12; Feiertage **EFZG 2** 8; Haftungsausschluss bei Arbeitsunfall **SGB VII 107** 1; Heimatheuer bei ausländischen Seeleuten **GG 3** 21; Heuerschein **NachwG Vorb.** 24f.; Kündigungsfrist **BGB 622** 52; Kündigungsschutzgesetz **KSchG 24** 1ff.; Offshore-Arbeiten **ArbZG 15** 11a; Rechtsordnung **Rom I-VO** 19; Schriftform bei Kündigung **BGB 623** 13; Sonn- und Feiertagsarbeit **ArbZG 12** 7
Selbstbeurlaubung, außerordentliche Kündigung **BGB 626** 230ff.; Kündigungsgrund **BUrlG 7** 18; Urlaubsanspruch **BUrlG 7** 16; Urlaubsentgelt **BUrlG 7** 17; verhaltensbedingter Kündigungsgrund **KSchG 1** 253
Sexuelle Belästigung, außerordentliche Kündigung **BGB 626** 188f.; Belästigung iSd. **AGG AGG 3** 16f.; EG-Richtlinie **AEUV 157** 44; Leistungsverweigerung **AGG 14** 1; verhaltensbedingter Kündigungsgrund **KSchG 1** 242
Sexuelle Identität, Frage des Arbeitgebers **BGB 123** 16; Transsexualität **AGG 1** 11; verbotenes Differenzierungsmerkmal **AGG 1** 11f.
Sicherheitsbeauftragter, Teilnahmerecht des Betriebsrates an Besprechungen **BetrVG 89** 30f.
Sicherheitsbedenken, außerordentliche Kündigung **BGB 626** 156; personenbedingter Kündigungsgrund **KSchG 1** 160
Sicherungsübertragung, Betriebsübergang **BGB 613a** 211
Sic-non-Fall ArbGG 48 25ff.; Abgrenzung zum aut-aut-Fall **ArbGG 48** 32
SIMAP-Urteil ArbZG 2 5; **BGB 611** 320
Sittenwidrigkeit BGB 611 82; Arbeitsvertrag **BGB 611** 73ff.; Ausschlussfristen **BGB 611** 431; Einzelfälle **BGB 611** 74ff.; Kündigung **KSchG 13** 1f., 19ff.; nachvertragliches Wettbewerbsverbot **HGB 74a** 24
Sittlichkeitsdelikte, außerordentliche Kündigung **BGB 626** 253f.
Sitzungsniederschrift BetrVG 34 1ff.; Anwesenheitsliste **BetrVG 34** 9; Aushändigung einer Abschrift **BetrVG 34** 10f.; Beweismittel **BetrVG 34** 3; Einsichtsrecht **BetrVG 34** 14ff.; Einwendungen **BetrVG 34** 12; Mindestinhalt **BetrVG 34** 1, 5; Strei-

tigkeiten **BetrVG 34** 18; Unterzeichnung **BetrVG 34** 8; Verhandlung **BetrVG 34** 4; Wirksamkeitsvoraussetzung für Beschlüsse **BetrVG 34** 3; Zweck **BetrVG 34** 2
Sitzungspolizei ArbGG 9 6
Societas Europaea *siehe* „Europäische Gesellschaft"
Sofortige Beschwerde ArbGG 78 1f.; verspätete Absetzung des Berufungsurteils **ArbGG 72b** 1ff.; verspätete Absetzung der Beschwerdeentscheidung **ArbGG 92b** 1; Abhilfe **ArbGG 78** 18ff.; Anschlussbeschwerde **ArbGG 78** 17; Begründung **ArbGG 78** 16; im Beschlussverfahren **ArbGG 83** 40; Beschwer **ArbGG 78** 9f.; Einlegung **ArbGG 78** 12ff.; Entscheidung des LAG **ArbGG 78** 22ff.; erfolgreiche **ArbGG 78** 25f.; gesetzliche Zulassung **ArbGG 78** 7; Kosten- und Streitwertbeschwerden **ArbGG 78** 10; „ohne mündliche Verhandlung" **ArbGG 78** 8; Nichtabhilfe **ArbGG 78** 21; Prozesskostenhilfe **ArbGG 78** 11; unbegründete **ArbGG 78** 24; kein Vertretungszwang **ArbGG 78** 15; Voraussetzungen **ArbGG 78** 6ff.; Zurückverweisung wegen wesentlichen Verfahrensmangels **ArbGG 78** 26
Sofortige Beschwerde wegen verspäteter Absetzung des Berufungsurteils ArbGG 72b 1ff.; Einlegung **ArbGG 72b** 5ff.; Entscheidung **ArbGG 72b** 8f.; Kosten **ArbGG 72b** 11; Nichturteil wegen verspäteter Absetzung **ArbGG 72b** 4ff.; Notfrist **ArbGG 72b** 6
Sonderkündigungsschutz KSchG Vor 1 17; außerordentliche Kündigung **BGB 626** 79ff.; Betriebsrat *siehe* „Sonderkündigungsschutz von Funktionsträgern"; Datenschutzbeauftragter **BDSG 4f/4g** 24f.; Elternzeit *siehe* „Sonderkündigungsschutz bei Elternzeit"; Initiatoren einer Betriebsratswahl **BetrVG 17** 12; Mutterschutz *siehe* „Sonderkündigungsschutz nach MuSchG"; Nichtgeltung des AGG für ~ **AGG 2** 12ff.; Pflegezeit *siehe* „Sonderkündigungsschutz bei Pflegezeit"; Schwerbehinderte *siehe* „Sonderkündigungsschutz Schwerbehinderter"; Wehrdienst *siehe* „Sonderkündigungsschutz bei Wehrdienst"
Sonderkündigungsschutz bei Elternzeit BEEG 18 1ff., **BGB 622** 49f.; persönlicher Geltungsbereich **BEEG 18** 3ff.; Rechtswirkungen **BEEG 18** 13ff.; Teilzeitbeschäftigte **BEEG 18** 8ff.; Unterrichtungspflicht **BEEG 18** 12; Zulässigkeitserklärung **BEEG 18** 16ff.; Zustimmung und Ausschlussfrist bei außerordentlicher Kündigung **BGB 626** 388ff.
Sonderkündigungsschutz von Funktionsträgern BetrVG 103 3f., **KSchG 15** 1ff.; Änderungskündigung **KSchG 2** 104, **KSchG 15** 35; Ausschluss der ordentlichen Kündigung **KSchG 15** 33ff.; außerordentliche Kündigung **KSchG 15** 37ff.; außerordentliche Massenänderungskündigung **KSchG 15** 44; Besonderes Verhandlungsgremium **EBRG 39**; betrieblicher Geltungsbereich **KSchG 15** 4ff.; Betriebsstilllegung **KSchG 15** 55ff.; Erklärungsfrist bei außerordentlicher Kündigung **KSchG 15** 48; Ersatzmitglieder **KSchG 15** 18ff., 31; geschützter Personenkreis **KSchG 15** 10ff.; gewählte Mitglieder der Vertretungsorgane **KSchG 15** 11ff.; Interessenabwägung bei außerordentlicher Kündigung **KSchG 15** 45; nachwirkender **KSchG 15** 28ff.; neues Arbeitsverhältnis **KSchG 16** 1ff.; Schwerbehindertenvertretung **KSchG 15** 16, 20; Spaltung/Teilübertragung **UmwG 323** 13; Stilllegung einer Betriebsabteilung **KSchG 15** 60ff.; Verhältnis zu sonstigem Kündigungsschutz **KSchG 15** 7ff.; Wahlbewerber **KSchG 15** 21, 23f.; Wahlinitiatoren **KSchG 15** 25ff.; Wahlvorstand **KSchG 15** 21f.; wichtiger Grund bei außerordentlicher Kündigung **KSchG 15** 40ff.; Wirtschaftsausschussmitglieder **BetrVG 107** 36; Zustimmung der Arbeitnehmervertretung **KSchG 15** 49; *siehe auch* „Außerordentliche Kündigung von Funktionsträgern"
Sonderkündigungsschutz nach MuSchG MuSchG 9 1; Gegenstand des Verbots **MuSchG 9** 5f.; Geltungsbereich **MuSchG 9** 3; Heimarbeit **MuSchG 9** 16; Kenntnis des Arbeitgebers **MuSchG 9** 7; Kündigungsverbot **MuSchG 9** 2ff.; Mitteilung nach Kündigung **MuSchG 9** 8; nachholende Kenntnisverschaffung **MuSchG 9** 9; Rechtsfolgen **MuSchG 9** 10f.; Schwangerschaft oder Entbindung **MuSchG 9** 4; Stellung der Aufsichtsbehörde **MuSchG 9** 12ff.; Zulässigkeitserklärung **MuSchG 9** 13ff.; Zustimmung und Ausschlussfrist bei außerordentlicher Kündigung **BGB 626** 388ff.
Sonderkündigungsschutz bei Pflegezeit PflegeZG 5 1ff.; Geltungsbereich **PflegeZG 5** 3f.; kurzzeitige Arbeitsverhinderung **PflegeZG 5** 5f.; Zulässigkeitserklärung **PflegeZG 5** 9f.; Zustimmung und Ausschlussfrist bei außerordentlicher Kündigung **BGB 626** 388ff.
Sonderkündigungsschutz Schwerbehinderter BGB 622 45ff., **SGB IX 85** 1ff.; Anwendungsbereich **SGB IX 85** 2ff.; Arbeitsplatz, Begriff **SGB IX 85** 9; Arbeitsverhältnis länger als sechs Monate **SGB IX 90** 2; außerordentliche Kündigung **SGB IX 91** 1ff.; außerordentliche Kündigung bei Arbeitskampf **SGB IX 91** 12; Berufung des Arbeitnehmers auf ~ **SGB IX 85** 22; besondere Stellen **SGB IX 90** 3; Bestehen eines Arbeitsverhältnisses **SGB IX 85** 7; Ende **SGB IX 85** 15; geschützter Personenkreis **SGB IX 85** 4ff.; Kündigungsfrist **SGB IX 86** 1f.; kein Nachweis der Schwerbehinderteneigenschaft **SGB IX 85** 11ff.; Nachweis der Schwerbehinderteneigenschaft **SGB IX 90** 8; Territorialitätsprinzip **SGB IX 85** 8; nach Vollendung des 58. Lebensjahrs **SGB IX 90** 4; witterungsbedingte Entlassung **SGB IX 90** 7; Zustimmungsverfahren *siehe* „Integrationsamt"
Sonderkündigungsschutz bei Wehrdienst ArbPlSchG 2 1ff.; außerordentliche Kündigung **ArbPlSchG 2** 7ff.; Betriebsstilllegung **ArbPlSchG 2** 10; Beweislastumkehr **ArbPlSchG 2** 6; ordentliche Kündigung vor/nach dem Wehrdienst **ArbPlSchG 2** 3f.; ordentliche Kündigung während des Wehrdienstes **ArbPlSchG 2** 2; prozessuale Geltendmachung **ArbPlSchG 2** 15; Übernahme eines Auszubildenden **ArbPlSchG 2** 13f.
Sonderurlaub, Entgeltfortzahlung an Feiertagen **EFZG 2** 17; Entgeltfortzahlung im Krankheitsfall **EFZG 3** 29
Sonderzahlungen BGB 611 101ff.; Abgrenzung zur betrieblichen Altersversorgung **BetrAVG Vorb.** 58; AGB-Kontrolle bei Bindungs- und Rückzahlungsklauseln **BGB Anh. zu 305–310** 47; AGB-Kontrolle bei Ermessen **BGB Anh. zu 305–310** 39a; AGB-Kontrolle bei Freiwilligkeitsvorbehalt **BGB Anh. zu 305–310** 38ff.; befristet Beschäftigte **TzBfG 4** 28; Betriebstreue **BGB 611** 106ff.; Einkommensteuer **EStG 19/38** 67; Elternzeit **BEEG Vor 15–21** 4ff.; Gleichbehandlungsgrundsatz **BGB 611** 225; Kürzung wegen Fehlzeiten **BGB 611** 102ff., **BGB 612a** 25ff.; Kürzung bei Streikteilnahme **BGB 612a** 28; Kürzung wegen vorzeitigen Ausscheidens **BGB 611** 110; Kürzung, proportionale/überproportionale **BGB 611** 107f.; Kürzungsklausel, Auslegung **BGB 611** 109; reiner Entgeltcharakter **BGB 611** 113; Rückzahlungsklausel **BGB 611** 111ff.; Teilvergütung bei außerordentlicher Kündigung **BGB 628** 19; Urlaubsentgelt **BUrlG 11** 24; Urlaubsgeld **BUrlG 11** 56ff.
Sonn- und Feiertagsarbeit, abweichende Regelungen **ArbZG 12** 1ff.; Arbeitsplatzsicherung **ArbZG 13** 18, 20ff.; Arbeitszeitgesetz **ArbZG 1** 5; Arbeitszeitgrenzen **ArbZG 11** 3; Ausgleich **ArbZG 11** 1ff.; Aus-

nahmen, Katalog **ArbZG 10** 1 ff.; Bäckereien und Konditoreien **ArbZG 10** 30; Bedürfnisgewerbe **ArbZG 13** 3; Beschäftigungsverbot (Mutterschutz) **MuSchG 8** 2, 5; Bewachungsgewerbe **ArbZG 10** 14; Bewilligung durch die Aufsichtsbehörde **ArbZG 13** 9 ff.; Datennetze und Rechnersysteme **ArbZG 10** 18; Ersatzruhetage **ArbZG 11** 4 ff.; Feststellungen der Aufsichtsbehörde **ArbZG 13** 5 ff.; Finanzgeschäfte **ArbZG 10** 31; Forschungsarbeiten **ArbZG 10** 19, 27 ff.; Gastronomie und Haushalt **ArbZG 10** 5; Handelsgewerbe **ArbZG 13** 10 ff.; Inventur **JArbSchG 18** ff.; Jugendliche am Feiertag **JArbSchG 18** ff.; Jugendliche am Sonntag **JArbSchG 17** 1 ff.; Konti-Betrieb **ArbZG 12** 8; Kraftfahrer und Beifahrer **ArbZG 9** 4; Krankenpflege **ArbZG 10** 4; kulturelle Veranstaltungen **ArbZG 10** 6; Landwirtschaft **ArbZG 10** 13; Messen und Ausstellungen **ArbZG 10** 10; Mindestzahl beschäftigungsfreier Sonntage **ArbZG 11** 2; Misslingen von Arbeitsergebnissen **ArbZG 10** 19, 21 ff.; naturwissenschaftlich-technische Gründe **ArbZG 13** 18 f.; Not- und Rettungsdienste **ArbZG 10** 2; öffentliche Zwecke **ArbZG 10** 3; Presse und Rundfunk **ArbZG 10** 9; Produktionsarbeiten **ArbZG 10** 29; Rechtsschutz bei Bewilligung **ArbZG 13** 30; Reinigungs- und Instandhaltungsarbeiten **ArbZG 10** 16; Schadensverhütung **ArbZG 13** 15; Seeschifffahrt **ArbZG 12** 7; Sonn- und Feiertagsruhe siehe dort; Sport, Freizeit, Erholung, Vergnügen **ArbZG 10** 8; Urlaubsanspruch **BUrlG 3** 16; Verderben **ArbZG 10** 19 f.; Verkehrs- und Transportsysteme **ArbZG 10** 11; Vermeidung von Schäden an Produktionseinrichtungen **ArbZG 10** 28; Verordnungsermächtigungen **ArbZG 13** 1 ff.; Versorgungs- und Entsorgungsbetriebe **ArbZG 10** 12; Vorbereitungsarbeiten **ArbZG 10** 17; Wohltätigkeitsveranstaltungen **ArbZG 10** 7

Sonn- und Feiertagsruhe ArbZG 9 1 ff.; mehrschichtige Betriebe **ArbZG 9** 3; Urlaubsanspruch **BUrlG 3** 14 f.

Sozialauswahl KSchG 1 327 ff.; AGG **AGG 2** 14; Altersgruppen **KSchG 1** 402 ff.; Altersteilzeit **ATZG 8** 5; Änderungskündigung **KSchG 2** 79 ff.; Arbeitsmarktchancen **KSchG 1** 384; ausgenommene Arbeitnehmer **KSchG 1** 339 ff.; ausgewogene Personalstruktur **KSchG 1** 399 ff.; Auskunftspflicht **KSchG 1** 438 f.; Austauschbarkeit **KSchG 1** 356 ff.; Auswahlrichtlinien siehe dort; berechtigte betriebliche Interessen **KSchG 1** 392 ff.; besondere Kenntnisse, Fähigkeiten, Qualifikationen **KSchG 1** 396; Betriebsbezogenheit **KSchG 1** 333 ff.; Betriebsratswiderspruch wegen Fehlerhaftigkeit **BetrVG 102** 70; Betriebsübergang **BGB 613a** 312; Betriebszugehörigkeitsdauer **KSchG 1** 371; Beurteilungsspielraum **KSchG 1** 385 f.; Bildung der Auswahlgruppe **KSchG 1** 333 ff.; Darlegungs- und Beweislast **KSchG 1** 440 ff.; Dominoeffekt **KSchG 1** 332; erhebliche Leistungsunterschiede **KSchG 1** 395; gerichtliche Kontrolle **KSchG 1** 332; Gesundheitsbeeinträchtigungen, dauerhafte **KSchG 1** 382; gleiche betriebliche Ebene **KSchG 1** 355; Grundkriterien **KSchG 1** 367 ff.; Gruppenbildung **KSchG 1** 352 ff.; Interessenausgleich mit Namensliste (InsO) siehe dort; Interessenausgleich mit Namensliste (KSchG) siehe dort; Kündigungsrichtlinien **BetrVG 95** 8 f.; Lebensalter **KSchG 1** 372 f.; Mehrzahl von Kündigungen und fehlerhafte ~ **KSchG 1** 332; Nichteinbeziehung von Arbeitnehmern **KSchG 1** 391 ff.; personenbedingte Kündigung **KSchG 1** 100; Punktetabellen **KSchG 1** 387 ff.; Schwerbehinderung **KSchG 1** 378 ff.; sonstige Kriterien **KSchG 1** 381 ff.; Teilzeitbeschäftigte **TzBfG 4** 13; Unterhaltsanspruch gegen Ehegatten **KSchG 1** 383; Unterhaltspflichten **KSchG 1** 374 ff.; Vergleichbarkeit **KSchG 1** 352 ff.; Vergleichbarkeit und Direktionsrecht **GewO 106** 11; keine Vertragsänderung **KSchG 1** 360 ff.; Widerspruch gegen Betriebsübergang **BGB 613a** 358

Sozialgerichtsbarkeit, Arbeitslosengeld während Arbeitskämpfen **ArbGG 2** 47; Kurzarbeitergeld während Arbeitskämpfen **ArbGG 2** 47; Rechtsweg, Abgrenzung **ArbGG 2** 23 ff.

Sozialkassenverfahren im Baugewerbe, Arbeitnehmerentsendegesetz **AEntG 5** 4 f.

Sozialplan BetrVG 112 1 ff., 27 ff.; Abfindung siehe „Sozialplanabfindung"; Abwägungsgrundsatz **BetrVG 112** 61; Änderung **BetrVG 112** 83; Anfechtung **BetrVG 112** 94; Ausgleich der wirtschaftlichen Nachteile **BetrVG 112** 35 ff.; Ausgleichszahlungen **BetrVG 112** 40; außerordentliche Kündigung **BetrVG 112** 86; Aussichten auf dem Arbeitsmarkt **BetrVG 112** 66; bevorzugte Wiedereinstellung **BetrVG 112** 42; durch Einigungsstellenspruch **BetrVG 112** 58 ff.; einvernehmlicher **BetrVG 112** 33 ff.; Einzelfallbetrachtung **BetrVG 112** 62 ff.; Ermessensrichtlinien **BetrVG 112** 62 ff.; erzwingbarer **BetrVG 112a** 1 ff.; Erzwingbarkeit **BetrVG 112** 30 f.; Geltung für Ausgeschiedene **BetrVG 77** 25; Gleichheitssatz **GG 3** 33; Härtefonds **BetrVG 112** 43; individualrechtlicher Anspruch **BetrVG 112** 89 ff.; Insolvenzsozialplan siehe dort; Konzern **BetrVG 112** 77; ordentliche Kündigung **BetrVG 112** 84 f.; personeller Geltungsbereich **BetrVG 112** 32; Privilegierung bei Neugründungen **BetrVG 112a** 6 ff.; Rahmen-~ **BetrVG 112** 31; rechtliche Schranken **BetrVG 112** 46 ff.; Rechtswirkungen **BetrVG 112** 78 f.; Regelungsbefugnis der Einigungsstelle **BetrVG 112** 60; reiner Personalabbau **BetrVG 112a** 5; Schwellenwerte **BetrVG 112a** 3 f.; Streitigkeiten **BetrVG 112** 90 ff.; Transfermaßnahmen gemäß SGB III **BetrVG 112** 71 ff.; Überbrückungsgelder **BetrVG 112** 39; Verfassungsmäßigkeit der Erzwingbarkeit **BetrVG 112** 3; Verhältnis zum Tarifvertrag **BetrVG 112** 80 f.; vorsorglicher **BetrVG 112** 31; Wegfall der Geschäftsgrundlage **BetrVG 112** 87 f.; Weiterbeschäftigungsmöglichkeiten **BetrVG 112** 67 ff.; wirtschaftliche Vertretbarkeit **BetrVG 112** 74 ff.; Zustandekommen **BetrVG 112** 33 ff.; Zuständigkeit **BetrVG 112** 32a; Zuständigkeit der Einigungsstelle **BetrVG 112** 59; Zuständigkeit des Gesamtbetriebsrates **BetrVG 50** 14; Zweck **BetrVG 112** 29

Sozialplanabfindung BetrVG 112 38; Abfindungsanspruch bei betriebsbedingter Kündigung **KSchG 1a** 21; Anrechnung von Abfindungen nach § 1a KSchG **KSchG 1a** 45; Berücksichtigung von Alter und Betriebszugehörigkeit und AGG **AGG 10** 14 f.; Gleichbehandlungsgrundsatz **BGB 611** 227; Verrechnung mit Nachteilsausgleichsansprüchen **BetrVG 113** 17; Widerspruch gegen Betriebsübergang **BGB 613a** 361

Sozialplantarifvertrag BetrVG 112 81

Sozialstaatsprinzip Tarifverträge **TVG Einl.** 19

Sozialversicherungsbeiträge, Abfindung bei Aufhebungsvertrag **KSchG Anh. 9** 40b; Betriebsübergang **BGB 613a** 235; Karenzentschädigung **HGB 74** 125 f.; Nichtzahlung **BGB 611** 267; Pflegeteilzeit **PflegeZG 3** 29; Pflegevollzeit **PflegeZG 3** 19; Rechtsweg **ArbGG 2** 25 f.; Schadensersatz bei außerordentlicher Kündigung **BGB 628** 80 ff.; siehe auch „Forderungsübergang bei Dritthaftung (SGB X)"

Sozialwidrigkeit, absolute Gründe **KSchG 1** 56; Beendigungskündigung **KSchG 1** 55 ff.; siehe im Übrigen „Kündigungsschutz"

Spaltung siehe „Umwandlung"

Spartengewerkschaft GG 9 49, 77
Sperrfrist Beginn bei Massenentlassungsanzeige **KSchG** 17 38; Massenentlassungen während Sperrfrist **KSchG** 18 4 ff.; bei Massenentlassungsanzeige **KSchG** 18 3
Sperrwirkung *siehe* „Tarifvorrang/Sperrwirkung"
Sperrzeit SGB III 159 1 ff.; Abwicklungsvertrag **KSchG Anh.** 9 50; Arbeitsaufgabe **SGB III** 159 5 ff.; arbeitsvertragswidriges Verhalten **SGB III** 159 15 ff.; Aufhebungsvertrag **KSchG Anh.** 9 49 ff., **SGB III** 159 10 ff.; Beratung **SGB III** 159 4; besondere Härte **SGB III** 159 32 f.; kalendermäßiger Ablauf **SGB III** 159 2 f.; Kausalität **SGB III** 159 19 ff.; Kurzarbeitergeld und Ablehnung zumutbarer Beschäftigung **SGB III** 98 11 f.; Lösung des Beschäftigungsverhältnisses **SGB III** 159 5 ff.; Minderung des Arbeitslosengeldanspruchs **SGB III** 159 34; Nichtvorliegen eines wichtigen Grundes **SGB III** 159 26 ff.; Rechtsfolgen **SGB III** 159 30 ff.; Ruhen des Arbeitslosengeldanspruchs **SGB III** 159 30; Verschulden **SGB III** 159 22 ff.; verspätete Arbeitslosmeldung **SGB III** 38 9 f.; Widerspruch gegen Betriebsübergang **BGB** 613a 360; zweimalige **SGB III** 159 35
Spielsucht, personenbedingte Kündigung wegen ~ **KSchG** 1 119 ff.
Sportler, Arbeitnehmerstatus **BGB Vor** 611 75; Befristungsgrund Eigenart der Arbeitsleistung **TzBfG** 14 39; Urlaubsanspruch **BUrlG** 2 7; Verschleiß als Befristungsgrund **TzBfG** 14 85
Sportunfall, Entgeltfortzahlung **EFZG** 3 60 f.
Sprachkenntnisse, Freizügigkeit, **EG AEUV** 45 35
Sprecherausschuss SprAuG 1 1 ff.; § 21a **BetrVG** nicht analog hinsichtlich Übergangsmandat **BetrVG** 21a 22; Amtsenthebung **SprAuG** 9 1; Amtszeit **SprAuG** 8 14 ff.; Arbeitsbefreiung **SprAuG** 14 2; Aufgaben **SprAuG** 25 1 ff.; Behandlung leitender Angestellter **SprAuG** 27 1 f.; Behinderungsverbot **SprAuG** 2 9 ff.; Benachteiligungs- und Begünstigungsverbot **SprAuG** 2 14 f.; Beschlussverfahren **ArbGG** 2a 17; Beteiligungsrechte des Sprecherausschusses *siehe dort*; Betrieb **SprAuG** 1 7 f.; Betriebsübergang **BGB** 613a 294; Entgelt- und Tätigkeitsschutz **SprAuG** 14 5; Friedenspflicht **SprAuG** 2 16 ff.; Geheimhaltungspflicht **SprAuG** 29 1; Gesamtsprecherausschuss *siehe dort*; Gesamtvereinbarungen **SprAuG** 2 7; Koalitionen **SprAuG** 2 8; Konzernsprecherausschuss *siehe dort*; Kooperationsmodell **SprAuG** 2 1; Kostentragung **SprAuG** 14 3; öffentlicher Dienst **SprAuG** 1 10; persönlicher Geltungsbereich **SprAuG** 1 6; räumlicher Geltungsbereich **SprAuG** 1 13 f.; rechtliche Stellung der Mitglieder **SprAuG** 14 1; Regelungsabrede **SprAuG** 28 14; Religionsgemeinschaften **SprAuG** 1 11; sachlicher Geltungsbereich **SprAuG** 1 7 ff.; Schulungs- und Bildungsveranstaltungen **SprAuG** 14 4; Sitzung mit Betriebsrat **BetrVG** 29 16; Sprechervereinbarungen *siehe dort*; Unternehmens-~ **SprAuG** 20 1 ff.; Unterstützung einzelner leitender Angestellter **SprAuG** 26 1; Vereinbarung über betriebliche Altersversorgung **BetrAVG Vorb.** 90; Verschwiegenheitspflicht bei personellen Maßnahmen **SprAuG** 31 6; Wahlen *siehe* „Sprecherausschusswahlen"; Zusammenarbeit ~, Betriebsrat und Arbeitgeber **SprAuG** 2 6 f.; Zusammenarbeit mit Arbeitgeber **SprAuG** 2 2; Zusammenarbeit mit Betriebsrat **SprAuG** 2 3 ff.
Sprecherausschusswahlen SprAuG 8 1 ff.; Ablauf **SprAuG** 8 10 ff.; Amtszeit **SprAuG** 8 14 ff.; Behinderungs- und Beeinflussungsverbot **SprAuG** 8 3; Leitende Angestellte, Zuordnungsverfahren *siehe dort*; Wählbarkeit **SprAuG** 8 6 f.; Wahlberechtigung **SprAuG** 8 4 f.; Wahlvorstand **SprAuG** 8 11; Zusammensetzung des Sprecherausschusses **SprAuG** 8 8 f.
Sprechervereinbarungen SprAuG 28 1 ff.; Abschluss **SprAuG** 28 4 f.; Beendigung **SprAuG** 28 13; Günstigkeitsprinzip **SprAuG** 28 12; Inhaltsregelung **SprAuG** 28 3; Regelungsgegenstand **SprAuG** 28 2 f.; Richtlinie **SprAuG** 28 7 ff.; Schranken **SprAuG** 28 6; Schriftform **SprAuG** 28 5; unmittelbare Wirkung **SprAuG** 28 11
Sprechstunden, Betriebsrat **BetrVG** 39 1 ff.; Einigungsstelle **BetrVG** 39 4; Einrichtung **BetrVG** 39 2 ff.; Gesamtbetriebsrat **BetrVG** 51 8; Jugend- und Auszubildendenvertretung **BetrVG** 69 1 ff.; Leiharbeitnehmer **AÜG** 14 12; keine Minderung des Arbeitsentgelts **BetrVG** 39 7 ff.; Streitigkeiten **BetrVG** 39 10
Sprechstunden der Jugend- und Auszubildendenvertretung BetrVG 69 1 ff.; Arbeitsentgelt **BetrVG** 69 8; Beschlussfassung **BetrVG** 69 4; Betriebsgröße **BetrVG** 69 3; Durchführung **BetrVG** 69 6; Einigungsstelle **BetrVG** 69 5; Konkretisierung **BetrVG** 69 5; Kosten **BetrVG** 69 7; Streitigkeiten **BetrVG** 69 10; Teilnahmerechte des Betriebsratsvorsitzenden **BetrVG** 69 9
Sprungrechtsbeschwerde ArbGG 96a 1 ff.; Verfahren nach Entscheidung über Zulassungsantrag **ArbGG** 96a 16 ff.; Zulassungsantrag **ArbGG** 96a 5 f.; Zulassungsentscheidung **ArbGG** 96a 11 ff.; Zulassungsgründe **ArbGG** 96a 10; Zulassungsverfahren **ArbGG** 96a 4 ff.; Zustimmungserklärung **ArbGG** 96a 7 ff.
Sprungrevision ArbGG 76 1 ff.; Antrag **ArbGG** 76 4 f.; Beschluss der Kammer **ArbGG** 76 11; beschränkte Zulassung **ArbGG** 76 13; Bindung des BAG **ArbGG** 76 15 f.; Entscheidung **ArbGG** 76 10 ff.; Form der Zulassung **ArbGG** 76 10; Fristen **ArbGG** 76 19; Gründe **ArbGG** 76 9; Möglichkeiten der beschwerten Partei **ArbGG** 76 17 f.; Rechtsmittelbelehrung **ArbGG** 76 12; Sonderrechtsbehelf **ArbGG** 76 1 f.; Verfahren vor dem BAG **ArbGG** 76 20 ff.; Verfahrensrügen **ArbGG** 76 21; Wahlrecht nach Zulassung **ArbGG** 76 18; Wirkung der Zulassung **ArbGG** 76 14 ff.; Zulassungsverfahren **ArbGG** 76 3 ff.; Zurückverweisung **ArbGG** 76 22; Zustimmungserklärung **ArbGG** 76 6 ff.
Stasi-Tätigkeit, Frage des Arbeitgebers **BGB** 123 28 f.; Irrtumsanfechtung **BGB** 119 8
Stellenausschreibung BGB 611 2 ff.; altersneutrale **BGB** 611 5; Benachteiligung nach AGG **AGG** 11 1 ff.; Betriebsrat bei Unterlassen **BetrVG** 99 84 f.; geschlechtsneutrale **BGB** 611 5; Teilzeitarbeit *siehe* „Stellenausschreibung (Teilzeit)"
Stellenausschreibung (Teilzeit) TzBfG 7 1 ff.; Folgen einer unzureichenden ~ **TzBfG** 7 6 f.; Geeignetheit des Arbeitsplatzes **TzBfG** 7 4; Informationspflicht gegenüber Arbeitnehmer **TzBfG** 7 8 f.; Informationspflicht gegenüber Arbeitnehmervertretungen **TzBfG** 7 15 ff.
Stellensuche, Freizeit zur Stellungssuche *siehe dort*
Stellvertretung BGB 611 46; Schriftform einer Willenserklärung **BGB** 623 36
Sterilisation, Entgeltfortzahlung **EFZG** 3 112
Steuerrecht *siehe* „Einkommensteuer"
Stichtagsregelungen, arbeitsrechtlicher Gleichbehandlungsgrundsatz **BGB** 611 208; Gleichheitssatz **GG** 3 49; Schwerbehinderteneigenschaft **GG** 3 114
Stillschweigend vereinbarte Vergütung BGB 612 3 ff.; Erbringung höherwertiger Dienste **BGB** 612 20 ff.; Fiktion **BGB** 612 4; Normzweck **BGB** 612 5 f.; Rechtsfolge **BGB** 612 30; „den Umständen nach" **BGB** 612 26 ff.; Voraussetzungen **BGB** 612 8 ff.; wirksamer Vertrag **BGB** 612 8

Stillschweigende Verlängerung, Abdingbarkeit des § 625 BGB **BGB 625** 40 f.; Ablauf der Dienstzeit **BGB 625** 14 ff.; Anwendungsbereich **BGB 625** 6 ff.; befristetes Arbeitsverhältnis **TzBfG 15** 21 ff.; Darlegungs- und Beweislast **BGB 625** 46; Dienstverhältnis **BGB 625** 1 ff.; Fiktionswirkung **BGB 625** 36 ff.; Fortsetzung des Dienstverhältnisses **BGB 625** 21 ff.; Kenntnis des Dienstberechtigten **BGB 625** 25 ff.; kein unverzüglicher Widerspruch **BGB 625** 30 ff.

Stillzeit MuSchG 7 1 ff.; Arbeitsentgelt **MuSchG 7** 4; Freistellung **MuSchG 7** 2 f.; Heimarbeit **MuSchG 7** 5

Störung der Geschäftsgrundlage siehe „Wegfall der Geschäftsgrundlage"

Straf- und Bußgeldvorschriften AEntG AEntG 23 1 ff.; Altersteilzeit **ATZG 14** 1; AÜG **AÜG 16** 1 ff.; ausländische Leiharbeitnehmer ohne Genehmigung **AÜG 15** 1 ff., **AÜG 15a** 1 ff.; Bundesagentur für Arbeit und Zollverwaltung bei Ordnungswidrigkeiten nach AÜG **AÜG 18** 1 ff.; Mitteilungen usw. an Pensionssicherungsverein, Nichtvornahme **BetrAVG 12** 1 ff.; Straftaten gegen Betriebsverfassungsorgane und ihre Mitglieder **BetrVG 119** 1 ff.; Verletzung von Informationspflichten (BetrVG) **BetrVG 121** 1 ff.; Verletzung der Verschwiegenheitspflicht **BetrVG 120** 1 ff.

Strafhaft, außerordentliche Kündigung **BGB 626** 255 f.; personenbedingter Kündigungsgrund **KSchG 1** 161

Straftaten, Arbeitskampf als Straftat **GG 9** 342 f.; außerdienstliche **BGB 611** 377; außerordentliche Kündigung **BGB 626** 236 ff.; Geheimhaltungspflicht der Betriebsverfassungsorgane **BetrVG 79** 26; personenbedingter Kündigungsgrund **KSchG 1** 162; im Rahmen von Arbeitskämpfen **GG 9** 344; Streik **GG 9** 315; verhaltensbedingter Kündigungsgrund **KSchG 1** 243; im Zeugnis **GewO 109** 53

Strafverfahren, Frage des Arbeitgebers **BGB 123** 13

Straßentransport siehe „Kraftfahrer"

Straßenverkehrstätigkeiten siehe „Kraftfahrer"

Streik GG 9 178 ff.; Abkehr **GG 9** 205; Außenseiter **GG 9** 187; außerordentliche Kündigung **BGB 626** 136 ff.; außerordentliche Kündigung Schwerbehinderter **SGB IX 91** 12; Beendigung **GG 9** 204; Dreizonenmodell **GG 9** 216; Durchhaltetaktik der Arbeitgeberseite **GG 9** 209 f.; Erhaltungsarbeiten **GG 9** 290 f., 293 f.; Fehlzeiten und Sonderzahlung **BGB 611** 105; Firmentarifvertrag **GG 9** 189; Formen **GG 9** 179 f.; gesamtwirtschaftliches Gleichgewicht **GG 9** 276; Gewerkschaft bei rechtswidrigem ~ **GG 9** 306 ff.; gewerkschaftliche Organisation **GG 9** 184 ff.; grundsätzliche Zulässigkeit **GG 9** 182 f.; Kampfgegner **GG 9** 188 f.; Lohnverweigerungsrecht des Arbeitgebers **GG 9** 215 ff.; Notdienstarbeiten **GG 9** 293 f.; gegen OT-Mitglied wegen verbandsbezogener Forderungen **TVG 3** 11b; politischer **GG 9** 272 ff.; Reaktionsmöglichkeiten der Arbeitgeberseite **GG 9** 209 ff.; Rechtsfolgen für Arbeitsverhältnis **GG 9** 190 ff.; Rechtsfolgen bei Rechtswidrigkeit **GG 9** 296 ff.; Sozialplantarifvertrag **BetrVG 112** 81; Stilllegung des Betriebes durch Arbeitgeber **GG 9** 211 ff.; strafbare Handlungen **GG 9** 315; Streikarbeiten **GG 9** 206 ff.; subjektiv-privates Gestaltungsrecht **GG 9** 190 f.; Sympathie-~ **GG 9** 270 f.; unbeteiligte Dritte **GG 9** 274 f.; Urabstimmung **GG 9** 287 f.; Urlaubsbegehren **BUrlG 7** 137; Wellen-~ **GG 9** 217; wilder **GG 9** 186, 251 f.; siehe auch „Arbeitskampf"

Streikarbeiten, Verweigerung **GG 9** 206 ff.

Streikbruchprämien GG 9 210; Maßregelungsverbot **BGB 612a** 14 ff., 34

Streitige Verhandlung, Vorbereitung **ArbGG 56** 1 ff., **ArbGG 57** 11 ff.; Anforderung amtlicher Auskünfte und Urkunden **ArbGG 56** 28 f.; Anforderung von Urkunden und sonstigen Gegenständen **ArbGG 56** 15 ff.; Benachrichtigung der Parteien **ArbGG 56** 37; Beweiserhebung **ArbGG 56** 6; Darlegungslücken und Aufklärungsdefizite **ArbGG 56** 10 ff.; Maßnahmen **ArbGG 56** 9 ff.; Pflicht zur Vorbereitung **ArbGG 56** 3 ff.; Prozessförderungspflicht **ArbGG 56** 77 f., **ArbGG 57** 15 ff.; Tarifrecht, Ermittlung **ArbGG 56** 36

Streitigkeiten zwischen Arbeitnehmer und Arbeitgeber, Arbeitgeber **ArbGG 2** 67 f.; Arbeitspapiere **ArbGG 2** 82 f.; aus dem Arbeitsverhältnis **ArbGG 2** 69 ff.; über Bestehen oder Nichtbestehen eines Arbeitsverhältnisses **ArbGG 2** 74 f.; über das Eingehen und Nachwirken eines Arbeitsverhältnisses **ArbGG 2** 76 f.; Insolvenz **ArbGG 2** 72; Rechtswegzuständigkeit **ArbGG 2** 65 ff.; aus unerlaubter Handlung **ArbGG 2** 79 ff.; Vollstreckungsabwehrklage **ArbGG 2** 71; Werkswohnungen **ArbGG 2** 73; aus Zusammenhang mit Arbeitsverhältnis **ArbGG 2** 92 ff.

Streitigkeiten zwischen Arbeitnehmern, aus gemeinsamer Arbeit **ArbGG 2** 115; Rechtswegzuständigkeit **ArbGG 2** 112 ff.; unerlaubte Handlung **ArbGG 2** 116

Streitwert ArbGG 12 15 ff.; Abfindung **ArbGG 12** 23; Abmahnung **ArbGG 12** 26; Änderungskündigung **ArbGG 12** 22, **KSchG 2** 129; Antrag **ArbGG 12** 29; Arbeitspapiere **ArbGG 12** 26; Aufrechnung **ArbGG 12** 26; Berechnung **ArbGG 61** 13; Beschlussverfahren **ArbGG 12** 26; Beschwerde **ArbGG 12** 28; Bestandsstreitigkeiten **ArbGG 12** 16 ff.; Betriebsübergang **ArbGG 12** 26; Eingruppierungen **ArbGG 12** 24; Einigungsstellenspruch **BetrVG 76** 116; einstweilige Verfügung **ArbGG 12** 26; Festsetzung **ArbGG 12** 27 ff., **ArbGG 61** 10 ff.; Folgen unterbliebener ~festsetzung **ArbGG 61** 16; Form der Festsetzung **ArbGG 61** 14 f.; Leistungsklage neben Kündigungsschutzklage **ArbGG 12** 21; mehrere Kündigungen **ArbGG 12** 19; Nachteilsausgleich **ArbGG 12** 26; Regelstreitwert **ArbGG 12** 17; Teilzeitanspruch **ArbGG 12** 26, **TzBfG 8** 64; Vergleich **ArbGG 12** 26; Vierteljahresverdienst **ArbGG 12** 17 f.; Weiterbeschäftigungsanspruch **ArbGG 12** 26; Weiterbeschäftigungsanspruch neben Kündigungsschutzklage **ArbGG 12** 20; wiederkehrende Leistungen **ArbGG 12** 24; Zeugnis **ArbGG 12** 26, **GewO 109** 53; Zweck **ArbGG 12** 15

Stress-Interviews BGB 611 19

Studenten, Arbeitnehmereigenschaft **BetrVG 5** 37; Urlaubsanspruch **BUrlG 2** 7

Subunternehmer, Arbeitnehmer oder freier Mitarbeiter **BGB Vor 611** 88 ff.

Suspendierung siehe „Freistellung/Suspendierung"

Tantiemen BGB 611 117 ff.; Abgrenzung zur betrieblichen Altersversorgung **BetrAVG Vorb.** 57; Auskunftsrechte **BGB 611** 123; Berechnung **BGB 611** 120 ff.; dividendenabhängige **BGB 611** 121; Fehlzeiten **BGB 611** 122, 124; Formen **BGB 611** 119; siehe auch „Provision"

Tarifautonomie GG 9 107 ff., **TVG Einl.** 5 ff.; Arbeitskampf **GG 9** 277 ff.; Berufsfreiheit **GG 12** 54 ff.; und EU-Recht **GG 9** 133 f.; und einfache Gesetze **GG 9** 140 f.; einfachgesetzliche Ausgestaltung **GG 9** 117 ff.; Friedensfunktion **TVG Einl.** 10; Gemeinwohlbindung **GG 9** 142 f.; gesamtgesellschaftliche Aufgaben **TVG Einl.** 13; Grenzen **GG 9** 132 ff.; Innenschranken **TVG Einl.** 35 ff.; kollidierendes Verfassungsrecht **GG 9** 135 ff.; Meistbegünstigungsklausel **TVG 1** 73; Ordnungsfunktion **TVG Einl.** 11; personelle Reichweite **GG 9** 115 f.; sachliche Reichweite **GG 9** 110ff.; Schutzfunktion **TVG Einl.** 9; Sinn **GG 9** 107ff.; unmittelbare Wirkung **GG 9** 117ff.; Verteilungsfunktion **TVG Einl.** 12; zwingende Wirkung der Tarifnormen **TVG Einl.** 7

Tarifbindung TVG 3 1ff.; Außenseiterklauseln **TVG 3** 33; Beginn **TVG 3** 37ff.; Betriebsnormen **TVG 3** 34ff.; betriebsverfassungsrechtliche Normen **TVG 3** 34f.; Ende **TVG 3** 40ff.; Fortwirkung bei Umwandlung **TVG 3** 46ff.; Fortwirkung bei Verbandsaustritt **TVG 3** 41ff.; aufgrund Mitgliedschaft **TVG 3** 6ff.; OT-Mitgliedschaft **TVG 2** 16, **TVG 3** 3ff.; persönlicher Geltungsbereich, Abgrenzung **TVG 4** 22; Streitigkeiten **TVG 3** 50; Umfang **TVG 3** 2

Tarifeinheit, und Arbeitskampf **GG 9** 283; Koalitionsfreiheit **GG 9** 77; und Tarifpluralität **TVG 4** 57

Tariffähigkeit TVG 2 1ff.; Anerkennung des Tarif-, Arbeitskampf-, Schlichtungsrechts **GG 9** 55; Arbeitgeber **TVG 2** 23ff.; Arbeitskampfbereitschaft **GG 9** 60f., **TVG 2** 17; Beginn und Ende bei Verbänden **TVG 2** 22; Begriff **TVG 2** 2f.; Berufsverbände **TVG 2** 4ff.; Beschlussverfahren (Tariffähigkeit/Tarifzuständigkeit) *siehe dort*; christliche Gewerkschaften **TVG 2** 20; demokratische Willensbildung **TVG 2** 13; einheitlicher Gewerkschaftsbegriff **GG 9** 62; freiwilliger, privatrechtlicher Zusammenschluss **TVG 2** 6; Gegnerunabhängigkeit **TVG 2** 9ff.; gesamtschuldnerische Haftung **TVG 2** 37; körperschaftliche Struktur **TVG 2** 8; OT-Mitgliedschaft **GG 9** 59; Regelungsgegenstand **TVG 2** 1; soziale Mächtigkeit **GG 9** 48ff., **TVG 2** 18ff.; keine soziale Mächtigkeit auf Arbeitgeberseite **GG 9** 54; Spitzenorganisationen **TVG 2** 31ff.; nicht tariffähige Koalition **GG 9** 63f.; Tarifwilligkeit **GG 9** 56ff., **TVG 2** 15; überbetriebliche Organisation **TVG 2** 12; Verband auf Dauer **TVG 2** 7; Voraussetzungen **TVG 2** 5ff.; *siehe auch* „Koalitionseigenschaft"

Tarifkonkurrenz TVG 4 46ff.; bei allgemeinverbindlichem Tarifvertrag **TVG 4** 51ff.; Arbeitnehmerentsendung **TVG 4** 52; Bezugnahme auf Tarifvertrag – normativ geltender Tarifvertrag **TVG 4** 54; mehrere Gewerkschaftsmitgliedschaften **TVG 4** 49; im Nachwirkungszeitraum **TVG 4** 50; Spezialitätsgrundsatz **TVG 4** 47f.

Tariföffnungsklausel GG 9 127ff., **TVG 4** 33; BetrAVG-Regelungen **BetrAVG 17** 23ff.; betriebliche Altersversorgung **BetrAVG 17** 23ff.; Betriebsvereinbarung **BetrVG 77** 52

Tarifpluralität TVG 4 46, 55ff.; und Arbeitskampf **GG 9** 283, **TVG 4** 61; Arbeitskampfrecht **TVG 4** 61; DGB-Gewerkschaften **TVG 4** 58; und Grundsatz der Tarifeinheit **TVG 4** 57; Koalitionsfreiheit **GG 9** 77

Tarifrecht, Arbeitnehmerähnliche Personen, TVG-Geltung *siehe dort*, Beitrittsgebiet **TVG 10** 4f., dispositives Recht **TVG Einl.** 25, Ermittlung **ArbGG 56** 36, Gesetzesrecht **TVG Einl.** 22ff., historische Entwicklung **TVG Einl.** 1f., internationales **Rom I-VO** 46ff., Reformbestrebungen **TVG Einl.** 39, tarifdispositives Recht **TVG Einl.** 26f., Tarifordnungen **TVG 10** 1ff., zwingendes Recht **TVG Einl.** 23

Tarifregister, Auskunft **TVG 6** 10f.; Einsicht **TVG 6** 9; Eintragung **TVG 6** 3ff.; Inhalt **TVG 6** 6; Normzweck **TVG 6** 1ff.; Wirkung der Eintragung **TVG 6** 7f.; Zuständigkeit **TVG 6** 2

Tariftreue, Erklärungen **TVG 5** 41; Regelungen **GG 9** 71f.

Tarifvertrag BGB Vor 611 146; Ablösung **TVG 1** 36; Abrufarbeit **TzBfG 12** 26f.; Abschluss **TVG 1** 12ff.; Abschlussgebot zugunsten bestimmter Gruppen **BGB 611** 51; Abschlussnormen **TVG 1** 47ff.; Abschlussverbote **BGB 611** 57; abweichende Regelungen Sonn- und Feiertagsarbeit **ArbZG 12** 1ff.; AGB-Kontrolle **BGB 310** 16f., 19; Altersgrenzen **SGB VI 41** 13, **TzBfG 14** 65; Änderung **BGB 611** 538ff.; Anerkennungs~ **TVG 2** 27; Angabe des Befristungsgrundes **TzBfG 14** 143; Arbeitnehmerentsendegesetz *siehe* „Tarifverträge, zwingende nach AEntG"; Arbeitskampfordnungen **GG 9** 159; Arbeitsplatzteilung **TzBfG 13** 14; Arbeitszeitflexibilisierung **ArbZG 7** 1ff.; Arten **TVG 1** 5ff.; Aufhebungsvertrag **TVG 1** 23; Aufspaltung **TVG 3** 49; Ausdehnung der werktäglichen Arbeitszeit **ArbZG 3** 11; Auslandsberührung **TVG Einl.** 40; Auslegung **TVG 1** 76ff.; Auslegung des normativen Teils **TVG 1** 77ff.; Auslegungsgrundsätze des BAG **TVG 1** 79; Ausnahmen von Veränderungssperre **BGB 613a** 281ff.; außerordentliche Kündigung **BGB 626** 44ff., **TVG 1** 26ff.; Beendigung **TVG 1** 22ff.; Beendigungsnormen **TVG 1** 50; befristete Arbeitsverhältnisse und öffentlicher Dienst **TzBfG 22** 5ff.; Begriff **TVG 1** 1f.; Bekanntgabe im Betrieb **TVG 8** 1ff.; Berufsfreiheit **GG 12** 27f., 54ff.; betriebliche Altersversorgung **BetrAVG Vorb.** 84ff.; betriebliche Übung hinsichtlich Übernahme **BGB 611** 237; Betriebsnormen **TVG 1** 53f., **TVG 3** 34ff.; Betriebsvereinbarung **TVG 4** 62f.; betriebsverfassungsrechtliche Normen **TVG 1** 53f., **TVG 3** 34f.; vom BetrVG abweichende Regelungen **BetrVG 3** 3ff., **TVG 1** 109; vom BetrVG bei Inkrafttreten abweichender ~ **BetrVG 128** 1; Bezugnahme auf Gesetzesbestimmungen **TVG Einl.** 29ff.; Bezugnahmeklauseln auf Tarifverträge *siehe dort*; Bindung an das AGG **TVG Einl.** 28; Differenzierungsgründe und Gleichheitssatz **GG 3** 53f.; Differenzierungsklauseln **TVG 1** 110f.; Durchführungspflicht **TVG 1** 70ff.; Eingriff in Versorgungsanwartschaften **BetrAVG Vorb.** 147a; Einwirkungspflicht **TVG 1** 70f.; einzelne Tarifnormen **TVG 1** 91ff.; Entgeltreduzierung **BGB 611** 544ff.; Entgeltumwandlung **BetrAVG 17** 27f.; Entstehungsgeschichte **TVG 1** 82; des Erwerbers bei Betriebsübergang **BGB 613a** 268ff.; europäisches und internationales Recht **TVG Einl.** 14; europarechtswidrige Arbeitszeitregelungen **ArbZG 25** 3; fehlerhafter ~, Lehre **TVG 1** 21af.; Formvorschriften **BGB 611** 40, **BGB 623** 40; Fortgeltung bei Betriebsübergang **BGB 613a** 249ff., 262f.; Geltungsbereich des Tarifvertrags *siehe dort*; gemeinsame Einrichtungen **TVG 1** 55; Gemeinwohlbindung **TVG Einl.** 20; gerichtliche Kontrolle der Verfassungsmäßigkeit **TVG Einl.** 21; Gleichbehandlungsgrundsatz **BGB 611** 194; Gleichbehandlungsgrundsatz, Verstoß **BGB 611** 217; Gleichheitssatz **GG 3** 27ff.; gleichheitswidriger **GG 3** 61ff.; als Grenze des Weisungsrechts **GewO 106** 95ff.; Grundrechtsbindung **TVG Einl.** 15ff.; Hinweis auf ~ **NachwG 2** 38ff.; Hochschulen **TzBfG 23** 36; Individualvereinbarungen, Verhältnis **TVG 4** 64; Inhaltsnormen **TVG 1** 45f.; internationaler ~, Arbeitskampf **GG 9** 364f.; Kontrolle **TVG 1** 88ff.; Kündigungsfristen *siehe* „Tarifvertragliche Kündigungsfristen"; Kündigungsschutzbestimmungen **TVG 1** 123ff.; Lückenfüllung **TVG 1** 84ff.; Mängel beim Abschluss **TVG 1** 20ff.; Mitbestimmungsrechte bei Spaltung/Teilübertragung **UmwG 325** 11ff.; nachvertragliches Wettbewerbsverbot **HGB 74** 4; Nachwirkung von Tarifnormen *siehe dort*; Nichtigkeit **TVG 1** 21; normativer Teil **TVG 1** 40ff.; Normwirkung **TVG 4** 1ff.; ordentliche Kündigung **TVG 1** 25; Parteien **TVG 1** 5ff.; Pflichten im Anbahnungsstadium **TVG 1** 62; Prorogationsvereinbarungen **ArbGG 48** 84ff.; prozessuale Normen **TVG 1** 57; ranghöhere Regelungen **TVG 4** 43; Rechtsnatur **TVG 1** 3f.; Rechtsstaatsprinzip **TVG Einl.** 18; Regelungslücke bei Teilnichtigkeit **GG 3** 63f.; Regelungslücke bei Teilnichtigkeit **TVG Einl.** 3f.; Regelungslücke bei Teilnichtigkeit **GG 3** 63f.; Rückwirkungsvereinbarung **TVG 1** 132ff.; sach-

Stichwortverzeichnis

grundlose Befristung **TzBfG 14** 115ff.; Sanierungs~ **TVG 2** 28; Schriftform **TVG 1** 16ff.; schuldrechtlicher Teil **TVG 1** 61ff.; Sinn und Zweck **TVG 1** 83; Sozialstaatsprinzip **TVG Einl.** 19; Störung der Geschäftsgrundlage **TVG 1** 35; Streitigkeiten *siehe* „Tarifvertragsstreitigkeiten"; systematischer Zusammenhang **TVG 1** 81; tarifdispositives Richterrecht **TVG Einl.** 32; Tarifgemeinschaft **TVG 1** 11, **TVG 2** 35; andere Tarifverträge **TVG 4** 44ff.; Übergangsregelung Arbeitszeitgesetz **ArbZG 25** 1ff.; Überleitungs~ **TVG 2** 29; Übersendungs- und Mitteilungspflicht **TVG 7** 1ff.; Übertragbarkeit des Arbeitsleistungsanspruchs **BGB 613** 19a; Überwachung der Durchführung durch Betriebsrat **BetrVG 80** 15; Umwandlung **UmwG 324** 19f.; unternehmenspolitische Fragen **TVG 1** 137; unzulässige Regelungen **TVG 1** 58f.; Unzumutbarkeit **TVG 1** 27ff.; Urlaub **BUrlG 13** 1ff.; Urteilsübersendung in ~ssachen **ArbGG 63** 1ff.; vereinbarte Pflichten im Schuldverhältnis **TVG 1** 73f.; verfassungswidrige Regelungen **GG 3** 31; Verhältnis zu anderen Regelungen **TVG 4** 30ff.; Verhältnis zum Sozialplan **BetrVG 112** 80f.; Verhandlungsanspruch **TVG 1** 12; Verlust tariflicher Rechte **TVG 4** 65ff.; Verschmelzung **TVG 3** 48; Vertragsrecht **TVG 1** 13ff.; Verweisung auf staatliche Normen **TVG 1** 138; Verweisung auf andere Tarifverträge **TVG 1** 138f.; als „andere Vorschrift" iSd. BDSG **BDSG Vorb.** 53f.; Wortlaut **TVG 1** 80; zwingender *siehe* „Tarifverträge, zwingende nach AEntG"

Tarifverträge, zwingende nach AEntG AEntG 3 1ff.; Arbeitgeber mit Sitz im Ausland **AEntG 3** 4; Arbeitnehmer mit Inlandsbeschäftigung **AEntG 3** 5; Arbeitsbedingungen **AEntG 5** 1ff., **AEntG 8** 1f.; Arbeitsverhältnis **AEntG 3** 3; einbezogene Branchen **AEntG 4** 1ff.; Einschränkungen des Anwendungsbereichs **AEntG 6** 1ff.; Erstreckungsverordnungen **AEntG 7** 1ff.; konkurrierende Tarifverträge **AEntG 8** 3f.; kurzfristige Montagearbeiten **AEntG 6** 2; Leiharbeitnehmer **AEntG 8** 5; Meldepflicht **AEntG 18** 1ff.; Mindestentgelt, Verzicht **AEntG 9** 1ff.; Mindestentgeltsätze **AEntG 5** 2; Pflegebranche, Sonderregelungen **AEntG 13** 1f.; Sozialkassenverfahren im Baugewerbe **AEntG 5** 4f.; Tarifkonkurrenz **TVG 4** 52; Tarifvertrag **AEntG 3** 6ff.

Tarifvertragliche Kündigungsfristen BGB 622 65ff., **TVG 1** 123; Auslegung **BGB 622** 66f.; Benachteiligungsverbot **BGB 622** 77; einzelvertragliche Bezugnahme **BGB 622** 117ff.; Entfristung **BGB 622** 75f.; Erschwerung der Kündigung **BGB 622** 72ff.; europarechtliche Grenzen **BGB 622** 95a; Günstigkeitsvergleich **BGB 622** 104ff.; konstitutiv/deklaratorisch **BGB 622** 67ff.; Kündigungsfristen Arbeiter/Angestellte **BGB 622** 80ff., **GG 3** 31; Lücke bei verfassungswidriger Regelung **BGB 622** 93ff.; verfassungsrechtliche Grenzen **BGB 622** 78ff.

Tarifvertragsgesetz, Arbeitnehmerähnliche Personen, TVG-Geltung *siehe dort*, Durchführungsbestimmungen **TVG 11** 1f., Inkrafttreten **TVG 13** 1; Spitzenorganisationen **TVG 12** 1ff., Tarifordnungen und Lohngestaltungsanordnungen **TVG 10** 1ff.

Tarifvertragsstreitigkeiten, „aus" Tarifverträgen **ArbGG 2** 37f.; Bestehen/Nichtbestehen von Tarifverträgen **ArbGG 2** 40; Bindungswirkung **TVG 9** 17ff.; Bindungswirkung rechtskräftiger Entscheidungen **TVG 9** 1ff.; bürgerliche Rechtsstreitigkeit **ArbGG 2** 33f.; einheitliche Rechtsanwendung **TVG 9** 2; erweiterte Rechtskraftwirkung **ArbGG 2** 41ff.; Feststellung eines abstrakten Rechtsverhältnisses **TVG 9** 7; Feststellungsinteresse **TVG 9** 8f.; Feststellungsklage und Bindungswirkung **TVG 9** 6ff.; gerichtliche Kontrolle von Tarifverträgen **GG 9** 144f.; Parteien **ArbGG 2** 35f.; Prozessökonomie **TVG 9** 3; rechtskräftige Entscheidung **TVG 9** 14ff.; Rechtswegzuständigkeit **ArbGG 2** 32ff.; Übersendung rechtskräftiger Urteile **TVG 9** 24; Umfang der Bindungswirkung **TVG 9** 19f.; Voraussetzungen der Bindungswirkung **TVG 9** 10ff.

Tarifvorrang/Sperrwirkung GG 9 121ff.; Betriebsvereinbarung **BetrVG 77** 48ff.; Geltungsbereich des Tarifvertrags **BetrVG 87** 11f.; Gruppenvereinbarung **BetrVG 28a** 19; Mitbestimmung in sozialen Angelegenheiten **BetrVG 87** 6, 9ff.; Öffnungsklausel **BetrVG 77** 52; Tarifüblichkeit **BetrVG 77** 50; Übernahme eines Tarifvertrags durch Betriebsvereinbarung **BetrVG 77** 53; Verhältnis §§ 77 Abs. 3/87 Abs. 1 BetrVG **BetrVG 77** 51; Zwei-Schranken-/Vorrangtheorie **BetrVG 87** 15; zwingende und abschließende Regelung **BetrVG 87** 13

Tarifzuständigkeit TVG 2 38ff.; Beschlussverfahren (Tariffähigkeit/Tarifzuständigkeit) *siehe dort*; Fehlen **TVG 2** 47; Satzung **TVG 2** 38, 41f., 44; Streitigkeiten im DGB **ArbGG 97** 11ff., **TVG 2** 46

Taschenkontrollen BGB 611 384

Tätlichkeiten, außerordentliche Kündigung **BGB 626** 190f.; Entgeltfortzahlung **EFZG 3** 68; verhaltensbedingter Kündigungsgrund **KSchG 1** 229f.

Technischer Verbesserungsvorschlag *siehe* „Erfindung/technischer Verbesserungsvorschlag"

Teilbefristung BGB 611 516f.; AGB-Kontrolle **BGB 611** 517

Teilbetriebsübergang *siehe* „Betriebsteilübergang"

Teilkündigung KSchG 1 42; Änderungskündigung, Abgrenzung **KSchG 2** 29; Schriftform **BGB 623** 19

Teilurlaub BUrlG 5 1ff.; Arbeitsverhältnisse ab Juli eines Jahres **BUrlG 5** 5; Ausscheiden vor erfüllter Wartezeit **BUrlG 5** 17ff.; Ausscheiden nach erfüllter Wartezeit in der ersten Hälfte des Kalenderjahres **BUrlG 5** 25ff.; Bruchteile von Urlaubstagen **BUrlG 5** 34ff.; Krankheit über Übertragungszeitraum hinaus **BUrlG 7** 74b; Nichterfüllung der Wartezeit im Kalenderjahr **BUrlG 5** 5ff.; Rückforderung von Urlaubsentgelt **BUrlG 5** 39ff.; Tarifvertrag **BUrlG 13** 34ff.; Übertragung bei Arbeitsverhältnissen ab Juli eines Jahres **BUrlG 7** 92

Teilurteil, Entschädigung gemäß § 61 Abs. 2 ArbGG **ArbGG 61** 30; Zurückverweisung bei Unzulässigkeit **ArbGG 68** 11

Teilvergütung bei außerordentlicher Kündigung BGB 628 1ff.; Abdingbarkeit **BGB 628** 7ff.; Anwendungsbereich **BGB 628** 2ff.; Herabsetzung der Vergütung **BGB 628** 21ff.; Kündigung „ohne Veranlassung" **BGB 628** 25ff.; Kündigung durch vertragswidriges Verhalten des Arbeitnehmers **BGB 628** 28; Monatslohn **BGB 628** 15; Normzweck **BGB 628** 1; Stundenlohn **BGB 628** 14; Umfang und Berechnung **BGB 628** 12ff.; unwirksame Kündigung **BGB 628** 22; vorausgezahlte Vergütung **BGB 628** 34ff.; Wegfall des Interesses **BGB 628** 29ff.

Teilzeit- und Befristungsgesetz, betrieblicher Geltungsbereich **TzBfG 1** 7f.; Geltungsbereich **TzBfG 1** 5ff.; persönlicher Geltungsbereich **TzBfG 1** 6; zeitlicher Geltungsbereich **TzBfG 1** 9; Zielsetzung **TzBfG 1** 1f.

Teilzeitanspruch TzBfG 8 1ff.; Abänderung der Arbeitszeitlage durch den Arbeitgeber **TzBfG 8** 37ff.; Ablehnung durch den Arbeitgeber **TzBfG 8** 34ff.; Ablehnungsgründe **TzBfG 8** 22ff.; Ablehnungsgründe im Tarifvertrag **TzBfG 8** 27; Angebot **TzBfG 8** 21; Anspruchssperre **TzBfG 8** 5; Auswirkung auf Gegenleistung **TzBfG 8** 44f.; befristete Reduzierung **TzBfG 8** 16; betriebliche Ablehnungsgründe **TzBfG 8** 22ff.; betriebliche Voraussetzungen **TzBfG 8** 6f.; Beurteilungszeitpunkt bei Prozess **TzBfG 8** 55; Darlegungs- und Beweislast **TzBfG 8** 56; Einarbeitungskosten **TzBfG 8** 25;

einstweilige Verfügung **ArbGG** 62 88, **TzBfG** 8 58 ff.; Elternzeit **BEEG** 15 12, 14 ff.; Entscheidung **TzBfG** 8 32 f.; erneutes Verringerungsverlangen **TzBfG** 8 40 ff.; Ersatzkraft, nicht vorhandene **TzBfG** 8 25; Fiktion der Annahme **TzBfG** 8 33; Form **TzBfG** 8 11 f.; Gründe gegen Verteilung **TzBfG** 8 26; Inhalt **TzBfG** 8 13 ff.; Klage **TzBfG** 8 47 ff.; konditionaler Wunsch zur Verteilung **TzBfG** 8 18; kontinuierliche Anwesenheit wegen persönlicher Kontakte **TzBfG** 8 25; Mitbestimmungsrecht **TzBfG** 8 43; Mitteilung **TzBfG** 8 32; Organisationskonzept **TzBfG** 8 24 f.; persönliche Voraussetzungen **TzBfG** 8 3 ff.; Schwerbehinderte **SGB IX** 81 35 ff.; sechsmonatiges Arbeitsverhältnis **TzBfG** 8 4; Streitwert **ArbGG** 12 26, **TzBfG** 8 64; Umfang **TzBfG** 8 13, 15; unberechtigte Ablehnung und Sperrfrist **TzBfG** 8 41; veränderte Lage **TzBfG** 8 18 f.; Verhandlung **TzBfG** 8 30 f.; Verlangen **TzBfG** 8 29; Verteilung **TzBfG** 8 14 f.; Zeitpunkt der Geltendmachung **TzBfG** 8 8 f.

Teilzeitarbeit, akute Pflege Angehöriger **PflegeZG** 2 9; Arbeitnehmerbegriff **BetrVG** 5 38; Arbeitszeitrelation **TzBfG** 2 3; Aus- und Weiterbildung **TzBfG** 10 1 f.; Begriff teilzeitbeschäftigter Arbeitnehmer **TzBfG** 2 1 ff.; besondere gesetzliche Regelungen **TzBfG** 23 1 ff.; Diskriminierungsverbot (TzBfG) *siehe dort*; Elternzeit, ~ währenddessen **BEEG Vor 15–21** 9 f., **BEEG** 15 9 ff.; Förderung **TzBfG** 6 1 f.; geringfügig Beschäftigte **TzBfG** 2 7; Kündigungsverbot wegen Weigerung **TzBfG** 11 1 ff.; Mitbestimmung bei Arbeitszeit **BetrVG** 87 72; mittelbare Frauendiskriminierung **GG** 3 84 ff.; Sozialplanabfindung **BetrVG** 112 53; Stellenausschreibung (Teilzeit) *siehe dort*; Tarifklauseln **TVG** 1 131; Teilberufsausbildung **BBiG** 8 2; Urlaubsberechnung **BUrlG** 3 28 ff.; vergleichbare Vollzeitbeschäftigte **TzBfG** 2 4 ff.; Verlängerung der Arbeitszeit *siehe dort*; Wettbewerbsverbot **HGB** 60 11

Telearbeit, Arbeitnehmerstatus **BetrVG** 5 39, **BGB Vor 611** 93

Telefonieren, außerordentliche Kündigung **BGB** 626 218; Datenschutz **BDSG Vorb.** 105 f.; verhaltensbedingter Kündigungsgrund **KSchG** 1 247

Tendenzbetrieb BetrVG 118 1 ff.; Arbeitszeit, Beteiligungsrechte **BetrVG** 87 68, **BetrVG** 118 23 f.; Arbeitszeitmenge **BetrVG** 118 13 f.; Berichterstattung und Meinungsäußerung **BetrVG** 118 10; Berichtspflicht bei Betriebsräteversammlung **BetrVG** 53 10; Betriebsänderung, Beteiligungsrechte **BetrVG** 111 17; Druckerei **BetrVG** 118 18 f.; Einschränkung der Beteiligungsrechte **BetrVG** 118 20 ff.; erzieherische Bestimmung **BetrVG** 118 7; Europäische Betriebsräte kraft Gesetzes **EBRG** 113; Europäische Gesellschaft bei Mitbestimmung kraft Gesetzes **SEBG** 53; geistig-ideelle Bestimmung **BetrVG** 118 3 ff.; Gewinnerzielungsabsicht **BetrVG** 118 12; grenzüberschreitende Verschmelzung **MgVG** 29; herrschendes Unternehmen – MitbestG **MitbestG** 1 14; Interessenausgleich **BetrVG** 118 29; karitative Bestimmung **BetrVG** 118 6; koalitionspolitische Bestimmung **BetrVG** 118 4; konfessionelle Bestimmung **BetrVG** 118 5; Konzern – MitbestG **MitbestG** 1 13 f.; Kündigungsanhörung gemäß § 102 BetrVG **BetrVG** 102 9; Kündigungsschutz **KSchG Vor** 1 41; künstlerische Bestimmung **BetrVG** 118 9; Lohngestaltung, Beteiligungsrechte **BetrVG** 87 175; Merkmale **BetrVG** 118 2 ff.; Mischkonzern – MitbestG **MitbestG** 1 15; Nachteilsausgleich **BetrVG** 113 3, **BetrVG** 118 30; Ordnungsverhalten, Beteiligungsrechte **BetrVG** 87 61; Personalplanung, Beteiligungsrechte **BetrVG** 92 21; personelle Angelegenheiten, Beteiligungsrechte **BetrVG** 118 23 f.; personelle Einzelmaßnahmen, Beteiligungsrechte **BetrVG** 99 15; personenbedingte Kündigung **KSchG** 1 163; politische Bestimmung **BetrVG** 118 3; Sonderkündigungsschutz **KSchG** 15 5; soziale Angelegenheiten, Beteiligungsrechte **BetrVG** 118 23 f.; Tendenzträger **BetrVG** 118 21 f.; „überwiegend" **BetrVG** 118 13 ff.; Unmittelbarkeit **BetrVG** 118 11 f.; Unternehmensmitbestimmung nach DrittelbG **DrittelbG** 1 52 ff.; Unternehmensmitbestimmung nach MitbestG **MitbestG** 1 12 f.; Unterrichtungspflichten gemäß § 111 BetrVG **BetrVG** 118 27 f.; Verlangen des Betriebsrats nach Stellenausschreibung **BetrVG** 93 6; wirtschaftliche Angelegenheiten, Beteiligungsrechte **BetrVG** 106 3 f., **BetrVG** 118 25 ff.; wissenschaftliche Bestimmung **BetrVG** 118 8

Tenor ArbGG 61 4; Berufungszulassung **ArbGG** 64 21; Revisionszulassung **ArbGG** 72 28

Territorialitätsprinzip ArbGG 1 3 ff.; Ausnahmen **ArbGG** 1 4 f.; Immunität **ArbGG** 1 5

Tod des Arbeitgebers außerordentliche Kündigung **BGB** 626 259; Dienstvertrag **BGB** 620 32; Zeugnis **GewO** 109 12

Transferleistungen SGB III 110, 111 1 ff.; Anspruchsausschluss bei unternehmensinterner Qualifizierung **SGB III** 110, 111 22; Arbeitsvermittlung bei Transfer-Kug **SGB III** 110, 111 18 f.; Bedrohung von Arbeitslosigkeit **SGB III** 110, 111 4; Beratungsverpflichtung **SGB III** 110, 111 2; betriebliche Voraussetzungen für Transfer-Kug **SGB III** 110, 111 14 ff.; Betriebsänderung **SGB III** 110, 111 3; Bezugsfrist bei Transfer-Kug **SGB III** 110, 111 23; dauerhaft unvermeidbarer Arbeitsausfall mit Entgeltausfall **SGB III** 110, 111 13; durch Dritten **SGB III** 110, 111 6; Förderungsausschluss **SGB III** 110, 111 9; Förderungsumfang **SGB III** 110, 111 10; Höhe bei Transfer-Kug **SGB III** 110, 111 24; Job to Job **SGB III** 110, 111 8; Kurzarbeitergeld-Vorschriften bei Tranfer-Kug **SGB III** 110, 111 28; persönliche Voraussetzungen für Transfer-Kug **SGB III** 110, 111 16 f.; Profilingmaßnahmen **SGB III** 110, 111 17, 8a; Qualifizierung bei Transfer-Kug **SGB III** 110, 111 20; Qualitätssicherung **SGB III** 110, 111 7; Schnupperbeschäftigung **SGB III** 110, 111 21; und Sozialplan **BetrVG** 112 71 ff.; Transfer-Kug **SGB III** 110, 111 13 ff.; Transfermaßnahmen **SGB III** 110, 111 5 ff.; Verfahren bei Fördermaßnahmen **SGB III** 110, 111 12; Verfahren bei Transfer-Kug **SGB III** 110, 111 26 f.

Transplantatspende, Anzeige- und Nachweispflichten **EFZG** 5 3; Entgeltfortzahlung **EFZG** 3a 1 ff.

Treuepflicht verhaltensbedingte Kündigung wegen Verstoßes **KSchG** 1 248 ff.

Treueprämien, Abgrenzung zur betrieblichen Altersversorgung **BetrAVG Vorb.** 59

Trinkgeld BGB 611 142 ff., **GewO** 107 71 ff.; Begriff **GewO** 107 74; Einkommensteuer **EStG** 19/38 67; Entgeltfortzahlung **EFZG** 4 30; Steuerpflicht **GewO** 107 73; Verbot des Ausschlusses von Arbeitsentgelt **GewO** 107 75 ff.

Tronc BGB 611 145

Trotzkündigung KSchG 4 48

Truckverbot GewO 107 10 ff.; Geldzahlungspflicht **GewO** 107 12; Währung **GewO** 107 16 ff.

Übergangsmandat BetrVG 21a 1 ff.; **UmwG** 325 16; Bestellung von Wahlvorständen **BetrVG** 21a 11; Betriebsrat **BetrVG** 21a 1 ff.; Dauer **BetrVG** 21a 12; fehlende Eingliederung des abgespaltenen Betriebsteils **BetrVG** 21a 7; Freistellungs- und sonstige Kostentragungspflicht **BetrVG** 21a 18; Personalrat bei Privatisierung **BetrVG** 130 4 ff.; Spaltung von Betrieben **BetrVG** 21a 5 ff.; Streitigkeiten

BetrVG 21a 23; unternehmensinternes **BetrVG** 21a 4 ff.; unternehmensübergreifende Umwandlung **BetrVG** 21a 19 ff.; Verhältnis zu Restmandat **BetrVG** 21b 17; zeitlich befristetes Vollmandat **BetrVG** 21a 10; Zusammenfassung von Betrieben **BetrVG** 21a 9; Zusammensetzung bei Betriebsabspaltung **BetrVG** 21a 15; Zusammensetzung bei Betriebsspaltung **BetrVG** 21a 14 f.; Zusammensetzung bei Betriebsverschmelzung **BetrVG** 21a 16 f.

Übernahme Informationspflichten (WpÜG) *siehe dort*

Übernahmerecht des Auszubildenden BetrVG 78a 1 ff.; ausgeschiedene Mitglieder **BetrVG** 78a 4; Auszubildende **BetrVG** 78a 3; kein automatisches Arbeitsverhältnis **BetrVG** 78a 12; einstweiliger Rechtsschutz **BetrVG** 78a 55; Entbindung von der Weiterbeschäftigungspflicht *siehe dort*; Ersatzmitglieder **BetrVG** 78a 4; Form des Weiterbeschäftigungsverlangens **BetrVG** 78a 17; Frist **BetrVG** 78a 8; Frist für Weiterbeschäftigungsverlangen **BetrVG** 78a 16; Mitglied eines betriebsverfassungsrechtlichen Organs **BetrVG** 78a 4; Mitteilungspflichten des Arbeitgebers **BetrVG** 78a 6 ff.; Nichtübernahme **BetrVG** 78a 6; persönlicher Schutzbereich **BetrVG** 78a 2 ff.; Rechtsfolgen bei unterlassener Mitteilung **BetrVG** 78a 11 ff.; Schadensersatzansprüche **BetrVG** 78a 13; Sonderkündigungsschutz bei Wehrdienst **ArbPlSchG** 2 10 f.; Streitigkeiten **BetrVG** 78a 52 ff.; tatsächliche Weiterbeschäftigung **BetrVG** 78a 14; unwirksames Weiterbeschäftigungsverlangen **BetrVG** 78a 20; Weiterbeschäftigungsanspruch **BetrVG** 78a 15 ff.; wirksame Wahl **BetrVG** 78a 5; wirksames Weiterbeschäftigungsverlangen **BetrVG** 78a 21 f.

Überraschende Klauseln, Ausschlussfristen **BGB** 611 430

Überstunden BGB 611 314, 316; Abrufarbeit **TzBfG** 12 7; Abrufarbeit, Abgrenzung **GewO** 106 79a; Anordnung **BGB** 611 136; Entgeltfortzahlung **EFZG** 4 12, 14; Freizeitausgleich **BGB** 611 139; Klauseln **GewO** 106 78 f.; mehrjähriges Überschreiten der vereinbarten Arbeitszeit **GewO** 106 84; Mitbestimmung **BetrVG** 87 85 ff., **GewO** 106 37; stillschweigend vereinbarte Vergütung **BGB** 612 23; Weisungsrecht **GewO** 106 35

Überstundenvergütung BGB 611 134 ff.; Abgeltung bereits durch Gehalt **BGB** 611 137; Anordnung von Überstunden **BGB** 611 136; Darlegung **BGB** 611 138; Freizeitausgleich **BGB** 611 139; Pauschalierung **BGB** Anh. zu 305–310 41; Teilzeitbeschäftigte **TzBfG** 4 9; Urlaubsentgelt **BUrlG** 11 27 ff.; Vereinbarung über Mehrarbeit **BGB** 611 135

Übertragung von Versorgungsrechten BetrAVG 4 1 ff.; Anspruch des Arbeitnehmers **BetrAVG** 4 11, 13; Anwendungsbereich **BetrAVG** 4 3; Ausschluss der Übertragbarkeit **BetrAVG** 4 7; Betriebsübergang **BetrAVG** 4 16; Liquidation von Unternehmen **BetrAVG** 4 14; öffentlicher Dienst **BetrAVG** 18 5a; Pensionssicherungsverein **BetrAVG** 4 8; Schutz des Arbeitnehmers **BetrAVG** 4 2; Treuhandlösungen **BetrAVG** 4 15; Übernahme durch neuen Arbeitgeber **BetrAVG** 4 10; umwandlungsrechtliche Spaltung **BetrAVG** 4 17; Wertguthaben **SGB IV** 7/7b 44; Zustimmung des Arbeitnehmers **BetrAVG** 4 6

Überversorgung BetrAVG Vorb. 135 f.; öffentlicher Dienst **BetrAVG** 18 8

Überwachungsrechte des Betriebsrates BetrVG 80 3 ff.; allgemeine Arbeitsbedingungen **BetrVG** 80 16; Ausübung **BetrVG** 80 17 ff.; Betriebsvereinbarungen **BetrVG** 80 16; keine Durchsetzungsmöglichkeit **BetrVG** 80 19; Gegenstand der Überwachung **BetrVG** 80 6 ff.; Gesetze und Vorschriften **BetrVG** 80 6 ff.; Kontrolle **BetrVG** 80 18; NachwG **NachwG** Vorb. 53 f.; Regelungsabreden **BetrVG** 80 16; Tarifverträge **BetrVG** 80 15; Unfallverhütungsvorschriften **BetrVG** 80 14

Übliche Vergütung BGB 612 32 ff.; Auslegungsregel **BGB** 612 34; Begriff **BGB** 612 38 f.; Bestimmung durch den Dienstverpflichteten **BGB** 612 45 f.; Fehlen einer Parteivereinbarung **BGB** 612 35; Höhe der Vergütung **BGB** 612 36 ff.; Tariflohn **BGB** 612 40 ff.; taxmäßige Vergütung **BGB** 612 37; Vergütungsbegriff **BGB** 612 33

Umdeutung, Änderungskündigung **KSchG** 2 124a; außerordentliche Kündigung **BGB** 626 401 ff., **KSchG** 1 37, **KSchG** 13 13 ff.; Betriebsvereinbarung **BetrVG** 77 90 f., **BGB** 611 536 f.; Kündigung **KSchG** 1 36; ordentliche Kündigung in Anfechtung **BGB** 119 13

Umgruppierung, Mitbestimmungsrecht **BetrVG** 99 32 ff.; Mitbestimmungsrecht, Missachtung **BetrVG** 99 97; Unterrichtung Betriebsrat **BetrVG** 99 59

Umkleiden, Arbeitszeit **BGB** 611 329

Umlageverbot, Betriebsratstätigkeit **BetrVG** 41 1 ff.; Jugend- und Auszubildendenvertretung **BetrVG** 65 20; Kassen **BetrVG** 41 5 f.; Sammlungen und Spenden für andere Zwecke **BetrVG** 41 4; Streitigkeiten **BetrVG** 41 7

Umlageverfahren AAG 1 ff.; Anwendungsbereich **AAG** 8 ff.; Aufbringung der Mittel **AAG** 13; Durchführung **AAG** 14 ff.; Leistungen **AAG** 4 ff.; Streitigkeiten **AAG** 17

Umsatzsteuer EStG 19/38 36

Umschulung, berufliche **BBiG** 1 6; statt betriebsbedingter Kündigung **KSchG** 1 280; Geltungsbereich des AGG **AGG** 2 7

Umsetzung BGB 611 338 ff.; Beteiligung des Personalrats **KSchG** 2 95; Klausel **GewO** 106 57; Nachtarbeitnehmer **ArbZG** 6 13

Umstrukturierungen, Aufsichtsrat (MitbestG) **MitbestG** 6 11; Betriebsrat **BetrVG** 3 39 ff., **BetrVG** 21 15; Gesamtbetriebsrat **BetrVG** 47 7 ff.; Gesamtbetriebsvereinbarungen **BetrVG** 47 12 f.; Konzernbetriebsvereinbarungen **BetrVG** 54 19 f.; Konzernbetriebsrat **BetrVG** 54 15 ff.; Wirtschaftsausschuss **BetrVG** 107 23 ff.

Umwandlung, Abdingbarkeit von § 323 Abs. 1 UmwG **UmwG** 323 17 f.; Aufsichtsrat (MitbestG) **MitbestG** 6 12; Beibehaltung der Beteiligungsrechte des Betriebsrats **UmwG** 325 11 ff.; Beibehaltung der Unternehmensmitbestimmung **UmwG** 325 1 ff.; Betriebsübergang (Umwandlung) *siehe dort*; Betriebsvereinbarung **BetrVG** 77 71 ff.; betriebsverfassungsrechtliche Kündigungsregelungen **UmwG** 323 14 f.; Checkliste **UmwG** 5 12; Europäische Gesellschaft **SEBG** 4; Folgen für Arbeitnehmer und ihre Vertretungen **UmwG** 194 1; formwechselnde ~ in AG und Unternehmensmitbestimmung **DrittelbG** 1 9; Gemeinschaftsbetrieb nach Spaltung **BetrVG** 1 18 f.; Gemeinschaftsbetrieb nach Spaltung/Teilübertragung **UmwG** 322 1 ff.; Gesamtbetriebsrat **BetrVG** 47 9 f.; Informationspflichten nach WpÜG **WpÜG** 6; Inhalt des Spaltungs- und Übernahmevertrags **UmwG** 126 1 f.; kündigungsrechtliche Regelungen **UmwG** 323 10 ff.; kündigungsrechtliche Stellung bei Spaltung/Teilübertragung **UmwG** 323 1 ff.; Mitbestimmung kraft Gesetzes bei Europäischer Gesellschaft **SEBG** 48; Mitbestimmungserhaltung bei Europäischer Gesellschaft **SEBG** 37; Regelungsabrede **BetrVG** 77 106; Reorganisation **BetrVG** 77 106; tarifliche Kündigungsregelungen **UmwG** 323 16; Tarifverträge, Fortwirkung **TVG** 3 46 ff.; Übertragung von Versorgungsrechten bei Spaltung **BetrAVG** 4 17; Verschmelzung *siehe dort*; Zuleitung des Beschlussentwurfs an Betriebsrat **UmwG** 194 2 f.; *siehe auch* „Informationspflichten (WpÜG)", „Übergangsmandat"

Umweltschutz, betrieblicher, allgemeine Aufgaben des Betriebsrats **BetrVG** 80 57 ff.; freiwillige Betriebsvereinbarung **BetrVG** 88 14 ff.; Wirtschaftsausschuss **BetrVG** 106 69 ff.; *siehe auch* „Beteiligungsrechte beim Umweltschutz"

Umzugskosten EStG 19/38 69

Umzugskostenerstattung BGB 611 475 ff.; Anspruch **BGB** 611 476 f.; Rückzahlung **BGB** 611 479 ff.

Unfallversicherung, Arbeitskampf **GG** 9 340; Arbeitsunfall *siehe dort*; Haftungsausschluss bei Arbeitsunfall *siehe dort*

Ungerechtfertigte Bereicherung *siehe* „Bereicherungsanspruch"

Unkündbarkeit BGB 622 73 f., **BGB** 626 79 ff., **KSchG** Vor 1 19, **KSchG** 1 41, **KSchG** 13 27 f., **TVG** 1 123 ff.; **AGG AGG** 2 15; anderweitige Weiterbeschäftigung **KSchG** 1 284, 292; außerordentliche Änderungskündigung **KSchG** 2 87 ff.; außerordentliche Kündigung **BGB** 626 79 ff., **KSchG** 1 41, **TVG** 1 124; Berufsfreiheit **GG** 12 56; Betriebsratsanhörung bei außerordentlicher Kündigung **BetrVG** 102 67; einzelvertragliche Vereinbarung **BGB** 622 101; Insolvenz **InsO** 113 7; Sozialauswahl **KSchG** 1 343 f., 362; Spaltung/Teilübertragung **UmwG** 323 16; Teilzeitbeschäftigte **TzBfG** 4 12; Widerspruch gegen Betriebsübergang **BGB** 613a 359

Unlauterer Wettbewerb, Geheimnisschutz **BetrVG** 79 18

Unmöglichkeit BGB 611 390; Annahmeverzug des Arbeitgebers, Abgrenzung **BGB** 615 5 ff.; vom Arbeitgeber zu vertretende ~ **BGB** 615 11; Dienstvertrag **BGB** 620 27; faktische und praktische ~ **BGB** 611 391; von niemandem zu vertretende ~ **BGB** 615 9 f.; Urlaubsanspruch **BUrlG** 7 138 ff.; Vergütungsanspruch **BGB** 611 399 f.; Verstreichen der vorgesehenen Leistungszeit **BGB** 615 6 ff.

Unpünktlichkeit, außerordentliche Kündigung **BGB** 626 266 f.; verhaltensbedingter Kündigungsgrund **KSchG** 1 251

Unterlagen, Vorlage BetrVG 80 72 ff.; Dauer der Überlassung **BetrVG** 80 76; „jederzeit" **BetrVG** 80 75; Streitigkeiten **BetrVG** 80 102; Unterlagen **BetrVG** 80 73 f.; Verlangen **BetrVG** 80 77

Unterlassungsanspruch des Betriebsrats, allgemeiner **BetrVG** 87 55 ff.; Antrag **BetrVG** 87 54, 57; Beseitigungsanspruch **BetrVG** 87 56; betriebsverfassungsrechtlicher **BetrVG** 87 52 ff.; einstweilige Verfügung **BetrVG** 87 58; grober Verstoß **BetrVG** 87 52 f.; Wiederholungsgefahr **BetrVG** 87 55; und Zwangsverfahren gemäß § 23 Abs. 3 BetrVG **BetrVG** 23 29

Unternehmen, Betriebsrat **BetrVG** 3 8 f., 22 f.; **EBRG EBRG** 18; Gesamtbetriebsrat **BetrVG** 47 2 ff.; Gleichbehandlungsgrundsatz **BGB** 611 199, **GG** 3 38; Schwellenwert bei personellen Einzelmaßnahmen **BetrVG** 99 3 ff.; Spartenbetriebsräte **BetrVG** 3 10 ff.

Unternehmensmitbestimmung, Abgrenzung des DrittelbG zu anderen Regelungen **DrittelbG** 1 51; Abgrenzung der Mitbestimmungsstatuten **MitbestG** 1 16 f.; Arbeitskampf **GG** 9 329; Aufsichtsrat (DrittelbG) – AG, KGaA *siehe dort*; Aufsichtsrat (DrittelbG) – GmbH *siehe dort*; Beibehaltung bei Abspaltung oder Ausgliederung **UmwG** 325 1 ff.; Berufsfreiheit **GG** 12 48; Europäische Gesellschaft **SEBG** 46 ff.; Unternehmensmitbestimmung (MitbestG) – KG *siehe dort*; Unternehmensmitbestimmung (MitbestG) *siehe dort*; Verfassungsgemäßheit des Montan-MitbestErgG **GG** 3 20; *siehe auch* „Drittelbeteiligung"

Unternehmensmitbestimmung (DrittelbG) *siehe* „Aufsichtsrat (DrittelbG) – AG, KGaA", „Aufsichtsrat (DrittelbG) – GmbH"

Unternehmensmitbestimmung (MitbestG), abhängiges Unternehmen **MitbestG** 5 5; Anteilseigner **MitbestG** 2 1; Anwendungsbereich **MitbestG** 1 1; Arbeitnehmerbegriff **MitbestG** 3 1; Arbeitnehmerzahl **MitbestG** 1 10; Arbeitsdirektor *siehe dort*; Aufsichtsrat (MitbestG) *siehe dort*; ausländische Unternehmen **MitbestG** 1 6 ff.; ausländisches Unternehmen und Teilkonzernregelung **MitbestG** 5 14; Betriebsbegriff **MitbestG** 3 2; einheitliche Leitung **MitbestG** 5 6; erstmalige Anwendung des MitbestG **MitbestG** 37 1 ff.; Europäische Aktiengesellschaft **MitbestG** 1 5; Europäische Aktiengesellschaft als Konzernspitze **MitbestG** 5 15; Gemeinschaftsbetriebe **MitbestG** 1 11; Gemeinschaftsunternehmen **MitbestG** 5 10; gesetzliches Vertretungsorgan **MitbestG** 30 1 ff.; Gründungstheorie **MitbestG** 1 8; herrschendes Unternehmen **MitbestG** 5 4; Kapitalgesellschaft & Co. KG als Konzernspitze **MitbestG** 5 11; Kommanditgesellschaft *siehe* „Unternehmensmitbestimmung (MitbestG) – KG"; Konzern **MitbestG** 5 1 ff.; Konzern im Konzern **MitbestG** 5 8; natürliche Person ohne Unternehmenseigenschaft und fiktive Teilkonzernspitze **MitbestG** 5 13a; öffentliche Trägerschaft und erweiterte Mitbestimmung **MitbestG** 1 18a; privatautonome Vereinbarungen **MitbestG** 1 18 ff.; Pseudo-Auslandsgesellschaft **MitbestG** 1 7; Rechtsform **MitbestG** 1 2 f.; Religionsgemeinschaften **MitbestG** 1 12; Teilkonzernspitze **MitbestG** 5 12 ff.; Tendenzunternehmen **MitbestG** 1 12 ff., **MitbestG** 5 13; Unterordnungskonzern **MitbestG** 5 3 ff.; US-amerikanische Kapitalgesellschaften **MitbestG** 1 9; Vermögensholding **MitbestG** 5 7; *siehe auch* „Unternehmensmitbestimmung"

Unternehmensmitbestimmung (MitbestG) – KG MitbestG 4 1 ff.; Ausnahmevorschrift **MitbestG** 4 1 f.; Ausschluss von Geschäftsführung **MitbestG** 4 12; Kapitalgesellschaft & Co. KG **MitbestG** 4 1; Kapitalgesellschaft & Co. KG als Konzernspitze **MitbestG** 5 11; mehr als 500 Arbeitnehmer bei persönlich haftender Kapitalgesellschaft **MitbestG** 4 9; Mehrheitsidentität **MitbestG** 4 6 ff.; mehrstöckige Kapitalgesellschaft & Co. KG **MitbestG** 4 11; Rechtsform der Komplementärin **MitbestG** 4 3 ff.; Sonderfälle **MitbestG** 4 10

Unternehmenssprecherausschuss SprAuG 20 1 ff.

Unternehmensübernahme, Information des Betriebsrats **BetrVG** 109a 1 ff.; Information des Wirtschaftsausschusses **BetrVG** 106 81a ff.; Unterlagen für den Wirtschaftsausschuss **BetrVG** 106 47a ff.

Unterrichtung der Arbeitnehmer über wirtschaftliche Lage BetrVG 110 1 ff.; Abstimmung mit Wirtschaftsausschuss **BetrVG** 110 10 f.; Inhalt **BetrVG** 110 15 f.; Schriftform **BetrVG** 110 12; Schwellenwert **BetrVG** 110 7; Sprache **BetrVG** 110 14; Streitigkeiten **BetrVG** 110 20 f.; Unternehmen mit mehr als 20 Arbeitnehmern **BetrVG** 110 17 ff.; Zeitpunkt **BetrVG** 110 8 f.; Zugang **BetrVG** 110 13

Unterrichtung des Betriebsrates BetrVG 80 61 ff.; Aufgabenbezug **BetrVG** 80 62 ff.; befristete Arbeitsverhältnisse **TzBfG** 20 1 ff.; Bruttolohn- und -gehaltslisten, Einblick *siehe dort*; Form **BetrVG** 80 70; Rechtzeitigkeit **BetrVG** 80 69; Streitigkeiten **BetrVG** 80 102; Teilzeitarbeitsplätze **TzBfG** 7 15 ff.; Umfang **BetrVG** 80 68; Unterlagen, Vorlage *siehe dort*

Unterrichtungs- und Erörterungspflichten des Arbeitgebers BetrVG 81 1; Arbeitnehmeranhörung zu Arbeitsschutzmaßnahmen **BetrVG** 81 16; Aufgabe, Tätigkeitsbereich und Verantwortung des Arbeitnehmers **BetrVG** 81 3 ff.; persönlicher Geltungsbereich **BetrVG 81** 2; Planung und Einführung neuer Techniken **BetrVG 81** 18ff.; Rechtsfolgen bei Nichtbeachtung **BetrVG 81** 21f.; Streitigkeiten **BetrVG 81** 23; Unfallgefahren **BetrVG 81** 11ff.; Veränderungen im Arbeitsbereich **BetrVG 81** 15

Unterstützungskassen BetrAVG Vorb. 71, **BetrAVG 1b** 31ff.; Abänderung der Altersversorgung **BetrAVG Vorb.** 142ff.; Unverfallbarkeit **BetrAVG 1b** 32, **BetrAVG 2** 43; Vermögensübergang auf Pensionssicherungsverein **BetrAVG 9** 9ff.; wirtschaftliche Notlage **BetrAVG 7** 49

Untersuchungshaft, außerordentliche Kündigung **BGB 626** 257; personenbedingter Kündigungsgrund **KSchG 1** 161

Unübertragbarkeit *siehe* „Persönliche Arbeitsleistung"

Unverfallbarkeit der betrieblichen Altersversorgung BetrAVG 1b 1ff.; vor dem 1.1.2001 geltende Unverfallbarkeitsfristen **BetrAVG 30f** 1f.; Anrechnung von Nachdienstzeiten **BetrAVG 2** 19; Arbeitgeberwechsel **BetrAVG 1b** 11, 15f.; Beendigung der Versorgungszusage **BetrAVG 1b** 10; Beitragszusage mit Mindestleistung **BetrAVG 2** 45; Betriebszugehörigkeit **BetrAVG 1b** 12ff.; Blankettzusage **BetrAVG 1b** 8; Direktversicherung **BetrAVG 1b** 26, **BetrAVG 2** 32ff.; Eigentumspositionen der Arbeitnehmer **GG 14** 46; Entgeltumwandlung **BetrAVG 2** 44; Erreichen der Regelaltersgrenze **BetrAVG 2** 21; Erteilung der Versorgungszusage **BetrAVG 1b** 6ff.; flexible Altersgrenze **BetrAVG 2** 25f.; frühere feste Altersgrenze **BetrAVG 2** 22ff.; geschlechtsbezogene unterschiedliche Altersgrenzen **BetrAVG 2** 27ff.; gesetzliche Voraussetzungen **BetrAVG 1b** 3ff.; historische Entwicklung **BetrAVG 1b** 1f.; Invaliditäts- und Hinterbliebenenleistungen **BetrAVG 2** 7ff.; Konzern-Betriebszugehörigkeitszeiten **BetrAVG 1b** 14; langjährig Versicherte **BetrAVG 2** 30a; Mindesthöhe **BetrAVG 1b** 1ff.; mögliche Betriebszugehörigkeit **BetrAVG 2** 20ff.; möglicher Versorgungsanspruch **BetrAVG 2** 4f.; Pensionsfonds **BetrAVG 1b** 29, **BetrAVG 2** 42; Pensionskasse **BetrAVG 1b** 29, **BetrAVG 2** 41; tatsächliche Betriebszugehörigkeit **BetrAVG 2** 17f.; Treuebruch nach ~ **BetrAVG Vorb.** 169f.; Treuebruch vor ~ **BetrAVG Vorb.** 168; Übergangsregelung zur Absenkung des Lebensalters **BetrAVG 30f** 4; Unterstützungskasse **BetrAVG 1b** 32, **BetrAVG 2** 43; Versorgungsregelungen und Bemessungsgrundlagen bei Ausscheiden **BetrAVG 2** 10ff.; vertragliche **BetrAVG 1b** 22f.; Vordienstzeiten **BetrAVG 1b** 7, 17f.; Vorruhestand **BetrAVG 1b** 21; Wartezeit **BetrAVG 1b** 19; Wechsel in EU-Mitgliedsstaaten **BetrAVG 1b** 20; zeitanteilige Quotierung **BetrAVG 2** 16ff.; zugesagte Leistungsumfang **BetrAVG 2** 2f.; Zusagedauer **BetrAVG 1b** 5ff.

Urheberrecht, Rechtswegzuständigkeit wegen Vergütungsstreit **ArbGG 2** 125ff.

Urkunden, Beiziehung von Akten **ArbGG 56** 22f.; Beiziehung von Personalakten **ArbGG 56** 21; Bezugnahme auf Sammlungen **ArbGG 56** 20; Voraussetzungen für Vorlagepflicht **ArbGG 56** 19; Vorlegung **ArbGG 56** 15ff.

Urkunden- und Wechselprozess ArbGG 46 8; Rechtswegzuständigkeit **ArbGG 2** 8f.

Urlaub BUrlG 1 1ff.; Abdingbarkeit von Schadensersatzansprüchen **BUrlG 7** 155; Abgrenzung zur Freistellung aus anderen Gründen **BUrlG 1** 9ff.; Ablehnung des ~swunsches **BUrlG 7** 26ff.; Abtretung/Pfändung **BUrlG 1** 23; im Anschluss an medizinische Rehabilitation **BUrlG 7** 35, **BUrlG 10** 11ff.; Arbeitnehmerbegriff **BUrlG 2** 2ff.; Arbeitskampf **BUrlG 1** 28f., **BUrlG 3** 42f.; Arbeitsunfähigkeit **BUrlG 7** 139f., **BUrlG 9** 4f.; Arbeitsunfähigkeit, Tarifregelung **BUrlG 13** 53f.; Aufhebungsvertrag **KSchG Anh. 9** 39f.; außerordentliche Eigenkündigung wegen Verweigerung **BGB 626** 319; außerordentliche Kündigung bei Überschreitung **BGB 626** 232f.; Auszubildender **BBiG 11** 9f.; Bahn und Post **BUrlG 13** 67f.; Bauwirtschaft **BUrlG 13** 64ff.; Befristung des Urlaubsanspruchs *siehe dort*; Berechnung *siehe* „Urlaubsdauer"; Bestand des Arbeitsverhältnisses **BUrlG 1** 13f.; Betriebsübergang **BUrlG 1** 32ff.; Doppelansprüche **BUrlG 6** 1ff.; Doppelansprüche, Tarifregelung **BUrlG 13** 37; EG-Recht **BUrlG 1** 2; einstweilige Verfügung **ArbGG 62** 89ff., **BUrlG 7** 61ff.; Entgeltfortzahlung an Feiertagen **EFZG 2** 16; Entgeltfortzahlung im Krankheitsfall **EFZG 3** 28f.; Erfüllung **BUrlG 1** 25, **BUrlG 7** 2f.; Erkrankung **BGB 611** 405, **BUrlG 9** 1ff.; Erkrankung, Tarifregelung **BUrlG 13** 53f.; Erteilung, Tarifregelung **BUrlG 13** 38ff.; Erwerbstätigkeit während des ~s **BUrlG 8** 1ff.; Erwerbstätigkeit während des ~s, Tarifregelung **BUrlG 13** 52; Fälligkeit **BUrlG 1** 20; Feststellungsklage **BUrlG 7** 60; Freistellung von der Arbeitsleistung **BUrlG 7** 2ff.; Freistellungserklärung **BUrlG 7** 3ff.; gerichtliche Durchsetzung **BUrlG 7** 54ff.; Günstigkeitsvergleich **BUrlG 13** 11ff.; Inhalt des Anspruchs **BUrlG 1** 5ff.; Insolvenz **BUrlG 1** 30f.; Jugendliche **JArbSchG 19** 1ff.; Kündigung **BUrlG 1** 31, **BUrlG 7** 36ff.; Kündigung wegen Erwerbstätigkeit **BUrlG 8** 16f.; Kürzung bei Elternzeit **BEEG 17** 1ff.; Kürzungsumfang beim neuen Arbeitgeber **BUrlG 6** 12ff.; Leistungsbestimmung **BUrlG 7** 12ff.; Leistungserfolg **BUrlG 7** 15f.; Leistungsklage **BUrlG 7** 55ff.; Leistungsstörungen **BUrlG 7** 133ff.; Leistungsverweigerungsrecht hinsichtlich ungeteilten ~s **BUrlG 7** 49ff.; bei mutterschutzrechtlichen Beschäftigungsverboten **MuSchG 17** 1f.; Nachgewährung wegen Erkrankung **BUrlG 9** 15ff.; nachträgliche Änderung des Zeitraums **BUrlG 7** 41ff.; Nachweis der Arbeitsunfähigkeit **BUrlG 9** 11ff.; Notfälle **BUrlG 7** 43; Personalengpässe **BUrlG 7** 27; Pflegezeit **PflegeZG 3** 18; Rechtsposition des früheren Arbeitgebers **BUrlG 6** 15f.; Regelungsbefugnis der Tarifvertragsparteien **BUrlG 13** 5ff.; Rest~ bei Elternzeit **BEEG 17** 6ff.; ruhendes Arbeitsverhältnis **BUrlG 1** 14; Schadensersatz im Kündigungsfall **BUrlG 7** 146f.; soziale Gründe **BUrlG 7** 31ff.; Streik **GG 9** 193ff.; Teilurlaub *siehe dort*; Unabdingbarkeit des Mindest~s **BUrlG 13** 1ff.; Unabdingbarkeit des Mindesturlaubs **BUrlG 13** 26; Unmöglichkeit **BUrlG 7** 138ff.; Unvererblichkeit des Anspruchs **BGB 613** 10, **BUrlG 1** 22; Urlaubsabgeltung *siehe dort*; Urlaubsbescheinigung **BUrlG 6** 17ff.; Urlaubsdauer *siehe dort*; Urlaubsgewährung durch ersten Arbeitgeber **BUrlG 6** 10f.; Urlaubsübertragung *siehe dort*; Vereinbarung über Abbruch im Bedarfsfalle **BUrlG 7** 44; Vererblichkeit des Schadensersatzanspruchs **BUrlG 7** 148ff.; Verfall eines Schadensersatzanspruchs **BUrlG 7** 153f.; Verjährung eines Schadensersatzanspruchs **BUrlG 7** 152; Verzicht **BUrlG 7** 74g; Verzug **BUrlG 7** 134f.; zu viel gewährter ~ bei Elternzeit **BEEG 17** 11f.; Wartezeit (BUrlG) *siehe dort*; Wehrdienst **ArbPlSchG 4** 1ff.; Widerruf **BUrlG 7** 43; Wunsch des Arbeitnehmers **BUrlG 7** 22f.; zeitliche Festlegung **BUrlG 7** 19ff.; Zulassung verspäteter Klagen **KSchG 5** 30; zusammenhängende Gewährung **BUrlG 7** 45ff.; zusammenhängende Gewährung, Abdingbarkeit **BUrlG 13** 41ff.; Zwangsvollstreckung **ArbGG 62** 43; Zweck **BUrlG 1** 4f.; Zweckwidrigkeit einer Erwerbstätigkeit **BUrlG 8** 7ff.; zwei aufeinander folgende Arbeitsverhältnisse **BUrlG 6** 6ff.

Urlaubsabgeltung BUrlG 7 93ff.; Abdingbarkeit **BUrlG 7** 129ff.; Abdingbarkeit von Schadensersatzansprüchen **BUrlG 7** 155; Abtretung/Aufrechnung/Pfändung **BUrlG 1** 24, **BUrlG 7** 123; Ausschlussfristen **BUrlG 7** 125 ff.; Beendigung des Arbeitsverhältnisses **BUrlG 7** 97 ff.; keine Befristung **BUrlG 7** 113 f.; Berechnung **BUrlG 7** 116 f.; Bestehen des Urlaubsanspruchs **BUrlG 7** 102; bei bestehendem Arbeitsverhältnis **BUrlG 7** 98 ff.; Elternzeit **BEEG 17** 9 f.; Entstehung von Gesetzes wegen **BUrlG 7** 109 ff.; Erfüllbarkeit des Urlaubsanspruchs **BUrlG 7** 103 f.; Inhalt des Anspruchs **BUrlG 7** 112 ff.; Leistungsstörung **BUrlG 7** 112; Rechtsnatur **BUrlG 7** 93 ff.; Schadensersatz statt ~ **BUrlG 7** 145; Surrogat **BUrlG 7** 93; tarifliche Ausschlussfrist **BUrlG 7** 74 f; Tarifvertrag **BUrlG 13** 48, 51; Teilurlaub **BUrlG 5** 12; Tod **BUrlG 7** 101; Vererblichkeit des Anspruchs **BGB 613** 11, **BUrlG 7** 118; Vererblichkeit des Schadensersatzanspruchs **BUrlG 7** 148 ff.; Verfall eines Schadensersatzanspruchs **BUrlG 7** 153 f.; Verjährung **BUrlG 7** 124; Verjährung eines Schadensersatzanspruchs **BUrlG 7** 152; Verzicht **BUrlG 7** 132, **BUrlG 13** 49 f.

Urlaubsbescheinigung BUrlG 6 17 ff.; Darlegungs- und Beweislast **BUrlG 6** 24; Erfüllung des Anspruchs **BUrlG 6** 18 f.; gerichtliche Durchsetzung des Anspruchs **BUrlG 6** 20 ff.; Inhalt **BUrlG 6** 17; Rechtsposition des neuen Arbeitgebers **BUrlG 6** 23 f.

Urlaubsdauer BUrlG 1 21, **BUrlG 3** 1 ff.; Änderung der Arbeitszeit **BUrlG 3** 33 ff.; Berechnung **BUrlG 3** 7 ff.; Entstehungsgeschichte **BUrlG 3** 1 ff.; Fünftagewoche **BUrlG 3** 10 ff.; Kurzarbeit **BUrlG 3** 38 ff.; Kurzarbeit „Null" **BUrlG 3** 41 a f.; Nachweis der ~ **NachwG 2** 35 f.; Normzweck **BUrlG 3** 4 ff.; Sonn- und Feiertage **BUrlG 3** 14 ff.; sonstige arbeitsfreie Tage **BUrlG 3** 25 ff.; tarifliche Regelungen **BUrlG 13** 29 f.; Teilzeitarbeit **BUrlG 3** 28 ff.; Unabdingbarkeit **BUrlG 3** 44; unentschuldigte Fehltage **BUrlG 3** 27; ungleichmäßige Arbeitszeitverteilung **BUrlG 3** 18 ff.; Werktage **BUrlG 3** 5

Urlaubsentgelt BUrlG 1 6 f., **BUrlG 11** 1 ff.; Abdingbarkeit **BUrlG 11** 68 f.; Abtretung/Pfändung **BUrlG 1** 23; nach AEntG **AEntG Vorb.** 20; Arbeitsausfälle **BUrlG 11** 51 ff.; Berechnungsgrundsätze **BUrlG 11** 3 ff.; Berechnungsvorschrift **BUrlG 11** 1 f.; Berechnungszeitraum **BUrlG 11** 34 f.; durchschnittlicher Verdienst **BUrlG 11** 36 ff.; Erwerbstätigkeit während des Urlaubs **BUrlG 8** 12 ff.; Fälligkeit **BGB 614** 9, **BUrlG 11** 54 f.; Geldfaktor **BUrlG 11** 3 f., 8 ff.; Kurzarbeit **BUrlG 11** 44 ff.; Pfändung/Abtretung/Aufrechnung **BUrlG 11** 60 f.; Rückforderung **BUrlG 5** 42 ff.; Rückforderungsverbot nach § 5 Abs. 3 **BUrlG BUrlG 5** 39 ff.; Selbstbeurlaubung **BUrlG 7** 17; tarifvertragliche Regelung, abweichende **BUrlG 13** 56 ff.; Verdiensterhöhungen **BUrlG 11** 41 f.; Verdienstkürzungen **BUrlG 11** 43; Verfall **BUrlG 11** 66 f.; Vergütungsbestandteile **BUrlG 11** 9 ff.; Verjährung **BUrlG 11** 65; Verwirkung **BUrlG 11** 64; Verzicht **BUrlG 11** 62; Zeitfaktor **BUrlG 11** 3 ff., 39 f.

Urlaubsgeld BUrlG 11 56 ff.; Verzicht **BUrlG 11** 63; *siehe auch* „Sonderzahlungen"

Urlaubsübertragung BUrlG 7 80 ff.; betriebliche Gründe **BUrlG 7** 81; Erkrankung über 31.3. des Folgejahres hinaus **BUrlG 7** 91a; Krankheit über Übertragungszeiträume hinaus **BUrlG 7** 74h; persönliche Gründe **BUrlG 7** 82f.; Tarifvertrag **BUrlG 13** 45 ff.; Teilurlaub bei Arbeitsverhältnis ab Juli **BUrlG 5** 13 ff., **BUrlG 7** 92; Teilurlaub wegen Ausscheidens vor erfüllter Wartezeit **BUrlG 5** 22; Teilurlaub wegen Ausscheidens nach erfüllter Wartezeit **BUrlG 5** 32; Übertragungsvorgang **BUrlG 7** 86 f.; Urlaub im Übertragungszeitraum **BUrlG 7** 88 ff.

Urteil, Abfassung **ArbGG 60** 16 ff.; Fristen **ArbGG 60** 17; Fristversäumung **ArbGG 60** 18 f.; Inhalt *siehe* „Urteilsinhalt"; Übersendung in Tarifvertragssachen **ArbGG 63** 1 ff.; Unterschriften **ArbGG 60** 16; Verkündung *siehe* „Urteilsverkündung"; Zustellung *siehe dort*

Urteil des Berufungsgerichts ArbGG 69 1 ff.; Entbehrlichkeit von Tatbestand und Entscheidungsgründen **ArbGG 69** 8, 11 ff.; Fristen **ArbGG 69** 7; Kurzfassung von Tatbestand und Entscheidungsgründen **ArbGG 69** 9; Neufassung der Vorschrift **ArbGG 69** 1; Protokollurteil **ArbGG 69** 14; Rechtsmittelverzicht **ArbGG 69** 12; Schließung der mündlichen Verhandlung **ArbGG 60** 5; ohne Tatbestand und Nichtzulassungsbeschwerde **ArbGG 69** 10 ff.; Unterschriften **ArbGG 69** 2 ff.; Verkündung **ArbGG 60** 2, **ArbGG 69** 6 f.

Urteilsinhalt ArbGG 61 1 ff.; Entscheidungsgründe **ArbGG 61** 6; Streitwertfestsetzung **ArbGG 61** 10 ff.; Tatbestand **ArbGG 61** 5; ohne Tatbestand und Entscheidungsgründe **ArbGG 61** 7 ff.; Tatbestandsberichtigung durch Vorsitzenden **ArbGG 55** 26b; Urteilsformel **ArbGG 61** 4

Urteilsverfahren ArbGG 46 2; anzuwendende Vorschriften **ArbGG 46** 4; ausgenommene Vorschriften **ArbGG 46** 5 ff.; Beschlüsse **ArbGG 61** 36; kein früher erster Termin **ArbGG 46** 5; kein Verfahren nach billigem Ermessen **ArbGG 46** 6

Urteilsverkündung ArbGG 60 1 ff.; besonderer Termin **ArbGG 60** 9 ff.; Form **ArbGG 60** 13 ff.; Protokoll **ArbGG 60** 15; sofortige **ArbGG 60** 8; wesentlicher Inhalt der Entscheidungsgründe **ArbGG 60** 14

Ve**rbraucherverträge,** Arbeitsverträge als ~ **BGB 310** 1 ff.

Verdachtskündigung BGB 626 281 ff.; Anhörung des Arbeitnehmers **BGB 626** 287; Aufklärung des Sachverhalts **BGB 626** 287 f.; Ausschlussfrist bei außerordentlicher Kündigung **BGB 626** 368 f.; personenbedingte Kündigung **KSchG 1** 164; spätere Erkenntnisse **BGB 626** 289 ff.; Verdacht **BGB 626** 281 ff.; Wiedereinstellungsanspruch **BGB 626** 291 ff., **KSchG 1** 82

Verein, Beschäftigungsverhältnis bei Vorstandsmitglied **SGB IV 7/7b** 29; Dienstleistungen für ~ **BGB Vor 611** 12

Vereinigungen GG 9 5 ff., 32 ff.; demokratische Willensbildung **GG 9** 37; Freiwilligkeit des Beitritts **GG 9** 33; längere Zeit des Zusammenschlusses **GG 9** 34 f.; verbotene **GG 9** 8 f.; Zusammenschluss **GG 9** 32

Vereinigungsfreiheit GG 9 1 ff.; Grundrechtsträger **GG 9** 2; Koalitionsfreiheit *siehe dort*; negative Vereinsfreiheit **GG 9** 33 ff.; Schutzbereich **GG 9** 3 ff.; Streitigkeiten *siehe* Vereinigungsfreiheit, Streitigkeiten; verbotene Vereinigungen **GG 9** 8 f.; Vereinigungen **GG 9** 5 ff.

Vereinigungsfreiheit, Streitigkeiten Betätigungsfreiheit **ArbGG 2** 60 f.; gewerkschaftlicher Unterlassungsanspruch **ArbGG 2** 62; Rechtswegzuständigkeit **ArbGG 2** 58 ff.; unerlaubte Handlung **ArbGG 2** 60; Vereinigungsfreiheit **ArbGG 2** 60 f.

Vereinsmitgliedschaft, Leistung von Diensten **BGB Vor 611** 35 f.

Vererblichkeit, Abfindungsanspruch, Unvererblichkeit **BGB 613** 12 f.; persönliche Arbeitsleistung **BGB 613** 15; persönliche Arbeitsleistung, Unvererblichkeit **BGB 613** 9 ff.; Schadensersatzanspruch und Urlaubsabgeltungsanspruch **BUrlG 7** 148 ff.; Urlaubsabgeltungsanspruch **BGB 613** 11, **BUrlG 7** 118; Urlaubsanspruch, Unvererblichkeit **BGB 613** 10, **BUrlG 1** 22

Stichwortverzeichnis

Verfahrensart, Entscheidung **ArbGG** 2a 26f., **ArbGG 48** 68ff.; maßgeblicher Zeitpunkt **ArbGG 48** 18; Prüfungsreihenfolge **ArbGG 48** 17; richtige **ArbGG 48** 14; Überprüfung durch Berufungsgericht **ArbGG 65** 10

Verfahrensgrundsätze ArbGG 46 3

Verfahrensmangel, erstinstanzlicher ~ in Beschlussverfahren **ArbGG 91** 3; nicht korrigierbarer **ArbGG 68** 3ff.; schwerste Verfahrensfehler **ArbGG 68** 2; nicht vollständige ArbG-Entscheidung **ArbGG 68** 6ff.; Zurückverweisung **ArbGG 68** 1ff.

Verfallklausel siehe „Ausschlussfristen"

Verfassungsbeschwerde, Verletzung der Koalitionsfreiheit **GG 9** 89f.

Verfassungsfeindliche Organisationen, Frage des öffentlichen Arbeitgebers **BGB 123** 15

Verfassungsrecht BGB Vor 611 142; und Arbeitsrecht **BGB Vor 611** 2ff.

Vergleich, Aufhebungsvertrag und gerichtlicher ~ im schriftlichen Verfahren **KSchG 9** Anh. 4a, Befristungsgrund gerichtlicher ~ **TzBfG 14** 59f., im Beschlussverfahren **ArbGG 83a** 1ff., Revisionsinstanz **ArbGG 75** 25, Streitwert **ArbGG 12** 26, über Urlaubsanspruch **BUrlG 13** 26ff., Verfügungsbefugnis **ArbGG 83a** 5, Verfügungsmacht **ArbGG 83a** 4, Verzicht auf tarifliche Rechte **TVG 4** 69

Vergütung siehe „Arbeitsentgelt"

Verhaltensbedingte Kündigung KSchG 1 176ff.; Abgrenzung zur personenbedingten Kündigung **KSchG 1** 178ff.; Abmahnung siehe dort; Änderungskündigung **KSchG 2** 66; außerordentliche Kündigung **BGB 626** 278f.; Darlegungs- und Beweislast **KSchG 1** 211f.; einzelne Kündigungsgründe **KSchG 1** 213ff.; Grenzfälle **KSchG 1** 182f.; Interessenabwägung **KSchG 1** 208ff.; als letztes Mittel **KSchG 1** 185; negative Zukunftsprognose **KSchG 1** 184; rechtswidriger Streik **GG 9** 302; schuldhafte Vertragspflichtverletzung **KSchG 1** 178ff.; steuerbares Verhalten **KSchG 1** 178, 181; Verschulden **KSchG 1** 181; Vertragspflichtverletzung **KSchG 1** 179f.; siehe auch „Kündigungsgrund"

Verjährung, betriebliche Altersversorgung **BetrAVG 18a** 1ff.; Forderungsübergang gemäß § 116 SGB X **SGB X 116** 41f.; Karenzentschädigung **HGB 74** 99; Nachweis wesentlicher Vertragsbedingungen **NachwG 2** 64; Provision **HGB 65** 12; Regressanspruch gegen Schädiger bei Arbeitsunfall **SGB VII 113** 1ff.; Schadensersatz bei außerordentlicher Kündigung **BGB 628** 85; Schadensersatzanspruch statt Urlaubs-/Urlaubsabgeltungsanspruchs **BUrlG 7** 152; Urlaubsabgeltungsanspruch **BUrlG 7** 124; Urlaubsentgelt **BUrlG 11** 65; Wettbewerbsverstoß: Schadensersatz und Eintritt **HGB 61** 23ff.; Zeugnisanspruch **GewO 109** 21

Verlängerung der Arbeitszeit TzBfG 9 1ff.; begünstigte Arbeitnehmer **TzBfG 9** 2; Bevorzugung **TzBfG 9** 8; Darlegungs- und Beweislast **TzBfG 9** 15; dringende betriebliche Gründe **TzBfG 9** 9; Durchsetzung **TzBfG 9** 11ff.; Eignung des Arbeitsplatzes **TzBfG 9** 7; einstweilige Verfügung **TzBfG 9** 14; freier Arbeitsplatz **TzBfG 9** 4ff.; Klage **TzBfG 9** 11ff.; Mitbestimmung **TzBfG 9** 17f.; Schadensersatz **TzBfG 9** 16; andere Teilzeitbeschäftigte **TzBfG 9** 10; Wunsch **TzBfG 9** 3

Vermögensverhältnisse, Frage des Arbeitgebers **BGB 123** 10

Versammlung der leitenden Angestellten SprAuG 15 1ff.; während Arbeitszeit **SprAuG 15** 4; Durchführung **SprAuG 15** 3ff.; Einberufung **SprAuG 15** 1f.; Entgeltfortzahlung und Kosten **SprAuG 15** 6; Teilnahmeberechtigte **SprAuG 15** 5

Versäumnisurteil, Berufung **ArbGG 64** 15ff.; Einspruch bei Versäumnisurteil siehe dort; Revision gegen 2. ~ **ArbGG 72** 3; Revisionsinstanz **ArbGG 75** 23f.

Versäumnisverfahren ArbGG 59 1ff.; im Beschlussverfahren **ArbGG 80** 7; fehlende Rechtsbehelfsbelehrung **ArbGG 59** 2

Verschmelzung, Aufsichtsrat nach MitbestG **MitbestG 6** 12; Betriebsübergang **UmwG 324** 6; Checkliste **UmwG 5** 12; Folgen für Arbeitnehmer und ihre Vertretungen **UmwG 5** 2ff.; Information der Arbeitnehmer und ihrer Vertretungen **UmwG 5** 3ff.; Inhalt des ~svertrags **UmwG 5** 1ff.; Tarifvertrag **TVG 3** 48; Zuleitung des ~svertrags an Betriebsrat **UmwG 5** 13ff.; Zuordnung von Arbeitnehmern **UmwG 324** 23ff.; siehe auch „Mitbestimmung bei grenzüberschreitender Verschmelzung"

Verschuldung des Arbeitnehmers, außerordentliche Kündigung **BGB 626** 269

Verschwiegenheitspflicht BetrVG 79 17, **BGB 611** 350ff.; außerordentliche Kündigung **BGB 626** 198ff.; Auszubildende **BBiG 13** 11; nach Beendigung des Arbeitsverhältnisses **BGB 611** 351; Europäische Betriebsräte kraft Vereinbarung **EBRG** 64; Geheimhaltungspflicht der Betriebsverfassungsorgane siehe dort; personenbedingter Kündigungsgrund bei Verstoß **KSchG 1** 132; Sanktionen **BGB 611** 352; Sprecherausschuss **SprAuG 29** 1, **SprAuG 31** 6; Straftat: Verletzung der ~ **BetrVG 120** 1ff.; verhaltensbedingte Kündigung bei Verstoß **KSchG 1** 248

Versetzung BGB 611 338, 341; Mitbestimmungsrecht **BetrVG 99** 36ff., **KSchG 1** 279; Mitbestimmungsrecht, Missachtung **BetrVG 99** 96; Unterrichtung Betriebsrat **BetrVG 99** 57

Versetzungsklauseln GewO 106 57ff., 73f.; AGB-Kontrolle **BGB Anh. zu 305–310** 24ff.; Nachweis wesentlicher Vertragsbedingungen **NachwG 2** 23; tarifvertragliche **GewO 106** 99

Versetzungsschutz von Funktionsträgern BetrVG 103 2, 25ff.; Einverständnis der Betroffenen **BetrVG 103** 28; Funktionsträger **BetrVG 103** 26; Rechtsentscheidung des Betriebsrates **BetrVG 103** 30; Verhältnis zu § 99 BetrVG **BetrVG 103** 32; Zustimmungsverweigerung **BetrVG 103** 31

Versicherungsvermittler, Arbeitnehmerstatus **BGB Vor 611** 76ff.; einzelne Vertragsklauseln **BGB Vor 611** 80ff.; Weisungsgebundenheit **BGB Vor 611** 77ff.

Versorgungsanwartschaften Abfindung von Anwartschaften siehe dort, Änderungen **BetrAVG Vorb.** 150ff., Auskunftsanspruch **BetrAVG 4a** 1ff., Berufsfreiheit **GG 12** 51, Betriebsübergang **BGB 613a** 238ff., Betriebsübergang in der Insolvenz **BGB 613a** 366, Eigentumspositionen der Arbeitnehmer **GG 14** 44ff., erdiente Dynamik **BetrAVG Vorb.** 154ff., nicht erdiente Versorgungsbestandteile **BetrAVG Vorb.** 151ff., erdienter Teilwert **BetrAVG Vorb.** 151ff., Grundsatz der Verhältnismäßigkeit **BetrAVG Vorb.** 150ff., Spaltung **UmwG 324** 34f., Tarifvertrag mit Eingriff in ~ **BetrAVG Vorb.** 147a, Unverfallbarkeit der betrieblichen Altersversorgung siehe dort

Versorgungsausgleich, Ausgleichswert **BetrAVG Vorb.** 175, 180; und betriebliche Altersversorgung **BetrAVG Vorb.** 171ff.; Ehezeitanteil **BetrAVG Vorb.** 175ff.; Ehezeitanteile von Versorgungsrechten **BetrAVG Vorb.** 172ff.; externe Teilung **BetrAVG Vorb.** 185ff.; interne Teilung **BetrAVG Vorb.** 181ff.; schuldrechtlicher Ausgleich nach Scheidung **BetrAVG Vorb.** 189ff.; Teilung **BetrAVG Vorb.** 181ff.; Verfahren vor dem Familiengericht **BetrAVG Vorb.** 193ff.

Versorgungszusage, Abänderung **BetrAVG Vorb.** 124 ff.; Anhebung der Regelaltersgrenze **BetrAVG Vorb.** 106a; Gleichbehandlungsgrundsatz **BetrAVG Vorb.** 29 ff.; Gleichbehandlungsgrundsatz – Männer **BetrAVG 30a** 1; Konditionenkartelle **BetrAVG Vorb.** 66; mittelbare **BetrAVG Vorb.** 68; unmittelbare **BetrAVG Vorb.** 65 ff.

Verspätetes Vorbringen siehe „Zurückweisung verspäteten Vorbringens"

Vertagung, Entscheidung **ArbGG 57** 21 ff.; Gründe **ArbGG 57** 18 ff.; Prozessförderungspflicht **ArbGG 57** 18 ff.

Vertragsanbahnung BGB 611 1 ff.; Anbahnungsverhältnis **BGB 611** 26 ff.; Informationserhebung bei Dritten **BGB 611** 25; Mitteilungspflichten des Arbeitgebers **BGB 611** 25

Vertragsfreiheit GewO 105 1 ff.; und Arbeitsrecht **BGB Vor 611** 1 ff.; Berufsfreiheit **GG 12** 64; Beschränkung der Kündigungsfreiheit **KSchG Vor 1** 1 ff.; betriebliche Altersversorgung **BetrAVG Vorb.** 28; Schranken **GewO 105** 2 ff.

Vertragsschluss BGB 611 30 ff.

Vertragsstrafe BGB 611 486 ff.; Abgrenzung **BGB 611** 486; AGB-Kontrolle **BGB Anh. zu 305–310** 50 ff., **BGB 611** 487 ff.; Berufsausbildungsverhältnis **BBiG 12** 8; Bestimmtheitsgrundsatz **BGB 611** 492 f.; Klauselverbote **BGB 309** 8 f.; Mitbestimmungsverstöße des Arbeitgebers **BetrVG 87** 56a; unangemessen hohe ~ **BGB 611** 490 ff.; bei Verstoß gegen nachvertragliches Wettbewerbsverbot siehe „Vertragsstrafe (Wettbewerbsverbot)"

Vertragsstrafe (Wettbewerbsverbot) HGB 75c 1 ff.; Antrag auf Herabsetzung **HGB 75c** 12; Beweislast hinsichtlich Herabsetzung **HGB 75c** 11; Dauerverstöße **HGB 75c** 15; Herabsetzung **HGB 75c** 8 ff.; Höhe **HGB 75c** 6 f.; Interessenabwägung bei Herabsetzung **HGB 75c** 10; „für jeden Fall der Zuwiderhandlung" **HGB 75c** 14 f.; schuldhaftes Handeln **HGB 75c** 13; Verfallklausel **HGB 75c** 19 f.; Verwirkung **HGB 75c** 13 ff.; weitergehender Schadensersatz **HGB 75c** 18; Zulässigkeit **HGB 75c** 4 f.

Vertragstypen des BGB BGB Vor 611 7 ff.

Vertrauensarbeitszeit, Mitbestimmung **BetrVG 87** 74; Mitbestimmung bei Abschaffung der technischen Zeiterfassung **BetrVG 87** 127

Vertrauensschutz, des Arbeitgebers bei Verstoß gegen Gleichbehandlungsgrundsatz **BGB 611** 216

Vertrauensvolle Zusammenarbeit BetrVG 2 2 ff.; Arbeitskampf **GG 9** 323; generelle Verhaltensregeln **BetrVG 74** 2; Streitigkeiten **BetrVG 74** 19 f.; Verhandlungskultur **BetrVG 74** 8

Vertretung, Kündigung **KSchG 1** 30 ff.; Schriftsatzkündigung **KSchG 1** 33

Verwaltungsgerichtsbarkeit, Rechtsweg, Abgrenzung **ArbGG 2** 21 f.

Verweisungsklausel, tarifvertragliche ~ auf Gesetzesbestimmung **TVG Einl.** 29 ff.; siehe auch „Bezugnahmeklauseln auf Tarifverträge"

Verwirkung, Ansprüche aus Betriebsvereinbarung **BetrVG 77** 4; des Kündigungsrechts **KSchG 1** 72; Nachweis wesentlicher Vertragsbedingungen **NachwG 2** 66; Prozess~ **KSchG 7** 4; tarifliche Rechte **TVG 4** 70; Urlaubsentgelt **BUrlG 11** 64; Widerspruchsrecht bei Betriebsübergang **BGB 613a** 346 ff.; Zeugnisanspruch **GewO 109** 20

Verzeihung, außerordentliche Kündigung **BGB 626** 55 f.

Verzicht ArbGG 55 6 f.; AGB-Kontrolle **BGB Anh. zu 305–310** 57 ff.; Annahmeverzugslohn **BGB 615** 84; Ansprüche aus Betriebsvereinbarung **BetrVG 77** 3; außerordentliche Kündigung **BGB 626** 54, 56; auf Beschwerde im Beschlussverfahren **ArbGG 89** 13; Güteverhandlung **ArbGG 54** 35, 37; Kündigungsrecht **KSchG 1** 72; Kündigungsschutz **KSchG Vor 1** 26 ff.; Kündigungsschutzklage **KSchG Anh. 9** 6a; tarifliche Rechte **TVG 4** 67 ff.; Urlaubsabgeltung **BUrlG 7** 132, **BUrlG 13** 49 f.; Urlaubsanspruch **BUrlG 7** 74g; Urlaubsentgelt **BUrlG 11** 62; Urlaubsgeld **BUrlG 11** 63; Widerspruchsrecht bei Betriebsübergang **BGB 613a** 362

Verzug, Annahmeverzug des Arbeitgebers siehe dort, des Arbeitnehmers **BGB 611** 410, Schuldnerverzug des Arbeitgebers siehe dort

Verzugszinsen BGB 614 11

Videoüberwachung BDSG Vorb. 107 ff., **BetrVG 87** 128; Beweisverwertungsverbot **BDSG Vorb.** 110 ff.; heimliche **BDSG Vorb.** 108; Mitbestimmung **BDSG Vorb.** 109 ff.; offene **BDSG Vorb.** 107

Völkerrecht BGB Vor 611 132 ff.

Vollstreckungsbescheid ArbGG 46a 30 ff.; Einspruch **ArbGG 46a** 33

Volontär BBiG 26 2

Vorabentscheidungsverfahren (EuGH) AEUV 267 1 ff.; Ablauf **AEUV 267** 17; Beendigung **AEUV 267** 18; Einleitung **AEUV 267** 16; Gegenstand **AEUV 267** 4 ff.; Gerichte als Vorlageberechtigte **AEUV 267** 7; Normzweck **AEUV 267** 1a; und Richtervorlage nach Art. 100 GG **AEUV 267** 3; Urteil **AEUV 267** 19 f.; Vorlagebefugnis **AEUV 267** 8 ff.; Vorlagepflicht **AEUV 267** 12 ff.

Vorläufige personelle Maßnahmen BetrVG 100 1 ff.; Ablauf **BetrVG 100** 8 ff.; Anträgebegründung **BetrVG 100** 12; Anwendungsbereich **BetrVG 100** 2 f.; arbeitsgerichtliches Verfahren **BetrVG 100** 10 ff.; Aufklärung des Arbeitnehmers über Sach- und Rechtslage **BetrVG 100** 7; besonderes einstweiliges Rechtsschutzverfahren **BetrVG 100** 1; Drei-Tages-Frist **BetrVG 100** 10; dringende Erforderlichkeit aus sachlichem Grund **BetrVG 100** 4 ff.; Entscheidung des Gerichts **BetrVG 100** 14 ff.; innerbetriebliches Verfahren **BetrVG 100** 8 f.; zwei Anträge **BetrVG 100** 11

Vorläufige Vollstreckbarkeit ArbGG 62 2 ff.; Antrag auf Ausschließung **ArbGG 62** 7; Ausschließung **ArbGG 62** 6 ff.; Beschlüsse im Beschlussverfahren **ArbGG 85** 2; Entscheidung auf Ausschluss **ArbGG 62** 18 ff.; nicht zu ersetzender Nachteil **ArbGG 62** 8 ff.; Glaubhaftmachung **ArbGG 62** 17

Vornahme einer Handlung, Anwendungsbereich **ArbGG 61** 19 ff.; Entschädigungsfestsetzung **ArbGG 61** 23 ff.; Verurteilung **ArbGG 61** 18 ff.

Vorruhestand, Unverfallbarkeit der betrieblichen Altersversorgung **BetrAVG 1b** 21

Vorsatz, Arbeitnehmerhaftung **BGB 619a** 29; keine Haftungsbeschränkung bei Arbeitsunfall **SGB VII 104** 10; des Unternehmers **SGB VII 104** 14

Vorschlagsrecht der Arbeitnehmer BetrVG 86a 1 ff.; Adressat **BetrVG 86a** 6; Arbeitszeit **BetrVG 86a** 10; Ausübung **BetrVG 86a** 4; Behandlung durch Betriebsrat **BetrVG 86a** 11; Benachteiligungsverbot **BetrVG 86a** 14; keine Form und Frist **BetrVG 86a** 5; Quorum **BetrVG 86a** 9; Streitigkeiten **BetrVG 86a** 15; Teilnahmerecht an Betriebsratssitzung **BetrVG 86a** 13; Themen **BetrVG 86a** 3; Unterrichtungspflicht **BetrVG 86a** 12; unterstützter Vorschlag **BetrVG 86a** 8 ff.; Vorschlagsrecht **BetrVG 86a** 2 ff.; weitere Behandlung durch Betriebsrat **BetrVG 86a** 7

Vorschüsse BGB 614 18 ff.; Rückgewähr **BGB 614** 22 ff.

Vorsitzender, Befugnisse **ArbGG 53** 1 ff.

Vorstandsmitglied einer AG, Anstellungsvertrag **BGB Vor 611** 94, 97 f.; Beschäftigungsverhältnis **SGB IV 7/7b** 28; Dienstvertrag als Aufhebung des Arbeitsverhältnisses **KSchG Anh. 9** 9 f., 9c; Geltung des AGG **AGG 2** 5, **AGG 6** 7; Kündigungsfrist **BGB**

621 13, **BGB** 622 29; nachvertragliches Wettbewerbsverbot **HGB** 74 9f.; Rechtswegzuständigkeit **ArbGG** 2 138ff.; Schriftform des Dienstvertrags und Aufhebung des Arbeitsverhältnisses **BGB** 623 21a; Übergang Arbeitsverhältnis zum Anstellungsverhältnis **BGB Vor** 611 100f.; Widerruf der Organstellung/Kündigung **BGB** 626 27ff.

Vorstandsmitglied eines Vereins, Beschäftigungsverhältnis **SGB IV** 7/7b 29

Vorstellungskosten, Ersatz **BGB** 611 7f.

Vorstrafen, Frage des Arbeitgebers **BGB** 123 12; Irrtumsanfechtung **BGB** 119 7

Vorübergehende Verhinderung siehe „Arbeitsverhinderung aus persönlichen Gründen"

Vorvertrag BGB 611 28f.

Vorzeitige Betriebsrente BetrAVG 6 1ff.; Anhebung der gesetzlichen Altersgrenzen **BetrAVG** 6 20a; Berechnung **BetrAVG** 6 15ff.; gesetzliche Altersrente **BetrAVG** 6 5ff.; Höhe **BetrAVG** 6 14ff.; Höhe bei Ausscheiden mit unverfallbarer Anwartschaft **BetrAVG** 6 21ff.; kürzere Betriebszugehörigkeit **BetrAVG** 6 22ff.; quasiratierlicher Abschlag **BetrAVG** 6 17ff.; ratierliche Kürzung **BetrAVG** 6 28; verringerte Anzahl von Steigerungsbeträgen **BetrAVG** 6 16; versicherungsmathematischer Abschlag **BetrAVG** 6 20; Wartezeit **BetrAVG** 6 8; Wegfall der Leistungen **BetrAVG** 6 12f.; Zahlungsverlangen **BetrAVG** 6 10; zweifache Kürzung **BetrAVG** 6 22, 24

Wahl der Aufsichtsratsmitglieder (DrittelbG), Amtszeit der Arbeitnehmervertreter **DrittelbG** 5 8f.; Anfechtung **DrittelbG** 11 1ff.; Arbeitnehmer **DrittelbG** 5 1ff.; Beschlussverfahren bei Streitigkeiten **ArbGG** 2a 18; Ersatzmitglieder **DrittelbG** 7 1f.; Gemeinschaftsunternehmen **DrittelbG** 2 8; Geschlechterverhältnis **DrittelbG** 4 14; bei herrschendem Konzernunternehmen **DrittelbG** 2 2ff.; Konzern im Konzern **DrittelbG** 2 7; Konzerntatbestand **DrittelbG** 2 3ff.; Konzernzurechnung, Grundsatz **DrittelbG** 2 2; Kosten **DrittelbG** 10 1; passive Wählbarkeit **DrittelbG** 4 11; Verfahren **DrittelbG** 5 2ff.; Vermögensholding **DrittelbG** 2 6; Wahlberechtigung bei Unternehmenskäufen **DrittelbG** 4 13; Wahlsystem **DrittelbG** 5 5f.; Wahlvorschläge **DrittelbG** 6 1ff.; Zurechnung von Arbeitnehmern abhängiger Konzernunternehmen **DrittelbG** 2 10ff.

Wahl der Aufsichtsratsmitglieder (MitbestG) MitbestG 18 1ff.; Abstimmungsausschreiben **MitbestG** 18 19; Amtszeit der Delegierten **MitbestG** 18 25f.; Anfechtung **MitbestG** 18 22 1ff.; Anfechtung der Delegiertenwahl **MitbestG** 21 1ff.; Aufstellung und Bekanntmachung der Wählerlisten **MitbestG** 18 10f.; Bekanntmachung **MitbestG** 18 5; Bekanntmachung zur Abstimmung über Art der Wahl **MitbestG** 18 18ff.; Bekanntmachung Abstimmung für Wahlvorschlag leitende Angestellte **MitbestG** 18 15ff.; Bekanntmachung der Mitglieder **MitbestG** 19 11f.; Bekanntmachung Wahlvorschläge für Arbeitnehmer **MitbestG** 18 13; Bekanntmachung der Wahlvorstände **MitbestG** 18 12ff.; Beschlussverfahren bei Streitigkeiten **ArbGG** 2a 18; Betriebswahlvorstand **MitbestG** 18 7; Delegiertenwahl **MitbestG** 18 21ff.; durch die Delegierten **MitbestG** 18 31ff.; drei Wahlordnungen **MitbestG** 18 1; von Ersatzmitgliedern durch Delegierte **MitbestG** 18 38f.; von Gewerkschaftsvertretern durch Delegierte **MitbestG** 18 37; Hauptwahlvorstand **MitbestG** 18 9; Rechtsverordnungen, Ermächtigung **MitbestG** 39 1; Reduktionsverfahren **MitbestG** 18 18ff.; Übergangsregelung **MitbestG** 40 1; von Unternehmensangehörigen durch Delegierte **MitbestG** 18 31ff.; Unternehmenswahlvorstand **MitbestG** 18 8; Urwahl **MitbestG** 18 40ff.; Verfahren bei Delegiertenwahl **MitbestG** 18 27ff.; Verfahren bei Urwahl **MitbestG** 18 41ff.; Wahl der Anteilseigner **MitbestG** 8 1; Wahl der Delegierten **MitbestG** 18 22; Wählbarkeit der Gewerkschaftsvertreter **MitbestG** 7 4; Wählbarkeit der Unternehmensangehörigen **MitbestG** 7 3; Wahlkosten **MitbestG** 20 1f.; Wahlschutz **MitbestG** 20 1f.; Wahlverfahren **MitbestG** 18 2ff.; Wahlverfahren, Ablaufschema **MitbestG** 18 4; Wahlvorschläge **MitbestG** 18 14; Wahlvorstände **MitbestG** 18 6ff.; Zahl der Delegierten **MitbestG** 18 23f.

Wahlanfechtung BetrVG 13 11, **BetrVG** 19 1ff.; Anfechtungsverfahren **BetrVG** 19 14ff.; Arbeitnehmer **BetrVG** 19 19; Aufsichtsratsmitglieder (DrittelbG) **DrittelbG** 11 1ff.; Berechtigung **BetrVG** 19 12; Beschlussverfahren **BetrVG** 19 14ff.; Beteiligte **BetrVG** 19 15; Frist **BetrVG** 19 17; Gewerkschaft **BetrVG** 19 20; Kausalität **BetrVG** 19 13; Nichtigkeit der Wahl **BetrVG** 19 23ff.; Nichtigkeitserklärung **BetrVG** 19 2; Rechtsschutzinteresse **BetrVG** 19 16; wegen Verfahrensverstößen **BetrVG** 19 10f.; Voraussetzungen **BetrVG** 19 4ff.; wesentliche Vorschriften **BetrVG** 19 5ff.; Wirkung **BetrVG** 19 21f.

Wählbarkeit BetrVG 8 1ff.; alle Wahlberechtigten **BetrVG** 8 4ff.; neu errichtete Betriebe **BetrVG** 8 12; sechsmonatige Betriebszugehörigkeit **BetrVG** 8 8ff.; Streitigkeiten **BetrVG** 8 13; Voraussetzungen **BetrVG** 8 3ff.; Wahlanfechtung **BetrVG** 19 8f.

Wahlberechtigung, Arbeitnehmer **BetrVG** 7 5f.; Beamte **BetrVG** 7 7; Bedeutung **BetrVG** 7 21f.; Betriebsratswahl **BetrVG** 7 1ff.; Betriebszugehörigkeit **BetrVG** 7 8ff.; Streitigkeiten **BetrVG** 7 23; Wahlalter **BetrVG** 7 20; Wahlanfechtung **BetrVG** 19 6f.

Wahlbewerber, Sonderkündigungsschutz **KSchG** 15 21, 23f.

Wahlinitiatoren, nachwirkender Sonderkündigungsschutz **KSchG** 15 25ff.

Wahlverfahren in Kleinbetrieben, Betriebsrat **BetrVG** 14a 1ff.; Einladung zur Wahlversammlung **BetrVG** 14a 6ff.; Einleitung der Wahl **BetrVG** 14a 11ff.; einstufiges Verfahren **BetrVG** 14a 16f.; erste Wahlversammlung zur Wahl des Wahlvorstands **BetrVG** 14a 5ff.; Jugend- und Auszubildendenvertretung **BetrVG** 63 20; nachträgliche schriftliche Stimmabgabe **BetrVG** 14a 18; vereinfachtes Wahlverfahren kraft Vereinbarung **BetrVG** 14a 19; Wahlausschreiben **BetrVG** 14a 12; Wählerliste **BetrVG** 14a 11; Wahlvorschläge **BetrVG** 14a 13; Zweistufigkeit **BetrVG** 14a 4ff.; zweite Wahlversammlung zur Wahl des Betriebsrats **BetrVG** 14a 14; zwingendes ~ **BetrVG** 14a 1

Wahlvorstand (Betriebsrat), Aufgaben **BetrVG** 18 1ff.; Bestellung **BetrVG** 16 1ff.; Bestellung durch Betriebsrat **BetrVG** 16 3ff.; Bestellung in betriebsratslosen Betrieben **BetrVG** 17 1ff.; Bestellung in Kleinbetrieben durch Betriebsrat **BetrVG** 17a 3; Bestellung in Kleinbetrieben ohne Betriebsrat **BetrVG** 17a 4f.; Bestellung im vereinfachten Wahlverfahren **BetrVG** 17a 1ff.; Beteiligter **ArbGG** 83 35; Einladung zur Betriebsversammlung **BetrVG** 17 7f.; Ersatzbestellung durch Arbeitsgericht **BetrVG** 16 10; Ersatzbestellung durch Gesamt- bzw. Konzernbetriebsrat **BetrVG** 16 12f.; Ersatzkompetenz des Arbeitsgerichts in betriebsratslosen Betrieben **BetrVG** 17 11; Ersetzung durch das Arbeitsgericht **BetrVG** 18 9f.; Form der Bestellung **BetrVG** 16 7; Primärkompetenz des Gesamt- oder Konzernbetriebsrates **BetrVG** 17 1, 3ff.; Sekundärkompetenz der Betriebsversammlung **BetrVG** 17 2, 6ff.; Sonderkündigungsschutz

BetrVG 103 9, **KSchG** 15 21 f.; Streitigkeiten bei Bestellung in Kleinbetrieben **BetrVG 17a** 6; Streitigkeiten hinsichtlich Bestellung und Zusammensetzung **BetrVG** 16 14; Vorbereitung und Durchführung der Wahl *siehe* „Betriebsratswahlen"; Wahl auf Betriebsversammlung **BetrVG** 17 9 f.; Zeitpunkt der Bestellung **BetrVG** 16 5; Zusammensetzung **BetrVG** 16 8 f.

Wahlvorstand (Jugend- und Auszubildendenvertretung), Bestellung **BetrVG** 63 7 ff.; Bestellung durch Betriebsrat **BetrVG** 63 8; Ersatzbestellung durch das Arbeitsgericht **BetrVG** 63 9 ff.; Ersatzbestellung durch Gesamt-/Konzernbetriebsrat **BetrVG** 63 15; Mitgliederzahl **BetrVG** 63 8; Vereinfachte Bestellung **BetrVG** 63 16 ff.

Waisen *siehe* „Hinterbliebenenversorgung"

Waren, Anrechnung auf Arbeitsentgelt **GewO** 107 57 ff.

Wartezeit (BUrlG) BUrlG 1 19; Beginn **BUrlG** 4 6 ff.; Dauer **BUrlG** 4 1 ff.; EU-Recht **BUrlG** 4 3; Ende **BUrlG** 4 9 ff.; Quotelungsregelungen **BUrlG** 4 4; tarifliche Verlängerung **BUrlG** 13 32; Unterbrechung des Arbeitsverhältnisses **BUrlG** 4 16 ff.; Verlängerung/Verkürzung **BUrlG** 4 5

Wartezeit (KSchG) KSchG 1 7 ff.; abweichende Vereinbarungen **KSchG** 1 9; Arbeitsverhältnis **KSchG** 1 10; Berechnung **KSchG** 1 19 f.; Darlegungs- und Beweislast **KSchG** 1 53; Luftfahrt **KSchG** 24 4; Seeschifffahrt **KSchG** 24 4; Unterbrechung **KSchG** 1 14 ff.; ununterbrochener Bestand des Arbeitsverhältnisses **KSchG** 1 14 ff.; Zugehörigkeit zu demselben Betrieb/Unternehmen **KSchG** 1 11 ff.; Zweck **KSchG** 1 7

Waschen, Arbeitszeit **BGB** 611 329

Wegerisiko BGB 615 117

Wegeunfall, keine Haftungsbeschränkung **SGB VII** 104 11; Herbeiführung durch Unternehmer **SGB VII** 104 14

Wegezeit, Arbeitszeit **BGB** 611 330; Betriebsversammlung **BetrVG** 44 27

Wegfall der Geschäftsgrundlage, Arbeitnehmerbegriff, Falschzuordnung **BGB Vor** 611 25; Arbeitsverhältnis **KSchG** 1 48; Aufhebungsvertrag **KSchG Anh.** 9 30a; außerordentliche Kündigung, Abgrenzung **BGB** 626 15 ff.; betriebliche Altersversorgung **BetrAVG Vorb.** 133; Betriebsvereinbarung **BetrVG** 77 43; Dienstvertrag **BGB** 620 28; Leistungsverweigerungsrecht gemäß § 275 Abs. 2 und 3 BGB, Abgrenzung **BGB** 611 398; Sozialplan **BetrVG** 112 87 f.; Tarifvertrag **TVG** 1 35

Wehrdienst, Anrechnung von ~zeit bei Einstellung **ArbPlSchG** 12 1 f.; Arbeitspflicht und türkischer ~ **BGB** 626 153; befristetes Arbeitsverhältnis **ArbPlSchG** 1 19; Benachteiligungsverbot **ArbPlSchG** 6 1 ff.; Erholungsurlaub **ArbPlSchG** 4 1 ff.; Ersatzansprüche des Arbeitgebers **ArbPlSchG** 1 20 f.; Fortsetzung des Arbeitsverhältnisses **ArbPlSchG** 6 1 ff.; Frage des Arbeitgebers nach ~ **BGB** 123 27; Geltung des ArbPlSchG bei freiwilligem ~ **ArbPlSchG** 1 9; Heimarbeiter **ArbPlSchG** 7 1 ff.; personeller Anwendungsbereich des ArbPlSchG **ArbPlSchG** 1 2 ff.; personenbedingter Kündigungsgrund **KSchG** 1 165; Ruhen des Arbeitsverhältnisses **ArbPlSchG** 1 13 ff.; Sonderkündigungsschutz bei Wehrdienst *siehe dort*; Vorlage des Einberufungsbescheids **ArbPlSchG** 1 22; Wohnraum **ArbPlSchG** 3 1 ff.; zeitlicher Anwendungsbereich des ArbPlSchG **ArbPlSchG** 1 11 f.; Zweck des ArbPlSchG **ArbPlSchG** 1 1

Wehrpflichtiger ArbPlSchG 1 4 ff.; ausländischer ~ **ArbPlSchG** 1 5 f.; bevorzugte Einstellung in öffentlichen Dienst **ArbPlSchG** 11a 1 f.; Ladung durch Erfassungs- und Wehrersatzbehörde **ArbPlSchG** 14 1

Weihnachtsgeld *siehe* „Sonderzahlungen"

Weisungsrecht *siehe* „Direktionsrecht"

Weiterbeschäftigungsanspruch, allgemeiner BetrVG 102 97 ff., **BGB** 611 169, **KSchG** 4 54 ff.; Änderungskündigung **KSchG** 2 54, 121; Anwendung von § 612 Abs. 1 BGB **BGB** 612 15; einstweilige Verfügung **ArbGG** 62 83 ff.; Entfristungsklage **TzBfG** 17 17; Sozialauswahl **KSchG** 1 351; Streitwert **ArbGG** 12 20, 26; Urlaubsanspruch **BUrlG** 1 18; vorübergehende Verhinderung **BGB** 616 12; Zwangsvollstreckung **ArbGG** 62 39 f.

Weiterbeschäftigungsanspruch, betriebsverfassungsrechtlicher BetrVG 102 83 ff., **KSchG** 4 53; Änderungskündigung **BetrVG** 102 84, **KSchG** 2 54, 121; Annahmeverzug des Arbeitgebers **BGB** 615 21; Durchsetzung **BetrVG** 102 91; Entbindung von der Weiterbeschäftigungspflicht **BetrVG** 102 92 ff.; Entbindungsgrund **BetrVG** 102 94; Inhalt **BetrVG** 102 89 f.; Klageerhebung des Arbeitnehmers **BetrVG** 102 86; offenkundig kein Widerspruchsrecht **BetrVG** 102 96; ordentliche Kündigung **BetrVG** 102 84; unzumutbare wirtschaftliche Belastung **BetrVG** 102 95; Urlaubsanspruch **BUrlG** 1 18; Voraussetzungen **BetrVG** 102 84 ff.; vorübergehende Verhinderung **BGB** 616 12; Weiterbeschäftigungsverlangen **BetrVG** 102 87 f.; Widerspruch des Betriebsrates **BetrVG** 102 85

Weiterbeschäftigungsmöglichkeit, bei betriebsbedingter Kündigung **KSchG** 1 274 ff.; Betriebsratswiderspruch wegen ~ **BetrVG** 102 72 ff.; Darlegungs- und Beweislast bei personenbedingter Kündigung **KSchG** 1 175; freier Arbeitsplatz **KSchG** 1 275; geeigneter Arbeitsplatz **KSchG** 1 276; Interessenausgleich mit Namensliste **InsO** 125 9; im Konzern **KSchG** 1 278; personenbedingte Kündigung **KSchG** 1 99; Sozialplan **BetrVG** 112 67 ff.; Unternehmensbezug **KSchG** 1 277; Zustimmung der Arbeitnehmervertretung **KSchG** 1 279

Weiterbildung, befristet beschäftigte Arbeitnehmer **TzBfG** 19 1 ff.; Befristungsgrund für Arbeitsverhältnis **TzBfG** 14 83; Nachtarbeitnehmer **ArbZG** 6 21; Schwerbehinderte **SGB IX** 81 27; Tarifklauseln **TVG** 1 140; Teilzeitbeschäftigte **TzBfG** 10 1 ff.

Weltanschauung, verbotenes Differenzierungsmerkmal **AGG** 1 5 ff.

Werbungskosten EStG 19/38 68 f.; Arbeitsmittel **EStG** 19/38 69; Arbeitszimmer **EStG** 19/38 69; Berufsausbildung und -fortbildung **EStG** 19/38 69; Bewirtung **EStG** 19/38 69; doppelte Haushaltsführung **EStG** 19/38 69; Fahrtkosten **EStG** 19/38 69; Kinderbetreuungskosten **EStG** 19/38 69; Pauschbetrag **EStG** 19/38 69; Reisekosten **EStG** 19/38 69; Umzugskosten **EStG** 19/38 69

Werkstätten für Behinderte, Rechtswegzuständigkeit **ArbGG** 2 117

Werkswohnung BGB 611 91; außerordentliche Eigenkündigung wegen Mängel **BGB** 626 320 f.; Mitbestimmungsrecht **BetrVG** 87 162 ff.; Rechtswegzuständigkeit **ArbGG** 2 73; Veräußerung einer Werkmietwohnung **BetrVG** 87 168; Wehrdienst **ArbPlSchG** 3 1 ff.

Werkvertrag BGB Vor 611 8 f.; Arbeitnehmerüberlassungsvertrag, Abgrenzung **AÜG** 1 16 ff., 21 f., **BetrVG** 5 14; Dienstvertrag, Abgrenzung **BGB Vor** 611 9

Wertguthaben, Beschäftigungsverhältnis **SGB IV** 7/7b 39 ff.; Insolvenzsicherung **SGB IV** 7/7b 41a; Portabilität **SGB IV** 7/7b 44; Störfall **SGB IV** 7/7b 43; Übertragung **SGB IV** 7/7b 42

Wettbewerbsverbot HGB 60 1 ff.; Arbeitsaufnahme **HGB** 60 7; Auskunft und Rechnungslegung **HGB** 61 10; außerordentliche Kündigung **BGB** 626 272 ff., **HGB** 60 8; Berufsfreiheit **GG** 12 69; bei bestehendem Arbeitsverhältnis **BGB** 611 358 ff.; Betreiben/

Verbreitung **HGB 60** 15ff.; Betrieb eines anderen Handelsgewerbes **HGB 60** 13ff.; Betriebsübergang **BGB 613a** 242; einstweilige Verfügung **ArbGG 62** 91; Eintritt in eine Gesellschaft **HGB 61** 21; Eintrittsrecht **HGB 61** 16ff.; Einwilligung **HGB 60** 26f.; Geltungsbereich des § 61 **HGB HGB 61** 2; Geschäftemachen **HGB 60** 21ff.; Handelsgewerbe **HGB 60** 14; Handelszweig des Arbeitgebers **HGB 60** 13; Inhalt **BGB 611** 361; Konkurrenzsituation **HGB 60** 18f., 24; Leiharbeitnehmer **AÜG 9** 18; nachvertragliches *siehe* „Wettbewerbsverbot, nachvertragliches"; Nebentätigkeiten **HGB 60** 2, 25; Prinzipal **HGB 60** 4; Rechtsfolge **BGB 611** 362; Rechtsgrundlage **BGB 611** 358; Reichweite **HGB 60** 12ff.; Schadensersatz **HGB 61** 11ff.; Sinn und Zweck **BGB 611** 360f.; Tätigkeit auf eigene Rechnung **HGB 61** 19f.; Tätigkeit auf fremde Rechnung **HGB 61** 22; Teilzeitarbeit **HGB 60** 11; als überraschende Klausel **BGB 305c** 5; Unterlassungsansprüche **HGB 61** 5; unwirksame Arbeitgeberkündigung **HGB 60** 9; Verbot des Geschäftemachens **HGB 60** 20ff., verhaltensbedingte Kündigung **KSchG 1** 249; Verjährung bei Schadensersatz und Eintritt **HGB 61** 23ff.; Verletzung des –s **HGB 61** 1ff.; Verschulden bei Schadensersatzanspruch des Arbeitgebers **HGB 61** 3f.; Wahlrecht zwischen Schadensersatz/Eintrittsrecht **HGB 61** 7ff.; zeitlicher Anwendungsbereich **HGB 60** 6ff.; Zwangsvollstreckung **ArbGG 62** 44

Wettbewerbsverbot, nachvertragliches BGB 611 363, **GewO 110** 1ff., **HGB 74** 1ff.; Abhängigkeit vom Willen des Arbeitgebers **HGB 74** 105; Abhängigkeit vom Willen des Arbeitnehmers **HGB 74** 106; abweichende Vereinbarungen **HGB 75** 33f.; kein Anspruch auf Abschluss **HGB 74** 59; Aufhebungsvertrag **KSchG Anh. 9** 44; Auflösungstatbestände **HGB 75** 1ff.; Aushändigung einer Urkunde **HGB 74** 32ff.; Auskunftsanspruch **HGB 74** 110f.; Auskunftsbegehren hinsichtlich Verzichts **HGB 75a** 16ff.; Auslegung **HGB 74** 38; außerhalb §§ 74ff. **HGB HGB 74** 57f.; außerordentliche Eigenkündigung – Lösungsrecht **HGB 75** 4ff.; außerordentliche Kündigung – Lösungsrecht **HGB 75** 27ff.; bedingtes **HGB 74** 104ff.; berechtigtes geschäftliches Interesse des Arbeitgebers **HGB 74a** 4ff.; Berufsfreiheit **GG 12** 69; Beschränkungen außerhalb §§ 74ff. **HGB HGB 74** 52ff.; Betriebsübergang **BGB 613a** 243ff.; Dauer **HGB 74** 51; Ehrenwort **HGB 74** 36; einstweilige Verfügung **HGB 74** 115; Form **HGB 74** 27ff.; Form des Verzichts **HGB 75a** 9; Geheimhaltungsklauseln **HGB 74** 55; Gewerbe **HGB 74** 37; Höchstdauer zwei Jahre **HGB 74a** 17f.; Inhalt **HGB 74** 37ff.; Inhalt des Verzichts **HGB 75a** 10ff.; Inkrafttreten **HGB 74** 60ff.; Insolvenz **HGB 74** 124; Karenzentschädigung *siehe dort*; Konkurrenzunternehmen **HGB 74** 44; konzerndimensionaler Schutz **HGB 74** 47; Kunde, Zulieferer, Abnehmer **HGB 74** 46; Mandantenschutzklauseln **HGB 74** 53; Mandantenübernahmeklauseln **HGB 74** 54; Minderjährige **HGB 74a** 19f.; nachvertragliche Treuepflicht **HGB 74** 5; Nichtigkeit/Unwirksamkeit **HGB 74** 16f.; objektiv aufschiebende Bedingung **HGB 74** 107f.; ordentliche Kündigung – Lösungsrecht **HGB 75** 15ff.; örtliche Reichweite **HGB 74a** 9; persönlicher Geltungsbereich **HGB 74** 8ff.; Präzisierungsklauseln **HGB 74** 48; räumlicher Geltungsbereich **HGB 74** 50; Rechtsfolgen eines Verzichts **HGB 75a** 14ff.; Rechtsmängel **HGB 74** 15f.; Rechtswahl **HGB 74** 14; Rücktritt bei Sperrabrede **HGB 75f** 8ff.; Rücktritt bei Verstoß **HGB 74** 119; sachliche Reichweite **HGB 74a** 5ff.; Schadensersatz bei Verstoß **HGB 74** 118; Schriftform **HGB 74** 28ff.; Sittenwidrigkeit **HGB 74a** 24; Sperrabrede unter Arbeitgebern **HGB 75f** 1ff.; Streitigkeiten **HGB 74** 26; Tarifvertrag **HGB 74** 4; tätigkeitsbezogenes **HGB 74** 40; teilweise Unverbindlichkeit **HGB 74** 24f.; Übergang auf Dritte **HGB 74** 121; Unabdingbarkeit **HGB 75d** 1; unbillige Erschwerung des Fortkommens **HGB 74a** 13ff.; unmögliche Konkurrenztätigkeit **HGB 74** 66f.; Unterlassungsansprüche **HGB 74** 112ff.; unternehmensbezogenes **HGB 74** 40; Unverbindlichkeit **HGB 74** 18ff., **HGB 74a** 1ff.; unwirksamer Arbeitsvertrag **HGB 74** 7; verbotene Tätigkeiten **HGB 74** 39ff.; Verbotsformulierungen **HGB 74** 41ff.; Verletzung **HGB 74** 109ff.; Verpflichtung eines Dritten **HGB 74a** 21ff.; vertragliche Aufhebung **HGB 74** 69ff.; vertragliche Vereinbarung **HGB 74** 6ff.; Vertragsstrafe bei Verstoß *siehe* „Vertragsstrafe (Wettbewerbsverbot)"; Verzicht **HGB 75a** 1ff.; Wahlrecht bei Unverbindlichkeit **HGB 74** 19ff.; Wegfall **HGB 74** 66ff.; zeitlicher Geltungsbereich **HGB 74** 12f.; Zeitpunkt des Verzichts **HGB 75a** 5ff.

Whistleblowing BGB 611 380a; Hotline **BDSG Vorb.** 96

Widerklage, örtliche Zuständigkeit **ArbGG 2** 149; Rechtswegzuständigkeit **ArbGG 2** 18, **ArbGG 48** 41

Widerrufsvorbehalt BGB 611 502ff., 511ff., **KSchG 1** 42; AGB-Kontrolle **BGB Anh. zu 305–310** 33, **BGB 611** 512; Änderungskündigung, Abgrenzung **KSchG 2** 28; Aufhebungsvertrag **KSchG Anh. 9** 27ff.; Ausübung des Widerrufsrechts **BGB 611** 513; Provision **HGB 65** 4; wirksame Vereinbarung **BGB 611** 512

Widerspruchsrecht bei Betriebsübergang BGB 613a 341ff.; Annahmeverzug des bisherigen Betriebsinhabers **BGB 613a** 356; Anrechnung anderweitigen Erwerbs **BGB 615** 97; Anwendungsbereich **BGB 613a** 343f.; Ausübung **BGB 613a** 345; Betriebsteilübergang **KSchG 1** 338; Entwicklung **BGB 613a** 341; Fortbestand des Arbeitsverhältnisses mit dem bisherigen Inhaber **BGB 613a** 355; kollektive Ausübung **BGB 613a** 352f.; kündigungsschutzrechtliche Folgen **BGB 613a** 357ff.; Monatsfrist **BGB 613a** 345; Rechtsfolgen **BGB 613a** 355ff.; Rechtsnatur **BGB 613a** 342; Schriftform **BGB 613a** 349; Sozialplanabfindung **BetrVG 112** 50; Verhinderung des Übergangs **BGB 613a** 355; Verwirkung **BGB 613a** 346ff.; Verzicht **BGB 613a** 362

Wiederaufnahme des Verfahrens ArbGG 79 1ff.

Wiedereingliederungsverhältnis EFZG 3 49; Schwerbehinderte **SGB IX 81** 25; Urlaubsanspruch **BUrlG 2** 7

Wiedereinsetzung, Berufungsbegründungsfrist **ArbGG 66** 22; Berufungsfrist **ArbGG 66** 22; Nichtzulassungsbeschwerde **ArbGG 72a** 33; Revisionsbegründungsfrist **ArbGG 74** 15f.; sofortige Beschwerde **ArbGG 78** 14

Wiedereinstellungsanspruch KSchG 1 75ff.; keine anderweitige Disposition des Arbeitgebers **KSchG 1** 83; Anwendbarkeit des KSchG **KSchG 1** 79; befristetes Arbeitsverhältnis **TzBfG 15** 33f.; Betriebsübergang **BGB 613a** 308; Darlegungs- und Beweislast **KSchG 1** 86; Informationsanspruch **KSchG 1** 85; krankheitsbedingte Kündigung **KSchG 1** 166; Kündigung des Arbeitgebers **KSchG 1** 78; nachträglicher Wegfall des Kündigungsgrundes innerhalb Kündigungsfrist **KSchG 1** 80ff.; Neuabschluss eines Arbeitsvertrages **KSchG 1** 84; personenbedingte Kündigung **KSchG 1** 166; Prognoserisiko **KSchG 1** 75; Prozessuales **KSchG 1** 87; Rechtsfolgen **KSchG 1** 84ff.; Rechtsgrundlage **KSchG 1** 76; Tarifklauseln **TVG 1** 141; Verdachtskündigung **BGB 626** 291ff.; Voraussetzungen **KSchG 1** 77ff.; Zwangsvollstreckung **ArbGG 62** 41

Wiedereröffnung der Verhandlung ArbGG 53 9

Wiederholungskündigung KSchG 4 48; Mitbestimmung **BetrVG 102** 21

Wirtschaftsausschuss BetrVG 106 1 ff.; Abberufung **BetrVG 107** 21 f.; abweichend vereinbarte Betriebsverfassungsstrukturen **BetrVG 106** 29 f.; Änderung der Betriebsorganisation oder des Betriebszwecks **BetrVG 106** 81; Aufgabe und Funktion **BetrVG 106** 8 ff.; Aufgabenübertragung auf (Gesamt-) Betriebsausschuss **BetrVG 108** 43; Aufgabenübertragung auf einen Ausschuss des Betriebsrates **BetrVG 107** 41 ff.; Aufgabenübertragung auf einen Ausschuss des Gesamtbetriebsrates **BetrVG 107** 46 ff.; ausländisches Unternehmen **BetrVG 106** 26; keine Beratungspflicht des Unternehmers **BetrVG 106** 54; Berichtspflicht **BetrVG 108** 33 ff.; Beschlüsse **BetrVG 108** 7; Bestehen eines Betriebsrates **BetrVG 106** 23; Bestellung **BetrVG 107** 14 ff.; Beteiligter **ArbGG 83** 34; betrieblicher Umweltschutz **BetrVG 106** 69 ff.; Betriebsübergang **BGB 613a** 292 f.; Bildung **BetrVG 106** 15 ff.; Dauer der Amtszeit **BetrVG 107** 17 ff.; Eignung der Mitglieder **BetrVG 107** 10 ff.; Einigungsstelle (Wirtschaftsausschuss) *siehe dort*; Einschränkung oder Stilllegung von Betrieben oder Betriebsteilen **BetrVG 106** 74 f.; Erläuterung des Jahresabschlusses **BetrVG 108** 36 ff.; Ersetzung des ~es **BetrVG 107** 40 ff.; Fabrikations- und Arbeitsmethoden **BetrVG 106** 68; Gefährdung von Betriebs- und Geschäftsgeheimnissen **BetrVG 106** 48 ff.; Generalklausel **BetrVG 106** 82 f.; Gewerkschaftsbeauftragter als Teilnehmer **BetrVG 108** 23 ff.; Kosten **BetrVG 107** 39; Ordnungswidrigkeit **BetrVG 106** 88 f.; persönliche Voraussetzungen **BetrVG 107** 4 ff.; Produktions- und Absatzlage **BetrVG 106** 60 ff.; Produktions- und Investitionsprogramme **BetrVG 106** 63 ff.; Rationalisierungsvorhaben **BetrVG 106** 66 f.; Rechtsstellung der Mitglieder **BetrVG 107** 30 ff.; sachkundige Arbeitnehmer als Teilnehmer **BetrVG 108** 16 ff.; Sachverständiger als Teilnehmer **BetrVG 108** 18 ff.; Schulungen **BetrVG 107** 33 f.; Schwellenwert **BetrVG 106** 19 ff.; Schwerbehindertenvertretung als Teilnehmer **BetrVG 108** 28 ff.; Sitzungen **BetrVG 108** 1 ff.; Sitzungsteilnehmer **BetrVG 108** 10 ff.; Sonderfälle **BetrVG 106** 24 ff.; kein Sonderkündigungsschutz **BetrVG 107** 36; bei Spaltung/Teilübertragung **UmwG 325** 11 ff.; Streitigkeiten **BetrVG 106** 84 ff., **BetrVG 108** 44 ff.; Streitigkeiten hinsichtlich Errichtung, Zusammensetzung, Amtszeit **BetrVG 107** 52 ff.; Umstrukturierungen, Auswirkungen auf ~ **BetrVG 107** 23 ff.; Unterlagen **BetrVG 106** 41 ff., **BetrVG 108** 32; Unternehmen **BetrVG 106** 16 ff.; Unternehmensübernahme **BetrVG 106** 47 ff.; Unternehmensübernahme mit Kontrollerwerb **BetrVG 106** 81a ff.; Unternehmenszugehörigkeit **BetrVG 107** 6; Unternehmer oder dessen Vertreter als Teilnehmer **BetrVG 108** 11 ff.; Unterrichtungspflicht des Unternehmers **BetrVG 106** 31 ff.; Verhältnis zu anderen Unterrichtungsrechten **BetrVG 106** 11 ff.; Verlegung von Betrieben oder Betriebsteilen **BetrVG 106** 76; Vertreter der Arbeitgebervereinigung als Teilnehmer **BetrVG 108** 26 f.; wirtschaftliche Angelegenheiten **BetrVG 106** 55 ff.; wirtschaftliche oder berufliche Absicherung **BetrVG 107** 35; wirtschaftliche und finanzielle Lage des Unternehmens **BetrVG 106** 57 ff.; Zahl der *Mitglieder* **BetrVG 107** 3; Zeitpunkt der Unterrichtung **BetrVG 106** 12; Zusammenschluss oder Spaltung von Unternehmen oder Betrieben **BetrVG 106** 77 ff.; Zusammensetzung **BetrVG 107** 2 ff.

Wirtschaftsrisiko BGB 615 112, 118

Witwen/Witwer *siehe* „Hinterbliebenenversorgung"

Wucher BGB 611 78 f.; auffälliges Missverhältnis **BGB 611** 78; objektiver Tatbestand **BGB 611** 78a; stillschweigend vereinbarte Vergütung **BGB 612** 10; subjektiver Tatbestand **BGB 611** 78b; wucherähnliches Rechtsgeschäft **BGB 611** 78c

Z

Zeugen, Entschädigung **ArbGG 9** 11; Ladung **ArbGG 56** 31 ff.

Zeugnis BGB 630 1 ff., **GewO 109** 1 ff.; Abdingbarkeit **GewO 109** 18; Abwicklung des Arbeitsverhältnisses **KSchG Anh. 9** 46; Arten **GewO 109** 23 ff.; Ausbildungs~ **GewO 109** 35; Auskünfte **GewO 109** 40; Ausschlussfristen **GewO 109** 19; Beiordnung eines Rechtsanwalts **GewO 109** 58; Berichtigung **GewO 109** 36 f.; Berichtigungsklage **GewO 109** 50 f.; Berufsausbildungsverhältnis **BBiG 16** 1 ff.; Beurteilungsspielraum **GewO 109** 29; Beweislast bei Berichtigung **GewO 109** 37; Bindung **GewO 109** 39; einfaches **GewO 109** 24; Einheitlichkeitsgrundsatz **GewO 109** 7; Einreden **GewO 109** 21 f.; einstweilige Verfügung **GewO 109** 51; Entstehen des Anspruchs **GewO 109** 15; Entstehungsgeschichte der Regelung **GewO 109** 1; Erfüllungsort **GewO 109** 17; Erteilungsklage **GewO 109** 49; Erteilungsklage Zwischen~ **GewO 109** 52; Fälligkeit des Anspruchs **GewO 109** 16 ff.; formelle Anforderungen **GewO 109** 14; Geltungsbereich **GewO 109** 3; Gesamtbeurteilung **GewO 109** 32; bei Insolvenz **GewO 109** 9 ff.; Klarheitsgrundsatz **GewO 109** 4; Leiharbeitnehmer **GewO 109** 13; Leistungsbeurteilung **GewO 109** 26; Löschung einer GmbH **GewO 109** 11; Musteraufbau **GewO 109** 33; Person des Ausstellers **GewO 109** 8; Prozesskostenhilfe **GewO 109** 57; qualifiziertes **GewO 109** 25 ff.; Schadensersatzanspruch des Arbeitnehmers **GewO 109** 41 ff.; Schadensersatzanspruch des neuen Arbeitgebers **GewO 109** 45 f.; Schlussformel **GewO 109** 28 a f.; Selbständige, einem Arbeitnehmer sozial vergleichbare **BGB 630** 2; Straftaten **GewO 109** 28; Streitigkeiten **GewO 109** 47 ff.; Streitwert **ArbGG 12** 26, **GewO 109** 53; Tod des Arbeitgebers **GewO 109** 12; Verhaltensbeurteilung **GewO 109** 27; Verwirkung **GewO 109** 20; Vollständigkeitsgrundsatz **GewO 109** 6; Wahlrecht zwischen einfachem und qualifiziertem ~ **GewO 109** 16a; Wahrheitsgrundsatz **GewO 109** 4; Widerruf **GewO 109** 38; Wohlwollensgrundsatz **GewO 109** 5; Zeugnissprache **GewO 109** 30 f.; Zurückbehaltungsrecht **GewO 109** 22; Zwangsvollstreckung **ArbGG 62** 45, **GewO 109** 54 ff.; Zwischen~ **GewO 109** 34

Zielvereinbarung BGB 611 116 f.; AGB-Kontrolle **BGB 305c** 5, **BGB Anh. zu 305–310** 60

Zivildienstleistender, Geltung des ArbPlSchG **ArbPlSchG 1** 9

Zölibatsklausel, personenbedingter Kündigungsgrund **KSchG 1** 127

Zugang der Kündigung KSchG 4 26 ff.; Abwesenheit des Adressaten **KSchG 4** 29; Einschreiben **KSchG 4** 27; Empfangsbevollmächtigter **KSchG 4** 28; Kenntniserlangung nach gewöhnlichem Lauf der Dinge **KSchG 4** 27; Rechtsanwalt **KSchG 4** 28; Zugangsvereitelung **KSchG 4** 30

Zulagen BGB 611 115; Entgeltfortzahlung **EFZG 4** 31 f.; Nachweis wesentlicher Vertragsbedingungen **NachwG 2** 32; Streik **GG 9** 201; Urlaubsentgelt **BUrlG 11** 22 f.

Zulässigkeit des Rechtsweges *siehe* „Rechtswegzuständigkeit"

Zulassung neuer Angriffs- und Verteidigungsmittel ArbGG 67 1 ff.; Prozessförderungspflicht in der Berufungsinstanz **ArbGG 67** 15 ff.; Zurückweisung verspäteten Vorbringens *siehe dort*

Zulassung verspäteter Klagen KSchG 5 1 ff.; Antrag **KSchG 5** 6 ff.; Berufung **KSchG 5** 23; Bindungswirkung **KSchG 5** 19; Einzelfälle **KSchG 5** 24 ff.; Endurteil **KSchG 5** 17; Entscheidung **KSchG 5** 17ff.; Falschauskunft **KSchG 5** 25; Fristen **KSchG 5** 10ff.; Glaubhaftmachung **KSchG 5** 15; Hilfsantrag **KSchG 5** 14; Irrtum **KSchG 5** 26; Krankheit **KSchG 5** 27; Mittel zur Glaubhaftmachung **KSchG 5** 9; Postlaufzeiten **KSchG 5** 28; Revision **KSchG 5** 23; Säumnis des Beklagten im verbunden Verfahren **KSchG 5** 22; Säumnis des Klägers im verbunden Verfahren **KSchG 5** 21; schuldlose Verhinderung **KSchG 5** 4f.; Schwangerschaft **KSchG 5** 5; Tatsachen **KSchG 5** 8; unverschuldete Unkenntnis **KSchG 5** 29; Urlaub **KSchG 5** 30; Verbindung mit dem Klageverfahren **KSchG 5** 16; Verfahren **KSchG 5** 14ff.; Verschulden des gesetzlichen Vertreters **KSchG 5** 31; Wiedereinsetzung **KSchG 5** 2; Zwischenurteil **KSchG 5** 18

Zuordnungsverfahren siehe „Leitende Angestellte, Zuordnungsverfahren"

Zurückbehaltungsrecht des Arbeitnehmers BGB 614 12ff.; Arbeitsschutz **BGB 618** 33; außerordentliche Kündigung **BGB 626** 149; Fortbestand des Vergütungsanspruchs **BGB 618** 33; gemeinsam ausgeübtes ~ bei Pflichtverletzungen des Arbeitgebers **GG 9** 254ff.; Schutzpflichtverletzung nach § 618 BGB **BGB 618** 30f.; Verletzung der Nachweispflicht **NachwG Vorb.** 37

Zurückverweisung, an Berufungsgericht **ArbGG 75** 13ff.; Entscheidung nur über Zulässigkeit der Klage **ArbGG 68** 9; Sprungrevision **ArbGG 76** 22; unzulässiges Teilurteil **ArbGG 68** 11; Verfahrensmangel **ArbGG 68** 1ff.; Verwerfung eines Einspruchs als unzulässig **ArbGG 68** 8; Zweites Versäumnisurteil **ArbGG 68** 10

Zurückweisung verspäteten Vorbringens ArbGG 56 38ff.; nach § 296 Abs. 1 ZPO **ArbGG 56** 75; nach §§ 296 Abs. 2, 282 Abs. 1 ZPO **ArbGG 56** 76f.; nach §§ 296 Abs. 2, 282 Abs. 2 ZPO **ArbGG 56** 80ff.; angemessene Frist **ArbGG 56** 43f.; Anordnung vorbereitender Schriftsätze **ArbGG 56** 81; Belehrung **ArbGG 56** 47ff.; Beschlussverfahren **ArbGG 83** 11ff.; Beschlussverfahren zweiter Instanz **ArbGG 87** 14ff.; Eilverfahren **ArbGG 56** 74; Entscheidung **ArbGG 56** 70; Flucht in die Berufungsinstanz **ArbGG 56** 88; Flucht in die Klageänderung **ArbGG 56** 89; Flucht in die Klageerweiterung **ArbGG 56** 89; Flucht in die Säumnis **ArbGG 56** 84ff.; Flucht in die Widerklage **ArbGG 56** 89; Folgen **ArbGG 56** 71ff.; Form und Zustellung der Auflagen- und Fristsetzungsverfügung **ArbGG 56** 45f.; nicht genügende Entschuldigung der Verspätung **ArbGG 67** 8, 10; gerichtliche Aufklärungsauflage **ArbGG 56** 42; grobe Nachlässigkeit bei Verstoß gegen allgemeine Prozessförderungspflicht **ArbGG 67** 12ff.; Kausalität **ArbGG 56** 56f.; keine Mitursächlichkeit des Gerichts für Verzögerung **ArbGG 56** 64f.; rechtliches Gehör **ArbGG 56** 66; Überprüfung durch LAG **ArbGG 67** 5; unstreitiger Sachverhalt **ArbGG 67** 4; unzureichende Entschuldigung oder Glaubhaftmachung **ArbGG 56** 67ff.; Verhinderung **ArbGG 56** 84ff.; wegen Verletzung der konkreten Prozessförderungspflicht **ArbGG 67** 6ff.; verspätete Mitteilung von Angriffs- und Verteidigungsmitteln **ArbGG 56** 82; verspäteter Vortrag **ArbGG 56** 51ff.; bei Verstößen gegen die allgemeine Prozessförderungspflicht **ArbGG 67** 11ff.; Verzögerung des Rechtsstreits **ArbGG 56** 54ff., **ArbGG 67** 8f.; Verzögerungsbegriff **ArbGG 56** 58; verzögerungsrelevanter Vortrag **ArbGG 56** 54ff.; Voraussetzungen **ArbGG 56** 41; in zweiter Instanz **ArbGG 67** 2ff.

Zusammenhangsklagen ArbGG 2 128ff.; Anhängigkeit der Hauptklage **ArbGG 2** 131f.; Hauptklage **ArbGG 2** 130; durch Klagenhäufung oder Klageerweiterung **ArbGG 2** 135; Parteien **ArbGG 2** 136; Zusammenhang **ArbGG 2** 133

Zusammenhangstätigkeiten BGB 611 297

Zusatzurlaub von Schwerbehinderten BUrlG 3 45ff.; Krankheit über Übertragungszeitraum hinaus **BUrlG 7** 74c; Schuldnerverzug **BUrlG 7** 136; Urlaubsabgeltung **BUrlG 7** 111

Zusatzversorgung, Ausschluss von Doppelleistungen **BetrAVG 18** 1ff.; öffentlicher Dienst **BetrAVG 18** 1ff.; Rechtswegzuweisung **BetrAVG 18** 10; Übergangsregelung für öffentlichen Dienst **BetrAVG 30d** 1ff.

Zuschläge Einkommensteuer **EStG 19/38** 67; Entgeltfortzahlung **EFZG 4** 31f.; Nachtarbeit **ArbZG 6** 20; Urlaubsentgelt **BUrlG 11** 22f.

Zuständigkeit im Beschlussverfahren siehe „Rechtswegzuständigkeit (Beschlussverfahren)", internationale **ArbGG 1** 9, **ArbGG 48** 4f., **Rom I-VO** 3f.; Örtliche Zuständigkeit siehe dort, Rechtswegzuständigkeit siehe dort, Seemannsämter **ArbGG 111** 1ff., im Urteilsverfahren siehe „Rechtswegzuständigkeit (Urteilsverfahren)"

Zustellung ArbGG 50 1ff.; arbeitsgerichtliche Entscheidungen **ArbGG 50** 2f.; Ausland **ArbGG 47** 8; im Bereich der EU **ArbGG 13a** 1; im Beschlussverfahren **ArbGG 80** 5; Frist für Urteile **ArbGG 50** 7f.; öffentliche **ArbGG 47** 7; sonstige Entscheidungen **ArbGG 50** 4; sonstige Schriftstücke **ArbGG 50** 5f.; Verbandsvertreter **ArbGG 50** 9ff.

Zustimmungsersetzungsverfahren, Ausschlussfrist bei außerordentlicher Kündigung **BGB 626** 384ff.; Funktionsträger siehe „Zustimmungsersetzungsverfahren (Funktionsträger)"; bei Kündigung Schwerbehinderter siehe „Integrationsamt"; Zustimmungsverweigerung bei personeller Einzelmaßnahme **BetrVG 99** 92f.

Zustimmungsersetzungsverfahren (Funktionsträger) BGB 626 384, 429f., **KSchG 15** 50ff.; Antrag **BetrVG 103** 17f.; außerordentliche Kündigung **BetrVG 103** 17f.; Ersetzung durch das ArbG **BetrVG 103** 20; Nachschieben von Kündigungsgründen **BetrVG 103** 19; Präklusionswirkung **BetrVG 103** 23; Rechtsmittel **BetrVG 103** 21; Rechtsstellung des Funktionsträgers **BetrVG 103** 23f.; Suspendierung **BetrVG 103** 24; Versetzung **BetrVG 103** 31

Zuvorbeschäftigungsverbot TzBfG 14 109f.; derselbe Arbeitgeber **TzBfG 14** 110; mehr als drei Jahre zurückliegendes Arbeitsverhältnis **TzBfG 14** 109

Zwangsgeld bei personellen Einzelmaßnahmen, Antrag auf Verfahren **BetrVG 101** 4; Antrag auf Zwangsgeld **BetrVG 101** 6; Anwendungsbereich **BetrVG 101** 2ff.; Entscheidung des Gerichts **BetrVG 101** 5; personelle Einzelmaßnahmen **ArbGG 101** 2ff.; Unterlassen einer Ein- oder Umgruppierung **ArbGG 101** 3a; Verfahren **BetrVG 101** 4f.; Vollstreckungsverfahren **BetrVG 101** 6; zweistufiges Verfahren **BetrVG 101** 1

Zwangsverfahren gegen den Arbeitgeber BetrVG 23 27ff.; Erkenntnisverfahren **BetrVG 23** 34ff.; gesetzliche Pflichten **BetrVG 23** 30; grobe Verstöße gegen betriebsverfassungsrechtliche Ordnung **BetrVG 23** 1; grober Verstoß **BetrVG 23** 31f.; Rechtsmittel **BetrVG 23** 42; Stellung im Anspruchs- und Sanktionssystem **BetrVG 23** 28f.; Verpflichtung zur Unterlassung oder Duldung einer Handlung **BetrVG 23** 38f.; Verpflichtung zur Vornahme einer Handlung **BetrVG 23** 40f.; Vollstreckung der Ordnungs-/Zwangsgeldverhängung **BetrVG 23** 42; Vollstreckungsverfahren **BetrVG 23** 37ff.; Voraussetzungen **BetrVG 23** 30ff.

Zwangsversteigerung, Betriebsübergang **BGB 613a** 208

Zwangsverwaltung, Betriebsübergang **BGB 613a** 208f.

Zwangsvollstreckung ArbGG 62 1 ff.; arbeitsrechtliche Titel **ArbGG 62** 32 ff.; aus Beschlüssen im Beschlussverfahren **ArbGG 85** 1 ff.; Einstellung *siehe* „Zwangsvollstreckung, Einstellung"; Entschädigung gemäß § 61 Abs. 2 ArbGG **ArbGG 61** 31 ff.; örtliche Zuständigkeit **ArbGG 48** 13; Rechtswegzuständigkeit **ArbGG 2** 12 f., **ArbGG 48** 13; Schlichtungsspruch **ArbGG 111** 26 ff.; Urlaubsanspruch **BUrlG 7** 56, 59; Zeugnis **GewO 109** 54 ff.

Zwangsvollstreckung, Einstellung ArbGG 62 21 ff.; Alleinentscheidung des Vorsitzenden **ArbGG 55** 14; Anhörungsrüge **ArbGG 78a** 11 ff.; Entscheidung **ArbGG 62** 25 ff.; Rechtsbehelf **ArbGG 62** 28 f.; Revisionsinstanz **ArbGG 74** 33; Verfahren **ArbGG 62** 24

Zweckbefristung TzBfG 3 4 f.; Ankündigung der Zweckerreichung **TzBfG 15** 7 ff.; Dienstvertrag, Beendigung **BGB 620** 6, 9; Ende **TzBfG 15** 6 ff.; Vertretung bei Mutterschutz/Elternzeit **TzBfG 23** 16

Zwischenfeststellungsklage ArbGG 46 20 f.

Zwischenurteil ArbGG 61 35; Berufungsfähigkeit **ArbGG 64** 2; Revisionsfähigkeit **ArbGG 72** 4

Zwischenverdienst KSchG 11 1 ff.; Annahmeverzug **KSchG 11** 5; Anrechnung des möglichen anderweitigen Verdienstes **KSchG 11** 10 ff.; Anrechnung öffentlich-rechtlicher Leistungen **KSchG 11** 13 f.; Anrechnung des tatsächlichen anderweitigen Verdienstes **KSchG 11** 7 ff.; keine Anspruchsgrundlage **KSchG 11** 2; Höhe des Verzugslohns **KSchG 11** 6 ff.